Heidelberger Kommentar

Insolvenzordnung

Herausgegeben von

Prof. Dr. Godehard Kayser   Prof. Dr. Christoph Thole

Bearbeitet von

Dr. Christian Brünkmans, LL.M.
Rechtsanwalt, Bonn

Peter Depré
Rechtsanwalt, Fachanwalt für Insolvenzrecht und für Bank- und Kapitalmarktrecht, Mannheim

Dr. Susanne Dornblüth
Richterin am OLG Celle

Prof. Dr. Ulrich Haas
Universität Zürich

Prof. Dr. Godehard Kayser
Vors. Richter am BGH Karlsruhe

Prof. Ulrich Keller
Iochschule für Wirtschaft und Recht, Berlin

Prof. Dr. Detlef Kleindiek
Universität Bielefeld

Dr. Hans-Georg Landfermann
Präsident des BPatG a.D. München

Dr. Peter Laroche
Richter am AG Köln

Dr. Rüdiger Linck
Vors. Richter am BAG, Vizepräsident des BAG Erfurt

Ilse Lohmann
Richterin am BGH Karlsruhe

Prof. Dr. Wolfgang Marotzke
Universität Tübingen

Dipl.-Kfm. Erion Metoja
Rechtsanwalt, Lauda-Königshofen

Prof. Dr. Andreas Ransiek
Universität Bielefeld

Alexander Riedel
Präsident des OLG Karlsruhe

Stephan Ries
Rechtsanwalt, Insolvenzverwalter, Wuppertal

Dr. Jens Schmidt
Rechtsanwalt, Fachanwalt für Insolvenzrecht, Fachanwalt für Handels- und Gesellschaftsrecht, Wuppertal

Dr. Volker Schultz
Richter am Schleswig-Holsteinischen Oberlandesgericht Schleswig

Detlef Specovius
Rechtsanwalt, Fachanwalt für Insolvenzrecht Achern

Werner Sternal
Vors. Richter am OLG Köln

Dr. Artur M. Swierczok, LL.M.
Rechtsanwalt (Syndicusrechtsanwalt), Heidelberg

Prof. Dr. Christoph Thole
Universität Köln

Jochen Waltenberger
Richter am AG Kaiserslautern

9., neu bearbeitete Auflage

C.F. Müller

CFM

Bibliografische Information der Deutschen Nationalbibliothek

Die Deutsche Nationalbibliothek verzeichnet diese Publikation in der Deutschen Nationalbibliografie; detaillierte bibliografische Daten sind im Internet über <http://dnb.d-nb.de> abrufbar.

ISBN 978-3-8114-4716-5

E-Mail: kundenservice@cfmueller.de

Telefon: +49 89 2183 7923
Telefax: +49 89 2183 7620

www.cf.mueller.de

Satz: TypoScript, München
Druck: CPI books, Leck

Vorwort

Seit dem Erscheinen der achten Auflage vor zwei Jahren hat sich die dynamische Entwicklung des Insolvenzrechts in Gesetzgebung, Rechtsprechung und Literatur unvermindert fortgesetzt. Dies macht eine Neubearbeitung des Werkes erforderlich. Aus dem Bereich der Gesetzgebung sind vor allem zwei Gesetzesinitiativen hervorzuheben, die nach erheblichen Verzögerungen in der 18. Wahlperiode des Deutschen Bundestages doch noch zum Abschluss gebracht worden sind: Zu nennen ist zum einen das am 21.4.2018 in Kraft tretende **Konzerninsolvenzrecht**, dessen Regelung im Ersten Teil der InsO mit der Einführung eines Gruppengerichtsstandes, im Ersten Abschnitt des Zweiten Teils mit den besonderen Anforderungen an den Antrag zur Begründung eines solchen Gerichtsstandes und nicht zuletzt mit einem völlig neuen Siebten Teil, der die Koordinierung der Verfahren von Schuldnern regelt, die derselben Unternehmensgruppe angehören, ihren Niederschlag gefunden hat. Hervorzuheben ist zum anderen die **Reform der Insolvenzanfechtung**, durch die neben der Bekämpfung des Phänomens der Kettenanträge vor allem die Anfechtung kongruenter Deckungshandlungen in mehrfacher Hinsicht erschwert werden soll. Der Kern der Neuregelungen des Anfechtungsrechts gilt für Insolvenzverfahren, die ab dem 5.4.2017 eröffnet worden sind. Die Reform hat mithin die Insolvenzpraxis bereits erreicht. Gleiches gilt für die schon im Jahre 2015 in wesentlichen Teilen neugefasste **EuInsVO**, die im Wesentlichen seit dem 26.6.2017 in Kraft ist. Auch weitere gesetzliche Neuregelungen, wie die des erheblich erweiterten § 104 InsO, der nunmehr das vertragliche **Liquidationsnetting** abweichend von insolvenzrechtlichen Grundsätzen behandelt wissen will, bedurften neuer Kommentierungen.

Für die neunte Auflage des Kommentars hat sich erneut ein Autorenwechsel als notwendig erwiesen. Rechtsanwalt Dr. Christian Brünkmans übernimmt Teile der Kommentierung von Dr. Hans-Georg Landfermann (§§ 270–285 InsO), Richter am Amtsgericht Dr. Peter Laroche tritt an die Stelle von Stefanie Rüntz (§§ 16–34 InsO) und Rechtsanwalt Dr. Artur M. Swierczok tritt als Nachfolger von Guido Stephan in den Kreis der Autoren ein (u.a. Internationales Insolvenzrecht). Verlag und Autoren bedanken sich bei den Ausgeschiedenen für das von ihnen – teilweise von der ersten Stunde an – entfaltete außerordentliche Engagement für das Werk und begrüßen die neu hinzugetretenen Autoren auf das herzlichste.

Im März 2018 — Herausgeber und Verlag

Bearbeiterverzeichnis

Brünkmans	§§ Vor 270–285 InsO
Depré	§§ 148–155, 174–206 InsO
Dornblüth	Art 1–18 EuInsVO
Haas	§§Vor 217–269 InsO
Kayser	§§ 80–91 InsO
Keller	§§ 36, 41–44, 45–46, 63–65 InsO, InsVV
Kleindiek	§§ 15a Abs 1–3, Anhang § 35, §§ 39 Abs 1 Nr 5, Abs 4 und 5, 44a, 135, 143 Abs 3 InsO
Landfermann	§§ Vor 165–173, Vor 207–216 InsO
Laroche	§§ 16-34 InsO
Linck	§§ Vor 113–114, 120–128 InsO §§ 165–171, 314, 316, 320, 321, 324, 327, 358–361 SGB III
Lohmann	§§ 47–55, 60–62 InsO
Marotzke	§§ 103–112, 115–119, Vor 315–334 InsO
Metoja	§ 66 InsO
Ransiek	§ 15a Abs 4–6 InsO
Riedel	§§ 37, 40, 56–59, 67–79 InsO
Ries	§§ 35, 38, 39 Abs 1 Nr 1–4, Abs 2 und 3, 156–164 InsO
Schmidt	§§ 92–102 InsO
Schultz	Art 19–55, 78-92 EuInsVO
Specovius	§§ 269a–i InsO
Sternal	§§ 1–15 InsO
Swierczok	§§ Vor 335-359 InsO, Art 102, 102a, 102c, 103-104, 107-110 EGInsO
Thole	Einleitung, §§ 129–134, 136–143 Abs 1 und 2, 144–147 InsO, Art 106 EGInsO, Art 56–77 EuInsVO
Waltenberger	§§Vor 286–314 InsO

Zitiervorschlag

HK-InsO/*Haas* § 235 Rn 5

Inhaltsverzeichnis

Kapitel I
Insolvenzordnung

Kapitel II
Einführungsgesetz zur Insolvenzordnung

Kapitel III

Gesetz über die Anfechtung von Rechtshandlungen eines Schuldners außerhalb des Insolvenzverfahrens

Kapitel IV
Sozialgesetzbuch (SGB) Drittes Buch (III) – Arbeitsförderung –

Kapitel V
Insolvenzrechtliche Vergütungsverordnung

Kapitel VI
Verordnung (EG) Nr. 2015/848 des Rates über Insolvenzverfahren

Abkürzungsverzeichnis

aA	andere(r) Ansicht
AA	Agentur für Arbeit
aaO	am angegebenen Ort
abgedr	abgedruckt
Abh	Abhandlungen
Abk	Abkommen
abl	ablehnend
ABl	Amtsblatt
Abs	Absatz
Abschn	Abschnitt
abw	abweichend
AcP	Archiv für die civilistische Praxis
aE	am Ende
aF	alte Fassung
AFG	Arbeitsförderungsgesetz
AFRG	Arbeitsförderungs-Reformgesetz
AG	Amtsgericht, Aktiengesellschaft
Ag	Antragsgegner/in
AGB	Allgemeine Geschäftsbedingungen
A/G/R	Ahrens/Gehrlein/Ringstmeier, Fachanwaltskommentar Insolvenzrecht
AID	Arbeitskreis der Insolvenzverwalter Deutschlands
AlG	Arbeitslosengeld
AktG	Aktiengesetz
allg	allgemein
allgM	allgemeine Meinung
Alt	Alternative
aM	andere/r Meinung
amtl	amtlich
ÄndG	Änderungsgesetz
Anf	Anfechtung
AnfG	Anfechtungsgesetz
AnfR	Anfechtungsrecht
Angekl	Angeklagte/r
Anh	Anhang
Anm	Anmerkung
AnwBl	Anwaltsblatt
AnwK-ArbR/Bearbeiter	Hümmerich/Boecken/Düwell (Hrsg.), AnwaltKommentar Arbeitsrecht
AO	Abgabenordnung
AP	Arbeitsrechtliche Praxis
A/P/S/Bearbeiter	Ascheid/Preis/Schmitt (Hrsg.), Großkommentar zum Kündigungsrecht
ArbG	Arbeitsgericht
ArbGG	Arbeitsgerichtsgesetz
ArbNErfG	Gesetz über Arbeitnehmererfindungen

ArPlSchG	Arbeitsplatzschutzgesetz
Art	Artikel
Ast	Antragsteller/in
AT	Allgemeiner Teil
Auff	Auffassung
Aufl	Auflage
AÜG	Arbeitnehmerüberlassungsgesetz
ausf	ausführlich
ausl	ausländisch
AVAG	Anerkennungs- und Vollstreckungsausführungsgesetz
Az	Aktenzeichen
BA	Bundesagentur für Arbeit
BaFin	Bundesanstalt für Finanzdienstleistungsaufsicht
BAföG	Bundesausbildungsförderungsgesetz
BAG	Bundesarbeitsgericht
BAGE	Entscheidungen des Bundesarbeitsgerichts
BAnz	Bundesanzeiger
BauR	Baurecht
Bay, bay	Bayern, bayerisch/e
BayObLG	Bayerisches Oberstes Landesgericht
BB	Betriebs-Berater
Bbg, bbg	Brandenburg, brandenburgisch(e)
BBiG	Berufsbildungsgesetz
Bd	Band
BDSG	Bundesdatenschutzgesetz
Bearb	Bearbeiter, Bearbeitung
bearb	bearbeitet
BEEG	Bundeselterngeld- und Elternzeitgesetz
Begr	Begründung
Beigel	Beigeladene(r)
Beil	Beilage
Bek	Bekanntmachung
Bekl, bekl	Beklagte(r), beklagte
ber	berichtigt
BerGer	Berufungsgericht
Berl, berl	Berlin, berlinisch
BErzGG	Bundeserziehungsgeldgesetz
bes	besonders
Beschl	Beschluss
BeschlVerf	Beschlussverfahren
Beschw	Beschwerde
BeschwGer	Beschwerdegericht
Bespr	Besprechung
bestr	bestritten
betr	betreffend
Betr	Betroffene(r)
BetrAVG	Gesetz zur Verbesserung der betrieblichen Altersvorsorge
BetrVG	Betriebsverfassungsgesetz
BezG	Bezirksgericht

Erl	Erläuterung
EröffnungsVerf	Eröffnungsverfahren
EStG	Einkommensteuergesetz
ESVGH	Sammlung der Entscheidungen des hessischen und des baden-württembergischen Verwaltungsgerichtshofs
etc	et cetera
EU	Europäische Union
EuGH	Gerichtshof der Europäischen Gemeinschaften
EuGHE	Sammlung der Entscheidungen des Gerichtshofs der Europäischen Gemeinschaften
EuGVÜ	Übereinkommen über die gerichtliche Zuständigkeit und die Vollstreckung gerichtlicher Entscheidungen in Zivil- und Handelssachen
EuGVV	Verordnung (EG) Nr. 44/2001 über die gerichtliche Zuständigkeit und die Anerkennung und Vollstreckung von Entscheidungen in Zivil- und Handelssachen
EuInsÜ	Europäisches Insolvenzübereinkommen
EuInsVO	Verordnung (EG) Nr. 1346/2000 über Insolvenzverfahren
europ	europäisch(e)
eV	eingetragener Verein
EV	Eigentumsvorbehalt
evtl	eventuell
EWiR	Entscheidungen zum Wirtschaftsrecht
EWIV	Europäische wirtschaftliche Interessenvereinigung
EWIV-AG	EWIV-Ausführungsgesetz
EWIV-VO	Verordnung (EWG) Nr. 2137/85 über die Schaffung einer Europäischen wirtschaftlichen Interessenvereinigung
EzA	Entscheidungssammlung zum Arbeitsrecht
f	folgende
FamG	Familiengericht
FamR	Familienrecht
FamRZ	Zeitschrift für das gesamte Familienrecht
ff	fortfolgende
FK/Bearbeiter	Wimmer (Hrsg), Frankfurter Kommentar zur Insolvenzordnung
Fn	Fußnote
FS	Festschrift
G	Gericht, Gesetz
GAVI	Bundesratsentwurf eines Gesetzes zur Verbesserung und Vereinfachung der Aufsicht in Insolvenzverfahren, BR-Drucks 566/07
GBA	Grundbuchamt
GBl	Gesetzblatt
GBO	Grundbuchordnung
GbR	Gesellschaft bürgerlichen Rechts
GebrMG	Gebrauchsmustergesetz
gem	gemäß
GenG	Genossenschaftsgesetz
GeschmMG	Geschmacksmustergesetz
GeschO	Geschäftsordnung
GesO	Gesamtvollstreckungsordnung

GG	Grundgesetz
ggf	gegebenenfalls
GK-BetrVG/ Bearbeiter	Gemeinschaftskommentar zum Betriebsverfassungsgesetz
GKG	Gerichtskostengesetz
GK-KSchG/ Bearbeiter	Gemeinschaftskommentar zum Kündigungsschutzgesetz
Gl	Gläubiger
GK-BetrVG	Gemeinschaftskommentar zum Betriebsverfassungsgesetz
GmbHG	Gesetz betreffend die Gesellschaften mit beschränkter Haftung
GmbH & Co	Gesellschaft mit beschränkter Haftung und Compagnie
GMBl	Gemeinsames Ministerialblatt
GmSOGB	Gemeinsamer Senat der Obersten Gerichtshöfe des Bundes
grdl, Grdl	grundlegend, Grundlage
grds	grundsätzlich
GS	Großer Senat
GSZ(St)	Großer Senat in Zivilsachen (Strafsachen)
GV	Gerichtsvollzieher
GVBl	Gesetz- und Verordnungsblatt
GVG	Gerichtsvollziehergesetz
GVGA	Geschäftsanweisung für Gerichtsvollzieher
GWR	Fachzeitschrift Gesellschafts- und Wirtschaftsrecht
hA	herrschende Ansicht
HAG	Heimarbeitsgesetz
HambKomm/ Bearbeiter	Schmidt (Hrsg.), Hamburger Kommentar zum Insolvenzrecht
Hbg, hbg	Hamburg, hamburgisch
HBeglG	Haushaltsbegleitgesetz
Hdb	Handbuch
HdwO	Handwerksordnung
Hess, hess	Hessen, hessisch(e)
HGB	Handelsgesetzbuch
HinterlO	Hinterlegungsordnung
Hk	Handkommentar
HK-ArbR/ Bearbeiter	Däubler/Hjort/Hummel/Wolmerath (Hrsg.), Handkommentar zum Arbeitsrecht
Hk-GmbH/ Bearbeiter	Saenger/Inhester, GmbHG-Gesetz
HK-ZPO/ Bearbeiter	Saenger (Hrsg.), Zivilprozessordnung
hL	herrschende Lehre
hM	herrschende Meinung
Hrsg	Herausgeber
HS	Halbsatz
H/W/F	Haarmeyer/Wutzke/Förster; InsO, Kommentar
H/W/F Hb	Haarmeyer/Wutzke/Förster, Handbuch zur Insolvenzordnung
H/W/F InsVV	Haarmeyer/Wutzke/Förster, Insolvenzrechtliche Vergütung
H/W/F InsO online	Haarmeyer/Wutzke/Förster, online-Kommentar zur Insolvenzordnung
H/W/K/Bearbeiter	Henssler/Willemsen/Kalb (Hrsg.), Arbeitsrecht Kommentar

idF	in der Fassung
idL	in der Lage
idR	in der Regel
IDW	Institut der Wirtschaftsprüfer
iE	im Ergebnis
ieS	im engeren Sinne
iF	im Fall
IGH	Internationaler Gerichtshof
IIlR	International Insolvency Law Review
Ins	Insolvenz
InsAnf	Insolvenzanfechtung
insb	insbesondere
InsEröffnung	Eröffnung des Insolvenzverfahrens
InsFord	Insolvenzforderung
InsG	Insolvenzgesetze
InsGeld	Insolvenzgeld
InsGer	Insolvenzgericht
InsGl	Insolvenzgläubiger
InsMasse	Insolvenzmasse
InsO	Insolvenzordnung
InsOÄndG	Gesetz zur Änderung der Insolvenzordnung und anderer Gesetze
InsOVereinfG	Gesetz zur Vereinfachung des Insolvenzverfahrens
InsPlan	Insolvenzplan
InsR	Insolvenzrecht
InsRichter	Insolvenzrichter
InsR im Umbruch	Leipold (Hrsg), Insolvenzrecht im Umbruch
InsSache	Insolvenzsache
InsSchu	Insolvenzschuldner
InsVerf	Insolvenzverfahren
InsVerw	Insolvenzverwalter
InsVo	Insolvenz und Vollstreckung
InsVV	Insolvenzrechtliche Vergütungsverordnung
int	international
IPR	Internationales Privatrecht
IPRax	Praxis des internationalen Privat- und Verfahrensrechts
IPRspr	Die deutsche Rechtsprechung auf dem Gebiete des internationalen Privatrechts
iRd	im Rahmen der/des
iRv	im Rahmen von
iS	im Sinne
iSd	im Sinne der/des
iSv	im Sinne von
iÜ	im Übrigen
iVm	in Verbindung mit
IWF	Internationaler Währungsfonds
iwS	im weiteren Sinne
JA	Juristische Arbeitsblätter
Jb	Jahrbuch

JFG	Jahrbuch für Entscheidungen der freiwilligen Gerichtsbarkeit und des Grundbuchrechts
JMBl	Justizministerialblatt
JR	Juristische Rundschau
Jura	Juristische Ausbildung
JurBüro	Das Juristische Büro
JuS	Juristische Schulung
JVBl	Justizverwaltungsblatt
JVEG	Justizvergütungs- und -entschädigungsgesetz
JW	Juristische Wochenschrift
JZ	Juristenzeitung
K/A/G/B	Kothe/Ahrens/Grote/Busch, Verfahrenskostenstundung, Restschuldbefreiung und Verbraucherinsolvenzverfahren
KAGG	Gesetz über Kapitalanlagegesellschaften
Kap	Kapitel
KartGer	Kartellgericht
K/D/Z/Bearbeiter	Kittner/Däubler/Zwanziger (Hrsg.), Kündigungsschutzrecht
KG	Kammergericht, Kommanditgesellschaft
KGaA	Kommanditgesellschaft auf Aktien
Kl	Kläger(in)
kl	klagende(r)
KO	Konkursordnung
Komm	Kommentar
K/P/B/Bearbeiter	Kübler/Prütting/Bork, InsO, Kommentar zur Insolvenzordnung
KR/Bearbeiter	Gemeinschaftskommentar zum Kündigungsschutzgesetz und sonstigen kündigungsrechtlichen Vorschriften
KreisG	Kreisgericht
krit	kritisch
KSchG	Kündigungsschutzgesetz
KSI	Krisen-, Sanierungs- und Insolvenzberatung
KS-InsO	Kölner Schrift zur InsO
KSZW	Fachzeitschrift Kölner Schrift zum Wirtschaftsrecht
KTS	Konkurs, Treuhand, Sanierung – Zeitschrift für Insolvenzrecht
KuT	Konkurs- und Treuhandwesen
KV-GKG	Kostenverzeichnis zu § 11 GKG
K/S/W	Kummer/Schäfer/Wagner, Insolvenzanfechtung
K/S/W-SozR	Kreikebohm/Spellbrink/Waltermann, Kommentar zum Sozialrecht
KWG	Gesetz über das Kreditwesen
LAG	Landesarbeitsgericht, Lastenausgleichsgesetz
Lfg	Lieferung
LG	Landgericht
L/H/Bearbeiter	Lutter/Hommelhoff, GmbH-Gesetz
lit	litera
Lit	Literatur
LM	Nachschlagewerk des Bundesgerichtshofs, hrsg v Lindenmaier, Möhrin ua
LöschG	Gesetz über die Auflösung und Löschung von Gesellschaften
LReg	Landesregierung

LS	Leitsatz
LSG	Landessozialgericht
lSp	linke Spalte
L/S/Z/Bearbeiter	Leonhardt/Smid/Zeuner, Insolvenzordnung
Ltd	Private Limited Company
LT-Drucks	Landtagsdrucksache
LuftfRG	Gesetz über Rechte an Luftfahrzeugen
LVerf	Landesverfassung
LZ	Leipziger Zeitschrift für Deutsches Recht
MarkenG	Gesetz über den Schutz von Marken und sonstigen Kennzeichen
Mat	Materialien
maW	mit anderen Worten
MBl	Ministerialblatt
MDR	Monatsschrift für Deutsches Recht
mE	meines Erachtens
mglw	möglicherweise
MittBayNot	Mitteilungen des Bayerischen Notarvereins
MittRhNotK	Mitteilungen der Rheinischen Notar-Kammer
MiZi	Allgemeine Verfügung über Mitteilungen in Zivilsachen
MK/Verfasser	Münchener Kommentar zur Insolvenzordnung
MK-BGB/Bearbeiter	Münchener Kommentar zum Bürgerlichen Gesetzbuch
MK-GmbHG/Bearbeiter	Münchener Kommentar zum GmbHG
MK-HGB/Bearbeiter	Münchener Kommentar zum HGB
MK-ZPO/Bearbeiter	Münchener Kommentar zur Zivilprozessordnung
mN	mit Nachweisen
MoMiG	Regierungsentwurf eines Gesetzes zur Modernisierung des GmbH-Rechts und zur Bekämpfung von Missbräuchen, BT-Drucks 16/6140
M/R/Bearbeiter	Mohrbutter/Ringstmeier, Handbuch der Insolvenzverwaltung
MuSchG	Mutterschutzgesetz
MV	Mecklenburg-Vorpommern
mwN	mit weiteren Nachweisen
mWv	mit Wirkung vom
NachlassGl	Nachlassgläubiger
NachlassInsVerf	Nachlassinsolvenzverfahren
NachlassInsVerw	Nachlassinsolvenzverwalter
Nds, nds	Niedersachsen, niedersächsisch(e)
nF	neue Fassung
NJ	Neue Justiz
NJW	Neue Juristische Wochenschrift
NJW-CoR	NJW-Computerreport
NJW-RR	NJW-Rechtsprechungs-Report
NK-SGB III/Bearbeiter	Nomos-Kommentar: Mutschler/Bartz/Schmidt-De Caluwe, Sozialgesetzbuch
Nr	Nummer
N/R/Verfasser	Nerlich/Römermann, Insolvenzordnung (InsO), Kommentar, Loseblatt
nrk	nicht rechtskräftig

NRW	Nordrhein-Westfalen
NStE	Neue Entscheidungssammlung für Strafrecht
NStZ	Neue Zeitschrift für Strafrecht
nv	nicht veröffentlicht
NVwZ	Neue Zeitschrift für Verwaltungsrecht
NVwZ-RR	NVwZ-Rechtsprechungs-Report Verwaltungsrecht
NW, nw	Nordrhein-Westfalen, nordrhein-westfälisch(e)
NWB	Neue Wirtschaftsbriefe
NZA	Neue Zeitschrift für Arbeits- und Sozialrecht
NZA-RR	NZA-Rechtsprechungs-Report
NZBau	Neue Zeitschrift für Baurecht und Vergaberecht
NZI	Neue Zeitschrift für das Recht der Insolvenz und Sanierung
oa	oben angegeben
oÄ	oder Ähnlich(e)
ÖBA	Österreichisches Bankarchiv (Jahr, Seite)
OFD	Oberfinanzdirektion
OFH	Oberster Finanzgerichtshof
og	oben genannte(n)
OHG	Offene Handelsgesellschaft
OLG	Oberlandesgericht
OLGE	Entscheidungen der Oberlandesgerichte
OLG-Report	OLG-Report (getrennt für jedes OLG)
OLGZ(St)	Rechtsprechung der OLG in Zivilsachen (Strafsachen)
OVG	Oberverwaltungsgericht
OVGE	Amtliche Sammlung der Entscheidungen der OVG Lüneburg und Münster
PartG	Partnerschaftsgesellschaft
PartGG	Gesetz über die Partnerschaftsgesellschaft
PatG	Patentgesetz
PfR	Pfändungspfandrecht
phG	persönlich haftender Gesellschafter
PKH	Prozesskostenhilfe
PK-HWF/Bearbeiter	Haarmeyer/Wutzke/Förster, PräsenzKommentar zur Insolvenzordnung
PKW	Personenkraftwagen
Prot	Protokoll
PSVaG	Pensions-Sicherungsverein auf Gegenseitigkeit
RA	Rechtsanwalt
R/A/Bearbeiter	Roth/Altmeppen, GmbHG
RAG	Reichsarbeitsgericht
RAussch	Rechtsausschuss des Deutschen Bundestages
RBerG	Rechtsberatungsgesetz
RdErl	Runderlass
rechtl	rechtliche/r/s
RefE	Referentenentwurf
RegE	Regierungsentwurf
RegE 2011	Regierungsentwurf eines Gesetzes zur weiteren Erleichterung der Sanierung von Unternehmen

RevGer	Revisionsgericht
RG	Reichsgericht
RGBl	Reichsgesetzblatt
RGRK	Kommentar zum BGB, hrsg von Reichsgerichtsräten und Bundesrichtern
RGZ(St)	Amtliche Sammlung der Entscheidungen des Reichsgerichts in Zivilsachen (Strafsachen)
RhPf, rhpf	Rheinland-Pfalz, rheinland-pfälzisch(e)
Richardi/Bearbeiter	Richardi (Hrsg.), Betriebsverfassungsgesetz mit Wahlordnung
Rn	Randnummer(n)
ROHG	Entscheidungen des Reichsoberhandelsgerichts
Rpfleger	Der Deutsche Rechtspfleger
RPflG	Rechtspflegergesetz
RRG	Rentenreformgesetz
R/S	Runkel/Schmidt, Anwaltshandbuch Insolvenzrecht
rSp	rechte Spalte
Rspr	Rechtsprechung
RT-Drucks	Reichstagsdrucksache
RVG	Rechtsanwaltsvergütungsgesetz
S, s	Seite, Satz (bei Rechtsnormen), siehe
Sa	Siehe auch
Saarl, saarl	Saarland, saarländisch(e)
SaBl	Sammelblatt
SachenRBerG	Sachenrechtsbereinigungsgesetz
Sachs, sächs	Sachsen, sächsisch(e)
SachsAnh	Sachsen-Anhalt
SchbG	Schwerbehindertengesetz
SchiffsregO	Schiffsregisterordnung
SchlH, schlh	Schleswig-Holstein, schleswig-holsteinisch(e)
Schu	Schuldner
SchuldRModG	Gesetz zur Modernisierung des Schuldrechts
SchVG	Gesetz betr die gemeinsamen Rechte der Besitzer von Schuldverschreibungen
SeuffArch	Seufferts Archiv
SG	Sozialgericht
SGB	Sozialgesetzbuch
so	siehe oben
sof	sofortige
sog	so genannte
Sp	Spalte
SprA	Sprecherausschuss
SprAG	Gesetz über Sprecherausschüsse der leitenden Angestellten (Sprecherausschussgesetz)
StA	Staatsanwalt, Staatsanwaltschaft
StBerG	Steuerberatungsgesetz
StGH	Staatsgerichtshof
str	streitig
StrS	Strafsenat
stRspr	ständige Rechtsprechung

StVG	Straßenverkehrsgesetz
su	siehe unten
SV	Sachverständiger
SVT	Sozialversicherungsträger
S/W	Schuschke/Walker, Vollstreckung und vorläufiger Rechtsschutz
Thür, thür	Thüringen, thüringisch
TV	Tarifvertrag
tw	teilweise
Tz	Teilziffer, Textziffer
ua	unter anderem, und andere
uÄ	und Ähnliches
uam	und anderes mehr
überw	überwiegend
U/H/W	Ulmer/Habersack/Winter, GmbHG Großkommentar
umstr	umstritten
UN	Vereinte Nationen (United Nations)
unstr	unstreitig
UrhG	Urheberrechtsgesetz
Urt	Urteil
UStG	Umsatzsteuergesetz
usw	und so weiter
uU	unter Umständen
UVG	Unfallversicherungsgesetz
v	von
VA(e)	Verwaltungsakt(e)
VAG	Versicherungsaufsichtsgesetz
Var	Variante
VbrInsVV	Verbraucherinsolvenzvordruckverordnung
VerbrInsVerf	Verbraucherinsolvenzverfahren
VerbrKG	Verbraucherkreditgesetz
Verf	Verfahren, Verfasser, Verfassung
VerfGH	Verfassungsgerichtshof
Verg	Vergütung
VerglO	Vergleichsordnung
vern	verneinend
VersR	Versicherungsrecht
Verw	Verwalter
Vfg	Verfügung
VG	Verwaltungsgericht
VGH	Verwaltungsgerichtshof
VIA	Verbraucherinsolvenz aktuell
vgl	vergleiche
VO	Verordnung
Vollst	Vollstreckung
Vorauf	Vorauflage
Vorb	Vorbemerkung
vorl	vorläufig

VormG	Vormundschaftsgericht
VVG	Versicherungsvertragsgesetz
VV-RVG	Vergütungsverzeichnis zum Rechtsanwältevergütungsgesetz
WarnRspr	Sammlung zivilrechtlicher Entscheidungen des RG
WEG	Wohnungseigentumsgesetz
WiB	Wirtschaftsrechtliche Beratung
WM	Wertpapier-Mitteilungen
WPg	Die Wirtschaftsprüfung
WRP	Wettbewerb in Recht und Praxis
WRV	Weimarer Reichsverfassung
WuB	Entscheidungssammlung zum Wirtschafts- und Bankrecht
WuM	Wohnungs- und Mietrecht
ZAkDR	Zeitschrift der Akademie für Deutsches Recht
zB	zum Beispiel
ZB	Zweiter Bericht
ZBB	Zeitschrift für Bankrecht und Bankwirtschaft
ZDG	Zivildienstgesetz
ZEuP	Zeitschrift für Europäisches Privatrecht
ZEV	Zeitschrift für Erbrecht und Vermögensnachfolge
ZfIR	Zeitschrift für Immobilienrecht
zfs	zusammenfassend
ZGE	Zeitschrift für Geistiges Eigentum (ZGE)/Intellectual Property Journal (IPJ)
ZGR	Zeitschrift für Unternehmens- und Gesellschaftsrecht
ZInsO	Zeitschrift für das gesamte Insolvenzrecht
ZIP	Zeitschrift für Wirtschaftsrecht
zit	zitiert
ZMR	Zeitschrift für Miet- und Raumrecht
ZNER	Zeitschrift für neues Energierecht
ZPO	Zivilprozessordnung
ZPO-RG	Zivilprozessreformgesetz
ZRP	Zeitschrift für Rechtspolitik
ZS	Zivilsenat
ZSEG	Gesetz über die Entschädigung von Zeugen und Sachverständigen
ZSHG	Gesetz zur Harmonisierung des Schutzes gefährdeter Zeugen
ZStW	Zeitschrift für die gesamte Strafrechtswissenschaft
zT	zum Teil
ZUM	Zeitschrift für Urheber- und Medienrecht
zust	zustimmend
ZustRG	Zustellungsreformgesetz
zutr	zutreffend
zVb	zur Veröffentlichung bestimmt
ZVG	Zwangsversteigerungsgesetz
ZVI	Zeitschrift für Verbraucher- und Privat-Insolvenzrecht
zw	zweifelhaft, zweifelnd
Zwanziger	Zwanziger, Das Arbeitsrecht in der Insolvenzordnung
zz	zurzeit
ZZP	Zeitschrift für Zivilprozess

Literaturverzeichnis

Ahrens Das neue Privatinsolvenzrecht, 2. Auflage 2015

Ahrens/Gehrlein/Ringstmeier (Hrsg) Fachanwaltskommentar Insolvenzrecht, 3. Auflage 2017 (zit: *A/G/R/Bearbeiter*)

Andres/Leithaus Insolvenzordnung: InsO, Kommentar, 3. Auflage 2014 (zit: *Andres/Leithaus*)

Ascheid/Preis/Schmidt (Hrsg) Kündigungsrecht, 5. Auflage 2017 (zit: *A/P/S/Bearbeiter*)

Balz/Landfermann Die neuen Insolvenzgesetze, 2. Auflage 1999

Baumbach/Hueck GmbHG, 21. Auflage 2017 (zit: *B/H/Bearbeiter*)

Baumbach/Lauterbach/Albers/Hartmann Zivilprozessordnung, 76. Auflage 2018 (zit: *B/L/A/H/Bearbeiter*)

Baur/Stürner Zwangsvollstreckungs-, Konkurs- und Vergleichsrecht, Bd II Insolvenzrecht, 12. Auflage 1990

BeckOK Online-Kommentar zum StGB, Edition 26, 8.2015.

Beck/Depré (Hrsg) Praxis der Insolvenz – Ein Handbuch für die Beteiligten und ihre Berater, 32. Auflage 2017 (zit: *Beck/Depré/Bearbeiter*)

Becker Insolvenzrecht, 3. Auflage 2010

Blersch/Goetsch/Haas Berliner Kommentar Insolvenzrecht, Kommentierung der Insolvenzordnung mit Antragsmustern für die Rechtspraxis, Loseblatt (zit: *B/G/H/Bearbeiter*)

Bley/Mohrbutter Vergleichsordnung, Großkommentar, 4. Auflage, Bd 1, 1979, Bd 2, 1981

Brand (Hrsg) SGB III, 7. Auflage 2015

Bork Einführung in das Insolvenzrecht, 8. Auflage 2017

Bork/van Zwieten Commentary on the European Insolvency Regulation, 2016 (zit: *Bork/van Zwieten/Bearbeiter*)

Bork/Schäfer(Hrsg) GmbHG, 3. Auflage 2015 (zit: *B/S/Bearbeiter*)

Braun (Hrsg) Insolvenzordnung (InsO), Kommentar, 7. Auflage 2017 (zit: *Braun/Bearbeiter*)

Braun/Riggert/Kind Schwerpunkte des Insolvenzverfahrens, 4. Auflage 2009

Braun/Uhlenbruck Unternehmensinsolvenz: Grundlagen, Gestaltungsmöglichkeiten, Sanierung mit der Insolvenzordnung, 1999

Breuer Insolvenzrechts-Formularbuch, 3. Auflage 2007

Caspers Personalabbau und Betriebsänderung im Insolvenzverfahren, Beiträge zum Insolvenzrecht, Bd 18, 1998 (zit: *Caspers*)

Cranshaw/Paulus/Michel (Hrsg) Bankenkommentar zum Insolvenzrecht, 3. Auflage 2016 (zit: *C/P/M/Bearbeiter*)

Däubler/Hjort/Schubert/Wolmerath (Hrsg) Handkommentar zum Arbeitsrecht, 4. Auflage 2017 (zit: HK-ArbR/*Bearbeiter*)

Däubler/Kittner/Klebe/Wedde (Hrsg) Betriebsverfassungsgesetz mit Wahlordnung und EBR-Gesetz, 15. Auflage 2016 (zit: *D/K/K/Bearbeiter*)

Eickmann Vergütungsrecht, Kommentar zur InsVV, 3. Auflage 2005

Eickmann/Böttcher Zwangsversteigerungs- und Zwangsverwaltungsrecht, 3. Auflage 2013

Eidenmüller Unternehmenssanierung zwischen Markt und Gesetz, 1999

Etzel/Bader/Fischermeier/Friedrich/Griebeling/Kreft/Link/Lipke/Rost/Spilger/Treber/Vogt/Weigand ua Gemeinschaftskommentar zum Kündigungsschutzgesetz und sonstigen kündigungsrechtlichen Vorschriften, 11. Auflage 2016 (zit: KR/*Bearbeiter*)

Fitting/Engels/Schmidt/Trebinger/Linsenmaier Handkommentar zum Betriebsverfassungsgesetz, 28. Auflage 2016 (zit: *Fitting/Bearbeiter*)

Frege/Keller/Riedel Handbuch der Rechtspraxis, Bd. 3 Insolvenzrecht, 8. Auflage 2015

Fridgen/Geiwitz/Göpfert BeckOK InsO, 6. Ed, 2017
Frind Praxishandbuch Privatinsolvenz, 2. Auflage 2017
Gagel (Hrsg) SGB III, Loseblatt (zit: *Gagel/Bearbeiter* SGB III)
von Gerkan/Hommelhoff Kapitalersatz im Gesellschafts- und Insolvenzrecht, 5. Auflage 2000 (zit: *vG/H/Bearbeiter*)
Germelmann/Matthes/Prütting Kommentar zum Arbeitsgerichtsgesetz, 9. Auflage 2017
GK-ArbGG Gemeinschaftskommentar zum Arbeitsgerichtsgesetz, Loseblatt
Gottwald (Hrsg) Insolvenzrechts-Handbuch, 5. Auflage 2015 (zit: *Gottwald/Bearbeiter*)
Graeber/Graeber Insolvenzrechtliche Vergütungsordnung, 2. Auflage 2016
Graf-Schlicker InsO – Kommentar zur Insolvenzordnung, 4. Auflage 2014 (zit: *Graf-Schlicker/Bearbeiter*)
Grunsky ua Kommentar zum Arbeitsgerichtsgesetz, 8. Auflage 2014
Haarmeyer/Pape Formularbuch Insolvenzrecht, 3. Auflage 2016
Haarmeyer/Wutzke/Förster Handbuch zur Insolvenzordnung, 4. Auflage 2013 (zit: *H/W/F/Bearbeiter* Hb)
dies Insolvenzordnung, Kommentar, 2. Auflage 2012 (zit: *H/W/F/Bearbeiter*)
dies Insolvenzrechtliche Vergütung (InsVV), 5. Auflage 2014 (zit: *H/W/F/Bearbeiter* InsVV)
dies PräsenzKommentar zur Insolvenzordnung, online-Kommentar (zit: *H/W/F/Bearbeiter* InsO online)
Häsemeyer Insolvenzrecht, 4. Auflage 2007
Heni Interne Rechnungslegung im Insolvenzverfahren, 2006
Henssler/Willemsen/Kalb (Hrsg) Arbeitsrecht, Kommentar, 7. Auflage 2016 (zit: *H/W/K/Bearbeiter*)
Hess Insolvenzrecht, Großkommentar in zwei Bänden, 2. Auflage 2013 (zit: *Hess* InsO) (fortgeführt als Kölner Kommentar, 3. Auflage, zitiert: KK/*Bearbeiter*)
Hess/Binz Formulare und Muster zum Insolvenzrecht, 2. Auflage 2001
Hess/Binz/Wienberg Gesamtvollstreckungsordnung, 4. Auflage 1998
Hess/Obermüller Insolvenzplan, Restschuldbefreiung und Verbraucherinsolvenz, 4. Auflage 2015
von Hoyningen-Huene/Linck Kommentar zum Kündigungsschutzgesetz, 15. Auflage 2013 (zit: *v Hoyningen-Huene/Linck*)
Huber Anfechtungsgesetz, 11. Auflage 2016
Hüffer AktG, 12. Auflage 2016
Hümmerich/Boecken/Düwell (Hrsg) AnwaltKommentar Arbeitsrecht, 2. Auflage 2010 (zit: AnwK-ArbR/*Bearbeiter*)
Jaeger/Henckel Konkursordnung mit Einführungsgesetzen, Großkommentar, 8. Auflage 1958 und 9. Auflage 1997 (zit: *Jaeger/Bearbeiter* KO, 8. Auflage bzw 9. Auflage)
ders Insolvenzordnung, Bd. 1 2004, Bd. 2 2007, Bd. 3 2014, Bd. 4 2008, Bd. 6, 2011 (zit: *Jaeger/Bearbeiter*)
Jauernig/Berger Zwangsvollstreckungs- und Insolvenzrecht, 23. Auflage 2010
Keller Insolvenzrecht, 2006
ders Vergütung und Kosten im Insolvenzverfahren, 4. Auflage 2016 (zit: *Keller* Vergütung)
ders (Hrsg) Handbuch Zwangsvollstreckungsrecht, 2013 (zit: *Keller/Bearbeiter* HdB ZwV)
Kilger/K Schmidt Insolvenzgesetze KO/VglO/GesO, 17. Auflage 1997 (auch zit: als *K Schmidt* InsG)
Kirchhof Anfechtungsgesetz, 2012 (auch unter Münchener Kommentar zum Anfechtungsgesetz; zit: *Kirchhof* AnfG)
Kittner/Däubler/Zwanziger (Hrsg) Kündigungsschutzrecht, 10. Auflage 2017 (zit: *K/D/Z/Bearbeiter*)
Knickrehm/Kreikebohm/Waltermann Kommentar zum Sozialrecht, 5. Auflage 2017 (zit: *K/K/W*-SozR/*Bearbeiter*)

Kölner Schrift zur Insolvenzordnung, Hrsg Arbeitskreis für Insolvenz- und Schiedsgerichtswesen eV, 3. Auflage 2009
Kommission für Insolvenzrecht, Erster Bericht (1985) und Zweiter Bericht (1986), Hrsg Bundesministerium der Justiz
Kohte/Ahrens/Grote/Busch Verfahrenskostenstundung, Restschuldbefreiung und Verbraucherinsolvenzverfahren, 8. Auflage 2017 (Erscheinen: 4. Quartal 2017) (zit: *K/A/G/B/Bearbeiter*)
Kraemer Das neue Insolvenzrecht – Gesetze, Begründungen, Materialien, 1995
Kübler (Hrsg) Handbuch Restrukturierung in der Insolvenz: Eigenverwaltung und Insolvenzplan, 2. Auflage 2015 (zit: *Kübler/Bearbeiter* HRI)
Kübler/Prütting Das neue Insolvenzrecht, 2. Auflage 2000
Kübler/Prütting/Bork (Hrsg) InsO, Kommentar zur Insolvenzordnung, Loseblatt (zit: *K/P/B/Bearbeiter*)
Kuhn/Uhlenbruck Konkursordnung, 11. Auflage 1994
Kummer/Schäfer/Wagner Insolvenzanfechtung, Fallgruppenkommentar, 3. Auflage 2017, (zit: *K/S/W/Bearbeiter*)
Leipold (Hrsg) Insolvenzrecht im Umbruch, Analysen und Alternativen, 1991 (zit: InsR im Umbruch)
Lenenbach Sicherungsmaßnahmen im Insolvenzeröffnungsverfahren, 2003
Leonhardt/Smid/Zeuner (Hrsg) Insolvenzordnung (InsO), 3. Auflage 2010 (zit: *L/S/Z/Bearbeiter*)
Lutter/Hommelhoff GmbH-Gesetz, 19. Auflage 2016 (zit: *L/H/Bearbeiter*)
Mankowski/Müller/J Schmidt EuInsVO 2015, Europäische Insolvenzverordnung 2015, 2016
Marotzke Gegenseitige Verträge im neuen Insolvenzrecht, 3. Auflage 2001
ders Das Unternehmen in der Insolvenz, 2000
Michalski/Heidinger/Leible/J Schmidt GmbHG, 3. Auflage 2017 (zit: *M/H/L/S/Bearbeiter*)
Mohrbutter/Ringstmeier (Hrsg) Handbuch der Insolvenzverwaltung, 9. Auflage 2015 (zit: *M/R/Bearbeiter*)
Müller-Glöge/Preis/Schmidt (Hrsg) Erfurter Kommentar zum Arbeitsrecht, 18. Auflage 2017 (zit: ErfK/*Bearbeiter*)
Münchener Kommentar zum Anfechtungsgesetz, 2012 (zit: *Kirchhof* AnfG; auch unter Kirchhof)
Münchener Kommentar zum Bürgerlichen Gesetzbuch, 7. Auflage 2015 f (zit: MK-BGB/*Bearbeiter*)
Münchener Kommentar zum GmbHG, 2. Auflage 2015 (zit: MK-GmbHG/*Bearbeiter*)
Münchener Kommentar zum HGB, 4. Auflage 2016, 3. Auflage 2010 ff (zit: MK-HGB/*Bearbeiter*)
Münchener Kommentar zur Insolvenzordnung, Bd 1, 2 und 3, 3. Auflage 2013 f, 2. Auflage Bd 2 und 3 2008 (zit: MK/*Bearbeiter*)
Münchener Kommentar zur Zivilprozessordnung, 5. Auflage 2016 f (zit: MK-ZPO/*Bearbeiter*)
Musielak/Voigt ZPO (Zivilprozessordnung), Kommentar, 14. Auflage 2017
Mutschler/Schmidt-De Caluwe/Coseriu Sozialgesetzbuch, 6. Auflage 2017 (zit: NK-SGB III/*Bearbeiter*)
Nerlich/Römermann (*Hrsg*) Insolvenzordnung (InsO), Kommentar, Loseblatt (zit: *N/R/Bearbeiter*)
Obermüller Insolvenzrecht in der Bankpraxis, 9. Auflage 2016
Obermüller/Hess InsO, Eine systematische Darstellung des neuen Insolvenzrechts, 4. Auflage 2003
Palandt Bürgerliches Gesetzbuch, 76. Auflage 2017
Pape/Uhländer (Hrsg) Insolvenzordnung Schwerpunkt Steuerrecht, 2013 (zit: *Pape/Uhländer/Bearbeiter*)

Pape/Uhlenbruck/Voigt-Salus Insolvenzrecht, 2. Auflage 2010
Pelka/Niemann Praxis der Rechnungslegung in Insolvenzverfahren, 2001
Pohlmann Befugnisse und Funktionen des vorläufigen Insolvenzverwalters, 1998
Rendels/Zabel Insolvenzplan, 2. Aufl 2015
RGRK – Das Bürgerliche Gesetzbuch mit besonderer Berücksichtigung der Rechtsprechung des Reichsgerichts und des Bundesgerichtshofs, 12. Auflage 1974 ff
Richardi (Hrsg) Kommentar zum Betriebsverfassungsgesetz mit Wahlordnung, 15. Auflage 2016 (zit: *Richardi/Bearbeiter*)
Roth/Altmeppen Gesetz betreffend die Gesellschaften mit beschränkter Haftung (GmbHG), 8. Auflage 2015 (zit: *R/A/Bearbeiter*)
Rowedder/Schmidt-Leithoff GmbHG, 6. Auflage 2017
Runkel/Schmidt (Hrsg) Anwalts-Handbuch Insolvenzrecht, 3. Auflage 2015 (zit: *R/S/Bearbeiter*)
Saenger (Hrsg) Zivilprozessordnung, 7. Auflage 2017 (zit: Hk-ZPO/*Bearbeiter*)
Saenger/Inhester (Hrsg) GmbHG, Kommentar, 3. Auflage 2016 (zit: Hk-GmbHG/*Bearbeiter*)
Schaub Arbeitsrechts-Handbuch, 17. Auflage 2017 (zit: *Schaub/Bearbeiter*)
Schiessler Der Insolvenzplan, 1997
Schmidt, A (Hrsg) Hamburger Kommentar zum Insolvenzrecht, 6. Auflage 2017 (zit: HambKomm/*Bearbeiter*)
Schmidt, K (Hrsg) Insolvenzordnung, 19. Auflage 2016 (zit: *K Schmidt/Bearbeiter*; wenn der Herausgeber selbst zitiert wird, nur: *K Schmidt*)
Schmidt-Räntsch Insolvenzordnung mit Einführungsgesetz, 1995
Schmidt, K/Uhlenbruck (Hrsg) Die GmbH in Krise, Sanierung und Insolvenz, 5. Auflage 2016 (zit: K Schmidt/Uhlenbruck/*Bearbeiter*)
Schrader/Straube Insolvenzarbeitsrecht, 2008
Scholz (Hrsg) GmbHG, 110. Auflage 2012/2015
Schönke/Schröder StGB, 29. Auflage 2014
Schuschke/Walker Vollstreckung und vorläufiger Rechtsschutz, 6. Auflage 2016 (zit: *S/W/Bearbeiter*)
Smid Grundzüge des Insolvenzrechts, 4. Auflage 2002
Smid/Rattunde/Martini Der Insolvenzplan: Handbuch für das Sanierungsverfahren gemäß §§ 217 bis 269 InsO; mit praktischen Beispielen und Musterverfügungen, 4. Auflage 2015
Stahlhacke/Preis/Vossen Kündigung und Kündigungsschutz im Arbeitsverhältnis, 11. Auflage 2015
Staudinger Bürgerliches Gesetzbuch und Nebengesetze, 1995 bis 2015
Stein/Jonas Kommentar zur Zivilprozessordnung, 22. Auflage 2002 ff
Stephan/Riedel InsVV, 2010
Stöber Forderungspfändung, 16. Auflage 2013
ders Kommentar zum Zwangsversteigerungsgesetz (ZVG), 21. Auflage 2016
Thomas/Putzo Zivilprozessordnung (ZPO), 38. Auflage 2017
Uhlenbruck/Hirte/Vallender (Hrsg) Insolvenzordnung, 14. Auflage 2015 (zit: *Uhlenbruck/Bearbeiter*; wenn Herr Uhlenbruck selbst zitiert wird: nur *Uhlenbruck*)
Ulmer/Habersack/Löbbe (Hrsg) GmbHG Großkommentar, 2. Auflage 2013 und Ergänzungsband MoMiG, 2. Auflage 2014 (zit: *U/H/L/Bearbeiter*)
Vallender EuInsVO, 2017
Wiese/Kreutz/Oetker/Raab/Weber/Franzen/Gutzeit/Jacobs Gemeinschaftskommentar zum Betriebsverfassungsgesetz, 11. Auflage 2017 (zit: GK-BetrVG/*Bearbeiter*)
Wimmer (Hrsg) Frankfurter Kommentar zur Insolvenzordnung, 8. Auflage 2015 (zit: FK/*Bearbeiter*)
Zimmer Insolvenzrechtliche Vergütungsverordnung 2018
Zöller Zivilprozessordnung, 31. Auflage 2016
Zwanziger Das Arbeitsrecht der Insolvenzordnung, 5. Auflage 2015

Einleitung

Die **Insolvenzordnung (InsO)** und ihr **Einführungsgesetz (EGInsO)** traten am 1.1.1999 vollständig in Kraft (§ 335 InsO, Art 110 Abs 1 EGInsO).[1] Sie haben das frühere InsR abgelöst: die Konkursordnung von 1877 (KO), die Vergleichsordnung von 1935 (VerglO) und die Gesamtvollstreckungsordnung (GesO) idF von 1991 (Art 2 EGInsO). Für Verf, die seit ihrem Inkrafttreten beantragt worden sind, gilt ausschließlich die InsO (Art 104 EGInsO), mit einer Einschränkung der Anfechtbarkeit zurückliegender Rechtshandlungen (Art 106 EGInsO). 1

Die InsO ist das Erg einer großangelegten **Reform**. Der Bundesjustizminister setzte 1978 die **Kommission für InsR** ein mit dem Auftrag, die Gesetzgebung für eine umfassende Reform vorzubereiten. Mitglieder der Kommission waren Vertreter der Justiz, der Anwaltschaft, der zuständigen Bundes- und Landesministerien, der Wirtschaft, der Gewerkschaften und der Wissenschaft. Die Kommission zog ihrerseits SV und ständige Berater heran. Sie legte ihre Erg 1985 und 1986 in zwei Berichten vor: Erster Bericht der Kommission für InsR, hrsg vom BMJ, 1985; Zweiter Bericht der Kommission für InsR, hrsg vom BMJ, 1986. 2

Das BMJ verarbeitete die Kommissionsvorschläge und die zwischenzeitliche Diskussion in einem **DiskE** (1988, mit „Ergänzungen" im Juni 1989). Ihm folgte im November 1989 ein **RefE**, ergänzt durch den RefE eines EG zur InsO (1990). Im Frühjahr 1992 wurde der **RegE** einer Insolvenzordnung (InsO), im November 1992 der **RegE** des EG zur Insolvenzordnung (EGInsO) in die **parlamentarische Beratung** gegeben: BT-Drucks 12/2443 (RegE InsO) und BT-Drucks 12/3803 (RegE EGInsO), beide mit den Stellungnahmen des BR und den Gegenäußerungen der BReg. 3

Im **BTag** erarbeitete der **RAussch** eine ausf begründete BeschlEmpfehlung,[2] der das **Plenum** mit Beschl v 21.4.1994 folgte.[3] Im Vermittlungsverfahren mit dem **BR** wurde das Inkrafttreten auf den 1.1.1999 hinausgeschoben; dadurch sollte den Ländern genug Zeit für die nötigen Umstellungen in der Justiz gegeben werden. 4

Der **Reformbedarf** ergab sich äußerlich aus der Tatsache, dass nach dem bisherigen Recht für ungefähr drei Viertel aller Ins ein InsVerf nicht durchgeführt werden konnte, weil die Masse nicht einmal für die Deckung der durch das Verf entstehenden Kosten und Verbindlichkeiten ausreichte **(„Massearmut")**. Der Grund dafür wurde in der übermäßigen Ausbreitung der **Vorrechte** und **Sicherungsrechte** gesehen. Auch kam es kaum noch zur **Erhaltung von Unternehmen** durch VergleichsVerf. Misslich war auch die Verteilung des InsR auf zwei Gesetze (KO und VerglO), zu denen später noch die aus dem Recht der DDR hervorgegangene GesO kam. 5

Die **Kommission für InsR** hatte den Auftrag, Regelungen zur Beseitigung der Massearmut zu finden, ein leistungsfähiges SanierungsVerf zu entwerfen und die Arbeitnehmerrechte in der Ins zu stärken. Die Diskussion, die den Berichten der Kommission folgte, erhielt – bedingt auch durch den 1982 erfolgten Wechsel der BReg – andere politische Vorzeichen. Die **Entwürfe des BMJ** wurden mit dem Anspruch vorgelegt, „Marktkonformität" und „Deregulierung" der InsBereinigung durch „Gläubigerautonomie", „Vermögensorientie- 6

1 BGBl I S 2866, 2911.
2 BT-Drucks 12/7302.
3 BR-Drucks 336/94.

rung“ des Verf, „Wettbewerb um die beste Verwertungsart“, „Verzicht auf Zwangseingriffe in Vermögensrechte“, „Achtung der Investitionsfreiheit“ und „Verzicht auf jede Umverteilung“ zu erreichen; der **RegE** wurde ganz unter dieses „ordnungspolitische“ Leitbild gestellt.[4] Die Entwürfe griffen andererseits auch das Problem der **Verbraucherverschuldung** auf; für überschuldete natürliche Personen wurde ein Verf der **Schuldbefreiung** vorgesehen.

7 Im **BTag** fand der RegE grds Zustimmung. Zur Vereinfachung und Straffung wurde er jedoch erheblich überarbeitet und gekürzt sowie für die VerbraucherIns um ein vorgeschaltetes SchuldenbereinigungsVerf ergänzt.[5]

8 Die InsO enthält gegenüber der KO und der VerglO die folgenden **wesentlichen Neuerungen**:

1. Konkurs und Vergleich sind zu einem **einheitlichen Verf** zusammengeführt, das entweder zur Verwertung der InsMasse und Erlösverteilung oder zu abw Regelungen, namentlich zur Unternehmenserhaltung führen kann (s § 1 S 1 InsO).
2. Der gerichtliche Vergleich ist zu dem **Institut des InsPlans** ausgebaut worden (§§ 217–269 InsO). Mit diesem kann die Erhaltung des schuldnerischen Unternehmens, aber auch jede andere Art der InsBereinigung durch MehrheitsBeschl organisiert werden.
3. Die **rechtzeitige Eröffnung des InsVerf** wird durch eine Reihe von Vorschriften gefördert, s zB §§ 18, 26 Abs 1 und Abs 3 InsO sowie die Möglichkeit von Eigenverwaltung und Restschuldbefreiung, §§ 270, 286 InsO.
4. Die **Autonomie der Beteiligten** ist ausgebaut worden. Die GlVersammlung entscheidet über den Weg zur InsBereinigung (§ 157 InsO) sowie über die Modalitäten der Verwertung (§§ 159 ff InsO) oder einer abw InsBereinigung durch einen InsPlan (§§ 217, 235 InsO). Dem Schu kann die Eigenverwaltung der InsMasse unter Aufsicht überlassen werden (§§ 270 ff InsO).
5. Die **Konkursvorrechte** sind **abgeschafft**; eine Rangfolge gibt es nur noch zulasten von Nebenforderungen und Forderungen aus Sondertatbeständen (s §§ 38, 39 InsO).
6. Die **gesicherten Gl** sind in das InsVerf eingebunden (s §§ 165 ff InsO). Sachen, die unter **Eigentumsvorbehalt** stehen, können wenigstens bis zum „Berichtstermin“ nicht herausverlangt werden (§ 107 Abs 2 InsO).
7. **Arbeitnehmerrechte** und InsR sind aufeinander abgestimmt worden (s §§ 120 ff InsO).
8. Das **AnfR** ist wirksamer ausgestaltet (§§ 129 ff InsO).
9. Für natürliche Personen gibt es die Möglichkeit der **Restschuldbefreiung** (§§ 286 ff InsO).
10. Für natürliche Personen mit keiner selbstständigen Erwerbstätigkeit sind Anreize zur **außergerichtlichen Schuldenbereinigung**, die Möglichkeit einer **gerichtlichen Schuldenbereinigung** sowie ein **vereinfachtes InsVerf (VerbrInsVerf)** geschaffen worden (§§ 304 ff InsO). Das Verfahren wurde allerdings zum 1.7.2014 maßgeblich novelliert (unten Rn 18).

9 Außerhalb der InsO sind **weitere Neuerungen** wesentlich: Die Haftung bei Vermögensübernahme nach § 419 BGB ist **abgeschafft** (Art 33 Nr 16 EGInsO); der erweiterte Eigentumsvorbehalt in der Form des **Konzernvorbehalts** ist nichtig (§ 455 BGB); das **AnfG** ist (in Anlehnung an die InsAnf) neu gefasst (Art 1 EGInsO).

10 Die **Gesetzesmaterialien** sind zusammengestellt und abgedr bei *Balz/Landfermann* Die neuen Insolvenzgesetze; *Kraemer* Das neue Insolvenzrecht; *Kübler/Prütting* Das neue Insolvenzrecht; *Schmidt-Räntsch* Insolvenzordnung; *Uhlenbruck* Das neue Insolvenzrecht. Eine ausf **Darstellung** der **Entstehungsgeschichte** geben *Balz* in Balz/Landfermann, S XXIX ff; *Hofmann* DRiZ 1994, 411.

---

4 RegE S 73–80.

5 Bericht des RAussch, BT-Drucks 12/7302, 151 ff.

Seit ihrer Verkündung (Rn 1) wurde die InsO mehrfach (sogar noch vor ihrem Inkrafttreten) **geändert**.[6] Durch die **EG-VO Nr 1346/2000 über InsVerf**,[7] in Kraft seit dem 31.5.2002, wurden Vorschriften, welche die InsO ergänzen, für grenzüberschreitende InsFälle innerhalb der EU geschaffen; Kommentierung der VO hier in Kap VI. Das Gesetz zur **Neuregelung des int InsR** v 14.3.2003[8] hat im Anschluss daran in seinem Art 1 Durchführungsbestimmungen zu der EG-VO (Art 102 §§ 1–11 EGInsO; Kommentierung hier in Kap II) sowie durch Art 2 einen neuen Elften Teil: „Internationales Insolvenzrecht" der InsO (§§ 335–358) geschaffen. Gesetze zur Umsetzung europ Richtlinien führten zu weiteren Änderungen an einzelnen Stellen.[9] 11

Auch die 16. Wahlperiode des BTags (ab Oktober 2005) wurde intensiv für **Änderungen im InsR** genutzt. Das „Gesetz zur Vereinfachung des Insolvenzverfahrens" v 13.4.2007[10] ist mit zahlreichen Änderungen und Ergänzungen der VerfRegeln, aber auch mit inhaltlichen Neuerungen am 1.7.2007 in Kraft getreten. Die **VerfRegeln** erlauben für einfache Fälle ein rein schriftliches Verf (§ 5 InsO) und sie betreffen die Zustellungen und Bekanntmachungen (vor allem §§ 8, 26, 27, 30, 34, 188 InsO) und die Form des Eröffnungsantrags (§ 13 InsO). Öffentliche Bekanntmachungen erfolgen nur noch elektronisch (§ 9 InsO); deshalb wurde gleichzeitig auch die VO zu öffentlichen Bekanntmachungen in InsVerf im Internet (BGBl I 2002, 677) geändert.[11] Die **inhaltlichen Veränderungen** betreffen die vorläufige Sicherung der InsMasse im EröffnungsVerf gegen Aussonderung und Absonderung (§ 21 InsO), den Neuerwerb des InsSchu zur InsMasse (§ 35 InsO), die Auswahl des InsVerw (§ 56 InsO), die Erfüllung gegenseitiger Verträge (§§ 108, 109 InsO), die InsAnf (§ 138 InsO), die Unternehmensveräußerung vor dem Berichtstermin (§§ 158, 160 InsO) und die Behandlung bestr InsFord (§ 184 InsO). In der **InsVV** ist die Vergütung des vorl InsVerw neu geregelt worden (§ 11 InsVV).[12] 12

Erhebliche Unruhe in der Fachwelt löste der „Entwurf eines Gesetzes zum Pfändungsschutz der Altersvorsorge und zur Anpassung des Rechts der Insolvenzanfechtung" aus.[13] Mit seinem AnfTeil wollte die BReg die InsAnf von Zahlungen des Schu auf öffentlich-rechtliche Forderungen (Steuern, Sozialabgaben) erschweren. Dieser Teil des RegE scheiterte im BTag im Dezember 2007 nach einstimmiger Ablehnung durch den RAussch.[14] Für den **Arbeitnehmeranteil zur Sozialversicherung** wurde jedoch anschließend eine Regelung im SGB IV geschaffen, die ihn in der Ins des Arbeitgebers vor der Anf doch schützen soll.[15] Die nicht nur inhaltlich, sondern auch wegen des versteckten Vorgehens der BReg lebhaft kritisierte Regelung wurde unterdessen durch die höchstrichterliche Rspr zu Makulatur, ist aber vom Gesetzgeber noch immer nicht abgeschafft.[16] 13

---

6 Angaben in der 4. Aufl, Einl Rn 11 f.
7 ABlEG Nr L 160 v 30.6.2000.
8 BGBl I S 345.
9 Gesetz v 8.12.1999 zur Umsetzung der Richtlinie über Zahlungs- und Abrechnungssysteme, BGBl I S 2384; Gesetz v 5.4.2004 zur Umsetzung der Richtlinie über Finanzsicherheiten, BGBl I S 502.
10 BGBl I S 509.
11 Art 2 InsOVereinfG; dazu *Holzer* ZIP 2008, 391; zum Übergangsrecht *Sternal* NZI 2008, 158.
12 BGBl I 2006 S 3389.
13 BT-Drucks 16/886; s dazu 4. Aufl, Einl Rn 14 Fn 12.
14 BeschlEmpfehlung des RAussch, BT-Drucks 16/3844.
15 § 28e Abs 1 S 2 SGB IV idF des Gesetzes zur Änderung des Vierten Buches Sozialgesetzbuch und anderer Gesetze v 22.12.2007, BGBl I S 3024.
16 Su § 129 Rn 5 sowie 5. Aufl Einl Rn 13; *Weiland* DZWIR 2011, 224, 226–229.

14 Wichtige Änderungen der InsO insb zu den InsAntragspflichten der Organe von juristischen Personen (§ 15a InsO) sowie der Besicherung und der Rückgewähr von Gesellschafterdarlehen (§§ 19, 39, 44a, 135, 143 InsO) enthält Art 9 des Gesetzes zur Modernisierung des GmbH-Rechts und zur Bekämpfung von Missbräuchen (**MoMiG**) v 28.10.2008.[17] Hinzuweisen ist auch auf das Gesetz zur Weiterentwicklung der Organisationsstrukturen in der gesetzlichen Krankenversicherung (**GKV-OrgWG**) v 15.12.2008.[18] Durch dessen Art 1 Nr 7 wurde § 171b SGB V dahin neu gefasst, dass ab 1.1.2010 § 12 Abs 1 Nr 2 InsO auf Krankenkassen keine Anwendung findet und die InsO grds auch für eine Krankenkasse gilt. Die durch Art 1 Nr 8 dieses Gesetzes eingeführten §§ 171c–171f SGB V befreien die Länder ab 1.1.2009 von einer Haftung nach § 12 Abs 2 InsO für die Ansprüche der Beschäftigten von Krankenkassen auf Leistungen der Altersversorgung und auf InsGeld (§ 171c SGB V), regeln die Haftung des Spitzenverbandes Bund der Krankenkassen im InsFall einer Krankenkasse (§ 171d SGB V) und die Bildung von Deckungskapital für bestimmte Versorgungszusagen und für Beihilfeverpflichtungen (§ 171e SGB V). Nach dem durch Art 1 Nr 9 des Gesetzes eingefügten § 171f SGB V gelten die §§ 171b–171e SGB V für die Verbände der Krankenkassen entspr.[19] Von Bedeutung für die InsO (§ 36 InsO) ist ferner das gem seinem Art 10 Abs 1 überwiegend am 1.7.2010 in Kraft getretene Gesetz zur Reform des **Kontenpfändungsschutzes** v 7.7.2009[20] mit der Einf des Pfändungsschutzkontos (§ 850k ZPO nF). In seinem Art 3 passte es den Wortlaut von § 36 Abs 1 S 2 InsO an die neue Paragraphenfolge der ZPO an (§ 850l ZPO statt bisher § 850i ZPO). Durch Art 4 Nr 6 des Gesetzes zur Reform der Sachaufklärung in der Zwangsvollstreckung v 29.7.2009[21] wurden § 26 Abs 2 und § 98 Abs 3 S 1 InsO an die durch dieses Gesetz eingeführten Vorschriften der ZPO angepasst. Durch Art 8 Nr 7 des Gesetzes zur Umsetzung der Verbraucherkreditrichtlinie, des zivilrechtlichen Teils der **Zahlungsdiensterichtlinie** sowie zur Neuordnung der Vorschriften über das Widerrufs- und Rückgaberecht v 29.7.2009[22] wurden § 21 Abs 2 S 2, § 96 Abs 2, § 116 S 3 und § 147 S 2 InsO dem Wortlaut der neuen §§ 675b ff BGB angeglichen. Durch das Gesetz zur Erleichterung der Sanierung von Unternehmen v 24.9.2009[23] wurde **§ 19 Abs 2 InsO** idF v Art 5 des Gesetzes zur Umsetzung eines Maßnahmepakets zur Stabilisierung des Finanzmarktes (Finanzmarktstabilisierungsgesetz – FMStG) v 17.10.2008[24] bis zum Ablauf des 31.12.2013 verlängert (und schließlich entfristet, unten Rn 17)

15 Der Entwurf eines Gesetzes zur Verbesserung und Vereinfachung der Aufsicht in InsVerf **(GAVI)**[25] und der Entwurf eines Gesetzes zur Entschuldung mittelloser Personen, zur Stärkung der GlRechte sowie zur Regelung der InsFestigkeit von Lizenzen[26] unterfielen der Diskontinuität.

16 In der 17. Wahlperiode des BTags (ab Oktober 2009) wurden durch Art 2 des Gesetzes zur Umsetzung der geänderten Bankenrichtlinie und der geänderten Kapitaladäquanzrichtlinie v 9.11.2010[27] § 21 Abs 2, § 96 Abs 2, § 166 Abs 3 Nr 1 und § 223 Abs 1 Nr 1 InsO den in Art 1 des Gesetzes vorgenommenen Änderungen des KWG angepasst. Durch Art 3 **Haushaltsbegleit-**

---

17 BGBl I S 2026; dazu BT-Drucks 16/6140 und 16/9737.
18 BGBl I S 2426.
19 Krit *Lundberg/Sänger* ZInsO 2012, 1556 ff.
20 BGBl I S 1707.
21 BGBl I S 2258.
22 BGBl I S 2355.
23 BGBl I S 3151.
24 BGBl I S 1982.
25 BR-Drucks 566/07 (abgedr in KTS 2007, 535); BT-Drucks 16/7251 (abgedr in ZVI 2008, 124).
26 BT-Drucks 16/7416 (abgedr in ZVI 2008, 129).
27 BGBl I S 1592.

gesetz 2011 (HBeglG 2011) v 9.12.2010[28] wurden § 14 Abs 1 InsO zwei neue Sätze sowie ein Abs 3 angefügt[29] und § 55 InsO um einen Abs 4 ergänzt.[30] Nach dem durch Art 4 HBeglG 2011 in das EGInsO eingefügten Art 103e sind auf vor dem 1.1.2011 beantragte InsVerf die bis dahin geltenden Vorschriften anzuwenden. Das Gesetz zur Restrukturierung und geordneten Abwicklung von Kreditinstituten, zur Errichtung eines Restrukturierungsfonds für Kreditinstitute und zur Verlängerung der Verjährungsfrist der aktienrechtlichen Organhaftung (Restrukturierungsgesetz) v 9.12.2010[31] hat in Art 1 das Gesetz zur Reorganisation von Kreditinstituten (**Kreditinstitute-Reorganisationsgesetz** – KredReorgG) ins Leben gerufen, das die Sanierung oder Reorganisation von Kreditinstituten unter Einschaltung der Bundesanstalt für Finanzdienstleistungsaufsicht (BaFin) und eines Sanierungs- oder Reorganisationsberaters in einem Verf vor dem OLG außerhalb der InsO bezweckt. Durch Art 2 des Gesetzes zur Änderung des § 522 der Zivilprozessordnung vom 21.10.2011[32] wurde **§ 7 InsO aufgehoben**. Das hat zur Folge, dass RechtsBeschw gegen Entsch über sofortige Beschw in InsSachen in entspr Anwendung von § 574 Abs 1 Nr 2 ZPO nur noch bei Zulassung durch das BeschwGer statthaft sind. Durch Art 4 Nr 1 dieses Gesetzes wurde Art 102 § 7 EGInsO um einen S 2 ergänzt; danach gelten die §§ 574–577 ZPO entspr. Durch Art 4 Nr 2 wurde die Übergangsvorschrift Art 103f in das EGInsO eingefügt.

Bedeutende und in ihren Auswirkungen noch nicht abzusehende Änderungen insb der InsO hat das Gesetz zur weiteren Erleichterung der Sanierung von Unternehmen v 7.12.2011[33] – das sog **ESUG** – gebracht, das nach seinem Art 10 überwiegend am 1.3.2012 in Kraft getreten ist. Es soll vor allem – nicht zuletzt mit der in dem neuen § 225a InsO vorgesehen Möglichkeit eines **Debt-Equity-Swaps** (Abs 2) – zu einer Verbesserung des InsPlanVerf und durch die Stärkung der Eigenverwaltung sowie die Einführung eines **„Schutzschirms“** (§ 270b InsO) zu einer möglichst frühzeitig angestrebten Restrukturierung in einem InsVerf führen.[34] Dabei werden die Gl durch die Beteiligung des ebenfalls neu eingeführten **vorl GlAusschusses** (§ 22a InsO) stärker in die Entsch über die Eigenverwaltung eingebunden.[35] Auch bei der **Bestellung des InsVerw** ist dem vorl GlAusschuss mit dem neuen § 56a InsO eine nicht unwesentliche Rolle zugewiesen, die freilich die Unabhängigkeit des InsVerw nicht beeinträchtigen darf.[36] In dem neuen § 26a InsO und in Art 2 ESUG finden sich Regelungen über die Festsetzung der Vergütung des vorl InsVerw und – in Ergänzung von § 17 InsVV – über die Höhe der Vergütung der Mitglieder des vorl GlAusschusses. Art 4, 5 und 6 ESUG regeln Änderungen von GVG, RpflG und ZVG. Art 7 ESUG enthält das wichtige Gesetz über die Insolvenzstatistik (**Insolvenzstatistikgesetz** – InsStatG), das gem Art 10 ESUG am 1.1.2013 in Kraft trat und nach der Übergangsregelung in § 6 nach dem 31.12.2008 eröffnete InsVerf erfasst.[37] Auswirkungen auf das InsVerf hat auch das Gesetz zur Einführung einer **Rechtsbehelfsbelehrung** im Zivilprozess und zur Änderung anderer Vorschriften v 5.12.2012.[38] Insb enthält dieses Gesetz in Art 4 17

---

28 BGBl I S 1885.
29 Dazu krit *Marotzke* ZInsO 2011, 841 mwN; *Gundlach/Rautmann* NZI 2011, 315.
30 Dazu eingehend *Kahlert* ZIP 2011, 401; *Heinze* ZInsO 2011, 603; *Onusseit* ZInsO 2011, 641.
31 BGBl I S 1900; vgl *F Müller* KTS 2011, 1; *Wolfers/Voland* WM 2011, 1159.
32 BGBl I S 2082.
33 BGBl I S 2582. Der Gesetzentwurf der Bundesregierung (BT-Drucks 17/5712) mit den Beschlussempfehlungen des 6. (Rechts-) Ausschusses (BT-Drucks 17/7511) ist abgedr in Beil 2 zu ZIP 44/2011.
34 *Graf-Schlicker* ZInsO 2013, 1765.
35 HambKomm/*Fiebig* Vorb zu §§ 270 ff Rn 7.
36 *Graf-Schlicker* ZInsO 2013, 1766.
37 Dazu *Heyer* NZI 2012, 945 ff.
38 BGBl I S 2418; dazu *Zipperer* NZI 2013, 865 ff.

Änderungen des RpflG,[39] die in Nr 1 Buchst b und Nr 7 das AusführungsG zum deutsch-österreichischen Konkursvertrag und in Nr 2 die Rechtsbelehrung bei Entsch des RPflegers betreffen. Durch den am 12.12.2012 in Kraft getretenen Art 18 wurde Art 6 Abs 3 FMStG aufgehoben mit der Folge, dass **§ 19 Abs 2 InsO** nunmehr **unbefristet** gilt.[40]

18 Von erheblicher Bedeutung ist das Gesetz zur **Verkürzung des Restschuldbefreiungsverfahrens** und zur Stärkung der Gläubigerrechte v 15.7.2013,[41] das nach seinem Art 9 überwiegend am 1.7.2014 in Kraft getreten ist. Es ändert vor allem die Dauer des Restschuldbefreiungsverfahrens (§§ 286–303 InsO) und verkürzt sie grds auf **drei Jahre**, wenn der Schu die Kosten des Verf berichtigt hat und dem InsVerw oder Treuhänder innerhalb dieses Zeitraums ein Betrag zugeflossen ist, der eine Befriedigung der Forderungen der InsGl in Höhe von mindestens 35 Prozent ermöglicht, oder – falls dieser Prozentsatz nicht erreicht wird – auf **fünf Jahre** nach VerfKostenberichtigung (Art 1 Nr 30 [§ 300 Abs 1 nF]). Wegen der mit dem Prozentsatz von 35 % verbundenen Unsicherheiten ist in Art 6 Nr 3 (Art 107 EGInsO neu) eine **Evaluation** bis zu 30.6.2018 vorgesehen. Das Gesetz **schafft** in Art 1 Nr 38 **das vereinfachte InsVerf** (§§ 312–314 InsO) **ab**. Anfechtungsberechtigt im VerbraucherInsVerf ist seit dem 1.7.2014 nur noch der InsVerw, nicht mehr jeder oder ein bestimmter InsGl oder der Treuhänder. Das Gesetz hebt in Art 1 Nr 15 den § 114 InsO auf. Es enthält in Art 1 Nr 4 und 5 ferner Änderungen von § 4c Nr 4, § 5 Abs 2 InsO, in Art 1 Nr 6 Änderungen über die Festsetzung der Vergütung des vorl InsVerw (§ 26a InsO) und in Art 1 Nr 12 über die Höhe seiner Vergütung (§ 63 Abs 3 neu InsO). In Art 1 Nr 13 wird durch Ergänzung des § 65 InsO die **Ermächtigung des Bundesministeriums der Justiz** ausdrücklich **auf den vorl InsVerw erstreckt**. Art 5 ändert die InsVV durch Nr 1 in § 3, durch Nr 3 in § 11 – und kehrt hier im Grundsatz zu der ursprünglichen Rspr des BGH zurück[42] – sowie durch Nr 4 in § 13 (Ermäßigung des der Vergütung des InsVerw im VerbraucherInsVerf bei Erstellung der Unterlagen nach § 305 Abs 1 Nr 3 InsO von einer geeigneten Person oder Stelle). Von Einfluss auf das InsR ist auch das Gesetz zur **Änderung des Prozesskostenhilfe**– und Beratungshilferechts v 31.8.2013,[43] das nach seinem Art 20 am 1.1.2014 in Kraft getreten ist und durch dessen Art 6 die Vorschrift des § 4b InsO an die neue Rechtslage in §§ 115, 120 und 120a ZPO angepasst wurde.

19 In der 18. Wahlperiode des BTag hat vor allem eine Reform des Anfechtungsrechts sowie ein **KonzernInsR** Gesetzeskraft erlangt.[44] Die Bundesregierung hatte unter dem Datum des 30.1.2014 – nach einem noch in der 17. Wahlperiode vorgestellten DiskE[45] und dem GEntwurf für ein KonzernInsR[46] – den Entwurf eines G zur Erleichterung und Bewältigung von Konzerninsolvenzen beschlossen.[47] Die Behandlung des Entwurfs war zunächst jedoch ins Stocken geraten; mit Gesetz v 13.4.2017 (BGBl I, 1693, 1817) wurde es jedoch in Kraft

39 Bekanntmachung der Neufassung des Rechtspflegergesetzes v 14.4.2013, BGBl I S 778, aufgrund der Erlaubnis in Art 20 des G v 5.12.2012.

40 Dazu ZInsO 2012, 2288 f.

41 BGBl I S 2379; dazu *Graf-Schlicker* ZInsO 2013, 1767 f.

42 *BGHZ* 146, 165 (Beschl v 14.12.2000 – IX ZB 105/00).

43 BGBl I S 3533.

44 Vgl *Graf-Schlicker* ZInsO 2013, 1768 f.

45 Www.brak.de/w/files/newsletter_archiv/berlin/2013/nab_04_2013_disse_konzerninsolvz.pdf; abgedruckt in Beil 1 zu ZIP 2/2013. Dazu *Leutheusser-Schnarrenberger* ZIP 2013, 97, 98, 100–102; *Zipperer* ZIP 2013, 1007 ff; *Pleister* ZIP 2013, 1013 ff; Sladek/Heffner/Graf Brockdorff/*Vallender* Insolvenzrecht 2013/2014, 3. Aufl 2013, S 303 ff.

46 BR-Drucks 663/13, BR-Drucks 663/1/13 und BR-Drucks 663/13 (Beschluss). Der Normtext von BR-Drucks 663/13 ist abgedr in KTS 2013, 339 ff, die Begr in Beil 4 zu ZIP 37/2013. Dazu *Siemon* NZI 2014, 55 ff; *Verhoeven* ZInsO 2014, 217 ff.

47 BT-Drucks 18/407. Die Einl und der Normtext sind abgedr in ZInsO 2014, 286 ff.

gesetzt mit Wirkung zum 21.4.2018. Die Änderungen betreffen §§ 3a–3e, § 13a, §§ 269a–269i. Diese Vorschriften sind hier erstmals kommentiert.

Auch im internationalen und im europäischen Bereich ist die KonzernIns zum Thema geworden.[48] Der europäische Verordnungsgeber hatte am 5.6.2015 eine umfassende Neufassung der EuInsVO (VO 848/2015) beschlossen, die gem ihrem Art 92 S 2 im Wesentlichen zum 26.6.2017 in Kraft getreten ist.[49] Die Neufassung führt nach deutschen Vorschlägen eigene Regelungen zur KonzernIns ein. Darüber hinaus beinhaltet die Reform ua maßgebliche Änderungen im Bereich des Sekundärinsolvenzverfahrens sowie Vorschriften zur Einrichtung eines Europäischen Insolvenzregisters.[50]

In Deutschland ist darüber hinaus trotz Kritik von Wissenschaft und Praxis und nach langer Diskussion eine **Reform der Insolvenzanfechtung** mit Gesetz vom 5.4.2017 erfolgt (BGBl I, 502). Die Änderungen betreffen § 133, § 142, § 143. Die Übergangsvorschrift findet sich in Art 103j EGInsO, dabei ist die Sonderregelung für die Verzinsung in Art 103j Abs 2 EGInsO zu beachten. Das Gesetz hat vor allem einen größeren Anfechtungsschutz kongruenter Deckungen zum Ziel. Dazu ist § 133 Abs 3 eingefügt und das Bargeschäftsprivileg des § 142 verstärkt worden. Das Gesetz hat zudem das **Antragsrecht des Gl** in § 14 S 2 geändert. Der Zwei-Jahres-Zeitraum bei den wiederholten Anträgen ist gestrichen worden. 20

Geändert worden ist auch § 104 mit G v 22.12.2016,[51] nachdem der BGH am 9.6.2016 einen Rahmenvertrag für Finanzdienstleistungen für mit § 104 aF nicht vereinbar angesehen hatte.[52] Dieses Urteil hatte im Bankensektor für erhebliche Unruhe gesorgt. Der Gesetzgeber hat daraufhin eine rückwirkende Neuregelung für die Zeit vom 10.6.2016 bis 28.12.2016 und ferner für die Zeit ab dem 28.12.2016 in Kraft gesetzt. Die Neufassung des § 104 erlaubt in größerem Umfang (rahmen-)vertragliche Abweichungen von den Vorgaben des § 104. Das betrifft insb das sog **Liquidationsnetting** und die Berechnungsmethoden für die Ausgleichsansprüche. 21

Eine Änderung hat die **Insolvenzantragspflicht** in § 15a Abs 6 InsO mit Gesetz vom 5.6.2017 (BGBl I S 147) mWv 26.6.2017 erfahren. Er betrifft die Strafbarkeit von „nicht richtigen" Anträgen. Im Falle des § 15a Abs 4 Nr 2, auch iVm Abs 5, ist die Tat nunmehr nur noch strafbar, wenn der Eröffnungsantrag rechtskräftig als unzulässig zurückgewiesen wurde. 22

Für die 19. Wahlperiode ist mit weiterer gesetzgeberischer Aktivität zu rechnen, insb aufgrund der zu erwartenden Richtlinie für einen präventiven Restrukturierungsrahmen[53] und nach Vorlage der sog ESUG-Evaluation, die für das erste Halbjahr 2018 ansteht. 23

48 Vgl *Eidenmüller/Frobenius* in Beil 3 zu ZIP 22/2013; *Graf-Schlicker* ZInsO 2013, 1768 f.

49 ABlEU Nr L 141/19 v 5.6.2015.

50 Ausf *Vallender* ZIP 2015, 1513. Zu der Vorgeschichte vgl. den Vorschlag der Europäischen Kommission für eine Verordnung des Europäischen Parlaments und des Rates zur Änderung der Verordnung (EG) Nr 1346/2000 des Rates über Insolvenzverfahren v 12.12.2012 COM(2012) 744 final, 2012/0360 (COD), abgedr in KTS 2013, 201 ff, 212 ff. Dazu auch *Thole/Swierczok* ZIP 2013, 550 ff; *Brünkmans* ZInsO 2013, 797; *Pannen* ZInsO 2014, 222 ff; *Piekenbrock* ZIP 2014, 250 ff.

51 BGBl I S 3147.

52 *BGH* 9.6.2016 – IX ZR 314/14.

53 Dazu der Kommissionsvorschlag für eine Richtlinie st über präventive Restrukturierungsrahmen, die zweite Chance und Maßnahmen zur Steigerung der Effizienz von Restrukturierungs-, Insolvenz- und Entschuldungsverfahren und zur Änderung der st RL 2012/30/EU, KOM(2016), 723 endg.

Kapitel I

Insolvenzordnung (InsO)

vom 5.10.1994 (BGBl. I S. 2866),
zuletzt geändert durch Art. 24 Abs. 3 G vom 23.6.2017 (BGBl. I S. 1693)

Erster Teil
Allgemeine Vorschriften

§ 1 Ziele des Insolvenzverfahrens

[1]Das Insolvenzverfahren dient dazu, die Gläubiger eines Schuldners gemeinschaftlich zu befriedigen, indem das Vermögen des Schuldners verwertet und der Erlös verteilt oder in einem Insolvenzplan eine abweichende Regelung insbesondere zum Erhalt des Unternehmens getroffen wird. [2]Dem redlichen Schuldner wird Gelegenheit gegeben, sich von seinen restlichen Verbindlichkeiten zu befreien.

Übersicht

I. Gesetzgebungshinweise; Normzweck

1 Die Vorschrift hatte keine vergleichbare Regelung in der KO. Der ursprünglich weitergehende § 1 RegE wurde vom BT stark gekürzt. Die jetzige Fassung stellt nach Vorstellung des Gesetzgebers nur eine redaktionelle Straffung der Entwurfsfassung dar.[1] Eine in § 1 Abs 2 S 1 RegE vorgesehene Berücksichtigung der SchuInteressen und seiner Familie sowie der Arbeitnehmer des Schu wurde indes gestrichen;[2] dies erscheint im Hinblick auf die gleichzeitige Abschaffung eines gesicherten Unterhaltsanspruchs des Schu (§ 100 gegenüber § 114 RegE) – trotz der gegenständlich beschränkten Berücksichtigung in § 305 Abs 1 Nr 4 – auch inhaltlich als Rückstufung.

2 § 1 beschreibt – str ist, ob abschließend[3] – die Ziele des InsVerf als Programmsatz, wobei die niedergelegten Verfahrensziele wegen des hohen Abstraktionsgrades nicht justiziabel sind und der Normzweck daher begrenzt ist.[4] Die Bestimmung will wichtige Leitlinien für das InsVerf sowie für die Auslegung der InsO[5] geben, an denen EinzelEntsch ausgerichtet werden können, insb bei zw Rechtslage und vor möglichen Eingriffen in eigentumsähnlich geschützte Rechte (Art 14 Abs 1 GG). Es werden die Rechtsmacht des InsVerw begrenzt sowie die Zulässigkeit v Insolvenzanträgen beschränkt. Der Verfolgung v Zielen, die § 1 widersprechen, kann entgegengewirkt werden. Daher sind offenkundig insolvenzzweckwidrige Handlungen des InsVerw unwirksam.[6] Rechtsmissbräuchlich sind ebenfalls Insolvenzanträge die dazu dienen, Druck auf den Schu auszuüben, damit dieser die Verbindlichkeit erfüllt,[7] oder die den Zweck verfolgen, einen Wettbewerbskonkurrenten zu entfernen (s erg

1 BT-Drucks 12/7302, 155.
2 S *Uhlenbruck/Pape* § 1 Rn 16.
3 **Verneinend**: *Graf-Schlicker/Kexel* § 1 Rn 1; HambKomm/*A Schmidt* § 1 Rn 1, der in § 1 Rn 18, 22 auch die Ordnungsfunktion als Verfahrensziel anerkennt; *K/P/B/Prütting* § 1 Rn 3; **bejahend**: MK/*Ganter/Lohmann* § 1 Rn 7; *K Schmidt* § 1 Rn 2.
4 *K/P/B/Prütting* § 1 Rn 3; *Uhlenbruck/Pape* § 1 Rn 4.
5 *Braun/Kießner* § 1 Rn 1; *N/R/Becker* § 1 Rn 2; *K Schmidt* § 1 Rn 2.
6 ZB *BGHZ* 124, 17, 27 = NJW 1994, 2750; *BGHZ* 150, 353, 360 = ZIP 2002, 1093; *K Schmidt/Sternal* § 80 Rn 34; MK/*Ganter/Lohmann* § 1 Rn 7.
7 *OLG Brandenburg* NZI 2002, 107; *LG Meiningen* ZIP 2000, 1451; *AG Oldenburg* NZI 2002, 391.

§ 14 Rn 33 ff).[8] Neben den in § 1 festgelegten **Primärzielen** gibt es noch nicht ausdrücklich geregelte **Sekundärziele**, wie die Beteiligtenautonomie und die Masseanreicherung. Diese dienen den in § 1 normierten Zwecken, können aber auch eigenständige Aufgaben erfüllen.[9]

II. Gläubigerbefriedigung als Hauptzweck des Verfahrens (S 1)

3 **1. Gläubigerbefriedigung.** S 1 legt als einheitlichen Hauptzweck des – eröffneten[10] – InsVerf die gemeinschaftliche (**par conditio creditorum**) und – auch wenn nicht ausdrücklich in S 1 angesprochen – bestmögliche[11] GlBefriedigung fest.[12] Gemeinschaftliche GlBefriedigung bedeutet die organisatorische Zusammenfassung aller GlInteressen in einer möglichst gerechten Verteilung des aus dem gesamten SchuVermögen herrührenden Erlöses,[13] dessen Maximierung anzustreben ist. Der in der Einzelzwangsvollstreckung geltende Vorrang des schnellsten Gl (§ 804 Abs 3 ZPO) wird – wenn das Vermögen des Schu nicht mehr zur Befriedigung aller Gl ausreicht – durch die möglichst gleiche Behandlung aller ersetzt, iE also meist durch anteilige Berücksichtigung.

4 Gemeinschaftliche GlBefriedigung bedeutet indes nicht zwingend gleichmäßige Befriedigung;[14] eine Bevorzugung (vgl §§ 53 ff) oder eine Benachteiligung (vgl § 39) bestimmter Forderungen bedarf aber einer rechtspolitischen Begründung. Eine Benachteiligung einzelner Gl aus Gründen, die nicht in der InsO vorgesehen sind (zB als Hoheitsträger oder als Ausländer), ist bereits unzulässig. Der Gleichbehandlungsgrundsatz liegt insb den §§ 88, 92, 93, 96, 129 ff und 195 zugrunde, soweit nicht ausnahmsweise abw Verteilungsmaßstäbe (§§ 39, 209) vorgesehen sind.[15] Der Begriff Gl wird in § 1 S 1 nicht definiert sondern vorausgesetzt. Gemeint sind neben den InsGl (§§ 38, 39) auch die absonderungsberechtigten Gl, soweit deren Recht auf vorzugsweise Befriedigung und entspr VerfBeteiligung nicht reicht,[16] und MasseGl (§ 55) iF der §§ 208 ff.[17]

5 **2. Mittel zur Gläubigerbefriedigung.** Zur Erlangung der bestmöglichen GlBefriedigung sieht S 1 die **Verwertung des SchuVermögens** vor. Gemeint ist die Verwertung und Verteilung nach §§ 148 ff, 156 ff. Sie hat Vorrang, soweit keine abw Regelung in einem InsPlan (§§ 217 ff) getroffen wird. Der Erhalt des SchuUnternehmens – mit seinen Arbeitsplätzen – wird nur als ein zulässiges (und erwünschtes) Mittel zur Erreichung jenes Zieles genannt, ist also nicht Selbstzweck.[18] Die GlBefriedigung durch Verwertung kann – auch ohne InsPlan[19] – auf **drei** unterschiedlichen **Wegen**[20] erreicht werden, nämlich durch Liquidation des SchuVermögens, übertragende Sanierung (zB asset deal oder share deal) oder durch Sanierung

---

8 *BGH* ZIP 2011, 1161 Rn 5; *OLG Frankfurt* ZIP 1984, 195; *LG Koblenz* Rpfleger 1975, 318; MK/*Schmahl/Vuia* § 14 Rn 59.
9 *A/G/R/Ahrens* § 1 Rn 48 ff.
10 Vgl *OLG Köln* ZInsO 2000, 606.
11 *A/G/R/Ahrens* § 1 Rn 33; MK/*Ganter/Lohmann* § 1 Rn 51; **einschr** HambKomm/*A Schmidt* § 1 Rn 26.
12 BT-Drucks 12/2443, 108; *BVerfGE* 116, 1 = ZIP 2006, 1355, 1358; FK/*Schmerbach* § 1 Rn 11; vgl für Gleichrang aller genannten Ziele *A/G/R/Ahrens* § 1 Rn 8 ff.
13 *A/G/R/Ahrens* § 1 Rn 29.
14 *Jaeger/Henckel* § 1 Rn 6; *K Schmidt* § 1 Rn 5.
15 Vgl *Jaeger/Henckel* § 38 Rn 3; *K/P/B/Prütting* § 5 Rn 60 ff.
16 *L/S/Z/Smid/Leonhard* § 1 Rn 11, 39.
17 *A/G/R/Ahrens* § 1 Rn 24; *Jaeger/Henckel* § 1 Rn 4.
18 *Jaeger/Henckel* § 1 Rn 2, 5; PK-HWF/*Busch* § 1 Rn 6; *Zipperer/Vallender* NZI 2013, 732; **einschr** MK/*Ganter/Lohmann* § 1 Rn 85; HambKomm/*A Schmidt* § 1 Rn 26.
19 *K Schmidt* § 1 Rn 6.
20 *A/G/R/Ahrens* § 1 Rn 35; FK/*Schmerbach* § 1 Rn 11; *Jaeger/Henckel* § 1 Rn 3.

(zB durch Auffüllen der InsMasse im Wege der Anfechtung).[21] Die Möglichkeiten stehen gleichrangig nebeneinander. Vorgaben, wie die Verwertung zu erfolgen hat, enthält die Bestimmung nicht.

Die **Verwertung ist im Ganzen** (§§ 160 Abs 2 Nr 1, 162 f) – auch im Wege übertragender Sanierung – oder **in Teilen** möglich, je nach dem erwarteten größtmöglichen Reinerlös. Abweichend können die Gl im Rahmen eines InsPlanes (§§ 217 ff) insb die Befriedigung aus den erhofften Erträgen nach einer erfolgreichen **Sanierung des fortzuführenden SchuUnternehmens** beschließen. Damit wird die umfassende EntschZuständigkeit der Gl betont. Der Sanierungszweck wurde durch das ESUG mit der Einführung des Schutzschirmverfahrens (§ 270b) sowie der Aufwertung des InsPlanes als Sanierungsinstrument gestärkt. Mit der Eröffnung des einheitlichen InsVerf wird noch keine VorEntsch in Richtung einer Liquidation oder Sanierung des SchuVermögens getroffen, sondern dies bleibt späterer Meinungsbildung der Gl vorbehalten (§§ 157, 271 f). Insoweit ist die Stärkung der GlAutonomie ein wesentliches Anliegen der InsO.[22] Öffentliche Zwecke – insb sozial-, struktur- oder arbeitsmarktpolitische, fiskalische oder solche des Umweltschutzes – sind für sich unbeachtlich.[23] 6

Um der bestmöglichlichen GlBefriedigung zu dienen, fällt dem InsVerf auch die Aufgabe zu, das **SchuVermögen vollständig zu erfassen**. Diese Ordnungsfunktion[24] kann es zweckmäßig machen, insolvente Gesellschaften abzuwickeln. Dies rechtfertigt aber nicht eine Schmälerung der zur GlBefriedigung erzielbaren Verteilungsmasse.[25] Auch der InsVerw über das Vermögen einer Gesellschaft kann deshalb Massegegenstände freigeben.[26] 7

III. Restschuldbefreiung als weiterer Verfahrenszweck (S 2)

S 2 nennt für den redlichen Schu die Restschuldbefreiung als weiteren VerfZweck,[27] der durch das InsOÄndG 2001 und InsOÄndG 2013 verstärkt wurde. Für natürliche Personen kann sie nach Maßgabe der **§§ 286 ff** notfalls gegen den Willen der Gl durchgesetzt werden. Durch einen **InsPlan (§§ 217 ff)** – also unter Zustimmung einer GlMehrheit (§§ 244 ff) – können die Bedingungen erleichtert und kann Restschuldbefreiung auch einer juristischen Person als Schu sowie den persönlich haftenden Gesellschaftern eines Schu gewährt werden (§ 227 Abs 2). Für Verbraucher setzen vor allem die §§ 305 ff den Zweck des S 2 bes um; daneben besteht seit dem InsÄndG 2013 auch für diese Schu die Möglichkeit der Restschuldbefreiung durch einen InsPlan (§§ 217 ff).[28] 8

---

21 *K Schmidt* § 1 Rn 6.
22 *A/G/R/Ahrens* § 1 Rn 48 ein Sekundärziel; *Andres/Leithaus* § 1 Rn 2; *K/P/B/Prütting* § 1 Rn 14 ff; *Uhlenbruck/Pape* § 1 Rn 4, 13.
23 *Jaeger/Henckel* § 1 Rn 2, 5; MK/*Ganter/Lohmann* § 1 Rn 71.
24 Vgl HambKomm/*A Schmidt* § 1 Rn 18.
25 *BGHZ* 148, 252, 258 = NJW 2001, 2960; *BGHZ* 163, 32, 34 = NJW 2005, 2015; *BVerwG* ZIP 2004, 2147; vgl MK/*Ganter/Lohmann* § 1 Rn 5; **aM** *K Schmidt* § 1 Rn 1, 14.
26 *BGHZ* 163, 32, 34 f = NJW 2005, 2015; *BGH* ZIP 2006, 583; ZIP 2007, 194 Rn 18; *Henckel* FS Kreft S 302 ff; **aM** *K Schmidt* NJW 2010, 1492 f; *K Schmidt* Einl Rn 23, § 1 Rn 1, unter Hinweis auf den im RegE noch in § 1 Abs 2 S 3 enthaltenen Vollabwicklungszweck; mglw auch *Graf-Schlicker/Kexel* § 1 Rn 5.
27 *BGHZ* 144, 78 = NJW 2000, 1869; *BGHZ* 175, 307 Rn 10 = ZIP, 2008, 798; *A/G/R/Ahrens* § 1 Rn 43; FK/*Schmerbach* § 1 Rn 12 f; *K Schmidt* § 1 Rn 10; **einschr** MK/*Ganter/Lohmann* § 1 Rn 97 f; **aM** *Jaeger/Henckel* § 1 Rn 20.
28 S *Uhlenbruck/Sternal* § 311 Rn 58; *Harder* NZI 2013, 70; *Rein* ZVI 2014, 239; *Rugullis* NZI 2013, 869. Diese Neuerung gilt auch für die vor dem 1.7.2014 eingeleiteten Verfahren (Art 103h S 2 EGInsO).

§ 2 Amtsgericht als Insolvenzgericht

(1) Für das Insolvenzverfahren ist das Amtsgericht, in dessen Bezirk ein Landgericht seinen Sitz hat, als Insolvenzgericht für den Bezirk dieses Landgerichts ausschließlich zuständig.

(2) [1]Die Landesregierungen werden ermächtigt, zur sachdienlichen Förderung oder schnelleren Erledigung der Verfahren durch Rechtsverordnung andere oder zusätzliche Amtsgerichte zu Insolvenzgerichten zu bestimmen und die Bezirke der Insolvenzgerichte abweichend festzulegen. [2]Die Landesregierungen können die Ermächtigung auf die Landesjustizverwaltungen übertragen.

(3) [1]Rechtsverordnungen nach Absatz 2 sollen je Bezirk eines Oberlandesgerichts ein Insolvenzgericht bestimmen, an dem ein Gruppen-Gerichtsstand nach § 3a begründet werden kann. [2]Die Zuständigkeit des bestimmten Insolvenzgerichts kann innerhalb eines Landes auch über den Bezirk eines Oberlandesgerichts erstreckt werden.

Übersicht

1 Die §§ 2–10 enthalten allg Vorschriften für das ganze InsVerf. Sie sind öffentlich-rechtlicher Natur und durchweg nicht durch Vereinbarung abdingbar (vgl § 4 InsO iVm 40 Abs 2 S 1 Nr 2 ZPO).[1]

I. Gesetzgebungshinweise; Normzweck

2 § 2 übernimmt die früher in §§ 71 Abs 1 KO, 2 Abs 1 VglO enthaltenen Regelungen der **sachlichen Zuständigkeit**, verstärkt aber die Konzentration der InsGer. Eine mit dem ESUG geplante deutlich stärkere Zuständigkeitskonzentration auf maximal ein InsGer pro LG-Bezirk ist letztlich am Widerstand der BLänder gescheitert.[2] Abs 3 ist durch das Gesetz zur Erleichterung der Bewältigung v Konzerninsolvenzen v 13.4.2017[3] mit Wirkung ab dem 21.4.2018 aufgenommen worden. Ergänzend bestimmt § 3 die **örtliche Zuständigkeit**; die **funktionelle Zuständigkeit** ergibt sich aus dem RPflG (s Rn 7 ff); zw int Zuständigkeit s § 3 Rn 4.

3 **Abs 1** regelt die sachliche Gerichtszuständigkeit für InsVerf und fasst diese bei wenigen, durch Spezialisierung leistungsfähigen Ger zusammen. Die Vorschrift dient gerichtsorganisatorische Zwecken sowie der effizienteren Insolvenzabwicklung. Durch eine Konzentration der InsSachen auf Schwerpunktgerichte besteht die Möglichkeit einer Spezialisierung der mit den Verfahren befassten Richtern und Rechtspflegern, verbunden mit dem Erwerb besonderer Sachkunde und Erfahrung, sowie der ausreichenden Ausstattung dieser Ger mit den notwendigen Sachmitteln. **Abs 2** enthält eine Ermächtigung der Landesregierung bzw Landesjustizverwaltungen, sofern sie dazu ermächtigt worden sind (Abs 2 S 2), andere oder zusätzliche Ger zu InsGer zu bestimmen (s Rn 12). Durch die Möglichkeit der Abweichung v der Konzentrationsregelung soll den besonderen örtlichen Verhältnissen Rechnung getragen werden. Weitere Konzentrationsermächtigungen enthalten § 348 Abs 3, Abs 4, Art 102

---

1 *A/G/R/Ahrens* § 2 Rn 7; *Jaeger/Gerhardt* § 2 Rn 6; MK/*Ganter/Lohmann* Vorb §§ 2–10 Rn 2.
2 Zur Kontroverse um die Erweiterung der Konzentration *Breiter/George ua* ZInsO 2011, 860; *Frind* ZInsO 2009, 952; *Schmerbach* ZInsO 2010, 1670; ZInsO 2011, 405.
3 BGBl I S 866.

§ 1 Abs 3 S 2 EGInsO und Art 102c § 1 Abs 3 S 2 EGInsO für grenzüberschreitende InsVerf (s § 348 Rn 10 f; Art 102 § 1 Rn 11). **Abs 3** will – wie auch Abs 1 – durch die Möglichkeit einer Konzentration der gerichtlichen Zuständigkeit für konzernspezifische Verfahren die besondere, aufgrund wiederholter Behandlung ähnlicher Fälle erworbene Erfahrung und Sachkunde der an den InsGer tätigen Richter und Rechtspfleger für die Bearbeitung v KonzernInsVerf nutzbar machen. Hierdurch soll der Komplexität und Schwierigkeit dieser Verf Rechnung getragen werden.[4]

II. Regelmäßige Zuständigkeit (Abs 1)

1. Sachliche Zuständigkeit. Nach Abs 1 sind die **AG** (§ 22 GVG) sachlich ausschließlich 4
zuständig für alle „Insolvenzverfahren", dies sind die dem InsGer als solchem durch die InsO zugewiesenen Aufgaben, die unmittelbar das Verfahren betreffen oder „wegen ihres Einflusses auf den Fortgang der Sache mittelbar das Interesse Aller berühren und nicht auf den Weg des förmlichen Prozesses verwiesen werden dürfen".[5] Dazu zählen auch bestimmte ZVMaßnahmen, wie die Abnahme eidesstattlicher Versicherungen (zB gem §§ 98, 153 Abs 2) und einzelne Entsch gem § 36 Abs 1 S 2 (s Rn 5), § 89 Abs 3[6] oder § 148 Abs 2 S 2.[7] Gem § 26a ist auch die Vergütung des vorl InsVerw bei nicht eröffnetem InsVerf vom InsGer – statt vom ProzessGer – festzusetzen. Für die sachliche Zuständigkeit wird nicht zwischen Regel- und VerbrInsVerf differenziert.[8]

Ergänzend bestimmt **§ 36 Abs 4** iVm Abs 1 S 2 die Zuständigkeit des InsGer – auch schon 5
während des EröffnungsVerf (§ 36 Abs 4 S 3) – für Entsch, ob und inwieweit Arbeitseinkommen des Schu pfändbar sind und deshalb zur InsMasse gehören (§§ 850, 850a, 850c, 850e, 850f Abs 1, 850g–850i, 851c, 851d ZPO sowie nach BGH[9] § 850b ZPO). Diese Zuständigkeit erstreckt sich zugleich auf Vollstreckungserinnerungen (§ 766 ZPO)[10] sowie damit verbundene Anträge gem § 765a ZPO.[11] Soweit diese Regelung und § 148 Abs 2 nicht reichen, bleiben die **ProzessGer** für die Entsch zuständig, ob Gegenstände Dritten oder zur InsMasse gehören (s Rn 6).[12] Für die Sanierung v Kreditinstituten ordnet **§ 2 Abs 3 S 2 KredReorgG** eine besondere sachliche und örtliche Zuständigkeit an.

2. Fehlende sachliche Zuständigkeit. InsGer sind sachlich **nicht** zuständig für Streitigkeiten, 6
die im Verlauf eines InsVerf zwischen Beteiligten entstehen und außerhalb dieses Verf – meist durch das ProzessGer (vgl § 19a ZPO) – zu entscheiden sind, zB über das Bestehen v Aus- und Absonderungsrechten (§§ 47 ff; vgl auch § 165); über Forderungen des InsSchu gegen DrittSchu oder v Gl gegen die Masse (§ 55); über die Forderungsfeststellung zur InsTabelle (vgl §§ 180, 185, 202); über AnfAnsprüche (§§ 129 ff); über die Geltendmachung der persönlichen Haftung des InsVerw (§§ 60, 61) oder v Gesellschaftern; über arbeitsrechtliche Streitigkeiten (vgl §§ 122, 126). Erst recht sind verwaltungs-, finanz- oder sozialgerichtliche sowie solche Verfahren nicht erfasst, die nicht das massezugehörige (§§ 35–37) Vermögen

---

4 BT-Drucks 18/407, 26.
5 *A/G/R/Ahrens* § 2 Rn 5; *Jaeger/Gerhardt* § 2 Rn 33; *K Schmidt/Stephan* § 2 Rn 5.
6 *BGH* ZIP 2007, 2330 = NZI 2008, 50; ZInsO 2008, 39 Rn 4; *Uhlenbruck/Mock* § 89 Rn 60 f; anders wenn im ZVVerfahren eine Zuständigkeit des GBA besteht: *KG* ZIP 2010, 2467; *OLG Dresden* ZIP 2017, 388.
7 *BGH* ZIP 2006, 2008; *K Schmidt/Stephan* § 2 Rn 6; *Uhlenbruck/Sinz* § 148 Rn 34.
8 Zur Dekonzentrierung v VerbraucherInsVerf in Berlin *LG Berlin* DZWIR 1999, 517.
9 *BGH* NZI 2010, 141.
10 *BGH* NZI 2004, 278; NZI 2004, 447; ZVI 2007, 78; vgl auch *BGH* ZIP 2012, 1371 Rn 6 mwN.
11 *AG Göttingen* NZI 2001, 493; MK/*Ganter/Lohmann* § 2 Rn 6; *K Schmidt/Stephan* § 2 Rn 6.
12 Vgl *BGHZ* 92, 339, 340 = NJW 1985, 978; *BGH* ZIP 2008, 417.

des Schu[13] oder einen Streit über die Massezugehörigkeit[14] betreffen. Zu Rechtshilfeersuchen s Rn 11, zur Verweisungsmöglichkeit vgl § 3 Rn 24 f und § 17a GVG.

7 **3. Funktionelle Zuständigkeit.** Funktionell sind die Geschäfte des InsGer gem § 3 Nr 2 lit e RPflG – v der Eröffnung des Verf (§ 27) an grds dem **Rechtspfleger** übertragen.[15] einschließlich der Bestellung eines anderen InsVerw (§ 57)[16] sowie die Abberufung des InsVerw (§ 59).[17] Ausgenommen sind nach § 4 Abs 2 RPflG vor allem Beeidigungen und Anordnungen v Vorführung oder Haft. Dagegen obliegt die Anordnung und Abnahme der eidesstattlichen Versicherung (§ 98 Abs 1 S 1) nach Verfahrenseröffnung dem Rechtspfleger (s § 98 Rn 10).[18] Über Erinnerungen gem § 89 Abs 3 entscheidet der Richter (vgl § 20 Nr 17 S 2 RPflG). Nach § 18 Abs 4 S 2, S 3 RPflG sollen Rechtspfleger in InsSachen über bestimmte spezielle Kenntnisse verfügen. Ein Beamter auf Probe darf im ersten Jahr nach seiner Ernennung Geschäfte des Rechtspfleger in InsSachen nicht wahrnehmen (§ 18 Abs 4 S 1 RPflG). Der Rechtspfleger kann ein ihm übertragenes Geschäft dem Richter vorlegen (§ 5 Abs 1 RPflG). Gibt dieser die Sache zurück, ist der Rechtspfleger an die Rechtsauffassung des Richters gebunden. Zur **Kompetenzkonflikte** s § 8 RPflG.

8 Zudem bleiben gem § 18 Abs 1 und 2 RPflG dem **Richter** vorbehalten:

- das EröffnungsVerf einschl des notwendigen Inhalts des EröffnungsBeschl (§§ 27–29)[19] sowie die bis zur Eröffnung des Verf zu treffende Entscheidung über die Zulässigkeit des Restschuldbefreiungsantrages (§ 287a),[20]
- das VorVerf in der VerbraucherIns (§§ 305–310),
- das Verf über einen Insolvenzplan (§§ 217–256, 258–269) mit Ausnahme des Klauselverfahrens nach § 257,
- die Entscheidung über die Begründung des Gruppen-Gerichtsstandes nach § 3a Abs 1,
- die Entscheidung über den Antrag auf Verweisung an das Gericht des Gruppen-Gerichtsstands nach § 3d Abs 1 sowie das Koordinationsverfahren nach den §§ 269d–269i,
- die Entsch über die Zulässigkeit des Antrags auf Restschuldbefreiung und die streitige Entsch über die Restschuldbefreiung (§§ 287a, 290, 296 bis 297a, 300) einschl ihres Widerrufs (§ 303)[21] sowie
- die Entscheidungen nach §§ 344–346.

Dagegen obliegt die Abweisung eines unzulässigen Antrags auf Restschuldbefreiung im eröffneten Verfahren[22] und die Entscheidung über den Versagungsantrag nach § 298[23] dem **Rechtspfleger**. Der Richter entscheidet weiterhin gem § 10 S 2 RPflG über Ablehnungsge-

13 Vgl *AG Duisburg* NZI 2000, 385.
14 *BGHZ* 92, 339, 340 = NJW 1985, 978; *BGH* ZIP 2008, 417.
15 Vgl *A/G/R/Ahrens* § 2 Rn 20; *K Schmidt/Stephan* § 2 Rn 9; *Uhlenbruck/Pape* § 2 Rn 4.
16 *A/G/R/Ahrens* § 2 Rn 26; HambKomm/*Rüther* § 2 Rn 10; MK/*Graeber* § 57 Rn 23; *Uhlenbruck/Zipperer* § 57 Rn 29; **aA** *LG Hechingen* ZIP 2001, 1970; *LG Traunstein* ZInsO 2003, 1045; FK/*Schmerbach* § 2 Rn 36; HambKomm/*Frind* § 59 Rn 7.
17 *LG Braunschweig* NZI 2008, 620; *A/G/R/Ahrens* § 2 Rn 26; FK/*Jahntz* § 59 Rn 15; *K Schmidt/Stephan* § 2 Rn 9; **aA** *AG Göttingen* NZI 2003, 289; FK/*Schmerbach* § 2 Rn 36; HambKomm/*Frind* § 59 Rn 7; **offen gelassen** *LG Göttingen* NZI 2003, 499.
18 MK/*Stephan* § 98 Rn 12; *K Schmidt/Stephan* § 2 Rn 12; *Schmerbach* NZI 2002, 538, 539.
19 Vgl *Uhlenbruck/Pape* § 2 Rn 3.
20 *Uhlenbruck/Sternal* § 287a Rn 12.
21 *Uhlenbruck/Sternal* Vor § 286 Rn 65.
22 *Uhlenbruck/Sternal* § 287a Rn 12; vgl noch zum alten Recht: *OLG Köln* ZIP 2001, 254; *LG Göttingen* NZI 2001, 220; *A/G/R/Ahrens* § 2 Rn 31.
23 FK/*Grote* § 298 Rn 16; MK/*Ehricke* § 298 Rn 22; *Uhlenbruck/Sternal* Vor § 286 Rn 64, § 298 Rn 20.

suche gegen Rechtspfleger und nach Maßgabe des § 18 Abs 3 S 2 RPflG über Anträge auf Neufestsetzung des Stimmrechts, ferner gem § 20 Nr 17 S 2 RPflG über VollstrErinnerungen (§ 766 ZPO).

Der Richter kann sich gem § 18 Abs 2 RPflG das InsVerf ganz oder tw **vorbehalten** oder es wieder **an sich ziehen**, zB Entscheidungen über die Entlassung oder Abwahl des InsVerw (§§ 57, 59), die Aufsicht über den InsVerw (§ 58), Entscheidungen über die Vergütung des vorläufigen oder endgültigen Verw (§§ 63, 64).[24] Der keiner Anfechtung unterliegende Vorbehalt ist durch Vfg oder Aktenvermerk aktenkundig zu machen; ein förmlicher Beschluss ist nicht erforderlich.[25] Gem § 22 Abs 6 S 2, S 3 GVG sollen auch Richter in InsSachen über belegbare spezielle Kenntnisse im Wirtschaftsrecht verfügen; gem § 22 Abs 6 S 1 GVG dürfen Richter auf Probe im ersten Jahr nach Ernennung Geschäfte in InsSachen nicht wahrnehmen. 9

III. Aufgabenkonzentration

1. Regelfall. Abs 1 sieht als Regelfall die Konzentration der Aufgaben des InsGer bei dem AG vor, in dessen Bezirk ein LG seinen Sitz hat. Dieses AG ist dann für den ganzen LG-Bezirk in InsSachen **örtlich zuständig.** 10

Rechtshilfeersuchen auswärtiger InsGer (vgl § 156 GVG) sind v dem nach allg Regeln zuständigen AG unabhängig davon zu erledigen, ob dieses gem § 2 speziell für InsVerf zuständig ist.[26] Jedoch sollen Rechtshilfeersuchen des InsGer an andere AG seines Bezirks allg, also auch insoweit ausgeschlossen sein, als es nicht um speziell insolvenzrechtliche, sondern um generelle prozessuale Verrichtungen geht.[27] 11

2. Abweichungen (Abs 2). Nach Abs 2 sind die Landesregierungen – oder Landesjustizverwaltungen (vgl S 2) – ermächtigt, durch Rechtsverordnung v der Konzentrationsregelung des Abs 1 in Anpassung an bes örtliche Verhältnisse abzuweichen. Sie können insb ein anderes als das AG am Sitz des LG für zuständig erklären, die Zuständigkeit mehrerer AG innerhalb eines LG-Bezirks vorsehen oder die Grenze des LG-Bezirks überschreiten und hierdurch einen an den besonderen Gegebenheiten ausgerichteten Gerichtsstand für InsSachen schaffen. v dieser Ermächtigung haben bis auf Hamb, Meckl-VP, NRW, SachsAnh und Thür die Länder Gebrauch gemacht,[28] wobei BW, Bay, Brem, Hess, Nds, RhPf und SchlH zusätzliche AG zu InsolvenzGer bestimmt haben. 12

3. Konzentrationsmöglichkeit für Gruppen-Gerichtsstand (Abs 3). Abs 3 S 1 schafft den Weg, durch Rechtsverordnung der Landesregierungen – oder Landesjustizverwaltungen – für jeden OLG-Bezirk ein InsGer zu bestimmen, an dem der Gruppengerichtsstand gem § 3a begründet werden kann. Keine Vorgaben enthält die Regelung hinsichtlich des zu bestimmenden Gerichts. Dieses kann sich auch an einem Ort befinden, an dem weder das OLG noch ein LG besteht. Zudem sieht **Abs 3 S 2** die Möglichkeit vor, durch Rechtsverordnung innerhalb eines Landes eine konzernspezifische Zuständigkeit eines InsGer über die Grenzen eines OLG-Bezirks festzulegen. Damit kann in einem Bundesland die aus- 13

---

24 HambKomm/*Rüther* § 2 Rn 11 f; *Jaeger/Gerhardt* § 2 Rn 54; *K Schmidt/Stephan* § 2 Rn 19; *Uhlenbruck/Pape* § 2 Rn 6; **aA** *Fuchs* ZInsO 2001, 1033; *Rellermeyer* Rpfleger 2002, 58.

25 *BGHZ* 50, 258, 261 = WM 1968, 927; *K Schmidt/Stephan* § 2 Rn 20.

26 *LG Dortmund* ZIP 2002, 1636; *LG Hamburg* ZIP 2006, 1747; *A/G/R/Ahrens* § 2 Rn 13.

27 *OLG Brandenburg* ZInsO 2002, 372; *A/G/R/Ahrens* § 2 Rn 13; *Braun/Kießner* § 2 Rn 5; *Jaeger/Gerhardt* § 2 Rn 40 f; MK/*Ganter/Lohmann* § 2 Rn 12; *Uhlenbruck/Pape* § 2 Rn 2.

28 Vgl *Becker* KTS 2000, 157, 166 ff; *N/R/Becker* § 2 Rn 17 und Anh zu § 2; *K Schmidt/Stephan* § 1 Rn 1; *Uhlenbruck/Pape* § 2 Rn 9; Aufstellung aller InsGer ist unter „www.insolvenzgerichte.de“ zu finden.

schließliche Zuständigkeit eines InsGer für KonzernInsVerf begründet werden.[29] Da die Regelung lediglich als **Sollvorschrift** ausgestaltet ist, bleibt abzuwarten, ob und in welchem Umfang die Länder v der Konzentrationsmöglichkeit Gebrauch machen. Angesichts der bedauerlichen unterschiedlichen Handhabung der bereits in Abs 1 vorgeschriebenen Konzentration und der in Abs 2 bestehenden Möglichkeit der Abweichung hiervon, ist nicht ausschließen, dass nicht alle Bundesländer eine entsprechende Rechtsverordnung erlassen.[30]

29 BT-Drucks 18/407, 26.
30 Vgl *Frind* ZInsO 2014, 927, 931.

§ 3 Örtliche Zuständigkeit

(1) [1]Örtlich zuständig ist ausschließlich das Insolvenzgericht, in dessen Bezirk der Schuldner seinen allgemeinen Gerichtsstand hat. [2]Liegt der Mittelpunkt einer selbstständigen wirtschaftlichen Tätigkeit des Schuldners an einem anderen Ort, so ist ausschließlich das Insolvenzgericht zuständig, in dessen Bezirk dieser Ort liegt.

(2) Sind mehrere Gerichte zuständig, so schließt das Gericht, bei dem zuerst die Eröffnung des Insolvenzverfahrens beantragt worden ist, die Übrigen aus.

Übersicht

I. Gesetzgebungshinweise; Normzweck

1 § 3 übernimmt im Wesentlichen die Gerichtsstandsregelung in § 71 Abs 1, 3 KO, § 2 Abs 1 S 1 VglO, § 1 Abs 2 GesO.

2 Die Regelung der örtlichen Zuständigkeit verwirklicht Gerechtigkeits- und Zweckmäßigkeitsvorstellungen. Einerseits soll die Bürgernähe gewährleistet, anderseits die Abwicklung v InsVerf an Orten verhindert werden, an denen nur Zweigniederlassungen bzw Zweitwohnsitze bestehen. Der Gl soll die Befriedigung seiner Forderung an dem Ort suchen, wo er sein Vertrauen gelassen hat.[1] An diesem Normzweck ist auch die Frage der Rechtsmissbräuchkeit einer Sitzverlegung zu beantworten. **Abs 1 S 1** knüpft an den allg Gerichtsstand in §§ 12–19 ZPO und **Abs 1 S 2** an die Nähe zu den abzuwickelnden wirtschaftlichen Verhältnissen des Schu an. **Abs 2** bestimmt bei mehreren Gerichtsständen eine Vorrangregelung (Prioritätsprinzip).

II. Zuständigkeit

3 **1. Allgemeines.** § 3 gilt für natürliche wie juristische Personen sowie insolvenzfähige Vereinigungen und bestimmt den Gerichtsstand stets als **ausschließlichen**, auch gegenüber Schu

1 *K Schmidt/Stephan* § 3 Rn 1; *Uhlenbruck/Pape* § 3 Rn 2.

im Zeugenschutz gem ZSHG.[2] Abw Vereinbarungen sind unzulässig (§ 4 InsO iVm § 40 Abs 2 S 1 Nr 2 ZPO; vgl § 2 Rn 1).[3] Das InsGer hat seine Zuständigkeit gem § 5 Abs 1 S 1 v Amts wegen zu prüfen.[4]

Die Vorschrift regelt neben der örtlichen – über § 343 Abs 1 S 2 Nr 1 – auch die **int Zuständigkeit** der InsGer für HauptInsVerf,[5] soweit nicht Art 3 EuInsVO iVm Art 102 § 1 EGInsO bzw Art 102c § 1 EGInsO eingreift. Sie ist auch anwendbar, wenn keine tatsächliche Grundlage für eine (behauptete) grenzüberschreitende Ins festzustellen ist.[6] Zur int Zuständigkeit s näher Art 102 § 1 Rn 2 ff, Art 102 § 3 Rn 2 ff. sowie Art 102c § 1 Rn 1 f, Art 102c § 6 Rn 1 f. Eine inhaltlich vergleichbare Sonderregelung gilt für NachlassInsVerf (§ 315). Für PartikularVerf über inländische Niederlassungen/Vermögen ausl Schu gelten für die örtliche Zuständigkeit andere Voraussetzungen (§ 354 Abs 3). § 3 findet keine Anwendung auf bürgerliche Streitigkeiten, die im Zusammenhang mit einem InsVerf vor dem Prozessgericht geführt werden; insoweit sind die Zuständigkeitsvorschriften der ZPO Anwendung anzuwenden.[7] 4

2. Zeitpunkt. Maßgebender **Zeitpunkt** für das Vorliegen der Anknüpfungsmerkmale ist grds (Ausnahme: § 315) der Eingang des (frühesten, vgl Abs 2) Eröffnungsantrags,[8] nicht schon das Bestehen einer etwaigen Antragspflicht (s Rn 19). Auf eine – gem InsO nicht stattfindende – „Zustellung" des mit seinem Eingang wirksamen Antrags kommt es nicht an.[9] Spätere Veränderungen können eine einmal begründete Zuständigkeit selbst dann nicht entfallen lassen, wenn sie vor der Entsch über den Antrag vollzogen werden (vgl § 4 iVm § 261 Abs 3 Nr 2 ZPO);[10] zum Fortbestehen des Gruppengerichtsstandes s § 3b. Die einmal begründete Zuständigkeit gilt – solange der Erstantrag nicht rechtskräftig erledigt ist – auch für später eingehende Eröffnungsanträge.[11] Im Übrigen kann, vorbehaltlich des Abs 2, eine anfangs fehlende Zuständigkeit noch bis zur Entsch begründet werden.[12] Dies ist idR nicht allein deshalb rechtsmissbräuchlich, weil dadurch ein gemeinsamer Gerichtsstand für mehrere verbundene Unternehmen – mit für sich zulässigen und wirksamen Mitteln (s Rn 9 ff) – herbeigeführt werden soll.[13] 5

---

2 *LG Hamburg* ZVI 2005, 82; *AG Hamburg* ZInsO 2004, 561; HambKomm/*Rüther* § 3 Rn 18; vgl auch *LG Hamburg* ZInsO 2005, 1000; NZI 2006, 115 zur Notwendigkeit der Offenlegung der aktuellen Anschrift in diesem Fall.
3 *A/G/R/Ahrens* § 3 Rn 4; *K Schmidt/Stephan* § 3 Rn 4.
4 *OLG Hamm* NZI 2000, 220.
5 *OLG Köln* NZI 2001, 380; *LG Köln* ZInsO 2002, 776; *AG Ludwigsburg* ZIP 206, 1507; *Jaeger/Gerhardt* § 3 Rn 52; *Kayser* ZIP 2013, 1353. Dies legt – entgegen dem Verständnis v *Hess* § 3 Rn 3 – nicht uneingeschränkt die inhaltlich anzuwendende Rechtsordnung fest.
6 *AG Köln* NZI 2012, 379.
7 *BGH* NZI 2003, 545; NZI 2009, 532; ZIP 2012, 1467 Rn 8 betr InsAnfechtungen; *BAG* ZInsO 2014, 200; *OLG Frankfurt* ZIP 2013, 280.
8 *BGH* NZI 2007, 344; *BayObLG* NZI 2004, 90; *KG* NZI 2009, 727; *OLG Frankfurt* NZI 2002, 499; *OLG Hamm* NZI 2000, 220; *OLG Köln* NZI 2003, 567; *OLG Oldenburg* ZInsO 2007, 1282; *LG Göttingen* ZInsO 2007, 1358 zu Art 3 Abs 1 EuInsVO aF; *LG München* ZInsO 2010, 1009; *Jaeger/Gerhardt* § 3 Rn 40; MK/*Ganter/Lohmann* § 3 Rn 5.
9 HambKomm/*Rüther* § 3 Rn 7; MK/*Ganter/Lohmann* § 3 Rn 5; **aM** *OLG Düsseldorf* NZI 2004, 146.
10 *OLG Celle* NZI 2001, 143; *OLG Köln* NZI 2003, 567; *OLG Naumburg* NZI 2001, 476; für Art 3 Abs 1 EuInsVO aF: *EuGH* NZI 2006, 153; *BGH* NZI 2006, 297 Rn 8; *OLG Frankfurt* NZI 2002, 499; *Braun/Rießner* § 3 Rn 2.
11 *BGH* NZI 2006, 364 Rn 11 ff.
12 *AG Göttingen* ZIP 2010, 640; *Jaeger/Gerhardt* § 3 Rn 40; **krit** *Pape* ZInsO 2008, 985, 988.
13 *AG Köln* NZI 2008, 254, 257; *Rotstegge* ZIP 2008, 955, 958; **krit** *Frind* ZInsO 2008, 261, 263.

III. Selbstständige wirtschaftliche Tätigkeit des Schuldners (Abs 1 S 2)

6 **1. Allgemeines.** Nach Abs 1 S 2 ist **vorrangig**[14] zu prüfen, ob der Schu – sei es auch durch Beschäftigte – nachweislich (s Rn 14) eine selbstständige wirtschaftliche Tätigkeit ausübt; deren Mittelpunkt bestimmt den Gerichtsstand sogar dann, wenn er im Ausland liegt.[15] Maßgeblich sind die tatsächlichen Gegebenheiten; ein bloßer Rechtsschein genügt nicht (erg s Rn 10).[16] Wirtschaftliche Tätigkeit ist jede nachhaltig auf Gewinnerzielung gerichtete Tätigkeit;[17] Gewinn braucht nicht tatsächlich erzielt zu werden.[18]

7 **2. Selbstständige Tätigkeit.** Selbstständiges Tätigsein setzt **Handeln im eigenen Namen** voraus,[19] zB als Kaufmann, Gewerbetreibender,[20] Kommissionär,[21] Pächter eines Gewerbes oder im Nebenberuf.[22] Dagegen üben abhängig Beschäftigte einschl leitender Angestellter oder GmbH-Geschäftsführer keine selbstständige wirtschaftliche Tätigkeit aus und fallen unter Abs 1 S 1. Die Tätigkeit braucht kein Gewerbe im Rechtssinne zu sein; wegen des Normzwecks genügt jede nachhaltig auf Erwerb abzielende Unternehmung, zB v Stiftungen, Immobiliengesellschaften,[23] Landwirten, Freiberuflern[24] oder Betreibern privater Pflegeheime. Nur Tätigkeiten, die im Erwerbsleben des Schu bloß nebensächliche Bedeutung haben, bleiben außer Betracht;[25] ebenso gemeinnützige Tätigkeiten sowie Hobbys.[26]

8 Verbindlichkeiten aus dem Gründungsstadium v Vereinigungen bei anschließender Ins können ausreichen,[27] ebenso wie wirtschaftliche – nicht nur verwaltende – Abwicklungsmaßnahmen, etwa vom Wohnsitz des Geschäftsführers aus;[28] sofern sie einiges Gewicht haben.[29] Die bloße Liquidation[30] oder Aufbewahrung der Unterlagen genügt nicht (erg s Rn 10, 20 ff).[31] Ist die werbende Tätigkeit insgesamt beendet, kann ihr Mittelpunkt nicht mehr verlegt werden; es gilt nur noch Abs 1 S 1.[32] Deshalb kommt Abs 1 S 2 nicht für VerbraucherIns gem § 304

---

14 Vgl *OLG Frankfurt* ZInsO 2005, 822; *OLG Köln* NZI 2001, 380; *OLG München* ZInsO 2009, 838; *OLG Schleswig* NZI 2010, 260.

15 *AG Münster* ZInsO 2000, 49; *A/G/R/Ahrens* § 3 Rn 17; *Jaeger/Gerhardt* § 3 Rn 2; *K Schmidt/Stephan* § 3 Rn 4.

16 *AG Göttingen* ZIP 2007, 1281.

17 *OLG Düsseldorf* NZI 2000, 601; *OLG Hamm* ZInsO 1999, 533; *OLG Karlsruhe* NZI 2005, 505: „werbend".

18 *OLG Hamm* ZInsO 1999, 533; *OLG Rostock* ZInsO 2001, 1064; *A/G/R/Ahrens* § 3 Rn 7.

19 *Graf-Schlicker/Kexel* § 3 Rn 5; *K Schmidt/Stephan* § 3 Rn 6.

20 *BGH* ZInsO 2009, 1955 Rn 3, zu Art 3 Abs 1 EuInsVO aF.

21 *A/G/R/Ahrens* § 3 Rn 8.

22 *A/G/R/Ahrens* § 3 Rn 9.

23 Vgl *LG Leipzig* ZInsO 2006, 378.

24 *BGH* NZI 2007, 344 Rn 8 ff; *BGH* 6.10.2011 – IX ZB 249/10, Rn 2 (betr Apotheker); *BGH* 17.9.2009 – IX ZB 81/09, Rn 3, zu Art 3 Abs 1 EuInsVO aF.

25 *KG* ZIP 2000, 1170; FK/*Schmerbach* § 3 Rn 4; *Jaeger/Gerhardt* § 3 Rn 21.

26 MK/*Ganter/Lohmann* § 3 Rn 7; *K Schmidt/Stephan* § 3 Rn 6.

27 *A/G/R/Ahrens* § 3 Rn 12.

28 *BGH* 6.10.2011 – IX ZB 249/10, Rn 2; *OLG Schleswig* NZI 2010, 260; *LG Hamburg* ZInsO 2000, 118 LS; HambKomm/*Rüther* § 3 Rn 10 ff; MK/*Ganter/Lohmann* § 3 Rn 7b.

29 *LG Bonn* ZInsO 2012, 938; vgl *A/G/R/Ahrens* § 3 Rn 14.

30 *BayObLG* NZI 2001, 372; *AG Hamburg* NZI 2014, 31.

31 *OLG Braunschweig* NZI 2000, 438; *OLG Celle* OLG-Report 2000, 205; ZIP 2006, 921; ZIP 2006, 2098; *OLG Düsseldorf* NZI 2000, 601; *OLG Köln* NZI 2000, 232; *A/G/R/Ahrens* § 3 Rn 15; FK/*Schmerbach* § 3 Rn 13; *N/R/Becker* § 3 Rn 39; *Uhlenbruck/Pape* § 3 Rn 11; **aM** *KG* NZI 1999, 499; *OLG Karlsruhe* NZI 2004, 262; *OLG Schleswig* NZI 1999, 416.

32 *BayObLG* NZI 2001, 372; NZI 2004, 88; NZI 2004, 148; *OLG Celle* NZI 2004, 258; *AG Hildesheim* ZIP 2009, 2070; **aM** *N/R/Becker* § 3 Rn 21.

Abs 1 in Betracht.[33] Für die Einstellung einer zunächst ausgeübten wirtschaftlichen Tätigkeit müssen aber greifbare Anhaltspunkte vorliegen (erg s § 22a Rn 4).[34] Die Bestellung eines Geschäftsführers oder Abwicklers allein zum Betreiben des InsVerf reicht nicht aus,[35] ebenso wenig die Schuldentilgung[36] oder der bloße Wohnsitz eines Liquidators,[37] sogar wenn er Zustellungen entgegennimmt.[38] Auch eine längere Krankheit des Schu oder sein Ausschluss aus dem unmittelbaren Besitz an seinen Unternehmensräumen im Wege verbotener Eigenmacht beendet nicht ohne Weiteres seine wirtschaftliche Tätigkeit.[39]

3. Mittelpunkt. Der Mittelpunkt der Tätigkeit liegt, wo die grdl Entsch der Unternehmensleitung in **laufende Geschäftsführungsakte** nach außen erkennbar umgesetzt werden.[40] Dagegen entscheidet weder die Betriebsstätte noch notwendigerweise die Räumlichkeit, v der aus die Geschäftsverbindungen nach außen abgewickelt werden.[41] Orte, die bestimmungsgemäß nur verhältnismäßig kurzfristig benutzt werden sollen, bleiben außer Betracht. Andererseits genügt die Tatsache, dass die wirtschaftlichen Entscheidungen der Unternehmensleitung v einer Muttergesellschaft m Sitz in einem anderen Gerichtsbezirk kontrolliert werden oder werden können, nicht als Anknüpfungspunkt für jenen Bezirk; aus Gründen der Rechtssicherheit und Vorhersehbarkeit ist vielmehr auf objektive und auch für Gl (als potentielle Ast) erkennbare Kriterien abzustellen.[42] Ein zentraler „Lenkungsausschuss", v dem die Geschäftsführer v Tochtergesellschaften wöchentlich Weisungen einholen, genügt diesen Anforderungen nur, wenn dadurch auch das operative Geschäft der Tochtergesellschaften erkennbar bestimmt wird.[43] 9

Maßgebend sind die **tatsächlichen Verhältnisse** (s Rn 6). Anmeldung eines Gewerbebetriebs, Zuständigkeit eines Finanzamtes, Eintragung im Handelsregister, die inländische Geschäftsanschrift (§ 8 Abs 4 Nr 1, § 10 Abs 1 GmbHG) oder der satzungsmäßige Sitz einer Gesellschaft (vgl § 4a GmbHG) allein sind weder nötig, noch genügen sie;[44] sie können aber eine widerlegbare Vermutung begründen.[45] Das gilt auch für § 4a Abs 2 GmbHG und für den Ort, an dem sich die Geschäftsbücher und Unterlagen einer noch werbend tätigen Gesellschaft befinden (erg vgl Rn 8, 20 ff),[46] sowie für den Wechsel des Geschäftsführers kurz vor einem InsAntrag.[47] 10

---

33 Vgl *A/G/R/Ahrens* § 3 Rn 5.
34 Vgl *BayObLG* NZI 2003, 98.
35 *BayObLG* InVo 2000, 373; *OLG Hamm* ZInsO 1999, 533; *OLG Rostock* ZInsO 2001, 1064; *OLG Schleswig* NZI 2004, 264.
36 *BGH* 8.10.2009 – IX ZB 83/09, Rn 1.
37 *KG* NZI 1999, 499; abgrenzend *AG Hamburg* NZI 2006, 486; ZIP 2009, 634.
38 *BayObLG* NJW 1999, 367.
39 Vgl *OLG Schleswig* NZI 2010, 260.
40 Vgl *BGHZ* 97, 269, 272 = NJW 1986, 2194; *OLG Brandenburg* NZI 2002, 438; *AG Nürnberg* NZI 2007, 186; *A/G/R/Ahrens* § 3 Rn 17; *Graf-Schlicker/Kexel* § 3 Rn 7; MK/*Ganter/Lohmann* § 3 Rn 10.
41 *OLG Brandenburg* NZI 2002, 438; *Jaeger/Gerhardt* § 3 Rn 16 f.
42 *High Court London* ZIP 2009, 1776; *K Schmidt/Stephan* § 3 Rn 8. Dies leugnet *Splittgerber* (Die örtliche Zuständigkeit im Insolvenzverfahren konzernverbundener Unternehmen, 2011) S 194 ff, 219, 308 unter Verkennung des gläubigerschützenden Zwecks der InsO.
43 *Frind* ZInsO 2008, 261, 262 f; zu weit gehend *AG Köln* NZI 2008, 254.
44 *BayObLG* Rpfleger 1980, 486; *LG Dessau* ZIP 1998, 1006; jew noch zur KO; *LG Hamburg* ZInsO 2000, 118 LS; *AG Göttingen* ZIP 2001, 387.
45 *OLG Brandenburg* NZI 2002, 438; *OLG Köln* 29.1.2001 – 2 W 12/01; *AG Göttingen* ZIP 2007, 1281; *A/G/R/Ahrens* § 3 Rn 18; FK/*Schmerbach* § 3 Rn 5; *Jaeger/Gerhardt* § 3 Rn 22; **aM** Indiz: MK/*Ganter/Lohmann* § 3 Rn 10a, 13.
46 *LG Dessau* ZIP 1998, 1006 noch zur KO; *AG Münster* ZInsO 2000, 49.
47 Zur Verschleierung v „Firmenbestattungen" durch solche Maßnahmen vgl *Pape* ZIP 2006, 877, 879.

11 Soweit der **Geschäftsbetrieb eingestellt** aber die ihn tragende Gesellschaft noch nicht abgewickelt ist, wird in der Rspr für die Zuständigkeit auf verschiedene Anknüpfungspunkte abgestellt. Es kann auf den Mittelpunkt ihrer hauptsächlichen Interessen bei Einstellung ihrer Tätigkeit ankommen.[48] Sind noch Geschäftsräume vorhanden, kann hierdurch die Zuständigkeit begründet werden.[49] Soweit keine Geschäftsräume mehr existieren, wird auf den satzungsmäßigen Sitz[50] oder auf die Aufbewahrung der Geschäftsunterlagen beim Geschäftsführer oder organschaftlichen Vertreter[51] abgestellt. Eine Abwicklungstätigkeit durch eine „Unternehmsbestatter" reicht nicht aus; erg s Rn 20 ff.[52]

12 Eine rechtlich **unselbstständige Zweigniederlassung** kann einen Gerichtsstand nur begründen, soweit es sich um das inländische Vermögen eines im Ausland ansässigen Schu handelt (§ 354). Übt ein Schu mehrere selbstständige wirtschaftliche Tätigkeiten aus, bleiben erkennbar ganz untergeordnete außer Betracht; iÜ gilt Abs 1 S 1, falls insgesamt kein Schwerpunkt festzustellen ist.[53] Bei Ausübung einer unselbstständigen sowie selbstständigen Tätigkeit, geht Letztere vor, sofern sie nicht unbedeutend ist.[54]

13 Jede selbstständig insolvenzfähige Person oder Personenvereinigung (§ 11) hat grds einen eigenen Gerichtsstand.[55] Ein einheitlicher **Konzerngerichtsstand** kam nach dem früheren Recht nur im Falle zentraler Lenkung der Tochterunternehmen durch die Muttergesellschaft in Betracht.[56] Die allg Konzernleitungsmacht der Muttergesellschaft genügte nicht (erg s Rn 9).[57] Entscheidend war vielmehr der Ort, an dem die Richtlinien der Unternehmenspolitik ins Tagesgeschäft umgesetzt werden.[58] Das G zur Erleichterung der Bewältigung v Konzerninsolvenzen v 13.4.2017[59] hat in §§ 3a ff **mit Wirkung v 21.4.2018** die Möglichkeit der Begründung eines einheitlichen **Gruppen-Gerichtsstands** eingeführt; s dazu die Kommentierung zu §§ 3a ff.

14 Bei **Kaufleuten**, **Gewerbetreibenden** oder **Freiberuflern** als Schu ist an den Mittelpunkt ihrer wirtschaftlichen Tätigkeit anzuknüpfen;[60] der etwaige Vollzug einer Untersuchungs-

---

48 *BGH* NZI 2012, 151 Rn 9 f für einen Sitz im Ausland.

49 *KG* NZI 1999, 499; *OLG Schleswig* NZI 2010, 260; FK/*Schmerbach* § 3 Rn 12; **aA** HambKomm/*Rüther* § 3 Rn 11.

50 ZB *BayObLG* NZI 2004, 148; *OLG Braunschweig* NZI 2000, 266; *OLG Celle* ZInsO 2006, 503; ZInsO 2006, 1106; *OLG Düsseldorf* NZI 2000, 601; *OLG Hamm* ZInsO 1999, 533; *OLG Köln* NZI 2000, 232; *OLG Rostock* ZInsO 2001, 1064; *OLG Schleswig* NZI 2004, 264.

51 *BayObLG* NZI 1999, 84; *KG* NZI 1999, 499; *OLG Karlsruhe* NZI 2004, 262; *OLG Schleswig* NZI 1999, 416; *LG Hamburg* ZInsO 2000, 118; dazu **krit** *K Schmidt/Stephan* § 3 Rn 6; **einschränkend** *OLG Celle* ZIP 2006, 921 für den Fall, dass keine andere Zuständigkeit festgestellt werden kann.

52 *OLG Stuttgart* NZI 2009, 180.

53 *Jaeger/Gerhardt* § 3 Rn 18; MK/*Ganter/Lohmann* § 3 Rn 12.

54 MK/*Ganter/Lohmann* § 3 Rn 9; *N/R/Becker* § 3 Rn 34.

55 Vgl *BGHZ* 138, 40, 45 = NJW 1998, 1318.

56 *OLG Brandenburg* NZI 2002, 438; *LG Dessau* ZIP 1998, 1006 noch zur KO; *AG Köln* NZI 2008, 254; 2008, 257; *AG Essen* NZI 2009, 810; *Braun/Kießner* § 3a Rn a; FK/*Schmerbach* § 3 Rn 7; MK/*Ganter/Lohmann* § 3 Rn 14; *Ehricke* DZWIR 1999, 353, 359 ff.

57 Vgl *BGHZ* 138, 40, 45 = NJW 1998, 1318; HambKomm/*Rüther* § 3 Rn 15; **aM** *Braun/Kießner* § 3a Rn 4 ff.

58 *Jaeger/Gerhardt* § 3 Rn 37. Zu Art 3 Abs 1 EuInsVO aF vgl *EuGH* ZIP 2006, 907. Für einen ausschließlichen Gerichtsstand am Sitz jeder Konzerngesellschaft mit Verweisungsmöglichkeit *K Schmidt* KTS 2010, 1, 22 f.

59 BGBl I, 872; s auch BT-Drucks 18/407.

60 *BGH* 13.6.2006 – IX ZA 8/06, zu Art 3 Abs 1 EuInsVO aF.

haft gegen den Schu ändert daran nichts.[61] Persönlich haftende Gesellschafter teilen den InsGerichtsstand der Gesellschaften iSv § 11 Abs 2 Nr 1 nur, wenn sie auch die Geschäfte (mit) führen und diese Tätigkeit für sie nicht nur nebensächliche Bedeutung hat.[62] GmbH-Geschäftsführer sind nicht „selbstständig" iSv Abs 1 S 2 (s Rn 7), anders der geschäftsführende Alleingesellschafter[63] bzw Mehrheitsgesellschafter einer GmbH.[64]

IV. Allgemeiner Gerichtsstand des Schuldners (Abs 1 S 1)

Nach Abs 1 S 1 entscheidet der allg Gerichtsstand des Schu, der – im maßgebenden Zeitpunkt (s Rn 5) – keine selbstständige wirtschaftliche Tätigkeit ausübt. Führt eine solche Tätigkeit jedenfalls zum selben Gerichtsstand, bedarf es keiner weiteren Aufklärung, sondern kann die Zuständigkeit alternativ auf beide Umstände gestützt werden. Ist dagegen eine selbstständige wirtschaftliche Tätigkeit iSv Abs 1 S 2 nicht mehr (s Rn 8) festzustellen, gilt Abs 1 S 1.[65] Auch für Abs 1 S 1 sind die **tatsächlichen Verhältnisse** maßgebend. Postanschriften genügen nicht. Behördliche Anmeldungen haben – nur – indizielle Bedeutung,[66] ebenso die (bloße) Anmietung einer Wohnung.[67] Auch an übereinstimmendes tatsächliches Vorbringen der Beteiligten des EröffnungsVerf ist das InsGer nicht gebunden.[61] **15**

Der allg Gerichtsstand einer **natürlichen Person** bestimmt sich nach ihrem Wohnsitz (§ 13 ZPO iVm §§ 7–11 BGB, § 15 ZPO[68]), hilfsweise dem Aufenthaltsort oder letztem Wohnsitz (§ 16 ZPO).[69] Eine (vorübergehende) Inhaftierung[70] oder ein Krankenhausaufenthalt ändern ihn nicht. Im Falle der Verbüßung einer (längeren) Strafhaft besteht eine örtliche Zuständigkeit des InsGer am Haftort, wenn der Schu seinen bisherigen Wohnsitz aufgegeben hat.[71] Kein Wohnsitz wird durch eine gelegentliche Unterkunft begründet.[72] Beim Gesamtgut (§ 11 Abs 2 Nr 2) ist auf den – notfalls letzten – gemeinsamen Wohnsitz der Ehegatten abzustellen.[73] § 16 ZPO ist nur anzuwenden, wenn feststeht, dass der Schu auch im Ausland keinen Wohnsitz hat;[74] anderenfalls fehlt die dt int Zuständigkeit.[75] Die int Zuständigkeit dt Gerichte kann bei einem unselbständig tätigen Schu trotz des angemeldeten Wohnsitzes im Ausland begründet sein, wenn der Schu im Inland einen durch ein abhängiges Beschäftigungsverhältnis und familiäre Bindung geprägten gewöhnlichen Aufenthalt hat.[76] Gem Art 3 Abs 1 S 7 EuInsVO nF wird bei natürlichen Personen bis zum Beweis des **16**

61 *BGH* NZI 2008, 121 zu Art 3 Abs 1 EuInsVO aF.
62 Vgl *KG* NZI 2001, 155; *A/G/R/Ahrens* § 3 Rn 11; FK/*Schmerbach* § 3 Rn 9; MK/*Ganter/Lohmann* § 3 Rn 15; *K Schmidt/Stephan* § 3 Rn 6; *Uhlenbruck/Pape* § 3 Rn 10; für regelmäßige Identität dagegen *Jaeger/Gerhardt* § 3 Rn 27–33.
63 *BGH* NZI 2005, 676 zur Abgrenzung zwischen Verbraucher- und Regelinsolvenz.
64 *BGH* NZI 2009, 384 für einen Gesellschafter mit 95 % der Geschäftsanteile; *AG Hamburg* ZInsO 2015, 923 für einen Gesellschafter mit 75 % der Geschäftsanteile.
65 *OLG Schleswig* NZI 2010, 260; *AG Göttingen* ZIP 2007, 1281.
66 *BGH* NJW-RR 1995, 507; *OLG Naumburg* InVo 2000, 12; HambKomm/*Rüther* § 3 Rn 18.
67 Vgl *LG Göttingen* ZVI 2008, 58; *A/G/R/Ahrens* § 3 Rn 23.
68 Vgl dazu *AG Hamburg* ZInsO 2007, 503.
69 *BGH* ZInsO 2010, 348 Rn 3; NZI 2010, 680 Rn 9; *AG Köln* NZI 2009, 133 zu Art 3 Abs 1 EuInsVO aF.
70 Vgl *BGH* NJW-RR 1996, 1217; NZI 2008, 121; *OLG Hamm* NZI 2017, 36; *OLG München* NZI 2016, 698; *A/G/R/Ahrens* § 3 Rn 24.
71 *OLG München* NZI 2016, 698.
72 *AG Köln* NZI 2008, 390.
73 *N/R/Becker* § 3 Rn 13 ff.
74 *BGH* NZI 2010, 680 Rn 9; *LSG Schleswig-Holstein* ZIP 1988, 1140.
75 *OLG Köln* NZI 2001, 380.
76 *BGH* NZI 2017, 320.

Gegenteils vermutet, dass der Mittelpunkt ihrer hauptsächlichen Interessen am Ort ihres gewöhnlichen Aufenthalts ist, sofern der gewöhnliche Aufenthalt nicht in einem Zeitraum v sechs Monaten vor dem Eröffnungsantrag in einen anderen Mitgliedsstaat verlegt worden ist. Die bloße Belegenheit v Vermögensgegenständen und die Ansässigkeit der GlGesamtheit sind unerheblich.[77] Zum Wohnsitz bei Schu im Zeugenschutzprogramm s Rn 3.

17 Der allg Gerichtsstand **juristischer Personen**, nicht rechtsfähiger Vereine (§ 11 Abs 1 S 2) und insolvenzfähiger Personenvereinigungen (§ 11 Abs 2 Nr 1) entspricht ihrem – ggf eingetragenen[78] – Sitz, § 17 ZPO.[79] Er bleibt maßgeblich, wenn die Vereinigung ihre Tätigkeit eingestellt hat (s Rn 8),[80] sogar wenn der Verwaltungssitz danach – zB zu Liquidationszwecken – verlegt wird,[81] und geht sogar nach Löschung im Handelsregister dem Wohnsitz des letzten Geschäftsführers vor.[82] Bei der GbR entscheidet der Ort, an dem das Gesamthandsvermögen verwaltet wird.[83] Sie hat einen Verwaltungssitz innerhalb Deutschlands jedenfalls dort, wo ihr Vermögen belegen ist und verwaltet wird sowie einer der Gesellschafter seinen Wohnsitz hat, und wenn die Gesellschaft nach außen unter einer entsprechenden Anschrift auftritt; unerheblich ist es demgegenüber, wenn der andere Gesellschafter im Ausland wohnt.[84] Ein Gesellschaftssitz gilt nicht ohne Weiteres zugleich für die Gesellschafter persönlich (s Rn 14). Sitzänderungen werden, soweit ihre Eintragung ins Handelsregister vorgeschrieben ist, erst mit dieser Eintragung wirksam (zB § 54 Abs 3 GmbHG).[85] Eine bloße Sitzverlegung bei fortdauernder wirtschaftlicher Tätigkeit an einem anderen Ort genügt nicht.[86] Fehlt ein satzungsmäßiger Sitz, entscheidet gem § 17 Abs 1 S 2 ZPO der Ort der tatsächlichen Verwaltung.[87]

V. Mehrfache Zuständigkeit (Abs 2)

18 Mehrere Zuständigkeiten iSd Abs 2 können insb begründet sein, wenn ein Schu ohne Tätigkeitsmittelpunkt iSv Abs 1 S 2 einen mehrfachen Wohnsitz (§ 7 Abs 2 BGB) oder weiteren Gerichtsstand (§ 17 Abs 3 ZPO) hat, sogar wenn diese erst nachträglich begründet wurde.[88]

19 Unter jener Voraussetzung hat der erste Antragsberechtigte die Wahl zwischen den mehreren zulässigen Gerichtsständen (§ 35 ZPO). Sein Antrag bei einem v diesen legt die Zuständigkeit zugleich für spätere Gl sogar dann fest, wenn sich der früheste Antrag danach erledigt (erg vgl Rn 5, Art 3 EuInsVO Rn 11);[89] er gewährt Vorrang auch für Sicherungsmaßnahmen nach § 21 (erg s § 21 Rn 3).[90] Jedoch schließt jedenfalls die Rechtskraft eines Eröff-

77 Vgl *AG Hildesheim* ZIP 2009, 2070; abgrenzend *BGH* NZI 2007, 344 Rn 15.
78 Vgl *BayObLG* NZI 1999, 457; *OLG Braunschweig* NZI 2000, 266; *OLG Hamm* NZI 1999, 533; *OLG Köln* NZI 2000, 75; 2000, 232.
79 Vgl näher *A/G/R/Ahrens* § 3 Rn 26 ff; *Jaeger/Gerhardt* § 3 Rn 5 ff; MK/*Ganter/Lohmann* § 3 Rn 19.
80 *BayObLG* NZI 2001, 372; NZI 2004, 90; NZI 2004, 148; *OLG Hamm* NZI 2000, 220; *OLG Zweibrücken* InVo 2002, 367; MK/*Ganter/Lohmann* § 3 Rn 8.
81 *BayObLG* NZI 2001, 372; *OLG Celle* OLGReport 2000, 205; *OLG Hamm* ZInsO 1999, 533.
82 *OLG Koblenz* Rpfleger 1989, 251; *OLG Naumburg* InVo 2000, 12; *Jaeger/Gerhardt* § 3 Rn 26; *Uhlenbruck/Pape* § 3 Rn 11.
83 *A/G/R/Ahrens* § 3 Rn 28; *Jaeger/Gerhardt* § 3 Rn 7 ff; MK/*Ganter/Lohmann* § 3 Rn 19.
84 *BGH* NJW 2009, 1610.
85 *OLG Brandenburg* ZIP 2003, 965; *OLG Hamm* ZInsO 1999, 533.
86 Unklar *Graeber* NZI 2007, 265, 267 f.
87 Vgl *BayObLG* NZI 1999, 457; *OLG Celle* OLG-Report 2000, 205; *OLG Naumburg* InVo 2000, 12; *AG München* ZIP 2005, 1052.
88 *BGH* NZI 2006, 364 betr einen Wohnsitzwechsel; *A/G/R/Ahrens* § 3 Rn 29.
89 *BGH* NZI 2006, 364.
90 *A/G/R/Ahrens* § 3 Rn 30; *Jaeger/Gerhardt* § 3 Rn 40.

nungsBeschl – sei es auch durch ein örtlich unzuständiges InsGer – weitere Eröffnungsanträge aus (s erg Rn 28).[91] Dies soll schon dann gelten, wenn ein anderes InsGer einen EröffnungsBeschl erlassen, aber der Schu ihn ordnungsgemäß angefochten hat.[92] Wird der früheste Antrag wirksam zurückgenommen oder rechtskräftig abgewiesen, so kann der jeweils nächste Ast die Wirkung des Abs 2 auslösen. Zum mehrfachen Antrag auf Eröffnung eines Gruppen-Gerichtsstandes s § 3a Abs 1 S 3.

VI. Missbräuchliche Inanspruchnahme der Zuständigkeit

Nicht selten bemühen sich Organe insolventer Gesellschaften, das InsVerf an einem entlegenen Ort durchführen zu lassen, um der Aufmerksamkeit der Gl zu entgehen. Zu diesem Zweck begründen sie kurzfristig einen neuen Firmensitz an dem erwünschten Ort, ehe sie dort den Eröffnungsantrag stellen.[93] Dem kann nicht entgegengewirkt werden, indem allg auf den Zeitpunkt einer etwaigen Antragspflicht abgestellt wird (s Rn 5).[94] Stattdessen entscheidet, ob eine werbende Tätigkeit iSv Abs 1 S 2 tatsächlich verlagert oder dies nur vorgetäuscht wird (s Rn 9). 20

Ist andererseits der allg Gerichtsstand (Abs 1 S 1) vor dem Eröffnungsantrag formell **wirksam** (s Rn 18) **verlegt** worden, so ist entscheidend, ob eine Verlegung nicht als nachhaltig beabsichtigt war, sondern jedenfalls vorrangig dazu diente, einen neuen Gerichtsstand zu begründen; ein solches Verhalten ist rechtsmissbräuchlich und kann deshalb die frühere Zuständigkeit nicht ändern.[95] Indizien können sich zB aus der kurzen Zeit zwischen Verlegung und Antragstellung – insb innerhalb einer laufenden gesetzlichen Frist zur Stellung eines InsAntrags[96] –, aus dem Erwerb der Gesellschaftsanteile durch gewerbsmäßige „Firmenbestatter"[97] oder aus dem Umstand ergeben, dass am alten Firmensitz noch Geschäftsräume erhalten bleiben,[98] während am neuen Sitz keine werbende Tätigkeit aufgenommen wird. Dies hat das InsGer umfassend zu prüfen (§ 5; vgl auch § 10 Abs 2). 21

Wegen der Eilbedürftigkeit v InsVerf und der Notwendigkeit eindeutiger Zuständigkeiten bedarf deren Ablehnung eindeutiger Anhaltspunkte. Deshalb ist, wenn die Ernsthaftigkeit der Sitzverlegung nur zw, aber nicht auszuschließen ist, das Gericht am förmlichen (neuen) Sitz der Schu zuständig.[99] Dieses kann als Ausgleich Veröffentlichungen auch am früheren Firmensitz der Schu anordnen. 22

VII. Verfahren

1. Amtsprüfung. Der Ast hat alle die Zuständigkeit des angerufenen Gerichts begründenden Tatsachen anzugeben.[100] Erst wenn ein zulässiger Antrag vorliegt, überprüft das Gericht seine 23

---

91 *OLG München* NZI 2014, 818; MK/*Ganter/Lohmann* § 3 Rn 32.
92 *LG Berlin* NZI 2008, 43.
93 *Hey/Regel* GmbHR 2000, 115, 116; *Pape* ZIP 2006, 877, 879 ff.
94 Ungenau *OLG Braunschweig* OLG-Report 2000, 105.
95 Vgl *BGH* NZI 2008, 121 zu *LG Leipzig* ZInsO 2006, 380; *OLG Oldenburg* NZI 2008, 435; *Uhlenbruck/Pape* § 3 Rn 12.
96 Vgl *BGHZ* 132, 195, 197 f = ZIP 1996, 847; dagegen nicht nach weit über einem Jahr: *OLG Celle* ZInsO 2004, 397.
97 HambKomm/*Rüther* § 3 Rn 35 ff; vgl FK/*Schmerbach* § 3 Rn 13, 28 ff; MK/*Ganter/Lohmann* § 3 Rn 40; *Pape* ZIP 2006, 877, 880.
98 *LG Göttingen* ZIP 1997, 988; vgl auch *AG Düsseldorf* NZI 2000, 555.
99 *BGHZ* 132, 195, 197 f = ZIP 1996, 847; *Graf-Schlicker/Kexel* § 3 Rn 14; *Jaeger/Gerhardt* § 3 Rn 41; *Henckel* ZIP 2000, 2045, 2046.
100 *Uhlenbruck/Pape* § 3 Rn 14.

Zuständigkeit gem § 5 Abs 1 S 1 v Amts wegen.[101] Maßstab ist § 286 ZPO (s § 5 Rn 19); das Gericht hat Umstände zu ermitteln und zu prüfen, die Zweifel am Wohnsitz des Antragstellers begründen.[102] Ein Sachverständigengutachten darf zur Bestimmung einer zweifelhaften internationalen Zuständigkeit eingeholt werden.[103] Registereintragungen können dabei – nur – eine widerlegbare Vermutung begründen (s Rn 10, 15). Lässt sich ein v Schu behaupteter neuer (insb ausländischer) Geschäfts- oder Wohnsitz nicht objektivieren, so kann auf den letzten gesicherten (zB inländischen) Sitz abgestellt werden (erg s § 5 Rn 8).[104] Maßnahmen zur Sicherung des SchuVermögens darf das angerufene Gericht schon während seiner Zuständigkeitsprüfung treffen (s § 21 Rn 3). Vor einer Verweisung muss das InsGer konkrete Anhaltspunkte für eine missbräuchliche Zuständigkeitserschleichung überprüfen (erg s Rn 20 ff).[105] Mit der Rechtskraft des Eröffnungsbeschlusses ist eine etwaige örtliche Unzuständigkeit geheilt und das eröffnende Gericht ist für das weitere Verfahren zuständig.[106]

24 **2. Verweisung; Abgabe.** Ein unzuständiges InsGer kann auf Antrag gem § 4 iVm § 281 ZPO **durch Beschl** an das zuständige **verweisen**,[107] auch wenn der Eröffnungsantrag sonstige heilbare Mängel enthält.[108] Die Entscheidung ist zumindest in den Akten zu begründen, da ansonsten nicht erkennbar ist, ob sie auf gesetzlicher Grundlage beruht.[109] Zuvor muss es die zur Begr der örtlichen Zuständigkeit eines anderen InsGer vorgetragenen Umstände würdigen und ggf v Amts wegen den Sachverhalt weiter aufklären.[110] Erforderlich ist vorab eine **Gewährung des rechtlichen Gehörs**. Bei einem GlAntrag braucht der Schu ausnahmsweise nicht vor der Verweisung gehört zu werden, wenn sonst der Verfahrenszweck gefährdet würde.[111] Der Ast muss das InsGer, an das verwiesen werden soll, bestimmt bezeichnen.[112] Wird Verweisung – trotz gerichtlichen Hinweises – nicht beantragt, kann das nicht zuständige InsGer den Eröffnungsantrag als unzulässig zurückweisen.[113] Verweisung kann noch im Beschwerdeverfahren beantragt werden,[114] aber nicht mehr nach rechtskräftiger InsEröffnung (s Rn 25). Auch für eine allein noch ausstehende KostenEntsch ist die Verweisung unzulässig.[115] Infolge der Verweisung bleibt die vor dem Erstgericht begründete Rechtshängigkeit erhalten.[116]

---

101 Vgl *BGH* NZI 2008, 121; NZI 2012, 151 Rn 12; *BayObLG* NZI 2004, 88; NZI 2004, 90; *OLG Frankfurt* ZInsO 2005, 822; *OLG Stuttgart* ZInsO 2004, 750; *A/G/R/Ahrens* § 3 Rn 31; *Jaeger/Gerhardt* § 3 Rn 42.
102 *OLG Schleswig* ZVI 2016, 101.
103 Vgl *BGH* NZI 2012, 151 Rn 10 ff; NZI 2012, 823 Rn 10.
104 Vgl *AG Köln* NZI 2012, 379.
105 *OLG Celle* NZI 2010, 194; *OLG Stuttgart* NZI 2009, 181.
106 *OLG München* NZI 2014, 818; MK/*Ganter/Lohmann* § 3 Rn 32.
107 Vgl *RGZ* 131, 197, 200; *OLG Köln* NZI 2000, 480; *OLG München* NJW-RR 1987, 381; *AG Hamburg* NZI 2006, 486 (Verweisung ins Ausland).
108 HambKomm/*Rüther* § 3 Rn 29; *Uhlenbruck/Pape* § 3 Rn 16.
109 Vgl *BGH* NZI 2006, 164; *OLG Celle* ZInsO 2006, 503; *OLG Rostock* ZInsO 2001, 1064; *OLG Zweibrücken* InVo 2002, 367.
110 *BGH* NZI 2006, 164; *OLG Oldenburg* NZI 2008, 435.
111 *BGH* NJW 1996, 3013; *KG* ZInsO 2000, 44; *OLG Dresden* ZIP 1998, 1595; **weitergehend** *A/G/R/Ahrens* § 3 Rn 33.
112 *AG Göttingen* ZIP 2001, 387.
113 *AG Göttingen* ZIP 2001, 387; MK/*Ganter/Lohmann* § 3 Rn 37; *Uhlenbruck/Pape* § 3 Rn 6.
114 FK/*Schmerbach* § 3 Rn 36; *Jaeger/Gerhardt* § 3 Rn 44.
115 *OLG Frankfurt* ZInsO 2005, 822; HambKomm/*Rüther* § 3 Rn 29.
116 *Lakkis* KTS 2009, 98, 101 f.

Die Verweisung **bindet** unter den Voraussetzungen des § 4 iVm § 281 Abs 2 S 4 ZPO.[117] Die Bindung entfällt ausnahmsweise, wenn die Verweisung auf eine Verletzung des rechtlichen Gehörs beruht,[118] nicht durch den gesetzlichen Richter erfolgte[119] oder jeder gesetzlichen Grundlage entbehrt und deshalb als willkürlich betrachtet werden muss. Allein ein inhaltlich unrichtiger oder fehlerhafter Beschl genügt nicht,[119] zB bei Übersehen einer die Zuständigkeit begründenden Norm. Willkür liegt nur vor, wenn der Verweisungsbeschluss bei verständiger Würdigung der das GG beherrschenden Gedanken noch mehr verständlich erscheint und offensichtlich unhaltbar ist;[120] zB bei fehlendem Verweisungsantrag,[121] wenn das Gericht eine die Zuständigkeit begründende Norm nicht zur Kenntnis nimmt oder sich ohne Weiteres darüber hinwegsetzt,[122] bei Zugrundelegung des falschen Zeitpunkts (s Rn 5)[123], nach Rechtskraft des EröffnungsBeschl.[124] 25

Mit dem **Verweisungsbeschluss** wird die Sache bei dem Gericht, an das das Verf verwiesen wird, anhängig. Insoweit tritt ein Wechsel der Anhängigkeit ein, es verbleibt indes bei einem einheitlichen Verf. Dieses wird in dem Stadium fortgesetzt, in dem es sich zum Zeitpunkt der Verweisung befand. 26

Ob neben einer Verweisung auch die Möglichkeit einer **formlosen Abgabe**, zB bei einem Wohnsitzwechsel möglich ist,[125] erscheint im Hinblick auf die fehlende Rechtsgrundlage bedenklich.[126] Auf jeden Fall entfaltet die Abgabe keine Bindungswirkung. 27

3. Gerichtsstandsbestimmung. Gem § 4 iVm § 36 Abs 1 Nr 1, 2, 5 und 6 ZPO kann auf Vorlage des Gerichts – auch ohne Antrag eines Beteiligten[127] – das zuständige InsGer durch das höhere Gericht bestimmt werden,[128] vor allem nach Nr 6 im Falle eines **negativen Kompetenzkonflikts**.[129] Nr 3 scheidet aus (erg s Rn 12 f),[130] weil die bloße Mitschuldnerstellung bezüglich einer einzigen Verpflichtung – die auch zufällig eintreten kann – für die nach § 1 zu verwirklichende einheitliche Abwicklung des gesamten Vermögens einzelner Mitschuldner bedeutungslos ist; § 3 stellt auf den Schwerpunkt dieses Vermögens ab. Die Voraussetzungen eines **positiven Kompetenzkonflikts** iSd Nr 5 liegen nur bei Anträgen gegen identische Schu vor. Sie sind nicht gegeben bei Verf gegen eine Gesellschaft und deren Gesellschafter.[131] Positive Kompetenzkonflikte können insb nach gleichzeitigen Sicherungsanord- 28

117 StRspr zB *OLG Celle* OLG-Report 2000, 205; *OLG Frankfurt* NZI 2000, 601; *OLG Hamm* NZI 2017, 36; *OLG Karlsruhe* NZI 2004, 262; *OLG Köln* NZI 2000, 232; *OLG München* NZI 2016, 698; *OLG Naumburg* InVo 2000, 12; *OLG Schleswig* NZI 1999, 416.
118 *BGH* NZI 2006, 165; NJW-RR 2015, 1016; *BayObLG* NZI 2003, 98: *OLG Celle* ZInsO 2011, 2004; *OLG Frankfurt* NZI 2002, 499; *OLG Oldenburg* ZInsO 2007, 1282; *OLG Schleswig* NZI 2010, 260; *OLG Stuttgart* NZI 2009, 181.
119 *BGH* NJW-RR 2011, 1364; NJW-RR 2015, 1016 Rn 9.
120 *BGH* NJW-RR 2011, 1364 Rn 9; NJW-RR 2013, 764 Rn 7; NJW-RR 2015, 1016 Rn 9.
121 *LG Rostock* ZInsO 2001, 914; *AG Göttingen* ZInsO 2010, 254.
122 *BGH* NJW 2002, 2634; NJW-RR 2015, 1016 Rn 11.
123 *OLG Köln* NZI 2003, 567; *OLG Oldenburg* ZInsO 2007, 1282.
124 *OLG Celle* NZI 2007, 465.
125 **Bejahend:** FK/*Schmerbach* § 3 Rn 44; MK/*Ganter/Lohmann* § 3 Rn 30a; *Uhlenbruck/Pape* § 3 Rn 29.
126 So auch *A/G/R/Ahrens* § 3 Rn 34 unter Hinweis auf das Gebot des gesetzlichen Richters.
127 *OLG München* ZIP 2014, 741.
128 Zum Verf vgl *BayObLG* NZI 1998, 84; NZI 1999, 457; *OLG Köln* NZI 2000, 75.
129 *BGH* ZIP 1992, 1274; *OLG München* NJW-RR 1987, 381; *OLG Schleswig* NZI 2010, 260.
130 Wohl auch FK/*Schmerbach* § 3 Rn 48: **aM** *Jaeger/Gerhardt* § 3 Rn 51; MK/*Ganter/Lohmann* § 3 Rn 36 f.
131 *RG* WarnRspr 1931 Nr 152; *Jaeger/Gerhardt* § 3 Rn 50.

nungen mehrerer InsGer gegen denselben Schu auftreten (vgl § 21 Rn 3).[132] Jedoch erledigt sich dieser Kompetenzkonflikt durch die Prioritätsregelung des Abs 2 (s Rn 18 f), spätestens mit Rechtskraft des ersten EröffnungsBeschl (s Rn 25).[133] **Zuständig** für die Gerichtsstandsbestimmung ist das im Rechtszug **nächsthöhere Gericht** (§ 36 Abs 1 ZPO). Ist dies der BGH, so wird das zuständige Gericht durch das OLG bestimmt zu dessen Bezirk das zunächst mit der Sache befasste Gericht gehört (§ 36 Abs 2 ZPO).

29 **4. Rechtsmittel.** Ein stattgebender Verweisungsbeschluss unterliegt, wie auch eine Ablehnung einer Verweisung, grds keiner Anfechtung; gegen die Ablehnung der Eröffnung des InsVerf wegen Unzuständigkeit kann nur der Ast **sof Beschw** einlegen (§ 34 Abs 1). Das Rechtsmittel – des Schu, § 34 Abs 2 – gegen die VerfEröffnung oder gar vorl Sicherungsmaßnahmen gem § 21[134] kann nach Maßgabe des § 571 Abs 2 S 2 ZPO nicht auf örtliche Unzuständigkeit gestützt werden.[135] Die Rechtskraft des EröffnungsBeschl heilt den Mangel und macht das eröffnende InsGer für das weitere Verf zuständig (erg s § 27 Rn 33, 35).[136] Zum Rechtsmittel der sof Beschw bei **Rüge der fehlenden int Zuständigkeit** s o Art. 102c § 4 EGInsO.

§ 3a Gruppen-Gerichtsstand

(1) [1]Auf Antrag eines Schuldners, der einer Unternehmensgruppe im Sinne von § 3e angehört (gruppenangehöriger Schuldner), erklärt sich das angerufene Insolvenzgericht für die Insolvenzverfahren über die anderen gruppenangehörigen Schuldner (Gruppen-Folgeverfahren) für zuständig, wenn in Bezug auf den Schuldner ein zulässiger Eröffnungsantrag vorliegt und der Schuldner nicht offensichtlich von untergeordneter Bedeutung für die gesamte Unternehmensgruppe ist. [2]Eine untergeordnete Bedeutung ist in der Regel nicht anzunehmen, wenn im vorangegangenen abgeschlossenen Geschäftsjahr die Zahl der vom Schuldner im Jahresdurchschnitt beschäftigten Arbeitnehmer mehr als 15 Prozent der in der Unternehmensgruppe im Jahresdurchschnitt beschäftigten Arbeitnehmer ausmachte und

1. **die Bilanzsumme des Schuldners mehr als 15 Prozent der zusammengefassten Bilanzsumme der Unternehmensgruppe betrug oder**
2. **die Umsatzerlöse des Schuldners mehr als 15 Prozent der zusammengefassten Umsatzerlöse der Unternehmensgruppe betrugen.**

[3]Haben mehrere gruppenangehörige Schuldner zeitgleich einen Antrag nach Satz 1 gestellt oder ist bei mehreren Anträgen unklar, welcher Antrag zuerst gestellt worden ist, ist der Antrag des Schuldners maßgeblich, der im vergangenen abgeschlossenen Geschäftsjahr die meisten Arbeitnehmer beschäftigt hat; die anderen Anträge sind unzulässig. [4]Erfüllt keiner der gruppenangehörigen Schuldner die Voraussetzungen des Satzes 2, kann der Gruppen-Gerichtsstand jedenfalls bei dem Gericht begründet werden, das für die Eröffnung des Verfahrens für den gruppenangehörigen Schuldner zuständig ist, der im vorangegangenen abgeschlossenen Geschäftsjahr im Jahresdurchschnitt die meisten Arbeitnehmer beschäftigt hat.

(2) Bestehen Zweifel daran, dass eine Verfahrenskonzentration am angerufenen Insolvenzgericht im gemeinsamen Interesse der Gläubiger liegt, kann das Gericht den Antrag nach Absatz 1 Satz 1 ablehnen.

---

132 *OLG Hamburg* ZInsO 2004, 624; MK/*Ganter/Lohmann* § 3 Rn 35; *Haertlein/J Schmidt* ZInsO 2004, 603.
133 *OLG München* ZIP 2014, 741.
134 Vgl *OLG Celle* NZI 2001, 143.
135 *BGH* NZI 2005, 184; *OLG München* ZIP 2014, 741; MK/*Ganter/Lohmann* § 3 Rn 32.
136 *BGHZ* 138, 40, 44 = NJW 1998, 1318; *OLG Celle* NZI 2007, 465; *LG Berlin* NZI 2008, 43; *Jaeger/Gerhardt* § 3 Rn 45; vgl *OLG Nürnberg* ZIP 2012, 241 zu Art 16, 26 EuInsO aF.

(3) Das Antragsrecht des Schuldners geht mit der Eröffnung des Insolvenzverfahrens auf den Insolvenzverwalter und mit der Bestellung eines vorläufigen Insolvenzverwalters, auf den die Verwaltungs- und Verfügungsbefugnis über das Vermögen des Schuldners übergeht, auf diesen über.

Übersicht

I. Gesetzgebungshinweise; Übersicht

1 Die §§ 3a–3e sind durch das G zur Erleichterung der Bewältigung von Konzerninsolvenzen v 13.4.2017[1] mWv 21.4.2018 eingefügt worden. Sie schaffen die verfahrensrechtlichen Grundlage für eine koordinierte Insolvenzabwicklung im Konzernverbund.[2] Hierdurch soll im Interesse der Sanierung des Gesamtunternehmens bzw einer bestmöglichen GlBefriedigung verhindert werden, dass eine wirtschaftliche Einheit von Unternehmen im Falle einer Ins auseinandergerissen wird und die InsVerf der Zuständigkeit verschiedener InsGer unterliegen. Der Gesetzgeber hat dabei nicht den Weg eines Haftungsverbundes durch Schaffung einer einheitlichen InsMasse hinsichtlich der konzernangehörigen Gesellschaften gewählt, sondern es bei der Haftungstrennung belassen und nur verfahrensrechtliche Vorschriften für den Konzernverbund geschaffen.[3] §§ 3a ff enthalten eine Regelung über einen Gruppengerichtsstand sowie eine Verweisungsmöglichkeit, damit alle InsVerf der Unternehmensgruppe bei einem einzigen InsGer gemeinsam bearbeitet werden können. Damit wird die bisher vereinzelt in der Praxis erfolgte Konzentration von InsVerf über das Vermögen einer Unternehmensgruppe bei einem InsGer[4] auf eine gesetzliche Grundlage gestellt.[5] Ergänzend ist eine Konzentration der Zuständigkeit bei einem Richter des InsGer vorgesehen (§ 3e Abs 1).

2 Weitere Regelungen zur Erleichterung der Bewältigung von Konzerninsolvenzen enthalten die **§§ 2 Abs 3, 13a, 56b, 269a ff, 270d**. Für grenzüberschreitende Konzerinsolvenzen enthalten **Art 56 ff EuInsVO** 2015/848 nähere weitgehend inhaltsgleiche Regelungen, s dazu Art 56 EuInsVO 1 ff.

II. Normzweck

3 § 3a eröffnet durch die Begründung eines einheitlichen Gerichtsstandes die Möglichkeit, alle InsVerf über das Vermögen von Mitgliedern einer Unternehmensgruppe iSv § 3e bei einem InsGer zu konzentrieren und dort einheitlich zu bearbeiten. Es handelt sich um einen

---

1 BGBl I, 872.

2 BT-Drucks 18/407, 1, 17.

3 *Mock* DB 2017, 951; vgl *Eidenmüller* ZMR 169 (2008), 528; *Thole* KTS 2014, 351, 352, jew zu den Grundmodellen für die Schaffung eines Konzerninsolvenzrechts; *Beck* DZWir 2014, 381, 384, der sich für einen einheitlichen Sanierungsplan ausspricht.

4 ZB *AG Köln* NZI 2008, 254 für die InsVerf über die Unternehmen der PIN-Gruppe; vgl auch *Frind* ZInsO 2008, 261; *Knof/Mock* ZInsO 2008, 253.

5 *Mock* DB 2017, 951.

zusätzlichen Gerichtsstand, der neben den ausschließlichen Gerichtsstand nach § 3 Abs. 1 tritt.[6] **Abs 1** enthält Bestimmungen für die Begründung des Gruppen-Gerichtsstandes. Abs 1 S 1 regelt insoweit die Voraussetzungen, unter denen bei einem InsGer ein Gruppen-Gerichtsstand begründet werden kann. Dazu stellt Abs 1 S 2 Kriterien auf, wann idR von einer nicht untergeordneten Bedeutung des Unternehmens für die Unternehmensgruppe auszugehen ist. Um die Begründung eines Gruppen-Gerichtsstandes am Sitz eines völlig untergeordneten Unternehmens auszuschließen, sieht die Regelung hinsichtlich der erforderlichen Kriterien einen Schwellenwert von 15 % vor. Den in § 3 Abs 2 geregelten Prioritätsgrundsatz übernimmt Abs 1 S 3 für die Begründung eines Gruppengerichtsstandes und bestimmt das Verhältnis mehrerer zeitgleicher Anträge. Abs 1 S 4 erweitert die Möglichkeit der Begründung eines Gruppengerichtsstandes über die in Abs 1 S 2 beschriebenen Regelbeispiele hinaus. Durch die gem **Abs 2** bestehende Möglichkeit der Zurückweisung des Antrags auf Begründung des Gruppen-Gerichtsstandes wird den gemeinsamen Interessen der Gläubiger Rechnung getragen. **Abs 3** ergänzt Abs 1, indem es den Kreis der Antragsberechtigten für den Fall der Bestellung eines „starken" vorläufigen InsVerw sowie für die Eröffnung des InsVerf regelt.

III. Begründung eines Gruppen-Gerichtsstandes

4 **1. Grundsatz (Abs 1 S 1).** Der Gruppen-Gerichtsstand wird bei dem InsGer begründet, bei dem der erste hierauf ausdrücklich gerichtete **Antrag eines gruppengehörigen Schu** iSv § 3e gestellt wird. Dabei stellt der Gesetzgeber aus Praktikabilitätsgründen auf das Prioritätsprinzip und nicht auf den Gerichtsstand des jeweiligen Mutterunternehmens ab.[7] Zusätzlich bedarf es eines **zulässigen InsEröffnungsantrags** des betreffenden Schu (Abs 1 S 1). Beide Anträge muss das InsGer vor einer Erklärung über die Zuständigkeit für die Gruppen-Folgeverfahren prüfen.[8] Nicht erforderlich ist in diesem Stadium bereits eine Prüfung der Begründetheit des Eröffnungsantrages. Die Zuständigkeit nach Abs 1 S 1 ist nicht ausschließlich, sondern tritt, wie § 3c Abs 2 klarstellt, neben dem weiterhin bestehenden Gerichtsstand des Mittelpunktes der selbstständigen wirtschaftlichen Tätigkeit der Gesellschaft nach § 3 Abs 1.[9]

5 **2. Nicht von untergeordneter Bedeutung (Abs 1 S 2).** Weiterhin ist für die Begründung eines Gruppen-Gerichtsstandes erforderlich, dass das antragstellende SchuUnternehmen **nicht offensichtlich** von untergeordneter Bedeutung für die gesamte Unternehmensgruppe ist. Dies ist anhand einer einzelfallbezogenen Betrachtung aller Umstände zu beurteilen. Abs 1 S 2 stellt eine negative widerlegliche[10] Vermutung („ist in der Regel nicht anzunehmen") auf und listet mit den Arbeitnehmerzahlen, der Bilanzsumme und den Umsatzerlösen **drei Kriterien** auf, anhand derer zu prüfen ist, ob eine untergeordnete Bedeutung des Schu für die gesamte Unternehmensgruppe vorliegt. Angaben hierzu sind gem § 13a von dem Schu in dem Antrag anzugeben.

6 Dem Anteil der beschäftigten Arbeitnehmer des schuldnerischen Unternehmens an den gruppenweit beschäftigten Arbeitnehmern kommt hierbei ausschlaggebende Bedeutung zu (Abs 1 S 2 HS 1); der gesetzlich angeordnete **Schwellenwert von 15 %** muss **stets** überschritten sein. Daneben ist auch auf den Anteil an der zusammengefassten Bilanzsumme (Abs 1 S 1 HS 2 Nr 1) oder auf den Anteil an dem Umsatz der gesamten Unternehmensgruppe

---

6 Vgl *K/P/B/Prütting* § 3a Rn 3, *Thole* KTS 2014, 351, 355.

7 Krit *Verhoeven* ZInsO 2014, 217, 218 f.

8 Vgl *Braun/Baumert* § 3a Rn 9.

9 BT-Drucks 18/407, 20.

10 *Harder* NJW-Spezial 2017, 469; *Laroche* ZInsO 2017, 2585, 2590.

(Abs 1 S 2 HS 2 Nr 2) abzustellen.[11] Machen diese mehr als 15 % der zusammengefassten Werte aus, so spricht dies in der Regel für eine nicht untergeordnete Bedeutung. Insoweit genügt es, wenn zwei der drei Schwellenwerte überschritten werden.[12] Daneben kommt im Einzelfall eine abweichende Einschätzung in Betracht.[13] Bei den im Gesetz angegebenen Werten handelt es sich nicht um eine abschließende Definition, sondern um eine reine Zweifelsregel. So kann am Sitz der Holding ein Gruppen-Gerichtsstand begründet werden, selbst wenn sämtliche Arbeitnehmer in Tochtergesellschaften tätig sind.[14]

Sofern keiner der gruppenangehörigen Unternehmen die in Abs 1 S 2 aufgestellten Schwellenwerte überschreitet, kann ein Gruppengerichtsstand ebenfalls bei dem InsGer begründet werden, das für die Eröffnung des Verfahrens für den gruppenangehörigen Schu zuständig ist, der im vorangegangenen abgeschlossenen Geschäftsjahr im Jahresdurchschnitt die meisten Arbeitnehmer beschäftigt hat (Abs 1 S 4). 7

3. Gemeinsame Interessen der Gläubiger (Abs 2). Für die Begründung des Gruppen-Gerichtsstandes ist nicht ausschließlich auf die Interessen des antragstellenden Schu abzustellen. Maßgeblich sind auch die Interessen der Gl sämtlicher gruppenangehöriger Schu. Diesen darf die Begründung eines Gruppen-Gerichtsstandes nicht widersprechen (Abs 2). Die Maßstäbe hierfür sind gesetzlich nicht definiert.[15] Ein **entsprechendes Interesse** besteht nach der Gesetzesbegründung, wenn sich durch eine koordinierte Abwicklung der Verfahren für die Ins einiger Schu Synergieeffekte erzielen lassen ohne die Insolvenzmassen der übrigen Schu zu benachteiligen.[16] Dies hat das InsGer anhand der nach § 13a Abs 1 Nr 2 erforderlichen Angaben des Schu ermitteln. Positive Feststellungen zu den durch eine Verfahrenskonzentration zu erzielenden Vorteilen, zB durch Einholung eines Sachverständigengutachtens, sind nicht erforderlich.[16] Es genügt, dass keine Zweifel bestehen, dass eine Verfahrenskonzentration im gemeinsamen Interesse der Gl liegt. 8

IV. Antragsberechtigung (Abs 1, Abs 3)

Berechtigt zur Stellung eines Antrages für die Begründung eines Gruppen-Gerichtsstandes ist im Eröffnungsverfahren jedes gruppenangehörige **SchuUnternehmen** iSd § 3a iVm § 3e; nicht indes ein Gl,[17] auch nicht bei einem entspr Eröffnungsantrag eines Gl. Wer innerhalb eines Schu zur Stellung des Antrages befugt ist, bestimmt sich nach den gesellschaftsrechtlichen Vertretungsregelungen zur Stellung eines Eigenantrages (vgl § 13 Rn 28; § 15 Rn 3 ff); insoweit findet auch § 15 Anwendung.[18] Diese Antragbefugnis geht mit der Bestellung eines **vorläufigen InsVerw**, auf den die Verwaltungs- und Verfügungsbefugnis über das schuldnerische Vermögen übertragen worden ist, auf diesen über; dem Schu steht in diesem Fall kein eigenes Antragsrecht mehr zu. Ab Eröffnung des InsVerf ist ausschließlich der bestellte **InsVerw** berechtigt, den Antrag auf Begründung eines Gruppen-Gerichtsstandes zu stellen. Insoweit besteht für den (auf einen GlAntrag bestellten) InsVerw die Möglichkeit, noch im eröffneten InsVerf auf GlAntrag eine Konzernzuständigkeit zu begründen.[19] Zudem können 9

---

11 BT-Drucks 18/407, 26.
12 BT-Drucks 18/11436, 24.
13 *K/P/B/Prütting* § 3a Rn 7.
14 *Harder* NJW-Spezial 2017, 469; *Laroche* ZinsO 2017, 2585, 2590; **aA** *Stahlschmidt/Bartelheimer* ZinsO 2017, 1010, 1013.
15 Krit *Thole* KTS 2017, 351, 359.
16 BT-Drucks 18/407, 27.
17 *Braun/Baumert* § 3a Rn 10; **aA** *Flöther/v Wilken* § 4 Rn 6 auch Antragsrecht des Gl.
18 **AA** *Braun/Baumert* § 3a Rn 12 unter Hinweis darauf, dass die Vorschrift nicht auf § 15 verweist.
19 BT-Drucks 18/407, 20.

der „starke“ vorl InsVerw sowie der endgültige InsVerw gem § 3d Abs 1 iVm § 3a Abs 3 nachträglich noch eine Verweisung an das InsGer des Gruppen-Gerichtsstandes beantragen.

V. Mehrfache Anträge (Abs 1 S 3)

10 Die Zuständigkeit des InsGer für die Begründung des besonderen Gruppen-Gerichtsstandes richtet sich bei mehreren Anträgen grds nach dem **Prioritätsprinzip**. Nicht maßgeblich ist der Gerichtsstand der Muttergesellschaft, sondern der zuerst gestellte Antrag eines gruppenangehörigen Schu;[20] dieser kann auch von einer Tochtergesellschaft stammen. Etwaige GlAnträge sind unbeachtlich.[21] Haben mehrere gruppenangehörige Schu **zeitgleich** einen Eröffnungsantrag gestellt, ist die wirtschaftliche Bedeutung der antragstellenden Schu maßgeblich. Es ist der Antrag desjenigen Schu maßgeblich, der im vergangenen abgeschlossenen Geschäftsjahr **die meisten Arbeitnehmer** beschäftigte (Abs 1 S 3 HS 1 Alt 1). In diesem Fall sind die Anträge der weiteren Schu unzulässig (Abs 1 S 3 HS 2). Hinsichtlich der Zeitgleichheit ist nicht auf den – in der Praxis kaum mögliche – Eingang in der gleiche Sekunde, sondern auf den Eingang in einem engen zeitlichen Zusammenhang, zB am gleichen Tag, abzustellen. Die wirtschaftliche Bedeutung ist auch maßgeblich, wenn nicht geklärt werden kann, welcher Antrag zuerst gestellt worden ist (Abs 1 S 3 HS 1 Alt 2).

VI. Entscheidung des Gerichts; Wirkungen der Entscheidung

11 Liegen die Voraussetzungen für die Begründung eines Gruppen-Gerichtsstandes vor, **erklärt sich** das angerufene InsGer durch nicht anfechtbaren Beschl für die InsVerf über die anderen gruppenangehörigen Schu **für zuständig** (Abs 1 S 1). Die Zuständigkeit des zuerst angerufenen InsGer erstreckt sich auf **FolgeInsVerf der Gruppe** (vgl § 3b). Diese Wirkung hat keinen Einfluss auf das Insolvenzantragsrecht sowie die Insolvenzgründe. Vielmehr muss für jedes gruppenangehöriges Unternehmen ein gesonderter Insolvenzantrag gestellt und das Vorliegen eines Insolvenzgrundes geprüft werden.[22] Der Gruppen-Gerichtsstand bleibt auch dann bestehen, wenn später das InsVerf über das Vermögen des antragstellenden ersten Gruppenmitglieds wegen der fehlenden Begründetheit des Antrages bzw mangels Masse nicht eröffnet, eingestellt oder aufgehoben wird.[23]

12 Bestehen Zweifel, dass die Begründung eines Gruppen-Gerichtsstandes den gemeinsamen Interessen der Gl entspricht, **kann** das InsGer nach pflichtgemäßen Ermessen[24] den **Antrag** durch Beschl **ablehnen** (Abs 2). Das Gesetz enthält hierfür keine Regelbeispiele. Eine Ablehnung kommt in Betracht, wenn im konkreten Fall Zweifel daran bestehen, dass mit einer koordinierten Verfahrensabwicklung Vorteile verbunden sind.[25] Die Entscheidung unterliegt mangels Regelung eines Beschwerderechts **keiner Anfechtung**. Die Zurückweisung des Antrages als unzulässig entfaltet keine Sperrwirkung, so dass sowohl der zunächst antragstellende Schu als auch ein anderer gruppenangehöriger Schu einen neuen Antrag stellen können.[26] Bei Zurückweisung des Antrags gem Abs 2 ist ein neuer Antrag nur zulässig, wenn eine Veränderung der Interessenlage der Gl aufgezeigt wird.[27]

---

20 BT-Drucks 18/407, 20; *Thole* KTS 2014, 351, 358.
21 BT-Drucks 18/407, 20.
22 *Mock* DB 2017, 951, 952.
23 *Beck* DZWir 2014, 381, 382.
24 **Einschr** *K/P/B/Prütting* § 3a Rn 14 bei ernsthaftem Zweifel muss abgelehnt werden.
25 BT-Drucks 18/407, 27; **krit** *Braun/Baumert* § 3a Rn 16.
26 *Braun/Baumert* § 3a Rn 18; *K/P/B/Prütting* § 3a Rn 16.
27 *K/P/B/Prütting* § 3a Rn 16.

§ 3b Fortbestehen des Gruppen-Gerichtsstands

Ein nach § 3a begründeter Gruppen-Gerichtsstand bleibt von der Nichteröffnung, Aufhebung oder Einstellung des Insolvenzverfahrens über den antragstellenden Schuldner unberührt, solange an diesem Gerichtsstand ein Verfahren über einen anderen gruppenangehörigen Schuldner anhängig ist.

Übersicht

I. Gesetzgebungshinweise; Normzweck

1 Die Vorschrift ist durch das G zur Erleichterung der Bewältigung von Konzerninsolvenzen v 13.4.2017[1] mWv 21.4.2018 eingefügt worden. Die Vorschrift greift den Grundsatz der **perpetuatio fori** auf, geht aber darüber hinaus, indem es auch einen Gruppen-Gerichtsstand für noch nicht anhängige Gruppen-FolgeInsVerf bestehen lässt. Dies dient den Interessen der Gl an einer einheitlichen Verfahrensführung an dem ursprünglichen Gruppen-Gerichtsstand, da dieser nicht erneut begründet werden muss.[2]

II. Regelungsinhalt

2 Wird aufgrund eines zulässigen Eröffnungsantrages eines Schu ein Gruppen-Gerichtsstand begründet (vgl § 3a Abs 1 S 1), besteht dieser für alle Gruppen-Folgeverfahren. Durch § 3b wird diese Regelung dahingehend erweitert, dass trotz späterer Nichteröffnung oder Beendigung des InsVerf über das Vermögen des antragstellenden Schu der Gerichtsstand **für später beantragte**, zum Zeitpunkt der Nichteröffnung, Aufhebung oder Einstellung des **InsVerf** noch nicht anhängige InsVerf über andere Gruppenmitglieder fortbesteht, sofern zu diesem Zeitpunkt zumindest noch ein InsVerf über das Vermögen eines anderen gruppenangehörigen Schu bei diesem Gericht anhängig ist.

3 Für die bereits vor Nichteröffnung oder Beendigung des InsVerf über das antragstellende Mitglied anhängig gemachten weiteren InsVerf über andere Mitglieder der Unternehmensruppe folgt dies bereits aus § 4 iVm § 261 Abs 3 Nr 2 ZPO. **Nachträgliche Änderungen** der zuständigkeitsbegründenden Umstände, lassen die einmal bestehende Zuständigkeit nicht entfallen.[2] Ist hingegen im Zeitpunkt der Nichteröffnung bzw Beendigung des InsVerf kein weiteres InsVerf über das Vermögen eines anderen Gruppenmitgliedes anhängig, entfallen die Voraussetzungen für ein Fortbestehen des Gruppen-Gerichtsstandes. Dieser kann aber durch einen neuen Antrag begründet werden, sofern dann die Voraussetzungen des § 3a vorliegen.

§ 3c Zuständigkeit für Gruppen-Folgeverfahren

(1) Am Gericht des Gruppen-Gerichtsstands ist für Gruppen-Folgeverfahren der Richter zuständig, der für das Verfahren zuständig ist, in dem der Gruppen-Gerichtsstand begründet wurde.

(2) Der Antrag auf Eröffnung eines Gruppen-Folgeverfahrens kann auch bei dem nach § 3 Absatz 1 zuständigen Gericht gestellt werden.

---

1 BGBl I, 872.
2 BT-Drucks 18/407, 27.

Übersicht

I. Gesetzgebungshinweise; Normzweck

1 Die Vorschrift ist durch das G zur Erleichterung der Bewältigung von Konzerninsolvenzen v 13.4.2017[1] mWv 21.4.2018 eingefügt worden. Sie enthält unsystematisch zwei unabhängige Regelungen. Um das mit der Begründung des Gruppen-Gerichtsstandes verfolgte Ziel einer zügigen und effektiven Bearbeitung von InsVerf zu erreichen, greift **Abs 1** in die gerichtliche Geschäftsverteilung ein und regelt eine interne einheitliche Zuständigkeit, um so das mit der Zuständigkeitskonzentration verfolgte Ziel besser zu erreichen. Es soll sicher gestellt, dass am Gerichtsstand der Gruppen-Folgeverfahren nicht aufgrund des gerichtlichen Geschäftsverteilungsplans mehrere Richter des InsGer für die Bearbeitung der InsVerf zuständig sind. Hierdurch sollen Reibungsverluste auf der Ebene des InsGer des Gruppen-Gerichtsstandes vermieden werden.[2] **Abs 2** stellt klar, dass durch die Bejahung eines Gruppengerichtsstandes für die Gruppen-FolgeInsVerf hinsichtlich des allgemeinen Gerichtsstandes keine Sperrwirkung eintritt.[2] Vielmehr kann ein entsprechender Eröffnungsantrag weiterhin bei dem allgemein örtlich zuständigen InsGer gestellt werden kann.

II. Zuständigkeitserstreckung für Gruppen-Folgeverfahren (Abs 1)

2 Innerhalb des InsGer ist bei einem Gruppen-Gerichtsstands für die Bearbeitung aller Folgeverfahren grds **der Richter zuständig**, der nach dem internen Gerichtsgeschäftsverteilungsplan eine Zuständigkeit für das Verfahren besitzt, bei dem der Gruppengerichtsstand begründet wurde (Abs 1). Damit besteht keine Notwendigkeit einer innergerichtlichen Abstimmung mehrerer zuständiger Richter hinsichtlich einer koordinierten Verfahrensführung. Abs 1 gibt den Gerichtspräsidien die Möglichkeit, bei der Geschäftsverteilung für Verfahren, in dem der Gruppen-Gerichtsstand begründet worden, für die FolgeInsVerf eine Zuständigkeitskonzentration bei einem Richter zu treffen.

3 Soweit die Gerichtspräsidien in dem gerichtlichen Geschäftsverteilungsplan keine Regelung hinsichtlich einer Zuständigkeitskonzentration für die Gruppen-Folgeverfahren oder eine von der gesetzlichen Regelung in Abs 1 abweichende Regelung treffen, greift das Gesetz in die grds bestehende Gestaltungfreiheit der Präsidien hinsichtlich der richterlichen Geschäftsverteilung ein und ersetzt diese durch eine verbindliche **gesetzliche Zuständigkeitszuweisung**.[3]

4 Eine Zuständigkeitskonzentration ist – auch wenn dies nicht ausdrücklich geregelt ist – ebenfalls analog für die (spätere) Bearbeitung der Gruppen-Folgeverfahren durch die **Rechtspfleger** angezeigt.[4] Nur so kann erreicht werden, dass auf dieser Ebene ein zwischengerichtlicher Abstimmungsbedarf minimiert wird. Ob im Einzelfall bei einer Überlastung eines einzelnen Rechtspflegers hiervon Ausnahmen anzuerkennen sind, muss die Praxis zeigen.

---

1 BGBl I, 872.
2 BT-Drucks 18/407, 28.
3 Hierzu krit BR-Drucks 663/1/13, 2.
4 S auch *K/P/B/Prütting* § 3c Rn 3; **aA** *Laroche* ZinsO 2017, 2585, 2589 wegen des damit verbundenen Eingriffs in die Organisationshoheit der Gerichte.

III. Fortbestand des allgemein bestehenden Gerichtsstandes (Abs 2)

Bejaht ein angerufenes InsGer die Voraussetzungen eines Gruppen-Gerichtsstandes nach § 3a Abs 1, so entfaltet dieser Gerichtsstand **keine Sperrwirkung** hinsichtlich des allgemeinen Gerichtsstandes, sondern tritt für Gruppen-FolgeInsVerf neben dem bestehenden allgemeinen bestehenden Gerichtsstand nach § 3 Abs 1. Bei diesem kann weiterhin wirksam ein Eröffnungsantrag gestellt werden (Abs 2). Der allgemeine Gerichtsstand ist aber nicht mehr ausschließlich zuständig. Ist bereits vor der Bejahung eines Gruppen-Gerichtsstandes bei einem anderen InsGer ein Insolvenzantrag über das Vermögens ein anderes Unternehmen der Gruppe anhängig, greift die **Vorrangregelung in § 3 Abs 2.**[5] In diesem Fall besteht aber die Möglichkeit einer Verweisung des InsVerf gem § 3d an den Gruppen-Gerichtsstand. 5

5 BT-Drucks 18/407, 28.

§ 3d Verweisung an den Gruppen-Gerichtsstand

(1) [1]Wird die Eröffnung eines Insolvenzverfahrens über das Vermögen eines gruppenangehörigen Schuldners bei einem anderen Insolvenzgericht als dem Gericht des Gruppen-Gerichtsstands beantragt, kann das angerufene Gericht das Verfahren an das Gericht des Gruppen-Gerichtsstands verweisen. [2]Eine Verweisung hat auf Antrag zu erfolgen, wenn der Schuldner unverzüglich nachdem er Kenntnis von dem Eröffnungsantrag eines Gläubigers erlangt hat, einen zulässigen Eröffnungsantrag bei dem Gericht des Gruppen-Gerichtsstands stellt.

(2) [1]Antragsberechtigt ist der Schuldner. [2]§ 3a Absatz 3 gilt entsprechend.

(3) Das Gericht des Gruppen-Gerichtsstands kann den vom Erstgericht bestellten vorläufigen Insolvenzverwalter entlassen, wenn dies erforderlich ist, um nach § 56b eine Person zum Insolvenzverwalter in mehreren oder allen Verfahren über die gruppenangehörigen Schuldner zu bestellen.

Übersicht

I. Gesetzgebungshinweise; Normzweck

Die Vorschrift ist durch das G zur Erleichterung der Bewältigung von Konzerninsolvenzen v 13.4.2017[1] mit Wirkung v 21.4.2018 eingefügt worden. Der Gesetzeswortlaut spricht zwar von einer Verweisung. Tatsächlich handelt es sich – ähnlich § 343 FamFG – um einen gesetzlich geregelten Fall der in der ZPO nicht vorgesehenem Abgabe mit Wirkung einer Verweisung. Voraussetzung ist nämlich nicht – wie bei den ansonsten gesetzlich geregelten Fällen der Verweisung (zB § 281 Abs 1 ZPO, § 3 Abs 1 FamFG) eine örtliche oder sachliche Unzuständigkeit des angerufenen Ger, sondern eine in das Ermessen des an sich (auch) zuständigen InsGer gestellte Option der Weitergabe eines InsVerf an ein weiteres zuständiges InsGer, um entsprechend dem Ziel der §§ 3a ff die InsVerf über Vermögen von Unternehmensträgern an einem einheitlichen Gerichtsstand zu bündeln. 1

1 BGBl I, 872.

II. Voraussetzungen für Verweisung

2 Abs 1 S 1 eröffnet die Möglichkeit, ein bei einem anderen InsGer beantragtes InsVerf an das InsGer des Gruppen-Gerichtsstandes zu verweisen.[2] Voraussetzung ist, dass das verweisende Ger an sich (auch) zuständig ist oder zumindest seine Zuständigkeit bejaht hat. Zudem muss bei dem aufnehmenden Ger der Gruppen-Gerichtsstand bestehen. Da diese Voraussetzung nicht in der Entscheidungskompetenz des abgebenden Gerichts liegen kann, muss bereits der Antrag auf Zuständigkeitserklärung des aufnehmenden Gericht für die Gruppen-FolgeInsVerf gestellte und von diesem positiv beschieden worden sein.[3]

3 Die Verweisung kann in jedem Verfahrensstadium ab Anhängigkeit des InsVerf erfolgen. Eine Verpflichtung zur Verweisung besteht nicht; vielmehr liegt diese im **pflichtgemäßen Ermessen** des Ger „kann verweisen". Im Rahmen dieser Ermessensentscheidung sind die Interessen der Gläubiger an der Durchführung des InsVerf an dem derzeit zuständigen InsGer berücksichtigen. An einem entsprechenden Interesse kann es fehlen, wenn das InsVerf bereits eröffnet ist und der eingesetzte InsVerw bereits in einem größeren Umfange tätig geworden ist.[4] Weitere Voraussetzung für eine Verweisung ist, wie sich aus dem Zusammenspiel von Abs 1 S 2 iVm Abs 2 ergibt, dass ein entsprechender **Verweisungsantrag** vorliegt; damit scheidet eine Verweisung ohne Antrag bzw gegen den Willen der Antragsberechtigten aus.[5]

4 Kein Ermessen besitzt das InsGer im Falle eines Eigenantrages des Schu unmittelbar im Anschluss der Bekanntgabe eines GlAntrages bei dem Gruppen-Gerichtsstand (§ 3a). In diesem Fall **muss** das InsGer gem Abs 1 S 2 auf **Verweisungsantrag des Schu** (Abs 2 S 1) bzw des „starken" vorläufigen InsVerw oder des InsVerw (Abs 2 S 2) das InsVerf an dieses InsGer verweisen.[6] Voraussetzung ist neben dem Verweisungsantrag auch ein **zulässiger Eröffnungsantrag** des Schu (s § 13 Rn 19 ff). Dies hat das InsGer vor einer Verweisung zu prüfen. Für die Beurteilung, ob die Voraussetzungen für Verweisung vorliegen, kommt es auf den Zeitpunkt der Entscheidung, nicht auf eine künftige Entscheidung an, zB auf die Möglichkeit, dass der Schu seinen InsAntrag noch zulässig macht.

III. Entscheidung und Folgen der Verweisung

5 Für die Entscheidung über die Verweisung sowie die Übernahme des InsVerf durch das zunächst angegangene Ger sieht § 3a keine bestimmte Form vor. Sie könnte damit an sich durch Beschl, Verfügung, formlos oder stillschweigend durch Übersendung bzw Weiterbearbeitung der Akten erfolgen. Da die Gesetzesbegründung indes auf § 281 ZPO Bezug nimmt, ist eine Entscheidung durch **Beschl** erforderlich, der wegen der **fehlenden Anfechtbarkeit** der stattgebenden oder ablehnenden Entscheidung (s § 3 Rn 29) nicht mit einer Rechtsbehelfsbelehrung zu versehen; ebenfalls bedarf es keiner Kostenentscheidung. Die Entscheidung ist zumindest kurz zu begründen, da ansonsten nicht erkennbar ist, ob sie auf gesetzlicher Grundlage beruht. Dies gilt insb, wenn die Verweisung im Ermessen des InsGer liegt. Vor einer Entscheidung ist den Beteiligten **rechtliches Gehör** zu gewähren.

6 Die Verweisung des InsVerf ist nach der Gesetzesbegründung in Anwendung des Rechtsgedankens der §§ 281 Abs 2 S 4 ZPO, 506 Abs 2 ZPO, 3 Abs 3 S 2 FamFG, 17a Abs 2 S 3 GVG, 102 S 2 GVG, § 48 ArbGG für das angegangene Gericht **bindend**.[7] Eine Bindungswir-

2 Dazu **krit** *Frind* ZInsO 2014, 927, 931

3 *Thole* KTS 2014, 351, 357.

4 BT-Drucks 18/407, 28.

5 So auch *Braun/Baumert* § 3d Rn 2; **aA** *Thole* KTS 2014, 351, 357, der die Möglichkeit einer Verweisung ohne Antrag bejaht.

6 Weitergehend *Flöther/v Wilken* § 4 Rn 6, der auch von einem Antragsrecht der Gl ausgeht.

7 Dazu **krit** *Braun/Baumert* § 3d Rn 7; *Fölsing* ZInsO 2013, 413, 416; *Thole* KTS 2014, 351, 357.

kung **entfällt ausnahmsweise**, wenn die Verweisung auf eine Verletzung des rechtlichen Gehörs beruht,[8] nicht durch den gesetzlichen Richter erfolgte[9] oder jeder gesetzlichen Grundlage entbehrt und deshalb als willkürlich betrachtet werden muss. Allein ein inhaltlich unrichtiger oder fehlerhafter Beschl genügt nicht;[9] erg s § 3 Rn 24 f). Kommt es zwischen den Ger zu einem Streit über die Bindungswirkung, so ist die Zuständigkeit nach § 4 iVm § 36 Abs 1 Nr 6 ZPO auf Vorlage durch das im Instanzenzug nächsthöhere Ger zu bestimmen (s § 3 Rn 28).

Mit dem **Verweisungsbeschluss** wird die Sache bei dem InsGer des Gruppen-Gerichtsstandes anhängig. Insoweit tritt ein Wechsel der Anhängigkeit ein. Das wird in dem Stadium fortgesetzt, in dem es sich zum Zeitpunkt der Verweisung befand. Sofern die Notwendigkeit besteht, nach § 56b eine Person zum Insolvenzverwalter in mehreren oder allen Verfahren über die gruppenangehörigen Schu zu bestellen, kann das nunmehr zuständige InsGer den vom Erstgericht bestellten **vorläufigen InsVerw** entlassen (**Abs 3**). Die Entscheidung liegt im **pflichtgemäßen Ermessen** des InsGer. Keine Regelung trifft Abs 3 zu der Frage, ob auch bereits bestellter InsVerw entlassen werden kann, wenn dies nach § 56b erforderlich ist. Insoweit liegt eine vom Gesetzgeber übersehene Regelungslücke vor, die durch eine entsprechende Anwendung von Abs 3 geschlossen werden kann.[10] 7

8 *BGH* NZI 2006, 165; NJW-RR 2015, 1016; *BayObLG* NZI 2003, 98: *OLG Celle* ZInsO 2011, 2004; *OLG Frankfurt* NZI 2002, 499; *OLG Oldenburg* ZInsO 2007, 1282; *OLG Schleswig* NZI 2010, 260; *OLG Stuttgart* NZI 2009, 181.
9 *BGH* NJW-RR 2011, 1364; NJW-RR 2015, 1016 Rn 9.
10 *Braun/Baumert* § 3d Rn 6.

§ 3e Unternehmensgruppe

(1) Eine Unternehmensgruppe im Sinne dieses Gesetzes besteht aus rechtlich selbstständigen Unternehmen, die den Mittelpunkt ihrer hauptsächlichen Interessen im Inland haben und die unmittelbar oder mittelbar miteinander verbunden sind durch

1. die Möglichkeit der Ausübung eines beherrschenden Einflusses oder
2. eine Zusammenfassung unter einheitlicher Leitung.

(2) Als Unternehmensgruppe im Sinne des Absatzes 1 gelten auch eine Gesellschaft und ihre persönlich haftenden Gesellschafter, wenn zu diesen weder eine natürliche Person noch eine Gesellschaft zählt, an der eine natürliche Person als persönlich haftender Gesellschafter beteiligt ist, oder sich die Verbindung von Gesellschaften in dieser Art fortsetzt.

Übersicht

I. Gesetzgebungshinweise; Normzweck

1 Die Vorschrift ist durch das G zur Erleichterung der Bewältigung von Konzerninsolvenzen v 13.4.2017[1] mit Wirkung v 21.4.2018 eingefügt worden. Die Bestimmung definiert für Unter-

1 BGBl I, 872.

nehmensträger mit inländischen Mittelpunkt den Begriff der Unternehmensgruppe und legt damit den Anwendungsbereich der in der InsO enthaltenden Regelungen über das Konzerninsolvenzrecht (§§ 3a ff, 13a, 56b, 269a ff, 270d) näher fest. **Abs 1** fasst die Def aus § 18 AktG und § 290 HGB zusammen[2] und knüpft hinsichtlich der Bestimmung einer Unternehmensgruppe der Möglichkeit der Ausübung eines herrschenden Einflusses bzw der Zusammenfassung unter einer einheitlichen Leitung an zwei Kriterien an. **Abs 2** erweitert den Anwendungsbereich der Vorschriften über den Gruppen-Gerichtsstand auf die GmbH & Co. KG und trägt damit dem Bedürfnis für eine koordinierte Abwicklung der InsVerf von Gesellschaft und Komplementär-GmbH Rechnung.[3] Für den Anwendungsbereich der **EuInsVO** 2015/848 sehen Art 2 Nr 13 und Art. 2 Nr 4 EuInsVO Definitionen der Unternehmensgruppe sowie des Mutterunternehmens vor.

II. Grundsatz (Abs 1)

2 **1. Überblick.** Eine Unternehmensgruppe besteht aus rechtlich selbstständigen Unternehmen, die den Mittelpunkt ihrer hauptsächlichen Interessen iSd Art 3 Abs 1 EuInsVO im Inland haben. Weitere Voraussetzung ist eine unmittelbare oder mittelbare Verbindung der einzelnen Unternehmen entweder durch die Möglichkeit der Ausübung eines beherrschenden Einflusses (Abs 1 Nr 1) oder eine Zusammenfassung unter einer einheitlichen Leitung (Abs 1 Nr 2). Erfasst werden sowohl horizontale auch vertikale Konzerne und Mischformen.[4] Eine bestimmte Anzahl von Unternehmen ist nicht erforderlich; entspr kann die Gruppe auch aus zwei Unternehmen bestehen. Unerheblich ist ebenfalls, ob tatsächliche eine einheitliche zentrale Führung der Unternehmen erfolgt.

3 Erfasst werden alle Arten von **Gesellschaften und juristischen Personen**, mit Ausnahme der in § 12 aufgelisteten juristischen Personen des öffentlichen Rechts. Str ist, ob auch unternehmerisch tätige **natürliche Personen** zu einer Unternehmensgruppe gehören können.[5] Dagegen spricht die Regelung in Abs 2, wonach zum Schutz der PrivatGl bei kapitalistischen Personenhandelsgesellschaften zu der Unternehmensgruppe weder eine natürliche Person als unbeschränkt haftender Gesellschafter noch eine Gesellschaft zählen darf, an der eine natürliche Person als unbeschränkt haftender Gesellschafter beteiligt ist.[6] Dieser Rechtsgedanke dürfte auch für die Unternehmen nach Abs 1 gelten und damit eine Zugehörigkeit einer natürlichen Person zu einer Unternehmensgruppe nach § 3e Abs 1 ausschließen.

4 **2. Herrschender Einfluss (Abs 1 Nr 1).** Der Begriff des herrschenden Einflusses knüpft an die Regelung in § 290 Abs 1 HGB an. Um den Anwendungsbereich der Vorschriften nicht einzuschränken, ist es abweichend von den handelsrechtlichen Bestimmungen nicht erforderlich, dass es sich bei der Muttergesellschaft um eine Kapitalgesellschaft handelt.[7] Daher finden die konzerninsolvenzrechtlichen Vorschriften auch auf anders strukturierte Unternehmensträger Anwendung. Unerheblich ist ebenfalls das in § 290 Abs 5 HGB enthaltene Kriterium der Notwendigkeit der Aufstellung eines Konzernabschlusses.[8]

---

2 *Laroche* ZInsO 2017, 2585, 2586.
3 BT-Drucks 18/11436, 24.
4 *Laroche* ZInsO 2017, 2585, 2586
5 Bejahend *Mock* DB 2017, 951.
6 BT-Drucks 18/11436, 25.
7 BT-Drucks 18/407, 28; *Laroche* ZInsO 2017, 2585, 2586.
8 BT-Drucks 18/407, 29.

Die Frage der Beherrschung eines anderen Unternehmens wird anhand der in **§ 290 Abs 2 HGB** aufgeführten unwiderlegbaren Tatbestände[9] beantwortet. Danach besteht beherrschender Einfluss eines Mutterunternehmens stets, wenn 5

- ihm bei einem anderen Unternehmen die Mehrheit der Stimmrechte der Gesellschafter zusteht (§ 290 Abs 2 Nr 1 HGB),
- ihm bei einem anderen Unternehmen das Recht zusteht, die Mehrheit der Mitglieder des die Finanz- und Geschäftspolitik bestimmenden Verwaltungs-, Leitungs- oder Aufsichtsorgans zu bestellen oder abzuberufen, und das Unternehmen gleichzeitig Gesellschafter ist (§ 290 Abs 2 Nr 2 HGB),
- ihm das Recht zusteht, die Finanz- und Geschäftspolitik auf Grund eines mit einem anderen Unternehmen geschlossenen Beherrschungsvertrages oder auf Grund einer Bestimmung in der Satzung des anderen Unternehmens zu bestimmen (§ 290 Abs 2 Nr 3 HGB) oder
- dieses bei wirtschaftlicher Betrachtung die Mehrheit der Risiken und Chancen eines Unternehmens trägt, das zur Erreichung eines eng begrenzten und genau definierten Ziels des Mutterunternehmens dient (§ 290 Abs 2 Nr 4 HGB).

In diesen Fällen gehören zur Unternehmensgruppe sowohl die **Muttergesellschaft** als auch die **beherrschten Töchtergesellschaften**, wobei es nicht darauf ankommt, dass das Mutterunternehmen die Töchterunternehmen unter einer einheitlichen Leitung zusammenfasst.[10]

3. Einheitliche Leitung (Abs 1 Nr 2). Auch ohne beherrschenden Einfluss eines Mutterunternehmens besteht eine Unternehmensgruppe, wenn mehrere Unternehmen zu einer einheitlichen Leitung zusammengefasst sind. Damit unterfallen auch gleichgeordnete Unternehmen unter die Regelungen des Konzerninsolvenzrechts. Für die einheitliche Leitung reicht eine Zusammenfassung einzelner wesentlicher Funktionsbereiche aus.[11] 6

III. Erweiterung auf kapitalistische Personengesellschaften (Abs 2)

Da in der Lit umstritten ist, ob auf kapitalitische Personengesellschaften (zB eine GmbH & Co. KG oder eine Ltd. & Co. KG[12]) konzernrechtliche Vorschriften Anwendung finden,[13] stellt Abs 2 ausdrücklich klar, dass ebenfalls bei dieser Gesellschaftsform für die Gesellschaft und ihre persönlich haftenden Gesellschafter ein Gruppen-Gerichtsstand begründet werden kann. Es handelt sich hierbei um eine Fiktion und nicht nur um eine gesetzliche Vermutung, so dass diese Gesellschaften stets als Unternehmensgruppe gelten.[14] 7

Um zu verhindern, dass PrivatGl einer unbeschränkt haftenden natürlichen Person an einen Gruppen-Gerichtsstand verwiesen werden, wird die **Erweiterung** des Gruppenbegriffs **auf die Gesellschaften beschränkt**, bei denen zu der Gruppe weder eine natürliche Person als unbeschränkt haftender Gesellschafter noch eine Gesellschaft zählt, an der eine natürliche Person als unbeschränkt haftender Gesellschafter beteiligt ist.[15] 8

9 *Baumbach/Hopt* § 290 Rn 8; *Braun/Baumert* § 3e Rn 2; *Mock* DB 2017, 951.
10 BT-Drucks 18/407, 29.
11 *Braun/Baumert* § 3e Rn 5.
12 *Laroche* ZInsO 2017, 2585, 2586
13 Vgl *Emmerich/Habersack* § 15 Rn 23, MK-HGB/*Mülbert* Konzernrecht, Rn 52 ff mwN.
14 *Mock* DB 2017, 561, 562.
15 BT-Drucks 18/11436, 25.

§ 4 Anwendbarkeit der Zivilprozessordnung

Für das Insolvenzverfahren gelten, soweit dieses Gesetz nichts anderes bestimmt, die Vorschriften der Zivilprozessordnung entsprechend.

Übersicht

I. Gesetzgebungshinweise; Normzweck

1 Die Vorschrift übernimmt die Regelung aus § 72 KO.

2 Die Vorschrift macht zur Entlastung der InsO das umfassende Regelungssystem der ZPO erg verfügbar. Hierdurch wird die Nähe des InsVerf zur streitigen Gerichtsbarkeit hergestellt und es kann auf ein umfassendes Verfahrensrecht für die VerfDurchführung verzichtet werden.

II. Geltungsbereich

3 Die Verweisung auf die Normen der ZPO gilt **nur für das InsVerf** iSv § 2 Rn 4, nicht für materielles InsR[1] oder für Streitigkeiten außerhalb des eigentlichen InsVerf (§ 2 Rn 6); für diese kann die ZPO unmittelbar gelten. Die Vorschriften der ZPO sind nur heranzuziehen, soweit diese mit der besonderen Natur des InsVerf vereinbar sind. Zudem gehen Sonderregeln der InsO vor, so zB über den Wegfall der notwendigen mündlichen Verhandlung (§ 5 Abs 2), über den Amtsermittlungsgrundsatz (§ 5 Abs 1), über die mögliche Beteiligung vieler am Verf und über die weitreichende Selbstverwaltung der Gl.[2] Das InsVerfRecht ist nicht abdingbar, soweit es dem Schutz einer unbestimmten Vielzahl v Gl dient.[3]

4 Anwendbar sind daneben wegen des Näheverhältnisses zur streitigen Gerichtsbarkeit die allg Regeln des GVG für zivilrechtliche Verf (s Rn 21). Obwohl das InsVerf dem Wesen nach der freiwilligen Gerichtsbarkeit zuzuordnen ist,[4] sind – auch im VerbrInsVerf – die Vorschriften des FamFG nicht ergänzend heranzuziehen,[5] da die InsO ausschließlich auf die ZPO verweist.

III. Anwendbare Vorschriften und Verfahrensgrundsätze

5 **1. ZPO.** Insb können die nachfolgenden Vorschriften der ZPO anwendbar sein: § 3 für **Verfahrenswertbestimmung**,[6] §§ 12–17, 36 f,[7] § 40 Abs 2 S 1 Nr 2 und S 2 ZPO über den **Gerichtsstand** (nur im Umfang v § 3 Rn 4, 15 ff, 23 f); §§ 41–49 ZPO über **Ausschließung und**

1 Vgl *RGZ* 17, 328, 331 für die KO.
2 Vgl im Einzelnen *A/G/R/Ahrens* § 4 Rn 3 ff.
3 *Jaeger/Gerhardt* § 2 Rn 6.
4 Vgl auch *BGH* ZVI 2007, 80.
5 *BGH* 18.2.2010 – IX ZB 252/09; *BGH* 18.2.2010 – IX ZB 264/09; jew noch zum FGG; *A/G/R/Ahrens* § 4 Rn 2; *Braun/Baumert* § 4 Rn 4; *Jaeger/Gerhardt* § 4 Rn 2; *K/P/B/Prütting* § 4 Rn 4; **differenzierend** MK/*Ganter/Lohmann* § 4 Rn 3; *Häsemeyer* Rn 6.05b.
6 *OLG Celle* NZI 2001, 551; ZInsO 2002, 33; **aA** anscheinend FK/*Schmerbach* § 4 Rn 4; *K Schmidt/Stephan* § 4 Rn 3.
7 ZB *OLG Hamm* NZI 2017, 36; *OLG München* NZI 2016, 698; jew zur Bindungswirkung eines Verweisungsbeschlusses.

Ablehnung v Gerichtspersonen,[8] aber – im Hinblick auf §§ 57 ff – nicht des InsVerw, Sachwalters oder Treuhänders.[9]

§ 50 ZPO über **Partei(Beteiligten)fähigkeit** (für Schu s §§ 11 f, 316, 332 f);[10] §§ 51–57 ZPO über **Prozess(Verfahrens)fähigkeit** (erg s § 10 Rn 13; § 15a Rn 17 ff),[11] soweit der Beteiligte aktiv am Verf teilnimmt;[12] §§ 78b–90 ZPO über **Prozess(Verfahrens)vertretung** wie in Verf, die nicht dem Anwaltszwang unterliegen (zum Anwaltszwang bei der Rechtsbeschw s § 6 Rn 48),[13] einschl der Möglichkeit nachträglicher Genehmigung; die auf Einzelzwangsvollstreckungsmaßnahmen ausgerichtete Prozessvollmacht des § 81 umfasst aber nicht das Betreiben eines InsVerf mit seinen allseits einschneidenden Folgen.[14] 6

§§ 91–100 ZPO über **KostenEntsch** nur, soweit ein Beteiligtenstreit vorliegt,[15] aber dann auch §§ 103–107 ZPO über Kostenfestsetzung; eine Verzinsung der Vergütung des InsVerw entspr § 104 Abs 1 S 2 ZPO scheidet jedoch aus.[16] Einen Kostenantrag zum EröffnungsVerf können nur dessen Beteiligte stellen; dazu gehört der vorl InsVerw grds nicht.[17] Zur Anwendbarkeit v § 91a ZPO vgl § 14 Rn 56 ff, v § 99 Abs 1 ZPO vgl § 6 Rn 4, zur Unanwendbarkeit v § 93 ZPO s § 14 Rn 56. 7

Hinsichtlich der **PKH** – tw in der Lit als Insolvenzkostenhilfe bezeichnet – (§§ 114–127 ZPO) ist zu unterscheiden: Sie wird durch §§ 26 Abs 1, 207 Abs 1 S 2, 298 **allg** ausgeschlossen, soweit die Gerichtskosten für das InsVerf selbst oder den Treuhänder vorzuschießen sind.[18] Insoweit wird sie durch die Stundungsmöglichkeit des § 4a für natürliche Personen als Schu ersetzt. 8

IÜ kann eine natürliche Person als **Schu** Beratungshilfe für die vorgerichtliche Beratung erhalten, ob und wie ein InsVerf zu beantragen ist.[19] Im EröffnungsVerf können zugunsten 9

---

8 *BVerfG* ZIP 1988, 174 noch zur KO; *OLG Köln* NZI 2001, 657; ZIP 2001, 2146; *OLG Zweibrücken* NZI 2000, 222; vgl *BGH* ZVI 2004, 753; *BGH* 2.1.2012 – IX ZB 309/11 Rn 1; FK/*Schmerbach* § 4 Rn 31 ff; HambKomm/*Rüther* § 4 Rn 12 ff; *Jaeger/Gerhardt* § 4 Rn 9 ff; MK/*Ganter/Lohmann* § 4 Rn 40 ff.

9 *BGH* NZI 2007, 584; *LG Frankfurt/Main* Rpfleger 1989, 474 für Konkursverwalter; *LG Wuppertal* ZIP 2005, 1747; *A/G/R/Ahrens* § 4 Rn 19; FK/*Schmerbach* § 4 Rn 33; *Jaeger/Gerhardt* § 4 Rn 9; **aM** *N/R/Becker* § 4 Rn 19.

10 Vgl *BGH* FamRZ 2009, 872; *OLG Zweibrücken* NZI 2001, 32; *A/G/R/Ahrens* § 4 Rn 21.

11 *OLG Köln* NZI 2000, 134; *LG Berlin* NZI 2002, 163; *AG Göttingen* NZI 2003, 38; *AG München* ZIP 2008, 95; *Jaeger/Gerhardt* § 4 Rn 15; MK/*Ganter/Lohmann* § 4 Rn 45 f.

12 Vgl *KG* KTS 1962, 112; KTS 1965, 172; *AG München* ZIP 2008, 95; *Jaeger/Weber* § 72 Rn 3 Abs 1; *Horstkotte* ZInsO 2009, 209, 213.

13 *Jaeger/Gerhardt* § 4 Rn 16; MK/*Ganter/Lohmann* § 4 Rn 46.

14 *LG Stuttgart* ZZP 70 (1957), 143 für die KO; *A/G/R/Ahrens* § 4 Rn 21; *Jaeger/Gerhardt* § 4 Rn 16; *Stein/Jonas/Bork* § 81 Rn 7; **aM** MK-ZPO/*Toussaint* § 81 Rn 15; *Musielak/Weth* § 81 Rn 2.

15 *BGH* NJW 1961, 2016; NZI 2012, 515 (vern für erfolgreiche Beschw gegen Entlassung eines InsVerw v Amts wegen); *OLG Koblenz* ZIP 1989, 660; *OLG Köln* NZI 2000, 374; 2001, 304; *A/G/R/Ahrens* § 4 Rn 22; *Jaeger/Gerhardt* § 4 Rn 43 ff.

16 *BGH* NZI 2004, 251; *A/G/R/Ahrens* § 4 Rn 24.

17 Zu allg *AG Hamburg* ZInsO 2007, 1167.

18 *BGHZ* 144, 78 = NJW 2000, 1869; *AG Hildesheim* ZInsO 2004, 1154; HambKomm/*Linker* § 13 Rn 46; *N/R/Becker* § 4 Rn 20.

19 Vgl *BGH* NZI 2007, 418; *AG Kaiserslautern* ZInsO 2007, 896 LS; *AG Schwerte* NZI 2004, 680; *AG Stendal* ZInsO 2007, 1283; *K/P/B/Pape* § 13 Rn 214 f; *Uhlenbruck/Pape* § 4 Rn 22; *Uhlenbruck/Sternal* § 305 Rn 65 ff mwN zu der gegenteiligen Ansicht. Vgl *BVerfG* NJW 2003, 2668; NZI 2007, 119.

des Schu die §§ 114 ff ZPO anwendbar sein,[20] doch geht die Stundungsregelung des § 4a vor, soweit diese reicht.[21] Juristische Personen benötigen für das InsVerf keine PKH;[22] dagegen kommt für Rechtsmittel § 116 S 1 Nr 2 ZPO in Betracht.[23] Der Erbe hat jedenfalls dann keine Erfolgsaussicht für einen Eröffnungsantrag gegen den Nachlass, wenn er die Abweisung mangels Masse erreichen will.[24] Eine Bewilligung v PKH für ein Nachlassinsolvenzverfahren scheidet aus;[25] ebenfalls ist eine Stundung der Verfahrenskosten (§§ 4a ff) nicht möglich.[26] Für die Mitwirkung am eröffneten InsVerf kann dem Schu mangels eigener Einwirkungsmöglichkeiten PKH nicht bewilligt werden,[27] auch nicht für seine Ausarbeitung eines InsPlans gem § 218 Abs 1, weil diese noch außerhalb des gerichtlichen Verf erfolgt.[28] Für Rechtsmittel kommt die Bewilligung v PKH in Betracht.[29]

10 Dem **Gl** kann im Hinblick auf § 1 S 1 PKH nach Maßgabe der §§ 114 ff ZPO bewilligt werden,[30] allerdings nur, soweit er keine Erfolg versprechendere Möglichkeit zur Einzelzwangsvollstreckung hat[31] und sein Eröffnungsantrag nicht missbräuchlich gestellt wird (s § 14 Rn 33 ff).[32] Die Erfolgsaussicht hängt davon ab, ab der Gl mit einer Quote auf seine Forderung rechnen kann, also nicht bei Masselosigkeit iSv § 26;[33] das Ziel, ein InsEreignis iSv § 183 Abs 1 SGB III herbeizuführen, genügt nicht.[34] Ein RA ist nur für solche VerfAbschn beizuordnen (§ 121 Abs 2 ZPO), für die auch eine wirtschaftlich denkende vermögende Partei vernünftigerweise einen RA beauftragen würde.[35] Im Allg trifft dies weder für die Forderungsanmeldung gem § 174[36] noch für die Mitwirkung bei der Verwaltung zu.[37] Die Bewilligung der PKH für die Zwangsvollstreckung im Allg genügt nicht.[38] **Sonstigen Beteiligten** kann PKH nur bewilligt werden, soweit sie im Verf eigene Rechte verfolgen dürfen; dazu gehört nicht der (vorl) InsVerw in Bezug auf Sicherungsmaßnahmen iSv § 21[39] oder auf die InsEröffnung.[40]

---

20 *LG Düsseldorf* NZI 1999, 237; HambKomm/*Linker* § 13 Rn 47 zur Verteidigung gegen einen Gläubigerantrag; *Jaeger/Gerhardt* § 13 Rn 76.
21 *BGH* VuR 2008, 154.
22 MK/*Ganter/Lohmann* § 4 Rn 17a; *Uhlenbruck/Pape* § 4 Rn 23.
23 Vgl *BGH* GuT 2011, 298 Rn 3.
24 *LG Neuruppin* ZInsO 2004, 1090; *AG Hildesheim* ZInsO 2004, 1154; **aM** *LG Göttingen* ZInsO 2000, 619 f; **allg vern** *LG Berlin* ZInsO 2004, 626.
25 *LG Coburg* NZI 2016, 1001; *LG Kassel* NZI 2014, 697; *AG Coburg* NZI 2016, 949; *AG Göttingen* NZI 2017, 575; **aA** *LG Göttingen* ZInsO 2000, 619.
26 *LG Coburg* NZI 2016, 1001; *AG Coburg* NZI 2016, 949.
27 *LG Traunstein* NJW 1963, 960; *A/G/R/Ahrens* § 4 Rn 25; *Uhlenbruck* ZIP 1982, 288, 289. Zu einem Sonderfall der Prozesskostenbewilligung bei drohender Strafverfolgung vgl *AG Mannheim* NZI 2004, 46.
28 *Uhlenbruck/Pape* § 4 Rn 23.
29 *BGHZ* 156, 92 = NZI 2003, 556; *A/G/R/Ahrens* § 4 Rn 26; MK/*Ganter/Lohmann* § 4 Rn 18.
30 *BGH* NJW 2004, 3260; *Andres/Leithaus* § 4 Rn 20; *Jaeger/Gerhardt* § 4 Rn 46, 49f, § 13 Rn 74; *K/P/B/Prütting* § 4 Rn 10a; MK/*Ganter/Lohmann* § 4 Rn 23; **aM** *LG Stuttgart* ZZP 70 (1957), 145 noch zur KO.
31 *LG Hamburg* ZInsO 2011, 1256; *A/G/R/Ahrens* § 4 Rn 25.
32 Vgl *LG Potsdam* ZInsO 2002, 1149.
33 *BGH* NJW 2004, 3260; HambKomm/*Linker* § 13 Rn 44.
34 *LG Freiburg* ZInsO 2003, 954.
35 *BGH* NJW 2004, 3260.
36 *BGH* NJW 2004, 3260 für Unterhaltsforderungen; *AG Duisburg* NZI 2000, 237; *Kunkel* EWiR 1991, 1999 im Anschluss an *BVerfG* ZIP 1989, 719.
37 *AG Göttingen* ZIP 1992, 636; ZIP 2003, 1100.
38 *LG Berlin* KTS 1967, 188.
39 *BGH* ZInsO 2008, 203; NJW-RR 2008, 1271.
40 *BGH* ZIP 2010, 856 LS.

Grds anwendbar sind §§ 129a,[41] 130a[42] iVm der Elektronischen Rechtsverkehr-VO v 24.11.2017 (BGBl I, 3803) und § 133 Abs 1[43] ZPO sowie die §§ 136, 139[44]–141 (für Schu sind § 97 Abs 3 S 1, § 22 Abs 1 S 2 spezieller), 142–144 ZPO[45] über **Prozess(Verfahrens)leitung**, §§ 145, 147 ZPO[46] – aber keine Verbindung v InsVerf gegen mehrere Schu (s § 13 Rn 14); § 157 ZPO[47] §§ 159–165 ZPO über **Protokollierung**;[48] §§ 168–190 ZPO über **Zustellungen** (zu § 170 Abs 3 ZPO s § 14 Rn 48)[49] einschl öffentlicher Zustellung,[50] soweit nicht §§ 8 und 9 Abweichungen vorsehen; §§ 214, 216, 219 ZPO über Ladung und **Terminbestimmung**, §§ 217,[51] 221, 222, 224 Abs 2,[52] 225, 230 und 231 ZPO über **Fristen**,[53] soweit nicht Sondervorschriften der InsO eingreifen (zB §§ 28– 30, 74 Abs 2, 75 Abs 2, 197 Abs 2, 214, 235); § 227 Abs 1 ZPO über Terminänderungen,[54] nicht aber Abs 3;[55] §§ 233–238 ZPO über **Wiedereinsetzung** bei Notfristen,[56] § 239 ZPO – nur – im EröffnungsVerf (s Rn 26, § 14 Rn 54). Zur Anwendbarkeit des § 240 ZPO s § 85 Rn 9 ff.[57] 11

§ 253 Abs 2 und 5 ZPO gelten entspr für InsAnträge (s § 13 Rn 7), jedoch nicht Abs 1, soweit er eine „Zustellung" des einleitenden Schriftsatzes voraussetzt; insb § 14 Abs 2 sieht davon ab.[58] Anwendbar ist § 261 Abs 3 ZPO über **Rechtshängigkeitswirkung** (vgl § 3 Rn 5), Nr 1 jedoch nur für wiederholte Eröffnungsanträge desselben Ast.[59] § 269 Abs 3–5 ZPO über **Antragsrücknahme** (s § 13 Rn 31 ff) kann angewendet werden, aber nur eingeschränkt auf echte AntragsVerf, zB nach § 290 und §§ 296 ff[60] sowie § 305 Abs 3 S 2 (s § 6 Rn 8). Grds anwendbar sind § 280 ZPO wegen Zwischenentscheidungen über die Zulässigkeit des InsVerf (s § 14 Rn 47), § 281 über Verweisung (vgl § 3 Rn 24 f), §§ 286, 287,[61] § 291 ZPO über Offenkundigkeit und § 294 ZPO über **Glaubhaftmachung** (soweit diese ausreicht, zB nach §§ 14 Abs 1, 190 Abs 2 S 1 aE, §§ 251 Abs 2, 290 Abs 2, 317 Abs 2 S 1, § 318 Abs 2 S 1).[62] 12

---

41 *N/R/Becker* § 2 Rn 25; **aM** MK/*Ganter/Lohmann* § 4 Rn 25.
42 *A/G/R/Ahrens* § 4 Rn 31; HambKomm/*Rüther* § 4 Rn 55.
43 Vgl *A/G/R/Ahrens* § 4 Rn 31.
44 Vgl *BGHZ* 156, 139, 143 = NZI 2003, 662; *BGH* ZVI 2006, 351; *OLG Köln* NZI 2000, 587; *LG Mannheim* NZI 2000, 490.
45 *LG Köln* NZI 2004, 671 für § 142; *AG Göttingen* NZI 2015, 554 für § 143 (Anordnung der Vorlage v Handakten des entlassenen an den neuen InsVerw).
46 Zum EröffnungsVerf: *OLG Köln* NZI 2000, 480; *Uhlenbruck/Pape* § 4 Rn 37; zur VerfVerbindung: *A/G/R/Ahrens* § 4 Rn 33; *Holzer* NZI 2007, 432.
47 *A/G/R/Ahrens* § 4 Rn 35; *Jaeger/Gerhardt* § 4 Rn 4 f.
48 *RGZ* 64, 82, 85; *Jaeger/Gerhardt* § 2 Rn 6.
49 Vgl *BGH* 26.4.2007 – IX ZB 196/06; *BGH* 20.7.2011 – IX ZA 16/11 Rn 2 zu § 172 ZPO; *BGH* 16.12.2004 – IX ZB 166/03 zu § 184 Abs 2 S 1 ZPO; *OLG Köln* NJW-RR 1989, 60; NJW-RR 1994, 445.
50 Vgl *AG Saarbrücken* ZInsO 2002, 247; **einschr** *A/G/R/Ahrens* § 4 Rn 36.
51 Zu Einschränkungen für EröffnungsVerf vgl *A/G/R/Ahrens* § 4 Rn 34.
52 *LG Göttingen* ZInsO 2002, 682; MK/*Ganter/Lohmann* § 4 Rn 49.
53 Vgl *BVerfG* ZIP 1988, 1409; *Jaeger/Weber* § 72 Rn 4; MK/*Ganter/Lohmann* § 4 Rn 50.
54 *AG Hohenschönhausen* NZI 2000, 139; vgl auch *BGH* NZI 2006, 404.
55 *N/R/Becker* § 5 Rn 43.
56 Vgl *BGH* NZI 2004, 85; NZI 2014, 77 Rn 14 ff; NZI 2016, 397; *OLG Celle* InVo 2000, 271; *OLG Köln* NZI 2001, 587; *OLG Zweibrücken* ZInsO 2001, 811; *Becker* DZWIR 2000, 26, 27 ff.
57 S auch FK/*Schmerbach* § 24 Rn 24 ff, 36 f; *K Schmidt/Sternal* § 85 Rn 2 ff.
58 Dies verkennt *OLG Düsseldorf* NZI 2004, 146.
59 Vgl *AG Potsdam* NZI 2002, 272; HambKomm/*Rüther* § 4 Rn 58.
60 *BGH* 8.6.2010 – IX ZA 15/08 Rn 4.
61 Vgl *BGH* NZI 2005, 558; *LG Mannheim* ZIP 2001, 1600; *A/G/R/Ahrens* § 4 Rn 43.
62 Vgl *BGHZ* 156, 139, 141 ff = NZI 2003, 662; *BayObLG* NZI 2000, 320; *OLG Dresden* NZI 2001, 261; NZI 2001, 472; *OLG Köln* NZI 2000, 78; *OLG Naumburg* KKZ 2004, 222.

13 § 299 ZPO über **Akteneinsicht** ist grds anwendbar,[63] mit Konkretisierungen in §§ 66 Abs 2 und 3, 69 S 2, 150 S 2, 154, 175 S 2, 188 S 2, 234. Das gilt für die Gerichtsakten auch insoweit, als der InsVerw – zB nach §§ 174 ff – Aktenbestandteile führt.[64] Der – auch vorl – InsVerw hat für seine Prüfungstätigkeit als Gehilfe des InsGer stets ein unmittelbar v diesem abgeleitetes Einsichtsrecht in seinen eigenen Kanzleiräumen.[65] Im Übrigen braucht Einsicht in InsAkten idR nur in den Räumen des Gerichts oder InsVerw – nicht des Ast – gewährt zu werden;[66] das gilt auch gegenüber Behörden.[67] Vor der Entsch, Einsicht zu gewähren, braucht der Schu – nur – dann nicht gehört zu werden, wenn ein schutzwürdiges Geheimhaltungsinteresse seinerseits erkennbar nicht besteht oder hinter dem Interesse des Gl zurücktritt, den Schu an zugriffsvereitelnden Maßnahmen zu hindern.[68] Geheim zu haltende Aktenteile können im Einzelfall – über § 299 Abs 4 ZPO hinaus – v der Einsicht ausgeschlossen werden, weil die gebotene „entspr" Anwendung der ZPO die Berücksichtigung insolvenzrechtlicher Besonderheiten zulässt.[69] Jedoch gehört ein gem § 22 Abs 1 S 2 Nr 3 erstattetes **Gutachten** grds zu dem den Gl zugänglichen Akteninhalt.[70] Eine allg **Auskunftspflicht** trifft weder das InsGer noch den InsVerw (erg s § 58 Rn 5).[71]

14 **§ 299 Abs 1 ZPO** gilt im EröffnungsVerf nur für den jeweiligen Ast und den Schu einschl seiner Vertretungsorgane (vgl § 15), im eröffneten InsVerf für jeden Gl einer angemeldeten und nicht endgültig bestrittenen (vgl § 189) Forderung[72] einschl Aus- und Absonderungsberechtigte sowie für in Anspruch genommene DrittSchu (§ 28 Abs 3), ferner für – auch vorl – InsVerw, gerichtlich bestellte Gutachter und Mitglieder eines GlAusschusses. Das trifft grds auch nach Beendigung des Verf im jeweiligen Abschnitt zu.[73] Für diesen Personenkreis wird ein rechtliches Interesse an der Einsicht idR vorausgesetzt.[74] Entspr gilt für die Erteilung v **Abschriften** aus den Akten.[75] Die bloße Bezeichnung als Gl im Antrag eines Schu (§ 13 Abs 1 S 3) genügt nicht. Gegen die Entsch über den Einsichtsantrag finden Rechtsmittel gem § 573 ZPO oder § 567 Abs 1 Nr 2 ZPO oder § 11 Abs 1 RPflG, nicht aber nach § 6 statt (erg s § 6 Rn 11).[76]

---

63 *Andres/Leithaus* § 4 Rn 8 ff; HambKomm/*Rüther* § 4 Rn 30 ff; *Uhlenbruck/Pape* § 4 Rn 25 ff.

64 Vgl *AG Frankfurt/Oder* ZInsO 1998, 142; MK/*Ganter/Lohmann* § 4 Rn 58; *Uhlenbruck/Pape* § 4 Rn 29.

65 Vgl *LG Göttingen* ZInsO 2008, 982 zur KO.

66 *LG Göttingen* ZInsO 2002, 682; *AG Göttingen* ZInsO 2002, 385; NZI 2002, 266; *Jaeger/Gerhardt* § 4 Rn 33; MK/*Ganter/Lohmann* § 4 Rn 71; vgl *Uhlenbruck/Pape* § 4 Rn 33, 35; **einschr** *OLG Celle* ZIP 2004, 370.

67 *Schmidberger* NZI 2012, 953, 955.

68 Vgl *BGH* ZIP 1998, 961; NZI 2006, 472; *OLG Köln* NZI 1999, 502; *A/G/R/Ahrens* § 4 Rn 51; *Uhlenbruck/Pape* § 4 Rn 32, 34; **aM** HambKomm/*Rüther* § 4 Rn 40.

69 *OLG Frankfurt* ZInsO 2009, 740; *LG Darmstadt* ZIP 1990, 1424; *AG Dresden* InVo 2002, 106; *Jaeger/Gerhardt* § 4 Rn 29; MK/*Ganter/Lohmann* § 4 Rn 75; *Uhlenbruck/Pape* § 4 Rn 29, 33.

70 *OLG Brandenburg* KTS 1999, 380; *OLG Braunschweig* ZIP 1997, 894; *OLG Celle* NZI 2002, 261; ZInsO 2004, 808; *OLG Naumburg* ZIP 1997, 895; *OLG Hamburg* NZI 2002, 99; MK/*Ganter/Lohmann* § 4 Rn 74; *N/R/Becker* § 4 Rn 24; *Uhlenbruck/Pape* § 4 Rn 25, 28 f, 32 f; **aM** *OLG Düsseldorf* NZI 2000, 178; *AG Potsdam* ZInsO 2001, 477.

71 Vgl *BayObLG* NZI 2005, 631; *OLG Brandenburg* NZI 2001, 591; *OLG Köln* ZIP 2008, 1131; *Jaeger/Gerhardt* § 4 Rn 41; MK/*Ganter/Lohmann* § 4 Rn 76 ff; *Uhlenbruck/Pape* § 4 Rn 27, 30 f.

72 Vgl *OLG Celle* ZInsO 2004, 808; *LG Karlsruhe* NZI 2003, 327; MK/*Ganter/Lohmann* § 4 Rn 61; *Uhlenbruck/Pape* § 4 Rn 29; *Rein* NJW-Spezial 2011, 661.

73 Vgl *Graf/Wunsch* ZIP 2001, 1800, 1802; *Jaeger/Gerhardt* § 4 Rn 23.

74 *OLG Celle* ZInsO 2004, 204; *Pape* ZIP 2004, 598, 603.

75 *LG Karlsruhe* ZInsO 2004, 690; *Jaeger/Gerhardt* § 4 Rn 35 f; *Pape* ZIP 1997, 1367, 1368.

76 *BGH* 12.10.2006 – IX ZB 54/06; *OLG Celle* ZInsO 2004, 204; *Pape* ZIP 2004, 598, 604.

Nicht am InsVerf beteiligte Personen können Akteneinsicht nur nach Maßgabe des **§ 299 Abs 2 ZPO** verlangen. Nach Abweisung oder Erledigung eines Eröffnungsantrags gilt das für alle **Gl**, die nicht selbst den Antrag gestellt hatten,[77] während eines anhängigen InsVerf für InsGl, die ihre Forderung nicht angemeldet haben,[78] sowie für Gl eines Massekredits[79] bzw potentielle MasseGl.[80] Ein **rechtliches Interesse** hat jeder Gl mit offen stehenden – nicht notwendigerweise titulierten[81] – Forderungen zur Prüfung, ob er seine Forderung zur Tabelle anmelden will[82] oder ob der Schu noch eigenes Vermögen besitzt,[83] oder um einen neuen InsAntrag vorzubereiten.[84] Auch bei erteilter Restschuldbefreiung kann ein rechtliches Interesse bestehen.[85] (Pfändbare) Ansprüche des Schu gegen Dritte, insb Gesellschafter und Geschäftsführer, können ein berechtigtes Interesse rechtfertigen.[86] Das durch den offen stehenden Anspruch gegen den Schu (zB eine GmbH) begründete rechtliche Interesse entfällt nicht deshalb, weil sich zusätzlich eine selbstständige Mithaftung Dritter, zB gem § 64 S 1 GmbHG, ergeben kann.[87] Für Ansprüche aus InsVerschleppungshaftung gegen Organe der Schu kann das Interesse unmittelbar aus § 26 Abs 3 folgen.[88] Das rechtliche Interesse erstreckt sich auch auf Hilfs- und Nebenrechte des Anspruchs gegen den Schu, insb auf das AnfR nach §§ 2, 11 AnfG.[89] Einsichtsberechtigt kann – vorbehaltlich eines besonderen Geheimhaltungsinteresses – der **Schu** und der mitverpflichtete gesetzliche Vertreter der Muttergesellschaft einer Schu sein,[90] ferner der Versicherer des Schu zur Verteidigung gegen eine Klage aus diesem Rechtsverhältnis[91] oder die Bank, die ein Konto für die InsMasse führt.[92] Einen speziellen Bezug des rechtlichen Interesses zur Rechtsnatur des Ausgangs-(Ins-)Verf setzt § 299 Abs 2 ZPO nicht zusätzlich voraus. Das rechtliche Interesse ist glaubhaft zu machen;[93] dies kann gem allg prozessuale Grundsätze bis zur abschließenden Entsch über das Einsichtsgesuch geschehen.[94] Jedoch rechtfertigt das Interesse v Privat- 15

77 *OLG Hamm* ZIP 2004, 283; *Jaeger/Gerhardt* § 4 Rn 23; vgl *Uhlenbruck/Pape* § 4 Rn 28; **dagegen** nehmen *N/R/Becker* § 4 Rn 24 eine Beteiligtenstellung aller potentiellen InsGl an; *AG Göttingen* NZI 2005, 637 lehnt jede Akteneinsicht (mangels Prüfung des Eröffnungsgrundes) ab.
78 *OLG Celle* ZIP 2004, 370, ZIP 2006, 1465; *OLG Frankfurt* ZInsO 2009, 740; **aA** alle InsGl sind Betr iSd § 299 Abs. 1 ZPO, *Swierczok/Kontny* NZI 2016, 566, 569 mwN.
79 *OLG Frankfurt* NZI 2010, 773.
80 *OLG Köln* ZInsO 2017, 2438.
81 *BGH* NZI 2006, 472.
82 *OLG Celle* ZIP 2004, 370.
83 *OLG Celle* NZI 2002, 261; NZI 2004, 167; *OLG Dresden* ZIP 2003, 39; *OLG Stuttgart* NZI 2002, 663 für TitelGl; *Jaeger/Gerhardt* § 4 Rn 25; MK/*Ganter/Lohmann* § 4 Rn 63.
84 *OLG Hamm* ZIP 2004, 283.
85 *KG* NZI 2016, 555.
86 *BGH* NZI 2006, 472 Rn 13 ff; *OLG Köln* NZI 1999, 502; MK/*Ganter/Lohmann* § 4 Rn 64; *Uhlenbruck/Pape* § 4 Rn 26; *Rein* NJW-Spezial 2012, 213.
87 *BGH* NZI 2006, 472; *OLG Hamburg* NZI 2002, 99; *Jaeger/Gerhardt* § 4 Rn 25 f; *N/R/Becker* § 4 Rn 24; PK-HWF/*Busch* § 4 Rn 18; *Uhlenbruck/Pape* § 4 Rn 25, 28; vgl **aM** *OLG Brandenburg* NZI 2000, 485; *OLG Celle* NZI 2000, 319; *OLG Jena* ZVI 2002, 318; *Zipperer* NZI 2002, 244, 252.
88 *Uhlenbruck/Pape* § 4 Rn 28; *Graf/Wunsch* ZIP 2001, 1800, 1802 f.
89 Dies berücksichtigt *KG* NJW 1988, 1738 f nicht. **Differenzierend** MK/*Ganter/Lohmann* § 4 Rn 65a.
90 *OLG Celle* ZIP 2006, 1465.
91 *OLG Frankfurt* ZInsO 2009, 740.
92 Vgl *OLG Naumburg* NZI 2010, 766.
93 *OLG Frankfurt* ZInsO 2005, 1327; ZInsO 2009, 740.
94 **AM** *AG Hamburg* NZI 2002, 117.

personen, ein StrafVerf einzuleiten,[95] Unterhaltsansprüche für die Zeit nach der Insolvenzeröffnung zu ermitteln[96] oder den ehelichen Zugewinn zu berechnen (§ 1379 BGB),[97] nicht die Akteneinsicht. Soweit ein rechtliches Interesse besteht, ist es im Einzelfall m dem Grundrecht des Schu auf informationelle Selbstbestimmung[98] abzuwägen: Im EröffnungsVerf überwiegt nach einem GlAntrag idR noch der Kreditschutz für den Schu; andererseits ist dessen Schutzbedürfnis nach seinem Eigenantrag geringer. Im eröffneten InsVerf gehen rechtliche Interessen Dritter vor Ablauf der Löschungsfrist des § 26 Abs 2 S 2 idR dem Geheimhaltungsinteresse des durch seine Ins schädigenden Schu vor.[99] Dagegen soll dem auf Schadensersatz verklagten ehemaligen Geschäftsführer einer insolventen GmbH das rechtliche Interesse an der Akteneinsicht fehlen.[100] Str ist, ob nach § 299 Abs 2 ZPO ein Anspruch auf Erteilung v **Abschriften** bestehen kann.[101] **Rechtsschutz** gegen die Entsch findet durch Antrag gem §§ 23 ff EGGVG statt.[102] Zudem kommt eine Akteneinsicht durch Behörden im Wege der Amtshilfe in Betracht.[103]

16 Grds anwendbar sind § 319 ZPO über die **Berichtigung,**[104] insb v Eintragungen in die InsTabelle,[105] § 321a ZPO bei **Gehörsverletzungen** (s § 6 Rn 16), § 322 ZPO über Wirkungen **rechtskräftiger Entsch**[106] und § 329 ZPO über die **Beschl**Form.[107] Danach ist ein (nicht verkündeter) Beschl erst erlassen, wenn er m dem Willen des Gerichts aus dem inneren Geschäftsbetrieb herausgelangt ist.[108]

17 §§ 355 ff ZPO über **Beweisaufnahmen** (vgl § 5 Rn 8 ff), § 404 Abs 1 S 3 ZPO über die Auswechslung[109] und § 406 ZPO über die Ablehnung eines SV,[110] § 407a Abs 3 ZPO über dessen Delegation v Aufgaben[111], § 411 Abs 3 ZPO über die Anhörung des SV[112] und §§ 421 ff ZPO über Urkundenbeweis[113] können anwendbar sein; jedoch ist ein **SV** im EröffnungsVerf insoweit nicht abzulehnen, als er Prüfungen gem § 22 Abs 1 S 2 Nr 3 vornimmt, für die er auch

---

95 *AG Hamburg* NZI 2002, 117.
96 *OLG Frankfurt* NZI 2008, 618.
97 *OLG Dresden* ZInsO 2003, 1148.
98 Vgl *BGH* ZIP 1998, 961; *Jaeger/Gerhardt* § 4 Rn 30 f.
99 *OLG Schleswig* NZI 2008, 690 bei juristischen Personen als Schu; MK/*Ganter/Lohmann* § 4 Rn 74; PK-HWF/*Busch* § 4 Rn 16; **aM** *OLG Brandenburg* NZI 2002, 49 mit Anm *Frind* EWiR 2000, 1079.
100 *OLG Hamburg* ZIP 2008, 1834.
101 Vern *OLG Hamm* ZIP 2004, 283; **bejahend** *OLG Celle* NZI 2004, 167; ZIP 2007, 299.
102 *BGH* NZI 2006, 472; *OLG Celle* ZIP 2006, 1465; *Jaeger/Gerhardt* § 4 Rn 39; *Pape* ZIP 2004, 598, 604 f.
103 Vgl MK/*Ganter/Lohmann* § 4 Rn 68; *Rein* NJW-Spezial 2012, 213 f.
104 *OLG Köln* NZI 2000, 374; *AG Marburg* NZI 2011, 26; MK/*Ganter/Lohmann* § 4 Rn 79.
105 *BGH* ZInsO 2011, 2278 Rn 6 f; *OLG Celle* KTS 1964, 118; *LG Göttingen* NZI 2003, 383; *LG Wuppertal* KTS 1970, 237; *AG Köln* NZI 2005, 171.
106 Vgl *BGHZ* 113, 216, 217 f = NJW 1991, 922; *BGH* NJW-RR 1986, 412; *A/G/R/Ahrens* § 4 Rn 55; MK/*Ganter/Lohmann* § 4 Rn 80 ff.
107 *BGHZ* 137, 49 = NJW 1998, 609; MK/*Ganter/Lohmann* § 4 Rn 81 ff; zur Abänderbarkeit vgl *BGH* NZI 2006, 599 und zum Zustellungserfordernis des § 329 Abs 2 S 2 ZPO *OLG Köln* NZI 2001, 323.
108 *BGH* NJW-RR 2004, 1574; NZI 2012, 721 Rn 8; *BGH* 10.1.2013 – IX ZB 293/11 Rn 6.
109 Vgl *AG Essen* NZI 2004, 275.
110 *OLG Köln* NJW-RR 1990, 383; *LG München I* ZInsO 2001, 813; *LG Stendal* ZInsO 2003, 721; *LG Ulm* ZInsO 2004, 1268.
111 Vgl *AG Hamburg* NZI 2007, 55; *Hofmann* ZIP 2006, 1080, 1081; *Wiester/Wilk* NZI 2007, 12, 14.
112 *Hofmann* ZIP 2006, 1080, 1082.
113 *AG Mönchengladbach* NZI 2003, 103.

als vorl InsVerw nicht abgelehnt werden könnte (s Rn 5; abgrenzend s § 5 Rn 13).[114] Weiter kann § 496 ZPO über die Form v Erklärungen – soweit nicht Abweichungen vorgesehen sind (insb nach §§ 57 S 1, 174 Abs 1 S 1, 176 S 2, 197 Abs 1 S 2, 235 Abs 1 S 1, 242) – ebenso anwendbar sein[115] wie §§ 567 ff ZPO über die **Beschw** (s § 6 Rn 17 ff)[116] – mit den sich aus § 6 ergebenden Besonderheiten – sowie §§ 578 ff ZPO über **Wiederaufnahme** (erg s § 6 Rn 51).[117] Für die RechtsBeschw gelten die §§ 574 ff ZPO unmittelbar (erg s § 6 Rn 38 ff).[118]

In Betracht kommt ferner die Anwendbarkeit v § 705 ZPO über Eintritt der Rechtskraft,[119] §§ 724 ff ZPO über Klauselerteilung (vgl § 202),[120] §§ 739, 758, 758a ZPO bei **Vollstreckung** insolvenzgerichtlicher Entsch. 18

Vollstreckungsschutz gem **§ 765a ZPO** ist auch im InsVerf nicht ausgeschlossen, soweit Zwangsvollstreckungen in die Rechte Einzelner in atypischer Weise schwerwiegend eingreifen (abgrenzend s § 14 Rn 52).[121] Die Gegenmeinung[122] berücksichtigt nicht, dass es auch bei der InsAbwicklung zu Einzelvollstreckungen kommen kann und dass die Grundsätze v Treu und Glauben einen weiteren Anwendungsbereich haben als der Gesichtspunkt des Rechtsmissbrauchs (§ 14 Abs 1) und in jedem rechtsstaatlichen Verf gelten. Eine prinzipielle Ablehnung seiner verfahrensrechtlichen Ausprägung in § 765a ZPO hält dem Gebot des Art 14 Abs 1 S 1 GG, für das Eigentum effektiven Rechtsschutz zu bieten,[123] nicht stand und kann – etwa bei Zwangsräumungen nach § 148 Abs 2 – auch gegen Art 2 Abs 2 S 1 sowie Abs 1 GG verstoßen.[124] Die Besonderheiten der Gesamtvollstreckung und die Ziele des § 1 sind allerdings iRd § 765a ZPO regelmäßig als vorrangig zu berücksichtigen. Eine Einstellung etwa des gesamten EröffnungsVerf ist danach ausgeschlossen; sogar für einzelne Folgewirkungen des InsVerf kann sie nur unter bes gelagerten Ausnahmevoraussetzungen zulässig sein.[125] Mit der RechtsBeschw kann sie nicht mehr beantragt werden.[126] 19

§§ 766 und **767 ZPO** können für Rechtsbehelfe anwendbar sein,[127] § 775 Nr 1 und 2 ZPO und die §§ 883 ff ZPO bei **Einzelzwangsvollstreckungen** anlässlich eines InsVerf, § 794 Abs 1 Nr 3 ZPO als Grdl eines **Vollstreckungstitels**, § 779 ZPO,[128] ferner §§ 802c ff, 807 ZPO für die **Abnahme der Vermögensauskunft** und **Haft** – insb die §§ 802g Abs 2, 820h, 802f Abs 1 ZPO 20

---

114 *BGH* NZI 2007, 284; *BGH* 23.9.2010 – IX ZA 2/10; *LG Frankfurt/Oder* ZInsO 2006, 107; *AG Göttingen* ZInsO 2007, 720; MK/*Ganter/Lohmann* § 4 Rn 42; *Vallender* ZInsO 2010, 1457, 1461; **aM** *AG Köln* InVo 1999, 141.
115 *A/G/R/Ahrens* § 4 Rn 57; MK/*Ganter/Lohmann* § 4 Rn 87.
116 Vgl *OLG Köln* ZIP 2000, 462; *LG Köln* NZI 2012, 682.
117 *BGH* ZIP 2006, 587; ZIP 2007, 144; *LG Göttingen* ZInsO 2007, 47.
118 Vgl *BGH* 16.5.2012 – IX ZB 49/12 Rn 1.
119 *Braun/Baumert* § 4 Rn 53.
120 *AG Göttingen* ZInsO 2008, 1036; HambKomm/*Rüther* § 4 Rn 62.
121 *BGH* NZI 2009, 48; NZI 2009, 163; ZInsO 2009, 1029 Rn 6; *LG Dortmund* ZInsO 2007, 1357 (zu § 36); *LG Itzehoe* NZI 2001, 100 für das vorgerichtliche SchuldenbereinigungsVerf; *A/G/R/Ahrens* § 4 Rn 60; *Braun/Baumert* § 4 Rn 54; FK/*Schmerbach* § 4 Rn 22 iVm § 14 Rn 46 für natürliche Personen als Schu; HambKomm/*Rüther* § 4 Rn 62; MK/*Ganter/Lohmann* § 4 Rn 34; *K Schmidt/Stephan* § 4 Rn 39; *Schur* KTS 2008, 471, 488 f.
122 *OLG Nürnberg* KTS 1971, 291; *LG Bochum* ZInsO 2007, 2256; *Jaeger/Gerhardt* § 4 Rn 56.
123 *BVerfGE* 46, 325, 336 f = NJW 1978, 368; *BVerfGE* 49, 220, 227 = NJW 1979, 534; *BVerfGE* 51, 150, 157.
124 Vgl *BVerfGE* 52, 214, 219 = NJW 1979, 2507; *BVerfG* NJW 1998, 295; ferner *BGH* 6.12.2007 – V ZB 67/70; NZI 2009, 163 Rn 12 ff; *Jaeger/Gerhardt* § 14 Rn 43 aE.
125 *AG Göttingen* NZI 2000, 493; MK/*Schmahl/Vuia* § 14 Rn 42 f.
126 *BGH* NZI 2008, 95; *OLG Köln* NZI 2000, 130.
127 *A/G/R/Ahrens* § 4 Rn 60; *Jaeger/Gerhardt* § 4 Rn 56.
128 Vgl *AG Göttingen* ZVI 2012, 192.

in den Fällen der §§ 20, 98 (vgl Abs 3) und 101 –, § 802l ZPO für die Erhebung v Auskünften[129] sowie §§ 882b ff ZPO für das das **Schuldnerverzeichnis** nach Maßgabe des § 26 Abs 2 S 2. §§ 850 ff ZPO können in der VerbraucherIns entspr anwendbar sein.[130] Auf §§ 850 ff ZPO verweist § 36 Abs 1 S 2 – in begrenztem Umfang – ausdrücklich. Für **einstweilige Anordnungen** kommt § 938 ZPO in Betracht.[131]

21 **2. GVG.** Anwendbare Normen des GVG: § 21e über Geschäftsverteilung,[132] §§ 156 ff über Rechtshilfe (vgl § 2 Rn 11), §§ 176–191 über Sitzungspolizei und Gerichtssprache[133] sowie § 198 GVG über den Rechtsschutz vor überlangen Verfahren, soweit das Eröffnungsverfahren und Entscheidung des Gerichts für die Verzögerung verantwortlich sind.

22 **3. Allgemeine Verfahrensgrundsätze.** Daneben gelten im InsVerf auch die verfassungsrechtlich garantierten sowie weitere allg Verfahrensgrundsätze. Art 103 Abs 1 GG über **rechtliches Gehör** ist auch im InsVerf zu beachten,[134] mit der bes Ausprägung insb in §§ 10, 14 Abs 2, 15 Abs 2 S 3, 20 Abs 2, 21 Abs 3 S. 1, 59 Abs 1 S 3, 70 S 3, 98 Abs 2, 99 Abs 1 S 2 und Abs 3 S 2, 101 Abs 1 S 2, 161 S 2, 173 Abs 2 S 1, 175 Abs. 2, 207 Abs 2, 214 Abs 2, 248 Abs 2, 272 Abs 2 S 2, 287a Abs 2, 296 Abs 2 S 1, 298 Abs 2 S 1, 300 Abs 1, 303 Abs 3 S 1, 307 Abs 1 S. 1, 309 Abs 2 S 1, 317 Abs 2 S 2 und Abs 3, 318 Abs 2 S 2, 332 Abs 3 S 2 sowie 333 Abs 2 S 2. Wegen der Eilbedürftigkeit des InsVerf können aber nur kurze Äußerungsfristen beansprucht werden.[135] In bestimmter Form muss das rechtliche Gehör nicht gewährt werden.[136] Würde der Zweck der insolvenzgerichtlichen Maßnahme durch eine vorherige Anhörung ernstlich gefährdet, so kann diese stattdessen nachgeholt werden;[137] vgl zB § 99 Abs 1 S 3. Das Gebot des rechtlichen Gehörs bezweckt nicht, den VerfBeteiligten Zeit dafür zu geben, veränderte Tatsachen zu schaffen – zB einen InsGrund durch Erfüllung der offenen Forderungen zu beseitigen – und dadurch die Entsch zu ihren Gunsten zu beeinflussen.[138]

23 Zu beachten sind das Recht auf **informationelle Selbstbestimmung** (Art 1 Abs 1 iVm Art 2 Abs 1 GG), das **Willkürverbot** (Art 3 Abs 1 GG), der **materielle Grundrechtsschutz** (Art 12, 14 GG), die **Rechtsschutzgarantie** (Art 19 Abs 4 GG), die **Garantie des gesetzlichen Richters** (Art 101 Abs 1 S 2 GG und Rechtsstaatsprinzip. Weiterhin können die **Amtshilfe** (Art 35 Abs 1 GG)[139] und die **Unverletzlichkeit der Wohnung** des Schu (Art 13 Abs 1 und 2 GG)[140] können auch in InsVerf bedeutsam werden.

24 Zudem findet neben den insolvenzrechtlichen Grundsätzen (s § 1) das **allg Erfordernis** eines Rechtsschutzbedürfnisses über § 14 Abs 1 hinaus Anwendung.[141] Das **Beschleunigungsgebot** gilt ebenfalls (s § 5 Rn 2, 28).

---

129 *AG München* NZI 2016, 541; *AG Rosenheim* NZI 2017, 87.
130 *OLG Frankfurt* NZI 2000, 531; *OLG Köln* NZI 2000, 529; NZI 2000, 590; *AG Aachen* NZI 2000, 554; *Stephan* ZInsO 2000, 376, 378 f.
131 *LG Stendal* ZInsO 2013, 1914.
132 MK/*Ganter/Lohmann* § 4 Rn 99; *K Schmidt/Stephan* § 4 Rn 40.
133 *K Schmidt/Stephan* § 4 Rn 40. Vgl aber Art 55 Abs 5 EuInsVO nF zu der Möglichkeit der Forderungsanmeldung in einer der Amtssprachen der EU.
134 *BVerfG* ZIP 1988, 1409; *OLG Brandenburg* NZI 2002, 44; *OLG Celle* NZI 2001, 550; *Jaeger/Gerhardt* § 5 Rn 36 ff; MK/*Ganter/Lohmann* § 5 Rn 76 ff.
135 Vgl *LG Köln* KTS 1986, 362.
136 *BGH* 10.12.2009 – IX ZB 20/08; MK/*Ganter/Lohmann* § 5 Rn 81.
137 Im Anschluss an *BVerfGE* 57, 346 = NJW 1981, 2111.
138 *BVerfG* NZI 2002, 30.
139 *Jaeger/Gerhardt* § 4 Rn 40; MK/*Ganter/Lohmann* § 4 Rn 68.
140 Vgl *BGHZ* 158, 212, 214 ff = NZI 2004, 312.
141 *Unger* KTS 1962, 208.

4. GKG. Insb das Verf zur Festsetzung des **Geschäftswerts** richtet sich nach dem GKG;[142] anwendbar sind auch die Vorschriften über den Kostenschuldner (§§ 22, 23 GKG). 25

IV. Nicht anwendbare Vorschriften

1. ZPO. Die §§ 1, 2, 11 ZPO werden durch § 2, die §§ 20–35 ZPO durch § 3 ersetzt; zur Unanwendbarkeit der Gerichtsstandsvereinbarung und der rügelosen Einlassung (§§ 38, 39 ZPO) vgl § 2 Rn 1, § 3 Rn 3. Nicht anwendbar sind insb §§ 59–77 ZPO über die VerfBeteiligung Dritter, weil das InsVerf selbstständig alle Beteiligten einbindet.[143] § 138 Abs 2 und 3 ZPO (s § 14 Rn 14) werden durch § 5 Abs 1 S 1 verdrängt. Die §§ 148 ff, 239 ff ZPO über Aussetzung, **Unterbrechung** und Ruhen des **Verf** sind – außer bei Tod des Ast im EröffnungsVerf (s § 14 Rn 54 ff) – wegen Eilbedürftigkeit ausgeschlossen;[144] stirbt der InsSchu im eröffneten Verf, geht es ohne Weiteres in eine NachlassIns gem §§ 315 ff über,[145] während nach Versterben eines Gl stets der Erbe an dessen Stelle tritt. § 227 Abs 3 S 1 ZPO wird durch § 5 Abs 2 S 2, § 230 ZPO nach einer Fristsetzung gem § 20 Abs 2 (erg s § 20 Rn 24),[146] § 288 ZPO durch § 5 Abs 1 S 1[147] ausgeschlossen. § 265 ZPO gilt nicht für InsAnträge,[148] die §§ 278, 278a, 295–297 ZPO sind unanwendbar,[149] § 307 ZPO über Anerkenntnisse, § 325 ZPO über die Wirkungen der Entscheidung inter partes und §§ 330 ff ZPO über SäumnisVerf kommen wegen § 5 Abs 1 S 1 nicht in Betracht,[150] ebenso wenig §§ 445 ff ZPO über die prozessuale Partei(Beteiligten)vernehmung (vgl § 5 Rn 10), während § 788 ZPO nicht eingreift, weil der InsAntrag ein selbstständiges Verf einleitet.[151] 26

2. Andere Vorschriften. Aus dem GVG sind die §§ 169 ff über **Öffentlichkeit** nicht anwendbar, soweit nicht ausnahmsweise mündlich verhandelt wird.[152] 27

Das FamGKG bzw das GNotKG gelten grds nicht.[153] 28

§ 4a Stundung der Kosten des Insolvenzverfahrens

(1) [1]Ist der Schuldner eine natürliche Person und hat er einen Antrag auf Restschuldbefreiung gestellt, so werden ihm auf Antrag die Kosten des Insolvenzverfahrens bis zur Erteilung der Restschuldbefreiung gestundet, soweit sein Vermögen voraussichtlich nicht ausreichen wird, um diese Kosten zu decken. [2]Die Stundung nach Satz 1 umfasst auch die Kosten des Verfahrens über den Schuldenbereinigungsplan und des Verfahrens zur Restschuldbefreiung. [3]Der Schuldner hat dem Antrag eine Erklärung beizufügen, ob ein Versagungsgrund des § 290 Absatz 1 Nummer 1 vorliegt. [4]Liegt ein solcher Grund vor, ist eine Stundung ausgeschlossen.

---

142 Vgl *OLG Celle* NZI 2001, 551; *OLG Köln* NZI 2001, 91.
143 *A/G/R/Ahrens* § 4 Rn 21.
144 *BGH* NZI 2006, 642; NZI 2007, 408; NZI 2010, 226 Rn 11; *A/G/R/Ahrens* § 4 Rn 34; *Jaeger/Gerhardt* § 4 Rn 57; MK/*Ganter/Lohmann* § 4 Rn 15; *K Schmidt/Stephan* § 4 Rn 2.
145 Vgl *LG Frankenthal* Rpfleger 1986, 104.
146 *BGH* NZI 2008, 609 Rn 17; *LG Dresden* ZVI 2006, 154 m abl Anm *Schäferhoff.*
147 Vgl *OLG Köln* NZI 2000, 480; *A/G/R/Ahrens* § 4 Rn 43.
148 *BGH* 16.12.2010 – IX ZB 87/10; MK/*Schmahl/Vuia* § 13 Rn 149; *Smid* InVo 2003, 1, 3.
149 Vgl *A/G/R/Ahrens* § 4 Rn 42.
150 MK/*Ganter/Lohmann* § 4 Rn 16.
151 *LG Essen* KTS 1984, 153; *A/G/R/Ahrens* § 4 Rn 60.
152 *Jaeger/Gerhardt* § 4 Rn 3, 5; MK/*Ganter/Lohmann* § 4 Rn 7 ff; *K Schmidt/Stephan* § 4 Rn 2.
153 *OLG Celle* NZI 2001, 426 noch zur KostO.

(2) [1]Werden dem Schuldner die Verfahrenskosten gestundet, so wird ihm auf Antrag ein zur Vertretung bereiter Rechtsanwalt seiner Wahl beigeordnet, wenn die Vertretung durch einen Rechtsanwalt trotz der dem Gericht obliegenden Fürsorge erforderlich erscheint. [2]§ 121 Abs. 3 bis 5 der Zivilprozessordnung gilt entsprechend.

(3) [1]Die Stundung bewirkt, dass

1. die Bundes- oder Landeskasse
a) die rückständigen und die entstehenden Gerichtskosten,
b) die auf sie übergegangenen Ansprüche des beigeordneten Rechtsanwalts
nur nach den Bestimmungen, die das Gericht trifft, gegen den Schuldner geltend machen kann;

2. der beigeordnete Rechtsanwalt Ansprüche auf Vergütung gegen den Schuldner nicht geltend machen kann.

[2]Die Stundung erfolgt für jeden Verfahrensabschnitt besonders. [3]Bis zur Entscheidung über die Stundung treten die in Satz 1 genannten Wirkungen einstweilig ein. [4]§ 4b Abs. 2 gilt entsprechend.

Übersicht

I. Gesetzgebungshinweise; Normzweck

1 § 4a wurde durch das InsOÄndG 2001 eingeführt und der Regelung über PKH gem §§ 114 ff ZPO nachgebildet. Eine Änderung erfuhr Abs 1 S 3 durch das InsÄndG 2013. MWv 1.7.2014 wird nur noch auf den „Versagungsgrund des § 290 Abs 1 Nr 1“ Bezug genommen.

2 Die Vorschrift soll als zentrale Norm des Stundungsrechts es mittellosen natürlichen Personen ermöglichen, Restschuldbefreiung zu erlangen,[1] indem das dazu nötige InsVerf – entgegen §§ 26, 207 – auch ohne Kostendeckung eröffnet und durchgeführt werden kann. Zudem soll nach der Vorstellung des Gesetzgebers durch die Einführung eines eigenständigen Rechtsinstituts, das Verfahren vereinfacht und beschleunigt sowie die finanzielle Belastung der Landeshaushalte geringer gehalten werden als bei einer Bewilligung v PKH. **Abs 1** bestimmt die obj und subj Voraussetzungen für eine Verfahrenskostenstundung, **Abs 2** die Beiordnung eines RAs und **Abs 3** den Umfang und die Wirkungen der Stundung.

---

1 BT-Drucks 14/5680 S 12; *BGH* NZI 2013, 351 Rn 24; *A/G/R/Ahrens* § 4a Rn 1; *K/P/B/Wenzel* § 4a Rn 2.

II. Anwendungsbereich

§ 4a regelt die Entlastung einer natürlichen Person als Schu v Kosten des Verf **abschließend** (s § 4 Rn 9),[2] sobald sie die Eröffnung des Regel- oder VerbrInsVerf beantragt hat. Die Norm erfasst die ganze Dauer eines InsVerf, der anschließenden Wohlverhaltensperiode (§§ 292 ff) und einen Zeitraum v bis zu vier Jahren nach Erteilung der Restschuldbefreiung (§ 4b Abs 1). Die Kosten eines der InsEröffnung vorangehenden Verf über den gerichtlichen – nicht des außergerichtlichen – Schuldenbereinigungsplan (§§ 306, 309) können ebenfalls gestundet werden. Soweit § 4a nicht reicht (zB für ein Rechtsmittelverfahren), werden die **allg Regeln über PKH** nicht ausgeschlossen (s Rn 17). 3

Die Norm findet gem Art 103a EGInsO – nur – auf solche InsVerf Anwendung, die ab dem 1.12.2001 eröffnet worden sind.[3] Die Neufassung des Abs 1 S 3 gilt für die ab dem 1.7.2014 beantragten InsVerf (vgl Art 103h S 1 EGInsO). 4

III. Voraussetzungen für die Stundung (Abs 1 S 1 und 4)

1. Natürliche Personen. Gestundet werden kann zugunsten aller natürlichen Personen als InsSchu; diese müssen nicht Verbraucher iSv § 304 sein.[4] Keine Anwendung findet die Vorschrift auf **Personengesellschaften** sowie auf **Nachlassinsolvenzverfahren**;[5] insoweit kommt keine Restschuldbefreiung in Betracht. 5

2. Antrag auf Restschuldbefreiung. Stundung wird nur auf **Antrag des Schu** gewährt (s Rn 24). Eine Pflicht des Schu zur Antragstellung besteht indes nicht.[6] Gl sind hingegen nicht antragsberechtigt.[7] Der Antrag des Schu ist nur zulässig, soweit dieser auch einen Antrag auf Restschuldbefreiung gestellt hat, weil § 4a lediglich die – gesetzliche oder im SchuldenbereinigungsVerf zu vereinbarende – Restschuldbefreiung ermöglichen soll.[8] Der Antrag auf Restschuldbefreiung ist nach § 287 Abs 1 S 2 spätestens 2 Wochen nach dem durch § 20 Abs 2 vorgeschriebenen gerichtlichen Hinweis auf diese Möglichkeit zu stellen; ein verspäteter und damit unzulässiger Antrag auf Restschuldbefreiung führt zugleich zur Unzulässigkeit des Stundungsantrags;[9] zu den Folgen der Verletzung der Hinweispflicht s Rn 24. Hat der ordnungsgemäß belehrte Schu in einem früheren InsVerf den Antrag auf Restschuldbefreiung versäumt, führt die dadurch bewirkte Präklusion zur Unzulässigkeit eines erneuten Antrags, sofern kein neuer Gl hinzugekommen ist.[10] Ferner ist ein Stundungsantrag erst zulässig, wenn in zulässiger Weise die Eröffnung eines InsVerf beantragt wurde. Da Restschuldbefreiung nur auf einen Eigenantrag des Schu auf InsEröffnung erteilt werden darf (erg s § 13 Rn 19 ff),[11] ist mittelbar auch ein solcher **Eröffnungsantrag** des Schu 6

---

2 *BGH* NZI 2007, 418; VuR 2008, 154 Rn 4; *Jaeger/Eckardt* § 4a Rn 15, 17; MK/*Ganter/Lohmann* § 4a Rn 2.

3 *BGH* NZI 2004, 635; NZI 2008, 49 Rn 8; NZI 2010, 265 Rn 8; NZI 2011, 25 Rn 8; *Jaeger/Eckardt* § 4a Rn 99; *K/P/B/Wenzel* § 4a Rn 3; *K Schmidt/Stephan* § 4a Rn 6; **aM** *AG Duisburg* ZInsO 2003, 386.

4 *A/G/R/Ahrens* § 4a Rn 8 ff; *Graf-Schlicker-Kexel* § 4a Rn 4; *Jaeger/Eckardt* § 4a Rn 18; *K/P/B/Wenzel* § 4a Rn 18; *Uhlenbruck/Mock* § 4a Rn 10.

5 *LG Kassel* NZI 2014, 697; *K Schmidt/Stephan* § 4a Rn 10; *Uhlenbruck/Mock* § 4a Rn 6.

6 *BGH* NZI 2006, 181 Rn 14; ZInsO 2014, 1758 Rn 4.

7 *Graf-Schlicker-Kexel* § 4a Rn 7; *K/P/B/Wenzel* § 4a Rn 22; MK/*Ganter/Lohmann* § 4a Rn 6; *Uhlenbruck/Mock* § 4a Rn 19.

8 RegE InsO ÄndG S 20 zu § 4a; MK/*Ganter/Lohmann* § 4a Rn 7.

9 *AG Köln* NZI 2002, 618.

10 *BGH* NZI 2006, 601; MK/*Ganter/Lohmann* § 4a Rn 19; **aM** für Antragsrücknahme *AG Göttingen* NZI 2008, 447.

11 *BGH* NZI 2003, 511; NZI 2004, 593; NZI 2005, 271.

Zulässigkeitsvoraussetzung für § 4a. Jener darf nicht unheilbar unzulässig oder unbegründet sein.[12] Die äußerste zeitliche Grenze setzt die rechtskräftige **Entsch über den jeweiligen VerfAbschnitt**, für den die Stundung begehrt wird, weil danach ein Stundungsantrag nichts mehr bewirken kann und deshalb das erforderliche Rechtsschutzinteresse dafür fehlt;[13] zur Ausnahme s Rn 22. Innerhalb dieser zeitlichen Grenzen kann ein als fehlerhaft abgewiesener Stundungsantrag wiederholt werden.[14] Zu wiederholten Eröffnungsanträgen s § 13 Rn 26; für einen danach unzulässigen Antrag kann auch keine Stundung gewährt werden. Während einer laufenden Wohlverhaltensphase (§§ 291 ff) soll § 4a nicht für ein **ZweitIns-Verf** über Neuvermögen des Schu anwendbar sein.[15]

7 **3. Erfolgsaussicht.** Eine Verfahrenskostenstundung ist zu gewähren, wenn die Voraussetzungen für die Erlangung der Restschuldbefreiung und die weiteren Voraussetzungen des § 4a vorliegen. Ist ein Antrag auf Restschuldbefreiung nach **§ 287a Abs 2 InsO unzulässig**, führt dies auch zur Unzulässigkeit des Stundungsantrages.[16] Daher hat der Schu seinem Stundungsantrag eine **Erklärung** beizufügen, ob einer der Versagungsgründe des § 290 Abs 1 Nr 1 vorliegt **(Abs 1 S 3)**. Liegt ein solcher Versagungsgrund vor, so ist der Stundungsantrag unbegründet **(Abs 1 S 4)**, weil sein Ziel (s Rn 2) nicht zu erreichen ist. Außer Betracht bleiben strafrechtliche Verurteilungen iSv § 290 Abs 1 Nr 1, die wegen Zeitablaufs nicht mehr berücksichtigt werden dürfen.[17] In diesem Verfahrensstadium besteht zwar noch keine Amtsvermittlungspflicht des InsGer iSv § 5 Abs 1, sondern nur eine „kursorische Prüfung."[18] Dazu darf das InsGer – neben der Erklärung des Schu – alle ihm aus dienstlicher Quelle bekannten Umstände berücksichtigen. Die Versagungsgründe nach § 290 Abs 1 Nr 1 sind idR unschwer aus öffentlichen Urkunden zu erkennen. Ob Gl voraussichtlich Versagungsanträge gem § 290 stellen werden, ist unerheblich;[19] das InsGer darf die Versagung der Verfahrenskostenstundung v Amts wegen aussprechen.[20]

8 Die Regelung in Abs 1 S 3 und S 4 ist **nicht** abschließend. Zwar verweist die Vorschrift nicht auf die weiteren Versagungsgründen des **§ 290 Abs 1 Nr 2** und **4–7**. Insoweit hat der Gesetzgeber davon abgesehen, diese in § 4a aufzunehmen, weil sie in diesem Verfahrensstadium nicht leicht genug festzustellen sind.[21] Entsprechende Versagungsgründe können jedoch später zu einer Aufhebung der Stundung gem § 4c Nr 5 führen (s § 4c Rn 17 f). Deshalb kann jeder Versagungsgrund iSv § 4c Nr 5, der schon im Eröffnungsverfahren zweifelsfrei feststeht, schon zur Ablehnung der Stundung führen.[22] Insoweit hat die Reform der Verbrau-

---

12 Vgl *Graf-Schlicker/Kexel* § 4a Rn 18 mwN.
13 MK/*Ganter/Lohmann* § 4a Rn 37.
14 Vgl *LG Berlin* ZVI 2004, 123.
15 *AG Göttingen* NZI 2012, 198.
16 *BGH* NZI 2016, 316 Rn 14 noch zu § 290 Abs 1 Nr 3 aF; *BGH* NZI 2017, 627 Rn 19; vgl auch *Uhlenbruck/Sternal* § 287a Rn 19 ff, 31 ff.
17 Vgl *BGH* NZI 2010, 349 Rn 8 ff; *Pape* ZVI 2002, 225, 227 f.
18 RegE InsOÄndG S 20.
19 Vgl RegE InsOÄndG S 20.
20 *BGH* NZI 2010, 948 Rn 14.
21 RegE aaO S 20 f.
22 Für Versagungsgründe gem § 290 Abs 1 Nr 2 bzw 5: *BGH* 27.1.2005 – IX ZA 20/04; NZI 2005, 232; für Versagungsgrund gem § 290 Abs 1 Nr 4: *BGH* NZI 2006, 712; für Versagungsgrund gem § 290 Abs 1 Nr 5: *BGH* ZInsO 2011, 1223 Rn 3 ff; NZI 2011, 948 Rn 3; ZInsO 2015, 1790 Rn 8; für Versagungsgrund gem § 290 Abs 1 Nr 6: *BGH* NZI 2010, 263 Rn 6 f; für Versagungsgrund gem § 290 Abs. 1 Nr 7: *AG Fürth* ZVI 2015, 441; **aA** *AG Hamburg* NZI 2015, 948; vgl auch *AG Lüneburg* ZVI 2004, 56 für eine offenkundige Straftat des Schu iSv § 290 Abs 1 Nr 1 schon vor dessen Verurteilung; *Jaeger/Eckardt* § 4a Rn 37; *N/R/Becker* § 4a Rn 33 ff; *K Schmidt/Stephan* § 4a Rn 12; *Uhlenbruck/Mock* § 4a Rn 30 ff; **krit** *A/G/R/Ahrens* § 4a Rn 51 ff.

cherentschuldung und die Neuordnung der Sperrfristen in § 287a nichts an der Fortgeltung der **Vorwirkungsrechtsprechung** geändert.[23] Das InsGer braucht indes keine Ermittlungen zu dem eventuellen Vorliegen entspr Versagungsgründe anstellen. Wurde eine zuvor erteilte Stundung nach **§ 4c Nr 1, 4 oder 5** aufgehoben, ist ein erneuter Stundungsantrag im selben InsVerf unzulässig.[24] Eine allg „Unredlichkeit" des Schu genügt aber nicht;[25] sie ist auch nicht zu vermuten.[26]

Verfahrenskostenstundung kann auch bei einem **unzulässigen Eröffnungsantrag** eines Schu verweigert werden; in diesem Fall kann es nicht zu einer Verfahrenseröffnung kommen. Jedoch fehlt einem **erneuten Antrag** auf Kostenstundung **nicht** das **Rechtschutzbedürfnis**, wenn das vorangegangene InsVerf mangels Masse eingestellt worden und der Schu deshalb keine Restschuldbefreiung erlangt hat. Dies gilt selbst dann, wenn der Schu die Aufhebung der Kostenstundung und damit die Verfahrenseinstellung sowie die Versagung der Restschuldbefreiung durch eine Verletzung des Pflichten gem § 97 InsO und damit eigenes Fehlverhalten provoziert hat.[27] Gleiches muss gelten für den Fall der **Rücknahme des ersten Ins-Antrages** durch den Schu, um so einem Restschuldbefreiungsversagungsantrages die Rechtsgrundlage zu entziehen bzw für den Fall der Versagung der Restschuldbefreiung gem **§ 298**. Insoweit scheidet eine analoge Anwendung des § 287a Abs 2 S 1 Nr 2 auf die vorstehenden Fälle aus.[28] 9

Eine Verweigerung der Kostenstundung kommt **wegen Zwecklosigkeit** in Betracht, wenn die **wesentlichen** im Verf zu berücksichtigenden **Forderungen** gem § 302 v der Restschuldbefreiung ausgenommen sind,[29] wobei nicht geklärt ist, wann Wesentlichkeit iSd Rspr vorliegt.[30] Allein die Verjährung einer entspr Forderung rechtfertigt indes keine Verweigerung der Verfahrenskostenstundung.[31] 10

4. Unzureichendes Schuldnervermögen. – a) Verfahrensabschnitt (Abs 3 S 2). Die Stundung der Verfahrenskosten erfolgt für jeden Verfahrensabschlnitt gesondert (Abs 3 S 2).[32] 11

---

23 *LG Duisburg* ZVI 2017, 125; *AG Hamburg* NZI 2015, 948; für § 290 Abs 1 Nr 5: *AG Oldenburg* ZVI 2016, 254; für § 290 Abs 1 Nr 6: *AG Oldenburg* ZVI 2017, 42; für § 290 Abs 1 Nr 7: *AG Fürth* ZVI 2015, 441; *AG Göttingen* NZI 2015, 947; *Uhlenbruck/Sternal* § 287a Rn 6; *Ahrens* Rn 237 f; *Frind* ZInsO 2015, 1667, **aA** HambKomm/*Dawe* § 4a Rn 19. Der *BGH* (NZI 2017, 627) hat bisher offen gelassen, inwieweit die Vorwirkungsrechtsprechung auch nach neuem Recht anwendbar ist.

24 *BGH* NZI 2009, 615 Rn 6 f.

25 *Graf-Schlicker/Kexel* § 4a Rn 20; **aM** *AG München* ZVI 2003, 292.

26 *BGH* ZInsO 2005, 264.

27 *BGH* 4.5.2017 – IX ZB 92/16; **aA** *AG Aachen* NZI 2017, 114; *AG Montabaur* NZI 2017, 402; *AG Ludwigshafen* NZI 2016, 782.

28 *BGH* 4.5.2017 – IX ZB 92/16 Rn 14 f.

29 Vgl *BGH* NZI 2005, 232; NZI 2006, 712; NZI 2014, 231 Rn 6; *LG Düsseldorf* ZInsO 2012, 2305; *LG Hannover* NZI 2015, 816; *AG Düsseldorf* NZI 2006, 415; *AG Göttingen* ZVI 2008, 339; *AG Göttingen* NZI 2017, 77 für Geldstrafen; *AG Hannover* NZI 2016, 271 für Unterhaltsrückstände; *AG Marburg* ZVI 2002, 275; *K/P/B/Wenzel* § 4a Rn 52, MK/*Ganter/Lohmann* § 4a Rn 18; *Uhlenbruck/Mock* § 4a Rn 33; **krit** *A/G/R/Ahrens* § 4a Rn 56; **einschr** für § 302 Nr 2: *AG Göttingen* NZ 2017, 77.

30 *LG Düsseldorf* NZI 2008, 253 ablehnend bei 76 %; ZInsO 2012, 2305 bei 45 %; *LG Hannover* NZI 2015, 816 mehr als 50 %; *AG Düsseldorf* ZInsO 2013, 837 bei 45 %; *AG Göttingen* NZI 2016, 142 75 % reichen nicht; *AG Hannover* NZI 2015, 816 bei 55 %; *AG Marburg* ZVI 2002, 275 alle Forderungen; *AG Siegen* NZI 2003, 42 bei 95 %; *A/G/R/Ahrens* § 4a Rn 56 mindestens ca 90 %; *FK/Kothe* § 4a Rn 24: 90 %; *K Schmidt/Stephan* § 4a R 14: mindestens 90 %.

31 *BGH* NZI 2014, 231.

32 *BGH* NZI 2004, 156; NZI 2010, 948; NZI 2013, 351 Rn 16; NZI 2015, 899 Rn 10.

Voraussetzung ist, dass das Vermögen des Schu sehr wahrscheinlich **nicht ausreichen** wird, um die Kosten des entspr Verfahrensabschnitts zu decken.

12 Die anfallenden **Kosten** brauchen nicht genau ermittelt zu werden, sondern sind typisierend **vorauszuschätzen** (s § 26 Rn 11, 12).[33] Welche Kosten zu berücksichtigen sind, erschließt sich mittelbar aus Abs 3 S 2. Wenn danach die Stundung für jeden VerfAbschnitt bes erfolgt, so müssen auch die Voraussetzungen jeweils gesondert geprüft werden. Unter „VerfAbschnitt" ist jeder Teil des gesamten InsVerf zu verstehen, der besondere Kosten verursacht und für den bei der ursprünglichen Stundung noch nicht alle einer Restschuldbefreiung mglw entgegenstehenden Umstände geprüft werden konnten.[34] Im Einzelnen sind mindestens folgende Abschnitte zu unterscheiden:[35] EröffnungsVerf,[36] gerichtliches Schuldenbereinigungsplan-Verf (§§ 306–310), eröffnetes (in den vor dem 1.7.2014 eröffneten VerbrInsVerf vereinfachtes) InsVerf und RestschuldbefreiungsVerf sowie Wohlverhaltensperiode (§§ 287 ff). Erg s Rn 39. **Keine Kostenstundung** kann für das außergerichtliche Schuldenbereinigungsverfahren[37] und für das WiderrufsVerf nach § 303[37] gewährt werden; zum InsPlanVerf s Rn 15.

13 Für das **EröffnungsVerf** fällt eine Gebühr nach Nr 2310 KV GKG an. Ferner werden gerichtliche Auslagen – insb für Veröffentlichungen (Nr 9004 KV GKG) oder einen SV (Nr 9005 KV GKG) – v der vorl Stundungswirkung (s Rn 45) erfasst.

14 Auch für ein etwa zwischengeschaltetes gerichtliches Verf über den **Schuldenbereinigungsplan** (§§ 306–309) entstehen im Wesentlichen Auslagen für Vervielfältigungen und Zustellungen nach Maßgabe der Nr 9000 und 9002 KV GKG.[38]

15 Vor der Eröffnung des (Verbr-)**InsVerf** müssen die gesamten Kosten nach § 54 gedeckt sein. Dagegen ist ein **InsPlanVerf** kein selbstständiger Abschnitt iSv Abs 3 S 2, weil er – außer privaten, kaum kalkulierbaren Vorbereitungskosten, die nicht als notwendig der Allgemeinheit angelastet werden können – keine zusätzlichen Gerichtskosten auslöst (erg s § 4b Rn 3), insoweit scheidet eine gesonderte Kostenstundung aus;[39] zur möglichen Beiordnung eines RA s Rn 41 f. Gegen Ende des InsVerf erfolgt idR die Entscheidung über die **Restschuldbefreiung**. Auch insoweit können noch Kosten iSv § 54 begründet werden.

16 Nach Durchführung des Schlusstermins (ggf im schriftlichen Verfahren) endet das eigentliche InsVerf. An dessen Stelle tritt die in §§ 292 ff geregelte **Wohlverhaltensperiode** als eigenständiger VerfAbschnitt[40] nach Aufhebung des InsBeschlags. Die Kosten dafür können nach Abs 1 S 2 ebenfalls gestundet werden, obwohl sie nicht v § 54 erfasst werden.[41] Dafür genügt es, dass dem Schu aufgrund seiner Abtretungserklärung gem § 287 Abs 2 kein pfändbares Vermögen verbleibt.[42] Die Stundung betrifft hier vor allem die Vergütung des Treuhänders

---

33 *A/G/R/Ahrens* § 4a Rn 69; *Jaeger/Eckardt* § 4a Rn 21; MK/*Ganter/Lohmann* § 4a Rn 10; *K Schmidt/Stephan* § 4a Rn 8.

34 Begr BReg InsOÄndG, BT-Drucks 14/5680, S 21 zu § 4a Abs 3 S 2; *LG Bochum* ZVI 2004, 121; *K/P/B/Wenzel* § 4a Rn 24 f; *Uhlenbruck/Mock* § 4a Rn 43.

35 Vgl *BGH* NZI 2003, 665.

36 *BGH* NZI 2003, 665; VuR 2012, 158; NZI 2015, 899 Rn 10.

37 *A/G/R/Ahrens* § 4a Rn 14; *K/P/B/Wenzel* § 4a Rn 25.

38 Vgl *Graf-Schlicker* FS Uhlenbruck, 2000, S 577.

39 *BGH* NZI 2011, 683; *LG Bochum* ZInsO 2003, 91; *Jaeger/Eckardt* § 4a Rn 71; *N/R/Becker* § 4a Rn 62; *K Schmidt/Stephan* § 4a Rn 4; **aM** FK/*Kohte* § 4a Rn 44; *K/P/B/Wenzel* § 4a Rn 26.

40 *LG Kiel* ZInsO 2006, 1007; MK/*Ganter/Lohmann* § 4a Rn 9; *K/P/B/Wenzel* § 4a Rn 25; **aM** *Jaeger/Eckardt* § 4a Rn 73.

41 RegE InsOÄndG S 20.

42 *LG Münster* NZI 2002, 446.

gem § 293. Wird sie aus der Landeskasse bezahlt, kann diese die Aufwendung ohne eine Stundung als Auslage nach Nr 9017 KV GKG gegen den Schu geltend machen.

RechtsbehelfsVerf, die aus Anlass einer der vorgenannten Abschnitte betrieben werden, fallen **nicht** unmittelbar unter § 4a.[43] Soweit nicht § 309 Abs 2 S 4 dessen entspr Anwendung vorschreibt, stellen insb BeschwVerf allg GerichtsVerf iSv § 114 ZPO dar;[44] in die Besonderheiten des InsVerf sind sie nicht eingebettet. Jedoch kann ein RA nicht unter leichteren Voraussetzungen als nach § 4a Abs 2 S 1 im StundungsVerf beigeordnet werden (s Rn 41). 17

Die danach berücksichtigungsfähigen Kosten sind zum Vergleich mit dem Vermögen des Schu (s Rn 19 ff) einzeln aufzuführen, aber – insb bei Bewertungsschwierigkeiten – großzügig zu schätzen (s Rn 12). Ist die Vertretung durch einen RA geboten (s Rn 39 ff), sind auch die hierfür anfallenden Kosten (s Rn 44) mit zu berücksichtigen.[45] 18

b) Kostendeckung. Der Schu muss nachvollziehbar darlegen, dass sein **Vermögen** voraussichtlich **nicht ausreichen** wird, um die – insgesamt oder im jeweils betroffenen VerfAbschnitt (s Rn 12–16) – anfallenden Kosten zu decken;[46] eine Schlüssigkeit im technischen Sinne wird nicht vorausgesetzt.[47] Für den Abschnitt „InsVerf" (s Rn 15) ist diese Voraussetzung im Allg mit derjenigen des § 26 Abs 1 S 1 identisch (im Einzelnen vgl § 26 Rn 3 ff).[48] Einzusetzen sind auch eine private Rentenversicherung,[49] ausl Vermögen[50] und pfändbarer künftiger Erwerb;[51] der Wechsel in eine günstigere Steuerklasse (IV statt V) kann nötig sein.[52] Eine Forderung des Schu, der eine aufrechenbarem Gegenforderung des DrittSchu gegenübersteht, ist solange zu berücksichtigen, als die Aufrechnung nicht erklärt ist (vgl dagegen § 26 Rn 7).[53] Einen persönlich geführten Kleinbetrieb braucht der Schu nicht vor dem Berichtstermin (§ 157) einzustellen, um die VerfKosten zu decken.[54] Für den Abschnitt „Wohlverhaltensperiode" (s Rn 16) ist vorrangig ein etwaiger Überschuss aus der Verwertung gem § 159 zurückzubehalten (erg s Rn 30, 47).[55] Zur Darlegung der Voraussetzung s Rn 24. Unerheblich ist es dagegen idR, was die Verarmung des Schu verursacht – zB wie er frühere Geldmittel verwendet – hat (abgrenzend s Rn 20),[56] sowie ob die zu stundenden Kosten höher sind als die Summe der zu tilgenden Verbindlichkeiten des Schu.[57] 19

---

43 *BGH* NZI 2002, 574; *BGHZ* 156, 92 = NZI 2003, 556; *BGH* NZI 2014, 1064; *A/G/R/Ahrens* § 4a Rn 14, FK/*Kothe* § 4a Rn 56; *Jaeger/Eckardt* § 4a Rn 75–79, 94; *K/P/B/Wenzel* § 4a Rn 25; MK/*Ganter/Lohmann* § 4a Rn 4; *Uhlenbruck/Mock* § 4a Rn 49; **aM** *LG Bochum* ZVI 2002, 470, aufgehoben durch *BGHZ* 156, 92 = NZI 2003, 556; HambKomm/*Dawe* § 4a Rn 39; *N/R/Becker* § 4a Rn 59.

44 *BGHZ* 156, 92 = NZI 2003, 556; *BGH* NZI 2003, 647.

45 MK/*Ganter/Lohmann* § 4a Rn 10.

46 *BGH* NZI 2010, 614 Rn 6.

47 *BGH* ZInsO 2005, 264; *Graf-Schlicker/Kexel* § 4a Rn 10.

48 *BGHZ* 156, 92 = NZI 2003, 556; *BGH* NZI 2005, 45; ZInsO 2005, 264; *LG Bochum* ZVI 2004, 121; *A/G/R/Ahrens* § 4a Rn 31 ff; MK/*Ganter/Lohmann* § 4a Rn 8.

49 *LG Frankenthal* NZI 2010, 532; stRspr für PKH-Gewährung: zB *BGH* NJW 2010, 2887; VersR 2011, 1028.

50 *AG Koblenz* MDR 2003, 176.

51 *BGHZ* 156, 92, 94 = NZI 2003, 556; *BGH* NZI 2005, 45; *Graf-Schlicker/Kexel* § 4a Rn 24, 27 ff.

52 *BGH* ZInsO 2008, 624 Rn 5; *Graf-Schlicker/Kexel* § 4a Rn 29; *Jaeger/Eckardt* § 4a Rn 26.

53 *LG Bochum* ZVI 2004, 121.

54 *AG Dresden* ZVI 2002, 120.

55 *BGH* NZI 2015, 128; *AG Duisburg* NZI 2003, 508; **aM** *LG Kleve* ZInsO 2006, 1002.

56 *BGH* ZInsO 2005, 264; *Graf-Schlicker/Kexel* § 4a Rn 13.

57 PK-HWF/*Busch* § 4a Rn 12.

20 Das Vermögen des Schu ist nach Maßgabe der §§ 35–37 zu bestimmen[58] und nur zu berücksichtigen, soweit es verwertbar ist. Bei Grundvermögen genügt es, wenn es in einem Zeitraum v über 6 Monaten (zB durch Teilungsversteigerung) zu verwerten ist.[59] Künftiger Erwerb ist einzubeziehen, soweit er im zeitlichen Zusammenhang mit dem Fälligwerden der jeweiligen Kosten verfügbar wird (vgl näher § 26 Rn 8). Nur insoweit kann das laufende Einkommen des Schu bedeutsam sein. Eine etwaige Uneinbringlichkeit v Außenständen ist im Einzelnen darzulegen[60] und auf Verlangen glaubhaft zu machen (vgl § 118 Abs 2 ZPO).[61] Der Schu muss realisierbare Pflichtteilsansprüche durchsetzen (erg s § 4b Rn 5)[62] und Steuererstattungsansprüche einsetzen.[63] Der Schu muss indes – vorbehaltlich des § 290 Abs 1 Nr 4 bzw des Missbrauchs – **keine Rücklagen** zur Finanzierung eines InsVerf zu bilden;[64] auch nicht in der Wohlverhaltensperiode.[65] Demgegenüber trifft den InsVerw die Pflicht, **Rückstellungen** für die nach VerfAufhebung in der Wohlverhaltensperiode entstehenden Verfahrenkosten zu bilden, wenn das mutmaßlich zu erwartenden Einkommen die in diesem Verfahrensabschnitt voraussichtlich entstehenden Kosten nicht decken.[66] Da eine entspr Prognoseentscheidung idR schwierig ist, sollte der InsVerw/Treuhänder vorsorglich entspr Beträge zur Deckung der Mindestvergütung in der Wohlverhaltensperiode zurückhalten und – sofern der Betrag nicht benötigt wird – am Ende der Wohlverhaltensperiode verteilen.[67]

21 Der Schu ist nicht in diesem Sinne bedürftig, wenn ein **Dritter die Kosten**, sei es auch freiwillig, **vorschießt**.[68] Ein Kostenvorschuss iSv § 26 Abs 1 S 2, der vor Ausschüttungen an InsGl zurückzuzahlen ist (s § 26 Rn 33), genügt jedenfalls für das eigentliche InsVerf (s Rn 15); soweit die Mittel dazu durch ein zinsloses Darlehen aufgebracht werden, unterliegt dieses nach § 302 Nr 3 nicht der Restschuldbefreiung. Eine nicht rechtsverbindliche Absichtserklärung eines Dritten ist unerheblich (Erg s § 26 Rn 31).[69]

22 Ein in angemessen kurzer Zeit durchzusetzender[70] Anspruch auf Zahlung eines auch der Höhe nach ausreichenden VerfKostenvorschusses gegen den – leistungsfähigen – **Ehegatten** nach **§ 1360a Abs 4 S 1 BGB**[71] oder Lebenspartner nach § 5 S 2 LPartG genügt, falls die vom Schu erstrebte Restschuldbefreiung eine „persönliche Angelegenheit" darstellt; dies **trifft nicht** zu, wenn die Ins im Wesentlichen auf vorehelichen Schulden oder sonstigen Verbind-

---

58 Vgl *LG Berlin* ZInsO 2002, 680; *LG Bochum* ZInsO 2002, 1038; *LG Kleve* ZInsO 2002, 1095; *Uhlenbruck/Mock* § 4a Rn 11.
59 *LG Kleve* NZI 2011, 332.
60 *LG Berlin* ZInsO 2002, 680.
61 *LG Bochum* ZVI 2003, 130.
62 *LG Aschaffenburg* ZInsO 2003, 236; *LG Koblenz* NZI 2004, 515; *Graf-Schlicker/Kexel* § 4a Rn 26.
63 *BGH* NZI 2010, 614 Rn 8 ff.
64 *BGH* NZI 2006, 712; NZI 2008, 46; NZI 2010, 614; *A/G/R/Ahrens* § 4a Rn 35; MK/*Ganter/Lohmann* § 4a Rn 13; *K Schmidt/Stephan* § 4a Rn 9; *Uhlenbruck/Mock* § 4a Rn 13; **aA** *LG Duisburg* NZI 2005, 48; *AG Duisburg* NZI 2005, 462.
65 Vgl *LG Koblenz* ZVI 2014, 115; *K Schmidt/Stephan* § 4a Rn 9.
66 *BGH* NZI 2015, 128; *LG Duisburg* 23.12.2004 – 7 T 282/04; *LG Essen* 19.7.2005 – 16a T 40/05, *K Schmidt/Stephan* § 4a Rn 9; *Lissner* ZInsO 2015, 489, 493; **aA** *LG Kleve* ZinsO 2006, 1002; *K/P/B/Wenzel* § 4a Rn 37b; *Hingerl/Rätzke* ZInsO 2015, 1309; *Reck* ZVI 2015, 161, 163 f.
67 *Buck* FD-InsR 2015, 365148.
68 RegE InsOÄndG S 20; MK/*Ganter/Lohmann* § 4a Rn 13.
69 **AA** *LG Heilbronn* ZInsO 2009, 1780 mit abl Anm *Henning* ZInsO 2009, 1781.
70 Vgl *BGH* NZI 2007, 298.
71 Vgl *BGH* ZInsO 2003, 124; NZI 2007, 298; *LG Bochum* ZInsO 2002, 1038; *LG Köln* NZI 2017, 37; vgl auch *BGH* NZI 2003, 556.

lichkeiten beruht, die weder zum Aufbau oder zur Erhaltung einer wirtschaftlichen Existenz der Eheleute eingegangen wurden noch sonst mit der gemeinsamen Lebensführung zusammenhängen.[72] Ein Vorschussanspruch anderer Angehöriger, insb v Eltern gegen ihre Kinder besteht nicht.[73] Umgekehrt können zwar volljährige Kinder ohne eigene Lebensstellung gegen ihre Eltern einen Vorschussanspruch haben,[74] doch braucht sich die Prüfung im StundungsVerf idR nicht auf solche seltenen Ausnahmefälle zu erstrecken. Falls die zeitnahe Durchsetzbarkeit eines Anspruchs auf Leistung eines Verfahrenskostenvorschusses aus rechtlichen oder tatsächlichen Gründen ernstlich zw ist, handelt es sich nicht um einen hinreichend gesichertes, gegenwärtig verwertbares Vermögensgut (s Rn 20), das schon bei der StundungsEntsch zu berücksichtigen wäre; die Klärung mag dann dem Treuhänder in einem eröffneten InsVerf überlassen bleiben.[75] Keinesfalls sind die Einkommen des Schu und seines Ehegatten allg zusammenzurechnen.[76]

Für die Prüfung stellt § 4a Abs 1 S 1 darauf ab, ob die Kosten **voraussichtlich** gedeckt sein 23
werden. Dies bedeutet, dass das Unvermögen zur Kostendeckung wahrscheinlicher sein muss als ein ausreichendes Vermögen (s § 18 Rn 12).[77] Dieses Beweismaß ist niedriger als das des § 286 ZPO und entspricht demjenigen der Glaubhaftmachung (§ 294 ZPO).[78] Für die Stundung in vollem Umfang genügt es, dass die Kosten wenigstens tw nicht aufgebracht werden können.[79] Auf **Ratenzahlungen** – etwa nach Art des § 115 Abs 3 ZPO – darf der Schu nicht verwiesen werden (erg s Rn 30).[80]

IV. Verfahren

1. Antrag. Der für die Stundung erforderliche Antrag (s Rn 6) ist **schriftlich** oder **zu Protokoll der Geschäftsstelle** (§ 129a ZPO) bzw – sobald diese Möglichkeit durch VO eröffnet worden ist – elektronisch (§ 130a ZPO) zu stellen.[81] Er kann zur Vereinfachung für das ganze InsVerf (zur Entscheidung s Rn 26, 30)[82] oder nach einzelnen Abschn getrennt, muss aber spätestens bis zur abschließenden Entsch über den jeweils betroffenen VerfAbschnitt (s Rn 12–16) gestellt werden; die Frist des § 287 Abs 1 gilt nicht unmittelbar. Weitere Zulässigkeitsvoraussetzung ist die Erklärung über das Vorliegen v Versagungsgründe (s Rn 7), die spätestens **im Zeitpunkt der abschließenden Entsch** über den Stundungsantrag vorliegen muss. Die nötigen Erklärungen können nur durch den Schu persönlich abgegeben werden; für ihn kann notfalls ein Betreuer iSv § 1896 BGB handeln.[83] Ausnahmsweise kann der Schu auch nach Abschluss 24

---

72 *BGHZ* 156, 92, 95 f = NZI 2003, 556; *LG Köln* ZVI 2017, 101; MK/*Ganter/Lohmann* § 4a Rn 13; *K Schmidt/Stephan* § 4a Rn 11; **aA** *LG Duisburg* FamRZ 2013, 1058.
73 *LG Duisburg* NZI 2003, 616; *A/G/R/Ahrens* § 4a Rn 41; *Graf-Schlicker/Kexel* § 4a Rn 37.
74 *BGH* NJW 2005, 1722; *A/G/R/Ahrens* § 4a Rn 41; *Jaeger/Eckardt* § 4a Rn 28.
75 IE ebenso *AG Hamburg* NZI 2002, 294, aber mit unzutr Begr; *A/G/R/Ahrens* § 4a Rn 45; *Grote* ZInsO 2002, 179, 181; *Jaeger/Eckardt* § 4a Rn 31 schlägt eine stundungsbegleitende Zahlungsauflage an den Schu vor.
76 *LG Bochum* ZInsO 2002, 1038.
77 MK/*Ganter/Lohmann* § 4a Rn 39.
78 *BGH* ZInsO 2006, 773, 773.
79 *LG Essen* ZInsO 2002, 1039; *Jaeger/Eckardt* § 4a Rn 20; *N/R/Becker* § 4a Rn 48 f; **aM** *AG Kleve* ZInsO 2002, 993 mit abl Anm *Grote* ZInsO 2002, 994.
80 *BGH* NZI 2003, 665; ZInsO 2006, 773; NZI 2007, 298; VuR 2012, 158; *K/P/B/Wenzel* § 4a Rn 35; MK/*Ganter/Lohmann* § 4a Rn 12; *Uhlenbruck/Mock* § 4a Rn 15; **abgrenzend** *Graf-Schlicker/Kexel* § 4a Rn 39.
81 *A/G/R/Ahrens* § 4a Rn 17 ff; *Graf-Schlicker/Kexel* § 4a Rn 8.
82 *A/G/R/Ahrens* § 4a Rn 18; *Jaeger/Eckhardt* § 4a Rn 42; *K/P/B/Wenzel* § 4a Rn 24; *K Schmidt/Stephan* § 4a Rn 15.
83 *LG Bochum* NZI 2003, 164.

des Verfahrensabschnitts **rückwirkend** die Verfahrenskostenstundung beantragen, wenn das InsGer fehlerhaft, unvollständig oder verspätet über die Notwendigkeit eines Eigenantrags verbunden mit einem Restschuldbefreiungsantrag belehrt hat (s Rn 28).[84]

25 Der Schu ist nicht verpflichtet, vom InsGer ausgegebene **Formulare** zu verwenden;[85] § 117 ZPO gilt hierfür ebenso wenig wie die gem § 305 Abs 5 nur zu Anträgen nebst Anlagen im VerbrInsVerf ergangene VO v 17.2.2002 idF v 23.5.2014.[86] Der Schu kann formlos die Angaben zur Unzulänglichkeit seines Vermögens (s Rn 19) machen. Die Angaben sind inhaltlich am Maßstab der nach § 20 Abs 1 geltenden Auskunftspflicht (s § 20 Rn 8 ff) zu messen. Verheiratete Schu müssen über die Voraussetzungen eines Anspruchs auf Verfahrenskostenvorschuss (s Rn 22) Auskunft erteilen.[87] Zur Darlegung der Vermögensunzulänglichkeit kann die Bezugnahme auf ein zeitnah erstelltes Gutachten genügen, in dem der SV – im Hinblick auf § 26 – ermittelt hat, dass der Schu über kein die VerfKosten deckendes Vermögen verfügt (erg s Rn 19).[88] Einem Schu, der wegen Sprachschwierigkeiten nicht imstande ist, ihm erteilte Auflagen zu erfüllen, hat das InsGer einen Dolmetscher zur Verfügung zu stellen.[89] Ändern sich die maßgeblichen Umstände zwischen Antragstellung und gerichtlicher Entsch, hat der Ast dies anzuzeigen.[90]

26 **2. Prüfung des Insolvenzgerichts.** Das InsGer prüft vor einer Stundung, ob der Schu bereits den zunächst notwendigen **Antrag auf Erteilung der Restschuldbefreiung** gestellt hat (Abs 1 S 1). Dieser ist regelmäßig mit dem **Eröffnungsantrag** zu verbinden (§ 287 Abs 1 S 1); fehlt er, ist er innerhalb v 2 Wochen nach dem Hinweis gem § 20 Abs 2 zu stellen (§ 287 Abs 1 S 2). Liegt ein (wirksamer) Restschuldbefreiungsantrag vor, hat das InsGer – für jeden VerfAbschnitt (s Rn 12) einzeln – die vom Schu für die Kostenstundung vorzutragenden Tatsachen zu prüfen; der Amtsermittlungsgrundsatz gilt in diesem AntragsVerf noch nicht umfassend (vgl Rn 8).[91] Sind Angaben unvollständig, muss das InsGer den Schu vor einer Abweisung des Antrags unter Fristsetzung darauf hinweisen, welche Punkte ergänzungsbedürftig sind.[92] Die Prüfung, ob das Vermögen des Schu die Kosten des Abschnitts „InsVerf" deckt, fällt mit der durch § 26 Abs 1 S 1 gebotenen Prüfung zusammen (vgl Rn 19, § 26 Rn 20, 23).[93] Gründe, die der Stundung selbstständig entgegenstehen (s Rn 6, 8, 20), zieht das InsGer zwar v Amts wegen in Betracht, doch nur im Wege einer summarischen Prüfung, solange nicht erhebliche Anhaltspunkte dafür vorliegen. Derartige Gründe führen nur dann zur Versagung der Stundung, wenn diese festgestellt sind.

27 Das InsGer kann Auskünfte des Schu nach Maßgabe des § 20 Abs 1 einholen.[94] Bis zur abschließenden Entsch sind einstweilige Anordnungen zulässig (s Rn 46). Vor der Berücksichtigung v Tatsachen, die der Schu nicht vorgetragen hat, ist ihm rechtliches Gehör zu gewähren. Er sollte sich dazu erklären, ob die Kosten v dritter Seite aufgebracht werden können (s Rn 21 f); verneint er das, ist dieser Möglichkeit nur nachzugehen, wenn bestimmte gegenteilige Anhaltspunkte vorliegen.[95]

---

84 *BGH* NZI 2015, 899; *K/P/B/Wenzel* § 4a Rn 20; *K Schmidt/Stephan* § 4a Rn 16.
85 *BGHZ* 156, 92, 94 = NZI 2003, 556; *BGH* NZI 2002, 574; FK/*Kohte* § 4a Rn 51; *K Schmidt/Stephan* § 4a Rn 16.
86 BGBl I 2002, 703; BGBl I 2014, 825.
87 *BGHZ* 156, 92, 94 ff = NZI 2003, 556.
88 Vgl *BGH* NZI 2005, 45.
89 *BGHZ* 156, 92 = NZI 2003, 556.
90 MK/*Ganter/Lohmann* § 4a Rn 36; vgl § 4c Nr 1.
91 *LG Göttingen* NJW-RR 2002, 1134.
92 *BGHZ* 156, 92, 94 f = NZI 2003, 556; *BGH* ZVI 2004, 281; NZI 2005, 45.
93 *Grote* ZInsO 2002, 179, 180.
94 Vgl *Graf-Schlicker/Kexel* § 4a Rn 10, 35.
95 Nur für diesen Fall zutr *LG Bochum* ZVI 2003, 70.

3. Entscheidung. Für die Entsch – **durch Beschl** – ist der Richter zuständig, solange sie spätestens mit dem EröffnungsBeschl erfolgt (§ 18 Abs 1 Nr 1 RPflG), danach der Rechtspfleger, sofern der Richter nicht v dem Vorbehalt nach § 18 Abs 2 S 1 RPflG Gebrauch gemacht hat. Über den Stundungsantrag muss **ausdrücklich**[96] und **spätestens** abschließend entschieden werden, wenn über die Eröffnung des betroffenen VerfAbschnitts (s Rn 12–16) erkannt wird;[97] zur ausnahmsweise bestehenden Möglichkeit einer **rückwirkenden Stundung der Verfahrenskosten** s Rn 22.[98] Eine frühere Zurückweisung eines Antrags auf Beiordnung eines RA ist – bei insoweit geklärtem Sachverhalt – zulässig.[99] Über den gestellten Antrag darf das InsGer auch hinsichtlich der möglichen VerfAbschnitte (s Rn 12–16) nicht hinausgehen (§ 308 Abs 1 ZPO). Aufgrund eines umfassenden Antrags kann es aber zunächst über einzelne Abschnitte vorab entscheiden (Abs 3 S 2), insb wenn das Verf iÜ noch nicht entscheidungsreif ist.[100] Für spätere Abschnitte kann Stundung auch zu gewähren sein, wenn sie für frühere wirtschaftlich nicht nötig war.[101] 28

Ist der Stundungsantrag unzulässig oder unbegründet, kann das InsGer ihn **abweisen**, auch wenn es aufgrund eines zulässigen Eröffnungsantrags weiterhin die Eröffnungsvoraussetzungen prüft. Dies hindert den Schu andererseits nicht, aufgrund neuen Vorbringens erneut einen Stundungsantrag zu stellen, solange er die in Rn 6 aufgezeigten zeitlichen Grenzen einhält. Das InsGer kann die Stundung auch ablehnen, wenn bereits ein – nicht zu beseitigender – Aufhebungsgrund iSv § 4c endgültig feststeht (s Rn 8). 29

Die **Stundung** erfolgt für **jeden VerfAbschnitt** (s Rn 12–16) bes.[102] Liegen die Stundungsvoraussetzungen vor, so ist die Stundung idR – jedenfalls für den betroffenen VerfAbschnitt[103] und bis zur Erteilung der Restschuldbefreiung (§ 300) – in vollem Umfang, nicht nur tw auszusprechen.[104] Denn soweit das Vermögen des Schu die Kosten tw deckt, hat der InsVerwalter oder Treuhänder diese gem §§ 53, 292 Abs 1 S 2 letzter HS vorrangig zu berichtigen (vgl Rn 23, 47).[105] Deshalb ist auch eine – an sich zulässige[106] – Ratenzahlungsanordnung in einem StundungsBeschl idR entbehrlich. 30

Die Bewilligung der Stundung wirkt endgültig. Eine nur **vorl Bewilligung** ist unzulässig;[107] statt Letzterer kommen einstweilige Anordnungen gem Abs 3 S 4 iVm § 4b Abs 2 in Betracht (s Rn 46). Ferner gestatten § 4b Abs 2 und § 4c nachträgliche Anpassungen (s Rn 33). Soweit Zahlungen des Schu angeordnet werden, ist auch der jeweilige Fälligkeitstag festzulegen. Mit dem Beschl sollten aber nicht zugleich einzelne Gebühren oder Auslagen des InsVerw oder Treuhänders als erstattungsfähig anerkannt werden; der Verwalter muss gem § 63 vorgehen. 31

---

96 *BGH* NZI 2008, 47.
97 *BGH* NZI 2010, 948 Rn 9; *AG Göttingen* NZI 2002, 567; MK/*Ganter/Lohmann* § 4a Rn 41; *N/R/Becker* § 4a Rn 41; **aM** *AG Hamburg* ZVI 2001, 26; NZI 2002, 394.
98 *BGH* NZI 2015, 899; *K/P/B/Wenzel* § 4a Rn 20; *K Schmidt/Stephan* § 4a Rn 16.
99 *LG Bochum* ZVI 2002, 470.
100 Vgl *K/P/B/Wenzel* § 4a Rn 58; MK/*Ganter/Lohmann* § 4a Rn 41; *N/R/Becker* § 4 Rn 70 f; **aM** HambKomm/*Dawe* § 4a Rn 39.
101 Vgl *N/R/ Becker* § 4a Rn 66.
102 *BGH* NZI 2003, 665; NZI 2004, 156; NZI 2004, 595; NZI 2013, 351 Rn 16; NZI 2015, 899 Rn 10.
103 Nicht schon für die Wohlverhaltensperiode vor Eröffnung des vereinfachten InsVerf: *LG Neumünster* ZInsO 2006, 1007.
104 *BGH* ZVI 2006, 285 Rn 10; NZI 2008, 46 Rn 10; *A/G/R/Ahrens* § 4a Rn 72; MK/*Ganter/Lohmann* § 4a Rn 43; **aM** *N/R/Becker* § 4a Rn 70.
105 Dies verkennt *AG Kleve* ZVI 2002, 414.
106 Vgl *Jaeger/Eckardt* § 4a Rn 80–82.
107 *A/G/R/Ahrens* § 4a Rn 72.

32 **4. Rechtsmittel.** Gegen die Entsch findet nach näherer Maßgabe des § 4d die **sof Beschw** (§ 6) statt (s § 4d Rn 3 ff). Innerhalb der laufenden BeschwFrist kann das InsGer einen StundungsBeschl v Amts wegen ändern.[108] Die rechtskräftige Abweisung eines Stundungsantrags schließt eine erneute Antragstellung aufgrund neuen Vorbringens nicht aus.[109]

33 **5. Änderung.** Eine unanfechtbar gewährte Stundung kann **nachträglich** – nur – unter den Voraussetzungen des § 4c aufgehoben und des § 4b Abs 2 geändert werden (s Rn 31). Andererseits kann die Stundung nach Maßgabe des § 4b Abs 1 verlängert werden, wenn der Schu bei Erteilung der Restschuldbefreiung eine ausreichende Leistungsfähigkeit nicht wieder erlangt hat. Zu wiederholten Stundungsanträgen s Rn 32.

V. Wirkungen der Stundung (Abs 1 S 2, Abs 2 und 3)

34 **1. Gerichtskosten.** Die Stundung nach Abs 1 bewirkt, dass der Schu keine Gerichtskosten für den VerfAbschnitt zu tragen hat, für den sie gewährt wird. Im Abschnitt des eigentlichen InsVerf (s Rn 15) sind dies die Kosten für das EröffnungsVerf (Gebühr nach Nr 2320 KV GKG und Auslagen); ferner werden die in § 54 genannten Kosten gestundet, deren Uneinbringlichkeit anderenfalls zur Abweisung (§ 26) oder Einstellung (§ 207) mangels Masse führen würde. Erfasst werden auch Kosten für eine etwaige Nachtragsverteilung (erg vgl Rn 6).[110] Die Kosten werden aber nur gestundet, soweit sie sonst v der InsMasse – also nicht v Dritten – zu tragen wären. Die Wirkungen entfallen mit der Rücknahme des zugrunde liegenden Eröffnungsantrags. Andererseits darf der Eröffnungsantrag eines Gl nicht gem § 26 abgewiesen werden, solange ein (zulässiger) Antrag des Schu gem § 4a anhängig ist.[111]

35 Die Ansprüche insb des (auch **vorl) InsVerw** (oder in den bis zum 1.7.2014 beantragten VerbrInsVerf des Treuhänders gem § 313 aF) werden zwar nicht gestundet, sondern – soweit die InsMasse sie nicht deckt – v der Staatskasse erfüllt (§ 63 Abs 2); diese erhält dafür aber nach Maßgabe der Nr 9018 KV GKG einen Auslagenerstattungsanspruch gegen den Schu, der wiederum gestundet wird. Hat der InsVerw (oder Treuhänder) v einer Finanzverwaltung die Aufforderung erhalten, umfangreiche steuerliche Tätigkeiten zu erbringen, und ist der Fiskus trotz der Masseunzulänglichkeit nicht bereit, die Verfügung zurückzunehmen, so steht dem InsVerw bei Kostenstundung ein Anspruch auf Erstattung der angemessenen Kosten für einen Steuerberater als Auslagen aus der Staatskasse zu; er kann darauf einen Vorschuss nach den für die Entnahme v Auslagen aus der InsMasse geltenden Regeln verlangen.[112] Soweit ein InsVerw unter Verstoß gegen § 290 Abs 1 Nr 1 Umsatzsteuer an das Finanzamt abführt, ist sein Anspruch auf Vergütung gegen die Staatskasse entspr zu kürzen.[113]

36 Die iRd Entscheidung über die **Restschuldbefreiung** (s Rn 15) belastet den Schu nicht, da Gebührenschuldner nur derjenige Gl ist, der den Versorgungs- oder Widerrufsantrag gestellt hat (§ 23 Abs 2 GKG).

37 Während der **Wohlverhaltensperiode** (s Rn 16) entstehen– v Versagungsanträgen abgesehen – keine Gerichtskosten. Jedoch wird ggf die Erstattung der Vergütung des Treuhänders (§ 293) nach Maßgabe des § 63 Abs 2 und der Nr 9017 KV GKG gestundet, so dass auch der Versagungsgrund des § 298 entfällt. Nicht zu stunden ist aber die Vergütung, welche die Gl selbst für eine Überwachung nach § 292 Abs 2 aufzubringen haben. Auch Kosten für ein –

---

108 *BGH* NZI 2006, 599; MK/*Ganter/Lohmann* § 4a Rn 46.
109 *LG Berlin* ZInsO 2003, 718; MK/*Ganter/Lohmann* § 4a Rn 42.
110 Vgl *BGH* 7.2.2008 – IX ZB 177/07; *N/R/Becker* § 4a Rn 63.
111 *BGH* NJW-RR 2012, 503 Rn 8 ff.
112 *BGH* NZI 2004, 577.
113 *BGH* NZI 2011, 60 Rn 6 ff.

nach Restschuldbefreiung – eingeleitetes WiderrufsVerf gem § 303 werden nicht mehr erfasst (s Rn 48).[114]

Soweit die Kosten gestundet sind, kann die Staatskasse die **rückständigen und entstehenden Ansprüche** gegen den Schu nur nach den Bestimmungen geltend machen, die das InsGer für die Stundung getroffen hat, also bis zur Aufhebung des InsVerf idR gar nicht (aber s Rn 44); das gilt auch für die Vergütung eines beigeordneten RA (s Rn 42). Betroffen wird das jeweilige Land; der Bundeskasse erwachsen derzeit keine Kostenansprüche. Die Stundung wirkt nur im Verhältnis zum Schu und berührt nicht die Pflicht des InsVerw oder Treuhänders, die Kosten bei anfallender Masse unverzüglich nach Maßgabe der §§ 53, 54 oder 292 Abs 1 S 2 zu berichtigen.[115] 38

2. Rechtsanwaltsanwaltskosten. – a) Grundsatz. Im Falle einer Stundung kann dem Schu nach **Abs 2 S 1** – für den entspr VerfAbschnitt – ein RA **beigeordnet** werden, obwohl eine anwaltliche Vertretung nicht vorgeschrieben ist. Vor einer Stundung besteht diese Möglichkeit für das InsVerf selbst nicht; die Beiordnung setzt die Stundung für den jeweiligen VerfAbschnitt voraus.[116] Wegen dieser Verknüpfung sind die Kosten für eine nötige anwaltliche Vertretung sogleich mit bei der Entsch zu berücksichtigen, ob das Vermögen des Schu zur Deckung ausreicht (s Rn 19); das gilt insb, wenn der Schu nur die VerfKosten iSv § 54 tragen, nicht aber zusätzlich einen RA bezahlen kann. Ein bes „Abschnitt", für den die Beiordnung erfolgen kann, ist – neben den in Rn 12–16 genannten – die Wahrnehmung eines Termins zur Beweisaufnahme innerhalb des InsVerf vor einem ersuchten Richter (Abs 2 S 2 iVm § 121 Abs 4 ZPO). Die Einlegung eines Widerspruchs gegen eine Forderungsanmeldung aus unerlaubter Handlung wird nicht erfasst.[117] 39

b) Voraussetzungen. Voraussetzung ist der **zusätzliche Antrag** des Schu – neben den in Rn 6 genannten – der auch den gewünschten RA benennen sollte. 40

Ein RA wird nur beigeordnet, wenn die Vertretung durch ihn im Einzelfall **erforderlich** erscheint. Diese Voraussetzung ist in zweifacher Hinsicht strenger als diejenige des § 121 Abs 2 ZPO: Für eine Beiordnung gem § 4a genügt es noch nicht allein, dass der „Gegner" durch einen RA vertreten ist.[118] Zudem muss die Vertretung durch einen RA „trotz der dem Gericht obliegenden Fürsorge erforderlich" erscheinen. IdR ist davon auszugehen, dass der Schu im InsVerf – einschließlich des EröffnungsVerf – seine Rechte aufgrund dieser Fürsorge selbst wahrnehmen kann;[119] zu diesem Zweck soll das InsGer einen rechtsunkundigen Schu im Hinblick auf eine mögliche Restschuldbefreiung erforderlichenfalls beraten.[120] Nur wenn **im Einzelfall** bes Schwierigkeiten vorliegen, die lediglich mit Hilfe eines RA bewältigt werden können, kommt eine Beiordnung in Betracht.[121] Dazu genügt es nicht, dass mehrere Gl vorhanden sind.[122] Auch der Umstand allein, dass der Schu nicht die dt 41

---

114 *N/R/Becker* § 4a Rn 64.
115 Vgl *N/R/Becker* § 4a Rn 82–84.
116 *BGH* NZI 2003, 647; NZI 2004, 156; NZI 2007, 418; *BGH* 17.1.2008 – IX ZB 203/06; *BGH* 30.6.2010 – IX ZA 10/10 Rn 4; *AG Dresden* ZIP 2006, 1686; *Uhlenbruck/Mock* § 4a Rn 45.
117 *AG Göttingen* NZI 2003, 221.
118 *BGH* ZInsO 2003, 124; *LG Bochum* NZI 2003, 164; NZI 2003, 167; *LG Koblenz* NZI 2002, 215.
119 RegE InsOÄndG S 21 zu § 4a; vgl *LG Bremen* NZI 2002, 675; *LG Düsseldorf* NZI 2003, 41; *LG Oldenburg* ZVI 2002, 324.
120 *A/G/R/Ahrens* § 4a Rn 91.
121 *LG Baden-Baden* ZVI 2002, 322; *Andres/Leithaus* § 4a Rn 23 ff; **großzügiger** *LG Bonn* ZInsO 2010, 61.
122 *LG Bochum* NZI 2003, 167; *LG Göttingen* NZI 2003, 453; *LG Koblenz* NZI 2002, 215; *AG Köln* ZVI 2003, 222.

Sprache beherrscht, rechtfertigt nicht die Beiordnung eines RA, sondern allenfalls die Zuziehung eines Dolmetschers gem § 185 GVG (vgl Rn 25).[123] Entspr gilt für einen behinderten Schu, für den sein Betreuer handeln kann.[124] Zur Abwicklung eines eröffneten InsVerf besteht durchweg kein Bedarf für eine Beiordnung.[125] Das gilt auch, wenn der Schu die Eigenverwaltung oder ein InsPlanVerf anstrebt.[126] Die Beiordnung eines Verkehrsanwalts (Abs 2 S 2 iVm § 121 Abs 4 ZPO) dürfte ebenfalls kaum nötig sein.

42 Die Beiordnung ist aber im Allg geboten, wenn der Schu in einem streitmäßigen Verf nach §§ 245, 290, 296, 297 oder 297a um seine Restschuldbefreiung kämpft **und** hierbei Rechtsfragen auftreten, die nicht einfach zu lösen sind;[127] dies gilt erst recht, wenn auch der jeweilige Gegner in diesem Verf rechtskundig beraten ist. Zur Einlegung eines Widerspruchs gegen die Anmeldung deliktischer Ansprüche iSv §§ 174 Abs 2, 302 Nr 1 ist ein RA – nur – beizuordnen, wenn der Schu nach seinen persönlichen Fähigkeiten und Kenntnissen im konkreten Fall nicht in der Lage ist, ohne anwaltliche Hilfe über die Zweckmäßigkeit des Widerspruchs zu entscheiden.[128]

43 **c) Wirkungen.** Liegen die in Rn 41 f genannten Voraussetzungen vor und wird die Stundung (auch) für den fraglichen VerfAbschnitt tatsächlich gewährt,[129] so ordnet das InsGer den vom Schu benannten RA bei. Ist dieser nicht am Sitz des InsGer ortsansässig ist, darf er nur beigeordnet werden, wenn dadurch keine weiteren Kosten entstehen (Abs 2 S 2 iVm § 121 Abs 3 ZPO). Findet der Schu keinen zur Vertretung bereiten RA, wählt ihm auf Antrag das InsGer den beizuordnenden RA aus (Abs 2 S 2 iVm § 121 Abs 5 ZPO). Die Beiordnung ist nicht formell anfechtbar (s § 4d Rn 6); gegen ihre Ablehnung ist nur der Schu gem § 4d Abs 1 beschwerdebefugt (s § 4d Rn 3 f).

44 Stundung und Beiordnung bewirken nach Abs 3 Nr 2, dass der beigeordnete RA keine Vergütungsansprüche gegen den Schu oder dessen InsMasse geltend machen kann (erg s § 4c Rn 26). Stattdessen erhält der RA gem § 45 RVG seine Vergütung aus der Landeskasse, die ihrerseits gegen den Schu nach Maßgabe des § 59 RVG iVm § 4a Abs 3 Nr 1 lit b Rückgriff nehmen kann, soweit nicht die Stundungswirkung dem entgegensteht (s Rn 38). Bei unzureichender InsMasse sind Vergütung und Auslagen des (vorl) InsVerw gegen die Staatskasse in Höhe der Mindestvergütung festzusetzen, soweit diese nicht der Masse entnommen werden kann (erg s Rn 47).[130] War derselbe RA bereits vor seiner Beiordnung vertraglich für den Schu tätig, begründet sein Anspruch auf den Unterschied zwischen den vertraglichen Gebühren und den – geringeren – Gebühren kraft Beiordnung (§§ 49 f RVG) nur eine InsFord (erg s Rn 45); bereits erlangte Beträge braucht der RA jedoch nicht allein wegen seiner späteren Beiordnung zurückzuzahlen.[131] Die Kosten für einen beigeordneten RA haben nach § 292 Abs 1 S 2 aE in der Wohlverhaltensperiode keinen Vorrang vor den Ansprüchen der InsGl.

---

123 *BGH* ZInsO 2003, 124; *LG Bochum* ZVI 2002, 470; ZVI 2003, 23; vgl auch nachfolgend *BVerfG* NZI 2003, 448 zur fehlenden Verletzung des Anspruchs auf effektiven Rechtsschutz bei Verweigerung der Beiordnung eines Rechtsanwalt im Insolvenzeröffnungsverfahren.

124 *LG Bochum* NZI 2003, 164.

125 *AG Göttingen* NZI 2002, 449. Das *AG Darmstadt* VuR 2010, 188 bejaht ein Bedürfnis nach Freigabe einer überschuldeten Eigentumswohnung des Schu durch den InsVerw.

126 *LG Bochum* NZI 2003, 167; ZinsO 2003, 91; *Graf-Schlicker/Kexel* § 4a Rn 51; *Uhlenbruck/Mock* § 4a Rn 48.

127 Vgl *Graf-Schlicker/Kexel* § 4a Rn 52; *Jaeger/Eckardt* § 4a Rn 90.

128 *BGH* NZI 2004, 21; *BGH* 8.7.2010 – IX ZA 15/09 Rn 2; *A/G/R/Ahrens* § 4a Rn 96; allg **abl** *AG Göttingen* NZI 2003, 221.

129 Zu dieser Voraussetzung vgl *BGH* NZI 2013, 505 Rn 12 ff.

130 *BGH* NZI 2013, 505 Rn 10 ff.

131 MK/*Ganter/Lohmann* § 4a Rn 29.

3. Vorläufige Wirkung. Die Stundung wirkt erst **vom Zeitpunkt ihrer jeweiligen Bewilligung** an. Vorher erbrachte Zahlungen auf die Kosten können nicht zurückgefordert werden.[132] Jedoch tritt die Stundungswirkung gem **Abs 3 S 3** ohne Weiteres vorl schon mit der Anbringung eines – zulässigen[133] – Stundungsantrags ein. Davon werden vor allem die Kosten des EröffnungsVerf und eines gerichtlichen SchuldenbereinigungsVerf (s Rn 13 f) auch nach Annahme eines Schuldenbereinigungsplans (§ 308 Abs 2) erfasst. Das InsGer darf solange nicht das InsVerf mangels Masse ablehnen (§ 26) oder einstellen (§ 207) oder Restschuldbefreiung nach § 298 versagen.[134] Vorschüsse des Schu darf weder die Staatskasse noch ein in diesem Verf beigeordneter RA fordern. Vor dessen Beiordnung wird er hingegen durch S 3 nicht gebunden.[135] Der Treuhänder (§ 293) darf auch vor der Bewilligung der beantragten Kostenstundung für das RestschuldbefreiungsVerf auf die Erstattung seiner Vergütung aus der Staatskasse vertrauen, aber nicht mehr, sobald der Stundungsantrag zurückgewiesen ist.[136] 45

Gem Abs 3 S 4 iVm § 4b Abs 2 kann das InsGer – nur – die vorl Stundungswirkung (s Rn 45) durch Beschl abw regeln, um den Besonderheiten des Einzelfalls gerecht zu werden.[137] Zur Anpassung v Stundung und Raten s § 4b Rn 11 ff. 46

4. Kostendeckung aus InsMasse. Unabhängig v einer dem Schu bewilligten Stundung sind die VerfKosten nach Maßgabe des § 54 und die auf die Staatskasse übergegangenen Ansprüche nach § 59 RVG für einen beigeordneten RA aus der InsMasse zu berichtigen, soweit diese dazu ausreicht (erg s Rn 19, 30).[138] Reicht sie nicht aus, sind die Kosten nach dem Verhältnis ihrer Beträge zu berichtigen; auf die Gerichtskosten und die festgesetzte Vergütung des InsVerw ist jeweils dieselbe Quote zu zahlen.[139] Dies gilt dagegen nicht für die Gebühren eines beigeordneten RA während der Wohlverhaltensperiode. Die Stundung verändert nicht die Befriedigungsreihenfolge des § 209 bei Massenunzulänglichkeit.[140] 47

5. Ende der Kostenstundung. Die Stundungswirkung endet mit **Rechtskraft des Beschl** über die Restschuldbefreiung nach §§ 299, 300.[141] Wird dem Schu dann Restschuldbefreiung erteilt, kann die Stundungswirkung nach Maßgabe des § 4b Abs 1 verlängert werden (s § 4b Rn 3 ff). Anderenfalls hat der Schu die gestundeten Kosten insgesamt an die Staatskasse zu zahlen. Dies gilt auch, wenn ihm Restschuldbefreiung versagt wird, weil dann der Zweck der Stundungsregelung nicht zu erreichen ist (vgl § 4c Nr 5). Die Beiordnung eines RA endet. Wegen der Wirkungen auf dessen Vergütungsansprüche s § 4c Rn 22 f; nur soweit dessen Vergütung einen Zeitraum nach Auslaufen der Stundung betrifft, ist sie unmittelbar vom Schu zu zahlen.[142] Vor Ablauf der Wohlverhaltensperiode sind Änderungen gem §§ 4b, 4c möglich. 48

---

132 *K/P/B/Wenzel* § 4a Rn 62; MK/*Ganter/Lohmann* § 4a Rn 29.
133 *Jaeger/Eckardt* § 4a Rn 49; **aA** auch bei einem offensichtlich und zweifelsfrei unzulässigen Antrag: *A/G/R/Ahrens* § 4a Rn 77; *K/P/B/Wenzel* § 4a Rn 62.
134 *AG Hamburg* ZVI 2009, 268; *A/G/R/Ahrens* § 4a Rn 78.
135 *N/R/Becker* § 4a Rn 111.
136 *LG Göttingen* NZI 2011, 257.
137 Vgl MK/*Ganter/Lohmann* § 4a Rn 31; *N/R/Becker* § 4a Rn 39.
138 *Andres/Leithaus* Vorb Rn 2 vor § 4a; *K/P/B/Wenzel* § 4a Rn 59; MK/*Ganter/Lohmann* § 4a Rn 26.
139 *BGH* NZI 2013, 350 Rn 3 f.
140 *BGH* NZI 2011, 60.
141 MK/*Ganter/Lohmann* § 4a Rn 32; *N/R/Becker* § 4a Rn 50 stellt schon auf den Erlass des Beschl ab; *K Schmidt/Stephan* § 4a Rn 39. Erg vgl *LG Hagen* NZI 2014, 574; *LG Trier* ZVI 2010, 381.
142 Vgl *Jaeger/Eckardt* § 4b Rn 8–11; MK/*Ganter/Lohmann* § 4a Rn 32.

§ 4b Rückzahlung und Anpassung der gestundeten Beträge

(1) [1]Ist der Schuldner nach Erteilung der Restschuldbefreiung nicht in der Lage, den gestundeten Betrag aus seinem Einkommen und seinem Vermögen zu zahlen, so kann das Gericht die Stundung verlängern und die zu zahlenden Monatsraten festsetzen. [2]§ 115 Absatz 1 bis 3 sowie § 120 Absatz 2 der Zivilprozessordnung gelten entsprechend.

(2) [1]Das Gericht kann die Entscheidung über die Stundung und die Monatsraten jederzeit ändern, soweit sich die für sie maßgebenden persönlichen oder wirtschaftlichen Verhältnisse wesentlich geändert haben. [2]Der Schuldner ist verpflichtet, dem Gericht eine wesentliche Änderung dieser Verhältnisse unverzüglich anzuzeigen. [3]§ 120a Absatz 1 Satz 2 und 3 der Zivilprozessordnung gilt entsprechend. [4]Eine Änderung zum Nachteil des Schuldners ist ausgeschlossen, wenn seit der Beendigung des Verfahrens vier Jahre vergangen sind.

Übersicht

I. Gesetzgebungshinweise; Normzweck

1 § 4b wurde durch das InsOÄndG 2001 neu eingeführt, Abs 2 wurde der Regelung in § 120 Abs 4 ZPO nachgebildet. Eine Änderung des Abs 1 S 2 erfolgte durch das G zur Änd des PKH- und Beratungshilferecht.[1]

2 Die Vorschrift enthält unabhängige Regelungen. **Abs 1** will eine übermäßige wirtschaftliche Belastung des Schu nach Erteilung der Restschuldbefreiung verhindern. Dadurch soll der wirtschaftliche Neuanfang dagegen abgesichert werden, dass dieser durch eine nach § 4a nur gestundete Kostenlast wieder zunichte gemacht wird. **Abs 2** ermöglicht eine Anpassung der gem § 4a aufgrund einer Vorausschau getroffenen Stundungs- und Ratenzahlungsanordnung an nachträglich geänderte persönlichen und wirtschaftlichen Verhältnisse.

II. Verlängerung der Stundung (Abs 1)

3 **1. Voraussetzungen. – a) Allgemeines.** Die Verfahrenskostenstundung endet mit der Erteilung der Restschuldbefreiung mit der Folge der Verpflichtung zur sof vollständigen Rückzahlung der gestundeten Beträge. Abs 1 räumt die Möglichkeit einer Verlängerung der Verfahrenskostenstundung ein. Voraussetzung ist, dass dem Schu im Zusammenhang mit einer Kostenstundung gem § 4a **Restschuldbefreiung nach § 300 Abs 1 S 1** erteilt worden ist. Eine vorzeitige Erteilung der Restschuldbefreiung nach § 300 Abs 1 S 2 setzt ohnehin die Begleichung der Massekosten voraus; allein die Stundung der VerfKosten reicht nicht.[2] Die schuldbefreiende Wirkung eines **InsPlans** gem § 227 steht dem auch nicht sinngemäß gleich

1 Vom 31.8.2013 (BGBl I, 3533).
2 **HM** *BGH* 22.9.2016 – IX ZB 29/16; *Uhlenbruck/Sternal* § 300 Rn 12 mwN.

(erg s § 4a Rn 15),[3] weil hierin die vorrangig zu berichtigenden (§ 258 Abs 2) Kosten v vornherein mit einzuplanen sind; sind diese später nicht zu erfüllen, kann dies nach allg Regeln ein „neues InsVerf" (§§ 255 Abs 2, 268 Abs 1 Nr 2) auslösen, in dem dann § 4a anwendbar sein kann. Nach Bestätigung eines InsPlans und Aufhebung des InsVerf kommt eine Stundung der VerfKosten nicht in Betracht.[4] Demgegenüber ist § 4b nach einem gem §§ 308, 309 zustande gekommenen (gerichtlichen) **Schuldenbereinigungsplan** anwendbar, mit dem ein InsVerf vermieden wurde (s § 4a Rn 14).[5]

Der Schu darf **nicht in der Lage** sein, den gesamten gestundeten Betrag aus seinem Einkommen und Vermögen zu zahlen. Diese Regelung macht nur Sinn, wenn sie dahin zu verstehen ist, dass der Schu nach Aufhebung des InsVerf normalerweise für nicht getilgte Massekosten auch mit neu erworbenem Vermögen nach Maßgabe des § 23 Abs 1 und 3 GKG nachhaften soll.[6] Andererseits steht es der Bewilligung nicht entgegen, wenn der Schu einen Teil der Kosten tragen kann;[7] dies ist bei der Stundungsregelung im Einzelnen zu berücksichtigen (s Rn 9). Die Stundung kann – insb bei Bedürftigkeit nach Maßgabe des § 90 SGB XII – auch noch nach Erteilung der Restschuldbefreiung verlängert werden.[8] 4

b) Unzureichendes Vermögen. Der Schu hat sein **vorhandenes, pfänd- und verwertbares Vermögen** iRd Zumutbaren nach näherer Maßgabe des § 115 Abs 3[9] ZPO (iVm § 4b Abs 1 S 2) einzusetzen. Dazu gehört auch Erwerb v Todes wegen in voller Höhe; die Einschränkung des § 295 Abs 1 Nr 2 gilt nicht.[10] Hatte der Schu zuvor einen Vermögenserwerb vereitelt oder zugeflossenes Vermögen verschwendet, kann er unter dem Gesichtspunkt des Rechtsmissbrauchs so zu stellen sein, als verfüge er noch darüber.[11] 5

Das InsGer setzt ggf die Höhe der aus dem Vermögen zu leistenden Beiträge zahlenmäßig fest. Je nach Verfügbarkeit kann es ein- oder mehrmalige Zahlungen anordnen (erg s Rn 9).[12] 6

c) Einkommen. Wegen des **einzusetzenden Einkommens** sowie der **Berechnung** des laufenden Einkommens und der daraus zu erbringenden Raten verweist Abs 1 S 2 inhaltlich auf § 115 Abs 1–Abs 3 ZPO. Die Stundung ist auch im nötigen (kurzen) Umfang zu verlängern, wenn der Schu den Restbetrag in vier Monatsraten zu zahlen vermag; auf § 115 Abs 4 ZPO nimmt § 4b Abs 1 S 2 nicht Bezug. Unterlässt der Schu es, durch eine mögliche und zumutbare Erwerbstätigkeit Einkommen zu erzielen, so gelten zwar nicht die §§ 295 f; bei Missbräuchlichkeit des Verhaltens kann ihm aber ein fiktives Einkommen zugerechnet werden.[13] 7

d) Antrag. Abs 1 setzt – über den Wortlaut der Vorschrift – einen entspr Antrag voraus, da dem Schu die Wirkungen der weiteren Stundung nicht gegen oder ohne seinen Willen aufge- 8

---

3 *BGH* ZIP 2011, 327 Rn 11 f; *Andres/Leithaus* § 4b Rn 5; *K/P/B/Wenzel* § 4b Rn 2b; MK/*Ganter/Lohmann* § 4b Rn 3; *K Schmidt/Stephan* § 4b Rn 3; **aM** FK/*Kohte* § 4b Rn 11; *Jaeger/Eckardt* § 4b Rn 16; HambKomm/*Dawe* § 4b Rn 3;

4 *BGH* ZIP 2011, 327 Rn 11 f; *A/G/R/Ahrens* § 4b Rn 17.

5 *AG Hamburg* ZVI 2009, 268; *Andres/Leithaus* § 4b Rn 5; FK/*Kohte* § 4b Rn 9; HambKomm/*Dawe* § 4b Rn 3; *K/P/B/Wenzel* § 4b Rn 2b; MK/*Ganter/Lohmann* § 4b Rn 3.

6 So auch FK/*Kohte* § 4b Rn 2 ff; *Jaeger/Eckardt* § 4b Rn 14.

7 *A/G/R/Ahrens* § 4b Rn 13; *N/R/Becker* § 4b Rn 6.

8 *LG Dresden* ZInsO 2010, 146; *LG Trier* ZVI 2010, 381; *I Pape/G Pape* ZInsO 2012, 1, 5.

9 *A/G/R/Ahrens* § 4b Rn 24 ff.

10 RegE InsOÄndG S 22 zu § 4b.

11 *A/G/R/Ahrens* § 4b Rn 25; *K/P/B/Wenzel* § 4b Rn 19.

12 *K/P/B/Wenzel* § 4b Rn 15.

13 *Uhlenbruck/Mock* § 4b Rn 10 mwN; **aM** *A/G/R/Ahrens* § 4b Rn 16, der nur § 4c Nr 4 anwenden will.

drängt werden darf.[14] An diesen sind aber keine strengen Anforderungen zu stellen. Auslöser wird deshalb idR eine als Antrag zu verstehende – **nicht formbedürftige** oder **fristgebundene**[15] – Anregung des Schu sein, in welcher sein Ziel und die inhaltlichen Voraussetzungen des Abs 1 nachvollziehbar geltend gemacht werden. Das G soll auf die Möglichkeit der Verlängerung der Kostenstundung hinweisen, wenn Anhaltspunkte dafür bestehen (zB aus dem Schlussbericht des Treuhänders), dass der Schu nicht die Verfahrenskosten aufbringen kann.[16] InsGl sind an diesem VerfAbschnitt nicht mehr beteiligt. Die **Landeskasse** (Bezirksrevisor) braucht vor der Entsch nicht zwingend angehört zu werden[17] (s aber § 4d Rn 8).

9 **2. Entscheidung.** Liegen die in Rn 4–8 genannten Voraussetzungen vor, so **ist** idR die Stundung zu verlängern;[18] das Ermessen des InsGer ist dann – über den Wortlaut der Vorschrift „kann" – gebunden, soweit keine bes gegenteiligen Umstände vorliegen. Allerdings sind zweifelsfrei feststehende Widerrufsgründe iSv § 4c zu berücksichtigen und führen zur Versagung der Stundungsverlängerung (erg s § 4a Rn 8).[19] Kann der Schu den geschuldeten Betrag nur tw zahlen, ist die Stundung wegen des Restbetrages zu verlängern.[20] Das InsGer setzt etwa zu erbringende Zahlungen (s Rn 4) nach Betrag und Zahlungszeitpunkt fest. Sie sind durchweg an die Landeskasse zu zahlen (Abs 1 S 2 iVm § 120 Abs 2 ZPO). Funktionell zuständig ist gem §§ 3 Nr 2 lit e, 4 Abs 1, 18 RPflG der **Rechtspfleger**; § 20 Nr 4 und 5 RPflG sind nicht einschlägig.[21] Zur **Anfechtbarkeit** s § 4d Rn 3, 5, 6. Einstweilige Einstellungen vor der abschließenden Entsch sind auf der Grdl des § 1 Abs 1 Nr 4a, §§ 8, 9 JBeitrO möglich.[22] Eine **Anwaltsbeiordnung** ist nicht zu verlängern.[23]

10 Eine **angeordnete Ratenzahlung** ist gem § 115 Abs 1 S 4 ZPO iVm § 4b Abs 1 S 2 auf höchstens 48 Monate nach Erteilung der Restschuldbefreiung befristet. Soweit die gestundeten Beträge bis dahin nicht vollständig beglichen sind, erlischt die Verbindlichkeit des Schu. In die Begrenzung auf 48 Monate sind nicht nur diejenigen, in den der Schu weisungsgemäße Zahlungen erbringt, sondern auch solche Zeiträume einzurechnen, in denen der Schu keine Leistungen erbringt, ohne dadurch eine Aufhebung gem § 4c Nr 3 auszulösen. Denn der Gesetzeszweck, eine Restschuldbefreiung in angemessener Zeit zu ermöglichen, gestattet keine weitere Verlängerung.[24] Nur die offen stehenden Raten bleiben, vorbehaltlich einer Änderung gem Abs 2, nachzuzahlen.

III. Anpassung von Stundung und Raten (Abs 2)

11 **1. Anwendungsbereich.** Der Wortlaut des Abs 2 S 1 gestattet zwar auch eine Änderung der **Entsch über „die Stundung"**.[25] Jedoch stellt § 4c für eine Aufhebung der Stundung zum

---

14 *BGH* ZIP 2011, 1327 Rn 10; *A/G/R/Ahrens* § 4b Rn 10; *Jaeger/Eckardt* § 4b Rn 23; *K/P/B/Wenzel* § 4b Rn 19a; MK/*Ganter/Lohmann* § 4b Rn 7; *K Schmidt/Stephan* § 4b Rn 7.
15 *LG Hagen* NZI 2014, 574; *LG München I* ZVI 2016, 496; *LG Trier* ZVI 2010, 381.
16 *BGH* ZIP 2011, 1327; FK/*Kothe* § 4b Rn 7; *K Schmidt/Stephan* § 4b Rn 7.
17 FK/*Kohte* § 4b Rn 7; *Jaeger/Eckardt* § 4b Rn 28; *K Schmidt/Stephan* § 4b Rn 10.
18 *A/G/R/Ahrens* § 4b Rn 28; *Graf-Schlicker/Kexel* § 4b Rn 6; *Jaeger/Eckardt* § 4b Rn 29; *N/R/Becker* § 4b Rn 15, *K Schmidt/Stephan* § 4b Rn 11.
19 *N/R/Becker* § 4b Rn 16; *K Schmidt/Stephan* § 4b Rn 11; **aM** *Andres/Leithaus* § 4b Rn 7.
20 Vgl *Jaeger/Eckardt* § 4a Rn 16; **aA** *K/P/B/Wenzel* § 4b Rn 1a Ermessensentscheidung.
21 FK/*Kohte* § 4b Rn 8; *N/R/Becker* § 4b Rn 8.
22 Für entspr Anwendung des § 4a Abs 3 S 3 *Jaeger/Eckardt* § 4b Rn 26.
23 *Jaeger/Eckardt* § 4b Rn 31.
24 *A/G/R/Ahrens* § 4b Rn 30; FK/*Kohte* § 4b Rn 26; *Graf-Schlicker/Kexel* § 4b Rn 7; *Jaeger/Eckardt* § 4b Rn 32 f; MK/*Ganter/Lohmann* § 4b Rn 6; *Uhlenbruck/Mock* § 4b Rn 4 f; **aM** *K/P/B/Wenzel* § 4b Rn 14.
25 RegE InsOÄndG S 21 f zu § 4b.

§ 297 eingreift oder eine vom InsGer verlangte Erklärung nicht abgegeben wird (§ 4c Nr 1). Insb ist nicht vorgesehen, dass eine Unterlassung die Vierjahresfrist des Abs 2 S 4 verlängert (s Rn 19). Den InsVerw oder Treuhänder trifft eine Anzeigepflicht – über § 58 Abs 1 S 2 hinaus – nicht, zumal er ohnedies v sich aus Masseverbindlichkeiten vorrangig zu erfüllen hat (§§ 53, 54).

4. Verfahren. Das InsGer wird grds v **Amts wegen** tätig, wenn ihm eine wesentliche Änderung iSv Abs 2 S 1 bekannt wird, mit Ausnahme einer Änderung des gesetzlichen Regel-Selbstbehalts vom Einkommen (s Rn 24). Ermittlungen braucht es aber nur einzuleiten, wenn bestimmte Anhaltspunkte für eine Änderung bekannt werden.[41] Zur Aufklärung kann das InsGer gem **Abs 2 S 3** iVm § 120 Abs 4 S 2 ZPO eine inhaltlich zu bestimmende Erklärung des Schu anfordern;[42] dafür sollte sogleich eine Frist gesetzt werden (s § 4c Rn 9, 11), während die Anhaltspunkte nicht mitgeteilt zu werden brauchen.[43] Die Anordnung, die Antworten unmittelbar an den InsVerw oder Treuhänder weiterzuleiten, ist zulässig. Die Aufforderung sollte im Hinblick auf § 4c Nr 1, 2. Alt. auch einem VerfBevollmächtigten des Schu zusätzlich zugeleitet werden.[44] **Funktionell zuständig** für die nach InsEröffnung zu treffenden Entsch ist der Rechtspfleger (s Rn 9); vorher der Richter. Der Rechtspfleger kann auch eine frühere richterliche Entsch selbstständig ändern.[45] Eine einstweilige Stundung entspr § 4a Abs 3 S 3 tritt aber im Hinblick auf die (zunächst) fortdauernde Wirkung der vorausgegangenen gerichtlichen Festsetzung nicht ein;[46] das InsGer hat ggf (einstweilige) Anordnungen gem Abs 2 zu erlassen. Auch eine rückwirkende Änderung ist zulässig.[47] 21

Vor einer Entscheidung zum Nachteil des Schu sind dieser und ggf sein VerfBevollmächtigter **zu hören**. Bei der Entsch hat das InsGer einen Ermessensspielraum, v dem es erkennbar Gebrauch machen muss. Hat sich die Einkommens- oder Vermögenslage des Schu verschlechtert, sollte eine Anpassung idR mit Rückwirkung zum Zeitpunkt der Änderung angeordnet werden. Im Falle der Verbesserung kommt eine Rückwirkung zu demjenigen Zeitpunkt in Betracht, zu dem der Schu gem Abs 2 S 2 die Änderung hätte anzeigen müssen.[48] Zur **Unanfechtbarkeit** s § 4d Rn 5. 22

5. Entscheidung des Insolvenzgerichts. Als Ergebnis der Änderung kann das InsGer insb (s Rn 11 ff) die angeordneten Ratenzahlungen erhöhen, verringern oder ganz entfallen lassen. Es kann auch frühere oder spätere Zahlungstermine bestimmen. Bei hinreichendem Vermögenszuwachs kann eine Zahlung anzuordnen sein, welche die gesamte Kostenlast abträgt. 23

6. Regel-Selbstbehalt. Nur auf **Antrag des Schu** wird das InsGer tätig, um eine Änderung des gesetzlichen Regel-Selbstbehalts vom Einkommen nach § 4b Abs 2 **S 3** iVm § 120 Abs 4 S 1, 2. HS und § 115 Abs 1 S 3 Nr 2 S 1 ZPO zu berücksichtigen. Zudem ist eine solche Änderung lediglich erheblich, wenn sie dazu führt, dass gar keine Monatsrate zu zahlen ist. Eine bloße Verringerung festgesetzter Raten ist damit also nicht zu erreichen. 24

---

41 *K Schmidt/Stephan* § 4b Rn 22; **aM** *K/P/B/Wenzel* § 4b Rn 29; *Uhlenbruck/Mock* § 4b Rn 20; wohl auch MK/*Ganter/Lohmann* § 4b Rn 12; die eine regelmäßige Überprüfungspflicht annehmen.
42 Vgl *BGH* ZInsO 2009, 2405.
43 *BGH* ZInsO 2009, 2405 Rn 5; vgl *BGH* 14.2.2013 – IX ZB 13/11 Rn 2.
44 Vgl FK/*Kohte* § 4c Rn 13.
45 *N/R/Becker* § 4b Rn 44; *K Schmidt/Stephan* § 4b Rn 24.
46 *A/G/R/Ahrens* § 4b Rn 29; *N/R/Becker* § 4b Rn 7; **aM** *Jaeger/Eckardt* § 4b Rn 27.
47 MK/*Ganter/Lohmann* § 4b Rn 13; **aM** *A/G/R/Ahrens* § 4b Rn 48.
48 FK/*Kohte* § 4b Rn 24; *Jaeger/Eckardt* § 4b Rn 69; MK/*Ganter/Lohmann* § 4b Rn 13.

§ 4c Aufhebung der Stundung

Das Gericht kann die Stundung aufheben, wenn

1. **der Schuldner vorsätzlich oder grob fahrlässig unrichtige Angaben über Umstände gemacht hat, die für die Eröffnung des Insolvenzverfahrens oder die Stundung maßgebend sind, oder eine vom Gericht verlangte Erklärung über seine Verhältnisse nicht abgegeben hat;**
2. **die persönlichen oder wirtschaftlichen Voraussetzungen für die Stundung nicht vorgelegen haben; in diesem Fall ist die Aufhebung ausgeschlossen, wenn seit der Beendigung des Verfahrens vier Jahre vergangen sind;**
3. **der Schuldner länger als drei Monate mit der Zahlung einer Monatsrate oder mit der Zahlung eines sonstigen Betrages schuldhaft in Rückstand ist;**
4. **der Schuldner keine angemessene Erwerbstätigkeit ausübt und, wenn er ohne Beschäftigung ist, sich nicht um eine solche bemüht oder eine zumutbare Tätigkeit ablehnt und dadurch die Befriedigung der Insolvenzgläubiger beeinträchtigt; dies gilt nicht, wenn den Schuldner kein Verschulden trifft; § 296 Absatz 2 Satz 2 und 3 gilt entsprechend;**
5. **die Restschuldbefreiung versagt oder widerrufen wird.**

Übersicht

I. Gesetzgebungshinweise; Normzweck

1 § 4c wurde durch das InsOÄndG 2001 eingeführt und § 124 ZPO nachgebildet. Durch das InsOÄndG 2013 erfolgte eine Neufassung des § 4c Nr 4 für die ab dem 1.7.2014 beantragten InsVerf. Die Norm ist als abschließende Sondervorschrift[1] zu verstehen, soweit eine erteilte Stundung zum Nachteil des Schu aufgehoben werden soll (s zur Anpassung der Ratenzahlung § 4b Rn 11 ff).

2 Die Vorschrift verfolgt den Zweck, den Einsatz öffentlicher Mittel zur Durchführung des InsVerf ausschließlich den Schu zugutekommen zu lassen, die tatsächlich bedürftig sind und Aussicht auf Erlangung der Restschuldbefreiung haben. **Nr 1, 2** und – tw – **Nr 5** sollen die Aufhebung einer Stundung gem § 4a ermöglichen, die iE v Anfang an unberechtigt war. Die durch **Nr 3, 4** und auch **Nr 5** eröffnete Möglichkeit einer solchen nachteiligen Rechtsfolge will den Schu zugleich zur ordnungsmäßigen Mitwirkung und Förderung des Verf anhalten.

II. Voraussetzungen der Aufhebung

3 **1. Allgemeines.** Eine nachträgliche Aufhebung der Stundung gem § 4c **setzt voraus**, dass dem Schu nach § 4a Kosten gestundet wurden. Eine Verlängerung der Stundung iSv § 4b

1 Vgl *BGH* NZI 2009, 188 Rn 10; *A/G/R/Ahrens* § 4c Rn 1; *Graf-Schlicker/Kexel* § 4c Rn 1; MK/*Ganter/Lohmann* § 4c Rn 2; **einschr** *Jaeger/Eckardt* § 4c Rn 72 f; **aM** *N/R/Becker* § 4c Rn 43 ff.

Abs 1 sollte dem gleichstehen. Änderungsbeschlüsse allein zur Ratenzahlung gem § 4b Abs 2 werden dagegen nicht betroffen.[2] Die in § 4c genannten Aufhebungsgründe sind **abschließend**.[3] Das InsGer kann zudem trotz ihres Vorliegens v der Aufhebung absehen (s Rn 24). Da eine bes Frist nicht eingeführt wurde, wird § 4c – erst – unanwendbar, sobald alle gestundeten Kosten zurückgezahlt wurden oder die Kostenforderung verjährt ist (§ 5 Abs 1, 3 GKG).[4] Jedoch sollte die Vierjahresfrist des § 4b Abs 1 S 2 iVm § 115 Abs 1 S 4 ZPO auch insoweit für Rechtsfrieden sorgen.[5]

2. Unrichtige oder unterlassene Angaben (Nr 1). – a) Grundsatz. Nr 1 betrifft unrichtige Angaben des Schu, die zur Kenntnis des InsGer bestimmt sind, oder sein pflichtwidriges Unterlassen v Angaben. Eine **zeitliche Begrenzung** für die Aufhebung der Verfahrenskostenstundung ist – anders als nach Nr 2 – nicht vorgesehen. Es muss aber eine **Kausalität** zwischen den unrichtigen oder unterlassenen Angaben und der Stundungsentscheidung gegeben sein.[6] Eine **nachträgliche Berichtigung** oder **Ergänzung** der Angaben heilt, sofern sie vor der aufzuhebenden Entsch erfolgte.[7] 4

b) Unrichtige Angaben (HS 1). Die unrichtigen Angaben können einerseits Umstände betreffen, die für die **Eröffnung** des **InsVerf** maßgebend sind, insb also die Voraussetzungen für die Zuständigkeit des angerufenen Gerichts (§ 3),[8] über das Schweben eines weiteren InsVerf (auch in der Wohlverhaltensperiode) gegen den Schu[9], über die – mindestens drohenden – Zahlungsunfähigkeit (§§ 17, 18) oder in der Erklärung nach § 287 Abs 1 S 3[10] über die Voraussetzungen des § 287 Abs 2 S 1 InsO. Unrichtige Angaben können auch in der Erklärung gem § 305 Abs 1 Nr 3 enthalten sein.[11] „Maßgebend" bezeichnet die **Ursächlichkeit** der Angaben für die Entscheidung.[12] Dagegen führen unrichtige Angaben, die sich allein auf die Abgrenzung der Verbraucher- zur RegelInsVerf (§ 304) oder auf bes Voraussetzungen des SchuldenbereinigungsVerf beziehen, nicht zur Aufhebung der Stundung. 5

Alternativ sind Umstände zu berücksichtigen, die für die **Stundung** selbst – nach § 4a oder 4b – maßgebend sind. Sie betreffen insb die Bedürftigkeit des Schu (s § 4a Rn 19–21; § 4b Rn 5 ff, 17) oder Versagungsgründe (s § 4a Rn 7 f). Dementsprechend kann das Verschweigen eines Kontos, auf dem Arbeitseinkommen des Schu eingeht, den Widerruf der Stundung ebenso rechtfertigen[13] wie dasjenige eines Verbleibs sicherungsübereigneter Kfz.[14] Unzutreffende Angaben des Schu über die Deliktseigenschaft gegen ihn gerichteter Forde- 6

2 *N/R/Becker* § 4c Rn 3.
3 RegE InsOÄndG S 22 zu § 4c; *K Schmidt/Stephan* § 4c Rn 2.
4 MK/*Ganter/Lohmann* § 4c Rn 20.
5 *Jaeger/Eckardt* § 4c Rn 7.
6 *BGH* NZI 2009, 188.
7 Weitergehend *K Schmidt/Stephan* § 4c Rn 10, 13, Heilung auch noch im Beschwerdeverfahren möglich.
8 *A/G/R/Ahrens* § 4c Rn 10; HambKomm/*Dowe* § 4c Rn 8; *K/P/B/Wenzel* § 4c Rn 5.
9 *AG Göttingen* ZVI 2008, 341.
10 Vgl dazu *Uhlenbruck/Sternal* § 287 Rn 17 f.
11 *LG Göttingen* ZInsO 2007, 276: unvollständiges GlVerzeichnis; **aA** HambKomm/*Dowe* § 4c Rn 8.
12 *BGH* NZI 2009, 188 Rn 10; NZI 2010, 655 Rn 19; *BGH* 14.2.2013 – IX ZB 13/11 Rn 6; *A/G/R/Ahrens* § 4c Rn 15; FK/*Kohte* § 4c Rn 5; *Graf-Schlicker/Kexel* § 4c Rn 4; HambKomm/*Dowe* § 4c Rn 8; *Jaeger/Eckardt* § 4c Rn 17 f; *K/P/B/Wenzel* § 4c Rn 10, 13; **aA** *AG Göttingen* NZI 2004, 47; ZInsO 2009, 2070; *N/R/Becker* § 4c Rn 18; **differenzierend** MK/*Ganter/Lohmann* § 4c Rn 7.
13 Vgl *LG Potsdam* ZInsO 2002, 941.
14 *AG Göttingen* NZI 2004, 47.

rungen genügen nur, soweit diese wegen ihres Umfangs die Stundung ausschließen würden (s § 4a Rn 8).[15] Die unzutreffenden Angaben können auch in einem AufhebungsVerf gem § 4c unterbreitet worden sein (s Rn 22).

7 **Unrichtig** sind v der Wirklichkeit abw tatsächliche Angaben. (Erkennbare) Unvollständigkeit wird als solche nicht geahndet, soweit dadurch nicht HS 2 erfüllt wird (s Rn 8). Sie führt zur Versagung nach HS 2, als die unterbreiteten – für sich richtigen – Angaben insgesamt den Anschein der Vollständigkeit erwecken, aber durch Weglassen wesentlicher Umstände in vorwerfbarer Weise (s Rn 10) ein falsches Gesamtbild vermitteln.[16] Die Angaben müssen zur Kenntnis des InsGer abgegeben sein,[17] aber nicht notwendigerweise in Schriftform.[18]

8 **c) Unterlassene Angaben (HS 2).** Ein Aufhebungsgrund liegt weiter vor, wenn der Schu eine vom InsGer – rechtmäßig – verlangte **Erklärung** über seine Verhältnisse **nicht abgegeben** hat. Wegen der systematischen Stellung der Norm geht es nur um gerichtliche Aufforderungen nach der Stundung;[19] frühere Unterlassungen, die nicht zur Versagung der Stundung geführt haben, sind durch deren Gewährung überholt. Erfasst werden damit insb konkretisierte Aufforderungen gem § 4b Abs 2 S 3 iVm § 120 Abs 4 S 2 ZPO (s § 4b Rn 21). Ein qualifizierter Grund für das Auskunftsverlangen ist nicht nötig.[20] Ein Hinweis auf die Widerrufsmöglichkeit muss damit nicht notwendigerweise verbunden sein.[21] Die allg Pflichten nach §§ 20, 97, 295 Abs 1 Nr 3 genügen nicht.[22] Zur Abgrenzung HS 2 gegenüber HS 1 s Rn 7 und gegenüber Nr 4 s Rn 18 aE.

9 Aufhebungsgrund ist das **Unterlassen** der Erklärung, während falsche Angaben unter Nr 1 HS 1 bzw Nr 5 fallen können (vgl Rn 5 ff, 20 f). Unterlassen kann auch durch erkennbare Unvollständigkeit einer Erklärung verwirklicht werden (abgrenzend s Rn 7).[23] Eine Erklärung ist nicht abgegeben, wenn sie im AusgangsVerf – sei es auch in zweiter Instanz – nicht mehr in zulässiger Weise berücksichtigt werden darf.[24] Dagegen rechtfertigt nicht schon jede schuldhafte Verspätung der Abgabe die Aufhebung der Stundung,[25] sofern die Erklärung dem InsGer vor der aufzuhebenden Entsch vorlag.

10 **d) Verschulden.** Verstöße des Schu führen nur zur Aufhebung der Stundung, wenn sie **vorsätzlich** oder **grob fahrlässig** erfolgten, also wenn der Schu die erforderliche Sorgfalt bewusst oder mindestens leichtfertig verletzt hat. Ein Vertreterverschulden (§ 85 Abs 2 ZPO) wird dem Schu nicht zugerechnet,[26] doch muss dieser persönlich die Erklärungen seiner Bevollmächtigten kontrollieren. Grobe Fahrlässigkeit kann deshalb vorliegen, wenn der Schu ein v seinem VerfBevollmächtigten unrichtig ausgefülltes Formular ungeprüft unter-

---

15 Zu allg *AG Göttingen* ZInsO 2008, 1216 LS.

16 *BGH* NZI 2009, 188 Rn 7; *BGH* 20.1.2011 – IX ZA 40/10 Rn 4; *BGH* 14.2.2013 – IX ZB 13/11 Rn 3; *A/G/R/Ahrens* § 4c Rn 13; *Andres/Leithaus* § 4c Rn 4; *Graf-Schlicker/Kexel* § 4c Rn 3; *Jaeger/Eckardt* § 4c Rn 10; MK/*Ganter/Lohmann* § 4c Rn 4; *N/R/Becker* § 4b Rn 47, § 4c Rn 13; *K Schmidt/Stephan* § 4c Rn 7; *Uhlenbruck/Mock* § 4c Rn 12; **krit** *K/P/B/Wenzel* § 4c Rn 8.

17 Vgl *Jaeger/Eckardt* § 4c Rn 15.

18 Vgl *A/G/R/Ahrens* § 4c Rn 8.

19 *A/G/R/Ahrens* § 4c Rn 18.

20 *BGH* ZInsO 2009, 2405 Rn 5.

21 **AA** FK/*Kohte* § 4c Rn 13; *Jaeger/Eckardt* § 4c Rn 26.

22 *LG München I* ZVI 2006, 505; nur insoweit zutr auch *LG Göttingen* NZI 2008, 54.

23 Vgl *BGH* 14.2.2013 – IX ZB 13/11 Rn 3.

24 Vgl *LG Göttingen* NZI 2011, 909; *A/G/R/Ahrens* § 4c Rn 19; FK/*Kohte* § 4c Rn 15.

25 MK/*Ganter/Lohmann* § 4c Rn 5; **aM** *Andres/Leithaus* § 4c Rn 5; *K/P/B/Wenzel* § 4c Rn 20.

26 *Jaeger/Eckardt* § 4c Rn 22; **aA** *A/G/R/Ahrens* § 4c Rn 16; *K/P/B/Wenzel* § 4c Rn 11.

schreibt.[27] Grds muss sich jeder Schu, der die Restschuldbefreiung erstrebt, um eine zügige Beantwortung gerichtlicher Fragen bemühen. Bei der Bewertung, ob er schon einfachste Überlegungen nicht angestellt oder Maßnahmen unterlassen hat, deren Erforderlichkeit im InsVerf jedem Schu einleuchten müsste, ist auch zu berücksichtigen, dass hoch verschuldete Verbraucher nicht selten den Überblick über ihre wirtschaftlichen Verhältnisse verlieren. Ferner kann Rechtsunkenntnis entschuldigen. Bei Beantwortung der Frage, ob der Schu eine Erklärung vorwerfbar nicht – rechtzeitig – abgegeben hat, ist zB eine Ortsabwesenheit oder eine nur durch fremde Hilfe zu überwindende persönliche Hilflosigkeit zu berücksichtigen. Unverschuldetes Verhalten kann allenfalls zur Aufhebung nach Maßgabe der Nr 2 führen (s Rn 11 f).

3. Fehlende Voraussetzungen für eine Stundung (Nr 2). Nr 2 lässt es als Aufhebungsgrund ausreichen, dass tatsächliche Voraussetzungen für die Stundung – schon – im Zeitpunkt der letzten TatsachenEntsch über die Gewährung[28] **objektiv nicht vorlagen**, so dass diese also richtigerweise nicht zu bewilligen war.[29] Ein Verschulden des Schu ist nicht notwendig. Zweifelhaft ist, ob allein eine unvollständige Auswertung durch das InsGer ausreicht.[30] Eine subjektive Vorwerfbarkeit setzt diese Norm nicht voraus,[31] wohl aber eine Ursächlichkeit der fraglichen Tatsache für die Stundung.[32] Abgestellt wird nur auf die Entsch über die Stundung selbst (§ 4a), nicht auf Anordnungen betr einzelner Raten. Maßgeblich ist insoweit der Zeitpunkt der letzten Tatsachenentscheidung über die Stundung,[33] auch wenn diese erst nach Rechtsmitteln gewährt oder bestätigt wurde. Spätere Änderungen können allenfalls unter Nr 1 oder § 4b Abs 2 fallen. Auch eine nachträgliche abw rechtliche Beurteilung des InsGer löst allein den Aufhebungsgrund nicht aus.[34] 11

Maßgeblich sind nach **HS 1** allein die **persönlichen oder wirtschaftlichen Voraussetzungen** für die Stundung (s § 4a Rn 7 f, 19 ff). Sonstige Voraussetzungen, zB die – auch int – Zuständigkeit des angerufenen InsGer, sind unerheblich. 12

Die Stundung kann gem **HS 2** nicht mehr aufgehoben werden, wenn seit Beendigung „des Verfahrens" **vier Jahre** vergangen sind. Damit wird auf die Aufhebung des InsVerf insgesamt abgestellt.[35] Soll die Aufhebung kurz vor Ablauf der Vierjahresfrist erfolgen, kann das InsGer im Rahmen seines Ermessens (s Rn 24) auch die verflossene Zeit und das spätere Verhalten des Schu berücksichtigen.[36] 13

4. Zahlungsrückstand (Nr 3). Nr 3 gestattet die Aufhebung der Stundung nach **Zahlungsrückstand** des Schu. Vorausgesetzt wird die Nichtzahlung v Monatsraten oder sonstigen Beträgen, die dem Schu im Zusammenhang (nur) mit der Stundung auferlegt worden sind;[37] 14

---

27 *BGH* NZI 2010, 655 Rn 6 ff.
28 Vgl hierzu *BGH* NZI 2007, 46; HambKomm/*Dowe* § 4c Rn 17.
29 *LG Kiel* ZInsO 2006, 1007; FK/*Kohte* § 4c Rn 19; *K/P/B/Wenzel* § 4c Rn 24.
30 **Bejahend** MK/*Ganter/Lohmann* § 4c Rn 8; **vern** *Uhlenbruck/Mock* § 4c Rn 18.
31 RegE InsOÄndG S 23; MK/*Ganter/Lohmann* § 4c Rn 8.
32 *Jaeger/Eckardt* § 4a Rn 41.
33 *BGH* NZI 2008, 46; NZI 2010, 948.
34 FK/*Kohte* § 4c Rn 18.
35 *Andres/Leithaus* § 4c Rn 6; *Jaeger/Eckardt* § 4c Rn 39; FK/*Kohte* § 4c Rn 20 iVm § 4b Rn 26; MK/*Ganter/Lohmann* § 4c Rn 8; *N/R/Becker* § 4c Rn 22; **aM** – für Maßgeblichkeit des jeweiligen Stundungsabschnitts – *Uhlenbruck/Mock* § 4c Rn 19; *K/P/B/Wenzel* § 4c Rn 26; für Maßgeblichkeit der Entscheidung gem § 300 HambKomm/*Dowe* § 4c Rn 17.
36 RegE InsOÄndG S 23.
37 *LG Göttingen* NZI 2010, 579; **aM** *LG Berlin* ZInsO 2007, 824.

nicht anwendbar ist Nr 3 auf Zahlungen an den Treuhänder,[38] zu Zahlungen gem §§ 295 f s Rn 20 f. Bei monatlichen Zahlungen schadet erst der Rückstand „einer Monatsrate"; geringere Teilrückstände mit mehreren Monatsraten werden also – erst – erheblich, sobald ihre Summe den Betrag einer ganzen Monatsrate erreicht, weil alle Teilzahlungen gem § 366 Abs 2 BGB im Zweifel auf die älteste Schuld verrechnet werden.[39] Für nicht monatlich zu zahlende Beträge ist ein vergleichbarer Schwellenwert nicht bestimmt; eine etwaige Geringfügigkeit des Rückstands kann aber iRd gebotenen Ermessensausübung (s Rn 24) berücksichtigt werden.

15 Der Rückstand (s Rn 14) löst die Widerrufsmöglichkeit erst aus, wenn er **länger als drei Monate** seit der Fälligkeit des jeweils maßgeblichen Betrages andauert. Einer vorherigen Mahnung bedarf es durchweg nicht, weil auch die Fälligkeit der jeweiligen Zahlungen im zugrunde liegenden Beschl des InsGer festgelegt sein sollte. Ist dies unterblieben, kann ein Verschulden des Schu fraglich sein.

16 Nr 3 setzt einen **schuldhaften** Zahlungsrückstand voraus. Schon leichte Fahrlässigkeit des Schu schadet. Sie liegt insb vor, wenn der Schu objektiv in der Lage war, die fällige Rate oder den fälligen Betrag aus seinem Einkommen oder Vermögen zu bezahlen. Zu diesem Zweck hat er grds andere Ausgaben aus seinem pfändbaren Einkommen oder Vermögen zu unterlassen und erforderlichenfalls im Rahmen einer mittelfristigen Haushaltsplanung mögliche Rückstellungen zu bilden. Ist der Schu dennoch nicht zur Zahlung imstande, muss das InsGer eine – notfalls rückwirkende – Änderung nach Maßgabe des § 4b Abs 2 zugunsten des Schu prüfen (s Rn 26).[40]

17 **5. Fehlende angemessene Erwerbstätigkeit (Nr 4).** Nr 4 verlangt v dem Schu eine **Erwerbsobliegenheit** mittelbar schon für den Zeitraum ab Kostenstundung, idR ab Eröffnung des InsVerf. Wird ausnahmsweise bereits für das Eröffnungsverfahren Kostenstundung bewilligt, beginnt die Erwerbsobliegenheit bereits mit der Stundungsbewilligung.[41] Aufgrund der Neuregelung in § 287b für die ab dem 1.7.2014 beantragten InsVerf besteht nunmehr weitgehend ein Gleichlauf zwischen der Erwerbspflicht im Falle einer Kostenstundung sowie einer beantragten Restschuldbefreiung. Der Schu hat eine angemessene Erwerbstätigkeit auszuüben oder sich darum zu bemühen und keine zumutbare Tätigkeit abzulehnen (s dazu die Erläuterungen bei §§ 287b, 295). Offenkundig aussichtslose Scheinbewerbungen des Schu genügen nicht.[42] Eine Aufhebung setzt voraus, dass der Schu es schuldhaft unterlassen hat, sich um eine angemessene Erwerbstätigkeit zu bemühen.[43] Eine **selbstständige Tätigkeit** darf er ausüben, wenn er Zahlungen nach Maßgabe des § 295 Abs 2 auf festgesetzte Raten an die Staatskasse oder in die InsMasse (§ 54 Nr 1) leistet.[44]

18 Die Verweisung in **HS 2** auf § 296 Abs 2 S 2 und 3 begründet einen weiteren selbstständigen Aufhebungsgrund wegen **unterlassener Auskunft**[45] unabhängig v demjenigen der Nr 1 HS 2

38 *LG Göttingen* NZI 2010, 579; *A/G/R/Ahrens* § 4c Rn 25; *K/P/B/Wenzel* § 4c Rn 27; **aA** *LG Berlin* ZInsO 2007, 824.

39 *A/G/R/Ahrens* § 4c Rn 26 f; MK/*Ganter/Lohmann* § 4c Rn 9; **dagegen** *N/R/Becker* § 4c Rn 25 für Unerheblichkeit höherer Teilrückstände; *Andres/Leithaus* § 4c Rn 7: Danach würde es dem Schu nicht schaden, wenn er beständig nur Bruchteile der geschuldeten Raten zahlte!

40 FK/*Kohte* § 4c Rn 23 f; HambKomm/*Dowe* § 4c Rn 19.

41 *LG Düsseldorf* ZInsO 2015, 2503.

42 *AG Gera* NZI 2011, 293, aufgehoben durch *BGH* NZI 2012, 852 wegen fehlenden Verschuldens des Schu.

43 *BGH* NZI 2012, 852 Rn 9.

44 *A/G/R/Ahrens* § 4c Rn 42; *K/P/B/Wenzel* § 4c Rn 34 f; *N/R/Becker* § 4c Rn 29.

45 *BGH* NZI 2008, 507 Rn 3; ZInsO 2009, 298 Rn 2; *A/G/R/Ahrens* § 4c Rn 43; *Graf-Schlicker/Kexel* § 4c Rn 10; *K Schmidt/Stephan* § 4c Rn 27.

(s Rn 8f) bzw **unterlassenen Mitwirkung**.[46] Eines GlAntrags auf Versagung der Restschuldbefreiung bedarf es nicht.

Die Obliegenheiten treffen den Schu während der Dauer der Stundung so lange, bis die gestundeten Beträge zurückgezahlt sind oder das InsGer die Zahlungsanordnung gem § 4b Abs 2 aufgehoben hat. Sie endet entspr § 4b Abs 1 S 2 iVm § 115 Abs 1 S 4 ZPO längstens vier Jahre nach Erteilung der Restschuldbefreiung (s § 4b Rn 10).[47] Entspr § 296 Abs 1 S 1 sind als Widerrufsvoraussetzungen auch eine Beeinträchtigung der GlInteressen infolge der Obliegenheitsverletzung und ein Verschulden des Schu vorauszusetzen.[48] Dies bestätigt die ab 1.7.2014 geltende Neufassung der Nr 4 nur; zugleich stellt sie klar, dass der Schu mangelndes Verschulden zu beweisen hat. Die Stundung darf deshalb nicht aufgehoben werden, wenn der Schu objektiv nicht idL ist, Einkünfte oberhalb der Pfändungsfreigrenze zu erzielen.[49] Zur Überwachungsmöglichkeit des InsGer s Rn 22. 19

6. Versagung oder Widerruf Restschuldbefreiung (Nr 5). Gem Nr 5 kann die Stundung aufgehoben werden, wenn die Restschuldbefreiung – nach § 290 oder §§ 296–298 – versagt oder gem § 303 widerrufen wird.[50] Denn dann ist das Ziel der Kostenstundung (s § 4a Rn 2) endgültig nicht zu erreichen. Aufzuheben ist ggf auch eine nach § 4b Abs 1 angeordnete Verlängerung der Stundung. 20

Eine entspr Anwendung v Nr 5 kommt in Betracht, wenn die Restschuldbefreiung in diesem Verf – insb wegen Tod des Schu oder Antragsrücknahme – endgültig unmöglich wird[51] oder wenn das InsVerf nur Forderungen erfasst, die sämtlich gem § 302 v der Restschuldbefreiung ausgenommen sind.[52] Gleiches gilt, wenn die **wesentlichen** im Verf zu berücksichtigenden **Forderungen** gem § 302 v der Restschuldbefreiung ausgenommen sind,[53] wobei nicht geklärt ist, wann Wesentlichkeit iSd Rspr vorliegt.[54] Auch bei Vorliegen v **Versagungsgründen** gem § 290 muss nicht die Stellung eines entspr Antrags abgewartet werden.[55] Dies gilt zB, wenn der Schu Bezüge verheimlicht, die v seiner Abtretungserklärung (§ 287 Abs 2) erfasst sind,[56] er die für die InsMasse schädliche Steuerklasse V wählt,[57] er seiner Mitwir- 21

---

46 *Jaeger/Eckardt* § 4c Rn 63.
47 *A/G/R/Ahrens* § 4c Rn 33; *K/P/B/Wenzel* § 4c Rn 37.
48 *Graf-Schlicker/Kexel* § 4c Rn 9; *Jaeger/Eckardt* § 4c Rn 53 ff; MK/*Ganter/Lohmann* § 4c Rn 12.
49 *BGH* ZInsO 2009, 899 Rn 12 f; ZInsO 2010, 1153 f Rn 8; ZInsO 2011, 147 Rn 7; NJW 2012, 852 Rn 9.
50 Vgl *AG Göttingen* NZI 2003, 217.
51 *Jaeger/Eckardt* § 4c Rn 69; MK/*Ganter/Lohmann* § 4c Rn 16; *N/R/Becker* § 4a Rn 54, § 4c Rn 46.
52 *AG Marburg/Lahn* ZVI 2002, 275; *AG München* ZVI 2003, 369.
53 Vgl *BGH* NZI 2005, 232; NZI 2006, 712; NZI 2014, 231; *LG Düsseldorf* ZInsO 2012, 2305; *LG Hannover* NZI 2015, 816; *AG Düsseldorf* NZI 2006, 415; *AG Göttingen* ZVI 2008, 339; *AG Göttingen* NZI 2017, 77 für Geldstrafen; *AG Hannover* NZI 2016, 271 für Unterhaltsrückstände; *AG Marburg* ZVI 2002, 275; MK/*Ganter/Lohmann* § 4a Rn 18; *Uhlenbruck/Mock* § 4a Rn 33; **krit** *A/G/R/Ahrens* § 4a Rn 56.
54 *LG Düsseldorf* NZI 2008, 253 ablehnend bei 76 %; ZInsO 2012, 2305 bei 45 %; *LG Hannover* NZI 2015, 816 mehr als 50 %; *AG Düsseldorf* ZInsO 2013, 837 bei 45 %; *AG Göttingen* NZI 2016, 142 75 % reichen nicht; *AG Hannover* NZI 2015, 816 bei 55 %; *AG Marburg* ZVI 2002, 275 alle Forderungen; *AG Siegen* NZI 2003, 42 bei 95 %; *A/G/R/Ahrens* § 4a Rn 56 mindestens ca 90 %.
55 *BGH* ZInsO 2008, 111 Rn 18; NZI 2008, 624 Rn 3; *LG Göttingen* ZInsO 2005, 1340; ZInsO 2007, 276; NZI 2008, 54; **krit** *Graf-Schlicker/Kexel* § 4c Rn 11.
56 *LG Göttingen* NZI 2008, 626.
57 *BGH* NZI 2008, 624 Rn 5.

kungspflicht gem § 97 im eröffneten InsVerf nicht nachkommt[58] oder eine Änderung seines Wohnsitzes entgegen § 295 Abs 1 Nr 3 nicht unverzüglich dem InsGer mitteilt.[59] Einer Beeinträchtigung der GlBefriedigung bedarf es nicht.[60] Zur Berücksichtigung dieses Aufhebungsgrundes schon im StundungsVerf s § 4a Rn 8.

III. Verfahren

22 **1. Amtsprüfung.** Das InsGer prüft das Vorliegen aller Aufhebungsgründe nach Nr 1–5 v Amts wegen, sobald es vom maßgeblichen Sachverhalt Kenntnis erlangt. Konkreten Hinweisen auf die Voraussetzungen für eine Stundungsaufhebung muss das InsGer ggf nachgehen. Insoweit bedarf es keiner Glaubhaftmachung. Es besteht aber **keine Pflicht** des InsGer, das Verhalten des Schu v sich aus zu **überwachen**. Dies gilt auch hinsichtlich möglicher Obliegenheitsverletzungen nach Nr 4;[61] insoweit verweist Nr 4 HS 2 auf § 296 Abs 2 S 2 und 3, dh auf die Möglichkeit des InsGer, eine Auskunft des Schu über die Erfüllung seiner Obliegenheiten einzuholen; zu den Folgen einer Unterlassung (s Rn 18). Über Zahlungsrückstände iSv Nr 3 wird es Mitteilungen der Landeskasse erhalten. Liegt der bestimmte Anfangsverdacht eines Aufhebungsgrundes nach Nr 1–5 vor, richtet sich das weitere Verf nach § 5.

23 Ist der Schu in Zahlungsrückstand geraten (Nr 3) und erlangt das InsGer bestimmte Anhaltspunkte dafür, dass die Säumnis des Schu mit einer nachteiligen Veränderung seiner wirtschaftlichen Verhältnisse zusammenhängt, sollte es vor einer Aufhebung gem § 4c prüfen, ob eine **Anpassung** der zuvor angeordneten Leistungen nach § 4b Abs 2 geboten ist (s Rn 16).[62]

24 **2. Entscheidung.** Vor der Aufhebung ist dem Schu **rechtliches Gehör** zu gewähren. Zuständig ist – abgesehen vom EröffnungsVerf – idR der Rechtspfleger (§ 3 Nr 2 lit e RPflG), auch wenn zuvor der Richter die Stundung gewährt hatte.[63] Die tatsächlichen Voraussetzungen für eine Aufhebung der Stundung müssen mit an Sicherheit grenzender Wahrscheinlichkeit **festgestellt** sein. Eine alternative Feststellung zwischen mehreren der Aufhebungsgründe (Nr 1–5) ist wegen deren Gleichwertigkeit zulässig. Die Entsch über die Aufhebung steht sodann im pflichtgemäßen **Ermessen** des InsGer.[64] Bei dessen Ausübung sollte es auch das Ausmaß des Verstoßes und dessen Auswirkungen, den Verschuldensgrad auf Seiten des Schu[65] und etwaige ausgleichende Bemühungen seinerseits (s Rn 10) – zB eine nachträgliche Auskunft[66] oder Zahlung[67] – sowie die Zeitdauer berücksichtigen, die seit Bewilligung der Stundung verstrichen ist (s Rn 15). Die pflichtgemäße Ermessensausübung muss in dem

---

58 *BGH* ZInsO 2017, 1444 Rn 9 auch zur fehlende Sperrfrist für die Einleitung eines neuen Verfahrens in diesem Fall; *LG Duisburg* ZVI 2017, 125.

59 *AG Göttingen* NZI 2010, 115.

60 *BGH* ZInsO 2009, 253 Rn 7 ff.

61 *A/G/R/Ahrens* § 4c Rn 49; *Andres/Leithaus* § 4c Rn 11; FK/*Kohte* § 4c Rn 28; MK/*Ganter/Lohmann* § 4c Rn 18; *N/R/Becker* § 4c Rn 37; **aM** *Jaeger/Eckardt* § 4c Rn 82; *K/P/B/Wenzel* § 4c Rn 38; **einschr** *Graf-Schlicker/Kexel* § 4c Rn 2.

62 RegE InsOÄndG S 23; MK/*Ganter/Lohmann* § 4c Rn 19.

63 *N/R/Becker* § 4c Rn 9.

64 *LG Berlin* ZInsO 2007, 824; *LG Darmstadt* 12.4.2013 – 5 T 65/13; *LG Stuttgart* 27.3.2013 – 19 T 30/13; *A/G/R/Ahrens* § 4c Rn 50.

65 Vgl *AG Göttingen* NZI 2004, 47; *Graf-Schlicker/Kexel* § 4c Rn 12.

66 Vgl *LG Mühlhausen* VuR 2009, 30.

67 Vgl *LG Berlin* ZInsO 2007, 824.

zu erlassenden **AufhebungsBeschl** erkennbar werden.[68] Die Entsch kann aber iE nur dahin gehen, die Stundung als Ganzes, wenigstens für einen VerfAbschnitt, aufzuheben oder gar nicht; sonstige Anpassungen – v § 4b Abs 2 abgesehen (s Rn 16) – sind wegen der Struktur der Aufhebungsgründe nicht vorgesehen.[69] Die Aufhebung ist – nur – für den Schu **anfechtbar** (s § 4d Rn 3 ff).

IV. Wirkung der Aufhebung

Mit Erlass des AufhebungsBeschl (vgl § 570 ZPO) entfallen sämtliche Wirkungen der Stundung nach § 4a Abs 3 S 1 Nr 1 (ggf iVm § 4b Abs 1 S 1) – nur – **für die Zukunft**.[70] Die zuvor gestundeten restlichen Kosten werden sofort und in voller, noch ausstehender Höhe fällig.[71] Ein erneuter Stundungsantrag in demselben InsVerf ist dann unzulässig (erg s § 13 Rn 26).[72] Zwar bleibt § 4a Abs 3 S 1 Nr 2 mit der Folge in Kraft, dass ein beigeordneter RA Vergütungsansprüche nicht gegen den Schu geltend machen kann, soweit diese gem § 59 Abs 1 S 1 RVG auf die Staatskasse übergehen. Stattdessen verfolgt die Landeskasse, welche die Ansprüche des beigeordneten RA befriedigt hat, dessen auf sie übergegangenen Rechte nunmehr gegen den Schu. Das Mandat des RA erlischt dagegen nicht automatisch, sondern unterliegt der Beendigung durch die Beteiligten.[73] 25

Wird die Stundung noch **während des EröffnungsVerf** aufgehoben, wird dies idR die Abweisung eines Eröffnungsantrags des Schu mangels Masse (§ 26) zur Folge haben. Eine Aufhebung während eines bereits eröffneten InsVerf wird oft zu dessen Einstellung mangels Masse (§ 207) führen. Für einen bis dahin entstandenen Vergütungsanspruch eines beigeordneten RA haftet (subsidiär) die Staatskasse entspr § 63 Abs 2.[74] Erfolgt die Aufhebung erst während der Wohlverhaltensperiode, entsteht hierdurch für den Schu – nur – noch die Gefahr einer Versagung der Restschuldbefreiung gem § 298, wenn die ausstehende Vergütung des Treuhänders nicht bezahlt wird.[75] Zwangsvollstreckungsversuche der Staatskasse in etwaiges Einkommen oder Vermögen des Schu sind dagegen nicht v Rechts wegen gegenüber anderen Gl privilegiert. Wird eine nach § 4b Abs 1 gewährte Stundung nach Erteilung der Restschuldbefreiung aufgehoben, kann die Kostenlast zur erneuten Zahlungsunfähigkeit des Schu führen.[76] 26

68 *LG Mühlhausen* VuR 2009, 30; *LG Stuttgart* 27.3.2013 – 19 T 30/13; *Jaeger/Eckhardt* § 4c Rn 86.
69 MK/*Ganter/Lohmann* § 4c Rn 19; *K/P/B/Wenzel* § 4c Rn 46; **aM** *A/G/R/Ahrens* § 4c Rn 52; *Graf-Schlicker/Kexel* § 4c Rn 13; *Jaeger/Eckardt* § 4c Rn 88, 90; *N/R/Becker* § 4c Rn 10.
70 *A/G/R/Ahrens* § 4c Rn 53; *Graf-Schlicker/Kexel* § 4a Rn 16; MK/*Ganter/Lohmann* § 4c Rn 17; *K Schmidt/Stephan* § 4c Rn 39; **aA** *AG Göttingen* ZInsO 2009, 2070, das eine Rückwirkung auf den Zeitpunkt einer Auskunftsverletzung annimmt; offen gelassen v *BGH* ZInsO 2008, 111 Rn 10; 2010, 2099 Rn 17.
71 *BGH* 3.12.2009 – IX ZA 36/09; NZI 2010, 948 Rn 17.
72 *BGH* NZI 2009, 615 Rn 6 f.
73 *Jaeger/Eckardt* § 4c Rn 97; *N/R/Becker* § 4c Rn 6.
74 *BGH* ZInsO 2008, 111; *Pape* ZInsO 2008, 143, 144.
75 *BGH* 3.12.2009 – IX ZA 36/09; *K/P/B/Wenzel* § 4c Rn 42.
76 Nach *Jaeger/Eckardt* § 4c Rn 40 sollen bereits angefallene Kosten nicht nachgefordert werden können. Ein entspr Vertrauen des Schu erscheint aber unter den Voraussetzungen des § 4c nicht als schutzwürdig.

§ 4d Rechtsmittel

(1) Gegen die Ablehnung der Stundung oder deren Aufhebung sowie gegen die Ablehnung der Beiordnung eines Rechtsanwalts steht dem Schuldner die sofortige Beschwerde zu.

(2) [1]Wird die Stundung bewilligt, so steht der Staatskasse die sofortige Beschwerde zu. [2]Diese kann nur darauf gestützt werden, dass nach den persönlichen oder wirtschaftlichen Verhältnissen des Schuldners die Stundung hätte abgelehnt werden müssen.

Übersicht

I. Gesetzgebungshinweise; Normzweck

1 § 4d wurde durch das InsOÄndG 2001 eingeführt, wobei Abs 2 der Regelung in § 127 Abs 3 ZPO nachgebildet wurde.

2 Entsch über die Stundung (§§ 4a–4c) erfolgen innerhalb eines InsVerf und unterliegen deshalb der Rechtsmittelbeschränkung des § 6. Im Hinblick hierauf soll § 4d in dem für nötig gehaltenen Maß effektiven Rechtsschutz gegen wichtige Entsch im StundungsVerf gewähren.

II. Rechtsmittel des Schuldners (Abs 1)

3 Dem **Schu** steht das Rechtsmittel der sof Beschw (§ 6) – nur – zu, soweit das InsGer entweder

- eine vom Schu beantragte Stundung (ganz oder tw) abgelehnt hat (**§ 4a Abs 1**); Stundung in diesem Sinne kann für jeden einzelnen VerfAbschnitt (s § 4a Rn 13–16) überprüft werden und ist auch deren nicht weniger bedeutsame Verlängerung gem § 4b Abs 1 über das gesetzmäßige Ende hinaus (§ 4c Rn 8);[1]
- oder eine zuvor erteilte Stundung aufgehoben hat (**§ 4c**; erg s § 4b Rn 11);
- oder die Beiordnung eines RA abgelehnt hat (**§ 4a Abs 2**); dem steht es gleich, wenn ein anderer RA als der vom Schu bestimmt benannte bestellt wird.[2] Jedoch hat der nicht (mehr) beigeordnete RA kein eigenes BeschwRecht (erg s Rn 10).[3]

4 In welchem VerfAbschnitt dies geschieht oder ob der **Richter** oder **Rechtspfleger** entschieden hat (vgl § 6 Rn 15), ist unerheblich. Die – wenigstens tw – Abweisung des Begehrens muss allerdings ausdrücklich ausgesprochen sein.[4] Eine Ermessensausübung nach § 4c (s § 4c Rn 24) kann allerdings nur vom LG als BeschwGer voll überprüft werden (s § 6 Rn 33). Gegen die Beschwerdeentscheidung findet die **RechtsBeschw** nur unter den Voraussetzungen des § 574 ZPO statt (s § 6 Rn 38 ff).

5 Die sof Beschw nach § 6 ist dagegen insb **nicht** statthaft gegen Anordnungen des InsGer über die Wirkung der Stundung im Einzelnen (§ 4a Abs 3 Nr 1 lit b) oder über die Rückzah-

---

1 *A/G/R/Ahrens* § 4d Rn 12; *Andres/Leithaus* § 4d Rn 5; *Graf-Schlicker/Kexel* § 4d Rn 2; HambKomm/*Dowe* § 4d Rn 2; *Jaeger/Eckardt* § 4d Rn 14; MK/*Ganter/Lohmann* § 4d Rn 3; *N/R/Becker* § 4b Rn 23, § 4d Rn 8; **aM** PK-HWF/*Busch* § 4d Rn 6.

2 *A/G/R/Ahrens* § 4d Rn 11; FK/*Kohte* § 4d Rn 13; *Jaeger/Eckardt* § 4d Rn 12; MK/*Ganter/Lohmann* § 4d Rn 3.

3 Vgl *Jaeger/Eckardt* § 4c Rn 92, § 4d Rn 23; MK/*Ganter/Lohmann* § 4d Rn 8.

4 *BGH* NZI 2008, 47.

lung bzw Anpassung der gestundeten Beträge (§ 4b).[5] Auf Folgewirkungen solcher nicht förmlich anfechtbarer Entsch kann auch nicht mittelbar eine sof Beschw zB gem § 34 Abs 1 oder § 216 Abs 1 gestützt werden. Gegen die nicht in Rn 3 genannten Entsch des InsGer kommt – nur – eine sof **Erinnerung** nach § 11 Abs 2 RPflG (s § 6 Rn 15) in Betracht, wenn sie vom **Rechtspfleger** stammen. Gegen derartige Entsch des Richters ist allenfalls eine formlose Gegenvorstellung möglich (s § 6 Rn 16). Eine Untätigkeit des InsGer ist nicht gem § 4d anfechtbar, da es bereits an einer Ausgangsentscheidung fehlt (s § 6 Rn 16);[6] es bleibt nur die Möglichkeit einer Dienstaufsichtsbeschwerde (s § 6 Rn 16).

III. Rechtsmittel der Staatskasse (Abs 2)

Der Staatskasse steht die sof Beschw nur gegen die Gewährung der **Stundung** selbst (§ 4a Abs 1) – für jeden erfassten VerfAbschnitt – zu, **Abs 2 S 1**. Stundung in diesem Sinne ist auch deren Verlängerung gem § 4b Abs 1.[7] Sonstige gerichtliche Anordnungen zur Durchführung der Stundung – insb die Berechnung v Raten nach § 4a Abs 2, § 4b Abs 1 und Abs 2[8] –, die Beiordnung eines RA oder das Absehen v einer Aufhebung gem § 4c[9] sind nicht gem § 6 beschwerdefähig. Darüber hinaus wird man die Vorschrift, wie § 127 Abs 3 S 1 ZPO, dahin verstehen müssen, dass sonstige Entsch insgesamt nicht mit einem förmlichen Rechtsmittel der Staatskasse angegriffen werden können, dh auch **nicht mit einer Erinnerung** gem § 11 RPflG;[10] insoweit steht die Staatskasse dritten Personen (s Rn 10) gleich. Das sollte auch gegenüber **Anschlussrechtsmitteln** (s § 6 Rn 14) gelten. 6

Zudem ist eine sof Beschw der Staatskasse nach **Abs 2 S 2** nur zulässig, soweit geltend gemacht wird, dass nach den **persönlichen oder wirtschaftlichen Verhältnissen** des Schu die Stundung hätte abgelehnt werden müssen (s § 4a Rn 7 ff). Insoweit kann auch unzureichende Sachaufklärung gerügt werden.[11] Jedoch kann sich die Beschw nicht in zulässiger Weise zB dagegen richten, dass der Stundungsantrag des Schu nicht formgerecht sei (s § 4a Rn 6)[12] oder dass das InsGer die Voraussetzungen eines Eröffnungsgrundes (§§ 17, 18) verkannt habe.[13] Auch das Vorliegen eines Versagungsgrundes gem § 290 Abs 1 Nr 1 (bzw für die vor dem 1.7.2014 beantragten Verfahren zusätzlich § 290 Abs 1 Nr 3 aF) gehört nicht zu den „persönlichen Voraussetzungen" iSv § 4d Abs 2 S 2; diese sind – wie in § 127 Abs 3 ZPO – allein auf die wirtschaftliche Zahlungsfähigkeit des Schu zu beziehen.[14] Zudem soll sogar die Berechnung der vom Schu aufzubringenden Kosten nicht überprüfbar sein;[15] diese können jedoch in Wechselwirkung zu dessen Leistungsfähigkeit stehen (s § 4a Rn 11 ff, 19 ff). 7

---

5 *AG Köln* NZI 2014, 229; *Jaeger/Eckardt* § 4b Rn 71, § 4d Rn 15; *K/P/B/Wenzel* § 4d Rn 2; MK/*Ganter/Lohmann* § 4d Rn 4; *K Schmidt/Stephan* § 4b Rn 28, 4d Rn 4; *Uhlenbruck/Mock* § 4d Rn 4; **aM** *A/G/R/Ahrens* § 4d Rn 7, 12; *Andres/Leithaus* § 4d Rn 5; *Graf-Schlicker/Kexel* § 4d Rn 2; *N/R/Becker* § 4d Rn 9.

6 **AA** FK/*Kohte* § 4d Rn 7.

7 *A/G/R/Ahrens* § 4d Rn 17; MK/*Ganter/Lohmann* § 4d Rn 5; *K Schmidt/Stephan* § 4d Rn 5.

8 FK/*Kothe* § 4d Rn 16; **aM** *Andres/Leithaus* § 4d Rn 7; *N/R/Becker* § 4d Rn 9.

9 Vgl dazu *N/R/Becker* § 4c Rn 51.

10 *Jaeger/Eckardt* § 4d Rn 38; MK/*Ganter/Lohmann* § 4d Rn 6; *N/R/Becker* § 4c Rn 51; **aM** FK/*Kohte* § 4d Rn 22.

11 *LG Duisburg* NZI 2005, 688; *Graf-Schlicker/Kexel* § 4d Rn 4; *Uhlenbruck/Mock* § 4d Rn 5.

12 MK/*Ganter/Lohmann* § 4d Rn 7.

13 *A/G/R/Ahrens* § 4d Rn 16.

14 FK/*Kohte* § 4d Rn 15; MK/*Ganter/Lohmann* § 4d Rn 7.

15 *LG Berlin* ZInsO 2003, 130; *Uhlenbruck/Mock* § 4d Rn 5; **aM** MK/*Ganter/Lohmann* § 4d Rn 7.

8 Auch für die Staatskasse gilt die **zweiwöchige BeschwFrist** (s Rn 9). Wurde der – nicht verkündete – StundungsBeschl der Staatskasse nicht förmlich zugestellt, obwohl § 127 Abs 3 S 6 ZPO hier nicht gilt, kann nur eine entspr Anwendung des § 569 Abs 1 S 2 ZPO (s § 6 Rn 19)[16] oder können Verwirkungsgesichtspunkte (s § 6 Rn 22) die Einlegung des Rechtsmittels zeitlich begrenzen; in letzterem Zusammenhang mag § 127 Abs 3 S 5 ZPO berücksichtigt werden können.

IV. Beschwerdeverfahren

9 Die sof Beschw ist unabhängig davon statthaft, ob in erster Instanz der InsRichter oder der Rechtspfleger (vgl § 11 Abs 1 RPflG) entschieden hat. Für die in das InsR eingebettete sof Beschw nach § 4d gilt die **Zweiwochenfrist** des § 569 Abs 1 S 1 ZPO, nicht die Monatsfrist des § 127 Abs 2 S 3 ZPO.[17] Für die sof Beschw kann PKH nach Maßgabe des § 114 ZPO bewilligt werden (s § 4 Rn 9, § 4a Rn 17).[18] Das gilt auch für sof Beschw gem § 309 Abs 2 S 3; der nachträglich eingefügte S 4 bezieht sich nach der amtl Begr (s § 4a Rn 16) nur auf das erstinstanzliche ErsetzungsVerf. Das BeschwVerf im Einzelnen richtet sich nach § 6 (s § 6 Rn 17 ff). Die Beschw hat keine aufschiebende Wirkung; zur möglichen Aussetzung der Vollziehung s § 6 Rn 32.

V. Rechtsmittel Dritter

10 Andere Personen – insb Gl, InsVerw, Treuhänder oder der RA des Schu – sind als solche **nicht** gem § 6 beschwerdeberechtigt. Auch die Möglichkeit einer Erinnerung nach § 11 Abs 2 RPflG (s Rn 4) haben sie bei einer Entscheidung durch den Rechtspfleger nur, soweit sie durch die Entsch im StundungsVerf formell beschwert sind; dies kann allenfalls ausnahmsweise zutreffen.

§ 5 Verfahrensgrundsätze

(1) [1]Das Insolvenzgericht hat von Amts wegen alle Umstände zu ermitteln, die für das Insolvenzverfahren von Bedeutung sind. [2]Es kann zu diesem Zweck insbesondere Zeugen und Sachverständige vernehmen.

(2) [1]Sind die Vermögensverhältnisse des Schuldners überschaubar und ist die Zahl der Gläubiger oder die Höhe der Verbindlichkeiten gering, wird das Verfahren schriftlich durchgeführt. [2]Das Insolvenzgericht kann anordnen, dass das Verfahren oder einzelne seiner Teile mündlich durchgeführt werden, wenn dies zur Förderung des Verfahrensablaufs angezeigt ist. [3]Es kann diese Anordnung jederzeit aufheben oder ändern. [4]Die Anordnung, ihre Aufhebung oder Abänderung sind öffentlich bekannt zu machen.

(3) [1]Die Entscheidungen des Gerichts können ohne mündliche Verhandlung ergehen. [2]Findet eine mündliche Verhandlung statt, so ist § 227 Abs. 3 Satz 1 der Zivilprozessordnung nicht anzuwenden.

(4) [1]Tabellen und Verzeichnisse können maschinell hergestellt und bearbeitet werden. [2]Die Landesregierungen werden ermächtigt, durch Rechtsverordnung nähere Bestimmungen über die Führung der Tabellen und Verzeichnisse, ihre elektronische Einreichung sowie die elektronische Einreichung der dazugehörigen Dokumente und deren Aufbewahrung zu treffen. [3]Dabei können sie auch Vorgaben für die Datenformate der elektronischen Einreichung machen. [4]Die Landesregierungen können die Ermächtigung auf die Landesjustizverwaltungen übertragen.

---

16 MK/*Ganter/Lohmann* § 4d Rn 11; wohl auch *Uhlenbruck/Mock* § 4d Rn 6.
17 FK/*Kohte* § 4d Rn 25; *Jaeger/Eckhardt* § 4d Rn 26.
18 *Uhlenbruck/Mock* § 4d Rn 9; vgl allg *BGH* NJW 2003, 1192.

Übersicht

I. Gesetzgebungshinweise; Normzweck

Abs 1 und Abs. 2 aF sind den Vorläuferregelungen in §§ 73 Abs 1, 75 KO, 115 f VglO, § 2 Abs 2 S 2–4 GesO mit redaktionellen Straffungen nachgebildet; Abs 3 aF wurde neu eingefügt. Durch das InsOVereinfG 2007 wurden Abs 2 neu gefasst, Abs 3 in Abs 4 S 1 geändert sowie Abs 3 nF und Abs 4 S 2–4 eingefügt; diese Regelungen gelten gem Art 103c EGInsO für InsVerf, die ab 1.7.2007 eröffnet wurden. Abs 2 hat durch das InsOÄndG 2013 nochmals für die ab dem 1.7.2014 beantragten Verfahren (vgl Art 103h S 1 EGInsO) eine Änderung erfahren. Hierdurch ist das frühere Regel-Ausnahme-Verhältnis zwischen mündlichem und schriftlichem Verfahren umgekehrt worden. 1

Die Vorschrift regelt entgegen dem Wortlaut der amtlichen Überschrift nicht alle insolvenzrechtlichen Verfahrensgrundsätze, sondern nur zwei wesentliche. **Abs 1** ordnet für die Tatsachenfeststellung in InsVerf (iSv § 2 Rn 4) statt des Beibringungsgrundsatzes das Amtsermittlungsprinzip an, **Abs 2** und **Abs 3** die fakultative mündliche Verhandlung. Hierdurch soll der Wahrheitsfindung und zugleich der umfassenden und beschleunigten Abwicklung v InsVerf dienen,[1] zugleich sollen die Bestimmungen das Verf vereinfachen. Abs 2 trägt zudem dem meist geringen GlInteresse an diesen Verf Rechnung. Die in **Abs 4** vorgesehenen Möglichkeit der maschinellen Herstellung und Bearbeitung v Tabellen und Verzeichnisses dient ebenfalls der Verfahrensvereinfachung und –beschleunigung durch eine elektronische Abwicklung. 2

II. Tatsachenfeststellung (Abs 1)

1. Amtsermittlungspflicht. – a) Grundsatz. Nach S 1 obliegt dem InsRichter oder Rechtspfleger die Ermittlung aller für das Verf wesentlichen Tatsachen als Amtspflicht iSv § 839 BGB. Die Beteiligten können weder den VerfGegenstand bestimmen noch Tatsachen rechtswirksam unstr stellen.[2] Den Umfang der Ermittlungspflicht begrenzt S 1 durch die Worte „von Bedeutung sind." Es besteht keine Amtsermittlungspflicht „ins Blaue hinein".[3] Die v Amts wegen einzuleitende und durchzuführenden Ermittlungen sind so weit auszudehnen, wie der VerfStand hierfür Anlass bietet (erg s Rn 7). Das InsGer hat auch konkrete Anhaltspunkte dafür nachzuprüfen, dass ein VerfBeteiligter seine Rechte missbräuchlich ausübt.[4] 3

---

1 *A/G/R/Ahrens* § 5 Rn 1 ff; *Jaeger/Gerhardt* § 4 Rn 55; MK/*Ganter/Lohmann* § 5 Rn 1 ff.
2 *BGH* NZI 2007, 45; *A/G/R/Ahrens* § 5 Rn 4 ff; *K Schmidt/Stephan* § 5 Rn 2.
3 HambKomm/*Rüther* § 5 Rn 9; *K. Schmidt/Stephan* § 5 Rn 2; vgl auch *BGH* FGPrax 2001, 178; *BayObLG* FamRZ 1976, 2234; *OLG Frankfurt* FGPrax 2012, 89; *OLG Saarbrücken* NJW-RR 2013, 452; *Keidel/Sternal* § 26 FamFG Rn 12 ff; jew für die Amtsermittlungspflicht nach § 26 FamFG.
4 *Zipperer* NZI 2010, 281, 284 f.

4 **b) Anwendungsbereich.** Die Vorschrift gilt sowohl für das Regel- als auch das VerbrInsVerf. Der Untersuchungsgrundsatz prägt grds das ganze gerichtliche Verf ab Zulassung des Eröffnungsantrags (s § 14 Rn 46 f) einschl der BeschwVerf (§ 6); insb bei Prüfung der Zuständigkeit (s § 3 Rn 22)[5] und der Eröffnungsvoraussetzungen. Keine Amtsermittlungspflicht besteht indes bei einem mangels ordnungsgemäßer Darlegung eines Insolvenzgrundes unzulässigen Antrages.[6] Die Amtsermittlungspflicht besteht sowohl bei einem SchuAntrag als auch bei einem GlAntrag.[7] Das Ruhen des VerbrInsEröffnungsVerf nach § 306 Abs 1 schränkt nicht die Pflicht des InsGer ein, die Zulässigkeit des Eröffnungsantrags zu prüfen.[8] Abs 1 gilt weiter bei Einstellung oder Aufhebung des InsVerf sowie dem Erlass v Sicherungsmaßnahmen, bei Bestellung oder Entlassung des InsVerw und GlAusschusses oder Anordnung und Aufhebung der Eigenverwaltung, bei der Aufsicht über die Tätigkeit des InsVerw, bei Einberufung und Leitung der GlVersammlungen einschl Beurkundung des Ergebnisses des Prüfungstermins sowie bei Zurückweisung, Genehmigung und Überwachung des InsPlans;[9] weitgehend bei der Entsch über die Restschuldbefreiung[10] und der Mitwirkung zur Schuldenbereinigung (§§ 308, 309 Abs 1 (zu Ausnahmen s Rn 5) sowie bei der Festsetzung v Vergütungen.

5 Die Bestimmung greift insb **nicht** ein: soweit das InsGer nur auf Antrag tätig wird, ehe ein entspr Antrag gestellt ist (zB §§ 4a, 13 Abs 1, 78 Abs 1, 173 Abs 1, 212, 213, 270 Abs 2 Nr 1, 272, 277, 287, 290, 296–298, 300 Abs 2, 303, 309 Abs 1 S 1, 314), und zwar in zulässiger Weise (vgl §§ 13 Rn 20, 14 Rn 44 f);[11] soweit die eigenverantwortlichen Befugnisse des InsVerw oder die GlSelbstverwaltung reichen, insb für die materielle Prüfung angemeldeter Forderungen (§ 179);[12] soweit Versagungs- oder Widerrufsgründe v Beteiligten glaubhaft zu machen sind (zB nach §§ 251 Abs 2, 290 Abs 2, 296 Abs 1 S 3, 297a Abs 1 S 3, 303 Abs 2 S 1, 309 Abs 2 S 2); ist jedoch die Glaubhaftmachung gelungen, findet § 5 Anwendung.[13] Nach Rücknahme des InsAntrags braucht der Umfang der Istmasse nicht v Amts wegen festgestellt zu werden.[14]

6 Der InsVerw ist jedoch zur Durchführung seiner eigenen Tätigkeit – über §§ 97 ff, 101 hinaus – befugt, das InsGer um Sachverhaltsaufklärung zu ersuchen, vor allem bei Prüfung der Fragen, ob auf Kosten der InsMasse ein selbstständiger Prozess geführt oder das Wahlrecht nach § 103 ausgeübt werden soll.[15]

7 **c) Entscheidung des Insolvenzgerichts.** Art und Umfang der Ermittlung liegen im **pflichtgemäßen Ermessen** des InsGer. Die Entsch, ob der Verfahrensstand Anlass für Ermittlun-

---

5 Vgl *OLG Schleswig* NZI 2010, 260; HambKomm/*Rüther* § 5 Rn 6.

6 *BGHZ* 153, 205 = NZI 2003, 147; *BGH* NZI 2012, 151 Rn 11; MK/*Ganter/Lohmann* § 5 Rn 13; *K Schmidt/Stephan* § 5 Rn 2; *Uhlenbruck/Pape* § 5 Rn 1.

7 *LG Göttingen* NJW-RR 2002, 1134; **aM** *AG Göttingen* NZI 2002, 219.

8 *BGH* ZVI 2004, 281; MK/*Ott/Vuia* § 306 Rn 8; dazu näher *Uhlenbruck/Sternal* § 306 Rn 10 ff.

9 **Einschr** *A/G/R/Ahrens* § 5 Rn 18.

10 *BGHZ* 156, 139, 146 f = NZI 2003, 662; NZI 2011, 149 Rn 8; 2013, 648 Rn 10; vgl auch *Uhlenbruck/Sternal* § 300 Rn 8, 27 ff.

11 *BGHZ* 153, 205 = NZI 2003, 147; ZIP 2007, 1868; jew zum Eröffnungsantrag; *BGHZ* 156, 139, 142 f = NZI 2003, 662 zum Versagungsantrag iSv § 290 Abs 2; *A/G/R/Ahrens* § 5 Rn 13 ff; *Graf-Schlicker/Kexel* § 5 Rn 2; *Jaeger/Gerhardt* § 5 Rn 2; MK/*Ganter/Lohmann* § 5 Rn 12a f.

12 *OLG Koblenz* KTS 1971, 221 zur KO; *Jaeger/Gerhardt* § 5 Rn 11.

13 Vgl *BGHZ* 156, 139, 146 f = NZI 2003, 662; *BGH* NZI 2011, 159 Rn 8; NZI 2013, 648.

14 *BGH* NZI 2005, 558.

15 *LG Hamburg* ZIP 1988, 590; *LG Hildesheim* ZIP 1983, 598; *AG Duisburg* VersR 1993, 202; jew noch zur KO; NZI 2002, 502 zur InsO; **einschr** MK/*Ganter/Lohmann* § 5 Rn 16 f; HambKomm/*Rüther* § 5 Rn 27; **aM** *Jaeger/Gerhardt* § 5 Rn 7 ff; *Uhlenbruck/Pape* § 5 Rn 22.

gen bietet, trifft das Gericht ohne Bindung an Anträge, Behauptungen oder Anregungen Beteiligter. Einerseits kann es sich bei zulässigen, aber unsubstantiierten Anträgen auf eine Ergänzungsaufforderung beschränken; werden daraufhin keine nachprüfbaren Tatsachen vorgetragen und hat das InsGer keine eigene sinnvolle Aufklärungsmöglichkeit, kann es sogleich aufgrund der materiellen Beweislast (s Rn 18) entscheiden. Andererseits ist das InsGer zu Ermittlungen verpflichtet, sobald und solange konkrete Umstände als nicht fernliegend erkannt sind, die, falls festgestellt, gerichtliche Maßnahmen erfordern würden;[16] dies gilt auch für das mit einem InsVerf befasste BeschwGericht.[17] Im Falle des Bestreitens des Insolvenzgrundes durch den Schu sind die Ermittlungen besonders sorgfältig zu führen.[18] Dazwischen besteht – auch bei Anregungen des InsVerw – ein Handlungsermessen, das vor allem mit Rücksicht auf Bedeutung und Wahrscheinlichkeit der vorzubereitenden Anordnung auszuüben ist.[19] Eine zur Klärung der örtlichen Zuständigkeit sachlich gebotenen Anhörung des Schu darf nicht ohne substantiierte Begründung wegen angeblicher „Verfahrensgefährdung" unterbleiben.[20]

2. Aufklärungsmittel. – a) Grundsatz. Die – zulässigen und zweckmäßigen – Aufklärungsmittel wählt das Gericht nach pflichtgemäßem Ermessen aus. Es besteht keine Notwendigkeit für die Erhebung der gebotenen Beweise im Wege des Strengbeweises. Das InsGer kann die erforderliche Aufklärung in geeigneter Form durchführen, ohne an die strengen Beweisregeln und Beweismittel der ZPO gebunden zu sein. Offenkundige Tatsachen bedürfen keines Beweises (§ 291 ZPO). 8

b) Beweismittel. Abs 1 S 2 nennt beispielhaft **Zeugen** und **SV** als Beweismittel. Daneben kommen in Betracht: Augenscheinseinnahmen (§ 372 ZPO) v Sachen im Besitz des Schu oder InsVerw; Beiziehung v Akten und Urkunden (s Rn 14); Einholung v Auskünften, und zwar über § 273 Abs 2 Nr 2 ZPO hinaus auch v Privatleuten, die auskunftsbereit sind;[21] Anfordern und Einsehen v relevanten Akten; Entgegennahme eidesstattlicher Versicherungen;[22] möglich sind auch die – ggf eidliche – Beteiligtenvernehmung, zB eines InsGl in eigener Angelegenheit mit entspr Aussageverweigerungsrecht.[23] Die Angestellten eines Gl haben als solche kein Zeugnisverweigerungsrecht.[24] 9

Der **Schu** und sein gesetzlicher Vertreter sind Beteiligte.[25] Ihre Auskunftspflicht ist in §§ 20, 97, 98, 101 Abs 1 S 1 auch dem InsGer gegenüber umfassend gesondert geregelt; der §§ 445 ff ZPO bedarf es nicht.[26] Geständnisse haben nicht die Wirkung des § 288 Abs 1 ZPO.[27] 10

Angestellte, die beim Schu beschäftigt sind oder waren, sind hingegen Zeugen. Für sie gilt zusätzlich die Auskunftspflicht nach §§ 101, 97, 20 S 2. Der InsVerw ist nicht Zeuge, sondern nach § 58 Abs 1 S 2 auskunftspflichtig.

---

16 *Andres/Leithaus* § 5 Rn 12; HambKomm/*Rüther* § 5 Rn 9.
17 *BGH* NZI 2006, 404 f Rn 6.
18 MK/*Ganter/Lohmann* § 5 Rn 21.
19 Vgl *BGH* NZI 2012, 151 Rn 11.
20 *OLG Celle* ZIP 2011, 1263.
21 Für Gl vgl *AG Duisburg* NZI 2002, 502.
22 *RGSt* 49, 75 für das Konkursgericht.
23 *OLG Düsseldorf* NJW 1964, 2357; *LG Braunschweig* MDR 1969, 674; *Jaeger/Gerhardt* § 5 Rn 27; MK/*Ganter/Lohmann* § 5 Rn 47.
24 *LG Hamburg* ZIP 1988, 509; *Jaeger/Gerhardt* § 5 Rn 20; MK/*Ganter/Lohmann* § 5 Rn 25.
25 MK/*Ganter/Lohmann* § 5 Rn 40; *Uhlenbruck/Pape* § 5 Rn 20.
26 Vgl *Jaeger/Gerhardt* § 5 Rn 22 ff, insb 24; MK/*Ganter/Lohmann* § 5 Rn 40.
27 *OLG Köln* NZI 2000, 480; *Jaeger/Gerhardt* § 5 Rn 15; MK/*Ganter/Lohmann* § 5 Rn 40.

11 **SV** dürfen schon mit der Klärung der Voraussetzungen für eine VerfEröffnung – insb der (internationalen) Zuständigkeit des angerufenen Gerichts – beauftragt werden.[28] Die Auswahl des SV liegt im Ermessen des G und hat sich an Art und Umfang der erforderlichen Begutachtung zu orientieren (vgl § 4 iVm § 404 ZPO). Die SV haben auch im EröffnungsVerf keine v §§ 402 ff ZPO abw Rechtsstellung;[29] die Gegenmeinung[30] nähert sie zu Unrecht dem vorl InsVerw an. Weitergehende Befugnisse können ihnen nur (mittelbar) durch zusätzliche Anordnungen gem §§ 21, 22[31] verliehen werden oder müssen auf Anregung des SV vom Gericht selbst ausgeübt werden,[32] falls Beteiligte nicht freiwillig mitwirken.

12 Zur Ermittlung der für seinen Auftrag nötigen Tatsachen darf jeder SV grds selbst – auch für das Gericht zulässige (s Rn 9) – Auskünfte einholen (zum Akteneinsichtsrecht s § 4 Rn 13).[33] Insoweit handelt er unmittelbar als Gehilfe des InsGer. Er darf aber nicht – soweit er nicht zugleich vorl InsVerw ist (s § 22 Rn 6 f) – Zwang ausüben,[34] Auskunftspersonen v gesetzlichen Verschwiegenheitspflichten befreien[35] oder ermächtigt werden, die Wohn- und Geschäftsräume des Schu zu betreten und dort Nachforschungen anzustellen.[36] In seiner Eigenschaft als SV kann er ebenfalls nicht mit Verwaltungsbefugnissen iSv § 22 betraut werden (s § 22 Rn 6). Der SV darf aber trotz der höchstpersönlichen Verpflichtung (§ 407a Abs 3 S 1 ZPO) Mitarbeiter einsetzen[37] bzw einen Spezialisten (zB einen Industriegutachter, ein Auktionshaus) zwecks Bewertung des SchuVermögens bestellen.[38]

13 Zur eingeschränkten Zulässigkeit einer Ablehnung des SV wegen Besorgnis der Befangenheit gem § 4 iVm § 406 ZPO vgl § 4 Rn 17.[39] Eine Person, die vor dem Eröffnungsantrag als Berater für einen VerfBeteiligten tätig war, kann gem § 406 ZPO abgelehnt werden, wenn sie als SV – etwa zur Klärung der gerichtlichen Zuständigkeit – bestellt wird. Es ist nicht Aufgabe des SV, den Schu zur Begleichung der Forderungen seiner Gl – mit dem Ziel der Erledigung des InsAntrags – anzuhalten oder Zahlungen des Schu zu diesem Zweck zu übermitteln oder aufzubewahren.[40] Die Haftung des SV bestimmt sich nach § 839a BGB.

---

28 Vgl *BGH* NZI 2012, 151 Rn 10; ZIP 2012, 1615 Rn 8 ff.

29 *BGHZ* 158, 212 = NZI 2004, 312; ZInsO 2011, 1499; *OLG Nürnberg* ZIP 2006, 1503; MK/*Ganter/Lohmann* § 5 Rn 36; *K Schmidt/Stephan* § 5 Rn 13; *Uhlenbruck/Pape* § 5 Rn 13, 15.

30 *Wessel* DZWIR 1999, 230, 231.

31 Vgl dazu *BGHZ* 158, 212 = NZI 20104, 312; *OLG Köln* NZI 2001, 598; MK/*Ganter/Lohmann* § 5 Rn 36; *Jungmann* DZWIR 2002, 363, 364; *Vallender* ZInsO 2010, 1457, 1459 ff.

32 *A/G/R/Ahrens* § 5 Rn 29.

33 *LG Hamburg* ZIP 2015, 333 betr Ermächtigung zur Einsicht in die Steuerakten; *AG Köln* InVo 1999, 141; HambKomm/*Rüther* § 5 Rn 15.

34 *A/G/R/Ahrens* § 5 Rn 29; *Jaeger/Gerhardt* § 5 Rn 15; MK/*Ganter/Lohmann* § 5 Rn 36; *K Schmidt/Stephan* § 5 Rn 15; **aM** *Graf-Schlicker/Kexel* § 5 Rn 8.

35 *LG Göttingen* NZI 2003 38 Abänderung v *AG Göttingen* NZI 2002, 615; *A/G/R/Ahrens* § 5 Rn 29; *Uhlenbruck/Pape* § 5 Rn 15; *Huber* ZInsO 2001, 289, 290; **aM** *Stephan* WM 2009, 241, 248 f.

36 *BGHZ* 158, 212, 217 = NZI 2004, 312; *BGH* ZInsO 2011, 1499; **aM** *AG Duisburg* NZI 2004, 388, das auf den SV als bloßes Beweismittel zu Unrecht § 21 Abs 1 S 1 anwendet; *Jaeger/Gerhardt* § 5 Rn 16.

37 HambKomm/*Rüther* § 5 Rn 17; MK/*Haarmeyer* § 22 Rn 35; *K Schmidt/Stephan* § 5 Rn 18; *Hofmann* ZIP 2006, 1080, 1081 ff.

38 Vgl *AG Hamburg* ZIP 2014, 338.

39 Vgl auch *BGH* NZI 2007, 284; *AG Frankfurt/Oder* ZInsO 2006, 107; *AG Göttingen* ZInsO 200, 347; MK/*Ganter/Lohmann* § 5 Rn 34; *K Schmidt/Stephan* § 5 Rn 17.

40 *OLG Köln* ZIP 2004, 919.

14 Die Vorlage v **Urkunden** kann das InsGer – auch gegen Dritte – nach Maßgabe des § 142 ZPO anordnen.[41] Zur Einsicht in beschlagnahmte Unterlagen vgl § 22 Rn 68.

15 **c) Beweisverfahren.** Ein förmlicher BeweisBeschl ist nicht nötig;[42] rechtliches Gehör braucht nicht davor,[43] muss aber ggf vor einer belastenden Entsch gewährt werden (s § 14 Rn 48). Zeugen ist gem § 377 Abs 2 Nr 2 ZPO idR das Beweisthema vorher mitzuteilen.[44] Bei Vernehmungen darf der Schu gem § 357 Abs 1 ZPO anwesend sein.[45] Beweisanordnungen können jederzeit formlos aufgehoben werden.[46]

16 Das BeweisVerf richtet sich grds nach **§§ 355 ff ZPO** mit folgende Besonderheiten:

- Von der Verschwiegenheitspflicht nach § 383 Abs 1 Nr 6 ZPO[47] kann der InsVerw die Zeugen entbinden, soweit – nur – die InsMasse betroffen ist.[48] Diese Befugnis hat schon der vorl InsVerw iSv § 22 Abs 1 (erg s § 22 Rn 40);[49] denjenigen gem § 22 Abs 2 kann das InsGer dazu ermächtigen (s § 22 Rn 52). Über das Bestehen eines Verweigerungsrechts ist gem § 387 ZPO zu entscheiden.[50] Rechtshilfeersuchen um Zeugenvernehmungen sind gem §§ 156 ff zulässig (vgl aber § 2 Rn 11).
- 17 Beeidigungen sind dem Richter vorbehalten (§ 4 Abs 2 Nr 1 RPflG). Eidesstattliche Versicherungen kann auch der Rechtspfleger abnehmen.
- 18 Tatsachen müssen mit **an Sicherheit grenzender Wahrscheinlichkeit** (§ 286 Abs 1 S 1 ZPO) festgestellt werden;[51] nur ausnahmsweise reicht Glaubhaftmachung oder das Vorliegen eines ernsthaften Verdachts aus. Eine – formelle – Beweisführungslast besteht nicht. Materiell darf das InsGer aber Maßnahmen regelmäßig nur treffen, wenn die tatsächlichen Voraussetzungen dafür bewiesen sind. Sofern es sich aufgrund vorliegender Urkunden eine sichere Überzeugung bilden kann, braucht es keine weiteren Zeugen zu vernehmen.[52]

19 **d) Kosten.** Durch gerichtliche Ermittlungen fallen **keine Gerichtsgebühren** an. Die Auslagen (Nr 9000 ff KV GKG) sind nach § 54 Nr 1 Massekosten, soweit sie nicht gem § 23 Abs 1 S 2 und Abs 2 GKG dem Ast zur Last fallen; Rechtsmittel § 66 GKG. Zeugen und SV werden nach JVEG entschädigt; Rechtsmittel § 16 Abs 2 S 1 JVEG.

20 Vom Ast kann zwar wegen der Auslagen ein Vorschuss eingefordert werden (§ 17 Abs 3 GKG); Rechtsmittel § 68 GKG. Von dessen Einzahlung darf aber die Ermittlung nicht abhängig gemacht werden;[53] denn es wäre widersprüchlich, die in § 5 aufgestellte Amtsermittlungspflicht auf der Ebene des Kostenrechts einzuschränken.

---

41 *LG Köln* NZI 2004, 671; *Jaeger/Gerhardt* § 5 Rn 29; MK/*Ganter/Lohmann* § 5 Rn 50; vgl aber *AG Mönchengladbach* NZI 2003, 103.
42 MK/*Ganter/Lohmann* § 5 Rn 51; *Uhlenbruck/Pape* § 5 Rn 5.
43 MK/*Ganter/Lohmann* § 5 Rn 51; *Uhlenbruck/Pape* § 5 Rn 6.
44 *Jaeger/Gerhardt* § 5 Rn 18; MK/*Ganter/Lohmann* § 5 Rn 51; *Uhlenbruck/Pape* § 5 Rn 5.
45 *A/G/R/Ahrens* § 5 Rn 38; HambKomm/*Rüther* § 5 Rn 12.
46 *BGH* NZI 2008, 100.
47 *LG Göttingen* NZI 2003, 63; *LG Hamburg* ZIP 1988, 590; *LG Köln* NZI 2004, 671; *Kiethe* NZI 2006, 267.
48 *BGHZ* 109, 260, 270 = NJW 1990, 510; *OLG Nürnberg* OLGZ 1977, 370; *Jaeger/Gerhardt* § 5 Rn 19 f; MK/*Ganter/Lohmann* § 5 Rn 28; **abgrenzend** *OLG Schleswig* ZIP 1983, 968.
49 FK/*Schmerbach* § 5 Rn 17; MK/*Ganter/Lohmann* § 5 Rn 29.
50 Vgl *Jaeger/Gerhardt* § 5 Rn 20.
51 *BGH* 22.10.2009 – IX ZB 113/08 Rn 2; NZI 2010, 680 Rn 8; *Graf-Schlicker/Kexel* § 5 Rn 5; *Jaeger/Gerhardt* § 5 Rn 13; MK/*Ganter/Lohmann* § 5 Rn 54.
52 *BGH* 17.2.1011 – IX ZB 128/08 Rn 5.
53 FK/*Schmerbach* § 5 Rn 25; HambKomm/*Linker* § 13 Rn 69; *Jaeger/Gerhardt* § 5 Rn 21; MK/*Ganter/Lohmann* § 5 Rn 59; *Uhlenbruck/Pape* § 5 Rn 24.

21 **e) Unanfechtbarkeit.** Die Anordnung, die Durchführung oder die Ablehnung v Ermittlungen sind nicht selbstständig anfechtbar, da die Ermittlungen nur der Vorbereitung und Verfahrensförderungen einer gerichtlichen Entscheidung dienen, selbst wenn insoweit ein Beschl ergeht (erg s § 6 Rn 6).[54] Dies gilt auch, soweit der Rechtspfleger tätig wird.[55] Auch die Beauftragung eines SV zur Prüfung des Vorliegens eines Insolvenzgrundes oder der Masseunzulänglichkeit bzw die Einholung des Gutachtens sind unanfechtbar.[56] Allenfalls das Rechtsmittel gegen die den VerfAbschnitt beendende Entsch kann auf eine Verletzung des § 5 gestützt werden.

III. Verfahrensdurchführung

22 **1. Regelmäßiges Verfahren (Abs 3).** Nach **Abs 1 S 1** ist **mündliche Verhandlung** im gesamten InsVerf (iSv § 2 Rn 4) entbehrlich. Die gesetzlich – zB nach §§ 29, 75, 160 Abs 1 S 2, 176, 197, 235 – vorgeschriebenen mündlichen Termine sind keine gerichtliche „Verhandlung", sondern dienen der GlSelbstverwaltung.[57] Gebietet die InsO nur, die Beteiligten „zu hören" (vgl § 10 Rn 3 und zB §§ 15 Abs 2 S 2, 99 Abs 3 S 2, 207 Abs 2), genügt die Gelegenheit zu wenigstens schriftlicher Äußerung. Wird die Anhörung in einem Termin vorgeschrieben (zB in § 289 Abs 1 S 1), reicht es aus, die Möglichkeit zu mündlicher Äußerung zu geben.

23 Die Anordnung einer mündlichen Verhandlung steht im Ermessen des InsGer, das insoweit v Anträgen der Beteiligten unabhängig ist.[58] Eine solche mündliche Verhandlung kann wegen der Eilbedürftigkeit – entgegen § 227 Abs 3 S 1 ZPO – uneingeschränkt auch in den Monaten Juli und August stattfinden, insoweit findet § 227 Abs 3 S 1 ZPO keine Anwendung (**Abs 3 S 2**). Wird sie anberaumt, gelten die §§ 79 f, 136, 157, 159 ff ZPO (vgl § 4 Rn 6, 11). Das Gericht entscheidet dann durch verkündeten Beschl (§ 329 Abs 1 ZPO). Dafür bleiben auch schriftliche Erklärungen zu beachten. Zur nötigen Wahrung des rechtlichen Gehörs vgl § 4 Rn 22.

24 Allg ergehen die Entsch des InsGer als **Beschl oder Verfügung** (§ 329 ZPO), auch wenn im ErkenntnisVerf – zB gem § 387 Abs 3 ZPO – ein „Zwischenurteil" ergehen müsste.[59] Sie sind zu begründen, wenn der Antrag eines VerfBeteiligten – wenigsten tw – abgelehnt wird oder ein Rechtsmittel statthaft ist;[60] wird im letztgenannten Fall die Begr mit der Abhilfeentscheidung – insb gem § 6 Abs 2 S 2 – nachgeholt, kommt eine Nichterhebung v Kosten gem § 21 GKG in Betracht. Die Entsch sind mit ihrem Existentwerden (vgl § 27 Rn 30) sofort wirksam.[61]

25 **2. Durchführung des schriftlichen Verfahrens (Abs 2). – a) Voraussetzungen.** Regel- und VerbrInsVerf sind nach **Abs 2 S 1 regelmäßig** schriftlich durchzuführen, wenn folgende Voraussetzungen vorliegen:

---

54 *BGH* NZI 2004, 29; *LG Potsdam* DZWIR 2000, 255; *Jaeger/Gerhardt* § 5 Rn 4; *Uhlenbruck/Pape* § 5 Rn 25.

55 *A/G/R/Ahrens* § 5 Rn 33; *Uhlenbruck/Pape* § 5 Rn 25; **aA** § 11 Abs 2 RPflG findet Anwendung: *Jaeger/Gerhardt* § 5 Rn 4, § 6 Rn 17; *K Schmidt/Stephan* § 5 Rn 8.

56 *BGH* ZInsO 2011, 1499; *OLG Brandenburg* NZI 2001, 42; *OLG Celle* ZIP 2001, 127; *OLG Köln* NZI 2001, 596.

57 *Andres/Leithaus* § 5 Rn 21; HambKomm/*Rüther* § 5 Rn 36; *Uhlenbruck/Pape* § 5 Rn 29.

58 *Jaeger/Gerhardt* § 5 Rn 31; *K/P/B/Prütting* § 5 Rn 51 f; MK/*Ganter/Lohmann* § 5 Rn 69, 81; *N/R/Becker* § 5 Rn 34 ff; *Uhlenbruck/Pape* § 5 Rn 29; **krit** MK/*Stürner* Einl Rn 53.

59 Vgl *AG Göttingen* NZI 2002, 615, in der Sache aufgehoben durch *LG Göttingen* NZI 2003, 38.

60 FK/*Schmerbach* § 5 Rn 52; HambKomm/*Rüther* § 5 Rn 38; *Jaeger/Gerhardt* § 5 Rn 32 ff.

61 *OLG Köln* ZIP 2000, 1900.

aa) Überschaubarkeit. Die Vermögensverhältnisse des Schu müssen überschaubar sein. Dies trifft zu, sobald sich aus den bisherigen Ermittlungen ein zuverlässiger Überblick über das Vermögen, das Einkommen und die Verbindlichkeiten des Schu gewinnen lässt.[62] Die Grundlage für eine verlässliche Einschätzung sollte insb v einem SV oder vom vorl InsVerw geliefert werden. Einen bestimmten **Grenzwert** hinsichtlich der Höhe der Verbindlichkeiten sieht das Gesetz nicht vor; maßgeblich ist die Beurteilung im Einzelfall. Eine Schuldensumme v bis zu 25 000 EUR kann regelmäßig noch als überschaubar angesehen werden.[63] 26

bb) Wenige Gläubiger. Die Zahl der Gl oder die Höhe der Verbindlichkeiten muss gering sein. Dafür gelten nicht ohne Weiteres die Grenzen des § 304 Abs 2, weil die EntschFreiheit des Gerichts im Verhältnis zu § 312 Abs 2 aF erweitert werden sollte: Sie soll sich jedenfalls auch auf „Kleinstunternehmen" erstrecken.[64] Dafür kann aufgrund des Normzwecks, das InsVerf zu erleichtern und beschleunigen, die Zahl in § 304 Abs 1 v 19 Gl einen Anhaltspunkt bieten; der Wert gilt **nicht als Obergrenze**.[65] 27

b) Entscheidung des Insolvenzgerichts. Bei Vorliegen der v Amts wegen zu prüfenden Voraussetzungen ist das Verf **als Regelfall schriftlich** durchzuführen (Abs 2 **S 1**). Die Voraussetzungen, die geringe Zahl der Gl und die geringe Höhe der Verbindlichkeiten, müssen v Amts wegen jeweils getrennt geprüft und bejaht werden.[66] Eines Anordnungsbeschlusses bzw einer ausdrücklichen Begründung bedarf es nicht. Ein Beschluss ist indes erforderlich, wenn das InsGer abweichend nach seinem Ermessen **die mündliche Verhandlung** insgesamt oder – mit Bezug auf bestimmte VerfAbschnitte – anordnet (Abs 2 **S 2**), zB weil Bedarf für eine mündliche Erörterung besteht oder das InsGer sich davon ein zügigeres oder konzentrierteres Verf verspricht. Das InsGer kann jederzeit die Anordnung der mündlichen Verhandlung wieder aufheben bzw ändern (Abs 2 **S 3**), zB wenn sich nachträglich herausstellt, dass die Vermögensverhältnisse überschaubar sind. Die Entscheidung liegt im Ermessen des Gerichts. **Zuständig** ist bis zu InsEröffnung der Richter, danach der Rechtspfleger.[67] Eine sof Beschw gem § 6 findet gegen die Entscheidung nicht statt, auch wenn diese mit dem EröffnungsBeschl verbunden wird (erg s § 6 Rn 7, § 34 Rn 9).[68] Gegen die Entscheidung des Rechtspflegers ist die Erinnerung nach **§ 11 Abs 2 S 1 RPflG** eröffnet.[69] 28

c) Rechtsfolgen. Wird das Verfahren schriftl durchgeführt, so ist ein dem Berichtstermin entspr Zeitpunkt zu bestimmen. Als Folge des schriftlichen Verfahrens wird zB Wahl eines neuen InsVerw und die Forderungsprüfung – statt gem § 176 – schriftlich durchgeführt. Die sonstigen EntschMöglichkeiten in einem Berichtstermin (§ 156)[70] oder eine Schlussverteilung ohne Schlusstermin (§ 197) müssen schriftlich vorbereitet werden. Jedoch steht es den Gl frei, gem allg Regeln (§ 75) eine GlVersammlung zu beantragen.[71] Wird der Schlusstermin schriftlich durchgeführt, so muss das InsGer für die Versagungsanträge iSv § 290 eine 29

---

62 MK/*Ganter/Lohmann* § 5 Rn 64b.

63 Vgl auch MK/*Ganter/Lohmann* § 5 Rn 64b; *K. Schmidt/Stephan* § 5 Rn 27; **einschr** HambKomm/*Rüther* § 5 Rn 34 bis 10 000 EUR; gegen jeden Grenzwert *A/G/R/Ahrens* § 5 Rn 42.

64 Amtl Begr zum InsOVereinfG, BT-Drucks 16/3227, 13 zu Art 1 Nr 1 lit a.

65 *Graf-Schlicker/Kexel* § 5 Rn 16; *K Schmidt/Stephan* § 5 Rn 27; *Uhlenbruck/Pape* § 5 Rn 28; **enger** HambKomm/*Rüther* § 5 Rn 34; MK/*Ganter/Lohmann* § 5 Rn 64b; gegen jede Verallgemeinung *A/G/R/Ahrens* § 5 Rn 35 ff.

66 *K Schmidt/Stephan* § 5 Rn 27; *Uhlenbruck/Pape* § 5 Rn 28.

67 Zu Folgen im Hinblick auf die funktionale Zuständigkeit vgl *A/G/R/Ahrens* § 5 Rn 46.

68 Vgl *BGH* NZI 2003, 389; NZI 2006, 481 Rn 10; jew noch zu § 312 aF.

69 HambKomm/*Rüther* § 5 Rn 35; MK/*Ganter/Lohmann* § 5 Rn 64e; *K Schmidt/Stephan* § 5 Rn 28; **aA** anscheinend *Uhlenbruck/Pape* § 5 Rn 32 kein Rechtsmittel.

70 Vgl *AG Göttingen* ZInsO 2002, 292.

71 *A/G/R/Ahrens* § 5 Rn 48, 53; MK/*Ganter/Lohmann* § 5 Rn 64c.

Stellungnahmefrist bestimmen, bis zu dessen Ablauf die Anträge eingereicht werden können.[72] Aufgrund der Neufassung des § 290 Abs 2 sind nunmehr auch die früher eingereichten Anträge zu berücksichtigen.[73]

30 **d) Bekanntmachung (S 4).** Die Anordnung der mündlichen Verhandlung bzw deren Aufhebung sind wegen der damit verbundenen Rechtsfolgen für die Gl nach Abs 2 S 4 **öffentlich bekanntzumachen** (§ 9).[74]

IV. Verzeichnisse (Abs 4)

31 Abs 4 S 1 nennt **Tabellen und Verzeichnisse** (zB die Stimmliste, § 239) nur beispielhaft als gerichtliche Schriftstücke, die im Wege elektronischer Datenverarbeitung oder mit anderen maschinellen Einrichtungen erstellt und bearbeitet werden dürfen. Darüber hinaus können zB schriftliche VerfAbschnitte mit Hilfe moderner Bürotechnik abgewickelt werden.[75]

32 Als selbstverständlich wird vorausgesetzt, dass der InsVerw berechtigt ist, zB das Verzeichnis der Massegegenstände, das GlVerzeichnis und die Vermögensübersicht (§§ 151–153), die Tabelle (§ 175) sowie die Verteilungsverzeichnisse (§ 188) maschinell zu erstellen.[76] Dieselben Rechte hat der Schu bei der Eigenverwaltung (§ 281 Abs 1 S 1).[77]

33 **Abs 4 S 2–4** ermächtigen die LReg – ggf Landesjustizverwaltungen – zur Regelung v Einzelheiten durch RechtsVO. Entspr VO sind bisher noch nicht erlassen worden.

§ 6 Sofortige Beschwerde

(1) [1]Die Entscheidungen des Insolvenzgerichts unterliegen nur in den Fällen einem Rechtsmittel, in denen dieses Gesetz die sofortige Beschwerde vorsieht. [2]Die sofortige Beschwerde ist bei dem Insolvenzgericht einzulegen.

(2) Die Beschwerdefrist beginnt mit der Verkündung der Entscheidung oder, wenn diese nicht verkündet wird, mit deren Zustellung.

(3) [1]Die Entscheidung über die Beschwerde wird erst mit der Rechtskraft wirksam. [2]Das Beschwerdegericht kann jedoch die sofortige Wirksamkeit der Entscheidung anordnen.

Übersicht

72 Vgl *Uhlenbruck/Sternal* § 290 Rn 12.
73 Vgl *Uhlenbruck/Sternal* § 290 Rn 11.
74 *BGH* NZI 2006, 481 Rn 10 noch zu § 312 aF.
75 BT-Drucks 12/2443, 248, 261; MK/*Ganter/Lohmann* § 5 Rn 90 f; *Uhlenbruck/Pape* § 5 Rn 30.
76 HambKomm/*Rüther* § 5 Rn 40; *Uhlenbruck/Pape* § 5 Rn 30.
77 *Graf-Schlicker/Kexel* § 5 Rn 23; MK/*Ganter/Lohmann* § 5 Rn 91.

I. Gesetzgebungshinweise; Normzweck

Die Regelung schränkt die Möglichkeit v Rechtsmitteln stärker ein als das frühere Konkursrecht (§§ 73 Abs 3 KO, 20 GesO), wobei im GesetzgebungsVerf eine redaktionelle Straffung v Abs 3 S 1 erfolgte. Durch das ZPO-RG wurde S 2 des Abs 2 ersetzt und Abs 3 sprachlich verallgemeinert. Abs 1 S 2 wurde durch Art 1 des Gesetzes zur Änderung des § 522 ZPO v 7.12.2011 mWv 1.3.2012 angefügt. 1

Abs 1 S 1 will durch die enumerative Beschränkung der Beschwerdemöglichkeit auf die ausdrücklich in der InsO vorgesehenen Fälle einen angemessenen Rechtsschutz gewährleisten, ohne den zügigen Ablauf des InsVerf zu beeinträchtigen. Zudem sehen **Abs 1 S 2**, **Abs 2** und **Abs 3** einige das Beschwerdeverfahren betr Verfahrensregelungen vor; ergänzend finden über § 4 die §§ 567 ff ZPO Anwendung. 2

II. Statthaftigkeit der Beschwerde (Abs 1)

1. Abgrenzung. – a) Grundsatz. Abs 1 S 1 beschränkt die AnfMöglichkeit auf die in der InsO **ausdrücklich vorgesehenen Fälle** und zugunsten der jeweils dort bezeichneten Beteiligten, insb durch §§ 4d Abs 1 und 2, 21 Abs 1 S 2, 26a Abs 2, 34 Abs 1 und 2, 57 S 4,[1] 58 Abs 2 S 3 und Abs 3 (auch iVm § 21 Abs 2 Nr 1, 292 Abs 3 S 1), 59 Abs 2 (auch iVm § 21 Abs 2 Nr 1, 292 Abs 3 S 2), 64 Abs 3 (auch iVm § 21 Abs 2 Nr 1, § 73 Abs 2, § 274 Abs 1 und § 293 Abs 2), 70 S 3 HS 2, 75 Abs 3, 78 Abs 2 S 2 und 3, 98 Abs 3 S 3 (auch iVm §§ 20 Abs 1 S 2, 21 Abs 3 S 3, 22 Abs 3 S 3 HS 2, 153 Abs 2 S 2, 261 Abs 1 S 3, 274 Abs 2 S 2), 99 Abs 3 (auch iVm § 21 Abs 2 Nr 4 und § 101 Abs 1 S 1), 153 Abs 2 S 2, 194 Abs 2 S 2 und Abs 3 S 2, 197 Abs 3, 204 Abs 1 S 2 und Abs 2 S 2, 211 Abs 3 S 2, 216 Abs 1 und Abs 2, 231 Abs 3, 248a Abs 4 S 1, 253 Abs 1 und Abs 2, 272 Abs 2 S 3, 274 Abs 1, 287a Abs 1 S 3, 290 Abs 3 S 1, 292 Abs 3 S 2, 296 Abs 3 S 1 (auch iVm §§ 297 Abs 2, 297a Abs 2 und 298 Abs 3), 300 Abs 4 S 2, 303 Abs 3 S 2, 309 Abs 2 S 3, 344 Abs 2, 345 Abs 3 S 3, 346 Abs 2 S 2 und Abs 3 sowie Art 102 § 3 Abs 1 S 3, Art 102 § 4 Abs 1 S 3, Art 102 § 7, Art 102c § 3 Abs 1 S 2, Art 102c § 4 und Art 102c § 9 EGInsO. Beschw an das LAG regeln §§ 122 Abs 3 und 126 Abs 2 S 2. 3

b) Tragweite der Statthaftigkeit. Es muss eine **Entscheidung des InsGer** vorliegen; vorbereitende Maßnahmen, zB die Beauftragung eines SV im Eröffnungsverfahren (s § 5 Rn 21), sind nicht anfechtbar. Die Entscheidung muss ihre Rechtsgrundlage in der InsO haben, für Entscheidung ohne inneren Bezug zum InsVerf bestehen die entspr vorgesehenen Anfechtungsmöglichkeiten (s Rn 11 ff). Die Rechtsmittel nach Abs 1 S 1 finden unabhängig davon statt, ob der InsRichter oder Rechtspfleger die angefochtene Entsch erlassen hat (s Rn 15). Unerheblich ist auch die v dem InsGer gewählte Form; auch eine in der Form einer Verfügung gekleidete Entscheidung kann unter den Voraussetzungen des Abs 1 S 1 angefochten 4

---

1 Dies gilt auch nach Zurückweisung eines Antrags im schriftlichen Verf: *BGH* ZIP 2013, 1286 Rn 7.

werden. Wird ein auf Antrag des Schu eröffnetes VerbraucherInsVerf in ein RegelInsVerf übergeleitet, darf der Schu hiergegen sof Beschw einlegen (abgrenzend s Rn 8 f).[2] Soweit danach die **sof Beschw** statthaft ist, gilt das grds auch nach – sogar einseitig[3] – erledigter Hauptsache.[4] Die in einer der aufgeführten Anordnungen enthaltene **KostenEntsch** kann dagegen im Umfang des § 99 Abs 1 ZPO nicht selbstständig angefochten werden.[5]

5 **c) Verbundene Entscheidung.** Insolvenzgerichtliche Beschl, die inhaltlich mehrere getrennte Entsch aussprechen, sind jeweils nur mit dem Inhaltsteil anfechtbar, gegen den die sof Beschw vorgesehen ist.[6] Insb ist ein EröffnungsBeschl, trotz § 34, insoweit nicht anfechtbar, als darin ein Antrag auf Eigenverwaltung (§ 270) abgelehnt wird, s § 34 Rn 9. Kündigt aber in den vor dem 1.7.2014 beantragten InsVerf das InsGer die Restschuldbefreiung gem § 291 aF nur unter Auflagen an, stellt das eine tw Abweisung des Antrags dar, die gem § 289 Abs 2 S 1 aF angefochten werden kann.

6 **d) Fehlende Statthaftigkeit.** Insb in folgenden Fällen ist die **sof Beschw nicht** nach Maßgabe des § 6 statthaft (zur dennoch möglichen Anfechtung gem § 11 Abs 2 S 1 RPflG bei Entscheidungen durch den Rechtspfleger s Rn 15): gegen die Zulassung eines InsAntrags (vgl auch § 14 Rn 41 und § 21 Rn 59)[7] oder Beweisanordnungen im EröffnungsVerf einschließlich ihrer Ablehnung;[8] gegen Sicherungsmaßnahmen gem § 21 für andere Personen als den Schu.[9] Gegen die Ablehnung oder Aufhebung v Sicherungsmaßnahmen findet – auch für den Schu – keine sof Beschw statt,[10] ebenso nicht gegen die Anordnung eines Massekostenvorschusses gem § 26 Abs 1 S 2 (vgl § 26 Rn 22), die Bestellung eines neuen InsVerw (vgl § 57 Rn 11)[11] oder eines Sonderverwalters[12] oder die Ablehnung einer solchen

---

2 *BGH* NZI 2013, 540 Rn 7; *OLG Celle* NZI 2000, 229; *OLG Köln* NZI 2001, 216; *OLG Schleswig* NZI 2000, 164; *Uhlenbruck/Sternal* § 304 Rn 49; **aM** MK/*Schmahl/Busch* § 34 Rn 67.

3 Vgl *BGH* ZIP 2008, 2285 Rn 5, 8 f, wobei indes § 91a ZPO weder unmittelbar noch entspr anwendbar ist: *OLG Köln* NZI 2002, 157; *Jaeger/Ger*hardt § 13 Rn 69; **aA** *AG Göttingen* ZInsO 2007, 48; *Häsemeyer* Rn 7.06.

4 *OLG Celle* ZInsO 2001, 42; *OLG Köln* 19.12.2001 – 2 W 267/01; HambKomm/*Rüther* § 6 Rn 4, 10; *Uhlenbruck/Pape* § 6 Rn 2.

5 *BGH* ZVI 2007, 69; *BGH* 25.10.2007 – IX ZB 127/06; *OLG Brandenburg* NZI 2001, 483; *OLG Celle* NZI 2001, 150; *OLG Köln* ZIP 2000, 1169; NZI 2001, 554; *OLG Zweibrücken* NZI 2000, 271; *LG München I* ZInsO 2002, 42; MK/*Ganter/Lohmann* § 4 Rn 30; **aA** *LG Memmingen* NZI 2000, 278.

6 *BGH* NZI 2007, 238 Rn 9; NZI 2007, 240 Rn 10; *AG Köln* ZIP 2005, 1975; *A/G/R/Ahrens* § 6 Rn 9; MK/*Ganter/Lohmann* § 6 Rn 8, 13; *K Schmidt/Stephan* § 6 Rn 8.

7 *BGH* NZI 2006, 590; *OLG Köln* NZI 2000, 130.

8 *BGH* NZI 1998, 42 noch für die GesO; *BGHZ* 158, 212, 214 = NZI 2004, 312; *BGH* 20.3.2008 – IX ZA 28/07; *BGH* NZI 2012, 823 Rn 6 ff betr Bestellung eines SV; *OLG Brandenburg* NZI 2001, 42; *OLG Celle* ZIP 2001, 127; *OLG Köln* NZI 2000, 173 betr Erlass eines Beweisbeschlusses; NZI 2001, 598 betr Einholung eines Gutachtens.

9 *BayObLG* NZI 2001, 592; *LG Berlin* NZI 1999, 416; *LG Göttingen* NZI 2000, 383; *LG Mainz* NZI 2001, 384.

10 *BGH* 20.3.2008 – IX ZA 29/07; NZI 2013, 342; *LG München I* NZI 2003, 215; *A/G/R/Ahrens* § 6 Rn 19; *Braun/Baumert* § 6 Rn 5; *Uhlenbruck/Pape* § 6 Rn 6.

11 *BGH* NZI 2009, 246 Rn 3; *Graf-Schlicker* § 57 Rn 10; HambKomm/*Frind* § 57 Rn 14; **aM** *K/P/B/Lüke* § 57 Rn 6. Anders gem § 59 Abs 2 S 1 für die Entlassung eines – früheren – InsVerw.

12 *BGH* NZI 2007, 237; NZI 2010, 301; ZInsO 2010, 186; *Uhlenbruck/Pape* § 6 Rn 6; vgl auch *LG Stendal* ZInsO 2013, 1914 für die Bildung einer Sondermasse. Die Entscheidung des Rechtspflegers unter indes der Erinnerung gem § 11 Abs 2 RPflG, *AG Charlottenburg* ZInsO 2015, 582.

Bestellung,[13] gegen die Ablehnung v Aufsichtsmaßnahmen gem § 58[14] oder v Weisungen an den (vorl) InsVerw betr den Widerruf v Lastschriften,[15] gegen die bloße Androhung eines Zwangsgeldes[16] oder einer Verhaftung,[17] gegen die Anordnung der zwangsweisen Vorführung (§ 98 Abs 2)[18] sowie die Versagung eines Gebührenvorschusses für InsVerw;[19] § 6 greift aber iVm § 64 Abs 3 ein, wenn Auslagen, auf welche der InsVerw einen Vorschuss verlangt, allg die Erstattungsfähigkeit abgesprochen wird.[20] Die dem Schu gem § 97 Abs 3 auferlegte Aufenthaltspflicht soll nicht selbstständig anfechtbar sein, sondern erst, wenn sie mit Haft gem § 98 Abs 3 erzwungen wird (§ 21 Rn 60).[21] Entspr gilt für die Anordnung einer Vorführung gem § 98 Abs 2[22] oder die Abgabe einer eidesstattlichen Versicherung nach § 259 Abs 2 BGB durch den InsVerw.[23]

Nicht gem § 6 anfechtbar sind in den vor dem 1.7.2014 beantragten InsVerf die Anordnung 7
des schriftl Verf gem § 5 Abs 2 aF bzw in den ab dem 1.7.2014 beantragten InsVerf die Anordnung der mündlichen Verhandlung gem § 5 Abs 2 S 2 (s § 5 Rn 28), die Ablehnung der Eigenverwaltung nach § 270 (vgl § 34 Rn 5, 9, 12)[24] oder der Ermächtigung zur Begründung v Masseverbindlichkeiten nach § 270a,[25] die Einberufung einer GlVersammlung,[26] ihre Vertagung[27] oder deren Ablehnung[28] (vgl § 227 Abs 4 S 3 ZPO), die Bestimmung eines Schlusstermins (§ 197 Abs 1),[29] die Festsetzung des Stimmrechts gem § 77 Abs 2 S 2[30] (aber s Rn 15 aE), die Entsch der GlVersammlung[31] bzw des GlAusschusses[32] oder Maßnahmen des InsVerw (s § 21 Rn 40)[33] sowie der Beschl des InsGer, welcher die Nichtigkeit eines Beschl der GlVersammlung feststellt.[34] Unstatthaft ist die sof Beschw auch gegen die Anordnung oder Ablehnung, eine InsTabelle (§ 175) zu berichtigen,[35] gegen die Einstellung des InsVerf nach Anzeige der Masseunzulänglichkeit gem § 211 (Umkehrschluss aus § 216),

---

13 *BGH* NZI 2006, 474; ZIP 2009, 529 Rn 4 ff; NZI 2009, 517; NZI 2010, 301 Rn 6; NZI 2010, 940 Rn 5.
14 BGH NZI 2006, 593; *LG Göttingen* NZI 2000, 491; *K/P/B/Prütting* § 6 Rn 10.
15 *BGH* NZI 2008, 753 Rn 4 f; *LG Hamburg* ZInsO 2009, 916.
16 *BGH* NZI 2011, 442 Rn 13; *OLG Zweibrücken* InVo 2001, 57 LS.
17 *LG Hamburg* NZI 2000, 236 LS.
18 *BGH* 8.9.2010 – IX ZA 34/10 Rn 2.
19 *BGH* ZIP 2002, 32; *OLG Köln* NZI 2002, 153; **aA** *OLG Zweibrücken* NZI 2002, 43.
20 *BGH* ZIP 2004, 1717.
21 *LG Göttingen* ZIP 2000, 2174.
22 *BGH* 18.5.2009 – IX ZA 17/09.
23 *BGH* NZI 2010, 159; *LG Göttingen* ZInsO 2008, 1144.
24 *BGH* ZIP 2007, 448 Rn 7 ff; NZI 2013, 342 Rn 6.
25 *BGH* NZI 2013, 342 Rn 5 f; **krit** *Römermann/Praß* ZInsO 2013, 482, 485 ff; **aM** im Hinblick auf § 21 Abs 1 S 2 *LG Duisburg* NZI 2013, 91.
26 *OLG Köln* ZInsO 2001, 1112; *Jaeger/Gerhardt* § 75 Rn 12; **aM** L/S/Z/*Smid/Leonhardt* § 6 Rn 22.
27 *LG Göttingen* ZIP 2000, 1945.
28 *BGH* ZIP 2006, 1065.
29 *BGH* 5.7.2011 – IX ZA 42-54/11 Rn 12.
30 *BGH* 5.4.2006 – IX ZB 49/05; *OLG Köln* 26.6.2000 – 2 W 124/00.
31 *BGH* ZIP 2011, 1622 Rn 4 ff; *OLG Saarbrücken* NZI 2000, 179; *OLG Zweibrücken* NZI 2001, 35; *LG Göttingen* NZI 2000, 490.
32 *LG Düsseldorf* KTS 1970, 56 noch zur KO; *A/G/R/Ahrens* § 6 Rn 23.
33 *BGH* 5.5.2002 – IX ZB 198/02; MK/*Ganter/Lohmann* § 6 Rn 18; vgl *BVerfG* NJW 1993, 513 noch für den Konkursverwalter.
34 *BGH* ZIP 2011, 1626 Rn 12; die Unwirksamkeit kann v jedermann in jedem Zusammenhang geltend gemacht werden vgl *Jaeger/Gerhardt* § 78 Rn 3; *K/P/B/Prütting* § 78 Rn 14.
35 *BGH* NZI 2008, 250; NZI 2017, 36; MK/*Stephan* § 302 Rn 16 aE.

gegen die Aufhebung eines InsVerf nach § 258[36] sowie gegen die Nichtzulassung eines erst nach InsEröffnung beantragten Antrags auf Selbstverwaltung zur Abstimmung gem § 271 S 1.[37] Zu vollstreckungsrechtlichen Entsch des InsGer s Rn 12, 15.

8 Gegen eine – deklaratorische – Mitteilung des InsGer, dass ein Eröffnungsantrag in einem **VerbrInsVerf** gem **§ 305 Abs 3 S 2** als zurückgenommen gilt, findet keine sof Beschw nach § 6 statt.[38] Das gilt grds auch, wenn die Mitteilung in BeschlForm erfolgt.[39] Insoweit ist auch § 269 Abs 5 ZPO unanwendbar.[40] Jedoch kann ein solcher Beschl zugleich eine rechtsgestaltende Zurückweisung des Eröffnungsantrags iSv § 34 darstellen, wenn die Anforderungen des InsGer nicht der InsO oder VbrInsVV entsprechen oder nicht erfüllbar sind; einfache rechtliche Mängel genügen indes nicht (erg s § 34 Rn 2, 6).[41] In diesem Fall ist ausnahmsweise ein Rechtsmittel mit einer entspr Rüge ist statthaft;[42] in diesem Fall findet inzidenter eine Überprüfung der Ergänzungsaufforderung statt.[43] Wird ein InsVerf auf Eigenantrag des Schu als VerbrInsVerf eröffnet, steht hiergegen einem Gl ein BeschwRecht nicht einmal mit dem Ziel zu, das Verf als RegelInsVerf fortzuführen (abgrenzend s Rn 4).[44]

9 Die Entsch des InsGer, gem § 306 Abs 1 S 3 v einem SchuldenbereinigungsplanVerf abzusehen, ist unanfechtbar.[45] Dasselbe trifft für die Entsch zu, dem Schu nach § 307 Abs 1 S 1 Gelegenheit zur Nachbesserung des Schuldenbereinigungsplans zu gewähren[46] oder zu versagen;[47] das letztgenannte Vorgehen kann allerdings zu einem nach § 309 Abs 2 S 3 oder § 34 anfechtbaren Beschl führen. Gegen den feststellenden Beschl gem § 308 Abs 1 S 1 über die Annahme eines Schuldenbereinigungsplans ist ebenfalls keine sof Beschw vorgesehen,[48] jedoch wird die gegenteilige Entsch durchweg zu einem nach § 34 anfechtbaren Beschl führen. Eröffnet das InsGer das VerbrInsVerf auf Antrag eines Gl, so ermöglicht § 34 Abs 2 auch die Rüge des Schu, das RegelInsVerf sei zu eröffnen gewesen (s § 34 Rn 2, 7).

10 Soweit danach Entsch nicht gem § 6 anfechtbar sind, gilt dies auch, soweit sie iVm anderen, anfechtbaren Entsch ergehen (vgl Rn 5, 27).[49] Bloße **ZwischenEntsch**, die für sich noch keinen gem § 6 anfechtbaren Inhalt haben, sind nicht selbstständig, sondern ggf zusammen mit

---

36 MK/*Huber* § 258 Rn 8; *Uhlenbruck/Lüer/Streit* § 258 Rn 2.

37 *AG Dresden* ZInsO 2000, 48.

38 StRspr zB *BGH* NJW 2004, 67; NZI 2005, 414; NZI 2009, 900; *OLG Frankfurt* NZI 2000, 137; *OLG Köln* NZI 2000, 317; ZInsO 2000, 401; vgl *Uhlenbruck/Sternal* § 305 Rn 147; **aA** für analoge Anwendung des § 34: *OLG Celle* NZI 2001, 254; *LG Bonn* NZI 2010, 863; *Ahrens* NZI 2000, 201, 206; *Henning* ZVI 2014, 1, 15.

39 *BGH* NZI 2005, 414; *OLG Braunschweig* DZWIR 2001, 467; *LG Berlin* NZI 2000, 546; *LG Göttingen* NZI 2000, 280; vgl *Uhlenbruck/Sternal* § 305 Rn 148; **differenzierend** *LG Oldenburg* NZI 2000, 486; **aM** *LG Potsdam* NZI 2002, 616 Beschwerde gem § 269 Abs 5 ZPO; für Anfechtbarkeit str Entsch auch MK/*Schmahl/Busch* § 34 Rn 32.

40 *BayObLG* NZI 2000, 129; *OLG Frankfurt* NZI 2000, 137; *LG Berlin* NZI 2000, 546; ZInsO 2003, 286; **aA** *OLG Karlsruhe* NZI 2000, 163; *Ahrens* DZWir 1999, 458, 460; *Hoffmann* NZI 1999, 425.

41 *BGH* NZI 2009, 900 Rn 4 f.

42 Vgl *Uhlenbruck/Sternal* § 305 Rn 150; *Sternal* NZI 2003, 214.

43 Vgl *OLG Celle* NZI 2002, 270; *LG Kassel* ZInsO 2002, 1147.

44 *BGH* ZIP 2013, 1139 Rn 15.

45 *LG Berlin* ZInsO 2003, 188.

46 *OLG Köln* NZI 2001, 593.

47 *LG Duisburg* NZI 2001, 102.

48 *BGH* 13.7.2006 – IX ZB 66/04; *LG München I* NZI 2002, 325; *A/G/R/Ahrens* § 6 Rn 26.

49 *BGH* NZI 2007, 238 Rn 9; NZI 2007, 240 Rn 10; *AG Köln* ZIP 2005, 1975; MK/*Ganter/Lohmann* § 6 Rn 8.

der EndEntsch anfechtbar.[50] Die sof Beschw gegen eine Postsperre gem § 99 Abs 3 kann nicht auf Einwendungen gegen einen nicht angefochtenen EröffnungsBeschl gestützt werden.[51] Für Besetzungs- oder Befangenheitsrügen steht ein Rechtsmittel nur nach § 46 Abs 2 ZPO oder allenfalls im Zusammenhang mit einer anfechtbaren Sachentscheidung offen. Gehörsrügen sind nach § 321a Abs 4 S 4 ZPO unanfechtbar. Zu einem Untätigbleiben des InsGer s Rn 16.

2. Entscheidung ohne inneren Bezug zum Insolvenzverfahren. Die Einschränkung des Abs 1 11
greift nur gegenüber Entsch innerhalb des InsVerf (iSv § 2 Rn 4) selbst ein. Die Anfechtbarkeit v Entsch, die lediglich aus Anlass eines InsVerf ergehen, aber dieses nicht sachlich betreffen, wird nicht eingeschränkt.[52] Dementsprechend verbleibt es bei der Ablehnung v Gerichtspersonen (§ 46 Abs 2 ZPO; erg vgl § 4 Rn 5),[53] im **PKH**-Verf (vgl § 127 Abs 2, 3 ZPO)[54], beim VerfAusschluss v Bevollmächtigten (§ 157 ZPO)[55] und bei Gehörsrügen (§ 321a Abs 4 S 4 ZPO)[56] bei § 567 Abs 1 **ZPO** (erg vgl Rn 16). Die KostenEntsch nach Zurücknahme eines InsAntrags kann gem § 269 Abs 5 ZPO angefochten werden,[57] ein BerichtigungsBeschl nach Maßgabe des § 319 Abs 3 ZPO (iVm § 4)[58] und ein Beschl, der die Wiedereinsetzung versagt, nach Maßgabe des § 238 Abs 2 ZPO.[59] Für die Verfahrenswertfestsetzung greift § 68 Abs 1 GKG ein, für den Kostenansatz § 66 Abs 2 GKG. Gegen die Ablehnung der Akteneinsicht an Beteiligte nach § 299 Abs 1 ZPO findet die sof Beschw gem § 567 Abs 1 Nr 2 ZPO statt.[60] Für grundbuchbezogene Rechtsmittel gelten die §§ 71 ff GBO.[61]

Auch wenn das InsGer nur kraft besonderer Zuweisung funktional als **Vollstreckungsgericht** entscheidet, richtet sich der Rechtsmittelzug nach allg vollstreckungsrechtlichen Vorschriften, insb § 793 ZPO.[62] Dies gilt ua für Entscheidungen gem § 765a ZPO;[63] § 36 Abs 4,[64] § 89 Abs 3 (erg s § 89 Rn 34 f),[65] § 148 Abs 2 S 2[66] oder § 292 Abs 1 S 3.[67] Zu den in § 36 12

---

50 **AM** *AG Duisburg* NZI 2000, 607.
51 *OLG Köln* ZIP 2000, 1900.
52 Vgl *Andres/Leithaus* § 6 Rn 6; *A/G/R/Ahrens* § 6 Rn 10; MK/*Ganter/Lohmann* § 6 Rn 6; *Gerhardt* FS Uhlenbruck, 2000, S 79 ff; *Pape* FS Uhlenbruck, 2000, S 56.
53 *BGH* 13.1.2004 – IX ZB 272/03; NZI 2011, 486; *OLG Köln* NZI 2001, 657.
54 *BGHZ* 144, 81 = NZI 2011, 657; *BGH* NZI 2003, 556; *BGH* 18.1.2007 – IX ZB 140/06; *BGH* 17.1.2008 – IX ZB 139/06; *OLG Köln* NZI 1999, 198; NZI 1999, 415; NZI 2001, 211; MK/*Ganter/Lohmann* § 6 Rn 67.
55 *BGH* NZI 2004, 456; NZI 2004, 510.
56 *BGH* 12.10.2006 – IX ZB 33/05.
57 *LG Memmingen* NZI 2000, 278; HambKomm/*Rüther* § 6 Rn 10.
58 *BGH* 12.10.2006 – IX ZB 9/05; erg vgl § 321a Abs 4 S 4 ZPO.
59 Vgl *BGH* 27.9.2007 – IX ZA 8/05; *OLG Brandenburg* NZI 2001, 93; *OLG Zweibrücken* ZInsO 2001, 811.
60 *OLG Celle* ZVI 2004, 114; *AG Göttingen* ZInsO 2002, 385; *Jaeger/Gerhardt* § 4 Rn 38; MK/*Ganter/Lohmann* § 4 Rn 68.
61 *KG* ZIP 2010, 2467; *OLG Hamm* FGPrax 2012, 54; *OLG Köln* FGPrax 2009, 102; *OLG München* FGPrax 2012, 13.
62 *BGH* ZIP 2004, 1379; ZIP 2006, 340 Rn 5; NZI 2006, 669; ZVI 2007, 78; NZI 2008, 93; *BGH* 16.6.2011 – IX ZB 166/11; *A/G/R/Ahrens* § 6 Rn 13.
63 *BGH* 30.7.2010 – IX ZB 158/10 Rn 3.
64 *BGH* NZI 2004, 278; KTS 2007, 353; *BGH* 26.2.2009 – IX ZB 276/08; *LG Aachen* ZInsO 2010, 383.
65 *BGH* ZInsO 2004, 441; *Andres/Leithaus* § 6 Rn 28. Dies gilt auch im Zusammenhang mit Vollstreckungen gem §§ 90 Abs 1, 210: Vgl *BGH* NZI 2006, 697.
66 *BGH* NZI 2006, 699; *BGH* 30.7.2008 – IX ZA 8/08.
67 *BGH* NZI 2006, 246; *BGH* 6.7.2006 – IX ZB 220/04 mit abl Anm v *Paulus* KTS 2007, 353; *BGH* 3.3.2009 – IX ZA 1/09.

Abs 1 S 2 nicht genannten Vorschriften der ZPO – insb § 850b und § 850k – ist fraglich, ob nur eine Erinnerung gem § 11 Abs 2 RPflG in Betracht kommt.[68] Soweit gar keine Rechtsbehelf im VollstreckungsVerf vorgesehen ist, bleibt nur eine Klärung im Prozessweg möglich (s § 35 Rn 86).[69]

13 Ferner sollen die VerfRechte **Drittbetroffener** nicht – in einer wegen Art 19 Abs 4 GG bedenklichen Weise – geschmälert werden;[70] deshalb kann insb die Festsetzung v Ordnungsmitteln gegen Zeugen[71] und SV (§§ 380, 390, 409 ZPO; §§ 178, 180 f GVG) oder ihrer Vergütung (§§ 2f, 16 Abs 2 ZSEG)[72] gem den dafür allg geltenden Vorschriften angefochten werden. Wird ein am Verf unbeteiligter Dritter erstmals durch Zwangsmaßnahmen[73] oder eine KostenEntsch belastet, steht ihm dagegen die sof Beschw nach Maßgabe des § 567 Abs 2 ZPO zu.[74] Gegen die Versagung der Akteneinsicht an Drittbetroffene gem § 299 Abs 2 ZPO findet ein Antrag nach § 23 EGGVG statt.[75]

14 **3. Anschlussbeschwerde.** Sie ist über § 4 nach Maßgabe des § 567 Abs 3 ZPO als unselbstständige zulässig und setzt keine Beschwer voraus.[76] Jedoch muss sie sich auf den mit der HauptBeschw angefochtenen Beschl beziehen und einen Gegenstand betreffen, für den auch eine HauptBeschw stattfinden könnte.[77] Sie ist deshalb ebenfalls auf die nach § 6 Abs 1 anfechtbaren Entsch und die jeweils als anfechtungsberechtigt bezeichneten Personen beschränkt, kann allerdings andere Teile davon angreifen als die HauptBeschw.[78] Ist die Erstbeschwerde unzulässig oder wird sie zurückgenommen, so verliert die AnschlussBeschw gem § 567 Abs 3 S 2 ZPO ihre Wirkung;[79] in diesem Fall trägt der Beschwerdeführer auch die Kosten der AnschlussBeschw.[80] Materiell-rechtliche Hilfsanträge sind unzulässig.[81]

15 **4. Entscheidung des Rechtspflegers.** § 11 RPflG wird durch § 6 nicht berührt.[82] Daher unterliegen Entsch des Rechtspflegers grds – regelmäßig innerhalb zweiwöchiger Frist (§ 11 Abs 1, Abs 2 S 1 RPflG) – einem Rechtsmittel. Derartige „Entsch" des Rechtspflegers sind abzugrenzen v bloß vorbereitenden, nicht endgültig beschwerenden und deshalb unanfechtbaren Maßnahmen (§ 5 Rn 21)[83] oder schlichtem Untätigbleiben.[84] Ist eine Beschw nach **§ 11 Abs 1 RPflG** statthaft (s Rn 3), entscheidet über das Rechtsmittel unmittelbar das Beschwerdege-

---

68 Vgl *BGH* ZInsO 2009, 52; *BGH* 10.8.2009 – IX ZA 26/09.
69 Vgl *BGHZ* 92, 339 = NJW 1985, 976; *BGH* NZI 2009, 824; *Jaeger/Henckel* § 36 Rn 35 f; *Uhlenbruck/Hirte* § 35 Rn 126.
70 *Gerhardt* FS Uhlenbruck, 2000, S 78 f.
71 *Jaeger/Gerhardt* § 5 Rn 20, § 6 Rn 10 zu § 181 GVG.
72 Vgl *LG Potsdam* NZI 2002, 264.
73 *BGH* NZI 2009, 766 Rn 12 ff.
74 *OLG Köln* NZI 2001, 304.
75 *OLG Brandenburg* NZI 2002, 36; *OLG Celle* NZI 2000, 319; *OLG Köln* NJW-RR 1998, 407; vgl *BGH* NZI 2005, 472.
76 *Uhlenbruck/Pape* § 6 Rn 5; vgl auch *BGH* ZInsO 2010, 399; NZI 2011, 978; ZInsO 2012, 51.
77 *A/G/R/Ahrens* § 6 Rn 33; MK/*Ganter/Lehmann* § 6 Rn 52.
78 **Krit** MK/*Ganter/Lohmann* § 6 Rn 52.
79 *K Schmidt/Stephan* § 6 Rn 7; *Uhlenbruck/Pape* § 6 Rn 5.
80 *BGH* NJW-RR 2006, 1147; *KG* NZV 2010, 254; *OLG Frankfurt* NJW 2011, 2671; jew für die Anschlussberufung.
81 Vgl *LG Frankenthal* Rpfleger 1986, 105 noch für Beschwerde nach der KO.
82 StRspr *BGH* NZI 2003, 31; 2008, 250; ZInsO 2011, 777; ZIP 2011, 1170; NZI 2014, 724; *OLG Köln* NZI 2002, 153; vgl *Andres/Leithaus* § 6 Rn 26; MK/*Ganter/Lohmann* § 6 Rn 59 f.
83 Erg *Jaeger/Gerhardt* § 6 Rn 16–23; vgl auch **einerseits** *OLG Düsseldorf* NJW-RR 1996, 32; *OLG Karlsruhe* NJW-RR 1988, 1336; *OLG Köln* NJW-RR 1996, 292; **andererseits** *LG Düsseldorf* ZIP 1985, 628.
84 *LG Köln* ZIP 1997, 2053; *Jaeger/Gerhardt* § 6 Rn 17, 24.

richt; anderenfalls findet die Erinnerung an den InsRichter statt (**§ 11 Abs 2 RPflG**),[85] gegen dessen Entscheidung ist keine weitere Überprüfungsmöglichkeit gegeben. Gem § 11 Abs 3 S 2 RPflG ist zwar die Erinnerung gegen Entsch des Rechtspflegers über die Gewährung eines Stimmrechts (§§ 77, 237 f) ausgeschlossen;[86] dafür gewährt § 18 Abs 3 S 2 RPflG das Recht, **im Termin** eine richterliche Entsch zu beantragen. Zur Abhilfemöglichkeit auch des Rechtspflegers s Rn 31. Das Erinnerungsverfahren nach § 11 Abs 2 RPflG ist gerichtsgebührenfrei (§ 11 Abs 4 RPflG).

5. Außerordentliche Rechtsbehelfe. Soweit § 6 Abs 1 Rechtsmittel ausschließt, ist auch in Fällen „greifbarer Gesetzwidrigkeit" der erlassenen Entsch wegen des verfassungsrechtlichen Gebots der Rechtsmittelklarheit[87] **kein außerordentliches Rechtsmittel** an die übergeordnete Instanz mehr eröffnet.[88] Stattdessen ist das Gericht, v dem die Entsch stammt, selbst berechtigt, diese ausnahmsweise auf eine Gegenvorstellung zu ändern, soweit sie **nicht formell rechtskräftig** (s Rn 50) wird.[89] Auf die – fristgebundene – Rüge einer Verletzung rechtlichen Gehörs ist das erkennende Gericht entspr § 4 iVm **§ 321a ZPO** zur Überprüfung verpflichtet.[90] Nach *BGH*[91] soll allerdings eine sofortige Beschw statthaft sein, die sich gegen eine dem Gesetz fremde, in den grundrechtlich geschützten räumlichen Bereich des Schu eingreifende Maßnahme wendet. Eine solche außerordentliche Beschw genügt aber nicht der v *BVerfGE*[87] geforderten Rechtsmittelklarheit; vorzuziehen ist eine Rüge entspr § 321a ZPO zur fachgerichtlichen Überprüfung vor einer VerfBeschw.[92] Gegen pflichtwidrige **Untätigkeit des InsGer** hilft grds – nur – die Anrufung der Dienstaufsicht.[93] Eine sof Beschw, die einer – ggf anfechtbaren – Entscheidung vor deren Erlass vorgreift, ist unzulässig.[94] 16

III. Beschwerdefrist (Abs 2)

1. Grundsatz. Abs 2 knüpft an die **zweiwöchige BeschwFrist** des § 569 Abs 1 S 1 ZPO an. Als Notfrist ist sie unabänderlich (§ 224 Abs 1 ZPO), unterliegt aber einer **Wiedereinsetzung** (§ 233 ZPO). Unter den Voraussetzungen der Nichtigkeits- oder Restitutionsklage ist auch eine spätere Einlegung nach Maßgabe des § 569 Abs 1 S 3 ZPO zulässig (s § 34 Rn 39). 17

2. Fristbeginn. Abs 2 S 1 bestimmt den Fristbeginn. Im Hinblick auf § 5 Abs 2 wird ein Beginn ab Verkündung seltene Ausnahme (vgl zB § 252 Abs 1), ein solcher ab „Zustellung" (§ 329 Abs 3 ZPO) die Regel sein. Daneben ist § 569 Abs 1 S 2 ZPO bedeutungslos. Die Zustellung an die einzelnen Beteiligten richtet sich nach § 8 und wird ggf mit einheitlicher Wirkung gegen alle Beteiligten durch die öffentliche Bekanntmachung gem § 9 Abs 3 18

---

85 Vgl *BGH* NJW 2003, 210; *OLG Köln* ZInsO 2001, 1112.
86 Dies ist nicht verfassungswidrig: *BVerfG* NZI 2010, 57.
87 *BVerfGE* 107, 395 = NJW 2003, 1924; *BVerfGE* 108, 341 = NJW 2003, 3687.
88 Vgl *BGHZ* 150, 133, 135 f = NJW 2002, 1577; *BGHZ* 159, 14, 18 = NJW 2004, 2224; *BGH* NJW 2003, 3137; *BGH* 23.10.2012 – IX ZA 31/12, Rn 3; MK/*Ganter/Lohmann* § 6 Rn 70 ff, 170 f.
89 *OLG Celle* NZI 2001, 147; ZIP 2001, 797.
90 *BGHZ* 150, 133 136 f = NJW 2002, 1577; *BGH* FamRZ 2006, 695; *BGH* 12.1.2012 – IX ZB 308/11, Rn 2; *OLG Celle* NZI 2003, 55.
91 *BGHZ* 158, 212, 214 ff = NZI 2004, 312 mit abl Anm *Sternal* KTS 2004, 578; ebenso *BGH* NZI 2009, 766 Rn 9; ZInsO 2011, 1499 Rn 7; *LG Göttingen* ZInsO 2005, 1280; NZI 2007, 353; *A/G/R/Ahrens* § 6 Rn 28 ff.
92 Vgl auch *Jaeger/Gerhardt* § 6 Rn 27.
93 *OLG Zweibrücken* NZI 2001, 471; *K/P/B/Prütting* § 6 Rn 10; MK/*Ganter/Lohmann* § 6 Rn 14; *Uhlenbruck/Pape* § 6 Rn 4; vgl *BGH* NZI 2010, 57.
94 Vgl *BGH* ZInsO 2010, 1662.

ersetzt (s § 9 Rn 10);[95] deren Unkenntnis kann allerdings eine Wiedereinsetzung innerhalb der Jahresfrist des § 234 Abs 3 ZPO rechtfertigen.[96] Die Verkündung wirkt gegenüber allen Beteiligten. Eine frühere Zustellung bleibt auch maßgeblich im Verhältnis zu einer späteren öffentlichen Bekanntmachung (erg s § 9 Rn 10).[97] Im Falle des § 194 Abs 3 S 3 beginnt die BeschwFrist schon mit dem Tage, an dem die berichtigende Entsch auf der Geschäftsstelle niedergelegt worden ist. Eine Berichtigung gem § 319 ZPO hat dagegen idR keinen Einfluss auf Beginn und Lauf v Rechtsmittelfristen.[98]

19 Die **Frist läuft**, wenn die Entsch entweder verkündet oder nach Maßgabe der §§ 8, 9 wirksam förmlich zugestellt bzw öffentlich bekannt gemacht ist. Der Lauf und die Länge der Beschwerdefrist ist nicht davon abhängig, dass die Entsch die gesetzlich vorgeschriebene Rechtsbehelfsbelehrung (§ 4 iVm § 232 ZPO) enthält. Eine **fehlende oder unzutreffende Belehrung** hindert den Fristbeginn nicht, kann aber eine Wiedereinsetzung rechtfertigen,[99] wobei gem § 4 iVm § 233 S 2 ZPO ein Fehlen des Verschuldens vermutet wird. Wiedereinsetzung ist ebenfalls möglich, wenn die v einem Beteiligten nach den Rechtsmittelfristen befragte zuständige Stelle des InsGer keine Auskunft erteilt.[100] Eine Wiedereinsetzung scheidet aus, wenn der (anwaltlich) Beteiligte aufgrund vorhandener Kenntnisse keine Rechtsbehelfsbelehrung bedarf.[101] Der an die öffentliche Bekanntmachung anknüpfende Beginn einer zweiwöchigen Frist kann auch gegenüber einem Schu gelten, der zuvor nicht zur Vergütung des vorl InsVerw angehört worden und dem der VergütungsBeschl erst später persönlich zugestellt worden ist; abgrenzend s § 9 Rn 9.[102] Sie ist verfassungsrechtlich zulässig, falls die Bekanntmachung die anzufechtende Entsch hinreichend erkennen lässt.[103] Das ist für Gl nicht der Fall, wenn nur die Tatsache einer Vergütungsfestsetzung, aber gem § 64 Abs 2 S 2 nicht deren wesentlicher Inhalt veröffentlicht wird (erg s § 9 Rn 10);[104] anders verhält es sich gegenüber dem Schu, der vorher zum Festsetzungsantrag gehört worden ist.[105] Zustellungsmängel werden nach Maßgabe des § 189 ZPO durch den tatsächlichen Zugang des Beschl geheilt. Die BeschwFrist ist gem § 222 ZPO iVm §§ 187 f BGB zu berechnen.[106] Sie beginnt gem § 569 Abs 1 ZPO spätestens mit Ablauf v fünf Monaten nach einer Verkündung oder einer formlosen Übermittlung des Beschl; abgrenzend s § 9 Rn 11.[107] Eine unwirksame öffentliche Bekanntmachung iSv § 9 allein kann diese Wirkung aber im Hinblick auf Art 19 Abs 4 GG nicht auslösen, weil sie eine zu geringe Gewähr dafür bietet, dass

---

95 *BGH* NZI 2004, 277; ZIP 2013, 2325; *BayObLG* NZI 2002, 1555.
96 Vgl *LG Frankfurt/Main* ZIP 1995, 1836; MK/*Ganter/Lohmann* § 6 Rn 39a.
97 *BGH* NZI 2004, 341; NZI 2010, 159; *OLG Köln* NZI 2000, 169; *A/G/R/Ahrens* § 6 Rn 38; *Andres/Leithaus* § 6 Rn 8; HambKomm/*Rüther* § 6 Rn 24; MK/*Ganter/Lohmann* § 6 Rn 38; *Uhlenbruck/Pape* § 6 Rn 14; **aM** *LG München I* ZInsO 2000, 684 LS; *Jaeger/Gerhardt* § 6 Rn 32.
98 Vgl *BGHZ* 113, 228, 230 ff; NJW 1991, 1834; *BGH* NJW-RR 2001, 211; 2004, 712; ZInsO 2013, 549 Rn 7.
99 *BGH* NZI 2004, 85; *BGH* 16.10.2003 – IX ZB 35/03.
100 Vgl *BGH* ZInsO 2010, 631 Rn 12; im Anschluss an *BVerfGE* 93, 93, 109 = NJW 1995, 3173.
101 *K Schmidt/Stephan* § 6 Rn 11; vgl allgemein *BGH* NJW-RR 2010, 1297; NJW-RR 2012, 1025.
102 *BGH* ZIP 2012, 1779 Rn 6 f.
103 Vgl *BVerfG* NJW 1988, 1256 unter III.
104 *OLG Celle* NZI 2001, 370.
105 *BGH* NZI 2004, 277.
106 *BGH* ZIP 2013, 2425.
107 *BayObLG* NJW-RR 1992, 597; *OLG Köln* NJW-RR 1994, 445; *OLG Hamburg* MDR 1983, 410; *OLG Zweibrücken* FamRZ 1986, 377; *Musielak/Ball* § 569 Rn 4; **aM** HambKomm/*Rüther* § 6 Rn 24 erneute Zustellung erforderlich.

der einzelne Betroffene die Entsch tatsächlich zur Kenntnis nehmen konnte.[108] Eine nicht vom Richter oder Rechtspfleger unterzeichnete oder verkündete Entsch ist nur ein Entwurf und setzt keine BeschwFrist in Gang.[109] Fristberechnung: § 222 ZPO, §§ 187, 188 BGB.

3. Einlegung der Beschwerde. Die Einlegung einer Beschw ist schon vor Fristbeginn wirksam möglich, sobald die anzufechtende Entsch existent geworden ist, insb den inneren Gerichtsbereich verlassen hat.[110] Gegen eine weder verkündete noch unterzeichnete Entsch ist eine Beschw nur statthaft, wenn der Anschein einer wirksamen GerichtsEntsch geschaffen wurde.[111] **20**

Die Beschw kann **schriftlich** oder **zu Protokoll der Geschäftsstelle** – nicht gegenüber einem verhaftenden GV[112] – eingelegt werden (§ 569 Abs 2, 3 Nr 1 ZPO). Eine telefonische Einlegung ist nicht möglich.[113] Die Beschw muss unterschrieben sein.[114] Anwaltszwang besteht dafür nicht (§ 78 Abs 3 ZPO; vgl auch § 571 Abs 4 ZPO). Der Schriftform steht gem allg Grundsätzen die Übermittlung durch Telegramm,[115] Telefax oder Fernschreiber,[116] und durch Computerfax mit eingescannter Unterschrift[117] oder – soweit diese Möglichkeit gem § 130a Abs 2 ZPO durch entspr VO eröffnet worden ist – durch elektronisches Dokument nach Maßgabe des § 130a ZPO gleich.[118] Die Frist wird – nur – mit Eingang der Beschw **bei dem AG**, das den anzufechtenden Beschl betr ein InsVerf erlassen hat („InsGer" iSv Abs 1 S 2) gewahrt;[119] Abs 1 S 2 verdrängt insoweit § 569 Abs 1 S 1 ZPO, als dieser die Einlegung (auch) beim BeschwGer, dem LG, vorsieht. Das gilt aus Gründen der Rechtsklarheit auch für spätere selbstständige Beschw weiterer Beteiligten (zur AnschlussBeschw s Rn 14).[120] Dagegen können die unmittelbar nach der ZPO statthaften Beschw (§§ 127 Abs 2, Abs 3 S 1, 567 ff, 793 ZPO) wirksam auch beim BeschwG eingelegt werden (erg s Rn 11 ff).[121] Im Falle der Fristversäumnis ist Wiedereinsetzung nach Maßgabe der § 4 iVm §§ 233 ff ZPO möglich. Bei Kostenarmut ist – als Voraussetzung für eine Wiedereinsetzung – idR innerhalb der Frist PKH formgerecht zu beantragen.[122] Wird das Rechtsmittel bei einem unzuständigen Gericht eingelegt, ist Wiedereinsetzung zu bewilligen, falls es bei ordentlichem Geschäftsgang noch rechtzeitig an das zuständige Gericht hätte weitergeleitet werden können.[123] Über die Wiedereinsetzung hat **21**

---

108 *Jaeger/Gerhardt* § 6 Rn 32; MK/*Ganter/Lohmann* § 6 Rn 38.
109 *BGHZ* 137, 49, 51 ff = NJW 1998, 609.
110 Vgl *OLG Frankfurt* FamRZ 1991, 100; MK/*Ganter/Lohmann* § 6 Rn 39.
111 Vgl *BGH* NJW 1995, 404; NJW 1996, 1969.
112 *BGH* 12.10.2006 – IX ZB 6/05.
113 *BGH* NJW-RR 2009, 852 Rn 6 ff.
114 Vgl *OLG Köln* NZI 2000, 435.
115 *OLG Köln* NJW-RR 1990, 894.
116 *BVerfGE* 74, 228 = NJW 1987, 2067.
117 GmSOGB *BGHZ* 144, 160,162 ff = NJW 2000, 2340; *BGH* NJW 2001, 831; *OLG Saarbrücken* GE 2014, 1271; abgrenzend *BGH* NJW 2006, 3784; zur bloßen Wiedergabe des Namens des Rechtsmittelführers vgl *BGH* NJW 2005, 2086.
118 Vgl MK/*Ganter/Lohmann* § 6 Rn 40.
119 Zur (zulässigen) Einlegung gem § 129a ZPO zu Protokoll eines anderen AG vgl *A/G/R/Ahrens* § 6 Rn 46.
120 **AA** *A/G/R/Ahrens* § 6 Rn 47.
121 *A/G/R/Ahrens* § 6 Rn 45.
122 *BGHZ* 148, 60, 69 = NJW 2001, 2720; *BGH* FamRZ 2004, 1548; NJW-RR 2008, 942; NJW-RR 2010, 424; WuM 2013, 377; NJW 2014, 1307; *BGH* 18.5.2017 – IX ZA 9/17; bei fehlendem Verschulden kommt die Frist des § 234 ZPO hinzu: *BGH* NJW 2002, 2180.
123 *BVerfGE* 93, 99, 112 ff = NJW 1995, 3173; *BVerfG* NJW 2005, 2137; *BGHZ* 151, 42, 44 = NJW 2002, 2473; *BGH* AnwBl 2006, 212; MDR 2006, 409; *BGH* 26.1.2006 – IX ZB 225/05; **abgrenzend** *BVerfG* NJW 2001, 1343.

nach § 237 ZPO das BeschwGer – nicht das InsGer, das nach § 572 Abs 1 S 1 HS 1 ZPO lediglich abhelfen darf – zu entscheiden.[124]

22 **4. Verzicht auf Beschwerde; Verwirkung.** Ein **Verzicht** auf die Beschw ist entspr § 515 ZPO wirksam und bewirkt die Unzulässigkeit eines dennoch eingelegten Rechtsmittels.[125] Eine **Verwirkung** des BeschwRechts[126] wird angesichts der nur kurzen Einlegungsfrist (s Rn 17) kaum praktisch werden.

IV. Beschwerdeverfahren

23 **1. Grundsatz.** Das BeschwVerf richtet sich gem § 4 grds nach den §§ 567 ff ZPO, soweit nicht § 6 Abweichungen vorschreibt. BeschwGer ist ausschließlich das **LG** (§ 72 GVG).

24 **2. Beschwerdeberechtigung.** Die BeschwBerechtigung ist jeweils abschließend in den einzelnen Normen bestimmt, welche die Beschw für statthaft erklären (s Rn 3). Andere als die jeweils benannten Personen sind idR nicht beschwerdebefugt, insb nicht der vorl InsVerw gegen die Aufhebung eines allg Verfügungsverbots,[127] der InsVerw gegen die Bestellung eines SonderInsVerw (erg s § 92 Rn 58)[128] oder gegen die Eröffnung eines Zweitinsolvenzverfahrens,[129] der neu gewählte InsVerw, dessen Bestellung das InsGer versagt hat,[130] oder wenn der EröffnungsBeschl aufgehoben[131] oder die vom InsVerw angeregte Einstellung gem § 207 abgelehnt wird,[132] ferner nicht der Schu[133] oder ein einzelner Gl gem § 59 Abs 2 S 2, wenn nicht die GlVersammlung den Antrag auf Entlassung des InsVerw gestellt hatte,[134] und nicht ein Gl gegen einen EröffnungsBeschl (s § 34 Rn 7). Lehnt das InsGer die Einberufung einer GlVersammlung ab, so sind dagegen nur diejenigen Ast beschwerdebefugt, die das Einberufungsquorum (§ 75 Abs 1 Nr 3 oder 4) erfüllen.[135] Der Schu ist im Hinblick auf § 75 Abs 3 auch nicht beschwerdeberechtigt, wenn sein Antrag auf Einberufung einer GlVersammlung von InsGer abgelehnt wird.[136] Ein InsVerw kann – je nach den betroffenen Interessen – für seine Person, zB nach § 58 Abs 2, § 59 (zu Ausnahmen s § 34 Rn 11)[137] oder § 64 Abs 3, oder für die InsMasse (zB gem § 194 Abs 3 S 2) beschwerdeberechtigt sein. Insb hat er die BeschwBefugnis zur Abwehr (unberechtigter) Vergütungsforderungen früherer InsVerw oder eines SonderInsVerw.[138] Ist eine Gesellschaft als solche beschwerdebefugt, so können für sie nur die allg Vertretungsberechtigten und – im Zusammenhang mit dem EröffnungsVerf – die in § 15 genannten Personen handeln;[139] den Kommanditisten steht kein

---

124 *BGH* ZInsO 2010, 631 Rn 9; MK-ZPO/*Gehrlein* § 237 Rn 1; vgl *Stein/Jonas/Roth* § 237 Rn 2.
125 Vgl *BGH* NJW 1984, 805; *A/G/R/Ahrens* § 6 Rn 34; MK/*Ganter/Lohmann* § 6 Rn 35.
126 Vgl *BGH* NJW 1965, 1532; NJW-RR 1989, 768.
127 *BGH* ZIP 2007, 47 f.
128 *BGH* ZIP 2007, 548 Rn 10; ZIP 2007, 550 Rn 26; NZI 2010, 301; **aM** *Jaeger/Gerhardt* § 56 Rn 81; *K/P/B/Lüke* § 56 Rn 77b.
129 *Büttner* ZInsO 2017, 1057, 1058.
130 Umkehrschluss aus § 57 S 4; vgl *OLG Zweibrücken* NZI 2001, 204; MK/*Ganter/Lohmann* § 6 Rn 11; vgl *BVerfG* NZI 2006, 453; *Gaier* ZInsO 2006, 1177.
131 *BGH* NZI 2007, 349; ZIP 2010, 856 LS.
132 *BGH* NZI 2007, 406; *BGH* 10.12.2009 – IX ZB 213/09 Rn 4.
133 *BGH* NZI 2006, 474. Der Schu hat auch kein BeschwRecht gegen die Ablehnung v Zwangsmaßnahmen (§ 58 Abs 2) gegen den InsVerw: *BGH* 2.1.2009 – IX ZB 269/08, Rn 3.
134 *BGH* NZI 2006, 529; vgl auch *LG Cottbus* ZInsO 2009, 2108.
135 *BGH* NZI 2011, 284 Rn 8 ff.
136 *BGH* NZI 2010, 577 Rn 6.
137 *BGH* ZInsO 2010, 2093.
138 *BGH* NZI 2012, 886.
139 *A/G/R/Ahrens* § 6 Rn 55.

BeschwRecht für eine KG zu.[140] Zudem sind die Organe und Gesellschafter allenfalls namens der Gesellschaft beschwbefugt, nicht aber im eigenen Namen (erg s § 34 Rn 7).[141] Gl können – zB nach § 64 Abs 3 S 1 – beschwerdebefugt sein, sobald sie ihre Forderung zum Verf anmelden,[142] auch wenn diese iSv § 176 S 2 bestr wird; dies gilt idR sogar bei Masselosigkeit.[143] Beschwerdeberechtigt sind aber nicht der GlAusschuss – v § 59 Abs 2 S 2 abgesehen – oder die GlVersammlung als solche.

Zusätzlich zur allg BeschwBerechtigung hängt die Zulässigkeit der Beschw weiter davon ab, dass der BeschwFührer durch die angefochtene Entsch im Einzelfall in rechtserheblicher Weise **beschwert** ist. Einerseits reicht eine formelle Beschwer aus, dh wenn dem BeschwFührer etwas versagt wurde, was er beantragt hatte; ergeht eine Entsch antragsgemäß, ist der Ast nicht beschwert.[144] Dies trifft zB zu, wenn der Schu ausschließlich die Eröffnung des VerbrInsVerf beantragt und das InsGer diesen Antrag abweist, weil nur ein RegelInsVerf zulässig gewesen wäre.[145] Jedoch kann es als materielle Beschwer uU genügen, wenn die angefochtene Maßnahme unmittelbar in Rechte oder Pflichten gerade des BeschwFührers eingreift (erg s § 34 Rn 10).[146] Die Beschwer darf sich nicht allein aus NebenEntsch über Kosten oder deren Verweigerung ergeben (zu § 99 ZPO s Rn 4).[147] Sie entfällt insb gegenüber gem § 21 Abs 2 angeordneten Sicherungsmaßnahmen, wenn das InsVerf eröffnet wird;[148] wird damit zugleich eine – endgültige – Postsperre nach § 99 angeordnet, ist diese ggf mit dem EröffnungsBeschl anfechtbar.[149] 25

Die Beschwer muss noch im **Zeitpunkt der Entsch** gegeben sein; ihr Wegfall macht das Rechtsmittel unzulässig.[150] Sie entfällt uU durch Gesetzesänderungen[151] sowie häufig, wenn das InsVerf vor der Entsch über die Beschw aufgehoben oder eingestellt wird (zur Problematik bei §§ 194 Abs 3 S 2, 197 Abs 3 s § 200 Rn 11).[152] Sicherungsmaßnahmen gem § 21 erledigen sich mit deren Aufhebung[153] oder durch InsEröffnung (erg s § 21 Rn 66).[154] Eine solche Entwicklung begründet ein erledigendes Ereignis iSv § 91a ZPO (erg s Rn 35); eine nicht auf die Kosten beschränkte Beschw wird unzulässig.[155] Ein Fortsetzungsfeststellungs-Verf – wie v *BGH*[156] für Fälle eines vorangegangenen Verstoßes gegen Art 13 GG ange- 26

140 *OLG Hamm* KTS 1972, 106.
141 *BGH* 17.7.2008 – IX ZB 48/08, Rn 4; *BGH* 19.2.2009 – IX ZB 198/07 Rn 3; *BGH* 25.8.2009 – IX ZA 31/09 Rn 3 f.
142 *BGH* NZI 2007, 241; MK/*Ganter/Lohmann* § 6 Rn 26; *Gerhardt* FS Uhlenbruck, 2000, S 84 f.
143 *BGH* NZI 2006, 205.
144 *BGH* 23.7.2004 – IX ZB 256/03; *Uhlenbruck/Pape* § 6 Rn 12; *Gerhardt* FS Uhlenbruck, 2000, S 85.
145 *BGH* ZInsO 2008, 1324 Rn 8 ff; *OLG Köln* NZI 2000, 542.
146 *OLG Celle* NZI 2001, 480; *OLG Köln* ZIP 1982, 1364; *A/G/R/Ahrens* § 6 Rn 58; *K/P/B/Prütting* § 6 Rn 27; MK/*Ganter/Lohmann* § 6 Rn 31.
147 Vgl *OLG Koblenz* FamRZ 1991, 100.
148 *BGH* NJW-RR 2008, 1271 Rn 3; *OLG Köln* NZI 2000, 369; *LG Augsburg* ZInsO 2003, 952.
149 *OLG Köln* ZIP 2000, 1900.
150 *BGH* NJW-RR 2004, 1365.
151 Vgl *BGH* ZVI 2002, 360.
152 *A/G/R/Ahrens* § 6 Rn 60; vgl *Jaeger/Gerhardt* § 6 Rn 4.
153 *BGH* NZI 2007, 34; NZI 2007, 231.
154 *BGH* NJW-RR 2008, 1271 Rn 3; *BGH* 11.10.2007 – IX ZB 126/04; *BGH* 16.7.2009 – IX ZB 260/08. Das gilt auch für weitere schwebende InsAnträge: *BGH* NZI 2007, 231; *BGH* 20.9.2007 – IX ZB 241/06.
155 Vgl *BayObLGZ* 1993, 82, 83 ff = FamRZ 1993, 720; im Allg auch *BGH* NZI 2007, 231.
156 *BGHZ* 158, 212, 214 ff = NZI 2004, 312 mit abl Anm *Sternal* KTS 2004, 578; ebenso *BGH* NZI 2009, 766 Rn 9; ZInsO 2011, 1499 Rn 7.

nommen bzw das FamFG in § 62 im Falle der Erledigung kennt – findet in der ZPO keine Grdl.[157] Eine Erledigungserklärung ist auch noch in der BeschwInstanz zulässig, aber nur, wenn das Rechtsmittel selbst zulässig ist.[158] Die Beschwer kann uU nach ihrem Gegenstand v der Fortdauer des InsVerf unabhängig sein,[159] zB bei Einwendungen gegen das Verteilungsverzeichnis (§§ 194, 197), bei Streit über die Vergütung des InsVerw oder deren Deckung. Zur Beschwer durch EröffnungsBeschl vgl § 34 Rn 8, 9, 22.

27 Mit der sof Beschw muss die Beseitigung gerade derjenigen Beschw erstrebt werden, derentwegen das Rechtsmittel statthaft ist.[160] Insb ist eine sof Beschw gegen einen EröffnungsBeschl unzulässig, mit der nur der Eröffnungszeitpunkt angegriffen[161] oder das Ziel verfolgt wird, einen anderen Treuhänder zu bestellen.[162] Der InsVerw kann die sof Beschw gegen die Festsetzung eines Zwangsgeldes (§ 58 Abs 2), in dem er zur Vornahme einer bestimmten Handlung angehalten werden soll, nicht mit Einwendungen gegen die Zulässigkeit der von InsGer getroffenen Aufsichtsanordnung angreifen.[163] Erg s § 34 Rn 9.

28 Gem § 99 Abs 1 ZPO sind **KostenEntsch** nicht isoliert anfechtbar (s Rn 4). Bei – statthaften – Beschw über Kosten muss gem § 567 Abs 2 ZPO der Wert der Beschwer bei Einlegung des Rechtsmittels[164] 200 EUR übersteigen. Dieser Wert bemisst sich bei der Vergütung von InsVerw nach demjenigen Betrag, um den der BeschwFührer durch die angefochtene Festsetzung in seinen Rechten verkürzt zu sein behauptet und in dessen Höhe er die Abänderung der erstinstanzlichen Entscheidung begehrt; ein (erst) in der BeschwInstanz erweitertes Festsetzungsbegehren ist insoweit bedeutungslos.[165] Das **Rechtsschutzinteresse** kann ausnahmsweise fehlen, wenn schon bei Einlegung der Beschw feststeht, dass der BeschwFührer – zB wegen Masselosigkeit – keinerlei Vorteil erlangen kann.[166]

29 **3. Allgemeine Verfahrensvoraussetzungen.** Die allg VerfVoraussetzungen, wie die Beteiligten- und Verfahrensfähigkeit, müssen für jede Beschw vorliegen. Greift der Schu den EröffnungsBeschl (§ 27) mit der Begr an, er – der Schu – sei verfahrensunfähig, so ist er für das BeschwVerf als verfahrensfähig anzusehen. Zur Bewilligung v PKH für das BeschwVerf vgl § 4a Rn 17.

30 **4. Beschwerdeschrift.** Die BeschwSchrift muss die angegriffene Entsch[167] und das Begehren einer inhaltlichen Änderung durch die höhere Instanz für einen bestimmten Beteiligten[168] hinreichend erkennen lassen; ein Antrag auf mdl Erl[169] oder eine zur Vorbereitung einer erstinstanzlichen Entsch eingereichte Stellungnahme kann nicht in eine Beschw gegen diese Entsch umgedeutet werden.[170] Die BeschwSchrift braucht aber weder einen bestimmten Antrag noch zwingend eine Begr zu enthalten;[171] § 571 Abs 1 ZPO enthält nur eine Sollvorschrift. Die Beschw kann gem § 571 Abs 2 S 2 ZPO nicht auf die örtliche – im Gegensatz

---

157 *OLG Köln* ZIP 2000, 1123; **einschr** auch *BGH* ZIP 2007, 439; NZI 2008, 100.
158 *BGH* ZInsO 2004, 201.
159 *A/G/R/Ahrens* § 6 Rn 60; HambKomm/*Rüther* § 6 Rn 18; *Jaeger/Gerhardt* § 6 Rn 3.
160 MK/*Ganter/Lohmann* § 6 Rn 35.
161 *LG Duisburg* NZI 2002, 666.
162 *LG Münster* NZI 2002, 445.
163 *BGH* NZI 2011, 442 Rn 7 ff.
164 Vgl *BGH* 23.2.2012 – IX ZB 255/11, Rn 6; *BGH* 23.2.2012 – IX ZB 257/11 Rn 6.
165 *BGH* NZI 2012, 619 Rn 10 f.
166 Vgl *BGH* NZI 2006, 250 im Anschluss an *BGHZ* 57, 224, 225 = NJW 1972, 112.
167 Vgl dazu *OLG Köln* NZI 1999, 458; NZI 2000, 134.
168 Vgl *LG Potsdam* ZInsO 2007, 999.
169 Vgl *BGH* 30.3.2006 – IX ZB 15/05.
170 *BGH* NJW 2004, 1112.
171 *Jaeger/Gerhardt* § 6 Rn 31; MK/*Ganter/Lohmann* § 6 Rn 41.

zur int – Unzuständigkeit des InsGer gestützt werden (s § 3 Rn 29). Mit ihr können neue Tatsachen und Beweismittel vorgebracht werden (§ 571 Abs 2 S 1 ZPO), jedoch nicht die Befriedigung – nur – des Ast nach einem EröffnungsBeschl (§ 27; vgl § 34 Rn 22). Das BeschwGer kann nach § 571 Abs 3 eine Frist für neues Vorbringen setzen. Kündigt der BeschwFührer eine Begr in bestimmter Frist an, muss das BeschwGer entweder diese abwarten oder eine angemessene, kürzere eindeutig bestimmen.[172] Vor einer wenigstens tw abändernden Entsch – auch iRd Abhilfe – ist als BeschwGegner zu hören, wer dadurch Rechte verlieren würde v der Zurückweisung verspäteten Vorbringens gem § 571 Abs 3 S 2 ZPO abgesehen, hat das BeschwerGer neuen Tatsachenvortrag bis zu abschließenden Entsch zu berücksichtigen.[173]

5. Abhilfe. Beschl des InsGer, die mit sof Beschw angreifbar sind, können grds innerhalb laufender BeschwFrist von Amts wegen geändert werden.[174] Überdies verpflichtet § 572 Abs 1 S 1 ZPO das InsGer, auf die sof Beschw eine Abhilfe zu prüfen. Das gilt wegen der pauschalierenden Regelung – unabhängig v einem Beschleunigungsbedürfnis im Einzelfall – auch nach Entsch gem § 91a ZPO.[175] Die **Abhilfebefugnis** erstreckt sich nicht auf Hilfsanträge, die erst mit der sof Beschw gestellt werden.[176] Vor einer Abhilfe steht dem InsGer bei zulässiger Beschw die Möglichkeit zur einstweiligen Aussetzung der Vollziehung zu (§ 570 Abs 2 ZPO). „InsGer" ist auch der Rechtspfleger, der seinerseits zur Abhilfe berechtigt und ggf verpflichtet ist.[177] Die Abhilfe muss – nach Ablauf einer bestimmten oder angemessenen BegrFrist[178] – gem § 572 Abs 1 S 1 HS 2 ZPO unverzüglich geprüft werden; ein zuvor nicht gewährtes rechtliches Gehör ist nachzuholen.[179] Über die Frage der Abhilfe muss **durch Beschl** entschieden werden. Dieser ist zu begründen, wenn der angefochtene Beschl keine Begr enthielt oder soweit der BeschwFührer neue Gesichtspunkte oder Tatsachen vorträgt.[180] Eine Abhilfe kann selbst wieder für einen anderen Beteiligten – erstmals – die sof Beschw eröffnen.[181] Trifft das InsGer über eine sof Beschw gegen einen v ihm erlassenen Beschl ohne Vorlage an das LG selbst die Entsch, so ist diese unwirksam; das LG ist zur Entsch auch über die vermeintliche EndEntsch des InsGer anzurufen, soweit diese über eine AbhilfeEntsch hinausgeht.[182] 31

6. Aussetzung der Vollziehung. Die sof Beschw nach § 6 hat grds **keine aufschiebende Wirkung.**[183] Das gilt entgegen § 570 Abs 1 ZPO auch für die Haftanordnung gegen den Schu, weil diese Vorschrift keine sachliche Einschränkung für das InsVerf bewirken soll.[184] Stattdessen ist eine sofortige Entsch des BeschwGer anzustreben. Dieses kann die Vollziehung 32

---

172 Vgl *BVerfG* ZIP 1986, 1336; ZIP 1988, 1409; *OLG Brandenburg* NZI 2001, 44; *LG Göttingen* ZInsO 2002, 682.
173 *OLG Karlsruhe* NZI 2000, 375.
174 *BGH* NZI 2006, 599; *A/G/R/Ahrens* § 6 Rn 67; MK/*Ganter/Lohmann* § 6 Rn 88; **aM** *Jaeger/Gerhardt* § 6 Rn 38.
175 *LG Göttingen* ZIP 2000, 32; **aA** *Holzer* EWiR 2000, 297.
176 *BGH* NZI 2007, 166.
177 *OLG Köln* ZIP 2002, 446; *Braun/Baumert* § 6 Rn 26, 53; *Jaeger/Gerhardt* § 6 Rn 36; MK/*Ganter/Lohmann* § 6 Rn 45.
178 Vgl *LG Erfurt* ZIP 2003, 1955.
179 *LG München I* ZInsO 2001, 813.
180 *OLG Celle* NZI 2001, 599; *LG München I* ZInsO 2001, 425; FK/*Schmerbach* § 6 Rn 64 f; MK/*Ganter/Lohmann* § 6 Rn 48; *K Schmidt/Stephan* § 6 Rn 18.
181 HambKomm/*Rüther* § 6 Rn 25; *Jaeger/Gerhardt* § 6 Rn 37; MK/*Ganter/Lohmann* § 6 Rn 49; *Uhlenbruck/Pape* § 6 Rn 15.
182 *BGH* NJW-RR 2009, 718 Rn 7 f.
183 *BGH* NJW 1975, 692; NZI 2013, 489; MK/*Ganter/Lohmann* § 6 Rn 51.
184 *LG Göttingen* NZI 2005, 339; *K Schmidt/Stephan* § 6 Rn 14; *Ahrens* NZI 2005, 299, 302 ff.

der angefochtenen Entsch – unanfechtbar[185] – vorl aussetzen (§ 570 Abs 3 ZPO). Die Aussetzung sollte idR nur angeordnet werden, wenn das Rechtsmittel zulässig und die Rechtslage zumindest zw ist sowie dem BeschwFührer durch die Vollziehung größere Nachteile drohen als den anderen Beteiligten im Falle der Aufschiebung der vom InsGer beschlossenen Maßnahme.[186] Die Aussetzung eines EröffnungsBeschl hat nur begrenzte Wirkungen.[187] Eigenständige Sicherungsmaßnahmen, die über die Aussetzung hinausgehen, darf nur das InsGer treffen.[188]

33 **7. Verfahren des Beschwerdegerichts.** Die sof Beschw eröffnet eine vollständige zweite Tatsacheninstanz.[189] Dem BeschwFührer, der keine alsbaldige Begründung ankündigt, sind dafür idR 2 Wochen zu lassen.[190] Das BeschwGer kann **ohne mündliche Verhandlung** entscheiden (§ 128 Abs 4 ZPO); Anwaltszwang besteht bei ihm nur im Falle mündlicher Verhandlung (vgl §§ 78 Abs 1, 571 Abs 4 ZPO). Die Ermittlungspflicht des § 5 Abs 1 gilt auch für das BeschwGer.[191] Maßgeblich ist gem § 571 Abs 2 S 1 ZPO grds der Sach- und Streitstand im Zeitpunkt der BeschwEntscheidung.[192] Zur Prüfung der Zulässigkeit der Beschw genügen grds Mittel des Freibeweises; reichen diese aber nicht zur Überzeugungsbildung aus, hat das Gericht förmlich Beweis zu erheben.[193] Zur Begründetheit darf es ua **ErmessensEntsch des InsGer** voll überprüfen[194] oder die angefochtene Entsch m anderer Begründung bestätigen.[195] Hatte das InsGer das **rechtliche Gehör** eines Beteiligten verletzt, so kann das Gericht der ErstBeschw den Verstoß durch Nachholung des rechtlichen Gehörs heilen.[196] Über den Antrag des BeschwFührers darf das BeschwGer nicht hinausgehen (vgl § 4 iVm § 308 ZPO).[197] Entspr §§ 528 S 2, 557 Abs 1, 577 Abs 2 S 1 ZPO darf der alleinige BeschwFührer nicht schlechter gestellt werden.[198] Hatte an der angefochtenen Entsch ein abgelehnter Richter mitgewirkt, wird dieser VerfVerstoß durch eine spätere rechtskräftige Zurückweisung des Ablehnungsgesuchs geheilt.[199] Zuständig für die Entsch ist der Einzelrichter nach Maßgabe des § 568 ZPO; zur Zulassung der Rechtsbeschw s Rn 38 ff. Die Beschw darf nicht als unzulässig verworfen werden, ohne dass mindestens gleichzeitig über ein gestelltes Wiedereinsetzungsgesuch entschieden wird.[200] Eine beschleunigte Entsch gebietet § 253 Abs 4.

34 Die **Entsch des BeschwGer** ergeht durch Beschl, der regelmäßig aus allg rechtsstaatlichen Gesichtspunkten zu begründen ist, indes nicht verkündet werden muss. Zur Notwendigkeit

---

185 *BGH* 12.10.2006 – IX ZB 33/05.
186 *BGH* NZI 2003, 338; WuM 2003, 509; WuM 2005, 262; WuM 2009, 678; ZInsO 2009, 432.
187 Vgl *K/P/B/Prütting* § 6 Rn 32 f.
188 Vgl *BGH* NZI 2006, 122.
189 *BGH* ZIP 2007, 90 Rn 20.
190 *BGH* 24.9.2009 – IX ZB 285/08. Rn 2; *A/G/R/Ahrens* § 6 Rn 64.
191 Vgl *BGH* ZInsO 2012, 1236 Rn 6; *OLG Hamm* MDR 1972, 521 Nr 87; ferner *BGH* ZIP 2006, 2187 zur Einschränkung der Dispositionsmaxime.
192 *BGH* NZI 2008, 391 Rn 6 f; NJW-RR 2009, 211 Rn 9. S aber § 34 Rn 21 f zur Zahlungsunfähigkeit.
193 Vgl *BGH* NJW 2000, 814.
194 *BGH* WM 2012, 1127 Rn 6; *Jaeger/Gerhardt* § 6 Rn 42; MK/*Ganter/Lohmann* § 6 Rn 53a.
195 Vgl *BGH* NZI 2009, 864 Rn 3; ZIP 2011, 1187 Rn 6.
196 *BVerfG* NZI 2002, 30; *BGH* NZI 2003, 647; ZVI 2004, 24; NZI 2011, 282 Rn 9 ff; *KG* NZI 2001, 379; *OLG Karlsruhe* ZIP 1982, 193; *OLG Köln* NZI 2000, 480.
197 *BGH* NZI 2006, 45; MK/*Ganter/Lohmann* § 6 Rn 72.
198 *BGHZ* 159, 122, 124 f = NZI 2004, 440; ZIP 2007, 45; *Jaeger/Gerhardt* § 6 Rn 44; MK/*Ganter/Lohmann* § 6 Rn 72; *Uhlenbruck/Pape* § 6 Rn 20.
199 *BVerfG* ZIP 1988, 174; *BGH* ZVI 2004, 753.
200 *OLG Köln* ZIP 2000, 197.

einer Sachverhaltsdarstellung s Rn 46. Auch über Hilfsanträge ist zu entscheiden, soweit der Hauptantrag erfolglos bleibt.[201] Ist die Zulässigkeit des Rechtsmittels zweifelhaft, aber dessen Unbegründetheit gewiss, darf das BeschwGer in der Sache entscheiden, falls dies keine weitergehenden Folgen hat als die Verwerfung (als unzulässig) und auch im Übrigen keine Interessen der Parteien entgegenstehen.[202] Das BeschwGer darf seine Entsch auf andere Gründe stützen als das InsGer.[203] Die Grundsätze des **ne ultra petita**[204] sowie des **Verbots der reformatio in peius** sind beachten. Auch im Falle der Aufhebung und Zurückverweisung darf der BeschwFührer nicht schlechter als bei einer eigenen Sachentscheidung des Rechtsmittelgerichts gestellt werden.[205] Das BeschwGer hat zwar das Vorbringen der VerfBeteiligten zur Kenntnis zu nehmen, muss sich aber nicht mit jedem derartigen Vorbringen in der Begründung ausdrücklich befassen.[206] Tatsächliches Vorbringen einer Partei, das zwar nach der BeschlFassung aber vor Herausgabe des (nicht verkündeten) Beschl ergeht, ist zu berücksichtigen.[207] Das BeschwGer hat gem § 572 Abs 3 ZPO eine – im Vergleich mit § 538 ZPO erweiterte – Befugnis zur Zurückverweisung der Sache an das InsGer.[208] Hat der Rechtspfleger anstelle des funktionell zuständigen Richters entschieden (§ 8 Abs 4 S 1 RPflG), so ist die Sache zurückzuverweisen.[209] Das InsGer und alle G in späteren Rechtsmittelzügen sind entspr § 563 Abs 2 ZPO an die tragenden Gründe der BeschwEntsch gebunden.[210] Eine (weitere) Zurückverweisung ist ausgeschlossen, wenn zuvor das RechtsBeschwGer die Sache an das LG zurückverwiesen hatte.[211]

Über die **Kosten** ist gem § 97 ZPO oder §§ 91 ff ZPO zu befinden,[212] sofern ein Beschw- 35
Gegner vorhanden ist.[213] Hatte ein InsVerw erfolglos einen gegen ihn gerichteten ZwangsgeldBeschl (§ 58 Abs 2) angefochten, fallen die Kosten ihm persönlich – nicht der InsMasse, für die er bestellt ist – zur Last (erg s Rn 24).[214] Wird die Sache in die Vorinstanz zurückverwiesen, kann dieser auch die Entsch über die Kosten des BeschwVerf übertragen werden, sofern ein endgültiger Erfolg des Rechtsmittels noch nicht feststeht. Ein Antrag auf Erledigung der Hauptsache (§ 91a ZPO) kann in der BeschwInstanz sowohl zwei- als auch einseitig gestellt werden (vgl § 14 Rn 58 ff), aber wirksam nur, falls das Rechtsmittel zulässig war.[215] Eine fehlerhafte erstinstanzliche KostenEntsch kann nicht von Amts wegen korrigiert werden, wenn das Rechtsmittel als unzulässig verworfen wird.[216] Anfallende Gerichtskosten: Nr 2360, 2361 KV GKG. Anfallende Rechtsanwaltsgebühren: Nr 3500, 3513 VV RVG. Wertberechnung: §§ 58 Abs 2, 47 GKG, § 28 RVG. Kosten für Rechtsmittel, welche Schu nach InsEröffnung einlegen, fallen deren freiem Vermögen, nicht aber der Ins-

201 *BGH* NZI 2007, 166.
202 *BGH* NZI 2006, 606; *A/G/R/Ahrens* § 6 Rn 81.
203 *BGH* NZI 2009, 864 Rn 3.
204 Vgl *BGH* NZI 2007, 45.
205 *BGH* NZI 2004, 440; MK/*Ganter/Lohmann* § 6 Rn 72; *Uhlenbruck/Pape* § 6 Rn 20.
206 *BVerfG* NJW 1992, 1031; *BGH* GRUR 2009, 90 Rn 7; *BGH* 21.12.2010 – IX ZB 36/10 Rn 3.
207 *BGH* NZI 2012, 721 Rn 7 f.
208 Zu Teilübertragungen bei Erlass eines EröffnungsBeschl durch das BeschwGer s § 34 Rn 32.
209 *BGH* NZI 2005, 520.
210 *BGH* 19.4.2007 – IX ZB 176/06; *BGH* 23.2.2012 – IX ZB 242/10, Rn 1; *A/G/R/Ahrens* § 6 Rn 84; HambKomm/*Rüther* § 6 Rn 29.
211 *OLG Celle* NZI 2001, 599; *OLG Köln* NZI 2001, 323.
212 *OLG Celle* NZI 2001, 550; HambKomm/*Rüther* § 6 Rn 30; MK/*Ganter/Lohmann* § 6 Rn 83.
213 Vgl hierzu *OLG Koblenz* Rpfleger 1989, 339.
214 Vgl *BGH* 5.2.2004 – IX ZB 67/03.
215 Vgl *BGH* NZI 2004, 216; NZI 2005, 108; ZInsO 2006, 264; NJW-RR 2009, 422 Rn 3; *BGH* 27.9.2012 – IX ZB 3/12 Rn 3.
216 Vgl *BGH* FamRZ 2006, 860; *A/G/R/Ahrens* § 6 Rn 88.

Masse zur Last.[217] Einen vom InsGer festgesetzten Beschwerdewert kann das BeschwGer nach Maßgabe des § 63 Abs 3 GKG v Amts wegen ändern. Im Falle der Zulassung der Rechtsbeschwerde (s Rn 38 ff) bedarf es zudem einer Rechtsbehelfsbelehrung.[218]

36 **8. Wirksamwerden der Entscheidung.** Die Entsch des LG über die Beschw wird nach Abs 3 S 1 erst mit ihrer **formellen Rechtskraft** wirksam; dadurch soll ein wiederholter Wechsel in der Verbindlichkeit folgenschwerer Entsch verhütet werden. Hebt also das LG auf Beschw den EröffnungsBeschl des InsGer auf, bestätigt dagegen auf weitere Beschw der BGH den EröffnungsBeschl, so haben InsBeschlag und Bestellung des InsVerw ununterbrochen fortbestanden; erneuter Anordnungen bedarf es nicht (erg s Rn 49).[219]

37 Das BeschwGer kann jedoch – nur gleichzeitig mit der Entsch in der Sache – nach seinem Ermessen die sof **Wirksamkeit** seiner Entsch **anordnen** (Abs 3 S 2). Damit werden – auflösend bedingt durch eine spätere Aufhebung der Entsch – deren volle Wirkungen umfassend ausgelöst. Erlässt das BeschwGer selbst erstmals den EröffnungsBeschl, so sollte es zugleich die sof Wirksamkeit anordnen, um Gefahren v den Gl abzuwenden und das Verf gem §§ 27–33 sofort einleiten zu können.[220] Die Anordnung ist nicht selbstständig anfechtbar. Wird der für sofort wirksam erklärte Beschl des BeschwGer in dritter Instanz aufgehoben, so löst dies keine Schadensersatzpflicht des unterliegenden Teils entspr § 717 Abs 2 oder § 945 ZPO aus, weil nicht dieser, sondern der Richter die Anordnung der vorl Wirksamkeit verantwortet.[221]

V. Rechtsbeschwerde

38 **1. Zulassung.** Infolge der Aufhebung des § 7 gelten für Rechtsmittel gegen alle Entsch der BeschwGer, welche seit dem 28.10.2011 erlassen worden sind,[222] § 4 iVm §§ 574 ff ZPO unmittelbar. Grds findet die Rechtsbeschwerde gegen BeschwEntsch nach § 6 nur unter den Voraussetzungen des § 574 Abs 1 Nr 2 und Abs 3 ZPO statt. Danach hat das LG die RechtsBeschw zuzulassen, wenn eine der Voraussetzungen des **§ 574 Abs 2 Nr 1** oder **Nr 2 ZPO** vorliegt (s Rn 41 ff).

39 **a) Zulassungsgründe.** § 574 Abs 2 ZPO setzt stets voraus, dass über eine entscheidungserhebliche, klärungsbedürftige und – fähige **Rechtsfrage** zu entscheiden ist; eine Richtigkeitskontrolle im Einzelfall genügt nicht. Eine Rechtsfrage liegt vor, soweit es um die Subsumtion eines verallgemeinerungsfähigen Lebenssachverhalts unter einen Normtatbestand und die sich daraus ergebenden Rechtsfolgen geht.[223] Insb stellt das richtige Verständnis eines unbestimmten Rechtsbegriffs — zB Zahlungsunfähigkeit (§ 17 Abs 2), Glaubhaftmachung,[224] die Verhältnismäßigkeit einer Haftanordnung (§ 98 Abs 2, 3),[225] Schlechterstellung v Gl durch einen Ins- oder Schuldenbereinigungsplan (§ 245 Abs 1 Nr 1, § 309 Abs 1 S 2 Nr 2)[226] oder die Angemessenheit eines Vergütungsbruchteils (§ 11 Abs 1 InsVV)[227] – eine

217 *OLG Celle* ZIP 2001, 621; *Andres/Leithaus* § 6 Rn 23; MK/*Ganter/Lohmann* § 6 Rn 83.
218 **AA** *K Schmidt/Stephan* § 6 Rn 25, der übersieht, dass im BeschwVerf kein Anwaltszwang besteht.
219 Vgl *RG* WarnRspr 1940 Nr 112; HambKomm/*Rüther* § 6 Rn 31; MK/*Ganter/Lohmann* § 6 Rn 74.
220 MK/*Ganter/Lohmann* § 6 Rn 76.
221 *RG* LZ 1908, 303 Nr 32; *Jaeger/Gerhardt* § 6 Rn 50; *K/P/B/Prütting* § 6 Rn 33.
222 Zum Stichtag vgl *BGH* ZInsO 2012, 218 Rn 5; ZIP 2012, 1146, Rn 7 ff; *Wenz* ZInsO 2011, 2120; **aM** *Zimmer* ZInsO 2011, 1689, 1695 zu 5.
223 *A/G/R/Ahrens* § 6 Rn 107; HambKomm/*Rüther* § 7 Rn 7.
224 Vgl *BayObLG* ZInsO 2001, 1012.
225 *BGH* ZIP 2003, 1953; NZI 2004, 26.
226 Vgl *OLG Zweibrücken* InVo 2003, 64.
227 *BGH* ZIP 2004, 1519 f.

nachprüfbare Rechtsfrage dar. Dagegen ist insb die Beurteilung, welcher Bruchteil der Vergütung des vorl InsVerw unter Berücksichtigung v Art, Dauer und Umfang seiner Tätigkeit gem § 11 Abs 1 InsVV festzusetzen ist, grds nicht mit einer RechtsBeschw zu überprüfen.[228] Dasselbe gilt zB für die Bewertungen, ob und in welcher Höhe Zu- oder Abschläge auf den Regelsatz einer Vergütung vorzunehmen sind,[229] ob vorgelegte Beweismittel im Einzelfall für eine Glaubhaftmachung ausreichen,[230] ob die Beiordnung eines RA aufgrund der beim jeweiligen Schu vorliegenden Umstände geboten erscheint,[231] ob eine festgestellte Interessenkollision den gewählten InsVerw für die ihm bevorstehende Aufgabe ungeeignet werden lässt,[232] oder ob sich die wirtschaftliche Lage eines bestimmten Gl bei Annahme eines Schuldenbereinigungsplans verschlechtert.[233]

Die aufgeworfene Rechtsfrage muss zudem im Einzelfall **entscheidungserheblich** sein. Das trifft insb nicht zu, wenn aufgrund der Feststellungen des BeschwGer ein anderer Lösungsweg zum selben Erg führt.[234] – Ferner muss die Rechtsfrage klärungsbedürftig sein. Dies setzt voraus, dass ihre Beantwortung zw ist, oder wenn zu ihr unterschiedliche Auffassungen vertreten werden und die Frage höchstrichterlich noch nicht geklärt ist.[235] Hierbei ist die Klärung zu berücksichtigen, welche bereits die Rspr des BGH oder der OLG aufgrund des § 7 aF erbracht hat.[236] Eine vereinzelte divergierende Entsch eines InsGer begründet noch keinen Klärungsbedarf.[237] 40

b) Bedeutung für die Allgemeinheit. Rechtsfragen sind m der RechtsBeschw nur zu klären, wenn sie eine qualifizierte Bedeutung für die Allgemeinheit aufweisen. Diese Voraussetzung hat das LG gem § 574 Abs 3 S 1 ZPO vor einer Zulassung der RechtsBeschw zu prüfen. Bei auslaufendem Recht kommt eine solche Bedeutung nur in Betracht, wenn entweder noch über eine erhebliche Anzahl von Fällen nach altem Recht zu entscheiden oder die Frage für das neue Recht weiter v Bedeutung ist.[238] § 574 Abs 2 ZPO legt die Voraussetzung in alternativer Form wie folgt fest: 41

Gem **Nr 1** des § 574 Abs 2 ZPO kann die RechtsBeschw zuzulassen sein, wenn die Rechtssache grundsätzliche Bedeutung hat.[239] Eine solche Bedeutung kann einerseits die Klärung einer Rechtsfrage haben, die in einer unbestimmten Vielzahl v Fällen auftreten kann.[240] Hieran fehlt es insb, wenn nur (mehrere) für sich gleichliegende Einzelfälle betroffen werden.[241] – Andererseits kann Bedeutung für die Allgemeinheit vorliegen, wenn deren Interessen durch andere Auswirkungen des InsVerf in besonderem Maße berührt werden und dies ein Tätigwerden des BGH erforderlich macht. Das kann sich insb aus dem tatsächlichen 42

---

228 *BGH* ZIP 2002, 509; *OLG Köln* NZI 2001, 662.
229 *BGH* ZIP 2008, 1618 Rn 3.
230 Vgl *OLG Celle* ZInsO 2001, 1106; *OLG Dresden* NZI 2001, 320 LS.
231 *BGH* ZInsO 2003, 124.
232 *OLG Celle* NZI 2001, 551.
233 *OLG Zweibrücken* NZI 2001, 663.
234 Vgl *BGH* NJW 2003, 831; WM 2003, 992; *BGH* 14.12.2004 – XI ZB 20/04.
235 Vgl *BGH* NZI 2010, 582 Rn 3; NJW-RR 2010, 1047 Rn 3.
236 *BGH* NJW 2002, 2945; NZI 2003, 647; NZI 2004, 277.
237 *BGH* ZInsO 2011, 835 Rn 3.
238 Vgl *BGH* NJW 2003, 1943; NJW 2004, 289; NJW 2004, 1167; ZInsO 2009, 535.
239 Zum Begriff vgl *BGHZ* 156, 179, 190 f; *BGHZ* 159, 135, 137 = NJW 2004, 2222; *BGH* WM 2002, 1811; *BGH* 6.7.2006 – IX ZB 281/05.
240 Vgl *BGHZ* 151, 221, 223 f = NJW 2002, 3029; *BGHZ* 152, 182, 191 = NJW 2003, 65; *BGHZ* 154, 288, 291 = NJW 2003, 1943; *BGH* NJW 2003, 831.
241 Vgl *BGH* 2.6.2005 – IX ZR 91/02.

oder wirtschaftlichen Gewicht der Sache für die beteiligten Kreise des Rechtsverkehrs ergeben,[242] zB wenn das InsVerf über ein bundesweit bedeutsames Unternehmen eröffnet werden soll und die Voraussetzungen dafür umstr sind.[243] Nötig ist aber auch hierbei stets, dass diese Bedeutung gerade v der Klärung einer zweifelhaften und entscheidungserheblichen Rechtsfrage abhängt.

43 Nach **Nr 2 Fall 1** des § 574 Abs 2 ZPO ist es ein Zulassungsgrund, dass die **Fortbildung des Rechts** eine Entsch des BGH erfordert. Dies trifft zu, wenn der Einzelfall Anlass gibt, Leitsätze für die Auslegung v Gesetzesbestimmungen des materiellen oder formellen Rechts aufzustellen oder Gesetzeslücken aufzufüllen.[244] Das kann schon der Fall sein, wenn es zwar noch keine abweichende Rspr, aber Meinungsverschiedenheiten in der Lit gibt oder wenn eine Rechtsfrage erstmals auftritt.[245]

44 **Nr 2 Fall 2** des § 574 Abs 2 ZPO sieht als Zulässigkeitsgrund vor, dass die **Sicherung einheitlicher Rspr** eine Entsch des BGH erfordert. Davon ist auszugehen, wenn nur so zu vermeiden ist, dass – angesichts der Bedeutung der vom LG zu treffenden Entsch – schwer erträgliche Unterschiede in der Rspr entstehen oder fortbestehen.[246] Dies kommt insb bei Divergenzen in Betracht, dh wenn in dem zu erlassenden Beschl in entscheidungserheblicher Weise (erg s Rn 40)[247] ein abstrakter Rechtssatz aufgestellt wird, der v einem in anderen – bereits existenten[248] – Entsch eines mindestens gleichgeordneten[249] Gerichts bereits aufgestellten abstrakten Rechtssatz abweicht.[250]

45 **c) Zulassungsentscheidung.** Über die Zulassung hat allein **das BeschwGer** zu entscheiden. Eine Zulassung kann nur durch die mit **drei Richtern besetzte Kammer** ausgesprochen werden. Sieht der zuständige Einzelrichter Veranlassung für eine Zulassung der Rechtsbeschwerde, muss er die Sache auf die Kammer übertragen.[251] Die Zulassung muss in der Beschwerdeentscheidung selbst ausgesprochen und kann auf abtrennbare Teile des Streitstoffs – aber nicht auf die Zulässigkeit der ErstBeschw – beschränkt werden.[252] Gegen eine Kostenentscheidung nach § 91a ZPO darf die RechtsBeschw nicht aus materiell-rechtlichen Gründen zugelassen werden, weil es nicht Zweck v KostenVerf ist, Rechtsfragen v grds Bedeutung zu klären oder das materielle Recht fortzubilden.[253] Eine **nachträgliche Zulassung** ist (lediglich) als Berichtigung zulässig, falls jene im ursprünglichen Beschl erkennbar

---

242 *BGHZ* 152, 182, 192 = NJW 2003, 65; *BGHZ* 154, 288, 292 = NJW 2003, 1943; *BGH* NJW 2003, 3765.
243 Vgl amtl Begr BReg zu § 543 Abs 2 ZPO, BT-Drucks 14/4722, 104.
244 *BGHZ* 151, 221, 225 = NJW 2002, 3029; *BGHZ* 154, 288, 292 = NJW 2003, 1943; *BGH* NJW-RR 2003, 132; FamRZ 2004, 182.
245 MK/*Ganter/Lohmann* § 6 Rn 98.
246 *BGHZ* 152, 182, 187 = NJW 2003, 65; *BGHZ* 159, 135, 139 = NJW 2004, 2222.
247 Vgl *Jaeger/Gerhardt* § 7 Rn 10.
248 *BGH* NJW 2003, 3781.
249 Vgl *BGH* 17.4.2008 – IX ZB 147/05, Rn 3; *BGH* 8.6.2010 – IX ZB 162/09, Rn 2; MK/*Ganter/Lohmann* § 6 Rn 99.
250 *BGHZ* 151, 42, 45 = NJW 2002, 2473; *BGHZ* 151, 221, 225 f = NJW 2002, 3029; *BGHZ* 154, 288, 292 f = NJW 2003, 1943; *BGH* FamRZ 2004, 182; ZIP 2007, 2074 Rn 2.
251 StRpr vgl nur *BGHZ* 154, 200 = NZI 2003, 398; *BGH* ZInsO 2012, 1439; NZI 2015, 132, ZInsO 2017, 1426.
252 *BGH* NJW 2012, 858 Rn 10; MK/*Ganter/Lohmann* § 6 Rn 92.
253 *BGH* NJW-RR 2009, 422 Rn 5; NJW-RR 2009, 425 Rn 9; WuM 2011, 242 Rn 7; *BGH* 14.5.2013 – VIII ZB 51/12 Rn 6.

beabsichtigt war, also der Ausspruch nur versehentlich unterblieben ist; anderenfalls ist die Zulassung unwirksam;[254] der BGH kann nicht eine Zulassung nachholen.[255]

46 Darüber hinaus kann eine Anhörungsrüge nach § 321a ZPO (nur) dann zu einer wirksamen Zulassung der RechtsBeschw führen, falls das BeschwVerf auf Grund des Gehörsverstoßes fortgesetzt wird und sich erst aus dem anschließend gewährten rechtl Gehör ein Zulassungsgrund ergibt.[256] Die Entscheidung, die RechtsBeschw nicht zuzulassen, ist **nicht anfechtbar**;[257] eine Nichtzulassungsbeschwerde sieht das Gesetz nicht vor. Unanfechtbar ist auch die Zulassungsentscheidung; stammt diese allerdings vom einem **Einzelrichter** des LG, so ist die Entscheidung objektiv willkürlich und unterliegt wegen des Verstoßes gegen das Verfassungsgebot des gesetzlichen Richters (Art 101 Abs 1 S 2 GG) der Aufhebung.[258] Im Übrigen ist der BGH an die Zulassung gebunden,[259] sofern die angefochtene Ausgangsentscheidung der Anfechtung unterliegt sowie die Erstbeschwerde zulässig war.

47 Beschlüsse, die der RechtBeschw unterliegen, müssen den **maßgeblichen Sachverhalt**, über den entschieden wird, wiedergeben und den Streitgegenstand erkennen lassen. Anderenfalls sind sie nicht mit den nach § 576 Abs 3, § 547 Nr 6 ZPO nötigen Gründen versehen und deshalb ohne Weiteres aufzuheben.[260]

48 **2. Einlegung der Rechtsbeschwerde.** Die Frist zur Einlegung beträgt **einen Monat** seit Zustellung des anzufechtenden Beschl (§ 575 Abs 1 S 1 ZPO). Das Rechtsmittel ist **beim BGH** einzulegen (§ 133 GVG); eine Einreichung beim BeschwGer wahrt nicht die Frist. Für das BeschwGer besteht keine Abhilfemöglichkeit. Der RechtsbeschwFührer hat sich gem § 78 Abs 1 S 3 ZPO schon bei der Einlegung durch einen **beim BGH zugelassenen Rechtsanwalt** vertreten zu lassen.[261] Die RechtsBeschw muss **binnen eines weiteren Monats** begründet werden (§ 575 Abs 2 S 1 ZPO). Diese Frist beginnt ebenfalls m der Zustellung der angefochtenen Entscheidung (§ 575 Abs 2 S 2 ZPO), kann aber nach Maßgabe des § 575 Abs 2 S 3 iVm § 551 Abs 2 S 6 ZPO um bis zu zwei Monate verlängert werden.[262] Die Begründungsschrift muss nach näherer Maßgabe des § 575 Abs 3 Nr 1 und 3 ZPO die Anträge sowie die BeschwGründe enthalten.[263] Eine (unselbstständige) AnschlussrechtsBeschw (§ 574 Abs 4 S 1 ZPO) ist statthaft.[264]

49 **3. Verfahren vor dem BGH.** Der BGH kann vor seiner abschließende Entscheidung **einstweilige Anordnungen** erlassen (§ 575 Abs 5 iVm § 570 Abs 3 ZPO). Für seine Entscheidung, die durch Beschl ergeht (§ 577 Abs 6 S 1 ZPO), gilt das Verschlechterungsverbot (vgl § 577 Abs 2 S 1 ZPO).[265] Die Entscheidung ergeht **durch Beschl** (§ 577 Abs 6 S 1 ZPO), der grds

---

254 *BGH* NJW 2005, 154; ZInsO 2013, 549 Rn 5 f (auch zur Rechtsmittelfrist bei nachträglicher Zulassung); *Jaeger/Gerhardt* § 7 Rn 15; MK/*Ganter/Lohmann* § 6 Rn 94.
255 *BGH* WM 2003, 1871; WM 2012, 276 Rn 6; ZIP 2012, 1146 Rn 15.
256 *BGH* NJW 2011, 1516 Rn 7; ZIP 2012, 1146 Rn 15 f; NJW-RR 2012, 306 Rn 8; MK/*Ganter/Lohmann* § 6 Rn 93.
257 *BGHZ* 150, 133, 135 = NJW 2002, 1577; *BGH* WuM 2007, 41; 2808, 113; *BGH* 13.8.2013 – IX ZA 38/12 Rn 3; *Jaeger/Gerhardt* § 7 Rn 14; MK/*Ganter/Lohmann* § 6 Rn 94.
258 StRspr vgl nur *BGHZ* 154, 200, 201 f = NZI 2003, 398; *BGH* ZInsO 2012, 1439 Rn 3; NZI 2015, 132 Rn 4; ZInsO 2017, 1426 Rn 4; MK/*Ganter/Lohmann* § 6 Rn 95.
259 MK/*Ganter/Lohmann* § 6 Rn 100.
260 StRspr *BGH* NJW-RR 2013, 1077; AnwBl 2014, 1064; NJW-RR 2014, 315 Rn 6; NJW-RR 2014, 1531.
261 *BGH* NJW 2002, 2181; MK/*Ganter/Lohmann* § 6 Rn 104, 106 f.
262 Vgl näher MK/*Ganter/Lohmann* § 6 Rn 110.
263 Vgl näher MK/*Ganter/Lohmann* § 6 Rn 112 ff.
264 Vgl näher MK/*Ganter/Lohmann* § 6 Rn 118.
265 Vgl *BGH* ZIP 2004, 4215.

zu begründen ist; Ausnahmen bestehen bei Rügen v Verfahrensmängeln (§ 577 Abs 6 S 2 iVm § 564 ZPO) oder wenn eine Begründung nicht geeignet wäre, zur Klärung v Rechtsfragen grds Bedeutung, zur Fortbildung des Rechts oder zur Sicherung einer einheitlichen Rspr beizutragen (§ 577 Abs 6 S 3 ZPO). Eine begründete RechtsBeschw wird meist gem § 577 Abs 4 ZPO zur Aufhebung und Rückverweisung an das LG führen. In Verbindung hiermit kann der BGH entspr § 575 Abs 3, § 570 Abs 3 ZPO auch die Vollziehung der erstinstanzlichen Entscheidung bis zur (erneuten) Entscheidung des LG aussetzen.[266] Statt an das LG kann er die Sache an das InsGer zurückverweisen.[267] Im Falle der Zurückverweisung ist das Gericht der unteren Instanz entspr § 563 Abs 2 ZPO grds an die jener zugrunde liegende rechtliche Beurteilung gebunden.[268] Das LG, an das zurückverwiesen wurde, darf nicht seinerseits die Sache weiter an das InsGer zurückverweisen.[269]

VI. Rechtskraft

50 Entsch des InsGer, die mit sof Beschw anfechtbar sind, können **formell rechtskräftig** werden. Eine nicht angefochtene und nicht nichtige InsEröffnung oder Bestellung eines InsVerw ist deshalb in jedem anderen Verf als wirksam hinzunehmen.[270] Soweit Entsch des InsGer bürgerlich-rechtliche Beziehungen unter bestimmten Personen festlegen – zB nach § 26 Abs 3 oder § 64 –, sind sie auch der **materiellen Rechtskraft** fähig.[271]

51 Gegen formell rechtskräftige Entsch des InsGer oder BeschwGer kann ein **WiederaufnahmeVerf** entspr §§ 577 Abs 2 S 3, 578 ff ZPO stattfinden (erg s § 4 Rn 17)[272] (vgl auch § 569 Abs 1 S 3 ZPO). Zur zulässigen Berichtigung offensichtlicher Unrichtigkeiten gem § 319 ZPO vgl § 4 Rn 16; zur Möglichkeit wiederholter InsAnträge s § 26 Rn 30.

§ 7
(aufgehoben)

Die Vorschrift wurde durch Art 2 des Gesetzes v 21.10.2011 (BGBl I S 2082) mWv 27.10.2011 aufgehoben. Als Überleitungsvorschrift vgl Art 103 f EGInsO. In InsVerfahr findet nunmehr die Rechtsbeschwerde nach §§ 574 ff ZPO statt. S dazu § 6 Rn 38 ff.

§ 8 Zustellungen

(1) [1]Die Zustellungen erfolgen von Amts wegen, ohne dass es einer Beglaubigung des zuzustellenden Schriftstücks bedarf. [2]Sie können dadurch bewirkt werden, dass das Schriftstück unter der Anschrift des Zustellungsadressaten zur Post gegeben wird; § 184 Abs. 2 Satz 1, 2 und 4 der Zivilprozessordnung gilt entsprechend. [3]Soll die Zustellung im Inland bewirkt werden, gilt das Schriftstück drei Tage nach Aufgabe zur Post als zugestellt.

---

266 *BGHZ* 169, 17, 29 = NJW 2006, 3553.
267 *BGHZ* 160, 176, 185 f. = NJW 2004, 2976; *BGH* NJW-RR 2005, 199; NZI 2005, 520.
268 Vgl *GmS OGB BGHZ* 60, 392 = NJW 1973, 1273; einschr *BGHZ* 159, 122, 124 f = NZI 2004, 440.
269 *OLG Celle* NZl 2001, 599; *OLG Köln* NZI 2001, 323.
270 *BGHZ* 113, 216, 218 = NJW 1991, 922.
271 *A/G/R/Ahrens* § 6 Rn 93; *Jaeger/Gerhardt* § 6 Rn 52 ff; MK/*Ganter/Lohmann* § 6 Rn 79; *Uhlenbruck/Pape* § 6 Rn 22; **aM** *L/S/Z/Smid/Leonhardt* § 6 Rn 31.
272 *BGHZ* 159, 122, 125 f = NZI 2004, 440; *OLG Frankfurt* NJW-RR 1996, 1200; *OLG Karlsruhe* NJW 1965, 1023; *LG Münster* NZI 2001, 485; *Jaeger/Gerhardt* § 6 Rn 45; MK/*Ganter/Lohmann* § 6 Rn 86.

(2) [1]An Personen, deren Aufenthalt unbekannt ist, wird nicht zugestellt. [2]Haben sie einen zur Entgegennahme von Zustellungen berechtigten Vertreter, so wird dem Vertreter zugestellt.

(3) [1]Das Insolvenzgericht kann den Insolvenzverwalter beauftragen, die Zustellungen nach Absatz 1 durchzuführen. [2]Zur Durchführung der Zustellung und zur Erfassung in den Akten kann er sich Dritter, insbesondere auch eigenen Personals, bedienen. [3]Der Insolvenzverwalter hat die von ihm nach § 184 Abs. 2 Satz 4 der Zivilprozessordnung angefertigten Vermerke unverzüglich zu den Gerichtsakten zu reichen.

Übersicht

I. Gesetzgebungshinweise; Normzweck

Abs 1 und Abs 2 entsprechen weitgehend dem Recht der VerglO und der KO. Mit dem im GesetzgebungsVerf neu eingeführten Abs 3 wurde § 6 Abs 3 GesO weiterentwickelt. Abs 1 ist zunächst durch das JustizkommuniktionsG[1] geändert worden. Durch das InsOVereinfG 2007 erfolgte eine nochmalige Änderung des Abs 1 sowie eine erstmalige des Abs 3; diese Neuregelungen gelten gem Art 103c EGInsO auch für InsVerf, die schon am 1.7.2007 eröffnet waren. 1

§ 8 bestimmt die Art und Weise der Zustellung im InsVerf. **Abs 1** und **Abs 2** wollen – wie § 9 – dem InsZweck durch Verlautbarung nach außen Geltung verschaffen und das InsVerf unter Wahrung der Rechte der Beteiligten in einem für ausreichend gehaltenen Maße vereinfachen: VerfVorgänge sollen den oft sehr zahlreichen Beteiligten in erleichterter Weise bekannt gemacht werden können. Hierbei richtet sich die Zustellung an einzelne, als förmlich betroffen erkennbare Personen. **Abs 3** dient der Entlastung der Gerichte; hierdurch soll die Zustellung schneller, effizienter und auch billiger werden.[2] 2

II. Abgrenzung

Im InsVerf genügt idR die **öffentliche Bekanntmachung** (§ 9). § 8 enthält keine allg Bestimmung, welche Schriftstücke zugestellt werden müssen; dies folgt aus speziellen Anordnungen in der InsO, die eine **Zustellung** an einzelne Beteiligte vorschreiben; insb gem §§ 23 Abs 1 S 2, 25 Abs 1 S 1, 30 Abs 2, 64 Abs 2 S 1, 73 Abs 2, 186 Abs 2 S 1, 194 Abs 2 S 1 und Abs 3 S 1, 204 Abs 1 und Abs 2, 208 Abs 2 S 2, 235 Abs 3, 307 Abs 1 sowie Abs 3 S 2 und 3 sowie 308 Abs 1 S 3, ferner nach § 4 iVm § 329 Abs 2 S 2 und Abs 3 ZPO Entscheidungen, die mit einem Rechtsmittel angefochten werden können (vgl § 4 Rn 16);[3] die Zustellung setzt den Lauf der Rechtsmittelfrist in Gang. Aus den maßgeblichen Bestimmungen ergibt sich regelmäßig zugleich, an wen als „Betroffenen" **als Adressat** zuzustellen ist (s Rn 6). Eine Zustellung ist der Sache nach auch gemeint, soweit die InsO eine **„bes Ladung"** vorschreibt (zB nach §§ 177 Abs 3 S 2, 235 Abs 3 S 1, 241 Abs 1 S 2 und § 296 3

---

1 G v 22.3.2005 (BGBl I, 837).
2 BT-Drucks 14/4554, 15; *K Schmidt/Stephan* § 8 Rn 1.
3 *Jaeger/Gerhardt* § 8 Rn 2; FK/*Schmerbach* § 8 Rn 15 ff; MK/*Ganter/Lohmann* § 8 Rn 7; *K Schmidt/Stephan* § 8 Rn 4.

Abs 2 S 3); vgl § 4 iVm § 214 ZPO. Zudem ist auch die Ergänzungsaufforderung gem § 305 Abs 3 S 1 zuzustellen.[4] Soweit eine förmliche Zustellung nicht vorgeschrieben ist, steht sie im Ermessen des InsGer; es genügt bei Bedarf eine formlose Mitteilung (§ 270 ZPO).[5] Das gilt nicht nur für alle Entsch, sondern auch für andere Schriftstücke.

4 Zustellungen erfolgen meist zusätzlich zu einer öffentlichen Bekanntmachung (§ 9). Durch diese wird die Zustellungswirkung auch dann ersetzt, wenn die öffentliche Bekanntmachung nicht vorgeschrieben ist.[6] Dennoch ist eine Einzelzustellung zweckmäßig, weil sie meist eine frühere Kenntnis als zu dem gem § 9 Abs 1 S 3 zu bestimmenden Zeitpunkt vermittelt. Eine Unterlassung der zusätzlich vorgeschriebenen Zustellung wäre pflichtwidrig. Die Kosten (Nr 9002 KV GKG) gehören zu den VerfKosten.

5 Bei Einleitung des **VerbrInsVerf** sind Abs 1 S 2 und S 3, Abs 2 und Abs 3 für die Zustellungen nach § 307 Abs 1 S 1 nicht anwendbar (§ 307 Abs 1 S 3). Es sind nur die üblichen Formen der Amtszustellung (§ 8 Abs 1 S 1; s Rn 6, Rn 9) gestattet.

III. Amtszustellung (Abs 1)

6 **Abs 1 S 1 HS 1** schreibt vor, dass erforderliche **Zustellungen im Amtsbetrieb** durch die Geschäftsstelle (§ 4 iVm § 168 ZPO) vorgenommen werden. Dazu bedarf es weder einer Ausfertigung noch einer Beglaubigung eines zuzustellenden Beschl.[7] Der **Adressat der Zustellung** ergibt sich aus allg Regeln, insb den einzelnen Normen der InsO, hilfsweise der ZPO.[8] Die Zustellung richtet sich grds nach §§ 166–190 ZPO. Abs 1 S 1 HS 2 sieht aus Vereinfachungsgründen vom Erfordernis der Beglaubigung des zuzustellenden Schriftstücks (§ 169 Abs 2 ZPO) ab. Dies gilt nicht bei der Einleitung des VerbrInsVerf (vgl § 307 Abs 1 S 3). Das InsGer wählt die jeweils zweckmäßigste Zustellungsart **nach pflichtgemäßem Ermessen** aus.[9] In Betracht kommen insb die Zustellung durch Aushändigung an der Amtsstelle (§ 173 ZPO),[10] durch Zustellung gegen Empfangsbekenntnis (§ 174 Abs 1 ZPO), auch durch Telefax oder als elektronisches Dokument nach Maßgabe des § 174 Abs 2 oder Abs 3 ZPO, die Zustellung durch Einschreiben mit Rückschein (§ 175 ZPO), die Zustellung mittels Zustellungsurkunde (§§ 176–182 ZPO), ferner die Zustellung durch einen Justizbediensteten. Ausnahmsweise erforderliche öffentliche Zustellungen (§§ 185–188 ZPO) erfolgen ohne Parteiantrag;[11] für sie genügt grds die Vorlage aktueller Negativauskünfte der für den letzten bekannten Wohnort des Betroffenen zuständigen Einwohnermelde- und Postämter (erg s Rn 9).[12] Gegenüber juristischen Personen erleichtert § 185 Nr 2 ZPO die öffentliche Zustellung zusätzlich. Bei **Führungslosigkeit einer Gesellschaft** (s § 10 Rn 13) genügt bei einer GmbH die Zustellung an einen ihrer Gesellschafter (§ 35 Abs 1 S 2 GmbH)[13] bei einer AG oder Genossenschaft an ein Aufsichtsratsmitglied; bei einer im Handelsregister gelöschten Gesellschaft (§ 394 Abs 1 S 1 FamFG) an einen Nachtragsliquidator.[14]

---

4 *BayObLG* NZI 2001, 656.
5 Vgl FK/*Schmerbach* § 8 Rn 23; MK/*Ganter/Lohmann* § 8 Rn 7.
6 HambKomm/*Rüther* § 8 Rn 2; *Jaeger/Gerhardt* § 9 Rn 7; MK/*Ganter/Lohmann* § 8 Rn 9; *Uhlenbruck/Pape* § 8 Rn 2.
7 *BGH* 27.9.2007 – IX ZA 8/07; *A/G/R/Ahrens* § 8 Rn 16; N/R/*Becker* § 8 Rn 7; **aA** MK/*Ganter/Lohmann* § 8 Rn 14.
8 *A/G/R/Ahrens* § 8 Rn 8; MK/*Ganter/Lohmann* § 8 Rn 10 f; *K Schmidt/Stephan* § 8 Rn 5.
9 *BGH* NZI 2003, 341; NZI 2010, 159; *Keller* NZI 2002, 581, 586 f.
10 Zur Abgrenzung vgl *LG Hannover* AnwBl 1986, 246.
11 *OLG Köln* ZIP 1988, 1070 mit Anm *Pape* EWiR 1988, 1111.
12 *BGH* NJW 2003, 1530; *A/G/R/Ahrens* § 8 Rn 24; HambKomm/*Rüther* § 8 Rn 10; MK/*Ganter/Lohmann* § 8 Rn 27; für weitergehende Nachfragen beim letzten Vermieter *Uhlenbruck/Pape* § 8 Rn 5.
13 Vgl *Horstkotte* ZInsO 2009, 209, 215.
14 *K Schmidt/Stephan* § 8 Rn 11; s auch *Keidel/Heinemann* § 394 FamFG Rn 35 ff.

Abs 1 S 2 lässt die – erleichterte und billigere – Zustellung durch **Aufgabe zur Post** (§ 184 Abs 1 S 2 ZPO)[15] allg, also auch dann zu, wenn die Voraussetzungen des § 184 Abs 1 S 1 ZPO nicht vorliegen.[16] Sie ist idR als einfachste und schnellste Zustellungsart[17] zu wählen. Nicht zwingend erforderlich ist die Übergabe an die Deutsche Post AG, es können auch lizenzierte Postunternehmen beauftragt werden.[18] Die verschlossene Sendung ist mit der zutr[19] Anschrift des Empfängers und der Bezeichnung des absendenden InsGer zu versehen. Die Einlieferung am Postschalter oder der Einwurf in den Briefkasten der Post genügt sogar dann, wenn der Empfänger die Sendung nicht erhält.[20] Ehe die Sendung den Bereich des Gerichts verlassen hat, ist die Zustellung – trotz gegenteiliger Beurkundung – noch nicht bewirkt.[21] Der Urkundsbeamte – nicht eine ausführende Hilfskraft – hat anschließend[22] gem § 184 Abs 2 S 4 ZPO in den Akten zu vermerken, zu welcher Zeit und unter welcher Adresse die Aufgabe geschehen ist; er kann sich hierbei grds auf die Angaben der Hilfskraft verlassen.[23] Der Aktenvermerk ersetzt die Zustellungsurkunde. Im Inland gilt gem Abs 1 S 3 das Schriftstück **3 Tage**[24] **nach Aufgabe zur Post** als zugestellt. Jedoch kann jeder Adressat entspr § 270 S 2 aE ZPO glaubhaft machen, dass er die Sendung nicht erhalten hat.[25] 7

Für **Auslandszustellungen** gelten für Nicht-EU-Staaten grds § 4 iVm §§ 183, 184 ZPO.[26] Danach gilt das Schriftstück erst **2 Wochen** nach Aufgabe zur Post als zugestellt (Abs 1 S 2 HS 2 iVm § 184 Abs 2 S 1 ZPO). Für den Bereich der EU ist zusätzlich die VO (EG) Nr 1346/2000 (**ZustVO**) zu beachten.[27] Danach kommt die Zustellung durch Einschreiben mit Rückschein oder die förmliche Zustellung nach Art 4 ZustVO in Betracht. 8

IV. Zustellung an Personen unbekannten Aufenthalts (Abs 2)

Nach **Abs 2 S 1** entfällt das Zustellungserfordernis gegenüber Personen, deren Aufenthalt – trotz Nachforschungen[28] – unbekannt ist. Teilt ein Schu entgegen seiner Auskunftsobliegenheit (gem § 295 Abs 1 Nr 3) seinen Wohnsitzwechsel nicht dem InsGer und dem Treuhänder mit, so ist sein Aufenthalt unbekannt. Das InsGer braucht insoweit keine weiteren Ermittlungen anzustellen (erg s Rn 6); dies gilt wegen der Auskunftsobliegenheit (§ 295 Abs 1 Nr 3) auch bei unbekannten Aufenthalt des Schu in der Wohlverhaltensperiode.[29] Maßgeblich ist dann regelmäßig allein die öffentliche Bekanntmachung (§ 9). Haben derartige Personen einen zustellungsbevollmächtigten Vertreter bestellt und ist dies dem InsGer bekannt geworden, so wird gem **Abs 2 S 2** dem Vertreter in der durch Abs 1 vorgeschriebenen Weise 9

---

15 Vgl *BGH* ZInsO 2008, 320; *K/P/B/Pape* § 34 Rn 18 f; *N/R/Becker* § 8 Rn 17 ff.
16 Vgl *BGH* NJW-RR 2003, 626; *A/G/R/Ahrens* § 8 Rn 19; **einschr** MK/*Ganter/Lohmann* § 8 Rn 18.
17 *BGH* NZI 2003, 341; *Pape* NZI 2007, 425, 427; **einschr** MK/*Ganter/Lohmann* § 8 Rn 18 für verfahrenseinleitende Beschl (§§ 21, 27) an den Schu als AGegner.
18 Vgl *BGH* NZI 2010, 276 Rn 10; *K Schmidt/Stephan* § 8 Rn 5; noch weiter gehend *N/R/Becker* § 8 Rn 13 ff.
19 Vgl *BGH* NJW 1987, 1707; iE auch *BGH* 16.12.2004 – IX ZB 166/03; *Jaeger/Gerhardt* § 8 Rn 6.
20 *BGH* NJW-RR 1996, 387; *Jaeger/Gerhardt* § 8 Rn 9; MK/*Ganter/Lohmann* § 8 Rn 21, auch zur Möglichkeit einer Wiedereinsetzung.
21 *OLG Oldenburg* OLGR 2002, 116.
22 Vgl dazu *BGH* NJW 1983, 884.
23 Vgl *BGH* Rpfleger 1966, 143.
24 *A/G/R/Ahrens* § 8 Rn 21; **aA** drei Werktage: FK/*Schmerbach* § 8 Rn 8; HambKomm/*Rüther* § 8 Rn 8. Dies trifft gem § 222 Abs 2 ZPO iVm § 4 (nur) für den Tag des Fristablaufs zu.
25 *A/G/R/Ahrens* § 8 Rn 21; MK/*Ganter/Lohmann* § 8 Rn 21.
26 *Jaeger/Gerhardt* § 8 Rn 9; *K Schmidt/Stephan* § 8 Rn 14.
27 HambKomm/*Rüther* § 8 Rn 9; *Uhlenbruck/Pape* § 8 Rn 7; *Heß* NJW 2002, 2417.
28 *A/G/R/Ahrens* § 8 Rn 24; *K Schmidt/Stephan* § 8 Rn 9.
29 *BGH* NZI 2013, 703 Rn 10 ff.

unabhängig davon zugestellt, ob er im In- oder Ausland wohnt. Dasselbe gilt entspr § 170 Abs 1 ZPO, wenn ein Abwesenheitspfleger (§ 1911 BGB) bestellt ist. Für die Einleitung des **VerbrInsVerf** gilt bei einem unbekannten Aufenthalt eines Gl gem § 307 Abs 1 S 3 der Zustellungsverzicht nach Abs 2 S 1 nicht. Es kann eine öffentliche Bekanntmachung gem § 4 iVm § 185 Nr 1 ZPO erfolgen (**aA** § 307 Rn 5).[30]

V. Zustellung durch Insolvenzverwalter (Abs 3)

10 Das InsGer kann zu seiner Entlastung nach **pflichtgemäßem Ermessen** in nachweisbarer Form – zB durch aktenkundige Verfügung (§ 329 Abs 1 S 2 ZPO) – die Durchführung aller oder einzelner Zustellungen dem InsVerw übertragen. Die **BeschlForm** des § 329 ZPO ist dazu nicht nötig.[31] Auch der Rechtspfleger kann die Übertragung anordnen.[32] Der InsVerw hat gegen sie kein BeschwRecht,[33] sondern kann gem § 59 seine Entlassung beantragen, falls er durch die Aufgabe überfordert wird. Er hat seinerseits „wie ein beliehener Unternehmer“[34] die Zustellungen gem § 4 iVm §§ 168 ff ZPO zu bewirken; eine bloß formlose Mitteilung an die Empfänger genügt nicht. Deshalb hat der InsVerw auch die der Geschäftsstelle vorgeschriebenen Vermerke (s Rn 7) in seinen eigenen Unterlagen vornehmen zu lassen[35] und diese gem Abs 3 S 3 zu Nachweiszwecken **unverzüglich** zu den Gerichtsakten zu reichen.

11 Dem **InsVerw** stehen sämtliche Zustellungsformen offen wie dem InsGer gem Abs 1 im Amtsbetrieb (s Rn 6 f): Insb kann der InsVerw alle bei vereinfachten Zustellungsformen der Geschäftsstelle obliegenden Aufgaben selbst wahrnehmen oder sie gem Abs 3 S 2 auf einen von ihm – in urkundlich nachweisbarer Form – zu bestimmenden Mitarbeiter übertragen. Ohne Zustimmung des InsGer darf er indes nicht Drittunternehmer mit der Zustellung beauftragen und deren (höhere) Kosten zulasten der InsMasse begleichen.[36]

12 Die Zustellungen dürfen gem § 21 Abs 2 Nr 1 schon dem **vorl InsVerw** übertragen werden. Bis zu dessen Bestellung (entspr § 56) bleibt das InsGer allein zuständig, also insb für etwaige vorherige Zustellungen des Eröffnungsantrags,[37] während mit Zustellungen iSv § 23 Abs 1 S 2 schon der vorl InsVerw – nicht ein bloßer SV[38] – beauftragt werden darf, falls er sofort tätig werden kann. Auch **Sachwalter** iSv § 274[39] und **Treuhänder** (§ 313

---

30 Vgl *AG Saarbrücken* ZInsO 2002, 247; *A/G/R/Ahrens* § 8 Rn 4; FK/*Schmerbach* § 8 Rn 41; *Uhlenbruck/Sternal* § 307 Rn 23 f; **aA** *K/P/B/Wenzel* § 307 Rn 4; *K Schmidt/Stephan* § 8 Rn 12, § 307 Rn 13.

31 FK/*Schmerbach* § 8 Rn 33; HambKomm/*Rüther* § 8 Rn 14; *Uhlenbruck/Pape* § 8 Rn 8; **aM** *Graf-Schlicker/Kexel* § 8 Rn 5; *Jaeger/Gerhardt* § 8 Rn 12; MK/*Ganter/Lohmann* § 8 Rn 32; wohl auch *K Schmidt/Stephan* § 8 Rn 16 damit die Wirksamkeit der Zustellung nicht in Frage steht.

32 *A/G/R/Ahrens* § 8 Rn 26; *Uhlenbruck/Pape* § 8 Rn 8; **unklar** FK/*Schmerbach* § 8 Rn 38, der jedoch dem Rechtspfleger das Rech der Aufhebung einer vom Richter getroffenen Anordnung zubilligt.

33 *Andres/Leithaus* § 8 Rn 13; FK/*Schmerbach* § 8 Rn 33; HambKomm/*Rüther* § 8 Rn 14; MK/*Ganter/Lohmann* § 8 Rn 37; *K Schmidt/Stephan* § 8 Rn 16; *Uhlenbruck/Pape* § 8 Rn 8; **aM** einfache Beschw *K/P/B/Prütting* § 8 Rn 10.

34 Amtl Begr der BReg zum InsOVereinfG, BT-Drucks 16/3227, 13.

35 *Braun/Herzig* § 30 Rn 8; MK/*Ganter/Lohmann* § 8 Rn 33; *Uhlenbruck/Pape* § 8 Rn 8; *Sabel* ZIP 1999, 305, 307.

36 Vgl *BGH* NZI 2012, 247; ZInsO 2012, 928; *BGH* 19.4.2012 – IX ZB 18/11 Rn 14 ff.

37 Vgl FK/*Schmerbach* § 8 Rn 37.

38 MK/*Ganter/Lohmann* § 8 Rn 35; *K Schmidt/Stephan* § 8 Rn 16, *Uhlenbruck/Pape* § 8 Rn 8.

39 *Andres/Leithaus* § 8 Rn 12; *Braun/Bußhardt* § 8 Rn 18; FK/*Schmerbach* § 8 Rn 36; *Graf-Schlicker/Kexel* § 8 Rn 5; *K/P/B/Prütting* § 8 Rn 11a; MK/*Ganter/Lohmann* § 8 Rn 35; **aM** *Graeber* ZInsO 2005, 752, 755.

aF)[40] können mit den Zustellungen betraut werden, zumal der zusätzliche Sach- und Personalaufwand erstattet wird (s Rn 13).

Wird der InsVerw mit der Zustellung beauftragt (§ 8 Abs 3), so gehört die ordnungsgemäße Durchführung der Zustellungen zu seinen Amtspflichten iSv §§ 58–60 und 63.[41] Ihm ist jedoch für jede Zustellung der hierfür erforderliche Sach- und Personalaufwand zu ersetzen. Die Höhe der Vergütung bemisst sich außerhalb der sonstigen allgemeinen Zuschlagstatbestände nach § 3 InsVV durch einen **angemessenen Betrag pro Zustellung**, der nach dem tatsächlichen Aufwand auch geschätzt werden kann. Entstehende Sachkosten sind gem § 4 Abs 2 InsVV gesondert zu erstatten (erg vgl § 8 Abs 3 InsVV)[42] und zwar neben der allg Auslagenpauschale;[43] angemessen ist ein Betrag v 2,80 EUR/pro erfolgter Zustellung.[44] Die Zustellungskosten sind keine Masseverbindlichkeit nach § 55 Abs 1 Nr 1 sondern gehören zu den Kosten des InsVerf (§ 54 Nr 2). 13

Die Übertragungsbefugnis steht **nicht dem BeschwGer** zu.[45] Obwohl es funktional Aufgaben des InsGer wahrnehmen kann, trifft der Sinn der Regelung nicht für das BeschwGer zu: Bei diesem fallen wesentlich weniger InsBeschwerden mit einem regelmäßig eng begrenzten Beteiligtenkreis an. Zudem könnte eine Übermittlung der zuzustellenden Beschl vom LG an InsVerw zu Verzögerungen führen. Überdies wird der InsVerw selbst häufig an BeschwVerf beteiligt sein. 14

VI. Mitteilungen des Insolvenzverwalters

Mitteilungen des **InsVerw** sind zB vorgeschrieben in §§ 158 Abs 2 S 1 und 195 Abs 2. Sie sind v den gem § 8 Abs 3 übertragenen förmlichen Zustellungen zu unterscheiden und können allg formlos erfolgen. Im Hinblick auf eine mögliche Haftung des InsVerw ist jedoch regelmäßig eine nachweisbare mündliche oder schriftliche Mitteilung zweckmäßig, notfalls durch eingeschriebenen Brief.[46] 15

---

40 *Andres/Leithaus* § 8 Rn 12; *Braun/Bußhardt* § 8 Rn 18; FK/*Schmerbach* § 8 Rn 36; *Graf-Schlicker/Kexel* § 8 Rn 5; HambKomm/*Rüther* § 8 Rn 17; *Uhlenbruck/Pape* § 8 Rn 8; einschr MK/*Ganter/Lohmann* § 8 Rn 35; **aM** *K/P/B/Prütting* § 8 Rn 11a.
41 *BGH* 19.4.2012 – IX ZB 19/11, Rn 13; *Andres/Leithaus* § 8 Rn 13; HambKomm/*Rüther* § 8 Rn 18.
42 *BGH* NZI 2007, 244; NZI 2012, 372 Rn 21; *LG Leipzig* NZI 2003, 442; *AG Göttingen* ZInsO 2004, 1351.
43 *BGH* NZI 2007, 244.
44 *BGH* NZI 2013, 487 Rn 18 ff; NZI 2015, 782 Rn 13; *AG Gießen* ZInsO 2015, 1075.
45 FK/*Schmerbach* § 8 Rn 33; HambKomm/*Rüther* § 8 Rn 19; MK/*Ganter/Lohmann* § 8 Rn 38; **aM** *N/R/Becker* § 8 Rn 21.
46 *A/G/R/Ahrens* § 8 Rn 28.

§ 9 Öffentliche Bekanntmachung

(1) [1]Die öffentliche Bekanntmachung erfolgt durch eine zentrale und länderübergreifende Veröffentlichung im Internet[1]; diese kann auszugsweise geschehen. [2]Dabei ist der Schuldner genau zu bezeichnen, insbesondere sind seine Anschrift und sein Geschäftszweig anzugeben. [3]Die Bekanntmachung gilt als bewirkt, sobald nach dem Tag der Veröffentlichung zwei weitere Tage verstrichen sind.

---

1 www.insolvenzbekanntmachungen.de

(2) [1]Das Insolvenzgericht kann weitere Veröffentlichungen veranlassen, soweit dies landesrechtlich bestimmt ist. [2]Das Bundesministerium der Justiz und für Verbraucherschutz wird ermächtigt, durch Rechtsverordnung mit Zustimmung des Bundesrates die Einzelheiten der zentralen und länderübergreifenden Veröffentlichung im Internet zu regeln. [3]Dabei sind insbesondere Löschungsfristen vorzusehen sowie Vorschriften, die sicherstellen, dass die Veröffentlichungen
1. unversehrt, vollständig und aktuell bleiben,
2. jederzeit ihrem Ursprung nach zugeordnet werden können.
3. *(aufgehoben)*

(3) Die öffentliche Bekanntmachung genügt zum Nachweis der Zustellung an alle Beteiligten, auch wenn dieses Gesetz neben ihr eine besondere Zustellung vorschreibt.

Übersicht

I. Gesetzgebungshinweise; Normzweck

1 Die Vorschrift knüpft an KO und VerglO an. Abs 1 S 1 wurde später mehrfach geändert, Abs 2 S 2 und 3 sind durch das InsOÄndG 2001 eingefügt worden, Abs. 2 S 2 wurde durch die 10. ZustAnpV[2] v 31.8.2015 redaktionell angepasst. Art 1 Nr 3 InsOVereinfG 2007 schaffte jegliche Bekanntmachung in Printmedien zugunsten derjenigen im Internet ab. Diese Regelung ist gem Art 6 InsOVereinfG am 1.7.2007 in Kraft getreten und gilt seit dem 18.12.2007 auch für alle zum Zeitpunkt des Inkrafttretens noch nicht beendeten Altverfahren (Art 103c Abs 1 S 1 aE, Abs 1 S 2 EGInsO).[3] Die Erwähnung des BAnz ist auch mittelbar in §§ 30 Abs 1, 34 Abs 3 S 2, 200 Abs 2 S 2, 215 Abs 1 S 3, 258 Abs 3 S 3 und Art 102 § 5 EGInsO beseitigt worden.

2 § 9 dient demselben Zweck wie § 8 (vgl § 8 Rn 2), jedoch gerichtet an alle – auch namentlich unbekannte – Betroffenen im Allg. Die Veröffentlichung im Internet soll der Kostenersparnis und erleichterten Zugänglichkeit dienen.

II. Anwendungsbereich

3 § 9 findet neben § 8 Anwendung, wobei die öffentlichen Bekanntmachung die Einzelzustellung überlagert. Eine **öffentliche Bekanntmachung** wird insb durch folgende Normen der InsO vorgeschrieben: §§ 5 Abs 2 S 4, 23 Abs 1 S 1, 25 Abs 1, 26 Abs 1 S 3, 30 Abs 1, 34 Abs 3 S 1, 64 Abs 2 S 1 (auch iVm §§ 73 Abs 2, 274 Abs 1, 293 Abs 2), 74 Abs 2, 78 Abs 2 S 1, 177 Abs 3 S 1, 197 Abs 2, 200 Abs 2 S 1, 208 Abs 2 S 1, 214 Abs 1 S 1, 215 Abs 1 S 1, 235 Abs 2 S 1, 258 Abs 3 S 1 und 3, 267, 268 Abs 2 S 1, 273, 277 Abs 3 S 1, 287a Abs 1, 290 Abs 3, 296 Abs 3 S 2 (auch iVm § 297 Abs 2), 300 Abs 4 S 1, 303 Abs 3 S 3, 345 Abs 1 und 2 InsO, Art 102 § 5 EGInsO für das InsGer und – für den InsVerw – § 188 S 3.

---

2 BGBl I, 1474.

3 Ursprünglich galt § 9 nach dem eindeutigen Wortlaut der Übergangsvorschrift (Art 103c EGInsO) nur für die ab dem 1.7.2007 eröffneten Verfahren. Aufgrund der in der Lit geäußerten Bedenken hinsichtlich der Anwendbarkeit des § 9 auf Altverfahren (*Sternal* NJW 2007, 1911), ist Art 103c EGInsO nachträglich mit G v 12.12.2007 (BGBl I, 2840) mWv 18.12.2007 geändert worden.

§ 9 könnte zwar im Umfang der §§ 23 und 25 auch nach Anordnung einer **vorl Sachwaltung** im EigenverwVerf gem § 270 gelten, doch sind derartige Veröffentlichungen in § 270b Abs 2 S 3 nicht vorgesehen; hält des InsGer zum Schutz der Gl weitergehende (zu veröffentlichende) Maßnahmen für nötig, so dürften vorrangig die Voraussetzungen v § 270 Abs 2 Nr 2 und § 270b Abs 4 S 1 Nr 3 zu prüfen sein.[4] In **allen anderen Fällen** kann das InsGer, vorbehaltlich vorrangigen Datenschutzes, nach pflichtgemäßem Ermessen die öffentliche Bekanntmachung neben der Zustellung anordnen; wenn es nach pflichtgemäßen Ermessen diese für erforderlich hält.[5] Dies kann insb bei einer Vielzahl v Beteiligten zweckmäßig sein. In diesen Fällen tritt die Rechtswirkung der öffentlichen Bekanntmachung ein. Art 21 EuInsVO sieht auch die Bekanntmachung ausl InsEntsch vor. 4

III. Regelmäßige Bekanntmachung (Abs 1)

Nach **Abs 1 S 1** erfolgt die Bekanntmachung – v Amts wegen – durch grds einmalige Veröffentlichung im Internet unter „**www.insolvenzbekanntmachungen.de**". Die Veröffentlichung ordnet der für den jeweiligen Verfahrensabschnitt zuständigen Richter oder Rechtspfleger durch (nicht anfechtbaren) Beschluss an.[6] Seit der Neuregelung durch das 2. KostRModG[7] fallen für die Bekanntmachung in einem elektronischen System idR **keine Auslagen** an (Nr 9004 Abs 1 KV GKG); dies gilt auch für die Bekanntmachung eines gesonderten Prüfungstermins gem § 177 InsO (Nr 9004 Abs 2 KV GKG). 5

Die Veröffentlichung eines **Auszugs** kann allg nach dem Abs 1 S 1 HS 2 genügen. Wegen des Gesetzeszwecks müssen aber wenigstens nach **Abs 1 S 2** bekannt gegeben werden: der (bürgerliche und ggf kaufmännische) Name, Geschäftszweig[8] und die Anschrift des Schu, die organschaftlichen Vertreter einer juristischen Person[9] sowie die bekannt zu machenden einzelnen gerichtlichen Maßnahmen in solchem Umfange, dass jeder Beteiligte seine Rechte wahrnehmen kann.[10] Insb ist bei der öffentlichen Bekanntmachung gerichtlicher Beschlüsse im Internet auch der Vorname des Schu einzugeben.[11] Ein Gerichtstermin ist nach Zeit und Ort anzugeben, wobei zu beachtende Fristen gem § 222 Abs 2 ZPO zu berechnen sind. Die Tagesordnung der Gläubigerversammlung einschließlich der Beschlussgegenstände muss zumindest schlagwortartig bekannt gegeben werden.[12] Wegen VergütungsBeschl vgl § 64 Abs 2 S 2.[13] GerichtsBeschl sind ihrem wesentlichen Inhalt nach kundzutun. Wird gegen diese Mindestvoraussetzungen verstoßen, so wird jedenfalls eine kurze Rechtsmittelfrist nicht durch die Bekanntmachung in Lauf gesetzt.[14] Soweit durch die öffentliche Bekanntmachung eine Rechtsmittelfrist in Gang gesetzt wird, muss auch die Rechtsbehelfsbelehrung bekannt gemacht werden.[15] 6

---

4 Vgl HambKomm/*Schröder* § 23 Rn 4; allg für Veröffentlichung bei vorl Sachwalterschaft *Frind* ZIP 2012, 1591 ff; *Horstkotte* ZInsO 2012, 1161.

5 *LG Göttingen* NZI 2007, 735; MK/*Ganter/Lohmann* § 9 Rn 8; *K Schmidt/Stephan* § 9 Rn 4; **aA** *Keller* ZIP 2003, 149.

6 MK/*Ganter/Lohmann* § 9 Rn 9; *K Schmidt/Stephan* § 9 Rn 14.

7 G v 23.7.2013 (BGBl I, 2586).

8 Vgl dazu *Keller* ZIP 2003, 149, 156.

9 *Braun/Bußhardt* § 9 Rn 7; *K/P/B/Prütting* § 9 Rn 14.

10 Vgl *A/G/R/Ahrens* § 9 Rn 9; zu den Anforderungen an die Veröffentlichung einer Tagesordnung vgl *BGH* NZI 2008, 430.

11 *BGH* NZI 2014, 77 Rn 11.

12 *BGH* NZI 2008, 430; MK/*Ehricke* § 74 Rn 36; *K Schmidt/Stephan* § 9 Rn 5.

13 Dazu *BGH* NZI 2004, 277.

14 *BVerfG* NJW 1988, 1256 unter III 2.

15 HambKomm/*Rüther* § 9 Rn 12; *K Schmidt/Stephan* § 9 Rn 5; **aA** *Reck* ZVI 2014, 405, 407 f.

7 Gem **Abs 1 S 3** gilt die Bekanntmachung nach **Ablauf von zwei Tagen** seit der – frühesten formgerechten – Veröffentlichung als bewirkt; hierbei wird der Veröffentlichungstag nicht mitgerechnet. Abzustellen ist auf die erstmalige Einstellung ins Internet.[16] Die Zweitagesfrist ist unter Beachtung des § 4 iVm § 222 Abs 2 ZPO zu bestimmen, weil an sie nach Abs 3 Rechtswirkungen unmittelbar anknüpfen können.[17] Im Falle einer Einstellung oder Aufhebung des InsVerf kann der Fristbeginn dem Schu, dem InsVerw und den Mitgliedern des GlAusschusses vorab mitzuteilen sein (§§ 215 Abs 1 S 2, 258 Abs 3 S 2). Die vor dem 2. KostRModG entstandenen Veröffentlichungskosten (s Rn 5) fallen der InsMasse, dh dem Schu, zur Last, soweit die Kosten des EröffnungsVerf nicht durch GerichtsBeschl einem anderen auferlegt werden.

IV. Internetverordnung (Abs 2 S 2, S 3)

8 Zur Durchführung ist aufgrund der Ermächtigung in **Abs 2 S 2** iVm **S 3** die VO zu öffentlichen Bekanntmachungen in InsVerf im Internet vom 12.2.2002[18] erlassen worden. Diese regelt in § 1 die Voraussetzungen für eine Internetbekanntmachung, in § 2 die Datensicherheit und den Schutz vor Missbrauch, in § 3 die Löschungsfristen und in § 4 das Einsichtsrecht.

V. Bekanntmachungswirkungen (Abs 3)

9 Gem Abs 3 äußert die – formgerechte – öffentliche Bekanntmachung iSv Abs 1 allg die Wirkung einer Zustellung (§ 8) an Beteiligte, gleichgültig, ob daneben Zustellungen bes vorgeschrieben sind[19] (vgl § 8 Rn 3 ff). Einem Schu, der entgegen einer Auskunftsobliegenheit (§ 295 Abs 1 Nr 3) seinen Wohnsitzwechsel nicht mitteilt, kann das InsGer ohne weitere Ermittlungen Bekanntmachungen öffentlich übermitteln.[20] Mängel v Einzelzustellungen werden durch die öffentliche Bekanntmachung ex nunc geheilt.[21] Insb beginnen **Rechtsmittelfristen** regelmäßig und spätestens für alle Beteiligten mit dem Zeitpunkt der öffentlichen Bekanntmachung; selbst wenn das InsGer pflichtwidrig eine vorgeschriebene Zustellung unterlassen hat. Dies gilt auch für VergütungsBeschl gem § 64 Abs 2 (erg s § 6 Rn 19).[22] Die Zustellungswirkung wird bei einer **fehlerhaften** oder **unvollständigen öffentlichen Bekanntmachung** nicht ausgelöst.[23] Eine unvollständige Bekanntmachung entfaltet nur Wirkungen im Umfang der tatsächlich erfolgten Bekanntmachung.[24] Streitigkeiten über die Wirkungen einer Bekanntmachung hat das InsGer im Wege des Freibeweises aufzuklären, wobei der Ausdruck eines Sendeberichts für die Internetveröffentlichung keinen Anscheinsbeweis dafür begründet, dass tatsächlich eine öffentliche Bekanntmachung erfolgt ist.[25] Dagegen entfaltet eine öffentliche Zustellung trotz fehlender oder fehlerhafter Rechtsbehelfsbeleh-

---

16 *OLG Rostock* ZInsO 2006, 884; *LG Göttingen* NZI 2007, 735; Hamb/Komm/*Rüther* § 9 Rn 8; MK/*Ganter/Lohmann* § 9 Rn 20.
17 *BGH* NZI 2014, 22 Rn 7 f; FK/*Schmerbach* § 9 Rn 38; *Jaeger/Gerhardt* § 9 Rn 5; *K/P/B/Prütting* § 9 Rn 16; MK/*Ganter/Lohmann* § 9 Rn 20. Vgl *BGHZ* 64, 1, 3 = NJW 1975, 692.
18 BGBl I, 677 idF des G v 13.4.2007, BGBl I, 509.
19 *LG Göttingen* NZI 2007, 735 für § 215; vgl *N/R/Becker* § 9 Rn 24 für den Erörterungs- und Abstimmungstermin gem § 235 (offengelassen v *BGH* ZInsO 2007, 713). Zur Verfassungsmäßigkeit vgl *BVerfGE* 77, 275 = NJW 1988, 1255.
20 *BGH* NZI 2013, 703.
21 MK/*Ganter/Lohmann* § 9 Rn 29; *K Schmidt/Stephan* § 9 Rn 6.
22 *BGH* NZI 2004, 277; ZIP 2012, 1779 Rn 6 f; *BayObLG* NZI 2002, 155.
23 *BGH* NZI 2011, 278; NZI 2017, 77 Rn 12; *BGH* 6.7.2017 – IX ZB 73/16 Rn 7; FK/*Schmerbach* § 9 Rn 13; MK/*Ganter/Lohmann* § 9 Rn 17; *Uhlenbruck/Pape* § 9 Rn 4.
24 FK/*Schmerbach* § 9 Rn 13; MK/*Ganter/Lohmann* § 9 Rn 17; *K Schmidt/Stephan* § 9 Rn 6.
25 *BGH* 6.7.2017 – IX ZB 73/16 Rn 8.

rung Zustellungswirkung; der Fehler kann aber eine Wiedereinsetzung in den vorigen Stand begründen.[26]

Jedoch entspricht es dem mit der InsO verfolgten Beschleunigungsanliegen, die Frist für diejenigen schon mit der Zustellung iSv § 8 beginnen zu lassen, denen die anzufechtende, nicht verkündete Entsch nachweislich **früher formgerecht zugestellt** worden ist (erg s § 6 Rn 18).[27] Zudem kann die frühere, ordnungsgemäß erfolgte Einzelzustellung bereits eine Kenntnis, zB iSv §§ 81 Abs 1 S 1, 82 oder 189 Abs 1, begründen. Jedoch werden amtl Anzeigen an Behörden (§§ 31 ff) nicht ersetzt. Ferner löst eine öffentliche Bekanntmachung nur dann die Wirkung des § 9 Abs 3 aus, wenn in jener die getroffene Entscheidung zutreffend bezeichnet ist.[28] Die bloß nachrichtliche Mitteilung über den Inhalt eines Beschl (konkret: Festsetzung der Vergütung eines InsVerw) in einem anderen, veröffentlichten Beschl (konkret: Aufhebung des InsVerf) bewirkt nicht zugleich eine Veröffentlichung des erstgenannten Beschl iSv § 9.[29] Fehlt es an einer wirksamen öffentlichen Bekanntmachung, so löst der bloße Erlass der Entsch des InsGer auch keine fünfmonatige AnfFrist entspr § 569 Abs 1 S 2 Fall 2 ZPO zum Nachteil solcher VerfBeteiligter aus, denen der Beschl nicht individuell bekannt gegeben worden ist.[30] 10

Die Wirkung der Bek ist aber auf das **eigentliche InsVerf** einschl § 82 S 1[31] beschränkt. Für eine nach materiellem Recht – zB § 130 Abs 1 Nr 2 – vorausgesetzte Kenntnis kann sie nur indizielle Bedeutung (§ 286 ZPO) haben.[32] Das gilt auch für eine Genehmigungsfiktion iSv § 7 Abs 3 AGB-Banken.[33] Unternehmen mit umfangreichem Zahlungsverkehr sind vor Leistungen an ihre Gl – im Hinblick auf § 82 InsO – idR nicht gehalten, eine mögliche InsEröffnung über deren Vermögen im Internet abzufragen.[34] Zudem wirkt die Bekanntmachung nicht selbstständig gegen Personen, die im Zeitpunkt der Veröffentlichung noch keine Geschäftsbeziehung zum Schu unterhielten, sondern diese erst später begründeten.[35] Es kann zu den möglichen Obliegenheit v Rechtsanwälten gehören, vor Klageerhebungen hinsichtlich des Prozessgegners Insolvenzbekanntmachungen zu prüfen.[36] 11

VI. Weitere Veröffentlichungen (Abs 2 S 1)

Nach Art 103c Abs 2 EGInsO konnten weitere Bekanntmachungen allg bis 31.12.2008 in einem am Wohnort oder Sitz des Schu periodisch erscheinenden Blatt erfolgen. Danach werden andere amtliche Veröffentlichungsarten für überflüssig gehalten.[37] Sie dürfen nur im Rahmen landesrechtlicher Vorschriften veranlasst werden, welche bisher nicht erlassen wur- 12

---

26 *BGH* NZI 2016, 397; vgl auch *LG Duisburg* ZVI 2017, 110.

27 *BGH* NZI 2004, 341; NZI 2009, 159; NZI 2010, 159 Rn 5; *OLG Köln* NZI 2000, 169; *Andres/Leithaus* § 9 Rn 10; *Braun/Bußhardt* § 9 Rn 19; *Jaeger/Schilken* § 34 Rn 7; MK/*Ganter/Lohmann* § 9 Rn 24; *N/R/Becker* § 9 Rn 25; *Uhlenbruck/Pape* § 9 Rn 5; **aM** *BayObLG* NZI 2002, 155; FK/*Schmerbach* § 9 Rn 15; *Jaeger/Gerhardt* § 9 Rn 6; *K/P/B/Prütting* § 9 Rn 18 ff.

28 *BGH* NZI 2011, 974 Rn 9.

29 *BGH* 17.11.2011 – IX ZB 33/11, Rn 9.

30 *BGH* NZI 2011, 974 Rn 14 f.

31 Vgl *OLG Dresden* ZInsO 2008, 509; *OLG Rostock* ZInsO 2006, 884.

32 *BGH* NZI 2011, 18 Rn 21 ff; *A/G/R/Ahrens* § 9 Rn 17; MK/*Ganter/Lohmann* § 9 Rn 28a; *Kayser* FS für Wellensieck, 2011, S 217 f; zu weit gehend *LG Itzehoe* ZInsO 2003, 809; *LG Köln* ZInsO 2009, 337.

33 *A/G/R/Sander* § 30 Rn 8; **aM** *OLG München* NZI 2009, 178.

34 Vgl *BGH* NZI 2010, 480 Rn 13 f.

35 *OLG Dresden* ZInsO 2008, 509; *Wittmann* ZInsO 2008, 1010, 1012 f.

36 Vgl *Rein* NJW-Spezial 2013, 661.

37 Amtl Begr zu Nr 3 lit b InsOVereinfG, BT-Drucks 16/3227 S 14.

den. Auch dann hätten sie nicht die Wirkung des Abs 3.[38] In Betracht kommen zB zusätzliche Veröffentlichungen in örtlichen bzw speziellen Zeitungen.

38 *Jaeger/Gerhardt* § 9 Rn 9; vgl *BGH* NZI 2006, 175 Rn 18.

§ 10 Anhörung des Schuldners

(1) [1]Soweit in diesem Gesetz eine Anhörung des Schuldners vorgeschrieben ist, kann sie unterbleiben, wenn sich der Schuldner im Ausland aufhält und die Anhörung das Verfahren übermäßig verzögern würde oder wenn der Aufenthalt des Schuldners unbekannt ist. [2]In diesem Fall soll ein Vertreter oder Angehöriger des Schuldners gehört werden.

(2) [1]Ist der Schuldner keine natürliche Person, so gilt Absatz 1 entsprechend für die Anhörung von Personen, die zur Vertretung des Schuldners berechtigt oder an ihm beteiligt sind. [2]Ist der Schuldner eine juristische Person und hat diese keinen organschaftlichen Vertreter (Führungslosigkeit), so können die an ihm beteiligten Personen gehört werden; Absatz 1 Satz 1 gilt entsprechend.

Übersicht

I. Gesetzgebungshinweise; Normzweck

1 Die Vorschrift verallgemeinert und ergänzt eine Regelung in § 105 Abs 3 KO. Abs 2 S 2 wurde durch Art 9 Nr 1 MoMiG eingefügt.

2 Die Vorschrift gestaltet das dem Schu im InsVerf zu gewährende rechtliche Gehör für Sonderfälle näher aus, soll aber VerfVerzögerungen dabei vermeiden.

II. Anwendungsbereich

3 Die Anhörung des Schu ist insb **in der InsO vorgeschrieben** in §§ 14 Abs 2, 15 Abs 2 S 3 und Abs 3, 98 Abs 2 (auch iVm §§ 20 S 2, 21 Abs 3 S 3), 99 Abs 1 S 2 und 3, 101 Abs 1 S 1 und 2, 214 Abs 2, 232 Abs 1 Nr 2, 248 Abs 2, 272 Abs 2 S 2, 287 Abs 4, 296 Abs 2 S 1, 298 Abs 2 S 1, 300 Abs 1 S 1, 303 Abs 3 S 1, 317 Abs 2 S 2 und Abs 3, 318 Abs 2 S 2, 332 Abs 1, 333 Abs 2 S 2 2. Alt. Zudem ergeben sich Anhörungspflichten aus den über § 4 anwendbaren ZPO-Vorschriften bzw unmittelbar aus **Art 103 Abs 1 GG**, zB wenn der Schu bei einem Gläubigerantrag den Insolvenzgrund bestreitet und der SV die Verfahrenseröffnung vorschlägt,[1] bei einem quasistreitigen ParteiVerf wie das Verfahren betr die Versagung der Restschuldbefreiung[2] oder bei einer Erledigungserklärung.

4 Die Anhörung ist v einer durch § 5 Abs 1 S 1 im Bedarfsfall gebotenen und zu erzwingenden Vernehmung des Schu – zB nach §§ 20, 21 Abs 3, 97, 98 – zu unterscheiden. Durch diese sollen im allg Interesse Tatsachen ermittelt werden, welche die Durchführung des InsVerf

1 *LG München I* ZInsO 2001, 813; *K Schmidt/Stephan* § 10 Rn 6; *Uhlenbruck/Pape* § 5 Rn 6.
2 *A/G/R/Ahrens* § 10 Rn 6; MK/*Ganter/Lohmann* § 10 Rn 4; *Maintzer* KTS 1985, 617, 618 f noch für das Konkursverfahren.

fördern.[3] Darauf bezieht sich § 10 nicht. Stattdessen sind andere Erkenntnisquellen auszuschöpfen, falls der Schu nicht zu erreichen ist.

III. Durchführung der Anhörung

§ 10 regelt nur die Durchführung der Anhörung für den Fall eines Auslands- oder unbekannten Aufenthalts des Schu. Die anderen Fälle der Anhörung – insb falls der Schu nur „im Termin" zu hören ist (zB § 156 Abs 2) – sind gesetzlich nicht geregelt. Insoweit gilt auch nicht das Gebot des § 10 Abs 1 S 2, Angehörige des Betroffenen zu hören. Vielmehr reicht es aus, dass der Schu die angemessen befristete Gelegenheit zu einer Äußerung – schriftlich oder mündlich zu Protokoll der Geschäftsstelle – erhält;[4] ob er davon Gebrauch macht, steht in seinem Ermessen. Bei Nichtgewährung des gebotenen rechtlichen Gehörs liegt ein wesentliche Verfahrensfehler vor, der im Falle eines statthaften Rechtsmittels zur Aufhebung der Entscheidung führt; hierdurch wird indes kein außerordentliches Rechtsmittel begründet (s § 6 Rn 16).[5] 5

Die dem Schu gesetzte Äußerungsfrist muss angemessen sein, wobei auch die Eilbedürftigkeit des Verf berücksichtigt werden muss. IdR reicht eine Frist v **2 Wochen**;[6] im Eröffnungsverfahren, insb bei der Anordnung v Sicherungsmaßnahmen bzw der Durchsetzung v Auskunfts- und Mitwirkungspflichten kann auch eine kürzere Frist gesetzt werden. Ggf kann eine vorherige Anhörung unterbleiben, wenn der Zweck der Sicherungs- und Zwangsmaßnahme hierdurch gefährdet würde. In diesem Fall ist eine unverzügliche Nachholung erforderlich;[7] eine Anhörung kann auch noch im BeschwVerfahr erfolgen.[8] 6

IV. Natürliche Personen als Schuldner (Abs 1)

Eine persönliche Anhörung des Schu ist nach **Abs 1 S 1** einerseits nicht geboten, wenn sein Aufenthalt – der Allgemeinheit – **unbekannt** ist. Davon ist – wie iRd § 185 Nr 1 ZPO – nur auszugehen, wenn die gem § 5 Abs 1 S 1 gebotene Amtsermittlung über den Aufenthaltsort erfolglos geblieben ist.[9] Eine Auskunft des zuständigen Einwohnermeldeamts, der Schu sei unbekannt verzogen, genügt, falls weitere Anhaltspunkte fehlen.[10] Dass eine Anhörung das Verf übermäßig verzögern würde, braucht nicht festgestellt zu werden. 7

Hält sich der Schu mit bekanntem Aufenthalt im **Ausland** auf, so ist er grds genauso zu hören wie bei einem Inlandsaufenthalt. Das gilt auch nach seiner Flucht:[11] § 10 stellt nicht auf die – oft zw – Gründe für die Abwesenheit ab. V der Anhörung darf gem Abs 1 S 1 nur abgesehen werden, wenn sie das Verf übermäßig verzögern, also den VerfZweck nicht unwesentlich beeinträchtigen würde.[12] Gemessen an den verhältnismäßig kurzen Fristen der §§ 6 Abs 1, 28 Abs 1 S 2, 29 Abs 1 Nr 1 und 235 Abs 1 S 2 – zwischen zwei Wochen und drei Monaten – ist im eröffneten Verf eine Verzögerung von mehr als einem Monat im Allg 8

3 *Andres/Leithaus* § 10 Rn 3; HambKomm/*Rüther* § 10 Rn 5; MK/*Ganter/Lohmann* § 10 Rn 5 ff.
4 HambKomm/*Rüther* § 10 Rn 4; *K Schmidt/Stephan* § 10 Rn 7; vgl allg *BVerfGE* 7, 95, 98.
5 Vgl allg *BGHZ* 150, 133 = NJW 2002, 1577.
6 *K Schmidt/Stephan* § 10 Rn 7.
7 *K Schmidt/Stephan* § 10 Rn 7; *Uhlenbruck/Pape* § 10 Rn 3; vgl allg *BVerfGE* 1, 12, 14 = NJW 1957, 17; *BVerfGE* 67, 96, 99.
8 *BGH* ZVI 2004, 24; NZI 2009, 608 Rn 11; NZI 2011, 282 Rn 8 ff.
9 MK/*Ganter/Lohmann* § 10 Rn 14.
10 *A/G/R/Ahrens* § 10 Rn 13; *Andres/Leithaus* § 10 Rn 6; *Graf-Schlicker/Kexel* § 10 Rn 5; *K/P/B/Prütting* § 10 Rn 8.
11 *A/G/R/Ahrens* § 10 Rn 10; *Braun/Bußhardt* § 10 Rn 9; HambKomm/*Rüther* § 10 Rn 7; MK/*Ganter/Lohmann* § 10 Rn 11; *Uhlenbruck/Pape* § 10 Rn 4.
12 *BGH* NZI 2006, 405.

„übermäßig" lang;[13] im EröffnungsVerf sind, solange keine wirksamen Sicherungsmaßnahmen getroffen werden können, höchstens zweiwöchige Fristen einzuhalten. Eine bloße Auslandsreise ändert am Inlandsaufenthalt nichts.[14]

9 In beiden Fällen des Abs 1 S 1 soll nach **Abs 1 S 2** ein Vertreter oder Angehöriger (§ 383 Abs 1 Nr 1–3 ZPO)[15] des Schu gehört werden. Davon darf nur unter bes Umständen abgesehen werden, insb weil solche Personen ihrerseits nicht bekannt sind oder ihre Anhörung ebenfalls zu einer übermäßigen Verzögerung führen würde. Vorrangig ist ein vom Schu Bevollmächtigter zu hören (vgl § 4 iVm §§ 173, 176, 177 Abs 1 ZPO), danach ein etwa bestellter Abwesenheitspfleger (§ 1911 BGB), sonst nach pflichtgemäßen Ermessen des InsGer die dem Schu am nächsten stehenden Angehörigen.[16]

10 Abs 1 ist sinngemäß anzuwenden, wenn der Anhörung des im Inland wohnenden Schu ein vergleichbares Hindernis – zB eine lang dauernde Erkrankung – entgegensteht, so dass eine Anhörung das Verf übermäßig verzögern würde.[17] Dagegen ist für einen erreichbaren aber nicht prozessfähigen Schu (s § 13 Rn 5, § 14 Rn 4) dessen gesetzlicher Vertreter zu hören.[18]

V. Juristische Personen oder Personenvereinigungen als Schuldner (Abs 2)

11 Abs 2 regelt den Fall, dass der Schu eine juristische Person oder eine dieser insolvenzrechtlich gleichgestellte Personenvereinigung oder Vermögensmasse – iSv § 11 Abs 1 S 2 und Abs 2 – ist. Dafür ist Abs 1 sinngemäß in der Weise anzuwenden, dass bei juristischen Personen und Gesellschaften ohne Rechtspersönlichkeit auf die Anhörung aller Vertretungsorgane, in den Fällen des § 11 Abs 2 Nr 2 auf die Anhörung aller kapitalmäßig beteiligten Personen abzustellen ist. Grds ist jeder von diesen zu hören, soweit nicht der Gesellschaftsvertrag eine gegenseitige Vertretung vorsieht oder nachfolgende Vorschriften Einschränkungen zulassen.[19] Nur für den jeweils Verhinderten ist Abs 1 anzuwenden, während die anderen unabhängig davon persönlich zu hören sind.[20] Die Vorschrift gilt nicht für eine persönliche „Vernehmung" dieses Personenkreises, insb nach § 101. Hat die Gesellschaft zur Zeit der Antragstellung kein vertretungsberechtigtes Organ, gilt Abs 2 S 2 (s Rn 13). Unberührt bleibt die Voraussetzung einer Prozessfähigkeit der Schu (s § 11 Rn 4, § 14 Rn 4).

12 Die danach als „Schu" in Betracht kommenden Personen entsprechen den gem §§ 15 Abs 2 und Abs 3 S 1, 317 Abs 2 S 2, 318 Abs 2 S 2 sowie 332 Abs 3 S 2 Anzuhörenden.[21]

13 **Abs 2 S 2** stellt eine Sonderregel für juristische Personen auf, die – im Zeitpunkt des EröffnungsVerf – rechtlich keinen organschaftlichen Vertreter (mehr) haben, und definiert diesen Zustand als **Führungslosigkeit.** Sie wird dem Fall der Ortsferne des Schu iSv Abs 1 S 1 gleichgestellt. Dagegen gilt bei einer bloßen Unauffindbarkeit des Vertreters sinngemäß

---

13 *Braun/Bußhardt* § 10 Rn 9; HambKomm/*Rüther* § 10 Rn 7; *Uhlenbruck/Pape* § 10 Rn 4; **einschr** *A/G/R/Ahrens* § 10 Rn 12.

14 *LG Frankenthal* Rpfleger 1995, 37.

15 Vgl näher *Jaeger/Gerhardt* § 10 Rn 3; dagegen stellen *N/R/Becker* § 10 Rn 16 allg auf eine „Verbundenheit" m dem Schu und *A/G/R/Ahrens* § 10 Rn 17 auf mutmaßliche Kenntnisse v dessen wirtschaftlichen Angelegenheiten ab.

16 *Braun/Bußhardt* § 10 Rn 15.

17 *Jaeger/Gerhardt* § 10 Rn 5; MK/*Ganter/Lohmann* § 10 Rn 15; *Uhlenbruck/Pape* § 10 Rn 7.

18 Vgl *N/R/Becker* § 10 Rn 10.

19 HambKomm/*Rüther* § 10 Rn 9; *N/R/Becker* § 10 Rn 15; *Uhlenbruck/Pape* § 10 Rn 8.

20 *A/G/R/Ahrens* § 10 Rn 18.

21 *Uhlenbruck/Pape* § 10 Rn 8.

Abs 2 S 1 iVm § 15.[22] Die Unerreichbarkeit des Vertreters, zB wegen einer Forschungsreise, oder die Handlungsunwilligkeit der bestellten organschaftlichen Vertreter begründen noch keine Führungslosigkeit.[23] in Abs 1 S 2 vorgesehene Folge, dass Vertreter oder Angehörige des Schu gehört werden sollen, könnte die InsEröffnung zu Lasten der Gl erheblich verzögern. Deshalb schwächt Abs 2 S 2 die Soll-Vorschrift des Abs 1 S 2 in eine bloße Kann-Vorschrift ab: Die Anhörung wird in das Ermessen des InsGer gestellt und kann unter bes erschwerenden Umständen sogar entfallen.[24] Das InsGer soll im Einzelfall entscheiden, ob eine Anhörung als nötig erscheint und Erfolg verspricht. Dies dürfte bei einer GmbH näher liegen als bei großen Publikumsgesellschaften. Ob und wann eine juristische Person keinen organschaftlichen Vertreter (mehr) hat, bestimmt sich grds nach den allg Regeln über Beginn und Ende der Organstellung (erg s § 15a Rn 18).[25] Ein etwa vorhandener und erreichbarer „faktischer" Geschäftsführer sollte gehört werden.[26] Dagegen ist die zu § 15a aufgetretene Streitfrage, ob „Führungslosigkeit" auch vorliegt, wenn die Organe nicht erreichbar sind (erg s § 15a Rn 18),[27] iRd § 10 meist unerheblich, weil dafür eine ergänzende Anwendung des Abs 1 eine Anhörung der Gesellschafter ermöglicht. Unter mehreren „beteiligten Personen" wählt das InsGer nach pflichtgem Ermessen den oder die anzuhörenden aus.[28]

---

22 *AG Hamburg* NZI 2009, 304; *AG Potsdam* NZI 2013, 602; HambKomm/*Rüther* § 10 Rn 11; *Uhlenbruck/Pape* § 10 Rn 8a.
23 *AG Hamburg* ZIP 2009, 333; *AG Potsdam* NZI 2013, 602; **aA** *Gehrlein* BB 2008, 846, 848.
24 *Graf-Schlicker/Kexel* § 10 Rn 7.
25 Vgl *Schmahl* NZI 2008, 6, 7.
26 FK/*Schmerbach* § 10 Rn 16; *Graf-Schlicker/Kexel* § 10 Rn 7.
27 **Verneinend**: *AG Hamburg* NZI 2009, 63; *Römermann* NZI 2008, 641, 645 f; **bejahend**: *Gehrlein* BB 2008, 846, 848; *Mock* EWiR 2009, 245 f; *Passarge/Brete* ZInsO 2011, 1293, 1297 ff.
28 *N/R/Becker* § 10 Rn 15.

Zweiter Teil
Eröffnung des Insolvenzverfahrens. Erfasstes Vermögen und Verfahrensbeteiligte

Erster Abschnitt
Eröffnungsvoraussetzungen und Eröffnungsverfahren

§ 11 Zulässigkeit des Insolvenzverfahrens

(1) [1]Ein Insolvenzverfahren kann über das Vermögen jeder natürlichen und jeder juristischen Person eröffnet werden. [2]Der nicht rechtsfähige Verein steht insoweit einer juristischen Person gleich.

(2) Ein Insolvenzverfahren kann ferner eröffnet werden:

1. über das Vermögen einer Gesellschaft ohne Rechtspersönlichkeit (offene Handelsgesellschaft, Kommanditgesellschaft, Partnerschaftsgesellschaft, Gesellschaft des Bürgerlichen Rechts, Partenreederei, Europäische wirtschaftliche Interessenvereinigung);

2. nach Maßgabe der §§ 315 bis 334 über einen Nachlass, über das Gesamtgut einer fortgesetzten Gütergemeinschaft oder über das Gesamtgut einer Gütergemeinschaft, das von den Ehegatten oder Lebenspartnern gemeinschaftlich verwaltet wird.

(3) Nach Auflösung einer juristischen Person oder einer Gesellschaft ohne Rechtspersönlichkeit ist die Eröffnung des Insolvenzverfahrens zulässig, solange die Verteilung des Vermögens nicht vollzogen ist.

Übersicht

I. Übersicht

1 Die §§ 11–34 regeln die formellen und materiellen Voraussetzungen für die Eröffnung eines InsVerf sowie das dabei einzuhaltende Verf. Das **EröffnungsVerf** stellt – im Gegensatz zur späteren Abwicklung der InsMasse – einen Parteienstreit zwischen Ast und Ag dar[1] und steht unter der weitgehenden Herrschaft des InsGer. Dennoch unterliegt es grds schon den allg Normen des InsVerf, dessen Bestandteil es ist.[2]

II. Gesetzgebungshinweise; Normzweck

2 § 11 fasst die früher in der KO verstreuten Gesetzesvorschriften über die „Konkursfähigkeit" zusammen. Die Außen-GbR und die Partenreederei wurden – erstmals – in den Kreis der insolvenzfähigen Gesellschaften aufgenommen, ebenso die Gesellschaftsformen EWIV

1 Vgl *BGH* NZI 2006, 590; MK/*Ganter/Lohmann* Vor §§ 2–10 Rn 17.
2 *Jaeger/Weber* § 102 Einl; *Uhlenbruck/Hirte* Vorb Rn 1 vor § 11.

und PartG. Abs 2 und 3 wurden im GesetzgebungsVerf – und jeweils lediglich redaktionell – geändert. Abs 2 Nr 2 wurde durch das G[3] zur Bereinigung des Rechts der Lebenspartner geändert.

3 Die Norm bezweckt nach der Gesetzesbegründung des RegE als zentrale Vorschrift klarstellend die einheitliche Regelung, welche Rechtsträger und Vermögensmassen Gegenstand eines InsVerf sein können.[4] Geregelt wird indes nur, über welche Vermögensmassen das InsVerf eröffnet werden kann; hinsichtlich der Rechtsträger übernimmt sie die Vorgaben des materiellen Rechts.[5]

III. Insolvenzverfahrensfähigkeit

4 Die in § 11 geregelte **InsFähigkeit des Schu** ist Zulässigkeitsvoraussetzung für jedes InsVerf; § 11 ersetzt insoweit mit einer mehr vermögens- als schuldnerbezogenen Ausrichtung den § 50 ZPO.[6] Sie ist von der weiteren Zulässigkeitsvoraussetzung der Verfahrensfähigkeit (§ 51 ZPO; s § 27 Rn 6) zu unterscheiden: Für Verfahrensunfähige natürliche Personen wie für die anderen möglichen Schu handeln im InsVerf – vorbehaltlich der §§ 15, 15a Abs 3 – grds die gesetzlichen Vertreter. Fehlt ein solcher, so muss ein antragstellender Gl ggf beim zuständigen Gericht die Bestellung eines Pflegers – oder Notgeschäftsführers – zu beantragen (erg s § 14 Rn 4).[7] Der Umstand, dass der Schu unter rechtl Betreuung (§§ 1896 ff BGB) steht, ändert daran nichts; allein seine Verfahrensfähigkeit kann zw sein.[8] Zur Möglichkeit nachträglicher Berichtigung fehlerhafter Bezeichnungen des Schu in einem Eröffnungs-Beschl s § 27 Rn 38.

IV. Insolvenzverfahrensfähige Personen (Abs 1)

5 **1. Allgemeines.** Die **Insolvenzverfahrensfähigkeit** ist die Fähigkeit eines Rechtssubjekts, als Schu an einem InsVerf beteiligt zu sein.[9] Diese Fähigkeit besitzt nach Abs 1 S 1 jede natürliche (§§ 1 ff BGB) und juristische Person. Diese Generalklausel gilt **auch** für **ausl** natürliche und juristische[10] Personen, für die ein dt InsGer gem § 3 zuständig ist, sogar wenn sie nach ihrem Heimatrecht nicht insolvenzfähig wären.[11] Ausgenommen sind nach § 12 nur bestimmte juristische Personen des öffentlichen Rechts, nicht jedoch v diesen wiederum gegründete juristische Personen des Privatrechts (vgl § 12 Rn 7).

6 **2. Natürliche Personen.** Jede natürliche Person ist v seiner **Geburt an bis zum Tod** (zum Nachlassinsolvenzverfahren s Rn 26) insolvenzfähig. Es kommt weder auf die Geschäftsfähigkeit noch auf eine wirtschaftliche Betätigung des Schu oder die Lage des Vermögens im Inland an. Ein InsVerf kann über das Vermögen eines Minderjährigen oder einer unter Betreuung stehenden Person eröffnet werden. Ebenso sind Personen mit ausl oder fehlender Staatsangehörigkeit insolvenzfähig, unabhängig v den Regelungen im Heimatland. Sonderregeln gelten für **Verbraucher** (§§ 304 ff). Wird gegen eine natürliche Person ein InsVerf eröffnet und führt sie aus gem § 35 Abs 2 freigegebenem Vermögen Geschäfte fort, so ist –

---

3 BGBl I 2015, 2010.
4 Dazu **krit** *K Schmidt* § 11 Rn 2.
5 *Jaeger/Ehricke* § 11 Rn 1; *Uhlenbruck/Hirte* § 11 Rn 1.
6 *Jaeger/Ehricke* § 11 Rn 1, 13; *K/P/B/Prütting* § 11 Rn 7; *Uhlenbruck/Hirte* § 11 Rn 5.
7 *OLG Dresden* NZI 2000, 136; *OLG Köln* NZI 2000, 134; *Graf-Schlicker/Kexel* § 11 Rn 3; N/R/*Mönning* § 11 Rn 57; **einschr** v *Gerkan* EWiR 2000, 399, 400.
8 Vgl *Beth* ZInsO 2012, 316, 317 f.
9 *Jaeger/Ehricke* § 11 Rn 1; *K Schmidt* § 11 Rn 3.
10 Vgl *AG Hamburg* NZI 2003, 442; *AG Nürnberg* NZI 2007, 186; *AG Ludwigsburg* ZIP 2006, 1507; *Graf-Schlicker/Kexel* § 11 Rn 4; MK/*Ott/Vuia* § 11 Rn 17a; *N/R/Mönning* § 11 Rn 44 ff; *Borges* ZIP 2004, 733, 737; *Vallender* ZGR 2006, 425, 432 ff.
11 *A/G/R/Kadenbach* § 11 Rn 34; *Jaeger/Ehricke* § 11 Rn 14; *Uhlenbruck/Hirte* § 11 Rn 6.

ausnahmsweise (s § 27 Rn 10) – ein erneuter InsAntrag gegen sie als Trägerin des Sondervermögens zulässig.[12] Daran sind außer Neu- auch Altgläubiger zu beteiligen, weil diese ihre Ansprüche nicht durch die Freigabe eines Vermögensteils aus der InsMasse verloren haben.[13] Natürliche Personen haben – im Gegensatz zu juristischen Personen – die Möglichkeit der Erlangung der **Restschuldbefreiung**, s §§ 286 ff.

7 **3. Juristische Personen. – a) Grundsatz.** Abs 1 S 1 differenziert hinsichtlich der Insolvenzfähigkeit nicht zwischen juristischen Personen des Privatrechts und des öffentlichen Rechts;[14] für die letztgenannten sieht § 12 Sonderregelungen vor (s § 12 Rn 3 ff). Im Einzelnen sind insb folgende juristische Personen **insolvenzfähig**: AG[15] (§ 1 S 1 AktG), KGaA[16] (§ 278 Abs 1 AktG), GmbH[17] (§§ 1, 13 GmbH), einschl der UG (§ 5a GmbHG), eingetragene Genossenschaft[18] (§§ 2, 17 Abs 1 GenG), SE[19] (Art 63 SE-VO iVm § 11 Abs 1 S 1), SCE,[20] rechtsfähiger Verein (§§ 21, 22 BGB, erg s Rn 30)[21], VVaG[22] (vgl § 15 VAG), rechtsfähige Stiftung (§§ 80, 86 S 1, 42 BGB, erg s Rn 30).[23] Zum **Beginn** der Insolvenzfähigkeit s Rn 10 ff; zum **Ende** s Rn 26 ff. Auch **ausländische juristische Personen** sind insolvenzfähig, soweit diese im Inland als Rechtsträger anerkannt sind;[24] zum PartikularInsVerf s §§ 356 ff bzw Art 34 ff EuInsVO nF.

8 Eine juristische Person bleibt auch dann selbst Schu, wenn ihre sämtlichen Geschäftsanteile nur einem einzigen Gesellschafter gehören.[25] Bei der GmbH & Co KG ist jede der beiden Gesellschaften – die GmbH (§ 11 Abs 1) wie die KG (§ 11 Abs 2 Nr 1) – nach ihren eigenen Regeln selbstständig insolvenzfähig.[26] Scheiden sämtliche Kommanditisten aus einer GmbH & Co KG aus, setzt sich trotz § 131 Abs 3 S 1 Nr 2 iVm § 161 Abs 2 HGB ein InsEröffnungsVerf als PartikularVerf über das Sondervermögen gegen die GmbH (als ehemalige Komplementärin) als deren Trägerin fort (erg s Rn 15).[27]

9 Nicht selbstständig insolvenzfähig ist der Konzern als Verbund.[28] Vielmehr sind allein die ihm angehörigen, rechtlich selbstständigen Gesellschaften insolvenzfähig (s § 3 Rn 13); ebenso Zweigniederlassungen nach §§ 13 ff HGB.

---

12 *BGH* NZI 2011, 633; 2013, 409; *AG Göttingen* NZI 2008, 314; *AG Hamburg* ZIP 2009, 384; *K/P/B/Holzer* § 35 Rn 116 ff; *K Schmidt* § 11 Rn 27; **aM** *AG Dresden* ZVI 2009, 289; wohl auch *Pape* NZI 2007, 481, 482; dagegen lehnt *Wischemeyer* ZInsO 2009, 2121, 2129 f eine Trennung v der InsMasse des ErstVerf ab, ohne aber einen verfahrensrechtlichen Weg der Wiedereingliederung des abgespaltenen Vermögens aufzuzeigen.

13 So auch *Wischemeyer* ZInsO 2009, 2121, 2129; **einschr** *Zipperer* ZVI 2007, 541, 542 f.

14 *Jaeger/Ehricke* § 11 Rn 16; MK/*Ott/Vuia* § 11 Rn 8; *K Schmidt* § 11 Rn 9.

15 *Jaeger/Ehricke* § 11 Rn 46 ff; MK/*Ott/Vuia* § 11 Rn 27 ff.

16 *Jaeger/Ehricke* § 11 Rn 50 ff; *Siebert* ZInsO 2004, 773, 774.

17 *Jaeger/Ehricke* § 11 Rn 39 ff; MK/*Ott/Vuia* § 11 Rn 22 ff.

18 *Jaeger/Ehricke* § 11 Rn 54 ff; MK/*Ott/Vuia* § 11 Rn 39 ff.

19 FK/*Schmerbach* § 11 Rn 9; *K Schmidt* § 11 Rn 11.

20 *A/G/R/Kadenbach* § 11 Rn 35.

21 *Jaeger/Ehricke* § 11 Rn 33.

22 *Jaeger/Ehricke* § 11 Rn 35.

23 *Jaeger/Ehricke* § 11 Rn 37 f; *Bach/Knof* ZInsO 2005, 729; *Sommer* ZInsO 2013, 171, 176 f.

24 MK/*Ott/Vuia* § 11 Rn 17a; N/R/*Mönning* § 11 Rn 44 ff, *K Schmidt* § 11 Rn 14.

25 *RGZ* 156, 271, 277 f; *Graf-Schlicker/Kexel* § 11 Rn 7; vgl *BGH* NJW 1957, 1877 für Pfändung bei einer Ein-Mann-Gesellschaft.

26 *Jaeger/Ehricke* § 11 Rn 45; *Uhlenbruck/Hirte* § 11 Rn 340; *K Schmidt* GmbHR 2002, 1209.

27 *AG Köln* NZI 2009, 621; *Scholz/K Schmidt/Bitter* Vor § 64 Rn 159 ff; *Gundlach/Frenzel/Schmidt* DStR 2004, 1658, 1661; *K Schmidt* GmbHR 2003, 1404; *Liebs* ZIP 2002, 1716.

28 *A/G/R/Kadenbach* § 11 Rn 24; *Graf-Schlicker/Kexel* § 11 Rn 7; *Jaeger/Ehricke* § 11 Rn 32; MK/*Ott/Vuia* § 11 Rn 35; *Uhlenbruck/Hirte* § 11 Rn 394 ff.

b) Beginn der Insolvenzverfahrensfähigkeit. Die InsFähigkeit **beginnt** mit der Entstehung der juristischen Person, also der Eintragung ins jeweilige Register (§§ 41 Abs 1, 278 Abs 3 AktG, § 11 Abs 1 GmbHG, § 13 GenG). Eine juristische Person ist grds auch dann insolvenzfähig, wenn sie nichtig ist, unabhängig davon, ob sie für nichtig erklärt ist.[29] Wegen der InsFähigkeit juristischer Personen nach ihrer Auflösung s Rn 26 ff. Bei ausl Gesellschaften, die in einem Mitgliedstaat der EU gegründet wurden, bleibt auch das Recht des Gründungsstaats trotz Sitzverlegung nach Deutschland zu beachten.[30] 10

Vor der Eintragung ist die Gründungsvereinigung einer AG, die bereits errichtete **Vorgesellschaft** einer KGaA oder einer GmbH oder die Vorgenossenschaft, die vertragsgemäß Sondervermögen gebildet hat und im Rechtsverkehr wie eine juristische Person in Erscheinung getreten ist, regelmäßig schon insolvenzfähig.[31] Gibt ein solcher Gründungsverein den Eintragungszweck auf, so ist er wie eine OHG[32] oder wie eine BGB-Gesellschaft insolvenzfähig (s Rn 15 f), je nachdem, ob er ein Handelsgewerbe betreibt.[33] Vorgenossenschaften[34] können, wenn sie ihre Eintragung nicht mehr verfolgen, insolvenzrechtlich wenigstens wie BGB-Gesellschaften behandelt werden. 11

Die **Vorgründungsgesellschaft** zu einer juristischen Person als eine zwecks Gründung dieser Person eingegangene Verpflichtung mehrerer Gesellschafter untereinander kann nur insolvenzfähig werden, wenn sie eigenes Vermögen bildet und Außenwirkung erlangt:[35] Entweder als BGB-Gesellschaft (s Rn 17) oder als OHG, wenn sie ein Handelsgewerbe betreibt (s Rn 16). Einer Vor-Stiftung fehlt die InsFähigkeit.[36] 12

4. Verein (Abs 1 S 2). Der nicht rechtsfähige Verein (§ 54 BGB) wird durch S 2 insolvenzrechtlich einer juristischen Person gleichgestellt.[37] Das sollte im Hinblick auf Abs 3 und § 49 Abs 2 BGB auch gelten, wenn zwar alle Mitglieder aus ihm ausgetreten sind, aber noch verteilbares Vermögen vorhanden ist (erg s Rn 30).[38] Die Vorschrift ist nicht auf die unselbstständige Stiftung anzuwenden; diese ist ein nicht selbstständig insolvenzfähiges Sondervermögen, das dem jeweiligen Rechtsinhaber persönlich zugeordnet ist.[39] 13

V. Personenvereinigungen und Vermögensmassen (Abs 2)

1. Allgemeines. Abs 2 erklärt bestimmte, nicht rechtlich selbstständige Personenvereinigungen und Vermögensmassen mit ihrem gesamten Sondervermögen für insolvenzfähig. Ein InsVerf darüber erstreckt sich nicht zugleich auf das Privatvermögen der Teilhaber.[40] Umgekehrt erfassen InsVerf über die Privatvermögen aller Gesellschafter nicht ohne Weiteres zugleich das gesamthänderisch gebundene Gesellschaftsvermögen; insoweit gilt § 84. Ob Gesellschafter – zB gem § 12 – selbst nicht insolvenzfähig sind, ist unerheblich. Durch die 14

---

29 *RG* SeuffArch 60 (1904) Nr 216; *Jaeger/Ehricke* § 11 Rn 21 f; MK/*Ott/Vuia* § 11 Rn 16; *Uhlenbruck/Hirte* § 11 Rn 49.
30 Vgl *BGHZ* 154, 185 = NJW 2003, 1461.
31 *BGH* NZI 2004, 28; WM 2006, 2254; HambKomm/*Linker* § 11 Rn 14; *Jaeger/Ehricke* § 11 Rn 19, 42 ff; MK/*Ott/Vuia* § 11 Rn 14, 47; *Uhlenbruck/Hirte* § 11 Rn 37 f, 40, 241 f.
32 Vgl dazu *BGHZ* 22, 240, 244; *BGH* WM 1965, 246; ZIP 2008, 1025; *Jaeger/Ehricke* § 11 Rn 20.
33 Vgl *Uhlenbruck/Hirte* § 11 Rn 39.
34 Vgl *LG Hannover* NdsRpfl 1959, 182.
35 Vgl FK/*Schmerbach* § 11 Rn 40; *Jaeger/Ehricke* § 11 Rn 18; MK/*Ott/Vuia* § 11 Rn 15; *K Schmidt* § 11 Rn 12; *Uhlenbruck/Hirte* § 11 Rn 36.
36 Vgl *Bach/Knof* ZInsO 2005, 730.
37 Vgl *Jaeger/Ehricke* § 11 Rn 36; MK/*Ott/Vuia* § 11 Rn 20.
38 *Andres/Leithaus* § 11 Rn 3; **aM** *BAG* NZA 1986, 826.
39 *Jaeger/Ehricke* § 11 Rn 38; MK/*Ott/Vuia* § 11 Rn 19; *Bach/Knof* ZInsO 2005, 729, 733 f.
40 *Jaeger/Ehricke* § 11 Rn 62; *Uhlenbruck/Hirte* § 11 Rn 235.

selbstständige InsFähigkeit der GbR ist die frühere Rspr zu Wirkungen einer gleichzeitigen Konkurseröffnung über das Vermögen aller Gesellschafter[41] überholt. Unterhalten identische Personen mehrere selbstständige Gesellschaften unter verschiedenen Bezeichnungen, so ist über jede ein eigenes InsVerf zu eröffnen.[42]

15 **2. Gesellschaften.** Soweit Abs 2 Nr 1 **Gesellschaften ohne Rechtspersönlichkeit** nennt, gilt das auch für **fehlerhafte Gesellschaften**, denen ungeachtet ihres Mangels Sondervermögen zugewachsen ist.[43] Fehlt dagegen jede rechtliche Absprache für eine Gesellschaft oder wird sie nur vorgetäuscht, ist ein solcher Schein- oder faktischer Zusammenschluss nicht insolvenzfähig.[44]

16 Insolvenzfähig sind **OHG** und **KG** nicht erst v ihrer Eintragung (§§ 123 Abs 1, 161 Abs 2 HGB), sondern schon vorher v der Aufnahme einer nach außen gerichteten Tätigkeit an: Bei Betrieb eines Handelsgewerbes als OHG oder KG, dagegen nur in den Fällen der §§ 105 Abs 2, 2 HGB als BGB-Gesellschaft.[45] Davor kommt eine InsFähigkeit der Vorgesellschaft – nur – in Betracht, soweit diese als BGB-Gesellschaft Außenwirkungen erlangt hat.[46] Zur GmbH & Co KG s Rn 8; die KG ist als solche bereits insolvenzfähig, wenn die Komplementär-GmbH noch nicht im Handelsregister eingetragen ist.[47] Scheidet der einzige Komplementär einer KG aus dieser aus, ist ein SonderInsVerf über das Vermögen des (einzigen) Kommanditisten zulässig, das auf das Vermögen der KG beschränkt ist, welches im Wege der Gesamtrechtsnachfolge auf ihn übergegangen ist (erg s Rn 26);[48] und zwar auch, wenn die Komplementärin eine GmbH war (erg s Rn 8).[49] Entspr gilt für das Ausscheiden des einzigen Kommanditisten und den Vermögensübergang auf die Komplementärin (erg s Rn 26).[50] sowie des vorletzten Gesellschafters aus einer Personengesellschaft.[51]

17 Die (Außen-) **Gesellschaft Bürgerlichen Rechts** (§ 705 BGB) wurde inzwischen v der Rspr als parteifähig anerkannt.[52] Insolvenzfähig ist sie in der Form der Außengesellschaft, unabhängig davon, ob sie Unternehmensträgerin[53] oder zB eine Gelegenheitsgesellschaft ist. Gesonderte InsVerf über die Vermögen sogar aller Gesellschafter ergreifen nicht die zum gemeinschaftlichen Vermögen gehörenden Gegenstände; die insolvenzrechtliche Selbstständigkeit der BGB-Gesellschaft bleibt zu beachten, auch wenn § 736 ZPO ihr nicht angepasst wurde. Die Partnerschaftsgesellschaft kann vor ihrer Eintragung im Partnerschaftsregister jedenfalls wie eine BGB-Gesellschaft insolvenzfähig sein. Die Auseinandersetzung reiner

---

41 Vgl *BGHZ* 23, 307, 314 f = NJW 1957, 750; *BFH* ZIP 1996, 1617; *OLG Neustadt* NJW 1958, 1000.
42 Vgl *RGZ* 43, 81, 82.
43 *Jaeger/Ehricke* § 11 Rn 64; MK/*Ott/Vuia* § 11 Rn 47; *K Schmidt* § 11 Rn 17; *Uhlenbruck/Hirte* § 11 Rn 238; vgl auch *BGH* NJW 1992, 1501; NJW-RR 2007, 259.
44 *BGHZ* 11, 190; *OLG Schleswig* SchlHA 1959, 214; *A/G/R/Kadenbach* § 11 Rn 17; HambKomm/*Linker* § 11 Rn 24 f; MK/*Ott/Vuia* § 11 Rn 47; *Uhlenbruck/Hirte* § 11 Rn 239; krit FK/*Schmerbach* § 11 Rn 30.
45 Vgl hierzu *BGHZ* 69, 95, 97 = NJW 1977, 1683.
46 Vgl *BGH* NJW-RR 2007, 259; *Jaeger/Ehricke* § 11 Rn 63.
47 *Uhlenbruck/Hirte* § 11 Rn 342.
48 *LG Dresden* ZIP 2005, 955; MK/*Ott/Vuia* § 11 Rn 71b; *Bork/Jacoby* ZGR 2005, 611, 643 f.
49 Vgl *AG Hamburg* ZInsO 2005, 837; *Gundlach/Schmidt/Schirrmeister* DZWIR 2004, 449, 451; *K Schmidt* GmbHR 2002, 1209.
50 *BVerwG* NZI 2011, 871; *AG Hamburg* ZInsO 2005, 838; ZIP 2006, 390; *AG Köln* NZI 2009, 621; HambKomm/*Linker* § 11 Rn 51; MK/*Ott/Vuia* § 11 Rn 71.
51 Vgl *Kruth* NZI 2011, 844, 845 f.
52 *BGHZ* 146, 341, 347 = NZI 2001, 241; *BGH* NZI 2002, 278.
53 Vgl *Jaeger/Ehricke* § 11 Rn 69.

Innengesellschaften (zB der **Innen-GbR**) – deren Beteiligte lediglich im eigenen Namen nach außen auftreten oder kein Gesamthandsvermögen bilden – bestimmt sich – auch wenn dies im Gesetz nicht zum Ausdruck kommt – nach den außerhalb des InsVerf geltenden allg Vorschriften.[54]

Die Anerkennung der Außen-GbR als rechts- und parteifähig führt dazu, dass sie in Eröffnungsanträgen mit ihrem **Namen** bezeichnet werden kann, wenn sie einen solchen in identifizierbarer Form führt (erg s § 14 Rn 3).[55] Ist das nicht der Fall, müssen zu ihrer Identifizierung die Namen der Gesellschafter in dieser Eigenschaft angegeben werden.[56] Die Bezeichnung ihrer gesetzlichen Vertreter wird durch die entspr anwendbare Ordnungsnorm des § 130 Nr 1 ZPO geboten (erg s § 13 Rn 7). Scheidet der vorletzte Gesellschafter aus einer GbR aus, für die im Gesellschaftsvertrag bestimmt ist, dass sie unter den Gesellschaftern fortgesetzt wird, soll dies im Zweifel zur liquidationslosen Vollbeendigung der Gesellschaft und zur Anwachsung des Gesellschaftsvermögens bei dem verbliebenen Gesellschafter führen;[57] richtiger erscheint dagegen eine Vermögenstrennung beim letzten Gesellschafter in der Art, dass bei ihm ein SonderInsVerf über das ihm angewachsene Vermögen zulässig bleibt.[58] 18

Insolvenzfähig sind zudem die **Partenreederei**[59] (§§ 489 ff HGB) und der **Partnerschaftsgesellschaft**[60] und die **EWIV.**[61] Nach § 11 Abs 3 WEG findet dagegen **kein** InsVerf über das Verwaltungsvermögen einer **Wohnungseigentümergemeinschaft** statt.[62] 19

Nicht insolvenzfähig ist die **stille Gesellschaft** (§ 230 HGB) als reine Innengesellschaft.[63] Statt dessen finden InsVerf ggf über die Vermögen der Beteiligten persönlich statt. Entspr gilt für die **Unterbeteiligung** an einem Gesellschaftsanteil,[64] die eine bürgerlich-rechtliche Innengesellschaft mit einem Gesellschafter der Unternehmensträgerin darstellt.[65] 20

Nicht für die Insolvenzfähigkeit, sondern allenfalls für die Durchführung des InsVerf bedeutsam ist der Streit, wer die Stellung des Schu darin einnimmt: die Gesellschafter persönlich[66] oder die Gesellschaft selbst.[67] 21

3. Sondervermögen. Abs 2 Nr 2 begrenzt die Sondervermögen, die selbstständig Schu iSd InsO sein können; nicht erfasst ist insb eine **Bruchteilsgemeinschaft** iSv § 741 BGB.[68] Neben dem Sondervermögen kann das Privatvermögen v daran beteiligten Personen Gegenstand 22

54 FK/*Schmerbach* § 11 Rn 21; *Jaeger/Ehricke* § 11 Rn 1, 68; MK/*Ott/Vuia* § 11 Rn 15, 53; *K Schmidt* § 11 Rn 15; *Uhlenbruck/Hirte* § 11 Rn 374; **aA** *K/P/B/Prütting* § 11 Rn 41.
55 *Uhlenbruck/Hirte* § 11 Rn 371; *Pohlmann* WM 2002, 1421, 1422.
56 *Graf-Schlicker/Kexel* § 11 Rn 16.
57 *BGH* NZI 2008, 612 Rn 9.
58 *AG Hamburg* ZInsO 2009, 2404; *Keller* NZI 2009, 29; vgl *Marotzke* ZInsO 2009, 590, 593.
59 HambKomm/*Linker* § 11 Rn 38 ff; *Jaeger/Ehricke* § 11 Rn 78; MK/*Ott/Vuia* § 11 Rn 62 f.
60 Vgl *Jaeger/Ehricke* § 11 Rn 72 ff; MK/*Ott/Vuia* § 11 Rn 57 ff; *K Schmidt* § 11 Rn 15.
61 Vgl *Jaeger/Ehricke* § 11 Rn 76 f; MK/*Ott/Vuia* § 11 Rn 60 f; *N/R/Mönning* § 11 Rn 90 ff.
62 Vgl MK/*Ott/Vuia* § 11 Rn 63b.
63 *Jaeger/Ehricke* § 11 Rn 75, 78 aE; *K/P/B/Prütting* § 11 Rn 13; MK/*Ott/Vuia* § 11 Rn 48; *Uhlenbruck/Hirte* § 11 Rn 384.
64 *Uhlenbruck/Hirte* § 11 Rn 375; *Scholz/K Schmidt* Vor § 64 Rn 113.
65 Vgl *BGH* NJW 1994, 2886.
66 So *BGHZ* 34, 293, 297 = NJW 1961, 1022.
67 So *Uhlenbruck/Hirte* § 11 Rn 236, 337; *Schlitt* NZG 1998, 701, 702; *Wellkamp* KTS 2000, 331, 333.
68 *A/G/R/Kadenbach* § 11 Rn 32; HambKomm/*Linker* § 11 Rn 29; *K/P/B/Prütting* § 11 Rn 29; MK/*Ott/Vuia* § 11 Rn 63a; *Uhlenbruck/Hirte* § 11 Rn 374; *Bork* ZIP 2001, 545, 547; **aM** *AG Göttingen* NZI 2001, 102; FK/*Schmerbach* § 11 Rn 22.

eines getrennten InsVerf sein.[69] Als insolvenzfähiges Sondervermögen wird auch ein v Ins-Verw freigegebenes Unternehmen betrachtet, das der Schu während eines laufenden Ins-Verf weiter betreibt.[70]

23 Insolvenzfähig ist nach dem Tod des Schu der **Nachlass** (§ 1975 BGB) als Ganzes[71] – sogar wenn er unter mehreren Erben schon geteilt ist (§ 316 Abs 2) –, nicht jedoch ein bloßer Erbanteil (§ 316 Abs 3), eine unternehmerische Tätigkeit als Bestandteil einer umfassenderen Erbengemeinschaft[72] oder die Erbengemeinschaft als solche.[73] Daran ändert § 11 auch für den Fall nichts, dass die Erbengemeinschaft selbst Unternehmensträgerin ist, also keine Fortführungsgesellschaft gegründet hat. Stirbt der Schu während eines InsVerf, so kann dieses als NachlassInsVerf fortgesetzt werden.[74]

24 Das Gesamtgut einer **ehelichen Gütergemeinschaft** (§§ 1416, 1450 BGB) kann – nach näherer Maßgabe der §§ 333, 334 – selbstständig Gegenstand eines InsVerf sein, sofern es v beiden Ehegatten gemeinschaftlich verwaltet wird.[75] Dies gilt allerdings nicht mehr nach einer Auseinandersetzung; auf § 316 Abs 2 wird nicht verwiesen.[76] Ggf kann daneben ein InsVerf über das Sonder- und Vorbehaltsgut (§§ 1417, 1418 BGB) eines der Ehegatten oder beider durchgeführt werden (vgl § 37 Abs 2). Verwaltet dagegen nur einer der Ehegatten das Gesamtgut allein (§ 1422 BGB), so wird es ausschließlich v einem InsVerf über das Vermögen des Verwaltenden mit erfasst (§ 37 Abs 1).

25 Gesamtgut einer **fortgesetzten Gütergemeinschaft** (§§ 1483, 1489 Abs 2, 1975 BGB) haftet insolvenzmäßig – auch noch nach der Auseinandersetzung (§§ 332 Abs 1, 316 Abs 2) – selbstständig. Ein entspr InsVerf wird allein wegen der Gesamtgutverbindlichkeiten durchgeführt,[77] während für andere Schulden ggf ein (Nachlass-)InsVerf über das Sonder- und Vorbehaltsgut der Ehegatten in Betracht kommt.

VI. Ende der Insolvenzverfahrensfähigkeit (Abs 3)

26 Nach dem Tod **natürlicher Personen** findet ggf ein NachlassInsVerf statt (§§ 315 ff; s Rn 23).[78] Abs 3 stellt klar, dass – wie bisher – die InsFähigkeit einer **juristischen Person oder Gesellschaft** ohne Rechtspersönlichkeit nicht ohne Weiteres mit der **Auflösung** des Rechtsträgers oder der Vermögensmasse endet. Sie dauert so lange an, als noch (Sonder-)Vermögen vorhanden ist; das gilt auch für Gesellschaften ausländischen Rechts.[79] Dann ist es insolvenzrechtlich unerheblich, ob eine Gesellschaft schon im maßgeblichen Register

69 *Graf-Schlicker/Kexel* § 11 Rn 18.

70 *BGH* NZI 2011, 633; *AG Hamburg* ZInsO 2008, 680; **aM** *LG Dresden* NZI 2011, 291.

71 Vgl *Graf-Schlicker/Kexel* § 11 Rn 19; *Jaeger/Ehricke* § 11 Rn 83; MK/*Ott/Vuia* § 11 Rn 64 f.

72 *KG* LZ 1910, 484; *LG Osnabrück* KTS 1962, 127; jew noch zur KO; *AG Duisburg* NZI 2004, 97; **aA** FK/*Schmerbach* § 11 Rn 37 für die Tätigkeit in Form einer GbR.

73 *AG Duisburg* NZI 2004, 97; MK/*Ott/Vuia* § 11 Rn 63c; *Uhlenbruck/Lüer* § 315 Rn 13; zu ihrer fehlenden Rechts- und Parteifähigkeit einer Erbengemeinschaft vgl *BGH* NJW 2006, 3715.

74 Vgl *BGHZ* 175, 307 = NZI 2008, 382; *BGH* NZI 2011, 138; ZInsO 2014, 40; *Uhlenbruck/Sternal* § 311 Rn 66; jew für VerbrInsVerf.

75 *A/G/R/Kadenbach* § 11 Rn 30; MK/*Ott/Vuia* § 11 Rn 69.

76 *Graf-Schlicker/Kexel* § 11 Rn 20.

77 MK/*Ott/Vuia* § 11 Rn 67.

78 Vgl *BGHZ* 175, 397 = NZI 2008, 382; *BGH* NZI 2011, 138; ZInsO 2014, 40; HambKomm/*Linker* § 11 Rn 46; *Uhlenbruck/Sternal* § 311 Rn 66.

79 Vgl zu einer Ltd engl Rechts *KG* ZIP 2010, 204; *LG Duisburg* NZI 2007, 475; *LG Potsdam* ZInsO 2008, 1145; *Schmittmann/Bischoff* ZInsO 2009, 1561, 1564; **aM** *N Schmidt* ZInsO 2009, 1635, 1636 ff, der aber die dem Art 27 EuInsVO aF und den §§ 354 ff zugrunde liegende Wertung nicht berücksichtigt.

gelöscht oder ihre Rechtsfähigkeit erloschen ist.[80] Die Nachtragsliquidation gem § 273 Abs 4 AktG, § 66 Abs 5 GmbHG nF oder § 83 Abs 5 GenG tritt zurück, wenn noch Gl vorhanden sind, zumal diese Vorschriften nicht die Gleichbehandlung aller Gl verwirklichen. Entspr gilt, wenn nach Abweisung eines InsAntrags gem § 26 oder Einstellung mangels Masse nach § 207 weiteres Vermögen des Rechtsträgers festgestellt wird,[81] aber eine Fortsetzung des früheren Verf (§§ 203, 211 Abs 3) nicht zulässig ist.

Ein auf § 11 Abs 3 gestützter Eröffnungsantrag ist nach Löschung der juristischen Person oder Gesellschaft im Handelsregister nur zulässig, wenn der Ast schlüssig vorträgt, dass die gelöschte juristische Person oder Gesellschaft noch verteilbares Vermögen besitzt.[82] Bei einer **Limited Company** englischen Rechts genügt im Inland belegendes Vermögen, obwohl es an den britischen Staat gefallen ist.[83] Ein vom Ast vor der Vollbeendigung eingezahlter, ausreichender Massekostenvorschuss reicht ebenfalls aus (erg s § 26 Rn 31).[84] Das gilt auch für nicht eingetragene Personenvereinigungen[85] oder Vermögensmassen. Zur Vertretung der Schu hat ggf das Registergericht auf Antrag des Gl einen Nachtragsliquidator zu bestellen.[86] Haben sich dagegen sämtliche Anteile an einer Personengesellschaft in der Hand eines einzigen Gesellschafters vereinigt, so bleibt vorhandenes Gesellschaftsvermögen als Sondervermögen erhalten, über das in der Person des letzten Gesellschafters ein SonderInsVerf eröffnet werden kann (s Rn 16).[87] 27

Bei der **Verschmelzung** mehrerer Rechtsträger oder der Spaltung eines Rechtsträgers erlischt der jeweils Übertragende (§§ 20 Abs 1 Nr 2, 131 Abs 1 Nr 2 UmwG). Als insolvenzfähig bleiben nur die aufnehmenden oder neu entstehenden Rechtsträger übrig.[88] Nach einer formwechselnden Umwandlung ist derselbe Rechtsträger in seiner neuen Rechtsform insolvenzfähig (vgl § 202 UmwG).[89] Von der Eintragung an ist – aufgrund des Wegfalls einer befristeten Vermögenstrennung (§ 8 UmwG aF) – das übertragene Vermögen nicht mehr als insolvenzfähige Sondermasse vorhanden; dem GlSchutz dienen allein Sicherstellungs- und Schadensersatzansprüche (§§ 204, 205 iVm §§ 22, 25 UmwG). 28

Abs 3 gilt nicht für **insolvenzfähige Sondervermögen** iSv Abs 2 Nr 2. In der NachlassIns (s Rn 23) mit mehreren Erben und in der Ins über das Gesamtgut einer fortgesetzten Gütergemeinschaft (s Rn 25) hindert nicht einmal die Teilung des Nachlasses bzw die Auseinandersetzung über das Gesamtgut die InsEröffnung (§§ 316 Abs 2, 332 Abs 1). 29

Ist das Vermögen eines aufgelösten Vereins oder einer erloschenen Stiftung[90] dem Fiskus angefallen (§§ 45 Abs 3, 88 BGB), wird das Verf allein nach den Regeln der NachlassIns abgewickelt (§§ 46 S 1, 88 S 1 BGB). 30

---

80 *Jaeger/Ehricke* § 11 Rn 23 ff; MK/*Ott/Vuia* § 11 Rn 71a; *Uhlenbruck/Hirte* § 11 Rn 46 f.
81 *AG Göttingen* DZWIR 1999, 439; *Graf-Schlicker/Kexel* § 11 Rn 23; HambKomm/*Linker* § 11 Rn 48; *Schlitt* NZG 1998, 701, 702.
82 Vgl *OLG Jena* NZI 2008, 260; *LG Duisburg* NZI 2007, 475; *LG Zweibrücken* NZI 2005, 397; *Vallender* ZGR 2006, 425, 436 f für Scheinauslandsgesellschaften.
83 *OLG Jena* NZI 2008, 260; **aM** *LG Duisburg* NZI 2007, 475.
84 *BGH* NZI 2005, 225.
85 *AG Potsdam* NZI 2001, 271 für GbR.
86 *Uhlenbruck/Hirte* § 11 Rn 47.
87 Vgl *AG Köln* NZI 2009, 621; *Kruth* NZI 2011, 844, 847; **aM** *AG Potsdam* NZI 2001, 272 mit zust Anm *Voß* EWiR 2001, 547.
88 MK/*Ott/Vuia* § 11 Rn 31 f; PK-HWF/*Mitter* § 11 Rn 12.
89 *Jaeger/Ehricke* § 11 Rn 29 ff; MK/*Ott/Vuia* § 11 Rn 34; *Uhlenbruck/Hirte* § 11 Rn 50; *Siebert* ZInsO 2004, 773, 775.
90 Zur InsFähigkeit einer Stiftung vgl *Bach/Knof* ZInsO 2005, 729 ff.

§ 12 Juristische Personen des öffentlichen Rechts

(1) Unzulässig ist das Insolvenzverfahren über das Vermögen

1. des Bundes oder eines Landes,

2. einer juristischen Person des öffentlichen Rechts, die der Aufsicht eines Landes untersteht, wenn das Landesrecht dies bestimmt.

(2) Hat ein Land nach Absatz 1 Nr. 2 das Insolvenzverfahren über das Vermögen einer juristischen Person für unzulässig erklärt, so können im Falle der Zahlungsunfähigkeit oder der Überschuldung dieser juristischen Person deren Arbeitnehmer von dem Land die Leistungen verlangen, die sie im Falle der Eröffnung eines Insolvenzverfahrens nach den Vorschriften des Dritten Buches Sozialgesetzbuch über das Insolvenzgeld von der Agentur für Arbeit und nach den Vorschriften des Gesetzes zur Verbesserung der betrieblichen Altersversorgung vom Träger der Insolvenzsicherung beanspruchen könnten.

Übersicht

I. Gesetzgebungshinweise; Normzweck

1 Abs 1 Nr 1 kodifiziert die frühere allg Auffassung zur KO; Abs 1 Nr 2 übernimmt inhaltlich Art IV EGÄndG KO v 17.5.1898 (RGBl S 248) iVm § 15 Nr 3 EGZPO. Abs 2 wurde neu eingefügt.

2 **Abs 1** soll die Funktionsfähigkeit der Staatsgewalt und der öffentlichen Verwaltung aufrechterhalten; deren Zahlungsunfähigkeit oder Überschuldung ist allein mit staats- oder verwaltungsrechtlichen Mitteln zu begegnen.[1] **Abs 2** will die Arbeitnehmer juristischer Personen, die durch Landesgesetz für nicht insolvenzfähig erklärt wurden, für den InsFall mit den anderen Arbeitnehmern gleichstellen.

II. Fehlende Insolvenzverfahrensfähigkeit (Abs 1)

3 **1. Grundsatz.** Abs 1 schließt die InsFähigkeit des **Bundes**, jedes **Bundeslandes** (Nr 1) und derjenigen juristischen Personen des öffentlichen Rechts aus, die der Landesaufsicht unterstehen und für die das Landesrecht eine entspr Regelung trifft (Nr 2). Dies sind stets die **Gemeinden** und Gemeindeverbände auf der Grundlage der jeweiligen LandesG;[2] für Berlin, Bremen und Hamburg gilt § 12 Abs 1 Nr 1 unmittelbar und in den anderen Flächenländern insoweit allgemeinere Gesetze, s Rn 4). In einzelnen Bundesländern sind auch Stadt-

---

1 Vgl *BVerfGE* 15, 126, 135 = NJW 1963, 32; vgl auch § 882a ZPO.

2 Vgl für Bay Art 77 GO, Art 71 LKO; für Brandenburg § 118 Abs 2 KVerf, § 131 Abs 1 S 1 iVm § 118 Abs 2 KVerf; für Hess § 146 GO, § 54 Abs 1 LkrO iVm § 146 GO; für MV § 62 Abs 3 KommVerfG, § 120 Abs 1 iVm § 62 Abs 3 KommVerfG; für NRW § 128 Abs 2 GO, § 57 Abs 3 LkrO iVm § 128 Abs 2 GO; für Saarland § 138 Abs 2 KSVG, § 189 Abs 1 iVm § 138 KSVG; für SchlH § 131 Abs 2 GO; für Thür § 69 Abs 3 KommO, § 114 iVm § 69 Abs 3 KommO. Vgl erg *Jaeger/Ehricke* § 12 Rn 21 ff; MK/*Ott/Vuia* § 12 Rn 24 f; *Kropf* ZInsO 2012, 1667, 1668; *Siegmund* ZInsO 2012, 2324, 2325.

aus dem GG ergibt.[25] Eine entspr Anwendung gegen die Bundesrepublik ist bisher nicht zulässig; sie hat sich vorbehalten, im Bedarfsfalle selbst und ohne vorherige Bindung für die InsSicherung für Arbeitnehmer v bundesunmittelbaren juristischen Personen zu sorgen.[26] Dasselbe muss für insolvenzunfähige Kirchen gelten (s Rn 8).[27] Für insolvenzunfähige Rundfunkanstalten haben die Länder einzutreten.[28]

§ 13 Eröffnungsantrag

(1) [1]Das Insolvenzverfahren wird nur auf schriftlichen Antrag eröffnet. [2]Antragsberechtigt sind die Gläubiger und der Schuldner. [3]Dem Antrag des Schuldners ist ein Verzeichnis der Gläubiger und ihrer Forderungen beizufügen. [4]Wenn der Schuldner einen Geschäftsbetrieb hat, der nicht eingestellt ist, sollen in dem Verzeichnis besonders kenntlich gemacht werden
1. die höchsten Forderungen,
2. die höchsten gesicherten Forderungen,
3. die Forderungen der Finanzverwaltung,
4. die Forderungen der Sozialversicherungsträger sowie
5. die Forderungen aus betrieblicher Altersversorgung.

[5]Der Schuldner hat in diesem Fall auch Angaben zur Bilanzsumme, zu den Umsatzerlösen und zur durchschnittlichen Zahl der Arbeitnehmer des vorangegangenen Geschäftsjahres zu machen. [6]Die Angaben nach Satz 4 sind verpflichtend, wenn
1. der Schuldner Eigenverwaltung beantragt,
2. der Schuldner die Merkmale des § 22a Absatz 1 erfüllt oder
3. die Einsetzung eines vorläufigen Gläubigerausschusses beantragt wurde.

[7]Dem Verzeichnis nach Satz 3 und den Angaben nach den Sätzen 4 und 5 ist die Erklärung beizufügen, dass die enthaltenen Angaben richtig und vollständig sind.

(2) Der Antrag kann zurückgenommen werden, bis das Insolvenzverfahren eröffnet oder der Antrag rechtskräftig abgewiesen ist.

(3) Ist der Eröffnungsantrag unzulässig, so fordert das Insolvenzgericht den Antragsteller unverzüglich auf, den Mangel zu beheben und räumt ihm hierzu eine angemessene Frist ein.

(4) [1]Das Bundesministerium der Justiz und für Verbraucherschutz wird ermächtigt, durch Rechtsverordnung mit Zustimmung des Bundesrates für die Antragstellung durch den Schuldner ein Formular einzuführen. [2]Soweit nach Satz 1 ein Formular eingeführt ist, muss der Schuldner dieses benutzen. [3]Für Verfahren, die von den Gerichten maschinell bearbeitet, und für solche, die nicht maschinell bearbeitet werden, können unterschiedliche Formulare eingeführt werden.

Übersicht

25 *A/G/R/Kadenbach* § 12 Rn 14; *Gundlach* DZWIR 2000, 368, 369; vgl vern HambKomm/*Linker* § 12 Rn 9.
26 *Uhlenbruck/Hirte* § 12 Rn 19.
27 *Jaeger/Ehricke* § 12 Rn 57; *Uhlenbruck/Hirte* § 12 Rn 19.
28 Vgl *BVerfGE* 89, 144 = NJW 1994, 1466.

I. Gesetzgebungshinweise; Normzweck

1 Die Norm entspricht im Wesentlichen dem früheren Recht in der KO. Das Schriftlichkeitserfordernis in Abs 1 S 1 und dem jetzigen Abs 4 wurde durch das InsOVereinfG 2007 und Abs 1 S 3–S 7 durch das ESUG eingeführt; Änderungen erfuhr der jetzige durch das InsOÄndG 2007, das ESUG und die 10. ZuständigkeitsanpassungsVO 2015. Durch das G zur Durchführung der VO (EU) 2015/848 über InsVerf v 5.6.2017[1] wurde ein neuer Abs 3 eingefügt und der bisherige Abs 3 in Abs 4 geändert. Ergänzt wird die Vorschrift durch §§ 13a, 14, 15, 15a, 18 Abs 3 sowie Art 102c § 5 EGInsO.

2 **Abs 1** drückt das Antragserfordernis für das einheitliche InsVerf aus, bestimmt den Kreis der Antragsberechtigten und stellt klar, dass InsVerf nicht v Amts wegen eröffnet werden dürfen. Die Ergänzung des Abs 1 durch das ESUG dient dem ordnungsgemäßen Ablauf des InsVerf und die Stärkung der GlRechte durch eine Einbeziehung in einem frühen Verfahrensstadium. Im Interesse der Rechtssicherheit will **Abs 2** erreichen, dass eine VerfEröffnung – mit ihren Drittwirkungen – nicht mehr durch eine Antragsrücknahme (rückwirkend) beseitigt werden kann.[2] **Abs 3** regelt nunmehr ausdrücklich gesetzlich die bisher auf § 4 iVm § 139 ZPO gestützte Praxis der InsGer, bei unzulässigen Eröffnungsanträgen durch einen Hinweis auf einen ordnungsgemäßen Antrag hinzuwirken.[3] Durch **Abs 4** – iVm dem Schriftformerfordernis des Abs 1 S 1 – soll das EröffnungsVerf gestrafft und erleichtert werden.

II. Antragsgrundsatz (Abs 1)

3 **1. Antragstellung. – a) Grundsatz.** Gem Abs 1 S 1 ist ein Eröffnungsantrag Voraussetzung für die **Zulässigkeit des InsVerf** (zur Systematik der Eröffnungsvoraussetzungen vgl § 27 Rn 3 ff). Der Antrag muss auf Einl des InsVerf – nicht nur auf Erlass einer Forderung oder Erteilung der Restschuldbefreiung – und gegen einen bestimmten Schu gerichtet sein; besteht dieser – insb als juristische Person oder Gesellschaft iSv § 11 Abs 2 Nr 1 – nicht mehr, muss ggf ein neuer Antrag gestellt werden Eine Auslegung oder Umdeutung des Eröffnungsantrags dahin, dass dieser sich gegen den Rechtsnachfolger desjenigen richtet, den der Ast benannt hat, ist grds nicht zulässig.[4] Der Eröffnungsantrag ist eine Verfahrenshandlung und kann nicht wegen eines Willensmangels angefochten werden.[5] Er ist insoweit unteilbar, als er idR das gesamte Vermögen des jeweiligen Ag betrifft.[6] Ein Antrag auf Eröffnung eines gemeinschaftlichen Verf über das Vermögen mehrerer insolvenzfähiger

---

1 BGBl I S 1476; vgl BT-Drucks 18/10823, 26; BT-Drucks 18/12154, 30.
2 *BGH* ZVI 2006, 564 Rn 2; ZVI 2017, 41 Rn 13.
3 BT-Drucks 18/10823, 26; vgl auch *BGH* NZI 2003, 147; WM 2007, 1754.
4 *BGH* WM 2008, 2128 Rn 7.
5 *BGH* NZI 2010, 441; NJW-RR 2012, 503; *LG Düsseldorf* NZI 2002, 322; *Braun/Bußhardt* § 13 Rn 9; MK/*Schmahl/Vuia* § 13 Rn 75; *N/R/Mönning* § 13 Rn 21.
6 MK/*Schmahl/Vuia* § 13 Rn 96; *N/R/Mönning* § 13 Rn 28. Zu Ausnahmen vgl zB § 11 Rn 5, §§ 354, 356 InsO, § 30 Abs 1 und 6 PfandbriefG.

Personen (§ 11) – zB Eheleute – kann ggf wie zwei selbstständige Anträge auf Eröffnung getrennter Verf behandelt werden.[7] Ist ein InsVerf schon eröffnet, ist ein weiterer Eröffnungsantrag gegen denselben Schu idR entspr § 261 Abs 3 Nr 1 ZPO unzulässig;[8] zur Zulässigkeit eines Zweitverfahrens s § 14 Rn 28; § 27 Rn 10. Zum Antragsrecht eines ausl InsVerw vgl § 356 Abs 2 InsO, Art 29 EuInsVO.

b) Bedingungsfeindlichkeit. Der Eröffnungsantrag ist **bedingungsfeindlich**;[9] seine Behandlung darf aber vom InsGer auf Wunsch des Ast kurzfristig zurückgestellt werden.[10] Rein innerprozessuale Bedingungen – insb Hilfsanträge – sind zulässig.[11] Jedoch kann ein Schu – welcher hauptsächlich den Antrag eines Gl als unzulässig oder unbegründet bekämpft – nicht wirksam (nur) hilfsweise einen eigenen InsAntrag, verbunden mit einem Antrag auf Restschuldbefreiung, stellen.[12] Die Bewilligung v Ratenzahlungen durch den Gl kann zwar den Eröffnungsgrund entfallen lassen (vgl auch § 14 Abs 1 S 2 sowie § 14 Rn 18 ff), stellt allein den Eröffnungsantrag aber noch nicht unter eine Bedingung. Auch bei anderen Zusätzen ist durch Auslegung zu ermitteln, ob sie im Rechtssinne eine Bedingung für die Antragstellung sein sollen.[13] Dies wird im Allg hinsichtlich einer – unverbindlichen – Anregung an das InsGer, einen bestimmten InsVerw zu bestellen, ebenso wenig zutreffen wie für diejenige, keine Sicherungsmaßnahmen gem § 21 anzuordnen.[14] Die bloße Ankündigung eines – künftigen – GlEröffnungsantrags für den Fall der **Bewilligung v Prozesskostenhilfe** für den Gl ist keine unzulässige Bedingung,[15] da noch kein Eröffnungsantrag vorliegt. Ein Schu kann hingegen keine Kostenstundung auf der Grundlage eines Antragsentwurfs beanspruchen, weil die Stundung die zulässige Beantragung der Restschuldbefreiung und damit einen wirksamen Eröffnungsantrag voraussetzt (§ 4a Abs 1 S 1); erst anschließend beginnt die Prüfung des Vorliegens einer kostendeckenden Masse.[16] Ein „vorsorglich" gestellter Antrag kann unbedingt – nur bes motiviert – sein; dies ist Auslegungsfrage.[17] Unzulässig ist der Eröffnungsantrag unter der Bedingung, dass Eigenverwaltung gem §§ 270 ff angeordnet wird.[18] Jedoch kann der Schu seinen Eröffnungsantrag wirksam unter der prozessualen Bedingung stellen, dass das InsGer seine – vom Schu bestrittene – (internationale) Zuständigkeit (auf einen GlAntrag) bejaht.[19] 4

c) Verfahrensfähigkeit. Ein **wirksamer Antrag** kann nur v Verfahrensfähigen (vgl § 51 ZPO) gestellt werden. Für Verfahrensunfähige müssen deren gesetzliche Vertreter handeln,[20] die 5

7 *OLG Oldenburg* MDR 1955, 175; *Uhlenbruck* KTS 1987, 561, 563 ff; jew noch zur KO. Vgl auch *Uhlenbruck/Sternal* Vor § 286 Rn 5.
8 *BGH* NZI 2004, 444; 2008, 609 Rn 8 ff; vgl *LG Duisburg* NZI 2002, 666.
9 *BGH* NZI 2010, 441 Rn 7; MK/*Schmahl/Vuia* § 13 Rn 72; *K Schmidt/Gundlach* § 13 Rn 8.
10 *BGHZ* 167, 190, 194 = NZI 2006, 469; FK/*Schmerbach* § 14 Rn 39; *Jaeger/Gerhardt* § 13 Rn 33; *Uhlenbruck/Wegener* § 13 Rn 60.
11 *OLG Köln* ZIP 2000, 2033; *Graf-Schlicker/Kexel* § 13 Rn 3; **aM** *Pape* EWiR 2001, 537.
12 *BGH* ZIP 2010, 888 Rn 7; NJW-RR 2012, 503.
13 *BGH* NZI 2008, 45.
14 FK/*Schmerbach* § 14 Rn 39; *Jaeger/Gerhardt* § 13 Rn 33; zutr bei echter Bedingung: *AG Göttingen* ZInsO 1999, 659 LS.
15 HambKomm/*Linker* § 13 Rn 4; MK/*Schmahl/Vuia* § 13 Rn 73; *K Schmidt/Gundlach* § 13 Rn 8; **aA** *Jaeger/Gerhardt* § 13 Rn 34; *Uhlenbruck/Wegener* § 13 Rn 60.
16 MK/*Schmahl/Vuia* § 13 Rn 73.
17 Zu verallgemeinernd *AG Köln* NZI 2000, 284.
18 *K/P/B/Pape* § 13 Rn 71; MK/*Schmahl/Vuia* § 13 Rn 74; *Uhlenbruck/Wegener* § 13 Rn 60; *Schlegel* ZIP 1999, 954, 956; vgl auch *BGH* NZI 2006, 34.
19 *BGH* ZIP 2012, 82 Rn 13 f; MK/*Schmahl/Vuia* § 13 Rn 73.
20 *A/G/R/Kadenbach* § 13 Rn 16.

einen Antrag ggf auch – mit Rückwirkung – genehmigen können.[21] Ein nur „faktischer" Geschäftsführer kann nicht wirksam eine GmbH vertreten (erg s Rn 19, Rn 20, § 15 Rn 6, § 15a Abs 3).[22] Dagegen verschafft § 15 Abs 1 S 2 den darin genannten Personen bei Führungslosigkeit einer juristischen Person eine Vertretungsbefugnis zur Antragstellung für diese.[23] Zur möglichen Bestellung eines VerfPflegers – nur – für den Schu als Ag[24] s § 14 Rn 4. Eine betreuungsgerichtliche Genehmigung ist insb nicht durch § 1822 BGB geboten.[25] Stellvertretung ist zulässig. Die Vollmacht muss sich jedoch gerade auf ein InsVerf beziehen (vgl § 4 Rn 6); dies kann sich allerdings auch im Wege der Auslegung ergeben.[26] Die Vollmacht eines RA ist gem § 88 ZPO iVm § 4 idR nur auf Rüge zu prüfen.[27] Zum maßgeblichen Zeitpunkt s § 16 Rn 16, § 34 Rn 21 f. Ein wegen fehlender Vertretungsmacht unwirksamer Eröffnungsantrag kann – sogar nach dem EröffnungsBeschl – durch Genehmigung rückwirkend geheilt werden;[28] ggf. ist nach Maßgabe des § 579 Abs 1 Nr 4 ZPO die Wiederaufnahme eröffnet.[22] Zur PKH für den Eröffnungsantrag eine Gl vgl § 4 Rn 10, zur Kostenstundung für Schu § 4a; wegen der Antragsberechtigung für juristische Personen oder Personenvereinigungen vgl § 15 Rn 4 ff und – für Gesellschaften, die Bankgeschäfte unberechtigt ausüben – § 37 Abs 2 KWG.[29] Prokuristen und Handlungsbevollmächtigte sind nicht als solche für den Antrag vertretungsbefugt.[30] Der Betriebsrat hat weder ein eigenes Antrags- noch ein Beteiligungsrecht.[31]

6 **d) Form.** Der Eröffnungsantrag kann **schriftlich** durch Einreichung eines Schriftstücks, durch Übersendung eines Faxschreibens (vgl § 130 Nr 6 ZPO)[32] oder – seit dem 1.1.2018[33] – als elektronisches Dokument (§ 130a ZPO) gestellt werden; die vor dem InsOVereinfG 2007 eröffnete Möglichkeit, den Antrag auch zu Protokoll der Geschäftsstelle (vgl § 129a ZPO) zu stellen, besteht nicht mehr. **Abs 4** sieht die Möglichkeit der Einführung eines **Formularzwangs** auf für das RegelInsVerf vor; dies ist bisher nicht geschehen. Zum Formularzwang im VerbraucherInsVerf s die Kommentierung zu § 305 Abs 5. Der Ast kann sich bei der Antragstellung durch einen Bevollmächtigten, insb durch einen RA vertreten lassen. Bei einem nicht anwaltlichen Bevollmächtigten bedarf es der Vorlage einer Vollmacht (arg aus § 88 Abs 2 ZPO).

7 Der Antrag ist nur zulässig, wenn er den Schu erkennbar – durch Angabe des Vor- und Nachnamens bzw des vollständigen Namens sowie der Rechtsform – **individualisiert** (zur Bezeichnung v Gesellschaften iSv § 11 Abs 2 Nr 1 vgl § 14 Rn 3),[34] und inhaltlich sinngemäß an § 4 iVm § 253 Abs 2 ZPO zu messen.[35] Er muss die Zuständigkeit des angerufenen InsGer erkennen lassen

---

21 *BGH* ZIP 2003, 1007; ZVI 2003, 224.
22 *BGH* ZIP 2007, 144.
23 *Horstkotte* ZInsO 2009, 209, 212.
24 Vgl *BGH* 14.2.2008 – I ZB 39/07.
25 *Jaeger/Gerhardt* § 13 Rn 11; MK/*Schmahl/Vuia* § 13 Rn 17.
26 *BGH* 21.12.2010 – IX ZB 206/09, Rn 2.
27 *Jaeger/Gerhardt* § 13 Rn 30; MK/*Schmahl/Vuia* § 13 Rn 83 f; *Uhlenbruck* MDR 1978, 8; zu unzulässigen Interessenkollisionen vgl *AG Köln* InVo 1999, 82.
28 *BGH* ZVI 2003, 224.
29 Dazu *BGH* NZI 2003, 645.
30 *Jaeger/Gerhardt* § 13 Rn 12; MK/*Schmahl/Vuia* § 13 Rn 82; *Uhlenbruck/Wegener* § 13 Rn 16, 74 f.
31 HambKomm/*Linker* § 13 Rn 25; *Jaeger/Gerhardt* § 13 Rn 13; MK/*Schmahl/Vuia* § 13 Rn 43; *N/R/Mönning* § 13 Rn 70; *Uhlenbruck/Wegener* § 13 Rn 26.
32 Vgl MK/*Schmahl/Vuia* § 13 Rn 90.
33 Eröffnet durch die Elektronische-Rechtsverkehr-VO v 24.11.2017, BGBl I, 3803.
34 *LG Potsdam* ZInsO 2013, 2501; *AG Hamburg* ZInsO 2007, 501; *AG Hannover* ZInsO 2015, 1693; *K Schmidt/Gundlach* § 13 Rn 3.
35 Vgl *BGH* NZI 2003, 147; *AG Duisburg* NZI 2002, 501; *AG Potsdam* DZWIR 2001, 577; *Braun/Bußhardt* § 13 Rn 11.

(vgl § 3 Rn 22). Der Schu als Ast muss auch seine aktuelle Anschrift angeben (erg s § 27 Rn 18).[36] Für Gl gilt dies nicht notwendigerweise, wenn jene unbekannt und nicht durch ernsthafte Nachforschungen bei Meldestellen, öffentlichen Registern oÄ zu ermitteln ist;[37] es genügt stets, die Voraussetzungen des § 4 iVm § 185 ZPO für eine öffentliche Zustellung (vgl § 8 Rn 6) glaubhaft zu machen.[38] Insoweit erleichtert § 185 Nr 2 ZPO die Darlegung gegenüber registerpflichtigen juristischen Personen. Der gesetzliche Vertreter des Schu soll entspr § 130 Nr 1 ZPO angegeben werden.[39] Zu Eigenanträgen juristischer Personen und v Gesellschaften ohne Rechtspersönlichkeit s Rn 19. Abschriften: § 253 Abs 5 ZPO.[40]

Nicht anzugeben ist, ob das InsVerf im **Regel- oder VerbrInsVerf** durchgeführt werden soll; 8
dies entscheidet das InsGer nach eigener Prüfung, s Rn 30. Es müssen aber Tatsachen mitgeteilt werden, die dem Ger die Entscheidung über die richtige Verfahrensart ermöglichen. Auf **Bedenken gegen die Zulässigkeit** hat das InsGer gem Abs 3 (s Rn 16 ff) bzw § 4 iVm § 139 Abs 3 ZPO hinzuweisen.[41] Fehlt es an der Schriftlichkeit bzw erfüllt der Ast trotz gerichtlichem Hinweis nicht die gesetzlichen Voraussetzungen, ist der Antrag **unzulässig abzuweisen**.[42] Zu speziellen Anforderungen an den **Eröffnungsantrag eines Schu** s Rn 19 ff, zu solchen für den Eigenantrag eines Verbrauchers s § 305 Rn 24 f. Für **Anträge v Gl** ergeben sich zusätzliche Zulässigkeitsanforderungen aus § 14 Abs 1 (s § 14 Rn 3 ff). Zur Bewilligung v PKH für Eröffnungsanträge s § 4 Rn 8 ff.

2. Antragsberechtigung. Nach Abs 1 S 2 können – neben dem Schu – **alle InsGl** (§ 38) ein- 9
schl der nachrangigen (§ 39 Abs 1 Nr 3–5)[43] und absonderungsberechtigten (§ 52) antragsberechtigt sein,[44] auch dinglich gesicherte Gl, sofern diese nicht ausreichende Sicherungsrechte an Vermögensgegenständen des Schu oder eines Dritten hat (erg s § 14 Rn 30).[45] Die weitergehende Gesetzesfassung ist bedeutungslos, weil MasseGl erst als Folge eines Eröffnungsantrags entstehen können und Aussonderungsberechtigte als solche nicht als „Gl" gelten.[46] Soweit ihnen auch persönliche Forderungen gegen den Schu zustehen, sind sie gerade nicht „aussonderungsberechtigt", sondern InsGl. Der Gl muss einen zur Zeit der Entscheidung über den Eröffnungsantrag begründeten persönlichen Vermögensanspruch iSv § 38 gegen den Schu haben (erg s § 14 Rn 6 ff).[47] Eine rein dingliche Haftung v Vermögensgütern des Schu – zB gem § 1147 BGB – ohne zugrunde liegende persönliche Schuld seinerseits genügt nicht. Gesellschafter sind nicht allein in dieser Eigenschaft Gl der Gesellschaft.[48] Zur Antragsbefugnis bei Gesellschaften s erg § 15 Rn 3 ff. Der Liquidator einer GmbH (§ 66 GmbHG) kann aber in dieser Eigenschaft einen Eröffnungsantrag für die Gesellschaft und zugleich als etwaiger Gl einen solchen Antrag gegen sie stellen;[49] erforderlich ist aber ein entspr Rechtschutzinteresse (s § 14 Rn 28 ff).

---

36 *LG Hamburg* NZI 2006, 115 auch für Schu im Zeugenschutz.

37 *LG Hamburg* NZI 2010, 865; *AG Hamburg* ZInsO 2007, 501; *K/P/B/Pape* § 14 Rn 8; zur notwendigen Amtsermittlung in diesem Falle vgl *BGH* NZI 2005, 405; *OLG Köln* NJW-RR 1989, 60.

38 *Graf-Schlicker/Kexel* § 13 Rn 16; MK/*Schmahl/Vuia* § 13 Rn 93.

39 Vgl auch HambKomm/*Linker* § 13 Rn 8.

40 Vgl *OLG Köln* NZI 2000, 78; *Uhlenbruck/Wegener* § 14 Rn 11.

41 *BGHZ* 153, 205 = NZI 2005, 147; MK/*Schmahl/Vuia* § 13 Rn 109.

42 *BGH* NZI 2003, 147; *K Schmidt/Gundlach* § 13 Rn 7.

43 *Braun/Bußhardt* § 13 Rn 4; MK/*Schmahl/Vuia* § 13 Rn 38.

44 *Uhlenbruck/Wegener* § 13 Rn 22; *Jauernig* FS Uhlenbruck, 2000, S 10 ff.

45 *BGH* 11.7.2002 – IX ZB 28/02; MK/*Schmahl/Vuia* § 13 Rn 33; *Uhlenbruck/Wegener* § 13 Rn 78.

46 *Jaeger/Gerhardt* § 13 Rn 4; MK/*Schmahl/Vuia* § 13 Rn 30.

47 MK/*Schmahl/Vuia* § 13 Rn 27.

48 *BGH* 30.6.2009 – IX ZA 21/09 Rn 2 für Aktionäre.

49 Vgl *BGH* 14.5.2009 – IX ZB 264/08 Rn 2.

10 Für den Gl kann den Eröffnungsantrag nur stellen, wer über dessen **Forderung verfügungsbefugt** ist. Eine „VerfStandschaft" im eigenen Namen für andere Gl ist unzulässig.[50] Der Gl kann eine Forderung zur Begründung des InsAntrages nachschieben.[51] Bei einem ver- oder gepfändeten Anspruch sind vor der Pfandreife sowohl der Inhaber als auch der PfandGl antragsberechtigt, danach allein der PfandGl.[52] Gegen das Mitglied einer Wohnungseigentümergemeinschaft kann – insb wegen Zahlungsrückständen – der Verwalter (§ 27 WEG) einen Eröffnungsantrag stellen.[53] Ist der Gl selbst insolvent, ist für ihn sein InsVerw – auch der vorl gem § 22 Abs 1[54] – antragsbefugt (erg s § 15 Rn 5 f, 11).[55] Die InsEröffnung gegen den Gesellschafter einer im InsVerf befindlichen GbR (allein) wegen seiner Haftung für Gesellschaftsschulden kann im Hinblick auf § 93 nur vom InsVerw über das Vermögen der GbR – nicht v einem ihrer Gl – beantragt werden.[56] Ein Erbe muss seine Berechtigung mit Bezug auf den Nachlass (§ 317 Abs 1) idR durch Vorlage eines Erbscheins belegen.[57] Ein Erbschaftskäufer ist nach §§ 330 Abs 1, 317 Abs 1 nur aufgrund formgültigen Erwerbs antragsberechtigt.[58] Die Nachlassabteilung eines AG ist dagegen mangels Verfahrensfähigkeit – trotz § 1969 BGB – nicht antragsbefugt mit Bezug auf einen Nachlass; dafür ist ggf ein Nachlasspfleger zu bestellen.[59] Arbeitnehmer sind nach Beantragung v InsGeld nicht mehr im eigenen Namen antragsbefugt, weil ihre Lohnansprüche gem §§ 183, 187 SGB III auf die BAgentur für Arbeit übergegangen sind;[60] in diesem Fall ist die BAgentur für Arbeit antragsberechtigt.[61]

11 Statt Gl und Schu ist kraft spezialgesetzlicher Vorschriften ausschließlich die Bundesanstalt für Finanzdienstleistungsaufsicht antragsberechtigt gegenüber inländischen **Kreditinstituten** (§ 46b Abs 1 S 4 KWG)[62] einschl **Bausparkassen** (§ 3 Abs 1 BSpKG) und gegenüber inländischen Versicherungsunternehmen (§ 88 Abs 1 VAG). Derartige Anträge sind aufgrund der vereinfachten Voraussetzungen für SchuAnträge zu prüfen, weil die Aufsichtsbehörde unmittelbar auch für den Schu handelt; die frühere Bindung des InsGer an solche Anträge ist entfallen. Der Umstand, dass der Antrag auch den Interessen der Gl dient, ändert daran nichts. Der Schu hat im EröffnungsVerf eine dem § 15 Abs 2 entspr Stellung.[63] Seine BeschwBefugnis besteht fort.[64] Gegen **Krankenkassen** und **Krankenkassenverbände** kann nach § 171b Abs 3, § 171 f SGB V nur die jeweilige Aufsichtsbehörde rechtswirksam Eröffnungsanträge stellen.[65] Der InsVerw in einem ausl InsVerf kann ein dt SekundärInsVerf gem § 356 Abs 2 (vgl auch Art 29 EuInsVO) beantragen.

---

50 *Smid* InVo 2003, 1, 2.
51 *BGH* NZI 2004, 587; ZInsO 2012, 593; *K Schmidt/Gundlach* § 13 Rn 27.
52 *Jaeger/Gerhardt* § 13 Rn 7; MK/*Schmahl/Vuia* § 13 Rn 39.
53 *LG Bad Kreuznach* NZI 2011, 649; *K Schmidt/Gundlach* § 13 Rn 27.
54 *LG Duisburg* DZWIR 2000, 34; *K Schmidt/Gundlach* § 13 Rn 31.
55 *K Schmidt/Gundlach* § 13 Rn 31; *Runkel/J Schmidt* ZInsO 2007, 578, 581.
56 *AG Dresden* ZIP 2010, 243.
57 *LG Köln* NZI 2003, 501; erg vgl *A/G/R/Kadenbach* § 13 Rn 13.
58 *OLG Köln* ZIP 2000, 628.
59 *BGH* FamRZ 2009, 872.
60 HambKomm/*Linker* § 13 Rn 41; *Uhlenbruck/Wegener* § 13 Rn 25; **aM** MK/*Schmahl/Vuia* § 13 Rn 44; *K Schmidt/Gundlach* § 13 Rn 28.
61 *BSG* ZIP 1980, 126; MK/*Schmahl/Vuia* § 13 Rn 42; *Uhlenbruck/Wegener* § 13 Rn 25.
62 *A/G/R/Kadenbach* § 13 Rn 10; HambKomm/*Linker* § 13 Rn 37 ff; MK/*Schmahl/Vuia* § 13 Rn 21; *Weber* ZInsO 2009, 628, 632.
63 Vgl MK/*Schmahl/Vuia* § 13 Rn 23.
64 *BGH* NZI 2006, 594.
65 Vgl *A/G/R/Kadenbach* § 13 Rn 11.

3. Antragspflicht. Eine Pflicht, den Eröffnungsantrag zu stellen, besteht für **Gl** nicht. Für **Schu** ergibt sie sich insb[66] aus folgenden gesetzlichen Vorschriften: Für juristische Personen und (insolvenzfähige) Gesellschaften ohne Rechtspersönlichkeit aus § 15a Abs 1–3; iÜ aus §§ 42 Abs 2, 48 Abs 2 BGB für den Verein;[67] §§ 86, 88 BGB für die rechtsfähige Stiftung;[68] § 89 Abs 2 BGB für insolvenzfähige Personen des öffentlichen Rechts, § 1980 BGB für Erben, § 1985 Abs 2 S 2 BGB für Nachlassverwalter und § 1489 iVm § 1980 BGB für Mitglieder fortgesetzter Gütergemeinschaften (§ 1489 iVm § 1980 BGB). UnterhaltsSchu trifft die Obliegenheit zur Einl einer VerbrIns, wenn nur dadurch der laufende Unterhalt für minderjährige Kinder sichergestellt werden kann.[69] 12

Besteht eine Antragspflicht, so besteht sie nicht nur für die formell bestellten Vorstandsmitglieder, Geschäftsführer und Liquidatoren, sondern auch für faktische Organe.[70] Diese sollten ihre Pflicht unabhängig v der Streitfrage erfüllen können, ob sie formell antragsbefugt sind und ihr Antrag deshalb zur InsEröffnung zu führen vermag (vgl § 15 Rn 10). Auch die Zulässigkeit ihres Eröffnungsantrags ist nicht allein deshalb strenger zu beurteilen, damit ein strafprozessualer Verfolgungsdruck ausgelöst wird.[71] Schuldhafte Nichterfüllung kann gem § 15a, § 823 Abs 2 BGB und nach Spezialgesetzen (zB §§ 42 Abs 2 S 2, 53, 86, 88 S 3, 89 Abs 2 BGB) gegenüber Gl zum Schadensersatz verpflichten.[72] 13

4. Getrennte Antragsprüfung. Der Eingang jedes Antrags leitet ein **selbstständiges** EröffnungsVerf ein (vgl § 14 Rn 45); er wird niemandem „zugestellt".[73] Erst mit der VerfEröffnung werden alle GlInteressen automatisch in einem einheitlichen Verf zusammengefasst,[74] während Verf gegen verschiedene Schu getrennt bleiben.[75] Das gilt auch in Bezug auf die Komplementär-GmbH und die KG in einer GmbH & Co KG. Eine Verbindung mehrerer Anträge im Eröffnungsverfahren ist weder geboten noch praktikabel.[76] Gem § 306 Abs 3 S 2 führt der nachträgliche Eröffnungsantrag eines Verbrauchers zum Ruhen auch des durch einen GlAntrag eingeleiteten EröffnungsVerf.[77] Die Rechtshängigkeit eines Antrags macht weitere Eröffnungsanträge desselben Ast unzulässig (erg s Rn 26),[78] nicht aber solche anderer Personen.[79] Solange ein InsVerf anhängig ist, besteht im Allg kein Rechtsschutzinteresse für weitere Eröffnungsanträge gegen denselben Schu (erg vgl § 14 Rn 41, § 27 Rn 10).[80] Hat 14

---

66 Zu Antragspflichten für Organe einer im Ausland tätigen GmbH vgl *Vallender/Fuchs* ZIP 2004, 829 ff, und für ausländische Gesellschaften vgl *Borges* ZIP 2004, 733, 737.

67 Vgl *OLG Hamburg* ZIP 2009, 757; *Rugullis* NZI 2007, 323.

68 *Roth/Knof* KTS 2009, 163, 169.

69 *BGHZ* 162, 234, 240 = NZI 2005, 342; *BGH* NZI 2008, 114; *Uhlenbruck/Sternal* § 287 Rn 9; **aA** *OLG Naumburg* NZI 2003, 615; *K/P/B/Wenzel* § 287 Rn 2. Diese Pflicht besteht nicht zur Sicherung des Trennungsunterhalts v Ehegatten: *BGHZ* 175, 67 Rn 10 ff = NZI 2008, 193 sowie bei einem Anspruch aus § 1615l Abs 3 S 1 BGB: *OLG Koblenz* NZI 2005, 637.

70 *BGHZ* 104, 44, 46 = NJW 1988, 1798; *BGH* NZI 2006, 63; *BGHSt* 31, 118 = NJW 1983, 240; vgl aber *BGHZ* 150, 61, 69 = NZI 2002, 395.

71 **AM** *AG Duisburg* NZI 2005, 415.

72 Vgl *BGHZ* 126, 181, 190 = NJW 1994, 2220.

73 Dies verkennt *OLG Düsseldorf* NZI 2004, 146.

74 Vgl *OLG Köln* NZI 2000, 480; *Uhlenbruck/Pape* § 4 Rn 37; *Holzer* NZI 2007, 432, 436 f.

75 Vgl *OLG Oldenburg* MDR 1955, 175 noch zur KO; *AG Göttingen* NZI 2002, 560; *Holzer* NZI 2007, 432.

76 *K Schmidt/Gundlach* § 13 Rn 13; *Uhlenbruck/Wegener* § 13 Rn 90.

77 S *Uhlenbruck/Sternal* § 305 Rn 66 f.

78 *AG Potsdam* NZI 2002, 272.

79 Vgl *Jaeger/Gerhardt* § 13 Rn 36.

80 *BGH* NZI 2004, 444; *BGH* 22.3.2007 – IX ZB 208/05.

jedoch der InsVerw eine selbstständige Tätigkeit des Schu freigegeben, kann auf Antrag eines neuen Gl ein auf dieses Vermögen beschränktes (zweites) InsVerf eröffnet werden.[81]

15 Ein Eröffnungsantrag kann selbstständig Rechtswirkungen zugleich außerhalb des eigentlichen InsVerf äußern: insb iRd **Rückschlagsperre** (§ 88) und der **InsAnf** (§§ 130–136, 139). Wird ein InsVerf (auf Antrag eines Gl) eröffnet ist ein weiterer (Schu)Antrag selbst dann unzulässig, wenn der Eröffnungsbeschluss noch nicht rechtskräftig ist.[82] Ein für erledigt erklärter Eröffnungsantrag kann nicht mehr zur VerfEröffnung führen.[83]

16 **5. Gerichtliche Hinweispflicht (Abs 3).** Da im Stadium des Zulassungsverfahrens noch keine Amtsermittlungspflicht gem § 5 seitens des InsGer besteht,[84] obliegt es dem Antragsteller, die Voraussetzungen für einen zulässigen Insolvenzantrag zu schaffen. Dieser muss die für die Zulässigkeit des Antrages **notwendigen Angaben** (für den GlAntrag s § 14 Rn 6 ff; für den SchuAntrag s Rn 19 ff sowie § 13a Rn 2 ff) machen sowie die **erforderlichen Unterlagen** (für den GlAntrag s § 14 Rn 24; für den SchuAntrag s Rn 21 f) beibringen. Dies gilt nicht für Angaben und Unterlagen, die in einer Sollvorschrift enthalten und daher für die Zulässigkeit des Antrages nicht relevant sind, wie zB die Angaben nach Art 102c § 5 EGInsO.[85] Sind die erforderlichen Angaben unvollständig oder fehlen Unterlagen, kommt noch keine Androhung oder Einsatz v Zwangsmitteln in Betracht, da § 20 ausdrücklich einen zulässigen Insolvenzantrag verlangt. Insoweit sieht **Abs 3** eine Verpflichtung des InsGer vor, auf die Unzulässigkeit des Antrages unter ausdrücklicher Bezeichnung der Mängel hinzuweisen und dem Antragsteller Gelegenheit zur deren Beseitigung binnen einer angemessenen Frist zu geben. Hinsichtlich der **Art und Weise des Hinweises** bestehen keine gesetzlichen Vorgaben. Das InsGer kann den Hinweis im Wege eines förmlichen Beschlusses, einer Zwischenverfügung oder eines Schreibens erteilen; denkbar ist auch eine Kontaktaufnahme zu dem Antragsteller per E-Mail oder per Telefon. Erforderlich ist auf jeden Fall eine entsprechende Dokumentation des Hinweises sowie der Fristsetzung in den Akten. Die Möglichkeit der Anfechtung des erteilten Hinweises und/oder der gesetzten Frist besteht nicht.

17 Keine Regelung trifft die Vorschrift hinsichtlich der **Angemessenheit** der zu gewährenden Frist; die im Entwurf der BReg enthaltene, an § 15a Abs 1 orientierte Höchstfrist v drei Wochen ist gesetzlich nicht umgesetzt worden. Vielmehr ist die Frist anhand der Umstände des jeweiligen Einzelfalles zu bemessen, wobei der im Insolvenzverfahren herrschende Beschleunigungsgrundsatz und der Schutz der Gl vor unberechtigten Eigenanträgen, die weitere Zahlungen des Schu wegen der Gefahr der InsAnf oder Vollstreckungsmaßnahmen des Gl wegen der Rückschlagsperre (§ 88) mit Unwägbarkeiten belasten (s Rn 15), nicht unberücksichtigt bleiben dürfen. In der bisherigen Praxis werden regelmäßig Nachbesserungsfristen v zwei bis zehn Werktagen gewährt.[86] Die nunmehr ausdrücklich geregelte Hinweispflicht des InsGer berührt nicht den für die InsAnfechtung maßgeblichen Zeitpunkt der Antragstellung **(§ 139 Abs 1)**. Auch im Falle einer Verfahrenseröffnung aufgrund eines zunächst unzulässigen und später nachgebesserten Insolvenzantrages berechnet sich die Frist v dem Eingang dieses Antrages.[87]

---

81 *BGH* NZI 2011, 633 Rn 7 ff. Das gilt erst recht, wenn sich der Schu – nach Aufhebung des ersten Verf – in der Wohlverhaltensperiode befindet: *AG Göttingen* NZI 2012, 198. Zur Unzulässigkeit eines zweiten RSB-Antr s *BGH* NZI 2015, 289.

82 *BGH* NZI 2015, 79; *K Schmidt/Gundlach* § 13 Rn 13.

83 *BGHZ* 149, 178, 180 ff = NZI 2002, 91; *BGH* NZI 2004, 216.

84 *BGH* NZI 2003, 147; ZIP 2003, 1005; WM 2007, 1754.

85 BT-Drucks 18/12154, 30.

86 BT-Drucks 18/10823, 26 , 41.

87 BT-Drucks 18/12154, 30; vgl auch *BGH* NZI 2011, 600.

Gelingt dem Antragsteller eine Behebung der aufgezeigten Mängel nicht, ist sein Antrag nach Fristablauf **als unzulässig zu verwerfen** (s. Rn 36 f) und zwar unabhängig davon, ob es sich um einen Gl oder SchuAntrag handelt.[88] Eine Sonderregelung enthält § 305 Abs 3 S 1 für den SchuAntrag im VerbraucherInsVerf. Im Falle der Unvollständigkeit der Unterlagen nach § 305 Abs 1 muss das InsGer den Schu zur unverzüglichen Ergänzung auffordern. Sofern der Schu dem nicht innerhalb eines Monats nachkommt, gilt der Antrag kraft gesetzlicher Fiktion als zurückgenommen. 18

III. Eröffnungsverfahren aufgrund Schuldnerantrags

1. Notwendiger Inhalt des Schuldnerantrages. Zur Form des Antrags s Rn 6ff. In Anträgen für juristische Personen und Gesellschaften ohne Rechtspersönlichkeit muss grds deren **gesetzlicher Vertreter** angegeben werden, damit die Antragsberechtigung des Ast überprüft werden kann (abgrenzend s Rn 7);[89] denn eine solche Gesellschaft ohne Vertretungsorgan kann – vorbehaltlich des § 15a Abs 3 – keinen zulässigen Eigenantrag stellen. Zum Antrag auf Eröffnung eines NachlassInsVerf ist als Schu zwar jeder Erbe berechtigt (§ 317 Abs 1), aber nicht derjenige, der die Versäumung der Ausschlagungsfrist angefochten hat, unabhängig davon, ob die Wirksamkeit der Ausschlagung bereits feststeht.[90] Zu bedingten Anträgen s Rn 4, zu besonderen Angaben im Antrag auf VerbraucherInsVerf vgl § 305 Abs 1. Die durch **Abs 4** ermöglichte Rechtsverordnung betr ein vom Schu zu benutzendes Antragsformular wurde bisher nicht erlassen. 19

Der Schu hat für einen Eröffnungsantrag entspr § 4 iVm § 253 Abs 2 Nr 2 ZPO einen **Eröffnungsgrund** in substantiierter, nachvollziehbarer Form **darzulegen**; dazu gehört idR die Fälligkeit seiner Verbindlichkeit(en).[91] Unterlässt er das trotz befristeter Ergänzungsaufforderung des InsGer, ist sein Antrag als unzulässig abzuweisen (erg s Rn 27).[92] Für die Zulässigkeit müssen die tatsächlichen Angaben aber noch nicht in dem Sinne schlüssig sein, dass daraus bereits ohne Weiteres das Vorliegen eines Eröffnungsgrundes folgt.[93] Vielmehr genügt die Mitteilung v Tatsachen, welche die wesentlichen Merkmale eines Eröffnungsgrundes iSv §§ 17–19 erkennen lassen; dies bietet dann Anlass zu weiteren Ermittlungen iRd Begründetheitsprüfung. Eine Glaubhaftmachung (erg s § 15 Abs 2 und zur Feststellung des Eröffnungsgrundes § 16 Rn 9 ff)[94] ist ebenso wenig vorgeschrieben wie idR eine Vermögensübersicht des Schu; stattdessen greift insoweit § 20 ein.[95] Das gilt auch für die NachlassIns.[96] Es genügt, wenn nur ein Gl vorhanden ist. Die wirtschaftliche Entwicklung bis hin zum Eröffnungsgrund braucht nicht geschildert zu werden, sofern dieser selbst dargelegt ist.[97] Eine Unterscheidung danach, ob der Schu antragspflichtig ist oder nicht,[98] ist in diesem Zusammenhang unzulässig.[99] 20

---

88 BT-Drucks 18/10823, 26.
89 HambKomm/*Linker* § 13 Rn 9.
90 *BGH* NZI 2011, 653.
91 Vgl *Göttingen* ZInsO 2012, 1324.
92 *BGHZ* 153, 205, 207 = NZI 2003, 147; *BGH* ZIP 2003, 1005; 2007, 1868; *LG Göttingen* NZI 2004, 149; *LG Stendal* NZI 2008, 44; *AG Duisburg* NZI 2002, 501; *AG Köln* NZI 2009, 315.
93 *BGHZ* 153, 205, 207 = NZI 2003, 147; *LG Göttingen* NZI 2004, 149; *K Schmidt/Gundlach* § 13 Rn 4, 9.
94 Vgl *AG Köln* NZI 2009, 315; *Jaeger/Gerhardt* § 13 Rn 25.
95 Vgl *BayObLG* ZIP 2000, 1220; *AG Duisburg* NZI 2002, 501; *Weyand* ZInsO 2000, 444.
96 *BGH* ZIP 2007, 1868; MK/*Schmahl/Vuia* § 13 Rn 10.
97 Zu weit gehend *AG Duisburg* NZI 2005, 415.
98 Vgl hierzu *AG Göttingen* NZI 2001, 670; NZI 2002, 219; ZVI 2003, 28.
99 *LG Göttingen* NJW-RR 2002, 1134.

21 Zusätzlich sind nach **Abs 1 S 3** und **S 7** ein **Verzeichnis der GI** – unter vollständiger Firmierung und Anschrift, so dass an ihrer Identität kein Zweifel besteht[100] – **und ihrer Forderungen** sowie eine durch den Schu höchstpersönlich[101] abzugebende Erklärung beizufügen, dass die enthaltenen Angaben **richtig und vollständig** sind. Mitzuteilen sind sämtliche GI, auch soweit der Schu deren Forderungen bestreitet;[102] das Bestreiten darf allerdings kenntlich gemacht werden.[103] Ferner sind alle eigenen Forderungen des Schu anzugeben einschl solcher, die noch nicht fällig oder bedingt sind;[104] die Höhe der jeweiligen Forderungen einschl Zinsen darf — wenn genaue Daten fehlen — geschätzt werden.[105] Diese verschärften Anforderungen sollen auch gelten, wenn ein Gesellschafter den Eröffnungsantrag für eine führungslose Gesellschaft stellt.[106] Unterbleiben die nötigen Angaben trotz Aufforderung des Gerichts zur Nachholung vollständig, so ist der Eröffnungsantrag **unzulässig**;[107] andererseits sind geringfügige Unvollständigkeiten unschädlich.[108]

22 **Abs 1 S 4–6** stellen zusätzliche Anforderungen auf, falls der Schu einen **Geschäftsbetrieb** hat, der noch nicht eingestellt ist: Einerseits „sollen" nach Abs 1 S 4 in seinem Verzeichnis der GI (s Rn 21) die Höhe und Art der bestehenden Forderungen besonders kenntlich gemacht werden; als „Kenntlichmachung" genügt jede Hervorhebung, die es dem InsGer ermöglicht, v sich aus ohne Schwierigkeiten die GI und ihre Forderungen zu erkennen. Die Anforderungen sind im Hinblick auf ihren Zweck auszulegen, dass die Voraussetzungen des § 22a schnell geklärt werden können. Die Anzahl der GI mit „höchsten Forderungen" kann im umgekehrten Verhältnis zur Gesamtzahl aller Gl begrenzt werden.[109] Fehlen derartige Angaben, darf der Antrag nicht aus diesem Grunde als unzulässig verworfen werden.[110] Ferner „hat" ein solcher Schu gem Abs 1 S 5 Angaben zur Bilanzsumme, zu den Umsatzerlösen und zur durchschnittlichen Zahl der Arbeitnehmer des vorangegangenen Geschäftsjahres zu machen, verbunden m der Erklärung (vgl **Abs 1 S 7**), dass die Angaben richtig und vollständig sind; verfügt der Schu nicht über genaue Daten, so genügen Schätzungen.[111] Es handelt sich um eine höchstpersönliche Wissenserklärung, so dass eine Vertretung bei der Abgabe nicht möglich ist.[112] Die Angaben sollen aber „verpflichtend" (nur) unter den besonderen Voraussetzungen des Abs 1 S 6 – dh dem Vorliegen v Anträgen gem **§ 22a** oder **§§ 270 ff** betr die Eigenverwaltung – sein. Dies spricht dafür, dass fehlende Angaben der vorgeschriebenen Art nicht ohne Weiteres zur Abweisung des Eröffnungsantrags **als unzulässig** führen, sondern nur dann, wenn der Schu sich trotz konkreter Anforderung des InsGer

100 *LG Potsdam* ZInsO 2013, 2501; *AG Hannover* ZVI 2015, 373; **aA** vollständige Anschrift nicht erforderlich *LG Frankenthal* NZI 2017, 895; MK/*Harrmeyer* § 22a Rn 88.
101 *LG Hannover* NZI 2016, 734; *AG Essen* NZI 2015, 286.
102 *AG Hannover* NZI 2016, 260; MK/*Schmahl/Vuia* § 13 Rn 106. Zur nötigen Individualisierbarkeit der Gl vgl *Blankenburg* ZInsO 2013, 2196.
103 *K Schmidt/Gundlach* § 13 Rn 16.
104 MK/*Schmahl/Vuia* § 13 Rn 106.
105 BT-Drucks 17/5712, 23; vgl *Blankenburg* ZInsO 2013, 2196, 2197; **aA** *AG Hannover* NZI 2016, 260.
106 *AG Mönchengladbach* ZIP 2013, 536.
107 *AG Hamburg* NZI 2012, 850; *AG Hannover* ZVI 2015, 373; MK/*Schmahl/Vuia* § 13 Rn 110; **einschr** für Anschrift *LG Frankenthal* NZI 2017, 895.
108 BT-Drucks 17/5712, 23; vgl auch *Blankenburg* ZInsO 2013, 2196, 2197.
109 Vgl näher *N/R/Mönning* § 13 Rn 84 ff.
110 Vgl BT-Drucks 17/5712, 33; BT-Drucks 17/5711, 45; *Hirte/Knof/Mock* DB 2011, 632.
111 Vgl BT-Drucks 17/5712, 22 f; *AG Essen* ZIP 2015, 939.
112 *AG Essen* NZI 2015, 286.

nicht hinreichend bemüht, diese zu erfüllen.[113] Die Vorschriften gelten auch, wenn der Schu einen eigenen Eröffnungsantrag (erst) im Anschluss an den entsprechenden Antrag eines Gl stellt.[114] Ob der Schu selbst einen vorl GlAusschuss beantragt (§ 22a), ist unerheblich. Andererseits bedarf es Angaben der genannten Art nicht, wenn § 22a schon wegen Fehlens anderer gesetzlicher Voraussetzungen nicht anwendbar sein kann.[115]

§ 13a Abs 1 idF G zur Erleichterung der Bewältigung v Konzerninsolvenzen v 13.4.2017[116] **23**
sieht für einen InsAntrag nach § 3a Abs 1 weitere Angaben vor, um das InsGer zu einer Prüfung in die Lage zu versetzen, ob die Voraussetzung für eine Begründung eines Gruppen-Gerichtsstandes vorliegen. Zudem sind nach § 13a Abs 2 weitere Unterlagen beizufügen, die dazu dienen, das InsGer über die Unternehmernsgruppe sowie deren Tätigkeit und Zusammensetzung zu informieren.[117] Bestehen Anhaltspunkte dafür, dass auch die **internationale Zuständigkeit** eines anderen Staates der EU für die Eröffnung eines HauptInsVerf nach Art 3 Abs 1 VO (EU) 2015/848 in Betracht kommt, soll der SchuAntrag die in Art 102c § 5 aufgeführten zusätzlichen Angaben enthalten (s dazu Art 102c § 5 EGInsO Rn 2 ff).

Die nötige AntragsBegr kann noch im **BeschwVerf** nachgereicht werden.[118] Die Vorlage der **24**
nötigen Unterlagen hat das InsGer aufgrund eines zulässigen Antrags – und nur dann – notfalls mit den Mitteln des § 20 Abs 1 S 2 zu erzwingen; zur Zurückweisung des Antrages als unzulässig s Rn 21. Str ist, ob ein Antrag als unzulässig zurückgewiesen werden kann, wenn die **Erklärung nach Abs 1 S 7** fehlt, nicht eigenhändig erfolgt ist oder sachlich unrichtig ist.[119] Dass eine gem § 20 Abs 2 gesetzte Frist versäumt wurde, macht einen noch vor InsEröffnung gestellten Eigenantrag des Schu nicht unzulässig.[120]

2. Rechtsschutzinteresse. Ein Insolvenzantrag ist nur zulässig, wenn der Antragsteller an **25**
der beantragten VerfEröffnung ein rechtliches Interesse hat. Der Antrag muss ernsthaft auf die VerfEröffnung gerichtet sein und darf nicht sachfremden Zwecken dienen.[121] Für den Eröffnungsantrag des Schu besteht im Hinblick auf die InsZiele des § 1 idR ein **Rechtsschutzinteresse**.[122] Es entfällt nicht deswegen, weil seine Schulden verhältnismäßig gering sind.[123] Ferner steht es der Zulässigkeit eines – ggf vervollständigten – Eigenantrags des Schu nicht entgegen, dass sein früherer Antrag wegen fehlender Unterlagen[124] oder dass ein GlAntrag mangels Masse (§ 26) abgewiesen wurde.[125]

Dagegen **fehlt** das Rechtsschutzinteresse für einen Eröffnungsantrag des Schu, wenn schon **26**
ein InsVerf – insb aufgrund eines GlAntrags – eröffnet ist (s § 14 Rn 41; § 27 Rn 10); nicht

113 Vgl *AG Hamburg* NZI 2012, 850; *AG Mönchengladbach* ZInsO 2012, 2299; *K Schmidt/Gundlach* § 13 Rn 19; *Müller/Rautmann* ZInsO 2012, 918, 920; **weitergehend** *AG Hannover* ZInsO 2015, 1693; *Blankenburg* ZInsO 2013, 2196, 2198.
114 *N/R/Mönning* § 13 Rn 93; wohl nunmehr auch HambKomm/*Linker* § 13 Rn 32.
115 *AG Ludwigshafen* ZInsO 2012, 2057.
116 BGBl I, 866.
117 BT-Drucks 18/407, 29.
118 *LG Duisburg* NZI 2002, 501; *LG Göttingen* NZI 2004, 149; *LG Stendal* NZI 2008, 44.
119 **Bejahend** *LG Potsdam* ZInsO 2013, 2501; *AG Essen* NZI 2015, 286; MK/*Schmahl/Vuia* § 13 Rn 110; **aA** *AG Hannover* NZI 2016, 734; *K Schmidt/Gundlach* § 13 Rn 19; *Müller/Rautmann* ZInsO 2012, 918, 920; *N Schmidt* ZInsO 2014, 2352.
120 *BGH* NZI 2008, 609 Rn 14.
121 *BGH* NZI 2003, 147; NZI 2016, 316.
122 *BGH* NZI 2016, 316; *Jaeger/Gerhardt* § 13 Rn 27; MK/*Schmahl/Vuia* § 13 Rn 86.
123 Vgl *LG Dresden* ZVI 2005, 553; *LG Göttingen* NZI 2006, 603.
124 *BGH* ZVI 2005, 299; *BGH* 13.4.2006 – IX ZA 20/05.
125 *BGH* NZI 2006, 181; ZInsO 2014, 1758; *LG München I* ZVI 2009, 194.

nötig ist, dass der EröffnungsBeschl bereits rechtskräftig ist.[126] Das Restschutzinteresse kann ebenfalls fehlen, wenn der Schu einen erneuten Eigenantrag mit dem Ziel der Erteilung der Restschuldbefreiung stellt, obwohl ihm ein solcher innerhalb der Frist des § 287a Abs 2 Nr 1 (= § 290 Abs 1 Nr 3 aF) bereits einmal erteilt worden ist, wenn dieses Verfahren dazu dienen soll, v der im vorausgegangenen Verf gem § 302 ausgenommenen Forderung befreit zu werden.[127] Gleiches kann gelten, wenn ein InsVerf beendet wurde und dem Schu darin **Restschuldbefreiung oder Stundung der VerfKosten** (§ 4a) versagt worden ist. Für den Fall, dass der Schu erneut insolvent wird, vgl § 27 Rn 10. Nicht nötig ist es dann, dass der Schu neues, verteilbares Vermögen erlangt hat.[128] Zur Unzulässigkeit eines Antrags auf Erteilung der Restschuldbefreiung s § 287a Abs 2. Insoweit ist die frühere Rspr zur Sperrfristregelung[129] seit dem Inkrafttreten des Gesetzes zur Verkürzung des Restschuldbefreiungs-Verf und zur Stärkung der GlRechte (Art 1 Nr 21) für die ab dem 1.7.2014 beantragten Verf weitgehend **überholt**.[130]

27 Der Eröffnungsantrag eines **gewerbsmäßigen Firmenbestatters** ist nicht v sich aus rechtsmissbräuchlich; dessen Ziele entscheiden.[131] Das rechtliche Interesse kann ausnahmsweise fehlen, wenn der Schu den Antrag nachweislich nur stellt, um einstweiligen Vollstreckungsschutz zu erlangen (§ 21 Abs 2 Nr 3) oder verborgenes Vermögen durch einen AbweisungsBeschl nach § 26 gegen den Zugriff des Gl abzuschirmen,[132] oder wenn eine antragspflichtige Person (s Rn 12) die Ernsthaftigkeit eines Eröffnungsantrags nur vortäuscht, um einer Bestrafung zu entgehen. Anhaltspunkte für eine rechtsmissbräuchliche Absicht können im Einzelfall dem späteren Verhalten eines Schu zu entnehmen sein, der nach Stellung eines – formgerechten (s Rn 19 ff) – Eröffnungsantrags **jede Mitwirkung einstellt** (erg s § 20 Rn 18).[133] Bei der gebotenen Gesamtwürdigung eines solchen Verhaltens kann ua in Betracht gezogen werden, ob der Schu einer Antragspflicht unterliegt oder nicht (s Rn 12). Verallgemeinerungen sind aber unzulässig.[134] Hat der Schu allerdings vor einem gem Art 3 EuInsVO zuständigen ausl Gericht einen InsAntrag gestellt, fehlt trotz Antragspflicht nach dt Recht das Rechtsschutzbedürfnis für einen weiteren Eröffnungsantrag im Inland.[135] Dies gilt andererseits nicht, wenn der InsAntrag im Ausland v einem Gl gestellt wurde.[136]

28 **3. Antragsberechtigung.** Der Schu als **natürliche Person** ist grds berechtigt, einen Eigenantrag über sein Vermögen zustellen; zur notwendigen Verfahrensfähigkeit s Rn 5. Der Antrag kann bei durch einen **Bevollmächtigten**, insb durch einen RA gestellt werden; bei einem nicht anwaltlichen Bevollmächtigten bedarf es der Vorlage einer Vollmacht (arg aus § 88 Abs 2 ZPO). Zum Antragsrecht innerhalb einer **juristischen Person** oder insolvenzfähigen Personengesellschaft als Schu s § 15 Rn 3 ff. Der Abwickler der Kanzlei eines früheren RA ist als solcher nicht befugt, einen InsAntrag gegen den früheren RA zu stellen.[137] Zum Antragsrecht auf NachlassIns s § 317.

---

126 *BGH* NZI 2015, 79; *LG Berlin* NZI 2008, 43.
127 *BGH* NZI 2016, 316.
128 *Schmerbach* NZI 2010, 297.
129 S dazu die Kommentierung in der 7. Aufl § 13 Rn 26. Vgl zur Neuregelung auch *Uhlenbruck/Sternal* § 287a Rn 1 ff.
130 S dazu *BGH* 4.5.2017 – IX ZB 92/16; *Möhruing* ZVI 2017, 289.
131 Zu weit gehend *AG Duisburg* NZI 2005, 415; vgl dagegen auch *Diversy* ZInsO 2004, 1176 ff.
132 *AG Duisburg* ZIP 2007, 691; *Zipperer* NZI 2010, 281, 282.
133 *AG Göttingen* ZInsO 2002, 1152; ZVI 2003, 28; MK/*Schmahl/Vuia* § 13 Rn 89.
134 **AM** *LG Potsdam* NZI 2002, 555.
135 *AG Köln* ZIP 2005, 1698.
136 *LG Hamburg* NZI 2005. 645.
137 *AG Köln* InVo 1999, 82.

4. Weiteres Verfahren. Das weitere Verf aufgrund eines **zulässigen Antrags des Schu** ist nicht näher geregelt. In vereinfachter Form gelten die Regeln wie für den Eröffnungsantrag eines Gl (vgl § 14 Rn 46 ff). Bei Anträgen v Gesellschaften iSd § 15 ist die Antragsberechtigung des Ast bes zu prüfen. Hat v mehreren, für den Schu antragsberechtigten Personen nur eine die Eröffnung beantragt, ist das rechtliche Gehör der anderen Antragsberechtigten zu beachten (§ 15 Abs 2 S 2);[138] nur in diesem Falle muss auch der Eröffnungsgrund glaubhaft gemacht werden (§ 15 Abs 2 S 1). Hat dagegen zB der einzige Geschäftsführer einer GmbH die Eröffnung beantragt, brauchen deren Gesellschafter nicht gehört zu werden. Ein Eigenantrag kann die Auslegung zulassen, dass der Schu seinen Steuerberater v der Verschwiegenheitspflicht gegenüber dem vorl InsVerw entbindet.[139] In diesem VerfAbschnitt braucht auch nach Inkrafttreten des ESUG das InsGer noch nicht die durch die neuen S 3–5 des Abs 1 geforderten Angaben des Schu zu prüfen (erg s Rn 21 f).[140] Stirbt der Schu als (alleiniger) Ast während des EröffnungsVerf, wird dieses entspr § 239 ZPO bis zur Entsch der Erben unterbrochen (erg vgl § 14 Rn 54).[141] 29

Auch Eröffnungsanträge v Schu sind im Zweifel auf Eröffnung des **regelmäßigen InsVerf** gerichtet, sofern die Auslegung nicht ergibt, dass die bes VerfArt der **VerbraucherIns** nach §§ 304 ff eingeleitet werden soll.[142] Da dies die Ausnahme ist, genügt idR die Darlegung, dass ihre Voraussetzungen nicht vorliegen.[143] Kommt das InsGer nach einem Eigenantrag auf RegelIns zur Überzeugung, dass der Schu Verbraucher iSv § 304 ist, fordert es ihn gem § 305 Abs 3 zur Erg seines Antrags auf.[144] Dasselbe Erg wird mit einer Abweisung des Antrags[145] erreicht. Hat der Schu andererseits die Eröffnung nur des VerbrInsVerf beantragt und hält das InsGer ihn nicht für einen Verbraucher, klärt es gem § 139 Abs 3 ZPO, ob der Antrag auch auf Eröffnung in der gewöhnlichen VerfArt gerichtet ist. Nur falls das erkennbar ausgeschlossen wird, weist es den Antrag ab;[146] dies kann der Ast gem § 34 Abs 1 zur Überprüfung stellen.[147] Findet der Ast sich dagegen auch mit dem RegelInsVerf ab, so ist dieses zu eröffnen. Das InsGer darf nicht ohne Einverständnis des Schu v dessen Antrag abweichen und das InsVerf in einer anderen VerfArt eröffnen.[148] Der Schu wird nicht dadurch beschwert, dass das InsGer antragsgemäß ein VerbInsVerf – statt eines RegelInsVerf – eröffnet.[149] Vor Beweisanordnungen des InsGer braucht die Abgrenzung nicht geklärt zu werden.[150] Für eine **Verweisung** des Verf ist nur Raum, soweit – wie in Berlin – für das RegelInsVerf ein anderes InsGer zuständig ist als für die VerbraucherIns.[151] Auch ein VerbrInsVerf ist nicht deswegen unzulässig, weil nur ein einziger Gl vorhanden ist (erg s § 14 Rn 3, § 16 Rn 8).[152] 30

---

138 Vgl *LG Baden-Baden* ZIP 1983, 205.
139 Vgl *LG Köln* NZI 2004, 671.
140 BT-Drucks 17/5712, 33.
141 *Graf-Schlicker/Kexel* § 14 Rn 52; *Heyrath/Jahnke/Kühn* ZInsO 2007, 1202, 1203 f.
142 *LG Hamburg* NZI 2013, 307; *K Schmidt/Gundlach* § 13 Rn 5.
143 *BGH* NZI 2003, 647.
144 Vgl *LG Göttingen* NZI 2001, 218; *LG Hamburg* NZI 2012, 29.
145 *LG Frankfurt/Oder* ZIP 2000, 1067; *AG Köln* NZI 1999, 241.
146 *LG Halle* NZI 2000, 379.
147 *BGH* ZInsO 2008, 1324; *OLG Köln* NZI 2000, 542; NZI 2001, 216; *OLG Schleswig* NZI 2000, 164.
148 *LG Göttingen* ZInsO 2007, 167.
149 *BGH* ZInsO 2008, 1324.
150 *OLG Celle* ZInsO 2001, 40.
151 Dagegen spricht sich *Bork* ZIP 1999, 301, 303 für eine weitergehende Anwendung des § 17a GVG aus.
152 *LG Göttingen* DZWIR 2000, 119; *LG Koblenz* NZI 2004, 157; *LG Oldenburg* NZI 2000, 32; *AG Köln* NZI 2003, 560; *Uhlenbruck/Sternal* § 305 Rn 38; **aA** noch *LG Koblenz* ZInsO 2003, 909 mit abl Anm *Späth* ZInsO 2003, 910.

IV. Antragsrücknahme (Abs 2)

31 **1. Grundsatz.** Ein InsAntrag kann durch eine – bedingungsfeindliche (s Rn 4) – verfahrensrechtliche Willenserklärung zurückgenommen werden Bloße Untätigkeit genügt dafür durchweg nicht.[153] Im Einzelfall ist auch bei der Verwendung des Begriffs „Rücknahme" zu prüfen, ob nicht eine Erledigungserklärung gemeint ist.[154] Abs 2 gestattet die Rücknahme des Antrags – nur – bis zu seiner **rechtskräftigen Abweisung** oder bis zur **VerfEröffnung**; zur Erledigungserklärung s § 14 Rn 58 ff. Eine Rücknahmeerklärung kann allenfalls ausnahmsweise rechtsmissbräuchlich und deshalb nichtig sein, insb wenn sie zur InsVerschleppung erfolgt.[155] Durch Erlass eines allg Verfügungsverbots[156] oder gar schwächerer Sicherungsmaßnahmen iSv § 21 oder Bewilligung der Kostenstundung (§ 4a) sowie Scheitern eines SchuldenbereinigungsVerf[157] kann die Dispositionsbefugnis des Ast nicht beschränkt werden. Der Schu wird auch durch eine Kostenstundung (§ 4a) nicht an der Rücknahme seines Eröffnungsantrags gehindert, zB weil ein SchuldenbereinigungsVerf gescheitert ist.[158] Weitergehende Bedeutung hat die Norm bisher für die **nachträgliche Befriedigung** des Ast (vgl § 14 Rn 57, § 34 Rn 25). Bei einem **VerbrInsVerf** kann eine Rücknahme der Eröffnungsantrages bis zur VerfEröffnung nach Aufnahme des InsVerf gem § 311, erfolgen.[159] Auf die Rechtskraft der Entsch kommt es grds allein iF der Abweisung an. Bei der Eröffnung ist hingegen regelmäßig schon der Zeitpunkt maßgebend, zu dem der Beschl wirksam wird (erg s § 27 Rn 23, 30);[160] ordnet allerdings erst das BeschwGer die VerfEröffnung an, so wirkt diese gem § 6 Abs 3 S 1 nicht vor der Rechtskraft des Beschl, sofern nicht nach § 6 Abs 3 S 2 die sofortige Wirksamkeit angeordnet wurde.[161] Dementsprechend wird der Antrag eines Steuerpflichtigen, das Finanzamt zur Antragsrücknahme zu verpflichten, mit Wirksamwerden des EröffnungsBeschl gegenstandslos.[162] Ein einmal **eröffnetes Verf** kann allenfalls noch eingestellt werden (§§ 212, 213); zum Ausschluss eines auf die Rücknahme gestützten BeschwRechts vgl § 34 Rn 20 aE; zur zeitlichen Grenze für Erledigungserklärungen s § 14 Rn 60.

32 **2. Rücknahmebefugnis.** Zur Rücknahme ist wegen der Verselbstständigung des Antragsrechts durch § 15 der jeweilige **Ast**[163] oder sein **Gesamtrechtsnachfolger befugt**. Hat bei einer juristischen Person oder Gesellschaft ohne Rechtspersönlichkeit nur einer v mehreren Vorstandsmitgliedern oder Geschäftsführern den Antrag gegen den Willen der anderen gestellt, so können diese ihre eigenen Rechte durch Rechtsmittel gegen die GerichtsEntsch geltend machen (vgl § 34 Rn 3). Scheidet jedoch der antragstellende Geschäftsführer aus seinem Amt aus, so dürfen die verbliebenen (bzw der verbliebene) Geschäftsführer den

---

153 **Ungenau** *LG Potsdam* NZI 2002, 555.

154 *LG Bielefeld* Rpfleger 1986, 400; *AG Hamburg* NZI 2015, 31; **aA** *AG Köln* NZI 2003, 269.

155 Vgl *BGH* NZI 2008, 550 Rn 14; *LG Duisburg* NZI 2009, 911; *K Schmidt/Gundlach* § 13 Rn 36; *Gottwald/Vuia* § 10 Rn 6.

156 Vgl MK/*Schmahl/Vuia* § 13 Rn 19; **einschr** *N/R/Mönning* § 13 Rn 97.

157 *BGH* 7.2.2008 – IX ZB 177/07.

158 *BGH* 7.2.2008 – IX ZB 177/07.

159 *Uhlenbruck/Wegener* § 13 Rn 114; *Uhlenbruck/Sternal* § 311 Rn 11.

160 Vgl *BGH* ZVI 2006, 564; *BGH* 26.6.2008 – IX ZB 238/07 Rn 5; *OLG Celle* NZI 2001, 550; *K Schmidt/Gundlach* § 13 Rn 35.

161 HambKomm/*Linker* § 13 Rn 53; *Jaeger/Gerhardt* § 13 Rn 41; MK/*Schmahl/Vuia* § 13 Rn 119; *Uhlenbruck/Wegener* § 13 Rn 115.

162 *BFH* DB 1978, 1260.

163 *LG Tübingen* KTS 1961, 159; *AG Potsdam* NZI 2000, 328; *Jaeger/Müller* § 15 Rn 57; *Wortberg* ZInsO 2004, 707, 711; **aM** *Fenski* BB 1988, 2265, 2267.

Antrag – in den zeitlichen Grenzen des § 13 Abs 2 – zurücknehmen,[164] es sei denn, dies ist im Einzelfall rechtsmissbräuchlich.[165] Die Gegenmeinung,[166] die jede Rücknahme durch Andere für unzulässig hält, missachtet den Antragsgrundsatz, der nicht mit Außenwirkung allein wegen einer abstrakten Missbrauchsmöglichkeit einzuschränken ist. Stattdessen treffen die bei Verletzung der Antragspflicht bestehenden Sanktionen die zurücknehmenden Geschäftsführer. Die Stiftungsaufsicht hat kein eigenes Rücknahmerecht für Stiftungen, sondern kann unmittelbaren Einfluss nur über deren Organe nehmen.

3. Form. Die **Rücknahmeerklärung** muss unbedingt sein und ist grds unanfechtbar sowie – gegenüber demselben Schu – unteilbar. Einen Sonderfall der Rücknahme fingiert für VerbrInsVerf zu Vereinfachungszwecken § 305 Abs 3. Eine Rücknahme durch den Gl ist auch ohne Zustimmung des Schu wirksam,[167] und umgekehrt.[168] Gl können sich zur Rücknahme ihres Antrags verpflichten;[169] eine solche Einwendung muss ggf der betroffene Schu beweisen.[170] Die Rücknahmeerklärung kann idR nicht als Erledigungserklärung ausgelegt werden;[171] erg s § 14 Rn 59. 33

4. Folgen der Rücknahme. Mit der – zulässigen – Rücknahme verliert der Antrag seine **Wirkungen**.[172] Die – noch nicht rechtskräftige – Ablehnung einer VerfEröffnung, zB nach § 26, wird gem § 269 Abs 3 S 1 ZPO iVm § 4 wirkungslos.[173] Ein trotz vorheriger Rücknahme ergangener EröffnungsBeschl ist anfechtbar[174] bzw kann (deklaratorisch) für wirkungslos erklärt werden;[175] das gilt auch für zuvor angeordnete Sicherungsmaßnahmen[176] oder eine bewilligte Kostenstundung gem § 4a.[177] Zur Aufhebung ist aber ein Beschl des InsGer nötig; denn die Rücknahme macht nicht v sich aus Hoheitsakte unwirksam.[178] Das InsGer hat auch entspr § 64 Abs 1 weiter die Vergütung und Auslagen eines vorl InsVerw festzusetzen.[179] Eine erneute Antragstellung ist zulässig, begrenzt nur gem den Grundsätzen missbräuchlichen Verhaltens (s Rn 25, § 14 Rn 35 ff). 34

Aufgrund der Rücknahme hat grds der Ast – nicht dessen befugtermaßen handelndes Organ persönlich – die **Kosten** des EröffnungsVerf (§§ 23, 58 GKG, Nr 2310 f, 9002 ff KV GKG) gem § 4 iVm § 269 Abs 3 S 2 ZPO auf Antrag zu tragen (zur Anfechtbarkeit s § 269 Abs 5 ZPO). Das gilt auch, wenn der Schu den Gl nachträglich wegen seiner Forderung 35

---

164 *LG Berlin* KTS 1974, 184; *Graf-Schlicker/Kexel* § 13 Rn 35 f; HambKomm/*Linker* § 13 Rn 60 f; *Jaeger/Müller* § 15 Rn 58 f; *Uhlenbruck/Wegener* § 13 Rn 160 f.
165 *BGH* NZI 2008, 550 Rn 6 ff; *Luther/Hommelhoff/Kleindiek* Anh zu § 64 Rn 44; PK-HWF/*Mitter* § 13 Rn 15; *Zipperer* NZI 2010, 281, 282.
166 *LG Dortmund* NJW-RR 1986, 258; *AG Duisburg* ZIP 1995, 582; *AG Magdeburg* ZInsO 1998, 43; *K/P/B/Pape* § 13 Rn 231 ff.
167 HambKomm/*Linker* § 13 Rn 54; *K/P/B/Pape* § 13 Rn 228 f.
168 Vgl *K Schmidt/Gundlach* § 13 Rn 36.
169 MK/*Schmahl/Vuia* § 13 Rn 49; *Uhlenbruck/Wegener* § 13 Rn 175.
170 *AG Göttingen* NZI 2001, 385.
171 *AG Köln* NZI 2003, 269.
172 *OLG Hamm* NJW 1976, 759.
173 *OLG Köln* ZIP 1993, 936; ZIP 1993, 1483.
174 *OLG Brandenburg* NZI 2002, 44; PK-HWF/*Mitter* § 13 Rn 32.
175 *OLG Köln* ZIP 1993, 936; *LG München* KTS 1973, 75; *Uhlenbruck/Wegener* § 13 Rn 164; **aM** MK/*Schmahl/Vuia* § 13 Rn 122 muss im Wege der Beschwerde geltend gemacht werden.
176 MK/*Schmahl/Vuia* § 13 Rn 123 f.
177 Vgl *BGH* 7.2.2008 – IX ZB 177/07.
178 *Von Sethe* ZInsO 2009, 218, 221 f; vgl *BGH* NJW 2008, 3067 zur Anordnung der Zwangsverwaltung.
179 *AG Duisburg* ZInsO 2010, 635.

befriedigt und der Gl daraufhin seinen Antrag zurücknimmt.[180] § 269 Abs 3 S 3 ZPO greift nicht ein, weil der Eröffnungsantrag schon mit Eingang eine der Rechtshängigkeit entspr Wirkung hat. Statt dessen wird der Gl in solchen Fällen seinen Antrag zweckmäßigerweise **für erledigt** erklären (vgl § 14 Rn 58 ff); anderenfalls ist er auf einen materiell-rechtlichen Ausgleichsanspruch – zB nach §§ 286 Abs 1, 367 BGB – angewiesen.[181] Vereinbarungen über die Kostentragung sind aber auch schon bei der KostenEntsch des InsGer zu beachten.[182] Zum Umfang der zu erstattenden Kosten vgl § 14 Rn 65. Das InsGer ist nach einer Antragsrücknahme grds nicht verpflichtet, den Umfang der Istmasse festzustellen.[183]

V. Abweisung des Antrags

36 Ein unzulässiger oder unbegründeter Antrag wird abgewiesen. Die VerfKosten (vgl §§ 23, 58 GKG, Nr 2310 f, 9002 ff KV GKG §§ 8 ff, 19 ff JVEG) sind dem Ast gem § 4 iVm § 91 ZPO aufzuerlegen. Zur Erledigung des Verf in der Hauptsache s § 14 Rn 63 ff, zur Kostentragung und -erstattung nach §§ 91 ff ZPO s § 14 Rn 65 ff. Wertberechnung: § 58 GKG. Für die Vergütung eines vorl InsVerw haftet der Ast nicht (erg s § 14 Rn 64).[184]

37 Der AbweisungsBeschl äußert **keine Rechtskraftwirkung** gegenüber anderen Ast.[185] Auch derjenige, dessen Antrag abgewiesen wurde, kann mit verbesserter Begr – ggf unter Behauptung ergänzender Tatsachen – zum entscheidenden Punkt[186] einen neuen Antrag stellen. Insb kann nach einem abgewiesenen Antrag des Schu auf Eröffnung der RegelIns dessen Antrag gem § 305 – oder umgekehrt – zulässig sein.[187] Zur Wiederholung eines gem § 26 abgewiesenen Antrags s § 26 Rn 30.

§ 13a Antrag zur Begründung eines Gruppen-Gerichtsstands

(1) In einem Antrag nach § 3a Absatz 1 sind anzugeben:

1. **Name, Sitz, Unternehmensgegenstand sowie Bilanzsumme, Umsatzerlöse und die durchschnittliche Zahl der Arbeitnehmer des letzten Geschäftsjahres der anderen gruppenangehörigen Unternehmen, die nicht lediglich von untergeordneter Bedeutung für die Unternehmensgruppe sind; für die übrigen gruppenangehörigen Unternehmen sollen entsprechende Angaben gemacht werden,**
2. **aus welchen Gründen eine Verfahrenskonzentration am angerufenen Insolvenzgericht im gemeinsamen Interesse der Gläubiger liegt,**
3. **ob eine Fortführung oder Sanierung der Unternehmensgruppe oder eines Teils davon angestrebt wird,**
4. **welche gruppenangehörigen Unternehmen Institute im Sinne des § 1 Absatz 1b des Kreditwesengesetzes, Finanzholding-Gesellschaften im Sinne des § 1 Absatz 3a des Kreditwesengesetzes, Kapitalverwaltungsgesellschaften im Sinne des § 17 Absatz 1 des Kapitalanlagegesetzbuches, Zahlungsdienstleister im Sinne des § 1 Absatz 1 des Zahlungsdien-**

---

180 *LG Berlin* KTS 1963, 188; *LG Magdeburg* ZInsO 1999, 481 LS; *AG Bonn* MDR 1966, 156; *AG Hamburg* ZInsO 2007, 1167; *AG Köln* NZI 2000, 384; ZIP 2003, 1213; *Jaeger/Gerhardt* § 13 Rn 67; MK/*Schmahl/Vuia* § 13 Rn 125; *N/R/Mönning* § 13 Rn 108.
181 *LG Essen* KTS 1984, 153.
182 *LG Memmingen* NZI 2000, 278.
183 *BGH* NZI 2005, 558.
184 *BGH* NZI 2006, 239; vgl *Uhlenbruck/Wegener* § 13 Rn 173; **aM** *AG Hamburg* ZInsO 2007, 1167; HambKomm/*Linker* § 13 Rn 80 f.
185 *Jaeger/Gerhardt* § 6 Rn 35, § 13 Rn 35.
186 Vgl *BGH* 19.4.2007 – IX ZB 176/06; *LG Hagen* ZIP 1988, 1204.
187 *OLG Naumburg* NZI 2000, 603; *Graf-Schlicker/Kexel* § 13 Rn 44.

steaufsichtsgesetzes oder Versicherungsunternehmen im Sinne des § 7 Nummer 33 des Versicherungsaufsichtsgesetzes sind, und

5. die gruppenangehörigen Schuldner, über deren Vermögen die Eröffnung eines Insolvenzverfahrens beantragt oder ein Verfahren eröffnet wurde, einschließlich des zuständigen Insolvenzgerichts und des Aktenzeichens.

(2) [1]Dem Antrag nach § 3a Absatz 1 ist der letzte konsolidierte Abschluss der Unternehmensgruppe beizufügen. [2]Liegt ein solcher nicht vor, sind die letzten Jahresabschlüsse der gruppenangehörigen Unternehmen beizufügen, die nicht lediglich von untergeordneter Bedeutung für die Unternehmensgruppe sind. [3]Die Jahresabschlüsse der übrigen gruppenangehörigen Unternehmen sollen beigefügt werden.

Übersicht

I. Gesetzgebungshinweise; Normzweck

Die Vorschrift ist durch das G zur Erleichterung der Bewältigung von Konzerninsolvenzen v 13.4.2017[1] mit Wirkung v 21.4.2018 eingefügt worden. § 13a ergänzt § 13 hinsichtlich der bei einem Insolvenzantrag für die Begründung eines Gruppen-Gerichtsstandes erforderlichen Angaben und Unterlagen. Durch die gem **Abs 1** von dem Schu zu liefernden Angaben soll das InsGer zu einer zügigen Prüfung in die Lage versetzt werden, ob die Voraussetzungen des § 3a vorliegen. Die gem **Abs 2** vorgeschriebene Beifügung des letzten Konzernabschlusses dient dem Zweck, das InsGer über die Unternehmensgruppe sowie deren Tätigkeit und Zusammensetzung zu informieren.[2] **1**

II. Erforderliche Angaben und Unterlagen (Abs 1)

Notwendig sind die in **Abs 1 Nr 1** im Einzelnen aufgelisteten Angaben zu den übrigen Unternehmen der Gruppe. Hierdurch soll ausgeschlossen werden, dass der antragstellende Schu in der Gruppe nur eine untergeordnete Bedeutung besitzt und damit nicht berechtigt ist, einen Antrag auf Begründung eines Gruppen-Gerichtsstands zu stellen (vgl § 3a Abs 1 S 1 iVm S 2). Zudem bedarf es gem **Abs 1 Nr 2** im Hinblick auf die Regelung in § 3a Abs 2 näherer Ausführungen dazu, aus welchen Gründen eine Verfahrenskonzentration am angerufenen InsGer im gemeinsamen Interesse der Gl liegt. Bestehen Zweifel an einem entspr Interesse der Gl, kann das InsGer den Antrag auf Begründung eines Gruppen-Gerichtsstandes nach § 3a Abs 1 S 1 ablehnen (s § 3a Rn 8). Weiterhin muss der Schu gem **Abs 1 Nr 3** angeben, ob eine Fortführung oder Sanierung der Unternehmensgruppe oder eines Teils davon angestrebt wird. **2**

Um feststellen zu können, ob für andere Unternehmen der Gruppe hinsichtlich des InsVerf besondere Regelungen gelten, sind für das InsGer zudem Informationen dazu erforderlich, welche gruppenangehörigen Unternehmen unter die in **Abs 1 Nr 4** aufgeführten gesetzlichen Regelungen fallen. Für Unternehmen aus dem Bereich der Finanzdienstleister ist die Bundesanstalt für Finanzdienstleistungsaufsicht zur Insolvenzantragstellung berechtigt. Weiterhin bedarf es Angaben dazu, ob hinsichtlich anderer Unternehmen der Gruppe **3**

1 BGBl I, 872.

2 BT-Drucks 18/407, 29.

bereits ein Insolvenzverfahren anhängig bzw bereits eröffnet worden ist (**Abs 1 Nr 5**) und deshalb für das InsGer besondere Verpflichtungen nach §§ 56b, 269b bestehen.[3]

III. Vorlage des letzten Konzerabschlusses (Abs 2)

4 Gem Abs 2 ist dem Antrag zusätzlich der letzte Konzernabschluss beigefügt werden. Ist dieser nicht vorhanden, ist eine Vorlage der letzten einzelnen Jahresabschlüsse derjenigen Unternehmen erforderlich, die in der Gruppe nicht nur eine unterbedeutende Stellung innehaben. Die Gesetzesbegründung sieht die Vorlage geprüfter Abschlüsse sowie zusätzlich von jüngeren Quartals- oder Halbjahresabschlüssen vor,[3] ohne dass sich dies im Gesetzeswortlaut wiederfindet. Zudem sollen die Jahresabschlüsse der übrigen Unternehmen der Gruppen vorgelegt werden.

IV. Unvollständige oder fehlende Angaben bzw Unterlagen

5 Das Fehlen der in § 13a aufgelisteten Unterlagen und Angaben bzw deren Unvollständigkeit führt weder zur Unzulässigkeit eines Insolvenzantrages noch wird hierdurch ausgeschlossen, dass auf der Grundlage des Antrages der zusätzliche Gerichtsstand für Gruppen-Folgeverfahren geschaffen wird.[4] Möglich ist aber eine **Abweisung des Antrages** nach § 3a Abs 2, wenn aufgrund der fehlenden oder unvollständigen Unterlagen Zweifel bestehen, dass die Begründung des Gruppen-Gerichtsstandes im gemeinsamen Interesse der Gl liegt.[5]

§ 14 Antrag eines Gläubigers

(1) [1]Der Antrag eines Gläubigers ist zulässig, wenn der Gläubiger ein rechtliches Interesse an der Eröffnung des Insolvenzverfahrens hat und seine Forderung und den Eröffnungsgrund glaubhaft macht. [2]Der Antrag wird nicht allein dadurch unzulässig, dass die Forderung erfüllt wird.

(2) Ist der Antrag zulässig, so hat das Insolvenzgericht den Schuldner zu hören.

(3) Wird die Forderung des Gläubigers nach Antragstellung erfüllt, so hat der Schuldner die Kosten des Verfahrens zu tragen, wenn der Antrag als unbegründet abgewiesen wird.

Übersicht

3 BT-Drucks 18/407, 29.
4 BT-Drucks 18/407, 29; *Braun/Bußhardt* § 13a Rn 4; **aA** *Frind* ZInsO 2014, 927, 935.
5 BT-Drucks 18/407, 29; *Braun/Bußhardt* § 13a Rn 4.

I. Gesetzgebungshinweise; Normzweck

Die Vorschrift ist aus dem früheren Recht übernommen und um die Festlegung des erforderlichen rechtlichen Interesses – das bisher schon nach allg Ansicht nicht fehlen durfte – ergänzt. Abs 1 S 2 aF und S 3 aF sowie Abs 3 wurden durch Art 3 Nr 1 HaushaltbegleitG 2011 mWv 1.1.2011 angefügt. Durch das Gesetz zur Verbesserung der Rechtssicherheit bei Anfechtungen nach der InsO und nach dem AnfG[1] sind Abs 1 S 2 bereits neu gefasst sowie Abs 1 S 3 aufgehoben worden. Missglückt ist hinsichtlich der Neufassung des Abs 1 S 2 InsO die **Übergangsvorschrift** in Art 103j Abs 1 EGInsO. Es wird an das Datum der InsEröffnung angeknüpft, wobei auf Verfahren, die vor dem 5.4.2017 eröffnet worden sind, die bis dahin geltenden Vorschriften anzuwenden sind (s dazu die Kommentierung in der Vorafl § 14 Rn 18ff). Keine Aussage über das anwendbare Recht trifft die Übergangsregelung für die Verfahren, in denen es nicht zu einer Verfahrenseröffnung kommt. Entsprechend wird tw vertreten, dass insoweit die Neuregelung keine Anwendung findet.[2] Zutreffend dürfte die gegenteilige Auffassung sein, dass die Novellierung des Abs 1 S 2 mangels abweichender Übergangsregelung mit Inkrafttreten des Gesetzes auf alle Verfahren Anwendung findet.[3] Angesichts des klaren Gesetzeswortlautes dürfte eine (einschränkende) Auslegung der Vorschrift durch die Rechtsprechung ausscheiden.[4] 1

Abs 1 S 1 regelt – lückenhaft – die Zulässigkeit des GlAntrags. Er macht die in § 13 normierte Antragsbefugnis des Gl v weiteren Voraussetzungen abhängig. Dadurch sollen sowohl „InsAnträge ins Blaue" als auch die Verfolgung insolvenzfremder Zwecke verhindert werden. Die Änderung des **Abs 1 S 2** (s Rn 1) dient einer Stärkung des Gläubigerantragsrechts, nach Vorstellung des Gesetzgebers insbesondere der Sozialversicherungsträger.[5] Sie trägt dem Umstand Rechnung, dass der Schu oftmals gezielt den Ast – vor allem öffentlich-rechtliche Gl – befriedigt, um so die Eröffnung des InsVerf zu verhindern. Durch den Wegfall der Notwendigkeit der durch das HaushaltsbegleitungsG 2011 eingeführten Vorantragstellung soll eine möglichst frühzeitige Klärung der materiellen Ins eines Schu erleichtert werden,[6] um die Fortsetzung der wirtschaftlichen Aktivitäten insolvenzreifer Unternehmen zum Schaden späterer Gl rechtzeitig zu unterbinden. Dies dient dem Schutz des Geschäftsverkehrs vor einer mit Anfechtungsrisiken behafteten Fortführung der Geschäftsbeziehungen zu insolvenzreifen Schu. Zudem wollen Abs 1 S 2 und **Abs 3** (unnötige) Folgeanträge verhindern. Da ein Vorantrag nicht mehr erforderlich ist, bedarf es insoweit nicht mehr der in Abs 1 S 3 aF vorgeschriebenen Glaubhaftmachung. **Abs 2** gestaltet als einen Aspekt des einzuhaltenden Verf Art 103 Abs 1 GG näher aus. 2

---

1 V 29.3.2017, BGBl I, 654.

2 *Harder* VIA 2017, 33, 35.

3 So im Ergebnis auch *AG Köln* NZI 2017, 899; *Greiner* ZInsO 2017, 1471; **aA** für die ab dem 5.4.2017 beantragten Verf HambKomm/*Schmidt* Ergänzungsband Art. 103j EGInsO Rn 5.

4 Für diese Möglichkeit *Harder* VIA 2017, 33, 35.

5 BR-Drucks 495/15, 11.

6 BT-Drucks 18/7054, 13; BR-Drucks 495/15, 9.

II. Antragsvoraussetzungen (Abs 1)

3 **1. Allgemeines.** Zur **Antragsbefugnis des Gl** vgl § 13 Rn 22 ff. Die **allg Antragsvoraussetzungen** (vgl § 13 Rn 3 ff) müssen vorliegen. Der Ast muss den Schu in einer Weise bezeichnen, dass dieser zweifelsfrei identifizierbar ist. Dazu gehört idR mindestens die Angabe des Namens und der Anschrift des Schu;[7] gegen nachweislich nicht auffindbare Schu genügt aber deren Individualisierbarkeit iVm einer prüffähigen örtlichen Zuständigkeit des angerufenen InsGer (erg s § 3 Rn 23, § 10, § 13 Rn 7).[8] Organschaftliche Vertreter brauchen nicht zwingend namentlich bezeichnet zu werden.[9] Insolvenzfähige Personenvereinigungen iSv § 11 Abs 2 Nr 1 können durch die Angabe ihres unterscheidungskräftigen Namens oder der namensgebenden Gesellschafter identifiziert werden; schließt dies eine Verwechslung aus, brauchen nicht alle Gesellschafter angegeben zu werden (s § 11 Rn 17).[10] Der Ast kann auch der **einzige Gl** sein; zur Eröffnung eines InsVerf bei nur einem Gl s erg Rn 37.[11] Sogar wenn sich fehlende Massehaltigkeit herausstellt, erfordert der Schutz des Rechtsverkehrs eine Veröffentlichung gem § 26 Abs 1 S 3, §§ 207, 215 Abs 1 S 1. Zum Vorliegen **mehrerer Eröffnungsanträge** s § 13 Rn 14.

4 Der Schu muss **rechtl existieren**; ein gegen eine bereits gelöschte Handelsgesellschaft gerichteter Eröffnungsantrag kann nicht in einen Antrag gegen den Rechtsnachfolger umgedeutet werden.[12] Fraglich ist, ob der gegen eine vollbeendete Gesellschaft gerichtete Antrag umgedeutet werden kann in einen Antrag gegen den verbleibenden Gesellschafter als Träger ihres Sondervermögens entspr §§ 315 ff.[13] Die Verfahrensfähigkeit des Schu ist insb für dessen Anhörung (Abs 2) und für die Zustellung eines EröffnungsBeschl nötig; ein Eröffnungsantrag gegen einen nicht verfahrensfähigen Schu muss abgewiesen werden (erg s Rn 47).[14] Vereitelt eine juristische Person ihre Mitwirkungsmöglichkeit, indem ihr Vertretungsorgan sein Amt ersatzlos niederlegt, so kommt zwar allg ein Verf vor dem RegisterGer auf Unwirksamerklärung der Amtsniederlegung[15] oder auf Bestellung eines Notorgans entspr § 29 BGB[16] in Betracht. Da dieser Weg aber rechtliche und tatsächliche Schwierigkeiten bietet und langwierig ist, kann das InsGer in solchen Fällen gem § 4 iVm § 57 Abs 1 ZPO einen VerfPfleger für die Schu bestellen.[17] Eine solche Erleichterung des InsVerf gegenüber nicht mitwirkungsfähigen Schu ergänzen § 35 Abs 1 S 2 GmbHG mit Bezug auf Zustellungen und § 10 Abs 2 für die Gewährung rechtlichen Gehörs.[18] Allerdings ist auch ein VerfPfleger wegen seiner Vergütung auf das Vermögen des Schu angewiesen und kann seine Tätigkeit v einem Vorschuss des Ast abhängig machen.[19]

5 Ob der Schu **Verbraucher** iSv § 304 ist oder dem **RegelInsVerf** unterliegt, braucht der Gl nicht darzulegen. Welche VerfArt das InsGer einschlagen muss, hat es v Amts wegen zu klä-

---

7 *LG Hamburg* NZI 2010, 865; *AG Potsdam* NZI 2003, 159.
8 *AG Hamburg* ZInsO 2007, 501; vgl MK/*Schmahl/Vuia* § 13 Rn 93.
9 HambKomm/*Linker* § 13 Rn 8.
10 *Hirte* NJW 2003, 1285, 1288; **zu weitgehend** *AG Potsdam* ZIP 2001, 797.
11 *AG Göttingen* ZInsO 2012, 1324; MK/*Schmahl/Vuia* § 14 Rn 20; **aM** *AG Tübingen* DZWIR 2003, 307; *Jansen/Biebinger* ZInsO 2006, 126, 127 ff.
12 *BGH* WM 2008, 2128 Rn 7.
13 *AG Hamburg* ZIP 2006, 390; *AG Köln* NZI 2009, 621; *Kruth* NZI 2011, 844, 848 f.
14 *BGH* ZInsO 2007, 97; *AG Dresden* ZInsO 2007, 501; MK/*Ganter/Lohmann* § 4 Rn 45.
15 Vgl *OLG Düsseldorf* NZI 2001, 87; *OLG Köln* FGPrax 2008, 79.
16 Vgl *Jaeger/Müller* § 15 Rn 18; MK/*Schmahl/Vuia* § 13 Rn 81.
17 *OLG Zweibrücken* NZI 2001, 378; *LG Berlin* NZI 2002, 163; *AG München* ZIP 2008, 95; MK/*Schmahl/Vuia* § 13 Rn 81; *Henckel* ZIP 2000, 2045, 2046 f; *Kutzer* ZIP 2000, 654.
18 Vgl *Horstkotte* ZInsO 2009, 209, 213.
19 Vgl MK/*Lindacher* § 57 ZPO Rn 24.

ren;[20] **im Zweifel** ist v einem RegelInsVerf auszugehen.[21] Der Antrag darf nur dann als in der gewählten VerfArt unstatthaft zurückgewiesen werden, wenn der Gl trotz Hinweises ausschließlich eine bestimmte Art beantragt, die nach Auffassung des InsGer nicht zulässig ist (erg vgl § 13 Rn 29). Der Schu, der sich gegen die Eröffnung des RegelInsVerf wehrt, kann hilfsweise einen Antrag gem § 305 stellen.[22] Eröffnet das InsGer auf den Antrag des Gl das **VerbrInsVerf**, so ermöglicht § 34 Abs 2 auch die Rüge des Schu, das RegelInsVerf sei zu eröffnen gewesen[23].

2. Forderung gegen den Schuldner. – a) Schlüssige Darlegung. Der Gl muss eine **durchsetzbare** (zur Frage der Fälligkeit s Rn 7) **Forderung** haben, die auf Leistung aus dem Vermögen des Schu im Allgemeinen gerichtet ist; ein rein dinglicher Titel auf Duldung der Zwangsvollstreckung in ein bestimmtes Grundstück genügt nicht (erg s § 13 Rn 9).[24] Die Forderung muss gerade gegen den konkreten Ag gerichtet sein; das ist ggf durch einen Vergleich der Bezeichnung des Schu in der Antragsschrift (s Rn 3) mit derjenigen in einem etwa erwirkten Vollstreckungstitel zu beurteilen.[25] Insb ist der Gl einer GmbH & Co KG im Hinblick auf §§ 161 Abs 2, 128 HGB zugleich Gl der Komplementär-GmbH. § 93 steht nicht schon dem Antragsrecht v Gesellschaftsgläubigern gegen persönlich haftende Gesellschafter der Gesellschaft entgegen, sondern greift erst ab InsEröffnung ein. Macht der Ast geltend, der Schu hafte gem § 25 HGB für eine fremde Schuld, so hat der Ast die Voraussetzungen hierfür glaubhaft zu machen.[26] Für den Eröffnungsantrag gegen eine BGB-Gesellschaft ist eine gegen diese gerichtete Forderung nötig. Das in ihr gebundene Gesamthandsvermögen kann, ungeachtet des § 736 ZPO, nicht aufgrund v Forderungen aus privatem Anlass gegen die einzelnen Gesellschafter unmittelbar erfasst werden (vgl § 11 Rn 18). Es haftet vorrangig den GesellschaftsGl; für andere eröffnet § 84 den Zugriff. Die bloßen Mitgliedsrechte an einer Gesellschaft (zB als Aktionär) begründen keine Gläubigerstellung im hier fraglichen Sinne.[27] 6

Aus Rechtsgründen **nicht zu klärende Forderungen** müssen nicht zu berücksichtigt werden;[28] denn die Klärung zweifelhafter Rechtsfragen bleibt idR dem ProzessGer vorbehalten, während tatsächliche Zweifel im Wege der Glaubhaftmachung (s Rn 12 ff) zu berücksichtigen sind. Das InsGer darf aber auch selbst schwierige Rechtsfragen klären.[29] Forderungen, die nach einem aufgehobenen InsVerf wenigstens potentiell der Restschuldbefreiung (§§ 291, 301 f) unterliegen, berechtigen während der Laufzeit der Wohlverhaltensperiode auch dann nicht zu einem (neuen) Eröffnungsantrag, wenn sie im vorangegangenen InsVerf nicht angemeldet worden waren.[30] Antragsberechtigt können ua gesicherte Gl wegen ihrer **persönlichen Ansprüche** gegen den Schu sein (vgl § 13 Rn 9; zum Rechtsschutzinteresse s Rn 28). Gesellschafter oder Organe einer schuldenden Gesellschaft können die Eröffnung wegen Drittforderungen gegen diese beantragen. Soweit ihre Forderungen dagegen gem 7

---

20 *LG Mannheim* NZI 2000, 490; *Graf-Schlicker/Kexel* § 14 Rn 3; MK/*Schmahl/Vuia* § 13 Rn 97.
21 *LG Hamburg* NZI 2012, 29.
22 *OLG Köln* NZI 2000, 542.
23 *OLG Köln* NZI 2001, 216.
24 *OLG Frankfurt* ZInsO 2002, 75; MK/*Schmahl/Vuia* § 13 Rn 32.
25 Vgl *OLG Köln* NJW-RR 1996, 292.
26 *OLG Köln* NZI 2001, 308.
27 *BGH* 30.6.2009 – IX ZA 21/09, Rn 2; *K Schmidt/Gundlach* § 14 Rn 6.
28 *BGH* NJW-RR 1992, 919 zur KO; NZI 2002, 601; *BGH* NZI 2005, 108; NZI 2006, 174; NZI 2007, 350; *Jaeger/Gerhardt* § 14 Rn 28; MK/*Schmahl/Vuia* § 14 Rn 83.
29 *AG Köln* NZI 2007, 666.
30 Vgl *AG Göttingen* ZInsO 2011, 347.

§ 30 GmbHG nicht durchsetzbar sind, begründen sie kein Antragsrecht;[31] soweit sie kapitalersetzend iSv § 39 Abs 1 Nr 5 sind, fehlt idR das Rechtsschutzinteresse (s Rn 31). Ein v der BAFin erlassenes vorübergehendes Zahlungsverbot (§ 46 Abs 1 S 2 Nr 4 KWG) stundet nicht die davon betroffenen Verbindlichkeiten.[32] Weitere Forderungen anderer Gl oder des Ast können im Hinblick auf §§ 41, 42, 77 Abs 3 Nr 1, 191 betagt oder bedingt sein,[33] es sei denn, dass mit ihrer Nichterfüllung die Zahlungsunfähigkeit begründet werden soll oder das Rechtsschutzinteresse fehlt (s Rn 32 f). Der **PSVaG** hat, soweit er gem § 9 Abs 2 BetrAVG eine Forderung gegen den Schu erst mit der Eröffnung des InsVerf erwirbt, dafür idR kein berechtigtes Interesse an der InsEröffnung;[34] anders verhält es sich, soweit Forderungen wegen vollständiger Beendigung der Betriebstätigkeit iSv § 7 Abs 1 S 4 Nr 3 BetrAVG auf ihn übergehen.[35] Zur Antragsbefugnis v Arbeitnehmern s § 13 Rn 10.

8 Der Gl muss in einem ersten Schritt grds das Bestehen einer **Forderung** gegen den Schu schlüssig **dartun**, so dass dem InsGer selbst erforderlichenfalls eine materiell-rechtliche Prüfung ermöglicht wird.[36] Zu diesem Zweck kann der Gl insb auf Titel verweisen, welche die Forderung selbstständig begründen oder denen eine Schlüssigkeitsprüfung zugrunde liegt. Nicht titulierte Forderungen sind nach Grund und Höhe schlüssig darzulegen.[37]

9 Für **öffentlich-rechtliche Hoheitsträger**, die selbst Vollstreckungstitel erlassen können, gelten folgende Erleichterungen: Sozialversicherer müssen ihre Forderungen zwar nicht schlüssig begründen, aber wenigstens so weit spezifizieren, dass das InsGer ohne Weiteres erkennen kann, für welche Monate[38] sowie in welcher Höhe rückständige Abgaben oder Beiträge geschuldet werden,[39] und dass der Schu sich darauf sachgerecht einlassen kann. Eine Aufschlüsselung v Sozialversicherungsbeiträgen auch für die einzelnen Arbeitnehmer ist nicht nötig.[40] Ebenso sind Säumniszuschläge, Zinsen, Kosten und Gebühren gesondert kenntlich zu machen. Dies kann durch Vorlage der Leistungsbescheide oder der Beitragsnachweise des Arbeitgebers geschehen; ein bloßer Kontoauszug genügt dagegen nicht (erg s Rn 42 f).[41] Für Finanzämter gilt sinngemäß entspr. Bloße Beitrags- oder Steuerschätzungen reichen nicht aus,[42] solange sie nicht zu vollstreckbaren Forderungen geführt haben (s Rn 13 f). InsGer und Schu brauchen die nötigen Angaben nicht aus eingereichten, umfangreichen Unterlagen herauszusuchen.[43] Zur Glaubhaftmachung s Rn 12 ff.

---

31 *LG Dortmund* ZIP 1986, 855; *LG München I* ZIP 1983, 66; jew noch zu KO.
32 *BGHZ* 197, 21 = NZI 2013, 457.
33 *Andres/Leithaus* § 14 Rn 3; HambKomm/*Linker* Ergänzungsband § 14 Rn 8; *Jaeger/Gerhardt* § 13 Rn 6; MK/*Schmahl/Vuia* § 13 Rn 35 f, anders aber § 14 Rn 26. Soweit *BGH* NZI 2008, 182 Rn 7 auch „Fälligkeit" voraussetzt, ist dies zu allg.
34 *A/G/R/Kadenbach* § 13 Rn 8; MK/*Schmahl/Vuia* § 13 Rn 48; *Uhlenbruck/Wegener* § 13 Rn 27; vgl **aM** *Jaeger/Gerhardt* § 13 Rn 5.
35 MK/*Schmahl/Vuia* § 13 Rn 47; HambKomm/*Linker* § 13 Rn 26; *Uhlenbruck/Wegener* § 13 Rn 27.
36 Vgl *AG Göttingen* ZInsO 1999, 476; FK/*Schmerbach* § 14 Rn 122.
37 *BGH* NZI 2006, 34; MK/*Schmahl/Vuia* § 14 Rn 71.
38 Eine Aufschlüsselung nach Arbeitnehmern soll in der Sozialversicherung gem § 28f Abs 3 S 3 SGB IV neben einem Beitragsnachweis nicht mehr nötig sein: vgl *Schmahl* NZI 2007, 20, 21 Fn 2; **aM** *LG Hamburg* ZInsO 2010, 1842.
39 *BGH* NZI 2004, 587; *LG Hamburg* ZInsO 2010, 1842; *LG Potsdam* ZVI 2002, 363; MK/*Schmahl/Vuia* § 14 Rn 100.
40 *BGH* ZIP 2015, 1445 unter Aufgabe v NZI 2004, 587; *LG Frankenthal* NZI 2010, 960.
41 *BGH* NZI 2004, 587; *N/R/Mönning* § 14 Rn 69; *App* InVo 1999, 69; *Frind/Schmidt* ZInsO 2001, 1133, 1135; *Sternal* NZI 2003, 157, 158.
42 *AG Kaiserslautern* ZInsO 2006, 111.
43 *OLG Naumburg* 22.2.2000 – 5 W 20/00.

Mit der **vollständigen Tilgung** der Forderung **vor InsEröffnung** erlischt idR das Antragsrecht (s Rn 15 und 58 ff, zu einer Ausnahme Rn 18 ff, 57), nicht aber durch eine spätere (s § 34 Rn 25). Zudem darf der Gl die geltend gemachte **Forderung auswechseln** bzw andere Forderungen nachschieben,[44] sogar dann, wenn der Schu zwischenzeitlich diejenige Forderung, auf die der Antrag gestützt war, voll getilgt hatte (erg s Rn 34 f);[45] denn maßgeblicher Zeitpunkt ist erst derjenige der Entsch (s Rn 45). 10

Der Antrag darf auf einen **Forderungsteil** gestützt werden.[46] Unabhängig davon, ob hierdurch Kosten zu sparen sind, fehlt für eine Selbstbeschränkung des Gl, der etwaige Nachteile seines Vorgehens selbst trägt, nicht ohne Weiteres das rechtliche Interesse; das kann nur bei Hinzutreten besonderer Umstände – insb bei wiederholter Antragstellung mit Teilbeträgen – angenommen werden. Erg s Rn 34. 11

b) Glaubhaftmachung. Der Gl – auch der NachlassGl[47] – muss die tatsächlichen Grundlagen seiner Forderung gegen den Schu glaubhaft machen; dies ist nicht erforderlich, soweit die Forderung unstreitig ist.[48] Glaubhaftmachung setzt eine **überwiegende Wahrscheinlichkeit** für das Bestehen der Forderung voraus. Dazu kann sich der Gl gem § 4 iVm § 294 ZPO aller präsenten Beweismittel bedienen. Zur Glaubhaftmachung bedarf es nicht des vollen Beweises;[49] es genügt eine schlüssige Darlegung und eine überwiegende Wahrscheinlichkeit.[50] ZB können die Person des Schu durch Vorlage eines Handelsregisterauszuges[51] oder Bestehen und Höhe der Forderung durch Vorlage v Vertragsurkunden, Rechnungen, Buchauszügen, Liefer- oder Schuldscheinen glaubhaft gemacht werden. Soweit Belege fehlen, ist die eidesstattliche Versicherung – zB über Vertragsschluss und Vorleistung des Gl – ein Mittel der Glaubhaftmachung.[49] Die bloße schriftliche Aufstellung der angeblichen Forderung genügt hierfür idR nicht.[52] Die Vorlage eines deklaratorischen Schuldanerkenntnisses des Schu kann – je nach der gerichtlichen Würdigung – genügen,[53] ebenso die Glaubhaftmachung eines Teilbetrags.[54] Erfüllt der Schu die Forderung des Ast während des Eröffnungs-Verf, so ist ihre Glaubhaftmachung entbehrlich.[55] 12

Öffentlich-rechtliche Hoheitsträger können ihre Ansprüche insb durch Vorlage der zugrunde liegenden Leistungs- bzw Steuerbescheide glaubhaft machen (erg s Rn 9),[56] auch durch Steueranmeldungen des Schu.[57] Ein elektronisch übermittelter Beitragsnachweis (§ 28f Abs 3 S 3 SGB IV) genügt, wenn dieser erkennen lässt oder für ihn glaubhaft gemacht wird, dass der Schu die Daten übermittelte. Eigene Computerausdrucke der Ein- 13

---

44 *BGH* NZI 2004, 587; ZInsO 2012, 593; *LG Göttingen* NJW-RR 1993, 767; *AG Köln* NZI 2000, 94; FK/*Schmerbach* § 14 Rn 38; *K Schmidt/Gundlach* § 14 Rn 9.

45 *BGH* NZI 2004, 587; ZInsO 2012, 593 Rn 6; HambKomm/*Linker* Ergänzungsband § 14 Rn 13; MK/*Schmahl/Vuia* § 14 Rn 33.

46 *BGH* NZI 2004, 587; *OLG Köln* NZI 2000, 78; *OLG Naumburg* NZI 2000, 263; *K/P/B/Pape* § 14 Rn 73; **aA** FK/*Schmerbach* § 14 Rn 37.

47 Vgl *BGH* NZI 2011, 653 Rn 21.

48 Vgl *BGH* ZInsO 2009, 1533 Rn 3; NZI 2011, 712 Rn 4; ZInsO 2012, 1418 Rn 7; NZI 2015, 755 Rn 9.

49 *BayObLG* ZInsO 2001, 1012.

50 *BGH* NZI 2004, 587; NZI 2015, 755 Rn 9; *OLG Köln* ZInsO 2002, 772.

51 *LG Berlin II* ZZP 52 (1927), 109.

52 *OLG Hamm* KTS 1971, 55.

53 Vgl *BGH* ZInsO 2009, 767 Rn 2.

54 *BGH* NZI 2004, 587; *OLG Naumburg* NZI 2000, 263; *AG Göttingen* ZInsO 2002, 592.

55 *BGH* ZInsO 2009, 1533 Rn 3; *BGH* 19.7.2012 – IX ZB 275/11, Rn 2.

56 *BGH* NZI 2004, 587; AnwBl 2007, 94; ZInsO 2012, 1418 Rn 7; *LG Göttingen* ZVI 2008, 58; FK/*Schmerbach* § 14 Rn 116; *N/R/Mönning* § 14 Rn 65.

57 *BGH* ZIP 2006, 1419; *BGH* 13.6.2006 – IX ZB 220/05 Rn 3; ZInsO 2012, 1418 Rn 7.

zugsstelle aus ihrem Datenbestand (sog softcopys) reichen aus;[58] eine Aufschlüsselung der Forderung nach Arbeitnehmern ist zur Glaubhaftmachung nicht erforderlich. Auch gegen hoheitliche Titel kann der Schu Einwendungen grds nicht vor dem InsGer, sondern nur in der dafür vorgesehenen VerfArt geltend machen (erg s Rn 16);[59] dies muss er ggf im Einzelnen darlegen.[60] Ein nur auf Schätzungen beruhender, unter dem Vorbehalt der Nachprüfung stehender Steuerbescheid kann aber durch die **Gegenglaubhaftmachung** entkräftet werden, dass der Schu die Steuererklärungen eingereicht hat und sich aus diesen keine Steuerschuld ergibt.[61] Für eine Gegenglaubhaftmachung reicht indes nicht die Behauptung des Schu, der Steuerbescheid sei unrichtig, oder die Einlegung eines Rechtsmittels gegen den Bescheid.[62] Für die Glaubhaftmachung reicht allein die – sogar substantiierte – Darlegung der Forderungen (s Rn 9) idR ebenso wenig[63] wie ein interner Kontoauszug;[64] anderes kann gelten, falls der Schu genau umschriebene Steuerforderungen nicht bestreitet[65] oder sich nur auf Erlassanträge und Gegenansprüche beruft.[66]

14 Ein **Titel** des Gl gegen den Schu ist **nicht erforderlich**.[67] Für eine nicht titulierte Forderung (s Rn 8) sind die tatsächlichen Voraussetzungen glaubhaft zu machen.[68] Andererseits kann die Vorlage eines Titels jede weitere Glaubhaftmachung sogar dann entbehrlich machen, wenn er nur vorl vollstreckbar ist,[69] es sei denn, der Schu ergreift dagegen den prozessual zulässigen Rechtsbehelf und verteidigt sich damit in erheblicher Weise (s Rn 15). Das gilt im Hinblick auf § 331 Abs 2 ZPO auch für Versäumnisurteile.[70] Ein rechtskräftiger Arrest macht glaubhaft,[71] ebenso eine vollstreckbare Urkunde.[72] Ein Vorbehaltsurteil (§ 599 ZPO) reicht aus, solange der Schu nicht die Einstellung der Zwangsvollstreckung daraus erwirkt.[73] Unzureichend ist ein Vorbehaltsurteil, wenn im NachVerf (§ 600 ZPO) Beweis erhoben wird; anders kann es sich verhalten, wenn das ProzessGer nach Beweisaufnahme das Vorbehaltsurteil erstinstanzlich bestätigt hat.[74] Ein Vollstreckungsbescheid kann jedenfalls genügen, wenn dessen Rechtskraft infolge ungenutzten Ablaufs der Einspruchsfrist glaubhaft gemacht wird.[75] Eine Forderung kann auch dadurch glaubhaft werden, dass der Schu sie bei einer Anhörung nicht bestreitet;[76] § 138 Abs 3 ZPO gilt nicht. Eine auf Betrug gestützte Forderung kann uU durch strafgerichtliche BeschlagnahmeBeschl glaubhaft gemacht werden.[77] Zur Nachprüfung der Glaubhaftmachung durch die RechtsBeschw vgl § 6 Rn 39.

---

58 *BGH* NZI 2015, 755 unter Aufgabe v NZI 2005, 587; **aA** *AG Hamburg* ZInsO 2006, 386.
59 *BGH* ZInsO 2009, 2072 Rn 5.
60 Vgl *BGH* ZInsO 2009, 1533 Rn 5.
61 *AG Hamburg* ZInsO 2007, 950.
62 *LG Göttingen* ZInsO 2004, 1265; *AG Köln* NZI 2017, 570.
63 Vgl *BGH* NZI 2006, 172.
64 *BGH* NZI 2006, 590.
65 *BGH* ZInsO 2012, 1418 Rn 7.
66 *BGH* ZInsO 2009, 1533 Rn 3; NZI 2011, 712 Rn 4; NZI 2012, 95 Rn 2.
67 *LG Göttingen* ZInsO 2001, 182; *AG Göttingen* ZInsO 2002, 592.
68 *BGH* NZI 2006, 34; WuM 2009, 144 Rn 3.
69 *OLG Köln* NZI 2000, 480; ZInsO 2002, 772; *LG Aachen* KTS 1988, 805; *Uhlenbruck/Wegerner* § 14 Rn 43.
70 FK/*Schmerbach* § 14 Rn 127; *Graf-Schlicker/Kexel* § 14 Rn 19; **aM** *LG Leipzig* ZIP 1996, 880.
71 *OLG Köln* NZI 2000, 174.
72 Vgl *BGH* NZI 2006, 588 Rn 11.
73 *BGH* 17.6.2010 – IX ZB 250/09.
74 *OLG Frankfurt* KTS 1983, 149.
75 Vgl *Graf-Schlicker/Kexel* § 14 Rn 19; **zu eng** *LG Potsdam* NZI 2000, 233; **abgrenzend** *AG Hamburg* ZInsO 2007, 504.
76 *BGH* ZInsO 2009, 1533 Rn 3; *LG Duisburg* NZI 2002, 666.
77 *LG Dresden* ZVI 2004, 290.

Der Bestand der Forderung muss idR noch im **Zeitpunkt der Entsch** über die Eröffnung glaubhaft sein; zu einer Ausnahme s Rn 18 ff).[78] Die Glaubhaftmachung eines Teilbetrags genügt (erg s Rn 10).[79] Vom Schu etwa vorgebrachte Gegengründe sind zu prüfen (s Rn 52). Von seiner Seite können nur substantiiertes Bestreiten[80] und schlüssige Einwendungen oder Einreden erheblich sein,[81] zB im Hinblick auf veränderte BerechnungsGrdl für geltend gemachte Sozialversicherungsbeiträge.[82] Der bloße Hinweis auf einen schwebenden Prozess über die – glaubhaft gemachte – Forderung des Ast genügt nicht.[83] Soweit die Forderung des Gl rechtskräftig festgestellt ist, ist § 767 Abs 2 ZPO zu beachten (erg s Rn 52). Auf die Verjährung der Forderung des Ast kann der Schu sich berufen;[84] der Eröffnungsantrag hemmt nicht den Ablauf der Verjährung. Ist der Verjährungseintritt allerdings umstritten, muss der Schu idR die Einrede im Prozessweg durchsetzen;[85] anders, falls die Forderung des Ast die einzige ist. Ein Bedingtsein oder eine Stundung der Forderung des Gl sind erheblich.[86] 15

In tatsächlicher Hinsicht hat das InsGer ggf darauf abzustellen, ob infolge des Vorbringens des Schu der Bestand der Forderung des Gl noch überwiegend wahrscheinlich ist; dabei sind die beiderseitigen Mittel der Glaubhaftmachung im Einzelnen abzuwägen.[87] Die – sogar nicht rechtskräftige – Titulierung der Forderung des Ast schließt grds alle diesbezüglichen Einwendungen des Schu im InsVerf aus, weil diese allein im dafür jeweils vorgesehenen Verf zu prüfen sind (erg s Rn 52);[88] das gilt auch für vollstreckbare öffentlich-rechtlichen Forderungen (erg vgl Rn 13, 42).[89] Damit wird (formal) auf den Titel statt – wie in § 14 Abs 1 angelegt – (materiell) auf die Forderung abgestellt, deren Glaubhaftmachung allg genügen soll. Eine dem § 750 ZPO entspr Hürde galt in Deutschland nie für die Einleitung einer Gesamtvollstreckung, die stattdessen erleichtert werden sollte.[90] Ob gegen eine titulierte öffentlich-rechtliche Forderung ein **Erlassantrag** gestellt ist, ist iRv § 14 Abs 1 unerheblich.[91] Hat das Prozessgericht aufgrund einer vom Schu erhobenen Vollstreckungsgegenklage die **Zwangsvollstreckung** aus dem Titel des Gl **eingestellt** (§§ 767, 769 ZPO), kann dies auf die Glaubhaftmachung Einfluss haben. Der Gl, der keinen Titel erwirkt hat, trägt die Last der Glaubhaftmachung auch gegenüber Einwendungen des Schu:[92] Die allg Beweislastregeln helfen dem Gl, wenn er im ordentlichen Prozess einen Titel erstrebt, nicht aber zur alsbaldigen Herbeiführung der weitreichenden InsFolgen. Hat das Prozessgericht erster Instanz einen Anspruch des Gl aberkannt, wird der Anspruch im Allg nicht einmal mit 16

78 *LG Aachen* ZVI 2003, 220; *LG Düsseldorf* KTS 1964, 127; NZI 2003, 501.
79 *BGH* NZI 2004, 587; *OLG Naumburg* NZI 2000, 263; *LG Berlin* ZInsO 2005, 499; *AG Göttingen* ZInsO 2002, 592.
80 Vgl *LG Göttingen* ZIP 1994, 1376; *LG Berlin* ZInsO 2005, 499.
81 *AG Göttingen* ZInsO 2002, 592.
82 *BGH* NZI 2004, 587.
83 *LG Göttingen* ZVI 2005, 78.
84 *BGH* NZI 2007, 408; *LG Göttingen* NZI 2005, 395; *Jaeger/Gerhardt* § 14 Rn 12; *N/R/Mönning* § 14 Rn 26.
85 *BGH* NZI 2007, 408 Rn 11.
86 Vgl *LG Braunschweig* NJW 1961, 2316; *AG Göttingen* NZI 2001, 606.
87 Vgl *OLG Köln* ZIP 1988, 664; *Eckardt* EWiR 1999, 897.
88 *BGH* NZI 2006, 588; NZI 2006, 642; NZI 2008, 182 Rn 9; *BGH* 10.12.2009 – IX ZB 58/08.
89 *BGH* ZInsO 2009, 2072 Rn 5.
90 § 179 Abs 1 ist in diesem Zusammenhang – entgegen *BGH* NZI 2008, 182 Rn 9 – bedeutungslos, weil diese Norm nur die vereinfachte aber umfassend wirkende Titulierung innerhalb v InsVerf einschränkt, jedoch nicht die erleichterten Eröffnungsvoraussetzungen betrifft. **Krit** auch MK/*Schmahl/Vuia* § 14 Rn 85.
91 **AA** *LG Hildesheim* ZIP 2008, 325.
92 *Graf-Schlicker/Kexel* § 14 Rn 20; *Jaeger/Gerhardt* § 14 Rn 29; MK/*Schmahl/Vuia* § 14 Rn 83.

einer Berufung glaubhaft zu machen sein. Werden alle Forderungen des Ast während des EröffnungsVerf erfüllt, erledigt sich idR sein Antrag (vgl Rn 18 ff, 58 ff). Eine unwirksame – zB entgegen einem Verfügungsverbot geleistete und nicht genehmigte – Zahlung bewirkt gem §§ 24 Abs 1, 81 Abs 1 S 1 keine Erfüllung;[93] der Gl kann sie ohne Verstoß gegen § 392 BGB ablehnen. Dagegen hindert eine Anfechtbarkeit zunächst nicht die Erfüllung, weil sie erst nach § 144 Abs 1 wirkt (erg s Rn 10).[94]

17 Von der Glaubhaftmachung zu unterscheiden ist die Begründetheit des InsAntrags, wenn auch der Eröffnungsgrund **nur aus der Forderung** des Ast abgeleitet und diese bestr wird. Dann muss die Forderung für einen EröffnungsBeschl voll bewiesen werden.[95] Die Glaubhaftmachung behält dagegen selbstständige Bedeutung für die Zulässigkeit des InsAntrags und damit etwaiger Sicherungsmaßnahmen.[96]

18 **c) Erfüllung der Forderung des Schuldners (Abs 1 S 2).** Ein InsEröffnungsantrag wird nicht allein durch die Erfüllung der **Forderung des jeweiligen Ast** unzulässig, wie Abs 1 S 2 nF ausdrücklich bestimmt. Es bedarf keiner Prüfung der Wirksamkeit der Zahlung bzw des Eintritts der Erfüllungswirkung durch das InsGer.[97] Der Schu kann nicht allein durch die gezielte Begleichung offener Forderungen des antragstellenden Gl sich einem geordneten InsVerf entziehen und damit eine möglicherweise bereits eingetretene Ins weiter verschleppen.[98] Die allg gefasste Norm gilt, ua im Hinblick auf Art 3 GG, für alle GI, nicht allein für Fiskus und Sozialversicherungsträger.[99] Sie ist nur auf InsVerf anzuwenden, die **seit dem 5.4.2017** eröffnet worden sind (s zur Übergangsregelung Rn 1). Entgegen der früheren Fassung des Abs 1 S 1 bedarf es keines in einem Zeitraum v zwei Jahren vorangegangenen Eröffnungsantrages. Ein bereits eröffnetes InsVerf muss abgeschlossen sein, weil anderenfalls der gegenwärtige Antrag idR unzulässig wäre (erg s Rn 41);[100] andererseits schaden nicht gleichzeitig schwebende andere Eröffnungsanträge.[101]

19 Dem GI steht es weiterhin frei, seinen Eröffnungsantrag wegen der Erfüllung seiner Forderung **für erledigt zu erklären** (erg s Rn 58 ff).[102] oder seinen Antrag zurücknehmen, so dass diesbezügliche Vereinbarungen mit dem zahlenden Schu nicht ausgeschlossen sind. Daher bleibt abzuwarten, ob die gesetzliche Neuregelung in der Praxis tatsächlich in einem größeren Maße zu einer früheren Verfahrenseröffnung führt.[103] Viele Gl haben – auch wegen des nach Verfahrenseröffnung bestehenden Anfechtungsrisikos – im Falle einer Befriedigung oftmals kein gesteigertes Interesse an einer Eröffnung des InsVerf.

20 Auch im Fall der Erfüllung der Forderung wird das InsAntragsVerf nicht von Amts wegen fortgeführt. Erforderlich ist ein entsprechendes Begehren des Gl und das Fortbestehen einen entspr Rechtschutzbedürfnisses (vgl Rn 28). Hält der Gl seinen Antrag aufrecht, so sind die Eröffnungsvoraussetzungen (s Rn 22 ff) weiterhin so zu prüfen, als bestünde seine

---

93 *LG Duisburg* NZI 2004, 150; *AG Hamburg* ZVI 2005, 42.
94 *BGH* NZI 2004, 587; *Fischer* FS Kirchhof, 2003, S 80; **aM** *AG Hamburg* ZVI 2004, 45.
95 *BGH* NZI 2006, 174; *AG Köln* NZI 2015, 552.
96 *AG Göttingen* ZInsO 1999, 476; 2002, 592; FK/*Schmerbach* § 14 Rn 106.
97 *Frind* NZI 2017, 417, 418 nimmt eine entsprechende Prüfungspflicht des Gl.
98 *Hacker* NZI 2017, 148, 149; *Huber* ZInsO 2017, 517, 518; *Kindler/Bitzer* NZI 2017, 369, 376.
99 So schon zu Abs 1 S 1 aF: *N/R/Mönning* § 14 Rn 79, 83; *Gundlach/Rautmann* NZI 2011, 315, 317; **aM** *AG Charlottenburg* ZInsO 2012, 2348; *Marotzke* ZInsO 2011, 841, 846.
100 *LG Leipzig* NZI 2012, 274; *AG Göttingen* NZI 2011, 862; *Klages/Pape* ZIP 2013, 561, 565.
101 Vgl zu Abs 1 S 2 aF: *K Schmidt/Gundlach* § 14 Rn 11; *Frind* ZInsO 2011, 412, 416; **aM** *LG Leipzig* NZI 2012, 274; *AG Göttingen* NZI 2011, 594.
102 Vgl zu Abs 1 S 2 aF: *AG Köln* NZI 2011, 593; MK/*Schmahl/Vuia* § 14 Rn 48; *Kölner InsRichter* ZIP 2013, 1456, 1457.
103 Krit *Thole* ZIP 2017, 401, 402.

Forderung noch. Die Erleichterung führt nicht zum Wegfall der Notwendigkeit der Prüfung der weiteren Zulässigkeitsvoraussetzungen gem Abs 1 S 1. Damit die Schu bei nur vorrübergehenden Zahlungsschwierigkeiten bzw einer Sanierungsfähigkeit aus eigener Kraft nicht in ein InsEröffnungsverfahren gezwungen werden, ist die Zulässigkeit eines Gläubigerantrages auch im Anwendungsbereich des Abs 1 S 2 nF v weiteren Voraussetzungen abhängig, wie bereits die Gesetzesfassung, der Antrag werde „nicht allein dadurch" unzulässig, belegt. Der Gl muss ein **rechtliches Interesse an der Verfahrenseröffnung** (s Rn 28 ff) haben[104] und weiterhin **seine Forderung** (s Rn 6 ff) sowie den **Insolvenzgrund** (s Rn 22) glaubhaft machen (s Rn 12 ff, 23 ff), wobei hieran strenge Anforderungen zu stellen sind.[105] Hinsichtlich des letzteren ist erforderlich, dass Gl das Fortbestehen des Eröffnungsgrundes trotz Erfüllung glaubhaft macht (Rn 23). Eine Glaubhaftmachung eines Erst- oder Vorantrages (Abs 1 S 3) ist nach dem Inkrafttreten der Neuregelung nicht mehr erforderlich, da es auf einen entsprechenden Antrag nicht mehr ankommt. Für das anschließende Verf gelten die allg Regeln (s Rn 46 ff). Der GI nimmt somit das **Risiko einer Anfechtbarkeit** der v ihm zuvor empfangenen Zahlung gem §§ 130 f in Kauf.

Ergänzt wird Abs 1 S 2 durch **Abs 3**, s Rn 57. Danach hat der Schu die Verfahrenskosten zu tragen, wenn ein Gläubigerantrag wegen der Erfüllung der Forderung nach Antragstellung als unbegründet abgewiesen wird. Zudem haftet in diesen Fällen der Antragsteller nicht als Zweitschuldner für die Gerichtskosten (§ 23 Abs 1 S 3 GKG), s Rn 63. **21**

3. Eröffnungsgrund. – a) Zahlungsunfähigkeit, Überschuldung. Als Eröffnungsgründe (§ 16) kommen für einen **GlAntrag** nur (gegenwärtige) Zahlungsunfähigkeit (§ 17) und/oder – bei juristischen Personen oder ihnen gleichgestellten Gesellschaften (§ 19 Abs 3) – Überschuldung in Betracht. Ist der Eröffnungsgrund dem InsGer aufgrund eines schwebenden ParallelVerf bereits amtsbekannt § 291 ZPO), bedarf er keiner Glaubhaftmachung.[106] Richtet sich der Eröffnungsantrag gegen ein Sondervermögen, kommt es nur auf dessen Leistungsfähigkeit an; das gilt auch, wenn gegen einen InsSchu ein neuer Eröffnungsantrag wegen dessen vom InsVerw freigegebenen, fortgeführten Geschäftsbetrieb gestellt wird.[107] **22**

b) Glaubhaftmachung. Jeder Gl[108] muss den Eröffnungsgrund iSv § 294 ZPO glaubhaft machen (erg s Rn 12).[109] und zwar auch, wenn die Voraussetzungen des Abs 1 S 2 vorliegen, s Rn 20. Das setzt für eine **Zahlungsunfähigkeit** die Fälligkeit wesentlicher Zahlungspflichten voraus. Die Vertragsklausel „Einstellung der Ratenzahlung nur bei Zahlungsunfähigkeit" genügt nicht.[110] Auch die bloße Nichterfüllung der Forderung des Gl sogar während eines erheblichen Zeitraums reicht nicht in jedem Falle aus;[111] insb bei bestr Forderungen kann sie auf bloß fehlendem Zahlungswillen beruhen. Bei Sozialversicherungsbeiträgen kann jedoch die mindestens halbjährige – strafbare – Nichtabführung bereits hinreichend **23**

---

104 BT-Drucks 18/7054, 13, BR-Drucks 495/15, 9; **aA** *Thole*, ZInsO 2017, 401, 402. Zu Abs 1 S 2 aF vgl: *BGH* NZI 2012, 708 Rn 7; NZI 2013, 594 Rn 15; *Beth* NZI 2012, 1, 2; *Gundlach/Rautmann*, NZI 2011, 315, 317; *Laroche* ZInsO 2015, 2511, 2512 f; *Marotzke* ZInsO 2011, 841, 848 f.

105 BR-Drucks 495/15, S 11; BT-Drucks 18/7054, S 16; vgl auch *BGH* NZI 2012, 708 Rn 7; NZI 2015, 220 Rn 13.

106 HambKomm/*Linker* Ergänzungsband § 14 Rn 32.

107 Vgl *AG Hamburg* ZInsO 2008, 680.

108 Dies gilt auch für öffentlich-rechtliche Gl: *LG Chemnitz* ZInsO 2012, 1530.

109 Vgl dazu *OLG Köln* ZIP 1988, 664; *OLG Naumburg* MDR 2000, 1153.

110 *LG Cottbus* ZIP 1995, 235.

111 *LG Halle* ZIP 1993, 1036; HambKomm/*Linker* Ergänzungsband § 14 Rn 26; *Jaeger/Gerhardt* § 14 Rn 22; MK/*Schmahl/Vuia* § 14 Rn 78; **unklar** FK/*Schmerbach* § 14 Rn 141, der nur „unbestrittene" Forderungen erörtert.

auf eine Zahlungsunfähigkeit hindeuten.[112] Rückstände für kürzere Zeiten reichen idR nicht für sich allein aus,[113] können aber iVm anderen Indizien eine Zahlungsunfähigkeit ergeben.[114] Entsprechendes gilt für länger als sechs Monate zurückliegende Unpfändbarkeitsbescheinigungen, wenn andere, jüngere aussagekräftige Anhaltspunkte hinzukommen;[115] dies gilt nicht für die BaFin, vgl § 13 Rn 11.

24 IdR ist Zahlungsunfähigkeit durch **Urkunden** oder eine **eidesstattliche Erklärung des Gl** über die tatsächlichen Umstände glaubhaft zu machen, welche eine Zahlungseinstellung schlüssig ergeben. Ein eigenes Schreiben des Schu, nicht zahlen zu können, kann ausreichen,[116] ebenso ein einziger zeitnaher erfolgloser Zwangsvollstreckungsversuch in bewegliches Vermögen des Schu;[117] die Immobiliarvollstreckung braucht nicht versucht zu werden.[118] Unpfändbarkeitsbescheinigungen der GV,[119] die sich idR wenigstens auf das letzte Jahr beziehen sollten,[120] oder die Vorlage einer Vermögensauskunft ohne nennenswertes Vermögen (bzw früheren eidesstattliche Offenbarungsversicherung[121]) sind zwar geeignete, nicht aber unverzichtbare Mittel.[122] Von Bedeutung kann auch sein, dass der Schu zwar während des EröffnungsVerf Teilzahlungen und Forderungen des Ast leistete, diese aber dennoch weiter anstiegen.[123] Ein Bescheid des Finanzamts an einen ZweitSchu, dass Beitreibungsmaßnahmen gegen den Schu des EröffnungsVerf erfolglos geblieben seien, kann genügen.[124] Eine erfolglose Pfändung in ein einziges Bankkonto des Schu reicht dagegen allein nicht aus.[125] Ob ein erfolgloser Pfändungsversuch in ein dem Ast bekanntes Bankkonto des Schu nötig ist, ist Frage des Einzelfalls.

25 Zur Frage, ob die Vorlage eines Vergleichsvorschlags durch den Schu einen Eröffnungsgrund glaubhaft macht, s § 17 Rn 32. „Druckanträgen" v Gl, die vor allem Zahlungen des Schu bewirken sollen, ist nicht dadurch zu begegnen, dass die Anforderungen an eine Glaubhaftmachung verschärft werden.[126] Stattdessen ist auf die Rechtsmissbräuchlichkeit solcher Anträge abzustellen (s Rn 33 ff). Andererseits wird eine Zahlungsunfähigkeit des

112 StRspr *BGH* NZI 2001, 363; NZI 2002, 341; NZI 2003, 542; NZI 2006, 591; *OLG Celle* NZI 2000, 214; *OLG Dresden* NZI 2000, 261; vgl *OLG Naumburg* MDR 2000, 1153; *OLG Köln* NZI 2000, 78; *OLG Rostock* ZInsO 2006, 1109; FK/*Schmerbach* § 14 Rn 142; HambKomm/*Linker* Ergänzungsband § 14 Rn 40; *Schmidberger* NZI 2012, 953, 954; *Sternal* NZI 2003, 157, 158; **aM** *LG Hamburg* NZI 2012, 276; ZInsO 2015, 1348; *AG München* ZIP 2009, 820; *AG Potsdam* NZI 2003, 155.

113 *LG Potsdam* ZVI 2002, 406.

114 *Sternal* NZI 2003, 157, 158.

115 Vgl *BGHZ* 149, 178, 187 = NZI 2002, 91; *OLG Dresden* ZInsO 2001, 853; *Graf-Schlicker/Kexel* § 14 Rn 26.

116 *LG Berlin* ZVI 2005, 29.

117 *LG Potsdam* ZInsO 2003, 434; *AG Göttingen* ZInsO 2007, 48. Dies gilt nicht, falls der Versuch nur wegen Ortsabwesenheit des Schu erfolglos blieb: *LG Hamburg* NZI 2010, 823.

118 FK/*Schmerbach* § 14 Rn 53.

119 Vgl *LG Hamburg* DZWIR 2000, 341.

120 Vgl *LG Düsseldorf* NZI 2007, 530; *AG Leipzig* ZInsO 2011, 2097; *AG Potsdam* NZI 2003, 155 für 6 Monate; FK/*Schmerbach* § 14 Rn 147.

121 *OLG Celle* InVo 2002, 105.

122 *BGH* ZInsO 2010, 1662 Rn 7; *OLG Celle* NZI 2000, 214; *LG Bonn* NZI 2001, 488.

123 Vgl *BGHZ* 155, 177 = NZI 2003, 533; NZI 2010, 184; *OLG Zweibrücken* NZI 2001, 30.

124 *BayObLG* NZI 2000, 320; vgl *LG Chemnitz* ZInsO 2011, 684 mit krit Anm v *Jacoby* ZInsO 2011, 1094; ZInsO 2012, 889.

125 Vgl *BGH* 13.6.2006 – IX ZB 220/05; *LG Chemnitz* ZInsO 2012, 1530; *AG Potsdam* DZWIR 2001, 262; NZI 2001, 604; NZI 2003, 155.

126 **AM** *LG Hamburg* NZI 2002, 164.

Schu nicht ohne Weiteres dadurch beseitigt, dass er – nur – die Forderung des Ast erfüllt (erg s § 17 Rn 44).[127] Insoweit setzt die Glaubhaftmachung nicht stets den Vortrag neuer Tatsachen für ein Fortbestehen der Zahlungsunfähigkeit voraus. Vielmehr kann eine Gesamtbetrachtung der bereits glaubhaft gemachten Eröffnungsgründe ausreichen, wobei der Erfahrungssatz der fortbestehenden Zahlungsunfähigkeit umso schwerer wiegt, je wahrscheinlicher die Zahlungsunfähigkeit des Schu vor dem Ausgleich der Forderung des Ast war.[128]

Zur Glaubhaftmachung der Zahlungsunfähigkeit einer **Gesellschaft** iSv § 11 Abs 2 Nr 1 genügt im Allgemeinen ein vergeblicher Vollstreckungsversuch in das gesamthänderisch gebundene Vermögen; eines Vollstreckungsversuchs in die Privatvermögen der Gesellschafter bedarf es nicht.[129] Bestehen mehrere Geschäftslokale, muss bei allen vollstreckt worden sein.[130] Gegenüber einem **Einzelkaufmann** muss die Vollstreckung idR sowohl in der Privatwohnung als auch im Geschäftslokal erfolglos versucht worden sein.[131] 26

Eine **Überschuldung** wird der Gl nur ausnahmsweise glaubhaft machen können, wenn ihm eine entspr Vermögensübersicht oder ein Prüfungsbericht oder eine eidesstattliche Versicherung des Buchhalters des Schu zugänglich ist.[132] Der Eröffnungsantrag eines Nachlasspflegers ist aber bereits zulässig, wenn er eine Überschuldung des Nachlasses in substantiierter, nachvollziehbarer Form darlegt (erg s § 13 Rn 19).[133] 27

4. Rechtsschutzbedürfnis. – a) Grundsatz. Jeder Gl muss für seine eigene Person[134] **ein rechtliches Interesse an der Eröffnung** des InsVerf haben.[135] Ein solches hat er wegen des staatlichen Vollstreckungsmonopols regelmäßig, wenn ihm eine Forderung zusteht (s Rn 6 ff) und ein Eröffnungsgrund glaubhaft ist.[136] Das gilt auch für öffentlich-rechtliche Gl.[137] Das rechtliche Interesse fehlt nur unter besonderen Umständen,[138] deren tatsächliche Nichterweislichkeit dem Schu zum Nachteil gereicht (erg s Rn 53, § 16 Rn 18).[139] Die rechtskräftige Abweisung einer Gläubigeranfechtungsklage schließt nicht das Rechtsschutzinteresse für einen gegen den Schu gerichteten Insolvenzantrag aus.[140] Es hängt nicht davon ab, ob der Gl im eröffneten Verf Befriedigung erwarten kann,[141] aber es entfällt idR, sobald ein InsVerf gegen den Schu eröffnet ist (s § 27 Rn 11), es sei denn, der InsVerw hätte gem § 35 Abs 2 einen Geschäftsbetrieb des Schu aus der InsMasse freigegeben und dieser hat neue Verbindlichkeiten begründet. Befindet sich der Schu nach Aufhebung eines InsVerf noch in der Wohlverhal- 28

127 *LG Duisburg* NZI 2004, 150.
128 Vgl *BGH* NZI 2012, 220, Rn 13.
129 *LG Frankfurt/Oder* ZIP 1995, 1211; FK/*Schmerbach* § 14 Rn 148.
130 *Graf-Schlicker/Kexel* § 14 Rn 27; *N/R/Mönning* § 14 Rn 59.
131 *Graf-Schlicker/Kexel* § 14 Rn 27; *N/R/Mönning* § 14 Rn 59; **einschr** FK/*Schmerbach* § 14 Rn 82; **aM** HambKomm/*Linker* Ergänzungsband § 14 Rn 29.
132 *A/G/R/Kadenbach* § 14 Rn 18; MK/*Schmahl/Vuia* § 14 Rn 80.
133 *BGH* ZIP 2007, 1868.
134 Vgl hierzu *OLG Schleswig* NJW 1951, 120; *OLG Hamm* MDR 1973, 1029.
135 BT-Drucks 18/7054, 13, BR-Drucks 495/15, 9; **aA** *Thole*, ZInsO 2017, 401, 402. Zu Abs 1 S 2 aF vgl: *BGH* NZI 2012, 708 Rn 7; NZI 2013, 594 Rn 15; *Beth* NZI 2012, 1, 2; *Gundlach/Rautmann* NZI 2011, 315, 317; *Laroche* ZInsO 2015, 2511, 2512 f; *Marotzke* ZInsO 2011, 841, 848 f.
136 *BGH* NZI 2006, 588; 2011, 632; HambKomm/*Linker* Ergänzungsband § 14 Rn 5; MK/*Schmahl/Vuia* § 14 Rn 19.
137 *BGH* 8.5.2008 – IX ZB 195/07.
138 *BGH* NZI 2006, 606; *OLG Naumburg* 25.9.2000 – 5 W 44/00; *Jaeger/Gerhardt* § 14 Rn 2 f.
139 Vgl *BGH* NZI 2006, 174.
140 *BGH* NZI 2016, 950.
141 *BGH* NZI 2011, 58 Rn 11.

tensperiode (§§ 291 ff), hat der Gl in einem Antrag auf Eröffnung eines erneuten InsVerf darzulegen, dass der Schu neues verwertbares Vermögen erlangt hat.[142]

29 Das rechtliche Interesse an der Durchführung eines InsVerf entfällt regelmäßig bei **Befriedigung der Forderung**[143] nach Antragstellung (vgl Abs 1 S 2), es sei denn, der Gl hat ein Interesse durch ein geordnetes InsVerf das Auflaufen weiterer (künftiger) Forderungen zu verhindern. Dieses besteht vor allem bei Sozialversicherungsträgern und Finanzbehörden, da diese keinen Einfluss auf das regelmäßige Entstehen neuer Forderungen (vgl zB § 22 Abs 1 S 1 SGB IV) haben.[144] Zudem wird man auch bei anderen Gl, die einem Kontrahierungszwang unterliegen oder langfristige Verträge mit dem Schu haben (z.B. Vermieter, Leasinggeber, Energieversorger, Lieferanten mit Rahmenverträgen etc), ein entsprechendes Rechtsschutzinteresse bejahen können.[145] Anders ist es, wenn eine weitere wirtschaftliche Tätigkeit des Schu nicht mehr zu erwarten ist, weil das Arbeitsverhältnis zu den Arbeitnehmern gekündigt und/oder der Betrieb eingestellt worden ist.[146]

30 **b) Am Insolvenzverfahren nicht beteiligte Gläubiger.** Ein rechtliches Interesse fehlt, wenn die erstrebte InsEröffnung für den Gl **objektiv nutzlos**, nämlich nicht geeignet ist, seine Rechtsposition zu verbessern.[147] Hiervon ist ua auszugehen, wenn der Ast an dem zu eröffnenden Verf als Gl nicht beteiligt wäre. Dies trifft insb für **Aussonderungsberechtigte** zu, die gem § 47 ihre Rechte uneingeschränkt außerhalb eines InsVerf geltend machen können (erg s § 13 Rn 9),[148] ebenso für solche **Absonderungsberechtigte**, die ausnahmsweise wegen ihrer Forderung am Vermögen des Schu vollständig gesichert sind (erg s Rn 32);[149] bloße Zweifel genügen aber nicht.[150] Es reicht aus, dass der Absonderungsberechtigte einen Ausfall glaubhaft macht (s § 52 Rn 6). Ein Rechtsschutzinteresse fehlt ferner für Gl v nicht durchsetzbaren – insb **unvollkommenen – Verbindlichkeiten** sowie idR für den Eröffnungsantrag eines NeuGl während eines schwebenden InsVerf, weil dieses kein Vermögen für ein zweites InsVerf übrig ließe (erg s § 13 Rn 3, 14);[151] anders verhält es sich, wenn der Schu ein vom InsVerw freigegebenes Unternehmen fortführt.[152] Die Anordnung einer Nachtragsverteilung in einem früheren InsVerf wegen nachträglich ermittelter Massegegenstände lässt idR das Rechtsschutzinteresse für einen InsAntrag unberührt, weil nicht das gesamte Vermögen des Schu, sondern nur der vom NachtragsVerf erfasste Wert zu berücksichtigen ist.[153] Ferner fehlt das Interesse eines Ast nicht allein deswegen, weil seine Forderung auf einem Vertrag

---

142 *AG Oldenburg* ZVI 2009, 195; ZVI 2009, 196.
143 *Laroche* ZinsO 2015, 2511; **aA** *Thole* ZIP 2017, 401, 402, der für den Wegfall des Rechtsschutzinteresses Umstände fordert, die v der Erfüllung unabhängig sind.
144 BR-Drucks 495/15, 12; BT-Drucks 18/7054, 16; vgl auch *BGH* NZI 2012, 708 Rn 7; *BGH* NZI 2013, 594 Rn 15.
145 Frind NZI 2017, 417, 419; *Laroche* ZInsO 2015, 2511, 2513; *Marotzke* 2015, 2397, 2399 Fn 16.
146 Vgl *BGH* NZI 2012, 708 Rn 8; *Laroche* ZInsO 2015, 2511, 2513.
147 *OLG Köln* NZI 2003, 99.
148 FK/*Schmerbach* § 14 Rn 55; allg gegen jede Antragsberechtigung *Jauernig* § 54 III 3a.
149 Vgl *BGH* 19.1.2006 – IX ZB 143/05; NZI 2008, 182 Rn 12; *BGH* 17.4.2008 – IX ZB 176/07; **einschr** *BGH* ZInsO 2011, 1216 Rn 6; *OLG Schleswig* NJW 1951, 119 f; *OLG Hamm* JMBl NW 1961, 238; MDR 1973, 1029 LS; FK/*Schmerbach* § 14 Rn 55; MK/*Schmahl/Vuia* § 14 Rn 27; *N/R/Mönning* § 14 Rn 33; gegen eine GlStellung in solchen Fällen *Jaeger/Gerhardt* § 14 Rn 7.
150 *BGH* 26.6.2008 – IX ZB 298/07.
151 *BGH* NZI 2004, 444; auch für Wohlverhaltensperioden *AG Köln* NZI 2008, 386; **aM** *AG Göttingen* NZI 2008, 56.
152 *BGH* NZI 2011, 633; *AG Köln* NZI 2010, 743; *AG Göttingen* NZI 2008, 312; **aM** *LG Dresden* NZI 2011, 291.
153 *BGH* ZIP 2011, 134 Rn 4 f.

beruht, der nach InsEröffnung dem Wahlrecht des InsVerw (§ 103) unterläge.[154] Auch drohende Masseunzulänglichkeit nimmt im Hinblick auf allg Interessen (§ 26 Abs 1 S 3, §§ 207, 215 Abs 1 S 1) nicht das Rechtsschutzinteresse.[155]

Auch gem § 39 Abs 1 Nr 3-5 **nachrangige Gl** (vgl § 13 Rn 9) haben idR ein Rechtsschutzinteresse für einen Eröffnungsantrag unabhängig davon, ob sie im eröffneten InsVerf irgendeine Befriedigung erwarten können.[156] Nachrangige Forderungen sind bei der Prüfung der Ins-Voraussetzungen den sonstigen Forderungen gleichzustellen. Zudem wird hierdurch die verfahrensrechtliche Stellung nachrangiger InsGl iSv § 19 Abs 2 S 2 im Hinblick auf Antragspflichten aus § 15a verstärkt. Schließlich steht im Eröffnungsverfahren der Umfang einer möglichen GlBefriedigung oftmals noch nicht fest. Str ist, ob das Rechtsschutzinteresse auch im Fall einer **qualifizierten Rangrücktrittserklärung** der nachrangigen Gl besteht.[157] 31

c) Einfacherer und billigerer Weg. Ein **rechtliches Interesse** fehlt, wenn dem Gl ein einfacherer und billigerer Weg zur Befriedigung seiner Forderung offen steht als das InsVerf. Dazu genügt es jedoch nicht, dass der Gl nicht zuvor alle Möglichkeiten der Einzelzwangsvollstreckung ausgeschöpft hat (erg s Rn 37)[158] – sofern der Eröffnungsgrund auch ohne dies glaubhaft ist (s Rn 23) – oder dass er gleichzeitig mit dem Eröffnungsantrag den Beitritt zu einem ZwangsversteigerungsVerf betr ein Grundstück des Schu erklärt,[159] solange nicht die anderweitigen Befriedigungsaussichten feststehen. Insoweit ist auch die Gefährdung anderweitiger Vollstreckungsversuche durch § 88 wie durch eine mögliche Anf (§ 131) für den Fall zu berücksichtigen, dass andere Gl die InsEröffnung erwirken.[160] Das Rechtsschutzinteresse für den Eröffnungsantrag gegen eine Gesellschaft wird jedenfalls so lange nicht durch die Möglichkeit ausgeschlossen, zusätzlich gegen mithaftende Gesellschafter vorzugehen, als nicht der volle Erfolg eines solchen alternativen Verhaltens sicher ist.[161] Zur vorangegangenen Ablehnung eines Vergleichs s Rn 33, 37. 32

d) Missbräuchliche Zwecke. Ein **rechtliches Interesse** fehlt ausnahmsweise (s Rn 28), wenn der Eröffnungsantrag im Einzelfall zu missbräuchlichen Zwecken gestellt wird, dh, wenn der Gl damit nicht primär die Durchführung des InsVerf mit dem Ziel auch der eigenen, anteiligen (§ 1 S 1) Befriedigung daraus anstrebt.[162] Ua um solchen Versuchen entgegenzuwirken, sieht das GKG eine **Mindest-Gerichtsgebühr** für seinen InsAntrag v 180 EUR vor (Nr 2311 KV GKG). Zum Rechtsschutzinteresse für Schu s § 13 Rn 25 ff. 33

Im Einzelnen kommt ein Missbrauch in Betracht, wenn der Gl die Eröffnung nur beantragt, um **Zahlungen** eines noch solventen, aber zahlungsunwilligen Schu **zu erzwingen**.[163] Ohne besondere Anhaltspunkte wird sich aber nicht feststellen lassen, dass der Gl – entgegen seinem Antrag – subjektiv nicht die Eröffnung (§ 27) erstrebt. Solche Anhaltspunkte können 34

---

154 *BGH* NZI 2006, 588; MK/*Schmahl/Vuia* § 14 Rn 24.
155 Vgl *Guski* WM 2011, 103, 106 f.
156 *BGH* NZI 2011, 58 Rn 10 ff; *A/G/R/Kadenbach* § 14 Rn 22; *K Schmidt/Gundlach* § 13 Rn 5; *Uhlenbruck/Wegener* § 14 Rn 88; **aA** *Jaeger/Gerhardt* § 14 Rn 13; *Haas/Scholl* ZInsO 2002, 645; **abgrenzend** *Guski* WM 2011, 103, 107 f.
157 **Bejahend** *A/G/R/Kaldenbach* § 14 Rn 22; *K Schmidt/Gundlach* § 14 Rn 5; **verneinend** FK/*Schmerbach* § 14 Rn 84; *K/P/B/Pape* § 14 Rn 104; *Uhlenbruck/Wegener* § 14 Rn 88.
158 *BGH* NZI 2004, 587; *LG Dresden* ZInsO 2005, 384; *Guski* WM 2011, 103, 108.
159 **AM** *LG Stuttgart* ZZP 70 (1957), 145.
160 MK/*Schmahl/Vuia* § 14 Rn 27.
161 **AM** *AG Burgwedel* ZIP 1994, 475.
162 *BGH* NZI 2006, 588 Rn 12; NZI 2008, 182 Rn 12.
163 *BGH* WM 1957, 67; *LG Münster* ZIP 1993, 1103; *AG Hamburg* ZInsO 2001, 138; *AG Meiningen* ZIP 2000, 1451; FK/*Schmerbach* § 14 Rn 69; HambKomm/*Linker* Ergänzungsband § 14 Rn 52; MK/*Schmahl/Vuia* § 14 Rn 30 ff.

sich insb daraus ergeben, dass der Ast nach der ihm bekannten Bestellung eines vorl InsVerw ohne dessen Kenntnis mit dem Schu Ratenzahlung vereinbart und für den Fall der Nichteinhaltung dieser Vereinbarung einen neuen InsAntrag androht,[164] oder dass der Ast nach Abschluss einer Ratenzahlungsvereinbarung mit dem Schu auf eine Verzögerung des EröffnungsVerf hinwirkt.[165] Auf einen unzulässigen „Druckantrag" deutet es auch hin, wenn der Ast nach Empfang v Teilzahlungen und Abschluss einer weitergehenden Zahlungsvereinbarung den Eröffnungsantrag für erledigt erklärt;[166] oder wenn der Gl zunächst seinen Eröffnungsantrag mit der ausdrücklichen Begr aufrecht erhält, versprochene Zahlungen des Schu seien ausgeblieben, um sodann nach Empfang einer verhältnismäßig geringen Teilzahlung die Erledigung zu erklären,[167] ferner wenn der Ast trotz des ihm bekannten Erlasses entgegenstehender gerichtlicher Verfügungsbeschränkungen Zahlungen des Schu annimmt (erg s Rn 17),[168] sofern der Schu nicht ausnahmsweise zwischenzeitlich seine Zahlungsfähigkeit allg wiedergewonnen hatte (s § 17 Rn 44). Zur Geltendmachung v Teilforderungen s Rn 11. Im Einzelfall kann auch die Ankündigung des Ast Gutachterkosten erst zu begleichen, wenn er zuvor über das Ergebnis der Anhörung des Schu unterrichtet werde, auf einen „Druckantrag" hinweisen.[169] Ferner kann der auf den Befreiungsanspruch nach § 775 BGB gestützte Eröffnungsantrag des Bürgen gegen den HauptSchu kann allein dem Ziel dienen, auf diesen Tilgungsdruck auszuüben.[170]

35 Dagegen reicht es **nicht schon für die Annahme der Missbräuchlichkeit** aus, dass der Ast der einzige Gl des Schu ist (erg s Rn 3)[171] oder zuvor einen Teilzahlungsvergleich abgelehnt hat oder nach Empfang einer Teilzahlung des Schu den Eröffnungsantrag aufrechterhält, solange nicht der Schu die gesamte Forderung getilgt hat; denn Letzteres entspricht der Rechtslage (vgl Rn 15), und der Gl muss jedenfalls so lange nicht die Annahme angebotener Zahlungen verweigern, wie ihnen keine Verfügungsbeschränkung entgegensteht (vgl Rn 10, 16).[172] Jedoch können – nach Erledigung eines Eröffnungsantrags aus solchen Gründen – iF seiner Wiederholung erhöhte Anforderungen an die Darlegung des rechtlichen Interesses gestellt werden.[173] Verpflichtungserklärungen gegenüber dem InsGer, keine Teilzahlungen anzunehmen, braucht aber kein Gl abzugeben;[174] nennt er allerdings sonstige Gründe für seine Weigerung, so sind diese frei zu würdigen. Der Eröffnungsantrag wird auch nicht dadurch unzulässig, dass der Ast es ablehnt, Auskunft über Anfechtungsansprüche zu erteilen, die mglw gegen ihn erhoben werden können;[175] lässt sich infolge dessen keine kostendeckende InsMasse feststellen, riskiert der Ast die Abweisung gem § 26. Zu Besonderheiten bei Eröffnungsanträgen v Amtsträgern s Rn 42, und bei Aufrechterhaltung des Antrags trotz Schuldtilgung s Rn 18 ff.

---

164 *AG Oldenburg* NZI 2002, 391.
165 *Guski* WM 2011, 103, 108 f; *Schmahl* NZI 2002, 177, 183.
166 Vgl *BGH* NZI 2004, 587; *LG Hamburg* NZI 2002, 164; *AG Hamburg* NZI 2002, 561; ZInsO 2001, 138; *AG Duisburg* NZI 2003, 151; *Fischer* FS Kirchhof, 2003, S 79 ff.
167 *AG Hamburg* ZInsO 2001, 1121.
168 *Schmahl* NZI 2002, 177, 183.
169 *AG Göttingen* ZVI 2012, 12.
170 *Jaeger/Gerhardt* § 14 Rn 11.
171 *BGH* 17.6.2010 – IX ZB 250/09 Rn 5; *Geißler* ZInsO 2014, 14, 16.
172 *AG Göttingen* NZI 2001, 385.
173 Vgl *OLG Celle* OLG-Report 1998, 178; *LG Koblenz* Rpfleger 1975, 318; *LG Bonn* ZIP 1985, 1342; **aM** *LG Hamburg* NZI 2002, 164.
174 **AM** *Frind/A Schmidt* ZInsO 2002, 8.
175 *BGH* NZI 2008, 240 Rn 7 ff.

Missbräuchliche Zwecke liegen vor, wenn der Gl mit seinem Antrag nur einen Wettbewerber oder lästigen Vertragspartner ausschalten[176] oder die höchstrichterliche Entsch über die dem Antrag zugrunde liegende Steuerforderung vermeiden[177] will. Einen missbräuchlichen Zweck verfolgt ein Gl, der lediglich die Löschung der Firma des Schu erstrebt,[178] oder ein Finanzamt, das mit dem InsAntrag allein die Abgabe v Steuererklärungen erzwingen[179] oder die Löschung des Schu im Handelsregister erreichen will, um sich dadurch v einer Pflicht zur steuerlichen Veranlagung zu befreien.[180] Ein Missbrauch kommt auch in Betracht, wenn der Gl – statt die Abgabe der Vermögensauskunft (§ 802c ZPO) zu betreiben – mit dem Eröffnungsantrag nur für sich pfändbare Vermögenswerte des Schu zu ermitteln sucht (abgrenzend s Rn 32).[181] 36

Weiter darf das InsVerf **nicht als einfacherer und billigerer Ersatz** für ein ErkenntnisVerf benutzt werden, ohne dass ernsthaft die Gesamtvollstreckung angestrebt würde, etwa indem der Gl mit dem Eröffnungsantrag nur die Anerkennung einer Kostenforderung erreichen will.[182] Zweifelhaftigkeit der Forderung allein kann aber nur iRd darauf bzgl Beweiswürdigung (s Rn 8, 12 ff) schaden (zu einredebehafteten Forderungen s Rn 15);[183] sie nimmt nicht das Rechtsschutzbedürfnis.[184] Bewilligt allerdings der einzige Gl während des EröffnungsVerf seinem Schu Ratenzahlungen, so wird dessen Zahlungsunfähigkeit durch die Stundung beseitigt, solange er diese Raten einhält (s § 17 Rn 8). Missbräuchlich handelt ein dem Schu nahe stehender Gl, der die Eröffnung nur beantragt, um sodann das Verf zu verzögern und dem Schu aufgrund des § 89 zu einem Moratorium zu verhelfen.[185] 37

Missbrauch liegt dagegen insb regelmäßig **nicht** vor, wenn die Forderung des Gl nicht eine bestimmte Höhe – zB 500 EUR – übersteigt.[186] Hat der einzige Ast nur eine geringe Forderung, so kann das allenfalls Anlass sein, die Zahlungsunfähigkeit des Schu dafür bes zu prüfen. Ein Missbrauch kann nicht allein daraus abgeleitet werden, dass der Gl neben den InsZielen noch weitere eigene – rechtmäßige – Vorteile erstrebt. Deshalb ist es zulässig, wenn ein Sozialversicherungsträger die Eröffnung beantragt, um Erstattungsleistungen nach dem SGB zu erhalten, sofern als Zwischenschritt dazu jedenfalls auch die Verwertung des Schu-Vermögens angestrebt wird.[187] Ein Arbeitnehmer handelt nicht missbräuchlich, wenn er wegen Lohnforderungen einen InsAntrag gegen seinen Arbeitgeber stellt statt InsGeld zu beantragen (erg s § 13 Rn 10).[188] Ohne besondere Anhaltspunkte wird sich auch nicht feststellen lassen, dass der Gl – entgegen seinem Antrag – subjektiv nicht die VerfEröffnung (§ 27), sondern die Abweisung gem § 26 erstrebt.[189] 38

---

176 *BGH* WM 1962, 929; NZI 2006, 588; ZIP 2011, 1161 Rn 5; *OLG Frankfurt* ZIP 1984, 195; **differenzierend** *BGH* NZI 2011, 540; MK/*Schmahl/Vuia* § 14 Rn 36.
177 *AG Burgwedel* ZIP 1984, 475; *Jaeger/Gerhardt* § 14 Rn 4.
178 *LG Potsdam* ZInsO 2002, 1149.
179 *AG Kaiserslautern* ZInsO 2006, 111.
180 *AG Magdeburg* ZInsO 1999, 358.
181 *BGH* ZVI 2004, 753 noch zu § 807 ZPO aF; MK/*Schmahl/Vuia* § 14 Rn 34; *N/R/Mönning* § 14 Rn 17.
182 Vgl *AG Holzminden* ZIP 1987, 1272; vgl *N/R/Mönning* § 14 Rn 23.
183 *Pape* NJW 1993, 297, 298; *Stürner/Stadler* EWiR 1988, 603.
184 *Schmerbach* EWiR 2000, 1063; **aM** *LG Meiningen* ZIP 2000, 1451.
185 Vgl *OLG Frankfurt* JW 1926, 2114 Nr 9 zur KO.
186 *BGH* NJW-RR 1986, 1188; *LG Berlin* NJW-RR 1992, 831; *LG Mannheim* MDR 1986, 246; FK/*Schmerbach* § 14 Rn 63 f; *Jaeger/Gerhardt* § 14 Rn 9; MK/*Schmahl/Vuia* § 14 Rn 39; *N/R/Mönning* § 14 Rn 17.
187 *Schmahl* NZI 2002, 177, 182; **aM** *LG Rottweil* ZIP 1982, 729, noch zum AFG.
188 *LG Duisburg* NZI 2002, 666; *AG Göttingen* NZI 2001, 385; *Jaeger/Gerhardt* § 14 Rn 8.
189 Zu weit gehend *LG Hamburg* KTS 1976, 309.

39 **Missbräuchlich** ist ein Antrag **nicht** lediglich deswegen, weil der Gl jahrelang nicht die Zwangsvollstreckung versucht hat (erg s Rn 32),[190] sofern seine Forderung nicht verjährt und der Schu jetzt zahlungsunfähig ist. Missbrauch darf auch nicht allein deshalb angenommen werden, weil bereits ein früherer Eröffnungsantrag desselben Gl zurückgewiesen wurde, oder weil der Gl nicht den Ausgang einer Klage abwartet[191] oder zuvor als „Akkordstörer" einen außergerichtlichen Vergleichsvorschlag des Schu abgelehnt hat.[192] Ist der Gl in der Lage, den Eröffnungsgrund glaubhaft zu machen (s Rn 23 f), fehlt ihm nicht das Rechtsschutzbedürfnis, wenn er nicht vor der Antragstellung fruchtlos die Einzelzwangsvollstreckung – sei es auch gem § 720a ZPO – versucht[193] oder nicht die Abnahme der Vermögensauskunft (§ 802c ZPO) betrieben hat.[194] Gerade mit der InsO wird das Ziel verfolgt, das Verf gegen insolvente Schu möglichst frühzeitig zu eröffnen.[195] Der Eröffnungsantrag eine Gl ist nicht deshalb unzulässig, weil dieser keine Auskunft über die tatsächlichen Voraussetzungen eines Anfechtungsanspruchs gegen sich selbst erteilt.[196]

40 Umgekehrt darf das **Rechtsschutzinteresse nicht** mit der Begr **verneint** werden, dass der Schu unpfändbar sei[197] oder dass er die Vermögensauskunft gem § 802c ZPO abgegeben habe.[198] Masselosigkeit ist Ablehnungsgrund nur iRd § 26 (erg s § 26 Rn 30);[199] wurde allerdings erst einige Monate zuvor ein InsVerf gegen den Schu abgelehnt oder beendet, muss der Ast zusätzlich verwertbares Vermögen des Schu glaubhaft machen.[200] Je mehr verschiedene Gl unabhängig voneinander die Prüfung beantragen, desto unwahrscheinlicher werden missbräuchliche Zwecke.

41 **e) Wiederholter Antrag.** Während ein InsVerf – einschl der Wohlverhaltensperiode (§§ 291 ff) – anhängig ist, darf gegen denselben Schu grds kein erneutes InsVerf eröffnet werden (s § 27 Rn 11, 35). Anders verhält es sich, wenn der InsVerw Vermögen aus einer selbstständigen Tätigkeit des Schu freigibt (§ 35 Abs 2); gegen dieses selbstständige Vermögen kann ein **zweites InsVerf** eröffnet werden. Nach Beendigung eines InsVerf kann dem Schu das Rechtsschutzinteresse für einen erneuten Eröffnungsantrag m dem Ziel der Erlangung der Restschuldbefreiung fehlen, wenn die Voraussetzungen des **§ 287a Abs 2** vorliegen (s § 13 Rn 26).

42 **5. Eröffnungsanträge von Amtsträgern.** Für Eröffnungsanträge v Amtsträgern gelten insolvenzrechtlich die allg Grundsätze (s Rn 3 ff).[201] Insb haben auch öffentlich-rechtliche Gl idR ein rechtliches Interesse an der InsEröffnung, wenn ihnen eine Forderung zusteht und ein

---

190 Vgl *Geißler* ZInsO 2014, 17.
191 **AM** *LG Meiningen* ZIP 2000, 1451.
192 *BGHZ* 116, 319, 322 = NJW 1992, 967.
193 *BGH* NZI 2004, 587; *BGH* 19.1.2006 – IX ZB 143/05; *LG Göttingen* NJW-RR 1993, 767; *AG Göttingen* ZInsO 2002, 592; *Jaeger/Gerhardt* § 14 Rn 6; MK/*Schmahl/Vuia* § 14 Rn 28; *N/R/Mönning* § 14 Rn 21; *Sternal* NZI 2003, 157, 158; **dagegen** stellt *OLG Köln* KTS 1989, 720 noch zur KO die daraus herrührende Ungewissheit zu Unrecht dem Fall einer vorherigen ausreichenden Sicherung gleich; **aM** *LG Magdeburg* ZIP 1995, 579; *AG Potsdam* NZI 2001, 495; NZI 2001, 604; NZI 2003, 155.
194 *Jaeger/Gerhardt* § 14 Rn 10; **aM** *LG Berlin* KTS 1967, 189; jew noch zu § 870 ZPO aF.
195 Vgl *OLG Stuttgart* NZI 1999, 491.
196 *BGH* NZI 2008, 240.
197 *OLG Frankfurt* KTS 1971, 285; **aM** *AG St Ingbert* KTS 1983, 648.
198 *FK/Schmerbach* § 14 Rn 66.
199 *OLG Naumburg* 25.9.2000 – 5 W 44/00; *Jaeger/Gerhardt* § 14 Rn 14; MK/*Schmahl/Vuia* § 14 Rn 22.
200 Vgl MK/*Schmahl/Vuia* § 14 Rn 23.
201 MK/*Schmahl/Vuia* § 14 Rn 90 ff.

Eröffnungsgrund glaubhaft gemacht ist (s Rn 23 ff). Soweit die Praxis bestimmter Sozialversicherungsträger zuverlässig festzustellen ist, durch Eröffnungsanträge vorwiegend Zahlungsdruck auf Schu auszuüben,[202] kann eine solche Erfahrung indiziell mit in die tatsächliche Feststellung einfließen, ob auch im jeweiligen Einzelfall ein rechtsmissbräuchliches Ziel verfolgt wird (s Rn 34).

Stellt ein Amtsträger als Gl den Eröffnungsantrag, so liegt im Verhältnis zum Schu ein **Verwaltungshandeln vor**. Die Entscheidung beruht auf einer Ermessensausübung.[203] Ihre Berechtigung ist (nur) im Finanz- und Sozialrechtsweg nachzuprüfen.[204] Der Amtsträger kann – ggf durch einstweiligen Rechtsschutz – zur Rücknahme des Antrags verpflichtet werden.[205] Gegenüber dem InsGer handelt es sich um einen gewöhnlichen GlAntrag,[206] dessen Zulässigkeit und Begründetheit das InsGer unabhängig v einem vorangegangenen finanzgerichtl Verf zu prüfen hat,[207] solange der Ast seinen Eröffnungsantrag noch nicht – verpflichtungsgemäß – zurückgenommen hat. Zur **Glaubhaftmachung der Forderung** genügt regelmäßig der Leistungs- oder Haftungsbescheid des Amtsträgers (s Rn 13). Einwendungen dagegen können grds nur in dem vorgesehenen speziellen Verf verfolgt werden;[208] davon zu trennen ist die Frage eines – aus insolvenzrechtlicher Sicht – missbräuchlichen Vorgehens (erg s Rn 33 ff).[209] Für Finanzverwaltungen ist das Finanzamt zuständig.[210] Soweit ein Antrag stellendes Finanzamt – um seine Forderung oder den Eröffnungsgrund (s Rn 12 ff, 23 ff) glaubhaft zu machen oder ausreichende InsMasse (§ 26) belegen zu können – Einzelheiten aus seinen Unterlagen mitteilen muss, ist eine darin liegende Verletzung des Steuergeheimnisses im Allg durch § 30 Abs 4 Nr 2 oder 5 AO gerechtfertigt.[211] Ein schuldhaft unberechtigter Eröffnungsantrag kann eine Amtshaftung auslösen.[212] 43

6. Verzicht auf das Antragsrecht. Der Gl kann auf sein Antragsrecht – jeweils für bestimmte Forderungen – im Allg vertraglich verzichten.[213] Die Einrede eines solchen Verzichts im EröffnungsVerf führt – wie beim Rechtsmittelverzicht gem § 514 ZPO[214] – grds zur Unzulässigkeit des dennoch gestellten Antrags;[215] jedoch gelten die zeitlichen Grenzen des § 13 Abs 2 sinngemäß auch für den Verzicht. 44

---

202 *AG Potsdam* NZI 2003, 155; *Schmahl* NZI 2002, 177, 183; *Frind/A Schmidt* ZInsO 2001, 1133 ff; *dies* 2002, 8 ff.
203 Vgl *BFH* NZI 2011, 462; *FG Köln* ZInsO 2009, 1296; *FG München* ZInsO 2009, 2348.
204 Vgl *BFH/NV* 2006, 900; *BFH/NV* 2007, 1270; *Schmidberger* NZI 2012, 953, 954; **aM** *AG Göttingen* ZIP 2011, 1539; *Bruns/Schaake* ZInsO 2011, 1581, 1583 ff; *Fu* DStR 2010, 1411, 1413 f; *Schmerbach* ZInsO 2011, 895, 899.
205 *BFH* NZI 2011, 462; *FG Köln* ZInsO 2009, 1296; *Sächs FG* DZWIR 2007, 326; MK/*Schmahl/Vuia* § 14; Rn 118; *Schmittmann* ZInsO 2006, 605.
206 *LG Hildesheim* ZIP 2008, 325 will zu Unrecht eine gesteigerte, gesamtwirtschaftliche Verantwortung v Behörden berücksichtigen; diese ist ggf (allein) bei der fachgerichtlichen Überprüfung zu beachten.
207 Nur insoweit zutr *AG Göttingen* ZIP 2011, 1539.
208 *BGH* ZInsO 2009, 2072 Rn 5; ZInsO 2010, 1091 Rn 7; **aM** *AG Götingen* ZInsO 2013, 303, das eine eigene Prüfungskompetenz im Hinblick auf „Unverhältnismäßigkeit" annimmt.
209 *Schmittmann* FS Haarmeyer, 2013, S 296 f.
210 *Bruns/Schaake* ZInsO 2011, 1581; *Viertelhausen* InVo 2002, 45.
211 *OLG Hamm* ZIP 1980, 258; FK/*Schmerbach* § 14 Rn 120; *Jaeger/Gerhardt* § 14 Rn 20; MK/*Schmahl/Vuia* § 14 Rn 109 f.
212 Vgl *BGHZ* 110, 253 = NJW 1990, 2675; *App* ZIP 1992, 460, 462 f.
213 *Jaeger/Gerhardt* § 13 Rn 37 f.
214 *BGH* NJW 1968, 794; vgl auch *BGH* WM 1973, 144.
215 *Jaeger/Gerhardt* § 13 Rn 37; *Bohn* KTS 1955, 138.

III. Eröffnungsverfahren

45 **1. Allgemeines.** Das **EröffnungsVerf** wird – im Gegensatz zum eröffneten Verf – als streitiges Verfahren geführt.[216] Der Antrag jedes Gl ist gesondert zu prüfen;[217] erst über die Verf-Eröffnung kann gemeinsam entschieden werden (vgl § 13 Rn 14).[218] Eine **Anhörung** weiterer antragsberechtigter Gl erfolgt in diesem Verfahrensstadium nicht; zur Anhörung des Schu s Rn 48 ff. Maßgeblicher Zeitpunkt, in dem alle Voraussetzungen vorliegen müssen, ist derjenige der jeweils letzten tatrichterlichen Entsch über die Eröffnung (s Rn 15).

46 **2. Zulässigkeit des Eröffnungsantrags (Zulassungsverfahren).** Das InsGer prüft zuerst die **Zulässigkeit** des GlAntrags (s Rn 9 ff, § 13 Rn 3 ff; zum Antrag des Schu vgl § 13 Rn 19 ff); allein die Befriedigung des Ast nach Antragstellung lässt nach Abs 1 S 2 die Zulässigkeit des GlAntrages nicht entfallen (s Rn 18 ff). Das InsGer braucht eine Zulässigkeit des Antrags nicht förmlich auszusprechen;[219] zu den Voraussetzungen im Einzelnen vgl § 27 Rn 4 ff. Die Prüfung erfolgt einseitig aufgrund des GlVorbringens;[220] eine eigene Amtsermittlungspflicht des InsGer gem § 5 Abs 1 besteht im Zulassungsverfahren noch nicht; diese greift erst, wenn ein zulässiger Eröffnungsantrag vorliegt.[221] Eine VorEntsch über die Einstufung als Regel- oder VerbrInsVerf braucht noch nicht getroffen zu werden.[222] War ein früherer Antrag desselben Gl rechtskräftig abgewiesen, so kann ein **erneuter Antrag** nur bei erg Tatsachenvortrag zulässig sein (vgl § 13 Rn 37). Der Schu kann gegen einen erwarteten Eröffnungsantrag eine Schutzschrift einreichen.[223] Das InsGer ist im Rahmen seiner Amtsermittlungspflicht (§ 5) verpflichtet, auch ein ihm bekannt gewordenes tatsächliches Vorbringen in einer solchen Schrift zu berücksichtigen.

47 § 13 Abs 3 sieht auch für den GlAntrag eine Verpflichtung des InsGer vor, auf die Unzulässigkeit des Antrages unter ausdrücklicher Bezeichnung der Mängel hinzuweisen und dem Antragsteller Gelegenheit zur deren Beseitigung binnen einer angemessenen Frist zu geben (s § 13 Rn 16 ff). Die materielle Beweislast für das Vorliegen der Eröffnungsvoraussetzungen trifft den Ast.[224] Fehlt auch nur eine Zulässigkeitsvoraussetzung endgültig, so ist der Eröffnungsantrag zurückzuweisen. Dagegen steht dem Ast die sof Beschw gem § 34 Abs 1 zu; die „Zulassung" des Antrags ist dagegen als bloße ZwischenEntsch nach § 6 nicht anfechtbar (vgl § 6 Rn 6). Im Falle eines ernsthaften Streits über die Zulässigkeit des InsAntrags kann das InsGer darüber entspr § 280 ZPO eine – gem § 567 ZPO anfechtbare (s § 6 Rn 11) – Zwischenentscheidung treffen;[225] damit sind Zweifelsfragen schnell zu klären, ehe mglw weitere aufwändige Ermittlungsmaßnahmen im EröffnungsVerf veranlasst werden. Als (umfassende) Zwischenentscheidung in diesem Sinne mag auch der Ausspruch über einen einzigen Streitpunkt im Rahmen der Zulässigkeit – zB die Wirksamkeit eine Erledigungserklärung (s Rn 58) – ausgelegt werden.

---

216 *BGH* NJW 1961, 2016 noch zur KO; *BGH* NZI 2006, 590; *LG Mainz* Rpfleger 1988, 158.
217 *OLG Köln* NZI 2001, 318.
218 *Boennecke* KTS 1955, 173; *Unger* KTS 1962, 209.
219 *KG* KTS 1963, 112; *Jaeger/Gerhardt* § 14 Rn 24.
220 Dies verkennt *Jungmann* DZWIR 2002, 363, 364 f.
221 *BGH* NZI 2003, 147, ZIP 2003, 1005; WM 2007, 1754; *OLG Zweibrücken* NZI 2001, 32; *LG Köln* NZI 2003, 501; *AG Köln* NZI 2008, 315.
222 *OLG Celle* ZInsO 2001, 40; *OLG Köln* NZI 2001, 216.
223 FK/*Schmerbach* § 14 Rn 177 f; HambKomm/*Linker* Ergänzungsband § 14 Rn 59; MK/*Schmahl/Vuia* § 14 Rn 136; *Uhlenbruck/Wegener* § 14 Rn 201; *Gottwald/Vuia* § 12 Rn 32.
224 *AG Potsdam* NZI 2001, 606.
225 Vgl *LG Duisburg* NZI 2009, 911; *Zipperer* NZI 2010, 281, 283.

3. Begründetheit des Eröffnungsantrags (Hauptprüfung). – a) Anhörung des Schuldners. Nur wenn der Antrag gem dem Vortrag des Gl zulässig ist, hat das InsGer dazu nach Abs 2 den Schu zu hören; das gilt auch, wenn der Antrag gem § 26 abgewiesen werden soll.[226] Zu erteilende Hinweise: § 20 Rn 22 f. Für einen Prozessunfähigen ist dessen gesetzlicher Vertreter zu hören.[227] Ist der Schu keine natürliche Person, genügt es idR, die Benachrichtigung an ihn unter demjenigen Namen zu richten, unter dem er auch verklagt werden könnte.[228] Entspr § 170 Abs 2 und 3 ZPO erfolgt dies an die oder eine **vertretungsbefugte Person**,[229] zB an einen geschäftsführenden Gesellschafter einer GbR.[230] Hatte ein nach § 37 KWG bestellter Abwickler den InsAntrag gestellt, ist dazu der nach Gesellschaftsrecht berufene gesetzliche Vertreter der Schu zu hören.[231] Hat eine juristische Person keinen organschaftlichen Vertreter, so ist die Bestellung eines Notliquidators[232] oder Abwesenheitspflegers (erg s Rn 4, § 11 Rn 4, § 13 Rn 5)[233] geboten; anderenfalls ist der Eröffnungsantrag mangels Prozessfähigkeit der Schu unzulässig (s Rn 4, § 11 Rn 4; erg s § 15 Rn 6 ff). 48

Nur bei einem Eigenantrag gem § 15 Abs 2 sind auch **alle** nicht Antrag stellenden **Berechtigten** gesondert zu hören;[234] diese ergeben sich aus § 15 Abs 2 S 3 und Abs 3 S 1, § 317 Abs 1, § 318 Abs 2 S 2, § 332 Abs 3 S 2 und § 333 Abs 2 S 2. Hat eine insolvenzfähige Vermögensmasse (§ 11 Abs 2 Nr 2) – wie meist – keine vertretungsbefugte Einzelperson, sind alle Vermögensträger zu hören.[235] 49

Schon vor der Anhörung sind **Sicherungsmaßnahmen** zulässig (erg s § 21 Rn 3).[236] Das rechtliche Gehör muss vom InsGer gewährt werden; die Anhörung durch einen SV genügt nicht.[237] Es reicht aus, dass dem Schu Gelegenheit zur Stellungnahme geboten wird[238] – zB durch Zusendung eines sachgerechten Fragebogens[239] –, sofern nicht die persönliche Anhörung des Schu zur Aufklärung des Sachverhalts (§ 5 Abs 1) nötig ist. Eine förmliche Zustellung ist nicht vorgeschrieben,[240] aber als Nachweis zweckmäßig.[241] Die Äußerungsfrist kann wegen der Eilbedürftigkeit kurz bemessen werden, solange der Schu die zumutbare Möglichkeit zur sachgerechten Interessenvertretung behält;[242] zwei Tage 50

---

226 *BGH* NZI 2006, 405; MK/*Schmahl/Vuia* § 14 Rn 120.
227 *KG* KTS 1962, 112.
228 HambKomm/*Linker* Ergänzungsband § 14 Rn 58; MK/*Schmahl/Vuia* § 14 Rn 123.
229 *Uhlenbruck* FS Baumgärtel, S 574.
230 *BGH* NJW 2006, 2191; vgl auch *BGH* NJW 2007, 995; **aM** MK/*Schmahl/Vuia* § 14 Rn 125 (zur Partenrederei Rn 116).
231 Vgl *BGH* NZI 2006, 588; *AG Hamburg* ZInsO 2005, 838; **aM** *AG Hamburg* ZIP 2005, 1748.
232 Vgl *OLG Köln* NZI 2000, 134; MK/*Schmahl/Vuia* § 14 Rn 129.
233 *Vallender* ZGR 2006, 425, 437 f.
234 HambKomm/*Linker* Ergänzungsband § 14 Rn 58; MK/*Schmahl/Vuia* § 14 Rn 124, § 15 Rn 78 ff; *K Schmidt/Gundlach* § 14 Rn 28; dagegen ausnahmslos für Anhörung aller Berechtigten *Jaeger/Gerhardt* § 14 Rn 33.
235 Vgl MK/*Schmahl/Vuia* § 14 Rn 127 f.
236 *BGH* 15.11.2011 – IX ZB 139/11, Rn 5.
237 *KG* KTS 1960, 189; *A/G/R/Kadenbach* § 14 Rn 28; HambKomm/*Linker* Ergänzungsband § 14 Rn 58.
238 *BGH* KTS 1978, 26 f; *OLG Köln* KTS 1958, 15; *OLG Frankfurt* KTS 1971, 286; *Skrotzki* KTS 1964, 252.
239 *AG Duisburg* Rpfleger 1994, 268; *Maintzer* KTS 1985, 617, 622.
240 *BGH* 13.6.2006 – IX ZB 212/05; vgl FK/*Schmerbach* § 14 Rn 170.
241 Vgl MK/*Schmahl/Vuia* § 14 Rn 132.
242 Vgl *LG Köln* KTS 1986, 362. Für einen Sachverhalt, der durch einen kurz zuvor erledigten Eröffnungsantrag umfassend bekannt war, ließ *AG Hamburg* ZInsO 2005, 669 drei Tage ausreichen.

sind zu wenig.[243] Etwa eingereichte Schutzschriften des Schu sind zu berücksichtigen.[244] Das Gebot des rechtlichen Gehörs bezweckt aber nicht, VerfBeteiligten Zeit dafür zu geben, veränderte Tatsachen zu schaffen, zB einen Eröffnungsgrund zu beseitigen.[245] Der Schu ist nicht verpflichtet, sich zu äußern; seine Parteistellung ist v einer Auskunftspflicht gem § 20 Abs 1, § 22 Abs 3 S 3 zu trennen.[246] Ist er unauffindbar, ist gem § 10 zu verfahren.[247]

51 Hat das InsGer rechtliches Gehör nicht ausreichend gewährt, so ist zwar das BeschwGer nicht verpflichtet, es nachzuholen (vgl § 6 Rn 22). Wegen des Beschleunigungsgebots gerade für InsVerf kann es jedoch in einfach gelagerten Fällen – wenn eine weitere erhebliche Aufklärung nicht geboten erscheint – zweckmäßig sein, das rechtliche Gehör **in der BeschwInstanz** nachzuholen.[248] Dies ist mit allg zivilprozessualen Grundsätzen und mit Art 103 Abs 1 GG vereinbar.[249] Die theoretische Möglichkeit, dass der Schu einen InsPlan vorlegen könnte (§ 218), steht jedenfalls dann nicht entgegen, wenn der Schu ein solches Vorhaben selbst nicht konkret geltend macht.[250] Grenzen setzt jedoch § 306 Abs 3.[251]

52 **b) Bestreiten des Schuldners.** Der Schu kann das zulässigkeitsbegründende Vorbringen des Gl **substantiiert bestreiten** oder auch seinerseits einen **abw rechtserheblichen Sachverhalt glaubhaft** machen (s Rn 12 ff). Das kann den Gl wiederum zu einer erg Glaubhaftmachung nötigen.[252] Schweigen des Schu gilt als Bestreiten,[253] das allerdings nicht substantiiert ist. Zur Verjährung oder Tilgung der Forderung des Ast während des EröffnungsVerf s Rn 15. Will der Schu gegen die Forderung des Gl aufrechnen, muss er die Gegenforderung mindestens substantiieren[254] und glaubhaft machen. Bleibt aufgrund der **Gegenglaubhaftmachung** des Schu die Forderung des Gl nicht überwiegend wahrscheinlich, braucht das InsGer nicht die materielle Berechtigung weiter zu prüfen; der Eröffnungsantrag wird vielmehr unzulässig.[255] Einwendungen des Schu gegenüber titulierten Forderungen oder die Vollstreckbarkeit des Titels sind im Eröffnungsverfahren nicht vom InsGer zu prüfen, sondern in dem jeweils hierfür vorgesehenen Verfahren.[256]Wird der Eröffnungsantrag auf die Forderung aus einer vollstreckbaren Urkunde gestützt und ist auf eine v Schu erhobene VollstrAbwehrklage die Zwangsvollstreckung gegen Sicherheitsleistung einstweilen eingestellt worden, so sind die Einwendungen des Schu gegen die Forderung im InsEröffnungsVerf nicht zu berücksichtigen, falls er die Sicherheitsleistung nicht erbracht hat.[257] Die bloß pauschal behauptete Nie-

243 *OLG Köln* NZI 2000, 480; *LG Saarbrücken* Rpfleger 1995, 37; *Graf-Schlicker/Kexel* § 14 Rn 35; PK-HWF/*Mitter* § 14 Rn 27 für mindestens einwöchige Anhörungs- oder dreitägige Ladungsfrist.
244 FK/*Schmerbach* § 14 Rn 176 ff; MK/*Schmahl/Vuia* § 14 Rn 136.
245 *BVerfG* NZI 2002, 30; *AG Hamburg* ZInsO 2005, 669.
246 *Jaeger/Gerhardt* § 14 Rn 39; MK/*Schmahl/Vuia* § 14 Rn 122.
247 Vgl *BGH* NZI 2006, 405.
248 MK/*Schmahl/Vuia* § 14 Rn 142.
249 *KG* KTS 1960, 190.
250 Zu weit gehend *Jaeger/Gerhardt* § 14 Rn 41.
251 Vgl MK/*Schmahl/Vuia* § 14 Rn 143.
252 Vgl HambKomm/*Linker* Ergänzungsband § 14 Rn 63.
253 *LG Köln* KTS 1964, 248 f; *Jaeger/Gerhardt* § 14 Rn 17.
254 *BGH* ZIP 2003, 1005; *LG Berlin* ZInsO 2005, 499.
255 Vgl *LG Göttingen* DZWIR 2000, 342.
256 *BGH* NZI 2006, 588 Rn 11; NZI 2008, 182 Rn 9; NZI 2010, 225 Rn 6; NZI 2016, 732; jew für die Unterwerfung unter die sof Zwangsvollstreckung; *BGH* ZInsO 2010, 1091 Rn 6 f, für vollstreckbare öffentlich-rechtliche Forderungen.
257 *BGH* NZI 2010, 225 Rn 6 f.

derschlagung (§ 261 AO) geltend gemachter Steuerforderungen ist unerheblich.[258] Soll der Eröffnungsgrund **nur aus einer bestrittenen einzigen Forderung des Ast** abgeleitet werden, genügt ihre Glaubhaftmachung nicht; erforderlich ist für die Verfahrenseröffnung der Beweis der Forderung;[259] s § 16 Rn 13 ff. § 765a ZPO kann nicht die InsEröffnung selbst einschränken, sondern allenfalls einzelne Auswirkungen davon.[260]

c) Feststellung des Eröffnungsgrundes. Die Prüfung des InsGer hat sich im Bedarfsfall auch auf die Frage zu erstrecken, ob Zulässigkeitsvoraussetzungen fehlen.[261] Verbleibende Zweifel gehen zu Lasten des Ast.[262] Das Vorliegen des Eröffnungsgrundes muss **zur Überzeugung des InsGer festgestellt** werden (vgl § 16 Rn 9 ff); bloße Teilzahlungen beseitigen eine Zahlungsunfähigkeit idR nicht (erg s § 17 Rn 43).[263] Ggf hat das InsGer auch zu prüfen, ob das Regel- oder das VerbrInsVerf zu eröffnen ist (s Rn 5, § 13 Rn 27). Die Anordnung v Ermittlungen durch das InsGer ist nicht anfechtbar (vgl § 6 Rn 6). Zur Zulässigkeit v Sicherungsmaßnahmen s § 21 Rn 2 ff. 53

Beantragt der Schu die Eröffnung der VerbraucherIns, ruht ein bereits vom Gl betriebenes Eröffnungsverfahren nach Maßgabe des § 306 Abs 3. **Stirbt** der **Schu** als alleiniger Ast, wird das EröffnungsVerf gem § 239 ZPO unterbrochen (s § 4 Rn 11, 26). Stirbt er nach Eingang eines nur vom Gl gestellten InsAntrags, bleibt dieser maßgeblich für die weiterhin zu treffende Entsch über ein NachlassInsVerf;[264] das EröffnungsVerf wird nicht beendet[265] oder unterbrochen (erg s § 4 Rn 26).[266] Allerdings sind die Erben am weiteren Verf zu beteiligen. Stirbt der Gl als Ast, ist den Erben entspr § 239 ZPO kurzfristig Gelegenheit zur Aufnahme zu geben.[267] 54

d) Abweisender Beschluss. Der Beschl, mit dem ein Eröffnungsantrag als **unzulässig** oder **unbegründet abgewiesen** wird, ist für den Ast anfechtbar (§ 34 Abs 1); deshalb ist er mit Gründen und einer Rechtsbehelfsbelehrung (§ 4 iVm § 232 ZPO) zu versehen und dem Ast zuzustellen (§ 4 iVm § 329 Abs 2 S 2 ZPO). Zur Abweisung mangels Masse vgl § 26 Rn 22 f; zum EröffnungsBeschl § 27 Rn 16 ff; zur möglichen Antragswiederholung § 13 Rn 37. 55

e) Verfahrenskosten. – aa) Grundsatz. Die KostenEntsch richtet sich grds nach § 4 iVm §§ 91 ff ZPO; § 93 ZPO ist wegen der gebotenen Amtsprüfung (§ 5 Abs 1 S 1) nicht anwendbar.[268] Zur KostenEntsch bei Zurücknahme des Antrags vgl § 13 Rn 35. Einem Gl als Ast kann für seinen Antrag PKH bewilligt werden.[269] 56

bb) Ausnahme gem Abs 3. Die Vorschrift sieht iE ausnahmsweise eine **Kostenbelastung des** obsiegenden **Schu** vor, wenn nur wegen seiner nachträglichen Erfüllungshandlung der Eröffnungsantrag des GI abgewiesen wird;[270] dieser braucht seinen Antrag nicht in der 57

---

258 Vgl *BGH* AnwBl 2007, 94; **zu weit gehend** *LG Hildesheim* ZIP 2008, 325.
259 *BGH* ZInsO 2007, 1275 Rn 3; NZI 2008, 182 Rn 6; ZInsO 2010, 1091 Rn 5, NZI 2016, 733 Rn 12.
260 Vgl *K Schmidt/Gundlach* § 14 Rn 36; *Schur* KTS 2008, 471, 476 ff.
261 Vgl *BGH* NZI 2006, 590; *Jungmann* DZWIR 2002, 363, 365 f.
262 Vgl *BGH* NZI 2007, 350.
263 *BGH* NZI 2006, 591.
264 *BGHZ* 157, 350, 354 = NZI 2004, 206; *BGH* NZI 2008, 382 auch für Verbraucher.
265 *AG Göttingen* ZVI 2012, 192.
266 *Graf-Schlicker/Kexel* § 14 Rn 52; *Heyrath/Jahnke/Kühn* ZInsO 2007, 1202, 1203.
267 *Graf-Schlicker/Kexel* § 14 Rn 50 f.
268 *Jaeger/Gerhardt* § 13 Rn 70.
269 *BGH* NZI 2004, 595; *K Schmidt/Gundlach* § 14 Rn 3.
270 Vgl *Foerse/Helte* ZInsO 2017, 2722, **krit** *Webel* ZInsO 2017, 2261; vgl auch *AG Köln* NZI 2017, 899.

Hauptsache für erledigt zu erklären (s Rn 58). Damit soll insb das Kostenrisiko für Gl verringert werden, die v der Möglichkeit des Abs 1 S 2 Gebrauch machen, indem sie ihren Eröffnungsantrag trotz der Erfüllung aufrechterhalten. Abs 3 kann allerdings theoretisch auch in anderen Fällen anwendbar sein;[271] sein Wortlaut erfasst auch Fälle, in denen die Voraussetzungen des Abs 1 S 2 (s Rn 18) nicht erfüllt sind. In Übereinstimmung mit den allg Grundsätzen der Kostenpflicht (§§ 91–93 ZPO) ist Abs 3 aber – einschränkend – dahin auszulegen, dass er nur eingreift, wenn der Gl allein wegen der Erfüllungshandlung des Schu unterliegt. Dies trifft zB nicht zu, falls die Leistung des Schu keine Erfüllung bewirkt, s Rn 60. Der GlAntrag muss, v der Erfüllung abgesehen, zulässig und begründet gewesen sein.[272] Die Abweisung wegen unzureichender Masse (§ 26) fällt nicht unter Abs 3, weil der Ast diese durch Leistung eines Kostenvorschusses oder dadurch vermeiden kann, dass er seinen Eröffnungsantrag für erledigt erklärt, sobald die Voraussetzungen des § 26 festgestellt werden.[273] Die allgemein gefasste Vorschrift gilt zugunsten aller Gl, nicht nur für Fiskus oder Sozialversicherungsträger.[274] Wird der Eröffnungsantrag als unzulässig abgewiesen, bleibt es bei der Kostenfolge des § 91 ZPO;[275] allerdings sind insoweit die zuvor in Rn 20 dargestellten Erleichterungen zu berücksichtigen. Jedenfalls bei dieser Auslegung verstößt die Norm nicht gegen Art 3 GG.[276] Zu Auswirkungen auf eine Zweitschuldnerhaftung des Gl s Rn 63.

58 **cc) Erledigungserklärung.** Wird ein Eröffnungsantrag zurückgenommen, hat der Ast die Kosten entspr § 4 iVm § 269 Abs 3 S 2 ZPO zu tragen.[277] Jedoch kann der Ast seinen Antrag entspr § 4 iVm § 91a ZPO für in der **Hauptsache erledigt** erklären, wenn dieser erst nach Einreichung unzulässig oder unbegründet geworden ist;[278] dies ist auch noch in der BeschwInstanz zulässig, falls das InsVerf nicht eröffnet wurde[279] (vgl § 6 Rn 35, § 34 Rn 25). Damit kann insb der Gl die Kostenlast vermeiden, wenn nach Antragstellung das InsVerf aufgrund eines anderen Antrags eröffnet wird. Zur Kostentragungspflicht bei nachträglichen Erfüllung der Forderung des Ast s Rn 59.

59 ISd Erledigung ist regelmäßig eine Erklärung des Gl auszulegen, dass er seinen Antrag auf die Kosten beschränke; seine Erledigungserklärung ist nicht in eine Rücknahme umzudeuten.[280] Teilerledigungserklärungen sind wirkungslos, weil die InsEröffnung als Antragsziel unteilbar ist. Im Allg wird mit ihnen nur zum Ausdruck gebracht, dass die Forderung des Ast tw erloschen ist (s Rn 15). Wird eine solche Erklärung wegen des Forderungsrests mit einer Antragsrücknahme verbunden, so gilt allein diese mit der Kostenfolge des § 269

---

271 **AM** *Marotzke* ZInsO 2011, 841, 850.

272 *Gundlach/Rautmann* NZI 2011, 315, 318; wohl auch *Marotzke* ZInsO 2011, 841, 849 f.

273 *Frind* ZInsO 2011, 412, 417; **aM** MK/*Schmahl/Vuia* § 14 Rn 151; *Marotzke* ZInsO 2011, 841, 850.

274 *Kollbach* ZInsO 2011, 1822, 1825; **aM** anscheinend *Marotzke* ZInsO 2011, 841, 846.

275 *LG Bonn* NZI 2012, 460; *AG Wuppertal* ZIP 2012, 1363; MK/*Schmahl/Vuia* § 14 Rn 151; *Beth* NZI 2012, 1, 3; vgl *Kollbach* ZInsO 2011, 1822, 1825 f; *Pape* ZInsO 2011, 2154, 2164; **zw** *Marotzke* ZInsO 2011, 841, 852; **aM** *AG Deggendorf* ZInsO 2011, 1801, die Vorlage an das BVerfG hat dieses (NZI 2013, 1000) als unzulässig zurückgewiesen.

276 *Kollbach* ZInsO 2011, 1822, 1825 f; **zw** *Marotzke* ZInsO 2011, 841, 852; **aM** *AG Deggendorf* ZInsO 2011, 1801; das *BVerfG* NZI 2013, 1000, hat auf die Vorlage des AG in der Sache keine Entscheidung getroffen.

277 Vgl *A/G/R/Kadenbach* § 13 Rn 50, § 14 Rn 35.

278 *BGHZ* 149, 178, 181 f = NZI 2002, 91; *BGH* NZI 2004, 216; *Jaeger/Gerhardt* § 13 Rn 48, 68.

279 *LG Meiningen* ZIP 2000, 1451; zur Erledigung vor dem BGH vgl *BGH* NZI 2004, 216; 2005, 108.

280 Differenzierend *L/S/Z/Smid/Leonhardt* § 13 Rn 36 f; **aM** *LG Bonn* KTS 1966, 64 f.

Abs 3 S 2 ZPO[281] (s § 13 Rn 35). Die Erledigung wirkt nur gegenüber einem VerfGegner;[282] für Eigenanträge kommt lediglich die Rücknahme (§ 13 Abs 2) in Betracht.

Durch bloßes Schweigen stimmt der Schu einer Erledigungserklärung des Gl (nur) unter den Voraussetzungen des § 91a Abs 1 S 2 ZPO zu.[283] Sonst ist auch ein **einseitiges ErledigungsVerf** zulässig.[284] Bei der Sachprüfung kann auf den „bisherigen Sach- und Streitstand" abgestellt werden, weil ein Parteienstreit allein über die Kostentragungspflicht nicht mit § 5 Abs 1 S 1 vereinbar ist (erg s Rn 62).[285] Ist danach die Erledigung eingetreten, spricht das InsGer diese aus (zur Anfechtbarkeit s § 34 Rn 7);[286] steht jene Voraussetzung nicht fest, weist es den Eröffnungsantrag ab.[287] Zur KostenEntsch, falls sich Masseunzulänglichkeit herausgestellt hat, s § 26 Rn 24. Eine nicht zur Erfüllung führende Leistung ist kein erledigendes Ereignis.[288] Eine bloße Teilzahlung ist im Allg kein Erledigungsgrund für den gesamten Eröffnungsantrag.[289] Die zeitliche Schranke des § 13 Abs 2 gilt grds auch für Erledigungserklärungen (erg s § 34 Rn 22).[290] 60

Eine **Erledigungserklärung** des Ast darf auch dann nicht ohne Weiteres als rechtsmissbräuchlich außer Acht bleiben, wenn sie nach Zahlungen des Schu abgegeben wurde.[291] Zwar mag sich daraus die Missbräuchlichkeit des Eröffnungsantrags ableiten lassen (s Rn 33), so dass dieser kostenfällig abzuweisen ist. Zur InsEröffnung kann ein rechtswirksam für erledigt erklärter Antrag aber nicht mehr führen.[292] Ein dennoch ergehender EröffnungsBeschl kann dann nur durch dessen Rechtskraft geheilt werden (s § 27 Rn 39). Die gegenteilige Ansicht verletzt den Antragsgrundsatz des § 13 Abs 1, der die Eigenverantwortung der Beteiligten bestätigt. Dagegen kann ausnahmsweise die Erledigungserklärung selbst als rechtsmissbräuchlich unwirksam sein, wenn die Zahlungen entgegen einer Verfügungsbeschränkung geleistet wurden, die (auch) aufgrund des sodann für erledigt erklärten Eröffnungsantrags angeordnet wurde (erg s Rn 17).[293] Zur etwaigen Anfechtbarkeit einer Entscheidung des InsGer, die dies ausspricht, s Rn 43. Eine bindende Verzichtserklärung kann der Ast nicht gegenüber dem InsGer, sondern allenfalls gegenüber dem VerfGegner abgeben. 61

281 *AG Duisburg* NZI 2003, 161.
282 *LG Berlin* ZInsO 2002, 88.
283 Vgl **einerseits** MK/*Schmahl/Vuia* § 13 Rn 132, **andererseits** *BGH* NZI 2005, 108; 2006, 34; *LG Duisburg* NZI 2004, 150; **aM** *AG Hamburg* ZInsO 2001, 138.
284 *BGH* NZI 2005, 108; 2006, 34; *OLG Celle* ZInsO 2001, 42; *AG Göttingen* NZI 2008, 56; *Andres/Leithaus* § 4 Rn 25; *Jaeger/Gerhardt* § 13 Rn 49, 69; MK/*Ganter/Lohmann* § 4 Rn 28.
285 *BGH* NZI 2008, 736 Rn 8; *OLG Köln* NZI 2002, 157; *LG Bonn* NZI 2001, 488; *LG Duisburg* NZI 2004, 150; *AG Göttingen* NZI 2001, 385; FK/*Schmerbach* § 13 Rn 210.
286 *BGH* NZI 2008, 735 Rn 8 f; *LG Bonn* NZI 2001, 488.
287 *AG Köln* NZI 2003, 614.
288 *LG Duisburg* NZI 2004, 150.
289 *OLG Oldenburg* OLG-Report 1997, 178 noch zur KO; *AG Offenbach* ZInsO 2000, 624; **aM** FK/*Schmerbach* § 13 Rn 212.
290 *LG Potsdam* ZInsO 2002, 778; *AG Hamburg* ZInsO 2005, 669; *Jaeger/Gerhardt* § 13 Rn 50; MK/*Schmahl/Vuia* § 13 Rn 129.
291 **AM** *AG Hamburg* NZI 2003, 104; *Frind/A Schmidt* ZInsO 2002, 8, 9.
292 *BGHZ* 149, 178, 181 f = NZI 2002, 91; **aM** *LG Duisburg* NZI 2009, 911; MK/*Schmahl/Vuia* § 13 Rn 141 ff.
293 *LG Duisburg* NZI 2009, 911; *AG Duisburg* ZVI 2005, 129; *Zipperer* NZI 2010, 281, 283 f; **aM** HambKomm/*Linker* § 13 Rn 69.

62 Nach übereinstimmenden Erledigungserklärungen ist nur noch eine **Kostenentscheidung** entspr § 4 iVm § 91a ZPO zu treffen;[294] zuvor etwa erlassene Sicherungsmaßnahmen sind idR aufzuheben (s § 21 Rn 61). Die Verweisung an ein anderes Gericht wird unzulässig.[295] Für die Kostenentscheidung über einen erledigten Antrag kommt es, wie allg, auf den Zeitpunkt des erledigenden Ereignisses an. Tritt es während des EröffnungsVerf ein, wird idR nur der glaubhaft gemachte Sachverhalt[296] zu beurteilen sein; sonstige Umstände, die über eine (Un-)Begründetheit entscheiden, können nur berücksichtigt werden, soweit der Sachverhalt schon ausermittelt war.[297] In der Entscheidung brauchen schwierige Rechtsfragen nicht geklärt zu werden; eine summarische Prüfung genügt.[298] Darüber hinaus ist im Rahmen billigen Ermessens durchweg zu berücksichtigen, aus wessen Einflussbereich das erledigende Ereignis stammt. Die Regelung des Abs 1 S 2 bleibt insoweit außer Betracht, weil sie an die Voraussetzung anknüpft, dass der Ast seinen Eröffnungsantrag **nicht** für erledigt erklärt (s Rn 20). Zur Erledigungserklärung, nachdem sich Masseunzulänglichkeit herausgestellt hat, s § 26 Rn 24, zur Abweisung erst im BeschwVerf s § 34 Rn 35.

63 **dd) Entstehende Kosten.** Der Ast schuldet idR die **Gerichtsgebühr** für das EröffnungsVerf (§ 23 Abs 1 S 1 iVm KV Nr 2311 GKG: 0,5 Gebühr, mindestens 180 EUR). Wert: § 58 GKG. Hat der Gl seinen InsAntrag zurückgenommen und kann der Wert der Aktivmasse (§ 58 Abs 2 GKG) nicht ermittelt werden, ist mangels Vergleichbarkeit mit der Forderung des Ast nur die Mindestgebühr nach Nr 2311 KV GKG zu erheben.[299] Wird sein Antrag abgewiesen oder nimmt er ihn zurück (s § 13 Rn 31), schuldet er auch die Auslagen (§ 23 Abs 1 S 2 GKG); darunter fallen ua die **Kosten** gebotener **Veröffentlichungen**[300] sowie eines **Gutachtens**,[301] und zwar anteilig auch dasjenige, das in einem anderen Verf eingeholt, aber im fraglichen Verf mit verwertet wurde.[302] Im Fall der Erledigung haftet der Ast für diese Auslagen aber nicht.[303] Seine **(ZweitSchu-)Haftung** für die Gerichtskosten des AntragsVerf entfällt nach § 23 Abs 1 S 4 GKG ausnahmsweise, wenn der Schu die VerfKosten nach § 14 Abs 3 (s Rn 57) trägt. Erg vgl § 27 Rn 15. Wird ein InsVerf aufgrund der Anträge mehrerer Gl eröffnet, fallen im Allg gesonderte Gebühren an.[304] Wertberechnung: § 58 GKG. Nach erfolgreichem InsAntrag eines Gl begründen dessen Kosten Massekosten iSv § 54 Nr 1.[305]

64 Die **Kosten** einer **vorl Verwaltung**, insb eines vorl InsVerw, trägt der Ast nie unmittelbar; denn § 23 Abs 1 S 3 GKG iVm Nr 9017 KV nimmt sie grds v den Auslagen aus, die andere

---

294 *BGH* NZI 2008, 736 Rn 7; FK/*Schmerbach* § 13 Rn 201; MK/*Ganter/Lohmann* § 4 Rn 28; MK/*Schmahl/Vuia* § 13 Rn 131.

295 *OLG Frankfurt* ZInsO 2005, 822.

296 *AG Köln* NZI 2000, 94; *AG Göttingen* ZInsO 2007, 48; FK/*Schmerbach* § 13 Rn 217 f.

297 Deswegen hat die Streitfrage, ob auch auf die Begründetheit abzustellen ist – so zutr *LG Bonn* NZI 2001, 488; *LG Koblenz* NZI 2001, 265; *Jaeger/Gerhardt* § 13 Rn 63 – nur geringe praktische Bedeutung.

298 *BGH* ZInsO 2009, 2113 Rn 3 f; vgl allg *BGH* NJW-RR 2009, 422.

299 *LG Frankenthal* NZI 2009, 576.

300 Nr 9004 KV GKG; vgl dazu *LG Gera* ZIP 2002, 1735.

301 Nr 9005 KV GKG; vgl dazu *OLG Düsseldorf* ZIP 2009, 1172; *OLG Köln* NZI 2010, 203; *LG Bielefeld* ZInsO 2000, 118 LS; *LG Göttingen* NZI 2009, 729.

302 *LG Duisburg* Rpfleger 1990, 434; vgl *Jaeger/Gerhardt* § 13 Rn 65; MK/*Schmahl/Vuia* § 13 Rn 166.

303 *OLG Düsseldorf* NZI 2006, 708; *OLG Koblenz* NZI 2007, 743; *OLG Köln* NZI 2005, 683; *AG Dresden* ZInsO 2009, 1173; MK/*Ganter/Lohmann* § 4 Rn 28; **aM** *LG Dresden* ZInsO 2005, 947; HambKomm/*Linker* § 13 Rn 80; MK/*Schmahl/Vuia* § 13 Rn 161.

304 *Jaeger/Gerhardt* § 13 Rn 65.

305 *Jaeger/Gerhardt* § 13 Rn 64; MK/*Hefermehl* § 54 Rn 6.

Personen als der Schu zu erstatten haben (erg s § 22 Rn 86).[306] Deshalb kann der vorl Ins-Verw seine Vergütung auch dann nicht gegen einen Gl als Ast festgesetzt erhalten, wenn diesem die Kosten auferlegt wurden.[307]

ee) Kostenerstattung. Von den in Rn 61 f aufgeführten Regeln der Kostenhaftung im Außenverhältnis gem GKG sind diejenigen der **Kostenerstattung** im Innenverhältnis zwischen Ast (Gl) und Schu nach §§ 103 ff ZPO zu unterscheiden, falls dem Gl die Kosten des EröffnungsVerf – insb nach § 91 oder § 91a ZPO – auferlegt wurden.[308] Jedoch sollen die Kosten der vorl InsVerwaltung sogar dann allein dem Schu zur Last fallen, wenn der Antrag des Gl v Anfang an unberechtigt war.[309] **65**

f) Schadensersatz wegen unberechtigter Antragstellung. Ein schuldhaft unberechtigter Eröffnungsantrag kann den Gl zum Schadensersatz gem **§ 826 BGB** verpflichten.[310] Nur unter dieser Voraussetzung kann auch ein Unterlassungsantrag begründet sein.[311] Jedoch verletzt ein Gl das Recht des Schu am eingerichteten und ausgeübten Gewerbebetrieb (**§ 823 Abs 1 BGB**) noch nicht durch lediglich fahrlässiges Stellen eines unbegründeten Eröffnungsantrags, mglw aber durch dessen Mitteilung an Dritte.[312] Bei einer überlangen Dauer des EröffnungsVerf kann eine Entschädigung in Betracht kommen (**§ 198 GVG**).[313] **66**

§ 15 Antragsrecht bei juristischen Personen und Gesellschaften ohne Rechtspersönlichkeit

(1) [1]Zum Antrag auf Eröffnung eines Insolvenzverfahrens über das Vermögen einer juristischen Person oder einer Gesellschaft ohne Rechtspersönlichkeit ist außer den Gläubigern jedes Mitglied des Vertretungsorgans, bei einer Gesellschaft ohne Rechtspersönlichkeit oder bei einer Kommanditgesellschaft auf Aktien jeder persönlich haftende Gesellschafter, sowie jeder Abwickler berechtigt. [2]Bei einer juristischen Person ist im Fall der Führungslosigkeit auch jeder Gesellschafter, bei einer Aktiengesellschaft oder einer Genossenschaft zudem auch jedes Mitglied des Aufsichtsrats zur Antragstellung berechtigt.

(2) [1]Wird der Antrag nicht von allen Mitgliedern des Vertretungsorgans, allen persönlich haftenden Gesellschaftern, allen Gesellschaftern der juristischen Person, allen Mitgliedern des Aufsichtsrats oder allen Abwicklern gestellt, so ist es zulässig, wenn der Eröffnungsgrund glaubhaft gemacht wird. [2]Zusätzlich ist bei Antragstellung durch Gesellschafter einer juristischen Person oder Mitglieder des Aufsichtsrats auch die Führungslosigkeit glaubhaft zu machen. [3]Das Insolvenzgericht hat die übrigen Mitglieder des Vertretungsorgans, persönlich haftenden Gesellschafter, Gesellschafter der juristischen Person, Mitglieder des Aufsichtsrats oder Abwickler zu hören.

---

306 *BGHZ* 157, 370, 377 = NZI 2004, 245; *OLG Celle* NZI 2000, 226; *A/G/R/Kadenbach* § 14 Rn 34; HambKomm/*Linker* § 13 Rn 73; *Jaeger/Gerhardt* § 22 Rn 248; **aM** MK/*Schmahl/Vuia* § 13 Rn 168; *N/R/Mönning* § 13 Rn 111.

307 *LG Stuttgart* NZI 2004, 630; **aM** *LG Münster* DZWIR 1999, 423; *AG Hamburg* ZInsO 2001, 1121; 2004, 458; *Frind/A. Schmidt* ZInsO 2002, 8, 11 f, welche die Vergütung regelwidrig schon in der KostengrundEntsch gegen den Ast festsetzen.

308 Vgl *Jaeger/Gerhardt* § 13 Rn 66.

309 *BGHZ* 175, 48 = NZI 2008, 170 zur Sequestration nach GesO.

310 Vgl *BGHZ* 154, 269, 271 ff = NZI 2003, 461; *BGHZ* 175, 48 = NZI 2008, 176; *OLG Düsseldorf* ZIP 1994, 479; FK/*Schmerbach* § 13 Rn 225; *Jaeger/Gerhardt* § 13 Rn 55 ff; *K Schmidt/Gundlach* § 14 Rn 27; *Marotzke* ZInsO 2011, 841, 852.

311 *OLG Koblenz* NZI 2006, 353 mit Anm *Rein* NZI 2006, 354.

312 *BGHZ* 36, 18, 20 ff = WM 1961, 1216; *OLG Celle* ZIP 1998, 1444; *LAG SachsAnh* bei *Pape* EWiR 1994, 459.

313 *Zimmer* ZInsO 2011, 2302, 2305.

(3) [1]Ist bei einer Gesellschaft ohne Rechtspersönlichkeit kein persönlich haftender Gesellschafter eine natürliche Person, so gelten die Absätze 1 und 2 entsprechend für die organschaftlichen Vertreter und die Abwickler der zur Vertretung der Gesellschaft ermächtigten Gesellschafter. [2]Entsprechendes gilt, wenn sich die Verbindung von Gesellschaften in dieser Art fortsetzt.

Übersicht

I. Gesetzgebungshinweise; Normzweck

1 Die Vorschrift übernimmt frühere Regelungen in der KO. Sie wurde im GesetzgebungsVerf redaktionell gestrafft. Durch Art 9 Nr 2 MoMiG wurden Art 1 S 2 und Abs 2 S 2 angefügt und Abs 2 S 1 und 3 geändert.

2 Die Norm definiert, wer für einen insolventen juristischen Person bzw Gesellschaft ohne Rechtspersönlichkeit antragsberechtigt ist. Hierdurch soll für bestimmte Arten v Schu, die keine natürlichen Personen sind, die Befugnis zum Stellen v Eigenanträgen und Besonderheiten der dadurch ausgelösten EröffnungsVerf sachgerecht geregelt werden. Ergänzt wird die Vorschrift § 15a.

II. Einzelberechtigung (Abs 1, 3)

3 **1. Grundsatz.** Die Vorschrift betrifft allein **Eröffnungsanträge v Schu**; für Anträge v Gl gilt § 14 (zu deren Antragsbefugnis vgl § 13 Rn 9 ff). Sie regelt lediglich das Antragsrecht.[1] Antragspflichten folgen aus § 15a. Im Übrigen werden die gesellschaftlichen Befugnisse nicht betroffen. Die Antragsberechtigung für bes Vermögensmassen iSv § 11 Abs 2 Nr 2 wird durch §§ 317, 318, 332, 333 gesondert geregelt. Zu Besonderheiten im Bank- und Versicherungsgewerbe s § 13 Rn 11. Der Antrag ist im Namen der juristischen Person oder der Gesellschaft zu stellen, nicht in demjenigen der handelnden Person selbst.[2] Den Handelnden persönlich trifft eine **Kostenlast** entspr § 89 Abs 1 S 3 ZPO nur, soweit er nicht berechtigt war.[3] Dem Antragsrecht entspr grds auch eine BeschwBefugnis betr den gestellten Antrag (vgl § 34 Rn 3 f, 7).[4]

4 **Abs 1** enthält den Grundsatz, dass jeder **organschaftliche Vertreter** einer juristischen Person und jeder **phG** einer insolvenzfähigen (§ 11 Abs 2 Nr 1) Gesellschaft ohne Rechtspersönlichkeit oder KGaA selbstständig für die Schu antragsberechtigt ist. Das gilt auch dann,

---

1 Zu dem Antragsrecht bei ausl Gesellschaften vgl *Vallender* ZGR 2006, 425, 439; MK/*Klöhn* § 15 Rn 63 f; zum Antragsrecht für juristische Personen des öffentlichen Rechts vgl *Uhlenbruck/Hirte* § 12 Rn 17.

2 *BGH* ZInsO 2006, 822; NZI 2008, 121; *BGH* 17.7.2008 – IX ZB 48/08; *KG* NJW 1965, 2159; *Jaeger/Müller* § 15 Rn 6; MK/*Klöhn* § 15 Rn 88.

3 *BGH* NZI 2007, 104; *LG Duisburg* DZWIR 2000, 34 noch zur KO; *Jaeger/Müller* § 15 Rn 65 f; MK/*Klöhn* § 15 Rn 88; *Horstkotte* ZInsO 2009, 209, 216 f.

4 *BGH* 17.7.2008 – IX ZB 48/08; *Jaeger/Müller* § 15 Rn 61 ff; MK/*Klöhn* § 15 Rn 89; *K Schmidt/Gundlach* § 15 Rn 32 ff.

wenn die Satzung eine Gesamtvertretung vorsieht[5] oder der phG vertraglich v der Vertretung ausgeschlossen[6] bzw in der Vertretung beschränkt ist.[7] Ausgeschiedene Vertreter sind nicht mehr antragsbefugt (erg s Rn 11, 14).[8] Entfällt jede organschaftliche Vertretung, so gilt § 15a Abs 3 (s Rn 6). Nach Auflösung der Gesellschaft tritt an die Stelle der genannten Berechtigten jeder Abwickler. Wer Abwickler ist, bestimmt sich nach den Vorschriften über die jeweiligen Gesellschaftsformen (zB §§ 265, 290 AktG; § 66 GmbHG; § 83 GenG; §§ 146, 161 Abs 2, 170 HGB; §§ 48, 88 S 2, 714 BGB; § 10 Abs 1 EWiVAG; § 730 Abs 2 S 2 BGB; § 10 Abs 1 PartGG); nach § 37 KWG kann auch das BAFin antragsberechtigte Abwickler für Unternehmen bestellen, die unerlaubte Bankgeschäfte betreiben. Lediglich § 18 Abs 3 setzt für einen auf bloß drohende Zahlungsunfähigkeit gestützten und nicht v allen gem § 15 Abs 1 und 3 als berechtigt genannten Personen getragenen Eröffnungsantrag die Vertretungsberechtigung des Ast voraus.

2. Juristische Personen. Für juristische Personen sind vor deren Auflösung insb **antragsberechtigt**: bei der AG jedes Vorstandsmitglied (§ 78 AktG); für die monoistisch verfasste SE der Verwaltungsrat (§ 22 Abs 5 S 2 SEAG); für die dualistisch verfasste SE jedes Mitglied des Leitungsorgans;[9]gleiches gilt für die SCE;[10] für die GmbH jeder Geschäftsführer (§ 35 GmbHG), auch der Notgeschäftsführer; bei der Genossenschaft jedes Vorstandsmitglied (§§ 24–26 GenG);[11] für die KGaA jeder phG (§ 278 Abs 2 AktG); für den – auch nicht rechtsfähigen – Verein jedes Vorstandsmitglied (§ 26 Abs 2 BGB);[12] ebenso für Stiftungen (§ 86 S 1 BGB). Entsprechendes gilt gem Abs 3, wenn die juristische Person nur die phG einer Gesellschaft ohne Rechtspersönlichkeit ist, zugleich für Eröffnungsanträge in deren Namen (s Rn 10). Von der rechtswirksamen Bestellung des Organs hängt sein Antragsrecht nicht ab[13] (erg s Rn 6); es gilt auch für fehlerhafte Gesellschaften. Wird ein derartiges Organmitglied persönlich insolvent, geht das Antragsrecht nicht auf dessen InsVerw über.[14] Bei einer **Vorgesellschaft** richtet sich die Antragsbefugnis nach den für die spätere Rechtsform geltenden Vorschriften, zudem sind im Hinblick auf die persönliche Haftung die jeweils persönlich Handelnden antragsbefugt;[15] bei einer **Vorgründungsgesellschaft** finden die Grundsätze für Gesellschaften ohne Rechtspersönlichkeit Anwendung.[16] Befindet sich die Gesellschaft **in Abwicklung** ist der Liquidator antragsbefugt. 5

3. Führungslosigkeit einer juristischen Person. Abs 1 S 2 dehnt die Antragsberechtigung – nur – für juristische Personen aus, die keinen organschaftlichen Vertreter haben (Führungslosigkeit iSv § 10 Abs 2 S 2, vgl § 10 Rn 13; § 15a Rn 17 ff). Maßgeblich ist die materielle Rechtslage; die negative Publizität des Handelsregisters (§ 15 Abs 1 HGB) gilt nicht.[17] Unter dieser Voraussetzung soll auch „jeder Gesellschafter" antragsbefugt sein. Diese Bestimmung ist aber im Hinblick auf § 15a Abs 3 einzuschränken. Denn Sinn der Neurege- 6

---

5 *BGH* 24.3.2016 – IX ZB 32/15; *AG Göttingen* ZInsO 2011, 1114.
6 *Braun/Bußhardt* § 15 Rn 5; *Jaeger/Müller* § 15 Rn 7; MK/*Klöhn* § 15 Rn 10; PK-HWF/*Mitter* § 15 Rn 6; *Uhlenbruck/Hirte* § 15 Rn 2.
7 *BGH* 24.3.2016 – IX ZB 32/15.
8 *BGH* ZInsO 2006, 822; NZI 2006, 700; *AG Dresden* ZInsO 2007, 501.
9 *A/G/R/Kaldenbach* § 14 Rn 14; MK/*Klöhn* § 15 Rn 23 ff.
10 MK/*Klöhn* § 15 Rn 27.
11 Nicht antragsbefugt sind – sogar nachschusspflichtige – Mitglieder: *K Schmidt/Gundlach* § 15 Rn 4 nwN.
12 *LG Tübingen* KTS 1960, 159.
13 *Braun/Bußhardt* § 15 Rn 9; **einschr** MK/*Klöhn* § 15 Rn 9.
14 Vgl *Gundlach/Müller* ZInsO 2011, 900 mwN.
15 *FK/Schmerbach* § 15 Rn 36; *Jaeger/Müller* § 15 Rn 20; *K Schmidt/Gundlach* § 15 Rn 10.
16 *Jaeger/Müller* § 15 Rn 19 f; vgl *K Schmidt/Gundlach* § 15 Rn 10.
17 *Horstkotte* ZInsO 2009, 209, 211.

lung des S 2 war es nur, auch allen denjenigen Personen einer führungslosen Gesellschaft ein **Antragsrecht** zu geben, die **antragspflichtig** werden.[18] Dies sind nach § 15a Abs 3 allein die Gesellschafter einer GmbH, nicht aber Aktionäre oder Anteilsinhaber v Genossenschaften.[19] Wird ein derartiger Gesellschafter insolvent, wird dessen InsVerw für ihn antragsbefugt.[20] Für AG und Genossenschaften sind stattdessen (lediglich) alle Mitglieder des Aufsichtsrats subsidiär antragsberechtigt.

7 Die Regelung ist im Hinblick auf führungslose Gesellschaften deutschen Recht abschließend. Eine entspr Anwendung kommt für alle in Deutschland tätigen Gesellschaften in Betracht, die nach ausländischem Recht gegründet sind, aber in ihrer Struktur und Funktion der GmbH, AG oder Genossenschaft entspr. Bei anderen führungslosen juristischen Personen – insb ausländischen Gesellschaften – mögen allerdings sämtliche Gesellschafter antragsbefugt sein.[21]

8 Abs 1 S 2 schafft eine eigenständige Befugnis zur verfahrensmäßigen Vertretung der Schu.[22] Wer darauf einen Antrag stützt, muss die **Voraussetzungen** der Führungslosigkeit darlegen und **glaubhaft machen** (Abs 2 S 2). Dazu kann ein aktueller Auszug aus dem Handelsregister (§ 15 Abs 2 HGB) dienen; uU anhand der Gesellschafterliste (§§ 16 Abs 1 S 1, 40 GmbHG).[23] Ist die Gesellschaft nicht führungslos, so ist der Antrag unzulässig. Stellt eine Gesellschafterversammlung oder ein Aufsichtsrat als solcher einen Eröffnungsantrag, wird man ihn vorläufig als Antrag der unterzeichnenden Gesellschafter bzw Mitglieder auslegen können; entspr Zweifel im Hinblick auf fehlende Antragsberechtigung sind durch einen gerichtlichen Hinweis zu klären.

9 **4. Nicht Antragsberechtigte.** Weiterhin sind insb nicht antragsberechtigt **Prokuristen** oder **Handlungsbevollmächtigte**[24] oder ein Beirat. Steht die antragsbefugte Person unter Betreuung (§ 1896 BGB), kann ihr Betreuer zwar für sie als eine persönlich haftende Gesellschafterin,[25] nicht aber für eine juristische Person den Eröffnungsantrag stellen (erg s § 14 Rn 5).[26] Im Konzern sind die Organe der Muttergesellschaft als solche nicht antragsberechtigt für deren Tochtergesellschaften (erg s § 3 Rn 12).[27]

10 Rein **faktisch** für Organe handelnde Personen sind nur antragsbefugt, wenn sie – obwohl nicht rechtswirksam bestellt – tatsächlich eine Funktion ausüben, die einer der in § 15 genannten Stellungen entspr (s Rn 5), zB als **faktischer Geschäftsführer**.[28] Anderenfalls fehlt ihnen die verlässliche Befugnis, notfalls auch gegen den Willen anderer Antragsbefug-

---

18 BT-Drucks 16/6140; *A/G/R/Kadenbach* § 15 Rn 20 f.

19 Ebenso MK/*Klöhn* § 15 Rn 14; *K Schmidt/Gundlach* § 15 Rn 16; *Schmahl* NZI 2008, 6, 7 f; **aM** *K/P/B/Pape* § 15 Rn 19; *Uhlenbruch/Hirte* § 15 Rn 2; *Barthel* ZInsO 2010, 1776.

20 *Gundlach/Müller* ZInsO 2011, 900, 901 mwN.

21 HambKomm/*Linker* § 15 Rn 12; *K Schmidt/Gundlach* § 15 Rn 17; *Barthel* ZInsO 2010, 1776, 1779 f.

22 *Horstkotte* ZInsO 2009, 209, 212.

23 Vgl *Horstkotte* ZInsO 2009, 209, 214 f.

24 *Braun/Bußhardt* § 15 Rn 9; *Jaeger/Müller* § 15 Rn 32; *K Schmidt/Gundlach* § 15 Rn 7.

25 HambKomm/*Linker* § 15 Rn 3.

26 *AG Göttingen* ZInsO 2003, 1107; MK/*Klöhn* § 15 Rn 10.

27 *Jaeger/Müller* § 15 Rn 33.

28 *K Schmidt/Gundlach* § 15 Rn 13; *Uhlenbruck/Hirte* § 15 Rn 2; **aA** MK/*Klöhn* § 15 Rn 60; *K/P/B/Pape* § 15 Rn 13; *K Schmidt/Herchen* § 15a Rn 1.

ter die umfassenden Wirkungen eines InsVerf auszulösen.[29] Ein Bedürfnis für eine weitergehende Berechtigung ist durch die Neuregelung des Abs 1 S 2 und § 15a Abs 3 im Wesentlichen entfallen. Der faktische Geschäftsführer kann einen der übrigen Antragsberechtigten veranlassen, den Eröffnungsantrag zu stellen. Soweit Prozessgerichte weitergehende Anforderungen gestellt haben, werden diese auch durch einen Eröffnungsantrag erfüllt, den das InsGer mangels Antragsbefugnis[30] abweist: Die sachgerechte Auslegung des § 15 Abs 1 hängt nicht vom Straf- oder Haftungsrecht ab (erg s § 15a Rn 10).

5. Gesellschaften ohne Rechtspersönlichkeit. Für Gesellschaften ohne Rechtspersönlich- 11
keit sind vor ihrer Auflösung insb antragsberechtigt:

- bei OHG, KG und BGB-Gesellschaft jeder phG (§§ 125 Abs 1, 161 Abs 2 HGB; §§ 709, 714 BGB),
- bei der Partnerschaftsgesellschaft jeder phG und jeder Partner (§ 7 Abs 3 PartGG iVm § 125 Abs 1 HGB),
- für die EWIV jeder Geschäftsführer (Art 20 EWIV-VO, § 11 S 1 EWIV-AG),
- für die Partenreederei jeder Mitreeder (§ 491 HGB),[31] nicht der Korrespondentreeder allein (vgl die Einschränkungen in § 493 Abs 1 HGB).

Auf die allg Vertretungsbefugnis dieser Personen kommt es nicht an.

Nicht als solche antragsberechtigt sind Kommanditisten[32] oder ausgeschiedene (früher per- 12
sönlich haftende) Gesellschafter (erg s Rn 4).

Für den Fall, dass kein phG eine natürliche Person ist, sind nach **Abs 3** die für die haftende 13
juristische Person letztlich verantwortlichen natürlichen Personen antragsberechtigt. Das entspricht deren Antragspflicht (§ 15a). Dementsprechend sind gem Abs 3 S 1 bei der GmbH & Co KG oder der kapitalistischen KGaA[33] die Geschäftsführer oder Abwickler der Komplementär-GmbH antragsberechtigt, nicht aber ohne weiteres deren InsVerw.[34] Erlischt jedoch eine (GmbH & Co) KG durch Ausscheiden des einzigen Kommanditisten, ist der InsVerw der GmbH zur Antragstellung hinsichtlich der auf diese übergangenen Vermögensmasse der KG befugt.[35] Ergibt die Anwendung des Abs 3 S 1 keine natürliche Person, sondern eine weitere juristische Person oder Gesellschaft ohne eine natürliche Person als phG, so ist darauf nach Abs 3 S 2 erneut die Regel des Abs 3 S 1 so lange anzuwenden, bis sie zur Feststellung einer oder mehrerer antragsbefugter natürlicher Personen führt.[36] Für den Fall der **Führungslosigkeit** gelten die Ausführungen in Rn 6–8 entspr für die Gesellschafter oder Aufsichtsratsmitglieder der phG.

---

29 Vgl *BGH* ZIP 2007, 144; *AG Dresden* ZInsO 2007, 501; *A/G/R/Kadenbach* § 15 Rn 20; *Braun/Bußhardt* § 15 Rn 17 ff; HambKomm/*Linker* § 15 Rn 15 ff; *Jaeger/Müller* § 15 Rn 38; MK/*Klöhn* § 15 Rn 11; *K Schmidt/Herchen* § 15a Rn 2; *Gottwald/Haas/Kollmann/Pauw* § 92 Rn 42 ff; **aM** FK/*Schmerbach* § 15 Rn 12; *Graf-Schlicker/Kexel* § 15 Rn 7; *K Schmidt/Gundlach* § 15 Rn 13; *Uhlenbruck/Hirte* § 15 Rn 2, § 15a Rn 8.

30 Vgl aber zum Antragsinhalt *Molitor* ZInsO 2004, 789, 791 f.

31 *N/R/Mönning* § 15 Rn 27.

32 *A/G/R/Kadenbach* § 15 Rn 25; *Jaeger/Müller* § 15 Rn 25 f.

33 *Jaeger/Müller* § 15 Rn 44.

34 *AG Dresden* ZIP 2003, 1264.

35 *AG Hamburg* ZIP 2006, 390; MK/*Klöhn* § 15 Rn 58; **aM** *A/G/R/Kadenbach* § 15 Rn 5.

36 *Jaeger/Müller* § 15 Rn 40 ff.

14 **6. Gerichtliche Feststellung.** Die **Antragsbefugnis** muss vom InsGer festgestellt werden.[37] Der Ast hat sie nachzuweisen;[38] die Vermutungswirkung öffentlicher Register gilt auch insoweit.[39] Beantragt die Gesamtheit aller Antragsberechtigten die Eröffnung, so braucht der Eröffnungsgrund nicht glaubhaft gemacht zu werden; es gelten die Grundsätze des § 13. Zur Anhörung anderer Antragsberechtigter s § 14 Rn 45.

15 Das **Ausscheiden des Ast** aus der mitgliedschaftlichen oder organschaftlichen Position, auf der sein Antragsrecht nach § 16 beruht, beseitigt nicht die Wirksamkeit seines bereits gestellten Eröffnungsantrags.[40] Zur Einschränkung des Rechts, den gestellten Antrag **zurückzunehmen**, s § 13 Rn 19. Ein v mehreren Berechtigten gemeinsam gestellter Antrag kann nur v diesen gemeinsam[41] oder einem allein verbliebenen Berechtigten zurückgenommen werden.

III. Divergenzen zwischen mehreren Antragsberechtigten (Abs 2)

16 Stellen nicht alle Berechtigten den Eröffnungsantrag, so ist gem Abs 2 S 1 der Eröffnungsgrund glaubhaft zu machen (vgl dazu § 14 Rn 20). Dieses Erfordernis soll willkürlichen Anträgen aufgrund gesellschaftsinterner Meinungsverschiedenheiten vorbeugen. Zu Besonderheiten bei einem auf drohende Zahlungsunfähigkeit gestützten Eröffnungsantrag s § 18 Rn 18. Die durch Abs 2 S 2 vorgeschriebene Anhörung der übrigen Antragsberechtigten, die den Antrag nicht gestellt haben, entspricht der in § 14 Abs 2 vorgesehenen; in diesen Fällen ist die Zustellung zu Händen der Ast auszuschließen, wenn die anderen Antragsberechtigten gehört werden sollen.[42] Während für die Zulässigkeit des Antrags Glaubhaftmachung genügt, darf das InsVerf gem § 16 sogar aufgrund eines gemeinsamen Antrags aller dazu Befugten erst eröffnet werden, wenn das Vorliegen eines Eröffnungsgrundes feststeht (vgl § 16 Rn 9). Zur Antragsrücknahme durch – nur – einen v mehreren Antragsberechtigten s § 13 Rn 32.

17 Ist der Antrag **nicht v allen dazu Berechtigten** gestellt, hat das InsGer die übrigen nach Maßgabe des § 14 Abs 2 zu hören (s dazu § 14 Rn 48 ff).[43] Soweit diese dem Antrag widersprechen, geraten sie im EröffnungsVerf in die Stellung v Antragsgegnern, die ihre Einwendungen ebenfalls glaubhaft machen können.[44] Das gilt auch, wenn ein nach § 37 KWG bestellter Abwickler den Eröffnungsantrag gestellt hat, für die nach Gesellschaftsrecht berufenen gesetzlichen Vertreter der Schu (s § 14 Rn 48). Das InsGer entscheidet in seinem abschließenden Beschl über die Wirksamkeit des Antrags mit. Ein Streit zwischen mehreren Antragsberechtigten kann aber nicht durch eine Erledigungserklärung beendet werden, weil insoweit alle auf der Seite des Schu stehen.[45] Weist das InsGer den durch eine antragsberechtigte Person gestellten InsAntrag als unzulässig ab, kann daher auch keine Kostenentscheidung zu Lasten der übrigen Antragsberechtigten getroffen werden.[46]

---

37 *BGH* 13.4.2006 – IX ZB 293/04; MK/*Klöhn* § 15 Rn 71 ff.
38 *Jaeger/Müller* § 15 Rn 45 f; MK/*Klöhn* § 15 Rn 71 f.
39 MK/*Schmahl/Vuia* § 13 Rn 58; **aM** *A/G/R/Kadenbach* § 15 Rn 5.
40 Vgl *BGH* NJW 2008, 2441 Rn 6 f; *Graf-Schlicker/Kexel* § 15 Rn 2; HambKomm/*Linker* § 15 Rn 4; *Jaeger/Müller* § 15 Rn 8; MK/*Klöhn* § 15 Rn 9.
41 *AG Duisburg* NZI 2002, 209; MK/*Klöhn* § 15 Rn 83 f.
42 *A/G/R/Kadenbach* § 15 Rn 32.
43 *BGH* 18.6.2017 – IX ZB 79/16.
44 *Graf-Schlicker/Kexel* § 15 Rn 15; MK/*Klöhn* § 15 Rn 78 ff.
45 *BGH* 18.5.2017 – IX ZB 79/16 Rn 11; *LG Berlin* ZInsO 2002, 884; MK/*Klöhn* § 15 Rn 86.
46 *BGH* 18.5.2017 – IX ZB 79/16 Rn 11.

§ 15a Antragspflicht bei juristischen Personen und Gesellschaften ohne Rechtspersönlichkeit

(1) [1]Wird eine juristische Person zahlungsunfähig oder überschuldet, haben die Mitglieder des Vertretungsorgans oder die Abwickler ohne schuldhaftes Zögern, spätestens aber drei Wochen nach Eintritt der Zahlungsunfähigkeit oder Überschuldung, einen Eröffnungsantrag zu stellen. [2]Das Gleiche gilt für die organschaftlichen Vertreter der zur Vertretung der Gesellschaft ermächtigten Gesellschafter oder die Abwickler bei einer Gesellschaft ohne Rechtspersönlichkeit, bei der kein persönlich haftender Gesellschafter eine natürliche Person ist; dies gilt nicht, wenn zu den persönlich haftenden Gesellschaftern eine andere Gesellschaft gehört, bei der ein persönlich haftender Gesellschafter eine natürliche Person ist.

(2) Bei einer Gesellschaft im Sinne des Absatzes 1 Satz 2 gilt Absatz 1 sinngemäß, wenn die organschaftlichen Vertreter der zur Vertretung der Gesellschaft ermächtigten Gesellschafter ihrerseits Gesellschaften sind, bei denen kein persönlich haftender Gesellschafter eine natürliche Person ist, oder sich die Verbindung von Gesellschaften in dieser Art fortsetzt.

(3) Im Fall der Führungslosigkeit einer Gesellschaft mit beschränkter Haftung ist auch jeder Gesellschafter, im Fall der Führungslosigkeit einer Aktiengesellschaft oder einer Genossenschaft ist auch jedes Mitglied des Aufsichtsrats zur Stellung des Antrags verpflichtet, es sei denn, diese Person hat von der Zahlungsunfähigkeit und der Überschuldung oder der Führungslosigkeit keine Kenntnis.

(4) Mit Freiheitsstrafe bis zu drei Jahren oder mit Geldstrafe wird bestraft, wer entgegen Absatz 1 Satz 1, auch in Verbindung mit Satz 2 oder Absatz 2 oder Absatz 3, einen Eröffnungsantrag

1. nicht oder nicht rechtzeitig stellt oder
2. nicht richtig stellt.

(5) Handelt der Täter in den Fällen des Absatzes 4 fahrlässig, ist die Strafe Freiheitsstrafe bis zu einem Jahr oder Geldstrafe.

(6) Im Falle des Absatzes 4 Nummer 2, auch in Verbindung mit Absatz 5, ist die Tat nur strafbar, wenn der Eröffnungsantrag rechtskräftig als unzulässig zurückgewiesen wurde.

(7) Auf Vereine und Stiftungen, für die § 42 Absatz 2 des Bürgerlichen Gesetzbuchs gilt, sind die Absätze 1 bis 6 nicht anzuwenden.

Übersicht

Literatur: *Berger* Insolvenzantragspflicht bei Führungslosigkeit der Gesellschaft nach § 15a Abs 3 InsO; *Brand/Brand* Die insolvenzrechtliche Führungslosigkeit und das Institut des faktischen Organs, NZI 2010, 712; *Horstkotte* Die führungslose GmbH im Insolvenzantragsverfahren, ZInsO 2009, 209; *Marotzke* Die insolvente GmbH im Erbgang, ErbR 2010, 115; *Passarge/Brete* Führungslosigkeit in Theorie und Praxis – eine kritische Bestandsaufnahme, ZInsO 2011, 1293; *Poertzgen* Die rechtsformneutrale Insolvenzantragspflicht (§ 15a InsO), ZInsO 2007, 574; *Römermann* Aktuelles zur Insolvenzantragspflicht nach § 15a InsO, NZI 2010, 241.

A. Überblick

1 Die mit dem MoMiG[1] eingeführte und zum 1.11.2008 in Kraft getretene Vorschrift regelt in Abs 1 und 2 – rechtsformübergreifend – die InsAntragspflicht für die Vertretungsorgane sowie Abwickler von juristischen Personen und bestimmten Gesellschaften ohne Rechtspersönlichkeit (Rn 4 ff); insoweit sind die (im Wesentlichen inhaltsgleichen) Bestimmungen in den Kodifikationen der jeweiligen Gesellschaftsformen ersetzt worden (insb §§ 64 Abs 1, 71 Abs 4 GmbHG aF; §§ 92 Abs 2, 268 Abs 2 AktG aF; § 99 Abs 1 GenG aF; §§ 130a Abs 1, 177a HGB aF). Die Antragspflicht in Gesellschaften ohne mindestens eine natürliche Person als „Vollhafter" entsteht mit Eintritt von Zahlungsunfähigkeit oder Überschuldung (näher unten Rn 11 ff). Sie bezweckt die rechtzeitige Einleitung des Insolvenzverfahrens und damit den Schutz der GesellschaftsGl.

2 Abs 3 statuiert erstmals eine Ersatzverantwortlichkeit in bestimmten führungslosen Gesellschaften, dh solchen ohne organschaftlichen Vertreter (§ 10 Abs 2 S 2): In der führungslosen GmbH ist auch jeder Gesellschafter, in der führungslosen AG und Genossenschaft ist auch jedes Mitglied des Aufsichtsrats zur Stellung des Antrags verpflichtet; es sei denn, diese Person hat von der Ins oder der Führungslosigkeit keine Kenntnis (dazu Rn 17 ff). Abs 4 und 5 sowie der heutige Abs 6 normieren – ebenfalls rechtsformübergreifend – die strafrechtlichen Verantwortlichkeiten im Falle einer (vorsätzlichen oder fahrlässigen) Verletzung der Antragspflicht (Rn 40 ff).

3 Im Zuge des ESUG[2] wurde der Begriff „InsAntrag" in Abs 1 und 4 durch „Eröffnungsantrag" ersetzt, um den Sprachgebrauch in der InsO zu vereinheitlichen. In Abs 2 wurde „persönlich haftender" hinter das Wort „kein" eingefügt. Hierdurch soll zweifelsfrei klargestellt werden, dass die Antragspflicht in mehrstöckigen Gesellschaftskonstruktionen nur entfällt, wenn eine natürliche Person unbeschränkt persönlich haftet (Vollhafter); in diesem Sinne wurde die Vorschrift auch schon bislang ausgelegt.[3] Mit Art 1 Nr 4 des Gesetzes zur Verkürzung des Restschuldbefreiungsverfahrens und zur Stärkung der Gläubigerrechte vom 15.7.2013[4] hatte der Gesetzgeber einen neuen Abs 6 eingefügt, der zum 1.7.2014 in Kraft trat; diese Regelung findet sich mittlerweile (redaktionell angepasst) in Abs 7 (su Rn 5). Der heutige Abs 6 wurde durch Art 2 Nr 2 des Gesetzes zur Durchführung der Verordnung (EU) 2015/848 über InsVerf v 5.6.2017[5] eingefügt; zugleich wurde Abs 4 (redaktionell) neu gefasst (su Rn 16 und 46 f).

---

1 Gesetz zur Modernisierung des GmbH-Rechts und zur Bekämpfung von Missbräuchen v 28.10.2008, BGBl I 2008, 2026.
2 Gesetz zur weiteren Erleichterung der Sanierung von Unternehmen v 7.12.2011, BGBl I 2011 S 2582.
3 *Poertzgen* ZInsO 2007, 574, 576.
4 BGBl I 2013, S 2379.
5 BGBl I 2017 S 1476.

B. Regelmäßige Antragspflichten (Abs 1, 2 und 7)

I. Erfasste Gesellschaften

Abs 1 statuiert eine Antragspflicht für die organschaftlichen Vertreter von **juristischen Personen** (zu diesen s § 15 Rn 5), einschließlich der Vor-Kapitalgesellschaften,[6] sowie von bestimmten **Gesellschaften ohne Rechtspersönlichkeit**: Nach Abs 1 S 2 sind Gesellschaften ohne Rechtspersönlichkeit erfasst, für deren Verbindlichkeiten nicht wenigstens eine natürliche Person unbeschränkt persönlich haftet. Dazu zählen insbesondere eine OHG oder KG, ggf aber auch eine BGB-Gesellschaft, zu deren persönlich haftenden Gesellschaftern nicht wenigstens eine natürliche Person oder wenigstens eine andere Gesellschaft gehört, in der wenigstens eine natürliche Person voll haftet. Abs 2 (entspricht § 130a Abs 4 HGB aF) verlängert – um Umgehungen der Antragspflicht nach Abs 1 S 2 zu verhindern – die Antragspflicht in mehrstöckig konstruierte Gesellschaften ohne Rechtspersönlichkeit (Schachtelkonstruktionen), für deren Verbindlichkeiten keine natürliche Person als Vollhafter einstandspflichtig ist (su Rn 9). 4

Die Sonderregelung in § 42 Abs 2 BGB[7] für den **Verein** hat der Gesetzgeber beibehalten; sie geht der allgemeinen Vorschrift in § 15a InsO vor.[8] Vereinsvorstände haften auch nicht analog § 64 S 1 GmbHG und seiner „Schwesterbestimmungen“ (su Rn 26), da § 42 Abs 2 BGB keine planwidrige Regelungslücke enthält.[9] Entspr gilt für **Stiftungen** (§§ 86, 42 Abs 2 BGB[10]) sowie für insolvenzfähige **juristische Personen des öffentlichen Rechts** (§§ 89 Abs 2, 42 Abs 2 BGB). Der heutige Abs 7 (zunächst als Abs 6 eingefügt mit Wirkung zum 1.7.2014; s Rn 3) stellt ausdrücklich klar, dass § 15a Abs 1–6 auf Vereine und Stiftungen im Geltungsbereich von § 42 Abs 2 BGB keine Anwendung finden.[11] 5

In der Konzeption des Gesetzgebers[8] soll die (insolvenzrechtlich einzuordnende) Antragspflicht für „juristische Personen“ und bestimmte Gesellschaften ohne Rechtspersönlichkeit auch auf entspr **Auslandgesellschaften** Anwendung finden, die ihren „Mittelpunkt der hauptsächlichen Interessen“ („centre of main interests“ – COMI[12]) in Deutschland haben und deshalb nach Art 3 und 4 EuInsVO dem hiesigen Insolvenzrecht unterliegen.[13] Ob dies (und die sich daraus ergebenden Folgerungen für die Insolvenzverschleppungshaftung[14]) das Plazet des EuGH finden wird, bleibt abzuwarten.[15] 6

---

6 *K/P/B/Preuß* § 15a Rn 18; *K Schmidt/K Schmidt/Herchen* § 15a Rn 9; *Scholz/K Schmidt* § 64 Rn 148, je mwN, auch zur Gegenmeinung.

7 Dazu etwa *Brand/Reschke* NJW 2009, 2343; *Grunewald/Hennrichs* FS Hopt, 2010, S 94; *Hörnig/Knauth* NZI 2017, 785; *Lenger/Finsterer* NZI 2016, 571, 572 ff; *Poertzgen* NZG 2010, 772.

8 Begr RegE zu § 15a Abs 1 InsO idF des MoMiG, BT-Drucks 16/6140, 55.

9 *BGH* ZIP 2010, 985; 2010, 1080.

10 Die daraus resultierenden Haftungsrisiken für den Stiftungsvorstand erörtert *H-F Müller* ZIP 2010, 153.

11 S dazu *Poertzgen* ZInsO 2012, 1697 ff (zum RegE, BR-Drucks 467/12 v 10.8.2012).

12 Zu den dabei geltenden (objektiven) Kriterien vgl *EuGH* NZI 2006, 360 (Eurofood); *EuGH* ZIP 2011, 2153 – Interedil; *BGH* ZIP 2012, 139.

13 IE übereinstimmend die hM im Kommentarschrifttum; s etwa *Graf-Schlicker/Bremen* § 15a Rn 10; *K Schmidt/Brinkmann* Art 4 EuInsVO Rn 11 f; *Braun/Bußhardt* § 15a Rn 10; *K/P/B/Preuß* § 15a Rn 6 und 24; FK/*Schmerbach* § 15a Rn 39 f; *K Schmidt/K Schmidt/Herchen* § 15a Rn 7 und 10; HambKomm/*Linker* § 15a Rn 4.

14 Die Haftung des Director einer Ltd. englischen Rechts bejaht *OLG Düsseldorf* 1.10.2015 – I-6 U 169/14, NZI 2016, 642, 643.

15 Krit etwa *Hirte* FS Lüer, 2008, S 387; MK/*Klöhn* § 15a Rn 54 ff; *Stöber* ZHR 176 (2012) 323, 330 f; umfangreiche Nachweise zum Meinungsstand bei *Klöhn/Schaper* ZIP 2013, 49, 50 f; monographisch *Barthel* Deutsche Insolvenzantragspflicht und Insolvenzverschleppungshaftung in Scheinauslandsgesellschaften nach dem MoMiG, 2009.

II. Adressaten der Antragspflicht

7 Adressaten der Antragspflicht sind bei den **juristischen Personen** die **Mitglieder ihres Vertretungsorgans** oder die **Abwickler (Liquidatoren)**. Ihre Antragsberechtigung ist in § 15 normiert. Zur näheren Konkretisierung des betr Personenkreises s die Erl § 15 Rn 4 ff.

8 Im Geschäftsleiterkollegium ist jeder einzelne zur Antragstellung verpflichtet; eine interne Ressortaufteilung entlastet nicht (s auch unten Rn 29 f). Wird der Antrag durch einen von mehreren Geschäftsleitern/Liquidatoren gestellt, wirkt dies zugleich zugunsten der übrigen. Die Antragspflicht entfällt aber nicht schon bei Antragstellung durch einen GesellschaftsGl, weil dieser den Antrag bis zur VerfEröffnung jederzeit zurücknehmen kann (§ 13 Abs 2). Die Pflicht entfällt deshalb erst im Fall der VerfEröffnung oder bei Abweisung der Eröffnung mangels Masse (§ 26). Die voraussichtliche Abweisung des Antrags mangels Masse lässt die Antragspflicht (und das Haftungsrisiko bei Pflichtverletzung) indes noch nicht entfallen.

9 In den **Gesellschaften ohne Rechtspersönlichkeit** nach Abs 1 S 2 (oben Rn 4) sind Adressaten der Antragspflicht die organschaftlichen Vertreter der zur Vertretung (der Gesellschaft ohne Rechtspersönlichkeit) ermächtigten Gesellschafter oder die Abwickler. Antragsverpflichtet in der typischen GmbH & Co KG sind also die Geschäftsführer der Komplementär-GmbH (oder deren Liquidatoren). **Abs 2** verlängert die Antragspflicht der organschaftlichen Vertreter in den erfassten (mehrstöckig konstruierten) Gesellschaften ohne Rechtspersönlichkeit in die relativ unterste Ebene.[16]

10 Zur Antragstellung verpflichtet sind auch sog **faktische Geschäftsführer (Geschäftsleiter)**, und zwar fehlerhaft bestellte ebenso wie solche, welche die Geschäftsführung mit Einverständnis der Gesellschafter ohne förmliche Bestellung faktisch übernommen und ausgeübt haben;[17] zu ihrer Antragsberechtigung s § 15 Rn 10. Faktische Geschäftsführer unterliegen deshalb ebenso wie förmlich (und wirksam) bestellte Geschäftsführer (auch „Strohmann-Geschäftsführer") der zivilrechtlichen Haftung im Falle der Pflichtverletzung (su Rn 25 ff). Zur (problematischen) Strafbarkeit faktischer Geschäftsführer nach Abs 4–6 s näher Rn 43.

III. Antragsfrist

11 Die Antragspflicht entsteht mit Eintritt der Überschuldung oder der Zahlungsunfähigkeit. Zur **Zahlungsunfähigkeit** s § 17 Abs 2 und die Erl § 17 Rn 4 ff; zur **Überschuldung** s § 19 Abs 2 und die Erl § 19 Rn 7 ff; für den Eröffnungsgrund der Überschuldung einer Genossenschaft sind die Abweichungen in § 98 GenG zu beachten.

12 Allerdings müssen die zur Antragstellung Verpflichteten ihre Pflicht nicht notwendig sofort durch Stellung des Antrags erfüllen. Das Gesetz verlangt Antragstellung „ohne schuldhaftes Zögern" und gewährt eine **maximal dreiwöchige Karenzfrist**, um Sanierungsmöglichkeiten zu prüfen und den InsGrund zu beseitigen. Die Frist kann auch mit Zustimmung aller Gl nicht verlängert werden. Sie ist **Höchstfrist** („spätestens") und darf deshalb nicht ohne Weiteres voll ausgeschöpft werden.[18] Zeigt sich, dass für eine Sanierung keine ernsthaften Erfolgschancen (mehr) bestehen, ist umgehend InsAntrag zu stellen.

---

16 MK/*Klöhn* § 15a Rn 102 ff; *Scholz/K Schmidt* § 64 Rn 152.

17 S etwa *BGHZ* 104, 44 = ZIP 1988, 771; *BGHZ* 150, 61 = ZIP 2002, 848; *BGH* ZIP 2005, 1550; *L/H/Kleindiek* Anh § 64 Rn 59; MK/*Klöhn* § 15a Rn 71 und 75; *K Schmidt/K Schmidt/Herchen* § 15a Rn 16 f; **aA** *B/H/Haas* § 64 Rn 237 ff. Zu den Voraussetzungen faktischer Geschäftsführung s näher *L/H/Kleindiek* Vor § 35 Rn 11 und § 43 Rn 2 ff mwN.

18 *BGHZ* 75, 96, 111 f = NJW 1979, 1823; *BGH* DStR 2001, 1537; *Goette* FS 50 Jahre BGH, 2000, S 123, 138 mwN.

Inwieweit der **Fristbeginn** von subjektiven Faktoren abhängt, ist (außerhalb der von Abs 3 13 erfassten Konstellationen; su Rn 22) nach wie vor umstr, aber wohl nur bezogen auf den InsGrund der Überschuldung praktisch relevant. Zum Teil wird – im Anschluss an eine ältere BGH-Entsch[19] – nach wie vor vorgeschlagen, die Frist erst mit dem objektiven Eintritt des InsGrundes *und* der positiven Kenntnis des Geschäftsleiters/Abwicklers davon beginnen zu lassen, es sei denn, dieser verschließt sich böswillig der Kenntnis.[20] Indes besteht die Pflicht zur Stellung des InsAntrags im öffentlichen Interesse. Ihre Erfüllung kann nicht davon abhängen, wie aufmerksam ein Geschäftsleiter/Abwickler die Entwicklung in der Krise beobachtet. Deshalb beginnt die Dreiwochenfrist, wenn eine pflichtgemäße Prüfung der objektiv erkennbaren Anzeichen zu dem Schluss geführt hätte, dass ein InsGrund verwirklicht ist. Es genügt also ein Kennenmüssen im Sinne (offensichtlicher) Erkennbarkeit.[21] Der (gegenüber § 64 Abs 1 GmbHG aF, § 92 Abs 2 AktG aF) leicht veränderte Text des § 15a Abs 1 idF des MoMiG gibt iÜ keine Veranlassung, die Dreiwochenfrist nunmehr (im Unterschied zum früheren Recht) schon allein mit dem objektiven Eintritt der Überschuldung beginnen zu lassen.[22] Denn nach wie vor verfolgt die Karenzfrist den Zweck, Sanierungschancen auszuloten. Diesen (ohnehin nur kleinen) Spielraum hat der Gesetzgeber des MoMiG den verantwortlichen Organvertretern nicht schon nehmen wollen, bevor der InsEintritt überhaupt erkennbar ist.

Fristende ist spätestens (so Rn 12) nach Ablauf von 3 Wochen. Bis dahin muss entweder der 14 InsAntrag gestellt oder der InsGrund nachhaltig beseitigt sein.[23] S aber auch unten Rn 23 zum Fall einer nach Fristbeginn eintretenden Führungslosigkeit.

IV. Form und Inhalt des Antrags

§ 15a gibt keinen bestimmten Inhalt des Eröffnungsantrags vor, stellt aber – s Abs 4 (dazu 15 unten Rn 46 ff) – neben der fehlenden und der nicht rechtzeitigen Antragstellung auch den **„nicht richtig" gestellten Antrag** unter Strafe. Diese Tatbestandsvariante, im Zuge des MoMiG (so Rn 1) erstmals eingeführt, barg bislang die Gefahr einer unverhältnismäßigen Ausweitung der Strafbarkeit wegen InsVerschleppung in sich, zumal durch § 13 Abs 1 S 3–7 idFd ESUG die Pflichten zu ergänzenden Angaben im Zusammenhang mit dem Eröffnungsantrag erweitert worden waren.[24] Schon beizeiten ist deshalb hier dafür plädiert worden, dem durch einen besonnenen Umgang mit der Strafandrohung in Abs 4 und 5 aF unter restriktiver Auslegung der Tatbestandsvariante des „nicht richtig" gestellten Eröffnungsantrags Rechnung zu tragen.[25] Als „nicht richtig" gestellt sollten nur solche (**unvollständigen**) Anträge anzusehen sein, die vom InsGer (ggf nach fruchtloser Zwischenverfügung) als **unzulässig** zurückzuweisen sind, weil es ihnen an der Schriftform des § 13 Abs 1 S 1 (s dazu § 13 Rn 6) oder am notwendigen Mindestinhalt, insb an der substantiierten Darlegung eines

---

19 *BGHZ* 75, 96, 110 = NJW 1979,1823.

20 S etwa *N/R/Mönning* § 15a Rn 18 (Stand: August 2014); FK/*Schmerbach* § 15a Rn 26; Nachweise zum älteren Schrifttum bei *B/H/Schulze-Osterloh* 18. Aufl, § 64 Rn 50.

21 Dazu schon *L/H/Kleindiek* Anh § 64 Rn 62; gleichsinnig etwa *U/H/L/Casper* § 64 Rn 69; MK-GmbHG/*Müller* § 64 Rn 67; HambKomm/*Linker* § 15a Rn 16; wohl auch *B/H/Haas* § 64 Rn 165.

22 So aber *Scholz/K Schmidt* § 64 Rn 164; ebenso MK/*Klöhn* § 15a Rn 119; Hk-GmbHG/*Kolmann* Vor § 64 Rn 149; *K/P/B/Pape* § 15 Rn 7; *K/P/B/Preuß* § 15a Rn 63 (Stand: April 2017).

23 Vgl *BGHSt* 15, 306, 311; *BGH* ZIP 2007, 1060, Rn 15; *L/H/Kleindiek* Anh § 64 Rn 64 ff; *K Schmidt/K Schmidt/Herchen* § 15a Rn 26 f.

24 Dazu *Cymutta* BB 2012, 3151; *L/H/Kleindiek* Anh § 64 Rn 108.

25 S zuletzt die 8. Aufl dieses Kommentars, § 15a Rn 10; gleichsinnig *Rönnau/Wegner* ZInsO 2014, 1025 ff; nachdrücklich **aA** indes *Marotzke* DB 2012, 560, 565 ff.

Eröffnungsgrundes[26] (vgl § 13 Rn 20) mangelt.[27] Freilich blieb die Auslegung der Tatbestandsvariante des nicht richtig gestellten Antrags umstritten: Andere Stimmen sahen deren Voraussetzungen sehr viel eher als verwirklicht an und wollten eine strafbewehrte Unrichtigkeit des Antrags bei einem unvollständigen GlVerzeichnis nur dann verneinen, wenn lediglich „vereinzelte Gläubiger oder einzelne Forderungen fehlen".[28] Von dritter Seite wurde hingegen – ganz entgegengesetzt – eine Strafbarkeit bei rechtzeitig gestelltem Antrag nur in „krassen Ausnahmen" bejaht: Wenn der Antrag derart falsche Angaben enthalte, dass dem InsGer die Aufnahme der Amtsermittlung zur Ins der Gesellschaft unmöglich gemacht werde.[29]

16 Mittlerweile ist der Gesetzgeber eingeschritten, und zwar bei Gelegenheit des **Gesetzes zur Durchführung der Verordnung (EU) 2015/848 über InsVerf** vom 5.6.2017[30] (dazu o Rn 3). Die Begründung zu dessen RegE benennt als gesetzgeberisches Ziel, der „in der Praxis vertretenen Ausweitung der Strafbarkeit entgegenzuwirken und zu verdeutlichen, dass nur solches Verhalten zu kriminalisieren ist, das tatsächlich strafwürdig erscheint".[31] Dazu hatte der Entwurf vorgesehen, die Tatbestandsvariante des „nicht richtig" gestellten Eröffnungsantrags in § 15a Abs 4 durch die des „nicht vollständig" gestellten Antrags zu ersetzen und die Strafbarkeit daran zu knüpfen, dass „das Fehlende" nicht oder nicht innerhalb von drei Wochen ab Zustellung einer gerichtlichen Aufforderung zur Nachbesserung ergänzt wird. Jene Aufforderung des InsGer sollte im neuen § 13 Abs 3 normiert werden, wobei für den Fall des Eigenantrags einer juristischen Person oder einer Gesellschaft iSd § 15a Abs 1 S 2 die förmliche Zustellung der Aufforderung vorgesehen war. Der Regelungsansatz des RegE war zu Recht kritisch aufgenommen worden;[32] er hätte zu erheblichen Verzögerungen des EröffnungsVerf führen können und drohte zudem solche (planmäßig agierenden) Täter zu bevorteilen, die sich erfolgreichen Zustellungen zu entziehen wissen. Die vom Gesetzgeber verwirklichte Korrektur schlägt deshalb einen anderen Weg ein:[33] Die Tatbestandsvariante des nicht richtig gestellten Eröffnungsantrags ist erhalten geblieben (jetzt **§ 15a Abs 4 Nr 2**); der neu eingefügte **§ 15a Abs 6** knüpft die Strafbarkeit des nicht richtig gestellten Antrags aber an die objektive Bedingung, dass „der Eröffnungsantrag rechtskräftig als unzulässig zurückgewiesen wurde". Ergänzend bestimmt **§ 13 Abs 3 neu**, dass das InsGer den Antragsteller im Fall des unzulässigen Eröffnungsantrags unverzüglich auffordert, den Mangel zu beheben, wozu ihm „eine angemessene Frist" eingeräumt wird (vgl die Erläuterungen § 13 Rn 16 ff). Die Neuregelung stellt – mit Wirkung auch für die Vergangenheit, § 2 Abs 3 StGB – klar, dass nur rechtskräftig als **unzulässig** zurückgewiesene Eröffnungsanträge, nicht hingegen schon inhaltlich unrichtige Anträge (etwa solche, in denen die Vermögenslage des Schu falsch dargestellt wird), die Strafbarkeit nach § 15a Abs 4, Abs 5 begründen können. S zu Einzelheiten unten Rn 46 f.

---

26 Vgl *BGH* ZIP 2003, 358, 359; *BGH* ZIP 2007, 1868, Rn 8.

27 *L/H/Kleindiek* Anh § 64 Rn 109; im Ergebnis übereinstimmend etwa *Hirte/Knof/Mock* DB 2011, 632; MK/*Klöhn* § 15a Rn 133; *K/P/B/Preuß* § 15a Rn 87; *Rönnau/Wegner* ZInsO 2014, 1025 ff; *Scholz/Tiedemann/Rönnau* Vor § 82 Rn 54 ff; s auch *Weiß* ZInsO 2009, 1520, 1521 f; *Weyand* ZInsO 2010, 359, 360 f (mit „Checkliste").

28 So *Marotzke* DB 2012, 560, 566; für ein „weites Verständnis des § 15a Abs 1 S 1 InsO" auch *B/H*/Haas § 64 Rn 157 mit 158.

29 So *R/A*/Altmeppen Vor § 64 Rn 101; tendenziell ähnlich *K Schmidt/K Schmidt/Herchen* § 15a InsO Rn 66: nur wenn Antrag zur Eröffnung des InsVerf „schlechterdings ungeeignet".

30 BGBl I 2017, 1476.

31 BT-Drucks 18/10823, 17.

32 S schon die Stellungnahme des Bundesrates, BT-Drucks 18/10832, 41 f und etwa *Bittmann* wistra 2017, 88; *Frind* ZInsO 2017, 2376; *Richter* ZInsO 2016, 2372.

33 S dazu Beschlussempfehlung und Bericht des Ausschusses für Recht und Verbraucherschutz, BT-Drucks 18/12154, 30.

C. Antragspflicht bei Führungslosigkeit (Abs 3)

Eine Gesellschaft, die keinen organschaftlichen Vertreter (Geschäftsleiter; Abwickler) hat und deshalb gem. § 10 Abs 2 S 2 führungslos ist (vgl § 10 Rn 13), konnte nach früherem Recht keinen wirksamen Eröffnungsantrag stellen. Heute statuiert § 15a Abs 3 eine subsidiäre Antragspflicht (**Ersatzverantwortlichkeit**) der Gesellschafter einer GmbH sowie der Aufsichtsratsmitglieder einer AG oder einer Genossenschaft. Die Antragsberechtigung jener Ersatzverantwortlichen ist in § 15 Abs 1 S 2 geregelt (s § 15 Rn 6 ff); bei der Antragstellung haben sie die Führungslosigkeit nach § 15 Abs 2 S 2 InsO glaubhaft zu machen (s § 15 Rn 8). 17

Führungslosigkeit[34] tritt etwa ein, wenn keiner der (formell bestellten) Geschäftsführer einer GmbH (oder Vorstandsmitglieder einer AG bzw Genossenschaft) rechtswirksam in das Amt berufen worden ist (zB weil ein Bestellungsverbot vorlag), wenn der einzige Geschäftsleiter stirbt oder alle abberufen werden, ihr Amt niederlegen oder aus anderem Grund (zB bei nach der Bestellung eintretender Amtsunfähigkeit) aus dem Amt ausscheiden und jeweils kein neuer Geschäftsleiter (wirksam) bestellt wird. Unerreichbarkeit eines wirksam bestellten Geschäftsleiters („unbekannter Aufenthalt") macht die Gesellschaft nicht führungslos,[35] ebenso wenig ein rechtswirksam bestellter, aber faktisch unfähiger und/oder unwilliger „Strohmann-Geschäftsführer". Andererseits ist eine Gesellschaft im Rechtssinne auch dann führungslos, wenn die Bestellung ihres einzigen Geschäftsführers bzw Vorstandsmitglieds nichtig ist, der Betreffende die Geschäfte aber gleichwohl faktisch führt;[36] auch steht es der Führungslosigkeit nicht entgegen, wenn die früheren Geschäftsleiter noch im Handelsregister eingetragen sind.[37] 18

Für die Dauer der Führungslosigkeit einer **GmbH** ist auch jeder **Gesellschafter** unabhängig von seiner Beteiligungshöhe zur Stellung des Antrags spätestens mit Ablauf der Dreiwochenfrist des Abs 1 verpflichtet, es sei denn, der Betreffende hat von der Zahlungsunfähigkeit und der Überschuldung **oder** der Führungslosigkeit keine Kenntnis (dazu unten Rn 22). Gesellschafterstellung bestimmt sich regelmäßig nach § 16 Abs 1 GmbHG (Eintragung in die Gesellschafterliste).[38] Mit dem Tod des Gesellschafters einer führungslosen GmbH trifft die Ersatzverantwortlichkeit den bzw die Erben des Geschäftsanteils;[39] Beispiel: der alleinige Gesellschafter-Geschäftsführer der Gesellschaft verstirbt. Hier wird man auch schon vor der Korrektur der Gesellschafterliste eine Ersatzverantwortlichkeit des (der) Erben 19

---

34 Dazu schon *L/H/Kleindiek* § 35 Rn 44 und Anh § 64 Rn 52.

35 *AG Hamburg* ZIP 2009, 333; *AG Potsdam* ZIP 2013, 1638; ebenso etwa *Berger* ZInsO 2009, 1977, 1980 f; *Brand/Brand* NZI 2010, 712, 714; *B/S/Jacoby* § 35 Rn 45; Hk-GmbHG/*Kolmann* Vor § 64 Rn 176; *K/P/B/Preuß* § 15a Rn 37; *Römermann* NZI 2010, 241, 243; anders bei „endgültigem Abtauchen" des Geschäftsführers *K Schmidt* FS U H Schneider, 2011, S 1157, 1160; ähnlich *Passarge* GmbHR 2010, 295, 297; *Passarge/Brete* ZInsO 2011, 1293, 1297 ff: wenn Geschäftsführer „handlungsunwillig", „nachrichtenlos abgetaucht" oder „nachhaltig nicht erreichbar" bzw „planvoll unerreichbar" sei.

36 Insoweit **aA** *Schmahl* NZI 2008, 6, 7; *Berger* ZInsO 2009, 1977, 1981; *Brand/Brand* NZI 2010, 712, 714 f.

37 *Horstkotte* ZInsO 2009, 209, 211.

38 *Horstkotte* ZInsO 2009, 209, 213 ff; *L/H/Kleindiek* Anh § 64 Rn 51; *U. Stein* FS Hoffmann-Becking, 2013, S 1207, 1214 ff; im Ansatz ebenso *K/P/B/Preuß* § 15a Rn 43; *Römermann* NZI 2010, 241, 243. Generell auf die materielle Anteilsinhaberschaft abstellend indes *Berger* ZInsO 2009, 1977, 1982; gleichsinnig Hk-GmbHG/*Kolmann* Vor § 64 Rn 178. Die Antragspflicht des Nießbrauchers eines Geschäftsanteils befürwortet *Wedemann* ZGR 2016, 798, 832 f.

39 *Du Carrois* ZInsO 2009, 373; *Marotzke* ErbR 2010, 115.

annehmen müssen, weil § 15a Abs 3 andernfalls leer laufen würde.[40] Im InsVerf über das Vermögen eines ersatzverantwortlichen Gesellschafters ist der InsVerw zur Stellung des Antrags verpflichtet.[41] Ist Gesellschafterin eine ebenfalls führungslose GmbH, so sind deren Gesellschafter Träger der Ersatzverantwortlichkeit in der Beteiligungsgesellschaft.[42]

20 Bei Führungslosigkeit einer **AG** oder **Genossenschaft** trifft die Antragspflicht – wiederum vorbehaltlich mangelnder Kenntnis – auch jedes **Mitglied des Aufsichtsrats**. In der **GmbH mit Aufsichtsrat** (auch obligatorischem Aufsichtsrat) bleibt es bei der Ersatzverantwortlichkeit allein der Gesellschafter. Statt dessen (wie in der AG) eine subsidiäre Verantwortlichkeit der Aufsichtsratsmitglieder annehmen zu wollen,[43] kommt angesichts des klaren Wortlauts der Vorschrift, der strafrechtlichen Sanktion in Abs 4–6 (Analogieverbot) sowie nach der Entstehungsgeschichte des MoMiG nicht in Betracht:[44] Die im RegE MoMiG (dort § 35 Abs 1 GmbHG) vorgesehene passive Ersatz-Vertretungsbefugnis der Aufsichtsratsmitglieder einer führungslosen GmbH mit Aufsichtsrat ist auf Initiative des BT-RAussch nicht Gesetz geworden, um den dabei bestehenden Schwierigkeiten zu begegnen und für einen Gleichlauf mit der InsAntragspflicht nach § 15a Abs 3 zu sorgen.[45] In **anderen** als den in Abs 3 genannten **Gesellschaftsformen** besteht eine entsprechende Ersatzverantwortlichkeit iÜ nicht,[46] auch nicht in **Gesellschaften ausl Rechtsform**.[47]

21 Die Antragspflicht eines ggf vorhandenen **faktischen Geschäftsführers** (so Rn 10) bleibt von der Ersatzverantwortlichkeit der Gesellschafter/Aufsichtsratsmitglieder unberührt; umgekehrt steht die Existenz eines faktischen Geschäftsführers der Führungslosigkeit keineswegs entgegen (arg „auch").[48] Ungeachtet der mit dem MoMiG eingeführten Ersatzverantwortlichkeiten (s neben §§ 15 Abs 1 S 2, 15a Abs 3 insb § 35 Abs 1 S 2, Abs 3 S 2–4 GmbHG, § 78 Abs 1 S 2, Abs 2 S 2–3 AktG) bedarf es zur **Erlangung der Prozessfähigkeit der Gesellschaft** nach allgemeinen Grundsätzen der Bestellung von Organvertretern bzw der Bestellung eines Notgeschäftsführers/-vorstands, ggf eines Prozesspflegers (§ 57 Abs 1 ZPO).[49] In der instanzgerichtlichen Rechtsprechung ist der InsAntrag des ersatzverantwortlichen Gesellschafters einer führungslosen GmbH vor diesem Hintergrund als unzulässig bewertet wor-

---

40 Hierzu und zu weiteren (noch diskussionsbedürftigen) Folgeproblemen instruktiv *Marotzke* ErbR 2010, 115.

41 *Göcke* ZInsO 2008, 1305; *Gundlach/Müller* ZInsO 2011, 900, 902 ff; *Römermann* NZI 2010, 241, 243.

42 *LG München I* ZIP 2013, 1739.

43 So *B/H/Haas* § 64 Rn 233: Ersatzverantwortlichkeit der Aufsichtsratsmitglieder immer dann, wenn diese den Geschäftsführer der GmbH bestellen; iE ebenso für den nach § 31 Abs 1 MitbestG gebildeten Aufsichtsrat einer GmbH *N/R/Mönning* § 15a Rn 36; *K Schmidt/K Schmidt/Herchen* § 15a Rn 22.

44 Zust *K/P/B/Preuß* § 15a Rn 41.

45 S BeschlEmpfehlung und Bericht des BT-RAussch zum RegE MoMiG, BT-Drucks 16/9737, 56.

46 Zum Umfang der Ersatzverantwortlichkeit der Gesellschafter der führungslosen Komplementär-GmbH einer GmbH & Co KG s *Löser* ZInsO 2010, 799; *K/P/B/Preuß* § 15a Rn 53. Zur (umstrittenen) Anwendbarkeit von Abs 3 in einer führungslosen KGaA s einerseits HambKomm/*Linker* § 15a Rn 24; andererseits *K Schmidt/K Schmidt/Herchen* § 15a Rn 21.

47 *K Schmidt/K Schmidt/Herchen* § 15a Rn 21; HambKomm/*Linker* § 15a Rn 25; iE auch *K/P/B/Preuß* § 15a; **aA** *R/A/Altmeppen* Vor § 64 Rn 63.

48 Anders aber *Brand/Brand* NZI 2010, 712, 714 f.

49 S dazu *BGH* 25.10.2010 – II ZR 115/09, ZIP 2010, 2444, Rn 13; *BFH* 28.8.2012 – I B 69/12, GmbHR 2013, 167, Rn 11 f; *L/H/Kleindiek* § 35 Rn 43 mwN.

den, wenn nachfolgend kein gesetzlicher Vertreter bestellt wird.[50] Nach dieser Rechtsprechung droht Strafbarkeit gem § 15a Abs 4–6 (dazu oben Rn 16 und unten 40 ff), wenn die ersatzverantwortlichen Gesellschafter bzw (in der AG) Aufsichtsratsmitglieder trotz Aufforderung durch das InsGer nicht für die Herstellung der Prozessfähigkeit sorgen und der Ins-Antrag deshalb als unzulässig zurückgewiesen wird.[51] Freilich ist dabei ungewürdigt geblieben, dass nach § 15 Abs 1 S 2 jedem Gesellschafter einer führungslosen GmbH (in der AG: jedem Aufsichtsratsmitglied) die Berechtigung zur Stellung des Eröffnungsantrags zugewiesen ist, womit nach verbreiteter Ansicht die Befugnis zur insolvenzverfahrensmäßigen Vertretung der führungslosen Schu geschaffen wurde (s dazu § 15 Rn 8).[52]

Mangelnde **individuelle Kenntnis** entweder von der InsReife oder vom Tatbestand der Führungslosigkeit stehen dem Entstehen der Antragspflicht zu Lasten des ersatzverantwortlichen Gesellschafters oder Aufsichtsratmitglieds entgegen. Fahrlässige Unkenntnis (Kennenmüssen) genügt nach dem Willen des Gesetzgebers zur Begr der Antragspflicht nicht,[53] jedoch steht es positiver Kenntnis gleich, wenn sich der Gesellschafter bzw das Aufsichtsratsmitglied der Kenntnis bewusst verschließt.[54] Die Begr zum RegE MoMiG konstatiert richtig, dass den Ersatzverantwortlichen insofern keine gesteigerte Nachforschungspflicht treffe; habe er aber Kenntnis von einem der beiden Elemente (also vom Vorliegen eines InsGrundes oder vom Tatbestand der Führungslosigkeit), so bestehe regelmäßig Anlass, sich um Klarheit hinsichtlich des jeweils anderen Elements zu bemühen.[55] Indes bleibt die Grenzziehung zum bloßen (nach dem Willen des Gesetzgebers gerade unbeachtlichen) Kennenmüssen zu beachten, weshalb sich jede pauschale Betrachtung verbietet. Allein wo offensichtliche Anhaltspunkte für den Eintritt eines InsGrundes oder den Tatbestand der Führungslosigkeit sprechen und der Gesellschafter/das Aufsichtsratsmitglied gleichwohl die Augen vor der zutr Erkenntnis verschließt, steht das positiver Kenntnis gleich.[56] Wo der ersatzverantwortliche Gesellschafter den Geschäftsanteil kraft Erbrechts erworben hat (s das Beispiel oben Rn 19), entsteht die Antragspflicht nicht ohne postive Kenntnis von seiner Gesellschafterstellung.[57] 22

Auch im Anwendungsbereich des Abs 3 gilt iÜ die **Dreiwochenfrist** (Höchstfrist) nach Abs 1 (s Rn 12). Ob zugunsten des ersatzverantwortlichen Gesellschafters bzw Aufsichtsratsmitglieds eine neue Dreiwochenfrist zu laufen beginnt, wenn die Führungslosigkeit erst eine gewisse Zeit nach der materiellen InsReife (Überschuldung oder Zahlungsunfähigkeit) und deren Erkennbarkeit eingetreten war,[58] ist durchaus zweifelhaft. Denn Abs 3 will den Ausfall von Verantwortlichkeiten bekämpfen, nicht aber (weitere) InsVerschleppungen begünstigen. Auch wo während der laufenden Karenzfrist der Organvertreter ausgetauscht wird, beginnt für den neu bestellten keine neue Frist. Bei den subsidiär Verantwortlichen nach Abs 3 besteht freilich die Besonderheit, dass sie *ex lege* und ohne dass es auf ihr Einverständnis ankäme in die Verantwortung einrücken. Sie hatten zuvor keine Veranlassung, vor dem Hintergrund der aktuellen Vermögens- und Liquiditätslage die InsReife zu prüfen 23

---

50 So *LG Kleve* 21.3.2017 – 4 T 577/16, ZIP 2017, 1955; zuvor auch schon *AG Oldenburg* 24.6.2016 – 65 IN 9/16, ZIP 2016, 1936 = NZI 2016, 925.
51 Vgl *LG Kleve* ZIP 2017, 1955, 1957.
52 Zu Recht krit gegenüber der zitierten instanzgerichtlichen Rspr *Laroche* NZI 2016, 926 f; *Müller/Rautmann* ZInsO 2017, 2408 ff.
53 Zu Unrecht **aA** *Konu/Topoglu/Calcagno* NZI 2010, 244, 246 f.
54 BegrRegE zu § 15a Abs 3 InsO idF des MoMiG, BT-Drucks 16/6140, 56.
55 BegrRegE zu § 15a Abs 3 InsO idF des MoMiG, BT-Drucks 16/6140, 55.
56 *L/H/Kleindiek* Anh § 64 Rn 56.
57 *Marotzke* ErbR 2010, 115, 116.
58 In diesem Sinne *Berger* ZInsO 2009, 1977, 1983; dagegen *B/H/Haas* § 64 Rn 234.

und Sanierungsmöglichkeiten auszuloten. Allein deshalb lässt sich rechtfertigen, ihnen eine volle Karenzfrist von weiteren drei Wochen zugute kommen zu lassen, zumal der Gesetzgeber mit der Ersatzverantwortlichkeit nach Abs 3 auch einen (mittelbaren) Anreiz schaffen wollte, die Führungslosigkeit wieder zu beheben.[59]

24 Die Antragspflicht nach Abs 3 **endet** nicht nur mit dem Wegfall des Eröffnungsgrundes oder der InsEröffnung (auf Gläubigerantrag) bzw Abweisung der Eröffnung mangels Masse, sondern auch mit der wirksamen Neubestellung eines (primär) antragspflichtigen organschaftlichen Vertreters. Denn damit entfällt die Führungslosigkeit. Der neu bestellte Vertreter rückt in die (entstandene) Antragspflicht ein, ohne dass zu seinen Gunsten die Dreiwochenfrist erneut zu laufen beginnen würde.[60]

D. Zivilrechtliche Insolvenzverschleppungshaftung

I. Grundlagen

25 § 15a ist Schutzgesetz zugunsten aller Gläubiger der insolventen Gesellschaft. Die zur Stellung des Eröffnungsantrags verpflichteten Personen (so Rn 7 ff) sind den Alt- und Neugläubigern der Gesellschaft deshalb zum Schadensersatz nach § 823 Abs 2 BGB iVm § 15a verpflichtet, wenn sie ihre Antragspflicht schuldhaft verletzen.[61] Voraussetzungen und Haftungsfolgen der **InsVerschleppungshaftung gegenüber den GesellschaftsGl** werden im Folgenden zusammenfassend und unter Konzentration auf die Rspr des BGH skizziert.[62] Zur strafrechtlichen Verantwortlichkeit nach Maßgabe von § 15a Abs 4–6 su Rn 40 ff.

26 Von dieser InsVerschleppungshaftung zu unterscheiden ist die – an anderer Stelle erörterte (s Anh § 35 Rn 107 ff) – Erstattungspflicht der Geschäftsleiter wegen Veranlassung masseschmälernder Leistungen nach Eintritt der materiellen InsReife (Überschuldung oder Zahlungsunfähigkeit). Diese Innenhaftung, die schon während der dreiwöchigen Sanierungsfrist (und damit schon *vor* der InsVerschleppung) droht, ist nach wie vor spezialgesetzlich in den Kodifikationen der jeweiligen Gesellschaftsformen normiert (vgl insb § 64 GmbHG; §§ 92 Abs 2, 93 Abs 3 Nr 6 AktG; §§ 34 Abs 3 Nr 4, 99 GenG; §§ 130a, 177a HGB). Zu weiteren Haftungsrisiken der Geschäftsleiter in der Gesellschaftskrise s Anh § 35 Rn 19, 64, 85 f.

II. Haftungsvoraussetzungen

27 **1. Haftungsadressaten.** Dem Risiko der InsVerschleppungshaftung nach § 823 Abs 2 BGB iVm § 15a unterliegen alle Adressaten der InsAntragspflicht nach § 15a Abs 1–3, einschließlich der faktischen Geschäftsleiter (so Rn 10) sowie der Ersatzverantwortlichen nach Abs 3 (oben Rn 17 ff).

28 Wer nicht selbst Adressat der Antragspflicht ist, kann unter den Voraussetzungen des § 830 Abs 2 BGB als **Teilnehmer** einstandspflichtig sein. So wegen Beihilfe bei vorsätzlicher Hilfeleistung zur Vorsatztat des Pflichtenträgers; neben vorsätzlicher Beihilfehandlung ist dazu wenigstens die Erkenntnis des Gehilfen notwendig, dass der Adressat der Antragspflicht die Antragstellung trotz Insolvenzreife pflichtwidrig unterlässt.[63] In dieser Weise kann etwa ein Berater (zB Steuerberater), uU auch ein Gl haftbar werden (zB Bank), der auf Verzögerung der Insolvenzanmeldung drängt. Bei Teilnahme des Gesellschafters an der Insolvenzverschleppung des Geschäftsführers liegt zugleich eine Haftung aus § 826 BGB nahe.[64]

---

59 Begr RegE zu § 15a Abs 3 InsO idF des MoMiG, BT-Drucks 16/6140, 55.
60 Zutr *Berger* ZInsO 2009, 1977, 1983.
61 *BGH* ZIP 2012, 1455, Rn 9.
62 Zu weiteren Einzelheiten s *L/H/Kleindiek* Anh § 64 Rn 80 ff.
63 *BGH* ZIP 2005, 1734, 1736.
64 Zum Ganzen *L/H/Kleindiek* Anh § 64 Rn 85.

2. Verschulden; Darlegungs- und Beweislast. Der jeweilige Pflichtenadressat haftet, wenn er **schuldhaft** die Frist des Abs 1 überschreitet oder sie ohne Chance für eine Sanierung voll ausschöpft, wobei Fahrlässigkeit ausreicht.[65] Die Antragspflicht des Gesellschafters einer führungslosen GmbH bzw des Aufsichtsratsmitglieds einer führungslosen AG oder Genossenschaft nach Abs 3 entsteht hingegen erst bei positiver Kenntnis des Betreffenden von der Führungslosigkeit und vom Eintritt eines Insolvenzgrundes (s oben Rn 22); die Kenntnis wird widerleglich vermutet („es sei denn"). Für die primären Adressaten der Antragspflicht nach Abs 1 und 2 genügt demgegenüber schon Erkennbarkeit des Insolvenzeintritts.[66] Dabei sollte auch hier darauf abgestellt werden, ob eine pflichtgemäße Prüfung der objektiv erkennbaren Anzeichen zu dem Schluss geführt hätte, dass ein Insolvenzgrund verwirklicht ist; dieser Maßstab entspricht der (offenkundigen) Erkennbarkeit, wie sie richtigerweise auch für den Beginn der Dreiwochenfrist nach Abs 1 entscheidend ist (oben Rn 13). 29

Darlegungs- und Beweislast hinsichtlich des objektiven Tatbestandes der Insolvenzverschleppung sowie des darauf beruhende Schadenseintritts obliegen dem Gl bzw dem InsVerw,[67] demgegenüber wird das Verschulden des zur Antragstellung Verpflichteten (analog § 93 Abs 2 S 2 AktG und § 130a Abs 2 S 2 HGB) widerleglich vermutet.[68] In der Krise der Gesellschaft sollte sich der organschaftliche Vertreter deshalb von fachkundiger Seite (etwa seinem Wirtschaftsprüfer, RA oder Steuerberater,[69] doch kommen auch geeignete Angehörige anderer Berufsgruppen in Betracht[70]) intensiv **beraten** lassen. Denn an der Erkennbarkeit des Insolvenzeintritts fehlt es jedenfalls, wenn der zur Antragstellung Verpflichtete mangels eigener Sachkunde zur Klärung der InsReife den Rat eines unabhängigen, fachlich qualifizierten Berufsträgers eingeholt und dieser – ordnungsgemäß und vollständig informiert – die InsReife im Ergebnis plausibel (wenn auch objektiv unzutreffend) verneint hat;[71] dabei verlangt der BGH vom Geschäftsleiter eine eigene „(sorgfältige) Plausibilitätskontrolle" des eingeholten Rats.[72] 30

III. Haftungsumfang und Haftungsdurchsetzung

Was den Haftungsumfang sowie die Durchsetzung des Haftungsanspruchs betrifft, ist zwischen AltGl und NeuGl zu unterscheiden.[73] 31

1. Altgläubiger. Das sind solche, deren jeweilige Forderung schon vor Eintritt von Zahlungsunfähigkeit oder Überschuldung entstanden ist. Sie haben ihre Forderung also vor dem Zeitpunkt erworben, zu dem der InsAntrag hätte gestellt werden müssen. Der ihnen zu ersetzende Schaden ist auf den Betrag beschränkt, um den sich in der Folge der Insolvenzverschleppung die tatsächlich erzielte Quote gegenüber der bei rechtzeitiger Antragstellung 32

---

65 S etwa *BGHZ* 75, 96, 111 = NJW 1979, 1823.
66 *BGHZ* 143, 184, 185 = ZIP 2000, 184; *BGH* ZIP 2000, 1896, 1897; *BGH* ZIP 2010, 2400, Rn 14; *BGH* ZIP 2012 1455, Rn 11.
67 *BGHZ* 126, 181, 200 = ZIP 1994, 1103; *BGHZ* 171, 46 Rn 16 = ZIP 2007, 676.
68 *BGHZ* 75, 96, 111; *BGHZ* 143, 184, 185 = ZIP 2000, 184; *BGH* ZIP 2000, 1896, 1897; *BGHZ* 171, 46 Rn 8 = ZIP 2007, 676; *BGH* ZIP 2010, 2400, Rn 14; *BGH* ZIP 2012, 1174, Rn 13.
69 Zur etwaigen Regresshaftung des mit der Erstellung des Jahresabschlusses für eine GmbH beauftragten Steuerberaters wegen Verletzung seiner Hinweispflicht bei offenkundigen Anhaltspunkten für eine mögliche InsReife jüngst (in teilweiser Korrektur der bisherigen Rspr) *BGH* ZIP 2017, 427.
70 Vgl *BGH* ZIP 2012, 1174, Rn 17.
71 *BGH* ZIP 2007, 1265, 1266 f.
72 *BGH* ZIP 2007, 1265, 1266 f; *BGH* ZIP 2011, 2097, Rn 18; *BGH* ZIP 2012, 1174, Rn 16; *BGH* ZIP 2015, 1220, Rn 28 s dazu auch *L/H/Kleindiek* § 43 Rn 13 f.
73 S nur *BGHZ* 126, 181, 193 = ZIP 1994, 1103; *BGHZ* 171, 46 Rn 12 ff = ZIP 2007, 676.

erzielbaren Quote verringert hat, weil es infolge des verzögerten InsAntrags zur Verringerung der InsMasse gekommen ist.[74]

33 Dieser **Quotenschaden** wird im eröffneten InsVerf über das Vermögen der Gesellschaft als Gesamtgläubigerschaden vom InsVerw für die Masse geltend gemacht (§ 92 S 1).[75] Im Rahmen seiner Zuständigkeit für die Geltendmachung des Quotenschadens der AltGl ist der InsVerw auch vergleichsbefugt.

34 **2. Neugläubiger.** Das sind solche, die ihre jeweilige Forderung nach dem Zeitpunkt erworben haben, zu dem der InsAntrag hätte gestellt werden müssen. Der BGH und die lange vorherrschende Ansicht im Schrifttum wollten früher auch dem einzelnen NeuGl nur Ersatz seines Quotenschadens zubilligen,[76] für die Berechnung seines Quotenschadens sollte der Zeitpunkt maßgeblich sein, in dem die jeweilige Forderung entstanden ist. Dem lag die These zugrunde, der Schutzzweck der InsAntragspflicht wegen Zahlungsunfähigkeit oder Überschuldung erschöpfe sich darin, einer weiteren Verminderung der InsMasse zu begegnen.

35 Das sieht der BGH seit 1994 zu Recht anders.[77] Denn bei der Pflicht zum Insolvenzantrag geht es auch darum, insolvente Gesellschaften mit einem beschränkten Haftungsfonds vom weiteren Geschäftsverkehr fernzuhalten, sie „aus dem Rechtsverkehr zu entfernen" und dadurch potentielle Gl vor Schaden zu bewahren.[78] Konsequent können NeuGl den vollen Schaden geltend machen, der ihnen dadurch entsteht, dass sie in Rechtsbeziehungen zu einer überschuldeten oder zahlungsunfähigen Gesellschaft getreten sind und im Vertrauen auf den Fortbestand der Gesellschaft Aufwendungen getätigt, insbesondere Vorleistungen erbracht haben: Anspruch auf Ersatz des sog **negativen Interesses**.[79] Die auf den Gl entfallende (erst nach Abschluss des InsVerf feststehende) Quote ist nicht anzurechnen.[80] Der in voller Höhe ersatzpflichtige Geschäftsleiter hat aber Zug um Zug gegen Zahlung seiner Ersatzleistung einen Anspruch auf Abtretung der InsFord des Neugläubigers gegen die Gesellschaft analog § 255 BGB.[81] Der Schadensersatzanspruch wegen Neugläubigerforderungen ist nicht um etwaige Zahlungen zu kürzen, die der Gl nach InsReife von der Gesellschaft auf Altforderungen erhalten hat.[82] Der Anspruch kann jedoch durch ein Mitverschulden des leichtfertigen Gl nach § 254 BGB gemindert sein.[83]

36 Nach der (insoweit nicht überzeugenden)[84] Rspr steht der Anspruch auf Ersatz des negativen Interesses nur den **VertragsGl** zu:[85] als Anspruch auf Ersatz des „Kreditgewährungsschadens". Der Ausfallschaden von gesetzlichen Gl (insb DeliktsGl) soll indes nicht vom Schutzbereich der InsAntragspflicht erfasst sein. Die Antragspflicht habe generell **nicht** den Zweck, potentielle DeliktsGl davor zu bewahren, nach InsReife noch Opfer eines Delikts zu werden.

---

74 *BGHZ* 29, 100, 102 ff = NJW 1959, 623; *BGHZ* 126, 181, 190 = ZIP 1994, 1103; *BGH* ZIP 1997, 1542; *BGHZ* 138, 211, 221 = ZIP 1998, 776; *BGH* ZIP 2014, 23 Rn 7.
75 *BGHZ* 171, 46 Rn 12 = ZIP 2007, 676; *BGHZ* 175, 58 = ZIP 2008, 361.
76 *BGHZ* 29, 100, 104 = NJW 1959, 623; Einzelnachweise in *BGHZ* 126, 181, 190 = ZIP 1994, 1103.
77 Seit *BGHZ* 126, 181, 190 = ZIP 1994, 1103.
78 *BGHZ* 126, 181, 194, 197 = ZIP 1994, 1103.
79 Zum davon ausnahmsweise umfassten Anspruch auf Ersatz entgangenen Gewinns s *BGH* ZIP 2009, 1220, Rn 16; *BGH* ZIP 2012, 723, Rn 27. Zur Abgrenzung gegenüber dem positiven Interesse s etwa *BGH* ZIP 2012, 1455; *BGH* ZIP 2015, 267.
80 *BGHZ* 171, 46 Rn 20 = ZIP 2007, 676, unter Aufgabe der gegenteiligen Auffassung in *BGH* 126, 181, 201.
81 *BGHZ* 171, 46 Rn 20 = ZIP 2007, 676.
82 *BGH* ZIP 2007, 1060, 1062.
83 S *BGHZ* 126, 181, 200 f = ZIP 1994, 1103.
84 Zur Kritik s *L/H/Kleindiek* Anh § 64 Rn 96 f mwN.
85 *BGH* ZIP 2005, 1734, 1738; *BGH* ZIP 2009, 366; *BGH* ZIP 2012, 1455, Rn 22.

IÜ sieht der BGH im Ausfallschaden jedes einzelnen NeuGl einen *Individual*schaden (keinen Gesamtgläubigerschaden), der den jeweiligen Quoten(verringerungs)schaden in sich aufnimmt und einer **Verfolgung durch den InsVerw insgesamt entzogen** ist[86]; jeder einzelne NeuGl muss seinen Schaden selbst gegenüber dem Geschäftsführer geltend machen.[87] Da auf der Basis dieser Rechtsauffassung weder die Gesellschaft noch der InsVerw für die Ansprüche der NeuGl zuständig sind, können sie insoweit auch nicht verzichten und sich auch nicht vergleichen. 37

3. Verjährung. Der Schadensersatzanspruch aus § 823 Abs 2 BGB iVm § 15a Abs 1 bzw 3 InsO unterliegt nach der aktuellen Rspr des BGH[88] der Regelverjährung nach §§ 195 ff BGB, für Altfälle bei Verjährungsbeginn gem § 852 Abs 1 BGB aF (Art 229 § 6 Abs 1 S 2 EGBGB). Den von Teilen des Schrifttums[89] befürworteten Rückgriff auf die Sonderverjährungsvorschrift des § 43 Abs 4 GmbHG (die § 64 S 4 GmbHG in Bezug nimmt) hat der BGH abgelehnt.[90] 38

IV. Amtsniederlegung

Einer einmal begründeten Haftung (nach schuldhaftem Zögern bzw Ablauf der Dreiwochenfrist) kann sich der zur Antragstellung Verpflichtete nicht durch Amtsniederlegung entziehen.[91] IÜ ist die Niederlegung des Geschäftsführeramtes aber auch in der Krise der Gesellschaft idR – soweit nicht ein Fall des Rechtsmissbrauchs oder der Niederlegung zur Unzeit gegeben ist[92] – wirksam,[93] der ausgeschiedene Geschäftsführer muss jedoch nach verbreiteter Ansicht die verbleibenden Organwalter (oder Nachfolger) zur Stellung des InsAntrags anhalten.[94] Ob InsAntrag zu stellen ist, hat der Organvertreter in eigener Verantwortung zu prüfen und zu entscheiden. Auch in der GmbH sind entgegenstehende Weisungen der Gesellschafter unbeachtlich. Will der Geschäftsführer den Antrag stellen und erhält er eine gegenteilige Weisung der Gesellschafter, so ist seine sofortige Amtsniederlegung möglich und wirksam.[95] 39

E. Strafbare Insolvenzverschleppung (Abs 4 bis 6)

Literatur: *Achenbach/Ransiek/Rönnau* Handbuch Wirtschaftsstrafrecht, 4. Aufl 2015; *Bach* Noch einmal: Neufassung des § 19 Abs 2 InsO, StraFo 2009, 368; *Bergmann* Die Insolvenzverschleppung nach § 15a InsO durch einen nur faktischen Geschäftsführer, NZWiSt 2014, 81; *Bittmann* Strafrechtliche Folgen des MoMiG, NStZ 2009, 113; *ders.* Von der Strafbarkeit des „nicht richtigen" zur Pönalisierung des „nicht vollständigen" Insolvenzantrags?, wistra 2017, 88; *Blöse* Haftung der Geschäftsführer und Gesellschafter nach dem ESUG, GmbHR 2012, 471; *Cymutta* Neue Regeln für Insolvenzanträge – Haftungsrisiken der antragspflichtigen Organe und Berater, BB 2012, 3151; *Graf/Jäger/Wittig* Wirtschafts- und Steuerstrafrecht, 2. Aufl. 2017; *Grosse-Wilde* Strafklageverbrauch nach rechtskräftiger Verurteilung wegen Insolvenzverschleppung?, wistra 2014, 130; *Grube/Röhm* Überschuldung nach dem Finanzmarktstabilisierungsgesetz, wistra 2009, 81; *Köllner/Cyrus*

---

86 *BGHZ* 138, 211, 214 ff = ZIP 1998, 776; *BGHZ* 175, 58 = ZIP 2008, 361.
87 Zur hierzu von Teilen des Schrifttums erhobenen Kritik s *L/H/Kleindiek* Anh § 64 Rn 102 mN zum Meinungsstand.
88 *BGH* ZIP 2011, 1007, Rn 14 ff.
89 Dazu mN *L/H/Kleindiek* Anh § 64 Rn 106.
90 *BGH* ZIP 2011, 1007, Rn 17 ff.
91 *BGH* NJW 1952, 554; *ThürOLG* GmbHR 2002, 112.
92 Dazu weiterführend *L/H/Kleindiek* § 38 Rn 41 ff.
93 S etwa *BGH* ZIP 2003, 2213, 2215 f (5. StrafS); *BFH* GmbHR 2013, 167, 168.
94 Nachweise bei *L/H/Kleindiek* Anh § 64 Rn 104.
95 *BGHZ* 78, 82, 92 = ZIP 1980, 768; *BGHZ* 121, 257, 262 = ZIP 1993, 430; weiterführend *L/H/Kleindiek* Anh § 64 Rn 105.

Aktuelle strafrechtliche Fragen in Krise und Insolvenz, NZI 2015, 545; *Kring* Insolvenzverschleppung: Jahre in der Überschuldung und Fortsetzung nach Verurteilung – beides straflos?, wistra 2013, 257; *Lange* Selbstschutzmaßnahmen des Geschäftsführers einer kriselnden GmbH, GmbHR 2015, 1133; *Müller-Gugenberger* GmbH – Strafrecht nach der Reform, GmbHR 2009, 578; Münchener Kommentar zum StGB, Bd. 7, 2. Aufl 2015; *Natale/Bader* Der Begriff der Zahlungsunfähigkeit im Strafrecht – unter Beachtung der Entscheidung des BGH vom 23.5.2007 (1 StR 88/07), wistra 2008, 413; *Radtke/Hoffmann* Die Anwendbarkeit von nationalem Insolvenzstrafrecht auf EU-Auslandsgesellschaften, EuZW 2009, 404; *Ransiek* Vorsatz des Arbeitgebers bei Vorenthalten von Arbeitsentgelt und Lohnsteuerhinterziehung, PStR 2011, 74; *Rönnau* Strafrechtliche Risiken für den Berater bei der außergerichtlichen „freien" Unternehmenssanierung, FS Kühl, 2014, S 713; *Rönnau/Wegner* Wann ist ein Eröffnungsantrag „nicht richtig" gestellt i.S.v. § 15a Abs. 4, 2. Var. InsO? – eine strafrechtliche Analyse nach dem ESUG, ZInsO 2014, 1025; *Schmitz* Die Neufassung des § 19 Abs 2 InsO durch das FMStG und seine Bedeutung für strafrechtliche „Altfälle" – eine Ergänzung zu *Grube/Röhm* wistra 2009, 81 und *Bittmann* wistra 2009, 138 –, wistra 2009, 369; *Schröder* Zur Straflosigkeit der Insolvenzverschleppung durch den faktischen Geschäftsführer gemäß § 15a Abs. 4 InsO, FS Beulke, 2015, S 535; *Wabnitz/Janovksy* Handbuch Wirtschaftsstrafrecht, 4. Aufl 2014.

I. Allgemeines

40 Abs 4 und 5 führen die früher in verschiedenen Gesetzen enthaltenen Vorschriften, die die vorsätzliche und fahrlässige Verletzung der InsAntragspflicht mit Strafe bedrohten, rechtsformübergreifend zusammen, also insb § 84 Abs 1 Nr 2 und Abs 2 aF GmbHG, § 401 Abs 1 Nr 2 und Abs 2 aF AktG, § 148 Abs 1 Nr 2 und Abs 2 aF GenG sowie § 130b aF HGB. Strafrechtlich einbezogen sind nunmehr auch jur Personen ausländischen Rechts, sofern die InsO für sie gilt (Rn 6).[96] Für Stiftungen und Vereine nach § 42 Abs 2 BGB s Abs 7. Zudem wird die Strafbarkeit auf die nach Abs 3 Antragspflichtigen ausgeweitet. Durch die Strafandrohung soll sichergestellt werden, dass die InsAntragspflicht zum Schutz des Vermögens von Alt- und NeuGl der Gesellschaft (Rn 31 ff) erfüllt wird; den durch die Weiterführung der Geschäfte hervorgerufenen Gefahren soll vorgebeugt werden. Abs 4 und 5 sind deshalb für diesen Personenkreis Schutzgesetz nach § 823 Abs 2 BGB.[97] Daraus folgt, dass die Strafnorm zivilrechtsakzessorisch auszulegen ist.[98] Durch die vorsätzliche Weiterführung der Geschäfte trotz Krise wird auch § 283 Abs 1 Nr 8 StGB verwirklicht.[99] Mit der **wahrheitswidrigen Behauptung** gegenüber dem InsGer, der **Schu sei zahlungsunfähig**, wird nach Meinung der Rspr der Tatbestand der falschen Verdächtigung nach § 164 Abs 2 StGB erfüllt.[100]

41 Abs 4 und 5 sind Vergehen (§ 12 Abs 2 StGB). Der Versuch ist nicht strafbar (§ 23 Abs 1 StGB). Die Verjährungsfrist beträgt für die vorsätzliche Tat fünf Jahre (§ 78 Abs 3 Nr 4 StGB), für die Fahrlässigkeitstat drei Jahre (§ 78 Abs 3 Nr 5 StGB).[101] Die Frist beginnt mit Beendigung der Tat. Die hM nimmt Beendigung an, wenn die Pflicht zur Antragstellung entfällt,[102] also insb dann, wenn das Verf auf Antrag eines Gl eröffnet[103] oder die Krise beseitigt wurde.[104] Letzteres hat zur Folge, dass der Beginn der Verjährung ggf auf unabseh-

---

96 S nur RegE, BT-Drucks 16/6140, 55; *Müller-Gugenberger* GmbHR 2009, 578, 579; *Radtke/Hoffmann* EuZW 2009, 404, 407 f; **aA** MK/*Klöhn* § 15a InsO Rn 50 ff.
97 *BGH* ZIP 2015, 267 Rn 13 f; *BGHZ* 171, 46 Rn 13; *OLG Koblenz* GmbHR 2015, 582 mit Anm *Arens.*
98 *BGH* wistra 2007, 413; *Natale/Bader* wistra 2008, 413; vgl *Schmitz* wistra 2009, 369 mwN.
99 *Bittmann* NZWiSt 2013, 270, 271 mwN.
100 *OLG Koblenz* ZIP 2012, 2259; **aA** *Hüls/Reichling* NZWiSt 2013, 65.
101 S *BGH* 10.8.2017 – 3 StR 227/17.
102 MK-StGB/*Hohmann* § 15a InsO Rn 101 mwN.
103 *BGH* NJW 2009, 157 Rn 22.
104 *BGHSt* 28, 371, 379; MK/*Klöhn* § 15a InsO Rn 323.

bare Zeit verschoben wird, was dafür spricht, die Verjährung mit der Vollendung der Tat beginnen zu lassen.[105] Die Verletzung der InsAntragspflicht ist ein **Dauerdelikt**. Eine weitere, neue Tat ist deshalb nur dann gegeben, wenn nach der ursprünglichen Verletzung der InsAntragspflicht eine Zäsur erfolgt, etwa die Krise beseitigt wird, dann erneut eintritt und wiederum kein Antrag gestellt wird. Umstritten ist, ob in der Verurteilung nach § 15a Abs 4 eine solche Zäsur liegt;[106] verneint man das, sperrt Art 103 Abs 3 GG die erneute Strafverfolgung.

II. Tatbestand

1. Täter. Abs 4 und 5 sind Sonderdelikte. Täter – dh auch Mit- oder mittelbare Täter – nach Abs 4 iVm Abs 1 S 1 können bei einer jur Person nur die **Mitglieder des Vertretungsorgans** sein bzw Abwickler, wenn die Gesellschaft in der Liquidation insolvenzreif wird.[107] Andere Personen kommen nur als Anstifter (§ 26 StGB) oder Gehilfen (§ 27 StGB) in Betracht.[108] Bei einem **mehrköpfigen Vertretungsorgan** ist das einzelne Mitglied nach § 15 Abs 1 nicht nur berechtigt, sondern auch verpflichtet, InsAntrag zu stellen (Rn 8). Bei ausländischen Gesellschaften entscheidet das ausländische Recht, wer Mitglied des Vertretungsorgans ist.[109] **42**

Die hM erkennt auch für § 15a Abs 4 und 5 **„faktische" Organpersonen** als taugliche Täter an.[110] Das sind die Personen, die zwar nicht zum Organ bestellt wurden, faktisch aber mit Einverständnis oder wenigstens mit Duldung der Gesellschafter nach außen die Aufgaben des Leitungsorgans wahrnehmen.[111] Die Tatsache, dass es einen formell ordnungsgemäß bestellten Geschäftsführer gibt, soll dem nicht entgegen stehen. Durch den Wortlaut ist diese Auslegung nicht gedeckt und verstößt gegen Art 103 Abs 2 GG, da nur faktisch herrschende Personen gerade nicht Mitglieder des Vertretungsorgans sind.[112] Die hM ist deshalb abzulehnen. **43**

Im Fall des Abs 1 S 2 sind die organschaftlichen Vertreter der zur Vertretung der Gesellschaft ermächtigten Gesellschafter oder die Abwickler bei einer **Gesellschaft ohne Rechtspersönlichkeit** taugliche Täter, wenn bei der Gesellschaft ohne Rechtspersönlichkeit kein persönlich haftender Gesellschafter eine natürliche Person ist. Das erfasst insb die GmbH & Co KG (oben Rn 9).[113] Bei mehrstufigen Gesellschaften gilt unter dieser Voraussetzung nach Abs 2 das Gleiche. **44**

---

105 S *Ulmer/Ransiek*[1] § 84 GmbHG Rn 75.

106 Verneinend *OLG München* wistra 2013, 75; *Bittmann* NZWiSt 2013, 270, 272; bejahend *OLG Hamm* wistra 2014, 156, jedenfalls wenn ein neuer Tatentschluss gefasst wird; *Ebner* NZWiSt 2013, 356 ff; *Kring* wistra 2013, 257 ff; vgl *BVerfG* StraFo 2007, 369 und *BGHSt* 53, 24 Rn 32; *Grosse-Wilde* wistra 2014, 130 ff, der überzeugend darauf abstellt, ob neue Gl hinzugekommen sind.

107 *BGH* NJW 2009, 157 Rn 28 f.

108 Zur potenziellen Strafbarkeit von Sanierungsberatern nach § 27 StGB vgl *Rönnau* FS Kühl, S 713, 733 f mwN; zur zivilrechtlichen Haftung vgl *BGH* 26.1.2017 – IX ZR 285/14.

109 Vgl zu § 266 StGB *BGH* GmbHR 2010, 819, 820.

110 *BGH NJW 2015*, 712 f mit Anm *Kleindiek* BB 2015, 396; GmbHR 2013, 1206; *Graf/Jäger/Wittig/Reinhart* § 15a InsO Rn 2 f; vgl MK/*Klöhn* § 15a InsO Rn 75 ff; 325 ff.; *Köllner/Cyrus* NZI 2015, 545.

111 S *BGH* NStZ 2013, 284; *BGH* wistra 2013, 272; *BGHSt* 46, 62, 64 f; 31, 118, 122; 21, 101, 104.

112 *Ulmer/Ransiek* Vor § 82 GmbHG Rn 60 ff; *L/H/Kleindiek* § 84 GmbHG Rn 6 f; MK/*Klöhn* § 15a InsO Rn 328 mwN; MK-StGB/*Hohmann* § 15a InSO Rn 54; *Bergmann* NZWiSt 2014, 81 ff; *Schröder* FS Beulke S 535, 539 ff; zu § 14 StGB NK-StGB/*Böse* § 14 Rn 27 f; krit auch *Kudlich* NStZ 2014, 109, 110.

113 Vgl *OLG Oldenburg* GmbHR 2008, 1101, 1102.

45 Bei **Führungslosigkeit** einer GmbH[114] (Rn 18) ist auch jeder Gesellschafter zur Antragstellung verpflichtet. Ist eine AG oder Genossenschaft führungslos, trifft diese Pflicht jedes Mitglied des Aufsichtsrats.[115] Da die Pflicht zur Antragstellung nur greift, wenn diese Personen vom Eintritt der Krise und der Führungslosigkeit Kenntnis haben, ist insb die Fahrlässigkeitsstrafbarkeit nach Abs 5 beschränkt. Die Beweislastumkehr des Abs 3 gilt strafrechtlich nicht.[116]

46 **2. Tathandlungen.** Tatbestandsmäßig sind nach Nr 1 das **vollständige Unterlassen**, den Ins-Antrag bei Eintritt der Krise zu stellen, **die verspätete** sowie nach Nr 2 die **unrichtige Antragstellung**. Die unrichtige und verspätete Antragstellung wurden in den früheren Gesetzesfassungen (Rn 40) nicht eigens als tatbestandsmäßige Handlungen genannt. Dass der Antrag fristgemäß zu stellen ist, ergibt sich schon aus Abs 1 S 1. Durch die Einbeziehung der unrichtigen Antragstellung wird klargestellt, dass die unzulässige Antragstellung, die rechtskräftig nicht zur VerfEröffnung führt (Abs 6), tatbestandsmäßig ist,[117] da das InsGer nicht in die Lage versetzt wird, Sicherungsmaßnahmen zum Schutz der Gl zu treffen, und somit das geschützte Rechtsgut (Rn 40) betroffen ist.[118] Das kann bspw der Fall sein, wenn der Antrag keinerlei Angaben zur Vermögens- oder Liquiditätslage des Schu enthält und nicht ergänzt wird.[119] Strafbar ist der Antragsteller nur, wenn er trotz gerichtlichen Hinweises den Antrag innerhalb der ihm gesetzten Frist nicht oder erfolgslos nachbessert.[120]

47 Als nicht richtig gestellt wurde nach früherer Rechtslage auch ein Antrag angesehen, der das Vermögen des Schu erheblich zu gering angab oder der umgekehrt die Vermögenslage wesentlich zu positiv zeichnete.[121] Die Neufassung[122] stellt durch Abs 6 – nach § 2 Abs 3 StGB mit Wirkung für die Vergangenheit – klar, dass inhaltlich unzutreffende, aber zulässige Anträge nicht mit Strafe bedroht sind,[123] insb auch dann nicht, wenn die Eröffnung des InsVerf mangels Masse abgelehnt wird. Für beide Fälle können aber §§ 263, 283 StGB greifen.

48 Das Unterlassen der Antragstellung ist nur strafbar, wenn es dem Täter überhaupt möglich ist, einen (richtigen) Antrag zu stellen. Ist der Täter aufgrund eigenen vorwerfbaren Verhaltens dazu außer Stande, steht das der Strafbarkeit aber nicht entgegen.[124] Nach Auffassung des BGH entfällt die InsAntragspflicht der Verpflichteten nicht schon, wenn ein Gl den (zulässigen) Antrag gestellt hat, sondern erst mit der Entscheidung des InsGer über die Eröffnung des Verf.[125] Die Antragspflicht des Liquidators lebt nicht wieder auf, wenn der Gesellschaft im Liquidationsstadium neue Mittel zufließen, so dass das zuvor mangels Masse nicht eröffnete Verf nunmehr eröffnet werden könnte.[126] Zum mehrköpfigen Vertretungsorgan s Rn 42.

---

114 Vgl *BGH* NZG 2011, 26 Rn 13.
115 Zur Haftung des Aufsichtsrats vgl *BGH* BB 2009, 1207.
116 *Ulmer/Ransiek* § 84 GmbHG Ergänzungsband Rn 10.
117 Vgl *Ulmer/Ransiek* § 84 GmbHG Ergänzungsband Rn 15 ff; *L/H/Kleindiek* Anh § 64 GmbHG Rn 87; *Bittmann* NStZ 2009, 113, 115; *Müller-Gugenberger* GmbHR 2009, 578, 579.
118 *Rönnau/Wegner* ZInsO 2014, 1025, 1026 f.
119 Vgl MK-StGB/*Hohmann* § 15a InsO Rn 82 zur Firmenbestattung.
120 BT-Drucks 18/12154, 30.
121 *Rönnau/Wegner* ZInsO 2014, 1025, 1031; MK/*Klöhn* § 15a InsO, Rn 333, 133.
122 G zur Durchführung der VO (EU) 2015/848 über InsVerf v 5.6.2017, BGBl I 2017, 1476; s *Bittmann* wistra 2017, 88; zur früheren Rechtslage s *Rönnau/Wegner* ZinsO 2014, 1025 ff; *L/H/Kleindiek* Anh § 64 GmbHG Rn 87.
123 S auch § 15a Abs 4 Nr 2 im ursprünglichen Entwurf, BR-Drucks 654/16 v 4.11.2016, 26.
124 *Ulmer/Ransiek* § 84 GmbHG Ergänzungsband Rn 17.
125 *BGHSt 53*, 24 Rn 22 ff mit zust Anm *Schröder* GmbHR 2009, 207, 208; **aA** MK/*Klöhn* § 15a InsO Rn 332; zw *Achenbach/Ransiek/Rönnau/Wegner* HWSt 7. Teil 2 Rn 59.
126 *BGHSt* 53, 24 Rn 30 f.

49 Im Hinblick auf die Auslegung der Tatbestandsmerkmale Zahlungsunfähigkeit oder Überschuldung ist die Strafnorm zivilrechtsakzessorisch (Rn 40; § 17 Rn 4ff; § 19 Rn 6ff). Die Feststellung der **Zahlungsunfähigkeit** erfolgt idR durch eine stichtagsbezogene Gegenüberstellung der fälligen Verbindlichkeiten und der zu ihrer Tilgung vorhandenen oder kurzfristig herbeizuschaffenden Mittel (betriebswirtschaftliche Methode); zur Abgrenzung von der bloßen Zahlungsstockung ist diese Methode um eine Prognose darüber zu ergänzen, ob bzw wann mit der Wiederherstellung der Zahlungsfähigkeit hinreichend sicher zu rechnen ist.[127] Die Zahlungsunfähigkeit kann aber auch durch wirtschaftskriminalistische Beweisanzeichen belegt werden (wirtschaftskriminalistische Methode). Dafür kommen ua in Betracht die ausdrückliche Erklärung, nicht zahlen zu können, das Ignorieren von Rechnungen und Mahnungen,[128] gescheiterte Vollstreckungsversuche, Nichtzahlung von Löhnen und Gehältern, der Sozialversicherungsabgaben oder der sonstigen Betriebskosten, Scheck- und Wechselproteste oder Insolvenzanträge von Gläubigern.[129] Für einen Übergangszeitraum vom 18.10.2008 bis zum 31.12.2013 und nunmehr unbefristet[130] ist die **Überschuldung** der Gesellschaft nach der sog „modifizierten zweistufigen" Methode festzustellen. Zumindest in der Tendenz ist das im Vergleich zur früheren Fassung des § 19 täterbegünstigend;[131] strafrechtlich gilt die den Täter begünstigende Regelung nach § 2 Abs 3 StGB auch für Straftaten, die vor Inkrafttreten der Änderung begangen wurden.[132] Die Annahme einer negativen Fortführungsprognose ist auf evidente Fälle beschränkt, was jedoch nicht bedeutet, dass fernliegende Behauptungen zu akzeptieren wären.[133] Aufgrund der Zivilrechtsakzessorietät des Tatbestands liegt eine Überschuldung aber auch bei feststehender rechnerischer Überschuldung und ungewisser Fortführungsprognose vor. Sie liegt nicht vor, wenn die Überwindung der rechnerischen Überschuldung zwar allenfalls nach längerer Zeit zu erwarten ist, die jeweils fälligen Verbindlichkeiten mittelfristig aber beglichen werden können.[134] „Versteckte" Vermögenswerte fließen in die Bewertung des Vermögens nicht ein[135]; Gleiches gilt für betrügerisch erlangte Vermögenswerte, da sofort fällige Rückzahlungsansprüche in entsprechender Höhe bestehen.[136] Die Handelsbilanz hat für die Feststellung der Insolvenzreife indizielle Bedeutung.[137]

50 **3. Vorsatz, Fahrlässigkeit und Irrtum.** Der **Vorsatz** muss sich auf sämtliche Tatbestandsmerkmale beziehen, welche die Antragspflicht begründen. Dolus eventualis genügt. Im Falle der Abs 1 und 2 sind dies die Umstände, aus denen die Organstellung und der Eröffnungsgrund folgen. Auch in Bezug auf den Eintritt der Krise ist mit Ausnahme der Fälle des Abs 3 keine positive Kenntnis des Täters vorausgesetzt.[138] Der Vorsatz muss sich zudem

---

127 *BGH* v 23.7.2015 – 3 StR 518/14; GmbHR 2013, 1206, 1207 Rn 14; zur Feststellung im Anfechtungsprozess *BGH* NZI 2015, 511.

128 Vgl *BGH* v 25.2.2016 – IX ZR 109/15, Rn 13ff.

129 *BGH* v 23.7.2015 – 3 StR 518/14; GmbHR 2013, 1206, 1207 Rn 15.

130 G v 5.12.2012, BGBl I, 2418.

131 S aber *Ulmer/Ransiek*[1] § 84 GmbHG Rn 53ff; vgl auch *Grube/Röhm* wistra 2009, 81; *Bittmann* wistra 2009, 138.

132 *Schmitz* wistra 2009, 369, 371 ff; *Bach* StraFo 2009, 368.

133 *OLG Hamm* wistra 2014, 156, 157; vgl MK-StGB/*Hohmann* § 15a InsO Rn 46 aE.

134 *OLG München* wistra 2013, 75, 76; *LG Landshut* v 12.4.2012 – 3 KLs 50 Js 15652/11 bei *Kring* wistra 2013, 257; **aA** *Kring* wistra 2013, 257.

135 *BGH* NJW 2013, 949.

136 *BGH* v 23.7.2015 – 3 StR 518/14; *Köllner/Cyrus* NZI 2016, 17, 18f.

137 *BGH* GmbHR 2008, 256 Rn 4.

138 *BGH* NZI 2012, 567 Rn 13 zur Haftung nach § 64 Abs 2 aF GmbHG; *Ulmer/Ransiek*[1] § 84 GmbHG Rn 70; MK/*Klöhn* § 15a InsO Rn 331; MK-StGB/*Hohmann* § 15a InSO Rn 90; **aA** *BGH* NJW 2003, 3787, 3788 mit Verweis auf *BGHZ* 75, 96, 110; *Schulze-Osterloh* AG 1984, 144, 147; *Achenbach/Ransiek/Rönnau/Wegner* HWSt 7. Teil 2 Rn 50.

darauf beziehen, dass die Frist zur rechtzeitigen Antragstellung verstrichen ist. Nicht erforderlich ist hingegen die Kenntnis der Antragspflicht als solcher; ein entsprechender Irrtum ist ein (bei Vermeidbarkeit nur potenziell strafmildernder) Verbotsirrtum nach § 17 Abs 1 StGB.[139] Allerdings ist kaum denkbar, dass jemand bewusst einen Antrag innerhalb einer Frist unterlässt, ohne die entsprechende Pflicht zu kennen.[140]

51 Die **nach Abs 3 subsidiär Antragspflichtigen** müssen sowohl bei vorsätzlicher als auch bei fahrlässiger Tatbegehung den Eintritt der Krise und die Führungslosigkeit der Gesellschaft positiv kennen (Rn 22); dolus eventualis genügt insoweit nicht. Die Beweislastumkehr des Abs 3 gilt strafrechtlich nicht.

52 **Fahrlässigkeit** liegt insb dann vor, wenn der Täter sorgfaltswidrig die die Antragspflicht begründende Krisensituation der Gesellschaft nicht erfasst (vgl Rn 50) und deshalb die Antragstellung unterlässt.[141] Die Mitglieder des Vertretungsorgans müssen stets über die finanzielle Lage der Gesellschaft informiert sein und Anzeichen wahrnehmen, die auf das Vorliegen eines Eröffnungsgrundes hindeuten.[142]

§ 16 Eröffnungsgrund

Die Eröffnung des Insolvenzverfahrens setzt voraus, dass ein Eröffnungsgrund gegeben ist.

Übersicht

Literatur: *Kalnbach* Der Zeitpunkt des Insolvenzeintrittes und die Gefahr der Insolvenzverschleppung – Eine Betrachtung am Beispiel der GmbH unter Berücksichtigung der Auslösetatbestände der Insolvenzordnung, Diss Jena 2004; *v Onciul* Die rechtzeitige Auslösung des Insolvenzverfahrens, 2000.

I. Normzweck

1 Die Vorschrift dient der Rechtsklarheit. Die Erweiterung der Eröffnungsgründe war einer der Schwerpunkte der InsRReform, um eine frühere VerfEröffnung zu erreichen und infolge dessen mittelbar mehr SchuVermögen für die InsMasse zu erhalten.

II. Anwendungsbereich

2 Zur Systematik aller Eröffnungsvoraussetzungen vgl § 27 Rn 2–12. Der **Eröffnungsgrund** ergibt die innere Rechtfertigung für das InsVerf, in dem angesichts des unzureichenden haftenden Vermögens des Schu die GlInteressen in einer Weise berücksichtigt werden müssen, die vom Prioritätsgrundsatz der Einzelzwangsvollstreckung abweicht und in GlRechte eingreift. Das gilt für alle Arten von InsVerf, auch in der VerbraucherIns (§ 311, ggf auch für

139 MK-StGB/*Hohmann* § 15a InsO Rn 104; *BGHSt* 19, 295, 297 zu § 138 Abs 1 StGB.
140 Zu § 266a StGB vgl *Ransiek* PStR 2011, 74, 77.
141 MK-StGB/*Hohmann* § 15a InsO Rn 93; vgl *OLG Oldenburg* GmbHR 2008, 1101, 1102.
142 Vgl *Lange* GmbHR 2015, 1133 ff.

§ 309 Abs 1 S 2 Nr 2).[1] Bei InsAnträgen gegen Sondervermögen (§ 11 Abs 2) muss der Eröffnungsgrund für diese verselbstständigte Vermögensmasse vorliegen.[2] Bei der GmbH & Co KG sind Komplementär-GmbH und KG eigenständig auf das Vorliegen eines Eröffnungsgrundes zu beurteilen.[3]

Bei InsVerf mit **Auslandsbezug** ist zu unterscheiden: International richtet sich der Eröffnungsgrund nach dem Recht des jeweils für die InsEröffnung zuständigen Staates.[4] Soll in Deutschland ein **Haupt**insolvenzverfahren über einen Schu eröffnet werden, der auch Vermögen und/oder Verbindlichkeiten im Ausland hat, ist nach allg Regeln dessen weltweite Vermögenslage zu berücksichtigen. Soll dagegen in Deutschland nur ein **Sekundär**InsVerfahren eröffnet werden, nachdem gegen den Schu bereits im Ausland ein anerkennungsfähiges HauptInsVerfahren eröffnet wurde, ist der Eröffnungsgrund im Inland nicht zu prüfen.[5] Soll in Deutschland ein isoliertes **Partikular**InsVerfahren (§ 354) über eine unselbstständige Niederlassung oder inländisches Vermögen eines ausländischen Schu eröffnet werden, gelten für die Feststellung des Eröffnungsgrundes die allg Grundsätze für besondere Vermögensmassen.[6] Danach liegt Zahlungsunfähigkeit vor, wenn die fälligen Verbindlichkeiten innerhalb der vorgeschriebenen kurzen Frist (su § 17 Rn 18 ff) nicht im Wesentlichen getilgt werden können, ohne dass es auf die Herkunft der Geldmittel ankommt. Es ist deshalb auf das weltweite Zahlungsverhalten abzustellen.,[7] Allerdings sind dem Gl gewisse (Beweis-)erleiterungen zuzugestehen. Er muss sich insbesondere nicht auf Vollstreckungsversuche in meist unbekannte Vermögenswerte in anderen Kontinenten unter den dort geltenden rechtlichen Voraussetzungen verweisen lassen.[8] Dieser faktischen Einschränkung des Universalitätsprinzips zum Schutze des Gl vor grenzüberschreitenden „Firmenbestattungen“[9] bedarf es im Rahmen der – internen – Überschuldungsprüfung nicht, sodass das Universalitätsprinzip insoweit nicht eingeschränkt werden musst.[10] 3

1. Arten von Eröffnungsgründen. Zu unterscheiden sind zwei Arten von Eröffnungsgründen: 4

Zahlungsunfähigkeit (§ 17) ist der einzige **allg** Eröffnungsgrund, der für jeden Ast und jedes InsVerf – nunmehr auch über einen Nachlass (§ 320 S 1) und das Gesamtgut einer fortgesetzten Gütergemeinschaft (§ 332 Abs 1) – ausreicht. 5

Zwei **bes** Eröffnungsgründe gelten zusätzlich entweder nur für Anträge des Schu selbst, reichen dann aber in jeder VerfArt einschl der NachlassIns (§§ 320 S 2, 332 Abs 1, 333 Abs 2 S 3) aus – drohende Zahlungsunfähigkeit (§ 18) –, oder sie gelten nur gegenüber juristischen Personen einschl des nicht rechtsfähigen Vereins (§ 11 Abs 1 S 2), ihnen gleichgestellten Gesellschaften ohne Rechtspersönlichkeit oder dem Nachlass (§§ 320 S 1, 332 Abs 1): Überschuldung (§ 19; Einschränkung durch § 98 GenG). Diese Eröffnungsgründe bewirken meist, dass das Verf in einem früheren Zeitpunkt als dem der Zahlungseinstellung eröffnet werden kann. 6

---

1 Vgl *Jaeger/Müller* § 16 Rn 18 f.
2 *LG Dresden* ZIP 2005, 957; *Uhlenbruck/Hirte* § 11 Rn 235; erg su Rn 8.
3 *N/R/Mönning* § 17 Rn 29.
4 Vgl *Vallender* ZGR 2006, 449 f.
5 Art 34 S 1 EuInsVO, § 356 Abs 3.
6 Su § 354 Rn 14; erg so Rn 2.
7 Su § 354 Rn 14; *BGH* 11.7.1991 – IX ZR 230/90 f; HambKomm/*Schröder* § 17 Rn 33; *Braun/Delzant* § 354 Rn 18 f; **aA** noch die Vorauflage.
8 *BGH* 11.7.1991 – IX ZR 230/90 f.
9 Siehe dazu die Vorauflage.
10 Vgl die Vorauflage HambKomm/*Schröder* § 19 Rn 53.

7 **2. Prüfung durch Insolvenzgericht.** Soweit ein InsAntrag gegen denselben Schu auf mehrere Eröffnungsgründe gestützt werden darf, ist das InsGer nur insoweit an den vom Ast geltend gemachten Grund gebunden, als § 18 lediglich auf Antrag des Schu angewendet werden darf. IÜ kann das InsGer, wenn der Antrag zulässig ist, die Eröffnung auch auf einen anderen, festgestellten Grund stützen;[11] umgekehrt muss es das Vorliegen aller in Betracht kommenden Eröffnungsgründe ausschließen, ehe es den Antrag wegen Fehlens eines solchen abweisen darf.

8 **3. Einziger Gläubiger.** Unerheblich ist, ob eine Mehrheit von Gl vorhanden ist. Sofern einer der Eröffnungsgründe gegeben ist, genügt es, wenn nur ein Gl (erg so § 14 Rn 3) mit einer einzigen Forderung bekannt ist.[12] Zu deren Feststellung su Rn 13.

III. Feststellung des Eröffnungsgrundes

9 **1. Beweismaß.** Jeder Eröffnungsgrund muss zur Überzeugung (§ 286 ZPO iVm § 4) des InsGer feststehen, ehe das InsVerf eröffnet werden darf;[13] bloße Glaubhaftmachung genügt dafür nicht. Ein für das praktische Leben brauchbarer Grad an Gewissheit reicht aus.[14] Der Eröffnungsgrund muss einheitlich für den gesamten im Verf abzuwickelnden Vermögens- und Schuldenstand – insb unter Einschluss des Privat- wie des Geschäftsvermögens eines Schu iSv § 11 Abs 1 – ermittelt werden.[15] Jedoch sind selbstständig insolvenzfähige Sondervermögen iSv § 11 Abs 2 getrennt zu behandeln.[16]

10 **2. Amtsermittlung.** Ob ein Eröffnungsgrund vorliegt, hat das InsGer von Amts wegen zu ermitteln[17] (§ 5 Abs 1). Auch ein „Geständnis" des Schu – der zB ohne Eröffnungsgrund zur Restschuldbefreiung gelangen will – bindet das Gericht nicht,[18] ist allerdings ein gewichtiges Indiz, das in Ermangelung besonderer gegenteiliger Anhaltspunkte für sich allein zur Überzeugungsbildung ausreichen kann.[19] Deshalb ist auch die Ermittlung aufgrund eines Antrags des Schu – von den Fällen des § 15 Abs 2 abgesehen – regelmäßig erleichtert. Sein Schweigen gilt dagegen als Bestreiten (vgl § 14 Rn 50). Leugnet der Schu nach einem eigenen Eröffnungsantrag das Vorliegen eines Eröffnungsgrundes, ist das unter Berücksichtigung der Begr frei zu würdigen. An den im Antrag angegebenen Eröffnungsgrund ist das InsGer nur gebunden, soweit erst drohende Zahlungsunfähigkeit (§ 18) vorliegt.[20]

11 Um die notwendige Liquiditäts- oder Vermögensübersicht zu erlangen, kann das InsGer insb das SchuVerzeichnis (§ 882b ZPO), Vollstreckungs- oder Strafakten einsehen und eine Auskunft des zuständigen GV einholen. Das Gericht kann gem § 802 l ZPO, § 4 den zuständigen GV beauftragen, hinsichtlich des Schu bei den **Trägern der gesetzlichen Rentenversicherung**, beim **Bundeszentralamt für Steuern** und beim **Kraftfahrt-Bundesamt** die in § 802l ZPO näher bezeichneten Informationen einzuholen (näher su § 21 Rn 51). Eine etwa erforderliche Mitarbeit des Schu ist notfalls gem § 20 zu erzwingen.[21] Bei nicht zweifelsfreier

---

11 Vgl *LG Frankenthal* Rpfleger 1986, 104; MK/*Schmahl/Vuia* § 16 Rn 34; HambKomm/*Schröder* § 16 Rn 12 f.
12 *RG* JW 1911, 490, 491; 1926, 591 Nr 12; *RGSt* 41, 314 f; *AG Göttingen* ZInsO 2012, 1324 f.
13 Vgl *BGHZ* 169, 23 ff; *BGH* Beschl v 26.4.2007 – IX ZB 87/06.
14 *BGH* ZIP 2006, 1057; *OLG Stuttgart* NZI 1999, 492; MK/*Schmahl/Vuia* § 16 Rn 34.
15 *AG Göttingen* ZInsO 2003, 1156; vgl *RG* WarnRspr 1915 Nr 63, S 87; *KG* LZ 1910, 484.
16 Vgl *Jaeger/Henckel* § 35 Rn 138.
17 Vgl *BGH* ZIP 2006, 1057; *LG Berlin* ZInsO 2004, 875; *LG München* ZInsO 2010, 1010 f; *K Schmidt* § 16 Rn 6; *Graf-Schlicker/Bremen* § 16 Rn 5.
18 *Jaeger/Müller* § 16 Rn 10; *Uhlenbruck/Mock* § 16 Rn 8.
19 HambKomm/*Schröder* § 16 Rn 10.
20 Vgl *Jaeger/Müller* § 16 Rn 8 f.
21 *LG Göttingen* NJW-RR 1996, 639; *LG Magdeburg* bei *Holzer* EWiR 1997, 659 f.

Sachlage wird im Allg ein SV-Gutachten nach § 22 Abs 1 S 2 Nr 3, 2. HS[22] oder eine Beweisaufnahme nach allg Beweisregeln nötig sein. Im VerbrInsVerf (§ 311) wird die nötige Klarheit allerdings meist schon durch die gem § 305 eingereichten Unterlagen zu gewinnen sein.[23] Die vorl Verwaltung nach § 22 darf zwar nicht gezielt zur Aufklärung des Sachverhalts angeordnet, doch dürfen daraus gewonnene Erkenntnisse bei der Entsch über die Eröffnung verwertet werden.

Vereitelt ein Schu die Aufklärung, indem er Schweigepflichtige nicht von ihrer Verschwiegenheitspflicht befreit, kann ein vorl InsVerw für ihn zur Aufklärung beitragen (vgl § 22 Rn 72 ff). Maßgeblich ist stets eine Gesamtbetrachtung aller Umstände.[24] Die Entsch des InsGer über eine Beweisaufnahme können gem § 6 Abs 1 nur im Zusammenhang mit der abschließenden Erkenntnis über den Eröffnungsantrag selbst angefochten werden (§ 34 Abs 1 und 2; vgl § 5 Rn 21, § 6 Rn 6). 12

3. Nur eine Forderung. Nur wenn die Forderung eines Gl die einzige ist, die einen Eröffnungsgrund zulasten des Schu begründen könnte, ist auch diese in vollem Umfang zu beweisen; Glaubhaftmachung gem § 14 Abs 1 genügt dann nicht.[25] Das gilt auch im Falle eines durch die Forderung – insb wegen Antragspflichten – ausgelösten Eigenantrags[26] sowie für amtlich festgesetzte öffentlich-rechtliche Forderungen.[27] Gegenüber nicht titulierten Forderungen wird allerdings substantiiertes Bestreiten oder rechtserhebliches Vorbringen des Schu häufig schon die Glaubhaftmachung erschüttern.[28] Dagegen sollen Einwendungen des Schu gegen – sogar nur vorl vollstreckbare[29] – titulierte Forderungen des Gl grds nur im Prozesswege zu berücksichtigen sein.[30] Das kann dazu führen, dass der Titel später aufgehoben wird, aber auf seiner Grundlage das InsVerf eröffnet ist (abgrenzend vgl § 14 Rn 16). 13

Bleibt die Forderung des Gl glaubhaft – weil entweder rechtskräftig tituliert oder unzureichend in Frage gestellt (so § 14 Rn 15, 48) –, so erstreckt sich die Amtsprüfungspflicht des InsGer nach § 5 Abs 2 unter der in Rn 13 genannten Voraussetzung grds auch auf den Bestand der Forderung. Bloß pauschales Bestreiten oder rechtlich nicht schlüssige Darlegungen des Schu gegenüber sogar einer nicht (oder nur vorl vollstreckbar) titulierten Forderung genügen nicht, um deren Bestand ernsthaft in Frage zu stellen.[31] 14

Letztlich sind ErkenntnisVerf funktionell den Prozessgerichten vorbehalten; diese – nicht InsGer – entscheiden über das Bestehen einer rechtlich zweifelhaften Forderung, die allein den Eröffnungsgrund auslöst.[32] Dementsprechend ist gegenüber substantiiertem **Bestreiten** oder rechtserheblichen Gegenrechten des Schu – zB der Erfüllung oder Verjährung[33] – zu unterscheiden: Ist die nicht voll bewiesene Forderung des Ast nicht tituliert, so ist dessen 15

22 Vgl *BGH* KTS 1957, 13 f; 1978, 27 f; MK/*Ganter/Lohmann* § 5 Rn 22.
23 Vgl *AG Göttingen* bei *Kohte* EWiR 2000, 300.
24 Vgl *Skrotzki* KTS 1964, 252.
25 *BGH* NJW-RR 1992, 919; ZIP 2006, 247, 1452 f und 1456 f; 2007, 1226 f; *BayObLG* ZInsO 2001, 1013; *OLG Celle* ZInsO 2001, 1015; ungenau *LG Bielefeld* ZInsO 2010, 1195.
26 Vgl *Uhlenbruck* ZInsO 2006, 340.
27 *OLG Frankfurt* Rpfleger 1973, 60; vgl *BGH* ZVI 2006, 564 f; erg su Rn 16.
28 *LG Göttingen* WM 1994, 2091; vgl *BGH* ZIP 2007, 1226 f. Erg so § 14 Rn 15, 46.
29 *BGH* 17.6.2010 – IX ZB 250/09 Rn 3.
30 *BGH* ZInsO 2006, 824 Rn 11.
31 *BGH* 26.4.2007 – IX ZB 87/06; *Pape* NJW 1993, 301; erg vgl aber § 17 Rn 13.
32 *BGH* NJW-RR 1992, 919; NZI 2007, 350; ZIP 2007, 1226 f; *Jaeger/Gerhard* § 14 Rn 28; MK/*Schmahl/Vuia* § 16 Rn 38 f; *Uhlenbruck/Mock* § 16 Rn 12.
33 Vgl *BGH* ZVI 2007, 303.

Antrag abzuweisen.[34] Ist sie andererseits rechtskräftig tituliert, bleibt auch das InsGer an die Tragweite der Rechtskraft gebunden.[35] Ist die titulierte Forderung nicht rechtskräftig, aber glaubhaft geblieben (so Rn 14), soll auch der Eröffnungsgrund feststehen, falls der Schu dagegen nichts unternommen hat;[36] anderenfalls sind v diesem erwirkte GerichtsEntsch zu berücksichtigen. Zwar bedeutet die (titulierte) Forderung nur eine tatbestandsmäßige Vorfrage für das Vorliegen des Eröffnungsgrunds;[37] jedoch können idR etwa verbliebene Zweifel am Eröffnungsgrund als ausgeräumt gelten.[38] Dies soll sogar dann zutreffen, wenn der Schu zwar eine Einstellung der Zwangsvollstreckung gegen Sicherheitsleistung erwirkt, diese aber nicht erbracht hat.[39] Schwebt infolge eines Rechtsbehelfs des Schu ein gerichtliches Verf über die titulierte Forderung, so ist deren Bestand idR nicht bewiesen, es sei denn, dass die Rechtsverteidigung des Schu erkennbar aussichtslos ist.[40]

16 **4. Zeitpunkt.** Der Eröffnungsgrund muss für den Zeitpunkt festgestellt werden, in dem über die VerfEröffnung entschieden wird.[41] Es genügt also, wenn der Eröffnungsgrund nach Antragstellung entstanden ist.[42] Dagegen soll es nicht ausreichen, wenn ein EröffnungsBeschl zu Unrecht erging, jedoch der Eröffnungsgrund während des BeschwVerf eintritt (su § 34 Rn 22). Fällt umgekehrt ein zunächst gegebener Eröffnungsgrund bis zur maßgeblichen Entsch weg, etwa weil inzwischen alle wesentlichen Verbindlichkeiten des Schu getilgt oder gestundet werden,[43] ist ein Eröffnungsantrag als unbegründet abzuweisen, sofern er nicht in der Hauptsache für erledigt erklärt wird (vgl § 14 Rn 58).

17 Fällt der Eröffnungsgrund erst nach Unanfechtbarkeit des EröffnungsBeschl fort, so kommt nur eine Einstellung gem §§ 212, 213 in Betracht.[44] Dasselbe soll schon gelten, wenn der Eröffnungsgrund erst nach einem EröffnungsBeschl, aber während des BeschwVerf wegfällt (su § 34 Rn 22).

IV. Beweislast für den Eröffnungsgrund

18 Der Eröffnungsgrund muss zur vollen Überzeugung des InsGer feststehen.[45] Eine – formelle – Beweisführungslast gibt es wegen der Amtsermittlungspflicht (so Rn 10) nicht. Bleibt aber nach Ausschöpfung aller sachgerechten Ermittlungsmöglichkeiten das Vorliegen eines Eröffnungsgrundes zw, ist der Eröffnungsantrag zurückzuweisen; die materielle Beweislast trifft den jeweiligen Ast.[46]

---

34 Vgl *BGH* NZI 2007, 350 Rn 6; Beschl v 8.11.2007 – IX ZB 263/03; *Henkel* ZInsO 2011, 1238. Das InsGer darf aber auch selbst schwierige Rechtsfragen zur eigenen sicheren Überzeugung lösen: *AG Köln* NZI 2007, 666 ff.

35 Vgl HambKomm/*Schröder* § 16 Rn 9a.

36 *BGH* ZInsO 2010, 1091 für eine vollstreckbare öffentlich-rechtliche Forderung (Steuerbescheid); *BGH* 17.6.2010 – IX 87/10 für ein Urteil im Urkundenprozess.

37 Das System der prozessualen Rechtsbehelfe oder § 179 Abs 2 begrenzt deshalb die Beweiswürdigung nicht unmittelbar; vgl § 14 Rn 16; HambKomm/*Schröder* § 16 Nr 9a. Das gilt auch im Hinblick auf die Tatbestandswirkung bestehender VA.

38 So *allg BGH* ZIP 2006, 1453 f; ZInsO 2008, 104; vgl *Pape* WM 2008, 1952. Gegen Verallgemeinerungen zutr *LG Potsdam* ZInsO 2007, 1000; *AG Hamburg* ZInsO 2007, 951; erg so § 14 Rn 16.

39 *BGH* ZInsO 2010, 331 f Rn 6 f.

40 Vgl *Henkel* ZInsO 2011, 1239.

41 *BGHZ* 169, 20 ff; *ZIP* 2011, 1971; *Uhlenbruck/Mock* § 16 Rn 21.

42 Vgl *BGH* ZInsO 2007, 1275; *LG München* ZInsO 2010, 1011; *Graf-Schlicker/Bremen* § 16 Rn 8; PK-HWF/*Mitter* § 16 Rn 7.

43 Vgl *LG Hamburg* MDR 1963, 144; aM *Baur/Stürner* Rn 7, 21; erg su § 34 Rn 22.

44 *Uhlenbruck/Mock* § 16 Rn 21; *Graf-Schlicker/Bremen* § 16 Rn 9; vgl *LG Potsdam* ZInsO 2002, 779.

45 *BGH* ZInsO 2007, 1275 Rn 3; Beschl v 26.4.2007 – IX ZB 86/06.

46 *AG Magdeburg* ZInsO 1999, 359; *Uhlenbruck/Mock* § 16 Rn 17; MK/*Schmahl/Vuia* § 16 Rn 40; *Braun/Bußhardt* § 16 Rn 12; *Jaeger/Müller* § 16 Rn 15; HambKomm/*Schröder* § 16 Rn 16.

§ 17 Zahlungsunfähigkeit

(1) Allgemeiner Eröffnungsgrund ist die Zahlungsunfähigkeit.

(2) [1]Der Schuldner ist zahlungsunfähig, wenn er nicht in der Lage ist, die fälligen Zahlungspflichten zu erfüllen. [2]Zahlungsunfähigkeit ist in der Regel anzunehmen, wenn der Schuldner seine Zahlungen eingestellt hat.

Übersicht

Literatur: *Brahmstaedt* Die Feststellung der Zahlungsunfähigkeit, 2012; *Dittmer* Die Feststellung der Zahlungsunfähigkeit v Gesellschaften m beschränkter Haftung, 2013; *Fischer* Zur Feststellung der Zahlungsunfähigkeit – Folgerungen aus der Rechtsprechung des IX. Zivilsenats, in FS Ganter (2010), S 153 ff; *Kayser* Höchstrichterliche Rechtsprechung zum Insolvenzrecht, 6. Aufl 2012; *Krieger* Die Vorerbschaft in der Einzelzwangsvollstreckung und in der Insolvenz, Diss Bonn 2002; *Pohl* Der Insolvenzgrund der Zahlungsunfähigkeit, 2011; *Röhm* Zur Abhängigkeit des Insolvenzstrafrechts von der Insolvenzordnung, 2002; *J S Schröder* Die Reform des Eigenkapitalersatzrechts durch das MoMiG, 2012; *Temme* Die Eröffnungsgründe der Insolvenzordnung, 1997.

A. Allgemeines

I. Normzweck

Die Norm bestimmt zur Klarstellung den praktisch häufigsten **Eröffnungsgrund** (vgl § 16 Rn 1). 1

II. Anwendungsbereich

1. Eröffnungsgrund (Abs 1). Als allg Eröffnungsgrund iSv § 16 reicht die Zahlungsunfähigkeit für jedes InsVerf und jeden Antrag aus, auch im Falle des Antrags eines Schu gem § 305.[1] Sie tritt zeitlich erst nach der drohenden Zahlungsunfähigkeit (§ 18) und fast immer auch erst später als die Überschuldung (§ 19) ein. 2

1 AM *AG Göttingen* ZInsO 2012, 1324 f, das aber die eingetretene Zahlungsunfähigkeit verkannte (su Rn 10).

3 **2. Bedeutung für andere Normen.** Zahlungsunfähigkeit hat weitergehende Bedeutung iRd InsAnf (§§ 130–132), in strafrechtlicher (§§ 283, 283c StGB, § 15a Abs 4)[2] und in gesellschaftsrechtlicher Hinsicht (§ 15a; § 92 AktG; § 64 GmbHG; § 99 GenG; § 130a HGB). In allen diesen Fällen kann es erforderlich werden, den genauen Zeitpunkt zu ermitteln, in dem die Zahlungsunfähigkeit eingetreten ist, während es für den Eröffnungsgrund genügt, dass Zahlungsunfähigkeit jedenfalls im Zeitpunkt der Entsch über die Eröffnung vorliegt (vgl § 16 Rn 16).

B. Begriff der Zahlungsunfähigkeit (Abs 2 S 1)

4 Die Begriffsbestimmung des Abs 2 S 1 enthält nur objektive Merkmale. Sie stellt für sich nicht auf deren zutr Erkenntnis durch die Beteiligten oder auf ein Verschulden des Schu ab;[3] auf die Verkehrsanschauungen einzelner Branchen kommt es ebenfalls nicht an.[4] Die Definition gilt einheitlich auch in der VerbraucherIns:[5] Der Eröffnungsgrund dafür muss gem § 311 zur VerfErleichterung erst vorliegen, wenn ein Schuldenbereinigungsplan gescheitert ist;[6] ferner kann § 309 Abs 1 S 2 Nr 2 erfüllt sein, wenn kein Eröffnungsgrund gegeben ist. Für die Zahlungsfähigkeit juristischer Personen des öffentlichen Rechts gilt ebenfalls nichts Abweichendes; dass sie später feste Einnahmen zu erwarten haben, kann allenfalls als Beleihungsgrundlage zu berücksichtigen sein (su Rn 16–18).[7] Zur Zahlungsunfähigkeit auch im Ausland tätiger Schu so § 16 Rn 3.

I. Zahlungspflichten

5 Wegen des Normzwecks kommt es allein auf Zahlungspflichten des konkret betroffenen (so § 14 Rn 6) Schu im maßgeblichen Zeitpunkt (so Rn 3) an. Dies sind alle persönlichen Verbindlichkeiten des Schu iSd 2. Abschn des 8. Buchs der ZPO. Grundlage kann auch ein Anspruch auf Hinterlegung von Geld[8] oder auf Freistellung von einer Geldschuld[9] sein. Bei Sondervermögen iSv § 11 Abs 2 genügt die Verpflichtung ihres Trägers, die Zwangsvollstreckung wegen Geldforderungen in das Vermögen – zB gem §§ 1975, 1990 Abs 1 S 2 BGB – zu dulden.[10] Andere als Geldschulden – zB Verpflichtungen zur Warenlieferung oder Werkleistung – werden in diesem Zusammenhang erst erheblich, wenn sie, insb im Wege des Schadensersatzes, in eine Zahlungspflicht umgewandelt worden sind.[11] Ansprüche auf Bestellung von Sicherheiten genügen lediglich, soweit sie auf Hinterlegung von Geld gerichtet sind; § 648a BGB erfüllt diese Voraussetzung nicht.[12] Eine etwaige Mithaftung weiterer Personen begrenzt die eigene Zahlungspflicht des Schu nur, soweit er davon rechtswirksam befreit wird.

6 Die Zahlungspflichten müssen von Rechts wegen einwendungsfrei bestehen. Das trifft auch für **konzerninterne** oder behördlich angeordnete (su Rn 21) Verbindlichkeiten zu, soweit sie fällig sind (su Rn 8 f). Zudem können ausstehende Gesellschafterdarlehen die Zahlungsun-

---

2 Vgl *BGH* ZInsO 2007, 1115; *Natale/Baden* wistra 2008, 414 f.
3 *BGHZ* 163, 140; *BGH* ZIP 2006, 2224. Erg su Rn 19, 24.
4 *BGH* 15.4.2010 – IX ZR 35/08.
5 AM *Hess/Obermüller* Insolvenzplan, Rn 1010.
6 *Kohte* EWiR 2000, 299 f; *Hess* § 17 Rn 43; aM *Pape* WM 1998, 2128 f.
7 AM *Engelsing* vor § 12 S 129 f.
8 HambKomm/*Schröder* § 17 Rn 5; vgl MK-ZPO/*Gruber* § 803 Rn 9.
9 Vgl *Uhlenbruck/Mock* § 17 Rn 75.
10 *LG Dresden* ZIP 2005, 957.
11 *Jaeger/Müller* § 17 Rn 6; HambKomm/*Schröder* § 17 Rn 5; *K Schmidt* § 17 Rn 7; *Graf-Schlicker/Bremen* § 17 Rn 5.
12 *Primozic/Brugugnone* BauR 2013, 1936 f.

fähigkeit auslösen, weil deren Tilgung nach § 30 S 3 GmbHG auch außerhalb von InsVerf nicht (mehr) verboten ist.[13] Zwar fallen derartige Ansprüche unter § 39 Abs 1 Nr 5; doch konkurrieren deren Gl bis zur InsEröffnung mit allen anderen.[14] Das aus § 64 S 3 GmbHG und § 92 Abs 2 S 3 AktG folgende Verbot solcher Zahlungen an Gesellschafter, die „zur Zahlungsunfähigkeit der Gesellschaft führen mussten", ändert daran nichts, wenn es mangels Ursächlichkeit der Zahlung hinter § 64 S 1 GmbHG zurücktritt.[15] Zweifelhafte Verbindlichkeiten sind je nach ihrer Wahrscheinlichkeit – ggf m einem Abschlag – anzusetzen;[16] eine beweismäßige Prüfung zu diesem Zweck entfällt.[17] Darüber hinaus sind Zweifel nur bei der Frage zu berücksichtigten, ob der Schu lediglich zahlungsunwillig ist.[18] Zahlungspflichten, die erst durch die InsEröffnung entstehen, bleiben außer Betracht.[19]

II. Fälligkeit

Nur die Nichterfüllung fälliger Zahlungspflichten kann Zahlungsunfähigkeit iSv § 17 begründen. Hierdurch unterscheidet diese sich von der drohenden Zahlungsunfähigkeit (vgl § 18 Rn 4). Schulden, die erst durch ein InsVerf entstehen, bleiben außer Betracht.[20] 7

1. Begriff. Vorausgesetzt wird mindestens Fälligkeit iSv § 271 BGB. Eine rechtswirksam gestundete Verbindlichkeit bleibt deshalb außer Betracht.[21] Dienstvergütungen werden gem § 614 BGB nachträglich fällig.[22] Sind für Sozialversicherungsbeiträge ein „Fälligkeitstermin" und ein „Zahltag" bestimmt, tritt Fälligkeit erst mit letzterem ein.[23] Sind bestimmte Zahlungsfristen nach Rechnungserteilung („Barzahlungsziele") verkehrsüblich, tritt vor deren Ablauf Fälligkeit nicht ein.[24] Wechsel und Schecks werden erst gegen Vorlage zahlbar,[25] 8

---

13 *BGH* ZIP 2012, 2391 Rn 10; *Scholz/Bitter* vor § 64 Rn 7; *Uhlenbruck/Mock* § 17 Rn 94; *Graf-Schlicker/Bremen* § 17 Rn 5; *Fischer* S 160; *R/A/Altmeppen* Vorb § 64 Rn 23; *Baumbach/Hueck/Haas* § 64 Rn 54; HambKomm/*Schröder* § 17 Rn 12; aM *A/G/R/Kadenbach* § 17 Rn 10.

14 *R/A/Altmeppen* Vorb § 64 Rn 23; *Scholz/Bitter* vor § 64 Rn 7; *Harz/Baumgartner/Conrad* ZInsO 2005, 1305 f; *Haas* NZI 1999, 214; aM *Hess* § 17 Rn 8.

15 *BGH* ZIP 2012, 2391 Rn 10; *OLG München* ZIP 2010, 1237; *Knolle/Lojowsky* NZI 2013, 171 f; *Uhlenbruck/Mock* § 17 Rn 89; *R/A/Altmeppen* Vorb § 64 Rn 23; aM *Scholz/Bitter* vor § 64 Rn 7.

16 *AG Hbg* ZIP 2012, 1724 f; HambKomm/*Schröder* § 17 Rn 6; *Uhlenbruck/Mock* § 17 Rn 80, 128 ff; *Schmidt/Roth* ZInsO 2006, 240; mit prinzipiell beachtlichen, aber für die ex ante-Beurteilung schwer verwertbaren Argumenten krit *K Schmidt* § 17 Rn 8. Erg su Rn 12, § 19 Rn 23.

17 Zur Ausnahme für den Fall, dass der Eröffnungsantrag nur auf die Forderung eines einzigen Gl gestützt wird, so § 16 Rn 13; diese Anforderungen sind – entgegen FK/*Schmerbach* § 17 Rn 8 – nicht für eine Vielzahl v Forderungen mehrerer Gl zu verallgemeinern.

18 Entgegen *Baumbach/Hueck/Haas* vor § 15 § 64 Rn 34c (vgl auch *Uhlenbruck* ZInsO 2006, 342) kann ein „Bestreiten" des Schu nicht in weitergehendem Umfang die – nach objektiven Kriterien zu beurteilende – Zahlungsunfähigkeit beeinflussen. Fraglich mag allenfalls ein Verschulden des Verantwortlichen als Voraussetzung einer Schadensersatzpflicht sein. *Brete/Thomsen* GmbHR 2008, 915 und *Höffner* DStR 2008, 1791 verkennen, dass es im vorliegenden Zusammenhang nicht vorrangig um die Forderung des Ast geht (dazu so § 14 Rn 14 und 16, § 16 Rn 13), sondern um diejenigen aller anderen Gl.

19 *AG Göttingen* ZInsO 2002, 945; HambKomm/*Schröder* § 17 Rn 5.

20 *AG Göttingen* ZInsO 2002, 945; *K Schmidt* § 17 Rn 9.

21 *Jaeger/Müller* § 17 Rn 8; HambKomm/*Schröder* § 17 Rn 10; *Uhlenbruck/Mock* § 17 Rn 109; vgl *BGH* ZIP 2006, 2223; 2007, 1471 und 1668 f; WM 1965, 17.

22 Vgl *BGH* ZIP 2007, 1669.

23 *BGH* ZIP 1998, 32 f; 2005, 1243 f.

24 Vgl *Harz/Baumgartner/Conrad* ZInsO 2005, 1305; HambKomm/*Schröder* § 17 Rn 9.

25 *RG* bei *Bolze* 21, 1896 Nr 866; vgl Art 38 WG, Art 28 ScheckG.

unbefristet gewährte Kredite nach Kündigung.[26] Wechselprolongationen[27] und die Vereinbarung von Leistungen erfüllungshalber[28] schließen regelmäßig die Fälligkeit aus. Zur Überziehung v Kreditlinien su Rn 42.

9 Die kalendermäßige Fälligkeit einer Forderung macht idR ein weiteres Zahlungsverlangen entbehrlich.[29] Wird ein befristetes Darlehen durch Zeitablauf fällig, ist die Rückzahlungspflicht des Schu auch ohne konkrete Aufforderung des Gl zu berücksichtigen.[30] IÜ ist eine Forderung iSv § 17 Abs 2 S 1 idR (erst) fällig, wenn eine Handlung des Gl feststeht, aus der sich sein Wille, v Schu **Erfüllung** zu **verlangen,** im Allg ergibt.[31] Hierfür genügt idR die Übersendung einer Rechnung[32] oder eine einmalige (mündliche) Zahlungsaufforderung. Dasselbe gilt, wenn die Schu eine eigene Verbindlichkeit durch Kündigung fällig stellt und dem Gl die alsbaldige Erfüllung zusagt.[33] Anschließendes Stillhalten des Gl allein beseitigt die Fälligkeit nicht.[34] Dagegen sind Forderungen, deren Gl sich bereits für die Zeit der Krise vor Eröffnung eines InsVerf mit einer späteren oder nachrangigen Befriedigung einverstanden erklärt haben, bei Prüfung der Zahlungsunfähigkeit des Schu nicht zu berücksichtigen.[35] Dies betrifft vor allem das Stillhalteabkommen oder die Besserungsabrede, die zwar die Fälligkeit eines Anspruchs unberührt lassen, aber dessen Verfolgung verbindlich ausschließen, **solange** der **Schu** vereinbarte Zahlungen **leistet.**[36] Eine Vereinbarung, die nur eine nachrangige Befriedigung im InsVerf begründet, beseitigt die Fälligkeit dagegen nicht. Ferner sind solche Forderungen nicht im fraglichen Sinne fällig, deren Gl dem Schu – auch ohne rechtlich bindende Vereinbarung – gestatten, er brauche nur zu zahlen „wenn er kann"; damit wird der Verzicht auf staatlichen Zwang wenigstens bis auf Weiteres ausgedrückt.[37] Auch durch hoheitlichen Bescheid festgesetzte Ansprüche sind solange nicht in diesem Sinne „fällig gestellt", als die Vollziehung des Bescheids ausgesetzt ist.[38] Derartige besondere Gestaltungen sind aber nur in Betracht zu ziehen, wenn sie im Einzelfall geltend gemacht werden; dann hat das InsGer entsprechenden Umständen nachzugehen.[39] Sind sie nicht zu beweisen, sollte im Allg die Fälligkeit iSv § 271 BGB maßgeblich bleiben. Die Bezeichnung solcher Ausnahmegestaltungen mit dem missverständlichen Erfordernis „ernsthaften Einforderns" ist irreführend.[40]

---

26 *BGHZ* 118, 175; *BGH* ZIP 2001, 525; 2002, 2183.
27 Vgl *RG* JW 1905, 29 Nr 42.
28 Vgl *BayObLG* wistra 1988, 364; HambKomm/*Schröder* § 17 Rn 10.
29 *BGHZ* 181, 132 Rn 26 = ZIP 2009, 1235 f.
30 *BGH* WM 2013, 88 Rn 12.
31 *BGHZ* 173, 286 Rn 19 = BGH ZIP 2007, 1668; ZInsO 2008, 275; WM 2013, 174 f Rn 26. Insoweit besteht kein Unterschied zwischen gesetzlichen und vertraglichen Verbindlichkeiten: *Fischer* S 157. Abgrenzend zur Zahlungseinstellung su Rn 28 f.
32 *BGHZ* 173, 286 Rn 19 = BGH ZIP 2007, 1668; *Fischer* ZGR 2006, 409; *Tetzlaff* ZInsO 2007, 1336; *Pape* WM 2008, 1955, vgl schon *BGH* WM 1998, 2346.
33 *BGHZ* 181, 132 Rn 24 = ZIP 2009, 1235 ff; vgl *I Pape/G Pape* ZInsO 2010, 1348.
34 *Jaeger/Müller* § 17 Rn 10; vgl MK-BGB/*Krüger* § 271 Rn 22; *BGH* ZIP 2008, 706 Rn 22 f; *OLG Hamm* ZInsO 2008, 513.
35 *BGHZ* 173, 286 Rn 12 ff = BGH ZIP 2007, 1668; *AG Itzehoe* ZIP 2014, 1038; *Bock* ZIP 2014, 997; *Bitter/Rauhut* ZIP 2014, 1005.
36 Vgl MK-BGB/*Krüger* § 271 Rn 18; *BGH* ZIP 2008, 420 Rn 26 ff; WM 2013, 174 Rn 29; *Graf-Schlicker/Bremen* § 17 Rn 9; *Scholz/Bitter* Vor § 64 Rn 8.
37 Vgl *BGHZ* 173, 286 Rn 11 ff = *BGH* ZIP 2007, 1668.
38 HambKomm/*Schröder* § 17 Rn 10; *Pape* ZInsO 2011, 2165.
39 *BGHZ* 173, 286 Rn 19 ff = *BGH* ZIP 2007, 1669 f; *Uhlenbruck/Mock* § 17 Rn 117.
40 Ebenso HambKomm/*Schröder* § 17 Rn 13b; *Graf-Schlicker/Bremen* § 17 Rn 8; vgl *K Schmidt* § 17 Rn 13.

Eine bloße Einstellung der Zwangsvollstreckung – zB gem § 258 AO – beseitigt nicht die Fälligkeit. Die Aussetzung der Vollziehung eines Steuerbescheids wegen zweifelhafter Rechtmäßigkeit (§ 361 AO) bewirkt – nur – für die Zukunft eine Stundung.[41] Der Verzicht eines Gl auf Vollstreckungsmaßnahmen gegen einen vermögenslosen Schu Zug um Zug gegen dessen Besserungsschein beseitigt nicht die Fälligkeit der Forderung des Gl.[42] Ein Moratorium gem § 46a KWG bewirkt zwar eine Stundung, lässt aber die Zahlungsunfähigkeit unberührt.[43] Ein erst **nach** Eintritt der Zahlungsunfähigkeit vereinbartes Moratorium beseitigt diese nicht, bevor der Schu aufgrund dessen seine Zahlungen im Allg wieder aufnimmt (su Rn 44). 10

2. Gesicherte Verbindlichkeiten. Ob Verbindlichkeiten des Schu gesichert sind, ist für die Zahlungsunfähigkeit idR unerheblich, wenn der Gl auch die persönliche Schuld einfordert.[44] Dagegen ist eine Zahlungspflicht nicht mehr iSv § 17 fällig, wenn der Gl sie als Gegenleistung für eine vom Schu gewährte Sicherheit stundet oder sie durch Annahme einer Leistung an Erfüllungs Statt zum Erlöschen bringt.[45] 11

III. Schuldner zur Erfüllung nicht in der Lage

1. Mangel an Zahlungsmitteln. Die Nichtzahlung muss auf einem objektiven Mangel an auszugebenden Zahlungsmitteln beruhen;[46] gegen bloße **Zahlungsunwilligkeit** hilft die Einzelvollstreckung.[47] Deshalb reicht es nicht aus, wenn der Schu die Verbindlichkeit nicht kennt, einen Zahlungstermin lediglich übersieht[48] oder die Zahlung nur verweigert, weil er die Forderung – sei es zu Recht[49] oder zu Unrecht[50] – für unbegründet hält. Bei einer entspr Beweiswürdigung wird allerdings auch zu erwägen sein, ob es sich um Einzelfälle handelt[51] und ob die Rechtslage objektiv Anlass zu erheblichen Zweifeln bot,[52] zB bei erst vorl vollstreckbaren Titeln.[53] Ohne bes Anhaltspunkt im Einzelfall braucht das InsGer nicht auf die theoretische Möglichkeit einzugehen, ein säumiger Schu könne bloß zahlungsunwillig sein.[54] Auch einzelne Zahlungen des Schu schließen seine Zahlungsunfähigkeit im Rechtssinn nicht aus (su Rn 20 f, 40). Eine insrechtl unerhebliche Zahlungsunwilligkeit liegt nur vor, wenn gleichzeitig Zahlungsfähigkeit gegeben ist.[55] 12

Zw kann die Zahlungsunfähigkeit sein, wenn der Gl einer fälligen Forderung, die allein noch nicht die Zahlungsunfähigkeit ausgelöst hat (so Rn 8), über längere Zeit hinweg gegen erbrachte Ratenzahlungen ausdrücklich oder stillschweigend von einer Titulierung absieht[56] 13

---

41 *OLG Bbg* ZIP 2013, 943.
42 Dies berücksichtigte *AG Göttingen* ZInsO 2012, 1324 f nicht.
43 *Pannen* vor § 13 S 115 f.
44 *OLG Köln* Beschl v 3.3.2000 – 2 W 31/00; *LG Köln* wistra 1992, 269; *Graf-Schlicker/Bremen* § 17 Rn 5.
45 *BGH* JR 1988, 255.
46 *Temme* S 7 ff; *Bork* Rn 84; *v Onciul* vor § 16 S 96.
47 Vgl *Jaeger/Müller* § 17 Rn 13; *K Schmidt* § 17 Rn 16; *Kalnbach* vor § 16 S 12; *v Onciul* vor § 16 S 105.
48 Vgl *BGH* WM 1959, 892; MK/*Eilenberger* § 17 Rn 9.
49 *BGH* NJW 1962, 102, 104.
50 Vgl *BGH* KTS 1960, 38, 39 ZIP 2006, 1456 f Rn 13; *RG* JW 1901, 753 Nr 10; HambKomm/*Schröder* § 17 Rn 14a.
51 Vgl *BGH* ZIP 2006, 1458.
52 Vgl *BGH* ZInsO 2005, 39, 40; *Uhlenbruck/Mock* § 17 Rn 170.
53 Vgl *Uhlenbruck* ZInsO 2006, 340 ff.
54 *OLG Celle* NZI 2000, 217; erg su Rn 29.
55 *BGH* ZInsO 2014, 1661.
56 Vgl *Kalnbach* vor § 16 S 16: „Stillschweigende Stundung".

(erg su Rn 42). Bedeutsam kann diese Frage vor allem iRd §§ 130–132, nicht aber als Eröffnungsvoraussetzung werden; denn jedenfalls mit einem Eröffnungsantrag entfällt ein etwaiger Zahlungsaufschub und ist auch dieser Anspruch mit in die Liquiditätsbilanz einzustellen.

14 Umgekehrt hilft ein Zahlungswille des Schu nichts, wenn ihm die nötigen flüssigen Mittel **nicht zur freien Verfügung** stehen.[57] Vorhandenes Vermögen einschl Freistellungsansprüchen ist deshalb nur bedeutsam, wenn es kurzfristig (su Rn 18) zu liquidieren oder zu beleihen ist;[58] lehnt der Schu dies aus persönlichen Gründen ab, so steht das Vermögen nicht seiner Geldilliquidität entgegen.[59] Forderungen des Schu, die allenfalls nach Ablauf v 3 Wochen (su Rn 18) entstehen oder fällig werden, bleiben außer Betracht; Forderungen, deren Erfüllung zw ist; können nur m einem Abschlag als Aktivposten eingestellt werden.[60] Schwebende Zahlungsklagen des Schu gegen Drittschuldner sind unerheblich, sofern sie nicht eine fristgerechte (fast) vollständige Beseitigung der Liquiditätslücke des Schu mit an Sicherheit grenzender Wahrscheinlichkeit erwarten lassen; die bloße Zusage eines Dritten, bestimmte Verbindlichkeiten des Schu zu übernehmen, bewirkt noch nicht, dass diese Verbindlichkeiten nicht mehr zu berücksichtigen wären.[61] Dagegen ist ein sofort abrufbarer Kredit als Zahlungsmittel zu berücksichtigen.[62] Eine an Gl gerichtete „harte" Patronatserklärung der Muttergesellschaft beseitigt noch nicht die objektive Zahlungsunfähigkeit einer Tochtergesellschaft.[63]

15 Zum berücksichtigungsfähigen **Vermögen** vgl § 16 Rn 9 aE. Bei Stiftungen ist auch das – mindestens kurzfristig liquidierbare – Grundstockvermögen zu berücksichtigen.[64] Ist der Schu Vorerbe, ist das zur Vorerbschaft gehörende Vermögen nicht zu berücksichtigen, soweit eine Zwangsvollstreckung in das Vermögen nach Maßgabe der §§ 2115 BGB, 773 ZPO unwirksam wäre.[65] Geldmittel einer **konzernangehörigen** Gesellschaft sind nicht (auch) den anderen zuzurechnen, falls sie nicht rechtzeitig (su Rn 18) zur Tilgung ihrer Verbindlichkeiten tatsächlich eingesetzt werden.[66] Gehört der Schu jedoch zu einem Cash Pool, so können ihre Forderungen an das den Pool führende Unternehmen berücksichtigt werden, falls dieses leistungsbereit und -willig ist.[67] Dagegen wird Zahlungsunfähigkeit (einer Tochtergesellschaft) nicht allein durch eine – sei es auch harte – Patronatserklärung (der Muttergesellschaft gegenüber einem Gl (der Tochtergesellschaft) beseitigt, weil für diese kein Anspruch begründet wird.[68] Ein Schu kann grds auch zahlungsunfähig werden, wenn sein allg Mangel an Zahlungsmitteln auf behördlichen Maßnahmen beruht,[69] zB auf einer Anordnung des Bundesaufsichtsamts für das Kreditwesen;[70] die Ursache ändert an der

---

57 Vgl *BGH* NZI 2012, 417; *RG* WarnRspr 1927 Nr 100; *Kalnbach* vor § 16, S 11 f.
58 *BGH* ZIP 1999, 78; *LG München* ZInsO 2010, 1010; *K Schmidt* § 17 Rn 14; *v Onciul* vor § 16, S 94 f, 97; *Harz* ZInsO 2001, 195; *Fischer* S 161; zu eng *Temme* S 16 f.
59 *Uhlenbruck* DStZ 1986, 40 f; *Uhlenbruck/Mock* § 17 Rn 69; *K/P/B/Pape* § 17 Rn 15; vgl *Staufenbiel/Hoffmann* ZInsO 2008, 789. Dies verkennt *Skauradszun* DZWIR 2009, 280.
60 *LG Hbg* ZIP 2012, 1724 f.
61 *BGH* 9.3.2006 – IX ZB 83/05.
62 *BGH* 20.1.2011 – IX ZR 32/10, Rn 4; *Jaeger/Müller* § 17 Rn 16; *Uhlenbruck/Mock* § 17 Rn 41, 56; HambKomm/*Schröder* § 17 Rn 14a.
63 *BGH* ZInsO 2011, 1115 Rn 22.
64 *H-H Müller* ZIP 2010, 155; *Roth/Knof* KTS 2009, 166.
65 *Krieger* S 100 ff.
66 Vgl *LG Frankfurt/Oder* ZIP 1995, 1211; *Jaeger/Müller* § 17 Rn 18; *Gottwald/Specovius/Kuske* § 95 Rn 16. Erg vgl Rn 17 und zur Ermittlung in einem Konzern *Gaa* ZInsO 2006, 477 f.
67 *K Schmidt* § 17 Rn 14; *Fischer* S 161; FAS IDW ZIP 2009, 204.
68 *BGH* WM 2011, 711 Rn 48; ZIP 2011, 1111 Rn 16 ff; abgrenzend zu konzerninternen Erklärungen vgl *K Schmidt* § 17 Rn 14; *Krüger/Pape* NZI 2012, 618 f.
69 Vgl *OLG Köln* WM 1979, 1344; HambKomm/*Schröder* § 16 Rn 9a.
70 *BGHZ* 83, 346.

Beeinträchtigung der Gl nichts. Allerdings mag ein äußerer Eingriff gelegentlich nur zu einer „unschädlichen“ Zahlungsstockung führen (su Rn 18); dies kann zB zutreffen, wenn erst gerichtliche Sicherungsmaßnahmen iSv § 21 den Schu an der Zahlung hindern.[71] Auch läge keine allg Zahlungsunfähigkeit vor, wenn dem Schu nur einzelne, bestimmte Zahlungen verboten würden. Bietet der Schu, weil er nicht zu zahlen vermag, die Abtretung von Außenständen an, hindert das allein nicht seine Zahlungsunfähigkeit.[72] Zur Frage, ob Zahlungsansprüche v Krankenkassen nach § 172d Abs 1 SGB V gegen „Schwester“-Krankenkassen zu berücksichtigen sind, vgl *Bultmann* MedR 2009, 29 f.

Ist der Schu noch zur Erfüllung in der Lage, so ist es in diesem Zusammenhang unerheblich, **16** auf welche Weise er sich die dazu nötigen Mittel verschafft, etwa durch die – sei es auch unwirtschaftliche – Auflösung letzter Reserven[73] oder durch Straftaten.[74] Insb vermag eine ausreichende Kreditaufnahme die Zahlungsunfähigkeit des Schu auszuschließen.[75]

Die bloße Aussicht des Schu, Verkaufserlöse zu erzielen oder einen Kredit zu erlangen, schließt **17** die Zahlungsunfähigkeit allenfalls aus, wenn sie hinreichend konkret ist[76] und sich kurzfristig verwirklichen lässt (su Rn 18). Die Werthaltigkeit einzusetzender Sicherheiten ist dabei zu berücksichtigen.[77] Umgekehrt darf die Zahlungsunfähigkeit nicht mit der Begr verneint werden, der Schu hätte sich um einen Kredit bemühen können, wenn er das tatsächlich unterlassen hat.[78] Eine Kreditaufnahme kann die Zahlungsunfähigkeit auch nur hindern, wenn die Mittel für die Schuldtilgung verfügbar, also nicht für andere Zwecke gebunden sind.[79] Bei einer juristischen Person, Gesellschaft oder Vermögensmasse iSv § 11 Abs 2 als Schu ist allein auf die Liqidität dieser Vermögensmasse abzustellen. Zahlungsansprüche gegen Gesellschafter hindern die Zahlungsunfähigkeit nur, wenn sie kurzfristig erfüllt werden.[80]

2. Nicht nur kurzfristig. Der Mangel an Zahlungsmitteln darf nicht nur kurzfristig andauern. **18** § 17 belässt jedem Schu – unabhängig von seiner Rechtsform oder seinem Tätigkeitsbereich – über den Fälligkeitstermin hinaus nur noch denjenigen Zeitraum, den eine kreditfähige Person benötigt, um sich die erforderlichen Mittel zu leihen.[81] Wegen der vom Gesetzgeber gewollten Verkürzung kann nur noch ein Zeitraum von höchstens **drei Wochen** als objektiv kurzfristig behandelt werden.[82] Für diese Frist ist die Änderung des § 19 Abs 2 (su § 19 Rn 7 ff) inhaltlich bedeutungslos,[83] weil diese Norm eine erst drohende Gefahr für das Wirtschaftsle-

---

71 Vgl *Frind* EWiR 2003, 24.
72 *KG* KTS 1960, 173.
73 *BGH* WM 1975, 7; *RG* LZ 1911, 858 Buchst C; *OLG Karlsruhe* BadRpr 1910, 49; vgl *Jaeger/Müller* § 17 Rn 17.
74 *BGH* KTS 1960, 38, 39; NJW 1982, 1952, 1954; *RG* Recht 1907, Nr 2380; vgl *BGHZ* 181, 132 Rn 19 = ZIP 2009, 1235 ff (anfechtbar erlangte Zahlungsmittel); vgl aber HambKomm/*Schröder* § 17 Rn 14: in diesem Fall sind zugleich entspr Gegenansprüche des Geschädigten zu passivieren.
75 *BGH* WM 1990, 1590; *RG* JW 1900, 132 Nr 9; *RGSt* 3, 195; vgl *BGH* 21.9.2006 – IX ZR 55/05.
76 *RG* JW 1902, 546 Nr 13; WarnR 1927, Nr 100; vgl HambKomm/*Schröder* § 17 Rn 14a.
77 Vgl *OLG Köln* ZIP 2000, 153.
78 *BGH* NJW 1998, 608 f; *K/P/B/Pape* § 17 Rn 11.
79 *LG Köln* wistra 1992, 269 f; vgl *OLG Köln* WM 1979, 1344; *LG Bielefeld* ZInsO 2010, 1195 f.
80 *Jaeger/Müller* § 17 Rn 18; erg so Rn 14, § 16 Rn 9 aE.
81 RegE S 114 zu §§ 20, 21.
82 *BGHZ* 163, 139 f; *BGH* ZIP 2006, 2224; 2007, 1470; 2012, 1174 Rn 10; 2012, 2391 Rn 8; *LG München* ZInsO 2010, 1010; *LG Lüneburg* ZInsO 2011, 1044 f; vgl *BAG* ZIP 2011, 2369; *OLG Köln* NZI 2005, 114; *Jaeger/Müller* § 17 Rn 25; *Uhlenbruck/Mock* § 17 Rn 26; *v Onciul* vor § 16 S 100 f; *Fischer* ZGR 2006, 405 f; für 4 Wochen/30 Tage *Bork* KTS 2005, 6 f; *Kalnbach* vor § 16 S 15; *Harz/Baumgartner/Conrad* ZInsO 2005, 1307; für 6 Wochen *Kamm/Köchling* ZInsO 2006, 735.
83 AM *Hirte/Knof/Mock* ZInsO 2008, 1223.

ben relativiert, während die Illiquidität iSv § 17 eine gegenwärtige Gefahr darstellt. Nur wenn ein so schneller Zahlungseingang sicher erscheint, können zB vom Schu erbrachte, aber nicht einmal abgerechnete Vorausleistungen als Aktiva in eine Liquiditätsbilanz eingestellt werden.[84] Entspr gilt, wenn die Schu als Teil eines Konzernverbunds an einem Cash-Pool-Verfahren teilnimmt. Ein erstrebter Erlös für eine Geschäftseinrichtung käme idR zu spät.[85] Eine **eingetretene** Zahlungsunfähigkeit wird nicht beseitigt, wenn der Schu seine gegenwärtigen Gl (nur) dadurch befriedigt, dass er diejenigen Mittel weggibt, die er zur Begleichung seiner alsbald fällig werdenden Verbindlichkeiten benötigt.[86]

19 Ebenso wie die im 3-Wochen-Zeitraum voraussichtlich zu erzielenden Einkünfte sind die neu entstehenden Verbindlichkeiten („Pasiva II") zu berücksichtigen.[87] Nur auf diese Weise kann die Liquiditätslage des Schu fortlaufend zutr erfasst werden („Bugwellenproblematik").[88] Die Urteile des BGH,[89] die eine engere Definition zugrunde legen, betrafen allein die rückblickende Betrachtung bei Schadensersatz- oder Anfechtungsklagen, dagegen nicht die vom InsGer bis zum Zeitpunkt der InsEröffnung zu treffende Prognose; insoweit sind sie nicht entscheidungserheblich.

20 **3. Nicht nur unwesentlicher Teil.** Aufgrund der vom Gesetzgeber erstrebten Verschärfung des Eröffnungsgrundes (so Rn 1) genügt es im Ansatz schon, wenn der Schu nicht alle seine Verbindlichkeiten fristgerecht zu tilgen vermag; eine nur tw wirkende Zahlungsunfähigkeit gibt es nicht, weil kein Gl sich mit längeren Wartefristen abfinden muss als andere. Lediglich wenn der nicht erfüllte **Teil** der Schulden insgesamt **unwesentlich** ist, tritt Zahlungsunfähigkeit nicht ein.[90] Als unwesentlich kann im Interesse der GlGesamtheit und der erstrebten frühen VerfEröffnung idR nur eine **Liquiditätslücke** von weniger als **10 %** angesehen werden.[91] Eine Liquiditätslücke unterhalb dieser Schwelle kann wesentlich sein, wenn aufgrund konkreter Umstände absehbar ist, dass die Lücke demnächst 10 % übersteigen wird. Ein mehrmonatiger[92] (nicht zwingend sechsmonatiger)[93] Rückstand mit **Sozialversicherungsbeiträgen** kann auch dann die Zahlungsunfähigkeit begründen, wenn er unter 10 % der Gesamtverbindlichkeiten liegt.[94] Übersteigt andererseits die Lücke gegenwärtig den Schwellenwert, kann sie nur unwesentlich sein, falls mit an Sicherheit grenzender Wahrscheinlichkeit zu erwarten ist, dass sie demnächst (fast) vollständig beseitigt wird und den Gl ein

---

84 Vgl *BGH* 26.4.2007 – IX ZB 196/06; *Pape* WM 2008, 1952.
85 *LG Saarbrücken* ZInsO 2012, 332.
86 *BGH* ZIP 2012, 2355 Rn 19.
87 *Uhlenbruck/Mock* § 17 Rn 28, 133; HambKomm/*Schröder* § 17 Rn 16; *Graf-Schlicker/Bremen* § 17 Rn 16; *Ganter* ZInsO 2011, 2300 ff; *Frystatzki* NZI 2010, 390 f; *Prager/Jungclaus* S 105 ff; *Brahmstaedt* S 172 ff; *Dittmer* S 151 ff; vgl *Kayser* Rn 19, 2. Prüfungsschritt; MK/Eilenberger § 17 Rn 12, 20; Baumert NZI 2013, 920 f; krit *K Schmidt* § 17 Rn 29; aM 5. Aufl; Fischer S 157 ff.
88 Vertierfend zur „Bugwellenproblematk" insb aus betriebswirtschaftlicher Sicht, *Krauß* ZInsO 2016, 2361.
89 *BGHZ* 163, 138; *BGH* ZIP 2006, 2222 Rn 27; 2009, 2253 Rn 11.
90 RegE S 114 zu §§ 20, 21.
91 *BGHZ* 163, 139 ff; *BGH* ZInsO 2006, 827 f; ZIP 2006, 2224; 2007, 1471 f; 2012, 1174 Rn 10; 2012, 2391 Rn 8; vgl *BGA* ZIP 2011, 2369; für höchstens 1 % *Bork* KTS 2005, 9 ff; *Jaeger/Müller* § 17 Rn 22; krit gegenüber jeglicher Akzeptanz von Liquiditätslücken MK/*Eilenberger* § 17 Rn 15 ff; für 5 % *K Schmidt* § 17 Rn 23; *Weber* ZInsO 2004, 71; für 15–20 % *Reck* ZInsO 2003, 930; *Kalnbach* (vor § 16) S 20; für höhere Werte *Bittmann/Volkmer* wistra 2005, 168; *Penzlin* NZG 1999, 1208.
92 *BGH* 7.11.2013 – IX ZR 49/13; *OLG Hamburg* 26.8.2016 – 1 U 207/14.
93 Jedenfalls diese Frist wird ganz überwiegend für ausreichend gehalten, vgl *BGH* 13.6.2006 – IX ZB 238/05.
94 *OLG Rostock* ZInsO 2006, 1110; erg so § 14 Rn 19.

Zuwarten nach den bes Umständen des Einzelfalls zuzumuten ist; dafür mag ein Zeitraum v 3 bis längstens 6 Monaten in Bertracht kommen.[95] Allein in jenem Rahmen können saisonale Schwankungen berücksichtigt werden. Lassen sich Besonderheiten der bezeichneten Art nicht feststellen, bleibt der Schwellenwert von 10 % maßgeblich.[96]

Die Nichtzahlung einer einzigen Schuld kann genügen,[97] sofern diese – gemessen an der Gesamthöhe der Verbindlichkeiten des Schu – nicht unwesentlich ist (so Rn 20). Der Zahlungsunfähigkeit steht es dementsprechend nicht entgegen, dass der Schu noch einzelne – sogar beträchtliche – Zahlungen leistet, sofern die unerfüllt gebliebenen Verbindlichkeiten nicht unwesentlich sind.[98] Stellt ein Schu aus Geldmangel planmäßig die Bezahlung erheblicher fälliger Schulden zurück, weil seine Liquidität nur zur Befriedigung der für wichtiger gehaltenen Gl ausreicht („Schiebeliste"), drückt sich darin seine Zahlungsunfähigkeit aus.[99] Diese wird idR auch eintreten, wenn die BaFin gem § 37 KWG (mittelbar) die sofortige Rückzahlung der Einlagen durch ein Kreditinstitut anordnet.[100] 21

C. Nachweis der Zahlungsunfähigkeit

I. Unmittelbarer (betriebswirtschaftlicher) Nachweis

„Zahlungsunfähigkeit" ist ein komplexer Rechtsbegriff, der sich aus verschiedenen Rechtsbegriffen zusammensetzt (so Rn 5, 7, 12, 18, 20). Deren einzelne tatsächliche Grundlagen müssen vom Tatrichter festgestellt werden, während das RechtsBeschwGer selbstständig zu prüfen hat, ob dadurch die einzelnen Begriffselemente erfüllt sind. 22

Zur Feststellung der Zahlungsunfähigkeit ist eine Liquiditäts-,[101] keine Vermögensbilanz, aufzustellen; Letztere kann allenfalls eine Überschuldung ausweisen.[102] Ein Verlust in der Jahresbilanz[103] oder eine Gegenüberstellung der Verbindlichkeiten mit den für einen bestimmten Zeitabschnitt verfügbaren Kreditmitteln[104] gestattet keinen Schluss auf eine Zahlungsunfähigkeit. Maßgeblicher Zeitpunkt ist in diesem Zusammenhang derjenige der Entscheidung über die InsEröffnung (so § 16 Rn 16); dieser liegt stets später als der gem § 15a Abs 1 S 1 maßgebliche (so § 15a Rn 11 ff) und eröffnet keine Prognose über die 3-Wochenfrist (so Rn 18) hinaus.[105] Etwaige künftige Masseansprüche bleiben außer Betracht.[106] 23

Statt dessen sind alle im maßgeblichen Zeitpunkt (so § 16 Rn 16) verfügbaren und innerhalb von drei Wochen (so Rn 18) flüssig zu machenden Mittel[107] in Beziehung zu setzen zu allen 24

---

95 Vgl HambKomm/*Schröder* § 17 Rn 20; *Fischer* ZGR 2006, 408; enger *AG Hbg* ZIP 2008, 520 f.
96 *BGHZ* 163, 145 f; vgl *BGH* ZIP 2007, 1669 = *BGHZ* 173, 286 Rn 31; *Frystatzki* NZI 2010, 393 f.
97 *BGHZ* 149, 185 mwN; *RGSt* 39, 326 f; *OLG Hamm* ZInsO 2008, 512. Zu Unterhaltsschulden vgl *BGHZ* 162, 241 f.
98 *BGH* NJW 1982, 1952, 1954; 1985, 1785 f; 1998, 608; *BGHZ* 149, 189 mwN; *BGH* ZIP 2000, 1017; 2001, 525; *RG* JW 1927, 386 Nr 17.
99 *BGH* ZIP 2003, 491; vgl MK/*Eilenberger* § 17 Rn 30.
100 Vgl *AG Hbg* ZIP 2006, 391 und 1750 f; HambKomm/*Schröder* § 17 Rn 9; erg su § 19 Rn 23.
101 Vgl *BGH* ZInsO 2015, 842 Rn 12, WM 2012, 998 Rn 8; *K Schmidt* § 17 Rn 34.
102 *OLG Bbg* ZInsO 2009, 1592.
103 *OLG Düsseldorf* WM 1997, 1867.
104 *BGH* WM 1965, 17.
105 Vgl *Neu/Ebbinghaus* ZInsO 2012, 2232 ff.
106 Vgl *BGH* ZIP 2007, 1666 = *BGHZ* 173, 286 Rn 29.
107 Vgl *BGH* ZIP 2007, 1666 = *BGHZ* 173, 286 Rn 30; NZI 2012, 663 Rn 8; ZIP 2013, 2323 Rn 15; *Uhlenbruck/Mock* § 17 Rn 28; *Schlüchter* MDR 1978, 267.

in demselben Zeitpunkt fälligen, eingeforderten (so Rn 8 f) Verbindlichkeiten;[108] solche, die v einem Vollstreckungsaufschub betroffen sind, können außer Betracht bleiben.[109] Überschreitet der Quotient aus diesem Bruch[110] nicht 0,9, liegt idR Zahlungsunfähigkeit vor (so Rn 20).[111] Auf die Vorhersehbarkeit für den Schu oder Dritte kommt es dagegen nur an, soweit zusätzliche subjektive Tatbestandsmerkmale (zB für § 64 GmbHG oder § 130 Abs 1 Nr 1) bedeutsam werden.[112]

II. Zahlungseinstellung (Abs 2 S 2)

25 Der Beweis der Zahlungsunfähigkeit kann auch mittelbar durch Indizien geführt werden. Nach Abs 2 S 2 genügt dazu regelmäßig eine **Zahlungseinstellung** des Schu. Sie begründet eine gesetzliche Vermutung für Zahlungsunfähigkeit[113] und ermöglicht es auch Außenstehenden, deren Zeitpunkt verhältnismäßig genau und zuverlässig zu bestimmen.

26 **1. Begriff.** Zahlungseinstellung ist dasjenige **äußerliche Verhalten** des Schu, in dem sich typischerweise eine Zahlungsunfähigkeit ausdrückt.[114] Es muss sich daraus also mindestens für die beteiligten Verkehrskreise der berechtigte Eindruck aufdrängen, dass die Nichtzahlung (so Rn 5) trotz Fälligkeit (so Rn 7–11) eines nicht unerheblichen Teils der Verbindlichkeiten[115] gerade auf einem objektiven Mangel an Geldmitteln (so Rn 12–17) beruht, der länger als zwei bis drei Wochen andauert.[116] An das Indiz der „Zahlungseinstellung" sind keine strengeren Anforderungen zu stellen als an die rechtlich maßgebliche „Zahlungsunfähigkeit" selbst,[117] zumal für die Zahlungseinstellung die begrenzte Erkennbarkeit durch Außenstehende entscheidet, die vom Schu aufgrund seiner umfassenden Übersicht zu widerlegen wäre (su Rn 46). Eine bestimmte Mindesthöhe der Liquiditätslücke (so Rn 20) wird nicht vorausgesetzt.[118]

27 Das als Vermutungsgrundlage dienende Verhalten muss gerade **vom Schu ausgehen** oder von einer Person, die für ihn zu handeln befugt ist.[119] Die Zahlungsverweigerung allein einer Zweigniederlassung genügt regelmäßig nicht; andererseits steht die Erfüllung von Verbindlichkeiten nur noch durch eine Zweigniederlassung nicht ohne weiteres der Zahlungseinstellung entgegen, wenn die Hauptniederlassung nicht mehr leistet.[120] Entscheidend ist, ob nach dem Gesamtverhalten des Schu[121] der nicht erfüllte Teil seiner Verbindlichkeiten ins-

108 Zu den künftig fällig werdenden Verbindlichkeiten vgl *BGH* ZInsO 2015, 842 Rn 13 (zu drohender Zahlungsunfähigkeit): eine Fälligstellung im Prognosezeitraum muss überwiegend wahrscheinlich sein; *R/A/Altmeppen* Vorb § 64 Rn 19; *Baumbach/Hueck/Haas* vor § 15, § 64 Rn 38. Erg so Rn 19.

109 *BGH* ZInsO 2012, 732 Rn 7.

110 Krit insofern zur Berechnungsformel nach IDW S 11 *Baumert* NZI 2015, 593.

111 *BGH* ZIP 2006, 2222 Rn 28; ZIP 2013, 2323; vgl *Frystatzki* NZI 2010, 389 ff; *Harz/Baumgartner/Conrad* ZInsO 2005, 1306 f; *Krüger/Wigand* ZInsO 2011, 316 ff; *Plagens/Wilkes* ZInsO 2010, 2107 ff; *Hess* § 17 Rn 15 ff; HambKomm/*Schröder* § 17 Rn 35 ff.

112 Dies berücksichtigen *Knolle/Tetzlaff* ZInsO 2005, 899 ff nicht; erg so Rn 20.

113 *BGH* ZIP 2006, 2222 f.

114 *BGH* KTS 1960, 39; WM 1974, 451; NJW-RR 1986, 850; *BGHZ* 149, 184 f; *BGH* ZIP 2006, 2223; ZInsO 2011, 1410 Rn 12; *BAG* ZInsO 2012, 271 f, Rn 26.

115 Vgl *BGH* ZIP 2006, 2223 f; 2008, 420 f Rn 21; erg so Rn 21, 22.

116 Vgl *BGH* ZIP 2007, 1470 f; *Fischer* S 164 f; erg so Rn 19 f.

117 Vgl *Weyand/Diversy* vor § 19 Rn 54; *Röhm* S 204 ff; aM *Müller-Guggenberger/Bieneck* (vor § 19) § 76 Rn 36, 56, 64; *Dannecker/Knierim/Hafemeier* Insolvenzstrafrecht, 2009, Rn 68, 82 f.

118 Vgl *BGH* ZIP 2011, 1416 Rn 13; WM 2012, 998 Rn 11; Urt v 7.5.2013 – IX ZR 113/10, Rn 19.

119 Vgl *BGH* NJW-RR 1986, 849 f; *K Schmidt* § 17 Rn 42.

120 *RGZ* 21, 23 f.

121 Vgl *RG* WarnR 1915, Nr 63.

gesamt unwesentlich ist (so Rn 20).[122] Die Zahlungseinstellung einer OHG oder KG wirkt nicht zugleich gegenüber ihren phG.[123]

Das indizielle Verhalten des Schu muss nach außen erkennbar hervortreten, sei es auch in Form einer Unterlassung, insb zu zahlen.[124] Es genügt, dass die Zahlungsunfähigkeit einem einzigen Geschäftspartner als Grdl der Nichtzahlung erkennbar wird;[125] ist nur seine Forderung Beurteilungsgrundlage, so darf deren Höhe nicht unerheblich sein (so Rn 21). 28

Jedoch bedarf es nicht einer ausdrücklichen Zahlungsverweigerung.[126] Ferner ist nicht entscheidend, ob der Schu sich der Bedeutung bewusst ist, die sein Verhalten für den Rechtsverkehr hat,[127] oder gar den Willen hat, seine Zahlungsunfähigkeit kundzutun.[128] Deshalb schadet auch nicht seine etwaige Geisteskrankheit.[129] 29

2. Typische Ausdrucksformen. Vor allem folgende Umstände können jeweils für sich allein oder iVm anderen eine **Zahlungseinstellung** zum Ausdruck bringen: 30

a) Erklärungen des Schuldners. Eigene Erklärungen des Schu, nicht zahlen zu können[130] oder einen InsAntrag gestellt zu haben,[131] bedeuten die Zahlungseinstellung auch, wenn sie zB mit einer Stundungsbitte,[132] einem Teilzahlungs-[133] oder einem außergerichtlichen Vergleichsangebot verbunden sind[134] oder zugleich die nur unbestimmte Hoffnung auf künftige Besserung zum Ausdruck bringen[135] oder in einen Schuldenbereinigungsplan iSv § 305 aufgenommen sind. Die Übermittlung einer Liquiditätsübersicht, welche die Zahlungsunfähigkeit zweifelsfrei ergibt, steht dem gleich.[136] 31

Dagegen drückt nicht jedes Vergleichsangebot eines Schu an seine Gl schon mit der nötigen Gewissheit (so § 16 Rn 9) eine Zahlungseinstellung in der erforderlichen konkretisierten Form (so Rn 26) aus; das gilt insb, wenn der Ausgleichsversuch rechtzeitig vor einer akuten Zahlungskrise eingeleitet wird. Entspr gilt für die Einleitung eines **Scheme of Arrangement** nach englischem Recht.[137] Die Voraussetzungen für eine Zahlungseinstellung können allenfalls aus der Begründung des Vergleichsvorschlags abzuleiten sein. So kann im Versuch, die Arbeitnehmer unter Hinweis auf eine drohende Ins und damit verbundenen Arbeitsplatz- 32

---

122 Zur Zahlungseinstellung ausl Unternehmen vgl *BGH* NJW 1992, 624 f.
123 *RG* SeuffA Bd 45 1890, Nr 110; *OLG Hbg* OLGR 15, 228; vgl *OLG Braunschweig* OLGR 32, 371.
124 Su Rn 35 ff; vgl *BGH* ZIP 2013, 2470. Ein Erfüllungsverlangen des Gl (so Rn 9) wird nicht vorausgesetzt.
125 *BGH* ZIP 1995, 930; *RGZ* 132, 283; *RG* JW 1901, 653 Nr 10; WarnRspr 1917, Nr 96; JW 1926, 591 Nr 12; *RGSt* 41, 314 f.
126 *BGH* ZIP 1991, 40; 2006, 2224.
127 *BGH* ZInsO 2010, 673 Rn 40; *RG* bei *Bolze* Bd 1, Nr 2168; *Pape* WM 2008, 1956; vgl *BGH* NJW 1984, 1953.
128 *RG* JW 1911, 724 Nr 33; LZ 1911, 858 f; 1912, 322; JW 1919, 826 Nr 19; *RGSt* 14, 222; vgl *BGH* ZIP 2012, 735 Rn 18.
129 *OLG Stettin* OLGR 10, 218; *OLG Hbg* JW 1926, 2115; LZ 1927, 265 f.
130 *BGH* ZIP 1984, 812; 2001, 2097 f; 2006, 2223; *OLG Celle* ZInsO 2009, 1204; *LG Berlin* ZInsO 2004, 875.
131 *LG Duisburg* ZInsO 2002, 990.
132 *RGZ* 6, 97; *RG* LZ 1908, 386 f; *OLG Hamm* ZInsO 2008, 512; *Pape* WM 2008, 1956; vgl *BGH* WM 2006, 2312 f Rn 15; *K Schmidt* § 17 Rn 48.
133 *LG Leipzig* InVo 2003, 65 f.
134 *RG* LZ 1914, 1042 Nr 18; *OLG Dresden* InVo 2002, 366; *Klebba* WPg 1959, 42.
135 *RG* Recht 1902 Nr 371.
136 *OLG Köln* KTS 1980, 71.
137 *Meyer-Löwy/Fritz* ZInsO 2011, 662 ff; *Maier* NZI 2011, 307; aM *Lambrecht* ZInsO 2011, 127 f.

verlust zum teilweisen Lohnverzicht zu bewegen, ein Indiz für eine drohende Ins liegen.[138] Erst recht reicht nicht eine intern gehaltene Anweisung des Schu an seine Angestellten aus, keine Zahlungen mehr zu leisten (so Rn 28). Die Erklärung des Schu, nicht zahlen zu wollen, genügt ebensowenig (so Rn 12) wie seine Äußerung, gerade im Augenblick nicht zahlen zu können, verbunden mit der Ankündigung der Zahlung zu einem bestimmten Zeitpunkt innerhalb der nächsten drei Wochen (vgl Rn 18, 44),[139] eine bloße Stundungsbitte[140] oder ein allg Hinweis auf „ruinöse Folgen" einer Zahlung.[141]

33 **b) Konkludentes Verhalten.** Konkludente Verhaltensweisen des Schu wie zB die Schließung seines Geschäftsbetriebs ohne ordnungsmäßige Abwicklung,[142] die Herausgabe von Vorbehaltsware in großem Umfang an mehrere Lieferanten,[143] die Flucht des Schu vor seinen Gl[144] oder seine Verhaftung wegen Vermögensdelikten, die ihm weitere Zahlungen unmöglich macht,[145] können eine Zahlungseinstellung bedeuten.

34 Dagegen drückt ein Warenverkauf unter Selbstkostenpreis allenfalls eine erst drohende Zahlungsunfähigkeit, § 18, aus.[146] Ähnliches dürfte für das beständige Auflaufen längerer Zahlungsfristen gegenüber Lieferanten oder die Schaffung eines fingierten Schuldtitels gegen den Schu und die Zwangsvollstreckung daraus im Zusammenwirken mit einem Dritten gelten.[147]

35 **c) Unterlassene Zahlungen.** Die Nichtbezahlung eines erheblichen Teils der fälligen Verbindlichkeiten[148] oder existenzbedingender Betriebskosten, die nicht gestundet zu werden pflegen, wie zB von Energiekosten,[149] Mieten oder Grundpfandzinsen und Sozialversicherungsbeiträgen[150] (vgl § 14 Rn 23), kann die Zahlungseinstellung ebenso ausdrücken wie die Nichtzahlung von Löhnen an mehr als einem Zahltag hintereinander,[151] sogar wenn die Arbeitnehmer stillhalten.[152] Trägt der Schu andererseits diese Betriebsausgaben pünktlich, so kann er dennoch seine Zahlungen gegenüber anderen, weniger wichtigen Gl und damit im Allg (so Rn 20) eingestellt haben.[153] Ist dem Zahlungsverhalten des Schu gegenüber mehreren Gl eine Strategie zu entnehmen, allg erst nach (mehrmaliger) Aufforderung zu leisten oder die Rechtmäßigkeit der Forderungen allg zu bezweifeln und sich so Zahlungsaufschübe v mehr als drei Wochen zu verschaffen, kann sich darin eine Zahlungseinstellung ausdrücken.[154]

---

138 *BGH* NZI 2015, 371.
139 *RG* JW 1906, 92 Nr 15.
140 *RG* LZ 1927, 535, 536.
141 Vgl *RG* JW 1910, 622, 623; WarnRspr 1933, Nr 30.
142 Vgl *BGH* ZIP 2006, 1057 f; *RG* JW 1916, 1118; *OLG Hbg* LZ 1927, 265.
143 *OLG Stuttgart* ZIP 1997, 652 f.
144 *RG Gruch* Bd 26 (1882) 832; WarnRspr 1923/1924 Nr 24; *OLG Bamberg* LZ 1908, 874.
145 *BGH* WM 1991, 151.
146 Vgl *RG* bei *Bolze* Bd 17 (1894) Nr 849.
147 *Kirchhof* KS-InsO, S 94 Rn 28.
148 *BGH* WM 2012, 702 f Rn 13; 2012, 998 f Rn 10.
149 *BGH* WM 1955, 1470; 2013, 1993 f, Rn 12; MK/*Eilenberger* § 17 Rn 29; *A/G/R/Kadenbach* § 17 Rn 24.
150 *RG* WarnRspr 1917, Nr 36, S 141; *OLG Dresden* ZInsO 2010, 1189; *Bittmann/Volkmer* wistra 2005, 169 f; vgl *BGH* ZIP 2006, 1458 und 2224; ZInsO 2008, 1019 Rn 2. Erg so § 14 Rn 19.
151 *RG* Recht 1910, Nr 3594; *LAG Düsseldorf* KTS 1988, 166; *AG Göttingen* ZInsO 2002, 593; vgl *BGH* ZIP 2006, 1057 f; ZIP 2009, 2306 Rn 13.
152 *BGH* NZI 2015, 371; ZInsO 2008, 380 Rn 24; erg so Rn 10.
153 Vgl *BGH* WM 1963, 511, 512; 1985, 396 f; ZIP 1995, 930; *RGZ* 50, 41 f; *RG* LZ 1907, 917 f; WarnRspr 1926 Nr 200; KuT 1935, 617. Auf eine förmliche Erfassung von „Passiva II" (so Rn 19) kommt es insoweit – entgegen *Baumert* NZI 2013, 921 f – nicht an.
154 *LG Düsseldorf* ZInsO 2011, 584 f.

Die Nichtbezahlung einer einzigen, für die Verhältnisse des Schu hohen Schuld oder eines wesentlichen Teils davon[155] kann ebenfalls die Zahlungseinstellung zum Ausdruck bringen.[156] Das gilt sogar dann, wenn die geleisteten Zahlungen noch beträchtlich sind, aber im Verhältnis zu den fälligen Gesamtschulden nicht den wesentlichen Teil ausmachen.[157] Eine Zahlungseinstellung kommt insb in Betracht, wenn die Hausbank des Schu die Kredite gekündigt hat und dieser keine Rückzahlungen leistet.[158] Die bloße Überziehung des Kreditrahmens genügt aber nicht.[159] 36

d) Wechselproteste. Wiederholte oder zunehmende Wechselproteste können die Zahlungseinstellung bedeuten,[160] ein Einzelner dagegen allenfalls dann, wenn es sich um einen verhältnismäßig hohen Betrag handelt, der auch in der Folgezeit nicht aufgebracht wird.[161] Entspr kann für die Nichteinlösung von Schecks gelten.[162] Gegen eine Zahlungseinstellung kann es sprechen, wenn die protestierten Wechsel binnen kurzer Nachfrist eingelöst[163] oder prolongiert werden.[164] 37

e) Pfändungen. Zahlungseinstellung kann sich ausdrücken in einer Häufung von Zwangsvollstreckungsmaßnahmen,[165] Arresten[166] und mehreren InsAnträgen,[167] aber nicht ohne weiteres in einzelnen derartigen Maßnahmen,[168] und nicht, wenn die zugrunde liegenden Schulden alsbald danach bezahlt werden.[169] Unpfändbarkeitsbescheinigungen des GV,[170] die Ableistung der eidesstattlichen Offenbarungsversicherung[171] – je nach ihrem Inhalt[172] – oder mehrere Haftbefehle zur Erzwingung der eidesstattlichen Offenbarungsversicherung[173] können eine Zahlungseinstellung ausdrücken. Dagegen zeigen die Eintragung von Zwangshypotheken oder eine Häufung von Vollstreckungsbescheiden erst eine drohende Zahlungsunfähigkeit des Schu an.[174] 38

f) Sonstiges. Eine Zahlungseinstellung kann – je nach den Umständen des Einzelfalls – darin gefunden werden, dass der Schu während mehrerer Wochen nur noch laufende 39

---

155 *BGH* WM 2006, 2312 f Rn 19; ZIP 2007, 1469 ff Rn 29; vgl *BGH* ZInsO 2011, 1410 Rn 15.
156 *BGH* ZIP 2012, 723 f, Rn 13; Urt v 19.11.2013 – II ZR 229/11, Rn 21, zVb; *OLG Dresden* ZInsO 2010, 1189; erg so Rn 29.
157 *BGH* ZIP 2011, 1416 Rn 12; Urt v 7.5.2013 – IX ZR 113/10, Rn 18.
158 Vgl *BGHZ* 118, 174; *BGH* ZIP 1995, 930; *OLG Nürnberg* KTS 1966, 110; *OLG Köln* KTS 1980, 71 f.
159 *BGH* WM 1978, 134 unter III; erg su Rn 42.
160 *BGH* WM 1972, 994, 995; *RG* LZ 1908, 704; JW 1911, 108 Nr 45; *RGSt* 3, 197.
161 Vgl *BGH* WM 1961, 1299 f; *RG* JW 1892, 238, 239; 1899, 770 Nr 10; bei *Bolze* 13 1892, Nr 750; *Gruch* 49 1905, 115, 117.
162 Vgl *BGH* WM 1975, 6 f; wistra 1993, 184; ZInsO 2011, 1410 Rn 17; *LG Köln* KTS 1964, 249.
163 Vgl *RG* JW 1906, 92 Nr 15; 1910, 29 Nr 52622 f.
164 Vgl *BGH* NJW 1962, 104.
165 Vgl *BGH* ZIP 2006, 1057 f; wistra 1992, 146; 1993, 184; WM 1959, 471; *RG* LZ 1907, 917 f; 1908, 173; *LG Stuttgart* ZInsO 2006, 383.
166 *RG* HRR 1929 Nr 246; *Uhlenbruck/Mock* § 17 Rn 160.
167 *RG* WarnRspr 1917 Nr 96, S 240.
168 *BGH* WM 1965, 16, 17; 1975, 6, 7; anders kann es sich verhalten, wenn wegen einer verhältnismäßig sehr hohen Forderung gepfändet wird; *BGH* ZInsO 2008, 2019 Rn 5.
169 *BGH* WM 1959, 892; *OLG Hamburg* OLGE 10, 218 f.
170 *BGH* StrV 1987, 343; *OLG Stettin* OLGE 3, 55; *LG Mannheim* MDR 1975, 767.
171 *BGH* wistra 1993, 184; *KG* KTS 1960, 173; *OLG Celle* ZInsO 2001, 1106.
172 *OLG Düsseldorf* DB 1983, 168.
173 Vgl *LG Berlin* KTS 1963, 189.
174 *Kirchhof* KS-InsO, S 96 Rn 34.

Unkosten, aber keine Warenschulden mehr bezahlt,[175] dass er gegenüber dem Hauptlieferanten Monate lang in Zahlungsrückstand gerät[176] oder dass er – nur – einzelne Gl mit Leistungen an Erfüllung statt befriedigt.[177] Zahlungseinstellung ist ferner in einem Abbrennen des Betriebs des Schu ohne baldige Versicherungsentschädigung,[178] in der behördlich verfügten Beschlagnahme[179] oder Einstellung seines Betriebs[180] sowie darin gesehen worden, dass ein Gl kraft einer Vollmacht des Schu dessen Bankguthaben vereinnahmte.[181]

40 **3. Bedeutungslose Verhaltensweisen.** Einer Zahlungseinstellung steht es nicht entgegen, dass der Schu seinen Geschäftsbetrieb danach noch einige Wochen lang aufrecht erhält[182] oder einzelne Zahlungen sogar von beträchtlicher Höhe leistet (so Rn 21), oder dass der Schu noch Vermögen hat, für das aber keine ausreichend konkrete Aussicht auf baldige Verwertung besteht (so Rn 14),[183] oder dass weitere Zahlungen des Schu durch eine Zwangsmaßnahme verhindert wurden, die selbst wieder durch dessen vorangegangene Zahlungsschwierigkeiten ausgelöst wurde,[184] oder dass der Schu auf eine Einigung mit dem Gl hofft, ohne dass hierfür eine begründete, kurzfristige Aussicht besteht.[185] Auch in einer allg Wirtschaftskrise ändern sich die Voraussetzungen für eine Zahlungseinstellung nicht.[186]

41 **4. Keine Zahlungseinstellung.** Für eine Zahlungseinstellung reicht es hingegen nicht, dass der Schu unpünktlich oder nur auf Drängen hin zahlt, sofern er letztlich im Wesentlichen (so Rn 20) ohne unzulässige Verzögerung (so Rn 18) seine Schulden tilgt.[187]

42 Auch solvente Schu nutzen faktisch eingeräumte Zahlungsfristen erfahrungsgemäß oft voll aus. Dies wird im Geschäftsverkehr nicht als Ausdruck der Zahlungsunfähigkeit, sondern noch als Mittel normaler Liquiditätsplanung verstanden. Das gilt insb, solange Behörden allg „Schonfristen“ über einen Zahlungstermin hinaus einräumen,[188] oder wenn Banken Kreditlinien regelmäßig unbeanstandet überziehen lassen.[189] Dieselbe Wirkung tritt ein, wenn Gl sich von vornherein und unbeanstandet mit Teilzahlungen zufrieden geben (erg so Rn 8, 13). Eine rechtsgeschäftliche Stundung mag in solchen Fällen fraglich sein. Unabhängig davon löst nach der Verkehrserwartung erst die Überschreitung einer faktischen Zahlungsfrist oder das Geltendmachen der gesamten Forderung ohne kurzfristige (so Rn 18) Tilgung die Zahlungseinstellung aus.

43 **5. Abgrenzung zur Zahlungsstockung.** Da nur kurzfristige Zahlungsengpässe keine Zahlungsunfähigkeit begründen, ist die Zahlungseinstellung gegenüber unschädlichen Zahlungsstockungen abzugrenzen. Diese können bei Nichterfüllung erheblicher (so Rn 20) Geldschulden nur angenommen werden, wenn konkrete Aussichten auf baldige Beendigung

---

175 *Klebba* WPg 1959, 42, 43 f.
176 *OLG Hamm* ZInsO 2008, 513; vgl *BGH* WM 2013, 174 f Rn 23.
177 Vgl *RG* WarnRspr 1933 Nr 68; *ROHG* 10, 68; einschr *RG* LZ 1907, 918 f.
178 *RG* WarnRspr 1940 Nr 112.
179 Vgl *OLG Köln* WM 1979, 1344.
180 *OLG Köln* WM 1979, 1344; vgl *BGHZ* 83, 346.
181 *BGH* NJW-RR 1986, 849 f.
182 *BGH* NJW 1998, 608; *RG* WarnRspr 1927 Nr 100; *ROHG* 2, 59.
183 *BGH* WM 1957, 1097, 1099; *RG* LZ 1908, 703, 704; JW 1911, 724 Nr 33 aE.
184 *RG* bei *Bolze* Bd 1 Nr 2169; vgl *BGHZ* 83, 346.
185 Vgl *RG* bei *Bolze* Bd 3 Nr 1511; LZ 1912, 322.
186 *RG* WarnRspr 1933 Nr 68.
187 Vgl *RG* BadRpr 1903, 110; JW 1904, 454 Nr 11; 1906, 92 Nr 15.
188 *OLG Stuttgart* NStZ 1987, 460.
189 Sog „interne Kreditlinien“; vgl *Harz/Baumgartner/Conrad* ZInsO 2005, 1305; erg so Rn 21, 36.

des Zahlungsengpasses erkennbar sind.[190] Für die Entsch über den Eröffnungsgrund kommt eine Zahlungsstockung nur in Betracht, wenn der Schu seine Zahlungen nach einer Unterbrechung von höchstens drei Wochen (so Rn 18) im Allg wieder aufgenommen hat.[191]

6. Beseitigung einer Zahlungseinstellung. Eine eingetretene Zahlungseinstellung kann nur wieder beseitigt werden, indem alle Zahlungen – bis auf unwesentliche Ausnahmen – wieder aufgenommen werden.[192] Die v einem Dritten abgegebene Patronatserklärung reicht nicht aus.[193] Die Erfüllung allein der Forderung des Ast genügt nur, wenn sie die einzige ist.[194] Die Stundung von Forderungen genügt hierzu erst, wenn danach geschuldete Ratenzahlungen allg wieder aufgenommen werden.[195] Auch ein Zwangsvergleich beseitigt die Zahlungseinstellung nicht, bevor er nicht zu einer allg Wiederaufnahme der Zahlungen führt.[196] Entsprechendes muss für einen InsPlan[197] oder für bloße Stillhalteabkommen über einen Vollstreckungs- oder Verwertungsaufschub (so Rn 8) gelten. 44

7. Nachweis. Die der Zahlungseinstellung zugrunde liegenden, erkennbaren Verhaltensweisen des Schu werden als (Einzel-)Tatsachen mit den dafür vorgesehenen allg Beweismitteln festgestellt. Auch wie der Rechtsverkehr ein derartiges Verhalten versteht, ist – wenn nicht offenkundig (§ 291 ZPO)[198] – eine feststellungsbedürftige Erfahrungstatsache. Dagegen obliegt die Würdigung, inwieweit jene Tatsachen im Hinblick gerade auf die letztlich festzustellenden rechtlichen Voraussetzungen der Zahlungsunfähigkeit aussagekräftig sind, rechtlicher Wertung. Maßgeblich ist hierbei stets auf das Gesamtverhalten des Schu und alle Umstände bis hin zum Zeitpunkt der Entsch über die InsEröffnung[199] abzustellen. Ein einziges Indiz von hinreichender Aussagekraft kann genügen; dies liegt insb bei eigenen Erklärungen des Schu (so Rn 31) nahe. 45

Ist eine Zahlungseinstellung festgestellt, so lässt sich das Vorliegen von **Zahlungsunfähigkeit** zwar von Rechts wegen widerlegen. Dies wird praktisch aber nur in Betracht kommen, wenn der Schu sich über seine Zahlungsunfähigkeit irrte[200] oder sie gar nur vortäuschte,[201] oder wenn ihm gegenüber einzelnen Gl allein der Zahlungswille fehlte.[202] 46

---

190 Vgl *BGH* WM 1975, 6 f; *RG* JW 1909, 466 Nr.35; LZ 1914, 585 f; *OLG Nürnberg* KTS 1966, 109 f; *OLG Dresden* InVo 2002, 366.
191 Vgl *BGH* NJW 2013, 611 f, Rn 16; Urt v 7.5.2013 – IX ZR 113/10, Rn 18; *RG* LZ 1913, 549; JW 1927, 386 Nr 17.
192 *BGH* ZIP 2006, 2224; 2007, 1471; ZInsO 2007, 821; ZIP 2008, 420 Rn 24; 2012, 2355 f, Rn 18; *RGZ* 100, 65; *OLG Dresden* ZInsO 2004, 747; *OLG Hamm* ZInsO 2008, 512 f; *Graf-Schlicker/Bremen* § 17 Rn 3.
193 *BGH* ZInsO 2011, 115 Rn 23; Beschl v 17.9.2009 – IX ZR 103/07.
194 *BGHZ* 149, 190; *LG Duisburg* NZI 2004, 151.
195 *BGHZ* 149, 109; 149, 188; *RGZ* 136, 155; *K Schmidt* § 17 Rn 18; vgl *BGH* ZIP 2007, 1471; aM *RG* JW 1908, 342 f; vgl auch *Ganter* NZI 2012, 988.
196 *BGH* LM § 30 KO Nr 1; *RGZ* 114, 208 f; 127, 61 f; *RG* DJZ 1928, 1400.
197 *Jaeger/Müller* § 17 Rn 34.
198 Vgl *Kirchhof* KS-InsO, S 92 f Rn 22.
199 Vgl *BGH* WM 1959, 471.
200 Vgl *RG* LZ 1926, 493.
201 Vgl *RG Gruch* Bd 53, 1909, 1128 f; *Klebba* WPg 1959, 41; *Grundlach/Frenzel* NZI 2007, 38.
202 Insoweit ist die Zahlungsunfähigkeit nach objektiven Kriterien zu prüfen: vgl *BGH* WM 2012, 711 f, Rn 16 ff. Vgl auch *Jaeger/Müller* § 17 Rn 35; *v Onciul* (vor § 16) S 105 f. Erg so Rn 12.

§ 18 Drohende Zahlungsunfähigkeit

(1) Beantragt der Schuldner die Eröffnung des Insolvenzverfahrens, so ist auch die drohende Zahlungsunfähigkeit Eröffnungsgrund.

(2) Der Schuldner droht zahlungsunfähig zu werden, wenn er voraussichtlich nicht in der Lage sein wird, die bestehenden Zahlungspflichten im Zeitpunkt der Fälligkeit zu erfüllen.

(3) Wird bei einer juristischen Person oder einer Gesellschaft ohne Rechtspersönlichkeit der Antrag nicht von allen Mitgliedern des Vertretungsorgans, allen persönlich haftenden Gesellschaftern oder allen Abwicklern gestellt, so ist Absatz 1 nur anzuwenden, wenn der oder die Antragsteller zur Vertretung der juristischen Person oder der Gesellschaft berechtigt sind.

Übersicht

Literatur: *Möser* Die drohende Zahlungsunfähigkeit des Schuldners als neuer Eröffnungsgrund, 2006.

I. Normzweck

1 Die Vorschrift schafft die Möglichkeit, bei einer sich für die überschaubare Zukunft abzeichnenden Ins bereits vor ihrem Eintritt verfahrensrechtliche Maßnahmen gegen die abzusehende GlGefährdung und zur Sanierung des Schu einzuleiten. Praktisch bedeutsam soll sie vor allem für natürliche Personen – einschl Verbraucher – werden, die als Schu einen Eröffnungsantrag nicht auf Überschuldung stützen dürfen. Die Praxis hat davon bisher kaum Gebrauch gemacht.[1]

II. Anwendungsbereich (Abs 1)

2 Abs 1 beschränkt die drohende Zahlungsunfähigkeit als **Eröffnungsgrund** auf Eigenanträge jedes Schu (vgl ua §§ 320 S 2, 332 Abs 1, 333 Abs 2 S 3). Zu Besonderheiten bei Versicherungsunternehmen vgl §§ 311, 312 Abs 1 VAG[2], zu Krankenkassen im Hinblick auf SGB V vgl *Heeg/Kebbel* ZIP 2009, 306 und *Lundberg/Sänger* ZInsO 2010, 1906 f, zu Kreditinstituten vgl § 46b Abs 1 KWG. Eine Pflicht zur Antragstellung aus diesem Grunde besteht in keinem Fall.

3 Drohende Zahlungsunfähigkeit ist ferner im SchutzschirmVerf (§ 270b Abs 1), für § 39 Abs 4 S 1 und nach §§ 283, 283d Abs 1 Nr 1 StGB bedeutsam; die Begriffsbestimmung des Abs 2 soll auch dafür Klarheit bringen.[3] Von den Anfechtungsnormen stellen allein § 3 Abs 1 Nr 2 AnfG und § 133 Abs 1 S 2 auf drohende Zahlungsunfähigkeit ab. IÜ ist lediglich die bereits eingetretene Zahlungsunfähigkeit (§ 17) unmittelbar rechtserheblich.

---

1 Vgl *Ehlers* ZInsO 2005, 171; HambKomm/*Schröder* § 18 Rn 3.

2 §§ 311, 312 in der ab 1.1.2016 geltenden Fassung; wegen des Rechtszustandes bis 31.12.2015 vgl §§ 88, 89 VAG aF.

3 RegE S 114; zu Zweifeln im Hinblick auf § 39 Abs 4 S 2 vgl *Bitter* ZIP 2013, 398 ff.

III. Begriff der drohenden Zahlungsunfähigkeit (Abs 2)

Die drohende Zahlungsunfähigkeit unterscheidet sich von der (eingetretenen) Zahlungsunfähigkeit iSd § 17 Abs 2 S 1 allein darin, dass nicht nur auf gegenwärtig fällige Zahlungspflichten (vgl § 17 Rn 7 f) und dementsprechend kurzfristig verfügbare Zahlungsmittel (vgl § 17 Rn 18, 24) abzustellen ist, sondern alle Begriffselemente auf einen künftigen Zeitraum zu beziehen sind. Andere als Zahlungspflichten des Schu sind auch hier nur zu berücksichtigen, wenn sie innerhalb des Prognosezeitraums voraussichtlich in Geldschulden umgewandelt werden (vgl § 17 Rn 5) Die Voraussetzung überschneidet sich m derjenigen des § 19 Abs 2 S 1 HS 2. 4

1. Zahlungspflichten. Die Zahlungspflichten müssen im Zeitpunkt der Entsch über die VerfEröffnung (vgl § 16 Rn 16) im Interesse der Rechtssicherheit wenigstens dem Grunde nach schon **bestehen**,[4] dh der vom Gesetz jeweils zu ihrer Entstehung vorausgesetzte Tatbestand muss verwirklicht sein.[5] Das bloße Entstehen des zugrunde liegenden Schuldrechtsorganismus genügt noch nicht, weil frühestens die konkrete Gefahr einer Inanspruchnahme gerade auf Zahlung (vgl § 17 Rn 5) die Ins anzukündigen vermag. Sie kann insb für Unterhaltsschulden[6] sowie dann anzunehmen sein, wenn Verbindlichkeiten, deren Rechtsgrund bereits gelegt ist, für einen Zeitpunkt in der Zukunft fällig gestellt werden (zB nach § 609 Abs 2 BGB),[7] oder wenn der Schu durch einen Produktfehler erkanntermaßen Kunden geschädigt hat und tw bereits angedrohten Haftungsansprüchen entgegensieht. Künftig erst entstehende Zahlungspflichten genügen grds nicht; allerdings ist es nicht zu vermeiden, im nötigen Finanzplan (su Rn 10) auch laufende künftige Verbindlichkeiten im üblichen Rahmen zu berücksichtigen.[8] Zweifelhafte Verbindlichkeiten sind gem allg Regeln zu schätzen (vgl § 17 Rn 6); eine bes Erleichterung für den Schu gibt es nicht.[9] Drohende Verluste[10] begründen als solche zwar keine Verbindlichkeiten, doch sind den ggf schon eingegangenen Pflichten die zu erwartenden geringeren Einnahmen – als nicht ausgleichend – gegenüberzustellen (su Rn 9).[11] 5

2. Künftige Fälligkeit. Die Verbindlichkeiten müssen – iSv § 17 Rn 8 – wenigstens künftig fällig werden. Hierbei ist für den Regelfall davon auszugehen, dass fällige Schulden alsbald eingefordert werden, solange keine konkrete Stundungsaussicht erkennbar ist. Einzubeziehen sind auch Zahlungspflichten, deren Fälligkeit im Prognosezeitraum nicht sicher, aber überwiegend wahrscheinlich ist.[12] Rückstellungen in einer Bilanz können nur Anlass zur Prüfung geben, ob aus dem konkreten Sachverhalt im Prognosezeitraum eine Verbindlichkeit fällig zu werden droht.[13] Trotz gewährter Prolongation eines Darlehens während laufender Umschuldungsverhandlungen kann die Zahlungsunfähigkeit des Schu drohen, wenn jene keine sichere Erfolgsaussicht bieten.[14] Wegen des Gesetzeszwecks, eine möglichst frühe VerfEröffnung zu ermöglichen, ist kein pauschaler Abzug gem Erfahrungswerten für kreditierte Forderungen vorzunehmen, zumal diese versagen, sobald Liquiditätsengpässe des Schu bekannt werden. 6

---

4 *OLG Hamm* ZInsO 2010, 1006.
5 *A/G/R/Kadenbach* § 18 Rn 9.
6 *BGHZ* 162, 241 f.
7 Für Wechsel vgl *BGH* JZ 1979, 77.
8 *Uhlenbruck/Mock* § 18 Rn 52; vgl *Hess* § 18 Rn 17; *Graf-Schlicker/Bremen* § 18 Rn 9; PK-HWF/*Mitter* § 18 Rn 8.
9 Zu Versicherungsleistungen vor Eintritt des Versicherungsfalls vgl *Backes* (vor § 13) S 22 ff.
10 Vgl *Bittmann* wistra 1998, 326.
11 Vgl *Kalnbach* (vor § 16) S 30; dagegen für Rückstellungen FK/*Schmerbach* § 18 Rn 12.
12 *BGH* ZInsO 2015, 842 Rn 13, NZI 2014, 702.
13 Vgl *Kalnbach* (vor § 16) S 31.
14 *BGH* WM 2013, 88 f Rn 15.

7 Der Prognosezeitraum wird idR begrenzt durch das Fälligwerden der letzten gegenwärtig bestehenden Verbindlichkeit.[15] Eine Prognose für einen längeren Zeitraum als 1–2 Jahre ist kaum zuverlässig.[16]

8 **3. Unfähigkeit zur Erfüllung.** Der Schu darf in dem zugrunde gelegten künftigen Zeitpunkt (so Rn 7) voraussichtlich nicht in der Lage sein, die dann fälligen Zahlungspflichten zu erfüllen.

9 **a)** Grdl dieser Prognose sind zum einen die künftig verfügbaren **Zahlungsmittel**. Zu erfassen sind alle diejenigen, über die der Schu im festgelegten Zeitpunkt voraussichtlich wird verfügen können. Dabei sind künftige Zahlungseingänge gem der Einredefreiheit der zu erfüllenden Forderungen des InsSchu und der Solvenz der jeweiligen DrittSchu zu bewerten; notfalls ist ein pauschaler Abzug für voraussichtlich uneinbringliche Forderungen vorzunehmen. Im Hinblick auf Vermögensgegenstände des Schu ist ein Erlös nur für diejenigen einzusetzen, die für die – zugrunde zu legende – Betriebsfortführung entbehrlich sind.[17] Ungenutzte BesicherungsGrdl weisen auf die Möglichkeit einer Kreditaufnahme hin.[18]

10 **b)** Den Zahlungsmitteln (so Rn 9) sind alle bis zum maßgeblichen künftigen Zeitpunkt fälligen **Zahlungspflichten** gegenüberzustellen. Unter diesen sind – über die insolvenzauslösenden Verbindlichkeiten (so Rn 5, 6) hinaus – auch solche zu berücksichtigen, die bei einer Geschäftsfortführung notwendigerweise neu entstehen.[19] Insb fallen Löhne, Mietzinsen, Kosten für Rohstoffe und Energie, Steuern und Sozialabgaben zwangsläufig an.[20]

11 **c)** Decken die Zahlungsmittel (so Rn 9) im maßgeblichen künftigen Zeitpunkt voraussichtlich nicht wenigstens 90 % (vgl § 17 Rn 20) der Verbindlichkeiten (so Rn 10), droht Zahlungsunfähigkeit. Sie entfiele allerdings, wenn der Mangel höchstens drei Wochen andauern würde (vgl § 17 Rn 18).[21]

12 Das Abstellen auf Voraussichtlichkeit bedeutet, dass der Eintritt der Zahlungsunfähigkeit für den maßgeblichen Zeitpunkt wahrscheinlicher sein muss als ihre Vermeidung.[22] Die Wahrscheinlichkeit muss also jedenfalls 50 % überschreiten.[23]

IV. Nachweis der drohenden Zahlungsunfähigkeit

13 Die Zulässigkeit des InsAntrags hängt zwar nicht v einer Glaubhaftmachung der drohenden Zahlungsunfähigkeit ab.[24] Jedoch kann diese regelmäßig nur aufgrund eines **Liquiditätspla-**

---

15 *OLG Hamm* ZInsO 2010, 1006; *OLG München* ZIP 2013, 1123; *Jaeger/Müller* § 18 Rn 7; *Drukarczyk/Schüler* KS-InsO, S 46 Rn 45; *Graf-Schlicker/Bremen* § 18 Rn 11; *Greil/Herden* ZInsO 2011, 111, vgl RegE S 114 f zu § 22.

16 Vgl *Temme* vor § 17 S 80 f; *Bittmann* wistra 1998, 325; *K/P/B/Pape* § 18 Rn 6, 9; *Uhlenbruck/Mock* § 18 Rn 22; *Harz* ZInsO 2001, 197; *Kalnbach* (vor § 16) S 27 f; *Hess* § 18 Rn 5; HambKomm/*Schröder* § 18 Rn 10; *Geißler* ZInsO 2013, 920 f; für 3 Jahre FK/*Schmerbach* § 18 Rn 15; vgl *OLG Hamm* ZInsO 2010, 1006 („mehrjährig").

17 *A/G/R/Kadenbach* § 18 Rn 11.

18 *Jaeger/Müller* § 18 Rn 12.

19 RegE S 115 zu § 22; *Bittmann* wistra 1998, 325 f; FK/*Schmerbach* § 18 Rn 19; MK/*Drukarczyk* § 18 Rn 42 f; *Braun/Bußhardt* § 18 Rn 12–14; *Hess* § 18 Rn 18; *Jaeger/Müller* § 18 Rn 10; *Backes* (vor § 13) S 29 f; *Kalnbach* vor § 16 S 29.

20 *B/G/H/Goetsch* § 18 Rn 12; *K/P/B/Pape* § 18 Rn 7; *Temme* (vor § 17) S 57 ff; *Bork* Insolvenzrecht, Rn 89.

21 *B/G/H/Goetsch* § 18 Rn 15; *Temme* (vor § 17) S 66 f.

22 RegE S 115.

23 Vgl *OLG München* ZIP 2013, 1123; *Bienecke* StV 1999, 45; HambKomm/*Schröder* § 18 Rn 8; MK/*Drukarczyk* § 18 Rn 44 ff; *Braun/Bußhardt* § 18 Rn 5; *Ehlers* ZInsO 2005, 169.

24 *App* DGVZ 2004, 133; *Möser* S 158 ff. Erg so § 13 Rn 20.

nes festgestellt werden, in den die gesamte Entwicklung der Finanzlage des Schu bis zum zu Grunde gelegten Zeitpunkt (so Rn 7) einbezogen wird.[25] Der Liquiditätsplan soll zu einer vorausschauenden Prognose führen. Das InsGer kann die Vorlage eines solchen Planes vom Schu gem § 20 verlangen.[26] Den Inhalt des Liquiditätsplanes hat es mindestens auf Plausibilität zu überprüfen,[27] weil auch insoweit § 16 eingreift. In Zweifelsfällen kann es ein Sachverständigengutachten einholen.[28]

In klaren Fällen kann der Nachweis schon durch Indizien geführt werden,[29] zB bei einem raschen Ertragsverfall ohne ausreichende Reserven, oder wenn die Hausbank alle Kredite zu einem künftigen Zeitpunkt gekündigt hat, ohne dass andere Finanzierungsquellen zu erschließen sind. Derartige Umstände müssen aber einem unbefangenen Betrachter den Schluss auf den bevorstehenden Eintritt der Zahlungsunfähigkeit ermöglichen; bloße subjektive Befürchtungen genügen nicht.[30] Auch das Vorliegen einer Überschuldung konkretisiert nicht ohne weiteres eine drohende Zahlungsunfähigkeit, kann deren Feststellung aber erleichtern. **14**

An den vom Schu zugrunde gelegten Zeitpunkt (so Rn 7) ist das InsGer nicht gebunden. Für die Eröffnung kann es auch einen anderen Zeitpunkt zugrunde legen, zu dem Zahlungsunfähigkeit droht. Tritt während des EröffnungsVerf Zahlungsunfähigkeit iSv § 17 ein, kann die Eröffnung auch darauf gestützt werden. Lehnt das InsGer die Eröffnung ab, so hat es den Eröffnungsgrund für alle naheliegenden Zeitpunkte auszuschließen. **15**

V. Antragsbefugnis (Abs 3)

Abs 3 schränkt die sich allg aus § 15 ergebende Antragsbefugnis für Anträge wegen nur drohender Zahlungsunfähigkeit ein: Einzelne Mitglieder des Vertretungsorgans, die nicht allein vertretungsberechtigt sind, können den Antrag gem § 18 nicht wirksam stellen. Wegen der mit solchen Anträgen verbundenen Prognoserisiken, und weil der Eröffnungsgrund des § 18 nicht strafbewehrt ist, sollen nur selbstständig berechtigte gesetzliche Vertreter **antragsbefugt** sein. Die BaFin darf einen Antrag nur m Zustimmung des Kreditinstituts auf § 18 stützen (§ 46b Abs 1 S 5 KWG). **16**

Kraft Gesetzes besteht **Alleinvertretungsbefugnis** nur für die phG der OHG, KG und KGaA (§§ 125, 161 Abs 2 HGB, § 278 Abs 2 AktG), während § 78 Abs 2 AktG, § 35 Abs 2 GmbHG und § 25 Abs 1 GenG die **Gesamtvertretung** vorsehen[31] und §§ 26, 54 BGB – für Vereine – eine MehrheitsEntsch des Vorstands ausreichen lassen.[32] Vorrangig sind aber jeweils die Regelungen der Satzung bzw des Statuts/Gesellschaftsvertrages, so auch gem § 714 BGB für die BGB-Gesellschaft. Mehrere Miterben oder Testamentsvollstrecker (§ 2224 BGB) sind nur gemeinschaftlich vertretungsbefugt.[33] Eine entspr Regelung für das gemeinschaftlich verwaltete eheliche Gesamtgut enthält § 333 Abs 2 S 3. Im Liquidationsstadium gilt durchweg das Prinzip der Gesamtvertretung (§ 150 Abs 1 HGB, § 68 Abs 1 S 2 **17**

---

25 Vgl *BGH* ZInsO 2015, 842 (zu § 17); *BGH* NZI 2010, 698 = ZInsO 2010, 1383; MK/*Drukarczyk* § 18 Rn 23 ff; *Uhlenbruck/Mock* § 18 Rn 27 ff; ferner *BGH* Beschl v 7.7.2011 – IX ZR 8/09, Rn 3.

26 FK/*Schmerbach* § 18 Rn 23; *Kalnbach* (vor § 16) S 32 f.

27 *BGH* NZI 2003, 147; *Uhlenbruck/Mock* § 18 Rn 35; *Jaeger/Müller* § 18 Rn 15; vgl *K/P/B/Pape* § 18 Rn 10.

28 Vgl HambKomm/*Schröder* § 18 Rn 16 ff.

29 *Jaeger* DB 1986, 1442; *v Onciul* (vor § 16) S 107.

30 *BGH* wistra 1991, 26; *App* DGVZ 2004, 133.

31 Vgl dazu MK/*Schmahl* § 15 Rn 51 f.

32 Vgl *Rugullis* NZI 2007, 324.

33 *Temme* (vor § 17) S 105 f.

GmbHG, § 269 Abs 2 AktG, § 10 Abs 1 PartGG). Antragsberechtigt sind weder faktische Organe[34] noch Kommanditisten (vgl § 15 Rn 9).[35] Gesellschafter können in dieser Eigenschaft allenfalls im Innenverhältnis Einfluss nehmen.[36] Insb kann der Vorstand einer AG oder der Geschäftsführer einer GmbH der Weisung der (jeweiligen) Gesellschafterversammlung betr die Antragstellung unterliegen;[37] ein Verstoß dagegen berührt aber nicht die Wirksamkeit eines gestellten Antrags.[38] Zur Rücknahmemöglichkeit so § 13 Rn 31 ff.

18 Stellt ein Alleinvertretungsberechtigter – oder eine ausreichende Mehrheit von Mitgliedern des Vertretungsorgans – einen Eröffnungsantrag gem § 18, so bleibt § 15 Abs 2 zu beachten,[39] ebenso § 317 Abs 2 und 3. Der Eröffnungsgrund ist also glaubhaft zu machen, und die übrigen Vertretungsbefugten sind anzuhören. Durch einen verfrühten InsAntrag können sich vertretungsberechtigte Personen intern schadensersatzpflichtig machen.[40]

§ 19 Überschuldung

(1) Bei einer juristischen Person ist auch die Überschuldung Eröffnungsgrund.

(2) [1]Überschuldung liegt vor, wenn das Vermögen des Schuldners die bestehenden Verbindlichkeiten nicht mehr deckt, es sei denn, die Fortführung des Unternehmens ist nach den Umständen überwiegend wahrscheinlich. [2]Forderungen auf Rückgewähr von Gesellschafterdarlehen oder aus Rechtshandlungen, die einem solchen Darlehen wirtschaftlich entsprechen, für die gemäß § 39 Abs. 2 zwischen Gläubiger und Schuldner der Nachrang im Insolvenzverfahren hinter den in § 39 Abs. 1 Nr. 1 bis 5 bezeichneten Forderungen vereinbart worden ist, sind nicht bei den Verbindlichkeiten nach Satz 1 zu berücksichtigen.

(3) [1]Ist bei einer Gesellschaft ohne Rechtspersönlichkeit kein persönlich haftender Gesellschafter eine natürliche Person, so gelten die Absätze 1 und 2 entsprechend. [2]Dies gilt nicht, wenn zu den persönlich haftenden Gesellschaftern eine andere Gesellschaft gehört, bei der ein persönlich haftender Gesellschafter eine natürliche Person ist.

Übersicht

---

34 *Temme* (vor § 17) S 89 f; *Graf-Schlicker/Bremen* § 18 Rn 4; HambKomm/*Schröder* § 18 Rn 12; PK-HWF/*Mitter* § 18 Rn 13.

35 AM *Temme* (vor § 17) S 101 f.

36 Vgl *Wortberg* ZInsO 2004, 707 ff.

37 Vgl im Einzelnen *Wertenbuch* DB 2013, 1592 ff; *Geißler* ZInsO 2013, 922 ff.

38 *Jaeger/Müller* § 18 Rn 19.

39 FK/*Schmerbach* § 18 Rn 27; *K/P/B/Pape* § 18 Rn 4; MK/*Klöhn* § 15 Rn 74 ff; HambKomm/*Schröder* § 18 Rn 12; *Braun/Bußhardt* § 18 Rn 16; *Stahlschmidt* (vor § 11) S 46.

40 Vgl *OLG München* ZIP 2013, 1124 f; HambKomm/*Schröder* § 18 Rn 14.

Literatur: *Bach* Die Insolvenz der Stiftung, Diss Jena 2002; *Drews* Der Insolvenzgrund der Überschuldung bei Kapitalgesellschaften, Diss Osnabrück 2003; *Gutzeit* Die Vereinsinsolvenz unter besonderer Berücksichtigung des Sportvereins, Diss Bonn 2003; *Jaletzke/Veranneman* FMStG Finanzmarktstabilisierungsgesetz, 2009; *Landsmann* Die stille Gesellschaft in der Insolvenz, 2013.

I. Gesetzgebungshinweise

Abs 2 S 1 wurde m Wirkung ab 18.10.2008 durch Art 5 FMStG eingeführt, allerdings befristet bis 31.12.2013 (Art 6 FMstG iVm Gesetz v 24.9.2009 – BGBl I S 3151). Die Befristung wurde durch Gesetz v 5.12.2012 (BGBl I S 2418) aufgehoben. Abs 2 S 2 wurde mit Wirkung ab 1.11.2008 durch Art 9 Nr 4 MoMiG angefügt. Als Überleitungsvorschrift vgl Art 103d EGInsO. 1

II. Normzweck

Abs 1 und **3** erweitern zum Schutz des Rechtsverkehrs die Eröffnungsgründe für juristische Personen und ihnen gleichgestellte Vermögensträger, weil sie idR nur mit ihrem beschränkten Eigenkapital haften und dieses im Fall der Überschuldung aufgebraucht ist; dann soll deren Sanierung eingeleitet (vgl § 270b) oder die weitere Marktteilnahme unterbunden werden. Da dieser Zeitpunkt durchweg vor dem Eintritt der Zahlungsunfähigkeit (§ 17) liegt, sollen die Normen – wie § 18 – eine frühere Veränderung einleiten als § 17; sie erreichen dieses Ziel aber nur in geringem Maße.[1] Weitaus größer ist ihre praktische Bedeutung im Hinblick auf eine mögliche Haftung und Strafbarkeit v Gesellschaftsorganen (§ 64 GmbHG, § 92 Abs 2 AktG, § 15a). 2

Die Definition in **Abs 2** S 1, 1. HS dient der Rechtsklarheit. S 1, 2. HS bestimmt aber den Vorrang der Fortführungsprognose. S 2 des Abs 2 klärt eine Streitfrage hinsichtlich der Passivierung v Gesellschafterdarlehen im Rahmen eines nach S 1 HS 1 aufzustellenden Überschuldungsstatus. Die Vorschrift gilt als späteres Gesetz ungeachtet der vorangegangenen Änderung des Abs 2 durch Art 6 FMStG.[2] 3

III. Anwendungsbereich (Abs 1, 3)

Überschuldung ist nach Abs 1 **Eröffnungsgrund** (§ 16) für juristische Personen iSv § 11 Abs 1, also auch für den nicht rechtsfähigen Verein.[3] Auf Vorgesellschaften findet § 19 grds Anwendung; da Ansprüche auf Verlustdeckung gegen die Gründungsgesellschafter aber in der Überschuldungsbilanz als Aktivposten zu berücksichtigen sind, kann Überschuldung faktisch nur bei Wertlosigkeit dieser Forderungen vorliegen.[4] Ob die juristische Person unternehmerisch tätig ist, ist unerheblich. Abs 3 stellt solche Gesellschaften ohne Rechtspersönlichkeit iSv § 11 Abs 2 Nr 1 gleich, bei denen nur juristische Person(en) persönlich haften, also insb die GmbH und Co KG. Darüber hinaus ist Überschuldung Eröffnungsgrund bei einem Nachlass (§ 320 S 1), einer fortgesetzten Gütergemeinschaft (§ 332 Abs 1) und bei allen – auch persönlich haftenden – Inhabern von Kreditinstituten (§ 46b Abs 1 S 3 KWG). Auf sie kann ein Antrag gem § 270b Abs 1 gestützt werden. 4

---

1 Vgl *Scholz/Bitter* vor § 64 Rn 23; *Ahrendt/Plischkaner* NJW 2009, 965.

2 HambKomm/*Schröder* § 19 Rn 1d; *K Schmidt* DB 2008, 2471; *Thonfeld* NZI 2009, 19; *Holzer* ZIP 2008, 2111; FK/*Schmerbach* § 19 Rn 27; aM *Hohler/Niesert* NZI 2008, 730 f.

3 RegE S 115; *K Schmidt* § 19 Rn 9; *Hess* § 19 Rn 1; *Gutzeit* S 129 f. Einschränkungen gelten nach § 98 GenG für die Genossenschaft.

4 Vgl *Jaeger/Müller* § 19 Rn 12; *Gottwald/Haas/Kolmann/Pauw* § 92 Rn 596 ff; aM *Uhlenbruck/Hirte* § 11 Rn 41; *Roth/Altmeppen* vor § 64 Rn 10: § 19 sei im Hinblick auf das Vorhandensein persönlich haftender Gesellschafter nicht anwendbar.

5 Überschuldung ist Eröffnungsgrund auch für Anträge von Gl, ist aber für diese im Voraus kaum zu erkennen. Die praktische Bedeutung für Gl liegt in der Haftung der Verantwortlichen wegen Verletzung der Antragspflicht, die auch durch Überschuldung ausgelöst werden kann (vgl § 13 Rn 12 f und § 26 Abs 3). Zu InsVerf m Auslandsbezug so § 16 Rn 3.

IV. Überschuldungsbegriff (Abs 2)

6 HS 1 des S 1 bestimmt zwar den Rechtsbegriff der Überschuldung als den Zustand, in dem die bestehenden Verbindlichkeiten des Schu größer sind als sein vorhandenes Vermögen (su Rn 14). Der durch die Worte „es sein denn …" eingeleitete HS 2 soll aber zum Ausdruck bringen, dass in dem durch Amtsermittlung (§ 5) geprägten EröffnungsVerf entscheidend darauf abzustellen ist, ob die Unternehmensfortführung überwiegend wahrscheinlich ist. Die negative Gesetzesfassung hat nur Bedeutung für eine etwa maßgebliche Beweislast, also insb in Haftungsprozessen.[5] Zwar ist eine bestimmte Prüfungsreihenfolge nicht vorgeschrieben,[6] doch ist es zweckmäßig, m der Fortführungsprognose (su Rn 7 ff) zu beginnen,[7] weil diese bei zweifelsfreiem Ergebnis den – aufwändigeren – förmlichen Vermögensstatus (su Rn 14) entbehrlich machen kann.[8]

V. Fortführungsprognose (Abs 2 S 1 HS 2)

7 Die Fortführungsprognose ist nur für Unternehmen vorgeschrieben. Für den nicht wirtschaftlichen Verein (§ 21 BGB),[9] die Stiftung,[10] für einen Nachlass als solchen und das Gesamtgut einer fortgesetzten Gütergemeinschaft ist mangels eines allg Fortführungsbedürfnisses idR sogleich ein Vermögensstatus (su Rn 14) aufzustellen, soweit sie nicht ein Unternehmen enthalten (su § 320 Rn 3). Andererseits ist in einem Konzern die Prognose ggf für jedes angeschlossene Unternehmen selbstständig aufzustellen. Sie setzt voraus:

8 **1. Fortführungswille.** Der Schu muss den Willen haben, das Unternehmen fortzuführen, sei es auch durch Veräußerung als werbende Einheit.[11] Ein solcher Wille wird zwar iRd Sanierungsprivilegs nach § 39 Abs 4 S 2 vermutet.[12] Diese Norm setzt aber zusätzlich einen Anteilserwerb in der Krise der schuldenden Gesellschaft voraus. Ohne ein solches äußeres Zeichen entgegengebrachten Vertrauens fehlt iRd § 19 Abs 2 S 1 HS 2 eine gleichartige Vermutungsgrundlage. Statt dessen ist der Wille zu nachhaltiger Fortführung v einer bloßen Insolvenzverschleppungsabsicht abzugrenzen. Beschränkt sich der Fortführungswille auf „rentable" Unternehmensteile, ist für die anderen jeweils ein Vermögensstatus zu erstellen.[13]

---

5 Vgl *Holzer* ZIP 2008, 2111; wohl auch *Jaletzke/Veranneman/Henle/Koppmann* Art 5 Rn 11 („Gleichstellung"); aM *Wackerbarth* NZI 2009, 148. Zur Widersprüchlichkeit gegenüber § 39 Abs 4 S 2 vgl *Bitter* ZIP 2013, 398 ff.

6 *K Schmidt* § 19 Rn 14 f; *K/P/B/Pape* § 19 Rn 30; *Temme* (vor § 17) S 116 f; *Drews* S 67 f; *Bittmann* wistra 1999, 11; vgl *Uhlenbruck/Mock* § 19 Rn 40; aM FK/*Schmerbach* § 19 Rn 12.

7 *Haas* KS-InsO, S 1300 Rn 16; vgl *Büttner* ZInsO 2009, 844; *K/P/B/Pape* § 19 Rn 30, 35; HambKomm/*Schröder* § 19 Rn 10; PK-HWF/*Mitter* § 19 Rn 9a.

8 Krit *K Schmidt* § 14 Rn 15. Eine Rechtspflicht zur Erstellung eines Vermögensstatus trotz positiver Fortführungsprognose folgt aus Abs 2 S 1 – entgegen *Greil/Herden* ZInsO 2010, 839 – nicht. Allerdings setzt eine zuverlässige Prognose idR einen zuverlässigen Überschuldungsstatus (su Rn 12 ff) voraus.

9 *Gutzeit* S 24 f.

10 Vgl *Bach* Rn 216; aM *H-F Müller* ZIP 2010, 155 f; *Roth/Knof* KTS 2009, 167 f.

11 *BGH* ZIP 2006, 2171 Rn 3; *KG* ZInsO 2006, 439; HambKomm/*Schröder* § 19 Rn 17; *R/A/Altmeppen* Vorb § 64 Rn 37; *K Schmidt* § 19 Rn 52; *K/P/B/Pape* § 19 Rn 38; vgl *Jaeger/Müller* § 19 Rn 32.

12 *BGHZ* 165, 112 zum früheren § 32a Abs 3 S 3 GmbHG.

13 *K/P/B/Pape* § 19 Rn 39.

2. Prognose. Die Fortführung muss im Einzelfall objektiv[14] **Erfolg versprechen**. Das Unternehmen des Schu muss also nach pflichtgemäßer Einschätzung eines objektiven fachkundigen Dritten sanierungsfähig und etwa für dessen Sanierung in Angriff genommene Maßnahmen zusammen müssen objektiv geeignet sein, das Unternehmen in überschaubarer Zeit durchgreifend zu sanieren.[15] Das soll idR[16] bereits der Fall sein, wenn die Finanzkraft des Unternehmens zur Fortführung für die Höchstdauer des Prognosezeitraums (idR 2 Jahre)[17] ausreicht (Überlebensfähigkeit).[18] Sogar ob dies aus eigener Ertragskraft möglich ist oder nur durch Zuzahlungen v außen bzw (Teil-)Erlass von Verbindlichkeiten, ist unerheblich;[19] ggf müssen die Zuzahlungen bzw der Erlass als gesichert erscheinen.[20] Einseitige Sanierungsbemühungen des Schu genügen nicht, wenn die Umsetzung seines Sanierungskonzepts vom Einverständnis eines Gl abhängt, das dieser schon verweigert hat[21] oder dessen Erlangung nicht mindestens überwiegend wahrscheinlich ist.[22] 9

Erforderlich ist danach – im Hinblick auf § 17 – mindestens, dass das Unternehmen nicht zahlungsunfähig ist und während des laufenden und des nächsten Geschäftsjahres voraussichtlich nicht werden wird.[23] Dies ist aufgrund eines dokumentierten[24] Unternehmenskonzepts – bestehend aus Ertrags-[25] und Finanzplan[26] – vorausschauend[27] zu prüfen.[28] Dabei sind Sanierungsmaßnahmen oder Zuwendungen Dritter nur zu berücksichtigen, wenn sie rechtlich gesichert sind und ihre Durchführung mit hoher Wahrscheinlichkeit zu erwarten ist. Umgekehrt sind (kündbare) Patronatserklärungen zu berücksichtigen, solange die Kündigung nicht zu erwarten ist.[29] 10

---

14 Vgl *Schaub* DStR 1993, 1485.

15 Vgl amtl Begr zu Art 5 FMStG, BT-Drucks 16/10600 S 12; *BGHZ* 126, 199; 165, 112 f; *BGH* ZIP 2004, 1051 f; *K Schmidt* § 19 Rn 47; *Sikora* ZInsO 2010, 1769 f.

16 Zu Ausnahmen bei einer ertragslosen Gesellschaft mit beschränktem Vermögensbestand vgl *AG Hbg* ZIP 2012, 1777 f; *Bitter/Kresser* ZIP 2012, 1734 ff.

17 Vgl OLG Köln ZIP 2009, 808 f; *Jaeger/Müller* § 19 Rn 37; *Uhlenbruck/Mock* § 19 Rn 218; HambKomm/*Schröder* § 19 Rn 18; *K/P/B/Pape* § 19 Rn 40. Erg so § 18 Rn 7.

18 *Uhlenbruck/Mock* § 19 Rn 213; MK/*Drukarczyk/Schüler* § 19 Rn 59 ff; *Greil/Herden* ZInsO 2010, 837; *Frystatzki* NZI 2011, 177 ff; einschr *Sikora* ZInsO 2010, 1764; aM *Ehlers* NZI 2011, 162.

19 *Scholz/K Schmidt/Bitter* vor § 11, vor § 64 Rn 28; *Aleth/Harlfinger* NZI 2011, 168; dagegen fordern 1. KommBer S 112 zu LS 1.2.6; *Dahl* NZI 2008, 720 eine ausreichende eigene Ertragskraft der Schu; vgl auch *BGH* ZIP 2006, 2171 Rn 3 („Ertragsplan").

20 Vgl *Sikora* ZInsO 2010, 1770 ff; einschr *Aleth/Harlfinger* NZI 2011, 170 f; vgl *Maier* NZI 2011, 307 zur Bedeutung eines Scheme of Arrangement englischen Rechts.

21 *BGH* ZIP 2004, 1051.

22 *L/H/Kleindiek* Anh zu § 64 Rn 28.

23 Vgl *OLG Naumburg* ZInsO 2004, 513 f; *AG Itzehoe* ZIP 2014, 1040; *K/P/B/Pape* § 19 Rn 40; *v Onciul* vor § 16 S 142; *Baumbach/Hueck/Haas* § 64 Rn 46b; *Uhlenbruck/Mock* § 19 Rn 218; *L/H/Kleindiek* Anh zu § 64 Rn 28; *Fromm* ZInsO 2004, 945; *Hüffer* FS Wiedemann, 2002, S 1066 f; vgl *Sikora* ZInsO 2010, 1765 f.

24 Zur Form vgl *Drukarczyk/Schüler* KS-InsO, S 123.

25 *OLG München* GmbHR 1998, 282; *OLG Schleswig* GmbHR 1998; 536 LS; NZI 2010, 493 f; *LG Göttingen* ZInsO 2009, 40; *AG Hbg* ZIP 2012, 777 f.

26 Vgl MK/*Drukarczyk/Schüler* § 19 Rn 60; *Drews* S 187 ff; *Greil/Herden* ZInsO 2011, 113 ff; *BGH* ZIP 1997, 1649 f.

27 *OLG Koblenz* ZIP 2003, 572 f; *Graf-Schlicker/Bremen* § 19 Rn 16 f.

28 *BGH* ZIP 2006, 2171; *OLG Naumburg* ZInsO 2004, 513 f; *KG* ZInsO 2006, 438; *Bork* ZIP 2000, 1711; *K/P/B/Pape* § 19 Rn 41 ff.

29 Vgl *K Schmidt* ZIP 2013, 492; *Kaiser* ZIP 2011, 2138.

11 IE ist darauf abzustellen, ob die Fortführung des Unternehmens **wahrscheinlicher** ist als seine Stilllegung.[30] Vorausgesetzt wird eine Wahrscheinlichkeit v über 50 %;[31] anderenfalls entscheidet allein der Vermögensstatus (su Rn 12).

VI. Vermögensstatus (Abs 2 S 1 HS 1)

12 Wenn die Fortführung des Unternehmens nicht überwiegend wahrscheinlich ist (so Rn 13), ist selbstständig zu prüfen, ob das Vermögen des Schu seine bestehenden Verbindlichkeiten deckt. Diese Feststellung erfolgt aufgrund eines besonderen Überschuldungsstatus;[32] die Handelsbilanz iSv §§ 246 ff HGB ist wegen hier nicht passender, formalisierter Bewertungsgrundsätze ungeeignet.[33] Abschreibungen auf Wirtschaftsgüter sind unerheblich; nur der wahre Wert entscheidet.[34] Das Vorsichtsprinzip des § 252 Abs 1 Nr 4 HGB gilt nicht.[35] Der Überschuldungsstatus ist auf den für die Eröffnung maßgeblichen Zeitpunkt (so § 16 Rn 16) zu fertigen.[36] Es gilt der Grundsatz der Einzelbewertung.[37] Gesellschafterdarlehen sind – unabhängig v Abs 2 S 2 – stets zu passivieren.[38] Ein bestimmtes Ausmaß, um das die Passiven die Aktiva überschreiten müssen, wird nicht vorausgesetzt.[39]

13 Für diese Prüfung sind idR Auflösungswerte zugrunde zu legen.[40] Hierbei ist v einer planmäßigen Veräußerung des Vermögens ohne besonderen Zeitdruck auszugehen,[41] solange nicht Zahlungsunfähigkeit wenigstens alsbald bevorsteht.[42] Maßgebend sind die Marktverhältnisse zz der fiktiven Veräußerung.[42] Eine Veräußerung des Unternehmens als Ganzes oder geschlossener Einheiten davon ist nur zu veranschlagen, wenn dafür greifbare Anhaltspunkte bestehen.[43] V den so ermittelten Werten der Aktiva sind die Umsatzsteuer[44] und etwaige Veräußerungskosten abzusetzen.[45]

---

30 BTag BT-Drucks 12/7302, 157 und § 18 Rn 13; vgl dazu *K Schmidt* § 19 Rn 48; *Gross/Amen* in FS Greiner, 2005, 96 ff; *Sikora* ZInsO 2010, 1767.

31 Vgl *OLG Naumburg* ZInsO 2004, 513; *Bittmann* wistra 1999, 11; *v Gerkan* EWiR 1999, 410; HambKomm/*Schröder* § 19 Rn 13; *Drews* S 192 f.

32 *BGH* BB 1987, 1006; ZInsO 2001, 467; vgl HambKomm/*Schröder* § 19 Rn 54 ff; *Tehler/Dittmer* ZInsO 2012, 2189 f. Zur Bedeutung für § 270b Abs 1 S 3 vgl *Zipperer/Vallender* NZI 2012, 731.

33 *BGHZ* 146, 267 f mwN; *BGH* wistra 1987, 28; ZInsO 2005, 486 f; WM 2012, 665 Rn 5; *Scholz/Bitter* vor § 64 Rn 44; *Haas* KS-InsO, S 1303 f Rn 24; *K/P/B/Pape* § 19 Rn 52; *Büttner* ZInsO 2009, 843; *Greil/Herden* ZInsO 2010, 836 f; vgl *BGH* ZIP 2007, 1061; aM *Wackerbarth* NZI 2009, 148. Das schließt nicht aus, sie als Ausgangspunkt der – selbstständigen – Prüfung zu nehmen: *Dahl* (vor § 13) S 21 f, 29 ff.

34 *BGH* WM 1973, 287 f; *OLG Hamburg* BB 1981, 1441; *K/P/B/Pape* § 19 Rn 52; vgl HambKomm/*Schröder* § 19 Rn 29; *Primozic/Feckl* GmbHR 2005, 161.

35 *Haas* KS-InsO, S 1300 Rn 18; *K/P/B/Pape* § 19 Rn 52; aM *AG Hbg* ZInsO 2004, 992.

36 HambKomm/*Schröder* § 19 Rn 11; PK-HWF/*Mitter* § 19 Rn 23; vgl *Kühn* DB 1970, 551; *Richter* GmbHR 1984, 141. Nur für die Verantwortlichkeit gem § 64 Abs 2, § 84 Abs 1 Nr 2 GmbHG aF – jetzt § 64 GmbHG, § 15a Abs 4, 5 InsO – kommt es auf den Stichtag des gebotenen Eröffnungsantrags an.

37 *Haas* KS-InsO, S 1300 Rn 17; *Jaeger/Müller* § 19 Rn 48; *L/H/Kleindiek* Anh zu § 64 Rn 29.

38 Vgl *Kammeter/Geißelmeier* NZI 2007, 215.

39 *OLG Oldenburg* ZIP 2008, 2078.

40 *Eckert/Happe* ZInsO 2008, 1098; *Büttner* ZInsO 2009, 844; vgl *BGH* ZIP 1997, 2009 zu § 11 GmbHG.

41 HambKomm/*Schröder* § 19 Rn 21; *Haas* KS-InsO, S 1301 Rn 18; *Möhlmann-Mahlau/Schmitt* NZI 2009, 22; *K/P/B/Pape* § 19 Rn 56.

42 *Haas* KS-InsO, S 1301 Rn 18.

43 *Jaeger/Müller* § 19 Rn 48; *Haas* KS-InsO, S 1300 Rn 17; *K Schmidt* § 19 Rn 25; *Temme* vor § 17 S 147 f.

44 HambKomm/*Schröder* § 19 Rn 21.

45 *BGH* NJW 1982, 2498; *Kühn* DB 1970, 551; vgl auch *BGH* FamRZ 1986, 779.

VII. Berücksichtigung von Aktiven

1. Grundsätze. Wegen des Normzwecks sind im Überschuldungsstatus (so Rn 14) nur solche Vermögensbestandteile zu berücksichtigen, die im Zeitpunkt einer alsbaldigen InsEröffnung als Massebestandteile verwertbar wären.[46] Dazu gehören grds auch Ansprüche gegen Gesellschafter und Geschäftsführer, sofern ein ernsthafter Wille der Verantwortlichen zu deren Durchsetzung besteht,[47] aber nicht solche, die erst infolge der InsEröffnung – insb aufgrund InsAnfechtung[48] oder des § 64 GmbHG[49] iVm § 93 oder der §§ 161, 128 HGB[50] – für die InsMasse entstehen. Auszusondernde Gegenstände bleiben außer Betracht,[51] ebenso Finanzierungszusagen, die nicht für den InsFall gelten sollen, im Rahmen des hier aufzustellenden Status zu Auflösungswerten.[52] 14

Stille Reserven sind aufzulösen,[53] wertlose Forderungen und Scheinwerte wegzulassen,[54] bestrittene Außenstände gem der Wahrscheinlichkeit ihrer Durchsetzung zu schätzen,[55] Überbewertungen auf den Verkehrswert zurückzuführen.[56] Betriebseinrichtungskosten sind als solche unter der Auflösungsprämisse nicht zu aktivieren.[57] 15

2. Einzelheiten. Gewerbliche ua Schutzrechte (§ 266 Abs 2 Nr 1 HGB) sowie vertragliche Rechtspositionen des Schu sind zu aktivieren.[58] Rechtlich nicht verfestigte **immaterielle Werte**[59] können, entgegen § 248 Abs 2 HGB, auch anzusetzen sein, wenn sie nicht entgeltlich erworben sind,[60] ein innerer Geschäftswert bei der hier gebotenen Zugrundelegung von Auflösungswerten dagegen nur ausnahmsweise, wenn greifbare Aussicht auf dessen Verwertung besteht.[61] Entsprechendes gilt für den Wert einer Firma.[62] Anlaufkosten für neu zu ent- 16

---

46 RegE S 115 zu § 23; *BGH* NJW 1983, 677; NJW 1987, 2433; *Haas* KS-InsO, S 1304 f Rn 27; zu Besonderheiten bei Stiftungen vgl *Bach* vor § 11 Rn 217 ff.

47 HambKomm/*Schröder* § 19 Rn 23 f; *Scholz/Bitter* vor § 64 Rn 53; *Frystatzki* NZI 2013, 162 ff. Zu Einzahlungsansprüchen gem § 7 Nr 1 GenG vgl *BGH* ZIP 2009, 1320 Rn 15 .

48 *K/P/B/Pape* § 19 Rn 54; *Jaeger/Müller* § 19 Rn 44; *Scholz/Bitter* vor § 64 Rn 51; *Uhlenbruck* § 19 Rn 77.

49 *Jaeger/Müller* § 19 Rn 68; HambKomm/*Schröder* § 19 Rn 25; *Haas* KS-InsO, S 1298 Rn 11; *K/P/B/Pape* § 19 Rn 60; *K Schmidt* § 17 Rn 33.

50 *Jaeger/Müller* § 19 Rn 62; HambKomm/*Schröder* § 19 Rn 27; *Graf-Schlicker/Bremen* § 19 Rn 30.

51 *Haas* KS-InsO, S 1305 Rn 27; aM *Jaeger/Müller* § 19 Rn 45.

52 Vgl *OLG Köln* ZInsO 2009, 1404. Erg so Rn 13.

53 *OLG Stuttgart* NJW 1971, 1144; *Goldbeck* KTS 1962, 160; *Dahl* GmbHR 1964, 115; *Hoffmann* MDR 1979, 95; *Hüffer* FS Wiedemann, 2002, S 1056 ff.

54 *OLG Hamburg* BB 1981, 1441; *K/P/B/Pape* § 19 Rn 59; *Bilo* GmbHR 1981, 74; vgl *BGH* ZInsO 2010, 2396 f Rn 18.

55 Vgl *Primozic/Feckl* GmbHR 2005, 162 f.

56 *BGH* BB 1991, 16; vgl HambKomm/*Schröder* § 19 Rn 32.

57 *BGH* BB 1991, 16 f; *OLG Hbg* NJW-RR 1993, 1447; *Baumbach/Hueck/Haas* § 64 Rn 51; zur Bewertung unter Fortführungsbedingungen vgl *Auler* DB 1976, 2171; *Hundertmark/Herms* BB 1972, 1118 f.

58 Vgl *K Schmidt* § 19 Rn 27; *Möhlmann-Mahlau/Schmitt* NZI 2009, 22.

59 Zur Abgrenzung vgl *Fröhlich/Köchling* ZInsO 2002, 480 ff; *Uhlenbruck/Mock* § 19 Rn 78.

60 *Crezelius* FS Röhricht (2005) S 798; vgl *Haas* KS-InsO, S 1309 Rn 34 f.

61 HambKomm/*Schröder* § 19 Rn 28; MK/*Drukarczyk* § 19 Rn 93; *Fromm* ZInsO 2004, 949; PK-HWF/*Mitter* § 19 Rn 15; *Haas* KS-InsO, S 1306 Rn 28; vgl *BGH* BB 1960, 381 f; 1962, 155; DB 1967, 854; WM 1973, 287 f.

62 *Uhlenbruck/Mock* § 19 Rn 82 f; *Temme* vor § 17 S 150 f; *Haas* KS-InsO, S 1306 Rn 28; vgl *Bork* ZInsO 2001, 147 f; *Drews* S 82 f; *Harz/Baumgarter/Conrad* ZInsO 2005, 1309; vgl *K/P/B/Pape* § 19 Rn 62.

wickelnde Produkte können berücksichtigt werden,[63] bei Bewertung nach Auflösungsgrundsätzen aber nur, soweit das Produkt schon verwertbar ist. Aktive **Rechnungsabgrenzungsposten** sind nicht als solche zu aktivieren, da die Überschuldungsbilanz nicht periodenbezogen ist. Ein Wertansatz kann aber für die damit verbundenen – realisierbaren – Forderungen gebildet werden; auch soweit eine vorzeitige Vertragsauflösung in Betracht kommt, die zu einem Rückzahlungsanspruch führt.[64] Eine **harte Patronatserklärung** ist zu berücksichtigen, wenn sie eine interne Erklärung gegenüber dem Schu darstellt,[65] zugunsten aller Gl abgegeben wurde, und werthaltig ist.[66] **Eigene Gesellschaftsanteile** sind nur zu aktivieren, wenn sie tatsächlich verwertbar sind.[67]

17 Vorräte[68] und **unfertige** Produkte sind – Verwertbarkeit vorausgesetzt – zu berücksichtigen.[69] Forderungen aus schwebenden Geschäften sind nur anzusetzen, soweit mit ihrer Erfüllung trotz drohender Ins zu rechnen ist;[70] **Beteiligungen** des Schu an anderen – auch konzernverbundenen – Gesellschaften sind individuell m ihrem Kurswert, hilfsweise m dem zu schätzenden Verkehrswert anzusetzen;[71] dagegen sind die einzelnen Vermögensgegenstände rechtlich selbstständiger Tochtergesellschaften jeweils nur bei diesen zu berücksichtigen (so § 11 Rn 9). Zu Ansprüchen gegen Gesellschafter, Geschäftsführer oder Muttergesellschaften so Rn 14. In der Ins eines Vereins sind regelmäßig auch die künftigen Mitgliedsbeiträge zu aktivieren,[72] aber längstens bis zum Zeitpunkt einer wirksamen InsEröffnung[73] oder eines zulässigen Ausscheidens der Mitglieder. Zur Bewertung in einer Ins v Gemeinden vgl *Meier/Arts* NZI 2007, 700.

18 Vermögensgegenstände, die **Absonderungsrechten** unterliegen, sind ebenso voll in Ansatz zu bringen wie die – mglw höheren! – gesicherten Gegenforderungen auf der Passivseite.[74] Gegenüber Aussonderungsrechten kommt allenfalls eine rechtsbeständige Anwartschaft des Schu in Betracht.[75] Geleaste Gegenstände sind idR nicht anzusetzen.[76]

VIII. Berücksichtigung von Passiven

19 **1. Grundsätze.** Zu berücksichtigen sind alle bestehenden Verbindlichkeiten des Schu, sofern sie iF einer alsbaldigen InsEröffnung aus dem Aktivvermögen des Schu zu bedienen

---

63 *BGHZ* 119, 214; *Bilo* GmbHR 1981, 105 f.

64 MK/*Drukarczyk/Schüler* § 19 Rn 116; *Uhlenbruck/Mock* § 19 Rn 120; *Scholz/Bitter* vor § 64 Rn 54.

65 Vgl *BGH* NZI 2011, 538: externe Erklärungen (nur) gegenüber den Gl begründen keinen Anspruch des Protegés und können daher eine Überschuldung nicht beseitigen.

66 *Uhlenbruck/Mock* § 19 Rn 109; *Jaeger/Müller* § 19 Rn 66; *K Schmidt* § 19 Rn 42; *L/H/Kleindieck* Anh zu § 64 Rn 31.

67 HambKomm/*Schröder* § 19 Rn 30; *Uhlenbruck/Mock* § 19 Rn 118 f.

68 Vgl HambKomm/*Schröder* § 19 Rn 31; *Harz* ZInsO 2001, 200.

69 Vgl *BGH* NJW 1983, 678; *OLG Stuttgart* NStZ 1987, 460; *Uhlenbruck/Mock* § 19 Rn 65; *Pribilla* KTS 1958, 19 f; *Auler* DB 1976, 2171; *Drews* S 88 f.

70 *OLG Hamm* NJW-RR 1993, 1445 f; *Drews* S 90 f; HambKomm/*Schröder* § 19 Rn 32; *K Schmidt* § 19 Rn 32.

71 *Jaeger/Müller* § 19 Rn 55; HambKomm/*Schröder* § 19 Rn 30. Erg vgl *BGH* JZ 1979, 76 f; *Wieland-Blöse* WPg 2009, 1184 ff.

72 *LG Tübingen* KTS 1961, 159 f.

73 Vgl *BGHZ* 96, 255 f; *BGH* Beschl v 23.4.2007 – II ZR 190/06.

74 *Kupsch* BB 1984, 164; vgl *BGH* WM 1997, 1680; HambKomm/*Schröder* § 19 Rn 36; *Haas* KS-InsO, S 1305 Rn 27.

75 Vgl *BGH* WM 1997, 1680; weitergehend *v Onciul* vor § 16 S 155 f. Erg so Rn 14.

76 *Reck* ZInsO 2004, 1237 f; HambKomm/*Schröder* § 19 Rn 36.

wären,[77] insb sämtliche InsFord, sei es auch nach Maßgabe der §§ 40 ff.[78] Dazu gehören nicht nur Zahlungspflichten, sondern vermögensmindernde Verbindlichkeiten jeden Inhalts. **Nachrangige InsFord** gem § 39 Abs 1 reichen grds aus, weil diese vollwertige Schulden begründen.[79] Schulden, die erst infolge einer InsEröffnung entstehen – insb Masseverbindlichkeiten gem §§ 54, 55 Abs 1 Nr 1 – bleiben außer Ansatz:[80] Zu prüfen sind nur die Voraussetzungen für eine etwaige InsEröffnung; dagegen sollen nicht deren Folgen vorweggenommen werden. Ausnahmsweise zu berücksichtigen sind danach künftige Sozialplankosten, soweit diese mit (§ 123 Abs 2) oder ohne InsEröffnung gleichermaßen anfallen würden (su Rn 22). Bei einer GmbH & Co KG sind Verbindlichkeiten der KG – erst – im Falle ihrer Überschuldung bei der GmbH wenigstens in Form von Rückstellungen anzusetzen.[81] Verbindlichkeiten, die durch Dritte gesichert sind, müssen passiviert werden, soweit nicht im Innenverhältnis die Sicherungsgeber dafür aufzukommen haben.[82]

2. Einzelheiten. Nicht anzusetzen sind Eigenkapital[83] und freie Rücklagen.[84] Dagegen sind Genussrechte[85] und stille Beteiligungen – soweit sie nicht durch Verlustanteile aufgezehrt werden[86] – anzusetzen (vgl § 236 Abs 1 HGB); die Anforderungen an einen etwaigen Rangrücktritt sind entspr Abs 2 S 2 (su Rn 23) zu bestimmen.[87] 20

Verbindlichkeiten aus unerfüllten Verträgen müssen – ggf zum Geldwert – passiviert werden; ein etwaiges Wahlrecht des InsVerw nach § 103 bleibt hierfür außer Betracht.[88] Für noch nicht fällige Verbindlichkeiten aus Zug um Zug zu erfüllenden Dauerschuldverhältnissen ist idR der bis zur ersten Kündigungsmöglichkeit zu erwartende Gesamtverlust aus dem Geschäft zu passivieren; denn unter der hier gebotenen Auflösungsprämisse ist die dafür ausstehende Gegenleistung des Vertragspartners durchweg nicht voll verwendbar.[89] Rückstellungen für ungewisse Verbindlichkeiten iSv § 249 Abs 1 S 1 HGB sind anzusetzen, soweit ernsthaft mit einer Inanspruchnahme des Schu ohne InsEröffnung zu rechnen ist,[90] das Risiko ist realistisch zu bewerten.[91] Zu berücksichtigen sind ferner **Rückstellungen** für dro- 21

---

77 *Scholz/Bitter* vor § 64 Rn 56.
78 RegE S 115 zu § 23; *BGH* NJW 1983, 677; BB 1987, 1006; vgl *K/P/B/Pape* § 19 Rn 63.
79 *Uhlenbruck* KTS 1994, 173; *Burger/Schellberg* KTS 1995, 572; *Scholz/Bitter* vor § 64 Rn 56; *Haas* KS-InsO, S 1318 Rn 55. Erg su Rn 23 f.
80 *AG Göttingen* ZInsO 2002, 945; *Uhlenbruck/Mock* § 19 Rn 200; *L/H/Kleindiek* Anh zu § 64 Rn 33; *Haas* KS-InsO, S 1299 Rn 11, einschr aber S 1315 Rn 48 f.
81 HambKomm/*Schröder* § 19 Rn 48; vgl *Richter* GmbHR 1984, 142; PK-HWF/*Mitter* § 19 Rn 25.
82 Vgl *OLG Celle* NZG 2001, 731; *Bilo* GmbHR 1981, 105; HambKomm/*Schröder* § 19 Rn 42; *Haas* KS-InsO, S 1311 f Rn 40. Zu Gesellschafterdarlehen vgl ergänzend und Rn 24.
83 *BGHZ* 31, 272; *BGHSt* 15, 309 f; *RG* Recht 1928 Nr 41; HambKomm/*Schröder* § 19 Rn 38.
84 *BGH* BB 1959, 754; *Auler* DB 1976, 2172; *Uhlenbruck* KTS 1986, 41 Fn 55.
85 Vgl *Haas* KS-InsO, S 1324 Rn 64; *K/P/B/Pape* § 19 Rn 67.
86 *Uhlenbruck/Mock* § 19 Rn 165, 172; HambKomm/*Schröder* § 19 Rn 44; *K Schmidt* § 19 Rn 36; *Landsmann* S 134 f; *Dahl* (vor § 13) S 37.
87 *Scholz/Bitter* vor § 64 Rn 69; *Haas* KS-InsO, S 1325 Rn 65.
88 *Scholz/Bitter* vor § 64 Rn 59; *Jaeger/Müller* § 19 Rn 71; *K/P/B/Pape* § 60 Rn 63.
89 *Scholz/Bitter* vor § 64 Rn 59.
90 *BGH* NJW 2003, 3631; *OLG Hbg* BB 1981, 1441; *AG Hbg* ZInsO 2004, 992; *Temme* vor § 17 S 163 ff; *Müller/Haas* KS-InsO, S 1812 Rn 30; *Uhlenbruck/Mock* § 19 Rn 159; MK/*Drukarczyk*/Schüler § 19 Rn 122; *Haas/Scholl* ZInsO 2002, 645 ff; vgl *Schmidt/Roth* ZInsO 2006, 238 ff. Das gilt auch gegenüber vorl vollstreckbaren Titeln: *AG Hbg* ZInsO 2004, 992; HambKomm/*Schröder* § 19 Rn 41; *Uhlenbruck* ZInsO 2006, 339; dagegen nicht für die Fälle des § 249 Abs 1 S 2 und Abs 2 HGB: *Vonnemann* BB 1991, 871.
91 Vgl *Haas* KS-InsO, S 1313 Rn 44; *K/P/B/Pape* § 19 Rn 64; *Primozic/Feckl* GmbHR 2005, 161 ff.

hende Verluste,[92] für künftig erst eintretende aber nur, soweit sie auch ohne InsEröffnung anfallen (so Rn 21). Unterlassene Rückstellungen sind nachzuholen.[93] Eventualverbindlichkeiten, zB aus einer Bürgschaft, sind nach der Wahrscheinlichkeit ihrer Inanspruchnahme zu passivieren; ein daraus entstehender Rückgriffsanspruch ist, sofern er werthaltig ist, entspr zu aktivieren.[94] Ordnet die BaFin die Rückzahlung von Einlagen wegen unerlaubter Banktätigkeit an, sind die Rückzahlungspflichten idR ungeachtet gegenteiliger zivilrechtlicher Absprachen der Schu mit den Einlegern zu passivieren.[95] Gleiches gilt für Rückforderungsansprüche wegen verbotener staatlicher Beihilfen, sofern mit einer Inanspruchnahme ernsthaft zu rechnen ist.[96] Passive Rechnungsabgrenzungsposten sind zu passivieren, soweit sie Vorleistungscharakter haben und eine Verbindlichkeit darstellen.[97]

22 Verbindlichkeiten aus laufenden **Pensionen** sind nach Maßgabe des § 46 insgesamt[98] mit ihrem Barwert[99] zu passivieren, soweit nicht eine Kürzung wegen der wirtschaftlichen Krise des Schu berechtigt ist;[100] für unverfallbare Versorgungsanwartschaften oder bereits begründete Pensionsberechtigungen sind unter derselben Voraussetzung entspr Rückstellungen zu bilden.[101] Eine etwaige Einstandspflicht des PSV ist – wegen des damit verbundenen Rechtsübergangs (§ 9 Abs 2 BetrAVG) – insoweit unerheblich.[102] Zu Besonderheiten v Pensionsverpflichtungen bei Krankenkassen vgl *Heeg/Kebbel* ZIP 2009, 304 f; *Lundberg/Sänger* ZInsO 2010, 1906 f. Verbindlichkeiten aus bereits aufgestellten **Sozialplänen** iSv § 112 BetrVG sind zu passivieren;[103] für künftige Sozialpläne oder einen Nachteilsausgleich iSv § 113 BetrVG sind Rückstellungen nur zu bilden, soweit mit ihrem Erforderlichwerden auch ohne InsEröffnung zu rechnen ist.[104] Entspr gilt für sonstige Kosten einer Einstellung des Geschäftsbetriebs, weil Auflösungswerte zugrunde zu legen sind.[105]

23 **3. Insbesondere Gesellschafterdarlehen (Abs 2 S 2).** Abs 2 S 2 regelt eine früher str Frage dahin, dass Forderungen auf Rückgewähr v Gesellschafterdarlehen oder entspr Darlehen (su § 39 Abs 1 Nr 5) im Überschuldungsstatus idR zu passivieren sind. Dies gilt nur insoweit nicht, als ihr Gl m dem Schu „den Nachrang im InsVerf" noch hinter die nachrangigen InsGl iSv § 39

---

92 *BGHZ* 83, 347 ff; *Fromm* ZInsO 2004, 950; *Hess* § 19 Rn 60; *Haas/Scholl* ZInsO 2002, 645 ff; offen gelassen v *BGH* 14.5.2009 IX ZB 264/08, Rn 3; zM *K Schmidt* § 19 Rn 34.
93 *Hoffmann* MDR 1979, 95 f; *Bilo* GmbHR 1981, 74, 105.
94 HambKomm/*Schröder* § 19 Rn 45.
95 *BGH* ZIP 2003, 1642; *LG Hbg* ZIP 2007, 140; *AG Hbg* ZIP 2005, 750 f; 2006, 391. Erg so § 17 Rn 21.
96 *Uhlenbruck/Mock* § 19 Rn 193; *Koenig* BB 2000, 578 f.
97 *Uhlenbruck/Mock* § 19 Rn 195; *Jaeger/Müller* § 19 Rn 72.
98 Dies übersah *OVG Lüneburg* GewArch 2000, 421 f, das nur auf den Prognosezeitraum (so Rn 12) abstellen wollte. Im vorliegenden Zusammenhang geht es hingegen um eine aktuelle Gesamtbewertung des Vermögens.
99 *Uhlenbruck/Mock* § 19 Rn 206; *Dahl* (vor § 13) S 37.
100 HambKomm/*Schröder* § 19 Rn 40; WP-Hdb/*W Müller* T 39 ff und – zu Vorruhestandsregelungen – I 55 ff; vgl *Haas* KS-InsO, S 1316 Rn 50; PK-HWF/*Mitter* § 19 Rn 18; *Möhlmann-Mahlau/Schmitt* NZI 2009, 23.
101 MK/*Drukarczyk/Schüler* § 19 Rn 125; *Hoffmann* MDR 1979, 96 f; *Vonnemann* BB 1991, 1871; WP-Hdb/*W Müller* T 44 ff, vgl *Haas* KS-InsO, S 1317 Rn 52.
102 *Jaeger/Müller* § 19 Rn 80; *Scholz/K Schmidt/Bitter* vor § 11, vor § 64 Rn 45; *Uhlenbruck/Mock* § 19 Rn 163; *Lutter/Hommelhoff/Kleindiek* Anh § 64 Rn 34; *Haas* KS-InsO, S 1316 Rn 51.
103 MK/*Drukarczyk/Schüler* § 19 Rn 124; *Uhlenbruck/Mock* § 19 Rn 162.
104 *OLG Celle* NZG 2002, 731; MK/*Drukarczyk/Schüler* § 19 Rn 124; WP-Hdb/*W Müller* T 49 ff; *v Onciul* (vor § 16) S 159; vgl HambKomm/*Schröder* § 19 Rn 39; *Scholz/Bitter* vor § 64 Rn 62; *L/H/Kleindiek* Anh zu § 64 Rn 33.
105 Vgl *KG* ZInsO 2006, 439.

Abs 1 Nr 5 – also in den Rang des § 39 Abs 2 – vereinbart hat. Gemeint ist damit nach Zweck und Stellung der Vorschrift im 1. Abschn des 2. Teils der InsO eine spätestens[106] im Zeitpunkt der Eröffnungsentscheidung (so § 16 Rn 16) wirksame Vereinbarung.[107] Diese bedarf zwar keiner Form, doch ist die Ernsthaftigkeit behaupteter mdl Absprachen sorgfältig zu prüfen. Der Rangrücktritt muss auch die Zeit vor Verfahrenseröffnung erfassen und eine vorinsolvenzliche Durchsetzungssperre begründen.[108] Die Regelung gilt auch für Darlehen, die ein Gesellschafter aufgrund eines Versprechens im Gesellschaftsvertrag neben der Einlage gewährt hat („gesplittete Einlage").[109] Bei gesellschafterbesicherten Drittdarlehen (§§ 44a, 135 Abs 2) muss der Gesellschafter m seinen etwaigen Ausgleichsansprüchen gegen die InsMasse der Gesellschaft in den Rang des Abs 2 S 2 zurücktreten.[110]

Für den Sanierungsbeitrag von Gl, die selbst nicht Gesellschafter sind, reicht ein gleichartiger Rücktritt aus.[111] Solche Forderungen dürfen allerdings auch nicht aus dem haftenden Vermögen des Schu gesichert sein; sonst beeinträchtigen sie andere Gl und müssen sie in diesem Umfang in die Überschuldungsbilanz aufgenommen werden.[112] Darlehen Dritter, die durch Sicherheiten (nur) aus dem persönlichen Vermögen v Gesellschaftern gesichert sind (§ 44a), sind zu passivieren; jedoch kann dies – ganz oder teilweise – durch Aktivierung eines (vereinbarten) Freistellungsanspruchs der Schu gegen ihren Gesellschafter ausgeglichen werden, falls dieser auch mit internen Erstattungsansprüchen gegen die Schu in den Rang des § 39 Abs 2 zurücktritt.[113] **24**

§ 20 Auskunfts- und Mitwirkungspflicht im Eröffnungsverfahren. Hinweis auf Restschuldbefreiung

(1) [1]Ist der Antrag zulässig, so hat der Schuldner dem Insolvenzgericht die Auskünfte zu erteilen, die zur Entscheidung über den Antrag erforderlich sind, und es auch sonst bei der Erfüllung seiner Aufgaben zu unterstützen. [2]Die §§ 97, 98, 101 Abs. 1 Satz 1, 2, Abs. 2 gelten entsprechend.

(2) Ist der Schuldner eine natürliche Person, so soll er darauf hingewiesen werden, dass er nach Maßgabe der §§ 286 bis 303a Restschuldbefreiung erlangen kann.

Übersicht

106 Vgl *Leithaus/Schaefer* NZI 2010, 847; *Geiser* NZI 2013, 1056 ff.
107 Vgl *Haas* DStR 2009, 327.
108 *BGHZ* 204, 231 = ZIP 2015, 638 Rn 19.
109 Vgl *BGH* ZInsO 2010, 1069 f.
110 MK/*Bitter* § 44a Rn 29.
111 *BGHZ* 204, 231 = ZIP 2015, 638 Rn 14; *Wittig* NZI 2001, 173 f; HambKomm/*Schröder* § 19 Rn 43; *Haas/Scholl* ZInsO 2002, 648 ff; *Leithaus/Schaefer* NZI 2010, 846.
112 Vgl *Temme* (vor § 17) S 195 ff; *Schlitt* NZG 1998, 704 f; *Altmeppen* ZHR 164 (2000), 367 ff; *Bittmann* wistra 1999, 15; iE auch *K Schmidt* GmbHR 1999, 14 f; *Haas* KS-InsO, S 1321 f; *Bormann* InVo 1999, 106 f.
113 Vgl *K Schmidt* BB 2008, 1971; *Dahl/Schmitz* NZG 2009, 569; *R/A/Altmeppen* Vorb § 64 Rn 47.

I. Normzweck

1 Abs 1 soll die Abwicklung des EröffnungsVerf erleichtern. Abs 2 bezweckt, den Schu in die Lage zu versetzen, einen für die Restschuldbefreiung nötigen eigenen Eröffnungsantrag rechtzeitig zu stellen.

II. Voraussetzung

2 Die **Auskunfts- und Mitwirkungspflicht** besteht, sobald und solange der Eröffnungsantrag – gleichgültig, ob vom Schu oder Gl gestellt – zulässig ist;[1] sie gilt auch gegenüber nicht antragspflichtigen Schu nach zulässigen Eigenanträgen.[2] Ein Unterschied zwischen den Eröffnungsanträgen von Gl oder Schu ist allg insoweit gerechtfertigt, als aus obstruktivem Verhalten des Schu bei Eigenanträgen deren Unzulässigkeit abzuleiten sein kann (so § 13 Rn 20).[3] Ein Verstoß des Schu gegen § 13 Abs 1 S 4–6 kann zur Unzulässigkeit seines Eröffnungsantrags – und damit zum Wegfall seiner Auskunftspflicht – führen (so § 13 Rn 22 f). Die Zulässigkeit des Antrags muss geprüft, braucht aber nicht ausdrücklich ausgesprochen zu werden; es genügt, dass das InsGer die Zulässigkeit, zB mit seinem Auskunfts- oder Unterstützungsverlangen, stillschweigend bejaht.[4] Die Auskunftspflicht entsteht sodann m Rückwirkung auf den Zeitpunkt der Antragstellung.[5] Der Schu kann sich der Auskunftspflicht nicht dadurch entziehen, dass er die Berechtigung der vom Ast geltend gemachten Forderung bestreitet, ohne deren Glaubhaftmachung zu erschüttern.[6]

3 Die Pflichten nach § 20 sind selbstständiger verfahrensrechtlicher Art Sie bestehen nur gegenüber dem **InsGer.** Insoweit würden sie durch die zusätzlichen Angaben konkretisiert, die der Schu gem § 13 Abs 1 S 3–5 idF des ESUG zu machen hat (so § 13 Rn 20 ff). Im Verhältnis zum vorl InsVerw greift statt dessen § 22 Abs 3 ein (su § 22 Rn 71). Das InsGer darf dem Schu aufgeben, bestimmte Pflichten gegenüber einem SV zu erfüllen.[7] Ein gerichtlich bestellter Sachverständiger darf zwar Auskünfte des Schu verlangen, muss aber zu deren Erzwingung das InsGer einschalten.[8] In einem gem § 306 Abs 1 S 1 ruhenden VerbraucherInsVerf beschränkt sich die Pflicht des Schu auf Auskünfte betr die Zulässigkeit des InsAntrags[9] und im Hinblick auf etwaige Sicherungsmaßnahmen.[10] Eine Verletzung der Auskunftspflicht kann unter den Voraussetzungen des § 283 Abs 1 Nr 1 oder 4 StGB strafbar sein. Weitere Sanktionen können mittelbar aus § 290 Abs 1 Nr 5,[11] § 4c Nr 1 oder § 305 Abs 3 folgen. Die Pflichten nach § 20 gelten auch für im Ausland ansässige InsSchu, soweit dennoch im Einzelfall der InsGerichtsstand in Deutschland liegt.[12] Für die Zeit nach InsEröffnung gelten §§ 97, 98, 101.

---

1 *BGH* ZInsO 2003, 218; ZIP 2008, 2276 f Rn 9; MK/*Schmahl/Vuia* § 20 Rn 11; *K Schmidt/Hölzle* § 20 Rn 3; *Braun/Böhm* § 20 Rn 25; erg vgl § 21 Rn 2, § 14 Rn 3 ff.
2 *K Schmidt/Hölzle* § 20 Rn 4; vgl BGHZ 153, 208. Erg su Rn 18.
3 *LG Hamburg* ZInsO 2010, 1651.
4 *BGH* ZIP 2008, 2276 f Rn 9; MK/*Schmahl/Vuia* § 20 Rn 11.
5 *BGH* ZIP 2008, 2276 f Rn 9; *Jaeger/Gerhardt* § 20 Rn 3; *N/R/Mönning* § 20 Rn 11.
6 Vgl *OLG Köln* InVo 1996, 98; *Graf-Schlicker/Voß* § 20 Rn 5; erg so § 14 Rn 52.
7 *BGH* ZIP 2012, 1615 Rn 11; *K Schmidt/Hölzle* § 20 Rn 2.
8 Vgl *BGHZ* 158, 217; *AG Köln* NZI 2012, 382; *Graf-Schlicker/Voß* § 20 Rn 11; HambKomm/*Herchen* § 20 Rn 7; MK/*Schmahl/Vuia* § 20 Rn 13. Erg su § 22 Rn 7.
9 HambKomm/*Herchen* § 20 Rn 6; MK/*Schmahl/Vuia* § 20 Rn 61; *Uhlenbruck/Sternal* § 306 Rn 9 ff.
10 MK/*Schmahl/Vuia* § 20 Rn 62. Erg su Rn 9.
11 Vgl *BGH* ZIP 2008, 2276 f Rn 7; aber auch *Vallender* ZVI 2003, 255.
12 Vgl *Vallender* ZGR 2006, 443 ff; auch zu den Möglichkeiten der Durchsetzung.

III. Verpflichtete

4 Zur Auskunft und Mitwirkung verpflichtet ist nach S 1 in erster Linie der Schu persönlich, für eine nicht prozessfähige natürliche Person deren gesetzlicher Vertreter, in der Nachlass-Ins der Erbe. Eine etwaige berufliche Schweigepflicht des Schu – zB als Arzt, RA oder Steuerberater – schränkt die Verpflichtung nicht ein.[13] Jeder **Schu** wird ggf wie eine Partei vernommen,[14] ohne dass §§ 445 ff ZPO gelten (so § 5 Rn 10). Ist der Schu eine juristische Person, so hat für die GmbH jeder Geschäftsführer[15] – unter der in § 15 Rn 6 entwickelten Voraussetzung auch der faktische[16] –, für die AG, eGmbH und den Verein jedes Vorstandsmitglied und für alle jeder Abwickler die Auskunft zu erteilen.[17] Bei einer GmbH & Co KG sind die Geschäftsführer der persönlich haftenden GmbH wie Schu verpflichtet, für eine Gesellschaft ohne Rechtspersönlichkeit ist jeder vertretungsberechtigte – persönlich haftende – Gesellschafter oder jeder Abwickler auskunftspflichtig. Eine gewillkürte Stellvertretung bei der Auskunft ist nur bei Zustimmung des InsGer zulässig.[18] Verpflichtet ist der Schu höchstpersönlich; er kann sich durch einen RA oder Steuerberater zwar beraten, nicht aber vertreten lassen.[19]

5 Darüber hinaus erlegt S 2 iVm § 101 Abs 1 – wenn der Schu keine natürliche Person ist – weiteren Personen die Pflicht auf: Jedem Mitglied eines Aufsichtsorgans – dh Aufsichts- oder Beirats – des Schu (§ 101 Abs 1 S 1) und jeder Person, die eine der zuvor in Rn 4 und 5 genannten Stellungen innehatte und nicht früher als zwei Jahre vor dem Eingang des Eröffnungsantrags bei Gericht daraus ausgeschieden ist. Innerhalb dieser Frist bleibt die Pflicht auch dann bestehen, wenn inzwischen ein Nachfolger im Amt bestellt wurde;[20] denn über vergangene Vorgänge muss dieser nichts wissen.

6 Durch die Verweisung auf § 101 Abs 2 werden ferner gegenwärtige und frühere, in den letzten zwei Jahren ausgeschiedene **Angestellte** jedes Schu auch natürlicher Personen – auskunftspflichtig. Der Umfang ihrer Pflicht zur Auskunfterteilung ist jedoch (entspr § 97 Abs 1 S 1, su Rn 8 ff) eingeschränkt, ebenso die Möglichkeit der Durchsetzung (su Rn 9, 18).

7 Sonstige Dritte, insb der Steuerberater des Schu, sind nicht nach § 20, sondern als Zeugen – erforderlichenfalls mit Aussagenehmigung[21] – oder allenfalls aufgrund allg, insb vertraglicher Grundlage auskunftspflichtig[22] (su § 22 Rn 42, 56). Das gilt auch gegenüber einer Bank des Schu[23] und seinem Finanzamt.[24]

IV. Auskunftspflicht

8 **1. Umfang.** Die Auskunftspflicht bezieht sich auf alle Umstände, die für das **Eröffnungs-Verf** nötig sind (zu einem weitergehenden Umfang vgl § 22 Rn 67, 69, § 97). Dies sind alle von Amts wegen zu beachtenden rechtlichen und tatsächlichen Voraussetzungen, die in

13 *BGH* ZInsO 2004, 552.
14 *Vallender* ZIP 1996, 533; *Jaeger/Gerhardt* § 5 Rn 24.
15 *OLG Köln* NZI 1999, 459.
16 Vgl *Vallender* ZIP 1996, 530 f; *Uhlenbruck* KTS 1997, 390; *K/P/B/Pape* § 20 Rn 15; *Graf-Schlicker/Voß* § 20 Rn 8; *K Schmidt/Hölzle* § 20 Rn 6.
17 *Vallender* ZIP 1996, 530 f.
18 *Uhlenbruck* KTS 1997, 385 f; *K/P/B/Pape* § 20 Rn 18.
19 *K/P/B/Pape* § 20 Rn 18; MK/*Schmahl/Vuia* § 20 Rn 30; vgl *Graf-Schlicker/Voß* § 20 Rn 8.
20 *Vallender* ZGR 2006, 445.
21 Vgl *LG Göttingen* ZIP 2002, 2269 mit abl Anm *Mitlehner* EWiR 2003, 280.
22 *Uhlenbruck/Zipperer* § 20 Rn 13; PK-HWF/*Mitter* § 20 Rn 24.
23 *Stephan* WM 2009, 244 f.
24 *A/G/R/Sander* § 20 Rn 7.

irgendeiner Weise für die Entsch über die Eröffnung selbst oder für eine sonstige gerichtliche Entsch im EröffnungsVerf von Bedeutung sein können.[25] Dazu gehören im Hinblick auf § 30 Abs 2 Verzeichnisse aller Gl[26] und (Dritt-) Schu des InsSchu einschl ihrer Anschriften sowie eine vollständige, zeitnahe Übersicht über sein Vermögen (§§ 35–37)[27] einschl des im Ausland belegenen.[28] Hierfür sind – damit die Voraussetzungen der §§ 16, 26 beurteilt werden können – Forderungen des InsSchu mit ihrem Betrag und ihrer Werthaltigkeit anzugeben.[29] Jedoch muss nach der Rspr ein Geschäftsführer keine Angaben zu seinen persönlichen Vermögensverhältnissen machen, um die Realisierbarkeit von gegen ihn gerichteten Forderungen der GmbH als InsSchu darzulegen.[30] Entgegen dieser Rspr ist zu verlangen, dass der Geschäftsführer Auskunft über die Werthaltigkeit von gegen ihn gerichteten Ansprüchen erteilt.[31] Verbindlichkeiten sind mit ihrem Rechtsgrund anzugeben;[32] laufende Dauerschuldverhältnisse wie Miet- oder Leasingverträge sind aufzuführen[33], ebenso Rechtsstellungen als Gesellschafter und/oder Geschäftsführer.[34] Geschäftsgeheimnisse sind zu offenbaren.[35] Regelmäßig sind auch unpfändbare oder wertlose Gegenstände mitzuteilen, weil die Massefreiheit (vgl § 36) allein vom InsGer zu beurteilen ist (§ 2 Rn 5),[36] jedoch gelten die Grenzen des § 807 Abs 1 ZPO sinngemäß.[37] Befinden sich Sachen des Schu im Besitz eines Dritten, ist dieser zu bezeichnen.[38] Aus- und Absonderungsrechte sind als solche kenntlich zu machen.[32] Die Angaben müssen ferner die Aufstellung einer – im Hinblick auf § 22 Abs 1 S 2 Nr 2 und 3 auch vorausschauenden – Liquiditätsübersicht ermöglichen.[39]

9 Zu fordern sind Angaben, die für den Erlass von Sicherungsmaßnahmen gem § 21[40] oder für eine beantragte Eigenverwaltung[41] oder eine Unternehmensfortführung (§ 22 Abs 1 S 2 Nr 2)[42] wichtig sind. Zur Prüfung der Massekostendeckung (§ 26) sind alle Umstände anzugeben, die mglw zu einer Masseanreicherung führen können, insb im Wege der Anf (§§ 129 ff)[43] oder aufgrund der §§ 92, 93. Die Verpflichtung zur Auskunft hängt nicht davon ab, dass dem Schu entspr Fragen gestellt werden; vielmehr hat er Umstände, die offensichtlich für das Verf bedeutsam sein können und nicht klar zu Tage liegen, v sich aus offen zu legen.[44] Die Auskunft ist auch ohne Weiteres später zu ergänzen oder richtig zu stellen,[45]

---

25 *BGH* ZInsO 2012, 751 Rn 13; MK/*Schmahl/Vuia* § 20 Rn 25 f; *Jaeger/Gerhardt* § 20 Rn 3.
26 *BGH* ZIP 2008, 2276 f Rn 7; *Jaeger/Gerhardt* § 20 Rn 3; vgl; so § 13 Rn 21 f.
27 *BGHZ* 156, 94; *BayObLG* ZIP 2000, 1221.
28 *Uhlenbruck/Zipperer* § 20 Rn 21; *Jaeger/Gerhardt* § 20 Rn 3.
29 MK/*Schmahl/Vuia* § 20 Rn 27; erg su Rn 9.
30 Vgl *BGH* ZIP 2015, 792 f; krit*Laroche* ZInsO 2015, 1472 ff.
31 *Laroche* ZInsO 2015, 1472 ff; der Geschäftsführer ist allerdings nicht verpflichtet, seine persönlichen Vermögensverhältnisse umfassend offen zu legen, wenn er erklärt, die gegen ihn gerichteten Ansprüche erfüllen zu können.
32 *Jaeger/Gerhardt* § 20 Rn 3.
33 Vgl *OLG Hamm* ZIP 1980, 281 f.
34 *AG Duisburg* NZI 2008, 698 f.
35 MK/*Schmahl/Vuia* § 20 Rn 26; vgl *K Schmidt/Hölzle* § 20 Rn 12.
36 Vgl *AG Duisburg* NZI 2008, 698; *Vallender* ZIP 1996, 531.
37 Vgl *BGH* DB 1953, 39.
38 *Vallender* ZIP 1996, 531.
39 Vgl *Uhlenbruck/Zipperer* § 20 Rn 23; *K/P/B/Pape* § 20 Rn 27.
40 MK/*Schmahl/Vuia* § 20 Rn 28; vgl *K/P/B/Pape* § 20 Rn 31.
41 *Uhlenbruck/Zipperer* § 20 Rn 20.
42 Vgl MK/*Schmahl/Vuia* § 20 Rn 29; *Uhlenbruck/Zipperer* § 20 Rn 21.
43 *BGH* NZI 2010, 265; *LG Leipzig* ZIP 1998, 705.
44 *BGH* ZInsO 2012, 751 Rn 13; ZInsO 2013, 138 f.
45 *BGH* ZIP 2009, 677 f Rn 36; *AG Duisburg* NZI 2008, 698; MK/*Schmahl/Vuia* § 20 Rn 34; *Jaeger/Gerhardt* § 20 Rn 6; PK-HWF/*Mitter* § 20 Rn 12.

sobald der Schu erkennt, dass sich die mitgeteilten Tatsachen nachträglich geändert haben bzw dass sie unrichtig dargestellt worden sind. Die Richtigstellung/Ergänzung muss gegenüber dem InsGer erfolgen; eine Berichtigung (nur) gegenüber dem Sachverständigen genügt nicht.[46]

Die Auskunftspflicht umfasst die Vorlage v Belegen und sonstigen Unterlagen,[47] insb die Herausgabe der Betriebsunterlagen, die zur Prüfung der geschuldeten Angaben nötig sind.[48] **10**

Auf Verlangen des InsGer hat der Schu seine Auskunft in Form **geordneter** schriftlicher Übersichten zu erteilen, zB durch Erstellung geordneter Verzeichnisse, und seine Geschäftsunterlage in geordneter Form vorzulegen.[49] Er kann auch dazu verpflichtet sein, die Vorarbeiten zu erbringen, die für eine sachdienliche Auskunft nötig sind; dazu kann das Forschen nach vorhandenen Unterlagen gehören.[50] **11**

Der Schu hat seine Auskünfte so sorgfältig **vorzubereiten,** dass er sachdienliche, vollständige und genaue Angaben machen kann.[51] Nötige Unterlagen, die sich bei eigenen Beratern befinden, muss er sich beschaffen.[52] Ist er sich nicht sicher, muss er wenigstens seinen genauen Wissensstand angeben. Dasselbe gilt, wenn seine Geschäftsunterlagen v Ermittlungsbehörden beschlagnahmt sind.[53] **12**

2. Selbstbelastung. Um seine Auskunftpflicht zu erfüllen, hat der Schu gem S 2 iVm § 97 Abs 1 S 2 ggf auch Tatsachen zu offenbaren, die geeignet sind, eine **Strafverfolgung** gegen ihn herbeizuführen; zur beschränkten Verwertbarkeit dieser Angaben in einem Straf- oder OrdnungswidrigkeitsVerf su § 97 Rn 19 ff. Urkunden, die bei einer – rechtsmäßigen – Steuerfahndung beim Schu sichergestellt wurden, dürfen im InsVerf gegen ihn verwendet werden.[54] Der Schu muss ggf Personen, die zur Aufklärung beitragen können, von ihrer Verschwiegenheitspflicht befreien[55] (erg su § 22 Rn 40 aE, 52). Die Pflicht zur Selbstbelastung gilt nicht für Angestellte des Schu: § 101 Abs 2 verweist nicht auf § 97 Abs 1 S 2 und 3. **13**

3. Auskunftserteilung. Die Auskunft ist mündlich zu **erteilen.**[56] Setzt das Gericht eine Frist zur Auskunftserteilung ist wegen der Eilbedürftigkeit des EröffnungsVerf eine Frist von zwei Wochen jedenfalls ausreichend, im Einzelfall kann (etwa bei Gefahr im Verzug) auch eine kürze Frist geboten sein.[57] Ein Anwesenheitsrecht hat der vorl InsVerw, nicht aber ein Gl.[58] § 357 Abs 1 ZPO gestattet dem Ast die Anwesenheit; allerdings ist er auszuschließen, soweit der Schu gem § 384 ZPO ein Zeugnisverweigerungsrecht hätte, aber im InsVerf dennoch auszusagen hat.[59] Das InsGer kann sich – je nach Zweckmäßigkeit – mit einer schriftlichen Äußerung insb auf standardisierten Anhörungsschreiben zufrieden geben.[60] Kosten **14**

---

46 *AG Magdeburg* 19.3.2013, 340 IN 967/12, zitiert nach *juris.*
47 Vgl *BGHZ* 162, 198; *BGH* ZInsO 2006, 264 f.
48 *Vallender* EWiR 1997, 1098; *Graf-Schlicker/Voß* § 20 Rn 3; PK-HWF/*Mitter* § 20 Rn 11.
49 *LG Duisburg* ZIP 2001, 1065; MK/*Schmahl/Vuia* § 20 Rn 32; *Uhlenbruck/Zipperer* § 20 Rn 22.
50 *BGH* ZInsO 2006, 264 f. Erg su § 22 Rn 69.
51 MK/*Schmahl/Vuia* § 20 Rn 33 f; *Jaeger/Gerhardt* § 20 Rn 10.
52 MK/*Schmahl/Vuia* § 20 Rn 42. Erg su Rn 17.
53 *Vallender* ZIP 1996, 531.
54 *AG Köln* ZInsO 2009, 673.
55 *Vallender* ZIP 1996, 532; *Uhlenbruck/Zipperer* § 20 Rn 25.
56 *OLG Köln* NZI 1999, 459; *K/P/B/Pape* § 20 Rn 24.
57 *Uhlenbruck/Zipperer* § 20 Rn 29; PK-HWF/*Mitter* § 20 Rn 12.
58 *Uhlenbruck/Zipperer* § 20 Rn 18; aM FK/*Schmerbach* § 5 Rn 29.
59 Vgl auch § 97 S 2 und 3.
60 *Uhlenbruck* KTS 1997, 386; *Graf-Schlicker/Voß* § 20 Rn 9.

der Auskunft werden nicht ersetzt; zu umfangreicheren Dienstleistungen ist der Schu aber nicht verpflichtet; dafür darf ihm der vorl InsVerw eine angemessene Vergütung zahlen.[61]

V. Mitwirkungspflicht

15 Der zweite HS des S 1 stellt klar, dass auch die umfassende Mitwirkungspflicht nach § 97 Abs 2 schon im EröffnungsVerf und gegenüber dem InsGer gilt. Zur Erstreckung gegenüber dem vorl InsVerw su § 22 Rn 71.

16 Die den Schu nach § 20 Abs 1 S 2 iVm § 97 Abs 3 S 2 treffende **passive** Mitwirkungspflicht bedeutet, dass er alle Maßnahmen zu unterlassen hat, die den gesetzlichen VerfZweck sowie die vom InsGer angeordneten Sicherungsmaßnahmen negativ beeinträchtigen würden (su § 97 Rn 46). Ihn trifft nach § 97 Abs 3 S 1 auch die **Präsenzpflicht** im Sinne einer Erreichbarkeit für Gericht und vorl InsVerw[62] sowie einer Bereitschaftspflicht.[63]

17 Die **aktive** Mitwirkungspflicht kann zB bedeuten, dass der Schu RA, Steuerberater, Wirtschaftsprüfer, Notare und Kreditinstitute v ihrer Schweigepflicht zu entbinden hat, wenn diese sich im Rahmen eines Auskunftsersuchens auf ihre Verschwiegenheitspflicht berufen.[64] Ferner hat er Vollmachten mit Bezug auf Auslandsvermögen zu erteilen.[65] Ist der Schu auf die bei seinem Steuerberater befindlichen Geschäftsunterlagen angewiesen, muss er notfalls ein diesem zustehendes Zurückbehaltungsrecht abzulösen versuchen;[66] dazu kann ihn allerdings nur ein vorl InsVerw anhalten.[67]

VI. Erzwingung

18 Ist der Eröffnungsantrag zulässig (so Rn 2) und erfüllt der Schu seine Auskunftspflicht nicht, darf grds nicht deswegen der Eröffnungsantrag zurückgewiesen werden. Vielmehr hat das InsGer im Rahmen seiner Amtsermittlungspflicht nach § 5 Abs 1 (vgl § 16 Rn 10) ggf zu versuchen, den Schu zur Auskunft zu **zwingen.**[68] Der Umstand, dass der Schu als Ast nicht mitwirkt, entbindet das InsGer von der Ermittlungspflicht nur, wenn das Verhalten des Schu erkennen lässt, dass er nicht ernsthaft die InsEröffnung anstrebt, sein Eröffnungsantrag also unzulässig ist.[69] Weitergehende Begr[70] verkennen das öffentliche Interesse an der Eröffnung eines RegelInsVerf, falls ein Eröffnungsgrund vorliegt.[71] Zuständig ist das InsGer, nicht ein ersuchter Richter.[72]

---

61 *Uhlenbruck/Zipperer* § 20 Rn 28, 45; *K Schmidt/Hölzle* § 20 Rn 21; MK/*Schmahl/Vuia* § 20 Rn 75 f. Erg su § 22 Rn 70.

62 Dies umfasst insb die Anzeige jeden Wechsels der Wohn- bzw Geschäftsanschrift, vgl *AG Duisburg* ZI 2007, 597.

63 *Uhlenbruck/Zipperer* § 20 Rn 24; *K Schmidt/Hölzle* § 20 Rn 14.

64 Vgl amtl Begr der BReg zum Entwurf des InsOVereinfG, BT-Drucks 16/3227, 15 zu Nr 5; *Pape* NZI 2007, 429; *Stephan* WM 2009, 242 f; *Dahl* (vor § 13) S 58.

65 Vgl *BGH* ZIP 2003, 2124; *Graf-Schlicker/Voß* § 20 Rn 3; *Vallender* ZGR 2006, 443 f. Erg vgl vorige Fn.

66 *LG Mainz* ZIP-aktuell 1995 Nr 243; FK/*Schmerbach* § 20 Rn 11; PK-HWF/*Mitter* § 20 Rn 14.

67 Vgl *Uhlenbruck/Zipperer* § 20 Rn 26.

68 *BGH* ZInsO 2003, 217; *LG Köln* ZInsO 2001, 1017 f; *LG Göttingen* ZIP 2002, 1048; *LG Arnsberg* ZVI 2002, 278 f; *Uhlenbruck/Zipperer* § 20 Rn 30; *Gundlach/Schirrmeister* DZWIR 2003, 257.

69 Vgl aber § 13 Rn 20 ff und *AG Dresden* ZIP 2002, 862 f mit zust Anm *Schmahl* EWiR 2002, 722.

70 *LG Potsdam* ZInsO 2002, 885 und NZI 2002, 555; *LG Hbg* InsO 2010, 1651 f; *AG Göttingen* ZInsO 2001, 865 f und NZI 2002, 219 f; *K Schmidt/Hölzle* § 20 Rn 4. Die spezielle Norm des § 305 Abs 3 S 2 ist nicht verallgemeinerungsfähig.

71 Vgl zu planmäßigen Versuchen, trotz Antragspflicht die InsEröffnung eigennützig zu vermeiden, *Molitor* ZInsO 2004, 791 f.

72 *OLG Köln* NZI 1999, 459.

Als Zwangsmittel kommen – auch im Verbraucher- oder KleinInsEröffnungsVerf[73] – gegen die in Rn 4 und 5 genannten Personen gem S 2 iVm § 98 Abs 2 die zwangsweise Vorführung und – bei ihrer Undurchführbarkeit oder Erfolglosigkeit – die Anordnung der Beuge**haft** in Betracht.[74] Die Anwendung eines weniger einschneidenden Mittels ist – nur – geboten, wenn es zur Erreichung des Gesetzeszwecks ausreicht.[75] Auch die Flucht des Schu ins Ausland mit dem Ziel, sich der Auskunft zu entziehen, kann verhindert werden. Vor einer Haftandrohung ist der Schu idR zuerst vorzuführen.[76] Macht der Schu unter Vorlage eines ärztlichen Attests[77] Haftunfähigkeit geltend, hat das InsGer dem nachzugehen und ggf die Haft nach § 98 Abs 3 S 1, § 802h Abs 2 ZPO außer Vollzug zu setzen. Geldbußen sind ausgeschlossen.[78] Im anordnenden Teil des Haftbefehls sind die Pflichten des Schu so bestimmt zu bezeichnen, dass er ohne weiteres erkennen kann, welche Handlungen er vorzunehmen hat.[79] Erteilt der Schu Auskunft, bestehen aber Bedenken gegen deren Richtigkeit, ordnet das InsGer nach Maßgabe des § 98 Abs 1 an, dass der Schu die Richtigkeit und Vollständigkeit an Eides Statt zu versichern hat.[80] Zuständig ist jeweils das InsGer,[81] nicht ein ersuchter Richter[82] oder das Vollstreckungsgericht oder ein GV. Verletzt der Schu seine Auskunftspflicht, kann er gem § 290 Abs 1 Nr 5 die Möglichkeit zur Restschuldbefreiung verlieren.[83] **19**

Das InsGer darf den zuständigen GV gem §§ 758 Abs 1, 883 Abs 1 ZPO iVm § 4 ermächtigen, für den vorl InsVerw die Geschäftsräume des Schu nach Unterlagen zu durchsuchen, die für die Aufklärung der Vermögensverhältnisse des Schu bedeutsam sein könnten; Mitbewohner des Schu haben eine solche Durchsuchung zu dulden.[84] Ein **DurchsuchungsBeschl** zur Auffindung v Unterlagen bei dem Schu ist nur zulässig, wenn nicht weniger einschneidende Maßnahmen – zB eine Anhörung – ausreichen, um die begehrte Auskunft des Schu zu erreichen oder seine Mitwirkung herbeizuführen; der Beschl muss auch den zu erzwingenden Erfolg im Wesentlichen umschreiben.[85] **20**

Vor der Anordnung von Zwangsmaßnahmen braucht das InsGer regelmäßig nicht den Schu zu hören;[86] es genügt, wenn ihm nachträglich – insb bei seiner entspr § 98 Abs 2 gebotenen Anhörung – rechtliches Gehör gewährt wird. Nur gegen Haftanordnungen ist die **sof Beschw** statthaft (S 2 iVm § 98 Abs 3 S 3).[87] Die übrigen Maßnahmen zur Durchsetzung der Auskunftspflicht sind keine – anfechtbaren – Sicherungsmaßnahmen iSv § 21 Abs 1 S 2.[88] Nicht gegen eine gerichtlich festgesetzte Aufenthaltspflicht, sondern erst gegen deren Erzwingung durch Haft kann der Schu sof Beschw erheben.[89] Ist das EröffnungsVerf allein **21**

73 *OLG Celle* ZInsO 2002, 233.
74 Vgl *OLG Celle* ZInsO 2001, 323; 2002, 233; *LG Göttingen* ZIP 2003, 681; *LG Duisburg* ZIP 2001, 1065; *Frind* NZI 2010, 753 ff.
75 *BGH* NZI 2004, 86 f.
76 *OLG Naumburg* ZInsO 2000, 562 f; *LG Göttingen* ZIP 2000, 2175; vgl *LG Arnsberg* ZInsO 2002, 680.
77 Vgl *LG Köln* EWiR 1998, 77.
78 *K/P/B/Pape* § 20 Rn 49.
79 *BGHZ* 162, 195 f; *Laroche* ZInsO 2015, 1477.
80 Vgl *LG Göttingen* ZIP 1999, 1492 f.
81 *Schmerbach* NZI 2002, 538.
82 *OLG Köln* NZI 1999, 460.
83 Vgl *BGH* 9.10.2008 – IX ZB 212/07, Rn 6 f; *Vallender* ZVI 2003, 254 f.
84 *BGH* WM 2008, 307 f. Erg su § 21 Rn 15.
85 *LG Göttingen* ZInsO 2007, 500.
86 *Maintzer* KTS 1985, 621; *Vallender* EWiR 1997, 1098.
87 Zu Ausnahmen bei geltend gemachter Verfassungswidrigkeit so § 6 Rn 16.
88 MK/*Schmahl/Vuia* § 20 Rn 85; *K Schmidt/Hölzle* § 20 Rn 20.
89 *LG Göttingen* ZIP 2000, 2174.

aufgrund eines Eigenantrags des Schu eingeleitet worden, kann dieser aber durch Antragsrücknahme die Auskunftspflicht entfallen lassen. Mit einem Rechtsmittel gegen die Haftanordnung kann der Schu auch rügen, dass der Eröffnungsantrag unzulässig sei; der Umstand, dass dessen Zulassung nicht selbstständig anfechtbar ist, schließt die vorrangige Prüfung iRd HaftBeschw nicht aus.[90]

22 Gegen Angestellte des Schu kommen nur die gegenüber Zeugen üblichen Mittel zur Durchsetzung der Aussagepflicht (§§ 380 ff ZPO) in Betracht. Hat der Schu die Weigerung seiner Angestellten gefördert, kann auch gegen ihn Zwang ausgeübt werden.

23 Das InsGer soll in keinem Fall anordnen dürfen, dass Geschäftsunterlagen des Schu bei einem **Dritten** herausgeholt werden, sogar wenn dieser mithilft, sie der gerichtlichen Beschlagnahme zu entziehen.[91] Dann bleibt nur die Möglichkeit einer einstweiligen Vfg gem §§ 935, 940 ZPO.[92]

VII. Hinweise auf Restschuldbefreiung (Abs 2)

24 Der Hinweis an den Schu auf die Möglichkeit der Restschuldbefreiung dient dazu, die Antragsfrist des § 287 Abs 1 S 2 möglichst früh auszulösen. Der Hinweis ist grds allen natürlichen Personen als Schu zu erteilen, obwohl sich iF eines Eigenantrags Verbraucher schon nach § 305 Abs 1 Nr 2 zur Restschuldbefreiung zu erklären haben und andere Schu dies gem § 287 Abs 1 S 1 tun sollen. Der Hinweis ist vor allem bei einem GlAntrag geboten und dann mit dem Zusatz zu versehen, dass der Schu zur Restschuldbefreiung auch einen Eigenantrag stellen muss;[93] dafür ist ihm eine den Umständen nach angemessene, verlängerbare (§ 224 Abs 2 ZPO) Frist – idR nicht mehr als vier Wochen – zu setzen.[94] Der Hinweis ist möglichst frühzeitig, insb unmittelbar nach der Prüfung der Zulässigkeit des InsAntrags zu erteilen.[95] Er kann formlos erteilt werden,[96] löst aber die Rechtsfolgen des § 287 Abs 1 S 2 nur aus, wenn er dem Schu tatsächlich zugegangen ist.[97] Der Schu sollte auch persönlich belehrt werden, doch muss gem §§ 171 f ZPO iVm § 4 die Zustellung an einen VerfBevollmächtigten genügen.[98] Der Hinweis ist entbehrlich, wenn bereits feststeht, dass in dem Verfahren Restschuldbefreiung nicht zu erlangen ist, so etwa vor der Ablehnung eines ZweitinsolvenzVerf gem § 26 während eines noch laufenden ErstVerf.[99]

25 Um den Normzweck (so Rn 1) zu erfüllen, muss der Schu mindestens über das Antragserfordernis, die Frist (§ 287 Abs 1),[100] die Notwendigkeit der Abtretungserklärung gem § 287 Abs 2 und die Rechtsfolgen der Fristversäumung unmissverständlich unterrichtet werden[101]

---

90 AM *OLG Köln* InVo 1996, 98.
91 *BGH* ZInsO 2009, 2053 Rn 15 f.
92 Vgl *LG Berlin* ZIP 2006, 962.
93 *BGH* ZInsO 2009, 1171.
94 *BGH* ZInsO 2005, 310 f, auch zur gebotenen Verfahrensweise im Fall der Unterlassung; *Graf-Schlicker/Voß* § 20 Rn 15; MK/*Schmahl/Vuia* § 20 Rn 96; *K Schmidt/Hölzle* § 20 Rn 22.
95 *AG Köln* NZI 2002, 618; *Uhlenbruck* § 20 Rn 46; vgl *K/P/B/Pape* § 20 Rn 88.
96 *BGH* Beschl v 28.9.2006 – IX ZB 64/06; MK/*Schmahl/Vuia* § 20 Rn 95; *Uhlenbruck/Zipperer* § 20 Rn 48.
97 *BGH* ZInsO 2004, 974, 976.
98 *A/G/R/Sander* § 20 Rn 19; HambKomm/*Herchen* § 20 Rn 17.
99 *AG Göttingen* NZI 2011, 861; 2012, 198 f; *K Schmidt/Hölzle* § 20 Rn 30.
100 *BGHZ* 162, 184; *BGH* WM 2004, 1741 f. Insoweit handelt es sich aber *nicht* um eine Ausschlussfrist, die spätere Anträge des Schu entspr § 230 ZPO ausschließen könnte: *BGH* ZIP 2008, 1976 Rn 16. Zu Unterschieden zwischen Anträgen v Gl und Schu vgl MK/*Schmahl/Vuia* § 20 Rn 96.
101 *LG Berlin* ZInsO 2003, 964 LS; *AG Duisburg* NZI 2002, 566; Hess § 20 Rn 53 f.

Mit einem solchen Inhalt sollte der Hinweis zu Beweiszwecken auch dokumentiert werden.[102] Die bloße Wiederholung des Gesetzeswortlauts genügt nicht.[103] Werden Merkblätter verwendet, sollten diese die für den Schu maßgebliche Rechtslage auch für nicht juristisch vorgebildete Personen klar und eindeutig erläutern.[104] Wird der Hinweis nicht oder in wesentlichen Punkten unvollständig erteilt, tritt die Fristversäumnis des § 287 Abs 1 nicht ein.[105] IÜ hat der Verstoß keinen Einfluss auf das InsVerf;[106] ein nach Fristablauf gestellter Eröffnungsantrag des Schu ist nicht allein aus diesem Grund unzulässig.[107]

§ 21 Anordnung vorläufiger Maßnahmen

(1) [1]Das Insolvenzgericht hat alle Maßnahmen zu treffen, die erforderlich erscheinen, um bis zur Entscheidung über den Antrag eine den Gläubigern nachteilige Veränderung in der Vermögenslage des Schuldners zu verhüten. [2]Gegen die Anordnung der Maßnahmen steht dem Schuldner die sofortige Beschwerde zu.

(2) [1]Das Gericht kann insbesondere

1. einen vorläufigen Insolvenzverwalter bestellen, für den § 8 Absatz 3 und die §§ 56 bis 56b, 58 bis 66 und 269a entsprechend gelten;

1a. einen vorläufigen Gläubigerausschuss einsetzen, für den § 67 Absatz 2 und die §§ 69 bis 73 entsprechend gelten; zu Mitgliedern des Gläubigerausschusses können auch Personen bestellt werden, die erst mit Eröffnung des Verfahrens Gläubiger werden;

2. dem Schuldner ein allgemeines Verfügungsverbot auferlegen oder anordnen, dass Verfügungen des Schuldners nur mit Zustimmung des vorläufigen Insolvenzverwalters wirksam sind;

3. Maßnahmen der Zwangsvollstreckung gegen den Schuldner untersagen oder einstweilen einstellen, soweit nicht unbewegliche Gegenstände betroffen sind;

4. eine vorläufige Postsperre anordnen, für die die §§ 99, 101 Abs. 1 Satz 1 entsprechend gelten;

5. anordnen, dass Gegenstände, die im Falle der Eröffnung des Verfahrens von § 166 erfasst würden oder deren Aussonderung verlangt werden könnte, vom Gläubiger nicht verwertet oder eingezogen werden dürfen und dass solche Gegenstände zur Fortführung des Unternehmens des Schuldners eingesetzt werden können, soweit sie hierfür von erheblicher Bedeutung sind; § 169 Satz 2 und 3 gilt entsprechend; ein durch die Nutzung eingetretener Wertverlust ist durch laufende Zahlungen an den Gläubiger auszugleichen. [2]Die Verpflichtung zu Ausgleichszahlungen besteht nur, soweit der durch die Nutzung entstehende Wertverlust die Sicherung des absonderungsberechtigten Gläubigers beeinträchtigt. [3]Zieht der vorläufige Insolvenzverwalter eine zur Sicherung eines Anspruchs abgetretene Forderung anstelle des Gläubigers ein, so gelten die §§ 170, 171 entsprechend.

---

102 *K/P/B/Pape* § 20 Rn 89 f; *Uhlenbruck/Zipperer* § 20 Rn 48; MK/*Schmahl/Vuia* § 20 Rn 95. Vgl § 139 Abs 4 ZPO.

103 HambKomm/*Herchen* § 20 Rn 14; vgl *LG Memmingen* NZI 2004, 44 f; aM *K Schmidt/Hölzle* § 20 Rn 26.

104 *BGH* WM 2006, 1438 f; Beschl v 28.9.2006 – IX ZB 64/06.

105 *BGHZ* 162, 185; *BGH* WM 2004, 1791 f; Beschl v 7.2.2008 – IX ZB 47/05; *LG Bonn* ZInsO 2003, 190; *AG Düsseldorf* ZInsO 2010, 1803 f; *K/P/B/Pape* § 20 Rn 99; MK/*Schmahl/Vuia* § 20 Rn 102; zu Besonderheiten bei einem GlAntrag so Rn 23.

106 MK/*Schmahl/Vuia* § 20 Rn 101; PK-HWF/*Mitter* § 20 Rn 20.

107 *BGH* ZIP 2008, 1976 f Rn 14 ff; abgrenzend *AG Stuttgart* NZI 2011, 375 f.

[2]Die Anordnung von Sicherungsmaßnahmen berührt nicht die Wirksamkeit von Verfügungen über Finanzsicherheiten nach § 1 Abs. 17 des Kreditwesengesetzes und die Wirksamkeit der Verrechnung von Ansprüchen und Leistungen aus Zahlungsaufträgen, Aufträgen zwischen Zahlungsdienstleistern oder zwischengeschalteten Stellen oder Aufträgen zur Übertragung von Wertpapieren, die in Systeme nach § 1 Abs. 16 des Kreditwesengesetzes eingebracht wurden. [3]Dies gilt auch dann, wenn ein solches Rechtsgeschäft des Schuldners am Tag der Anordnung getätigt und verrechnet oder eine Finanzsicherheit bestellt wird und der andere Teil nachweist, dass er die Anordnung weder kannte noch hätte kennen müssen; ist der andere Teil ein Systembetreiber oder Teilnehmer in dem System, bestimmt sich der Tag der Anordnung nach dem Geschäftstag im Sinne des § 1 Absatz 16b des Kreditwesengesetzes.

(3) [1]Reichen andere Maßnahmen nicht aus, so kann das Gericht den Schuldner zwangsweise vorführen und nach Anhörung in Haft nehmen lassen. [2]Ist der Schuldner keine natürliche Person, so gilt Entsprechendes für seine organschaftlichen Vertreter. [3]Für die Anordnung von Haft gilt § 98 Abs. 3 entsprechend.

Übersicht

Literatur: *Engelhardt* Die gerichtliche Entscheidung nach §§ 21 ff InsO und ihre Auswirkungen auf die vermögensrechtliche Stellung des Insolvenzschuldners, 2002; *Foerste* Der Umgang des vorläufigen Insolvenzverwalters mit Sicherungsrechten im Spannungsfeld von Vertragsfreiheit und Unternehmensfortführung, in: *Heinrich (Hrsg)* Wirkungsvolle Gestaltung von Arbeitsbedingungen als Weichenstellung für Restrukturierung, Sanierung und Insolvenz, Symposion Involvenz- und Arbeitsrecht 2007, S 81 ff; *Kleiner* Bedeutung und Probleme der Sicherungsmaßnahmen während des Konkurseröffnungsverfahrens – (§ 106 KO), 1993; *Koch* Die Sequestration im Konkurseröffnungsverfahren, 1982; *Lenenbach* Sicherungsmaßnahmen im Insolvenzeröffnungsverfahren, 2003; *Pape* Zweifelsfragen der Ausweitung von Sicherungsanordnungen nach § 21 Abs 2 Nr 5 InsO auf aussonderungsberechtigte Gläubiger, FS Fischer, 2008, S 427 ff; *Pohlmann* Befugnisse und Funktionen des vorläufigen Insolvenzverwalters, 1998; *Rebmann* Die Anfechtung von Zwangsvollstreckungsmaßnahmen nach § 131 und die Vollstreckungssperren (ua § 88 InsO), 2003.

I. Normzweck

1 Die Vorschrift soll Verschlechterungen in der Vermögenslage des Schu während des EröffnungsVerf umfassend verhindern: gegen Eingriffe Dritter, gegenüber Maßnahmen des Schu selbst und durch Wertminderung infolge innerer Entwicklung seines Vermögens.[1] Sie dient potenziell dem Schutz aller Gl. Durch das ESUG wurde die Überschrift redaktionell geändert (vormals „Anordnung von Sicherungsmaßnahmen"), um sie dem erweiterten Regelungsgehalt des § 21 anzupassen.[2] Dies zielt namentlich auf Abs 2 Nr 1a, da ein vorläufiger Gläubigerausschuss nicht zwangsläufig eine Sicherungsmaßnahme darstellt.

II. Anwendungsbereich

§ 21 gilt grds in allen Arten von InsVerf und ist anwendbar, sobald und solange ein Eröffnungsantrag in zulässiger Weise anhängig ist, also im Zeitraum zwischen dem Eingang eines zulässigen[3] (§ 13 Rn 20 f, § 14 Rn 46) Antrags und dessen Zurückweisung oder Rücknahme oder der InsEröffnung.[4] VerbraucherIns: § 306 Abs 2 S 1. Wird nach Erlass einer Sicherungsmaßnahme der Eröffnungsantrag unzulässig oder unbegründet, so bleibt sie in Kraft; das InsGer hat jedoch ihre Aufhebung zu prüfen (su Rn 63). Nicht einmal der Erlass neuer Sicherungsmaßnahmen wird dadurch unzulässig, dass die Glaubhaftmachung der Antragsvoraussetzungen (vgl § 14 Rn 12, 17 f, 23; § 15 Rn 13) später erschüttert wird (vgl § 14 Rn 52);[5] die sachliche Berechtigung ist dann aber auch unter diesem Gesichtspunkt zu überdenken. 2

Eine förmliche Zulassung des Eröffnungsantrags wird nicht vorausgesetzt (vgl § 14 Rn 44). 3
Das InsGer hat sie vor einer Maßnahme gem § 21 zu prüfen und spricht sie ggf damit zusammen implizit aus.[6] Wegen des Sicherungszwecks greift § 21 auch ein, solange Antragsmängel behebbar sind[7] oder das InsGer seine – überwiegend wahrscheinliche – Zuständigkeit prüfen[8] oder solange ein VerfPfleger für einen prozessunfähigen Schu bestellt werden muss.[9] Ergeben sich die Zweifel aus der Sphäre des Schu und trägt dieser nicht zur Aufklärung bei, kann es ausreichen, dass eine nicht sicher zu verneinende Zulässigkeitsvoraussetzung noch zu prüfen ist.[10] Ist zunächst die Zulässigkeit eines Eröffnungsantrags aufzuklären,[11] sollte erst allein ein SV bestellt werden (so § 5 Rn 4, 11); räumt dieser die Bedenken aus, können kurzfristig Sicherungsmaßnahmen folgen. Ob das InsGer tatsächlich Ermittlungen vornimmt, ist für § 21 allg unerheblich. Bejahen mehrere InsGer (vorl) ihre Zuständigkeit und erlassen sie – mglw einander widersprechende – Sicherungsmaßnahmen, so sind beide vorerst wirksam, jedoch hat das unzuständige Gericht seine Maßnahme aufzuheben;[12] äußerstenfalls entscheidet die früheste Rechtskraft eines EröffnungsBeschl.[13]

1 RegE S 116 zu § 25.
2 BT-Drucks 17/5712, 24.
3 Vgl RegE S 115 f; *BGH* 14.12.2006 – IX ZA 38/06; *Graf-Schlicker/Voß* § 21 Rn 3; zur Anwendbarkeit vor Feststellung der Zulässigkeit vgl Rn 3.
4 *OLG Köln* ZIP 1988, 664.
5 *OLG Düsseldorf* KTS 1995, 524; *K/P/B/Pape* § 21 Rn 18; erg su Rn 64; vgl *Lenenbach* S 46 f, 64 f.
6 Vgl *OLG Köln* ZIP 2000, 464 und 553; *LG Berlin* ZInsO 2004, 817.
7 *Uhlenbruck/Vallender* § 21 Rn 2, 3; *Zipperer* NZI 2004, 657 f.
8 *BGH* ZIP 2007, 878 f; *LG Göttingen* NZI 2008, 191 f; MK/*Haarmeyer* § 21 Rn 16 ff; HambKomm/*Schröder* § 21 Rn 2; FK/*Schmerbach* § 21 Rn 29; *Uhlenbruck/Vallender* § 21 Rn 2; *K Schmidt/Hölzle* § 21 Rn 3, 7; *Lenenbach* S 33f.
9 *AG Göttingen* ZInsO 2003, 1108; *Lenenbach* S 37 ff; erg so § 14 Rn 4.
10 *BGH* ZIP 2007, 879; einschr *LG Göttingen* NZI 2008, 192. Erg so § 14 Rn 50.
11 Vgl *Jungmann* DZWIR 2002, 364 f.
12 Vgl *BGH* ZIP 2006, 1457; MK/*Ganter/Lohmann* § 3 Rn 32a; erg su Rn 64, § 25 Rn 2.
13 Vgl MK/*Ganter/Lohmann* § 3 Rn 32a.

4 Maßnahmen iSd § 21 können grds zum Schutz des Vermögens des Schu und aller Gl angeordnet werden, also auch der Aus- und Absonderungsberechtigten:[14] Im EröffnungsVerf lässt sich die Entsch, inwieweit welcher Gl Befriedigung außerhalb des InsVerf zu suchen hat, regelmäßig nicht vorwegnehmen.[15] Zu sichern ist alles, was mglw zur späteren InsMasse iSv §§ 35–37 gehören könnte,[16] also auch künftiger Erwerb des Schu[17] (vgl § 35 Abs 1). Anordnungen können ua für Auslandsvermögen des Schu getroffen werden,[18] es sei denn, im **Ausland** ist ein anzuerkennendes, eigenes InsVerf eröffnet; zur Anerkennung v Sicherungsmaßnahmen ausl Gerichte vgl §§ 343 Abs 2, 344, Art 25 Abs 1 Unterabs 3 EuInsVO. Sicherungsmaßnahmen der InsGer können ggf solche der Aufsichtsbehörde nach § 46a Abs 1 KWG oder § 89 Abs 1 VAG ablösen. Bereits die Bestellung eines vorl InsVerw oder eines vorl Sachwalters gilt nach Art 2 Nr 5, 7 ii) iVm Anhang B EuInsVO als Eröffnung eines InsVerf iSv Art 19 Abs 1 Unterabs 1 EuInsVO.[19]

5 Nach Art 4 Abs 1 und 5 der Richtlinie 2002/47/EG des Europäischen Parlaments und des Rates v 6.6.2002 über Finanzsicherheiten[20] ist sicherzustellen, dass die Verwertung einer **Finanzsicherheit** weder durch die Eröffnung eines InsVerf noch durch die Einleitung von Sanierungsmaßnahmen beeinträchtigt wird. Demzufolge darf auch die Anordnung von Sicherungsmaßnahmen im InsEröffnungsVerf nicht dazu führen, dass die vereinbarungsgemäße Verwertung einer Finanzsicherheit unterbunden oder verzögert wird. Finanzsicherheiten in diesem Sinne sind sicherungshalber bereitgestellte Wertpapiere und Kontoguthaben (vgl § 1 Abs 17 KWG), nicht aber zB Sicherungseigentum[21] oder Globalzessionen von Lieferantenforderungen.[22] Um diese Richtlinie in innerstaatliches Recht umzusetzen, wurde **Abs 2 S 2** angefügt. Die Regelung gilt auch für alle nicht dem Finanzsektor zugehörigen Unternehmen und für Sicherungsgeber aus Drittstaaten, sofern sie an einem der bezeichneten Systeme teilnehmen. Sie könnte gegenüber Anordnungen aufgrund v Abs 2 S 1 Nr 5 (su Rn 40 ff) praktische Bedeutung gewinnen. Abs 2 S 3 ergänzt diesen Schutz in zeitlicher Hinsicht m Bezug auf den Tag der Anordnung der Sicherungsmaßnahme (su Rn 58) in einer dem § 81 Abs 3 S 2 vergleichbaren Weise; jedoch ist der Zeitpunkt der Anordnung auf den *Geschäftstag* des Systembetreibers zu beziehen, wenn die Verwertung im Rahmen eines der bezeichneten Systeme erfolgte. Die Norm gilt ab 30.6.2011.

III. Sicherungsmaßnahmen (Abs 2 S 1)

6 Abs 2 zählt zulässige Maßnahmen nur beispielhaft auf; weitere können iRd Sicherungszwecks statthaft sein.[17] Ihre Wirkungen dürfen aber grds nicht über das Maß hinausgehen, das im Rahmen eines eröffneten InsVerf zulässig wäre.[23] Beweisanordnungen gehören nicht dazu.

---

14 *BGH* WM 2010, 666 Rn 33; MK/*Haarmeyer* § 21 Rn 12; *Ampferl* vor § 22 Rn 20; *Jaeger/Gerhardt* § 21 Rn 4, 25; HambKomm/*Schröder* § 21 Rn 5.

15 *Koch* S 37 f; HambKomm/*Schröder* § 21 Rn 6. Anders verhält es sich nur, wenn von vornherein offenkundig ist, dass allein Aussonderungsberechtigte begünstigt werden: nur insoweit relevant *Lenenbach* S 79 ff.

16 *Kleiner* S 12 ff.

17 RegE S 116.

18 *BGHZ* 118, 159 f; AG *Hamburg* ZIP 2007, 1767 f; *Jaeger/Gerhardt* § 21 Rn 109; vgl *Vallender* ZGR 2006, 445 f.

19 *EuGH* ZIP 2006, 909 f; MK/*Haarmeyer* § 22 Rn 107; krit *Paulus* EWiR 2007, 564.

20 ABlEG Nr L 168/43; su § 130 Rn 43.

21 *Obermüller* ZIP 2003, 2338 f; *Uhlenbruck/Vallender* § 21 Rn 39.

22 *Kieper* ZInsO 2003, 1117; MK/*Haarmeyer* § 21 Rn 105.

23 MK/*Haarmeyer* § 21 Rn 15, 44; *Jaeger/Gerhardt* § 21 Rn 5; *K Schmidt/Hölzle* § 21 Rn 9; vgl *BGH* ZInsO 2007, 267, 269; einschr su Rn 45.

Das InsGer **prüft** von Amts wegen aufgrund jedes Einzelfalls,[24] ob und ggf welche einzelnen Sicherungsmaßnahmen zu treffen sind, um eine den Gl nachteilige Veränderung in der Vermögenslage des Schu bis zur Entsch über den Eröffnungsantrag zu verhindern; die überwiegende Wahrscheinlichkeit einer Verschlechterung genügt (su Rn 53). Maßnahmen werden idR nur nötig sein, falls das InsVerf nicht sofort eröffnet werden kann. Liegt eine Gefährdung objektiv vor, hat das InsGer die erforderlichen und geeigneten[25] Sicherungsmaßnahmen dagegen zu ergreifen. Eine schuldhafte Verletzung dieser Pflicht kann eine Haftung gem § 839 BGB begründen.[26] Umgekehrt kann auch die Anordnung unzulässiger oder unverhältnismäßiger Sicherungsmaßnahmen eine derartige Haftung auslösen.[27] 7

Sicherungsmaßnahmen werden im Allg **erforderlich** sein, wenn der Schu ein Unternehmen noch betreibt[28] oder wenn seine Vermögensverhältnisse für einen SV undurchschaubar sind. Sie liegen ferner bei einem starken Andrang von Gl sowie dann nahe, wenn Leichtfertigkeit, eine Obstruktions- oder Verschleierungshaltung[29] oder gar der Verdacht auf Straftaten des Schu erkennbar sind oder er flüchtig ist. Dagegen erscheinen Sicherungsmaßnahmen im Allg bei einem Antrag auf VerbraucherIns[30] nur ausnahmsweise nötig. Hat der Schu **Eigenverwaltung** beantragt und kommt diese ernsthaft in Betracht, ist § 270a Abs 1 zu beachten, der bestimmt, dass von bestimmten Sicherungsmaßnahmen abgesehen werden soll (su § 270a Rn 3 ff). Maßgeblich sind stets die bes Umstände jedes Einzelfalls.[31] 8

Gebotene Sicherungs**mittel** wählt das InsGer nach pflichtgemäßem **Ermessen** aus, ohne an Anträge gebunden zu sein (su Rn 53). Das angeordnete Mittel muss einerseits geeignet sein, der konkret drohenden Gefahr wirksam zu begegnen. Soweit andererseits mildere Mittel einzeln oder in Verbindung miteinander den Zweck hinreichend erfüllen, sind sie einschneidenderen vorzuziehen (Verhältnismäßigkeitsgrundsatz).[32] Insb zur umfassenden Sorge für einen Geschäftsbetrieb des Schu kommt die Anordnung der vorl InsVerwaltung in Betracht (Abs 2 Nr 1), die ggf mit einem Verfügungsverbot (Abs 2 Nr 2) zu verbinden ist. IÜ können die einzelnen Maßnahmen je nach ihrem Sicherungszweck unterschieden werden, doch sind Überschneidungen möglich. Bei einer GmbH & Co KG sollten die Maßnahmen gegen die KG und die – ebenfalls insolvente – Komplementär-GmbH koordiniert werden. Zu späteren Änderungen su Rn 64. 9

1. Sicherungsmaßnahmen gegen Handlungen des Schuldners. Zu sichern ist das Vermögen des Schu. Dagegen wird seine persönliche Stellung – auch als Beteiligter des InsVerf – nicht betroffen. Er wird deshalb nicht durch Sicherungsmaßnahmen gehindert, einen eigenen Eröffnungsantrag zurückzunehmen (so § 13 Rn 32) oder einer Erledigungserklärung des Ast zuzustimmen (so § 14 Rn 58).[33] Jedoch kann die Tilgung der Forderung des Ast aus Mitteln des Schu verhindert werden (su § 24 Rn 4). 10

---

24 Vgl *LG Magdeburg* Rpfleger 1995, 225.

25 Vgl *Jaeger/Gerhardt* § 21 Rn 84; HambKomm/*Schröder* § 21 Rn 24; *Zipperer* NZI 2004, 657; Erg su Rn 53.

26 Vgl *BGH* NJW-RR 1992, 919, 920; *Uhlenbruck/Vallender* § 21 Rn 56; PK-HWF/*Mitter* § 21 Rn 36.

27 Vgl *BGH* NJW-RR 1986, 1188 f; MK/*Haarmeyer* § 21 Rn 42 f.

28 *Zipperer* NZI 2004, 658.

29 Vgl *LG Düsseldorf* NZI 2004, 97.

30 FK/*Schmerbach* § 21 Rn 37.

31 *BGH* 18.12.2008 – IX ZB 114/08.

32 Vgl *BGH* ZIP 2005, 2334; *Uhlenbruck/Vallender* § 21 Rn 43; MK/*Haarmeyer* § 21 Rn 23 ff; HambKomm/*Schröder* § 21 Rn 22 f; *Jaeger/Gerhardt* § 21 Rn 86 ff; konkretisierend *Engelhardt* S 203 ff; *Ampferl* (vor § 22) Rn 22 ff; *Roth* (vor § 47) S 139.

33 Insoweit aM *AG Hbg* ZInsO 2004, 459.

11 **a) Vorläufige InsVerwaltung (Nr 1).** Abs 2 S 1 Nr 1 sieht die vorl InsVerwaltung nach näherer Maßgabe des § 22 vor (im Einzelnen su § 22 Rn 2 ff). Sie ist idR geboten, wenn der Schu noch über nicht unerhebliches Vermögen verfügt[34] oder Auskünfte gegenüber einem gerichtlich bestellten Sachwalter verweigert.[35] Bei beabsichtigter Eigenverwaltung soll gem § 270a Abs 1 S 2 (ggf iVm § 270b Abs 2 S 1) statt eines vorl InsVerw ein vorl Sachwalter bestellt werden. Die Bestellung eines vorlInsw oder einer eines vorl Sachwalters ist Eröffnung iSv Art 19 EuInsVO (so Rn 4). Die früher umstrittene Frage, ob es dazu der Anordnung von Verfügungsbeschränkungen bedarf, hat sich durch die Neufassung der EuInsVO erledigt. Auf dieses Merkmal kommt es nicht mehr an, nachdem auch Eigenverwaltungsverfahren der EuInsVO unterstellt werden können.[36] In der VerbraucherIns kann bereits im gerichtlichen SchuldenbereinigungsVerf ein vorl InsVerw bestellt werden (§ 306 Abs 2 S 1).[37] Bei erkennbarer Masseunzulänglichkeit – und ohne die Stundungsvoraussetzungen des § 4a – ist nur ein SV zu bestellen, um Vermögensausfälle eines vorl InsVerw zu vermeiden.[38] Zur Auswahl und Bestellung des vorl InsVerw su § 22 Rn 75. Für Sonderaufgaben kann – insb bei Verhinderung des bestellten vorl Verwalters – auch ein weiterer vorl InsVerw bestellt werden.[39] Vor der Bestellung eines – auch vorl – InsVerw für eine Krankenkasse ist nach § 171b Abs 4 S 2 SGB V deren Aufsichtsbehörde zu hören, soweit dies zeitlich möglich ist.[40] Zur Tätigkeit als SV su § 22 Rn 6 f, 33 ff.

12 **b) Vorl GlAusschuss (Nr 1a).** Zur Unterstützung der vorl InsVerwaltung – insb in Unternehmensinsolvenzen – kann gem Abs 2 S 1 **Nr 1a** ein vorl GlAusschuss eingesetzt werden. Dies steht im pflichtgemäßen Ermessen des InsGer. Insoweit ist es nicht an die Voraussetzungen des § 22a Abs 1 oder 2 gebunden. § 22a Abs 3 ist hier kein zwingender Hinderungsgrund,[41] das InsGer darf die darin genannten Ausschlussgründe aber berücksichtigen; idR wird ein vorl GlAusschuss bei bereits eingestelltem Geschäftsbetrieb nicht sinnvoll sein. Für die Einsetzung gilt – wie iRd §§ 22a– 67 Abs 2 (su § 67 Rn 4 ff); dagegen wird § 67 Abs 3 durch den 2. HS der hier fraglichen Nr 1a ersetzt, derzufolge keine Personen zu Mitgliedern des Ausschusses bestellt werden dürfen, die nicht wenigstens mit Eröffnung des InsVerf zum Gl werden.[42] In Betracht als Ausschussmitglieder kommen danach insb der Pensions-Sicherungsverein,[43] die Bundesagentur für Arbeit[44] sowie Kreditschutzversicherer;[45] andererseits schließt die Norm solche Gewerkschaftsmitglieder aus, die nicht selbst der Belegschaft angehören.[46] Es genügt aber grds, wenn die zu bestellende Person zuvor eine Forderung gegen den Schu durch Abtretung erworben hat.[47]

---

34 HambKomm/*Schröder* § 21 Rn 31 ff.
35 Vgl *AG Köln* NZI 2012, 382 f.
36 Zu Nachweisen wegen des Meinungsstreits vgl die Vorauflage.
37 Vgl *BGH* B 12.7.2007 – IX ZB 82/03.
38 *BGHZ* 157, 377.
39 Vgl *OLG Celle* ZInsO 1999, 659 LS; FK/*Schmerbach* § 21 Rn 88.
40 Vgl *Lundberg/Sänger* ZInsO 2010, 1213.
41 *Graf-Schlicker/Voß* § 22a Rn 11; *Frind* ZInsO 2012, 2032; *Haarmeyer/Horstkotte* ZInsO 2012, 1449; aM HambKomm/*Schröder* § 21 Rn 39e.
42 *K Schmidt/Hölzle* § 22a Rn 44; *Graf-Schlicker/Voß* § 21 Rn 11.
43 HambKomm/*Schröder* § 21 Rn 39g; *Graf-Schlicker/Voß* § 21 Rn 11.
44 MK/*Haarmeyer* § 22a Rn 54; *Göb* NZI 2012, 373.
45 *Uhlenbruck/Vallender* § 21 Rn 16c; *Graf-Schlicker/Voß* § 21 Rn 11; *Frind* ZInsO 2011, 2251.
46 *Frind* ZInsO 2011, 2251; *Landfermann* WM 2012, 824; *Huber* ZInsO 2013, 4; aM *Obermüller* ZInsO 2012, 22; *Smid* ZInsO 2012, 760 f; *Haarmeyer* ZInsO 2012, 2115 f; *Hirte/Knof/Mock* DB 2011, 633.
47 *Haarmeyer* ZInsO 2012, 2116; vgl *Landfermann* WM 2012, 824.

13 Bei der Bestimmung der zu berücksichtigenden GlGruppen kann sich das InsGer auf die Unterlagen stützen, die Schu gem § 13 Abs 1 S 3 und 4 vorzulegen haben; ferner kann es den Schu und/oder einen vorl InsVerw zur Benennung geeigneter Personen auffordern (su § 22a Rn 9). Vielfach wird vorgeschlagen, der Ausschuss solle eine ungerade Zahl v Mitgliedern[48] – nicht zwingend fünf[49] – haben. Dies soll Pattsituationen bei Abstimmungen vermeiden. Diese lassen sich aber auch bei ungrader Mitgliederzahl nicht stets verhindern, denn ein Ausschussmitglied kann sich enthalten oder wegen Interessenkollision von der Abstimmung ausgeschlossen sein (su § 72 Rn 3).[50] Bei der Auswahl der einzelnen Personen, die für die verschiedenen Gruppen zu Mitgliedern bestellt werden, hat das InsGer Vorschläge des Schu und der Gl zu berücksichtigen. Es ist aber nicht daran gebunden;[51] § 68 gilt hier nicht. Eine nachträgliche Erweiterung des Ausschusses um zusätzliche Mitglieder ist zulässig.[52]

14 Für die Aufgaben, Rechte und Pflichten der Mitglieder eines vorl GlAusschusses gelten die §§ 69–73 entspr. Insb sind die Betriebsfortführung, eine Vorfinanzierung v InsGeld und etwaige übertragende Sanierungen zu überwachen.[53] In Eigenverwaltungs- und SchutzschirmVerf (§§ 270a, 270b) hat der vorl GlAusschuss zusätzlich den eigenverwaltenden Schu zu überwachen.[54] Für die Vergütung der Ausschussmitglieder gilt § 17 InsVV. Die Kosten eines vorl GlAusschusses werden nach einer InsEröffnung zu Massekosten iSv § 54. Das Amt der (im Eröffnungsverf bestellten) Ausschussmitglieder endet spätestens m der InsEröffnung.[55] Ggf ist mit Eröffnung ein neuer Ausschuss nach § 67 einzusetzen, der personenidentisch sein kann, aber nicht muss. Zu möglichen Rechtsmitteln su § 22a Rn 11.

15 **c) Allgemeines Verfügungsverbot (Nr 2 HS 1).** Es kann gem Abs 2 Nr 2 HS 1 nach näherer Maßgabe der §§ 23, 24 erlassen werden. Das verstößt nicht gegen das Eigentumsrecht des Schu.[56] Zu den Wirkungen vgl § 24 Rn 2 ff; insb kann auch das allg Verfügungsverbot die Abbuchung vom Bankkonto des Schu im EinzugsermächtigungsVerf verhindern (su § 24 Rn 5). Allerdings wird die Vfg des Schu über unpfändbare Gegenstände (vgl § 36) nicht eingeschränkt, also auch nicht über das P-Konto iSv § 850k ZPO.[57] Das Verbot sollte idR nur iVm der Bestellung eines vorl InsVerw (su Rn 11) ausgesprochen werden, damit Verfügungen über das Vermögen des Schu weiterhin möglich bleiben.[58] Soll dagegen ein Verwalter nicht bestellt werden,[59] wird meist ein bes Verfügungsverbot (su Rn 20) zweckmäßiger sein. Ohne Verwalterbestellung unterbricht auch ein allg Verfügungsverbot nicht einen gegen den Schu anhängigen Prozess (su § 22 Rn 45, 61).[60] Den Erlass eines allg Verfügungsverbots kann der vorl InsVerw nicht verhindern,[61] sondern nur seine Entlassung beantragen, wenn

48 *Frind* ZInsO 2011, 225; *Graf-Schlicker* § 22a Rn 19.
49 *Haarmeyer* ZInsO 2012, 2116; *Graf-Schlicker* § 22a Rn 19 Fn 61; *Huber* ZInsO 2013, 5; *Pape* ZInsO 2013, 2131; aM *AG Ludwigshafen* ZIP 2012, 2311; *Frind* ZInsO 2011, 2251.
50 Vgl näher: *Vallender/Undritz/Laroche* Kap 2 Rn 206.
51 *Frind* ZInsO 2012, 2030; vgl *Vallender* MDR 2012, 62; aM *Haarmeyer* ZInsO 2012, 2113. Abgrenzend zu § 22a Abs 1 und 2 su § 22a Rn 10 f.
52 *AG Kaiserslautern* NZI 2004, 676.
53 *Rauscher* ZInsO 2012, 1201 f.
54 *Frind* ZInsO 2012, 1383 f.
55 MK/*Haarmeyer* § 22a Rn 164; *K/P/B/Lüke* § 21 Rn 24u; *Graf-Schlicker* § 22a Rn 28; *K Schmidt/Hölzle* § 22a Rn 49; *Frind* ZInsO 2011, 2511; *Vallender* MDR 2012, 62.
56 Vgl *BVerfG* KTS 1993, 225 f.
57 Vgl *Büchel* ZInsO 2010, 22 f; erg su § 24 Rn 6.
58 Vgl *Jaeger/Gerhardt* § 21 Rn 18, 23; *N/R/Mönning* § 21 Rn 153 f; HambKomm/*Schröder* § 21 Rn 40; einschr *K Schmidt/Hölzle* § 21 Rn 52.
59 Vgl *AG Göttingen* NZI 1999, 331; *Uhlenbruck/Vallender* § 21 Rn 18.
60 Zw *OLG Jena* NZI 2000, 271.
61 Erg su Rn 63.

er seine Aufgabe für undurchführbar hält. Bei beantragter Eigenverwaltung soll unter den Voraussetzungen des § 270a Abs 1 S 1 Nr 1 kein allg Verfügungsverbot erlassen werden.

16 **d) Zustimmungsvorbehalt (Nr 2 HS 2).** Die Wirksamkeit bestimmter wichtiger[62] oder aller Verfügungen des Schu kann an die Zustimmung eines **vorl InsVerw** gebunden werden[63] (§ 21 Abs 2 **Nr 2** HS 2). Der – dann zwangsläufig zu bestellende – vorl InsVerw iSv § 22 Abs 2 muss vor einer Zustimmung prüfen, ob die Verfügung des Schu den Interessen der Gl widerspricht; Verfügender bleibt der Schu. Durch einen bes Zustimmungsvorbehalt kann insb das Bankkonto des Schu gesperrt werden.[64] Indem DrittSchu über den Zustimmungsvorbehalt unterrichtet werden, sind Forderungen und Bankguthaben des Schu zu sichern (su Rn 50, § 24 Rn 3, 17). Dem DrittSchu kann die befreiende Zahlung allein auf ein Sonderkonto des InsSchu gestattet, dem vorl InsVerw kann die Kassenführung übertragen werden (su § 22 Rn 49; vgl § 275 Abs 2). Derartige Maßnahmen schonen das Ansehen des Schu[65] und sind insb in der vorläufigen Eigenverwaltung nach § 270a in Betracht zu ziehen, vgl § 270a Abs 1 Nr 2.[66] Sie sind inzwischen weit verbreitet. Bis zur Zustimmung des Verw kann sich der andere Teil vom Rechtsgeschäft entspr § 108 Abs 2 BGB lösen.[67] Die Befugnis des Schu, über seinen eigenen Eröffnungsantrag oder den eines Gl (mit) zu disponieren, wird aber nicht eingeschränkt (so Rn 10). Gem § 55 Abs 4 bewirkt der Erlass (auch) eines Zustimmungsvorbehalts, dass Steuerforderungen aus dem EröffnungsVerf die spätere InsMasse verpflichten; im Hinblick darauf kann das InsGer auch schwächere Sicherungsmaßnahmen erwägen.[68] Unter den Voraussetzungen des § 270a Abs 1 Nr 2 soll ein Zustimmungsvorbehalt nicht erlassen werden.

17 Der Begriff der „Verfügung", welcher der vorl InsVerw zustimmen muss, entspricht dem des allg Zivilrechts. Danach ist jedes Rechtsgeschäft eine **Verfügung**, durch das der Verfügende auf ein Recht unmittelbar einwirkt, es also entweder auf einen anderen überträgt oder mit einem Recht belastet oder das Recht aufhebt oder es sonstwie in seinem Inhalt verändert.[69] Die Rechte, auf die eingewirkt werden kann, sind umfassend zu verstehen; erfasst werden nicht nur dingliche, sondern insb auch obligatorische Rechte (vgl § 566b BGB, § 110). Die Ausübung eines Gestaltungsrechts über ein obligatorisches Rechtsverhältnis ist eine Verfügung,[70] insb also der Einzug von Forderungen des Schu einschl der Abbuchung von seinem Bankkonto im EinzugsermächtigungsVerf (su § 24 Rn 5). Dementsprechend ist eine vom Schu ausgesprochene **Kündigung**, zB eines Arbeitsverhältnisses, nur mit Zustimmung des vorl InsVerw wirksam,[71] sofern diese Art von Verfügungen nicht erkennbar aus dem insolvenzgerichtlich angeordneten Zustimmungsvorbehalt ausgenommen wird. Zur Verfügung über unpfändbare Gegenstände s Rn 15.

---

62 Zu einem bes Zustimmungsvorbehalt vgl § 277 und *Meyer* DZWIR 2004, 136 f; MK/*Haarmeyer* § 21 Rn 65, 69.

63 Vgl FK/*Schmerbach* § 21 Rn 66 f; *Uhlenbruck/Vallender* § 22 Rn 11.

64 Vgl *Thiemann* vor § 22 Rn 133; aber auch *Zipperer* NZI 2004, 658.

65 *Gerhardt* ZZP 109, 1996, 422 f.

66 Zur Frage, ob ein Zustimmungsvorbehalt des vorl Sachwalters (nur) für strafbewehrte öffentlich-rechtl Forderungen in Betracht kommt vgl *AG Düsseldorf* ZInsO 2014, 2389 mit zustimmender Anm *Buchalik/Kraus*, ZInsO 2014, 2354 ff; *Thole* DB 2015, 668 ff, der auch die Möglichkeit eines gezielten Verfügungsverbots in Betracht zieht; kritisch *Frind* ZInsO 2015, 22 ff. Vgl auch § 270a Rn 26 f.

67 *Kießling/Singhof* DZWIR 2000, 361.

68 *AG Düsseldorf* ZInsO 2011, 438; *K Schmidt/Hölzle* § 21 Rn 58; *Vallender* EWiR 2011, 259.

69 *BGHZ* 1, 304; 75, 226; 101, 26; *Jaeger/Gerhardt* § 21 Rn 20.

70 *Palandt/Ellenberger* Überbl v § 104 Rn 17; vgl *BGHZ* 114, 366; *RG* Recht 1924 Nr 1319; *LG Stuttgart* MDR 1970, 682 f; MK-BGB/*Bayreuther* § 185 Rn 7.

71 *BAG* ZIP 2003, 1162; vgl *BGH* MDR 2006, 1291; PK-HWF/*Mitter* § 21 Rn 16.

Dagegen ist die Begr neuer Rechte oder Pflichten des Schu – insb der Abschluss schuldrechtlicher Verpflichtungsverträge – für sich **keine** (zustimmungspflichtige) **„Verfügung"**.[72] Zur Wirkung derart begründeter Verbindlichkeiten des Schu in einem anschließenden InsVerf vgl § 22 Rn 38, 53 f. Erst der Erlass eines Verpflichtungs- oder eines allg Verfügungsverbots zusammen mit der Bestellung eines vorl InsVerw verhindert gem § 22 Abs 1 S 1 wirksame Verpflichtungen des Schu (su Rn 19; § 22 Rn 39, 50; § 24 Rn 11). Trotz Zustimmungsvorbehalts können einseitige Gestaltungserklärungen anderer Personen weiter gegenüber dem Schu persönlich abgegeben werden, weil dessen Verfügungsbefugnis nicht Voraussetzung für einen wirksamen Zugang ist (vgl § 24 Rn 11). Die Aufgabe des unmittelbaren Besitzes durch den Schu ist keine – zustimmungspflichtige – Verfügung seinerseits (erg su Rn 43, § 22 Rn 51). 18

e) Verpflichtungsvorbehalt. Das InsGer kann auch – als ein Weniger gegenüber § 22 Abs 1 S 1 – einen Verpflichtungsvorbehalt anordnen.[73] Dies dürfte aber nur für einzelne bestimmte Verpflichtungsgeschäfte sinnvoll sein. Zur Verpflichtungsermächtigung su § 22 Rn 53. Bei Bedarf mag gegen den Schu auch ein gegenständlich beschränktes „Verwaltungsverbot" ausgesprochen werden, um den drohenden Abschluss massenschädlicher Verpflichtungsgeschäfte zu verhindern. 19

f) Besondere Verfügungsverbote. Sie können bzgl einzelner, gefährdeter Vermögensgüter des Schu erlassen werden;[74] diese sind bestimmt zu bezeichnen. In Betracht kommen insb Immobilien (vgl § 23 Abs 3) oder Bankkonten des Schu (Kontosperre),[75] aber auch die Befugnis einzelne Vermögensgüter des Schu schon im EröffnungsVerf bestmöglich zu verwerten.[76] Zur eingeschränkten Wirkung vgl § 24 Rn 3. 20

g) Vorläufige Postsperre (Nr 4). Eine vorl Postsperre ist gem Abs 2 S 1 **Nr 4** iVm §§ 99, 101 Abs 1 S 1 anzuordnen (zum Verf su Rn 53, 55). Die hierdurch gewonnene Kenntnis des SchuVermögens ist oft Voraussetzung für dessen Erfassung wie für die Verhinderung schädigender Handlungen. Die Anordnung liegt im Einzelfall nahe, wenn der Schu die Arbeit eines vorl InsVerw behindert[77] oder unzureichende Angaben über seine Vermögensverhältnisse macht,[78] Betriebsunterlagen verschwinden lässt oder mit anderen Unternehmen Konkurrenz betreibt.[79] Zur erforderlichen Abwägung aufgrund Art 10 GG su § 99 Rn 5 ff. Nötig sind konkrete Anhaltspunkte,[80] die eine Gefährdung des SchuVermögens wahrscheinlich machen[81] und in der Entsch in tatsächlicher Hinsicht näher auszuführen sind.[82] Jedoch ist 21

---

72 Vgl *BGHZ* 131, 305 f; *BGH* ZInsO 2010, 133 f Rn 26; *OLG Naumburg* ZIP 2008, 1932; PK-HWF/*Mitter* § 21 Rn 17.

73 Vgl PK-HWF/*Mitter* § 21 Rn 16; *Meyer* DZWIR 2004, 137.

74 Vgl *Thiemann* vor § 22 Rn 138; *Jaeger/Gerhardt* § 21 Rn 8 ff; *Lenenbach* S 173 f.

75 Vgl MK/*Haarmeyer* § 21 Rn 89; *Graf-Schlicker/Voß* § 21 Rn 29 f; ferner *BGH* ZInsO 2008, 203. Erg su Rn 50.

76 Vgl *BGHZ* 189, 299 f, Rn 54.

77 Vgl *BGH* ZIP 2006, 2233 f; *LG Göttingen* DZWIR 1999, 471; *Graf-Schlicker/Voß* § 21 Rn 24.

78 *OLG Zweibrücken* ZInsO 2000, 627 LS; *LG Frankfurt/Main* InVo 1999, 346; *LG Bonn* ZInsO 2004, 818 f; vgl *BGH* ZInsO 2003, 897; *LG Göttingen* NZI 2001, 44 f.

79 *OLG Celle* NZI 2001, 147 f; ZIP 2002, 578 f; vgl *LG Deggendorf* bei *Habereder/Pöllmann* EWiR 2006, 85; *Gundlach/Frenzel/Schmidt* ZInsO 2001, 983; ferner *LG Lübeck* DZWIR 2001, 394.

80 *OLG Celle* ZIP 2000, 189 f; *K Schmidt/Hölzle* § 21 Rn 73.

81 Vgl *BGH* NZI 2003, 647; *Thiemann* DZWIR 2001, 38 f; *Gundlach/Frenzel/Schmidt* ZInsO 2001, 983 f.

82 Vgl *OLG Köln* 7.6.2000 – 2 W 120/00; *OLG Celle* NZI 2001, 585; *LG Bonn* ZIP 2009, 1876; FK/*Schmerbach* § 21 Rn 276.

nicht der gleichzeitige Erlass eines allg Verfügungsverbots nötig;[83] denn die Postsperre soll vor allem tatsächlichen Gefährdungen für die InsMasse vorbeugen, deren Aufklärung erst das Ausmaß nötiger rechtlicher Sicherungsmittel verdeutlicht. Mit der Postüberwachung wird zweckmäßigerweise[84] ein (ggf „schwacher") vorl InsVerw beauftragt (su § 22 Rn 50); eine Verfügungsbefugnis setzt sie nicht voraus.

22 Eine Postsperre ist auch gegen juristische Personen[85] und im SchutzschirmVerf (§ 270b Abs 2 S 3) sowie im VerbrInsVerf zulässig.[86] Sie ist idR nur iVm der Bestellung eines vorl InsVerw sinnvoll, der die Post des Schu überwacht; eine Anwesenheit des Schu bei der Postöffnung ist nicht erforderlich.[87] Sie kann alle oder einzelne Postsendungen erfassen, doch ist eine Beschränkung allein aufgrund formaler, äußerlich festzustellender Merkmale möglich. Die in § 99 enthaltenen bes Regeln zur – auch nachträglichen – Anhörung des Schu, zur Durchführung der Postsperre sowie zu Rechtsbehelfen (su Rn 59) gelten entspr auch im EröffnungsVerf; insb ist die Anordnung zu begründen. Sie erledigt sich mit der Eröffnung des InsVerf.[88]

23 Die Postsperre kann auch ferntelekommunikative Übermittlungen (**Telefax, E-Mail**) erfassen.[89] Zu ihrem Umfang vgl § 99 Rn 35 ff. Sie kann ferner die Leistungen privater Postdienstleister erfassen[90] und sich auf den Schriftverkehr mit dem Strafverteidiger des Schu erstrecken.[91] Ein GerichtsBeschl, der die Zwangsverwaltung anordnet, soll trotz Postsperre gem § 21 auch an den Schu persönlich zugestellt werden müssen.[92] Die Postsperre ist kein entgeltauslösender Nachsendeauftrag,[93] sondern die Aushändigung an den alleinigen bestimmungsgemäßen Empfänger. Eine Telefonsperre darf nur ausnahmsweise angeordnet werden.[94]

24 **h) Aufenthaltsbeschränkungen.** Entspr § 97 Abs 3 können **gegen** den **Schu** persönlich Aufenthaltsbeschränkungen zur Vorbereitung und Sicherung seiner gebotenen Mitwirkung schon im EröffnungsVerf angeordnet werden (vgl §§ 20 Abs 1 S 2, 21 Abs 3, 22 Abs 3 S 2). Ihm kann zB die Entfernung vom Wohnsitz verboten, die Hinterlegung seines Reisepasses geboten werden.[95]

25 **i) Beschlagnahme beim Schuldner.** Geschäftsräume des Schu können – über § 22 Abs 3 hinaus – ganz oder tw geschlossen und gesiegelt (entspr § 150), seine Geschäftsunterlagen

---

83 *Gundlach/Frenzel/Schmidt* ZInsO 2001, 982; FK/*Schmerbach* § 21 Rn 274; HambKomm/*Schröder* § 21 Rn 66; aM *OLG Celle* ZIP 2001, 471.
84 *Greiner* ZInsO 2017, 262 ff.
85 *OLG Celle* NZI 2001, 584; *Thiemann* DZWIR 2001, 39; vgl *Gundlach/Frenzel/Schmidt* ZInsO 2001, 982.
86 *OLG Celle* ZIP 2001, 472 f; HambKomm/*Schröder* § 21 Rn 63. Zur Anerkennung im Großbritannien vgl *Prager/Keller* NZI 2012, 830 f.
87 *OLG Celle* ZIP 2001, 470; *Gundlach/Frenzel/Schmidt* ZInsO 2001, 981; FK/*Schmerbach* § 21 Rn 274 f; HambKomm/*Schröder* § 21 Rn 66; *Uhlenbruck/Vallender* § 21 Rn 34.
88 *OLG Köln* ZIP 2000, 1222 f.
89 MK/*Haarmeyer* § 21 Rn 88; *K Schmidt/Hölzle* § 21 Rn 72; *Münzel/Böhm* ZInsO 1998, 363; vgl *Prager/Keller* NZI 2012, 829 ff.
90 Vgl Neufassung des § 99 Abs 1 S 1.
91 Vgl *BVerfG* ZIP 2000, 2312; *Dahl* vor § 13 S 60.
92 *OLG Braunschweig* DZWIR 2001, 256.
93 *Uhlenbruck* NZI aktuell 2003, Heft 4, 5; zur Problematik vgl *Vallender* NZI 2003, 244.
94 Vgl *Uhlenbruck/Vallender* § 21 Rn 37.
95 *AG München* ZIP 2013, 2074; FK/*Schmerbach* § 21 Rn 340 f; *Jaeger/Gerhardt* § 21 Rn 15; einschr MK/*Haarmeyer* § 21 Rn 93; erg so § 20 Rn 14 f.

beschlagnahmt werden.[96] Als Hilfsmittel dazu ist eine Durchsuchungsanordnung iSv § 758a ZPO zulässig. Die Herausgabe einzelner bes gefährdeter Vermögenswerte des Schu – insb Wertsachen – an einen zu bestellenden vorl InsVerw oder Sequester kann angeordnet werden. Dagegen darf ein bloßer SV nicht zu Zwangsmaßnahmen gegen den Schu ermächtigt werden (vgl § 5 Rn 11, § 22 Rn 7).

j) Haftanordnung (Abs 3). Abs 3 S 1 gestattet als letztes Mittel die Vorführung oder Haft des Schu zur **Sicherung** der künftigen InsMasse.[97] Diese Möglichkeit tritt neben diejenigen nach § 20 Abs 1 S 2 und § 22 Abs 3 S 3, welche die nötige persönliche Mitwirkung des Schu erzwingen sollen. Insb kann eine vom Schu ausgehende sonstige Gefährdung seines Vermögens – zB durch Vermögensverschiebung ins Ausland – verhindert werden.[98] Das gilt auch vor einem VerbrInsVerf[99] und ist sogar bei einem Eigenantrag nicht ausnahmslos ausgeschlossen (so Rn 8 und § 13 Rn 29).[100] Die Haft wird ggf nach Maßgabe des § 98 Abs 3 vollstreckt; erg su Rn 53. Zur Haftanordnung zwecks Unterstützung des InsVerw su § 22 Rn 73. Kosten, die durch Vorführung oder Verhaftung eines Schu entstehen, werden von § 54 Nr 1 erfasst.[101] **26**

Ist der Schu keine natürliche Person, können die Sicherungsmittel entspr Abs 3 S 2 iVm § 101 Abs 1 S 1 gegen die Mitglieder des Vertretungs- oder Aufsichtsorgans und die vertretungsberechtigten phG des Schu angeordnet werden. Gegen ausgeschiedene Mitglieder (§ 101 Abs 1 S 2) als solche sind Sicherungsmittel nicht vorgesehen. **27**

2. Maßnahmen gegen einzelne Gläubiger (Abs 2). – a) Zwangsvollstreckungsverbote (Nr 3).
Zwangsvollstreckungsmaßnahmen in das bewegliche Vermögen des Schu (zum Umfang su Rn 38 f) können einstweilen eingestellt oder verboten werden (Abs 2 S 1 **Nr 3**; zum VerbrInsVerf vgl § 306 Abs 2 S 1). Damit wird nicht nur ein Unternehmen des Schu zusammengehalten, sondern auch allg sein Vermögen für die mögliche künftige InsMasse gesichert; eine weitergehende Rückwirkung, zB entgegen § 832 ZPO bei früheren Pfändungen ist zu vermeiden.[102] Die Einstellung erscheint angezeigt, soweit Vollstreckungen in das Vermögen des Schu bereits ausgebracht, aber noch nicht vollendet wurden.[103] Das Verbot darf allerdings nicht nur zu dem Zweck eingesetzt werden, allg den Grundsatz der GlGleichbehandlung zu verwirklichen;[104] denn dem dient erst die Anfechtung (§§ 130 ff). Jedoch kann schon das Ausbringen zahlreicher Pfändungen nach §§ 803 ff ZPO ein v Schu betriebenes Unternehmen stören, zumal sie nach Maßgabe des § 808 Abs 2 ZPO zur Entfernung der Pfandsachen aus dem Gewahrsam des Schu führen können. Von der Einstellung sollte abgesehen werden, wenn ein mit einem Stundungsantrag gem § 4a verbundener Eröffnungsantrag den Eindruck erweckt, es werde nur ein zeitweiliger Vollstreckungsschutz erstrebt.[105] Im SchutzschirmVerf darf ein Vollstreckungsverbot erlassen werden; auf Antrag des Schu ist es anzuordnen (§ 270b Abs 2 S 3). **28**

---

96 *LG Duisburg* ZIP 1991, 674 f; FK/*Schmerbach* § 21 Rn 339; *Hess* § 21 Rn 107; krit *Keller* EWiR 1991, 601 f. Erg so § 20 Rn 20, vgl § 36 Abs 2 Nr 1.
97 Vgl *Uhlenbruck/Vallender* § 21 Rn 52.
98 *Jaeger/Gerhardt* § 21 Rn 74; vgl *LG Memmingen* KTS 1983, 317 f.
99 Vgl *OLG Celle* ZInsO 2002, 233; HambKomm/*Schröder* § 21 Rn 73.
100 Zu eng *A Schmidt* EWiR 2002, 582.
101 *Uhlenbruck/Vallender* § 21 Rn 55; *K/P/B/Pape* § 21 Rn 46; *FK/Schmerbach* § 20 Rn 35.
102 *AG Hbg* WM 2000, 896.
103 Für einen generellen Erlass MK/*Haarmeyer* § 21 Rn 74; vgl auch *Uhlenbruck/Vallender* § 21 Rn 5.
104 *Jaeger/Gerhardt* § 21 Rn 31; *Berger* ZZP 121, 423 f; weiter gehend *Fuchs* ZInsO 2000, 430; *Steder* ZIP 2002, 68; *Jaeger/Gerhardt* § 21 Rn 50.
105 Vgl *Zipperer* NZI 2004, 661 f.

29 Das **Vollstreckungsverbot** muss gesondert ausgesprochen werden; in anderen Anordnungen ist es nicht mit enthalten. Es kann gegen einzelne oder alle Vollstreckungsmaßnahmen getroffen werden, so dass die Wirkung des § 89 schon im EröffnungsVerf herbeigeführt werden kann.[106] Die Einstellung nur einer bestimmten Vollstreckungsmaßnahme enthält nicht zugleich das Verbot anderer. Die Zwangsvollstreckung auch in ein im Ausland belegenes Seeschiff kann verboten werden.[107] Werden Lohnpfändungen untersagt, so sollte der etwaigen UnterhaltsGl nach § 850d ZPO zustehende Vorrechtsbetrag ausgenommen werden; zuständig für Anträge gem §§ 850 ff ZPO ist das InsGer (§ 36 Abs 4).[108] Bei der Unterbindung von Rechtspfändungen kann dem Drittschuldner– um nachteilige Folgen durch dessen etwaige Ins abzuwenden – aufgegeben werden, den geschuldeten Betrag zugunsten des pfändenden Gl und des InsSchu zu hinterlegen oder auf ein Treuhandkonto einzuzahlen,[109] nicht aber an den vorl InsVerw allein.[110]

30 Zwar werden alle derartige Maßnahmen auch ohne Bekanntmachung wirksam (su Rn 57), doch sollten sie dem zuständigen GV zugeleitet oder einem etwaigen DrittSchu zugestellt werden, um dessen guten Glauben zu beseitigen. Andernfalls kann er nach Maßgabe des § 836 Abs 2 ZPO befreiend an den pfändenden Gl leisten. Zum Schutz des so gesicherten Vermögens können oft Maßnahmen zugleich gegen den Schu (so Rn 10 ff) geboten sein. Das Vollstreckungsverbot schränkt Aufrechnungen durch Gl nicht ein; § 394 BGB greift nicht ein.[111]

31 Die Einstellungsmöglichkeit bezieht sich auch auf Vollstreckungen aufgrund Arrests oder einstweiliger Verfügung[112] sowie auf die **Herausgabevollstreckung** gem §§ 883 ff ZPO, sogar betr Grundstücke (§ 885 ZPO).[113] Die im Gesetz enthaltene Ausnahme für „unbewegliche Gegenstände" (su Rn 48) erfasst sinngemäß allein Gegenstände, die der Zwangsvollstreckung in unbewegliches Vermögen unterliegen;[114] eine Zwangsvollstreckung nach §§ 887 ff ZPO kann also unter § 21 Abs 2 Nr 3 fallen,[115] soweit sie sich gegen das von § 35 f zu erfassende Vermögen richtet.[116]

32 Betroffen werden können insb **Absonderungsberechtigte**,[117] und zwar auch in Verf gegen Verbraucher iSd § 304 (erg su Rn 40 ff). Seit Einf des Abs 2 S 1 Nr 5 dürfen sogar Aussonderungsberechtigte – auch ohne die Voraussetzungen des § 107 Abs 2 – erfasst werden:[118] Sie sind ebenfalls partiell ins EröffungsVerf einbezogen (su Rn 45), so dass auch etwaige Vollstreckungsversuche ihrerseits abzuwehren sind. Dies gilt auch dann, wenn das InsGer nur

106 RegE S 116.
107 *LG Bremen* ZIP 2012, 1190 f.
108 Vgl FK/*Schmerbach* § 2 Rn 10 ff, § 21 Rn 272; *Steder* ZIP 2002, 67.
109 *Fuchs* ZInsO 2000, 432 f; *Steder* ZIP 2002, 70 f.
110 *Fink* ZInsO 2000, 357; vgl *BGHZ* 140, 255 f.
111 *BGH* ZIP 2004, 1558 f; erg su Rn 50.
112 *Jaeger/Gerhardt* § 21 Rn 39.
113 *Hintzen* ZInsO 2001, 575; *Jaeger/Gerhardt* § 21 Rn 38; HambKomm/*Schröder* § 21 Rn 54, 62; erg so Rn 40 und § 4 Rn 19.
114 § 864 ZPO: vgl RAussch zu § 25 Abs 2 RegE, BT-Drucks 12/7302, 157.
115 HambKomm/*Schröder* § 21 Rn 54; vgl *AG Göttingen* ZInsO 2003, 772; aM *LG Mainz* ZInsO 2002, 640 mit differenzierender Anm v *App* KKZ 2003, 125 f.
116 AM *Ampferl* (vor § 22) Rn 540–551.
117 *Lohkemper* ZIP 1995, 1649 f; *Rebmann* S 196 f; HambKomm/*Schröder* § 21 Rn 56; *Gerhardt* Aktuelle Probleme des neuen InsRechts, 2000, S 138 f; *Lenenbach* S 236 ff.
118 So schon *AG Köln* NZI 1999, 333; *Vallender* ZIP 1997, 1997; HambKomm/*Schröder* § 21 Rn 58; *K Schmidt/Hölzle* § 21 Rn 71; aM *Rebmann* S 197 f.

ein Vollstreckungsverbot nach Nr 3 ohne eine Anordnung nach Nr 5 getroffen hat.[119] Die Einstellung schließt aber nicht Beschlagnahmen von Grundstückszubehör aufgrund eines dinglichen Titels aus, die auch im eröffneten InsVerf gem § 49 wirksam wären.[120] Ferner greift sie nicht ein, soweit nicht Vermögen der künftigen InsMasse erfasst wird.[121]

Die Einstellung wirkt gem § 775 Nr 2 ZPO,[122] greift also nicht in bereits bestehende Pfän- 33
dungspfandrechte ein.[123] Die Untersagung wirkt gem § 775 Nr 1 ZPO,[124] hindert also bereits eine die **Wirkungen** des § 750 ZPO auslösende Zustellung des Vollstreckungstitels[125] und zugleich die weitere Vollziehung – nicht den Erlass – von Arresten und einstweiligen Verfügungen.[126] Für Sicherungsmaßnahmen (§ 720a ZPO) ist ebenfalls keine Ausnahme vorgesehen. Str ist, ob das Verbot die Erzwingung der Vermögensauskunft des Schu gem § 807 ZPO hindert;[127] diese dürfte sich idR aber nicht nachteilig auf die werdende InsMasse auswirken. Schon zuvor wirksam ausgebrachte Vollstreckungsmaßnahmen dürfen nicht aufgehoben werden; die weitere Vollziehung kann – zwar – auch auf der Grdl des § 832 ZPO eingestellt, der Rang aber nicht beseitigt werden.[128] Der Herausgabeanspruch des Schu gegen einen Treuhänder (vorl InsVerw), der sich erst nach Aufhebung des EröffnungsVerf ergeben soll, wird nicht durch das Vollstreckungsverbot geschützt.[129]

Die Anordnung selbst ist idR nicht anfechtbar, weil sie nicht den Schu beschwert (su Rn 56, 34
59). Über **Erinnerungen** gem § 766 ZPO wegen Verletzung des Vollstreckungsverbots entscheidet entspr § 89 Abs 3 das sachnähere InsGer,[130] allerdings im allg vollstreckungsrechtlichen Rechtsmittelzug (so § 6 Rn 12). Deshalb sollte es umfassend befugt sein, zugleich die allg Vollstreckungsvoraussetzungen zu prüfen.[131] Erinnerungsbefugt ist auch der „starke" vorl InsVerw,[132] der „schwache" dagegen nur aufgrund einer bes Ermächtigung des InsGer. Einzelne (spätere) InsGl oder der Schu dürften dagegen allenfalls dann erinnerungsbefugt sein, wenn kein handlungsfähiger InsVerw bestellt ist.[133] Das Vollstreckungsverbot schließt nicht nach § 394 BGB die Aufrechnung aus;[134] zu Aufrechnungsverboten su Rn 50.

---

119 *OLG Bamberg* ZInsO 2015, 1341; *Uhlenbruck/Vallender* § 21 Rn 28.
120 *Knees* ZIP 2001, 1571; *Eickmann* in Berger ua, 3. Leipziger InsRechtstag, 2002, S 63 f.
121 Vgl *AG Hamburg* ZInsO 2007, 1166 f.
122 Vgl auch *Rebmann* S 193 f.
123 *LG Trier* ZVI 2005, 308; vgl *AG Hbg* WM 2000, 895 f.
124 Vgl *Jaeger/Gerhardt* § 21 Rn 59 f; *Lenenbach* S 216 f; MK/*Haarmeyer* § 21 Rn 75 f.
125 Vgl *OLG Frankfurt* bei *Hess* EWiR 1995, 1109 f; *AG Dresden* ; *AG Göttingen* ZInsO 2003, 771. Mglw ist eine allein auf die Fristwahrung nach § 929 Abs 2 ZPO beschränkte Zustellung zulässig.
126 *Lenenbach* S 221.
127 Vern *LG Würzburg* NZI 1999, 504 f; *AG Rostock* NZI 2000, 142; *Jaeger/Gerhardt* § 21 Rn 40; bejahend *LG Darmstadt* NJW-RR 2003, 1493 f; *AG Wilhelmshaven* NZI 2001, 436 f; HambKomm/*Schröder* § 21 Rn 55; *Uhlenbruck/Vallender* § 21 Rn 27; *Steder* ZIP 2002, 66 mwN; differenzierend *Lenenbach* S 222 ff.
128 Vgl *LG Trier* NZI 2005, 405.
129 *AG Hbg* ZInsO 2007, 1166 f.
130 *AG Göttingen* ZInsO 2003, 771; *AG Hbg* ZInsO 2007, 1166; MK/*Ganter/Lohmann* § 6 Rn 63; *Uhlenbruck/Vallender* § 21 Rn 27; HambKomm/*Schröder* § 21 Rn 60; *K Schmidt/Hölzle* § 21 Rn 70; *Rebmann* S 198; aM *AG Köln* ZInsO 1999, 419; erg su § 22 Rn 66.
131 *AG Göttingen* ZVI 2002, 25, 26; aM MK/*Ganter/Lohmann* § 6 Rn 63.
132 PK-HWF/*Mitter* § 21 Rn 23; *Rebmann* S 195; vgl *AG Hbg* ZInsO 2007, 1166.
133 Vgl *Vallender* ZIP 1997, 1996; weiter gehend *Steder* ZIP 2002, 70.
134 *BGHZ* 159, 391 f; MK/*Haarmeyer* § 21 Rn 72 aE; FK/*Schmerbach* § 21 Rn 254; *Gerhardt* (Rn 40) S 149; aM *KG* ZInsO 2000, 229; erg su § 24 Rn 8.

35 Das bloße Stellen eines InsAntrages beeinträchtigt nicht die Vollstreckungmöglichkeiten der Gl,[135] ebenso wenig die isolierte Bestellung eines vorl InsVerw.[136] Über die sichernde Wirkung des § 775 ZPO (so Rn 33) hinaus können Pfandrechte nur durch Anf oder die §§ 88, 312 Abs 1 S 3 beseitigt werden (erg su Rn 49). Eine Verfügungsbeschränkung iSv § 21 Abs 2 Nr 2 (so Rn 15, 20) bewirkt – solange ein Vollstreckungsverbot nicht erlassen ist –, dass eine dagegen verstoßende Zwangsvollstreckung wie diejenige in einen schuldnerfremden Gegenstand zu behandeln ist. Nach einem bes Verfügungsverbot (so Rn 20) kann die Verwertung entspr §§ 772, 771, 769 Abs 2 ZPO verhindert werden.[137]

36 Bei Sachpfändungen in das Vermögen des Schu ist ein vorl InsVerw lediglich bei erlassenem Verfügungsverbot (§ 22 Abs 1) ohne weiteres „Dritter" iSd §§ 808, 809 ZPO (vgl § 22 Rn 8); ohne ein solches Verfügungsverbot (§ 22 Abs 2) vertritt er idR nur den Schu (vgl § 22 Rn 50, 51).[138]

37 Wird ein absonderungsberechtigter Gl durch Maßnahmen gem Rn 11 und 40 ff an der Verwertung eines Sicherungsrechts konkret gehindert, kann ihm nach § 169 S 2 ein Anspruch auf Zinszahlung gegen die InsMasse zustehen. Auch ein durch die Nutzung des (vorl) InsVerw entstehender Wertverlust kann gem § 172 Abs 1 auszugleichen sein.[139]

38 Die Zwangsvollstreckung in das **unbewegliche Vermögen**[140] des Schu darf nur nach Maßgabe des § 30d Abs 4 ZVG – auf Antrag eines vorl InsVerw (dazu su § 22 Rn 46, 62) – durch das Vollstreckungsgericht eingestellt werden; eine Zuständigkeit des InsGer besteht insoweit nicht. Dadurch kann nicht die Eintragung einer Zwangshypothek, sondern nur die Vollstreckung daraus verhindert werden.[141] Allerdings ist ggf eine Klausel gegen einen „starken" vorl InsVerw nötig.[142]

39 Eine – eröffnete – **Zwangsverwaltung** kann entspr § 30d Abs 4 ZVG eingestellt werden.[143] Dass diese Vorschrift nur die Einstellung der „Zwangsversteigerung" ausdrücklich erwähnt, beruht auf einem Versehen des BTags bei der Umgestaltung des § 25 Abs 2 Nr 3 RegE InsO – dieser sah ausnahmslos die Einstellung aller Vollstreckungsmaßnahmen gegen den Schu vor, ohne zwischen dessen beweglichem oder unbeweglichem Vermögen zu unterscheiden – in die jetzige Fassung: Erg sollte § 190 RegE InsO das InsGer ermächtigen, nach InsEröffnung – neben der Zwangsversteigerung (§§ 187–189 RegE InsO) – auch ZwangsverwaltungsVerf einzustellen. Die Zuständigkeit für sämtliche vorgesehenen Einstellungsmöglichkeiten hat der RAussch des BTages für unbewegliches Vermögen „zur Entlastung der InsGer" pauschal auf die allg Vollstreckungsgerichte verlagert.[144] Eine sachliche Einschränkung der Einstellungsmöglichkeit war damit nicht beabsichtigt. Während die §§ 187–190 RegE InsO inhaltlich als § 30d Abs 1–3 und § 153b ZVG voll übernommen wurden, wurde

135 *LG Tübingen* DGVZ 2000, 39.
136 *Fink* ZInsO 2000, 356.
137 Vgl *RG* KuT 1934, 74; *Steder* ZIP 1996, 1072 f.
138 *Lohkemper* ZIP 1995, 1646; vgl *Koch* S 79 f; dagegen *Steder* ZIP 1996, 1075.
139 RegE S 116; vgl FK/*Schmerbach* § 21 Rn 261.
140 Als unbewegliches Vermögen gelten auch eingetragene Schiffe iSd § 864 Abs 1 ZPO, vgl *AG Hamburg* ZIP 2015, 940.
141 *Jaeger/Gerhardt* § 21 Rn 45.
142 Vgl *Bachmann* Rpfleger 2001, 108.
143 *Jaeger/Gerhardt* § 21 Rn 43 f; MK/*Haarmeyer* § 21 Rn 79, § 22 Rn 52; HambKomm/*Schröder* § 21 Rn 61; *Jungmann* NZI 1999, 353 f; *Klein* ZInsO 2002, 1067 ff; *Thiemann* (vor § 22) Rn 397; *Eckhardt* Grundpfandrechte im Insolvenzverfahren, 12. Aufl 2009, Rn 333; nur für „starke" vorl InsVerw *Lenenbach* S 289 ff; allg abl FK/*Schmerbach* § 21 Rn 264; *Steder* ZIP 2002, 68.
144 BT-Drucks 12/7302, 176 zu Nr 105.

bei der korrespondierenden Beschränkung der Einstellungsmöglichkeit nach § 21 Abs 2 Nr 3 auf bewegliches Vermögen nur die Einstellung einer Zwangsversteigerung (§ 30d Abs 4 ZVG), nicht aber diejenige einer Zwangsverwaltung bedacht.[145] Dadurch ist eine ungewollte Lücke im Rechtsschutz für die InsMasse entstanden, die von den Vollstreckungsgerichten zu schließen ist. Sachlich bewirken insb langfristige Verpachtungen durch einen Zwangsverwalter während eines EröffnungsVerf „nachteilige Veränderungen" iSv § 30d Abs 4 ZVG.

b) Absonderungsberechtigte (Nr 5). Dem Schu kann schon nach Abs 1 S 1 die „freiwillige" Herausgabe v Sachen an – angeblich – Absonderungsberechtigte verboten werden;[146] zum Wegschaffen v Sicherungsgut durch Gl su Rn 50. Unmittelbare Eingriffe in Absonderungsrechte ermöglicht Abs 2 S 1 **Nr 5**. Diese Vorschrift bezweckt, den wirtschaftlichen Verbund eines – fortzuführenden – **Unternehmens** des Schu zu erhalten.[147] Dafür wird zwar nicht rechtlich, aber faktisch idR die Bestellung eines vorl InsVerw vorausgesetzt;[148] ein allg Verfügungsverbot braucht aber nicht erlassen zu werden.[149] Ob ein Antrag des vorl InsVerw nötig ist, ist str;[150] faktisch wird aber das InsGer v sich aus kaum die nötigen Voraussetzungen rechtzeitig feststellen können.[151] Nr 5 ist nur bezüglich solcher Gegenstände anwendbar, die für das Unternehmen des Schu **„von erheblicher Bedeutung"** sind. Davon kann ausgegangen werden, wenn der Betriebsablauf ohne den Zugriff auf die fraglichen Gegenstände nicht unerheblich gestört würde.[152] Insoweit ist auf die aktuellen Gegebenheiten in Unternehmen abzustellen; im hier fraglichen frühen Abschnitt des InsVerf ist noch kein nachhaltiges Betriebsfortführungskonzept vorauszusetzen.[153] Jene Voraussetzung gilt auch für den Einzug sicherungshalber Forderungen;[154] allerdings mag es dazu ausreichen, dass der InsMasse die Kostenbeiträge gem § 170 Abs 1 S 1 verbleiben.[155] Jedenfalls ist die Voraussetzung erfüllt, solange das Sicherungsrecht noch nicht geklärt ist.[156] Vom Vorliegen dieser Voraussetzung muss sich das InsGer vor jeder einzelnen Anordnung überzeugen und dies in seiner Entsch individualisierend begründen; anderenfalls ist sie unwirksam.[157] Zu erfassende Globalzessionen sind hinsichtlich der betroffenen Gl – zu deren Absicherung – zu konkretisieren.[158] Die Anordnung braucht nicht bekannt gemacht oder zugestellt zu werden.[159] Im Einzelnen schafft die Norm folgende Eingriffsmöglichkeiten: 40

145 Vgl BT-Drucks 12/7303, 108 f, Nr 12b und e, zu Art 20 EGInsO.
146 RegE S 116; *Liwinska* InVo 2002, 127; MK/*Haarmeyer* § 21 Rn 73; *K/P/B/Pape* § 21 Rn 29; *Uhlenbruck* InVo 1996, 89; *Jaeger/Gerhardt* § 21 Rn 53.
147 Amtl Begr der BReg zu Art 1 Nr 6 InsOVereinfG, BT-Drucks 16/3227, 15.
148 *Uhlenbruck/Vallender* § 21 Rn 38.
149 Amtl Begr (wie vorletzte Fn) S 16; vgl *Foerste* S 88.
150 Bejahend *Pape* S 436; vern *Uhlenbruck/Vallender* § 21 Rn 38l.
151 Vgl *Pape* S 437.
152 Vgl *Uhlenbruck/Vallender* § 21 Rn 38l; HambKomm/*Schröder* § 21 Rn 69d.
153 *Wiche-Wendler* ZInsO 2011, 1532; *Schmerbach* InsBüro 2007, 207.
154 *AG Hbg* ZInsO 2011, 1159.
155 Nur insoweit zutr *AG Hbg* ZInsO 2011, 2045 f; *Uhlenbruck/Vallender* § 21 Rn 38d; *K/P/B/Pape* § 21 Rn 40y; vgl HambKomm/*Schröder* § 21 Rn 69i.
156 HambKomm/*Schröder* § 21 Rn 69h will – entgegen dem umfassenden einleitenden Wortlaut der Norm – insoweit v einer „erheblichen Bedeutung" absehen.
157 *BGHZ* 183, 269 Rn 16 ff; FK/*Schmerbach* § 21 Rn 302 ff. Nach *LG Erfurt* ZIP 2013, 282 f soll es genügen, dass sich die nötige Konkretisierung aus einem (zugrunde liegenden) Antrag des vorl InsVerw ergibt. Erg su Rn 46, 57.
158 AM *AG Hbg* ZInsO 2011, 2045 f.
159 *Pape* S 439.

41 Ein **Verwertungsverbot**, das sich zwar formal auf alle v § 166 erfassten Gegenstände bezieht, praktisch aber nur als Verbot des Einzugs sicherungshalber abgetretener Forderungen bedeutsam wird (su Rn 42). Denn sicherungshalber übereignete Sachen, die sich noch im – sei es auch mittelbaren – Besitz des Schu befinden, kann der Sicherungsnehmer zwar mglw gem § 931 BGB übereignen, nicht aber ohne Herausgabe durch den Schu oder sonstigen Besitzer zulasten des SchuUnternehmens „verwerten". Andererseits dürfte Sicherungsgut, das sich schon vor der Anordnung im Besitz des Sicherungsnehmers befand, kaum noch v erheblicher Bedeutung für das SchuUnternehmen sein. Zur Verhinderung v Zwangsvollstreckungen in das SchuVermögen so Rn 28 ff. Das Verwertungsverbot wirkt wie ein relatives Verfügungsverbot (§§ 135 Abs 1 S 1, 136 BGB).[160] Es kann wegen seines Zwecks, gesicherte Gl schon im EröffnungsVerf zu Kostenbeiträgen heranzuziehen,[161] auch noch erlassen werden, nachdem der Abtretungsempfänger die dem Schu erteilte Einziehungsermächtigung widerrufen hat.[162] Denn ein Widerruf verstärkt nicht das bloße Absonderungsrecht als solches, dh die Forderung geht insRechtlich nicht wegen des Widerrufs ins Vermögen des Sicherungsnehmers über, sondern haftet diesem nur.[163] Das Verbot sollte an Drittschuldner v Forderungen zugestellt werden, um einer etwaigen schuldbefreienden Tilgung an den Sicherungsnehmer entspr § 407 BGB vorzubeugen.[164] Beanspruchen vorl InsVerw und der Sicherungsnehmer jeweils die gesamte Leistung für sich selbst, kommt für Drittschuldner ein Hinterlegungsrecht gem § 372 BGB in Betracht.

42 Sicherungshalber abgetretene **Forderungen** kann jeder vorl InsVerw – auch der „schwache"[165] – aufgrund eines an den Gl gerichteten Verwertungsverbots (so Rn 27) ohne dessen Einwilligung m schuldbefreiender Wirkung **einziehen**; dies setzt S 3 der Nr 5 konkludent voraus.[166] Eine alsbaldige Einziehung obliegt dann dem vorl InsVerw idR auch als Amtspflicht, um einer Entwertung des Sicherungsguts vorzubeugen.[167] Er ist zur abgesonderten Befriedigung des Gl aus dem Erlös verpflichtet.[168] Als Folge einer Anordnung gem Nr 5 darf er die Kostenbeiträge nach Maßgabe der §§ 170 f einbehalten,[169] muss aber den Netto-Erlös – jedenfalls nach Prüfung der InsBeständigkeit des Sicherungsrechts[170] und bei vertraglicher Verwertungsreife zugunsten des Sicherungsnehmers – unverzüglich an diesen auskehren.[171] Der vorl InsVerw ist idR nicht berechtigt, den Erlös im Eröffnungsverfahren im Rahmen der Unternehmensfortführung einzusetzen. Eine Anordnung nach Nr 5 ist deshalb nicht zur Liquiditätsbeschaffung geeignet. Eine andersartige Verwertung als durch Einziehung iSv § 166 Abs 2 Alt 2 ist dem vorl InsVerw nur aufgrund Absprache m dem Siche-

---

160 *Foerste* S 93 f.
161 Amtl Begr (BT-Drucks 16/3227) S 15 f; erg su Rn 42.
162 Vgl *Foerste* S 89 f; aM MK/*Haarmeyer* § 22 Rn 55; *Uhlenbruck/Vallender* § 21 Rn 38 f.
163 Vgl *BGHZ* 147, 239.
164 *Uhlenbruck/Vallender* § 21 Rn 38d; *Foerste* S 96 f; vgl *K/P/B/Pape* § 21 Rn 40o. Dagegen nimmt *Kuder* ZIP 2007, 1695 stets eine Schuldbefreiung durch Leistung an den Sicherungsnehmer nach Offenlegung der Abtretung an.
165 Vgl Amtl Begr (BT-Drucks 16/3227) S 16.
166 *Uhlenbruck/Vallender* § 21 Rn 38d; *Foerste* S 87 ff. HambKomm/*Schröder* § 21 Rn 69h empfiehlt eine ausdrückliche Übertragung der Einziehungsbefugnis. Erg su § 22 Rn 16.
167 *Kuder* ZIP 2007, 1695.
168 *BGH* WM 2010, 665 f Rn 30 ff. Erg su § 22 Rn 15.
169 Vgl *BGH* WM 2013, 472 f, Rn 15; dies berücksichtigt *AG Hbg* ZIP 2011, 1279 nicht. Offen gelassen v *BGH* WM 2010, 667 Rn 40. Erg su § 22 Rn 15.
170 Vgl *K Schmidt/Hölzle* § 21 Rn 79.
171 *Kuder* ZIP 2007, 1695; für Zahlung erst nach InsEröffnung *Foerste* S 90 ff; wohl auch HambKomm/*Schröder* § 21 Rn 69j.

rungsnehmer erlaubt. Zu Besonderheiten für den Fall, dass der Sicherungsnehmer die Abtretung schon zuvor offengelegt hatte, vgl § 166 Rn 31 f und *AG Hbg* NZI 2011, 407.

Sicherungshalber übereignete **Sachen** darf der vorl InsVerw im Falle einer entspr Anordnung der InsGer zur Fortführung des Unternehmens des Schu einsetzen, dh **nutzen**. Fraglich ist, ob dies auch für Umlaufvermögen zutrifft.[172] Ein durch die Nutzung entstandener Wertverlust ist (nur) auszugleichen, soweit er die Sicherung des Gl beeinträchtigt; insoweit entspr Nr 5 S 1, 3. Teilsatz und S 2 inhaltlich dem § 172 Abs 1, der entspr anzuwenden ist.[173] Der Ausgleich soll sofort[174] „durch laufende Zahlungen" erfolgen (dazu su § 172 Rn 7 ff); ob sich die Voraussetzungen dafür während der meist kurzen Dauer eines EröffnungsVerf klären lassen,[175] ist zw. Der Ersatzanspruch begründet nach der InsEröffnung eine Masseverbindlichkeit iSv § 55 Abs 2.[176] Andererseits steht dem Sicherungseigentümer kein Anspruch auf Herausgabe eines Entgelts zu, das im EröffnungsVerf durch Vermietung des Sicherungsguts erzielt wird; eine entspr Zusage eines vorl „schwachen" InsVerw begründet keine Masseverbindlichkeit.[177] – Ein **Verbrauch** der Sachen gegen den Willen des Sicherungsnehmers ist **nicht** gedeckt.[178] Jedoch dürfte eine Verbindung, Vermischung oder Verarbeitung der Sachen in entspr Anwendung des § 172 Abs 2 gestattet sein, dh soweit sie das Sicherungsrecht nicht beeinträchtigt.[179] Eine Verwertung darf der vorl InsVerw nur aufgrund einer Absprache m dem Sicherungsnehmer vornehmen.[180] 43

In jedem Fall einer Anordnung nach Nr 5 sind dem Sicherungsnehmer (erst) 3 Monate danach gem Nr 5 S 1, 2. Teilsatz iVm § 169 S 2 idR laufend die geschuldeten **Zinsen** aus der (vorl) InsMasse zu zahlen;[181] wegen deren Berechnung su § 169 Rn 14 ff. Dies gilt auch, wenn die Anordnung selbst wegen mangelnder Bestimmtheit unwirksam ist;[182] das dürfte allerdings voraussetzen, dass die Anordnung – wie in dem entschiedenen Fall – den Sicherungsnehmer tatsächlich an der Einziehung gehindert hat. War die Anordnung mangels Präzisierung nichtig, dürfen sich betroffene Gl dennoch darauf stützen, um die vorgesehenen Ausgleichsansprüche zu verfolgen.[183] Andererseits steht dem (vorl) InsVerw nach Maßgabe des § 169 S 3 die Einwendung offen, der Sicherungsnehmer habe nicht – in vollem Umfang – m einer Befriedigung aus dem Verwertungserlös rechnen können (su § 169 Rn 13). Die Zinsen und Ausgleichszahlungen sind entspr § 55 Masseverbindlichkeiten.[184] Jedoch überlagert § 21 Abs 2 S 1 Nr 5 auch § 55 Abs 2 S 2 insoweit, als ein vorl InsVerw mit 44

172 Vgl *Uhlenbruck/Vallender* § 21 Rn 38j; *Kuder* ZIP 2007, 1694; bejahend *Ganter* NZI 2007, 551; FK/*Schmerbach* § 21 Rn 294, 310.

173 *Uhlenbruck/Vallender* § 21 Rn 38k; MK/*Haarmeyer* § 21 Rn 101; *Pape* S 442 ff; *Büchler* ZInsO 2008, 720.

174 *Heublein* ZIP 2009, 12; vgl *Kayser* ZIP 2013, 1354 zu 3.1.

175 Die Gegenäußerung der BReg zu Nr 4 der Stellungnahme des BR zu Art 1 Nr 6 InsOVereinfG (BT-Drucks 16/3227, 26) geht v Ausgleichszahlungen im EröffnungsVerf aus.

176 *BGH* ZIP 2012, 779 Rn 24 ff.

177 *BGH* ZIP 2006, 1641 f, Rn 7 ff.

178 Amtl Begr (wie Fn 228) S 16; so auch HambKomm/*Schröder* § 21 Rn 69d; *Sinz/Hiebert* ZInsO 2011, 798.

179 *K/P/B/Pape* § 21 Rn 40x; *Ganter* NZI 2007, 551 f. *Foerste* S 111 sieht dies – zu Unrecht – als (unzulässige) „Verwertung" an.

180 Amtl Begr (wie Fn 228) S 15 f.

181 Zur Verfassungsmäßigkeit dieser Begrenzung vgl *BVerfG* ZIP 2012, 1252 f.

182 *BGHZ* 183, 269 Rn 24 f; *Pape* ZInsO 2010, 1349.

183 *BGHZ* 183, 269 Rn 24; *BGH* ZIP 2012, 779 Rn 10.

184 *BGH* ZIP 2012, 779 Rn 24 ff; MK/*Haarmeyer* § 21 Rn 101; *Uhlenbruck/Vallender* § 21 Rn 38k; FK/*Schmerbach* § 21 Rn 320; HambKomm/*Schröder* § 21 Rn 69k; *Sinz/Hiebert* ZInsO 2011, 799; *Graf-Schlicker/Voß* § 21 Rn 27.

begleitendem allg Verfügungsverbot aufgrund einer derartigen Anordnung einen aus- oder abzusondernden Gegenstand einsetzt, der dem Schu aufgrund eines Dauerschuldverhältnisses überlassen war: Dann entfällt die Zahlungspflicht ebenfalls für die ersten 3 Monate.[185]

45 **c) Aussonderungsrechte (Nr 5).** In bestehende Aussonderungsrechte durfte bei Inkrafttreten der InsO zunächst nur iRd §§ 107 Abs 2, 112 eingegriffen werden.[186] Eine Ersatzaussonderung (§ 48) ist weiterhin idR erst nach InsEröffnung vorzunehmen und vorher zu verhindern. Die Herausgabe auszusondernder Sachen durch den Schu wird nicht durch eine Zustimmungsvorbehalt iSv Abs 2 S 1 Nr 2 verhindert, weil sie keine Verfügung darstellt.[187] **Nr 5** schafft aber für das EröffnungsVerf auch gegenüber Aussonderungsberechtigten gleichartige Eingriffsrechte wie gegenüber Absonderungsberechtigten (so Rn 40–44), obwohl auszusondernde Gegenstände außerhalb eines anschließend eröffneten InsVerf bleiben (§ 47);[188] die Vorschrift ist verfassungskonform.[189] Fraglich ist, ob eine entspr Anordnung erst nach Beendigung des Besitz- und Nutzungsrechts des Schu zulässig ist; eine solche Einschränkung ist aber funktional nicht geboten und würde oft nicht kurzfristig festzustellen sein.[190] Zur Notwendigkeit einer individualisierend begründeten Anordnung vgl Rn 40. Zinsen sind entspr den in Rn 44 dargestellten Regeln zu zahlen,[191] ein Wertverlust ist entspr denen in Rn 43 zu ersetzen.[192] Nur soweit ein Wertverlust *nach* der Anordnung gem Nr 5 eintritt, ist Ersatz aus der InsMasse zu leisten; der vorl InsVerw hat aber den Zustand des zu nutzenden Gegenstands zu Beweiszwecken vorher festzustellen.[193] Der durch die Nutzung im InsEröffnungsverfahren eingetretene **Wertverlust** an Aussonderungsgut kann anhand der Kauf- und Rückkaufpreise und der nach der durchschnittlichen Laufleistung ermittelten Gesamtlebensdauer geschätzt werden.[194] § 169 S 3 ist nicht entspr anzuwenden, weil es nicht um die „Befriedigung" des Aussonderungsberechtigten geht, sondern um den ihm zustehenden Leistungsgegenstand selbst.[195] Kostenbeiträge iSv §§ 170 f sind durchgehend nicht zu entrichten; auch Nr 5 S 3 erwähnt sie nur für sicherungshalber abgetretene Forderungen, also nicht für Aussonderungsrechte.[196] – Die Vorschrift gilt auch im SchutzschirmVerf (§ 270b Abs 2 S 2).

46 IÜ erfasst die Neuregelung in vollem Umfang nur den insb dinglichen Herausgabeanspruch (§ 985 BGB),[197] den (einfachen) Eigentumsvorbehalt, der gem seiner wirtschaftlichen Funktion einem Absonderungsrecht entspr. Die übrigen Aussonderungsrechte sind zu heterogen, als dass sie durch die pauschale Regelung sinnvoll insgesamt erfasst werden könnten.[198] Sogar hinsichtlich des **Eigentumsvorbehalts** ist die Berechnung geschuldeter Zinsen nach § 169 (so Rn 44) fraglich, weil der übereignete Gegenstand typischerweise auch zu Tilgungszwecken berechnete Kaufpreisraten, nicht aber einen verzinslichen Kre-

---

185 So wohl auch *Pape* S 434, 444.
186 *Jaeger/Gerhardt* § 21 Rn 54; allg abl *Lenenbach* S 253 ff.
187 *OLG Naumburg* ZInsO 2009, 1448 f; erg so Rn 18.
188 *OLG Braunschweig* ZIP 2011, 1275 f; krit *Kirchhof* ZInsO 2007, 227 ff; *Pape* S 431 ff. Für eine teleologische Reduktion auch *Foerste* S 82 Fn 2.
189 Vgl *BVerfG* WM 2012, 901 f.
190 *Bork* NZI 2012, 590; *Heublein* ZIP 2009, 11 f; aM *Uhlenbruck/Vallender* § 21 Rn 38i.
191 Vgl *Foerste* S 98 f.
192 *OLG Braunschweig* ZIP 2011, 1277 ff; *Sinz/Hiebert* ZInsO 2011, 799; vgl *Heublein* ZIP 2009, 11 f; *Pape* S 442 f; *Kayser* ZIP 2013, 1354 zu 3.1; *Foerste* S 99 f.
193 *BGH* ZIP 2012, 1565 Rn 22 ff.
194 *BGH* 8.9.2016 – IX ZR 52/15.
195 *Pape* S 441 f; *Kayser* ZIP 2013, 1354 Nr 3.1; *Ganter* NZI 2007, 553.
196 So auch *Andres/Hees* NZI 2011, 885.
197 Vgl *OLG Braunschweig* ZIP 2011, 1275 f.
198 Für eine Bemessung der geschuldeten Zinsen nach dem Verkehrswert der Gebrauchsvorteile *Heublein* ZIP 2009, 14 f.

dit absichert.[199] Ein Verbrauch des Aussonderungsguts für die InsMasse ist – ohne Einverständnis des Berechtigten – grds unzulässig.[200] Auch im Fall einer Weiterverarbeitung (so Rn 43) wird das bisherige Aussonderungsrecht des Gl zu einem bloßen Absonderungrecht an der durch die Verarbeitung entstandenen neuen Sache herabgestuft, das der Kostenbeitragspflicht nach §§ 170 f unterliegen könnte; das ist unzulässig.[201] Im Wesentlichen dürfte nur die weitere Nutzung auszusondernder Sachen bedeutsam sein.[202]

Für das **Factoring** kann idR schon die Voraussetzung **nicht** zutreffen, dass der auszusondernde Gegenstand für die Fortführung des Unternehmens des Schu v erheblicher Bedeutung sein muss (so Rn 40). Denn Forderungen, die der spätere InsSchu bereits an den Factor verkauft und abgetreten hat, sind damit aus dem Unternehmen des Schu ausgeschieden;[203] eine Anordnung des InsGer kann sie nicht mehr erfassen.[204] Dies lässt sich aber nicht ohne weiteres auch für alle anderen **Rechte** feststellen, die der Schu – objektiv zu Unrecht – für sich beansprucht. Sie können durch ein Einziehungsverbot (so Rn 42) betroffen werden, ohne dass andererseits der vorl InsVerw ein eigenes Einziehungsrecht erhielte; denn Nr 5 S 3 gewährt es nur für sicherungshalber abgetretene Forderungen. Mit Bezug auf gewerbliche Schutzrechte – zB Patente –, deren Nutzung der Schu zu Unrecht beansprucht, könnte die Anordnung einer weiteren Nutzung (so Rn 43) für sein Unternehmen bedeutsam werden; die als Ausgleich vorgesehene bloße Zinszahlungspflicht (so Rn 44) wäre keine angemessene Nutzungsentschädigung.[205] 47

Das **Leasing** wird erfasst.[206] Ein dazu vereinbartes vertragliches Kündigungsrecht wird zwar nicht eingeschränkt,[207] aber seine Wirkungen werden durch diejenigen der Nr 5 überlagert. Eine gerichtliche Anordnung nach Nr 5 kann allein die weitere Nutzung der dem Schu überlassenen Sache ermöglichen (so Rn 45); sie schränkt iE einen mglw schon durch die Kündigungssperre des § 112 hinausgeschobenen vertraglichen Herausgabeanspruch ein und erzwingt zugleich einen Zahlungsaufschub um weitere 3 Monate.[208] Sogar danach gelten die als Ausgleich (nur) zu zahlenden Zinsen lediglich das Nutzungsrecht ab,[209] umfassen aber nicht die Amortisationsraten.[210] Jedoch kann ein üblicher Verschleiß von Leasinggut nach AfA-Sätzen berechnet werden.[211] Darüber hinausgehende Schäden, die infolge der fortgesetzten Nutzung des Leasingguts entstehen, sind aus der InsMasse zu ersetzen.[212] – Entspr trifft für die **Miete** insb v Sachen zu.[213] 48

---

199 Vgl *Foerste* S 57 ff.
200 *Andres/Hees* NZI 2011, 883 f.
201 Vgl *Foerste* S 110 f.
202 Vgl *B/G/H/Blersch* § 21 Rn 49.
203 So iE Amtl Begr (BT-Drucks 16/3227) S 16; wohl auch *Ganter* NZI 2007, 555.
204 *Bette* ZInsO 2010, 1633 f.
205 Vgl *Kirchhof* ZInsO 2007, 228 f; *Bette* ZInsO 2010, 1630 f.
206 Amtl Begr (BT-Drucks 16/3227) S 16.
207 *Sinz/Hiebert* ZInsO 2011, 799 f.
208 So Rn 43. Der Anspruch auf Zahlung der Leasingraten während der 3-Monatsfrist und ein Entschädigungsanspruch des Leasinggebers wegen Verletzung der Rückgabepflicht (§ 546a BGB) bleiben Insolvenzforderungen: Vgl *BGH* ZP 2012, 1566 f Rn 19; *Bork* NZI 2012, 591.
209 *OLG Braunschweig* ZIP 2011, 1276.
210 Vgl *K/P/B/Pape* § 21 Rn 40r; *Kirchhof* ZInsO 2007, 230 f; für volle Leasingraten *Ganter* NZI 2007, 555; *Bork* NZI 2012, 592.
211 *LG Erfurt* ZIP 2013, 283 f.
212 *BGH* ZIP 2012, 1566 f, Rn 23 f.
213 Dazu krit MK/*Haarmeyer* § 21 Rn 100; *Pape* S 440 f. Diesen Unterschied berücksichtigen *Uhlenbruck/Vallender* § 21 Rn 38k und *Büchler* ZInsO 2008, 720 nicht: Der Begriff (Miet)-„-Zins“ ist auch in § 535 Abs 2 BGB zutr entfallen.

49 **d) Maßnahmen gegen Dritte.** Vor Maßnahmen gegen sonstige Dritte ist zu beachten, dass diese nicht am EröffnungsVerf beteiligt sind (vgl § 14 Rn 45, § 20 Rn 23), sondern allenfalls in das eröffnete InsVerf eingebunden werden. § 21 ermöglicht den (passiven) Schutz des SchuVermögens gegen Eingriffe Dritter, aber nicht weitergehende (aktive) Kürzungen ihrer Rechte; zu Ausnahmen gegenüber Aus- und Absonderungsberechtigten so Rn 40 ff. Insb kann dem Schu die **Herausgabe** fremder Sachen **verboten** (so Rn 40) und dies durch Bestellung eines vorl InsVerw sichergestellt werden. Zudem kann einem Gl das Betreten der Räume des Schu untersagt werden.[214] An der Durchsetzung eines rechtsgültigen Herausgabeanspruchs durch GV darf der Gl aber nur durch ein Vollstreckungsverbot (so Rn 28 ff) gehindert werden.[215]

50 Dementsprechend kann eine vom InsGer erlassene Kontensperre[216] idR nur die Wirkung einer objektbezogenen Verfügungsbeschränkung (so Rn 20) gegen den Schu selbst haben, also vertraglich abgeleitete **Verrechnungen** der drittbeteiligten Bank verhindern (su § 24 Rn 4); soweit die Maßnahme jedoch auch **Auf**rechnungen der Bank kraft eigenen Gestaltungsrechts (§§ 387 ff BGB) ausschließen soll, ist sie wirkungslos; einseitige Verfügungen Dritter können nicht untersagt werden.[217] Gegen Aufrechnungen in der Krise schützt abschließend § 96 Abs 1 Nr 3.[218] Bei dringendem Verdacht unredlichen Zusammenwirkens eines Dritten mit dem Schu (§ 826 BGB) über ein bestimmtes Bankkonto mag auch über dieses eine Sperre verhängt werden können.[219] Das InsGer kann einem Bürgen des Schu aber nicht untersagen, an den Gl zu leisten, wenn die vertraglichen Zahlungsvoraussetzungen erfüllt sind;[220] dann bestünde auch kein Unterlassungsanspruch des Schu gegen den Bürgen, der nach §§ 935, 940 ZPO gesichert werden könnte. Die Rückabwicklung gegen den Gl obliegt ggf dem InsVerw im eröffneten Verf. Zu Finanzsicherheiten so Rn 5.

51 Das InsGer darf im Umfang des § 142 Abs 1 und 2 ZPO auch Dritte zur Vorlage v Unterlagen verpflichten[221] und einen Laptop zur Auswertung der darauf befindlichen Geschäftsdaten vorübergehend beschlagnahmen.[222] Es kann aber *nicht* den vorl InsVerw ermächtigen, Räume eines am EröffnungsVerf nicht beteiligten Dritten zu durchsuchen,[223] und nicht den GV, die Wohnung eines **Dritten** zu betreten um den Schu zu verhaften.[224] Das Gericht kann gem § 802 l ZPO, § 4 den zuständigen GV beauftragen, hinsichtlich des Schu bei den **Trägern der gesetzlichen Rentenversicherung** den Namen, den Vornamen oder die Firma sowie

---

214 Vgl *Uhlenbruck/Vallender* § 21 Rn 41; zu einer entspr Ermächtigung des InsGer an den InsVerw vgl *BGH* ZIP 2007, 438 Rn 16 ff; *LG Duisburg* NZI 1999, 329.

215 AM anscheinend *Eckardt* ZIP 1999, 1738; *Ampferl* (vor § 22) Rn 545 ff.

216 Vgl dazu *AG München* ZVI 2007, 22 f; *Uhlenbruck/Vallender* § 21 Rn 41; FK/*Schmerbach* § 21 Rn 331.

217 *K Schmidt/Hölzle* § 21 Rn 38; aM *Uhlenbruck/Vallender* § 21 Rn 10 aE; FK/*Schmerbach* § 21 Rn 331.

218 *BGH* ZIP 2004, 1559; *OLG Rostock* ZVI 2004, 35 ff mit zust Anm v *Runkel* EWiR 2004, 44; *Jaeger/Gerhardt* § 21 Rn 15, 67–70; vgl *BGH* ZIP 1998, 1319; *BFH* bei *Gerhardt* EWiR 2000, 37 f; aM *LG Gera* ZInsO 2002, 1092 f; *Ampferl* (vor § 22) Rn 484 ff; *Zipperer* NZI 2004, 660 f; *Becker* DZWIR 2005, 221 f; erg so Rn 41.

219 Vgl *AG München* ZIP 2003, 1995 f; ZVI 2007, 23; *K Schmidt/Hölzle* § 21 Rn 34.

220 AM *Zipperer* NZI 2004, 660 f.

221 *LG Köln* NZI 2004, 672; zu weit gehend *AG Karlsruhe-Durlach* NZI 2007, 296 f; *K Schmidt/Hölzle* § 21 Rn 36. Erg so § 4 Rn 10.

222 *LG Aachen* 17.3.2008 – 6 T 64/07: jedenfalls, sofern Anhaltspunkte für Verdunklungshandlungen vorliegen.

223 *BGH* ZIP 2009, 2069 Rn 12 ff; aM *Uhlenbruck/Vallender* § 21 Rn 41; *Frind* NZI 2010, 756 f; *K Schmidt/Hölzle* § 21 Rn 35.

224 *LG Göttingen* ZInsO 2005, 1281; erg so Rn 26.

die Anschrift des derzeitigen Arbeitgebers eines versicherungspflichtigen Beschäftigungsverhältnisses des Schu einzuholen; das **Bundeszentralamt für Steuern** zu ersuchen, bei den Kreditinstituten die in § 93b Abs 1 AO bezeichneten Daten abzurufen (§ 93 Abs 8 AO); beim **Kraftfahrt-Bundesamt** die Fahrzeug- und Halterdaten nach § 33 Abs 1 StVG zu einem Fahrzeug, als dessen Halter der Schu eingetragen ist, einzuholen (so § 16 Rn 11).[225]

Nach **§ 270a Abs 1** soll das InsGer – falls der Schu einen (nicht offensichtlich aussichtslosen) Antrag auf Eigenverwaltung gestellt hat – kein allg Verfügungsverbot (so Rn 21) erlassen und statt eines vorl InsVerw (so Rn 11) einen vorl Sachwalter bestellen. Zur Begründung v Masseverbindlichkeiten kann ein einem solchen Fall allerdings der Schu selbst ermächtigt werden.[226] Eine Entscheidung des InsGer, den Schu nicht gem § 270a zur Begründung v Masseverbindlichkeiten zu ermächtigen, ist nicht nach § 6 anfechtbar.[227] Hat der Schu den Eröffnungsantrag im SchutzschirmVerf nach **§ 270b** gestellt, so hat das Gericht gem **Abs 3** dieser Vorschrift den Schu auf dessen Antrag persönlich zu ermächtigen, Masseverbindlichkeiten zu begründen.[228] Umstr ist, ob und wann das InsGer eine Anordnung erlassen darf, dass der Schu bestimmte Verbindlichkeiten nur mit Zustimmung des vorl Sachwalters bedienen darf. Diskutiert wird dies namentlich für das Abführen von **Arbeitnehmeranteilen zur Sozialversicherung** vor dem Hintergrund, dass eine Strafbarkeit des Geschäftsführers vermieden werden soll und für **Steuerverbindlichkeiten**, um persönliche Inanspruchnahme des Geschäftsführers aus Haftungstatbeständen nach § 191 Abs 1 AO iVm §§ 69, 34 AO zu vermeiden.[229] Beide Anordnungen sind kritisch zu sehen: Soweit eine Strafbarkeit im Raume steht, ist es nicht Aufgabe des InsGer über die Anwendbarkeit von Strafnormen zu disponieren. Eine etwaige Strafbarkeit kann durch die Anordnung nicht wirksam ausgeschlossen werden.[230] Soweit eine Befreiung des Geschäftsführers von persönlicher steuerrechtlicher Haftung angestrebt wird, ist bereits zweifelhaft, ob der Tb des § 21 Abs 1 S 1 erfüllt ist; denn die Maßnahme muss erforderlich erscheinen, um eine nachteilige Veränderung in der Vermögenslage des Schuldners (nicht: des Geschäftsführers) zu verhüten. Soweit die Anordnung allerdings im Einzelfall nicht zum Schutz des Geschäftsführers, sondern vielmehr zum Schutz der Masse gegen zahlungswilligen Geschäftsführer erlassen werden soll, kann ausnahmsweise eine Anordnung in Betracht kommen.[231] Denkbar kann dies sein, wenn der Geschäftsführer zur Abführung fest entschlossen ist, dies aber die sofortige und dauerhafte Einstellung des Geschäftsbetriebs und die Vereitelung jeglicher Sanierungschancen zur Folge hätte. 52

225 *AG München* 12.2.2016 – 1503 IN 3339/15; *AG Rosenheim* 8.9.2016 – 605 IN 468/15; *Beth* NZI 2016, 109 ff; *Siebert* NZI 2016, 541; *Markovic* ZInsO 2016, 1974.

226 *OLG Dresden* 15.10.2014 – 13 U 1605/13; *LG Duisburg* ZInsO 2012, 2347; *AG München* ZIP 2012, 1470 f; *Frind* ZInsO 2012, 1101 ff; *AG Köln* ZIP 2012, 788 f, das einen Zustimmungsvorbehalt des vorl Sachwalters nach § 275 für zulässig (nicht zwingend) hält. Für eine autonome Befugnis des Schu zur Begründung v Masseverbindlichkeiten *AG Montabaur* ZIP 2013, 899 f; für Ermächtigung des vorl Sachwalters: *AG Hbg* 4.4.2012 – 67g IN 74/12 und die Vorauflage; gegen jede derartige Ermächtigung *AG Fulda* ZIP 2012, 1472 ff; *Nöll* ZInsO 2013, 145 ff.

227 *BGH WM 2013*, 518 f Rn 4 ff; aM *LG Duisburg* ZInsO 2012, 2347.

228 *AG Köln* ZIP 2012, 788 f; *Marotzke* DB 2013, 1286 ff.

229 *AG Heilbronn* 23.3.2016 – 12 IN 149/16; *AG Hamburg* 19.6.2017 – 67g IN 173/17; zur steuerrechtlichen Haftung des Geschäftsführers s *FG Münster* 6.2.2017 – 7 V 3973/16 U; steuerrechtlichen Erheblichkeit einer Anordnung s *FG Münster* 3.4.2017 – 7 V 492/17 U mit Anm *Buchalik/Schröder/Rekers* ZInsO 2017, 862.

230 *Laroche/Wollenweber* ZInsO 2016, 2225 ff; iE auch *Bork* KTS 2017, 189, 211 f, der im Einzelfall auf Schuldebene einen unvermeidbaren Gebotsirrtum für möglich hält.

231 Ähnlich *AG Hamburg* 19.6.2017 – 67g IN 173/17.

IV. Verfahren

53 Sicherungsmaßnahmen dürfen das InsGer und das in einer sof Beschw gegen die Abweisung eines InsAntrags befasste LG anordnen, nicht aber der BGH als RechtsbeschwGer.[232] An Anregungen (es handelt sich mangels Antragsrecht nicht um „Anträge") von SV, vorl InsVerw oder Glist der – funktionell zuständige (§ 18 Abs 1 Nr 1 RPflG) – InsRichter nicht gebunden.[233] Dieser wird oft erst auf kurzfristigen Vorschlag eines zuvor bestellten SV entscheiden können.[234] Das Sicherungsbedürfnis muss nicht feststehen, es genügt, wenn die eine Gefährdung überwiegend wahrscheinlich ist.[235] Jedoch sind Notwendigkeit und Angemessenheit jeder einzelnen angeordneten Maßnahme zu prüfen.[236] Im Falle angestrebter Eigenverwaltung des Schu sind die Besonderheiten der §§ 270a, 270b zu beachten.

54 **1. Rechtliches Gehör.** Dem Schu ist vor der Anordnung von Sicherungsmaßnahmen rechtliches Gehör regelmäßig – nur – zu gewähren, wenn sie ihn beschweren und die vorherige Anhörung nicht den Sicherungszweck gefährdet.[237] Abs 3 S 1 lässt im Umkehrschluss erkennen, dass die Anhörung des Schu vor anderen Maßnahmen als der Haftanordnung nicht in jedem Fall zwingend geboten ist; es ist dann nachzuholen (su Rn 64). IÜ wird eine Gefährdung des Sicherungszwecks im Allg anzunehmen sein, wenn Sicherungsmaßnahmen gegen den Schu selbst (so Rn 15 ff) ergriffen werden müssen; auch der mit einer Anhörung verbundene bes Zeitverlust kann in Einzelfällen die erforderliche Sicherung der Masse gefährden.[238] Wurde der Schu unter Hinweis auf die durch § 21 gegebene Rechtslage gem § 14 Abs 2 gehört, genügt das grds auch für den Erlass von Sicherungsmaßnahmen,[239] sofern diese sich nicht auf erst nachträglich gewonnene Erkenntnisse gründen. Erscheint ein Schu nicht zum Anhörungstermin, wird sich daraus oft auf eine von ihm konkret drohende Gefährdung schließen lassen,[240] insb nach Eröffnungsanträgen von Gl.[241] Eine vorher unterbliebene Anhörung ist stets – mit der Möglichkeit der Gegenvorstellung (su Rn 64) – nachzuholen. Diese Ausgestaltung iVm der BeschwMöglichkeit des Schu (su Rn 59) verstößt nicht gegen die öffentliche Ordnung in Österreich.[242]

55 Entspr § 99 Abs 1 S 2, 3 darf von der Anhörung des Schu vor der Anordnung einer Postsperre nur unter bes Umständen abgesehen werden.

---

232 *BGH* ZIP 2005, 2333 f.

233 *Jaeger/Gerhardt* § 21 Rn 81; *Kleiner* S 158 f; *K/P/B/Pape* § 21 Rn 19; *Uhlenbruck/Vallender* § 21 Rn 42. Ausnahme: § 344 Abs 1.

234 Vgl *Uhlenbruck/Vallender* § 21 Rn 9.

235 *Engelhardt* S 226 ff; HambKomm/*Schröder* § 21 Rn 17; der noch in der Vorauflage genutzte Begriff der Glaubhaftmachung, § 294 ZPO, ist hier irreführend, da es auf eine Beweisführung nicht ankommt.

236 Vgl HambKomm/*Schröder* § 21 Rn 15; MK/*Haarmeyer* § 21 Rn 22; *Kuder* ZIP 2007, 1694; erg so Rn 7, 9.

237 *BGH* 14.7.2011 – IX ZB 57/11, Rn 13; v 15.12.2011 – IX ZB 139/11, Rn 40; *OLG Köln* ZInsO 2000, 106 f; *LG Magdeburg* Rpfleger 1995, 225; *Engelhardt* S 231 ff; MK/*Haarmeyer* § 21 Rn 32–34; *K/P/B/Pape* § 21 Rn 18, 20; *Uhlenbruck/Vallender* § 21 Rn 44. *Smid* WM 1995, 787; *Jaeger/Gerhardt* § 21 Rn 90 ff; *Prütting* KS-InsO, S 10 Rn 25; *Vallender* KS-InsO, S 129 f; vgl *BVerfGE* 65, 233 f; zu weitgehend *Ampferl* (vor § 22) Rn 197–200. Erg so § 14 Rn 46.

238 *Kleiner* S 162.

239 Vgl *OLG Düsseldorf* NJW-RR 1994, 1126; FK/*Schmerbach* § 14 Rn 169; *Uhlenbruck/Vallender* § 21 Rn 45.

240 *LG Göttingen* ZIP 2003, 679 f.

241 Vgl *Uhlenbruck/Vallender* § 21 Rn 46; vgl *BGH* 15.12.2011 – IX ZB 139/11, Rn 5.

242 *OLG Innsbruck* ZIP 2008, 1650; vgl *Mankowski* NZI 2008, 704.

Vor der Anordnung von **Haft** ist der Schu ausnahmslos zu hören; zu diesem Zweck kann gem Abs 3 S 2 – ohne vorherige Anhörung – seine Vorführung angeordnet werden. Nur wenn auf andere Weise eine unmittelbar bevorstehende Flucht des Schu nicht verhindert werden kann, mag die Anhörung bei Verkündung eines zuvor erlassenen Haftbefehls nachgeholt werden können.[243] Die Verhaftung wird nach Abs 3 S 3 iVm § 98 Abs 3 vom GV nach Maßgabe der §§ 904–910, 913 ZPO vollzogen (erg so Rn 51). Sie ist anfechtbar (su Rn 59) und von Amts wegen aufzuheben, sobald die Voraussetzungen für die Anordnung nicht mehr vorliegen (su Rn 64, 66). Das InsGer kann einen erlassenen Haftbefehl auch außer Vollzug setzen.[244] 56

2. Anordnungsbeschluss. – a) Form und Wirksamwerden. Mehrere Sicherungsmaßnahmen (zur Auswahl so Rn 9) sollten zweckmäßigerweise in einem einheitlichen SicherungsBeschl angeordnet werden; Ausnahmen kommen insb für die – bes zu begründende – Anordnung der Postsperre und freiheitsbeschränkende Maßnahmen (so Rn 21, 26) in Betracht. Die im EröffnungsVerf angeordnete Postsperre ist – auch ohne ausdrückliche Bezeichnung – stets nur eine vorl.[245] Soweit das Gesetz eine Begr für die eilbedürftigen Sicherungsmaßnahmen nicht ausdrücklich vorschreibt, muss sie spätestens mit einer NichtabhilfeEntsch iSv § 572 Abs 1 S 1 ZPO oder auf eine Gegenvorstellung nachgeholt werden.[246] 57

In entspr Anwendung des § 27 Abs 2 Nr 3 und Abs 3[247] werden die Anordnungen im Allg mit der damit angegebenen Stunde wirksam, in Ermangelung einer solchen Angabe mit der Mittagsstunde des Tages, an dem der Beschl erlassen wurde.[248] Zusätzliche Wirksamkeitsvoraussetzung ist, dass die Anordnung aus dem internen Geschäftsbereich des InsGer herausgegeben wurde (erg su § 27 Rn 30).[249] Zur Bestellung eines **vorl InsVerw** ist weiter dessen Annahme seiner Ernennung nötig (su § 22 Rn 75).[250] Die durch § 23 angeordnete Bekanntmachung von Verfügungsbeschränkungen ist nicht Wirksamkeitsvoraussetzung,[251] ebenso wenig die Zustellung an VollstreckungsGl oder DrittSchu.[252] Diese sollte aber jedenfalls vorgenommen werden, soweit Rechtsverluste des Schu durch guten Glauben möglich sind. Um die BeschwFrist nach § 6 Abs 2 in Lauf zu setzen, sollte jede Anordnung einer Sicherungsmaßnahme dem Schu förmlich zugestellt werden. 58

b) Sofortige Beschwerde. Gem Abs 1 S 2 kann – nur (Ausnahme: § 344 Abs 2) – der **Schu** gegen die Anordnung von Sicherungsmaßnahmen des InsGer sof Beschw einlegen (vgl § 6 Rn 3). Anfechtbar ist nach Abs 3 S 3 iVm § 98 Abs 3 S 3 auch die Abweisung eines Antrags auf Aufhebung eines Haftbefehls wegen Wegfalls seiner Voraussetzungen. Um eine anfechtbare – neue – Anordnung handelt es sich ferner, wenn das InsGer eine zuvor angeordnete sichernde Maßnahme zunächst aufgehoben hat, aber danach diesen aufhebenden Beschl 59

243 *Uhlenbruck/Vallender* § 21 Rn 53.
244 Vgl *LG Memmingen* KTS 1983, 317.
245 *OLG Celle* ZIP 2001, 469.
246 Zu weit gehend *Engelhardt* S 240 f.
247 Vgl RegE S 116.
248 *Pape* ZInsO 1998, 63; *Hintzen* ZInsO 1998, 77; MK/*Haarmeyer* § 21 Rn 37; *Ampferl* vor § 22 Rn 128–136; *Jaeger/Gerhardt* § 21 Rn 95 ff; vgl *BGHZ* 133, 310 f; *BGH* ZIP 1995, 40, 41; KTS 2001, 451; NZI 2012, 614 Rn 10. Zu Besonderheiten m Bezug auf Finanzsicherheiten so Rn 5.
249 Vgl *Gerhardt* KS-InsO, S 208 Rn 30; MK/*Haarmeyer* § 21 Rn 37; *Pohlmann* Rn 43.
250 *Uhlenbruck/Vallender* § 21 Rn 48; *A/G/R/Sander* § 21 Rn 68; *Pohlmann* Rn 48, 49; *Ampferl* (vor § 22) Rn 137.
251 MK/*Haarmeyer* § 21 Rn 35; *Kleiner* S 178.
252 MK/*Haarmeyer* § 21 Rn 37; *K/P/B/Pape* § 21 Rn 21.

seinerseits wieder aufhebt.[253] Dagegen ist ein lediglich klarstellender Beschl über die Aufrechterhaltung einer formell unanfechtbar gewordenen Sicherungsanordnung nicht anfechtbar.[254] Ein Vollstreckungsschutzantrag nach § 765a ZPO dürfte gegen bloße Sicherungsmaßnahmen ausscheiden.[255]

60 Anfechtbar sind nur selbstständige Sicherungsmaßnahmen, nicht dagegen einzelne Ausgestaltungen solcher – für sich nicht angegriffenen – Maßnahmen: Zwar ist die Bestellung eines vorl InsVerw als solche anfechtbar; das Rechtsmittel kann aber grds nicht nur gegen die Auswahl der konkret bestellten Person gerichtet werden.[256] Ferner ist die einem vorl InsVerw erteilte gerichtliche **Ermächtigung, Masseverbindlichkeiten** zu begründen (su § 22 Rn 53 f), nicht selbstständig anfechtbar. Erst recht ist die Entscheidung eines vorl InsVerw, eine Lastschrift betr ein Konto des Schu nicht zu genehmigen, nicht anfechtbar.[257] Andererseits dürfte eine vom InsGer gem § 97 Abs 3 S 1 gegen den Schu angeordnete Aufenthaltsbestimmung nunmehr eine selbstständig anfechtbare Sicherungsmaßnahme sein, die über den Gesetzeswortlaut konkretisierend hinausgeht und in das Selbstbestimmungsrecht des Schu (Art 2 GG) eingreift.[258] Sicherungsmaßnahmen, die ausl Vermögen des Schu betreffen, kann dieser auch m der Begründung anfechten, das InsGer sei allenfalls für ein Partikular-Verf in Deutschland (§§ 354 ff; Art 27 ff EuInsVO) zuständig.[259]

61 Entsch des InsGer, die nur der Vorbereitung einer Entsch über die InsEröffnung dienen, sind **nicht** beschwerdefähig, insb nicht die Bestellung eines SV[260] oder die Anordnung, dass der Schu nach Maßgabe der §§ 20 Abs 1, 22 Abs 3 S 3 Auskunft zu erteilen habe.[261] Auch die Unterlassung von Sicherungsmaßnahmen ist nicht anfechtbar.[262] Handlungen eines vorl InsVerw sind als solche nicht mit Rechtsmitteln anfechtbar.[263]

62 Der Schu ist durch die Anordnung von Sicherungsmaßnahmen nicht stets in rechtsmittelfähiger Form beschwert (so § 6 Rn 25, 26). Insb müsste er im Einzelfall Gründe darlegen, aus denen ihn eine Maßnahme gegen Gl (so Rn 40 ff), insb ein Vollstreckungsverbot (so Rn 38 ff) beschweren soll.[264] Werden andere, für sich nicht anfechtbare Maßnahmen äußerlich in einem Beschl mit einer beschwerdefähigen Sicherungsanordnung verbunden, bleiben jene unanfechtbar:[265] Dadurch werden unterschiedliche Streitgegenstände noch nicht zu einer rechtlichen Einheit. Andererseits steht dem Schu eine bloße Teil-Anf bei mehreren verbundenen Sicherungsanordnungen frei.[266] Eine Beschwer des Schu gerade durch

253 MK/*Ganter/Lohmann* § 6 Fn 29.
254 *LG Potsdam* DZWIR 2000, 477.
255 *Schur* KTS 2008, 477.
256 *Jaeger/Gerhardt* § 21 Rn 106, § 22 Rn 11; HambKomm/*Schröder* § 22 Rn 207; erg su § 34 Rn 10.
257 *BGH* ZInsO 2008, 1208. Erg su § 24 Rn 6.
258 AM zum früheren Recht *LG Göttingen* ZIP 2000, 2174.
259 *Reinhart* NZI 2009, 77.
260 Vgl *BGH* ZInsO 2011, 1499 f, Rn 5 f; ZIP 2012, 1615 f, Rn 6 f.
261 *OLG Köln* NZI 2001, 598; *OLG Celle* ZIP 2001, 128; *K/P/B/Pape* § 21 Rn 14. Erg so § 5 Rn 22, § 6 Rn 6.
262 *BGH* ZIP 2013, 525; *LG München I* ZVI 2003, 78; *K Schmidt/Hölzle* § 21 Rn 29. Abgrenzend vgl § 270b Abs 2 S 3 HS 2. Erg so § 6 Rn 6.
263 Vgl *LG Gera* ZIP 2002, 1738. Erg so § 6 Rn 7.
264 Vgl *OLG Bbg* ZIP 2001, 207.
265 *OLG Köln* ZIP 2000, 1222; *Prütting* in Aktuelle Probleme des neuen InsRechts, 2000, S 34 f; *Thiemann* DZWIR 2000, 205; aM MK/*Haarmeyer* § 21 Rn 41.
266 *Uhlenbruck/Vallender* § 21 Rn 47.

sichernde Maßnahmen im EröffnungsVerf wird oft durch deren Aufhebung[267] oder einen anschließenden EröffnungsBeschl[268] entfallen (vgl Rn 66, § 6 Rn 25 f).

Der vorl InsVerw ist nicht beschwerdebefugt.[269] **Gl** steht, auch soweit sie durch Sicherungsmaßnahmen beschwert werden (so Rn 28 ff), ein Rechtsmittel **nicht** zu[270]; das gilt ua für die Beschlagnahmeanordnung des InsGer betr eine – angeblich – schuldnerfremde bewegliche Sache.[271] Dagegen bleibt formell nur die Möglichkeit einer Gegenvorstellung,[272] ggf entspr § 321a ZPO. Mehr Erfolg versprechen wird aber idR eine Überprüfung der materiellen Wirksamkeit von Anordnungen (so Rn 49–51) aufgrund einer Klage vor dem Prozessgericht. Soweit die Anordnung der vorl InsVerw Eröffnung iSd **EuInsVO** ist (so Rn 4, 8), steht auch jedem Gl die sofortige Beschwerde zu, soweit das **Fehlen der internationalen Zuständigkeit** gerügt werden soll, Art 5 Abs 1 EuInsVO, Art 102c § 4 EGInsO. 63

c) Abänderung. Das InsGer kann angeordnete Sicherungsmaßnahmen gem § 25 jederzeit mit Wirkung für die Zukunft aufheben oder abändern, wenn sie nicht – mehr – nötig oder zweckmäßig sind,[273] insb wenn der zugrunde liegende Eröffnungsantrag abweisungsreif erscheint (su Rn 65). Für die Anordnung von Haft (§ 98 Abs 3 S 2) wie einer Postsperre (§ 99 Abs 3 S 2) besteht eine Pflicht zur Aufhebung, wenn die Voraussetzungen für den Erlass weggefallen sind. Die Aufhebung sonstiger Anordnungen kann in Einzelfällen nach pflichtgemäßem Ermessen geboten sein,[274] die Anordnung einer vorl InsVerwaltung aber nur, wenn neu bekannt werdende Umstände die Eröffnung des InsVerf sicher ausschließen oder die ursprüngliche Anordnung als fehlerhaft erscheinen lassen.[275] Insb nach Erledigung eines EröffnungsVerf in der Hauptsache (so § 14 Rn 58) und im Falle des Fortsetzungsantrags eines Gl gem § 14 Abs 1 S 2 sind zuvor erlassene Sicherungsmaßnahmen idR aufzuheben.[276] Die Aufhebung ist nicht anfechtbar. Vor der Aufhebung brauchen Gl nicht gehört zu werden;[277] der vorl InsVerw ist entspr § 99 Abs 3 S 2 insb vor Aufhebung einer Postsperre anzuhören.[278] 64

d) Kosten. Gerichtsgebühren entstehen durch den Erlass von Sicherungsmaßnahmen nicht. Sonstige notwendige Kosten einer einstweiligen Anordnung – insb Auslagen[279] – sind, auch über § 54 Nr 2 hinaus, in einem späteren InsVerf Massekosten.[280] Wird der Eröffnungsantrag 65

---

267 Vgl *BGH* ZIP 2006, 2233 f betr Postsperre; Beschl v 21.2.2008 – IX ZB 112/07.

268 Vgl *BGH* ZInsO 2007, 268 Rn 9; Beschl v 16.7.2009 – IX ZB 260/08; *OLG Köln* ZInsO 2000, 410 LS; zur Möglichkeit eines Fortsetzungsfeststellungsantrags vgl *BGH* ZIP 2007, 439; 2008, 477; ZInsO 2008, 203 (konkret jeweils vern); *LG Göttingen* ZInsO 2007, 500 (betr Durchsuchung v Räumen).

269 *BGH* ZIP 2007, 47 f betr Aufhebung eines Verfügungsverbots; vgl *BGH* ZInsO 2008, 203 f. Ausnahme: § 344 Abs 2.

270 Vgl *LG Hamburg* ZIP 2015, 333 für die Beschw des FinA gegen die Ermächtigung des vorl InsVerw zur Einsichtnahme in Steuerunterlagen.

271 *LG Göttingen* ZInsO 2004, 1046. Dagegen gewährt *LG Göttingen* ZInsO 2005, 1281 betroffenen Dritten zu Unrecht die BeschwBefugnis.

272 *Lenenbach* S 130 ff.

273 Vgl *BGH* ZIP 2005, 2334; 2007, 145; *OLG Celle* NZI 2001, 306; *AG Göttingen* ZInsO 1999, 476 f; *AG Hbg* WM 2000, 895.

274 Vgl *BGH* ZIP 2007, 145; *Haarmeyer* ZInsO 2000, 72; *Jaeger/Gerhardt* § 25 Rn 6.

275 Vgl *LG Berlin* ZInsO 2009, 526 f.

276 *BGH* NZI 2008, 550; *K Schmidt/Hölzle* § 21 Rn 21. Erg so § 14 Rn 23.

277 *Vallender* KS-InsO, S 143 Rn 49; *Jaeger/Gerhardt* § 25 Rn 7.

278 Er ist aber nicht beschwerdebefugt: vgl *BGH* ZIP 2007, 47 f.

279 Vgl *Jaeger/Gerhardt* § 21 Rn 112 f.

280 *Kilger* FS 100 Jahre KO, 1977, S 208 f.

dagegen abgewiesen, fallen die Kosten – vorbehaltlich einer Erstattung (so § 14 Rn 65) – unmittelbar dem SchuVermögen zur Last.[281]

66 **3. Beendigung des Eröffnungsverfahrens.** Wird der Antrag auf Eröffnung des InsVerf abgewiesen oder wirksam zurückgenommen, erlöschen Maßnahme gem § 21 – im Gegensatz zu bloßen Beweisanordnungen – nicht ohne weiteres. Sie sind aber idR aufzuheben (§ 25 Abs 1).[282] Eine Aufhebung kann ausnahmsweise unterbleiben, wenn ein weiterer InsAntrag gegen denselben Schu vorliegt oder sogleich eingeht, der seinerseits den Erlass gleichartiger Sicherungsmaßnahmen rechtfertigt; dann kann deren Anordnung – ausdrücklich – auf den weiteren Antrag gestützt und hierdurch der Schutz der InsMasse ununterbrochen gewährleistet werden. Mit der InsEröffnung treten die Anordnungen ohne weiteres außer Kraft; statt dessen gelten die §§ 80 ff.[283]

§ 22 Rechtsstellung des vorläufigen Insolvenzverwalters

(1) [1]Wird ein vorläufiger Insolvenzverwalter bestellt und dem Schuldner ein allgemeines Verfügungsverbot auferlegt, so geht die Verwaltungs- und Verfügungsbefugnis über das Vermögen des Schuldners auf den vorläufigen Insolvenzverwalter über. [2]In diesem Fall hat der vorläufige Insolvenzverwalter:

1. das Vermögen des Schuldners zu sichern und zu erhalten;
2. ein Unternehmen, das der Schuldner betreibt, bis zur Entscheidung über die Eröffnung des Insolvenzverfahrens fortzuführen, soweit nicht das Insolvenzgericht einer Stilllegung zustimmt, um eine erhebliche Verminderung des Vermögens zu vermeiden;
3. zu prüfen, ob das Vermögen des Schuldners die Kosten des Verfahrens decken wird; das Gericht kann ihn zusätzlich beauftragen, als Sachverständiger zu prüfen, ob ein Eröffnungsgrund vorliegt und welche Aussichten für eine Fortführung des Unternehmens des Schuldners bestehen.

(2) [1]Wird ein vorläufiger Insolvenzverwalter bestellt, ohne dass dem Schuldner ein allgemeines Verfügungsverbot auferlegt wird, so bestimmt das Gericht die Pflichten des vorläufigen Insolvenzverwalters. [2]Sie dürfen nicht über die Pflichten nach Absatz 1 Satz 2 hinausgehen.

(3) [1]Der vorläufige Insolvenzverwalter ist berechtigt, die Geschäftsräume des Schuldners zu betreten und dort Nachforschungen anzustellen. [2]Der Schuldner hat dem vorläufigen Insolvenzverwalter Einsicht in seine Bücher und Geschäftspapiere zu gestatten. [3]Er hat ihm alle erforderlichen Auskünfte zu erteilen und ihn bei der Erfüllung seiner Aufgaben zu unterstützen; die §§ 97, 98, 101 Abs. 1 Satz 1, 2, Abs. 2 gelten entsprechend.

Übersicht

281 Vgl *Jaeger/Gerhardt* § 21 Rn 114.
282 Vgl RegE § 29 Abs 1 und dazu BT-Drucks 12/7302, 158; *BGH* NZI 2008, 100; *K Schmidt/Hölzle* § 21 Rn 21. Erg su § 25 Rn 2.
283 *BGH* ZInsO 2007, 267 f, Rn 9; *BGH* ZInsO 2008, 203 Rn 3; 2008, 268 Rn 3; *LG Augsburg* ZInsO 2003, 954; FK/*Schmerbach* § 21 Rn 50; *Uhlenbruck/Vallender* § 21 Rn 51; *Prager/Thiemann* NZI 2001, 635 f.

Literatur: *Ampferl* Der „starke" vorläufige Insolvenzverwalter in der Unternehmensinsolvenz, 2002; *Caspers* Personalabbau und Betriebsänderung im Insolvenzverfahren, 1998; *Herbert* Die Sequestration im Konkursantragsverfahren, 1989; *Marotzke* Das Unternehmen in der Insolvenz, 2000; *Meyer* Die Haftung des vorläufigen Insolvenzverwalters, 2003; *Thiemann* Vorläufige Masseverwaltung im Insolvenzeröffnungsverfahren, 2000.

I. Normzweck

Die Vorschrift regelt – iVm § 21 Abs 2 Nr 1 (so § 21 Rn 11) – die Rechte und Pflichten eines vorl InsVerw. **1**

II. Vorläufige Insolvenzverwaltung im Allgemeinen

Jeder vorl InsVerw hat, neben den schutzwürdigen Belangen des Schu, vorrangig das Gesamtinteresse aller Gl, nicht Einzelinteressen zu wahren.[1] Er handelt pflichtwidrig, wenn er zB Zahlungen des Schu zur Erfüllung der Forderung des Ast (eines künftigen InsGl) duldet.[2] Ihm können Zustellungsaufgaben nach § 21 Abs 2 Nr 3, § 8 Abs 3 übertragen werden (so § 8 Rn 12). Im Rahmen seiner Aufgaben handelt er selbstständig. Außer zu einer Betriebsstilllegung (su Rn 21 ff) bedarf er nicht als Wirksamkeitsvoraussetzung der Zustimmung des InsGer; insb ist dieses nicht zwingend anstelle eines GlAusschusses einzuschalten.[3] Es muss aber zustimmen, soweit der vorl InsVerw – insb durch Freigabe aus der (vorl) **2**

1 *BGH* NJW 1993, 1207; NJW-RR 1993, 797; vgl *BGH* NJW 2005, 676 f.
2 *AG Hbg* ZInsO 2003, 938 ff; HambKomm/*Schröder* § 22 Rn 37.
3 AM *Pohlmann* Rn 352–357, 595; *Jaeger/Gerhardt* § 22 Rn 146, 175; erg so § 21 Rn 23.

InsMasse[4] oder Veräußerung erheblichen Anlagevermögens[5] – seinen Aufgabenbereich iE verändert will; § 35 Abs 2 gilt noch nicht.[6] Das dem Schu als unpfändbar verbleibende Vermögen (§ 36) darf er nicht beeinträchtigen (erg su § 24 Rn 6).

3 Zur InsAnf ist der vorl InsVerw noch nicht befugt;[7] dazu kann ihn auch das InsGer nicht ermächtigen.[8] Zu einer möglichen späteren Anfechtbarkeit v Rechtshandlungen des vorl InsVerw su Rn 39, 57. Dieser darf auch nicht das Wahlrecht nach § 103 ausüben.[9] Die für den Fall der Eröffnung des InsVerf an den (noch) vorl InsVerw gerichtete Aufforderung zu erklären, ob die Erfüllung eines Vertrages gewählt werden wird, bleibt auch dann nach Ins-Eröffnung wirkungslos, wenn vorl und endgültiger Verwalter personenidentisch sind.[10] Wer im Rechtsverkehr als „vorl InsVerw" auftritt, berechtigt und verpflichtet damit idR nur den Schu, nicht sich selbst.[11] Unabhängig v der Bestellung eines vorl InsVerw bleibt der Schu Rechtsträger.[12]

4 **1. Kriterien für die Ausgestaltung der Verwalterstellung. – a) „Starker" oder „schwacher" vorläufiger Insolvenzverwalter.** Ob ein vorl InsVerw mit oder ohne begleitendes allg Verfügungsverbot (so § 21 Rn 15) bestellt wird, richtet sich allein nach den Erfordernissen und der Verhältnismäßigkeit im Einzelfall (so § 21 Rn 9). Der „starke" vorl InsVerw – mit begleitendem Verfügungsverbot – ist nicht der gesetzliche Regelfall:[13] Dass nur dessen Stellung durch Abs 1 näher ausgestaltet ist, liegt allein daran, dass sie als Neuschöpfung der InsO bes zu klären war. Demgegenüber konnte der Gesetzgeber in Abs 2 die für den Sequester entwickelten Regeln für den „schwachen" vorl InsVerw voraussetzen. Ein „starker" vorl InsVerw sollte insb bestellt werden, wenn der Schu bei dem Betrieb seines Geschäfts nicht mitwirkt oder viele Masseverbindlichkeiten gegenüber zahlreichen Gl zu begründen sind. Stellt sich dies erst während des EröffnungsVerf heraus, kann die Stellung eines „schwachen" vorl InsVerw nachträglich durch Erlass eines allg Verfügungsverbots verstärkt werden,[14] das allerdings keine Rückwirkung hat. Ist andererseits der Schu kooperativ, kann das InsGer sowohl v einem allg Verfügungsverbot als auch v einem Zustimmungsvorbehalt absehen, den vorl InsVerw nur m der Überwachung des Schu beauftragen sowie bei Bedarf besondere Verfügungsverbote und/oder einzelne Handlungsermächtigungen aussprechen, um finanzielle Belastungen für die künftige InsMasse möglichst zu begrenzen.[15]

5 **b) Eigenverwaltung/Verbraucherinsolvenzverfahren.** Ein vorl InsVerw kann gem allg Grundsätzen auch bestellt werden, wenn der Schu eine Eigenverwaltung anstrebt (so § 21 Rn 8). Ein allg Verfügungsverbot sollte dann aber nur erlassen werden, wenn sie nicht ernsthaft in Betracht kommt.[16] § 270a und 270b sehen Abweichungen im Falle beantragter

---

4 Vgl *N/R/Mönning* § 22 Rn 36; *BGHZ* 105, 238 f.
5 Vgl *N/R/Mönning* § 22 Rn 42. Erg su Rn 14.
6 *Uhlenbruck/Hirte* § 35 Rn 108; *Berger* ZInsO 2008, 1104; aM *Heinze* ZInsO 2011, 606.
7 MK/*Kayser* § 129 Rn 193; *Ampferl* Rn 985; su § 129 Rn 82.
8 *OLG Hamm* ZIP 2005, 362.
9 Abgrenzend su Rn 41.
10 *BGH* ZIP 2007, 2322 Rn 9 f.
11 Vgl *OLG Frankfurt* NZI 2001, 152.
12 *LG Hbg* ZIP 2009, 687.
13 *BGHZ* 151, 363; MK/*Haarmeyer* § 22 Rn 15; HambKomm/*Schröder* § 21 Rn 42; *Thiemann* Rn 128; *Smid* DZWIR 2002, 444 ff; *Heidrich/Prager* NZI 2002, 654 f; *Undritz* NZI 2003, 137, 139; *Ampferl* Rn 40–67 mN auch der Gegenmeinung.
14 Vgl HambKomm/*Schröder* § 21 Rn 45.
15 *AG Düsseldorf* ZIP 2011, 444; vgl § 55 Abs 2 und 4; su Rn 55; zust *Vallender* EWiR § 21 InsO 6/1/, zweifelnd *Onusseit* INDat-Report 02/2011 S 27.
16 Vgl *Ehricke* ZIP 2002, 784 f.

Eigenverwaltung vor. Die Aufgaben eines „schwachen" vorl InsVerw[17] können je nach Bedarf auf diejenigen des Sachwalters nach §§ 274 ff abgestimmt werden.

2. Abgrenzung gegenüber der Gutachtertätigkeit. Ob das InsGer erst einen SV beauftragt, ehe es einen vorl InsVerw bestellt, hängt davon ab, ob ihm auch ohnedies eine drohende Gefährdung des Vermögens des Schu konkret erkennbar ist.[18] Verwaltungs- oder Verfügungsbefugnisse können nicht einem SV als solchem übertragen werden.[19] Ein dennoch so ausgestatteter „starker Gutachter" hat für sich nur die Befugnisse eines SV nach §§ 402 ff ZPO (so § 4 Rn 17, § 5 Rn 11). Er vermag allenfalls faktisch SchuVermögen zu sichern und kann in solcher Eigenschaft auch Sanierungen vorbereiten.[20] Zu Prüfungsaufgaben su Rn 31 ff, 49, zur Vergütung Rn 89. 6

Das InsGer kann den SV ermächtigen, anstelle des Gerichts vom Schu Auskünfte nach Maßgabe des § 20 Abs 1 S 1 einzuholen;[21] Zwangsmittel kann aber nur das InsGer anordnen.[22] Sogar dieses ist nicht befugt, den SV als solchen zu ermächtigen, die Wohn- und Geschäftsräume des Schu – gegen dessen Willen – zu betreten und dort Nachforschungen anzustellen;[23] die Gegenmeinung[24] verkennt, dass der SV kein Sicherungsmittel iSv § 21, sondern nur ein Aufklärungsmittel gem § 5 sein kann (so § 5 Rn 11). Der SV als solcher kann auch nicht wirksam ermächtigt werden, anstelle des Schu andere Personen von einer Verschwiegenheitspflicht zu befreien;[25] dafür ist ein vorl InsVerw nötig.[26] Ferner kann ein SV nicht wirksam ermächtigt werden, Außenstände einzuziehen, freies Vermögen des Schu zu verwerten oder dessen Gelder zu verwahren.[27] Ob in der Übertragung eines solchen Aufgabenkreises konkludent zugleich die Ernennung zum vorl InsVerw liegt, ist wegen der gebotenen Rechtsklarheit (vgl § 56 Abs 2) zw. 7

III. Vorläufige Insolvenzverwaltung bei erlassenem allgemeinem Verfügungsverbot (Abs 1)

1. Sicherung und Erhaltung des Schuldnervermögens (Nr 1). – a) Sicherung. Der vorl InsVerw hat die voraussichtliche InsMasse (iSv § 21 Rn 4) festzustellen, soweit dies im EröffnungsVerf bereits möglich ist,[28] während die förmliche Inventarisierung (§ 151) erst nach einer VerfEröffnung erfolgen muss. Er kann das zu verwaltende Vermögen **in Besitz nehmen** und sollte dies bei Unternehmens- oder gefährdeten Bestandteilen – ggf unter Beauftragung eines GV (§ 883 ZPO) – schnell tun.[29] Dafür und für eine vorbereitende Durchsu- 8

---

17 Vgl *Uhlenbruck* NZI 2001, 632 f; *Smid* DZWIR 2002, 12; *Ampferl* Rn 68–80.
18 Vgl MK/*Haarmeyer* § 22 Rn 142; zu weit gehend *Ampferl* Rn 96. Erg so § 21 Rn 7 ff, 11.
19 Vgl MK/*Haarmeyer* § 22 Rn 35; *Ampferl* Rn 81f, 94; *Uhlenbruck* FS Greiner, 2005, S 318 f; noch weiter gehend *Jaeger/Gerhardt* § 5 Rn 16.
20 Vgl *Uhlenbruck/Vallender* § 22 Rn 2.
21 Vgl *OLG Köln* NZI 2001, 598 f; offen gelassen v *BGH* NZI 2008, 100.
22 MK/*Haarmeyer* § 22 Rn 35, 144; *Uhlenbruck* FS Greiner, 2005, S 325. Erg vgl Rn 64, § 20 Rn 2, 17 ff.
23 *BGHZ* 158, 217; HambKomm/*Schröder* § 22 Rn 191.
24 *AG Duisburg* NZI 2004, 388 f.
25 *LG Göttingen* ZIP 2002, 2270; *Huber* ZInsO 2001, 290 f; *Hess* § 22 Rn 158 ff; *Uhlenbruck* FS Greiner, 2005, S 325; vgl *Gaiser* ZInsO 2002, 473 ff; *v Sethe* ZInsO 2008, 608; aM *Mitlehner* EWiR 2003, 280; *AG Duisburg* NZI 2000, 606 f.
26 Su Rn 40, 52; so § 5 Rn 16.
27 Vgl *OLG Nürnberg* ZIP 2006, 1504 f; *Uhlenbruck* KS-InsO, S 165.
28 *Koch* (vor § 21) S 80 ff; *Wessel* (vor § 5) S 47; *Uhlenbruck/Vallender* § 22 Rn 9, 22, 26; *Ampferl* Rn 331–338; für Inventarisierung als Regelfall MK/*Haarmeyer* § 22 Rn 42 ff.
29 Vgl *Pohlmann* (vor § 21) Rn 110–112; *Uhlenbruck/Vallender* § 22 Rn 23; MK/*Haarmeyer* § 22 Rn 37 ff; *Ampferl* Rn 300–309.

chung[30] ist der Anordnungs- und BestellungsBeschl ein – individualisierter – Herausgabetitel entspr § 794 Abs 1 Nr 3 ZPO und § 148 Abs 2 gegen den Schu.[31] Zur Regelung des Hausrechts gegenüber dem Schu ist das InsGer, nicht das Prozessgericht gem § 935 ZPO zuständig.[32] Zu sichern sind grds auch Sachen im Besitz des Schu („Ist-Masse"), die Aus- oder Absonderungsrechten unterliegen; deren Klärung ist dem eröffneten InsVerf vorzubehalten[33] (so § 21 Rn 4). Erst mit der Besitzergreifung wird der vorl InsVerw unmittelbarer (Fremd-)Besitzer iSv § 854 Abs 1 BGB, der Schu mittelbarer (Eigen-)Besitzer nach §§ 868, 872 BGB[34]. Von unberechtigten Drittbesitzern kann der vorl InsVerw die Herausgabe verlangen,[35] ohne allerdings Zwang ausüben zu dürfen.[36] Auch Neuerwerb des Schu ist zu erfassen,[37] jedoch darf er nicht auf das unpfändbare „Schonvermögen" natürlicher Personen als Schu zugreifen.[38]

9 Das erfasste Vermögen ist gegen Zugriffe des Schu oder Dritter zu **sichern**; dafür kann es entspr § 150 gesiegelt[39] und dürfen notfalls Verwahrungsverträge geschlossen werden (su Rn 38). Die Verringerung des SchuVermögens durch Belastungsbuchungen im EinzugsermächtigungsVerf kann der vorl InsVerw verhindern (su § 24 Rn 5). Eine von der Staatsanwaltschaft erwirkte **Beschlagnahme** ist aufgrund des zum 1.7.2017 geänderten § 111d Abs 1 S 2 StPO insolvenzfest.[40] Beschlagnahmte Vermögenswerte des Schu sind deshalb nicht mehr an den vorl InsVerw herauszugeben.[41] Ggf hat er die Aufhebung der Beschlagnahme zu beantragen, wenn er die Vermögenswerte zur (künftigen) Masse ziehen möchte. Das Recht zur Freigabe wertloser Vermögensgegenstände aus der verwalteten Masse sollte ihm – ggf nach Zustimmung des InsGer (so Rn 2) – zugestanden werden, weil sein Auftrag ähnlich umfassend wie der des endgültigen InsVerw nach § 80 Abs 1 ist.[42] Dementsprechend trifft ihn andererseits eine umfassende Vermögensbetreuungspflicht iSv § 266 StGB.[43]

10 **b) Erhaltung, Fortentwicklung.** Das Vermögen des Schu ist wertmäßig im bisherigen Zustand zu **erhalten**, also vor Verschlechterung zu schützen. Dazu können erforderlichenfalls Wartungs- oder Reparaturverträge geschlossen werden. Will der vorl InsVerw gemietete Räume für das verwaltete Vermögen erhalten, hat er – trotz § 112 – die geschuldete Miete jedenfalls derart zu zahlen, dass der Vermieter keinen Grund zur fristlosen Kündi-

---

30 Vgl *Ampferl* Rn 327.
31 Vgl *Uhlenbruck* KTS 1990, 25; *Pohlmann* Rn 120–124, 128; *Ampferl* Rn 311–314; *Jaeger/Gerhardt* § 22 Rn 22; erg su Rn 61 f.
32 *LG Duisburg* ZIP 1999, 1806 f.
33 *AG Duisburg* ZInsO 2005, 106; *Jaeger/Gerhardt* § 22 Rn 28; *Pohlmann* Rn 114, 115; *Ampferl* Rn 216–218.
34 *Pohlmann* Rn 119; HambKomm/*Schröder* § 22 Rn 31; *A/G/R/Sander* § 22 Rn 39; vgl *LG Köln* ZInsO 2010, 54; erg su Rn 51.
35 Vgl PK-HWF/*Mitter* § 22 Rn 8; *Koch* S 79.
36 *Ampferl* Rn 328; MK/*Haarmeyer* § 22 Rn 40.
37 *Ampferl* Rn 221 f.
38 *BGHZ* 186, 247 ff; vgl insb §§ 850c, 850i und 850k ZPO iVm § 36 Abs 1 InsO.
39 Vgl *Uhlenbruck/Vallender* § 22 Rn 25; *Ampferl* Rn 329 f; MK/*Haarmeyer* § 22 Rn 45 f.
40 Gesetz zur Reform der strafrechtlichen Vermögensabschöpfung vom 13.4.2017 (BGBl I S 872), in Kraft getreten am 1.7.2017.
41 Anders noch die Rechtslage vor dem 1.7.2017, vgl dazu die Vorauflage und *AG Göttingen* ZInsO 1999, 482 LS.
42 Vgl *Lüke* ZIP 1989, 2; *Wessel* (vor § 5) S 47; *VG Darmstadt* ZIP 2000, 2078; HambKomm/*Schröder* § 22 Rn 35; MK/*Haarmeyer* § 22 Rn 37; *Uhlenbruck* KTS 2004, 287 f; **aA** *Jaeger/Gerhardt* § 22 Rn 35 (Freigabe sei nur in Ausnahmefällen vom Sicherungszweck gedeckt); *Vallender* NZI 2004, 402.
43 *Diversy/Weyand* ZInsO 2009, 805.

gung wegen Rückständen nach dem Eröffnungsantrag erhält.[44] Gebäude sind im nötigen Umfang versichert zu halten,[45] Belastungen iRd Zulässigen möglichst gering zu halten. Für die Buch- und Kassenführung sowie etwa nötige Steuererklärungen hat der vorl InsVerw zu sorgen;[46] zur Kontoführung durch (vorl) InsVerw vgl *Kuder* ZInsO 2009, 584 ff. Nachteilige Verträge sind, soweit nach allg Regeln möglich, zu beenden (su Rn 40), vorteilhafte dagegen aufrechtzuerhalten. Entspr § 100 Abs 2 kann dem Schu notwendiger Unterhalt gewährt werden.[47]

Ist ein **Unternehmen** des Schu fortzuführen (su Rn 18), hat der vorl InsVerw dieses aktiv zu **11**
fördern, also auch iRd bisherigen Umfangs und Zuschnitts **weiterzuentwickeln**. Zu diesem Zweck sind erforderlichenfalls Rohmaterialien einzukaufen und zu verarbeiten, Energie für den Betrieb zu besorgen, Arbeitnehmer einzustellen, einzusetzen oder zu entlassen, Kredite zur Deckung laufender Ausgaben aufzunehmen und abzusichern, Fertigprodukte zu verkaufen und die Kaufpreisforderungen einzuziehen.[48] Letzteres ist noch keine unzulässige Verwertungstätigkeit (su Rn 13).

c) Verwertung. Verwertungs- und Abwicklungsmaßnahmen sind dem vorl InsVerw aus **12**
eigenem Recht idR **nicht** gestattet.[49] Ein Gesetzesvorschlag, den vorl InsVerw unter bestimmten Voraussetzungen ein Unternehmen des Schu schon vor InsEröffnung veräußern lassen,[50] ist aufgegeben worden.[51] Denn zum einen soll der Schu vor unwiederbringlichen Vermögenseinbußen geschützt werden, solange die InsEröffnung nicht feststeht; zum anderen soll der Entsch der Gl (§ 157) nicht vorgegriffen werden.

Gem diesem Schutzzweck ist die **Verwertung** gegenüber der – **erlaubten** – **Verwaltungstätig-** **13**
keit (so Rn 10, 11) abzugrenzen. Letztere umfasst alle Maßnahmen, die ein ordentlicher Geschäftsleiter vornehmen würde, um ein Unternehmen wie das des Schu annähernd im bisherigen Umfang und Zuschnitt fortzuführen, also idR die Veräußerung des gesamten Umlaufvermögens gegen angemessenes Entgelt sowie den Einzug der Forderungen auf den Erlös[52] sowie ausnahmsweise sogar Verfügungen über einzelne Teile des Anlagevermögens[53] mit dem Ziel, nötige Liquidität zu beschaffen. Insb dürfen Grundstücke zur Absicherung nötiger Kredite eingesetzt[54] oder entbehrliche Gegenstände in dem zur Fortführung nötigen Umfang verkauft werden. Die Grenze zur – unzulässigen – Verwertung ist erst dort überschritten, wo entweder eindeutig mehr Massebestandteile abgegeben werden als für den

---

44 Vgl *BGH* ZInsO 2002, 824.
45 *BGHZ* 105, 237 f; *Jaeger/Gerhardt* § 22 Rn 34; MK/*Haarmeyer* § 22 Rn 47; HambKomm/*Schröder* § 22 Rn 34.
46 Zu steuerlichen Auswirkungen vgl *Onusseit* ZInsO 2000, 363 und 366; *Uhlenbruck/Sinz* § 22 Rn 211.
47 FK/*Schmerbach* § 22 Rn 49; HambKomm/*Schröder* § 22 Rn 36; MK/*Haarmeyer* § 22 Rn 46; *A/G/R/Sander* § 22 Rn 62.
48 PK-HWF/*Mitter* § 22 Rn 14; *Pohlmann* [vor § 21] Rn 404, 426 f; *Wessel* [vor § 5] S 49 f.
49 *BGHZ* 146, 172 f; *BGH* ZIP 2003, 634; NZI 2004, 381 f: 2006, 235 ff; Beschl v 21.12.2006 – IX ZB 36/06; *Uhlenbruck/Vallender* § 22 Rn 44; *Becker* DZWIR 2003, 337; *Jaeger/Gerhardt* § 22 Rn 17 f, 27.
50 Art 1 Nr 7 DiskE BMJ 2003, vgl ZInsO 2003, 360.
51 Vgl Kap VII Nr 1 der 4. Aufl.
52 Vgl *BGHZ* 154, 81; *Obermüller* DZWIR 2000, 11; *Uhlenbruck/Vallender* § 22 Rn 45 f; *Ampferl* Rn 491–498, 504–506; *Graf-Schlicker* ZIP 2002, 1171 f; *Förster* ZInsO 2000, 141 f; *Meyer* S 103 ff; *Foerste* (vor § 21) S 100 f; *N/R/Mönning* § 22 Rn 41; MK/*Haarmeyer* § 22 Rn 54, 76.
53 Vgl *BGH* FamRZ 1965, 269; *BGHZ* 164, 184; *Ampferl* Rn 507–509; *Haarmeyer* FS Kreft, 2004, S 283 ff; *Jaeger/Gerhardt* § 22 Rn 39, 95; HambKomm/*Schröder* § 22 Rn 40.
54 Vgl *BGH* WM 1987, 985; PK-HWF/*Mitter* § 22 Rn 12.

Erhalt des SchuVermögens als Ganzes nötig, oder wo Gegenstände des Anlagevermögens veräußert werden, die für eine spätere Fortführung des SchuUnternehmens mglw wesentlich werden könnten.[55] Eine Veräußerung iRd erlaubten Verwaltungstätigkeit löst andererseits keinen Kostenbeitrag iSv §§ 170, 171 speziell für Verwertungen aus.[56]

14 Eine echte **Verwertung** in dem in Rn 12 dargelegten Sinne ist Voraussetzung für eine Anwendbarkeit der §§ 170, 171 und im EröffnungsVerf – ohne besondere Anordnungen nach § 21 Abs 2 S 1 Nr 5 (su Rn 17) – nur ausnahmsweise gestattet, soweit sie schon während der Dauer des EröffnungsVerf zur Vermögenssicherung unvermeidlich ist: zB der Notverkauf verderblicher Ware[57] oder entbehrlicher Betriebsmittel, die nicht mehr in zumutbarer Weise zu erhalten sind.[58] Fällige **Forderungen** des Schu gegen DrittSchu darf der vorl InsVerw auch außerhalb des laufenden Geschäftsbetriebs (so Rn 12) einziehen, um drohender Verjährung oder einer – oft zu besorgenden – Uneinbringlichkeit vorzubeugen,[59] aber nicht allg zur Masseanreicherung.[60] Die Gefährdung muss sich aus der Natur des verwerteten Gegenstands selbst ergeben,[61] zB bei drohendem Preisverfall.[62] Soweit danach eine Verwertung schon im EröffnungsVerf ausnahmsweise gestattet ist, liegt sie im Interesse von Sicherungsnehmern am Erhalt ihres Sicherungswerts, so dass dann auch ein Verwertungskostenbeitrag iSv §§ 170, 171 zu verlangen ist.[63] Widersetzt sich der Schu einer wirtschaftlich sinnvollen Verwertung, ist der vorl InsVerw verpflichtet, die Übertragung einer entspr Verfügungsbefugnis beim InsGer zu beantragen.[64] Dagegen steht die planmäßige Liquidation des SchuVermögens dem erst vorl InsVerw idR nicht zu[65] (aber su Rn 28 f). Mit Zustimmung des Schu allerdings kann dessen Vermögen schon im EröffnungsVerf weitergehend – bis zur Grenze der Betriebsstilllegung (su Rn 21) – verwertet werden.[66] Soweit der vorl InsVerw hierbei die übrigen Schranken der §§ 160–163 überschreitet, gilt § 164 entspr; der Verwalter kann sich gegenüber zustimmenden Gl nicht[67] und gegenüber anderen nur durch eine nicht optimale Verwertung ersatzpflichtig machen.[68]

15 Sicherungsgut darf der vorl InsVerw vereinbarungsgemäß nutzen,[69] verarbeiten[70] und nach den in Rn 13 f dargelegten Regeln veräußern, soweit nicht **Verträge** des Schu mit dem Sicherungsnehmer entgegenstehen. Insb darf er vom Schu sicherungshalber abgetretene Forderungen im gesetzlichen Rahmen (so Rn 11, 12) einziehen: Nicht schon die – bloß vorl – Anordnung gem § 21 Abs 2, sondern erst die Eröffnung des InsVerf (§ 27) oder ein

---

55 *BGHZ* 189, 299 f, Rn 51; *Kirchhof* ZInsO 1999, 436 f; vgl *Ampferl* Rn 499, 501; HambKomm/*Schröder* § 22 Rn 39, aber enger Rn 62.

56 *BGH* ZIP 2003, 634 f; *Jaeger/Gerhardt* § 22 Rn 100; MK/*Haarmeyer* § 22 Rn 56.

57 RegE S 117.

58 *Pohlmann* (vor § 21) Rn 400; *Kleiner* (vor § 21) S 28 f; vgl MK/*Haarmeyer* § 22 Rn 77, 81.

59 *BGH* ZIP 2003, 635; vgl *Jaeger/Gerhardt* § 22 Rn 99.

60 AM *Kleiner* S 34 f.

61 *Ampferl* Rn 510 f.

62 Vgl *BGHZ* 189, 299 f, Rn 50 ff.

63 *Kirchhof* ZInsO 1999, 438; *Fritsche* DZWIR 2005, 271.

64 *BGHZ* 189, 299 f, Rn 54.

65 *Kleiner* S 94 ff; *Koch* (vor § 21) S 145 ff; *Jaeger/Gerhardt* § 22 Rn 115; vgl *BAG* ZInsO 2003, 142 f.

66 *Pohlmann* (vor § 21) Rn 390–397, 403; MK/*Haarmeyer* § 22 Rn 82; vgl *Jaeger/Gerhardt* § 22 Rn 40, 90; *Menke* NZI 2003, 525 f.

67 Vgl *Ampferl* Rn 512–514.

68 *Kirchhof* ZInsO 1999, 438 f; vgl *LG Hildesheim* ZInsO 2000, 164 f.

69 *Becker* DZWIR 2003, 338; *Ampferl* Rn 569–580, 591–595; *Jaeger/Gerhardt* § 22 Rn 112; zu den Grenzen su Rn 17.

70 *Uhlenbruck/Vallender* § 22 Rn 40 f; *Ampferl* Rn 631–634.

berechtigter Widerruf des Sicherungsnehmers beendet die dem Schu zuvor erteilte Einziehungsermächtigung in der gebotenen eindeutigen Weise.[71] Hat der vorl InsVerw vorher eine zur Sicherheit abgetretene Forderung aufgrund gerichtlichen Auftrags (§ 22 Abs 2 S 1, § 23 Abs 1 S 3) eingezogen, ist er zur abgesonderten Befriedigung des Sicherungsnehmers aus dem Erlös verpflichtet.[72] Für eine Ermächtigung auf der Grdl v § 21 Abs 2 S 1 Nr 5 gilt – vom Abzug der Kostenbeiträge nach § 171 abgesehen – dasselbe (so § 21 Rn 42). Entsprechendes trifft für die Befugnis zur Verarbeitung von Sicherungsgut zu.[73] **Aussonderungs**gut darf der vorl InsVerw herausgeben, soweit nicht gerichtliche Anordnungen entgegenstehen (vgl § 21 Rn 45 ff) oder eine Erfüllungswahl zu prüfen bleibt (§ 107 Abs 2); er ist aber nicht hierzu verpflichtet.[74] **Absonderungs**gut ist im Hinblick auf §§ 166, 172 regelmäßig nicht herauszugeben.[75] Allerdings vermag der vorl InsVerw Herausgabeverlangen berechtigter Sicherungsnehmer nur bei einem fortbestehenden Besitzrecht des Schu oder aufgrund gerichtlicher Anordnungen (so § 21 Rn 40 ff) oder im Hinblick auf § 21 Abs 2 S 1 Nr 5 abzuwehren. Zur Einstellung v Zwangsversteigerungs- und -verwaltungsVerf so § 21 Rn 28 ff.

Verwertet der vorl InsVerw – im Verhältnis zum Fremdberechtigten – unberechtigterweise 16
Gegenstände, die der Aus- oder Absonderung unterliegen, kommt eine **Ersatzaus- oder -absonderung** des Berechtigten nach Maßgabe des § 48 in Betracht;[76] zur Durchsetzung erst nach InsEröffnung so § 21 Rn 45. Im Einvernehmen mit den betroffenen Sicherungsnehmern und ggf dem Schu[77] darf der vorl InsVerw das Sicherungsgut weitergehend verwerten und hierzu eine angemessene Beteiligung des verwalteten Vermögens am Erlös aushandeln; anderenfalls kann er den InsGl wegen des entgangenen Kostenbeitrags nach §§ 170, 171 ersatzpflichtig werden (so Rn 13). Zu Finanzsicherheiten so § 21 Rn 5.

Ordnet das **InsGer** gem § 21 Abs 2 S 1 Nr 5 **an,** dass der Sicherungsnehmer eine ihm vom 17
Schu abgetretene Forderung nicht einziehen darf, so hat der vorl InsVerw sie einzuziehen (so § 21 Rn 42). Als Folge davon gelten die §§ 166 ff sinngemäß schon vom Erlass der Anordnung an (so § 21 Rn 44). Sachen im Besitz des Schu, die Aus- oder Absonderungsberechtigten gehören, darf der vorl InsVerw auf entspr Anordnung für die InsMasse nutzen, ohne alsbald ein Entgelt zahlen zu müssen (so § 21 Rn 43, 45 f); § 169 als gesetzliche Regelung über Zahlung v Zinsen und Abnutzungsentschädigung verdrängt insoweit vertragliche Absprachen.

2. Unternehmensfortführung (Nr 2). – a) Fortführung. Ein Unternehmen, das der Schu im 18
Zeitpunkt der Anordnung des InsGer noch betreibt, hat der vorl InsVerw grds fortzuführen.[78] Hatte bereits der Schu das Unternehmen eingestellt, braucht auch ein vorl InsVerw es

---

71 *BGHZ* 144, 197 ff; *Uhlenbruck/Vallender* § 22 Rn 48; *Kirchhof* ZInsO 2001, 9 f; aM *Foerste* (vor § 21) S 103 ff; *Ampferl* Rn 626–630. – Rechtsfolge: Ersatzabsonderung entspr § 48, vgl *BGH* ZIP 2007, 827 Rn 17 f.

72 *BGHZ* 184, 101 Rn 37 ff; erg – insb zur Globalzession – vgl *Ganter* NZI 2010, 552 f; *Flöther/Wehner* NZI 2010, 556 ff; *Henkel* NJW 2010, 2516 f; so § 21 Rn 40.

73 *Ampferl* Rn 557–568.

74 Vgl dazu *AG Düsseldorf* DZWIR 2000, 348; *Uhlenbruck/Vallender* § 22 Rn 50; *Ampferl* Rn 216–218, 531–539; *Jaeger/Gerhardt* § 22 Rn 116 ff; HambKomm/*Schröder* § 22 Rn 28.

75 Vgl *LG Bremen* ZIP 1982, 202 f; *Ampferl* Rn 586–590; *Jaeger/Gerhardt* § 22 Rn 106; MK/*Haarmeyer* § 22 Rn 48.

76 Vgl *BGH* ZIP 2010, 739 Rn 8, 17 ff; *Gundlach* DZWIR 1998, 136; *Uhlenbruck/Vallender* § 22 Rn 50; *L/S/Z/Thiemann* § 22 Rn 103; MK/*Haarmeyer* § 22 Rn 51. Zur Frage der Berechtigung vgl *Mitlehner* ZIP 2010, 1934 ff.

77 Vgl *Pohlmann* (vor § 21) Rn 476.

78 Zur Planung vgl MK/*Haarmeyer* § 22 Rn 95 ff.

nicht wieder aufzunehmen.[79] Dazu kann ihn auch das InsGer nicht verpflichten.[80] Dies sollte auch im Fall eines Kreditinstituts gelten, dessen Betrieb schon durch die BaFin stillgelegt worden war.[81]

19 Um ein Unternehmen fortzuführen, darf der vorl InsVerw Darlehen zu Lasten des Schu aufnehmen (su Rn 38) und – um Vorbehaltsgut verarbeiten zu können – mit den Lieferanten eine angemessene Beteiligung am Verwertungserlös vereinbaren.[82] Er darf aus dem verwalteten Vermögen auch neue Gesellschaften gründen, um Funktionen des SchuUnternehmens besser wahrnehmen zu können.[83] Veräußerungen iRd Fortführung entsprechen idR „den gewöhnlichen Lebensverhältnissen" iSv § 562a BGB, doch ist bei Veräußerung von Gegenständen, die dem Vermieterpfandrecht unterliegen, ein Ersatzabsonderungsrecht des Vermieters gem § 50 Abs 1, § 48 zu prüfen.[84] Überflüssige Aufwendungen hat der vorl InsVerw möglichst abzustellen, nicht benötigte Arbeitnehmer freizustellen, um Masseschulden gem § 55 Abs 2 zu vermeiden.[85]

20 Im Fall der Unternehmensfortführung geht die Unternehmerstellung in arbeits-, steuer-, sozial- und handelsrechtlicher Beziehung zwingend[86] auf den vorl InsVerw über;[87] bei ihrer Ausübung darf er sich vertreten lassen.[88] Mit seiner Bestellung für die Organgesellschaft endet eine zuvor bestehende steuerliche Organschaft.[89] Ordnungsrechtlich haftet er für von ihm selbst verursachte (neue) Störungen; iÜ nimmt er – nur – die Zustandsverantwortlichkeit für den Schu wahr, soweit von zuvor kontaminierten Sachen im verwalteten Vermögen weitere Störungen ausgehen.[90] Während des EröffnungsVerf kann er aber nicht auf die Beseitigung bloßer Altlasten in Anspruch genommen werden.[91] Der „starke" vorl InsVerw muss sich im Bedarfsfall um die Zustimmung des zuständigen Arbeitsamtes nach § 170 Abs 4 SGB III zur Vorfinanzierung von InsGeld bemühen (vgl § 55 Abs 3).[92] Zu einer Verantwortlichkeit nach BDSG vgl *Hartung* ZInsO 2011, 1225 ff.

---

79 *Uhlenbruck/Vallender* § 22 Rn 31; *Denkhaus* ZInsO 1999, 216 ff; *Jaeger/Gerhardt* § 22 Rn 78; MK/*Haarmeyer* § 22 Rn 93; HambKomm/*Schröder* § 22 Rn 65.

80 *Ampferl* Rn 343.

81 *Pannen* (vor § 13) S 72.

82 Vgl *Kübler* ZGR 1982, 507; *Pohlmann* (vor § 21) Rn 451 ff; HambKomm/*Schröder* § 22 Rn 58 ff.

83 Vgl *Kübler* ZGR 1982, 508 f.

84 Dies übersah *LG Mannheim* ZIP 2003, 2374 f.

85 Vgl HambKomm/*Schröder* § 22 Rn 64; *N/R/Mönning* § 22 Rn 109 f.

86 Vgl *Berscheid* ZInsO 1999, 700.

87 *Uhlenbruck/Ries/Zobel* § 22 Rn 62; *Uhlenbruck/Sinz* § 22 Rn 211; HambKomm/*Schröder* § 22 Rn 13, 115, 136 ff; MK/*Haarmeyer* § 22 Rn 110, 193 ff; *Ampferl* Rn 635–653, 730–761; vgl *BAG* ZIP 2004, 1976; *OFD Hannover* KTS 2001, 420; *Nickert/Nickert* ZInsO 2004, 481; *Jaeger/Gerhardt* § 22 Rn 219, 256 ff; *Frotscher* (vor § 14) S 45 ff; *Kahlert/Rühland* [vor § 14] Rn 1465.

88 Vgl *BAG* ZIP 1989, 57 f.

89 MK/*Haarmeyer* § 22 Rn 195; HambKomm/*Schröder* § 22 Rn 143; *Ganter/Brünink* NZI 2006, 263. Anderes gilt mit Bezug auf die Insolvenz des Organträgers: vgl *Onusseit* ZInsO 2006, 1095.

90 Vgl *Lwowski/Tetzlaff* Umweltrisiken und Altlasten in der Ins, 2002, D 220 ff; *N/R/Mönning* § 22 Rn 166.

91 *OVG Schleswig* ZIP 1993, 285; *Thiemann* Rn 394.

92 *Ampferl* Rn 710–729; *Braun/Böhm* § 22 Rn 34-42; *Jaeger/Gerhardt* § 22 Rn 56 ff; *Hess* § 22 Rn 214 ff; HambKomm/*Schröder* § 22 Rn 122 ff; *K Schmidt/Hölzle* § 22 Rn 10.

b) Stilllegung. Stilllegen darf der vorl InsVerw ein Unternehmen des Schu im Hinblick auf die Entscheidungszuständigkeit der GlVersammlung (§ 157 S 1) idR[93] nur, um eine erhebliche Verminderung des SchuVermögens zu vermeiden. Die Vorschrift gilt auch für die Stilllegung v Unternehmensteilen im EröffnungsVerf und geht insoweit § 35 Abs 2 und 3 vor.[94] Die Voraussetzungen sind wegen der Eilbedürftigkeit der Entsch aufgrund möglichst leicht und zuverlässig feststellbarer Kriterien zu beurteilen. 21

Eine erhebliche Verminderung des SchuVermögens ist stets anzunehmen, wenn die Zahlungsunfähigkeit der vorl InsMasse (Masseunzulänglichkeit) droht und nicht abzuwenden ist (su Rn 30), oder wenn für die Fortführung wesentliche Verbindlichkeiten voraussichtlich nicht mehr zu erfüllen sind (su Rn 83). Trifft dies nicht zu, ist auch die unterschiedliche Bedeutung neu begründeter InsForderungen oder Masseverbindlichkeiten in einem späteren InsVerf zu berücksichtigen. Deshalb genügt es für eine Pflicht zur Betriebsfortführung nicht schon, wenn – über die reinen Herstellungskosten für das Produkt hinaus – nur geringfügige Deckungsbeiträge zu den Gemeinkosten erwirtschaftet werden;[95] denn nach einer Stilllegung werden auch bei den Gemeinkosten Masseverbindlichkeiten gem § 55 Abs 2 im Allg nur in wesentlich geringerem Umfang anfallen. Eine Verminderung des SchuVermögens tritt vielmehr ein, wenn das Unternehmen nicht kostendeckend arbeitet und dies voraussichtlich nicht auf zulässige und zumutbare Weise zu vermeiden ist;[96] denn dann wird zwangsläufig Haftungsmasse aufgezehrt. Zur Herstellung einer Rentabilität sind außer dem bisherigen ggf auch nahe liegende, geänderte Unternehmenskonzepte in Betracht zu ziehen. Ferner mindert sich das SchuVermögen dann nicht, wenn eine baldige Aussicht auf – sei es auch übertragende – Sanierung besteht.[97] Zu kompliziert, unsicher und zeitaufwändig ist dagegen eine – vorgeschlagene – Vergleichsrechnung zwischen dem mutmaßlichen Fortführungswert des Unternehmens einerseits und dem sof Zerschlagungswert andererseits.[98] 22

„Erheblich“ ist jede Vermögensminderung, welche die Befriedigung der Gl ernsthaft zu verschlechtern droht.[99] Eine nicht auszugleichende Einbuße von 10 % ist idR erheblich.[100] 23

Wegen der gebotenen Prognose hat der InsVerw einen Beurteilungsspielraum. Die Einstellungsvoraussetzungen müssen aber nicht offenkundig sein:[101] Wie regelmäßig bei Zukunftsprognosen, genügt Voraussehbarkeit iSd überwiegenden Wahrscheinlichkeit (vgl auch § 287 ZPO). Ist diese gegeben, hat der vorl InsVerw unverzüglich die Stilllegung zu beantragen, um eine persönliche Haftung (su Rn 78 ff) zu vermeiden. Dazu hat er ua fortlaufend durch einen vorl Liquiditätsplan zu prüfen, ob Zahlungsunfähigkeit droht (so Rn 22). Im Antrag hat er die Voraussetzungen im Einzelnen zu belegen.[102] 24

---

93 An eine bestandskräftige Stilllegungsanordnung der BAFin bleibt aber auch der vorl InsVerw gebunden: vgl *LAG Hbg* ZInsO 2004, 872.

94 FK/*Schmerbach* § 21 Rn 76 f; am *Heinze* ZVI 2007, 355.

95 AM *B/G/H/Blersch* § 22 Rn 14.

96 Vgl *AG Aachen* ZIP 1999, 1494; *Uhlenbruck/Vallender* § 22 Rn 33; *Bähr* EWiR 1999, 899 f.

97 Vgl RegE S 117; PK-HWF/*Mitter* § 22 Rn 17.

98 So *Ampferl* Rn 800 ff; vgl andererseits *A/G/R/Sander* § 22 Rn 79.

99 *Uhlenbruck/Vallender* § 22 Rn 33.

100 Für 25 % MK/*Haarmeyer* § 22 Rn 114; *Jaeger/Gerhardt* § 22 Rn 84; für flexible Bewertung *Meyer* S 115 f; HambKomm/*Schröder* § 22 Rn 62; zum BewertungsVerf vgl *Haberhauer/Meh* DStZ 1995, 1443 f.

101 *Uhlenbruck/Vallender* § 22 Rn 35; einschr MK/*Haarmeyer* § 22 Rn 112.

102 *Vallender* DZWIR 1999, 272; vgl *Uhlenbruck/Vallender* § 22 Rn 35; *Braun/Böhm* § 22 Rn 16.

25 Weitere Voraussetzung für eine Stilllegung ist, dass das **InsGer** zustimmt.[103] Dazu hat es die Voraussetzungen (so Rn 21–23) selbstständig zu prüfen.[104] Der Schu ist im Hinblick auf Art 103 Abs 1 GG idR vorher kurzfristig zu hören,[105] hat aber nur die Möglichkeit zu Anregungen an das InsGer (vgl § 158 Abs 2). Ein schon im EröffnungsVerf bestellter GlAusschuss (vgl § 21 Rn 12) sollte ebenfalls gehört werden (vgl § 158 Abs 1), kann aber nicht von sich aus die Einstellung oder Fortführung verbindlich beschließen. Ein Betriebsrat ist gem § 111 S 2 Nr 1 BetrVG zu beteiligen, ohne dass die Erleichterungen der §§ 121, 122 schon eingreifen;[106] eine gem § 22 Abs 1 S 2 Nr 2 gerechtfertigte Stilllegung kann zwar nicht verhindert werden, aber Folgen nach §§ 112, 113 BetrVG auslösen.[107] Der Ausspruch einer sozial gerechtfertigten Kündigung wegen Betriebsstilllegung ist aber auch ohne die Genehmigung des InsGer wirksam (su Rn 40). Zu möglichen Haftungsfolgen für den vorl InsVerw su Rn 78 ff.

26 **Lehnt** das InsGer die Stilllegung **ab**, hat der vorl InsVerw das Unternehmen bis zur Grenze der Zahlungsunfähigkeit der vorl InsMasse (su Rn 30) fortzuführen, sofern er nicht seine Entlassung erwirkt.[108] Zu einer eingeschränkten Haftung des vorl InsVerw in derartigen Fällen su Rn 83.

27 Nach der **Zustimmung** des InsGer hat der Verwalter alle nötigen Maßnahmen zur Stilllegung des Unternehmens zu treffen. Da dann die Interessen des Schu am Bestand des Unternehmens zurücktreten, kommt auch ein Gesamtverkauf des verwalteten Vermögens zu günstigen Bedingungen in Betracht.[109]

28 **c) Unternehmensteile.** Nr 2 gilt sinngemäß auch für die Stilllegung organisatorisch abgrenzbarer Unternehmensteile – etwa Filialen,[110] wenn sie zB zur Sanierung des restlichen Unternehmens nötig erscheint. Die Vorschrift ist dagegen nicht ohne weiteres auf die Einstellung einzelner geschäftlicher Bemühungen oder Betriebsteile des Schu anwendbar,[111] zB unrentabler Bauvorhaben; eine solche Entsch steht im pflichtgemäßen Ermessen des vorl InsVerw, solange sie das Gesamtunternehmen nur quantitativ, nicht qualitativ einschränkt.[112]

29 **d) Unternehmensübertragung.** Eine Stilllegung iSd § 22 Abs 1 S 2 Nr 2 liegt **nicht** vor, soweit das Unternehmen des Schu sofort nach InsEröffnung planmäßig einem Übernehmer übertragen werden soll und der vorl InsVerw das vorbereitet. Dass die bisherige Geschäftstätigkeit des Schu hierdurch endet, gefährdet GlInteressen nicht in einer über § 160 Abs 2 S 1 hinausgehenden Weise.

30 **e) Masseunzulänglichkeit.** Wird die vorl InsMasse selbst wieder zahlungsunfähig, hat der vorl InsVerw dies dem InsGer anzuzeigen und seine Tätigkeit ggf zu beenden. Nicht erfüll-

---

103 *K Schmidt/Hölzle* § 22 Rn 11.
104 *Uhlenbruck/Vallender* § 22 Rn 36; MK/*Haarmeyer* § 22 Rn 115 f; *A/G/R/Sander* § 22 Rn 81.
105 *Uhlenbruck/Vallender* § 22 Rn 37; aM *Ampferl* Rn 807–811.
106 Vgl *Pohlmann* (vor § 21) Rn 160–162; *Meyer* DZWIR 2004, 139 f.
107 Vgl *Uhlenbruck* KTS 1973, 88 f; *Berscheid* ZIP 1997, 1578 ff; andererseits *ArbG Lingen* ZIP 1999, 1894 ff; *Moll* EWiR 1999, 1131 f.
108 *Ampferl* Rn 354.
109 Vgl *Pohlmann* [vor § 21] Rn 406, 414f, 418 – 425; *OLG Düsseldorf* ZIP 1992, 346; MK/*Haarmeyer* § 22 Rn 120; weitergehend *Lohkemper* ZIP 1999, 1252; *Kammel* NZI 2000, 103 f; aM *Ampferl* Rn 515–530.
110 Vgl RegE S 117; *Pohlmann* (vor § 21) Rn 409; *Jaeger/Gerhardt* § 22 Rn 86; MK/*Haarmeyer* § 22 Rn 111.
111 *Uhlenbruck/Vallender* § 22 Rn 34; *Ampferl* Rn 817 f.
112 Vgl *Pohlmann* Rn 405.

bare Schulden darf er – auch im Hinblick auf §§ 263, 265b StGB – nicht begründen.[113] Eine Unternehmensfortführung entfällt.[114] Einen Vorschuss für die Betriebsfortführung braucht weder der Ast noch ein Gl zu leisten.[115] Eine Anzeige der Masseunzulänglichkeit entspr § 211 kommt nicht in Betracht, weil den vorl InsVerw nicht die von § 208 Abs 3 vorausgesetzte Verwertungspflicht trifft (so Rn 12).[116] Das InsGer hat statt dessen die Sicherungsmaßnahme gem § 22 Abs 2 aufzuheben und ggf nach § 26 zu verfahren oder – falls Aussicht auf genügende Masseanreicherung besteht – das InsVerf rasch zu eröffnen.[117] Zur Verteilung des verwalteten Vermögens bei Unzulänglichkeit vgl § 25 Rn 5.

3. Prüfungsaufgaben (Nr 3). Neben den Eröffnungsvoraussetzungen ist meist die Notwendigkeit von Sicherungsmaßnahmen zu prüfen.[118] Dazu bestellt das InsGer oft erst einen SV ohne Verwaltungsaufgaben (so Rn 6, 7, § 5 Rn 11, § 21 Rn 3). Wird ein vorl InsVerw gem § 22 Abs 1 bestellt, kann dieser nicht wegen Befangenheit abgelehnt werden (so § 4 Rn 17). Für ihn kommen zwei Rechtsgrundlagen für Prüfungsaufgaben in Betracht: 31

a) Kostendeckung. In seiner Eigenschaft als **vorl InsVerw** ist er verpflichtet zu prüfen, ob das Vermögen des Schu die Kosten des InsVerf decken wird.[119] Diese Prüfung ist auch auf Möglichkeiten zur Anreicherung der künftigen InsMasse zu erstrecken.[120] Im Hinblick auf § 26 Abs 4 gehört dazu auch die Feststellung, wann die materielle Ins des Schu eingetreten ist.[121] Die Prüfung kann bei „starker" vorl InsVerw nicht Aufgabe einer zusätzlich zu vergütenden Sachverständigentätigkeit (su Rn 33) sein,[122] kann aber bei besonderer Aufwändigkeit einen Zuschlag zur Vergütung als Verwalter rechtfertigen (su Rn 90). Zieht der vorl InsVerw für diese Aufgabe Hilfskräfte hinzu, darf er deren Vergütung nur nach Maßgabe des § 55 Abs 2 der InsMasse entnehmen.[123] Zur Tätigkeit des vorl InsVerw gehört auch ohne weiteres eine etwaige Entsch, ob ein Unternehmen des Schu während des EröffnungsVerf stillzulegen ist (so Rn 24). 32

b) Prüfung als Sachverständiger. Zusätzlich kann das InsGer dem vorl InsVerw Aufträge als SV (§ 5 Abs 1 S 2) erteilen.[124] Dies ist meist zweckmäßig, wenn das EröffnungsVerf nicht einfach und übersichtlich ist. Als SV darf der vorl InsVerw Hilfskräfte nach Maßgabe des § 407a Abs 2 ZPO beschäftigen.[125] Zur gesonderten Vergütung für eine solche Tätigkeit su Rn 89. 33

---

113 *Kirchhof* ZInsO 1999, 367; *Ampferl* Rn 355; MK/*Haarmeyer* § 22 Rn 125.
114 *Warrikoff* KTS 1996, 493.
115 *Koch* (vor § 21) S 91 ff; aM *Castendiek* S 96 f.
116 *AG Hamburg* ZIP 2002, 2228; aM *Ampferl* Rn 386 ff, 824.
117 *Kirchhof* ZInsO 1999, 369.
118 Vgl *Uhlenbruck/Vallender* § 22 Rn 259.
119 Vgl § 26 Rn 3 ff und *Förster* ZInsO 1999, 141 f; *Uhlenbruck/Vallender* § 22 Rn 253; *Ampferl* Rn 830–841.
120 RegE S 117; vgl § 26 Rn 6; MK/*Haarmeyer* § 22 Rn 145; *Rendels* NZG 1998, 843 f; *Wessel* (vor § 5) S 58 f, 116 ff.
121 MK/*Haarmeyer* § 26 Rn 60.
122 RegE S 117 zu § 26; *Jaeger/Gerhardt* § 22 Rn 149; *A/G/R/Sander* § 22 Rn 82; *Vallender* ZInsO 2010, 1466; aM *Uhlenbruck* NZI 2000, 291 f; offen gelassen mit Hinweis darauf, dass sich keine praxisrelevanten Unterschiede ergeben: HambKomm/*Schröder* § 22 Rn 68; erg su Rn 90.
123 Vgl *AG Hbg* ZInsO 2006, 448; aM *Wiester/Wilk* NZI 2007, 12 (Vergütung nur als SV).
124 Vgl *A/G/R/Sander* § 22 Rn 81.
125 Vgl *AG Hbg* ZInsO 2006, 448; MK/*Haarmeyer* § 22 Rn 35; *Vallender* ZInsO 2010, 1467; *Hofmann* ZIP 2006, 1080 ff; *Wiester/Wilk* NZI 2007, 12 ff.

34 Insb kann der vorl InsVerw in Zweifelsfällen mit einem Gutachten darüber beauftragt werden, ob das angerufene InsGer örtlich zuständig ist[126] und/oder ob gegenwärtig ein **Eröffnungsgrund** iSd §§ 16–19 vorliegt.[127] Das Gutachten kann gem § 5 Abs 1 zB auch auf die Voraussetzungen einer beantragten **Eigenverwaltung** (§ 270 Abs 2 Nr 3) oder auf die Abgrenzung v Regel- und VerbraucherInsVerf erstreckt werden.[128] Die Prüfung etwaiger Anfechtungsansprüche kann dem SV schon im Hinblick auf S 26 auferlegt werden.[129] Betreibt der Schu Niederlassungen im Ausland, kann der SV mit der Prüfung der internationalen Zuständigkeit beauftragt werden.[130]

35 Ferner kann – wenn der Schu ein Unternehmen betreibt – dem vorl InsVerw die Begutachtung übertragen werden, welche Aussichten für die **Unternehmensfortführung** nach InsEröffnung bestehen.[131] Damit soll Zeit gewonnen werden, um die gem § 157 von der GlVersammlung zu treffende Entsch vorzubereiten. Darüber hinaus kann der Zeitraum vor einer Eröffnung des InsVerf schon zur Vorbereitung von Sanierungen genutzt werden; zu diesem Zweck darf die Eröffnung hinausgeschoben werden. Damit kann dem späteren InsVerw die Ausübung des Wahlrechts bei gegenseitigen Verträgen (§§ 103 ff) erleichtert werden; die Entsch, ob die Vertragserfüllung vorteilhaft ist, hängt oft von den Fortführungschancen des insolventen Unternehmens ab.[132] Als Ausgleich kann uU der Berichtstermin gem § 29 Abs 1 Nr 1 kurzfristig anberaumt werden.

36 **4. Befugnisse.** Bei erlassenem Verfügungsverbot hat der **vorl InsVerw** grds die Rechtsstellung des endgültigen nach § 80; er darf dessen Befugnisse aber nur ausüben, soweit der Zweck der Verwaltung dies erfordert.[133] Auch soweit er seinen Aufgabenbereich überschreitet, sind seine Verfügungs- und Verpflichtungserklärungen – im Interesse der Sicherheit des Rechtsverkehrs – idR nach außen wirksam;[134] ein so handelnder Verwalter kann sich nur im Innenverhältnis schadensersatzpflichtig machen (su Rn 78). Seine Handlungen sind nicht gem § 6 angreifbar (so § 21 Rn 61). Lediglich soweit seine Maßnahmen offensichtlich gegen den Zweck jeder vorl InsVerwaltung verstoßen, können sie auch gegenüber beteiligten Dritten nichtig sein.[135] Das kommt insb in Betracht, wenn der vorl InsVerw bloße InsFord durch Anerkenntnis oder Bestellung von Sicherheiten rechtsgeschäftlich zu Masseschulden verstärkt[136] oder sogar aus dem verwalteten Vermögen bezahlt[137] oder Vermögen des Schu unentgeltlich einem Dritten überlässt.[138] Zur Unzulässigkeit der InsAnf durch bloß vorl InsVerw so Rn 3.

---

126 Vgl *OLG Schleswig* ZInsO 2010, 576 f; *AG Köln* ZInsO 2008, 216 f.

127 Vgl *Wessel* (vor § 5) S 51 ff, 108 ff; DZWIR 1999, 234; *Ampferl* Rn 842–863; MK/*Haarmeyer* § 22 Rn 153 ff; *Uhlenbruck/Vallender* § 22 Rn 255 sieht dies als originäre Aufgabe des vorl InsVerw an.

128 *Vallender* ZInsO 2010, 1466 f.

129 *Graf-Schlicker/Voß* § 22 Rn 15.

130 *Graf-Schlicker/Voß* § 22 Rn 12.

131 *Ampferl* Rn 864–871; *Jaeger/Gerhardt* § 22 Rn 151 ff. Vgl im Einzelnen MK/*Haarmeyer* § 22 Rn 165 ff; HambKomm/*Schröder* § 22 Rn 72 ff; *Uhlenbruck/Vallender* § 22 Rn 266 ff sieht dies als originäre Aufgabe des vorl InsVerw an.

132 BT-Drucks 12/7302, 158 zu § 26 Abs 1.

133 RegE S 117 zu § 26.

134 *Pohlmann* (vor § 21) Rn 90, 91; *Jaeger/Gerhardt* § 22 Rn 24 ff.

135 Vgl *BGH* NJW 1983, 2019; NJW-RR 1990, 48; *Pohlmann* Rn 100–104; *Jaeger/Gerhardt* § 22 Rn 25 f.

136 Vgl *BGHZ 118, 379 f; 150,* 360 ff.

137 Vgl *Jaeger/Gerhardt* § 22 Rn 70.

138 Vgl *BGH* NJW 1997, 1571.

Sobald sich abzeichnet, dass ein InsVerf **nicht eröffnet** werden wird, hat sich der vorl InsVerw bei Ausübung seiner Befugnisse auf das zur Vermögenssicherung u -erhaltung nötige Maß zu beschränken, weil dann das Interesse des Schu diejenigen der Gl überwiegt. Ohne Einverständnis des Schu sind weitere Verwertungs- oder Stilllegungsmaßnahmen zu unterlassen, neue Verbindlichkeiten nur noch im unvermeidbaren Ausmaß zu begründen.[139] 37

a) Masseverbindlichkeiten. Zur Erfüllung seiner Aufgaben kann der vorl InsVerw entspr § 150 S 1 Sachen des Schu siegeln lassen[140] und insb Verbindlichkeiten zu Lasten des Schu begründen,[141] die iF einer anschließenden Eröffnung des InsVerf gem § 55 Abs 2 S 1 als – allerdings nachrangige (vgl § 209 Abs 1 Nr 3) – Masseverbindlichkeiten gelten. Diese Wirkung ist zwingend und kann vom InsGer – bei Aufrechterhaltung des allg Verfügungsverbots – nicht eingeschränkt werden.[142] Die Verbindlichkeit ist auch ohne Zustimmung des InsGer rechtswirksam;[143] allenfalls für eine Haftung des eigenverantwortlich handelnden vorl InsVerw mag eine Einwilligung des InsGer oder eines vorl GlAusschusses Bedeutung haben. Derartige Masseverbindlichkeiten darf der vorl InsVerw erfüllen,[144] solange sich nicht eine Unzulänglichkeit des verwalteten Vermögens – entspr § 208 Abs 1 – abzeichnet. Wird das InsVerf nicht eröffnet, sind diese Verbindlichkeiten nach § 25 Abs 2 S 2 vorweg aus dem verwalteten Vermögen zu erfüllen. Im eröffneten InsVerf kann der InsVerw sich nicht auf § 103 berufen, soweit nach § 55 Abs 2 Masseverbindlichkeiten begründet worden sind.[145] Zum Masseschuldcharakter von Arbeitslohnforderungen vgl § 55 Rn 27, 29, von USt-Forderungen *BFH* ZInsO 2013, 1739 ff. Soweit Forderungen aus Veräußerungsgeschäften, die der vorl InsVerw im Rahmen einer Unternehmensfortführung tätigt, zu Masseforderungen werden, gilt das zugleich für die Umsatzsteuerforderungen aus diesen Geschäften (RegE S 126). 38

Begründet der vorl InsVerw auf solche Weise Masseschulden, sind diese in einem anschließenden InsVerf **nicht** gem §§ 129 ff **anfechtbar** (su § 129 Rn 36). Anders verhält es sich, soweit bereits bestehende InsFord ohne Gegenleistung zu Masseschulden verstärkt oder sogar bezahlt werden;[146] ob der vorl InsVerw sich mglw auch anders helfen könnte, ist unerheblich, weil die Anf nicht subsidiär ist. Insb darf ein zunächst „schwacher" vorl InsVerw InsFord, die er eingegangen ist, nicht – nach Erlass eines allg Verfügungsverbots – zu Verbindlichkeiten der InsMasse aufwerten.[147] Ein Sozialplan, den der vorl InsVerw abschließt, ist im Hinblick auf § 124 nicht insolvenzfest. Verpflichtungsgeschäfte des Schu persönlich sind für das verwaltete Vermögen unverbindlich, weil der Schu dafür gem Abs 1 keine Verpflichtungsbefugnis mehr hat (vgl dagegen Rn 50, § 21 Rn 18, § 24 Rn 11). Dessen vertragliche oder gesetzliche Auskunftsrechte kann dieser vorl InsVerw ausüben[148] und Geheimnisträger v ihrer Schweigepflicht gegenüber dem Schu befreien (vgl Rn 40, 42, § 5 Rn 16). 39

---

139 MK/*Haarmeyer* § 25 Rn 23; HambKomm/*Schröder* § 25 Rn 8; vgl *K/P/B/Pape* § 25 Rn 12.
140 Vgl *Pohlmann* (vor § 21) Rn 129.
141 *Jaeger/Gerhardt* § 22 Rn 66 ff, 74 ff, 82; zur Kreditaufnahme vgl *Uhlenbruck/Vallender* § 22 Rn 42.
142 *AG Hbg* ZIP 2002, 2229.
143 AM *Thiemann* Rn 309; *Ampferl* Rn 429–432; MK/*Haarmeyer* § 22 Rn 72. Erg so Rn 2.
144 *Jaeger/Gerhardt* § 22 Rn 68.
145 *Hoenig/Meyer-Löwy* ZIP 2002, 2163 f.
146 *Kirchhof* ZInsO 2000, 298 f; *Ampferl* Rn 973–984; vgl *BGHZ* 161, 322 f; aM *Jaeger/Gerhardt* § 22 Rn 229; erg vgl Rn 2, 57.
147 Vgl *Bork* ZIP 2003, 1422.
148 Vgl Rn 8 und *OFD Hannover* KTS 1999, 67; *Vallender* FS Uhlenbruck, 2000, S 141 ff.

40 Der vorl InsVerw darf Verpflichtungsgeschäfte des Schu gem allg Regeln beenden. Bei der **Kündigung** von Miet- oder Dienstverhältnissen[149] gelten nicht die Erleichterungen der §§ 109, 111, 113, 120 ff.[150] Zur Kündigung ist der vorl InsVerw auch im Verhältnis zum Schu entspr den für die Abwicklung des SchuVermögens (so Rn 12 f) geltenden Regeln befugt.[151] Arbeitsverhältnisse kann der vorl InsVerw auch ohne Zustimmung des InsGer zur Unternehmensstilllegung (so Rn 25) kündigen.[152] Die Begründung von Masseverbindlichkeiten vermeidet er nach § 55 Abs 2 S 2 nur, soweit er die Gegenleistung nicht in Anspruch nimmt; dabei sind etwaige Mitbestimmungsrechte eines Betriebsrats nach § 87 Abs 1 Nr 3 BetrVG zu beachten. Da §§ 115, 116 noch nicht im EröffnungsVerf gelten, kann und muss der vorl InsVerw ggf Aufträge oder Geschäftsbesorgungsverträge des Schu durch Kündigung beenden.[153] An dessen Stelle darf er etwaige Schweigepflichtige v deren Pflicht befreien.[154]

41 Über Sachen und Rechte des Schu darf der vorl InsVerw im Rahmen seiner Aufgaben nach Nr 1 und 2 (so Rn 11–17, 27) verfügen. Insb kann er **Kreditsicherheiten** aus dem Vermögen des Schu rechtswirksam bestellen.[155] Die Erfüllung von Dauerschuldverhältnissen darf er verlangen (vgl §§ 55 Abs 2 S 2, 25 Abs 2 S 2). Die Erfüllung anderer Verträge nach §§ 103 ff kann er allenfalls ausnahmsweise wählen, soweit davon die Fortführung eines Unternehmens des Schu abhängt.[156] Er ist aber befugt, nötige Maßnahmen zur materiell-rechtlichen Aufrechterhaltung massegünstiger Verträge zu treffen.[157] Zum Widerspruch gegen Lastschriften su § 24 Rn 5 f.

42 **b) Rechte im Verhältnis zu Dritten.** Die in Rn 12–17 genannten Befugnisse stehen dem vorl InsVerw gegenüber dem Schu und dessen Unternehmensangehörigen sowie den möglichen künftigen InsGl als solchen zu. Anstelle des Schu kann er dessen Vertragspartner von etwaigen Verschwiegenheitspflichten befreien (erg su Rn 46), Bankauskünfte verlangen,[158] Anordnungen zum Überweisungsverkehr erteilen[159] und Verträge kündigen (so Rn 40). Er darf Ansprüche nach den IFG des Bundes und der Länder geltend machen.[160] Seine steuerrechtliche Stellung entspricht derjenigen eines (endg) InsVerw (vgl § 34 Abs 3 AO).[161]

43 Der vorl InsVerw hat im Verhältnis zu Dritten grds nicht kraft seiner Stellung weitergehende Rechte als der Schu selbst;[162] daran ändert auch eine etwaige Fortführungspflicht nach Abs 1 S 2 Nr 2 (so Rn 18 ff) für sich nichts.[163] Das gilt insb gegenüber Sicherungsnehmern. Insoweit bleibt der vorl InsVerw an die vom Schu abgeschlossenen Verträge gebunden. Die Einschränkungen der §§ 166 ff gelten erst vom EröffnungsBeschl an; vorher brauchen die Absonderungsberechtigten – vorbehaltlich v Maßnahmen gem § 21 Abs 2 S 1 Nr 5 (so § 21 Rn 40 ff) –

149 Vgl *Pohlmann* (vor § 21) Rn 501–504; *Berscheid* ZInsO 2001, 64 f; *Thiemann* Rn 313 ff.
150 Vgl *BAG* ZIP 2005, 1290; *Jaeger/Gerhardt* § 22 Rn 50, 55; krit *N/R/Mönning* § 22 Rn 105 f; aM *Caspers* Rn 520–523; Änderungsvorschlag des BRA: ZInsO 2004, 1136 f.
151 Vgl näher *Jaeger/Gerhardt* § 22 Rn 53 f.
152 *BAG* ZIP 2006, 585; *Ries* ZInsO 2007, 416.
153 Vgl *LG Lübeck* DZWIR 2000, 78; *Uhlenbruck/Vallender* § 22 Rn 54 f; *Ampferl* Rn 418 f; ferner *Abel* NZI 2003, 122 f.
154 Erg so Rn 7, § 5 Rn 16, § 20 Rn 14.
155 Vgl *Ampferl* Rn 433–437.
156 Generell vern *Ampferl* Rn 408–412; *Thiemann* Rn 312.
157 Vgl *Jaeger/Gerhardt* § 22 Rn 47 f.
158 Vgl *Stephan* WM 2009, 247 iVm 243 f.
159 Vgl *Obermüller* ZInsO 2010, 13 ff.
160 Vgl *K Schmidt/Hölzle* § 20 Rn 9. Einschr *VG München* ZIP 2013, 2229 f.
161 Vgl *Uhlenbruck/Vallender* § 22 Rn 211; MK/*Haarmeyer* § 22 Rn 194.
162 Zu Auskunftsrechten vgl *Huber* ZInsO 2001, 292 ff.
163 AM *N/R/Mönning* § 22 Rn 140 ff.

keine endgültigen Einschnitte hinzunehmen.[164] Hat ein vorl InsVerw sicherungshalber abgetretene Forderungen eingezogen, obwohl der Sicherungsnehmer die Einziehungsbefugnis entzogen hatte, steht diesem bei Aufhebung der Sicherungsmaßnahmen gegen den Verwalter ein Anspruch auf Herausgabe der eingezogenen Beträge zu.[165] Weitergehende Befugnisse auch gegenüber Dritten kann das **InsGer** – insb gem § 21 Abs 2 S 1 Nr 3 und 5 – in dem in § 21 Rn 40 ff dargelegten Rahmen bes **anordnen.** Abgrenzend so Rn 3.

c) Gesellschaftsrechtliche Befugnisse. Im EröffnungsVerf über das Vermögen einer juristischen Person erstreckt sich die Berechtigung des vorl InsVerw allein auf die vermögens-, nicht auf die organisationsrechtlichen Befugnisse der Organe der **Gesellschaft.** Soweit die Ausübung der letzteren allerdings das Vermögen der juristischen Person vermindern würde, kann der vorl InsVerw dies verhindern. Auch das InsGer kann den vorl InsVerw nicht ermächtigen, in die organschaftliche Stellung der Vertreter einzugreifen, zB Geschäftsführer abzusetzen.[166] V der Schweigepflicht gegenüber der Gesellschaft kann der „starke" vorl InsVerw über deren Vermögen die Geheimnisträger nach § 383 Abs 1 Nr 6 ZPO wie nach § 53 Abs 1 Nr 3 StPO befreien.[167] Die Bestellung eines „starken" vorl InsVerw über das Vermögen eines Gesellschafters soll in Bezug auf Eigenkapital ersetzende Gebrauchsüberlassungen an die Gesellschaft schon wie eine Beschlagnahme iSv §§ 146 ff ZVG, 1123, 1124 Abs 2 BGB gelten, m der Folge, dass das unentgeltliche Nutzungsrecht der Gesellschaft an einem ihr überlassenen Grundstück endet.[168] 44

d) Prozessführungsbefugnis. Auf den vorl InsVerw geht die Prozessführungsbefugnis für alle das verwaltete (so Rn 8) SchuVermögen betreffenden Prozesse – auch künftig zu erhebende[169] – über; rechtsanhängige werden gem § 240 S 2 ZPO unterbrochen.[170] Erteilte Vollmachten erlöschen aber noch nicht. In Prozessakten – auch in finanzgerichtlichen Verfahren – darf der vorl Verw Einsicht nehmen.[171] Der vorl InsVerw kann sie nach § 24 Abs 2 iVm §§ 85 Abs 1 S 1, 86 – ohne Zustimmung des InsGer (su § 24 Rn 27) – aufnehmen, aber nicht die Aufnahme endgültig ablehnen oder vom Prozessgegner zur Entsch gezwungen werden; § 85 Abs 1 S 2 und Abs 2 gelten nicht.[172] Anfechtungsansprüche vermag er noch nicht geltend zu machen (su § 129 Rn 101). Der vorl InsVerw wird auch in Verf der freiwilligen Gerichtsbarkeit – nur – handlungsbefugt, soweit sie die verwaltete Masse betreffen; dagegen bleibt der Geschäftsführer einer GmbH als Schu berechtigt, rein gesellschaftsrechtliche Veränderungen zum Handelsregister anzumelden.[173] Den Antrag des Schu auf Eintragung einer das verwaltete Vermögen betr Eintragung im Grundbuch kann der vorl InsVerw – solange die Eintragung noch nicht vollzogen ist – zurücknehmen.[174] 45

164 *BGH* ZIP 2003, 634 f; *Graf-Schlicker* ZIP 2002, 1171 f; *Pohlmann* (vor § 21) Rn 429 f; MK/*Haarmeyer* § 22 Rn 55 f. Erg so Rn 2, 13, § 21 Rn 47.
165 *BGH* ZIP 2007, 828 f. Erg su § 25 Rn 8 f.
166 *BGH* ZIP 2007, 438, 440; vgl *BGH* ZIP 1981, 179; ZInsO 2006, 260; *Graf-Schlicker/Voß* § 22 Rn 1.
167 Vgl *BGHZ* 109, 268 ff; *OLG Nürnberg* ZInsO 2009, 2400 f; zu § 53 Abs 1 Nr 3 StPO *OLG Oldenburg* NJW 2004, 2176; *Kiethe* NZI 2006, 270 f.
168 *LG Erfurt* NZI 2004, 600; aM *Henkel* ZInsO 2006, 1019; *Bräuer* ZInsO 2007, 313.
169 *AG Göttingen* NZI 2000, 506; ZInsO 2002, 386; *Johlke/Schröder* EWiR 1998, 1100; MK/*Haarmeyer* § 24 Rn 28.
170 *BGH* ZInsO 2009, 202 f; *BFH/NV* 2005, 365 f; *A/G/R/Sander* § 22 Rn 53. Zu den betr VerfArten vgl MK/*Haarmeyer* § 22 Rn 184; HambKomm/*Schröder* § 22 Rn 167 f; *Frotscher* (vor § 14) S 269.
171 *BFH* ZInsO 2009, 2395.
172 *Uhlenbruck/Vallender* § 22 Rn 252; *Ampferl* Rn 777 f; vgl HambKomm/*Schröder* § 22 Rn 170.
173 *OLG Köln* ZIP 2001, 1554 f.
174 Vgl *Raebel* ZInsO 2002, 955.

46 Der vorl InsVerw ist Rechtsnachfolger des Schu, so dass ein Titel gegen diesen gem § 727 ZPO gegen den Verwalter umgeschrieben werden muss;[175] das gilt auch in Zwangsverwaltungs Verf.[176] Zur Abwehr von Zwangsvollstreckungsmaßnahmen darf der vorl InsVerw geeignete Rechtsbehelfe einlegen[177] oder einen Antrag gem § 30d Abs 4 ZVG stellen (vgl § 21 Rn 38 f). PKH kann ihm nach § 116 S 1 Nr 1 ZPO nicht unter leichteren Bedingungen bewilligt werden als dem InsVerw im eröffneten Verf.[178] Wie dieser handelt der vorl InsVerw gem § 22 Abs 1 prozessual im eigenen Namen.

IV. Vorläufiger Insolvenzverwalter ohne Verfügungsverbot (Abs 2)

47 Meist erlässt das InsGer kein allg Verfügungsverbot. Dann hat es die Pflichten eines von ihm bestellten vorl InsVerw in jedem Einzelfall bes zu bestimmen („schwache" vorl InsVerw). Diese dürfen nicht über die Pflichten des vorl InsVerw bei erlassenem Verfügungsverbot (so Rn 8–35) hinausgehen, Abs 2 S 2. Mit den Pflichten legt das InsGer mittelbar zugleich die Befugnisse fest, die der vorl InsVerw benötigt, um seine Pflichten zu erfüllen;[179] im Zweifel sollte das ausdrücklich geschehen.[180] Die Bestellung eines solchen Verwalters kann zur Überwachung oder Unterstützung des Schu sinnvoll sein, wenn Gründe für ein allg Verfügungsverbot nicht vorliegen (vgl § 21 Rn 8) oder die Begründung von Masseschulden gem § 55 Abs 2 vermieden werden soll; für Steuerverbindlichkeiten gilt aber die Sonderregel des § 55 Abs 4.[181] Die „schwache" InsVerw kann insb mit dem Erlass eines bes Verfügungsverbots (vgl § 21 Rn 20) oder – wie meist – mit einem Zustimmungsvorbehalt nach § 21 Abs 2 Nr 2 HS 2 verbunden und sollte auf die Umstände jedes Einzelfalles zugeschnitten werden. Dagegen verwischt die Formulierung, der Verwalter sei berechtigt, für den Schu zu handeln sowie ihn zu verpflichten, und nur im Innenverhältnis an das Nötige gebunden, in unzulässiger Weise die Trennung zwischen Abs 1 und 2: Sie ist unzulässig[182] und nunmehr unwirksam.[183] Das InsGer hat selbst die Maßnahmen bestimmt zu bezeichnen, zu denen der vorl InsVerw im Einzelnen verpflichtet und berechtigt sein soll. Es darf – wenn eine Gesellschaft die Schu ist – den Verw nicht ermächtigen, in die organschaftliche Stellung ihrer Vertreter einzugreifen.[184]

48 **1. Aufgaben.** Insb kann der vorl InsVerw auch ohne allg Verfügungsverbot unschwer mit den Aufgaben nach Abs 1 S 2 Nr 1 und 3 betraut werden. **Sicherungs-** und Erhaltungsaufgaben (so Rn 8–10) fallen ihm idR ebenso zu[185] wie eine **Überwachung** iSv § 274 Abs 3 S 1.[186] Zu den Besitzverhältnissen su Rn 51. Dieser vorl InsVerw darf nicht selbstständig Gegenstände freigeben, sondern nur eine entspr Einschränkung beim InsGer anregen.[187]

---

175 *LG Cottbus* ZInsO 2000, 107 f und 337 f.
176 *Hintzen* EWiR 2001, 1151 f gegen *LG Halle.*
177 *Kleiner* [vor § 21] S 21 ff; *Steder* ZIP 2002, 70.
178 *BGH* WM 1998, 1845 f.
179 Vgl *BGHZ* 151, 366 f; zur Rechtstellung eines vorl InsVerw ohne jede Verfügungsbefugnis vgl MK/*Haarmeyer* § 21 Rn 48 ff.
180 *BGHZ* 189, 299 f, Rn 49.
181 Vgl *BMF*-Schreiben ZInsO 2012, 213 f.
182 *BGHZ* 151, 365 ff.
183 Zum Vertrauensschutz für die Vergangenheit vgl *BGH* ZIP 2005, 1372 f.
184 *BGH* ZInsO 2007, 247 f, Rn 20 f; *Graf-Schlicker/Voß* § 22 Rn 1.
185 *BGHZ* 189, 299 f, Rn 49; *Hölzle* ZIP 2011, 1890 f; aM (nur bei ausdrückl Anordnung des InsGer): HambKomm/*Schröder* § 22 Rn 105 ff.
186 *Pohlmann* (vor § 21) Rn 220–222; vgl *Wessel* (vor § 5) S 63 f; HambKomm/*Schröder* § 22 Rn 105a, 113.
187 *BGHZ* 105, 238 f.

Fortführungs-, Abwicklungs- und Prüfungsaufgaben (so Rn 10–17, 31–35) müssen diesem Verwalter ggf **bes übertragen** werden; für Prüfungen kann er ggf als SV bestellt werden.[188] Bücher und Geschäftspapiere des Schu darf er – über Abs 3 S 2 hinaus (su Rn 68) – nicht ohne weiteres in Besitz nehmen. Er haftet nicht nach §§ 35, 69 AO für Steuerschulden des InsSchu.[189] Steuerrechtliche Pflichten treffen ihn allenfalls, soweit er die Kassenführung oder Unternehmensleitung tatsächlich übernimmt;[190] daran ändert – wenigstens für die Umsatzsteuer – auch § 55 Abs 4 nichts.[191] Ihm fehlt die für eine ordnungsrechtliche Gefahrenabwehrpflicht nötige alleinige Verfügungsbefugnis über die Gefahrenquelle.[192] Für eine Unternehmensfortführung gem Abs 1 S 2 Nr 2 (so Rn 18 ff) eignet sich seine Rechtsstellung nur eingeschränkt, da sie nur gemeinsam mit dem Schu möglich ist; ggf muss das InsGer erg Anordnungen treffen.[193] Um die Vorfinanzierung von InsGeld muss sich auch dieser Verwalter ggf bemühen.[194] Soweit der Schu ein Unternehmen noch betreibt, ist die Stilllegung lediglich mit dessen Zustimmung zulässig und – aus Gründen des GlSchutzes, § 157 – an die Zustimmung des InsGer gebunden (so Rn 21 ff). Die Arbeitgeberstellung verbleibt grds beim Schu.[195] Arbeitsrechtlich ist die vom vorl InsVerw mit Zustimmung des Betriebsinhabers beschlossene Stilllegung jedoch wirksam.[196] Der „schwache" vorl InsVerw kann allenfalls wegen eigener Handlungen geeigneter Adressat von Ordnungsverfügungen sein.[197] Vermögensbetreuungspflichten iSv § 266 StGB obliegen ihm nur, soweit ihm besondere Befugnisse erteilt wurden oder ein Zustimmungsvorbehalt gegen den Schu erlassen wurde.[198] Mit der Bestellung auch dieses vorl InsVerw für eine Organgesellschaft im steuerrechtlichen Sinne endet die organisatorische Eingliederung.[199] 49

2. Befugnisse. Ohne Erlass eines allg Verfügungsverbots gilt Abs 1 S 1 nicht. Deshalb bleibt der Schu selbst grds über sein Vermögen verwaltungs- und verfügungsbefugt, soweit das InsGer nicht erkennbar Anderes anordnet. Insb vermag er – uU anfechtbare (§ 132) – InsFord zulasten der späteren Masse zu begründen (su § 24 Rn 11), soweit gegen ihn kein diesbezügliches Verbot erlassen ist (so § 21 Rn 19). Der vorl InsVerw handelt nicht im eigenen Namen, sondern als Vertreter des Schu entspr §§ 1915 Abs 1, 1793 Abs 1 BGB. Er darf iRd ihm eingeräumten Befugnisse ein Unternehmen des Schu auch ohne Zustimmung des InsGer fortführen lassen.[200] Zur Verfügung über Bankkonten des Schu ohne dessen Einwilligung bedarf er aber einer bes Ermächtigung durch das InsGer.[201] Der Schu kann weiterhin einen Überweisungsvertrag m seiner Bank schließen, doch darf diese den überwiesenen 50

188 Erg so Rn 33 ff.
189 Vgl *BFH* ZIP 2009, 2256.
190 *Onusseit* ZInsO 2000, 363 und 366; vgl *BFH* ZInsO 2004, 619 f; *Uhlenbruck/Sinz* § 22 Rn 209; MK/*Haarmeyer* § 22 Rn 194 aE; *N/R/Mönning* § 22 Rn 237; *OFD Hannover* KTS 2001, 420.
191 *Rennert-Bergenthal/Dähling* ZInsO 2011, 1922 f; vgl *BMF*-Schreiben ZInsO 2012, 214.
192 *VGH Kassel* ZIP 2010, 93 f.
193 Vgl *Graf-Schlicker/Voß* § 22 Rn 18; *Hölzle* ZIP 2011, 1891 f.
194 Vgl *Jaeger/Gerhardt* § 22 Rn 136.
195 Vgl *Uhlenbruck/Ries/Zobel* § 22 Rn 64; *Meyer* DZWIR 2004, 138 f; HambKomm/*Schröder* § 22 Rn 115.
196 *BAG* ZIP 2003, 1161 f.
197 Vgl *Lwowski/Tetzlaff* (so Fn 90) D 229 ff; zur steuerrechtlichen Stellung *Frotscher* (vor § 14) S 49; *Kahlert/Rühland* [vor § 14] Rn 1467.
198 *Diversy/Weyand* ZInsO 2009, 804 f.
199 *BFH* ZIP 2013, 1774 ff betr § 17 UStG.
200 *Frind/Förster* ZInsO 2004, 76; vgl *K Schmidt/Hölzle* § 22 Rn 8 f; unzutreffend *LG Hbg* ZInsO 2003, 1095.
201 Vgl *Vallender* FS Greiner, 2005, S 328 f; *Obermüller* ZInsO 2010, 15 f.

Betrag nicht in das Kontokorrent einstellen, wenn ein Zustimmungsvorbehalt erlassen ist.[202] Der Verw ist nicht verpflichtet, ein eigenes Treuhandkonto für Einzahlungen v Kunden des – geschäftlich tätigen – Schu einzurichten.[203] Zur Unzulässigkeit der InsAnf durch bloß vorl InsVerw so Rn 3.

51 **a) Besitz.** An Sachen des Schu erlangt der „schwache" vorl InsVerw Besitz, indem er die tatsächliche Herrschaftsgewalt daran ergreift.[204] Gegen den Willen des Schu (vgl § 858 BGB) ist er dazu aber nur aufgrund einer besonderen Anordnung des InsGer befugt.[205] Dazu kann und muss ihm ggf das InsGer die Berechtigung verschaffen (so Rn 8, 48). Es kann den vorl InsVerw ermächtigen, in Bezug auf Betriebsgrundstücke des Schu Betretungsverbote auszusprechen.[206] Solange der vorl InsVerw nicht den Schu aus dem unmittelbaren Besitz setzt oder ihn zu seinem Besitzdiener (§ 855 BGB) macht, vermag der Schu Besitzschutzansprüche zu verfolgen (§ 861 BGB),[207] gem § 856 BGB wirksam den Besitz aufzugeben oder an Dritte zu übertragen.[208] Umgekehrt haftet der vorl InsVerw solange nicht für Mietverbindlichkeiten betreffend Räume, die der Schu – sei es auch gewerblich – weiter nutzt.[209]

52 **b) Verfügungen.** Der vorl InsVerw ohne begleitendes Verfügungsverbot ist – trotz Zustimmungsvorbehalts – zu Verfügungen über das Vermögen des Schu und zum Abschluss von Verpflichtungsgeschäften eigenständig nur berechtigt, soweit das InsGer dies ausdrücklich festlegt oder sich eine solche Befugnis zweifelsfrei aus dem Zweck seiner Bestellung ergibt. Verfügungen des Schu kann er rechtlich nicht verhindern, solange das InsGer kein bes Verfügungsverbot erlassen oder einen Zustimmungsvorbehalt iSv § 21 Abs 2 Nr 2 HS 2 ausgesprochen hat. Die letztgenannten Anordnungen ermächtigen den vorl InsVerw auch, Lastschriftbuchungen vom Konto des Schu im gegenwärtigen EinzugsermächtigungsVerf zu widersprechen (su § 24 Rn 6). Es kann diesen vorl InsVerw durch ein besonderes Verfügungsverbot ermächtigen, im eigenen Namen eine Forderung des Schu einzuziehen; dann ist der Verw auch befugt, alle Erklärungen entgegenzunehmen, welche die einzuziehende Forderung betreffen. Außerhalb eines laufenden Geschäftsbetriebs des Schu darf eine solche Ermächtigung aber nur erteilt werden, wenn die Verjährung oder Uneinbringlichkeit der Forderung droht.[210] Dieser Verwalter muss ggf ausdrücklich ermächtigt werden, Auskünfte von der Bank des Schu einzuholen (so § 5 Rn 16);[211] richtigerweise sollten ihm dazu die Rechte des Schu aus dem Bankvertrag zur Ausübung überwiesen werden.[212] Die Kassenführung muss ihm ggf ebenfalls bes übertragen werden (vgl § 21 Rn 16), ebenso die Ausübung etwaiger gesellschaftsrechtlicher Befugnisse m Vermögensbezug (so Rn 44) oder das Recht zur Befreiung v Verschwiegenheitspflichten.[213] Das Steuergeheimnis besteht gegenüber die-

---

202 *BGH* ZIP 2009, 675 Rn 21.
203 *OLG Hamm* ZIP 2011, 2068 f.
204 §§ 854 Abs 1, 859, 861 f BGB; vgl *LG Erfurt* ZIP 2013, 282.
205 *Graf-Schlicker/Voß* § 22 Rn 13; vgl *OLG Celle* ZInsO 2003, 31 f. Weiter gehend *Gundlach/Frenzel/Jahn* ZInsO 2010, 124, die allein aus der Sicherungsaufgabe ein Recht des vorl InsVerw ableiten. Erg so Rn 8.
206 *BGH* ZInsO 2007, 207 f, Rn 16 ff; *Graf-Schlicker/Voß* § 22 Rn 22.
207 *LG Leipzig* ZInsO 2006, 1003.
208 Vgl *OLG Naumburg* ZInsO 2009, 1538 f; nur insoweit zutr *OLG Celle* ZIP 2003, 88.
209 *LG Lübeck* ZInsO 2011, 391 f.
210 *BGH* ZIP 2012, 737 f, Rn 18 f.
211 Vgl *Vallender* FS Uhlenbruck, 2000, S 145 f; *Huber* ZInsO 2001, 295 f; *Stephan* WM 2009, 247.
212 Vgl *A/G/R/Sander* § 22 Rn 99; zu weit gehend *AG Duisburg* NZI 2000, 606 f; dagegen *Uhlenbruck/Vallender* § 22 Rn 17.
213 Erg so Rn 7, § 5 Rn 16, § 20 Rn 13.

sem Verwalter fort,[214] solange das InsGer keine gegenteilige Anordnung trifft. Die Postüberwachung (so § 21 Rn 21–23) kann ihm übertragen werden.

c) Masseverbindlichkeiten. Schuldrechtlich verpflichten kann dieser vorl InsVerw den Schu nur aufgrund einer bes Ermächtigung durch das InsGer; der Erlass eines bes Verfügungsverbots allein genügt nicht.[215] Maßnahmen dieses vorl InsVerw begründen auch dann **keine** Masseverbindlichkeiten iSv § 55 Abs 2 oder § 25 Abs 2, wenn ein Zustimmungsvorbehalt angeordnet und sogar eine – unzulässige – pauschale Handlungsermächtigung (so Rn 47) ausgesprochen worden ist.[216] Dementsprechend begründen auch Leistungen aus Dauerschuldverhältnissen, die dieser vorl InsVerw in Anspruch nimmt, grds nur InsFord,[217] zB der Einzug von Mietzahlungen aus Untervermietung ohne Weiterleitung an den Hauptvermieter,[218] ebenso ein Bereicherungsanspruch wegen rechtsgrundloser Zahlungen an den Verw.[219] Eine Zusage dieses vorl InsVerw, ein Entgelt, das er für die Vermietung v sicherungsübereigneten Sachen im Besitz des Schu erlangt, an den Sicherungseigentümer auszukehren, begründet keine Masseverbindlichkeit.[220] Die Ansicht, der vorl InsVerw könne iRd ihm übertragenen Befugnisse von sich aus Masseverbindlichkeiten entspr § 55 Abs 2 begründen,[221] übersieht die nötige Klarstellungsfunktion der gerichtlichen Entsch nach § 21 Abs 2 S 1 Nr 1 und 2 für eine – an sich systemwidrige – Belastung der künftigen InsMasse schon im EröffnungsVerf. 53

Jedoch ist das **InsGer** – bis zur Grenze des Abs 2 S 2 – jedenfalls iVm dem Erlass eines bes Verfügungsverbots (so § 21 Rn 20) befugt, den Verw im Wege der **Einzelermächtigung** zur Eingehung einzelner, bestimmter Masseverbindlichkeiten ausdrücklich zu ermächtigen.[222] Da es um die eilbedürftige Abwehr einer dem Fortbestand des SchuVermögens mglw drohenden Gefahr geht, genügt für den Erlass einer entspr Anordnung die überwiegende Wahrscheinlichkeit (so § 21 Rn 7). Die Ermächtigung sollte auf Anregung des Verwalters erteilt werden, wenn damit voraussichtlich das SchuVermögen günstiger fortentwickelt werden kann als ohne sie, ggf im Vergleich mit anderen naheliegenden Gestaltungsmöglichkeiten. Der Verwalter handelt hierbei je nach Zweckmäßigkeit, ohne insoweit dem insRechtlichen Gleichbehandlungsgebot zu unterliegen. Soweit eine konkrete Erfolgsplanung nicht (kurzfristig) möglich ist, genügt die – nachvollziehbar dargelegte – überwiegende Wahr- 54

---

214 *OFD Hannover* KTS 1999, 1105 f.

215 Vgl § 21 Rn 18, § 24 Rn 10; aM *Lenenbach* [vor § 21] S 176 ff.

216 *BGHZ* 151, 365 ff mwN; *BAG* ZIP 2003, 312 f; *OLG Frankfurt* ZIP 2002, 2185 f; *OLG Hamm* ZIP 2003, 1166; *FG Saarland* ZInsO 2003, 333 f; *FG BW* ZInsO 2009, 1827 f; *LG Karlsruhe* DZWIR 2002, 215 f; *Uhlenbruck/Vallender* § 22 Rn 57, 235; *Kießling/Singhof* DZWIR 2000, 362 f; *Prütting/Stickelbrock* ZIP 2002, 1609 f; *Smid* DZWIR 2002, 444 f; *Blank* ZInsO 2003, 309 f; *Jaeger/Gerhardt* § 22 Rn 128.

217 Vgl *OLG Stuttgart* ZIP 2002, 1955 f mit zust Anm *Eckert* EWiR 2002, 1052; *BAG* ZInsO 2003, 963.

218 *BGH* ZInsO 2008, 322 in Abgrenzung zu *BGH* ZIP 2005, 1085 (betr Kündigungsrecht des Hauptvermieters).

219 *BGH* ZIP 2007, 2279 Rn 9 ff; aM *OLG Bbg* ZInsO 2004, 807 f.

220 *BGH* ZInsO 2006, 938 f.

221 *Fritsche* DZWIR 2005, 277.

222 *BGHZ* 151, 365 ff mwN; *AG Hof* NZI 2000, 37 f; *AG Coburg* ZInsO 2002, 383; MK/*Hefermehl* § 55 Rn 226; *Uhlenbruck/Vallender* § 22 Rn 9; *K Schmidt/Hölzle* § 21 Rn 37; *Kreft* KTS 2004, 221 f; *Smid* DZWIR 2002, 446 f; *Bork* ZIP 2003, 1423; *Laroche* NZI 2010, 965 ff; vgl *BGH* ZIP 2006, 1641 f; BAK*inso* EV ZInsO 2011 Heft 1/2 S III f; *Prütting/Stickelbrock* ZIP 2002, 1611; *Pape* ZIP 2002, 2285 f; offen gelassen von *BAG* ZIP 2003, 313; für eine generelle Ermächtigung *Marotzke* ZInsO 2004, 117 f; aM *Jaeger/Gerhardt* § 22 Rn 131; *Meyer* S 203 ff; FK/*Schmerbach* § 22 Rn 99 f.

scheinlichkeit, dass die neu zu begründende Verbindlichkeit für das Vermögen des Schu günstiger sein wird als ihr Unterbleiben.[223] Das InsGer überprüft dies und – zum Schutz des Geschäftsgegners – ob die Verbindlichkeit nicht bereits erkennbar unerfüllbar ist. Zu einer möglichen Haftung des vorl InsVerw bei Unerfüllbarkeit su Rn 80. Kann sich das InsGer bei gewissenhafter Prüfung nicht von einer solchen Wahrscheinlichkeit überzeugen, muss es die Ermächtigung ablehnen;[224] alternativ darf es aber ein allg Verfügungsverbot erlassen und damit dem vorl InsVerw die alleinige Verantwortung überlassen.[225] Eine erteilte Ermächtigung muss wenigstens so weit konkretisiert sein, dass daraus jeweils die einzelne Belastung der späteren InsMasse im Wesentlichen zu erkennen ist,[226] insb also die Obergrenze und Kosten eines aufzunehmenden Kredits. Bei zahlreichen Geschäften kann die Ermächtigung zB zu den in eine Liste aufgenommenen erteilt werden, bei sehr umfangreichen auch durch eine funktionale Umschreibung iRd Verkehrsüblichen.[227] Zur Erfüllung derartiger Verbindlichkeiten vor Ende des EröffnungsVerf su § 25 Rn 9. Die Ermächtigung wirkt nur für die Zukunft; eine rückwirkende Verstärkung bereits begründeter InsForderungen zu Ansprüchen gegen die InsMasse wäre unwirksam.[228] Eine Ermächtigung zur Begr von Masseverbindlichkeiten mit dem Vorrang des § 209 Abs 2 Nr 2 steht dem InsGer – zudem vor InsEröffnung – funktional nicht zu;[229] sie wäre insoweit unwirksam.

55 § 55 Abs 4 bestimmt, dass **alle** Verbindlichkeiten aus **Steuerschuldverhältnissen**, die der Schu m Zustimmung eines InsVerw begründet hat, nach InsEröffnung als Masseverbindlichkeiten gelten. Dazu soll es genügen, dass der vorl Verw der Unternehmensfortführung zustimmt.[230] Dies gilt auch für den „schwachen" vorl InsVerw.

56 **Vertragserfüllung** iSv § 103 kann der „schwache" vorl InsVerw idR ebenso wenig wählen wie der „starke" (so Rn 39). Jedoch sollte das InsGer ihn ausdrücklich ermächtigen können, die Erfüllung einzelner, bestimmter vertraglicher Verbindlichkeiten – insb aus Dauerschuldverhältnissen – zugunsten des Schu mit der Folge des § 55 Abs 2 zu verlangen, soweit dies zur Sicherung und Erhaltung des verwalteten Vermögens unvermeidlich ist.[231]

57 Die **Anfechtbarkeit** von Rechtshandlungen des vorl InsVerw im EröffnungsVerf (su § 129 Rn 35) ist nicht nur bei Bargeschäften iSv § 142 ausgeschlossen, sondern auch soweit Masseverbindlichkeiten begründet werden (su § 129 Rn 36). Veranlasst ein Gl, der mit seiner Forderung nur InsGl wäre, durch die Weigerung, andernfalls eine für die Fortführung des

---

223 Vgl einerseits HambKomm/*Schröder* § 22 Rn 94; *Laroche* NZI 2010, 969 ff; andererseits die Bedenken v *Horstkotte/Martini* ZInsO 2010, 750 ff.

224 Vgl *AG Hbg* ZIP 2003, 44.

225 Nur insoweit trifft die Schlussfolgerung v *Horstkotte/Martini* ZInsO 2010, 752 ff zu. Demgegenüber darf der Geschäftsgegner auf die ihn betreffende gerichtliche Einzelermächtigung mehr vertrauen als auf eine allg Sicherungsmaßnahme.

226 Vgl *Smid* DZWIR 2002, 448; *Laroche* NZI 2010, 968 ff; *Vallender* FS Greiner, 2005, S 335 f für Vorfinanzierung v InsGeld.

227 Vgl *AG Duisburg* ZInsO 2002, 886; *Louven/Böckmann* NZI 2004, 128 ff; *Kirchhof* ZInsO 2004, 60 f; Hamburger Leitlinien zum InsEröffnungsVerf ZInsO 2004, 25; MK/*Haarmeyer* § 22 Rn 70, 132; *Laroche* NZI 2010, 968; *Hofmann* ZIP 2007, 833 f für Bezug v Lieferungen und Dienstleistungen.

228 Vgl *Gottwald/Klopp/Kluth/Wimmer* § 56 Rn 4; HambKomm/*Schröder* § 22 Rn 95; *Laroche* NZI 2010, 966.

229 Vgl *Marotzke* ZInsO 2005, 564 ff; *Ries*, FS Haarmeyer, 2013, S 265 f; aM *AG Hbg* ZInsO 2004, 1270 f.

230 *FG Düsseldorf* ZIP 2013, 2225 ff.

231 *A/G/R/Sander* § 22 Rn 92; so Rn 54. Entsprechendes gilt für die Entbindung v Vertragspartnern des Schu v ihrer Verschwiegenheitspflicht: vgl *K Schmidt/Hölzle* § 20 Rn 8.

Unternehmens des Schu notwendige Leistung nicht zu erbringen, den unter Erlass eines Zustimmungsvorbehalts bestellten vorl InsVerw dazu, dem Gl nicht nur das Entgelt für die neue Leistung zu zahlen, sondern ihn auch wegen seiner Altforderung voll zu befriedigen, so ist jedenfalls die Zusage der zweiten Leistung gem § 132 Abs 1 Nr 2 anfechtbar.[232] Darüber hinaus kann ein Erfüllungsgeschäft als solches trotz Zustimmung des vorl InsVerw nach § 130 Abs 1 Nr 2 anfechtbar sein, falls nur gesetzliche Ansprüche oder Altverbindlichkeiten erfüllt werden; steht die Erfüllung allerdings im Zusammenhang mit noch zu erbringenden Leistungen des anderen Teils, darf dieser idR auf die Unanfechtbarkeit vertrauen, falls der vorl InsVerw keinen Vorbehalt ausdrückt.[233] Soweit eine Anfechtbarkeit nicht in Betracht kommt, kann in Extremfällen eine Nichtigkeit der Rechtshandlung wegen InsZweckwidrigkeit zu prüfen sein.[234]

Die Beteiligung eines vorl InsVerw an **Treuhandgeschäften**[235] wird nicht durch § 22 eingeschränkt,[236] weil die (auch) als Verwalter tätige Person insoweit in anderer, selbstständiger Eigenschaft handelt;[237] dies ist insolvenzrechtlich unbedenklich, solange keine unzulässige Interessenkollision auftritt.[238] Jene Gestaltung ist von der Führung eines bloßen Anderkontos des vorl InsVerw in dieser Eigenschaft zu unterscheiden; ein solches ist voll in die Ins-Verwaltung eingebunden.[239] **58**

d) Beendigung von Verpflichtungen des Schuldners. Eine Berechtigung dieses vorl Ins-Verw, Verpflichtungsgeschäfte des Schu – insb durch Kündigung – nach allg Regeln zu beenden, sollte vom InsGer zur Klarstellung ausdrücklich angeordnet werden.[240] Dasselbe gilt für seine Befugnis, vertragliche Auskunftsansprüche des Schu geltend zu machen. Gekündigten und freigestellten Arbeitnehmern kann der Verwalter wirksam Urlaub gewähren.[241] Zur Erteilung von Arbeitszeugnissen ist er nicht verpflichtet.[242] Abfindungsansprüche aus einem vor InsEröffnung aufgestellten Sozialplan sind InsFord iSv § 38, wenn nur ein „schwacher“ vorl InsVerw daran mitgewirkt hat.[243] Stimmt dieser einer vom Schu als Unternehmer durchgeführten Betriebsänderung zu, ohne dass darüber ein Interessenausgleich mit dem Betriebsrat versucht wurde, so sind die daraus folgenden Ansprüche entlassener Arbeitnehmer auf Nachteilsausgleich im nach Zugang der Kündigungen eröffneten InsVerf einfache InsFord.[244] Andererseits sind Kündigungen durch den Schu als Arbeitgeber im **59**

---

232 *BGHZ* 154, 194 ff.
233 *BGHZ* 161, 320 ff; 165, 286 ff; vgl *BGH* WM 2013, 510 f, Rn 18 ff; aM *Malitz* FS Greiner, 2005, S 225.
234 Vgl *Ganter* FS Gerhardt, 2004, S 248 ff; erg su § 129 Rn 36.
235 Vgl dazu *BGHZ* 109, 51 ff; *BGH* ZIP 2002, 536 ff; *Kreft* FS Merz, 1992, S 313 ff; *Hess* § 22 Rn 174 f. Erg su § 25 Rn 9.
236 *Uhlenbruck/Vallender* § 22 Rn 242 ff; *Undritz* NZI 2003, 141; *Bork* ZIP 2003, 1424; *Kirchhof* FS Kreft, 2004, S 363 ff; *Marotzke* ZInsO 2005, 566 ff; MK/*Haarmeyer* § 22 Rn 71; vgl *K Schmidt/Hölzle* § 22 Rn 7; *Graf-Schlicker/Voß* § 22 Rn 17; Hamburger Leitlinien ZInsO 2004, 24 ff; *AG Hbg* ZInsO 2005, 448.
237 Vgl *OLG Bremen* ZInsO 2005, 323, allerdings ohne Abgrenzung zum bloßen Anderkonto; ferner *Windel* ZIP 2009, 104 f.
238 Zu Bedenken vgl aber HambKomm/*Schröder* § 22 Rn 102; *Frind* ZInsO 2005, 1297 ff.
239 Vgl *Undritz* NZI 2003, 138 f.
240 Vgl *BAG* KTS 1999, 251, 252; *LAG BW* ZIP 1996, 1387 f; *LAG Hamm* ZIP 2004, 728; *Jaeger/Gerhardt* § 22 Rn 134 f; *Berscheid* ZInsO 2001, 990 f.
241 *LAG Düsseldorf* ZIP 1999, 1105 f.
242 *BAG* ZIP 2004, 1976.
243 *BAG* ZIP 2002, 2052 f.
244 *BAG* ZIP 2003, 312 f; *LAG Köln* NZI 2002, 333 f.

EröffnungsVerf, in dem ein Zustimmungsvorbehalt iSv § 21 Abs 2 Nr 2 Alt 2 angeordnet wurde, nur mit Zustimmung des vorl InsVerw wirksam.[245]

60 **e) Verwertungsmaßnahmen.** Der „schwache" vorl Verwalter muss – solange kein Verwertungsverbot gem § 21 Abs 2 S 1 Nr 5 erlassen ist (so § 21 Rn 40) – ggf ausdrücklich ermächtigt werden, Forderungen des Schu einzuziehen. Andererseits kann der DrittSchu idR nur mit Zustimmung des vorl Verwalters befreiend leisten, wenn ein Zustimmungsvorbehalt erlassen ist (su § 24 Rn 18 ff). Günstigen Verwertungsmaßnahmen des Schu darf er bis zur Grenze der §§ 160–163 (so Rn 13) zustimmen, für nachteilige haftet er gem § 60.[246] Gegenstände, die sicherungshalber an Dritte abgetreten oder übereignet sind, darf er – vorbehaltlich v Anordnungen gem § 21 Abs 2 S 1 Nr 5 (so Rn 17) – nicht ohne deren Einverständnis verwerten.[247] Insolvenzfeste Sicherungsrechte für künftige InsFord (nicht: Masseverbindlichkeiten, so Rn 57) kann er – nur – im Wege eines Bargeschäfts[248] sowie in der Weise begründen, dass er zugleich als mehrseitiger Treuhänder auch für andere Beteiligte auftritt.[249]

61 **f) Prozessführungsbefugnis.** Der vorl InsVerw ist für den verfügungsberechtigten Schu idR nicht prozessführungsbefugt.[250] Anhängige Prozesse werden idR nicht gem § 240 S 2 ZPO unterbrochen;[251] er ist nicht anstelle des Schu zu verklagen.[252] Das InsGer kann jedoch diesen vorl InsVerw entspr § 53 ZPO ermächtigen, Prozesse – insb zur Sicherung und Erhaltung des SchuVermögens – zu führen. Das ist nicht allg,[253] sondern nur bei bes Anordnung,[254] nach Erlass eines bes Verfügungsverbots bzgl der davon erfassten Gegenstände[255] oder insoweit anzunehmen, als es sich um nicht aufschiebbare Maßnahmen handelt, die zur Sicherung oder Erhaltung des verwalteten Vermögens nötig sind.[256] An eine entspr Ermächtigung des InsGer sind die Prozessgerichte – vorbehaltlich einer Nichtigkeit im Einzelfall – gebunden.[257] In diesem Fall tritt auch eine Prozessunterbrechung ein.[258] Der Schu kann einen v ihm geführten Prozess nur m Zustimmung dieses vorl InsVerw wirksam für in der Hauptsache erledigt (§ 91a ZPO) erklären.[259]

---

245 *BAG* ZInsO 2003, 817 f; *Graf-Schlicker/Voß* § 22 Rn 21; aM *Ries* ZInsO 2007, 416 f, der zu Unrecht einen Vertrag nicht als Vermögensgegenstand der InsMasse ansieht; erg so § 21 Rn 17.

246 Vgl *OLG Hamm* NZI 1999, 199 f.

247 *OLG Köln* NZI 2000, 268. Erg so Rn 42, § 21 Rn 40 ff, 49 und zu umsatzsteuerlichen Folgen (Einfachumsatz) *LG Wuppertal* ZInsO 2007, 447.

248 Vgl *Feuerborn* KTS 1997, 187 f; *Kirchhof* ZInsO 2000, 299 f.

249 So Rn 58; erg vgl *Windel* ZIP 2009, 104 f.

250 Vgl *LG Essen* NZI 2000, 552 f; *Uhlenbruck/Vallender* § 22 Rn 18, 247; PK-HWF/*Mitter* § 22 Rn 26. Anders für Ansprüche aus eigener Rechtsposition (zB Besitzschutz) MK/*Haarmeyer* § 22 Rn 186.

251 *BGH* ZIP 1999, 1315; *BFH* NJW-Spezial 2008, 375; ZInsO 2013, 2217 f; *KG* ZInsO 2001, 265 f; *OLG Celle* ZInsO 2002, 728; *Jaeger/Gerhardt* § 22 Rn 142. Abgrenzend vgl diese Rn aE.

252 Vgl *BGHZ* 189, 299 f, Rn 31; *OLG Koblenz* ZInsO 2005, 777.

253 *LG Essen* InVo 2000, 241 f.

254 *Koch* (vor § 21) S 72 f; *K/P/B/Pape* § 24 Rn 9; *Jaeger/Gerhardt* § 22 Rn 144; *Hess* § 22 Rn 146; vgl *OLG Köln* ZIP 2004, 2450 f; MK/*Haarmeyer* § 24 Rn 16.

255 HambKomm/*Schröder* § 22 Rn 175.

256 *OLG Braunschweig* ZIP 1999, 1770; *OLG Stuttgart* ZInsO 1999, 474; vgl *BGH* ZIP 2000, 1116.

257 *OLG Köln* ZIP 2004, 2451; *Hegmann* EWiR 1987, 184; *Berscheid* ZIP 1997, 1574; HambKomm/*Schröder* § 22 Rn 177; *Uhlenbruck/Vallender* § 22 Rn 248; FK/*Schmerbach* § 24 Rn 39; aM *OLG Dresden* ZIP 1998, 1808.

258 *BGH* ZInsO 2013, 1516 f.

259 *AG Göttingen* ZIP 2007, 1283; *Graf-Schlicker/Voß* § 22 Rn 21.

Da auch dieser vorl InsVerw zugleich für die Gl handelt und zur Vereinheitlichung (so Rn 45), sollte er als Prozessstandschafter im eigenen Namen auftreten.[260] Gestattet sind stets Rechtsbehelfe zur Durchsetzung eines Vollstreckungsverbots (§ 21 Abs 2 Nr 3)[261] oder Einstellungsanträge gem § 30d Abs 4 ZVG (vgl § 21 Rn 38 f); da solche Anträge nur zur Abwehr nachteiliger Veränderungen in der Vermögenslage des Schu gestellt werden dürfen und naturgemäß eilbedürftig sind, sind sie ohne weiteres durch den Sicherungsauftrag auch des „schwachen" vorl InsVerw (so Rn 48) gedeckt.[262] Entspr sollte gelten, wenn der vorl InsVerw schwebende Anträge des Schu auf Eintragung einer vermögensmindernden Eintragung im Grundbuch zurücknehmen will (so Rn 45). In allen diesen Fällen sollte aber eine ausdrückliche Ermächtigung durch das InsGer möglichen Meinungsverschiedenheiten mit den anzurufenden anderen Gerichten vorbeugen. Der Verw handelt (nur) mit Wirkung für und gegen das Vermögen des Schu; allein dieses haftet – vorbehaltlich des § 60 –, falls der Verw aus einer vermeintlich titulierten Forderung des Schu vollstreckt und hierdurch eine Haftung gem § 717 Abs 2 ZPO auslöst.[263] 62

Gl haben ihre Klagen **gegen** den **Schu** persönlich zu richten,[264] auch wenn der vorl InsVerw duldet, dass der Schu fremde Schutzrechte verletzt.[265] Eine zugleich gegen den „schwachen" vorl InsVer gerichtete Klage ist unzulässig.[266] Im eigenen Namen handelt der Verwalter stets, soweit er persönlich – zB als Besitzer[267] oder Handlungsstörer[268] – sachbefugt ist. IdR darf er als Streithelfer des Schu gem § 66 ZPO auftreten.[269] 63

V. Zwangsbefugnisse der vorläufigen Insolvenzverwalter (Abs 3)

Abs 3 verleiht jedem InsVerw – unabhängig vom Erlass eines allg Verfügungsverbots[270] – ohne weiteres eigenständige Befugnisse gegenüber dem Schu. Diese ruhen gem § 306 Abs 2 auch nicht vor einem VerbrInsVerf.[271] Damit wird § 20 ergänzt. Um sie zwangsweise durchzusetzen, muss das InsGer eingeschaltet werden; eine „freiwillige" Räumung auf Betreiben des vorl InsVerw ist nicht anfechtbar.[272] Die Befugnisse können auch eingesetzt werden, um einen Prüfungsauftrag gem Abs 1 S 2 Nr 3 zu erfüllen; dazu darf der Verw auch die Geschäftsunterlagen des Schu einsehen.[273] Der Schu kann sich durch eine bewusste Verletzung seiner Pflichten gem § 826 BGB schadensersatzpflichtig machen.[274] Einem SV als solchem stehen Zwangsbefugnisse nicht zu, sondern lediglich Anregungen gem § 404a ZPO.[275] Zur Unzulässigkeit v gerichtlichen Sicherungsmaßnahmen gegen Dritte[276] vgl § 20 Rn 23. 64

---

260 *Fritsche* DZWIR 2005, 274; offen gelassen von *BGH* ZIP 2000, 1117 mwN.
261 Vgl *Steder* ZIP 2002, 70.
262 *Fritsche* DZWIR 2005, 274; vgl *Jaeger/Gerhardt* § 22 Rn 142; zw *Eickmann* in Berger ua, 3. Leipziger InsRechtstag, S 55 Rn 32.
263 Dies verkannte *AG Mönchengladbach* ZInsO 2013, 145 f.
264 Vgl *OLG Stuttgart* WM 1990, 1888.
265 Verfehlte Begr bei *LG Düsseldorf* WM 1997, 1346 f.
266 *LAG Hamm* ZIP 2002, 581 f.
267 Vgl *Pohlmann* [vor § 21] Rn 573 f.
268 Vgl *Hess* § 24 Rn 17 ff.
269 *Paulus* ZZP 96 (1983), 363 f.
270 Vgl RegE S 116; HambKomm/*Schröder* § 22 Rn 190.
271 HambKomm/*Herchen* § 20 Rn 6 aE.
272 *LG Gera* ZIP 2002, 1738.
273 FK/*Schmerbach* § 5 Rn 21.
274 Vgl *OLG Köln* ZIP 1998, 114 f.
275 *Bollig* KTS 1990, 609 f; *Uhlenbruck* KS-InsO, S 201 Rn 68; aM *Wessel* (vor § 5) S 82 ff; erg so Rn 7.
276 *Irmen/Werres* NZI 2001, 583 f.

65 **1. Geschäftsräume des Schuldners (S 1). – a) Betreten.** Der vorl InsVerw darf alle Geschäftsräume des Schu betreten. Insoweit ist der Beschl über die Bestellung des InsVerw zugleich eine Anordnung iSv Art 13 Abs 2 GG.[277] Berechtigt sind auch Hilfskräfte des Verwalters und v ihm beauftragte Dritte, zB Wirtschaftsprüfer oder Steuerberater.[278] Wohnräume des Schu sind nur zu betreten, soweit darin ein Teil des Geschäftsbetriebs stattfindet.[279] Der „starke" vorl InsVerw soll allerdings – wie der endgültige[280] – auch die Wohnung des Schu betreten dürfen, um Sachen der (künftigen) InsMasse in Besitz zu nehmen;[281] dies mag allenfalls zutreffen, soweit solche Sachen vorher bekannt sind. IÜ ist die – in § 22 Abs 3 nicht erwähnte – Wohnung nur aufgrund richterlichen Durchsuchungsbefehls zu betreten,[282] der als sonstige Sicherungsmaßnahme gem § 21 Abs 1 S 1 v InsGer erlassen werden kann.[283]

66 Da das Recht des vorl InsVerw, die Geschäftsräume des Schu zu betreten, eine notwendige Folge seiner Bestellung ist, ist der richterliche BestellungsBeschl zugleich ein Vollstreckungstitel iSv § 794 Abs 1 Nr 3 ZPO (so Rn 8). Er ist entspr §§ 883, 885 ZPO – ggf ohne Besitzentziehung zulasten des Schu – zu vollstrecken;[284] einer Vollstreckungsklausel[285] oder einer zusätzlichen Anordnung iSv § 758a ZPO[286] bedarf es nicht. Der Titel wirkt entspr § 758a Abs 3 S 1 ZPO auch gegenüber etwaigen Mitbewohnern des Schu.[287] Für die Regelung des Hausrechts ist das InsGer, nicht das Prozessgericht im Wege einstweiliger Verfügung zuständig.[288] Auch Erinnerungen gegen die Art und Weise der Durchführung sollten wegen des inneren Zusammenhangs mit dem Ermittlungszweck schon im EröffnungsVerf entspr § 148 Abs 2 S 2 vom InsGer – statt vom allg Vollstreckungsgericht – entschieden werden.[285]

67 **b) Nachforschungen.** Der vorl InsVerw darf in den Geschäftsräumen des Schu Nachforschungen anstellen. Dies kann ggf unter Inanspruchnahme eines GV durchgesetzt werden.[289] Sie erlauben eine tatsächliche Besichtigung der Räume, ihrer Einrichtungen und der Warenbestände, ferner die Ermittlung verborgen gehaltener Gegenstände und Aufzeichnungen.[290] Der Umfang der Nachforschungen liegt im pflichtgemäßen Ermessen des vorl InsVerw. In diesem Rahmen darf der Schu ihn nicht behindern; das kann ggf durch Haftanordnung des InsGer gem S 3 iVm § 98 Abs 2 und 3 erzwungen werden. Zudem kann das InsGer den vorl InsVerw emächtigen, in Bezug auf Betriebsgrundstücke des Schu Betretungsverbote – zB gegen diesen – auszusprechen.[291]

68 **2. Bücher und Geschäftspapiere des Schuldners (S 2).** Der vorl InsVerw darf in die Bücher und Geschäftspapiere des Schu Einsicht nehmen. Betroffen werden nur solche „Bücher",

---

277 Vgl *Ampferl* Rn 883 ff; *Jaeger/Gerhardt* § 22 Rn 32; MK/*Haarmeyer* § 22 Rn 179.
278 *N/R/Mönning* § 22 Rn 251; *Roth* (vor § 4) S 87.
279 MK/*Haarmeyer* § 22 Rn 179; *Graf-Schlicker/Voß* § 22 Rn 24; *A/G/R/Sander* § 22 Rn 149; mglw weiter gehend *K/P/B/Pape* § 22 Rn 106.
280 Vgl hierzu RegE S 170 zu § 167.
281 HambKomm/*Schröder* § 22 Rn 192.
282 *Uhlenbruck* § 22 Rn 211; vgl *Irmen/Werres* NZI 2001, 580 ff; aM *Jaeger/Gerhardt* § 22 Rn 32.
283 *Graf-Schlicker/Voß* § 22 Rn 24. Erg so § 21 Rn 25.
284 Vgl *Lohkemper* ZIP 1995, 1649; *Hess* § 22 Rn 103; *K/P/B/Pape* § 22 Rn 106.
285 *AG Duisburg* ZInsO 2005, 105 f.
286 AM insoweit *Roth* (vor § 4) S 88 f.
287 *BGH* ZInsO 2008, 268 f.
288 *LG Duisburg* NZI 1999, 329; MK/*Haarmeyer* § 22 Rn 180.
289 HambKomm/*Schröder* § 22 Rn 191; *Roth* (vor § 4) S 87.
290 MK/*Haarmeyer* § 22 Rn 181.
291 *BGH* ZIP 2007, 439; *N/R/Mönning* § 22 Rn 250.

die sich über die Vermögensverhältnisse des Schu verhalten,[292] einschließlich der EDV-Datenträger (vgl § 239 Abs 4 HGB). Etwaige berufliche Verschwiegenheitspflichten des Schu stehen der Einsichtnahme nicht entgegen.[293] Einsicht ist grds dort zu nehmen, wo sich die Sache befindet; Überlassung in seinen eigenen Bereich kann der Verwalter – nur – verlangen, wenn ein allg Verfügungsverbot erlassen ist (so Rn 8), oder soweit die Sachen für den Geschäftsbetrieb des Schu entbehrlich sind.[294] Die Herausgabevollstreckung ist aber als milderes Mittel im Vergleich mit der Auskunftserzwingung (su Rn. 70) zulässig. Die Duldung der Einsichtnahme wird ggf nach S 3 iVm § 98 Abs 2 und 3 vollstreckt, eine Herausgabe beweglicher Sachen nach § 883 ZPO, die Mitteilung des Know-how zu EDV-Datenträgern über §§ 97, 98 (su Rn 70). Werden die Unterlagen im Auftrag des Schu bei einem Dritten aufbewahrt, kann der InsVerw dort (nur) die Einsichtsrechte des Schu ausüben.[295] Wurden die Unterlagen für ein StrafVerf beschlagnahmt, kann der vorl InsVerw Einsicht verlangen.[296] Werden sie für das StrafVerf nicht mehr benötigt, hat der InsVerw seine Rechte unmittelbar gegenüber der StA geltend zu machen.[297]

3. Auskunftspflichten (S 3). Schon dem vorl InsVerw gegenüber sind der Schu, seine organschaftlichen Vertreter (§ 101 Abs 1 S 1 und 2) sowie seine Angestellten (§ 101 Abs 2) auf Verlangen auskunftspflichtig (vgl § 20 Rn 4–7). Das gilt auch, soweit der vorl InsVerw als SV tätig wird.[298] Der Inhalt ihrer Auskunftspflicht entspricht derjenigen nach § 20 (vgl § 20 Rn 8–14). Zusätzlich soll die Auskunft alle Ziele des § 22 Abs 1 S 2 fördern und erstreckt sich auf sämtliche dafür erheblichen Tatsachen, insb für die vom Verw anzufertigenden Berichte. Eine berufliche Schweigepflicht des Schu steht nicht entgegen, soweit Auskünfte über Vermögensgegenstände verlangt werden, die dem künftigen InsBeschlag unterliegen.[299] Der Schu ist auf Anforderung verpflichtet, benötigte Unterlagen selbst herauszusuchen und zu übermitteln;[300] periodische Berichte können aufgegeben werden.[301] Gegen Dritte – insb Vertragspartner des Schu – richtet sich die Vorschrift nicht. **69**

Die Auskunftspflicht des Schu und seiner organschaftlichen Vertreter wird auf Antrag des InsVerw durch das InsGer gem § 98 vollstreckt (vgl § 20 Rn 18 f). Gegen die Angestellten sind nur die gegenüber Zeugen üblichen **Zwangsmittel** zulässig (vgl § 20 Rn 22). Zum strafprozessualen Verwertungsverbot vgl § 20 Rn 13. **70**

4. Mitwirkungspflicht des Schuldners. Die umfassende Verweisung des S 3 HS 2 ua auf § 97 Abs 2 und 3 bedeutet, dass der Schu schon den vorl InsVerw auf dessen Anforderung[302] bei der Erfüllung von dessen Aufgaben zu unterstützen hat;[303] die zwischenzeitliche Erg des **71**

292 PK-HWF/*Mitter* § 22 Rn 38.
293 *LG Berlin* ZVI 2005, 28; *Hess* § 22 Rn 327; HambKomm/*Schröder* § 22 Rn 198; vgl *BGH* ZIP 2003, 2176.
294 PK-HWF/*Mitter* § 22 Rn 38; *Uhlenbruck* KS-InsO, S 203 Rn 72; gegen jedes Mitnahmerecht *A/G/R/Sander* § 22 Rn 152.
295 Zu weit gehend *AG Karlsruhe-Durlach* NZI 2007, 296 f.
296 *Uhlenbruck/Vallender* § 22 Rn 288; FK/*Schmerbach* § 5 Rn 17b; MK/*Haarmeyer* § 22 Rn 183; HambKomm/*Schröder* § 22 Rn 196.
297 *LG Mannheim* NStZ-RR 1998, 113.
298 *Vallender* ZInsO 2010, 1467.
299 Vgl *BGH* ZIP 2003, 2176; *LG Berlin* ZInsO 2004, 817 f; *K/P/B/Pape* § 22 Rn 107a; *Graf-Schlicker/Voß* § 22 Rn 25.
300 *Uhlenbruck/Vallender* § 22 Rn 213.
301 *LG Duisburg* ZIP 2001, 1065.
302 Vgl *N/R/Mönning* § 20 Rn 40.
303 *Uhlenbruck/Vallender* § 22 Rn 290; *Ampferl* Rn 904; *Thiemann* Rn 413; MK/*Haarmeyer* § 20 Rn 40–46, § 22 Rn 172; *Jaeger/Gerhardt* § 22 Rn 184; *K/P/B/Pape* § 22 Rn 106, 109.

HS 1 stellt dies klar (erg so § 20 Rn 15). Als Schu verpflichtet sind auch die in § 101 Abs 1 S 1 genannten, noch tätigen Vertreter juristischer Personen oder anderer Gesellschaften.[304]

72 Einerseits hat der Schu alle verfahrenszweckwidrigen Handlungen zu unterlassen; er darf insb weder Unterlagen vernichten noch Vermögensgegenstände, die vom InsBeschlag erfasst werden würden, beiseiteschaffen.[305] Andererseits hat der Schu höchstpersönliche Handlungen zu erbringen, auf die der vorl InsVerw zur Erfüllung seiner Aufgaben angewiesen ist. Insb kann der Schu verpflichtet sein, den vorl InsVerw iRd Unternehmensfortführung zu informieren,[306] im Ausland gelegene Gegenstände durch geeignete Handlungen zugunsten des vorl InsVerw sicherzustellen[307] oder Dritte als Wissensträger – insb RA – von ihrer Verschwiegenheitspflicht zu befreien.[308] Um die gebotene Mitwirkung erbringen zu können, hat der Schu sich im Bedarfsfall auf gerichtliches Anfordern bereit zu halten (S 3 iVm § 97 Abs 3).[309] Kosten werden ihm nicht erstattet. Eine allg Pflicht zur unentgeltlichen (so § 20 Rn 15) Mitarbeit bei der Verwaltung trifft ihn aber nicht.[310]

73 Die Erfüllung der Mitwirkungspflichten kann – nur vom InsGer – durch Haftanordnung nach Abs 3 iVm § 98 Abs 2 und 3 **vollstreckt** werden,[311] jedoch nur auf Antrag des vorl InsVerw;[312] erg so § 21 Rn 26. Ist diese im Einzelfall undurchführbar oder unzweckmäßig, kann das InsGer auf Antrag des vorl InsVerw – idR nach Anhörung des Schu – andere Erzwingungsmittel anordnen: Der Umstand, dass der BTag § 110 Abs 2 RegE gestrichen hat, steht solchen nach § 4 iVm § 888 ZPO allg zulässigen Anordnungen nicht entgegen, sondern diente nur der Vereinfachung.[313] Zur Anfechtbarkeit vgl § 21 Rn 59 ff. Das InsGer kann nicht eine nach materiellem Recht erforderliche Mitwirkungshandlung des Schu von sich aus ersetzen (so Rn 7). Der vorl InsVerw kann den Schu auch auf Abgabe einer Willenserklärung verklagen.[314] Dessen mangelnde Mitwirkung wird zudem durch § 4c Nr 1, § 290 Abs 1 Nr 5 und § 305 Abs 3 sanktioniert.

VI. Persönliche Rechtsstellung der vorläufigen Insolvenzverwalter

74 Nach § 21 Abs 2 S 1 Nr 1 gelten für jeden vorl InsVerw die Regeln über den endgültigen InsVerw mit Ausnahme des § 57 über die Abwahl entspr; diese entfällt vor einer VerfEröffnung. Den InsVerw trifft keine allg Beratungspflicht gegenüber den Beteiligten.[315] Das InsGer kann jeden vorl InsVerw gem § 8 Abs 3 beauftragen, Zustellungen durchzuführen (vgl § 8 Rn 12).

75 **1. Bestellung.** Das InsGer wählt aufgrund der Eignungskriterien des § 56 Abs 1 nach pflichtgemäßem Ermessen[316] eine natürliche Person als vorl InsVerw aus; es sollte vorher

304 Vgl *K/P/B/Pape* § 20 Rn 15.
305 RegE S 142 zu § 111; PK-HWF/*Mitter* § 22 Rn 39; vgl *LG Memmingen* ZIP 1983, 204 f.
306 *N/R/Mönning* § 20 Rn 41; *Uhlenbruck* KS-InsO, S 205 Rn 75.
307 Vgl RegE S 142 zu § 110; *BVerfG* ZIP 1986, 1337; *OLG Köln* ZIP 1986, 658 f; *OLG Koblenz* ZIP 1993, 844; *Grau* Die Bedeutung der §§ 894, 895 ZPO für die Vollstreckung von Willenserklärungen, 2001, S 101 f; zur Auslandsvollmacht vgl *BGH* ZIP 2003, 2123 f.
308 *Uhlenbruck/Vallender* § 22 Rn 292.
309 Vgl *Uhlenbruck/Vallender* § 22 Rn 292; *Richter* wistra 2000, 4.
310 *Uhlenbruck* InVo 1997, 227; HambKomm/*Schröder* § 22 Rn 200; vgl *BGH* ZInsO 2006, 703 f.
311 Vgl *LG Köln* EWiR 1998, 77 f; *LG Duisburg* ZIP 2001, 1065 f.
312 *App* EWiR 2001, 880.
313 BT-Drucks 12/7302, 166.
314 Vgl *LG Köln* ZIP 1997, 2162.
315 Vgl *BGH* KTS 1963, 172.
316 Vgl *LG Magdeburg* ZIP 1996, 2117.

dessen Bereitschaft klären, das Amt zu übernehmen.[317] Für die Mitwirkung der Gl bei der Bestellung gelten §§ 21 Abs 2 S 1 Nr 1, 56a (su § 56a Rn 3). Die Ernennung wird – erst – mit seiner Annahme wirksam[318], zu der er nicht verpflichtet ist.[319] Er erhält eine Bestallungsurkunde (§ 56 Abs 2 S 1), in welcher der Umfang seiner Befugnisse (so Rn 4, 36, 47) angegeben werden sollte.[320] Name und Anschrift des Verwalters sollen – entspr §§ 27 Abs 2 Nr 2, 30 Abs 1 und 2 – bekannt gemacht werden; eine ausdrückliche Regelung dieses Inhalts ist als selbstverständlich gestrichen worden.[321] Mit Inkrafttreten der Neuregelungen zum Konzerninsolvenzrecht zum 21.4.2018 werden die Gerichte verpflichtet, sich über die Bestellung eines einheitlichen vorl InsVerw abzustimmen, wenn InsAnträge gegen mehrere Unternehmen gestellt wurden, die derselben Unternehmensgruppe angehören, § 21 Abs 2 S 1 Nr 1 HS 2 iVm § 56b.[322]

2. Aufsicht des Insolvenzgerichts und Entlassung. Der vorl InsVerw untersteht entspr § 58 der **Aufsicht** des InsGer;[323] zu Aufsichtsmaßnahmen bei Entnahmen aus dem verwalteten Vermögen vgl § 25 Rn 5. Eine Entlassung ist entspr § 59 möglich, ohne dass ein Antrag der GlVersammlung in Betracht kommt.[324] Zur Frage, wann ein wichtiger Grund vorliegt, vgl im Einzelnen § 59 Rn 3 ff. Ein solcher Grund kann bei beleidigendem Verhalten gegeben sein,[325] liegt aber nicht schon darin, dass ein vorl InsVerw eine Abwicklung des InsVerf nach dessen Eröffnung erörtert.[326] 76

Endet das Amt des vorl InsVerw (so Rn 76, § 21 Rn 64, 66), bleiben seine früheren Maßnahmen entspr § 34 Abs 3 S 3 grds wirksam.[327] Bei der Beendigung seines Amtes hat der vorl InsVerw entspr § 66 gegenüber dem InsGer **Rechnung** zu **legen**.[328] 77

3. Haftung. Der vorl InsVerw unterliegt der gesetzlichen Haftung entspr § 60, die insb gegenüber dem Schu und den Gl in Betracht kommt.[329] Gerade der vorl InsVerw wird wegen einer ungewissen Lage bei Übernahme seines Amtes und der gebotenen Schnelligkeit von Entsch oft gezwungen sein, Angestellte des Schu im Rahmen ihrer bisherigen Tätigkeit einzusetzen, so dass eine Haftungsbeschränkung gem § 60 Abs 2 nahe liegt.[330] Aus Verschulden bei Vertragsschluss (§ 311 Abs 2, 3 BGB) haftet auch der vorl InsVerw nur bei Hinzutreten bes Umstände; die bloße, aus dem SchuVermögen nicht zu erfüllende Bestellung für dieses genügt nicht.[331] Eine Erklärung des vorl (schwachen) InsVerw gegenüber den Arbeitnehmern der Schu, bei Weiterarbeit übernehme er das Risiko v Liquiditätsproblemen wegen säumiger Auf- 78

317 Die Bereitschaft mag im Allg unterstellt werden, falls der Verw sich in der Vorauswahlliste des fraglichen InsGer hat eintragen lassen: *K Schmidt/Hölzle* § 21 Rn 47.
318 *Kleiner* (vor § 21) S 179; *Jaeger/Gerhardt* § 22 Rn 11 f. Erg so § 21 Rn 58.
319 *OLG Düsseldorf* ZIP 1993, 135.
320 *Pohlmann* (vor § 21) Rn 83.
321 BT-Drucks 12/7302, 161 zu § 67 Abs 2.
322 Vgl BT-Drucks 18/407; BT-Drucks 18/11436.
323 *Vallender* DZWIR 1999, 273; *Uhlenbruck/Vallender* § 22 Rn 5; MK/*Haarmeyer* § 22 Rn 213 ff.
324 *Jaeger/Gerhardt* § 22 Rn 197 f.
325 *OLG Zweibrücken* ZInsO 2000, 611.
326 *OLG Köln* NJW-RR 1987, 124.
327 Vgl auch *Uhlenbruck/Vallender* § 22 Rn 304. Erg su § 25 Rn 3, § 34 Rn 40 ff.
328 *BGH* ZInsO 2007, 539 f, Rn 5; *Uhlenbruck/Vallender* § 22 Rn 294–303; MK/*Haarmeyer* § 22 Rn 202 ff; HambKomm/*Schröder* § 22 Rn 9 ff; Grundsätze *AG Göttingen* ZInsO 2000, 637 ff; aM für den Fall der Nichteröffnung FK/*Schmerbach* § 21 Rn 166–169 (nur § 257 BGB).
329 Vgl *BGHZ* 189, 299 f, Rn 29; *Jaeger/Gerhardt* § 22 Rn 203 f, 217; *Feser* FS Runkel, 2009, S 43 ff.
330 Vgl *Feuerborn* KTS 1997, 205 f; *Jaeger/Gerhardt* § 22 Rn 207.
331 Vgl *BGH* ZInsO 2005, 886; NJW-RR 1990, 96; *BGHZ* 159, 121 f; HambKomm/*Schröder* § 22 Rn 224; andererseits *SchlHOLG* NZI 2004, 92; *OLG Rostock* ZIP 2005, 221 f; *OLG Frankfurt* ZInsO 2007, 549 f; vgl *Kier* FS Greiner, 2005, S 121 f; *Meyer* S 152 ff.

traggeber, bedeutet keine persönliche Garantieübernahme auch für Lohnausfälle aufgrund einer Betriebsstilllegung wegen einer Gewerbeuntersagung.[332] Zu einer möglichen Haftung des vorl InsVerw wegen eines Widerrufs v Lastschriften su § 24 Rn 6.

79 Für die Verletzung von **Aus-** und **Absonderungsrechten** kann der vorl InsVerw haften.[333] Wegen der Kürze des EröffnungsVerf und oft fehlender Unterlagen wird aber gerade der vorl Verwalter die Schuldnerfremdheit von Gegenständen nicht immer erkennen können.[334] Die gem § 1006 BGB für das Eigentum des besitzenden Schu sprechende Vermutung ist allenfalls dann widerlegt, wenn der angeblich Aus- oder Absonderungsberechtigte die Umstände einzeln, rechtlich schlüssig und nachprüfbar darlegt, die seine Berechtigung ergeben sollen.[335] Übernimmt er persönlich zusätzliche Pflichten, muss er sich auch das Verschulden seiner Hilfspersonen gem § 278 BGB zurechnen lassen.[336]

80 **§ 61** gilt nur für die Begr von Masseverbindlichkeiten, die aus der späteren InsMasse nicht (voll) erfüllt werden können.[337] Dass lediglich eine InsFord begründet wird, wenn ein Interessent während eines EröffnungsVerf einen Vertrag mit dem Schu – ggf unter Zustimmung des vorl InsVerw – schließt, begründet für diesen keine Haftung.[338] Gerade dessen Einschaltung macht die wirtschaftliche Krise des Schu erkennbar; und dem vorl InsVerw obliegt idR keine insolvenzspezifische Pflicht, Vertragsinteressenten auf § 38 und das damit stets verbundene Risiko hinzuweisen.

81 Bei der entspr Anwendung des § 61 auf vorl InsVerw ist allg zu berücksichtigen, dass diese oft Entsch schnell treffen müssen, ehe sie einen zuverlässigen Überblick über die wirtschaftlichen Verhältnisse des Schu haben können; zudem fehlt ihnen die Möglichkeit einer Unzulänglichkeitsanzeige iSv § 208.[339] Solange der nötige **Liquiditätsplan** noch nicht zuverlässig zu erstellen ist, muss der vorl InsVerw zwar – je nach der Dringlichkeit des zu erteilenden Auftrags – die voraussichtliche Liquidität schätzen und mit zunehmender Zeit auch überschlägig berechnen. Dies ist bei der Bestimmung der erforderlichen Sorgfalt (§ 276 Abs 2 BGB iVm § 61 S 2) abgestuft zu beachten; der jeweils erforderliche Zeitraum hängt von den Umständen des Einzelfalls ab.[340] Spätestens mit der Vorlage des Eröffnungsgutachtens (so Rn 31–35) sollte aber idR ein vollständiger Liquiditätsplan zu erstellen sein.

82 Ist **kein allg Verfügungsverbot** erlassen, kann der vorl InsVerw Masseverbindlichkeiten nur aufgrund einer Ermächtigung des InsGer begründen (so Rn 54). Ihr hat idR eine – nach Maßgabe der Rn 81 abgestufte – Liquiditätsprognose des vorl InsVerw vorauszugehen. Auf solche Verbindlichkeiten ist § 61 anzuwenden.[341]

83 Ist ein **allg Verfügungsverbot** erlassen, so sind die Haftungsvoraussetzungen mit § 22 Abs 1 S 2 Nr 2 in Einklang zu bringen. Die Einheitlichkeit der Rechtsordnung schließt es aus, ein und dasselbe Verhalten des „starken" vorl InsVerw gegenüber NeuGl als rechtswidrig, aber

---

332 *BAG* ZIP 2009, 1773 f.
333 Vgl *BGH* WM 1998, 841 mwN; *Jaeger/Gerhardt* § 22 Rn 205, 218.
334 *OLG Köln* ZIP 2001, 1823; vgl auch § 28 Abs 2.
335 Vgl *BGH* KTS 1996, 430.
336 *BGH* 15.12.2005 – IX ZR 179/03.
337 *BGHZ* 159, 108 ff; *Meyer* S 138 ff.
338 AM anscheinend *Marotzke* FS Kreft, 2004, S 419 ff.
339 *AG Hbg* ZIP 2002, 2228; vgl *A/G/R/Sander* § 22 Rn 19.
340 Vgl *Lüke* FS 50 Jahre BGH, 2000, S 711 f; *N/R/Mönning* § 22 Rn 188 f.
341 *Pape* ZInsO 2003, 1068 f; HambKomm/*Schröder* § 22 Rn 223; *Uhlenbruck* KS-InsO, S 198 Rn 63. Erg so Rn 54.

gegenüber InsGl als verpflichtend zugrunde zu legen.[342] Der vorl InsVerw hat vor Bestellungen – sobald wie möglich (so Rn 81) – auf der Grdl der als zutr erkennbaren Anknüpfungstatsachen und unter möglichst sorgfältig erwogener Zukunftsprognose einen Liquiditätsplan zu erstellen.[343] Führt dieser Plan zum Erg, dass für die Fortführung des Unternehmens wichtige Verbindlichkeiten nicht mehr zu erfüllen sind, muss dies zugleich als Grdl für die Stilllegung des Unternehmens ausreichen (so Rn 22). Beantragt der vorl InsVerw diese daraufhin unverzüglich und ordnungsgemäß (so Rn 24), so hat er auch im Hinblick auf die gebotene entspr Anwendung des § 61 rechtmäßig gehandelt. Der auf Schadensersatz in Anspruch genommene vorl InsVerw muss den aus § 22 Abs 1 S 2 Nr 2 folgenden Rechtfertigungsgrund für sein Handeln in einer dem § 61 S 2 entspr Weise – insb durch einen (wenigstens vorl) Liquiditätsplan – im Einzelnen darlegen, dh dass er bis zur Begr der fraglichen Verbindlichkeit nicht die Unternehmensstilllegung zu beantragen brauchte (so Rn 21, 26).[344] Lehnt das InsGer die vom vorl InsVerw beantragte Stilllegung ab oder entscheidet es nicht darüber, so verantwortet allein das zuständige Bundesland dadurch mglw entstehende Schäden (§ 839 BGB, Art 34 GG); für den vorl InsVerw gelten danach nur § 60[345] oder die allg Vorschriften (su Rn 85).

§ 62 S 2 ist mit der Maßgabe entspr anzuwenden, dass die Verjährungsfrist – wenn das InsVerf nicht eröffnet wird – spätestens mit der Rechtskraft des Beschl über die Abweisung des Eröffnungsantrags beginnt.[346] **84**

Nur in seltenen Ausnahmefällen kommt eine Haftung des vorl InsVerw gem **§ 826 BGB** in Betracht.[347] Allein dadurch, dass der vorl Verwalter einen vom Schu geschlossenen Vertrag nicht genehmigt, nachdem der Schu die ihm daraus künftig erwachsenden Ansprüche im Voraus an einen Gl abgetreten hatte, sondern einen eigenen Vertrag über den Kaufgegenstand abschließt, schädigt der Verwalter idR nicht den enttäuschten vermeintlichen Sicherungsnehmer in sittenwidriger Weise.[348] Durch einen Verkauf während des EröffnungsVerf in einer Weise, die den Anfall von Umsatzsteuer als Masseverbindlichkeit vermeidet, verwirklicht der vorl InsVerw nicht § 826 BGB gegenüber der Finanzbehörde.[349] Zum „Widerruf" von Lastschriften su § 24 Rn 5 f. **85**

Soweit der vorl InsVerw als **SV** tätig wird (so Rn 33–35), kommt seine Haftung gem **§ 839a BGB** in Betracht.[350] Der Gutachter iSv § 22 Abs 1 S 2 Nr 3 verantwortet allg Umfang, Vollständigkeit und Genauigkeit seiner Informationsbeschaffung im Zeitpunkt der Analyse,[351] dagegen hinsichtlich der Prognose einer künftigen Entwicklung nur ein für Sachkundige durchschnittliches Maß an Wahrscheinlichkeit. **86**

4. Vergütung. Zur Vergütung des vorl InsVerw su zu § 11 InsVV; dem vorl Sachwalter (§ 274 Abs 1) steht hingegen regelmäßig kein selbstständig zu berechnender Vergütungsan- **87**

---

342 *Jaeger/Gerhardt* § 22 Rn 214 f; *Kirchhof* ZInsO 1999, 366 f; differenzierend auch *K/P/B/Lüke* § 61 Rn 15.
343 Vgl *BGH* ZInsO 2005, 206 f; *LG Dresden* ZIP 2004, 2017 f; *Uhlenbruck/Vallender* § 22 Rn 313 aE.
344 So iE *LG Cottbus* NZI 2002, 443. Hieran fehlte es in den vom *SchlHOLG* ZInsO 2003, 622 und *OLG Bbg* NZI 2003, 553 entschiedenen Fällen.
345 *Uhlenbruck/Vallender* § 22 Rn 316; vgl *K/P/B/Lüke* § 61 Rn 15; MK/*Haarmeyer* § 22 Rn 23.
346 FK/*Schmerbach* § 21 Rn 103.
347 Für Klageerhebungen generell einschränkend *BGHZ* 154, 271 ff; zum Lastschriftwiderruf su § 24 Rn 5 f.
348 *OLG Frankfurt* ZInsO 2002, 443 f; vgl auch *BGH* ZIP 2003, 1303 f.
349 Vgl *BGH* ZIP 1993, 50 und 689.
350 Vgl *Uhlenbruck/Vallender* § 22 Rn 319; MK/*Haarmeyer* § 22 Rn 143.
351 *Risse* KTS 1994, 489.

spruch zu.[352] Vereinbarungen über eine abw Vergütung des vorl InsVerw für seine gesetzlich gebotene Tätigkeit sind gem § 134 BGB nichtig.[353] Der vorl InsVerw darf auch keinen Vorschuss für sich von einem Ast verlangen. Ihm steht persönlich kein Aufwendungsersatzanspruch gegen Gl für Aufbewahrung und Inventarisierung von Vorbehaltsware zu.[354] Zugunsten der künftigen InsMasse darf er aber Kostenbeiträge mit Gl vereinbaren.[355]

88 Der Vergütungsanspruch des vorl InsVerw begründet Massekosten iSv § 54 Nr 2, falls anschließend das InsVerf eröffnet wird. Andernfalls darf der „starke" vorl InsVerw sich aus dem von ihm verwalteten Vermögen vorweg befriedigen, § 25 Abs 2 S 1 (erg und zum „schwachen" vor InsVerw su § 25 Rn 9; § 26 Rn 5). Seine Vergütung **schuldet** der **Schu,**[356] dagegen grds nicht einmal nachrangig der Staat:[357] Dieser kommt ausschließlich für die Vergütung des SV auf (su Rn 89).[358] Nur für den Fall der Stundung der VerfKosten gem § 4a haftet die Staatskasse sekundär nach der InsMasse; § 63 Abs 2 gilt auch zugunsten des vorl InsVerw.[359] Die Vergütung des vorl InsVerw zählt nicht zu den nach § 23 Abs 1 S 2 GKG erstattungsfähigen Auslagen (so § 14 Rn 64). Wird das Verfahren nicht eröffnet, ist die Vergütung des vorl InsVerw durch das InsGer nach § 26a Abs 1 festzusetzen. Zur Abwehr unberechtigter Vergütungsforderungen eines vorl InsVerw hat im eröffneten InsVerf der InsVerw die BeschwBefugnis gegen Festsetzungsbeschlüsse.[360]

89 Als **Gutachter** iSv § 22 Abs 1 S 2 Nr 3 HS 2 wird der vorl InsVerw nach § 11 Abs 2 InsVV iVm §§ 8, 9 Abs 2 JVEG vergütet,[361] soweit er das Vorliegen eines Eröffnungsgrundes und die Aussicht für eine Fortführung des SchuUnternehmens zu prüfen hat. Diese Vergütung schuldet das jeweilige Land. Sie ist gem § 11 Abs 2 InsVV nicht auf die Vergütung eines InsVerw anzurechnen.[362] Isolierte Gutachtertätigkeit wird dagegen gem § 9 Abs 1 JVEG vergütet.[363]

90 Soweit der vorl InsVerw die Deckung der VerfKosten zu prüfen hat, soll zu unterscheiden sein: Hat er sich in seiner gleichzeitigen Eigenschaft als SV auf der Grundlage des ihm vorliegenden Materials gutachtlich dazu – insb zu künftigen Anfechtungsansprüchen – geäußert, erstreckt sich seine Entschädigung nach § 9 Abs 2 JVEG auch auf den Zeitaufwand, den er zur Feststellung der Voraussetzungen erbracht hat. Musste er jedoch zu dieser Feststellung zusätzlich Ermittlungen anstellen, die ihm nur in seiner Eigenschaft als vorl InsVerw möglich waren, oder hat er Maßnahmen ergriffen, um die künftige Massemehrung –

---

352 *BGH* 21.7.2016 – IX ZB 70/14.
353 Vgl *BGH* NJW 1982, 186; *RGZ* 147, 367.
354 *OLG Stuttgart* ZIP 1981, 253; vgl auch *OLG Karlsruhe* ZIP 1981, 258 f.
355 FK/*Schmerbach* § 21 Rn 139; *N/R/Delhaes* § 63 Rn 8.
356 *OLG Celle* ZIP 2000, 709; vgl *OLG Frankfurt* NJW-RR 1993, 441 f; erg so § 14 Rn 64.
357 *BGHZ* 157, 371 ff; *Jaeger/Gerhardt* § 22 Rn 243 ff; aM *Kröpelin* [vor § 26] Rn 136 ff.
358 BT-Drucks 12/7302, 158 zu § 26 Abs 1; vgl *BVerfG* KTS 1982, 221; *BGH* NJW 1981, 1726 f.
359 RegE InsO ÄndG zu Art 1 Nr 8.
360 *BGH* ZIP 2012, 2081 f, Rn 3.
361 *OLG München* NZI 2005, 501; *OLG Nürnberg* ZIP 2006, 1505 f, *OLG Frankfurt* NZI 2006, 38; MK/*Schmahl/Vuia* § 16 Rn 69; *Vallender* ZInsO 2010, 1467; iE zur Vergütungshöhe auch *OLG Bamberg* NZI 2005, 503; *LG Mönchengladbach* NZI 2005, 509 LS; dagegen für Anwendbarkeit des § 9 Abs 1 S 1 Nr 7 *OLG München* NZI 2005, 502 f.
362 Vgl *OLG Frankfurt* ZIP 2001, 1017.
363 *AG Hbg* NZI 2010, 405 f; *LG Hbg* ZInsO 2011, 1079 (Stundensatz 80 EUR); *AG Darmstadt* ZIP 2013, 2372 f (Stundensatz 95 EUR); *AG* Göttingen 30.9.2016 – 71 IN 58/16 EIN (115 EUR); *LG Wuppertal* 4.3.2014 – 16 T 37/14145 (90 EUR); *LG Schweinfurt* 12.1.2017 – 41 T 212/16 (80 EUR); *OLG Karlsruhe* 16.9.2015 – 15 W 57/15 (115 EUR); *OLG Frankfurt* 29.9.2016 – 26 W 2/16 (95 EUR).

insb die Durchsetzung künftiger Anfechtungsansprüche – vorzubereiten oder zu sichern, ist ihm dies als vorl InsVers m einem Zuschlag auf den Ausgangssatz seiner Vergütung gem § 11 Abs 1 InsVV zu vergüten.[364]

364 *BGH* ZIP 2006, 627 f; vgl *BGH* ZIP 2004, 1654 f; erg so Rn 33.

§ 22a Bestellung eines vorläufigen Gläubigerausschusses

(1) Das Insolvenzgericht hat einen vorläufigen Gläubigerausschuss nach § 21 Absatz 2 Nummer 1a einzusetzen, wenn der Schuldner im vorangegangenen Geschäftsjahr mindestens zwei der drei nachstehenden Merkmale erfüllt hat:

1. mindestens 6 000 000 Euro Bilanzsumme nach Abzug eines auf der Aktivseite ausgewiesenen Fehlbetrags im Sinne des § 268 Absatz 3 des Handelsgesetzbuchs;

2. mindestens 12 000 000 Euro Umsatzerlöse in den zwölf Monaten vor dem Abschlussstichtag;

3. im Jahresdurchschnitt mindestens fünfzig Arbeitnehmer.

(2) Das Gericht soll auf Antrag des Schuldners, des vorläufigen Insolvenzverwalters oder eines Gläubigers einen vorläufigen Gläubigerausschuss nach § 21 Absatz 2 Nummer 1a einsetzen, wenn Personen benannt werden, die als Mitglieder des vorläufigen Gläubigerausschusses in Betracht kommen und dem Antrag Einverständniserklärungen der benannten Personen beigefügt werden.

(3) Ein vorläufiger Gläubigerausschuss ist nicht einzusetzen, wenn der Geschäftsbetrieb des Schuldners eingestellt ist, die Einsetzung des vorläufigen Gläubigerausschusses im Hinblick auf die zu erwartende Insolvenzmasse unverhältnismäßig ist oder die mit der Einsetzung verbundene Verzögerung zu einer nachteiligen Veränderung der Vermögenslage des Schuldners führt.

(4) Auf Aufforderung des Gerichts hat der Schuldner oder der vorläufige Insolvenzverwalter Personen zu benennen, die als Mitglieder des vorläufigen Gläubigerausschusses in Betracht kommen.

Übersicht

I. Normzweck

1 Die Vorschrift wurde durch das ESUG eingeführt und ergänzt die ebenfalls neu eingeführte Nr 1a des § 21 Abs 2 (so § 21 Rn 12 f) sowie § 56a. Sie soll bewirken, dass die Gl nicht unbedeutender und überlebensfähiger Unternehmen früher in ein Fortführungskonzept eingebunden werden, um zu einer anzustrebenden Sanierung des Unternehmens beizutragen. Soweit die Voraussetzungen der Norm nicht erfüllt sind, liegt die Einsetzung eines vorl GlAusschusses gem § 21 Abs 2 Nr 1a im Ermessen des InsGer.[1] Die Schwellenwerte wurden mit Wirkung zum 1.1.2016 im Gleichlauf mit Werten des § 267 Abs 1 HGB erhöht.

1 Vgl AG Hbg ZInsO 2013, 2168.

II. Anwendungsbereich

2 Die Vorschrift gilt nur für EröffnungsVerf – einschl derjenigen iSv § 270a und § 270b –, dagegen nicht unmittelbar für GlAusschüsse in eröffneten InsVerf (§§ 67 f). In Betracht kommen, je nach der Größe eines – noch nicht eingestellten[2] – Unternehmens des Schu, zwei Anwendungsbereiche:

3 **1. Pflichtausschuss (Abs 1).** Nach Abs 1 ist – auch ohne Antrag eines Beteiligten – ein GlAusschuss einzusetzen, wenn mindestens zwei der drei darin genannten Schwellenwerte erreicht sind. Diese entsprechen § 267 Abs 1 Nr 1–3 HGB[3] und sind auch dementspr zu berechnen. Maßgeblich sind aus Gründen der Rechtsklarheit die Gegebenheiten im letzten abgeschlossenen Geschäftsjahr vor dem Eröffnungsantrag;[4] § 267 Abs 4 HGB gilt nicht. Die Bilanzsumme berechnet sich nach der Summe aller Aktivposten iSd § 266 Abs 2 unter Abzug eines eventuellen „nicht durch Eigenkapital gedeckten Fehlbetrages" nach § 268 Abs 3 HGB. Die Umsatzerlöse sind gem § 277 Abs 1 HGB zu bestimmen, die Arbeitnehmereigenschaft entspr § 267 Abs 5 HGB.[5] Die nötige Kenntnis erlangt das InsGer nach Anträgen des Schu weitgehend[6] durch dessen gem § 13 Abs 1 S 3–7 zu unterbreitende Angaben; bei Anträgen v Gl hat das InsGer ggf nach § 20 Abs 1 vorzugehen.[7] Veröffentlichte Bilanzen kann das Gericht etwa unter www.unternehmensregister.de abrufen. Nur falls danach ernsthafte Zweifel bestehen, ist eine Überprüfung v Amts wegen geboten.[8] Unter den Voraussetzungen des Abs 1 muss der Schu nicht v sich aus geeignete Personen als Ausschussmitglieder vorschlagen; etwaige Vorschläge seinerseits sind aber zu berücksichtigen.[9]

4 Der Ausschuss ist (ausnahmsweise) gem **Abs 3** HS 1 nicht einzusetzen, wenn der Geschäftsbetrieb des Schu bis zum Zeitpunkt der Entscheidung über die Einsetzung[10] eingestellt ist. Diese Vorschrift ist zwingend.[11] Ihre Voraussetzung ist erfüllt, wenn die betriebliche Tätigkeit so weit zum Erliegen gekommen ist, dass deren Fortsetzung nicht einmal mehr für wesentliche Betriebsteile zu erwarten ist: bloße Abwicklungsmaßnahmen sind bedeutungslos.[12] Die Einsetzung kann ferner unterbleiben, falls eine Einstellung des Geschäftsbetriebs noch während des EröffnungsVerf als sicher zu erwarten ist.[13] Maßgeblicher Zeitpunkt für die Beurteilung ist derjenige, in dem die Gläubigerstruktur beim Schu und mögliche (amtsannahmebereite) Mitglieder des Ausschusses dem InsGer bekannt sind.[14]

2 Zum Begriff „Einstellung" su Rn 4.
3 Vgl BT-Drucks 17/5711, S 46; BT-Drucks 18/4050, S 90.
4 Vgl § 13 Abs 1 S 5; dazu *K/P/B/Lüke* § 22a Rn 11; FK/*Schmerbach* § 22a Rn 14; *Obermüller* ZInsO 2011, 1810; krit HambKomm/*Frind* § 22a Rn 4.
5 Der Kreis der zu berücksichtigenden Personen ist nach arbeitsrechtlichen Grundsätzen zu bestimmen; vgl *K/P/B/Lüke* § 22a Rn 13 f; *Graf-Schlicker* § 22a Rn 5 (dort Fn 7).
6 Einschr vgl HambKomm/*Frind* § 22a Rn 5 f.
7 *Obermüller* ZInsO 2012, 19.
8 Zu weit gehend HambKomm/*Frind* § 22a Rn 7.
9 Abgrenzend su Rn 9.
10 *Graf-Schlicker* § 22a Rn 12; so wohl auch *AG Hbg* ZInsO 2013, 2166 f („Entscheidungsreife"); dagegen für den Zeitpunkt des Antragseingangs *AG Hbg* ZIP 2013, 1136; *Frind* ZInsO 2011, 2253.
11 *AG Hbg* ZIP 2013, 1136; ZIP 2013, 2418 f; aM *Haarmeyer/Horstkotte* ZInsO 2012, 1446 f. – Die Möglichkeit nach § 21 Abs 2 S 1 Nr 1a bleibt aber eröffnet.
12 *K/P/B/Lüke* § 22a Rn 23; *Graf-Schlicker* § 22a Rn 12; *K Schmidt/Hölzle* § 22a Rn 25; FK/*Schmerbach* § 22a Rn 33; vgl *AG Hbg* NZI 2014, 31 f; *Fuhst* DStR 2012, 419.
13 *AG Hbg* ZIP 2013, 1391 f; wohl auch *Pape* ZInsO 2013, 2131; vgl HambKomm/*Frind* § 22a Rn 17; aM MK/*Haarmeyer* § 22a Rn 149; *Haarmeyer/Horstkotte* ZInsO 2012, 1446. Eine bis zur Einstellung wenigstens konkret bevorstehende „Reaktivierung" des Unternehmens (*Martini* ZInsO 2013, 1783) wäre aber zu beachten.
14 *AG Hbg* NZI 2014, 31 f.

Ein GlAusschuss ist gem **Abs 3**, 2. HS auch dann **nicht** einzusetzen, wenn seine Einsetzung im Hinblick auf die zu erwartende InsMasse unverhältnismäßig wäre.[15] Das ist idR der Fall, wenn eine Ablehnung der InsEröffnung gem § 26 Abs 1 S 1 ernsthaft in Betracht kommt.[16] Andererseits ist eine ausreichende InsMasse – in Ermangelung gegenteiliger Anhaltspunkte – erfahrungsgemäß oft zu erwarten, wenn die Größenmerkmale der Abs 1 erfüllt sind.[17] Sowohl die anfallenden Kosten als auch die voraussichtlich – an die ungesicherten InsGl – zu verteilende Masse hat das InsGer aufgrund der ihm verfügbaren und ggf zu beschaffenden Anhaltspunkte unter Berücksichtigung des § 17 Abs 2 InsVV zu schätzen.[18] Entscheidend ist sodann die infolge der Einsetzung eines GlAusschusses eintretende Verschlechterung des voraussichtlichen InsErgebnisses.[19] Eine sinnvolle Grenzziehung kann die Belastung der freien Masse durch die Kosten des Ausschusses in Höhe von **max 5 %** sein.[20] 5

Ferner ist ein GlAusschuss gem Abs 3 HS 3 nicht einzusetzen, wenn die m seiner Einsetzung[21] verbundene Verzögerung – die regelmäßig eintritt[22] – im Einzelfall die Vermögenslage des Schu in besonderem Maße nachteilig verändern würde. Eine solche Entwicklung muss jeweils anhand konkreter Umstände im Voraus geschätzt werden. Sie hängt vor allem davon ab, ob alle für die Entscheidung nötigen Angaben – insb aufgrund § 13 Abs 1 S 3–7 – rechtzeitig vorliegen.[23] Eine Verzögerung um wenige Tage kann bei einem laufenden Geschäftsbetrieb schon schaden.[24] Verzögerungen kommen insb in Betracht, wenn der Antrag verspätet gestellt wurde oder wenn Aufforderungen des InsGer nicht beachtet werden.[25] Hierbei ist auch zu berücksichtigen, inwieweit Sicherungsmaßnahmen einer Verschlechterung des Vermögens vorbeugen können. Allenfalls geringfügige Verschlechterungen dürfen außer Betracht bleiben.[26] In diesen Fällen ist der GlAusschuss regelmäßig zu einem späteren Zeitpunkt zu bestellen. Er kann dann ggf nicht mehr nach §§ 21 Abs 2 Nr 1a, 56a Abs 1, 2 bei der Auswahl des vorl InsVerw mitwirken, kann dann aber nach §§ 21 Abs 2 Nr 1a, 56a Abs 3 in der ersten Ausschussitzung einstimmig einen anderen vorl InsVerw wählen. 6

2. Auf Antrag einzusetzender Ausschuss (Abs 2). Die Norm soll die Einsetzung eines GlAusschusses insb für solche Unternehmen des Schu erleichtern, welche nicht die in Abs 1 genannte Größenordnung erreichen. Vorausgesetzt wird ein entspr Antrag des Schu, des vorl InsVerw oder irgendeines InsGl.[27] Ein solcher Antrag ist wegen der Eilbedürftig- 7

15 Vgl dazu *Haarmeyer/Horstkotte* ZInsO 2012, 1448; *Beth* ZInsO 2012, 1974 ff. Zu Schätzungen der anfallenden Kosten (zwischen 10 000 und 40 000 EUR) vgl *AG Ludwigsburg* ZIP 2012, 2311 f; FK/*Schmerbach* § 22a Rn 36 ff; *Frind* ZInsO 2011, 2255; *Rauscher* ZInsO 2012, 1202 f.

16 Vgl MK/*Haarmeyer* § 22a Rn 157.

17 *A/G/R/Sander* § 22a Rn 13.

18 Vgl *MK/Haarmeyer* § 22a Rn 157; *Graf-Schlicker* § 22a Rn 13; HambKomm/*Frind* § 22a Rn 19.

19 Zu kritischen Verschlechterungswerten zwischen 5 % und 0,5 % vgl *K Schmidt/Hölzle* § 22a Rn 29; *Frind* ZInsO 2011, 2255.

20 *Frind* ZInsO 2011, 2249, 2255; *Vallender/Undritz/Laroche* Kap 2 Rn 209.

21 Nicht in Betracht kommen etwaige Verzögerungen durch die Beteiligung eines ggf bestellten Ausschusses (insb im Hinblick auf § 56a Abs 1 HS 2): *Haarmeyer/Horstkotte* ZInsO 2012, 14458; vgl HambKomm/*Frind* § 22a Rn 21.

22 Vgl *Pape* ZInsO 2011, 1037 f.

23 Vgl *Haarmeyer/Horstkotte* ZInsO 2012, 1448.

24 *N/R/Mönning* § 22a Rn 33; *AG München* ZIP 2012, 1307 f.

25 *K/P/B/Lüke* § 22a Rn 18; *K Schmidt/Hölzle* § 22a Rn 41; vgl FK/*Schmerbach* § 22a Rn 42f.

26 *A/G/R/Sander* § 22a Rn 14.– Zu Geringfügigkeitswerten zwischen 5 % und 10 % vgl *AG Ludwigsburg* ZInsO 2012, 987; *Frind* ZInsO 2011, 2255; *Rauscher* ZInsO 2012, 1203. Gegen jede Verallgemeinerung *Haarmeyer* ZInsO 2012, 1205 f.

27 Vgl FK/*Schmerbach* § 22a Rn 19.

keit nur zulässig, wenn dazu mögliche Ausschussmitglieder für (idR) alle vier in § 67 Abs 2 genannten Gruppen namentlich benannt und deren Einverständniserklärungen vorgelegt werden; diese Personen müssen auch die Voraussetzungen des § 21 Abs 2 S 1 Nr 1a erfüllen.[28] Darüber hinaus ist ein Antrag des Schu nur zulässig, wenn er die in § 13 Abs 1 S 3 und 4 sowie S 6 Nr 3 vorgesehenen Angaben enthält.[29]

8 Der Antrag des Schu muss nicht zwingend zeitgleich m seinem (für sich zulässigen) Eigenantrag gestellt werden; jede Verspätung kann aber zu einer schädlichen Verzögerung (so Rn 6) führen. Da das InsGer den Ausschuss einsetzen „soll", darf ein formal ordnungsmäßig gestellter Antrag nur abgelehnt werden, wenn besondere Umstände dies rechtfertigen.[30] Der allg gefasste Ausschlussgrund des Abs 3 gilt jedoch auch für Abs 2.[31]

III. Einsetzung des Ausschusses (Abs 4)

9 Liegt ein – nach Abs 1–3 zu berücksichtigender – Antrag vor, ist der Ausschuss unverzüglich zu bestellen.[32] Dies sollte im Allg geschehen, ehe ein vorl InsVerw ernannt wird, damit die Mitwirkungsrechte des Ausschusses entspr § 56a gewahrt werden können.[33] Solange kann das InsGer zur Aufklärung des maßgeblichen Sachverhalts sowie zur Förderung des EröffnungsVerf einen SV bestellen und etwa nötige Sicherungsmaßnahmen erlassen. (Nur) wenn solche Maßnahmen nicht ausreichen, um einen zügigen VerfAblauf oder das Vermögen des Schu zu sichern, darf ein vorl InsVerw schon vor dem GlAusschuss bestellt werden.[34] Das liegt insb bei einem fortlaufenden Geschäftsbetrieb des Schu nahe.[35] In diesen Fällen gilt § 56a Abs 3 zugunsten eines danach bestellten vorl GlAusschusses entspr.[36]

10 In den Fällen vor allem des Abs 1, aber auch eines zulässigen (so Rn 7) Antrags nach Abs 2 kann das InsGer den Schu oder einen – bereits bestellten – vorl InsVerw auffordern, geeignete Personen als Mitglieder eines einzusetzenden GlAusschusses zu benennen. Derartige Vorschläge sollten die GlMerkmale des § 67 Abs 2 erfüllen.[37] Für die Mitwirkungspflicht des Schu gilt § 20 Abs 1 S 2 entspr, für diejenige des vorl InsVerw § 58 Abs 1 S 2. Das InsGer muss die Eigenschaft der vorgeschlagenen Personen als Gl prüfen.[38] Das Gericht ist nicht verpflichtet, die Mitglieder aus dem Kreis der Vorschläge zu wählen, sondern ist in seiner Entscheidung frei, hat sich bei seiner Ermessensentscheidung aber an dem Besetzungstableau des § 67 Abs 2 zu orientieren.[39] Liegen mehrere konkurrierende Vorschläge vor,

---

28 Vgl *AG Hbg* ZIP 2013, 1136 f; FK/*Schmerbach* § 22a Rn 21; *Graf-Schlicker* § 22a Rn 17 f.
29 *Graf-Schlicker* § 22a Rn 8. Erg so § 13 Rn 20 ff.
30 MK/*Haarmeyer* § 22a Rn 102; *Obermüller* ZInsO 2012, 20.
31 *AG Hbg* ZIP 2013, 1136; HambKomm/*Frind* § 22a Rn 16; *Rauscher* ZInsO 2012, 1203; aM MK/*Haarmeyer* § 22a Rn 103 und 144, einschr Rn 159; *Haarmeyer/Horstkotte* ZInsO 2012, 145 f.
32 MK/*Haarmeyer* § 22a Rn 120.
33 Vgl *AG München* ZIP 2012, 1308 f; *Vallender* MDR 2012, 63; *Obermüller* ZInsO 2011, 1812; *Frind* ZIP 2012, 1383; *Fuhst* DStR 2012, 420; *Göb NZG* 2012, 374. Für gleichzeitige Bestellung von vorl InsVerw und GlAusschuss *K Schmidt/Hölzle* § 22a Rn 37 f.
34 *K/P/B/Lüke* § 22a Rn 25; *K Schmidt/Hölzle* § 22a Rn 34; *Graf-Schlicker* § 22a Rn 14; *Leutheusser-Schnarrenberger* ZInsO 2011, 2081; *Obermüller* ZInsO 2011, 1811 und 2012, 20; *Busch* ZInsO 2012, 1393; *Haarmeyer/Horstkotte* ZInsO 2012, 1442.
35 *Vallender* MDR 2012, 63; vgl *Frind* ZIP 2012, 1383.
36 Vgl MK/*Haarmeyer* § 22a Rn 133 f; *Graf-Schlicker* § 22a Rn 14; *K Schmidt/Hölzle* § 22a Rn 34; *Vallender* MDR 2012, 64; *Frind* ZIP 2012, 1383.
37 Dazu, dass andere Personen als Gl nicht in Betracht kommen, weil § 67 Abs 3 noch nicht gilt, so § 21 Rn 12.
38 *Fuhst* DStR 2012, 420.
39 HambKomm/*Frind* § 22a Rn 9a; Uhlenbruck/*Vallender* § 22a Rn 30; *Vallender/Undritz/Laroche* Kap 2 Rn 209; für Bindung des Gerichts an Vorschläge: MK/*Haarmeyer* § 22a Rn 41 ff aus.

darf das InsGer unter ihnen auswählen.[40] Wegen der weiteren Voraussetzungen zur Bestellung des GlAusschusses und zu dessen Aufgaben so § 21 Rn 12–14. Fällt ein Mitglied des GlAusschusses weg, kann das InsGer eine Nachbesetzung vornehmen.[41]

IV. Rechtsmittel

Die Bestellung eines GlAusschusses gem § 21 Abs 2 Nr 1a oder § 22a mag als eine Maßnahme iSv § 21 Abs 1 verstanden werden, gegen die – nur – dem Schu die sof Beschw zusteht.[42] Beruht sie aber auf einem eigenen Antrag des Schu oder erfolgt sie in seinem Einverständnis, so fehlt ihm die für die Zulässigkeit des Rechtsmittels nötige Beschwer (so § 6 Rn 25). Das BeschwRecht erstreckt sich nicht auf die Einzelheiten der Bestellung, etwa auf die Anzahl oder Auswahl v Mitgliedern des GlAusschusses.[43] Gegen die Ablehnung, einen GlAusschuss zu bestellen, findet gem § 6 Abs 1 S 1 allg kein Rechtsmittel statt.[44] Ein Antrag auf Abhilfe entspr § 321a ZPO ist allerdings zulässig.[45] 11

§ 23 Bekanntmachung der Verfügungsbeschränkungen

(1) [1]Der Beschluss, durch den eine der in § 21 Abs. 2 Nr. 2 vorgesehenen Verfügungsbeschränkungen angeordnet und ein vorläufiger Insolvenzverwalter bestellt wird, ist öffentlich bekannt zu machen. [2]Er ist dem Schuldner, den Personen, die Verpflichtungen gegenüber dem Schuldner haben, und dem vorläufigen Insolvenzverwalter besonders zuzustellen. [3]Die Schuldner des Schuldners sind zugleich aufzufordern, nur noch unter Beachtung des Beschlusses zu leisten.

(2) Ist der Schuldner im Handels-, Genossenschafts-, Partnerschafts- oder Vereinsregister eingetragen, so hat die Geschäftsstelle des Insolvenzgerichts dem Registergericht eine Ausfertigung des Beschlusses zu übermitteln.

(3) Für die Eintragung der Verfügungsbeschränkung im Grundbuch, im Schiffsregister, im Schiffsbauregister und im Register über Pfandrechte an Luftfahrzeugen gelten die §§ 32, 33 entsprechend.

Übersicht

Literatur: *Bock* Die Auswirkung der Konkurseröffnung und des Veräußerungsverbots nach § 106 I 3 KO auf den Grundbuchverkehr, 1980; *Demharter* GBO, 29. Aufl 2014.

---

40 MK/*Haarmeyer* § 22a Rn 111; *Obermüller* ZInsO 2012, 21.
41 Uhlenbruck/*Vallender* § 22a Rn 59; *Frind* ZIP 2013, 2244.
42 So *LG Kleve* ZIP 2013, 992 f; MK-*Haarmeyer* § 22a Rn 169; FK/*Schmerbach* § 21 Rn 239. Gegen jedes Rechtsmittel *B/G/H/Blersch* § 22a Rn 19.
43 *LG Kleve* ZIP 2013, 992 f.
44 *K/P/B/Lüke* § 22a Rn 15; *M Schmidt* ZInsO 2012, 1108 f; vgl *Pape* ZInsO 2013, 2132; betr die Ablehnung eines auf § 22a Abs 1 gestützten Antrags auch *Römerman/Praß* ZInsO 2012, 1027 f. Dagegen bejaht *Horstkotte* ZInsO 2012, 1931 f allg die Zulässigkeit einer sofortigen Beschw nach § 567 Abs 1 Nr 2 ZPO; MK/*Haarmeyer* § 22a Rn 170 f und *Römermann/Praß* ZInsO 2012, 1928 f bejahen sie gegen die Ablehnung eines auf § 22a Abs 2 gestützten Antrags.
45 Vgl HambKomm/*Frind* § 22a Rn 24.

I. Normzweck

1 Die Vorschrift soll sicherstellen, dass Verfügungsbeschränkungen iSv § 21 Abs 2 Nr 2 befolgt werden, indem sie dem Geschäftsverkehr mitgeteilt werden (vgl § 82 S 2). Andererseits soll sie den Rechtsverkehr warnen, soweit guter Glaube an die Verfügungsbefugnis des Schu nicht geschützt wird.

II. Anwendungsbereich

2 Die Norm betrifft alle Verfügungsbeschränkungen iSv § 21 Abs 2 Nr 2, dh **allg Verfügungsverbote** und die **Anordnung,** dass Verfügungen des Schu allg nur mit **Zustimmung des vorl InsVerw** wirksam sind.[1] Sie begründet eine **Pflicht** zur Bekanntmachung nur, wenn gleichzeitig ein **vorl InsVerw** bestellt wird. Insoweit ist sie zwingend. Bekannt zu machen ist der anordnende Beschl wenigstens mit seinem für den guten Glauben wesentlichen Inhalt. Wird kein vorl InsVerw bestellt, hängt die Bekanntmachung der Verfügungsbeschränkung insb davon ab, ob für deren materielle Wirksamkeit im Rechtsverkehr die Kenntnis der Betroffenen wesentlich ist;[2] unter dieser Voraussetzung steht sie im Einzelfall im Ermessen des InsGerichts.[3] Jene Kenntnis ist insb bei bes Verfügungsverboten (vgl § 21 Rn 20) und bei VollstrVerboten (so § 21 Rn 28) wesentlich. Dagegen ist die Bestellung eines bloßen SV nie[4] und diejenige eines Sachwalter iSv §§ 270 ff nur im Falle begleitender Verfügungsbeschränkungen (vgl § 270b Abs 2 S 3) bekannt zu machen.[5] Veröffentlichungspflichten können sich aber aus der EuInsVO ergeben. Ist der Anwendungsbereich der EuInsVO eröffnet, wozu ein einfacher europarechtlicher Bezug ausreichend ist, gilt nach Art 2 Nr 5 UA 2, 7 ii) iVm Anhang B EuInsVO bereits die Bestellung eines vorl Sachwalters als Eröffnung eines HauptInsVerf und ist damit nach Art 24 Abs 1, Art 2 EuInsVO veröffentlichungspflichtig. Diese Veröffentlichungspflicht mag der in der Praxis vielfach gewünschten Vertraulichkeit gerade des EröffnungsVerf in der Eigenverwaltung widersprechen. Sie ist aber als klare gesetzliche Anordnung hinzunehmen, wobei sich die Nachteile deutlich relativieren, wenn man in Betracht zieht, dass den relevanten Kreisen ohnehin Kenntnis von der Verfahrenseinleitung zu geben ist.[6]

3 Die Aufforderung an DrittSchu gem Abs 1 S 3 dient – anders als § 829 Abs 1 S 2 ZPO – nur der Klarstellung. Sie betr auch allein das Rechtsverhältnis zwischen vorl InsVerw – statt InsSchu – und DrittSchu, nicht aber etwaige Rechtsbeziehungen zu Sicherungsnehmern.[7]

4 Für die Aufhebung einer Verfügungsbeschränkung gilt die Vorschrift gem § 25 Abs 1 entspr.

5 Die Bekanntmachung ist nicht Voraussetzung für das Wirksamwerden oder die Aufhebung der sichernden Anordnung selbst (vgl § 21 Rn 58). Der Beschl ist – vorbehaltlich des § 9 Abs 1 S 1 HS 2 – mit seinem vollen Inhalt bekannt zu machen.[8] Zuständig ist die Geschäfts-

---

1 Vgl RegE S 117 zu § 25.

2 Entgegen *Roth* (vor § 4) und *K Schmidt/Hölzle* § 23 Rn 3 deckt die gesetzl Grundlage des § 21 Abs 1 S 1 auch alle zum Wirksamwerden der Sicherungsmaßnahmen nötigen Veröffentlichungen; vgl *Thole* ZIP 2012, 1534.

3 *AG Göttingen* ZIP 2012, 2361; HambKomm/*Schröder* § 23 Rn 4; *Graf-Schlicker* ZInSO 2013, 1765 f. Für regelmäßige Veröffentlichungspflicht MK/*Haarmeyer* § 23 Rn 9 ff.

4 *K Schmidt/Hölzle* § 23 Rn 3; HambKomm/*Schröder* § 23 Rn 4.

5 *Thole* ZIP 2012, 1543; vgl *Buchalik* ZInsO 2012, 353 f; zu allg bejahend *Frind* ZinsO 2012, 1106; zu allg verneinend *K Schmidt/Hölzle* § 23 Rn 4; HambKomm/*Schröder* § 23 Rn 4; *Horstkotte* ZInsO 2012, 1163 f; *Keller* ZIP 2012, 1895 ff.

6 *Brinkmann* KTS 2014, 381, 385.

7 Vgl *BGHZ* 154, 82 f; *BGH* ZInsO 2007, 1288 f; ZIP 2007, 828; vgl *Graf-Schlicker/Voß* § 23 Rn 2.

8 *Jaeger/Gerhardt* § 23 Rn 6; *Uhlenbruck/Vallender* § 23 Rn 2.

stelle (Service-Einheit) des InsGer, ggf auf Weisung des InsRichters (erg su Rn 7). Zur Wirkung der Zustellung so § 8 Rn 4, zu derjenigen der Bekanntmachung so § 9 Rn 10 f, zur Bekanntmachung aufgrund ausl InsVerf vgl §§ 343 Abs 2, 344 Abs 1, 345, Art 28 f EuInsVO, Art 102c § 8 EGInsO.

II. Bekanntmachungsmittel

Abs 1 S 1 sieht die öffentliche Bekanntmachung vor. Diese erfolgt gem § 9. Art 24 EuInsVO sieht die Einrichtung von Insolvenzregistern in allen Mitgliedstaaten der EU (außer Dänemark) ab dem 26.6.2018 und deren Vernetzung (Art 25) mit dem europäischen Justizportal (e-justice.europa.eu) ab spätestens dem 26.6.2019 vor. Soweit Mitgliedstaaten bereits über elektronische Register verfügen, sind diese über die Homepage des europäischen Justizportals zu erreichen. 6

Abs 1 S 2 schreibt die gezielte Benachrichtigung bekannter Beteiligter durch **Zustellung** des AnordnungsBeschl vor. Dafür gilt § 8. Auch der vorl InsVerw kann mit der weiteren Zustellung beauftragt werden,[9] was in der Praxis regelmäßig geschieht. 7

Zu benachrichtigen sind Schu, vorl InsVerw und diejenigen Personen, die Verpflichtungen gegenüber dem Schu haben und dem InsGer auch mit ihrer Anschrift bekannt sind[10] (ferner § 8 Abs 2). 8

Ob der Schu in einem **Register** eingetragen ist, sollte das InsGer möglichst ermitteln. Ggf hat die Geschäftsstelle des InsGer von sich aus gem Abs 2 dem jeweiligen – inländischen[11] – Registergericht eine Ausfertigung des AnordnungsBeschl im Hinblick auf § 75 S 2 Nr 2 BGB, § 32 Abs 1 S 2 Nr 2 HGB, § 102 Abs 1 S 2 Nr 2 GenG zu übermitteln. Auch ohne Voreintragung des Schu sollte der Beschl Registern zugeleitet werden, welche die Eintragung erzwingen können (zB gem § 14 HGB).[12] Weitere Mitteilungspflichten ergeben sich aus MiZi IX/1[13] und § 125h Abs 1 Nr 1 MarkenG. Nach InsEröffnung gilt § 31. 9

Abs 3 regelt den Fall, dass irgendeine Verfügungsbeschränkung – auch über die in Abs 1 S 1 genannten Fälle hinaus[14] – Grundstücke oder andere, rechtlich als Immobilien behandelte Gegenstände betrifft; dies sollte das InsGer möglichst ermitteln. Ggf ist die Beschränkung – im Hinblick auf § 81 Abs 1 S 2 – ins **Grundbuch** (§ 32) oder das entspr Register (§ 33) einzutragen. Zur Eintragung von Sicherungsmaßnahmen aufgrund ausl InsVerf vgl § 343 Abs 2, § 344 Abs 1, § 345, Art 28 f EuInsVO, Art 102c § 8 EGInsO; zur Frage, ob die Verfügungsbeschränkung gegen einen GbR-Gesellschafter oder das Mitglied einer anderen Gesamthandsgemeinschaft auf einem Grundstück der GbR (bzw der Gemeinschaft) eintragungsfähig ist, su § 32 Rn 5, 7. Zur Durchführung des Ersuchens vgl § 32 Rn 14–21, § 33 Rn 8. Auch der vorl InsVerw kann – wegen der umfassenden Verweisung auf § 32 – die Eintragung beantragen.[15] 10

---

9 *Jaeger/Gerhardt* § 23 Rn 8; MK/*Haarmeyer* § 23 Rn 16; HambKomm/*Schröder* § 23 Rn 5. Erg so *§ 8 Rn 12*.
10 Vgl BT-Drucks 12/7302, 158 zu § 27 Abs 1 S 2; vgl *Uhlenbruck/Vallender* § 23 Rn 3 f.
11 Vgl *Jaeger/Gerhardt* § 23 Rn 19.
12 *Jaeger/Gerhardt* § 23 Rn 18; *Uhlenbruck/Vallender* § 23 Rn 5.
13 Wegen der jeweils aktuellen Fassung vgl www.verwaltungsvorschriften-im-internet.de/Teilliste Bundesministerium der Justiz.
14 MK/*Schmahl/Busch* §§ 32, 33 Rn 6; *Graf-Schlicker/Voß* § 23 Rn 4; HambKomm/*Schröder* § 23 Rn 9.
15 MK/*Schmahl/Busch* § 32, 33 Rn 31; *Jaeger/Gerhardt* § 23 Rn 31.

11 Angeordnete Verfügungsbeschränkungen sind vom GBA im Grundbuch so vollständig einzutragen, dass Art und Umfang der Beschränkung unmissverständlich zu erkennen sind.[16] Insb das GBA hat das – allg wirkende (vgl § 24 Rn 2) – Verfügungsverbot iSv § 21 Abs 2 Nr 2 auch ohne förmliche Benachrichtigung zu beachten, sobald es ihm bekannt wird; jedenfalls nach dem Verbot abgegebene, dagegen verstoßende Verfügungen des Schu darf es nicht mehr im Grundbuch vollziehen,[17] solange ihm nicht die Voraussetzungen der §§ 878, 873 Abs 2 BGB in der Form des § 29 GBO nachgewiesen werden.[18] Das bedeutet keinen endgültigen materiellen Rechtsverlust, sondern nur, dass der Begünstigte seine etwaige insolvenzfeste Anwartschaft[19] durch Klage gegen den InsVerw geltend machen muss, während sonst dieser eine Grundbuchberichtigung einklagen müsste (§ 894 BGB); in die materiell-rechtlichen Beziehungen hat nicht der Grundbuchbeamte ohne förmlichen Nachweis gestaltend einzugreifen.[20] Die nur relativ wirkenden bes Verfügungsverbote (vgl § 21 Rn 20) sollten ebenfalls eingetragen werden.[21] Sie hindern allerdings – lediglich – die vorrangige Eintragung später beantragter, damit unvereinbarer Verfügungen, soweit nicht deren Wirksamkeit aus § 878 BGB folgt.[22]

§ 24 Wirkungen der Verfügungsbeschränkungen

(1) Bei einem Verstoß gegen eine der in § 21 Abs. 2 Nr. 2 vorgesehenen Verfügungsbeschränkungen gelten die §§ 81, 82 entsprechend.

(2) Ist die Verfügungsbefugnis über das Vermögen des Schuldners auf einen vorläufigen Insolvenzverwalter übergegangen, so gelten für die Aufnahme anhängiger Rechtsstreitigkeiten § 85 Abs. 1 Satz 1 und § 86 entsprechend.

Übersicht

Literatur: *Henckel* Aufrechnung in der Insolvenz, FS Lüke, 1997, S 237.

16 *LG Flensburg* ZVI 2002, 418 f.

17 Vgl *RGZ* 71, 40 f; *OLG Zweibrücken* NZI 2013, 952; *OLG Düsseldorf* MittRhNotK 1975, 7 f; FK/*Schmerbach* § 32 Rn 20; PK-HWF/*Mitter* § 23 Rn 10; MK/*Haarmeyer* § 23 Rn 20; HambKomm/*Schröder* § 23 Rn 10, § 32 Rn 18; ferner *KG* Rpfleger 1962, 177 f; *OLG Hamm* DNotZ 1970, 622 f; *Demharter* § 19 Rn 59; aM *Braun/Herzig* § 32 Rn 24; *Jaeger/Schilken* § 32 Rn 33; *K/P/B/Holzer* § 32 Rn 21; *Uhlenbruck/Vallender* § 23 Rn 7; *Graf-Schlicker/Kexel* § 32 Rn 21 f; *Kesseler* MittBayNot 2006, 407 f.

18 *Bock* S 41 f, 52 f, 77; *Jaeger/Gerhardt* § 23 Rn 34; vgl *OLG Frankfurt* ZInsO 2006, 271 und 614.

19 Sei es nach § 106 oder §§ 24 Abs 1, 81 Abs 1 S 2, 91 Abs 2 iVm § 878, 892 Abs 2 BGB; diese setzt noch keine Eintragung im Grundbuch voraus.

20 Vgl *OLG Frankfurt* ZInsO 2006, 271; an der aus § 81 Abs 1 S 2 InsO iVm §§ 892, 893 BGB folgenden Beweislast des InsVerw ändert dies nichts.

21 FK/*Schmerbach* § 23 Rn 25.

22 *KG* JFG 18, 207 f; *BayObLG* DNotZ 1954, 395 f; *LG Essen* Rpfleger 1985, 488 f; *Demharter* § 22 Rn 52; aM *Bock* S 99 ff; *Herbert* (vor § 22) S 185 f.

I. Normzweck

Die Vorschrift soll die Wirkung bes wichtiger Sicherungsmaßnahmen zum Schutz des Schu-Vermögens umreißen und stärken. 1

II. Materiell-rechtliche Wirkungen (Abs 1)

Abs 1 betrifft **allg Verfügungsverbote** und die **Anordnung,** dass alle **Verfügungen** des Schu **nur mit Zustimmung** des vorl InsVerw **wirksam** sind.[1] Die Wirkung derartiger Maßnahmen wird derjenigen der Eröffnung des InsVerf (§§ 81, 82) – von § 91 abgesehen[2] – gleichgestellt. Sie begründen damit absolute Verfügungsverbote gegenüber jedermann, nicht nur relative iSd §§ 135, 136 BGB.[3] Sie erfassen grds auch im Ausland belegenes Vermögen des Schu[4] und setzen zwar nicht die Bestellung eines vorl InsVerw voraus, machen aber ohne diesen wenig Sinn (so § 21 Rn 15 f). Sie erstrecken sich nur auf Gegenstände der (künftigen) InsMasse, nicht auf beschlagsfreies Vermögen des Schu.[5] 2

Bes Verfügungsverbote (vgl § 21 Rn 20) werden nach dem eindeutigen Wortlaut nicht erfasst; dasselbe sollte für solche Zustimmungsvorbehalte gelten, die nur einzelne Gegenstände sichern.[6] Alle diese haben nur die Wirkung relativer Veräußerungsverbote iSv §§ 135, 136 BGB zugunsten der Gl,[7]so dass gutgläubiger Erwerb möglich ist.[8] 3

1. Verfügungen des Schuldners. – a) Allgemeine Wirkungen der Verfügungsbeschränkung. Ist eine Verfügungsbeschränkung iSv Rn 2 erlassen, so ist die Wirksamkeit von Verfügungen des Schu, die dagegen verstoßen, entspr § 81 zu beurteilen; zur Wirksamkeit von Leistungen an den Schu (§ 82) su Rn 18f. Leistet ein Auftraggeber kraft Weisung des Schu oder gem § 16 Nr 6 VOB/B trotz einer Verfügungsbeschränkung an einen Dritten (zB Subunternehmer), erlischt die Forderung des Schu nicht.[9] Gleiches gilt für die Zahlung eines Drittschuldners aufgrund einer vom Schu erteilten Einziehungsermächtigung.[10] Erfasst werden nur Verfügungen im Rechtssinne[11] (zum Begriff so § 21 Rn 17 f), nicht sonstiger Rechtserwerb wie zB der eines gesetzlichen Pfandrechts:[12] § 91 wurde nicht für anwendbar erklärt. Die Übertragung der sächlichen Betriebsmittel des Schu auf einen Erwerber ist eine Verfügung in diesem Sinne,[13] ebenso die Aufhebung einer gesellschaftsrechtlichen Rangrücktritts- 4

---

1 *Uhlenbruck/Vallender* § 24 Rn 10; FK/*Schmerbach* § 24 Rn 2; *Jaeger/Gerhardt* § 24 Rn 4.

2 Vgl *BGHZ* 170, 199; MK/*Haarmeyer* § 24 Rn 12; *Eickmann* FS Uhlenbruck, 2000, S 151; erg su Rn 4.

3 *OLG Frankfurt* ZInsO 2006, 614 und 271; 2013, 510; *K Schmidt/Hölzle* § 21 Rn 49; *Uhlenbruck/Vallender* § 24 Rn 1; MK/*Haarmeyer* § 24 Rn 10; *Jaeger/Gerhardt* § 22 Rn 20; *K/P/B/Pape* § 24 Rn 1; FK/*Schmerbach* § 24 Rn 4; *Graf-Schlicker/Voß* § 24 Rn 2; *Gerhardt* ZZP 109 (1996), 417; *Pohlmann* (vor § 21) Rn 88, 263–270; *Hintzen* ZInsO 1998, 78.

4 Vgl *BGHZ* 118, 159 f = ZIP 1992, 783 f.

5 *BGH* ZIP 2013, 586 f, Rn 9; erg su § 82 Rn 7.

6 *Jaeger/Gerhardt* § 21 Rn 14.

7 *Jaeger/Gerhardt* § 21 Rn 9 f; *K/P/B/Pape* § 24 Rn 2; *Uhlenbruck/Vallender* § 24 Rn 2; *Graf-Schlicker/Voß* § 24 Rn 9; *N/R/Mönning/Zimmermann* § 24 Rn 8; *Fritsche* DZWIR 2002, 8; FK/*Schmerbach* § 24 Rn 23; aM *Pohlmann* vor § 21 Rn 259; *Kießling/Singhof* DZWIR 2000, 357 ff; MK/*Haarmeyer* § 21 Rn 59 ff, § 24 Rn 8 f. *Lenenbach* (vor § 21) S 159–172 will danach unterscheiden, ob zusätzlich ein vorl InsVerw bestellt ist.

8 Vgl *BGH* ZIP 2000, 146 ff zur Feststellung der groben Fahrlässigkeit.

9 *BGHZ* 142, 75 f. Erg su Rn 19.

10 *BGH* ZIP 2012, 1565, ZIP 2014, 2255.

11 RegE S 135 zu § 92.

12 *BGHZ* 170, 199.

13 *LAG Nds* ZInsO 2009, 50.

vereinbarung[14] sowie die Anerkennung eines Kontokorrentsaldos.[15] Vom Schu ausgestellte Schecks sind nicht mehr einzulösen.[16] Zwar ist der Abschluss eines Überweisungsvertrages selbst noch keine Verfügung (su Rn 11), wohl aber dessen spätere Ausführung zulasten eines Kontoguthabens des Schu;[17] aufgrund eines vom Schu selbstständig abgeschlossenen Überweisungsvertrags kann die Bank überwiesene Beträge nicht ins Kontokorrent einstellen.[18] Die Verrechnung der Bank aufgrund einer Kontokorrentabrede ist unzulässig.[19] Eine Direktzahlungsermächtigung gem § 16 Nr 6 VOB/B tritt außer Kraft.[20] Schließt der Schu nach Erlass eines Zustimmungsvorbehalts m seiner Bank einen Überweisungsvertrag, kann der InsVerw die v der Bank an den Empfänger bewirkte Zahlung v diesem gem § 812 BGB kondizieren.[21] Zur Aufrechnung su Rn 10, zu Finanzsicherheiten so § 21 Rn 5. Die „Tilgung" der Forderung des Ast durch den Schu aus dessen Vermögen ist unwirksam[22] (§ 81 Abs 1 S 1); dagegen wird das Widerspruchsrecht des Schu gegen die Tilgung durch einen Dritten (§ 267 Abs 2 BGB) idR nicht betroffen, weil dadurch gerade nicht über eigene Rechte des Schu verfügt wird.[23]

5 Anweisungen betr Guthaben des Schu stellen eine Verfügung über seinen Anspruch dar[24] und fallen deshalb unter das Verfügungsverbot. Im AbbuchungsauftragsVerf wird die Verfügung allerdings m der Ausführung durch das Kreditinstitut sofort und unwiderruflich wirksam.[25]

6 Andererseits war im **EinzugsermächtigungsVerf** nach den früheren AGB-Banken[26] der vorl InsVerw – auch m Zustimmungsvorbehalt – grds berechtigt, die (nachträgliche) Genehmigung v Belastungsbuchungen zu verhindern, sogar wenn sachliche Einwendungen gegen die eingezogene Forderung nicht erhoben wurden.[27] Er durfte hierbei nicht auf pfändungsfreies Vermögen des Schu (§ 36 Abs 1 S 1 iVm § 850k ZPO aF, § 850l ZPO nF, § 55 SGB I) zugreifen, sondern machte sich anderenfalls gegenüber dem Schu nach § 60[28] bzw gegenüber dem LastschriftGl gem § 826 BGB schadensersatzpflichtig. Auch aufgrund der Neuregelung in Nr A 2.1.1 Abs 4 und Nr B 2.5 Abs 2 der Sonderbedingungen für den (SEPA-) Lastschriftverkehr darf das Widerrufsrecht hinsichtlich des **unpfändbaren** Vermögens nur vom Schu,

---

14 Vgl *Leithaus/Schaefer* NZI 2010, 848.
15 *BGHZ* 181, 362 Rn 9 = ZInsO 2009, 1492.
16 Vgl *OLG Koblenz* WM 1989, 1818 f; *LG Gera* NZI 2001, 101; erg su Rn 17 (die allerdings hinsichtlich einer Verfügungsbeschränkung nach § 106 KO bzw § 2 GesO nur relative Unwirksamkeit annehmen).
17 Vgl *BGH* ZIP 2014, 32; insoweit ungenau *LG Offenburg* ZInsO 2004, 560 f. Erg su Rn 7.
18 *BGH* ZIP 2009, 673 Rn 21; *Bork* Zahlungsverkehr in der Insolvenz, 2002, Rn 146; differenzierend *Obermüller* Rn 3.30–3.38.
19 Vgl *BGHZ* 74, 254 f; *OLG Koblenz* WM 1983, 543; MK/*Haarmeyer* § 22 Rn 60; HambKomm/*Schröder* § 22 Rn 153; *Gerhardt* ZZP 109 (1996), 419; *Kleiner* vor § 21 S 151 f.
20 Vgl *BGHZ* 142, 75 f.
21 *BGH* ZIP 2014, 32.
22 *LG Duisburg* NZI 2004, 151; vgl *BGH* NJW 1998, 1306; *AG Hbg* HZI 2004, 324; *AG Offenbach* ZInsO 2000, 624.
23 AM *AG Hbg* NZI 2004, 324. Erg su Rn 8.
24 Vgl *LG Offenburg* ZInsO 2004, 560 f; *LG Gera* NZI 2001, 101.
25 Hamb/Komm/*Schröder* § 22 Rn 156; *Fischer* FS Gerhardt, 2004, S 224 f; *d'Avoine* ZInsO 2006, 227 f.
26 *BGH* ZIP 2010, 1552 Rn 7, 12 = *BGHZ* 186, 244 ff.
27 *BGH* ZIP 2010, 1556 Rn 41 ff = *BGHZ* 186, 289 f; ZIP 2011, 2206 Rn 8. Zur Möglichkeit einer früheren Genehmigung durch den Schu vgl *BGH* ZIP 2010, 1552 Rn 7, und dazu, dass nicht das InsGer zuständig ist, so § 21 Rn 58.
28 *BGH* ZIP 2010, 1552 Rn 26 = BGHZ 186, 251 f. Erg vgl *Jacoby* ZIP 2010, 1731 f.

nicht v einem (vorl) InsVerw ausgeübt werden.[29] §36 Abs 1 S 1 begrenzt die Verfügungsbefugnis jedes InsVerw.[30] Stets kann der Schu Verfügungen über sein **unpfändbares** Schonvermögen rechtswirksam genehmigen.[31] Mit Bezug auf Vermögen, das dem (künftigen) InsBeschlag unterliegt, wird dagegen eine Genehmigung des Schu lediglich m Einwilligung eines solchen Verw wirksam, der wenigstens m einem Zustimmungsvorbehalt ausgestattet ist. Ist der Schu sowohl Leistender wie Leistungempfänger einer Lastschriftbuchung, so ist die Leistung unmittelbar mit Lastschrifteinzug wirksam erfolgt; auf die Widerrufsfristen der Nr A 2.1.1 bzw B 2.5 der Sonderbedingungen für den Lastschriftverkehr kommt es dann nicht mehr an.[32] Die Genehmigungsfiktion des Nr 7 Abs 3 AGB-Banken wirkt nicht nur gegenüber einem „starken" vorl InsVerw,[33] sondern auch gegen den vorl InsVerw (nur) mit Zustimmungsvorbehalt.[34] Erg so §82 Rn 31ff.

§116 S 3 hat im EröffnungsVerf keine Bedeutung und bezieht sich zudem allein auf den schuldrechtlichen Überweisungsvertrag (§676a BGB). Eine Verrechnungsbefugnis im Kontokorrent endet zwar m einem allg Verfügungsverbot;[35] eine Aufrechnungsbefugnis gem §387 BGB entfällt aber nicht (su Rn 10). Der Fortbestand eines noch vom Schu abgeschlossenen Überweisungsvertrages richtet sich nach allg Regeln (so §22 Rn 40, 59). Bedeutung hat dies lediglich für Überweisungen von einem debitorisch geführten Konto (so Rn 4, §21 Rn 17); Erhöhungen des Schuldsaldos begründen allenfalls InsFord der Bank. Überweist der Schu an einen Dritten, ist die Anweisung gegenüber der Bank als Verpflichtungsgeschäft wirksam; gegenüber dem Empfänger fehlt es dagegen an einer wirksamen Tilgungsbestimmung: der vorl InsVerw kann den überwiesenen Betrag v Dritten nach §812 Abs 1 S 1, 1. Alt BGB kondizieren.[36] Führt das Geldinstitut in Kenntnis eines Zustimmungsvorbehalts die Überweisung aus, kann sie den Überweisungsbetrag nicht in das Kontokorrent einstellen.[37] Zu Besonderheiten bei Finanzsicherheiten so §21 Rn 5, zur Kündigung durch das Kreditinstitut vgl §676a Abs 3 BGB. 7

Die Übertragung unter einer aufschiebenden Bedingung ist im Hinblick auf §161 Abs 1 BGB (vgl auch §140 Abs 3 InsO) schon m dem Übertragungsakt vollzogen, auch wenn die Bedingung erst nach Erlass der Verfügungsbeschränkung eintritt; das gilt auch dann, wenn der Bedingungseintritt vom freien Willen des Erwerbers abhängt.[38] Nach der Rspr des BGH[39] erfassen Vorausabtretungen auch Forderungen, die erst nach Wirksamwerden eines Verfügungsverbots entstehen. Um masseschädliche Auswirkungen dieser – formal konstruierten – Ansicht zu begrenzen, müssen InsVerw ihre Bestellung schnellstmöglich allen 8

29 Vgl *BGH* ZIP 2010, 1556 Rn 29 ff = *BGHZ* 196, 294f für Nr 2.5 Abs 1 des SEPA-Basislastschrift Verf, welcher die Neufassung der Nr A 2.1.1 Abs 4 der allg Sonderbedingungen für den Lastschriftverkehr inhaltlich entspricht. Erg vgl *OLG Dresden* WM 2010, 213f, Rn 15ff; *Obermüller* Rn 3.698, 3.709.
30 *BGH* ZIP 2010, 1552 Rn 25 = *BGHZ* 186, 251.
31 *BGH* ZIP 2010, 1552 Rn 27 = *BGHZ* 186, 252; krit *Jacoby* ZIP 2010, 1730f.
32 *BGH* ZIP 2015, 1179 Rn 15.
33 *BGH* ZIP 2007, 2273 Rn 23ff = *BGHZ* 174, 84; vgl *Kuder* ZInsO 2010, 1667f; *Schröder* ZInsO 2006, 5.
34 *BGH* ZInsO 2010, 2089 Rn 19; 2010, 2133 Rn 9 – jeweils auch zur möglichen Anfechtung.
35 Vgl Rn 4, 8; *Hess* §22 Rn 236f. Ein Zustimmungsvorbehalt macht die Saldierung v der Zustimmung des vorl InsVerw abhängig.
36 *BGH* ZIP 2014, 32; HambKomm/*Schröder* §22 Rn 154.
37 *BGH* ZIP 2014, 32; 2009, 674.
38 *BGH* ZIP 2010, 138 Rn 25f betr den Ankauf einer Forderung des Schu.
39 *BGH* ZIP 2009, 2347 Rn 9ff; *Gehrlein* ZIP 2011, 6; aM *K Schmidt/Hölzle* §24 Rn 11; *Zimmermann/Knütel/Meineke/Bork* Rechtsgeschichte und Privatrechtsdogmatik, S 289, 302ff; *Simokat* NZI 2012, 59ff.

Geschäftspartnern des Schu mitteilen, weil dadurch eine spätere Anfechtung nach § 130 Abs 1 S 1 Nr 2 vorbereitet wird. Wird die Abtretung allerdings erst nach Erlass des Zustimmungsvorbehalts erklärt, ist sie – ohne Zustimmung des vorl InsVerw – unwirksam.[40] Die Vorausabtretung kontokorrentgebundener Forderungen (und des kausalen Schlusssaldos aus dem Kontokorrent) führt nicht zum Rechtserwerb, wenn die Kontokorrentabrede erst mit der InsEröffnung erlischt.[41] Eine Verfügung über künftige Ansprüche aus einem Dienstverhältnis ist auch dann unwirksam, wenn sie die nach Beendigung des InsVerf entstehenden Ansprüche auf Bezüge betrifft (§§ 81 Abs 2 S 1, 287 Abs 2 S 1), vgl im Einzelnen § 81 Rn 47 ff.

9 Trotz unwirksamer Abtretung kann die Leistung des Forderungsschuldners an den Abtretungsempfänger wirksam sein, wenn dieser ein Legitimationspapier vorlegt. Ist ein Versicherungsnehmer durch ein insolvenzrechtliches Verfügungsverbot beschränkt und vermag er deshalb seine (verbriefte) Forderung gegen den Versicherer nicht rechtswirksam abzutreten, kann der Versicherer nach Maßgabe des § 808 Abs 1 S 1 BGB an den durch den Versicherungsschein ausgewiesenen Abtretungsempfänger befreiend leisten, sofern er nicht das Verfügungsverbot positiv kennt.[42]

10 Gegen die Verfügungsbeschränkung wird lediglich **verstoßen**, soweit die Verfügung Vermögen betrifft, das iF der InsEröffnung zur InsMasse gehören würde (§§ 35–37). Handlungen von Stellvertretern des Schu stehen seinen eigenen gleich.[43] Auf § 91 verweist § 24 nicht; sonstiger Rechtserwerb wird deshalb erst ab InsEröffnung ausgeschlossen.[44] Verfügungen Dritter, die – insb aufgrund gutgläubigen Erwerbs – gegenüber dem SchuVermögen wirken, werden ebensowenig erfasst wie **Aufrechnungs**erklärungen von Gl; diesen gegenüber stellt § 96 eine abschließende Sonderregelung dar.[45] Auch das Entstehen v Pfandrechten kraft Gesetzes wird nicht verhindert.[46] Die Inhaber sicherungshalber abgetretener Forderungen können weiter ihre eigene, dem Schu erteilte Einziehungsermächtigung widerrufen und – vorbehaltlich eines gerichtlichen Verbots (§ 21 Abs 2 S 1 Nr 5) oder einer Anf (§ 130) – den Gegenwert beim DrittSchu einziehen (so § 21 Rn 41 f, § 22 Rn 43).

11 Das Eingehen eines **Verpflichtungsgeschäfts**, dh die Begründung schuldrechtlicher Ansprüche, ist nach allg zivilrechtlichen Maßstäben keine Verfügung (so § 21 Rn 18). Das Interesse der InsGl, während des EröffnungsVerf nicht weitere InsFord entstehen zu lassen, hat der Gesetzgeber nur durch § 22 Abs 1 S 1 geschützt (so § 22 Rn 38, 52), also bei Bestellung eines „starken" vorl InsVerw. Statt dessen kann das InsGer als ein Weniger dem Schu auch die Verpflichtungsbefugnis entziehen (so § 21 Rn 19); dieses ist aber nicht im Zustimmungsvorbehalt nach § 21 Abs 2 S 1 Nr 2 enthalten,[47] sondern muss zur Rechtsklarheit erkennbar zusätzlich ausgesprochen werden. Ohne eine dieser Maßnahmen sind neue Verpflichtungs-

---

40 *OLG Naumburg* ZInsO 2008, 1022 f.

41 *BGHZ* 181, 362 f, Rn 9 ff = ZIP 2009, 1529 f.

42 *BGH* ZInsO 2010, 810 Rn 15 ff.

43 *Hess* § 81 Rn 19.

44 *BGHZ* 170, 196 Rn 8 = ZIP 2007, 191 f; *BGH* ZInsO 2010, 133 Rn 27.

45 *BGH* NZI 2012, 367; *BGHZ* 159, 391 f; *Uhlenbruck/Vallender* § 24 Rn 6, 7; *K/P/B/Pape* § 24 Rn 7; *Graf-Schlicker/Voß* § 24 Rn 6; *K Schmidt/Hölzle* § 21 Rn 38, § 24 Rn 12; *Häsemeyer* KS-InsO, S 663 Rn 50; aM *OLG Celle* ZIP 1998, 1232 f; *Eckardt* wie § 21 Fn 209 Rn 124. Erg so § 21 Rn 50.

46 Vgl *BGHZ* 170, 199.

47 Vgl *BGHZ* 151, 361 f; *BGH* ZIP 2007, 2276 f = *BGHZ* 174, 84 Rn 24; aM *Jaeger/Gerhardt* § 22 Rn 177 f.

geschäfte des Schu uneingeschränkt wirksam,[48] begründen aber – vorbehaltlich § 103 – nur InsFord. Diese können zudem nach § 132 anfechtbar sein. Auch wird die weitere Kreditgewährung auf einem im Soll geführten Bankkonto des Schu nicht ausgeschlossen.[49] Die Verfügungsbeschränkung beendet weder obligatorische Verträge des Schu (zB Giroverträge)[50] noch den automatischen Zinslauf:[51] §§ 39 Abs 1 Nr 1, 116 gelten nicht. Nur ein allg Verfügungsverbot verhindert, dass dem Schu weiter Willenserklärungen Dritter wirksam zugehen können (so § 21 Rn 18).

Eine etwaige **Unwirksamkeit** tritt ohne weiteres ein. Der vorl InsVerw kann aber verfü- **12**
gende Verträge des Schu – auch konkludent – genehmigen, so dass sie gem §§ 185 Abs 2, 134 BGB rückwirkend wirksam werden.[52] Wird die Verfügungsbeschränkung aufgehoben (§ 25; vgl § 21 Rn 64), werden entgegenstehende Verfügungen des Schu nach § 185 Abs 2 BGB ohne Rückwirkung voll wirksam.[53]

b) Zeitpunkt der Verfügung. In zeitlicher Hinsicht steht die Anordnung der Verfügungsbe- **13**
schränkung derjenigen der InsEröffnung nach § 81 Abs 1 S 1 und Abs 3 gleich.[54] Der **Zeitpunkt** der Anordnung ist entspr § 27 Abs 2 Nr 3 und Abs 3 zu bestimmen (vgl § 21 Rn 58). Zuvor bereits vollendete Verfügungen bleiben wirksam. Bei Willenserklärungen entscheidet nach § 130 Abs 1 BGB grds deren Zugang, bei Grundbucheintragungen schon der Eingang des Eintrags beim GBA.[55] Lastschriften im Bankverkehr sind abgeschlossen, sobald sie nicht mehr rückgängig gemacht werden können.[56]

Grds hat, wer sich auf die Unwirksamkeit nach § 24 beruft, den Zeitpunkt des Wirksamwer- **14**
dens des Verfügungsverbots sowie zu beweisen, dass die Handlung des Schu danach vorgenommen wurde.[57] Hat der Schu am Tag des Erlasses des Verfügungsverbots verfügt, wird entspr § 81 Abs 3 vermutet, dass er nach dessen Wirksamwerden verfügt hat. Beruft sich der Empfänger auf einen Erwerb durch Abtretung, hat er zu beweisen, dass diese vor dem Wirksamwerden des Verfügungsverbots abgeschlossen war.[58]

c) Gutglaubensschutz. Gutglaubensschutz ist bei verbotswidrigen Verfügungen des Schu **15**
über seine beweglichen Vermögensgüter allg ausgeschlossen. Wegen des Erwerbs schuldnerfremder Sachen aufgrund einer Verfügung des Schu und aufgrund Verfügungen Dritter über SchuVermögen vgl § 81 Rn 43 f.

---

48 *BGHZ* 174, 84; MK/*Haarmeyer* § 24 Rn 13; FK/*Schmerbach* § 24 Rn 5; aM *Uhlenbruck/Vallender* § 24 Rn 9.
49 Vgl *BGH* ZIP 2009, 673 Rn 21 zur Einlösung einer Lastschrift.
50 Zur möglichen Beendigung so § 22 Rn 40, 56.
51 Vgl *Obermüller* Rn 2.25; aM *Wessel* BB 1982, 1581; zum Außerkrafttreten der Verrechnungsabrede vgl aber Rn 4.
52 RegE S 136 zu § 92; *OLG Köln* WM 2009, 420; *OLG Hamm* WM 2003, 2216; *Uhlenbruck/Vallender* § 24 Rn 3; MK/*Haarmeyer* § 24 Rn 11; HambKomm/*Schröder* § 24 Rn 11; für Zustimmungsvorbehalt auch *Mankowski* NZI 2000, 573 f.
53 Vgl *BGH* ZIP 2001, 29; FK/*Schmerbach* § 24 Rn 19; *Graf-Schlicker/Voß* § 24 Rn 3; *K Schmidt/Hölzle* § 21 Rn 22; aM *AG Hbg* ZIP 2007, 389 f; erg su § 81 Rn 28.
54 *A/G/R/Sander* § 24 Rn 5.
55 Vgl *BGH* NZI 2012, 614 f; *Eickmann* FS Uhlenbruck, 2000, S 151 ff; aM MK/*Ott/Vuia* § 81 Rn 10.
56 Vgl *BGH* WM 1988, 322; *OLG Nürnberg* BB 1996, 2007 f; *Kindermann* WM 1982, 319; *Obermüller* Rn 3.34 ff.
57 Vgl PK-HWF/*Mitter* § 24 Rn 14.
58 Vgl *BGH* NJW 1986, 1925 f; *N/R/Mönning/Zimmermann* § 24 Rn 15; erg so Rn 8.

16 Entspr § 81 Abs 1 S 2 kommt ein Gutglaubensschutz nur bei verbotswidrigen Verfügungen des Schu über Grundstücke, grundstücksgleiche Rechte und entspr Rechte an eingetragenen Schiffen und Luftfahrzeugen in Betracht. Insoweit wird der gute Glaube an die Verfügungsbefugnis des Schu geschützt. Dem Erwerber schadet allein die Eintragung der Verfügungsbeschränkung im Grundbuch bzw dem entspr Register oder die positive Kenntnis der Verfügungsbeschränkung im maßgeblichen Zeitpunkt (so Rn 13).

17 **d) Rückabwicklung unwirksamer Verfügungen.** Der Empfänger der unwirksamen Leistung ist zur Rückgewähr nach §§ 812 ff BGB verpflichtet; eine Saldierung mit einer Gegenleistung findet jedoch nicht statt.[59] Dem Empfänger ist aber entspr § 81 Abs 1 S 3 seine Gegenleistung aus dem gem § 21 Abs 2 Nr 2 geschützten SchuVermögen oder der späteren Ins-Masse zurückzugewähren, soweit diese darum bereichert ist.

18 **2. Leistungen an den Schuldner.** Leistungen an den Schu wirken entspr § 82 S 1 nur befreiend, wenn die Verfügungsbeschränkung – anstelle der InsEröffnung – dem Leistenden zur Zeit seiner Leistung nicht bekannt war. Eine Unkenntnis des Leistenden wird geschützt.[60] Die Vorschrift geht insoweit über einen Gutglaubensschutz iSd § 932 Abs 2 BGB hinaus, als auch eine grob fahrlässige Unkenntnis nicht schadet.[61]

19 **a) Leistung. Voraussetzung** ist, dass eine Verbindlichkeit, die an das vom vorl InsVerw verwaltete Vermögen zu erfüllen war, statt dessen an den InsSchu bzw an seinen Stellvertreter oder Rechtsnachfolger – erfüllt wurde. Das trifft auch zu, wenn ein Geldinstitut ein Guthaben des Schu auf dessen Weisung an einen Dritten[62] oder der Auftraggeber des geschuldeten Werklohn nicht an den Schu als Auftraggeber, sondern gem § 16 Nr 6 VOB/B an dessen Nachunternehmer überweist (so Rn 4). Unwirksam ist auch eine Leistung an den Empfänger einer infolge der Verfügungsbeschränkung unwirksamen Abtretung.[63] Soweit die Leistung nachweislich an den (vorl) InsVerw gelangt, wird der Leistende frei.[64]

20 **b) Unkenntnis.** Ist die Leistung an den InsSchu nach Anordnung der Verfügungsbeschränkung (vgl § 21 Rn 58) vollendet worden, wird der Leistende von seiner Verbindlichkeit nur befreit, wenn ihm im Zeitpunkt der Leistung (so Rn 13)[65] die Verfügungsbeschränkung nicht bekannt war. Die **Kenntnis** seines Stellvertreters schadet ihm nach Maßgabe des § 166 BGB. Inwieweit eine ungenaue Bezeichnung des InsSchu eine Kenntnis des Leistenden ausschließt, hängt von den Umständen ab; das bloße Fehlen zweier Bindestriche genügt dafür im Allg nicht.[66] Eine einmal begründete Kenntnis dauert idR an.[67]

21 Die **Beweislast** für seine Unkenntnis trägt grds der Leistende.[68] Ein Kreditinstitut kann den Entlastungsbeweis nur führen, wenn es organisatorisch Vorsorge trifft, dass Informationen betr Verfügungsbeschränkungen über seine Kunden v seinen Entscheidungsträgern zur Kenntnis genommen werden.[69] Allerding hindert die Möglichkeit der Einzelabfrage aus dem Internet ein Kreditinstitut im Einzelfall nicht daran, sich auf ihre Unkenntnis zu berufen.[70]

---

59 Su § 81 Rn 45.
60 Vgl *Jaeger/Gerhardt* § 24 Rn 8 f; PK-HWF/*Mitter* § 24 Rn 12; *Graf-Schlicker/Voß* § 24 Rn 8.
61 *OLG Rostock* ZInsO 2006, 884; *Uhlenbruck/Vallender* § 24 Rn 13.
62 *Obermüller* ZInsO 1999, 696.
63 *BGH* ZIP 2012, 1565; *Uhlenbruck/Vallender* § 24 Rn 12; erg s § 82 Rn 13.
64 Vgl *BGH* NJW 1986, 2761; su § 82 Rn 11.
65 Für die Annahme eines Wechsels *BGH* NJW 1974, 1336.
66 *LG Stralsund* ZIP 1995, 579.
67 *LG Dresden* ZIP 2008, 937.
68 *BGHZ* 140, 60.
69 *BGH* ZIP 2006, 139 f; einschr für Handelsunternehmen *OLG Rostock* ZIP 2006, 1685.
70 *BGH* 15.4.2010 – IX ZR 62/09.

Entspr § 82 S 2 wird die Unkenntnis des Leistenden vermutet, wenn er nachweislich vor der öffentlichen Bekanntmachung iSv § 23 Abs 1 S 1 geleistet hat.[71]

Unabhängig von der öffentlichen Bekanntmachung gilt bei Leistungen auf im Grundbuch eingetragene Rechte § 893 BGB (su § 82 Rn 4). Der Leistende wird frei, solange er die Verfügungsbeschränkung nicht nachweislich kennt und sie nicht im Grundbuch eingetragen ist. 22

c) Rechtsfolgen. Liegen die Voraussetzungen des § 82 (so Rn 18–21) nicht vor, bleibt die von der Verfügungsbeschränkung erfasste Forderung des Schu gegen den Leistenden bestehen. Der vorl InsVerw muss sie im Rahmen seiner Befugnisse zu dem von ihm verwalteten Vermögen ziehen. Der Umstand, dass er den Gegenwert der Leistung vom InsSchu hätte erlangen können, aber endgültig nicht erlangt hat, befreit den Leistenden grds nicht; ihm steht wegen des ausgebliebenen Erfüllungserfolgs ein Bereicherungsanspruch gem § 812 Abs 1 S 2, 2. Fall BGB gegen den Schu und allenfalls ein Schadensersatzanspruch gegen den vorl InsVerw nach § 60 zu. Der – erfolglose – Versuch des vorl InsVerw, den Gegenwert der Leistung vom InsSchu zur verwalteten Masse zu ziehen, stellt idR noch keine **Genehmigung** der Leistung dar, sondern ist lediglich als rechtlich unverbindliches Bemühen um eine vereinfachte Leistungsabwicklung zu werten:[72] Ein pflichtgemäß handelnder Verwalter darf offenkundig allenfalls genehmigen, wenn der Gegenwert beim Schu greifbar vorhanden ist (§ 133 BGB). Nur solange der vorl InsVerw die Leistung beim Schu noch erfassen kann, kann seine Unterlassung gegenüber dem Leistenden treuwidrig sein (su § 82 Rn 38). 23

III. Prozessuale Wirkungen (Abs 2)

Abs 2 regelt Wirkungen des **allg Verfügungsverbots** auf Rechtsstreitigkeiten, die bei seinem Erlass rechtshängig sind. Derartige Wirkungen treten – nur – ein, wenn zusätzlich ein **vorl InsVerw** iSv § 22 Abs 1 bestellt wird; dieser ist dann im Außenverhältnis voll prozessführungsbefugt (so § 22 Rn 45). Die Anordnung, dass Verfügungen des Schu allein mit Zustimmung eines vorl InsVerw wirksam sind, hat – ebenso wie alle anderen Sicherungsnahmen iSv § 21 – von sich aus keine prozessualen Auswirkungen (so § 22 Rn 61). Zur Prozessunterbrechung durch entspr Sicherungsmaßnahmen in ausl InsVerf vgl § 352 Abs 2, Art 18 EuInsVO. 24

1. Verfahrensunterbrechung. Gem § 240 S 2 ZPO nF wird ein gerichtliches Verf, das die künftige InsMasse betrifft, schon vor der InsEröffnung – grds nur (vgl § 22 Rn 61) – unterbrochen, wenn die Verwaltungs- und Verfügungsbefugnis über das Vermögen des Schu auf einen vorl InsVerw übergeht. Allerdings kann das InsGer dem Schu im Wege der Einzelermächtigung nach § 22 Abs 2 ein Verfügungsverbot hinsichtlich der vom Schu geführten Aktiv- und Passivprozesse auferlegen und den vorl Verwalter ermächtigen, Aktiv- und Passivprozesse des Schu zu führen. Diese löst dann ebenfalls die Prozesssperre des § 240 ZPO aus.[73] 25

Wird anschließend das InsVerf eröffnet, wird die Unterbrechungswirkung (§ 249 ZPO) nach Maßgabe des § 240 S 1 ZPO und der §§ 85, 86 ohne weiteres fortgesetzt. Die Unterbrechungswirkung trifft kraft gesetzlicher Verweisung auch für andere Gerichtsbarkeiten ein.[74]

---

71 *BGH* ZIP 2006, 140; *Graf-Schlicker/Voß* § 24 Rn 8; *K/P/B/Pape* § 24 Rn 3.

72 MK/*Ott/Vuia* § 82 Rn 6; *Uhlenbruck/Vallender* § 24 Rn 12; vgl *Smid* § 82 Rn 6; zu allg aM *Hess* § 24 Rn 12.

73 *BGH* 16.5.2013 – IX ZR 332/12.

74 Vgl §§ 46 Abs 2, 64 Abs 6, 72 Abs 5 ArbGG, § 173 VwGO, § 155 FGO, § 202 SGG; für Verfahren der freiwilligen Gerichtsbarkeit fehlt hingegen eine Verweisung oder entspr Bestimmung.

26 Die Unterbrechung endet entspr § 240 S 1, letzte Alt ZPO nF ohne weiteres, sobald die Verfügungsbeschränkung oder die vorl InsVerwaltung aufgehoben wird (§ 25). Das gerichtliche Verf wird dann nach allg Regeln weitergeführt.

27 **2. Aufnahme unterbrochener Verfahren. – a) Aktivprozesse. Aktivprozesse** können gem § 24 Abs 2 iVm § 85 Abs 1 S 1 vom vorl InsVerw aufgenommen werden. Er entscheidet hierüber allein; das InsGer muss nicht entspr § 160 Abs 2 Nr 3 zustimmen.[75] Die in § 85 Abs 1 S 2 und Abs 2 für die Zeit nach InsEröffnung vorgesehene Einwirkungsmöglichkeit des jeweiligen Beklagten und des InsSchu entfällt, weil die vorl Verwaltung nur kurze Zeit andauern soll und dem Prozessgegner so lange ein Abwarten zugemutet werden kann.[76] Der vorl InsVerw kann die Aufnahme nicht mit Wirkung für ein eröffnetes InsVerf ablehnen.[77]

28 **b) Passivprozesse. Passivprozesse** zulasten des SchuVermögens können für die Dauer des EröffnungsVerf idR von keiner Partei aufgenommen werden. Insb muss wegen allg InsFord die Geltendmachung im InsVerf (§§ 87, 174, 180 Abs 2) oder die Aufhebung der Verfügungsbeschränkung abgewartet werden.[78]

29 Ausnahmsweise sieht Abs 2 iVm § 86 Abs 1 die Aufnahme schon während des EröffnungsVerf vor, nämlich zur Aussonderung eines Gegenstands aus der – vorl – InsMasse (§ 86 Abs 1 Nr 1) oder zur abgesonderten Befriedigung (§ 86 Abs 1 Nr 3).[79] Ist die Aufnahme des Rechtsstreits danach zulässig,[80] so gilt das für beide Parteien. Vorl InsVerw können sich gegenüber Herausgabeansprüchen an Sicherungsgut vorübergehend m der aufschiebenden Einrede ihrer Prüfungsbefugnis verteidigen.[81] Entspr § 86 Abs 2 hat der vorl InsVerw die Möglichkeit des sof Anerkenntnisses mit der Folge, dass die Prozesskosten nicht dem von ihm verwalteten Vermögen zur Last fallen. Ggf kann die Zwangsvollstreckung verhindert werden (vgl § 21 Rn 29, 32).

30 **c) Prozesskosten.** Wird der Schu mit den **Kosten** eines vom vorl InsVerw aufgenommenen Prozesses belastet, begründet die Zahlungspflicht eine Masseverbindlichkeit gem § 55 Abs 2.[82]

§ 25 Aufhebung der Sicherungsmaßnahmen

(1) Werden die Sicherungsmaßnahmen aufgehoben, so gilt für die Bekanntmachung der Aufhebung einer Verfügungsbeschränkung § 23 entsprechend.

(2) [1]Ist die Verfügungsbefugnis über das Vermögen des Schuldners auf einen vorläufigen Insolvenzverwalter übergegangen, so hat dieser vor der Aufhebung seiner Bestellung aus dem von ihm verwalteten Vermögen die entstandenen Kosten zu berichtigen und die von ihm begründeten Verbindlichkeiten zu erfüllen. [2]Gleiches gilt für die Verbindlichkeiten aus einem Dauerschuldverhältnis, soweit der vorläufige Insolvenzverwalter für das von ihm verwaltete Vermögen die Gegenleistung in Anspruch genommen hat.

---

75 *Uhlenbruck/Vallender* § 24 Rn 14; *Ampferl* (vor § 22) Rn 786–789; *Jaeger/Gerhardt* § 24 Rn 14; MK/*Haarmeyer* § 24 Rn 26; aM *Pohlmann* (vor § 21) Rn 595.
76 RegE S 117 zu § 28; MK/*Haarmeyer* § 24 Rn 23; *K/P/B/Pape* § 24 Rn 11.
77 PK-HWF/*Mitter* § 24 Rn 13; MK/*Haarmeyer* § 24 Rn 23; *Pohlmann* Rn 587 f.
78 Vgl *Jaeger/Gerhardt* § 24 Rn 15; MK/*Haarmeyer* § 24 Rn 27; *Andres/Leithaus* § 24 Rn 3 aE.
79 Zur Einschränkung dieser Möglichkeit auf Wertausgleich vgl *Jaeger/Gerhardt* § 24 Rn 17; erg so § 21 Rn 41.
80 § 86 Abs 1 Nr 3 entfällt, weil es im EröffnungsVerf noch keine Masseverbindlichkeiten gibt.
81 Vgl MK/*Haarmeyer* § 24 Rn 27; *Uhlenbruck/Vallender* § 34 Rn 15; so § 22 Rn 45.
82 *Jaeger/Gerhardt* § 24 Rn 18; *Uhlenbruck/Vallender* § 34 Rn 15.

Übersicht

I. Normzweck

Die Vorschrift soll die Abwicklung beendeter Sicherungsmaßnahmen (so § 21 Rn 66) unter Berücksichtigung der Interessen des Schu, der Gl und eines vorl InsVerw sachgerecht regeln. Zur Kostentragung zwischen den VerfBeteiligten so § 14 Rn 65. 1

II. Bekanntmachung (Abs 1)

Sicherungsmaßnahmen iSd §§ 21 ff sind aufzuheben, wenn sie entbehrlich werden oder der Eröffnungsantrag wirksam zurückgenommen[1] oder – gleichgültig aus welchen Gründen – abgewiesen wird (vgl § 21 Rn 64, 66). Weder InsVerw noch Gl noch Schu haben Anspruch auf vorheriges rechtl Gehör,[2] wenngleich eine vorherige Abstimmung mit dem vorl InsVerw idR sinnvoll ist.[3] Die Aufhebung wirkt sofort,[4] nur für die Zukunft[5] und ist unverzüglich in gleicher Weise öffentlich bekannt zu machen wie allg die Anordnung (§ 23 Abs 1 S 1). Zustellungen (§ 23 Abs 1 S 2) sind nicht vorgeschrieben,[6] aber zulässig. Sie ist nicht anfechtbar.[7] Den gem § 23 Abs 2 und 3 benachrichtigten Registern ist auch die Aufhebung mitzuteilen.[8] Die Bekanntmachungen wirken nur deklaratorisch (vgl § 21 Rn 58). Die Aufhebung macht idR Rechtsmittel unzulässig, welche gegen den Erlass der Sicherungsmaßnahme eingelegt worden waren (so § 6 Rn 25 f, § 21 Rn 59, 64). IF der InsEröffnung werden die Sicherungsmaßnahmen ohne weiteres durch §§ 80 ff abgelöst.[9] 2

III. Aufhebung nach Bestellung eines vorläufigen (starken) Insolvenzverwalters (Abs 2)

Abs 2 sieht bes Abwicklungsmaßnahmen vor, wenn ein vorl starker InsVerw bestellt ist und seine Bestellung – gleich aus welchen Gründen (vgl § 21 Rn 64, 66) – ohne InsEröffnung aufgehoben werden soll; ein BeschwRecht hiergegen hat der vorl InsVerw nicht (so § 21 Rn 63). Die Vorschrift muss auch dann eingreifen, wenn nur das allg Verfügungsverbot aufgehoben wird, weil der danach im Amt bleibende vorl InsVerw lediglich noch die Befugnisse des § 22 Abs 2 hat, die idR nicht den Zugriff auf das SchuVermögen ermöglichen.[10] Sie ist ferner entspr anwendbar, wenn ein InsVerw gem § 27 Abs 2 Nr 2 ernannt, der **EröffnungsBeschl** aber auf Beschw aufgehoben worden ist[11] (vgl § 34 Rn 41). Die Wirkung von 3

1 Vgl *AG Duisburg* DZWIR 2000, 306 f mit zust Anm *Smid*; *Uhlenbruck/Vallender* § 25 Rn 15; MK/*Haarmeyer* § 25 Rn 9. Erg su § 34 Rn 42.
2 MK/*Haarmeyer* § 25 Rn 10; *Uhlenbruck/Vallender* § 25 Rn 2; FK/*Schmerbach* § 25 Rn 11; aM *Jaeger/Gerhardt* § 25 Rn 7 für den vorl InsVerw.
3 Vgl MK/*Haarmeyer* § 25 Rn 10; *Uhlenbruck/Vallender* § 25 Rn 2.
4 *A/G/R/Sander* § 25 Rn 5.
5 Vgl *Jaeger/Gerhardt* § 25 Rn 5.
6 MK/*Haarmeyer* § 25 Rn 28; *Uhlenbruck/Vallender* § 25 Rn 17; HambKomm/*Schröder* § 25 Rn 2; FK/*Schmerbach* § 25 Rn 15 f; aM *Jaeger/Gerhardt* § 25 Rn 9.
7 *BGH* NZI 2007, 100; *OLG Celle* NZI 2001, 306; *K Schmidt/Hölzle* § 25 Rn 8.
8 MK/*Haarmeyer* § 25 Rn 28; FK/*Schmerbach* § 25 Rn 17.
9 *Jaeger/Gerhardt* § 25 Rn 1; erg so § 21 Rn 63.
10 Vgl MK/*Haarmeyer* § 25 Rn 7; PK-HWF/*Mitter* § 25 Rn 7; *Prager/Thiemann* NZI 2001, 636.
11 *Uhlenbruck/Vallender* § 25 Rn 7.

Rechtshandlungen, die vom vorl InsVerw oder ihm gegenüber bereits vorgenommen worden sind, werden weder durch seine Entlassung noch durch die Aufhebung der Sicherungsmaßnahmen berührt; § 34 Abs 3 S 3 gilt insoweit sinngemäß.[12] Zur gebotenen Zurückhaltung des vorl InsVerw bei sich abzeichnender Nichteröffnung so § 22 Rn 37, zur Überleitung von Sicherungsmaßnahmen nach einer InsEröffnung so § 21 Rn 66.

4 **1. Starker vorläufiger Insolvenzverwalter.** War die **Verfügungsbefugnis** auf den **vorl InsVerw** übergegangen, hat das InsGer ihm vor Aufhebung seiner Bestellung Gelegenheit zu geben, aus dem Vermögen des Schu bestimmte „Masseschulden" zu erfüllen (vgl § 22 Rn 38). Dadurch soll vermieden werden, dass nach dem Rückfall der Verfügungsbefugnis auf den Schu noch Verbindlichkeiten aus der Zeit der vorl InsVerwaltung offen stehen, über deren Erfüllung Streit entstehen kann; eine gesondert zu verwaltende Vermögensmasse gibt es dann nicht mehr. Deshalb mögen zwar die anderen Sicherungsmaßnahmen für die Zukunft aufgehoben werden, doch sollte die Bestellung des Verwalters, beschränkt auf die Abwicklungsmaßnahmen und das dafür voraussichtlich nötige Vermögen, vorerst erhalten bleiben.[13] Eine Verletzung dieser Pflicht kann Amtshaftungsansprüche des vorl InsVerw oder geschädigter Gl begründen.[14] Wird das InsVerf dagegen eröffnet, werden die Schulden nach § 55 Abs 2 erst dann endgültig abgewickelt (vgl § 209, § 21 Rn 66).

5 Nach S 1 hat der vorl InsVerw unverzüglich die **Massekosten** iSv § 54[15] – insb seine eigene Vergütung und Auslagen[16] aufgrund gerichtlicher Festsetzung (su § 26a) – zu begleichen sowie die von ihm begründeten **Verbindlichkeiten** (vgl § 55 Abs 2 S 1) zu erfüllen. S 2 stellt diesen, im Hinblick auf § 55 Abs 2 S 2, die Verbindlichkeiten aus **Dauerschuldverhältnissen** (§ 108 Abs 1) gleich, soweit der vorl InsVerw die Gegenleistung für das von ihm verwaltete Vermögen in Anspruch genommen hat. Hat er die dazu nötigen Mittel dem verwalteten Vermögen entnommen, darf das InsGer die Begründetheit der Kostenberechnung überprüfen und ggf den vorl InsVerw entspr § 58 anweisen, zuviel entnommene Beträge zurückzuzahlen.[17] Masseverbindlichkeiten iSv § 55 Abs 4 werden nicht erfasst, weil diese erst *„nach* der Eröffnung des Verfahrens" als solche gelten.[18] Jedoch ist eine Kostenlast des Schu infolge des § 14 Abs 3 zu berücksichtigen.

6 Abs 2 wird entspr auf die Erfüllung v Ersatzaus- oder -absonderungsansprüchen angewandt.[19] Diese darf der InsVerw erfüllen, nicht aber bloße InsFord.[20] Das InsGer darf den vorl InsVerw aber idR nicht anweisen, entnommene Beträge an einen Gl herauszugeben, der Aus- oder Absonderungsrechte daran geltend macht; der Streit über die Vermögenszugehörigkeit der Mittel kann nur vor den Prozessgerichten geklärt werden.[21]

7 Den Zugriff anderer Gl des Schu auf das verwaltete Vermögen nach Aufhebung sichernder Maßnahmen kann der vorl InsVerw verhindern, indem er es auf einem Anderkonto

---

12 Vgl *Vallender* DZWIR 1999, 276; HambKomm/*Schröder* § 22 Rn 210.
13 MK/*Haarmeyer* § 25 Rn 19; *AG Duisburg* DZWIR 2000, 307; *Graf-Schlicker/Voß* § 25 Rn 6; *Jaeger/Gerhardt* § 25 Rn 16; *Prager/Thiemann* NZI 2001, 637; abw *Uhlenbruck/Vallender* § 25 Rn 14, der aus § 25 Abs 2 eine gesetzl Ermächtigung des vorl InsVerw zur Abwicklung herleitet.
14 *Vallender* DZWIR 2000, 270; MK/*Haarmeyer* § 25 Rn 16; HambKomm/*Schröder* § 25 Rn 3.
15 Vgl HambKomm/*Schröder* § 25 Rn 3; *Haarmeyer* FS Greiner, 2005, S 107 f; *Kaufmann/Casse* ZInsO 2013, 2142.
16 Vgl *BGHZ* 157, 377 f.
17 Vgl zur Überprüfungsbefugnis des InsGer *BGH* ZIP 2005, 36; *Jaeger/Gerhardt* § 25 Rn 15.
18 Vgl *Heinze* ZInsO 2011, 607.
19 Vgl *BGH* ZIP 2007, 827 Rn 16 f. Erg so § 21 Rn 40.
20 *Undritz* NZI 2003, 138 f.
21 Vgl *LG Köln* NZI 2001, 158 mit zust Anm *Leithaus* NZI 2001, 126 f.

anlegt.[22] Für eine zügige Berichtigung der Massenkosten und -verbindlichkeiten muss er sorgen, um die Aufhebung der getroffenen Anordnungen nicht zu verzögern;[23] in Streitfällen kommt eine Hinterlegung entspr § 198 in Betracht.[24] Reicht das verwaltete Vermögen nicht zur Tilgung aller Verbindlichkeiten aus, so kann der vorl InsVerw die vorhandene Masse in entspr Anwendung des § 209 Abs 1 Nr 1 und 3 verteilen;[25] Nr 2 entfällt, weil § 208 im EröffnungsVerf nicht anwendbar ist (vgl § 22 Rn 30). Alle nicht befriedigten Gl bleiben wegen ihres Ausfalls – vorbehaltlich der §§ 60, 61 – auf Ansprüche gegen den Schu verwiesen.

Wird nach Aufhebung der Sicherungsmaßnahme aufgrund desselben EröffnungsVerf das InsVerf **eröffnet** und der vorl zum endgültigen InsVerw bestellt, kann er unerfüllt gebliebene Masseverbindlichkeiten aus der InsMasse erfüllen.[26] Ein Zurückbehaltungsrecht der InsMasse besteht allenfalls wegen fälliger und voll wirksamer Gegenansprüche.[27] Die gem § 25 Abs 2 erfolgten Leistungen können nicht nach Maßgabe der §§ 129 ff angefochten werden, weil sie die InsGl im Hinblick auf § 55 Abs 2 nicht benachteiligen. Die Vergütung des vorl InsVerw aus einem **nicht eröffneten** Verf gehört nicht zu den Massekosten eines auf einen späteren Antrag eröffneten InsVerf.[28] In einem solchen Verf kann eine vorangegangene Auszahlung der Vergütung an vorl InsVerw gem allg Regeln anfechtbar sein.[29] 8

2. Schwacher vorl InsVerw. War ein vorl InsVerw **ohne** Anordnung eines **allg Verfügungsverbots** bestellt, so ist § 25 Abs 2 idR nicht anwendbar, weil dieser Verwalter weder Vermögen des Schu zu verwalten noch Masseschulden zu begründen hat.[30] Jedoch ist die Vorschrift entspr anzuwenden, soweit der vorl InsVerw Masseschulden begründen durfte (vgl § 22 Rn 54);[31] dies gilt insb für die Massekosten iSv S 1.[32] Gleiches gilt, wenn dem Verwalter (nur) die Kassenführung übertragen wurde.[33] Zur Klarstellung kann das InsGer eine Entnahme ausdrücklich gestatten.[34] Ein weitergehendes Einbehaltungsrecht steht dem vorl InsVerw von sich aus nicht zu,[35] ebenso wenig ein Recht zu späterer Hinterlegung eines Guthabens (anders bei ursprünglicher Begründung eines Treuhandverhältnisses, so § 22 Rn 58). Allerdings mag man dem vorl InsVerw ein Zurückbehaltungsrecht in Höhe der geschuldeten Vergütung bis zur Festsetzung durch das InsGer zugestehen (su § 26a Rn 5). 9

IV. Treuhandkonten vorläufiger Insolvenzverwalter

Hat der vorl InsVerw Absonderungsgut auf ein v ihm eingerichetes Treuhandkonto unberechtigt aber wirksam eingezogen, bleibt die treuhänderische Bindung nach Aufhebung der 10

22 Vgl *Uhlenbruck* KTS 1990, 22. Erg su Rn 10.
23 PK-HWF/*Mitter* § 25 Rn 9, 11.
24 MK/*Haarmeyer* § 25 Rn 25; HambKomm/*Schröder* § 25 Rn 9.
25 Vgl *AG Duisburg* DZWIR 2000, 306 f; MK/*Haarmeyer* § 25 Rn 25; *Jaeger/Gerhardt* § 25 Rn 13; *K Schmidt/Hölzle* § 25 Rn 6.
26 PK-HWF/*Mitter* § 25 Rn 9.
27 *LG Göttingen* ZInsO 2013, 356.
28 *BGH* ZIP 2012, 334 Rn 10; *OLG Celle* ZInsO 2007, 1049; su § 54 Rn 10; aM für einheitliches InsEreignis *Ries* ZInsO 2005, 415 f.
29 Vgl *BGH* ZIP 2012, 333 f, Rn 8 f.
30 *OLG Celle* ZIP 2001, 797; *Vallender* EWiR 2002, 70; *Jaeger/Gerhardt* § 25 Rn 4; aM *LG Duisburg* ZIP 2001, 1021.
31 Vgl *BGH* ZIP 2007, 828; *LG Frankenthal* ZInsO 2013, 2015; *Uhlenbruck/Vallender* § 25 Rn 6; *Graf-Schlicker/Voß* § 25 Rn 5; *Kaufmann/Casse* ZInsO 2013, 2143; *Laroche* NZI 2010, 367; *Prager/Thiemann* NZI 2001, 637 .
32 *Gundlach/Frenzel/Schmidt* DZWIR 2003, 310 f.
33 MK/*Haarmeyer* § 25 Rn 7; FK/*Schmerbach* § 25 Rn 19; HambKomm/*Schröder* § 25 Rn 11.
34 Vgl *LG Göttingen* ZIP 1995, 859.
35 *Herbert* (vor § 22) S 134 ff; *Bähr* ZIP 1998, 1557.

Sicherungsmaßnahmen bestehen.[36] Der Herausgabeanspruch (§ 816 Abs 2 BGB) des Ersatzabsonderungsberechtigten hat Vorrang vor anderen Gl des Schu, die dessen Herausgabeanspruch gegen den (früheren) vorl InsVerw pfänden.[37] Dies gilt auch, soweit Zahlungen v DrittSchu noch nach Aufhebung der Sicherungsmaßnahme auf dem Konto eingehen. Einem Prätendentenstreit mehrerer Gl vermag sich der (frühere) Verwalter durch Hinterlegung gem § 372 BGB zu entziehen.[38] Die Frage, ob der Verw dem Schu entspr § 666 BGB Rechnung zu legen hat, ist str.[39]

§ 26 Abweisung mangels Masse

(1) [1]Das Insolvenzgericht weist den Antrag auf Eröffnung des Insolvenzverfahrens ab, wenn das Vermögen des Schuldners voraussichtlich nicht ausreichen wird, um die Kosten des Verfahrens zu decken. [2]Die Abweisung unterbleibt, wenn ein ausreichender Geldbetrag vorgeschossen wird oder die Kosten nach § 4a gestundet werden. [3]Der Beschluss ist unverzüglich öffentlich bekannt zu machen.

(2) [1]Das Gericht ordnet die Eintragung des Schuldners, bei dem der Eröffnungsantrag mangels Masse abgewiesen worden ist, in das Schuldnerverzeichnis nach § 882b der Zivilprozessordnung an und übermittelt die Anordnung unverzüglich elektronisch dem zentralen Vollstreckungsgericht nach § 882h Abs. 1 der Zivilprozessordnung. [2]§ 882c Abs. 3 der Zivilprozessordnung gilt entsprechend.

(3) [1]Wer nach Absatz 1 Satz 2 einen Vorschuss geleistet hat, kann die Erstattung des vorgeschossenen Betrages von jeder Person verlangen, die entgegen den Vorschriften des Insolvenz- oder Gesellschaftsrechts den Antrag auf Eröffnung des Insolvenzverfahrens pflichtwidrig und schuldhaft nicht gestellt hat. [2]Ist streitig, ob die Person pflichtwidrig und schuldhaft gehandelt hat, so trifft sie die Beweislast.

(4) [1]Zur Leistung eines Vorschusses nach Absatz 1 Satz 2 ist jede Person verpflichtet, die entgegen den Vorschriften des Insolvenz- oder Gesellschaftsrechts pflichtwidrig und schuldhaft keinen Antrag auf Eröffnung des Insolvenzverfahrens gestellt hat. [2]Ist streitig, ob die Person pflichtwidrig und schuldhaft gehandelt hat, so trifft sie die Beweislast. [3]Die Zahlung des Vorschusses kann der vorläufige Insolvenzverwalter sowie jede Person verlangen, die einen begründeten Vermögensanspruch gegen den Schuldner hat.

Übersicht

36 *Ries* ZInsO 2013, 1622.
37 *BGH* ZIP 2007, 828; *Kuder* ZIP 2007, 1694 f; vgl *BGH* ZInsO 2007, 1228 f. Erg so Rn 7.
38 Vgl *BGH* ZIP 2007, 829.
39 Vgl einerseits bejahend *OLG Oldenburg* NZI 2013, 938 f; hiergegen unter zutr Hinweis auf die bereits nach §§ 21 Abs 2 Nr 1, 66 bestehende Rechnungslegungspflicht und die fehlende zivilrechtl Sonderrechtsbeziehung zwischen vorl InsVerw und Schu *Nicht* NZI 2013, 924 f.

Literatur: *Henckel* Masselosigkeit und Masseschulden, FS 100 Jahre Konkursordnung, 1977, S 169; *Kaufmann* Die Berücksichtigung sonstiger Masseverbindlichkeiten des § 55 InsO bei der Kostendeckungsprüfung des § 26 Abs 1 S 1 InsO, 2004; *Kröpelin* Die massearme Insolvenz, 2003; *Metzger* Verfahrenskostendeckende Masse, 2002.

I. Normzweck

1 Abs 1 soll verhindern, dass eine InsEröffnung nutzlose Kosten verursacht und den InsVerw der übermäßigen Gefahr einer Haftung gem § 61 aussetzt, wenn ein InsVerf voraussichtlich nach § 207 ohnehin nicht durchgeführt werden könnte. Andererseits sollen nicht voreilig Eröffnungen abgelehnt werden, wenn begründete Aussicht besteht, dass die InsMasse noch ausreichend vermehrt werden kann. Eine erleichterte VerfEröffnung war ein wesentliches Anliegen der InsRReform. Abs 2 dient der Warnung des Geschäftsverkehrs im Allg, insb von Kreditgebern. Abs 3 soll Missbräuchen entgegenwirken, die sich durch verspätete Stellung von Eröffnungsanträgen insb in der Praxis der GmbH ergeben haben; dadurch sollen massearme Ins vermindert und die Bereitschaft gefördert werden, Kostenvorschüsse zu leisten.

II. Abweisung mangels Masse (Abs 1)

2 **1. Anwendungsbereich.** Abs 1 ist in allen InsVerf anwendbar, auch gegenüber Genossenschaften (vgl Art 49 Nr 17 EGInsO) und grds in der VerbraucherIns[1] (erg su Rn 20). Er gilt ferner in selbstständigen PartikularInsVerf über dt Vermögen bei AuslandsIns.[2]

3 **2. Voraussetzungen (S 1).** S 1 setzt voraus, dass das **Vermögen des Schu** voraussichtlich **nicht** die **VerfKosten deckt.** Beides sind unbestimmte Rechtsbegriffe ohne einen Ermessensspielraum des InsGer.[3] Ob das Vermögen ausreicht, berechnet sich durch einen Vergleich zwischen dem verwertbaren (su Rn 4 ff) Vermögen mit den voraussichtlichen Kosten für das gesamte InsVerf (su Rn 10 ff).[4] Dies entspr § 4a Abs 1 S 1, letzter HS.[5] Die verfügbare Masse und die entstehenden Kosten sind zu schätzen. Das Abstellen auf „Voraussichtlichkeit" bedeutet, dass die überwiegende Wahrscheinlichkeit für eine nicht ausreichende Masse genügt;[6] bloße Zweifel an der Kostendeckung rechtfertigen nicht die

---

1 *OLG Köln* ZIP 2000, 549 ff; *BayObLG* NZI 2000, 434; NZI 2001, 36, 37; *OLG Celle* ZInsO 2001, 800.
2 *LG Stuttgart* ZIP 2000, 1122 f; *K Schmidt/Keller* § 26 Rn 7.
3 *OLG Dresden* 22.8.2000 –7 W 1419/00; *OLG Köln* ZInsO 2000, 606; *L/S/Z/Smid/Leonhardt* § 26 Rn 5.
4 *BGH* ZIP 2003, 2172; *K Schmidt/Keller* § 26 Rn 9.
5 Vgl *BGH* ZInsO 2004, 1308.
6 *OLG Köln* ZInsO 2000, 606; *OLG Karlsruhe* ZInsO 2002, 247 LS; *AG Göttingen* ZInsO 2003, 1156; HambKomm/*Denkhaus* § 26 Rn 5; vgl – zu § 4a Abs 1 S 1 – *BGHZ* 156, 94; *BGH* ZIP 2006, 1057 f; ZInsO 2007, 1277 f. Erg so § 18 Rn 12.

Abweisung.[7] Die Eröffnung setzt voraus, dass die Summe aller Kosten erreicht, nicht dass sie übertroffen wird. Die InsEröffnung darf auch nicht mit der selbstständigen Begr abgelehnt werden, dass ein eröffnetes InsVerf alsbald wieder gem § 207 Abs 1 S 1 eingestellt werden müsste: Ist eine solche Entwicklung überwiegend wahrscheinlich, ist sie schon bei der Masse- und Kostenschätzung mit zu berücksichtigen (erg su Rn 14).

4 **a) Verwertbares Vermögen.** Nur das verwertbare Vermögen des Schu ist zu berücksichtigen, dh dasjenige, das nach einer Eröffnung des InsVerf bis zu dessen Ende voraussichtlich zur Verwertung bereitgestellt werden könnte (§§ 35–37).[8] Im Falle mehrerer verbundener aber rechtlich selbstständiger Gesellschaften ist grds das Vermögen jeder einzelnen getrennt zu bewerten. Im Ausland belegenes Vermögen ist zu berücksichtigen, soweit dort m der Anerkennung des dt InsVerf zu rechnen ist.[9]

5 Bei vorhandenen Vermögensgütern ist der geschätzte Verwertungserlös um den Liquidationsaufwand zu vermindern,[10] nicht aber um anfallende Umsatzsteuer oder Abwicklungsverbindlichkeiten, weil diese nach § 209 Abs 1 Nr 2 oder 3 gegenüber den VerfKosten nachrangig sind.[11] Im Zweifel sind für die Vermögensbestandteile des Schu Auflösungswerte (vgl § 19 Rn 13) zugrunde zu legen, weil die Fortführung eines von ihm betriebenen Unternehmens von vornherein kaum zu erwarten ist, wenn schon die Massekostendeckung ernstlich zw erscheint (vgl § 19 Rn 9 ff).[12] Forderungen des Schu sind mit ihrem mutmaßlichen Realisierungswert, Waren mit ihrem voraussichtlichen Erlös anzusetzen.[13] Erzielbare Verwertungskostenbeiträge, zB nach §§ 170 f, sind ebenso zu berücksichtigen[14] wie Steuererstattungsansprüche (so § 4a Rn 20).

6 Einzustellen sind auch Forderungen, die nur im Prozessweg durchzusetzen sind,[15] insb AnfAnsprüche[16] – sogar gegen den Ast selbst[17] – und gesellschaftsrechtliche Haftungsansprüche einschl solcher nach § 93.[18] Hierbei sind aber Prozessaussichten, Werthaltigkeit und das Kostenrisiko – einschl der Möglichkeit von PKH[19] – abzuwägen.[20] Zur Aufklärung verpflichtet ist der potentielle Gegner einer Anfechtungsklage nicht einmal dann, wenn er der

---

7 *OLG Köln* 3.1.2001 – 2 W 250/00; *Jaeger/Schilken* § 26 Rn 27; ungenau *LG Erfurt* ZInsO 2001, 474. Erg su Rn 23.

8 Vgl *BGH* WM 2013, 54 f, Rn 11 ff; *Jaeger/Schilken* § 26 Rn 12; *A/G/R/Sander* § 26 Rn 9; *Schmutz* vor § 3 S 153 ff; *Kröpelin* Rn 115 f. Zur Ermittlung vgl MK/*Haarmeyer* § 22 Rn 158 ff.

9 Vgl MK/*Haarmeyer* § 26 Rn 22; *K/P/B/Pape* § 26 Rn 8; *Vallender* ZGR 2006, 447 f.

10 *B/G/H/Goetsch* § 26 Rn 12.

11 *BGH* ZIP 2010, 2252; *K Schmidt/Keller* § 26 Rn 11.

12 Vgl *A/G/R/Sander* § 26 Rn 7; *K Schmidt/Keller* § 26 Rn 12; MK/*Haarmeyer* § 26 Rn 21; *Kröpelin* Rn 80.

13 *Braun/Herzig* § 26 Rn 12; *Metzger* S 110 ff. Erg so § 4a Rn 19 f.

14 *Graf-Schlicker/Voß* § 26 Rn 13.

15 *BGH* WM 2013, 54 f; vgl *Frind* ZInsO 2012, 1358 ff.

16 RegE S 117; vgl *OlG Hamm* ZInsO 2005, 218; *LG Konstanz* ZIP 1982, 1232. *AG Göttingen* NZI 2013, 188 f verneinte lediglich die Vorfrage einer Anfechtbarkeit.

17 Vgl *BGH* ZIP 2008, 565 f.

18 *AG Hbg* ZInsO 2007, 1283; HambKomm/*Denkhaus* § 26 Rn 10; *Pohlmann* ZInsO 2008, 22 ff; *Ampferl* (vor § 22) Rn 838; *Metzger* S 24, 45; *K/P/B/Pape* § 26 Rn 7; MK/*Brandes/Gehrlein* § 93 Rn 10; PK-HWF/*Mitter* § 26 Rn 8; *Heitzsch* ZInsO 2008, 794; dazu, dass *BGH* ZIP 2009, 2204 ff nicht entgegensteht, vgl *Schaltke* ZInsO 2010, 1250 ff; krit *K Schmidt/Keller* § 26 Rn 14; für Bildung einer Sondermasse *Marotzke* ZInsO 2008, 61 f. Bei der GbR dürfte dies ausscheiden, vgl *Stahlschmidt* (vor § 11) S 50.

19 Vgl dazu FK/*Schmerbach* § 26 Rn 18; *Graf-Schlicker/Voß* § 26 Rn 12; *Metzger* S 119 ff.

20 Vgl *OLG Karlsruhe* ZIP 1989, 1071 f; *Wessel* KTS 1996, 601; *Jaeger/Schilken* § 26 Rn 13; *K/Schmidt/Keller* § 26 Rn 15; *Schmutz* vor § 3 S 157 ff.

antragstellende GL ist.[21] Ggf ist nur ein Teilerfolg einzuplanen.[22] Bei der Ins einer Genossenschaft ist die Nachschusspflicht der Genossen zu berücksichtigen, die nach §§ 105 f GenG nF durch die Eröffnung des InsVerf auch zugunsten der MasseGl ausgelöst wird.[23] Das Bestehen eines Gewinnabführungs- oder Verlustübernahmevertrages (zB nach § 302 AktG) kann ebenfalls zur Masseanreicherung führen. Auslandsvermögen des Schu ist zu berücksichtigen, sofern es voraussichtlich zur InsMasse gezogen werden kann.[24]

Unpfändbare[25] und auszusondernde[26] Vermögensgüter – zB das Gesamtgut einer Gütergemeinschaft in der Insolvenz des nicht verwaltenden Ehegatten[27] – bleiben außer Ansatz. Gegenstände, die mit Absonderungsrechten belastet sind, können – nur – mit den erzielbaren Kostenbeiträgen (§ 171 Abs 1, Abs 2 S 1)[28] und einem etwaigen Überschuss über die gesicherte Forderung[29] berücksichtigt werden. Bei aufrechenbaren Gegenforderungen ist nur der Überschussbetrag zu veranschlagen,[30] es sei denn, die Aufrechnungserklärung ist unwahrscheinlich.[31] 7

b) Verwertungszeitraum. Nicht geregelt ist, zu welcher **Zeit** das Vermögen zur Kostendeckung verfügbar sein muss.[32] Diese Frage stellt sich einmal im Hinblick auf die Dauer, die nötig ist, um etwa vorhandenes Vermögen des Schu zu liquidieren[33] (so Rn 4). Zum anderen ist abzugrenzen, bis zu welchem Zeitpunkt künftiger Erwerb des Schu zu erfassen ist, insb sein künftiges Arbeitseinkommen bei Entsch gem § 311.[34] Da die Kosten für das gesamte InsVerf zu berücksichtigen sind (su Rn 10), ist ihnen im Ansatz auch die für dieselbe Dauer zu erwirtschaftende InsMasse gegenüberzustellen;[35] anderenfalls würden die Eröffnungsmöglichkeiten einseitig eingeschränkt. Zwar kann der InsVerw gem § 9 S 2 InsVV idR nach 6 Monaten einen leistungsangemessenen Vorschuss beanspruchen, doch muss er sich auf voraussichtlich vorübergehende Liquiditätsschwankungen der InsMasse mit der Amtsübernahme einstellen.[36] Allerdings sind Zweifel an der rechtzeitigen Verwertbarkeit vom Schu-Vermögen schon bei dessen Bewertung zu berücksichtigen.[37] Ein Prognosezeitraum von einem Jahr ist jedenfalls nicht zu lang bemessen.[38] Soweit die voraussichtliche Masse ledig- 8

---

21 *BGH* ZInsO 2008, 321.
22 *B/G/H/Goetsch* § 26 Rn 12; aM *Schmutz* vor § 3 S 167 f.
23 *K/P/B/Pape* § 26 Rn 7a; *Jaeger/Schilken* § 26 Rn 14; *K Schmidt/Keller* § 26 Rn 14.
24 Vgl *AG Koblenz* MDR 2003, 176.
25 Vgl *LG Berlin* ZInsO 2002, 682.
26 Vgl *Jaeger/Schilken* § 26 Rn 14.
27 *BGH* WM 2006, 1343; erg su § 37 Rn 2.
28 Vgl *LG Berlin* ZInsO 2000, 225.
29 *Ampferl* (vor § 22) Rn 836; *K/P/B/Pape* § 26 Rn 7; vgl § 58 Abs 1 S 2 GKG.
30 *K/P/B/Pape* § 26 Rn 7a; *K Schmidt/Keller* § 26 Rn 16; vgl *Jaeger/Schilken* § 26 Rn 15.
31 Unrealistisch *LG Bochum* ZVI 2004, 121, das dies als Regelfall unterstellt. Zu möglichen Abschlägen wegen Ungewissheit so Rn 6.
32 Vgl erg 5. Aufl, Rn 5.
33 *Metzger* S 90 f.
34 Zur grds Berücksichtigungsfähigkeit vgl *LG Göttingen* NZI 2000, 439; *K Schmidt/Keller* § 26 Rn 18.
35 Vgl *LG Leipzig* InVo 2002, 370; *AG Hbg* NZI 2000, 140 f; *Jaeger/Schilken* § 26 Rn 29; FK/*Schmerbach* § 26 Rn 25 f; *Metzger* S 50, 90 f; *Uhlenbruck/Vallender* § 26 Rn 15 ff; *K Schmidt/Keller* § 26 Rn 17; dagegen für kürzere Zeiträume *Kaufmann* DZWIR 2002, 395; ferner *OLG Köln* ZIP 2000, 551; ZInsO 2000, 607.
36 *Frind* ZInsO 2012, 1360.
37 Vgl *Jaeger/Schilken* § 26 Rn 31; für Erwerb nach über 1 Jahr *AG Hbg* ZIP 2006, 52 f und 1785; erg so Rn 4.
38 *BGH* 17.6.2003 – IX ZB 476/02; Uhlenbruck/*Vallender* § 26 Rn 16.

lich aus pfändbaren Bezügen des Schu als Neuerwerb besteht, wird in der Praxis vielfach das pfändbare Einkommen für einen Zeitraum von sechs Monaten ab Verfahrenseröffnung zu Grunde gelegt.[39]

9 Im Hinblick auf künftigen Erwerb natürlicher Personen ist der bisher maßgebliche Zeitraum durch die Stundungsregelung des § 4a weitgehend gegenstandslos geworden. Denn die Stundung hängt nicht von Ratenzahlungen ab (so § 4a Rn 20, 30); sind die Kosten auch nur tw nicht gedeckt, ist die **Stundung** ggf **sofort** zu bewilligen und das InsVerf zu eröffnen. Als Ausgleich dafür ist der pfändbare Teil eines laufenden Einkommens des Schu vom InsVerw/Treuhänder zur InsMasse zu ziehen und zur Kostendeckung zu verwenden.[40]

10 **c) Berücksichtigungsfähige Kosten.** Dem verwertbaren Vermögen (so Rn 4–7) sind die voraussichtlichen Kosten für das **gesamte InsVerf** gegenüberzustellen.[41] Diese sind – zumal § 58 GKG und § 1 Abs 1 S 1 InsVV für die Wertberechnung erst auf das Ende des eröffneten InsVerf abstellen[42] – großzügig,[43] aber für den jeweiligen Einzelfall[44] zu schätzen. In der VerbraucherIns ist die Ermäßigung der Verwaltervergütung nach § 13 InsVV zu beachten. Eine Kosteneinsparung durch Eigenverwaltung kann dagegen allenfalls angesetzt werden, falls diese – auch im Hinblick auf § 270 Abs 2 Nr 2, § 272 – sicher zu erwarten ist; eine gegenteilige Entscheidung des InsGer kann nicht aus diesem Grund angefochten werden.[45]

11 An Gerichtskosten (§ 54 Nr 1) ist die Gebühr nach § 3 Abs 2 GKG iVm Nr 2320 oder 2330 KV zuzüglich Auslagen insb für Zustellungen und öffentliche Bekanntmachung (Nr 9002, 9004 KV-GKG)[46] zu berücksichtigen, einschl der Kosten für einen etwaigen SV (Nr 9005 KV-GKG). Die Gebühr für das EröffnungsVerf (Nr 2310 oder 2311 KV-GKG), die bereits zuvor entstanden ist, ist stets zu veranschlagen: Als Verbindlichkeit begründet auch sie Massekosten gem § 54 Nr 1; wurde sie dagegen während des EröffnungsVerf bezahlt, mindert sie die für eine InsEröffnung verfügbare Masse.[47]

12 Die Vergütung des InsVerw (§ 54 Nr 2) soll gem § 2 InsVV höchstens 40 % des Wertes der Teilungsmasse zur Zeit der VerfBeendigung, bei masselosen Ins mindestens 1 000 EUR betragen. Bei massearmen InsVerf werden oft bes Schwierigkeiten – zB umfangreiche Aus- oder Absonderungsrechte[48] oder eine ungewöhnlich unvollständige Buchhaltung des Schu – vorliegen, die gem § 3 Abs 1 lit a InsVV eine Erhöhung des Regelsatzes rechtfertigen. Die Kosten eines vorl InsVerw sind ebenfalls zu berücksichtigen, weil sie – unabhängig vom Erlass eines allg Verfügungsverbots – nach § 54 Nr 2 stets Masseverbindlichkeiten begründen.[49] Dagegen bleibt die etwaige Vergütung eines späteren Treuhänders nach § 293 außer Betracht, weil sie erst nach Aufhebung des InsVerf entstehen kann.[50]

---

39 *OLG Köln* 6.10.2000 – 2 W 172/00; diese kürzere Frist ist insb durch das Prognoserisiko hinsichtlich des Fortbestehens der Erwerbstätigkeit gerechtfertigt.
40 Vgl aber auch *K/P/B/Pape* § 26 Rn 9h.
41 RAussch BT-Drucks 12/7302, 158 zu § 30 Abs 1; vgl im Einzelnen *K Schmidt/Keller* § 26 Rn 20 ff; HambKomm/*Denkhaus* § 26 Rn 18 ff.
42 Vgl *Möhlmann* KTS 1998, 377; *N/R/Mönning/Zimmermann* § 26 Rn 45.
43 *B/G/H/Goetsch* § 26 Rn 16; *Ampferl* (vor § 22) Rn 832 f.
44 *K/P/B/Pape* § 26 Rn 15.
45 *BGH* ZIP 2007, 395.
46 Erg vgl HambKomm/*Denkhaus* § 26 Rn 20.
47 Vgl *B/G/H/Goetsch* § 26 Rn 18–24.
48 *LG Mainz* Rpfleger 1975, 254.
49 Vgl *K Schmidt/Keller* § 26 Rn 23 f. Erg so Rn 11.
50 *LG Verden/Aller* ZInsO 2000, 240 LS.

Die Vergütung der Mitglieder des GlA (§ 54 Nr 2) – falls ein solcher bestellt werden soll (§ 67) – sind nach § 17 InsVV aufgrund des als erforderlich geschätzten Zeitaufwandes bei einem regelmäßigen Stundensatz von 35–95 EUR gem § 17 Abs1 InsVV zu veranschlagen. 13

d) Keine Masseverbindlichkeiten. Nicht zu berücksichtigen sind die sonstigen Masseverbindlichkeiten iSv § 55 (RegE S 118): Können sie im eröffneten InsVerf nicht gedeckt werden, führt das nicht zur Einstellung gem § 207, sondern zur Verteilung aufgrund Masseunzulänglichkeit (§ 209), bei der sie nachrangig sind. Der Gesetzgeber hat letzteres Verf ausdrücklich der Nichteröffnung vorgezogen, weil er daraus Vorteile für Gl – nämlich die Ermittlung und Verwertung des restlichen Vermögens des Schu – und für Schu – nämlich die Möglichkeit zur Restschuldbefreiung (vgl § 289 Abs 3) – erwartete.[51] Deshalb darf eine InsEröffnung nicht mit der Begr abgelehnt werden, dass die Masse alsbald iSv § 208 Abs 1 unzulänglich werde.[52] 14

Nicht zu berücksichtigen sind danach insb die Ausgaben für Verwaltung, Verwertung und Verteilung der Masse, zB für dabei anfallende Steuern; auch „unausweisliche Verwaltungskosten" bleiben außer Betracht.[53] Einem hieraus möglichen Haftungsrisiko kann der InsVerw vorrangig durch Freigabe kostenträchtiger Massegegenstände[54] oder durch alsbaldige Anzeige der Masseunzulänglichkeit gem § 208 begegnen. 15

Derzeit droht eine persönliche Inanspruchnahme von InsVerw wegen Pflichten, die nicht aus Massemitteln zu erfüllen sind, allenfalls von Steuerbehörden.[55] Ein solches Risiko kann aber nicht allg unterstellt werden. Nur wenn eine drohende Missachtung sogar des § 209 trotz Ausschöpfung zumutbarer Rechtsbehelfe konkret dargelegt wird, darf der InsVerw pflichtgemäß die Möglichkeit wählen, Massekosten statt -verbindlichkeiten zu begründen, indem er Verträge – etwa zur Entsorgung von Altlasten oder zur steuerlichen Beratung – im eigenen Namen abschließt und die gezahlte Vergütung als eigene Auslagen iSv § 54 Nr 2 geltend macht.[56] Dies wird aber für eine Entsch schon nach § 26 nur selten festzustellen sein.[57] 16

3. Verfahren. – a) Zulässiger Eröffnungsantrag, Eröffnungsgrund. Eine Entsch gem § 26 Abs 1 ist nur aufgrund eines zulässigen Eröffnungsantrags (vgl § 27 Rn 3–10) statthaft. Wegen der nachteiligen Wirkungen für den Schu (su Rn 28, 35) setzt sie zudem voraus, dass 17

51 BT-Drucks 12/2443 S 118. Für eine Berücksichtigung solcher Masseverbindlichkeiten, die durch Handlungen des InsVerw bei pflichtgemäßer Amtsführung zu begründen sind, de lege ferenda *Breitenbücher* Masseunzulänglichkeit, 2007, S 70 ff, 91 ff, 128; krit *K/P/B/Pape* § 26 Rn 1q.

52 *LG Berlin* ZInsO 2000, 226; *AG Neuruppin* ZIP 1999, 1687; *AG Neu-Ulm* NZI 2000, 386; FK/*Schmerbach* § 26 Rn 10 f; *B/G/H/Goetsch* § 26 Rn 17; *Pannen* EWiR 2000, 242; HambKomm/*Denkhaus* § 26 Rn 23; MK/*Haarmeyer* § 26 Rn 15 ff; *K Schmidt/Keller* § 26 Rn 25; *K/P/B/Pape* § 26 Rn 9; *Jaeger/Schilken* § 26 Rn 19 ff; *Kröpelin* Rn 105 f; aM *AG Charlottenburg* ZIP 1999, 1687 ff; *N/R/Mönning/Zimmermann* § 26 Rn 54 ff. Erg so Rn 3.

53 *Graf-Schlicker* ZIP 2002, 1174 f; *K/P/B/Pape* § 26 Rn 1b, 9b, c; *Kröpelin* Rn 85 ff; *B/G/H/Goetsch* § 26 Rn 28; *Graf-Schlicker/Voß* § 26 Rn 8; vgl *Kübler* KS-InsO, S 577 Rn 9 f; *Hess* § 26 Rn 27; offen gelassen zu § 209 v *BGH* ZIP 2010, 145 Rn 27; ZIP 2010, 2252 f, Rn 10; aM Arbeitskreis der InsVerw NZI 2002, 6; *Braun/Herzig* § 26 Rn 18; *L/S/Z/Smid/Leonhardt* § 26 Rn 11 ff; *Voigt* ZIP 2004, 1541; *Rattunde/Röder* DZWIR 1999, 314 ff; PK-HWF/*Mitter* § 26 Rn 7; *A/G/R/Sander* § 26 Rn 13; su § 207 Rn 7 f.

54 Zur Wirksamkeit auch im Ordnungsrecht vgl *BVerwG* ZIP 2004, 2147.

55 Vgl *Ast* ZInsO 2002, 416; *Kröpelin* Rn 95.

56 Vgl *BGH* NJW 2004, 2977; *Pape* ZInsO 2004, 1051; *Jaeger/Schilken* § 26 Rn 24; aM *Kaufmann* S 21 ff.

57 *A/G/R/Sander* § 26 Rn 13; allg vern *AG Hbg* ZInsO 2004, 1093.

der Antrag – von der fehlenden Massekostendeckung abgesehen – begründet wäre;[58] deshalb ist vorrangig auch das Vorliegen eines Eröffnungsgrundes iSv § 16 festzustellen.[59]

18 **b) Kostendeckung.** Das InsGer hat das Vermögen des Schu – auch als Grundlage für die Wertfeststellung (so Rn 11, 12) – von Amts wegen zu **ermitteln** (§ 5 Abs 1)[60] und darf sich nicht ohne weiteres auf die Angaben des Schu oder eine von ihm abgegebene eidesstattliche Offenbarungsversicherung verlassen.[61] Der vorl InsVerw kann die Einstellung allenfalls[62] – unverbindlich – anregen. In Zweifelsfällen ist ein SV zu beauftragen, der gem § 9 Abs 1 JVEG zu vergüten ist, wenn er nicht auch zum vorl InsVerw bestellt ist. Nur bei Bestellung auch zum vorl InsVerw gilt der Stundensatz von 80 EUR gem § 9 Abs 2 JVEG. soweit es sich nicht um die Tätigkeit als vorl InsVerw iSv § 22 Abs 1 S 2 Nr 3 handelt (vgl § 22 Rn 31, 90). Die Ermittlung selbst darf nicht von der Einzahlung eines Auslagenvorschusses abhängig gemacht werden (vgl § 5 Rn 20). Verbleiben ernsthafte rechtliche Zweifel am Bestand von SchuVermögen, so kann das InsGer dieses als nicht hinreichend glaubhaft gemacht ansehen.[63] Dagegen darf die – eilbedürftige – Entsch unabhängig v Abs 4 (su Rn 44) nicht zurückgestellt werden, bis der vorl InsVerw einen Prozess zur Anreicherung der (künftigen) Masse geführt hat;[64] statt dessen sind die gegenwärtigen Erfolgsaussichten abzuschätzen, falls kein Gl dafür einen Massekostenvorschuss zahlen will (su Rn 21).

19 **c) Rechtliches Gehör.** Neben dem Ast (su Rn 24) ist idR der Schu gem Art 103 Abs 1 GG vor einer Entsch nach § 26 Abs 1 anzuhören.[65] Das gilt grds auch vor einer Abweisung des vom Schu selbst gestellten Eröffnungsantrags (vgl § 34 Abs 1, 2. Fall): Er muss die Gelegenheit erhalten, zu allen die Entsch tragenden Erwägungen gezielt Stellung zu nehmen, insb zum Erg der Ermittlungen des InsGer.[66] Dem ist jedenfalls genügt, wenn das InsGer dem Schu das Gutachten mit dem Hinweis übermittelt, der Eröffnungsantrag werde mangels Masse abgewiesen, wenn nicht ein Kostenvorschuss gezahlt werde und hierfür eine angemessene Frist gesetzt wird.[67] IdR genügt eine Äußerungsfrist von wenigen Tagen. Drohen infolge der Gewährung rechtlichen Gehörs übermäßige Verzögerungen, ist gem § 10 zu verfahren.[68] Eine Anhörung kann ausnahmsweise unterbleiben, wenn der Schu die voraussichtliche Masselosigkeit eingeräumt oder sich mit dem Entwurf des die Masselosigkeit feststellenden Gutachtens im Voraus einverstanden erklärt hat.[69]

20 **d) Stundungsantrag (§ 4a).** Hat eine natürliche Person als Schu einen Stundungsantrag gem § 4a gestellt, ist über diesen vor einer Abweisung des Eröffnungsantrags nach § 26 Abs 1 zu

---

58 *BGH* ZIP 2006, 1056 f; Beschl v 7.4.2011 – IX ZB 254/09, Rn 6; *A/G/R/Sander* § 26 Rn 24; *K Schmidt/Keller* § 26 Rn 26; HambKomm/*Denkhaus* § 26 Rn 56.
59 *BGH* 12.10.2006 – IX ZB 107/05; *AG Göttingen* ZInsO 2003, 1156.
60 Vgl *OLG Köln* ZIP 2000, 551; ZInsO 2000, 606; *Metzger* S 96 ff; *LG Arnsberg* ZInsO 2002, 680; MK/*Haarmeyer* § 26 Rn 14 f. Im Einzelnen vgl *N/R/Mönning/Zimmermann* § 26 Rn 16 ff; *K Schmidt/Keller* § 26 Rn 27 ff; *Haarmeyer* FS Gero Fischer (2008), S 203 ff.
61 *LG Köln* KTS 1978, 58; *LG Stendal* ZIP 1995, 1106.
62 Vgl *BGH* ZIP 2007, 1134 f. Erg su Rn 26.
63 *BGH* ZIP 2002, 1696; *K Schmidt/Keller* § 26 Rn 30.
64 *OLG Hamm* ZIP 2005, 362; aM *OLG Köln* ZIP 2004, 2451.
65 *LG Bielefeld* MDR 1956, 363; *LG Saarbrücken* Rpfleger 1992, 444; *N/R/Mönning/Zimmermann* § 26 Rn 125.
66 *K/P/B/Pape* § 26 Rn 10, 12; *Hess* § 26 Rn 35; *Uhlenbruck/Vallender* § 26 Rn 34 f; *Mainzer* KTS 1985, 623; MK/*Haarmeyer* § 26 Rn 24.
67 Vgl *BGH ZIP 2004, 724; K Schmidt/Keller* § 26 Rn 33.
68 HambKomm/*Denkhaus* § 26 Rn 58.
69 *Braun/Herzig* § 26 Rn 31; FK/*Schmerbach* § 26 Rn 72; *Haarmeyer* ZInsO 2001, 106.

entscheiden;[70] auf die Stundungsmöglichkeit sollte ein solcher Schu im Zweifel hingewiesen werden. Stellt das InsGer die Masseunzulänglichkeit fest, so liegt damit idR die entspr Stundungsvoraussetzung des § 4a Abs 1 vor (so § 4a Rn 11 ff); die Stundung kann dann nur unterbleiben, wenn die förmlichen Voraussetzungen (so § 4a Rn 6, 7) fehlen oder ein Versagungsgrund (so § 4a Rn 8) gegeben ist.[71] Wird die Stundung versagt, sollte vor einer Abweisung gem § 26 Abs 1 zweckmäßigerweise die Rechtskraft jenes VersagungsBeschl abgewartet werden.[72]

e) Massekostenvorschuss. Vor einer Abweisung nach § 26 Abs 1 hat das InsGer von einem Antrag stellenden Gl (§ 14) idR einen Kostenvorschuss iSv S 2 einzufordern (su Rn 31). Die Höhe muss den gesamten voraussichtlichen Kostenbetrag (so Rn 10–13) berücksichtigen,[73] ist für Gl- wie Schu-Antrag gleich[74] und sollte großzügig geschätzt werden.[75] Bei mehreren Ast ist von jedem der Vorschuss in voller Höhe anzufordern;[76] die einmalige Einzahlung reicht jedoch aus. Vom Schu als Ast kann das InsGer nach freiem Ermessen einen Vorschuss anfordern,[77] wenn ein Interesse des Schu nicht fernliegt, das InsVerf notfalls mit fremden Mitteln (su Rn 33) einleiten zu lassen, zB um Restschuldbefreiung zu erlangen.[78] Sind die Kosten durch die vorhandene Masse nur teilweise nicht gedeckt, ist ein Vorschuss lediglich in Höhe des Fehlbetrages anzufordern.[79] Eine Nachschusspflicht besteht bisher für niemanden, auch dann nicht, wenn ein bereits eingezahlter Betrag sich als unzureichend erweist;[80] in diesem Falle ist ein eröffnetes InsVerf gem § 207 einzustellen. In der VerbraucherIns wird der Vorschuss erst nach Scheitern des Schuldenbereinigungsplans benötigt (§ 311). 21

Die formlos mögliche Anforderung muss die Höhe der nötigen Zahlungen und sollte eine Frist dafür angeben. Das InsGer sollte dem Ast die Überprüfung der Massearmut ermöglichen, um überflüssigen, anfechtbaren AbweisungsBeschl vorzubeugen.[81] Sie ist entbehrlich, wenn der Betroffene bereits eine Zahlung ernsthaft abgelehnt hat.[82] Die Anforderung ist **nicht** selbstständig **anfechtbar**[83] und kann deshalb keine Rechtskraftwirkungen auslösen. Ob eine ausreichende Masse fehlt, wird abschließend allein im Rahmen eines Rechtsmittels gegen den Abweisungs- oder den EröffnungsBeschl (§§ 6 Abs 1, 34 Abs 1 und 2) überprüft. Dem BeschwGer wird diese Prüfung nicht durch die Vorschussanforderung des InsGer 22

---

70 *BGH* ZIP 2012, 582 f, Rn 9 f; vgl *OLG Köln* ZInsO 2002, 237 f; *N/R/Mönning/Zimmermann* § 26 Rn 117 ff.
71 Vgl *BGH* ZInsO 2006, 773 f.
72 *K Schmidt/Keller* § 26 Rn 31.
73 Vgl *Jaeger/Schilken* § 26 Rn 63; *Gottwald/ Gundlach* § 15 Rn 22.
74 *Uhlenbruck/Vallender* § 26 Rn 23.
75 *Vallender* InVo 1997, 6; *Graf-Schlicker/Voß* § 26 Rn 14; HambKomm/*Denkhaus* § 26 Rn 35; MK/*Haarmeyer* § 26 rn 28; *Uhlenbruck/Vallender* § 26 Rn 21.
76 *LG Mainz* Rpfleger 1975, 253 f; *Jaeger/Schilken* § 26 Rn 58; *Graf-Schlicker/Voß* § 26 Rn 14.
77 *Henckel* FS KO, S 178 f; *Jaeger/Schilken* § 26 Rn 56; *K Schmidt/Keller* § 26 Rn 35; vgl *OLG Köln* ZIP 2000, 551; Beschl v 24.7.2000 – 2 W 141/00; einschr *KG* NZI 2001, 380.
78 Vgl FK/*Schmerbach* § 26 Rn 31.
79 PK-HWF/*Mitter* § 26 Rn 10.
80 HambKomm/*Denkhaus* § 26 Rn 35 aE; *Smid* § 26 Rn 17; *Jaeger/Schilken* § 26 Rn 58. Art 1 Nr 4 lit d EntschuldG soll aber jede Person zur Vorschussleistung verpflichten, die den Eröffnungsantrag entgegen den Vorschriften des Ins- oder GesellschaftsR pflichtwidrig und schuldhaft nicht gestellt hat.
81 Vgl *Jaeger/Schilken* § 26 Rn 67.
82 Vgl *BGH* 10.3.2011 – IX ZB 96/10, Rn 3.
83 *OLG Köln* ZIP 2000, 551; *LG Göttingen* NZI 2000, 438 f; *LG Berlin* ZInsO 2002, 681; MK/*Haarmeyer* § 26 Rn 28; *B/G/H/Goetsch* § 26 Rn 38; *Jaeger/Schilken* § 26 Rn 66.

abgenommen. Zur Leistung des Vorschusses su Rn 31. Der Umstand, dass ein eingeforderter Massekostenvorschuss – insb vom Ast – nicht eingezahlt wird, ist kein erledigendes Ereignis m Bezug auf den InsAntrag.[84]

23 **f) Entscheidung des Insolvenzgerichts.** Das InsGer hat den Eröffnungsantrag – oder mehrere gleichzeitig anhängige[85] – durch begründeten Beschl **abzuweisen**, wenn die Voraussetzungen des § 26 Abs 1 vorliegen[86] und die Kosten für den Abschnitt „InsVerf" (so § 4a Rn 15, 16) weder gestundet sind noch ein ausreichender Geldbetrag rechtzeitig vorgeschossen wird (su Rn 31); der Vorschuss kann weder durch allg PKH[87] (so § 4 Rn 8) noch durch Gebührenfreiheit ersetzt werden.[88] Von der Obliegenheit, einen Vorschuss leisten zu müssen, ist nach der Neufassung des § 46b KWG, § 88 Abs 1 VAG ggf auch die BaFin nicht befreit. Die materielle Beweislast für eine ausreichende Kostendeckung trägt der Ast.[89] Eine vorangegangene Anforderung bindet das InsGer nicht bei der Beurteilung der Voraussetzungen des § 26 Abs 1 S 1.[90] Der Kostenvorschuss kann auch noch im BeschwVerf gegen die Abweisung des Eröffnungsantrags geleistet werden (su § 34 Rn 20). Die Entsch darf nicht ausgesetzt werden, damit der Ast die Kosten längerfristig aufbringen kann.[91] Etwaige berufsrechtliche Nachteile für den Schu (su Rn 29) stehen der Abweisung nicht entgegen.[92] Zuvor angeordnete Sicherungsmaßnahmen sind aufzuheben.[93] Vorher ist aber einem vorl InsVerw Gelegenheit zur Schuldenregulierung gem § 25 Abs 2 zu geben (so § 25 Rn 4).

24 **g) Kostentragung.** Die Kosten des EröffnungsVerf sind nach überwiegender Meinung bei einer auf § 26 Abs 1 S 1 gestützten Abweisung unabhängig v § 91 ZPO dem Schu aufzuerlegen.[94] Zur Anfechtbarkeit su Rn 27. Wert gem § 58 Abs 1 und 2 GKG: Der niedrigere Betrag von Forderung des Gl oder Masse des Schu. In jedem Falle bleibt der Ast der Zweitschuldnerhaftung gegenüber der Gerichtskasse gem §§ 23 Abs 1, 31 Abs 2 GKG ausgesetzt.[95]

25 **h) Bekanntmachung.** Der AbweisungsBeschl ist den Beteiligten zuzustellen (§ 329 Abs 2 S 2 ZPO iVm §§ 4, 34; erg vgl Rn 26, § 8). Eine Ausfertigung ist gem § 31 Nr 2 dem zuständigen Registergericht zu übermitteln, wenn der Schu eine juristische Person oder eine Gesellschaft ohne Rechtspersönlichkeit ist, die durch die Abweisung mangels Masse aufgelöst wird (su Rn 28). In jedem Falle ist der Beschl nunmehr auch öffentlich **bekannt zu machen.** Die Bekanntmachung erfolgt gem § 9 Abs 3. Zweckmäßigerweise kann sie m einer nach § 25

---

84 *AG Köln* NZI 2012, 95. Abgrenzend su Rn 25.
85 Vgl *Graf-Schlicker/Voß* § 26 Rn 20.
86 Vgl *Jaeger/Schilken* § 26 Rn 36.
87 *AG Köln* KTS 1972, 127; *Graf-Schlicker/Voß* § 26 Rn 15.
88 *Jaeger/Schilken* § 26 Rn 59; *K/P/B/Pape* § 26 Rn 20; FK/*Schmerbach* § 26 Rn 32.
89 PK-HWF/*Mitter* § 26 Rn 9; vgl *Jaeger/Weber* § 107 Rn 1, S 168.
90 Vgl *Jaeger/Weber* § 107 Rn 6.
91 *OLG Köln* ZIP 2000, 551; vgl auch *AG Hechingen* ZVI 2003, 189.
92 *BGH* Beschl v 21.6.2007 – IX ZB 193/03.
93 *K Schmidt/Keller* § 26 Rn 44.
94 *LG Köln* KTS 1986, 361; *LG München I* ZInsO 2002, 42 f; 1. Kommissionsbericht LS 1.2.9 Abs 4; *B/G/H/Goetsch* § 26 Rn 61; *K/P/B/Pape* § 26 Rn 29; *K Schmidt/Keller* § 26 Rn 45; *Uhlenbruck/Vallender* § 26 Rn 38; PK-HWF/*Mitter* § 26 Rn 25; *Andres/Leithaus* § 6 Rn 23; *Vallender* InVo 1997, 6; aM *LG Frankfurt/Main* Rpfleger 1986, 496 unter II; *LG Münster* DZWIR 2000, 122 f; *AG Göttingen* ZInsO 2003, 1156; anscheinend auch *AG Köln* NZI 2012, 195 f; offen gelassen von *OLG Köln* ZIP 2000, 1170; kritisch und einschränkend insoweit die Vorauflage.
95 *OLG München* ZIP 1987, 48 f; *OLG Köln* ZInsO 2010, 540; *LG Göttingen* ZIP 2009, 347 f; *LG Bonn* NZI 2009, 897; *AG Bremen* NZI 2009, 855; *K Schmidt/Keller* § 26 Rn 47; aM *AG Göttingen* ZInsO 2009, 981. Erg so § 14 Rn 61.

Abs 1 gebotenen verbunden werden. Sie löst die Zustellungswirkung des § 9 Abs 3 aus.[96] Ferner ergeben sich Mitteilungspflichten des InsGer aus Abschn IX/2 MiZi.[97] Löschungen im Handelsregister werden ohnehin nach § 10 HGB bekannt gemacht.

i) Sofortige Beschwerde. Der AbweisungsBeschl ist gem § 34 Abs 1 nur für den Ast und den Schu[98] mit der sof Beschw (§ 6) anfechtbar. Das BeschwGer hat die Voraussetzungen des § 26 voll zu überprüfen (so Rn 3, 18, 19). Insb kann gerügt werden, dass das InsGer erforderliche Ermittlungen über die Masselosigkeit unterlassen oder den Kostenvorschuss zu hoch berechnet habe;[99] zum Vorliegen einer Beschwer für die zweite Rüge vgl aber § 34 Rn 20. Der Ast kann die nachträgliche Einzahlung des Kostenvorschusses geltend machen;[100] dagegen ist die nachträgliche Erfüllung der Forderung des Ast unerheblich.[101] Der Ast kann seinen Eröffnungsantrag aufgrund des § 13 Abs 2 auch noch in der BeschwInstanz mit der Wirkung zurücknehmen, dass der Beschl gem § 26 Abs 1 wirkungslos wird.[102] Eine Beschw des Schu gegen die Abweisung nach § 26 ist nicht ausnahmslos deswegen unzulässig, weil er zuvor selbst die Eröffnung beantragt hatte (su § 34 Rn 5). Jedoch kann er nach einem Eigenantrag seine Beschw gegen die InsEröffnung nicht auf angeblich fehlende Kostendeckung stützen (su § 34 Rn 8). 26

Die in einem AbweisungsBeschl enthaltene KostenEntsch kann entspr § 99 Abs 1 ZPO nicht isoliert angefochten werden.[103] Anfechtbar ist aber nach näherer Maßgabe des § 6 eine KostenEntsch aufgrund zweiseitiger (vgl § 91a Abs 2 ZPO) oder einseitiger Erledigungserklärung (so § 6 Rn 4). 27

4. Wirkungen der Abweisung. Ein rechtskräftiger AbweisungsBeschl gem § 26 führt zur Auflösung eines Vereins (§ 42 Abs 1 S 1 BGB), einer Stiftung (§ 86 S 1, § 42 Abs 1 S 1 BGB), einer AG (§ 262 Abs 1 Nr 4 AktG), KGaA (§ 289 Abs 2 Nr 1 AktG), GmbH (§ 60 Abs 1 Nr 5 GmbHG), eGmbH (§ 81a Nr 1 GenG) sowie einer OHG oder KG, bei der kein persönlich haftender Gesellschafter wenigstens mittelbar eine natürliche Person ist (§§ 131 Abs 2 Nr 1, 161 Abs 2 HGB).[104] Zur Auflösung einer Stiftung vgl *Bach* vor § 19 Rn 229 ff. Etwaiges SchuVermögen unterliegt dem vollen Zugriff der Gl.[105] Zur Kontrolle sind gem § 31 Nr 2 die zuständigen Register zu unterrichten. Weitere Mitteilungspflichten ergeben sich aus Abschn IX/2 MiZi.[106] Darüber hinaus kann der Beschl berufsrechtliche Konsequenzen haben[107] oder bei gewerblich tätigen Schu Anlass geben, insb nach §§ 34b Abs 4 S 1 Nr 2, 34c Abs 2 Nr 2, 35 GewO deren Zuverlässigkeit zu überprüfen. Der Beschl kann gem 28

---

96 Amtl Begr der BReg zu Art 1 Nr 8 InsOVereinfG, BT-Drucks 16/3227, 16; MK/*Haarmeyer* § 26 Rn 37; HambKomm/*Denkhaus* § 26 Rn 62; *N/R/Mönning/Zimmermann* § 26 Rn 136; *K Schmidt/Keller* § 26 Rn 48.

97 Wegen der jeweils aktuellen Fassung vgl www.verwaltungsvorschriften-im-internet.de.

98 *LG Berlin* ZInsO 2001, 269; *Jaeger/Schilken* § 26 Rn 79; MK/*Haarmeyer* § 26 Rn 38. Der vorl InsVerw ist nicht beschwerdebefugt; *BGH* ZIP 2007, 1134 f.

99 Vgl *LG Hof* JurBüro 1989, 655; *Jaeger/Schilken* § 26 Rn 78; *K Schmidt/Keller* § 26 Rn 51.

100 *KG* KTS 1957, 31; *OLG Hamm* OLGZ 1969, 55; *LG Bonn* JMBl NW 1966, 256 f; *LG Potsdam* ZInsO 2002, 779 f; *LG Cottbus* ZInsO 2002, 296 LS.

101 *BGH ZInsO* 2011, 92 f Rn 3; aM *OLG Köln* ZIP 1993, 1483, 1484; erg su § 34 Rn 22.

102 *OLG Köln* ZIP 1993, 936; MK/*Haarmeyer* § 26 Rn 39; aM *Lorenz* KTS 1963, 239 f.

103 *LG München I* ZInsO 2002, 42; *K/P/B/Pape* § 26 Rn 29a.

104 Erg vgl *A/G/R/Sander* § 26 Rn 35.

105 *Kröpelin* Rn 125.

106 Jeweils aktuelle Fassung abrufbar unter www.verwaltungsvorschriften-im-internet.de/bsvwvbund_29041998_14301R57212002.htm; vgl FK/*Schmerbach* § 26 Rn 88.

107 Vgl § 46 Abs 2 Nr 4 StBerG, § 20 Abs 2 Nr 5 iVm § 16 Abs 1 Nr 7 WPO, § 50 Abs 1 Nr 6 BnotO; dazu MK/*Haarmeyer* § 26 Rn 41; *Graf-Schlicker/Voß* § 26 Rn 25.

§ 183 Abs 1 Nr 2 SGB III einen Anspruch auf InsGeld auslösen. Erst mit dem Abweisungs-Beschl endet die Antragspflicht nach § 15a.[108]

29 Ein rechtskräftig gewordener AbweisungsBeschl kann nur unter den Voraussetzungen des § 319 ZPO berichtigt werden;[109] darüber hinaus kommt entspr §§ 578 ff ZPO ein WiederaufnahmeVerf in Betracht (so § 4 Rn 17 aE). Zur Löschung einer unrichtigen Eintragung im SchuVerzeichnis su Rn 37.

30 Der Beschl hindert einen **neuen Eröffnungsantrag** nicht, wenn glaubhaft gemacht wird, dass ausreichende Vermögenswerte vorhanden sind, welche die Massekosten decken,[110] oder wenn ein ausreichender Kostenvorschuss geleistet wird.[111] Vermag das InsGer erneut ein genügendes Vermögen nicht festzustellen und wird kein Vorschuss geleistet, wird auch der wiederholte Antrag nach § 26 abgewiesen. Zu den förmlichen Voraussetzungen eines neuen InsAntrags gegen juristische Personen und insolvenzfähige Personenvereinigungen vgl § 11 Rn 26.[112]

31 **5. Leistung des Massekostenvorschusses (S 2).** Die Abweisung unterbleibt nach Abs 1 S 2 zwingend,[113] wenn ein ausreichender (so Rn 9–12) Geldbetrag zugunsten der künftigen Ins-Masse an die zuständige Justizkasse[114] vorgeschossen wird (so Rn 19 f). Einzahlungen während des BeschwVerf gegen die Abweisung des Antrags genügen (su § 34 Rn 20). Wer den Vorschuss leistet, ist grds unerheblich. In Betracht kommen vor allem Gl – ggf auch für den Schu[115] – oder Dritte, jedoch nicht der zu bestellende InsVerw.[116] Eine rechtsverbindliche unbedingte Bankgarantie reicht aus.[117] Absonderungsberechtigte können den Vorschuss auch durch tw Abtretung des Verwertungserlöses – über §§ 170, 171 hinaus – leisten,[118] falls das zeitnah eine ausreichende, gesicherte Massevergrößerung erwarten lässt.[119] Die bloß schuldrechtliche Zusage eines Massekostenvorschusses ohne Gegenleistung ist allerdings ein formbedürftiges Schenkungsversprechen;[120] bloße unverbindliche Absichtserklärungen – auch Dritter – genügen nicht.[121] Zum Vorschuss des Schu su Rn 33.

32 Der von einem Ast geleistete Vorschuss kommt zwar auch anderen zugute,[122] aber nicht, nachdem der Antrag des Einzahlenden zurückgenommen oder erledigt wurde.[123] Nimmt der einzige Ast seinen Antrag aufgrund der Kostenanforderung zurück, so kann ein anderer

---

108 Vgl *BGH* 28.10.2008 – 5 StR 166/08.
109 Vgl *Jaeger/Schilken* § 26 Rn 77.
110 *LG Hagen* KTS 1988, 806; *Vallender* InVo 1997, 7; *K/P/B/Pape* § 26 Rn 33; FK/*Schmerbach* § 26 Rn 116; auch für nachträglichen Erwerb *LG Zweibrücken* NZI 2005, 397 f. Erg so § 13 Rn 24.
111 *BGH* ZIP 2002, 1696; ZInsO 2005, 144.
112 *Uhlenbruck/Vallender* § 26 Rn 54.
113 Vgl *Jaeger/Schilken* § 26 Rn 65.
114 Vgl *K Schmidt/Keller* § 26 Rn 39; *Zimmermann* ZInsO 2012, 398.
115 Vgl *OLG Hbg* KTS 1968, 57 f; *Jaeger/Schilken* § 26 Rn 55; *Kröpelin* Rn 117. Dazu, dass der Vorschuss nicht aus dem SchuVermögen stammen darf, su Rn 33.
116 *Uhlenbruck/Vallender* § 26 Rn 25; PK-HWF/*Mitter* § 26 Rn 12; *Hess* § 26 Rn 46; *Kübler* KS-InsO, S 580 Rn 15.
117 FK/*Schmerbach* § 26 Rn 38; *K/P/B/Pape* § 26 Rn 21; *Jaeger/Schilken* § 26 Rn 62.
118 MK/*Haarmeyer* § 26 Rn 29; vgl *OLG Hamm* WM 1999, 1226 f.
119 Verneint iF *AG Bersenbrück* ZInsO 2000, 240 LS.
120 *LG Hbg* ZVI 2002, 362.
121 *BGH* NZI 2006, 35; *LG Göttingen* ZInsO 2007, 1358 f; *Graf-Schlicker/Voß* § 26 Rn 15.
122 Vgl *Graf-Schlicker/Voß* § 26 Rn 20.
123 *LG Wiesbaden* KTS 1973, 274 mit Anm v *Mohrbutter*; *Jaeger/Schilken* § 26 Rn 57; *K Schmidt/Keller* § 26 Rn 40.

den Vorschuss nur aufgrund eines neuen, ggf eigenen Antrags leisten. Der gezahlte Vorschuss darf nicht mit Zweckbestimmungen versehen werden, die über § 26 Abs 1 hinausgehen; diese machen den Vorschuss unwirksam.[124] Der Einzahlende ist jedoch auf die Unwirksamkeit sofort hinzuweisen, weil er einen nur bedingt (§ 158 BGB) geleisteten, noch nicht verbrauchten Vorschuss zurückfordern darf. Eine vom antragstellenden Gl eingezahlte Gerichtsgebühr für das EröffnungsVerf ist nicht auf den Kostenvorschuss anzurechnen.[125]

Der **geleistete Vorschuss** wird als treuhänderisches Sondervermögen mit der ausschließlichen Bestimmung der Massekostendeckung dem InsVerw überlassen.[126] Ein vom Schu geleisteter Vorschuss gilt aber als ein solches Sondervermögen nur, wenn die Mittel nachweislich massefrei sind oder von einem Dritten stammen;[127] anderenfalls stellen sie einen Teil der allg InsMasse dar und können nur die Prüfung beeinflussen, ob diese ausreicht (so Rn 3). Das vorgeschossene Sondervermögen gehört nicht zur InsMasse und unterliegt nicht der Verteilung nach § 209 Abs 1 Nr 2 und 3.[128] Der Vorschussleistende rückt in die Rangstelle (§ 54) des aus dem Vorschuss befriedigten MasseGl ein,[129] allerdings erst nach der Befriedigung der übrigen Massekosten.[130] Dieser Anspruch gegen den Schu steht ggf neben dem Ersatzanspruch nach Abs 3. Der Vorschuss ist vom InsVerw an den Leistenden zurückzuzahlen, sobald die InsMasse selbst zur Kostendeckung ausreicht.[131] 33

6. Eröffnung ohne ausreichende Insolvenzmasse. Wird bei Eröffnung des InsVerf nicht erkannt, dass die InsMasse nicht die VerfKosten deckt, kommt eine Einstellung gem § 207 in Betracht; hierbei ist ein geleisteter Vorschuss als nachrangig zu berücksichtigen.[132] Die Prüfung der Kostendeckung obliegt dem InsGer gegenüber dem Schu und allen Beteiligten – zB dem InsVerw –, die durch eine vorzeitige Eröffnung oder deren Ablehnung geschädigt werden können. Insb die Eröffnung aufgrund unzulänglicher Prüfung kann eine Amtshaftung iSv § 839 BGB iVm Art 34 GG begründen. 34

III. Eintragung ins Schuldnerverzeichnis (Abs 2)

1. Eintragung. Nach Abs 2 S 1 ist die Eintragung natürlicher Personen als Schu,[133] gegen die ein Antrag gem § 26 Abs 1 abgewiesen worden ist, in das SchuVerzeichnis anzuordnen. Dies kann schon im AbweisungsBeschl geschehen; anderenfalls trifft der Urkundsbeamte der Geschäftsstelle die Anordnung unverzüglich entspr § 882c Abs 3 ZPO. Er übermittelt sie gem § 882d Abs 1 S 3 ZPO unmittelbar nach Rechtskraft des Beschl[134] elektronisch dem zentralen VollstrG nach § 882h Abs 1 ZPO. Gegen die Anordnung steht dem Schu das befristete Widerspruchsrecht entspr § 882d ZPO zu. 35

Die Löschungsfrist für die Eintragung im SchuVerzeichnis beträgt gem § 882e Abs 1 ZPO drei Jahre. Jeder weitere AbweisungsBeschl auf der Grundlage des § 26 führt zu einer neuen 36

---

124 *BGH* NZI 2006, 35; *Jaeger/Schilken* § 26 Rn 55.
125 *LG Frankfurt/Main* JW 1925, 1551.
126 Vgl *K Schmidt/Keller* § 26 Rn 53 f; *A/G/R/Sander* § 26 Rn 18.
127 *Henckel* FS KO, S 178 f; *Braun/Herzig* § 26 Rn 23; MK/*Haarmeyer* § 26 Rn 29.
128 Vgl *Skrotzki* KTS 1959, 24; *Uhlenbruck/Vallender* § 26 Rn 26; *Jaeger/Schilken* § 26 Rn 60; HambKomm/*Denkhaus* § 26 Rn 40; vgl *Kröpelin* Rn 118.
129 *OLG Hbg* KTS 1958, 57; *Jaeger/Schilken* § 26 Rn 61.
130 *Skrotzki* KTS 1959, 25; MK/*Hefermehl* § 54 Rn 31; MK/*Haarmeyer* § 26 Rn 29.
131 *OLG Frankfurt* KTS 1986, 503 f; *N/R/Mönning/Zimmermann* § 26 Rn 79 f; *Uhlenbruck/Vallender* § 26 Rn 32.
132 Vgl MK/*Haarmeyer* § 26 Rn 29; MK/*Hefermehl* § 54 Rn 31; *K Schmidt/Keller* § 26 Rn 56.
133 Wegen juristischer Personen vgl § 31.
134 Vgl hierzu *Heyer* ZInsO 2004, 1128; MK/*Haarmeyer* § 26 Rn 42; *K/P/B/Pape* § 26 Rn 40; *Uhlenbruck/Vallender* § 26 Rn 46; *N/R/Mönning/Zimmermann* § 26 Rn 141.

Eintragung m eigenständiger Löschungsfrist.[135] Wegen der Möglichkeit zur Einsicht in das SchuVerzeichnis und zur Erteilung v Abdrucken gelten die §§ 882f und 882g ZPO. Eine vorzeitige Löschung erfolgt selbst dann nicht, wenn der Schu sämtliche am InsVerf beteiligten Gl vorzeitig befriedigt hat.[136]

37 Das SchuVerzeichnis wird in Ausübung öffentlicher Gewalt geführt.[137] Fehler dabei können eine Amtshaftung gem § 839 BGB iVm Art 34 GG begründen.[138]

IV. Ersatzansprüche des Vorschussleistenden (Abs 3)

38 **1. Anspruchsvoraussetzungen.** Abs 3 gewährt jedem, der in zulässiger Weise einen Vorschuss iSv Abs 1 S 2 oder von § 207 Abs 1 S 2 geleistet hat (so Rn 31), einen (deliktischen)[139] Ersatzanspruch. Der Anspruch betrifft keinen Gesamtschaden iSv § 92.[140] Zur Vorbereitung eines solchen Anspr darf der Gl Akteneinsicht gem § 299 Abs 2 ZPO verlangen (so § 4 Rn 13). Gl des Anspruchs aus Abs 3 S 1 kann der Schu selbst lediglich sein, soweit der Betrag aus massefremden Mitteln stammt (so Rn 33). Gegenüber dem Schu ist zudem ein Innenausgleich gem § 426 BGB möglich. Die Norm hat bisher nur wenig praktische Bedeutung erlangt.[141]

39 Schu des Anspruchs kann jeder sein, der nach gesellschafts- oder insolvenzrechtlichen Vorschriften – insb § 15a – im jeweiligen Einzelfall **verpflichtet** war, wegen Vorliegens eines Eröffnungsgrundes die Eröffnung des InsVerf über das Vermögen des Schu zu beantragen (vgl § 13 Rn 12 f), und es unterlassen hat, den Antrag in der vorgeschriebenen Frist zu stellen; dies gilt auch für Liquidatoren.[142] Die entspr Anwendung auf Verstöße gegen Antragspflichten auf anderer Rechtsgrundlage – insb § 42 Abs 2 BGB – ist gerechtfertigt.[143] Für eine entspr Anwendung auf Erben oder Nachlassverwalter (§§ 1980, 1985 Abs 2 BGB) dürfte es aber keinen Raum geben, weil gerade für den Fall der nicht kostendeckenden Masse die Antragspflicht nach § 1990 BGB entfällt.[144] Mehrere Verpflichtete haften als GesamtSchu entspr §§ 830 Abs 1, 840 Abs 1 BGB.[145]

40 Zum Schadensersatz verpflichtende Handlung ist nicht nur das Unterlassen jeglicher Antragstellung, sondern auch ihre Verspätung;[146] dies ist vom Anspruchsteller zu beweisen. Ist die Frist nicht gewahrt, werden Pflichtwidrigkeit und Verschulden (§ 276 Abs 1 BGB) wegen der Massearmut vermutet. Der Verpflichtete muss nach **S 2** etwaige rechtfertigende

---

135 *Jaeger/Schilken* § 26 Rn 81.
136 *AG Köln* ZInsO 2003, 957; *Uhlenbruck/Vallender* § 26 Rn 48; *Graf-Schlicker/Voß* § 26 Rn 27.
137 *RGZ* 118, 243 f.
138 Vgl *RGZ* 140, 153; *Uhlenbruck* § 26 Rn 50; *A/G/Sander* § 26 Rn 31.
139 Zur Rechtsnatur vgl im Einzelnen *Uhlenbruck/Hirte* § 26 Rn 59.
140 *Uhlenbruck/Hirte* § 26 Rn 61; *Henssler* KS-InsO, S 1006 Rn 38; *Ullrich* DZWIR 2000, 181; HambKomm/*Denkhaus* § 26 Rn 48; *K Schmidt* KTS 2001, 393.
141 Vgl *K/P/B/Pape* § 26 Rn 1e; *K Schmidt* NJW 2011, 1257.
142 *OLG Hamm* NZI 2002, 438; *Jaeger/Schilken* § 26 Rn 91.
143 *B/G/H/Goetsch* § 26 Rn 73; *Jaeger/Schilken* § 26 Rn 93; FK/*Schmerbach* § 26 Rn 118; für eine unmittelbare Anwendung *Uhlenbruck/Hirte* § 26 Rn 64; *N/R/Mönning/Zimmermann* § 26 Rn 84.
144 Vgl MK/*Siegmann* § 317 Rn 7; MK/*Küpper* § 1980 BGB Rn 13 f; dies berücksichtigen *Jaeger/Schilken* § 26 Rn 93 und *Uhlenbruck/Hirte* § 26 Rn 64 nicht.
145 *K/P/B/Pape* § 26 Rn 26; *Jaeger/Schilken* § 26 Rn 91; *Graf-Schlicker/Voß* § 26 Rn 30.
146 *OLG Bbg* ZInsO 2003, 224; *Kübler* KS-InsO, S 579 Rn 13 f; FK/*Schmerbach* § 26 Rn 118; *B/G/H/Goetsch* § 26 Rn 76; *Hess* § 26 Rn 69; *Jaeger/Schilken* § 26 Rn 92; *K Schmidt/Keller* § 26 Rn 83.

Umstände beweisen oder eigenes Verschulden ausräumen.[147] Dies soll in Betracht kommen, wenn die schuldende Gesellschaft ihr Vermögen erst während der Antragsfrist verloren hat.[148]

Abs 3 setzt voraus, dass der Kostenvorschuss gerade zu dem Zweck geleistet wurde, dass das InsVerf trotz der Massearmut eröffnet oder weitergeführt (§ 207 Abs 1 S 2) werden konnte. Ob der Vorschuss zur Kostendeckung objektiv nötig war, ist jedenfalls dann unerheblich, wenn das InsGer nach sachverständiger Beratung den Ast auf die Notwendigkeit des Vorschusses (so Rn 21) hingewiesen hatte.[149] Dagegen begründen allg Massedarlehen[150] oder Prozesskostenvorschüsse[151] keinen gem § 26 Abs 3 erstattungsfähigen Schaden. Ob die verspätete Antragstellung wiederum die Massearmut verursacht hat, ist ebenso unerheblich[152] wie ein etwaiger Erfolg des InsVerf. **41**

2. Anspruchsinhalt. Der Ersatzanspruch kann schon während des laufenden InsVerf gegen die Gesellschafter geltend gemacht werden.[153] Zu beanspruchen ist der gesamte Betrag, den der Berechtigte als Vorschuss iSv Abs 1 S 2 geleistet und noch nicht erstattet erhalten hat, jedoch nur Zug um Zug gegen Abtretung des treuhänderischen Rückgewähranspruchs gegen die InsMasse (so Rn 33).[154] Eine Verzinsung kann allein gem allg gesetzlichen Regeln (insb §§ 286, 288, 291 BGB) ausgelöst werden. **42**

3. Verjährung. Für den Anspruch gilt die dreijährige Regelverjährung des § 195 BGB, beginnend mit dem Schluss des Jahres, in dem der Anspruch entstanden ist und der Gl von den tatsächlichen Voraussetzungen Kenntnis erlangt oder ohne grobe Fahrlässigkeit erlangen müsste (§ 199 Abs 1 BGB). **43**

V. Vorschusspflicht (Abs 4)

Abs 4 S 1 soll die Eröffnung v InsVerf gegen juristische Personen (§ 11 Abs 1) und insolvenzfähige Personenvereinigungen (§ 11 Abs 2) erleichtern, indem er den für sie – insb nach § 15a – antragspflichtigen Personen (so Rn 39) bei Verletzung ihrer Antragspflicht eine unmittelbare Zahlungspflicht gegenüber der Schu auferlegt. Der Anspruch entsteht gegen jene Person dem Grunde nach m dem Eingang eines Eröffnungsantrags gegen die Schu und erlischt m dem Ende des EröffnungsVerf.[155] Geltend zu machen ist er gegen die – nicht selbst am InsVerf beteiligten – Zahlungspflichtigen durch eine Klage im allg Gerichtsstand[156] vor den Zivilgerichten; die Klage ist auf Zahlung zugunsten der (künftigen) InsMasse an die zuständige Gerichtskasse zu richten.[157] Die Zahlung des geschuldeten Kostenvorschusses kann nicht das InsGer,[158] sondern jeder vorl InsVerw[159] und jeder – sogar **44**

---

147 Vgl *Jaeger/Schilken* § 26 Rn 94 f.
148 RegE S 119 zu § 30.
149 *BGH* ZIP 2009, 572 Rn 12 ff.
150 Vgl *BGH* ZInsO 2003, 28 zu *OLG Bbg* ZIP 2003, 454 f; *Jaeger/Schilken* § 26 Rn 90.
151 Vgl *Metzger* S 125 f.
152 *Jaeger/Schilken* § 26 Rn 97.
153 *K/P/B/Pape* § 26 Rn 26.
154 HambKomm/*Denkhaus* § 26 Rn 54; *K Schmidt/Keller* § 26 Rn 85.
155 *Zimmermann* ZInsO 2012, 398.
156 Vgl *Zimmermann* ZInsO 2012, 400.
157 *Zimmermann* ZInsO 2012, 398; *Göb* NZG 2012, 374.
158 AM MK/*Haarmeyer* § 26 Rn 67 f, der eine Festsetzung durch Beschl des InsGer für zulässig hält.
159 Ein vorl InsVerw ohne begleitendes allg Verfügungsverbot sollte vom InsGer vorsorglich zur Geltendmachung ermächtigt werden.

nachrangige[160] – künftige InsGl verlangen, auch wenn er selbst keinen Kostenvorschuss leistet. Für die zur Klage Berechtigten dürfte während eines EröffnungsVerf allenfalls eine Leistungsverfügung iSv § 940 ZPO Aussicht auf rechtzeitige Leistung bieten.[161]

45 Damit der Anspruch begründet werden kann, ist der Zeitpunkt der materiellen Insolvenz der Schu iSv § 15a Abs 1 S 1 zu ermitteln;[162] dieser ist vom jeweiligen KI darzulegen. Andererseits erlegt S 2 die Beweislast für eine Behauptung, dass die InsReife der Schu trotz erheblicher Gewissensanspannung nicht erkennbar war, der zur Antragstellung verpflichteten (verklagten) Partei auf.[163] Zur Berechnung des Anspruchs hat der KI eine Schätzung der nötigen VerfKosten (so Rn 21) zu unterbreiten.– Falls das InsVerf wegen eines v anderen Personen geleisteten Vorschusses eröffnet wird, greift unmittelbar Abs 3 ein. Leistet eine vorschusspflichtige Person Zahlungen, so sind erlangte Beträge zurückzugewähren, wenn sie nicht mehr benötigt werden.[164] Jedoch ist dagegen eine Aufrechnung m möglichen gesellschaftsrechtlichen Ersatzansprüchen der InsMasse zulässig.[165] Werden nacheinander mehrere EröffnungsVerf gegen denselben Schu geführt, entsteht der Anspruch jeweils neu.[166] Die Vorschusspflicht nach Abs 4 hat nahezu keine praktische Relevanz erlangt.

---

160 HambKomm/*Denkhaus* § 26 Rn 55c; *K Schmidt/Keller* § 26 Rn 42.
161 Vgl *K Schmidt* NJW 2011, 1258; *Pape* ZInsO 2011, 1039; zw HambKomm/*Denkhaus* § 26 Rn 55b.
162 Vgl MK/*Haarmeyer* § 26 Rn 55b.
163 RegE S 37 zu Nr 6; *Göb* NZG 2010, 374. Erg so Rn 43.
164 MK/*Haarmeyer* § 26 Rn 61; *Zimmermann* ZInsO 2012, 399.
165 MK/*Haarmeyer* § 26 Rn 62.
166 *Zimmermann* ZInsO 2012, 401.

§ 26a[1] Vergütung des vorläufigen Insolvenzverwalters

(1) Wird das Insolvenzverfahren nicht eröffnet, setzt das Insolvenzgericht die Vergütung und die zu erstattenden Auslagen des vorläufigen Insolvenzverwalters durch Beschluss fest.

(2) [1]Die Festsetzung erfolgt gegen den Schuldner, es sei denn, der Eröffnungsantrag ist unzulässig oder unbegründet und den antragstellenden Gläubiger trifft ein grobes Verschulden. [2]In diesem Fall sind die Vergütung und die zu erstattenden Auslagen des vorläufigen Insolvenzverwalters ganz oder teilweise dem Gläubiger aufzuerlegen und gegen ihn festzusetzen. [3]Ein grobes Verschulden ist insbesondere dann anzunehmen, wenn der Antrag von vornherein keine Aussicht auf Erfolg hatte und der Gläubiger dies erkennen musste. [4]Der Beschluss ist dem vorläufigen Verwalter und demjenigen, der die Kosten des vorläufigen Insolvenzverwalters zu tragen hat, zuzustellen. [5]Die Vorschriften der Zivilprozessordnung über die Zwangsvollstreckung aus Kostenfestsetzungsbeschlüssen gelten entsprechend.

(3) [1]Gegen den Beschluss steht dem vorläufigen Verwalter und demjenigen, der die Kosten des vorläufigen Insolvenzverwalters zu tragen hat, die sofortige Beschwerde zu. [2]§ 567 Absatz 2 der Zivilprozessordnung gilt entsprechend.

---

1 Neu gefasst gem Art 1 Nr 6 G v 15.7.2013 (BGBl I S 2379) mWv 1.7.2014. § 26a aF gilt in Eröffnungsverfahren, die aufgrund eines zwischen dem 1.3.2012 und dem 30.6.2014 gestellten Antrags eingeleitet wurden. Wegen vor dem 1.3.2012 eingeleiteter Verfahren s FN 3. Eine Rückwirkung der Gesetzesänderung auf nicht abgeschlossene Altfälle ist jeweils nicht vorgesehen, vgl *BGH* ZInsO 2012, 802; *LG Frankfurt* NZI 2015, 531.

Übersicht

I. Normzweck

1 § 26a Abs 1 soll – entgegen früherer Rspr[2] – sicherstellen, dass nicht das Prozessgericht, sondern das sachnähere InsGer zur Festsetzung der Vergütung eines vorl InsVerw zuständig ist, wenn ein lnsVerf nicht eröffnet wird. Die bis zum 30.6.2014 geltende Gesetzesfassung regelte zunächst nur den Fall, dass die Kosten dem Schu aufzuerlegen sind; die aktuelle Fassung erweitert in Abs 2 insoweit den Anwendungsbereich. Abs 3 regelt die Statthaftigkeit von Rechtsmitteln gegen derartige Festsetzungsbeschlüsse. Im eröffneten lnsVerf gilt § 54 Nr 2. Die Vorschrift gilt entspr für den vorl Sachwalter nach § 270a Abs 1 S 2.[3]

II. Festsetzung gegen Schuldner (Abs 1)

2 Die Festsetzung gegen den Schu ist der Regelfall. Die Vorschrift ist (nur) anwendbar, wenn trotz Bestellung eines vorl InsVerw zB wegen Antragsrücknahme, Erledigungserklärung oder gem § 26 – ein lnsVerf *nicht eröffnet* worden ist. Auf Antrag des vorl InsVerw sind dessen Vergütung und Auslagen festzusetzen, dagegen nicht etwaige Unkosten, die ihm im Rahmen seiner Tätigkeit selbst entstanden sind (vgl § 4 Abs 1 InsVV) oder eine etwaige Vergütung als SV. Wegen der VerfKosten vgl § 13 Rn 36, § 14 Rn 57 ff, § 26 Rn 24. Soweit die Norm anwendbar ist, fehlt für eine Klage des vorl InsVerw auf Festsetzung seiner Vergütung gegen den Schu das Rechtsschutzbedürfnis.[4] Dagegen kann der Schu seinerseits bisher vom antragstellenden Gl allenfalls Schadensersatz verlangen (so § 14 Rn 66). Schu iSd Abs 2 S 1 ist in grenzüberschreitenden Fällen lediglich die vom deutschen (Sekundär-)Ins-Verf erfasste Vermögensmasse.[5]

III. Festsetzung gegen Gl (Abs 2)

3 **Abs 2** sieht eine Belastung (nur) des antragstellenden Gl m den Kosten einer vorl InsVerwaltung vor, wenn die nachfolgend beschriebenen beiden Voraussetzungen erfüllt sind. Auch hoheitliche Gl werden nicht durch § 2 GKG von den hier fraglichen Kosten freigestellt.

4 **1. Voraussetzungen.** Erstens muss der Eröffnungsantrag des Gl unzulässig oder unbegründet sein **(S 1)**. Diese Voraussetzung muss nicht schon zuvor gerichtlich ausgesprochen worden sein, ist dann aber im FestsetzungsBeschl näher zu begründen. IdR wird in derartigen Fällen aber schon kein vorl InsVerw bestellt. Wird der Antrag als unbegründet abgewiesen, nachdem der Schu die Forderung des Gl nach ASt erfüllt hat, ist die vorrangige Kostentragungspflicht des Schu nach § 14 Abs 3 (so § 14) zu beachten.

Zweitens muss den Gl insoweit ein grobes Verschulden treffen **(S 1)**. Dafür nennt **S 3** – nur beispielhaft – den Fall, dass der Gl v vornherein erkennen musste, dass sein Eröffnungsantrag keine Erfolgsaussicht hatte. In Betracht mag der Fall kommen, dass der Gl die Eröffnung aufgrund eines Titels beantragt, der offensichtlich keinen Bestand haben kann, oder

2 *BGH* ZIP 2010, 89 Rn 6; ZInsO 2012, 802 Rn 2 f. Vgl dazu 5. Aufl § 2 Rn 4.
3 *Uhlenbruck/Vallender* § 26a Rn 10.
4 *K Schmidt/Vuia* § 26a Rn 16.
5 *LG Aachen* ZIP 2015, 191 mit zust Anm *Mankowski* EWiR 2015, 123.

dass er den Eröffnungsantrag im Bewusstsein stellt, dass sehr wahrscheinlich kein Eröffnungsgrund vorliegt (erg so § 14 Rn 33 ff). Ferner ist ein Verhalten des Ast während des EröffnungsVerf zu berücksichtigen, welches erkennbar vorrangig auf insolvenzwidrige Zwecke, wie etwa die Befriedigung (nur) seiner eigenen Forderung statt auf die Eröffnung eines InsVerf abzielt. Andere Fälle müssten vergleichbar schwer wiegen. Ob ein grobes Verschulden vorliegt, hat das Gericht von Amts wegen zu prüfen.[6]

5 **2. Rechtsfolge.** Die Rechtsfolge **(S 2),** dass die Kosten „ganz oder teilweise" gegen den Gl festzusetzen sind, räumt dem InsGer ein Ermessen ein, welches es in jedem Einzelfall auch ausüben muss. Insoweit ist entspr § 254 Abs 1 BGB auf das Ausmaß abzustellen, in dem Gl und/oder Schu den erfolglosen Antrag (mit) verschuldet haben. (Spätestens) mit einer gerichtlichen Festsetzung seiner Vergütung erlangt der vorl InsVerw eine Aufrechnungslage.[7] Bis zur Festsetzung dürfte dem InsVerw bereits ein Zurückbehaltungsrecht in Höhe der angemessenen Vergütung zustehen.

IV. Festsetzungsverfahren

6 Vorausgesetzt wird ein spezifizierter[8] Festsetzungsantrag des InsVerw, § 8 Abs 1 InsVV. Inhaltlich richtet sich die Vergütung nach § 64 InsO iVm §§ 10 ff InsVV. Die Festsetzung ist – nach Anhörung des Zahlungspflichtigen – durch Beschl des InsRichters auszusprechen.[9] Der Beschl ist zu begründen und dem jeweils zur Kostentragung Verpflichteten – dh Schu und/oder Gl – sowie dem vorl InsVerw zuzustellen; § 8 Abs 3 gilt insoweit nicht.[10] Falls die Vergütung ungekürzt gegen den Schu festgesetzt wird, braucht der Beschl nicht dem Antragsteller förmlich zugestellt zu werden.[11] Eine öffentliche Bekanntmachung (§ 64) entfällt. Aus dem Beschl ist in jedem Falle die ZwangsVollstr nach Maßgabe des § 794 Abs 1 Nr 2 ZPO zulässig.

7 Nach Abs 3 steht allein der jeweils betroffenen Partei – dh einerseits vorl InsVerw, andererseits Schu und/oder Gl – die sof Beschw gem § 6 zu; bei teilweisem Unterliegen können beide Seiten beschwerdeberechtigt sein. Wegen der Einzelheiten so § 6 Rn 14, 17 ff. Der Verweis auf § 567 S 2 ZPO bedeutet, dass das Rechtsmittel nur zulässig ist, falls der BeschWert 200 EUR übersteigt. Andere Gl als der mit den Kosten belastete Ast oder ein etwa neu bestellter InsVerw haben grds kein BeschwRecht; § 64 Abs 3 S 1 gilt nicht.[12] Ein formell rechtskräftiger FestsetzungsBeschl bindet nicht Gl, die darin nicht als Kostenschuldner genannt sind, aber auf Zahlung der festgesetzten Beträge vor Zivilgerichten in Anspruch genommen werden.[13]

---

6 *Uhlenbruck/Vallender* § 26a Rn 22.

7 *LG Dresden* 2.6.2006 – 10 O 4068/05.

8 *BGH* NZI 2007, 242. Erg so § 22 Rn 88.

9 Zur Zuständigkeit des InsRichters vgl § 18 Abs 1 Nr 1 RpflG; vgl *AG Hamburg* ZIP 2015, 795; *Graf-Schlicker/Voß* § 26a Rn 3; *Uhlenbruck/Vallender* § 26a Rn 14.

10 *Graf-Schlicker/Voß* § 26a Rn 3.

11 AM *K/P/B/Prasser* § 26a Rn 9.

12 *Uhlenbruck/Vallender* § 26a Rn 26; *K Schmidt/Vuia* § 26a Rn 16; **aA** MK/*Haarmeyer* § 26a Rn 7; HambKomm/*Denkhaus* § 26a Rn 5, die wegen einer möglichen Zweitschuldnerhaftung nach § 23 GKG dem antragstellenden Gl in jedem Fall eine BeschwMöglichkeit einräumen wollen. Die Vergütung und Auslagen des vorl InsVerw gehören jedoch gerade nicht zu den Kosten des Verfahrens, vgl *BGH* ZIP 2010, 89, so dass auch keine Zweitschuldnerhaftung besteht.

13 *Uhlenbruck/Vallender* § 26a Rn 28; *K Schmidt/Vuia* § 26a Rn 16.

§ 27 Eröffnungsbeschluss

(1) [1]Wird das Insolvenzverfahren eröffnet, so ernennt das Insolvenzgericht einen Insolvenzverwalter. [2]§ 270 bleibt unberührt.

(2) Der Eröffnungsbeschluss enthält:

1. **Firma oder Namen und Vornamen, Geburtsdatum, Registergericht und Registernummer, unter der der Schuldner in das Handelsregister eingetragen ist, Geschäftszweig oder Beschäftigung, gewerbliche Niederlassung oder Wohnung des Schuldners;**
2. **Namen und Anschrift des Insolvenzverwalters;**
3. **die Stunde der Eröffnung;**
4. **die Gründe, aus denen das Gericht von einem einstimmigen Vorschlag des vorläufigen Gläubigerausschusses zur Person des Verwalters abgewichen ist; dabei ist der Name der vorgeschlagenen Person nicht zu nennen;**
5. **eine abstrakte Darstellung der für personenbezogene Daten geltenden Löschungsfristen nach § 3 der Verordnung zu öffentlichen Bekanntmachungen in Insolvenzverfahren im Internet vom 12. Februar 2002 (BGBl. I S. 677), die zuletzt durch Artikel 2 des Gesetzes vom 13. April 2007 (BGBl. I S. 509) geändert worden ist.**

(3) Ist die Stunde der Eröffnung nicht angegeben, so gilt als Zeitpunkt der Eröffnung die Mittagsstunde des Tages, an dem der Beschluss erlassen worden ist.

Übersicht

I. Normzweck

Die Vorschrift dient der Rechtsklarheit. Sie gilt grds für jede Art von InsVerf. 1

II. Eröffnungsvoraussetzungen

Ein InsVerf darf nur eröffnet werden, wenn im Zeitpunkt der Entsch die nachfolgenden Voraussetzungen erfüllt sind; eine vorausgegangene Zulassung des Antrags (vgl § 14 Rn 46 f) bindet nicht. Die materielle Beweislast trägt der Ast. 2

1. Zulässigkeit. Die Zulässigkeit des Eröffnungsantrags setzt – für den Zeitpunkt der EröffnungsEntsch[1] – regelmäßig voraus: 3

Die dt **Gerichtsbarkeit** über den Schu (§§ 18–20 GVG). 4

Die **InsVerfFähigkeit** des Schu (§§ 11, 12). Zum Tod des Schu und zum Erlöschen einer als Schu betroffenen Gesellschaft während des EröffnungsVerf so § 13 Rn 29, § 14 Rn 54. 5

---

1 Vgl grundlegend für die Eröffnung *BGHZ* 169, 17 Rn 8 ff; anders dagegen, wenn das InsGer die Eröffnung abgelehnt hat: dann kommt es auf den Zeitpunkt der Entscheidung im BeschwerdeVerf an, *BGH* ZIP 2008, 1035.

6 Die **Prozessfähigkeit** des Schu iSv § 51 ZPO ist zwar nach allg vollstreckungsrechtlichen Grundsätzen nicht nötig, soweit er das gegen ihn betriebene Verf nur zu dulden hat. Insb im EröffnungsVerf ist aber seine aktive Mitwirkung nicht nur bei eigener Antragstellung (§ 13), sondern auch zur Annahme von Zustellungen und zur Gewährung des rechtlichen Gehörs[2] stets nötig. Dazu hat das InsGer von Amts wegen (§ 5 Abs 1 S 1) auf eine ordnungsmäßige Vertretung hinzuwirken (so § 14 Rn 4). Vertreter kann der allg Vermögenspfleger sein. Die öffentliche Bekanntmachung nach § 9 Abs 3 wirkt aber auch gegenüber dem gesetzlichen Vertreter eines Prozessunfähigen, vorbehaltlich des § 579 Abs 1 Nr 4 ZPO. Soweit Gesellschafter nach § 15a Abs 3 im Falle der **Führungslosigkeit** einen Antrag stellen, haben sie anschließend im Eröffnungsverfahen grundsätzlich für eine ordnungsgemäße Vertretung durch einen (Not-)Geschäftsführer oder Verfahrenspfleger zu sorgen, andernfalls ist der Antrag unzulässig und der Antragspflicht nach § 15a Abs 4 nicht genügt.[3]

7 Das angegangene InsGer muss sachlich (§ 2), int (§ 343 Abs 1 S 2 Nr 1, Art 3 Abs 1 S 1 EuInsVO) und örtlich (§ 3) **zuständig** sein.

8 Das Vorliegen eines ordnungsmäßigen (vgl § 13 Rn 3f, 6, 20f), nicht wirksam zurückgenommenen (vgl § 13 Abs 2 und § 305 Abs 3 S 2) **Eröffnungsantrags** ist zu prüfen.[4] Dies setzt die Partei- und Prozessfähigkeit (§ 50, 51 ZPO) sowie die Antragsberechtigung (§ 13 Abs 1 S 2; vgl auch § 13 Rn 10) des Ast ebenso voraus wie die Antrags- (§§ 15, 18 Abs 3) oder Vertretungsbefugnis der für ihn handelnden Person (vgl § 13 Rn 5). Ein EröffnungsBeschl, der sich inhaltlich auf einen zurückgenommenen oder erledigten Antrag stützt, ist wirkungslos und auf Antrag klarstellend aufzuheben.[5] Zur nötigen Kostendeckung so § 26.

9 Bei Anträgen von **Gl** sind zusätzlich die Voraussetzungen des § 14 Abs 1 zu prüfen: **Glaubhaftmachung** der Forderung gegen den Schu und des Eröffnungsgrundes sowie Fehlen eines **rechtlichen Interesses** (vgl § 14 Rn 3–41). Entspr ist die Glaubhaftmachung des Eröffnungsgrundes bei Anträgen des Schu Zulässigkeitsvoraussetzung, wenn der Antrag nicht von allen dazu Befugten gestellt wird (§ 15 Abs 2 S 1). Ein InsVerf ist auch zulässig, wenn nur ein einziger InsGl vorhanden ist (so § 16 Rn 8). Gem § 14 Abs 1 S 2 wird ein einmal gestellter Antrag aber nicht allein dadurch unzulässig, dass die Forderung erfüllt wird (so § 14).[6]

10 Gegen jeden Schu kann grds nur ein einziges InsVerf zu jeder gegebenen Zeit betrieben werden;[7] dieses erfasst laufend dessen gesamtes haftbares Vermögen. **Mehrere InsAnträge** gegen denselben Schu werden mit der Eröffnung gem § 147 ZPO, § 4 verbunden, wenn sie zeitgleich eröffnungsreif sind.[8] Weitere Eröffnungsanträge sind entspr § 261 Abs 3 Nr 1 ZPO iVm § 4 unzulässig, solange das laufende InsVerf noch nicht abgeschlossen ist;[9] zu möglichen Ausnahmen m Bezug auf einen freigegebenen Geschäftsbetrieb des Schu so § 11 Rn 5, zu wiederholten Eröffnungsanträgen nach Aufhebung eines InsVerf so § 13 Rn 26, § 14 Rn 39. Der Grundsatz, dass nur ein einziges (Haupt)InsVerf gegen den Schu betrieben werden kann, gilt jedenfalls innerhalb des Geltungsbereichs der EUInsVO auch grenzüberschrei-

2 *OLG Köln* ZIP 2000, 283.

3 *LG Kleve*, 21.3.2017 – 4 T 577/16; zu weitgehend: *AG Oldenburg* 24.6.2016 – 65 IN 9/16 mit krit Anm *Laroche* NZI 2016, 926.

4 *BGH* Beschl v 3.3.2009 – IX ZB 166/08.

5 *OLG Köln* NJW-RR 1994, 445; *K Schmidt/Keller* S 27 Rn 6; vgl für Zurückweisung eines bereits zurückgenommenen Antrags *Jaeger/Gerhardt* § 6 Rn 58.

6 Vgl näher: *Frind* ZInsO 2015, 20149; *Laroche* ZInsO 2015, 2511.

7 *BGHZ* 162, 183 = ZInsO 2005, 310; vgl *AG Bremen* NZI 2011, 146 betr Restschuldbefreiung.

8 *AG Göttingen* NZI 2002, 560 f; MK/*Schmahl/Busch* §§ 27–29 Rn 13; erg vgl Rn 16, § 13 Rn 3, 14.

9 *BGH* ZInsO 2005, 310; Beschl v 20.9.2007 – IX ZB 241/06; *LG Berlin* NZI 2008, 43; vgl für einen Antrag der Neugläubiger *BGH* ZInsO 2004, 739.

tend: Ein Beschl, durch den ein InsGer in Kenntnis eines in einem anderen Mitgliedstaat der EuInsVO eröffneten HauptInsVerf ein inländisches HauptInsVerf eröffnet, ist zumindest schwebend unwirksam.[10]

2. Begründetheit. Die Begründetheit des Eröffnungsantrags setzt das Vorliegen eines Eröffnungsgrundes (§§ 16–19) und das Vorhandensein einer ausreichenden InsMasse iSd § 26 Abs 1 voraus. Vor seiner Entsch braucht das InsGer den Schu zwar nur einmal zu dem Eröffnungsantrag zu hören (§ 14 Abs 2). Es muss ihm oder dem Ast aber Gehör zu dem Erg etwaiger gerichtlicher Ermittlungen gewähren, sofern dies für sein jeweiliges Rechtsschutzziel nachteilig ist und die Entscheidung hierauf gestützt werden soll;[11] dass eine dadurch eintretende Verzögerung nicht die Gl schädigt, ist ggf durch Maßnahmen nach § 21 sicherzustellen. Der Eröffnungsgrund muss im Zeitpunkt der Eröffnungsentscheidung vorliegen.[12] Lässt sich ein Eröffnungsgrund trotz Ausschöpfens aller Ermittlungsmöglichkeiten nicht zur vollen Überzeugung des Gerichts feststellen, ist der Antrag abzuweisen;[13] eine Aussetzung bis zur präjudiziellen Klärung str Verbindlichkeiten des Schu, die für seine Zahlungsunfähigkeit wesentlich sind, ist unzulässig.[14] Verschwiegenheitspflichten hindern nicht, das InsVerf gegen den zur Verschwiegenheit Verpflichteten zu eröffnen.[15] 11

3. Verfahrensart. Ggf müssen die bes Voraussetzungen für die Eröffnung in einer speziellen VerfArt festgestellt werden, zB nach §§ 270, 311, 317–319, 332 f. Insb sind bei Eröffnungsanträgen von oder gegen Verbraucher die §§ 305 ff zu beachten. Zur Entsch bei Antragsdivergenzen zwischen Regel- oder VerbrInsVerf so § 13 Rn 30, § 14 Rn 5. Über die Ankündigung der Restschuldbefreiung kann seit 1.7.2014 bereits mit dem Eröffnungsbeschluss entschieden werden, sofern die Voraussetzungen vorliegen, § 287a. Ist die Zurückweisung des Restschuldbefreiungsantrags beabsichtigt, hat das Gericht vor Eröffnung des Verf hierauf hinzuweisen, § 287a Abs 2 S 2. Gleiches gilt nach § 270a Abs 2, wenn der Schu ein Verf der Eigenverwaltung bei drohender Zahlungsunfähigkeit beantragt hat. 12

III. Abweisungsbeschluss

Ist auch nur eine der Voraussetzungen (so Rn 4–11) nicht erfüllt und eine Abhilfe entweder ergebnislos versucht (§ 139 Abs 1 und 2 ZPO) oder ausgeschlossen, weist das InsGer den Eröffnungsantrag ab. Wird das InsVerf gegen denselben Schu aufgrund eines anderen Antrags eröffnet wird, sind die übrigen Anträge erledigt, so dass es der Bescheidung evtl unzulässiger oder unbegründeter Parallelanträge nicht bedarf.[16] Vor der AbweisungEntsch ist dem Ast rechtliches **Gehör** zu neuen, erheblichen Gesichtspunkten zu gewähren.[17] Erst ab formeller Rechtskraft der AbweisungsEntsch sind, auch wenn diese vorher irrtümlich bekannt gemacht worden ist, die Antragsrücknahme (§ 13 Abs 2) und die Erledigungser- 13

10 *BGHZ* 177, 17 Rn 19 ff = ZIP 2008, 1340 ff; vgl *BGH* ZInsO 2008, 745 f Rn 22 f.

11 *LG Frankfurt/Oder* DZWIR 2005, 348; *Jaeger/Schilken* § 27 Rn 10; *Graf-Schlicker/Voß* § 27 Rn 2; vgl MK/*Schmahl/Busch* §§ 27–29 Rn 14; HambKomm/*Denkhaus* § 27 Rn 4: nur wenn der Schu sein Rechtsschutzziel durch Bestreiten der Gläubigerangaben erkennbar gemacht hat.

12 *BGHZ* 169, 20 ff; *BGH* ZVI 2006, 564 f; *Gundlach* NJW 2006, 3556; zum Eintritt oder Wegfall erst im BeschwVerf su § 34 Rn 22.

13 *BGH* ZIP 2006, 1457; *AG Göttingen* ZIP 2000, 1679 f; *AG Magdeburg* ZInsO 1999, 359. Erg su § 16 Rn 9, 18.

14 *BGH* ZIP 2006, 1457; *K Schmidt/Keller* § 27 Rn 7; aM *Pütz-von Fabeck* ZInsO 2000, 635 f; erg so § 4 Rn 26, § 16 Rn 16.

15 *OLG Köln* ZIP 2000, 2034 im Anschluss an *BGHZ* 141, 176 ff.

16 *Jaeger/Gerhardt* § 13 Rn 36; MK/*Schmahl/Busch* §§ 27–29 Rn 13; **aA** *Jaeger/Schilken* § 27 Rn 9.

17 *Vallender* KS-InsO, S 134 Rn 60; vgl MK/*Schmahl/Busch* §§ 27–29 Rn 14 f.

klärung[18] ausgeschlossen. Die Abweisung hindert einen erneuten Antrag mit ergänzter Begr nicht.[19]

14 Der Beschl enthält, neben dem Ausspruch der Abweisung, eine KostenEntsch (vgl § 13 Rn 36; § 26 Rn 24). An Gerichtskosten fallen im EröffnungsVerf eine halbe Gebühr gem Nr 2310, 2311 KV-GKG und Auslagen (§ 23 Abs 1 S 2 GKG) an. Erstattungsfähige Anwaltsgebühren: Nr 3313–3316 VV-RVG. Die Kosten können entspr §§ 103 ff ZPO iVm § 4 gegen den Ast festgesetzt werden (so § 14 Rn 62 ff).

IV. Eröffnungsbeschluss (Abs 1 und 2)

15 **1. Eilbedürfnis.** Sind sämtliche Voraussetzungen (so Rn 4–13) erfüllt, beschließt das InsGer die Eröffnung des InsVerf. Wegen des Beschleunigungsgebots (so § 5 Rn 22) hat dies grds **unverzüglich** zu geschehen, sobald die durch § 22 Abs 1 S 2 Nr 3 HS 2 gebotene Prüfung abgeschlossen ist. Stehen die Eröffnungsvoraussetzungen einschl der Massekostendeckung fest, darf das InsGer nicht einseitig zu Lasten bestimmter Gl (zB Vermieter) Masseverbindlichkeiten vermindern oder zum Nachteil von DrittSchu (zB Arbeitsamt) Zahlungspflichten verlängern, indem es die InsEröffnung hinausschiebt: Das InsGer hat neutral zwischen allen Beteiligten zu entscheiden und darf sich nicht mit den Interessen einzelner Beteiligter identifizieren. Deshalb ist es idR unzulässig, eine von einzelnen Beteiligten angekündigte (künftige) Erledigung des Eröffnungsantrags abzuwarten;[20] dem Schu ist auch nicht Gelegenheit zu geben, die dem Antrag zugrunde liegende Forderung zu begleichen.[21] Ein gewisser Ermessensspielraum besteht jedoch, soweit eine hinausgeschobene Eröffnung die Funktionsfähigkeit des Verfahrens unterstützt, insb der Masseanreicherung dient.[22] Ist der Eröffnungsantrag eines Schu wegen fehlender Angaben gem § 13 Abs 1 unzulässig (so § 13 Rn 20 ff), darf das InsGer zwar eine Nachbesserungsfrist (konkret: 2 Wochen) einräumen, aber nach deren Ablauf nicht die Eröffnung aufgrund eines gleichzeitig geteilten GlAntrags verzögern.[23] Vom Schu erhoffte Ansprüche, deren Entstehung nicht sicher ist, sind ebenso wenig zu berücksichtigen wie Forderungen, die erst nach der 3-Wochenfrist zur Beurteilung der Zahlungsunfähigkeit (so § 17 Rn 18) entstehen oder fällig werden.[24] Umgekehrt ist das InsGer nicht gegenüber einem InsGl zu besonderer Beschleunigung verpflichtet um zu verhindern, dass ihm Versicherungsschutz für seine Forderung gegen den Schu entgeht.[25] Ob das InsGer einzelne Voraussetzungen für die Eröffnung – zB den Eröffnungsgrund – durch bindende ZwischenEntsch entspr §§ 303, 318 ZPO feststellen kann, ist zw; jedenfalls wäre eine solche ZwischenEntsch nicht selbstständig, sondern nur zusammen mit der abschließenden Entsch anfechtbar. Eine Ausnahme gilt nur im Schutzschirmverfahren nach § 270b Abs 4 S 3, weil erst nach Ablauf der Frist zur Einreichung eines Plans oder Aufhebung der entsprechenden Anordnung über die Eröffnung zu entscheiden ist (su § 270b).

---

18 *OLG Köln* NJW-RR 1994, 445 f.
19 *Jaeger/Gerhardt* § 6 Rn 55; *Jaeger/Schilken* § 34 Rn 13; erg so § 13 Rn 37, § 26 Rn 30.
20 *LG Hbg* ZInsO 2007, 335; *AG Hbg* ZIP 2008, 521ZInsO 2005, 158 f; *Frind* ZInsO 2012, 1359.
21 *BGH* ZInsO 2012, 593.
22 *Uhlenbruck/Zipperer* § 27 Rn 11; *Uhlenbruck/Wegener* § 13 Rn 154; vgl *AG Hbg* ZIP 2001, 1885 mit zust Anm *Spliedt* EWiR 2001, 1099 f, *AG Hbg* ZIP 2008, 521: ausschließlich zum Zweck der Anreicherung der Masse bei Erweiterung der Aussichten einer Betriebsfortführung; *Jaeger/Schilken* § 27 Rn 9; HambKomm/*Denkhaus* § 27 Rn 9; **aM**: *Graf-Schlicker/Voß* § 27 Rn 2; *K/P/B/Pape* § 27 Rn 56 f; *Marotzke* ZInsO 2004, 187; *Münzel* ZInsO 2006, 1239 ff.
23 Vgl *AG Hbg* ZIP 2013, 135 f.
24 *LG Hbg* ZInsO 2012, 1724 f; vgl *AG Hbg* ZIP 2013, 135 f.
25 *LG Münster* NZI 2005, 633.

Der EröffnungsBeschl ergeht gegen jeden Schu gesondert, mehrere Eröffnungsanträge v Gl und/oder Schu sind zu verbinden.[26] Ist eine nach diesem Grundsatz vorzunehmende Verbindung versehentlich nicht erfolgt, kann sie nachgeholt werden.[27] Werden Eröffnungsanträge übersehen, sind sie – als nunmehr unzulässig (so § 13 Rn 14) – für erledigt zu erklären,[28] sofern sie nicht nach Vorstehendem nachträglich verbunden werden. Im Falle einer GmbH & Co. KG sollten sie bzgl der KG und der Komplenentär-GmbH inhaltlich koordiniert werden.[29] Soweit möglich, sollte das Verfahren über das über das Vermögen der Komplementär-GmbH erst nach der Eröffnung über das Vermögen der KG eröffnet werden, da es im umgekehten zur liquidationslosen Vollbeendigung der KG kommt. Ihr Vermögen geht dann im Wege der Anwachsung nach den §§ 161 Abs 2, 105 Abs 2 HGB, § 738 BGB im Wege der Gesamtrechtsnachfolge auf den Kommanditisten über, was zu erheblichen Folgeproblemen führt.[30] Der EröffnungsBeschl braucht idR wegen § 5 Abs 2 S 1 nicht verkündet zu werden. Dann ist er jedoch nur wirksam, wenn der InsRichter ihn unterschrieben hat.[31] Als Unterschrift genügt ein Schriftzug, der individuellen Charakter aufweist und es einem Dritten, der den Namen des Unterzeichnenden kennt, ermöglicht, diesen Namen aus dem Schriftbild herauszulesen, indem wenigstens einzelne Buchstaben erkennbar sind; dagegen stellt eine bewusste und gewollte Namensverkürzung (Handzeichen, Paraphe) keine formgültige Unterschrift dar.[32] Das Nachholen einer zunächst fehlenden Unterschrift wirkt erst von der Unterschriftsleistung an.[33] 16

2. Inhalt. Der EröffnungsBeschl hat – zusätzlich zum entspr konstitutiven Ausspruch – folgenden **notwendigen** Inhalt: 17

Abs 2 Nr 1 setzt die genaue **Bezeichnung** des **Schu** voraus.[34] Dazu gehören dessen bürgerlicher Name und – um Verwechslung vorzubeugen – das vollständige Geburtsdatum. Ferner sind mitzuteilen bei Kaufleuten der Firmenname, bei juristischen Personen oder anderen Gesellschaften (§ 11) deren Name oder Firma sowie die Angabe der gesetzlichen Vertreter;[35] die tatsächlich ausgeübte Geschäftstätigkeit („Geschäftszweig oder Beschäftigung“); die gewerbliche Niederlassung oder Wohnung sowie Registergericht und -nummer einer Eintragung im Handelsregister. Bei einer insolventen GbR sind – neben einer ggf vorhandenen Gesellschaftsbezeichnung – alle ihre Gesellschafter aufzuführen.[36] Ein früherer Firmenname zusätzlich zur aktuellen Bezeichnung ist – nur – nach einer kürzlichen Änderung der Firma aufzuführen.[37] Für gefährdete Personen, die unter Schutz nach ZSHG stehen, gilt keine Ausnahme.[38] Zur Bezeichnung von Gesellschaften iSv § 11 Abs 2 Nr 1 so § 11 Rn 18 und von Stiftungen vgl *Bach* vor § 19 Rn 222. Außerdem sollte eine etwaige bes VerfArt (so Rn 13) angegeben werden;[39] wird eine beantragte Eigenverwaltung abgelehnt (§ 270 Abs 2), 18

---

26 *OLG Köln* ZIP 2000, 1347; *Holzer* NZI 2007, 432 f, 436 f. Erg so Rn 11, § 13 Rn 14.
27 *AG Köln* 7.12.2010 – 73 IN 484/10, BeckRS 2011, 05603.
28 *BGH* 11.3.2010 - IX ZB 110/09; vgl *Uhlenbruck/Wegener* § 13 Rn 91.
29 Vgl *Scholz/K Schmidt/Bitter* Vor § 64 Rn 156.
30 *Werner* NZI 2014, 895.
31 *BGHZ* 137, 51 ff; *Jaeger/Schilken* § 27 Rn 15.
32 *BGH* NZI 2011, 59 Rn 5.
33 *Hess* § 27 Rn 22; *Jaeger/Schilken* § 27 Rn 43 f.
34 *BGH* ZIP 2003, 356 f; *OLG Köln* ZIP 2000, 1349; vgl im Einzelnen MK/*Schmahl/Busch* §§ 27–29 Rn 22 f; *Jaeger/Schilken* § 27 Rn 25 ff. Erg so § 13 Rn 6.
35 Dazu so § 14 Rn 4. Deren Anschriften sind nur anzugeben, wenn eine Geschäftsadresse fehlt.
36 Vgl *BGHZ* 187, 344 f, Rn 9 ff = NJW 2011, 615 f.
37 *Graf-Schlicker/Voß* § 27 Rn 7; HambKomm/*Denkhaus* § 27 Rn 10.
38 Vgl *LG Hbg* ZInsO 2005, 1000 f.
39 *Uhlenbruck/Zipperer* § 27 Rn 6.

ist dies gleichzeitig auszusprechen.[40] Eine etwaige Beschränkung auf Sondervermögen ist klarzustellen.[41]

19 Bei Eröffnung aufgrund eines ab dem 1.7.2014 gestellten InsAntrages ist ein Hinweis auf einen Antrag auf Restschuldbefreiung (§ 270 Abs 2 Nr 4 aF) nicht mehr erforderlich. Da das InsGer nach § 287a nun vor oder zumindest zeitnah zum Eröffnungsbeschluss über die Zulässigkeit des Antrags auf Restschuldbefreiung entscheidet, werden die Gl auf diesem Wege frühzeitig hierüber informiert.[42]

20 Die nötigen Angaben (so Rn 18) müssen aus dem Text des vom InsRichter unterzeichneten Beschl unmittelbar ersichtlich sein; sie dürfen nicht erst später von der Geschäftsstelle nachgetragen werden.[43] Jedoch ist ein EröffnungsBeschl, der sogar wegen der Angaben zur Person des Schu nur auf ein Blatt der Gerichtsakten verweist, nicht nichtig, falls die Person des Schu aus der Verweisung eindeutig zu entnehmen ist.[44] Ist der Schu aufgrund einer Personenstandsfälschung im EröffnungsBeschl unter einem „Alias"-Namen – sachlich unrichtig – bezeichnet, kann der Beschl gem § 319 ZPO berichtigt werden.[45] Auch iÜ sind Verstöße unschädlich, solange der Schu zweifelsfrei zu identifizieren ist,[46] aber in jedem Fall ist der Beschl gem § 319 ZPO vom InsRichter[47] zu berichtigen (su Rn 39). Wirksam ist zB ein EröffnungsBeschl, der gegen einen inzwischen verstorbenen Kaufmann noch unter seinem Firmennamen ergangen ist, gegenüber seinem Nachlass.[48] Beschränkt sich das InsVerf auf ein Sondervermögen – zB das Gesamtgut einer Gütergemeinschaft – ist dieses als solches mit seinen Trägern zu bezeichnen.

21 Gem Abs 1 S 1 und Abs 2 Nr 2 muss der Beschl die **Ernennung** des **InsVerw** unter Angabe seines Namens und seiner Anschrift enthalten. Der InsVerw wird aufgrund des § 56 Abs 1 ausgewählt; das InsGer sollte zur Vermeidung einer Vakanz bis zur Erklärung der Annahme des Amtes vorher dessen Bereitschaft klären, das Amt zu übernehmen.[49] Es wird meist, muss aber nicht den zuletzt tätigen vorl InsVerw bestellen. Soll das InsVerf über das Vermögen einer Krankenkasse eröffnet werden, ist nach § 171b Abs 4 S 2 SGB V vorher die Aufsichtsbehörde anzuhören. Soll es gem § 270 ohne Verwalter geführt werden (Abs 1 S 2), hat der Beschl den **Sachwalter** (§ 274) zu bestimmen. Auch in der VerbraucherIns wird – bei Antragstellung ab dem dem 1.7.2014 – ein InsVers bestellt. § 313 Abs 1 S 2, der abweichend die Bestellung eines **Treuhänders** vorsah, ist aufgehoben. Ein Verstoß gegen die Ernennunspflicht macht die Eröffnung nicht unwirksam, der InsVerw ist dann nachträglich zu ernennen.[50] Die Entsch ist iRd EröffnungsBeschl stets dem InsRichter vorbehalten (§ 18 Abs 1 Nr 1 RPflG); er entscheidet auch über Berichtigungen oder Ergänzungen des Beschl.[51]

---

40 MK/*Schmahl/Busch* §§ 27–29 Rn 34.
41 Vgl MK/*Schmahl/Busch* §§ 27–29 Rn 20 f.
42 Vgl BT-Drucks 17/11268 S 21.
43 *OLG Köln* ZIP 2000, 1349; *K/P/B/Pape* § 27 Rn 16.
44 *BGH* ZIP 2003, 357; vgl *Jaeger/Schilken* § 27 Rn 24; *Graf-Schlicker/Voß* § 27 Rn 8.
45 *AG Marburg/Lahn* ZInsO 2010, 1806 f. Erg su Rn 39.
46 *BGH* NZI 2003, 198.
47 Vgl *K/P/B/Pape* § 27 Rn 17, 62.
48 Vgl *RGZ* 16, 340 f.
49 *Jaeger/Schilken* § 27 Rn 19.
50 *K/P/B/Pape* § 27 Rn 21; MK/*Schmahl/Busch* §§ 27–29 Rn 130; *Jaeger/Schilken* § 27 Rn 17.
51 *Uhlenbruck/Zipperer* § 27 Rn 23; MK/*Schmahl/Busch* §§ 27–29 Rn 37, 137; *Jaeger/Schilken* § 27 Rn 17; *K Schmidt/Keller* § 27 Rn 26; aM noch die Vorauflage; *K/P/B/Pape* § 27 Rn 21; differenzierend HambKomm/*Denkhaus* § 27 Rn 15 (Zuständigkeit des Richters nur für eine Begründung nach § 27 Abs 2 Nr 5; iÜ Zuständigkeit des RPfls).

Nach Abs 2 Nr 4 muss das InsGer – falls ein vorl GlAusschuss einen einstimmigen Vorschlag zur Person des InsVerw gemacht hatte und das InsGer davon abweicht – die Gründe dafür im EröffnungsBeschl angeben. Dabei ist der Name des Vorgeschlagenen nicht zu nennen; dies dient dem Persönlichkeitsschutz. Die Begründungspflicht steht im Zusammenhang mit den Rechten des gleichzeitig vorgeschlagenen vorläufigen GlAusschusses (so § 22a Rn 9). Dadurch soll der ersten GlVersammlung die Entscheidung über die Wahl eines bestimmten InsVerw erleichtert werden. Im Beschl zu begründen ist die mangelnde Eignung des gewählten, dagegen nicht die Auswahl des bestellten Verwalters.[52] Die Vorschrift gilt gem § 270 Abs 4 und § 274 Abs 1 auch für die Ablehnung einer beantragten Eigenverwaltung bzw des vorgeschlagenen Sachwalters. Zur eingeschränkten Veröffentlichung su § 30 Rn 4. 22

Nach Abs 2 Nr 3 muss der Beschl Tag und Stunde – möglichst auch die Minute – der Eröffnung angeben; das ist der **Zeitpunkt**, in dem der InsRichter den EröffnungsBeschl – sei es auch außerhalb der Gerichtsräume – unterschreibt.[53] Zum genannten Zeitpunkt treten der InsBeschlag (§§ 80 ff) und alle anderen Wirkungen der Eröffnung (zB nach §§ 129 Abs 1, 147) ein.[54] Die Angabe hat Urkundsfunktion iSv § 417 ZPO und kann nicht nachgeholt werden. Fehlt sie, so gilt nach Abs 3 als Zeitpunkt der Eröffnung unwiderleglich[55] die Mittagsstunde (12 Uhr) des Tages, an dem der EröffnungsBeschl unterschrieben worden ist. Die Zeitangabe „24.00 Uhr" bezeichnet das Ende,[56] „0.00 Uhr" den Beginn[57] des angegebenen Tages. Dagegen verhindert es § 27 Abs 3, einen vom Tag des Beschlusserlasses abw Eröffnungszeitpunkt festzusetzen.[58] EröffnungsBeschl, welche die Eröffnung auf einen anderen (späteren) Zeitpunkt als den des Erlasses[59] datieren, sind allerdings nicht nichtig; auf das angegebene Datum darf sich der Rechtsverkehr verlassen.[60] Entscheidend ist nach der Rechtsprechung des BGH, dass die Zeitpunkte der Entscheidung und der Wirksamkeit nicht auseinanderfallen dürfen. In jedem Fall wird der EröffnungsBeschl nur wirksam, wenn er den inneren Bereich des InsGer verlässt (su Rn 30). 23

Gem § 28 sind die Gl im EröffnungsBeschl **aufzufordern**, ihre **Forderungen** innerhalb einer bestimmten Frist **anzumelden** (Abs 1 S 1) und dem InsVerw ihre Sicherungsrechte mitzuteilen (Abs 2). Ferner sind die Schu des InsSchu nach § 28 Abs 3 aufzufordern, an den InsVerw statt an den InsSchu zu leisten. Fehlen diese Angaben, ist der EröffnungsBeschl nicht unwirksam (vgl § 28 Rn 6, 8, 13; § 29 Rn 6). Zu weiteren Anordnungen bei Ins einer Lebensversicherungsgesellschaft oder eines Ausstellers von Schuldverschreibungen vgl *Uhlenbruck/Zipperer* § 27 Rn 18. 24

Nach § 29 Abs 1 bestimmt das InsGer im EröffnungsBeschl den **Berichts- und** den **Prüfungstermin** oder entspr Zeitpunkte, falls gem § 5 Abs 2 das schriftliche Verfahren angeordnet wird.[61] Ein Fehlen dieser Angaben macht den Beschl nicht unwirksam; die Bestimmung ist ggf nachzuholen. 25

---

52 HambKomm/*Denkhaus* § 27 Rn 15.
53 Vgl *BGH* KTS 1968, 242; *Graf-Schlicker/Voß* § 27 Rn 10.
54 *Uhlenbruck/Zipperer* § 27 Rn 8.
55 MK/*Schmahl/Busch* §§ 27–29 Rn 42.
56 *LG Duisburg* ZInsO 2002, 990; HambKomm/*Denkhaus* § 27 Rn 6.
57 Krit im Hinblick auf den tatsächlichen Unterschriftszeitpunkt *K Schmidt/Keller* § 27 Rn 33 f.
58 *BGH* ZIP 2004, 766 ff; *Uhlenbruck/Zipperer* § 27 Rn 10; krit MK/*Schmahl/Busch* §§ 27–29 Rn 41; aM noch *Jaeger/Schilken* § 27 Rn 30.
59 Enger als die hier vertretene Auffassung die Vorauflage, die auf die Unterschriftsleistung als den für die Wirksamkeit entscheidenden Zeitpunkt abstellt.
60 *BGH* ZIP 2004, 766 f.
61 Vgl *BGH* ZIP 2013, 1287.

Gem Abs 2 Nr 5 ist eine abstrakte Darstellung der für personenbezogene Daten geltenden Löschungsfristen erforderlich. Diese Regelung setzt die Vorgaben von Art 79 Abs 5 EuInsVO um. Mitzuteilen sind die Löschungsfristen des § 3 InsoBekV (Löschung von Daten aus einem InsVerf einschließlich des EröffnungsVerf spätestens sechs Monate nach Aufhebung oder Einstellung des Verfahrens; sonstige Veröffentlichungen einen Monat nach dem ersten Tag der Veröffentlichung). Die Löschungsfristen sind unbedingt einzuhalten und zu überwachen. Ihre Nichtbeachtung kann Entschädigungs- und Haftungsansprüche auslösen.[62]

Ist der Anwendungsbereich der EuInsVO eröffnet, sind nach Art 4 Abs 1 S 2 EuInsVO im Eröffnungsbeschluss die Gründe anzugeben, auf denen die Zuständigkeit des Gerichts beruht sowie insbesondere, ob die Zuständigkeit auf Art 3 Abs 1 oder Abs 2 EuInsVO gestützt wird.

26 **3. Freigestellte Angaben.** Der EröffnungsBeschl kann weiter folgende Angaben enthalten: **aa)** Die Bezeichnung des Ast und des Eröffnungsgrundes sowie – sinnvoll im Hinblick auf § 139 – des Tages, an dem der Eröffnungsantrag beim InsGer eingegangen ist;[63] **bb)** die Bestellung eines vorl GlAusschusses (§ 67 Abs 1); **cc)** die Anordnung einer Hinterlegungsstelle nach § 149 Abs 1 S 2; **dd)** weitere Anordnungen zur Unterstützung des InsVerw bei der Inbesitznahme der InsMasse (§ 148) und der Erfüllung seiner Aufgaben (§§ 97, 98).[64]

27 Der in einen EröffnungsBeschl aufgenommene Zusatz, bei dem eröffneten Verf handele es sich um ein HauptInsVerf – im Gegensatz zu §§ 354 ff, Art 34 ff EuInsVO –, hat für sich nur deklaratorische Bedeutung.[65] Eine Postsperre nach §§ 99 Abs 1, 101 Abs 1 S 1 sollte gesondert angeordnet und begründet werden. Ist bereits im EröffnungsVerf Masseunzulänglichkeit angezeigt worden, soll diese nach bestr Ansicht anstelle separater Veröffentlichung mit bekannt gemacht werden können; eine weitere Anzeige des InsVerw soll dann entbehrlich sein.[66] Vorzuziehen ist aus Gründen der Klarheit allerdings in jedem Falle eine gesonderte Anzeige und Veröffentlichung.

28 **4. Kosten.** Einen Kostenausspruch braucht der EröffnungsBeschl nicht zu enthalten, weil die Kosten des eröffneten InsVerf ohne weiteres gem § 54 der InsMasse zur Last fallen.[67] Außergerichtliche Kosten eines Antrag stellenden Gl sind im eröffneten InsVerf zusammen mit der Hauptforderung anzumelden (§§ 87, 174); erst für spätere Kosten gilt § 39 Abs 1 Nr 2. Vollstreckbarkeit: § 794 Abs 1 Nr 3 ZPO.

29 **5. Begründung.** Der Beschluss ist mit einer Begründung zu versehen, deren Umfang sich indes daran ausrichtet, inwieweit im EröffnungsVerf die Beteiligten Einwendungen vorgebracht haben. Sind die Eröffnungsvoraussetzungen unstr geblieben, reicht eine knappe Begründung, die sich auf die Angabe des festgestellten gesetzlichen Eröffnungsgrundes beschränken kann.[68] Sind die Eröffnungsvoraussetzungen str, ist der Beschl – ggf getrennt – im Hinblick auf die Streitpunkte ausführlicher zu begründen.[69] Eine unterlassene Begrün-

---

62 *OLG Koblenz* 8.9.2016 – 1 EK 1/16.

63 Krit *K Schmidt/Keller* § 27 Rn 40.

64 Vgl *Jaeger/Schilken* § 27 Rn 37 ff; *K Schmidt/Keller* § 27 Rn 43.

65 *BGH* 21.2.2008 – IX ZB 96/07.

66 *BAG* NZI 2005, 409; *LAG Düsseldorf* ZIP 2003, 2041 mit abl Anm *Moll* EWiR 2004, 78; *Uhlenbruck/Zipperer* § 27 Rn 18; MK/*Schmahl/Busch* §§ 27–29 Rn 112.

67 Vgl *Jaeger/Schilken* § 27 Rn 12.

68 MK/*Schmahl/Busch* §§ 27–29 Rn 114 f.

69 Vgl *BGH* ZInsO 2011, 1614 Rn 3; die dortigen Ausführungen für Beschlüsse des Beschwerdegerichts gelten für erstinstanzliche Beschlüsse entspr; MK/*Schmahl/Busch* §§ 27–29 Rn 114 f; *Graf-Schlicker/Voß* § 27 Rn 15 f.

dung ist spätestens in der Entsch über die (Nicht-)Abhilfe nachzuholen.[70] In jedem Fall zu begründen sind die Ablehnung einer beantragten Eigenverwaltung (§ 270 Abs 4) und nach § 27 Abs 2 Nr 4 das Abweichen von einem einstimmigen Vorschlag des vorl GlAusschusses (so Rn 22). Ist anzunehmen, dass sich Vermögen des Schu in einem anderen Mitgliedstaat der Europäischen Union befindet, sind nach Art 4 Abs 1 EuInsVO die Gründe anzugeben, auf denen die Zuständigkeit des Gerichts beruht sowie insbesondere, ob die Zuständigkeit auf Art 3 Abs 1 oder Abs 2 gestützt ist.

6. Wirksamwerden. Der – unterschriebene – EröffnungsBeschl wird gem allg prozessualen Regeln nur wirksam, wenn er aus dem inneren Geschäftsbereich des InsGer mit der unmittelbaren Zweckbestimmung **herausgegeben** worden ist, Beteiligten bekannt gegeben zu werden,[71] zB durch Einlegung in den Postausgang, formlose Mitteilung an einen Außenstehenden[72] oder durch Übermittlung an ein öffentliches Register.[73] Bis zu diesem Zeitpunkt eingehendes Vorbringen ist zu berücksichtigen;[74] das gilt auch für die Rücknahme des Ins-Antrags (vgl § 13 Abs 2)[75] oder für die Erklärung des Ast, sein Antrag sei erledigt.[76] Danach eingereichte Erledigungserklärungen sind hingegen unerheblich.[77] Die förmliche Bekanntmachung des Beschl ist insoweit bedeutungslos (su § 30 Rn 1). Nach der Entäußerung ist für den Eintritt aller insolvenzrechtlichen Folgen jedoch der im Beschl angegebene Zeitpunkt maßgebend.[78] 30

7. Bekanntmachung. Der EröffnungsBeschl ist gem § 30 Abs 1 und 2 bekannt zu machen sowie nach §§ 31–33 verschiedenen Registerbehörden mitzuteilen. Weitere Mitteilungspflichten können sich aus § 22a FamFG und Abschn IX/3 MiZi[79] ergeben. Eine Mitteilung an den zuständigen GV und das Vollstreckungsgericht ist im Hinblick auf §§ 89 f zweckmäßig. 31

8. Rechtsmittel. Die Berechtigung des EröffnungsBeschl kann grds nur mit der **sof Beschw** gem § 34 überprüft werden, nicht aber als Vorfrage in einem Rechtsstreit.[80] Eine nachträgliche Rücknahme des Eröffnungsantrags beseitigt die Wirkungen des Beschl gem § 13 Abs 2 nicht, sobald er wirksam geworden ist (so Rn 30). Zur nachträglichen Erledigung vgl § 14 Rn 58, § 34 Rn 20–25, zur nachträglichen Feststellung einer Unwirksamkeit des Beschl so Rn 9, zur Unanfechtbarkeit allein der Verwalterbestimmung su § 34 Rn 9. 32

Aufgrund einer zulässigen sof Beschw kann das InsGer im **AbhilfeVerf** Fehler ausräumen; zu einer entspr Prüfung ist es verpflichtet.[81] Die Änderung soll innerhalb laufender BeschwFrist auch v Amts wegen zulässig sein;[82] jedoch muss § 13 Abs 2 sinngemäß jedenfalls eine solche Aufhebung eines EröffnungsBeschl ausschließen. Zur InsEröffnung durch das BeschwGer su § 34 Rn 32. 33

---

70 *A/G/R/Sander* § 27 Rn 22.
71 *BGH* NJW-RR 2004, 1575; *OLG Celle* ZIP 2000, 675; vgl *Jaeger/Gerhardt* § 6 Rn 47.
72 ZB durch Telefax an den InsVerw, vgl *BGHZ* 133, 310; *Jaeger/Schilken* § 27 Rn 14 f; *Uhlenbruck/Zipperer* § 27 Rn 8.
73 *N/R/Mönning/Schweizer* § 27 Rn 43.
74 Vgl *BGH* NJW 1997, 2525.
75 *Vgl BGH 7.2.2008 – IX ZB 177/07.*
76 *BGH* ZIP 2004, 426; vgl *BGHZ* 149, 181 f.
77 *AG Hbg* ZInsO 2005, 159 und 670.
78 MK/*Schmahl/Busch* §§ 27–29 Rn 43, 120, 124 f; FK/*Schmerbach* § 30 Rn 10. Erg so Rn 17, 23.
79 Jeweils aktuelle Fassung abrufbar zB unter /www.verwaltungsvorschriften-im-internet.de.
80 So grundlegend schon *RGZ* 129, 391 f; seitdem stRspr, vgl *BGHZ* 113, 218; ZIP 1998, 478; *BAG* ZIP 1989, 799. Erg su § 34 Rn 8 ff.
81 *LG München I* ZInsO 2001, 814 f.
82 Vgl *BGH* ZIP 2006, 1651 f; näher MK/*Schmahl/Busch* §§ 27–29 Rn 129 ff.

34 **9. Ausfertigung.** Dem InsVerw ist auf Antrag eine vollstreckbare Ausfertigung des EröffnungsBeschl zu erteilen (vgl § 148 Abs 2). Gl haben regelmäßig keinen Anspruch auf Erteilung einer Ausfertigung des EröffnungsBeschl.[83]

V. Wirkungen

35 Der **EröffnungsBeschl** wirkt nicht nur für den Ast, sondern für und gegen alle Gl. Er unterbricht zwar Prozesse für und gegen den Schu (§ 240 ZPO), aber nicht die Verjährung von Forderungen des Schu gegen Dritte[84] und bewirkt in steuerrechtlicher Hinsicht keine Trennung des Vermögens des Schu von der InsMasse.[85] Spätere InsAnträge gegen denselben Schu sind unzulässig, solange das erste InsVerf schwebt (so Rn 11).

36 Mit Wirksamkeit des Eröffnungsbeschlusses geht die Verwaltungs- und Verfügungsbefugnis über die InsMasse auf den InsVerw über; wegen der Einzelheiten vgl § 80 Rn 3 ff. Wegen der Auswirkungen auf vom Schu abgeschlossene Verträge s §§ 103 ff.

37 Gesellschaften (§§ 262 Abs 1 Nr 3, 289 Abs 1 AktG; § 60 Nr 4 GmbHG; § 101 GenG; §§ 131 Abs 1 Nr 3, 161 Abs 2 HGB; § 728 Abs 1 S 1 BGB) und der eingetragene Verein (§ 42 Abs 1 S 1 BGB) werden durch die Eröffnung des InsVerf über ihr Vermögen **aufgelöst**.[86] Der **EröffnungsBeschl** gegen Gesellschafter einer GbR führt idR zu deren Auflösung (§ 728 Abs 2 S 1 BGB), gegen solche einer Personenhandelsgesellschaft dagegen nur zum Ausscheiden des Insolventen (§§ 131 Abs 3 Nr 2, 161 Abs 2 HGB; vgl auch § 289 Abs 1, 3 AktG). Die Eröffnung des InsVerf gegen Angehörige bestimmter freier Berufe oder bestimmte Gewerbetreibende kann zu Berufsverboten wegen Vermögensverfalls führen.[87]

38 Ein weder unterschriebener noch verkündeter EröffnungsBeschl ist **nichtig**,[88] ebenso ein EröffnungsBeschl, der gegen eine nicht bestehende Person oder Gesellschaft ergangen ist[89] und nicht dahin ausgelegt werden kann, dass er sich gegen eine bestimmte, insolvenzfähige Person richtet (erg so Rn 18). Dagegen ist ein EröffnungsBeschl, der gegen eine nicht insolvenzfähige Gesellschaft erlassen wurde, nicht nichtig, wenn diese Gesellschaft selbst durch ihre Eintragung im Handelsregister den Anschein ihrer InsFähigkeit hervorgerufen hatte.[90] Dementsprechend wird das Vermögen einer im Handelsregister eingetragenen OHG als Sondervermögen durch einen rechtskräftigen EröffnungsBeschl erfasst, obwohl es inzwischen dem einzigen verbliebenen Gesellschafter zugewachsen ist.[91] Gleiches soll für das Geschäftsvermögen eines im Handelsregister eingetragenen Einzelkaufmanns gelten, dessen Firma zwischenzeitlich von einer als solche nicht insolvenzfähigen Erbengemeinschaft fortgeführt wurde.[92] Mangels Eintragung gilt das aber nicht für die Insolvenz einer bereits

---

83 *AG Hbg* KTS 1976, 155 f.

84 *BGH* NJW 1963, 2019.

85 *BFH* NJW 1964, 613; vgl *Jaeger/Schilken* § 27 Rn 3.

86 Vor einer Löschung im Handelsregister muss aber zusätzlich die Liquidation erfolgen, vgl *OLG Hamm* ZInsO 2003, 950, oder das Registergericht die Vermögenslosigkeit der Gesellschaft feststellen, § 394 Abs 1 FamFG.

87 Vgl § 14 Abs 2 Nr 7 BRAO, § 20 Abs 2 Nr 3b) StBerG, §§ 34b ff GewO; *OVG Saarlouis* ZInsO 2009, 147 f; *OVG NdS* ZInsO 2013, 1998 ff; *Uhlenbruck* § 27 Rn 9.

88 *BGHZ* 137, 51 f.

89 Vgl *BGH* NJW 2008, 2992 Rn 13; *Trams* NZG 2008, 737 f; *Jaeger/Schilken* § 34 Rn 42.

90 *BGHZ* 113, 218; *Jaeger/Gerhardt* § 6 Rn 53.

91 *OLG Naumburg* OLGR 19, 230; *Uhlenbruck/Hirte* § 11 Rn 240; *Jaeger/Schilken* § 34 Rn 44; aM *KG* JW 1933, 1135.

92 AM *OLG Hbg* ZIP 1984, 349; *Jaeger/Schilken* § 34 Rn 44.

erloschenen GbR[93] oder einer Bruchteilsgemeinschaft.[94] Zur Zulässigkeit eines SonderIns-Verf in der Person des gegenwärtigen Vermögensträgers so § 11 Rn 16, 22.

Wegen der vielfachen Rechtswirkungen, die von einer Eröffnung ausgehen, ist es schon aus Gründen der Rechtssicherheit und -klarheit geboten, den Beschl nur ganz ausnahmsweise als nichtig zu behandeln. Dies kommt hauptsächlich dann in Betracht, wenn ein Mangel vorliegt, der dem Akt schon äußerlich den Charakter einer richterlichen Entscheidung nimmt.[95] In aller Regel kommt lediglich eine Anfechbarkeit in Betracht. Ein EröffnungsBeschl, der aufgrund eines wegen fehlender Vertretungsmacht unwirksamen Antrags ergangen ist, kann durch nachträgliche Genehmigung des Antrags rückwirkend geheilt werden.[96] Ein fehlerhafter EröffnungsBeschl kann nach Maßgabe des § 319 ZPO jederzeit berichtigt werden, und zwar auch hinsichtlich der Bezeichnung des InsSchu.[97] Die Einstellung der Zwangsvollstreckung gem § 765a ZPO kann nicht gegen den EröffnungsBeschl insgesamt, sondern allenfalls gegen einzelne Auswirkungen davon – zB gem § 148 Abs 2 – beantragt werden.[98] Die formelle **Rechtskraft** eines EröffnungsBeschl heilt grds alle Mängel an Eröffnungsvoraussetzungen einschl Antragsmängeln, der fehlenden Prozessfähigkeit[99] und der fehlenden dt örtlichen[100] oder int Zuständigkeit, nicht jedoch das Fehlen der dt Gerichtsbarkeit (§§ 18–20 GVG).[101] Erst recht ist ein späteres Erlöschen einer Gesellschaft als Schu unerheblich.[102] Ist ein EröffnungsBeschl gegen einen Prozessunfähigen ohne Beteiligung seines gesetzlichen Vertreters rechtskräftig ergangen, kommt eine Wiederaufnahme gem §§ 579 Abs 1 Nr 4, 586 ZPO ebenso in Betracht[103] wie wenn das InsVerf gegen eine KG ohne Anhörung des phG eröffnet wurde.[104] Lag ein Eröffnungsgrund nicht vor, kann das InsVerf nach Maßgabe v § 212 eingestellt werden (vgl § 212 Rn 2). 39

Ein schuldhaft zu Unrecht eröffnetes InsVerf kann eine **Amtshaftung** gem § 839 BGB iVm Art 34 GG ebenso auslösen[105] wie die fehlerhafte Ablehnung der Eröffnung.[106] In den Schutzbereich fällt auch ein unwirksam bestellter InsVerw.[107] Der schuldlos unrichtige EröffnungsBeschl stellt aber keinen enteignungsgleichen Eingriff dar.[108] Zu einer möglichen Schadensersatzpflicht des Ast vgl § 14 Rn 66. 40

---

93 *BGH* NJW 2008, 2992 Rn 13; krit *Keller* NZI 2009, 29 ff.
94 Vgl *Jaeger/Schilken* § 34 Rn 43; erg so § 11 Rn 22.
95 *BGH* 22.1.1998 – IX ZR 99/97.
96 *BGH* ZVI 2003, 224.
97 *BGH* ZIP 2003, 357; *LG Deggendorf* ZInsO 2002, 336; MK/*Schmahl/Busch* §§ 27–29 Rn 132, § 34 Rn 119. Erg so Rn 18.
98 Vgl *Schur* KTS 2008, 477 ff.
99 *BayObLG* BayZ 1927, 381; *K/P/B/Pape* § 27 Rn 34 f; *Jaeger/Schilken* § 34 Rn 39.
100 *BGH* ZIP 1998, 478; einschr *Haertlein/Schmidt* ZInsO 2004, 604 für konkurrierende Eröffnungsbeschlüsse bei positivem Kompetenzkonflikt.
101 *LG Berlin* KTS 1960, 127 f; *Jaeger/Gerhardt* § 6 Rn 57; *Jaeger/Schilken* § 27 Rn 47, § 34 Rn 41; HambKomm/*Denkhaus* § 27 Rn 33.
102 Vgl *OLG Hamm* ZIP 2007, 1236 f.
103 *LG Münster* NZI 2001, 485 f; *Jaeger/Schilken* § 34 Rn 7; *K Schmidt/Keller* § 27 Rn 67.
104 *OLG Hbg* MDR 1955, 366. Erg so § 4 Rn 17.
105 *BGH* NJW 1959, 1085; *LG Dortmund* Rpfleger 1983, 451; *Uhlenbruck* § 13 Rn 92; *Jaeger/Gerhardt* § 14 Rn 42.
106 *BGH* NJW-RR 1992, 919 f; *K Schmidt/Keller* § 27 Rn 68.
107 Vgl *BGH* ZIP 1990, 1142 f.
108 *BGH* NJW 1959, 1085.

§ 28 Aufforderungen an die Gläubiger und die Schuldner

(1) [1]Im Eröffnungsbeschluss sind die Gläubiger aufzufordern, ihre Forderungen innerhalb einer bestimmten Frist unter Beachtung des § 174 beim Insolvenzverwalter anzumelden. [2]Die Frist ist auf einen Zeitraum von mindestens zwei Wochen und höchstens drei Monaten festzusetzen.

(2) [1]Im Eröffnungsbeschluss sind die Gläubiger aufzufordern, dem Verwalter unverzüglich mitzuteilen, welche Sicherungsrechte sie an beweglichen Sachen oder an Rechten des Schuldners in Anspruch nehmen. [2]Der Gegenstand, an dem das Sicherungsrecht beansprucht wird, die Art und der Entstehungsgrund des Sicherungsrechts sowie die gesicherte Forderung sind zu bezeichnen. [3]Wer die Mitteilung schuldhaft unterlässt oder verzögert, haftet für den daraus entstehenden Schaden.

(3) Im Eröffnungsbeschluss sind die Personen, die Verpflichtungen gegenüber dem Schuldner haben, aufzufordern, nicht mehr an den Schuldner zu leisten, sondern an den Verwalter.

Übersicht

I. Normzweck

1 Abs 1 dient der beschleunigten Unterrichtung der Gl. Abs 2 soll die Tätigkeit des InsVerw erleichtern. Abs 3 bezweckt die Warnung von DrittSchu vor Leistungen, die mglw keine befreiende Wirkung haben. Zu Besonderheiten bei einer InsEröffnung erst durch das BeschwGer su § 34 Rn 32.

II. Anmeldefrist (Abs 1)

2 Die Anmeldefrist des Abs 1 gilt nur für **InsGl** iSd § 38. Nachrangige Gl (§ 39) sind nach § 174 Abs 3 bes aufzufordern; dies wird durchweg allenfalls in einem späteren VerfAbschnitt möglich sein. Die Anmeldung muss gem § 174 Abs 1 und 2 schriftlich beim InsVerw bzw Sachwalter (§ 270c S 1) erfolgen. Art 54 EuInsVO schreibt eine gesonderte Pflicht zur Unterrichtung der ausländischen Gl vor, ebenso § 88a VAG in der Ins von Versicherungsunternehmen und § 46f KWG in der Ins von Kreditinstituten.

3 Die nach S 1 zu bestimmende **Frist** sollte mit einem Endtermin festgesetzt werden. Dieser muss gem S 2 mindestens zwei Wochen nach dem voraussichtlichen Wirksamwerden der öffentlichen Bekanntmachung (vgl § 9 Rn 7) liegen. Das InsGer kann nach pflichtgemäßem Ermessen eine längere Frist bestimmen, insb wenn mit unbekannten oder auswärtigen Gl zu rechnen ist; diese Frist darf höchstens drei Monate betragen, gerechnet nach dem in § 9 Abs 1 S 3 bezeichneten Zeitpunkt. Damit kann sie nach dem Berichtstermin ablaufen, aber nicht mehr nach dem Prüfungstermin.[1] Bei **grenzüberschreitenden Sachverhalten** ist Art 55 Abs 6 S 2, 3 EuInsVO zu beachten. Danach beträgt die Anmeldefrist für ausländische Gl mindestens 30 Tage nach Bekanntmachung der Eröffnung des InsVerf im Insolvenzregister

---

1 Vgl *LG Meiningen* ZIP 1999, 1056: selbst wenn keine Anmeldefrist bestimmt ist, sind Forderungen bis zum Prüfungstermin anzumelden; ebenso MK/*Schmahl/Busch* §§ 27–29 Rn 50.

des Staates der Verfahrenseröffnung bzw ab Unterrichtung der Gl, wenn nach Art 24 Abs 4 EuInsVO auf eine Bekanntmachung verzichtet wird. Um einen Gleichlauf der Anmeldefristen zu erlangen, empfiehlt es sich, in grenzüberschreitenden Konstellationen die Anmeldefrist einheitlich nach den Vorgaben des Art 55 Abs 6 EuInsVO zu bemessen, somit auf **frühestens 30 Tage nach Veröffentlichung** (beachte § 9 Abs 1 S 3) festzulegen. Folglich sollte eine Anmeldefrist von mindestens 5 Wochen ab Eröffnung gewählt werden.

Die Anmeldefrist hat – nur – die **Bedeutung**, dass bis zum Fristablauf angemeldete Forderungen im allg Prüfungstermin ohne bes Kosten für den Gl geprüft werden müssen. Nachträgliche Anmeldungen sind nach Maßgabe des § 177 Abs 1 – bis zur Grenze der §§ 189, 192, 197 – zulässig, doch kann der säumige Gl mit Kosten belastet werden (vgl § 177 Rn 15). Wird die Anmeldung insgesamt unterlassen, nimmt der Gl nicht am InsVerf teil, unterliegt aber dessen verfahrensmäßigen Beschränkungen (§§ 88 f); auch wird der Bestand seiner Forderungunabhängig von seiner Verfahrensbeteiligung durch eine etwa gewährte Restschuldbefreiung (§ 201) und die Regelungen eines Insolvenzplans (§ 254b) berührt. 4

Das **Fehlen** der Aufforderung oder Fristbestimmung oder deren Fehlerhaftigkeit im EröffnungsBeschl macht diesen nicht unwirksam (vgl § 27 Rn 24) oder anfechtbar;[2] bis zu einer Nachholung ist aber die Sanktion des § 177 Abs 1 S 2 unzulässig. Wird die Mindestfrist des S 2 nicht eingehalten, sind alle bis zum Ablauf dieser Zweiwochenfrist eingehenden Anmeldungen als fristgerecht zu behandeln.[3] Ein Überschreiten der Höchstfrist des S 2 ist verfahrensrechtlich wirksam.[4] 5

III. Aufforderung an gesicherte Gläubiger (Abs 2)

Ziel der auch als „**offener Arrest**" bezeichneten Regelung ist eine möglichst schnelle Bereinigung der „Ist-Masse" von der „Soll-Masse".[5] Die Aufforderung gem Abs 2 S 1 richtet sich nur an Gl, die am **beweglichen Vermögen** des Schu gesichert sind; Sicherungsrechte an Immobilien kann der InsVerw ohne weiteres aus dem Grundbuch oder den entspr Registern für Schiffe und Luftfahrzeuge entnehmen.[6] Nicht erfasst werden Gl, die Sachen des Schu nicht als Sicherheit in Besitz haben, sondern aus anderem Rechtsgrund, zB als Mieter;[7] diese unterliegen ggf Abs 3. Die Norm hat keine unmittelbar verfahrensrechtliche Auswirkung in dem Sinne, dass – erst – die Anmeldung zur Teilnahme als gesicherter Gl am InsVerf berechtigte; vielmehr unterliegt diese den allg Regeln (§§ 47 ff, 74 Abs 1, 166 ff, 174 ff), während § 28 Abs 2 als Sanktion – neben dem tatsächlichen Risiko des Unbeachtetbleibens (su Rn 9) – nur eine Schadensersatzpflicht begründet.[8] 6

1. Sicherungsrechte. Die Aufforderung richtet sich an alle, auch ausl, Gl mit Sicherungsrechten an beweglichen Sachen und Rechten des Schu, gleichgültig, ob sie zur **Aus- oder Absonderung** berechtigen, wie sie rechtlich einzuordnen sind oder in wessen Besitz sich das Sicherungsgut befindet.[9] Erfasst werden insb EV,[10] Sicherungseigentum und -abtretung 7

---

2 *Jaeger/Schilken* § 28 Rn 8; HambKomm/*Denkhaus* § 28 Rn 4; wohl auch MK/*Schmahl/Busch* §§ 27–29 Rn 131 ff.
3 *Jaeger/Schilken* § 28 Rn 8; dagegen für Unwirksamkeit der Fristbestimmung *A/G/R/Sander* § *28 Rn 5*.
4 Vgl *K Schmidt/Keller* § 28 Rn 9.
5 Uhlenbruck/*Zipperer* § 28 InsO Rn 4; Vallender/Undritz/*Laroche* Kap 2 Rn 62.
6 Vgl MK/*Schmahl/Busch* §§ 27-29 Rn 61.
7 MK/*Schmahl/Busch* §§ 27–29 Rn 61; HambKomm/*Denkhaus* § 28 Rn 5; *K Schmidt/Keller* § 28 Rn 15.
8 AM *Smid* NZI 2009, 670 ff. Erg su Rn 9 ff.
9 Vgl näher *Jaeger/Schilken* § 28 Rn 13.
10 *K/P/B/Pape* § 28 Rn 3; *Uhlenbruck/Zipperer* § 28 Rn 4; *Graf-Schlicker/Voß* § 28 Rn 4.

sowie alle Mobiliarpfandrechte – auch an Forderungen des Schu gegen den Gl[11] –, ferner Ersatzaus- oder -absonderungsrechte.[12] Fehlt die Aufforderung im EröffnungsBeschl, kann sie nachgeholt werden;[13] so lange tritt die Schadensersatzpflicht nach S 3 nicht ein (su Rn 11).

8 **2. Mitteilung.** Die Mitteilung der Gl ist an den InsVerw, im Falle der Eigenverwaltung an den Sachwalter[14] zu richten und hat gem S 1 **unverzüglich** zu erfolgen, dh ohne schuldhaftes Zögern (§ 121 Abs 1 S 1 BGB); die danach jedem Gl zustehende Frist richtet sich nach den jeweiligen Umständen. Eine vom InsGer bestimmte Frist kann nur als allg Richtwert wirken. Eine Anmeldung innerhalb der gem Abs 1 S 2 gesetzten Frist ist idR unverzüglich.[15]

9 Die Mitteilung des Gl ist schriftlich, in Textform oder mündlich[16] wirksam, muss aber nach S 2 den Gegenstand, an dem das Sicherungsrecht beansprucht wird, dessen Entstehungsgrund sowie die gesicherte Forderung nach Grund und Höhe bezeichnen. Die Mitteilung hat so vollständig zu sein, dass sie die eindeutige Identifizierung des geltend gemachten Sicherungsgegenstands und -rechts sowie der gesicherten Forderung ermöglicht. Dagegen braucht sie nicht schon die abschließende Beurteilung zu ermöglichen, ob und inwieweit das Recht objektiv besteht, oder gar Mittel der Glaubhaftmachung anzugeben:[17] Dies ist nur eine Obliegenheit des Anspruchstellers, von deren Erfüllung die Durchsetzung seines angeblichen Rechts abhängen kann.[18] Im EröffnungsBeschl sollten die geforderten Angaben (so) bezeichnet werden. Zur Anmeldung der gesicherten Forderung selbst nach Abs 1 ist der Gl dagegen nicht verpflichtet.

10 **3. Schadensersatz.** S 3 begründet eine Schadensersatzpflicht als Sanktion für schuldhafte Nichterfüllung oder Verzug bei Erfüllung der Mitteilungspflicht nach S 1. Vorausgesetzt wird eine Aufforderung iSv S 1 und 2. Der InsVerw hat ihm bekannte oder ohne Weiteres erkennbare Sicherungsrechte auch ohne Anmeldung zu beachten.[19] Die Sanktion des Schadensersatzes greift deshalb bereits dann nicht mehr ein, wenn der Verwalter sich auf die ernsthafte Möglichkeit einstellen muss, dass das spezifizierte Sicherungsrecht besteht. Schadensersatzpflichtig können nur solche gesicherten Gl werden, die ihr Sicherungsrecht im InsVerf letztlich geltend machen; der bloße Besitz an Sachen des Schu ist nicht anzeigepflichtig (so Rn 6). Der Schadensersatzanspruch gem § 249 BGB wird vom InsVerw für die InsMasse geltend gemacht. Dieser handelt auch nicht rechtswidrig, wenn er nach Ablauf der Anmeldefrist fremdes Gut verwertet, das nicht ohne weiteres als solches erkennbar ist, solange das Recht nicht mitgeteilt und erforderlichenfalls belegt wird.[20]

---

11 ZB nach Nr 14 AGB-Banken/Nr 21 AGB-Sparkassen. Dies berücksichtigt *Stephan* WM 2009, 244 nicht.
12 MK/*Schmahl/Busch* §§ 27–29 Rn 60; *Jaeger/Schilken* 28 Rn 13.
13 PK-HWF/*Mitter* § 28 Rn 15.
14 MK/*Schmahl/Busch* §§ 27–29 Rn 64; HambKomm/*Denkhaus* § 28 Rn 6; *Jaeger/Schilken* § 28 Rn 15.
15 Vgl *Jaeger/Schilken* § 28 Rn 14.
16 Vgl *Jaeger/Schilken* § 28 Rn 17; aM *Smid* NZI 2009, 671, der entspr § 174 Abs 1 Schriftform annimmt. Dem begrenzten Schutzzweck des § 28 (so Rn 6) genügt es aber, wenn der InsVerw durch irgendeine Mitteilung im vorgeschriebenen Umfang (nachweislich) Kenntnis erlangt.
17 Vgl *Jaeger/Schilken* § 28 Rn 17; MK/*Schmahl/Busch* §§ 27–29 Rn 62; *K Schmidt/Keller* § 28 Rn 17.
18 Insoweit zutr *OLG Düsseldorf* NZI 2000, 83; *OLG Hamburg* ZIP 1984, 350.
19 *Uhlenbruck* § 28 Rn 6; erg su Rn 12, § 60 Rn 22 f.
20 Vgl *OLG Hamburg* ZIP 1984, 350; *K/P/B/Pape* § 28 Rn 5 mwN; MK/*Schmahl/Busch* §§ 27–29 Rn 70.

Haftungsbegründend sind das Unterlassen oder die Verzögerung der vollständigen Anzeige; deren Unrichtigkeit in vorgeschriebenen Punkten steht dem Unterlassen gleich.[21] Die Unvollständigkeit iSv S 2 allein begründet nicht selbstständig eine Ersatzpflicht, sondern kann allenfalls dazu führen, dass die Anzeige insgesamt als nicht oder verspätet abgegeben gilt. **Verschulden** setzt die Kenntnis oder mindestens fahrlässige Unkenntnis des gesicherten Gl von seiner Anzeigepflicht und dem Umstand voraus, dass das Sicherungsrecht durch das InsVerf über das SchuVermögen berührt wird, also gerade gegenüber dem Schu geltend zu machen ist. Die Veröffentlichung der InsEröffnung allein begründet nicht die Vermutung der Kenntnis.[22] Unkenntnis der Anzeigepflicht ist dagegen idR fahrlässig, wenn die InsEröffnung als solche bekannt sein muss und die Aufforderung iSv S 1 erfolgt ist.[23] **11**

Zu ersetzen ist der **Schaden**, der durch die Unterlassung oder Verzögerung der Anzeige adäquat verursacht worden ist (§§ 249 ff BGB),[24] insb wenn bei rechtzeitiger Anzeige Verwertungskosten für die InsMasse vermieden worden wären.[25] Ferner können Sicherungsrechte abgewehrt werden, die erst nach Ablauf einer Anfechtungsfrist geltend gemacht werden, aber bei rechtzeitiger Mitteilung erfolgreich hätten angefochten werden können.[26] Eine Unterlassung ist nicht ursächlich, wenn der InsVerw das anzumeldende Sicherungsrecht ohnehin zuverlässig kennt.[27] **12**

Die **Darlegungs- und Beweislast** für die Voraussetzungen des Schadensersatzanspruchs trägt grds der InsVerw.[28] Eine Vorkenntnis des InsVerw (so Rn 12) hat dagegen der gesicherte Gl zu beweisen.[29] **13**

IV. Aufforderung an Drittschuldner (Abs 3)

Gem § 82 wirken Leistungen an den Schu zur Erfüllung einer Verbindlichkeit ihm gegenüber nach Wirksamwerden des EröffnungsBeschl nur unter bes Voraussetzungen befreiend; statt dessen stellt die vertragsgerechte Leistung an den InsVerw die Erfüllung iSv § 362 Abs 1 BGB dar. Demgegenüber hat § 28 Abs 3 lediglich deklaratorische Bedeutung als ein Aufgebot und eine öffentliche Warnung an Schu des InsSchu.[30] Fehlt die Aufforderung im Eröffnungsbeschluss, greift § 82 dennoch ein. Eine Anzeigepflicht für die Verbindlichkeiten gegenüber der InsMasse besteht nicht.[31] Die Norm gilt auch für im Ausland ansässige DrittSchu.[32] **14**

Die Aufforderung gem Abs 3 bewirkt kein vorübergehendes Leistungsverweigerungsrecht des DrittSchu iSv § 205 BGB.[33] **15**

Wird bei InsEröffnung kein InsVerw bestellt, sondern die **Eigenverwaltung** angeordnet, entfällt wegen der fortbestehenden Verfügungs- und damit auch Einziehungsbefugnis des Schu (§ 270 Abs 1 S 1) die zwingende Aufforderung nach Abs 3.[34] **16**

21 *Jaeger/Schilken* § 28 Rn 18.
22 MK/*Schmahl/Busch* §§ 27–29 Rn 69; HambKomm/*Denkhaus* § 28 Rn 9.
23 Vgl MK/*Schmahl/Busch* §§ 27–29 Rn 69; *K Schmidt/Keller* § 28 Rn 19.
24 Vgl *Jaeger/Schilken* § 28 Rn 23.
25 Vgl MK/*Schmahl/Busch* §§ 27-29 Rn 68; *K Schmidt/Keller* § 28 Rn 20.
26 Vgl *Jaeger/Schilken* § 28 Rn 22; HambKomm/*Denkhaus* § 28 Rn 9; *K Schmidt/Keller* § 28 Rn 20.
27 *Uhlenbruck* § 28 Rn 6; *Jaeger/Schilken* § 28 Rn 23; HambKomm/*Denkhaus* § 28 Rn 9.
28 MK/*Schmahl/Busch* §§ 27–29 Rn 67; *Jaeger/Schilken* § 28 Rn 24.
29 MK/*Schmahl/Busch* §§ 27–29 Rn 67; PK-HWF/*Mitter* § 28 Rn 13.
30 *Jaeger/Schilken* § 28 Rn 25; HambKomm/*Denkhaus* § 28 Rn 10; *K Schmidt/Keller* § 28 Rn 22 f.
31 RegE S 119 zu § 33.
32 Vgl *RGZ* 90, 124, 127; MK/*Schmahl/Busch* §§ 27-29 Rn 72; *Jaeger/Schilken* § 28 Rn 27.
33 *Jaeger/Schilken* § 28 Rn 25; zu § 202 BGB aF vgl *BGH* NJW 1963, 2019.
34 *Jaeger/Schilken* § 28 Rn 26; *Graf-Schlicker/Voß* § 28 Rn 5.

§ 29 Terminbestimmungen

(1) Im Eröffnungsbeschluss bestimmt das Insolvenzgericht Termine für:

1. eine Gläubigerversammlung, in der auf der Grundlage eines Berichts des Insolvenzverwalters über den Fortgang des Insolvenzverfahrens beschlossen wird (Berichtstermin); der Termin soll nicht über sechs Wochen und darf nicht über drei Monate hinaus angesetzt werden;

2. eine Gläubigerversammlung, in der die angemeldeten Forderungen geprüft werden (Prüfungstermin); der Zeitraum zwischen dem Ablauf der Anmeldefrist und dem Prüfungstermin soll mindestens eine Woche und höchstens zwei Monate betragen.

(2) [1]Die Termine können verbunden werden. [2]Das Gericht soll auf den Berichtstermin verzichten, wenn die Vermögensverhältnisse des Schuldners überschaubar sind und die Zahl der Gläubiger oder die Höhe der Verbindlichkeiten gering ist.

Übersicht

I. Normzweck

1 Die Vorschrift bezweckt die Konzentration, Beschleunigung und Verbilligung aller InsVerf. Durch das Gesetz zur Verkürzung des Restschuldbefreiungsverfahrens und zur Stärkung der Gläubigerrechte v 15.7.2013 (BGBl I 2013, 2379) wurde der Berichtstermin nach Abs 2 S 2 in Verfahren geringen Umfangs optional ausgestaltet.

II. Terminbestimmungen (Abs 1)

2 Zwei der idR nötigen Termine sind nach Abs 1 schon im EröffnungsBeschl – also durch den InsRichter – zu bestimmen; nur der **Schlusstermin** (§ 197) bleibt der weiteren Entwicklung vorbehalten. IÜ steht es dem InsVerw und den InsGl frei, die Einberufung weiterer GlVersammlungen – bei Bedarf auch schon vor dem Berichtstermin – gem § 75 Abs 1 zu beantragen, und dem InsGer, von sich aus zusätzliche Termine nach § 74 einzuberufen. Zur Terminbestimmung durch das BeschwGer su § 34 Rn 32. Terminverlegungen sind nach § 227 ZPO iVm § 4 nur aus erheblichen Gründen zulässig, Vertagungen eines bereits begonnenen Termins dann auch über die gesetzliche Höchstgrenze hinaus.[1]

3 **1. Berichtstermin.** Der Berichtstermin iSd §§ 156, 157 soll möglichst schnell stattfinden. Nr 1 sieht dafür eine Frist von idR sechs Wochen vor, beginnend mit dem voraussichtlichen Wirksamwerden der Bekanntmachung des EröffnungsBeschl (vgl § 9 Rn 9). Das InsGer bestimmt den Zeitpunkt nach pflichtgemäßem Ermessen, insb aufgrund des Umfangs und der Schwierigkeit der vom InsVerw vorher zu bewältigenden Aufgabe sowie der Erfordernisse einer etwaigen Unternehmensfortführung oder -übertragung. Der Richter sollte sich insoweit mit dem in Aussicht genommenen InsVerw und dem Rechtspfleger – falls dieser das weitere InsVerf bearbeitet – abstimmen.[2] Auf mehr als drei Monate darf der Termin nicht angesetzt werden.[3] War ein Prüfungsauftrag gem § 22 Abs 1 S 2 Nr 3 HS 2 vorausgegangen, kommt uU eine verhältnismäßig kurze Frist in Betracht.

---

1 MK/*Schmahl/Busch* §§ 27–29 Rn 87; vgl HambKomm/*Denkhaus* § 29 Rn 3.
2 *Jaeger/Schilken* § 29 Rn 7; vgl *AG Hohenschönhausen* ZInsO 2000, 168; aM FK/*Schmerbach* § 30 Rn 4 (getrennte Anordnung v Unterschriften).
3 Vgl MK/*Schmahl/Busch* §§ 27–29 Rn 83.

Im EröffnungsBeschl sollten zweckmäßiger Weise auch Ort und Tagesordnung (vgl § 74 Abs 2 S 1) des Termins festgesetzt werden, um mehrfache Veröffentlichungen zu vermeiden. 4

2. Prüfungstermin. Der Prüfungstermin iSv § 176 ist im Zusammenhang mit der Anmeldefrist gem § 28 Abs 1 zu bestimmen. Ob der Termin ausnahmsweise in der Mindestfrist von einer Woche nach dem Ablauf der Anmeldefrist oder später stattfindet, hängt von der Zahl der erwarteten Anmeldungen und dem Umfang der vorbereitenden Prüfung durch den InsVerw ab; dies sollte ebenfalls mit dem InsVerw und einem bearbeitenden Rechtspfleger abgestimmt werden. Auf mehr als drei Monate nach Ablauf der Anmeldefrist soll der Termin nicht anberaumt werden; aus erheblichen Gründen – insb in GroßVerf mit vielen Gl – ist eine Überschreitung zulässig.[4] In KleinVerf kann nach § 5 Abs 2 S 1 auf einen Prüfungstermin zugunsten eines schriftlichen Verf verzichtet werden. Aus Abs 1 S 2 lässt sich ableiten, dass der InsVerw grds eine Überlegungsfrist v 2 Monaten nach Ende der Anmeldefrist hat, um die Berechtigung seines vorl Bestreitens zu überprüfen.[5] Umstr ist, ob der Prüfungstermin vor dem Berichtstermin liegen darf; zur Klärung der Stimmrechte vor dem Berichtstermin kann dies im Einzelfall sinnvoll sein.[6] 5

3. Fehlende Bestimmung. Fehlt die Terminbestimmung im EröffnungsBeschl oder werden die Termine mit zu kurzer oder zu langer Frist bestimmt, bleibt der **EröffnungsBeschl wirksam** (vgl § 27 Rn 21, 39); der richterliche Beschl ist auch nicht aus diesem Grunde anfechtbar.[7] Fehlende Terminbestimmungen sind gem § 74 Abs 1 S 1 – ggf vom Rechtspfleger – nachzuholen.[8] Zu kurzfristig anberaumte Termine müssen – nur – auf Antrag vertagt, zu langfristig anberaumte allenfalls vorverlegt werden. 6

III. Terminverbindung (Abs 2)

1. Grundsatz. Abs 2 gestattet die Verbindung der Termine auch ohne Antrag nach pflichtgemäßem Ermessen des InsGer. Sie wird vor allem in einfach gelagerten InsVerf – insb bei geringer Masse oder GlZahl – zweckmäßig sein;[9] sofern nicht in KleinVerf nach S 2 auf den Berichtstermin verzichtet oder nach Maßgabe des § 5 Abs 2 S 1 insgesamt ein schriftliches Verf durchgeführt wird. Werden die Termine verbunden, müssen dafür die einwöchige Mindestfrist des Abs 1 Nr 2 und die dreimonatige Höchstfrist des Abs 1 Nr 1 beachtet werden; außerdem muss der Termin spätestens zwei Monate nach Ablauf der Anmeldefrist (§ 29 Abs 1 Nr 2) stattfinden. Bei mehrmonatigen Anmeldefristen ist danach eine Terminverbindung praktisch kaum durchzuführen. 7

Ggf kommt auch eine Verbindung mit dem Erörterungs- und Abstimmungstermin gem § 236 in Betracht. Hierbei ist zusätzlich die Höchstfrist des § 235 Abs 1 S 2 zu berücksichtigen. 8

4 HambKomm/*Denhaus* § 29 Rn 5; *Graf-Schlicker/Voß* § 29 Rn 5; *Jaeger/Schilken* § 29 Rn 8.

5 *OLG München* ZInsO 2005, 778; *OLG Celle* ZInsO 2012, 978; abw (2 Monate nach dem Prüfungstermin) *OLG Celle* ZInsO 2009, 1819.

6 Ebenso *Uhlenbruck/Zipperer* § 29 Rn 3; *K/P/B/Pape* § 29 Rn 8; aA HambKomm/*Denkhaus* § 29 Rn 2; MK/*Schmahl/Busch* §§ 27–29 Rn 96, da die Prüfung dem InsVerw vorbehalten ist und ggf zunächst die Wahl eines anderen InsVerw aufgrund des Berichts zu erfolgen habe. Dies überzeugt nicht. Die Wahl eines anderen InsVerw nach § 57 knüpft nicht an den Bericht an. Sie kann auch im vorgelagerten Prüfungstermin als erster Gläubigerversammlung erfolgen. Hinzu kommt, dass nach § 29 Abs 2 auf den Berichts- nicht aber auf den Prüfungstermin verzichtet werden kann.

7 *Jaeger/Schilken* § 29 Rn 1; HambKomm/*Denkhaus* § 29 Rn 5; aM MK/*Schmahl/Busch* §§ 27–29 Rn 53, 88 (anfechtbar nach § 34 Abs 2 mit dem Ziel der Aufhebung des gesamten Eröffnungsbeschlusses).

8 PK-HWF/*Mitter* § 29 Rn 10; *K Schmidt/Keller* § 29 Rn 19.

9 Vgl MK/*Schmahl/Busch* §§ 27–29.

9 **2. Ausnahmen für Kleinverfahren.** In den ab dem 1.7.2014 eröffneten Kleinverf soll das Gericht in der Regel auf den Berichtstermin verzichten. Der Gesetzgeber hat den Berichtstermin vor allem in VerbrInsVerfahren als in der Regel überflüssig angesehen, weil es hier nicht um die Wahl der Gl zwischen Fortführung und Stilllegung eines Unternehmens (§ 157 InsO) gehen könne. Auch eine Sanierung komme nach dem Scheitern des vorgerichtlichen Einigungsversuchs nur in seltenen Ausnahmefällen in Betracht. Auch bei Ins von Kleinstunternehmen, in denen die Vermögensverhältnisse überschaubar und die Zahl der Gl oder die Höhe der Verbindlichkeiten gering sind, soll, sofern kein InsPlan angestrebt wird, auf den Berichtstermin verzichtet werden. Der Verzicht soll eine zügige Insolvenzbereinigung fördern und die Gerichte entlasten.[10] Sieht das InsGer dennoch im Einzelfall einen Berichtstermin als sinnvoll an, steht ihm die Anordnung jedoch frei.

10 Wird auf den Berichtstermin verzichtet, ist ein dem Berichtstermin entspr Zeitpunkt durch öffentliche Bekanntmachung zu bestimmen.[11] Beantragt danach ein InsGl die Wahl eines neuen InsVerw, hat das InsGer diese entweder schriftlich durchzuführen oder in das regelmäßige Verf überzugehen.[12]

10 Vgl RegE des Gesetzes zur Verkürzung des Restschuldbefreiungsverfahrens und zur Stärkung der Gläubigerrechte, BR-Drs 467/12 S 31.
11 *K Schmidt/Keller* § 29 Rn 17.
12 *BGH* ZInsO 2013, 1307 f, Rn 12 ff.

§ 30[1] Bekanntmachung des Eröffnungsbeschlusses

(1) Die Geschäftsstelle des Insolvenzgerichts hat den Eröffnungsbeschluss sofort öffentlich bekannt zu machen.

(2) Den Gläubigern und Schuldnern des Schuldners und dem Schuldner selbst ist der Beschluss besonders zuzustellen.

Übersicht

I. Normzweck

1 Abs 1 und 2 bezwecken die möglichst schnelle, zuverlässige und umfassende Unterrichtung aller Beteiligten von der Eröffnung des InsVerf. Jedoch hängt nicht deren Wirksamkeit davon ab,[2] sondern nur der Lauf der BeschwFrist (§ 6 Abs 2).

1 In den bis zum 30.6.2014 einschließlich beantragten Verfahren ist § 30 Abs 1 S 2 aF zu beachten: „Hat der Schuldner einen Antrag nach § 287 gestellt, ist dies ebenfalls öffentlich bekannt zu machen, sofern kein Hinweis nach § 27 Abs 2 Nr 4 erfolgt ist." § 30 Abs 1 S 2 aF ist seit 1.7.2014 ersetzt durch § 287a; vgl Art 1 Nr 9 G v 15.7.2013, BGBl I S 237.
2 *BGH* 8.7.2004 – IX ZB 119/03 und 126/03; *AG Hbg* ZInsO 2005, 670; vgl *BGHZ* 186, 223 Rn 5 f zur Aufhebung des InsVerf; erg so § 27 Rn 30.

II. Öffentliche Bekanntmachung (Abs 1)

Die Geschäftsstelle des InsGer hat von sich aus[3] den EröffnungsBeschl sofort nach dessen Eingang in unterschriebener Form[4] bekannt zu machen; sie ist auch dann zuständig, wenn erst das BeschwGer den EröffnungsBeschl erlassen hat[5] (su § 34 Rn 32). Auch nachträgliche Berichtigungen, Ergänzungen oder Änderungen des EröffnungsBeschl sind öffentlich bekannt zu machen.[6] 2

Für Bekanntmachungen im Ausland hat nach Maßgabe des Art 28 EuInsVO der InsVerw zu sorgen. § 345 und Art 102c § 7 EGInsO sehen die Bekanntmachung anzuerkennender ausl InsEröffnungen vor. Zur Bekanntmachung v InsVerf betr Kreditinstitute oder Versicherungsanstalten vgl §§ 46e, 46f KWG bzw §§ 88, 88a VAG.[7] 3

1. Der EröffnungsBeschl ist mindestens mit dem in §§ 27 Abs 2, 28 und 29 Abs 1 bestimmten Inhalt[8] ins Internet (§ 9 Abs 1 S 1) einzustellen, allerdings ist der Name eines vom GlAusschuss gewählten InsVerw (§ 27 Abs 2 Nr 4) oder eines vom Schu vorgeschlagenen Sachwalters (§ 270b Abs 2 S 2), den das InsGer nicht bestellt hat, nicht zu nennen. Die Veröffentlichung erfolgt bundesweit auf der Seite **www.insolvenzbekanntmachungen.de**. Nach Art 24, 25 EuInsVO haben alle Mitgliedstaaten bis zum 26.6.2018 entsprechende Register einzurichten, die über das Europäische Justizportal (**e-justice.europa.eu**) bis zum 26.6.2019 miteinander zu vernetzen sind (so § 23 Rn 6). Diese Veröffentlichung kann die BeschwFrist in Gang setzen (§ 9 Abs 3). Zur Vereinfachung können zusammen mit ihr auch Ort und Tagesordnung von GlVersammlungen bekannt gemacht werden (§ 74 Abs 2 S 1; so § 29 Rn 4). 4

2. Das InsGer kann gem § 9 Abs 2 zusätzliche Veröffentlichungen anordnen, sofern dies landesrechtlich bestimmt ist. Entsprechende landesrechtliche Regelungen sind bisher nicht erlassen worden. Diese Veröffentlichungen setzen die BeschwFrist nicht in Gang. 5

3. Aus dem Veröffentlichungsgebot folgt, dass auf Anfragen auch Auskünfte über eröffnete InsVerf zu erteilen sind.[9] Zum Vertrauensschutz in die Vollständigkeit und Richtigkeit der Veröffentlichungen vgl § 28 Rn 5 und 14. 6

III. Zustellungen (Abs 2)

Nach Abs 2 ist der Beschluss – zusätzlich zur Veröffentlichung (Abs 1) – zuzustellen an den Schu sowie dessen Gl und Schu, soweit und sobald ihre Anschrift oder die ihrer Vertreter (§ 8 Abs 2 S 2) dem InsGer bekannt ist; eine Nachforschungspflicht obliegt dem InsGer insoweit nicht.[10] An Ast ist auch zuzustellen, soweit sie keine Gl sind.[11] Soweit jene Personen VerfBevollmächtigte bestellt haben, ist gem § 4 iVm § 172 Abs 1 S 1 ZPO an diese zuzustellen.[12] Werden nachträglich Gl bekannt, ist die Zustellung nachzuholen.[13] Sie kann förmlich oder durch Aufgabe zur Post und – auch auf diesem Wege – durch den InsVerw erfolgen (§ 8 Abs 1 S 2, Abs 3 S 1; so § 8 Rn 10); dies geschieht inzwischen meist. Der Gesetzeswortlaut sieht die 7

---

3 Vgl *BGHZ* 137, 54; *Jaeger/Schilken* § 30 Rn 4; MK/*Schmahl/Busch* § 30 Rn 4.
4 Zur Notwendigkeit der richterlichen Unterschrift vgl *BGHZ* 137, 54.
5 MK/*Schmahl/Busch* § 30 Rn 4; vgl HambKomm/*Denkhaus* § 30 Rn 2.
6 MK/*Schmahl/Busch* § 30 Rn 7; *Jaeger/Schilken* § 30 Rn 8.
7 Dazu im Einzelnen MK/*Schmahl/Busch* § 30 Rn 17 ff.
8 Vgl MK/*Schmahl/Busch* § 30 Rn 5; HambKomm/*Denkhaus* § 30 Rn 4; *UhlenbruckZipperer* § 30 Rn 3.
9 *OLG Bbg* NZI 2001, 591 f.
10 MK/*Schmahl/Busch* § 30 Rn 11; *Graf-Schlicker/Kexel* § 30 Rn 8.
11 Vgl MK/*Schmahl/Busch* § 30 Rn 11.
12 *BGH* 20.7.2011 – IX ZA 16/11, Rn 2.
13 *K/P/B/Pape* § 30 Rn 24; *Jaeger/Schilken* § 30 Rn 10.

Zustellung des vollständigen EröffnungBeschl vor;[14] er braucht nicht beglaubigt zu werden (§ 8 Abs 1 S 3). Eine formlose Unterrichtung durch den InsVerw genügt nicht.[15]

8 Der EröffnungsBeschl über eine juristische Person oder eine Gesellschaft iSv § 11 Abs 2 Nr 1 sollte im Hinblick auf die BeschwBefugnis (su § 34 Rn 7) an alle nach § 15 Abs 1 antragsbefugten Personen zugestellt werden.[16] Falls gegen den Schu eine Postsperre erlassen ist, ist durch entspr Beschriftung von vornherein dafür Sorge zu tragen, dass der EröffnungsBeschl ihn unverzüglich erreicht.[17]

9 Darüber hinaus ist der InsVerw vom EröffnungsBeschl zu unterrichten.[18] Dies muss nicht durch förmliche Zustellung geschehen,[19] sollte aber urkundlich belegbar sein. Für den InsVerw ist der Beschl gegenüber dem Schu im Hinblick auf § 148 Abs 2 S 1 ggf mit der Vollstr-Klausel zu versehen.[20]

Die Zustellung setzt für den jeweiligen Empfänger die Beschwerdefrist in Gang, sofern sie früher als die öffentliche Bekanntmachung nach § 30 Abs 1 erfolgt ist (vgl § 9 Rn 10).

§ 31 Handels-, Genossenschafts-, Partnerschafts- oder Vereinsregister

Ist der Schuldner im Handels-, Genossenschafts-, Partnerschafts- oder Vereinsregister eingetragen, so hat die Geschäftsstelle des Insolvenzgerichts dem Registergericht zu übermitteln:

1. im Falle der Eröffnung des Insolvenzverfahrens eine Ausfertigung des Eröffnungsbeschlusses;

2. im Falle der Abweisung des Eröffnungsantrags mangels Masse eine Ausfertigung des abweisenden Beschlusses, wenn der Schuldner eine juristische Person oder eine Gesellschaft ohne Rechtspersönlichkeit ist, die durch die Abweisung mangels Masse aufgelöst wird.

Übersicht

I. Normzweck

1 Die Vorschrift soll sicherstellen, dass öffentliche Register richtig geführt werden (vgl § 379 Abs 1 FamFG) und die interessierte Öffentlichkeit durch Einsicht in die Register von wesentlichen insolvenzgerichtlichen Entsch Kenntnis erlangen kann.

II. Übermittlungspflicht

2 **1. Voraussetzung.** Voraussetzung für die Unterrichtungspflicht des InsGer ist, dass der Schu im Handels-, Genossenschafts-, Partnerschafts- oder Vereinsregister eingetragen ist,

14 *Uhlenbruck/Zipperer* § 30 Rn 6; *Graf-Schlicker/Kexel* § 30 Rn 8; *Jaeger/Schilken* § 30 Rn 12; einschr MK/*Schmahl/Busch* § 30 Rn 11.
15 *Jaeger/Schilken* § 30 Rn 10.
16 *K Schmidt/Keller* § 30 Rn 16.
17 *K/P/B/Pape* § 30 Rn 25; FK/*Schmerbach* § 30 Rn 25.
18 RegE S 120 zu § 36; *Graf-Schlicker/Kexel* § 30 Rn 10.
19 *K/P/B/Pape* § 30 Rn 25; *Jaeger/Schilken* § 30 Rn 10; *Graf-Schlicker/Kexel* § 30 Rn 10.
20 *K Schmidt/Keller* § 30 Rn 15.

sei es auch zu Unrecht.[1] Ob das Register bei demselben AG geführt wird wie das InsGer, ist unerheblich. Zu unterrichten sind auch Register, bei denen bekanntermaßen ein noch nicht vollzogener Eintragungsantrag schwebt.[2] Eintragungspflichten im Zusammenhang m ausl InsVerf können auch aus Art 29 EuInsVO, Art 102c § 8 EGInsO folgen, insb für inländische Zweigniederlassungen von Unternehmen mit im Ausl eingetragener Hauptniederlassung. Die Eintragung inl InsVerf in ausl Handelsregister hat im Anwendungsbereich des Art 29 EuInsVO der InsVerw bzw der Schu in Eigenverwaltung sicherzustellen, soweit das ausl Recht eine Eintragung gesetzlich vorschreibt; darüber hinaus kann er eine Eintragung beantragen, sofern das jeweilige nationale Register eine solche Eintragung zulässt.

2. Durchführung. Unter der in Rn 2 dargestellten Voraussetzung hat die Geschäftsstelle des InsGer den **EröffnungsBeschl** gem § 27 stets zu übermitteln (Nr 1), also auch, wenn er eine natürliche Person betrifft (vgl § 32 HGB) oder wenn zugleich ein InsPlan zur Eigensanierung vorgelegt wurde; über Folgerungen hat allein das Registergericht zu entscheiden. Auch im Fall der Eigenverwaltung erfolgt die Benachrichtigung unabhängig davon, ob die Zustimmungsbedürftigkeit durch den Sachwalter angeordnet ist (§ 277 Abs 3 S 2);[3] denn die Folgen der InsEröffnung auf die eingetragenen Gesellschaften oder Vereine (so § 27 Rn 35) treten unabhängig davon ein. Die Übermittlung des EröffnungsBeschl sollte im Hinblick auf die hierdurch eintretenden Verfügungsbeschränkungen (§ 80 Rn 5) unverzüglich nach Erlass erfolgen ohne den Eintritt der Rechtskraft abzuwarten (Umkehrschluss aus § 34 Abs 3 S 2 iVm § 200 Abs 2 S 2).[4] 3

Ein **AbweisungsBeschl** nach § 26 ist gem Nr 2 nur zu übermitteln, wenn der Schu entweder eine juristische Person (so § 11 Rn 7) oder eine Gesellschaft ohne Rechtspersönlichkeit ist, die durch eine Abweisung mangels Masse aufgelöst wird (vgl § 26 Rn 28). Die Übermittlung erfolgt nach Eintritt der Rechtskraft, da die Wirkungen des Beschlusses erst mit Rechtskraft eintreten (§ 26 Rn 28).[5] 4

Die **Übermittlung** erfolgt ohne die Förmlichkeiten einer Zustellung an das jeweilige Registergericht.[6] Nach dem Wortlaut ist eine „Ausfertigung" (vgl § 317 Abs 3 ZPO) des Beschl zu übermitteln. Die amtl Begr knüpft aber ausdrücklich auch an § 112 KO an, dem zufolge nur „beglaubigte Abschriften" mitzuteilen waren; diese erfüllen in gleicher Weise den Normzweck.[7] Die Eintragung wirkt rein deklaratorisch (vgl § 32 Abs 2 S 2 HGB). Das InsGer braucht nicht zu überprüfen, ob die Eintragung vollzogen wurde.[8] 5

3. Weitere Unterrichtungen. Das Güterstandsregister oder das Patentamt wird nicht unterrichtet.[9] Weitere Mitteilungspflichten ergeben sich aber aus Abschn IX MiZi (so § 26 Rn 25 und 28, § 27 Rn 31) sowie § 22a FamFG. Wegen Eintragungen in das Markenregister s § 32 Rn 25. 6

---

1 *Graf-Schlicker/Kexel* § 31 Rn 2.
2 MK/*Schmahl/Busch* § 31 Rn 7; *K Schmidt/Keller* § 31 Rn 7.
3 MK/*Schmahl/Busch* § 31 Rn 14; HambKomm/*Denkhaus* § 31 Rn 8; *K Schmidt/Keller* § 31 Rn 10; *Graf-Schlicker/Kexel* § 31 Rn 4.
4 Vgl MK/*Schmahl/Busch* § 31 Rn 21; *Jaeger/Schilken* § 31 Rn 8; aM noch die Vorauflage sowie *Graf-Schlicker/Kexel* § 31 Rn 2; differenzierend danach, ob noch aus dem EröffnungsVerf Verfügungsbeschränkungen eingetragen sind *Uhlenbruck/Zipperer* § 31 Rn 5.
5 MK/*Schmahl/Busch* § 31 Rn 21.
6 Vgl im Einzelnen MK/*Schmahl/Busch* § 31 Rn 26.
7 *Uhlenbruck/Zipperer* § 31 Rn 5; MK/*Schmahl* § 31 Rn 26; *Jaeger/Schilken* § 31 Rn 8; aM *A/G/R/Sander* § 31 Rn 4.
8 *Uhlenbruck/Zipperer* § 31 Rn 5; HambKomm/*Denkhaus* § 31 Rn 6; *K/P/B/Holzer* § 31 Rn 6a.
9 *Jaeger/Schilken* § 31 Rn 10; MK/*Schmahl/Busch* § 31 Rn 47.

7 § 31 gilt entspr nach Aufhebung oder Einstellung eines InsVerf (§ 200 Abs 2 S 2, § 215 Abs 1 S 3) oder eines EröffnungsBeschl (§ 34 Abs 3 S 2) sowie für die Überwachung eines InsPlans (§ 267 Abs 3 S 1).

§ 32 Grundbuch

(1) Die Eröffnung des Insolvenzverfahrens ist in das Grundbuch einzutragen:
1. bei Grundstücken, als deren Eigentümer der Schuldner eingetragen ist;
2. bei den für den Schuldner eingetragenen Rechten an Grundstücken und an eingetragenen Rechten, wenn nach der Art des Rechts und den Umständen zu befürchten ist, dass ohne die Eintragung die Insolvenzgläubiger benachteiligt würden.

(2) [1]Soweit dem Insolvenzgericht solche Grundstücke oder Rechte bekannt sind, hat es das Grundbuchamt von Amts wegen um die Eintragung zu ersuchen. [2]Die Eintragung kann auch vom Insolvenzverwalter beim Grundbuchamt beantragt werden.

(3) [1]Werden ein Grundstück oder ein Recht, bei denen die Eröffnung des Verfahrens eingetragen worden ist, vom Verwalter freigegeben oder veräußert, so hat das Insolvenzgericht auf Antrag das Grundbuchamt um Löschung der Eintragung zu ersuchen. [2]Die Löschung kann auch vom Verwalter beim Grundbuchamt beantragt werden.

Übersicht

I. Normzweck

1 Abs 1 und 2 sollen einen gutgläubigen Erwerb an Grundstücken gem § 81 Abs 1 S 2 zulasten der InsMasse nach der InsEröffnung verhindern. Abs 3 wahrt die Verkehrsfähigkeit betroffener Grundstücksrechte und stärkt dadurch mittelbar die Handlungsfähigkeit des InsVerw. § 32 gilt entspr für Sicherungsmaßnahmen im EröffnungsVerf (§ 23 Abs 3) und für Zustimmungsvorbehalte gem §§ 267 Abs 3 S 2, 277 Abs 3 S 3, nach Aufhebung oder Einstellung eines InsVerf (§ 200 Abs 2 S 2) oder Aufhebung eines EröffnungsBeschl (§ 34 Abs 3 S 2 iVm § 200 Abs 2 S 2) und – zwar nicht gesetzlich angeordnet, aber nach Sinn und Zweck der Vorschrift – für die Anordnung einer Nachtragsverteilung (§ 203).[1] Die Vorschrift gilt nicht für die Bestellung eines Sachwalters im SanierungsVerf (§ 270c S 3).

II. Eintragungspflicht (Abs 1)

2 Nach Abs 1 ist die InsEröffnung unter bestimmten Voraussetzungen im Grundbuch einzutragen. Dies gilt auch in der **VerbraucherIns** (vgl § 304 Abs 1 S 1). In der **Eigenverwaltung des Schu** ist die InsEröffnung nicht einzutragen, da der Schu seine Verfügungsbefugnis behält (§ 270c S 3).[2] Einzutragen sind nur evtl Zustimmungsvorbehalte gem § 277 Abs 3 S 3. Bei der Eintragung handelt es sich um eine Amtspflicht iSv § 839 BGB. Zu ihrer Wirkung vgl § 23 Rn 10 f, zur grenzüberschreitenden Eintragung su Rn 14, 18.

1 MK/*Schmahl/Busch* §§ 32, 33 Rn 3, 11; *Graf-Schlicker/Kexel* § 32 Rn 12.
2 *Graf-Schlicker* § 270c Rn 4.

1. Grundstücke. Die Eintragung erfolgt stets bei inländischen Grundstücken, als deren (auch Mit-) Eigentümer der Schu eingetragen ist (Nr 1); ihnen stehen grundstücksgleiche Rechte wie das Erbbaurecht (vgl § 11 Abs 1 S 1 ErbbauVO) und das Wohnungs- oder Teileigentum (§ 1 WEG) gleich.[3] Der Eintragung des Schu entspricht es, wenn zwar ein Dritter eingetragen ist, aber das InsGer weiß, dass die Berechtigung des Schu förmlich nachgewiesen[4] oder seine Eintragung zu Recht beantragt ist. Ein InsVermerk wird auch dann eingetragen, wenn der Schu nur materiell Eigentümer bzw Berechtiger ist; entscheidend ist, dass das Grundstück in die InsMasse fällt.[5] Insb kann der Vermerk über eine NachlassIns bei einem Nachlassgrundstück auch ohne Voreintragung des Erben (§ 39 Abs 1 GBO) eingetragen werden.[6] Bei Bruchteilsgemeinschaften ist der Vermerk betr den insolventen Miteigentümer einzutragen.[7] Ist andererseits der als Eigentümer eingetragene Schu (nur) noch Treugeber für einen Dritten, soll der Vermerk nicht eingetragen werden;[8] dies ist zw, weil eine vorl Sicherung der Rechte des Schu bis zur Klärung der Rechtsbeziehungen geboten sein kann. 3

Gehört ein Grundstück einer **Erbengemeinschaft** und wird über das Vermögen eines Miterben ein InsVerf eröffnet, erfasst dieses zwar nicht unmittelbar den gesamthänderisch gebundenen Nachlass (so § 11 Rn 23, 24). Jedoch ist der InsVermerk als Verfügungsbeschränkung des betroffenen Miterben einzutragen.[9] Nur auf diese Weise kann ein gutgläubiger Erwerb Dritter durch gemeinschaftliche Verfügung aller Miterben (§ 2040 Abs 1 BGB) unter Umgehung des InsVerw verhindert werden (vgl § 892 Abs 1 S 2 BGB, §§ 81 Abs 1 S 2, 91 Abs 2). Entsprechendes gilt für Bruchteilsgemeinschaften und den nicht eingetragenen Verein.[10] 4

Wird ein SonderinsolvenzVerf über das Vermögen einer vollbeendeten KG eröffnet, die noch als Eigentümer eines Grundstücks im Grundbuch eingetragen ist, so kann der InsVermerk zu ihren Lasten eingetragen werden, ohne dass der Rechtsnachfolger (Kommanditist), dem das Sondervermögen zugewachsen ist, zuvor als Rechtsnachfolger eingetragen werden müsste.[11] Zulasten einer (Außen-) **GbR** als Schu (so § 11 Rn 17) ist der InsVermerk einzutragen.[12] Soweit eine solche Eintragung der GbR – gem der früheren hA – noch nicht erfolgt ist, lässt die Eintragung der Gesellschafter jedenfalls dann nicht den Schluss auf persönliches Eigentum am Grundstück zu, wenn der Zusatz „als Gesellschafter einer GbR" mit eingetragen ist.[13] Haben zwischen der Grundbucheintragung und der InsEröffnung Gesellschafter gewechselt, ist die Voreintragung des neuen statt eines ausgeschiedenen, noch ein- 5

---

3 Weitere grundstücksgleiche Rechte sind Altenteils- und Nutzungsrechte nach Landesrecht (Art 96, 196 EGBGB), das selbstständige Gebäuderecht im Beitrittsgebiet (Art 231 § 5 EGBGB) und das Bergwerkseigentum (§ 9 Abs 1 S 1 BbergG); vgl *Graf-Schlicker/Kexel* § 32 Rn 9.

4 *LG Köln* KTS 1965, 179; MK/*Schmahl/Busch* §§ 32, 33 Rn 15; HambKomm/*Denkhaus* § 32 Rn 3. Dagegen nicht allein wegen Treuhänderstellung des Schu: aM *Jaeger/Schilken* § 32 Rn 6; allg aM *K Schmidt/Keller* § 32 Rn 17 f.

5 *Graf-Schlicker/Kexel* § 32 Rn 4; MK/*Schmahl/Busch* §§ 32, 33 Rn 12.

6 *OLG Düsseldorf* ZIP 1998, 871; *Graf-Schlicker/Kexel* § 32 Rn 4; MK/*Schmahl/Busch* §§ 32, 33 Rn 12 f.

7 HambKomm/*Denkhaus* § 32 Rn 7; vgl § 864 Abs 2 ZPO.

8 *K/P/B/Holzer* § 32 Rn 18.

9 *BGH* NZI 2011, 651; *Graf-Schlicker/Kexel* § 32 Rn 6; *Uhlenbruck/Zipperer* § 32 Rn 9.

10 Vgl *K/P/B/Holzer* § 32 Rn 17.

11 *KG* ZIP 2012, 1817 f.

12 Vgl *Uhlenbruck/Zipperer* § 32 Rn 87; *K/P/B/Holzer* § 32 Rn 7 ff; *Graf-Schlicker/Kexel* § 32 Rn 5.

13 *BGH* NZI 2008, 121 Rn 15.

getragenen Mitgesellschafters aus den in Rn 3 genannten Gründen nicht Voraussetzung für eine Eintragung des InsVermerks.[14] Entsprechendes gilt für die WEG-Gemeinschaft.[15]

6 Wird nur über das Vermögen eines **Gesellschafters** der GbR ein InsVerf eröffnet, erfasst dieses nicht das Vermögen der GbR (so § 11 Rn 14, 17). Da die GbR selbst als Rechtsinhaberin im GB eingetragen werden kann und deren Gesellschafter mit einzutragen sind,[16] braucht und darf auch keine Verfügungsbeschränkung mehr zulasten der Gesellschaft eingetragen werden. Dies entspricht der Rechtslage bei Handelsgesellschaften. Einzutragen ist der InsVermerk beim miteingetragenen Gesellschafter, über dessen Vermögen das InsVerf eröffnet wurde, als Verfügungsbeschränkung.[17]

7 Einzutragen ist der InsVermerk auch bei einem Grundstück, das erst der InsVerw zur InsMasse erwirbt[18] oder – wegen § 35 Abs 1 – der Schu nach InsEröffnung erwirbt.[19]

8 Die Eintragung erfolgt als Verfügungsbeschränkung in Abt II jeweils auf allen Grundbuchblättern, auf denen das Eigentum vermerkt ist.

9 **2. Rechte.** Unter § 32 Abs 1 Nr 2 fallen vor allem die Grundpfandrechte (§§ 1113 ff BGB), Dienstbarkeiten (§§ 1018 ff, 1090 ff BGB), der Nießbrauch (§§ 1030 ff BGB), Reallasten (§§ 1105 ff BGB) und das dingliche Vorkaufsrecht (§§ 1094 ff BGB).[20] Auch Vormerkungen (§ 883 BGB) zugunsten des Schu sind durch die Eintragung zu schützen, um eine Löschung ohne Zustimmung des InsVerw zu verhindern und nach Eintragung des vorgemerkten Rechts dessen InsBeschlag unmittelbar zu verlautbaren.[21] Bei einem eingetragenen Nacherbenrecht (§ 51 GBO) ist die Ins des Nacherben ebenfalls einzutragen.[22] Die Berechtigung des Schu ist entspr Rn 3 zu bestimmen. Lautet eine Eigentümergrundschuld noch auf den Namen des Gl, kann der InsVermerk auch ohne Voreintragung des Schu (§ 39 Abs 1 GBO) eingetragen werden.[23]

10 Bei derartigen Rechten wird nach Nr 2 der Eröffnungsvermerk nur eingetragen, wenn aufgrund der Art des Rechts und der Umstände zu befürchten ist, dass ohne die Eintragung die InsGl benachteiligt würden. Eine solche **Massebenachteiligung** ist idR zu besorgen, soweit ein gutgläubiger Erwerb gem §§ 892, 893 BGB allg möglich ist: Wegen des Normzwecks ist schon jeder der InsMasse ungünstigsten Auslegung zu begegnen. Unerheblich ist, ob der Schu bereits Vorbereitungen zur Verfügung über das Grundstücksrecht getroffen hat.[24] Ist bei Briefrechten eine Eintragung im Grundbuch nötig, braucht der Brief – entgegen §§ 41, 42 GBO – nicht vorgelegt zu werden; denn § 32 soll gerade den Schutz vor einem abhandengekommenen oder vom Schu verheimlichten Brief ermöglichen.[25]

---

14 *Graf-Schlicker/Kexel* § 32 Rn 5.
15 *K/P/B/Holzer* § 32 Rn 17.
16 § 47 Abs 2 GBO; vgl § 899a BGB; ferner *BGH* NJW-Spezial 2011, 449 f.
17 *OLG Dresden* ZIP 2012, 439 f; *OLG München* ZIP 2011, 375 f.
18 Vgl *BayObLG* ZIP 1981, 42 f.
19 MK/*Schmahl/Busch* §§ 32, 33 Rn 17; *Graf-Schlicker/Kexel* § 32 Rn 8.
20 Vgl im Einzelnen *Jaeger/Schilken* § 32 Rn 10; *Graf-Schlicker/Kexel* § 32 Rn 9.
21 MK/*Schmahl/Busch* §§ 32, 33 Rn 22; *Graf-Schlicker/Kexel* § 32 Rn 9.
22 *SchlHOLG* SchlHA 1958, 178 f.
23 *Jaeger/Schilken* § 32 Rn 8; *Graf-Schlicker/Kexel* § 32 Rn 4; vgl *OLG Köln* NJW 1961, 368 unter II für die Eintragung einer Pfändung; aM *K Schmidt/Keller* § 32 Rn 37.
24 MK/*Schmahl/Busch* §§ 32, 33 Rn 22; *Jaeger/Schilken* § 32 Rn 11; *Graf-Schlicker/Kexel* § 32 Rn 9.
25 MK/*Schmahl/Busch* §§ 32, 33 Rn 23; vgl *OLG Hbg* KGJ 23 D 27 f; *Demharter* (Vor § 23) § 38 Rn 66.

Im Einzelfall lässt sich die Gefährdung ausschließen bei Briefrechten, wenn der InsVerw selbst den Brief in Besitz hat.[26] Das GBA hat weder die allgemeine drohende GlBenachteiligung (so Rn 10) noch die Werthaltigkeit des Rechts für den jeweiligen Einzelfall[27] selbst zu prüfen, sondern ist insoweit an die Beurteilung des InsGer oder InsVerw gebunden[28] (su Rn 16). 11

Die Eintragung erfolgt, soweit erforderlich, in der Spalte „Veränderungen" derjenigen Abteilung, in der das betroffene Recht eingetragen ist. Bei Briefrechten ist die Eintragung nach § 57 Abs 1 S 1 GBO und im Hinblick auf § 1155 BGB von Amts wegen auch in den Brief aufzunehmen,[29] soweit dieser vorhanden ist. 12

III. Eintragungsersuchen (Abs 2)

1. Insolvenzgericht. Nach Abs 2 S 1 hat das InsGer von Amts wegen das zuständige GBA unverzüglich nach Eröffnung des InsVerf um Eintragung des InsVermerks (Abs 1) zu ersuchen, sobald ihm Grundstücke oder Rechte iSd Abs 1 – ggf auch nachträglich (so Rn 7) – bekannt werden. Funktionell zuständig ist – soweit nicht ein Richtervorbehalt eingreift (zB § 18 Abs 1 Nr 4 RPflG) – der Rechtspfleger,[30] weil kein enger Zusammenhang iSv § 6 RPflG mit dem EröffnungsBeschl vorliegt. Wegen der Gefahr eines Rechtsverlusts nach § 892 Abs 1 S 2 BGB ist die Rechtskraft des EröffnungsBeschl nicht abzuwarten.[31] Das InsGer hat das Ersuchen auch dann zu stellen, wenn das Grundbuch beim selben AG geführt wird, dem das InsGer angehört. Das Ersuchen stellt eine Amtspflicht iSv § 839 BGB iVm Art 34 GG dar; auf den InsVerw (vgl S 2) kann das InsGer seine Verantwortlichkeit nur mit dessen Einverständnis befreiend übertragen. 13

Bei im **Ausland** belegenen Grundstücken oder Grundstücksrechten ist zunächst Art 29 EuInsVO zu beachten. Danach hat der InsVerw bzw der Schu in Eigenverwaltung die Eintragung in die jeweiligen nationalen Register sicherzustellen, soweit nach dem ausl Recht die Eintragung gesetzlich vorgeschrieben ist. Darüber hinaus kann er die Eintragung beantragen, sofern das jeweilige ausl Register eine solche Eintragung zulässt. Außerhalb des Anwendungsbereichs der EuInsVO kann das InsGer nach eigenem Ermessen um die Eintragung ersuchen, soweit am Belegenheitsort ein Register mit vergleichbarem Gutglaubensschutz geführt wird; es liegt dann bei der zuständigen ausl Stelle, nach ihrem Recht über die Eintragung zu entscheiden. Ersuchen aus dem Ausland auf Eintragung des InsVermerks sind nach § 346/Art 102c § 8 EGInsO (Art 29 EuInsVO) idR vom dortigen InsVerw an das dt InsGer zu richten (su Rn 18f); dagegen kann er inhaltliche Änderungsanträge unmittelbar beim GBA stellen.[32] 14

Das **Ersuchen** – iSv § 38 GBO – hat die Form des § 29 Abs 3 GBO zu wahren.[33] Eine InsAnzeige des InsGer an das GBA ist idR als Eintragungsersuchen auszulegen,[34] das sämtliche 15

---

26 *Uhlenbruck/Zipperer* § 32 Rn 12; *K Schmidt/Keller* § 32 Rn 14; MK/*Schmahl/Busch* §§ 32, 33 Rn 22; *Graf-Schlicker/Kexel* § 32 Rn 10.

27 Vgl HambKomm/*Denkhaus* § 32 Rn 14; *K Schmidt/Keller* § 32 Rn 9.

28 *Graf-Schlicker/Kexel* § 32 Rn 17; *Braun/Herzig* § 32 Rn 8; PK-HWF/*Mitter* § 32 Rn 7.

29 *BayObLG* ZIP 1981, 42; MK/*Schmahl/Busch* §§ 32, 33 Rn 56; *Graf-Schlicker/Kexel* § 32 Rn 10.

30 *K Schmidt/Keller* § 32 Rn 28; *Graf-Schlicker/Kexel* § 32 Rn 13; *Uhlenbruck/Zipperer* § 32 Rn 13; aM *K/P/B/Holzer* § 32 Rn 32; für Eintragungsersuchen auf Grund von Sicherungsmaßnahmen im Eröffnungsverfahren (§§ 21, 23 Abs 3) ist dagegen der Richter zuständig, vgl *Uhlenbruck/Zipperer* § 32 Rn 13; MK/*Schmahl/Busch* §§ 31, 32 Rn 25.

31 MK/*Schmahl/Busch* §§ 32, 33 Rn 24; *Graf-Schlicker/Kexel* § 32 Rn 13; *K Schmidt/Keller* § 32 Rn 28.

32 *AG Duisburg* ZIP 2010, 594 ff.

33 Vgl MK/*Schmahl/Busch* §§ 32, 33 Rn 28; *K/P/B/Holzer* § 32 Rn 30; *Jaeger/Schilken* § 32 Rn 20.

34 Vgl *KG* OLGR 3, 194, 196.

dort gebuchten Rechte des Schu betrifft; die genaue Grundbuchbezeichnung nach § 28 S 1 GBO ist entbehrlich.[35] Das **GBA** hat zu prüfen, ob das Ersuchen hinsichtlich Form sowie Inhalt den gesetzlichen Voraussetzungen entspricht und ob die durch das Ersuchen nicht selbstständig begründeten Eintragungserfordernisse gegeben sind.[36] Dagegen prüft es grds nicht, ob die Voraussetzungen des § 32, unter denen das InsGer zum Ersuchen befugt ist, tatsächlich vorliegen.[37] Etwas anderes gilt nur, wenn dem Grundbuchamt das Fehlen einer Voraussetzung bekannt ist.[38] Die §§ 13, 19, 20, 22 GBO gelten nicht.[39]

16 Das Ersuchen als solches ist nicht nach § 6 **anfechtbar**, sondern allenfalls nach § 11 Abs 2 RPflG erinnerungsfähig[40], jedoch nicht für Absonderungsberechtigte.[41] Gegenüber abl Entsch des GBA ist auch das InsGer nach § 71 GBO beschwerdebefugt.[42] Erst mit der Eintragung des InsVermerks ist eine frühere Eintragung iSv § 23 Abs 3 zu löschen, soweit nicht § 25 Abs 1 eingreift. Zur Amtspflicht des GBA, ihm bekannte Verfügungsbeschränkungen zu beachten, so § 23 Rn 11.

17 **2. Insolvenzverwalter.** Nach S 2 darf auch der InsVerw die Eintragung des InsVermerks (Abs 1) beantragen. Dazu ist er idR verpflichtet, sobald er Anlass hat zu zweifeln, dass das InsGer um die entspr Eintragung ersucht hat. Der InsVerw hat von sich aus zu ermitteln, ob und welche Grundstücke oder Grundstücksrechte dem Schu zustehen (§ 148 Abs 1), und sodann die Eintragung des InsVermerks gem § 13 GBO zu erwirken,[43] sofern er den Gegenstand nicht aus der Masse freigibt. Auch vorl InsVerw haben nach Maßgabe des § 23 Abs 3 Eintragungen zu beantragen

18 Antragsrecht und -pflicht bestehen gleichfalls für den **Treuhänder iSv § 313 aF**, dagegen für den **Sachwalter nach § 270c S 3** nur bei Zustimmungsvorbehalten gem § 277 Abs 3 S 3.[44] Antragsberechtigt sind ferner ausl InsVerw, aber nach § 346 (entspr Art 29 EuInsVO, Art 102c § 8 EGInsO) nur über das zuständige (§ 348, Art 102c § 8 Abs 1 S 1, § 1 Abs 2 EGInsO) dt InsGer.[45]

19 Der InsVerw stellt kein Ersuchen iSv § 38 GBO beim GBA, sondern ist an die Antragsvoraussetzungen der §§ 13 ff GBO gebunden; er hat daher auch die konkrete Grundstücksbezeichnung nach § 28 GBO anzugeben.[46] Eine seinem Antrag beizufügende Ausfertigung des EröffnungsBeschl dient als Unrichtigkeitsnachweis iSv § 22 GBO. Die Antragsberechtigung ist durch Vorlage der Bestallungsurkunde (§ 56 Abs 2 S 1) nachzuweisen.[47] Das GBA hat die

---

35 MK/*Schmahl/Busch* §§ 32, 33 Rn 26; *Graf-Schlicker/Kexel* § 32 Rn 13; *Jaeger/Schilken* § 32 Rn 19.

36 Vgl *OLG Hamm* Rpfleger 1978, 374; *Jaeger/Schilken* § 32 Rn 25.

37 Vgl *OLG Dresden* ZIP 2010, 2109 (auch für Ersuchen aufgrund ausländischer Insolvenzverfahren); MK/*Schmahl/Busch* §§ 32, 33 Rn 54; *Graf-Schlicker/Kexel* § 32 Rn 17; *Jaeger/Schilken* § 32 Rn 13, 25.

38 Vgl *KG* FGPrax 2003, 56; MK/*Schmahl/Busch* §§ 32, 33 Rn 54.

39 *KG* KGJ 41, 254.

40 MK/*Schmahl/Busch* §§ 32, 33 Rn 29; *Graf-Schlicker/Kexel* § 32 Rn 24; **aA** *Jaeger/Gerhardt* § 6 Rn 18, da es sich nicht um eine „Entscheidung" des Rechtspflegers handele.

41 Vgl *OLG Hamm* OLGZ 1970, 487.

42 *OLG Rostock* ZIP 2004, 44; *LG Flensburg* ZInsO 2002, 1145; *Graf-Schlicker/Kexel* § 32 Rn 24.

43 Vgl *LG Zweibrücken* NZI 2000, 327; MK/*Schmahl/Busch* §§ 32, 33 Rn 30; *Graf-Schlicker/Kexel* § 32 Rn 14.

44 MK/*Schmahl/Busch* §§ 32, 33 Rn 32; zu eng *K/P/B/Holzer* § 32 Rn 41.

45 Vgl dazu MK/*Schmahl/Busch* §§ 32, 33 Rn 36 ff.

46 *Jaeger/Schilken* § 32 Rn 24; vgl *LG Zweibrücken* NZI 2000, 327.

47 *K Schmidt/Keller* § 32 Rn 34.

Antragsbefugnis zu prüfen, nicht aber die inhaltlichen Voraussetzungen des § 32 (so Rn 16). Wird der Antrag zurückgewiesen, ist der InsVerw gem § 71 GBO beschwerdebefugt.[48]

3. Kosten. Die Eintragung erfolgt gebührenfrei (Vorb 1.4 Abs 2 Nr 2 und 3 KV GNotKG). Auslagen können aber erhoben werden. 20

IV. Löschungsersuchen (Abs 3)

Abs 3 erleichtert die Löschung eines InsVermerks iSd Abs 1 auch wenn das InsVerf fortdauert.[49] Daneben bleiben andere Personen, die in ihrem Recht beeinträchtigt sind, zu Löschungsersuchen gem allg Regeln befugt.[50] Jedenfalls bis zum Eingang eines solchen Ersuchens beim GBA spricht die Eintragung des InsVermerks für die fortdauernde Massezugehörigkeit des Grundstücks.[51] Nach der Löschung hat das GBA dagegen von einer Wiederherstellung der Verfügungsbefugnis des eingetragenen Rechtsinhabers auszugehen.[52] 21

Voraussetzung für das Löschungsersuchen ist, dass das von einem eingetragenen InsVermerk betroffene Grundstück oder Recht vom InsVerw rechtswirksam freigegeben oder veräußert worden ist. Das InsGer wird zudem nur auf Antrag tätig, den der InsVerw, der Schu oder ein anderer an der Freigabe oder Veräußerung Beteiligter stellen kann. Nach Prüfung der Voraussetzungen hat das **InsGer** das GBA um Löschung des InsVermerks zu ersuchen, gleichgültig, auf wessen Betreiben dieser eingetragen worden war. Das Löschungsersuchen hat ebenso wie das Eintragungsersuchen der Form des § 29 Abs 3 GBO zu entsprechen. Einer förmlichen Löschungsbewilligung gem § 19 GBO oder des Unrichtigkeitsnachweises bedarf es nicht.[53] Säumigkeit des InsGer kann nur im Wege der Dienstaufsicht oder ggf nach § 11 Abs 2 RPflG gerügt werden. 22

Statt des InsGer kann gem S 2 iVm § 13 Abs 2 GBO der **InsVerw** die Löschung beim GBA auch dann beantragen, wenn die Eintragung nicht durch seinen Antrag erwirkt worden war.[54] Der Antrag kann schon im Veräußerungsgeschäft selbst gestellt werden,[55] wozu der Erwerber nach Maßgabe des § 13 GBO ebenfalls berechtigt ist.[56] Der Sache nach handelt es sich hierbei um den Berichtigungsantrag eines Betroffenen nach allgemeinem Grundbuchrecht (§§ 13, 22 GBO, § 894 BGB). Der Verw kann entweder die Unrichtigkeit urkundlich in der Form des § 29 Abs 1 S 2 GBO nachweisen oder stattdessen eine Löschungsbewilligung abgeben (§§ 19, 29 Abs 1 S 1 GBO).[57] Der InsVerw ist nicht zur Antragstellung verpflichtet.[58] Wird ein massezugehöriges Grundstück zwangsversteigert, kann auch das Versteigerungsgericht nach § 130 Abs 1 ZVG die Löschung des InsVermerks beantragen.[59] 23

---

48 *Jaeger/Schilken* § 32 Rn 27; *Graf-Schlicker/Kexel* § 32 Rn 24.
49 Vgl Rn 1; *Jaeger/Schilken* § 32 Rn 36; MK/*Schmahl/Busch* §§ 32, 33 Rn 79, 82.
50 Vgl *Jaeger/Schilken* § 32 Rn 27, 36, 40.
51 *OLG Köln* ZIP 2010, 1764.
52 Vgl *OLG Hamm* ZIP 2014, 1297; **aA** *OLG Naumburg* ZIP 2014, 836; *OLG Bbg* NotBZ 2012, 384; *LG Berlin* ZInsO 2003, 906; vgl *OLG Celle* ZIP 2015, 887: jedenfalls solange dem GBA nicht (auch) die Beendigung des InsVerf in der Form des § 29 GBO nachgewiesen sei.
53 *OLG Hamm* ZIP 2014, 1299; *Graf-Schlicker/Kexel* § 32 Rn 26; *K/P/B/Holzer* § 32 Rn 43; aM *Hess* §§ 32, 33 Rn 38.
54 Vgl *K/P/B/Holzer* § 32 Rn 43; *Uhlenbruck/Zipperer* § 32 Rn 26; *BayObLGZ* 1952, 158 f.
55 *LG Koblenz* Rpfleger 1974, 438; *Uhlenbruck/Zipperer* § 32 Rn 25; *Graf-Schlicker/Kexel* § 32 Rn 28.
56 *Uhlenbruck/Zipperer* § 32 Rn 25; *Jaeger/Schilken* § 32 Rn 41; *Graf-Schlicker/Kexel* § 32 Rn 26. Erg so Rn 23.
57 MK/*Schmahl/Busch* §§ 32, 33 Rn 83; *Jaeger/Schilken* § 32 Rn 42.
58 *AG Celle* ZInsO 2005, 50; *Graf-Schlicker/Kexel* § 32 Rn 28.
59 *Graf-Schlicker/Kexel* § 32 Rn 28; *Uhlenbruck/Zipperer* § 32 Rn 26.

24 Erfolgt die Freigabe oder Veräußerung vor der Eintragung des InsVermerks im Grundbuch, so erübrigt sich diese, sofern keine Rechte am Grundstück mehr durch die InsEröffnung betroffen sind. Gebührenfreiheit der Löschung: Vorb 1.4 Abs 2 Nr 2 und 3 KV GNotKG.

V. Markenregister

25 In vergleichbarer Weise kann gem § 29 Abs 3 MarkenG eine eingetragene Marke durch Eintragung eines InsVermerks ins Markenregister zugunsten der InsMasse gesichert werden.

§ 33 Register für Schiffe und Luftfahrzeuge

[1]Für die Eintragung der Eröffnung des Insolvenzverfahrens in das Schiffsregister, das Schiffsbauregister und das Register für Pfandrechte an Luftfahrzeugen gilt § 32 entsprechend. [2]Dabei treten an die Stelle der Grundstücke die in diese Register eingetragenen Schiffe, Schiffsbauwerke und Luftfahrzeuge, an die Stelle des Grundbuchamts das Registergericht.

Übersicht

I. Normzweck

1 Die Vorschrift soll einen gutgläubigen Erwerb gem § 81 Abs 1 S 2 an eingetragenen Schiffen und Luftfahrzeugen zulasten der InsMasse nach InsEröffnung verhindern. § 33 gilt entspr nach Aufhebung eines InsVerf (§ 200 Abs 2 S 3) oder eines EröffnungsBeschl (§ 34 Abs 3 S 2). Er gilt nicht für die Bestellung eines Sachwalters im SanierungsVerf (§ 270c S 3), es sei denn, es ist ein Zustimmungsvorbehalt angeordnet (§ 277 Abs 3 S 2). Für vorl InsVerw gilt die Norm gem § 23 Abs 3 entspr.

II. Eintragungspflicht

2 Entspr § 32 Abs 1 ist die InsEröffnung unter bestimmten Voraussetzungen im jeweiligen Register einzutragen.

3 **1. Schiffe.** Bei eingetragenen Schiffen und Schiffsbauwerken (entspr § 32 Abs 1 Nr 1) erfolgt die Eintragung in das inländische See- oder Binnenschiffs- oder Schiffsbauregister, in dem das Schiff oder Schiffsbauwerk selbst eingetragen ist. Bei eintragungsfähigen, aber noch nicht eingetragenen Schiffen sollte der InsVerw deren Eintragung zusammen mit derjenigen des InsVermerks betreiben; bei eingetragenen Schiffsbauwerken sollte die InsEröffnung entspr einem Zwangsversteigerungsantrag iSv § 66 SchiffsregO behandelt werden.[1] Für nicht eintragungsfähige Schiffe entfällt die Eintragung des InsVermerks; sie werden wie bewegliche Sachen behandelt,[2] für die nach § 81 Abs 1 S 1 gutgläubiger Erwerb ausscheidet. Das Ersuchen hat § 37 Abs 3 SchiffsregO zu entsprechen.[3]

4 Eine Gefährdung eingetragener **Rechte** des Schu an derartigen Schiffen oder Schiffsrechten (entspr § 32 Abs 1 Nr 2) ist idR zu besorgen: §§ 16, 17 und 77 S 2 SchiffsRG schützen das

---

1 MK/*Schmahl/Busch* §§ 32, 33 Rn 101; *Jaeger/Schilken* § 33 Rn 5; *Graf-Schlicker/Kexel* § 33 Rn 4; *K/P/B/Holzer* § 33 Rn 5g.

2 *BGHZ* 112, 5.

3 Vgl *K/P/B/Holzer* § 33 Rn 5d ff; MK/*Schmahl/Busch* §§ 32, 33 Rn 98 f; *Braun/Herzig* § 33 Rn 6.

Vertrauen in die Registereintragung in einer den §§ 892, 893 BGB entspr Weise. Auch bei Hypotheken, die keine Forderung mehr sichern, aber noch nicht gelöscht sind, kann sich eine Gefährdung durch die Möglichkeit des Eigentümers zur Wiederbestellung (§ 57 Abs 3 SchiffsRG) ergeben.[4]

2. Luftfahrzeuge. Bei Luftfahrzeugen (entspr § 32 Abs 1 Nr 1) ist die Eintragung in das dt Register für Pfandrechte an Luftfahrzeugen beim *AG Braunschweig* maßgeblich, nicht diejenige in der Luftfahrzeugrolle. Bei einem bisher nicht eingetragenen Luftfahrzeug ist zwar ein gutgläubiger Erwerb gem § 81 Abs 1 S 1 ausgeschlossen (so Rn 4), doch sind sie im Hinblick auf eine mögliche durch den Schu veranlasste Eintragung gefährdet. Deshalb sollte der InsVerw zunächst dessen Eintragung gem §§ 79, 80 LuftfRG unverzüglich betreiben.[5] Der InsVermerk kann zwar erst anschließend auf dem Registerblatt des Luftfahrzeugs eingetragen, doch kann der entspr Antrag des InsVerw mit dem vorrangigen Antrag auf Eintragung des Luftfahrzeugs zeitgleich gestellt werden.[6] 5

Eingetragene **Rechte** des Schu an eingetragenen Luftfahrzeugen oder Rechte daran (entspr § 32 Abs 1 Nr 2) sind gefährdet, soweit daran Pfandrechte erworben werden können (vgl §§ 16, 17 LuftfRG). 6

III. Eintragungs- und Löschungsersuchen

Entspr § 32 Abs 2 und 3 hat das InsGer oder der InsVerw das jeweilige Registergericht (§ 33 S 2) um die Eintragung oder Löschung zu **ersuchen**. Für das See-, Binnenschiffs- und Schiffsbauregister sind die zuständigen AG gem § 1 SchiffsregO bestimmt; die Ersuchen müssen den §§ 23, 37 Abs 3 SchiffsregO entsprechen. Für Luftfahrzeuge wird das Register beim AG Braunschweig geführt (§ 78 LuftfRG); für Eintragungsanträge gilt nach § 86 Abs 1 S 1 LuftfRG die SchiffsregO im Wesentlichen entspr; jedoch bedürfen nach § 86 Abs 1 LuftfRG Anmeldungen nach § 79 oder § 89 sowie Anträge nach § 93 nicht der in § 37 SchiffsRG bezeichneten Form. 7

In grenzüberschreitenden Konstellationen (zB bei im **Ausland** eingetragenen Schiffen oder Luftfahrzeugen oder im Ausland eröffneten Verfahren) gelten die gleichen Regelungen wie bei Grundstücken, insb Art 29 EuInsVO, Art 102c § 8 EGInsO, § 346 InsO (wg Einzelheiten so § 32 Rn 14, 18). 8

§ 34 Rechtsmittel

(1) Wird die Eröffnung des Insolvenzverfahrens abgelehnt, so steht dem Antragsteller und, wenn die Abweisung des Antrags nach § 26 erfolgt, dem Schuldner die sofortige Beschwerde zu.

(2) Wird das Insolvenzverfahren eröffnet, so steht dem Schuldner die sofortige Beschwerde zu.

(3) [1]Sobald eine Entscheidung, die den Eröffnungsbeschluss aufhebt, Rechtskraft erlangt hat, ist die Aufhebung des Verfahrens öffentlich bekannt zu machen. [2]§ 200 Abs. 2 Satz 2 gilt entsprechend. [3]Die Wirkungen der Rechtshandlungen, die vom Insolvenzverwalter oder ihm gegenüber vorgenommen worden sind, werden durch die Aufhebung nicht berührt.

---

4 AM *K/P/B/Holzer* § 33 Rn 6.
5 RegE S 121 zu § 40; *Graf-Schlicker/Kexel* § 33 Rn 12; MK/*Schmahl/Busch* §§ 32, 33 Rn 103.
6 *Uhlenbruck/Zipperer* § 33 Rn 1.

Übersicht

I. Normzweck

1 Abs 1 und 2 gewähren den jeweils Betroffenen Rechtsschutz gegen bedeutsame Entsch des InsGer. Abs 3 S 1 und 2 bezwecken die Unterrichtung aller Beteiligten über die Aufhebung eines InsVerf; S 3 dient dem Schutz des Rechtsverkehrs, der auf die Wirksamkeit von Handlungen eines ordnungsgemäß ernannten InsVerw vertraut.

II. Beschwerdeberechtigte

2 **1. Ablehnung der Insolvenzeröffnung (Abs 1). – a) Antragsteller.** Bei Ablehnung der Ins-Eröffnung ist jeder Ast beschwerdeberechtigt, dessen Antrag abgewiesen wurde. Das gilt unmittelbar auch, wenn eine Abweisung mit der Begr erfolgt, dass nicht das beantragte Regel-, sondern nur ein VerbrInsVerf zulässig sei,[1] oder umgekehrt.[2] Hatte der Ast seinen Antrag einseitig in der Hauptsache für erledigt erklärt, ist sowohl die Abweisung mit der Begr, eine Erledigung liege nicht vor, anfechtbar, als auch – für den Schu – die Feststellung der Erledigung.[3] Dagegen sind Gl nicht allein dadurch beschwert, dass ihr Eröffnungsantrag als unzulässig – statt als unbegründet – abgewiesen wird.[4] Dies gilt auch im Anwendungsbereich der Kostentragungsregelung nach des § 14 Abs 3. Andere Beteiligte können einen eigenen Eröffnungsantrag nicht erstmals mit einer Beschw stellen.[5] Die gegen die Abweisung eines Eröffnungsantrags eingelegte Beschw wird unzulässig, wenn aufgrund eines anderen Antrags das InsVerf gegen denselben Schu (rechtskräftig) eröffnet wird.[6]

3 Antrag stellende Gl werden im BeschwVerf ggf nach allg Regeln vertreten. Hatte eine juristische Person oder Gesellschaft ohne Rechtspersönlichkeit die InsEröffnung über ihr eigenes Vermögen beantragt, ist infolge der Personalisierung des Antragsrechts nur der jewei-

1 *OLG Celle* ZIP 2000, 803 f; *K/P/B/Pape* § 34 Rn 49. Erg su Rn 7.
2 Vgl *OLG Köln* ZIP 2000, 2031; *OLG Naumburg* NZI 2000, 604; *OLG Oldenburg* ZInsO 2001, 560; *OLG Rostock* NZI 2001, 213; vgl *OLG Schleswig* NZI 2000, 164.
3 Vgl *BGH* ZInsO 2008, 1206 Rn 8. Erg su Rn 7.
4 *LG Düsseldorf* NZI 2013, 94 f.
5 *Jaeger/Schilken* § 34 Rn 10; *Graf-Schlicker/Kexel* § 34 Rn 7; abgrenzend su Rn 7.
6 *BGH* 22.3.2007 – IX ZB 208/05; v 20.9.2007 – IX ZB 241/06. Erg so § 27 Rn 11.

lige Ast beschwerdebefugt,[7] soweit nicht § 26 eingreift (su Rn 4). Ist das Antrag stellende Organmitglied inzwischen abgelöst und durch eine andere Person ersetzt worden, kann (nur noch) diese die sof Beschw führen.[8]

b) Schuldner. Bei einer Abweisung mangels Masse (§ 26) steht zusätzlich dem Schu die sof Beschw zu, wenn er selbst nicht die InsEröffnung beantragt hatte.[9] Seine Beschwer folgt aus der mit dieser Entsch verbundenen Eintragung im SchuVerzeichnis nach § 26 Abs 2.[10] Von mehreren Schu – zB gem § 11 Abs 2 Nr 2 – ist jeder beschwerdeberechtigt. Für juristische Personen oder Gesellschaften ohne Rechtspersönlichkeit regelt § 15 mittelbar zugleich die BeschwBefugnis,[11] so dass für sie jeder ein Rechtsmittel einlegen kann, der auch einen Eröffnungsantrag wirksam stellen könnte. Das gilt auch, wenn daneben ein Abwickler gem § 37 KWG bestellt ist.[12] Die Befugnis besteht aber nur im Namen der Gesellschaft, nicht im eigenen Namen.[13] Ist das Antrag stellende Organmitglied inzwischen abgelöst und durch eine andere Person ersetzt worden, ist deren Beschwer aus der Person des ursprünglichen Ast heraus zu bestimmen, für den sie eingetreten ist (vgl Rn 3, 10). Andere Beschäftigte der Gesellschaft können aus eigenem Recht für sie ebenso wenig Rechtsmittel einlegen[14] wie die Gesellschafter einer juristischen Person als solche[15] oder der Kommanditist für eine KG.[16] Beschwerdeberechtigt ist auch eine Gesellschaft in Liquidation, diese vertreten durch ihren Liquidator.[17] Der BaFin steht die Beschw anstelle des Schu zu, soweit ihr gesetzliches Antragsmonopol reicht (§ 46b Abs 1 S 4 KWG, § 88 Abs 1 Nr 1 VAG).[18] 4

Der Schu kann mit der Beschw ua das Fehlen eines zulässigen Antrags oder eines Eröffnungsgrundes (su Rn 21) oder das Vorhandensein einer die VerfKosten deckenden Masse[19] rügen oder selbst einen Massekostenvorschuss einzahlen.[20] Denn § 13 schützt auch sein Recht auf eine geordnete Abwicklung seines Vermögens durch InsEröffnung. Eine Beschw mit diesem Ziel ist idR als ein eigener – ggf auch erstmaliger – Eröffnungsantrag des Schu selbst in einem iÜ entscheidungsreifen (so § 26 Rn 15) EröffnungsVerf auszulegen.[21] Dagegen kann nicht die m der Abweisung verbundene Ablehnung der Eigenverwaltung angegriffen werden.[22] Zu weiteren zulässigen Rügen su Rn 17–26. 5

c) Entsprechende Anwendung. Abs 1 kann entspr anzuwenden sein, wenn das InsGer eine Entsch trifft, die einer Ablehnung der InsEröffnung materiell gleichkommt. Insb sind im VerbrInsVerf zwar die Rücknahmefunktion des § 305 Abs 3 S 2 als solche und ein sie deklarato- 6

7 MK/*Schmahl/Busch* § 34 Rn 39 f; *K Schmidt/Keller* § 34 Rn 7; aM *Jaeger/H-F Müller* § 15 Rn 63; FK/*Schmerbach* § 34 Rn 14; *Braun/Herzig* § 34 Rn 3.

8 *Graf-Schlicker/Kexel* § 34 Rn 8; vgl *BGH* NZI 2006, 700 zur fehlenden Beschwerdebefugnis des ausgeschiedenen Organmitglieds.

9 Einschr su Rn 8.

10 RegE S 121.

11 *BGH* 20.7.2006 – IX ZB 274/05; MK/*Schmahl/Busch* § 34 Rn 56; *Uhlenbruck/Pape* § 34 Rn 3; *Graf-Schlicker/Kexel* § 34 Rn 9. Erg vgl Rn 8, § 15 Rn 3 ff.

12 *BGH* ZIP 2006, 1454 f.

13 *BGH* ZInsO 2006, 822; NZI 2008, 121 Rn 2; Beschl v 22.4.2010 – IX ZA 8/10. Erg vgl Rn 7, § 6 Rn 24.

14 Vgl *KG JR 1950*, 343.

15 Vgl *OLG Köln* Rpfleger 1975, 29 f.

16 Vgl *Uhlenbruck/Pape* § 34 Rn 3.

17 Vgl *OLG Düsseldorf* ZIP 1993, 215.

18 Vgl MK/*Schmahl/Busch* § 34 Rn 45; *Jaeger/Schilken* § 34 Rn 14.

19 *OLG Köln* ZIP 2000, 551; *LG Berlin* ZInsO 2000, 224.

20 *LG Cottbus* ZIP 2001, 2188; *Uhlenbruck/Pape* § 34 Rn 10; erg so § 26 Rn 31, 33.

21 *Graf-Schlicker/Kexel* § 34 Rn 15; zu eng MK/*Schmahl/Busch* § 34 Rn 51.

22 *BGH* ZIP 2007, 395; erg su Rn 9, 12, 20.

risch aussprechender Beschl grds nicht anfechtbar (so § 6 Rn 8). Ausnahmsweise wirkt der Beschl aber konstitutiv als Antragsabweisung, wenn in substantiierter Weise Streit über die Anwendbarkeit und Voraussetzungen dieser Vorschrift im Einzelfall besteht,[23] zB wenn geltend gemacht wird, die Rücknahmefiktion beruhe darauf, dass das InsGer dem Schu inhaltliche Auflagen gemacht habe, die über die formellen Kriterien des § 305 Abs 1 hinausgingen.[24] Einem entspr Beschl steht es gleich, wenn gem § 305 Abs 3 S 1 vom Schu Unterlagen zur **VerbraucherIns** angefordert werden, die er offenkundig nicht beizubringen vermag,[25] trotz fristgerecht erfüllter Anforderungen das Gericht die Rücknahmefiktion feststellt,[26] oder sich der Beschl aus sonstigen Gründen als willkürlich darstellt. Dagegen ist die Beschw nicht eröffnet, wenn der Schu erfüllbare Aufforderungen nicht erfüllt, mögen diese auch nicht in jeder Hinsicht rechtmäßig gewesen sein.[27] Ebenfalls ist keine Beschwerde zulässig, wenn das Gericht die Durchführung eines **gerichtlichen Schuldenbereinigungsplanverfahrens** ablehnt. Dem Schu steht dann lediglich die Gehörsrüge nach § 321a ZPO, § 4 zu.[28]

7 **2. Eröffnung des Insolvenzverfahrens (Abs 2). – a) Schuldner.** Gegen die InsEröffnung hat idR grds allein der Schu ein BeschwRecht.[29] Zur Einlegung der Beschw für eine Gesellschaft ist jedes nach § 15 antragsberechtigte Organmitglied bzw jeder antragsberechtigte Gesellschafter befugt.[30] Die Beschw ist nur im Namen der schuldnerischen Gesellschaft, nicht im eigenen Namen des Gesellschafters zulässig.[31] In der NachlassIns ist, solange die Erben unbekannt sind, nur der Nachlasspfleger berechtigt, für den Nachlass zu handeln.[32] Zulässig ist ua die Rüge, statt eines Verbraucher- habe ein RegelInsVerf eröffnet werden müssen, oder umgekehrt.[33] Abs 2 gilt ferner, wenn das InsGer auf eine Erledigungserklärung des Ast hin gegen den Widerspruch des Schu das EröffnungsVerf für erledigt erklärt und dem Schu die Kosten auferlegt.[34] Gl sind auch dann nicht beschwerdebefugt, wenn sie durch die InsEröffnung Rechte verlieren[35] oder wenn sie im Ausland eigene InsAnträge gegen denselben Schu gestellt hatten.[36] Allerdings ist nach Art 5 Abs 1 EuInsVO, Art 102c § 4 EGInsO für den Schu und jeden **Gl** die sofortige Beschwerde eröffnet, soweit das **Fehlen der internationalen Zuständigkeit** gerügt werden soll. Unter Geltung der neuen EuInsVO steht dem ausl InsVerw hingegen kein eigenes Beschwerderecht mehr zu (vgl zum alten

---

23 *K/P/B/Pape* § 34 Rn 53; weitergehend für Anfechtbarkeit str Entsch MK/*Schmahl/Busch* § 34 Rn 32.

24 *LG Stendal* NZI 2014, 571; *OLG Celle* ZIP 2001, 341; *Graf-Schlicker/Kexel* § 34 Rn 5.

25 *BayObLG* ZIP 2000, 321 f; *Uhlenbruck/Pape* § 34 Rn 5; offen gelassen in *BGH* ZInsO 2005, 484 f; ZInsO 2005, 537, 538.

26 *LG Berlin* ZVI 2011, 293.

27 *BGH* ZInsO 2005, 537, 538; ZInsO 2009, 2262 Rn 5 ff.

28 *BGH* 7.3.2002 – IX ZB 11/02; *BGH* 8.11.2004 – II ZB 24/03; **aA** entgegen der ganz hM: *LG Bonn* 6.6.2016 – 6 T 114/16 mit abl Anm *Laroche* NZI 2016, 846.

29 Vgl *LG Zweibrücken* NZI 2005, 397. Zum BeschwRecht der BaFin so Rn 5 sowie MK/*Schmahl/Busch* § 34 Rn 63; *Uhlenbruck/Pape* § 34 Rn 37.

30 *BGH* NZI 2006, 700.

31 *BGH* ZInsO 2006, 822; Beschl v 19.2.2009 – IX ZB 198/07 Rn 1, 3 ff.

32 *LG Wuppertal* ZIP 1999, 1536; vgl MK/*Siegmann* § 315 Anh Rn 6 dazu, dass der Pfleger nicht die Stellung als Schu einnimmt.

33 Vgl *BGH* ZIP 2013, 1139f.; *OLG Köln* NZI 2001, 216 f; aM MK/*Schmahl/Busch* § 34 Rn 67. Erg so Rn 2.

34 Vgl *BGH* ZInsO 2008, 1206 Rn 8. Erg so Rn 2.

35 Vgl *BGH* 30.3.2006 – IX ZB 36/05 zu *LG Zweibrücken* NZI 2005, 397; *LG Potsdam* DZWIR 2002, 43.

36 *LG Hbg* ZIP 2005, 1697 f; *K Schmidt/Keller* § 34 Rn 17; HambKomm/*Denkhaus* § 34 Rn 11a.

Recht: Art 102 § 3 Abs 1 S 3 EGInsO). Gegen den Zusatz zu einem EröffnungsBeschl, das Verf stelle ein HauptInsVerf dar, ist nicht selbstständig ein Rechtsmittel eröffnet.[37]

Der Schu ist (formell) **beschwert**, wenn er geltend macht, ein **Fremd**antrag hätte gem § 26 abgewiesen werden müssen.[38] Dagegen ist er im Falle eines **Eigen**antrags nicht beschwert;[39] das gilt auch dann, wenn daneben ein Gl einen Eröffnungsantrag gestellt hat.[40] Das rechtliche Interesse des Schu an der Vermeidung des Verlusts der Verfügungsbefugnis nach § 80 ist im Falle tatsächlich vorliegender InsGründe nicht schützenswert. Ebenso wenig sind die Organe, die den Eröffnungsantrag für eine Gesellschaft stellen, persönlich beschwert.[41] 8

Der Schu handelt allerdings nur im Rahmen seiner Beschwer, wenn er die Aufhebung des EröffnungsBeschl erstrebt; ein Rechtsmittel allein mit dem Ziel der Eröffnung unter anderen Bedingungen[42] oder zu einem anderen Zeitpunkt[43] oder der Bestellung eines anderen InsVerw[44] oder unter Eigenverwaltung (su Rn 12) ist ebenso **unzulässig** wie ein solches gegen bloße Hinweise, die mit dem EröffnungsBeschl verbunden sind.[45] Mit der Beschw kann insb auch nicht gerügt werden, im EröffnungsBeschl seien die Termine oder Fristen rechtsfehlerhaft bemessen (so § 27 Rn 25, § 28 Rn 6, § 29 Rn 6),[46] oder das InsGer habe zu Unrecht von einem SchuldenbereinigungsplanVerf gem § 306 Abs 1 S 3 abgesehen.[47] Zur Rüge der falschen VerfArt so § 13 Rn 29. 9

Die Beschwer des Schu entfällt zwar idR,[48] nicht aber ausnahmslos deswegen, weil er selbst zuvor die Eröffnung beantragt hatte. Für ihn als sachlich Betroffenen des InsVerf kann in seltenen Fällen die **materielle Beschwer** genügen;[49] diese deckt sich mit der geltend zu machenden Unrechtmäßigkeit der Eröffnung. Zusätzlich muss aber der Schu ein berechtigtes Interesse im Einzelfall dartun. Sie liegt nahe bei Wiederaufnahmegründen (§ 579 Abs 2 ZPO), Meinungsverschiedenheiten zwischen mehreren Antragsbefugten iSv § 15 Abs 2[50] 10

---

37 *BGH* 24.2.2008 – IX ZB 96/07. Erg so § 27 Rn 26.

38 So mit zutreffender Begründung *BGH* ZIP 2004, 1727; vgl auch Beschl v 14.2.2008 – IX ZA 31/07; *Graf-Schlicker/Kexel* § 34 Rn 24; HambKomm/*Denkhaus* § 34 Rn 12; MK/*Schmahl/Busch* § 34 Rn 71; aM *LG Hof* bei *Wazlawik* EWiR 2004, 189 f; *LG Leipzig* ZInsO 2007, 278 f; *Jaeger/Schilken* § 34 Rn 26; FK/*Schmerbach* § 34 Rn 38.

39 *BGH* ZIP 2008, 1793 Rn 5 ff; NZI 2012, 274; *OLG Köln* ZInsO 2002, 331 f; *K/P/B/Pape* § 34 Rn 67; HambKomm/*Denkhaus* § 34 Rn 13; MK/*Schmahl/Busch* § 34 Rn 71; krit *Graf-Schlicker/Kexel* § 34 Rn 25 ff; aM *AG Frankfurt/Oder* ZInsO 2006, 109; *Haarmeyer* ZInsO 1998, 91.

40 *BGH* ZIP 2012, 998 f, Rn 5 f.

41 *BGH* ZIP 2008, 1793 Rn 8 ff; Beschl v 19.2.2009 – IX ZB 198/07 Rn 1, 3 ff.

42 *Uhlenbruck/Pape* § 34 Rn 20; HambKomm/*Denkhaus* § 34 Rn 9.

43 *LG Duisburg* ZInsO 2002, 990; *K/P/B/Pape* § 34 Rn 62; *Jaeger/Schilken* § 34 Rn 22.

44 *LG Münster* ZInsO 2002, 777; *Jaeger/Schilken* § 34 Rn 22; *Graf-Schlicker/Kexel* § 34 Rn 19; HambKomm/*Denkhaus* § 34 Rn 9; *K Schmidt/Keller* § 34 Rn 24; vgl auch *BVerfG* ZIP 2006, 1357.

45 *OLG Köln* ZIP 1986, 386.

46 HambKomm/*Denkhaus* § 34 Rn 9; *Jaeger/Schilken* § 28 Rn 8, § 29 Rn 1; aM MK/*Schmahl/Busch* §§ 27–29 Rn 50, 53, 88, § 34 Rn 80.

47 *LG Berlin* ZInsO 2003, 188 f; *K/P/B/Pape* § 34 Rn 73; so § 6 Rn 9.

48 Vgl *BGH* ZIP 2007, 499 f; ZInsO 2007, 663; aM *Jaeger/Schilken* § 34 Rn 26.

49 Vgl *OLG Bbg* ZInsO 2001, 1156 f; *K/P/B/Pape* § 34 Rn 71; offen gelassen v *BGH* ZIP 2007, 499 f; vgl auch *BGH* ZIP 2008, 1596 für den Fall einer (zulässigen) Beschw gegen Sicherungsmaßnahmen nach Rücknahme eines Eigenantrages.

50 Vgl *BGH* ZIP 2006, 1454 (Streit zwischen Abwickler gem § 37 KWG und dem phG); *LG Tübingen* KTS 1961, 159; MK/*Schmahl/Busch* § 34 Rn 4; *B/G/H/Goetsch* § 34 Rn 33; MK/*Ganter/Lohmann* § 6 Rn 32 für Antragstellung nur zwecks Erfüllung gesetzlicher Pflicht.

oder wenn der Eröffnungsantrag vor dem Beschl zurückgenommen worden war.[51] Ein bloßer Sinneswandel des Schu begründet dagegen **keine** Beschwer,[52] ebenso wenig ein Irrtum über das ursprüngliche Vorliegen der Eröffnungsvoraussetzungen:[53] Willensmängel mit Bezug auf Eröffnungsanträge sind unerheblich, solange sie nicht eine Wiederaufnahme begründen würden (vgl Rn 39, § 13 Rn 3), und auch eine Rücknahme wäre gem § 13 Abs 2 ausgeschlossen. Ein nachträglicher Wegfall des Eröffnungsgrundes kann nur mit einem Einstellungsantrag nach § 212 geltend gemacht werden.[54]

11 **b) PSV.** Gegen die InsEröffnung ist nach § 9 Abs 5 BetrAVG nF stets auch der PSVaG als Träger der InsSicherung beschwerdeberechtigt; die Berechtigung soll auch gegen die Ablehnung der InsEröffnung gem § 26 bestehen.[55] Zum BeschwRecht der BaFin so Rn 4. Dagegen sind sonstige Drittbeteiligte weder unter dem Gesichtspunkt einer Beeinträchtigung ihrer Absonderungsrechte noch unter dem einer drohenden InsAnf beschwerdeberechtigt.[56]

12 **c) Gläubiger.** § 34 eröffnet **nicht** eine Beschw für Gl gegen die Eröffnung des Verf als Verbraucher – statt als RegelInsVerf[57] und nicht gegen die Anordnung der Eigenverwaltung;[58] ihr Rechtsschutz wird ausschließlich durch § 272 gewährt. Umgekehrt hat auch der Schu kein BeschwRecht allein gegen die Ablehnung der Eigenverwaltung unter gleichzeitiger Eröffnung des InsVerf;[59] die Entsch obliegt dann gem § 271 nur den Gl. – Gegen den Beschl des InsGer, einen anderen als den vom vorl GlAusschuss – sogar einstimmig – gewählten InsVerw zu bestellen (§ 56a Abs 2), findet kein Rechtsmittel statt; die Gl können gem § 57 einen anderen InsVerw wählen. Gl steht die Beschwerde allerdings stets offen, soweit das **Fehlen der internationalen Zuständigkeit** gerügt wird (so Rn 7).

13 **d) Insolvenzverwalter.** Der InsVerw hat gegen seine Bestellung **kein** BeschwRecht, weil er das Amt nicht anzunehmen braucht.[60] Gegen den Beschl des BeschwGer, das einen EröffnungsBeschl m der Benennung des Verwalters aufhebt, fehlt diesem die formelle Befugnis für eine RechtsBeschw.[61] Nicht berücksichtigten Konkurrenten fehlt die BeschwBefugnis.[62]

III. Beschwerde

14 **1. Zulässigkeit.** Die zweiwöchige **Frist** zur Einlegung des Rechtsmittels (vgl § 6 Rn 17 ff) beginnt, in Ermangelung einer Verkündung, gegenüber allen Beteiligten spätestens mit dem Wirksamwerden einer – vorgeschriebenen – öffentlichen Bekanntmachung des Eröffnungs-Beschl nach §§ 30 Abs 1, 9 Abs 1 S 3 und Abs 3, bei früherer Zustellung gegenüber dem Emp-

---

51 *OLG Bbg* ZInsO 2001, 1157 mit zust Anm *Busch* DZWIR 2002, 210 f; HambKomm/*Denkhaus* § 34 Rn 13.
52 *BGH* ZIP 2007, 449 f; *OLG Stuttgart* NZI 1999, 491; *Graf-Schlicker/Kexel* § 34 Rn 31; aM *Hess* § 34 Rn 26 f.
53 *BGH* ZIP 2007, 449 f; *LG Düsseldorf* ZInsO 2002, 243 mit zust Anm v *Smid* DZWIR 2001, 438; *K Schmidt/Keller* § 34 Rn 14; *Braun/Herzig* § 34 Rn 9; *Uhlenbruck/Pape* § 34 Rn 13; aM *LG Rostock* ZInsO 2000, 340; FK/*Schmerbach* § 34 Rn 28.
54 Vgl u Rn 23; aM *OLG Koblenz* ZIP 1991, 1605; FK/*Schmerbach* § 34 Rn 29; erg su Rn 21 f.
55 *LG Duisburg* ZIP 2006, 1507.
56 *LG Berlin* KTS 1960, 127; *LG Potsdam* DZWIR 2001, 393; *Jaeger/Schilken* § 34 Rn 20.
57 *BGH* ZIP 2013, 1141.
58 *BGH* ZIP 2007, 448; *AG Köln* ZIP 2005, 1975; aM *Smid* WM 1998, 2509 f und KTS 2008, 82.
59 *BGH* ZIP 2007, 449; *LG Frankfurt* ZIP 2014, 742; *LG Mönchengladbach* ZIP 2003, 729; *Uhlenbruck/Pape* § 34 Rn 17; *Braun/Herzig* § 34 Rn 13; MK/*Schmahl/Busch* § 34 Rn 80; *K Schmidt/Keller* § 34 Rn 25; aM *L/S/Z/Smid/Leonhardt* § 34 Rn 19; erg so Rn 5, 9, § 6 Rn 7.
60 Vgl *OLG Düsseldorf* ZIP 1993, 135; MK/*Schmahl/Busch* §§ 27–29 Rn 38.
61 *BGH* ZInsO 2007, 373; ZIP 2010, 856; *K Schmidt/Keller* § 34 Rn 50.
62 *Graf-Schlicker/Kexel* § 34 Rn 21; *K Schmidt/Keller* § 34 Rn 20; vgl *BVerfG* ZIP 2006, 1359.

fänger schon mit dieser (so § 6 Rn 18, § 9 Rn 10).[63] Da bei einer **Abweisung** eine öffentliche Bekanntmachung durch § 26 Abs 1 S 3 vorgesehen ist, löst diese die Zustellungsfiktion und damit die BeschwFrist gegen einen AbweisungsBeschl aus.[64] Während die BeschwFrist läuft, kann ein abgewiesener Eröffnungsantrag noch zurückgenommen werden (so § 13 Rn 31).

Ein Schu, der seine Prozessunfähigkeit geltend macht (vgl § 27 Rn 7), ist für das BeschwVerf bis zur Klärung der Prozessfähigkeit als prozessfähig zu behandeln.[65] Hat ein vollmachtloser Vertreter das Rechtsmittel eingelegt, wahrt eine nachträgliche Genehmigung der Partei die Frist nur, wenn die Genehmigung innerhalb der Frist formgerecht erklärt wird.[66] Zur nötigen Beschwer so Rn 8–10. **15**

Das InsGer kann einem zulässigen Rechtsmittel nach § 6 Abs 2 S 2 **abhelfen**. In diesem Fall ist Abs 3 anzuwenden. Die AbhilfeEntsch kann von der nunmehr unterlegenen Gegenpartei mit der sof Beschw angefochten werden, sofern sie zu den in § 34 Abs 1 und 2 oder § 9 Abs 5 BetrAVG nF genannten BeschwBerechtigten gehört (so Rn 2, 4, 11); sie ist diesem deshalb zuzustellen (§ 8). Spätestens im AbhilfeVerf hat das InsGer – zuvor unterbliebenes – rechtliches Gehör zu gewähren;[67] ferner ist eine AbhilfeEntsch, die zur Überprüfung durch das LG führen kann, zu begründen (so § 6 Rn 31). Das InsGer kann einzelne Sicherungsmaßnahmen gem § 570 Abs 2 ZPO treffen. **16**

2. Begründetheit. Die Beschw kann grds auf das Fehlen jeder Eröffnungsvoraussetzung (vgl § 27 Rn 4–13) und auf VerfFehler **gestützt** werden, zB die Unterlassung einen VerfPfleger zu bestellen.[68] Mit ihr ist ua geltend zu machen, das InsVerf sei in der falschen Art – Regel- oder VerbraucherIns – eröffnet (so Rn 2, 7), eine (vorangegangene) Antragsrücknahme oder Erledigterklärung sei nicht berücksichtigt,[69] oder der Eröffnungsantrag sei zu Unrecht wegen Fehlens eines Eröffnungsgrundes abgewiesen worden.[70] Maßgeblicher Zeitpunkt ist nach allg Grundsätzen derjenige der Entsch in der BeschwInstanz.[71] **17**

a) Verfahrensfehler. Der Schu kann grds gegenüber dem EröffnungsBeschl einwenden, der Antrag sei bereits unzulässig gewesen;[72] die örtliche **Zuständigkeit** des InsGer, welches das InsVerf eröffnet hat (Abs 2), kann jedoch vom BeschwGer gem § 571 Abs 2 S 2 ZPO[73] nicht überprüft werden (vgl § 3 Rn 29). Fehlende int Zuständigkeit kann dagegen stets gerügt werden,[74] ebenso die mit fehlender örtlicher Zuständigkeit begründete Abweisung eines Eröffnungsantrags (Abs 1).[75] Dasselbe trifft für den Ast zu, dessen Eröffnungsantrag aus anderen Gründen wie etwa überspannter Anforderungen an die Glaubhaftmachung als unzulässig abgewiesen worden ist.[76] **18**

---

63 *BGH* ZIP 2003, 768.
64 Amtl Begründung zu Art 1 Nr 8 RegE InsOVereinfG, BT-Drucks 16/3227, 16.
65 *BGH* NJW 1995, 404; *KG* KTS 1962, 112; *K Schmidt/Keller* § 34 Rn 28.
66 Vgl *OLG Hamm* NJW 1968, 1147; *Uhlenbruck/Pape* § 34 Rn 19.
67 *LG München I* ZInsO 2001, 814 f.
68 *LG Berlin* NZI 2002, 163.
69 *K Schmidt/Keller* § 34 Rn 40, 43. Abgrenzend su Rn 25.
70 *BGH* ZIP 2008, 1034 Rn 6. Abgrenzend su Rn 22.
71 *BGH* ZIP 2008, 1034 Rn 6; *OLG Celle* KTS 1957, 32; einschr su Rn 22.
72 *K Schmidt/Keller* § 34 Rn 37.
73 Vgl *OLG München* ZIP 2014, 741; *Graf-Schlicker/Kexel* § 34 Rn 16; *Uhlenbruck/Pape* § 34 Rn 12; diese gesetzliche Neuregelung übersieht *Jaeger/Schilken* § 34 Rn 23.
74 MK/*Schmahl/Busch* § 34 Rn 77; vgl *BGH* ZIP 2003, 686 f; NJW-RR 2006, 199.
75 *Graf-Schlicker/Kexel* § 34 Rn 13; *K Schmidt/Keller* § 34 Rn 34; dies ergibt sich auch zwingend aus Art 5 Abs 1 EuInsVO, Art. 102c § 4 EGInsO (so Rn 7).
76 Vgl *OLG Köln* ZInsO 2000, 43; *OLG Celle* ZInsO 2000, 216; *Uhlenbruck/Pape* § 34 Rn 4.

19 Die Beeinträchtigung des **rechtlichen Gehörs** des BeschwFührers kann mit Erfolg gerügt werden, wenn die angefochtene Entsch darauf beruhen kann.[77] Das BeschwGer darf diesen BeschwGrund durch nachträgliche Gewährung rechtlichen Gehörs ausräumen,[78] ohne hierzu verpflichtet zu sein (vgl § 14 Rn 51). Auch die Rüge ist zulässig, dass das InsGer seine Ermittlungspflicht gem § 5 verletzt habe.[79] Ferner soll ein Schu noch mit der sof Beschw gegen den EröffnungsBeschl einen Antrag auf Ersetzung der Zustimmung eines Gl gegen den Schuldenbereinigungsplan (§ 309) stellen können.[80]

20 **b) Massekostendeckung.** Sowohl bei der Abweisung gem § 26 (vgl § 26 Rn 26) als auch gegenüber der Eröffnung des InsVerf[81] kann gerügt werden, dass das InsGer die Massekostendeckung unzutreffend berechnet und deshalb in der Sache unrichtig entschieden hat.[82] Der Ast ist durch die zu hohe Berechnung eines angeforderten Vorschusses beschwert, wenn er dartut, den angemessenen niedrigeren Betrag leisten zu wollen; der Schu ist durch eine zu niedrige Berechnung des Vorschusses beschwert, wenn nicht auszuschließen ist, dass der Einzahlende den höheren Vorschuss nicht geleistet hätte.[83] Allerdings kann die Berechnung nicht mit der Begründung angegriffen werden, dass eine – kostengünstigere – Eigenverwaltung anzuordnen sei (so Rn 5). Die Eröffnungsvoraussetzungen können auch durch nachträgliche Einzahlung des Kostenvorschusses gem § 26 Abs 1 S 2 herbeigeführt werden.[84] Ist ein AbweisungsBeschl ergangen, obwohl der Eröffnungsantrag vorher rechtswirksam zurückgenommen worden war, kann mit der sof Beschw der Ausspruch der Wirkungslosigkeit des angefochtenen Beschl erstrebt werden.[85] Dagegen kann die Beschw gegen einen EröffnungsBeschl wegen § 13 Abs 2 idR nicht auf eine nachträgliche Antragsrücknahme[86] oder die Erfüllung – nur – der Forderung des Ast (su Rn 25) gestützt werden. Auch eine erst während des Beschwerdeverfahrens bewilligte Verfahrenskostenstundung nach § 4a ist zu berücksichtigen.

21 **c) Eröffnungsgrund.** M der sof Beschw gem Abs 1 kann auch gerügt werden, dass der v InsGer verneinte Eröffnungsgrund nachträglich eingetreten sei.[87] Das Fehlen des Eröffnungsgrundes kann grds mit der sof Beschw gem Abs 2 gerügt werden.[88] Allerdings genügt das Fehlen eines allgemeinen Eröffnungsgrundes – zB Zahlungsunfähigkeit – nicht, wenn der andere – zB Überschuldung – vorliegt.[89]

22 Der zwischenzeitliche Wegfall des Eröffnungsgrundes wird aber im BeschwVerf gegen einen **erlassenen EröffnungsBeschl** (Abs 2) **nicht** mehr berücksichtigt. Diese Abweichung v

77 Vgl *LG Frankfurt/Oder* DZWIR 2005, 348; *LG Baden-Baden* ZIP 1983, 205; FK/*Schmerbach* § 34 Rn 45.
78 *OLG Hamm* ZIP 1980, 259 f; MK/*Schmahl/Busch* § 34 Rn 76.
79 *LG Göttingen* ZIP 2002, 1049; *Uhlenbruck/Pape* § 34 Rn 4; HambKomm/*Denkhaus* § 34 Rn 17; *Graf-Schlicker/Kexel* § 34 Rn 13.
80 *LG Göttingen* NZI 2009, 330 f.
81 Vgl *OLG Stuttgart* JW 1934, 571 Nr 9.
82 *LG Traunstein* NZI 2000, 439; *Uhlenbruck/Pape* § 34 Rn 7, 16; FK/*Schmerbach* § 34 Rn 47; *Jaeger/Schilken* § 34 Rn 15; MK/*Schmahl/Busch* § 34 Rn 48; erg so Rn 5.
83 Nur insoweit noch zutr *OLG Stuttgart* ZIP 1989, 1070; aM *B/G/H/Goetsch* § 34 Rn 28.
84 *LG Cottbus* ZIP 2001, 2188; *Uhlenbruck/Pape* § 34 Rn 10; *K Schmidt/Keller* § 34 Rn 41; erg so Rn 5.
85 *LG München I* KTS 1973, 75; *Uhlenbruck/Pape* § 34 Rn 9.
86 Vgl § 13 Rn 14 und *OLG Stuttgart* NZI 1999, 491; *LG Göttingen* NZI 1998, 92; *LG Karlsruhe* NZI 2002, 609 f; erg su Rn 25.
87 *BGH* ZIP 2008, 1034 Rn 6; *Graf-Schlicker/Kexel* § 34 Rn 12; *K Schmidt/Keller* § 34 Rn 39.
88 Vgl MK/*Schmahl/Busch* § 34 Rn 78; *Graf-Schlicker/Kexel* § 34 Rn 16. Abgrenzend su Rn 22.
89 *LG Frankenthal* Rpfleger 1986, 104 f; HambKomm/*Denkhaus* § 34 Rn 18.

§ 571 Abs 2 S 1 ZPO (so Rn 17) wird mit § 27 Abs 2 Nr 3 begründet, derzufolge der EröffnungsBeschl die Stunde der Eröffnung angibt. Ob die Beschw begründet ist, hängt somit allein davon ab, ob zu diesem Zeitpunkt ein Eröffnungsgrund vorlag.[90] Ein nachträglicher Wegfall aller in Betracht kommenden Eröffnungsgründe kann nur mit einem Einstellungsantrag nach § 212 geltend gemacht werden.[91]

Lag im Zeitpunkt des EröffnungsBeschl kein InsGrund vor, ist ein solcher jedoch während des laufenden BeschwVerf eingetreten, muss gleichfalls allein auf den Zeitpunkt der EröffnungsEntsch abgestellt werden. Das BeschwGer kann die – im Zeitpunkt der Beschlussfassung – fehlerhafte Entsch nicht, auch nicht mit geändertem Eröffnungsdatum – aufrecht erhalten.[92] Zu Recht wird dies damit begründet, dass schon allein aufgrund des EröffnungsBeschl sich die Vermögenslage des Schu idR so verschlechtert, dass jedenfalls zum Zeitpunkt der BeschwEntsch ein InsGrund vorliegen wird. Stellte man auf letzteren Zeitpunkt ab, wäre dem Schu jede Möglichkeit effektiven Rechtsschutzes genommen. Neues Vorbringen, das sich auf den früheren Zeitpunkt bezieht, ist dagegen zulässig.[93] 23

Hinsichtlich anderer Eröffnungsvoraussetzungen (vgl Rn 19 f, 25 f) ist auf den Zeitpunkt der Beschwerdeentscheidung abzustellen.[94] 24

Steht ein Eröffnungsgrund fest, sollte es dem Schu jedenfalls nicht mehr möglich sein, die erstinstanzlich angeordnete InsEröffnung durch nachträgliche Befriedigung allein des Ast zu vermeiden. Denn die InsO soll eine frühe InsEröffnung ermöglichen.[95] Deshalb sind § 13 Abs 2 und § 212 – der an sich erst nach rechtsbeständiger Eröffnung gilt – entspr dahin anzuwenden, dass der Wegfall des **GlRechts** des jeweiligen Ast nicht mehr mit der sof Beschw gerügt werden kann.[96] Dementsprechend ist auch die Erledigungserklärung des Ast nach dem EröffnungsBeschl wirkungslos.[97] § 14 Abs 1 S 2 sowie Abs 3 nF ändern daran nichts, weil sie nur die Zeit zwischen der Antragstellung und der erstinstanzlichen Entsch betreffen (so § 14 Rn 16). Auch die Abweisung eines InsAntrags mangels Masse (§ 26) kann nicht durch einen nachträglichen Ausgleich der Forderung – nur – des Ast zu Fall gebracht werden.[98] Erg so Rn 20 f, § 26 Rn 26. 25

Hinsichtlich der Forderung eines Antrag stellenden Gl kann stets gerügt werden, dass sie hinreichend (Abs 1)[99] oder nicht (Abs 2)[100] glaubhaft gemacht sei, dagegen auch gegenüber einem EröffnungsBeschl (Abs 2) nicht weitergehend, dass sie materiell nicht bestehe.[101] 26

---

90 Vgl grundlegend *BGHZ* 169, 20 ff mit Anm *Gundlach* NJW 2006, 3556; *BGH* 12.7.2007 – IX ZB 32/07; *Bruns* EWiR 2007, 17; *K Schmidt/Keller* § 34 Rn 44. Abgrenzend so Rn 17.
91 *Graf-Schlicker/Kexel* § 34 Rn 34; MK/*Schmahl/Busch* § 34 Rn 78.
92 Vgl *BGHZ* 169, 20 ff mit Anm *Gundlach* NJW 2006, 3556; *BGH* Beschl v 12.7.2007 – IX ZB 32/07; *Graf-Schlicker/Kexel* § 34 Rn 32 f; *Bruns* EWiR 2007, 17.
93 *BGH* ZInsO 2009, 872; ZInsO 2012, 593 zum Nachschieben von weiteren, zum Antragszeitpunkt bereits offenstehenden Forderungen.
94 *BGH* ZInsO 2012, 593; anscheinend aM *Graf-Schlicker/Kexel* § 34 Rn 35.
95 RegE S 80 f, 84 ff.
96 *BGH* NZI 2011, 20; *LG Karlsruhe* NZI 2002, 609 f; *K Schmidt/Keller* § 34 Rn 45; FK/*Schmerbach* § 34 Rn 42 f; *Jaeger/Schilken* § 34 Rn 25; abw *Uhlenbruck/Pape* § 34 Rn 15 für den Fall, dass die befriedigte Forderung als einzige den InsGrund ausmachte.
97 *LG Potsdam* ZInsO 2002, 778; *LG Hbg* ZInsO 2007, 336.
98 *BGH* NZI 2011, 106.
99 HambKomm/*Denkhaus* § 34 Rn 8; vgl *OLG Köln* ZIP 2000, 506.
100 Dabei kommt es jedoch auf den Zeitpunkt der Beschwerdeentscheidung an, vgl *BGH* ZInsO 2012, 593.
101 *LG Göttingen* ZIP 1998, 1369. Vgl aber § 14 Rn 17.

27 **3. Beschwerdeverfahren. – a) Einstweilige Regelungen.** Die Beschw hat nicht von selbst aufschiebende Wirkung (vgl § 570 Abs 1 ZPO iVm § 4); ein eröffnetes InsVerf ist vorerst fortzuführen.[102] Das LG kann aber gem § 570 Abs 3 ZPO die Vollziehung des EröffnungsBeschl aussetzen oder Zwischenregelungen durch einstweilige Anordnung treffen; vergleichbare Befugnisse stehen entspr § 570 Abs 2 ZPO auch dem InsGer wegen seiner Abhilfemöglichkeit (§ 6 Abs 2 S 2) zu. Eine **Aussetzung** beseitigt nicht die gestaltenden Wirkungen des EröffnungsBeschl – einschl der Bestellung des InsVerw – selbst; nur die weitere Durchführung der angeordneten Maßnahmen kann aufgeschoben oder eingeschränkt werden.[103] Das sollte lediglich angeordnet werden, wenn das Rechtsmittel nicht als aussichtslos erscheint und dem BeschwFührer bei einer weiteren Durchführung größere Nachteile drohen als den anderen Beteiligten.[104]

28 **b) Rechtliches Gehör.** Hält das LG die Beschw ganz oder zT für begründet, hat es dem BeschwGegner rechtliches Gehör zu gewähren. Entwicklung im Sach- und Streitstand hat es bis zum Zeitpunkt seiner Entscheidung (so § 6 Rn 33) zu berücksichtigen. Erg so § 27 Rn 12.

29 **c) Aufhebung eines Eröffnungsbeschlusses.** Wird ein **EröffnungsBeschl aufgehoben**, kann das LG bei EntschReife den zugrunde liegenden Eröffnungsantrag zurückweisen.[105] Jede Aufhebung wird idR erst mit der Rechtskraft dieser Entsch wirksam (§ 6 Abs 3 S 1); bis dahin bleiben alle Wirkungen der §§ 80 ff bestehen.[106] Von der Möglichkeit, die sof Wirksamkeit seines Beschl anzuordnen (§ 6 Abs 3 S 2), sollte das LG – nur – Gebrauch machen, wenn die Voraussetzungen für eine Eröffnung auch materiell ernstlich zw sind und der Schu bei einer verzögerten Aufhebung geschädigt zu werden droht, während Interessen von Gl weniger gefährdet erscheinen.[107] Wird die sof Wirksamkeit angeordnet, treten die Wirkungen im Zeitpunkt des Wirksamwerdens der BeschwEntsch (vgl dazu § 27 Rn 30) ein. Kosten für einen bereits bestellten InsVerw sind nicht zu ersetzen,[108] weil sein Tätigwerden nicht mehr dem EröffnungsVerf als Parteienstreit zuzurechnen ist. Weist das LG den Eröffnungsantrag mangels Masse ab, so hat das InsGer – nicht das BeschwGer – die Eintragung gem § 26 Abs 2 zu veranlassen.[109]

30 Ist das EröffnungsVerf nicht entscheidungsreif und eine abschließende Ermittlung durch das LG – ausnahmsweise – nicht sachgerecht, kann die erneute Entsch dem InsGer übertragen werden (§ 572 Abs 3 ZPO iVm § 4). Eine ersatzlose Aufhebung – insb aufgrund eines VerfFehlers – sollte wegen des damit verbundenen Zeitverlusts und nachteiliger Folgewirkungen aber möglichst vermieden werden.[110] IF einer Zurückverweisung ist das InsGer an die tragenden Gründe des Beschl gebunden (vgl § 6 Rn 33).

31 Öffentlich bekanntzumachen ist gem § 9 die Aufhebung stets – erst – mit Rechtskraft der Entsch (§ 34 Abs 3 S 1, § 9). Der InsVerw ist vorab zu unterrichten, damit er die Masseverbindlichkeiten abwickeln kann (so § 25 Rn 4). Jedem zuvor von der Eröffnung unterrichteten Register und GBA (§§ 31–33) ist auch eine Ausfertigung des aufhebenden Beschl zu übermitteln (§ 200 Abs 2 S 3). Für alle Mitteilungen über die Aufhebung des Eröffnungs-

102 *Uhlenbruck/Pape* § 34 Rn 22; *Graf-Schlicker/Kexel* § 34 Rn 4.
103 *Pieper* KTS 1963, 211 ff; *K/P/B/Prütting* § 6 Rn 32; FK/*Schmerbach* § 34 Rn 53; *Graf-Schlicker/Kexel* § 34 Rn 4. Erg su Rn 41.
104 Vgl *BGH* ZIP 2002, 718 f; ZInsO 2009, 432.
105 Zur fehlenden BeschwBefugnis des benannten InsVerw dagegen so Rn 14.
106 Vgl *Jaeger/Gerhardt* § 6 Rn 49.
107 Vgl *Uhlenbruck/Pape* § 34 Rn 27; FK/*Schmerbach* § 34 Rn 58.
108 *BGH* NJW 1961, 2016; *Jaeger/Schilken* § 13 Rn 71; MK/*Schmahl/Busch* § 34 Rn 91.
109 *LG Itzehoe* KTS 1989, 731; *Graf-Schlicker/Kexel* § 34 Rn 36.
110 *K Schmidt/Keller* § 34 Rn 48.

beschlusses nach Abschn IX 4 Abs 1 Nr 9, Abs 3 MiZi ist die Geschäftsstelle des InsGer zuständig.[111]

d) Aufhebung eines Abweisungsbeschlusses. Wird ein Beschl aufgehoben, durch den das InsGer einen Eröffnungsantrag abgewiesen hatte, kann das LG selbst den Eröffnungs-Beschl erlassen; für diesen gelten dann die §§ 27–29. Der Umstand, dass dem Schu dann – nur – die Möglichkeit einer RechtsBeschw bleibt, hindert eine solche Entsch nicht.[112] Da das LG gem § 575 ZPO die Entsch nicht nur ganz, sondern auch teilweise dem AG übertragen darf, kann es auch allg die Eröffnung mit dem Inhalt des § 27 Abs 2 aussprechen, die erg Anordnungen – insb nach §§ 28 Abs 1, 29 – aber dem InsGer übertragen.[113] Zum Schutz der InsMasse sollte stets die sof Wirksamkeit eines AnordnungsBeschl ausgesprochen werden (§ 6 Abs 3 S 2); in der Angabe der Eröffnungsstunde gem § 27 Abs 2 Nr 3 liegt im Zweifel die Anordnung des sof Wirksamwerdens.[114] Für die Veröffentlichungen nach §§ 30–33 ist das InsGer zuständig[115] (so § 30 Rn 3). 32

Ist das EröffnungsVerf nicht entscheidungsreif und eine abschließende Entsch durch das LG nicht sachgerecht, kann die erneute Entsch nach § 572 Abs 3 ZPO iVm § 4 dem InsGer übertragen werden.[116] Zur Bindungswirkung eines solchen Beschl so Rn 30. 33

e) Kosten. Wird das Rechtsmittel in vollem Umfang zurückgewiesen, geht dies gem § 97 Abs 1 ZPO iVm § 4 auf **Kosten** des BeschwFührers. IÜ sind die §§ 91–93, 97 Abs 2 und 516 Abs 3 ZPO entspr anwendbar, insb also auch § 91a ZPO, wenn das Rechtsmittel erst aufgrund eines in der zweiten Instanz eingetretenen Ereignisses übereinstimmend für erledigt erklärt wird (wegen Erledigung durch Forderungserfüllung sa § 14 Rn 56 f).[117] Ist Erledigung eingetreten, kann ein zuvor erlassener EröffnungsBeschl in der BeschwEntsch deklaratorisch für künftig wirkungslos erklärt werden.[118] Legt der Schu gegen einen EröffnungsBeschl erfolglos Beschw ein, sind die Kosten ihm persönlich – nicht der InsMasse – aufzuerlegen.[119] Der Staatskasse dürfen die Kosten auch nach fehlerhaften erstinstanzlichen Entsch nicht auferlegt werden,[120] weil sie nicht Partei ist; äußerstenfalls können die Gerichtskosten gem § 8 GKG niedergeschlagen und andere Schäden im Wege der Amtshaftung ausgeglichen werden. 34

111 Jeweils aktuelle Fassung der MiZi s www.verwaltungsvorschriften-im-internet.de/ Teilliste Bundesministerium der Justiz; vgl im Einzelnen MK/*Schmahl/Busch* § 34 Rn 99 ff; FK/*Schmerbach* § 34 Rn 64 ff; *Uhlenbruck/Pape* § 34 Rn 28.

112 FK/*Schmerbach* § 34 Rn 57; MK/*Schmahl/Busch* § 34 Rn 53; aM *B/G/H/Goetsch* § 34 Rn 19.

113 *LG Potsdam* NZI 2002, 554 f; *LG Cottbus* ZIP 2001, 2188; *Uhlenbruck/Pape* § 34 Rn 26; *Graf-Schlicker/Kexel* § 34 Rn 17; FK/*Schmerbach* § 34 Rn 56; *Jaeger/Schilken* § 34 Rn 12; *K Schmidt/Keller* § 34 Rn 46; für sofortige Verwalterbestellung MK/*Schmahl/Busch* § 34 Rn 52; HambKomm/*Denkhaus* § 34 Rn 30.

114 *K Schmidt/Keller* § 34 Rn 47.

115 Vgl *Bley/Mohrbutter* § 19 Rn 13; *Uhlenbruck/Pape* § 34 Rn 26.

116 Vgl *LG Berlin* ZInsO 2002, 497; MK/*Schmahl/Busch* §§ 27–29 Rn 150; *Uhlenbruck/Pape* § 34 Rn 26f.

117 Vgl *LG Limburg* JurBüro 1987, 284 f; MK/*Schmahl/Busch* § 34 Rn 23; *K Schmidt/Keller* § 34 Rn 58.

118 *OLG Köln* NJW-RR 1994, 445 f; *Uhlenbruck/Pape* § 34 Rn 25, aM *OLG Bbg* ZInsO 1998, 139.

119 *OLG Celle* ZIP 2001, 619, 621; *K Schmidt/Keller* § 34 Rn 58.

120 *OLG Köln* ZInsO 2001, 1211; FK/*Schmerbach* § 34 Rn 55; MK/*Ganter/Lohmann* § 6 Rn 83; *K Schmidt/Keller* § 34 Rn 58; aM *LG Essen* ZInsO 2000, 47 f.

35 Die Gerichtsgebühr nach Nr 2370 KV-GKG fällt auch für erfolgreiche Beschw an. Streitwert – ggf vorl[121] –: § 58 Abs 3 GKG.[122] RA-Vergütungen: Nr 3500 VV-RVG.

IV. Rechtsbeschwerde

36 **a) Voraussetzungen.** Mit der RechtsBeschw (zu Einzelheiten so § 6 Rn 38 ff) anfechtbar kann grds jede **EndEntsch** des LG sein. Als anfechtbar kommt – nur für den jeweiligen Ast[123] – auch eine Zurückverweisung nach § 572 Abs 3 ZPO an das InsGer wegen der damit verbundenen Bindungswirkung (vgl § 6 Rn 33; so Rn 30, 33) in Betracht, soweit sich diese unmittelbar auf Eröffnungsvoraussetzungen erstreckt.[124] Dies ist nicht der Fall, wenn das InsGer einen Eröffnungsantrag nur mangels Glaubhaftmachung der Voraussetzungen nach § 14 Abs 1 abgewiesen und das LG diese Entsch aufgehoben hat; dann betrifft dessen Beschl allein die – für sich unanfechtbare – Zulassung des Eröffnungsantrags (vgl § 14 Rn 47) und entfaltet keine Bindungswirkung für die sachlichen Eröffnungsvoraussetzungen.[125]

37 Die RechtsBeschw ist nur statthaft, wenn dem **BeschwFührer** gegen eine erstinstanzliche Entsch gleichen Inhalts auch ein BeschwRecht zustehen würde.[126] Deshalb kann entspr § 34 Abs 1 idR nicht der Schu RechtsBeschw gegen die Aufhebung eines EröffnungsBeschl führen,[127] sofern sie nicht auf § 26 beruht. Umgekehrt kann entspr § 34 Abs 2 nur der Schu RechtsBeschw einlegen, wenn das LG einen Beschl aufhebt, durch den das InsGer einen Eröffnungsantrag als unzulässig oder unbegründet abgewiesen hatte.[128]

38 **Beschwert** kann stets nur ein Beteiligter des ErstBeschwVerf sein. Insb steht dem Schu nicht die RechtsBeschw gegen einen Beschl zu, mit dem das LG die sof Beschw einer nicht beschwerdeberechtigten Person gegen den EröffnungsBeschl als unzulässig verworfen hat.[129]

39 **b) Wiederaufnahme.** Wurde die BeschwFrist versäumt, kann gegen den EröffnungsBeschl – nur – unter den Voraussetzungen der §§ 569 Abs 1 S 3, 578 ff ZPO iVm § 4 Nichtigkeits- oder RestitutionsBeschw eingelegt werden.[130]

V. Wirksambleiben des Verwalterhandelns (Abs 3 S 3)

40 Wird ein **EröffnungsBeschl aufgehoben**, treten mit Rechtskraft oder angeordneter sof Wirksamkeit der aufhebenden Entsch (so Rn 29) ohne weiteres die mit der Eröffnung als solcher verbundenen privat- und öffentlichrechtlichen Folgen grds rückwirkend außer Kraft.[131] Insb lebt die Verfügungsmacht des InsSchu rückwirkend wieder auf.[132] Die verjährungshemmende Wirkung einer Forderungsanmeldung im InsVerf (§ 204 Abs 1 Nr 10 BGB) bleibt

---

121 Vgl *OLG Köln* NZI 2003, 231 f.
122 Vgl *OLG Celle* ZIP 2001, 619, 621.
123 *OLG Zweibrücken* Rpfleger 1991, 386; *Jaeger/Schilken* § 34 Rn 10; erg so Rn 2.
124 Vgl *OLG Düsseldorf* KTS 1978, 182.
125 Vgl *OLG Nürnberg* LZ 1922, 268 f.
126 *BGH* NZI 2006, 239; NZI 2009, 246.
127 *OLG Zweibrücken* NJW-RR 1992, 384.
128 *OLG Frankfurt* JW 1930, 2812.
129 *OLG Hamm* NJW 1968, 1147.
130 Vgl *BGH* ZIP 2007, 144 f; *LG Münster* NZI 2001, 485 f; *Jaeger/Schilken* § 34 Rn 7.
131 MK/*Schmahl/Busch* § 34 Rn 87 ff; *Uhlenbruck/Pape* § 34 Rn 30; *Jaeger/Schilken* § 34 Rn 28; *Graf-Schlicker/Kexel* § 34 Rn 40.
132 *Jaeger/Schilken* § 34 Rn 29; *K Schmidt/Keller* § 34 Rn 54.

aber bestehen;[133] die Unterbrechung eines Prozesses gem § 240 S 1 ZPO wird nicht rückwirkend beseitigt.[134]

Abs 3 S 3 lässt die Rechtshandlungen des **InsVerw,** der zunächst wirksam bestellt war, dessen Bestellung aber nachträglich beseitigt wurde, rechtswirksam bleiben; dasselbe gilt für ihm gegenüber vorgenommene Rechtshandlungen. Dementsprechend wirken von ihm abgeschlossene Verträge – vorbehaltlich allg Beendigungsmöglichkeiten – auch gegenüber dem InsSchu.[135] Vom Verwalter ausgesprochene Kündigungen und andere rechtsgestaltende Handlungen bleiben wirksam.[136] Bei kollidierenden Verfügungen des InsVerw und des Schu gehen die des Verwalters vor; bei kollidierenden Verpflichtungen bleiben beide gültig.[137] Allerdings wird der Verwalter sich in der Zeit zwischen Bekanntmachung und Wirksamwerden der aufhebenden BeschwEntsch auf notwendige Verwaltungsmaßnahmen beschränken müssen, um eine Haftung gem § 60 zu vermeiden.[138] Abs 3 S 3 gilt nicht, wenn die Bestellung des InsVerw von vornherein nichtig war.[139] **41**

Der InsVerw hat vor Beendigung seiner Verfügungsbefugnis die von ihm begründeten Masseverbindlichkeiten aus der InsMasse zu erfüllen;[140] § 25 Abs 2 ist entspr anzuwenden.[141] Das BeschwGer hat deshalb den InsVerw rechtzeitig vor dem Wirksamwerden der Aufhebung von dieser zu unterrichten (so Rn 31).[142] Der Ast hat die Kosten für den InsVerw nicht zu erstatten (so Rn 29). **42**

Abs 3 S 3 schützt nur das Vertrauen in die Rechtsstellung gerade des InsVerw, nicht aber in die allg Wirkungen einer InsEröffnung. Insb greifen weder die Kündigungssperre des § 112 noch das Verfügungsverbot nach § 110 ein, wenn der EröffnungsBeschl rückwirkend aufgehoben wird; derartige Eingriffe in Vertragsrechte werden allein durch eine wirksame InsEröffnung gerechtfertigt. Dementsprechend kann zwar der Vertragspartner des InsSchu ein allg Kündigungsrecht wirksam gegenüber dem InsVerw ausüben, nicht aber ein bes Rücktrittsrecht zB gem § 109 Abs 2 S 1 beanspruchen.[143] **43**

Abs 3 S 3 ist entspr anzuwenden, wenn das InsGer noch im EröffnungsVerf eine vorl InsVerwaltung aufhebt (so § 25 Rn 3).[144] **44**

---

133 *OLG Celle* NJW 1959, 941; MK/*Grothe* BGB § 204 Rn 50.
134 MK/*Gehrlein* ZPO § 240 Rn 9.
135 Vgl *Uhlenbruck/Pape* § 34 Rn 31; *Graf-Schlicker/Kexel* § 34 Rn 42.
136 *RAG* JW 1938, 2239 f; vgl *Jaeger/Schilken* § 34 Rn 33; *Uhlenbruck/Pape* § 34 Rn 31.
137 MK/*Schmahl/Busch* § 34 Rn 96 ff; *Uhlenbruck/Pape* § 34 Rn 32; HambKomm/*Denkhaus* § 34 Rn 19; *Jaeger/Schilken* § 34 Rn 34; *K Schmidt/Keller* § 34 Rn 55.
138 *Braun/Herzig* § 34 Rn 31 f; vgl *Jaeger/Schilken* § 34 Rn 38; HambKomm/*Denkhaus* § 34 Rn 23; erg so § 22 Rn 38 zu Haftungsfolgen.
139 Vgl *BGHZ* 137, 56 f.
140 *RGZ* 36, 94 f; *K Schmidt/Keller* § 34 Rn 52.
141 *K/P/B/Pape* § 25 Rn 14; FK/*Schmerbach* § 34 Rn 70; MK/*Schmahl/Busch* § 34 Rn 106 ff; *Braun/Herzig* § 34 Rn 33; *Jaeger/Schilken* § 34 Rn 36 f; einschr HambKomm/*Denkhaus* § 34 Rn 23.
142 Vgl *K/P/B/Pape* § 34 Rn 84.
143 Vgl *OLG München* JW 1931, 2157.
144 Vgl MK/*Schmahl/Busch* § 34 Rn 98; *Uhlenbruck/Pape* § 34 Rn 31; *K/P/B/Pape* § 34 Rn 87; *Jaeger/Schilken* § 34 Rn 35; erg so § 25 Rn 3.

Zweiter Abschnitt
Insolvenzmasse.
Einteilung der Gläubiger

§ 35 Begriff der Insolvenzmasse

(1) Das Insolvenzverfahren erfasst das gesamte Vermögen, das dem Schuldner zur Zeit der Eröffnung des Verfahrens gehört und das er während des Verfahrens erlangt (Insolvenzmasse).

(2) [1]Übt der Schuldner eine selbstständige Tätigkeit aus oder beabsichtigt er, demnächst eine solche Tätigkeit auszuüben, hat der Insolvenzverwalter ihm gegenüber zu erklären, ob Vermögen aus der selbstständigen Tätigkeit zur Insolvenzmasse gehört und ob Ansprüche aus dieser Tätigkeit im Insolvenzverfahren geltend gemacht werden können. [2]§ 295 Absatz 2 gilt entsprechend. [3]Auf Antrag des Gläubigerausschusses oder, wenn ein solcher nicht bestellt ist, der Gläubigerversammlung ordnet das Insolvenzgericht die Unwirksamkeit der Erklärung an.

(3) [1]Die Erklärung des Insolvenzverwalters ist dem Gericht gegenüber anzuzeigen. [2]Das Gericht hat die Erklärung und den Beschluss über ihre Unwirksamkeit öffentlich bekannt zu machen.

Übersicht

I. Normzweck

1 Die Norm regelt mit ihren jeweiligen Verknüpfungen den maßgeblichen Umfang des den Gl haftungsrechtlich zugewiesenen Sondervermögens (sog **Sollmasse**). Abs 1 steht in direkter Verbindung zu § 80. Sofern das Gesetz nicht ausnahmsweise anderes bestimmt bzw der InsVerw sich abw erklärt, unterliegen sowohl das am Eröffnungsstichtag pfändbare Altvermögen als auch der *anschließend* neue Vermögenszuwachs der **Abwicklung im InsVerf** und einer sich darauf erstreckenden **Verfügungsmacht des InsVerw**. § 35 Abs 1 erfasst bei natürl Personen stets das gesamte pfändbare Vermögen, beruflich wie privat.

Gesetzlich wird die Reichweite des InsBeschlages vor allem durch §§ 36, 37 und entspr enumerative Querverweise in die VollstrNormen der ZPO konkretisiert. Erg Bestimmungen finden sich zB in §§ 49 f, wonach dinglich absonderungsbelastete Gegenstände der InsMasse zugehören. Ebenso zählen hierher die Rückgewähransprüche des § 143. Keine InsMasse bildet dagegen Aussonderungsgut gem § 47. 2

Abs 2 ist Ausprägung des allg Grundsatzes, dass es – vor allem bei InsVerf natürl Personen – als weiteres Sondervermögen eine **insolvenzfreie Masse** geben kann. Dazu zählen nicht nur Vermögenswerte, die schon anfänglich gesetzlich unpfändbar waren; der Verwalter darf vielmehr über die zunächst vorgefundene **Ist-Masse** in sachgerechter Ermessensausübung disponieren und daraus unrentable Vermögenswerte an den Schu freigeben. Über die insolvenzfreie Masse verfügt der Schu allein.[1] 3

Während aktiv die sog Neumasse vom InsBeschlag mit umfasst ist, nehmen auf der Passivseite Neuverbindlichkeiten, die erst nach der InsEröffnung entstehen und keinen Sonderstatus als Masseverbindlichkeit gem §§ 53 ff genießen, am laufenden Verf nicht teil. Sie unterliegen dortiger RSB nicht; für sie haftet der Schu weiterhin allein mit insolvenzfreiem Vermögen.[2] 4

Die Norm verändert nicht die dingliche Rechtslage, insb nicht die Eigentümer- oder Inhaberstellung; „Rechtsträger" bleibt immer der Schu.[3] Hinsichtlich der Massegegenstände werden dem InsVerw ausschließlich für die Dauer und Zwecke des InsVerf bestimmte Ausübungskompetenzen und Amtspflichten zugewiesen. Die InsMasse ist nicht selbst rechtsfähig; sie ist nicht Rechtssubjekt, sondern nur Rechtsobjekt.[4] 5

II. Anwendungsbereich

Die Norm gilt grds in allen Verfahrensarten. Nach dem **Universalitätsprinzip** wird zugleich das im Ausland belegene SchuVermögen massezugehörig,[5] sofern nicht dortige (Kollisions)-Normen vorrangig Abw bestimmen.[6] Daneben kann es – mit mehreren jeweils getrennten InsMassen[7] – sog **Parallel- oder SonderInsVerf** geben, zB selbstständige oder unselbstständige TerritorialVerf; sie beschränken sich auf das Hoheitsgebiet des jeweiligen Staates. Falls sie ein ausländisches HauptInsVerf voraussetzen und diesem untergeordnet sind, spricht man von **SekundärInsVerf** (vgl § 356; Art 3 Abs 2, Art 27 EuInsVO). Ansonsten bezeichnet 6

1 Das betrifft zB auch Arbeitsverträge des Schu in der VerbraucherIns, s *BAG* ZInsO 2013, 1806.

2 Vgl für Regressforderungen, die Vertragsärzte während des schon laufenden InsVerf auslösen, *BSG* ZInsO 2015, 2094, 2096 sowie *LSG Essen* ZInsO 2013, 2383, 2384 f.

3 HK-InsO/*Kayser* § 80 Rn 19; *Uhlenbruck/Mock* § 80 Rn 11 f.

4 HambKomm/*Lüdtke* § 35 Rn 5.

5 Davon zu unterscheiden ist die Frage, dass zur rechtl Durchsetzung/Vollstr vor Ort (zB Realisierung des Pfandbeschlages) idR lokales Recht gilt (Territorialprinzip); vgl auch *BGH* ZIP 2013, 374 Rn 17.

6 ZB Schweiz: hier entfaltet das im Ausland ergangene Konkursdekret ohne zusätzl Anerkennung durch ein schweizer Gericht gem Art 166 ff IPRG keinerlei Wirkung. Ein besonderes „*Mini*"-*Insolvenzverfahren* oder Sekundärverfahren ist einzuleiten.

7 S zur gesellschafts- und haftungsrechtlich nötigen Trennung von Vermögensmassen Erster Bericht d Kommission für Insolvenzrecht, 1985, S 291 f sowie Erl der BReg im Entw eines neuen KonzernInsR, ZIP-Beil Heft 37/2013, S 2 rSp. Der BGH verzichtet weitgehend auf materielle Aspekte und definiert die Masse in erster Linie verfahrensspezifisch anhand einzelner Gerichtsakten; darauf beschränke sich die Reichweite v § 80 (zum Gesellschaftsrecht etwa NZI 2009, 841 Rn 12, 14 mit Anm *Ries* 844; zu Vergütungs- und Anfechtungsfragen ZIP 2008, 2371 und 2012, 333 Rn 12). Zu Aktenführung und Fragen der Verfahrensverbindung *Holzer* NZI 2007, 432.

man selbstständige TerritorialVerf als sog **PartikularVerf**;[8] zu ihrer Legitimation bedarf es entweder einer Niederlassung (s Art 3 Abs 2 EuInsVO) oder im Inland belegenen Vermögens bei gleichzeitig besonders qualifiziertem EröffInteresse (vgl § 354 Abs 2).

7 Ferner gibt es voneinander getrennte InsMassen bei **Parallelinsolvenz von Gesellschaft und persönl haftendem Gesellschafter**[9] sowie in Fällen, in denen dem Schu in einem ersten InsVerf die berufl Selbstständigkeit freigegeben wurde, er aber anschließend seine persönlichen Neuverpflichtungen nicht erfüllt und deshalb ein **zweites InsVerf** eröffnet wird.[10] Ähnlich wird in der **NachlassIns** eine zusätzliche Abgrenzung des Nachlasses vom persönlichen (Sonder)Vermögen des Erben notwendig.[11] Dazu und zu weiteren Besonderheiten bei Vorerbschaft und Testamentsvollstreckung s § 83 Rn 9 und 16. Zum Fall der **SonderInsVerw**, etwa der Durchsetzung einzelner, bestimmter Haftungsansprüche, s Erl zu § 92 Rn 56 f.

III. Das beschlagnahmte Vermögen

8 **1. Dingliche Rechte.** Zur **Masse** gehören alle der Vollstreckung unterliegenden **dinglichen Berechtigungen** des Schu, also die in seinem Eigentum stehenden Grundstücke, grundstücksgleichen Rechte, an solchen bestehende Bruchteilsberechtigungen und Anteile (dazu § 84), Schiffe, Schiffsbauwerke sowie bewegliche Sachen und alle sonstigen verfügbaren Rechte, es sei denn, sie sind höchstpersönlich (zB Namensrecht des natürlichen Schu; spezifische Familienrechte wie Ehescheidung und Hausratteilung; allg und besondere Persönlichkeitsrechte, etwa das Recht am eigenen Bild) oder sonst von der Zwangsvollstreckung nicht erfasst (§ 36 Abs 1 S 1). „Eigentum" beinhaltet das Recht vollumfänglicher **Nutzung** zugunsten der Masse; deshalb muss Schu für weiteren Gebrauch eigener Immobilien gem § 812 Abs 1 S 1 BGB Nutzungsentschädigung an den Verw leisten.[12] Bei der „**Arbeitskraft**" ist zu unterscheiden: sie ist zwar nicht selbst direkt massebefangen, ihre wirtschaftlichen Erträge (zB das „Arbeitseinkommen",[13] ferner „Abfindungen" aus Kündigungsschutzprozessen[14] und dergleichen mehr) sind es aber durchaus (vgl Rn 22 und 38). Im Einzelnen gilt:

9 **a)** Bereits das **Anwartschaftsrecht** auf Erwerb von Eigentum – sei es an beweglichen Sachen, sei es an Grundstücken – bzw dasjenige auf Erwerb von Forderungen und sonstige Rechte[15] ist ein pfändbarer Vermögenswert. Das ist zB praktisch bedeutsam für alle aufschiebend bedingten Rückgewähransprüche nach Darlehnstilgung bei Sicherungsübereignung, Sicherungsgrundpfandrechten und Sicherungszession; die Rückgewähransprüche sind von Anbeginn massezugehörig, es sei denn, sie wurden ihrerseits insolvenzfest zediert.[16]

10 **b)** Bei der eigennützigen **Sicherungstreuhand** hat der Sicherungsgeber ihm wirtschaftlich zugeordnetes Vermögen (iaR zur Kreditsicherung) auf einen Sicherungsnehmer übertragen,

---

8 MK/*Reinhart* Vorb §§ 335 ff Rn 28 f.

9 *BGH* NZI 2009, 841 Rn 12 ff mit Anm *Ries* 844.

10 *BGH* ZIP 2011, 1326; ZIP 2012, 533 Rn 28.

11 Beachte ferner: Nach Überleitung einer Regel- oder Verbraucherinsolvenz in eine Nachlassinsolvenz gehört mit *BGH* ZInsO 2014, 40 Rn 13 und *OLG München* ZInsO 2014 1343, 1344 (jeweils mwN) nur das zwischen der Eröffnung des InsVerf und dem Erbfall pfändbar gewesene Vermögen des Erblassers zur Masse; umgekehrt werden die erst mit Erbfall entstehenden Verbindlichkeiten nicht nachträglich zu InsFord. Es bleibt also wie in den Freigabefällen des § 35 Abs 2 bei der strikten Trennung v (Sonder)Vermögensmassen.

12 *BGH* 19.11.2015 – IX ZB 59/14 Rn 8.

13 Stellvertretend *BAG* ZIP 2014, 692 Rn 9.

14 *BAG* ZIP 2014, 1938.

15 S etwa *BGH* ZIP 2015, 694 zur Massebezogenheit verbindlicher Angebote, die an den Schu zum Erwerb gesellschaftsrechtlicher Geschäftsanteile gerichtet werden.

16 *BGH* ZIP 2011, 2364 Rn 12 f; ZIP 2012, 2214 Rn 15 f.

nutzt es jedoch regelmäßig für eigene Zwecke weiter (klassischer Fall: Sicherungsübereignung oder –zession). Hier kann der Schu nach dem Sicherungsvertrag regelmäßig das Sicherungsgut gegen Zahlung der Verbindlichkeit auslösen. Deshalb rechnet es § 51 Nr 1 in der **Ins des Sicherungsgebers** der InsMasse zu. Der Sicherungsnehmer besitzt nur ein AbsonderungsR; die Verwertungsbefugnisse regeln spezialgesetzlich §§ 166 ff. In der **Ins des Sicherungsnehmers** behält dagegen der Sicherungsgeber ein AussonderungsR.[17]

Bei Vermögensübertragung zum Zwecke der Verwaltung (sog fremdnützige **Verwaltungstreuhand**) kann der Treugeber in der **Ins des Treuhänders** nur dann aussondern, wenn das Treugut (etwa durch entsprechend beschränkte Ausübungsbefugnisse des Treuhänders) wertungsmäßig und haftungsrechtlich noch seiner Steuerungsmacht zugeordnet blieb; die besondere Treuhandbindung muss nachvollziehbar sein.[18] Treuhandkonten müssen als solche offen ausgewiesen oder sonst nachweisbar ausschließlich zur Aufnahme von treuhänderisch gebundenen – ggf auch von dritter Seite eingezahlten – Fremdgeldern bestimmt sein;[19] jegliche andere Art von Vermischung ist im Zweifel schädlich. Behandelt der Treuhänder absprachewidrig die auf ein Treuhandkonto eingezahlten Fremdgelder als eigenes Vermögen, ist ein verbliebenes Restguthaben nicht aussonderungsfähig.[20] In der **Ins des Treugebers** sind §§ 115, 116 einschlägig; es entsteht ein Abwicklungsverhältnis und der Treuhänder hat das Erlangte gem §§ 667, 675 BGB zur Masse herauszugeben. 11

Bei der sog **unechten Treuhand** erlangt der Treuhänder die Verfügungsmacht nicht unmittelbar vom Treugeber, sondern von einem Dritten oder nur indirekt aus Mitteln des Treugebers.[21] Insofern gelten nach neuerer Rspr die in Rn 11 dargestellten Grundsätze mittlerweile entsprechend, etwa bei Zahlungen Dritter auf Veranlassung des Treugebers oder bei Einzahlung bar empfangener Gelder durch den Treuhänder.[19] Besonderes gilt aber für sog **Anderkonten.**[22] Sie sind offene Vollrechtstreuhandkonten, aus denen ausschließlich der das Konto eröffnende Berufsträger der Bank gegenüber persönlich berechtigt und verpflichtet ist.[23] Führt sie der InsVerw, werden darauf lagernde Guthaben nicht InsMasse; zur Überführung in die Masse ist ein spezielles Sonderkonto einzurichten.[24] 12

c) Das **Erbbaurecht** ist grundstücksgleiches Recht (§ 864 Abs 1 ZPO) und gehört in der **Ins des Erbbauberechtigten** zur Masse.[25] Das ist gem § 32 Abs 1 Nr 2 im Erbbaugrundbuch zu vermerken. Eine Veräußerungsbeschränkung nach § 5 ErbbauRG wirkt dinglich und bindet den Verwalter (§§ 6, 8 ErbbauRG);[26] dieser kann den Zustimmungsanspruch gem § 7 ErbbauRG durchsetzen.[27] Ist das Erbbaurecht durch Zeitablauf erloschen, kann es der Grundstückseigentümer nur dann grundbuchberichtigend löschen lassen, wenn er gleichzeitig die 13

---

17 *Uhlenbruck/Brinkmann* § 47 Rn 55, 58; *Jaeger-Henckel* § 51 Rn 8.
18 *RGZ* 94, 305, 307; *BGH* ZIP 1993, 213, 214; *BGH* ZIP 1998, 655; *BGHZ* 156, 350, 360 = ZIP 2003, 2307, 2310 f; ZIP 2011, 777 Rn 13 mit übersichtlicher Darstellung der RsprEntwicklung.
19 *BGH* ZIP 2011, 777 Rn 13 (Phoenix).
20 *BGH* ZIP 2011, 777 Rn 16 (Phoenix).
21 Vgl *Heidner* DStR 1989, 276.
22 *BGHZ* 11, 37 = NJW 1954, 190.
23 *BGH* ZIP 1995, 225 sub II 1.
24 *BGH* ZIP 2007, 827 und 2279; ZIP 2009, 531; ZIP 2011, 1220; dazu ausf *Ries* NZI 2011, 587.
25 Ausf zu den unterschiedlichen Konstellationen *Meyer* NZI 2007, 487. §§ 103, 108 sind nach *BGH* ZIP 2005, 2267 nicht einschlägig.
26 Gilt nach *Gottwald/Eickmann* § 31 Rn 117, *Erman/Grziwotz* § 8 ErbbauRG Rn 3 auch bei der Verwalterversteigerung gem §§ 172 ff ZVG. § 8 ErbbauRG sperrt iÜ nur „Verfügungen" (insofern § 80 Abs 2 verdrängend); schuldrechtliche Verträge als solche sind wirksam, s *Meyer* NZI 2007, 487, 488.
27 *BGH* NJW 1960, 2093; *OLG Hamm* Rpfleger 1967, 415.

Entschädigungsforderung des Erbbauberechtigten für den Eigentumsverlust am Bauwerk zur Eintragung bringt.[28] Überlässt der InsVerw das Erbbaurecht einem Dritten zur Nutzung, liegt darin keine „Verwertung"; schon deshalb erwächst wegen dinglicher Erbbauzinsen und Grundsteuern kein Absonderungsrecht an der Nutzungsentschädigung.[29] Der Grundstückseigentümer erwirbt darüber hinaus im Fall freihändiger Veräußerung des Erbbaurechts keine Absonderungsbefugnis am Erlös, wenn das Erbbaurecht und mit ihm die dingliche Haftung nach der Veräußerung fortbestehen.[30] Erbbauzinsforderungen des Grundstückseigentümers stehen sämtlich im Rang des § 38; sie begründen auch für die Zeit nach InsEröffnung keine Masseverbindlichkeiten iSv § 55.[31] Für den sog Heimfall besteht – vorbehaltlich seiner grundbuchlichen Absicherung – ein Aussonderungsanspruch des Grundstückseigentümers nach § 47, zu erfüllen durch Erbbaurechts(rück)übertragung.[32]

14 In der **Ins des Grundstückseigentümer**s kann der InsVerw das Grundstück verkaufen oder versteigern; der Erwerber tritt kraft Gesetzes in die gesamte Erbbaurechtsbeziehung ein und erwirbt insb den Anspruch auf Erbbauzins.[33] Insolvenzfest ist das Vorrecht auf Erneuerung des Erbbaurechts, welches gem § 31 Abs 4 S 1 ErbbauRG wie eine Vormerkung wirkt.[34] **Heimfallansprüche**[35] und der Anspruch auf den **Erbbauzins** sind massezugehörig. Soweit sie subjektiv-dinglicher Natur sind (Heimfall, laufender Erbbauzins), können sie nur zusammen mit dem Grundstück verwertet werden. Eine Vereinbarung, die den Heimfallanspruch allein schon durch InsEröffnung im Vermögen des Erbbauberechtigten (bzw Verfahrensnichteröffnung gem § 26) auslöst, ist wirksam; dem steht insb § 119 nicht entgegen.[36]

15 **d)** Auch andere beschränkt dingliche Rechte, die an einer Sache nur bestimmte Teilberechtigungen gewähren (zB Grunddienstbarkeiten und beschränkt persönliche **Dienstbarkeiten** (§§ 1018 ff, 1090 ff BGB), **Nießbrauch** (§§ 1030 ff, 1068 ff BGB), **Wohnungsrechte** (§ 1093 BGB), dingliche **Vorkaufsrechte** und dingliche Wiederkaufsrechte, **Grundpfandrechte** wie Reallast, Hypothek, Grundschuld und Rentenschuld (§§ 1105 ff, 1113 ff, 1191 ff, 1199 ff BGB) sowie **Pfandrechte** an beweglichen Sachen, zählen zur InsMasse, soweit sie pfändbar sind. Vgl insb § 36 Rn 32, 40, 48, 50.

16 **e) Bewegliche Sachen** sind massezugehörig, soweit sie pfändbar sind; s dazu § 36 Rn 13 ff. Außerdem sind die in § 36 Abs 2 besonders erwähnten Gegenstände – obwohl eigentlich unpfändbar – wegen ihrer Notwendigkeit für eine geordnete InsAbwicklung Massebestandteil.

---

28 *BGH* NJW-RR 2013, 1102.

29 *OLG Düsseldorf* DZWiR 2002, 124.

30 *BGH* ZIP 2010, 791: kraft dinglicher Surrogation tritt der Verwertungserlös nur an die Stelle eines *erloschenen* dinglichen Rechts (zu diesem Teilaspekt noch anders *OLG Düsseldorf* DZWiR 2002, 124). Der InsVerw schuldet dem Käufer aber regelmäßig kaufvertragliche Lastenfreiheit (vgl §§ 435, 446 BGB). Dann muss er praktisch doch zur Vertragserfüllung rückständige Belastungen ablösen, es sei denn, der Käufer übernimmt sie.

31 *BGH* ZIP 2005, 2267: gem § 9 Abs 1 S 1 ErbbauRG hat der Berechtigte den Erbbauzins zwar ratierlich, aber für den einmaligen Bestellungsakt des Erbbaurechts und nicht als laufendes Entgelt für andauernde Grundstücksnutzung zu entrichten. Beachte ferner *BGH* ZIP 2010, 791: Absonderungsbefugnis kraft dinglicher Surrogation nur, wenn das Erbbaurecht durch Verwertung erlischt.

32 *BGH* ZIP 2007, 1120 Rn 8; *Jaeger/Henckel* § 47 Rn 12; MK/*Ganter* § 47 Rn 331.

33 Nähere Einzelheiten bei *Meyer* NZI 2007, 487, 491.

34 *K/P/B/Tintelnot* § 106 Rn 9.

35 Nach § 3 ErbbauRG als wesentlicher Grundstücksbestandteil nicht isoliert übertrag-, pfänd- oder verpfändbar; zudem finden sich Sonderregelungen in §§ 6 Abs 2, 9 Abs 4 ErbbauRG.

36 *BGH* ZIP 2007, 1120.

17 **2. Immaterialgüterrechte.** Zur Masse gehören die **Immaterialgüterrechte (**Ideen, Erfindungen, Konzepte, geistige Werke und Informationen), soweit nicht gesetzlich anders geregelt; etwa das **Patent** oder eine patentfähige Erfindung, sobald eine Verwertungsabsicht des Erfinders erkennbar ist.[37] Ferner sog **Geschäftsgeheimnisse** und ebenso die ausschließliche **Lizenz.**[38] Das Urheberrecht an **Mustern** und **Modellen** iSv § 1 DesignG ist frei übertragbar und damit massezugehörig (§§ 29, 30 Abs 3 DesignG); dasselbe gilt für das **Markenschutzrecht** nach § 1 MarkenG, vgl § 29 Abs 3 MarkenG. Nach dem UrhG geschützte Rechte an Werken der **Literatur, Wissenschaft und Kunst** (§ 2 UrhG) sind massezugehörig, soweit sie nach §§ 113–118 UrhG der Zwangsvollstreckung unterliegen. Vgl die entspr Erl zu § 36.

18 Datenträger mit **Computersoftware** sind wie bewegliche Sachen gem §§ 802 ff ZPO pfändbar;[39] die Software selbst ist urheberrechtlich geschützt (§ 2 Abs 1 Nr 1, §§ 69a ff UrhG). Sie fällt in der Ins des Entwicklers bzw Lizenzgebers in die Masse. Der InsVerw kann gem § 103 den Nutzungsvertrag (**Lizenzvertrag**) mit dem Nutzungsberechtigten außer Vollzug setzen; sodann wäre dem Vertragspartner die weitere Nutzung untersagt und ihm stünde nur noch eine Schadenersatzforderung wegen Nichterfüllung gem § 103 Abs 2 als einfache InsFord zu.[40] Wegen daraus für Nutzer und nachfolgende Sublizenzen drohender erheblicher Gefahren wollte die BReg bei Ins des Lizenzgebers die Nutzungsrechte der Lizenznehmer über eine gesetzliche Sonderregelung (§ 108a ReG-E)[41] fortbestehen lassen; das hat der Gesetzgeber jedoch bisher nicht umgesetzt. Nach Ansicht des BGH[42] führt ein Rückfall der Hauptlizenz (§ 41 UrhG) nicht zur Beendigung der Unterlizenz. Wählt bei Ins des Hauptlizenznehmers der InsVerw Nichterfüllung des Hauptlizenzvertrages und parallel Erfüllung des Unterlizenzvertrages, kann der Hauptlizenzgeber von der Masse Abtretung der Ansprüche auf Unterlizenzvergütung fordern, § 812 Abs 1 S 1 Alt 2 BGB, § 55 Abs 1 Nr 3.[43]

19 **3. Forderungsrechte.** Zur Masse gehören **Forderungsrechte** des Schu, soweit sie pfändbar sind (s dazu Erl zu § 36), und zwar brutto inkl USt, soweit eine solche angefallen ist und ordnungsgemäß berechnet wurde (vgl § 14 UStG).[44]

20 **a)** Pfändbare Ansprüche aus **Versicherungsverträgen**, auch Kündigungs-, Rückkauf- und Widerrufsrechte, gehören zur Masse, soweit sie der Dispositionsmacht des Schu unterliegen.[45] Dies gilt in der Ins des Versicherungsnehmers und in der NachlassIns zB nicht für Lebensversicherungen mit bereits unwiderruflich eingeräumter **Drittbegünstigung**; hier kann der Drittbegünstigte ggf nach § 47 aussondern. Ebenso wenig kann der Verw in dem InsVerf eines

---

37 *BGHZ* 16, 172 = NJW 1955, 628.

38 Vgl *Jaeger/Henckel* § 35 Rn 62.

39 *Paulus* ZIP 1996, 2, 3; MK/*Lwowski* § 35 Rn 160; *Uhlenbruck/Hirte* § 35 Rn 151; **aA** *Müller/Hengstenberg* NJW 1994, 3128.

40 Näheres bei *Bullinger/Hermes* NZI 2012, 492; *Hirte* ZInsO 2013, 1770. Interessant auch *BGHZ* 180, 344 = NJW-RR 2010, 186 Rn 19 f (Reifen Progressiv): Das Nutzungsrecht wirkt „dinglich"; seine Einräumung ist übertragende „Verfügung" über ein Rechtsgut.

41 BT-Drucks 16/7416 v 5.12.2007, 24, 29 f; später modifiziert im Ref-E des BMJ v 23.1.2012 zum „Gesetz zur Verkürzung des Restschuldbefreiungsverfahrens, zur Stärkung der Gläubigerrechte und zur Insolvenzfestigkeit von Lizenzen", ZInsO 2012, 69.

42 *BGH* ZIP 2012, 1561 Rn 21 ff (M2Trade); ZIP 2012, 1671 Rn 14 ff (Take Five); Stichwort „Sukzessionsschutz".

43 *BGH* ZIP 2012, 1561 Rn 26.

44 Die USt ist echter Massebestandteil und nicht nur durchlaufender Fremdgeldposten. Auf der Passivseite sind die Ansprüche des Finanzamtes eigenständig in die Rangordnung der Masseschulden nach §§ 55, 209 einzubringen; s *BGH* ZInsO 2010, 2252.

45 Dazu *BGH* ZIP 2012, 638, wenn der Schu nach Sicherungsabtretung und Forderungspfändung schon vor der InsEröffnung nicht mehr über die Lebensversicherung verfügen kann.

Schu, dessen Direktversicherung dem **Altersvorsorgeschutz** nach § 2 Abs 2 S 4 und 5 BetrAVG unterfällt, den angesparten Rückkaufswert zur Masse ziehen.[46] Entscheidend ist jeweils die versicherungsrechtliche Lage. Ist die Drittbegünstigung widerruflich und erklärt der InsVerw den Widerruf, fallen die Ansprüche in die Masse;[47] um sie zu realisieren, muss der InsVerw den Lebensversicherungsvertrag zugleich kündigen.[48] Insolvenzfrei sind Ansprüche aus der Versicherung von **Gegenständen,** die ihrerseits **nicht massezugehörig** sind;[49] § 17 VVG wirkt nicht zugunsten der gesamten GlGemeinschaft. Außerdem sind die nur **bedingte Pfändbarkeit** von Ansprüchen aus privaten Kranken-, Lebens- und Unfallversicherungen gem § 850b Abs 1 Nr 4 ZPO bzw die Pfändungseinschränkungen zur privaten und betrieblichen Altersvorsorge gem §§ 850 Abs 3b, 851c, 851d ZPO zu beachten.[50] Besteht bei der Gebäude-**Feuerversicherung** eine sog Wiederaufbauklausel, so fällt der Anspruch zwar gem § 1130 BGB in die Masse, der Verwalter ist jedoch gem § 93 VVG an die Zweckbestimmung gebunden.[51] In Haftpflichtfällen steht dem Geschädigten in der Ins des Schädigers nach **§ 110 VVG** ein **Absonderungsrecht** an dem Freistellungsanspruch des Schu zu. Insofern kann der Dritte unmittelbar auf Zahlung gegen den InsVerw klagen, beschränkt auf die Leistung aus der Versicherungsforderung, ohne dass es des Umwegs über das insolvenzrechtliche Anmeldungs- und Prüfungsverfahren bedarf.[52]

21 **b)** Der **Rückgewähranspruch des Sicherungsgebers** gegen den Sicherungsnehmer nach Forderungstilgung gehört zur Masse (zB bei Sicherungsübereignung beweglicher Sachen, Sicherungsabtretung von Forderungen oder sonstigen Rechten; des Grundstückseigentümers gegen den GrundschuldGl usw), es sei denn, der Schu hatte ihn seinerseits schon insolvenzfest zediert (vgl Rn 9). Insofern begründet die **(Sicherungs)Abtretung** speziell des Rückgewähranspruchs an nachrangige Gl gem § 51 Nr 1 ein Absonderungsrecht, welches aber auflösend bedingt durch eine Revalutierung wieder vernichtet wird, vgl § 158 Abs 2 BGB, § 91.[53] Die **vertraglich** begründete Absonderungsposition des Zessionars bleibt nur dann insolvenzfest, wenn die ursprüngliche Sicherheit mit enger Zweckbestimmung allein eine bestimmte Verbindlichkeit sicherte, die schon vor InsEröffnung vollständig getilgt war, oder sofern anderweitig deren Sicherungszweck schon endgültig nicht mehr bestand – dh die Sicherheit jeweils wieder „frei" war.[54] Demgegenüber soll nach neuerer BGH-Rspr der **gesetzliche**, bei Vereinigung von Eigentum und GrundpfandR zugunsten des NachrangGl vormerkungsgleich wirkende **Löschungsanspruch** gem **§§ 1179a, 1179b BGB** sogar ohne Revalutierungsverzicht insolvenzfest sein.[55]

---

46 *BGH* ZIP 2014, 86.

47 *BAG* ZIP 2012, 2269 Rn 13 ff; ZIP 2012, 1678 Rn 28 ff; *BGH* ZIP 2012, 636 Rn 10. Zu gespaltenem Bezugsrecht mit unwiderruflicher Begünstigung nur auf den Todesfall s *BGH* ZIP 2012, 2409 Rn 12 f und *Janca* ZInsO 2007, 982. Zur Verwertung an den Gesellschafter-Geschäftsführer verpfändeter Rückdeckungsversicherung mit widerruflichem Bezugsrecht in der Ins der Gesellschaft *BGH* ZIP 2005, 909.

48 *BGH* ZIP 2012, 34.

49 *Jaeger/Henckel* § 36 Rn 14 und 21.

50 Jenseits dieser Normen genießen insb *Kapital*versicherungen keinen weitergehenden Pfändungsschutz.

51 So schon zur früheren Rechtslage *RGZ* 95, 207, 208; *BGH* ZIP 1994, 142 sub II 3 b; ausf *Jaeger/Henckel* § 36 Rn 24. Aktuell zu § 93 VVG nF *Uhlenbruck/Hirte* § 35 Rn 223.

52 Dazu *BGH* ZIP 2013, 1742 und *Thole* NZI 2011, 41; jeweils auch zu Fragen der Prozessaufnahme.

53 Wegen § 91 aber kein Absonderungsrecht, wenn erst nach InsEröffnung die aufschiebende Rechtsbedingung der Tilgung eintritt.

54 *BGH* ZIP 2011, 2364 Rn 13 ff; ZIP 2012, 2214 Rn 15 ff.

55 *BGHZ* 193, 144 = ZIP 2012, 1140; **aA** zuvor *BGHZ* 166, 319, 324 ff = ZIP 2006, 1141 Rn 14 ff und *BGHZ* 160, 168 = ZIP 2004, 1727); dazu ausf *Kesseler* ZIP 2014, 110.

c) Verschleiertes Arbeitseinkommen ist in Höhe des pfändbaren Teils der eigentlich angemessenen Vergütung insolvenzbefangen. Zwar fällt die Arbeitskraft des Schu als solche nicht in die Masse;[56] anders aber die aus ihr finanziell hervorgehende Wertschöpfung.[57] Insofern enthält § 850h Abs 2 ZPO eine materielle Anspruchszuweisung (Haftungsnorm zugunsten der Gl).[58] Ob und in welcher Höhe der Masse demnach eine angemessene Vergütung zusteht, ist bei Meinungsstreit nicht vom Ins-, sondern vom Prozessgericht im Einziehungserkenntnisverfahren gegen den DrittSchu zu klären.[59] Vgl iÜ § 36 Rn 72 ff. **22**

d) In der **Ins einer Gesellschaft** gehören zur Masse ua die Ansprüche auf rückständige Stammeinlagezahlungen,[60] auf deren Wiederauffüllung (zB §§ 31 GmbHG, 62 AktG),[61] auf Schadenersatz gegen Organe (zB §§ 15a InsO, 823 Abs 2 BGB sowie §§ 43, 64 GmbHG, §§ 48, 92 f, 116 iVm § 111 AktG)[62] oder gegen Gesellschafter (zB nach §§ 93 InsO, 128 HGB gegen den phG; analog §§ 93 InsO, 128 HGB gegen GmbH-Gesellschafter wegen Vermögensvermischung[63] oder gem § 826 BGB wegen existenzvernichtenden Eingriffs[64]). S zu alledem ausf Anh § 35 sowie die Kommentierung zu § 93.[65] Hinzu kommt das besondere Anfechtungsinstrumentarium gegenüber den Gesellschaftern gem §§ 135, 143 Abs 3; Näheres dazu bei § 135. **23**

In der Ins einer **Kapitalanlagegesellschaft** gehört das Sondervermögen der Anleger (§ 6 KAGG) allerdings nicht zur Masse, § 13 Abs 3 S 2 KAGG. **24**

Auch **gesellschaftsrechtliche Beteiligungen** des Schu sind pfändbare Rechte iSv § 857 ZPO (bzw § 859 ZPO spez für die GbR). Über die konkreten Rechtsfolgen der persönlichen Ins entscheidet letztlich die spezielle gesetzliche oder satzungsmäßige Verfassung der Gesellschaft. So kann bei der **GbR** der InsVerw nicht unmittelbar auf das Gesamthandsvermögen **25**

---

56 *BAG* ZInsO 2013, 805; *BGH* ZInsO 2009, 299 Rn 11; *BFHE* 235, 488 = ZIP 2012, 88 Rn 20.

57 Das erfasst mit *BAG* ZIP 2014, 1938 auch die „Abfindung" aus einem Kündigungsschutzprozess.

58 *BAG* ZIP 2013, 1433 Rn 39 f (zugleich m Überlegungen zur Freigabe zwecks verschärfter Unterhaltspfändung); *BGH* ZIP 1990, 1626; zum Ganzen auch *Riedel* ZVI 2009, 91.

59 Vgl *BGH* WM 2013, 1991.

60 *RGZ* 119, 223; 135, 61; *BGH* ZIP 2007, 2416 (GmbH); ZIP 2009, 1318 (Genossenschaft). Gilt auch für KapitalerhöhungsBeschl, *BGH* ZIP 1995, 28. Prozessual zur Beweislast des einzahlungspflichtigen Gesellschafters *OLG Hamm* ZIP 2013, 2258; *OLG Jena* ZIP 2013, 1378. Allg zur Geltendmachung des Anspruchs durch den InsVerw *Leitzen* RNotZ 2010, 254; *Plathner/Sajogo* ZInsO 2010, 2218. Bei (Parallel)Ins des Gesellschafters s außerdem §§ 21–24 GmbHG: Kaduzierung des Anteils ohne GesellschafterBeschl mögl (*BGH* ZIP 2007, 2416 Rn 18 f; *OLG Jena* ZIP 2007, 1571; *Baumbach/Hueck/Fastrich* GmbHG § 21 Rn 6; *Lutter/Hommelhoff/Bayer* GmbHG § 19 Rn 9 und § 21 Rn 5), Haftung der Rechtsvorgänger, ersatzw Anteilsversteigerung, Ausfallhaftung der übrigen Gesellschafter. Zur AG s §§ 54, 63, 64, 65 AktG.

61 Vgl *BGHZ* 173, 246 = ZIP 2007, 1552 Rn 35 (Trihotel). Beachte allerdings *BGH* ZIP 2009, 662 zum Hin- und Herzahlen und dessen möglicher Wertung als Erfüllung der Erstattungspflicht gem § 31 Abs 1 GmbHG

62 *BGHZ* 164, 50 = ZIP 2005, 1734. Ausf *Plathner/Sajogo* ZInsO 2012, 2236; *K Schmidt* ZIP 1988, 1497. Bei der Außenhaftung wg InsVerschleppung ist zu unterscheiden zw Alt- und Neugläubigerschäden. *Alt*gläubiger sind die, deren Ansprüche bis zu demjenigen Zeitpunkt entstanden, zu dem der Schu pflichtgemäß Insolvenzantrag stellen musste; ihren Quoten(differenz)schaden macht der InsVerw zur Masse geltend. *Neu*gläubiger sind die, die ihre Forderung erst nach diesem Zeitpunkt erwarben; ihre Ansprüche auf Ersatz des persönl Vertrauensschadens sind nur individuell verfolgbar und bilden keine InsMasse.

63 *BGHZ* 165, 85 = ZIP 2006, 467.

64 *BGHZ* 173, 246 = ZIP 2007, 1552 Rn 34 – Trihotel.

65 Vgl *BGH* 17.12.2015 – IX ZR 143/13, BGHZ 208, 227 Rn 22 ff: Der InsVerw ist berechtigt, sich zur Gesellschafterhaftung nach §§ 93 InsO, 128 HGB zu vergleichen.

zugreifen (vgl § 719 Abs 1 BGB), sondern nur einzelne Beteiligungsrechte ausüben, etwa in Form des Stimmrechts, der Gewinn- und Verlustbeteiligung, des Anspruchs auf Abfindungszahlung bei Ausscheiden bzw auf ein Restguthaben bei Auseinandersetzung. § 728 Abs 2 BGB sieht bei der GbR sogar die komplette Auflösung vor, sofern nicht die Satzung vorab anderes bestimmt (§ 736 Abs 1 BGB). Im Auflösungsfall wirkt der InsVerw bei der Auseinandersetzung und Ermittlung des Auseinandersetzungsguthabens mit (§§ 727 Abs 2 S 2, 730, 734 BGB; § 84 InsO);[66] im Grundbuch kann noch ein InsVermerk beigeschrieben werden (s § 32 Rn 5, 7).[67]

26 Abw zur GbR regelt § 131 Abs 3 Nr 2 HGB für die **Handelsgesellschaften OHG und KG**, dass die Gesellschaft fortgesetzt wird, aber – sofern die Satzung nicht abw – der insolvente Gesellschafter ausscheidet. Bei Ausscheiden konzentriert sich die Tätigkeit des InsVerw auf die zutreffende Ermittlung eines Abfindungsguthabens (§ 738 BGB; §§ 105 Abs 3, 161 Abs 2 HGB). Soweit § 719 Abs 1 BGB greift, ist vor einer Auseinandersetzung der Anteil nicht für sich verwertbar. Bes Probleme bereitet ein Ausscheiden bei nur **zweigliedrigen Personengesellschaften** (zB GmbH & Co KG m einem Kommanditisten): ggf Anwachsung des Gesellschaftsvermögens beim letzten verbliebenen Gesellschafter (§§ 738 BGB, 105 Abs 3, 161 Abs 2 HGB) und liquidationslose Vollbeendigung der Gesellschaft; Unwirksamkeit des EröffnungsBeschl über nicht (mehr) existente Gesellschaft;[68] sa § 27 Rn 38.

27 Bei haftungsbeschränkten Kapitalgesellschaften wie **GmbH oder AG** sind die Geschäftsanteile bzw Aktien nach dem Gesetz fungibel (§ 15 Abs 1 GmbHG, §§ 67 f AktG); das wird aber häufig satzungsgemäß beschränkt (wonach zB der Gesellschafter mit der InsEröffnung automatisch ausscheidet oder zumindest durch Gesellschafterbeschluss ausgeschlossen werden kann).[69] Die Einziehung (Kaduzierung) des Geschäftsanteils ist nur zulässig gegen Zahlung eines angemessenen, nicht diskriminierenden Entgeltes,[70] das dann zur Masse fließt.

28 Wird die Gesellschaft (ausnahmsweise) unter Beteiligung des Schu fortgesetzt, gehen die typischen **Mitgliedschaftsrechte**, insb das Stimmrecht, Rechte z Beschlussanfechtung, auf Gewinn- und Verlustbeteiligung,[71] auf Ersatz von Aufwendungen, auf Kontrolle und Minderheitenschutz (zB §§ 50, 51a, 61 Abs 2, 66 Abs 2 GmbHG) etc auf den InsVerw über.[72] Satzungsgemäß sind diese Mitgliedschaftsbefugnisse kaum einschränkbar; denkbar erscheint allenfalls ein Ruhen des Stimmrechts (str).[73] Nach hM bei **Vinkulierung** keine Bindung des InsVerw an die Schranken der § 15 Abs 5 GmbHG, § 68 Abs 2 AktG.[74] Der Anspruch auf Zuteilung neuer Aktien ist, weil pfändbar,[75] massezugehörig. In der Ins des Gesellschafters

---

66 Zum Auseinandersetzungsguthaben als Saldo unselbstständiger Rechnungsposten *BGH* ZIP 2007, 383 mit Anm *Ries* BGHR 2007, 320.

67 Vgl *BGH* ZIP 2011, 1273; *OLG München* ZInsO 2011, 536, 537.

68 *BGH* ZIP 2008, 1677; ausf *K Schmidt* ZIP 2008, 2337; *Albertus/Fischer* ZInsO 2005, 246.

69 Speziell zur Verwertung verpfändeter Wertpapiere durch den InsVerw (zB Inhaberaktien, insb nach Globalverbriefung) und mögl Absonderungsbefugnis ausf *Hirte/Knof* WM 2008, 49.

70 *BGH* ZIP 2000, 1294; *Baumbach/Hueck/Fastrich* GmbHG § 15 Rn 61 und 64.

71 Achtung: Das „Halten" der Beteiligung in der Masse führt ggf zu Verbindlichkeiten nach § 55 Abs 1 Nr 1; s stellvertr *BFH* 1.6.2016 – X R 26/14. Deshalb muss der Verw die Werthaltigkeit der Beteiligung unverzüglich prüfen.

72 *Uhlenbruck/Hirte* § 35 Rn 160; *Lutter/Hommelhoff/Bayer* GmbHG § 15 Rn 88 iVm § 14 Rn 11 f.

73 Vgl *Baumbach/Hueck/Fastrich* § 15 GmbHG Rn 64; diff *Bergmann* FS Kirchhof 2003, S 15, 25 f.

74 *Uhlenbruck/Zipperer* § 159 Rn 35 mwN; MK-AktG/*Bayer* § 68 Rn 70; *Bork* FS Henckel 1995, S 23 ff.

75 *Stöber* Forderungspfändung, Rn 1607.

bleibt die von ihm nachgeforderte GmbH-Stammeinlage (§ 46 Nr 2 GmbHG) schlichte Ins-Ford;[76] sie wird auch bei Fortsetzung der Beteiligung nicht periodisch anders zugeordnet.[77]

e) Ansprüche auf Steuererstattung sind grds massezugehörig, gleichviel, wann und durch wen die ursprüngliche (Voraus)Zahlung geschah.[78] Sie haben öffentlich-rechtlichen Charakter; Erstattung überzahlter **Lohnsteuer** ist deshalb keine nach §§ 850 ff ZPO zu bewertende Rückzahlung von „Arbeitseinkommen".[79] Nach **Freigabe der beruflichen Selbstständigkeit** (§ 35 Abs 2) wird jedoch eine Sphärenzuteilung notwendig, dh Erstattungsansprüche – etwa zur Einkommen- oder Umsatzsteuer – können der Sondermasse des insolvenzfreien Neuerwerbs zuzuordnen sein.[80] Bei **Zusammenveranlagung von Eheleuten** zur ESt steht das Wahlrecht nach § 26 EStG dem InsVerw zu;[81] wird gem § 1353 BGB Mitwirkung zur steuerlichen Zusammenveranlagung gewünscht, muss der andere Ehegatte nur Zug um Zug gegen verbindliche Zusage des Nachteilsausgleichs, auf Verlangen sogar erst nach Gestellung entspr Sicherheit zustimmen.[82] Wegen schlichter Überzahlung von **Sozialversicherungsbeiträgen** – dh Erstattungsansprüchen außerhalb der InsAnf – ist nach Arbeitgeber- und Arbeitnehmeranteil zu differenzieren.[83] 29

4. Das Unternehmen. Letztlich bündeln sich im Unternehmensbegriff viele **Einzelwerte** des Anlage- und Umlaufvermögens, die dem Schu als Unternehmensträger gehören;[84] einen einheitlichen Vermögenswert des „Unternehmens" oder des „Betriebes" an sich gibt es nicht (s auch § 160 Rn 5). Die InsO rekurriert allerdings an verschiedenen Stellen auf diese Vermögensgesamtheit, etwa in §§ 120–128, 157, 158, 160 Abs 2 S 1, 162, 163. 30

a) Massezugehörig sind vor allem diejenigen Werte des Anlage- und Umlaufvermögens, welche § 266 Abs 2 HGB zur Aktivseite von Handelsbilanzen ausdrücklich erwähnt. Das umfasst **immaterielle Vermögensgüter** wie bspw den Firmenwert, erworbene oder selbst geschaffene gewerbliche Schutzrechte, unternehmensgebundene Konzessionen, Lizenzen, Kundenverzeichnisse und -kontakte, bestehende Geschäftsverbindungen und dergl mehr (vgl schon Rn 17 f). Bei der **Firma** ist zu unterscheiden: Der sich in der reinen Sachfirmierung äußernde (Bekanntheits)Wert ist Massebestandteil – das gilt ebenso für die eingetra- 31

---

76 Vgl *BGHZ* 160, 127 = ZIP 2004, 1616: Der Anspruch entsteht schon mit der Satzung; er ist iSv § 1032 ZPO schiedsfähig. § 19 Abs 6 GmbHG ist iÜ schlecht formuliert; meint nicht den Zeitpunkt des Entstehens, sondern nur des Fälligwerdens; vgl *Baumbach/Hueck/Fastrich* GmbHG § 19 Rn 86.

77 S aber *RGZ* 79, 174, 178 und MK-AktG/*Bayer* § 63 Rn 16 mit Verweis auf die Altern der Kaduzierung.

78 Vgl *BGH* ZIP 2006, 340 Rn 16 f: bei Verwirklichung des Sachverhaltes *vor* oder *während* InVerf (wegen § 35 Abs 2 müsste es aber richtig „im InsVerf mit Mitteln der Masse" statt „während InsVerf" heißen).

79 Speziell zur Lohnsteuer von Schu als unselbstständigem Arbeitnehmer *BGHZ* 163, 391 = ZInsO 2005, 873 (m Bespr *Stahlschmidt* 629); *BFH* ZInsO 2010, 768.

80 Wie hier zur **ESt** *BFH* ZIP 2015, 532 und ZInsO 2015, 796; *FG Münster* ZIP 2013, 2420 m Bespr *Schmittmann* VIA 2014, 7; vgl auch *BGH* ZIP 2006, 340 Rn 16 ff (Anknüpfung an aufschiebend bedingte Wirkung v Vorauszahlungen). Zur **USt** *BFHE* 230, 490 = ZIP 2010, 2359; *BFH* ZIP 2011, 2067 Rn 6; tw abw *BFH* ZIP 2011, 533, soweit Erstattung nicht aus explizit freigegebener, sondern nur aus Tätigkeit mit pfändungsfreien Sachen (§ 811 Abs 1 Nr 5 ZPO) hervorgeht. S zu allem *Waza/Uhländer/Schmittmann* Rn 842 ff.

81 *BFH* 22.3.2011 – III B 114/09; *FG Münster* 21.4.2016 – 2 K 2410/14 E.

82 *BGH* ZInsO 2007, 656.

83 Vgl *BGH* NJW 1990, 2687, *Wannagat/Felix* § 26 SGB IV Rn 37 und §§ 26 Abs 3, 28e Abs 1 S 2 SGB IV. Anders jedoch bei der Anf nach § 143 (!): Gesamtbeitrag zur Masse zu erstatten (*BGH* ZIP 2009, 2301).

84 *Uhlenbruck/Hirte* § 35 Rn 268.

gene Sachfirma des Einzelkaufmannes. Bei der Personenfirma sind die Schutzbedürfnisse des Namensgebers zu würdigen (vgl Art 2 GG, § 12 BGB) und ggf abzuwägen gegen die bisherige Bereitstellung des Namens zu Kommerzialisierungszwecken. Im Zw tritt ein Schutzbedürfnis des echten Namensgebers zurück;[85] er konnte seine Firma bereits seit 1998 auf einen reinen Phantasienamen gründen bzw ändern.[86] Wo die Firma zur Masse gehört, darf sie dem InsVerw weder durch Löschung entzogen noch ohne seine Zustimmung geändert werden.[87] Von daher erscheint es (abw zur 6. Aufl) zw, dass ein Namensträger, der erst nach Eintritt des Massebeschlages aus der insolventen Handelsgesellschaft ausscheidet, gem § 24 Abs 2 HGB überhaupt noch Änderung verlangen kann;[88] auf Kapitalgesellschaften ist die Norm per se nicht anwendbar.

32 **b)** Eine Betriebs- oder Praxisfortführung durch den InsVerw kann an **bes personengebundenen berufs- oder gewerberechtlichen Erlaubnis- bzw Verbotsregelungen** im lex-specialis-Vorrang scheitern. Ist der Schu **Gewerbetreibender**, gewährt allerdings § 12 GewO dem InsVerw[89] für die Dauer und Zwecke des InsVerf eine gewisse Duldungsgrundlage zum allg Weiterbetrieb. Die Norm befreit zwar nicht von der Erlaubniserteilung an sich (etwa gem § 2 GastG, § 3 GüKG, § 2 Abs 2 WaffG);[90] sie sperrt aber umgekehrt Untersagungen wg Unzuverlässigkeit (etwa gem §§ 35, 59, 70a GewO, § 21 Abs 1 GastG) bzw gleichgerichtete Erlaubnisrücknahmen/-widerrufe (zB §§ 30–34f, 57, 69b Abs 2 GewO, § 15 GastG, § 45 WaffG).[91] Dabei ist richtigerweise Folge von § 12 GewO nur die „Undurchsetzbarkeit" einer UntersagungsVfg, nicht deren Rechtswidrigkeit; zugleich gilt im Verf § 240 ZPO analog.[92] § 12 GewO ist aber nicht auf ganz andere Berufssphären ausdehnbar und gilt insb nicht für einen freiberuflichen Praxisbetrieb.

33 Die Führung einer **Freiberuflerpraxis** (Arzt, Zahnarzt, RA, Notar, Steuerberater, Wirtschaftsprüfer) ist regelmäßig nur besonders zugelassenen Berufsträgern erlaubt; diese Sonderqualifikation geht nicht gem § 80 auf den InsVerw über.[93] Wird dem Schu die Zulassung oder sonstige Berufserlaubnis entzogen, müssen sich amtlich bestellter Vertreter und Ins-

---

85 *BGHZ* 85, 221 = ZIP 1983, 193 (für GmbH); *BGHZ* 109, 364 = ZIP 1990, 388 (für GmbH & Co KG).

86 Vgl *Uhlenbruck* ZIP 2000, 401; *K Schmidt* Handelsrecht, § 12 I 3c; MK-HGB/*Heidinger* § 17 Rn 78; *Koller/Roth/Morck* HGB § 17 Rn 25; *Baumbach/Hopt* HGB § 17 Rn 47.

87 *OLG Karlsruhe* NJW 1993, 1931; *Baumbach/Hopt* HGB § 17 Rn 47.

88 Letztlich unklar *Koller/Roth/Morck* HGB § 24 Rn 10; *Baumbach/Hopt* HGB § 24 Rn 11 f. Umgekehrt gilt: Einwilligung ist höchstpersönlich, dh bei InS des Gesellschafters jedenfalls nicht von dessen InsVerw erklärbar.

89 Das galt nach bisherigem Recht nicht zu Gunsten des Schu im Anschluss an **Freigabe** (§ 35 Abs 2): *VG Ansbach* ZInsO 2009, 1349; *VG Darmstadt* ZInsO 2011, 1362; *VG Neustadt* ZInsO 2013, 1202; **aA** (auch bei Freigabe) *VG Trier* ZInsO 2010, 1744; *VG München* BeckRS 2010, 56441; **offen** gelassen v *OVG Koblenz* NVwZ-RR 2011, 229 (mit iÜ falschem Anknüpfungspunkt: Schutzzweck v § 12 GewO ist Sanierung im Interesse *der Gl*, nicht des Schu; bei Nichtfreigabe bleibt Gewährsträger korrekter Abwicklung im InsVerf der Verw, nicht der Schu). Zum Thema ausf *Krumm* GewArch 2010, 465. Beachte seit 12.12.2012 geltende *Neufassung* von § 12 S 2 GewO (s auch BT-Drucks 17/10961, 11): Untersagung nur auf Umstände stützbar, die nach Freigabe neu entstehen. Vgl auch *OVG Saarbrücken* 24.3.2015 – 1 K 2129/13: nach Ankündigung der RSB ggf Vermögensverhältnisse nicht mehr ungeordnet.

90 Vgl auch *VG Gießen* NVwZ-RR 1995, 572: Genehmigung fällt nicht in die Masse.

91 Weitere Beispiele bei *Friauf/Heß* GewO § 12 Rn 5.

92 Als „Vollzugssperre" iE richtig *OVG Münster* ZVI 2011, 382 und ZInsO 2011, 1359 (allerdings abl zu § 240 ZPO, und falsch als materiell-rechtl Aspekt dargestellt); **aA** (nicht einmal Vollzugssperre) *OVG Lüneburg* GewArch 2009, 162 für bereits wirksam angeordneten Sofortvollzug.

93 S *Schick* NJW 1990, 2359; *Hess/Röpke* NZI 2003, 233; *Ries* ZVI 2004, 221, 222.

Verw kooperativ ergänzen.[94] Umgekehrt ist für den Schu seine berufliche Existenz nur dauerhaft zu retten, wenn ihm seine Zulassung/Berufserlaubnis erhalten bleibt; anderenfalls macht ein praxisbezogener Sanierungsversuch kaum Sinn. Bei **Vertragsärzten** bereitet, was Geldmangel und offene Schulden angeht, die Zulassungsordnung kein Problem.[95] Der Betrieb von **Apotheken** kann dagegen nicht einmal vorübergehend durch den (vorl) Verw beibehalten werden.[96] Bei **Rechtsanwälten** kann nach § 55 Abs 5 BRAO die Praxis zeitweilig durch einen Abwickler fortgesetzt werden; das bietet ggf noch Aussicht für eine Sanierung durch InsPlan.[97] Ganz ausnahmsweise kann ein Widerrufsgrund iSv § 14 Abs 2 Nr 7 BRAO auch zu verneinen sein bei tadelloser Führung und Vermeidung abstrakter Gefährdung von Mandanteninteressen durch einen neuen Anstellungsvertrag mit größeren Sozietät (die den Schu laufend überwacht).[98]

Die Praxisabwicklung von Rechtsanwälten (ganz anders bei Notaren)[99], Wirtschaftsprüfern **34**
und Steuerberatern geschieht – ungeachtet teilw finanzieller Absicherung durch die Kammern[100] – letztlich für Rechnung und auf Kosten des Schu; insofern gelten § 667 BGB, § 35 Abs 1.[101] Die laufenden **Abwicklergeschäfte** bleiben allerdings zunächst bis zur Abrechnung des Endsaldos insolvenzfrei; bis dahin muss man vorl – vergleichbar den Treuhandzusagen eines vorl InsVerw[102] – von aufgabenspezifisch getrennten Sondermassen ausgehen.[103] In Fällen, in denen die InsUrsachen außerhalb der Praxis liegen und diese noch einen Wert hat,[104]

94 Für RAe ausf dargestellt von *Tauchert/Schulze-Grönda* BRAK-Mitt 2010, 115.
95 Allg zur Fortführung von Arztpraxen *Runkel* ZVI 2007, 45; *Vallender* NZI 2003, 530. Dazu auch *Ries* ZInsO 2003, 1079, 1082: Arzt und InsVerw müssen kooperieren.
96 *VG Berlin* ZVI 2004, 618; *OVG Berlin* ZVI 2004, 620.
97 Vgl *Schmittmann* NJW 2002, 182; *ders* ZInsO 2004, 725; *ders* VIA 2014, 15; *Feser* Berliner AnwBlatt 2003, 598; *Graf/Wunsch* ZVI 2005, 105; *Ehlers* NJW 2008, 1480. Zurückhaltend *BGH* ZIP 2004, 1006 und ZInsO 2007, 104 für **Notar-** bzw *BGH* ZInsO 2010, 1380 und BeckRS 2013, 07090 für **Anwalts-** bzw *BFH* ZVI 2004, 302 für **Steuerberater**sachen: Allein der Beschl der GlVersammlung, einen InsPlan aufzustellen, widerlegt nicht die Vermutung des „Vermögensverfalls" (§ 50 Abs 1 Nr 6 BNotO, § 14 Abs 2 Nr 7 BRAO, § 46 Abs 2 Nr 4 StBerG). Umstände aus der Zeit nach ausgesprochener Amtsenthebung bzw Zulassungswiderruf sind nicht berücksichtigungsfähig; insofern bleibt nur späterer Antrag auf Wiederzulassung. Dazu wiederum *BGH* NZI 2006, 256: § 7 Nr 9 BRAO ist normativ strenger; hier sind keine individuellen Sonderumstände heranziehbar. Nach *BGH* AnwBl 2014, 359 Rn 8 hilft allein die „Freigabe" des Praxisbetriebs aus der Masse dem Freiberufler idR nicht.
98 *BGH* ZInsO 2005, 213 (für Anstellung in Sozietät); klarstellend *BGH* NJW-RR 2006, 559 und NJW-RR 2013, 175 (nicht für Anstellung in Einzelkanzlei bzw Tätigkeit als freier Mtarbeiter).
99 Gem § 59 BNotO arbeitet der Notariatsverwalter ausschließlich im öffentlichen Auftrag und für Rechnung der Notarkammer (*BGH* ZIP 2012, 782 Rn 10); insofern und auch für späteren Nachfolger gilt nicht einmal § 613a BGB (*BAG* ZIP 2000, 286).
100 Etwa nach § 53 Abs 10 S 7 BRAO, § 69 Abs 4 S 7 StBerG, § 121 Abs 5 S 4 WPO.
101 S zB § 53 Abs 9 BRAO; § 69 Abs 2 StBerG, § 121 Abs 4 WPO. Speziell zu Aufrechnungsfragen (insb wegen Abwicklervergütung) und zur Zweckbindung v Fremdgeld *BGH* ZIP 2005, 1742. Zu den Rechtsverhältnissen an Guthaben auf Anderkonten so Rn 12.
102 Dazu *Ries* NZI 2011, 587, 588; *ders* ZInsO 2013, 1612, 1620 f.
103 S *OLG Köln* ZInsO 2009, 2253 (LS 1 und 2).
104 Beachte: Patienten- bzw Mandantenstammdaten sind nur mit Einwilligung der Betroffenen mitveräußerbar; s *BGHZ* 116, 268 = NJW 1992, 737; *BGH* ZIP 1995, 1016. Zur Abtretbarkeit von Honorarforderungen *BGH* ZIP 2005, 218. Keine fungiblen Rechtsgüter sind bspw die „Zulassung" und der zugewiesene „Sitz" als Vertragsarzt; s *BVerfG* 22.3.2013 – 1 BvR 791/12 Rn 10; *BSGE* 86, 121 = NJW 2001, 2823 (sub II); *LSG Essen* 19.12.2016 – L 11 KA 72/16 B ER; ebenso wenig die Anstellungsgenehmigung eines Medizinischen Versorgungszentrums, *LSG Berlin-Brandenburg* 27.4.2016 – L 7 KA 30/14.

kann für den InsVerw die Veräußerung vorteilhaft sein; andererseits führt das **Beibehalten der Praxis in der Masse** zu Verbindlichkeiten im Rang des § 55 Abs 1 Nr 1 (inkl Kosten des Abwicklers).[105] Deshalb muss der InsVerw frühzeitig entscheiden, ob er die Praxis analog § 35 Abs 2 freigibt oder ob er Chancen und Risiken auf die Masse nimmt. Im Übrigen treten Datenschutzaspekte dort zurück, wo der InsVerw zugunsten der Masse das Honorarinkasso durchzusetzen hat.[106]

IV. Insolvenzfreies Vermögen

35 **1. Unpfändbarkeit.** Insolvenzfrei sind grds alle **unpfändbaren Gegenstände;** das gilt gleichermaßen für Forderungen und Rechte, soweit sie das Gesetz pfändungsfrei stellt. Für bewegliche Gegenstände liegt eine zentrale Pfändungsschutznorm in § 811 ZPO; daneben grenzen §§ 851 Abs 1, 857 Abs 1 ZPO insb diejenigen Forderungen und Rechte aus, die nicht durch Rechtsgeschäft übertragbar sind. §§ 850 ff ZPO bestimmen, inwieweit Arbeitseinkommen gepfändet werden darf. Vgl zu alledem ausf Erl bei §§ 36, 37.

36 **2. Freigabe/Enthaftung.** Insolvenzfrei ist, was der Verw durch rechtsverbindliche Erklärung gegenüber dem Schu aus der Masse **freigegeben** hat; dazu unten Rn 52 ff.

37 Lange Zeit war die Massezugehörigkeit von **Mietkautionen für Wohnraum** sehr umstr. Bereits 2001 schloss der Gesetzgeber die Möglichkeit aus, der Verw könne speziell deswegen den Mietvertrag kündigen, und fügte stattdessen § 109 Abs 1 S 2 neu ein.[107] Durch sog **Enthaftungserklärung** kann der Verw nun zwar die Masse von neuen Verbindlichkeiten freihalten, leitet damit aber zugleich das gesamte Bündel aller künftig ab dem Stichtag neu entstehenden mietvertragl Rechte und Pflichten allein auf den Schu über; dadurch erfasst (und somit massefrei) werden Ansprüche auf Rückzahlung von Mietkautionen bzw Auszahlung von **Nebenkostenguthaben**, soweit sie die Zeit ab Enthaftung (Freigabe) betreffen.[108]

38 **3. Höchstpersönliche Rechte.** Rechte, die sich üblicherweise nicht in einem Geldwert ausdrücken lassen und keine typischen – wirtschaftlich messbaren – Vermögensrechte sind, gehören idR nicht zur Masse.[109] Das betr insb **Persönlichkeitsrechte** und höchstpersönliche Rechtsbeziehungen (Art 2 iVm Art 1 Abs 1 GG), etwa persönliche Briefe, Tagebücher, das Namensrecht des natürl Schu (soweit nicht Rn 31 einschlägig ist), spezifische Familienrechte wie Ehescheidung, Versorgungsausgleich[110] und Hausratteilung, das Recht am eigenen Bild

105 *Tauchert/Schulze-Grönda* BRAK-Mitt 2010, 115, 121. Nach hier vertr Ansicht ggf mit dem Rechtsgedanken v § 105 „pro rata temporis" aufzuteilen; demgegenüber zu weitgehend *OLG Rostock* ZInsO 2004, 748, das sogar für vorinsolvenzliche Zeiträume Masseschuldcharakter bejaht (damit käme man nach Freigabe zu einer merkwürdigen Splittung); offen gelassen v *BGH* ZIP 2005, 1742 (sub III 1 b). Unzutr auch *OLG Celle* BeckRS 2002, 17276 und *Franke/Böhme* AnwBl 2004, 339, 340), die für Ansprüche des Abwicklers generellen Sondervorrang propagieren. § 324 Abs 1 Nr 6 ist nach Ansicht des Verf nicht analogiefähig, weil Abwickler allein im öffentl Interesse des Rechtsverkehrs und nicht im Sonderinteresse privater Vermögensverwaltung agiert; der Gesetzgeber war sich daraus hervorgehender Ausfallrisiken bewusst (so im Kontext der §§ 53 Abs 10 S 7 BRAO, 69 Abs 4 S 7 StBerG, 121 Abs 5 S 4 WPO).

106 *BGH* ZIP 2005, 722. Zur Aufbewahrungspflicht für Patientenakten ausf *Vallender* NZI 2013, 1001.

107 BT-Drucks 14/5680, 16.

108 *BGH* 16.3.2017 – IX ZB 45/15 Rn 10 (Mietkaution diene auch der Absicherung der insolvenzfreien Restlaufzeit; zuvor bestehe noch kein greifbarer Massewert) bzw 22.5.2014 – IX ZR 136/13 (NK-Guthaben).

109 HambKomm/*Lüdtke* § 35 Rn 34.

110 Vgl *OLG Brandenburg* ZInsO 2015, 1847: Der InsVerw ist weder im Ehescheidungsverfahren noch zum Versorgungsausgleich Beteiligter iSv §§ 219, 7 FamFG.

und dergleichen mehr. Wegen des erbrechtlichen Ausschlagungsrechts s § 83; das betr auch die höchstpersönliche Mitwirkung des vertraglich eingesetzten Erben an der Aufhebung seiner Erbeinsetzung.[111] Die Wahrnehmung der Mitgliedschaftsrechte in den besonderen gesetzlichen Einrichtungen zur Altersversorgung v Freiberuflern (zB Ärzte- oder Rechtsanwaltsversorgungswerk) ist idR höchstpersönlich; das umfasst sowohl Beitragspflicht als auch Ansprüche auf Beitragsrückerstattung.[112] Der **Einsatz eigener Arbeitskraft** des natürl Schu unterliegt seiner Dispositionsfreiheit;[113] gleichwohl sind aber die daraus gewonnenen Erträge massebefangen; so Rn 22 mwN.

4. Bedingte Massezugehörigkeit. Bestimmte Ansprüche sind grds massefrei, werden aber durch die – allein dem Schu mögliche – Geltendmachung oder den Eintritt anderer Voraussetzungen massezugehörig. Hier sind etwa zu nennen die in § 83 angesprochene erbrechtliche Befugnis zur Annahme der Erbschaft bzw eines Vermächtnisses (nähere Erl s dort), die Geltendmachung des Pflichtteilsanspruchs (§ 2303 BGB, § 852 Abs 1 ZPO),[114] der Rückforderungsanspruch des Schenkers (§ 528 BGB, § 852 Abs 2 ZPO) oder das Recht zum Widerruf einer Schenkung (vgl § 530 Abs 2 BGB).[115] 39

V. Neuerwerb; Verwaltungserwerb; Nutzungen und Surrogate

1. Neuerwerb. Im Gegensatz zum früheren Recht der KO erfasst die InsO nun auch pfändbare Vermögensgegenstände, die der Schu erst während des Verf neu erlangt.[116] Das betr insb **künftiges Arbeitseinkommen** des natürl Schu aus unselbstständiger Beschäftigung bzw seine Einkünfte aus einer nach InsEröffnung neu begonnenen berufl Selbstständigkeit bis längstens zur Erteilung der RSB;[117] ansonsten erfasste bereits die KO betriebliche Fortführungseinnahmen aus zuvor vorhandener Unternehmenssubstanz. Dasselbe galt für Ansprüche aus in sich rechtsbegründend abgeschlossenen Lebenssachverhalten (zB schon laufend gezahlte gesetzliche Alters- oder Erwerbsminderungsrente).[118] Die Einbeziehung sämtlichen Neuerwerbs steht im Zusammenhang mit der **Einf des Restschuldbefreiungsverfahrens** (RSB-Verf): Dem Gesetzgeber erschien es besonders wichtig, dem Schu die Chance eines wirtschaftlich vollständigen Neuanfangs zu geben. Da die RSB zum Ende des InsVerf die Rechte und den Rechtsschutz (Art 14, 19 Abs 4 GG)[119] der InsGl elementar beschneidet (§ 301), wollte man dafür einen angemessenen Ausgleich schaffen, zumal ein Neuerwerb in der Mehrzahl der Fälle dem Schu nicht dauerhaft frei verfügbar geblieben, sondern durch 40

---

111 *BGH* ZIP 2013, 272.

112 Vgl *BGH* ZIP 2008, 417; *OLG Celle* NJW-RR 2007, 1715; *Ries* EWiR 2010, 397 (sub 4); ferner *VG Gelsenkirchen* BeckRS 2014, 58876 zum Hinausschieben der Fälligkeit von Kapitalleistungen eines Versorgungswerks.

113 Beachte: Wegen Art 2, 12 GG kann der InsVerw die Arbeitsleistung des Schu zwar als solche nicht erzwingen; nach *BAG* ZInsO 2013, 1806 hat der InsVerw auch keine Dispositionsbefugnis über den Arbeitsvertrag. Die Nichterbringung kann aber für den Schu gleichwohl nachteilige Rechtsfolgen auslösen. Auch sind mit *BAG* ZIP 2014, 1938 „Abfindungen", die der Schu in einen Kündigungsschutzprozess – ggf durch Vergleich – zugesprochen bekommt, in die InsMasse einzubeziehem. Zur Erwerbsobliegenheit schon im laufenden InsVerf jetzt § 287b (dazu BT-Drucks 17/13535, 27 f; zuvor BT-Drucks 17/11268, 15 rSp und 27).

114 *BGH* ZInsO 2009, 1461.

115 Vgl *OLG Hamm* NJW 2012, 2528 (sub II 1).

116 Zu Fragen nötiger Zuordnung in die insolvenzfreie Sphäre, soweit der Schu mit eigenen massefreien Mitteln oder zumindest ohne Zustimmung des InsVerw agiert, *Ries* ZInsO 2005, 298, 301 (Direktzuordnung; kein Durchgangserwerb; umstr).

117 *BGH* ZInsO 2014, 603; nunmehr auch gesetzlich geregelt in § 300a Abs 1 S 1.

118 Vgl *BGH* ZIP 2009, 2120 Rn 22 f; vgl auch *BGH* ZInsO 2011, 2184 Rn 7 zum schuldrechtlichen Versorgungsausgleich.

119 Zur verfassungsrechtlichen Verbriefung der GlRechte *Ries* ZInsO 2013, 1612, 1616 mwN.

Zwangsvollstreckungsmaßnahmen alsbald wieder belastet worden wäre.[120] Das berührt die Interessen der sog NeuGl, die erst nach Eröffnung gegen den Schu forderungsberechtigt werden, ganz erheblich und mündet letztlich bei späterer Folgeinsolvenz (zu ZweitInsVerf s Rn 41) in schwierige Abgrenzungsfragen. Zwar gilt nach wie vor die Regel, dass der Gl einer Neuforderung in das insolvenzfreie Vermögen vollstrecken kann (vgl § 89 Rn 14), doch finden sich dort idR nur noch Gegenstände, die ohnehin unpfändbar sind oder die der Verw als wertlos freigegeben hat. Lediglich für Unterhalts- und DeliktsGl steht der gem §§ 850d, 850f Abs 2 ZPO privilegiert pfändbare Bereich des Arbeitseinkommens zur Verfügung (vgl § 89 Rn 14).

41 Angesichts jener Problematik wurden alternativ verschiedene Lösungswege diskutiert[121]; sie erwiesen sich jedoch de lege lata als nicht gangbar (s 6. Aufl Rn 34, 35). Deshalb bleiben mit der hM die Ansprüche der NeuGl nicht im laufenden InsVerf verfolgbar. Nach Ansicht des *BGH*[122] fehlt wegen des allumfassenden Neumassebeschlages im Altverfahren zugleich das Rechtsschutzbedürfnis für ein weiteres (neues) InsVerf, sog **Zweitinsolvenz**. Eine ausdrückliche Ausnahme macht der BGH[123] allerdings für den **Sonderfall der Freigabe der beruflichen Selbstständigkeit** nach § 35 Abs 2. Nötig ist hier auf der Aktiv- wie Passivseite eine Trennung der unterschiedlichen Massen und Verbindlichkeiten. Zur Aktivmasse behält zwar das Erstverfahren die Priorität;[124] speziell bei den Einkünften aus der **Berufssphäre** werden aber solche aus der Zeit nach der Freigabeerklärung im Erstverfahren der ZweitIns zugeordnet; umgekehrt sind Ansprüche früherer AltGl im ZweitInsVerf nicht berücksichtigungsfähig.[125]

42 **2. Aufteilung in Sphären.** Neuerwerb ist alles, was der Schu kraft Gesetzes oder Vereinbarung nach der InsEröffnung hinzuerwirbt. Von Lit und Rspr wurde bisher dogmatisch nicht sauber herausgearbeitet, wie sich dieser Massezuwachs letztlich vollzieht. Während am Eröffnungsstichtag bereits ein Vermögensbestand vorhanden und sofort durch Massebeschlag erfassbar ist, können danach – insb bei natürl Schu – unterschiedliche Vermögenssphären existieren (so Rn 3), in die einerseits – Stichwort: insolvenzfreie Masse – der Verw wegen Art 2, 12, 14 GG nicht hineinregieren darf,[126] während umgekehrt dem Schu angesichts v § 80 keine Kompetenz zur alleinigen Vertretung und Verpflichtung der InsMasse zusteht. Schon gar nicht kann der Schu dem InsVerw ohne dessen Billigung unrentables, nur massebelastend wirkendes Vermögen aufdrängen.[127] Für den Neuerwerb – dh insb für die

---

120 Begr RegE BT-Drucks 12/2443, 122.
121 Dargestellt bei *K/P/B/Holzer* § 35 Rn 38 mwN.
122 ZIP 2008, 1976; zuvor schon ZInsO 2004, 739.
123 *BGH* ZIP 2011, 1326 und 2012, 533 Rn 28. Zur misslungenen Sanierung im Erstverfahren *Frind/Köchling* ZInsO 2013, 1666. Beachte: Bei Sachzusammenhang in ZweitIns kein erneuter Anspruch auf **InsGeldgewährung** gem § 165 SGB III (vgl *BSG* ZInsO 2015, 677 Rn 13 f); außerdem im ZweitInsVerf keine Erteilung der RSB möglich, solange im ErstVerf dazu noch keine Entsch getroffen ist (vgl *BGH* ZInsO 2015, 499).
124 Jedoch für den – nicht dinglich unterfütterten – Abführungsbetrag gem § 295 Abs 2 in *BGH* ZIP 2011, 1326 Rn 9 offen gelassen (vielleicht auch nur InsFord im ZweitInsVerf); zur diesbetr gesetzlichen Regelungslücke *Ries* Insbüro 2006, 370, 373 f; *Uhlenbruck/Berscheid/Ries* 13. Aufl, § 114 Rn 29. Nach *BGH* ZIP 2013, 1181 lebt bei Freigabe frühere Zession wieder auf. Dem zieht wiederum § 91 InsO im ZweitInsVerf neue Schranken.
125 *BGH* ZIP 2011, 1326 Rn 7; ZIP 2012, 533 Rn 28.
126 Vgl *Ries* ZInsO 2009, 2030, 2033.
127 §§ 328, 333 BGB passen an dieser Stelle idR nicht, weil es jeweils um die Zuordnung ganzer Verträge (als Bündel von Rechten und Pflichten) und nicht lediglich einzelner Forderungsrechte geht. Der im Vermögen des Schu agierende InsVerw ist von daher weder fremder „Dritter“ noch sind ihm verbleibende Zurückweisungslasten mit uU entstehender Vielzahl von Rückabwicklungsverhältnissen zumutbar.

Frage, wie trotz § 80 auch ohne Mitwirkung des InsVerw etwas allein durch den Schu von außen in die Masse hineinkommt – gibt es keinen allgemein wirkenden Automatismus. Vielmehr bedarf es klarer, vorab definierter Übertragungs- und **Zuordnungsregeln**. Dabei geht es neben dem eigentlichen Erwerbsvorgang – beachte: der Schu wird, auch im insolvenzbefangenen Sektor, stets alleiniger Vermögensträger und Rechtsinhaber (so Rn 5) – jeweils ergänzend um die Zuweisung von „Verfügungsmacht“. Nach hier vertretener Ansicht[128] sind – auch zum Schutz des übrigen Rechtsverkehrs – für das Handeln des Schu die Grundregeln zum Recht unbefugter Stellvertretung zumindest analog heranziehbar (insb §§ 177 Abs 1, 179 Abs 1 BGB; unter Einbindung des Offenkundigkeitsprinzips bzw der Regeln zum Geschäft für denjenigen, den es eigentlich angeht);[129] in umgekehrter Spiegelung des Rechtes zur Freigabe beurteilt sich die mögliche Reaktion des InsVerw nach § 185 BGB.

Der BGH hat zwar verschiedentlich angedeutet, dass ggf unterschiedliche Sphären und Sondermassen voneinander abzugrenzen sind (so Rn 41; ferner Rn 29), darüber hinausgehend für Neuerwerbsvorgänge aber noch keine allg gültigen Zuordnungskriterien definiert. **Erlöse aus dem Verkauf an den Schu freigegebener Sachen** bzw speziell darüber getätigte Neuanschaffungen bleiben nach hier vertretener Ansicht insolvenzfrei.[130] Das ergibt sich in teleologischer Ausrichtung an den sachlichen (beschränkt gehaltenen) gesetzgeberischen Zielen (so Rn 40)[131] und dem Wesenskern der „Freigabe“. Sie wirkt nach Sinn und Zweck dauerhaft und unumkehrbar;[132] infolgedessen trägt der InsVerw jenseits der Grenzen einer Insolvenzzweckwidrigkeit bzw der §§ 119 ff BGB auch etwaige Fehleinschätzungs- und die Masse entspr Ausfallrisiken. Zur Nagelprobe werden finanzielle Rücklagen des Schu aus der Zeit nach Freigabe seiner beruflichen Selbstständigkeit gem § 35 Abs 2. Mit dem Rechtsgedanken von § 295 Abs 2 (Abstellen auf ein Arbeitnehmervergleichseinkommen) bleiben tatsächliche Betriebsüberschüsse bewusst massefrei. Der Schu bleibt der „Unternehmer“, trägt also nicht nur sämtliche Risiken, sondern hat auch alle Chancen. Jede andere Betrachtung wäre angesichts typischerweise schwankender Liquiditätslagen für einen beruflich Selbstständigen perspektiv- und existenzvernichtend. Da sich bei natürlichen Schu Privat- und Berufssphäre letztlich vereinen und auch mehrere (abhängige und unabhängige) Beschäftigungen nebeneinander ausübbar sind, sind an dieser Stelle keine weiteren Differenzierungen angebracht. Für alle freigegebenen Sachen und Rechte gilt demnach das Surrogationsprinzip (in den Details aber str; so). 43

Wiederum anders liegen die Dinge bei dem **Erwerb eines Gegenstandes aus gesetzlich unpfändbaren Mitteln** bzw bei **Erlösen aus dem Verkauf unpfändbarer Gegenstände**. Die §§ 811 ff, 850 ff ZPO beschränken sich in ihrer Grundausrichtung unmittelbar auf einzelne Sachen/Rechte bei jeweils konkreter Tatsachenbasis. So fällt ein PKW, der gem § 811 Abs 1 Nr 5 ZPO zunächst berufsbedingt pfändungsfrei war, mit Verlust des Arbeitsplatzes in die Masse; hier hat sich der normative Schutzzweck erledigt. Anders jedoch, wenn nicht der Schutzzweck wegfällt, sondern iSv zeitlich und räumlich enger Kontinuität Ersatz in Gestalt 44

---

128 Dazu ausf *Ries* ZInsO 2005, 298, 300 f. Der Schu und sein Vertragspartner paktieren also ggf *direkt*, *ohne* Durchgangserwerb der Masse.

129 Einen solchen Blickwinkel deutet auch *BGH* ZIP 2015, 694 in Rn 20 an (Angebot nicht spezifisch an den Schu allein, sondern auch Annahme durch Dritte möglich).

130 Wie hier HambKomm/*Lüdtke* § 35 Rn 70 und 236; MK/*Peters* § 35 Rn 58, *Henckel* FS Kreft, S 291, 296 ff; skeptisch zurückhaltend *Jaeger/Windel* § 80 Rn 32.

131 Der Gesetzgeber rekurrierte schwerpunktmäßig auf laufendes „Arbeitseinkommen“ (Begr RegE BT-Drucks 12/2443, 122) und sprach sogar in umgekehrter Stoßrichtung den Grundsatz einer Massesurrogation ausdrücklich an.

132 Vgl *Uhlenbruck/Hirte* § 35 Rn 73; *K Schmidt/Büteröwe* § 35 Rn 38.

eines neuen Unpfändbarkeitsgegenstandes zu beschaffen ist.[133] Dementsprechend ist jedes Surrogat, das an die Stelle unpfändbarer Gegenstände tritt, zunächst für sich allein zu beurteilen.[134] Richtig von daher *AG Göttingen*,[135] dass der **Lottogewinn** massebefangen wird. Man darf aber nicht allein in den Regeln der Einzelzwangsvollstreckung und einer Einzelbetrachtung am Maßstab etwa der §§ 811 ff, 850 ff ZPO verharren. Die Besonderheit der Gesamtvollstreckung liegt darin, dass der InsVerw allumfassend an sämtlichen Quellen gleichzeitig Zugriff nimmt. Die jeweiligen Sachverhalte sind also ggf wertungsgerecht und schutzzweckorientiert, auch gegenüber dem Freiheitsraum des Schu nach Art 2, 12, 14 GG, sphärisch abzuschichten. Das betr insb **Kontoguthaben**, wenn deren Zuflüsse bereits zeitgleich und parallel die Pfändungsschranken von § 850c ZPO durchliefen. Anderenfalls führte man das gesetzgeberische Anliegen, über § 850k ZPO den Pfändungsschutz für den Schu zu verbessern,[136] geradezu ad absurdum. Vor Inkrafttreten des § 850k ZPO entsprach es gängiger Praxis, Bankkonten freizugeben, auf denen ausschließlich unpfändbare Zuflüsse stattfanden. Der allzuständige InsVerw darf nach Ansicht des Verf nicht, soweit er wegen speziellerer Normen an direkter Quelle beim DrittSchu nicht zum Zuge kommen kann, unpfändbare Differenzbeträge doch (sozusagen unter Ausblendung der „lex-specialis"-Sicht) im Sekundärzugriff anderweitig abschöpfen (zB vom P-Konto).[137] Der Gesamtvollstreckungsgesetzgeber wollte ersichtlich nicht die vorhandenen Schutzschwellen allseits auf das geringste Niveau der Einzelvollstreckung absenken. Von daher problematisch die Entscheidung des *BGH*,[138] wonach **Sparguthaben**, die der Schu aus pfändungsfreiem Einkommen bildete, wiederum Masse werden. Das lässt sich nur rechtfertigen, wenn man aus der Zeitbegrenzung des § 850k Abs 1 S 3 ZPO einen völlig eigenen Regelungssachverhalt herleitet und die Frage nach neu gespartem Bargeld unter dem Kopfkissen nicht stellt.

45 **3. Lohn- und Gehaltsansprüche.** Sie fallen generell in die Masse. Sie entstehen zwar erst mit Erbringung der jeweiligen Dienstleistung,[139] werden aber jetzt als Neuerwerb mit erfasst, soweit sie pfändbar sind; näher im Detail § 36 Rn 51 ff. Ihre Abtretung war bisher gem § 114 Abs 1 auf zwei Jahre nach InsEröffnung beschränkt; diese Regelung entfällt jedoch ersatzlos für neu beantragte Verf ab dem 1.7.2014 – sodann greift unmittelbar § 91.[140] **Rentenansprüche** oder Pensionen sind kein Neuerwerb ieS, soweit ihnen bei Eröffnung

---

133 **AA**, aber nicht überzeugend *LG Ansbach* ZInsO 2015, 2041 bzgl Versicherungsentschädigung nach Unfall des unpfändbaren PKW. Waren bzw sind alter und ersatzweise beschaffter PKW gleichermaßen gem § 811 Abs 1 Nr 5 ZPO geschützt, würde das gesetzgeberische Ziel der RSB und das verfassungsrechtliche Verbot der Kahlpfändung völlig konterkariert, fiele die Entschädigungsleistung zwischendrin in die Massebeschlagnahme. Der Schu müsste ungedeckte Neuschulden begründen – gerade weil korrespondierend zum Schutzziel des § 811 Abs 1 Nr 5 ZPO der neue PKW erforderlich ist.

134 Vgl *BGH* ZInsO 2013, 2274 Rn 8; *Hess* §§ 35, 36 Rn 35; MK/*Peters* § 35 Rn 45; *Runkel* FS *Uhlenbruck* 2000, S 315, 318; *Uhlenbruck/Hirte* § 35 Rn 115 und § 36 Rn 51a mit der Ausnahme des Erwerbs eines unpfändbaren Gegenstandes. Anders gelagert dagegen die Vertragsarztthematik des *AG Hamburg* ZInsO 2006, 1232. Dessen Surrogationsüberlegungen sind überflüssig, weil reale Vermögenszuflüsse aus einer Praxisverwertung – unter Umgehung kassenärztlicher Beschränkungen (so Rn 34) – nicht pfändungsgeschützt sind.

135 ZInsO 2011, 2002; so auch HambKomm/*Lüdtke* § 35 Rn 236.

136 Ausf BT-Drucks 16/7615: Existenzsicherungskonzept.

137 Vgl *Ries* Tagungsbd 12 Leipziger Insolvenzrechtstag 2011, S 47, 48. Von *BGHZ* 182, 242 = ZIP 2010,1552 Rn 16 f und 33 aE wurde eine mögl gesamtheitliche Betrachtung immerhin angedeutet – Pfändungsschutz ggf sogar *ohne* nötigen Vollstreckungsschutzantrag.

138 ZInsO 2013, 2274; ebenso HambKomm/*Lüdtke* § 35 Rn 237. Vgl auch *BGH* ZIP 2012, 399 Rn 10 ff: bei P-Konto gerichtl Querverweis auf Pfändungsschranken des § 850c ZPO möglich.

139 *BGH* ZInsO 2008, 806 Rn 6; ZVI 2008, 433 Rn 5.

140 BT-Drucks 17/11268, 23.

bereits vollendete Lebenssachverhalte zugrunde lagen; sie sind dann ohnehin Massebestandteil (so Rn 40); Ansprüche, die erst danach entstehen, werden aber jetzt als Neuerwerb mit erfasst. Allerdings kann der InsVerw keinen Antrag auf Gewährung vorgezogener Altersrente stellen.[141]

4. Erbrechtliche Ansprüche. **Erbschaften** und **Vermächtnisse** fallen nach Eröffnung als Neuerwerb in die Masse, wenn sie der Schu nicht ausschlägt, was er nach § 83 ungeachtet der Ins frei und ohne Gefährdung seiner Restschuldbefreiung[142] entscheiden kann (vgl auch Rn 39). Eine Erbschaft, die der Schu nach Ankündigung der Restschuldbefreiung, aber vor der Aufhebung des InsVerf (§ 200) macht, fällt in vollem Umfang in die Masse; § 295 Abs 1 Nr 2 gilt zu diesem Zeitpunkt noch nicht.[143] Tritt der Erbfall in der Wohlverhaltensphase ein, entsteht die Obliegenheit des Schu gem § 295 Abs 1 Nr 2 erst mit der Annahme der Erbschaft bzw des Vermächtnisses;[144] sodann ist dieser Anspruch vom Schu liquide in Geld zu erfüllen.[145] **Pflichtteilsansprüche** entstehen mit dem Erbfall (§§ 2317 Abs 1, 1922 Abs 1 BGB); auf sie ist § 83 Abs 1 nicht direkt anwendbar. Ungeachtet § 852 Abs 1 ZPO können die – in ihrer Verwertbarkeit zunächst durch Mitwirkung des Schu aufschiebend bedingten – Ansprüche bereits vorab gepfändet werden. Sie gehören deshalb voll zur Masse, wenn der Erbfall vor der Aufhebung des InsVerf (§ 200) eintrat und lediglich Anerkennung oder Rechtshängigkeit erst später nachfolgten; sie unterliegen insofern der Nachtragsverteilung (§ 203).[146] 46

Erbschaften gelangen in der rechtl Lage zur Masse, in der sie sich tatsächlich befinden. Entsprechend besteht in der **Ins des (Allein)Erben**[147] die letztwillige Anordnung der **Testamentsvollstreckung** weiter fort; sie überlagert die Befugnisse des Erben bzw seines InsVerw (vgl § 2211 BGB). Dem ist in etwa vergleichbar die Bestellung amtlicher Berufsvertreter (Abwickler) in FreiberuflerInsVerf, so Rn 34; entspr ist auch hier für die Dauer der Amtsführung des Testamentsvollstreckers zu seiner Nachlassabwicklung eine Sondermasse zu bilden;[148] sa § 83 Rn 9. Ein freier Restnachlass fällt nach dem Ende der Testamentsvollstreckung zur Masse (§ 35). 47

5. Deliktische Ansprüche. Ansprüche aus einer gegen den Schu nach Eröffnung begangenen unerlaubten Handlung sind als Neuerwerb Massebestandteil, soweit nicht ein gesetzlicher Rechtsübergang stattfindet (etwa auf gesetzl Unfall- oder andere Sozialversicherungsträger; vgl §§ 116 f SGB X) bzw § 36 eingreift (s dort Rn 78 f; ggf partiell angemessener **Pfändungsschutz**, zB für private Unfall-, Verletzten bzw Berufsunfähigkeitsrenten gem § 850b Abs 1 Nr 1, Abs 2 ZPO).[149] Der Anspruch auf **Schmerzensgeld** ist uneingeschränkt massebefangen.[150] 48

---

141 *OVG Münster* ZinsO 2012, 1473 (Antragsrecht ist höchstpersönlich).
142 *BGH* ZInsO 2009, 1461.
143 *BGHZ* 186, 223 = ZInsO 2012, 1496.
144 *BGH* NZI 2011, 329.
145 *BGH* ZInsO 2013, 306
146 *BGH* ZIP 2011, 135.
147 Hiervon zu unterscheiden ist die NachlassIns iSd §§ 315 ff; bei ihr werden die Befugnisse des Testamentsvollstreckung unmittelbar durch §§ 80 ff überlagert; vgl *Uhlenbruck/Lüer* § 315 Rn 16; *A/G/R/Ringstmeier* § 315 Rn 13.
148 *BGHZ* 167, 352 = ZIP 2006, 1258; zugleich mit dem Hinweis, dass bei Ins des Erben die gegen ihn gerichteten Pflichtteils- und Pflichtteilsergänzungsansprüche nur noch beim InsVerw zu verfolgen sind.
149 *BGH* ZIP 2010, 293.
150 *LG Bochum* ZInsO 2007, 1156.

49 **6. Surrogation.** Bereits unter Geltung der KO war die umschichtige Massesurrogation analog § 2041 BGB anerkannt; daran hat sich mit Inkrafttreten der InsO nichts verändert. Was der InsVerw durch Rechtsgeschäft oder Verwaltungshandeln mit verfügbaren Mitteln der Masse erwirbt, ist somit Bestandsverwaltung und kein Neuerwerb ieS.[151] Daraus lässt sich jedoch keinesfalls ein Umkehrschluss dergestalt bilden, vom Schu mit pfändungsfreien Mitteln neu erworbene Sachen und Rechte bzw Erlöse aus der Veräußerung pfändungsfreier Sachen würden ihrerseits nicht massebefangen; zu den hier stattdessen nötigen Differenzierungen ausf Rn 44.

50 **7. Direkterwerb in den insolvenzfreien Bereich.** Auch der Schu ist befugt, für sich selbst Gegenstände direkt in den massefreien Bereich hinein zu erwerben.[152] Dann findet nach hier vertretener Ansicht kein vorheriger Durchgangserwerb der Masse statt, sondern der Erwerbsgegenstand ist nach allg anerkannten Grdsätzen der Rechtsgeschäfts- und Vertretungslehre unmittelbar der richtigen Sphäre zuzuordnen; s ausf Darstellung in Rn 42 ff, in den Details str.

51 Erweist sich bei näherer Prüfung, dass der Gegenstand doch der Masse zugehört (§ 35 Abs 1), ist dem InsVerw auf dessen Anforderung bei körperlichen Gegenständen „Verfügungsmacht" (§ 80) durch Herausgabe gem § 148 zu verschaffen; bei Forderungen und anderen Rechten muss die Frage notfalls im Prätendentenstreit vor dem Prozessgericht ausgefochten werden.

VI. Freigabe einzelner Sachgüter und Rechte

52 **1. Begriff.** Die Befugnis des InsVerw, **einzelne Vermögenswerte**[153] aus dem Beschlag der InsMasse freizugeben, wird von der höchstrichterlichen Rspr seit jeher ohne ausdrückliche gesetzliche Regelung anerkannt.[154] Eine **echte Freigabe** liegt vor, wenn der InsVerw bestimmte Gegenstände oder Rechte durch empfangsbedürftige, unwiderrufliche Erklärung, die an den Schu zu richten ist, dauerhaft und endgültig aus der Masse herauslöst, dh dem Schu zu dessen freier Verfügung überlässt. Endgültig freigegebene Vermögenswerte unterliegen damit auch keiner Nachtragsverteilung iSd § 203.[155] Die Freigabe ist auch bei Vermögenswerten möglich, an denen Gl dinglich absonderungsberechtigt sind. Sie stellt keinen Eingriff in die **Rechte von AbsonderungsGl** dar; vielmehr müssen diese Gl ihre fortbestehenden dinglichen Sonderbefugnisse jetzt direkt beim Schu verfolgen.[156] Der InsVerw hat jedenfalls darauf zu achten, dass eine Absonderungsabwicklung mit Mitteln der Masse überhaupt wirtschaftlich sinnvoll ist, dh ein etwaiger Massezufluss nicht geringer als die damit verbundenen Kosten ausfällt.[157]

---

151 Begr RegE BT-Drucks 12/2443, 122; *Häsemeyer* Rn 9.28; MK/*Peters* § 35 Rn 55.

152 Vgl *Ries* ZInsO 2005, 298, 301; zur Erwerbsentscheidung auch *Häsemeyer* Rn 9.26.

153 Insofern abzugrenzen v dem an dieser Stelle nicht einschlägigen gesetzl Sonderfall einer Freigabe der beruflichen Selbstständigkeit (§ 35 Abs 2) als ganzes Bündel von Rechten und Pflichten; s dazu gesondert Rn 67 ff.

154 S stellvertr *BGHZ* 163, 32 = ZIP 2005, 1034 sub II; *BGH* ZIP 2012, 533 Rn 22 jeweils mwN.

155 *BGH* ZIP 2014, 1183

156 *BGH* ZInsO 2006, 260 Rn 14; vorher schon *BGHZ* 163, 32 = ZIP 2005, 1034 f wertausschöpfend belastete Grundstücke. Zur vorzeitigen Beendigung der sog „kalten" Zwangsverwaltung *Molitor* ZInsO 2009, 231.

157 Vgl *Ries* ZInsO 2007, 62, 63 (iVm 67 Anl 1). Davon zu trennen ist die seltene Frage, ob der (vorl) Verw nach angemessener Prüfungszeit zwecks Schadenvermeidung ausnahmsweise mitwirken muss, weil ein AbsonderungsGl – etwa bei reinem „Pfandgut" (anders als ein Sicherungseigentümer) – keine unmittelbar eigene Verwertungskompetenz besitzt und deshalb unwiederbringliche Ausfälle drohen; s *BGH* ZIP 2011, 1419 Rn 49 ff.

2. Juristische Personen. Da § 199 S 2 als Regelfall die Vollabwicklung juristischer Personen im InsVerf vorsieht, verschwindet letztlich – anders als bei natürlichen Personen – der Rechtsträger später ganz (vgl § 394 FamFG). Von daher war umstr, ob es bei juristischen Personen überhaupt insolvenzfreies, künftig unbeherrschtes Vermögen geben kann.[158] Richtigerweise hat die höchstrichterliche Rspr[159] aber nahezu einhellig die Freigabemöglichkeit auch insoweit bejaht und an die ständige, bereits zur KO ergangene Rspr des RG angeknüpft. Dem folgt die ganz hM in der Lit.[160] 53

3. Freigabegründe. Das Gesetz tätigt zu den Freigabegründen keine präzisen Vorgaben. Letztlich geht es um die Verwirklichung übergeordneter Masseschutzerwägungen (dh **Masseoptimierung** zugunsten einer Verteilung vor allem an InsGl, §§ 187 ff InsO); das InsVerf soll finanziell vorwärts, nicht rückwärts laufen. Der InsVerw verfolgt insoweit das berechtigte Interesse der InsGl, von massegefährdender mangelnder Rentabilität und/oder unangemessen hohem Abwicklungsaufwand im Verf verschont zu bleiben. „Klassischer" Fall ist die Freigabe eines unverwertbaren oder über Wert belasteten Gegenstandes, für dessen Beibehaltung in der Masse laufende Kosten entstehen. GrundpfandGl sollten zwischen den Risiken der Zwangsversteigerung einerseits und den Gestaltungsmöglichkeiten eines freihändig optimierbaren Verkaufs abwägen; ggf werden sie zur Vermeidung der Freigabe ihr Absonderungsvolumen beschränken und der Masse einen angemessenen freien Spitzenbetrag belassen (in der Praxis oft missverständlich „Regiekostenbeitrag" genannt).[161] Ob durch die Freigabe allerdings positive **steuerliche Wirkungen** – dh Masseersparnisse – erzeugt werden können, ist in den Details hochgradig str (vgl dazu unten Rn 63 f). 54

Bes Bedeutung hat die Freigabe im Zusammenhang mit **Umwelt(alt)lasten**.[162] Die durch eine Erfüllung der Beseitigungsverfügung der Umweltbehörde entstehenden Kosten bzw die Kosten einer Ersatzvornahme sind nach Ansicht des BVerwG[163] Masseverbindlichkeiten iSv § 55 Abs 1 Nr 1; diese wird der InsVerw nicht tragen wollen, soweit das Grundstück keinen überschießenden (freien) Restwert zur Masse verspricht. Dann kann der Verw mittels Freigabe ex nunc weitere Massebelastungen abwenden.[164] Das ist inzwischen praktisch einhellige Meinung;[165] er muss dies allerdings rechtzeitig genug tun, also noch vor Eintritt der 55

158 Abl *OVG Greifswald* ZIP 1997, 1460, 1464 (vom *BVerwG* ZIP 1999, 538, 540 in der Revision offen gelassen); *Jaeger/Henckel* § 35 Rn 148; *K Schmidt* KTS 1994, 309; *ders* ZIP 2000, 1913, 1916 f; *ders* NJW 2010, 1489, 1492 f.

159 S stellvertr *BGHZ* 163, 32 = ZIP 2005, 1034 sub II; *BVerwGE* 122, 75 = ZIP 2004, 2145, jeweils mwN; ebenso *RGZ* 127, 197, 200; *OLG Rostock* ZInsO 2000, 604. Zur vorl Verw *BGH* ZInsO 2001, 165, 167. Zur GesO *OLG Brandenburg* ZInsO 2001, 558.

160 *K/P/B/Lüke* § 80 Rn 9 f; *Hess* § 80 Rn 213; *B/G/H/Blersch/Ohlshausen* § 80 Rn 7; *N/R/Wittkowski* § 80 Rn 102; MK/*Peters* § 35 Rn 113; *Uhlenbruck/Hirte* § 35 Rn 72, alle mwN.

161 Vgl *Lwowski/Tetzlaff* WM 1999, 2336, 2338; zu daraus ggf folgender UStpflicht der Masse *BFHE* 211, 551 = ZIP 2005, 2113; *BFHE* 235, 22 = ZIP 2011, 1923.

162 Zur ordnungsbehördlichen Heranziehbarkeit der Masse und des InsVerw als „Zustandsstörer" ausf *Lüke* KS-InsO, S 706 ff; *Weers/Hönig* ZInsO 2005, 244; *Küpper/Heinze* ZInsO 2005, 409, jeweils mit zahlreichen Nachweisen; s auch *BVerwGE* 108, 269 = ZIP 1999, 538.

163 *BVerwGE* 108, 269 = ZIP 1999, 538; *BVerwGE* 122, 75 = ZIP 2004, 2145.

164 *BVerwGE* 122, 75 = ZIP 2004, 2145 sub II 2 mit Anm *Kreft* EWiR 2005, 439. S aber *BVerwG* ZInsO 2006, 495: Freigabe wirkt nur, wenn InsVerw tatsächlich Besitz aufgibt.

165 MK/*Hefermehl* § 55 Rn 100 ff; *K/P/B/Holzer* § 35 Rn 22; *Pape* FS Kreft 2004, S 446 ff; *Lüke* KS-InsO, S 706, 734 f Rn 76 ff; HambKomm/*Jarchow* § 55 Rn 75 (nur Freigabe des kontaminierten Vermögenswertes insges möglich, nicht lediglich einzelner Gefahrenstoffe).

Bestandskraft der massebelastenden Ordnungsverfügung,[166] und insoweit ggf die Verf per Rechtsbehelf offen halten.

56 Besonders umstr ist die Behandlung der Kosten einer **Ersatzvornahme**. Richtig ist deren Behandlung als InsFord, soweit die maßgebliche Pflichtverletzung bereits vor InsEröffnung stattgefunden hat.[167] Das würde dem Verwalter den Druck nehmen, sofort freigeben zu müssen. Insofern gelten nach Ansicht des Verf die vom BGH[168] zur Räumung von Grundstücken (inkl Altlastenbeseitigung), Vornahme von Rückbauten und Schönheitsreparaturen entwickelten Zuordnungsgrundsätze entsprechend, zugleich mit Seitenblick auf den allg Rechtsgedanken des § 105. Solche Ansprüche sind (nach Umrechnung in „Geld") lediglich als InsFord zur Tabelle anmeldefähig, wenn die Gegenstände bereits vorinsolvenzlich in das Objekt eingebracht wurden und der Anspruchsteller bereits das volle Ausfallrisiko trug, wäre es gar nicht mehr zur InsEröffnung gekommen.[169] Nach der insolvenzrechtlichen Grundwertung des § 38 ist nicht entscheidend, ob dieses Risiko noch künftig fortdauert, sondern wann und in welchem Umfang es erstmals konkret entstand. Die öffentliche Hand ist RegelGl – ihre Ansprüche sind in Würdigung der „par condicio creditorum" anderen PrivatrechtsGl gleichrangig. Die Fortgeltung ordnungsbehördlicher Pflichten im Grundverhältnis ist unbestritten; es geht stattdessen um die ganz andere Sachebene der vollstreckungsrechtlichen Durchsetzbarkeit, nämlich um die Frage, aus welcher Kasse bzw in welchem Rang die GlGemeinschaft – unterdessen der Schu nichts weiteres mehr persönlich beisteuert[170] –- ihrerseits Geld opfern muss, um – trotz identischen Betroffenseins – einzelne aus dem eigenen Beteiligtenkreis intern zu privilegieren. Dabei kommt es – wie der BFH zuletzt ständig für das Steuerrecht judiziert[171] – nicht auf den Zeitpunkt des Erlasses eines Bescheides, sondern auf den maßgeblichen Lebenssachverhalt an. Nur wenn unter der Regie des Verw nach der InsEröffnung neue Schäden und Belastungen entstehen, kommt eine Einstufung als Masseschuld im Rang des § 55 Abs 1 Nr 1 in Frage.[172] Dass die öffentlich-rechtliche Inanspruchnahme der behördlichen Konkretisierung und ggf einer Ermessensausübung bedarf,[173] ist eine Frage des Grundverhältnisses. Allein die Bejahung einer

---

166 *Küpper/Heinze* ZInsO 2005, 409, 412; vgl auch *BVerwGE* 122, 75 = ZIP 2004, 2145 (lt Sachverhalt war Widerspruch erhoben) und *BGH* ZIP 2006, 583: Freigabe hilft nicht mehr ggü rechtskräftig tituliertem Räumungsanspruch.

167 MK/*Hefermehl* § 55 Rn 101; *Dahl* NJW-Spezial 2010, 341; *Pape* FS Kreft 2004, S 446 ff; *Lüke* KS-InsO, S 706, 723 f Rn 45 ff; unzutr (dh Masseschuld bejahend) *BVerwGE* 108, 269 = ZIP 1999, 538; *BVerwGE* 122, 75 = ZIP 2004, 2145; *OVG Magdeburg* BeckRS 2013, 45374 und ZInsO 2013, 742; *OVG Bautzen* BeckRS 2009, 33508, *K Schmidt* NJW 2010, 1489 und 2012, 3344, die nicht zw Grundverhältnis (Ordnungsrecht) und den besonderen vollstreckungsrechtlichen Durchsetzungssperren (InsO) trennen.

168 Vgl *BGHZ* 148, 252 = ZIP 2001, 1469; ZIP 2010, 2410; *Pape* KS-InsO, S 353, 392 Rn 65 f.

169 Das InsVerf wird nur für InsGl, nicht aber deshalb eröffnet, damit Masseschulden entstehen; s *Ries* ZInsO 2013, 1612, 1614 f. Ebenso *BAG* BeckRS 2014, 65893 = ArbuR 2013, 508 Rn 22: § 113 begründet kein schutzwürdiges Vertrauen, vorrangig MasseGl zu sein. Bei Vertragsschluss wurde etwaiges Vertrauen dem Schu entgegengebracht, nicht dem InsVerw. Mit Freigabe des Arbeitsverhältnisses stellt der InsVerw den Zustand wieder her, der vor InsEröffnung bestand.

170 Vgl *Ries* FS Runkel 2009, S 93, 101 f; *ders* ZInsO 2013, 595, 598; *ders* ZInsO 2009, 2030, 2032; *ders* NZI 2010, 498, 499.

171 *BFH* ZIP 2012, 2217; ZInsO 2013, 1739.

172 Vgl die Nachw in Rn 56. Letztlich sehr str; die verwaltungsgerichtl Rspr stellt überwiegend auf den Zeitpunkt der Ersatzvornahme bzw die Erteilung des Kostenbescheides ab.

173 MK/*Hefermehl* § 55 Rn 97 spricht zu Recht die Frage an, ob dann mit Blick auf § 240 ZPO noch eine Leistungsverfügung ergehen darf.

Pflicht, beinhaltet noch keine Aussage über ihren insolvenzrechtlichen Rang;[174] sie bleibt InsFord, soweit der maßgebliche Tatsachen- und Rechtsboden schon vorher gelegt war und keine neuen Erschwernisse hinzukommen. Die Frage zügiger Freigabe wird aber für den Verw dringlich, wo damit gerechnet werden muss, dass die Verwaltungsgerichtsbarkeit – wenn auch sachlich falsch – allein schon die schlichte Weiternutzung als aktive (Neu)Integration der Gegenstände in die Masse wertet.[175] Saniert die Behörde vorinsolvenzliche Altlasten nach Freigabe, besteht eine InsFord,[176] darüber hinaus haftet ihr – analog zur Haftungsbeschränkung im Erbrecht – letztlich auch der freigegebene Vermögenswert.

4. Freigabewirkung. Die Herauslösung einzelner Sachen und Rechte aus der Masse per 57
Freigabe bewirkt zugleich, dass die **vollstreckungsrechtlichen Sperrwirkungen** der §§ 88 ff ex nunc **entfallen**; Sicherheiten, die der Schu ursprüngl bestellt hatte, leben nun durch Konvaleszens wieder auf.[177] Dabei verändert sich nach zutr Ansicht nicht deren früherer Rang.[178] Das VollstrVerbot des § 89 entfällt allerdings nur für solche AltGl, die zuvor noch nicht dinglich gesichert waren (zulässig also Vorgehen aus bestehender Sicherheit; unzulässig das Neuerlangen dingl Sicherheit aufgrund AltFord).[179] NeuGl hingegen unterliegen dieser Beschränkung nicht; sie können in freigegebene Vermögenswerte vollstr. Umgekehrt unterliegen endgültig freigegebene Vermögenswerte keiner **Nachtragsverteilung** mehr.[180] Gibt der InsVerw ein Grundstück frei, folgt daraus aber nicht zugleich die Freigabe etwa bestehender **Rückgewähransprüche** aus nicht valutierten Grundschulden.[181]

Bezogen auf freigegebene Gegenstände erlangt der Schu seine **Prozessführungsbefugnis** 58
zurück;[182] mit Freigabe des vom Schu rechtshängig gemachten Anspruches endet zugleich die Prozessunterbrechung nach § 240 ZPO.[183] Die Ablehnung der Aufnahme eines Rechtsstreits durch den Verw nach § 85 Abs 2 gilt im Zweifel als Freigabe des Streitgegenstands; sie bewirkt ggf analog § 401 BGB auch die Freigabe des Anspruches aus § 667 BGB ggü einem Abwicklungstreuhänder.[184] Inwieweit bestimmte Passivstreitigkeiten v InsVerw zur Fortsetzung durch den Schu freigegeben werden können, ist in den Details str.[185]

Nach Freigabe sind die in öffentlichen Registern bzw im Grundbuch eingetragenen Insol- 59
venzvermerke zur Löschung zu bringen, vgl § 32 Abs 3 (nähere Erl dort Rn 32 ff).

---

174 *Ries* NZI 2010, 498, 499.
175 Vgl auch *BVerwG* ZInsO 2006, 495: Aufgabe des Besitzes für Freigabe zwingend.
176 *Küpper/Heinze* ZInsO 2005, 409, 412.
177 *BGHZ* 166, 74 = ZIP 2006, 479; *BGH* ZIP 2013, 1181 Rn 26.
178 HK-InsO/*Kayser* § 88 Rn 40; *Kreft* FS Gero Fischer 2008, S 297, 306 f; *Keller* ZIP 2006, 1174, 1181; *Ries* FS Runkel 2009, S 93, 107 f; alle insoweit **abl** ggü *BGHZ* 166, 74 = ZIP 2006, 479, als dort in Rn 24 ff gesagt wird, der ursprüngliche „Rang" der Sicherheit" gehe verloren und lebe erst mit Wegfall des InsBeschlages neu auf.
179 *BGH* ZIP 2009, 818.
180 *BGH* ZIP 2014, 1183.
181 *BGH* 27.4.2017 – IX ZB 93/16 Rn 19: „Rückgewähransprüche" aus GrundpfandR oder Sicherungsvertrag sind wesensverschieden gegenüber „Verwertungserlös" – nur Letzterer ist mit freigegebenes Grundstückssurrogat. Problematisch mE *OLG Braunschweig* 24.8.2016 – 3 U 44/15, wonach mit dem Grundstück idR auch Altansprüche gegen die Brandschutzversicherung freigegeben sind (richtig dürfte sein: nur später nach Freigabe neu entstehende Vers-Ansprüche).
182 *BGH* ZIP 2013, 1181 Rn 12 mwN.
183 *BGHZ* 163, 32 = ZIP 2005 1034 sub III.
184 *BGH* ZIP 2007, 194; zuvor ZInsO 2004, 858.
185 Näheres bei *Ries* ZInsO 2013, 595; **aA** (keine Aufnahme v Passivprozessen durch den Schu) *BGH* ZIP 2003, 2271; ZInsO 2009, 432; *BFHE* 212, 11 = ZIP 2006, 968.

60 **5. Unechte Freigabe.** Eine sog unechte Freigabe liegt vor, wenn der InsVerw einen nicht massezugehörigen Gegenstand (vgl § 47) an den Berechtigten (zB Aussonderungsberechtigten) herausgibt. Die „Freigabe" wirkt hier lediglich deklaratorisch als Anerkennung einer bestehenden Rechtslage.[186]

61 **6. Modifizierte oder erkaufte Freigabe.** Eine sog modifizierte Freigabe liegt vor, wenn mit der Freigabeerklärung zugleich besondere **begleitende Absprachen** verknüpft werden, sei es iSv Erfolgsabreden mit späterer Erlösaufteilung oder in Gestalt eines vom Schu zu leistenden Ablösebetrages (sog erkaufte Freigabe) oder dergl mehr. Der InsVerw kann zB den Schu ermächtigen, ein massezugehöriges Recht im eigenen Namen geltend zu machen, verbunden mit der Vereinbarung, Teile des Erlöses zur Masse abzuliefern. Oder er kann Meinungsverschiedenheiten um den Pfändungsschutz nach § 811 Abs 1 Nr 5 ZPO vergleichsweise durch Ablösezahlung bereinigen.[187]

62 Eine gewillkürte **Prozessstandschaft des Schu** ist in den Schranken v §§ 826, 138 BGB zulässig, wenn ein berechtigtes Eigeninteresse nachvollziehbar ist und nicht der alleinige Grund darin liegt, die Masse von der Belastung mit Prozesskosten zu verschonen und den Obsiegenden mit seinem Kostenerstattungsanspruch auf das insolvenzfreie Vermögen zu verweisen. Wenn der Schu eine natürliche Person ist, muss man idR ein berechtigtes Interesse annehmen,[188] weil jeder zusätzlich erlangte Aktivwert die Restschuld reduziert, während über die Frage der Restschuldbefreiung erst zum Ende der Wohlverhaltensperiode entschieden wird.[189]

63 Probleme bereitet die Freigabe bei der **Umsatzsteuer**. Das betrifft weniger die Herausgabe beweglicher Sachen an den Schu selbst (als „Insichgeschäft" nicht steuerbar, da er Rechtsträger war und bleibt), sondern vielmehr – soweit umsatzsteuerbares Betriebsvermögen in Rede steht – sein anschließendes Verhalten ggü den SicherungsGl. Da der *BFH*[190] unverständlicherweise auf einer reinen Zeitachsenbetrachtung beharrt (jede Verwertung „während" des InsVerf geschehe stets „im" InsVerf), verschließt er sich insoweit bei beweglichen Sachen einer Anwendbarkeit von § 13b Abs 2 Nr 1 UStG; infolgedessen drohte das Finanzamt nach der vorherrschenden Theorie von der Doppelumsatzbesteuerung[191] auszufallen, würde man nach Freigabeerklärung ggü dem Schu dessen Übergabe des Sicherungsgutes an den AbsonderungsGl (sog Erstlieferung) den Charakter lediglich einer NeuFord im massefreien Bereich zuweisen. Daraus leitet der BFH – ergebnisorientiert, aber dogmatisch unhaltbar – den Gedanken ab, die Masse müsse sich dann trotz Freigabe das anschl weitere SchuVerhalten auf den Rang des § 55 Abs 1 Nr 1 zurechnen lassen.[192] Dabei vermischt der BFH insb mit dem Hinweis, der spätere Erlös sei zur Insolvenztabelle anzurechnen, die

186 *Uhlenbruck/Hirte* § 35 Rn 85.
187 Ausf *Uhlenbruck/Hirte* § 35 Rn 86 f.
188 *BGHZ* 100, 217 = ZIP 1987, 793; NJW 1999, 1717.
189 Insgesamt eher zurückhaltend bis abl *Uhlenbruck/Hirte* § 35 Rn 87; *K Schmidt/Schulz* ZIP 1982, 1015, 1022.
190 *BFHE* 217, 310 = ZIP 2007, 1998; ZInsO 2010, 721; **aA** *Ries* ZInsO 2010, 689 mit Verweis auf die daraus folgenden zahlr Wertungswidersprüche. Der *BGH* ZIP 2007, 1126 Rn 9 schließt sich zwar letztlich dem BFH an, benennt aber vorab in LS 1 immerhin § 13b UStG als Wertungsnorm.
191 *Dies* ebenda.
192 S ausf dargestellt bei *Waza/Uhländer/Schmittmann* Insolvenzen und Steuern, Rn 2228 ff; *de Weerth* ZInsO 2008, 1252, 1255. Zu ggf daran bei § 209 Abs 1 Nr 3 anzuknüpfenden Nachrangüberlegungen *Ries* EWiR 2011, 59, 60 (sub 3.4).

maßgeblichen Beziehungsebenen; denn in ständiger BGH-Rspr[193] sind mit Mitteln der Masse nur neue Vermögenswerte der Masse zu generieren; eine weitere Be- oder Entlastung der Tabelle ist letztlich ohne Belang, zumal sich hier bei dauerhafter Masseunzulänglichkeit überhaupt keinerlei Verteilungseffekte (§§ 187 ff) zeigen bzw bei denkbar geringer Verteilungsquote die Steuerbelastung nicht einmal annährend kompensiert würde, also letztlich unverhältnismäßig bleibt.[194] Schlussendlich: wenn das InsVerf schon alsbald ohne eine Verwertungsmaßnahme gem § 200 aufgehoben wird und der Schu erst später selbst verwertet, fällt ebenfalls keine Massesteuer an – ein gesetzl Anspruch auf eine gewisse Verfahrensmindestdauer bzw auf den Erhalt einer MasseGlPosition besteht aber nicht (so Rn 56). Solange diese BFH-Rspr aber dennoch fortbesteht, muss der InsVerw folglich sicherstellen, dass er seinerseits die USt beim SicherungsGL einfordert.[195] Er darf andererseits an das Finanzamt überhaupt erst jenseits der Sperrwirkungen etwaiger Masseunzulänglichkeit[196] Zahlungen leisten.

Für den Bereich der **Ertragssteuer (KStG, EstG)** stellen sich vergleichbare Themen bei der Aufdeckung stiller Buchreserven.[197] Dabei soll nach Ansicht des BFH[198] ein Buchgewinn aus freihändiger Veräußerung bzw frei vereinbarter „kalter" Zwangsverwaltung voll steuerbar sein, auch wenn der Masse nichts zufloss, sondern alles an den SonderrechtsGl ausgekehrt werden musste. Offen blieb, inwieweit es letztlich auf die Verwertungsart ankommt, dh ob auch Fälle der Zwangsverwaltung und Zwangsversteigerung erfasst werden, an denen nach Freigabe und Löschung des InsVermerkes im Grundbuch der InsVerw nicht einmal mehr zu beteiligen ist.[199] Hier kommt erschwerend hinzu, dass sich die potenzielle Steuerlast zu Beginn nicht betragssicher vorhersagen lässt und die §§ 166 ff (anders als zur USt) gänzlich schweigen, man also daraus nicht einmal analog gegen den AbsonderungsGL einen Rückerstattungsanspruch herleiten kann. Kurzum: Wäre man der Ansicht, der InsVerw könne sich nicht durch Freigabe aus der steuerlichen Verantwortung herauslösen, führte das in verfassungsrechtlich bedenklicher Weise (Aushöhlung der GlRechte nach Art 14, 19 Abs 4 GG) zu einer völlig insolvenzzweckwidrigen Privilegierung in Form einseitiger Bereicherung des Fiskus an Geldern der GlGesamtgemeinschaft. Von daher fällt nach Ansicht des Verf jedenfalls für die einer Freigabe nachfolgende Zwangsversteigerung bzw -verwaltung keine Ertragssteuer zulasten der Masse an, was den InsVerw aber umgekehrt zur Vermeidung eigener Haftung (§ 60) nötigt, künftig bei freihändiger Veräußerung bzw frei vereinbarter „kalter" Zwangsverwaltung einen Mehrerlös anzustreben, der den Steuernachteil aus unterbliebener Freigabe voll kompensiert. Bei genauerem Hinsehen zeigt sich damit aber zugleich die Inkonsistenz der Argumentation des *BFH*-Urt v 16.5.2013.[200] 64

193 Grundlegend *BGH* ZIP 2007, 1126: GlBenachteiligung spez wegen der Massebelastung im besonderen Rang des § 55 Abs 1 Nr 1.

194 Zu vergleichbaren Auszehrungseffekten und dem Verhältnismäßigkeitsgebot den Gl ggü *Ries* ZinsO 2013, 595, 598.

195 *BGH* ZIP 2007, 1126 (altern begründet mit § 170 Abs 2 analog und Anfechtung gem §§ 129 ff).

196 Vgl *BGH* ZIP 2010, 145 Rn 25 f und ZIP 2010, 2252; *Ries* ZInsO 2007, 650; *ders* 2010, 689, 694: USt ist kein durchlaufender Posten, sondern steht in der Rangfolge des § 209; schlimmstenfalls im Rang des Abs 1 Nr 3 Totalausfall möglich.

197 Ausf dazu *Waza/Uhländer/Schmittmann* Insolvenzen und Steuern, Rn 1466 ff; *Wessel* DZWiR 2009, 112.

198 *BFH* ZIP 2013, 1481; anders noch *BFHE* 141, 2 = NJW 1985, 511.

199 Bisher verneinend *BFHE* 124, 411 = DB 1978, 1429 (keine Masseverbindlichkeit). Speziell zu Zwangsversteigerung und Zwangsverwaltung nach Freigabe s jetzt *FG Leipzig* BeckRS 2013, 96516 (keine Masseverbindlichkeit); **aA** *FG Münster* ZIP 2014, 589 (doch Masseverbindlichkeit).

200 *BFH* ZIP 2013, 1481.

65 **7. Freigabeerklärung.** Die Freigabe geschieht durch einseitige, empfangsbedürftige Willenserklärung gegenüber dem Schu. Sie ist **nicht formbedürftig** und kann auch mündlich abgegeben werden, muss aber inhaltlich so beschaffen sein, dass sich der oben Rn 52 beschriebene Wille aus ihr eindeutig ergibt. Das *LG Köln*[201] ist stattdessen der Ansicht, nach Freigabe eines von der ZwVollstr betroffenen Grundstücks bedürfe es zur Rückschreibung der zwischenzeitlich gegen den InsVerw ausgestellt gewesenen VollstrKlausel auf den Schu eines Nachweises sowohl der Freigabeerklärung als auch ihres Zugangs beim Schu in öffentlich beglaubigter Form bzw mit öffentlicher Urkunde. Allein durch die erfolgte Löschung des InsVermerks im Grundbuch sei die Rechtsnachfolge nicht offenkundig iSv § 727 Abs 2 ZPO. Dabei geht das LG Köln schon im Ausgangspunkt fehl, weil es nicht unterscheidet zwischen Erteilung einer VollstrKlausel einerseits (Prüfung Notar) und Prüfung der VollstrVoraussetzungen nach ZVG andererseits (Prüfungskompetenz des Zwangsversteigerungsrechtspflegers). Die Freigebeerklärung wirkt nur ex nunc (also allein in die Zukunft), dauerhaft und endgültig, dh unwiderruflich.

66 In § 160 Abs 2 ist die Freigabe nicht genannt; sie ist somit nur zustimmungsbedürftig, wenn sie eine Rechtshandlung von bes Bedeutung iSv 160 Abs 1 darstellt.[202] Das ist letztlich eine Frage der jeweiligen Wertproportionen bzw dazu denkbarer, auseinanderklaffender Prognoseunterschiede (vgl § 160 Rn 2). In Sonderfällen (zB Altlastenproblem) mag man das anders sehen. In solchen Fällen sollte der InsVerw zur Vermeidung von nachträglichem Streit und zur Haftungsvermeidung vorsorglich die Zustimmung einholen.

VII. Die Pauschalfreigabe nach Abs 2, 3

67 **1. Zweck, Geltungsbereich.** Abs 2 und 3 sind durch das InsO-Vereinfachungsgesetz[203] mit Wirkung zum 1.7.2007 eingefügt worden. Gem Art 103c EGInsO ist auf vorher eröffnete Verf weiterhin § 35 in seiner früheren Fassung anzuwenden.

68 Anlass der Neuregelung waren erhebliche Praxisprobleme, die sich bei beruflich Selbstständigen in der Durchführung ihrer InsVerf stellten.[204] Sie resultierten neben verschiedenen, aus den jeweiligen berufsrechtl Sondernormen hervorgehenden Zulassungsthemen (dazu oben Rn 32 f) vor allem daraus, dass es im Hinblick auf Art 2, 12 GG nicht möglich war, einem nicht kooperationswilligen Schu die eigene Fortsetzung des „Geschäftsbetriebes" mit unpfändbaren Sachen (vgl § 811 Abs 1 Nr 5 ZPO) zu untersagen, woraus Unsicherheiten für den Rechtsverkehr erwachsen konnten, wer der richtige Vertragspartner ist, und andererseits Fortführungen auf Rechnung der Masse für den Verw sehr riskant und haftungsträchtig blieben, was sich aber oftmals bei deutlich höher anzusetzender Vergütung (saldiert unter dem Strich) für die GlGemeinschaft nicht einmal als wirklich lukrativ erwies.[205] Das alles sollte in Anlehnung an § 295 Abs 2 vereinfacht werden, indem der Schu regelmäßig

---

201 ZInsO 2013, 198. Das LG übersieht zugleich, dass die Erteilung der VollstrKlausel nur eine rein vorbereitende Maßnahme der ZwVollstr ist, die § 89 Abs 1 nicht sperrt, also vom Gl gegen den Schu stets verlangt werden kann.

202 Bejahend *K/P/B/Onusseit* § 160 Rn 20; *Frege/Keller/Riedel* InsR, Rn 1337; vern *Haarmeyer/Wutzke/Förster* Rn 5.309.

203 G v 13.4.2007, BGBl I, 509.

204 S dazu *Andres* NZI 2006, 198; *Grote/Pape* ZInsO 2004, 993; *Ries* ZVI 2004, 221 und ZInsO 2005, 298.

205 Zu den Motiven und Zielen des G s insb RegE der BReg BT-Drucks 16/3227, 17 mit Empfehlung Rechtsausschuss BT Drucks 16/4194, 14; BR-Drucks 549/06, 16 mit Empfehlung Rechtsausschuss BR-Drucks 549/1/06, 4; BT-Plenarprotokoll 16/79 v 1.2.2007, 7932 f.

Ausgleichszahlung an die Masse leistet, hierüber eine Gleichbehandlung mit solchen Schu stattfindet, die nur unselbstständige Arbeitnehmereinkünfte beziehen, und schließlich sollten Kosten wie Aufwand im InsVerf gering bleiben, weil sich niemand mit der arbeitsintensiven und riskanten Fortführung beschäftigen muss. Der InsVerw hat dementspr, kontrolliert durch die GlVersammlung (§ 35 Abs 2 S 3), die Abwägung zu treffen, was in einer Gesamtschau aller Faktoren die beste Lösung für das jeweilige Verf ist. Die im Gesetzgebungsprozess vielfältig besprochenen Erwägungen haben BGH[206] und BAG[207] mittlerweile in zwei grdlegenden Entscheidungen näher abgehandelt; darauf sei verwiesen.

Letztlich geht es damit um eine „**Pauschalfreigabe**“, die den InsVerw und seine Masse aus dem kompletten Bündel aller Rechtsbeziehungen und Sachgesamtheiten herauslöst, die die berufliche Sphäre des Schu betreffen. Umgekehrt ist dem Schu zur Verwirklichung eines Konzeptes der Existenzsicherung ein funktionstauglicher Betrieb zu belassen; der InsVerw darf dem nicht vorab wesentliche Assets entnehmen. Das alles spielt als Einheit zusammen. Wo der Schu gar keinen Fortführungswillen besitzt und selbst nicht beruflich im alten Betrieb weitermachen will, scheidet eine Freigabe gem § 35 Abs 2 aus. Dem InsVerw bleibt in diesem Fall nur die übliche Liquidation mit Auslaufkündigungsfristen etc. So betrachtet, trifft § 35 Abs 2 eine reine „going-concern“- und keine Liquidationsregelung. **69**

Zwar ist nicht aus dem Wortlaut von Abs 2, aber doch aus der Gesetzgebungsgeschichte ersichtlich, dass die Regelung nur auf **InsVerf natürlicher Personen** Anwendung findet,[208] die bereits eine selbstständige Tätigkeit ausüben oder demnächst ausüben wollen. Bedenkt man, dass dies auch Verf wie dasjenige von Anton Schlecker mit theoretisch 50 000 Mitarbeitern erfassen kann, hätte man die gesetzliche Regelung doch besser beschränkt, bspw auf Kleinbetriebe mit max 5 Mitarbeitern bei Umsatzvolumina bis max 250 TEUR; alles darüber Hinausgehende führt zu weit weg von den usprünglichen Existenzsicherungs(minimal)zielen. Ob man den Anwendungsbereich dennoch schon de lege lata auf solche Größenordnungen teleologisch beschränken darf, erscheint sehr zw. Abs 2 ist nicht auf das InsVerf einer Gesellschaft ohne Rechtspersönlichkeit (GbR, oHG etc; s § 11 Abs 2) oder auf NachlassInsVerf anwendbar. **Selbstständig** ist jede Tätigkeit, die der Schu nicht als abhängig Beschäftigter ausübt, sondern als Gewerbetreibender oder als Freiberufler iSv §§ 15 Abs 1, 18 Abs 1 Nr 1 EStG. **70**

Bis heute nicht ganz geklärt ist eine saubere Abgrenzung zu den Fällen, in denen ein **unkooperativer Schu** nicht für die Masse tätig sein will. Im Grunde muss der Verw stets mit dem Schu eng im Gespräch sein, denn zunächst ist der Schu an der Reihe, sich zu entscheiden, **71**

- ob er überhaupt weiterarbeitet (in der Verwertung seiner Arbeitskraft ist er frei; so Rn 22 mwN), und wenn ja,
- ob in der Masse oder
- außerhalb der Masse unter Zuhilfenahme von § 811 Abs 1 Nr 5 ZPO.

Bei Bereitschaft des Schu zur Weiterarbeit in der Masse muss der Verwalter alsdann für sich entscheiden, ob sich das lohnt, oder ob er die berufliche Sphäre stattdessen besser freigibt. Fehlt die Bereitschaft zur Weiterarbeit in Kooperation mit dem Verw und bezieht sich

---

206 *BGHZ* 192, 322 = ZIP 2012, 533 Rn 17 ff.
207 *BAG* BeckRS 2014, 65893 = ArbuR 2013, 508 Rn 19 ff.
208 *K/P/B/Holzer* § 35 Rn 107; *Schmerbach* InsBüro 2007, 2002, 210; **aA** *Heinze* ZVI 2007, 349, 351.

der Schu gegenständlich auf § 811 Abs. 1 Nr 5 ZPO, ist unklar, was das letztlich für die sonstige Masseabwicklung (insb Verträge, darunter insb Dauerschuldverhältnisse) bedeutet. Insofern fehlen flankierende gesetzliche Regelungen. Was die aktive Neumasse und neue Masseverbindlichkeiten anbetrifft, gelten in der Zuordnung sicherlich die Ausf zu Rn 42 ff entspr. Und doch versagt tw die Kollisionsbetrachtung zwischen Art 2, 12 GG iVm § 811 Abs 1 Nr 5 ZPO einerseits und § 850i Abs 1 S 1 ZPO andererseits. Die damaligen Maßstäbe der Psychotherapeutenentscheidung des BGH[209] passen nicht, weil der Verw sich nach dem Grundgedanken von § 36 Abs 1 S 1, § 811 Abs 1 Nr 5 ZPO in diesem besonderen Fall in die eigentliche Betriebsfortführung gar nicht erst einmischen darf und dies zur Vermeidung von Masseschulden im Zw auch gar nicht will. Andererseits müssen dem Schu unter Existenzsicherungsaspekten (Schutz vor Kahlpfändung) ausreichende Einnahmen verbleiben. Der Verw wird ggf abzuwägen haben, auf den Rückzug des Schu nach § 811 Abs 1 Nr 5 ZPO eine Freigabeerklärung nach § 35 Abs 2 draufzusatteln, oder überschüssige, nicht pfändungsgeschützte Habe zu verwerten, dafür aber im Gegenzug Auslaufkündigungsfristen beachten und auslaufende Masseschulden zahlen zu müssen. Ungeachtet dessen erscheint es geboten, auch in den Fällen des Rückzuges und eigenen Wirtschaftens des Schu nach § 811 Abs 1 Nr 5 ZPO diesen Sondersachverhalt analog § 35 Abs 3 gerichtlich bekanntzumachen, um das gesetzl Ziel von mehr Transparenz und Schutz des Rechtsverkehrs bei Neugeschäften zu verwirklichen.

72 **2. Die Freigabe oder Einbeziehungserklärung. – a)** Ebenso wie bei der Freigabe einzelner Sachen und Rechte ist die Erklärung auch hier grds **formfrei.** Schriftform ist zu Beweiszwecken sinnvoll, aber nicht zwingend; eine mündliche Erklärung genügt. Dazu sei verwiesen auf die entspr Ausf vorstehend in Rn 65. Die Erklärung kann, da ggf unmittelbar rechtsgestaltend und zugangsbedürftig, frühestens im Moment der Eröffnung durch den schon nach § 27 Abs 1 bestellten Verwalter abgegeben werden. Insofern liegen die Dinge anders als bei einer schon gutachterlich[210] möglichen Anzeige der Masseunzulänglichkeit. **Erklärungsempfänger** ist stets der Schu (Abs 2 S 1); es müssen keine zusätzlichen Erklärungen an Drittbeteiligte gerichtet werden (etwa die Vertragspartner von Dauerschuldverhältnissen iSd § 108).[211] Insb müssen diese Dauerschuldverhältnisse nicht gesondert gekündigt werden.[211] Im Gegenteil wäre eine Kündigung haftungsträchtig (§ 60), wenn sie die Vertrauensbeziehungen der Drittbeteiligten zum Schu zerstört. Das Existenzsicherungskonzept des Gesetzgebers verfolgt als besonderes Ziel, dem Schu einen funktionstauglichen Betrieb zu übergeben, der ihn künftig ernährt. Konsequent verliert der Verw mit seiner Freigabeentscheidung in diesem Sektor jedwede Kündigungskompetenz (vergleichbar der Kündigungssperre für Wohnraum, § 109 Abs 1 S 2).

73 Die in § 35 Abs 3 vorgesehene **Anzeige an das Gericht** dient lediglich der öffentlichen Transparenz für den Rechtsverkehr; sie ist rein deklaratorischer Natur und keine Wirksamkeitsvoraussetzung. Die Freigabeerklärung kann während des Verf jederzeit abgegeben werden, ggf schon zeitnah, bevor der Schu eine neue Beschäftigung aufnimmt, längstens jedoch bis zum gerichtl Schlusstermin.[212] Übt der Schu mehrere selbstständige Tätigkeiten aus, muss sich der InsVerw für jede einzeln erklären.[213]

---

209 *BGH* ZInsO 2003, 413 (Gesamtbeschlag auf alle Einnahmen).
210 Vgl *BAG* ZIP 2005, 873, 875 liSp.
211 *BGHZ* 192, 322 = ZIP 2012, 533 Rn 24 und BeckRS 2014, 65893 = ArbuR 2013, 508 Rn 20 f.
212 *K/P/B/Holzer* § 35 Rn 109.
213 **AA** *Berger* ZInsO 2008, 1101, 1103: Freigabefähig sei nur alles oder nichts.

b) Nach Sinn und Zweck der Regelung sind nur zwei Erklärungen möglich:[214] **74**

- Vermögen aus der selbstständigen Tätigkeit gehört zur Masse, Verbindlichkeiten aus dieser Tätigkeit sind im InsVerf als Masseverbindlichkeiten zu behandeln (Positiverklärung); oder
- Vermögen aus der selbstständigen Tätigkeit gehört nicht zur Masse, Ansprüche aus dieser Tätigkeit können im InsVerf nicht geltend gemacht werden (Negativerklärung).

Mischformen dazwischen sind bei einseitiger Gestaltung durch den InsVerw unzulässig, hingegen allseits einvernehmlich vereinbarte – den Wesenskern der Regelung beibehaltende – Modifikationen erlaubt. Zur zeitlichen Abgrenzung der aus alledem herzuleitenden Gl-Ansprüche s unten Rn 82 f. **75**

Da der Verw gem Rn 71 sinnvollerweise vorab hinterfragt, ob der Schu künftig überhaupt für Rechnung der Masse mitarbeiten wird, und da § 35 Abs 1 die bei Eröffnung schon vorhandenen Betriebsstrukturen automatisch erfasst, hat die **Positiverklärung** weitgehend nur deklaratorischen Charakter. Sie bestätigt zunächst die gesetzliche Ausgangslage. Eine bloß deklaratorische Bestätigung kann nicht iSv § 35 Abs 2 S 3 „unwirksam" sein oder dazu gemacht werden. Umgekehrt ist § 35 Abs 2 S 3 nicht so zu verstehen, dass nunmehr auf Antrag der Gl das Gericht (anstelle des Verw) die Freigabe erklären oder den Verw dazu anweisen könnte.[215] Wenn deklaratorische Bestätigungen keine eigene Bindungswirkung erzeugen, wirken sie weder endgültig noch unwiderruflich. Entspr kann der Verw später noch nachsteuern, sich zu einer Freigabe umentscheiden und nunmehr diese zur BeschlFassung der Gl bringen. **76**

Ganz anders bei der **Negativerklärung**. Sie bewirkt (wie bereits die herkömmliche Freigabe von Sachgut) eine „konstitutive" Herauslösung des berufsbezogenen Rechts- und Sachbündels aus der Masse; insofern wird das rechtliche Band zur Masse prompt zerschnitten.[216] Eine solche Erklärung ist in ihrer Grundausrichtung dauerhaft und unwiderruflich. Hier gibt es nur eine nachlaufende Sonderkompetenz des GlAusschusses bzw der GlVersammlung gem § 35 Abs 2 S 3, die Erklärung des Verw außer Kraft zu setzen. Insofern beschließen die GL autonom; das InsGer ist Veröffentlichungsorgan ohne bes materielle Prüfungskompetenz.[217] **77**

Nach hier vertr Ansicht wirkt die **Unwirksamkeitserklärung des InsGer** gem Abs 2 S 3 ex tunc zurück, vergleichbar dem Widerspruch eines Arbeitnehmers gegen den Betriebsübergang gem § 613a Abs 6 BGB,[218] was die Dinge auch insofern homogen erscheinen lässt, als das BAG diese Norm zum alten Recht in Freigabefällen für entspr anwendbar hielt.[219] Die Situation entspricht, wenngleich mit exakt umgekehrtem Vorzeichen (dh spiegelbildlich), [220] **78**

---

214 Wegen der in § 35 Abs 2 S 3 vorgesehenen GlBeteiligung zu weitgehend *Haarmeyer* ZInsO 2007, 696, 697 und *K/P/B/Holzer* § 35 Rn 111: bis zur Aufhebung gem § 200.

215 Das Gericht hat üblicherweise keine gesetzliche Kompetenz zur materiellen Konstituierung der Masse. Das ist Sache des Verw und der Gl; vgl *K Schmidt/Ries* § 58 Rn 12 f; **aA** zu § 35 Abs 2 S 3 bisher die 2. Aufl und HambKomm/*Lüdtke* § 35 Rn 266.

216 *Holzer* ZVI 2007, 289, 292.

217 Ausnahmsweise kann sich das InsGer bei offenkundig insolvenzzweckwidrigem Missbrauch der Gl analog § 78 weigern, die Unwirksamkeit nach § 35 Abs 2 S 3 auszusprechen; vgl FK/*Bornemann* § 35 Rn 25.

218 Vgl *BAG* NJW 2007, 2134 Rn 49 f.

219 *BAG* ZInsO 2008, 866 Rn 23; ZInsO 2009, 1116 Rn 29.

220 Die hiesigen Ausf zum Rechtsgedanken v § 34 Abs 3 S 2 insofern missverstanden v *Kayser* ZIP 2015, 1083, 1084 (bei Fn 12): „spiegelbildlich" meint hier umgekehrt Zurechnung für und gg die „Masse", nicht den Schu.

der vorzeitigen Beendigung von Sicherungsmaßnahmen in der vorl Verwaltung bzw der nachträglichen Aufhebung des Eröffnungsbeschlusses im BeschwVerf. Demgegenüber meinen allerdings BSG[221] und hM,[222] die Unwirksamkeitserklärung des InsGer wirke erst **ex nunc**. Das mündet in letztlich völlig zerstückelte VerfTeile (zB fortdauernde Inkassokompetenz bzw Regulierungsverpflichtung des Schu für seine Zwischenphase; s BSG-Fall) mit ganz unterschiedlichen Rechnungslegungsverantwortlichkeiten bei nicht einmal einheitlicher Steuerveranlagungspflicht. Das ist abzulehnen; die GLVersammlung bittet doch gerade deswegen um eine gerichtliche „Unwirksamkeitsanordnung", weil sie durchgängig vollen „Zugriff" auf die Masse behalten will. Anderenfalls – bei zwischenzeitlich ungünstigen Geschäften des Schu – wird sie die Freigabe billigen. Der Schu seinerseits vertraut darauf, ab Freigabeerklärung des Verw eigenverantwortlich wirtschaften und betriebswirtschaftl langfristig kalkulieren zu können – ohne Rückdeckung dieser Vertrauensposition über die Masse stürzte man ihn in ggf kurzfristig ungedeckte Neuverbindlichkeiten.

79 Der Verw selbst kann seine wirksam abgegebene Freigabeerklärung ohne Mitwirkung der Gl aus eigener Rechtsmacht nicht mehr ändern. Soweit das Gericht im InsVerf des natürlichen Schu einen Berichtstermin (§ 156) ansetzt, gehört das Thema einer etwaigen Freigabe schon mit in die Tagesordnung. Im Übrigen – bei erst späterer Freigabe nach dem Berichtstermin – ist eine weitere GlVersammlung nur einzuberufen, wenn dies der Verw anregt bzw ein ausreichendes GlQuorum beantragt (kein gesetzlicher Automatismus).

80 **3. Rechtliche Auswirkungen. – a)** Gibt der Verwalter die og **Positiverklärung** ab, fallen die (unverkürzten) Einnahmen in die Masse, die Verbindlichkeiten werden Masseschulden. Schief liegt die noch in der 6. Aufl – unter Verweis auf Wischemeyer/Schur[223] – diskutierte Frage, ob sich der Schu gegen die Positiverklärung müsste per Rechtsbehelf zur Wehr setzen können. Wenn – wie in Rn 76 näher erläutert – die Ausgangslage letztlich unverändert bleibt, gibt es nichts zusätzlich Neues, gegen das der Schu des weiteren Rechtsschutzes bedürftig sein könnte. Und in der Verwendung seiner Arbeitskraft bleibt er weiterhin frei (s Rn 71). Zu den Problemstellungen um § 12 GewO und mögliche Schwierigkeiten in der berufsrechtl Zulassung so Rn 32 f.

81 **b)** Im Fall der **Negativerklärung** („Freigabe eigener Art") wirtschaftet der Schu ab dem Moment der Freigabe wirtschaftlich selbstständig. Dazu hat sich in der höchstrichterlichen Rspr die zutr Ansicht gebildet, dass auch Dauerschuldverhältnisse, die die Masse eigentlich gem § 108 weiter gebunden hätten, mit sofortiger Wirkung (ohne Kündigung) insolvenzfrei werden. Das betr insb Arbeitsverhältnisse, bei denen der Schu Arbeitgeber ist,[224] sowie gewerbl Mietverträge[225] Nach zutr Ansicht des BAG[226] ist im Anschluss an die Freigabe eine Kündigungsschutzklage nur noch gegen den Schu selbst zu richten; der InsVerw ist ab dieser Zeit nicht länger passiv legitimiert.

82 Andere vorinsolvenzliche Verpflichtungen bestehen weiterhin nur im Rang des § 38; nach Freigabe ausgelöste Neuverbindlichkeiten treffen dagegen den Schu allein. Verbindlichkeiten aus der Zwischenzeit von der Eröffnung bis zur Freigabe treffen die Masse; diese kann allerdings für die phasenübergreifende, schon den Schu selbst betr Leistungsperiode bei ihm

221 ZIP 2015, 1079
222 Stellvertretend *Kayser* ZIP 2015, 1083 mwN.
223 ZInsO 2007, 1240, 1241.
224 *BAG* ZIP 2014, 339 = ArbuR 2013, 508 Rn 20 f.
225 *BGHZ* 192, 322 = ZIP 2012, 533 Rn 25 f.
226 *BAG* ZIP 2014, 339 = ArbuR 2013, 508 Rn 13.

anteilg pro-rata-temporis Regress nehmen (argum §§ 80, 148 InsO, §§ 683, 988, 818 Abs 1 BGB).Umgekehrt bleiben auf der Aktivseite die bis zur Freigabe vom InsVerw begründeten Debitoren noch in der Masse; alle übrigen Aktiva wandern nach der Freigabe mit in die insolvenzfreie Sphäre des Schu. Für ihn stellen sich dann verschärft Probleme um § 12 GewO (s Rn 32)

Dem Schu obliegt im Falle der „Freigabe" die Pflicht zur **Zahlung eines Ablösebetrages** 83
entspr § 295 Abs 2; vgl Erl dort. Nach Ansicht des BGH[227]genügt es, wenn der Schu ca einmal jährlich einen angemessenen Betrag in die Masse zahlt; das Gesetz gibt keine festen Fristen vor. Vergleichsmaßstab ist dabei ausschließlich ein **adäquates Arbeitnehmereinkommen**. Die immer noch verbreitete Praxis, dass der Verw sich zur Abschöpfung höherer Gewinne an den betriebswirtschaftlichen Auswertungen des Schu und dessen tatsächlichen Einkünften orientiert, ist nicht nur falsch, sondern gefährdet nach BAG[228] die Wirksamkeit der Freigabe. Davon zu trennen ist die ganz andere Frage, ob in Altfällen, die v dem 1.7.2014 beantragt wurden und in denen noch keine **Erwerbsobliegenheit nach § 287b** galt, der Arbeitnehmervergleichsmaßstab gedeckelt werden muss auf einen v Schu tatsächlich nur geringer erzielten Gewinn;[229] für zeitlich jüngere InsVerf stellt sich wegen § 287b die Frage jetzt idR nicht mehr. Für den Verw ist wichtig, dass er zur Abwägung der Sinnhaftigkeit und Wirtschaftlichkeit der Freigabe in etwa weiß, was anstelle der Betriebsfortführungserlöse nun in die Masse kommt. Deshalb empfiehlt es sich, mit dem Schu klar kalkulierbare Vereinbarungen zu treffen, die die Statusangaben (Familienstand; angemessene Vergleichsbeschäftigung, übliches Einkommen usw) inhaltlich umreißen und das Ergebnis betragsmäßig festzurren. Denn dort, wo die berufliche Selbstständigkeit zwar für sich genommen nicht unrentabel, aber ihre Beibehaltung in der Masse wegen beträchtlich höherer VerfKosten per Saldo doch nicht sinnvoll ist, benötigt der Verw zur Vermeidung eigener Haftung (§ 60) klare Planungsgrundlagen. Um dies alles zu gewährleisten, ist der angemessene Betrag auch ohne zusätzliche Vereinbarung v InsVerw **gerichtlich einklag- und zwangsvollstreckbar**.[230] Als zusätzliches Problem erweist sich an dieser Stelle, dass mit der Freigabe die früheren vorinsolvenzlichen Sicherheiten (zB eine Globalzession) wieder durchsetzbar werden (so Rn 41 sowie Rn 57). Das kann zu erheblichen Kollisionsthemen führen, weil bisher nicht höchstrichterlich geklärt ist, wie umfänglich diese alten, zeitlich prioritären Sicherheiten nun wieder greifen, dh ob sie dabei auch denjenigen Betrag abschöpfen, der eigentl gem § 295 Abs 2 in die Masse fließen soll.[231] Nach hier vertretener Ansicht behält § 295 Abs 2 mit seinem Telos zwingend den Vorrang; **dingliche Sicherheiten** bleiben letztlich in demjenigen Bestand eingefroren, den sie bei Eröffnung besaßen. Nachträgliche „Aufwertungen" durch Wertschöpfungen des Schu im Umlaufvermögen sind nicht verfahrenskonform. In richtigem Normverständnis darf man weder InsGl noch AbsonderungsGl durch Ausfallminderung (nachträglich) bevorzugen; vgl die Rechtsgedanken v §§ 294 Abs 2, 295 Abs 1 Nr 4.

---

227 ZInsO 2012, 1488; ZInsO 2013, 1586 Rn 20.

228 Vgl *BAG* ZIP 2008, 1346 Rn 19 f: Verzicht auf ertragsbezogene, schwankende Gewinnabschöpfung zugunsten der Masse; dazu Praxishinweis *Ries* Beck-Online FD-InsR 2008, 264820; s zum Problemfeld der Freistellung höherer Einkünfte auch HambKomm/*Lüdtke* § 35 Rn 237 mwN.

229 Zutr *BGH* ZInsO 2014, 824; dazu Praxishinweise *Ries* Beck-Online FD-InsR 2014, 367615.

230 *BGH* ZInsO 2014, 824; zuvor schon der Verweis bei *BGH* ZInsO 2013, 1586 Rn 20 auf ZInsO 2011, 1349 Rn 9: eigenständige Abführungsflicht, auf deren Einhaltung der InsVerw einen unmittelbaren Anspruch hat.

231 Zu Recht krit deshalb HambKomm/*Lüdtke* § 35 Rn 263.

84 **4. Rückabwicklung. – a)** Der GlAusschuss oder, wenn ein solcher nicht bestellt ist, die GlVersammlung können eine Unwirksamkeitserklärung beschließen und gerichtlich veröffentlichen lassen, Abs 2 S 3. Für die jeweilige Beschlussfassung der genannten Organe gelten die allg Regeln; sachgerechte Entscheidungsmaßstäbe liegen vor allem in ökonomischen Überlegungen der Gl, insb Optimierung der Masse und Erhöhung der Verteilungsaussichten nach §§ 187 ff.

85 **b)** Das InsGericht, also regelmäßig der RPfl (§ 18 Abs 2 RPflG), trifft dabei keine eigene Sachentscheidung (so Rn 77). Ist auf Beschl der Gl die Unwirksamkeit auszusprechen, wird man ungeachtet einer etwaigen Rückwirkung ex tunc (zum Meinungsstreit so Rn 78) die **zwischenzeitlichen Verfügungen des Schu**, insoweit spiegelbildlich zum Rechtsgedanken v § 34 Abs 3 S 3, als für und gegen die Masse rechtswirksam ansehen und analog § 82 die **bisherigen Leistungen der Vertragspartner** an den Schu als befreiend behandeln müssen.[232] Da bei Nichtfreigabe der Betrieb in die Masse zurückfällt, entsteht nach hier vertr Ansicht eine Art Gesamtschuldnerbeziehung von Schu und Verw ggü den NeuGl; bei Masseunzulänglichkeit wird man dem Schu analog § 25 Abs 2 gestatten müssen, zunächst seine eigenen, zwischenzeitlich außerhalb des Verf begründeten Schulden zu begleichen. Zugleich entsteht nach Freigabe für den Verw gem § 103 das Erfüllungswahlrecht neu.

VIII. Streit über Massezugehörigkeit

86 Streitigkeiten über den Umfang der Masse entscheidet das **InsGer** nur in den bes genannten Fällen des § 36 Abs 4 (s Erl dort);[233] ansonsten sind sie vor dem **Prozessgericht** auszutragen.[234] Da der Verwalter zu Zwecken der Inbesitznahme der Masse bereits den EröffnungsBeschl mit einer VollstrKlausel versehen lassen kann, also schnell einen Titel erlangt (vgl § 148 Abs 2 S 1), muss der Schu, der die Massezugehörigkeit bestreitet, ggf seinerseits aktiv werden. Regelmäßig wird der Schu – wenn eine Sache vom Gerichtsvollzieher weggenommen wurde – gem § 766 ZPO vorgehen. Denkbar ist jedoch auch eine Klage nach §§ 794 Abs 1 Nr 3, 795, 767 ZPO, weil der titulierte Herausgabeanspruch nur Massegegenstände erfasst.[235] Wegen der Zuständigkeit bei § 766 ZPO s § 89 Rn 6. Das schließt eine Feststellungsklage des Verwalters nicht aus.[236] Zu beachten ist allerdings, dass § 19a ZPO nur die massebezogene Passivlegitimation des InsVerw und nicht dessen aktives Vorgehen anspricht.

87 Wenn die Frage der Massezugehörigkeit davon abhängt, ob und in welchem Umfang ein Gegenstand der Zwangsvollstreckung unterliegt, vgl Erl zu § 36 Abs 4.

---

232 Das ist in den Einzelheiten sehr str; **aA** *Kayser* ZIP 2015, 1083, 1085 mwN (konsequente Abgrenzung der jeweiligen Kompetenzphasen und ihrer Vermögensmassen); zum Meinungsstand HambKomm/*Lüdtke* § 35 Rn 267, ebenfalls mwN.

233 S auch *BGH* ZIP 2010, 1197: Nur derjenige Streit über VollstrHandlungen gehört vor das InsGer, zu dem das Gesetz besondere Anordnungen des VollstrGer vorsieht; das erfasst nicht weitergehende materielle Abgrenzungsthemen (vorliegend zu Berücksichtigung weitere Lohnanteile nach § 850e Nr 1, § 851c ZPO).

234 *BGH* ZIP 2008, 417 (zum Streit über Rechte aus der Mitgliedschaft in einem Altersversorgungswerk); *BGH* 7.4.2016 – IX ZB 89/15 Rn 6 (Mietkaution); MK/*Peters* § 35 Rn 30; HambKomm/*Lüdtke* § 35 Rn 272; *K Schmidt/Ries* § 58 Rn 12.

235 MK/*Füchsl/Weishäupl/Jaffé* § 148 Rn 75.

236 *BGH* NJW 1962, 1392 (bedenkenfrei auch iRd InsO anwendbar).

Anhang zu § 35
Gesellschaftsrechtliche Ansprüche gegen Gesellschafter und Geschäftsführer zur Auffüllung der Insolvenzmasse

Übersicht

Literatur: *Bauer* Gesellschafterhaftung in Krise und Insolvenz der GmbH, Teil 1: ZInsO 2011, 1273; *Bayer/Illhardt* Darlegungs- und Beweislast im Recht der GmbH anhand praktischer Fallkonstellationen, Teil 1: Gründung und Kapitalaufbringung, GmbHR 2011, 505; Teil 2: Geschäftsanteil und Kapitalerhaltung, GmbHR 2011, 638; *Bitter* Haftung von Gesellschaftern und Geschäftsführern in der Insolvenz ihrer GmbH, Teil 1: ZInsO 2010, 1505; Teil 2: ZInsO 2010, 1561; *Geißler* Die Anspruchsverfolgung durch den Insolvenzverwalter bei rechtsverstößlicher Mantelverwendung der GmbH, ZInsO 2017, 1697; *Strohn/Simon* Haftungsfallen für Gesellschafter und Geschäftsführer im Recht der GmbH. Aktuelle Rechtsprechung, Beratungs- und Gestaltungspraxis, GmbHR 2010, 1181; *Wachter* Leitlinien der Kapitalaufbringung in der neueren Rechtsprechung des Bundesgerichtshofs, DStR 2010, 1240.

1 Zur Auffüllung der InsMasse kann und muss sich der InsVerw ggf gesellschaftsrechtlicher Ansprüche bedienen, die der insolventen Gesellschaft zustehen. Insbesondere das Kapitalgesellschaftsrecht bietet eine Reihe von Ansatzmöglichkeiten, aus denen der insolventen Gesellschaft offene Forderungen gegen Gesellschafter und Geschäftsführer zustehen können. Der Verwalter muss dazu unter Umständen die gesamte Gesellschaftshistorie bis zu den Gründungsabläufen zurückverfolgen sowie die Einhaltung der gesetzlichen Vorgaben zur Finanzverfassung des insolventen Verbandes überprüfen.

2 Die folgende Zusammenfassung bemüht sich um einen einführenden Überblick über wichtige Haftungsinstitute des Gesellschafsrechts, die für den InsVerw von besonderer Bedeutung sind. Sie erhebt keinen Anspruch auf Vollständigkeit und konzentriert sich iÜ auf eine Skizze der einschlägigen BGH-Rechtsprechung; die Hinweise auf weiterführende Literatur haben exemplarischen Charakter. Für in die Tiefe gehende Darstellungen ist auf das gesellschaftsrechtliche Spezialschrifttum zu verweisen.

A. Kapitalgesellschaftsrecht

3 Ist die Schu in der Rechtsform einer Kapitalgesellschaft organisiert, stehen das Gründungsrecht mit dem Kapitalaufbringungsrecht, das Kapitalerhaltungsrecht sowie solche Ansprüche im Mittelpunkt des Interesses, die aus der Schädigung der InsGl resultieren und vom InsVerw zu verfolgen sind. Die nachfolgende Übersicht konzentriert sich auf die GmbH. Auf die konzeptionellen Parallelen und Abweichungen im Aktienrecht wird iRd jeweiligen Abschnitte nur kurz hingewiesen.

I. Haftung in der Vorgesellschaft

4 **1. Vorgesellschaft und Vorgründungsgesellschaft.** Die Entstehung einer Kapitalgesellschaft durchläuft typischerweise die Phasen der **Vorgründungsgesellschaft** und der **Vorgesellschaft**. Erstere wird gebildet mit dem Zusammenschluss mehrerer Personen zum Zwecke der Gründung einer Kapitalgesellschaft und endet mit der Entstehung der Vorgesellschaft durch Abschluss des notariell beurkundeten Gesellschaftsvertrages (vgl § 2 Abs 1 GmbHG). Die Vorgesellschaft wiederum (sie kann auch Einpersonengesellschaft sein) endet mit Entstehung der „fertigen“ Gesellschaft im Moment der Eintragung in das Handelsregister (vgl § 11 Abs 2 GmbHG; § 41 Abs 1 AktG). Die Regeln der sog Gründerhaftung (unten Rn 7 ff) betreffen die Vorgesellschaft und resultieren aus Verbindlichkeiten, die zu ihren Lasten entstanden sind.

5 Davon zu unterscheiden sind die Verbindlichkeiten der **Vorgründungsgesellschaft**, für die deren Gesellschafter nach den Regeln der Gesellschaft bürgerlichen Rechts (GbR) oder der OHG haften (§ 128 HGB bzw – für die GbR – § 128 HGB analog), je nach dem, ob die Vorgründungsgesellschaft bereits ein Handelsgewerbe betreibt oder nicht.[1] Die Vorgründungsgesellschaft ist weder mit der Vorgesellschaft noch der eingetragenen („fertigen“) Gesell-

---

1 *BGHZ* 91, 148, 151 = ZIP 1984, 950; *L/H/Bayer* § 11 Rn 2.

schaft identisch, weshalb es insbesondere nicht zu einem automatischern Übergang der Aktiva und Passiva von der Vorgründungsgesellschaft auf die Vorgesellschaft kommt.[2] Für die Verbindlichkeiten der Vorgründungsgesellschaft haften deren Gesellschafter vielmehr (bis zur Erfüllung) weiter.

Die ab dem Gründungsakt bestehende **Vorgesellschaft** ist als werdende juristische Person und notwendige Durchgangsstation zur späteren Gesellschaft eine **Rechtsform „sui generis"**[3], auf die die Regeln des Rechts der „fertigen" Gesellschaft (bei der Vor-GmbH also die des GmbH-Rechts) anzuwenden sind, sofern jene Regeln nicht gerade die Eintragung voraussetzen.[4] Sie ist mit der durch Eintragung entstehenden Gesellschaft identisch,[5] so dass ihre Aktiva und Passiva ohne weiteres auf diese übergehen.[6] Ihre Rechtsfähigkeit ist anerkannt.[7] 6

2. Gründerhaftung in der Vor-GmbH. Der sog **Unversehrtheitsgrundsatz** gebietet, dass das von den Gesellschaftern zugesicherte Stammkapital wenigstens im Zeitpunkt des Entstehens der „fertigen" GmbH (Eintragung in das Handelsregister) wertmäßig noch unangetastet ist und den Gln zur Befriedigung ihrer Forderungen zur Verfügung steht.[8] Eine vorzeitige Geschäftsaufnahme verursacht hingegen typischerweise Anlaufverluste, welche das Gesellschaftsvermögen verringern. Zur Sicherung des Unversehrtheitsgrundsatzes hatte der BGH ursprünglich ein **Vorbelastungsverbot** verfochten, wonach die Geschäftsführer die künftige GmbH nur mit Verbindlichkeiten aus rechtlich oder wirtschaftlich notwendigen Geschäften belasten konnten. Diese Lehre vom Vorbelastungsverbot ist im Jahre 1981 aufgegeben worden.[9] An ihre Stelle ist eine konzeptionell einheitliche **Gründerhaftung** für in der Vor-Eintragungsphase entstandene Belastungen des Gesellschaftsvermögens getreten, die sich aus der **Unterbilanzhaftung** (im Moment der Eintragung der Gesellschaft in das Handelsregister) und der **Verlustdeckungshaftung** (in der Zeit vor Eintragung; praktisch bedeutsam bei Aufgabe bzw Scheitern der Eintragung) zusammensetzt.[10] 7

a) Unterbilanzhaftung. Die Unterbilanzhaftung (verbreitet auch als **Vorbelastungshaftung** bezeichnet) greift ab dem Zeitpunkt ein, in dem die Gesellschaft in das Handelsregister eingetragen wird. Ist ihr bilanzielles Reinvermögen (Nettovermögen) zu diesem Zeitpunkt unter die Stammkapitalziffer abgesunken, hat die GmbH einen Ausgleichsanspruch gegen ihre Gesellschafter, gerichtet auf Auffüllung des Gesellschaftsvermögens auf die Höhe des Stammkapitalbetrages. In die auf den Eintragungsstichtag aufzustellende **Vorbelastungsbilanz** ist ein Geschäfts- oder Firmenwert des Unternehmens nur (ausnahmsweise) dann zu berücksichtigen, wenn schon in der Zeit zwischen Aufnahme der Geschäftstätigkeit und Eintragung im Handelsregister eine Organisationseinheit geschaffen wurde, die als Unternehmen anzusehen ist und einen eigenen Vermögenswert über die einzelnen Vermögensgegenstände hinaus darstellt.[11] Auch bei sog start up-Unternehmen sind insoweit keine weniger strengen Maßstäbe anzulegen.[12] 8

---

2 *BGHZ* 91, 148, 151 = ZIP 1984, 950; *BGH* GmbHR 2001, 293.
3 *BGHZ* 21, 242, 246 = NJW 1956, 1435; *BGHZ* 80, 129, 132 = GmbHR 1981, 114; *BGHZ* 117, 323, 326 = ZIP 1992, 689.
4 *BGHZ* 120, 103, 105 = ZIP 1993, 144.
5 *BGHZ* 80, 129, 138 = GmbHR 1981, 114.
6 *BGHZ* 51, 30, 32 = NJW 1969, 509; *BGHZ* 80, 129, 137 f = GmbHR 1981, 114.
7 *BGHZ* 80, 129, 132 = GmbHR 1981, 114; *BGHZ* 117, 323, 326 = ZIP 1992, 689.
8 *BGHZ* 80, 129, 136 = GmbHR 1981, 114; *BGHZ* 124, 282, 285 = ZIP 1994, 295.
9 *BGHZ* 80, 129, 134 ff = GmbHR 1981, 114.
10 S *BGHZ* 80, 129, 140 = GmbHR 1981, 114 einerseits; *BGHZ* 134, 333, 338 = ZIP 1997, 679 andererseits.
11 *BGHZ* 140, 35, 36 f = ZIP 1998, 2151; *BGHZ* 165, 391, Rn 11 = ZIP 2006, 668.
12 *BGHZ* 165, 391, Rn 14 = ZIP 2006, 668.

9 Die Unterbilanzhaftung der Gesellschafter ist zwar davon abhängig, dass die (zur späteren Unterbilanz im Eintragungszeitpunkt führenden) Geschäfte mit Zustimmung der Gesellschafter aufgenommen worden sind;[13] die Haftung ist aber unbeschränkt und unabhängig davon, ob der oder die Gesellschafter ihre Einlageleistung bereits erbracht hatten.[14] Sie entfällt nach der Rechtsprechung des BGH auch dann nicht, wenn der Haftungsfonds der Gesellschaft später anderweitig wieder aufgefüllt wird.[15] Die Haftung besteht im Grundsatz allerdings nur **pro rata der Kapitalbeteiligung** des jeweiligen Gesellschafters; jedoch trifft die Mitgesellschafter analog § 24 GmbHG eine (ebenfalls proratarische) Ausfallhaftung.[16]

10 Die Haftung ist als **Innenhaftung** ausgestaltet, dh die Forderung steht allein der Gesellschaft zu. Die Ausgestaltung der Unterbilanzhaftung als Innenhaftung gilt ausnahmslos, auch wenn die Gesellschaft vermögenslos ist oder nur einen Gesellschafter hat,[17] denn nach Eintragung der Gesellschaft ist eine persönliche Außenhaftung der Gesellschafter ausgeschlossen (arg § 13 Abs 2 GmbHG). Gl der Gesellschaft müssen gegen die GmbH vorgehen und sodann deren Ansprüche gegen die Mitglieder – soweit noch kein InsVerf eröffnet ist – pfänden und sich überweisen lassen.

11 **b) Verlustdeckungshaftung.** Bleibt die Eintragung aus, weil die Gründer ihre Pläne ändern und ihre Eintragungsabsicht aufgegeben oder weil die Eintragung aus sonstigen Gründen (zB Ins der Vorgesellschaft) scheitert, kommt die auch schon vor Eintragung bestehende Gründerhaftung zum Tragen.[18] Da es nicht mehr zur Eintragung der Gesellschaft kommt, kann von den Gesellschaftern freilich auch nicht mehr die Auffüllung des Gesellschaftsvermögens bis zum Betrag der Stammkapitalziffer verlangt werden. Die Gesellschafter haben stattdessen nur diejenigen Mittel aufzubringen, die die Vorgesellschaft zur Begleichung ihrer Verbindlichkeiten noch benötigt; sie haben also (soweit sie mit der Aufnahme der Geschäftstätigkeit einverstanden waren[19]) die Differenz zwischen der Summe der Verbindlichkeiten und dem Wert der Vermögensgegenstände auszugleichen: Verlustdeckungshaftung.[20]

12 Auch die Verlustdeckungshaftung ist unbeschränkt, proratarisch (mit Ausfallhaftung analog § 24 GmbHG) und – nach der Rechtsprechung des BGH – im Regelfall eine **Innenhaftung**.[21] Die Ausgestaltung als proratarische Innenhaftung soll die Gesellschafter vor einer unmittelbaren Inanspruchnahme durch die Gl (mit Prozessführung im Streitfall) schützen und für Einheitlichkeit der Gesellschafterhaftung in der Gründungsphase sorgen. Ausnahmsweise kann es aber zu einer unbeschränkten Außenhaftung gegenüber den Gesellschaftsgläubigern kommen, nämlich wenn die Vorgesellschaft vermögenslos ist,[22] nur einen Gl oder nur einen Gesellschafter hat.[23]

13 **c) Anspruchsverfolgung; Verjährung.** Unterbilanzhaftung wie Verlustdeckungshaftung werden nach Eröffnung des InsVerf über das Vermögen der (Vor-)Gesellschaft allein vom InsVerw geltend gemacht (§ 80). Das gilt für die Verlustdeckungshaftung (nach VerfEröffnung) auch dort, wo ausnahmsweise eine Außenhaftung gegeben ist (soeben Rn 12); § 93.

---

13 *BGHZ* 80, 129, 139 ff = GmbHR 1981, 114; *BGHZ* 134, 333, 337 = ZIP 1997, 679; *BGHZ* 192, 341, Rn 36 = ZIP 2012, 817.
14 *BGHZ* 80, 129, 135 ff = GmbHR 1981, 114; *BGHZ* 105, 300, 303 f = ZIP 1989, 27.
15 *BGHZ* 165, 391, Rn 22 ff = ZIP 2006, 668.
16 *BGHZ* 80, 129, 141 = GmbHR 1981, 114.
17 *BGHZ* ZIP 2005, 2257.
18 *BGHZ* 134, 333 = ZIP 1997, 679; *BAG* ZIP 1997, 2199, 2200.
19 *BGHZ* 134, 333, 337 = ZIP 1997, 679.
20 *BGHZ* 134, 333, 342 = ZIP 1997, 679.
21 *BGHZ* 134, 333, 338 ff = ZIP 1997, 679.
22 *BGHZ* 134, 333, 341 f = ZIP 1997, 679; *BAG* ZIP 2006, 1044, Rn 27.
23 *BGHZ* 134, 333, 341 = ZIP 1997, 679.

14 Die **Darlegungs- und Beweislast** hinsichtlich der Anspruchsvoraussetzungen liegt bei der Gesellschaft bzw dem klagenden InsVerw.[24] Doch hat der in Anspruch genommene Gesellschafter ggf eine **sekundäre Darlegungslast**. Diese erlangt hinsichtlich der Unterbilanzhaftung insbesondere dort Bedeutung, wo eine Vorbelastungsbilanz auf den Stichtag der Eintragung nicht erstellt worden ist oder nicht einmal geordnete Geschäftsaufzeichnungen vorhanden sind, auf deren Grundlage der Verwalter seiner Darlegungspflicht nachkommen kann. Ergeben sich unter diesen Voraussetzungen aus dem dem InsVerw vorliegenden Material hinreichende Anhaltspunkte dafür, dass das Stammkapital der Gesellschaft schon im Gründungsstadium angegriffen oder verbraucht worden ist oder sogar darüber hinausgehende Verluste entstanden sind, ist es Sache der Gesellschafter darzulegen, dass eine Unterbilanz nicht bestanden hat.[25] Wird ein Mitgesellschafter aus Ausfallhaftung (entsprechend § 24 GmbHG) in Anspruch genommen, sind auch die hierzu erforderlichen Voraussetzungen nach §§ 21 ff GmbHG (Kaduzierungsverfahren) darzulegen.[26]

15 Der Anspruch auf Ausgleich einer Unterbilanz **verjährt** analog § 9 Abs 2 GmbHG (heute) in zehn Jahren ab Eintragung der Gesellschaft in das Handelsregister.[27] Nach § 9 Abs 2 GmbHG in der bis 14.12.2004 geltenden Fassung war die Verjährung in fünf Jahren ab Eintragung der Gesellschaft in das Handelsregister eingetreten; diese Frist gilt in Altfällen gem Art 229 §§ 12 Abs 1, 6 Abs 3 EGBGB auch nach dem Inkrafttreten des Gesetzes zur Anpassung von Verjährungsvorschriften an das Gesetz zur Modernisierung des Schuldrechts vom 9.12.2004, durch das die Verjährungszeit in § 9 Abs 2 GmbHG auf zehn Jahre verlängert worden ist.[28]

16 **3. „Unechte" Vorgesellschaft.** Die skizzierten Grundsätze der Verlustdeckungs(innen)haftung gelten nur, wenn bei Begründung der verlustursächlichen Verbindlichkeit die Eintragung der Gesellschaft noch betrieben wurde. Wird die Eintragungsabsicht nicht mehr verfolgt, die werbende Tätigkeit der Gesellschaft aber gleichwohl noch fortgeführt, liegt ab diesem Augenblick eine sog **unechte Vorgesellschaft** vor. Auf diese ist das Personengesellschaftsrecht mit dem **Haftungsregime der §§ 128, 130 HGB** (bezogen auf alle Verbindlichkeiten der Gesellschaft) anzuwenden.[29] Die **Darlegungs- und Beweislast** hinsichtlich der Voraussetzungen einer „unechten" Vorgesellschaft in diesem Sinne liegt bei dem, der die Gesellschafter nach §§ 128, 130 HGB in Anspruch nimmt.[30]

17 **4. Handelndenhaftung.** Neben die Haftung der Gründer (Unterbilanzhaftung; Verlustdeckungshaftung) tritt die **Handelndenhaftung nach § 11 Abs 2 GmbHG** für Verbindlichkeiten, die im Namen der (Vor-)Gesellschaft vor der Eintragung begründet wurden. Mit der Ablösung des Vorbelastungsverbots durch die Unterbilanzhaftung (oben Rn 7) hat die Vorschrift rasch und kontinuierlich an Bedeutung verloren.[31] Sie wird heute so eng wie möglich ausgelegt und gewährt einen Anspruch nur noch gegen diejenigen, die im Namen der künftigen GmbH oder der Vorgesellschaft als Geschäftsführer (oder wie solche) rechtsgeschäft-

24 *BGH* ZIP 1997, 2008 f; *BGH* ZIP 2003, 625, 627; *BGHZ* 192, 341, Rn 41 = ZIP 2012, 817; *Bayer/Illhardt* GmbHR 2011, 505, 507 mwN.
25 *BGH* ZIP 2003, 625, 627; *OLG Brandenburg* GmbHR 2010, 200.
26 *BGH* ZIP 2003, 625, 627.
27 *BGHZ* 105, 300, 304 = ZIP 1989, 27.
28 *OLG Brandenburg* GmbHR 2010, 200, 201; *Schmid* GmbHR 2008, 653.
29 *BGHZ* 22, 240, 243 = GmbHR 1957, 57; *BGHZ* 152, 290, 294 = ZIP 2002, 2309; *BGH* ZIP 2008, 1025.
30 *Bayer/Illhardt* GmbHR 2011, 505, 506.
31 *BGHZ* 80, 182, 183 f = GmbHR 1981, 192.

lich handeln.[32] Im Stadium der Vorgründungsgesellschaft (oben Rn 4 f) greift die Handelndenhaftung überhaupt nicht ein.[33]

18 Die Haftung entfällt rückwirkend mit der Eintragung der Gesellschaft im Handelsregister.[34] Sie besteht iÜ ausschließlich im Außenverhältnis gegenüber dem Gl, und zwar inhaltsgleich neben der entsprechenden Verbindlichkeit der Vorgesellschaft; das gilt auch hinsichtlich der **Verjährung.**[35] Ob der **InsVerw** die Haftung in der Ins der Vorgesellschaft analog § 93 InsO geltend machen kann, ist zweifelhaft und höchstrichterlich noch nicht entschieden.[36]

19 **5. Geschäftsführerhaftung.** Mit Bezug zur Gründungshaftung der Gesellschafter kann die **Geschäftsführer** ggf auch noch einige Jahre nach der Gründungsphase eine Haftung treffen, wenn sie die Ansprüche gegen die Gründer aus Gründerhaftung nicht geltend machen. § 43 Abs 2 GmbHG enthält insofern einen allgemeinen Haftungstatbestand für GmbH-Geschäftsführer, der mit § 43 Abs 1 GmbHG auf einen Sorgfaltsmaßstab Bezug nimmt, welcher die Geltendmachung von Ansprüchen verlangt, die der Gesellschaft zustehen. Dieser Anspruch verjährt in fünf Jahren beginnend mit seiner Entstehung (§ 43 Abs 4 GmbHG).[37]

20 **6. Wirtschaftliche Neugründung.** Trotz immer kürzerer Dauer des Eintragungsverfahrens suchen Gesellschafter mitunter nach Wegen, den Gründungsvorgang noch weiter zu beschleunigen und zudem die Gründerhaftung vor Eintragung der Gesellschaft zu vermeiden. Dazu bedienen sie sich entweder sog (bislang inaktiver) **Vorratsgesellschaften**, die nunmehr erstmals aktiviert werden, oder bereits früher einmal gebrauchter **(Alt-)Mantelgesellschaften**, deren Tätigkeit zwischenzeitlich eingestellt wurde und die nun für ein neues Unternehmen reaktiviert werden.

21 Der BGH hat die (offene) Gründung einer Vorratsgesellschaft schon früh als zulässige Gestaltung betrachtet.[38] In seiner Grundsatzentscheidung vom Juli 2003[39] hat er aber zugleich festgestellt, dass die spätere Verwendung von bereits gebrauchten Altmänteln noch mehr als die von Vorratsgesellschaften mit dem Gläubigerschutzkonzept des Kapitalgesellschaftsrechts kollidiert, wenn zur Zeit des Beginns der (neuen) Verwendung das gezeichnete Kapital (Stammkapital bei der GmbH bzw Grundkapital bei der AG) der Gesellschaft nicht in gleicher Weise aufgebracht ist wie dies das Gesetz bei Gründung des Rechtsträgers verlangt.[40]

22 Der BGH wendet deshalb die Gründungsregeln auf den Vorgang der (Re-)Aktivierung einer Vorrats- oder Altmantelgesellschaft an, in dem er eine „wirtschaftliche Neugründung" sieht.[41] Bei Altmantelgesellschaften nimmt er eine solche an, wenn die unternehmerische Tätigkeit zwischenzeitlich vollständig eingestellt wurde **(„leere Hülse")** und die neue Verwendung des Rechtsträgers deshalb nicht mehr in irgendeiner wirtschaftlich noch gewichtbaren Weise an eine frühere Tätigkeit anknüpfen kann.[42] Mit der Anmeldung der Satzungs-

---

32 *BGHZ* 66, 359, 360 = GmbHR 1976, 194; *BGHZ* 72, 45, 47 = GmbHR 1978, 232; *BGHZ* 91, 148, 150 f = ZIP 1984, 950.
33 *BGHZ* 91, 148, 152 f = ZIP 1984, 950.
34 *BGHZ* 80, 182, 183 = GmbHR 1981, 192.
35 *BGHZ* 69, 95, 104 = GmbHR 1977, 246.
36 Verneinend etwa s Gottwald/*Haas/Kolmann/Pauw* § 92 Rn 606.
37 Vgl dazu *L/H/Kleindiek* § 43 Rn 1, 38 ff, 67 ff.
38 *BGHZ* 117, 323, 330 ff = ZIP 1992, 689; *BGHZ* 153, 158, 160 f = ZIP 2003, 251.
39 *BGHZ* 155, 318 = ZIP 2003, 1698.
40 *BGHZ* 155, 318, 322 f = ZIP 2003, 1698.
41 *BGHZ* 117, 323, 333 = ZIP 1992, 689; *BGHZ* 153, 158, 160 = ZIP 2003, 251; *BGHZ* 155, 318, 321 = ZIP 2003, 1698; s dazu *L/H/Bayer* § 3 Rn 78 ff.
42 *BGHZ* 155, 318, 324 f = ZIP 2003, 1698; *BGH* ZIP 2010, 621 (Sprachenschule).

änderungen (wo solche unterbleiben: unabhängig davon) muss gegenüber dem Registergericht deshalb die „wirtschaftliche Neugründung“ ausdrücklich offengelegt und die Aufbringung des gezeichneten Kapitals versichert werden.[43] Wird der Vorgang der rechtlichen Gründung einer GmbH lediglich zeitlich gestreckt und werden in diesem (ggf mehrmonatigen) Zeitraum konkrete Aktivitäten zur Aufnahme der Geschäftstätigkeit tatsächlich fortlaufend entfaltet, ist der Tatbestand der „wirtschaftlichen Neugründung“ nicht gegeben.[44] In der Abwicklungsphase kommt es darauf an, ob noch nennenswerte Liquidationsaufgaben wahrgenommen werden.[45]

Mit diesem Modell der sog wirtschaftlichen Neugründung verbindet der BGH die entsprechende Anwendung des Instituts der **Unterbilanzhaftung** zu Lasten der Gesellschafter (oben Rn 8 ff), sofern sie der (Neu-)Aufnahme der Geschäfte zugestimmt haben.[46] Dabei war die Haftung ursprünglich gerichtet auf Ausgleich einer Unterbilanz gerade zu dem Zeitpunkt, in dem die Offenlegung gegenüber dem Registergericht tatsächlich erfolgt;[47] wurde die Offenlegung unterlassen, drohte bei Verwendung einer Vorrats- oder Altmantelgesellschaft mithin – entgegen der Intention der Gesellschafter – das Eingreifen der Gründerhaftung bis zur späteren Offenlegung der Gestaltung, möglicherweise also auch noch in der Ins. Inzwischen (seit seiner Grundsatzentscheidung vom März 2012[48]) stellt der II. ZS für die Fälle unterbliebener Offenlegung (Entsprechendes muss für die verspätete Offenlegung gelten) hingegen auf den **Zeitpunkt** ab, **in dem die „wirtschaftliche Neugründung“ erstmals nach außen in Erscheinung getreten ist**: sei es durch Anmeldung von Satzungsänderungen oder durch Aufnahme der wirtschaftlichen Tätigkeit, wobei es auf den zeitlich früheren dieser Vorgänge ankommt.[49] Die Darlegungs- und Beweislast dafür, dass zu diesem Zeitpunkt keine Unterbilanz bestanden hat, trifft freilich die in Anspruch genommenen Gesellschafter.[50] **23**

Neben der Unterbilanzhaftung zieht der BGH eine **Handelndenhaftung** analog § 11 Abs 2 GmbHG in Betracht, wenn vor Offenlegung der sog wirtschaftlichen Neugründung die Geschäfte aufgenommen werden, ohne dass dem alle Gesellschafter zugestimmt haben.[51] Bei Abgabe einer falschen Versicherung gegenüber dem Registergericht haftet der Geschäftsführer analog § 9a Abs 1 GmbHG.[52] **24**

Der Anspruch aus Unterbilanzhaftung **verjährt** auch in Fällen der sog wirtschaftlichen Neugründung analog § 9 Abs 2 GmbHG heute in zehn (nach früherem Recht: fünf) Jahren (vgl oben Rn 15). Als für den Verjährungsbeginn maßgeblich wurde auf der Basis der BGH-Rspr bis März 2012 (oben Rn 23) grundsätzlich die Offenlegung des Vorgangs der „wirtschaftlichen Neugründung“ gegenüber dem Handelsregister angesehen;[53] für Fälle der Mantelverwertung vor Publizierung seiner Entscheidung vom Juli 2003 (oben Rn 21) ließ der BGH die Verjährungsfrist indes nicht erst mit der Offenlegung in diesem Sinne, sondern bereits mit dem Vorgang als solchem beginnen.[54] Auf Grundlage der Grundsatzentscheidung vom März 2012 dürfte für den Verjährungsbeginn nunmehr generell auf den Zeit- **25**

---

43 *BGHZ* 155, 318, 323 f = ZIP 2003, 1698.
44 *BGH* ZIP 2010, 621 (Sprachenschule).
45 *BGH* ZIP 2014, 418 Rn 15.
46 *BGHZ* 192, 341, Rn 36 = ZIP 2012, 817.
47 *BGHZ* 155, 318, 326 f = ZIP 2003, 1698; *BGH* ZIP 2011, 1761, Rn 10.
48 *BGHZ* 192, 341 = ZIP 2012, 817.
49 *BGHZ* 192, 341, Rn 20 = ZIP 2012, 817.
50 *BGHZ* 192, 341, Rn 42 = ZIP 2012, 817.
51 *BGHZ* 155, 318, 327 = ZIP 2003, 1698; *BGH* ZIP 2011, 1761.
52 *BGH* ZIP 2011, 1761.
53 Für Nachweise auf die einschlägige OLG-Rspr s *L/H/Bayer* § 3 Rn 94.
54 *BGH* ZIP 2008, 217.

punkt abzustellen sein, zu dem die sog wirtschaftliche Neugründung erstmals nach außen in Erscheinung getreten ist (vgl oben Rn 23).

26 **7. Aktiengesellschaft.** Die Gründungshaftung in der **Aktiengesellschaft** stimmt mit der in der GmbH konzeptionell überein. Auch dort sind Vorgründungs- und Vorgesellschaft sowie Unterbilanz- und Verlustdeckungshaftung zu unterscheiden. Die aktienrechtliche Handelndenhaftung ist in § 41 Abs 1 AktG geregelt. Zu weiteren Einzelheiten ist auf die aktienrechtliche Kommentarliteratur zu verweisen.[55]

II. Kapitalaufbringung

27 Ist die GmbH durch Eintragung ins Handelsregister „als solche" entstanden (§ 11 Abs 1 GmbHG), haftet den GesellschaftsGln nur noch die Gesellschaft mit ihrem Vermögen; Ansprüche gegen die Gesellschafter bestehen für die Gl hingegen im Regelfall nicht (§ 13 Abs 2 GmbHG; zu Ausnahmen s unten Rn 104 ff). Dieses Haftungsprivileg gewährt das Gesetz freilich nicht kostenlos. Der von den Gesellschaftern zu zahlende „Eintrittspreis" für die Haftungsfreistellung ist die Aufbringung des Stammkapitals iSd §§ 5 Abs 1, 5a Abs 1 GmbHG. Vor diesem Hintergrund versucht der Gesetzgeber durch eine Reihe von Vorgaben zu gewährleisten, dass das bei der Gründung (oder auch im Zuge einer Kapitalerhöhung) versprochene und im Handelsregister verlautbarte Stammkapital auch tatsächlich zur Verfügung gestellt wird (**Grundsatz der realen Kapitalaufbringung**). Dabei hat das Gesetz zur Modernisierung des GmbH-Rechts und zur Bekämpfung von Missbräuchen (MoMiG) vom 23.10.2008[56] zu wichtigen Korrekturen im Recht der Kapitalaufbringung geführt, die auch auf Altfälle zurückwirken. Denn im Zuge dieses Reformprojekts sind die Rechtsfolgen verdeckter Sacheinlagen (§ 19 Abs 4 GmbHG nF) sowie des sog Hin- und Herzahlens außerhalb verdeckter Sacheinlagen (§ 19 Abs 5 GmbHG nF) erheblich verändert worden; Genaueres unten Rn 34 ff und 53 ff.

28 Werden im Zuge der Gründung der Gesellschaft oder bei Durchführung einer Kapitalerhöhung die gesetzlich vorgeschriebenen „Spielregeln" verletzt, kann dies schnell dazu führen, dass die **Pflicht des Gesellschafters zur Einlageleistung** (§§ 19 Abs 1, 55 Abs 1 GmbHG) **nicht oder nicht vollständig erfüllt** ist. Im Folgenden werden einzelne (in der Praxis besonders wichtige) Vorgänge erörtert, die zu einer fehlerhaften Kapitalaufbringung führen (unten Rn 33 ff).

29 **1. Verfolgung offener Einlageansprüche; Verjährung.** Ein offener Anspruch der GmbH gegen einzelne Gesellschafter auf Erfüllung der Einlageschuld ist im eröffneten InsVerf über das Vermögen der Gesellschaft vom **InsVerw** geltend zu machen, § 80 InsO. Die **Darlegungs- und Beweislast** hinsichtlich der ordnungsgemäßen Leistung der Einlage liegt grundsätzlich beim Gesellschafter, auch wenn der Vorgang längere Zeit zurückliegt.[57] Dieser Nachweis kann auch durch Indizientatsachen geführt werden;[58] abhängig von den Umständen des Einzelfalls können dem Gesellschafter auch die Grundsätze über die sekundäre Darlegungslast zu Gute kommen.[59] Die Beweislast für bestimmte Tatbestände, die trotz Zahlungseingangs bei der Gesellschaft eine Leistung mit Erfüllungswirkung ausschließen – insb: verdeckte Sacheinlage, Hin- und Herzahlen – liegt demgegenüber grds bei der Gesellschaft bzw dem klagenden InsVerw, wobei aber ggf wiederum die Grundsätze über die

55 S stellvertretend *Hüffer/Koch* § 41 Rn 2 ff.
56 BGBl I S 2026.
57 S etwa *BGH* ZIP 2007, 1755; *BGH* ZIP 2014, 261; weitere Nachweise bei *L/H/Bayer* § 19 Rn 15; ausf *Bayer/Illhardt* GmbHR 2011, 505, 508 ff.
58 *BGH* ZIP 2007, 1755.
59 Vgl *BGH* DStR 2004, 2112 m Anm *Goette*; *BGH* DStR 2005, 297 mit Anm *Goette*.

sekundäre Darlegungslast zur Anwendung kommen. Nach Auffassung des BGH soll die Gesellschaft bzw der InsVerw lediglich konkrete Anhaltspunkte dafür vortragen müssen, dass es nicht zur Leistung mit Erfüllungswirkung gekommen ist; die Beweislast hinsichtlich der erfüllungstauglichen Leistung soll dann den Gesellschafter treffen.[60]

Ein noch nicht erfüllter Anspruch auf die Einlagenleistung (§ 19 Abs 1 GmbHG) **verjährt** (heute) gem § 19 Abs 6 S 1 GmbHG in zehn Jahren von seiner Entstehung an. Im Falle der Eröffnung des InsVerf über das Vermögen der Gesellschaft tritt die Verjährung nicht vor Ablauf von sechs Monaten ab dem Eröffnungszeitpunkt ein (§ 19 Abs 6 S 2 GmbHG), dh die Verjährung ist ab Eröffnung für sechs Monate im Ablauf gehemmt (§ 211 BGB).[61] Im Rahmen einer Kapitalerhöhung gilt Entsprechendes gem § 55 Abs 4 GmbHG. **30**

Die Verjährungsregelung in § 19 Abs 6 GmbHG ist erst durch das Verjährungsanpassungsgesetz vom 9.12.2004[62] mit Wirkung zum 15.12.2004 geschaffen worden. Für den früher der regelmäßigen 30-jährigen Verjährung (§ 195 BGB aF) unterliegenden Anspruch der GmbH auf Leistung der Einlagen galt seit Inkrafttreten des Schuldrechtsmodernisierungsgesetzes[63] am 1.1.2002 zunächst die auf drei Jahre verkürzte Regelverjährung gem § 195 BGB nF (mit Überleitungsbestimmung in Art 229 § 6 Abs 4 EGBGB), bis durch Art 13 des Verjährungsanpassungsgesetzes die spezielle, zehnjährige Verjährungsneuregelung des § 19 Abs 6 GmbHG nF in Kraft trat. Mit dem Verjährungsanpassungsgesetz hatte der Gesetzgeber die besondere Überleitungsvorschrift des Art 229 § 12 EGBGB geschaffen. Der BGH hat die für **Altfälle** noch nicht verjährter Einlageforderungen der GmbH maßgebliche Überleitungsbestimmung in Art 229 § 12 Abs 2 EGBGB verfassungskonform dahingehend ausgelegt, dass in die ab 15.12.2004 laufende neue zehnjährige Verjährungsfrist lediglich die seit Inkrafttreten des Schuldrechtsmodernisierungsgesetzes, also ab 1.1.2002 verstrichenen Zeiträume der zuvor geltenden dreijährigen Regelfrist des § 195 BGB nF einzurechnen sind.[64] **31**

Ist die offene Einlageschuld eines Gesellschafters bei diesem nicht durchsetzbar und kann sie auch nicht durch Verkauf des Geschäftsanteils gedeckt werden (Kaduzierungsverfahren, §§ 21 ff GmbHG), trifft jeden Mitgesellschafter (nicht aber einen vor Fälligkeit der Einlageschuld schon ausgeschiedenen[65]) eine proratarische **Ausfallhaftung** nach § 24 GmbHG. Will der InsVerw einen Mitgesellschafter daraus in Anspruch nehmen, muss er die hierzu erforderlichen Voraussetzungen darlegen und ggf beweisen, neben den Voraussetzungen nach §§ 21 ff GmbHG auch die nicht gedeckte Einlageschuld des primär Zahlungspflichtigen.[66] **32**

2. Leistung zur endgültig freien Verfügung. Allg Voraussetzung jeder Einlageleistung mit befreiender Wirkung ist zunächst, dass die Einlage in die **endgültig freie Verfügungsmacht der Geschäftsführer** der Gesellschaft gelangt, §§ 8 Abs 2, 57 Abs 2 GmbHG. Verlangt wird damit nach gefestigter Rechtsprechung des BGH, dass die Leistung „uneingeschränkt für Zwecke der Gesellschaft verwendet werden kann“[67], dass dem beliebigen Einsatz durch das geschäftsführende Organ mithin weder rechtlich noch tatsächlich ein Hindernis entgegen steht.[68] Dem Erfordernis ist aber genügt, wenn die Mittel in diesem Sinne endgültig aufge- **33**

60 *BGH* ZIP 2014, 261, Rn 3 ff (II. ZS).
61 *L/H/Bayer* § 19 Rn 16.
62 BGBl I S 3214.
63 Gesetz zur Modernisierung des Schuldrechts v 26.11.2001, BGBl I S 3138.
64 Für alles Weitere s *BGH* ZIP 2008, 643, Rn 17 ff.
65 *BGH* ZIP 2015, 1530.
66 *BGHZ* 132, 390, 394 = ZIP 1996, 2306; *BGH* ZIP 2003, 625, 627; *OLG Hamm* GmbHR 2011, 588; OLG *Köln* GmbHR 2009, 1209; s auch *Bayer/Illhardt* GmbHR 2011, 505, 514.
67 *BGHZ* 180, 38, Rn 17 = ZIP 2009, 713 (Qivive).
68 *BGHZ* 96, 231, 241 f = ZIP 1986, 14.

bracht sind,[69] für die anschließende Mittelverwendung hat es keine Bedeutung. Deshalb sind schuldrechtliche Verwendungsabsprachen unschädlich, sofern sie nur Zwecken der Gesellschaft und nicht solchen des Inferenten dienen;[70] die unmittelbare Leistung der Einlage an Dritte hat aber keine befreiende Wirkung.[71] Nach der ständigen Rechtsprechung des BGH darf eine Verwendungsabsprache nicht bezwecken, die Einlagemittel „mittelbar oder gar unmittelbar wieder an den Einleger zurückfließen zu lassen".[72] Die Mittel dürfen nicht zugunsten des Inferenten „reserviert" werden.[73] Das soll der Leistung zur endgültig freien Verfügung entgegen stehen.

34 **3. Verdeckte Sacheinlagen.** Der Regelfall der Einlageleistung ist die Bareinlage. Eine **Sacheinlage** muss im Gesellschaftsvertrag bzw im Kapitalerhöhungsbeschluss ausdrücklich bezeichnet werden, vgl §§ 5 Abs 4; 56 Abs 1 GmbHG. Ist eine Sacheinlage vereinbart, stellt das Gesetz bestimmte Vorgaben auf, die insb einen Sachgründungsbericht der Gründer (§§ 5 Abs 4 S 2; 8 Abs 1 Nr 4 GmbHG), den Nachweis der Werthaltigkeit der Sacheinlagen gegenüber dem Registergericht (§ 8 Abs 1 Nr 5 GmbHG) sowie eine Prüfung durch das Registergericht (§ 9c Abs 1 GmbHG) vorsehen (für die Kapitalerhöhung vgl §§ 57, 57a GmbHG). Grund dafür ist die Gefahr der wertmäßigen Unterdeckung des für den Vermögensgegenstand veranschlagten Nennbetrages, womit eine Verletzung des Grundsatzes der realen Kapitalaufbringung verbunden wäre.

35 Das Verf der Sachgründung bzw Sachkapitalerhöhung wird in der Praxis verbreitet als kostenträchtig und zeitaufwendig wahrgenommen und deshalb immer wieder zu umgehen versucht. Umgehungsbemühungen in Gestalt sog verdeckter Sacheinlagen haben gemeinsam, dass der Inferent eine Bareinlagepflicht übernimmt und formal eine Bareinlage an die Gesellschaft erbringt, diese Einlageleistung aber – wie heute § 19 Abs 4 GmbHG formuliert – „bei wirtschaftlicher Betrachtung und auf Grund einer im Zusammenhang mit der Übernahme der Geldeinlage getroffenen Abrede vollständig oder teilweise als Sacheinlage zu bewerten" ist. Die Rechtssprechung hatte solche Umgehungen der Vorgaben zu Sachgründungen bzw Kapitalerhöhungen mit Sacheinlagen früher dadurch sanktioniert, dass eine Erfüllung der Bareinlageverpflichtung verneint wurde.[74] Der Gesetzgeber des MoMiG (s Rn 27) hat diese Rechtsfolgen iSd sog Anrechnungslösung des heutigen § 19 Abs 4 GmbHG korrigiert (näher unten Rn 46 ff).

36 **a) Tatbestand der verdeckten Sacheinlage.** Die in Rn 35 zitierte Legaldefinition der verdeckten Sacheinlage in § 19 Abs 4 GmbHG spiegelt den Erkenntnisstand der Rechtsprechung wider.[75] Durch das MoMiG hat sich der Tatbestand dieses Rechtsinstituts nicht verändert.[76] Erforderlich ist heute wie früher, dass die Gesellschaft (trotz der vereinbarten Bareinlageschuld) bei wirtschaftlicher Betrachtung eine Sacheinlage erhalten hat und dies auf Grund einer vorherigen Abrede mit dem Inferenten geschah. Die **Darlegungs- und Beweislast** hinsichtlich dieser Tatbestandsvoraussetzungen einer verdeckten Sacheinlage trägt – wenn der Gesellschafter auf Erfüllung der eben deshalb noch offenen Einlageschuld in

---

69 *BGHZ* 113, 335, 348 = ZIP 1991, 511; *BGH* ZIP 2011, 1101, Rn 12.
70 *BGHZ* 180, 38, Rn 18 f = ZIP 2009, 713 (Qivive).
71 *BGHZ* 150, 197, 200 = ZIP 2002, 799.
72 *BGHZ* 153, 107, 110 = ZIP 2003, 211; *BGH* ZIP 2011, 1101, Rn 12 f; zu Möglichkeiten und Grenzen einer Weiterleitung „unter dem Konzerndach" s *BGHZ* 171, 113, Rn 8 ff = ZIP 2007, 528.
73 *BGHZ* 180, 38, Rn 15 = ZIP 2009, 713 (Qivive); *BGHZ* 184, 158, Rn 23 = ZIP 2010, 423 (Eurobike).
74 Vgl nur *BGHZ* 166, 8, Rn 10 f = ZIP 2006, 665 (Cash Pool I).
75 Vgl *BGHZ* 185, 44, Rn 11 = ZIP 2010, 978 (AdCoCom).
76 *BGH* 19.1.2016 – II ZR 61/15, ZIP 2016, 615, Rn 28.

Anspruch genommen wird – grds die Gesellschaft bzw der InsVerw,[77] die erforderliche Abrede zwischen den Beteiligten wird nach Maßgabe des Rn 41 Ausgeführten freilich (widerlegbar) vermutet. Nach Auffassung des BGH soll freilich die Gesellschaft bzw der InsVerw lediglich konkrete Anhaltspunkte dafür vortragen müssen, dass es nicht zur Leistung mit Erfüllungswirkung gekommen ist; die Beweislast hinsichtlich der erfüllungstauglichen Leistung soll dann den Gesellschafter treffen.[78] Zur Beweislast des Gesellschafters hinsichtlich des (nach § 19 Abs 4 S 3 GmbHG anzurechnenden) Werts des eingelegten Sachgegenstandes s unten Rn 47.

Um eine „verdeckte Sacheinlage" annehmen zu können, muss der erlangte **Gegenstand sacheinlagefähig** sein.[79] Insoweit legt § 27 Abs 2 AktG für das Kapitalgesellschaftsrecht verallgemeinerungsfähig fest, dass Sacheinlagefähigkeit einen Vermögensgegenstand mit feststellbarem Wert voraussetzt.[80] Dies trifft grundsätzlich auf alle Sachen, Sachgesamtheiten, Forderungen und sonstigen Rechte zu.[81] Die Sacheinlagefähigkeit ist aber bei bestimmten (praxisrelevanten) Gestaltungen nicht gegeben: Einerseits sind Ansprüche auf Dienstleistungen bereits gem § 27 Abs 2 HS 2 AktG nicht sacheinlagefähig; andererseits kann der gesellschaftsrechtliche Einlageanspruch nicht durch die Eingehung oder Abtretung eines schuldrechtlichen Anspruchs gegen den Inferenten oder einen Mitgesellschafter erfüllt werden.[82] Denn die Gesellschaft würde damit eine in jeder Hinsicht schlechtere Position erhalten, als sie ihr aus der gesellschafsrechtlichen Einlageforderung zusteht; vgl bspw § 19 Abs 2 GmbHG mit den §§ 387 ff, 397 BGB. 37

Der Gesellschafter erbringt **bei wirtschaftlicher Betrachtung eine Sacheinlage**, wenn er in zeitlicher Nähe zur Übernahme der Bareinlageverpflichtung mit der Gesellschaft ein Entgeltgeschäft abschließt, bei dem eine Sachleistung des Gesellschafters vergütet wird. Entweder wird dann die Bareinlageschuld mit der Entgeltforderung verrechnet oder die Geldbeträge werden „hin- und hergezahlt"[83], wobei die Reihenfolge der Zahlungen für die rechtliche Beurteilung als verdeckte Sacheinlage keine Bedeutung hat. Jedenfalls wird der Gesellschaft letztendlich der Sachwert statt der Barleistung zur Verfügung gestellt. 38

Bei wirtschaftlicher Betrachtung liegt auch dort eine Sacheinlage vor, wo das Entgeltgeschäft statt mit dem Gesellschafter persönlich mit einem **Dritten** abgeschlossen wird, der Dritte aber dem Gesellschafter zugerechnet werden muss. Davon ist auszugehen, wenn der Gesellschafter durch das Geschäft mit dem dritten Vertragspartner vergleichbar begünstigt wird wie durch eine unmittelbare Leistung, etwa weil er den Vertragspartner kontrolliert, an ihm maßgeblich beteiligt ist oder dieser auf seine Rechnung als Strohmann handelt.[84] 39

---

77 S etwa *Bayer/Illhardt* GmbHR 2011, 505, 511 mwN.
78 *BGH* ZIP 2014, 261, Rn 3 ff (II. ZS).
79 Vgl nur *BGHZ* 165, 113, 116 f = ZIP 2005, 2203; *BGHZ* 165, 352, 356 = ZIP 2006, 331; *BGHZ* 180, 38, Rn 9 = ZIP 2009, 713 (Qivive).
80 *BGH* ZIP 2004, 1642.
81 Vgl zur vertiefenden Darstellung etwa *L/H/Bayer* § 5 Rn 14 ff.
82 *BGHZ* 180, 38, Rn 9 ff = ZIP 2009, 713 (Qivive); *BGHZ* 182, 103, Rn 10 ff = ZIP 2009, 1561 (Cash Pool II); *BGHZ* 184, 158, Rn 14 ff = ZIP 2010, 423 (Eurobike).
83 Beispiele für die Methode der Verrechnung: *BGHZ* 155, 329, 334 f = ZIP 2003, 1540; *BGHZ* 166, 8, Rn 11 = ZIP 2006, 665 (Cash Pool I); für das „Hin- und Herzahlen": *BGHZ* 28, 314, 316 ff = GmbHR 1959, 70.
84 *BGHZ* 110, 47, 67 = ZIP 1990, 156; *BGHZ* 153, 107, 111 = ZIP 2003, 211; *BGHZ* 166, 8, Rn 18 = ZIP 2006, 665 (Cash Pool I).

40 In einer anderen Fallgruppe der verdeckten Sacheinlage werden (im Zuge einer Kapitalerhöhung) bestehende[85] **Forderungen** des Gesellschafters (oder auch eines bislang Außenstehenden) **gegen die Gesellschaft** für die Erfüllung der Bareinlageschuld verwendet.[86] Auch dies kann im Wege der Verrechnung oder der „Hin- und Herzahlung" geschehen, wobei es auf die Reihenfolge der Zahlungen wiederum nicht ankommt.[87] Die Gesellschaft erhält dann bei einer Gesamtbetrachtung nicht die versprochene zusätzliche Liquidität, sondern die Befreiung von der Forderung des Inferenten (und damit von einer eigenen Verbindlichkeit). Auf diese Weise erlangt die Gesellschaft aber nur einen Sachwert; bei mangelnder Solvenz der Gesellschaft weicht der tatsächliche Wert der Forderung des Inferenten aufgrund eingeschränkter Werthaltigkeit vom Nennwert ab.[88] Ebenfalls unter den Tatbestand der verdeckten Sacheinlage fällt es, wenn die Gesellschaft dem Inferenten bei einer Kapitalerhöhung die Liquidität für die Leistung der Einlage durch Erfüllung einer „Altforderung" des Gesellschafters gegen die Gesellschaft zur Verfügung stellt.[89]

41 Der Tatbestand der verdeckten Sacheinlage setzt nach § 19 Abs 4 GmbHG weiterhin eine korrespondierende tatsächliche – wenn auch als Rechtsgeschäft unwirksame – **Abrede der Beteiligten** voraus;[90] bei Einpersonengründungen (bzw Kapitalerhöhungen in der Einpersonengesellschaft) reicht freilich schon ein bloßes „Vorhaben" des alleinigen Gesellschafters aus.[91] Die Abrede muss in der Regel nicht positiv nachgewiesen werden. Sie wird beweiskräftig **indiziert** (widerlegbar vermutet), wenn ein **enger sachlicher und zeitlicher Zusammenhang** zwischen Einlageleistung und Auszahlung an den Gesellschafter besteht.[92] Der zeitliche Zusammenhang wird dabei bis zu einem Zeitraum von sechs Monaten abgegrenzt,[93] ist jedoch nur Voraussetzung für die tatsächliche Vermutung und nicht für die Abrede selbst.

42 Noch nicht abschließend geklärt ist, ob diese (in der Praxis oftmals vorentscheidende) Vermutungsregel möglicherweise dann nicht zur Anwendung kommt, wenn ein **Verkehrsgeschäft** vorliegt. Damit ist ein auf die konkrete Gesellschaft bezogenes „gewöhnliches Umsatzgeschäft iRd laufenden Geschäftsverkehrs"[94] gemeint. Eine positiv nachgewiesene Umgehungsabrede führt aber auch bei einem Verkehrsgeschäft zu den Rechtsfolgen einer verdeckten Sacheinlage, denn gewöhnliche Umsatzgeschäfte sind nicht etwa aus dem Anwendungsbereich dieses Rechtsinstituts auszuklammern.[95] Würde hier die Vermutungs-

---

85 Forderungen, deren Entstehung noch ungewiss ist, sind indes nicht sacheinlagefähig; s *BGH* ZIP 2011, 1101, Rn 14.
86 *BGHZ* 113, 335, 339 = ZIP 1991, 511; *BGHZ* 152, 37, 40 ff = ZIP 2002, 2045; *BGHZ* 166, 8, Rn 11 f = ZIP 2006, 665 (Cash Pool I); *BGH* 19.1.2016 – II ZR 61/15, ZIP 2016, 615.
87 *BGH* 19.1.2016 – II ZR 61/15, ZIP 2016, 615, Rn 30.
88 *BGHZ* 110, 47, 49 = ZIP 1990, 156; *BGHZ* 152, 37, 43 = ZIP 2002, 2045; *BGHZ* 153, 107, 112 = ZIP 2003, 211; *BGH* ZIP 2011, 1101, Rn 15; *BGH* 19.1.2016 – II ZR 61/15, ZIP 2016, 615, Rn 33.
89 *BGHZ* 135, 381, 383 = ZIP 1997, 1337; *BGHZ* 166, 8, Rn 12 = ZIP 2006, 665 (Cash Pool I); vgl dazu auch *L/H/Bayer* § 19 Rn 130.
90 *BGHZ* 152, 37, 43 = ZIP 2002, 2045.
91 *BGH* ZIP 2008, 643, Rn 12.
92 *BGHZ* 125, 141, 144 = ZIP 1994, 701; *BGHZ* 132, 133, 139 = ZIP 1996, 595; *BGHZ* 152, 37, 44 ff = ZIP 2002, 2045; *BGHZ* 153, 107, 109 = ZIP 2003, 211; *BGHZ* 166, 8, Rn 13 = ZIP 2006, 665 (Cash Pool I); *BGH* 19.1.2016 – II ZR 61/15, ZIP 2016, 615, Rn 31.
93 *BGH* ZIP 1999, 399, 400; *BGH* ZIP 2007, 580, 581; acht Monate sind nach *BGHZ* 152, 37, 45 = ZIP 2002, 2045 bereits zu lang.
94 *BGHZ* 170, 47, Rn 22 = ZIP 2007, 178 (Warenlager).
95 *BGH* ZIP 2008, 643, Rn 13.

wirkung eines sachlichen und zeitlichen Zusammenhangs aber nicht eingreifen,[96] wäre das tatsächliche Vorliegen der erforderlichen Abrede im Prozess durch die Gesellschaft bzw den InsVerw zu beweisen.

b) Rechtsfolgen der verdeckten Sacheinlage. Die Änderung der Rechtslage durch das MoMiG (s Rn 27) betrifft die Rechtsfolgen verdeckter Sacheinlagen. Vor dessen Inkrafttreten hatte die Rechtsprechung entsprechende Gestaltungen scharf sanktioniert. Heute sind die Rechtsfolgen durch die sog Anrechnungslösung des § 19 Abs 4 GmbHG weniger einschneidend gestaltet. **43**

aa) Früheres Recht. Vor Inkrafttreten des MoMiG hatte die Rechtsprechung verdeckte Sacheinlagen auf der Grundlage von § 19 Abs 5 GmbHG aF wie folgt behandelt: Die Bareinlage galt als nicht geleistet; die Einlagepflicht bestand dementsprechend unverändert fort. Die Entgeltverträge waren sowohl in schuldrechtlicher als auch in sachenrechtlicher Hinsicht nichtig (Letzteres nach § 27 Abs 3 S 1 AktG aF analog).[97] Befand sich die Sache nicht mehr im Besitz der Gesellschaft, blieb dem Gesellschafter nur die Kondiktion des Sachwertes. Wurde der Vorgang – wie regelmäßig – erst in der Ins der Gesellschaft aufgedeckt, war dieser Anspruch als InsForderung nahezu wertlos. Eine Aufrechnung des Gesellschafters scheiterte an § 19 Abs 2 GmbHG aF. Damit hatte das bestehende Sachgründungsrecht (bzw -kapitalerhöhungsrecht) die einschneidende Folge, dass der Gesellschafter die Bareinlage selbst dann noch einmal voll aufbringen musste, wenn die von ihm „bei wirtschaftlicher Betrachtung" eingebrachte Sache wertmäßig der in der Satzung übernommenen Verpflichtung entsprach oder über diese sogar noch (ggf sogar wesentlich) hinausging. **44**

Immerhin hatte der BGH den Beteiligten eine **Heilungsmöglichkeit** an die Hand gegeben.[98] Voraussetzung war, dass die Sachgründungs- bzw Sachkapitalerhöhungsvorgaben (Gesellschafterbeschluss mit satzungsändernder Mehrheit, Sachgründungsbericht, Werthaltigkeitsprüfung des Registergerichts) nachgeholt wurden.[99] Als Sacheinlage einzubringen war dabei der (bislang) unwirksam eingebrachte Sachwert, hilfsweise – nämlich wenn sich der Gegenstand nicht mehr im Gesellschaftsvermögen befand – der Anspruch auf Wertersatz.[100] Allerdings konnte es zur Heilung nur außerhalb der Ins, stets nur mit Wirkung ex nunc und dementsprechend auch nur im Umfang des Wertes zur Zeit der Eintragung des Heilungsbeschlusses kommen.[101] Die Heilungsmöglichkeit des alten Rechts wurde deshalb treffend als „Schönwetterlösung" bezeichnet.[102] **45**

bb) § 19 Abs 4 GmbHG. Nach heutigem Recht (§ 19 Abs 4, § 56 Abs 2 GmbHG) sind demgegenüber sowohl die schuld- als auch dinglichen Verträge über die verdeckte Sacheinlage wirksam. Gleichwohl befreit der Vorgang einer verdeckten Sacheinlage den Gesellschafter nicht von seiner Bareinlageschuld. Allerdings wird der Wert der bei wirtschaftlicher Betrachtung eingebrachten Sacheinlage auf die Bareinlagepflicht (automatisch) angerechnet, wenn die Gesellschaft den Sachgegenstand erhalten hat und die Gesellschaft (bzw die Kapitalerhöhung) in das Handelsregister eingetragen wurde (**Anrechnungsmodell**[103]). Zur **46**

---

96 S zur Diskussion darüber *BGHZ* 170, 47, Rn 24 = ZIP 2007, 178 (Warenlager).
97 *BGHZ* 155, 329, 338 f = ZIP 2003, 1540; *BGHZ* 166, 8, Rn 11 = ZIP 2006, 665 (Cash Pool I); *BGHZ* 173, 145, Rn 14 = ZIP 2007, 1751 (Lurgi I); *BGHZ* 175, 265, Rn 10 = ZIP 2008, 788; *BGHZ* 182, 103, Rn 10 = ZIP 2009, 1561 (Cash Pool II).
98 *BGHZ* 132, 141 = ZIP 1996, 668; *BGHZ* 155, 329 = ZIP 2003, 1540.
99 *BGHZ* 132, 141, 154 f = ZIP 1996, 668.
100 *BGHZ* 155, 329, 339 f = ZIP 2003, 1540.
101 *BGHZ* 132, 141, 155 = ZIP 1996, 668.
102 *K Schmidt* GmbHR 2007, 1072, 1073.
103 Im Gegensatz zu dem noch vom RegE MoMiG vorgesehenen „Erfüllungsmodell".

Anrechnung kommt es aber frühestens im Augenblick der Eintragung, und zwar mit dem Wert des Sachgegenstandes im Zeitpunkt der Anmeldung bzw im Zeitpunkt seiner Überlassung an die Gesellschaft, falls diese später erfolgt (§ 19 Abs 4 S 3 GmbHG).

47 Nur im Umfang der **Werthaltigkeit des Sachgegenstandes** kommt es zur Anrechnung und in der Folge zur Befreiung des Inferenten von seiner Einlagepflicht; iÜ bleibt die Bareinlageschuld bestehen.[104] Im Streitfall ist der Wert des Sachgegenstandes durch den Inferenten zu beweisen.[104] Diese Verteilung der **Beweislast** führt dazu, dass er eventuell noch Jahre später den Wert des eingebrachten Sachgegenstands zur Zeit der Gründung bzw Kapitalerhöhung belegen muss, um nicht in Anspruch genommen werden zu können. Das wird in der Regel nur gelingen, wenn er bereits bei der Gründung/Kapitalerhöhung ein aussagekräftiges Wertgutachten hat anfertigen lassen.

48 Die **dogmatische Einordnung der Anrechnung** nach § 19 Abs 4 S 3 GmbHG ist umstritten. Den Erfüllungsformen der §§ 362 ff BGB kann sie nicht zugeordnet werden. Hilfreich ist ein Vergleich mit der Differenzhaftung bei der offenen Sachübernahme.[105]

49 Liegt der Wert der Sache über dem der verabredeten Bareinlage, wird in der Praxis oftmals eine sog **verdeckte gemischte Sacheinlage** vereinbart. Die gemischte Sacheinlage ist durch die Übertragung von Gegenständen an die Gesellschaft gekennzeichnet, für die der Inferent neben dem Geschäftsanteil ein sonstiges Entgelt von der Gesellschaft erhält (zB Barzahlung). Bei der verdeckten gemischten Sacheinlage wird der Vorgang der gemischten Sacheinlage in das äußere Gewand einer Bargründung bzw Barkapitalerhöhung gekleidet, die (bei wirtschaftlicher Betrachtung) geleistete Sacheinlage wird als solche erst gar nicht deklariert.

50 Bei Anwendung der „Anrechnungslösung" auf derartige Konstellationen darf nicht etwa (dem Wortlaut des § 19 Abs 4 S 3 GmbHG folgend) der volle Sachwert angerechnet werden. Vielmehr kommt es zu einer **„Anrechnungssperre"**, wenn und soweit im Vergleich zwischen dem objektiven Wert des Sachgegenstandes und der von der Gesellschaft dafür insgesamt erbrachten Gegenleistung eine Differenz zulasten der Gesellschaft verbleibt. Anders formuliert: Vor der Anrechnung ist von dem tatsächlichen Wert des eingelegten Sachgegenstandes der Betrag abzuziehen, der von der Gesellschaft aus dem Gesellschaftsvermögen „über den Nominalwert der (vom Gesellschafter erfolglos geleisteten) Bareinlage hinaus als Gegenleistung aufgewendet worden ist".[106]

Neben der Kapitalaufbringungsregelung des § 19 Abs 4 GmbHG will der BGH bei der verdeckten gemischten Sacheinlage ergänzend ggf auch das **Kapitalerhaltungsrecht** der §§ 30, 31 GmbHG heranziehen, wenn und soweit die Gegenleistung der Gesellschaft den Nominalbetrag der vom Gesellschafter geschuldeten Bareinlage übersteigt und eine verbotene Vermögensauskehr im Sinne dieser Vorschriften vorliegt.[107] Die deutlich überwiegende Auffassung im Schrifttum gibt demgegenüber zu Recht einer Analogie zu § 9 Abs 1 GmbHG den Vorzug.[108]

---

104 *BGH* 19.1.2016 – II ZR 61/15, ZIP 2016, 615, Rn 33.
105 Genauer dazu, unter eingehender Erörterung des Meinungsstandes, *Benz* Verdeckte Sacheinlage und Einlagenrückzahlung im reformierten GmbH-Recht (MoMiG), 2010, S 111 ff.
106 *BGHZ* 185, 44, LS 1 und Rn 57 = ZIP 2010, 978 (AdCoCom); zu Einzelheiten s die erläuternden Beispiele bei *Kleindiek* ZGR 2011, 334, 344 ff.
107 *BGHZ* 185, 44, Rn 58 ff = ZIP 2010, 978 (AdCoCom); auch dazu näher *Kleindiek* ZGR 2011, 334, 347 ff.
108 Stellvertretend *L/H/Bayer* § 19 Rn 92 mwN.

§ 3 Abs 4 S 1 EGGmbHG ordnet eine **Rückwirkung des § 19 Abs 4 GmbHG für Altfälle** an, was sich auch auf Kapitalerhöhungen bezieht.[109] Dagegen erhobene verfassungsrechtliche Bedenken hat der BGH unter ausführlicher Erörterung zurückgewiesen.[110] Auch in Fällen, in denen der Tatbestand der verdeckten Sacheinlage vor Inkrafttreten des MoMiG (1.11.2008) verwirklicht worden ist, richten sich die Rechtfolgen also nach der „Anrechnungslösung" des neuen Rechts. Diese Rückwirkung steht jedoch unter dem Vorbehalt des § 3 Abs 4 S 2 EGGmbHG: Sie gilt danach nicht, soweit über die Ansprüche zwischen der Gesellschaft und dem Gesellschafter bereits vor dem 1.11.2008 ein rechtskräftiges Urteil ergangen oder eine wirksame Vereinbarung zwischen der Gesellschaft und dem Gesellschafter getroffen worden ist; in diesem Fall beurteilt sich die Rechtslage weiterhin nach den bis zum 1.11.2008 geltenden Vorschriften. 51

cc) Anwendbarkeit auf die Unternehmergesellschaft. Im Schrifttum umstritten und von der Rechtsprechung noch nicht entschieden ist, ob § 19 Abs 4 GmbHG auch auf die durch das MoMiG (§ 5a GmbHG) eingeführte Unternehmergesellschaft (haftungsbeschränkt) anzuwenden ist[111] oder insofern die alte Rechtslage fortgilt, weil § 5a Abs 2 S 2 GmbHG für die Unternehmergesellschaft Sacheinlagen explizit ausschließt. 52

4. Hin- und Herzahlungen. Der Tatbestand der verdeckten Sacheinlage kann nur eingreifen, wenn die Gesellschaft einen sacheinlagefähigen Gegenstand erhält (oben Rn 37). Ist dies nicht der Fall (Beispiel: der hingezahlte Bareinlagebetrag fließt als Darlehen deklariert an den Inferenten zurück), kann gleichwohl ein Verstoß gegen die Kapitalaufbringungsregeln vorliegen, wenn der **Hin- und Herzahlung** eine entsprechende Absprache der Beteiligten zugrunde liegt.[112] Die **Darlegungs- und Beweislast** hinsichtlich des (der freien Verfügung des Geschäftsführers entgegen stehenden) Vorgangs des Mittelrückflusses an den Gesellschafter („Hin- und Herzahlen" bzw „Her- und Hinzahlen", s unten Rn 54) trifft grds die Gesellschaft bzw den InsVerw,[113] wobei die entsprechende Absprache der Beteiligten bei einem engen zeitlichen Zusammenhang in gleicher Weise (widerleglich) vermutet wird wie bei der verdeckten Sacheinlage.[114] Nach Auffassung des BGH soll freilich die Gesellschaft bzw der InsVerw lediglich konkrete Anhaltspunkte dafür vortragen müssen, dass es nicht zur Leistung mit Erfüllungswirkung gekommen ist; die Beweislast hinsichtlich der erfüllungstauglichen Leistung soll dann den Gesellschafter treffen.[115] Zur Beweislast des Gesellschafters hinsichtlich der Erfüllungsvoraussetzungen nach § 19 Abs 5 GmbHG su Rn 59. 53

a) Früheres Recht. Vor dem Inkrafttreten des MoMiG hatte der BGH ein entsprechendes Vorgehen unter dem Gesichtspunkt der (fehlenden) Leistung zur endgültig freien Verfügung (§ 7 Abs 3 GmbHG) betrachtet. Eine (die Einlageschuld erfüllende) Leistung zur freien Verfügung der Geschäftsführer wurde verneint, weil es schon an einer Leistung des Inferenten fehle: das Hin- und Herzahlen wurde als einheitlicher, sich selbst neutralisierender Vorgang gedeutet („Nullum"). Beim Hin- und Herzahlen – so der BGH[116] – leiste der Inferent nicht und erwerbe auch keinen Bereicherungsanspruch gegen die Gesellschaft. Die 54

---

109 *BGH* 19.1.2016 – II ZR 61/15, ZIP 2016, 615, Rn 21.
110 *BGHZ* 185, 44, Rn 20 ff = ZIP 2010, 978 (AdCoCom).
111 Bejahend etwa *L/H/Bayer* § 19 Rn 69; *L/H/Lutter/Kleindiek* § 5a Rn 27 ff; vern etwa *B/S/Schäfer* § 5a Rn 23; *Ulmer* GmbHR 2010, 1298, 1300 ff.
112 Die Rückzahlung an den Inferenten kann sich dabei auch in Raten vollziehen: *BGH* ZIP 2007, 1281, Rn 4 f.
113 *Bayer/Illhardt* GmbHR 2011, 505, 512; Hk-GmbHG/*Saenger* § 19 Rn 129.
114 *BGH* ZIP 2008, 1281 f.
115 *BGH* ZIP 2014, 261, Rn 3 ff (II. ZS).
116 *BGHZ* 165, 113, Rn 8 = ZIP 2005, 2203; *BGHZ* 165, 352, Rn 8 ff = ZIP 2006, 331; *BGHZ* 174, 370 Rn 6 = ZIP 2008, 174; *BGHZ* 182, 103, Rn 42 = ZIP 2009, 1561 (Cash Pool II).

schuldrechtlichen Abreden (im Beispiel Rn 53: die Darlehensabrede) wurden wegen Verstoßes gegen die Kapitalaufbringungsvorschriften als nichtig angesehen. Eine spätere Zahlung des Inferenten auf die vermeintliche Darlehensverbindlichkeit wertete der BGH als (schuldbefreiende) Zahlung auf die (bis dahin) fortbestehende Einlageschuld,[117] sofern sich die Zahlung der noch offenen Einlage (und sei es im Wege der Auslegung) zuordnen ließ.[118] All das galt auch in den Fällen des „Her- und Hinzahlens", dh bei Darlehensauszahlung vor Zahlung des Bareinlagebetrages.[119]

55 Diese Grundsätze des Hin- und Herzahlens hatte der BGH – ebenso wie die der verdeckten Sacheinlage (oben Rn 44) – auf das **Cash Pooling** angewandt; einem „,Sonderrecht, für diese Art der Finanzierung" wurde die Anerkennung ausdrücklich versagt.[120] Entsprechend hatte er für den Fall der Weitergabe der Bareinlage durch die Komplementär-GmbH an ihre **GmbH & Co. KG** entschieden.[121] Insb die Rechtsprechung zum Cash Pooling hat den Gesetzgeber zur Schaffung des heutigen § 19 Abs 5 GmbHG veranlasst.

56 **b) § 19 Abs 5 GmbHG.** Nach neuem Recht kann durch das verabredete „Hin- und Herzahlen" (oder umgekehrt)[122] die Einlageschuld unter bestimmten Voraussetzungen erfüllt und durch eine schuldrechtliche Forderung abgelöst werden: § 19 Abs 5, § 56a GmbHG. Der Gesetzgeber wollte mit dieser Regelung – ebenso wie mit § 30 Abs 1 S 2 GmbHG (su Rn 78 ff) – zurück zur sog bilanziellen Betrachtungsweise. Dabei ist § 19 Abs 5 GmbHG formell **subsidiär gegenüber dem Tatbestand der verdeckten Sacheinlage.**[123] Die Gesellschaft darf „bei wirtschaftlicher Betrachtung" also keinen sacheinlagefähigen Gegenstand erhalten haben.[124] Die Konstellationen des „Hin- und Herzahlens" iSv § 19 Abs 5 GmbHG sind im Übrigen **abzugrenzen von reinen Scheinzahlungen**, bei denen die abgesprochene Rückzahlung keinen Rechtsgrund hat.[125] Im Einzelnen knüpft § 19 Abs 5 GmbHG die befreiende Wirkung des Hin- und Herzahlens an folgende Voraussetzungen, die gem **§ 3 Abs 4 EGGmbHG** – entsprechend den Darlegungen oben Rn 51 – auch in **Altfällen** gelten:

Im Zeitpunkt der Einlageleistung muss eine entsprechende **Absprache** der Beteiligten getroffen worden sein (§ 19 Abs 5 S 1 GmbHG), wofür bei einem engen zeitlichen Zusammenhang eine Vermutung streitet (so Rn 53). Ist die Absprache erwiesenermaßen erst nach der Einlageleistung getroffen worden, ist – statt der Regeln der Kapitalaufbringung – das Recht der Kapitalerhaltung (§ 30 Abs 1 GmbHG) maßgeblich.[126]

57 Der schuldrechtliche Anspruch der Gesellschaft muss **vollwertig** sein. Vorzunehmen ist eine Forderungsbewertung nach bilanzrechtlichen Grundsätzen, mithin unter vernünftiger kaufmännischer Beurteilung.[127] Für die Beurteilung der Vollwertigkeit ist der Augenblick des Entstehens des schuldrechtlichen Anspruchs maßgeblich. Verschlechtert sich die anzustellende Prognose später, schadet dies der Erfüllungswirkung des Vorgangs nicht. Die Prog-

---

117 *BGHZ* 165, 113, Rn 9 ff = ZIP 2005, 2203; *BGHZ* 165, 352, Rn 10 ff = ZIP 2006, 331 = DStR 2006, 382 mit Anm *Goette*; gegen *OLG Schleswig* GmbHR 2005, 357.
118 *BGHZ* 166, 8, Rn 24 f = ZIP 2006, 665 (Cash Pool I); *BGH* ZIP 2008, 1281, Rn 6.
119 *BGH* ZIP 2006, 1633; *BGH* DStR 2007, 731.
120 *BGHZ* 166, 8, Rn 20 ff = DStR 2006, 764 mit Anm *Goette* = ZIP 2006, 665 (Cash Pool I).
121 *BGHZ* 174, 370 = ZIP 2008, 174.
122 *BGHZ* 184, 158, Rn 24 = ZIP 2010, 423 (Eurobike).
123 Zur Abgrenzung etwa *BGH* ZIP 2012, 1857.
124 Vgl etwa *BGHZ* 182, 103, Rn 14 = ZIP 2009, 1561 (Cash Pool II).
125 *BGH* ZIP 2014, 261, Rn 6 mwN.
126 *L/H/Bayer* § 19 Rn 110.
127 *L/H/Bayer* § 19 Rn 114 f.

nose ist dabei aber auf den Zeitpunkt der späteren Fälligkeit zu beziehen.[128] Die Vollwertigkeit des Anspruchs ist Tatbestandsvoraussetzung. Kommt es bei Begründung des Anspruchs auch nur zu einer minimalen Abwertung der Forderung, tritt die Erfüllungswirkung insgesamt nicht ein (**„Alles oder Nichts – Prinzip"**). Eine anteilige Erfüllung gibt es bei § 19 Abs 5 GmbHG – im Gegensatz zu § 19 Abs 4 GmbHG – nicht. Der Gesetzgeber hat dies durch die Verwendung der Konjunktion „wenn" statt „soweit" verdeutlicht.

Der schuldrechtliche Anspruch muss **liquide**, dh er muss fällig sein oder durch fristlose Kündigung der Gesellschaft jederzeit fällig werden können. Dieses Erfordernis soll den Umstand ausgleichen, dass die Vollwertigkeitsbeurteilung prognostizierend (zum Zeitpunkt der Anspruchsbegründung) vorgenommen werden muss.[129] Der BGH hat an dieses Merkmal einen strengen Maßstab angelegt: Beim **Cash Pooling** – auf das heute ebenfalls die Bestimmungen in § 19 Abs 4 und 5 GmbHG zur Anwendung kommen und bei dem ggf tw Abs 4 und tw Abs 5 der Vorschrift anzuwenden ist[130] – genügt für die jederzeitige Fälligkeit insb eine bloße Verfügungsmöglichkeit der Gesellschaft nicht.[131] Eine der jederzeitigen Fälligkeit gleichstehende Kündigungsmöglichkeit setzt voraus, dass der Anspruch „jederzeit ohne Einschränkung" gekündigt werden kann.[132] 58

Die **Darlegungs- und Beweislast** hinsichtlich der Rn 57 und 58 genannten Tatbestandsvoraussetzungen (Vollwertigkeit und Fälligkeit bzw Kündbarkeit) trägt der Gesellschafter, der sich auf die Befreiung von seiner Einlagepflicht nach § 19 Abs 5 GmbHG beruft;[133] denn im Text der Vorschrift heißt es: „befreit … nur dann, wenn …". 59

§ 19 Abs 5 S 2 GmbHG verlangt, dass die Vereinbarung des „Hin- und Herzahlens" **gegenüber dem Registergericht angezeigt** wird. Der BGH versteht diese Anzeige (freilich in keiner Weise überzeugend[134]) als konstitutive Voraussetzung der Erfüllungswirkung.[135] Jene Rechtsprechung führt dazu, dass die in § 3 Abs 4 EGGmbHG angeordnete Erstreckung des § 19 Abs 5 GmbHG auf Altfälle (oben Rn 56) praktisch leerläuft. Dass dies dem Willen des Gesetzgebers entspricht, ist kaum anzunehmen; s dazu auch unten Rn 65 zur aktienrechtlichen Parallelvorschrift. 60

Liegen die Voraussetzungen einer Befreiung nach § 19 Abs 5 GmbHG nicht vor, richten sich die Rechtsfolgen des Hin- und Herzahlens weiterhin nach jenen Grundsätzen, die der BGH zum **altem Recht** entwickelt hatte (oben Rn 54). Das bedeutet: Für die Prüfung, ob die Voraussetzungen des § 19 Abs 5 GmbHG erfüllt sind, ist der Bestand des Rückgewähranspruchs (etwa des Darlehensrückzahlungsanspruchs) zunächst zu unterstellen. Ist der (als entstanden zu unterstellende) Anspruch aber nicht werthaltig, greifen die BGH-Grundsätze zum alten Recht, nach denen der entsprechende Anspruch gar nicht erst entstanden ist. 61

5. Voreinzahlungen auf künftige Kapitalerhöhung. Voreinzahlungen der Gesellschafter auf eine künftige (geplante) Kapitalerhöhung[136] sind offenbar nach wie vor verbreitet. Da nach gefestigter Rechtsprechung die Einlage erst nach Kapitalerhöhungsbeschluss und Übernah- 62

---

128 *L/H/Bayer* § 19 Rn 115.
129 S Beschlussempfehlung und Bericht des Rechtsausschusses zu § 19 Abs 5 GmbHG idF des *MoMiG, BT-Drucks* 16/9737, S 56.
130 Dazu *BGHZ* 182, 103 = ZIP 2009, 1561 (Cash Pool II).
131 *BGHZ* 182, 103, Rn 26 ff = ZIP 2009, 1561 (Cash Pool II).
132 *BGHZ* 182, 103, Rn 28 = ZIP 2009, 1561 (Cash Pool II).
133 *L/H/Bayer* § 19 Rn 117.
134 Zur Kritik s etwa *L/H/Bayer* § 19 Rn 122 f.
135 S dazu, jeweils ohne nähere Begründung, *BGHZ* 180, 38, Rn 16 = ZIP 2009, 713 (Qivive); *BGHZ* 182, 103, Rn 25 = ZIP 2009, 1561 (Cash Pool II).
136 Vertiefend dazu *L/H/Bayer* § 56 Rn 19 ff.

meerklärung befreiend geleistet werden kann, haben solche Voreinzahlungen grundsätzlich nur dann **Tilgungswirkung**, wenn der eingezahlte Betrag im Zeitpunkt der Beschlussfassung und der mit ihr üblicherweise verbundenen Übernahmeerklärung als solcher noch zweifelsfrei im Gesellschaftsvermögen vorhanden ist.[137]

63 Zum genannten Zeitpunkt schon **verbrauchten Voreinzahlungen** billigt der BGH nur **unter sehr engen Voraussetzungen Tilgungswirkung** zu: Sie können nur ausnahmsweise als wirksame Erfüllung der später übernommenen Einlageschuld anerkannt werden, wenn die Beschlussfassung über die Kapitalerhöhung im Anschluss an die Voreinzahlung mit aller gebotenen Beschleunigung nachgeholt wird, ein akuter Sanierungsfall vorliegt, andere Maßnahmen nicht in Betracht kommen und die Rettung der sanierungsfähigen Gesellschaft scheitern würde, falls die übliche Reihenfolge der Durchführung der Kapitalerhöhungsmaßnahme beachtet werden müsste.[138] In der Summe dürften sich diese Voraussetzungen kaum je darlegen lassen; **darlegungs- und beweispflichtig** ist der Gesellschafter, der voreingezahlt hatte.

64 **6. Geschäftsführerhaftung.** Die **Geschäftsführer** können im Zusammenhang mit der Kapitalaufbringung zur Haftung nach § 9a Abs 1 GmbHG verpflichtet sein.[139] Daneben kommt auch iRd Kapitalaufbringung der allg Haftungstatbestand des § 43 Abs 2 GmbHG in Betracht; Verjährung in 5 Jahren beginnend mit der Entstehung des Anspruchs (§ 43 Abs 4 GmbHG).[140]

65 **7. Aktiengesellschaft.** Das Kapitalaufbringungsrecht des **Aktiengesetzes** verlangt gleichfalls eine Leistung zur endgültig freien Verfügung, vgl §§ 36 Abs 2; 37 Abs 1; 54 Abs 3 AktG mit Verweisungen im Recht der Kapitalerhöhung. Die im Zuge der MoMiG-Reform geschaffenen Neuregelungen des GmbH-Rechts zur verdeckten Sacheinlage sowie zum „Hin- und Herzahlen" sind durch das ARUG[141] – mit Wirkung zum 1.9.2009 – im Wesentlichen wortgleich in das Aktienrecht übertragen worden: § 27 Abs 3 und 4 AktG.[142] Sie gelten auch für Kapitalerhöhungen (§§ 183 Abs 2; 194 Abs 2; 205 Abs 3 AktG) und sind gem § 20 Abs 7 EGAktG (entspricht § 3 Abs 4 EGGmbHG; s oben Rn 51 und 56) auch auf Altfälle anwendbar. Bemerkenswerterweise wird in den Gesetzesmaterialien zu § 27 Abs 4 AktG klargestellt, dass sich die Voraussetzungen für eine Erfüllungswirkung allein aus S 1 der Vorschrift (nicht auch aus S 2) ergeben.[143] Es ist zu hoffen, dass der BGH dies bei Gelegenheit zum Anlass nehmen wird, seine abw Rechtsprechung zu § 19 Abs 4 S 2 GmbHG (dazu oben Rn 60) zu überprüfen.

66 Die Sachgründungsvorgaben des Aktienrechts werden außerdem durch § 52 AktG geschützt, welcher der sog **Nachgründung** Beschränkungen auferlegt.[144]

III. Kapitalerhaltung

67 Die strengen Anforderungen an die Kapitalaufbringung wären fruchtlos, wenn das Gesetz nicht die aufgebrachten Mittel vor einer Auskehrung an die Gesellschafter schützen würde. Als Gegenstück zum Kapitalaufbringungsrecht sind in den §§ 30, 31 GmbHG die für die

---

137 *BGHZ* 158, 283, 284 f = ZIP 2004, 849; *BGHZ* 168, 201, Rn 13 = ZIP 2006, 2214; *BGH* 19.1.2016 – II ZR 61/15, ZIP 2016, 615, Rn 18.
138 In diesem Sinne *BGHZ* 168, 201, LS und Rn 15 ff = ZIP 2006, 2214.
139 Hierzu *L/H/Bayer* § 9a Rn 7 ff.
140 Vgl dazu *L/H/Kleindiek* § 43 Rn 38 ff, 67 ff.
141 Gesetz zur Umsetzung der Aktionärsrechterichtlinie v 1.9.2009, BGBl I S 2479.
142 Dazu etwa *Hüffer/Koch* § 27 Rn 23 ff und 47 ff.
143 Vgl Beschlussempfehlung und Bericht des Rechtsausschusses, BT-Drucks 16/13098, 38.
144 *Hüffer/Koch* § 52 Rn 1.

GmbH maßgeblichen Vorschriften der Kapitalerhaltung geregelt. Beide Bereiche sind Eckpfeiler der Finanzverfassung der GmbH und wurden vom BGH angesichts der Haftungsbeschränkung nach § 13 Abs 2 GmbHG früh zum „Kernstück des GmbH-Rechts" gerechnet.[145]

Für die Kapitalerhaltung enthält § 30 Abs 1 GmbHG das allg Auszahlungsverbot, bei dessen **68** Verletzung der in § 31 Abs 1 GmbHG normierte Erstattungsanspruch der Gesellschaft entsteht. § 30 GmbHG ist trotz und wegen der mit dem MoMiG (oben Rn 27) eingeführten Änderungen (unten Rn 76 ff) in seinem neuen Regelungsgehalt eng auszulegen und gegen Umgehungen zu schützen.[146]

1. Auszahlungsverbot nach § 30 Abs 1 GmbHG. – a) Auszahlungen. § 30 Abs 1 GmbHG **69** verbietet den Geschäftsführern die Auskehr des Gesellschaftsvermögens an die Gesellschafter, soweit dadurch eine Unterbilanz verursacht oder vertieft wird (s aber auch unten Rn 80 aE). Dem Auszahlungsbegriff des § 30 Abs 1 S 1 GmbHG unterliegen nicht nur Geldleistungen, sondern Vermögensauskehrungen aller Art.[147] Der Begriff ist demnach weit zu verstehen und erfasst Übereignungen ebenso wie das Abtreten von Rechten, die Befreiung des Gesellschafters von einer Drittschuld oder das bloße Unterlassen der Durchsetzung einer Forderung gegen den Gesellschafter.[148] Eine Auszahlung in diesem Sinne liegt schon mit der **Bestellung einer dinglichen Sicherheit der Gesellschaft** für den Anspruch eines Dritten gegen einen Gesellschafter (und nicht erst bei drohender Inanspruchnahme der Sicherheit) vor,[149] wenn der Freistellungsanspruch gegen den Gesellschafter nicht werthaltig ist (unten Rn 79) und zudem eine Unterbilanz entsteht oder vertieft wird (sogleich Rn 70). Grund der Auszahlung muss die Gesellschafterstellung sein. Es genügt aber, wenn die Auszahlung nur **verdeckt** auf diesen Umstand gegründet ist, indem sie durch ein nicht zum Marktpreis abgeschlossenes Austauschgeschäft erfolgt.[150] Wegen aller Einzelheiten muss auf das gesellschaftsrechtliche Spezialschrifttum verwiesen werden,[151] s aber noch unten Rn 76 ff zu den Änderungen im Zuge des MoMiG.

b) Unterbilanz. Durch die verbotene Auszahlung muss eine Unterbilanz verursacht oder **70** vertieft werden; § 30 Abs 1 GmbHG greift nur ein, soweit nach der Auszahlung das bei der Gesellschaft verbleibende Nettovermögen den Betrag des Stammkapitals (Stammkapitalziffer) nicht mehr erreicht.[152] Davon ist denknotwendig auch der (über die Unterbilanz hinaus gehende) Fall einer Überschuldung erfasst. Das Nettovermögen ist nach bilanzrechtlichen Regeln unter Ansetzung und Bewertung der Aktiva und Abzug der echten Passiva zu errechnen.[153] S aber auch unten Rn 80 aE.

c) Zahlungsempfänger. Empfänger der verbotenen Auszahlung muss nach dem Wortlaut **71** des § 30 Abs 1 S 1 GmbHG ein **Gesellschafter** sein. Abzustellen ist dabei auf den Auszahlungszeitpunkt. Eine Leistung an einen Gesellschafter ist aber auch mittelbar durch Zuwen-

145 *BGHZ* 28, 77, 78 = NJW 1958, 1351.
146 *L/H/Hommelhoff* § 30 Rn 1.
147 Vertiefend *L/H/Hommelhoff* § 30 Rn 8.
148 Vgl zur Abtretung *BGH* WM 1984, 136, 137, zur Erfüllung einer Drittforderung *BGH* ZIP 2008, 2217, Rn 8, zur unterlassenen Durchsetzung einer Forderung gegen den Gesellschafter *BGHZ* 122, 333, 338 = ZIP 1993, 917.
149 *BGH* 21.3.2017 – II ZR 93/16, ZIP 2017, 971, Rn 13 ff; vgl auch *BGH* 10.1.2017 – II ZR 94/15, ZIP 2017, 472, Rn 14 ff (für das Aktienrecht).
150 *BGH* GmbHR 1987, 187.
151 Stellvertretend *L/H/Hommelhoff* § 30 Rn 23 ff.
152 *BGH* ZIP 2008, 2217, Rn 11.
153 *BGH* ZIP 2006, 703, Rn 29; *BGH* ZIP 2008, 2217, Rn 11; zu Einzelheiten s *L/H/Hommelhoff* § 30 Rn 10 ff.

dung an **Dritte** möglich. Dazu zählen die Fälle der Gewährung von Sicherheitsleistungen zugunsten eines Gesellschafters sowie Leistungen an solche Dritte, die in wirtschaftlicher oder persönlicher Nähe zu einem Gesellschafter stehen, so dass die Auszahlung dem Gesellschafter zuzurechnen ist.[154] Das kommt insb in Treuhandverhältnissen,[155] bei engen Familienbanden[156] und zwischen verbundenen Unternehmen (§ 15 AktG)[157] in Betracht.

72 **2. Rechtsfolgen verbotswidriger Auszahlungen. – a) Erstattungspflicht.** § 31 Abs 1 GmbHG verpflichtet zur Erstattung von Auszahlungen, die gegen das Verbot aus § 30 GmbHG verstoßen. Ausgeglichen werden muss der volle Wert der Auszahlung; eine Beschränkung auf den Umfang des Stammkapitals besteht nicht.[158] Zwischenzeitlich (nach Weggabe an den Gesellschafter) eingetretene Wertverluste eines Gegenstandes hat der erstattungspflichtige Gesellschafter auszugleichen; anders nur dort, wo er darlegt und im Streitfall nachweist, dass der Wertverlust auch dann eingetreten wäre, wenn der Gegenstand bei der Gesellschaft verblieben wäre.[159] Der Erstattungsanspruch wird sogleich fällig[160] und geht auch im Falle anderweitiger Wiederauffüllung des Stammkapitals nicht unter.[161]

War der Zahlungsempfänger **gutgläubig**, ist der Erstattungsanspruch gegen ihn auf die zur Gläubigerbefriedigung erforderlichen Mittel beschränkt, § 31 Abs 2 GmbHG. Der gute Glaube bezieht sich auf die Unversehrtheit des Stammkapitals.[162]

73 **Schu des Erstattungsanspruchs** ist der Gesellschafter, der die Auszahlung empfangen hat bzw dem der Empfang eines Dritten auf Grund einer Nähebeziehung zugerechnet werden kann.[163] Besteht eine solche Nähe, haftet auch der dritte Zahlungsempfänger.[164] **Inhaber des Anspruchs** ist die Gesellschaft. Zur Anspruchsverfolgung und zur Verjährung s unten Rn 82 ff.

74 **b) Solidarhaftung.** § 31 Abs 3 S 1 GmbHG ordnet die subsidiäre Mithaftung der anderen Gesellschafter nach dem Verhältnis ihrer Geschäftsanteile an; darüber hinaus besteht nach S 2 eine wechselseitige Ausfallhaftung. Im äußersten Fall haftet ein Mitgesellschafter also auf den gesamten Betrag.

75 Um das Risiko für die Mitgesellschafter überschaubar zu halten, ist deren Solidarhaftung zu beschränken, denn die GmbH-Gesellschafter unterliegen keiner Nachschusspflicht.[165] Über die zutreffende Höhe der Beschränkung bestehen unterschiedliche Ansichten,[166] der BGH bejaht eine Gesamtsolidarhaftung in Höhe der Stammkapitalziffer.[167]

---

154 Genaueres etwa bei *L/H/Hommelhoff* § 30 Rn 20 ff.
155 *BGH* ZIP 1990, 1593, 1595.
156 *BGHZ* 81, 365, 368 f = GmbHR 1982, 181.
157 *BGHZ* 81, 311, 315 f = GmbHR 1982, 133.
158 *BGHZ* 60, 324, 331 f = NJW 1973, 1036.
159 *BGHZ* 176, 62, Rn 10 ff = ZIP 2008, 922.
160 *BGH* ZIP 1987, 370, 371.
161 *BGHZ* 144, 336, 341 f = ZIP 2000, 1251 (Balsam/Procedo) unter Aufgabe von *BGH* ZIP 1987, 1113, 1114; dazu *L/H/Hommelhoff* § 31 Rn 12 f mwN.
162 Zu Einzelheiten s *L/H/Hommelhoff* § 31 Rn 17 ff.
163 Zu den Rechtsfolgen der Auszahlung an Dritte vgl näher *L/H/Hommelhoff* § 31 Rn 6 f und 18.
164 *BGHZ* 81, 365, 368 ff = GmbHR 1982, 181.
165 *BGHZ* 150, 61, 66 = ZIP 2002, 848.
166 Näher dazu *Bayer* FS Röhricht, 2005, S 25; *K Schmidt* FS Raiser, 2005, S 311; s zu weiteren Fragen der Solidarhaftung *L/H/Hommelhoff* § 31 Rn 20 ff.
167 *BGHZ* 150, 61, 64 = ZIP 2002, 848; *BGH* ZIP 2003, 2068, 2071.

3. Änderungen und Klarstellungen im Zuge des MoMiG. Durch das MoMiG[168] wurden § 30 Abs 1 GmbHG um die S 2 und 3 ergänzt. Diese umschreiben drei Fallgestaltungen, die dem Auszahlungsverbot des § 30 Abs 1 S 1 GmbHG entzogen sind. **76**

a) § 30 Abs 1 S 2 Var 1 GmbHG: Vertragskonzern. Besteht zwischen der GmbH und dem Gesellschafter ein Beherrschungs- oder Gewinnabführungsvertrag (§ 291 AktG), greifen das Auszahlungsverbot und die Haftungssanktionen im Falle der Verbotsverletzung nicht ein;[169] sie werden durch den in diesem Fall entsprechend § 302 AktG bestehenden Verlustausgleichanspruch ersetzt. Das entsprach schon vor der Neufassung der Vorschrift der Rechtsprechung des BGH.[170] **77**

b) § 30 Abs 1 S 2 Var 2 GmbHG: Bilanzneutralität. Nicht gegen das Auszahlungsverbot verstößt ein Geschäft, bei dem unter bilanziellen Gesichtspunkten (§ 253 HGB) für den ausgekehrten Vermögensgegenstand eine vollumfängliche Kompensation in das Gesellschaftsvermögen gelangt. Die Vorschrift ist als Reaktion des MoMiG-Gesetzgebers auf das (unklar und unglücklich formulierte) sog **November-Urteil** des BGH[171] über Darlehensausreichungen seitens der Gesellschaft an einen Gesellschafter zu verstehen, das vom II. ZS freilich schon unmittelbar nach Inkrafttreten des MoMiG auch mit Wirkung für Altfälle wieder korrigiert worden ist.[172] **78**

Nunmehr gilt selbst im Fall einer Darlehensgewährung an Gesellschafter bei schon zuvor bestehender Unterbilanz, dass die **Vollwertigkeit des Rückzahlungsanspruchs** einen Verstoß gegen das Auszahlungsverbot ausschließt. Das Gesellschaftsvermögen ist im Stadium der Unterbilanz also nicht mehr in seiner realen Substanz vor einer Auskehrung an die Gesellschafter geschützt; da es bei Vollwertigkeit des Rückzahlungsanspruchs bilanziell zu einem reinen Aktivtausch kommt, greift § 30 Abs 1 GmbHG nicht ein. Für die Vollwertigkeit kommt es auf den Zeitpunkt dieses Aktivtauschs, bei Darlehensgewährung also auf den der Auszahlung an; ein späterer Wertverlust wirkt nicht zurück.[173] Im Falle der **Bestellung einer Gesellschaftssicherheit** für den Anspruch eines Dritten gegen einen Gesellschafter (vgl oben Rn 69) ist die **Werthaltigkeit des Freistellungsanspruchs** der Gesellschaft gegen den Gesellschafter entscheidend, wobei wiederum auf den Zeitpunkt der Bestellung der Sicherheit abzustellen ist.[174] **79**

Für die **Bewertung** sind nur objektive Kriterien maßgebend, weshalb eine vernünftige kaufmännische Beurteilung vorzunehmen ist, die sowohl die Solvenz als auch die Durchsetzbarkeit der Forderung beachtet. An der Vollwertigkeit fehlt es, wenn bilanziell (und sei es auch nur geringer) Abwertungsbedarf besteht.[175] Bei einem **Austauschvertrag** muss die erlangte Forderung nicht nur bilanziell vollwertig sein, sondern setzt auch die **Deckung des Marktwertes** des herausgegebenen Gegenstands voraus;[176] der Ausgleich eines geringeren Buchwertes reicht also nicht. Für die Werthaltigkeit des Freistellungsanspruchs gegen den Gesell- **80**

---

168 Gesetz zur Modernisierung des GmbH-Rechts und zur Bekämpfung von Missbräuchen (MoMiG) v 23.10.2008, BGBl I, 2026.

169 Zu Einzelheiten s etwa *L/H/Hommelhoff* § 30 Rn 47 ff.

170 *BGHZ* 142, 382 = ZIP 1999, 1965; *BGHZ* 168, 285, 288 = ZIP 2006, 1488.

171 *BGHZ* 157, 72 = ZIP 2004, 263.

172 *BGHZ* 179, 71, Rn 12 = ZIP 2009, 70 (MPS; Urt v 1.12.2008).

173 *L/H/Hommelhoff* § 30 Rn 26.

174 *BGH* 21.3.2017 – II ZR 93/16, ZIP 2017, 971, Rn 18 ff.

175 Hierzu sowie zu Fragen der Besicherung und Verzinsung weiterführend *L/H/Hommelhoff* § 30 Rn 28 ff.

176 S dazu schon Begr RegE MoMiG zu § 30 Abs 1 S 2 GmbHG, BT-Drucks 16/6140, 41; vgl auch *L/H/Hommelhoff* § 30 Rn 32 f.

schafter bei **Bestellung einer Gesellschaftssicherheit** (oben Rn 69 und 79) kommt es darauf an, ob der Gesellschafter (aus ex-ante-Sicht) zur Erfüllung seiner Verpflichtung dem Dritten gegenüber in der Lage sein wird.[177]

81 **c) § 30 Abs 1 S 3 GmbHG: Nichtanwendung der Rechtsprechungsregeln des auslaufenden Eigenkapitalersatzrechts.** Mit der dritten Ausnahme vom Auszahlungsverbot hat der Gesetzgeber der ständigen Rechtsprechung des BGH zur Anwendung der §§ 30, 31 GmbHG auf eigenkapitalersetzende Gesellschafterdarlehen (und wirtschaftlich vergleichbare Rechtshandlungen) die Grundlage entzogen. Näher zur Neuregelung des Rechts der Gesellschafterfremdfinanzierung s § 39 Rn 19 ff; zur **Fortgeltung der Rechtsprechungsregeln in Altfällen** s § 39 Rn 28 ff.

82 **4. Anspruchsverfolgung; Verjährung.** Der Erstattungsanspruch aus § 31 Abs 1 GmbHG wird im InsVerf über das Vermögen der GmbH vom **InsVerw** geltend gemacht (§ 80 Abs 1). Er trägt die **Darlegungs- und Beweislast** hinsichtlich der den Anspruch begründenden Voraussetzungen:[178] Auszahlung an den auf Erstattung in Anspruch genommenen Gesellschafter (oder den gesellschaftergleichen Dritten) aus gebundenem Vermögen. Für die Vollwertigkeit eines Gegenleistungs- oder Rückgewähranspruchs iSv § 30 Abs 1 S 2 GmbHG ist der betreffende Gesellschafter darlegungs- und beweisbelastet.[179] Beruft sich der Gesellschafter auf die Haftungsbeschränkung nach § 31 Abs 2 GmbHG, so hat er seine Gutgläubigkeit darzulegen und zu beweisen, die Gesellschaft bzw der InsVerw die Auszahlung aus gebundenem Vermögen sowie die Höhe des zur GlBefriedigung erforderlichen Betrages.[180] Wird ein Mitgesellschafter nach § 31 Abs 3 GmbHG (s oben Rn 74) in Anspruch genommen, sind Gesellschaft bzw InsVerw auch hinsichtlich der Voraussetzung dieser Solidarhaftung darlegungs- und beweispflichtig.[181]

83 Für die **Verjährung** ist zu unterscheiden: Ansprüche nach § 31 Abs 1 GmbHG verjähren (heute) in zehn, Ansprüche nach § 31 Abs 3 GmbHG in fünf Jahren (§ 31 Abs 5 S 1 GmbHG), jeweils beginnend mit Ablauf des Tages, an dem die zu erstattende Zahlung geleistet worden ist (§ 31 Abs 5 S 2 GmbHG). Im Falle der Eröffnung des InsVerf über das Vermögen der Gesellschaft tritt die Verjährung von Ansprüchen nach § 31 Abs 1 GmbHG (nicht auch nach Abs 3) jedoch nicht vor Ablauf von sechs Monaten ab dem Eröffnungszeitpunkt ein (Verweis auf § 19 Abs 6 S 2 in § 31 Abs 5 S 3 GmbHG), dh die Verjährung ist ab Eröffnung für sechs Monate im Ablauf gehemmt (§ 211 BGB).

84 Die Verjährungsregelung im heutigen § 31 Abs 5 GmbHG ist erst durch das **Verjährungsanpassungsgesetz vom 9.12.2004**[182] mit Wirkung zum 15.12.2004 geschaffen worden. Bis dahin verjährten Ansprüche nach § 31 im Grundsatz einheitlich in fünf Jahren; jedoch galt die Regelverjährungsfrist (bis zum Inkrafttreten des Schuldrechtsmodernisierungsgesetzes[183] am 1.1.2002: 30 Jahre) bei „böslicher Handlungsweise" des Verpflichteten (§ 31 Abs 5 GmbHG aF).[184] Im Zuge des Schuldrechtsmodernisierungsgesetzes wurde die Regelverjährung auf drei Jahre festgelegt, ohne jedoch die Auswirkungen auf § 31 Abs 5 GmbHG aF zu beden-

---

177 *BGH* 21.3.2017 – II ZR 93/16, ZIP 2017, 971, Rn 18 und 21; vgl auch *BGH* 10.1.2017 – II ZR 94/15, ZIP 2017, 472, Rn 18 (für das Aktienrecht).
178 *Bayer/Illhardt* GmbHR 2011, 638, 640 f mwN.
179 *R/A/Altmeppen* § 30 Rn 116; *B/S/Thiessen* § 31 Rn 121.
180 *B/H/Fastrich* § 31 Rn 20; *Bayer/Illhardt* GmbHR 2011, 638, 641.
181 *B/S/Thiessen* § 31 Rn 124; *Bayer/Illhardt* GmbHR 2011, 638, 641 f mwN.
182 BGBl I, 3214.
183 Gesetz zur Modernisierung des Schuldrechts v 26.11.2001, BGBl I, 3138.
184 Dazu *OLG Koblenz* ZInsO 2011, 1067, 1071.

ken. Dieses Versäumnis ist durch das Verjährungsanpassungsgesetz beseitigt worden.[185] Eine besondere (in ihrer Anwendung komplizierte) Übergangsregelung enthält Art 229 § 12 Abs 2 EGBGB für unverjährte Ansprüche aus **Altfällen** (entstanden vor dem Stichtag 15.12.2004 und bis dahin noch nicht verjährt).[186] S dazu auch oben Rn 31.

5. Geschäftsführerhaftung. Die Geschäftsführer der GmbH haften dieser nach § 43 Abs 3 GmbHG verschuldensabhängig für gesetzeswidrige Auszahlungen in vollem Umfang auf Schadensersatz, wenn sie die Auszahlungen veranlasst oder nicht unterbunden haben.[187] Verjährung nach § 43 Abs 4 GmbHG in fünf Jahren, beginnend mit der Entstehung des Anspruchs.[188] **85**

Daneben sind die Geschäftsführer den nach § 31 Abs 3 GmbHG haftenden Mitgesellschaftern – nicht aber dem Zahlungsempfänger des § 31 Abs 1 GmbHG – aus § 31 Abs 6 GmbHG zum Ausgleich der geleisteten Solidarhaftungsbeiträge bzw zur Freistellung von den zu leistenden Beiträgen verpflichtet; Verjährung gem § 43 Abs 4 GmbHG in fünf Jahren, beginnend mit der Zahlung der auf Solidarhaftung in Anspruch genommenen Mitgesellschafter.[189] Voraussetzung ist auch insoweit ein schuldhafter Verstoß gegen das Auszahlungsverbot, wofür die Norm auf den Maßstab des „ordentlichen Geschäftsmannes" in § 43 Abs 1 GmbHG verweist. Mehrere Geschäftsführer haften gesamtschuldnerisch, können aber ihrerseits den Zahlungsempfänger in Regress nehmen. **86**

6. Aktiengesellschaft. Die mit §§ 30, 31 GmbHG korrespondierenden Vorschriften des Aktienrechts für die Kapitalerhaltung finden sich in §§ 57, 62 AktG. § 57 Abs 1 AktG wurde mit dem MoMiG ebenfalls um die dem § 30 Abs 1 S 2 und 3 GmbHG entspr Ausnahmen vom Rückgewährverbot ergänzt. § 57 Abs 3 AktG verdeutlicht aber, dass das geschützte Vermögen anders als im GmbH-Recht nicht auf die Summe des gezeichneten Kapitals (§ 152 Abs 1 AktG, § 42 Abs 1 GmbHG) beschränkt ist, sondern auch die Auskehr freier Rücklagen einbezieht.[190] Ausgezahlt werden darf allein der Bilanzgewinn. **87**

Größere praktische Bedeutung hat iRd aktienrechtlichen Kapitalerhaltung auch das Verbot des Rückerwerbs eigener Aktien, da dieser Erwerb von Aktionären erfolgt, der Kaufpreis aber kein Bilanzgewinn iSd § 57 Abs 3 AktG ist. Gleichwohl erlauben § 57 Abs 1 S 2, § 71 AktG den Erwerb eigener Aktien in gewissem Fällen und nehmen die Entgeltzahlungen an die Aktionäre dementsprechend von der Rückgewährpflicht des § 62 Abs 1 AktG aus.[191] **88**

IV. Existenzvernichtungshaftung der Gesellschafter

Das Kapitalschutzsystem der GmbH ist über §§ 30, 31 GmbHG bilanzakzessorisch. Von ihm erfasst (und nur erfassbar) sind Vermögensverlagerungen an die Gesellschafter, die eine Unterbilanz hervorrufen oder vertiefen. Die Gesellschaft kann aber auch durch bilanzneutrale Eingriffe geschädigt werden, etwa indem die Gesellschafter der Gesellschaft Geschäftschancen, nicht bilanzierbare Unternehmensressourcen (Know-how) oder abgeschriebene, für das Unternehmen jedoch nach wie vor bedeutsame Vermögensgegenstände entziehen. Schließlich können auch „Kollateralschäden" verursacht werden, die über bilanzwirksame – nach §§ 30, 31 GmbHG zu kompensierende – Auskehrungen hinausgehen. **89**

---

185 Eingehend zum Ganzen *B/S/Thiessen* § 31 Rn 82 ff.
186 Dazu *BGH* ZIP 2008, 2217, Rn 14; *BGHZ* 179, 344, Rn 46 = ZIP 2009, 802 (Sanitary) und etwa *L/H/Hommelhoff* § 31 Rn 32; *B/S/Thiessen* § 31 Rn 97 ff, je mwN.
187 Dazu *L/H/Kleindiek* § 43 Rn 56 ff.
188 Näher *L/H/Kleindiek* § 43 Rn 67.
189 Vgl zu § 31 Abs 6 GmbHG *L/H/Hommelhoff* § 31 Rn 34.
190 *Hüffer/Koch* § 57 Rn 2.
191 Vgl dazu *Hüffer/Koch* § 57 Rn 20.

90 Für solche und ähnliche Fälle ist seit langem anerkannt, dass es neben dem bilanziellen Kapitalschutz weitere Schutzmechanismen geben muss, die die vorhandenen Lücken schließen. Auf der Suche nach dem richtigen Ansatzpunkt hat der BGH im Jahre 2007 – nach mehr als zwanzigjähriger Odyssee[192] – **§ 826 BGB** zu seiner neuen Haftungsgrundlage erkoren[193] und sich dabei von dem zuletzt vertretenen Konzept abgewandt, das in der Existenzvernichtungshaftung der Gesellschafter eine Fallgruppe der Durchgriffshaftung (Haftung analog § 128 HGB) sah.[194] Mit dem Wechsel der Haftungskonstruktion gingen auf der Rechtsfolgenseite bedeutsame Änderungen einher (unten Rn 99 ff).

91 **1. Haftungsadressaten.** Möglicher Schu der Existenzvernichtungshaftung kann zunächst jeder **Gesellschafter** sein. Gleichfalls in Frage kommt aber auch jeder Gesellschafter eines Gesellschafters (sog **Gesellschafter-Gesellschafter**);[195] das Zwischenschieben einer juristischen Person schließt die Haftung also nicht aus, wenn der Eingriff auf diesem Wege mittelbar durch den Anspruchsgegner vorgenommen wird.

92 Auch sog **faktische Gesellschafter**, die – ohne Mitglied des Verbandes zu sein – tatsächlich die Kompetenzen eines Gesellschafters im eigenen Interesse ausüben, kommen als Haftungsadressaten in Betracht. IÜ können Nichtgesellschafter als **Teilnehmer** haftbar sein. Auch **Geschäftsführer** können – wenn sie nicht ohnehin auch Gesellschafter sind – Teilnehmer eines existenzvernichtenden Eingriffs sein und als solche nach § 830 Abs 2 BGB haften.[196] Zu der ihnen drohenden Haftung aus § 64 S 3 GmbHG s unten Rn 113 ff.

93 **2. Tatbestand.** Ungeachtet des Wechsels der Haftungsgrundlage von § 128 HGB analog im zuletzt präferierten Durchgriffsmodell („KBV") zum Schadensersatz gem § 826 BGB (Ersatz des Schadens der Gesellschaft) im aktuell verfochtenen Konzept („Trihotel") hat sich der BGH darum bemüht, die Voraussetzungen der alten Durchgriffshaftung auf den neuen Ansatz zu übertragen.

94 **a) Eingriff.** Grundlegende Voraussetzung der Existenzvernichtungshaftung ist ein zur Ins der Gesellschaft führender (oder diese vertiefender) Eingriff in das seiner Zweckbindung nach zur vorrangigen Befriedigung der GesellschaftsGl dienende Gesellschaftsvermögen. Im Eingriff muss die „Ausplünderung" der Gesellschaft, dh „ein gezielter, betriebsfremden Zwecken dienender Entzug von Vermögenswerten" zwecks „Selbstbedienung" zum Ausdruck kommen.[197] Eingegriffen werden kann dabei nicht nur in bilanzierte Vermögenspositionen, sondern beispielsweise auch durch die Verlagerung von Geschäftschancen,[198] betriebsnotwendigen Produktionsmitteln, qualifizierten Mitarbeitern oder eines Absatzmarktes auf Gesellschafter oder mit diesen verbundene Dritte. Entsprechende Eingriffe führen auch dann zur Haftung, wenn sie im **Stadium der Liquidation** der Gesellschaft vorgenommen werden.[199] An einem Eingriff fehlt es bei bloßen Managementfehlern, die sich nicht als

---

192 *BGHZ* 95, 330 = ZIP 1985, 1263 (Autokran); *BGHZ* 107, 7 = ZIP 1989, 440 (Tiefbau); *BGHZ* 115, 187 = ZIP 1991, 1354 (Video); *BGHZ* 122, 123 = ZIP 1993, 589 (TBB); *BGHZ* 149, 10 = ZIP 2001, 1874 (Bremer Vulkan); *BGHZ* 151, 181 = ZIP 2002, 1578 (KBV); *BGHZ* 173, 246 = ZIP 2007, 1552 (Trihotel).

193 *BGHZ* 173, 246 = ZIP 2007, 1552 (Trihotel) = DStR 2007, 1586 mit Anm *Goette*.

194 So noch *BGHZ* 151, 181 = ZIP 2002, 1578 (KBV).

195 *BGHZ* 173, 246, Rn 44 und 45 = ZIP 2007, 1552 (Trihotel).

196 Vgl *L/H/Lutter/Bayer* § 13 Rn 44.

197 Vgl *BGHZ* 173, 246, Rn 16, 20, 28, 31 = ZIP 2007, 1552 (Trihotel).

198 *BGH ZIP 2005, 117, 119* (Vertragshändler).

199 *BGHZ* 179, 344, Rn 21 ff und 37 ff = ZIP 2009, 802 (Sanitary); *BGHZ* 193, 96, Rn 13 = ZIP 2012, 1071.

„Ausplünderung“ und „Selbstbedienung“ der Gesellschafter darstellen.[200] Auch hat der BGH klargestellt, dass eine nicht ausreichende Kapitalausstattung (sog „materielle Unterkapitalisierung“) eine Haftung wegen existenzvernichtenden Eingriffs nicht begründen kann.[201]

Es sind nur **kompensationslose Eingriffe** tatbestandsmäßig.[202] Ein solcher liegt vor, wenn Vermögen ohne angemessenen Wertausgleich übertragen wird.[203] Daran fehlt es aber etwa, wenn der Abzug von (nicht überlebensnotwendigen) Vermögensgegenständen zu Marktpreisen vergütet wird.[204] **95**

b) InsVerursachung oder -vertiefung. Durch den Eingriff muss die Ins der Gesellschaft verursacht oder vertieft worden sein.[205] Die Kausalität ist im InsVerf durch den klagenden Verwalter zu beweisen (s unten Rn 102). **96**

c) Sittenwidrigkeit. Die Sittenwidrigkeit der Schädigung muss trotz der Anknüpfung der Haftung an § 826 BGB nicht selbstständig festgestellt werden, sondern ergibt sich in aller Regel ohne Weiteres aus den Tatbestandsmerkmalen der vorsätzlich InsVerursachung oder -vertiefung durch einen kompensationslosen (ausplündernden) Eingriff.[206] **97**

d) Vorsatz. Die auf § 826 BGB gestützte Existenzvernichtungshaftung ist vom Vorliegen eines Vorsatzes des Haftungsadressaten abhängig. Erforderlich ist dabei freilich weder Schädigungsabsicht noch das Bewusstsein der Sittenwidrigkeit. Es genügt vielmehr dolus eventualis,[207] welcher bezüglich der Gläubigerschädigung gegeben ist, wenn die Ins als Folge des Eingriffs „praktisch unausweichlich“[208] war und billigend in Kauf genommen wurde. **98**

3. Rechtsfolgen. Im Konzept des BGH steht der Schadensersatzanspruch gegen die schädigenden Gesellschafter nicht den Gl der Gesellschaft zu. Als Schutzobjekt der Existenzvernichtungshaftung wird allein das gegen Eingriffe der Gesellschafter zu verteidigende „Überlebensinteresse der Gesellschaft“ angesehen;[209] der Schaden der Gesellschaftsgläubiger wird lediglich als Reflex des Vermögensentzugs zulasten der Gesellschaft gewürdigt. In der Konsequenz konstruiert der BGH die Existenzvernichtungshaftung – im Wege eines „richterlichen Gestaltungsaktes“ und in Parallele zum System des gesellschaftsrechtlichen Kapitalschutzes (dazu oben Rn 67 ff) – in seinem aktuellen Konzept als bloße **Innenhaftung** des Gesellschafters gegenüber der Gesellschaft selbst.[210] **99**

Der **Schaden der Gesellschaft** ist im Wege der bürgerlich-rechtlichen Differenzhypothese zu ermitteln, bei der der jetzige Vermögenszustand mit dem hypothetischen Zustand verglichen wird, der ohne den Eingriff bestehen würde. Er umfasst sowohl einen entgangenen Gewinn als auch etwaige Kollateralschäden.[211] Zum ersatzpflichtigen Schaden gehören auch die Kos- **100**

---

200 *BGH* ZIP 2005, 250, 252 (Handelsvertreter).
201 *BGHZ* 176, 204 = ZIP 2008, 1232 (Gamma).
202 *BGHZ* 173, 246, Rn 16 und 28 = ZIP 2007, 1552 (Trihotel); *BGHZ* 193, 96, Rn 18 = ZIP 2012, 1071.
203 Vgl *BGH* ZIP 2013, 894, Rn 23 ff (Vermögensübertragung gegen Übernahme von Verbindlichkeiten aus nicht durchsetzbaren, weil eigenkapitalersetzenden Gesellschafterdarlehen iSd früheren Rechts).
204 Vgl auch *BGHZ* 173, 246, Rn 51 = ZIP 2007, 1552 (Trihotel).
205 *BGHZ* 173, 246, Rn 16 = ZIP 2007, 1552 (Trihotel); *BGH* ZIP 2008, 308, Rn 12.
206 *BGHZ* 173, 246, Rn 30 = ZIP 2007, 1552 (Trihotel); *BGH* ZIP 2013, 894, Rn 21.
207 *BGHZ* 173, 246, Rn 30 aE = ZIP 2007, 1552 (Trihotel); *BGH* ZIP 2013, 894, Rn 21.
208 *BGHZ* 173, 246, Rn 50 = ZIP 2007, 1552 (Trihotel).
209 Erläuternd in diesem Sinne *Goette* DStR 2007, 1593, 1594.
210 *BGHZ* 173, 246, Rn 18 ff = ZIP 2007, 1552 (Trihotel).
211 *BGHZ* 173, 246, Rn 39 = ZIP 2007, 1552 (Trihotel); *BGH* ZIP 2012, 1804, Rn 29.

ten des vorläufigen InsVerf und des InsVerf, soweit die Gesellschaft ohne den schädigenden Eingriff nicht insolvenzreif geworden wäre.[212] Im Falle des Entzugs von Geldbeträgen hat der ersatzpflichtige Gesellschafter Verzugszinsen ab der Entziehung zu entrichten.[213]

101 Der Anspruch aus Existenzvernichtung ist zwar nicht (mehr) subsidiär gegenüber den Kapitalerhaltungsregeln der §§ 30, 31 GmbHG, sondern steht zum bilanziellen Kapitalschutz in Anspruchsgrundlagenkonkurrenz.[214] Wo allerdings Vermögensnachteile zulasten der Gesellschaft vollständig über Rückzahlungsansprüche aus §§ 30, 31 GmbHG ausgeglichen werden können, greift die Existenzvernichtungshaftung nicht ein.[215] Obwohl es sich um einen Innenanspruch handelt, soll die Gesellschaft allein in die Fähigkeit versetzt werden, ihre Verbindlichkeiten zu begleichen.[216] Die Gesellschafter sind iÜ jederzeit zur Abwicklung ihres Verbandes berechtigt, müssen dazu jedoch das gesetzlich vorgesehene Liquidationsverfahren wählen.[217]

102 **4. Anspruchsverfolgung; Verjährung.** Die Gesellschaftsgläubiger können den Innenanspruch gegen die Gesellschafter – außerhalb des InsVerf – pfänden und sich überweisen lassen.[218] Im Falle der Eröffnung des InsVerf ist der Anspruch aus § 826 BGB vom **InsVerw** geltend zu machen,[219] der **darlegungs- und beweispflichtig** hinsichtlich aller objektiven und subjektiven Tatbestandsmerkmale des Delikts ist.[220] Den in Anspruch genommenen Gesellschafter trifft ggf eine sekundäre Darlegungslast.[221]

103 Hinsichtlich der **Verjährung** gilt die regelmäßige Verjährungsfrist des § 195 BGB iVm § 199 BGB; Sonderverjährungsvorschriften des GmbH-Gesetzes finden auf deliktische Ansprüche keine Anwendung.[222] Ein vor dem Inkrafttreten des Schuldrechtsmodernisierungsgesetzes[223] am 1.1.2002 entstandener Anspruch aus § 826 BGB unterlag bis dahin der Verjährung nach § 852 Abs 1 BGB aF (drei Jahre ab Kenntniserlangung vom Schaden und Person des Schädigers, spätestens dreißig Jahre ab Begehung der unerlaubten Handlung); Übergangsbestimmung in Art 229 § 6 Abs 4 EGBGB.[224]

V. Durchgriffshaftung der Gesellschafter

104 Unter Durchbrechung der Haftungsbeschränkung auf die GmbH (§ 13 Abs 2 GmbHG) bejaht der BGH unter sehr engen Voraussetzungen die Durchgriffshaftung eines Gesellschafters für die Verbindlichkeiten der Gesellschaft analog § 128 HGB. Anerkannte Fallgruppe[225] eines solchen Durchgriffs ist die **Vermögensvermischung**, bei der die Kontrolle

---

212 *BGHZ* 173, 246, Rn 56 f = ZIP 2007, 1552 (Trihotel); *BGH* ZIP 2012, 1804, Rn 29.
213 *BGH* ZIP 2008, 455.
214 *BGHZ* 173, 246, Rn 38 ff = ZIP 2007, 1552 (Trihotel).
215 *BGH* GmbHR 2015, 644 = ZInsO 2015, 1216 (für den Fall des bloßen Zulassens von Zahlungen auf Forderungen, die nach dem auslaufenden Eigenkapitalersatzrecht „gesperrt" waren).
216 *BGHZ* 173, 246, Rn 55 = ZIP 2007, 1552 (Trihotel).
217 *BGH* ZIP 2004, 2138, 2139 (Rheumaklinik).
218 *BGHZ* 173, 246, Rn 36 = ZIP 2007, 1552 (Trihotel).
219 *BGHZ* 173, 246, Rn 34 = ZIP 2007, 1552 (Trihotel).
220 *BGHZ* 173, 246, Rn 41 = ZIP 2007, 1552 (Trihotel); *BGH* ZIP 2008, 308, Rn 14; *BGHZ* 193, 96, Rn 13 = ZIP 2012, 1071.
221 Im Ansatz ebenso für die Durchgriffshaftung des Gesellschafters wegen Vermögensvermischung *BGHZ* 165, 85, Rn 15 = ZIP 2006, 467.
222 *BGHZ* 179, 344, Rn 33 = ZIP 2009, 802 (Sanitary); zu den Voraussetzungen für den Beginn des Laufs der Verjährung s *BGH* ZIP 2012, 1804, Rn 15 ff; *BGH* ZIP 2013, 894, Rn 25.
223 G zur Modernisierung des Schuldrechts v 26.11.2001, BGBl I, 3138.
224 Vgl dazu *BGHZ* 179, 344, Rn 34 = ZIP 2009, 802 (Sanitary).
225 Zu weiteren diskutierten Fallgruppen s etwa *L/H/Lutter/Bayer* § 13 Rn 18 ff.

über die Verwendung des haftenden Gesellschaftsvermögens vereitelt wird und die deshalb neben der Existenzvernichtungshaftung (oben Rn 89 ff) ihre Berechtigung behalten hat.[226] Eine solche Vermögensvermischung liegt vor, wenn die Abgrenzung zwischen Gesellschafts- und Privatvermögen durch eine undurchsichtige Buchführung oder auf andere Weise verschleiert worden ist und deshalb die Kapitalerhaltungsvorschriften nicht funktionieren können.[226]

Die Durchgriffshaftung wegen Vermögensvermischung ist eine **Verhaltenshaftung**, keine Zustandshaftung; sie trifft einen Gesellschafter nur, wenn er aufgrund des von ihm wahrgenommenen Einflusses als Allein- oder Mehrheitsgesellschafter für den Vermögensvermischungstatbestand verantwortlich ist.[227] 105

In der Ins der Gesellschaft ist der **InsVerw** entspr § 93 zur Verfolgung des Haftungsanspruchs berufen.[228] Der Umfang der danach geltend zu machenden Forderungen beschränkt sich auf den zur GlBefriedigung erforderlichen Betrag.[229] Der klagende InsVerw trägt für das Vorliegen einer unkontrollierbaren Vermischung des Gesellschafts- mit dem Privatvermögen des Gesellschafters die **Darlegungs- und Beweislast**; jedoch trifft den (die) in Anspruch genommenen Gesellschafter eine sekundäre Darlegungslast für das Gegenteil. Dabei lässt der BGH das Fehlen einer „doppelten Buchführung" als Nachweis für eine Vermögensvermischung noch nicht ausreichen, solange sich die Vermögenszu- und -abflüsse sowie die Trennung von Gesellschafts- und Privatvermögen der Gesellschafter noch aufgrund sonstiger vorhandener Unterlagen nachvollziehen lassen.[230] 106

VI. Geschäftsführerhaftung nach Eintritt der materiellen InsReife

1. Haftung wegen Masseschmälerungen (§ 64 GmbHG). – a) Haftung nach § 64 S 1 und 2 GmbHG. Diese Bestimmungen sanktionieren Schmälerungen der InsMasse, die vom Geschäftsführer einer GmbH nach Eintritt der InsReife (Zahlungsunfähigkeit oder Überschuldung) – aber vor Übergang der Verfügungsmacht auf einen InsVerw und ggf auch schon vor dem Ende der dreiwöchigen Karenzfrist des § 15a Abs 1 InsO – zurechenbar veranlasst werden und die nicht mit der Sorgfalt eines ordentlichen Geschäftsmanns vereinbar sind. Der Geschäftsführer ist zur Erstattung dieser Zahlungen verpflichtet. 107

Jene Sanktion ruht auf der Pflicht des Geschäftsleitungsorgans, das Vermögen der Gesellschaft schon in der Zeit zwischen dem Eintritt der Ins und dem Verlust der Verfügungsbefugnis im Interesse der Gesamtheit der GesellschaftsGl nicht zu schmälern. Das dient dem Ziel gleichmäßiger und ranggerechter GlBefriedigung in der Ins und flankiert damit die InsAnfechtung (§§ 129 ff). Der BGH und die nach wie vor ganz überwiegende Lehre deuten diesen Erstattungsanspruch als einen **„Ersatzanspruch eigener Art"**.[231] Denn die Ersatzpflicht der Geschäftsführer setzt weder einen Quotenschaden der Gl noch einen Schaden der Gesellschaft voraus. Ein Schaden im Gesellschaftsvermögen ist typischerweise schon deshalb nicht gegeben, weil in der Folge der Zahlung eine Verbindlichkeit der Gesellschaft entfällt. 108

Der Begriff der **Zahlung** ist iÜ extensiv auszulegen und erfasst alle Leistungen (aber auch nur solche), welche das Gesellschaftsvermögen schmälern.[232] Mit der Zahlung zusammenhängende, in das Gesellschaftsvermögen gelangte (für eine Verwertung durch die Gl geeig- 109

---

226 *BGHZ* 165, 85, Rn 14 = ZIP 2006, 467.
227 So *BGHZ* 165, 85, Rn 17 = ZIP 2006, 467.
228 *BGHZ* 165, 85, Rn 10 f = ZIP 2006, 467; *BAG* ZIP 2005, 1174.
229 *BGHZ* 165, 85, Rn 24 = ZIP 2006, 467.
230 *BGHZ* 165, 85, Rn 15 = ZIP 2006, 467.
231 *BGHZ* 146, 264, 278 = ZIP 2001, 235, 239; *BGH* ZIP 2008, 1026, Rn 6; *L/H/Kleindiek* § 64 Rn 2 ff.
232 *BGHZ* 126, 181, 194 = ZIP 1994, 1103; *BGH* ZIP 2015, 1480, Rn 13.

nete[233]) **Gegenleistungen** sind zu berücksichtigen,[234] wobei der BGH einen „unmittelbaren Zusammenhang" verlangt, um den Massezufluss „nach wirtschaftlicher Betrachtung" der Masseschmälerung (im Sinne eines „Aktiventausches") zuordnen zu können („unmittelbarer wirtschaftlicher, nicht notwendig zeitlicher Zusammenhang");[235] die Regeln des Bargeschäfts (§ 142) sind insoweit nicht entsprechend anwendbar.[236] Die Masseverkürzung ist ausgeglichen, „sobald und soweit" ein ausgleichender Wert endgültig in das Gesellschaftsvermögen gelangt ist; der Gegenstand des Massezuflusses muss nicht bis zum Zeitpunkt der Eröffnung des InsVerf wertmäßig erhalten geblieben sein.[237] Nach der Rspr des BGH liegt grundsätzlich auch im Scheckeinzug und in sonstigen vom Geschäftsführer veranlassten oder zugelassenen **Zahlungen auf ein debitorisches Bankkonto** der Gesellschaft eine die Ersatzpflicht auslösende Zahlung.[238] Anders ggf, wenn die eingezogenen Forderungen sicherungshalber an die kontoführende Bank abgetreten waren, sofern die Sicherungszession nicht erst nach Eintritt der InsReife vereinbart worden war und – im Falle der Sicherungsabtretung vor InsReife – die Forderung auch nicht erst nach InsReife entstanden oder werthaltig gemacht worden ist.[239] Alternativ kann die Geschäftsführerhaftung nach § 64 S 1 GmbHG ausscheiden, wenn und soweit mit der Verminderung des Debetsaldos durch die Einziehung und Verrechnung einer Forderung ein bloßer Aktiventausch einhergeht, weil hierdurch (weitere) sicherungsabgetretene Forderungen frei werden und in das Gesellschaftsvermögen gelangen.[240] Ebenso kann es – obwohl die sicherheitshalber abgetretene Forderung erst nach InsReife entstanden oder werthaltig gemacht worden ist – an einer masseschmälernden Zahlung fehlen, wenn als Gegenleistung an den Forderungsschuldner gelieferte Ware im Sicherungseigentum des Sicherungszessionars (Bank) gestanden hat.[241] Nicht zur Erstattungspflicht des Geschäftsführers aus § 64 S 1 GmbHG führen **Zahlungen von einem debitorischen Konto** an einzelne Gesellschaftsgläubiger, weil insoweit ein bloßer Gläubigeraustausch vorliegt und die Verteilungsmasse – wenn die Bank über keine Sicherheiten am Gesellschaftsvermögen verfügt – unberührt bleibt.[242]

110 Die **Begründung neuer**, das Gesellschaftsvermögen belastende **Verbindlichkeiten** löst den Erstattungsanspruch nicht aus,[243] da der Normzweck des § 64 S 1 GmbHG allein auf die

---

233 Dazu *BGH* 4.7.2017 – II ZR 319/15, ZIP 2017, 1619, Rn 18 und 20.
234 Nach *BGH* 4.7.2017 – II ZR 319/15, ZIP 2017, 1619, Rn 10 „entfällt … der aufgrund der Zahlung bestehende Anspruch gegen den Geschäftsführer".
235 *BGH* 18.11.2014 – II ZR 231/13, ZIP 2015, 71, Rn 9 f; *BGH* 23.6.2015 – II ZR 366/13, ZIP 2015, 1480, Rn 33; *BGH* 4.7.2017 – II ZR 319/15, ZIP 2017, 1619, Rn 11. Zu (teils str) Einzelheiten s *L/H/Kleindiek* § 64 Rn 16 ff.
236 *BGH* 4.7.2017 – II ZR 319/15, ZIP 2017, 1619, Rn 12 ff.
237 *BGH* 18.11.2014 – II ZR 231/13, ZIP 2015, 71, Rn 11; *BGH* 4.7.2017 – II ZR 319/15, ZIP 2017, 1619, Rn 18.
238 *BGH* ZIP 2007, 1006, Rn 12; *BGH* 3.6.2014 – II ZR 100/13, ZIP 2014, 1523, Rn 16; *BGH* 23.6.2015 – II ZR 366/13, ZIP 2015, 1480, Rn 11.
239 S *BGH* 23.6.2015 – II ZR 366/13, ZIP 2015, 1480, Rn 12 ff; *BGH* 8.12.2015 – II ZR 68/14, ZIP 2016, 364, Rn 11 ff; *BGH* 26.1.2016 – II ZR 394/13, ZIP 2016, 1119, Rn 39 ff.
240 *BGH* 23.6.2015 – II ZR 366/13, ZIP 2015, 1480, Rn 25 f; *BGH* 26.1.2016 – II ZR 394/13, ZIP 2016, 1119, Rn 46 ff.
241 *BGH* 8.12.2015 – II ZR 68/14, ZIP 2016, 364, Rn 24 ff; vgl zum Ganzen *L/H/Kleindiek* § 64 Rn 22 ff.
242 *BGH* ZIP 2010, 470, Rn 10; *BGH* 23.6.2015 – II ZR 366/13, ZIP 2015, 1480, Rn 32; *BGH* 26.1.2016 – II ZR 394/13, ZIP 2016, 1119, Rn 38; *BGH* 4.7.2017 – II ZR 319/15, ZIP 2017, 1619, Rn 13; vgl *L/H/Kleindiek* § 64 Rn 21.
243 *BGH* 18.11.2014 – II ZR 231/13, ZIP 2015, 71, Rn 17; *BGH* 4.7.2017 – II ZR 319/15, ZIP 2017, 1619, Rn 13.

Schmälerung des Aktivvermögens durch Zahlungen oder sonstige Leistungen (nicht aber auf Ersatz eines Gesamtschadens) abstellt.[244]

Der Ersatzanspruch besteht nach **§ 64 S 2 GmbHG** freilich nicht, wenn die Auszahlung des Geschäftsführers zum maßgeblichen Zeitpunkt „mit der Sorgfalt eines ordentlichen Geschäftsmanns" vereinbar war. Das sind solche Leistungen, die etwa auch ein InsVerw erbracht hätte und durch die größere Nachteile für die Masse abgewendet werden.[245] Für die Einhaltung dieses Sorgfaltsmaßstabes ist der Geschäftsführer beweisbelastet.[246] **111**

In seiner aktuellen Rechtsprechung greift der II. Zivilsenat des BGH auf § 64 S 2 GmbHG auch zurück, um den Normenkonflikt bei **(Nicht-)Abführung der Arbeitnehmeranteile zur Sozialversicherung** bzw **(Nicht-)Begleichung von Lohnsteuerschulden** zu bewältigen.[247] Entsprechende Zahlungen nach Eintritt der materiellen InsReife lösen die Erstattungspflicht nach § 64 S 1 GmbHG nicht aus. **112**

b) Haftung nach § 64 S 3 GmbHG. Im gedanklichen Ansatz mit der Haftung der Gesellschafter für existenzvernichtende Eingriffe verbunden ist die sich aus **§ 64 S 3 GmbHG** ergebende Geschäftsführerhaftung für **Zahlungen an Gesellschafter**, soweit diese **zur Zahlungsunfähigkeit der GmbH führen mussten**. Anders als nach § 64 S 1 GmbHG setzt die Haftung nach S 3 der Vorschrift die Zahlungsunfähigkeit oder Überschuldung im Auszahlungszeitpunkt also nicht voraus. Sie greift aber nur für Zahlungen (und sonstige liquiditätswirksame Leistungen), die zur Zahlungsunfähigkeit führen mussten und tatsächlich geführt haben. Durch die Formulierung „führen mussten" hat der Gesetzgeber klargestellt, dass ein besonders enger Kausalzusammenhang erforderlich ist. Die Geschäftsführerhaftung aus § 64 S 3 GmbHG ist als „Ausplünderungshaftung" konzipiert; für sie verbleibt nur ein enger Anwendungsbereich.[248] Liegen die Voraussetzungen von § 64 S 3 GmbHG vor, kann die Gesellschaft die Zahlung an den Gesellschafter verweigern.[249] **113**

Von § 64 S 3 GmbHG werden iÜ nur liquiditätswirksame Leistungen an **Gesellschafter** erfasst (unabhängig von ihrer Beteiligungshöhe), nicht hingegen solche an gesellschaftsfremde Dritte. Jedoch fallen unter das Zahlungsverbot – nicht anders als bei § 30 GmbHG oder iRd Existenzvernichtungshaftung (oben Rn 71 und 94) – auch Leistungen an **gesellschaftergleiche Dritte**. Im konzerninternen Leistungsverkehr (einschließlich des Cash Pooling) hat die Neuregelung deshalb nicht nur für Zahlungen der Tochter an die Mutter Bedeutung, sondern sanktioniert auch Vermögensverschiebungen zu Gunsten von Schwestergesellschaften, sofern diese zur Zahlungsunfähigkeit führen. Umgekehrt können auch Zahlungen durch Dritte die Erstattungspflicht nach § 64 S 3 GmbHG auslösen, wenn sie auf Rechnung der Gesellschaft vorgenommen werden und deren Zahlungsunfähigkeit zur Folge haben. **114**

c) Haftungsadressaten; Verschulden. Adressaten der Haftung sowohl nach § 64 S 1 und 2 als auch nach § 64 S 3 GmbHG sind die **Geschäftsführer** (bzw Liquidatoren, § 71 Abs 4 GmbHG) einschließlich etwaiger faktischer Geschäftsführer,[250] soweit ihnen die verbotswidrige Zahlung zuzurechnen, dh von ihnen veranlasst bzw pflichtwidrig nicht verhindert worden ist; Letzteres wird bei Zahlungen aufgrund von Zwangsvollstreckungsmaßnahmen verneint.[251] **115**

---

244 S *L/H/Kleindiek* § 64 Rn 30 mwN.
245 Zu Einzelheiten s *L/H/Kleindiek* § 64 Rn 31 ff.
246 *BGHZ* 143, 184, 185 f = ZIP 2000, 184.
247 Seit *BGH* ZIP 2007, 1265; hierzu ausf *L/H/Kleindiek* § 43 Rn 91 ff und 111 ff.
248 *BGHZ* 195, 42, Rn 7 ff = ZIP 2012, 2391; zu Einzelheiten s *L/H/Kleindiek* § 64 Rn 47 ff.
249 *BGHZ* 195, 42, Rn 18 = ZIP 2012, 2391.
250 Zur (umstrittenen) Geschäftsführerhaftung im InsEröffnungsVerf sowie im InsVerf der Eigenverwaltung weiterführend *L/H/Kleindiek* § 64 Rn 10 ff.
251 Vgl *BGH* ZIP 2009, 956; *OLG München* ZIP 2011, 277.

116 Der Ersatzanspruch setzt **Verschulden des Geschäftsführers** voraus, wobei **Fahrlässigkeit** genügt.[252] Ausreichend für die **Haftung nach § 64 S 1 GmbHG** ist deshalb Erkennbarkeit des InsEintritts, die widerleglich vermutet wird; **Darlegungs- und Beweislast** mangelnder Erkennbarkeit treffen den Geschäftsführer.[253]

117 Für die **Haftung nach § 64 S 3 GmbHG** ist Erkennbarkeit der ausgelösten Zahlungsunfähigkeit erforderlich, aber auch ausreichend; auch diese Erkennbarkeit wird (arg „es sei denn") widerleglich vermutet. Ist der enge Kausalzusammenhang zwischen der Leistung an den Gesellschafter und dem Eintritt der Zahlungsunfähigkeit erfüllt, wird die dem Geschäftsführer in § 64 S 3 HS 2 GmbHG gewährte Option, sich mit dem Nachweis mangelnder Erkennbarkeit eintretender Zahlungsunfähigkeit zu exkulpieren, nur in Ausnahmefällen Erfolg haben.[254] Mit guten Gründen ist iÜ geltend gemacht worden, dass sich auch der nach S 3 in Anspruch genommene Geschäftsführer entsprechend § 64 S 2 GmbHG mit dem Vorbringen entlasten könne, die zur Zahlungsunfähigkeit führenden Leistungen an den Gesellschafter seien (ausnahmsweise) mit der Sorgfalt eines ordentlichen Geschäftsmannes vereinbar gewesen; denn Zahlungen vor der materiellen InsReife dürften keinem strengeren Verbot unterliegen als solche nach diesem Zeitpunkt.[255]

118 **d) Anspruchsverfolgung; Verjährung.** Gl des Ersatzanspruchs aus § 64 GmbHG ist in allen Fällen die Gesellschaft. Im eröffneten InsVerf ist der Ersatzanspruch vom **InsVerw** für die Gesellschaft geltend zu machen, der die erstattungspflichtigen Zahlungsvorgänge hinreichend zu identifizieren und die Veranlassung bzw versäumte Verhinderung der Zahlung durch den in Anspruch genommenen Geschäftsführer **darzulegen und zu beweisen** hat,[256] wobei ggf die Grundsätze der sekundären Darlegungslast zur Anwendung kommen.[257] Zum Verschulden s oben Rn 116. Im Prozess gegen einen nach § 64 S 3 GmbHG in Anspruch genommenen Geschäftsführer ist auch der Nachweis des Kausalzusammenhangs zwischen Zahlung und Zahlungsunfähigkeit vom InsVerw zu führen. Auch insoweit helfen ihm jedoch die Grundsätze der sekundären Darlegungslast sowie Beweiserleichterungen in Fällen der vom Gegner zu vertretenen Beweisvereitelung; sie nehmen den beklagten Geschäftsführer in die Pflicht.[258]

119 Der Anspruch aus § 64 GmbHG **verjährt** nach 5 Jahren (§ 64 S 4 iVm § 43 Abs 4 GmbHG) beginnend mit der (pflichtwidrigen) Zahlung bzw sonstigen Leistung.[259] Bei wiederholten verbotswidrigen Zahlungen setzt jede Handlung eine neue Verjährungsfrist in Lauf.[260]

120 **e) Aufsichtsratshaftung in der GmbH mit Aufsichtsrat.** In einer mitbestimmten **GmbH mit obligatorischem Aufsichtsrat** haften ggf auch die Aufsichtsratsmitglieder bei Masseschmälerungen nach InsReife wegen Verletzung der ihnen obliegenden Überwachungspflichten: Denn die einschlägigen Mitbestimmungsgesetze (§ 1 Abs 1 Nr 3 DrittelbG; § 25 Abs 1 Nr 2 MitbestG) verweisen auf § 116 AktG und diese Vorschrift wiederum verweist auf § 93 AktG, mithin auch auf § 93 Abs 3 Nr 6 iVm § 92 Abs 2 AktG. In der **GmbH mit fakultativem Aufsichtsrat** sind die Aufsichtsratsmitglieder bei einer entsprechenden Verletzung ihrer Über-

---

252 *BGHZ* 126, 181, 199 = ZIP 1994, 1103.
253 *BGH* 143, 184, 185 f = ZIP 2000, 184; *BGH* ZIP 2007, 1265, Rn 11.
254 *L/H/Kleindiek* § 64 Rn 65.
255 So schon *Scholz/K Schmidt* 10. Aufl, § 64 Rn 88; aber str, Nachw zum Meinungsstand bei *L/H/Kleindiek* § 64 Rn 67.
256 *BGH* ZIP 2009, 956, Rn 14.
257 Zu weiteren Detailproblemen s *L/H/Kleindiek* § 64 Rn 40 ff.
258 *L/H/Kleindiek* § 64 Rn 66 mwN.
259 *L/H/Kleindiek* § 64 Rn 69 mwN.
260 *BGH* ZIP 2009, 956, Rn 20.

wachungspflicht indes nur ersatzpflichtig, wenn durch die masseschmälernden Leistungen gerade der Gesellschaft (und nicht – wie typischerweise – nur den GesellschaftsGln) ein Schaden entstanden ist; denn § 52 GmbHG verweist nur auf § 92 Abs 1 und 2 AktG, nicht aber auch auf Abs 3 der Vorschrift.[261]

2. InsVerschleppungshaftung gegenüber den Gesellschaftsgläubigern (§ 823 Abs 2 BGB iVm § 15a Abs 1 InsO). Neben die Geschäftsführerhaftung wegen Masseschmälerungen (§ 64 GmbHG) tritt die **deliktische InsVerschleppungshaftung** der Geschäftsführer gegenüber den GesellschaftsGl (§ 823 Abs 2 BGB iVm § 15a Abs 1), die an die schuldhafte Verletzung der InsAntragspflicht geknüpft ist. In der führungslosen GmbH ist auch jeder Gesellschafter dieser Haftung unterworfen. Einzelheiten sind bei § 15a Rn 25 ff erläutert. **121**

3. Aktiengesellschaft. Die Haftung der Vorstandsmitglieder wegen Masseschmälerungen ist im Aktienrecht in §§ 92 Abs 2, 93 Abs 3 Nr 6 AktG (für die Mitglieder des Aufsichtsrats in Verbindung mit § 116 S 1 AktG) normiert. Die InsVerschleppungshaftung der Vorstandsmitglieder gegenüber den Gln nach § 823 Abs 2 BGB iVm § 15a Abs 1 ist ohnehin rechtsformübergreifend konstruiert. In der führungslosen AG ist jedes Aufsichtsratsmitglied der Antragspflicht und damit dem Haftungsrisiko unterworfen (vgl § 15a Abs 3). **122**

B. Personengesellschaftsrecht

Gesellschafter einer Personengesellschaft haften für alle Verbindlichkeiten der Gesellschaft persönlich, primär, unmittelbar und als Gesamtschuldner. Diese persönliche Haftung kann während des InsVerf über das Vermögen der Gesellschaft nach § 93 allein vom Verwalter geltend gemacht werden.[262] **123**

I. Einstandspflicht der Vollhafter

Für Gesellschafter einer Gesellschaft bürgerlichen Rechts (GbR, §§ 705 ff BGB) oder einer offenen Handelsgesellschaft (oHG, §§ 105 ff HGB) sowie für die persönlich haftenden Gesellschafter einer Kommanditgesellschaft (KG, §§ 161 ff HGB) ist diese Haftung nach § 128 HGB (für die GbR-Gesellschafter in analoger Anwendung[263]) unbeschränkt und – von Vereinbarungen mit den einzelnen Gl abgesehen – auch unbeschränkbar;[264] sie sind als „Vollhafter" einstandspflichtig. **124**

II. Kommanditistenhaftung

Der Kommanditist einer KG (vgl § 161 Abs 1 HGB) haftet hingegen im Außenverhältnis nur auf die Höhe der von ihm übernommenen und im Handelsregister eingetragenen Haftsumme, also beschränkt; vgl § 172 Abs 1 HGB. Soweit er diesen Betrag wertmäßig bereits durch Einlageleistung an die Gesellschaft oder durch Befriedigung eines GesellschaftsGl[265] erbracht hat, ist die Haftung ausgeschlossen, § 171 Abs 1 HGB. Sie lebt gem § 172 Abs 4 HGB iÜ wieder auf, soweit die Einlage an den Kommanditisten zurückgeflossen ist und sofern der Kommanditist die Auszahlung nicht gutgläubig als Gewinnanteil empfangen hat, § 172 Abs 5 HGB. Bei der GmbH & Co KG ist für die Einlageleistung schließlich noch **125**

261 Zum Ganzen *BGHZ* 187, 60, Rn 12 ff = ZIP 2010, 1988 (Doberlug).
262 Zur Befugnis des InsVerw zum Vergleich mit einem Gesellschafter über die Höhe seiner Haftung s *BGH* 17.12.2015 – IX ZR 143/13, ZIP 2016, 274.
263 *BGHZ* 142, 315 = ZIP 1999, 1755; *BGHZ* 146, 341, 358 = ZIP 2001, 330 (Weißes Ross).
264 Zur Haftung des persönlich haftenden Gesellschafters s stellvertretend *Baumbach/Hopt/M Roth* HGB, 37. Aufl 2016, § 128 Rn 1 ff.
265 Zur daraus resultierenden Haftungsbefreiung s *BGH* 25.7.2017 – II ZR 122/16, ZIP 2017, 1948, Rn 21 mwN.

§ 172 Abs 6 HGB zu beachten. Für Verbindlichkeiten aus der Zeit vor Eintragung des Kommanditisten in das Handelsregister haftet der Kommanditist sogar unbeschränkt nach § 176 HGB.[266] Für die Kommanditistenhaftung stellt auch § 171 Abs 2 HGB klar, dass deren Geltendmachung im InsVerf allein durch den InsVerw erfolgt.

126 Schulden die Kommanditisten der KG im Innenverhältnis weitere Leistungen, kann der InsVerw diese sog Pflichteinlage nach § 705 BGB, §§ 105 Abs 3, 161 Abs 2 HGB kraft seiner aus § 80 Abs 1 folgenden Stellung für die Gesellschaft auch dann geltend machen, wenn diese Einlagepflicht wertmäßig über den Betrag der bereits abgedeckten Haftsumme hinausgeht und der Anspruch deshalb nicht über § 93 geltend gemacht werden kann.

III. GmbH & Co KG

127 Bei der **GmbH & Co KG** ist eine GmbH in aller Regel die alleinige Komplementärin der KG. Oftmals sind die GmbH-Gesellschafter dann zugleich die Kommanditisten der KG und haben insofern eine Doppelrolle. Zulässig sind die unterschiedlichsten Gestaltungen: Der einzige Kommanditist der KG ist zugleich alleiniger Gesellschafter der GmbH (sog Einpersonen-GmbH & Co KG). Die hinter der GmbH & Co KG stehenden natürlichen Personen sind in gleichem Umfang an der KG und der GmbH beteiligt (beteiligungsgleiche GmbH & Co KG). Die GmbH ist Komplementärin mehrerer Kommanditgesellschaften (sog sternförmige GmbH & Co KG). Die KG ist alleinige Gesellschafterin der GmbH, sodass die dahinterstehenden natürlichen Personen an dem Verbund allein als Kommanditisten der KG beteiligt sind (Einheits-GmbH & Co KG, zu beachten ist § 172 Abs 6 HGB).[267]

128 Die GmbH selbst haftet mit ihrem ganzen Gesellschaftsvermögen für die Verbindlichkeiten der im Rechtsverkehr auftretenden KG, die GmbH-Gesellschafter sind allerdings in ihrer persönlichen Haftung durch die Haftungsbeschränkung des § 13 Abs 2 GmbHG geschützt. Die **Kommanditistenhaftung** vollzieht sich wie auch sonst nach den §§ 171, 172, 176 HGB. Sind die Kommanditisten mit den GmbH-Gesellschaftern identisch, dann sind iRd Kapitalaufbringung die beiden Beteiligungen und deren mögliche Haftungsfolgen getrennt zu betrachten.[268] Ansprüche gegen die Gesellschafter können sich bzgl der an die GmbH zu erbringenden Einlage aus dem GmbH-Recht, bzgl ihrer Einlage als Kommanditist aus KG-Recht ergeben.

129 Führt im Anwendungsbereich des **Kapitalerhaltungsrechts der GmbH** aber eine Vermögensausschüttung der KG an die Kommanditisten bei der GmbH zur Verursachung oder Verstärkung einer Unterbilanz, da die Beteiligung an der KG und/oder der Freistellungsanspruch gegen diese (§§ 161 Abs. 2, 110 HGB) auf Grund der Auszahlung nur noch mit einem geringeren Wert angesetzt werden kann, gelten §§ 30, 31 GmbHG insoweit analog.[269] Der Kommanditist hat den Betrag analog § 31 Abs 1 GmbHG selbst dann zu erstatten, wenn seine Kommanditeinlage entgegen § 172 Abs 4 HGB weiter abgedeckt ist oder der ausgezahlte Betrag über die Einlagepflicht hinausgeht. Dies gilt sogar für Kommanditisten, die an der GmbH nicht beteiligt sind.[270] Sind die Kommanditisten auch an der GmbH beteiligt, haften sie unmittelbar nach §§ 30, 31 GmbHG. Insoweit ist es dann ohne Bedeutung, ob

---

266 Vgl zur Kommanditistenhaftung *Baumbach/Hopt/M Roth* HGB, 37. Aufl 2016, § 171 Rn 1 ff, § 172 Rn 1 ff, § 176 Rn 1 ff.

267 Vgl dazu auch den Überblick bei *Baumbach/Hopt/M Roth* HGB, 37. Aufl 2016, Anh § 177a Rn 6 ff mwN.

268 MK-HGB/*K Schmidt* §§ 171, 172 Rn 123.

269 *BGHZ* 60, 324, 328 = NJW 1973, 1036; *BGHZ* 69, 274, 279 = GmbHR 1978, 64; *BGH* ZIP 2015, 322, Rn 8 mwN.

270 *BGHZ* 110, 342, 355 ff = ZIP 1990, 578.

neben der Komplementär-GmbH auch eine natürliche Person als weiterer Komplementär an der KG beteiligt ist.[271]

Jedenfalls wenn die wesentliche Aufgabe der Komplementär-GmbH in der Führung der KG-Geschäfte besteht, erstreckt sich der Schutzbereich des organschaftlichen Sonderrechtsverhältnisses zwischen der GmbH und ihrem Geschäftsführer im Hinblick auf seine **Geschäftsführerhaftung** aus § 43 Abs 2 GmbHG wegen sorgfaltswidriger Geschäftsführung auch auf die KG.[272] Der Geschäftsführer der Koplementär-GmbH haftet gegenüber der KG nach § 43 Abs 3 GmbHG für nach § 30 Abs. 1 GmbHG verbotene Auszahlungen aus dem Vermögen der KG an einen Gesellschafter der Komplementär-GmbH.[273] 130

§ 36 Unpfändbare Gegenstände

(1) [1]Gegenstände, die nicht der Zwangsvollstreckung unterliegen, gehören nicht zur Insolvenzmasse. [2]Die §§ 850, 850a, 850c, 850e, 850f Abs. 1, §§ 850g bis 850k, 851c und 851d der Zivilprozessordnung gelten entsprechend.

(2) Zur Insolvenzmasse gehören jedoch

1. die Geschäftsbücher des Schuldners; gesetzliche Pflichten zur Aufbewahrung von Unterlagen bleiben unberührt;

2. die Sachen, die nach § 811 Abs. 1 Nr. 4 und 9 der Zivilprozessordnung nicht der Zwangsvollstreckung unterliegen.

(3) Sachen, die zum gewöhnlichen Hausrat gehören und im Haushalt des Schuldners gebraucht werden, gehören nicht zur Insolvenzmasse, wenn ohne Weiteres ersichtlich ist, dass durch ihre Verwertung nur ein Erlös erzielt werden würde, der zu dem Wert außer allem Verhältnis steht.

(4) [1]Für Entscheidungen, ob ein Gegenstand nach den in Absatz 1 Satz 2 genannten Vorschriften der Zwangsvollstreckung unterliegt, ist das Insolvenzgericht zuständig. [2]Anstelle eines Gläubigers ist der Insolvenzverwalter antragsberechtigt. [3]Für das Eröffnungsverfahren gelten die Sätze 1 und 2 entsprechend.

Übersicht

271 *BGH* ZIP 2015, 322, Rn 9 ff.
272 *BGHZ* 197, 304 = ZIP 2013, 1712.
273 *BGH* ZIP 2015, 322, Rn 12.

I. Normzweck und Gesetzgebungsgeschichte

1 **1. Normzweck.** Die Vorschrift ergänzt § 35 zur Bestimmung der sog Insolvenzmasse als „Soll-Masse".[1] Sie verweist auf die Unpfändbarkeit von Vermögenswerten nach ZPO und stellt eine Kongruenz zwischen Einzelzwangsvollstr und Ins her. Praktische Bedeutung hat die Vorschrift nur in der Ins der nat Person. Dem Schu soll in der Einzelzwangsvollstr wie in der Ins ein angemessener Lebensstandard verbleiben. § 36 dient der Verwirklichung der Art 1, 2, 20, 28 GG.[2] Er dient mittelbar auch dem Schutz der Allgemeinheit vor Sozialhilfebedürftigkeit des Schu (zum Verzicht auf Pfändungsschutz Rn 14).[3]

2 **2. Geschichte der Norm.** Die Norm entspricht inhaltlich dem früheren § 1 KO sowie dem § 1 Abs 1 S 2 GesO.[4] Die Verweisung auf die Vorschriften zur Pfändung des Arbeitseinkommens sowie zur EntschKompetenz des Insolvenzgerichts in Abs 1 S 2 und Abs 4 wurde durch InsOÄndG v 26.10.2001 (BGBl I, 2710) eingefügt, nachdem in Schrifttum und Rspr deren Anwendung – insb die Anwendung des § 850f Abs 1 ZPO – streitig war.[5] Die Verweisung auf § 851c und § 851d ZPO erfolgte durch G v 26.3.2007 (BGBl I, 368). Die Verweisung auf § 850k ZPO erfolgte mit Einführung des sog Pfändungsschutzkontos („P-Konto") mWv 1.7.2010 durch G v 7.7.2009 (BGBl I, 1707).[6]

II. Systematik der Norm

3 **1. Ergänzung zu § 35.** § 36 präzisiert den Begriff der InsMasse dahingehend, dass nach allg Vollstreckungsrecht **unpfändbare Gegenstände**, Forderungen und sonstige Vermögenswerte **nicht** zur **InsMasse** gehören. Weitere Vorschrift der InsO, durch welche die InsMasse unmittelbar eingegrenzt oder auch erweitert wird, war § 114, der systematisch hierher gehörte, jedoch mWv 1.7.2014 ersatzlos aufgehoben ist.[7] § 114, insb Abs 1, ist noch anzuwenden auf

---

1 Zur Terminologie *Jaeger/Henckel* § 35 Rn 7; MK/*Lwowski/Peters* § 35 Rn 20; *Uhlenbruck/Hirte* § 35 Rn 46; *Häsemeyer* Rn 9.06; *Keller* InsR, Rn 211.

2 BT-Drucks 12/2443, 122; MK/*Peters* § 36 Rn 1; zu § 811 ZPO *Stein/Jonas/Münzberg* § 811 Rn 1; *Schuschke/Walker* § 811 Rn 1; *BGHZ* 137, 193, 197; *BFH* 159, 421 = NJW 1990, 1871; im Zusammenhang mit § 758 ZPO auch *BVerfGE* 49, 252.

3 HambKomm/*Lüdtke* § 36 Rn 1; FK/*Schumacher* § 36 Rn 1; **aA** *Jaeger/Henckel* § 36 Rn 6.

4 BT-Drucks 12/2443, 122; *Jaeger/Henckel* § 36 Rn 1; MK/*Peters* § 36 Rn 1; *Uhlenbruck/Hirte* § 36 Rn 1.

5 Im ersten Gesetzentwurf nicht enthalten (BT-Drucks 14/5680); eingefügt während der Beratungen, vgl Bericht RAussch und BeschlEmpfehlung BT-Drucks 14/6468; eingehend MK/*Peters* § 36 Rn 41; zu Einzelfragen *OLG Köln* NZI 2000, 529; *OLG Frankfurt* NZI 2000, 531; *OLG Köln* ZIP 2000, 2074; *LG Wuppertal* NZI 2000, 327; *LG Offenburg* NZI 2000, 277; *AG Aachen* NZI 2000, 554; *Möhlen* Rpfleger 2000, 4; *Dörndorfer* NZI 2000, 292; *Grote* ZInsO 2000, 490; eingehend *Keller* NZI 2001, 449.

6 Eingehend *Sudergat* ZVI 2013, 169.

7 Art 1 Nr 15 G v 15.7.2013 (BGBI I S 2379).

Verfahren, die vor dem 1.7.2014 beantragt worden sind (§ 103h Abs 1 EGInsO). Im Zusammenhang mit Zwangsvollstreckung in das Arbeitseinkommen ist auch § 89 Abs 2 zu beachten.

2. Persönlicher Anwendungsbereich. § 36 hat in der Ins der natürlichen Person Bedeutung, die jur Person oder die Ges ohne Rechtspersönlichkeit als Schu genießt je nach Einzelfall Pfändungsschutz nach §§ 811 ff ZPO[8] und erzielt kein zu schützendes Arbeitseinkommen nach §§ 850 ff ZPO. 4

Im Restschuldbefreiungsverfahren verweist bzgl des Umfangs der Abtretung des Arbeitseinkommens an den Treuhänder § 292 Abs 1 S 3 ausdrücklich auf § 36 Abs 1 S 2 und Abs 4 (s dort Rn 16 ff). 5

3. Verweis auf Einzelzwangsvollstreckung. Die Vorschrift verweist teils pauschal, teils durch Einzelverweisung auf Vorschriften zur Einzelzwangsvollstreckung. Unmittelbar durch Abs 1 S 1 und über § 4 gelten die §§ 811 ff, 851, 852, 857 Abs. 3, 859, 860 ZPO. Zu beachten sind ferner Pfändungsbeschränkungen bei Sozialleistungen durch §§ 54, 55 SGB I, § 42 Abs 4 S 1 SGB II[9] oder § 17 SGB XII. Unbewegliches Vermögen unterliegt nach §§ 864 ZPO unbeschränkt der Zwangsvollstreckung und unterliegt voll dem InsBeschlag, „unpfändbares" Grundeigentum oder sog „Schonvermögen" gibt es weder in der Einzelzwangsvollstr noch in der Ins. 6

Die Nennung einzelner Vorschriften zur Pfändung des Arbeitseinkommens in Abs 1 S 2 schließt die Anwendung weiterer Vorschriften der ZPO über Abs 1 S 1 nicht aus. So sollen beschränkt pfändbare Bezüge über § 850b ZPO auch Bestandteil der InsMasse, soweit dies entspr § 850b Abs 2 ZPO der Billigkeit entspricht (dazu Rn 58 ff).[10] Auch wurde vertreten, dass der frühere Pfändungsschutz für Kontoguthaben nach § 850k ZPO (in der bis 1.7.2010 geltenden Fassung und bis 31.12.2011 übergangsweise fortgeltend als § 850l ZPO) auch in der Ins gelte,[11] der BGH betrachtet die Nichterwähnung des früheren § 850k ZPO in Abs 1 S 2 als Redaktionsversehen (sa Rn 83 ff).[12] Mit der Ergänzung des Abs 1 S 2 zum 1.7.2010 verweist die Norm gleichermaßen auf den seit 1.7.2010 geltenden § 850k ZPO mit dem Pfändungsschutz für das sog Pfändungsschutzkonto. 7

Unberührt bleiben Pfändungsbeschränkungen in Sondergesetzen insb bzgl Forderungen und sonstiger Vermögensrechte, die nach § 851 ZPO (über Abs 1 S 1 und § 4) auch hier gelten. Zu nennen sind bspw § 377 Abs 1 BGB, §§ 473 und 1098 BGB, § 17 VVG, §§ 29, 31, 113 UrhG. 8

4. Terminologie der Norm. Die Norm spricht in Abs 1 S 1 und Abs 4 terminologisch unsauber von „Gegenständen". Bezug nehmend auf die Terminologie des Vollstreckungsrechts sind gemeint bewegliches Vermögen, bestehend aus körperlichen Sachen, sowie Forderungen und sonstigen Vermögensrechten, und unbewegliches Vermögen, das durch §§ 864, 865 ZPO definiert wird. 9

Abs 4 spricht betr die EntschKompetenz des InsGer ebenfalls von „Gegenständen". Mit der Verweisung auf Abs 1 S 2 betrifft dies insbes Arbeitseinkommen, Kontoguthaben, Ansprüche aus Versicherungsverträgen. 10

---

8 Allg *Zöller/Stöber* § 811 Rn 4.
9 Unpfändbarkeit von ALG II eingef d G v 26.7.2016 (BGBl I S 1824).
10 *BGH* ZIP 2010, 293 = NZI 2010, 141, dazu EWiR 2010, 331 (*Fliegner*).
11 *Jaeger/Henckel* § 36 Rn 3, 17; HambKomm/*Lüdtke* § 36 Rn 38; *Häsemeyer* Rn 9.13.
12 *BGH* ZIP 2010, 1552 = NZI 2010, 731, Begr Rn 14; dazu *Jacoby* ZIP 2010, 1725; *Kuder* ZInsO 2010, 1665.

11 **5. Streit um Massezugehörigkeit.** Der InsVerw darf nur das zur InsMasse gehörende Vermögen in Besitz nehmen (§ 148); Vermögenswerte, die nicht zur InsMasse gehören, sind an den Schu herauszugeben. Arbeitseinkommen darf der InsVerw nur im Umfang des nach Abs 1 S 2 mit § 850c ZPO pfändbaren Betrages beim Arbeitgeber einziehen.[13]

12 Besteht zwischen dem Schu und dem InsVerw Streit über die Massezugehörigkeit einzelner Vermögenswerte, ist dieser vor dem ordentlichen Gericht auszutragen, der Schu hat den Verwalter auf Herausgabe zu verklagen (§ 35 Rn 86).[14] Betrifft die Frage die Unpfändbarkeit eines körperlichen Gegenstandes aus § 811 ZPO,[15] ist über § 148 Abs 2 Vollstreckungserinnerung (§ 766 ZPO) an das InsGer statthaft, da die Pfändbarkeit eines Gegenstandes die Art und Weise der Vollst betrifft.[16] Bezüglich der Forderungen und Vermögenswerte des Abs 1 S 2 liegt die EntschKompetenz über den Umfang des Massebeschlages beim InsGer (Abs 4; dazu Rn 104 ff).

III. Unpfändbare körperliche Gegenstände (Abs 1 S 1 und Abs 2, 3)

13 **1. Geltung des § 811 ZPO und weiterer Vorschriften.** § 811 Abs 1 ZPO als zentrale Norm zur Unpfändbarkeit körperlicher Gegenstände ist historisch überholt und stark reformbedürftig.[17] Praktische Bedeutung haben nur noch Nr 1 (Gegenstände bescheidender Lebensführung) und Nr 5 (Gegenstände der Erwerbstätigkeit). Sie schützen nur den Schu als natürliche Person. Die Tatbestände des § 811 Abs 1 ZPO sollen im InsVerf restriktiver ausgelegt werden als in der Einzelzwangsvollstreckung, da anders als dort der besondere Interessenwiderstreit zwischen Schu und Gläubigergesamtheit zu Gunsten letzterer zu lösen ist.[18] Besonders gilt dies bei Anwendung des § 811 Abs 1 Nr 5 ZPO, wenn der Schu unternehmerisch tätig ist (s Rn 16).

14 Der Schu kann auf Pfändungsschutz nach § 811 ZPO nicht verzichten, da dieser im öffentlichen Interesse besteht.[19] In der Ins soll er dagegen nach Inbesitznahme durch den Verwalter den Pfändungsschutz aufgeben dürfen.[20] Dies darf aber nicht so praktiziert werden, dass der Verwalter einen unpfändbaren Gegenstand rechwidrig in Besitz nimmt und den Schu damit zum Verzicht auf die Unpfändbarkeit nötigt; ggf ist Austauschpfändung nach § 811a ZPO denkbar, iÜ steht dem Schu Erinnerung nach § 766 ZPO über § 148 Abs 2 zu.

---

13 Allg MK/*Peters* § 36 Rn 40; *Uhlenbruck/Hirte* § 36 Rn 12; *LAG Düsseldorf* ZVI 2004, 484; *LAG SchlH* ZVI 2006, 151; *LG Köln* NZI 2004, 36 = ZVI 2004, 497; anders für einmalige Einkünfte *BGH* ZVI 2007, 78.

14 *BGHZ* 92, 339 = ZIP 1984, 1501; *Jaeger/Henckel* § 35 Rn 129, 130; MK/*Peters* § 35 Rn 30; *Uhlenbruck/Hirte* § 35 Rn 126; HambKomm/*Lüdtke* § 35 Rn 272.

15 *AG Dresden* ZVI 2005, 322; dazu auch *Schäferhoff* ZVI 2008, 331.

16 Zur Zuständigkeit des InsGer *BGH* ZIP 2004, 732; 2004, 1379; 2006, 340; 2006, 2008; zu Kfz bei § 811 Abs 1 Nr 5 ZPO *LG Göttingen* 7.3.2013 – 10 T 18/13 (Anwendung § 36 Abs 4); *K/P/B/Lüke* § 148 Rn 19; *Uhlenbruck* § 148 Rn 34; *Häsemeyer* Rn 13.04; zu § 766 ZPO bereits *Jaeger* KO, 6. und 7. Aufl 1931, § 1 Anm 50.

17 *Stein/Jonas/Münzberg* § 811 Rn 5, 6; MK-ZPO/*Gruber* § 811 Rn 10; *Schuschke/Walker* § 811 Rn 2; *Keller*, HdB ZwV, Rn 2.293 ff; zur Begrenzung der Auslegung *BGH* NJW 2005, 681 mit Anm *Schuschke*.

18 Eingehend MK/*Peters* § 36 Rn 24.

19 Allg zur Zwangsvollstreckung *RGZ* 72, 183; 128, 85; *BGHZ* 137, 193, 197; *BFHE* 159, 421 = NJW 1990, 1871; *BayObLG* NJW 1950, 697; *LG Oldenburg* DGVZ 1980, 39; *Stein/Jonas/Münzberg* § 811 Rn 8 mwN; MK-ZPO/*Gruber* § 811 Rn 13 mwN; *Schuschke/Walker* § 811 Rn 13; *Zöller/Stöber* § 811 Rn 10; *Musielak/Becker* § 811 Rn 8.

20 *Jaeger/Henckel* § 36 Rn 6; *Uhlenbruck/Hirte* § 36 Rn 29, HambKomm/*Lüdtke* § 36 Rn 20; *K/P/B/Holzer* § 36 Rn 9.

Nr 1 soll dem Schu eine bescheidene Haushaltsführung ermöglichen und ihn vor sozialer Diskriminierung bewahren sowie Teilhabe am öffentlichen Leben ermöglichen.[21] Welche Gegenstände konkret dem Pfändungsschutz unterliegen, kann regionalen oder zeitlichen Schwankungen unterliegen. So ist eine Armbanduhr des Schu sicher unpfändbar,[22] ebenso ein Fernsehgerät neben einem Radiogerät,[23] nicht aber die HiFi-Anlage als solche.[24] Ob bspw eine Waschmaschine oder ein Geschirrspüler unpfändbar sind, hängt von der konkreten Familiensituation ab.[25] Vereinzelt wird bereits die Unpfändbarkeit des intenetfähigen PC angenommen.[26] 15

Nr 5 schützt die Erwerbstätigkeit des Schu. Gleichgültig ist, ob sie selbstständig oder nichtselbstständig ist.[27] Bei selbstständiger Tätigkeit ist Voraussetzung, dass diese nach § 35 Abs 2 freigegeben ist, andernfalls gehört sie zur InsMasse, mit ihr auch sämtliche Betriebsmittel des Schu. Unpfändbar sind bspw beruflich genutzte Computer, Fachliteratur, Büroeinrichtung.[28] Ferner ist bei selbstständiger Tätigkeit Voraussetzung, dass der Schu eigene Tätigkeit ausübt und nicht lediglich überwachend oder geschäftsführend tätig ist.[29] Das Kfz des Schu ist idR nur nach Nr 5 unpfändbar, maßgeblich sind die Erfordernisse des Einzelfalles, insb die Zumutbarkeit der Benutzung öffentlicher Verkehrsmittel.[30] Die Unpfändbarkeit gilt nicht für den Schadensersatzanspruch des Schu aus einem Verkehrsunfall.[31] Eine Unpfändbarkeit kann sich aber auch aus Nr 4 u Nr 12 des § 811 Abs 1 ZPO ergeben.[32] 16

Die weiteren Tatbestände des § 811 Abs. 1 ZPO seien mangels praktischer Relevanz nur stichwortartig genannt: Nr 2 erklärt Nahrungs-, Feuerungs- und Beleuchtungsmittel bis zu einem Vorrat auf vier Wochen für unpfändbar. Nr 3 betrifft Kleintiere in beschränkter Zahl; gemeint sind Nutztiere, Haustiere sind nach § 811c ZPO bes geschützt. Nr 4 s Rn 18. Nr 4a schützt Naturalleistungen an Arbeitnehmer landwirtschaftlicher Betriebe. Nr 6 bezieht sich auf Nr 5 und betrifft den Fall der Fortführung des Erwerbsgeschäfts nach dem Tode des Schu. Nr 7 schützt Dienstkleidung und -ausrüstung. Nr 8 erklärt einen Bargeldbetrag für unpfändbar, der aus Arbeitseinkommen stammend dem unpfändbaren Teil bis zum nächsten Zahlungstermin entspr.[33] Zu Nr 9 s Rn 21 ff. Nr 10 schützt religiöse Gegenstände, aber auch Unterrichtsbücher. Nr 11 schützt Familienbücher, Trauringe, Orden, Ehrenzeichen. Zu Geschäftsbüchern s Rn 21 ff. Nr 12 schützt medizinische Hilfsmittel. Nr 13 schützt Gegenstände zur angemessenen Bestattung, soweit sich ein Todesfall ereignet hat.[34] 17

---

21 Allg *Stein/Jonas/Münzberg* § 811 Rn 25 ff.

22 *Stein/Jonas/Münzberg* § 811 Rn 28.

23 *BFHE* 159, 421 = NJW 1990, 1871; *AG München* DGVZ 198,1 94; einschr *BVerwG* NJW 1989, 924; je mwN *Stein/Jonas/Münzberg* § 811 Rn 25; *Zöller/Stöber* § 811 Rn 15.

24 *Stein/Jonas/Münzberg* § 811 Rn 25.

25 *LG Berlin* NJW-RR 1992, 1038; *AG Schöneberg* DGVZ 1990, 15; *Zöller/Stöber* § 811 Rn 15.

26 *OLG München* MDR 2010, 866; *VG Gießen* NJW 2011, 3179; pfändbar nach *VG Münster* DGVZ 2013, 183.

27 *LG Heilbronn* MDR 1994, 405; *Stein/Jonas/Münzberg* § 811 Rn 42, 43; *Zöller/Stöber* § 811 Rn 24, 24a; *Keller* HdB ZwV, Rn 2.299.

28 *Stein/Jonas/Münzberg* § 811 Rn 45, 46; *Zöller/Stöber* § 811 Rn 26, 27.

29 *BGH* NJW 1993, 922; *Stein/Jonas/Münzberg* § 811 Rn 43; *Schuschke/Walker* § 811 Rn 27; *Zöller/Stöber* § 811 Rn 25.

30 *OLG Hamm* MDR 1984, 55; *LG Heilbronn* NJW 1988, 148; *LG Rottweil* DGVZ 1993, 57; *LG Detmold* DGVZ 1996,120; *LG Trier* ZVI 2015, 184; *LG Deggendorf* 7.3.2016 – 13 T 37/16; *Zöller/Stöber* § 811 Rn 27.

31 *LG Ansbach* 30.7.2015 – 1 S 1317/14.

32 *Zöller/Stöber* § 811 Rn 28.

33 *Stein/Jonas/Münzberg* § 811 Rn 61 ff; MK-ZPO/*Gruber* § 811 Rn 24; *Zöller/Stöber* § 811 Rn 32.

34 *Stein/Jonas/Münzberg* § 811 Rn 61 ff; *Schuschke/Walker* § 811 Rn 46; MK-ZPO/*Gruber* § 811 Rn 49, 50; *Zöller/Stöber* § 811 Rn 32; zur Pfändung des Grabsteins durch den Hersteller *BGH* NJW-RR 2006, 570; *Looff* Rpfleger 2008, 53.

18 Haustiere des Schu sind nach § 811c ZPO unpfändbar und gehören damit nicht zur InsMasse. In Anwendung des § 811c Abs 2 ZPO kann der InsVerw (Rn 20) sie als zur InsMasse gehörig erklären, wenn sie einen hohen Wert haben und die Unpfändbarkeit für die Gl eine Härte bedeutet, die auch unter Berücksichtigung des Tierschutzes und der Interessen des Schu nicht zu rechtfertigen ist.[35] Abzuwägen sind die Quotenaussichten der Gl mit der konkreten Art und dem Wert des Tieres und möglicher bes emotionaler Bindung des Schu oder eines Familienangehörigen.[36] Kosten für Tiernahrung oder auch Hundesteuer sind nur dann Masseverb iSd § 55, wenn das Tier zur InsMasse gehört.

19 Der Pfändung und damit dem InsBeschlag sind ferner solche Gegenstände nicht unterworfen, die Kraft besonderer gesetzlicher Vorschrift dem Rechtsverkehr entzogen sind; zB Schusswaffen (§ 35 WaffG), Betäubungsmittel nach § 1 Abs 1 mit Anlagen I–III BtMG), Bildnisse, die nach § 22 KunstUrhG nur mit Einwilligung des Abgebildeten verbreitet werden dürfen. Körperliche Gegenstände, an denen der Schu ein Urheberrecht hat, können nur mit seiner Zustimmung zur Masse gezogen werden (§§ 113, 114 UrhG). Nationalsozialistische und volksverhetzende Schriften oder auch pornographische Schriften oder entspr Material (auch Video, DVD oder Computerdatei) ist nicht ausdrücklich unpfändbar, Gerichtsvollzieher oder InsVerw könnten sich aber nach § 130 Abs 2 Nr 1 Buchst a oder § 184 Abs 1 Nr 1, 5 StGB mit der Verbreitung durch unvorsichtige Verwertung strafbar machen.

20 **2. Austauschpfändung nach § 811a ZPO.** Die Anwendbarkeit von § 811a ZPO ist allgemein anerkannt.[37] Sie ist auch über Abs 1 S 1 des § 36 möglich.[38] Austauschpfändung bezieht sich nur auf Gegenstände der Nr 1, 5 und 6 des § 811 Abs 1 ZPO. Der InsVerw hat dabei dem Schu einen dem notwendigen Gebrauch entspr Ersatzgegenstand oder einen erforderlichen Geldbetrag zur Verfügung zu stellen. Die Austauschpfändung bedarf keiner Zulassung durch das InsGer, es entscheidet der InsVerw. Über Einwendungen des Schu entscheidet im Wege der Erinnerung nach § 766 ZPO das InsGer nach § 148 Abs 2.[39] IÜ kann der Schu zur InsMasse gehörende Gegenstände entgeltlich aus der InsMasse vom Verwalter erwerben (erkaufte Freigabe).

21 **3. Geschäftsbücher, Landwirtschaft und Apotheke (Abs 2).** Nach Abs 2 unterliegen in Abweichung zur Anwendung der §§ 811 Abs 1 Nr 4, 9, 11 ZPO die Geschäftsbücher des Schu, die Gegenstände des landwirtschaftlichen Betriebes und das Inventar der Apotheke ausdrücklich dem InsBeschlag.

22 Der Begriff „Geschäftsbücher" ist weit zu fassen, er umfasst auch Buchungs- und Vermögensunterlagen des nicht geschäftlich tätigen Schu, soweit sie vermögensrechtlich von Bedeutung sind.[40] Insgesamt gehören hierher Unterlagen des Rechnungswesens einschl Belege, Arbeitsaufzeichnungen, Jahresabschlüsse, Kontoauszüge, Kundendaten, Steuerunterlagen, Korrespondenzen und Vertragsunterlagen. Besonderheiten gelten bei Patientenakten in der Insolvenz eines Arztes oder eines Krankenhausträgers.[41]

---

35 Allg *Stein/Jonas/Münzberg* § 811c Rn 2 ff; MK-ZPO/*Gruber* § 811c Rn 2 ff; *Zöller/Stöber* § 811c Rn 3.
36 Sehr krit *Münzberg* ZRP 1990, 215.
37 *Jaeger/Henckel* KO, § 1 Rn 65; *Kuhn/Uhlenbruck* KO, § 1 Rn 26.
38 *Jaeger/Henckel* § 36 Rn 7; *Uhlenbruck/Hirte* § 36 Rn 43; HambKomm/*Lüdtke* § 36 Rn 21; *Häsemeyer* Rn 9.12.
39 HambKomm/*Lüdtke* § 36 Rn 21.
40 *Jaeger/Henckel* § 36 Rn 10; *Uhlenbruck/Hirte* § 36 Rn 46 ff; HambKomm/*Lüdtke* § 36 Rn 41; *K/P/B/Holzer* § 36 Rn 30.
41 Eingehend *Vallender* NZI 2013, 1001.

Sind die Unterlagen im Besitz eines Dritten, insb des Steuerberaters oder Wirtschaftsprüfers des Schu, steht diesem kein Zurückbehaltungsrecht wegen offener Honorarforderungen zu.[42] § 273 BGB oder § 369 HGB gewähren in der Ins nach § 51 Nr 2, 3 nur abgesonderte Befriedigung, das Zurückbehaltungsrecht selbst kann nicht durchgesetzt werden; § 320 BGB ist nur bei Fortsetzung des Vertragsverhältnisses anwendbar.[43] Im Einzelfall kann es str sein, was herauszugeben ist. Der BGH unterscheidet zwischen dem vertraglich geschuldeten Arbeitsergebnis des StB oder WP, das nicht herausgegeben werden muss und vorbereitenden Arbeitsleistungen, bspw DATEV-Daten, die nach § 667 BGB herauszugeben sind.[44] Der InsVerw kann die Herausgabe durch einstweilige Vfg (§§ 935, 940 ZPO) erwirken.[45] Die gesonderten Aufbewahrungspflichten nach § 257 HGB und § 147 AO bleiben unberührt. 23

4. Hausratsgegenstände (Abs 3). Gegenstände des persönlichen Hausrats sind nach § 812 ZPO unpfändbar.[46] Diese Vorschrift wird von Abs 3 als lex specialis verdrängt. Erfasst sind Gegenstände, die nicht bereits von § 811 Nr 1 ZPO erfasst werden, also jenseits der Grenze bescheidener Haushaltsführung, jedoch keine Luxusgegenstände oder Sachen mit bes Sammler- oder Altertumswert.[47] 24

Verwertet der InsVerw Gegenstände, die nach Ansicht des Schu unter Abs 3 fallen, kann dieser nicht nach § 148 Abs 2 vorgehen, da die Art und Weise der Vollstreckung nicht betroffen ist, weil gerade § 812 ZPO durch Abs 3 verdrängt wird. Der Schu hat vielmehr allg zivilrechtlich gegen den Verwalter vorzugehen.[48] 25

5. Einzelfälle[49]. 26

Bücher: Nicht massezugehörig, soweit gem § 811 Nr 5–7, 10, 11 ZPO geschützt.

Büroeinrichtung bei freiem Beruf: Unpfändbar nach § 811 Nr 5 ZPO, Austauschpfändung denkbar.

Computer: Nicht massezugehörig, wenn für Beruf/Gewerbe oder Studium benötigt; wegen Software s § 35 Rn 18; wegen einer sog Internet-Domain Rn 37.

Einrichtung Pension, Hotel: Unpfändbar, soweit Schu persönliche Dienste leistet nach § 811 Nr 5 ZPO.

Fernsehgerät: Unpfändbar nach § 811 Nr 1 ZPO, in Gaststätte und Hotel auch nach Nr 5; aber Austauschpfändung nach § 811a ZPO.

Gartenhaus (Wohnlauben, Wohnwagen, Hausboote, Behelfsheime): Sofern sie bewegliche Sachen sind und als ständige Unterkunft benötigt werden, besteht Schutz gem § 811 Nr 1 ZPO. Massebestandteil sind jedoch Wochenend- und Ferienhäuser. Als wesentlicher Bestandteil eines Grundstücks sind sie mit diesem massezugehörig.

---

42 HambKomm/*Lüdtke* § 36 Rn 44.
43 *OLG Stuttgart* ZIP 1982, 80.
44 *BGH* ZIP 2004, 1267; 1988, 442; HambKomm/*Lüdtke* § 36 Rn 44.
45 *LG Berlin* ZIP 2006, 962, *OLG Düsseldorf* ZIP 1982, 471; *Uhlenbruck/Hirte* § 36 Rn 48; HambKomm/*Lüdtke* § 36 Rn 44.
46 Allg *Stein/Jonas/Münzberg* § 812 Rn 2, 3.
47 *Jaeger/Henckel* § 36 Rn 12: Briefe berühmter Persönlichkeiten massezugehörig; private Briefe nicht.
48 *Jaeger/Henckel* § 36 Rn 12; *Uhlenbruck/Hirte* § 36 Rn 55; HambKomm/*Lüdtke* § 36 Rn 50.
49 Eingehend mwN *Stein/Jonas/Münzberg* § 811 Rn 24–72; *Schuschke/Walker* § 811 Rn 19; MK-ZPO/*Gruber* § 811 Rn 60–62; *Zöller/Stöber* § 811 Rn 3, 27, 28; *Musielak/Becker* § 811 Rn 11–28; *Hess* §§ 35, 36 Rn 169 ff; *Keller* HdB ZwV, Rn 2.297 ff; *Wolf* Pfändbare Gegenstände von A bis Z, 3. Aufl 2011.

Haushaltsgeräte: Nicht massezugehörig, soweit gem § 811 Nr 1 ZPO und Abs 3 geschützt. Wesentlich, dass Schutz nur für eine angemessene Lebensführung besteht.

Klavier und sonstiges Musikinstrument: Nur nach § 811 Nr 5 ZPO, nicht nach Nr 1 unpfändbar; Austauschpfändung nur bei qualitativ gleichwertigem Instrument.

Kraftfahrzeug: Nur gem § 811 Nr 5 ZPO geschützt, sofern für persönliche Erwerbstätigkeit notwendig; Austauschpfändung denkbar.

Möbel in Privatwohnung: Unpfändbar nach § 811 Nr 1 ZPO, Austauschpfändung denkbar.

Tiere: Bei Unpfändbarkeit nach § 811 Nr 3 bzw § 811c ZPO keine Massezugehörigkeit; wohl aber im Falle von § 811 Nr 4 ZPO.

IV. Unpfändbare Forderungen und sonstige Vermögensrechte

27 **1. Grundsatz des § 851 ZPO.** Forderungen und sonstige Vermögensrechte des Schu gehören nach Abs 1 S 1 dann zur InsMasse, wenn sie nach allg Vorschriften pfändbar sind. Grundregel ist hierzu § 851 ZPO, der über § 857 Abs 1 ZPO auch für sog sonstige Vermögensrechte gilt. Für diese sind ferner §§ 857 Abs 3, 859 und 860 ZPO zu beachten.

28 Forderungen des Schu sind grds unbeschränkt pfändbar und damit massezugehörig. Unpfändbarkeit oder beschränkte Pfändbarkeit ist in Einzelfällen aus sozialpolitischen oder ethischen Gründen bestimmt, bspw sind Leistungen der Stiftung „Mutter und Kind" nach § 5 Abs 1 S 1 des Gesetzes zur Errichtung der Stiftung „Mutter und Kind" idF v 19.3.1993 (BGBl I, 407) oder Leistungen der HIV-Hilfe-Stiftung nach § 17 Abs 3 HIV-HilfeG v 24.7.1995 (BGBl I, 972) unpfändbar. Mangels gesetzlicher Regelung ist dagegen die Entschädigung nach § 17 StrRehaG wegen rechtsstaatswidriger Verurteilung in der DDR pfändbar und massezugehörig.[50] Entschädigungszahlungen kirchlicher Körperschaften an Missbrauchsopfer sind dagegen unpfändbar und nicht massezugehörig.[51]

29 Nach § 851 Abs 1 ZPO ist eine Forderung allg dann nicht pfändbar, wenn sie nicht durch Rechtsgeschäft übertragen werden kann.[52] Nicht übertragbar und damit nicht pfändbar sind bspw das Recht zur Rücknahme eines hinterlegten Geldbetrages nach § 377 BGB[53] oder höchstpersönliche Gesellschafterrechte der Gesellschaft bürgerlichen Rechts nach §§ 716, 717 BGB.[54] Zusatzversorgungen verkammerter Berufe (insb RA) sind auch dann pfändbar, wenn das Landes- oder Bundesrecht die Unpfändbarkeit vorsieht (für RA insb landesrechtliche Regelungen zum Versorgungswerk der Anwälte). Diese Regelungen sind unter Berücksichtigung des Art 14 GG zu Gunsten des Gl verfassungskonform dahin auszulegen, dass die Leistungen wie Arbeitseinkommen der Pfändung unterworfen werden können.[55]

30 Beruht die Nichtabtretbarkeit einer Forderung auf einer Vereinbarung nach § 399 BGB, kann sie nach § 851 Abs 2 ZPO gleichwohl gepfändet werden, wenn die Leistung, auf wel-

---

50 *BGH* NZI 2011, 979 = NJW-RR 2012, 181; *Thür OVG* ZOV 2014, 271.

51 *BGH* 22.5.2014 – IX ZB 72/12.

52 *Stein/Jonas/Brehm* § 851 Rn 9 ff; *Schuschke/Walker/Kessal-Wulf* § 851 Rn 2 ff; MK-ZPO/*Smid* § 851 Rn 5 ff; *Zöller/Stöber* § 851 Rn 2 ff; *Musielak/Becker* § 851 Rn 2 ff; Einzelfälle *Stöber* FordPfdg Rn 65 ff.

53 *Jaeger/Henckel* § 36 Rn 28 ff; allg MK-BGB/*Wenzel* § 377 Rn 1, 4; unpfändbar ist nur die Entscheidungsbefugnis über die Rücknahme, nicht der Herausgabeanspruch selbst, *Stöber* FordPfdg, Rn 1644.

54 *Jaeger/Henckel* § 36 Rn 33; *N/R/Andres* § 35 Rn 52 ff.

55 *BGHZ* 160, 197; *BGH* Rpfleger 2007, 407; *Schuschke/Walker/Kessal-Wulf* § 851 Rn 2 aE.

che sie gerichtet ist, als solche der Pfändung unterliegt.[56] So ist eine Geldforderung trotz Ausschluss der Abtretung nach § 399 BGB stets pfändbar, weil Geld selbst immer gepfändet werden kann. Dies gilt auch für Honorarforderungen von Berufsträgern, bei welchen eine Abtretung der Forderung als Verletzung der Schweigepflicht nach § 134 BGB als nichtig angesehen wird oder strafrechtlich nach § 203 Abs 1 Nr 1 StGB verfolgt wird (RA § 49b BRAO; Steuerberater § 64 Abs 2 StBG; Wirtschaftsprüfer § 55a Abs 3 WPO).[57] Es kann im Einzelfall eine Interessenabwägung erforderlich sein. Das wird insb bei Arzthonoraren gelten müssen.[58] Die Beauftragung eines Anwalts oder Steuerberaters ist nicht so geheimhaltungsbedürftig, dass sie die GlInteressen verdrängen könnte. Grds gehören die Einkünfte von Vertragsärzten aber in vollem Umfang zur Masse.[59]

Wenn mit der Abtretung der Forderung eine wesentliche Änderung ihres Inhalts verbunden wäre (§ 399 1. Alt BGB), die Forderung also streng zweckgebunden ist, scheidet auch ihre Pfändung aus. Dies gilt bspw für die sog Baugeldforderung als zweckgebundene und damit unpfändbare Forderung,[60] für den Anspruch auf Schuldbefreiung gegenüber einer Haftpflichtversicherung[61] oder den Anspruch auf Leistung eines Prozesskostenvorschusses iRd Unterhalts der Ehegatten nach § 1360a Abs 4 BGB.[62] 31

2. Einzelfälle[63]. Dienstbarkeit: Die Grunddienstbarkeit ist wegen § 96 BGB als wesentlicher Bestandteil des herrschenden Grundstücks massezugehörig, wenn das herrschende Grundstück zur Masse gehört. Die beschränkte persönliche Dienstbarkeit (§ 1090 BGB) fällt nur dann in die Masse, wenn eine wirksame Ausübungsgestattung (§ 1092 Abs 1 S 2 BGB) vorliegt. 32

Gebrauchsmuster und Geschmacksmuster: Die Rechte aus Gebrauchsmuster[64] sind gem § 22 Abs 1 GebrMG übertragbar, somit gem § 851 Abs 1 ZPO pfändbar, sofern das Muster gem § 4 Abs 1, 2 GebrMG ordnungsgem beim Dt Patent- und Markenamt angemeldet worden ist.[65] Das Gebrauchsmuster ist massezugehörig. Das gilt auch für sog Gemeingebrauchsmuster (§ 9 GebrMG). Hier bestehen jedoch für den InsVerw bes Verwertungseinschränkungen.[66] Das zum Musterregister angemeldete Geschmacksmuster, das durch G v 10.10.2013 (BGBl I 33

---

56 *BGHZ* 95, 99 = *BGH* NJW 1985, 2327 (Pfändbarkeit Nießbrauch); *Stein/Jonas/Brehm* § 851 Rn 20, 26 ff; *Schuschke/Walker/Kessal-Wulf* § 851 Rn 12, 13; *Zöller/Stöber* § 851 Rn 6; *Musielak/Becker* § 851 Rn 8.

57 Zur Abtretbarkeit *BGHZ* 115, 123 = NJW 1991, 2955; *BGH* NJW 1992, 2348; 1996, 775; zur Pfändbarkeit *OLG Stuttgart* Rpfleger 1995, 77; *Zöller/Stöber* § 829 Rn 33 („Arzt"); *Hess* §§ 35, 36 Rn 846; *Stöber* FordgPfdg, Rn 14a.

58 Zutr bei Fachärzten für bes heikle Behandlungen MK/*Lwowski/Peters* § 35 Rn 386.

59 *BGHZ* 141, 173, 176, 177 = NJW 1999, 544 = Rpfleger 1999, 336; *BGHZ* 162, 187, 188, 191 = NJW 2005, 1505 = Rpfleger 2005, 447; *Jaeger/Henckel* § 36 Rn 36; MK/*Lwowski/Peters* § 35 Rn 385, 386; *Uhlenbruck/Hirte* § 36 Rn 24 ff.

60 Dazu *Stöber* FordgPfdg, Rn 79 ff; *Bauer* JurBüro 1963, 65; sie ist vom InsVerw nur zur Befriedigung der Baugeldforderung zu verwenden, *Jaeger/Henckel* § 36 Rn 25; *Uhlenbruck/Hirte* § 36 Rn 5; HambKomm/*Lüdtke* § 36 Rn 17; **aA** *OLG Hamm* ZInsO 2007, 331.

61 *Stöber* FordgPfdg, Rn 92; *Schuschke/Walker* Anh zu § 829 Rn 17; *Jaeger/Henckel* § 36 Rn 21 ff, 39.

62 *BGH* FamRZ 1985, 802; MK-BGB/*Weber-Monecke* § 1360a Rn 35; *Uhlenbruck/Hirte* § 36 Rn 5.

63 Eingehend *Stein/Jonas/Brehm* § 851 Rn 9 ff, § 857 Rn 2, 27 ff, 77 ff; *Schuschke/Walker* Anh § 829; *Zöller/Stöber* § 829 Rn 33; *Musielak/Becker* § 829 Rn 27 ff, 37; *Keller/Schrandt* HdB ZwV, Rn 3.1070 ff; in der Vollständigkeit singulär *Stöber* FordgPfdg, Rn 1481 ff; vgl ferner *Jaeger/Henckel* § 36 Rn 15 ff; MK/*Lwowski/Peters* § 35 Rn 383 ff; *Uhlenbruck/Hirte* § 35 Rn 153 ff.

64 Zuletzt geändert durch G v 19.10.2013 (BGBl I S 3830).

65 *Stöber* FordgPfdg, Rn 1541 ff.

66 *Jaeger/Henckel* § 35 Rn 56; MK/*Peters* § 35 Rn 295; *Uhlenbruck/Hirte* § 35 Rn 239, 247.

S 3799) als „Design" nach DesignG geschützt ist, ist übertragbar und pfändbar (§ 30 DesignG);[67] es gehört mithin zur InsMasse. In das Register ist ein InsVvermerk einzutragen (§ 30 Abs 3 DesignG). Zugleich kann dem Urheber bei Vorliegen der Voraussetzungen des UrhG der dort geregelte Kunstschutz neben dem des GeschmMG/DesignG zustehen (sog doppelter Schutz). Dann gelten die Einschränkungen der §§ 112 ff UrhG.[68]

34 **Gefangenengelder:** Zu unterscheiden sind das Eigengeld des Strafgefangenen (§ 52 StVollzG), Arbeitseinkommen aus Arbeitstätigkeit, Überbrückungsgeld und sog Hausgeld (§§ 47, 51 StVollzG).[69] Das Überbrückungsgeld dient der Sicherstellung des Lebensunterhalts der ersten vier Wochen nach Entlassung des Strafgefangenen und ist daher nicht pfändbar (§ 51 Abs 2 S 1 und Abs 4 S 1 StVollzG). Reicht das Überbrückungsgeld hierfür nicht aus, wird ein entsprechender Deckungsbetrag dem Eigengeld entnommen, das dann auch nicht pfändbar ist (§ 51 Abs 4 S 2 StVollzG). IÜ ist das sog Eigengeldkonto, das aus dem Barvermögen des Strafgefangenen bei Strafantritt sowie aus sonstige Einkünften besteht, unbeschränkt pfändbar. Erhält der Strafgefangene insb als Freigänger reguläres Arbeitseinkommen, ist dies nach §§ 850 ff ZPO pfändbar.[70] Bei Arbeitstätigkeit innerhalb der Vollzugsanstalt (§ 41 StVollzG) reicht das dort erzielte Einkommen regelmäßig nicht zu einer Pfändbarkeit; es ist nicht mit Unterkunft und Verpflegung als Sachleistungen entspr § 850e Nr 2 ZPO zusammenzurechnen.[71] Das Eigengeld ist mit Ausnahme des Deckungsbetrages nach § 51 Abs 4 S 2 StVollzG Bestandteil der InsMasse.[72] Das Hausgeld dient der Befriedigung persönlicher Bedürfnisse innerhalb der Vollzugsanstalt, es ist entspr § 811 Abs 1 Nr 8 ZPO nicht pfändbar[73] und nicht Bestandteil der InsMasse.

35 **Genossenschaftsanteil:** Zu unterscheiden ist zwischen dem Anteil an der Genossenschaft als rechnerische Größe und dem Anspruch auf das Auseinandersetzungsguthaben nach Kündigung der Mitgliedschaft, dieser ist als Vermögenswert pfändbar (§ 66 GenG)[74] und massezugehörig in der Ins des Genossen.[75] Der InsVerw kann die Mitgliedschaft kündigen (§ 66a GenG) und das Auseinandersetzungsguthaben nach § 73 GenG verlangen.[76] Ist der Schu Mitglied einer Wohnungsgenossenschaft und basiert das Wohnungsmietverhältnis des Schu hierauf, ist nach § 67c Abs 1 Nr 2 GenG eine Kündigung ausgeschlossen, wenn das Geschäftsguthaben das Vierfache des auf einen Monat entfallenden Nutzungsentgelts ohne die als Pauschale oder Vorauszahlung ausgewiesenen Betriebskosten oder höchstens 2000 EUR nicht übersteigt oder bei Kündigung auf einen darunter liegenden Betrag verringert würde.[77] IÜ gilt für die Kündigung der Mitgliedschaft nicht die Beschränkung des § 109

67 *Stöber* FordgPfdg, Rn 1551 ff.
68 MK/*Peters* § 35 Rn 35 Rn 327.
69 Eingehend *BGHZ* 160, 112 = NJW 2004, 3714 = Rpfleger 2004, 711; *BGH* NZI 2013, 940; *Stöber* FordgPfdg, Rn 132 ff; *Rilinger* Rpfleger 2002, 610.
70 *Stöber* FordgPfdg, Rn 144.
71 Grds auch gegen Anwendung §§ 850 ff ZPO *BGHZ* 160, 112, 116 (entspr Anwendung § 850k ZPO); *BGH* NZI 2013, 940; *Stöber* FordgPfdg, Rn 137.
72 *BGHZ* 160, 112; *BGH* NZI 2013, 940; *LG Münster* v 29.11.2016 – 5 T 758/16.
73 *Stöber* FordgPfdg, Rn 140; **aA** (pfändbar nach §§ 850 ff ZPO) *OLG Hamm* NStZ 1984, 432; *OLG Karlsruhe* NStZ 1985, 430; *OLG Stuttgart* NStZ 1986, 47; nach *LG Münster* Rpfleger 2000, 509 ist es insg unpfändbar.
74 Umfassend *Stöber* FordgPfdg, Rn 1631 ff.
75 MK/*Peters* § 35 Rn 228 ff; *Uhlenbruck/Hirte* § 11 Rn 207a; *Hess* §§ 35, 36 Rn 272; *Emmert* ZInsO 2005, 852.
76 *BGHZ* 180, 185, 188 = ZIP 2009, 875.
77 §§ 66a und § 67c GenG eingefügt durch G v 15.7.2013 (BGBl I S 2379) mWv 19.7.2013.

Abs 1 S 2.[78] Die Kündigung des Mitgliedschaftsrechts kann gerade auch bei der Wohnungsgenossenschaft für die Genossenschaft berechtigter Grund für die Kündigung des Mietverhältnisses sein (§ 573 Abs 1 BGB).[79]

Honorarforderung: Als Geldforderung unbeschränkt massezugehörig, zu § 850i ZPO s Rn 79 ff; zu Honorarforderungen von RA, Ärzten uÄ s Rn 30. 36

Internet-Domain: Sie ist als Vermögensrecht grds pfändbar[80] und massezugehörig.[81] Vermögenswert iSd § 857 ZPO ist aber nicht die Domain als solche sondern die vertraglichen Ansprüche des Anmelders gegenüber der DENIC auf Registrierung und Aufrechterhaltung der Registrierung für den Fortbestand der Konnektierung.[82] Die Domain ist auch dann Massebestandteil und verwertbar, wenn sie aus dem bürgerlichen Namen oder der Firma des Nutzungsberechtigten besteht.[83] Die Domain kann als Arbeitsmittel aber unpfändbar und damit nicht massezugehörig sein, wenn § 811 Abs 1 Nr 5 ZPO gegeben ist.[84] 37

Jagdrecht: Das Jagdrecht ist aus dem Eigentum am Grundbesitz fließendes Nebenrecht (§§ 1, 3 BJagdG). Als unselbstständiges Recht kann es nicht gepfändet werden.[85] Die sog Jagdpacht kann gepfändet und nach § 857 Abs 4 ZPO verwertet werden, wenn der Verpächter die Erlaubnis zur Übertragung dem Pächter erteilt hat. In der Ins des Eigentümers, dessen Grundbesitz ein Jagdrecht beinhaltet, kann der InsVerw die „Jagd verpachten", er darf dies nach § 11 Abs 5, § 15 BJagdG aber nur an Personen, die einen Jagdschein besitzen.[86] 38

Markenrecht: Die im Markenregister des Dt Patent- und Markenamtes eingetragene Bild- oder Wortmarke (§ 7 MarkenG) kann Gegenstand der Zwangsvollstreckung sein (§ 29 Abs 1 Nr 2 MarkenG).[87] Sie ist damit Bestandteil der Masse in der Ins des Markeninhabers.[88] Markenschutz und damit verwertbares Markenrecht kann auch durch sog Verkehrsgeltung durch geschäftlichen Gebrauch erlangt werden (§ 4 MarkenG). 39

Nießbrauch: Nach § 1059 S 1 BGB ist der Nießbrauch nicht übertragbar; seine Ausübung kann jedoch nach S 2 einem anderen überlassen werden. Daraus folgt die Pfändbarkeit und mithin die Massezugehörigkeit der Ausübungsbefugnis (§ 857 Abs 3 ZPO).[89] Der InsVerw kann die Nutzungen selbst zur Masse ziehen oder sie einem Dritten gegen Entgelt überlassen.[90] Der Schu kann für die Einkünfte Schutz nach § 850i ZPO erhalten.[91] Abzulehnen ist 40

---

78 Zur Behandlung der Mietkaution *BGH* 16.3.2017 – IX ZB 45/15; zur Insolvenzzugehörigkeit der Nebenkostenerstattung *KG* 29.9.2008 – 86 T 497/09; *AG Göttingen* 18.6.2009 – 21 C 33/09; *Hess* §§ 35, 36 Rn 329.
79 *BGHZ* 180, 185, 189; *BGH* NJW-RR 2004, 129; *Palandt/Weidenkaff* § 573 Rn 44.
80 Eingehend *Stöber* FordgPfdg, Rn 1645; *Keller/Schrandt* HdB ZwV, Rn 3.1156 ff; *Berger* Rpfleger 2002, 181; *Boecker* MDR 2007, 1234; *Hanloser* Rpfleger 2000, 525; *Lwowski/Dahm* WM 2001, 1135.
81 *Hess* §§ 35, 36 Rn 293.
82 *BGH* NJW 2005, 3353 = Rpfleger 2005, 678; *LG Mönchengladbach* NJW-RR 2005, 439 = Rpfleger 2005, 38.
83 *Stöber* FordgPfdg, Rn 1645c mwN; einschr *Uhlenbruck/Hirte* § 35 Rn 252.
84 *Stöber* FordgPfdg, Rn 1645e; *LG Mönchengladbach* NJW-RR 2005, 439 = Rpfleger 2005, 38.
85 *Stöber* FordgPfdg, Rn 1645 ff.
86 Zur Jagdpacht in der Zwangsverwaltung *Böttcher/Keller* ZVG, 6. Aufl 2016, § 152 Rn 26.
87 *Stöber* FordgPfdg, Rn 1651.
88 *Jaeger/Henckel* § 35 Rn 37, 38; MK/*Peters* § 35 Rn 365 ff; *Uhlenbruck/Hirte* § 35 Rn 245.
89 *BGHZ* 62, 133; 95, 99 = *BGH* NJW 1985, 2327; *BGHZ* 166, 1= NJW 2006, 1124; *Zöller/Stöber* § 857 Rn 12; *Hess* §§ 35, 36 Rn 330; *Stöber* FordgPfdg, Rn 1709 ff; *Keller/Schrandt* HdB ZwV, Rn 3.1160 ff.
90 *BGHZ* 62, 133; 166, 1; *Jaeger/Henckel* § 36 Rn 48 ff; *Uhlenbruck/Hirte* § 35 Rn 189.
91 *BGH* 26.6.2014 – IX ZB 88/13 (Aufgabe von *BGHZ* 161, 371).

die Auff, der InsVerw könne einseitig die Aufhebung des Nießbrauchs erklären und dessen Löschung bewilligen.[92] Da das Stammrecht nicht massezugehörig ist, kann der InsVerw in Bezug darauf keine Rechtsmacht haben. Andererseits kann auch der Schu, dem das Stammrecht als insolvenzfreies Vermögen zusteht, darüber nicht durch Aufhebung verfügen, denn das würde zum Wegfall der durch den InsBeschlag gebundenen Ausübungsbefugnis führen. Es handelt sich um eine Situation, die der in § 876 S 1 BGB geregelten vergleichbar ist: an dem Recht besteht in Form der abgespaltenen und beschlagnahmten Ausübungsbefugnis ein Drittrecht; eine Aufhebung des Nießbrauchs durch den Schu ist nur mit Zustimmung des InsVerw möglich. Beim Nießbrauch an verbrauchbaren Sachen erlangt der Nießbraucher gem § 1067 BGB das Sacheigentum; die Sachen fallen dann in die Masse. Dies bedeutet beim Nießbrauch an einem Unternehmen, dass der Nießbraucher Eigentümer des Umlaufvermögens wird[93] und dieses mithin Massebestandteil.[94]

41 **Pflichtteil:** Er kann nach § 852 ZPO nur nach Anerkennung oder Rechtshängigkeit gepfändet werden. Damit soll sichergestellt werden, dass der Pflichtteil nicht gegen den Willen des Schu als Berechtigtem gepfändet wird. Der BGH lässt aber bereits vor Anerkennung oder Rechtshängigkeit eine aufschiebend bedingte Pfändung zu, der Schutzzweck des § 852 ZPO ist nicht verletzt, da es weiterhin dem Schu überlassen ist, durch Geltendmachung des Anspruchs die Bedingung eintreten zu lassen.[95] In der Ins kann der Verwalter den Anspruch ähnlich wie bei § 83 nur geltend machen, wenn der Schu als Pflichtteilsberechtigter zustimmt.[96]

42 **Reallast:** Die Reallast nach §§ 1105 ff BGB ist sowohl als Stammrecht wie auch hinsichtlich der wiederkehrenden Einzelleistungen, die mit Fälligkeit Eigenständigkeit gleich fälligen Hypothekenzinsen erlangen (§ 1107 BGB), pfändbar und massezugehörig (§ 857 Abs 6 ZPO).

43 **Sachenrechtsbereinigung:** Die Ansprüche aus § 15 SachenRBerG sind gem § 14 Abs 2 SachenRBerG abtretbar, mithin pfändbar und Massebestandteil. Eine Ausübung des Ankaufs durch den Verwalter ist jedoch wegen § 71 SachenRBerG nicht sinnvoll. Die Ansprüche aus dem SachenRBerG sind zum Ablauf des 31.12.2011 verjährt,[97] es bestehen dann Ansprüche aus Bereicherungsrecht und Nutzungsentschädigung, soweit kein im Grundbuch eingetragenes selbstständiges Gebäudeeigentum besteht.[98]

44 **Schmerzensgeld:** Als Schadensersatz nach § 253 Abs 2 BGB uneingeschränkt pfändbar und massezugehörig; Billigkeitsprüfung ist nicht angezeigt.[99]

45 **Steuererstattungsanspruch:** Er ist als öffentlich-rechtlicher Anspruch pfändbar nach seinem Entstehen (§ 46 AO).[100] Zur InsMasse gehört er, wenn der Sachverhalt, welcher zur Entste-

---

92 So aber *OLG Frankfurt* ZIP 1990, 1357; MK/*Peters* § 35 Rn 173; eingehend *Eickmann* FS Gerhardt, 2004, S 211.

93 MK-BGB/*Pohlmann* § 1085 Rn 19.

94 Zum Nießbrauch an einer Erbschaft *Jaeger/Henckel* § 36 Rn 51.

95 *BGHZ* 123, 183 = NJW 1993, 2876; *BGH* NJW-RR 2009, 997; *Zöller/Stöber* § 852 Rn 3.

96 *BGH* ZIP 2011, 135, dazu EWiR 2011, 157 (*Storz*); *BGH* ZIP 2015, 1595, dazu EWiR 2015, 647 (*Keller*); *Jaeger/Windel* § 83 Rn 15; MK/*Schumann* § 83 Rn 13; *Uhlenbruck/Mock* § 83 Rn 13; HambKomm/*Kuleisa* § 83 Rn 8; in gleicher Weise zu § 295 Abs 1 Nr 2 *BGH* NZI 2009, 563, dazu *Schmerbach* NZI 2009, 552.

97 *BGH* NJW-RR 2015, 338 = ZfIR 2015, 152.

98 Eingehend *Czub/Schmidt-Räntsch* ZfIR 2007, 517; *Schmidt/Räntsch* ZfIR 2012, 217.

99 *LG Bochum* ZInsO 2007, 1156.

100 Zur Pfändbarkeit umfassend *Stöber* FordgPfdg, Rn 353 ff; *Zöller/Stöber* § 829 Rn 33 (Steuererstattung); *Schuschke/Walker* Anh § 829 Rn 30 ff; *Keller/Steder* HdB ZwV, Rn 3.120 ff; *BFHE* 195, 516; 187, 1; *BGHZ* 176, 79 = NJW 2008, 1675 mit Anm *Timme* = Rpfleger 2008, 372 (unter ausdrücklicher Aufgabe von *BGHZ* 157, 195 = NJW 2004, 954 = Rpfleger 2004, 228).

hung des Steueranspruchs führte, wesentlich vor oder während der Ins (Neuerwerb) lag.[101] Der Umsatzsteuererstattungsanspruch ist auch dann InsMasse, wenn die unternehmerische Tätigkeit des Schu mit Hilfe unpfändbarer Gegenstände ausgeführt wurde.[102] Der Anspruch ist nicht Arbeitseinkommen iSd § 850 ZPO und iÜ auch nicht von der Abtretung des § 287 erfasst.[103]

Urheberrecht: Es kann nur mit Zustimmung des Schu als Urheber gepfändet werden und nur soweit, als ein Nutzungsrecht eingeräumt werden kann (§§ 29, 31, 113 UrhG). Der Verwalter kann daher in der Ins des Urhebers das Urheberrecht durch Gewährung eines Nutzungsrechts nach § 31 UrhG nur mit Zustimmung des Schu verwerten (zur Pfändung körperlicher Sachen oben Rn 19).[104] 46

Versicherungsansprüche: Sie sind grds pfändbar und damit massezugehörig;[105] bezieht sich der Versicherungsanspruch auf den Ersatz einer unpfändbaren Sache, ist er nach § 15 VVG grds nicht übertragbar, damit auch nicht pfändbar und nicht massezugehörig.[106] Gleiches gilt für Gebäudeversicherung mit Wiederauflebensklausel, hier ist der Versicherer zur Zahlung der Versicherungssumme nur verpflichtet, wenn deren bestimmungsgemäße Verwendung gesichert ist.[107] Bei der Lebensversicherung ist zu unterscheiden: Die sog Kleinlebensversicherung ist bis zum Betrag von 3 579 EUR nur nach § 850b Abs 1 Nr 4 ZPO pfändbar und massezugehörig (dazu Rn 59). Für Altersvorsorgeversicherungen gelten §§ 851c, 851d ZPO (dazu Rn 100 ff). Die „klassische" Kapitallebensversicherung ist unbeschränkt pfändbar und massezugehörig. Verwertbar ist sie praktisch nur, wenn eine widerrufliche Bezugsberechtigung (§ 159 Abs 2 VVG) vereinbart ist, die vom InsVerw geändert werden kann.[108] Zur Betrieblichen Altersversorgung und Direktversicherung s Vor § 113 Rn 42 ff. Als Grundsatz gilt, dass nach Eintritt der Unverfallbarkeit der Anwartschaft des ArbN die Versicherung nicht mehr massezugehörig in der Ins des ArbG ist.[109] Im InsVerf über das Vermögen des ArbN kann der allein aus den Beiträgen seines Arbeitgebers gebildete Rückkaufswert nach Kündigung der Versicherung nicht zur Masse gezogen werden.[110] 47

Vorkaufsrecht: Das rein schuldrechtliche wie auch das dingliche subjektiv-persönliche Vorkaufsrecht sind nicht übertragbar (§§ 473, 1094 Abs 1, 1098 BGB) und daher nicht massezugehörig. Anders das dingliche subjektiv-dingliche Vorkaufsrecht nach § 1094 Abs 2 BGB; es fällt mit dem herrschenden Grundstück in die Masse. Gleiches gilt für das schuldrechtlich vereinbarte Widerkaufsrecht betr bewegliche oder unbewegliche Sachen.[111] 48

Vormerkung: Der durch im Grundbuch eingetragene Vormerkung gesicherte Anspruch (§ 883 BGB) ist massezugehörig, damit auch die akzessorische Sicherung durch Vormerkung. 49

---

101 *BFHE* 128, 146, 147; 172, 308, 310; 179, 547, 551; 208, 10; 212, 436; *BGH* ZIP 2006, 340 = NZI 2006, 246; *Jaeger/Henckel* § 35 Rn 109 ff; MK/*Peters* § 35 Rn 422 ff; *Uhlenbruck/Hirte* § 35 Rn 181 ff.
102 *BFH* ZIP 2011, 533.
103 *BGHZ* 163, 391 = NJW 2005, 2988; *BGH* ZIP 2006, 340, dazu EWiR 2006, 245 (*Beck*).
104 Umfassend *Jaeger/Henckel* § 35 Rn 42 ff; MK/*Peters* § 35 Rn 339 ff; *Uhlenbruck/Hirte* § 35 Rn 248 ff; *K/P/B/Holzer* § 35 Rn 95 ff.
105 *Jaeger/Henckel* § 35 Rn 39 ff, 75 ff; MK/*Peters* § 35 Rn 409 ff; *Uhlenbruck/Hirte* § 35 Rn 207 ff; *Hess* §§ 35, 36 Rn 893 ff; *N/R/Andres* § 35 Rn 55 ff.
106 *Jaeger/Henckel* § 36 Rn 14; MK/*Peters* § 36 Rn 47.
107 *Jaeger/Henckel* § 36 Rn 24.
108 Eingehend *Stöber* FordgPfdg, Rn 191 ff; *Keller/Steder* HdB ZwV, Rn 3.79 ff; *Lange* ZVI 2012, 403.
109 *BGH* ZIP 2014, 86.
110 *BGH* ZIP 2014, 86; *LAG Berlin-Brandenburg* NZI 2014, 463.
111 *Jaeger/Henckel* § 36 Rn 41 ff.

50 **Wohnungsrecht:** Für das Wohnungsrecht nach § 1093 BGB als Sonderfall der beschränkten persönlichen Dienstbarkeit gilt § 1092 Abs 1 S 2 BGB (s Rn 32). Es ist unter der Voraussetzung massezugehörig, dass als Inhalt des Rechts die Ausübung einem Dritten überlassen werden kann (nicht zu verwechseln mit § 1093 Abs 2 BGB).[112] Eine Ausübungsüberlassung ist im Zweifel anzunehmen beim Wohnungsrecht zu Gunsten einer juristischen Person.[113]

V. Arbeitseinkommen und gleichgestellte Bezüge (Abs 1 S 2)

51 **1. Verweisung auf §§ 850 ff ZPO.** Dass das laufende Arbeitseinkommen des Schu während des InsVerf zur InsMasse gehört, ergibt sich bereits aus § 35; dass es nur in Höhe des nach § 850c ZPO pfändbaren Betrages massezugehörig ist, ergibt sich aus der allg Verweisung in Abs 1 S 1. Die durch das InsOÄndG zum 1.12.2001 erfolgte Verweisung auf Einzelvorschriften der §§ 850 ff ZPO sowie die Zuständigkeitsregelung des Abs 4 waren notwendig, weil Streit über die Anwendung dieser Vorschriften, insb des § 850f Abs 1 ZPO zu Gunsten des Schu bestand.[114] Die Anwendung insb des § 850f Abs 1 lit a) ZPO hat nach der Neuregelung der Pfändungsfreigrenzen mit der Dynamisierung durch § 850c Abs 2a ZPO[115] weitgehend an Bedeutung verloren. Bedeutsam sind zu Gunsten des Schu weiterhin § 850f Abs 1 lit b und c ZPO sowie zu Gunsten der InsMasse die §§ 850c Abs 4, 850e Nr 2 und 2a sowie § 850h Abs 2 ZPO.

52 **2. Einzelfragen zu Arbeitseinkommen und gleichgestellten Bezügen. – a) Der Begriff des Arbeitseinkommens.** Der Begriff des Arbeitseinkommens ist zum Schutz des Schu nach § 850 ZPO weit auszulegen. Im Einzelnen zählen zum Arbeitseinkommen nach § 850 Abs 2 ZPO Beamtenbezüge nach den Bundesbesoldungs- und -versorgungsgesetzen des Bundes und der Länder; gleichgestellt sind Bezüge der Richter, Zeit- oder Berufssoldaten, für sie gelten die beamtenrechtlichen Besoldungsregeln entspr (§ 1 Abs 1 Nr 2, 3 BBesG, § 30 SoldG). Arbeitseinkommen sind sämtliche Arbeits- und Dienstbezüge, die auf vertraglicher Grdl beruhen (§§ 611, 612 BGB), Gehälter und Löhne der Angestellten und Arbeiter, aber auch Bezüge von Vorständen von Aktiengesellschaften oder Geschäftsführern einer GmbH. Es ist unerheblich, ob es sich um Voll- oder Teilzeitbeschäftigung handelt. Auch das Gehalt aus Teilzeitbeschäftigung unterliegt dem vollen Schutz der §§ 850 ff ZPO. Zu Arbeitseinkommen zählt auch Lohnfortzahlung im Krankheitsfall nach § 616 BGB (vgl EntgeltFortzahlungsG v 24.5.1994, BGBl I, 1014; Art 56, 68 Abs 1 PflegeVG). Streik- und Unterstützungsgelder der Gewerkschaften sind kein Arbeitseinkommen des Arbeitgebers, sie haben aber Lohnersatzcharakter und fallen deshalb unter § 850 ZPO.[116] Arbeitseinkommen kann auch an § 2 Abs 1 EStG oder § 14 Abs 1 SGB IV festgemacht werden: Danach gehören auch Abfindungen,[117] Gratifikationen, Tantiemen und andere Bezüge und Vorteile, die für eine Beschäftigung gewährt werden, zu § 850 ZPO.

53 Einkünfte aus Nebentätigkeit, zB Tantiemen und Honorare aus nebenbei ausgeübten künstlerischen Auftritten oder veröffentlichten Publikationen, unterliegen keinem Pfändungsschutz und sind voll massezugehörig.

---

112 *OLG München* ZIP 2010, 2520.

113 *BGHZ* 130, 314; *Zöller/Stöber* § 857 Rn 12; *Palandt/Bassenge* § 1093 Rn 12.

114 Eingehend MK/*Peters* § 36 Rn 41; *Hess* §§ 35, 36 Rn 417 ff; *K/P/B/Holzer* § 36 Rn 28a ff; *Grote* ZInsO 2000, 490; *Keller* NZI 2001, 449.

115 *BGHZ* 166, 48 = NJW 2006, 777; *Zöller/Stöber* § 850c Rn 10a.

116 *Stein/Jonas/Brehm* § 850 Rn 51; *Stöbe* FordgPfdg, Rn 883.

117 *AG Kleve* ZVI 2003, 368; *Uhlenbruck/Hirte* § 36 Rn 20; *N/R/Andres* § 35 Rn 40; *Stöber* FordgPfdg, Rn 884.

Zu § 850 ZPO gehören auch Hinterbliebenenbezüge, Witwen- und Waisengelder, die vom Arbeitgeber gezahlt werden, und Ruhegehälter, die vom Arbeitgeber im Rahmen einer betrieblichen Altersversorgung gezahlt werden; die gesetzliche Rente der Sozialversicherungsträger ist als Sozialleistung pfändbar. Bezieht der Schu andere Leistungen vom Arbeitgeber oder einer privatrechtlichen Versicherung in Folge Ausscheidens aus dem Arbeitsverhältnis, können solche Leistungen nach § 850 Abs 3 ZPO geschützt sein.[118] Es sind dies bspw Bezüge des abhängigen Handelsvertreters aus §§ 89a, 90a HGB oder die Karenzentschädigung des ausgeschiedenen Geschäftsführers einer GmbH. 54

Zum Einkommen des Schu gehört auch, was er in Sach- oder Dienstleistungen als Entgelt für seine Arbeitsleistung erhält. Sie sind nach § 850e Nr 3 ZPO in Geldwert umzurechnen. Das gilt bspw für tarifliche Sachbezüge von Arbeitnehmern bestimmter Branchen, aber auch für das privat nutzbaren Kfz.[119] Wehrsold des freiwillig Dienenden in der Bundeswehr ist Arbeitseinkommen iSd § 850 Abs 2 ZPO.[120] Freie Unterkunft und Verpflegung sind als Sachleistungen hinzuzurechnen.[121] 55

Vermögenswirksame Leistungen sind nach § 2 Abs 7 des 5. VermBG sind die vom Arbeitgeber gezahlten Anteile der vermögenswirksamen Leistung zwar Teile des Arbeitseinkommens. Der vom Arbeitgeber zu zahlende Anteil an den Schu ist aber unpfändbar (§§ 2 Abs 7 S 2, 10 VermBG), gleiches gilt für die Eigenleistung des Schu aus seinem Einkommen. Die Arbeitnehmersparzulage des Fiskus nach § 13 VermBG ist nach § 13 Abs 3 S 2 des 5. VermBG, § 851 Abs 1 ZPO nicht übertragbar und daher auch nicht pfändbar. Pfändbar und damit massezugehörig ist die vermögenswirksame Anlage, die der Schu aus den verschiedenen Leistungen bildet. 56

b) Unpfändbare Einkommensbestandteile nach § 850a ZPO. Die in § 850a Nr 1–8 ZPO genannten Ansprüche sind wegen ihrer sozialen Bedeutung oder als zweckgebundene Gelder unpfändbar.[122] Zu nennen ist insb die Mehrarbeitsvergütung nach Nr 1. Dies soll auch gelten, wenn der Schu zur Aufbesserung der Rente eine selbstständige Tätigkeit ausübt.[123] Nr 3 betrifft insb Nacht- und Feiertagszuschläge oder Wechselschichtzulagen.[124] Aufwandsentschädigungen nach Nr 3 müssen den tatsächl Aufwand des Schu abgelten und dürfen nicht Teil seiner Vergütung sein; Entschädigungen für Zeitversäumnisse fallen nicht unter Nr 3.[125] 57

c) Bedingt pfändbare Leistungen des § 850b ZPO. Die in § 850b ZPO bestimmten Bezüge sind nicht Arbeitseinkommen. Sie sind grundsätzlich unpfändbar und nicht massezugehörig. Unter den Voraussetzungen des § 850b Abs 2 ZPO können sie mit Billigkeitsprüfung der Pfändung wie Arbeitseinkommen unterworfen werden.[126] Aus dieser sog bedingten Pfänd- 58

118 Zum InsVerw als Rechtsnachfolger iSd § 727 ZPO *BAG* ZIP 2014, 1938 = NJW 2015, 107.

119 Für Anwendung der Berechnungen des EStR *LAG Hamm* KKZ 1991, 236; *LAG Hessen* NZI 2009, 526; zu weitgehend nach *Stöber* FordgPfdg, Rn 1168a.

120 Eingehend *Stöber* FordgPfdg, Rn 904 ff und 1171.

121 Zur Berechnung Erlass des Bundesminister der Verteidigung v 11.1.2006, VMBl 2006, 13, zuletzt geändert durch Erlass v 28.1.2009, VMBl 2009, 41; dazu *Zöller/Stöber* § 850e Rn 27; regelmäßig wird sich wegen der Pfändungsfreigrenzen des § 850c ZPO kein oder nur ein geringer pfändbarer Betrag ergeben.

122 Zur Berechnung *BAG* NZA 2013, 859; *Keller/Schrandt* HdB ZwV, Rn 3.559; *Zöller/Stöber* § 850e Rn 1a; *Schuschke/Walker/Kessal-Wulf* § 850e Rn 2.

123 *BGH* ZIP 2014, 1589 = NZI 2014, 773; *AG Heidelberg* ZVI 2015, 56.

124 *LG Kaiserslautern* 4.3.2016 – 4 T 31/16; *LG Trier* 12.5.2016 – 5 T 33/16.

125 *BGH* 6.4.2017 – IX ZB 40/16.

126 *BGHZ* 70, 206 = NJW 1978, 950; *Stein/Jonas/Brehm* § 850b Rn 4 ff; *Schuschke/Walker/Kessal-Wulf* § 850b Rn 3 ff; *Zöller/Stöber* § 850b Rn 15 ff; *Musielak/Becker* § 850b Rn 9 ff; *Stöber* FordgPfdg, Rn 1005 ff.

barkeit wurde früher allgemein angenommen, dass § 850b ZPO im InsVerf keine Anwendung finde, die genannten Bezüge also nicht zur Masse gezogen werden können.[127] Der BGH[128] bejaht eine Anwendung des § 850b ZPO schon aus Abs 1 S 1 des § 36. Auch hat er keine Bedenken gegen eine Billigkeitsprüfung durch das InsGer. Als Tatbestände entspr § 850b Abs 2 sind zu berücksichtigen die Höhe des betr Anspruchs, das Verhalten des Schu gegenüber seinen Gl vor der Ins, das Interesse des Schu am Bezug der bedingt pfändbaren Leistung (Versicherungsleistungen) und schließlich das Gesamtinteresse der Gl an bestmöglicher Befriedigung (Erhöhung der Quote). Die bedingt pfändbaren Bezüge können damit entspr § 850b Abs 2 ZPO durch das InsGer als massezugehörig erklärt werden. Sie sind dann wie Arbeitseinkommen im Umfang des § 850c ZPO zur Masse zu ziehen.

59 Als Bezüge nach § 850b Abs 1 ZPO sind zu nennen:[129]

Nr 1: Erwerbsunfähigkeits- oder Invaliditätsrenten, die vom Arbeitgeber oder einer privaten Versicherung, nicht aber der gesetzlichen Sozialversicherung gezahlt werden. Wesentlich ist, dass die Rente auf Grund der Verletzung der Gesundheit des Arbeitnehmers gezahlt wird, zB nach § 843 BGB, § 8 HaftPflG, § 13 StrVG, die Höhe der Versicherungsleistung kann auch vertraglich geregelt sein.[130]

Nr 2: Unterhaltsrenten seitens einer Privatperson auf Grund eines gesetzlichen Unterhaltsanspruchs; bei Ehegatten und deren Unterhaltsverpflichtungen nach §§ 1360, 1361 BGB soll auch das an einen nicht erwerbstätigen Ehegatten angeblich gezahlte Taschengeld als Teil der Unterhaltsleistung unter diese Vorschrift fallen.[131] Als Höhe des angeblich pfändbaren Taschengeldanspruchs werden etwa 5–7 % des Nettoeinkommens des verpflichteten Ehegatten angenommen. Pfändbar sollen 7/10 des Taschengeldbetrages sein (arg ex § 850c Abs 2 ZPO).[132] Die Billigkeitsgründe sind sehr eng anzunehmen.[133]

Nr 3: Einkünfte aus Stiftungen oder auf Grund eines Altenteils.

Nr 4: Sonstige Versicherungen oder Rentenleistungen zum Zweck der Unterstützung von Witwen und Waisen; aus Lebensversicherungen, aber nur, wenn sie auf den Todesfalls des Versicherungsnehmers abgeschlossen sind und nur bis zum Betrag von 3 579 EUR (sog Kleinlebensversicherungen).[134]

---

127 *OLG Hamm* ZInsO 2006, 878; *OLG Köln* NZI 2004, 36; *LG Hildesheim* ZInsO 2009, 1961; *Jaeger/Henckel* § 36 Rn 19; MK/*Peters* § 35 Rn 435; *Uhlenbruck/Hirte* § 36 Rn 9; FK/*Schumacher* § 36 Rn 20; *N/R/Andres* § 36 Rn 38; HambKomm/*Lüdtke* § 36 Rn 14; *K/P/B/Holzer* § 35 Rn 77; für § 850b Abs 1 Nr 4 ZPO ebenso noch *BGH* ZInsO 2009, 915.

128 *BGH* ZIP 2010, 293 = NZI 2010, 141; bestätigt durch *BGH* NZI 2010, 777.

129 *Stein/Jonas/Brehm* § 850b Rn 7 ff; *Zöller/Stöber* § 850b Rn 2 ff; *Keller/Schrandt*, HdB ZwV, Rn 3.528 ff.

130 *BGHZ* 31, 210; 70, 206; *Zöller/Stöber* § 850b Rn 2.

131 *BGH* Rpfleger 2004, 503; *Zöller/Stöber* § 850b Rn 18; *Schuschke/Walker/Kessal-Wulf* § 850b Rn 11; *Stöber* FordgPfdg, Rn 1031i; *Hess* §§ 35, 36 Rn 513 ff; zu allg *Uhlenbruck/Hirte* § 36 Rn 34.

132 *OLG Frankfurt* FamRZ 1991, 727; *OLG Nürnberg* Rpfleger 1998, 294; *Zöller/Stöber* § 850b Rn 21; *Stöber* FordgPfdg, Rn 1031h.

133 *OLG Nürnberg* Rpfleger 1998, 294; *Stöber* FordgPfdg, Rn 1031g; *Keller/Steder* HdB ZwV, Rn 3.158 ff.

134 Zur umstr Frage der Zusammenrechnung mehrerer Versicherungen oder bei Übersteigen der Versicherungssumme *BGH* Rpfleger 2008, 267 (Auslegung der Norm iSv „soweit"); für volle Pfändbarkeit dagegen *AG Fürth* VersR 1982, 59; *LG Bochum* KKZ 2006, 128; für Pfändbarkeit des Mehrbetrages *OLG Bamberg* JurBüro 1985, 1739; MK-ZPO/*Smid* § 850b Rn 14; *Stein/Jonas/Brehm* § 850b Rn 21; *Musielak/Becker* § 850b Rn 8; *Schuschke/Walker* § 850b Rn 17; eingehend *Stöber* FordgPfdg, Rn 1021.

d) Die Anwendung des § 850c ZPO. Das Arbeitseinkommen ist nach § 850e Nr 1 ZPO zu berechnen (Ermittlung Netto-Einkommen, ggf auch private Krankenversicherung zu berücksichtigen). Aus dem danach ermittelten Einkommen ist der nach § 850c ZPO (Tabelle zu Abs 3) pfändbare Teil vom InsVerw einzuziehen, nur hierüber ist er verfügungsberechtigt. Zieht der InsVerw einen darüber hinausgehenden Teil des Arbeitseinkommens ein, hat er ihn an den Schu herauszugeben.[135] Unpfändbare Beträge des Arbeitseinkommens sollen nach Ansicht des BGH wieder massezugehörig sein, wenn der Schu sie während des weiteren Verfahrens nicht verbraucht und anspart.[136] Der BGH argumentiert fragwürdig, wenn er vorträgt, die neuerliche Geldanlage sei nicht mehr der unpfändbare Teil des Arbeitseinkommens und als Neuerwerb daher massezugehörig. Er verweist auch auf § 850k Abs 1 S 3 ZPO, wonach die Übertragung eines unpfändbaren Betrages des Kontos nur für den Folgemonat gilt (dazu Rn 91). Hier wie dort besteht die Gefahr, dass der Schu rechtzeitig vor Ablauf des jeweiligen Folgemonats sein unpfändbares und massefreies Guthaben vom Konto nimmt und als Bargeld verbraucht oder es vor dem InsVerw versteckt. Es ist zu bezweifeln, ob das der BGH wirklich wollte.[137] Es zeigt sich auch hier, dass das eigentliche Übel in der Massezugehörigkeit des Neuerwerbs durch § 35 liegt. Wäre dieser nicht gegeben, wäre iÜ die gesamte Problematik des § 36 Abs 1 S 2 nicht gegeben. 60

Die Berechnung des pfändbaren Teils nimmt unter Berücksichtigung der Höhe des Einkommens und der Zahl der gesetzlichen Unterhaltsberechtigten der Arbeitgeber vor.[138] Streit hierüber ist im ordentlichen Klageweg zu klären, eine einvernehmliche Klärung ist möglich. 61

Arbeitet der Schu im Ausland, ist der pfändbare Teil nach § 850c ZPO zu berechnen.[139] Über die Zugehörigkeit des im Ausland erzielten Einkommens zur Insolvenzmasse entscheidet bei Streit zwischen Verw und Schu das Prozessgericht, ein Fall des Abs 4 liegt nicht vor.[140] Über § 850f Abs 1 ZPO kann im Einzelfall ein höherer pfandfreier Betrag gewährt werden.[141] 62

Oft bezieht ein Unterhaltsberechtigter eigenes Einkommen. Nach § 850c Abs 4 ZPO kann angeordnet werden, dass er dann bei der Berechnung des unpfändbaren Teils des Einkommens ganz oder tw unberücksichtigt bleibt. Zuständig ist das InsGer nach Abs 4. Eigenes Einkommen iSd § 850c Abs 4 ZPO ist selbstständiges Arbeitseinkommen, Ausbildungsvergütung,[142] Rentenzahlungen, Mieteinnahmen, pfändbare Sozialleistungen. Unterhaltsleistungen Dritter,[143] die ein dem Schu gegenüber Unterhaltsberechtigter von einem anderen Verpflichteten erhält, können ebenfalls als Einkommen iSd § 850c Abs 4 ZPO anzusehen sein.[144] 63

---

135 Sie sind auch nicht Bestandteil der InsMasse iSd § 1 InsVV, *BGH* ZInsO 2007, 766.
136 *BGH* ZIP 2013, 2112 = NZI 2013, 968 mit Anm *Ganter*.
137 So iE auch *Ganter* in Anm zu *BGH* NZI 2013, 968.
138 Zur Berücks des Ehegatten bei Getrenntleben *BAG* NJW 2013, 3532 = NZI 2013, 991; unzutreffend bzgl Berücksichtigung nichtehelicher Partner *LG Braunschweig* 13.12.2016 – 6 T 691/16.
139 *BGH* 20.7.2017 – IX ZB 63/16; *LG Traunstein* ZInsO 2009, 1026; aM (Ort der Arbeitstätigkeit) *AG Passau* v 15.1.2009 – 15 C 1980/08, nv.
140 *BGH* Rpfleger 2012, 646; zu Ruhegehalt *BGH* ZIP 2013, 374; zu Renten *BGH* ZIP 2014, 2194; zur Beschwerde des dt Rentenversicherungsträgers bei Zusammenrechnung *BGH* ZVI 2014, 64.
141 *LG Hamburg* 25.7.2016 – 326 T 36/15.
142 Krit *LG Saarbrücken* JurBüro 1988, 671; *OLG Oldenburg* JurBüro 1995, 48.
143 *BGH* 16.4.2015 – IX ZB 41/14; *Stöber* FordgPfdg, Rn 1060 ff.
144 *BGH* ZIP 2015, 1409 = NZI 2015, 561.

64 In welchem Umfang das Einkommen des Unterhaltsberechtigten berücksichtigt werden soll, sagt § 850c Abs 4 ZPO nicht, es soll nach billigem Ermessen der Einzelfall entscheidend sein.[145] Maßgebend ist, inwieweit der Unterhaltsberechtigte mit eigenen Einkünften noch der Unterstützung durch den Schu bedarf. Damit kann sowohl die völlige Nichtberücksichtigung bei hohem eigenem Einkommen als auch eine nur tw Berücksichtigung angeordnet werden. Anerkannt ist als Richtschnur für die gänzliche Nichtberücksichtigung der Grundfreibetrag des § 850c Abs 1 S 1 ZPO. Dies gilt dann, wenn der Unterhaltsberechtigte im eigenen Haushalt lebt.[146] Man kann auch von den Grundsätzen nach SGB XII (Sozialhilfebedarf) um 30–50 % erhöht ausgehen.[147] Dies gilt, wenn der Angehörige mit dem Schu in einem Hausstand lebt und so in gewisser Weise Lebenshaltungskosten – insb Miete – unberücksichtigt bleiben können. Dem Unterhaltsberechtigten in Ausbildung sollte ein angemessener Betrag als nicht anrechenbarer Mehrbedarf zugebilligt werden (denkbar sind 50–75 EUR).

65 **e) Zusammenrechnung mehrerer Arbeitseinkommens nach § 850e Nr 2 ZPO.** Bezieht der Schu von mehreren Arbeitgebern Arbeitseinkommen, sind die Rechtsverhältnisse getrennt zu betrachten. Grds müsste bei jedem Einkommen § 850c ZPO voll berücksichtigt werden. Gerade in der Ins ist das nicht sinnvoll. Die verschiedenen Einkommen sind daher zusammenzurechnen (§ 850e Nr 2 ZPO). Damit wird dem Schu nur der einmalig notwendige Pfändungsschutz gewährt. Bezieht der Schu neben Einkommen auch Sozialleistungen, können diese auf Antrag zusammengerechnet werden, soweit die Sozialleistungen nach § 54 Abs 1 SGB I der Pfändung unterliegen (§ 850e Nr 2a ZPO).[148] Der unpfändbare Grundbetrag (§ 850c Abs 1 ZPO) ist in erster Linie der Sozialleistung zu entnehmen.[149]

66 Die Anordnung der Zusammenrechnung erfolgt durch das InsGer. In dem Beschl hat das InsGer anzugeben, welches Einkommen das Haupteinkommen darstellt, dem der pfändungsfreie Grundbetrag nach § 850c Abs 1 ZPO zuzurechnen ist. Die Berechnung haben die Arbeitgeber selbstständig unter gegenseitiger Verständigung vorzunehmen.[150]

67 **f) Anwendung des § 850f Abs 1 ZPO.** In Einzelfällen kann die Anwendung der Tabelle des § 850c ZPO zu unangemessenen Härten für den Schu führen. Über § 850f Abs 1 ZPO kann individueller Pfändungsschutz für den Schu gewährt werden.[151] Fälle des § 850f Abs 1 ZPO sind,

- dass bei Anwendung der Pfändungsfreigrenzen der notwendige Lebensunterhalt iSd SGB XII für ihn und für die Personen, denen er Unterhalt zu gewähren hat, nicht gedeckt ist (§ 850f Abs 1 lit a ZPO),
- dass besondere Bedürfnisse des Schu aus persönlichen oder beruflichen Gründen einen höheren pfändungsfreien Betrag erfordern (§ 850f Abs 1 lit b ZPO) oder

---

145 *BGH* Rpfleger 2005, 201; *Zöller/Stöber* § 850c Rn 1062 ff; *Keller/Steder* HdB ZwV, Rn 3.700 ff.

146 *BGH* Rpfleger 2006, 142.

147 *BGH* Rpfleger 2005, 371; *LG Ellwangen* Rpfleger 2006, 88.

148 Zu SGB II bei Bedarfsgemeinschaft *BGH* Rpfleger 2013, 219; zur Zusammenrechnung in- und ausländischer Rentenbezüge *BGH* 21.11.2013 – IX ZB 22/12; *BGH* 18.9.2014 – IX ZB 68/13; zu Kurzarbeitergeld *LAG Hamm* ZIP 2007, 348, dazu EWiR 2007, 337 (*Keller*); etw abw *Hess* §§ 35, 36 Rn 1309; unzutreffend bzgl Wohngeld *Uhlenbruck/Hirte* § 36 Rn 23 (Einfügung Nr 2a in § 54 Abs 3 SGB I nicht beachtet).

149 Bspw Erwerbsunfähigkeitsrente und geringfügige Beschäftigung, *AG Heidelberg* 25.9.2014 – 55 IK 187/14.

150 *Zöller/Stöber* § 850e Rn 5; *Stöber* FordgPfdg, Rn 1141.

151 *OLG Frankfurt* NZI 2000, 531; *LG Wuppertal* NZI 2000, 327; *LG Offenburg* NZI 2000, 277; *AG Aachen* NZI 2000, 554; *Jaeger/Henckel* § 36 Rn 15 mwN; MK/*Peters* § 36 Rn 41; *Uhlenbruck/Hirte* § 36 Rn 42; *Hess* §§ 35, 36 Rn 700 ff.

– dass der besondere Umfang der gesetzlichen Unterhaltspflichten des Schu, insb die Zahl der Unterhaltsberechtigten, eine Anhebung des pfändungsfreien Betrages erfordern (§ 850f Abs 1 lit c ZPO). Ebenso wie bei § 850c ZPO sind nur gesetzliche Unterhaltspflichten zu berücksichtigen.[152]

Im Einzelfall kann der Schu wegen besonderer Belastungen zB wegen besonderer Pflegebedürftigkeit an den Rande des Existenzminimums geraten. Dies soll § 850f Abs 1 lit a ZPO verhindern.[153] Es handelt sich dabei um eine Ausnahmevorschrift, die schon wegen des allgemein geltenden Systems der Pfändung des Arbeitseinkommens nach § 850c ZPO und der Dynamisierung durch § 850c Abs 2a ZPO kaum Anwendung finden sollte. **68**

Bei § 850f Abs 1 lit b oder c ZPO können berufliche und persönliche Gründe oder der besondere Umfang der gesetzlichen Unterhaltspflichten, zB bei mehr als vier minderjährigen Kindern vorgebracht werden.[154] Die Unpfändbarkeit von Erstattungsbeträgen der Beihilfe und einer privaten Krankenversicherung soll auch über § 850f Abs 1 lit b ZPO zu regeln sein.[155] Besondere Bedürfnisse des Schu aus beruflichen Gründen können besonders hohe Fahrtkosten zur Arbeitsstätte sein.[156] Besonderer persönlicher Grund, der eine Anhebung des unpfändbaren Betrages rechtfertigt, ist insb die Zahl der Unterhaltsverpflichtungen des Schu, da die Tabelle zu § 850c Abs 3 ZPO höchstens fünf Unterhaltsverpflichtungen berücksichtigt. **69**

§ 850f Abs 2 oder 3 ZPO ist zu Gunsten der InsMasse ebenso wie § 850d ZPO nicht anwendbar. **70**

g) Anwendung des § 850g ZPO. Die Verweisung auf § 850g ZPO in Abs 1 S 2 ist ohne praktische Bedeutung. Ändern sich beim Schu die Voraussetzungen der Bemessung des pfändbaren Einkommens, berücksichtigt das der Arbeitgeber mit § 850c ZPO selbstständig. Änderungen bei Unterhaltsverpflichtungen kann er ohne weiteres mit der Tabelle zu § 850c Abs 3 ZPO berücksichtigen. § 850g ZPO findet Anw bei Pfändung des Arbeitseinkommens durch einen UnterhaltsGl (§ 850d ZPO), weil hier im Pfändungsbeschluss die Berechnung des Einkommens und Berücksichtigung von Unterhaltsberechtigten konkret angegeben ist und der DrittSchu hiervon nicht abweichen darf.[157] **71**

h) Lohnverschiebung und Lohnverschleierung nach § 850h ZPO. Lohnverschiebung nach § 850h Abs 1 ZPO liegt vor, wenn das Arbeitseinkommen statt an den Schu an einen Dritten gezahlt werden soll, um es dem GlZugriff zu entziehen.[158] Lohnverschiebung muss keine Benachteiligungsabsicht des Schu beinhalten, sie kann auch der Erfüllung bestehender Unterhaltsverpflichtungen dienen.[159] Ob tatsächlich Lohnverschiebung vorliegt, ist im streitigen Verfahren gegen den Dritten zu klären (Einziehungserkenntnisverfahren).[160] Das VollstrG bei der Einzelvollstr oder das InsGer bei der Insolvenz trifft hierzu keine Entscheidung. § 850h Abs 1 ZPO fingiert das an den Dritten gezahlte Einkommen als zum SchuVer- **72**

---

152 *LG Münster* 31.1.2017 – 5 T 30/17.
153 Einschränkend für Gesundheitskosten *BGH* NJW 2009, 3213.
154 Unzutr die Berücksichtigung einer Bedarfsgemeinschaft durch *LG Essen* ZVI 2015, 155.
155 *LG Köln* 15.5.2013 – 23 S 29/12; *AG Montabaur* 25.4.2013 – 14 IK 20/13.
156 *OLG Köln* FamRZ 1989, 996, *LG Hamburg* Rpfleger 1991, 515.
157 *Zöller/Stöber* § 850g Rn 2.
158 *BAG* ZIP 1996, 1567; *Stein/Jonas/Brehm* § 850h Rn 2 ff; *Schuschke/Walker/Kessal-Wulf* § 850h Rn 2 ff; *Zöller/Stöber* § 850h Rn 2 ff; *Stöber* FordgPfdg, Rn 1210 ff.
159 *BGH* WM 1968, 1254.
160 *Zöller/Stöber* § 850h Rn 10; *Stöber* FordgPfdg, Rn 1217.

mögen gehörig.[161] Macht der InsVerw § 850h Abs 1 ZPO geltend, kann der Dritte mit Klage auf Herausgabe wegen eines Aussonderungsrechts nach § 47 vorgehen, wenn er der Ansicht ist, es liege keine Lohnverschiebung vor. Ein der Lohnverschleierung ähnlicher Fall liegt vor, wenn der Schu sein Arbeitseinkommen auf das Konto eines Angehörigen, insb des Ehegatten, zahlen lässt. Pfändbar und massezugehörig ist dann der Anspruch auf Herausgabe des Geldbetrages aus dem Auftragsverhältnis; Pfändungsschutz besteht weder nach § 850c ZPO noch nach § 850k ZPO, der Zugriff auf den Herausgabeanspruch stellt auch keine sittenwidrige Schädigung iSd § 826 BGB dar.[162]

73 Lohnverschleierung nach § 850h Abs 2 ZPO kann vorliegen, wenn das Einkommen des Schu unverhältnismäßig gering ist. Im Verhältnis zum InsVerw gilt dann die übliche Vergütung als geschuldet.[163] Wie bei § 850h Abs 1 ZPO handelt es sich um eine materiellrechtliche Vorschrift im Rechtsverhältnis zwischen Gl/InsVerw und Drittschuldner.[164] Der InsVerw kann auch mit dem Schu vereinbaren, dass dieser einen pfändbaren Betrag abführt.[165] Das VollstrGer oder InsGer trifft keine Entscheidung. Bei der Prüfung, ob Lohnverschleierung vorliegt, sind alle Umstände, insb die Art der Arbeitsleistung oder ein Verwandtschaftsverhältnis zwischen ArbG und Schu zu berücksichtigen. Ein typischer Fall der Lohnverschleierung ist beispielsweise die unverhältnismäßig gering entlohnte Tätigkeit des Geschäftsführers einer GmbH, bei welcher Familienangehörige Gesellschafter sind.[166] Der BGH stuft auch die Wahl einer ungünstigen Steuerklasse durch den Schu als Fall der Lohnverschleierung ein. Im Verhältnis zum InsVerw (Gl in der Zwangsvollstreckung) gilt dann die vor der Ins (Pfändung) gewählte Steuerklasse für den Lohnsteuerabzug als maßgebend.[167] IÜ ist der spätere Steuererstattungsanspruch massezugehörig.

74 Nicht jede Mitarbeit im Haushalt oder im Erwerbsgeschäft ist als ein Fall der Lohnverschleierung zu werten. Denn § 850h Abs 2 ZPO fordert für die Tätigkeit des Schu, dass sie „üblicherweise" vergütet wird. Die Haushaltsführung des nicht erwerbstätigen Ehegatten oder Lebensgefährten als verschleiertes Einkommen anzusehen, ist daher problematisch.[168] Haushaltstätigkeit ist vielmehr Ausfluss gemeinsamer Lebensführung.[169] Dies gilt grds auch für eine nichteheliche Lebensgemeinschaft, in welcher der Schu lebt.[170]

---

161 Nach *Jaeger/Henckel* § 36 Rn 16 gilt lediglich die materielle Haftungszuordnung des § 850h Abs 1 ZPO im InsVerf, dort auch zur Rechtsgeschichte.

162 *BVerfG* WM 2015, 1376.

163 *Stein/Jonas/Brehm* § 850h Rn 18 ff; *Schuschke/Walker/Kessal-Wulf* § 850h Rn 7 ff; *Zöller/Stöber* § 850h Rn 3 ff; grdl *Behr* JurBüro 1990, 1237.

164 *LAG Hessen* 30.6.2015 – 8 Sa 380/14.

165 *BAG* 16.5.2013 – 6 AZR 556/11.

166 *OLG Frankfurt* GmbHR 1994, 708, *OLG Düsseldorf* NJW-RR 1989, 390; *LG Berlin* Rpfleger 1995, 370; *LG Rottweil* DGVZ 1997, 170; *LG Aurich* JurBüro 1998, 553; *Musielak/Becker* § 850h Rn 15 mwN.

167 *BGH* Rpfleger 2006, 25 mit Anm *Walker*; BGH Rpfleger 2009, 412; *Schuschke/Walker/Kessal-Wulf* § 850h Rn 11; zu Recht sehr krit *Stöber* FordgPfdg, Rn 1134b.

168 So aber *LG Münster* Rpfleger 1994, 33; *LG Ellwangen* JurBüro 1997, 274, dazu auch *Zöller/Stöber* § 850h Rn 4, 4a.

169 *OLG Düsseldorf* FamRZ 1997, 1110; *OLG Köln* FamRZ 1997, 1113.

170 *Schuschke/Walker/Kessal-Wulf* § 850h Rn 8, 9; *Stöber* FordgPfdg, Rn 1222a; *Stöber* FS E Schneider, 1997, S 213 ff; *Keller/Schrandt* HdB ZwV, Rn 3.802; *Keller* Die eidesstattliche Versicherung nach §§ 807, 899 ZPO, 2. Aufl 2000, Rn 193d.

3. Pfändbare und unpfändbare Sozialleistungen. Die Pfändbarkeit von Sozialleistungen regeln grds §§ 54, 55 SGB I.[171] Im Umfang der Pfändbarkeit gehört die Sozialleistung des Schu zur InsMasse. **75**

Nach § 54 Abs 1 SGB I sind Dienst- und Sachleistungen ausnahmslos unpfändbar. Pfändbar sind nur Geldleistungen. Auch hier kann wegen der besonderen Zweckbindung eine Pfändbarkeit gänzlich ausscheiden (§ 54 Abs 3 SGB I) oder die Pfändbarkeit nur eingeschränkt gegeben sein; dies gilt insb für einmalige Geldleistungen (§ 54 Abs 2 SGB I).[172] Laufende Leistungen sind grds wie Arbeitseinkommen pfändbar. Es gilt: **76**

- Vollkommen unpfändbar sind die in § 54 Abs 3 Nr 1–3 SGB I genannten Leistungen.
- Einmalige Leistungen sind nach § 54 Abs 2 SGB I nur pfändbar, wenn ihre Pfändung der Billigkeit entspricht.
- Laufende Leistungen sind nach § 54 Abs 4 SGB I wie Arbeitseinkommen pfändbar.
- Der Kindergeldanspruch ist durch § 54 Abs 5 SGB I und wortgleich § 76 EStG nur von einem Kind selbst wegen seiner gesetzlichen Unterhaltsansprüche pfändbar. Kindergeld gehört niemals zur InsMasse.

Fallen unpfändbare Leistungen mit pfändbaren laufenden Geldleistungen zusammen, dürfen sie nicht der Pfändung unterworfen werden. Sie sind vor Berechnung des unpfändbaren Betrages der insgesamt gezahlten Sozialleistung aus dieser herauszunehmen und zählen nicht zum Einkommen nach § 850e Nr 1 ZPO. Fallen diese Leistungen mit Arbeitseinkommen zusammen, können sie nicht mit diesem nach § 850e Nr 2a ZPO zusammengerechnet werden. **77**

Laufende Sozialleistungen gehören wie Arbeitseinkommen zur InsMasse. Dies gilt insb für Altersrente, Erwerbsminderungsrente,[173] Renten der gesetzlichen Unfallversicherung[174] oder Übergangsgelder nach § 3 Berufskrankheits-VO.[175] ALG II ist nach § 42 Abs 4 S 1 SGB II ebenso wie Sozialhilfe nach § 17 SGB XII unpfändbar.[176] **78**

4. Einmalige Einkünfte des Schuldners und § 850i ZPO. Eine Anwendung des in der Einzelzwangsvollstreckung höchst selten anwendbaren § 850i ZPO auf einmalige Einkünfte aus Arbeitstätigkeit und auf sonstige Einkünfte[177] im InsVerf[178] setzt voraus, dass die selbstständige Tätigkeit des Schu nicht nach § 35 Abs 2 freigegeben ist sondern zur InsMasse gehört. Hat nämlich der InsVerw die Erklärung nach § 35 Abs 2 abgegeben, sind Umsätze und Neuerwerb aus selbstständiger Tätigkeit insolvenzfrei; der Schu hat einen Geldbetrag nach § 295 Abs 2 mit § 35 Abs 2 S 2 zu zahlen. Gehört die selbstständige Tätigkeit weiter zu InsVerf, einigen sich InsVerw und Schu regelmäßig auf einen Geldbetrag, den der Schu aus der InsMasse und seinen Umsätzen erhält. Ob dieser als Arbeitsentgelt für die Tätigkeit im eige- **79**

---

171 Eingehend *Stein/Jonas/Brehm* § 850i Rn 95 ff; *Schuschke/Walker* Anh § 829 Rn 21 ff; *Zöller/Stöber* § 850i Rn 6 ff; *Musielak/Becker* § 850i Rn 15 ff; *Stöber* FordgPfdg, Rn 1301 ff; zum InsBeschlag *BGH* KTS 1985, 98; *Jaeger/Henckel* § 36 Rn 60; MK/*Peters* § 36 Rn 57; *Uhlenbruck/Hirte* § 36 Rn 22; *Häsemeyer* Rn 9.13.

172 Allg *BGHZ* 92, 339 = NJW 1977, 1641 (Altersrente); *BGH* WM 2005, 181; *Stöber* FordgPfdg, Rn 1336 ff; MK/*Peters* § 36 Rn 57a.

173 Einschränkend *LSG Hessen* 3.8.2016 – L 5 R 123/16.

174 *BGH* 20.10.2016 – IX ZB 66/15.

175 *Sächs LSG* VuR 2015, 274.

176 Unpfändbarkeit von ALG II eingef d G v 26.7.2016 (BGBl I S 1824); überholt damit *BGH* NJW-RR 2011, 706; *BGH* KKZ 2013, 213.

177 Zu Einkünften aus Nießbrauch *BGH* ZIP 2014, 1542 = NZI 2014, 772.

178 Dazu *I Pape* FS Vallender, 2015, S 383; *Riedel* ZVI 2009, 439; *Ahrens* ZInsO 2010, 2357.

nen Unternehmen oder als Unterhalt nach § 100 InsO anzusehen ist,[179] ist nicht erheblich. § 850i ZPO ist erst und nur dann anwendbar, wenn zwischen Verwalter und Schu keine Einigung erzielt wird.

80 § 850i ZPO ist anwendbar, wenn der Schu als Selbstständiger oder freier Berufsträger (Anwalt, Arzt) kein regelmäßiges Einkommen bezieht. Einmalige Bezüge iSd § 850i ZPO können auch Abfindungen wegen Ausscheidens aus dem Arbeitsverhältnis (§ 112 BetrVG, § 122 InsO), Schadensersatz für entgangenen Lohn, oder Entlassungsgeld des Wehrpflichtigen sein.[180]

81 Dem Schu ist so viel zu belassen, als er aus der gepfändeten Forderung für einen angemessenen Zeitraum für seinen und seiner Familienangehörigen notwendigen Unterhalt benötigt. Dabei soll ihm aber nicht mehr belassen werden, als er erhalten würde, wenn das Einkommen als laufendes gepfändet würde (§ 850i Abs 1 S 3 ZPO). Die Höhe des unpfändbaren Betrages bestimmt das InsGer nach freiem Ermessen. Es hat die angemessene Lebensführung des Schu und seine Unterhaltsverpflichtungen zu berücksichtigen. Das InsGer hat einen weiten Ermessensspielraum und soll nicht kleinlich die wirtschaftlichen Verhältnisse des Schu berechnen.[181]

82 Es empfiehlt sich eine Anlehnung an § 850c ZPO:[182] Legt man die einmaligen Einkünfte des Schu für einen bestimmten Zeitraum, den der Schu anzugeben hat, als Arbeitseinkommen zugrunde, lässt sich hieraus der unpfändbare Betrag für diesen Zeitraum in Anlehnung an die Pfändungsfreigrenzen des § 850c ZPO errechnen.[183] Aus den Einkünften sind die Betriebsausgaben und öffentlichen Abgaben vorweg abzuziehen. Der Schu hat mithin darzutun, in welchem Umfang er für einen bestimmten Zeitraum aus den einmaligen Einkünften seinen Lebensunterhalt bestreitet. In der Einzelvollstreckung hat § 850i ZPO deshalb wenig Bedeutung, weil in den seltensten Fällen der Schu (insb Anwalt oder Arzt) nur von der konkret gepfändeten Honorarforderung für die nächsten Monate seinen Unterhalt bestreitet. In der Ins ist die Summe der Einkünfte des Schu zu betrachten.

5. Die Kontoverbindung des Schuldners. – a) Die Kontoführung während der Insolvenz.

83 Bei dem Girokonto des Schu im InsVerf ist zunächst festzustellen, dass der Girovertrag des Schu mit dem Geldinstitut durch InsEröffnung endet (s § 115 Rn 6, § 116 Rn 4). Dies gilt auch beim sog „P-Konto" (s Rn 88 ff).[184] Ein im Zeitpunkt der Eröffnung vorhandenes Guthaben ist Bestandteil der InsMasse. Eine Kontoführung des Schu während des InsVerf erfolgt häufig dergestalt, dass der Verwalter durch Erklärung an das Geldinstitut die „Freigabe" des Kontos erklärt. Er verzichtet damit auf InsBeschlag der künftigen Gutschriften, wenn davon auszugehen ist, dass dauerhaft nur unpfändbare Beträge (unpfändbarer Teil des Arbeitseinkommens oder Sozialleistungen) auf das Konto gutgeschrieben werden.[185] Diese Praxis entspricht inhaltlich § 850l ZPO.[186] Klarstellend soll auch das InsGer feststellen

179 Dazu *BGH* ZIP 2006, 1307 = NZI 2006, 595.

180 *AG Münster* 7.2.2017 – 73 IK 105/10; weitere Bsp bei *Musielak/Becker* § 850i Rn 4; *Stöber* FordgPfdg, Rn 1233.

181 *Stein/Jonas/Brehm* § 850i Rn 12; *Stöber* FordgPfdg, Rn 1239.

182 Eingehend mit Beispielsberechnung *Keller/Schrandt* HdB ZwV, Rn 3.853 ff.

183 *OLG Düsseldorf* Rpfleger 1979, 469; *LG Berlin* Rpfleger 1995, 170; *LG Essen* Rpfleger 1998, 297; zu eng *OLG Köln* KKZ 1990, 152, wonach dem Schu nur notwendiger Unterhalt ähnlich § 850d ZPO zu gewähren sei.

184 *Knees* ZInsO, 2011, 511; **aA** *LG Verden* ZIP 2013, 1954; *du Carrois* ZInsO 2010, 2276; aM *AG Nienburg* 24.1.2013 – 6 C 516/12; *Hess* §§ 35, 36 Rn 1555.

185 *OLG Hamm* 16.1.2017 – I-31 U 226/15.

186 MWv 1.1.2012 ist § 833a ZPO zu § 850l ZPO geworden; hierzu BT-Drucks 16/12714, 18.

können, dass gutgeschriebene Sozialleistungen dem Schu insolvenzfrei zur Vfg stehen.[187] Die Freigabe des Kontos bedeutet aber nicht gleichzeitig Freigabe der Forderungen gegen Dritte, die vielleicht auf das Konto gutgeschrieben werden. Sollten Forderungen der Ins-Masse auf das (freigegebene) Konto des Schu gutgeschrieben werden, ist dies letztlich ein Problem des DrittSchu in der Anwendung des § 82. Eine Haftung des InsVerw aus § 60 ist in diesem Fall denkbar, wenn der InsVerw bei der Freigabe hätte erkennen können, dass massezugehörige Gutschriften, die iÜ beim P-Konto den Freibetrag des Guthabens nach § 850k ZPO übersteigen, künftig dem Konto gutgeschrieben würden.

Der bes Kontenschutz des § 850k ZPO ist nur dann angezeigt, wenn der Schu selbst das Konto führt, der Verwalter dieses aber nicht freigegeben hat.[188] Dies mag selten der Fall sein: Denn die Kontoführung dient lediglich als Instrument des Zahlungsverkehrs. Der Verwalter sollte Forderungen des Schu, die zur Masse gehören und auf das Konto gutgeschrieben werden sollen, bereits vorher zur Masse ziehen, so dass auf das Konto des vom Schu selbst geführten Kontos nur Gutschriften aus Forderungen erfolgen dürften, die nicht zur InsMasse gehören. 84

b) Verfügungen im Lastschriftverfahren/Einziehungsermächtigungsverfahren. Hat der Schu vor der Ins einem Gl iRd Lastschriftverfahrens eine Einziehungsvermächtigung für sein Konto erteilt und hat dieser eine Belastungsbuchung vornehmen lassen, stellte sich die Frage, unter welchen Voraussetzungen der sog schwache vorl InsVerw/Treuhänder die Genehmigung dieser Buchung insb nach dem früheren § 7 Abs 3 AGB-Banken oder Nr 7 Abs 4 AGB-Spk verweigern konnte (eingehend § 24 Rn 5 ff).[189] In dem Streit über diese Rechtsfrage zwischen dem IX. und dem XI. Zivilsenat des BGH haben die Senate mit Urt v 20.7.2010[190] unter Beachtung der Einführung des sog SEPA-Lastschriftverfahrens[191] ihre unterschiedlichen Auffassungen einander angeglichen. 85

Beim „klassischen" Einziehungsermächtigungsverfahren geht für die Anwendung des § 36 der IX. Zivilsenat von einer Anwendung des § 850k ZPO (idF bis 1.7.2010) nach dem dieser Vorschrift „innewohnenden Rechtsgedanken" aus.[192] Danach sei das Kontoguthaben in der Höhe des unpfändbaren Betrages auch dann nicht der InsMasse zuzurechnen, wenn das Ins-Ger keine Entsch über eine Freigabe getroffen hat. Mit der Neuregelung des § 850k ZPO seit 1.7.2010 ist dies kraft Gesetzes so. Hat demnach der Schu im Wege des Einziehungsermächtigungsverfahrens über das unpfändbare Kontoguthaben verfügt, soll ein Widerruf derselben durch den vorl oder endgültigen InsVerw/Treuhänders untersagt sein. Die Entsch ist in Leitsatz und Begr aus Billigkeitserwägungen getroffen. Es soll vermieden werden, dass die Leistung von Miete oder Energiekosten im Wege des Lastschriftverfahrens widerrufen 86

187 *AG Friedberg* VuR 2014, 109; zu fehlerhaften Doppelbuchungen *AG Frankfurt/Oder* ZVI 2014, 149.

188 Zu verheimlichten Einkünften aus selbstständiger Tätigkeit *AG Braunschweig* NZI 2014, 659.

189 *BGHZ* 161, 49; *BGH* WM 2006, 2092; *BGHZ* 174, 84; *BGH* WM 2008, 1327; ZInsO 2009, 1102 mit Anm *Tetzlaff*; *OLG Koblenz* ZIP 2008, 1987; *OLG Köln* ZInsO 2009, 93; *OLG München* ZInsO 2009, 341; *OLG Hamburg* NZI 2009, 806; *OLG Stuttgart* NZI 2009, 803; eingehend MK/*Ott/Vuia* § 82 Rn 25a; HambKomm/*Kuleisa* § 82 Rn 24; HambKomm/*J-S Schröder* § 22 Rn 157; grdl *Fischer* FS Gerhardt, 2004, S 223; zum Widerruf beim debitorisch geführten Konto *BGH* ZIP 2009, 673 = NZI 2009, 307, dazu EWiR 2009, 481 (*Chr Keller*).

190 *BGHZ* 186, 242 = ZIP 2010, 1552 = NZI 2010, 731; *BGHZ* 186, 269 = ZIP 2010, 1556 = NZI 2010, 723; dazu *Jacoby* ZIP 2010, 1725; *Kuder* ZInsO 2010, 1665; *Stephan* VIA 201, 73; *Wagner* NZI 2010, 785.

191 Vgl auch Änderungen der §§ 676–676h BGB zu §§ 675b–676c BGB durch G v 29.7.2009 (BGBl I, 2355) mWv 1.10.2009; dazu *Obermüller/Kuder* ZIP 2010, 349.

192 *BGHZ* 186, 242 = ZIP 2010, 1552 = NZI 2010, 731, Begr Rn 16.

wird. Die Begr, das Konto habe auch ohne explizite Freigabe nach § 850k ZPO aF einen unpfändbaren Betrag widerspricht aber dem Charakter des Kontos als Kontokorrent, ferner werden die Wirkungen der (nicht erklärten) Freigabe nach § 850k ZPO aF über § 36 Abs 1 auf die Zeit vor InsEröffnung nach vorne verlagert, wenn die Widerrufsfrist nach AGB-Banken/Spk bei Anordnung vorl Verwalter nicht abgelaufen ist. § 36 Abs 1 mit § 850k ZPO wird damit rückwirkend angewendet.

87 Bei Anwendung des sog SEPA-Lastschriftverfahrens nach §§ 675j, 675x Abs 1, 2, 4 BGB ist nach Ansicht des XI. Zivilsenats des BGH die Zahlung insolvenzfest, da der Schu unmittelbar gegenüber seiner Bank der Belastung zustimmt.[193] Der Erstattungsanspruch des Zahlers gem § 675x Abs 1, 2, 4 BGB iVm Abschn C Nr 25 Abs 1 der Sonderbedingungen für den Lastschriftverkehr im SEPA-Basis-Lastschriftverfahren binnen acht Wochen ab Belastungsbuchung fällt entspr § 377 Abs 1 BGB nicht in die InsMasse.[194]

88 **c) Der besondere Kontenschutz nach § 850k ZPO.** Durch Gesetz zur Reform des Kontopfändungsschutzes v 10.7.2009 (BGBl I S 1707) wurde § 850k ZPO völlig umgestaltet,[195] flankierend erfolgten Neuregelungen durch § 850l ZPO (übergangsweise als § 833a ZPO) und § 55 SGB I (Kontenschutz bei Sozialleistungen). Die Regelungen gelten seit 1.7.2010.[196]

89 Grundvoraussetzung für den Pfändungsschutz ist, dass der Schu sein Girokonto als sog Pfändungsschutzkonto (P-Konto) gegenüber dem Geldinstitut deklariert hat (§ 850k Abs 7 ZPO).[197] Der Kunde kann dies sowohl bei Bestandskonten als auch bei Neuanlagen verlangen. Das Kreditinstitut ist zur Bestimmung als P-Konto verpflichtet.[198] Der Kunde hat auch Anspruch auf Rückumwandlung des P-Kontos in ein herkömmliches Konto.[199] Ergänzend hinzuweisen ist auf den Anspruch auf Einrichtung eines sog Basiskontos nach §§ 31 ff Zahlungskontengesetz (ZKG) v 11.4.2016 (BGBl I S 720) mWv 19.6.2016. Jede natürliche Person darf nur ein P-Konto führen und hat gegenüber dem Geldinstitut zu versichern, dass kein weiteres solches Konto besteht (§ 850k Abs 8 ZPO). Führt der Schu entgegen dieser Regelung mehrere P-Konten, bestimmt sich der Kontenschutz nach § 850k Abs 9 ZPO.

90 Ein Kontoguthaben in Höhe des Pfändungsfreibetrages des § 850c Abs 1 S 1 ZPO wird nicht von einer Pfändung erfasst („Basispfändungsschutz", „Sockelbetrag"). Aus diesem Betrag können Überweisungen, Lastschriften, Barabhebungen, Daueraufträge etc getätigt werden. Das Kreditinstitut muss dies ohne jeden Nachweis zulassen. Auf die Zusammensetzung des Guthabens, insb aus Arbeitseinkommen, kommt es nicht an. Jegliche Art von Einkünften, also auch die Einkünfte Selbstständiger und freiwillige Leistungen Dritter, werden geschützt. Die Gutschrift aus Korrektur einer versehentlichen Doppelbuchung ist aber nicht als Guthaben anzusehen.[200]

---

193 *BGHZ* 186, 269 = ZIP 2010, 1556 = NZI 2010, 723, Begr Rn 15.
194 *BGHZ* 186, 269 = ZIP 2010, 1556 = NZI 2010, 723.
195 Allg *Homann* ZVI 2010, 365 und 405; *Sudergat* ZVI 2010, 445; *Bitter* ZIP 2011, 149; *Günther* ZInsO 2013, 859; *Sudergat* ZVI 2013, 169.
196 Umfassend *Keller/Steder* HdB ZwV, Rn 3.880 ff.
197 Eingehend auch *Hess* §§ 35, 36 Rn 1558 ff.
198 Besondere Gebührenregelungen oder nachteilige AGB sind nicht zulässig, *BGHZ* 195, 298 = ZIP 2012, 2489; *BGH* ZInsO 2013, 264; *BGH* ZIP 2013, 1809, dazu EWiR 2013, 95 (*Metz*); dazu *Sudergat* ZVI 2013, 22; *Ahrens* NJW 2013, 975.
199 *BGH* ZIP 2015, 624.
200 *AG Frankfurt/Oder* 20.11.2013 – 3 IK 187/13.

Der Basisbetrag wird für jeweils einen Kalendermonat gewährt – unabhängig vom Zeitpunkt der Gutschrift.[201] Der Schu kann einen im einen Monat nicht ausgeschöpften Betrag auf den nächsten Monat übertragen (§ 850k Abs 1 S 2 ZPO). Der Übertrag ist aber nur für den folgenden Monat möglich, später ist das Guthaben von der Pfändung erfasst und damit massezugehörig.[202] Verfügungen des Schu im zweiten Monat sind zunächst dem diesem Monat zukommenden Basisbetrag zu entnehmen und nur an zweiter Stelle dem übertragenen Betrag des Vormonats, ein nicht verbrauchter Rest ist dann der Pfändung unterworfen bzw zur InsMasse gehörig. Der Schu wird daher bestrebt sein, jeweils zum Monatsende den Basisbetrag vollständig vom Konto zu nehmen. 91

Über den Sockelbetrag hinaus gilt die Pfändung kraft Gesetzes mit der Maßgabe ausgesprochen, dass die Beträge des § 850k Abs 2 ZPO von der Pfändung nicht erfasst sind („Aufstockungsbetrag"). Es sind dies: 92

1. Die weiteren unpfändbaren Grundbeträge des § 850c Abs 1 S 2 ZPO, wenn der Schu unterhaltsberechtigte Personen hat; der unpfändbare Mehrbetrag des § 850c Abs 2 ZPO ist hier nicht gemeint;
2. Sozialleistungen nach SGB II oder XII (Arbeitslosengeld II oder Sozialhilfe) für Personen innerhalb einer Bedarfsgemeinschaft;
3. Einmalige Geldleistungen nach § 54 Abs 2 SGB I und Leistungen nach § 54 Abs 3 Nr 3 SGB I;
4. Kindergeld.

Auch dieser Aufstockungsbetrag kann auf den Folgemonat übertragen werden. 93

Die Unpfändbarkeit des § 850k Abs 1 und 2 ZPO hat das Kreditinstitut selbstständig zu beachten, es bedarf keiner gerichtlichen Entsch. Der Schu hat bzgl der Leistungen für Unterhaltsberechtigte aber nachzuweisen, dass ihm die Beträge zustehen (§ 850k Abs 5 ZPO). Denkbar ist das durch Bescheinigung des Arbeitsgebers, des Sozialleistungsträgers oder auch einer geeigneten Person oder Stelle nach § 305 Abs 1 Nr 1. In der Ins dürfte auch die „Freigabeerklärung" des Verwalters ausreichend sein. 94

Unter Anwendung der zahlreichen Vorschriften zur Pfändung des Arbeitseinkommens, bspw § 850c Abs 4, § 850d, § 850f Abs 1 ZPO kann das InsGer auf Antrag des Verwalters oder des Schu einen abw Pfändungsschutz festlegen (§ 850k Abs 4 ZPO).[203] Insb wenn der Schu für das Konto eine Freigabe des Guthabens in Höhe des vollen unpfändbaren Betrages des Einkommens begehrt (Grundbetrag nach § 850c Abs 1 ZPO und unpfändbarer Mehrbetrag nach § 850c Abs 2 ZPO; dieser ist von § 850k Abs 2 Nr 1 ZPO nicht erfasst), muss das Gericht entscheiden. Bei Einkommen in wechselnder Höhe kann ein sog Blankettbeschluss erlassen werden, wonach der jeweils nach der Tabelle zu § 850c Abs 3 ZPO pfandfreie Betrag als Guthaben pfändungsfrei ist.[204] 95

Da der Kontenschutz unabhängig von der Herkunft der Gutschrift greift, sind auch Sozialleistungen auf dem Konto geschützt. Kindergeld ist wegen seiner Unpfändbarkeit nach § 54 96

---

201 Zum sog Monatsanfangsproblem, bei welchem Zahlungen für einen Monat bereits am Ende des Vormonats gutgeschrieben werden *BGH* ZIP 2015, 163, dazu EWiR 2015, 133 (*Ahrens*); *LG Oldenburg* ZVI 2010, 31; *AG Esslingen* NZI 2011, 150; *Krüger* ZVI 2010, 458; die Klarstellung durch Änderung von § 835 Abs 4 und § 850k Abs 1 S 2 ZPO durch G v 12.4.2011 (BGBl I, 615) ist nicht glücklich.

202 BT-Drucks 16/12714, 19; *Zöller/Stöber* Anh § 850k Rn 5; *Homann* ZVI 2012, 37.

203 *BGHZ* 191, 270 = ZIP 2012, 399; *AG Regensburg* 10.5.2015 – 12 IN 643/13; krit *Zöller/Stöber* ZPO, Anh § 850k Rn 9.10.

204 *AG Regensburg* ZVI 20155, 311.

Abs 5 SGB I und § 76 EStG geschützt. § 850k Abs 6 ZPO enthält bzgl der Sozialleistungen eine Sonderregelung zur Aufrechnungsbefugnis des Kreditinstituts wegen seiner Kontoführungsgebühren; diese ist nur für die Dauer von 14 Tagen seit Gutschrift möglich. Darüber hinausgehende Verrechnungen sind nicht möglich.

97 Kontenschutz beim Girokonto des Schu, das nicht als „P-Konto" geführt ist, ist nach Ablauf der Übergangsfrist am 31.12.2011 nicht möglich. Eine Anwendung des § 765a ZPO ist im Einzelfall denkbar.[205]

98 **d) Massezugehörigkeit des debitorischen Kontos?** Ist das Girokonto des Schu bei InsEröffnung debitorisch, kann nichts zur InsMasse gezogen werden. Der mögliche Anspruch des Schu gegen das kontoführende Institut auf Einräumung eines zugesagten Dispo-Kredits oder Kreditrahmens ist nicht massezugehörig, da Kreditgewährung bindend erst mit Inanspruchnahme und Gewährung der Kontoverfügung erfolgt.[206] Der Anspruch auf Gewährung eines Dispo-Kredits oder Ausübung eines Kreditrahmens ist als künftiger Anspruch zwar pfändbar, die Ausübung kann aber nur durch den Schu selbst erfolgen.[207] Bei der lediglich geduldeten Überziehung liegt schon gar kein künftiger Anspruch vor, der gepfändet werden könnte.

99 Im Zusammenhang mit der InsAnfechtung hatte der BGH Verfügungen des Schu bei lediglich geduldeter Überziehung für anfechtbar erklärt.[208] Er hat damit die InsAnfechtung vom Gleichlauf mit der Zwangsvollstreckung,[209] den auch § 36 bezweckt, entkoppelt.[210] Indem nämlich der Verwalter durch Anf die Verfügung im debitorischen Konto zurückholen kann, zieht er einen Anspruch, der als solcher nicht massezugehörig ist, über den Weg der InsAnfechtung zur InsMasse. Das ist fragwürdig (s § 129 Rn 52, 69).[211] Der BGH übergeht über die InsAnfechtung den § 36, indem ein vor der Ins lediglich künftiger und praktisch nicht pfändbarer Vermögenswert, den es während der Ins gar nicht gibt (InsVerw hat gegen Geldinstitut keinen Anspruch auf Kreditgewährung durch Dispo oder Überziehung), rückwirkend zur InsMasse gezogen wird.

100 **6. Private Altersvorsorge nach §§ 851c und 851d ZPO.** Mit den Regelungen der § 851c und § 851d ZPO (eingef durch G v 26.3.2007, BGBl I S 368) werden private Altersvorsorgen (sog „Riester-Rente" und „Rürup-Rente") bes geschützt.[212] Ihr Schutz soll durch Verweisung in Abs 1 S 2 auch für die Ins gelten. Entspr Verträge des Schu, insb Lebensversicherungsverträge,[213] sind daher nicht massezugehörig, wenn die Voraussetzungen der Vorschriften vorliegen. Diese sind eng auszulegen.[214] Liegen die Voraussetzungen der §§ 851c, 851d ZPO nicht vor, sind die Vermögenswerte voll pfändbar und damit massezugehörig.[215]

---

205 *BGH* Rpfleger 2008, 374.

206 *BGHZ* 147, 193, 195 = NJW 2001, 1937; 157, *BGHZ* 157, 350, 356 = NJW 2004, 1444; *BGHZ* 170, 276, 282 = NJW 2007, 1357; *Stöber* FordgPfdg, Rn 117.

207 *BGHZ* 147, 193.

208 *BGHZ* 182, 317 = ZIP 2009, 2009 = NJW 2009, 3362, unter ausdrücklicher Aufgabe von *BGHZ* 170, 276 = ZIP 2007, 435; *Bitter* FS Fischer, 2008, S 15; *ders* FS K Schmidt, 2009, S 123.

209 Dazu grdl *Jaeger/Henckel* § 129 Rn 80; MK/*Kirchhof* § 129 Rn 84; *Uhlenbruck/Hirte* § 129 Rn 98.

210 IdS ausdrücklich *Bitter* FS K Schmidt, 2009, S 123, 136.

211 Eingehend *Kreft* FS Ganter, 2010, S 247; *Jacoby/Mikolajaczak* ZIP 2010, 301.

212 Eingehend *Keller/Steder* HdB ZwV, Rn 3.95 ff.

213 Dazu umfassend *Keller/Steder* HdB ZwV, Rn 3.79 ff.

214 *BGH* ZInsO 2010, 1485; *OLG Frankfurt* 17.6.2015 – 7 U 88/14; *AG Dortmund* 30.7.2015 – 405 C 7369/14; eher großzügig *LG Aachen* NZI 2014, 537.

215 *LG Stuttgart* 21.12.2016 – 4 S 82/16; eingehend *K/P/B/Holzer* § 36 Rn 28g ff; *Frege/Keller/Riedel* Rn 1333c ff.

§ 851c ZPO unterscheidet für die sog „Rürup-Rente“ zwischen der Ansparphase (Abs 2) und der Zahlphase (Abs 1):[216] Während der Ansparphase ist die Versicherung bereits vor Eintritt des Versicherungsfalles unpfändbar, wenn die Voraussetzungen des Abs 1 vorliegen und soweit das Vorsorgekapital die genannten Staffelbeträge nicht übersteigt. Diese sind je nach Lebensalter des Schu kumulierend zu berechnen. Sie sind so konstruiert, dass der Schu in der Zahlphase eine monatliche Rente in Höhe des unpfändbaren Arbeitseinkommens ohne Unterhaltsverpflichtungen erhält.[217] 101

Die entscheidenden Tatbestandsvoraussetzungen der Unpfändbarkeit normiert § 851c Abs 1 ZPO: Die in der Zahlphase gezahlte Rente ist nur unpfändbar, wenn sie nach Eintritt des 60. Lebensjahres oder bei Berufsunfähigkeit gezahlt wird, ihre Abtretung vertraglich ausgeschlossen ist, keine Bezugsberechtigung eines Dritten mit Ausnahme von Hinterbliebenen[218] gegeben ist und kein Kapitalwahlrecht besteht. 102

§ 851d ZPO erklärt für die sog „Riester-Rente“ (§§ 10a, 79 ff EStG; Altersvorsorgeverträge,[219] Zertifizierungsgesetz) die monatlichen Rentenzahlungen für pfändbar wie Arbeitseinkommen. Damit wird die Pfändbarkeit in gleicher Weise eingeschränkt, wie die Beschränkung bereits für Leistungen nach § 850 Abs 3 lit b ZPO besteht.[220] Der InsVerw kann die Rentenzahlungen nur wie Arbeitseinkommen nach § 850c ZPO zur Masse ziehen; Zusammenrechnung mit anderen Einkünften nach § 850e Nr 2 ZPO ist denkbar. 103

VI. Entscheidungskompetenz des Insolvenzgerichts nach Abs 4

1. Anwendung nur auf Abs 1 S 2. Das InsGer entscheidet nach Abs 4 über den Umfang der Massezugehörigkeit eines Anspruchs in Anwendung der in Abs 1 S 2 genannten Vorschriften.[221] IÜ entscheidet über den Streit bei Massezugehörigkeit das ordentliche Zivilgericht.[222] Bei Anwendung insb des § 850b ZPO über Abs 1 S 1 wäre demnach das InsGer gerade nicht zuständig. Der BGH nimmt dies dennoch an.[223] Für den Streit um Einberechnung von Lohnanteilen nach § 850e Nr 1 oder bei § 851c ZPO soll das Prozessgericht zuständig sein,[224] ebenso bei Streit über im Ausland erzieltes Einkommen.[225] Über die Wirksamkeit der Umwandlung eines Kontos in ein sog P-Konto entscheidet ebenfalls nicht das InsGer.[226] Über Berechnung von Urlaubsgeld nach § 850a Nr 2 ZPO soll aber das InsGer entscheiden.[227] Die allg Möglichkeit eines sog „klarstellenden Beschlusses“ bei Unklarheiten über Berechnung des pfändbaren Arbeitseinkommens, die im allg VollstrRecht aner- 104

216 Allg *Zöller/Stöber* § 851c Rn 2, 9; *Stöber* FordgPfdg, Rn 71 ff; *Hasse* VersR 2007, 890; *M Stöber* NJW 2007, 1242.

217 Beträge des § 851c ZPO angehoben durch G v 5.12.2012 (BGBl I S 2418).

218 Zur eingetragenen Lebenspartnerschaft *Musielak/Becker* § 851c Rn 2; *Stöber* FordgPfdg, Rn 71a.

219 Zur Pfändung von Kündigungsguthaben *Elster* ZVI 2013, 369.

220 *Zöller/Stöber* § 851d Rn 1.

221 *BGH* WM 2006, 2090; so bereits *OLG Köln* NZI 2000, 590; NZI 2000, 529; *OLG Frankfurt* NZI 2000, 531; *OLG Stuttgart* NZI 2002, 52; *LG Dortmund* NZI 2000, 182; MK/*Peters* § 36 Rn 79.

222 AM zu Kfz bei § 811 Abs 1 Nr 5 ZPO *LG Göttingen* 7.3.2013 – 10 T 18/13.

223 *BGH* ZIP 2010, 293 = NZI 2010, 141; zu § 85c ZPO *BGH* NZI 2010, 777.

224 *BGH* Rpfleger 2010, 536.

225 *BGH* Rpfleger 2012, 646.

226 *BGH* 13.2.2014 – IX ZB 91/12.

227 *BGH* Rpfleger 2012, 554.

kannt ist,[228] sieht der BGH leider nicht.[229] Auch bei Streit über die Wirksamkeit eines P-Kontos ist das InsGer nicht zuständig.[230]

105 Funktionell entscheidet am InsGer der Rechtspfleger, der als solcher das Verfahren führt (§ 3 Nr 2e), vorbehaltlich § 18 Abs 2 RPflG).

106 Nach Abs 4 S 3 soll auch bereits im Eröffnungsverfahren das InsGer entscheiden. Es soll damit die künftige InsMasse bereits sichergestellt werden können.[231] § 36 Abs 1 S 2 mit Abs 4 S 3 soll damit den Verfügungsbeeinträchtigungen des § 21 Abs 2 Nr 2 zum Erfolg verhelfen.[232] Im Eröffnungsverfahren entscheidet am InsGer der Richter.[233]

107 **2. Antragsberechtigung und Verfahrensbeteiligung.** Das InsGer entscheidet nicht von Amts wegen. Je nach anwendbarer Vorschrift ist der Schu antragsberechtigt oder der InsVerw an Stelle der Gl. Bei Schuldnerantrag, zB zu § 850f Abs 1 ZPO, ist der InsVerw zu hören. Umgekehrt ist stets dem Schu rechtliches Gehör zu geben. Die InsGl sind an dem Verfahren nicht beteiligt, haben kein eigenständiges Antragsrecht und müssen nicht gehört werden.

108 **3. Entscheidung und Wirkungen.** Das InsGer entscheidet durch Beschluss, der zu begründen ist.[234] Der Beschl ist dem Schu und dem InsVerw zuzustellen (§ 8), er muss nicht öffentlich bekannt gemacht werden.

109 Die Wirkungen treten ab Wirksamkeit des Beschl mit Bekanntgabe an den jeweils Betroffenen ein.

110 **4. Anfechtbarkeit.** Durch die spätere Einfügung des Abs 4 in § 36 ist die Regelung einer Anfechtbarkeit unterblieben. Die Entsch wäre dann nach § 6 Abs 1 unanfechtbar. Der BGH hält dagegen zu Recht die sofortige Beschw über § 793 ZPO für statthaft, da die Entsch letztlich dem Vollstreckungsrecht entspringt.[235] RechtsBeschw ist nach § 574 ZPO zuzulassen.[236]

§ 37 Gesamtgut bei Gütergemeinschaft

(1) [1]Wird bei dem Güterstand der Gütergemeinschaft das Gesamtgut von einem Ehegatten allein verwaltet und über das Vermögen dieses Ehegatten das Insolvenzverfahren eröffnet, so gehört das Gesamtgut zur Insolvenzmasse. [2]Eine Auseinandersetzung des Gesamtguts findet nicht statt. [3]Durch das Insolvenzverfahren über das Vermögen des anderen Ehegatten wird das Gesamtgut nicht berührt.

(2) Verwalten die Ehegatten das Gesamtgut gemeinschaftlich, so wird das Gesamtgut durch das Insolvenzverfahren über das Vermögen eines Ehegatten nicht berührt.

(3) Absatz 1 ist bei der fortgesetzten Gütergemeinschaft mit der Maßgabe anzuwenden, dass an die Stelle des Ehegatten, der das Gesamtgut allein verwaltet, der überlebende Ehegatte, an die Stelle des anderen Ehegatten die Abkömmlinge treten.

(4) Die Absätze 1 bis 3 gelten für Lebenspartner entsprechend.

---

228 *Stöber* FordgPfdg, Rn 929.
229 BGH NZI 2013, 98; dazu krit *Grote* ZInsO 2013, 374.
230 *BGH* NZI 2014, 414.
231 BT-Drucks 14/6468, 17.
232 *Jaeger/Henckel* § 36 Rn 15 mwN.
233 *K/P/B/Holzer* § 36 Rn 44; aM *Graf-Schlicker/Kexel* § 36 Rn 24 mwN.
234 *Frege/Keller/Riedel* Rn 1333b.
235 *BGH* NZI 2004, 278.
236 *BGH* ZInsO 2004, 441.

Übersicht

Literatur: *Holzer* Das Insolvenzverfahren über das gemeinsam verwaltete Gesamtgut einer beendeten Gütergemeinschaft, NZI 2016, 713; *Thiele/ Salmen:* Besonderheiten eines Insolvenzverfahrens über das Vermögen des allein verwaltenden Ehegatten einer Gütergemeinschaft, ZInsO 2014, 2259.

I. Normzweck

Vereinbaren die Ehegatten gem § 1415 BGB durch notariellen Ehevertrag Gütergemeinschaft, wird das in der Ehe eingebrachte und später erworbene Vermögen (Neuerwerb) zu einem gemeinschaftlichen Vermögen (Gesamtgut) als Gesamthandsgemeinschaft zusammengefasst, § 1416 BGB, wobei die Verwaltung entweder von einem der beiden Ehegatten oder von beiden gemeinschaftlich ausgeübt wird Das Gesamtgut haftet nach § 1438 BGB für alle Verbindlichkeiten aus den während der Gütergemeinschaft vorgenommenen Rechtsgeschäften. Treffen die Eheleute keine Verwaltungsregelung, so verwalten die Ehegatten gem § 1421 S 2 BGB das Gesamtgut gemeinschaftlich. Abzugrenzen ist das so entstandene **Gesamtgut** von dem **Sondergut** gem § 1417 BGB, welches Gegenstände, die nicht durch Rechtsgeschäft übertragen werden können (nicht abtretbare oder nicht pfändbare Ansprüche) umfasst und vom **Vorbehaltsgut** gem § 1418 BGB, welches im Eigentum jeweils eines Ehegatten steht. § 37 trifft eine Regelung für die insolvenzrechtliche Behandlung des Gesamtguts. Der durch G v 20.11.2015 (BGBl I S 2010) eingefügte Abs 4 erstreckt die Regelung auf Lebenspartner nach dem § 7 S 2 LPartG. 1

Die Regelung gilt für Ehegatten aus dem Beitrittsgebiet, wenn gem Art 234 § 4 Abs 2 EGBGB für die Fortgeltung des DDR-Güterstandes optiert wurde, Art 234 § 4a Abs 2 S 1 EGBGB.

II. Gesamtgutsverwaltung durch einen der Ehegatten

Ist der **InsSchu alleiniger Gesamtgutsverwalter** und ist die Gütergemeinschaft nicht beendet, so fällt das Gesamtgut in die Masse, obwohl damit auch schuldnerfremdes Vermögen erfasst wird, Abs 1 S 1; eine Auseinandersetzung (§ 84) findet nicht statt. Auch das pfändbare Arbeitseinkommen des nicht insolventen Ehegatten wird erfasst.[1] Ist nicht der Schu, sondern **der Ehegatte alleiniger Verw**, so wird das Gesamtgut nach Abs 1 S 3 durch die Ins nicht erfasst, dh sein Anteil ist nicht massezugehörig. Der verwaltende Ehegatte kann die Gegenstände des Gesamtguts aussondern.[2] 2

III. Gemeinsame Gesamtgutsverwaltung

Verwalten die Ehegatten das Gesamtgut gemeinschaftlich, wird das Gesamtgut durch die Ins eines Ehegatten nicht berührt, Abs 2. Haftet das Gesamtgut für Verbindlichkeiten von Gl, kommt allerdings das besondere InsVerf nach §§ 333, 334 in Betracht; dh das Gesamtgut wird für die GesamtgutsGl verwertet.[3] 3

1 *K Schmidt/Büteröwe* § 37 Rn 2.
2 *BGH* MDR 2006, 1369 = NZI 2006, 402; *K/P/B/Holzer* § 37 Rn 4 f.
3 FK/*Schmitt* § 37 Rn 9.

IV. Fortgesetzte Gütergemeinschaft, Abs 3

4 Wenn im Ehevertrag vereinbart wurde, die Gütergemeinschaft gem § 1483 nach dem Tod eines der Ehegatten fortzusetzen, wird die Gütergemeinschaft mit dem überlebenden Ehegatten und den gemeinschaftlichen Abkömmlingen fortgesetzt, sofern der überlebende Ehegatte dies nicht ablehnt, § 1484 BGB. War der Verstorbene Alleinverwalter des Gesamtguts, tritt der überlebende Ehegatte an seine Stelle, § 1487, die Abkömmlinge an die Stelle des überlebenden Ehegatten. War der überlebende Ehegatte Alleinverwalter des Gesamtguts, treten die Abkömmlinge an die Stelle des Verstorbenen. In beiden Fällen fällt das Gesamtgut in der Ins des überlebenden Ehegatten in die InsMasse. Gem § 332 kann über das Gesamtgut auf Antrag auch ein Sonderinsolvenzverfahren nach den Regeln des Nachlassinsolvenzverfahrens durchgeführt werden.

§ 38 Begriff der Insolvenzgläubiger

Die Insolvenzmasse dient zur Befriedigung der persönlichen Gläubiger, die einen zur Zeit der Eröffnung des Insolvenzverfahrens begründeten Vermögensanspruch gegen den Schuldner haben (Insolvenzgläubiger).

Übersicht

I. Normzweck; Bedeutung

1 § 38 ist neben § 35 eine zentrale Schlüsselnorm der InsO. Sie definiert den Begriff des **InsGl** und damit auch den der **InsFord**, also des verselbstständigten subjektiven Haftungsrechts. Daraus leitet sich eine wesentliche Rechtfertigung für InsVerf her:[1] Forderungen der AltGl werden in ihrer Durchsetzbarkeit vorerst gesperrt und gem §§ 87, 187 ff einem besonderen VerteilungsVerf zugewiesen. Der InsVerw kann seine liquide Bewirtschaftung der Aktivmasse – wenn man so will aus der Position „0" – zunächst unbelastet voranbringen und die

1 Für masselose VerbraucherInsVerf tritt dagegen das gesetzliche Ziel der Restschuldbefreiung nach § 301 in den Vordergrund, staatlich unterstützt durch VerfKostenstundung gem § 4a. Dementsprechend ist die Durchsetzbarkeitssperre nach §§ 38, 87, 89 schon zu VerfBeginn eine ganz zentrale Vorstufe zur Verwirklichung effektiven VollstrSchutzes für den Schu.

aktuelle Vermögens- und Finanzlage des Schu stabilisieren. In weiterer Folge entwickeln sich daraus regelmäßig Wertschöpfungs- und Zuwachsgesichtspunkte, die die spätere Verteilungsmasse spürbar mehren und die von § 1 angesprochene **„par condicio creditorum“** zugunsten aller Gl maßgeblich befördern. Zur Verstärkung dieser Effekte hat der Gesetzgeber der InsO § 35 zugleich auf den sog Neuerwerb erstreckt; s Erl § 35 Rn 40. Umgekehrt müsste man ein InsVerf gar nicht erst beginnen, hätte die Massebewirtschaftung solche Entlastungseffekte nicht, sondern im Gegenteil nur zusätzliche Kostenbelastungen nach § 54 zu tragen. Dann liefe die Vermögensbewirtschaftung stattdessen verschärft rückwärts – ein schlichtes „Weiter so“ oder „Schlimmer noch“ will die InsO jedoch unter gar keinen Umständen.

Die Durchsetzungssperren der §§ 38, 87, 89 bewirken zugleich verfassungsrechtlich gravierende Eingriffe in die **Rechte der Gl**; sie genießen gem Art 14, 19 Abs 4 GG nicht nur materiellen, sondern auch verfahrensrechtlich abzusichernden Schutz.[2] Ihnen gegenüber muss das Verbot der Einzelzwangsvollstr mit Einstufung in den Rang des § 38 somit bes legitimiert sein, was die InsO zum einen dadurch verwirklicht, dass der Beschlagnahmecharakter von InsVerf den vermögensbezogenen Bewirtschaftungszweck bereits in die Sphäre der Gl verlagert; haftungsrechtlich sind **ihnen** die von § 35 erfassten Werte zugewiesen.[3] Zum anderen ist – was die Begründung von Masseverbindlichkeiten betr – § 55 restriktiv zu handhaben, weil daraus herzuleitende Zahlungspflichten den Schu in aller Regel gar nicht mehr selbst treffen, sondern im Regelfall allein die Haftungsmasse der Gl verbrauchen.[4] An der wichtigen Schnittstelle von § 38 zu § 55 helfen somit keine Rechtsnachfolgeerwägungen dergestalt, der InsVerw trete an die Stelle des Schu; sie haben sich mit der InsEröffnung weitgehend erledigt.[5] Vielmehr ist stets aus den Zuteilungserwägungen der InsO heraus zu fragen, mit welcher Legitimation einzelne Gl – aus der Gemeinschaft aller – auf Kosten der übrigen intern priviligiert sein sollen. Zu solchen Problemlagen etwa im Umwelt- oder Steuerrecht s die Erl zu § 35 Rn 55 f, 64. 2

Ursprünglich wohnte § 38 (wie schon seiner Vorgängerregelung § 3 Abs 1 KO) jedenfalls in der Schnittlinie zu § 55 schwerpunktmäßig eine reine **Zeitachsenbetrachtung** inne, dh hauptsächliches Wertungskriterium war die Frage, wann die **GlFord „begründet“** worden ist. Lag der insoweit maßgebliche Zeitpunkt vor der InsEröffnung, handelte es sich um eine InsFord; lag der Zeitpunkt danach, ging daraus entweder eine Masseverbindlichkeit gem § 55 oder eine neue, den Schu im insolvenzfreien Bereich treffende Verpflichtung hervor; zur insoweit nötigen Aufteilung in Verantwortungssphären s bereits § 35 Rn 3, 5, 42 ff. 3

Diese Zeitachsenbetrachtung wird inzw zunehmend von einer **Kompetenzbetrachtung** überlagert. Sie beruht zum einen auf einer weitgehend missglückten Gesetzesfassung v § 55 4

---

2 S *BVerfGE* 51, 150, 156 = KTS 1979, 275; *BVerfGE* 83, 201, 211 f = NJW 1991 und *BVerfG* ZInsO 2004, 339 (zu II 2 b aa). Der Staat ist durch das GG verpflichtet, den Gl eine effektive und zügige Zwangsvollstreckung zu ermöglichen; s *Ries* ZInsO 2013, 1612, 1616 mwN.

3 MK/*Peters* § 35 Rn 22 und HambKomm/*Lüdtke* (§ 35 Rn 4, 6) sprechen zu Recht von einer Abspaltung der Eigentümerbefugnisse und pfandähnlichen Rechtsposition der GlGemeinschaft. Ebenso *Häsemeyer* Rn 9.05; *K/P/B/Holzer* § 35 Rn 5, 10; *Uhlenbruck/Hirte* § 35 Rn 7. In weiterer Konsequenz ermöglicht die InsO den Gl in vielerlei Hinsicht „autonome“ BeschlFassungen; s nähere Erl zu §§ 22a, 56a, 69, 156 ff.

4 Vgl *Ries* ZInsO 2009, 2030, 2032; *ders* NZI 2010, 498, *ders* ZInsO 2013, 595, 598.

5 Der InsVerw hat nach den Zielvorgaben der InsO gerade nicht – wie es üblicherweise „Unternehmer“ tun – zur Vergangenheitsbewältigung Geld „nachzuschießen“. Letztlich bleibt die „Rechtsträgerstellung“ des Schu (dazu § 35 Rn 5) weitgehend verfahrenstechnisch formaler Natur (wie die des Erben in der NachlassIns).

Abs 2.[6] Zum anderen hat sich der Betrachtungswinkel durch die neue Regelung des § 55 Abs 4 (HaushaltsBeglG 2011) weiter verschoben. Mit diesen Regelungen wird der Moment des Entstehens v Masseverbindlichkeiten praktisch in weiten Teilen vorgezogen auf den Zeitpunkt der Anordnung gerichtlicher Sicherungsmaßnahmen iSv § 21 Abs 2. Das ist in der Praxis häufig der Tag der InsAntragsstellung oder jedenfalls unmittelbar danach. Hintergrund dieser Entwicklung ist der Umstand, dass die Gerichte im Rahmen ihrer Sicherungsanordnungen ganz überwiegend nur sog **vorläufige „schwache" InsVerw** m Zustimmungsvorbehalt einsetzen (§ 21 Abs 2 Nr 2 2. Alt). Deren Amtsstellung und eigentliche Funktion ist aber bis heute nicht hinreichend geklärt. Umstr ist insb die Frage, unter welchen Prämissen in dieser Konstellation der InsVerw nach Eröffnung noch Verbindlichkeiten bezahlen darf, die er gemeinsam m dem Schu im vorl Verf ausgelöst hat.[7] Ihm ist zwar die Schutzaufgabe des § 21 Abs 1 S 1, die Vermögenslage des Schu zu stabilisieren und vorteilhaft zu gestalten, auch in der Variante des § 21 Abs 2 Nr 2 2. Alt bereits gerichtlich mit übertragen. Dennoch soll es nach hM zusätzlicher Kompetenzermächtigungen zur Begründung von Masseschulden bedürfen, da anderenfalls sein Tätigsein im vorl Verf später bei Eröffnung (§ 27) an den Schranken von § 38 scheitere;[8] vgl dazu Erl § 22 Rn 48, § 25 Rn 9 f. Grob vereinfacht gesagt: ein Handeln des vorl Verw oder des eigenverwaltenden Schu[9] mit **Masseschuldbegründungskompetenz** verdrängt innerhalb ihrer sachlichen Reichweite die Zeitachsenbetrachtung v § 38. Was mit InsEröffnung zur Masseschuld wird, verliert in diesem Moment den früheren Charakter als InsFord.

5 Nach anderer Ansicht[10] lassen sich diese Fragestellungen über ein Modell aus **Treuhandzusagen** und **Treuhandkonten** sogar effektiver und masseschonender lösen. Hier laufen ebenfalls keine oktroyierten aber wertlosen Masseverbindlichkeiten mit. Außerdem – wichtig – hindert die Anzeige der Masseunzulänglichkeit, falls sie bereits am Eröffnungstag oder bald darauf abgegeben werden muss, die Bezahlung fester Treuhandzusagen nicht.[11] Die betreffenden Verbindlichkeiten bleiben dann InsFord, werden aber dennoch – weil masseoptimierend wirkend – im Wege des Bargeschäftes bzw absonderungsähnlich befriedigt. Hier wird nicht § 38, sondern es werden nur die §§ 187 ff aufgrund bes Wertschöpfungsgesichtspunkte durch massegünstigere Anreicherungs- und Vorzugsregeln überlagert. Für die AltGl, die bereits zum Zeitpunkt der Anordnung der Sicherungsmaßnahmen vorhanden waren und auf deren Befriedigung die InsO hauptsächlich abzielt,[12] bedeutet das keinerlei Nachteil; ganz im Gegenteil: zusätzliche Wertschöpfung aus dem Tätigsein des vorl Verw bringt ihnen spürbare Vorteile.

---

6 Statt der zwingenden Formulierung „gelten als Masseverbindlichkeiten" hätte der Gesetzgeber besser formuliert: „dürfen als Masseverbindlichkeiten behandelt werden". Denn eigentlich soll der vorl starke InsVerw die Masse doch besser schützen können als der vorläufig schwache. Das Synallagma mit Leistungserbringern gerät dadurch nicht in Gefahr; es ist zu ihren Gunsten haftungsrechtlich durch §§ 21 Abs 2 Nr 1, 60, 61 unterlegt – vom vorl Verw begründetes Vertrauen muss er erfüllen, und wer „darf", „kann" auch. „Oktroyiert" muss er aber nicht.

7 Zu dieser Problematik ausf *Ries* ZInsO 2013, 1612, 1618 ff; *ders* ZInsO 2009, 2030, 2031.

8 Vgl grundlegend *BGHZ* 151, 353 = ZIP 2002, 1625 mit Bespr *Prütting/Stickelbrock* ZIP 2002, 1608; *Büchler* ZInsO 2011, 1240; *Laroche* NZI 2010, 965.

9 Zu Letzterem s *BGH* 16.6.2016 – IX ZR 114/15 mit Verweis auf § 55 Abs 2.

10 *Beck* FS Runkel 2009, S 3, 14 ff; *Kirchhof* FS Kreft 2004, S 359; *Ries* NZI 2011, 587, 588. Vgl zu den damit verknüpften Fragestellungen auch HambKomm/*Schröder* § 22 Rn 98 ff; *Windel* ZIP 2009, 101, 103 f.

11 Zu den Hauptschwächen der Ermächtigungslehre (Haftungsfalle bei Masseunzulänglichkeit/Abwicklungsrisiken f Nichteröffnungsfälle) *Ries* ZInsO 2013, 1612, 1620 f.

12 Zu dieser bes Zielgruppe des InsVerf *Ries* ZInsO 2013, 1612, 1615 (sub 3).

§ 38 behandelt die regulären InsFord der Gl sozusagen im Rang „0". Die Norm wird erweitert durch § 39, der eine zusätzliche **Rangabstufung** nach unten vornimmt; s nähere Erl zu § 39. Die von ihm angesprochenen NachrangFord nehmen am Verf überhaupt nur teil, wenn das Gericht bei einer voraussichtlichen Quotenaussicht von 100 % im Rang des § 38 – was praktisch äußerst selten vorkommt – gem § 174 Abs 3 auch NachrangGl zur FordAnmeldung zulässt. 6

Der Begriff InsGl leitet sich ab aus dem materiellen Recht. InsGl können zwar von einer **Teilnahme am InsVerf** absehen, unterliegen aber trotzdem den Beschränkungen nach §§ 87, 89 und den Rechtsfolgen aus §§ 254 Abs 1,[13] 301 Abs 1. 7

Auch der ausdrückliche **Verzicht auf Befriedigung aus der InsMasse** verschafft dem AltGl kein Verfolgungs- und Klagerecht außerhalb des InsVerf; vgl § 87 Rn 1.[14] 8

II. Anwendungsbereich

Die Norm gilt in allen Verfahrensarten; in der NachlassIns wird sie durch § 325 modifiziert. Nach dem Tod des Schu, der sich noch in einem fortdauernden InsVerf befand, richtet sich der Anspruch eines NeuGl auf Ausgleich einer Nachlassverbindlichkeit jedoch klagbar gegen den Erben, wobei diesem wiederum die Beschränkung seiner Haftung auf den Nachlass vorzubehalten ist.[15] In der Ins einer fortgesetzten Gütergemeinschaft gilt § 332 Abs 2, in der Ins eines gütergemeinschaftlichen Gesamtgutes § 333 Abs 1. 9

III. Persönlicher Anspruch

1. Schuldrechtlicher Anspruch. InsGl ist nur, wem ein persönlicher, dh schuldrechtlicher Anspruch zusteht. Charakteristisch für das persönliche GlRecht ist, dass der Schu mit seinem ganzen Vermögen oder einem Sondervermögen (etwa dem Nachlass, § 1975 BGB, oder dem Gesamtgut, § 333) und nicht nur dinglich mit einem einzelnen Gegenstand haftet.[16] Dies ist auch dann der Fall, wenn eine summenmäßige Haftungsbeschränkung besteht, wie zB beim Kommanditisten. Er haftet zwar nur in Höhe der rückständigen Kapitaleinlage, aber insoweit mit seinem ganzen Vermögen: Entscheidend ist nicht, wofür der Schu haftet, sondern womit bzw woraus er haftet! Wegen Besonderheiten des schuldrechtlichen Anspruchs auf Rückgewähr nach Anf (§§ 129 ff oder AnfG) s § 47 Rn 18. 10

2. Besonderes Befriedigungsrecht. Eine Forderung ist **keine** InsFord in vorgenanntem Sinn, wenn sie kein allg Befriedigungsrecht begründet, sondern nur ein ausschließliches – in aller Regel dingliches – Befriedigungsrecht in Bezug auf einzelne Gegenstände, sei es, dass diese Gegenstände nicht zur Masse gehören (= **Aussonderung**, § 47) oder zwar Massebestandteil, aber durch das SonderR spezifisch belastet sind (zB durch Vormerkung, § 106). **Absonderungsberechtigte** (§§ 49 ff) sind, soweit es um das eigentliche Vorzugsrecht an einem Massegegenstand geht, in dieser Hinsicht keine InsGl, wohl aber insoweit, als sich auch die gesicherte Forderung gegen den Schu richtet (§ 52 S 1).[17] In Höhe ihres Ausfalles haftet ihnen das sonstige Vermögen, §§ 52 S 2, 190. 11

13 *Beachte:* Das kann und muss im InsPlan aber explizit mit geregelt werden; sonst werden „Nachzügler" nicht von späterer Anspruchserhebung ausgeschlossen; s *BAG* ZIP 2013, 2268.

14 BT-Drucks 12/2443 S 137 (zu § 98 RegE); HambKomm/*Kuleisa* § 87 Rn 1; *Jaeger/Windel* § 87 Rn 11; **aA** MK/*Ehricke* § 38 Rn 9.

15 *BGH* ZIP 2014, 137.

16 MK/*Ehricke* § 38 Rn 10; *Jaeger/Henckel* § 38 Rn 19.

17 Vgl dazu auch *BGH* ZIP 2014, 2248: Der InsVerw ist nicht berechtigt, den Erlös aus der Verwertung von Sicherungsgut mit Tilgungsbestimmung vorrangig auf die nach Verfahrenseröffnung begründeten Masseschulden anzurechnen.

12 **3. Massegläubiger.** MasseGl (§§ 53 ff) erlangen direkt gegen den Verw und die Masse durchsetzbare Ansprüche. Bei ihnen gelten zwar auch Sonderregelungen und Rangabstufungen (etwa gem §§ 90, 208 ff). Sie unterliegen aber nicht den Verteilungsregelungen für InsGl gem §§ 187 ff. Da die Befriedigung der Masseverbindlichkeiten den Ansprüchen der InsGl rangmäßig vorgeht (§ 53), wird an der Schnittlinie zu § 38 um die richtige Zuordnung häufig zwischen den Beteiligten gestritten. Zu hierbei relevanten Abgrenzungsgesichtspunkten so Rn 3 f und unten Rn 27; weitere Fallbeispiele in Rn 29 ff.

13 **4. Eigengläubiger des Schuldners.** Ansprüche, die die NeuGl aus **Aktivitäten im insolvenzfreien Bereich** erlangen, die der Schu erst nach der InsEröffnung[18] entfaltet, sind weder InsFord noch Masseverbindlichkeit. Solche NeuFord sind nur außerhalb des InsVerf gegen den Schu selbst verfolgbar; sie unterliegen insoweit nicht insolvenzrechtlichen Durchsetzungssperren, etwa gem § 89. Näheres s Erl § 35 Rn 3, 42 ff, 82. Zur Möglichkeit eines ZweitInsVerf nach Freigabe der berufl Selbstständigkeit § 35 Rn 41.

IV. Vermögensanspruch

14 **1. Geldwerte Ansprüche.** Hierunter fallen nur Ansprüche, die in Geld bestehen oder umgerechnet werden können, § 45. Nicht erfasst sind höchstpersönliche und ausschließlich familienrechtliche Ansprüche, zB Namensrecht, Rechte aus der ehelichen Lebensgemeinschaft, auf Vaterschaftsanerkennung uÄ. Schon mangels Anspruchseigenschaft (vgl § 194 Abs 1 BGB) sind nicht erfasst alle Gestaltungsrechte.[19]

15 **2. Handlungspflichten.** Unvertretbare Handlungspflichten (ärztliche und künstlerische Leistungen; Abgabe persönlicher Erklärungen, die nicht gem § 894 ZPO ersetzbar sind; Auskunftserteilung) begründen keine InsFord; vgl § 89 Rn 15.[20] Anders bei vertretbaren Handlungen iSv § 887 ZPO; hierher gehören insb:[21] Befreiung von einer Verbindlichkeit;[22] Bilanzierung; handwerksmäßige Leistung; Lohnabrechnung.

16 Bei Auskunfts- und Rechnungslegungsansprüchen, die Nebenpflicht eines Schuldverhältnisses sind, muss jedoch differenziert werden: Besteht hinsichtlich des Rechtsverhältnisses, das die Nebenpflicht auslöst, keine Haftung der Masse (mehr), bleibt der Schu – außerhalb des InsVerf – in Person verpflichtet; kann die Hauptforderung jedoch in der Ins geltend gemacht werden, trifft die Nebenpflicht den InsVerw.[23]

17 **3. Hausgeldforderung nach WEG.** Dieses wichtige Themenfeld betr vor allem sog „Schrottimmobilien". Zahlreiche Schu erwarben in Erwartung steuerlicher Vergünstigungen Immobilien, die sich später als weitgehend unvermiet- bzw unverwertbar zeigten, zumindest aber nicht kostendeckend betrieben werden konnten.[24] Die betroffenen Schu führen oftmals sogar rentable Unternehmen/Praxisbetriebe, können aber dennoch horrende Kapitaldienste ggü den finanzierenden Banken nebst laufender Hausgeldverpflichtungen

---

18 Bei Dauerschuldverhältnissen, die die nicht insolvenzbeschlagene Privatsphäre des Schu betreffen, ist ggf zwischen „alt" und „neu" aufzuteilen. So sind bei der privaten Krankenversicherung des Schu mit *BGH* 7.4.2016 – IX 145/15 Rn 9 Prämienrückstände aus der Zeit vor InsEröffnung InsFord; für die Zeit danach haftet aber allein der Schu persönlich, nicht die Masse.

19 *Jaeger/Henckel* § 38 Rn 64.

20 *Uhlenbruck/Sinz* § 38 Rn 20.

21 Nähere Fallbsp bei MK/*Ehricke* § 38 Rn 43; MK-ZPO/*Schilken* § 887 Rn 22.

22 Vgl auch *BGH* ZIP 1993, 1656 (sub IV 2 b): Der Anspruch verengt sich ggf auf die Geldzahlung als einzig verbleibende Erfüllungsform.

23 *Jaeger/Henckel* § 38 Rn 75; MK/*Ehricke* § 38 Rn 46.

24 Dazu ausf *Pape* ZInsO 2008, 465.

nach WEG nicht ausreichend erfüllen. Viele stellen deshalb einen InsEigenantrag, um hiervon restschuldbefreit zu werden. Zum Problem wird sodann, dass der InsVerw unrentable Immobilien in aller Regel aus der Masse freigibt, weil er seinerseits nicht imstande ist, ohne kostendeckende Mieteinnahmen Masseverpflichtungen im Rang des § 55 zu tragen (vgl Erl § 35 Rn 54). Das führt ggf zu einer Dreiteilung:

- Ansprüche aus der Zeit bis zur InsEröffnung sind InsFord (§ 38),[25]
- Ansprüche aus der Zeit bis zur Freigabeerklärung sind Masseverbindlichkeit (§ 55 Abs 1 Nr 1 2. Alt),[26]
- Ansprüche aus der Zeit danach sind NeuFord,[27] die am laufenden InsVerf nicht teilnehmen und dementsprechend auch keine Restschuldbefreiung erlangen[28] (s zur Systematik allg § 35 Rn 4; 41 f).

Damit würde der Schu durch fortlaufende Belastung mit Neuverbindlichkeiten das von § 1 S 2 grds definierte Schuldbefreiungsziel m seinem InsAntrag eigentlich verfehlen. Die nötige Korrektur dieses v Gesetzgeber ersichtlich nicht gewollten Ergebnisses folgt aus analoger Anwendung der §§ 1975, 1990 BGB: Der Schu verhielt sich verfahrenskonform und tätigte keinerlei neue gewillkürte Verwaltungshandlungen; von daher begrenzt sich seine Haftung für NeuFord auf Duldung der Zwangsvollstr in den freigegebenen Vermögenswert.[29]

4. Verantwortung als Störer nach Polizei- und Ordnungsrecht. Mit den Erl zu § 35 Rn 55 f wurde bereits auf die (scheinbare) Normenkollision hingewiesen und angesprochen, dass letztlich zwischen dem **öffentlich-rechtlichen Grundverhältnis** (mit seinem dort bestimmten Pflichtenkanon, insb wg Handlungs- oder Zustandsstörung) einerseits und den – rein vollstreckungsrechtlich orientierten – **Durchsetzungssperren der InsO** andererseits unterschieden werden muss, und dass die den Gl zugewiesene gemeinschaftliche Haftungsmasse unter Rechtsnachfolgeerwägungen nicht einzelnen Sonderinteressen dient (so Rn 2). Wo alle Gl jeweils zum Schu in eigenen „Schuldverhältnissen" stehen, würden Rechtsnachfolgeerwägungen zudem für alle gleichermaßen gelten; dagegen spricht aus- 18

25 *BGH* ZIP 2011, 1723 Rn 7 und hM stellen auf den Begriff der „Fälligkeit" ab; richtigerweise entscheidet aber das „Begründetsein"; vgl *Beutler/Vogel* ZMR 2002, 802; *Lüke* FS Kirchhof 2003, S 287, 292 ff. Hausgeldansprüche entstehen durch die jeweilige gemeinschaftliche BeschlFassung, zB nach Wirtschaftsplan in Gestalt ratierlich monatlicher Vorauszahlungen/infolge Jahresabrechnung = nur nachzufordernde Abrechnungsspitze/als Sonderumlage; s näher im Detail *BGH* ZIP 1989, 930; ZIP 1994, 720 (sub II 2 a); *Bärmann/Seuß/Bergerhoff* Praxis des Wohnungseigentums, 6. Aufl 2013, Rn 902 ff, zugleich in Rn 912 m dem Hinweis, dass Verfallklauseln die Fälligkeit vorziehen und schneller InsFord begründen. Nach *BGH* ZIP 2011, 1723 gibt § 10 Abs 1 Nr 2 ZVG der WEG-Gemeinschaft zur Realisierung v InsFord eine dingliche Absonderungsbefugnis auch ohne förmliche Beschlagnahme iSd §§ 10 Abs 1 Nr 2 S 2, 13 Abs 1 ZVG; Letztere wird ersetzt durch die InsEröffnung. Möglich ist Pfandklage gg den InsVerw auf Duldung der Zwangsversteigerung in die Eigentumswohnung. Ganz anders jedoch außerhalb der Ins; s *BGH* ZIP 2013, 2122 Rn 8 f.

26 Vgl *OLG Köln* NZI 2008, 377; MK/*Hefermehl* § 55 Rn 76; *Vallender* VIA 2010, 64, zugleich zu Fragen der Masseunzulänglichkeit und zum Streit, ob § 61 gilt, falls InsVerw Freigabe unterlässt.

27 *Bärmann/Seuß/Bergerhoff* Praxis des Wohnungseigentums, 6. Aufl 2013, Rn 926; *Pape* ZInsO 2008, 465, 472; *Küpper/Heinze* ZInsO 2010, 2009, 2011; völlig falsch dagegen *AG Mannheim* ZInsO 2010, 1888 (weiterhin Masseschuld).

28 *Beier* Die Freigabe von Immobilienvermögen bei der Insolvenz natürlicher Personen, 2013, S 57 f, 82; zust *Baumert* NZI 2013, 689.

29 Zum Effektivitätsgebot bei der Restschuldbefreiung und entspr teleologisch auszurichtender Sichtweise *Ries* ZInsO 2013, 1612, 1613 rSp.

drücklich § 108 als enumerativ nicht ausdehnungsfähige spezielle Sondernorm (zugleich umkehrbare Grundsatzaussage).[30]

19 Im Ausgangspunkt gelten also die vorstehend zu Rn 17 beim Hausgeld geschilderten Grundsätze entspr, auch was nach Freigabe ein nur noch beschränktes Vorgehen gegen den Schu persönlich im insolvenzfreien Bereich anbetrifft. Alle Lebenssachverhalte mit vorinsolvenzlicher Genese, die bereits zum Zeitpunkt der InsEröffnung unter Hinwegdenken v Mitteln der Masse ein **Ausfallrisiko** für die Ordnungsbehörden hervorriefen (dazu § 35 Rn 55 f), begründen in diesem Umfang nur InsFord iSv §§ 38, 45 S 1. Das betr, vergleichbar zum Bürgenregress,[31] auch die **Kosten einer Ersatzvorname**, soweit diese zwar nach InsEröffnung stattfindet, aber nur die – sozusagen schon aufschiebend bedingt im vorinsolvenzlichen Fehlverhalten angelegte – Beseitigung damaliger Altlasten zum Gegenstand hat.[32] Aber Achtung: Diese Fragestellungen sind letztlich hochgradig umstr; die verwaltungsgerichtliche Rspr und große Teile der öffentlich-rechtlichen Lit (vgl die Nachweise bei § 35 Rn 55 f) tendieren sehr viel stärker zur Annahme von Masseschulden (§ 55 Abs 1 Nr 1) und tun sich im richtigen Verständnis der „par condicio creditorum" ersichtlich schwer.

20 Hiervon sind Fälle zu unterscheiden, in denen nach InsEröffnung das verantwortliche Handeln des Verw konstitutiv **neue Gefahrenlagen** herbeiführt und er durch bewusste, zukunftsorientierte Integration des Gefahrgutes in die Masse seine eigene Verantwortung als Handlungsstörer bzw eine Verschärfung der früheren Zustandsstörung bewirkt. Das kann zB Immobilien betr, die der Verw bewusst in der Masse behält, um daraus künftig Erlöse zu schöpfen, deren Zustand sich aber in der Zwischenzeit (etwa durch Vandalismus) weiter verschlechtert und die nunmehr zur Gefahrenabwehr (etwa durch Bauzäune und anderweitiges Verschließen v Öffnungen) zusätzlich gesichert werden müssen, wie überhaupt die allg Verkehrssicherungspflicht nach § 80 für die Dauer der Massezugehörigkeit zur Sache des Verw wird. In diesem Rahmen sind die Kosten der Ersatzvornahme Masseschuld im Rang des § 55 Abs 1 Nr 1, aber bei Verschlimmerungskonstellationen (mit dem allg Rechtsgedanken von § 105; dazu § 35 Rn 56) nur in Höhe darauf neu entfallender Kostenanteile.[33] Insofern beinhaltet die Rspr des BGH zu §§ 103, 105 mit dem Hinweis auf nötige Aufteilung und verbotene Aufwertung v InsFord aus Mitteln der Masse ganz rechtsgrds Erwägungen.[34]

21 **5. Gesellschafterrechte.** Die mitgliedschaftlichen Rechte der Gesellschafter können in der GesellschaftsIns nicht als InsFord im Rang des § 38 zur Tabelle angemeldet werden; insb die

---

30 *Ries* ZInsO 2013, 1612, 1614. Soweit bspw versucht wird, einen Primat des Steuerrechts aus dem verfassungsrechtlichen Effektivitäts- und Gerechtigkeitsgebot beim Steuerzugriff herzuleiten (vgl etwa die Verweise bei *Krumm* Steuervollzug und formelle Insolvenz, Frankfurt 2009, S 19 ff), wird im Eifer übersehen, dass die §§ 811 ff, 850 ff ZPO gleichermaßen den Fiskus sperren, wie auch Zwangshypothek und -versteigerung erfolglos bleiben, wenn die Immobilie zuvor schon wertübersteigend belastet war. Die These v der Gleichheit im Belastungserfolg betr Festsetzung und allg Grundlagen der Erhebung endet also m den vollstreckungsrechtlichen Durchsetzungssperren des Einzelfalles. Erst hier wird das Fell des Bären zugeteilt.

31 Vgl *BGH* ZIP 1984, 1506, 1507 (sub II 2 b); *K Schmidt/Thonfeld* § 44 Rn 1: Rückgriff aufschiebend bedingt.

32 MK/*Hefermehl* § 55 Rn 101; *Dahl* NJW-Spezial 2010, 341; *Pape* FS Kreft 2004, S 446 ff; *Lüke* KS-InsO, S 706, 723 f Rn 45 ff; *Küpper/Heinze* ZInsO 2005, 409, 411 f; vgl auch *Pape* ZInsO 2008, 465, 417.

33 Allg zu Fragen der Teilbarkeit HambKomm/*Ahrendt* § 105 Rn 4.

34 Vgl *BGHZ* 150, 353 = ZIP 2002, 1093, 1094 mit Anm *Tintelnot* EWiR 2003, 125; *Kreft* FS Gero Fischer 2008, S 297, 298 f; *Ries* FS Runkel 2009, S 93, 103. S auch Erl zu § 103 Rn 32, wo *Marotzke* die analoge Anwendung auf gesetzliche Schuldverhältnisse zumindest erwägt.

Einlage ist als Haftungskapital der Gesellschaft den Gl vollständig zur Befriedigung zugewiesen (s stellvertretend § 30 GmbHG, § 172 Abs 4 HGB).[35] Zu Fragen der Durchsetzbarkeit von Rückzahlungsansprüchen aus Gesellschafterdarlehen s Erl § 39 Rn 19 ff.

Ähnliches, dh zumindest eine Rangrückstufung nach § 39 Abs 1 Nr 5, kann mit dem *BGH*[36] bei § 236 HGB für den atypisch **stillen Gesellschafter** in Betracht zu ziehen sein, wenn in einer Gesamtbetrachtung seine Rechtsposition derjenigen eines Kommanditisten im Innenverhältnis weitgehend entspricht und seine Einlage damit Eigenkapitalcharakter erhält. Ansonsten, soweit dies nicht der Fall ist, kann der stille Gesellschafters die Ansprüche aus § 236 HGB im Rang des § 38 zur Tabelle anmelden, so auch, nachdem der InsVerw bereits geleistete Auszahlungen per Anf nach § 136 in die Masse zurückholte; s dazu Erl bei § 136 Rn 2.[37] 22

6. Unterlassung. Unterlassungsansprüche als solche gewähren in aller Regel keine InsFord; sie richten sich gem § 890 ZPO üblicherweise gegen das Rechtssubjekt „Schuldner" und nicht gegen sein Vermögen.[38] Wegen evtl Aussonderungsqualität vgl § 47 Rn 19.[39] InsFord können jedoch aufgrund von Schadenersatzansprüchen für Zuwiderhandlungen (vor Eröffnung) bestehen. Wegen der Kosten einer **Ersatzvornahme** bei Unterlassen der Störungsbeseitigung s § 35 Rn 56. 23

7. Unklagbarkeit. Nicht klagbare Ansprüche (natürliche und unvollkommene Verbindlichkeiten, §§ 656, 762 BGB, vgl auch § 37e WpHG) gewähren keine anmeldefähige InsFord. Anders verjährte Forderungen, die der Gl anmelden kann, der Verw freilich bestreiten wird. Allerdings sind verjährte Steuerforderungen wegen §§ 47, 232 AO schon erloschen und deshalb keine InsFord mehr. 24

Keine InsFord besteht auch dann, wenn der Gl auf Eintreibbarkeit vertraglich verzichtet hat.[40] Ist eine sog Besserungsabrede getroffen, so kommt es darauf an, ob nach dem Parteiwillen die Forderung erst wieder aufleben soll, wenn der Besserungsfall eintritt (dann zuvor keine InsFord), oder ob bei Scheitern der Sanierung außerhalb des Verf nunmehr die Forderung geltend gemacht werden kann, was die Eigenschaft als InsFord begründen würde.[41] 25

Wurde(n) dem Schu in einem früheren Verf bereits nach § 301 Abs 1 die Restschuldbefreiung erteilt oder durch InsPlan Forderungen erlassen, begründen nachfolgend dennoch geleistete Zahlungen keinen Rückforderungsanspruch (§§ 301 Abs 3, 254 Abs 3). Zum anderen sind im Fall der RSB nach § 301 Abs 1 die damaligen InsFord nicht erneut zu einer Zweitinsolvenz anmeldefähig; an ihr nehmen nur NeuGl teil; vgl Erl § 35 Rn 41. Anders 26

---

35 *BGH* 10.10.2017 – II ZR 353/15; *OLG Hamburg* ZInsO 2015, 1794; *K Schmidt/Büterowe* § 38 Rn 11; *K/P/B/Holzer* § 35 Rn 19.

36 ZIP 2012, 1869. Vgl zuvor *BGH* ZIP 1981, 734 für den Fall, dass die stille Beteiligung gesellschaftsvertraglich als Beitrag der Kommanditisten vereinbart ist.

37 Vgl HambKomm/*Schröder* § 136 Rn 2 und HambKomm/*Kuleisa* § 84 Rn 11 f: mangels gemeinschaftlichen Vermögens keine Auseinandersetzung nötig; es besteht unmittelbare FordBerechtigung.

38 *K Schmidt/Büterowe* § 38 Rn 9; HambKomm/*Lüdtke* § 38 Rn 18. MK/*Ehricke* § 38 Rn 39 möchte dies auch auf öffentlich-rechtliche Unterlassungspflichten ausdehnen, soweit sich diese unmittelbar an den Schu richten.

39 S auch *BGHZ* 155, 371 = ZIP 2003, 1550: Ein vertraglicher Unterlassungsanspruch, der nicht dinglich abgesichert und inhaltlich nicht auf Aussonderung gerichtet ist, läuft leer, wenn der InsVerw den zu Grunde liegenden Vertrag nicht erfüllen muss.

40 *RGZ* 67, 390, 392; MK/*Ehricke* § 38 Rn 50.

41 *Uhlenbruck/Sinz* § 38 Rn 22; zu weiteren Auslegungsfragen sa *Jaeger/Henckel* § 38 Rn 12; MK/*Ehricke* § 38 Rn 51.

jedoch gem § 255 Abs 2 zum InsPlan; hier leben in einer Folgeinsolvenz Ford, die der InsPlan für erloschen erklärte, wieder auf und sie dürfen dort in vollem Umfang neu angemeldet werden.[42]

V. Begründetheit im Eröffnungszeitpunkt

27 **1. Zeitpunkt.** Eine InsFord liegt nur vor, wenn der Anspruch vor Eröffnung „**begründet**", dh zumindest schon in seinem Wesenskern „entstanden" war, und sei es auch nur aufschiebend bedingt. Dies bedeutet keineswegs, dass die Forderung bereits in jeder Hinsicht durchsetzbar bestehen, also zB schon „fällig" sein muss, wie §§ 41, 191 exemplarisch zeigen. Erforderlich ist nur, dass vor Eröffnung die Grundlagen des Schuldrechtsverhältnisses, aus dem sich der Anspruch ergibt, schon so ausreichend konkret vorhanden sind, dass es insb keiner weiteren Mitwirkung oder Wertschöpfung durch den Schu mehr bedarf. Bei einem mehraktigen Entstehungstatbestand müssen zumindest schon so viele Merkmale erfüllt sein, dass der Schu die Rechtsposition des Erwerbers nicht mehr durch einseitiges Verhalten zerstören kann.[43] Damit muss zu den Grundlagen jedenfalls der maßgebliche Lebenssachverhalt schon vollendet sein.[44] Davon abzugrenzen sind sog künftige Ansprüche, bei denen zwar möglicherweise schon ein lockerer „Rechtsboden" besteht, die sich aber letztlich erst nach VerfEröffnung vollenden. Insoweit können sich in der Grenzziehung ähnliche Fragen und Wertungen zeigen wie bei § 91 (Sperre für den Erwerb künftiger Rechte), wie bei § 140 Abs 1 (maßgeblicher Zeitpunkt der Vollendung einer Rechthandlung) und §§ 95 Abs 1, 96 Abs 1 Nr 1 (Schutz vorinsolvenzlich bestehender Aufrechnungslagen bzw -anwartschaften).

28 Ansprüche, die erst nach Eröffnung begründet werden, sind keine InsFord, sondern entweder Masseverbindlichkeit iSd § 55 oder sog NeuFord; so Rn 3.[45] Letztere richten sich allein gegen den Schu; nur ihm steht insoweit die Passivlegitimation und Prozessführungsbefugnis zu. Zu Fragen der Kompetenzüberlagerung so Rn 4 sowie Erl § 35 Rn 42 ff (Zuordnung nach Sphären, aktiv wie passiv).

29 **2. Besonderheiten, Fallbeispiele. – a) Befristete, bedingte und betagte Ansprüche. Befristete Ansprüche** entstehen iSd §§ 163, 158 Abs 1 BGB erst mit Inanspruchnahme der jeweiligen Gegenleistung, also typischerweise mit jeder Leistungsperiode neu. Das betrifft insb **Arbeits- und Dienstverträge**,[46] bei denen der Vergütungsanspruch erst mit der Erbringung

42 *BGH* WM 2014, 324.

43 Grundlegend zur Anwartschaft *BGH* NJW 1955, 544 (sub 2). Daneben stellt der IX. Zivilsenat mittlerweile (s etwa *BGH* ZVI 2008, 433 Rn 5: denkbare Lossagung vom Vertrag oder Nichterfüllung) sehr stark Wertschöpfungsthemen bzw spiegelbildlich Behinderungspotenziale/mögliche Pflichtverletzungen auf der Sekundärebene mit ins Bild. Das mag auf die InsAnf vielleicht passen, geht jedoch im Übrigen zu weit, da die rechtliche Anwartschaft an einem Hauserwerb niemand deshalb in Zweifel zieht, weil zB der Veräußerer das Haus noch anzünden und vor Umschreibung völlig vernichten kann; insofern krit Uhlenbruck/*Berscheid/Ries* 13. Aufl, § 114 Rn 18.

44 *BGH* ZInsO 2010, 2184 Rn 7; ZInsO 2005, 537 (sub II 4); *BAGE* 118, 115 = ZIP 2006, 1962 Rn 15; *BFH* ZInsO 2013, 1739 Rn 23 ff.

45 Zur **Prozesskostenerstattung**, wenn eine Klage erst nach Eröffnung allein gg den Schu erhoben ist, *BGH* ZIP 2014, 480 (NeuFord). Für den anderen Fall der „Aufnahme" eines bei Eröffnung schon laufenden Prozesses durch den Verw gilt der Grds der „Einheitlichkeit der KostenEntsch", zumindest bezogen auf die jeweilige Instanz (insofern dann Masseverbindlichkeit; in den Details teilw str); vgl *BGH* ZIP 2006, 576 Rn 15; ZIP 2006, 2132 Rn 13; ZIP 2008, 1441 Rn 29; *BFH* ZIP 2014, 1600 Rn 9 f. Zum Ganzen ausf Komm § 55 Rn 5.

46 *BGH* ZIP 2010, 335 Rn 21; zuvor *BGH*, ZVI 2008, 433 Rn 5 mit Verweis auf *RGZ* 142, 291, 295; *BGHZ 167, 363* = ZIP 2006, 1254 Rn 7; *BGH* ZIP 1997, 513, 514; *BAG* NJW 1993, 2699, 2700; **aA** *Flöther/Bräuer* NZI 2006, 136, 144. Krit auch Uhlenbruck/*Berscheid/Ries* 13. Aufl, § 114 Rn 18; *Riedel* ZVI 2008, 420.

der Arbeits- bzw Dienstleistung entsteht, sowie **Mietverträge**,[47] bei denen sich der Anspruch auf Mietzins am Beginn der jeweiligen Gebrauchsüberlassungsperiode orientiert (dh üblicherweise jeden Monat neu entsteht). Mit anderen Worten: Der Arbeitnehmer bzw Vermieter erwirbt nicht schon mit Vertragsabschluss, sondern erst durch synallagmatischen Leistungsaustausch einen gesicherten, nicht mehr entziehbaren Zahlungsanspruch. Dementsprechend ist, wenn der Eröffnungsstichtag mitten in eine laufende Periode hineinfällt, dem Rechtsgedanken von § 105 folgend aufzuteilen in vorinsolvenzliche (§ 38) und massebezogene Leistungsteile (§ 55 Abs 1 Nr 2).[48] Die Nutzungsentschädigung (§ 546a BGB) aus einem vor Eröffnung aufgelösten Mietvertrag bleibt jedoch InsFord.[49]

Mit Vertragsabschluss **bedingte oder betagte Ansprüche** hängen in ihrer Durchsetzbarkeit nur noch vom Bedingungseintritt oder vom bestimmten Fristablauf und -beginn ab.[50] Hierhin zählt auch das Merkmal der „Fälligkeit" (vgl § 271 BGB).[51] Sie sind also schon mit Vertragsabschluss begründet und InsFord, soweit dieser Zeitpunkt vor der Eröffnung liegt. Bei Sukzessivlieferungsverträgen ist § 103 zu beachten; vgl insb § 103 Rn 78, 112, § 105 Rn 2 f. **30**

b) Ansprüche aus vorinsolvenzlichem Stammrecht. Ansprüche, die automatisch aus einem bereits vor Eröffnung zustande gekommenen Stammrecht fließen (zB **Rentenansprüche** aus Vertrag oder unerlaubter Handlung), sind InsFord; vgl Erl § 35 Rn 40, 45. Zum schuldrechtlichen **Versorgungsausgleich** in Ehesachen s Rn 46. Zum **Finanzierungsleasing** s Nachw zu Rn 30 (Fn 50). Der **Herausgabeanspruch des Vermieters** für die Zeit nach Vertragsbeendigung folgt bereits aus dem Abschluss des Mietvertrages aufschiebend bedingt; deshalb ist in der Ins des Mieters auch der Entschädigungsanspruch nach § 546a BGB im Zweifel InsFord,[52] es sei denn, der InsVerw wurde aktiv tätig und hat die Mietsache für die Masseabwicklung beansprucht.[53] **31**

c) Bürgenrückgriff. Rückgriffsrechte von **Bürgen** oder Mitverpflichteten sind InsFord, sofern die Verpflichtung (Bürgschaft usw) vor Eröffnung eingegangen wurde, auch wenn die den Rückgriff begründende Leistung erst nach Eröffnung geschah.[54] § 44 ist zu beachten. **32**

d) Steuerrechtliche Ansprüche. In der finanzgerichtlichen Rspr fehlt oftmals die dogmatisch richtige **Schnittstellendefinition**. Zwar wird die steuerrechtliche Lage zunächst vorab materiell (sowie verfahrenstechnisch) nach Maßgabe des SteuerR geklärt und verbeschieden, und zwar hinsichtlich des Schu als „Rechtsträger".[55] Nachlaufend schließt sich aber als eigenständiger Sonderkomplex das speziellere „VerteilungsR" der InsO mit seinem Fundamentalprinzip einer „par condicio creditorum" an. Dieses besondere Verteilungsrecht ist bei **33**

---

47 *BGH* ZIP 1997, 513 (sub II 1 a aa); ZIP 2007, 239 Rn 13; ZIP 2007, 1507 Rn. 17; *BGH* ZIP 2010, 335 Rn 21; s ausf *Ehricke* ZInsO 2008, 1058 mit zahlreichen Nachweisen. Wichtig: Für das sog Finanzierungsleasing hat der BGH aber genau anders herum entschieden, dh vollständige (betagte) Anspruchsbegründung schon mit Vertrag und erstmaliger Überlassung (s *BGHZ* 111, 84 = ZIP 1990, 646; *BGH* ZIP 2010, 335 Rn 21; ZIP 2013, 1082 Rn 29).

48 Vgl *BGHZ* 150, 353 = ZIP 2002, 1093, 1094 mit Anm *Tintelnot* EWiR 2003, 125; *Kreft* FS Gero Fischer 2008, S 297, 298 f; *Ries* FS Runkel 2009, S 93, 103.

49 *BGH* ZIP 2007, 340.

50 Beispiel Finanzierungsleasing: *BGHZ* 111, 84 = ZIP 1990, 646; *BGH* ZIP 2013, 1082 Rn 29. Vgl auch *BGH* ZIP 2010, 332 (befristeter Mietvertrag zu bereits überlassenen beweglichen Sachen).

51 Zur näheren Erl des Fälligkeitsbegriffs *BGH* ZIP 2007, 1114 Rn 16.

52 *OLG Brandenburg* ZIP 2015, 1790

53 Im zuletzt genannten Fall Masseschuld; s *BGH* ZIP 2015, 589 Rn 77, 81 ff mwN.

54 *BGH* ZIP 1984, 1506, 1507 (sub II 2 b); *K Schmidt/Thonfeld* § 44 Rn 1: Rückgriff aufschiebend bedingt.

55 Vgl *Ries* NZI 2010, 498.

genauerem Hinsehen „lex specialis" ggü nicht insolvenzspezifisch ausgerichteten Normen wie §§ 34 Abs 3, 35 AO; manch ein Steuerschuldner überträgt seine Vermögensverwaltung auf Dritte; aber längst nicht jeder ist insolvent. Im Insolvenzfall ist „Zahlender" letztlich nicht mehr der Schu, der vorab alles Pfändbare, was er besaß, in die Masse hineingab. Leistungen des InsVerw auf steuerrechtliche Masseschulden erfolgen stattdessen wertungsmäßig aus dem Finanztopf aller Gl; es geht um das zu „ihren" Gunsten beschlagnahmte Geld und ein internes Gerechtigkeitsgefüge all dieser Gl untereinander – als gleichberechtigte Risikogemeinschaft.[56]

34 Demgegenüber muss man in der finanzgerichtlichen Rspr leider Entwicklungen konstatieren, die eher ergebnisorientiert und fiskalfreundlich wirken – auf Kosten der anderen Mitgläubiger. So legten in früheren Jahren vor allem der V. und der XI. BFH-Senat den Begründungszeitpunkt staatlicher Ansprüche zur Umsatzsteuer (USt) möglichst spät, um daraus gem § 55 Abs 1 Masseverbindlichkeiten herzuleiten, während gleichzeitig der VII. BFH-Senat (ua zuständig für die Erhebung) bei nahezu vergleichbaren Sachverhalten den Zeitpunkt wiederum ganz früh ansetzte, um hierdurch insolvenzrechtlichen Aufrechnungsverboten nach § 96 Abs 1 Nr 1 und 3 auszuweichen. Inzwischen zeigt sich immerhin das ernstliche Bemühen aller BFH-Senate um eine einheitliche Linie; diese Rspr bezieht nun auch grundlegende Judikate des BGH sachgerecht ein. Das zeigt sich exemplarisch in einem Beschl v 11.7.2013[57], wonach der XI. Senat des BFH mit dem dortigen V. und VII. Senat übereinstimmt, dass sich die Einstufung eines USt-Anspruches des Finanzamts als InsForderung (§ 38) oder Masseverbindlichkeit (§ 55) allein nach dem Zeitpunkt bestimmt, zu dem der den USt-Anspruch begründende **Lebenssachverhalt** vollständig verwirklicht und abgeschlossen ist. Unerheblich ist dagegen der Zeitpunkt der Abgabe der Steueranmeldung oder des Erlasses des Steuerbescheids; nicht entscheidend ist ferner, ob der Voranmeldungszeitraum oder Besteuerungszeitraum erst während des InsVerfahrens abläuft, wie überhaupt letztlich bei abgeschlossenem Sachverhalt unmaßgeblich wird, wann der Steueranspruch (etwa iSv § 13 UStG) vollständig als solcher entstanden ist.[58]

35 Spez bei der **Umsatzsteuer** (USt)[59] muss man allerdings zwischen „Ist"- und „Sollbesteuerung" unterscheiden. Für die **„Ist"-Besteuerung** gem §§ 20, 13 Abs 1 Nr 1b UStG zählt nach Ansicht des *BFH*[60] nicht nur die Ausführung einer Lieferung und Leistung an den Abnehmer; besteuert wird vielmehr die Vereinnahmung des Entgeltes an sich. Dementsprechend vollendet sich erst im Moment des Zahlungseingangs der maßgebliche Lebenssachverhalt, dh bei Lieferung und Geldeingang v InsEröffnung liegt eine InsFord (§ 38) vor; bei Geldeingang danach eine Masseverbindlichkeit (zum Sonderfall des § 55 Abs 4 s nachstehend Rn 36, 41). Bei der **„Soll"-Besteuerung** gem §§ 16 Abs 1, 13 Abs 1 Nr 1a UStG erlangt der Moment der Zahlung normalerweise steuerrechtl keine Bedeutung; im Vordergrund steht hier die Lieferung und Leistung. Der BFH ist jedoch an dieser Stelle wieder in altes Fiskaldenken zurückgefallen (s Rn 34), in dem er mittels zw Analogie zu § 17 Abs 2 Nr 1 UStG eine neue – außerinsolvenzliche – Rangfolgezuordnung erfunden hat. Dabei stellte das erste GrundsatzUrt v 9.12.2010 zunächst allein auf den Zeitpunkt der InsEröffnung ab.[61] Demnach entfällt mit InsEröffnung durch § 80 die Inkassobefugnis des Schu mit der Folge, dass er die Ford bei sich zunächst als **uneinbringlich** ausbuchen muss, falls sie noch nicht bezahlt ist. Zugleich findet

---

56 *Ries* NZI 2010, 498, 499.
57 *BFH* ZInsO 2013, 1739 Rn 23 ff mwN.
58 S *BFH* ZIP 2012, 2217 mit Anm *Ries* EWiR 2013, 17. Unzutr von daher *VG Frankfurt/Oder* 26.4.2017 – 5 K 224/14, soweit dort auf die Zustellung des Beitragsbescheides abgestellt wird.
59 Zur Frage des Begründetseins ausf *Waza/Uhländer/Schmittmann* Rn 1963 ff.
60 *BFHE* 224, 24 = ZIP 2009, 977; bestätigt mit *BFHE* 232, 301 = ZIP 2011, 782.
61 *BFHE* 232, 301 = ZIP 2011, 782 Rn 18 mit Anm *Mitlehner* EWiR 2011, 323.

mit InsEröffnung ein Wechsel v der „Soll"- zur „Ist"-Besteuerung statt. Soweit der InsVerw demnach Altdebitoren vereinnahmt, liegt eine Masseschuld (§ 55) vor. **Wichtig:** Nach Ansicht des BFH[62] betrifft dieser Berichtigungszwang **alle** zum Stichtag der InsEröffnung offenen Debitoren, egal auf wessen bis dahin getätigten Umsatzgeschäften sie beruhen. Erfasst werden also auch solche Lieferungen und Leistungen, welche Schu und vorl Verw noch gemeinsam bis zum Abschluss des InsEröffnungsVerf erbringen oder beziehen (!).

Darüber hinaus tastete sich der V. Senat zeitlich weiter nach vorne bis hin zum **Moment verfügungsbeschränkender Sicherungsanordnungen** des InsG iSv § 21 Abs 2 Nr 2 Alt 2 (AnO eines sog „Zustimmungsvorbehaltes") iVm § 23 Abs 1 S 3 (AnO der Inkassobefugnis des vorl Verw).[63] Für umsatzsteuerrechtliche Verbindlichkeiten ist danach insgesamt auf die **Entgeltvereinnahmung**[64] **durch den vorl InsVerw** abzustellen. Wird ihm das Recht zum Forderungsinkasso übertragen, sind Steuerbetrag und Vorsteuerabzug für die Leistungen, die der Schu bis zur Bestellung des vorl Verw erbracht oder bezogen hat, in einem ersten Schritt ebenfalls nach § 17 Abs 2 Nr 1 UStG auf diesen Bestellungszeitpunkt zu berichtigen. In einem zweiten Schritt sind sie mit Geldeingang beim vorl Verw neu zu erfassen und im dritten Schritt ist eine daraus saldiert hervorgehende Zahllast nach InsEröffnung gem § 55 Abs 4 als **Masseschuld** zu begleichen. Der Sache nach entfällt damit – grob vereinfacht – eine „Soll"-Besteuerung schon ab AnO der erwähnten gerichtl Sicherungsmaßnahmen – und faktisch werden somit alle Einnahmen des vorl Verw „Ist"-versteuert. 36

Hier zeigt sich, wie hochgradig problematisch die Aussage des V. Senates ist,[65] allein nach den Vorschriften des Steuerrechts richte sich, welche Anforderungen im Einzelnen an die vollständige Tatbestandsverwirklichung zu stellen sind. Nur umgekehrt wird ein Schuh daraus: Weil InsRecht die spezielleren Verteilungs- und Rangzuordnungsnormen beinhaltet (vgl Rn 2, 33), sind zur Einstufung als InsFord oder Masseverbindlichkeit vorrangig dessen Wertungsvorgaben zu berücksichtigen. Danach sind a) alle InsGl – folglich auch die Finanzverwaltung – im Insolvenzfall typischerweise von Vorleistungsrisiken betroffen, und b) ließ der Gesetzgeber ganz bewusst die Möglichkeit ungenutzt, zur USt ein dingliches AbsonderungsR[66] zu statuieren. Schon deshalb ist die „praeter legem" stattfindende Neuerfindung[67] nichtinsolvenzlicher (Sonder)Verteilungskategorien durch den BFH rechtsstaatlich zu missbilligen. Abw zum V. Senat war bei vorinsolvenzlicher Ausgangsleistung mit Rechnung der Lebenssachverhalt einer „Soll"-Besteuerung schon komplett vollendet; ein nachträgliches „Aufladen" oder „Hochwerten" von InsFord lässt die InsO schlechterdings nicht zu (vgl erg §§ 91, 129 ff, 140). Auch widerspricht das *BFH*-Urt v 25.9.2014[68] dem erklärten Willen des Gesetzgebers, mit Einführung des neuen § 55 Abs 4 (per HBeglG 2011) lediglich weitere Vertiefungsschäden – durch Weiterwirtschaften des Schu in der vorl Verw – abwenden zu 37

62 *BFH* 24.9.2014 – V R 48/13, BFHE 247, 460; nochmalig bestätigt 6.9.2016 – V B 52/16.

63 *BFH* 24.9.2014 – V R 48/13, BFHE 247, 460 mit Anm *Schmittmann* EWiR 2015, 19.

64 Anders noch BMF-Schreiben 17.1.2012, BStBl I 2012, 120, welches die einvernehmliche „Leistungserbringung" nach Bestellung des vorl Verw für entscheidend hielt.

65 *BFHE* 232, 301 = ZIP 2011, 782 Rn 18 mit Anm *Mitlehner* EWiR 2011, 323.

66 Darüber wurde damals ernstlich debattiert (vgl den Hinweis auf § 51 bei *Ries* NZI 2010, V, VI liSp), womit schon die Ausgangsthese des BFH falsch ist, der nämliche Gesetzgeber, der selbst die USt schuf, könne sich anders als sonstige Vertragspartner nicht absichern. Der Gesetzgeber hielt bewusst an dem Modell fest, dass USt „Masseeinnahme" und nicht durchlaufendes „Fremdgeld" ist (dazu stellvertretend *BGH* ZIP 2010, 2252 mit Anm *Ries* EWiR 2011, 59). Anderes gibt auch die EuInsVO nicht vor.

67 Von *Kahlert* ZIP 2015, 11 auch betitelt als „neuer Schöpfungsakt."

68 *BFH* 24.9.2014 – V R 48/13, BFHE 247, 460 Rn 17 ff.

wollen,[69] aber gerade nicht darüber hinaus nun auch Steuern zu sichern und zu Masseschulden aufzuwerten, die ohne gerichtl AnO von Sicherungsmaßnahmen für die Finanzverwaltung bereits verloren, dh nur noch potenzielle InsFord gewesen wären.

38 Von daher auch rechtsstaatlich äußerst bedenklich die aktuelle BFH-Rspr[70] zur InsAnf gem §§ 129 ff – weil rein ergebnisorientiert auf falschen Ausgangsthesen basierend. Demnach soll, wenn in der angefochtenen Ursprungszahlung „Umsatzsteuer" enthalten war, die InsAnf einen Berichtigungstatbestand gem § 17 Abs 2 Nr 1 S 2 UStG auslösen. Dieser soll wiederum in Höhe des zurückgezahlten Betrages (statt einer InsFord) eine Masseverbindlichkeit iSd § 55 Abs 1 Nr 1 begründen. Das missachtet nicht nur (ohne vorherige Anrufung des Gemeinsamen Senates der obersten Gerichtshöfe) das Grundsatzurteil des *BGH* vom 7.5.1991[71] und die Spezialregelung des § 144 Abs 2,[72] sondern bricht zugleich mit fundamentalen Grundprinzipien der „par condicio creditorum".[73] Die InsAnf soll gerade den Gleichbehandlungsgrundsatz in ganz besonderer Weise absichern. Der InsVerw zieht danach nicht „Umsatzsteuer" zurück zur Masse, sondern – hiervon völlig abstrahierend – überhaupt nur „Geld", und zwar nach „lex specialis"-Erwägungen mit dem alleinigen und eindeutig vorrangigen Ziel, es solle die Masse final tatsächlich anreichern, also nicht demselben Gl auf andere Weise sogleich wieder zufließen.[74]

---

69 BT-Drucks 17/3030, 43: „*Durch die Umsatztätigkeit* eines schwachen vorläufigen Insolvenzverwalters *entstehen im Insolvenzeröffnungsverfahren weitere Steuerrückstände*, ohne dass das Finanzamt hierauf Einfluss nehmen kann. Insofern ist der Fiskus gegenüber anderen Gläubigern benachteiligt, die im Eröffnungsverfahren Vorkehrungen gegen drohende Verluste durchsetzen können. Die Anreicherung der Insolvenzmasse durch die im Eröffnungsverfahren *zusätzlich* entstehenden Steuerausfälle stellt deshalb eine ungerechtfertigte Benachteiligung des Fiskus dar." [Hervorheb. in kursiv durch Verf, der seinerzeit aktiv die Dinge mit Haushaltspolitikern besprach]. So außerdem die Antwort des BMF v Oktober 2010 auf eine Informationsbitte der Arbeitsgruppe „Haushalt" der Koalitionsfraktionen. Demggü behauptet der BFH einen sehr viel weitergehenden Willen des Gesetzgebers, den es so nie gab.

70 *BFH* 15.12.2016 – V R 26/16, BFHE 256, 571; 29.3.2017 – XI R 5/16, BFHE 257, 465; s dazu *BMF*-Rundschr v 3.7.2017, ZInsO 2017, 1542.

71 IX ZR 30/90, BGHZ 114, 315, 320 f: „Der konkursrechtliche Rückgewähranspruch nach § 37 Abs 1 KO ist nicht die Umkehrung des öffentlich-rechtlichen Anspruchs auf Abgaben".

72 Danach erklärt das G allein eine echte, synallagmatisch geprägte und der Masse nützliche „Gegenleistung" (welche iaR nur aus einem gegenseitigen Schuldvertrag hervorgeht) zur denkbaren Grundlage privilegierter Rückzahlung, nicht jedoch an das Finanzamt gezahlte USt. Zu den Wirkungsmechanismen v § 144 Abs 2 S 2 *Ries* ZInsO 2012, 1751, 1752 re Sp.

73 Zutr *Eisolt* ZinsO 2017, 630, 634: „Ergebnis mit den Wertungen des InsO unvereinbar", weil „der Fiskus systemfremd mehr als andere Gläubiger, die auf eine quotale Befriedigung beschränkt sind, davon profitiert, wenn anfechtbare Beträge zurückgewährt werden". S auch *BAG* 27.2.2014 – 6 AZR 367/13 Rn 31: „Der Gesetzgeber hat sich bewusst dafür entschieden, in der Insolvenz **alle** Gläubiger unter Aufgabe aller bisherigen Konkursvorrechte gleichzubehandeln." Zuvor aaO Rn 23: „Der Gesetzgeber hat erkannt, dass das Prioritätsprinzip zu einer nicht zu rechtfertigenden Bevorzugung des oft nur zufällig schnelleren Gläubigers führt, … . Ein Gläubiger kann und darf nach der Wertung des Gesetzgebers durch staatlichen Zwang oder Drohung mit einem solchen Zwang in der kritischen Zeit keine Priorität mehr gegenüber anderen Gläubigern erwirken".

74 Ausf *Ries* ZInsO 2010, 2382, 2384: Insolvenzrechtliche Wirkungsmechanismen beeinflussen nicht Rechtmäßigkeit und Wirksamkeit der Ausgangsrechtsbeziehung, sondern entfalten nur besondere, nachfolgend wirkende Durchsetzbarkeitssperren; s auch *ders* ZInsO 2012, 1751, 1756: Zuordnung und Verteilung von „Mengen", nicht von „Recht". Es geht im InsVerf um den „Vollstreckungserlös" an sich, nicht um irgendeine schuldrechtliche „causa".

Ungeachtet dessen gebietet die praktische Handhabe, die neue BFH-Rspr zu beachten. Dafür bringt sie im Gegenzug ein Vorsteuerabzugsrecht der Masse auch bei nachträglicher Bezahlung vorinsolvenzlicher ausgelieferter **Eigentumsvorbehaltsware** sowie bei Abschlags- oder Schlussverteilungen auf die **Quotenausschüttungen** zu umsatzsteuerbaren Lieferbezügen.[75] Im Übrigen bleiben Schadenersatzansprüche des Finanzamtes aus einem sog Umsatzsteuerkarussell gewöhnliche InsFord ohne Vorzugsrechte bei der Vollstr.[76] **39**

Um solchen InsVerf einen gewissen Vertrauensschutz zu gewähren, deren Bearbeitung schon weit fortgeschritten ist, bestimmt das BMF-Schreiben v 22.10.2015,[77] die neuen Grundsätze des BFH-Urt v 24.9.2014 (insb die dort in Rn 9–23 getroffenen Regelungen) erstmalig auf Steuerfälle anzuwenden, bei denen die gerichtl **SicherungsAnO nach dem 31.12.2014 angeordnet** wurden. In den älteren Fällen soll es bei den Aussagen des BMF-Schreibens v 17.1.2012[78] (dort insb Rn 11–19) verbleiben. **40**

Die Neuregelung des § **55 Abs 4**, eingeführt durch das HBeglG 2011, wirft zur vorl InsVerwaltung unter Zustimmungsvorbehalt (§ 21 Abs 2 Nr 2 Alt 2) eine Vielzahl v Abgrenzungsthemen auf, von denen hier einige wie folgt umrissen seien: **41**

(a) **Lieferungen und Leistungen des Schu aus der Zeit *vor* AnO gerichtlicher Sicherungsmaßnahmen:**

(aa) **„Ist"-Besteuerung**: Wenn der **vorl ZustimmungsVerw** das Geld empfängt, ist nach BFH[79] ein Fall des § 55 Abs 4 gegeben (da vor Geldeingang noch keine Voranmeldung stattfand, Berichtigungskonstellation nur insofern, als mit Eingang zur alten Steuer-Nr zu erfassen, aber nach InsEröffnung zur neuen SteuerNr der Masse umzubuchen).
Wenn das Geld **erst nach InsEröffnung** beim endgültigen Verw eingeht, von vornherein normale Masseschuld gem § 55 Abs 1 Nr 1 Alt 2[80] (keine Berichtigungskonstellation).

(bb) **„Soll"-Besteuerung**: Wenn der **vorl ZustimmungsVerw** das Geld empfängt, ist nach BFH[81] ein Fall des § 55 Abs 4 anzunehmen (Berichtigungskonstellation: vom Schu vorangemeldeter Debitor mit AnO der Sicherungsmaßnahmen zur alten Steuer-Nr auszubuchen; Übergang von der „Soll"- zur „Ist"-Besteuerung, dh mit Geldeingang beim vorl Verw wieder zur alten SteuerNr einzubuchen; nach InsEröffnung sodann zur neuen SteuerNr der Masse umzubuchen).
Wenn das Geld **erst nach InsEröffnung** beim endgültigen Verw eingeht, ist USt-Zahllast ein Fall des § 55 Abs 1 Nr 1 Alt 2.[82] § 55 Abs 4 (der dann nicht gilt) und *BFH* 9.12.2010[82] haben hier nur scheinbar identische Wirkung. Die zeitlichen Ein-

---

75 Tatsächliche Zahlung führt zu neuer „Einbringlichkeit" beim Lieferanten; vgl *BFH* ZIP 2010, 383 LS 2; *Wäger* DStR 2011, 1925 unter 2.1.
76 *BGH* ZIP 2007, 2228.
77 BStBl 2015 II, 506.
78 BStBl 2012 I, 120.
79 *BFH* 24.9.2014 – V R 48/13, BFHE 247, 460 Rn 20 ff; aber dogmatisch sehr fragwürdig. Der Gesetzgeber wollte, wie zu Rn 37 im Kontext der Fn 66 besprochen, ausschließlich Nachteile beseitigen, die „aus *neuer* Umsatztätigkeit" nach AnO der vorl Verw, dh aus sodann neu hinzutretenden Steuerausfällen erwachsen. Das schlichte Inkasso des vorl Verw setzt hingegen auf schon bestehenden Forderungen infolge *früherer* Umsatztätigkeit auf. Deshalb entsteht nach hier vertretener Ansicht an dieser Stelle nur eine InsFord.
80 *BFHE* 224, 24 = ZIP 2009, 977.
81 *BFH* 24.9.2014 – V R 48/13, BFHE 247, 460 Rn 20 ff; aber dogmatisch sehr fragwürdig; dazu schon Fn 79.
82 *BFHE* 232, 301 = ZIP 2011, 782.

satzpunkte sind unterschiedlich (§ 55 Abs 4: ab Eröffnung; BFH: erst mit Eingang der Zahlung nach Eröffnung; Berichtigungskonstellation also: vom Schu vorangemeldeter Debitor mit AnO der Sicherungsmaßnahmen zur alten Steuer-Nr. auszubuchen; Übergang von der „Soll"- zur „Ist"-Besteuerung, erst mit Datum des Geldeingangs im eröffneten Verf vom Verw direkt zur neuen MasseSteuerNr einzubuchen).

(cc) Bleibt der **vorl Verw inaktiv**, verwertet jedoch ein **AbsonderungsGl völlig eigenständig** bewegliches Sachgut und kommt diese Verwertung bereits vorinsolvenzlich zum Abschluss, entsteht keine InsFord nach § 38, weil der AbsonderungsGl gem § 13b Abs 2 Nr 2 UStG selbst Steuerschuldner wird. Hat der AbsonderungsGl zwar vorinsolvenzlich Besitz erlangt, aber die Endverwertung erst während des eröffneten InsVerf vollzogen, entsteht laut *BGH*[83] und *BFH*[84] erst im Moment der Endverwertung eine Masseschuld, wobei sich der InsVerw den Umsatzsteuerbetrag sodann beim AbsonderungsGl zurückholt (also buchungstechnisch keine Berichtigungskonstellation).

(dd) Der Schu hat seine **Kundenforderungen globalzediert**; der schwache vorl Verw zieht sie ein. Lässt man mit dem BFH zur Anwendbarkeit des § 55 Abs 4 schon das Inkasso an sich genügen (umstr; so bei Fn 66 und 71), ist wg der dann entstehenden Massebelastung das Absonderungsrecht des Zessionars auf den Nettoerlös zu beschränken.[85]

(b) **Lieferungen und Leistungen des Schu aus der Zeit nach AnO gerichtlicher Sicherungsmaßnahmen, aber vor InsEröffnung:**

(aa) **„Ist"-Besteuerung**: keine Besonderheiten (erst Zahlungseingang führt zur jeweiligen Buchung; vgl vorstehend (a) (aa))

(bb) **„Soll-Besteuerung**: In dieser Besteuerungsform werden die **Geschäfte des vorl ZustimmungsVerw** zunächst ganz normal debitorisch und kreditorisch fakturiert sowie zur alten SteuerNr des Schu gebucht; mit der InsEröffnung aber Wechsel von der „Soll"- zur „Ist"-Besteuerung (Berichtigungskonstellation: alle zur InsEröffnung unbezahlten Debitoren sind auszubuchen, egal welcher vorherigen Genese sie waren;[86] später nach InsEröffnung mit Datum des jeweiligen Geldeingangs zur neuen SteuerNr der Masse wieder einzubuchen – faktisch zum selben Ergebn kommt derjenige, der bereits ab AnO der vorl Sicherungsmaßnahmen zur „Ist"-Verbuchung wechselt). Aber Achtung: Nach InsEröffnung müssen jeweils zwei Buchungskreise zusammengeführt werden („Soll"-Verbuchung der Neugeschäfte des eröffneten Verf/„Ist"-Verbuchung tatsächlich empfangener Debitoren aus früherer Zeit).

42 **Weitere Bearbeitungshinweise:** Insb in Fällen der **Masseunzulänglichkeit** sollte man, soweit nach dem Vorgesagten jeweils Umbuchungen zur MasseSteuerNr stattzufinden haben, zwecks differenzierter Erfassung und technischer Weiterverarbeitung im Finanzamt Alt- und Neuumsätze getrennt melden, zB mit ursprünglicher Monatsangabe. Denn eine MUZ-Anzeige am Eröffnungsstichtag löst getrennte Rangfolgen aus (Ansprüche aus § 55 Abs 4 im Nachrang § 209 Abs 1 Nr 3; Neuumsätze ab Eröffnung § 209 Abs 1 Nr 2).

---

83 *BGH* ZIP 2007, 1126 Rn 10.

84 *BFHE* 217, 310 = ZIP 2007, 1998; ZInsO 2010, 721. Krit bespr von *Ries* ZInsO 2010, 689; ähnlich skeptisch *Schimansky/Bunte/Lwowski/Ganter* BankR-Handbuch, 4. Aufl 2011, § 95 Rn 187; *Mitlehner* NZI 2002, 534, 535; *Nehrig* DZWiR 2006, 141.

85 Das rechtfertigt sich aus den rechtsgrundsätzlichen Erwägungen v *BGH* ZIP 2007, 1126 Rn 16 ff.

86 *BFH* 24.9.2014 – V R 48/13, BFHE 247, 460 Rn 31.

Für **Lieferungen und Leistungen aus der Zeit** nach **InsEröffnung** gilt letztlich nichts Besonderes. Es entstehen sowohl bei „Ist"- wie auch bei „Soll-Besteuerung stets Masseverbindlichkeiten iSd § 55 Abs 1 Nr 1 Alt 2. Besonderheiten greifen allenfalls bei Masseunzulänglichkeitslagen, weil die MUZ-Anzeige nach § 208 Abs 1 einerseits vergleichbar der InsEröffnung wirkt und passiv die FordDurchsetzung v Altmasseverbindlichkeiten iSd § 209 Abs 1 Nr 3 sperrt, andererseits auf der Aktivseite aber das fortlaufende InkassoR des InsVerw nicht verändert, also insoweit keinesfalls auf der Aktivseite einen Berichtigungstatbestand iSd § 17 Abs 2 Nr 1 UStG hervorruft. 43

Mit *BFH*-Urt v 8.8.2013[87] hat zugleich in Fällen der **umsatzsteuerlichen Organschaft** eine Neuorientierung stattgefunden. Bis dahin hatte der BFH ständig entschieden, die Anordnung von Sicherungsmaßnahmen im Vermögen der Organgesellschaft gem § 21 Abs 2 Nr 2 Alt 2 (schwacher vorl InsVerw mit Zustimmungsvorbehalt) belasse der Organträgergesellschaft nach wie vor beherrschenden Einfluss.[88] Entspr musste in der Vergangenheit bis zur InsEröffnung nur die Organträgergesellschaft USt abführen, unterdessen bei der Organgesellschaft (mangels eigener Steuerschuld) idR keine Steuerrückstände und somit auch keine InsFord bestanden haben. Zudem unterlagen interne Rückgriffsansprüche der Organträgergesellschaft der bes Nachranganordnung v § 39. Nach dem Urt v 8.8.2013 endet nunmehr das Organschaftsverhältnis bereits mit Anordnung der Sicherungsmaßnahmen, womit sich für die Organgesellschaft ab dann ein eigenes Steuerschuldverhältnis ergibt. Dabei zeigen sich nun auch bei ihr die klassischen Zuordnungsthemen, wie vorstehend (Rn 33 ff) erörtert. 44

Zur **Einkommen- (ESt)** oder **Körperschaftssteuer (KSt)**[89] sind bei InsEröffnungen im laufenden Kalenderjahr Veranlagungsabschnitte zu bilden.[90] Daraus ergibt sich der bis zur InsEröffnung bereits begründete und § 38 unterfallende Teil der Steuerschuld, wobei allerdings § 55 Abs 4 zu beachten und für das Handeln des vorl Verw – insb wenn zur Eröffnung Massunzulänglichkeit droht – ggf ein eigener Besteuerungsabschnitt zu bilden ist. Zum bes Problem der Aufdeckung stiller Reserven s bereits § 35 Rn 64.[91] **Lohnsteuerforderungen** sind begründet, soweit der Bruttolohnanspruch vor Eröffnung entstand; nach dem sog Zuflussprinzip (vgl § 38 Abs 2 EStG) ist die Lohnsteuer allerdings nur auf tatsächlich an die Arbeitnehmer geleistete Auszahlungen abzuführen. Beachte: Leistungen der Agentur für Arbeit zum InsGeld (§§ 165 ff SGB III) bleiben gem § 3 Nr 2 EStG lohnsteuerfrei; insoweit entsteht also keine InsFord. Die **Kfz-Steuer**[92] ist gem §§ 6, 11 Abs 1 KraftStG idR für 1 Jahr im voraus zu zahlen; sie ist bei InsEröffnung tagweise pro rata temporis aufzuteilen.[93] Eine anteilige InsFord entsteht aber letztlich nur bei nicht geleisteter Vorauszahlung. Die **ErbschSt** ist Masseverbindlichkeit, wenn der Schu nach InsEröffnung (Mit)Erbe wird und der Verw die Beteiligung nicht freigab, sondern weiter in der Masse behielt.[94] Der Erbe schuldet die ErbschSt persönlich; sie ist aber zugleich Nachlassverbindlichkeit (§§ 325 InsO, 1967 Abs 2 BGB, 20 Abs 3 ErbStG).[95] 45

---

87 ZIP 2013, 1773.

88 Stellvertretend *BFHE* 204, 520 = ZIP 2004, 1269; BeckRS 2012, 95667.

89 Nach § 2 Abs 7 EStG und § 7 Abs 3 KStG handelt es ich um sog Jahressteuern; die Steuerpflicht entsteht insofern am 1. Tag des Folgejahres.

90 Näher im Detail, auch m umfangreichen Hinweisen zu den maßgeblichen Aufteilungskriterien, *Waza/Uhländer/Schmittmann* Rn 1451 ff.

91 Nähere Einzelheiten bei *Waza/Uhländer/Schmittmann* Rn 1466 ff. Zur ESt aus der Aufgabe von Beteiligungen des Schu an einer Personengesellschaft *BFH* 3.8.2016 – X R 25/14.

92 Nähere Einzelheiten bei *Waza/Uhländer/Schmittmann* Rn 2531 ff.

93 *BFH* ZIP 2005, 264; zu diesen Fragen *Waza/Uhländer/Schmittmann* Rn 2535 f.

94 *BFH* 5.4.2017 – II R 30/15 Rn 20 ff.

95 *BFH* 20.1.2016 – II R 34/14, BFHE 252, 389.

46 **e) Unterhaltsansprüche.** Sie entstehen zu jedem Zeitpunkt neu, zu dem ihre Voraussetzungen vorliegen.[96] § 40 erweitert ausnahmsweise den Anwendungsbereich der InsFord auf die Zeit nach Eröffnung, soweit die Unterhaltspflicht noch über den Tod des verpflichteten Erblassers hinaus fortdauert (vgl §§ 1615, 1360a Abs 3 BGB) und vom Schu als Erben zu erfüllen ist; vgl Erl dort. Ansprüche aus einem schuldrechtlichen **Versorgungsausgleich** sind dagegen keine Unterhaltsansprüche; der Anspruch wird unabhängig von der Bedürftigkeit des Berechtigten einmalig durch die Ehescheidungsfolgenregelung begründet.[97]

47 **f) Arbeitsrechtliche Ansprüche.** Markante Beispiele, hier in der Kurzübersicht: Vergütung für vor InsEröffnung geleistete sog **Mehrarbeit** ist InsFord.[98] Ebenso sind tarifvertragliche **Abfindungen** InsFord, die für betriebliche Rationalisierungsmaßnahmen zugesagt wurden, auch wenn später erst der InsVerw kündigt.[99] Ansprüche auf variable **Sonderzahlungen**, die Entgelt für geleistete Arbeit sind, entstehen, auch wenn sie erst nach Ende des Bezugsjahres fällig werden, regelmäßig zeitanteilig im Bezugsjahr. Für Zeiten vor InsEröffnung sind die Ansprüche InsFord iSv § 108 Abs 3, für Zeiten danach Masseschuld nach § 55 Abs 1 Nr 2.[100] Sagt der Arbeitgeber dem Arbeitnehmer eine **Prämie** zu, wenn er bis zu einem bestimmten Stichtag keine Eigenkündigung erklärt (Halteprämie), und liegt der Stichtag nach InsEröffnung, handelt es sich unabhängig davon, dass der Prämienanpruch auflösend bedingt ist, um eine Masseverbindlichkeit iSv § 55 Abs 1 Nr 2 Alt 2.[101] **Urlaubsansprüche** waren nach anfänglicher Ansicht des *BAG* nicht ohne Weiteres teilbar und wandelten sich mit InsEröffnung insg nach §§ 55, 108 Abs 1 in den Rang der Masseschuld.[102] Davon weicht aber das *BAG*-Urt 21.11.2006[103] zur Unterscheidung v Neu- u Altmasseverbindlichkeiten ab; dann kann an der Schnittstelle zu § 38 letztlich nichts anderes gelten.[104] Wird zur Absicherung eines Altersteilzeitguthabens eine sog Doppeltreuhand vereinbart, ist die zugunsten des Arbeitnehmers vereinbarte Sicherungstreuhand idR insolvenzfest und begründet in der Ins des Arbeitgebers (Treugebers) ein Absonderungsrecht an dem Sicherungsgegenstand.[105] **Altersteilzeitverhältnisse**, die sich nach dem „Blockmodell" bereits in der Freistellungsphase befinden, gehen grds nach § 613a Abs 1 S 1 BGB bei einem Betriebsübergang auf den Erwerber über. Dieser haftet aber nicht für rückständige Vergütungsansprüche (InsFord iSv § 41 Abs 1), wenn die Arbeitsphase des Blockmodells vor der InsEröffnung abgeschlossen wurde.[106]

48 **g) Staatliche Beihilfen.** Ein öffentlich-rechtlicher **Erstattungsanspruch gem § 49a Abs 1 VwVfG** ist bereits dann „begründet", wenn vor Eröffnung des InsVerf der Widerrufsgrund

---

96 *BGH* ZInsO 2011, 2184 Rn 7; *OLG Nürnberg* NZI 2005, 638; *Uhlenbruck/Sinz* § 38 Rn 37.
97 *BGH* ZInsO 2011, 2184 Rn 7.
98 *BAG* ZIP 2013, 1033.
99 *BAGE* 118, 115 = ZIP 2006, 1962.
100 *BAG* ZInsO 2013, 943.
101 *BAG* ZIP 2014, 37; ZIP 2013, 532; zu Retentionsprämie (Bleibeprämie) und variabler Vergütung (sog Incentive-Bonus) zuvor auch *LAG München* BeckRS 2013, 66385.
102 Vgl *BAGE* 105, 345 = ZIP 2003, 1802; *BAGE* 113, 371 = ZIP 2005, 1653: Zwischen Urlaubsanspruch als Freizeitanspruch und dem Urlaubsabgeltungsanspruch als dessen Surrogat könne man nicht unterscheiden.
103 *BAGE* 120, 232 = ZIP 2007, 834 zur Unterscheidung v Neu- und Altmasseverbindlichkeiten ab Anzeige der Masseunzulänglichkeit.
104 Richtigerweise in diesem Sinne (Teilbarkeit nach § 105) *Uhlenbruck/Sinz* § 55 Rn 69; *K Schmidt/Büteröwe* § 38 Rn 20. Sa *Berscheid/Ries* ZInsO 2008, 1162, 1166.
105 *BAG* ZIP 2013, 2025.
106 *BAGE 128, 229 = ZIP 2009, 682.* Beachte allerdings *BAG* 27.7.2017 – 6 AZR 801/16, wonach Differenzlohnansprüche, soweit sie nicht von InsGeld abgedeckt sind, schon für die Zeit nach Anordnung v Sicherungsmaßnahmen iSd §§ 22 Abs 1, 55 Abs 2 Masseschuld werden.

der Zweckverfehlung nach § 49 Abs 3 S 1 Nr 1 VwVfG gegeben ist.[107] Soweit staatliche Beihilfen als eigenkapitalersetzende Darlehen zu werten sind, werden Rückforderungsansprüche gleichwohl nicht in den Rang des § 39 Abs 1 Nr 5 zurückgestuft, sondern bleiben als reguläre InsFord im Rang des § 38 anmeldefähig[108]; insofern geht höherrangiges Europarecht vor. Der infolge unerlaubter Beihilfe eingetretenen Wettbewerbsbeeinträchtigung ist zumindest durch Forderungsanmeldung zur Tabelle zu begegnen. Eine während des InsVerf zu Unrecht an den InsVerw gezahlte Eigenheimzulage soll nach FG Baden Württemberg,[109] wenn das Verf zwischenzeitlich aufgehoben wurde, vom Schu zurückforderbar sein.

VI. Rangfragen; verfahrensrechtliche Durchsetzbarkeit

Zum (Nach)**Rangverhältnis** bestimmter Arten von InsFord s § 39 Rn 3. **49**

InsFord sind grds nur durch **Forderungsanmeldung** zur Tabelle (§ 174), nicht hingegen durch **50** allg Leistungsklage realisierbar; s Komm zu § 87. Behauptet der Gl allerdings, sein Anspruch sei vorweg zu berichtigende Masseforderung nach § 55, ist – auch wenn tatsächlich nur eine InsFord vorliegt – die Leistungsklage in diesem Sonderfall nicht unzulässig, sondern unbegründet.[110] Beansprucht der Gl für seine Ford den Rang des § 38, obwohl sie im Nachrang des § 39 steht, ist die Anmeldung zulässig (auch wenn die gerichtl Aufforderung nach § 174 Abs 3 fehlt), jedoch vom InsVerw der Rang zu bestreiten.[111]

§ 39 Nachrangige Insolvenzgläubiger

(1) Im Rang nach den übrigen Forderungen der Insolvenzgläubiger werden in folgender Rangfolge, bei gleichem Rang nach dem Verhältnis ihrer Beträge, berichtigt:

1. die seit der Eröffnung des Insolvenzverfahrens laufenden Zinsen und Säumniszuschläge auf Forderungen der Insolvenzgläubiger;

2. die Kosten, die den einzelnen Insolvenzgläubigern durch ihre Teilnahme am Verfahren erwachsen;

3. Geldstrafen, Geldbußen, Ordnungsgelder und Zwangsgelder sowie solche Nebenfolgen einer Straftat oder Ordnungswidrigkeit, die zu einer Geldzahlung verpflichten;

4. Forderungen auf eine unentgeltliche Leistung des Schuldners;

5. nach Maßgabe der Absätze 4 und 5 Forderungen auf Rückgewähr eines Gesellschafterdarlehens oder Forderungen aus Rechtshandlungen, die einem solchen Darlehen wirtschaftlich entsprechen.

(2) Forderungen, für die zwischen Gläubiger und Schuldner der Nachrang im Insolvenzverfahren vereinbart worden ist, werden im Zweifel nach den in Absatz 1 bezeichneten Forderungen berichtigt.

(3) Die Zinsen der Forderungen nachrangiger Insolvenzgläubiger und die Kosten, die diesen Gläubigern durch ihre Teilnahme am Verfahren entstehen, haben den gleichen Rang wie die Forderungen dieser Gläubiger.

---

107 *BVerwG* ZIP 2015, 1182 (Vorinstanz *OVG Berlin-Brandenburg* ZIP 2014, 1845); zugleich mit Hinweis, dass dann auch die RSB eingreift.
108 *BGHZ* 173, 103 = ZIP 2007, 1760 Rn 25 ff.
109 ZInsO 2015, 2038. Richtig ist, dass in so einem Fall keine InsFord iSd § 38 vorliegt. Aber die Entsch ist nach Ansicht des Verf insofern verfehlt, als gleichwohl die RSB eingreift; vgl *Ries* ZInsO 2013, 1612, 1613 rSp sowie das ausgangs zu Rn 17 Gesagte.
110 *BAG* ZIP 2013, 1033 Rn 17 f; ZIP 2013, 2414 Rn 17 und ZIP 2014, 2147 Rn 13.
111 Unzutr *AG Münster* 10.8.2017 – 77 IN 24/17, wonach es auf das Petitum des Gl nicht ankomme und der objektiv gegebene Nachrang schon die Anmeldung an sich und deren Aufnahme in die Tabelle sperre.

(4) [1]Absatz 1 Nr. 5 gilt für Gesellschaften, die weder eine natürliche Person noch eine Gesellschaft als persönlich haftenden Gesellschafter haben, bei der ein persönlich haftender Gesellschafter eine natürliche Person ist. [2]Erwirbt ein Gläubiger bei drohender oder eingetretener Zahlungsunfähigkeit der Gesellschaft oder bei Überschuldung Anteile zum Zweck ihrer Sanierung, führt dies bis zur nachhaltigen Sanierung nicht zur Anwendung von Absatz 1 Nr. 5 auf seine Forderungen aus bestehenden oder neu gewährten Darlehen oder auf Forderungen aus Rechtshandlungen, die einem solchen Darlehen wirtschaftlich entsprechen.

(5) Absatz 1 Nr. 5 gilt nicht für den nicht geschäftsführenden Gesellschafter einer Gesellschaft im Sinn des Absatzes 4 Satz 1, der mit 10 Prozent oder weniger am Haftkapital beteiligt ist.

Übersicht

A. Allgemeine Grundsätze und Einzelfälle nach Abs 1 Nr 1–4

I. Normzweck

1 Die Norm erfasst Forderungen, die nach altem Recht von der Teilnahme am KonkursVerf ausgeschlossen waren, vgl § 63 KO. Sie sind nunmehr nachrangige InsFord, werden aber nur zur Tabelle zugelassen, wenn das InsGer dazu vorab aufgefordert hat; s § 174 Abs 3 S 1 und nähere Erl dort. Dementspr erlangen sie erst quotale Deckung, wenn alle Forderungen des

§ 38 voll ausgeglichen sind. Der Gesetzgeber sah es für einen solchen Fall als unbillig an, einen Masseüberschuss dem Schu auszuhändigen. Die beschriebene Konstellation einer vollen Befriedigung in der Rangklasse „0" (§ 38) ist in der Praxis letztlich selten; die Regelung ist bei genauerem Hinsehen zudem unhandlich.

II. Anwendungsbereich

Die Norm gilt in allen Verfahrensarten, in der NachlassIns wird sie ergänzt durch § 327. In Einzelfällen können sich Rangverschiebungen ergeben (Plafondkredite; Altforderungen nach § 18 GesO), dazu unten Rn 15 ff. 2

III. Grundsätze des Ranges

1. Rangfolge. Die für das bisherige Recht charakteristische Rangklasseneinteilung der InsFord (vgl § 61 KO, § 17 GesO) ist im geltenden Recht modifiziert und sehr vereinfacht: Innerhalb der Regelgruppe normaler InsFord (§ 38) gibt es keine Rangunterschiede; es gilt durchgängig die Gleichbehandlung. Erst im Rang nach diesen Forderungen werden die in § 39 bes genannten NachrangFord befriedigt, wobei sich innerhalb dieser Ansprüche (vgl § 39 Abs 1: „in nachstehender Rangfolge, bei gleichem Rang nach dem Verhältnis ihrer Beträge") weitere Rangabstufungen finden. 3

2. Besonderheiten. In der NachlassIns ergibt sich zusätzlich eine dritte Gruppe, bestehend aus den Forderungen nach § 327, die erst im Rang nach den regulären InsFord (§ 38) und den Forderungen des § 39 zur Berücksichtigung anstehen. 4

Wegen der Rangverschiebung und -ergänzung in Sonderfällen vgl Rn 13–18. 5

IV. Die nachrangigen Forderungen

1. Qualifikation. Die unter Rn 7–12 und Rn 19 ff dargestellten Forderungen sind InsFord; für sie gelten allg die Beschränkungen des Gesetzes, also insb §§ 87–89, 95, 96. Da regelmäßig eine Bedienung dieser Forderungen nicht möglich sein wird, sind sie nur nach ausdrücklicher gerichtlicher Aufforderung Gegenstand des Anmelde- und Prüfungsverfahrens, §§ 174 Abs 3, 177 Abs 2. Beansprucht der Gl für seine Ford allerdings den Rang des § 38, ist die Anmeldung zulässig (auch wenn die gerichtl Aufforderung nach § 174 Abs 3 fehlt), jedoch vom InsVerw der Rang zu bestreiten.[1] Auch wenn eine Befriedigungsaussicht fehlt, darf der nachrangige InsGl gem § 13 Abs 1 S 2 einen InsFremdantrag gegen den Schu stellen; insofern kann ihm das Rechtsschutzbedürfnis nicht abgesprochen werden.[2] Im Übrigen sind die Teilnahmerechte aber gesetzlich erheblich beschränkt, etwa gem § 75 Abs 1 Nr 3, § 77 Abs 1 S 2, § 78 Abs 2 S 2, § 225 Abs 1, § 237 Abs 1. 6

2. Zinsforderungen (Abs 1 Nr 1). Betroffen sind **Zinsen** für nicht ihrerseits unter § 39 fallende Hauptforderungen; Zinsen für Forderungen aus § 39 werden an der Rangstelle der Hauptsache bedient, Abs 3. Erfasst sind alle Zinsen seit Eröffnung, gleichviel, ob sie auf Vertrag oder Gesetz beruhen. Systematisch ausgenommen sind allerdings die dinglich abstrakten Zinsen auf Absonderungsansprüche, zB Grundschuldzinsen; sie sind im Zuge des Absonderungsvorganges und der Erlösauskehr gem § 170 Abs 1 S 2 unmittelbar bei Verwertung durchzusetzen, unterfallen also insoweit der Regelung nach Nr 1 nicht.[3] Hier einzu- 7

---

1 Unzutr *AG Münster* 10.8.2017 – 77 IN 24/17, wonach es auf das Petitum des Gl nicht ankomme und der objektiv gegebene Nachrang schon die Anmeldung an sich und deren Aufnahme in die Tabelle sperre.

2 *BGH* ZIP 2010, 2055.

3 *BGH* ZIP 1997, 120; ZIP 2008, 1539 Rn 7 ff.

stufen sind auch die Hinterziehungszinsen iSv § 235 AO.[4] Die Norm gilt aber nicht für Zinsen auf Masseverbindlichkeiten.[5] Die sog Vorfälligkeitsentschädigung für Zinsausfall gehört ebenfalls nicht hierher.[6] Der Wortlaut der Nr 1 erstreckt sich seit dem InsVereinfG 2007 außerdem auf die öffentlich-rechtlichen **Säumniszuschläge**, zB solche gegenüber Steuer- und Kommunalbehörden[7] oder Sozialversicherungsträgern.[8] Erfasst werden insofern nur aktuell neue Säumniszuschläge auf bereits vor Eröffnung im Rang des § 38 entstandene Beiträge.[9] Nicht erfasst werden dagegen Säumniszuschläge, die bereits für die Zeit vor Eröffnung angefallen sind; sie verbleiben im Rang des § 38. MaW: für den Zuschlagsanteil vor Eröffnung gilt § 38; der nach Eröffnung fällt unter § 39 Abs 1 Nr 1.[10] Die Zuschläge entfalten der Sache nach eine Doppelwirkung – Verzinsungscharakter einerseits; Druckmittelfunktion andererseits. Daraus ist nach §§ 227 AO, 76 Abs 2 Nr 3 SGB IV ein Anspruch auf Teilerlass (dh des hälftigen Druckteiles) herzuleiten, soweit wg Insolvenzreife eine pünktliche Zahlung schon nicht mehr erzwingbar war.[11]

8 Die Regelung ruft in der Praxis Schwierigkeiten auf, weil der Gl konkrete Beträge in Geld errechnen und benennen muss, dh die abstrakte Bezeichnung „x-Prozent Zinsen seit Eröffnung" nicht ausreicht. Da der Gl aber zuvor nicht wissen kann, wie lange das InsVerf letztlich dauert, ihm andererseits auch nicht zuzumuten ist, gem GKG-Kostenverzeichnis (Anl 1 zu § 3 Abs 2) Ziff 2340 wiederholt Nachmeldegebühren von jeweils 20 EUR zu entrichten, wird er bei der Erstanmeldung im Wege großzügiger Schätzung einen hohen Zinsbetrag angeben, den der Verw zunächst vorläufig bestreitet; bei VerfEnde wird der Verw den berechtigten Teil feststellen und den Rest endgültig bestreiten, wobei er jedoch seinerseits abschätzen muss, wie lange der Rpfleger voraussichtlich zur Schlussrechnungsprüfung benötigt bzw wann letztlich ausgeschüttet werden kann.

9 **3. Verfahrenskosten (Abs 1 Nr 2).** Hierzu gehören Parteiaufwendungen und Vertreterkosten für die Rechtsverfolgung im Verf. Da eine § 62 Nr 2 KO vergleichbare Vorschrift nicht mehr besteht, muss die Nachrangigkeit der Nr 2 auch für die Kosten der Vertretung im AntragsVerf gelten. Kosten der Verfolgung von Ansprüchen des § 39 teilen den Rang des Anspruchs, Abs 3. Die Norm gilt nicht für MasseGl und Absonderungsberechtigte in Bezug auf ihr Absonderungsrecht. Die Kosten früherer Rechtsverfolgungsmaßnahmen vor der Ins fallen mit dem Hauptanspruch unter § 38. Vor Eröffnung vereinbarter Vorschuss auf Anwaltsgebühren (§ 9 RVG) fällt in § 38. Auch hier können sich zu Rn 8 vergleichbare, wenn auch leichter in den Griff zu bekommende Probleme zeigen, wenn zu Beginn eines InsVerf mit voraussichtlich längerer Dauer noch nicht abzusehen ist, welche kostenauslösenden Maßnahmen letztendlich anstehen. Auch kann angesichts GKG-Kostenverzeichnis (Anl 1 zu § 3 Abs 2) Ziff 2340 unklar sein, was mit vermeidbaren Mehrkosten des Gl ist, die zB aus ihm anzulastender Versäumung der Anmeldefrist (§ 28) hervorgehen.

---

4 *BFHE* 236, 488 = ZInsO 2012, 1228 Rn 14.
5 *BSG* ZIP 1988, 659.
6 *OLG Hbg* DZWIR 2003, 79.
7 *OVG Berlin-Brandenburg* ZIP 2012, 485, 486 (zugleich in der Abgrenzung v Säumniszuschlägen auf InsFord einerseits und Masseschulden andererseits). Vgl ferner *Uhlenbruck/Hirte* § 39 Rn 11.
8 *SG Düsseldorf* ZIP 2015, 2139 (ebenfalls mit Abgrenzung v Säumniszuschlägen auf InsFord und Masseschulden). Zuvor zum alten Recht *BSG* BeckRS 2005, 40442; ZIP 2004, 521 mit Anm *Mitlehner*.
9 *BSG* ZIP 2004, 521.
10 Demggü noch zum alten Recht und letztlich falsch *LSG Bremen* NZI 2003, 227.
11 *BFHE* 212, 23 = ZIP 2006, 1266; *Uhlenbruck/Hirte* § 39 Rn 15. Sa *BSG* ZIP 1999, 887 für die vergleichbare Lage bei Masseunzulänglichkeit.

4. Geldstrafen uÄ (Abs 1 Nr 3). Erfasst sind die in Nr 3 genannten, dem Schu wegen Rechtsverstößen auferlegten Geldleistungen sowie sog Nebenfolgen (§§ 73a, 74a, 74c StGB, §§ 22 ff OWiG; §§ 375, 410 AO).[12] Nicht hierher zählen die vor Eröffnung des InsVerf festgesetzten Säumnis- und Verspätungsgelder; sie sind keine „Zwangsgelder";[13] vgl dazu außerdem Rn 7. Zur Frage, ob nach InsEröffnung noch Ersatzfreiheitsstrafe oder Erzwingungshaft (vgl etwa §§ 459e StPO, 96 Abs 1 OWiG) zulässig sind, bestehen divergierende Ansichten.[14] 10

5. Unentgeltliche Leistungen (Abs 1 Nr 4). Erfasst sind Ansprüche aus einer unentgeltlichen Zuwendung, zB Spendenzusagen, Stiftungsgeschäften und dergleichen mehr.[15] Insofern ist jedoch eine enge Begriffsauslegung geboten. Bei freiwilliger Erfüllung einer gesetzlichen Pflicht, einer lediglich angemessenen Ausstattung iSv § 1624 BGB oder Zahlung einer Geldaufl nach § 153a StPO ist zB Unentgeltlichkeit zu verneinen.[16] Andererseits befreien idR die abstrakte Begr eines selbstständigen Schuldversprechens, eines Anerkenntnisses oder die Wechselbegebung nicht von der Nachrangigkeit. 11

6. Gesellschafterdarlehen (Abs 1 Nr 5). Nachrangig nach Maßgabe von Abs 4 und 5 sind Forderungen aus Darlehen, die von einem Gesellschafter gewährt wurden, sowie Forderungen aus Rechtshandlungen, die einem solchen Darlehen wirtschaftlich entsprechen. S hierzu im Zusammenhang die Erläuterungen Rn 19 ff. 12

V. Vereinbarter Nachrang (Abs 2)

Ist der Nachrang einer nicht von Abs 1 erfassten Forderung vereinbart, so erhält sie den vereinbarten Rang. Das muss auch gelten, wenn für eine von Abs 1 erfasste Forderung ein schlechterer Rang vereinbart wurde. Die Vereinbarung eines besseren als des gesetzlichen Ranges ist dagegen unwirksam. Die Vereinbarung kann per AGB zustande kommen, vorausgesetzt, der Klauselverwender macht durch eindeutige, auch drucktechnisch hervorgehobene Hinweise auf sie bes aufmerksam.[17] Sie kann noch nach InsEröffnung getroffen werden, auch mit dem InsVerw.[18] Als Vertrag zugunsten der GlGesamtheit kann sie aber ab Eintritt der Insolvenzreife nicht mehr durch Abrede des Schu mit dem Gl der Forderung aufgehoben werden.[19] Lässt eine Rangvereinbarung zwar den Willen zu nachrangiger Befriedigung, jedoch keinen eindeutigen Rang erkennen, besagt die Auslegungsregel von Abs 2, dass Ansprüche, für die ein Rangrücktritt vorliegt, hinter § 39 Abs 1 Nr 5 in die sechste Rangstufe einzuordnen sind. 13

---

12 *BGH* ZInsO 2010, 1183.

13 *BFH* ZIP 2005, 1035; NJW 1974, 719; NJW 1984, 511.

14 In gewissen Grenzen bejahend *LG Potsdam* 12.1.2016 – 24 Qs 52/15; *LG Deggendorf* 28.3.2012 – 1 Qs (b) 62/12; *LG Berlin* 3.7.2006 – 505 Qs 54/06; *Büttner* VIA 2017, 86; richtigerweise verneinend *AG Dortmund* 12.9.2017 – 729 OWi 107/17 (b); *LG Bochum* 4.12.2012 – 9 Qs 86/12; *LG Hechingen* 24.5.2007 – 1 Qs 49/07.

15 Zum Begriff: MK-BGB/*Kollhosser* § 516 Rn 13–31. Vgl auch *BGHZ* 162, 276 = ZIP 2005, 767 *(Tilgung nicht werthaltiger Ford)*; *BGH* ZIP 2006, 957 und ZIP 2008, 1385 (zu Problemlagen bei der Einschaltung dritter Personen in den Zuwendungsvorgang).

16 Vgl *BGH* ZIP 2008, 1291. Sa *K Schmidt/Herchen* § 39 Rn 17 mwN.

17 *BGH* ZIP 2014, 1087 (Privatschulfinanzierung)

18 MK/*Ehricke* § 39 Rn 47; *K/P/B/Preuß* § 39 Rn 84; HambKomm/*Lüdtke* § 39 Rn 64. Insofern muss man allerdings abgrenzen: Der etwaige Tatbestand einer zuvor eingetretenen InsVerschleppung iSv § 15a lässt sich dadurch natürlich nicht mehr beheben; es geht dann nur noch um Ausschüttungsthemen im Verf.

19 *BGH* 5.3.2015 – IX ZR 133/14.

14 Vor und in der Krise geben Beteiligte – vor allem Gesellschafter des Schu – oftmals finanzielle Mittel per Darlehen und/oder sie unterstützen den Schu durch **Patronatserklärungen**.[20] Zur Vermeidung des Insolvenzgrundes einer Überschuldung (§ 19) infolge des Darlehnsrückzahlungsanspruchs bedarf es idR einer **qualifizierten Rangrücktrittsvereinbarung** hinter § 39 Abs 1 Nr 5 in die sechste Rangstufe.[21] Darin ist gerade kein – ggf ertragsteuerlich wirksamer – Forderungserlass zu sehen,[22] sondern eine Beschränkung in der Durchsetzbarkeit eigener Ansprüche in Form der Abschichtung von Schuldverpflichtungen mittels freiwilliger Bildung von Rangklassen. S auch Erl zu § 19 Rn 23. Die qualifizierte Rangrücktrittsvereinbarung ist ein Schuldänderungsvertrag, wonach die Forderung des Gl nicht mehr passiviert wird und nur im Falle eines die Verbindlichkeiten übersteigenden Aktivvermögens befriedigt werden darf. Sie begründet eine **Auszahlungssperre**; ihr widersprechende Zahlungen sind vom InsVerw nach § 812 Abs 1 S 1 BGB kondizier- bzw nach § 134 InsO anfechtbar.[23]

VI. Sonderfälle; Rangverschiebungen und -ergänzungen

15 **1. Sanierungskredite im Plan.** Ist in einem InsPlan ein Kreditrahmen für bes Sanierungskredite vorgesehen (§ 264) und kommt es vor Aufhebung der Überwachung zu einem zweiten InsVerf, so sind gegenüber den sog Plafondkrediten die anderen InsFord nachrangig, §§ 264 f. Es ergibt sich dann folgende Rangabstufung:

1. Kreditrahmen („Plafond") des § 264;
2. „Normale" InsGl nach § 38 und Gl nach § 265;
3. Nachrangige Gl (§ 39), vgl § 266 Abs 2.

16 **2. Nachlassinsolvenz.** Nach den Ansprüchen des § 39 folgen die drei weiteren Rangklassen des § 327 Abs 1.

17 **3. Versicherungsverein auf Gegenseitigkeit.** Im Range nach den Ansprüchen gem § 39 folgen die Ansprüche gem § 51 Abs 1 S 1, 2 VAG idF v Art 87 Nr 6 EGInsO.

18 **4. Vollstreckungsbeschränkung nach § 18 GesO.** Sie gilt nach Art 108 Abs 1 EGInsO weiter und führt bei einem neuen InsVerf zur Einordnung der von § 18 GesO erfassten Forderungen hinter denen des § 39.

B. Gesellschafterdarlehen und wirtschaftlich entsprechende Rechtshandlungen (Abs 1 Nr 5, Abs 4 und 5)

Literatur: *Azara* Das Eigenkapitalersatzrecht des GmbH nach dem MoMiG, 2010; *Clemens* Das neue Recht der Gesellschafterfremdfinanzierung nach dem MoMiG, 2012; *v Gerkan/Hommelhoff (Hrsg)* Handbuch des Kapitalersatzrechts, 2. Aufl 2002 (zit: *vG/H/Bearbeiter*); *Goette/Kleindiek*

---

20 Zur Problematik fristgebundener harter Patronatszusagen *BGHZ* 187, 69 = ZIP 2010, 2092 m krit Praxishinweisen v *Ries* FD-InsR 2010, 310693 (Beck-Online).

21 Vgl *BGHZ* 146, 264 = ZIP 2001, 235; *BGH* ZIP 2010, 1078 Rn 6 mwN: Nach umstr, aber hM war dabei ursprünglich ein Rangrücktritt hinter alle Gesellschaftsverbindlichkeiten und nur unmittelbar vor den Rang der Gesellschafter gem § 199 S 2 gemeint. Durch das FMStG wurde § 19 Abs 2 S 2 geändert und nunmehr ausdrücklich klargestellt, dass ein vereinbarter Rücktritt in den sechsten Rang hinter § 39 Abs 1 Nr 5 ausreichend ist. So jetzt auch *BGH* 5.3.2015 – IX ZR 133/14 Rn 18 f. Näheres bei Lutter/Hommelhoff/*Kleindiek* Anh zu § 64 GmbHG Rn 32; *Haas* DStR 2009, 326; *Hirte* ZInsO 2008, 689, 696 f. Soweit die Erklärung AGB-mäßig gelten soll, muss sie mit *LG Düsseldorf* 24.3.2017 – 10 O 308/15 widerspruchsfrei sein (§ 307 Abs 1 S 2 BGB).

22 Zum Streit um die genauere dogmatische Einordnung stellvertretend *Uhlenbruck/Hirte* § 39 Rn 53.

23 *BGH* ZIP 2015, 638 mit Anm *Bitter/Heim*; hierzu krit *K Schmidt* ZIP 2015, 901.

Gesellschafterfinanzierung nach MoMiG und das Eigenkapitalersatzrecht in der Praxis, 6. Aufl 2010; *Herwig* Das Gesellschafterdarlehensrecht im Unternehmensverbund, 2015; *Holderbaum* Gesellschafterdarlehen und Niederlassungsfreiheit, 2013; *U Huber* Finanzierungsfolgenverantwortung de lege lata und de lege ferenda, FS Priester, 2007, S 259; *ders* Gesellschafterdarlehen im GmbH- und Insolvenzrecht nach der MoMiG-Reform, ZIP Beil 39/2010, 7; *U Huber/Habersack* GmbH-Reform: Zwölf Thesen zu einer möglichen Reform des Rechts der kapitalersetzenden Gesellschafterdarlehen, BB 2006, 1; *Kayser* Gesellschafterfinanzierung in der Insolvenz, WM 2015, 1973; *Kleindiek* Das reformierte Recht der Gesellschafterdarlehen – eine Zwischenbilanz, ZGR 2017, 731; *Lüneborg* Das neue Recht der Gesellschafterdarlehen, 2010; *K Schmidt* Gesellschafterdarlehen im GmbH- und Insolvenzrecht nach der MoMiG-Reform – eine alternative Sicht, ZIP Beilage 39/2010, 15; *Schröder* Die Reform des Eigenkapitalersatzrechts durch das MoMiG, 2012; *Schulze De la Cruz* Der neue Normzweck des Rechts der Gesellschafterdarlehen und seine Auswirkungen auf den persönlichen Anwendungsbereich, 2015; *Schaumann* Reform des Eigenkapitalersatzrechts im System der Gesellschafterhaftung, 2009; *Schimansky/Bunte/Lwowski (Hrsg)* Bankrechts-Handbuch, 3. Aufl 2007; *Ulbrich* Die Abschaffung des Eigenkapitalersatzrechts der GmbH, 2011.

I. Grundlagen

1. Normzusammenhänge. § 39 Abs 1 Nr 5 erklärt die Inhaber von Forderungen auf Rückgewähr eines Gesellschafterdarlehens (s Rn 35 f) sowie von Forderungen aus Rechtshandlungen, die einem solchen Darlehen wirtschaftlich entsprechen (Rn 38 f), zu nachrangigen InsGl. Wie alle nachrangigen Forderungen sind sie nur anzumelden, soweit das InsGer bes dazu auffordert (§ 174 Abs 3). Der Nachrang besteht „nach Maßgabe der Abs 4 und 5“: § 39 Abs 4 S 1 umschreibt die erfassten Gesellschaftsformen (Rn 53 ff); Abs 4 S 2 privilegiert die Forderungen solcher Gesellschafter (bzw gleichgestellter Dritter), die Anteile zu Sanierungszwecken erworben hatten (Sanierungsprivileg; Rn 57 ff). Und § 39 Abs 5 privilegiert den nicht geschäftsführenden Gesellschafter (einer jeden Gesellschaft iSv § 39 Abs 4 S 1), der mit 10 % oder weniger an deren Haftkapital beteiligt ist (Kleinbeteiligungsprivileg; Rn 65 ff). 19

Die für eine Forderung iSd § 39 Abs 1 Nr 5 gewährte Sicherung oder Befriedigung unterliegt der InsAnf nach § 135 Abs 1 Nr 1 und 2 (s § 135 Rn 9 ff, 22 und 25 ff), ggf auch einem der sonstigen Anfechtungstatbestände. Zur Verwalteroption („Aussonderungssperre“) im Falle der Gebrauchsüberlassung durch einen Gesellschafter s § 135 Abs 3. Zu den Rechtsfolgen bei Bestellung einer Gesellschaftersicherheit für die Darlehensforderung (oder gleichgestellte Forderung) eines Dritten s § 44a, §§ 135 Abs 2, 143 Abs 3. 20

2. Neuordnung des Rechts der Gesellschafterfremdfinanzierung. Alle der soeben Rn 20 genannten Vorschriften sind durch das zum 1.11.2008 in Kraft getretene MoMiG[24] novelliert oder neu geschaffen worden. Unter **Abschaffung der Rechtsfigur des Eigenkapitalersatzes** hat der Gesetzgeber das Recht der Gesellschafterfremdfinanzierung – einen Vorschlag von *U Huber* und *Habersack* im Wesentlichen umsetzend[25] – völlig neu strukturiert. § 30 Abs 1 S 3 GmbHG und § 57 Abs 1 S 4 AktG ordnen seither an, dass § 30 Abs 1 S 1 GmbHG bzw § 57 Abs 1 S 1 AktG nicht anzuwenden sind auf die Rückgewähr eines Gesellschafterdarlehens sowie auf Leistungen für Forderungen aus Rechtshandlungen, die einem Gesellschafterdarlehen wirtschaftlich entsprechen. Einem fälligen Anspruch auf Rückzahlung eines Gesellschafterdarlehens kann der Geschäftsführer bzw Vorstand heute allein dann begegnen, wenn die Rückzahlung zur Zahlungsunfähigkeit führen muss und deshalb gegen das 21

24 G zur Modernisierung des GmbH-Rechts und zur Bekämpfung von Missbräuchen v 28.10.2008, BGBl I 2008, 2026.

25 *U Huber/Habersack* BB 2006, 1.

„Ausplünderungs-Verbot" nach § 64 S 3 GmbHG bzw § 92 Abs 2 S 3 AktG verstößt.[26] Den sog **Rechtsprechungsregeln** des bisherigen Eigenkapitalersatzrechts ist hingegen der Boden entzogen worden. Unter Aufhebung der früheren „**Novellenregeln**" (GmbH-Novelle 1980) in §§ 32a, 32b GmbHG aF, §§ 129a, 172a HGB aF sind Nachrangigkeit im eröffneten InsVerf und Anfechtbarkeit von Sicherungen bzw Befriedigungen heute – rechtsformübergreifend nach Maßgabe von § 39 Abs 4 – in den Rn 20 zitierten Bestimmungen der InsO geregelt. Auf den eigenkapitalersetzenden Charakter des Darlehens etc (also dessen Gewährung oder Stehenlassen in der „Krise") kommt es dabei nicht mehr an.[27] Entspr gilt auch für die erg (in der Einzelzwangsvollstreckung) wirkenden AnfTatbestände der §§ 6, 6a, 11 Abs 3 AnfG. Das Tatbestandsmerkmal der **Krisenfinanzierung** hat im aktuellen Recht mithin keinen Platz mehr. Für das frühere Eigenkapitalersatzrecht war es hingegen konstitutiv. Es beruhte auf der Erkenntnis, dass einer in Form von Fremdkapital ausgereichten Gesellschafterhilfe die Funktion von Eigenkapital nur im Falle einer in der Krise (Kreditunwürdigkeit oder materielle InsReife) gewährten oder stehen gelassenen Hilfe zukam. Das Eigenkapitalersatzrecht sollte die Gesellschafter indes nicht von einer Darlehensgewährung an eine wirtschaftlich gesunde Gesellschaft abschrecken; es sollte die Eigenfinanzierung durch Gesellschafterdarlehen, wo sie kaufmännisch vernünftig und erwünscht ist, nicht behindern.[28]

22 Der Verzicht auf das Merkmal der Krisenfinanzierung im heutigen Recht führt zu einer deutlichen Einschränkung der Finanzierungsfreiheit der Gesellschafter. Denn die **Finanzierungsrisiken** im Verhältnis Gesellschafter/Gesellschaft haben sich zu Lasten finanzierungsbereiter Gesellschafter erheblich verschoben.[29] Heute sind (vorbehaltlich des Kleinbeteiligungsprivilegs) alle offenen Gesellschafterdarlehen im InsVerf nachrangig. Leistungen auf ein Gesellschafterdarlehen, die elf und nicht dreizehn Monate vor InsAntragstellung erbracht worden sind, unterliegen der InsAnf, auch wenn die Krise erst unmittelbar im Vorfeld dieses Antrags, etwa wegen des Ausfalls eines großen Schu oder eines sonstigen externen Ereignisses, eingetreten ist. Das gilt auch dort, wo das Darlehen zu gesunden Zeiten gewährt (und mglw besichert) wurde und vom „Stehenlassen" oder der Rückzahlung in der Krise ebenfalls keine Rede sein kann. Den Vorwurf verfassungswidriger Generalisierung[30] trägt dies freilich nicht. Ziel des MoMiG-Gesetzgebers war die **Rechtsvereinfachung**: Der Praxis sollte ein möglichst leicht handhabbarer, ebenso klarer wie übersichtlicher Rechtsrahmen geboten werden.[31] In Wahrnehmung seiner Gestaltungsaufgabe hat sich der Gesetzgeber im Konflikt zwischen der angestrebten Rechtsvereinfachung einerseits sowie der Einzelfallgerechtigkeit andererseits letztlich zu Lasten der Einzelfallgerechtigkeit entschieden.[32] Ein Verstoß gegen das Willkürverbot aus Art 3 Abs 1 GG ist darin nicht zu sehen; ein solcher Vorwurf liegt fern.[33]

---

26 S dazu auch *Seidel/Wolf* NZG 2016, 921, 924 ff.

27 S schon *BGH* 17.2.2011 – IX ZR 131/10, *BGHZ* 188, 363 = ZIP 2011, 575, Rn 25 und etwa *BGH* 21.2.2013 – IX ZR 32/12, *BGHZ* 196, 220 = ZIP 2013, 582, Rn 10; *BGH* 30.4.2015 – IX ZR 196/13, ZIP 2015, 1130, Rn 5; *BGH* 13.10.2016 – IX ZR 184/14, ZIP 2016, 2483, Rn 16; *BAG* 27.3.2014 – 6 AZR 204/12, ZIP 2014, 927, Rn 22.

28 Grdl in diesem Sinne *BGHZ* 76, 326, 334 f = ZIP 1980, 361.

29 *L/H/Kleindiek* Anh § 64 Rn 135 mwN.

30 S dazu insbesondere *Marotzke* KTS 2016, 19, 29 ff; zuvor schon *ders* JZ 2010, 592, 598 ff.

31 Vgl die Begründung zum RegE MoMiG, BT-Drucks 16/6140, S 42 und 56 f; zu den Motiven näher *Seibert/Decker* ZIP 2008, 1208, 1211.

32 Zutreffend *BGH* 30.4.2015 – IX ZR 196/13, ZIP 2015, 1130, Rn 9; s auch schon *L/H/Kleindiek* 17. Aufl 2009, Anh § 64 Rn 116.

33 Überzeugend *BGH* 30.4.2015 – IX ZR 196/13, ZIP 2015, 1130, Rn 10.

3. Legitimationsgrundlagen des neuen Rechts. Von welchen Legitimationsgrundlagen das neue Recht getragen wird, ist umstritten.[34] Der **Gesetzgeber des MoMiG** hat Nachrang und InsAnf ersichtlich allein an die **Doppelrolle als** (nicht lediglich kleinbeteiligter) **Gesellschafter und Kreditgeber** geknüpft.[35] Hinweise auf die zugrundeliegenden Legitimationserwägungen geben die Gesetzesmaterialien zum MomiG indes nicht. 23

An das Merkmal der „Krise der Gesellschaft" kann im neuen Recht nicht mehr angeknüpft werden (s schon oben Rn 21). Mit dem Verzicht auf das Merkmal der Krisenfinanzierung ist die das frühere Eigenkapitalersatzrecht tragende Legitimationsgrundlage der **Finanzierungsfolgenverantwortung hinfällig** geworden;[36] auch für die (innerhalb der Fristen des § 135 Abs 1 InsO angenommene) unwiderlegliche Vermutung einer Finanzierung in der Krise[37] (oder gar eine widerlegliche Vermutung[38]) ist im Konzept des neuen Rechts kein Raum. 24

Ebenso wenig zu überzeugen vermag das Bemühen, die Subordinierung von Gesellschafterhilfen nach InsO und AnfG aus dem **Prinzip der Haftungsbeschränkung** herzuleiten, dessen **missbräuchlicher Ausnutzung** durch die Gesellschafter begegnet werden solle.[39] Die Überlegung, über das statutarische Stammkapital (bzw gesetzliche Mindestkapital) hinaus als Fremdkapital gewährte Eigenmittel der Gesellschafter seien zum Ausgleich für das Privileg der Haftungsbeschränkung als Risikokapital zu behandeln,[40] könnte zwar die Bindung von Krisenhilfen rechtfertigen. Gesellschaftern, die sich von der Gesellschaft ein in keiner Weise krisenverstricktes Darlehen zum vereinbarten Termin zurückreichen lassen, oder die in der plötzlichen, auf externen Umständen beruhenden GesellschaftsIns ihre offene Darlehensforderung zur gleichrangigen Befriedigung anmelden, lässt sich indes keine „missbräuchliche Ausnutzung der Haftungsbeschränkung" vorwerfen, der mit InsAnf bzw Rangrückstufung zu begegnen wäre. Und auch von „missbräuchlicher Rechtsgestaltung durch Wahl der Rechtsform der Kapitalausstattung"[41] kann keine Rede sein. Denn mehr als das gesetzliche Mindestkapital müssen die Gesellschafter einer GmbH oder AG nicht in Form von Eigenkapital zur Verfügung stellen. Wenn sie (jenseits einer Krise!) zusätzlich Fremdkapital bereit stellen, liegt darin kein missbräuchliches Gestaltungsmittel. 25

Auch mit dem (vermeintlichen) **Informations- und Einflussvorsprung des Gesellschafters** (resp dessen missbräuchlicher Ausnutzung im Sinne eines „Insiderdelikts")[42] lässt sich das aktuelle Recht der Gesellschafterfremdfinanzierung nicht schlüssig erklären. In den in 26

---

34 Zusammenstellung der unterschiedlichen Ansätze etwa bei *Clemens* S 119 ff; *Schröder* Rn 291 ff; vgl auch *BGH* ZIP 2011, 575 Rn 16 f; s zum Folgenden auch schon *Kleindiek* ZGR 2017, 731, 737 ff.

35 S schon *Haas* ZInsO 2007, 617, 619, 621; *ders* NZG 2013, 1241, 1243; *Kampshoff* GmbHR 2010, 897, 899; *L/H/Kleindiek* 17. Aufl 2009, Anh § 64 Rn 115; *Ulbrich* S 155 f.

36 Insoweit zutr *Habersack* ZIP 2007, 2145, 2147; *U/H/L/Habersack* Anh § 30 Rn 15; *U Huber* FS Priester, S 259, 271 ff.

37 So etwa *R/A/Altmeppen* Anh § 30 Rn 23 ff; *Bork* ZGR 2007, 250, 257; *M/H/L/S/Dahl/Linnenbrink* Syst Darst 6 Rn 25; *Lüneborg* S 66 ff; *Spliedt* ZIP 2009, 149, 153; ganz ähnlich auch *Thiessen* ZGR 2015, 396, 410 f; dagegen auch *Ulbrich* S 134 ff.

38 In diesem Sinne *Pentz* FS Hüffer, S 747, 757 ff.

39 So insb *Habersack* ZIP 2008, 2385, 2387 und 2389; *U/H/L/Habersack* Anh § 30 Rn 21; *U Huber* FS Priester, S 259, 275 ff.

40 In diesem Sinne *U Huber* FS Priester, S 259, 275 ff.

41 So *U Huber* ZIP Beilage 39/2010, 7, 14; ähnlich *Gehrlein* BB 2011, 3, 8; MK/*ders* § 135 Rn 10: unwiderlegliche Vermutung des rechtsmissbräuchlichen Charakters eines Gesellschafterdarlehens in der Ins des Unternehmens.

42 So für die InsAnf etwa *Mylich* ZGR 2009, 474, 488; *ders* ZHR 176 (2012) 547, 564 ff; *Thole* ZHR 176 (2012) 513, 525; s auch schon *Haas* ZInsO 2007, 617, 619, 621.

Rn 22 skizzierten Fallkonstellationen kommt ein solcher Informationsvorsprung gar nicht zum Tragen. Und iÜ könnte ein derartiger (auf Gleichbehandlung der FremdGl mit einem GesellschafterGl drängender) Begründungsansatz allenfalls die InsAnf (§ 135 Abs 1), nicht aber auch den gesetzlichen Nachrang noch offener Forderungen (§ 39 Abs 1 Nr 5) rechtfertigen.[43] Nachrang und InsAnf dürfen aber nicht je getrennte Zwecke zugeschrieben werden.[44] Der Anfechtbarkeit liegt kein eigenständiger, vom Nachrang verschiedener Zweck zugrunde. Im Konzept des Gesetzes sind Nachrang und InsAnf vielmehr miteinander verknüpft, wobei der Nachrang gerade das Fundament des aktuellen Rechts bildet;[45] die InsAnf gem § 135 soll jene Subordination nur (ergänzend) absichern;[46] s dazu näher § 135 Rn 14 f. Es ist dann nur folgerichtig, bei der Suche nach dem Normzweck des heutigen Rechts zuvörderst nach der Legitimation des Nachrangs zu fragen.

27 Insoweit haben sich Legitimationserwägungen als fruchtbar erwiesen, die in der Diskussion der vergangenen Jahre von verschiedener Seite entwickelt und vertieft worden sind.[47] Sie beruhen auf dem Gedanken der gebotenen **Korrektur des gestörten Risikogleichgewichts** in den (nach §§ 39 Abs 4 S 1, 135 Abs 4) erfassten Gesellschaftsformen: Der Nachrang (und in dessen Folge die InsAnf) korrigiert das gestörte Risikogleichgewicht, wenn der Fremdkapitalgeber zugleich Gesellschafter ist, also in einer Doppelrolle agiert. Der Gesellschafter soll nicht nur einseitig (im Erfolgsfall) am Gewinn partizipieren können, sondern zugleich (im Insolvenzfall) mit dem faktischen Verlust des eingesetzten Kapitals rechnen müssen. Nachrang und Anfechtbarkeit zielen damit auf einen verhaltenssteuernden Effekt. Sie begegnen dem andernfalls bestehenden Anreiz, allein in der Hoffnung auf entsprechende Gewinne überhöhte Risiken auf Kosten der Drittgläubiger einzugehen.[48]

28 **4. Übergangsrecht. – a) Vorschriften des Insolvenzrechts.** Nach Art 103d EGInsO sind auf InsVerf, die vor dem Inkrafttreten des MoMiG (1.11.2008) eröffnet worden sind, „die bis dahin geltenden gesetzlichen Vorschriften" weiter anzuwenden (Art 103d S 1 EGInsO). Abw hiervon sind gem Art 103d S 2 EGInsO auch im Rahmen von nach dem Inkrafttreten des MoMiG eröffneten InsVerf die bis dahin geltenden „Vorschriften der InsO über die Anf von Rechtshandlungen" auf vor dem 1.11.2008 vorgenommene Rechtshandlungen weiterhin anzuwenden, soweit die Rechtshandlungen nach dem bisherigen Recht der Anf entzogen oder in geringerem Umfang unterworfen waren (Vertrauensschutzkomponente).[49] Art 103d S 2 EGInsO betrifft allein Vorschriften über die „Anf von Rechtshandlungen";[50] über den zu engen Wortlaut jener Übergangsbestimmung hinaus sind aber nicht nur die einschlägigen

---

43 Übereinstimmend *BGH* ZIP 2011, 575, Rn 17.
44 So aber *Thole* ZHR 176 (2012) 513, 520 ff; dagegen *B/H/Haas* Anh § 64 Rn 13; *ders* ZIP 2017, 545, 546; *Kleindiek* ZGR 2017, 731, 739 f
45 Insoweit zutr schon *U Huber* FS Priester, S 259, 275 („Kernstück der Neuregelung").
46 Übereinstimmend *BGH* 29.1.2015 – IX ZR 279/13, BGHZ 204, 83, Rn 66; *BGH* 13.10.2016 – IX ZR 184/14, ZIP 2016, 2483, Rn 21 und 26 und etwa *Scholz/Bitter* Anh § 64 Rn 32; *Haas* NZG 2013, 1241, 1243 f; *U/H/L/Habersack* Anh § 30 Rn 18; *Kleindiek* ZGR 2017, 731, 740; *Köth* ZGR 2016, 541, 574 f.
47 S insb *Bitter/Laspeyres* ZInsO 2013, 2289, 2292 f; *Scholz/Bitter* Anh § 64 Rn 25 ff; *Clemens* S 136 ff; *Engert* ZGR 2012, 835, 849 ff; *Krolop* GmbHR 2009, 397, 399; *Schaumann* S 182 ff; *Thole* ZHR 176 (2012) 513, 526 ff (dort freilich beschränkt auf die Nachrangregel); *Ulbrich* S 155 ff.
48 Zum Ganzen auch *Kleindiek* ZGR 2017, 731, 742 f.
49 Vgl etwa *BGH* ZIP 2013, 1579, Rn 27 ff.
50 Hierunter auch die RsprRegeln verstehen zu wollen (so *Altmeppen* ZIP 2011, 641, 647), liegt fern.

„Vorschriften der InsO", sondern auch jene InsAnfTatbestände erfasst, die außerhalb der InsO normiert waren.[51]

„Gesetzliche Vorschriften" iSv Art 103d S 1 EGInsO sind jedenfalls solche des *InsRechts*, einerlei ob sie in der InsO oder (wie die „Novellenregeln" des früheren Rechts; so Rn 21) außerhalb derselben kodifiziert waren. In der Konsequenz richtet sich etwa der Nachrang von offenen Forderungen aus einem Gesellschafterdarlehen, das vor dem Inkrafttreten des MoMiG gewährt worden war, in einem nach dem 1.11.2008 eröffneten InsVerf nach § 39 Abs 1 Nr 5 nF und nicht nach altem Recht.[52] Zu Fragen des Übergangsrechts bei Nutzungsüberlassungen durch einen Gesellschafter s § 135 Rn 49. 29

b) Rechtsprechungsregeln des auslaufenden Eigenkapitalersatzrechts. Angesichts der aktuellen Bestimmungen in § 30 Abs 1 S 3 GmbHG, § 57 Abs 1 S 4 AktG (so Rn 21) kann dem fälligen Anspruch auf Rückgewähr eines Gesellschafterdarlehens eine Durchsetzungssperre nach Maßgabe der früheren RsprRegeln auch dann nicht mehr entgegengehalten werden, wenn es sich um ein vor dem Inkrafttreten des MoMiG ausgereichtes Krisendarlehen handelt. Umstr ist jedoch, inwieweit die (ehemaligen) RsprRegeln des auslaufenden Eigenkapitalersatzrechts auf in **Altfällen entstandene Erstattungsansprüche** weiterhin Anwendung finden. Dabei wird von einem „Altfall" gesprochen, wenn – verdeutlicht am Beispiel des GmbH-Rechts – der Verstoß gegen § 30 GmbHG aF analog und damit die Haftungssanktion nach § 31 GmbHG aF analog vor dem Inkrafttreten des MoMiG (also vor dem 1.11.2008) eingetreten war. 30

Für die Fälle, in denen auch das **InsVerf schon vor dem 1.11.2008 eröffnet** worden war, hat der BGH (II. ZS) frühzeitig entschieden:[53] Die RsprRegeln des Eigenkapitalersatzrechts bleiben anwendbar. Der Senat hat das aus Art 103d S 1 EGInsO (RsprRegeln als „gesetzliche Vorschriften" im Sinne dieser Norm) und zusätzlich aus den allg Grundsätzen des intertemporalen Rechts ableiten wollen.[54] 31

Richtigerweise sind unter „gesetzlichen Vorschriften" iSd Art 103d S 1 EGInsO jedoch nur solche des InsR (innerhalb oder außerhalb der InsO) zu verstehen.[55] Die Rechtsprechungsregeln des auslaufenden Eigenkapitalersatzrechts sind indes dem Normenbestand des Gesellschaftsrechts zuzuordnen.[56] Ihre Fortgeltung in Altfällen richtet sich deshalb nicht nach Art 103d EGInsO, sondern allein nach den Grundsätzen des intertemporalen Rechts zu Voraussetzungen, Inhalt und Wirkungen eines Schuldverhältnisses im Falle von Normänderungen ohne Übergangsbestimmungen (vgl Art 170, Art 229 § 5, Art 232 § 1 EGBGB).[57] Diese Grundsätze können – da es an einer ihnen entgegenstehenden Übergangsbestimmung gerade fehlt – nicht einfach unter Hinweis auf ein (angeblich) abweichendes Regelungskon- 32

---

51 *BGH* ZIP 2013, 1629, Rn 26 (im Blick auf § 32b GmbHG aF); vgl auch *OLG Düsseldorf* 17.12.2015 – I-12 U 13/15, NZI 2016, 542, 543.

52 *BGH* ZIP 2011, 575, Rn 8; *BGH* 13.10.2016 – IX ZR 184/14, ZIP 2016, 2483, Rn 10; *BAG* ZIP 2014, 927, Rn 19, 40 ff.

53 *BGHZ* 179, 249 = ZIP 2009, 615 (Gut Buschow).

54 *BGHZ* 179, 249 = ZIP 2009, 615, Rn 17 ff.

55 S schon *L/H/Kleindiek* Anh § 64 Rn 173; ebenso *ThürOLG* GmbHR 2009, 431, 432 und etwa *Ulbrich* S 209; wohl auch *Haas* DStR 2009, 976, 977, der Art 103d EGInsO auf die RsprRegeln aber analog anwenden will; dagegen zutr *Clemens* S 165 f. Für eine Zuordnung auch der RsprRegeln zu den „gesetzlichen Vorschriften" iSd Art 103d S 1 EGInsO indes *Altmeppen* ZIP 2011, 641, 646 f; *B/S/Thiessen* § 30 Rn 188.

56 S dazu auch *Lutter/U Huber* Europäische Auslandsgesellschaften in Deutschland, 2005, S 131, 141 ff.

57 Dazu schon *Wedemann* GmbHR 2008, 1131, 1134 f.

zept des MoMiG-Gesetzgebers beiseite geschoben werden.[58] Aus ihnen folgt vielmehr, dass die RsprRegeln auf Altfälle auch dann weiterhin anwendbar sind, wenn das **InsVerf** über das Vermögen der Gesellschaft noch nicht oder **erst nach dem 31.10.2008 eröffnet** worden ist.[59] Ein nach Maßgabe der RsprRegeln entstandener Erstattungsanspruch kann also – vorbehaltlich eingetretener Verjährung – auch nach Inkrafttreten des MoMiG (und des „Nichtanwendungsbefehls" in § 30 Abs 1 S 3 GmbHG, § 57 Abs 1 S 4 AktG) weiterhin erfolgreich verfolgt werden; ob und wann ein InsVerf über das Vermögen der Gesellschaft eröffnet worden ist, spielt keine Rolle.

33 Dem kann – entgegen einer im Anschluss an ein obiter dictum des OLG Köln[60] entwickelten Auffassung – auch nicht überzeugend entgegen gehalten werden, ein GmbH-Gesellschafter könne seit Inkrafttreten des MoMiG gem § 30 Abs 1 S 3 GmbHG (vorbehaltlich § 64 S 3 GmbHG[61]) die Auszahlung eines fälligen Darlehensrückzahlungsanspruchs verlangen, so dass er diesen Auszahlungsanspruch einem nach altem Recht (analog §§ 30, 31 GmbHG) entstandenen Erstattungsanspruch im Wege des dolo-petit-Einwandes entgegensetzen könne.[62] Ebensowenig kann der Gesellschafter gegen den Erstattungsanspruch mit seinem Darlehensrückzahlungsanspruch aufrechnen.[63] Denn ein nach altem (Eigenkapitalersatz-)Recht analog §§ 30, 31 GmbHG entstandener Erstattungsanspruch der Gesellschaft unterliegt bes Bindungen, die aus der Kapitalerhaltungsfunktion resultieren: der Gesellschafter kann gegen den Anspruch nicht aufrechnen und auch keinen eigenen Anspruch zur Leistungsverweigerung heranziehen.[64] Hieran hat § 30 Abs 1 S 3 GmbHG nF richtigerweise nichts geändert.[65] Der II. ZS des BGH scheint gleichfalls von der Fortgeltung der RsprRegeln für Altfälle auch dann ausgehen zu wollen, wenn das InsVerf erst nach dem Inkrafttreten des MoMiG eröffnet worden ist: Jedenfalls hat er in einem solchen Fall dem Berufungsgericht (an das zurückverwiesen wurde) aufgegeben zu prüfen, ob nicht Ansprüche nach den (früheren) RsprRegeln entsprechend §§ 30, 31 GmbHG aF gegeben sein könnten.[66]

II. Rangrückstufung nach Abs 1 Nr 5

34 Nachrangig sind gem Abs 1 Nr 5 – und zwar nach Maßgabe von Abs 4 und 5 (su Rn 53 ff und 65 ff) – Forderungen auf Rückgewähr eines Gesellschafterdarlehens sowie Forderungen

---

58 So aber etwa *OLG Hamburg* GmbHR 2015, 586; *Altmeppen* ZIP 2011, 641, 646 f; *Büscher* GmbHR 2009, 800, 802; *Haas* DStR 2009, 976, 978 f; *U/H/L/Habersack* Anh § 30 Rn 43; HambKomm/*Schröder* § 135 Rn 92; *Schröder* Rn 574 ff; *Thiessen* ZGR 2015, 396, 413 f.

59 S dazu schon *Kleindiek* FS Hopt, 2010, S 941, 948 f; iE wie hier etwa *Azara* S 951; *M/H/L/S/Dahl/Linnenbrink* Syst Darst 6 Rn 31; KK/*Klaahsen* InsO § 135 Rn 15; Hk-GmbHG/*Kolmann* 2. Aufl, Anh § 30 Rn 61; *N/R/Nerlich* § 135 Rn 79 (Stand: April 2017); *Graf-Schlicker/Neußner* § 135 Rn 48; *K/S/W/Schäfer* H 28b; *K Schmidt* § 135 Rn 6; *Ulbrich* S 220; wohl auch *R/S-L/Görner* Anh § 30 Rn 201.

60 *OLG Köln* ZIP 2009, 315, 316.

61 Zum daraus resultierenden Leistungsverweigerungsrecht s *BGHZ* 195, 42, Rn 18 = ZIP 2012, 2391; *L/H/Kleindiek* § 64 Rn 60.

62 S zu dieser Argumentation, mit Unterschieden im Detail, *Büscher* GmbHR 2009, 800, 802; *Clemens* S 168 ff; *Orlikowski-Wolf* GmbHR 2009, 902, 907; *Rellermeyer/Gröblinghoff* ZIP 2009, 1933, 1936 f; nunmehr auch *B/H/Fastrich* Anh § 30 Rn 11; dagegen zB *Felke* GmbHR 2009, 260; *Lorenz* GmbHR 2009, 135, 137.

63 So aber *Rühle* ZIP 2009, 1358, 1366; ihm folgend *Ulbrich* S 224 ff.

64 *BGHZ* 144, 336, 341 f = ZIP 2000, 1251; *BGHZ* 146, 105, 107 f = ZIP 2001, 157; *BGHZ* 179, 285, Rn 10 = ZIP 2009, 662.

65 Zur Begr s näher *Kleindiek* FS Hopt, 2010, S 941, 949 ff; zusammenfassend *Goette/Kleindiek* Rn 85 ff; insoweit **aA** aber etwa *Rühle* ZIP 2009, 1358, 1366; *Ulbrich* S 221 ff.

66 *BGH* ZIP 2011, 1101, Rn 19; s dazu schon *L/H/Kleindiek* Anh § 64 Rn 176.

aus Rechtshandlungen, die einem solchen Darlehen wirtschaftlich entsprechen. Zum zeitlichen Anwendungsbereich der Bestimmung so Rn 28. Zum Erlass von nachrangigen InsFord im InsPlanverfahren s § 225 Abs 1 und die Erläuterungen § 225 Rn 1 ff. Zum Nachrang von InsPlandarlehen im Fall einer etwaigen FolgeIns s § 264 Abs 3 und die Erläuterungen § 264 Rn 11.

1. Sachlicher Anwendungsbereich. – a) Gesellschafterdarlehen. Unter Forderungen auf Rückgewähr eines **Gesellschafterdarlehens** fällt jeder Rückzahlungsanspruch aus der Zurverfügungstellung von Kreditmitteln.[67] Die Nachrangigkeit des Anspruchs erstreckt sich auch auf Nebenforderungen, insb auf die Zinsansprüche (§ 39 Abs 3).[68] Nicht vom Nachrang erfasst sind Forderungen, die unter das Sanierungsprivileg des § 39 Abs 4 S 2 fallen (näher Rn 57 ff). 35

Darlehen bzw wirtschaftlich entsprechende Rechtshandlungen (s sogleich Rn 38) iSd § 39 Abs 1 Nr 5 sind (nur) solche Hilfen, die Kreditierungscharakter (Finanzierungsfunktion) haben.[69] Wenn dies der Fall ist, unterliegt auch ein Darlehen mit kurzer Laufzeit den Regelungen zu Nachrang und Anfechtbarkeit nach Maßgabe der §§ 39 Abs 1 Nr 5, 135 Abs 1. Entscheidend ist aber die Finanzierungsfunktion; die – schon für das frühere Eigenkapitalersatzrecht fragwürdige[70] – Kategorie des (kurzfristigen) **Überbrückungskredits** ist bei der Abgrenzung des Anwendungsbereichs der §§ 39 Abs 1 Nr 5, 135 Abs 1 demgegenüber wenig hilfreich.[71] Da den Bindungen nach neuem Recht – Nachrang offener Darlehensforderungen bzw Anfechtbarkeit von Tilgungsleistungen und Sicherungsbestellungen in der Insolvenz – grds jedes Darlehen eines Gesellschafters unterliegt,[72] sind auch die sog **Finanzplankredite** (einlagengleiche Gesellschafterleistungen, die kraft Vereinbarung als Quasi-Kapital bes Risiken ausgesetzt sind[73]) eingeschlossen. Offene Rückzahlungsansprüche aus solchen Krediten unterliegen in der Ins also jedenfalls dem Nachrang gem § 39 Abs 1 Nr 5, sofern nicht vertraglich ein Rücktritt in einen noch tieferen Rang vereinbart worden ist. 36

In der **Doppelinsolvenz von Gesellschaft und Gesellschafter** kann der InsVerw des Gesellschafterverfahrens dem Einwand der Nachrangigkeit des **Anspruchs auf Rückzahlung des Gesellschafterdarlehens** (§ 39 Abs 1 Nr 5) nicht die auf § 134 Abs 1 gestützte[74] Gegeneinrede der Anfechtbarkeit (§ 146 Abs 2) entgegenhalten, sofern nicht tatsächlich ein verlorener Zuschuss vorliegt, der nur formal in das Gewand eines Darlehens gekleidet wurde. Denn in der Auszahlung des Gesellschafterdarlehens ist – anders als nach früherem Eigen- 37

---

67 Speziell zu Schuldscheindarlehen und Inhaberschuldverschreibungen s *A Wilhelm* ZHR 180 (2016) 776, 786 ff.

68 *K Schmidt/Uhlenbruck/Brinkmann* Rn 2.118; *Clemens* S 238; *B/H/Haas* Anh § 64 Rn 91; *U/H/L/Habersack* Anh § 30 Rn 110; Hk-GmbHG/*Kolmann* Anh § 30 Rn 139; HambKomm/*Lüdtke* § 39 Rn 47; *K Schmidt/K Schmidt/Herchen* § 39 Rn 51; HambKomm/*Schröder* § 135 Rn 17; **aA** *B/S/Thiessen* Anh § 30 Rn 10; *C/P/M/Zenker* § 39 Rn 46: nur Zinsen ab Verfahrenseröffnung.

69 Im Ansatz übereinstimmend etwa MK/*Bitter* § 44a Rn 13; *Bitter/Laspeyres* ZInsO 2013, 2289, 2294; *Scholz/Bitter* Anh § 64 Rn 44 ff; Hk-GmbHG/*Kolmann* Anh § 30 Rn 103 ff; krit *B/H/Haas* Anh § 64 Rn 75.

70 S für das frühere Recht *BGH* ZIP 2006, 2130; *BGH* ZIP 2010, 1443; Schimansky/Bunte/Lwowski/*Stodolkowitz/Kleindiek* § 84 Rn 20 mwN.

71 Nachrang und Anfechtbarkeit auch bei „kurzfristigen Überbrückungskrediten" generell bejahend *BGH* ZIP 2013, 734, Rn 14; *BGH* ZIP 2013, 1629, Rn 29; dazu krit *Bitter/Laspeyres* ZInsO 2013, 2289 ff.

72 *Graf-Schlicker/Neußner* § 39 Rn 38.

73 Näher *Goette/Kleindiek* Rn 273 ff; *L/H/Kleindiek* Anh § 64 Rn 170 mwN.

74 Zu ggf in Betracht kommenden sonstigen Anfechtungstatbeständen, insb aus § 133, s etwa *Bangha-Szabo* NZI 2017, 27, 28; *Thole* WuB 2017, 216, 219.

kapitalersatzrecht[75] – keine unentgeltliche Leistung des Darlehensgebers zu sehen:[76] Der Darlehensnehmer schuldet (neben einem ggf vereinbarten Zins) die Rückzahlung des Darlehens bei Fälligkeit und der entsprechende Anspruch des Darlehensgebers ist, anders als bei der Ausreichung eines Krisendarlehens nach früherem Recht, nicht sogleich durchsetzungsgesperrt. Der Nachrang tritt nur und erst mit Eröffnung des InsVerf über das Vermögen der Gesellschaft ein. Auch im Stehenlassen einer Forderung auf Darlehensrückzahlung kann regelmäßig keine anfechtbare Rechtshandlung mehr gesehen werden, weil das Stehenlassen der Darlehensforderung nicht ursächlich für den (die Gesellschafter-Gläubiger benachteiligenden) Nachrang aus § 39 Abs 1 Nr 5 ist.[77] Zum davon zu unterscheidenden Fall der **Kreditierung einer sonstigen (nicht darlehensgleichen) Forderung** des Gesellschafters gegen die Gesellschaft s. unten Rn 40.

38 **b) Wirtschaftlich entsprechende Rechtshandlungen.** Dem Darlehen eines Gesellschafters gleichgestellt sind Forderungen aus **Rechtshandlungen**, **die** einem solchen **Darlehen wirtschaftlich entsprechen**. Insofern gelten, abgesehen vom Wegfall des Merkmals der Krisenfinanzierung, die zum alten Recht entwickelten Grundsätze[78] fort. Ausweislich der Begr zum RegE liegt dem MoMiG jedenfalls die Absicht zugrunde, den bisherigen § 32a Abs 3 S 1 GmbHG aF „in personeller … und sachlicher Hinsicht" zu übernehmen.[79] Auch der sachliche Anwendungsbereich der heutigen Nachrang- und Anfechtbarkeitsregeln folgt also der Abgrenzung im früheren Recht.[80]Dem Nachrang (und ggf der InsAnf) sind alle Forderungen aus solchen Rechtshandlungen unterworfen, die der Finanzierung der Gesellschaft durch Zuführung oder Belassen von Finanzierungsmitteln dienen, sei es in Form der nachträglichen **Stundung** einer Forderung (auch aus Austauschgeschäften),[81] der **Einräumung eines untypisch langen Zahlungsziels** (zB bei Warenkrediten) oder der Kreditierung auf sonstige Weise.[82] Keine Kreditierung liegt bei bargeschäftlicher Leistungsabwicklung vor, wobei in Anlehnung an § 286 Abs 3 BGB auf einen Zeitraum von maximal 30 Tagen abgestellt wird.[83]

39 Keine dem Darlehen wirtschaftlich entspr Rechtshandlungen sind **Dienstleistungsverpflichtungen** eines Gesellschafters; erst ein kreditierter Vergütungsanspruch für eine solche Dienstleistung kann dem Nachrang nach § 39 Abs 1 Nr 5 und (sofern im kritischen Zeit-

---

75 *BGH* 2.4.2009 – IX ZR 236/07, ZIP 2009, 1080, Rn 16; *BGH* 5.3.2015 – IX ZR 133/14, BGHZ 204, 231, Rn 51.

76 *BGH* 13.10.2016 – IX ZR 184/14, ZIP 2016, 2483; ebenso schon *Burmeister/Nohlen* NZI 2009, 41, 42 ff; *Dahl/Schmitz* NZI 2009, 433, 434.

77 *Burmeister/Nohlen* NZI 2009, 41, 42 f; *Thole* FS Kübler, 2015, S 681, 693 f; *Kleindiek* ZGR 2017, 731, 757; im Ausgangspunkt auch *Dahl/Schmitz* NZI 2009, 433, 434, aber mit Einschränkung: Anfechtbarkeit nach § 134 Abs 1, soweit die dann offenstehende nachrangige Gesellschafterforderung höher ist als für den Fall, dass sich der Gesellschafter das Darlehen hätte zurückzahlen lassen.

78 Zur Kasuistik s *Goette/Kleindiek* Rn 177 ff.

79 Begr RegE MoMiG, BT-Drucks 16/6140, 56.

80 *BGH* 29.1.2015 – IX ZR 279/13, BGHZ 204, 83, Rn 66.

81 *BGH* 10.7.2014 – IX ZR 192/13, ZIP 2014, 1491, Rn 50 f; *BGH* 29.1.2015 – IX ZR 279/13, BGHZ 204, 83, Rn 70.

82 *BAG* ZIP 2014, 927, Rn 30 ff (nicht zeitnah klageweise geltend gemachte Lohnansprüche eines Gesellschafter-Arbeitnehmers); *KG* 15.7.2016 – 14 U 14/15, ZInsO 2016, 1663 (faktischer Verzicht auf die Durchsetzung von Forderungen, um Zeit auch für Verhandlungen mit anderen Gl zu gewinnen); HambKomm/*Lüdtke* § 39 Rn 41 ff; *Graf-Schlicker/Neußner* § 39 Rn 40 f; *K/P/B/Preuß* § 39 Rn 81 (Stand: Mai 2013); *B/S/Thiessen* Anh § 30 Rn 16; ausf *Clemens* S 303 ff; *Schröder* Rn 377 ff; *Ulbrich* S 410 ff.

83 *BGH* 29.1.2015 – IX ZR 279/13, BGHZ 204, 83, Rn 70 f; *OLG Hamm* 16.2.2017 – I-27 U 83/16, GmbHR 2017, 1032, 1033.

raum des § 135 Abs 1 Nr 2 bedient) der InsAnf unterfallen.[84] In der Ins rückständige Forderungen auf das **Nutzungsentgelt** für eine vom Gesellschafter gewährte Nutzungsüberlassung sind dann (richtigerweise aber auch nur dann!) dem Nachrang – und bei Tilgung ggf der InsAnf – unterworfen, wenn sie kreditiert (gestundet etc) worden waren;[85] s dazu näher § 135 Rn 29 f. Zur InsAnf nach Ausschüttung von **vorgetragenen Gewinnen** oder zulasten von frei verfügbaren **Kapital- oder Gewinnrücklagen** s § 135 Rn 28.

Anders als in der Ausreichung (oder dem Stehenlassen) eines Gesellschafterdarlehens (dazu oben Rn 37) kann in der **Kreditierung** (durch Stundung, bewusstes Stehenlassen etc) **einer nicht darlehensgleichen Forderung** des Gesellschafters gegen die Gesellschaft (zB auf Dienstleistungsvergütung oder aus Miete etc) eine unentgeltliche Leistung iSv § 134 Abs 1 gesehen werden, wenn der Kreditierung – wie typischerweise – keine (die Unentgeltlichkeit ausschließende) Gegenleistung gegenübersteht.[86] In der **Doppelinsolvenz von Gesellschaft und Gesellschafter** vermag der InsVerw des Gesellschafters dem Einwand der Nachrangigkeit der kreditierten Forderung (§ 39 Abs 1 Nr 5) also ggf die auf § 134 Abs 1 gestützte Gegeneinrede der Anfechtbarkeit (§ 146 Abs 2) entgegenzuhalten. 40

2. Personeller Anwendungsbereich. – a) Gesellschafter. Dem Nachrang nach § 39 Abs 1 Nr 5 unterliegen Forderungen auf Rückgewähr von Darlehen und wirtschaftlich entspr Finanzierungshilfen, die von einem **Gesellschafter** gewährt worden sind, der einer Gesellschaft iSd § 39 Abs 4 S 1 angehört (dazu unten Rn 53 ff) und nicht unter das Kleinbeteiligungsprivileg nach § 39 Abs 5 (dazu unten Rn 65 ff) fällt. 41

Der Darlehensgeber kann seine Gesellschaftsbeteiligung auch erst nach Darlehensgewährung erworben haben.[87] Der Darlehensgeber muss seine Gesellschafterstellung nicht notwendig noch im Zeitpunkt der InsEröffnung inne haben: Bei isolierter **Forderungsabtretung** bleibt die abgetretene Darlehensforderung – nach dem Rechtsgedanken des § 404 BGB[88] – auch in der Hand des Zessionars nachrangig. Folgerichtig ist der **Zessionar** auch der Anfechtungshaftung unterworfen, sofern ihm binnen eines Jahres vor dem Antrag auf Verfahrenseröffnung Befriedigung gewährt worden ist. Nachrang und Anfechtbarkeit in der Ins unterliegt der Zessionar aber nur, wenn die Abtretung nicht länger als ein Jahr (gerechnet ab Stellung des Eröffnungsantrags) zurückliegt. Das ergibt sich aus der gesetzgeberischen Wertung im zeitraumbezogenen Konzept des § 135 Abs 1 Nr 2, wonach es darauf ankommt, ob der (finanzierende) Gesellschafter seine Doppelrolle als Gesellschafter und Darlehensgeber etc innerhalb oder außerhalb jener Jahresfrist beendet hat. Diese schon seit längerem hM[89] wird auch vom BGH 42

---

84 Vgl *BGH* ZIP 2009, 713, Rn 24 („Qivive"); *BGH* 10.7.2014 – IX ZR 192/13, ZIP 2014, 1491, Rn 50; s auch *OLG Schleswig* ZIP 2013, 1485 (InsAnf von Zahlungen, die ein Gesellschafter – nach verspäteter Rechnungsstellung – in seiner Funktion als Liquidator der Gesellschaft bezogen hatte).

85 *BGH* 29.1.2015 – IX ZR 279/13, BGHZ 204, 83, Rn 70 f.

86 S schon *Burmeister/Nohlen* NZI 2009, 41, 43; *Dahl/Schmitz* NZI 2009, 433, 435; gleichsinnig *Kleindiek* ZGR 2017, 731, 757; *K Schmidt/Ganter/Weinland* § 134 Rn 13; *A/G/R/Gehrlein* § 134 Rn 8; *Thole* FS Kübler, S 681, 694; *ders* WuB 2017, 216, 218 f; **aA** *Bangha-Szabo* NZI 2017, 27, 28; *B/H/Haas* Anh. § 64 Rn 114; *ders* ZIP 2017, 545, 554 f.

87 *BGH* ZIP 2014, 584, Rn 15.

88 Dazu *Kleindiek* ZGR 2017, 731, 745 mwN zum Meinungsstand.

89 Vgl etwa *Scholz/Bitter* Anh § 64 Rn 57 ff; *M/H/L/S/Dahl/Linnenbrink* Syst Darst 6 Rn 65; *U/H/L/Habersack* Anh § 30 Rn 77 und 123; *L/H/Kleindiek* Anh § 64 Rn 142; Hk-GmbHG/*Kolmann* Anh § 30 Rn 45 ff, 141; *Graf-Schlicker/Neußner* § 39 Rn 23 und § 135 Rn 19; *K Schmidt* § 135 Rn 12; HambKomm/*Schröder* § 135 Rn 15; *B/S/Thiessen* Anh 30 Rn 43 f; *A Wilhelm* ZHR 180 (2016) 776, 795 f. S zur näheren Begründung, auch in Auseinandersetzung mit abweichenden Positionen im Schrifttum, *Kleindiek* ZGR 2017, 731, 744 ff.

geteilt.[90] Bei isolierter **Anteilsübertragung** nach Darlehensgewährung gilt Entsprechendes: Der frühere Gesellschafter bleibt Subordination und Anfechtung unterworfen, wenn er seinen Gesellschaftsanteil innerhalb der Jahresfrist des § 135 Abs 1 Nr 2 übertragen hatte.[91]

43 Hat der Gesellschafter seine Darlehensforderung innerhalb der Jahresfrist des § 135 Abs 1 Nr 2 abgetreten und wird diese sodann von der Gesellschaft durch Zahlung an den Zessionar getilgt, bejaht der IX. ZS des **BGH** eine **gesamtschuldnerische Haftung auch des Gesellschafter-Zedenten** (neben dem Zessionar) aus §§ 135 Abs 1 Nr 2, 143 Abs 1: Bei der gebotenen wirtschaftlichen Betrachtung sei die im Wege einer Abtretung ebenso wie die durch eine Anweisung bewirkte Drittzahlung als Leistung der Gesellschaft an den Gesellschafter-Zedenten zu behandeln, weil sie auf eine der Durchsetzung seiner eigenen wirtschaftlichen Interessen gerichtete Willensentschließung des Gesellschafters zurückgehe.[92] – Die Entscheidung bringt den Willen des Senats zum Ausdruck, denkbare Abtretungsstrategien zur Umgehung der Subordinations- und AnfFolgen aus §§ 39 Abs 1 Nr 5, 135 Abs 1 im Keim zu ersticken, soweit binnen Jahresfrist der Eröffnungsantrag gestellt wird. Dabei wird eine Enthaftung des Gesellschafter-Zedenten auch dann anzunehmen sein, wenn die Zession außerhalb, die Tilgung gegenüber dem Zessionar aber innerhalb der Jahresfrist des § 135 Abs 1 Nr 2 erfolgt.[93] Die Ableitung der (nicht auf Missbrauchsfälle beschränkten) gesamtschuldnerischen Haftung des Zedenten durch den BGH ist freilich auf beachtliche Kritik gestoßen, da sich die Tilgung nach Abtretung der Darlehensforderung von den zum Vergleich herangezogenen Anweisungsfällen unterscheidet und der Senat den Gesellschafter-Zedenten auch dann auf Erstattung des an den Zessionar geflossenen Tilgungsbetrags haften lässt, wenn die an den Gesellschafter (aus dem Vermögen des Zessionars) geflossene Gegenleistung geringer war.[94] Bezieht man jedoch die den insolvenzrechtlichen Nachrang- und Anfechtungsregeln zugeschriebenen Anreizwirkungen (so Rn 27) in die Überlegungen ein, spricht doch einiges für die Lösung des BGH.[95]

44 Ob der BGH die Mithaftung des Zedenten (im kritischen Jahreszeitraum) auch dort bejahen wird, wo mit der **Forderungsabtretung** zugleich die **Anteilsübertragung** an den Zessionar verbunden wird, ist einstweilen offen; angesichts der gegebenen Begründung für die gesamtschuldnerische Haftung bei isolierter Forderungsabtretung (oben Rn 43) liegt das keineswegs fern. In diesem Zusammenhang werden Gestaltungsempfehlungen für die Praxis erörtert,[96] wobei auch die (vor Anteilsübertragung vorgenommene) Einbringung der Darlehensforderung in die Kapitalrücklage (§ 272 Abs 2 Nr 4 HGB) – soweit steuerlich tunlich – eine erwägenswerte Alternativoption sein mag; denn eine die Gl benachteiligende Befriedigung iSd § 135 Abs 1 Nr 2 kann erst in der etwaigen Auflösung und Ausschüttung der Rücklage liegen (vgl § 135 Rn 28).

---

90 *BGH* 15.11.2011 – II ZR 6/11, ZIP 2012, 86, Rn 13 ff; *BGH* 21.2.2013 – IX ZR 32/12, BGHZ 196, 220, Rn 24 ff; *BGH* 30.4.2015 – IX 196/13, ZIP 2015, 1130, Rn 3.

91 *BGH* 15.11.2011 – II ZR 6/11, ZIP 2012, 86, Rn 13 ff.

92 *BGH* 21.2.2013 – IX ZR 32/12, BGHZ 196, 220, Rn 28; anders noch die Vorinstanz: *OLG Stuttgart* ZIP 2012, 879.

93 Insoweit **aA** *Junclaus* NZI 2013, 311, 312 f; *Kähler* KTS 2014, 180, 182 f.

94 Krit gegenüber der Entscheidung etwa *Lauster* WM 2013, 2155, 2157 f; HambKomm/*Lüdtke* § 39 Rn 32; *Mairose* RNotZ 2015, 9, 13 ff; *Pentz* GmbHR 2013, 393, 402 f; *Reinhard/Schützler* ZIP 2013, 1898, 1899 f; *Schniepp/Hensel* BB 2015, 777, 779 f; *Schulze De la Cruz* S 274 ff.

95 *Kleindiek* ZGR 2017, 731, 749; *A Wilhelm* ZHR 180 (2016) 776, 791 ff.

96 Dazu insb *Greven* BB 2014, 2309 ff; *Lauster* WM 2013, 2155, 2159 f; *Reinhard/Schützler* ZIP 2013, 1898, 1901 ff; ferner etwa *Bauer/Farian* GmbHR 2015, 230, 231 ff; *Heckschen/Kreußlein* RNotZ 2016, 351, 356 ff; *Mairose* RNotZ 2015, 9, 15 f; *Schniepp/Hensel* DB 2015, 479 ff; *v Woedtke* GmbHR 2014, 1018, 1021 ff.

b) Gleichgestellte Dritte. Auch (der Gesellschaft nicht als Gesellschafter angehörende) **Dritte** können Nachrang (und ggf InsAnf; näher unten Rn 50) unterworfen sein, wenn sie der Gesellschaft ein Darlehen oder eine wirtschaftlich entspr Finanzierungsleistung gewährt haben. Zwar werden Dritte in § 39 Abs 1 Nr 5 – anders als früher in § 32a Abs 3 S 1 GmbHG aF – nicht mehr ausdrücklich genannt; ihre Rechtshandlungen können aber einem Gesellschafterdarlehen „wirtschaftlich entsprechen".[97] Ausweislich der Begr zum RegE liegt dem MoMiG jedenfalls die Absicht zugrunde, den bisherigen § 32a Abs 3 S 1 GmbHG aF „in personeller (Dritte) und sachlicher Hinsicht" zu übernehmen.[98] Vor diesem Hintergrund hatte der Gesetzgeber offenbar den Willen, die zum alten Eigenkapitalersatzrecht entwickelten Kriterien für die Einbeziehung Dritter[99] fortgelten zu lassen und nicht etwa auf die Maßstäbe „nahe stehender Personen" iSd § 138 abzustellen.[100] Auch der IX. ZS des BGH hat den Rückgriff auf § 138 – was den Nachrang betrifft – zu Recht abgelehnt, weil die Vorschrift nicht auf den Regelungsbereich des § 39 Abs 1 Nr 5 zugeschnitten sei.[101] Bezogen auf die InsAnf nach § 135 Abs 1 wird man nicht anders werten können, zumal sich der Anwendungsbereich jenes AnfTatbestandes an § 39 Abs 1 Nr 5 orientiert und die InsAnf der (ergänzenden) Absicherung des Nachrangs dienen soll (so Rn 26). 45

Allerdings beruhte die konkrete Abgrenzung des persönlichen Anwendungsbereichs des früheren Eigenkapitalersatzrechts auf dessen spezifischen Legitimationsgrundlagen – Finanzierungsentscheidung in der Krise und daraus resultierende Finanzierungsfolgenverantwortung –, die im neuen Recht keine Geltung mehr beanspruchen können (oben Rn 24). Deshalb kann der Kreis gesellschaftergleicher Dritter auch nicht länger nach dem Gedanken der Finanzierungsfolgenverantwortung abgegrenzt werden, sondern muss berücksichtigen, dass das neue Recht allein an die „Doppelrolle" als Gesellschafter und Kreditgeber anknüpft (oben Rn 24 und 27). IE ergeben sich jedoch auch auf der Basis dieses Ansatzes keine wesentlichen Unterschiede gegenüber der Abgrenzung des Kreises gesellschaftergleicher Dritte nach altem Recht.[102] 46

Wohl unstreitig greifen die Subordinations- und ggf InsAnfFolgen dort, wo das Darlehen etc zwar nicht von einem Gesellschafter selbst gewährt wird, die vom Dritten gewährte Finanzierungsleistung aber **aus dem Vermögen des Gesellschafters** stammt.[103] So etwa, wenn ein Dritter die Finanzierungshilfe für Rechnung des Gesellschafters gewährt und von ihm Ausgleich verlangen kann.[104] Dann hat der Dritte die Funktion eines bloßen „Strohmanns", „Zahlungsmittlers" bzw „mittelbaren Stellvertreters" für den Gesellschafter. Deshalb werden Kredite, welche die Ehefrau des Gesellschafters der Gesellschaft mit Mitteln ihres Ehemanns gewährt, wie Gesellschafterkredite behandelt. Die **enge verwandtschaftliche Beziehung** des Kreditgebers zum Gesellschafter allein reicht freilich nach wie vor nicht aus; 47

---

97 *BGH* ZIP 2011, 575, Rn 10; *BGHZ* 196, 220 = ZIP 2013, 582, Rn 11.
98 Begr RegE MoMiG, BT-Drucks 16/6140, 56; vgl dazu auch *BGH* 17.2.2011 – IX ZR 131/10, BGHZ 188, 363, Rn 10; *BGH* 21.2.2013 – IX ZR 32/12, BGHZ 196, 220, Rn 11 f und 15.
99 Dazu näher *Goette/Kleindiek* Rn 250 ff.
100 Dazu auch schon *Habersack* ZIP 2008, 2385, 2387 f.
101 *BGH* ZIP 2011, 575, Rn 14; krit indes *Thole* ZInsO 2011, 1425, 1432.
102 Zur näheren Begr s schon *L/H/Kleindiek* Anh § 64 Rn 144 ff; zust *AG Hamburg* InsVZ 2010, 421, 422; jedenfalls iE ganz ähnlich auch *N/R/Nerlich* § 135 Rn 25 ff (Stand: April 2017); *Graf-Schlicker/Neußner* § 39 Rn 25 ff; *Schröder* Rn 421 ff; *Schulze De la Cruz* S 209 ff.
103 Übereinstimmend *Scholz/Bitter* Anh § 64 Rn 195; *Clemens* S 289 f; *Habersack* ZIP 2008, 2385, 2389; *U/H/L/Habersack* Anh § 30 Rn 82; *L/H/Kleindiek* Anh § 64 Rn 146; Hk-GmbHG/*Kolmann* Anh § 30 Rn 62; HambKomm/*Lüdtke* § 39 Rn 35; *K Schmidt/K Schmidt/Herchen* § 39 Rn 47; für das neue Recht noch offen gelassen in *BGH* ZIP 2011, 575, Rn 19.
104 S zum alten Recht *BGH* ZIP 2000, 1489, 1490 unter Hinweis auf *BGH* ZIP 1991, 366 und *BGH* ZIP 1994, 1934.

ebenso wenig ein Eheverhältnis.[105] Nach der Rechtsprechung des BGH zum früheren Eigenkapitalersatzrecht begründet ein Ehe- oder Verwandschaftsverhältnis zwischen Darlehensgeber und Gesellschafter für sich allein auch keine Beweiserleichterung zu Gunsten des darlegungs- und beweispflichtigen InsVerw; eine Beweiserleichterung iS eines Anscheinsbeweises könne allenfalls dann in Betracht kommen, wenn es konkrete Hinweise darauf gebe, dass entweder die Mittel vom Gesellschafter stammten oder (umgekehrt) dieser den Geschäftsanteil treuhänderisch für den Darlehensgeber halte.[106]

48 Ein Gesellschafterdarlehen iSd §§ 39 Abs 1 Nr 5, 135 ist ebenfalls dort gegeben, wo der **Darlehensgeber** an der darlehensnehmenden Gesellschaft nur **mittelbar** – etwa über eine Zwischenholding – **beteiligt** ist. Auch das ist im aktuellen nicht anders als im früheren Recht,[107] wobei die mittelbare Beteiligung des Darlehensgebers an der das Darlehen empfangenden Gesellschaft (sofern nur – im Verhältnis des mittelbar beteiligten Darlehensgebers zur kreditnehmenden Gesellschaft – die Kleinbeteiligungsschwelle des § 39 Abs 5 überschritten ist) richtigerweise[108] (nicht anders als nach früherem Eigenkapitalersatzrecht[109]) keine „maßgebliche" sein muss.[110] Zu dieser Wertung scheint auch der IX. ZS des BGH zu tendieren.[111]

49 Hiervon zu unterscheiden sind jene Fälle, in denen die Darlehensgeberin an der das Darlehen empfangenden Gesellschaft selbst zwar nicht beteiligt ist, dafür aber ein Gesellschafter der darlehensnehmenden Gesellschaft Anteile an der Darlehensgeberin hält, so etwa bei der **Darlehensgewährung durch eine Schwestergesellschaft**. Nach der Rspr des BGH zum alten Eigenkapitalersatzrecht genügte es für die Gleichstellung eines verbundenen Unternehmens mit einem Gesellschafter der kreditnehmenden Gesellschaft, dass der betr Gesellschafter am kreditgebenden Unternehmen „maßgeblich beteiligt" war; dafür reichte grds eine Mehrheitsbeteiligung aus, auf Grund derer der Gesellschafter beherrschenden Einfluss auf das kreditgebende Unternehmen ausüben, also dessen Geschäftspolitik bestimmen und Weisungen – etwa zur Vergabe des Kredits – durch entspr GesellschafterBeschl durchsetzen

---

105 Vgl zum alten Eigenkapitalersatzrecht *BGH* ZIP 1991, 366; *BGH* NJW 1999, 2123, 2125; *BGH* ZIP 2009, 1273, Rn 8 ff; zum Ganzen auch *Goette/Kleindiek* Rn 260 ff.

106 *BGH* ZIP 2009, 1273, Rn 9 mwN (II. ZS); s dazu auch *BGH* ZIP 2011, 575, Rn 23 ff (IX. ZS).

107 S für das aktuelle Recht *BGHZ* 196, 220 = ZIP 2013, 582, Rn 21; *OLG Hamm* 16.2.2017 – I-27 U 83/16, GmbHR 2017, 1032; für das frühere Eigenkapitalersatzrecht etwa die Fälle *BGHZ* 165, 106 = ZIP 2006, 279; *OLG Hamburg* GmbHR 2006, 200.

108 Aber str; **aA** etwa noch *U/H/W/Habersack* 1. Aufl §§ 32a/b Rn 146: Mehrheitsbeteiligung des Darlehensgebers an der Zwischengesellschaft entscheidend; ebenso *B/H/Haas* Anh § 64 Rn 70 („Anteilsmehrheit"); offener jetzt *U/H/L/Habersack* Anh § 30 Rn 87 f; demgegenüber verlangt *Ulbrich* S 353 f Mehrheitsbeteiligung der Zwischengesellschaft an der Darlehensnehmerin.

109 *OLG Hamburg* GmbHR 2006, 200, 201 f mit Anm *Schröder*; *LG Hamburg* GmbHR 2005, 880, 882 mit Anm *Schröder*; Schimansky/Bunte/Lwowski/*Stodolkowitz/Kleindiek* § 84 Rn 114 mwN. Insoweit nicht eindeutig allerdings *BGHZ* 165, 106, Rn 20 = ZIP 2006, 279 und *BGH* ZIP 2008, 1230, Rn 9: Anwendung der Eigenkapitalersatzvorschriften „jedenfalls", wenn der mittelbare Gesellschafter am unmittelbaren Gesellschafter maßgeblich beteiligt ist.

110 Zust *OLG Hamm* 16.2.2017 – I-27 U 83/16, GmbHR 2017, 1032; *Scholz/Bitter* Anh § 64 Rn 263; *K Schmidt/Uhlenbruck/Brinkmann* Rn 2.101; *M/H/L/S/Dahl/Linnenbrink* Syst Darst 6 Rn 57; Hk-GmbHG/*Kolmann* Anh § 30 Rn 74; *Kortleben* NZI 2017, 600, 601 f; *K/P/B/Preuß* § 39 Rn 79 (Stand: Mai 2013); *C/P/M/Zenker* § 39 Rn 61; wie hier ferner *Herwig* S 190 ff; iE auch *Schulze De la Cruz* S 259 ff.

111 *BGHZ* 196, 220 = ZIP 2013, 582, Rn 22, wo die Frage aber offen bleiben konnte; vgl auch *BGH* ZIP 2015, 589, Rn 50.

konnte.[112] Sofern das kreditgewährende Schwesterunternehmen in der Rechtsform der Aktiengesellschaft organisiert ist, wollte der II. ZS des BGH – angesichts der Befugnis ihres Vorstands zur eigenverantwortlichen Leitung (§ 76 Abs 1 AktG) – die maßgebliche Beteiligung freilich noch nicht ausreichen lassen.[113] Der **Zurechnungsgrund der maßgeblichen Beteiligung** war nicht nur unter dem Gedanken der Finanzierungsfolgenverantwortung stimmig;[114] er ist vielmehr weit darüber hinaus tragfähig und bleibt auch unter den Regeln des aktuellen Rechts ein wertungskonsistentes Zurechnungskriterium: Ist ein Gesellschafter der darlehensnehmenden Gesellschaft am kreditgebenden Unternehmen (iSd soeben Ausgeführten) maßgeblich beteiligt, bündeln sich die Rollen von Gesellschafter und Kreditgeber bei wirtschaftlicher Betrachtung in seiner Person; die „Doppelstellung" (oben Rn 24 und 27) ist dann gegeben. Vor diesem Hintergrund ist es nicht gerechtfertigt, Dritte nur unter deutlich restriktiveren Voraussetzungen als nach altem Eigenkapitalersatzrecht in den persönlichen Anwendungsbereich des neuen Rechts einzubeziehen oder gar eine Gleichstellung – abgesehen von den „Strohmann"-Finanzierungen (oben Rn 47) – allein in Fällen wirtschaftlicher Einheit im Konzernverbund (insb wegen Bestehens eines Beherrschungs- und Gewinnabführungsvertrages) zu befürworten.[115] Nachrang und InsAnf zulasten des kreditgebenden Drittunternehmens (etwa einer Schwestergesellschaft) tangieren zwar die Interessen der leistenden Gesellschaft, ihrer Gl sowie etwaiger (Minderheits-)Gesellschafter; dem ist jedoch – nicht anders als im früheren Eigenkapitalersatzrecht[116] – ggf durch Regressansprüche im Innenverhältnis Rechnung zu tragen. Zu Recht sieht deshalb der **IX. ZS des BGH** – für das neue Recht der Gesellschafterfremdfinanzierung – Darlehensforderungen von Unternehmen, die mit einem Gesellschafter der kreditnehmenden Gesellschaft horizontal oder vertikal verbunden sind, als einem Gesellschafterdarlehen wirtschaftlich entsprechende Forderungen an.[117] Nach wie vor kommt es für die Fälle horizontaler Beteiligung auf eine maßgebliche Beteiligung im hier skizzierten Sinne an; diese liegt auch dort vor, wo der Gesellschafter des kreditnehmenden Unternehmens an der kreditgebenden Gesellschaft nur zu 50 % beteiligt, zugleich aber deren alleinvertretungsbefugter Geschäftsführer ist.[118] Koordiniertes Zusammenwirken von Gesellschaftern ermöglicht eine gemeinsame Beteiligungszurechnung.[119]

Ist die Darlehensforderung etc des Dritten der Darlehensforderung eines Gesellschafters **50** gleichgestellt, so unterliegt sie in der Ins dem **Nachrang** gem § 39 Abs 1 Nr 5. Tilgungsleistungen im Jahreszeitraum vor dem Eröffnungsantrag (oder nach diesem Antrag) sind nach § 135 Abs 1 Nr 2 der **InsAnf** unterworfen. **AnfGegner und Erstattungspflichtige** sind der gesellschaftergleiche Dritte und/oder der Gesellschafter selbst, wobei die von der Rspr zum früheren Eigenkapitalersatzrecht (sowie zum Kapitalerhaltungsrecht in unmittelbarer

---

112 *BGH* ZIP 1999, 1314, 1315; bestätigend etwa *BGH* ZIP 2001, 115; *BGH* ZIP 2005, 660, 661; *BGH* ZIP 2008, 1230, Rn 10; zum Ganzen auch *Goette/Kleindiek* Rn 252 ff.

113 *BGH* ZIP 2008, 1230, Rn 13 (zweifelhaft).

114 S *L/H/Kleindiek* Anh § 64 Rn 124.

115 So aber noch *U Huber* FS Priester, S 259, 280; *Habersack* ZIP 2008, 2385, 2389; sympathisierend HambKomm/*Lüdtke* § 39 Rn 34; einschränkend auch *Herwig* S 206 ff. Wie hier indes *BGHZ* 196, 220 = ZIP 2013, 582, Rn 16–19.

116 Vgl zu den dortigen Wertungen (Vorrang des Eigenkapitalersatzregeln) *BGH* ZIP 2001, 115, 116; *BGH* ZIP 2005, 660, 661; Schimansky/Bunte/Lwowski/*Stodolkowitz/Kleindiek* § 84 Rn 113.

117 *BGHZ* 196, 220 = ZIP 2013, 582, Rn 11, 15 f, 20 ff.

118 *BGH* ZIP 2013, 1579, Rn 24 ff.

119 *BGH* ZIP 2015, 589, Rn 51.

Anwendung der §§ 30, 31 GmbHG) entwickelten Grundsätze[120] im Wesentlichen auch für §§ 135 Abs 1, 143 Abs 1 herangezogen werden können: War die Finanzierungshilfe etwa durch ein verbundenes Unternehmen ausgereicht und im kritischen Zeitraum des § 135 Abs 1 Nr 2 an dieses zurückgeführt worden, sind das ausreichende Unternehmen und der daran maßgeblich beteiligte Gesellschafter[121] (gesamtschuldnerisch) zur Erstattung verpflichtet. Wenn durch die Leistung an einen Dritten aber nur der Gesellschafter begünstigt wird (so wenn auf dessen Weisung an den Dritten geleistet wird, um eine eigene Verbindlichkeit des Gesellschafters zu tilgen), ist nur der Gesellschafter Adressat der Erstattungspflicht.[122]

51 IÜ findet das neue Recht der Gesellschafterfremdfinanzierung (Nachrang und InsAnf) auch zu Lasten des sog „**wirtschaftlichen Gesellschafters**" Anwendung: Hat der **Treugeber** eines (lediglich treuhänderisch beteiligten) Gesellschafters ein Darlehen etc gewährt, steht dieser einem Gesellschafter gleich, weil sich im Vermögen des Treugebers die finanziellen Auswirkungen der Gesellschaftsbeteiligung seines Treuhänders niederschlagen; wirtschaftlich betrachtet kommt ihm also eine „Doppelrolle" als Gesellschafter und Kreditgeber zu.[123] Ebenso steht – wie schon nach früherem Eigenkapitalersatzrecht[124] – der **atypische stille Gesellschafter** einem Gesellschafter gleich, wenn er nach dem stillen Gesellschaftsvertrag am Vermögen oder wenigstens am Gewinn der Gesellschaft beteiligt ist und über solche Mitwirkungs- und Kontrollbefugnisse verfügt, dass er ähnlich einem Gesellschafter die Geschicke der Gesellschaft (mit-)bestimmt.[125] Ein vom atypischen stillen Gesellschafter gewährtes Darlehen unterliegt wie ein Gesellschafterdarlehen Nachrang und InsAnf;[126] auf die Rückzahlung der stillen Einlage selbst ist freilich schon das Kapitalerhaltungsrecht anwendbar, wenn die stille Einlage im konkreten Einzelfall nicht lediglich darlehensähnliche Funktion, sondern Eigenkapitalcharakter hat.[127] Wie atypische stille Gesellschafter sind ggf auch **Nießbraucher** und **Unterbeteiligte** Gesellschaftern gleichgestellt.[128] Im Einzelfall

---

120 S dazu etwa *BGH* ZIP 1990, 1467; ZIP 1991, 366; ZIP 2001, 115; ZIP 2005, 660; vgl auch *Gehrlein* BB 2005, 848.

121 Wohl nur dessen Haftung befürwortend *Pluta/Keller* FS Wellensiek, 2011, S 511 ff.

122 Wie hier *B/H/Haas* Anh § 64 Rn 97 f; vgl zur Rückgewähr von Zahlungen an nahestehende Dritte aber auch *K Schmidt* ZIP Beil 39/2009, 15, 23.

123 Zur doppelnützigen Treuhand s *Kampshoff* GmbHR 2010, 897, 902 ff; *Schulze De la Cruz* S 239 f.

124 S dazu aus der BGH-Rspr zuletzt *BGH* ZIP 2013, 2400, Rn 19 ff; zuvor (im Kontext des Kapitalerhaltungsrechts) *BGHZ* 106, 7, 9 ff = ZIP 1989, 95; *BGH* ZIP 2006, 703, 705; vgl ferner *OLG Hamburg* NJW-RR 1991, 105, 106. Für Fortgeltung der zum früheren Recht entwickelten Grundsätze auch nach Inkrafttreten des MoMiG schon *Manz/Lammel* GmbHR 2009, 1121, 1123 ff; *Mock* DStR 2008, 1645, 1647; weitergehend *Krolop* GmbHR 2009, 397, 402: Gleichstellung des stillen Gesellschafters nun nicht mehr Ausnahme-, sondern Regelfall. Einschränkend demgegenüber *U Huber* FS Priester, S 259, 281: nur Anwendung von § 136.

125 Vgl (bezogen auf § 39 Abs 1 Nr 5 nF) *BGH* ZIP 2012, 1869, Rn 14 ff.

126 Dazu (noch zum früheren Recht) *BGH* ZIP 2013, 2400.

127 Vgl *BGHZ* 106, 7 = ZIP 1989, 95; *BGH* ZIP 2006, 703; s auch schon *BGH* NJW 1981, 2251; *BGH* NJW 1983, 1855, 1856. Für Einbeziehung des Anspruchs auf Rückgewähr einer atypischen stillen Einlage unter den Rangrücktritt nach § 39 Abs 1 Nr 5 indes *BGH* ZIP 2012, 1869; insoweit krit *Mylich* WM 2013, 1010 ff; s zur Abgrenzung auch *Clemens* S 308 ff.

128 *Clemens* S 297 ff; *Wedemann* ZGR 2016, 798, 809 ff, 833 f.

mögen auch durch **financial covenants**[129] (oder sonstige Vereinbarungen[130]) vermittelte Einflussmöglichkeiten eine gesellschaftergleiche Stellung begründen können.

Ebenso kann der **Inhaber eines Pfandrechts am Gesellschaftsanteil** als gesellschaftergleicher Dritter anzusehen sein, wenn ihm in atypischer Ausgestaltung des Rechtsverhältnisses auf gesicherter Grundlage Einflussmöglichkeiten auf die unternehmerischen Entscheidungen in der Gesellschaft eingeräumt werden, die ihn gleich einem GesellschafterGl aus dem Kreis der (Dritt-)Gl deutlich hervorheben und ihn in die Lage versetzen, zu Lasten Letzterer Eigeninteressen zu verfolgen und auch durchzusetzen. Eben dann nimmt auch er eine „Doppelrolle" wie ein kreditgebender Gesellschafter war, so dass er (wie dieser) in der Ins im Rang hinter die Gl zurücktreten muss. Das kommt freilich nur in Ausnahmekonstellationen in Betracht, was in einer Gesamtbetrachtung unter Bewertung aller Umstände des Einzelfalls zu beurteilen ist. In der zum alten Eigenkapitalersatzrecht ergangenen, vielfach diskutierten (und mitunter wohl missverstandenen) PfandGl-Entsch des BGH[131] war ein solcher Ausnahmefall gegeben. Die dort befürwortete Gleichstellung des Pfandrechtsinhabers (Bank) mit einem Gesellschafter war jedenfalls von der Besonderheit der Fallgestaltung geprägt, in der die Bank (unter Instrumentalisierung einer auf ihre Initiative eingesetzten Unternehmensberatung) wie ein faktischer Geschäftsführer einer GmbH gehandelt hatte.[132] 52

III. Erfasste Gesellschaften (Abs 4 S 1)

§ 39 Abs 4 grenzt den Geltungsbereich von § 39 Abs 1 Nr 5 (so Rn 34 ff) ab bzw ein. Dabei umschreibt S 1 der Vorschrift die **erfassten Gesellschaftsformen**: § 39 Abs 1 Nr 5 gilt – rechtsformübergreifend – für alle Gesellschaftsformen, die weder eine natürliche Person noch eine Gesellschaft als persönlich haftenden Gesellschafter haben, bei der eine natürliche Person Vollhafter (und zwar im Außenverhältnis[133]) ist. In den Anwendungsbereich der Vorschrift fallen somit etwa die GmbH einschließlich der Unternehmergesellschaft (haftungsbeschränkt), die Vor-GmbH (da deren Gesellschafter nach der Rspr des BGH idR nur einer unbeschränkten Innenhaftung unterliegen[134]), die AG und SE, die eingetragene Genossenschaft und die SCE, die GmbH & Co KG, die GmbH & Co. KGaA, aber auch eine BGB-Gesellschaft, die nur Kapitalgesellschaften als Gesellschafter aufweist.[135] Regelmäßig nicht erfasst sind Idealvereine und Stiftungen.[136] 53

Der rechtsformübergreifende Ansatz des heutigen Rechts hat beträchtliche Auswirkungen auf **Aktiengesellschaften**: Da auch das Kleinbeteiligungsprivileg nach § 39 Abs 5 (unten 54

---

129 Dazu weiterführend *Scholz/Bitter* Anh § 64 Rn 228; *Clemens* S 299 ff; *Fleischer* ZIP 1998, 313, 315 ff; *U/H/L/Habersack* Anh § 30 Rn 91; *Kampshoff* GmbHR 2010, 897, 901 f; *Schulze De la Cruz* S 225 ff; *B/S/Thiessen* Anh § 30 Rn 40, je mwN.

130 Vgl die Fälle *OLG Koblenz* 21.12.2015 – 3 U 891/15, GmbHR 2016, 296; *OLG Thüringen* 25.9.2015 – 1 U 503/15, GmbHR 2016, 299.

131 *BGHZ* 119, 191 = ZIP 1992, 1300; zur Diskussion monographisch *Körner* Institutionelle Kreditgeber als Quasigesellschafter, 2008, S 211 ff.

132 S dazu auch *Goette/Kleindiek* Rn 259; *L/H/Kleindiek* Anh § 64 Rn 151; zust *Clemens* S 295 ff; *Kampshoff* GmbHR 2010, 897, 900 f; generell gegen eine Einbeziehung atypischer Pfandrechtsgläubiger aber *Schulze De la Cruz* S 237 ff mwN z Meinungsstand.

133 Begr RegE MoMiG zu § 39 Abs 4 InsO, BT-Drucks 16/6140, 57; *Hirte* ZInsO 2008, 689, 694; *Mülbert* WM 2006, 1977, 1981.

134 *BGHZ* 134, 333 = ZIP 1997, 679.

135 Zum Ganzen etwa *Clemens* S 179 ff; *U/H/L/Habersack* Anh § 30 Rn 32 ff; *C/P/M/Zenker* § 39 Rn 33 ff.

136 Weiterführend *Habersack* ZIP 2007, 2145, 2147 f; HambKomm/*Lüdtke* § 39 Rn 27; *B/S/Thiessen* Anh § 30 Rn 29.

Rn 65 ff) rechtsformübergreifend gilt, ist jedes Aktionärsdarlehen dem Rangrücktritt (und ggf der InsAnf) unterworfen, wenn der betr Aktionär mit mehr als 10 % am Grundkapital beteiligt ist. Demgegenüber war nach der BGH-Rspr zum früheren Eigenkapitalersatzrecht in der Aktiengesellschaft grds eine Beteiligung von mehr als 25 % erforderlich.[137]

55 Liegen die Voraussetzungen von § 39 Abs 4 S 1 vor (keine – zumindest mittelbare – Beteiligung wenigstens einer natürlichen Person als Vollhafter), werden nach dem Willen des Gesetzgebers[138] auch **Auslandsgesellschaften** erfasst, wenn auf deren Ins – nach Maßgabe von Art 4 und 5 EuInsVO („Mittelpunkt der hauptsächlichen Interessen der Gesellschaft" liegt in Deutschland) – das dt InsR Anwendung findet.[139] Ob diese Sehweise das Plazet des EuGH finden würde, ist freilich nach wie vor nicht sicher geklärt;[140] für die Anwendbarkeit der Novellenregeln des früheren Eigenkapitalersatzrechts auf EU-Auslandsgesellschaften hat der IX. ZS des BGH einen Verstoß gegen die Niederlassungsfreiheit im Ergebnis verneint und ein Vorabentscheidungsersuchen an den EuGH als nicht geboten angesehen.[141]

56 Unanwendbar sind § 39 Abs 1 Nr 5 und die darauf aufbauenden Vorschriften der §§ 44a, 135, 143 Abs 3 auf Unternehmensbeteiligungsgesellschaften (**§ 24 UBGG**).[142] IÜ dürfte die BGH-Rspr zum **Vorrang des europäischen Beihilferechts**[143] auch unter dem aktuellen Recht der Gesellschafterfremdfinanzierung fortgelten.[144]

IV. Sanierungsprivileg (Abs 4 S 2)

57 **1. Geltungsbereich.** In Fortschreibung von § 32a Abs 3 S 3 GmbHG aF privilegiert § 39 Abs 4 S 2 den Gl, der bei drohender oder eingetretener Zahlungsunfähigkeit der Gesellschaft (§§ 17 Abs 2, 18 Abs 2) oder bei Überschuldung (§ 19 Abs 2) Anteile zum Zwecke ihrer Sanierung erwirbt. Der Anteilserwerb zu Sanierungszwecken führt „bis zur nachhaltigen Sanierung nicht zur Anwendung" des § 39 Abs 1 Nr 5 auf seine Forderungen im Sinne dieser Bestimmung. Auch die Regelungen des § 135 sowie die Bindungen gesellschafterbesicherter Drittdarlehen sind dann nicht anwendbar (§ 135 Abs 4 mit §§ 44a, 143 Abs 3).

58 **2. Anteilserwerb bei drohender oder eingetretener Zahlungsunfähigkeit oder bei Überschuldung.** Anknüpfungspunkt der Privilegierung ist auch im aktuellen Recht allein ein **Anteilserwerb** zu Sanierungszwecken, nicht schon jedes Sanierungsengagement an sich

---

137 *BGHZ* 90, 381 = ZIP 1984, 572; *BGH* ZIP 2005, 1316; s auch *Goette/Kleindiek* Rn 73 f.

138 Begr RegE MoMiG zu § 39 Abs 4 InsO, BT-Drucks 16/6140, 57.

139 So (allerdings in einer zum früheren Recht ergangenen Entscheidung) wohl auch *BGH* ZIP 2011, 1775, Rn 30 („PIN"); übereinstimmend *AG Hamburg* ZIP 2009, 532 und etwa *R/A/Altmeppen* Anh § 30 Rn 230; *Azara* S 310 ff; *Clemens* S 195 ff; *U/H/L/Habersack* Anh § 30 Rn 33; *Holderbaum* S 259 ff; Hk-GmbHG/*Kolmann* Anh § 30 Rn 41; HambKomm/*Lüdtke* § 39 Rn 28; *Lüneborg* S 276 ff; *Graf-Schlicker/Neußner* § 39 Rn 20 und § 135 Rn 6; *K Schmidt/K Schmidt/Herchen* § 39 Rn 35; HambKomm/*Schröder* § 135 Rn 5 und 12.

140 Nachhaltige Zweifel an der Vereinbarkeit mit der EU-Niederlassungsfreiheit äußert *Zahrte* ZInsO 2009, 223; s ferner *J Roth* GmbHR 2008, 1184, 1192; *Ulbrich* S 108 ff; eingehend zuletzt *Schilpp* Gesellschafterfremdfinanzierte Auslandsgesellschaften, 2017 (zusammenfassend S 281 f).

141 *BGH* ZIP 2011, 1775, Rn 37 ff („PIN"); dazu krit *Teichmann* BB 2012, 18 f; bejahend zur Europarechtskonformität der Anwendung von § 64 GmbHG auf Geschäftsleiter von EU-Auslandsgesellschaften *EuGH* 10.12.2015 – C-594/14, ZIP 2015, 2468.

142 *K Schmidt/Uhlenbruck/Brinkmann* Rn 2.111; *B/S/Thiessen* Anh § 30 Rn 55; *C/P/M/Zenker* § 39 Rn 38.

143 *BGHZ* 173, 129, Rn 20 ff = ZIP 2007, 1816; s auch *BGHZ* 173, 103 = ZIP 2007, 1760.

144 *M/H/L/S/Dahl/Linnenbrink* Syst Darst 6 Rn 41 ff; *U/H/L/Habersack* Anh § 30 Rn 39; *Graf-Schlicker/Neußner* § 39 Rn 37; Hk-GmbHG/*Kolmann* Anh § 30 Rn 56.

(jeder Sanierungskredit).[145] Dass es heute auf den Anteilserwerb zu Sanierungszwecken bei drohender oder eingetretener Zahlungsunfähigkeit oder bei Überschuldung (statt – wie nach § 32a Abs 3 S 3 GmbHG aF – auf einen Beteiligungserwerb „in der Krise der Gesellschaft … zum Zweck der Überwindung der Krise") ankommt, ist dem Abschied vom Merkmal der Krisenfinanzierung (oben Rn 21) geschuldet.

Ob der Gl im Wege einer Kapitalerhöhung (etwa im Rahmen eines Debt-Equity-Swap; s dazu § 225a Rn 32) **neu geschaffene Geschäftsanteile** oder bereits bestehende **Altanteile** erwirbt, ist unerheblich. Ebenso wenig kommt es auf die **Höhe** der erworbenen Beteiligung an. Allerdings kann im Rahmen der Beurteilung der Schlüssigkeit des Sanierungskonzeptes (unten Rn 61 f) zu berücksichtigen sein, dass es durch den Erwerb eines bereits bestehenden Anteils nicht zur Zufuhr „frischen" Eigenkapitals kommt oder eine Beteiligung nur in einer Höhe erworben wird, die ihrem Erwerber keinerlei Einfluss in der Gesellschaft sichert.[146] **59**

Die Darlehensvergabe oder wirtschaftlich entspr Rechtshandlung, aus der die Forderung des Gl resultiert, kann zeitlich *vor* oder *nach* dem Beteiligungserwerb erfolgt sein; § 39 Abs 4 S 2 befreit gleichermaßen „Forderungen aus bestehenden oder neu gewährten Darlehen" etc von der Anwendung des § 39 Abs 1 Nr 5. Auch nach heutigem Recht löst aber *nicht* etwa schon *jeder* Beteiligungserwerb zu Sanierungszwecken das Sanierungsprivileg aus. Vielmehr kommt einem **Altgesellschafter**, der schon bislang mit mehr als 10 % beteiligt war und nun weitere Anteile zu Sanierungszwecken erwirbt, das Sanierungsprivileg auch für neu gewährte Sanierungskredite (ebenso wie für Altkredite) *nicht* zugute. Ebenso sah es schon die deutlich überwiegende Meinung zum früheren Eigenkapitalersatzrecht;[147] die dafür gegebene Begr kann nach wie vor Geltung beanspruchen.[148] Das Sanierungsprivileg soll nur verhindern, dass der Anteilserwerb „zur Anwendung von § 39 Abs 1 Nr 5 führt". Wer schon vor dem Sanierungserwerb Adressat jener Vorschrift war, soll nicht in den Genuss des Privilegs kommen können. Es soll den „unternehmerischen Neubeginn honorieren"[149] und Anreizwirkung zu Gunsten eines bislang „Unverantwortlichen" entfalten, der zur Übernahme von Verantwortung nicht gezwungen ist. Auf den schon bislang unternehmerisch beteiligten Altgesellschafter trifft dieser Legitimationsgedanke des Sanierungsprivilegs nicht zu. **60**

3. Sanierungszweck. Der Anteilserwerb bei drohender oder eingetretener Zahlungsunfähigkeit oder bei Überschuldung – insoweit jeweils gedacht ohne die geplante Sanierungsmaßnahme[150] – muss gerade zum Zweck der Sanierung der Gesellschaft erfolgt sein. Es gelten die zur früheren Fassung des Sanierungsprivilegs (§ 32a Abs 3 S 3 GmbHG aF) vom BGH entwickelten Grundsätze[151] fort: Zum einen muss der Gl seine Sanierungsbeteiligung **61**

---

145 Rechtspol Kritik bei *B/H/Haas* Anh § 64 Rn 116 mwN.

146 S zum früheren Recht schon *vG/H/Dauner-Lieb* Rn 4.33 f; *Pentz* GmbHR 2004, 529, 536, jeweils mwN.

147 S etwa *vG/H/Dauner-Lieb* Rn 4.51 ff; *Goette/Kleindiek* Rn 169 f; *Lutter/Hommelhoff* 16. Aufl, §§ 32 a/b Rn 80; *Scholz/K Schmidt* 10. Aufl, §§ 32a, 32b Rn 214; **aA** insb *R/A/Altmeppen* 7. Aufl, § 32a aF Rn 59 ff; *Pentz* GmbHR 2004, 529, 537 mwN.

148 Ausf Schimansky/Bunte/Lwowski/*Stodolkowitz/Kleindiek* § 84 Rn 39 f; iE wie hier etwa *Bork* FS Vallender, 2015, S 17, 20; *U/H/L/Habersack* Anh § 30 Rn 68; Hk-GmbHG/*Kolmann* Anh § 30 Rn 90; *N/R/Nerlich* § 135 Rn 35 (Stand: April 2017); *Graf-Schlicker/Neußner* § 39 Rn 31; *K Schmidt/K Schmidt/Herchen* § 39 Rn 45; *C/P/M/Zenker* § 39 Rn 48; krit *R/A/Altmeppen* Anh § 30 Rn 104 ff; *B/S/Thiessen* Anh § 30 Rn 52.

149 *Dauner-Lieb* DStR 1998, 1552.

150 Vgl *Bitter* ZIP 2013, 398 ff.

151 *BGHZ* 165, 106 = ZIP 2006, 279.

mit dem ernsthaften **Willen zur Sanierung** der Gesellschaft erworben haben; seine weitere Motivation – wie zB die Rettung gefährdeter Altkredite oder die spätere Gewinnerzielung – ist dagegen unerheblich. Ein entspr Sanierungswille ist bei einem Anteilserwerb in der Krise regelmäßig zu vermuten.[152] Zum anderen muss die **Gesellschaft** nach dem ex ante (im Augenblick des Anteilserwerbs) bestehenden Sach- und Informationsstand als **sanierungsfähig** gelten können und die vorgesehenen **Maßnahmen** müssen als **objektiv geeignet** erscheinen, um das Sanierungsziel in überschaubarer Zeit zu erreichen.[153] Hinsichtlich dieser Tatbestandsmerkmale des Sanierungsprivilegs (Ausnahmetatbestand) ist der Anteilserwerber (Gl) darlegungs- und beweisbelastet.[154]

62 Eine entspr ex ante-Prognose ist regelmäßig nur auf der Grundlage eines **dokumentierten Sanierungsplans** (Sanierungskonzept) relevant; er liefert sogleich den Nachweis für den subjektiven Sanierungszweck des Anteilserwerbs. Wurde der Sanierungserwerb durch ein seriöses (schlüssiges) Sanierungskonzept unterlegt und schlägt die Sanierung dennoch fehl, so bleiben die Sanierungsgesellschafter (Anteilserwerber zum Zweck der Sanierung) weiterhin von der Anwendung des § 39 Abs 1 Nr 5 freigestellt. Die Privilegierung der Sanierungsleistungen hängt also nicht vom tatsächlichen Eintritt des Sanierungserfolgs ab.[155]

63 **4. Dauer der Privilegierung.** Ausdrücklich formuliert § 39 Abs 4 S 2, dass die Befreiung von Nachrang und InsAnf nur „bis zur nachhaltigen Sanierung" wirkt. Damit wird zugleich klargestellt, dass die Privilegierung nicht schon mit Beseitigung von Zahlungsunfähigkeit oder Überschuldung endet.[156] Gerät die Gesellschaft aber nach der nachhaltigen Sanierung später in eine erneute Schieflage (früher: „Krise"), wirkt die aus dem früheren Anteilserwerb resultierende Privilegierung nicht länger fort.[157] Scheitert hingegen der Sanierungsversuch, bleibt das Sanierungspriveleg erhalten, dh der GesellschafterGl nimmt als normaler (nicht nachrangiger) InsGl am InsVerf teil.[158]

64 **5. Anwendung des Sanierungsprivilegs zugunsten gesellschaftergleicher Dritter.** Schwierigkeiten bereitet der Anwendungsbereich des Sanierungsprivilegs auch unter dem aktuellen Recht in Fällen, in denen ein Sanierungskreditgeber zwar keine Anteile an der sanierungsbedürftigen Gesellschaft, aber etwa ein atypisches Pfandrecht am Gesellschaftsanteil erwirbt und deshalb nach den Grundsätzen oben Rn 52 wie ein Gesellschafter dem Nachrang nach § 39 Abs 1 Nr 5 (und ggf der InsAnf) unterliegt. Vordergründig liegt es nahe, in einem solchen Fall die Anwendbarkeit des Sanierungsprivilegs zu versagen,[159] weil es an einem Anteilserwerb fehlt und der Pfandgläubiger auch keinen Risikobeitrag leisten, sondern sein Kreditrisiko gerade reduzieren will. Doch droht damit ein Wertungswiderspruch,

---

152 *BGHZ* 165, 106 = ZIP 2006, 279, 281.

153 *BGHZ* 165, 106 = ZIP 2006, 279, 281; aus dem Schrifttum zum früheren Recht s etwa *vG/H/Dauner-Lieb* Rn 4.55 ff; *Goette/Kleindiek* Rn 172; *Kleindiek* FS U Hüttemann, 2006, S 173, 185 ff; *Lutter/Hommelhoff* 16. Aufl, §§ 32 a/b Rn 84; *Pentz* GmbHR 2004, 529, 536.

154 *vG/H/Dauner-Lieb* Rn 4.62; Schimansky/Bunte/Lwowski/*Stodolkowitz/Kleindiek* § 84 Rn 47 f mwN.

155 *BGHZ* 165, 106 = ZIP 2006, 279, 281; *vG/H/Dauner-Lieb* Rn 4.55 (Fn 151 aE) und Rn 4.57; *Pentz* GmbHR 2004, 529, 536; Schimansky/Bunte/Lwowski/*Stodolkowitz/Kleindiek* § 84 Rn 44.

156 Weiterführend *Bork* FS Vallender, 2015, S 17, 28 ff.

157 S dazu auch *Clemens* S 274 ff; *M/H/L/S/Dahl/Linnenbrink* Syst Darst 6 Rn 105 f; *Hirte/Knof* WM 2009, 1961, 1968 ff; *Graf-Schlicker/Neußner* § 39 Rn 29; *Schönfelder* WM 2009, 1401, 1405 f; *Wittig* FS K Schmidt, 2009, S 1743, 1756 ff.

158 *Scholz/Bitter* Anh § 64 Rn 108; *M/H/L/S/Dahl/Linnenbrink* Syst Darst 6 Rn 103 f; *U/H/L/Habersack* Anh § 30 Rn 71; Hk-GmbHG/*Kolmann* Anh § 30 Rn 98; einschränkend *R/A/Altmeppen* Anh § 30 Rn 114 f; *Bork* FS Vallender, S 17, 38.

159 So *Scholz/Bitter* Anh § 64 Rn 246; zum früheren Recht wohl auch schon *vG/H/Johlke/Schröder* Rn 5.31.

weil in jenen Fällen der Nicht-Gesellschafter trotz fehlender Gesellschafterstellung schon in den Anwendungsbereich des § 39 Abs 1 Nr 5 einbezogen wird. Zudem könnte die Hürde fehlenden Anteilserwerbs durch Erwerb einer nur geringfügigen Beteiligung an der kreditnehmenden Gesellschaft (soweit die übrigen Voraussetzungen zur Nutzung des Sanierungsprivilegs erfüllt sind) leicht überwunden werden. Mit guten Gründen war deshalb schon für das frühere Eigenkapitalersatzrecht geltend gemacht worden: Soweit man Quasi-Gesellschafter „im Bösen", dh zum Zweck der Umqualifizierung in „Quasi-Eigenkapital", Gesellschaftern gleichstelle, könne man ihnen diese Gleichstellung „im Guten", dh zum Zwecke der Privilegierung, nicht verweigern. Dies müsse auch für den atypischen PfandGl gelten.[160]

V. Kleinbeteiligungsprivileg (Abs 5)

1. Geltungsbereich. In Fortschreibung von § 32a Abs 3 S 2 GmbHG aF privilegiert § 39 **65**
Abs 5 den nicht geschäftsführenden Gesellschafter einer jeden Gesellschaft iSv § 39 Abs 4 S 1 (oben Rn 53 ff),[161] der mit 10 % oder weniger an deren Haftkapital beteiligt ist. Seine Forderungen unterliegen nicht dem Nachrang nach § 39 Abs 1 Nr 5; auch die Regelungen des § 135 sowie die Bindungen gesellschafterbesicherter Drittdarlehen sind dann nicht anwendbar (§ 135 Abs 4 mit §§ 44a, 143 Abs 3). Unter den Voraussetzungen des § 39 Abs 5 privilegiert ist jeder Typus von Gesellschafter, auch institutionelle Kreditgeber. Das Kleinbeteiligungsprivileg kommt iÜ für alle Rechtshandlungen iSd § 39 Abs 1 Nr 5 zur Anwendung, dh für die Darlehensgewährung und wirtschaftlich entspr Finanzierungsleistungen eines Gesellschafters ebenso wie für solche eines gesellschaftergleichen Dritten.[162]

2. Beteiligungsumfang. § 39 Abs 5 erfasst Gesellschafter, die mit nicht mehr als 10 % am **66**
Haftkapital beteiligt sind; Beteiligung von genau 10 % privilegiert also auch. Abzustellen ist allein auf die Kapitalbeteiligung,[163] eine davon abw Verteilung der Stimmkraft ist unerheblich;[164] ggf kann ein erhöhtes Stimmgewicht aber mit der Stellung eines faktischen Geschäftsführers (su Rn 67) einhergehen. Gewähren **mehrere geringfügig beteiligte Gesellschafter,** die zusammen mehr als 10 % des Kapitals halten, in einer gemeinsamen Aktion der Gesellschaft Darlehen, so ist § 39 Abs 5 nicht anzuwenden.[165] Die Anteile sind in einem solchen Fall wegen der insoweit gleichgerichteten Interessen zusammenzurechnen; einer besonderen „Interessenverbindung" oder „Risikogemeinschaft" bedarf es dazu nicht. Da es nach aktuellem Recht nicht mehr auf eine Finanzierungsentscheidung in der Krise, sondern allein auf den kritischen Zeitraum nach § 135 Abs 1 Nr 2 ankommt (vgl auch oben Rn 42), sieht sich jeder Gesellschafter den Subordinationsfolgen des Gesetzes ausgesetzt, der innerhalb dieser Jahresfrist die 10 %-Beteiligungsschwelle überschritt oder Geschäftsführungsfunktion ausübte; das gilt dann auch für solche Darlehen, bei deren Gewährung jene Voraussetzungen noch nicht vorlagen.[166]

---

160 In diesem Sinne etwa *vG/H/Dauner-Lieb* Rn 4.26; iE ebenso für das aktuelle Recht *B/H/Haas* Anh § 64 Rn 118 mwN.

161 Zu Einzelheiten s *Clemens* S 254 ff.

162 *BGH* ZIP 2012, 1869, Rn 12.

163 *Scholz/Bitter* Anh § 64 Rn 72; HambKomm/*Lüdtke* § 39 Rn 56 ff; *N/R/Nerlich* § 135 Rn 31 (Stand: April 2017); zur Kapitalgesellschaft & Co KG s *U/H/L/Habersack* Anh § 30 Rn 97.

164 Anders *Ulbrich* S 296 ff.

165 Wie hier *U/H/L/Habersack* Anh § 30 Rn 101; Hk-GmbHG/*Kolmann* Anh § 30 Rn 85; auch *A/G/R/Ahrens* § 39 Rn 42 (der die hier vertretene Auffassung freilich irrig als „**aA**" zitiert); s. auch schon (noch zum früheren Recht der Krisenfinanzierung) *BGH* ZIP 2007, 1407; *BGH* ZIP 2010, 1443.

166 *R/A/Altmeppen* Anh § 30 Rn 95; *Scholz/Bitter* Anh § 64 Rn 85; *K Schmidt/Uhlenbruck/Brinkmann* Rn 2.105; *Clemens* S 252 f; *M/H/L/S/Dahl/Linnenbrink* Syst Darst 6 Rn 83; *B/H/Haas* Anh § 64 Rn 51; *U/H/L/Habersack* Anh § 30 Rn 102; *L/H/Kleindiek* Anh § 64 Rn 154; Hk-GmbHG/*Kolmann* Anh § 30 Rn 83 f; *Lüneborg* S 106 f; *Graf-Schlicker/Neußner* § 39 Rn 36; *Tettinger* NZI 2010, 248, 249 f.

67 **3. Geschäftsführerposition.** Die Geschäftsführerposition, welche die Anwendung des Kleinbeteiligungsprivilegs ausschließt, braucht nicht auf einer (rechtlich wirksamen) Bestellung zum Geschäftsführungsorgan zu beruhen. Es reicht aus, dass der Gesellschafter das Unternehmen tatsächlich wie ein Geschäftsführer leitet (faktischer Geschäftsführer).[167]

167 *Scholz/Bitter* Anh § 64 Rn 82; *Clemens* S 251; *U/H/L/Habersack* Anh § 30 Rn 103; **aA** *B/H/Haas* Anh § 64 Rn 54. Vgl zum früheren Recht *von Gerkan* GmbHR 1997, 677, 681; *vG/H/von Gerkan* Rn 3.25; *Dörrie* ZIP 1999, 12, 15; *Pentz* GmbHR 1999, 437, 446; s zum Ganzen auch *Tillmann/Tillmann* GmbHR 2003, 325.

§ 40 Unterhaltsansprüche

[1]Familienrechtliche Unterhaltsansprüche gegen den Schuldner können im Insolvenzverfahren für die Zeit nach der Eröffnung nur geltend gemacht werden, soweit der Schuldner als Erbe des Verpflichteten haftet. [2]§ 100 bleibt unberührt.

Übersicht

I. Normzweck

1 Aus dem Wortlaut von § 40 lässt sich im Umkehrschluss entnehmen, dass, abgesehen von der angesprochenen Ausnahme, Unterhaltsforderungen, die **nach** Eröffnung des InsVerf fällig werden, keine InsFord sind (sog **Neuforderungen**). Aus ihnen kann nach§ 89 Abs 2 S 2 in den sog Vorrechtsbereich gem § 36 Abs 1 iVm § 850d ZPO vollstreckt werden.[1] Die **vor** Ins-Eröffnung fälligen Unterhaltsforderungen[2] sind hingegen **InsFord,** die als sog **Rückstände** zur InsTabelle anzumelden sind und die, sofern nicht die Ausnahme gem § 302 Nr 1 greift, an der Restschuldbefreiung teilnehmen.[3] Diese Aufteilung[4] entspricht dem Umstand, dass Unterhaltsforderungen jeweils monatlich neu entstehen, zB § 1361 Abs 4 S 2 BGB.[5] Ein am Monatsanfang entstandener Unterhaltsanspruch wird für den Monat der zeitlich danach liegenden InsEröffnung nicht aufgeteilt, sondern wird einheitlich als InsFord behandelt.[6] Ein anhängiger Unterhaltsrechtsstreit wird bzgl der Rückstände gem § 113 FamFG iVm § 240 ZPO unterbrochen, bzgl der Neuforderungen ist der Unterhaltsprozess fortzusetzen.[7]

§ 40 macht von dieser Aufteilung des Unterhaltsanspruchs insofern eine Ausnahme, als Unterhaltsansprüche, für die der Schu als Erbe des Verpflichteten abweichend von § 1615

1 *Keller* NZI 2007, 143 f; *A/G/R/Ahrens* § 40 Rn 6.
2 Unterhalt für die Vergangenheit kann nur nach Maßgabe von §§ 1585b, 1613 BGB gefordert werden.
3 Seit 1.7.2014 können auch rückständige Unterhaltsforderungen nach § 302 Nr 1 unter den dort genannten Voraussetzungen von der Restschuldbefreiung ausgenommen werden.
4 Zur systematischen Einordnung *A/G/R/Ahrens* § 40 Rn 2, 3.
5 *BGH* NZI 2012, 24 Rn 7.
6 *OLG Koblenz* NZI 2003, 60; *Keller* NZI 2007, 143.
7 *K Schmidt/Thonfeld* § 40 Rn 16 zur Situation bei Stufenklage.

BGB zB nach §§ **1586b, 1615l Abs 3 S 4 BGB** haftet, auch **für die Zeit nach InsEröffnung als InsFord gelten.**[8] Der Grund für die Ausnahme wird in der Besonderheiten der Erbenhaftung gesehen.[9] Str ist die Aufnahme von nach InsEröffnung fälliger Unterhaltsansprüche in InsPlänen.[10]

II. Erfasste Ansprüche

1. Grundgedanke. Der Begriff des **familienrechtlichen Unterhaltsanspruchs**[11] wird überwiegend in Anlehnung an die Wortwahl des § 850d ZPO interpretiert. Erfasst werden gesetzliche Unterhaltsansprüche, auch wenn sie auf vertraglicher Grundlage ausgestaltet sind, einschl der Unterhaltsansprüche nach dem LPartG. Eigenständig vertraglich begründete Ansprüche fallen hingegen nicht unter § 40.[12] 2

2. Umfang. Zu den von § 40 erfassten ges Unterhaltsansprüche gehören die Ansprüche 3

a) des getrenntlebenden Ehegatten, § 1361 BGB,
b) des geschiedenen Ehegatten, §§ 1569 ff BGB,
c) aus aufgehobener Ehe, § 1318 Abs 2 BGB,
d) aus Verwandtenunterhalt, (§§ 1601 ff BGB),
e) aus Familienunterhalt, (§ 1360 BGB),
f) der Mutter eines nichtehelichen Kindes, (§ 1615l Abs 1, 2, 3 BGB),
g) aus Lebenspartnerschaft, §§ 5, 12, 16 LPartG,
h) von als Kind Angenommenen, (§ 1770 Abs 3 BGB).

S 1 gilt nach hM auch für **übergeleitete Ansprüche** auf **öffentliche Träger** gem zB §§ 33 Abs 1 SGB II, 94 Abs. 1 SGB XII oder § 7 UVG, da sich durch die Überleitung die Rechtsnatur des Unterhaltsanspr nicht ändert.[13] Dies entspr im Übrigen auch der Antragsbefugnis öffentlicher Träger gem §§ 174 Abs 2, 302 Nr 1.[14]

Soweit § 40 zum Ausdruck bringt, dass Unterhaltsanspr für die Zeit nach InsEröffnung nicht im InsVerf geltend zu machen sind, ist dies auf den Anspruch auf **schuldrechtlichen Versorgungsausgleich** weder unmittelbar noch mittelbar anzuwenden; dh der Anspruch auf schuldrechtlichen Versorgungsausgleich stellt auch ab InsEröffnung eine InsFord dar.[15]

3. Ausschluss. Ansprüche auf **Kapitalabfindung** (§ 1585 Abs 2 BGB) werden nach allg Auffassung nicht § 850d ZPO unterstellt.[16] Dann erscheint es folgerichtig (oben Rn 2), sie auch nicht § 40 zu unterwerfen, sondern als InsFord zu behandeln, sofern die zugrunde liegende Forderung vor InsEröffnung begründet wurde.[17] Deliktische Ansprüche gem §§ 843–845 4

---

8 Zur Berücksichtigung von Unterhaltsansprüchen im Insolvenzplan *Uhlenbruck/Knof* § 40 Rn 13; *K Schmidt/Thonfeld § 40 Rn 17.*
9 *A/G/R/Ahrens* § 40 Rn 4.
10 *OLG Düsseldorf* NZI 2008, 689 bejahend; vern *Paul* DZWiR 2009, 186; *A/G/R/Ahrens* § 40 Rn 8 (nur mit Zustimmung).
11 *A/G/R/Ahrens* § 40 Rn 10 (eigenständige Terminologie); nicht hierzu zählen sollen deliktische Ansprüche, *K Schmidt/Thonfeld* § 40 Rn 9, hiervon wiederum ausgenommen sind die Ansprüche aus sittenwidriger Schädigung, die den familienrechtlichen Unterhaltsansprüchen gleichgestellt werden HambKomm/*Lüdtke* § 40 Rn 9.
12 *Uhlenbruck/Knof* § 40 Rn 6.
13 MK/*Schuhmann* § 40 Rn 13 mwN; *Uhlenbruck/Knof* § 40 Rn 9; *K Schmidt/Thonfeld* § 40 Rn 11; **aA** FK/*Bornemann* § 40 Rn 8.
14 *BGH* ZInsO 2010, 1246.
15 *BGH* NZI 2012, 24.
16 *A/G/R/Ahrens* § 40 Rn 14.
17 *Keller* NZI 2007, 143; HambKom/*Lüdtke* § 40 Rn 11.

BGB werden im Gegensatz zu § 826 BGB[18] nach hM nicht als familienrechtliche Ansprüche iSv S 1 angesehen.[19]

5 **4. Obliegenheit des Unterhaltsschuldners zur Einleitung eines Insolvenzverfahrens mit Restschuldbefreiung.** Von den mit der Eröffnung des InsVerf eintretenden Rechtswirkungen werden die familienrechtl Rechtsbeziehungen unmittelbar beeinflusst.[20] Dies zeigt sich in vielerlei Hinsicht, zB bei der Frage der internen Teilung der Lebensversicherung eines in der Verbraucherinsolvenz befindlichen Ehegatten,[21] beim Anspruch eines Ehegatten auf Zustimmung zur steuerlichen Zusammenveranlagung nach Eröffnung des InsVerf über das Vermögen des anderen Ehegatten[22] oder bei der insolvenzrechtlichen Nichtanfechtbarkeit von Vermögenszuwendungen an die Mutter des nichtehelichen Partners des Schu, da letztere nicht zu den nahestehenden Personen iSv § 138 Abs 1 gerechnet wird.[23] Diese **faktische Beeinflussung** wirkt sich insbesondere auch auf Unterhaltsrechtsstreitigkeiten aus. Der XII. Senat des BGH hat in einem UnterhaltsVerf ausdrücklich festgestellt, dass die Unterhaltsgewährung nach § 100 Abs 1 als zwangsläufige Folge der Eröffnung des InsVerf auf der Ebene des Unterhaltsbedarfs zu berücksichtigen ist.[24]

Unabhängig von der faktischen Beeinflussung wurde in der familiengerichtlichen Praxis schon bald nach Inkrafttreten der InsO die Möglichkeiten des RestschuldbefreiungsVerf für das Unterhaltsrecht erkannt und mit dem verkürzten Schlagwort, **Obliegenheit zur Einleitung eines VerbrInsVerf**,[25] umschrieben. Eine dahingehende Obliegenheit wurde angenommen, wenn die unterhaltsrechtliche Leistungsfähigkeit des überschuldeten Unterhaltsschu durch die Restschuldbefreiung aufgrund der Nichtberücksichtigung der Verbindlichkeiten erhöht würde und die Einleitung eines Insolvenz- und RestschuldbefreiungsVerf dem Unterhaltsschu nicht unzumutbar ist.[26] Durch die Entscheidung des BGH vom 12.12.2007 wurde die dahingehende Obliegenheit auf die Sicherung der Unterhaltsanspruchs minderjähriger bzw privilegiert volljähriger Kinder beschränkt.[27] Soweit iRd Zumutbarkeitsprüfung auf die Dauer des RestschuldbefreiungsV abgestellt wird, dürfte sich durch die zum 1.7.2014 greifenden Möglichkeiten zur schnelleren Erlangung der Restschuldbefreiung gem § 300 Abs 1 S 2 Nr 2, 3 keine Änderung ergeben, da die gesetzlichen Hürden als zu hoch und deshalb praktisch irrelevant angesehen werden.[28]

Mit Wegfall von § 312 Abs 2[29] wurde für natürliche Personen die Möglichkeit eröffnet, über ein Insolvenzplanverfahren nach §§ 217 f Schuldbefreiung zu erreichen, was insbesondere dann in Betracht kommen dütfte, wenn Drittmittel, § 230 Abs 3, eingesetzt werden können. Neben dem Schuldenbereinigungsplanverfahren nach §§ 308, 309 und dem Restschuldbefreiungsverfahren nach §§ 286 f ist damit ein **dritter Weg der Restschuldbefreiung natürli-**

18 *Uhlenbruck/Knof* § 40 Tn 5.
19 *K Schmidt/Thonfeld* § 40 Rn 9.
20 *Ehlers* ZInsO 2013, 1386 f.
21 *OLG Frankfurt* NZI 2012, 808.
22 *BGH* FamRZ 2012, 357.
23 *BGH* NZI 2011, 448.
24 *BGH* FamRZ 2008, 137 Rn 21, 23 aE, 24.
25 *BGH* FamRZ 2005, 608; krit zu dieser Konstruktion *A/G/R/Ahrens* § 40 Rn 8; *Wendel/Dose* Das Unterhaltsrecht in der familienrichterlichen Praxis, § 5 Rn 95 ff.
26 *BGH* FamRZ 2008, 497; MK/*Schumann* § 40 Rn 28.
27 *BGH* FamRZ 2008, 497; FK/*Bornemann* § 40 Rn 14; krit zu dieser Einschränkung *Schwab* Handbuch des Scheidungsrechts, 7. Aufl, IV Rn 1368.
28 *Grote/Pape* ZInsO 2012, 1913 f, 1919 zu V.
29 Gesetz zur Verkürzung der Restschuldbefreiungsverfahrens und zur Stärkung der Gläubigerrechte v 15.7.2013.

cher Personen eröffnet.[30] Welche Voraussetzungen dafür im Einzelnen erfüllt sein müssen, insbesondere welche Kompetenzen dem InsGer nach § 231 im Hinblick auf die Vergleichsberechnung von Planergebnis und Regelverfahren, § 220 Abs 2,[31] zukommt, ist noch im Streit.[32]

30 *Hingerl* ZInsO 2013, 21.
31 *K Schmidt/Spliedt* § 231 Rn 6.
32 *AG Hamburg* NZI 2017, 567; dazu: *Frind* NZI 2017, 842; dagegen *Maddaus* NZI 2017, 697 und *Foerste* ZInsO 2017, 2424.

§ 41 Nicht fällige Forderungen

(1) Nicht fällige Forderungen gelten als fällig.

(2) [1]Sind sie unverzinslich, so sind sie mit dem gesetzlichen Zinssatz abzuzinsen. [2]Sie vermindern sich dadurch auf den Betrag, der bei Hinzurechnung der gesetzlichen Zinsen für die Zeit von der Eröffnung des Insolvenzverfahrens bis zur Fälligkeit dem vollen Betrag der Forderung entspricht.

Übersicht

I. Normzweck und Entstehungsgeschichte

Die Norm dient der Gleichbehandlung der Gl, indem für sämtliche bei InsEröffnung nicht bereits fälligen (betagten) Forderungen eine Fälligkeit zum Zeitpunkt der InsEröffnung bestimmt wird. Sämtliche InsFord sollen zeitlich auf den Zeitpunkt der InsEröffnung bezogen werden. Die Norm erleichtert für den InsVerw die Verteilung, da Umstände nach InsEröffnung nicht berücksichtigt werden müssen. Sie stellt eine klare Grundlage für das Stimmrecht bei GlVersammlung (§ 76) auch im InsPlan dar (§ 237). Die Norm entspricht dem früheren § 65 KO.[1] 1

II. Anwendungsbereich

1. Insolvenzforderungen. Die Fälligkeitsanordnung des Abs 1 gilt für alle InsFord nach §§ 38, 39.[2] Abs 1 gilt insbes für Steuerforderungen und sonstige öffentlich-rechtlichen Forderungen, die InsFord sind und erst nach Eröffnung fällig werden; sie gelten nach § 220 Abs 2 S 1 AO als mit InsEröffnung fällig.[3] Insb gilt § 41 für die Grundsteuer als grundstücksbezogene Abgabe (§ 9 Abs 2, § 28 GrStG). Da diese mit Beginn des Kalenderjahres entsteht und 2

1 BT-Drucks 12/2443, 124; *BGH* ZIP 2000, 585, Rn 16; *Uhlenbruck/Knof* § 41 Rn 1.
2 Zu Ansprüchen aus Schuldverschreibungen *Hess* § 41 Rn 3 ff.
3 Zur Aufrechnungsbefugnis *BFH* 4.5.2004 – VII R 45/03; *BGH* 6.12.2012 – VII ZR 189/10; *AG Erfurt* 8.7.2014 – 6 C 3153/13; *K Schmidt/Thonfeld* § 41 Rn 9.

erst quartalsmäßig mittelschüssig fällig wird, ist die gesamte Grundsteuer des Kalenderjahres bei InsEröffnung InsFord, für die noch nicht fälligen Beträge gilt insb Abs 2.

3 § 41 gilt nicht für Masseverbindlichkeiten, deren Fälligkeit gegenüber dem InsVerw sich nach allg bürgerlichem Recht richtet. Auch bei Masseunzulänglichkeit und dem Vollstreckungsverbot gegen Altmassegläubiger aus § 210 gilt kein § 41. Abs 1 gilt auch nicht für Masseverb des § 55 Abs 2 oder 4.

4 In der Ins des Mieters sind Betriebskostennachforderungen des Vermieters nach Abs 1 fällig, auch wenn Abrechnung erst später erfolgt.[4] Auf eine Stundung von Mietforderungen seitens des Vermieters soll sich aber auch der InsVerw des Mieters berufen können.[5] Eine Schadensersatzforderung kann nach Abs 1 auch dann fällig sein, wenn ihre Höhe noch nicht feststeht.[6]

5 Forderungen aus einem Kontokorrentverhältnis sind mit InsEröffnung schon deshalb fällig, weil mit InsEröffnung ein außerordentlicher Saldo zu ermitteln ist.[7] Für einen Zahlungsdienstevertrag oder sonstigen Geschäftsbesorgungsvertrag gelten die §§ 115, 116.

6 **2. Betagtheit der Forderung.** Eine bei InsEröffnung nicht fällige Forderung wird als „betagt" bezeichnet (so noch § 65 KO). Dies ist bei kalendermäßig bestimmter Fälligkeit nach InsEröffnung der Fall, aber auch bei Fälligkeit bei Tod einer Person oder sonst ungewissem Eintritt eines gewissen Ereignisses.[8] Für aufschiebend bedingte Forderungen gilt § 42.

7 **3. Befristete Forderungen.** Die aufschiebend befristete Forderung entsteht erst mit Eintritt eines gewissen Ereignisses, sie unterscheidet sich von der betagten eben dadurch, dass diese bereits entstanden ist und erst zum späteren Zeitpunkt fällig wird. Ob auf die aufschiebend befristete Forderung Abs 1 anwendbar ist, ist streitig. Die Rspr verweist auf § 42,[9] neuere Literaturstimmen bevorzugen eine Anwendung von § 41.[10]

8 **4. Betriebliche Altersversorgung.** Unverfallbare Versorgungsanwartschaften der Arbeitnehmer, die nach § 7 Abs 1 und § 9 Abs 2 BetrAVG mit InsEröffnung auf den Pensionssicherungsverein (PVS) übergehen, gelten nach der Rspr des BAG als sofort fällige und in der Höhe nach § 45 zu schätzende Kapitalansprüche.[11] Der BGH sieht dagegen die Forderungen als aufschiebend bedingt an, dann gilt § 42. Sie sind in ihrer Höhe nach § 45 zu schätzen und werden erst mit Feststellung zur Tabelle als Geldforderungen festgestellt.[12]

9 Bei Altersteilzeit werden Vergütungsansprüche aus einer Freistellungsphase vor InsEröffnung mit Abs 1 fällig.[13] Ein Bürge des insolventen ArbG ist iÜ nicht verpflichtet, ein Wertguthaben auszuzahlen, ihm ggü gilt § 41 nicht.[14]

---

4 *BGH* ZIP 2011, 924; *AG Saarbrücken* ZMR 2006, 49.
5 *OLG Düsseldorf* ZMR 2012, 14 mit Anm *Tetzlaff* juris PR-InsR 3/2012 Anm 4.
6 *LAG Düsseldorf* ZInsO 2014, 2378.
7 *BGH* NJW 1991, 2186.
8 *K Schmidt/Thonfeld* § 41 Rn 2; *Bitter* NZI 2000, 399.
9 *BGHZ* 168, 276, 283 = ZIP 2006, 1781; *BGH* ZIP 2007, 543, 545; *BGH* ZIP 2010, 1453; *BFHE* 134, 57 = ZIP 1981, 1261; *BFHE* 150, 211, 215 = ZIP 1987, 1180; *BFHE* 184, 208 = ZIP 1998, 214; *Jaeger/Henckel* § 41 Rn 5.
10 MK/*Bitter* § 41 Rn 10; *K Schmidt/Thonfeld* § 41 Rn 4; HambKomm/*Lüdtke* § 41 Rn 7; *K/P/B/Holzer* § 41 Rn 6; *Uhlenbruck/Knof* § 41 Rn 5; *Muthorst* ZIP 2009, 1794; eine planwidrige Regelungslücke verneint aber *Hess* § 41 Rn 25.
11 *BAGE* 24, 204, 211 = WM 1972, 1436; *BAGE* 42, 188 ZIP 1983, 979; *BAGE* 60, 32 = ZIP 1989, 319; *BAG* ZIP 1990, 400.
12 *BGHZ* 113, 207 = ZIP 1991, 235; *BGHZ* 136, 220 = ZIP 1997, 1596; *BGH* ZIP 2005, 909; zust *K Schmidt/Thonfeld* § 41 Rn 10; *Bitter* NZI 2000, 399.
13 *K Schmidt/Thonfeld* § 41 Rn 11.
14 *LAG Düsseldorf* 9.9.2014 – 8 Sa 355/14; allg *OLG Karlsruhe* 4.2.2013 – 1 U 168/12.

5. Aussonderung. Auf ein Aussonderungsrecht findet § 41 keine Anwendung. Denkbar wäre dies bei einem persönlichen noch nicht fälligen Herausgabeanspruch (zB §§ 546, 604 BGB). Jedoch geht § 47 S 2 vor.[15] 10

6. Absonderungsrechte. Haftet der Schu nur dinglich für das Absonderungsrecht (isoliertes Absonderungsrecht), ist § 41 nicht anwendbar. Der Berechtigte kann die Sicherheit nur nach Maßgabe des Sicherungsvertrages geltend machen. 11

Haftet das Absonderungsrecht für eine InsFord gegen den Schu, gilt für diese § 41. Die Fälligkeit der persönlichen Forderung führt dann regelmäßig zur Fälligkeit des Absonderungsrechts nach dem Sicherungsvertrag. Soweit dieser nichts regelt, ist § 41 auch auf das Absonderungsrecht anwendbar.[16] Bei beweglichen Gegenständen ist dies schon wegen §§ 165 ff geboten. 12

III. Fiktion der Fälligkeit (Abs 1)

1. Umfang. Abs 1 stellt alle bei InsEröffnung nicht fälligen (betagten) Forderungen zum Zeitpunkt der InsEröffnung fällig. Die Norm stellt nur eine Fiktion auf, da die Forderungen ja zu diesem Zeitpunkt nicht befriedigt werden. Im Interesse der Gleichbehandlung der InsGl und der einfacheren Forderungsberechnung bei Anmeldung, Prüfung und Erlösverteilung ist die Fälligkeit zur InsEröffnung aber zwingend. Die Fälligstellung wirkt nicht gegenüber Dritten, Mitschuldnern oder Bürgen. 13

2. Aufrechnung. Ist ein InsGl zur Aufrechnung befugt und scheitert diese lediglich noch an der mangelnden Fälligkeit, gilt Abs 1 diesbezüglich nicht. Der Gl kann aufrechnen, wenn seine Forderung nach InsEröffnung tatsächlich fällig geworden ist (§ 95 Abs 1 S 2, zu beachten aber S 3). 14

IV. Unverzinsichliche Forderung (Abs 2)

1. Anordnung Abzinsung. Folge der Fälligkeitsfiktion ist für eine verzinsliche Forderung, dass Zinsen und Kosten für die Zeit nach InsEröffnung nur als nachrangige Forderungen geltend gemacht werden können (§ 39 Abs 1 Nr 1 und 2). Liegt ein vereinbarter Zinssatz unterhalb des gesetzlichen, ist Abs 2 trotzdem nicht anwendbar.[17] 15

Die unverzinsliche Forderung wird ebenso behandelt, als würde sie bei InsEröffnung fällig (und getilgt). Sie ist daher nach Abs 2 abzuzinsen. Die Abzinsung entspricht allg Grundsatz (vgl § 1133, § 127 Abs 2 S 2 BGB, § 111 ZVG; vgl aber auch § 244 BGB).[18] Ob eine Forderung verzinslich ist, ergibt sich ausdrücklich oder durch Auslegung auch unter Berücksichtigung des jeweiligen Vertragszwecks.[19] Ein vereinbarter Preisaufschlag ist nicht ohne weiteres als Zins anzusehen.[20] Verzugszinsen nach § 288 BGB sind nicht Zinsen iSd Abs 2, die Forderung ist als unverzinslich anzusehen.[21] Säumniszuschläge öffentlich-rechtlicher Forderungen sind wegen ihres Druckcharakters nicht als Zinsen anzusehen, werden aber von § 39 Abs 1 Nr 1 erfasst. Eine betagte öffentlich-rechtliche Forderung ist abzuzinsen, insb Grundsteuer nach § 9 Abs 2, § 28 GrStG. 16

---

15 Eingehend MK/*Bitter* § 41 Rn 13 ff.

16 *BGHZ* 31, 337; *OLG Hamm* WM 1996, 1928; *OLG Köln* OLGR 2004, 200; *Jaeger/Henckel* § 41 Rn 12; MK/*Bitter* § 41 Rn 16; HambKomm/*Lüdtke* § 41 Rn 12; *K Schmidt/Thonfeld* § 41 Rn 8; *Hess* § 41 Rn 30 ff; aM *K/P/B/Holzer* § 41 Rn 5; *Gundlach/Frenzel/Schimdt* DZWIR 2002, 367.

17 *Jaeger/Henckel* § 41 Rn 18; MK/*Bitter* § 41 Rn 18; *K Schmidt/Thonfeld* § 41 Rn 19.

18 *Jaeger/Henckel* § 41 Rn 18.

19 *Jaeger/Henckel* § 41 Rn 19.

20 Dazu *OLG Köln* ZIP 1992, 1478.

21 HambKomm/*Lüdtke* § 41 Rn 23; *K Schmidt/Thonfeld* § 41 Rn 16.

17 Die unverzinsliche Forderung mit unbestimmter Fälligkeit ist nach § 45 zu schätzen, eine Abzinsung erfolgt daneben nicht.[22] Nach etwas abw Ansicht soll der Fälligkeitstermin geschätzt und dann abgezinst werden.[23]

18 **2. Berechnung.** Durch die sog Abzinsung soll der Vorteil, eine Leistung vor der Fälligkeit erhalten zu haben, mit dem gesetzlichen Zinssatz ausgeglichen werden. Dieser beträgt 4 % (§ 246 BGB), zwischen Kaufleuten 5 % (§ 352 HGB). Die Abzinsung erfolgt nach der sog „Hoffmannschen Formel“:[24]

$$x \text{ (Wert der Forderung bei Eröffnung)} = \frac{36\,500 \times \text{Nennbetrag}}{36\,500 + (4 \text{ [Zinssatz]} \times \text{Tage bis Fälligkeit})}$$

19 Die Tage von InsEröffnung bis eigentlicher Fälligkeit sind nach §§ 186 ff BGB zu ermitteln, zu rechnen ist nach Kalendertagen, nicht nach sog Bankzinstagen.[25]

20 Der Gl hat die unverzinsliche Forderung mit dem abgezinsten Betrag zur Tabelle anzumelden (§§ 174 ff), Unrichtige Abzinsung führt zum Bestreiten der Forderungsanmeldung.[26]

21 Als Ausgleich der Abzinsung kann der Gl den gesetzlichen Zinssatz als nachrangige Forderung nach § 39 Abs 1 Nr 1 geltend machen.[27]

---

22 *RGZ* 68, 340; *BGH* WM 1960, 229, 231; *K Schmidt/Thonfeld* § 41 Rn 18.
23 MK/*Bitter* § 41 Rn 20, 25; HambKomm/*Lüdtke* § 41 Rn 22.
24 *BGHZ* 115, 307, 309; allg *Staudinger/Bittner* 2009, § 272 Rn 4 ff; *Palandt/Grüneberg* § 272 Rn 2; *Staudinger/Bittner* nennt als Jahreszahl der Ermittlung der Formel durch Hoffmann 1713, *Palandt/Grüneberg* nennt 1731; ebenso *Jaeger/Henckel* § 41 Rn 21; MK/*Bitter* § 41 Rn 21 Fn 77, dort auch zu den Motiven der KO.
25 *Jaeger/Henckel* § 41 Rn 21 ff; *LG Berlin* NJW-RR 2000, 1537.
26 Zur Gläubigerbenachteiligung bei Kündigung eines unverzinslichen Darlehens durch Wegfall der Abzinsung *BGH* 12.1.2017 – IX ZR 130/16.
27 *Jaeger/Henckel* § 41 Rn 18; MK/*Bitter* § 41 Rn 18, 19.

§ 42 Auflösend bedingte Forderungen

Auflösend bedingte Forderungen werden, solange die Bedingung nicht eingetreten ist, im Insolvenzverfahren wie unbedingte Forderungen berücksichtigt.

Übersicht

I. Normzweck und Entstehungsgeschichte

1 Die Norm stellt für auflösend bedingte InsFord deren Berücksichtigung im InsVerf sicher. Sie entspricht den früheren § 66 KO und § 31 VerglO.[1] Die Regelung des § 168 Nr 4 KO zur Verteilung auf auflösend bedingte Forderungen, bei welchen der Gl gesetzlich oder vertraglich zu einer Sicherheitsleistung verpflichtet ist und diese nicht leistet, nicht übernommen.[1]

---

1 BT-Drucks 12/2443, 124.

Dennoch soll eine eventuell bestehende Pflicht des Gl zu einer Sicherheitsleistung für den Fall des Eintritts der auflösende Bedingung seiner Forderung berücksichtigt werden.[2]

II. Berücksichtigung auflösend bedingter Forderung

1. Begründetheit der Insolvenzforderung. Die bei Eröffnung des InsVerf begründete Forderung ist als InsFord iSd § 38 auch dann zu berücksichtigen, wenn sie auflösend bedingt ist. Sie ist wie eine unbedingte Forderung zu berücksichtigen, der Gl ist in der GlVers voll stimmberechtigt und in einen Insolvenzplan in der entspr Gläubigergruppe zu berücksichtigen. Hieran ändert eine möglicherweise hohe Wahrscheinlichkeit des Bedingungseintritts nichts. 2

2. Eintritt der Bedingung und Forderungsanmeldung. Ist die auflösende Bedingung bereits vor Forderungsprüfung (§ 176) eingetreten, ist die Forderung entfallen und als InsFord nicht zu berücksichtigen. Eine angemeldete Forderung ist zu bestreiten (§§ 174, 176). 3

Bei Bedingungseintritt nach Feststellung (§§ 176, 178 Abs 3) bleibt die Titulierungswirkung des Tabelleneintrags erhalten. Dem materiellrechtlichen Wegfall der Forderung hat der InsVerw durch Klage nach § 767 ZPO zu begegnen.[3] Allerdings ist § 767 Abs 2 ZPO zu beachten; Präklusion ist gegeben, wenn die auflösende Bedingung vor Forderungsfeststellung eingetreten ist. Auf eine Kenntnis des InsVerw kommt es nicht an.[4] Die festgestellte Forderung bleibt festgestellt. 4

Eine Klage nach § 767 ZPO ist notwendig bei Berücksichtigung der Forderung in einem Verteilungsverzeichnis (§§ 188 ff), wenn der Gl die Berücksichtigung im Verteilungsverzeichnis begehrt. Das Erlöschen der Forderung durch Eintritt der auflösenden Bedingung ist nicht durch Einwendung nach § 194 geltend zu machen. Wurde bereits bei Abschlagsverteilung auf die Forderung geleistet, hat der InsVerw einen Bereicherungsanspruch aus § 812 Abs 1 S 2 BGB.[5] 5

Bei Bedingungseintritt nach Aufhebung des InsVerf kann im Hinblick auf § 201 Abs 2 der Schu gegen den Gl Vollstreckungsgegenklage erheben, um dem Auszug aus der Insolvenztabelle die Vollstreckbarkeit zu nehmen. Der Rückforderungsanspruch aus § 812 BGB gehört jedoch zur Insolvenzmasse, es ist Nachtragsverteilung nach § 203 Abs 1 Nr 2 anzuordnen. 6

III. Aufschiebend bedingte Forderungen

Für aufschiebend bedingte Forderungen trifft das G keine Regelung. Die frühere Norm des § 67 KO (Sicherung der Forderung) wurde nicht übernommen.[6] Die §§ 77 Abs 3 Nr 1, 237 und insb § 191 lassen jedoch auf die Absicht des Gesetzgebers schließen, die aufschiebend bedingte Forderung so lange zu berücksichtigen, als der Bedingungseintritt wahrscheinlich ist. Bei endgültigem Ausfall der Bedingung muss die Forderung nicht mehr berücksichtigt werden.[7] Bei Ausfall der Bedingung nach Verteilung und Beendigung des InsVerf wird ein nach § 191 Abs 1 zurückbehaltener Anteil für eine Nachtragsverteilung frei (§ 203 Abs 1 Nr 2). 7

Der Gl einer aufschiebend bedingten Forderung kann gegen eine Forderung der Masse erst dann aufrechnen, wenn seine Bedingung während des Verf eintritt (§ 95 Abs 1 S 1). 8

---

2 *Jaeger/Henckel* § 42 Rn 6; MK/*Bitter* § 42 Rn 3; aM *Uhlenbruck/Knof* § 42 Rn 1.
3 Grundlegend bereits *RGZ* 21, 332; *BGH* ZIP 2009, 243.
4 Allg zur Präklusion *BGHZ* 61, 25; MK/*Bitter* § 42 Rn 8; *K Schmidt/Thonfeld* § 42 Rn 5.
5 MK/*Bitter* § 42 Rn 9 mwN.
6 BT-Drucks 12/2443, 124.
7 *BGHZ* 113, 207, 212.

§ 43 Haftung mehrerer Personen

Ein Gläubiger, dem mehrere Personen für dieselbe Leistung auf das Ganze haften, kann im Insolvenzverfahren gegen jeden Schuldner bis zu seiner vollen Befriedigung den ganzen Betrag geltend machen, den er zur Zeit der Eröffnung des Verfahrens zu fordern hatte.

Übersicht

Literatur: *Bitter* Teilmithaftung in der Insolvenz – Forderungsanmeldung nach Leistung durch den Mithaftenden, ZInsO 2003, 490; *Hadding* Zur Gläubigerstellung in der Insolvenz des Bürgen, FS Gero Fischer, 2008, S 223; *Heyn* Zum Umgang mit der Bürgschaft bei einer Forderungsanmeldung, InsBüro 2010, 307; *Noack/Bunke* Zur Stellung gesamtschuldnerisch oder akzessorisch Mithaftender im Insolvenzverfahren, FS Uhlenbruck, 2000, S 335; *v Olshausen* Vom Verbot, eine eigene Forderung zum Nachteil eines konkurrierenden Gläubigers geltend zu machen (§ 774 I 2 BGB), und von der Befugnis eines Gläubigers, auch eine fremde Forderung im eigenen Interesse geltend zu machen (§ 43 InsO), KTS 2005, 403; *Riedel* Bürgschaft in der Insolvenz, InsBüro 2011, 407; *K Schmidt/Bitter* Doppelberücksichtigung, Ausfallprinzip und Gesellschafterhaftung in der Insolvenz, ZIP 2000, 1077.

I. Normzweck und Entstehungsgeschichte

1 Die Vorschrift regelt im Zusammenhang mit § 44 die Befugnis eines Gl, dem mehrere Schu auf dieselbe Leistung haften, in jedem Verfahren voll berücksichtigt zu werden (Vollberücksichtigung oder Doppelberücksichtigung).[1] Im Unterschied zur Ausfallhaftung bei Absonderungsrechten (§ 52 S 2)[2] kann der Gl bis zu seiner vollen Befriedigung in jedem InsVerf eines Schu den vollen Betrag seiner Forderung zum Zeitpunkt der InsEröffnung geltend machen. Insoweit führt die Norm die „Paschastellung" des Gl bei gesamtschuldnerischer Haftung nach § 421 BGB fort.[3] Die Vorschrift gilt nicht lediglich bzgl der Fordungsanmeldung und Verteilung, sondern auch bzgl eines Stimmrechts in einer GlVers und Berücksichtigung im InsPlan.[4]

2 Die Vorschrift entspr der Regelung der § 68 KO oder § 32 VerglO.[5] Die Rechte des Mitschu oder Bürgen, der nach InsEröffnung an den Gl leistet, regelt darüber hinaus § 44.

1 *Hess* § 43 Rn 2; *K Schmidt/Bitter* ZIP 2000, 1077.

2 *K Schmidt/Bitter* ZIP 2000, 1077, 1079; HambKomm/*Lüdtke* § 43 Rn 2; zu § 68 KO *OLG Dresden* ZIP 1996, 1190.

3 *Heck* Grundriß des Schuldrechts, 1929, § 76 I. 4.a), S 234 unten; *Staudinger/Looschelders* 2012, § 421 Rn 2; zuletzt grundlegend *BGHZ* 184, 35; allg *Staudinger/Looschelders* 2012, § 421 Rn 122.

4 *BGH* NJW 1969, 796; *BGH* ZIP 2009, 243, 244; *Jaeger/Henckel* § 43 Rn 2; *Noack/Bunke* FS Uhlenbruck, S 335, 339 ff.

5 BT-Drucks 12/2443, 124.

II. Anwendungsbereich

1. Haftung mehrerer auf das Ganze. – a) Gesamtschuldner und Bürge. Die Vorschrift betrifft alle InsGl iSd §§ 38, 39. Sie gilt für jede Art der Haftung mehrerer Personen auf dieselbe Leistung, insb für Gesamtschuldner (§ 421 BGB). Sie gilt auch für die Haftung des Bürgen (§ 765 BGB); ob selbstschuldnerisch (§ 773 Abs 1 Nr 1 BGB) oder mit Einrede nach § 771 BGB ist nach InsEröffnung bei Hauptschu nicht relevant (§ 773 Abs 1 Nr 3 BGB).[6] Sie gilt nicht bei Ausfallbürgschaft.[7] Sie gilt in der Konzerninsolvenz für harte Patronatserklärung[8] oder Garantieerklärungen. In der Ins des Patrons oder Garanten kann der Gl seine Forderung als aufschiebend bedingte (§ 42) geltend machen, solange über das Vermögen des Hauptschu das Verf nicht eröffnet ist.[9] 3

Mit der Gesamtschuldnerschaft (§ 421 BGB) ist die Gesamtgläubigerschaft (§ 428 BGB) nicht zu verwechseln. Sie hat mit §§ 43, 44 nichts zu tun.[10] 4

b) Sachmithaftung eines Dritten. § 43 ist entspr anzuwenden bei sog Sachmithaftung eines Dritten neben dessen persönlicher Haftung.[11] Die Sachmithaftung des Dritten stellt in der Ins des Schu kein Absonderungsrecht dar, daher ist § 52 nicht anwendbar. Besteht ein Absonderungsrecht auch einem Gegenstand des mithaftenden Dritten (typisch bei Grundschuld auf GrdSt von Schu bei Miteigentum zu je 1/2), könnte der Absonderungsberechtigte zwar nach § 52 auf sein Absonderungsrecht am Massegegenstand (Anteil des Schu) verzichten, er kann dann aber auch nur den weiterhin belasteten Anteil des Dritten verwerten. 5

c) Teilschuldnerschaft und Teilmithaft. Auf Teilschuldnerschaft (§ 427 BGB) ist § 43 nicht anwendbar. Besonderheiten gelten bei sog Teilmithaftung. Bei dieser haftet ein Dritter neben dem Schu tw „auf das Ganze“, tw nicht. § 43 ist hier in Bezug auf die Mithaftung anwendbar.[12] Leistet der Dritte an de Gl in Höhe des vollen Betrages der Mithaft, gilt § 43 nicht mehr und der Dritte kann die auf ihn übergegangene Forderung statt des Gl geltend machen.[13] Einigen sich Gl und Dritter über eine Teilmithaft, gilt dies ebenfalls.[14] AGB-Klauseln dahingehend, dass Leistungen des Dritten nur als Sicherheit bis zur vollständigen Befriedigung des Gl gelten, sind zulässig und üblich. Damit kann der Gl in der Ins des Schu stets den vollen Betrag geltend machen.[15] 6

d) Gesellschafterinsolvenz und Gesellschafterhaftung. In der Ins der Gesellschaft ohne Rechtspersönlichkeit ist bzgl der persönlichen Haftung nach § 128 HGB zu unterscheiden: 7

6 Dazu *Hess* § 43 Rn 7; *Heyn* InsBüro 2010, 307; *Riedel* InsBüro 2011, 407.

7 *RGZ* 75, 186 (Nachweis Teilausfall); *BGHZ* 117, 127, 133 (harte Patronatserklärung); *Uhlenbruck/Knof* § 43 Rn 6.

8 *BGHZ* 117, 127, 132; *Hess* § 43 Rn 14 ff.

9 *K Schmidt/Thonfeld* § 43 Rn 6; HambKomm/*Lüdtke* § 43 Rn 11.

10 *K Schmidt/Thonfeld* § 43 Rn 14.

11 *RGZ* 156, 271, 278 (zur Grundschuld am Grundstück des nicht persönlich haftenden Dritten); *BGH* NJW 1960, 1295; *BGH* ZIP 2011, 180 (Verzicht auf Absonderungsrecht nach § 190); *Jaeger/Henckel* § 43 Rn 22; MK/*Bitter* § 43 Rn 19.

12 *BGH* NJW 1960, 1295; MK/*Bitter* § 43 Rn 28; HambKomm/*Lüdtke* § 43 Rn 13; *K Schmidt/Thonfeld* § 43 Rn 10; *Bitter* ZInsO 2003, 490.

13 *BGH* NJW 1960, 1295; *BGH* NJW 1969, 796; *BGHZ* 92, 374, 379; differenzierend *Jaeger/Henckel* § 43 Rn 17; krit *Hadding* FS Fischer, 2008, S 223, 232.

14 *BGH* ZIP 1997, 372 (Vergleich des Gl mit einem der Gesamtschu); *BGH* ZIP 2003, 952; aM MK/*Bitter* § 43 Rn 30; *v Olshausen* KTS 2005, 403, 420.

15 *BGHZ* 92, 374; *BGH* ZIP 2001, 914; MK/*Bitter* § 43 Rn 32; *K Schmidt/Thonfeld* § 43 Rn 10; HambKomm/*Lüdtke* § 43 Rn 14.

In der Ins der Gesellschaft wird § 43 von § 93 verdrängt.[16] Der Gl kann die persönliche Haftung in der Ins des Gesellschafters nicht geltend machen, sie wird durch den InsVerw geltend gemacht. In der Ins eines oder mehrerer Gesellschafter gilt für die Haftung untereinander jedoch § 43 für den Gl.[17] Sicherheiten, die ein Gesellschafter für die Verbindlichkeit der Gesellschaft gegeben hat, fallen grds unter § 43 (insb Bürgschaft).[18] Ob der Gl entspr § 44a in der Ins der Gesellschaft die volle Forderung geltend machen darf, ist streitig. Nach einer Ansicht gilt entspr § 52 S 2 das Ausfallprinzip, so dass er nur mit dem Betrag bei der Verteilung berücksichtigt wird, bei welchem er bei der Sicherheitenverwertung (dann auch Bürgschaft des Gesellschafters) ausgefallen ist.[19] Nach anderer Ansicht kann er bis zu seiner vollen Befriedigung den vollen Betrag geltend machen.[20] In der Ins von Gesellschaft und Gesellschafter konkurrieren die vom InsVerw der Gesellschaft über § 93 geltend zu machende persönliche Haftung und die Sicherheitenhaftung des Gl gegenüber dem Gesellschafter.[21] Praktisch ist hier vorzuschlagen, dass der Gl die Verwertung der Sicherheit gegenüber dem Gesellschafter betreibt und der InsVerw der Gesellschaft nur den Betrag der Unterdeckung aus der Insolvenz der Gesellschaft geltend macht. Übersteigen abgesonderte Befriedigung und Quote aus dem vollen Betrag die Forderung des Gl, ist die Quote bei der Gesellschaftsinsolvenz entspr zu kürzen.

8 **2. Eröffnung Insolvenzverfahren.** Liegen die Voraussetzungen der Haftung mehrerer auf das Ganze vor, genügt es für die Anwendung des § 43, wenn über das Vermögen eines der Schu das InsVerf eröffnet ist. Es muss nicht über alle eröffnet sein. § 43 ist dann aber auch anwendbar; der Gl muss sich die Quote eines InsVerf nicht auf das andere anrechnen lassen.

9 Bei gleichzeitiger Ins von Nachlassinsolvenz und Ins des Erben geht § 331 Abs 1 der Vorschrift des § 43 vor. Hier kann der Nachlassgläubiger wegen der Haftungsbeschränkung des § 1975 BGB grds nicht am InsVerf des Erben teilnehmen. Ist bereits vor InsEröffnung unbeschränkte Haftung eingetreten, bewirkt die Nachlassinsolvenz eine primäre Befriedigung aus dem Nachlass, der Erbe haftet dann nur sekundär (dazu § 331 Rn 2).[22] Folglich gilt für den Gl § 52; er kann in der Erbeninsolvenz nur den Ausfall aus der Nachlassinsolvenz geltend machen.

III. Grundsatz der Vollberücksichtigung

10 **1. Grundsatz.** Nach dem Grundsatz der Vollberücksichtigung kann der Gl den vollen Betrag seiner Forderung geltend machen, der ihm bei InsEröffnung zustand. Leistungen nach Eröffnung muss er sich nicht anrechnen lassen, Leistungen vor Eröffnung aber schon. Insoweit wird § 421 BGB bezogen auf den Zeitpunkt der InsEröffnung angewendet.

11 Besteht bei Forderungsprüfung noch Streit über die Höhe der Forderung und die Anrechnung von Leistungen vor InsEröffnung, hat der InsVerw die Forderung zu bestreiten.[23] Konsequent müsste dann auch der Leistende die auf ihn übergegangene Forderung anmelden, auch diese ist dann zu bestreiten bis zur Klärung der Anrechnung.

---

16 *Jaeger/Henckel* § 43 Rn 25; *K Schmidt/Thonfeld* § 43 Rn 8.
17 *K Schmidt/Thonfeld* § 43 Rn 8; *K Schmidt/Bitter* ZIP 1077, 1082.
18 Grundlegend *Jaeger/Henckel* § 43 Rn 25; *K Schmidt/Thonfeld* § 43 Rn 9.
19 *K/P/B/Holzer* § 43 Rn 8a; *Noack/Bunke* FS Uhlenbruck, 2001, S 335, 346.
20 *K Schmidt/Thonfeld* § 43 Rn 9; HambKomm/*Lüdtke* § 43 Rn 16 mwN; *K Schmidt/Bitter* ZIP 2000, 1077, 1088.
21 Eingehend *K Schmidt/Bitter* ZIP 2000, 1077, 1082 ff.
22 MK-BGB/*Küpper* § 1975 Rn 8; *Frege/Keller/Riedel* InsR, Rn 2392a.
23 *BGH* ZIP 1997, 372.

2. Leistungen vor Eröffnung. Leistungen vor InsEröffnung hat sich demnach der Gl auf seine Forderung voll anrechnen zu lassen. Seine Forderung ist ihrer Höhe nach auf den Zeitpunkt der InsEröffnung zu bestimmen.[24] Eine Leistung des Mitschu vor InsEröffnung kann auch in zulässiger Aufrechnung bestehen. 12

Der leistende Mitschuldner kann die auf ihn vor InsEröffnung übergegangene Forderung ebenfalls als InsGl geltend machen (bspw § 426 Abs 2, § 774 Abs 1 BGB). Wegen des regelmäßig internen Vorrangs der Restforderung des Gl bei nur tw Befriedigung hat er aber diesem gegenüber außerhalb des InsVerf den sog Quotenvorteil zu erstatten. Dies besteht in der Differenz der Insolvenzquoten bei Einberechnung der Forderung des Mitschuldners und ohne diese.[25] Nach **aA** soll dieser Quotenvorteil bei der Verteilung durch den InsVerw zu berücksichtigen sein.[26] Im Übrigen kann der Gl die Forderung des Mitschu gegen den Schu pfänden (§ 829 ZPO) und so den Quotenvorteil erlangen.[27] Bei nur tw Leistung vor InsEröffnung steht ihm immer noch eine Forderung gegen den Mitschu zu, so dass er wegen dieser noch die Zwangsvollstr gegen ihn betreiben kann. 13

3. Leistungen nach Eröffnung. Leistungen des Mitschu nach InsEröffnung muss sich der Gl nicht anrechnen lassen. Er erhält demnach seine Quote aus dem vollen Betrag bis zur vollen Befriedigung. Bei voller Befriedigung fällt er als Gl weg, der leistende Mitschu kann dann an seine Stelle treten. 14

Will der Gl trotz voller Befriedigung an der Verteilung nach §§ 188 ff noch teilnehmen, hat der InsVerw dem mit Klage nach § 767 ZPO zu begegnen.[28] Bereits erfolgte Überzahlungen sind nach § 812 BGB zurückzufordern,[29] sie sollen den Rückgriffsberechtigten zur Verfügung stehen.[30] 15

§ 44 Rechte der Gesamtschuldner und Bürgen

Der Gesamtschuldner und der Bürge können die Forderung, die sie durch eine Befriedigung des Gläubigers künftig gegen den Schuldner erwerben könnten, im Insolvenzverfahren nur dann geltend machen, wenn der Gläubiger seine Forderung nicht geltend macht.

Übersicht

24 *RGZ* 83, 401, 404; *Jaeger/Henckel* § 43 Rn 7; MK/*Bitter* § 43 Rn 39.
25 *RGZ* 83, 401; K *Schmidt/Thonfeld* § 43 Rn 12; HambKomm/*Lüdtke* § 43 Rn 21; allg *Palandt/Sprau* § 774 Rn 12.
26 Zum Bürgen *v Olshausen* KTS 2005, 403, 428.
27 MK/*Bitter* § 44 Rn 30; *K Schmidt/Thonfeld* § 43 Rn 12 aE.
28 *BGH* ZIP 2009, 243.
29 *BGH* ZIP 1984, 1509; *BGH* ZIP 2009, 243; MK/*Bitter* § 43 Rn 36.
30 *Jaeger/Henckel* § 38 Rn 120, 121; MK/*Bitter* § 44 Rn 23 mwN.

I. Normzweck und Entstehungsgeschichte

1 Die Vorschrift ergänzt § 43 und beschreibt die Rechte des Mitschu oder Bürgen, der nach InsEröffnung den Gl tw befriedigt. Wegen des Prinzips der Vollbefriedigung für den Gl weicht das InsRecht dann vom materiellen Recht ab, dieses bestimmt Forderungsübergang bzw Regress des leistenden Mitschu unabhängig von der Ins.[1] In der Ins kann der übergegangene Anspruch als aufschiebend bedingt durch die Vollbefriedigung des Gl bezeichnet werden.[2] Der leistende MitSchu kann auch als „nachrückender Gläubiger" bezeichnet werden.

2 In der früheren KO hat § 44 keine unmittelbare Entsprechung, im Vergleichsverfahren galt § 33 VerglO, jedoch war die jetzt normierte Rechtsfolge aus § 68 KO allg anerkannt.[3]

II. Anwendungsbereich

3 **1. Betroffene Mitschuldner.** Von § 44 sind diejenigen Mitschu betroffen, welche im Anwendungsbereich des § 43 zusammen mit dem Schu dem Gl „auf das Ganze" haften (§ 43 Rn 3 ff). Die Vorschrift nennt ausdrücklich nur den GesamtSchu (§ 426 BGB) und den Bürgen (§ 774 BGB), sie gilt aber für alle Mitschu des § 43.[4] § 44 gilt auch für den Ausfallbürgen, obwohl § 43 hier für den Gl nicht gilt, er sich also Leistungen anrechnen lassen muss.[5]

4 **2. Zeitpunkt der Leistung und Forderungserwerb.** Der Wortlaut „künftig gegen den Schu erwerben könnten" bezieht sich auf den Zeitpunkt der InsEröffnung und meint Leistungen des Mitschu an den Gl nach InsEröffnung. Bezogen auf diesen Zeitpunkt ist der Mitschu mit seinem möglichen Anspruch aufschiebend bedingter Gl oder „nachrückender Gläubiger". Der Rechtsgrund des Regressanspruchs ist gleichgültig, er kann auf § 426 Abs 1 und vor allem Abs 2 BGB oder auf § 774 Abs 1 BGB beruhen, auch auf § 670 BGB. Die Höhe des Anspruchs richtet sich nach dem Innenverhältnis der Schu zueinander.

III. Wirkungen

5 **1. Nichtberücksichtigung des übergegangenen Anspruchs.** Da sich der Gl nach § 43 die Leistung nach InsEröffnung nicht anrechnen lassen muss, kann der Mitschu den auf ihn materiellrechtlich übergegangenen Anspruch solange nicht geltend machen, als der Gl nicht vollständig befriedigt ist oder freiwillig auf eine Teilnahme am Verf verzichtet.[6]

6 **2. Keine Teilnahme am Insolvenzverfahren.** Der leistende Mitschu kann seine Forderung nicht zur Tabelle anmelden, er ist nicht berechtigt, an der GlVersammlung teilzunehmen und wird in einem InsPlan nicht berücksichtigt, soweit und solange der Gl mit seiner Forderung nicht vollständig befriedigt ist oder weicht. Eine Forderungsanmeldung darf auch nicht als aufschiebend bedingt erfolgen.

7 § 44 verbietet auch eine Geltendmachung des übergegangenen Anspruchs durch Zwangsvollstreckung gegen den Schu.

8 **3. Wirkungen eines Insovelnzplans und Restschuldbefreiung.** Die Wirkungen eines InsPlans treffen nach § 254 Abs 2 S 2 auch den MitSchu oder Bürgen wegen seines Regressanspruchs. Ebenso ist er von der Restschuldbefreiung des Schu betroffen (§ 301 Abs 2 S 2).

---

1 *Jaeger/Henckel* § 38 Rn 109, § 44 Rn 4: Befreiungsanspruch wandelt sich nach Zahlung in Leistungsanspruch; eingehend *Staudinger/Looschelders* 2012, § 426 Rn 8, 92 ff.
2 *OLG Jena* FamRZ 2012, 372 (Gesamtschuldnerausgleich unter geschiedenen Ehegatten).
3 BT-Drucks 12/2443, 124.
4 MK/*Bitter* § 44 Rn 5; HambKomm/*Lüdtke* § 44 Rn 4; *K Schmidt/Thonfeld* § 44 Rn 2.
5 MK/*Bitter* § 44 Rn 8; *K Schmidt/Thonfeld* § 44 Rn 3.
6 MK/*Bitter* § 44 Rn 12, 15; *Uhlenbruck/Knof* § 44 Rn 8.

4. Absonderungsrecht und Aufrechnung. Hat der MitSchu oder Bürge für seinen Anspruch gegen den Schu vor InsEröffnung wirksam eine Sicherheit erhalten, kann er diese ohne Rücksicht auf § 44 in Anspruch nehmen. Er muss sich die abgesonderte Befriedigung nach § 52 S 2 auf seine Regressforderung anrechnen lassen.[7] Soweit er gegen eine Forderung der Masse aufrechnen kann, hindert § 44 dies auch nicht, § 95 ist zu beachten. 9

IV. Vollständige Befriedigung des Gläubigers

Wird der Gl nach InsEröffnung vollständig befriedigt, kann der MitSchu oder Bürge statt seiner „nachrücken" und mit seinem Regressanspruch am Verf teilnehmen.[8] Dies gilt auch für den InsVerw eines MitSchu, in dessen Verf der Gl vollständig befriedigt wird (selten).[9] 10

Streitig ist, ob insb der Gesamtschu nur in Höhe seines Ausgleichsanspruchs mit Forderungsübergang nach § 426 Abs 1 und 2 BGB an der Teilnahme berechtigt ist oder mit der gesamten Forderung.[10] In Fortführung von § 43 vertritt insb Henckel die Meinung, dass der MitSchu wie vor ihm der Gl die volle Forderung geltend machen darf und hierauf sich die Quote berechnet. Seine Quote aus der vollen Forderung darf dann aber den Betrag seines materiellrechtlichen Regressanspruchs nicht übersteigen.[11] 11

V. Gesellschafterhaftung

Ebenso wie bei § 43 (dort Rn 7) geltend Besonderheiten bei der Haftung der Gesellschafter der Gesellschaft ohne Rechtspersönlichkeit: Wurde seitens eines Gesellschafters der Gl vor InsEröffnung teilw befriedigt, hat er sich dies nach § 43 anrechen zu lassen. Der Gesellschafter kann mit dem übergegangenen Anspruch an dem Verf eines anderen Gesellschafters teilnehmen (zum Quotenvorteil aber § 43 Rn 13).[12] Nach InsEröffnung kann der Gesellschafter schon wegen § 93 nicht mehr an den Gl leisten; eine gutgläubige Leistung nach § 82 wäre denkbar. Leistet er trotzdem, kann er vom Gl Rückzahlung nach § 812 BGB verlangen.[13] 12

Eine sehr spezielle Konstellation kann sich bei der KG ergeben: Der vor InsEröffnung ausgeschiedene Kommanditist, dem sein Kommanditanteil ausbezahlt wurde und der deswegen den Altgläubigern (vor seinem Ausscheiden) gegenüber haftet, kann mit einem auf ihn übergegangenen Anspruch aus Befriedigung eines Altgläubigers nicht neben diesem am InsVerf der KG teilnehmen.[14] Er ist erst nach vollständiger Befriedigung der Altgläubiger zur Teilnahme berechtigt.[15] 13

§ 44a Gesicherte Darlehen

In dem Insolvenzverfahren über das Vermögen einer Gesellschaft kann ein Gläubiger nach Maßgabe des § 39 Abs. 1 Nr. 5 für eine Forderung auf Rückgewähr eines Darlehens oder für eine gleichgestellte Forderung, für die ein Gesellschafter eine Sicherheit bestellt oder für die er sich verbürgt hat, nur anteilsmäßige Befriedigung aus der Insolvenzmasse verlangen, soweit er bei der Inanspruchnahme der Sicherheit oder des Bürgen ausgefallen ist.

---

7 *RGZ* 80, 407; *RGZ* 85, 53, 57; *BGH* NJW 1960, 1295; *Jaeger/Henckel* § 44 Rn 10.
8 *Hess* § 44 Rn 12.
9 *BGH* 11.12.2008 – IX ZR 156/07; *Jaeger/Henckel* § 44 Rn 7; *K Schmidt/Thonfeld* § 44 Rn 10.
10 MK/*Bitter* § 44 Rn 21, 22; *K Schmidt/Thonfeld* § 44 Rn 9.
11 *Jaeger/Henckel* § 44 Rn 8 ff.
12 *Jaeger/Henckel* § 44 Rn 11; MK/*Bitter* § 44 Rn 34.
13 MK/*Bitter* § 44 Rn 36; *K Schmidt/Thonfeld* § 44 Rn 11.
14 *BGHZ* 27, 51, 53; *BGHZ* 39, 319, 326.
15 MK/*Bitter* § 44 Rn 37 ff.

Übersicht

Literatur: *Clemens* Das neue Recht der Gesellschafterfremdfinanzierung nach dem MoMiG, 2012; *v Gerkan/Hommelhoff (Hrsg)* Handbuch des Kapitalersatzrechts, 2. Aufl. 2002 (zit: vG/H/Bearbeiter); *Goette/Kleindiek* Gesellschafterfinanzierung nach MoMiG und das Eigenkapitalersatzrecht in der Praxis, 6. Aufl 2010; *Thonfeld* Eigenkapitalersetzende Gesellschaftersicherheiten und der Freistellungsanspruch der Gesellschaft, 2005.

I. Normzusammenhang und Regelungsgegenstand

1 Die Vorschrift wurde durch das zum 1.11.2008 in Kraft getretenen MoMiG[1] neu geschaffen. Sie ist an die Stelle des früheren § 32a Abs 2 (iVm Abs 3 S 1) GmbHG getreten und findet – rechtsformübergreifend – auf Gesellschaften iSd § 39 Abs 4 S 1 (s § 39 Rn 53 ff) Anwendung. Zum Übergangsrecht s § 39 Rn 28 ff.

2 Bei wirtschaftlicher Betrachtung macht es keinen Unterschied, ob ein Gesellschafter der Gesellschaft einen Kredit gewährt oder stattdessen eine Sicherheit für den Kredit eines außenstehenden Dritten (der weder ein dem Sonderrecht der Gesellschafterfinanzierung ohnehin unterstehender Gesellschafter ist noch einem solchen gleichsteht) bestellt. Unter der Geltung des früheren Eigenkapitalersatzrechts waren deshalb die in der Krise gewährten (oder stehen gelassenen) **Gesellschaftersicherheiten** – grds nicht der Drittkredit als solcher – ebenfalls Gegenstand eigenkapitalgleicher Bindungen;[2] im Anwendungsbereich des kodifizierten Rechts („Novellenregeln") stellten §§ 32a Abs 2 (mit Abs 3 S 1), 32b GmbHG aF die einschlägigen Regelungen bereit. Der Gesetzgeber des MoMiG hat jene Regelungen – wiederum unter Verzicht auf das Merkmal der Krisenfinanzierung (s § 39 Rn 21) – in die InsO überführt: Dem füheren § 32a Abs 2 GmbHG entspricht seither § 44a, an die Stelle von § 32b GmbHG aF sind § 135 Abs 2 (s § 135 Rn 42 ff) und § 143 Abs 3 (s § 143 Rn 40 ff) getreten. Insoweit steht das aktuelle Recht – befreit vom Merkmal der Krisenfinanzierung, an dessen Stelle die in § 135 Abs 1 Nr 2 InsO genannten Fristen getreten sind – in der Kontinuität der früheren Regelungen in §§ 32a Abs 2, 32b GmbHG.[3] Demgegenüber fallen die zum alten Eigenkapitalersatzrecht (neben §§ 32a Abs 2, 32b GmbHG aF) von der Rspr entwickelten Regeln über die Einbeziehung von Gesellschaftersicherheiten in den Kapitalschutz analog §§ 30, 31 GmbHG[4] als Teil der sog „RsprRegeln" unter den „Nichtanwendungsbefehl" des heutigen § 30 Abs 1 S 3 GmbHG. Sie sind obsolet.

3 § 44a betrifft – wie früher § 32a Abs 2 GmbHG – die **Rechtsstellung des Dritten**, der gegen die Gesellschaft (und zwar eine solche iSd § 39 Abs 4 S 1) eine Forderung auf Rückgewähr eines Darlehens oder eine gleichgestellte Forderung (§ 39 Abs 1 Nr 5) hat, für die ein Gesellschafter (oder ein diesem gleichgestellter Sicherungsgeber) eine Sicherheit bestellt

---

1 Gesetz zur Modernisierung des GmbH-Rechts und zur Bekämpfung von Missbräuchen v 28.10.2008, BGBl I, 2026.

2 Ausf Darstellung bei *vG/H/Fleischer* Teil 6; *Thonfeld* S 5 ff.

3 S dazu Begründung zum RegE MoMiG, BT-Drucks 16/6140, S 57 und aus der Rspr etwa *BGH* v. 28.6.2012 – IX ZR 191/11, BGHZ 193, 378, Rn 13; *BGH* 4.7.2013 – IX ZR 229/12, BGHZ 198, 77, Rn 20 f; *BGH* 20.2.2014 – IX ZR 164/13, BGHZ 200, 210, Rn 15 und 18; *BGH* 13.7.2017 – IX ZR 173/16, ZIP 2017, 1632, Rn 13 f.

4 Dazu zusammenfassend *Goette/Kleindiek* Rn 189 ff.

oder sich verbürgt hat: Der Dritte kann **im InsVerf** über das Vermögen der Gesellschaft seinen Rückforderungsanspruch nur insoweit durchsetzen, als er mit ihm bei der Verwertung der Gesellschaftersicherheit **ausgefallen** ist. § 44a kommt aber dort nicht zur Anwendung, wo der sichernde Gesellschafter unter das **Sanierungsprivileg** des § 39 Abs 4 S 2 oder das **Kleinbeteiligungsprivileg** des § 39 Abs 5 fällt.[5] Das ist schon angesichts der Bezugnahme auf § 39 Abs 1 Nr 5 in § 44a anzunehmen[6] und kann im Regelungsbereich des § 44a iÜ auch nicht anders entschieden werden als bei §§ 135 Abs 2, 143 Abs 3, wo die ausdrückliche Verweisung in § 135 Abs 4 eingreift.[7]

II. Erfasste Sicherheiten

Der Kreis der unter § 44a fallenden **Sicherheiten** eines Gesellschafters ist weit abzugrenzen (vgl auch § 232 Abs 1 BGB), wobei auf das zum früheren Eigenkapitalersatzrecht gewonnene Fallmaterial[8] weiterhin zurückgegriffen werden kann. Anders als seinerzeit müssen der Kredit des Dritten und die dafür bestellte Gesellschaftersicherheit nach heutigem Recht aber nicht mehr in der „Krise" der Gesellschaft bestellt worden sein; das Merkmal der Krisenfinanzierung hat der Gesetzgeber aufgegeben (§ 39 Rn 21). Davon abgesehen werden wie im früheren Recht alle Arten dinglicher und persönlicher Absicherung erfasst. 4

Zu den **dinglichen Sicherheiten** gehören insb die Bestellung von **Grundpfandrechten**,[9] **Sicherungsübereignungen**,[10] **Sicherungsabtretungen**, die Verpfändung von Forderungen und Wertpapieren und andere **Mobiliarpfandrechte** sowie die Stellung einer **Kaution**.[11] 5

Als **persönliche Sicherheiten** kommen neben der im Gesetz genannten **Bürgschaft** – auch in Form einer **Prozessbürgschaft**[12] – unter anderem der **Kreditauftrag**, die **Garantieerklärung**, der **Schuldbeitritt**, das selbstständige **Schuldversprechen**[13] sowie eine mit Rechtsverbindlichkeit ausgestattete – „harte" – **Patronatserklärung**[14] in Betracht. Auch in der gegenüber einem Kreditgeber der Gesellschaft eingegangenen Verpflichtung eines Gesellschafters, zur Sicherheit übereignete Gegenstände zum Einstandspreis anzukaufen **(Ankaufsverpflichtung)**, kann eine Gesellschaftersicherheit liegen.[15] 6

Erfasst sind die durch einen **Gesellschafter** bestellten Sicherheiten; dabei genügt es auch im Rahmen von § 44a, dass die Doppelrolle als Gesellschafter und Sicherungsgeber innerhalb des Jahreszeitraums von § 135 Abs 1 Nr 2 vorgelegen hat (vgl § 39 Rn 42).[16] Es schadet deshalb nicht, wenn der Sicherungsgeber die Gesellschaftsbeteiligung erst nach Gewährung der Sicherheit erworben hat.[17] Im Übrigen gelten die gesetzlichen Bestimmungen bei Absicherung eines Fremdkredits durch einen Gesellschafter (§§ 44a, 135 Abs 2, 143 Abs 3) aber auch, wenn die Sicherheit von einem dem Gesellschafter **gleichgestellten Dritten** (dazu § 39 Rn 45 ff) zur Verfügung gestellt wird.[18] Erfasst wird ferner der Fall, dass der (Fremd-)Kredit 7

---

5 HambKomm/*Lüdtke* § 44a Rn 12; *Graf-Schlicker/Neußner* § 44a Rn 6.
6 Dazu zutr *Schönfelder* WM 2009, 1401, 1407.
7 Vgl auch *C/P/M/Zenker* § 135 Rn 27.
8 Nachweise bei *Goette/Kleindiek* Rn 185 ff.
9 *BGH* ZIP 1992, 177; *BGH* ZIP 2000, 1489; *BGH* ZIP 2001, 115.
10 *BGH* ZIP 1992, 177.
11 Dazu *BGH* ZIP 1989, 161.
12 *BGH* ZIP 1990, 95.
13 Zum Ganzen etwa MK/*Bitter* § 44a Rn 16; *U/H/L/Habersack* Anh § 30 Rn 143 f.
14 Hierzu etwa *vG/H/Fleischer* Rn 6.16; *K Schmidt* § 44a Rn 9; *Thonfeld* S 38 ff mwN.
15 *BGH* bei *Goette* DStR 1999, 1409; dazu *Thonfeld* S 41 ff; **aA** *Thole* ZIP 2015, 1609, 1612.
16 MK/*Bitter* § 44a Rn 19; *B/H/Haas* Anh § 64 Rn 148; *U/H/L/Habersack* Anh § 30 Rn 147.
17 *BGH* ZIP 2014, 584, Rn 15.
18 Ebenso FK/*Bornemann* § 44a Rn 6; *B/H/Haas* Anh § 64 Rn 147.

in erster Linie von einem Außenstehenden abgesichert wird, ein Gesellschafter (oder ein ihm gleichgestellter Dritter) aber seinerseits auf Grund eines **Kreditauftrags** (§ 778 BGB), einer **Rückbürgschaft** oder einer ähnlichen Vereinbarung mittelbar für die Erfüllung der Rückzahlungsforderung des Kreditgebers einzustehen hat und auf diese Weise die Kreditgewährung ermöglicht.[19] Erfasst werden schließlich auch Ausfallsicherheiten wie insb die **Ausfallbürgschaft.**[20] Die Vereinbarung, die Gesellschaftersicherheit solle nur **nachrangig** nach einer von der Gesellschaft selbst gestellten Sicherheit haften, steht der Anwendung des § 44a nicht entgegen.[21]

III. Rechtsfolgen für den Gläubiger

8 **1. Vorrangiger Zugriff auf die Sicherheit.** Mit § 44a greift das Gesetz in begrenzter Weise auch in die Rechtsstellung des Dritten ein, dessen Forderung gegen die Gesellschaft durch eine Gesellschaftersicherheit abgesichert worden ist.[22] Dieser Gl kann im InsVerf der Gesellschaft nur insoweit anteilsmäßige Befriedigung aus der InsMasse verlangen (dann aber als gewöhnlicher, nicht etwa seinerseits nachrangiger Gl), als er bei der Inanspruchnahme der Sicherheit erfolglos ist. Er kann also seinen Rückforderungsanspruch nur insoweit durchsetzen, als er mit ihm bei der Verwertung der Gesellschaftersicherheit ausgefallen ist; den entspr Nachweis muss er führen. Freilich will die inzwischen wohl schon herrschende Auffassung im VerteilungsVerf die Quote nicht nur auf den Ausfall, sondern auf die volle Forderung berechnet wissen (und nur die Auszahlung auf die Höhe des Ausfalls begrenzen).[23] Der außenstehende Dritte – idR die kreditgebende Bank – wird jedenfalls darauf verwiesen, zunächst auf die Gesellschaftersicherheit zuzugreifen, bevor er Befriedigung aus der InsMasse verlangen kann. Dies hindert ihn jedoch nicht daran, die InsForderung schon vorher in ihrer vollen Höhe (also nicht nur in Höhe des voraussichtlichen Ausfallbetrages) im InsVerf anzumelden.[24] Keinen Beschränkungen unterliegt die **Aufrechnung** des Kreditgebers, soweit sie insolvenzrechtlich (§ 96) zulässig ist.[25] Wegen der begrenzten Wirkung der vorrangigen Verweisung des außenstehenden Kreditgebers auf die Befriedigung aus der Gesellschaftersicherheit sind bes subjektive Voraussetzungen in dessen Person nach wie vor nicht zu fordern.

9 Da die Regelung in § 44a zwingendes Recht ist, lassen **abw Vereinbarungen** zwischen dem Kreditgeber und der Gesellschaft oder dem die Sicherheit stellenden Gesellschafter die Rechte der Gesellschaft oder des InsVerw grds unberührt. Das gilt auch, wenn der Kreditgeber dem Gesellschafter gegenüber auf die Sicherheit **verzichtet**, und zwar nicht nur im Falle eines Verzichts nach InsEröffnung, sondern auch bei Freigabe der Sicherheit innerhalb

---

19 *Scholz/Bitter* Anh § 64 Rn 277; s auch den Fall *BGH* ZIP 2000, 1489.

20 *BGHZ* 105, 168, 185 = ZIP 1988, 1248; MK/*Bitter* § 44a Rn 16.

21 *Clemens* S 325 f; *Ede* ZInsO 2012, 853, 860 f; HambKomm/*Lüdtke* § 44a Rn 10; vgl auch schon *vG/H/Fleischer* Rn 6.42; *Thonfeld* S 104 ff.

22 Ausf zum früheren Eigenkapitalersatzrecht *Thonfeld* S 80 ff.

23 Weiterführend (zum früheren Recht) *Scholz/K Schmidt* 10. Aufl, §§ 32a, b Rn 169 ff; *Thonfeld* S 82 ff; zum aktuellen Recht in diesem Sinne MK/*Bitter* § 44a Rn 22 f; *Scholz/Bitter* Anh § 64 Rn 282; *B/H/Haas* Anh § 64 Rn 153; *U/H/L/Habersack* Anh § 30 Rn 158; *Uhlenbruck/Hirte* § 44a Rn 5; HambKomm/*Lüdtke* § 43 Rn 16 und § 44a Rn 19; *K/P/B/Preuß* § 44a Rn 16 f (Stand: Mai 2013); *K Schmidt* § 44a Rn 14, je mwN; dagegen etwa noch *Frege/Nicht/Schildt* ZInsO 2012, 1961, 1966 f; *Graf-Schlicker/Neußner* § 44a Rn 8; *Spliedt* ZIP 2009, 149, 155.

24 Zutr *Frege/Nicht/Schildt* ZInsO 2012, 1961, 1966, 1968; HambKomm/*Lüdtke* § 44a Rn 18; *Graf-Schlicker/Neußner* § 44a Rn 8; *K Schmidt* § 44a Rn 13.

25 *Scholz/Bitter* Anh § 64 Rn 301; *U/H/L/Habersack* Anh § 30 Rn 150; HambKomm/*Lüdtke* § 44a Rn 17.

der Jahresfrist des § 135 Abs 1 Nr 2 vor dem Eröffnungsantrag oder nach Antragstellung.[26] Im Verhältnis zwischen Kreditgeber und Gesellschaft ist der Verzicht dann unwirksam, weil sich nur so die dem Konzept der §§ 44a, 135 Abs 2, 143 Abs 3 zugrunde liegende vorrangige Haftung der Gesellschaftersicherheit verteidigen lässt; folgerichtig kann der Kreditgeber seine Forderung im InsVerf ungeachtet des (im Verhältnis zum Gesellschafter wirksamen) Verzichts insoweit nicht durchsetzen, wie er aus der Gesellschaftersicherheit Befriedigung erlangt hätte;[27] s auch § 143 Rn 41.

2. Doppelbesicherung. Wo die Gesellschaft dem dritten Kreditgeber neben der Gesellschaftersicherheit auch eigene Sicherheiten (insolvenzfest) gestellt hatte, war der Gl nach ganz hM zum früheren **Eigenkapitalersatzrecht** nur mit seiner persönlichen Forderung, nicht auch hinsichtlich seiner Rechte aus den Sicherheiten der Gesellschaft darauf verwiesen, zunächst Befriedigung aus der Gesellschaftersicherheit zu suchen; der Dritte konnte wahlweise auf die Gesellschafts- oder die Gesellschaftersicherheit zugreifen und musste nicht etwa (analog § 32a Abs 2 GmbHG aF) vorrangig Befriedigung aus Letzterer suchen.[28] Zur Begr wurde darauf verwiesen, dass bei gesellschafterbesicherten Drittdarlehen die Rechtsstellung des dritten Kreditgebers nur in dem Maße gemindert sei, wie das Gesetz (§ 32a Abs 2 GmbHG aF) dies ausdrücklich bestimme. Es zwinge den Dritten nicht, zuerst auf die Gesellschaftersicherheit zuzugreifen und entspr Ausfall- und Kostenrisiken auf sich zu nehmen. Befriedige sich der Kreditgeber aus den von der Gesellschaft gestellten Sicherheiten, sei es vielmehr Aufgabe der Gesellschaft (im InsVerf des InsVerw) den Erstattungsanspruch gegen den Gesellschafter, der seinerseits die Kreditforderung abgesichert hat, zu verfolgen. Die (eine analoge Anwendung des § 32a Abs 2 GmbHG aF befürwortende) Gegenmeinung[29] hatte demgegenüber argumentiert, Zweck des § 32a Abs 2 GmbHG aF sei es, die vorrangige Haftung des Gesellschafters (respektive der von ihm bestellten Sicherheit) anzuordnen; der InsVerw solle nicht mit der Regressnahme gegen den Gesellschafter belastet werden. 10

Wie jene Streitfrage unter dem **aktuellen Rechts** der Gesellschafterfremdfinanzierung zu beantworten ist, ist im **Schrifttum** seit Inkrafttreten des MoMiG kontrovers erörtert worden: Während sich eine verbreitete Ansicht früh dafür ausgesprochen hatte, dem dritten Kreditgeber weiterhin das Recht zuzugestehen, wahlweise auf die Gesellschafter- oder auf die Gesellschaftssicherheit zuzugreifen,[30] sieht demgegenüber die Gegenposition[31] die analoge Anwendung des § 44a (der an die Stelle des § 32a Abs 2 GmbHG aF getreten ist) erst recht als geboten an, weil ein auf §§ 30, 31 GmbHG gestützter Freistellungs- und Erstattungsanspruch gegen den Gesellschafter (wegen des Wegfalls der RsprRegeln, § 30 Abs 1 S 3 GmbHG nF; s § 39 Rn 21) nicht mehr bestehe; da eine Verwertung der Gesellschaftssi- 11

---

26 *OLG Düsseldorf* 17.12.2015 – I-12 U 13/15, NZI 2016, 542, 544; *OLG Stuttgart* ZIP 2012, 834, 837 f; *Bangha-Szabo* NZI 2015, 514, 515; MK/*Bitter* § 44a Rn 33; *Scholz/Bitter* Anh § 64 Rn 303; *Clemens* S 326 f; *Ede* ZInsO 2012, 853, 856 ff; *B/H/Haas* Anh § 64 Rn 148 und 150; *U/H/L/Habersack* Anh § 30 Rn 151; *Uhlenbruck/Hirte* § 135 Rn 18; *K/S/W/Schäfer* H 89b.

27 Vgl zum früheren Eigenkapitalersatzrecht auch *vG/H/Fleischer* Rn 6.36; *Scholz/K Schmidt* 10. Aufl, §§ 32a, b Rn 174; *Thonfeld* S 95 ff.

28 *BGH* ZIP 1985, 158; *BGH* ZIP 1986, 30; *BGH* ZIP 1992, 108; *BGH* ZIP 1998, 1437, 1438; *vG/H/Fleischer* Rn 6.39; *U/H/W/Habersack* 1. Aufl, §§ 32 a/b Rn 173 ff mwN.

29 *Scholz/K Schmidt* 10. Aufl, §§ 32a, b Rn 176 ff; *K Schmidt* ZIP 1999, 1821, 1827; *Thonfeld* S 90 ff.

30 S etwa *Bartsch/Weber* DStR 2008, 1884 f; *Dahl/Schmitz* NZG 2009, 325, 328; *Spliedt* ZIP 2009, 149, 154.

31 S insb *K Schmidt* BB 2008, 1966, 1970; *K Schmidt* § 44a Rn 10; für weitere Nachweise zum Meinungsstand vgl 7. Aufl Rn 11.

cherheit nach Eröffnung des InsVerf keinen AnfAnspruch aus §§ 135 Abs 2, 143 Abs 3 auslösen könne,[32] sei es zur Schließung einer andernfalls bestehenden Schutzlücke geboten, den dritten Kreditnehmer analog § 44a auf die vorrangige Inanspruchnahme der Gesellschaftersicherheit zu verweisen.

12 Auch für das neue Recht sollte Einigkeit darüber bestehen, dass im Falle der Doppelbesicherung letztlich der Gesellschafter (bzw die von ihm gestellte Sicherheit) haften muss. Das stand auch für das frühere Eigenkapitalersatzrecht außer Streit;[33] allein über die Verteilung der Regresslasten (und der damit verbundenen Ausfall- und Kostenlast) wurde gestritten.[34] Für die Frage der analogen Anwendung des § 44a muss es entscheidend darauf ankommen, ob eine gesicherte Regressgrundlage gegen den Gesellschafter auch nach neuem Recht besteht, wenn der Dritte die von der Gesellschaft bestellte Sicherheit verwertet hat. Wird die Gesellschaftssicherheit *vor* InsVerfEröffnung verwertet, hat der damit zu Lasten des Gesellschaftsvermögens von seiner Sicherung befreite Gesellschafter gem §§ 135 Abs 2, 143 Abs 3 die (seitens der Gesellschaft) dem Dritten gewährte Leistung zu erstatten (s § 135 Rn 43 und 45). Ein Erstattungsanspruch wurde im alten Eigenkapitalersatzrecht aber auch aus § 32b GmbHG aF (Novellenregeln) abgeleitet, wenn im Falle der Doppelbesicherung die von der Gesellschaft bestellte Sicherheit vorrangig verwertet worden war.[35] Dabei stand der Anwendung des § 32b GmbHG aF eine Befriedigung des Dritten nach der VerfEröffnung nicht entgegen,[36] obwohl auch § 32b GmbHG aF rechtssystematisch ein InsAnfTatbestand war.[37] An die Stelle des § 32b GmbHG aF sind die Bestimmungen der §§ 135 Abs 2, 143 Abs 3 getreten. Dass der Gesetzgeber damit (im Vergleich zu § 32b GmbHG aF) die Regressmöglichkeiten im Verhältnis Gesellschaft/Gesellschafter hat beschneiden wollen, ist nicht zu erkennen. Der Neuregelung in §§ 135 Abs 2, 143 Abs 3 lag allein das Ziel zugrunde, die bisher in § 32b GmbHG enthaltene Regelung in rechtformneutraler Form zu übernehmen.[38] Deshalb steht nichts entgegen, (auch) bei Verwertung der Gesellschaftssicherheit *nach* VerfEröffnung (vgl §§ 165 ff) einen **Erstattungsanspruch gegen den Gesellschafter** (der seinerseits eine Sicherheit bestellt hat) jedenfalls **analog §§ 135 Abs 2, 143 Abs 3** zu gewähren,[39] selbst wenn – vorbehaltlich der engen Ausnahmen nach § 147 – ansonsten nur vor VerfEröffnung vorgenommene Rechtshandlungen der InsAnf unterworfen sind (§ 129 Abs 1).

13 In seiner Grundsatzentscheidung aus dem Jahre 2011 befürwortet auch der **IX. ZS des BGH**[40] eine „entsprechende Anwendung von § 143 Abs 3" (welcher freilich an § 135 Abs 2

---

32 So auch noch *OLG Hamm* ZIP 2011, 343, 344 (8. ZS); anders schon *OLG Hamm* ZIP 2011, 1227 (27. ZS).

33 Ebenso für das aktuelle Recht *BGH* ZIP 2011, 2417, Rn 10: „Die Gesellschaftersicherheit muss im wirtschaftlichen Ergebnis vorrangig verwertet werden."

34 Zutr *N Schmidt* ZInsO 2010, 70.

35 *BGH* ZIP 1986, 30, 31; *Scholz/K Schmidt* 10. Aufl, §§ 32a, 32b Rn 188; *vG/H/Fleischer* Rn 6.53; MK/*Stodolkowitz/Bergmann* 2. Aufl, § 135 Rn 88. Dabei verneint der BGH eine Pflicht des Dritten, der Gesellschaft die frei gewordene Sicherheit des Gesellschafters zu übertragen: *BGH* ZIP 1986, 30, 31 f.

36 *BGH* ZIP 1986, 30, 31; *Scholz/K Schmidt* 10. Aufl, §§ 32a, 32b Rn 189; MK/*Stodolkowitz/Bergmann* 2. Aufl, § 135 Rn 88; dazu auch *v Gerkan* FS Ulmer, 2003, S 1293 ff.

37 V *G/H/Fleischer* Rn 6.52; *Scholz/K Schmidt* 10. Aufl, §§ 32a, 32b Rn 185. Auch die Begr RegE zu § 135 idF des MoMiG, BT-Drucks 16/6140, 57, stellt zutr fest, dass es sich bei § 32b GmbHG aF „der Sache nach um einen Insolvenzanfechtungstatbestand handelt"; ebenso *BGH* ZIP 2013, 1629, Rn 26.

38 Begr RegE zu § 135 InsO idF des MoMiG, BT-Drucks 16/6140, 57.

39 IE ebenso etwa *Ede* ZInsO 2012, 853, 855 f.

40 *BGH* ZIP 2011, 2417, Rn 12 ff; zust *Scholz/Bitter* Anh § 64 Rn 300.

anknüpft), wobei auf eine gewisse Nähe zu § 147 verwiesen wird.[41] Ein „massiver Systembruch“[42] liegt in der Analogie angesichts der Normgeschichte der §§ 135 Abs 2, 143 Abs 3 jedenfalls nicht, zumal die zur Diskussion gestellten Alternativvorschläge ihrerseits nicht ohne dogmatische Friktionen auskommen: Wer – unter Rückgriff auf den Rechtsgedanken des § 135 Abs 2 – einen Ausgleichsanspruch analog § 426 Abs 1 BGB befürwortet,[43] muss ein Gesamtschuldverhältnis zwischen Gesellschafter und Gesellschaft trotz der SchuStellung Letzterer annehmen. Und wer sich für einen Bereicherungsanspruch gegen den Gesellschafter zur Rückabwicklung eines insolvenzrechtlichen Verteilungsfehlers ausspricht, muss sich über die Lehre vom Vorrang des Leistungsverhältnisses hinwegsetzen.[44] Dass solche Alternativmodelle einer Analogie zu §§ 135 Abs 2, 143 Abs 3 dogmatisch überlegen wären, lässt sich nicht überzeugend geltend machen.

Folgt man dieser Argumentation, liegt es nahe, neben dem Erstattungsanspruch auch einen korrespondierenden Freistellungsanspruch der Gesellschaft gegen den die Sicherheit gewährenden Gesellschafter anzuerkennen,[45] mit dessen Hilfe der InsVerw die Verwertung der von der Gesellschaft gestellten Sicherheit zu verhindern suchen kann.[46] Das Recht des dritten Kreditgebers, wahlweise auf die Gesellschafts- oder die Gesellschaftersicherheit zuzugreifen, kann jedenfalls auch nach neuem Recht bestehen bleiben; eine Einschränkung in **Analogie zu § 44a** ist weiterhin **nicht veranlasst**.[47] **14**

§ 45 Umrechnung von Forderungen

[1]Forderungen, die nicht auf Geld gerichtet sind oder deren Geldbetrag unbestimmt ist, sind mit dem Wert geltend zu machen, der für die Zeit der Eröffnung des Insolvenzverfahrens geschätzt werden kann. [2]Forderungen, die in ausländischer Währung oder in einer Rechnungseinheit ausgedrückt sind, sind nach dem Kurswert, der zur Zeit der Verfahrenseröffnung für den Zahlungsort maßgeblich ist, in inländische Währung umzurechnen.

---

41 *BGH* ZIP 2011, 2417, Rn 20; für eine entsprechende Anwendung auch des § 147 S 1 schon HK-InsO/*Kreft* 6. Aufl, § 147 Rn 9.

42 So der Einwand von *Bork* FS Ganter, S 135, 147, der stattdessen einen Ausgleichsanspruch analog § 426 Abs 1 BGB befürwortet, dafür aber auch seinerseits „den Rechtsgedanken des § 135 Abs 2 InsO ausdehnend fruchtbar zu machen“ sucht (S 148); im Ansatz wie dieser *C/P/M/Zenker* § 135 Rn 30.

43 So *Bork* FS Ganter, S 135, 147 f; für eine unmittelbare Anknüpfung an §§ 421 ff BGB gar *Gessner* NZI 2012, 350, 352 ff.

44 So der Vorschlag von *Mikolajczak* ZIP 2011, 1285, 1291, der die genaue Grundlage des Bereicherungsanspruchs aus § 812 Abs 1 S 1 BGB meint offen lassen zu können, weil die (elementare) bereicherungsrechtliche Unterscheidung zwischen Leistungs- und Nichtleistungskondiktion für die Rückabwicklung eines Verteilungsfehlers in der Ins nicht passe; für einen „Ausgleich über das Bereicherungsrecht“ auch *Thole* ZIP 2015, 1609, 1613; ähnlich *K/P/B/Jacoby* § 143 Rn 79a (Stand: September 2017), der an das „Institut des insolvenzrechtlichen Verteilungsfehlers“ anknüpft.

45 S dazu zum alten Recht auch MK/*Stodolkowitz/Bergmann* 2. Aufl, § 135 Rn 91: Ableitung des Freistellungsanspruchs gegen den sichernden Gesellschafter aus § 32b GmbHG aF; *Scholz/K Schmidt* 10. Aufl, §§ 32a, 32b Rn 180: Ableitung des Freistellungsanspruchs aus § 32a GmbHG aF.

46 IE ebenso *Löser* ZInsO 2010, 28, 30; *Graf-Schlicker/Neußner* § 44a Rn 10; *L/S/Z/Zeuner* § 143 Rn 32.

47 Ebenso *BGH* ZIP 2011, 2417, Rn 13; dagegen krit *K Schmidt* § 44a Rn 12. Vgl auch den Vorschlag von *Hill* ZInsO 2012, 919, 914 f in „teleologischer Reduktion“ von § 170 Abs 1 S 2: Verpflichtung zur Hinterlegung der Erlöse aus der Verwertung von Gesellschafts- und Gesellschaftersicherheit auf gesonderten Konten, Abrechnung nach beiderseitigem Abschluss der Verwertungen.

Übersicht

Literatur: *Bitter* Nicht fällige, bedingte und betragsmäßig unbestimmte Forderungen in der Insolvenz, NZI 2000, 399; *K Schmidt* Fremdwährungsschulden im Konkurs, FS Merz, 1992, S 533; *K Schmidt* Vertragliche Unterlassungsansprüche und Ansprüche auf unvertretbare Handlungen als Massegläubigerforderungen und als Insolvenzforderungen? – Nachdenken über §§ 38, 45, 55 und 103 InsO, KTS 2004, 241.

I. Normzweck und Entstehungsgeschichte

1 Durch die Vorschrift wird für InsFord, die nicht auf einen Geldbetrag gerichtet sind, oder bei welchen dieser unbestimmt ist, zwingend[1] die Bestimmung und Umrechnung in Euro angeordnet, um eine gleiche Berücksichtigung wie bei „gewöhnlichen" Forderungen zu ermöglichen. Mithin könnte bei den Verteilungen keine Quote ausbezahlt werden, wenn eine Forderung nicht auf Euro bestimmt worden ist.[2] Gleiches gilt für Fremdwährungsschulden. Ebenso wie bei §§ 41 oder 46 ist der Wert einer Forderung auf den Zeitpunkt der InsEröffnung zu bestimmen. Die Vorschrift entspricht dem früheren § 69 KO oder § 34 VerglO.[3]

II. Anwendungsbereich

2 **1. Nicht auf Geldbetrag gerichtete Forderung.** Die Norm gilt für alle InsFord der §§ 38, 39. Sie gilt nicht für Aussonderungsrechte (§ 47) oder Absonderungsrechte (§§ 49 ff). Sie gilt selbstverständlich nicht für Masseverbindlichkeiten, auch nicht bei Erfüllungswahl nach § 103 Abs 1.[4] Vermögensanspruch iSd § 38 ist gerade auch ein Anspruch, der nicht auf Geldzahlung sondern auf Verschaffung von Eigentum oder eines sonstigen Vermögenswertes ist.

3 Einzelfälle: Anspruch auf Freistellung von einer Verbindlichkeit gegenüber einem Dritten (Befreiungsanspruch).[5] Anspruch auf Vornahme vertretbarer Handlung (Kosten der Ersatzvornahme; § 887 ZPO).[6] Anspruch auf Vornahme nicht vertretbarer Handlung dagegen nicht.[7] Bestellung einer vereinbarten Sicherheit, bspw Übergabe eines Grundschuldbriefs.[8] Feststellungsanspruch.[9] Mängelbeseitigungsanspruch oder Nachbesserungsanspruch.[10] Verschaffungsanspruch,[11]

---

1 *RGZ* 93, 209, 214.
2 Allg *BGHZ* 108, 123, 127; *BGH* ZIP 2003, 2379.
3 BT 12/2443, 124; BT 12/7302, 160.
4 *Jaeger/Henckel* § 45 Rn 4; MK/*Bitter* § 45 Rn 4.
5 *BGH* ZIP 2005, 1559; *KG* 20.8.2012 – 22 W 37/12; *Hess* § 45 Rn 9.
6 *OLG Köln* NJW-RR 1993, 361; *Uhlenbruck/Knof* § 45 Rn 7; *K Schmidt/Thonfeld* § 45 Rn 4.
7 *BGH* ZIP 2005, 1325 (Auskunftsanspruch); *Uhlenbruck/Knof* § 45 Rn 8; differenzierend *K Schmidt* KTS 2004, 241, 249.
8 *RGZ* 77, 106.
9 *BGH* ZIP 1995, 642; krit *Uhlenbruck/Knof* § 45 Rn 9.
10 *BGH* ZIP 2003, 2379.
11 *RGZ* 94, 61, 64.

insb Anspruch auf Übereignung, Rückgewähr nach Rücktritt vom Vertrag.[12] Vermächtnis (§ 2174 BGB); dies ist in der Regel bereits Verschaffungsanspruch.[13] Wegnahme einer Sache oder Trennung wesentlicher Bestandteile.[14] Anspruch der kontoführenden Bank auf Genehmigung einer Lastschrift (im Einziehungsermächtigungsverfahren).[15]

Der Unterlassungsanspruch fällt nicht unter § 45,[16] ein wegen Verletzung eines Unterlassungsanspruchs entstandener Schadensersatzanspruch aber schon.[17] Hierzu wird vertreten, dass in Höhe eines Nichterfüllungsinteresses § 45 anwendbar sei.[18] Ein vertraglicher Unterlassungsanspruch, der nicht dinglich abgesichert ist und nicht auf Aussonderung gerichtet ist, bindet den InsVerw nicht.[19] 4

2. Unbestimmter Geldbetrag. Bei InsEröffnung unbestimmter Geldbetrag liegt vor bei: Abhängigkeit der Forderung von Auskunft oder Abrechnung des Schu oder InsVerw.[20] Forderung mit unbestimmter Fälligkeit (§ 42 Rn 3).[21] Forderung auf wiederkehrende Leistungen bei unbestimmtem Betrag und Dauer sind (Renten).[22] Schadensersatzanspruch (der Höhe nach nicht festgestellt).[23] 5

Steuerforderungen, Gesamtsozialversicherungsbeiträge und sonstige öffentlich-rechtliche Ansprüche sind in ihrer Höhe bei InsEröffnung regelmäßig noch nicht bestimmt, da insbesondere Steuererklärungen oder Lohnabrechnungen noch nicht vorliegen. Insoweit sind sie zunächst unbestimmt und werden mit einem geschätzten Geldbetrag angemeldet.[24] Ein Fall des 45 liegt aber nicht vor, da die konkrete Bestimmung des Forderungsbetrages nachträglich erfolgen kann. 6

Rentenansprüche sind nach § 46 zu kapitalisieren, künftig unbestimmte Leistungen dabei nach § 45 zu schätzen.[25] Der schuldrechtliche Versorgungsausgleich fällt nach Ansicht des BGH nicht unter § 45.[26] Er ist für Ansprüche vor InsEröffnung InsFord iSd § 38, für die Zeit danach aber nicht zu kapitalisieren.[27] Der BGH sieht zudem eine ausreichende Sicherung in der Abtretung des Versorgungsanspruchs (§ 21 VersAusglG), die nach § 114 für zwei Jahre Gültigkeit haben soll.[28] § 114 ist aber mit Wirkung zum 1.7.2014 ersatzlos weggefallen.[29] Der vom BGH intendierte Schutz des ausgleichsberechtigten Ehegatten besteht nicht mehr. Der Versorgungsausgleich für die Zeit nach InsEröffnung ist dann entweder als Neuforderung anzusehen oder eben doch nach §§ 45, 46 zu kapitalisieren. 7

---

12 Zur Zug-um-Zug-Leistung *BGH* ZIP 2003, 2379.
13 *RGZ* 72, 192; *Jaeger/Henckel* § 45 Rn 6; aM MK/*Bitter* § 45 Rn 7a; *Uhlenbruck/Knof* § 45 Rn 4.
14 *RGZ* 63, 307.
15 *BGHZ* 174, 84, 88, 89.
16 *Jaeger/Henckel* § 45 Rn 7; HambKomm/*Lüdtke* § 45 Rn 9.
17 *BGHZ* 185, 11, 14.
18 *K Schmidt* KTS 2004, 241, 250, 256; MK/*Bitter* § 45 Rn 8; *K Schmidt/Thonfeld* § 45 Rn 7.
19 *BGHZ* 155, 371.
20 *K Schmidt/Jungmann* NZI 2002, 65.
21 *RGZ* 68, 340; *BGH* WM 1960, 229.
22 HambKomm/*Lüdtke* § 45 Rn 13.
23 *RGZ* 82, 84; *OLG Koblenz* ZInsO 2012, 1787; MK/*Bitter* § 45 Rn 11.
24 *Frege/Keller/Riedel* InsR, Rn 1536, 1537.
25 MK/*Bitter* § 45 Rn 12; HambKomm/*Lüdtke* § 45 Rn 14.
26 *BGH* NZI 2012, 24.
27 *BGH* NZI 2012, 24, Rn 13.
28 *BGH* NZI 2012, 24, Rn 14.
29 G zur Verkürzung des Restschuldbefreiungsverfahrens und zur Stärkung der Gläubigerrechte v 15.7.2013, BGBl I S 2379.

8 **3. Betriebliche Altersvorsorge und Urlaubsanspruch.** Pensionsanwartschaften, die nach § 9 Abs 2 BetrAVG auf den Pensionssicherungsverein VVaG (PSV) übergehen, sind nach § 45 zu schätzen.[30] Die unverfallbare Versorgungsanwartschaft ist nach § 45 schätzen und zu kapitalisieren (§ 9 Abs 2 S 3 BetrAVG). Eine verfallbare Versorgungsanwartschaft erlischt mit InsEröffnung, wenn nicht das Arbeitsverhältnis bis zum Eintritt der Unverfallbarkeit fortgesetzt wird.[31] Versorgungsanwartschaften außerhalb BetrAVG sind nach § 45 zu schätzen.[32]

9 Im Bereich des Arbeitsrechts gelten ferner Besonderheiten beim Urlaubsanspruch (§ 1 BUrlG); dieser gilt wegen § 108 auch gegen den InsVerw fort.[33] Der Anspruch auf Freizeitausgleich für Mehrarbeit vor InsEröffnung wird zur InsFord, für die § 45 gilt.[34]

10 **4. Forderungen in ausländischer Währung.** Nach S 2 sind alle Forderungen in ausländischer Währung oder Rechnungseinheit in Euro zum Kurs bei InsEröffnung umzurechnen.[35] Als Rechnungseinheiten sind Sonderziehungsrechte des Internationalen Währungsfonds anzusehen.[36]

III. Feststellung der umgerechneten Forderung

11 **1. Wert bei Insolvenzeröffnung.** Maßstab der Schätzung ist der objektive Wert der Forderung bei InsEröffnung.[37] Absehbare Entwicklungen (Inflation) sind zu berücksichtigen. Rentenansprüche sind bspw mit den Leistungen ab InsEröffnung zu schätzen und zu kapitalisieren (§ 46 Rn 3);[38] künftige unverzinsliche Ansprüche sind abzuzinsen. Dabei soll nicht auf den gesetzlichen Zinssatz von vier Prozent sondern auf einen voraussichtlichen Anlagezins abgestellt werden.[39]

12 Die Forderung in ausändischer/-n Währung oder Rechnungseinheiten ist nach dem „amtl Wechselkurs" m Zahlungsort bei InsEröffnung in Euro umzurechnen.[40] Als „amtl Wechselkurs" ist der EZB-Referenzkurs anzusehen (www.ecb.europa.eu).

13 **2. Forderungsanmeldung und Forderungsfeststellung.** Die Schätzung oder Umrechnung ist bei Forderungsanmeldung nach § 174 vorzunehmen.[41] Kosten für eine Schätzung sind nachrangig nach § 39 Abs 1 Nr 2.[42] Wird die Forderungsanmeldung bestritten, ist ggf im Prozess nach §§ 179, 180 über Höhe der Schätzung oder Umrechnung zu befinden.

14 Die Forderung wird mit Feststellung zur Tabelle in eine Geldforderung umgewandelt.[43] Die Umwandlung bleibt nach Verfahrensbeendigung bestehen (insb mit der Folge des § 201 Abs 2). Dies gilt auch für die Umwandlung der Fremdwährungsschuld, ihre Umrechnung ist

---

30 *BGHZ* 136, 220; *LAG Köln* 10.5.2016 – 12 Sa 864/15; *Hess* § 45 Rn 12.
31 *BAGE* 57, 152 = ZIP 1988, 327; *BAGE* 114, 349 = ZIP 2005, 1706; eingehend HambKomm/*Lüdtke* § 45 Rn 16, 18.
32 *BGHZ* 136, 220, 226; *Jaeger/Henckel* § 45 Rn 10; *K Schmidt/Thonfeld* § 45 Rn 9.
33 *BAGE* 108, 351 = ZIP 2004, 1011.
34 *LAG Hessen* ZInsO 2009, 1069.
35 MK/*Bitter* § 45 Rn 17.
36 BT-Drucks 12/2443, 250; BT-Drucks 12/7302, 160; MK/*Bitter* § 45 Rn 18.
37 *Jaeger/Henckel* § 45 Rn 11; *Uhlenbruck/Knof* § 45 Rn 20; *K Schmidt/Thonfeld* § 45 Rn 12.
38 *RGZ* 170, 276; *BGHZ* 113, 207.
39 *BAGE* 60, 32, 35 = ZIP 89, 319, 320 (5,5%); *OLG Köln* OLGR 04, 200, 201 (5%); aM *Bitter* NZI 00, 399, 401; MK/*Bitter* § 45 Rn 26; HambKomm/*Lüdtke* § 45 Rn 23.
40 *BGHZ* 108, 123, 127; MK/*Bitter* § 45 Rn 20; HambKomm/*Lüdtke* § 45 Rn 24, 27.
41 *Jaeger/Henckel* § 45 Rn 11, 15; *K Schmidt/Thonfeld* § 45 Rn 14.
42 HambKomm/*Lüdtke* § 45 Rn 21.
43 *RGZ* 93, 209, 213; *RGZ* 112, 297, 299; *RGZ* 170, 276, 280; *BGH* NJW 1976, 2264, 2265; *BGHZ* 108, 123, 129.

nicht lediglich rechnerisch.[44] Abänderungsklage (§ 323 ZPO) auf Grund später abweichender Entwicklungen ist nicht zulässig.[45]

Die Umwandlung wirkt nicht gegenüber Bürgen oder Gesamtschuldnern.[46] In der Insolvenz der persönliche Gesellschafter kann der phG nur noch persönliche Einwendungen geltend machen.[47] 15

3. Aufrechnung. Der Gl der von § 45 erfassten Forderung kann erst nach Umwandlung der Forderung in eine Geldforderung mit Tabellenfeststellung nach § 178 Abs 3 gegen eine Forderung der Masse gegen ihn aufrechnen (§ 95 Abs 1 S 2). 16

44 *Uhlenbruck/Knof* § 45 Rn 26, 28; HambKomm/*Lüdtke* § 45 Rn 29; aM *Jaeger/Henckel* § 45 Rn 20; *K Schmidt* FS Merz, S 533, 547.
45 HambKomm/*Lüdtke* § 45 Rn 25; *Bitter* NZI 2000, 399, 401.
46 *BGHZ* 69, 369; *BGH* ZIP 2000, 585; MK/*Bitter* § 45 Rn 50; *Uhlenbruck/Knof* § 45 Rn 27.
47 MK/*Bitter* § 45 Rn 57.

§ 46 Wiederkehrende Leistungen

[1]Forderungen auf wiederkehrende Leistungen, deren Betrag und Dauer bestimmt sind, sind mit dem Betrag geltend zu machen, der sich ergibt, wenn die noch ausstehenden Leistungen unter Abzug des in § 41 bezeichneten Zwischenzinses zusammengerechnet werden. [2]Ist die Dauer der Leistungen unbestimmt, so gilt § 45 Satz 1 entsprechend.

Übersicht

Literatur: *Bitter* Nicht fällige, bedingte und betragsmäßig unbestimmte Forderungen in der Insolvenz, NZI 2000, 399; *Keller* Der Unterhaltsanspruch als Insolvenzforderung und die Stellung der Unterhaltsgläubiger im Insolvenzverfahren, NZI 2007, 143; *Keller* Das Erbbaurecht in der Insolvenz des Erbbauberechtigten, NZI 2012, 777.

I. Normzweck und Entstehungsgeschichte

Die Norm entspr dem früheren § 70 KO.[1] Sie dient der Gleichbehandlung der InsGl und wie die §§ 41 ff insgesamt der sachgerechten Abwicklung des Verf durch Kapitalisierung und Berechnung wiederkehrender Leistungen auf den Zeitpunkt der Insolvenzeröffnung. 1

II. Anwendungsbereich

1. Insolvenzforderung. Die Norm betrifft InsFord iSd §§ 38, 39, die bei Insolvenzeröffnung noch nicht entstanden sind, deren künftiges Entstehen aber gewiss ist. Davon zu unterscheiden sind aufschiebend bedingte Forderungen (§ 42 Rn 7). 2

1 BT-Drucks 12/2443, 124.

3 **2. Wiederkehrende Leistungen.** Ist die InsFord als einmalige Förderung lediglich betagt, gilt § 41. § 46 ist dann anzuwenden, wenn der Anspruch wiederkehrende Leistungen beinhaltet, die nach Insolvenzeröffnung entstehen werden. Dies gilt bspw für künftige Vergütungen aus Dienstverträgen oder Rentenzahlungen.[2] Die Vorschrift gilt nicht für gesetzliche Unterhaltsansprüche, die nach § 1612 Abs 3 S 1 BGB zu Beginn eines Kalendermonats entstehen, sie sind mit Ausnahme des § 40 weder InsFord Masseverbindlichkeiten, sondern neue Forderungen gegen den Schu selbst.[3] § 46 findet Anwendung auf den Anspruch auf Zahlung eines Erbbauzinses aus einem zur InsMasse gehören Erbbaurecht.[4] Bei Ansprüchen aus Wiederkehrschuldverhältnissen (Energielieferung) geht § 105 der Anwendung des § 46 vor (s § 105 Rn 17). Die ratierlich vereinbarte Rückzahlung eines vor Insolvenzeröffnung gewährten Darlehens ist schon deshalb kein Fall des § 46, weil der Rückzahlungsanspruch aus § 488 BGB bereits mit Valutierung entsteht, es gilt allein § 41.[5]

4 **3. Unbestimmter Betrag oder unbestimmte Leistungsdauer.** Ist der Betrag der künftigen Leistung unbestimmt, gilt ergänzend § 45. Gleiches gilt nach S 2 der Norm, wenn die Leistungsdauer nicht bestimmt ist. Bei einer auf die Lebenszeit des Berechtigten beschränkten Rentenzahlung kann bspw entspr § 121 Abs 1 ZVG auf die durchschnittliche Lebenserwartung, begrenzt auf den fünfundzwanzigfachen Jahresbetrag, Bezug genommen werden.[6]

5 Sind sowohl Betrag als auch Leistungsdauer unbestimmt, ist die Forderung insgesamt nach § 45 zu schätzen.[7]

III. Kapitalisierung

6 **1. Berechnung.** Die Kapitalisierung der künftigen Leistungen der InsFord erfolgt durch Addition aller zukünftigen Einzelleistungen. Eine nach § 41 Abs 2 erforderliche Abzinsung ist jedoch für jede Einzelleistung gesondert vorzunehmen (dazu § 41 Rn 18).[8]

7 § 70 KO bestimmte zudem eine Begrenzung der Forderungssumme auf den zum gesetzlichen Zinssatz kapitalisierten Betrag der Leistungen. Dies gilt auch bei § 46.[9] Denn ein Gl braucht zur Befriedigung aller Ansprüche niemals mehr an Kapital als denjenigen Betrag, dessen Zinsertrag der Leistung entspricht. Dies ist bei vier Prozent das 25fache der jährlichen Leistung, bei fünf % das 20fache dieser Leistung. Für eine jährliche Leistung von 1 000 EUR benötigt man beim gesetzlichen Zinssatz von vier % ein Kapital von 25 000 EUR.[10] Würde man daher die Kapitalisierung der zukünftigen Leistung nicht begrenzen, wäre der Gl anderen Gl gegenüber bevorteilt, weil er Bezug auf den Zeitpunkt der Insolvenzeröffnung eine höhere kapitalisierte Forderung erhielte.

8 **2. Forderungsanmeldung und Forderungsfeststellung.** Der Gl hat die zukünftigen Leistungen seiner InsForderung kapitalisiert, abgezinst und ggf geschätzt zur InsTabelle anzumelden (§ 174). Mit Feststellung der Forderung zur Tabelle (§ 178 Abs 3) wird sie in eine feststehende Geldforderung umgewandelt. Die Wirkung bleibt über die Beendigung des InsVerf

---

2 *Jaeger/Henckel* § 46 Rn 3; HambKomm/*Lüdtke* § 46 Rn 3; *K Schmidt/Thonfeld* § 46 Rn 3.
3 Zu ungenau *K Schmidt/Thonfeld* § 46 Rn 3; eingehend *Keller* NZI 2007, 143.
4 Eingehend *Keller* NZI 2012, 777.
5 Etwas unklar *K Schmidt/Thonfeld* § 46 Rn 3.
6 *RGZ* 68, 340 (Aufrechnung gegen Verw); *RGZ* 170, 276 (Haftpflichtrente); zu § 121 ZVG *Stöber* ZVG, § 121 Rn 2.2.
7 *Jaeger/Henckel* § 46 Rn 7; MK/*Bitter* § 46 Rn 4.
8 *RGZ* 68, 340; *RGZ* 170, 276; MK/*Bitter* § 46 Rn 7; *Uhlenbruck/Knof* § 46 Rn 8; HambKomm/*Lüdtke* § 46 Rn 5.
9 *Jaeger/Henckel* § 46 Rn 6; MK/*Bitter* § 46 Rn 8; *Uhlenbruck/Knof* § 46 Rn 9.
10 HambKomm/*Lüdtke* § 46 Rn 6; *K Schmidt/Thonfeld* § 46 Rn 8.

erhalten. Besteht Uneinigkeit über die Schätzung und Kapitalisierung der Forderung, ist die Forderungsanmeldung Prüfungstermin zu bestreiten und die Forderungshöhe ggf im Prozess zu klären (§§ 179, 180).

§ 47 Aussonderung

[1]Wer auf Grund eines dinglichen oder persönlichen Rechts geltend machen kann, dass ein Gegenstand nicht zur Insolvenzmasse gehört, ist kein Insolvenzgläubiger. [2]Sein Anspruch auf Aussonderung des Gegenstands bestimmt sich nach den Gesetzen, die außerhalb des Insolvenzverfahrens gelten.

Übersicht

A. Allgemeines

I. Normzweck und Gesetzgebungshinweise

§ 47 regelt die Aussonderung von nicht zur InsMasse gehörenden Gegenständen. Der Begriff „InsMasse" bezeichnet hier die „Sollmasse", dh die Gesamtheit derjenigen Vermögensgegenstände, welche den InsGl haften (§§ 35 Abs 1, 36). Derjenige Vermögensstand, den der Verw tatsächlich vorfindet, heißt „Istmasse". Aus der Sicht des Verw und der InsGl dient die Aussonderung dazu, die Istmasse auf die Sollmasse zurückzuführen. Aus der Sicht der Aussonderungsberechtigten dient sie dazu, den Zugriff des Verw und der InsGl auf einen nicht zur Sollmasse gehörenden Vermögensgegenstand abzuwehren. Sie verwirklicht so das Grundrecht der Berechtigten aus Art 14 Abs 1 GG. 1

Die InsRReform hat das Rechtsinstitut der Aussonderung im Wesentlichen unverändert gelassen. Insb hat sich der Vorschlag der Insolvenzrechtskommission, den einfachen Eigentumsvorbehalt nur noch als Absonderungsrecht zu begreifen,[1] nicht durchgesetzt.[2] § 47 entspricht inhaltlich § 43 KO. 2

---

1 LS 1.2.10 Abs 3, 2.4.4.1 und 3.3.1 Abs 1 des Ersten Kommissionsberichts; §§ 55 Abs 1 Nr 1, 111 Abs 3 RefE.

2 Vgl BT-Drucks 12/2443, 87; krit dazu *Häsemeyer* Rn 18.30, 18.34 ff.

II. Anwendungsbereich

3 § 47 gewährt demjenigen ein Aussonderungsrecht, der sich zu Recht darauf beruft, dass der umstrittene Gegenstand zu seinem Vermögen und nicht zu demjenigen des Schu gehört.[3] Typische Aussonderungsrechte sind das Eigentum einschl des Vorbehaltseigentums, schuldrechtliche Herausgabeansprüche und bestimmte Treuhandverhältnisse. Nach der Begründung des RegE kann auch der **Schu** sein nicht zur InsMasse gehörendes Vermögen aus der Masse „aussondern".[4] Das InsVerf erfasst zwar das gesamte Vermögen, das dem Schu zur Zeit der Eröffnung des Verf gehört und das er während des Verf erlangt (§ 35 Abs 1), schließt also den Neuerwerb des Schu ein. Der Schu kann jedoch geltend machen, dass Gegenstände deshalb nicht zur InsMasse gehören, weil sie unpfändbar sind. Soweit es um die in § 36 Abs 1 genannten Pfändungsschutzvorschriften der ZPO gehört, hat das InsGer zu entscheiden (§ 36 Abs 4). Im Übrigen ist der Streit zwischen Schu und Verw darüber, ob ein Vermögensgegenstand zur Masse gehört, vor dem Prozessgericht, nicht vor dem InsGer auszutragen.[5] Im Folgenden geht es nur um Aussonderungsrechte Dritter, die gegen den Verw geltend gemacht werden. In diesem Sinne wird der Begriff „Aussonderung" herkömmlich verwandt.[6]

III. Stellung der Aussonderungsberechtigten im Insolvenzverfahren

4 Aussonderungsberechtigte sind keine InsGl (S 1). Wer geltend macht, dass ein Gegenstand nicht zu Masse gehört, sucht keine anteilige Befriedigung aus der Masse (vgl § 1 S 1). Aussonderungsberechtigte nehmen deshalb nicht am InsVerf teil (S 2). Auch im PlanVerf werden sie nicht beteiligt (vgl § 217). Durch einen InsPlan kann nicht in Aussonderungsrechte eingegriffen werden. Die Vorschriften über die Aussonderung enthalten zwingendes Recht.

B. Einzelerläuterungen

I. Gegenstände der Aussonderung

5 Aussonderungsfähig sind alle Vermögensgegenstände (bewegliche und unbewegliche Sachen und Rechte), die Gegenstand besonderer Rechte sein können.[7] Eine **bewegliche Sache** wird durch Herausgabe (§ 985 BGB) oder durch Abtretung des Herausgabeanspruchs gegen den dritten unmittelbaren Besitzer ausgesondert. Bei **Grundstücken** kann ein Grundbuchberichtigungsanspruch (§ 894 BGB) hinzutreten. Wesentliche Bestandteile, die nicht Gegenstand besonderer Rechte sein können (vgl § 93 BGB), können nur zusammen mit der Hauptsache ausgesondert werden. Nur individuell bestimmte oder bestimmbare Vermögensgegenstände können ausgesondert werden.[8] Sachgesamtheiten sind als solche nicht aussonderungsfähig; zulässig ist es aber, einzelne Gegenstände als Teil einer Sachgesamtheit zu beschreiben.[9] **Geld** kann ausgesondert werden, wenn und solange Eigentum an bestimmten Geldzeichen (Noten und Münzen) besteht. Die Einlegung des Geldes in eine mit Geld gefüllte Kasse führt gem § 948 Abs 1, § 947 Abs 1 BGB zu Miteigentum am Kassenbestand, das in der Insolvenz eines Mitberechtigten zur Aussonderung berechtigt, wenn der Miteigentümer – was kaum je der Fall sein wird – den auf ihn entfallenden Anteil der Höhe nach

---

3 *BGH* ZIP 2008, 469 Rn 8; *BGH* 7.4.2016 – IX ZB 89/15, Rn 7.
4 BT-Drucks 12/2443, 124; *Jaeger/Henckel* § 47 Rn 5; krit dazu *Häsemeyer* Rn 11.07 mit Fn 15.
5 *BGH* ZIP 2008, 417 Rn 7; *BGH* 7.4.2016 – IX ZB 89/15, Rn 7.
6 Vgl etwa *Häsemeyer* Rn 11.01.
7 MK/*Ganter* § 47 Rn 15.
8 *BGH* ZIP 2003, 1404, 1405.
9 MK/*Ganter* § 47 Rn 32.

beweisen kann.[10] Hat der Schu die der Aussonderung unterliegenden Gelder auf sein Konto eingezahlt, kommt eine Aussonderung nicht mehr in Betracht, weil dann die Bank das Eigentum an den Geldzeichen zumindest gutgläubig (§§ 929, 932 BGB) erwirbt. Mit der Einzahlung fremder Gelder auf ein allgemeines Konto geht ein etwa an dem Geld bestehendes Aussonderungsrecht unter.[11] Geldsummen oder Wertbeträge sind nicht aussonderungsfähig.[12] Elektronisch verarbeitete **persönliche Daten** können dagegen Gegenstand einer Aussonderung sein.[13]

Auf einen Geldbetrag gerichtete **Forderungen** gegen einen Dritten können Gegenstand der Aussonderung sein, wenn sie vom Verw in Anspruch genommen werden, aber nicht zum insolvenzbefangenen Vermögen des Schu gehören. Der Verw hat dann die zur Geltendmachung der Ansprüche notwendigen Urkunden herauszugeben und die GlStellung des Aussonderungsberechtigten anzuerkennen.[14] Das Aussonderungsrecht erlischt, wenn eine fremde, auf Geld lautende Forderung durch Zahlung auf ein allgemeines Konto erfüllt wird und die Forderung und mit ihr der auf die Forderung bezogene Aussonderungsanspruch erlöschen. An die Stelle des Aussonderungsanspruchs tritt ein bloßer Geldanspruch gegen den Schu, der nicht aussonderungsfähig ist. Das **Kontoguthaben** kann nur dann ausgesondert werden, wenn das Konto ausschließlich zur Aufnahme treuhänderisch gebundener Fremdgelder bestimmt ist.[15] Eine geteilte Berechtigung von Treugeber und Treunehmer an aus Eigen- und Treugut bestehenden Vermögensgegenständen ist rechtlich nicht möglich. Guthaben auf Konten, die auch eigenen Zwecken des Treuhänders dienen, können in der Insolvenz des Treuhänders nicht ausgesondert werden. Nutzt der Treuhänder das Guthaben auf einem Treuhandkonto auch für eigene Zwecke, entfällt das Aussonderungsrecht regelmäßig auch hinsichtlich des verbliebenen, im Zeitpunkt der Eröffnung noch vorhandenen Bestandes.[16] 6

Ausgesondert werden können Gegenstände, die haftungsrechtlich nicht zum Vermögen des Schu gehören, also nicht Teil der Sollmasse sind.[17] Sie müssen aber zur Istmasse gehören.[18] Ein Grundstück, das der Schu gemietet hatte, ist dann massebefangen und damit aussonderungsfähig, wenn der Verw zwar das Eigentum des Vermieters anerkennt, aber das Recht für sich in Anspruch nimmt, das Grundstück für die Masse zu nutzen und darüber zu entscheiden, ob, wann und in welcher Weise er es an den Vermieter zurückgibt.[19] Der Rückgabeanspruch aus § 546 Abs 1 BGB berechtigt allerdings nur insoweit zur Aussonderung, als er sich inhaltlich mit § 985 BGB deckt, also auf Wiedereinräumung des unmittelbaren Besitzes gerichtet ist. Soweit er auch die Wiederherstellung des vertragsgemäß geschuldeten Zustandes umfasst, stellt er nur eine InsFord dar, die zur Tabelle angemeldet werden muss.[20] 7

---

10 *BGH* ZIP 2010, 2009 Rn 13.
11 *BGH* ZIP 2010, 2009 Rn 14.
12 *BGHZ* 58, 257, 258 = NJW 1972, 872; *BGH* ZIP 1988, 118, 119; ZIP 2003, 1404, 1405; *BGH* 8.2.2007 – IX ZR 218/04, Rn 2.
13 *OLG Düsseldorf* ZIP 2012, 2166; *Jülicher* ZIP 2015, 2063.
14 *BGH* ZIP 1989, 118, 119.
15 *BGH* ZIP 2003, 1405; ZIP 2005, 1465, 1466; *BGHZ* 188, 317 Rn 21 = ZIP 2011, 777.
16 *BGHZ* 188, 317 Rn 15 ff = ZIP 2011, 777.
17 *BGHZ* 127, 156, 161 = ZIP 1994, 1702; *BAG* 21.3.2017 – 3 AZR 718/15 Rn 21.
18 *BGHZ* 127, 156, 161 = ZIP 1994, 1702.
19 *OLG Köln* ZIP 2000, 1498, 1499.
20 *BGHZ* 148, 252, 255f = ZIP 2001, 1470 f.

II. Aussonderungsberechtigung

8 Die Berechtigung zur Aussonderung kann aus „dinglichen" oder „persönlichen" Rechten folgen.

9 **1. Dingliche Rechte. – a) Eigentum.** Das Eigentum an beweglichen und unbeweglichen Sachen berechtigt in der Insolvenz des Besitzers zur Aussonderung der Sache. Da sich die Aussonderung nach außerhalb des InsVerf geltenden Regeln vollzieht, müssen die Voraussetzungen des jeweils geltend gemachten Anspruchs erfüllt sein. Ein Anspruch aus § 985 BGB etwa setzt den Besitz des in Anspruch genommenen Verw voraus.[21] Ist der Verw nur mittelbarer Besitzer und zur Herausgabe der Sache nicht in der Lage, kann der Berechtigte nur Abtretung des Herausgabeanspruchs verlangen.[22] Auch **Miteigentum** berechtigt zur Aussonderung.[23] Jeder Miteigentümer kann Herausgabe der Sache an alle Miteigentümer verlangen (§§ 1011, 432 BGB). Die Auseinandersetzung der Miteigentümer untereinander findet außerhalb des InsVerf statt (§ 84), auch dann, wenn der Schu selbst Miteigentümer ist. Infolge des Besitzes der Masse an den Gegenständen (§ 1006 BGB) obliegt es jedoch dem Miteigentümer, den auf ihn entfallenden Anteil der Höhe nach zu beweisen.[24] Das Gesamtgut im Güterstand der Gütergemeinschaft ist in § 37 geregelt. **Sicherungseigentum** berechtigt nur zur abgesonderten Befriedigung (§ 51 Nr 1).

10 **b) Eigentumsvorbehalt.** Hat sich der Verkäufer einer beweglichen Sache das Eigentum bis zur Zahlung des Kaufpreises vorbehalten, ist im Zweifel anzunehmen, dass das Eigentum unter der aufschiebenden Bedingung vollständiger Zahlung des Kaufpreises übertragen wird (Eigentumsvorbehalt; vgl § 449 Abs 1 BGB). Eine Sache, die unter einfachem Eigentumsvorbehalt veräußert worden ist, kann in der Ins des Vorbehaltskäufers, der den Kaufpreis noch nicht vollständig bezahlt hat, vom Verkäufer ausgesondert werden.[25] Im Zuge der Diskussion über die Reform des InsR war vorgeschlagen worden, den Vorbehaltsverkäufer aus dem Kreis der Aussonderungsberechtigten herauszunehmen und ihm nur noch ein Absonderungsrecht zu gewähren. Der Gesetzgeber der InsO hat sich dem nicht angeschlossen, weil der Warenkreditgeber, der die ihm gehörende Kaufsache dem Schu übergeben hat, ohne die vollständige Gegenleistung zu erhalten, schutzwürdiger erschien als ein Geldkreditgeber, dem eine Sache als Sicherheit überlassen worden ist.[26] Rechte aus einem verlängerten, erweiterten oder übertragenen Eigentumsvorbehalt berechtigen demgegenüber idR nur zur abgesonderten Befriedigung nach § 51 Abs 1 Nr 1.[27]

11 Außerhalb des InsVerf kann der Vorbehaltsverkäufer die Kaufsache nur dann herausverlangen, wenn er vom Vertrag zurückgetreten ist (§ 449 Abs 2 BGB). Bis zum Rücktritt steht dem Herausgabeanspruch des Eigentümers aus § 985 BGB der Anspruch auf Eigentumsübertragung entgegen (§ 433 Abs 1, § 986 Abs 1 S 1 BGB). Nach Eröffnung des **InsVerf über das Vermögen des Käufers** gelten stattdessen §§ 103, 107 Abs 2. Der InsVerw kann die Erfüllung des beiderseits noch nicht vollständig erfüllten Vertrages verlangen oder die Erfüllung ablehnen. Wählt er die Erfüllung, ist der Kaufpreisanspruch des Verkäufers Masseforderung gem § 55 Abs 1 Nr 2. Eine Aussonderung kommt nicht in Betracht. Lehnt der Verw die Erfüllung ab, kann der Verkäufer dagegen ohne weitere Fristsetzung vom Vertrag

---

21 *BGHZ* 148, 252, 260f = ZIP 2001, 1470 f.
22 *BGHZ* 53, 29 ff = NJW 1970, 241; **aA** *Jaeger/Henckel* § 47 Rn 38.
23 *BGH* LM § 82 KO Nr 1; *BGH* ZIP 2010, 2009 Rn 13; *Jaeger/Henckel* § 47 Rn 91; *G Fischer* WM 2013, 821, 823.
24 *BGH* ZIP 2010, 2009 Rn 13; *Jaeger/Henckel* § 47 Rn 92.
25 *BGHZ* 176, 86 Rn 24 = ZIP 2008, 844; *BGH* ZIP 2014, 1345 Rn 13.
26 *BGHZ* 176, 86 Rn 24 = ZIP 2008, 844 f; *BGH* ZIP 2014, 1345 Rn 13.
27 BT-Drucks 12/2443, 125 zu § 58 InsO-E; *BGH* ZIP 2014, 1345 Rn 13; su Rn 12.

zurücktreten und die Kaufsache nach § 47 aussondern.[28] Die InsMasse kann dann die Rückzahlung des vom Schu geleisteten Kaufpreises abzüglich des Nichterfüllungsschadens des Verkäufers verlangen.[29] Gem § 107 Abs 2 braucht der Verw, den der Verkäufer zur Ausübung des Wahlrechts aufgefordert hat, sich erst unverzüglich nach dem Berichtstermin zu erklären, wenn also die Entscheidung darüber gefallen ist, ob das Unternehmen des Schu stillgelegt oder vorläufig fortgeführt werden soll (§ 157). In der **Ins des Verkäufers** gilt § 107 Abs 1. Hat der Schu vor der Eröffnung eine bewegliche Sache unter Eigentumsvorbehalt verkauft und dem Käufer den Besitz an der Sache übertragen, so kann der Käufer die Erfüllung des Kaufvertrages verlangen. Dem Verw steht also das Wahlrecht aus § 103 Abs 1 nicht zu. Er kann sich nur nach den allgemeinen Regeln, also nach §§ 449, 323 BGB, vom Vertrag lösen.

Das vorbehaltene Eigentum erlischt durch den Eintritt der Bedingung des § 449 Abs 1, also 12
mit der Zahlung des vollständigen Kaufpreises (§ 158 Abs 1 BGB), sowie kraft Gesetzes durch Verbindung, Vermischung und Verarbeitung (§§ 946 ff BGB). Es erlischt auch dann, wenn der Vorbehaltskäufer die Sache weiterveräußert und entweder eine Ermächtigung des Verkäufers vorliegt (§ 185 BGB) oder der Erwerber gutgläubig Eigentum erwirbt (§§ 932, 933, 934 BGB). Je nachdem, was die Parteien vereinbart haben, kann sich ein verlängerter oder erweiterter Eigentumsvorbehalt anschließen. Der erweiterte Eigentumsvorbehalt erfasst das aufgrund einer Verarbeitung neu entstehende Eigentum (§ 950 BGB). Der verlängerte Eigentumsvorbehalt betrifft die Kaufpreisforderung aus einer erlaubten (§ 185 BGB) Weiterveräußerung der Kaufsache, die an den Vorbehaltsverkäufer abgetreten wird. Die **Verlängerungs- und Erweiterungsformen** des Eigentumsvorbehalts werden wie Sicherungsübertragungen behandelt; denn nach Eintritt des Verlängerungs- bzw Erweiterungsfalles wird nicht mehr der Anspruch des Verkäufers auf Rückgabe der Kaufsache nach Rücktritt vom Vertrag gesichert, sondern nur noch der Kaufpreisanspruch. Dieser Sicherungszweck entspricht demjenigen einer Sicherungsübertragung. Nach Eintritt des Erweiterungs- bzw Verlängerungsfalles kann der Vorbehaltsverkäufer deshalb nur noch abgesonderte Befriedigung an der neu entstandenen Sache bzw an der Kaufpreisforderung beanspruchen (§ 51 Nr 1). Das Verwertungsrecht steht dem Verw zu (§§ 166 ff). Gleiches gilt für andere Erweiterungsformen wie den Kontokorrent-, Geschäftsverbindungs- oder Saldovorbehalt. Ein **Konzernvorbehalt**, ein Eigentumsvorbehalt also, der den Eigentumsübergang davon abhängig macht, dass der Käufer zusätzlich Forderungen eines Dritten, insb eines mit dem Verkäufer verbundenen Unternehmens erfüllt, ist nichtig (§ 449 Abs 3 BGB). Der in ihm enthaltene einfache Eigentumsvorbehalt kann jedoch wirksam bleiben,[30] so dass der Verkäufer bei Vorliegen der Voraussetzungen, also bis zur Erfüllung des eigenen Anspruchs, aussondern kann. Auch der **abgeleitete Eigentumsvorbehalt** berechtigt regelmäßig nicht zur Aus-, sondern nur zur Absonderung.[31] Überträgt der Vorbehaltsverkäufer das Eigentum an der Kaufsache auf eine Bank, die für den Käufer den Erwerb finanziert, ist diese wie ein Sicherungseigentümer lediglich zur abgesonderten Befriedigung berechtigt; denn der Eigentumsvorbehalt sichert nach der Abtretung nicht mehr die Kaufpreisforderung des Lieferanten, sondern den Geldkredit der Bank.[32] Aber auch hier gibt es Ausnahmen. Der vom Lieferanten abgeleitete Eigentumsvorbehalt des Factors im Rahmen eines echten Factoringvertrags berechtigt in der Ins des Forderungsschuldners zur Aussonderung

28 *BGHZ* 196, 160 Rn 10 = ZIP 2013, 526; MK/*Ganter* § 47 Rn 72.
29 *BGHZ* 196, 160 Rn 12 = ZIP 2013, 526.
30 *BGH* BGH-Report 2005, 940; *BGHZ* 176, 86 Rn 8 = ZIP 2008, 843.
31 *OLG München* ZIP 2015, 283; MK/*Ganter* Rn 96b.
32 *BGHZ* 176, 86 Rn 27 ff = ZIP 2008, 845 f; zust *Roth* KTS 2008, 526, 527; *Jacoby* JZ 2008, 1053.

des Vorbehaltseigentums; denn er sichert nach wie vor den (künftigen) Herausgabeanspruch aus § 449 Abs 2 BGB, nicht einen Geldanspruch.[33]

13 **c) Beschränkte dingliche Rechte.** Die beschränkten dinglichen Rechte (Nießbrauch, §§ 1030 ff BGB, Erbbaurecht, § 11 ErbbauVO, Grunddienstbarkeit §§ 1018 ff BGB, beschränkte persönliche Dienstbarkeit, §§ 1090 ff BGB, Wohnungsrecht, § 1093 BGB) berechtigen zur Aussonderung. Der Verw hat sie während ihrer Laufzeit anzuerkennen. Das dingliche Vorkaufsrecht (§§ 1094 ff BGB) kann in der Ins des Eigentümers auch dann ausgeübt werden, wenn das Grundstück von dem Verw aus freier Hand verkauft wird (§ 1098 Abs 1 S 2 BGB). Dritten gegenüber hat das Vorkaufsrecht die Wirkung einer Vormerkung zur Sicherung des durch die Ausübung des Rechts entstehenden Anspruchs auf Übertragung des Eigentums (§ 1098 Abs 2 BGB). Pfand- und Grundpfandrechte sind als solche ebenfalls aussonderungsfähig. ZB kann in der Ins des Grundstückseigentümers das vom Verw bestrittene Grundpfandrecht ausgesondert werden. Für den belasteten Gegenstand gilt dies jedoch nicht. Aus diesem kann der Berechtigte nur abgesonderte Befriedigung verlangen (§§ 49, 50).

14 **d) Sonstige dingliche Rechte.** Der **Besitz** wird wie ein dingliches Recht behandelt. Ansprüche auf Wiedereinräumung des Besitzes aus § 861 BGB und auf Herausgabe aus § 1007 BGB berechtigen zur Aussonderung. Gleiches gilt für bestimmte **erbrechtliche** Ansprüche, nämlich den Anspruch des Erben gegen den Erbschaftsbesitzer aus §§ 2018, 2019 BGB und den Anspruch des Nach- gegen den Vorerben aus §§ 2130, 2111 BGB. Ein durch eine **Vormerkung** gesicherter schuldrechtlicher Verschaffungsanspruch kann in der Ins des Verpflichteten ausgesondert werden.[34] Aussonderungsfähig sind **gewerbliche Schutzrechte**, etwa ein Gebrauchsmuster (§ 11 GebrMG), Marken (§ 14 MarkenG) einschl Internet-Domains,[35] das Urheberpersönlichkeitsrecht (§§ 12, 13, 14 UrhG) und die Urheberverwertungsrechte (§§ 15 ff UrhG), das Recht am eigenen Bild, § 22 KunstUrhG. Der Unterlassungsanspruch aus § 139 Abs 1 PatG dient der Aussonderung des geschützten Rechts, wenn der Verw dieses selbst für die Masse in Anspruch nimmt; Schadensersatzansprüche wegen konkreter Verletzungshandlungen sind dagegen je nachdem, ob die Verletzung vor oder nach der Eröffnung stattfand, Ins- oder Masseforderungen.[35] Die Patentnichtigkeitsklage, mit der ein dem Schu erteiltes Patent angegriffen wird, stellt der Sache nach eine Aussonderung dar,[36] ebenso der Abtretungsanspruch nach § 8 PatG[37] sowie das auf den Widerruf des Patents gerichtete Einspruchsverfahren nach §§ 59, 61, 21 PatG; denn in allen genannten Fällen geht es um die Minderung der Masse um das bereits erteilte Patent.[38] **Lizenzen** können nicht ausgesondert werden, unabhängig davon, ob sie ausschließlich oder nicht ausschließlich erteilt worden sind. Nach derzeitiger Rechtslage ist ein Lizenzvertrag ein Dauernutzungsvertrag iSv §§ 108, 112, der dem Wahlrecht des Verw nach § 103 unterfällt.[39] Reformversuche des Gesetzgebers sind gescheitert.[40] Schuldrechtliche Ansprüche auf Gebrauchsgewährung

33 *BGH* ZIP 2014, 1345; *OLG München* ZIP 2015, 283.
34 *BGHZ* 149, 1, 5 = ZIP 2001, 2010; *BGHZ* 155, 227, 236 = ZIP 2003, 1616; *BGH* ZIP 2008, 1028 Rn 11.
35 *Gottwald/Adolphsen* § 40 Rn 20.
36 *BGHZ* 197, 177 Rn 7 = ZIP 2013, 1447.
37 *BPatG* ZInsO 2012, 1090.
38 *BGHZ* 197, 177 Rn 9= ZIP 2013, 1294; *BPatG* ZInsO 2012, 1090.
39 *BGH* ZIP 2006, 87, 89 f; **aA** *Bausch* NZI 2005, 293 ff.
40 Vgl § 108a InsO-E idF des Entwurf eines Gesetzes zur Entschuldung mittelloser Personen, zur Stärkung der Gläubigerrechte sowie zur Regelung der Insolvenzfestigkeit von Lizenzen, BR-Drucks 600/07, 3, 58; § 108a InsO-E idF des Regierungsentwurfs eines Gesetzes zur Entschuldung mittelloser Personen, zur Stärkung der Gläubigerrechte sowie zur Regelung der Insolvenzfestigkeit von Lizenzen, BR-Drucks 16/7416; dazu *G Fischer* WM 2013, 821, 822.

begründen kein Aussonderungsrecht. Ist das Nutzungsrecht jedoch dinglich ausgestaltet, insb dem Lizenznehmer durch eine Verfügung des Lizenzgebers übertragen worden, kann es in der Insolvenz des Lizenzgebers nach § 47 im Wege der Klage gegen den Insolvenzverwalter ausgesondert werden.[41]

e) Inhaberschaft an einer Forderung. Der Inhaber einer Forderung kann diese aussondern, wenn der Verw sie unberechtigt für die Masse in Anspruch nimmt.[42] Ist eine Forderung zur Sicherheit abgetreten, kann der Abtretungsempfänger jedoch nur abgesonderte Befriedigung aus dem Erlös der vom Verw einzuziehenden Forderungen verlangen (§§ 51 Nr 1, 166 Abs 2). Das gilt insb für die einer Globalzession unterfallenden Einzelforderungen. Beim **Factoring**, der entgeltlichen Übertragung einer Forderung vom Kunden (Gl) auf den Factor (Bank) zur Einziehung, ist zwischen echtem und unechtem Factoring zu unterscheiden. Unechtes Factoring ist ein Kreditgeschäft, weil das Risiko der Bonität des Drittschuldners beim Kunden verbleibt.[43] In der Ins des Kunden ist der Factor deshalb nur zur abgesonderten Befriedigung aus der abgetretenen, aber noch nicht eingezogenen Forderung berechtigt;[44] in der Ins des Factors kann der Kunde die Forderung aussondern, wenn er den erhaltenen Vorschuss an die Masse zurückzahlt.[45] Echtes Factoring wird dagegen wie ein Forderungskauf behandelt, weil der Factor auch das Risiko der Uneinbringlichkeit der Forderung (das Delkredere-Risiko) übernimmt.[46] In der Ins des Kunden kann der Factor die Forderung deshalb aussondern.[47] Der Kunde ist in der Ins des Factors nicht aussonderungsbefugt.[48] 15

2. Persönliche Rechte. Schuldrechtliche Ansprüche berechtigen dann zur Aussonderung, wenn der Gegenstand, auf den er sich bezieht, „nicht zur InsMasse gehört" (vgl S 1). Für die Frage, ob dem Gl in der Ins des Schu ein Aussonderungsrecht zusteht, kommt es entscheidend darauf an, welchem Vermögen der umstrittene Gegenstand nach Inhalt und Zweck der gesetzlichen Regelung im maßgeblichen Zeitpunkt zuzuordnen ist.[49] In der Regel erfolgt die Zuordnung nach dinglichen Gesichtspunkten, weil das dingliche Recht ein absolutes Herrschaftsrecht bezeichnet. Jedoch können schuldrechtliche Ansprüche bei einer den Normzweck beachtenden Betrachtungsweise zu einer vom dinglichen Recht abweichenden Vermögenszuweisung führen.[50] Ein Geldsummenanspruch berechtigt nicht zur Aussonderung; andernfalls könnten Insolvenzforderungen der Sache nach zu Masseverbindlichkeiten werden.[51] 16

a) Herausgabeansprüche. Zur Aussonderung berechtigen schuldrechtliche Ansprüche, die auf die Herausgabe nicht zur Sollmasse gehörender Gegenstände gerichtet sind, etwa Ansprüche auf Rückgabe einer Sache, welche der Schu gemietet, geliehen oder in Verwahrung genommen (§§ 546, 604, 695 BGB) oder die ihm der Gl zur Ausführung eines Auftrags überlassen hatte und nach Maßgabe des § 667 Fall 1 BGB herausverlangen kann.[52] Der auf 17

---

41 *G Fischer* WM 2013, 821, 822 ff.
42 *BGH* ZIP 1989, 118, 119.
43 *BGHZ* 71, 306 = NJW 1978, 1520, 1521.
44 MK/*Ganter* § 47 Rn 266.
45 MK/*Ganter* § 47 Rn 277.
46 *BGHZ* 69, 254, 257 = NJW 1977, 2207; **aA** *Häsemeyer* Rn 18.49 f.
47 MK/*Ganter* § 47 Rn 265.
48 MK/*Ganter* § 47 Rn 276.
49 *BGH* ZIP 2011, 626 Rn 19.
50 *BGHZ* 155, 227, 233 = ZIP 2003, 1615; *BGHZ* 156, 350, 359 f = ZIP 2003, 2310; *BGH* ZIP 2008, 469, 470; ZIP 2011, 626 Rn 19; *BAG* ZIP 2013, 2025 Rn 19.
51 *BAG* 21.3.2017 – 3 AZR 718/15 Rn 23, 35.
52 *BGHZ* 156, 350, 360 = ZIP 2003, 2311; *OLG Düsseldorf* ZIP 2012, 2166; MK/*Ganter* § 47 Rn 341; offen gelassen von *BGH* ZIP 2002, 1697, 1698.

Räumung und Herausgabe zielende Anspruch des **Vermieters** aus § 546 BGB begründet allerdings nur insoweit ein Aussonderungsrecht, als er sich seinem Inhalt nach mit dem Herausgabeanspruch aus § 985 BGB deckt.[53] Voraussetzung der Aussonderung ist weiter, dass der auszusondernde Gegenstand infolge der Wahrnehmung des Verwaltungsbesitzes durch den Verw massebefangen ist.[54] Der Verw ist nur dann zur Herausgabe einer Mietwohnung verpflichtet, wenn er den Besitz daran ausübt oder unter Anerkennung des fremden Eigentums das Recht beansprucht, die Mietwohnung für die Masse zu nutzen und darüber zu entscheiden, ob, wann und in welcher Weise er sie an den Vermieter zurückgibt.[55] In der Ins des Leasingnehmers kann der **Leasinggeber** dann, wenn der Vertrag vor Eröffnung bereits gekündigt worden war, die Leasingsache aussondern.[56] Darauf, ob die Sache dem Anspruchsteller gehört oder nicht, kommt es nicht an; entscheidend ist, dass sie haftungsrechtlich nicht der Masse zugeordnet ist. In der Ins des Grundschuldgläubigers kann der Anspruch des Grundstückseigentümers auf **Rückgewähr der Grundschuld** ausgesondert werden.[57] **Ansprüche auf Rechtsverschaffung** begründen im Allgemeinen kein Aussonderungsrecht. Dazu gehört etwa der Anspruch des Geschäftsherrn auf Herausgabe des durch die Geschäftsführung Erlangten (§ 667 Fall 2 BGB), der nur eine InsForderung darstellt. Der Anspruch des Kommittenten gegen den Kommissionär auf Abtretung der Forderung aus dem **Kommissionsgeschäft** hat hingegen Aussonderungskraft (§ 392 Abs 2 HGB). Hat der Kommissionär die Forderung selbst eingezogen, erstreckt sich das Aussonderungsrecht nach bisherigem Stand der Rechtsprechung nicht auf das Surrogat.[58] Die Erfüllungsansprüche aus gegenseitigen Verträgen sind in §§ 103 ff gesondert geregelt. Soweit die Voraussetzungen dieser Sondervorschriften nicht gegeben sind, etwa der Käufer den Kaufpreis vor der Eröffnung vollständig bezahlt hatte, gelten wiederum die allgemeinen Regeln. Der Anspruch des Käufers aus § 433 Abs 1 BGB auf Übergabe und Übereignung der Kaufsache ist ein typischer Verschaffungsanspruch, der nur eine einfache InsFord darstellt und zur Tabelle angemeldet werden muss. Auch **Geldansprüche**, etwa die vor der Eröffnung entstandenen Sekundäransprüche sowie Schadensersatz- und Bereicherungsansprüche, berechtigen nicht zur Aussonderung.[59]

18 **b) Anfechtungsrechtliche Ansprüche auf Rückgewähr.** Die insolvenzrechtlichen Anfechtungsansprüche (§§ 129 ff, 143) bewirken eine Änderung der Vermögenszuordnung im haftungsrechtlichen Sinne. Gegenstände, die aufgrund einer anfechtbaren Rechtshandlung aus dem Vermögen des Schu ausgeschieden sind, müssen auf die Anfechtung des Verw hin der den Gl haftenden Masse wieder zugeführt werden. Sie werden damit als ein dem Zugriff der Gläubigergesamtheit zur Verfügung stehendes Objekt der Vermögensmasse des insolventen Schu behandelt, obwohl sie schuld- und sachenrechtlich wirksam in das Eigentum des Anfechtungsgegners übergegangen sind. In der Ins des Anfechtungsgegners haben sie deshalb Aussonderungskraft.[60] Der Wertersatzanspruch aus § 143 Abs 1 S 2 stellt dagegen eine gewöhnliche Geldforderung dar, die nicht zur Aussonderung berechtigt.[61] Für die Gläubi-

---

53 *BGHZ* 148, 252 = ZIP 2001, 1469; *BGH* ZIP 2010, 2410 Rn 8.
54 *BGH* ZIP 2008, 1736 Rn 14.
55 *BGHZ* 127, 156, 161 = ZIP 1994, 1700; *BGH* ZIP 2007, 340 Rn 12; ZIP 2008, 1736 Rn 15.
56 MK/*Ganter* § 47 Rn 223.
57 *Jaeger/Henckel* § 47 Rn 58.
58 *BGHZ* 79, 89, 94; *BGH* NJW 1974, 456, 457; *BGH* ZIP 2010, 2009 Rn 15; *Jaeger/Henckel* § 47 Rn 149; **aA** MK/*Ganter* § 47 Rn 289 mN zum Streitstand.
59 *Ganter* NZI 2005, 2.
60 *BGHZ* 156, 350, 360 f = ZIP 2003, 2310 f; *BGHZ* 174, 228 Rn 44 = ZIP 2008, 130; *BGH* 27.4.2017 – IX ZR 198/16 Rn 11; *K Schmidt/Thole* § 47 Rn 68; vgl auch *Haas/Müller* ZIP 2003, 49; **aA** früher *BGH* NJW 1990, 990.
61 *BGHZ* 155, 199, 202 f = ZIP 2003, 1556; *BGHZ* 174, 228 Rn 44 = ZIP 2008, 130.

geranfechtung (§ 11 AnfG) gilt Entsprechendes.[62] Die Sondervorschriften der §§ 16–18 AnfG betreffen die Ins des Schu, nicht diejenige des Anfechtungsgegners.

c) Unterlassungsansprüche. Unterlassungsansprüche gewähren ein Aussonderungsrecht, sofern sie dazu dienen, ein absolutes Recht gegen eine Inanspruchnahme für die Masse zu verteidigen.[63] Für vertragliche, nicht dinglich abgesicherte Unterlassungsansprüche gilt das nicht.[64] Ansprüche auf Beseitigung einer Störung, die vor der Eröffnung entstanden sind, sind ebenfalls nur InsFord. Ist die Beeinträchtigung dagegen erst nach der Eröffnung eingetreten und steht sie im Zusammenhang mit der Masse und deren Verwaltung, richtet sich der Anspruch gegen den Verw als Partei kraft Amtes.[65] Gleiches gilt, wenn eine vor der Eröffnung entstandene Beeinträchtigung andauert und der InsMasse zuzurechnen ist.[66] 19

d) Treuhand. Treuhandverträge sind im Gesetz nicht geregelt. Sie sind dadurch gekennzeichnet, dass die dem Treuhänder nach außen eingeräumte Rechtsmacht im Innenverhältnis zum Treugeber durch eine schuldrechtliche Treuhandabrede beschränkt ist.[67] Es gibt unterschiedliche Erscheinungsformen. Bei der echten Treuhand (Vollrechtstreuhand, fiduziarische Treuhand) verliert der Treugeber mit der Vollrechtsübertragung seine Verfügungsmacht. Der Treuhänder bleibt aber schuldrechtlich gebunden, das übertragene Recht nur nach Maßgabe der Treuhandvereinbarung auszuüben, und ist nach Erledigung des Treuhandzweckes zur Rückübertragung des Treuguts verpflichtet.[68] Bei der unechten Treuhand (Ermächtigungs-, Vollmachtstreuhand) bleibt der Treugeber dagegen Rechtsinhaber. Unterschieden wird weiter danach, ob die Treuhand den Interessen des Treugebers (uneigennützige oder Verwaltungstreuhand) oder denjenigen des Treunehmers (eigennützige oder Sicherungstreuhand) dient. Sicherungsabtretung und Sicherungsübereignung sind Beispiele für eine echte Sicherungstreuhand. 20

In der Ins des Treuhänders einer (echten) **Sicherungstreuhand** kann der Treugeber das Treugut aussondern, wenn er die gesicherte Forderung begleicht oder der zwischen den Parteien vereinbarte Sicherungszweck in anderer Weise entfallen ist.[69] Der Treuhänder kann in der Ins des Treugebers dagegen nur abgesonderte Befriedigung aus dem Treugut verlangen (§ 51 Nr 1). Nach der Sicherungsabrede sollte der Treuhänder berechtigt sein, sich wegen seiner Forderung aus dem Treugut (der zur Sicherheit abgetretenen Forderung oder der sicherungsübereigneten Sache) zu befriedigen. Dieser Zweck wird bereits durch die abgesonderte Befriedigung erreicht.[70] Im sog „**Doppeltreuhandmodell**" zur Sicherung der Ansprüche eines Arbeitnehmers aus Altersteilzeit im Blockmodell ist dieser in der Ins des Arbeitgebers (des anderen Treugebers) ebenfalls nur zur abgesonderten Befriedigung aus dem Zweckvermögen nach § 51 Nr 1 berechtigt, nicht zur Aussonderung.[71] 21

In der Ins des Treuhänders einer (echten) **Verwaltungstreuhand** kann der Treugeber das Treugut aussondern.[72] Haftungsrechtlich gehört das dem Treuhänder im Interesse des Treugebers überlassene Treugut weiterhin zu dessen Vermögen; das zugrunde liegende Auftrags- 22

---

62 *Huber* AnfG Einf Rn 26.
63 MK/*Ganter* § 47 Rn 352.
64 *BGHZ* 155, 371, 374 = ZIP 2003, 1551.
65 *Jaeger/Henckel* § 47 Rn 100.
66 *Jaeger/Henckel* § 47 Rn 100; *Berger* FS Kreft, S 191, 203; zw MK/*Ganter* § 47 Rn 353.
67 *BGHZ* 157, 178, 182 = NJW 2004, 1383.
68 *BGHZ* 157, 178, 182 = NJW 2004, 1383; *BGH* ZIP 2012, 1517 Rn 10.
69 MK/*Ganter* § 47 Rn 375.
70 MK/*Ganter* § 47 Rn 381.
71 *BAG* ZIP 2013, 2025 Rn 24; *LAG Hamm* ZIP 2013, 1294.
72 *BGH* ZIP 1993, 213, 214; *BGHZ* 188, 317 Rn 13 = ZIP 2011, 777; *BGH* ZIP 2012, 1517 Rn 12.

verhältnis endet gem §§ 115, 116 mit der Eröffnung des InsVerf. Ist der Treuhänder allerdings als Strohmann des Treugebers anzusehen, kommt eine Aussonderung nicht in Betracht. Der Treugeber muss sich vielmehr an dem von ihm gesetzten Rechtsschein festhalten lassen.[73] In der Ins des Treugebers kann der Verw das Treugut zur Masse ziehen. Der Treuhänder kann nicht aussondern, weil er das Treugut im Interesse des Treugebers halten, nicht jedoch in das eigene Vermögen überführen durfte; es haftet seinen Gl nicht.

23 Eine andere Frage ist die, unter welchen Voraussetzungen Treugut im InsVerf als solches anerkannt wird, welche Anforderungen also an eine insolvenzbeständige Treuhandabrede zu stellen sind.[74] In der Rechtsprechung von Reichsgericht und Bundesgerichtshof sind zunächst nur solche Güter als Treugut angesehen worden, welche unmittelbar aus dem Vermögen des Treugebers in dasjenige des Treuhänders übertragen worden sind (**Unmittelbarkeitsprinzip**).[75] Tw ist für ausreichend gehalten worden, dass das Treugut aus dem Vermögen des Treugebers stammte.[76] Insb bei Konten hat der Bundesgerichtshof auch ausreichen lassen, dass der Treuhandcharakter offenkundig war (**Offenkundigkeitsprinzip**). Dieser Gesichtspunkt hängt mit demjenigen der getrennten Verwahrung des Treuguts zusammen (**Vermögenstrennungsprinzip**, su zur getrennten Anlegung einer Mietkaution). Wer einen Vermögensgegenstand getrennt von seinem sonstigen Vermögen verwahrt, bringt damit zum Ausdruck, dass er ihn nicht seinem eigenen Vermögen zurechnet. Ein im Rahmen einer uneigennützigen Verwaltungstreuhand eingerichtetes **Sonderkonto** berechtigt den Treugeber in der Insolvenz des Treuhänders zur Aussonderung und in der Einzelzwangsvollstreckung zum Widerspruch nach § 771 ZPO. Dafür ist nicht einmal eine Publizität des Treuhandkontos wie bei einem Anderkonto zwingend erforderlich.[77] Notwendig ist lediglich, dass das Konto offen ausgewiesen oder sonst nachweisbar ausschließlich zur Aufnahme von treuhänderisch gebundenen Fremdgeldern bestimmt ist.[78] Damit wird zugleich dem insolvenzrechtlichen **Bestimmtheitsprinzip** Rechnung getragen.[79] In diesem Fall erstreckt sich das Treuhandverhältnis auch auf von dritter Seite eingegangene Zahlungen, sofern die ihnen zugrunde liegenden Forderungen nicht in der Person des Treuhänders, sondern unmittelbar in der Person des Treugebers entstanden sind.[80] Endet der Treuhandvertrag, ist das Konto abzurechnen und der Saldo, soweit er dem Treugeber gebührt, an diesen herauszugeben (§ 667 BGB); die Treuhandbindung besteht fort und erfasst auch nachvertraglich eingehende Zahlungen Dritter.[81] Zieht ein Rechtsanwalt eine Forderung seines Mandanten auf sein allgemeines Geschäftskonto ein, kann der Mandant den eingezogenen Betrag in der Ins des Anwalts nicht aussondern.[82]Behandelt ein Treuhänder auf ein Treuhandkonto eingezahlte Treugelder als eigenes Vermögen, kann das im Zeitpunkt der Eröffnung des InsVerf noch vorhandene Guthaben nicht ausgesondert werden. Respektiert der Treuhänder selbst nicht die treuhänderische Bindung des Kontos, kann dies auch von seinen Gl nicht verlangt werden. Ein Aussonderungsrecht kommt nur in Betracht,

---

73 *BGH* WM 1964, 179; *Gottwald/Adolphsen* § 40 Rn 49; MK/*Ganter* § 47 Rn 370.
74 Vgl den Überblick bei *BGHZ* 188, 317 Rn 13 = ZIP 2011, 777; MK/*Ganter* § 47 Rn 357 ff; *Gehrlein* ZInsO 2016, 483, 485 f.
75 *BGH* ZIP 1993, 213, 214; *BGHZ* 155, 227, 231 = ZIP 2003, 1614; vgl auch *BAG* ZIP 1999, 1638.
76 *OLG Naumburg* WM 2003, 1668: Einziehung von Forderungen des Treugebers auf ein Konto des Treunehmers.
77 *BGH* NJW 1993, 2622; NJW 1996, 1543; ZIP 2005, 1465.
78 *BGH* ZIP 2008, 469, 470; *BGHZ* 188, 317 Rn 15, 21 = ZIP 2011, 777; *BGH* 10.9.2015 – IX ZR 215/13 Rn 10; *BGH* 27.4.2017 – IX ZR 198/16 Rn 12; vgl auch *LG Gießen* ZIP 2012, 1725.
79 *BGH* ZIP 2003, 1404, 1405; vgl auch *BGH* ZIP 2008, 469, 470.
80 *BGH* ZIP 2005, 1465; *BGHZ* 188, 317 Rn 13 = ZIP 2011, 777.
81 *BGH* ZIP 2005, 1465.
82 *LG Gießen* ZIP 2012, 1725.

wenn der Treuhänder die Treuhandbindung im Grundsatz beachtet.[83] In welchem Verhältnis diese Abgrenzungskriterien zueinander stehen, welches zwingend erforderlich und welches unter welchen Voraussetzungen verzichtbar ist, ist noch nicht abschließend geklärt. Auch nach derzeitigem Stand der Rechtsprechung reichen Vereinbarungen (rein schuldrechtliche Absprachen) der Parteien des Treuhandvertrages nicht aus, schon um einem Missbrauch dieses Rechtsinstituts vorzubeugen. Zusätzlich muss eine so bezeichnete „vollzogene dingliche Komponente" vorliegen.[84] Ein Aussonderungsrecht ist etwa dann anerkannt worden, wenn der Treuhänder das dingliche Recht vom Treugeber oder von einem Dritten sogleich in einer seine Ausübungsbefugnis im Interesse des Treugebers einschränkenden Gestalt erhalten hat.[85] Ist der Bauherr verpflichtet, nach fehlgeschlagenem Sicherheitentausch eine als Austauschsicherheit gestellte Gewährleistungsbürgschaft an den Unternehmer zurückzugewähren, kann dieser die Bürgschaft im InsVerf über das Vermögen des Bauherrn aussondern.[86]

Ob der Kunde, dessen Gelder auf einem Sammeltreuhandkonto iSv § 34a WpHG verwahrt wurden, im InsVerf über das Vermögen des **Wertpapierdienstleistungsunternehmens** ein Aussonderungsrecht hat, ist höchstrichterlich noch nicht geklärt.[87] Die Pflicht des Empfängers von **Baugeld** gem § 1 BauFordSiG,[88] das Baugeld zur Befriedigung der an der Herstellung oder dem Umbau des Baues beteiligten Gl zu verwenden, begründet kein Aussonderungsrecht dieser Gl. Es fehlt an der Zuordnung des Geldes zu einem anderen Vermögen als demjenigen des Empfängers.[89] Ist das Baugeld ausgezahlt worden und nicht auf ein besonderes Treuhandkonto gelangt, ist es der Pfändung durch andere Gl ausgesetzt.[90] Unpfändbar sind lediglich die Baugeldforderungen selbst.[91]

Mietkaution. In der Ins des Vermieters kann der Mieter die von ihm geleistete Mietkaution **24**
nur dann aussondern, wenn der Vermieter sie von seinem Vermögen getrennt angelegt hatte (vgl für Wohnraummietverträge § 551 Abs 3 S 3 BGB). Der Mieter darf die Zahlung der Kaution von der Benennung eines insolvenzfesten Kontos abhängig machen.[92] Ein Konto, auf dem die Kautionen mehrerer Mieter verwahrt wurden, das aber nicht auch anderen Zwecken diente, genügt diesen Anforderungen.[93] Wurde die Kaution nicht getrennt verwahrt, stellt der Rückforderungsanspruch lediglich eine InsFord dar; eine Aussonderung kann nicht erfolgen.[94] Das gilt sogar dann, wenn der Vermieter das Entstehen eines Aussonderungsrechts an dem Kautionsbetrag bewusst verhindert hat.[95] In der Ins des Vermieters steht dem Mieter gegen vor InsEröffnung fällig gewordene Mieten ein Zurückbehaltungs-

---

83 *BGHZ* 188, 317 Rn 16 f = ZIP 2011, 777; *BGHZ* 191, 95 Rn 26 = ZIP 2011, 2187; *BGH* 27.4.2017 – IX ZR 198/16 Rn 15, 32.
84 *BGHZ* 155, 227, 233 = ZIP 2003, 1615; *BGH* ZIP 2008, 469, 470; *BAG* ZIP 2013, 2025 Rn 22; *BAG* 21.3.2017 – 3 AZR 718/15 Rn 21, 37.
85 *BGH* ZIP 2011, 626 Rn 19.
86 *BGH* ZIP 2011, 626.
87 *BGHZ* 186, 58 Rn 30 = ZIP 2010, 1433; *BGH* ZIP 2011, 777 Rn 27 (insoweit in *BGHZ* 188, 317 nicht abgedruckt); entgegen MK/*Ganter* § 47 Rn 359c hat der BGH diese Frage hier nicht entschieden.
88 Gesetz über die Sicherung der Bauforderungen (Bauforderungssicherungsgesetz) v 1.6.1909, RGBl 1909, 449.
89 *OLG Hamm* ZIP 2007, 240.
90 *BGH* ZIP 2013, 1288 Rn 5.
91 *Jaeger/Henckel* § 36 Rn 25.
92 *BGH* NJW 2011, 59 Rn 15; ZIP 2013, 179 Rn 7.
93 *Gottwald/Adolphsen* § 40 Rn 56.
94 *BGH* ZIP 2008, 469; 2013, 179 Rn 11.
95 *BGH* ZIP 2013, 179 Rn 12.

recht wegen der vertragswidrig nicht insolvenzfest angelegten Barkaution nicht zu. Ein allein auf § 273 Abs 1 BGB gestütztes Zurückbehaltungsrecht ist nicht insolvenzfest.[96]

25 **Arbeitsrecht**. Gem § 7d SGB IV sind Wertguthaben der Arbeitnehmer aus Arbeitszeitflexibilisierungsmodellen für geleistete Arbeit einschl des Arbeitgeberanteils am Gesamtsozialversicherungsbeitrag (**Arbeitszeitkonten**) für den Insolvenzfall des Arbeitgebers zu schützen. Die Vorschrift als solche begründet kein Aussonderungsrecht. Vielmehr sind die Guthaben auf einem echten Treuhandkonto oder in anderer Weise vom sonstigen Vermögen des Arbeitgebers getrennt zu verwahren. Ein Unterkonto des Girokontos reicht nicht aus.[97] Auch die Verpflichtung des Arbeitgebers, den durch Abzug vom Lohn des Arbeitnehmers einbehaltenen Sozialversicherungsbeitrag (§ 28 SGB IV) an den Sozialversicherungsträger abzuführen (§ 253 SGB V), begründet weder zu den Arbeitnehmern noch zum Sozialversicherungsträger ein Treuhandverhältnis.[98]

26 **Versorgungszusagen** als solche begründen keine aussonderungsfähigen Ansprüche. Nicht gezahlte **Altersvorsorgebeiträge** können nicht ausgesondert werden.[99] Hat der Arbeitgeber zur Erfüllung einer Versorgungszusage einen Versicherungsvertrag zugunsten des Arbeitnehmers geschlossen (**Direktversicherung**), hängt es von der Ausgestaltung dieses Vertrages ab, ob der Arbeitnehmer den Anspruch gegen den Versicherer aussondern kann. Ist die **Bezugsberechtigung widerruflich**, erwirbt der Arbeitnehmer den Anspruch erst mit dem Eintritt des Versicherungsfalles (§ 159 Abs 2 VVG). Der Verw kann – vom Ausnahmefall der pfändungsgeschützten Lebensversicherung, § 168 Abs 3 VVG, abgesehen – das Bezugsrecht widerrufen, den Vertrag kündigen und den Rückkaufswert zur Masse ziehen (§ 168 VVG).[100] Das gilt auch dann, wenn die Prämien aufgrund einer Entgeltumwandlung nach § 1 Abs 2 Nr 3 BetrAVG vom Lohn des Arbeitnehmers abgezogen werden oder die Anwartschaft aus anderen Gründen arbeitsvertraglich unverfallbar ist.[101] Ob ein Aussonderungsrecht besteht, richtet sich allein nach dem Versicherungsvertrag, nicht nach den zwischen Arbeitgeber und Arbeitnehmer getroffenen Vereinbarungen.[102] Der versorgungsberechtigte Arbeitnehmer kann dadurch für den Insolvenzfall gesichert werden, dass ihm der Anspruch gegen die Versicherung verpfändet wird. Er erwirbt dann zwar kein Aussonderungsrecht, kann aber wegen seiner Versorgungsansprüche abgesonderte Befriedigung aus diesem Anspruch verlangen.[103] Das **Einziehungsrecht** steht in diesem Fall bis zur Pfandreife dem Verw zu.[104] Auch dann, wenn die verpfändete Forderung fällig ist, die durch das Pfandrecht gesicherte Forderung jedoch nicht, ist der Verw allein einzugsberechtigt.[105] im Versicherungsvertrag eine **unwiderrufliche Bezugsberechtigung** vereinbart, erwirbt der versicherte Arbeitnehmer den Anspruch gegen den Versicherer bereits mit der Bezeichnung als

---

96 *BGH* ZIP 2013, 179 Rn 9.
97 *BAG* ZIP 2004, 124, 127 f.
98 *BGHZ* 149, 100, 105 = ZIP 2001, 2237; die zum 1.1.2008 neu eingeführte Vorschrift des § 28e Abs 1 S 2 SGB IV, nach welcher die Zahlung des vom Beschäftigen zu tragenden Teils des Gesamtsozialversicherungsbeitrags als aus dem Vermögen des Beschäftigten erbracht gilt, ändert insoweit nichts.
99 *BAG* 21.3.2017 – 3 AZR 718/15.
100 *BGH* ZIP 2005, 909, 910; ZIP 2014, 2251 Rn 13, 26; *BAGE* 134, 372 = ZIP 2010, 195 Rn 21; *BAG* ZIP 2012, 2269 Rn 15.
101 *BGH* ZIP 2002, 1697, 1698; *OLG Karlsruhe* ZIP 2007, 289; *BAG* ZIP 2007, 1871; ZIP 2012, 2269 Rn 13 ff, 17.
102 *BAG* ZIP 2012, 2269 Rn 13.
103 *BGH* ZIP 2005, 909, 910.
104 *BGH* ZIP 2005, 909, 911.
105 *BGH* ZIP 2013, 987 Rn 17 ff.

Bezugsberechtigter (§ 159 Abs 3 VVG).[106] Der Verw kann den Vertrag zwar – wenn es sich nicht um einen pfändungsgeschützten Vertrag handelt, § 168 Abs 3 VVG – weiterhin gem § 168 Abs 1 VVG kündigen, um die Verpflichtung zur Zahlung laufender Prämien zu beenden. Der Anspruch auf Zahlung des Rückkaufswertes steht jedoch dem begünstigten Arbeitnehmer zu und kann von diesem ausgesondert werden.[107]

Verbreitet wird ein **eingeschränkt (un)widerrufliches Bezugsrecht** vereinbart. Hierbei handelt es sich um ein unwiderrufliches Bezugsrecht, bei dem sich der Arbeitgeber den Widerruf unter bestimmten Voraussetzungen vorbehält.[108] Solange die im Versicherungsvertrag vereinbarten Widerrufsvoraussetzungen nicht erfüllt sind, hat der Bezugsberechtigte in der Ins des Arbeitgebers (= des Versicherungsnehmers) dieselbe Rechtsstellung wie bei einem unwiderruflichen Bezugsrecht. Er kann folglich aussondern.[109] Der Bundesgerichtshof (IV. Zivilsenat) hat aufgrund einer Auslegung der Klausel über den Widerruf – die vorsah, dass der Arbeitgeber bei vorzeitigem Ausscheiden des Arbeitnehmers frei über die Versicherungsansprüche verfügen konnte – angenommen, dass die insolvenzbedingte Beendigung des Arbeitsverhältnisses die Voraussetzungen für eine Ausübung des Widerrufsrecht nicht erfüllt und dieses für die Zukunft entfallen lässt, so dass der Arbeitnehmer den Anspruch gegen den Versicherer aussondern kann.[110] Der IX. Zivilsenat hat sich dem angeschlossen.[111] Das Bundesarbeitsgericht wollte dagegen unabhängig davon, aus welchen Gründen das Arbeitsverhältnis vor Eintritt der der im Versicherungsvertrag definierten Unwiderruflichkeit der Bezugsberechtigung endete, ein Aussonderungsrecht des Arbeitnehmers verneinen und hat zur Klärung dieser Rechtsfrage den Gemeinsamen Senat der obersten Gerichtshöfe des Bundes angerufen.[112] Mit Beschl v 8.3.2010 hat der Gemeinsame Senat das Verfahren wegen fehlender Notwendigkeit einer Entscheidung eingestellt.[113] Der Hintergrund dieser Entscheidung lässt sich der Folgeentscheidung des BAG entnehmen.[114] In den Fällen, in denen ein Betrieb oder Betriebsteil iSv § 613a BGB veräußert wird, ist grundsätzlich nicht von einer Beendigung des Arbeitsverhältnisses im Sinne der jeweiligen Versicherungsbedingungen auszugehen.[115] Mit der insolvenzbedingten Kündigung befasst sich dieses Urteil nicht. Insoweit könnte es auch künftig zu Meinungsverschiedenheiten zwischen BAG und BGH kommen.[116] Andererseits betont der IV. Zivilsenat des BGH das Primat der Auslegung, welche revisionsrechtlich nur eingeschränkt überprüft werden kann.[117] In einer neueren Entscheidung hat er die tatrichterliche Auslegung ein und derselben Klausel dahingehend gebilligt, dass die insolvenzbedingte Kündigung von Arbeitnehmern den Vorbehalt 27

---

106 *BGH* ZIP 2014, 2251 Rn 14; *BAGE* 134, 372 = ZIP 2010, 195 Rn 22; *BAG* ZIP 2012, 2269 Rn 15; vgl zu § 166 VVG aF *BGHZ* 45, 162, 165 f; *BGH* ZIP 1996, 1356, 1357.
107 *BAG* ZIP 2007, 1869, 1871.
108 *Reinicke* DB 2011, 995, 996; *Krause* FS Bepler, 307.
109 *BGH* ZIP 1996, 1356, 1357; ZIP 2005, 1373, 1374; NZI 2012, 762 Rn 3; ZIP 2014, 2251 Rn 15; WM 2015, 1471 Rn 19.
110 *BGH* ZIP 2005, 1373, 1374 f; ZIP 2006, 1309; vgl auch *BGH* WM 2015, 1471 Rn 19 ff, wo die entspr Auslegung der Vorinstanz revisionsrechtlich gebilligt wurde.
111 *BGH* ZIP 2005, 1836, 1837; ebenso *LG Kleve* ZIP 2012, 2028; der Antrag auf PKH für die Revision gegen dieses Urteils wurde mit Beschl v 6.6.2012 (IV ZA 23/11, NZI 2012, 762) zurückgewiesen.
112 *BAGE* 122, 351 = ZIP 2007, 1869; vgl *Reinicke* DB 2011, 995, 997; *Krause* FS Bepler, S 309.
113 GmS-OGB 2/07, juris.
114 *BAGE* 134, 372 = ZIP 2010, 1915 Rn 40 ff.
115 *BAGE* 134, 372 = ZIP 2010, 1915 Rn 29.
116 *Krause* FS Bepler, 303, 313 f; vgl auch *Reinicke* DB 2011, 995, 998.
117 *BGH* ZIP 2014, 384 Rn 21 f; WM 2015, 1471 Rn 21f, 31.

nicht erfüllte, diejenige eines Gesellschafter-Geschäftsführers aber schon.[118] Bei einer vom Arbeitgeber zur Sicherung der Versorgungszusagen abgeschlossene **Rückdeckungsversicherung** ist der Arbeitgeber nicht nur Versicherungsnehmer, sondern auch Bezugsberechtigter.[119] Dem Arbeitnehmer stehen folglich keine eigenen Rechte gegen den Versicherer zu, die er in der Ins des Arbeitgebers aussondern könnte.[120] Sind die Ansprüche aus dem Versicherungsvertrag dem Arbeitnehmer verpfändet oder sicherungshalber abgetreten worden, kann dieser allerdings abgesonderte Befriedigung hieraus beanspruchen (§§ 50 Abs 1, 51 Nr 1).[121] Tritt der Versicherungsfall ein, ohne dass der Versicherungsvertrag gekündigt (und damit die Bezugsberechtigung widerrufen) worden wäre, erwirbt der widerruflich benannte Bezugsberechtigte einen unmittelbaren Anspruch gegen den Versicherer, der ihm nicht mehr entzogen werden kann.[122] Beauftragt der Arbeitgeber eine Unterstützungskasse mit der Durchführung der Altersversorgung und schließt diese eine Rückdeckungsversicherung ab, ist die Unterstützungskasse Versicherungsnehmerin; nur ihr, nicht dem Arbeitgeber stehen die Rechte aus dem Versicherungsvertrag zu.[123] Ein Aussonderungsrecht der Arbeitnehmer kommt gleichfalls nicht in Betracht. Vielmehr hängt es von der Ausgestaltung des Vertrages zwischen dem Arbeitgeber und dem Versorgungsträger ab, ob der Verw noch Zugriff auf die Rückkaufswerte hat.

III. Durchsetzung der Aussonderung

28 Der Aussonderungsanspruch bestimmt sich nach den Gesetzen, die außerhalb des InsVerf gelten (S 2). Das betrifft sowohl die jeweilige Anspruchsgrundlage als auch das gerichtliche Verf, das sich nach den allgemeinen Vorschriften der ZPO richtet. Hiervon sind diejenigen Fälle zu unterscheiden, in welchen die Zugehörigkeit des Gegenstandes zur Masse tatbestandliche Voraussetzung einer Anordnung des InsGer oder einer Maßnahme des Verw ist. Legt der Schu gegen die Anordnung einer Nachtragsverteilung (§ 203) sofortige Beschwerde mit der Begründung ein, der nachträglich ermittelte Gegenstand gehöre einem Dritten, hat das InsGericht dazu von Amts wegen die erforderlichen Ermittlungen anzustellen (§ 5); es kann diese Frage nicht der Klärung in einem vom Dritten anzustrengenden Rechtsstreit überlassen. Das Recht des Dritten, sein Recht vor den ordentlichen Gerichten zu verfolgen, bleibt hiervon unberührt.[124]

29 **1. Auskunftsanspruch des Berechtigten.** Ist der Aussonderungsberechtigte entschuldbar über das Bestehen und den Umfang des Rechts im Ungewissen, kann er vom Verw die für die Geltendmachung seines Rechts erforderlichen Auskünfte verlangen.[125] Insoweit gelten die allg Grundsätze. Im Hinblick auf die Auskunfts- und Mitwirkungspflichten des Schu aus § 97, die gegebenenfalls zwangsweise durchgesetzt werden können (§ 98), ist der Verw auch dann der richtige Anspruchsgegner, wenn es um Vorgänge vor der Eröffnung geht. Erforderlichenfalls ist er sogar verpflichtet, sich bei seinem Amtsvorgänger zu erkundigen.[126] Der

---

118 *BGH* WM 2015, 1471 Rn 26 ff; anders hinsichtlich des Gesellschafter-Geschäftsführers *AG Göttingen* ZIP 2012, 2121 und *LG Göttingen* ZIP 2014, 2287.
119 *BAG* ZInsO 2012, 1265 Rn 31; *Kayser* Die Lebensversicherung in der Insolvenz des Arbeitgebers, 2006, S 17.
120 *BGH* ZIP 2014, 2251 Rn 22.
121 *BAG* ZInsO 2012, 1265 Rn 22.
122 *BGH* ZIP 2014, 2251 Rn 27.
123 *BAG* ZIP 2011, 347 Rn 21.
124 *BGH* ZInsO 2013, 1409 Rn 5.
125 *BGHZ 49, 11, 12* ff = NJW 1968, 300; *BGH* ZIP 2000, 1061, 1064; vgl *Smid* NZI 2014, 633, 634.
126 *BGH* ZIP 2004, 326, 328.

Umfang des Anspruchs richtet sich nach der Zumutbarkeit, insb dem für die Auskunft erforderlichen Arbeits- und Zeitaufwand einerseits, den schutzwürdigen Interessen des Anspruchsberechtigten andererseits.[127] Der Verw ist nicht verpflichtet, den Lieferanten über dessen Lieferungen zu unterrichten.[128] Einsicht in Unterlagen, Zutritt zu den Geschäftsräumen oder Besichtigung des Aussonderungsgutes braucht er ebenfalls nicht zu gewähren.[129] Umgekehrt darf der Verw den Berechtigten nur bei Vorliegen besonderer Umstände darauf verweisen, die erforderlichen Informationen durch Auswertung der Geschäftsunterlagen des Schu selbst zu ermitteln.[130] Nach Aufhebung des InsVerf ist der Verw grds nicht mehr zur Auskunft verpflichtet.

2. Kosten. Die Kosten der Ermittlung von Aussonderungsgut oder dessen Verwahrung fallen der Masse zur Last (Umkehrschluss aus §§ 170, 171, die Kostenbeiträge für die tatsächliche Feststellung des Gegenstandes und die Feststellung der daran bestehenden Rechte nur für mit Absonderungsrechten belastete Gegenstände vorsehen).[131] Der Verw hat die Abholung des Aussonderungsguts zu gestatten. Eine Bringschuld besteht dagegen nicht (§ 269 BGB). Die Masse hat also nicht die Kosten der Abholung des Aussonderungsguts zu tragen.[132] Das gilt auch, wenn der Anspruch auf Aussonderung neben einen weitergehenden schuldrechtlichen Anspruch tritt. ZB kann der Vermieter die ihm gehörende Mietsache in der Ins des Mieters aussondern (§§ 546, 985 BGB). Sein aus § 546 BGB folgender Anspruch auf Räumung der Mietsache fällt dagegen nicht unter § 47. Er stellt nur eine InsFord dar, die zur Tabelle anzumelden ist.[133] Der Aussonderungsanspruch besteht von vornherein nicht, wenn der Verw die Sache nicht für die Masse in Anspruch genommen hat. Anspruchsgegner ist dann der Schu. Die eigenmächtige Wegnahme ist dem Berechtigten grds nicht erlaubt[134] (zu den Voraussetzungen der erlaubten Selbsthilfe vgl §§ 229 ff BGB). 30

3. Prozessuales. Ein Aussonderungsrechtsstreit ist, wie sich aus der Verweisung auf die „außerhalb des InsVerf geltenden Gesetze" in S 2 ergibt, vor den ordentlichen G zu führen. Das InsGer ist zu Entscheidungen über das Bestehen oder Nichtbestehen eines Aussonderungsrechts nicht befugt. Der Berechtigte kann eine Leistungs- oder Feststellungsklage erheben. Eine Feststellungsklage kommt insb dann in Betracht, wenn es um eine auszusondernde Forderung geht.[135] Das Aussonderungsrecht kann auch zur Verteidigung eingewandt werden, etwa gegenüber einer Herausgabeklage des Verw. Wer vom Verw als Patentverletzer in Anspruch genommen wird, kann einwenden, dass dem Streitpatent die Schutzvoraussetzungen fehlen und das Schutzrecht deshalb nicht zur Masse gehöre; eine hierauf gestützte Patentnichtigkeitsklage stellt einen Aussonderungsklage iSv § 86 Abs 1 Nr 1 dar.[136] Der Verw seinerseits kann negative Feststellungsklage erheben, also die Feststellung beantragen, dass das in Anspruch genommene Recht dem Prätendenten nicht zusteht. 31

---

127 *BGHZ* 70, 86, 91 = NJW 1978, 538; *Jaeger/Henckel* § 47 Rn 160.
128 *OLG Köln* ZIP 1982, 1107.
129 *OLG Düsseldorf* KTS 1964, 246; *Jaeger/Henckel* § 47 Rn 160.
130 *BGH* ZIP 2000, 1061, 1064.
131 *Jaeger/Henckel* § 47 Rn 160; MK/*Ganter* § 47 Rn 469 hält dagegen einen Anspruch auf Erstattung von Auskunftskosten für möglich, wenn ein erhöhter Aufwand erforderlich war.
132 *BGHZ* 194, 1 Rn 30 = ZIP 2012, 1566.
133 *BGHZ* 148, 252, 255 f = ZIP 2001, 1470; *BGH* ZIP 2007, 340, 342; *BGHZ* 194, 1 Rn 19 = ZIP 2012, 1566.
134 MK/*Ganter* § 47 Rn 473.
135 Vgl *BGH* ZIP 1989, 118, 119.
136 *BGH* ZIP 2013, 1447 Rn 9 f.

32 **Zuständig** für eine auf Aussonderungsklage ist gem § 19a ZPO auch das G am Sitz des InsGer. Dieser Gerichtsstand ist jedoch nicht ausschließlich.[137] Er betrifft außerdem nur Klagen gegen den Verw; Aktivprozesse des Verw fallen nicht darunter.[138] Im Übrigen gelten die allgemeinen Regeln der ZPO und des GVG zum Rechtsweg sowie zur sachlichen und örtlichen Zuständigkeit. Richtiger Klagegegner ist der Verw (§ 80 Abs 1). Ein im Zeitpunkt der Eröffnung rechtshängiger Rechtsstreit über einen Gegenstand, welcher der Aussonderung unterliegt, wird durch die Eröffnung **unterbrochen** (§ 240 ZPO).[139] Er kann nach § 86 Abs 1 Nr 1 sowohl vom Verw als auch vom Gegner aufgenommen werden. Wird das Verf vor Zustellung unterbrochen und die Klage sodann dem Verw zugestellt, wird die Sache nicht rechtshängig; sie kann auch nicht aufgenommen werden.[140] Erkennt der Verw nach Aufnahme des Rechtsstreits den Klaganspruch an, kann er gleichwohl die Kosten zu tragen haben (§ 93 ZPO). Der Gegner kann den Anspruch auf Erstattung der Kosten jedoch nur als InsGl geltend machen (§ 86 Abs 2). Der Verw selbst gibt Veranlassung zur Klage, wenn er den auszusondernden Gegenstand dem Berechtigten nicht überlässt, nachdem dieser ihn dazu aufgefordert und ihm eine angemessene Frist zur Prüfung eingeräumt hat.[141] Die zur Drittwiderspruchsklage (§ 771 ZPO) entwickelten Grundsätze können auf den Aussonderungsstreit übertragen werden.[142] Das Anerkenntnis kann der Zustimmung des Gläubigerausschusses bedürfen (§ 160 Abs 2 Nr 3).

33 **Darlegungs- und beweispflichtig** für die tatsächlichen Voraussetzungen eines Aussonderungsrechts ist derjenige, der sich darauf beruft.[143] Zugunsten des Verw greift eine doppelte Vermutung ein: Nach § 1006 Abs 1 BGB wird vermutet, dass Sachen, an denen der Schu Eigenbesitz hat, ihm gehören, und Eigenbesitz wird vermutet, wenn der Schu unmittelbarer Besitzer ist. Es ist deshalb zunächst einmal Sache dessen, der einen im unmittelbaren Besitz des Schu befindlichen Gegenstand aussondern will, diesen näher zu bezeichnen und die Umstände konkret darzustellen, auf die er sein Aussonderungsrecht stützt. Ohne solche Angaben kann vom Verw nicht erwartet werden, dass er selbst nachforscht, ob sich Anhaltspunkte für ein Aussonderungsrecht ergeben.[144] Andererseits darf der Verw sich auch hinsichtlich solcher Vorgänge, die sich vor der Eröffnung zugetragen haben, nicht pauschal mit Nichtwissen erklären. Vielmehr muss er die Geschäftsunterlagen des Schu sichten und diesen notfalls befragen. Erst wenn seine Erkundigungen keinen Aufschluss gebracht haben, darf er sich unter Darlegung dieses Umstandes gem § 138 Abs 4 ZPO pauschal mit Nichtwissen erklären.[145] Der **Ehegatte**, der in der Ins des anderen Ehegatten Aussonderung verlangt, muss die Vermutung des § 1362 Abs 1 BGB widerlegen, nach welcher der Gegenstand dem Schu gehört.[146]

34 Aus einem obsiegenden Leistungsurteil kann der Berechtigte in die Masse **vollstrecken**. Die Vollstreckungsverbote der §§ 89 Abs 1, 90 gelten nicht für Aussonderungsberechtigte, sondern nur für InsGl (§ 89 Abs 1) und Massegläubiger (§ 90). Hat der Aussonderungsberechtigte vor der Eröffnung gegen den Schu einen Titel erwirkt, kann er diesen nach der Eröffnung auf den Verw umschreiben lassen (§ 727 Abs 1 ZPO) und gegen diesen – also gegen

137 *BayObLG* ZIP 2003, 542.
138 *BGH* ZIP 2003, 1419, 1420.
139 **AA** anscheinend *BGH* ZIP 2015, 399 Rn 15 f.
140 *BGHZ* 127, 156, 166 = ZIP 1994, 1702 f; krit *K Schmidt* NJW 1995, 911, 915.
141 MK/*Ganter* § 47 Rn 490.
142 Vgl etwa *OLG Düsseldorf* NJW-RR 1998, 790 f mwN.
143 *BGH* WM 2015, 1471 Rn 35.
144 *BGH* ZIP 1996, 1181, 1183.
145 Vgl *BGH* ZIP 2006, 192, 194; ZIP 2012, 737 Rn 16; ZIP 2013, 384 Rn 16.
146 MK/*Ganter* § 47 Rn 488.

die Masse – die Zwangsvollstreckung betreiben.[147] Der umgeschriebene Titel ist gem § 750 Abs 2 ZPO (erneut) zuzustellen.

4. Einwände gegen den Aussonderungsanspruch. Der mit der Aussonderungsklage in Anspruch genommene Verw kann **Einwendungen und Einreden** aus dem Recht des Schu sowie aus eigenem insolvenzspezifischem Recht erheben. Wird gegen den Verw ein Herausgabeanspruch aus § 985 BGB geltend gemacht, kann er ein Recht zum Besitz, zB aus einem nach Eröffnung fortbestehenden Mietverhältnis, einwenden (§ 986 BGB). Geht es um die Aussonderung einer unter Eigentumsvorbehalt veräußerten Sache, wird anhand der AGB des Prätendenten und etwaiger Korrespondenz zu prüfen sein, ob der Vorbehalt wirksam vereinbart worden ist. Der Vorbehalt kommt erst zum Tragen, wenn der Verw die Erfüllung des zugrunde liegenden Vertrages abgelehnt hat; der Verw braucht sich auch dann, wenn der Verkäufer ihn gem § 103 Abs 2 S 2 zur Ausübung seines Wahlrechts aufgefordert hat, erst unverzüglich nach dem Berichtstermin zu erklären (§ 107 Abs 2 S 1). Der Erwerb des Aussonderungsrechts kann nach §§ 129 ff anfechtbar sein. 35

Der Berechtigte kann darauf verzichten, das Aussonderungsrecht dem Verw gegenüber geltend zu machen,[148] oder auch nach den allg Regeln sein Recht aufgeben (zB das Eigentum an beweglichen Sachen durch Dereliktion, § 959 BGB). 36

5. Aussonderung im Eröffnungsverfahren. Im EröffnungsVerf kann der vorläufige Verw Aussonderungsansprüche durch Verweisung auf den Verw im eröffneten Verf abwehren.[149] Das Aussonderungsrecht entsteht erst mit der Eröffnung des InsVerf. Aufgabe des vorläufigen Verw ist es zudem, das Vermögen des Schu zu sichern und zu erhalten (§ 22 Abs 1 S 2 Nr 1). Dem vorläufigen Verw ist aber auch nicht von vornherein verwehrt, Aussonderungsansprüche zu erfüllen.[150] Seit dem 1.7.2007 kann das InsGer zusätzlich anordnen, dass Gegenstände, deren Aussonderung im Falle der Eröffnung verlangt werden könnte, vom Gl nicht verwertet oder eingezogen werden dürfen und dass solche Gegenstände zur Fortführung des Unternehmens eingesetzt werden können, soweit sie hierfür von erheblicher Bedeutung sind (§ 21 Abs 2 Nr 5).[151] Dadurch sollen das Schuldnervermögen im Interesse der Erhaltung der Sanierungschancen und bestmöglichen Verwertung zusammengehalten sowie die Betriebsfortführung im EröffnungsVerf erleichtert werden.[152] Trifft das G eine entspr Anordnung, kann der Berechtigte den fraglichen Gegenstand nicht aussondern; der vorläufige Verw ist berechtigt, ihn für die Masse zu nutzen (**so** Erl zu § 22). 37

§ 48 Ersatzaussonderung

[1]Ist ein Gegenstand, dessen Aussonderung hätte verlangt werden können, vor der Eröffnung des Insolvenzverfahrens vom Schuldner oder nach der Eröffnung vom Insolvenzverwalter unberechtigt veräußert worden, so kann der Aussonderungsberechtigte die Abtretung des Rechts auf die Gegenleistung verlangen, soweit diese noch aussteht. [2]Er kann die Gegenleistung aus der Insolvenzmasse verlangen, soweit sie in der Masse unterscheidbar vorhanden ist.

---

147 *Häsemeyer* Rn 11.28.
148 MK/*Ganter* § 47 Rn 495.
149 *Ganter* NZI 2007, 553.
150 *BGHZ* 183, 269 Rn 44 = ZIP 2010, 141; MK/*Ganter* § 47 Rn 454.
151 IdF des G zur Vereinfachung des InsVerf v 13.4.2007, BGBl I, 509.
152 BT-Drucks 16/3227, 27; krit zur Einbeziehung der Aussonderungsrechte *Kirchhof* ZInsO 2007, 227; differenzierend *Ganter* NZI 2007, 552 ff.

Übersicht

A. Allgemeines

I. Normzweck und Gesetzgebungshinweise

1 Die Ersatzaussonderung beruht auf demselben Grundgedanken wie die Aussonderung. Den Gl gebührt nur Befriedigung aus dem Vermögen des Schu, nicht aus demjenigen Dritter. „Fremde“ Sachen oder Rechte werden ausgesondert. Was für diese gilt, gilt auch für den Anspruch aus einer unberechtigten Veräußerung des Aussonderungsgegenstandes (S 1). Die Gegenleistung selbst muss nur dann herausgegeben werden, wenn und soweit sie noch unterscheidbar in der Masse vorhanden ist (S 2); denn die Ersatzaussonderung ist echte Aussonderung und daher nur an individuell bestimmten Gegenständen und Rechten denkbar.[1]

2 Nach § 46 KO konnte ein Aussonderungsberechtigter dann, wenn der Gegenstand vor der Eröffnung vom Schu oder nach der Eröffnung vom Verw (unbefugt und gegen Entgelt[2]) veräußert worden war, die Abtretung des Rechts auf die noch ausstehende Gegenleistung verlangen. War die Gegenleistung nach der Eröffnung zur Masse eingezogen worden, dort aber noch unterscheidbar vorhanden,[3] konnte er sie aus der Masse herausverlangen. Der RegE zur InsO wollte die Ersatzaussonderung auf den Fall der Vereitelung des Aussonderungsanspruchs durch den Verw beschränken. Die unberechtigte Veräußerung vor der Eröffnung sollte also nicht mehr erfasst sein, weil der Gl sein Recht schon vor der Eröffnung verloren habe; seine allg Delikts- und Bereicherungsansprüche sollten keinen besseren Rang erhalten als diejenigen anderer Gl.[4] Ihre jetzige, noch über § 46 KO hinausgehende Fassung erhielt die Vorschrift aufgrund von BeschlEmpfehlung und Bericht des Rechtsausschusses.[5] Der Ausschuss hielt eine Ersatzaussonderung „vom Surrogationsprinzip her“ auch dann für berechtigt, wenn der Schu den Gegenstand vor Eröffnung veräußert und die Gegenleistung eingezogen hatte, diese aber in der Masse noch unterscheidbar vorhanden war.[6]

3 Hat der Verw einen der Aussonderung unterliegenden Gegenstand veräußert, kommen auch Ansprüche aus § 55 Abs 1 Nr 1 iVm §§ 990, 989 BGB[7] oder § 823 Abs 1 BGB[8] sowie aus § 55 Abs 1 Nr 3 iVm §§ 812 ff BGB in Betracht. Gleiches gilt für den verwaltungs- und

1 *BGHZ* 58, 257, 261 = NJW 1972, 873.
2 *BGHZ* 58, 257, 259 = NJW 1972, 873.
3 *RGZ* 98, 143, 149; 141, 89, 94.
4 BT-Drucks 12/2443, 17, 125, zu § 55 InsO-E.
5 BT-Drucks 12/7302, 22, 160.
6 Krit MK/*Ganter* § 48 Rn 2.
7 *BGH* ZIP 1998, 298, 298, 300.
8 *BGH* ZIP 1987, 1398, 1400.

verfügungsbefugten vorl Verw (§ 55 Abs 2 S 1). Bei schuldhaftem Verhalten des Verw haftet dieser daneben (nicht nur subsidiär) aus § 60.[9] Der Aussonderungsberechtigte wäre also auch dann nicht schutzlos, wenn es die Vorschrift des § 48 nicht gäbe. Der unmittelbare Zugriff auf den Anspruch auf die Gegenleistung oder auf diese selbst verbessert die Rechtsstellung des Aussonderungsberechtigten im Vergleich mit Bereicherungs- oder Schadensersatzansprüchen gegen die Masse oder den Verw jedoch wesentlich. Der Berechtigte braucht weder einen Schaden noch eine Bereicherung der Masse nachzuweisen. Seinem Anspruch aus § 48 kann außerdem – anders als demjenigen aus § 55 – nicht der Einwand der Masseunzulänglichkeit entgegen gehalten werden (§§ 209 f). Die Ersatzaussonderung erfolgt vorab, vor der Befriedigung der MasseGl. Auf der Rechtsfolgenseite können die Ansprüche aus §§ 55, 60 aber auch weiter reichen als derjenige aus § 48, weil die Beschränkung auf die (noch unterscheidbar vorhandene) Gegenleistung entfällt. – Vor der Eröffnung entstandene, auf Handlungen des Schu beruhende Ansprüche auf Schadensersatz wegen der Vereitelung eines Aussonderungsrechts sind reine InsFord (§ 38).

II. Anwendungsbereich

Ihrem Wortlaut nach erfasst die Vorschrift Verfügungen des Schu vor und des Verw nach der Eröffnung. Für gegenüber dem Berechtigten wirksame Verfügungen des Schu nach der Eröffnung – da der auszusondernde Gegenstand nicht zur Masse gehört, gilt § 80 insoweit nicht; die Gegenleistung muss jedoch in die Masse gelangt und dort noch unterscheidbar vorhanden sein – und für Verfügungen des verfügungsbefugten oder mit einer Einzelermächtigung ausgestatteten vorl Verw gilt sie entspr.[10] Ordnet das materielle Recht an, dass der Erlös mit dinglicher Wirkung an die Stelle des veräußerten Gegenstandes tritt,[11] findet § 48 keine Anwendung. Wird der Eigentümer des veräußerten Gegenstandes im Wege der dinglichen Surrogation Eigentümer des Erlöses, kann er diesen schon nach § 47 aussondern. Die dingliche Surrogation schließt § 48 also gerade aus.[12] Für Absonderungsberechtigte (§§ 49–51) gilt § 48 entspr **(su)**.[13] 4

B. Einzelerläuterungen

I. Gegenstand

Anknüpfungspunkt für eine Ersatzaussonderung kann jeder Vermögensgegenstand sein, der dann, wenn er nicht veräußert worden wäre, hätte ausgesondert werden können.[14] In Betracht kommen damit alle Vermögensgegenstände (bewegliche und unbewegliche Sachen und Rechte), die Gegenstand besonderer Rechte sein können (so Erl zu § 47). Der betroffene Gegenstand muss im Zeitpunkt der Veräußerung aussonderungsfähig gewesen sein.[15] Gegenstand der Aussonderung ist die Gegenleistung, nicht deren Wert (vgl S 2). 5

II. Veräußerung

1. Begriff. Der Begriff der „Veräußerung" ist weit zu verstehen und umfasst alle Verfügungen, mit denen der Schu vor Eröffnung, der Verw nach der Eröffnung den Vermögenswert 6

9 *BGH* ZIP 2006, 194, 195 (zu § 82 KO).
10 MK/*Ganter* § 48 Rn 13 f.
11 ZB §§ 1048 Abs 1 S 2, 1247 S 2, 1287, 1370, 1473, 1646, 2019, 2041, 2111 BGB, 92 Abs 1 ZVG.
12 *RGZ* 94, 20, 22; *Ganter* NZI 2005, 2.
13 *BGH* ZIP 2004, 326, 328; ZIP 2006, 959 Rn 22; ZIP 2006, 1641 Rn 12; ZIP 2010, 739 Rn 8.
14 *Ganter* NZI 2005, 3; **aA** für obligatorische Herausgabeansprüche *Jaeger/Henckel* § 48 Rn 13 ff.
15 MK/*Ganter* § 48 Rn 16.

des aussonderungsfähigen Rechtes realisiert.[16] Der Hauptfall ist derjenige der rechtsgeschäftlichen Übertragung. Aber auch das unbefugte, dem Berechtigten gegenüber aber wirksame Einziehung der Forderung eines Dritten ist eine „Veräußerung" in diesem Sinne.[17] Gleiches gilt, wenn der DrittSchu mit einem Scheck bezahlt, dessen Gegenwert dem Konto des Zedenten gutgeschrieben wird.[18] Der Rechtsübergang im Wege der öffentlichen Versteigerung, der Enteignung oder der Zwangsvollstreckung gem §§ 894, 897, 898 ZPO stellt ebenfalls eine Veräußerung iSv § 48 dar.[19] Schuldrechtliche Verträge, die eine Gebrauchsüberlassung zum Gegenstand haben, fallen dagegen nicht unter § 48, weil mit ihnen nicht der Substanzwert des überlassenen Gegenstandes realisiert worden ist.[20] Verbindung, Vermischung und Verarbeitung (§§ 946–950 BGB) bewirken einen Rechtsverlust, sind als Realakte aber keine Veräußerung iSv § 48.[21] Anders ist es jedoch, wenn der Gegenstand auf der Grundlage eines Werkvertrages eingebaut wird, weil der gesetzliche Eigentumsübergang in einem solchen Fall von den Beteiligten gewollt ist und in Vollziehung des zwischen ihnen geschlossenen Vertrages geschieht. Eine Veräußerung liegt auch dann vor, wenn ein Bauhandwerker unter Eigentumsvorbehalt gelieferte Sachen als wesentliche Bestandteile eines fremden Grundstücks einbaut.[22] Die Beschädigung oder Zerstörung eines Gegenstandes berechtigt nicht zur Ersatzaussonderung der Schadensersatzforderung.[23]

7 Die Veräußerung muss dem Berechtigten gegenüber wirksam sein.[24] Ist die Veräußerung unwirksam, kann der Berechtigte seine Rechte dem Dritten gegenüber geltend machen. Beweisschwierigkeiten – im Verhältnis zum Dritten muss er die Unwirksamkeit des Erwerbs nachweisen – kann er durch eine Streitverkündung an den Verw Rechnung tragen.[25] Im Prozess gegen den Verw trifft diesen die Beweislast für eine Unwirksamkeit des Erwerbs (su). Der Berechtigte hat überdies die Möglichkeit, eine (mglw) unwirksame Verfügung zu genehmigen.[26] § 91 steht dann nicht entgegen, wenn der unwirksam veräußerte Gegenstand von vornherein nicht zur Masse gehörte.[27]

8 **2. Fehlende Berechtigung.** Die Veräußerung muss, wie der Gesetzgeber der InsO klargestellt hat, „unberechtigt" erfolgt sein. Die Ersatzaussonderung scheidet daher aus, wenn Schu oder InsVerw mit Einwilligung oder Genehmigung des Gl verfügt haben.[28] Das ist etwa dann der Fall, wenn der Schu eine unter (einfachem) Eigentumsvorbehalt gelieferte Sache durch den Vorbehaltskäufer im ordnungsgemäßen Geschäftsgang weiterveräußert.[29] IF eines verlängerten Eigentumsvorbehalts, dann also, wenn der Vorbehaltskäufer zur Wei-

---

16 *Häsemeyer* Rn 11.20.
17 *BGH* ZIP 1989, 118, 119; ZIP 1990, 1417, 1418; ZIP 2003, 1404, 1406; *OLG Brandenburg* ZIP 2014, 1543; vgl auch *BGHZ* 23, 307, 317 = NJW 1957, 750 (entspr Anwendung).
18 *BGH* ZIP 1990, 1417, 1418 f.
19 MK/*Ganter* § 48 Rn 23.
20 *BGH* ZIP 2006, 1641 Rn 12.
21 *BGHZ* 30, 176, 180 = NJW 1959, 1681; *BGH* ZIP 1989, 933, 934; *OLG Düsseldorf* ZIP 2003, 1309.
22 *BGHZ* 30, 176, 180 f = NJW 1959, 1681; *BGHZ* 102, 293, 307 = ZIP 1988, 180.
23 *Uhlenbruck* § 48 Rn 11.
24 *BGH* 22.10.2015 – IX ZR 171/14, Rn 9; *OLG Brandenburg* ZIP 2014, 1543; MK/*Ganter* § 48 Rn 43; *Jaeger/Henckel* § 48 Rn 40 f; jeweils mit Nachweisen auch der Gegenansicht.
25 *Jaeger/Henckel* § 48 Rn 41.
26 MK/*Ganter* § 48 Rn 43; *Jaeger/Henckel* § 48 Rn 42; *Schmidt/Thole* § 48 Rn 20; **aA** *Häsemeyer* Rn 11.22.
27 MK/*Ganter* § 48 Rn 43.
28 *BGHZ* 68, 199, 201 = NJW 1977, 901 f; *BGH* ZIP 2003, 1404, 1406; ZIP 2010, 2009 Rn 17; ZIP 2015, 585 Rn 13; *OLG Köln* NZI 2005, 37.
29 *BGHZ* 68, 199, 201 = NJW 1977, 901 f.

terveräußerung gegen Abtretung der Kaufpreisforderung ermächtigt worden ist (§ 185 BGB), steht dem Vorbehaltsverkäufer kein Ersatzaussonderungsrecht (§ 48), sondern nur ein Absonderungsrecht (§ 51 Nr 1) an der Kaufpreisforderung aus der Weiterveräußerung zu. Auch das Einziehen fremder, insb zur Sicherheit abgetretener Forderungen hat nur dann ein Ersatzaus- oder absonderungsrecht zur Folge, wenn es unbefugt erfolgt.[30] Solange die Einziehungsbefugnis dem Sicherungszessionar gegenüber besteht, können durch die Einziehung keine Ersatzabsonderungsansprüche ausgelöst werden.[31] Dabei kommt es auf den **Zeitpunkt der Einziehung an**,[32] Nach der bisherigen Rspr des BGH erlischt die Ermächtigung zur Weiterveräußerung und zum Forderungseinzug regelmäßig nicht bereits mit dem InsAntrag, sondern erst mit der Anordnung eines allg Verfügungsverbotes oder der Eröffnung des InsVerf.[33] In neueren Entscheidungen hat der BGH diesen Grundsatz in Zweifel gezogen. Die bisherige Rspr beruhte auf der Überlegung, dass die im Gesetz vorausgesetzte Fortführung des schuldnerischen Unternehmens anderenfalls vielfach nicht möglich wäre. Nach Einführung der Vorschrift des § 21 Abs 2 S 1 Nr 5, welche die Einziehung sicherungsabgetretener Forderungen kraft richterlicher Anordnung ermöglicht, trifft dies nicht mehr zu.[34] Nach der Eröffnung des InsVerf ist der Verw regelmäßig nicht zu Verfügungen über fremdes Recht befugt; er bedarf – von den Fällen der §§ 166, 173 Abs 2 abgesehen – einer erneuten Ermächtigung des Rechtsinhabers. Verwertungshandlungen des Verw außerhalb des Anwendungsbereichs der §§ 166, 173 Abs 2 stellen eine unberechtigte Veräußerung iSv § 48 dar. Die fehlende Berechtigung muss die Verfügung, also die Rechtsänderung betreffen (§ 185 BGB). Haben der Berechtigte und der (vorläufige) Verw eine Verwertungsvereinbarung getroffen, kommen Ansprüche aus § 48 nicht in Betracht. Insb löst ein Verstoß gegen schuldrechtliche Nebenabreden das Ersatzaus- oder absonderungsrecht idR nicht aus.[35] Anderes gilt, wenn die schuldrechtlichen Vereinbarungen direkt die Rechte des Gl am Erlös betreffen. War die Einziehung auf ein Konto des Zessionars oder ein zu dessen Gunsten eingerichtetes offenes Treuhandkonto vereinbart, eröffnet ein Verstoß hiergegen den Anwendungsbereich des § 48.[36] Verfahrensverstöße des Verw iRd §§ 166, 173 Abs 2, etwa eine Verletzung der Mitteilungspflichten des § 168, begründen kein Ersatzabsonderungsrecht.[37]

3. Entgeltlichkeit. In beiden Sätzen des § 48 ist von einer „Gegenleistung" die Rede. Die Ersatzaussonderung setzt folglich eine entgeltliche Veräußerung voraus.[38] Unentgeltliche Verfügungen des Schu vor der Eröffnung haben allenfalls Schadensersatzansprüche des Berechtigten zur Folge, die als InsFord (§ 38) zur Tabelle anzumelden sind. Ob die Gegenleistung dem Wert des Aussonderungsgutes entspricht, ist unerheblich. Auch gemischte Schenkungen fallen also unter § 48.[39] 9

30 *BGH* ZIP 2003, 1404, 1406; *BGHZ* 184, 101 Rn 17 = ZIP 2010, 739.
31 *BGHZ* 144, 192, 198 = ZIP 2000, 897.
32 *BGHZ* 184, 101 Rn 22 = ZIP 2010, 739.
33 *BGHZ* 144, 192, 197 f = ZIP 2000, 895; offen gelassen von *BGH* ZIP 2007, 924 Rn 13; krit *Jaeger/Henckel* § 48 Rn 34.
34 *BGHZ* 184, 101 Rn 20 = ZIP 2010, 739.
35 *BGH* ZIP 2006, 959 Rn 25; *BGHZ* 184, 101 Rn 23 f = ZIP 2010, 739.
36 *BGHZ* 184, 101 Rn 24 = ZIP 2010, 739.
37 *Ganter/Bitter* ZIP 2005, 101 ff.
38 *BGH* ZIP 2008, 130.
39 *Jaeger/Henckel* § 48 Rn 29.

III. Rechtsfolgen

10 **1. Abtretung des Rechts auf die Gegenleistung (S 1).** Soweit die Gegenleistung noch aussteht, kann der Berechtigte die Abtretung des Anspruchs auf die Gegenleistung verlangen. Der Berechtigte wird nicht kraft G Inhaber dieser Forderung. Abzutreten ist der vollständige Anspruch auf die Gegenleistung einschl eines etwaigen Gewinnanteils. Auf den Wert des veräußerten Gegenstandes einerseits, des abzutretenden Anspruchs andererseits kommt es nicht an. Ist der Gegenstand zusammen mit anderen, keinem oder einem fremden Absonderungsrecht unterliegenden Gegenständen veräußert worden, ist der Anspruch auf die Gegenleistung nur in Höhe des auf ihn entfallenden Anteils abzutreten. Haben der Schu oder der Verw Baumaterial unbefugt auf einem fremden Grundstück eingebaut, kann der Anspruch auf die Gegenleistung des Bauherrn (ebenso wie die Gegenleistung selbst) ebenfalls nur anteilig ausgesondert werden. Die Werklohnforderung ist im Verhältnis des Materialwerts zum Wert der Arbeitsleistung in sinngemäßer Anwendung des § 441 Abs 3 BGB aufzuteilen.[40] Für die Abtretung gelten die allg Regeln (§§ 398 ff BGB). Gem § 401 BGB gehen die akzessorischen Sicherungsrechte auf den Berechtigten als den Abtretungsempfänger über; die Auskunftspflichten des Verw richten sich nach § 402 BGB. Ist die Abtretung ausgeschlossen (§ 399 BGB), muss der Verw die Gegenleistung einziehen und gem S 2 an den Berechtigten auskehren.[41]

War die Veräußerung nach §§ 129 ff anfechtbar, bildet der Rückgewähranspruch (§ 143 Abs 1) nicht den „Anspruch auf die Gegenleistung" iSv § 48 S 1. Wird der anfechtbar veräußerte Gegenstand zur Masse zurückgewährt, leben Aus- und Absonderungsrechte an ihm jedoch wieder auf.[42]

11 **2. Gegenleistung aus der Masse (S 2).** „Gegenleistung" ist nicht nur ein vertraglich vereinbartes Entgelt, sondern jede Mehrung des Aktivvermögens der InsMasse, die auf die Veräußerung eines aussonderungsfähigen Gegenstandes zurückzuführen ist.[43] Die Minderung des Passivvermögens reicht nicht aus.[44] War die unberechtigte Veräußerung anfechtbar, stellt der Wertersatz, den der Anfechtungsgegner zur Masse leistet, keine Gegenleistung dar; eine Ersatzaussonderung ist nicht möglich.[45] Die Masse dürfte allerdings nach § 55 Abs 1 Nr 3 zur Herausgabe des Erlöses verpflichtet sein. Zieht der Schu oder der Verw eine fremde Forderung ein, ist „Gegenleistung" die Leistung des DrittSchu, im Falle der Zahlung durch Scheck das Eigentum an diesem.[46] Ist die Gegenleistung in der Masse unterscheidbar vorhanden, kann der Gl sie herausverlangen. Ob die Gegenleistung vor oder nach der Eröffnung des InsVerf in die Masse gelangt ist, ist nach dem klaren Wortlaut des Gesetzes unerheblich. Wird die Gegenleistung **auf einem Konto gutgeschrieben**, so bleibt sie grds unterscheidbar, solange sie durch Buchungen belegt und der positive Kontensaldo nicht durch Abbuchungen unter den Betrag der beanspruchten Leistung abgesunken ist.[47] Das gilt auch dann, wenn die Gutschrift vor der Eröffnung erfolgte.[48] Dass vor der Eröffnung im Wege der Einzelzwangsvollstreckung auf den Tagessaldo zugegriffen werden kann, ändert nichts an der Unterscheidbarkeit der einzelnen Gutschrift. Ist das Guthaben mit Ersatzaus-

---

40 *BGHZ* 30, 176, 184 f = WM 1959, 965 ff; *BGHZ* 102, 293, 310 = ZIP 1988, 181.
41 *BGHZ* 56, 228 = NJW 1971, 1750; *BGHZ* 102, 293 = ZIP 1988, 175.
42 HambKomm/*Büchler/Scholz* § 48 Rn 23.
43 MK/*Ganter* § 48 Rn 32.
44 *OLG Brandenburg* ZIP 2014, 1543.
45 *OLG Brandenburg* ZIP 2014, 1543; HambKomm/*Büchler/Scholz* § 48 Rn 23.
46 *BGH* ZIP 2006, 959 Rn 24; *OLG Brandenburg* ZIP 2014, 1543.
47 *BGHZ* 141, 116, 120 ff = ZIP 1999, 627 f; *BGHZ* 150, 326, 328 = ZIP 2002, 1205; *BGH* ZIP 2006, 959 Rn 18; **aA** noch *BGHZ* 58, 257, 260 = NJW 1972, 873.
48 *BGH* ZIP 2006, 959 Rn 19; *Uhlenbruck/Brinkmann* § 48 Rn 28.

sonderungsansprüchen mehrerer Berechtigter belastet und reicht es dafür nicht aus, werden die Ansprüche anteilig gekürzt.[49] Wird das Konto dagegen zur Zeit der Gutschrift im Soll geführt, so wird die Gegenleistung in dieser Höhe zur Schuldentilgung verbraucht mit der Folge, dass insoweit eine gegenständlich fassbare Gegenleistung nicht mehr vorhanden ist.[50] Gleiches gilt, wenn der Saldo eines zunächst kreditorischen Kontos unter den Betrag der Gutschrift absinkt. Steigt der Saldo in der Folgezeit wieder an, lebt der Ersatzaussonderungsanspruch nicht wieder auf. Der Verw (oder der verfügungsbefugte vorl Verw), der bei zweifelhafter Rechtslage Veräußerungsgeschäfte tätigt oder Forderungen einzieht, kann das Risiko seiner persönlichen Inanspruchnahme aus § 60 durch Einrichtung eines nur für diesen Zweck bestimmten Sonder- oder Unterkontos mindern.

Str und höchstrichterlich noch nicht entschieden ist, ob die Vermischung von **Bargeld** mit dem Bestand einer Barkasse zum Erlöschen eines Ersatzaussonderungsrechts führt.[51] Ist Miteigentum entstanden (§§ 948,.947 BGB) und der Anteil des Berechtigten bestimmbar und noch vorhanden, kann der Berechtigte Teilung verlangen und seinen Anteil aussondern.[52] Allerdings wird bei Barzahlungen an den Schu oder den Verw kaum je Eigentum des Berechtigten an den übergebenen Geldscheinen oder Münzen entstehen, so dass auch kein Miteigentum am Kassenbestand entstehen kann. 12

3. Aufwendungen. Aufwendungen im Zusammenhang mit der Veräußerung können unter den Voraussetzungen des § 683 BGB an die Masse zu erstatten sein.[53] Allerdings darf es sich dann nur um solche Kosten handeln, die nicht ohnehin von der Masse zu tragen gewesen wären. Haben Aufwendungen – etwa Vertragskosten – bereits die Gegenleistung gemindert, scheidet eine Ersatzaussonderung insoweit schon deshalb aus. Hat der Verw einen der Aussonderung unterliegenden Gegenstand unberechtigt veräußert, den Kaufpreis zur Masse gezogen und die angefallene **USt** an das Finanzamt abgeführt, ist der auf die USt entfallende Teil des Kaufpreises nicht mehr unterscheidbar in der Masse vorhanden. Die neben § 48 bestehenden Ansprüche aus § 55 gegen die Masse und § 60 gegen den Verw persönlich können weiter reichen. ZB kann der Einwand des Bereicherungswegfalls (§ 818 Abs 3 BGB) gegenüber einem Anspruch aus §§ 55 Abs 1 Nr 3, 816 Abs 1 BGB wegen Bösgläubigkeit (§§ 819 Abs 1, 818 Abs 4 BGB) ausgeschlossen sein. 13

IV. Geltendmachung

Die Klage ist gegen den Verw als Partei kraft Amtes zu richten. Dessen allg Gerichtsstand am Sitz des InsGer (§ 19a ZPO) ist auch für die Ersatzaussonderung maßgebend.[54] War bereits vor der Eröffnung eine Klage gegen den Schu (etwa aus § 816 Abs 1 BGB) anhängig, gelten §§ 240 ZPO, 86 Abs 1 Nr 1. Sowohl der Verw als auch der Berechtigte kann den Prozess aufnehmen. Der Anspruch auf Abtretung der Gegenleistung (S 1) hat die Abgabe einer Willenserklärung zum Gegenstand. Die Erklärung gilt als abgegeben, sobald das Urt die Rechtskraft erlangt hat (§ 894 ZPO). Der Anspruch auf Herausgabe der in der Masse unterscheidbar vorhandenen Gegenleistung (S 2) ist im Wege der Leistungsklage geltend zu machen. 14

---

49 *OLG Köln* ZIP 2002, 947; MK/*Ganter* § 48 Rn 71a.
50 *BGH* ZIP 2006, 961.
51 Gegen ein Ersatzaussonderungsrecht *OLG Köln* ZInsO 2005, 151; HambKomm/*Büchler/Scholz* § 48 Rn 25.
52 MK/*Ganter* § 48 Rn 57; *Jaeger/Henckel* § 48 Rn 81.
53 MK/*Ganter* § 48 Rn 72.
54 *Jaeger/Henckel* § 48 Rn 84.

15 **Darlegungs- und beweispflichtig** für die tatsächlichen Voraussetzungen eines Ersatzaussonderungsrechts ist derjenige, der sich darauf beruft. Der Anspruchsteller muss sein Aussonderungsrecht und dessen Vereitelung durch ein Veräußerungsgeschäft beweisen. Ihn trifft auch die Beweislast dafür, dass die zur Masse gezogene Leistung des Dritten die Gegenleistung gerade für das Objekt der vereitelten Aussonderung war.[55] Wendet der Verw ein, die Veräußerung sei unwirksam, trifft dafür ihn – wie sich aus §§ 1006, 932–934, 935, 407 Abs 1 BGB ergibt – die Beweislast.[56]

V. Zweitersatzaussonderung

16 Veräußert der Verw einen der Ersatzaussonderung unterliegenden Gegenstand, kommt unter den Voraussetzungen des § 48 eine Ersatzaussonderung des Anspruchs auf die Gegenleistung oder auf diese selbst in Betracht. Das folgt schon daraus, dass die Ersatzaussonderung eine echte Aussonderung darstellt.[57] Die zweite Ersatzaussonderung ist damit schon vom Wortlaut des § 48 gedeckt[58] (Veräußerung eines Gegenstandes, dessen Aussonderung hätte verlangt werden können).

C. Ersatzabsonderung

I. Allgemeines

17 Der RegE enthielt in § 60 eine ausdrückliche Regelung des Ersatzabsonderungsrechts „parallel zum Fall des Ersatzaussonderungsrechts".[59] Diese Regelung wurde auf Vorschlag des Rechtsausschusses „aus Gründen der redaktionellen Straffung" gestrichen, ohne dass damit die Möglichkeit der Ersatzabsonderung ausgeschlossen werden sollte.[60] Dass eine Ersatzabsonderung bei Vereitelung eines Absonderungsrechts analog § 48 in Betracht kommen kann, wird deshalb in Rspr und Lit nicht in Zweifel gezogen.[61]

II. Voraussetzungen

18 Ersatzabsonderung kann dann verlangt werden, wenn ein Gegenstand unberechtigt[62] veräußert wurde, an welchem dem Berechtigten ein Recht auf abgesonderte Befriedigung zustand, und das Recht dadurch erlosch. Grds folgt die Ersatzabsonderung den für die Ersatzaussonderung geltenden Regeln. Sie kann auch an Vereitelungshandlungen des Schu angeknüpft werden.[63] Die Gegenleistung für das durch die SchuHandlung vereitelte Recht kann bereits vor der Eröffnung zur Masse gelangt sein, sofern sie dort noch unterscheidbar vorhanden ist (S 2).[64] Eine Verringerung der Verbindlichkeiten des Schu genügt diesen Anforderungen nicht; eine Wertsurrogation sieht § 48 nicht vor.[65] Voraussetzung der Ersatzabsonderung ist weiter, dass das Absonderungsrecht gerade durch die unberechtigte Verfü-

---

55 *Jaeger/Henckel* § 48 Rn 77.
56 *Jaeger/Henckel* § 48 Rn 41.
57 *BGHZ* 58, 257, 261 = NJW 1972, 873.
58 MK/*Ganter* § 48 Rn 75.
59 BT-Drucks 12/2443, 18, 125 (im Entwurf wie die Ersatzaussonderung auf unberechtigte Veräußerungen durch den Verwalter beschränkt).
60 BT-Drucks 12/7302, 160.
61 *BGH* ZIP 2004, 326, 328; ZIP 2006, 959 Rn 22; *BGHZ* 181, 132 Rn 31 = ZIP 2009, 1235; *BGH* 22.10.15 – IX ZR 171/14, Rn 8; *Jaeger/Henckel* § 48 Rn 61; *Häsemeyer* Rn 18.68; MK/*Ganter* Vor §§ 49–52 Rn 169; *Schmidt/Thole* § 48 Rn 25.
62 *BGH* ZIP 2015, 585 Rn 13.
63 *BGH* ZIP 2004, 326, 328; ZIP 2006, 959 Rn 22.
64 *BGH* ZIP 2006, 959 Rn 19.
65 *BGH* 22.10.2015 – IX ZR 171/14, Rn 10; MK/*Ganter* § 48 Rn 5.

gung vereitelt worden ist. Wird ein mit Auflassungsvormerkung und nachrangiger Grundschuld belastetes Grundstück an den Vormerkungsberechtigten aufgelassen, der dann gem § 888 Abs 1 BGB die Löschung der Grundschuld verlangt, entsteht kein Ersatzabsonderungsrecht.[66]

Die größte praktische Bedeutung kommt der Ersatzabsonderung bei Verfügungen des verwaltungs- und verfügungsbefugten **vorl Verw** (oder des Schu mit Zustimmung des vorl Verw gem § 21 Abs 2 Nr 2 Fall 2) zu,[67] weil die Vorschriften über das Verwertungsrecht des Verw (§§ 165 ff) im EröffnungsVerf noch nicht gelten. Die Frage einer Berechtigung zu Verwertungshandlungen wird sich deshalb bes häufig stellen. Eine (wirksame) Verwertungsvereinbarung schließt eine Ersatzabsonderung aus. Ebenfalls eindeutig ist der umgekehrte Fall, dass der Berechtigte dem Schu erteilte Ermächtigungen zur Weiterveräußerung von Sicherungsgut oder zur Einziehung von sicherungshalber abgetretenen Forderungen bereits widerrufen hatte. Die wirtschaftliche Krise als solche lässt eine bestehende Einziehungsermächtigung unberührt.[68] Ob eine Einziehungsermächtigung bereits mit dem InsAntrag erlischt, hat der BGH in neueren Entscheidungen ausdrücklich offen gelassen.[69] Das InsGer kann nach § 21 Abs 1 S 1 Nr 5 anordnen, dass Forderungen nicht mehr vom Absonderungsberechtigten eingezogen werden. Ist eine derartige Anordnung erlassen worden, ist damit der vorläufige Verw zur Einziehung befugt;[70] die Abrechnung der Erlöse richtet sich dann nach § 170 und nicht nach § 48 (§ 21 Abs 2 Nr 5 S 2). Zieht der vorl Verw zur Sicherheit abgetretene Forderungen aufgrund einer dem Schu erteilten fortbestehenden Einziehungsermächtigung ein, steht dem Berechtigten weder ein Ersatzabsonderungsrecht noch ein Anspruch aus § 170 Abs 1 S 2 auf Auskehr des Erlöses zu.[71] Es kommt lediglich ein Bereicherungsanspruch gegen die Masse gem § 55 Abs 1 Nr 3 in Betracht, der aber voraussetzt, dass der Verw verwaltungs- und verfügungsbefugt oder im Wege der Einzelermächtigung mit der Einziehung von Forderungen beauftragt worden war; der Forderungsbetrag muss überdies zur Masse gelangt sein.[72] Eine Anordnung nach § 21 Abs 2 S 1 Nr 5 berechtigt nicht zur Verwertung von unter Eigentumsvorbehalt gelieferten oder sicherungsübereigneten Betriebsmitteln.[70] 19

III. Rechtsfolgen

Die „Gegenleistung" ist in Relation zum Inhalt des vereitelten Absonderungsrechts zu bestimmen. Bringt der Schu oder der Verw durch Veräußerung eines Grundstücks ein Grundpfandrecht zum Erlöschen (§ 892 BGB), kann der Absonderungsberechtigte nur Abtretung des dem realen Wert der Grundschuld entsprechenden Teils des Kaufpreises verlangen.[73] War das vereitelte Absonderungsrecht auf Duldung der Zwangsvollstreckung in einen bestimmten Gegenstand gerichtet, kann aufgrund des Ersatzabsonderungsrechts nur Duldung der Zwangsvollstreckung in die Gegenleistung verlangt werden.[74] Jegliche Ansprüche des Berechtigten sind durch den Wert der gesicherten Forderung (ggf zzgl Zinsen und Kosten) beschränkt. 20

---

66 *BGH* NJW *1967, 1370; OLG Frankfurt* ZIP 1981, 639.
67 HambKomm/*Büchler/Scholz* § 48 Rn 35.
68 *BGH* ZIP 2006, 1009 Rn 16.
69 *BGH* ZIP 2007, 924 Rn 13; *BGHZ* 184, 101 Rn 20 = ZIP 2010, 739.
70 BT-Drucks 16/3227, 16.
71 *BGH* ZIP 2006, 1009 Rn 18; ZIP 2015, 585 Rn 12 f; ZIP 2015, 1480 Rn 17.
72 Vgl *BGH* ZIP 2007, 2279 Rn 9.
73 *Jaeger/Henckel* § 48 Rn 79.
74 MK/*Ganter* Vor §§ 49–52 Rn 175.

§ 49 Abgesonderte Befriedigung aus unbeweglichen Gegenständen

Gläubiger, denen ein Recht auf Befriedigung aus Gegenständen zusteht, die der Zwangsvollstreckung in das unbewegliche Vermögen unterliegen (unbewegliche Gegenstände), sind nach Maßgabe des Gesetzes über die Zwangsversteigerung und die Zwangsverwaltung zur abgesonderten Befriedigung berechtigt.

Übersicht

A. Allgemeines

I. Normzweck und Gesetzgebungsgeschichte

1 „Abgesonderte Befriedigung" ist das Recht, Forderungen aus dem Verwertungserlös einzelner massezugehöriger Gegenstände zu befriedigen.[1] Gl, denen ein Recht auf Befriedigung aus Gegenständen zusteht, die der Zwangsvollstreckung in das unbewegliche Vermögen unterliegen, sind nach Maßgabe des ZVG zur abgesonderten Befriedigung berechtigt. Diese Regelung entspricht derjenigen der Vorgängervorschriften § 47 KO und § 27 Abs 1 VerglO. Nach §§ 56, 190 RegE-InsO[2] sollte die Entscheidung über die einstweilige Einstellung der vom absonderungsberechtigten Gl betriebenen Zwangsvollstreckung dem InsGer übertragen werden. In der jetzigen Fassung, die auf den Vorschlag des Rechtsausschusses zurückgeht,[3] obliegt diese Entscheidung jedoch (weiterhin) dem Vollstreckungsgericht (§§ 30d–31 ZVG). Nach den allg Vorschriften des Zwangsvollstreckungsrechts, insb derjenigen des ZVG, ist zum einem die Frage zu beantworten, welche Gegenstände der Zwangsvollstreckung in das unbewegliche Vermögen und damit der Absonderung gem § 49 unterliegen. Zum anderen richtet sich auch die Art und Weise der abgesonderten Befriedigung nach dem ZVG. Der absonderungsberechtigte Gl kann die Zwangsversteigerung oder die

1 *Häsemeyer* Rn 18.01.
2 BT-Drucks 12/2443, 17, 39.
3 BT-Drucks 12/7302, 22.

Zwangsverwaltung betreiben, wie wenn das InsVerf nicht eröffnet worden wäre.[4] § 165 gibt zwar auch dem Verw das Recht zur Verwertung des mit dem Absonderungsrecht belasteten unbeweglichen Gegenstandes. Das Verwertungsrecht des Gl bleibt davon jedoch unberührt.[5] Einschränkungen können sich aus § 30d Abs 1 ZVG ergeben, wonach die vom Gl betriebene Zwangsversteigerung unter bestimmten Voraussetzungen auf Antrag des Verw einstweilen einzustellen ist (su). Nach § 10 Abs 1 Nr 1a ZVG hat die Masse überdies dann, wenn ein Verw bestellt worden ist, Anspruch auf die Feststellungspauschale von 4 % des festgesetzten Verkehrswertes der beweglichen Sachen, auf die sich die Versteigerung erstreckt. **Vollstreckungsbeschränkende Vereinbarungen**, welche der Gl vor der Eröffnung mit dem Schu getroffen hat, gelten im InsVerfahren fort, binden den InsVerw jedoch nicht.[6]

II. Stellung der Absonderungsberechtigten im Insolvenzverfahren

Ein Absonderungsrecht kann das **Antragsrecht** (§ 14 Abs 1) des gesicherten Gl entfallen lassen. Ist die Forderung des absonderungsberechtigten Gl zweifelsfrei dinglich gesichert, fehlt seinem InsAntrag das Rechtsschutzinteresse.[7] Im eröffneten Verf ist der Absonderungsberechtigte dagegen unabhängig vom Wert seiner Sicherheit **Verfahrensbeteiligter**. Insb hat er das Recht zur Teilnahme an der GlVersammlung (§ 74 Abs 1 S 2). Mindestens fünf absonderungsberechtigte Gl können nach Maßgabe des § 75 Abs 1 Nr 3 die **Einberufung der GlVersammlung** verlangen, ein einzelner Gl nach Maßgabe des § 75 Abs 1 Nr 4. Das Stimmrecht richtet sich dann, wenn der Schu nicht auch persönlich haftet, nach dem Wert des Absonderungsrechts (§ 76 Abs 1 HS 2). Im vorl, dh vor der ersten GlVersammlung vom InsGer eingesetzten GlAusschuss sollen die absonderungsberechtigten Gl vertreten sein (§ 67 Abs 2 S 1). Die Rechte der absonderungsberechtigten Gl können in einem **InsPlan** abweichend von den Vorschriften der InsO geregelt werden (§ 217). Ein InsPlan greift jedoch nur dann in die Rechte absonderungsberechtigter Gl ein, wenn dies ausdrücklich bestimmt wird (§ 223 Abs 1). Ist eine entspr Bestimmung vorgesehen, sind die Absonderungsberechtigten zu beteiligen; sie bilden eine eigene Gruppe (§ 222 Abs 1 Nr 1). Im Verf der Ersetzung der Zustimmung zu einem vom Schu vorgelegten **Schuldenbereinigungsplan** (§ 309) wird die Forderung des widersprechenden Gl dann, wenn das Absonderungsrecht anerkannt und in seiner Durchsetzung nicht angetastet wird, bei der Abstimmung nur in Höhe des voraussichtlichen Ausfalls berücksichtigt.[8] 2

B. Einzelerläuterungen

I. Absonderungsrechte am Immobiliarvermögen

1. In Betracht kommende Rechte. Welche Rechte zur abgesonderten Befriedigung aus einem Grundstück oder einem anderen der Zwangsvollstreckung in das unbewegliche Vermögen unterliegenden Gegenstand berechtigen, ergibt sich aus §§ 10, 155 ZVG, auf die § 49 verweist (su Rn 19 ff). Dingliche Rechte an einem Grundstück (vgl § 10 Abs 1 Nr 4 ZVG) sind insb Hypotheken (§ 1113 BGB sowie die Zwangshypothek nach § 867 ZPO), Grundschulden (§ 1191 BGB), Rentenschulden (§ 1199 BGB), Reallasten (§ 1105 BGB) sowie die Rechte, auf welche die Vorschriften über Reallasten Anwendung finden (§§ 912–914, 917, *1021*, 1022 BGB). Die in § 10 Abs 1 Nr 1–3 ZVG genannten Rechte begründen in der Insol- 3

4 *BGH* ZIP 2008, 281 Rn 11.
5 BT-Drucks 12/2443, 176.
6 *BGH* ZIP 2011, 387 Rn 14.
7 *BGH* ZIP 2008, 281 Rn 12; vgl oben § 14 Rn 24, 26.
8 *BGH* ZInsO 2008, 327 Rn 14.

venz des Eigentümers Absonderungsrechte kraft besonderer rechtlicher Anordnung. Einer Beschlagnahme vor der Eröffnung bedarf es nicht.[9]

4 **2. Maßgeblicher Zeitpunkt der Entstehung des Rechts.** Das Recht, aufgrund dessen die abgesonderte Befriedigung verlangt wird, muss im Zeitpunkt der Eröffnung bereits entstanden sein. Grds müssen dazu alle Entstehungsvoraussetzungen erfüllt sein. Bei den genannten Rechten an einem Grundstück sind das die Einigung über den Eintritt der Rechtsänderung und die Eintragung der Rechtsänderung in das Grundbuch (§ 873 BGB), aber auch zusätzliche Voraussetzungen wie etwa die nach § 1117 BGB für den Erwerb einer Briefhypothek erforderliche Übergabe des Hypothekenbriefs. Gem § 878 BGB, § 91 Abs 2 reicht jedoch aus, dass die dingliche Einigung notariell beurkundet worden und der Eintragungsantrag beim Grundbuchamt eingegangen ist. Der Antrag auf Eintragung der Rechtsänderung muss dann allerdings (auch) vom GrundschuldGl oder in dessen Namen gestellt worden sein; andernfalls könnte der Verw ihn nach der Eröffnung wieder zurücknehmen und die Entstehung des Rechts verhindern.[10] Unter den Voraussetzungen des § 892 BGB kommt auch ein gutgläubiger Erwerb des Absonderungsrechts nach der Eröffnung in Betracht (§ 91 Abs 2). War vor der Eröffnung eine Vormerkung zur Sicherung des Anspruchs auf Einräumung eines Rechts an einem Grundstück in das Grundbuch eingetragen worden (§ 883 BGB), kann der gesicherte Anspruch auch nach der Eröffnung noch gegen die Masse durchgesetzt (§ 106 Abs 1), das zur Absonderung berechtigende Recht also noch nach der Eröffnung erworben werden.

II. Gegenstand der abgesonderten Befriedigung gem § 49

5 **1. Grundstücke und grundstücksgleiche Rechte.** Welche Gegenstände der abgesonderten Befriedigung aus dem unbeweglichen Vermögen unterliegen, richtet sich nach § 864 ZPO iVm den Vorschriften des ZVG. Erfasst sind insb Grundstücke. Der Begriff des „Grundstück" wird in der InsO ebenso wie im ZVG, im BGB und in der GBO nicht geregelt, sondern vorausgesetzt. Wohnungs- und Teileigentum (§ 1 WEG) unterliegt wie ein Grundstück der Zwangsvollstreckung in das unbewegliche Vermögen. Gleiches gilt für im Beitrittsgebiet fortbestehendes Gebäudeeigentum (Art 233 §§ 2b, 4 EGBGB). Grundstücksgleiche Rechte sind zB das Erbbaurecht (§§ 1, 11 ErbbVO, das Wohnungs- und Teilerbbaurecht (§ 30 WEG), Bergwerkseigentum, landesrechtliche Fischereirechte (Art 69 EGBGB), Realgemeinderechte (Art 164 EGBGB).

Der **Bruchteil** eines Grundstücks oder eines grundstücksgleichen Rechts unterliegt dann der Immobiliarzwangsvollstreckung und fällt unter § 49, wenn er in dem Anteil eines Miteigentümers besteht oder wenn sich der Anspruch des Gl auf ein Recht gründet, mit dem der Bruchteil als solcher belastet ist (§ 864 Abs 2 ZPO).

6 **2. Zum Haftungsverbund des Grundpfandrechts gehörende Gegenstände.** Die Zwangsvollstreckung in das unbewegliche Vermögen umfasst auch die Gegenstände, auf die sich bei Grundstücken und grundstücksgleichen Rechten die Grundschuld oder Hypothek erstreckt (§§ 865 ZPO, 1120–1130, 1192 BGB). Zubehör kann nicht gepfändet werden (§ 865 Abs 2 S 1 ZPO), wird also immer vom Absonderungsrecht umfasst. IÜ unterliegen die zum Haftungsverbund gehörenden Gegenstände der Zwangsvollstreckung in das bewegliche Vermögen, solange nicht ihre Beschlagnahme im Wege der Zwangsvollstreckung in das unbewegliche Vermögen erfolgt ist (§ 865 Abs 2 S 2 ZPO).

---

9 *BGH* ZIP *2009*, *818* Rn 7; ZIP 2011, 1723 Rn 15 ff; ZIP 2013, 2122 Rn 7 (jeweils zu den Wohngeldansprüchen nach § 10 Abs 1 Nr 2 ZVG).

10 *BGH* ZIP 2008, 322 Rn 10; ZIP 1997, 423, 424; vgl *Raebel* ZInsO 2002, 955.

Das Grundpfandrecht erstreckt sich auf die von dem Grundstück getrennten **Erzeugnisse und sonstigen Bestandteile**, soweit sie nicht mit der Trennung nach §§ 954–957 BGB in das Eigentum eines anderen als des Eigentümers oder des Eigenbesitzers des Grundstücks gelangt sind, sowie auf das **Zubehör** des Grundstücks mit Ausnahme der nicht im Eigentum des Grundstückseigentümers stehenden Zubehörstücke (§ 1120 BGB). Unter Eigentumsvorbehalt geliefertes Zubehör unterfällt der Grundpfandhaftung, sobald der Grundstückseigentümer Eigentum daran erwirbt.[11] Bestandteile sind die wesentlichen Bestandteile sowie die Erzeugnisse des Grundstücks (§§ 93, 94 BGB), nicht jedoch die Scheinbestandteile (§ 95 BGB). Nicht getrennte Bestandteile und Erzeugnisse gehören stets zum Haftungsverbund. 7

Die **Enthaftung** von Erzeugnissen, sonstigen Bestandteilen und Zubehörstücken richtet sich nach §§ 1121, 1122 BGB. 8

Die genannten Gegenstände werden von der Haftung frei, wenn sie **veräußert und von dem Grundstück entfernt** worden sind, bevor sie zugunsten des Absonderungsberechtigten in Beschlag genommen werden (§ 1121 Abs 1 BGB). Beide Voraussetzungen (Veräußerung und Entfernung vom Grundstück) müssen kumulativ erfüllt sein. Eine Veräußerung nach § 930 BGB, bei welcher der Grundstückseigentümer auch nach der Veräußerung im Besitz der Sache bleibt, genügt nicht.[11] Veräußerung und Entfernung vom Grundstück müssen vor der Beschlagnahme abgeschlossen sein. Die Beschlagnahme erfolgt durch die Zustellung des Beschlusses über die Anordnung der Zwangsversteigerung. Sie erfasst auch die Gegenstände, auf die sich die Grundpfandhaftung erstreckt (§ 20 ZVG). Der Gutglaubensschutz des Erwerbers eines erst nach der Veräußerung vom Grundstück entfernten Bestandteils oder Zubehörstücks richtet sich nach § 1121 Abs 2 BGB. Bei einer Enthaftung nach § 1121 Abs 1 kommt es auf einen guten Glauben des Erwerbers dagegen nicht an. Sind die Erzeugnisse oder Bestandteile innerhalb der Grenzen einer ordnungsgemäßen Wirtschaft von dem Grundstück getrennt worden, erlischt ihre Haftung auch ohne Veräußerung, wenn ihre Entfernung vom Grundstück nicht nur zu einem vorübergehenden Zweck erfolgte (§ 1122 Abs 1 BGB). 9

Zubehör wird ohne Veräußerung von der Haftung frei, wenn die Zubehöreigenschaft innerhalb der Grenzen einer ordnungsgemäßen Wirtschaft vor der Beschlagnahme aufgehoben wird (§ 1122 Abs 2 BGB). Das Zubehör verliert seine Eigenschaft als solches mit der endgültigen und vollständigen Stilllegung des Betriebs, zu dem es gehört; denn von diesem Zeitpunkt an ist es nicht mehr dazu bestimmt, dem wirtschaftlichen Zweck der Hauptsache (des Grundstücks) zu dienen (§§ 97, 98 BGB).[12] Eine Enthaftung tritt gleichwohl nicht ein, weil die Stilllegung des Betriebs – auch und gerade dann, wenn sie durch einen InsVerw zum Zwecke der Verwertung des schuldnerischen Vermögens erfolgt – keine „ordnungsgemäße Wirtschaft" iSd § 1122 Abs 2 BGB darstellt.[13] Die Bestimmungen der §§ 1121, 1122 BGB bezwecken einen Ausgleich zwischen dem Interesse des Eigentümers, trotz der Belastung das Grundstück sachgerecht zu nutzen und erfolgreich zu bewirtschaften, und dem Interesse des GrundpfandGgl an der Erhaltung des vorhandenen Bestandes. Die Aufhebung der Zubehöreigenschaft iRd ordnungsmäßigen Wirtschaft gefährdet das Sicherungsinteresse des GrundpfandGl nicht, ermöglicht dem Eigentümer aber die Fortsetzung seines Betriebes. Von dessen Stilllegung an kann es dagegen nur noch um eine Bestanderhaltung gehen. Das Interesse des InsVerw an einer bestmöglichen Verwertung des Zubehörs tritt 10

11 *BGH* NJW 1979, 2514.
12 *BGHZ* 60, 267, 269 = WM 1973, 554 ff.
13 *BGHZ* 56, 298, 299 f = WM 1971, 942; *BGHZ* 60, 267, 269 = WM 1973, 555; *BGH* ZIP 1996, 223, 224; *OLG Dresden* ZInsO 2003, 473.

hinter demjenigen der GrundpfandGl an der Möglichkeit des Zugriffs auf das Grundstückszubehör zurück.[14]

11 Ansprüche des GrundpfandGl wegen einer **Verschlechterung** des Grundstücks einschl des mithaftenden Zubehörs richten sich nach §§ 1133–1135 BGB. Die im Verhältnis zum GrundpfandGl wirksame, aber unberechtigte Veräußerung eines mithaftenden Gegenstandes kann außerdem ein **Ersatzabsonderungsrecht** begründen.[15] Die Vorschrift des § 48, welche die Ersatzaussonderung regelt, gilt für die Absonderung analog.[16] Steht die Gegenleistung noch aus, kann der Absonderungsberechtigte folglich die Abtretung der Gegenleistung verlangen; ist die Gegenleistung in der Masse unterscheidbar vorhanden, steht ihm die Gegenleistung zu. Geht es um eine Verfügung des Verw, ist die Masse ungerechtfertigt um die Gegenleistung bereichert (§ 55 Abs 1 Nr 3).[17] Bei schuldhaftem Verhalten des Verw kommt zusätzlich ein Anspruch gegen die Masse aus § 55 Abs 1 Nr 1 wegen unerlaubter Handlung (§ 823 Abs 1 BGB) in Betracht; der Verw persönlich haftet dann nach § 60.[18]

12 Ist das belastete Grundstück vermietet oder verpachtet, erstreckt sich das Grundpfandrecht auf die **Miet- und Pachtforderungen** (§ 1123 Abs 1 BGB), auch insoweit, als mit der Miete oder Pacht die Überlassung von Zubehör des Grundstücks abgegolten wird.[19] Soweit die jeweilige Forderung fällig ist, wird sie mit dem Ablauf eines Jahres nach dem Eintritt der Fälligkeit von der Haftung frei, wenn nicht vorher die Beschlagnahme zugunsten des Grundpfandgläubigers erfolgt ist. Ist die Miete oder Pacht im Voraus zu entrichten, erstreckt sich die Befreiung nicht auf die Miete oder Pacht für eine spätere Zeit als den zur Zeit der Beschlagnahme laufenden Monat; erfolgt die Beschlagnahme nach dem 15. Tag des Monats, erstreckt sich die Befreiung auch auf die Miete oder Pacht für den folgenden Monat (§ 1124 Abs 2 BGB).

13 Ob und in welchem Umfang **Vorausverfügungen** über die Miete oder Pacht dem Absonderungsberechtigten gegenüber wirksam sind, richtet sich nach § 1124 BGB. Wird die Miete oder Pacht eingezogen, bevor sie zugunsten des GrundpfandGl in Beschlag genommen worden ist, oder wird vor der Beschlagnahme in anderer Weise über sie verfügt, so ist die Verfügung dem GrundpfandGl gegenüber wirksam. Besteht die Verfügung in der Übertragung der Forderung auf einen Dritten, so erlischt die Haftung der Forderung; erlangt ein Dritter ein Recht an der Forderung, so geht es der Hypothek im Rang vor (§ 1124 Abs 1 BGB). Dem HypothekenGl gegenüber unwirksam ist die Verfügung, soweit sich auf die Miete oder Pacht für eine spätere Zeit als den zur Zeit der Beschlagnahme laufenden Monat bezieht; erfolgt die Beschlagnahme nach dem 15. Tag des Monats, so ist die Verfügung jedoch insoweit wirksam, als sie sich auf die Miete oder Pacht für den folgenden Monat bezieht (§ 1124 Abs 2 BGB). Eine Vorausverfügung nach § 1124 Abs 2 BGB setzt die Existenz einer nach periodischen Zeitabschnitten bemessenen Miete voraus. Ist eine Einmalzahlung vereinbart, ist diese auf die Mietzeit umzulegen.[20] Ist der Mietvertrag auf Lebenszeit abgeschlossen und nur eine Einmalzahlung vereinbart, galt dies bisher nicht; ob an dieser Rspr festzuhalten ist, hat der BGH in einer neueren Entscheidung ausdrücklich offen gelassen.[21] Der Übertragung der Forderung auf einen Dritten steht es gleich, wenn das Grundstück ohne die Forderung veräußert wird (§ 1124 Abs 3 BGB). Ob die Vorausverfügung vor oder nach der

---

14 *BGH* ZIP 1996, 223, 224.
15 MK/*Ganter* § 49 Rn 16, 19.
16 Vgl *BGH* ZIP 2004, 326, 328; ZIP 2006, 959 Rn 22.
17 *Jaeger/Henckel* § 49 Rn 45.
18 MK/*Ganter* § 49 Rn 19.
19 *RGZ* 136, 410 f; MK/*Ganter* § 49 Rn 26.
20 *BGHZ* 202, 91 Rn 19 = WM 2014, 1728.
21 *BGHZ* 202, 91 Rn 18, 21 = WM 2014, 1728.

Bestellung des Grundpfandrechts stattgefunden hat, ist unerheblich.[22] Soweit die Einziehung der Miete oder Pacht dem GrundpfandGl gegenüber unwirksam ist, kann der Mieter oder Pächter nicht eine ihm gegen den Vermieter oder den Verpächter zustehende Forderung mit Wirkung gegen den GrundpfandGl aufrechnen (§ 1125 BGB).

Eine Verwertung der Miet- und Pachtforderungen setzt grds deren **Beschlagnahme** im Wege der Zwangsvollstreckung voraus. Die Beschlagnahme des Grundstücks durch Anordnung der Zwangsversteigerung (§ 20 ZVG) umfasst die Miet- und Pachtforderungen nicht (§ 21 Abs 2 ZVG). Die Miet- und Pachtforderungen werden nur durch die Anordnung der Zwangsverwaltung beschlagnahmt (§§ 146, 148 Abs 1 ZVG). Außerhalb eines InsVerf über das Vermögen des Grundstückseigentümers kann die Beschlagnahme zwar auch im Wege der Pfändung der Miet- oder Pachtforderungen auf der Grundlage eines dinglichen Titels bewirkt werden.[23] Nach Eröffnung des InsVerf ist die Forderungspfändung jedoch nicht mehr zulässig (§ 89). So wird verhindert, dass die InsMasse entgegen § 144 Abs 1, § 156 Abs 1 ZVG um die noch nicht berichtigten öffentlichen Lasten und laufenden Kosten des Grundstücks geschmälert wird. Die abgesonderte Befriedigung muss also zwingend im Wege der Zwangsversteigerung oder der Zwangsverwaltung erfolgen.[24] Diese Einschränkung betrifft sowohl die Entstehung als auch die Verwertung des Absonderungsrechts. Wird während des InsVerf die über ein Grundstück des InsSch angeordnete Zwangsverwaltung uneingeschränkt aufgehoben, ist die Pfändung des Anspruchs der InsMasse gegen den vormaligen Zwangsverwalter auf Auskehrung des Erlösüberschusses auch für den Grundpfandgläubiger unzulässig, der zuvor die Zwangsverwaltung betrieben hatte.[25] 14

Zum Haftungsverbund gehören auch die **wiederkehrenden Leistungen** des § 1126 BGB. Die Vorschrift des § 1126 BGB erfasst wiederkehrende Leistungen aus subjektiv-dinglichen Rechten, die nach § 96 BGB als Bestandteile des Grundstücks gelten.[26] Eine vor der Beschlagnahme erfolgte Verfügung über den Anspruch auf eine Leistung, die erst drei Monate nach der Beschlagnahme fällig wird, ist dem Hypothekengläubiger gegenüber unwirksam (§ 1126 S 3 BGB; § 1124 Abs 2 BGB gilt insoweit nicht). Der Anspruch auf Schadensersatz für schuldhaft nicht gezogene Nutzungen fällt nicht unter § 1126 BGB.[26] 15

Sind Gegenstände, die dem Grundpfandrecht unterliegen, für den Eigentümer oder den Eigenbesitzer des Grundstücks versichert, so erstreckt sich das Grundpfandrecht auch auf die **Versicherungsforderung** (§ 1127 BGB). Voraussetzung dafür ist, dass bei Eintritt des Versicherungsfalls das Grundpfandrecht oder jedenfalls eine dessen Erwerb sichernde Vormerkung[27] und ein wirksamer Versicherungsvertrag[28] gegeben sind.[29] Sind diese Voraussetzungen erfüllt, haftet die gesamte Versicherungsforderung. Die Vorschrift des § 1127 BGB ist nicht entspr auf Schadensersatzansprüche des Eigentümers wegen einer Beschädigung des Grundstücks anwendbar.[30] Ist ein **Gebäude** versichert, entsteht das Pfandrecht an der (künftigen) Versicherungsforderung unabhängig von einer Beschlagnahme.[31] Gem § 1128 Abs 3 BGB finden die für eine verpfändete Forderung geltenden Vorschriften Anwendung 16

---

22 *BGHZ* 163, 201, 207 = ZIP 2005, 1454.
23 *BGHZ* 163, 201, 208 = ZIP 2005, 1454; *BGH* ZIP 2008, 1447.
24 *BGHZ* 168, 339 ff = ZIP 2006, 1556 ff; *BGH* ZIP 2013, 2331 Rn 7; *BGH* 14.7.2016 – IX ZB 31/14 Rn 15; *Mitlehner* NZI 2014, 1047.
25 *BGH* WM 2013, 2176 Rn 7
26 *BGH* ZIP 2006, 1697 Rn 15.
27 *RGZ* 151, 389.
28 *RGZ* 141, 83.
29 MK/*Ganter* § 49 Rn 33.
30 *BGHZ* 107, 255, 256 = NJW 1989, 2124.
31 *RGZ* 122, 131.

(§§ 1273 ff BGB). Befreiende Leistungen an den Eigentümer sind unter den Voraussetzungen des § 1128 Abs 1 und 2 BGB möglich. Sind andere Gegenstände als ein Gebäude versichert, bestimmt sich die Haftung der Versicherungsforderung nach § 1123 Abs 2 S 1, § 1124 Abs 1, 3 BGB, also den für Miet- und Pachtforderungen geltenden Vorschriften (§ 1129 BGB). Bei der **Gebäudefeuerversicherung** ist die Wiederherstellungsklausel des **§ 93 VVG** zu beachten. Ist der Versicherer nach dem Vertrag verpflichtet, einen Teil der Entschädigung nur bei Wiederherstellung oder Wiederbeschaffung der versicherten Sache zu zahlen, kann der Versicherungsnehmer die Zahlung eines über den Versicherungswert hinausgehenden Betrags erst verlangen, wenn die Wiederherstellung oder Wiederbeschaffung gesichert ist. Eine Zahlung, die ohne die Sicherung der Wiederherstellung oder Wiederbeschaffung geleistet wird, ist einem HypothekenGl gegenüber nur wirksam, wenn ihm der Versicherer oder der Versicherungsnehmer mitgeteilt hat, dass ohne die Sicherung geleistet werden soll, und wenn seit dem Zugang der Mitteilung mindestens ein Monat verstrichen ist (§ 94 Abs 1 VVG). Eine diesen Bestimmungen entspr Zahlung an den Versicherten ist dem GrundpfandGl gegenüber wirksam (§ 1130 BGB).

17 **3. Umfang der Haftung.** Gem § 1118 BGB haftet das Grundstück auch für die gesetzlichen Zinsen der Forderung sowie für die Kosten der Kündigung und der die Befriedigung aus dem Grundstück bezweckenden notwendigen (vgl §§ 91 Abs 2, 788 ZPO) Rechtsverfolgung.

18 **4. Sonstige zum unbeweglichen Vermögen gehörende Rechte.** Ebenfalls zum unbeweglichen Vermögen im Sinne des Einzel- und Gesamtvollstreckungsrechts gehören die im Schiffsregister eingetragenen Schiffe und die Schiffsbauwerke, die im Schiffsbauregister eingetragen sind oder in dieses Register eingetragen werden können (§§ 864 Abs 1 HS 2, 870a ZPO, § 162 ZVG), sowie die in die Luftfahrzeugrolle eingetragenen Luftfahrzeuge (§ 171a ZVG).

III. Rangordnung der absonderungsberechtigten Gläubiger

19 **1. Allgemeine Grundsätze.** Die absonderungsberechtigten Gl sowie Inhalt und Rangordnung ihrer Rechte richten sich nach §§ 10–14 ZVG. Die Rangordnung des § 10 ZVG ist zwingend. Eine abw Vereinbarung hat nur außerhalb des gerichtlichen Verf und nur im Verhältnis der an der Vereinbarung Beteiligten Gültigkeit.[32] Die Rangordnung der Ansprüche bestimmt, dass jede folgende Rangklasse den Rang nach der vorangehenden hat. Ansprüche aus der späteren Rangklasse kommen erst dann zum Zuge, wenn alle Ansprüche aus der vorangegangenen Rangklasse voll gedeckt sind. Innerhalb einer Rangklasse sind Ansprüche aus verschiedenen Rechten grds nach dem Verhältnis ihrer Beträge zu befriedigen (§ 10 Abs 1 S 1 ZVG). Für Ansprüche aus verschiedenen Rechten der Rangklassen gem § 10 Nr 4, 6 oder 8 ZVG gilt das Rangverhältnis, welches unter den Rechten besteht (§ 11 Abs 1 ZVG). Gem § 879 Abs 1 BGB richtet sich das Rangverhältnis unter mehreren Rechten in derselben Abteilung des Grundbuchs nach der Reihenfolge der Eintragungen. Sind die Rechte in verschiedenen Abteilungen eingetragen, so hat das unter Angabe eines früheren Tages eingetragene Recht den Vorrang; Rechte, die unter Angabe desselben Tages eingetragen sind, haben gleichen Rang.

20 **2. Rangordnung der Rechte auf Befriedigung aus einem Grundstück.** Die **Kosten des Verf** sind vorweg zu berichtigen (§§ 109 Abs 1, 155 Abs 1 ZVG). In **Rangklasse 1** befinden sich die Ansprüche eines die Zwangsverwaltung betreibenden Gl auf Ersatz seiner **Auslagen zur Erhaltung oder nötigen Verbesserung des Grundstücks**, iF der Zwangsversteigerung jedoch nur, wenn die Verwaltung bis zum Zuschlage fortdauert und die Ausgaben nicht aus den Nutzungen erstattet werden können (§ 10 Abs 1 Nr 1 ZVG). Die **Rangklasse 1a** ist mit dem Einführungsgesetz zur InsO neu eingeführt worden, um die Chancen für eine erfolgreiche

---

32 *BGH* ZIP 1992, 1073, 1075.

Zwangsversteigerung durch den Verw zu erhöhen.[33] Die gesicherten Gl sollen an den Kosten der Feststellung des Grundstückszubehörs beteiligt werden. Die zur InsMasse gehörenden Ansprüche auf Ersatz der **Kosten der Feststellung der beweglichen Gegenstände**, auf die sich die Versteigerung erstreckt, werden daher mit pauschal 4 % des nach § 74a Abs 5 S 2 ZVG festgesetzten Verkehrswertes der Gegenstände vorab befriedigt. Gem § 174a ZVG kann der Verw verlangen, dass bei der Feststellung des geringsten Gebots nur die den Ansprüchen aus § 10 Abs 1 Nr 1a ZVG vorgehenden Rechte berücksichtigt werden. In diesem Fall ist das Grundstück auch mit der verlangten Abweichung auszubieten. Der Verw kann so zum bestrangigen betreibenden Gl werden.[34] In **Rangklasse 2** befinden sich seit dem 1.7.2007[35] bei Vollstreckung in ein Wohnungseigentum die laufenden und die rückständigen **Hausgeldforderungen** aus dem Jahr der Beschlagnahme und den letzten zwei Jahren davor, die von der Gemeinschaft der Wohnungseigentümer angemeldet werden müssen. Die bis dahin geltende Regelung, welche die sog „Litlohnansprüche" der in Land- und Forstwirtschaft bei der Grundstücksbewirtschaftung eingesetzten Personen betraf, wurde als durch die soziale und rechtliche Entwicklung überholt angesehen und ersatzlos gestrichen.[36] **Rangklasse 3** enthält die Ansprüche auf Entrichtung der **öffentlichen Lasten** des Grundstücks wegen der aus den letzten vier Jahren rückständigen Beträge; wiederkehrende Leistungen (insb Grundsteuern, Zinsen, Zuschläge oder Rentenleistungen) sowie Beträge, die zur allmählichen Tilgung einer Schuld als Zuschlag zu den Zinsen zu entrichten sind, genießen dieses Vorrecht nur für die laufenden Beträge und für die Rückstände aus den letzten zwei Jahren. In **Rangklasse 4** gehören alle Ansprüche aus Rechten an dem Grundstück, soweit sie nicht infolge der Beschlagnahme dem betreibenden Gl gegenüber unwirksam und deshalb in Rangklasse 6 zu befriedigen sind. Erfasst sind insb die Hypotheken (§§ 1113 ff BGB) einschl der Zwangshypotheken (§ 867 ZPO), Grund- und Rentenschulden (§§ 1191 ff, 1199 ff BGB), Reallasten (§§ 1105 f BGB). Der Anspruch des die Zwangsvollstreckung aus einem persönlichen Titel betreibenden Gl fällt in **Rangklasse 5**. In **Rangklasse 6** befinden sich die Ansprüche der vierten Klasse, soweit sie infolge der Beschlagnahme dem Gl gegenüber unwirksam sind. **Rangklasse 7** bilden die Ansprüche der dritten Klasse wegen der älteren Rückständen, **Rangklasse 8** diejenigen der vierten Klasse wegen der älteren Rückstände.

3. Rangordnung bei den sonstigen Gegenständen. Auf die Zwangsversteigerung eines im Schiffsregister eingetragenen Schiffs, eines eintragungsfähigen Schiffsbauwerks oder eines Luftfahrzeugs gelten §§ 10 ff ZVG entspr, soweit §§ 162 ff, 171a ff ZVG keine besonderen Regelungen enthalten (§§ 162, 171a ZVG). 21

IV. Durchsetzung der abgesonderten Befriedigung

1. Absonderungsstreit. Ein besonderes Anmeldungs- und FeststellungsVerf ist für Absonderungsrechte nicht vorgesehen. Sicherungsrechte an beweglichen Sachen und Forderungen sollen zwar unverzüglich dem Verw mitgeteilt werden (vgl § 28 Abs 2). Für die aus dem Grundbuch ersichtlichen Absonderungsrechte an unbeweglichem Vermögen gilt diese Vorschrift nicht; ein Verstoß gegen sie begründet überdies allenfalls Schadensersatzansprüche. Der Streit über Bestand und Reichweite eines Absonderungsrechts ist daher unmittelbar auf dem ordentlichen Rechtsweg auszutragen. Beteiligt sind regelmäßig der Gl und der Verw als Partei kraft Amtes. Der Gl kann positive, der Verw negative Feststellungsklage erheben. Hat der Gl noch keinen Duldungstitel (§§ 16, 146 ZVG), muss er den Verw als Par- 22

33 BT-Drucks 12/3803, 69.
34 MK/*Ganter* § 49 Rn 50.
35 Eingeführt durch das G zur Änderung des WEG und anderer G v 26.3.2007, BGBl I, 370.
36 Vgl BT-Drucks 16/887, 44.

tei kraft Amtes (§ 80) auf Duldung der Zwangsvollstreckung aus dem Grundpfandrecht in Anspruch nehmen[37] (§§ 1147, 1192 BGB; zur Zwangsvollstreckung aus einer Zwangshypothek vgl aber § 867 Abs 3 ZPO[38]). Durch die Eröffnung unterbrochene (§ 240 ZPO) Prozesse über die abgesonderte Befriedigung können sowohl vom Verw als auch vom Gl aufgenommen werden (§ 86 Abs 1 Nr 2). Hat der Verw das Grundstück aus der Masse freigegeben, ist nur der Schu passivlegitimiert.

23 **2. Verwertung.** Verwirklicht wird die abgesonderte Befriedigung aus einem Grundstück oder einem sonstigen unbeweglichen Gegenstand durch die vom Gl zu betreibende Zwangsversteigerung oder Zwangsverwaltung (vgl § 1 ZVG). Gem § 165 kann aber auch der Verw die Zwangsversteigerung oder die Zwangsverwaltung eines mit einem Absonderungsrecht belasteten unbeweglichen Gegenstandes betreiben. Zu einer **freihändigen Veräußerung** des Grundstücks ist nur der Verw (mit Zustimmung der GlVersammlung, vgl § 160 Abs 2 Nr 1) berechtigt,[39] nicht der absonderungsberechtigte Gl.[40] Bleiben die Belastungen nach der Veräußerung bestehen, hat der Gl kein Recht auf abgesonderte Befriedigung aus dem Erlös.[41] Verspricht der Verw dem durch eine **offensichtlich wertlose Grundschuld** gesicherten Gl eine Geldleistung für die Erteilung der Löschungsbewilligung, kann diese Vereinbarung wegen Insolvenzzweckwidrigkeit nichtig sein.[42] Dies gilt nicht, wenn der gezahlte Betrag ausschließlich zu Lasten eines damit einverstandenen vorrangigen Grundpfandgläubigers geht.[43] Der Gl ist nicht verpflichtet, zugunsten der vom Verw beabsichtigten freihändigen Veräußerung des Grundstücks die Löschung seines wertlosen Sicherungsrechts zu bewilligen.[44] Die Pfändung mithaftender Mieten oder Pachten ist nach der Eröffnung des InsVerf über das Vermögen des Schu nicht mehr zulässig.[45]

24 **a) Bei Eröffnung bereits anhängige Verfahren.** Zwangsvollstreckungsverfahren werden nicht gem § 240 ZPO wegen der Eröffnung des InsVerf über das Vermögen des VollstreckungsSchu unterbrochen. Die Folgen des InsVerf für die Zwangsvollstreckung gegen den Schu sind vielmehr durch §§ 88 ff bes geregelt. Daneben ist für die Anwendung von § 240 ZPO kein Raum.[46] Die §§ 89–90 betreffen die Zwangsvollstreckung durch Absonderungsberechtigte nicht. Eine erst im letzten Monat vor der Eröffnung oder nach der Eröffnung erlangte Zwangshypothek ist allerdings gem § 89 unwirksam. Beteiligter des ZwangsvollstreckungsVerf wird der Verw,[47] denn der Schu hat mit der Eröffnung die Verfügungsbefugnis über sein Vermögen an den Verw verloren (§ 80 Abs 1). Die Vollstreckungsklausel braucht dann, wenn die Beschlagnahme vor der Eröffnung wirksam geworden ist, nicht auf den Verw umgeschrieben zu werden (vgl § 80 Abs 2 S 2); auch einer erneuten Zustellung des Titels bedarf es nicht.[48]

---

37 *BGH* ZIP 2011, 1723 Rn 24; ZIP 2013, 1742 Rn 7, zVb in BGHZ.
38 Dazu *BGH* ZIP 2008, 1447.
39 Vgl *BGHZ* 47, 181, 183 = NJW 1967, 1370 (zu § 47 KO); *BGH* ZIP 1998, 247, 248 (zur GesO); *BGH* ZIP 2011, 387 Rn 15; *BGH* 9.6.2016 – IX ZR 153/15, Rn 23; *d'Avoine* NZI 2008, 17; su § 165 Rn 7.
40 *BGH* ZIP 1987, 764, 768; *BGH* 9.6.2016 – IX ZR 153/15, Rn 23; su § 165 Rn 7.
41 *BGH* ZIP 2010, 791 Rn 8; ZIP 2010, 994 Rn 11.
42 *BGH* ZIP 2008, 884; ZIP 2014, 978 Rn 23.
43 *BGH* ZIP 2014, 978
44 *BGH* ZIP 2015, 1131 Rn 9 ff.
45 *BGHZ* 168, 339 ff = ZIP 2006, 1554 ff; *BGH* JurBüro 2009, 162 Rn 5.
46 *BGHZ* 172, 16 ff = ZIP 2007, 983 f.
47 *BGHZ* 172, 16 ff = ZIP 2007, 983.
48 *BGH* WM 2005, 1324, 1326.

b) Bei Eröffnung noch nicht anhängige Verfahren. Nach der Eröffnung sind die Vollstreckungsmaßnahmen gegen den Verw zu richten, auf den die Verfügungsbefugnis über das Vermögen des Schu gem § 80 Abs 1 übergegangen ist. Der (dingliche) **Titel** muss auf ihn umgeschrieben werden; ihm ist der Titel nach § 750 Abs 1 ZPO **zuzustellen**.[49] Ist nach Eröffnung die Versteigerung eines zur Masse gehörenden Grundstücks angeordnet, der Titel auf den Verw umgeschrieben und diesem zugestellt worden, ist eine erneute Umschreibung auf und Zustellung an den Schu nicht mehr erforderlich, wenn der Verw das Grundstück aus der Masse **freigibt**.[50] Aus einem persönlichen Titel gegen den Schu kann nicht mehr vollstreckt werden. Die durch das Absonderungsrecht gesicherte persönliche Forderung ist vielmehr zur Tabelle anzumelden (vgl § 52). 25

c) Einstweilige Einstellung der Zwangsversteigerung. Auf Antrag des Verw ist die vom Gl betriebene Zwangsversteigerung einstweilen nach § 30d ZVG einzustellen, wenn entweder der Berichtstermin noch bevorsteht, das Grundstück nach dem Erg des Berichtstermins für eine Fortführung des Unternehmens oder für die Vorbereitung der Veräußerung eines Betriebes oder einer anderen Gesamtheit benötigt wird, durch die Versteigerung die Durchführung eines vorgelegten InsPlanes wesentlich erschwert oder die angemessene Verwertung der Ins-Masse in sonstiger Weise wesentlich erschwert würde. Der Antrag ist abzulehnen, wenn die einstweilige Einstellung dem Gl unter Berücksichtigung seiner wirtschaftlichen Verhältnisse nicht zuzumuten ist. Hat der Schu einen InsPlan vorgelegt, der nicht nach § 231 zurückgewiesen worden ist, kann die Zwangsversteigerung ebenfalls eingestellt werden, wenn sie den Plan gefährden würde. 26

3. Stille Zwangsverwaltung. Als „stille“ oder „kalte“ Zwangsverwaltung wird eine Vereinbarung zwischen dem Pfandrechtsgläubiger und dem InsVerwalter bezeichnet, wonach dieser die massezugehörigen, aber dem Haftungsverband des Grundpfandrechts zugehörigen Miet- und Pachtforderungen einzieht und den Erlös an die Grundpfandgläubiger im Rahmen ihrer Rechte auskehrt. Eine derartige Vereinbarung ist zulässig, wenn sie die Masse nicht schlechter stellt, als sie im Fall einer förmlichen Zwangsverwaltung stünde.[51] Der InsVerw erhält für seine Tätigkeit einen Kostenbeitrag, der in die Masse fließt. Eine Vergütungsvereinbarung zwischen dem Gl und dem Verwalter persönlich ist insolvenzzweckwidrig und nichtig.[52] 27

§ 50 Abgesonderte Befriedigung der Pfandgläubiger

(1) Gläubiger, die an einem Gegenstand der Insolvenzmasse ein rechtsgeschäftliches Pfandrecht, ein durch Pfändung erlangtes Pfandrecht oder ein gesetzliches Pfandrecht haben, sind nach Maßgabe der §§ 166 bis 173 für Hauptforderung, Zinsen und Kosten zur abgesonderten Befriedigung aus dem Pfandgegenstand berechtigt.

(2) [1]Das gesetzliche Pfandrecht des Vermieters oder Verpächters kann im Insolvenzverfahren wegen der Miete oder Pacht für eine frühere Zeit als die letzten zwölf Monate vor der Eröffnung des Verfahrens sowie wegen der Entschädigung, die infolge einer Kündigung des Insolvenzverwalters zu zahlen ist, nicht geltend gemacht werden. [2]Das Pfandrecht des Verpächters eines *landwirtschaftlichen* Grundstücks unterliegt wegen der Pacht nicht dieser Beschränkung.

---

49 *BGH* WM 2005, 1324, 1325; *BGH* 9.6.2016 – IX ZR 153/15 Rn 42.
50 *BGH* WM 2005, 1324, 1325 f.
51 *BGH* 14.7.2016 – IX ZB 31/14 Rn 16 ff.
52 *BGH* 14.7.2016 – IX ZB 31/14 Rn 26 ff.

Übersicht

I. Normzweck und Gesetzgebungshinweise

1 „Abgesonderte Befriedigung" ist das Recht, Forderungen aus dem Verwertungserlös einzelner zur Masse gehörender Gegenstände zu befriedigen.[1] Die §§ 50, 51 regeln Absonderungsrechte an Gegenständen, die nicht der Zwangsvollstreckung in das unbewegliche Vermögen unterliegen, also nicht unter § 49 fallen. § 50 entspricht §§ 48, 49 Abs 1 Nr 2 KO. Auch nach der InsO kann der Inhaber eines vertraglichen oder gesetzlichen Pfandrechts oder eines Pfändungspfandrechts abgesonderte Befriedigung verlangen. Anders als nach § 4 Abs 2 KO, wonach die abgesonderte Befriedigung außerhalb des KonkursVerf erfolgte, obliegt die Verwertung beweglicher Gegenstände, an denen ein Absonderungsrecht besteht, überwiegend dem Verw (vgl § 166 Abs 1 und 2 sowie die Erl zu § 51). Auf Pfandrechte an Forderungen sowie auf Vertragspfandrechte und die den Besitz des Gl voraussetzende gesetzliche Pfandrechte an beweglichen Sachen (zB das Werkunternehmerpfandrecht, § 647 BGB) wirkt sich diese Änderung nicht aus. Gegenstände, an denen besitzlose gesetzliche Pfandrechte (etwa das Vermieterpfandrecht, § 562 BGB) oder Pfändungspfandrechte bestehen, sollen nach der Begr des RegE vom Verw verwertet werden.[2]

II. Pfandrechte an beweglichen Gegenständen

2 Das Pfandrecht gibt dem PfandGl das Recht, die gesicherte Forderung aus dem Erlös der verwerteten Pfandsache zu befriedigen (§ 1204 Abs 1 BGB). In Fortbestand, Umfang und Durchsetzbarkeit hängt es von der gesicherten Forderung ab, ist also streng akzessorisch. Ohne gesicherte Forderung besteht kein verwertbares Pfandrecht.[3] Es gibt das rechtsgeschäftlich bestellte und das gesetzliche Pfandrecht sowie das Pfändungspfandrecht.

3 **1. Rechtsgeschäftliches Pfandrecht. – a)** Rechtsgeschäftliche Pfandrechte können an beweglichen Sachen (§§ 1204 ff BGB) und an Rechten (§§ 1273 ff BGB), insb Forderungen (§§ 1279 ff BGB), bestellt werden. Ihr Rang richtet sich nach dem Zeitpunkt der Bestellung des Pfandrechts (Prioritätsgrundsatz). Darauf, wann die gesicherte Forderung entsteht, kommt es nicht an. Aufgrund seiner Akzessorietät geht das Pfandrecht mit der Übertragung der Forderung auf den neuen Gl über (§§ 1250, 1273 Abs 2 BGB). Es erlischt dann, wenn die Forderung durch den persönlichen Schu beglichen wird (§ 1252). Befriedigt der Verpfänder, der nicht der persönliche Schu ist, den PfandGl, bleibt die gesicherte Forderung dagegen bestehen und geht mitsamt dem Pfandrecht auf den Verpfänder über (§§ 1225, 412, 401, 1250 BGB). Das Pfand haftet gem § 1210 BGB für die **gesicherte Forderung in deren jeweiligem Bestand** einschließlich der Zinsen und Vertragsstrafen sowie für die Ansprüche des PfandGl auf Ersatz von Verwendungen (§ 1216 BGB), auf Ersatz der Kosten der Kündigung

1 *Häsemeyer* Rn 18.01.
2 BT-Drucks 13/2443, 178; krit zur Einbeziehung des Pfändungspfandrechts *Häsemeyer* Rn 13.48.
3 *BGH* ZIP 1998, 793, 798, insoweit in *BGHZ* 138, 291 nicht abgedruckt; ob dies auch für das Pfändungspfandrecht gilt, ist allerdings str.

und für die Kosten des Pfandverkaufs. Gesichert werden kann eine Geldforderung oder eine Forderung, die in eine Geldforderung übergehen kann (vgl § 1228 Abs 2 BGB).

b) Bewegliche Sachen sind solche iSv § 90 BGB. Sie dürfen nicht – wie die zum Haftungsverband der Hypothek gehörenden beweglichen Sachen (vgl §§ 1120 ff BGB) – der Vollstreckung in das unbewegliche Vermögen unterliegen (vgl die Erl zu § 49). Zubehör (§ 97 BGB) eines unbelasteten Grundstücks oder einer anderen Hauptsache kann verpfändet werden, Zubehör eines belasteten Grundstücks nur unter den Voraussetzungen des § 1122 BGB. Die verpfändete Sache muss zur InsMasse gehören. Sie muss also im Eigentum des Schu stehen. Eine nach § 811 ZPO **unpfändbare Sache** kann zwar rechtsgeschäftlich verpfändet werden. Gem § 36 gehört sie jedoch nicht zur Masse, so dass auch hier § 50 nicht einschlägig ist. Bei **nicht zur Masse gehörenden Pfandgegenständen** gelten die Einschränkungen der §§ 52, 190 nicht. Der Gl kann vielmehr die auf die gesamte Forderung entfallende Quote verlangen (**su** Erl zu § 52). Die Verpfändung eines **Anwartschaftsrechts** ist ebenfalls möglich. Das Pfandrecht setzt sich am Vollrecht fort.[4] Ein Pfandrecht kann nicht an einer Sachgesamtheit bestellt werden, wohl aber an den einzelnen zu der Sachgesamtheit gehörenden Gegenständen.[5] 4

Zur **Bestellung** des Pfandrechts an einer beweglichen Sache ist erforderlich, dass der Eigentümer die Sache dem Gl übergibt und beide darüber einig sind, dass dem Gl das Pfandrecht zustehen soll (§ 1205 Abs 1 S 1 BGB). Der Schu muss dem PfandGl Besitz, mittelbaren Besitz (§ 1205 Abs 2 BGB; erfordert Anzeige an den Besitzer) oder Mitbesitz (§ 1206 BGB) einräumen. Deswegen kann der Schu die verpfändete Sache regelmäßig nicht mehr weiter nutzen; im Wirtschaftsleben spielt das Pfandrecht daher im Vergleich mit den besitzlosen Mobiliarsicherheiten (Sicherungseigentum, Eigentumsvorbehalt) nur eine untergeordnete Rolle. 5

Inhaberpapiere (Inhaberschuldverschreibung gem § 793 BGB, kleine Inhaberpapiere gem § 807 BGB, Inhaberscheck gem Art 5 ScheckG, Inhabergrund- und Inhaberrentenschuld gem §§ 1195, 1199 BGB, Inhaberaktie gem § 10 AktG, Inhaberinvestmentanteilsschein gem § 33 Abs 1 InvG) werden wie bewegliche Sachen verpfändet (§ 1293). Gegenstand der Verpfändung ist damit die Urkunde; die Wirkungen der Verpfändung erstrecken sich ohne weiteres auf die Mitgliedschaft.[6] Gleiches gilt für Schuldbuchforderungen und Bundesanleihen.[7] Inhaberaktien, die in einer bei einer Wertpapiersammelbank verwahrten Sammelurkunde verbrieft sind (§§ 5, 9a DepotG), können ebenfalls nach den Vorschriften über das Pfandrecht an beweglichen Sachen verpfändet werden, auch dann, wenn es sich bei der Sammelurkunde um eine Dauerglobalurkunde (§ 9 Abs 3 S 2 DepotG) handelt. Eine Verpfändung an die Depotbank kann gem § 1205 Abs 1 S 2 BGB kurzer Hand erfolgen. Bei einer Verpfändung an einen Dritten wird die Übergabe gem § 1205 Abs 2 BGB ersetzt, wenn der Verpfänder mittelbarer Besitzer der Aktien ist.[8] Zur Verpfändung eines Wechsels oder eines anderen **Orderpapiers** (zB Namensaktien, §§ 10 Abs 1, 68 Abs 1 AktG) genügt die Einigung über die Pfandrechtsbestellung sowie die Übergabe des indossierten Papiers (§ 1292 BGB).

c) Die Bestellung des **Pfandrechts an einem Recht** erfolgt nach den für die Übertragung eines Rechts geltenden Vorschriften (§ 1274 Abs 1 BGB). Verpfändet werden können Forderungen und Rechte. Soweit ein Recht nicht übertragbar ist, kann daher auch ein Pfandrecht nicht bestellt werden (§§ 1274 Abs 2, 399, 400 BGB). Der GrundpfandGl hat in der 6

---

4 *BGHZ* 35, 85, 93 = NJW 1961, 1349.
5 *BGH* NJW 1968, 393; zum Warenlager mit wechselndem Bestand vgl *BGHZ* 128, 295, 298 f = NJW 1995, 1085.
6 *Berger* ZIP 2007, 1534.
7 *BGH* ZIP 1998, 793, 798.
8 *BGH* 24.9.2015 – IX ZR 272/13 Rn 13 f; zust *Berger* ZInsO 2016, 474.

Ins des Grundstückseigentümers kein Absonderungsrecht aus § 50 an den zum Haftungsverbund des Grundpfandrechts gehörenden Mieten und Pachten.[9]

7 Voraussetzung der Entstehung des Pfandrechts ist die hierauf gerichtete dingliche Einigung in der für die Übertragung des Rechts geltenden Form. Die Verpfändung eines Erbteils bedarf der notariellen Beurkundung, § 2033 Abs 1 BGB, diejenige einer Buchgrundschuld der Eintragung in das Grundbuch, §§ 1192, 1154 Abs 3, 873 BGB. Die Verpfändung einer Briefhypothek muss schriftlich erklärt werden; zusätzlich ist die Übergabe des Hypothekenbriefs erforderlich. Die Verpfändung einer **Forderung**, zu deren Übertragung ein Abtretungsvertrag genügt, ist nur wirksam, wenn der Gl sie dem Schu anzeigt (§ 1280). Auch hier ist also Publizität erforderlich. In der Praxis hat sich daher die Sicherungsabtretung durchgesetzt. Ein Pfandrecht kann auch **an eigener Schuld** bestellt werden.[10] Einer Anzeige gem § 1280 BGB bedarf es dann nicht. Das Pfandrecht nach Nr 14 Abs 1 AGB-Banken, Nr 21 Abs 1 AGB-Sparkassen, das sich (ua) auf Ansprüche des Kunden gegen die Bank bezieht, ist insoweit ein Pfandrecht an eigener Schuld. Die Klausel enthält bereits die dingliche Einigung über die Entstehung des Pfandrechts. Die Verpfändung einer **künftigen Forderung** wird erst mit der Entstehung der Forderung wirksam.[11] Entsteht die Forderung nach der Eröffnung des InsVerf, erwirbt der Gl deshalb kein Absonderungsrecht (§ 91), wenn der Gl nicht vor der Eröffnung bereits eine gesicherte Rechtsposition hinsichtlich des Pfandgegenstandes erlangt hatte.[12]

8 Die Verpfändung einer Forderung erfasst in unmittelbarer und entsprechender Anwendung von **§ 401 BGB** akzessorische und andere unselbstständige Sicherungsrechte sowie Hilfsrechte, die zur Durchsetzung einer abgetretenen Forderung erforderlich sind. Selbstständige Sicherungsrechte, etwa Ansprüche aus Garantien und bereits entstandene Schadensersatzansprüche, fallen nicht unter § 401 BGB und werden daher auch nicht mit verpfändet.[13] Die Verpfändung eines Sparguthabens erfasst weder entsprechend § 401 BGB noch kraft dinglicher Surrogation den bei Ins des kontoführenden Kreditinstituts entstehenden Entschädigungsanspruch gem §§ 3, 4 ESAEG.[14]

9 Nach § 1273 BGB richtet sich die **Verpfändung anderer Rechte**, etwa von Geschäftsanteilen einer GmbH (§ 15 Abs 1 GmbHG), von Anteilen an einer Personengesellschaft und von gewerblichen Schutzrechten (§ 15 PatG, § 22 GebrMG, § 3 GeschmMG, §§ 29 S 2, 31 ff UrhG, §§ 27 Abs 1, 29 Abs 2 Nr 1 MarkenG).

10 **d)** Das Pfandrecht muss **im Zeitpunkt der Eröffnung des InsVerf wirksam entstanden** sein. Nach der Eröffnung kann der Schu nicht mehr wirksam über einen zur Masse gehörenden Gegenstand verfügen (§ 81), also keine an der Pfandrechtsbestellung noch fehlenden Rechtshandlung – etwa die nach § 1280 BGB erforderliche Anzeige an den Drittschuldner – mehr nachholen. Rechte an den Gegenständen der Masse können zudem nach der Eröffnung auch dann nicht wirksam erworben werden, wenn keine Verfügungen des Schu und keine Zwangsvollstreckung für einen InsGl zugrunde liegt (§ 91 Abs 1). Folgende Konstellationen sind zu unterscheiden:

---

9 *BGHZ* 168, 339 ff = ZIP 2006, 1555.
10 *BGH* ZIP 1998, 793, 798.
11 *BGH* ZIP 1996, 2080, 2082 (Forderung auf und aus Gutschrift); *BGH* ZIP 1998, 793, 798; *BGHZ* 150, 122, 126 = ZIP 2002, 812; *BGH* ZIP 2010, 335; zur Pfändung vgl auch *BGH* ZIP 2003, 808.
12 *BGH* ZIP 2010, 335 Rn 20; MK/*Ganter* Vor §§ 49–52 Rn 21.
13 *BGHZ* 176, 67 = ZIP 2008, 825.
14 Einlagensicherungs- und Anlegerentschädigungsgesetz v 16.7.1998, BGBl I, 1842.

aa) Ist die **Sicherheit** – die verpfändete bewegliche Sache oder Forderung – im Zeitpunkt der Eröffnung noch nicht entstanden, hindert § 91 das Entstehen des Pfandrechts, soweit nicht Sondervorschriften eingreifen. Die Verpfändung von künftigen Bezügen aus einem Dienstverhältnis war in Verfahren, die vor dem 1.7.2014 beantragt worden sind, auch nach der Eröffnung wirksam, soweit sie sich auf die Bezüge für die Zeit vor Ablauf von zwei Jahren nach dem Ende des zur Zeit der Eröffnung des Verf laufenden Kalendermonats bezog (§ 114 Abs 1 aF, Art 103h EGInsO).[15] Auch die Vorschrift des § 110 verdrängt in ihrem Anwendungsbereich diejenige des § 91.[16] Ist der Anspruch aus einem gegenseitigen Vertrag verpfändet worden, der im Zeitpunkt der Eröffnung von beiden Seiten noch nicht vollständig erfüllt war, und wählt der Verw die Erfüllung dieses Vertrages (§ 103 Abs 1), wird der Anspruch so behandelt, als sei er mit Wirkung für und gegen die Masse neu begründet worden („Qualitätssprung");[17] der PfandGl erwirbt kein Absonderungsrecht an dieser Forderung. War die verpfändete Forderung vor der Eröffnung bereits aufschiebend bedingt entstanden, erwirbt der PfandGl dagegen auch dann ein Absonderungsrecht, wenn die Bedingung erst nach der Eröffnung eintritt (§ 161 Abs 1 S 1 BGB).[18] § 91 hindert die Entstehung des Rechtes nicht, wenn der Erwerber im Zeitpunkt der Eröffnung bereits eine gesicherte Rechtsstellung erlangt hatte.[19] Eine gesicherte Rechtsstellung kann dem Erwerber nicht mehr entzogen werden; ihr Eintritt hängt nicht von der freien Entscheidung des Schu oder eines Dritten ab.[20] 11

bb) Entsteht die **gesicherte Forderung** erst nach der Eröffnung, greift § 91 Abs 1 dann ein, wenn der Gl insoweit noch keine gesicherte Rechtsposition erlangt hatte. Grds fällt auch der Einwand der fehlenden Valutierung, der mit dem Entstehen der gesicherten Forderung entfällt, in den durch § 91 geschützten Bereich.[21] Das (akzessorische) Pfandrecht folgt der Forderung, kann nicht ohne diese übertragen werden (§§ 1250 Abs 1, 1273 Abs 2 BGB) und erlischt mit der Forderung, für die es besteht (§§ 1252, 1273 Abs 2 BGB). Weil kraft ausdrücklicher gesetzlicher Anordnung ein Pfandrecht auch für **künftige oder bedingte Forderungen** bestellt werden kann (§§ 1204 Abs 2, 1273 Abs 2 BGB), hat der BGH in früheren Entscheidungen angenommen, ein Pfandrecht entstehe mit seiner Bestellung, nicht erst mit der Entstehung der Forderung.[22] Nach neuerer Rspr gilt dies nur dann, wenn der Gl hinsichtlich des Pfandgegenstandes eine Rechtsposition erlangt hatte, die ihm nicht mehr entzogen werden kann und deren Eintritt nicht von freien Entscheidungen des Schu oder eines Dritten abhängt.[23] 12

cc) Nach Eröffnung des InsVerf kann der Verw an Gegenständen der Masse **Pfandrechte zur Sicherung von Masseverbindlichkeiten** (§ 55 Abs 1) bestellen (§ 80 Abs 1). 13

2. Pfändungspfandrecht. Gepfändet werden können Sachen (§ 803 ZPO), Geldforderungen (§ 829 ZPO), Herausgabeansprüche (§ 846 ZPO) sowie andere Vermögensrechte (§ 857 ZPO). 14

---

15 *BGHZ* 167, 363 Rn 9 = ZIP 2006, 1255.
16 *BGHZ* 170, 196 Rn 12 = ZIP 2007, 192.
17 *BGHZ* 150, 353, 359 = ZIP 2002, 1094 f.
18 *BGHZ* 123, 183, 190 = ZIP 1993, 1664.
19 *BGHZ* 181, 362 Rn 11 = WM 2009, 1515; *BGH* ZIP 2010, 335 Rn 20; *BGHZ* 191, 277 Rn 9 = ZIP 2011, 2364.
20 *BGH* ZIP 2009, 228 Rn 12; ZIP 2010, 335 Rn 20.
21 *BGH* ZIP 2008, 703 Rn 13.
22 *BGHZ* 83, 340, 346 ff = ZIP 1983, 337; *BGHZ* 91, 71, 76 = ZIP 1985, 152; *BGH* ZIP 1999, 79; vgl auch *BGHZ* 170, 196 Rn 14 =ZIP 2007, 192.
23 *BGH* ZIP 2010, 335 Rn 20 ff.

Auch eine **offene Kreditlinie** kann gepfändet werden.[24] Die Pfändung wird wirksam, wenn und soweit der Schu das Darlehen abruft. Vor dem Abruf besteht kein Auszahlungsanspruch des Schu gegen die Bank, den der Gl einziehen könnte. Das Abrufrecht ist unpfändbar; der Gl kann den Sch nicht zur Begründung neuer Verbindlichkeiten zwingen. Es endet spätestens mit der Eröffnung des InsVerf (§§ 116 S 1, 115 Abs 1). Eine nach § 399 BGB nicht übertragbare Forderung kann insoweit gepfändet und zur Einziehung überwiesen werden, als der geschuldete Gegenstand der Pfändung unterworfen ist (§ 851 Abs 2 ZPO).

15 Absonderungskraft hat ein Pfändungspfandrecht nur, wenn es vor Eröffnung des InsVerf und vor der Anordnung von Maßnahmen gem § 21 Abs 2 S 1 Nr 2, 3 wirksam begründet worden ist.[25] Gem § 804 Abs 1 ZPO entsteht das Pfändungspfandrecht durch die **Pfändung**. Nach der herrschenden gemischt privat- und öffentlichrechtlichen Theorie des Pfändungspfandrechts[26] ist zusätzlich erforderlich, dass der gepfändete Gegenstand Eigentum des Schu ist und dass dem Gl die titulierte Forderung zusteht; die durch den Pfändungsakt bewirkte Verstrickung ist nur Grundlage der anschließenden Verwertung. Eine Pfändung ohne Vollstreckungstitel ist nichtig.[27] Ein Pfändungspfandrecht kann nicht entstehen. Ist Grundlage der Vollstreckung eine notarielle Unterwerfungserklärung (§ 794 Abs 1 Nr 5 ZPO), wirkt sich die Nichtigkeit des mit beurkundeten Grundgeschäfts nicht auf den Bestand der Zwangsvollstreckungsunterwerfung aus; wird aus ihr vollstreckt, kann ein Pfändungspfandrecht entstehen.[28]

16 Die Pfändung einer körperlichen Sache geschieht gem § 808 ZPO dadurch, dass der Gerichtsvollzieher sie in Besitz nimmt oder ein Pfandsiegel anbringt. Eine Forderung wird gem § 829 ZPO durch Zustellung des Pfändungsbeschlusses gepfändet. Mit Zustellung des Pfändungsbeschlusses ist die Pfändung bewirkt (§ 829 Abs 3 ZPO). Für die Pfändung anderer Rechte, die nicht Gegenstand der Zwangsvollstreckung in das unbewegliche Vermögen sind, gilt § 829 ZPO entsprechen (§ 857 ZPO). Auch eine **Arrestpfändung** (§ 930 Abs 1 S 1 ZPO) hat die Wirkung einer Beschlagnahme. Die **Vorpfändung** einer Forderung oder eines sonstigen Rechts nach § 845 ZPO reicht dagegen für sich genommen für ein Absonderungsrecht iSv § 50 Abs 1 Fall 3 nicht aus. Sie begründet kein Pfändungspfandrecht, sondern enthält nur die Ankündigung, dass eine Pfändung bevorstehe. Die Wirkung eines Arrestes erhält sie erst, wenn die Pfändung innerhalb eines Monats von der Zustellung der Benachrichtigung an nachgeholt wird (§ 845 Abs 1 ZPO). Erst dann entsteht auch das Pfändungspfandrecht, welches den Gl zur abgesonderten Befriedigung berechtigt.[29] Die Beschlagnahme einer Forderung „durch Pfändung" gem **§ 111c Abs 3 S 1 StPO** führt nicht zu einem Pfändungspfandrecht;[30] mit der Eröffnung des InsVerf wird das durch sie bewirkte Veräußerungsverbot (§ 111g Abs 5 StPO) gem § 80 Abs 2 S 1 wirkungslos.

17 Das Pfandrecht gewährt dem Gl im Verhältnis zu anderen Gl dieselben Rechte wie ein vertragliches Pfandrecht. Das durch eine frühere Pfändung begründete Pfandrecht geht demjenigen vor, das durch eine spätere Pfändung begründet wird (§ 804 Abs 2 und 3 ZPO).

18 Die Pfändung muss bis zur Eröffnung des InsVerf abgeschlossen sein. Wurden im Eröffnungsverf Maßnahmen nach § 21 Abs 2 Nr 2 oder 3 (allgemeines Verfügungsverbot oder

---

24 *BGHZ* 147, 193, 196 = ZIP 2001, 825; *BGHZ* 157, 350, 353 = ZIP 2004, 513; *BGH* ZIP 2004, 669; ZIP 2011, 1324 Rn 13.

25 *BGH* ZIP 2008, 796 Rn 8.

26 Vgl *BGHZ* 119, 75 = ZIP 1992, 1179.

27 *BGHZ* 121, 98, 101 f = WM 1993, 430 f.

28 *BGH* ZIP 2008, 796 Rn 7 ff.

29 *BGHZ* 167, 11 Rn 13 = ZIP 2006, 917.

30 *BGH* ZIP 2007, 1338 ff; die gegenteilige Entsch *BGHZ* 144, 185, 188 ist damit überholt.

einstweilige Einstellung der Zwangsvollstreckung) angeordnet, kommt es auf diesen Zeitpunkt an. Nach der Eröffnung des InsVerf finden Zwangsvollstreckungen durch einzelne InsGl nicht mehr statt (§ 89). Allenfalls MasseGl können dann noch ein Pfändungspfandrecht an zur Masse gehörenden beweglichen Sachen oder Forderungen erwerben (vgl aber § 89 Abs 2). Ein im letzten Monat vor dem Eröffnungsantrag erlangtes Pfändungspfandrecht verliert mit der Eröffnung seine Wirkung (§ 88), berechtigt also nicht mehr zur abgesonderten Befriedigung. Hat der Gl außerhalb der Monatsfrist den Miteigentumsanteil sowie den Anspruch des Schu auf Aufhebung der Gemeinschaft und Auskehr des Erlöses gepfändet, kann er unabhängig von der Eröffnung des InsVerf die Teilungsversteigerung betreiben. Die Rückschlagsperre gilt nicht für Absonderungsberechtigte, die aufgrund ihres dinglichen Rechts in den belasteten Gegenstand vollstrecken.[31]

Auf das Pfändungspfandrecht sind die Vorschriften der §§ 1204 ff BGB nur anzuwenden, wenn und soweit die Vorschriften der ZPO nicht entgegenstehen. Das Pfändungspfandrecht erlischt, wenn der Gl oder der Gerichtsvollzieher den Pfandgegenstand freigibt.[32] 19

Die Pfändung mithaftender Mieten oder Pachten (§ 1123 BGB) durch den absonderungsberechtigten GrundpfandGl ist nach der Eröffnung des InsVerf nicht mehr zulässig. Dessen Recht auf abgesonderte Befriedigung richtet sich vielmehr ausschließlich nach § 49. 20

3. Gesetzliches Pfandrecht. – a) Gesetzliche Pfandrechte entstehen durch die Erfüllung der Tatbestandsmerkmale der jeweiligen Vorschrift, welche das Pfandrecht anordnet. Es gibt Besitzpfandrechte und besitzlose Pfandrechte. Die wichtigsten gesetzlichen Pfandrechte sind das Pfandrecht des Vermieters oder Verpächters an den vom Mieter oder Pächter eingebrachten Sachen (§§ 562, 581 Abs 2, 592 BGB), das Pfandrecht des Werkunternehmers an den von ihm hergestellten oder ausgebesserten beweglichen Sachen des Bestellers, wenn sie bei der Herstellung oder zum Zwecke der Ausbesserung in seinen Besitz gelangt sind (§ 647 BGB), das Pfandrecht des Beherbergungsgastwirts an den eingebrachten Sachen des Gastes (§ 704 BGB), das Pfandrecht des Hinterlegungsberechtigten an der hinterlegten Sicherheit (§ 233 BGB), das Pfandrecht des Kommissionärs am Kommissionsgut in seinem unmittelbaren oder mittelbaren Besitz (§ 397 HGB); das Pfandrecht des Spediteurs aus §§ 464, 441 Abs 2 HGB, des Lagerhalters aus § 475b Abs 1 S 1 HGB, des Frachtführers aus § 441 HGB; das Pfandrecht der Lieferer von Düngemitteln und Saatgut nach dem Düngemittelsicherungsgesetz.[33] Die Vorschriften des BGB über das durch Rechtsgeschäft bestellte Pfandrecht finden auf ein kraft Gesetzes entstandenes Pfandrecht entspr Anwendung (§ 1257 BGB). Der gutgläubige Erwerb eines gesetzlichen Pfandrechts ist nicht möglich.[34] Das fiskalische Vorrecht nach § 76 AO ist einem gesetzlichen Pfandrecht gleichgestellt. 21

b) Der **Vermieter** hat für seine Forderungen aus dem Mietverhältnis ein Pfandrecht an den eingebrachten pfändbaren Sachen des Mieters (§ 562 Abs 1 BGB), dessen Eigentum gem § 1006 BGB vermutet wird.[35] Gleiches gilt für den Verpächter (§ 581 Abs 2 BGB) sowie den Landverpächter (§ 592 BGB). Es handelt sich um ein besitzloses gesetzliches Pfandrecht. Das Pfandrecht setzt ein gültiges Mietverhältnis voraus. Es **entsteht** mit der Einbringung pfändbarer Sachen des Mieters, auch soweit es erst künftig entstehende Forderungen aus 22

31 *BGH* ZIP 2014, 796 Rn 7.
32 *BGH* WM 1959, 908.
33 Düngemittelsicherungsgesetz v 19.1.1949, BGBl III, 403-11; vgl dazu *BGH* NZI 2001, 548 ff.
34 *BGHZ* 87, 274, 280 = ZIP 1983, 952 für das Unternehmerpfandrecht; *BGH* ZIP 2004, 326, 327 für das Vermieterpfandrecht.
35 *BGH* 3.3.2017 – V ZR 268/15 Rn 10 ff.

dem Mietverhältnis sichert.[36] Der Begriff **„Einbringen"** bezeichnet einen tatsächlichen Vorgang, der wissentlich und willentlich geschieht, wobei der Wille nicht auf das Entstehen des Pfandrechts gerichtet sein muss. Willensmängel sind unbeachtlich.[37] Gleichwohl stellt das Einbringen eine Rechtshandlung iSv § 129 Abs 1 dar, die bei Vorliegen der Anfechtungsvoraussetzungen nach §§ 129 ff anfechtbar ist.[38] Sachen, die sich bestimmungsgemäß nur vorübergehend in den gemieteten Räumen befinden, wurden nicht „eingebracht". Der Zeitpunkt der Einbringung bestimmt den Rang des Vermieterpfandrechts im Verhältnis zu anderen Pfandrechten.

23 Gegenstand des Pfandrechts kann **jede körperliche Sache** sein, die im Eigentum oder Miteigentum des Mieters steht und der Pfändung unterworfen ist (§ 562 Abs 1 S 2 BGB, vgl auch die Ausnahme des § 592 S 3 BGB für die Landpacht). An nicht im Eigentum des Mieters stehenden Sachen kann ein Vermieterpfandrecht auch nicht gutgläubig erworben werden. Bringt der Mieter eine im Vorbehaltseigentum eines Dritten stehende Sache ein, an der ihm ein **Anwartschaftsrecht** zusteht, entsteht das Pfandrecht am Anwartschaftsrecht und setzt sich am Vollrecht fort.[39] Liegt dem Anwartschaftsrecht allerdings ein im Zeitpunkt der Erfüllung nicht beiderseits vollständig erfüllter Vertrag zugrunde und wählt der Verw gem § 103 Erfüllung, werden den beiderseitigen Ansprüchen nach der neueren Rechtsprechung des BGH die Qualität originärer Masseverbindlichkeiten beigelegt.[40] Vor der Eröffnung entstandene Belastungen – auch das Vermieterpfandrecht – verlieren ihre Wirkung.[41]

24 Die Sachen müssen **vor der Eröffnung** des InsVerf eingebracht worden sein. Von der Eröffnung an steht § 91 der Entstehung eines gesetzlichen Pfandrechts an zur Masse gehörenden Gegenständen entgegen. Bringt der **Verw** eine Sache ein, entsteht ein Vermieterpfandrecht, welches die Masseansprüche des Vermieters (vgl § 55 Abs 1 Nr 2 Fall 2) aus dem gem §§ 108 Abs 1, 109 fortbestehenden Mietverhältnis sichert. Ist im EröffnungsVerf ein allg Verfügungsverbot angeordnet worden (§ 21 Abs 2 Nr 2 Fall 1), kann nur der vorl Verw die Rechtsfolgen des § 562 BGB auslösen.[42]

25 Das Pfandrecht des Vermieters sichert **„Forderungen aus dem Mietverhältnis"** (§ 562 Abs 1 S 1 BGB). Das sind die Forderungen, die sich aus dem Wesen des Mietvertrages als entgeltlicher Gebrauchsüberlassung ergeben:[43] Mietforderungen (in der Ins des Mieters nur für die letzten zwölf Monate vor der Eröffnung, vgl Abs 2), Entschädigungs- und Schadensersatzforderungen wegen Verletzung der Rückgabepflicht, die Nutzungsentschädigung nach § 546a BGB,[44] Baukostenzuschüsse, Schadensersatzansprüche wegen Verletzung von Vertragspflichten, insb wegen Beschädigung der Mietsache und wegen Nichterfüllung der Anzeigepflicht des § 536c Abs 2 BGB, Betriebskosten, Kosten der Kündigung und der Rechtsverfolgung (Prozesskosten, Zwangsvollstreckungskosten), soweit es nicht um eine infolge der Kündigung durch den Verw zu zahlende Entschädigung geht (vgl Abs 2), Ersatzansprüche wegen Verwendungen auf die Sache (§§ 1257, 1216, 1210 Abs 2 BGB), Vertragsstrafen (vgl aber § 555 BGB). Ob die Forderungen vor oder nach der Eröffnung entstanden

---

36 *BGHZ* 170, 196 = ZIP 2007, 192; *BGHZ* 202, 354 Rn 19 = ZIP 2015, 378; *BGH* NJW 1986, 2427.
37 *RGZ* 132, 118; *Jaeger/Henckel* § 50 Rn 39.
38 *BGHZ* 170, 196, 199 f = ZIP 2007, 192.
39 *BGHZ* 117, 200 ff = ZIP 1992, 391 f.
40 *BGHZ* 150, 353, 359 f = ZIP 2002, 1984 f.
41 MK/*Ganter* § 50 Rn 89.
42 MK/*Ganter* § 50 Rn 86a.
43 *BGHZ* 60, 22, 25 = MDR 1973, 309.
44 *BGH* MDR 1972, 598; vgl aber § 562 Abs 2 BGB: für künftige Entschädigungsforderungen gilt das Pfandrecht nicht.

sind, ist unerheblich.[45] Nach der Eröffnung des InsVerf über das Vermögen des Mieters sind die **Einschränkungen des Abs 2** zu beachten. Wegen Mietforderungen für eine frühere Zeit als **zwölf Monate vor der Eröffnung** kann abgesonderte Befriedigung nicht verlangt werden. Gleiches gilt für die Entschädigung, die infolge der **Kündigung durch den Verw** zu zahlen ist. Für den Pachtzinsanspruch des Verpächters eines **landwirtschaftlichen Grundstücks** gilt diese Einschränkung nicht (Abs 2 S 2). Schon nach allg Zivilrecht sichert das Vermieterpfandrecht nicht Ansprüche außerhalb des Mietverhältnisses, etwa den Anspruch auf Rückzahlung eines dem Mieter gewährten Darlehens[46] oder auf Erstattung der Kosten der Inanspruchnahme eines Bürgen.

Das Pfandrecht sichert – bezogen auf den Zeitpunkt der ersten, nicht notwendig gerichtlichen Geltendmachung[47] – auch **künftige Mietforderungen**. Insoweit entsteht das Pfandrecht ebenfalls bereits mit der Einbringung.[48] Jedoch sind die Grenzen des § 562 Abs 2 BGB zu beachten. Die Miete für eine spätere Zeit als das laufende und das folgende Mietjahr (nicht: das Kalenderjahr) fällt nicht mehr unter das Vermieterpfandrecht. Ebenfalls ausgeschlossen sind **künftige Entschädigungsforderungen** (§ 562 Abs 2 Fall 1 BGB), also insb Ansprüche wegen Vorenthaltung der Mietsache (§ 546a BGB) und Mietausfallforderungen.[49] **26**

In der Ins des Mieters gelten die Vorschriften der §§ 562a, 562b BGB über das Erlöschen des Vermieterpfandrechts durch Entfernung der Sachen vom Grundstück und die diesbzgl Selbsthilferechte des Vermieters nicht mehr.[50] Sind die Sachen vor der Eröffnung entfernt worden, ohne dass dies den gewöhnlichen Lebensverhältnissen entsprach oder die zurückgebliebenen Sachen zur Sicherung des Vermieters offensichtlich ausreichten (§ 562a S 2 BGB), kann dem Vermieter ein **Ersatzabsonderungsrecht** analog § 48 zustehen.[51] Sind die vom Pfandrecht erfassten Gegenstände schon vor der Krise eingebracht worden, ist das Vermieterpfandrecht in der Regel anfechtungsfest. **27**

Vereinbart der Mieter mit einem Dritten eine Raumsicherungsübereignung, lässt dies das bereits bestehende Vermieterpfandrecht unberührt. Auch in Bezug auf Waren, die erst nach der Sicherungsübereignung dem Warenlager zugeführt werden, hat das Vermieterpfandrecht den Vorrang.[52] Tritt ein Erwerber gem §§ 578 Abs 1, 566 Abs 1 BGB in die Rechte und Pflichten aus dem Mietverhältnis ein, ist auf den Zeitpunkt der ersten Einbringung abzustellen, nicht auf denjenigen des Erwerbs. Das Vermieterpfandrecht des Erwerbers hat daher Vorrang vor einer zwischenzeitlich erfolgten Sicherungsübereignung.[53] **28**

III. Durchsetzung des Absonderungsrechts

1. Pfandklage. Bestreitet der Verw das Pfandrecht, kann der Gl auf Duldung der Zwangsvollstreckung in den Pfandgegenstand, im Falle eines Pfändungspfandrechts auch auf Feststellung des Rechts klagen. Der Verw seinerseits kann Klage auf Feststellung erheben, dass das behauptete Recht nicht bestehe; im Falle eines Pfändungspfandrechts kommt eine Vollstreckungsgegenklage in Betracht. Ein durch die Eröffnung des InsVerf unterbrochener **29**

---

45 *BGH* ZIP 2014, 2248 Rn 18.
46 *BGHZ* 60, 22, 25 = MDR 1973, 309.
47 *BGH* NJW 1972, 721; *OLG Hamm* NJW-RR 1994, 655.
48 *BGHZ* 170, 196 ff = ZIP 2007, 192.
49 *BGH* NJW 1972, 722.
50 *BGH* ZIP 1995, 1204, 1211 (zu § 560 BGB aF; insoweit in *BGHZ* 130, 38 nicht abgedruckt).
51 *BGH* ZIP 2004, 326, 328.
52 *BGHZ* 117, 200, 206 f = ZIP 1992, 392; *BGH* ZIP 2004, 327; *BGHZ* 202, 354 Rn 20 = ZIP 2015, 378.
53 *BGHZ* 202, 354 = ZIP 2015, 378; dazu *Ganter* NZI 2015, 65; *Wilhelm* JZ 2015. 346.

Rechtsstreit (§ 240 ZPO) kann gem § 86 Abs 1 Nr 2 sowohl vom Verw als auch vom Gl aufgenommen werden. Hatte der Gl vor der Eröffnung bereits einen Titel erwirkt, muss dieser auf den Verw umgeschrieben werden.

30 **2. Verwertung.** Bis zur Eröffnung des InsVerf kann grds der Gl die Verwertung der Sache betreiben. Nach der Eröffnung wird die Verwertung beweglicher Sachen in der Regel ebenfalls dem Gl obliegen (§ 173 Abs 1), weil die Voraussetzungen des § 166 Abs 1 – vom Sonderfall der besitzlosen gesetzlichen Pfandrechte (Vermieterpfandrecht, Werkunternehmerpfandrecht) abgesehen, hinsichtlich derer im EröffnungsVerf eine Anordnung nach § 21 Abs 2 Nr 5 ergehen kann – nicht erfüllt sein werden. Ver- oder gepfändete Forderungen sind ebenfalls vom Gl einzuziehen (§ 173 Abs 1). Mit einem Vertragspfandrecht belastete Forderungen werden von § 166 Abs 2 nicht erfasst.[54] Nur unter den Voraussetzungen des § 173 Abs 2 – fruchtloser Ablauf einer auf Antrag des Verw vom InsGer gesetzten Frist zur Verwertung, die durch eine Herausgabeklage nicht ersetzt werden kann[55] – ist der Verw zur Verwertung berechtigt. Ein weiterer Ausnahmetatbestand folgt aus §§ 1228 Abs 2, 1282 Abs 1 BGB. Der PfandGl ist erst von der Fälligkeit der gesicherten Forderung an zum Verkauf der Pfandsache oder zur Einziehung der verpfändeten Forderung berechtigt. Vor Pfandreife liegt das Verwertungsrecht allein beim Verw, der allerdings den Erlös in Höhe der zu sichernden Forderung (vgl § 45 S 1) zurückbehalten und vorrangig hinterlegen muss, bis die zu sichernde Forderung fällig wird oder die Bedingung ausfällt (§§ 191 Abs 1, 198).[56] Das gilt auch dann, wenn die verpfändete Forderung fällig ist, die durch das Pfandrecht gesicherte Hauptforderung jedoch nicht, dann etwa, wenn es sich bei der gesicherten Forderung um eine monatlich fällig werdende Rente handelt, während der verpfändete Anspruch aus der Rückdeckungsversicherung in einer Summe zu zahlen ist.[57] Trotz der Vorschrift des § 1281 BGB, nach welcher außerhalb des InsVerf vor Fälligkeit der gesicherten Forderung nur an den Pfandgläubiger und den Gläubiger gemeinschaftlich zu leisten ist, ist nach der Eröffnung der Verw allein zur Einziehung der verpfändeten Forderung berechtigt und verpflichtet.[58] Analog § 170 Abs 1 S 1 kann er in einem solchen Fall die Kosten der Feststellung und der Verwertung der Forderung vorab der Masse entnehmen.[59] Lässt der Schu einen sicherungsübereigneten Gegenstand versteigern und den Erlös an den Sicherungsnehmer auskehren, schädigt er die Masse in Höhe eines vom Verw erzielbaren Übererlöses und des Kostenbeitrags für eine tatsächlich erfolgte Feststellung.[60]

IV. Verteilung und Anrechnung des Erlöses

31 **1. Verteilung des Erlöses.** Der Erlös steht bis zur Höhe der gesicherten Forderung dem Gl zu (§ 173 Abs 1). Ist der Verw nach § 173 Abs 2 oder nach § 166 zur Verwertung berechtigt, sind die Kosten der Feststellung und der Verwertung vorab für die InsMasse zu entnehmen. Der verbleibende Betrag gebührt dem Gl (§ 170 Abs 1). Solange der Erlös in der Masse unterscheidbar vorhanden ist, setzt sich das Absonderungsrecht an ihm fort; ansonsten entsteht eine Masseforderung nach § 55 Abs 1 Nr 1 und 3.[61] Hat der Verw die Verwertung dem Gl überlassen, hat dieser vorab die Feststellungskosten sowie den Umsatzsteuerbetrag an die Masse abzuführen (§ 170 Abs 2). Hat der Gl den Gegenstand gem § 168 Abs 3 zu einem

---

54 *BGH* ZIP 2002, 1630, 1631; ZIP 2003, 1256, 1257; ZIP 2013, 384 Rn 30.
55 *BGH* 14.4.2016 – IX ZR 176/15.
56 *BGH* ZIP 2005, 909, 910 f; ZIP 2013, 987 Rn 18 f; *BAG* ZInsO 2012, 1265 Rn 39.
57 So der Fall *BGH* ZIP 2013, 987.
58 *BGH* ZIP 2013, 987 Rn 19.
59 *BGH* ZIP 2013, 987 Rn 22.
60 *BGH* ZIP 2014, 2305 Rn 10, 12.
61 *BGHZ* 170, 196 Rn 19 = ZIP 2007, 194.

mit dem Verw vereinbarten Betrag übernommen, ist dieser Betrag Grundlage der an die Masse abzuführenden Feststellungs- und Verwertungspauschale.

2. Anrechnung des Erlöses. Das Recht auf abgesonderte Befriedigung erstreckt sich auch 32
auf nach die nach der Eröffnung bis zum Abschluss der Verwertung entstandenen Zins- und Kostenansprüche des Gl.[62] Das Absonderungsrecht sichert Forderungen unabhängig von ihrem Rang nach §§ 38, 39 Abs 1 Nr 1–4. Nach Insolvenzeröffnung fällig werdende Ansprüche auf Kosten und Zinsen werden daher von dem Recht auf abgesonderte Befriedigung erfasst.[63] Eine andere Frage ist diejenige nach der Reihenfolge, in der die Forderungen des Berechtigten aus dem Erlös zu befriedigen sind. Der Wortlaut des § 50 Abs 1 („Hauptforderung, Zinsen und Kosten") schreibt keine von § 367 BGB abweichende Tilgungsreihenfolge vor.[64] Der Verw ist nicht berechtigt, nach der Verwertung der Pfandsachen den Erlös mit einer abweichenden **Tilgungsbestimmung** auszukehren.[65] Einzelheiten der Anrechnung sind vor allem für die Berechnung der Ausfallforderung (§ 52 S 2) von Bedeutung.[66]

§ 51 Sonstige Absonderungsberechtigte

Den in § 50 genannten Gläubigern stehen gleich:

1. **Gläubiger, denen der Schuldner zur Sicherung eines Anspruchs eine bewegliche Sache übereignet oder ein Recht übertragen hat;**
2. **Gläubiger, denen ein Zurückbehaltungsrecht an einer Sache zusteht, weil sie etwas zum Nutzen der Sache verwendet haben, soweit ihre Forderung aus der Verwendung den noch vorhandenen Vorteil nicht übersteigt;**
3. **Gläubiger, denen nach dem Handelsgesetzbuch ein Zurückbehaltungsrecht zusteht;**
4. **Bund, Länder, Gemeinden und Gemeindeverbände, soweit ihnen zoll- und steuerpflichtige Sachen nach gesetzlichen Vorschriften als Sicherheit für öffentliche Abgaben dienen.**

Übersicht

A. Normzweck und Gesetzgebungshinweise

§ 51 Nr 2–4 entsprechen inhaltlich weitgehend § 49 Abs 1 Nr 1, 3 und 4 KO. § 51 Nr 1 findet in 1
der KO dagegen keine Entsprechung. Ihrem Inhalt nach ist die Vorschrift aber ebenfalls nicht *neu.* Obwohl § 4 Abs 1 KO Absonderungsrechte auf die ausdrücklich zugelassenen Fälle der §§ 47–49 KO (und anderer Bundesgesetze, etwa §§ 46, 110 VVG, § 888 HGB) beschränkte, ent-

---

62 *BGH* ZIP 2008, 1539 Rn 7 ff, 9; ZIP 2008, 2276 Rn 6; ZIP 2014, 2248 Rn 19.
63 *BGH* ZIP 2008, 1539.
64 *BGH* ZIP 2011, 579 Rn 9; ZIP 2014, 2248 Rn 19.
65 *BGH* ZIP 2014, 2248 Rn 20.
66 Su Erl zu § 52.

sprach es allgM, dass Sicherungseigentum und Sicherungsabtretungen zur abgesonderten Befriedigung berechtigten.[1] § 51 Nr 1 erkennt die besitzlosen Mobiliarsicherheiten nunmehr ausdrücklich an. Der Gesetz gewordene RegE wollte „Zwangseingriffe in die private Güterordnung mit der Folge von Vermögensverlagerungen ... als Mittel zur Eröffnung von InsVerf wie als Hilfen zur Durchführung von Sanierungen" gerade vermeiden.[2]

2 Die **Verwertung** der mit Absonderungsrechten belasteten (beweglichen) Gegenstände ist in der InsO abweichend von den Vorschriften der KO geregelt. Nach § 4 Abs 2 KO erfolgte die abgesonderte Befriedigung „unabhängig vom Konkursverfahren". Der Sicherungseigentümer konnte das Sicherungsgut folglich ohne Rücksicht darauf herausverlangen, ob es für die Fortführung des Betriebes oder für die Zwecke des Verf noch benötigt wurde. Nunmehr gilt § 166 Abs 1. Diese Vorschrift überträgt die Verwertung der im Besitz des Verwalters (§ 148) befindlichen beweglichen Gegenstände, an denen ein Absonderungsrecht besteht, dem **Verw**. Eine Forderung, welche der Schu zur Sicherung abgetreten hat, darf der Verw einziehen oder in anderer Weise verwerten. Das Absonderungsrecht setzt sich am Erlös fort, solange der Erlös unterscheidbar in der Masse vorhanden ist; ansonsten entsteht eine Masseforderung nach § 55 Abs 1 Nr 1 und 3.[3] Auch bei Massearmut kann der Absonderungsberechtigte folglich Herausgabe des Erlöses abzüglich der Pauschalen bis zur Höhe der gesicherten Forderung verlangen.[4]

3 Die Übertragung des Verwertungsrechts auf den Verw bildet das Kernstück der Reform der Mobiliarsicherheiten.[5] Ihr Ziel ist es, für die Verwertung des SchuVermögens im Ganzen möglichst günstige Bedingungen zu schaffen. Insb soll die Fortführung des Betriebes durch den Verw erleichtert werden. Die Interessen der Beteiligten sollen so koordiniert werden, dass der Wert des SchuVermögens maximiert wird.[6] Eine Verlagerung von Vermögenswerten gesicherter Gl auf ungesicherte Gl oder auf den Schu war damit nicht beabsichtigt; Eingriffe in die Wertsubstanz der Sicherheiten sollten gerade nicht erfolgen.[6] Die Beschränkung auf im Besitz des Verw befindliche bewegliche Sachen erklärt sich daraus, dass nicht im Besitz des Verw befindliche Sachen für die Fortführung des Betriebes in der Regel nicht erforderlich sind.

4 Seit dem 1.7.2007 kann das InsGer **bereits im EröffnungsVerf** anordnen, dass Gegenstände, die im Falle der Eröffnung von § 166 erfasst würden, vom Gl nicht verwertet oder eingezogen werden dürfen und dass solche Gegenstände zur Fortführung des Unternehmens des Schu eingesetzt werden können, soweit sie hierfür von erheblicher Bedeutung sind (§ 21 Abs 2 Nr 5).[7] Dadurch soll der wirtschaftliche Verbund des Unternehmens des Schu jedenfalls bis zu Eröffnung erhalten bleiben.[8]

B. Einzelerläuterungen

I. Zur Sicherheit übertragene Sachen oder Rechte (Nr 1)

5 **1. Sicherungsübereignung.** Die Sicherungsübereignung ist die als vorübergehend gedachte Übereignung einer Sache zur Sicherung von Forderungen.[9] Sie ist gesetzlich nicht geregelt,

1 Vgl etwa *Uhlenbruck* KO, 11. Aufl, Rn 2.
2 BT-Drucks 12/2443, 78.
3 *BGHZ* 170, 196 Rn 19 = ZIP 07, 191.
4 *BGHZ* 184, 101 Rn 38 = ZIP 10, 739.
5 Su § 166 Rn 4.
6 BT-Drucks 12/2443, 86.
7 *IdF* des Gesetzes zur Vereinfachung des InsVerf v 13.4.2007, BGBl I, 509.
8 Vgl BR-Drucks 549/06, 26.
9 Schimansky/Scholz/Lwowski/*Ganter* Bankrechts-Handbuch, 4. Aufl. 2011, § 95 Rn 1.

wird in §51 Nr 1 aber vorausgesetzt. Gegenstand der Sicherungsübereignung sind typischerweise bewegliche Sachen, auf deren wirtschaftliche Nutzung der Sicherungsgeber nicht verzichten kann. Wirtschaftlich ersetzt die Sicherungsübereignung ein im BGB nicht vorgesehenes besitzloses Pfandrecht (vgl § 1205 BGB). Bei der Sicherungsübereignung sind – wie bei Sicherungsgeschäften allg – das Grundgeschäft, das Sicherungsgeschäft und die eigentliche Bestellung der Sicherheit (hier: die Übereignung) zu unterscheiden.

Das **Grundgeschäft** begründet die Forderung, welche durch die Sicherungsübereignung 6
(oder eine andere Sicherheit) gesichert werden soll. Es kann sich um eine einzelne Forderung, etwa diejenige aus einem Darlehensvertrag (§ 488 Abs 1 S 2 BGB) handeln, aber auch um mehrere Forderungen, etwa alle Forderungen aus bankmäßiger Verbindung zwischen dem Sicherungsgeber und dem Sicherungsnehmer.

Der **Sicherungsvertrag** verpflichtet den Sicherungsgeber, bestimmte Sicherheiten zu stellen. 7
Er bildet damit die causa der Bestellung der Sicherheit. Aus ihm ergibt sich auch, welche Forderungen des Sicherungsnehmers gesichert werden sollen. Diese **Zweckvereinbarung** ordnet Sicherheit und zu sichernden Forderung einander zu.

Der Sicherungsvertrag kann wegen Verstoßes gegen die guten Sitten (§ 138 BGB) nichtig 8
sein. Eine **sittenwidrige Knebelung** liegt vor, wenn die wirtschaftliche Entfaltung des Sicherungsgebers in einem Maße beschnitten wird, dass er seine Selbstständigkeit und wirtschaftliche Entschließungsfreiheit im Ganzen oder in einem wesentlichen Teil einbüßt. Maßgeblich sind der Umfang der Sicherungsübereignung und das Ausmaß der Kontroll- und Eingriffsbefugnisse des Sicherungsnehmers.[10] **Anfängliche Übersicherung** liegt vor, wenn bereits bei Vertragsschluss gewiss ist, dass im noch ungewissen Verwertungsfall ein auffälliges Missverhältnis zwischen dem realisierbaren Wert der Sicherheit und der gesicherten Forderung bestehen wird.[11] Eine nachträgliche Übersicherung führt nicht zur Nichtigkeit des Vertrages, sondern begründet eine Freigabepflicht des Sicherungsnehmers.[12] Es gibt keine feste Grenze, deren Überschreitung zum Urteil der Sittenwidrigkeit führt; vielmehr ist die Sittenwidrigkeit aufgrund einer Gesamtwürdigung von Inhalt, Beweggrund, Zweck und verwerflicher Gesinnung des Sicherungsnehmers im Einzelfall zu bestimmen.[13] **Beweispflichtig** ist der Sicherungsgeber, nach Eröffnung des InsVerf über sein Vermögen der Verw. Eine **Gläubigergefährdung** (Kredittäuschung) führt nur ausnahmsweise zu einer Sittenwidrigkeit des Sicherungsvertrages. Es müssen weitere Umstände hinzukommen, etwa Täuschungsabsicht, Schädigungsvorsatz oder vorsätzliches oder grob fahrlässiges Hinwegsetzen über die Belange anderer Gl. Die Sicherungsübereignung des letzten freien Vermögens kann sittenwidrig sein, weil dadurch gegenwärtige oder künftige Gl über die Kreditwürdigkeit des Schu getäuscht werden.[14] Das Sicherungsgeschäft kann schließlich unter dem Gesichtspunkt der **InsVerschleppung** unwirksam sein, wenn ein Kreditgeber um eigener Vorteile willen die letztlich unvermeidliche Ins nur hinausschiebt, indem er Kredite gewährt, die nicht zur Sanierung ausreichen, sondern nur dazu, den Zusammenbruch zu verzögern, wenn hierdurch andere Gl über die Kreditfähigkeit des Schu getäuscht und geschädigt werden sowie der Kreditgeber sich dieser Erkenntnis mindestens leichtfertig verschließt.[15] Die Fallgruppen können sich überschneiden. Ob der Vertrag sittenwidrig und

10 *RGZ* 130, 143, 145; *BGHZ* 44, 158, 161 = WM 1965, 1021; *BGH* WM 1974, 1045; NJW 1993, 1587, 1588.
11 *BGH* ZIP 1998, 684, 685.
12 *BGHZ* 137, 212, 224 = ZIP 1998, 235 ff; *BGH* ZIP 2003, 1259; ZIP 2015, 1398 Rn 13.
13 *BGH* ZIP 1998, 684, 685; WM 2003, 1367, 1369; *Ganter* WM 2001, 3 ff.
14 *BGH* ZIP 1995, 630, 631; *BGH* 12.4.2016 – XI ZR 305/14, Rn 41, 43.
15 *BGH* ZIP 1995, 630, 632; *BGH* 12.4.2016 – XI ZR 305/14, Rn 40.

damit nichtig ist, ist anhand einer umfassenden Gesamtwürdigung aller maßgeblichen Umstände, etwa des Zustandekommens des Vertrages, seiner Auswirkungen, des mit ihm verfolgten Zwecks und der zugrunde liegenden Beweggründe zu beurteilen, wobei die Fallgruppen nur Anhaltspunkte darstellen.[16]

9 Eine Unwirksamkeit des Sicherungsvertrages kann auch aus den Vorschriften des BGB über die Gestaltung rechtsgeschäftlicher Schuldverhältnisse durch **Allgemeine Geschäftsbedingungen** folgen (§§ 305–310 BGB). Die formularmäßige „weite" Zweckerklärung, nach welcher die Sicherheit der Sicherung nicht nur der Anlassforderung, sondern aller gegenwärtiger und künftiger Forderungen etwa aus bankmäßiger Geschäftsverbindung dient, hält dann einer Inhaltskontrolle nach § 307 BGB stand, wenn der Sicherungsgeber zugleich der Schu dieser Forderungen ist.[17] Eine ausdrückliche Freigaberegelung, eine zahlungsmäßig bestimmte Deckungsgrenze oder eine Klausel für die Bewertung der Sicherungsgegenstände ist auch bei formularmäßig bestellten revolvierenden Globalsicherungen kein Wirksamkeitserfordernis. Formularbestimmungen, welche den Freigabeanspruch des Sicherungsgebers einschränken, sind unwirksam, führen aber nicht zur Unwirksamkeit des Sicherungsvertrages insgesamt, sondern nur dazu, dass an die Stelle der unwirksamen Freigabeklausel der ermessensunabhängige Freigabeanspruch des Sicherungsgebers tritt.[18]

10 Die Sicherungsabrede ist regelmäßig nicht formbedürftig. Sie muss die gesicherten Forderungen und die zu übereignenden Sachen (oder Anwartschaftsrechte) hinreichend bestimmt bezeichnen und bei einer Übereignung nach § 930 BGB ein Besitzkonstitut enthalten. Wird eine einzige Forderung gesichert, die Anlass der Bestellung der Sicherheit war, spricht man von einer „engen" Zweckerklärung; geht es um die Sicherung mehrerer, auch künftiger Forderungen, zB aller Forderungen aus bankmäßiger Geschäftsverbindung, liegt dem eine „weite" Zweckerklärung zugrunde.[19] Eine Sicherungszweckerklärung, nach der die Sicherheit „zur Sicherung aller bestehenden und künftigen, auch bedingten Forderungen oder befristeten Forderungen aus … Geschäftsverbindung" bestimmt ist, genügt den Erfordernissen der inhaltlichen Bestimmtheit.[20] Die „weite" Zweckerklärung umfasst regelmäßig auch Schadensersatz- oder Bereicherungsforderungen. Eine Zweckerklärung kann nachträglich durch Einbeziehung weiterer Forderungen – auch Forderungen Dritter – ergänzt werden.[21]

11 Jeder Vertrag über die Bestellung einer nichtakzessorischen fiduziarischen Sicherheit begründet auch ohne ausdrückliche Vereinbarung ein Treuhandverhältnis, unabhängig davon, ob es sich um einen Individual- oder um einen Formularvertrag handelt und ob er eine Singularsicherheit oder revolvierende Globalsicherheiten zum Gegenstand hat.[22]

12 Der Sicherungszweck bestimmt die Vertragspflichten beider Parteien. Der Sicherungsgeber ist verpflichtet, die vereinbarte Sicherung zu stellen, also sämtliche Erklärungen abzugeben und Handlungen vorzunehmen, welche zur Herbeiführung der Rechtsänderung erforderlich sind. Der Sicherungsnehmer darf von der Befugnis des Eigentümers, mit seinem Eigentum nach Belieben zu verfahren (§ 903 BGB), nur nach Maßgabe des Sicherungszwecks Gebrauch machen. Insb darf er den Sicherungsgegenstand erst nach Eintritt des Sicherungsfalls verwerten. In der Ins des Sicherungsgebers ist diese Voraussetzung jedoch regelmäßig

---

16 *BGH* 12.4.2016 – XI ZR 305/14, Rn 42.
17 *BGH* ZIP 1984, 420, 422; WM 2005, 1168, 1169.
18 *BGHZ* 137, 212, 219 ff = ZIP 1998, 237 ff.
19 Vgl etwa *BGH* ZIP 2008, 703 Rn 17.
20 *BGHZ* 130, 19, 21 f = ZIP 1995, 1245 (Bürgschaft).
21 *BGH* ZIP 2008, 705 (Grundschuld).
22 *BGHZ* 137, 212, 218 f = ZIP 1998, 237; *BGH* ZIP 2008, 703 Rn 18.

erfüllt.[23] Die **Verwertung** obliegt allerdings dann dem Verw, wenn dieser die Sache in seinem Besitz hat (§ 166 Abs 1). Das Verwertungsrecht erstreckt sich auf Gegenstände, an denen der Verw nur mittelbaren Besitz hat, wenn der Schu etwa eine sicherungsübereignete Sache gewerblich vermietet oder verleast[24] oder wenn er sie aus betrieblichen Gründen einem Dritten zum Zwecke der Weitervermietung überlassen hatte.[25] Der Erlös ist nach Abzug der Kosten der Feststellung und der Verwertung bis zur Höhe der gesicherten Forderung an den absonderungsberechtigten Gl auszukehren (§ 170 Abs 1). Solange der Erlös in der Masse unterscheidbar vorhanden ist, setzt sich das Absonderungsrecht an ihm fort; ansonsten entsteht eine Masseforderung nach § 55 Abs 1 Nr 1 und 3.[26]

Ist der **Sicherungszweck endgültig entfallen**, folgt aus der Treuhandnatur des Sicherungsvertrages die Verpflichtung des Sicherungsnehmers, die Sicherheit auch vor der Beendigung des Vertrages zurück zu gewähren.[27] In der Ins des Sicherungsgebers gehört dieser Anspruch zur Masse und ist vom Verw geltend zu machen. Hatte der Schu den Rückgewähranspruch vor der Eröffnung unanfechtbar abgetreten, hat die Abtretung auch nach der Eröffnung Bestand. § 91 Abs 1 greift nicht ein, weil bedingt begründete Rechte im InsFall als bereits bestehend behandelt werden, auch dann, wenn die Bedingung erst nach der Eröffnung eintritt.[28] Der Rückgewähranspruch entsteht – aufschiebend bedingt durch den Fortfall des Sicherungszwecks – bereits bei Stellung der Sicherheit.[29] **13**

Die Bestellung der Sicherheit (hier: die **Übereignung**) folgt den allg Regeln. Das Eigentum an beweglichen Sachen wird durch Einigung und Übergabe (§ 929 BGB) übertragen. **14**

Die **Einigung** ist grds formlos möglich.[30] Sie muss dem sachenrechtlichen Bestimmtheitsgrundsatz genügen, sich also auf bestimmte oder bestimmbare einzelne Gegenstände beziehen.[30] Zubehörstücke (§ 97 BGB) können selbstständig übereignet werden, ebenso Scheinbestandteile (§ 95 BGB), wesentliche Bestandteile einer Sache oder eines Grundstücks (§§ 93, 94 BGB) dagegen nicht. Zubehör, das zum Haftungsverband eines Grundpfandrechts gehört (§§ 1120, 1192 BGB), erwirbt der Sicherungsnehmer nur belastet mit dem Pfandrecht zugunsten des GrundpfandGl. Auch unpfändbare Gegenstände können sicherungsübereignet werden. Die Einigung kann unter einer Bedingung stehen (§ 161 BGB). Die Tilgung der gesicherten Forderung kann als auflösende Bedingung vereinbart werden. Der Sicherungsgeber ist dann nicht auf einen schuldrechtlichen Rückgewähranspruch angewiesen. Einen allg Grundsatz des Inhalts, dass die Einigung unter der auflösenden Bedingung der Tilgung der gesicherten Forderung steht, gibt es jedoch nicht.[31] Die Einigung kann sich auf künftig vom Sicherungsgeber zu erwerbende Gegenstände beziehen (antizipierte Einigung). **15**

Die **Übergabe** der Sache (§ 929 S 1 BGB) kann durch die Vereinbarung eines Besitzkonstituts (§ 930 BGB) (oder die Abtretung des Herausgabeanspruchs gegen den besitzenden Dritten, § 931 BGB) ersetzt werden. Der Eigentümer kann mit dem Erwerber ein Rechtsverhältnis vereinbaren, vermöge dessen der Erwerber den mittelbaren Besitz an der Sache erlangt (vgl § 868 BGB). Das Besitzmittlungsverhältnis bedarf keiner Ausführungshandlung, **16**

---

23 *Bülow* Recht der Kreditsicherheiten, 8. Aufl. 2012, Rn 1247.
24 *BGHZ* 166, 215 = ZIP 2006, 816.
25 *BGHZ* ZIP 2006, 2390, 2390, 2391.
26 *BGHZ* 170, 196, 205 = ZIP 2007, 194.
27 *BGHZ* 137, 212, 219 = *BGH* ZIP 1998, 237.
28 *BGHZ* 155, 87, 92 = ZIP 2003, 1209; *BGH* ZIP 2006, 87, 89.
29 *Bülow* Recht der Kreditsicherheiten, 8. Aufl 2012, Rn 1251.
30 *BGH* ZIP 1990, 1541.
31 *BGH* ZIP 1984, 420 f.

die es offenkundig werden lässt; die Sicherungsübereignung soll für Außenstehende gerade nicht erkennbar sein. Zulässig ist ein antizipiertes Besitzmittlungsverhältnis, das sich auf noch nicht entstandene oder noch nicht im Besitz des Sicherungsgebers befindliche oder diesem noch nicht gehörende Gegenstände bezieht. Die Übereignung eines **Warenlagers mit wechselndem Bestand** vollzieht sich hinsichtlich der künftig zu erwerbenden Waren im Wege der antizipierten Einigung mit antizipiertem Besitzkonstitut. Das Eigentum an diesen Gegenständen geht mit der Einbringung in das Lager (beim Raumsicherungsvertrag in den dazu bestimmten Raum, beim Markierungsvertrag mit der Kennzeichnung der Ware, beim Mantelübereignungsvertrag mit Eingang des Verzeichnisses der übereigneten Gegenstände beim Sicherungsnehmer) in das Eigentum des Sicherungsnehmers über.[32] Die Sicherungsübereignung einer Sachgesamtheit im Rahmen einer Raumsicherungsübertragung erfordert die hinreichend bestimmte Kennzeichnung der hiervon erfassten Gegenstände, aufgrund derer jeder, der die zugrunde liegende Sicherungsabrede kennt, die übereigneten Sachen von anderen unterscheiden kann.[33] Diesem Erfordernis ist nicht genügt, wenn eine Zuordnung weder in räumlicher noch in funktioneller Hinsicht möglich ist, weil in einem Raum unterschiedslos Handelsware sowie nicht übereignetes bewegliches Anlagevermögen und zu reparierende Gegenstände Dritter verwahrt werden.[34]

17 Eine wirksame Übereignung setzt schließlich voraus, dass der Sicherungsgeber **verfügungsberechtigt** war. Gutgläubiger Erwerb ist unter den Voraussetzungen der §§ 932–934 BGB möglich. Bei einer Übereignung nach §§ 929, 930 BGB setzt ein gutgläubiger Erwerb des Eigentums voraus, dass die Sache dem Erwerber übergeben wird; das wird kaum je der Fall sein.

18 Die Frage der Berechtigung stellt sich insb dann, wenn der Sicherungsgeber einander **widersprechende Verfügungen** über den Gegenstand trifft. Übereignet der Sicherungsgeber die Sache ein zweites Mal, handelt er als Nichtberechtigter. Die Übereignung ist unwirksam, wenn nicht die Voraussetzungen des § 933 BGB erfüllt sind. Treffen die Übereignung eines Warenlagers und ein **Vermieterpfandrecht** (§ 562 BGB) zusammen, gilt grds das Prioritätsprinzip. Sind die Gegenstände im Zeitpunkt der Einbringung in die Mieträume bereits dem Sicherungsnehmer übereignet worden, kann ein Pfandrecht nicht entstehen, weil es sich nicht um Sachen des Mieters handelt. Werden bereits eingebrachte Sachen übereignet, erwirbt der Sicherungsnehmer nur das mit dem Pfandrecht belastete Eigentum. Nach der Rspr des BGH hat das Vermieterpfandrecht auch insoweit Vorrang, als Ware erst nach der Sicherungsübereignung dem Warenlager zugeführt wird, obwohl Eigentum und Vermieterpfandrecht an diesen Gegenständen gleichzeitig, nämlich mit der Einbringung entstehen.[35] Ist das Grundstück, auf dem sich der Sicherungsraum befindet, mit einem **Grundpfandrecht** belastet, gelangt die Ware mit ihrer Einbringung auch in den Haftungsverband des Grundpfandrechts (§ 1120 BGB). Grundpfandrecht und Sicherungseigentum entstehen zeitgleich und haben gleichen Rang; ein etwaiger Erlös wird im Verhältnis der gesicherten Forderungen verteilt.[36]

19 Das Absonderungsrecht muss im Zeitpunkt **der Eröffnung bestehen** (§ 91 Abs 1). Bei einer vorweggenommenen Sicherungsübereignung muss der Sicherungsgeber die Sache bis zur

---

32 *Kuder* ZIP 2008, 294.
33 *BGH* NJW-RR 1994, 1537; *LG Bielefeld* ZInsO 2014, 612
34 *OLG Düsseldorf* ZIP 2012, 992.
35 *BGHZ* 117, 200, 204 ff = ZIP 1992, 392 f; *BGH* ZIP 2004, 326, 327; zust etwa *Gerhardt* FS Fischer, S 151 f mwN; **aA** etwa *Mitlehner* Mobiliarsicherheiten im Insolvenzverfahren, 4. Aufl, Rn 1175 ff.
36 MK/*Ganter* Vor §§ 49–52 Rn 74, 73.

Eröffnung erworben haben; der Übergabetatbestand muss erfüllt worden sein und die Einigung über den Eigentumsübergang muss fortbestanden haben.[37] Grds muss auch die gesicherte Forderung entstanden sein. So lange dies nicht der Fall ist, kann der Sicherungsgeber dem Sicherungsnehmer die Einrede der Nichtvalutierung entgegenhalten; der Verlust dieser Einrede fällt in den durch § 91 Abs 1 geschützten Bereich.[38] Nach der Eröffnung des InsVerf über das Vermögen des Sicherungsgebers kommt eine Valutierung daher nicht mehr in Betracht.

Das Sicherungseigentum kann (ähnlich wie der Eigentumsvorbehalt, su) durch die antizipierte Abtretung der Forderung aus einer Weiterveräußerung **verlängert** werden. Dem Sicherungsgeber wird dabei gestattet, die sicherungsübereigneten Gegenstände im Rahmen des normalen Geschäftsbetriebs an Dritte zu verkaufen. Er tritt die künftigen Kaufpreisforderungen aus solchen Verträgen im Voraus an den Sicherungsnehmer ab. Die abgetretene Forderung tritt an die Stelle des Sicherungseigentums. Wird das InsVerf über das Vermögen des Sicherungsgebers vor Eintritt des Verlängerungsfalls (vor der Veräußerung des Sicherungsguts an Dritte) eröffnet, gelten keine Besonderheiten. Der Sicherungsnehmer hat ein Absonderungsrecht an dem Sicherungsgut. Hatte die Veräußerung bereits stattgefunden, kann der Sicherungsnehmer grds abgesonderte Befriedigung aus der Kaufpreisforderung gegen den Dritten verlangen. Allerdings kann dem Verw im Verhältnis zum Dritten das Wahlrecht aus § 103 Abs 1 zustehen. Liegen die Voraussetzungen dieser Vorschrift vor und wählt der Verw die Erfüllung des Vertrages, scheitert das Absonderungsrecht des Sicherungsnehmers, soweit die neu entstehende Kaufpreisforderung aus Mitteln der Masse erfüllt wird.[39] Wählt der Verw Nichterfüllung, ist die Kaufpreisforderung gegen den Dritten nicht durchsetzbar. Dem Sicherungsnehmer steht jedoch das Absonderungsrecht an der (noch nicht übereigneten; andernfalls wäre § 103 nicht anwendbar) Kaufsache zu. 20

Anders als im Falle des (verlängerten) Eigentumsvorbehalts ist der Verw nach der Eröffnung weiterhin zur Veräußerung des Sicherungsguts berechtigt. Seine Befugnis ergibt sich jedenfalls aus § 166 Abs 1. Die Verteilung des Erlöses richtet sich nunmehr nach §§ 170, 171. 21

In der **Ins des Sicherungsnehmers** steht dem Sicherungsgeber ein Aussonderungsrecht (§ 47) zu, wenn er die gesicherte Forderung tilgt oder wenn der Sicherungszweck aus anderem Grunde entfallen ist. Geschieht dies bis zum Eintritt des Sicherungsfalles nicht, hat der Verw die Sicherheit zu verwerten und einen etwaigen Überschuss an den Sicherungsgeber auszukehren. 22

2. Sicherungsabtretung. Als „Sicherungsabtretung" wird eine Abtretung bezeichnet, die vorübergehend zur Sicherung von Forderungen eines Dritten an diesen abgetreten worden sind. Gegenstand der Sicherungsabtretung können alle nach §§ 398, 413 BGB abtretbare Forderungen und Rechte sein. Es kann sich um gegenwärtige oder künftige Forderungen handeln. Bei einer Singularzession wird eine einzelne Forderung abgetreten, bei einer **Globalzession** eine Vielzahl gegenwärtiger und künftiger Forderungen.[40] Wie die Sicherungsübereignung ist die Sicherungsabtretung ein nicht akzessorisches, fiduziarisches Sicherungsrecht, das grds den gleichen Regeln wie jene folgt. Auch hier ist zwischen dem Grundgeschäft (etwa einem Darlehensvertrag), dem Sicherungsvertrag einschl der Sicherungszweckabrede und der Bestellung der Sicherheit (hier: der Abtretung) zu unterscheiden. 23

---

37 MK/*Ganter* Vor §§ 49–52 Rn 21.
38 *BGH* ZIP 2008, 703 Rn 13.
39 MK/*Ganter* § 51 Rn 122.
40 Schimansky/Bunte/Lwowski/*Ganter* Bankrechts-Hdb, § 96 Rn 1.

24 Für die an die Wirksamkeit des Sicherungsvertrages zu stellenden Anforderungen gelten die Ausführungen zur Sicherungsübereignung entspr. Besonderheiten gelten bei der Abtretung von künftigem **Arbeitseinkommen**. Die Abtretung des pfändbaren Teils von Lohn-, Gehalts-, Provisions- und Sozialleistungsansprüchen ist grds zulässig.[41] Formularmäßige Lohnabtretungsklauseln müssen, um dem Transparenzgebot (§ 307 Abs 1 S 2 BGB) zu genügen, Umfang und Zweck der Abtretung sowie die Voraussetzungen der Verwertungsbefugnis eindeutig bezeichnen.[42] Im Hinblick auf § 91 können Absonderungsrechte nur hinsichtlich der vor der Eröffnung entstandenen Lohnansprüche entstehen.[43]

25 Für die Bestellung der Sicherheit – die Abtretung der Forderungen – gelten die allg Regeln.

26 Forderungen und Rechte werden durch Vertrag zwischen dem alten und dem neuen Gl übertragen (§§ 398, 413 BGB). Zusätzliche Wirksamkeitserfordernisse können sich aus Sondervorschriften ergeben. Die Abtretung eines Steuererstattungsanspruchs zB muss dem zuständigen Finanzamt nach Entstehen des Anspruchs unter Verwendung des amtlich vorgeschriebenen Vordrucks angezeigt werden (§ 46 Abs 2 und 3 AO). Die Abtretung unterliegt keiner Form, wenn nicht besondere Vorschriften gelten (zB § 15 GmbHG, § 68 AktG, 2033 Abs 1 S 2 BGB). Im Zweifel steht die Einigung nicht unter der auflösenden Bedingung der Erfüllung der gesicherten Forderung. Die Abtretung darf nicht gegen ein gesetzliches oder vertragliches **Abtretungsverbot** verstoßen. Trotz eines vertraglichen Abtretungsverbots ist die Abtretung wirksam, wenn das Rechtsgeschäft, aus dem die abgetretene Forderung herrührt, für beide Teile ein Handelsgeschäft oder der Schu eine juristische Person des öffentlichen Rechts oder ein öffentlich-rechtliches Sondervermögen ist (§ 354a HGB). Der Schu der einem vertraglichen Abtretungsverbot unterliegenden Forderung kann die gleichwohl erfolgte Abtretung genehmigen, allerdings nur mit Wirkung ex nunc. Hat es mehrere Abtretungen gegeben, hat der Schu die Wahl, welcher dieser Abtretungen er zustimmt.

27 Die Einigung muss sich auf eine bestimmte Forderung beziehen. Bei Vorausabtretungen muss die abzutretende Forderung nach Gl und Schu sowie dann, wenn nur eine Teilabtretung gewollt ist, dem Umfang nach bestimmbar sein. Das Bestimmtheitserfordernis muss erfüllt sein, wenn die Forderung entsteht und auf den Zedenten übergehen soll. Die Abtretung einer Mehrheit von Forderungen ist unproblematisch, wenn sie alle Forderungen gegen bestimmte Schu oder aus bestimmten Geschäftsvorfällen betrifft.[44]

28 Die Forderung muss dem Zedenten zustehen. Der gutgläubige Erwerb einer Forderung ist regelmäßig (Ausnahmen: § 405 BGB, § 16 Abs 2 WG, Art 19 ScheckG) nicht möglich. Eine Vorausabtretung wird wirksam, sobald die abgetretene Forderung in der Person des Zedenten entsteht oder von diesem erworben wird. Bei mehrfacher Vorausabtretung gilt das zusätzlich auf die Abtretungsvereinbarung bezogene Prioritätsprinzip:[45] Obwohl sämtliche Abtretungen gleichzeitig mit dem Entstehen der Forderung in der Person des Zedenten wirksam werden könnten, gilt nur die erste Abtretung; alle weiteren Abtretungen entfalten keine Wirkung.

29 Ebenso wie bei der Verpfändung einer Forderung gilt, dass die abgetretene (sichernde) Forderung im Zeitpunkt der Eröffnung bereits entstanden sein muss (so Erl zu § 50). Im Falle der **Abtretung einer künftigen Forderung** ist die Verfügung selbst bereits mit Abschluss des

41 MK/*Ganter* § 51 Rn 205.
42 *BGHZ* 108, 98, 104 f = ZIP 1989, 970.
43 *Riedel* ZVI 2015, 91, 91; vgl unten Rn 30, 32.
44 MK/*Ganter* § 51 Rn 155.
45 *BGHZ* 30, 149, 151 = NJW 1959, 1533; MK/*Ganter* § 51 Rn 167, 212; *Bülow* Recht der Kreditsicherheiten, 8. Aufl 2012, Rn 1651.

Abtretungsvertrages beendet. Der Rechtsübergang erfolgt jedoch mit dem Entstehen der Forderung. Entsteht die in voraus abgetretene Forderung nach Eröffnung des InsVerf, kann der Gl kein Forderungsrecht zu Lasten der Masse mehr erwerben (§ 91 Abs 1). Nur wenn der Zessionar bereits vor der Eröffnung eine gesicherte Rechtsposition hinsichtlich der abgetretenen Forderung erlangt hat, ist die Abtretung insolvenzfest.[46] Hat der Schu Forderungen auf Vergütung gegen die kassenärztliche Vereinigung abgetreten, so ist eine solche Verfügung unwirksam, soweit sie sich auf Ansprüche bezieht, die auf nach der Eröffnung erbrachten ärztlichen Leistungen beruhen.[47]

Werden **Ansprüche aus Dauerschuldverhältnissen** abgetreten, kommt es deshalb darauf an, ob sie bereits mit Abschluss des zugrunde liegenden Vertrages „betagt", also nur in ihrer Durchsetzbarkeit vom Beginn oder vom Ablauf einer bestimmten Frist abhängig sind oder ob sie gem §§ 163, 158 Abs 1 BGB erst mit der Inanspruchnahme der jeweiligen Gegenleistung entstehen. Im letztgenannten Fall hat der Abtretungsempfänger keine gesicherte Rechtsposition.[48] **Mietansprüche** entstehen nach ständiger Rspr des BGH aufschiebend befristet (§ 163 BGB) erst zum Anfangstermin des jeweiligen Zeitraums der Nutzungsüberlassung.[49] Hier greift jedoch die Sondervorschrift des § 110 ein, die im Rahmen ihres Anwendungsbereichs § 91 verdrängt.[49] Vorausabtretungen sind (nur) in dem von § 110 beschriebenen zeitlichen Rahmen wirksam. Auch bei **Dienstverträgen** entsteht der Vergütungsanspruch erst mit der Erbringung der Dienstleistung.[50] § 114 aF, der Vorausabtretungen von Bezügen aus einem Dienstverhältnis regelt, ist lex specialis gegenüber § 91.[51] Trotz § 91 Abs 1 ist die Vorausabtretung danach wirksam, soweit sie sich auf die Zeit vor Ablauf von zwei Jahren nach dem Ende des zur Zeit der Eröffnung des Verf laufenden Kalendermonats bezieht. Diese Vorschrift ist allerdings nur noch in Verfahren zu beachten, die vor dem 1.7.2014 beantragt worden sind.[52] 30

Bedingt begründete Rechte werden nach der Eröffnung des InsVerf als bereits bestehend behandelt. Das gilt auch dann, wenn die Bedingung erst nach InsEröffnung eintritt. Nicht nur die uneingeschränkte Übertragung eines bedingten Rechts, sondern auch die unter einer Bedingung erfolgte Übertragung eines bestehenden Rechts ist insolvenzfest.[53] § 91 hindert den Rechtserwerb nicht, wenn das Recht bereits im Zeitpunkt der Eröffnung aus dem Vermögen des Schu ausgeschieden war, so dass für diesen keine Möglichkeit mehr bestand, es auf Grund alleiniger Entscheidung wieder zurückzuerlangen.[54] 31

Wird ein und dieselbe Forderung **mehrfach abgetreten**, gilt grds das Prioritätsprinzip. Die erste Abtretung ist wirksam, alle folgenden sind es nicht.[55] Das gilt sowohl für die Abtretung bestehender als auch für die Abtretung künftiger Forderungen sowie dann, wenn die erste oder die folgende Abtretung Teil einer Globalzession ist.[56] Darlegungs- und beweispflichtig für den Zeitpunkt einer Abtretung ist regelmäßig derjenige, der sich auf den zeitli- 32

---

46 *BGHZ* 167, 363 Rn 6 = ZIP 2006, 1257; *BGH* ZIP 2013, 1181 Rn 17.
47 *BGHZ* 167, 363 Rn 6 = ZIP 2006, 1257.
48 *BGHZ* 167, 363 Rn 12 = ZIP 2006, 1254 f; *BGH* ZIP 1997, 513, 514.
49 *BGHZ* 170, 196 Rn 12 = ZIP 2007, 192.
50 *BGH* ZIP 2008, 1488 Rn 13; 2010, 335 Rn 21; 2012, 2358 Rn 14; 2013, 1181 Rn 19.
51 *BGHZ* 167, 363, 367 f = ZIP 2006, 1255; *Kuleisa* ZVI 2015, 85.
52 Vgl Art 103h EGInsO.
53 *BGHZ* 155, 87, 92 f = ZIP 2003, 1209; *BGH* ZIP 2008, 885 Rn 9.
54 *BGHZ* 155, 87, 93 = ZIP 2003, 1209; *BGHZ* 170, 196, 203 = ZIP 2007, 193.
55 *BGHZ* 30, 149, 151 = NJW 1959, 1523; *BGHZ* 32, 361, 363 = WM 1960, 838; *BGHZ* 104, 123, 128 = WM 1988, 874; *BGH* WM 2005, 378, 379.
56 *BGH* WM 2005, 378, 379.

chen Vorrang beruft.[57] Fällt die abgetretene Forderung später an den Zedenten zurück, wird die zweite Abtretung infolge Konvaleszenz (§ 185 Abs 2 S 1 BGB) wirksam.[58] Treffen eine typische **Globalzession und ein verlängerter Eigentumsvorbehalt** zusammen, setzt sich regelmäßig der verlängerte Eigentumsvorbehalt durch, auch dann, wenn die Globalzession vor dem verlängerten Eigentumsvorbehalt vereinbart worden war. Eine weitere Abweichung folgt in den vor dem 1.7.2014 beantragten Verfahren aus den Sonderregelungen des § 114 Abs 1 und 3 für die Abtretung und die Pfändung von Bezügen aus einem **Dienstverhältnis**. Da die Abtretung künftiger Bezüge für die Dauer von zwei Jahren nach Eröffnung wirksam ist, eine Pfändung jedoch spätestens nach Ablauf des auf die Eröffnung folgenden Kalendermonats ihre Wirkung verliert, hat die Abtretung der Bezüge für die Folgezeit trotz einer zeitlich früheren Pfändung Bestand.[59] Da das Pfändungspfandrecht jedoch nur so weit und so lange unwirksam ist, wie die Zwecke des InsVerf und der möglichen Restschuldbefreiung dies rechtfertigen, es also spätestens mit der Erteilung der Restschuldbefreiung wieder wirksam werden kann, kommt eine Aufhebung des Pfändungs- und Überweisungsbeschlusses auf Antrag der Drittschuldnerin nicht in Betracht.[60]

33 **3. Eigentumsvorbehalt und Erweiterungsformen.** Hat sich der Verkäufer einer beweglichen Sache das Eigentum bis zur Zahlung des Kaufpreises vorbehalten, so ist im Zweifel anzunehmen, dass das Eigentum bis zur Zahlung des Kaufpreises unter der aufschiebenden Bedingung vollständiger Zahlung des Kaufpreises übertragen wird (§ 449 Abs 1 BGB). In der Ins des Käufers berechtigt dieser **einfache Eigentumsvorbehalt** dann, wenn der Verw die Erfüllung des Vertrages ablehnt (§ 103) zur Aussonderung gem § 47.[61] Der einfache Eigentumsvorbehalt erlischt jedoch nicht nur durch die Zahlung des Kaufpreises, sondern auch durch erlaubte Weiterveräußerung, durch gutgläubigen Erwerb des Zweiterwerbers oder auch durch Verbindung, Vermischung oder Verarbeitung der Sache. Der Vorbehaltsverkäufer kann also sein vorbehaltenes Eigentum verlieren, ohne den Kaufpreis erhalten zu haben. Er kann auch weitere Ansprüche gegen den Käufer haben, die gesichert werden sollen. In der Praxis wurden deshalb **Verlängerungs- und Erweiterungsformen** des Eigentumsvorbehalts entwickelt, die aber mit dem Eintritt des Verlängerungs- oder Erweiterungsfalles nicht mehr den Anspruch auf Rückgabe der Kaufsache, sondern den Kaufpreisanspruch oder die sonstigen Ansprüche des Verkäufers gegen den Käufer sichern. Sie werden von diesem Zeitpunkt an als Sicherungsübertragungen angesehen und berechtigen nur noch zur abgesonderten Befriedigung. Der Grund dafür liegt darin, dass diese Sicherungsformen, obgleich ihnen ein Warenkredit vorausgegangen ist, auch wirtschaftlich nur noch die Funktion eines Pfandrechts haben. Der nunmehr verfolgte Sicherungszweck könnte genauso gut mit einer Sicherungsübertragung erreicht werden.[62]

34 Ein **verlängerter Eigentumsvorbehalt** wird vereinbart, wenn der Vorbehaltsverkäufer dem Käufer die Weiterveräußerung der unter Eigentumsvorbehalt gelieferten Kaufsache gestattet. In einem solchen Fall verfügt der Vorbehaltskäufer als Berechtigter. Der Zweitkäufer erwirbt also das Eigentum an der Kaufsache; zugleich verliert der Vorbehaltsverkäufer das vorbehaltene Eigentum. Als Ausgleich tritt der Vorbehaltskäufer seinen Kaufpreisanspruch gegen den Zweitkäufer an den Vorbehaltsverkäufer ab. Der Vorbehaltsverkäufer ermächtigt ihn, den Kaufpreisanspruch im eigenen Namen einzuziehen. Gleiches gilt, wenn der Verkäufer den Einbau der gelieferten Gegenstände gestattet und sich die daraus entste-

---

57 *BGH* ZIP 1986, 845, 846.
58 Schimansky/Scholz/Lwowski/*Ganter* Bankrechts-Hdb, § 90 Rn 177, 179.
59 *BGH* ZIP 2006, 2276 Rn 6.
60 *BGH* ZIP 2011, 871.
61 *BGHZ* 176, 86 Rn 24 = ZIP 2008, 842.
62 *BGHZ* 176, 86 Rn 23 f = ZIP 2008, 842.

hende Werklohnanspruch gegen den dritten Besteller im Voraus ganz oder anteilig abtreten lässt; die Vorausabtretung erlangt dann in dem Zeitpunkt Wirksamkeit, in dem der Vorbehaltsverkäufer das vorbehaltene Eigentum durch den Einbau (§ 946 BGB) verliert.[63] Wird dann das InsVerf über das Vermögen des Käufers eröffnet, kann der Verkäufer abgesonderte Befriedigung aus der abgetretenen Forderung verlangen (§ 51 Nr 1). Dieses Absonderungsrecht setzt sich im Wege der dinglichen Surrogation (§ 1247 S 2 BGB) an dem Verwertungserlös fort.[64]

Mit der Eröffnung des InsVerf über das Vermögen des Käufers erlischt die Ermächtigung zur Weiterveräußerung. Soweit das vorbehaltene Eigentum noch besteht, kann der Verkäufer aussondern (§ 47). Wählt der Verw die Erfüllung des Kaufvertrages (§ 103 Abs 1) und reicht die Masse zur Erfüllung der zur Masseforderung gewordenen Kaufpreisforderung (§ 55 Abs 1 Nr 1) aus, kann er die Kaufsache aber auch weiterverkaufen. Hat der Verw die Sache nach der Eröffnung, aber vor einer ausdrücklichen Erfüllungswahl weiterveräußert, handelt es sich – wenn in der Weiterveräußerung nicht eine Erfüllungswahl gesehen werden kann, was jedenfalls nicht selbstverständlich ist[65] – um eine unberechtigte Veräußerung, welche die Rechtsfolgen des § 52 auslöst, also den Verkäufer zur Ersatzaussonderung berechtigt. Ein Verw, der im Rahmen einer einheitlichen Veräußerung des gesamten Warenbestandes des Schu bewusst auch Vorbehaltsware veräußert, wählt damit nicht ohne weiteres die Erfüllung des Kaufvertrages mit dem Vorbehaltsverkäufer.[66] Ob die Ermächtigung zur Weiterveräußerung bereits im EröffnungsVerf erlischt, ist höchstrichterlich noch nicht entschieden, aber wohl zu verneinen.[67] Der Verkäufer kann die Ermächtigung allerdings widerrufen, wenn die ordnungsgemäße Abwicklung des Verkaufs nicht gewährleistet ist. Soweit der Eigentumsvorbehalt im Zeitpunkt der Eröffnung bereits erloschen ist, kann der Verkäufer abgesonderte Befriedigung aus der ihm abgetretenen Kaufpreisforderung gegen den Zweiterwerber verlangen. 35

Ist vor Eintritt des Verlängerungsfalles das InsVerf über das Vermögen des Vorbehaltsverkäufers eröffnet worden, kann der Käufer die Erfüllung des Vertrages verlangen (§ 107 Abs 1). Der Verw ist also nicht berechtigt, die Nichterfüllung des Vertrages zu wählen. Hatte der Käufer die Sache bereits weiterveräußert und der Verkäufer sein Vorbehaltseigentum verloren, kann es nur noch um die Einziehung der im voraus abgetretenen Kaufpreisforderung gegen den Dritterwerber gehen, welche nunmehr dem Verw obliegt. 36

Verarbeitungsklauseln regeln den Fall, dass der Vorbehaltskäufer die unter Eigentumsvorbehalt erworbene Sache in seinem Betrieb verarbeiten will. Unter den Voraussetzungen des § 950 BGB, der in seinem Anwendungsbereich die Vorschriften der §§ 947, 948 BGB verdrängt,[68] verliert der Vorbehaltsverkäufer das vorbehaltene Eigentum kraft Gesetzes. Als Ausgleich können die Vertragsparteien eine Verarbeitungsklausel vereinbaren, nach welcher der Vorbehaltsverkäufer als „Hersteller" iSv § 950 BGB gilt und damit Eigentum an der neu hergestellten Sache erwirbt.[69] Da der Wert der neu hergestellten Sache regelmäßig den Wert der Ausgangssache übersteigen wird, besteht jedoch die Gefahr einer anfänglichen Übersicherung. In AGB wird daher regelmäßig vereinbart, dass der Vorbehaltsverkäufer nur Miteigentümer im Verhältnis des Wertes seiner Sache zu demjenigen der neu herge- 37

---

63 *BGH* ZIP 2008, 699 Rn 22.
64 *BGHZ* 189, 1 Rn 15 = ZIP 2011, 773.
65 Vgl *BGH* ZIP 1998, 298 f; MK/*Ganter* § 47 Rn 146.
66 *BGH* ZIP 1998, 298 f.
67 Vgl MK/*Ganter* § 47 Rn 145.
68 *BGH* NJW 1995, 2633.
69 *BGHZ* 20, 259, 263 f = NJW 1956, 788; **aA** MK/*Ganter* § 47 Rn 107; *Gottwald/Adolphsen* § 43 Rn 36 mwN.

stellten Sache wird.[70] Dadurch wird zudem eine Kollision mit Rechten anderer Lieferanten vermieden, vorausgesetzt, diese haben sich ebenfalls auf eine reine Verlängerung des Eigentumsvorbehalts beschränkt.

Mit der Eröffnung des InsVerf über das Vermögen des Käufers endet im Zweifel dessen Befugnis zur Weiterverarbeitung.[71] Der Vorbehaltsverkäufer kann noch nicht verarbeitete Gegenstände aussondern. Setzt der Verw die Verarbeitung fort, ohne zuvor die Erfüllung der zugrunde liegenden Verträge zu wählen (§ 103), kann er unter den Voraussetzungen des § 60 wegen der Vereitelung eines Aussonderungsrechts persönlich haften. Ein Ersatzabsonderungsrecht nach § 48 kommt nicht in Betracht, weil die Verarbeitung keine „Veräußerung" im Sinne dieser Vorschrift ist.[72] Str, aber eher zu verneinen ist die Frage, ob in der Verarbeitung regelmäßig eine konkludente Erfüllungswahl zu sehen ist.[73] Hinsichtlich solcher Gegenstände, die bereits verarbeitet worden sind, steht dem Verkäufer nur ein Recht auf (anteilige) abgesonderte Befriedigung zu. Ob der Verw hinsichtlich der verarbeiteten Gegenstände noch Erfüllung wählen kann, ist zweifelhaft, weil der Verkäufer, der sein Eigentum bereits kraft Gesetzes verloren hat (§§ 946 ff, 950 BGB), seine Pflicht zur Eigentumsverschaffung (§ 433 Abs 1 S 1 BGB) nicht mehr erfüllen kann.[74] Die Gestattung der Weiterverarbeitung erlischt nicht bereits mit der Anordnung der vorl InsVerwaltung. Der Vorbehaltsverkäufer kann seine Erlaubnis jedoch widerrufen, wenn eine ordnungsgemäße Abwicklung des Kaufvertrages nicht mehr gewährleistet wird.[75]

38 In der **Ins des Vorbehaltsverkäufers** gilt bis zum Beginn der Verarbeitung § 107 Abs 1. Der Käufer kann also die Erfüllung des Vertrages verlangen, den Kaufpreis entrichten und den Kaufgegenstand aussondern. Nach der Verarbeitung kann der Käufer aussondern, wenn er den Kaufpreis bezahlt.

39 Der **erweiterte Eigentumsvorbehalt** sichert nicht nur die Kaufpreisforderung, sondern auch weitere Forderungen des Vorbehaltsverkäufers. Üblich ist die Vereinbarung eines **Kontokorrentvorbehalts**, der im kaufmännischen Verkehr[76] unabhängig davon zulässig ist, ob die Vertragsparteien eine Kontokorrentvereinbarung (§ 355 HGB) getroffen haben oder nicht. Der Grundsatz der niedrigsten Saldohaftung gilt nicht.[77] Das vorbehaltene Eigentum sichert sämtliche Forderungen aus der Geschäftsverbindung, mag deren Höhe auch Schwankungen unterliegen. Sind alle Forderungen beglichen, erlischt der Eigentumsvorbehalt. Er lebt nicht dadurch wieder auf, dass neue Forderungen zwischen den Parteien begründet werden.[78] Die Parteien können aber auch vereinbaren, dass der Vorbehalt erhalten bleibt, solange die Geschäftsverbindung zwischen ihnen besteht.[79]

40 In der **Ins des Käufers** berechtigt der Eigentumsvorbehalt zur Aussonderung, solange die Kaufsache nicht voll bezahlt (im Falle eines echten Kontokorrentverhältnisses: ein dem

---

70 Vgl *BGHZ* 46, 117, 120 = NJW 1967, 34.
71 *Gottwald/Adolphsen* § 43 Rn 39; **aA** *Uhlenbruck/Brinkmann* § 47 Rn 30.
72 *BGHZ* 30, 176, 180 = NJW 1959, 1681; *BGH* ZIP 1989, 934; *OLG Düsseldorf* ZIP 2003, 1309.
73 Dafür zB *OLG Celle* WM 1987, 1569 f; dagegen MK/*Ganter* § 47 Rn 12; *Gottwald/Adolphsen* § 43 Rn 39.
74 Vgl MK/*Ganter* § 47 Rn 113.
75 MK/*Ganter* § 47 Rn 111.
76 *BGH* ZIP 2000, 932, 934; *BGH* ZIP 2011, 773 Rn 24.
77 *BGH* WM 1971, 348; **aA** *Bülow* Recht der Kreditsicherheiten, 8. Aufl 2012, Rn 1510, für den Fall einer echten Kontokorrentvereinbarung.
78 MK/*Ganter* § 47 Rn 89 f.
79 *Bülow* Recht der Kreditsicherheiten, 8. Aufl 2012, Rn 1506, 1511.

Kaufpreis entspr Teil des Saldos getilgt) worden ist.[80] Der Verw kann allerdings die Erfüllung des Vertrages wählen (§ 103 Abs 1). Damit entfällt das Aussonderungsrecht des Verkäufers. Str ist, ob der erweiterte Vorbehalt den Verkäufer nunmehr zur abgesonderten Befriedigung wegen anderer gesicherter Forderungen berechtigt. Diese Frage wird v *Henckel* für den Fall, dass kein echtes Kontokorrentverhältnis besteht, unter Hinweis auf § 91 verneint.[81] § 91 gilt für Verfügungen des Verw jedoch nicht, so dass von einem Absonderungsrecht des Verkäufers auszugehen sein dürfte.[82] Zum selben Erg führt die Annahme, dass der erweiterte Eigentumsvorbehalt von Anfang an Vorbehalts- und Sicherungseigentum zugleich umfasst, mit der Bezahlung des Kaufpreises also kein Übergang vom Vorbehalts- zum Sicherungseigentum (vom Aussonderungs- zum Absonderungsrecht) stattfindet.[83] War der Kaufpreis bereits im Zeitpunkt der Eröffnung vollständig bezahlt, hat der Verkäufer (nur noch) ein Recht auf abgesonderte Befriedigung.[84]

In der **Ins des Verkäufers** kann der Käufer die Erfüllung des Vertrages, also die Übertragung des vorbehaltenen Eigentums gegen Tilgung der gesicherten Forderungen verlangen (§ 107 Abs 1). Der Verw seinerseits kann die Erfüllung des Vertrages wählen (§ 103 Abs 1) und die Kaufpreisforderung zur Masse ziehen. Wollen weder der Käufer noch der Verw den Vertrag erfüllen, ist dieser rückabzuwickeln.[85] 41

Die Vereinbarung eines **Konzernvorbehalts** ist nichtig. Der Eigentumsübergang darf also nicht davon abhängig gemacht werden, dass der Käufer die Forderungen eines Dritten, insb eines mit dem Verkäufer verbundenen Unternehmens erfüllt (§ 449 Abs 3 BGB). Der in dem nichtigen Konzernvorbehalt enthaltene einfache Eigentumsvorbehalt zugunsten des Lieferanten bleibt jedoch wirksam[86] und berechtigt in der Ins des Käufers zur Aussonderung (§ 47). 42

Der Vorbehaltsverkäufer kann das **vorbehaltene Eigentum auf einen Dritten übertragen**.[87] Die Abtretung der Kaufpreisforderung gegen den Vorbehaltskäufer reicht dazu allein nicht aus, weil der Eigentumsvorbehalt kein Sicherungsrecht iSv § 401 BGB darstellt.[88] Vielmehr bedarf es einer besonderen Übertragung durch dingliche Einigung und Abtretung des Herausgabeanspruchs gegen den Vorbehaltskäufer aus §§ 449, 346 BGB (§§ 929, 931 BGB). Der Dritte hat das Eigentum vom Berechtigten erworben, kann die Sache aber vom Vorbehaltskäufer nicht herausverlangen, solange dieser noch ein Recht zum Besitz hat (§ 986 Abs 2 BGB), der Verkäufer also nicht vom Vertrag zurückgetreten ist. Mit der vollständigen Bezahlung erwirbt der Vorbehaltskäufer das Eigentum, der Erwerber verliert es.[89] 43

Mit der Eröffnung des InsVerf über das Vermögen des Vorbehaltskäufers tritt der Sicherungsfall ein. Wählt der Verw nicht die Erfüllung des Vertrages, stellt sich die Frage, ob der Dritte als Rechtsnachfolger des Vorbehaltsverkäufers die Aussonderung der Kaufsache verlangen kann (§ 47). Diese Frage hat der BGH in einem Fall verneint, in dem der übertragene Eigentumsvorbehalt nach der Übertragung nicht mehr den Rückgewähranspruch des Verkäufers, sondern nur noch einen Darlehensanspruch des Dritten gegen den Käufer 44

---

80 MK/*Ganter* § 47 Rn 92.
81 *Jaeger/Henckel* § 51 Rn 29, 30.
82 MK/*Ganter* § 47 Rn 93; *Gottwald* § 43 Rn 26.
83 *Bülow* WM 2007, 429.
84 *BGHZ* 98, 160, 170 = ZIP 1986, 1062; *BGH* WM 1971, 348.
85 MK/*Ganter* § 47 Rn 94.
86 *BGH* BGH-Report 2005, 940; *BGHZ* 176, 86 Rn 8 = ZIP 2008, 843.
87 *BGHZ* 176, 86 Rn 16 = ZIP 2008, 843.
88 *BGHZ* 42, 53, 56 = WM 1964, 816.
89 *BGHZ* 176, 86 Rn 16 = ZIP 2008, 844.

sicherte. Die Privilegierung des Vorbehaltsverkäufers, dem in der Ins des Vorbehaltskäufers ein Aussonderungsrecht zusteht, beruht darauf, dass der Gesetzgeber den Warenkreditgeber, der die ihm gehörende Kaufsache dem Schu übergeben hat, ohne die vollständige Gegenleistung zu erhalten, für schutzwürdiger hielt als den Geldkreditgeber, dem eine Sache als Sicherheit überlassen worden ist. Der Dritte, der nicht in den ursprünglichen Kaufvertrag eingetreten ist, sondern dem Käufer einen Kredit in Höhe der Kaufpreisforderung gewährt und den Kaufpreisanspruch nur als Sicherheit erhalten hat, bleibt auch dann ein Geldkreditgeber, wenn er sich zusätzlich die Sicherungsmittel des Warenkreditnehmers verschafft. Überträgt der Vorbehaltsverkäufer das Eigentum an der Kaufsache auf eine Bank, die für den Käufer den Erwerb finanziert, kann die Bank das vorbehaltene Eigentum in der Ins des Käufers folglich nicht aussondern; sie ist vielmehr wie ein Sicherungseigentümer lediglich zur abgesonderten Befriedigung berechtigt.[90]

45 Treffen eine **Globalzession und ein verlängerter Eigentumsvorbehalt** zusammen, gebührt dem verlängerten Eigentumsvorbehalt der Vorrang. Nach ständiger Rspr des BGH ist die Globalzession in der Regel sittenwidrig und damit nichtig, wenn sie nach dem Willen der Vertragsparteien auch solche Forderungen umfasst, die der Schu seinen Lieferanten auf Grund eines verlängerten Eigentumsvorbehalts künftig abtreten muss.[91] Die Globalzession zugunsten eines Kreditgebers ist regelmäßig eher als der verlängerte Eigentumsvorbehalt eines Warenlieferanten vereinbart worden, der durch seine Leistung die Sicherung der Bank erst bewirkt; die Bank würde den Kunden außerdem zum Vertragsbruch gegenüber seinen Vertragspartnern verleiten, die regelmäßig nur bei Vereinbarung eines verlängerten Eigentumsvorbehalts liefern. Regelmäßig werden in einer Globalzession daher dingliche Verzichtserklärungen vereinbart, die entweder Forderungen aus dem Weiterverkauf von unter Eigentumsvorbehalt gelieferten Waren ausdrücklich ausnehmen oder diese Forderungen unter der aufschiebenden Bedingung des Erlöschens des Eigentumsvorbehalts erfassen. Solche Klauseln sind rechtlich unbedenklich.[92] Sie führen dazu, dass der verlängerte Eigentumsvorbehalt sich gegenüber der zeitlich früheren Globalzession durchsetzt. Trifft der verlängerte Eigentumsvorbehalt mit einer Abtretung zusammen, der ein echtes Factoring (= ein Verkauf der Forderung an einen Factor, der auch das Delkredere-Risiko, also das Risiko der Uneinbringlichkeit der Forderung, trägt) zugrunde liegt, setzt sich das zeitlich frühere echte Factoring durch, das im Verhältnis zum Lieferanten wie eine Zahlung des DrittSchu wirkt. Die dem verlängerten Eigentumsvorbehalt nachfolgende Abtretung an einen echten Factor wird im Zweifel von der Einziehungsermächtigung gedeckt, welche der Vorbehaltsverkäufer dem Schu regelmäßig erteilt hat;[93] denn mit dem Verkauf der Forderung an den Factor realisiert der Schu deren wirtschaftlichen Wert. Der Fall einer Abtretung auf der Grundlage eines unechten Factorings, bei dem das Risiko der Uneinbringlichkeit der Forderung beim Zedenten verbleibt, wird dagegen ebenso wie derjenige einer Globalzession behandelt. Der Factoring-Vertrag muss eine dinglich wirkende Teilverzichtsklausel hinsichtlich derjenigen Forderungen enthalten, die einem verlängerten Eigentumsvorbehalt unterfallen; andernfalls ist er wegen Verstoßes gegen die guten Sitten nichtig.[94] Treffen eine Globalzession und eine (unechte) Factoring-Globalzession zusammen, gilt – ebenso wie im

---

90 *BGHZ* 176, 86 Rn 36 = ZIP 2008, 844 ff.

91 *BGHZ* 30, 149, 153 = WM 1959, 964; *BGHZ* 55, 34, 35 = NJW 1971, 372; *BGHZ* 72, 308, 310 = NJW 1979, 365; *BGHZ* 98, 303, 315 = ZIP 1987, 90; *BGH* ZIP 1991, 807, 811; *BGH* ZIP 1999, 997, 998; *BGH* WM 2005, 378, 379.

92 *BGHZ* 72, 308, 310 = NJW 1979, 365; *BGH* ZIP 1991, 811.

93 *BGHZ 69, 254, 258* ff = NJW 1977, 2207; *BGHZ* 72, 15, 19 f = NJW 1978, 100; *BGHZ* 100, 353, 358 = ZIP 1987, 856 f.

94 *BGHZ* 82, 50, 64 ff = NJW 1982, 166; *BGHZ* 100, 353, 358 = ZIP 1987, 856.

Falle einer Kollision zweier Globalzessionen[95] – das Prioritätsprinzip. Liegt der zweiten Globalzession ein echtes Factoring zugrunde, stellt sich die Frage, ob Verkauf und Abtretung der Forderung von der Einziehungsermächtigung gedeckt sind, welche der Darlehensgeber und Globalzessionar dem Schu regelmäßig erteilt. Nach der Rspr des BGH ist das nicht der Fall.[96] Der Unterschied zu einer von einem Warenkreditgeber (Vorbehaltsverkäufer) erteilten Einziehungsermächtigung liegt darin, dass dessen Forderung trotz des vom Factor einbehaltenen Teils der angekauften Forderung wegen des regelmäßig höheren Betrags der Weiterverkaufsforderung gedeckt sein wird. Beim Geldkreditgeber ist das nicht der Fall. Die erneut abgetretene Forderung verliert durch den Anteil des Factors an Wert, was zu einer Beeinträchtigung des Sicherungsinteresses des Geldkreditgebers führt. Damit gilt auch hier das Prioritätsprinzip.

II. Zurückbehaltungsrecht wegen Verwendungen zum Nutzen der Sache (Nr 2)

Zur abgesonderten Befriedigung berechtigende Zurückbehaltungsrechte wegen Verwendungen ordnen insb § 273 Abs 2 BGB und § 1000 BGB an, auf die sich zahlreiche schuld-, sachen- und erbrechtliche Vorschriften ausdrücklich oder kraft ihrer systematischen Stellung beziehen (vgl zu § 1000 BGB etwa §§ 994, 996; §§ 292, 994; §§ 850, 994 ff; § 972; §§ 2022, 2023; zu § 273 Abs 2 BGB etwa §§ 102, 304, 347 Abs 2, 459, 536a Abs 2, 539, 590b, 591, 670, 683, 693, 850, 1049, 1216). Ein nur auf § 273 Abs 1 BGB gestütztes Zurückbehaltungsrecht zu Gunsten bloßer InsolvenzGl (anders bei MasseGl) hat im InsVerf dagegen keine Wirkung.[97] Gleiches gilt für vereinbarte Zurückbehaltungsrechte (etwa dasjenige aus Nr 21 Abs 4 AGB Sparkassen). Die Bevorzugung des auf Verwendungen beruhenden Zurückbehaltungsrechts rechtfertigt sich daraus, dass die Werterhöhungen bis zur VerfEröffnung nicht in die Verfügungsgewalt des Schu gelangt sind.[98] 46

§ 51 Nr 2 betrifft nur Verwendungen auf bewegliche Sachen, nicht solche auf Grundstücke.[99] 47
Verwendungen „zum Nutzen der Sache" sind alle notwendigen und nützlichen Verwendungen, also Vermögensaufwendungen, welche der Erhaltung, Wiederherstellung oder Verbesserung der Sache dienen und ihr damit zugute kommen, ohne sie grundlegend zu verändern.[100] Das Zurückbehaltungsrecht muss vor der Eröffnung vollständig entstanden sein (§ 91). Der Gl muss also den Besitz an der Sache vor der Eröffnung erlangt und die Verwendungen vor der Eröffnung getätigt haben. Der „noch vorhandene Vorteil", den Nr 2 voraussetzt, muss nicht nur im Zeitpunkt der Eröffnung, sondern auch noch bei Geltendmachung des Absonderungsrechts bestehen.[101] Darlegungs- und beweispflichtig für die tatsächlichen Voraussetzungen des Zurückbehaltungsrechts ist der Gl.

Bei der Frage der Verwertungsbefugnis ist zu unterscheiden. Die Voraussetzungen des § 166 48
Abs 1 sind regelmäßig nicht erfüllt, weil sich die Sache im Besitz des Gl befindet. Soweit das Zurückbehaltungsrecht des Gl auf § 1000 BGB beruht, folgt dessen Verwertungsrecht – solange der Besitzer die Verwendungen nicht genehmigt – aus § 1003 Abs 1 BGB. Für das aus § 273 Abs 2 BGB abgeleitete Zurückbehaltungsrecht fehlt eine entspr Bestimmung ebenso wie für dasjenige aus § 1000 BGB für genehmigte Verwendungen, das wie dasjenige aus § 273 Abs 2 BGB zu behandeln ist. § 173 Abs 1 gewährt dem Gl kein Verwertungsrecht,

---

95 *BGH* WM 2005, 378, 379.
96 *BGHZ* 75, 391, 394 f = ZIP 1980, 185 f; *BGHZ* 82, 283, 288 ff = ZIP 1982, 42.
97 *BGHZ* 150, 138, 145 = ZIP 2002, 861; *BGH* ZIP 2003, 1406, 1407; *BGHZ* 161, 241, 252 = ZIP 2005, 130; *BGH* ZIP 2009, 428 Rn 8; ZIP 2013, 179 Rn 9.
98 *Häsemeyer* Rn 18.21.
99 *BGH* ZIP 2003, 1406, 1407.
100 *BGHZ* 41, 157, 160; *BGHZ* 131, 220, 222 = ZIP 1996, 281.
101 MK/*Ganter* § 51 Rn 219; *Häsemeyer* Rn 18.20.

sondern setzt – wie sich aus dem Wortlaut der Vorschrift ergibt („bleibt das Recht des Gl zur Verwertung unberührt“) – ein solches voraus. Ob der Gl gleichwohl zur Verwertung berechtigt ist, weil § 166 Abs 1 nicht eingreift,[102] ob eine Regelungslücke vorliegt, welche analog § 127 Abs 1 KO im Sinne eines Verwertungsrechts des Verw zu schließen ist,[103] oder ob sich ein Verwertungsrecht des Verw gem § 173 Abs 2 S 2 aus dem Fehlen eines Verwertungsrechts des Gl ergibt,[104] ist str und höchstrichterlich noch nicht geklärt.

III. Zurückbehaltungsrechte nach dem HGB (Nr 3)

49 Das wichtigste kaufmännische Zurückbehaltungsrecht ist in §§ 369–372 HGB geregelt. Ein Kaufmann (§ 1 HGB) hat wegen der fälligen Forderungen, welche ihm gegen einen anderen Kaufmann aus den zwischen ihnen geschlossenen beiderseitigen Handelsgeschäften zustehen, ein Zurückbehaltungsrecht an den beweglichen Sachen und Wertpapieren (echte Wertpapiere, also Inhaber- und Orderpapiere, nicht dagegen Rektapapiere[105]) des Schu, welche mit dessen Willen auf Grund von Handelsgeschäften in seinen Besitz gelangt sind, sofern er sie noch im Besitze hat (§ 369 Abs 1 S 1 HGB). Der Gegenstand des Zurückbehaltungsrechts muss im Eigentum des Schu stehen. Miteigentum des Schu genügt; unter bestimmten Voraussetzungen kann ein Zurückbehaltungsrecht auch an eigenen Sachen des Gl bestehen (§ 369 Abs 1 S 2 HGB). Konnexität, dh die Herkunft der gesicherten Forderung aus demselben Rechtsverhältnis, aufgrund dessen der Gl in den Besitz des Gegenstandes gelangt ist, wird nicht vorausgesetzt. Der Gegenstand darf allerdings keiner einem Zurückbehaltungsrecht widersprechenden Zweckbindung unterliegen (§ 369 Abs 3 HGB). Das Zurückbehaltungsrecht kann vertraglich – auch durch AGB – ausgeschlossen werden.

50 Das Zurückbehaltungsrecht muss im Zeitpunkt der Eröffnung vollständig entstanden (§ 91 Abs 1) und darf nicht analog § 1002 BGB durch Herausgabe des Gegenstandes an den Schu erloschen sein. Kraft des Zurückbehaltungsrechts ist der Gl befugt, sich aus dem zurückbehaltenen Gegenstand für seine Forderungen zu befriedigen (§ 371 Abs 1 HGB). Die Befriedigung erfolgt grds nach den für das Pfandrecht geltenden Vorschriften des BGB. Allerdings tritt eine Frist von einer Woche an die Stelle der Monatsfrist des § 1234 BGB, die zwischen der Verkaufsandrohung und dem Verkauf liegen muss (§ 371 Abs 2 HGB). In aller Regel wird nicht der Verw, sondern der Gl zur Verwertung berechtigt sein (§ 173 Abs 1); denn das Zurückbehaltungsrecht setzt den Besitz des Gl voraus. Der nach § 371 Abs 3 HGB erforderliche Titel kann noch nach der Eröffnung des InsVerf erwirkt werden. §§ 89, 91 stehen nicht entgegen. Richtiger Klagegegner ist nach der Eröffnung der Verw.[105]

51 Nach § 46 S 1 VVG steht dem Versicherungsnehmer einer **Versicherung für fremde Rechnung** in der Ins des Versicherten für seine die versicherte Sache betreffende Ansprüche gegen diesen ein Zurückbehaltungsrecht an dem Versicherungsschein zu. S 2 der Vorschrift ordnet an, dass sich der Versicherungsnehmer wegen dieser Ansprüche aus der Entschädigungsforderung gegen den Versicherer, nach deren Einziehung aus der Entschädigungssumme vor dem Versicherten und dessen Gl befriedigen kann. Hier geht es im Wesentlichen um Ansprüche auf Erstattung der verauslagten Prämie. Mit Hilfe des zurückbehaltenen Versicherungsscheins kann der Versicherungsnehmer die Entschädigungssumme einziehen (§ 45 Abs 2 VVG).

---

102 *Uhlenbruck/Brinkmann* § 51 Rn 35.
103 *Jaeger/Henckel* § 51 Rn 50 mit Vorb zu §§ 49–52 Rn 47; MK/*Ganter* § 51 Rn 220.
104 *Mitlehner* Rn 828.
105 *Jaeger/Henckel* § 51 Rn 57.

IV. Sicherheiten für öffentliche Abgaben (Nr 4)

§ 51 Nr 4 betrifft zoll- und steuerpflichtige Sachen, die als Sicherheit für öffentliche Abgaben dienen. Der Fiskus (Bund, Länder, Gemeinden und Gemeindeverbände) hat an ihnen ein Absonderungsrecht. Das Absonderungsrecht setzt weder den Besitz der öffentlichen Hand noch eine Beschlagnahme voraus, sondern richtet sich ausschließlich nach den entspr zoll- und steuerrechtlichen Vorschriften.[106] Die praktisch wichtigste dieser Vorschriften ist § 76 AO. Nach § 76 Abs 1 AO dienen verbrauchsteuerpflichtige Waren und einfuhr- und ausfuhrabgabenpflichtige Waren ohne Rücksicht auf die Rechte Dritter als Sicherheit für die darauf ruhenden Steuern (sog Sachhaftung). Die Sachhaftung entsteht bei einfuhr- und ausfuhrabgaben- oder verbrauchsteuerpflichtigen Waren, wenn nichts anderes vorgeschrieben ist, mit ihrem Verbringen in den Geltungsbereich der Abgabenordnung, bei verbrauchsteuerpflichtigen Waren auch mit Beginn ihrer Gewinnung oder Herstellung (§ 76 Abs 2 AO). Dass die Steuerschuld bereits entstanden ist, ist nicht erforderlich; sie ist jedoch Voraussetzung einer Verwertung der Sache. Solange die Steuer nicht entrichtet ist, kann die Finanzbehörde die Waren mit Beschlag belegen (§ 76 Abs 3 S 1 AO). Das Absonderungsrecht entsteht unabhängig von einer Beschlagnahme (§ 76 Abs 3 S 2 AO: Verbot an den, der die Waren in Gewahrsam hat, über sie zu verfügen). Die Beschlagnahme fällt nicht unter §§ 88, 89. Diese Vorschriften betreffen Zwangsvollstreckungsmaßnahmen von InsGl, nicht Sicherungs- und Verwertungsmaßnahmen absonderungsberechtigter Gl. Die Sachhaftung erlischt mit der Steuerschuld (§ 76 Abs 4 S 1 AO). Insoweit gilt § 47 AO: Ansprüche aus dem Steuerschuldverhältnis erlöschen insb durch Zahlung, Aufrechnung, Erlass, Verjährung sowie durch Eintritt der Bedingung bei auflösend bedingten Ansprüchen. Die Sachhaftung endet ferner mit der Aufhebung der Beschlagnahme oder dadurch, dass die Waren mit Zustimmung der Finanzbehörde in einen steuerlich nicht beschränkten Verkehr übergehen (§ 76 Abs 4 S 2 AO). Von der Geltendmachung der Sachhaftung abhanden gekommener Waren wird unter den Voraussetzungen des § 76 Abs 5 AO abgesehen. 52

V. Sonstige Absonderungsrechte

1. Haftpflichtansprüche. In der Ins des Versicherungsnehmers einer **Haftpflichtversicherung** kann der geschädigte Dritte wegen des ihm gegen den Versicherungsnehmer zustehenden Anspruchs abgesonderte Befriedigung aus dem Freistellungsanspruch des Versicherungsnehmers verlangen (§ 110 VVG). Das Absonderungsrecht gilt für Versicherungsfälle vor und nach der Eröffnung des InsVerf.[107] § 91 Abs 1 steht nicht entgegen, weil der Anspruch der Masse nur belastet mit dem Absonderungsrecht des HaftpflichtGl zufällt. Dem HaftpflichtGl steht in der Ins des Versicherungsnehmers ein eigenes Einziehungsrecht gemäß oder entsprechend § 1282 Abs 1 BGB iVm § 173 zu, ohne dass es einer Pfändung des Deckungsanspruchs bedarf.[108] Er kann zunächst unmittelbar – ohne den Umweg über das insolvenzrechtliche Anmeldungs- und Prüfungsverfahren (§§ 174 ff)[109] – Zahlungsklage gegen den Verw erheben, allerdings beschränkt auf Leistung aus dem Freistellungsanspruch gegen den Versicherer;[110] war bei Eröffnung bereits ein Rechtsstreit anhängig, kann der HaftpflichtGl diesen gem § 86 Abs 1 Nr 2 gegen den Verw insoweit aufnehmen, als er abgesonderte Befriedigung aus dem Freistellungsanspruch verlangt.[109] Die Verurteilung im Absonderungsprozess enthält zugleich die Feststellung der Entschädigungsforderung des 53

106 MK/*Ganter* § 51 Rn 243 f.
107 MK/*Ganter* § 51 Rn 235 f, 237; *Jaeger/Henckel* Vor § 49 Rn 23.
108 *BGH* NJW-RR 1987, 1106 f; NJW-RR 1993, 1306; ZIP 2013, 1742 Rn 1; ZIP 2014, 2090 Rn 10.
109 *BGH* ZIP 2013, 1742 Rn 10.
110 *BGH* ZIP 1989, 857; ZIP 2013, 1742 Rn 10; *OLG Hamburg* VersR 2010, 1620, 1624.

Geschädigten. Diese wirkt auch gegen den Versicherer und löst die Fälligkeit des Deckungsanspruchs (§ 106 S 1 VVG) aus.[111] Der HaftpflichtGl kann aber auch die Forderung gegen den Schu zur Tabelle anmelden. Grundsätzlich muss der Versicherer die Feststellung zur Tabelle gegen sich gelten lassen.[112] Früher konnte nach Maßgabe des Versicherungsvertrages allerdings Leistungsfreiheit wegen Verletzung des Anerkenntnisverbots eintreten;[113] das Anerkenntnisverbot ist zwischenzeitlich jedoch entfallen (vgl § 105 VVG gegenüber § 154 Abs 2 VVG aF). Zahlung aus der Masse kann der HaftpflichtGl nur wegen seines Ausfalls verlangen (§ 52).[114] Das Absonderungsrecht aus § 110 VVG überdauert das InsVerfahren als PfandR an der Entschädigungsforderung.[115] Es bleibt bestehen, wenn der Verw den Deckungsanspruch aus der Masse freigibt.[116] Auf sonstige Freistellungsansprüche ist § 110 VVG nicht entsprechend anwendbar.[117]

54 **2. Gemeinschaftsforderungen.** Besteht zwischen dem Schu und einem Dritten eine Gemeinschaft nach Bruchteilen, eine andere Gemeinschaft oder eine Gesellschaft ohne Rechtspersönlichkeit, so erfolgt die Teilung oder sonstige Auseinandersetzung außerhalb des InsVerf. Aus dem dabei ermittelten Anteil des Schu kann für Ansprüche aus dem Rechtsverhältnis abgesonderte Befriedigung verlangt werden (§ 84 Abs 1).

---

111 MK/*Ganter* § 51 Rn 238.
112 *BGH* VersR 2004, 634; *K Schmidt/Thole* § 51 Rn 36; *Seybold/Wendt* VersR 2011, 458, 459.
113 *BGH* VersR 2004, 634: *Thume* VersR 2006, 1318.
114 MK/*Ganter* § 51 Rn 238a.
115 *BGH* ZIP 2009, 874 Rn 7.
116 *BGH* ZIP 2009, 874 Rn 7; *BGH* 7.4.2016 – IX ZR 216/14 Rn 16.
117 *OLG Frankfurt* ZInsO 2005, 1274.

§ 52 Ausfall der Absonderungsberechtigten

[1]Gläubiger, die abgesonderte Befriedigung beanspruchen können, sind Insolvenzgläubiger, soweit ihnen der Schuldner auch persönlich haftet. [2]Sie sind zur anteilsmäßigen Befriedigung aus der Insolvenzmasse jedoch nur berechtigt, soweit sie auf eine abgesonderte Befriedigung verzichten oder bei ihr ausgefallen sind.

Übersicht

I. Normzweck und Gesetzgebungshinweise

1 Die Vorschrift des § 52 hat diejenigen der § 64 KO, § 27 Abs 1 S 1 VerglO abgelöst. Im GesetzgebungsVerf war sie nicht umstr. Sie regelt die verfahrensrechtliche Stellung der

Absonderungsberechtigten, denen der Schu auch persönlich haftet.[1] Der Gl ist mit der vollen Höhe seiner Forderung InsGl, also auch hinsichtlich des gesicherten Teils;[2] deshalb kann er Gegner eines Anfechtungsanspruchs nach §§ 130, 131 sein.[3] Er soll jedoch nicht die ihm haftende Sache verwerten und zusätzlich mit dem vollen Forderungsbetrag am InsVerf teilnehmen können. Durch die Beschränkung der quotalen Berechtigung auf den Ausfallbetrag regelt die Vorschrift die Verteilung der Masse (vgl auch § 190). Zugleich verweist sie den Gl materiell auf die vorrangige Befriedigung aus der Sicherheit.[4] Der Gl hat sich zunächst aus der Sicherheit zu befriedigen, so dass er nur hinsichtlich des Ausfalls mit den übrigen InsGl konkurriert.[5] Will er mit seiner gesamten Forderung am Insolvenzverfahren teilnehmen, muss er auf die abgesonderte Befriedigung aus der Sicherheit verzichten (su Rn 9). Die Vorschrift enthält zwingendes Recht.[6] Einen Sonderfall der Ausfallhaftung regelt § 331 Abs 1 (Nachlassgläubiger im NachlassInsVerf, denen gegenüber der Erbe unbeschränkt haftet). In der Ins über das gemeinschaftlich verwaltete Gesamtgut einer Gütergemeinschaft ist § 52 ebenfalls anwendbar.[7]

II. Anwendungsvoraussetzungen

1. Absonderungsrecht und Insolvenzforderung. Dem Gl muss ein Absonderungsrecht an einem zur InsMasse gehörenden Gegenstand zustehen. Er muss außerdem eine InsFord gegen den InsSchu haben. Fallen Recht und Forderung auseinander, ist § 52 nicht anwendbar. Die Vorschrift gilt also nicht, wenn dem Gl nur eine isolierte Grundschuld an einem zur Masse gehörenden Grundstück zusteht, wenn der Schu zwar persönlich haftet, die Sicherheit aber einem Dritten gehört oder unpfändbar ist (vgl § 36) oder wenn der Schu die Sicherheit für die Schuld eines Dritten gestellt hatte. Sichert das Absonderungsrecht keine Ins-, sondern eine Masseforderung, greift § 52 ebenfalls nicht ein. Die Masseforderung ist als solche zu berichtigen. Sichert das Absonderungsrecht umgekehrt eine Forderung, die im Range nach den übrigen Forderungen der InsGl zu berichtigen ist (§ 39 Abs 1 Nr 1–4), kann der Gl zunächst abgesonderte Befriedigung aus der Sicherheit verlangen. Die Ausfallforderung behält jedoch den Rang des § 39. 2

2. Massezugehörigkeit des Gegenstands der Absonderung. Der Gegenstand, aus dem der Gl abgesonderte Befriedigung verlangt, muss im Zeitpunkt der Eröffnung des InsVerf[8] zur InsMasse gehören. Nur solche Gl sollen auf den Ausfall beschränkt werden, die der Masse einen Vermögensgegenstand entziehen.[9] Es kommt auf die objektive Rechtslage an. Sicherungsgut, das zur abgesonderten Befriedigung berechtigt, wird der InsMasse zugerechnet. Steht der Gegenstand im Eigentum eines Dritten und haftet dieser Dritte neben dem Schu auch persönlich, gilt nicht § 52, sondern § 43.[10] Haftet der Dritte nur mit dem Sicherungsgegenstand, nicht aber persönlich, gilt § 43 analog. Gehört der Gegenstand dem Schu und einem Dritten gemeinsam, muss sich der Gl bei der Berechnung der Ausfallforderung nur 3

---

1 Zur Rechtsstellung des Absonderungsberechtigten ohne Forderung gegen den Schu persönlich **so Erl zu § 49**.
2 BT-Drucks 12/2443, 126; *BGH* ZIP 2006, 1009, 1010.
3 *BGH* ZIP 2007, 1126 Rn 23.
4 MK/*Ganter* § 52 Rn 2.
5 *Jaeger/Henckel* § 52 Rn 2.
6 *Jaeger/Henckel* § 52 Rn 3.
7 *Jaeger/Henckel* § 52 Rn 13.
8 MK/*Ganter* § 52 Rn 9.
9 MK/*Ganter* § 52 Rn 6.
10 *Jaeger/Henckel* § 52 Rn 11.

den Teil des Verwertungserlöses anrechnen lassen, der auf den Anteil des Schu entfällt.[11] Gehört der Gegenstand zum nicht gemeinsam verwalteten Gesamtgut einer ehelichen Gütergemeinschaft, bestimmt § 37, ob er Teil der InsMasse ist. § 52 bleibt auch dann anwendbar, wenn der Verwalter den mit einem AbsonderungsR belasteten Gegenstand aus der Masse **freigegeben** hat. Anderenfalls könnte der Verwalter hoch belastete Gegenstände niemals freigeben und hätte die Masse insb bei Grundstücken nur zur Erhaltung des Ausfallprinzips unrentierliche Sachlasten und Kosten weiter auf sich zu nehmen, was sinnwidrig wäre.[12]

III. Anmeldung der Forderung und Nachweis des Ausfalls

4 **1. Anmeldung.** Der Gl kann die Forderung in voller Höhe zur Tabelle anmelden. Ein Hinweis auf das Absonderungsrecht (§ 28 Abs 2) dient der Unterrichtung des Verwalters, ist jedoch nicht zwingend erforderlich. Die Beschränkung auf den Ausfall ist nicht sinnvoll, solange dieser nicht feststeht. Ist die Forderung in voller Höhe angemeldet worden, wird sie auch in voller Höhe geprüft und ggf festgestellt. Insoweit gelten die allg Bestimmungen (§§ 178–186). Insb wirkt die Eintragung in die Tabelle für die festgestellten Forderungen ihrem Betrag und ihrem Rang nach wie ein rechtskräftiges Urteil (§ 178 Abs 3). Schon deshalb empfiehlt sich die Anmeldung der gesamten Forderung. Die Sicherung durch ein Recht auf abgesonderte Befriedigung hat auf die Anmeldung und Prüfung der Forderung keinen Einfluss. Nur der Gl, der seine Forderung zumindest in Höhe des Ausfalls angemeldet hat, nimmt überhaupt am InsVerfahren teil. Voraussetzung für die Berechtigung zur Stellung eines Versagungsantrags ist neben der Anmeldung die Glaubhaftmachung eines Ausfalls mit einem Teil der gesicherten Forderung.[13]

5 **2. Verteilung.** Die Beschränkung auf den Ausfall wird vielmehr erst bei der Verteilung relevant. Gem § 190 hat der Gl innerhalb einer Ausschlussfrist von zwei Wochen nach der öffentlichen Bek des Verteilungsverzeichnisses (§ 189 Abs 1, § 9 Abs 1 S 3) dem InsVerw nachzuweisen, dass und für welchen Betrag er auf abgesonderte Befriedigung verzichtet hat oder bei ihr ausgefallen ist. Wird der Nachweis nicht rechtzeitig geführt, so wird die Forderung bei der Verteilung nicht berücksichtigt. Jedenfalls einen geschäftserfahrenen Gl braucht der Verwalter nicht auf die Notwendigkeit eines Nachweises des Ausfalls hinzuweisen.[14] Hat der Verwalter den Gegenstand selbst verwertet, ist ein Nachweis nicht erforderlich. Da das Verwertungsrecht häufig beim InsVerw liegt (§§ 165 ff), wird die Verwertung bis zur Schlussverteilung regelmäßig abgeschlossen sein.[15] Ist das nicht der Fall, bleibt dem Gl die Möglichkeit, den Ausfall zu schätzen und in dieser Höhe auf die abgesonderte Befriedigung zu verzichten.

6 Wie der Beweis zu führen ist, richtet sich nach dem jeweiligen Regelungszusammenhang. Geht es um Abschlagsverteilungen (§ 190 Abs 2) oder um das Stimmrecht im PlanVerf (§ 237 Abs 1 S 2), reicht die Glaubhaftmachung. Gleiches gilt, wenn der absonderungsberechtigte Gl InsAntrag stellt und diesen mit einem möglichen Ausfall begründet. Wird der Ausfall nicht wenigstens glaubhaft gemacht, fehlt dem Antrag das Rechtsschutzinteresse.[16] Für die Schlussverteilung ist der Ausfall nachzuweisen. Glaubhaftmachung reicht hier nicht aus.

---

11 MK/*Ganter* § 52 Rn 13.
12 *BGH* ZIP 2009, 874 Rn 9.
13 *BGH* NZI 2012, 892 Rn 10 ff.
14 *OLG Hamm* ZIP 1994, 1374; *Jaeger/Henckel* § 52 Rn 23.
15 *BGH* NZI 2012, 892 Rn 12.
16 *BGH* ZIP 2008, 281 Rn 12.

3. Berechnung des Ausfalls. Die Berechnung des Ausfalls richtet sich danach, wie der dem Gl gebührende Erlös auf dessen Forderung anzurechnen ist. Grds gilt § 367 BGB. Der Wortlaut der Vorschrift „Hauptforderung, Zinsen, Kosten" schreibt keine von den allgemeinen Vorschriften abweichende Tilgungsreihenfolge vor.[17] Das folgt hinreichend deutlich aus den Gesetzesmaterialien. § 57 Abs 1 S 2 RegE-InsO ordnete ausdrücklich an, dass der Erlös zunächst auf die Kosten, dann auf die Zinsen und zuletzt auf das Kapital angerechnet wurde, soweit nicht § 11 Abs 3 VerbrKrG (jetzt: § 497 Abs 3 BGB) eine andere Tilgungsreihenfolge vorsah.[18] Der Rechtsausschuss schlug die Streichung dieser Bestimmung vor, weil sich die Tilgungsreihenfolge jedenfalls aus § 367 BGB, § 11 Abs 3 VerbrKrG ergebe; die InsO brauche dies nicht zu wiederholen.[19] Dass Zinsen und Kosten nach § 39 Abs 1 Nr 1 und 2 im Rang nach den InsFord des § 38 berichtigt werden, ändert daran nichts. Der Erlös wird also auf Kosten, Zinsen und dann die Hauptforderung angerechnet. Das gilt auch für die seit der Eröffnung des InsVerf angefallenen Zinsen und Kosten.[20] Grds sichert das Absonderungsrecht die Forderung unabhängig von ihrem Rang nach §§ 38, 39 Abs 1 Nr 1–4. Das spricht für eine Erstreckung auch auf nachrangige Forderungen, sagt aber noch nichts dazu, in welcher Reihenfolge die Anrechnung zu erfolgen hat. Es wird vertreten, § 39 Abs 1 Nr 1–4 regele nicht nur die Verteilung der InsMasse, sondern auch den Rang der dem Absonderungsberechtigten selbst zustehenden Forderungen untereinander. Seine nachrangigen Forderungen könnten nicht vor seinen vorrangigen Forderungen beglichen werden.[21] Gegen diese Lösung spricht, dass die gesicherten Forderungen – soweit das Absonderungsrecht reicht – nicht nach den Vorschriften der InsO, sondern nach den allg Bestimmungen befriedigt werden. Damit gilt § 367 BGB uneingeschränkt.[22] Eine abweichende Tilgungsreihenfolge kann von den Parteien vereinbart, nicht aber einseitig bestimmt werden.[23] Bei Vorliegen ihrer Voraussetzungen greift die besondere Anrechnungsvorschrift des § 497 Abs 3 BGB ein.[24] Teilzahlungen auf Verbraucherdarlehen werden zunächst auf die Kosten der Rechtsverfolgung, dann auf die Hauptforderung und dann auf die Zinsen angerechnet. 7

4. Auskehrung des Erlöses. In welcher Höhe der Erlös der abgesonderten Befriedigung dem AbsonderungsGl gebührt, richtet sich nach den allg Vorschriften über die Verwertung von Gegenständen mit Absonderungsrechten (§§ 165 ff). Wenn der Verwalter eine Sache durch Veräußerung an einen Dritten verwertet, erhält der absonderungsberechtigte Gl den Erlös abzüglich Kosten (§ 170 Abs 1). Findet die Verwertung gem § 168 Abs 3 statt, also dadurch, dass der Gl den Gegenstand selbst übernimmt, wird nur der mit dem Verwalter einvernehmlich festgesetzte Wert abzüglich der Feststellungs- und Verwertungspauschale in Ansatz gebracht.[25] Eine Vorteilsausgleichung findet nicht statt. Der Anspruch ist auf den Ausfall beschränkt. 8

---

17 *BGH* ZIP 2011, 579 Rn 9; ZIP 2014, 2248 Rn 19.
18 BT-Drucks 12/2443, 18, 125.
19 BT-Drucks 12/7302, 160.
20 *BGH* ZIP 2011, 579; *OLG Köln* ZIP 2007, 1615; *Jaeger/Henckel* § 52 Rn 23; für die Rechtslage nach der KO auch *BGHZ* 134, 195 ff = ZIP 1997, 120 ff; aA *Mitlehner* EWiR 2007, 569.
21 MK/*Ganter* Vor §§ 49–52 Rn 59a ff; § 52 Rn 28 ff; *Häsemeyer* Rn 18.78.
22 *BGH* ZIP 2011, 579 Rn 7 ff; *Jaeger/Henckel* § 52 Rn 23; *K Schmidt/Thole* § 52 Rn 12; HambKomm/*Büchler* § 52 Rn 6; *Siegmann* WuB VI A § 39 InsO 2.08; *Uhlenbruck/Brinkmann* § 52 Rn 14.
23 *BGH* ZIP 2011, 579 Rn 14 f; vgl allg *BGH* ZIP 2008, 1624 Rn 22.
24 *Jaeger/Henckel* § 52 Rn 23.
25 *BGHZ* 165, 28, 32 = ZIP 2005, 2215 f.

IV. Verzicht auf eine abgesonderte Befriedigung

9 Der Absonderungsgläubiger kann auf das Recht auf abgesonderte Befriedigung verzichten. Das kann einmal durch **Verzicht auf das zur abgesonderten Befriedigung berechtigende Recht** geschehen. Der Verzicht hat dann nach den allg Vorschriften über die Aufgabe des jeweiligen Rechts zu erfolgen. Soweit danach zulässig, reicht schlüssiges Verhalten. Die vorbehaltlose Anmeldung der gesamten Forderung oder das bloße Unterlassen der Geltendmachung des Absonderungsrechts genügt nicht.[26] Ein Verzicht nur für die Zwecke des InsVerf mit der Folge, dass der Gl das Recht behält und mit der vollen Forderung an der Verteilung teilnimmt, ist grundsätzlich nicht möglich. Auch ein Verzicht unter Vorbehalt ist unwirksam. Der Verzicht muss dazu führen, dass der Gegenstand des Absonderungsrechts frei von Rechten dieses Gl wird.[27] Ob der Masse daraus ein Vorteil erwächst, ist wiederum unerheblich. Der Verzicht auf die abgesonderte Befriedigung (nicht: auf das Sicherungsrecht) kann aber auch derart erfolgen, dass der Gl **auf die Sicherung der zur Tabelle angemeldeten Forderung durch das Sicherungsrecht verzichtet**.[28] Der Gl, der über eine Grundschuld an einem zur Masse gehörenden Grundstück verfügt, kann schuldrechtlich (formfrei) auf die Sicherung seiner Forderung (oder eines Teils seiner Forderung) durch die Grundschuld verzichten. Der InsVerw kann in einem solchen Fall nach seiner Wahl die Erteilung der Löschungsbewilligung, die Abtretung des Rechts oder den dinglichen Verzicht gem §§ 1168, 1175 Abs 1 S 2, 1192 Abs 1 BGB verlangen, so dass die Masse hinreichend vor einer doppelten Belastung durch die Anmeldung der gesicherten Forderung einerseits, der Verwertung des Absonderungsguts andererseits geschützt ist.

---

26 *BGH* 9.3.2017 – IX ZR 177/15 Rn 16; MK/*Ganter* § 52 Rn 39; *Jaeger/Henckel* § 52 Rn 27.
27 *BGH* 9.3.2017 – IX ZR 177/15 Rn 17; *OLG Hamm* ZIP 1994, 1375 (zu § 64 KO).
28 Vgl *BGH* ZIP 2011, 180 Rn 8 (Grundschuld); *BGH* 9.3.2017 – IX ZR 177/15 Rn 12 f (Sicherungseigentum).

§ 53 Massegläubiger

Aus der Insolvenzmasse sind die Kosten des Insolvenzverfahrens und die sonstigen Masseverbindlichkeiten vorweg zu berichtigen.

Übersicht

I. Normzweck und Gesetzgebungshinweise

1 § 53 schließt an § 57 KO an. Nach dieser Vorschrift waren „Massekosten" und „Masseschulden" vorweg zu befriedigen. Die InsO hat den Begriff der Massekosten neu definiert (§ 54) und den weiteren Begriff der „sonstigen Masseverbindlichkeiten" eingeführt (§ 55). Die neue Aufgliederung erfolgte im Hinblick auf die Rangfolge der Masseverbindlichkeiten in § 209,[1] die dann einzuhalten ist, wenn die Masse nicht ausreicht, um die fälligen sonstigen Masseverbindlichkeiten zu decken. Sie ist außerdem für § 26 von Bedeutung. Ein InsAntrag

---

1 BT-Drucks 12/2443, 126.

wird dann „mangels Masse“ abgewiesen, wenn die Massekosten (§ 54) nicht gedeckt sind; auf die sonstigen Masseverbindlichkeiten kommt es nicht an.[2] Die (nachträgliche) Einstellung des Verf mangels Masse setzt ebenfalls voraus, dass nicht einmal die Kosten des Verf gedeckt sind (§ 207 Abs 1). Die Entlastung der Masse von Masseverbindlichkeiten ist eines der Mittel, mit denen das Ziel einer rechtzeitigen und leichteren Eröffnung der InsVerf erreicht werden soll.[3]

II. Erläuterungen

1. Begriffe. Masseverbindlichkeiten sind diejenigen Kosten (§ 54) und Verbindlichkeiten (§ 55), die notwendig mit der Abwicklung des InsVerf verbunden sind. **Gewillkürte Masseverbindlichkeiten** werden überwiegend nach der Eröffnung des Verf vom Verwalter begründet (§ 80 Abs 1). Verbindlichkeiten, die ein vorläufiger InsVerw begründet hat, auf den die Verfügungsbefugnis über das Vermögen des Schu übergegangen ist (§ 22 Abs 1), gelten nach der Eröffnung ebenfalls als Masseverbindlichkeiten (§ 55 Abs 2), ebenso die von einem nicht verfügungsbefugten vorl Verwalter (§ 22 Abs 2) aufgrund einer Einzelermächtigung[4] begründeten Verbindlichkeiten. **Oktroyierte (aufgezwungene) Masseverbindlichkeiten** rühren aus vom Schu selbst geschlossenen Verträgen her, deren Fortbestand über die Eröffnung des Verf hinaus gesetzlich angeordnet ist (vgl § 55 Abs 1 Nr 2 Fall 2, Abs 2 S 2 iVm § 108). Nach Anzeige der Masseunzulänglichkeit (§ 208), die für das ProzessG bindend ist,[5] ist zusätzlich zwischen „**Altmasseverbindlichkeiten**“ und „**Neumasseverbindlichkeiten**“ zu unterscheiden. Die MasseGl sind von diesem Zeitpunkt an nach der Rangordnung des § 209 zu befriedigen. Danach haben die Neumasseverbindlichkeiten, die Masseverbindlichkeiten also, die nach der Anzeige der Masseunzulänglichkeit begründet worden sind, Vorrang vor den übrigen, vor der Anzeige begründeten Altmasseverbindlichkeiten. 2

Die Vorschriften der §§ 54, 55 über die Kosten des InsVerf und die sonstigen Masseverbindlichkeiten sind nicht abschließend. Die InsO enthält folgende weitere Vorschriften über Masseverbindlichkeiten: § 21 Abs 2 S 1 Nr 5 S 1 HS 2; 81 Abs 1 S 3, §§ 100, 101 Abs 1 S 3, § 115 Abs 2 S 3, §§ 116, 118, § 123 Abs 2 S 1, § 135 Abs 3 S 2; § 144 Abs 2 S 2, § 169 S 1, § 172 Abs 1, § 183 Abs 3, §§ 324, 329, 330, 332. Außerhalb der InsO ordnen § 16 Abs 1 S 2 AnfG und § 30e ZVG das Entstehen von Masseverbindlichkeiten an. 3

Die genannten Vorschriften enthalten ebenso wie diejenigen der §§ 53–55 **zwingendes Recht**. Dadurch, dass eine Masseforderung zur Tabelle angemeldet wird, wird sie nicht zu einer InsFord, auch dann nicht, wenn sie anerkannt und festgestellt wird. Selbst die Rechtskraftwirkung eines streitigen Urt schließt die Geltendmachung des zur Tabelle festgestellten Anspruchs als Masseforderung nicht aus.[6] In der Anmeldung einer Forderung zur Tabelle liegt regelmäßig auch kein Verzicht auf die Masseschuld.[7] Umgekehrt wird eine InsFord nicht kraft Vereinbarung zwischen Verwalter und Gl zu einer Masseverbindlichkeit. Eine gleichwohl getroffene Vereinbarung über die bevorzugte Befriedigung des Gl kann unwirksam sein. Rechtshandlungen, welche der gleichmäßigen Befriedigung aller InsGl klar und eindeutig zuwiderlaufen, verpflichten die Masse dann nicht, wenn der Widerspruch zum Ins-Zweck evident war und sich dem Vertragspartner aufgrund der Umstände des Einzelfalls ohne Weiteres begründete Zweifel an der Vereinbarkeit der Handlung mit dem Zweck des 4

2 BT-Drucks 12/2443, 118.
3 BT-Drucks 12/2443, 84 ff.
4 *BGHZ* 151, 353, 358 ff = ZIP 2002, 1629; *BGHZ* 154, 190 = ZIP 2003, 810 f; *BGH* ZIP 2007, 2280.
5 *BGHZ* 154, 358, 360 f = ZIP 2003, 915.
6 *BGHZ* 168, 112, 117 ff = ZIP 2006, 1411 f.
7 *BGHZ* 168, 112, 121 = ZIP 2006, 1412.

InsVerf aufdrängen mussten.[8] Gegen den GlGleichbehandlungsgrundsatz verstoßende, aber wirksame Vereinbarungen über die vollständige Befriedigung einer InsFord können wegen der Verkürzung der Quote Schadensersatzansprüche der InsGl gegen den Verwalter persönlich begründen (§§ 60, 92). Ein Rechtsgeschäft, welches im später eröffneten InsVerf zur Aufwertung einer Insford zur Masseforderung führt (im entschiedenen Fall: der Eintritt eines Schuldners, der aufgrund einer „Einstandsverpflichtung" für Mietforderungen gegen ein konzernangehöriges Unternehmen haftete, in den Mietvertrag), kann nach § 133 anfechtbar sein.[9]

5 **2. Durchsetzung der Masseverbindlichkeiten.** Masseverbindlichkeiten sind – vom Ausnahmefall des § 206 abgesehen, dass die Forderung erst nachträglich bekannt wird – **„vorweg"**, dh vor und unabhängig von der Verteilung des aus der Verwertung der InsMasse erzielten Erlöses an die InsGl (§§ 187 ff) zu berichtigen. Sie sind wie geschuldet zu erfüllen, also nicht, wie § 45 es für InsFord verlangt, in Geld umzurechnen. Bei Vorliegen der Voraussetzungen können MasseGl auch Verzugszinsen oder Schadensersatz wegen Nichterfüllung aus der Masse verlangen.

6 Zur Durchsetzung der Forderung stehen den MasseGl alle Möglichkeiten eines Gl außerhalb eines InsVerf offen. Insb können sie wegen ihrer Forderungen **Klage** gegen den InsVerw als Partei kraft Amtes erheben.[10] § 87, wonach die InsGl ihre Forderungen nur nach den Vorschriften über das InsVerf verfolgen können, sie also gem §§ 174 ff zur Tabelle anmelden müssen, gilt für sie nicht.[11] Die Klage kann im Gerichtsstand des § 19a ZPO, also am Sitz des InsGer erhoben werden. Nach Anzeige der Masseunzulänglichkeit (§ 208 Abs 1) kann auch eine (Alt-)Masseverbindlichkeit nicht mehr mit der Leistungsklage verfolgt werden.[12] Zulässig bleibt allein eine Feststellungsklage. Ein LeistungsUrt könnte nicht mehr vollstreckt werden (§ 210); der Verwalter ist überdies gesetzlich verpflichtet, das FeststellungsUrt bei der Verteilung der Masse zu beachten.[13] Für Neumasseverbindlichkeiten, die nach der Anzeige der Masseunzulänglichkeit begründet worden sind, gelten diese Einschränkungen grds nicht. Sie können regelmäßig gegen die Masse vollstreckt werden (vgl § 210) und in diesem Umfang auch Gegenstand einer Leistungsklage sein.[14] Auf die Feststellungsklage können NeumasseGl nur verwiesen werden, wenn die Masse nicht mehr ausreicht, ihre Forderungen neben den absoluten Vorrang genießenden Kosten des Verf (§ 54) zu begleichen.[15]

7 Auch das Vollstreckungsverbot des § 89 Abs 1 betrifft nur InsGl, nicht MasseGl.[16] Die MasseGl sind grds zur **Zwangsvollstreckung** in die Masse berechtigt. Einschränkungen ergeben sich zum einen aus §§ 89 Abs 2, 90. Die Zwangsvollstreckung in künftige Bezüge aus einem Dienstverhältnis des Schu oder an deren Stelle tretende laufende Bezüge sind während des InsVerf unzulässig, wenn es nicht um die Vollstreckung wegen eines Unterhaltsanspruchs oder einer Forderung aus vorsätzlicher unerlaubter Handlung in den für andere Gl nicht pfändbaren Teil der Bezüge geht (§ 89 Abs 2). Zwangsvollstreckungen wegen oktroyierter Masseverbindlichkeiten, die nicht auf einer Erfüllungswahl, einer unterlassenen Kündigung

8 *BGHZ* 150, 353, 360 = ZIP 2002, 1095; *BGHZ* 174, 84 Rn 42 = ZIP 2007, 2278.
9 *BGH* ZIP 2012, 1183; WM 2012, 1079.
10 Vgl *BGH* ZIP 2011, 1772 Rn 7.
11 *BGHZ* 168, 112, 118 = ZIP 2006, 1412; *BAG* ZIP 2006, 1962.
12 *BGHZ* 154, 358, 360 = ZIP 2003, 915; *BGHZ* 167, 178, 182 = ZIP 2006, 1005; *BAG* ZIP 2002, 629.
13 *BAG* ZIP 2002, 629.
14 *BGHZ* 167, 178, 182 = ZIP 2006, 1005.
15 *BGHZ* 167, 178, 188 f = ZIP 2006, 1008.
16 *BGH* ZIP 2011, 1723 Rn 7.

oder der Inanspruchnahme der Gegenleistung durch den Verwalter beruhen, sind für die Dauer von sechs Monaten seit der Eröffnung des InsVerf unzulässig (§ 90). Auch wegen einer Sozialplanforderung (vgl § 123 Abs 2 S 1) darf nicht in die Masse vollstreckt werden (§ 123 Abs 3 S 2). Zum anderen ist die Vollstreckung wegen einer Masseforderung unzulässig, sobald der Verwalter die Masseunzulänglichkeit angezeigt hat und die Masseforderung in diesem Zeitpunkt bereits begründet worden war (§§ 210, 209 Abs 1 Nr 3). Gegen gleichwohl erfolgte Zwangsvollstreckungsmaßnahmen kann der Verwalter mit der Vollstreckungserinnerung vorgehen (§ 766 Abs 1 ZPO).

Die **Aufrechnung** mit Masseschuldansprüchen ist ohne die Einschränkungen der §§ 94–96, 8
die nur für InsFord gelten, zulässig.[17] Nach Anzeige der Masseunzulänglichkeit sind diese Bestimmungen jedoch sinngemäß anzuwenden.[18] MasseGl können danach mit ihren vor Anzeige der Masseunzulänglichkeit entstandenen Altforderungen gegen solche Ansprüche der Masse aufrechnen, die ebenfalls vor Anzeige der Masseunzulänglichkeit entstanden sind, nicht jedoch gegen Neuansprüche der Masse. Neuforderungen, die erst nach Feststellung der Masseunzulänglichkeit begründet worden sind, können nicht zur Aufrechnung gestellt werden, weil sie ebenso wie Zwangsvollstreckungsmaßnahmen (vgl § 210) die von § 209 vorgegebene Verteilung der verbliebenen Masse unterlaufen.

3. Nachhaftung. Schu der Masseverbindlichkeiten ist der InsSchu.[19] Für die vom Verwalter 9
und vom vorl Verwalter begründeten Masseverbindlichkeiten haftet er jedoch nicht mit seinem insolvenzfreien Vermögen, sondern nur mit solchen Gegenständen, die zur Masse gehörten und ihm nach Aufhebung des Verf wieder zur Verfügung stehen.[20] Der Verwalter ist nicht befugt, den Schu persönlich zu verpflichten. Seine Verwaltungs- und Verfügungsbefugnis ist auf das zur InsMasse gehörende Vermögen beschränkt (§ 80 Abs 1).[21] Str ist, ob die Nachhaftung Ansprüche aus gegenseitigen Verträgen erfasst, welche durch die Erfüllungswahl des Verwalters (§ 103 Abs 1) zu Masseforderungen geworden sind (§ 55 Abs 1 Nr 1).[22] Die Gesellschafter einer **OHG** haften nicht persönlich für die Masseverbindlichkeiten, die der Verwalter im InsVerf über das Vermögen der Gesellschaft begründet hat.[23]

Für die von ihm selbst vor der Eröffnung begründeten **oktroyierten Masseverbindlichkeiten** 10
(§ 55 Abs 1 Nr 2 Fall 2, Abs 2 S 2) haftet der Schu dagegen auch nach Aufhebung des InsVerf.[24] Ob der Gl seine Forderung schon während des InsVerf gegen den Schu persönlich durchsetzen kann oder ob er gegen den Verwalter klagen muss, ist umstr und höchstrichterlich noch nicht entschieden. Praktische Bedeutung wird dieser Frage kaum zukommen, weil nach § 35 Abs 1 auch Neuerwerb in die Masse fällt. Freies pfändbares Vermögen kann der Schu während des Verf nicht erwerben. Der Gl könnte allenfalls ein Interesse daran haben, einen Titel für die Zeit nach Aufhebung des InsVerf zu erlangen. Die Vorschriften der §§ 174 ff gelten für die MasseGl nicht; damit kommt auch eine Zwangsvollstreckung aus einem Tabellenauszug (§ 201 Abs 1) nicht in Betracht. In der Wohlverhaltensphase nach Aufhebung des InsVerf

---

17 *BGHZ* 130, 38, 45 = ZIP 1995, 1208; *BGH* ZIP 2005, 1519, 1520.
18 *BGHZ* 130, 38, 46 ff = ZIP 1995, 1208; *BFH* ZIP 2001, 3430; *BGH* ZIP 2005, 1519, 1520.
19 *BGH* ZIP 2009, 2204 Rn 12; *RGZ* 52, 330, 332 f.
20 *BGH* NJW 1955, 339; WM 1964, 1125; ZIP 2009, 2204 Rn 12; *Jaeger/Henckel* § 53 Rn 13; FK/*Schumacher* § 53 Rn 15; HambKomm/*Jarchow* § 53 Rn 27; *Braun/Bäuerle* § 53 Rn 19; **aA** *Häsemeyer* Rn 25.20 f.
21 *Jaeger/Henckel* § 53 Rn 13.
22 Bejahend MK/*Hefermehl* § 53 Rn 34; HambKomm/*Jarchow* § 53 Rn 27; vern *Jaeger/Henckel* § 53 Rn 17; *Möhring/Prietze* ZInsO 2016, 2140, 2147.
23 *BGH* ZIP 2009, 2204 Rn 10 ff.
24 *Häsemeyer* Rn 25.29.

(§§ 201 Abs 3, 286 ff) kann und muss der Gl den Schu persönlich in Anspruch nehmen.[25] Die **Nachhaftung** des Schu ist nicht auf die ihm nach Aufhebung des Verf überlassene restliche, dh nicht verwertete Masse beschränkt.[25] Auch das **Vollstreckungsverbot** des § 294 Abs 1 gilt für Gl einer oktroyierten Masseverbindlichkeit nicht.[25] Die Vorschrift des § 294 Abs 1 will erreichen, dass sich in der Wohlverhaltensperiode die Befriedigungsaussichten der InsGl untereinander nicht verschieben. Ferner soll der Neuerwerb des Schu, der nicht gem § 287 Abs 2 an den Treuhänder abgetreten oder an diesen gem § 295 herauszugeben ist, dem Zugriff der InsGl entzogen werden.[26] Bei Gl einer vom Schu selbst begründeten Masseverbindlichkeit, die Anspruch auf volle Befriedigung ihrer Forderung haben, kommen beide Gesichtspunkte nicht zum Tragen. Ob Masseverbindlichkeiten der **Restschuldbefreiung** (§ 301) unterfallen, ist str und vom BGH noch nicht entschieden worden.[27]

11 **4. Verhältnis zu Aus- und Absonderungsberechtigten.** Die Masseverbindlichkeiten sind aus der „Sollmasse“[28] zu berichtigen, dh dem gesamten Vermögen, das dem Schu zur Zeit der Eröffnung des Verf gehört und das er während des Verf erlangt (§ 35).[29] Gegenstände, welche der Aussonderung (§ 47) oder der Ersatzaussonderung (§ 48) unterliegen, gehören nicht zur Sollmasse und dürfen daher nicht zur Befriedigung der MasseGl verwendet werden. Auch die Absonderungsberechtigten (§§ 49–51) und Ersatzabsonderungsberechtigten (§ 48 analog) genießen hinsichtlich derjenigen Gegenstände, auf die sich ihr Absonderungsrecht bezieht, Vorrang gegenüber den MasseGl.[30]

§ 54 Kosten des Insolvenzverfahrens

Kosten des Insolvenzverfahrens sind:

1. die Gerichtskosten für das Insolvenzverfahren;

2. die Vergütungen und die Auslagen des vorläufigen Insolvenzverwalters, des Insolvenzverwalters und der Mitglieder des Gläubigerausschusses.

Übersicht

I. Normzweck und Gesetzgebungshinweise

1 Die Vorschrift des § 54 ist va im Zusammenhang mit § 26 Abs 1 zu sehen, mit derjenigen Vorschrift also, die bestimmt, welche Kosten gedeckt sein müssen, damit ein Antrag auf Eröffnung des InsVerf nicht mangels Masse abgewiesen wird. Nach §§ 107 Abs 1, 58 KO

---

25 *BGH* NZI 2007, 670, 671.
26 BT-Drucks 12/2443, 191 f.
27 Abl *Jaeger/Henckel* § 53 Rn 15; offen gelassen von *BGH* NZI 2007, 670, 671; su § 301 Rn 11.
28 *Jaeger/Henckel* § 35 Rn 7.
29 *Häsemeyer* Rn 14.01.
30 *Jaeger/Henckel* § 53 Rn 31; MK/*Hefermehl* § 53 Rn 14.

waren das die gerichtlichen Kosten für das gemeinschaftliche Verf, die Ausgaben für die Verwaltung, Verwertung und Verteilung der Masse und die dem GemeinSchu und dessen Familie bewilligte Unterstützung. §§ 26 Abs 1, 54 InsO ziehen den Kreis der notwendig gedeckten „Massekosten" (jetzt: VerfKosten) deutlich enger. Erfasst sind nur noch die Gerichtskosten für das InsVerf sowie die Vergütung und die Auslagen des vorl InsVerw, des InsVerw und der Mitglieder des GlAusschusses. Die Kosten der Verwaltung, Verwertung und Verteilung der Masse (einschließlich der Kosten etwaiger vom Verwalter geführten Prozesse)[1] sind sonstige Masseverbindlichkeiten nach § 55 Abs 1. Gleiches gilt für den von der Gläubigerversammlung bewilligten Unterhalt für den Schu und seine Familie (§§ 100, 101 Abs 1 S 3, 209 Abs 1 Nr 3). Mit der Beschränkung der „Massekosten" auf die Kosten des InsVerf soll erreicht werden, dass das gerichtliche Verf in einer größeren Zahl von Fällen eröffnet werden kann.[2] Die vorzeitige Einstellung des Verf mangels Masse setzt nach § 207 Abs 1 S 1 ebenfalls voraus, dass die VerfKosten nach § 54 nicht gedeckt sind; sind nur die sonstigen Masseverbindlichkeiten nicht gedeckt, ist dagegen nach §§ 208 ff zu verfahren (Anzeige der Masseunzulänglichkeit und Befriedigung der MasseGl in der Rangfolge des § 209).[3] Die Berichtigung der Kosten des InsVerf hat folglich **absoluten Vorrang** vor dem Ausgleich der sonstigen Masseverbindlichkeiten.[4] Das gilt insb nach eingetretener Masseunzulänglichkeit und auch dann, wenn der Verw diese nicht angezeigt hat.[5] § 54 erfasst nur die Kosten des eröffneten und durchgeführten Verfahrens, nicht die Kosten anderer InsVerf gegen denselben Schu und nicht die Kosten vorangegangener Eröffnungsverfahren, die nicht zur Eröffnung geführt haben.[6]

II. Gerichtskosten für das Insolvenzverfahren (Nr 1)

2 **1. Gebührentatbestände.** Für welche Tatbestände Gebühren erhoben werden, ergibt sich aus KV GKG Nr 2310 ff für das EröffnungsVerf (KV GKG Nr 2310–2311), für das (auch) auf Antrag des Schu eröffnete InsVerf (KV GKG Nr 2320–2322), für das auf Antrag des Gl eröffnete InsVerf (KV GKG Nr 2330–2332), für den Prüfungstermin (KV GKG Nr 2340) und für den Antrag auf Versagung oder Widerruf der Restschuldbefreiung (KV GKG Nr 2350). Für die Tätigkeit des Gerichts im PlanVerf, im Verf über einen Restschuldbefreiungsplan und im Verf der Restschuldbefreiung werden keine gesonderten Gebühren erhoben.[7]

3 **2. Gegenstandswert.** Der Gegenstandswert richtet sich nach § **58 GKG**. Grds ist der Wert der InsMasse im Zeitpunkt der Beendigung des Verf maßgebend, wobei aber Gegenstände, die einem Absonderungsrecht unterliegen, nur mit der „freien Spitze" einbezogen werden (§ 58 Abs 1 GKG). Massekosten und Masseverbindlichkeiten sind nicht abzusetzen.[8] Bei einem GlAntrag gilt der Wert der Forderung dieses Gl, der Wert der Masse nur dann, wenn dieser unter demjenigen der Forderung liegt (§ 58 Abs 2 GKG).

4 **3. Kostenschuldner.** Wer **im Verhältnis zur Staatskasse** die Kosten schuldet, richtet sich nach § 23 GKG. Grds – dann also, wenn eine gesonderte Regelung fehlt – schuldet der InsSchu die Kosten des InsVerf (§ 23 Abs 3 GKG). Die Gebühr für das Verf über den Eröffnungsantrag schuldet der Antragsteller (§ 23 Abs 1 S 1 GKG), die Auslagen jedoch nur dann, wenn der Antrag abgewiesen oder zurückgenommen worden ist (§ 23 Abs 1 S 2

1 *Jaeger/Henckel* § 54 Rn 10.
2 BT-Drucks 12/2443, 84 f, 118; *BGH* 14.7.2016 – IX ZB 46/15 Rn 22.
3 *BGB* ZIP 2008, 944 Rn 7.
4 *BGHZ* 167, 178, 186 ff = ZIP 2006, 1004, 1006; *BGH* ZIP 2015, 738 Rn 24.
5 *BGH* ZIP 2010, 145 Rn 14, 18.
6 *BGH* ZIP 2012, 333 Rn 10; NZI 2015, 604 Rn 3; su Rn 10.
7 *Uhlenbruck/Sinz* § 54 Rn 12.
8 *BGH* ZIP 2015, 738 Rn 25.

GKG). Für ein durch übereinstimmende **Erledigungserklärungen** beendetes InsEröffnungs-Verf gilt § 23 Abs 1 S 2 GKG nicht,[9] ebenso dann nicht, wenn auf die einseitige Erledigungserklärung des Antragstellers hin die Erledigung des Antrags festgestellt wird.[10] Die Vergütung des vorl InsVerw, der in Stundungsfällen einen Anspruch gegen die Staatskasse hat (KV GKG Nr 9018),[11] hat stets der Schu zu tragen (§ 23 Abs 1 S 3 GKG). Die Kosten des Verf über die Versagung oder den Widerruf der Restschuldbefreiung schuldet, wer das Verf beantragt hat (§ 23 Abs 2 GKG). Der Fall, dass die Forderung des antragstellenden Gl erfüllt wird, dieser den Antrag aber nicht für erledigt erklärt, ist in § 14 Abs 3 besonders geregelt.

5 **VerfKosten iSv § 54 Nr 1** sind zunächst solche Kosten, die vom InsoSchu zu tragen sind.[12] Ist das Verf auf Antrag eines Gl eröffnet worden, ist dieser KostenSchu; er hat jedoch einen Erstattungsanspruch gegen die Masse im Rang des § 54 Nr 1.[13] Ein von einem Gl nach § 26 Abs 1 S 2 geleisteter **VerfKostenvorschuss** ist zweckgebunden zur Begleichung der VerfKosten zu verwenden. Der Gl hat Anspruch auf Rückzahlung, sobald die Masse nachhaltig ausreicht, die VerfKosten zu decken.[14] Im Falle der Masseunzulänglichkeit ist der Rückzahlungsanspruch nach den übrigen VerfKosten (§ 209 Abs 1 Nr 1), aber vor den Neumasseverbindlichkeiten des § 209 Abs 1 Nr 2 zu berichtigen;[15] denn der Vorschuss diente gerade der Deckung der VerfKosten.

6 **4. Beschwerde- und Rechtsbeschwerdeverfahren.** Die im Beschwerde- und Rechtsbeschwerdeverfahren anfallenden **Gebühren** ergeben sich aus KV GKG Nr 2360–2364. Der **Wert** der vom Schu eingelegten Beschwerde gegen den EröffnungsBesch richtet sich nach § 58 Abs 1, derjenige der von einem sonstigen Antragsteller eingelegten Beschwerde nach § 58 Abs 2 (§ 58 Abs 3 GKG), soweit nicht die Festgebühren gem KV GKG Nr 2361, 2364 gelten. Wer **KostenSchu** gegenüber der Staatskasse ist, richtet sich nach der jeweiligen Kostenentscheidung (§ 29 Nr 1 GKG) sowie nach § 23 GKG.[16] § 22 Abs 1 GKG gilt nicht, weil eine Verweisung auf § 1 Nr 1 lit d GKG fehlt. Der antragstellende Gl ist also ZweitSchu der Kosten einer erfolglosen Beschwerde des Schu (§ 31 Abs 2 GKG). Auch insoweit hat er jedoch einen Erstattungsanspruch im Rang des § 54 Nr 1. Im Übrigen sind die Kosten einer erfolglosen Beschwerde des Schu gegen die Eröffnung keine Massekosten iSv § 54 Nr 1.[17] Die Kosten einer vom Verwalter für die Masse eingelegten erfolglosen Beschwerde fallen unter § 54 Nr 1; diejenigen vom Verwalter in eigener Sache – etwa wegen der Höhe der festgesetzten Vergütung – geführten Beschwerden sind von ihm selbst zu tragen.[18]

III. Vergütungen und Auslagen (Nr 2)

7 **1. Vergütung und Auslagen des Verwalters.** Der Verwalter hat nach § 63 Anspruch auf Vergütung für seine Geschäftsführung und auf Erstattung angemessener Auslagen. Einzelheiten ergeben sich aus der Insolvenzrechtlichen VergütungsVO (§ 65 iVm InsVV). Vergütung und zu erstattende Auslagen werden vom InsGer festgesetzt (§ 64).

---

9 *OLG Köln* NZI 2005, 683; *OLG Hamm* OLG-Report 2007, 536; *OLG Düsseldorf* ZIP 2007, 400; *LG Koblenz* ZInsO 2007, 1056.
10 *OLG Koblenz* ZInsO 2007, 611; **aA** *LG Dresden* ZVI 2005, 329 f.
11 Auch nach Aufhebung der Stundung, vgl *BGH* ZInsO 2008, 111.
12 Zu BeschwVerf vgl II.4.
13 *Jaeger/Henckel* § 54 Rn 9; *Uhlenbruck/Sinz* § 54 Rn 5.
14 *OLG Frankfurt* ZIP 1986, 931, 932; *Uhlenbruck/Sinz* § 54 Rn 19.
15 *Uhlenbruck/Sinz* § 54 Rn 19.
16 *Hartmann* Kostengesetze, 37. Aufl, KV GKG Nr 2360 Rn 3.
17 *OLG Celle* ZIP 2001, 619, 621.
18 *Graf-Schlicker/Bremen* § 54 Rn 11; *Schmidt/Thole* § 54 Rn 7.

Mit der Vergütung sind auch die **allgemeinen Geschäftskosten** des Verwalters abgegolten (§ 4 Abs 1 S 1 InsVV). Besondere Kosten, die dem Verwalter im Einzelfall, zum Beispiel durch Reisen, tatsächlich entstehen, sind dagegen als Auslagen zu erstatten (§ 4 Abs 2 InsVV). Der Verwalter kann nach seiner Wahl anstelle der tatsächlich entstandenen Auslagen den Pauschsatz nach § 8 Abs 3 InsVV fordern. Die Kosten der Verwaltung, Verwertung und Verteilung der Masse (vgl § 58 Nr 2 KO) stellen keine „Auslagen" des Verwalters dar, sondern sind sonstige Masseverbindlichkeiten nach § 55 Abs 1 Nr 1. Eine Ausnahme hat der BGH in einem Fall zugelassen, in dem die VerfKosten gestundet waren, die Finanzverwaltung dem Verwalter jedoch aufgegeben hatte, Steuererklärungen und Bilanzen für den Schu zu erstellen. Wenn der Abschluss eines Vertrages nach § 4 Abs 1 S 3 InsVV wegen der Unzulänglichkeit der Masse nicht in Betracht kommt, die Finanzverwaltung jedoch auf der Anordnung nach § 34 Abs 3 AO besteht, können die **Steuerberaterkosten** als Auslagen nach § 4 Abs 2 InsVV erstattungsfähig sein.[19] Diese Entscheidung lässt sich jedoch nicht verallgemeinern. Notwendige Steuerberaterkosten gehören nicht stets zu den VerfKosten, die nach § 26 Abs 1 gedeckt sein müssen.[20] Die Einordnung unausweichlicher Verwaltungskosten hat der BGH bisher stets offen gelassen.[21] Grds darf der Verwalter zur Erledigung besonderer Aufgaben Fachleute beauftragen und deren Vergütung der Masse entnehmen (§§ 4 Abs 1 S 3 InsVV). Ob dies zu Recht erfolgte, hat das InsGer bei der Festsetzung der Vergütung zu überprüfen.[22] In aller Regel wird es sich um Masseverbindlichkeiten nach § 55 Abs 1 Nr 1 handeln.[23] Das gilt etwa für die Kosten einer Steuererklärung, die weder besondere Kenntnisse noch besonderen Aufwand erfordert und deshalb vom Verw selbst erstellt werden könnte.[24] Die Kosten einer sog **„kalten Zwangsverwaltung"**, die der Verwalter aufgewandt hat, gehören nicht zu den Kosten des InsVerf.[25] Die **Umsatzsteuer**, die bei der Veräußerung eines Massegegenstandes anfällt, gehört ebenfalls nicht zu den erstrangig zu befriedigenden Verfahrenskosten.[26] 8

2. Vergütung und Auslagen des vorläufigen Verwalters, des Sachwalters und des vorläufigen Sachwalters. Der vorl Verwalter hat nach §§ 21 Abs 2 Nr 1, 63 ebenfalls Anspruch auf Vergütung für seine Geschäftsführung und auf Erstattung angemessener Auslagen. Kosten des InsVerf stellen Vergütung und Auslagen dar, die in demjenigen EröffnungsVerf angefallen sind, das zur Eröffnung geführt hat. Ist ein Eröffnungsantrag abgewiesen, für erledigt erklärt oder zurückgenommen worden, ist § 54 Nr 2, wie sich aus Wortlaut und Gesetzgebungsgeschichte der Norm ergibt, nicht anwendbar.[27] Vielmehr gilt § 26a. 9

In einem auf einen **neuen Antrag** hin eröffnetem InsVerf stellt der Anspruch des vorl Verwalters gegen den Schu auf Vergütung und Auslagen eine schlichte InsFord (§ 38 InsO) dar.[28] In einer älteren Entsch hat der BGH erwogen, die Kosten eines VergleichsVerf (§ 105 10

---

19 *BGHZ* 160, 176 ff = ZIP 2004, 1718 ff; ZIP 2010, 2252 Rn 10; vgl auch *AG Dresden* ZIP 2006, 1686.
20 *BGH* ZIP 2010, 2252 Rn 10; *Jaeger/Henckel* § 54 Rn 17; *AG Hbg* ZInsO 2004, 1093; **aA** *Pape* ZInsO 2004, 1051.
21 *BGH* ZIP 2010, 145 Rn 27; ZIP 2010, 2252 Rn 10; ZInsO 2014, 951 Rn 8.
22 *BGH* ZIP 2005, 36 f.
23 *Jaeger/Henckel* § 54 Rn 14.
24 *BGH* ZInsO 2014, 951 Rn 10.
25 *BGH* ZIP 2010, 145 Rn 26.
26 *BGH* ZIP 2010, 2252 Rn 8 ff; *K Schmidt/Thole* § 54 Rn 12.
27 *BGHZ* 175, 48 Rn 10 f = ZIP 2008, 229.
28 *BGH* ZIP 2012, 333 Rn 10; *BGH* 23.4.2015 – IX ZB 55/13 Rn 3; *LG Neubrandenburg* ZInsO 2006, 931; *K Schmidt/Thole* § 54 Rn 13; vgl auch *BGH* Beschl v 20.9.2007 – IX ZB 239/06, nv; zu § 58 KO ebenso *OLG Celle* ZInsO 2007, 1048 f.

VerglO) in einem nachfolgenden selbstständigen KonkursVerf – also nicht nur im Anschlusskonkurs – als Massekosten zu behandeln.[29] Das LG Hbg hat – ebenfalls zum alten Recht – die Kosten der Sequestration als Massekosten eines auf einen erneuten Antrag hin eröffneten Verf angesehen, nachdem der erste Antrag (nur) wegen örtlicher Unzuständigkeit abgewiesen worden war.[30] Hier dürfte es sich um einen Missbrauchsfall gehandelt haben: Der GemeinSchu hatte bewusst keinen Verweisungsantrag gestellt, um die VerfKosten des dann eröffneten Verf gering zu halten. Aus den genannten Entsch wird in der Lit ein verallgemeinerungsfähiger Grundsatz der „materiellen Verfahrenseinheit" abgeleitet. Immer dann, wenn dasselbe materielle Ereignis – die fortschreitende, nicht unterbrochene „Insolvenz" – zeitnah auf einen erneuten Antrag hin zur Eröffnung geführt habe und der Vergütungsanspruch des vorl Verwalters aus dem „erledigten" EröffnungsVerf noch nicht vollständig erfüllt sei, handele es sich um Massekosten des eröffneten Verf.[31] Im InsAnfechtungsrecht (§ 139 Abs 2) hat der BGH eine „einheitliche" Ins in einem Fall anerkannt, in dem ein Eröffnungsantrag mangels Masse abgewiesen worden war, ein drei Jahre später gestellter Antrag jedoch zur Eröffnung geführt hatte, ohne dass der Schu zwischenzeitlich seine Liquidität wiedergewonnen hätte.[32] Gleichwohl steht dieser Vorschlag klar im Widerspruch zum Anliegen des Gesetzgebers der InsO, in einer größeren Zahl von Fällen gerichtliche Verf zu eröffnen.[33] Ein InsAntrag kann nicht deshalb mangels Masse abgewiesen werden (§ 26 Abs 1 S 1), weil zwar die Kosten des Verf gedeckt sind, diejenige eines vorangegangenen, bereits erledigten EröffnungsVerf jedoch nicht.[34] Weil der vorläufige Verwalter in einem „neuen" InsVerf einfacher Insolvenzgläubiger ist, kann die Vereinnahmung der Vergütung nach §§ 129 ff angefochten werden.[35]

11 Wird der vorl Verwalter gem § 22 Abs 1 S 2 Nr 3 zusätzlich als **Sachverständiger** beauftragt, erwirbt er insoweit einen Anspruch nach dem JVEG, der sich gegen die Staatskasse richtet. Gebührenrechtlich handelt es sich um Auslagen nach KV GKG Nr 9005, die gem § 23 Abs 2 GKG nur dann vom Antragsteller zu tragen sind, wenn der Antrag abgewiesen oder zurückgenommen wird; iÜ schuldet sie der InsoSchu (§ 23 Abs 3 GKG).

12 § 54 Nr 2 erwähnt den **Sachwalter in der Eigenverwaltung** nicht. Dessen Vergütung und Auslagen gehören jedoch ebenfalls zu den VerfKosten, wie sich aus der Verweisung in § 274 Abs 1 ergibt.[36] Der Vergütungsanspruch des Sachwalters folgt aus §§ 274 Abs 1, 63 iVm §§ 10, 12 InsVV. Auf den vorlen Sachwalter ist § 274 Abs 1 und damit § 54 Nr 2 entsprechend anzuwenden (§ 270a Abs 1 S 2). Vergütung und Auslagen des Sachwalters im vereinfachten InsVerf (§ 313 aF) stellen ebenfalls Massekosten dar. Nicht zu den VerfKosten gehört die Vergütung des Treuhänders im Verf der Restschuldbefreiung (§§ 286 ff),[37] die erst nach Aufhebung des InsVerf (§§ 289, 291) anfällt.

13 **3. Vergütung und Auslagen anderer Verfahrensbeteiligter.** Die **Mitglieder des GlAusschusses** haben gem § 73 InsO Anspruch auf Vergütung für ihre Tätigkeit und auf Erstattung angemessener Auslagen. Einzelheiten ergeben sich aus §§ 17, 18 InsVV. Diese Ansprüche gehören ebenfalls zu den Massekosten. Auf Kosten und Auslagen anderer Verfahrensbetei-

---

29 *BGH* NJW 1973, 51.
30 *LG Hbg* ZIP 1991, 116; dagegen *OLG Celle* ZInsO 2007, 1048 f.
31 *Ries* ZInsO 2005, 414; *Ries* ZInsO 2007, 1104; *Haarmeyer* ZInsO 2006, 932 unter unzutreffender Berufung auf *K Schmidt* InsG § 105 VerglO Anm 3.
32 *BGH ZIP* 2008, 235 ff.
33 BT-Drucks 12/2443, 84 f, 118.
34 *BGH* ZIP 2012, 333 Rn 10.
35 *BGH* ZIP 2012, 333.
36 *BGH* 14.7.2016 – IX ZB 46/15 Rn 23.
37 MK/*Hefermehl* § 54 Rn 48.

ligter ist § 54 Nr 2 nicht entsprechend anwendbar. Die Regelungen des § 54 und der übrigen einschlägigen Vorschriften der InsO sind abschließend.[38] Lassen sich einfache **InsGl** im Ins-Verfahren vertreten, gehören die dadurch entstandenen Kosten nicht zu den Kosten des InsV (arg e § 39 Abs 1 Nr 2).[39] Gleiches gilt für die Kosten und Auslagen des gemeinsamen Vertreters für die Gl von inhaltsgleichen Schuldverschreibungen aus Gesamtemissionen.[40]

§ 55 Sonstige Masseverbindlichkeiten

(1) Masseverbindlichkeiten sind weiter die Verbindlichkeiten:

1. die durch Handlungen des Insolvenzverwalters oder in anderer Weise durch die Verwaltung, Verwertung und Verteilung der Insolvenzmasse begründet werden, ohne zu den Kosten des Insolvenzverfahrens zu gehören;
2. aus gegenseitigen Verträgen, soweit deren Erfüllung zur Insolvenzmasse verlangt wird oder für die Zeit nach der Eröffnung des Insolvenzverfahrens erfolgen muss;
3. aus einer ungerechtfertigten Bereicherung der Masse.

(2) [1]Verbindlichkeiten, die von einem vorläufigen Insolvenzverwalter begründet worden sind, auf den die Verfügungsbefugnis über das Vermögen des Schuldners übergegangen ist, gelten nach der Eröffnung des Verfahrens als Masseverbindlichkeiten. [2]Gleiches gilt für Verbindlichkeiten aus einem Dauerschuldverhältnis, soweit der vorläufige Insolvenzverwalter für das von ihm verwaltete Vermögen die Gegenleistung in Anspruch genommen hat.

(3) [1]Gehen nach Absatz 2 begründete Ansprüche auf Arbeitsentgelt nach § 169 des Dritten Buches Sozialgesetzbuch auf die Bundesagentur für Arbeit über, so kann die Bundesagentur diese nur als Insolvenzgläubiger geltend machen. [2]Satz 1 gilt entsprechend für die in § 175 Absatz 1 des Dritten Buches Sozialgesetzbuch bezeichneten Ansprüche, soweit diese gegenüber dem Schuldner bestehen bleiben.

(4) Verbindlichkeiten des Insolvenzschuldners aus dem Steuerschuldverhältnis, die von einem vorläufigen Insolvenzverwalter oder vom Schuldner mit Zustimmung eines vorläufigen Insolvenzverwalters begründet worden sind, gelten nach Eröffnung des Insolvenzverfahrens als Masseverbindlichkeit.

Übersicht

38 *BGH* 12.1.2017 – IX ZR 87/16 Rn 16.
39 *BGH* 14.7.2016 – IX ZB 46/15 Rn 19.
40 *BGH* 14.7.2016 – IX ZB 46/15; *BGH* 12.1.2017 – IX ZR 87/16 Rn 6.

A. Normzweck und Gesetzgebungshinweise

1 § 55 regelt die „sonstigen Masseverbindlichkeiten“, also diejenigen Masseverbindlichkeiten, die nicht bereits zu den Kosten des InsVerf (§ 54) gehören. Abs 1 knüpft an § 59 Abs 1 Nr 1, 2 und 4 KO an, erfasst mit den Ausgaben für die Verwaltung, Verwertung und Verteilung der Masse jedoch auch Positionen, die nach § 58 Nr 2 KO Massekosten darstellten.[1] Kosten des InsVerf nach § 54 sind nur die Gerichtskosten sowie Vergütung und Auslagen des vorl Verwalters, des Verwalters und der Mitglieder des GlAusschusses.[2] Diese Beschränkung der VerfKosten in § 54 soll die Eröffnung der Verf erleichtern,[3] während die Vorschrift des § 55 die Masseverbindlichkeiten insgesamt begrenzt.[4] Die Eingehung von Masseverbindlichkeiten dient der ordnungsgemäßen VerfAbwicklung und der Verteilung der Masse. Der Gesetzgeber hat ihren Kreis bewusst eng gefasst.[5] Die Vorschrift des § 59 Abs 1 Nr 3 KO, nach der rückständiger Arbeitslohn, Betriebsrenten und Sozialversicherungsbeiträge für die letzten sechs Monate vor der Eröffnung als Masseschulden zu berichtigen waren, ist ersatzlos entfallen. Nur die in einem nach Eröffnung aufgestellten Sozialplan enthaltenen Ansprüche sind unabhängig vom Zeitpunkt ihrer Begründung Masseansprüche (§ 123 Abs 2 S 1). Neu hinzugekommen ist die Vorschrift des Abs 2, nach der im EröffnungsVerf begründete Ansprüche dann, wenn die Verfügungsbefugnis auf einen vorläufigen Verwalter übergegangen war, Masseverbindlichkeiten darstellen. Abs 4 ist durch Art 3 Nr 2 HBeglG 2011 mit Wirkung vom 1.1.2011 eingefügt worden.[6]

B. Erläuterungen

I. Im eröffneten Verfahren begründete Masseverbindlichkeiten (Abs 1)

2 **1. Durch Handlungen des Verwalters begründete Verbindlichkeiten (Nr 1 Fall 1). – a)** Die Vorschrift erfasst Verbindlichkeiten, welche durch eine Handlung des InsVerw „begründet“ worden ist. Dass auf die „Begründung“ der Verbindlichkeit abzustellen ist, korrespondiert mit der Definition der InsFord in § 38, die vor der Eröffnung „begründet“ worden sein muss, und ist bewusst und in Abgrenzung zu § 59 Abs 1 Nr 1 KO gewählt worden, wo es auf das „Entstehen“ der Verbindlichkeit ankam.[1] Nur dann, wenn der Verwalter durch seine Handlung die Grundlage der Verbindlichkeit schafft, begründet er eine Masseverbindlichkeit nach Nr 1 Fall 1.[7] Handlungen des Verwalters, die allein der Abwicklung dem Grunde nach bei Verfahrenseröffnung schon bestehender Rechtsbeziehungen dienen, fallen nicht unter § 55 Abs 1 Nr 1 Fall 1.[8] Aus welchen Handlungen oder Unterlassungen des Verwalters Verbindlichkeiten folgen, ist nicht in § 55 geregelt, sondern ergibt sich aus den allg Vorschriften.

---

1 BT-Drucks 12/2443, 126.
2 Vgl zur Abgrenzung zwischen Auslagen und gesonderten Verträgen auch § 4 Abs 1 S 2, Abs 2 InsVV.
3 So Erl zu § 54.
4 *BGHZ* 148, 252 = ZIP 2001, 1470; *BGH* ZIP 2006, 583, 584.
5 *BGH* ZIP 2006, 583, 584; *FG Düsseldorf* ZVI 2017, 197, 202.
6 Haushaltsbegleitgesetz v 9.12.2010, BGBl I S 1885.
7 *BAG* ZIP 2006, 1963; *FG Düsseldorf* ZVI 2017, 197, 202.
8 *BSG* ZIP 2012, 877 Rn 13; MK/*Hefermehl* § 55 Rn 18.

b) „Handlungen" iSv Nr 1 sind Rechtsgeschäfte und andere schuld- oder haftungsbegründende Handlungen einschl der Prozesshandlungen.[9] Insb die vom Verwalter geschlossenen Verträge werden erfasst. Sekundäransprüche aus den vom Verwalter geschlossenen Verträgen stellen ebenfalls Masseverbindlichkeiten dar.[10] Ein Anspruch auf Nutzungsentschädigung gem § 546a Abs 1 BGB ist dann eine Masseverbindlichkeit nach Nr 1, wenn der Verw die Mietsache nach der Eröffnung für die Masse in Besitz nimmt.[11] Die Abgrenzung zwischen den iRd Verwaltung geschlossenen Verträgen (vgl auch § 4 Abs 1 S 3 InsVV) und den § 54 unterfallenden Auslagen (vgl auch § 4 Abs 2 InsVV) kann im Einzelfall Schwierigkeiten bereiten. Der Vertrag mit einem Steuerberater über für die Masse zu erbringende Hilfeleistungen in Steuersachen unterfällt grundsätzlich § 55 Abs 1 Nr 1 Fall 1. Dass der BGH in einem Ausnahmefall Steuerberaterkosten als zu erstattende Auslagen nach § 4 Abs 2 InsVV angesehen und damit § 54 für einschlägig gehalten hat,[12] ändert daran nichts. Verwalterzusatzvergütungen gem § 5 InsVV, Vergütungen für den Einsatz besonderer Sachkunde also für Leistungen, die auch an Dritte hätten vergeben werden können, unterfallen ebenfalls Nr 1 Fall 1. Unter den Voraussetzungen der §§ 677 ff BGB sind auch Ansprüche aus Geschäftsführung ohne Auftrag gegen die Masse denkbar.[13] Die Vereitelung von Aus- und Absonderungsrechten sowie sonstige im Zusammenhang mit der Verwaltung der Masse begangene Pflichtverletzungen des Verwalters begründen schließlich ebenfalls Masseverbindlichkeiten nach Nr 1. Die Masse haftet für die schuldhaft verzögerte Erfüllung geltend gemachter Aussonderungsansprüche.[14] 3

c) Auch **deliktische** Handlungen und Unterlassungen des Verwalters im Rahmen seines Amtes sind „Handlungen" iSv Nr 1.[15] Dadurch ausgelöste Schadensersatzansprüche sind Masseverbindlichkeiten nach Abs 1 Nr 1 Fall 1. Als Zurechnungsnorm kommt insb § 31 BGB in entspr Anwendung in Betracht.[16] Voraussetzung einer Zurechnung ist, dass zwischen den Aufgaben des Verwalters und der schädigenden Handlung ein sachlicher, nicht bloß zufälliger zeitlicher und örtlicher Zusammenhang besteht. Der Verwalter darf sich nicht so weit von seinen Aufgaben entfernt haben, dass er für Außenstehende erkennbar außerhalb des allgemeinen Rahmens der ihm übertragenen Aufgaben gehandelt hat.[17] Die persönliche Haftung des Verwalters aus §§ 60, 61 kann neben diejenige der Masse treten.[18] Im Innenverhältnis haftet der Verwalter allein (§ 840 Abs 2 BGB analog); iÜ gilt § 426 Abs 1 und 2 BGB.[19] Unerlaubte Handlungen außerhalb des gesetzlichen Wirkungskreises des Verwalters führen zu dessen persönlicher Haftung (§ 60), nicht jedoch zu einer Haftung der Masse.[20] **Sonstige Pflichtverletzungen** des Verwalters können ebenfalls Masseverbindlichkeiten nach sich ziehen. Verwertet der Verwalter unbefugt das Eigentum Dritter und scheitert auch die Ersatzaus- oder absonderung (§ 48), haftet die Masse ebenfalls nach 4

---

9 *Jaeger/Henckel* § 55 Rn 8.
10 MK/*Hefermehl* § 55 Rn 30.
11 *BGH* ZIP 2015, 589 Rn 77; su Rn 22.
12 *BGHZ* 160, 176 ff = ZIP 2004, 1718 ff.
13 *BGH* NJW 1971, 1564.
14 *BGH* ZIP 2011, 626.
15 BT-Drucks 12/2443, 126; *BAG* ZIP 2006, 1063; *BGHZ* 186, 242 Rn 31 = ZIP 2010, 1552; *BGHZ* 194, 1 Rn 9 = ZIP 2012, 1566.
16 *BGH* NZI 2006, 592 Rn 3; *Häsemeyer* Rn 14.10; *Gehrlein* ZInsO 2017, 849, 855 f.
17 *BGH* NZI 2006, 592 Rn 3.
18 Vgl *BGH* ZIP 1987, 1398, 1400; *K Schmidt/Thole* § 55 Rn 3.
19 *Jaeger/Henckel* § 55 Rn 20.
20 *Häsemeyer* Rn 14.10; *Jaeger/Henckel* § 55 Rn 10.

Abs 1 Nr 1 Fall 1 iVm §§ 989, 990 BGB.[21] Gleiches gilt hinsichtlich einer schuldhaft verzögerten Erfüllung geltend gemachter Aussonderungsansprüche.[22]

5 **d)** Anhängige **Prozesse**, welche die InsMasse betreffen, sind mit der Eröffnung des InsVerf unterbrochen (§ 240 ZPO). Bleibt es dabei, können etwa festgesetzte Gerichts- oder Anwaltskosten nur als InsFord geltend gemacht werden. Nimmt der Verwalter den unterbrochenen Prozess dagegen auf (§§ 85, 86), liegt darin eine Handlung, die Masseverbindlichkeiten auslösen kann (Abs 1 Nr 1 Fall 1). Kosten, die ihm ganz oder tw auferlegt werden, stellen folglich Masseverbindlichkeiten nach Abs 1 Nr 1 Fall 1 dar. Gleiches gilt, wenn der Gegner den Rechtsstreit aufnimmt (§§ 86, 180 Abs 2). Die Einstandspflicht der Masse ist nicht auf die von der Aufnahme des Rechtsstreits an entstandenen Kosten beschränkt. Das folgt aus dem Grundsatz der Einheitlichkeit der KostenEntsch.[23] So können die Kosten eines gem § 180 Abs 2 aufgenommenen Rechtsstreits nicht danach aufgeteilt werden, ob sie vor oder nach der Eröffnung des InsVerf entstanden sind; sie sind vielmehr innerhalb derselben Instanz einheitlich zu behandeln.[24] Mit der Fortführung des Prozesses zur Hauptsache übernimmt der Verwalter das einheitliche Kostenrisiko auf die Masse. Gerichts- und Anwaltskosten decken überdies nicht einzelne, sondern eine Gesamtheit gleichartiger Tätigkeiten und Prozesshandlungen ab.[25] Gegen diese Lösung wird ein Wertungswiderspruch zur Vorschrift des § 105 eingewandt, die bei teilbaren Leistungen eine Privilegierung der vor Eröffnung entstandenen Forderungen auf Kosten der übrigen InsolvenzGl verhindere.[26] Innerhalb ein und derselben Instanz kommt eine Differenzierung im Hinblick auf die durch VerfGebühren geprägten Gebührenordnungen gleichwohl nicht in Betracht. Ob dies auch gilt, wenn die Unterbrechung in einer höheren Instanz oder nach Zurückverweisung der Sache an die Vorinstanz erfolgt ist, hat der BGH zunächst offen gelassen,[27] der BFH zutr bejaht, weil der Verw mit der Aufnahme des Rechtsstreits zu Lasten der Masse in die Verantwortlichkeit für den Prozess eingetreten ist.[28]Der BGH hat zwischenzeitlich entschieden, dass die Kostenerstattungsansprüche des Gegners für die Vorinstanzen jedenfalls dann nur eine InsForderung darstellen, wenn der Rechtsstreit erst während des Nichtzulassungsbeschwerdeverfahrens unterbrochen worden ist.[29] Im Zivilprozess[30] und im arbeitsgerichtlichen UrteilsVerf[31] ist grds bereits iRd KostengrundEntsch zu entscheiden, ob die Kosten Masse- oder InsFord darstellen. Im KostenfestsetzungsVerf können insolvenzrechtliche Fragen allenfalls dann zu klären sein, wenn sie unabhängig von der KostengrundEntsch, etwa durch spätere Entwicklungen, entstehen. Für das finanzgerichtliche Verf hat der BFH gegenteilig entschieden: Über die Aufteilung der Kosten bei Prozessaufnahme durch den Verwalter soll danach der Kostenbeamte im Kostenfestsetzungs- und KostenansatzVerf zu befinden haben.[32]

---

21 MK/*Hefermehl* § 55 Rn 31.
22 *BGH* ZIP 2011, 626 Rn 27.
23 *BGH* ZIP 2004, 2293, 2294; *BGH* ZIP 2006, 576, 578; *BGH* ZIP 2006, 2132, 2133 f;*BGH* 28.6.2016 – II ZR 364/13 Rn 10; vgl auch *BAG* ZIP 2006, 146; *BFH* ZIP 2014, 1600.
24 *BGH* ZIP 2006, 576, 578; *BGH* 28.6.2016 – II ZR 364/13 Rn 10; *BFH* ZIP 2014, 1600.
25 *BGH* ZIP 2004, 2294; ZIP 2006, 2132, 2133.
26 *OLG Rostock* ZIP 2001, 2145 f; *LG Köln* ZIP 2003, 1310.
27 *BGH* ZIP 2004, 2293, 2294; ZIP 2006, 2132, 2134.
28 *BFH* ZIP 2014, 1600 im Anschluss an *Jaeger/Henckel* § 55 Rn 21; ebenso *FG LSA* EFG 2015, 495; *Schmidt/Thole* § 55 Rn 12; **aA** *OLG Schleswig* SchlHA 2010, 89; *Uhlenbruck/Sinz* § 55 Rn 18f.
29 *BGH* 28.6.2016 – II ZR 364/13 Rn 11.
30 *BGH* ZIP 2006, 2132, 2133.
31 *BAG* ZIP 2007, 2142.
32 *BFH* ZIP 2002, 225 f.

6 Wird über das Vermögen des Revisionsklägers das InsVerf eröffnet, nachdem seine Revision tw angenommen und im Übrigen nicht angenommen worden ist, stellen die zuvor noch nicht entrichtete VerfGebühr, die während des Verf fortlaufend neu entsteht, und die erst mit Erlass des Urt fällig gewordene UrtGebühr des RevisionsVerf Masseverbindlichkeiten dar. Die Gebühren sind jedoch nur aus dem **Gegenstandswert** zu berechnen, mit dem der Rechtsstreit nach der AnnahmeEntsch anhängig geblieben ist.[33]

7 Für die **Kosten des eigenen Anwalts** gelten die allg Regeln. Bis zur Eröffnung des InsVerf entstandene Honoraransprüche sind InsFord (§ 38). Mit der Eröffnung erlischt das Mandat (§§ 115, 116). Beauftragt der Verwalter einen RA mit der Aufnahme eines unterbrochenen Prozesses, ist dessen Honorarforderung eine Masseverbindlichkeit nach Nr 1 Fall 1.[34] Werden dem Verwalter als Partei kraft Amtes nach Aufnahme des Rechtsstreits die außergerichtlichen Kosten des Gegners auferlegt, hat dieser ebenfalls eine Masseforderung nach Abs 1 Nr 1.[35]

8 **2. In anderer Weise begründete Verbindlichkeiten (Nr 1 Fall 2). – a)** Die „in anderer Weise durch die Verwertung, Verwertung und Verteilung der InsMasse begründeten" sonstigen Masseverbindlichkeiten entstehen weder durch Handlungen oder diesen gleichgestellte Unterlassungen des Verwalters (dann Nr 1 Fall 1) noch durch eine Erfüllungswahl des Verwalters oder die Fortgeltung von Verträgen kraft Gesetzes (dann Nr 2 Fall 1 oder 2) noch durch eine ungerechtfertigte Bereicherung der Masse (dann Nr 3). In Betracht kommen etwa der Beschl eines Organs oder ein Verwaltungsakt.[36] Verbindlichkeiten aus gesetzlichen Schuldverhältnissen sind Masseverbindlichkeiten, wenn sie durch die InsVerwaltung ausgelöst werden oder jedenfalls einen Bezug zur InsMasse aufweisen.[37] In der Ins des **Wohnungseigentümers** werden Masseverbindlichkeiten von den Insolvenzforderungen nach der Fälligkeit der sich aus § 16 Abs 2, § 28 Abs 5 WEG ergebenden Wohngeldansprüche abgegrenzt. Wann diese fällig werden, kann sich aus der Teilungserklärung oder einer Vereinbarung nach § 10 Abs 2 S 2 WEG ergeben; soweit sich dort keine Fälligkeitsbestimmungen finden, können die Wohnungseigentümer nach § 21 Abs 7, 28 Abs 5 WEG die Fälligkeit der Vorschusszahlungen im Beschluss über den Wirtschaftsplan und die Fälligkeit der übrigen Wohngeldansprüche im Jahresabrechnungsbeschluss oder in einem Beschluss über eine Sonderumlage bestimmen.[38] Die aufgrund eines beschlossenen Wirtschaftplans geschuldeten, jedoch erst nach InsEröffnung fällig gewordenen Wohngeldvorschüsse (§ 16 Abs 2, § 28 Abs 2 WEG) sind Masseverbindlichkeiten. Die zur Zeit der Eröffnung bestehenden Rückstände sind dagegen InsForderungen (§ 38), auch dann, wenn die Jahresabrechnung (§ 28 Abs 3 WEG) nach Eröffnung beschlossen worden ist; denn der Beschluss hat hinsichtlich der Beitragsrückstände aus dem Wirtschaftsplan regelmäßig nur eine bestätigende Wirkung.[39] Die Forderung auf Zahlung der „Abrechnungsspitze" – der Differenz zwischen den im beschlossenen Wirtschaftsplan veranschlagten, durch Vorschüsse zu deckenden Lasten und Kosten und den für das Wohnungseigentum tatsächlich entstanden Lasten und Kosten – entsteht dagegen erst mit dem Beschluss der Wohnungseigentümer über die Jahresabrechnung. Erst durch den Beschluss wird eine eigene selbstständige Zahlungspflicht der einzelnen Wohnungseigentümer begründet. Ist die Abrechnungsspitze nach der Eröffnung

33 *BGH* ZIP 2004, 2293 f.
34 *LAG Nürnberg* ZInsO 2015, 1701, 1702.
35 *BAG* ZIP 2006, 146; *Jaeger/Henckel* § 55 Rn 21 f.
36 *Jaeger/Henckel* § 55 Rn 30.
37 *BGH* 12.1.2017 – IX ZR 87/16 Rn 19.
38 *BGH* ZIP 2011, 1723 Rn 11.
39 *BGHZ* 131, 228, 231 f = WM 1996, 407.

beschlossen worden, handelt es sich folglich um eine Masseverbindlichkeit.[40] Die anteilige Verpflichtung zur Zahlung einer nach Eröffnung beschlossenen Sonderumlage ist ebenfalls eine Masseverbindlichkeit.[41] In der Ins eines **Vereinsmitglieds** bilden Beiträge für nach der Eröffnung beginnende Beitragsperioden Masseverbindlichkeiten nach Nr 1 Fall 2.[42] Die unmittelbar auf dem G beruhende Pflicht des Arbeitgebers, die durch die Tätigkeit des Betriebsrats entstehenden Kosten zu tragen (§ 40 BetrVG), lässt von der Eröffnung an ebenfalls Masseforderungen nach Nr 1 Fall 2 entstehen. Nimmt der InsVerw ein vom Arbeitgeber eingeleitetes, in erster Instanz anhängiges, durch die Eröffnung des InsVerf über das Vermögen des Arbeitgebers unterbrochenes **arbeitsgerichtliches BeschlVerf** auf und führt es fort, sind die dem Betriebsrat entstandenen, nach § 40 Abs 1 BetrVG vom Arbeitgeber zu tragende RAKosten einschließlich derjenigen Kosten, die vor der Eröffnung in gleicher Instanz entstanden sind, Masseverbindlichkeiten nach Nr 1 Fall 2.[43] Honoraransprüche eines nichtanwaltlichen Beraters des Betriebsrats nach § 111 S 2 BetrVG für Tätigkeiten vor InsEröffnung sind demgegenüber nur InsFord, weil dessen Honoraranspruch – anders als etwa die Beratungsgebühr eines Anwalts – nicht mit jeder Beratungsleistung neu entsteht.[44] Die nach der Eröffnung entstandenen Honoraransprüche sind Masseforderungen analog Abs 1 Nr 2.[45] Keine Masseverbindlichkeiten sind die **Kosten der abgesonderten Befriedigung**. Die Kosten der von einem Absonderungsberechtigten betriebenen Zwangsversteigerung sind nach § 10 Abs 2 ZVG mit dem Hauptanspruch zu befriedigen, fallen also unter § 49; das bedeutet zugleich, dass sie nicht auf Kosten der übrigen InsGl vorrangig aus der Masse zu zahlen sind. Auch die Zweitschuldnerhaftung des § 29 Nr 4 GKG, wonach der Vollstreckungsschuldner für die notwendigen Kosten der Zwangsvollstreckung einzustehen hat, greift in einem solchen Fall nicht ein.[46] Der Anspruch eines im InsVerfahren über das Vermögen des Emittenten **bestellten gemeinsamen Vertreters von Anleihegläubigern** auf Vergütung ist keine Masseverbindlichkeit.[47]

9 **b)** Hinsichtlich der Frage, ob **der Schu selbst** nach der Eröffnung des InsVerf Masseverbindlichkeiten begründen kann, ist zu unterscheiden. Grundsätzlich fehlt dem Schu die Befugnis, die InsMasse zu verpflichten (§ 80).[48] Er bleibt rechts- und geschäftsfähig und kann in eigenem Namen Verträge eingehen; diese verpflichten die Masse jedoch nicht.[49] Dies gilt auch für Verträge, welche der Schu im Rahmen einer selbstständigen Tätigkeit geschlossen hat, nachdem der Verwalter eine Negativerklärung gem § 35 Abs 2 abgegeben hat.[50] Ist eine Freigabe nicht erfolgt und duldet der Verwalter die Fortführung der gewerblichen Tätigkeit durch den Schu, werden die dabei begründeten Verbindlichkeiten zu Masseverbindlichkeiten nach Nr 1 Fall 1, auch dann, wenn der Schu nur nach § 811 Abs 1 Nr 5 ZPO unpfändbare Gegenstände eingesetzt hat.[51] Geht der Schu Verpflichtungen ein, ohne dass der Verwalter dies bei Anwendung der erforderlichen Sorgfalt erkennen und verhindern konnte, wird die Masse hingegen nicht verpflichtet.[52] Im Einzelfall kann die Abgrenzung allerdings

---

40 *BGH* ZIP 2011, 1723 Rn 10.
41 *BGHZ* 108, 44, 49 f = ZIP 1989, 930; *BGH* ZIP 1994, 720, 722 (zu § 58 Nr 2 KO).
42 *Jaeger/Henckel* § 55 Rn 31.
43 *BAG* ZIP 2006, 145 f.
44 *LAG München* ZIP 2008, 36 f; *BAG* NJW 2010, 2154 Rn 33.
45 *LAG München* ZIP 2008, 35.
46 *OLG Zweibrücken* ZIP 2009, 1239 f; *OLG Hamburg* ZIP 2013, 789, 790.
47 *BGH* 12.1.2017 – IX ZR 87/16.
48 Su § 80 Rn 20.
49 *OLG Frankfurt* ZVI 2013, 312.
50 BT-Drucks 16/3227, 17; vgl *BGHZ* 192, 322 Rn 28 = ZIP 2012, 533.
51 BT-Drucks 16/3227, 17; ähnlich differenzieren *Ganter/Brünink* NZI 2006, 262.
52 *Ganter/Brünink* NZI 2006, 263; str, su Erl zu § 80.

schwierig werden. Das gilt auch für das **Steuerrecht**. Nimmt der Schu nach der Eröffnung des InsVerf eine neue Erwerbstätigkeit auf, in der er durch seine Arbeit und mit Hilfe nach § 811 Nr 5 ZPO unpfändbaren Gegenständen steuerpflichtige Leistungen erbringt, zählt die hierfür geschuldete **Umsatzsteuer** nicht zu den Masseverbindlichkeiten.[53] Die Umsatzsteuer aus einer solchen Tätigkeit wird auch nicht bereits deshalb zu einer Masseverbindlichkeit, dass der Schu hierzu mit Billigung des InsVerw einzelne Massegegenstände verwendet.[54] **Ertragsteuern**, die durch eine selbstständige Tätigkeit des Schu ausgelöst werden, sind keine Masseverbindlichkeiten, wenn der Schu die Tätigkeit ohne Wissen und Billigung durch den InsVerw ausübt und die Erträge nicht zur Masse gelangt sind.[55] Hat der InsVerw die selbstständige Tätigkeit des Schu dagegen **gekannt und gebilligt** und deren Einnahmen zur Masse gezogen, gehören die Einnahmen zur Masse; die Einkommensteuer stellt eine Masseverbindlichkeit dar.[56]

c) Steuerforderungen stellen Masseverbindlichkeiten nach Nr 1 Fall 2 dar, soweit der Steueranspruch an die Masse anknüpft. Dies gilt etwa für die **Kfz-Steuer** für zur Masse gehörende Fahrzeuge. Weil gem § 5 Abs 5 KfzStG die Steuerpflicht des Veräußerers erst mit dem Eingang der Veräußerungsanzeige bei der Zulassungsbehörde endet, ist die nach der Eröffnung entstandene Kfz-Steuer auch dann noch Masseverbindlichkeit, wenn sich das Kfz nicht mehr im Besitz des Verwalters befindet, die Steuerpflicht aber noch andauert.[57] Auch die **Grundsteuer** für ein zur Masse gehörendes Grundstück unterfällt Nr 1 Fall 2. Weil es sich um eine Jahressteuer handelt (vgl § 9 GrStG, ist allerdings str, ob dies von der Eröffnung oder erst von dem auf die Eröffnung folgenden Jahr an gilt. Die **Einkommensteuerschuld**, die aus der Verwertung der zur Insolvenzmasse und zum Betriebsvermögen gehörenden Wirtschaftsgüter resultiert, fällt unter Nr 1, wenn der einzelne unselbstständige Besteuerungstatbestand, insbesondere derjenige der „Einkünfte" iSv § 2 Abs 1 EStG, nach der Eröffnung verwirklicht wurde.[58] Das gilt auch insoweit, als durch die Veräußerung stille Reserven aufgedeckt werden, die vor der Eröffnung entstanden sind.[59] **Umsatzsteuer** ist dann Masseverbindlichkeit, wenn der den Umsatzsteueranspruch begründende Tatbestand erst nach der Eröffnung vollständig verwirklicht und damit abgeschlossen ist.[60] Die **Erbschaftsteuer** ist Masseverbindlichkeit, wenn der InsSchuldner nach der Eröffnung erbt.[61] Die nach der Eröffnung des InsVerf begründeten Steueransprüche, die Masseverbindlichkeiten darstellen, sind regelmäßig durch Steuerbescheid gegenüber dem Verwalter geltend zu machen.[62] 10

Die Abgrenzung zwischen Masse- und InsFord kann im Einzelfall Schwierigkeiten bereiten. Ansprüche aus einem Steuerschuldverhältnis entstehen, sobald der Tatbestand verwirklicht ist, an den das Gesetz die Leistungspflicht knüpft (§ 38 AO). Nach § 251 Abs 2 S 1 AO bleiben die Vorschriften der InsO jedoch unberührt. Ob dies nur für die Durchsetzung der Forderung oder auch für ihre Einordnung als Ins- oder Masseverbindlichkeit gilt, wird unter- 11

53 *BFH* ZIP 2005, 1376.
54 *BFH* ZIP 2010, 1405.
55 *BFH* ZIP 2010, 2014; *FG Köln* NZI 2017, 404, 405 f; *Janssen* ZInsO 2015, 1304.
56 *BFH* ZIP 2015, 1935; *FG Düsseldorf* ZVI 2017, 197, 202; *FG Köln* NZI 2017, 404, 405.
57 *BFH* ZIP 2007, 2081 f; ZIP 2007, 2083 f.
58 *BFH* ZIP 2013, 1481 Rn 19.
59 *BFH* ZIP 2013, 1481 Rn 24 ff.
60 *BFHE* 224, 24 = ZIP 2009, 977; *BFHE* 232, 301 = ZIP 2011, 782 Rn 18; *BFHE* 238, 307 = ZIP 2012, 2217; *BFH* ZIP 2013, 1680 Rn 27.
61 *BFH* 5.4.2017 – II R 30/15.
62 *BFHE* 232, 301 = ZIP 2011, 782 Rn 17; *BFH* 5.4.2017 – II R 30/15; *FG Gotha* ZIP 2013, 790, 791.

schiedlich beurteilt. In einer Entscheidung des BFH aus dem Jahre 1998 heißt es, ausschlaggebend dafür, wann ein Steueranspruch im Sinne der konkursrechtlichen Vorschriften begründet worden sei, sei nicht der Zeitpunkt, zu dem die steuerrechtlichen Entstehungstatbestände erfüllt seien, sondern derjenige, zu dem die zivilrechtlichen Grundlagen für die Entstehung des materiellrechtlichen Steueranspruchs gelegt worden seien.[63] Nach neueren Entscheidungen soll das Entstehen der Steuer als Rechtsgrund iSd InsO dagegen allein nach Steuerrecht zu beurteilen sein.[64] Richtigerweise dürfte zu differenzieren sein: Steueransprüche, die vor Eröffnung iSv § 38 AO entstanden sind, stellen regelmäßig InsFord iSv § 38 InsO dar. Ob nach Eröffnung steuerrechtlich „entstandene" Steuerforderungen Ins- oder MasseFord sind, richtet sich danach, wann sie **insolvenzrechtlich begründet** worden sind (§ 38).[65] Ist der zugrunde liegende zivilrechtliche Sachverhalt, der zu der Entstehung der Steueransprüche führt, vor Eröffnung des InsVerf vom Schu verwirklicht worden, ist die Steuerforderung eine InsFord, unabhängig davon, zu welchem Zeitpunkt hieraus Steueransprüche entstehen. Das gilt insb für Steuerforderungen, die an den Ablauf eines bestimmten Zeitraumes gebunden sind. Die Rspr des BFH sieht dies jedoch tw anders.

12 Veräußert der absonderungsberechtigte Sicherungsnehmer nach der Eröffnung **Sicherungsgut** an einen Dritten, kommt es nach stRspr des BFH zu zwei umsatzsteuerpflichtigen Lieferungen: der Sicherungsgeber liefert an den Sicherungsnehmer, dieser an den Erwerber. Die Umsatzsteuer für die Lieferung an den Sicherungsnehmer ist Masseverbindlichkeit nach Nr 1 Fall 2.[66] Umsatzsteuerschulden, die durch die Verwaltung, Verwertung und Verteilung der zur InsMasse gehörenden Vermögensgegenstände begründet werden, sind nach der Rspr des BFH unabhängig davon Masseverbindlichkeiten, ob der Verwalter oder der Schu selbst die Umsätze getätigt hat; denn nicht das Entgelt, sondern die Lieferungen und sonstigen Leistungen selbst unterliegen der Umsatzsteuer (§ 1 Abs 1 Nr 1 UStG).[67] Zieht der Verwalter dagegen zur Sicherheit abgetretene Forderungen ein, denen Leistungen aus der Zeit vor der Eröffnung zugrunde liegen, ist die Umsatzsteuer bei der Umsatzbesteuerung nach vereinbarten Entgelten (§ 16 UStG) mit dem Ablauf des Voranmeldezeitraums entstanden (§ 13 Abs 1 Nr 1 lit a UStG); die geschuldete Umsatzsteuer stellt nur eine InsFord dar.[68]

13 **d)** Nach der Rspr des BVerwG fallen auch **öffentlich-rechtliche Ordnungspflichten** (Pflichten zur Beseitigung von Altlasten sowie die Kosten einer Ersatzvornahme) unter Nr 1 Fall 2. Nach dieser Rspr ist allein nach der jeweils einschlägigen ordnungsrechtlichen Vorschriften zu entscheiden, ob den Verwalter die Ordnungspflicht für eine Störung trifft, die von einem Massegegenstand ausgeht. Reicht etwa – wie in § 4 Abs 3 S 1 BBodSchG – die tatsächliche Gewalt über ein Grundstück aus, wird der Verwalter mit Inbesitznahme des Grundstücks (§ 148) ordnungspflichtig.[69] Gleiches gilt für §§ 5, 11 KrW-/AbfG,[70] die an den „Besitz" von Abfällen anknüpfen.[71] Folgt die Pflicht dagegen aus der Stellung als Betreiber einer Anlage (§§ 5, 22 BImSchG), ist offen, ob die Inbesitznahme für die ordnungsrechtliche

---

63 *BFH* ZIP 1999, 715; ebenso *BFH* ZIP 2011, 782; *FG Gotha* ZIP 2013, 790, 792.
64 *BFH* ZIP 2007, 2082; ZIP 2011, 782 (5. Senat); ZIP 2013, 1739 (11. Senat).
65 *BFH* 5.4.2017 – II R 30/15 Rn 14 mwN; *Häsemeyer* Rn 23.41.
66 *BFH* ZIP 1994, 1707 (zu § 58 Nr 2 KO); *BFH/NV* 2004, 1302 (zu § 58 Nr 2 KO); *BGH* ZIP 2007, 1127.
67 *BFH* ZIP 2005, 1376.
68 *BGH* ZIP 2007, 686 Rn 3.
69 *BVerwG* ZIP 2004, 2146 f; *BVerwG* ZIP 1999, 540.
70 Gesetz zur Förderung der Kreislaufwirtschaft und Sicherung der umweltverträglichen Beseitigung von Abfällen – Kreislaufwirtschafts- und Abfallgesetz v 27.9.1994.
71 *BVerwG* ZIP 2004, 1767.

Verantwortlichkeit des Verwalters ausreicht.[72] Folgt die Ordnungspflicht nicht aus der Verantwortlichkeit für den aktuellen Zustand von Massegegenständen, sondern aus einem in der Vergangenheit liegenden Verhalten, kommt eine Haftung der Masse nur dann in Betracht, wenn die tatbestandlichen Voraussetzungen der Ordnungspflicht nach der Eröffnung erfüllt worden sind. Wenn die Ordnungspflicht aus dem Zustand eines Massegegenstandes folgt, wird die Masse durch Veräußerung[73] oder Freigabe des Gegenstandes frei, wenn die jeweils einschlägige Vorschrift des Ordnungsrechts nicht entgegensteht.[74] – Der BGH nimmt eine Haftung der Masse für Altlasten nur dann an, wenn der Verwalter den haftungsbegründenden Zustand durch ihm selbst zuzurechnende Handlungen verursacht hat.[75] Der Schadensersatzanspruch des Eigentümers, dessen Grundstück der Schu vor InsEeröffnung verunreinigt hat, ist deshalb nur eine Insolvenzforderung.[76] Auf öffentlich-rechtliche Ordnungspflichten bezieht sich diese Rspr nicht.

3. Verbindlichkeiten aus gegenseitigen Verträgen (Nr 2 Fall 1). – a) Die „gegenseitigen Verträge" iSv **Nr 2 Fall 1** sind vor der Eröffnung des InsVerf geschlossen worden. Für die nach der Eröffnung vom Verwalter geschlossenen Verträge gilt Nr 1 Fall 1. In der Vorgängervorschrift des § 59 Abs 1 Nr 2 KO war von „zweiseitigen" Verträgen die Rede. Es handelt sich insoweit um eine sprachliche, keine inhaltliche Änderung, mit der die Auslegung des § 59 Abs 1 Nr 2 KO nachvollzogen werden sollte.[77] Der Begriff ist ebenso wie in § 103 auszulegen und umfasst gegenseitige Verträge iSd §§ 320 ff BGB, zB auch den Lizenzvertrag,[78] nicht aber die einseitigen und die unvollkommen zweiseitigen Verträge[79] und auch nicht solche Verträge, die kraft gesetzlicher Anordnung mit der Eröffnung des InsVerf erlöschen (§§ 115, 116, 118) oder sonst abweichend geregelt sind (§ 104). Verträge, die kraft gesetzlicher Anordnung über die Eröffnung hinaus fortbestehen (§ 108), fallen unter Abs 1 Nr 2 Fall 2. **Erbbaurechtsverträge** sind weder gegenseitige Verträge iSv §§ 103, 55 Abs 1 Nr 2 Fall 1, noch werden sie von §§ 108, 55 Abs 1 Nr 2 Fall 2 (analog) erfasst.[80] Gleiches gilt für **Krankenversicherungsverträge**.[81] Der Schu kann einen solchen Vertrag daher nach der Eröffnung auf eigene Kosten weiterführen. Die Beitragsforderung der Versicherung stellt keine Masseverbindlichkeit dar, sondern ist aus dem insolvenzfreien Vermögen des Schu zu erfüllen; die Ansprüche des Schu auf Versicherungsleistungen sind unpfändbar (§ 850b Abs 1 Nr 4, Abs 2 ZPO).[82] 14

b) Ansprüche aus Verträgen, deren Erfüllung zur InsMasse verlangt worden ist (§ 103), sind Masseverbindlichkeiten nach Nr 2 Fall 1. Mit der Erfüllungswahl wird den beiderseitigen Ansprüchen die Rechtsqualität von originären Masseverbindlichkeiten und -forderungen beigelegt.[83] Sie hat zur Folge, dass die dem Vertragspartner geschuldete Gegenleistung so zu bewirken ist, wie sie zu erfüllen gewesen wäre, wenn der Verwalter selbst den Vertrag geschlossen hätte. Der Vertragspartner kann deshalb die Erfüllung nicht nur des Hauptan- 15

72 *BVerwG* ZIP 1998, 2167; *BVerwG* ZIP 2004, 2147.
73 *BVerwG* ZIP 2004, 1767.
74 *BVerwG* ZIP 2004, 2147 f.
75 *BGHZ* 148, 252, 257 ff = ZIP 2001, 1471 f; *BGHZ* 150, 305, 311 ff = ZIP 2002, 1045 ff.
76 Vgl *BGH* ZIP 2009, 874 Rn 6.
77 BT-Drucks 12/2443, 126.
78 *BGH* ZIP 2006, 87, 89.
79 *BGH* ZIP 1980, 40, 43 (zu § 17 KO); vgl im Einzelnen die Erl zu § 103 Rn 5 ff.
80 *BGH* ZIP 2005, 2267 f.
81 *OLG Frankfurt* ZVI 2013, 312, 314 mit zust Anm *Busch* ZVI 2013, 303, 304 f; *Senger/Finke* ZInsO 2012, 997, 1000.
82 Vgl *BGH* VersR 2007, 1435 Rn 10 ff.
83 *BGHZ* 150, 353, 359 = ZIP 2002, 1093 f.

spruchs, sondern auch der Neben- und Ersatzansprüche (§§ 280 ff, 325 f)[84] aus der Masse verlangen. Für den Inhalt des Schuldverhältnisses ist die Rechtslage bei InsEröffnung maßgeblich, weil der Verwalter für die Masse grundsätzlich nicht mehr und keine anderen Rechte beanspruchen kann, als sie dem Schu zustehen.[85] Ob vor Eröffnung entstandene Ansprüche auf Verzugszinsen und Vertragsstrafen zu Masseverbindlichkeiten werden, ist allerdings str.[86] Die gegenseitigen Ansprüche bei der Rückabwicklung fallen ebenfalls unter § 55 Abs 1 Nr 1 Fall 1, § 103, wenn der Verwalter den Anspruch für die Masse geltend macht.[87]

16 Sind die geschuldeten Leistungen **teilbar** und hat der andere Teil die ihm obliegende Leistung zur Zeit der Eröffnung bereits teilweise erbracht, so ist er trotz des Erfüllungsverlangens des Verwalters mit dem der Teilleistung entsprechenden Betrag seines Anspruchs auf die Gegenleistung InsGl (§ 105). Nur der Anspruch auf die Gegenleistung für die bei Eröffnung noch ausstehende Leistung ist eine Masseverbindlichkeit nach Abs 1 Nr 2 Fall 1.[88] Das gilt insb für Energielieferungsverträge[89] sowie Verträge mit einem Telekommunikationsunternehmen.[90] Der Verwalter soll so die Möglichkeit erhalten, Verträge über die fortlaufende Lieferung von Waren oder Energie im Verfahren zu den gleichen Bedingungen fortzusetzen; dadurch soll die Fortführung eines Unternehmens im InsVerf erleichtert werden.[91]

17 **4. Verbindlichkeiten aus Dauerschuldverhältnissen (Nr 2 Fall 2). – a)** Ansprüche aus gegenseitigen Verträgen, die von der Eröffnung an zwingend erfüllt werden müssen, sind Masseverbindlichkeiten nach **Nr 2 Fall 2**. Dabei geht es um die in § 108 Abs 1 genannten Dauerschuldverhältnisse: Miet- und Pachtverhältnisse über unbewegliche Gegenstände, Miet- und Pachtverhältnisse über sonstige Gegenstände, die einem Dritten, der ihre Anschaffung oder Herstellung finanziert hatte, zur Sicherheit übertragen waren, sowie Dienstverhältnisse. Nur die Ansprüche für die Zeit ab Eröffnung sind Masseverbindlichkeiten; Ansprüche für die Zeit vor der Eröffnung kann der andere Teil nur als InsGl geltend machen (§ 108 Abs 2). Die Vorschrift des Nr 2 Fall 2 soll gewährleisten, dass derjenige, der seine vollwertige Leistung weiterhin zur Masse erbringen und sie der Masse damit zugute kommen lassen muss, die dafür zu entrichtende volle Gegenleistung erhalten und nicht auf eine InsFord beschränkt sein soll.[92] Gibt der Verwalter das Vermögen des Schu aus einer selbstständigen Tätigkeit frei (§ 35 Abs 2 S 1), stellen die danach entstehenden Ansprüche, die auf die **freigegebene Tätigkeit** bezogen sind (Bsp: Miete für die Räume, in denen die Tätigkeit ausgeübt wird), keine Masseverbindlichkeiten mehr dar. Der Gl kann sie nur noch gegen den Schu persönlich geltend machen, nicht mehr gegen die Masse.[93] Diese Rechtsfolge tritt kraft Gesetzes ein; einer Kündigung bedarf es nicht. Maßgebend ist der Zeitpunkt des Zugangs der Freigabeerklärung beim Schu; denn mit dem Zugang wird die Freigabe wirksam.[94]

18 **b) Dienstverhältnisse** bestehen gem § 108 Abs 1 S 1 nach der Eröffnung des InsVerf mit Wirkung für die Masse fort. Folglich entstehen Masseverbindlichkeiten nach Nr 2 Fall 2.

---

84 MK/*Huber* § 103 Rn 165; vgl *BGHZ* 173, 116 Rn 23 = ZIP 2007, 2089 für den Anspruch auf Schadensersatz wegen Nichterfüllung.
85 *BGHZ* 169, 43, 48 = ZIP 2006, 1737 f.
86 MK/*Hefermehl* § 55 Rn 111.
87 *Jaeger/Henckel* § 55 Rn 45; **aA** HK/*Marotzke* § 103 Rn 11.
88 *BGHZ* 150, 353, 358 f = ZIP 2002, 1094 (zu § 9 GesO); *BGHZ* 135, 25 = ZIP 1997, 689 (zu §§ 17, 59 Abs 1 Nr 2 KO).
89 MK/*Hefermehl* § 55 Rn 116.
90 *Jaeger/Henckel* § 55 Rn 47.
91 BT-Drucks 12/2443, 146.
92 *BGH* ZIP 2003, 854, 855; *BAG* ZIP 2006, 1964.
93 *BGHZ* 192, 322 Rn 13 ff = ZIP 2012, 533.
94 *BGHZ* 192, 322 Rn 27 = ZIP 2012, 533.

Der Arbeitnehmer, der trotz der Ins des Arbeitgebers seine vertraglich geschuldete Arbeitsleistung erbringen muss, soll im Gegenzug seine vertraglich vereinbarte Gegenleistung behalten.[95] Alle Lohn- und Gehaltsansprüche, die aus der Beschäftigung von Arbeitnehmern nach der Verfahrenseröffnung durch den InsVerw erwachsen, sowie alle sonstigen Ansprüche, die sich aus dem Fortbestand des Arbeitsverhältnisses ergeben, sind Masseverbindlichkeiten.[96] Die zahlreichen arbeitsrechtlichen Durchbrechungen des Grundsatzes, dass der Vergütungsanspruch gem § 611 BGB durch die tatsächliche Leistung der geschuldeten Dienste erworben wird, führen dazu, dass das Bestehen einer Masseverbindlichkeit nicht stets von der Erbringung einer Arbeitsleistung abhängig ist. So bleibt der InsVerw dann, wenn er den Betrieb unmittelbar mit der Eröffnung des Verf stilllegt, die Arbeitnehmer freistellt und damit ihre Dienste nicht mehr in Anspruch nimmt, nach § 615 BGB zur Vergütung der Arbeitnehmer verpflichtet. Maßgeblich ist, ob die geltend gemachten Ansprüche vor oder nach der VerfEröffnung entstanden sind, wobei nicht auf die Fälligkeit, sondern auf den Zeitpunkt des Entstehens der Forderung abzustellen ist.[97] Bei **Sonderzuwendungen** ist nach deren Zweck zu unterscheiden: Mit einer Sonderzuwendung kann die vom Arbeitnehmer im Bezugszeitraum erbrachte Arbeitsleistung zusätzlich honoriert werden. Der Anspruch auf eine solche Sonderzuwendung entsteht regelmäßig während des Bezugszeitraums pro rata temporis. Insolvenzrechtlich sind sie dem Zeitraum zuzuordnen, für den sie als Gegenleistung geschuldet sind.[98] Soweit mit ihnen Arbeitsleistungen vergütet werden, die nach der Eröffnung des InsVerf erbracht wurden, handelt es sich um Masseforderungen. Andere Sonderzuwendungen honorieren als Treueprämie langfristige oder als Halteprämie kurzfristige oder künftige Betriebstreue;[99] der Arbeitgeber kann aber auch den Zweck verfolgen, sich an den zu Weihnachten typischerweise erhöhten Aufwendungen seiner Arbeitnehmer zu beteiligen. Die Zahlung solcher Zuwendungen hängt in der Regel nicht von einer bestimmten Arbeitsleistung ab, sondern nur vom Bestand des Arbeitsverhältnisses. Insolvenzrechtlich sind derartige stichtags- oder anlassbezogene Sonderzuwendungen dem Zeitraum zuzurechnen, in welchen der Stichtag fällt.[100]

Ansprüche aus der Zeit vor der Eröffnung kann der andere Teil – wenn nicht die Voraussetzungen des Abs 2 S 2 vorliegen, ein verwaltungs- und verfügungsbefugter vorläufiger InsVerw also die Arbeitsleistung in Anspruch genommen hat – nur als InsGl geltend machen (§ 108 Abs 3). Die Abgrenzung zwischen Ins- und Masseforderungen erfolgt danach, wann die Arbeitsleistung, die den Ansprüchen zugrunde liegt, erbracht wurde; denn der Zeitpunkt der Arbeitsleistung bestimmt, inwieweit die Leistungen der Masse zugute kommen.[101] Ansprüche auf Vergütung für vor Eröffnung vorgeleistete Arbeit (aus der Gutschrift auf einem **Arbeitszeitkonto** aus der Zeit vor der Eröffnung) sind daher InsFord.[102] Das gilt auch für Ansprüche im **Blockmodell der Altersteilzeit**. Der Arbeitnehmer tritt hier während der Arbeitsphase mit seinen vollen Arbeitsleistungen im Hinblick auf die anschließende Freistellungsphase in Vorleistung. In deren Umfang erarbeitet er Entgeltansprüche, die nicht im Monat der Arbeitsphase erfüllt, sondern für die spätere Freistellungsphase angespart werden. Das während der Freistellungsphase ausgezahlte Entgelt stellt die Gegenleistung für 19

95 *BAG* ZIP 2007, 2176.
96 *BAG* ZIP 2006, 1366; ZIP 2007, 2176; ZIP 2008, 374; ZIP 2013, 532 Rn 17.
97 *BAGE* 117, 1 = ZIP 2006 Rn 18, 1366; *BAGE* 123, 269 = ZIP 2007, 2176; *BAG* ZIP 2013, 532 Rn 17.
98 *BAG* ZIP 1980, 784; ZIP 2013, 532 Rn 19; *LAG Brdbg* ZInsO 2013, 1703.
99 *BAG* ZIP 2012, 1093.
100 *BAG* ZIP 2013, 532 Rn 20; ZIP 2013, 2414 Rn 39; ZIP 2014, 139 Rn 40 f; *BAGE* 146, 64 = ZIP 2014, 37 Rn 33.
101 *BAG* ZIP 2005, 459.
102 *BAG* ZIP 2004, 126.

die während der Arbeitsphase geleistete, über die verringerte Arbeitszeit hinausgehende Arbeit dar. Daraus folgt: Befindet sich der Arbeitnehmer bei Eröffnung bereits in der Freistellungsphase, sind seine Ansprüche InsFord.[103] Befindet er sich noch in der Arbeitsphase, gilt gleiches für die vor Eröffnung erarbeiteten Ansprüche. Die für die Zeit danach erarbeiteten Ansprüche sind hingegen Masseforderungen.[104]

20 **Abfindungsansprüche**, die auf einer vor Eröffnung getroffenen Vereinbarung und Verpflichtung beruhen, sind einfache InsFord.[105] Das gilt auch dann, wenn die Kündigung erst nach der Eröffnung vom Verwalter erklärt wird.[106] Für die Abgrenzung kommt es nach stRspr des BAG darauf an, ob es sich bei der Zahlungsforderung des Arbeitnehmers um eine Leistung mit Entgeltcharakter handelt. Nur solche Ansprüche werden als Masseforderung anerkannt, die in einem zumindest teilweise synallagmatischen Verhältnis zu der erbrachten Arbeitsleistung stehen. Abfindungen sind idR kein Entgelt für nach InsEröffnung erbrachte Arbeitsleistungen, sondern stellen einen Ausgleich für durch den Verlust des Arbeitsplatzes entstehende Nachteile und/oder eine Honorierung der Zustimmung des Arbeitnehmers zur vorzeitigen Vertragsauflösung dar. Gleiches gilt iE für Ansprüche auf **Nachteilsausgleich** (§ 113 Abs 3 BetrVG), wenn der Schuldner die Betriebsänderung ohne Interessenausgleich durchgeführt hat. Maßgeblich ist der Zeitpunkt, in welchem der Verhandlungsanspruch des Arbeitnehmers vereitelt wurde; auf den Zeitpunkt der Entlassung kommt es nicht an.[107] Der Unternehmer beginnt mit der Durchführung einer Betriebsänderung, wenn er unumkehrbare Maßnahmen ergreift und damit vollendete Tatsachen schafft.[108] Ansprüche aus einem vor der Eröffnung des InsVerf erteilten **Ruhegehaltsversprechen** sind in der Regel ebenfalls InsFord.[109] Hat das Arbeitsverhältnis nach der Eröffnung fortgedauert, ist die während des Verf (zeitanteilig) verdiente Rente jedoch Masseschuld.[110] Kündigt der Verwalter das Arbeitsverhältnis gem § 113 S 1 und 2 ohne Rücksicht auf die vereinbarte Vertragsdauer oder den vereinbarten Ausschluss des Rechts zur ordentlichen Kündigung, kann der Arbeitnehmer Schadensersatz wegen der vorzeitigen Beendigung des Arbeitsverhältnisses nur als InsGl verlangen (§ 113 S 3). Wenn das Arbeitsverhältnis nach Eröffnung des InsVerf beendet worden ist, ist der Urlaubsabgeltungsanspruch nach § 7 Abs 4 BUrlG Masseverbindlichkeit nach Nr 2 Fall 2.[111] Wird ein **Kündigungsschutzprozess** nach der Eröffnung gegen den Verwalter fortgesetzt und schließen die Parteien sodann einen Abfindungsvergleich, soll der Abfindungsanspruch des Arbeitnehmers in der Regel eine Masseschuld darstellen.[112]

21 **c) Miet- und Pachtverträge** des Schu über unbewegliche Gegenstände oder Räume bestehen mit Wirkung für die InsMasse fort (§ 108 Abs 1 S 1). In der Ins des Vermieters gilt dies jedoch nur dann, wenn die Mietsache im Zeitpunkt der Eröffnung des InsVerf dem Mieter bereits überlassen worden war.[113] Ansprüche aus einem nach § 108 Abs 1 S 1 fortbestehenden Mietverhältnis sind Masseverbindlichkeiten, wenn ihre Erfüllung für die Zeit nach der Eröffnung erfolgen muss.[114] Das gilt nach Wegfall des Eigenkapitalersatzrechts auch im bei

103 *BAG* AP Nr 1 zu § 108 InsO.
104 *BAG* ZIP 2005, 459 f; *BAG* ZIP 2005, 874.
105 *LAG Hessen* ZInsO 2013, 2175, 2177.
106 *BAG* ZIP 2006, 1962; *BAG* ZIP 2007, 2177; *BAG* BAGE 124, 150 = ZIP 2008, 374.
107 *BAGE* 104, 94 = ZIP 2003, 311.
108 *BAGE* 118, 222 = ZIP 2006, 1510 Rn 17 (zu § 209); *ArbG Magdeburg* BeckRS 2013, 66288.
109 Vgl *BAG* ZIP 1989, 319 (zur KO).
110 *BAG* ZIP 1988, 327, 329; *BGH* ZIP 2008, 280; **aA** MK/*Hefermehl* § 55 Rn 192.
111 *BAG* ZIP 2003, 1804 f.
112 *BAG* ZIP 2002, 1495 f.
113 *BGHZ* 173, 116 ff = ZIP 2007, 2087 ff.
114 *BGH* ZIP 2013, 179 Rn 10; ZIP 2015, 589 Rn 33.

einem Miet- oder Pachtvertrag zwischen dem Gesellschafter und der Gesellschaft.[115] Ansprüche für die Zeit vor Eröffnung kann der andere Teil dagegen nur als InsGl geltend machen (§ 108 Abs 3). In der **Ins des Mieters** gilt dies insb für den Anspruch des Vermieters auf rückständige Mieten. Hierzu gehören auch die Nebenkosten für den Abrechnungszeitraum bis zur Eröffnung, auch dann, wenn sie erst nach der Eröffnung abgerechnet werden.[116] Der mietvertraglich vereinbarte Anspruch auf Erstattung der durch die Abholung der Mietsache entstandenen Kosten ist auch dann nur eine InsFord, wenn der Mietvertrag erst nach der Eröffnung beendet und die Mietsache danach abgeholt worden ist.[117] Der Entschädigungsanspruch aus § 546a BGB fällt dann, wenn das Mietverhältnis nach der Eröffnung beendet worden ist, wie zuvor der Anspruch auf Miete unter Nr 2.

In der **Ins des Vermieters** stellt der Anspruch auf Auszahlung eines Guthabens aus einer vor der Eröffnung abgeschlossenen Abrechnungsperiode ebenfalls nur eine Insforderung dar.[118] Dagegen begründet der Anspruch des Mieters auf Herstellung eines zum vertragsgemäßen Gebrauch geeigneten Zustandes der Mietsache unabhängig davon, ob der mangelhafte Zustand vor oder nach Eröffnung des Verf entstanden ist, bei fortdauerndem Mietverhältnis eine Masseschuld nach Abs 1 Nr 2 Fall 2; denn dieser Anspruch ist ein Erfüllungsanspruch und Teil der Gegenleistung für die an die Masse zu erbringenden Mietzahlungen.[119]

Ist das Mietverhältnis vor Eröffnung aufgelöst worden, so sind der Rückgabeanspruch gem 22
§ 546 BGB sowie alle Abwicklungsansprüche bereits vor Eröffnung entstanden und folglich grds nur InsFord.[120] Eine Masseforderung nach Nr 1 entsteht dann, wenn der Verwalter die Mietsache nach Eröffnung weiter nutzt, indem er etwa Sachen einlagert oder als Zwischenmieter Mietzahlungen des Untermieters einzieht, und den Vermieter dabei gezielt vom Besitz ausschließt.[121] In einem solchen Fall kann auch die Pflicht zur Herstellung des vertragsgemäßen Zustandes eine Masseverbindlichkeit darstellen, dann nämlich, wenn und soweit die nachteiligen Veränderungen der Mietsache nach der Eröffnung eingetreten sind.[122] Der bloße Schein einer Inanspruchnahme für die Masse reicht nicht aus, um eine Masseverbindlichkeit zu begründen.[123] Hat der Verwalter die Mietsache zu keinem Zeitpunkt in Besitz genommen, stellt auch der mietvertragliche Herausgabeanspruch – der Anspruch auf Rückgabe der Mietsache im vertraglich geschuldeten Zustand – nur eine InsFord dar.[124] Der bei Vorliegen seiner Voraussetzungen daneben bestehende Herausgabeanspruch aus § 985 BGB verpflichtet dagegen die Masse[125] und berechtigt zur Aussonderung (§ 47). Der Anspruch auf Rückzahlung einer Mietkaution ist ebenfalls nur eine InsFord. Hat der Vermieter die Kaution, wie § 551 Abs 3 S 3 BGB es verlangt, getrennt von seinem Vermögen angelegt, steht dem Mieter allerdings ein Aussonderungsrecht zu (§ 47).[126] Der Anspruch auf insolvenzfeste Anlage des Kautionsbetrages stellt dagegen dann, wenn er

---

115 *BGH* ZIP 2015, 589 Rn 59.
116 *BGH* ZIP 2011, 924 Rn 12.
117 *BGHZ* 194, 1 Rn 19 = ZIP 2012, 1566.
118 *BGH* ZIP 2007, 239 Rn 14 ff; ZIP 2011, 924 Rn 13.
119 *BGH* ZIP 2003, 854 f.
120 *BGHZ* 130, 38, 41 = ZIP 1995, 1206; *BGH* ZIP 2007, 340 Rn 15.
121 *BGHZ* 130, 38, 51 = ZIP 1995, 1207; *BGH* ZIP 2015, 589 Rn 77.
122 *BGH* ZIP 2015, 589 Rn 82.
123 *BGH* ZIP 2007, 340 Rn 18.
124 *BGHZ* 148, 252, 255 f = ZIP 2001, 1470; *BGH* ZIP 2007, 340 Rn 18; ZIP 2015, 589 Rn 82.
125 *BGHZ* 148, 252, 260 = ZIP 2001, 1472; *BGH* ZIP 2010, 2410 Rn 8.
126 *BGH* ZIP 2008, 469 Rn 2 f.

bereits vor der Eröffnung entstanden ist, nur eine einfache InsFord dar.[127] Das gilt sogar dann, wenn der Vermieter das Entstehen eines Aussonderungsrechts an dem Kautionsbetrag bewusst verhindert hat.[128] Ist der Verwalter rechtskräftig zur Räumung eines Grundstücks verurteilt worden, kann er durch die Freigabe des Grundstücks nicht bewirken, dass diese Masseverbindlichkeit erlischt.[129]

23 Mietverträge über bewegliche Gegenstände fallen – von der Ausnahme des § 108 Abs 1 S 2 abgesehen – unter § 103 Abs 1. Wählt der Verwalter Erfüllung, gilt Abs 1 Nr 2. Str und höchstrichterlich noch nicht entschieden ist allerdings, ob gem oder entsprechend § 105 eine auf die Zukunft beschränkte Erfüllungswahl zulässig ist. Lehnt der Verwalter eine Erfüllung ab, kann die Gegenseite offene Forderungen nur als InsFord geltend machen. In der Ins des Mieters ist der Anspruch aus § 546 BGB wegen verspäteter Rückgabe der Mietsache für die Zeit ab Eröffnung bis zur Rückgabe grundsätzlich eine InsFord. Eine Masseverbindlichkeit stellt er auch hier nur dann dar, wenn der Verwalter die Mietsache nach der Eröffnung genutzt hat.[130] Ist der Vertrag vor der Eröffnung beendet worden, sind etwaige Ansprüche der Gegenseite InsFord.[131]

24 **5. Verbindlichkeiten aus ungerechtfertigte Bereicherung der Masse (Nr 3). – a)** Verbindlichkeiten aus einer ungerechtfertigten Bereicherung der Masse sind Masseverbindlichkeiten nach Abs 1 Nr 3. InsGl können nicht verlangen, aus rechtsgrundlosem Erwerb der Masse befriedigt zu werden. Den MasseGl haftet dagegen die Masse in ihrem jeweiligen Bestand. Den anderen MasseGl gegenüber wird der BereicherungsGl daher nicht bevorzugt.[132] Anders als nach der Konkursordnung[133] (vgl §§ 59 Abs 1 Nr 4, 60 Abs 1 Nr 3 KO) stehen BereicherungsGl aber auch nicht schlechter als jene. Masseverbindlichkeiten aus ungerechtfertigter Bereicherung haben nunmehr denselben Rang wie die Masseverbindlichkeiten nach § 55 Abs 1 Nr 1 und 2 (vgl § 209 Abs 1 Nr 3). Absoluten Vorrang genießen, wie sich aus § 209 Abs 1 Nr 1 ergibt, die Kosten des InsVerf gem § 53.[134]

25 **b)** Auch Nr 3 begründet den Bereicherungsanspruch nicht, sondern setzt einen Anspruch aus §§ 812 ff BGB voraus. Die Masse muss einen Vermögensgegenstand ohne rechtlichen Grund erlangt haben. Dies darf erst nach der Eröffnung des InsVerf geschehen sein.[135] Ist die Bereicherung bereits vor der Eröffnung zur Masse gelangt, greift § 55 Abs 1 Nr 3 nicht ein, auch dann nicht, wenn der Rechtsgrund erst mit oder nach der Eröffnung weggefallen ist.[136] Ein Masseanspruch kann dann nur unter den Voraussetzungen des Abs 2 S 1 begründet werden (su). Ist der Vermögensgegenstand in das freie Vermögen des Schu gelangt, richten sich etwaige Bereicherungsansprüche gegen diesen, nicht gegen die Masse.[137]

---

127 *BGH* ZIP 2013, 179 Rn 11.
128 *BGH* ZIP 2013, 179 Rn 12.
129 *BGH* ZIP 2006, 583 f.
130 *BGH* ZIP 2007, 778 Rn 21.
131 *BGHZ* 72, 263, 265 f = NJW 1979, 310; *BGHZ* 148, 252, 257 = NJW 2000, 76; *BGHZ* 150, 305 = ZIP 2002, 1045.
132 *Jaeger/Henckel* § 55 Rn 80.
133 IdF des Gesetzes über Konkursausfallgeld v 17.7.1974, BGBl I, 1481.
134 *BGHZ* 167, 178 Rn 22, 25 = ZIP 2006, 1006 mit Nachweisen auch der Gegenansicht.
135 *BGHZ* 23, 307, 317 f; *BGH* ZIP 1995, 659 (zu § 59 Abs 1 Nr 4 KO); *BGHZ* 155, 199, 205 = ZIP 2003, 1557; *BGH* ZIP 2007, 2279 Rn 9; ZIP 2015, 434 Rn 16; ZIP 2015, 738 Rn 11.
136 *BGH* ZIP 2009, 428 Rn 20; ZIP 2009, 1477 Rn 12; NZI 2011, 143 Rn 10; *BSG* ZIP 2012, 877 Rn 16 f; *Jaeger/Henckel* § 55 Rn 79; vgl auch *RGZ* 94, 20, 25.
137 *Jaeger/Henckel* § 53 Rn 18.

c) Der Rückgriffsanspruch eines Dritten wegen der Tilgung einer InsFord stellt selbst dann eine InsFord dar, wenn er erst nach der Eröffnung des InsVerf begründet worden ist.[138] Die Tilgung einer InsFord kann nicht das Entstehen einer Masseverbindlichkeit zur Folge haben.[139] 26

II. Masseverbindlichkeiten aus vorläufiger Insolvenzverwaltung (Abs 2)

Die Vorschrift dient dem Schutz der Personen, die Geschäfte mit einem vorl Verwalter abschließen oder ihm gegenüber ein Dauerschuldverhältnis erfüllen, welches sie mit dem Schu vereinbart hatten.[140] 27

1. Vom vorläufigen Verwalter begründete Verbindlichkeiten (S 1). Abs 2 S 1 betrifft den vorl Verwalter, auf den die Verwaltungs- und Verfügungsbefugnis über das Vermögen des Schu übergegangen ist (§§ 21 Abs 2 Nr 2 Fall 1, 22 Abs 1). Für den vorl Verwalter ohne Verfügungsbefugnis gilt die Vorschrift nur insoweit, als dieser vom InsGer ermächtigt worden ist, einzelne, im Voraus genau festgelegte Verpflichtungen zu Lasten der späteren InsMasse einzugehen.[141] Außerhalb einer derartigen Einzelermächtigung kann er keine Masseverbindlichkeiten begründen.[142] Die Vorschrift ist dann auch nicht entspr anwendbar.[143] Dies gilt auch für den Fall, dass der vorl Verwalter über das Vermögen eines gewerblichen Zwischenmieters vom Endmieter Miete einzieht. Der Anspruch des Vermieters gegen den Zwischenmieter auf Zahlung der Miete bleibt eine reine InsFord.[144] Ermächtigt das InsGer den vorl Verw zur Ausübung der Arbeitgeberbefugnisse, führt dies ebenfalls nicht zu Masseverbindlichkeiten.[145] Widerspricht der zum Forderungseinzug ermächtigte vorl Verwalter einer vom Schu genehmigten Lastschriftbuchung, begründet er mit der Entgegennahme der Auszahlung keine (rechtsgeschäftliche) Verbindlichkeit zu Lasten der späteren Masse.[146] Das InsGer kann den vorl Verwalter nicht ermächtigen, Masseverbindlichkeiten zu begründen, die im Falle einer Masseunzulänglichkeit den Rang von Neumasseverbindlichkeiten (§ 209 Abs 1 Nr 2) haben.[147] 28

Vom vorl Verwalter „begründet“ sind in erster Linie **rechtsgeschäftliche Verbindlichkeiten**, die sich auf das verwaltete Vermögen beziehen. Die Einschränkung des S 2, dass die Gegenleistung für die Masse in Anspruch genommen worden sein muss, gilt für die vom Verwalter selbst geschlossenen Verträge nicht. Umgekehrt begründet die Entgegennahme von Leistungen aus noch vom Schu geschlossenen Verträgen – von den in S 2 geregelten Dauerschuldverhältnissen abgesehen – keine Masseverbindlichkeit. Sekundäransprüche aus den vom vorl Verwalter selbst geschlossenen Verträgen sind wiederum Masseverbindlichkeiten.[148] 29

---

138 *BGH* ZIP 2008, 183 Rn 3.
139 *BGH* ZIP 2008, 183 Rn 3; *Jaeger/Henckel* § 38 Rn 12.
140 BT-Drucks 12/2443, 126.
141 *BGHZ* 151, 353, 358 ff = ZIP 2002, 1629; *BGHZ* 154, 190 = ZIP 2003, 810 f; *BGH* ZIP 2007, 2279 Rn 9; NZI 2009, 475 Rn 13; NZI 2011, 143 Rn 9.
142 *BGHZ* 174, 84 ff = ZIP 2007, 2276; *BGH* ZInsO 2011, 388 Rn 9.
143 *BGHZ* 154, 190 = ZIP 2003, 810 f; *BGH* ZIP 2007, 2279 Rn 9; ZIP 2008, 608 Rn 9; ZIP 2015, 434 Rn 18.
144 *BGH* ZIP 2008, 608 Rn 9.
145 *OLG Saarbrücken* ZIP 2014, 808.
146 *BGH* ZIP 2015, 434 Rn 19.
147 Zutr *Marotzke* ZInsO 2005, 561 ff, gegen *AG Hbg* ZInsO 2004, 1270; vgl auch *Kirchhof* FS Kreft, S 363.
148 *Jaeger/Henckel* § 55 Rn 89.

30 Abs 2 S 1 erfasst aber auch **gesetzliche Verbindlichkeiten**, die aus der Tätigkeit des vorl Verwalters folgen.[149] Die Begr des RegE nennt als Beispiel Umsatzsteuerforderungen aus Veräußerungsgeschäften.[149] Gleiches gilt für die bei der dem vorl Verwalter nur ausnahmsweise gestattete Verwertung von Sicherungsgut anfallende Umsatzsteuer.[150] Seit dem 1.1.2011 ist für Verbindlichkeiten aus **Steuerschuldverhältnissen** die besondere Vorschrift des Abs 4 zu beachten, wonach Steuerforderungen aus dem Eröffnungsverfahren zu Masseverbindlichkeiten werden; ob die Voraussetzungen des Abs 2 erfüllt sind, ist unerheblich. Delikte, welche der vorl Verwalter im Rahmen seiner Tätigkeit begeht und die zu Schadensersatzansprüchen des Geschädigten führen, begründen nach der Eröffnung ebenfalls Masseverbindlichkeiten.[151] Insoweit gilt das zu Abs 1 Nr 1 Gesagte. Keine Parallele im EröffnungsVerf hat die Vorschrift des Abs 1 Nr 2 Fall 1, weil das Wahlrecht aus § 103 nur dem endgültigen Verwalter zusteht.[152] Die oktroyierten Verbindlichkeiten (vgl Abs 1 Nr 2 Fall 2) sind in Abs 2 S 2 bes geregelt (su). Ob der verwaltungs- und verfügungsbefugte vorl Verwalter auch **Bereicherungsansprüche** gegen die Masse begründen kann (vgl Abs 1 Nr 3), ist str und höchstrichterlich noch nicht entschieden. Richtigerweise ist diese Frage zu bejahen.[153] Der Wortlaut des Abs 2 S 1 schließt eine Einbeziehung von Forderungen aus ungerechtfertigter Bereicherung nicht aus. Solche Forderungen können vielmehr ebenfalls durch Handlungen eines vorl Verwalters „begründet" werden. Daran ändert auch die abweichende Terminologie in Abs 1 nichts; denn Abs 2 hat dessen Systematik nicht übernommen. Das Schutzbedürfnis des BereicherungsGl, der mit einem vorl Verwalter in Kontakt geraten ist, kann nicht als geringer angesehen werden als das des Vertragspartners oder des DeliktsGl.[154] Masseverbindlichkeiten sind schließlich auch die Ansprüche auf Nutzungsausfallentschädigung und auf Ersatz für übermäßige, vom betrieblichen Zweck her nicht gedeckte Nutzungen, für Verbrauch, Beschädigung oder Zerstörung der kraft **insolvenzgerichtlicher Ermächtigung nach § 21 Abs 2 S 1 Nr 5** weiter genutzten Sachen.[155] Es hat sich gezeigt, dass diese Ermächtigungen vielfach unwirksam sind, weil sie sich unter Verzicht auf die erforderliche Prüfung der gesetzlichen Voraussetzungen in einer formularmäßigen Wiedergabe des Gesetzeswortlauts erschöpfen.[156] Da die Anordnung für den betroffenen Gläubiger jedoch unanfechtbar ist, stehen diesem die gesetzlich vorgesehenen Ausgleichsansprüche unabhängig von ihrer hinreichenden Bestimmtheit zu.[157]

31 **2. Verbindlichkeiten aus einem Dauerschuldverhältnis (S 2).** Auch Abs 2 S 2 setzt voraus, dass die Verwaltungs- und Verfügungsbefugnis über das Vermögen des Schu auf den vorl Verwalter übergegangen ist (§ 22 Abs 1). Auf Rechtshandlungen eines vorl Verwalters ohne Verfügungsbefugnis (§ 22 Abs 2) ist auch S 2 weder unmittelbar noch entspr anwendbar.[158] „Dauerschuldverhältnisse" iSd S 2 sind nicht die vom vorl Verwalter mit Verfügungsbefug-

---

149 BT-Drucks 12/2443, 126.
150 *Jaeger/Henckel* § 55 Rn 91.
151 Vgl *BGHZ* 194, 1 Rn 9 = ZIP 2012, 1566.
152 *BGH* ZIP 2007, 2322 Rn 9.
153 *Jaeger/Henckel* § 55 Rn 92; *Häsemeyer* Rn 14.19; *OLG Brandenburg* ZInsO 2004, 807 f (§ 55 Abs 2 analog); **aA** zB MK/*Hefermehl* § 55 Rn 200; HambKomm/*Jarchow* § 55 Rn 19; offen gelassen von *BGH* ZIP 2015, 434 Rn 20.
154 Ausf *Jaeger/Henckel* § 55 Rn 92.
155 *BGHZ* 183, 269 Rn 40 = ZIP 2010, 141; *BGH* ZIP 2012, 779 Rn 24 ff; *BGHZ* 194, 1 Rn 23 = ZIP 2012, 1566.
156 Vgl dazu *BGHZ* 183, 269 = ZIP 2010, 141; *BGHZ* 194, 1 Rn 18 = ZIP 2012, 1566.
157 *BGH* ZIP 2012, 779 Rn 10.
158 *BGHZ* 151, 353 = ZIP 2002, 1626; *BAG* ZIP 2013, 2414.

nis neu geschlossenen Verträge. Diese unterfallen bereits S 1. In S 2 geht es vielmehr um fortbestehende Verträge, die gem § 108 Abs 1 auch die Eröffnung des InsVerf überdauern.[159] § 108 Abs 3, wonach Ansprüche aus der Zeit vor der Eröffnung nur als InsFord geltend gemacht werden können, tritt hinter die speziellere Regelung des § 55 Abs 2 zurück.[160] Der vorl Verwalter nimmt die Gegenleistung dann für das von ihm verwaltete Vermögen in Anspruch, wenn er sie nutzt, obwohl er dies pflichtgemäß hätte verhindern können.[161] Um das Entstehen einer Masseverbindlichkeit zu verhindern, muss der vorl Verwalter in diesen Fällen die Gegenseite (den Vermieter, den Arbeitnehmer) „freistellen", den Vermieter dadurch, dass er ihm die weitere Nutzung der Mietsache anbietet. Ist die Rückgewähr des unmittelbaren Besitzes wegen einer fortdauernden Überlassung nicht möglich, ist die Übergabe des mittelbaren Besitzes einschl des Rechts, den Untermietzins einzuziehen, anzubieten.[162] Wie bei Abs 1 Nr 2 kann auch bei Vorliegen der Voraussetzungen des Abs 2, also der grundsätzlichen Aufwertung der Ansprüche zu Masseverbindlichkeiten, zu differenzieren sein. Gegenleistung für die Gebrauchsüberlassung des Leasinggebers in der Zeit einer Betriebsfortführung durch den vorläufigen InsVerw sind im Regelfall die Leasingraten, die aus der Masse zu begleichen sind. Eine vertraglich vereinbarte Pflicht, nach Ablauf des Vertrages die Kosten der Rückführung des Leasinggutes zu tragen, bleibt dagegen eine InsFord.[163] Die Verpflichtung zur Zahlung von Arbeitslohn bezieht sich auf den Bruttoarbeitslohn, umfasst auch den Arbeitnehmeranteil der Sozialversicherungsbeiträge.[164]

3. Entsprechende Anwendung des § 55 Abs 2. Die Vorschrift des § 55 Abs 2 gilt entspr im **Schutzschirmverfahren** nach § 270b. Auf Antrag des Schu hat das InsGer anzuordnen, dass der Schu (nicht: der vorläufige Sachwalter, der nach § 270b Abs 2 zu bestimmen ist) Masseverbindlichkeiten begründet (§ 270b Abs 3). Diese Bestimmung wurde aufgrund der Beschlussempfehlung des Rechtsausschusses eingefügt.[165] Wie ein vorl Verw kann der Schu mit einer Globalermächtigung oder mit Einzelermächtigungen ausgestattet werden.[166] Unterbleibt eine entspr Anordnung, werden keine Masseverbindlichkeiten begründet.[167] 32

Im Eröffnungsverfahren nach einem Antrag auf Eigenverwaltung (§ 270a) wird nicht auf § 55 Abs 2 verwiesen; eine § 270b Abs 3 S 1 entsprechende Vorschrift fehlt. Ob, von wem und unter welchen Voraussetzungen in der **vorläufigen Eigenverwaltung** Masseverbindlichkeiten begründet werden können, ist in der instanzgerichtlichen Rspr und in der Literatur umstritten.[168] Verschiedene Möglichkeiten sind denkbar: die Begründung von Masseverbindlichkeiten könnte ausgeschlossen sein;[169] das InsGericht könnte den Schu[170] oder den

159 *Jaeger/Henckel* § 55 Rn 93.
160 *BGHZ* 151, 353, 357 f = ZIP 2002, 1626 f.
161 *BGHZ* 154, 358, 364 ff = ZIP 2003, 916; *BGH* ZIP 2007, 340 Rn 15; *BGH* ZIP 2007, 778 Rn 24; *BGH* 16.6.2016 – IX ZR 114/15 Rn 25.
162 *BGHZ* 154, 358, 366 = ZIP 2003, 917; *BGH* ZIP 2007, 778 Rn 24.
163 *BGHZ* 194, 1 Rn 19 = ZIP 2012, 1566.
164 *BGH* 16.6.2016 – IX ZR 114/15 Rn 28.
165 BT-Drucks 17/7511, 20, 37.
166 BT-Drucks 17/7511, 37; *OLG Naumburg* ZIP 2014, 1452.
167 *BGH* 24.3.2016 – IX ZR 157/14 Rn 4; *OLG Dresden* ZIP 2014, 194; *OLG Köln* ZIP 2014, 2523; *OLG Jena* ZIP 2016, 1741 f.
168 Vgl die Nachweise bei *BGH* 24.3.2016 – IX ZR 157/14 Rn 6.
169 *AG Fulda* ZIP 2012, 1471.
170 *LG Duisburg* ZIP 2012, 2453; *AG Köln* ZIP 2012, 788; *AG München* ZIP 2012, 1470; *AG Hannover* ZInsO 2016, 1535 (nur Einzelermächtigungen); *Graf-Schlicker* § 270a Rn 16; HambKomm/*Fiebig* § 270a Rn 34.

vorläufigen Sachwalter[171] dazu ermächtigen können, Masseverbindlichkeiten zu begründen; eine Ermächtigung könnte entbehrlich sein, weil der Schu schon kraft Gesetzes über die Rechtsmacht zur Begründung von Masseverbindlichkeiten verfügen kann;[172] zu klären bliebe schließlich, ob die Zustimmung des vorläufigen Sachwalters erforderlich ist oder ob insoweit nur § 275 gilt.[173] Eine Entscheidung des Bundesgerichtshofs zu diesen Fragen ist zunächst nicht zu erwarten, weil die Vorschriften über die Verfahren nach den §§ 270a, 270b keine Rechtsmittel vorsehen.[174] Richtigerweise ist davon auszugehen, dass der Schu Verbindlichkeiten zu Lasten der späteren Masse allenfalls mit gerichtlicher Ermächtigung begründen kann, denn (spätestens) ab Eröffnung handelt er nicht mehr aus eigenem Recht, sondern als Amtswalter in eigenen Angelegenheiten.[175] Rechtliche Grundlage einer solchen Ermächtigung könnte § 21 Abs 1 S 1 sein.[176] Eine Klarstellung durch den Gesetzgeber wäre wünschenswert.

III. Rückstufung (Abs 3)

33 Die Vorschrift wurde durch das InsRÄndG 2001[177] eingefügt. Sie entspricht § 59 Abs 2 KO[178] und stellt klar, dass nach § 187 SGB III mit dem Antrag auf InsGeld auf die Bundesagentur für Arbeit übergegangene Ansprüche auf Arbeitsentgelt sowie Ansprüche auf Gesamtsozialversicherungsbeiträge, die nach § 208 Abs 1 SGB III von der Bundesagentur bezahlt, aber gegenüber dem Arbeitgeber bestehen bleiben und von der Einzugsstelle einzuziehen sind, nur als InsFord geltend gemacht werden können. Eine solche Regelung war zunächst für entbehrlich gehalten worden, weil die Entgeltansprüche der Arbeitnehmer – anders als nach §§ 59 Abs 1 Nr 3a, 61 Nr 1a KO – in der InsO nicht mit Vorrechten ausgestattet worden sind. Sie können jedoch dann, wenn im EröffnungsVerf ein allg Verfügungsverbot erlassen wird (§§ 21 Abs 2 Nr 1 Fall 1, 22 Abs 1) und der vorl InsVerw die Arbeitsleistungen der Arbeitnehmer in Anspruch nimmt, nach § 55 Abs 2 S 2 zu Masseverbindlichkeiten werden und würden diese Eigenschaft auch nach einem Übergang auf die Bundesagentur behalten.[179] In der Begr des RegE heißt es dazu, dieser Vorrang erschwere die Fortführung des Unternehmens und beeinträchtige nicht durch InsGeld abgedeckte Lohnansprüche von Arbeitnehmern; auch eine Haftung des vorl Verwalters nach §§ 21 Abs 2 Nr 1, 61 solle ausgeschlossen werden.[180] Eine Umqualifizierung nach Abs 2 als Masseverbindlichkeit geltenden Forderungen in InsForderungen setzt voraus, dass der Schuldner die Forderungen **noch nicht erfüllt** hat.[181] Im Schutzschirmverfahren nach § 270b ist § 55 Abs 3 entsprechend anwendbar, wenn der Schuldner gem § 270b Abs 3 ermächtigt worden ist, Masseverbindlichkeiten zu begründen.[182]

---

171 *AG Hamburg* ZIP 2012, 787 mit krit Anm *Zipperer* EWiR 2012, 361; dagegen auch *Graf-Schlicker* § 270a Rn 16.
172 *AG Montabaur* NZI 2013, 350; *Frind* ZInsO 2012, 1099, 1102.
173 *Frind* ZInsO 2012, 1099, 1102; HambKomm/*Fiebig* § 270a Rn 10.
174 *BGH* ZIP 2013, 525.
175 *Uhlenbruck/Zipperer* § 270 Rn 12; *Graf-Schlicker* § 270a Rn 13.
176 *Graf-Schlicker* § 270a Rn 16; *Klinck* ZIP 2013, 853, 859.
177 Gesetz zur Änderung der InsO und anderer Gesetze v 26.10.2001, BGBl I, 2710.
178 IdF des Fünften Gesetzes zur Änderung der Pfändungsfreigrenzen v 8.3.1984, BGBl I, 364.
179 **AA** *BAG* ZIP 2001, 1966 ff.
180 Vgl BT-Drucks 14/5680, 25 f.
181 *BGH* 16.6.2016 – IX ZR 114/15 Rn 36 ff.
182 *BGH* 16.6.2016 – IX ZR 114/15 Rn 31.

IV. Verbindlichkeiten aus im Eröffnungsverfahren begründeten Steuerschuldverhältnissen (Abs 4)

1. Regelungszweck und Gesetzgebungshinweise. Verbindlichkeiten aus dem Steuerschuldverhältnis, die von einem vorläufigen InsVerw oder vom Schu mit Zustimmung eines vorläufigen InsVerw begründet worden sind, gelten nach Eröffnung des InsVerf als Masseverbindlichkeit (Abs 4). Mit dieser durch Art 3 Nr 2 HBeglG 2011[183] zum 1.1.2011 eingefügten Bestimmung soll der amtlichen Begründung des Regierungsentwurfs zufolge der Entwicklung Rechnung getragen werden, dass entgegen der Erwartung des Gesetzgebers der InsO vorwiegend „schwache" vorläufige InsVerw bestellt werden, so dass die im Eröffnungsverfahren begründeten Forderungen keine Masseverbindlichkeiten, sondern nur InsFord darstellen. Anders als andere Gl könne der Fiskus keine Vorkehrungen treffen, um sich vor Steuerausfällen zu schützen.[184] Die Annahme, dass nunmehr vermehrt „schwache" vorläufige InsVerw nach § 21 Abs 2 Nr 1 ohne gleichzeitige Anordnung eines Zustimmungsvorbehalts (§ 21 Abs 2 Nr 2) bestellt werden würden,[185] dürfte sich durch die neuere Rspr des BFH zu § 17 Abs 2 Nr 1 UStG[186] und das BMF-Schreiben v 20.5.2015[187] überholt haben, wonach schon die Befugnis zur Entgeltvereinnahmung oder zur Kassenführung masseverbindlichkeitsbegründend ist. Die Vorschrift, deren isolierte Einführung schon als „Fremdkörper des Insolvenzrechts" bezeichnet worden ist,[188] gilt für alle InsVerf, deren Eröffnung ab dem 1.1.2011 beantragt worden ist. 34

2. Erläuterungen. Die Vorschrift erfasst alle Steuerverbindlichkeiten, die von einem vorläufigen InsVerw oder vom Schu mit Zustimmung des vorl Verw begründet worden sind. Diese werden nach der Eröffnung des InsVerf zu Masseforderungen, auch wenn die Voraussetzungen des Abs 2 nicht erfüllt sind. Einzelheiten ergeben sich aus den BMF-Schreiben vom 20.5.2015[189], welches dasjenige vom 17.1.2012[190] übergangslos abgelöst hat Nach dessen Ziff 6 gilt die Vorschrift für sämtliche Steuerarten. Auf die steuerrechtliche Stellung des vorläufigen Verwalters hat Abs 4 keinen Einfluss. Insbesondere ist er kein Vermögensverwalter iSv § 34 Abs 3 AO, so dass er die steuerrechtlichen Pflichten des Schu weder erfüllen muss noch erfüllen darf. Unklar war bisher, ob die „Zustimmung" iSv Abs 4 einen Zustimmungsvorbehalt iSv § 21 Abs 2 S 1 Nr 2 voraussetzt. Ziff 2 des BMF-Schreibens v 17.1.2012 und die bisherige finanzgerichtliche Rspr ließen ausreichen, dass die Steuerforderung im Rahmen der vom vorläufigen Verwalter ausdrücklich oder stillschweigend gebilligten Betriebsfortführung entstanden war.[191] In Ziff 2 des BMF-Schreibens vom 20.5.2015 heißt es nunmehr, Abs 4 sei auch auf den nicht mit einem Zustimmungsvorbehalt ausgestatteten vorl Verw anzuwenden. Auf andere öffentlich-rechtliche Forderungen und Gl ist Abs 4 **nicht entspr anwendbar**.[192] Ob § 55 Abs 4 in einem Verfahren nach § 270a gilt, in welchem der Schuldner nicht zur Begründung von Masseverbindlichkeiten ermächtigt worden ist, ist str und höchstrichterlich noch nicht entschieden.[193] 35

---

183 BGBl I, 1885.
184 BT-Drucks 17/3030, 42 f.
185 Vgl *AG Düsseldorf* ZIP 2011, 443, 444; *Jungclaus/Keller* NZI 2010, 808, 810.
186 Vgl *BFHE* 247, 460 = ZIP 2014, 2451; krit dazu *Kahlert* ZIP 2015, 11.
187 IV A 3 – S 0550/10/10020-05, BStBl I 2015, 476 = ZInsO 2015, 1195.
188 *Seer* INDat-Report 2013, 27.
189 IV A 3 – S 0550/10/10020-05, ZInsO 2015, 1195
190 IV A 3 – S 0550/10/10020-05, BStBl I 2012, 120 = ZIP 2012, 245.
191 *FG Düsseldorf* ZIP 2013, 2224, 2226 f mwN; ebenso MK/*Hefermehl* § 55 Rn 245.
192 *OLG Dresden* ZIP 2014, 1294 (Gesamtsozialversicherungsbeiträge); *K Schmidt/Thole* § 55 Rn 45.
193 Bejahend *LG Erfurt* ZIP 2015, 2181; verneinend OLG Jena ZIP 2016, 1741; eine Nichtzulassungsbeschwerde ist anhängig unter IX ZR 167/16.

Dritter Abschnitt
Insolvenzverwalter.
Organe der Gläubiger

§ 56 Bestellung des Insolvenzverwalters

(1) [1]Zum Insolvenzverwalter ist eine für den jeweiligen Einzelfall geeignete, insbesondere geschäftskundige und von den Gläubigern und dem Schuldner unabhängige natürliche Person zu bestellen, die aus dem Kreis aller zur Übernahme von Insolvenzverwaltungen bereiten Personen auszuwählen ist. [2]Die Bereitschaft zur Übernahme von Insolvenzverwaltungen kann auf bestimmte Verfahren beschränkt werden. [3]Die erforderliche Unabhängigkeit wird nicht schon dadurch ausgeschlossen, dass die Person
1. vom Schuldner oder von einem Gläubiger vorgeschlagen worden ist oder
2. den Schuldner vor dem Eröffnungsantrag in allgemeiner Form über den Ablauf eines Insolvenzverfahrens und dessen Folgen beraten hat.

(2) [1]Der Verwalter erhält eine Urkunde über seine Bestellung. [2]Bei Beendigung seines Amtes hat er die Urkunde dem Insolvenzgericht zurückzugeben.

Übersicht

Literatur: *Blankenburg* Rettung der Insolvenzverwalter – Vorauswahlliste oder Tod auf Raten, ZIP 2016, 749 f;*Böhm* Zur Unabhängigkeit des Insolvenzverwalters, NZI 2016, 519; *Bork* Die gerichtliche Informationsgewinnung im Vorfeld der Bestellung von Insolvenzverwaltern, ZIP 2017, 2173; *ders* Die Unabhängigkeit des Insolvenzverwalters – ein hohes Gut, ZIP 2006, 58; *ders* Die Unabhängigkeit des Insolvenzverwalters ist nicht disponibel, ZIP 2013, 145; *Busch* Hat das ESUG die Praxis und die Kriterien der Insolvenzgerichte bei der Auswahl von Insolvenzverwaltern geändert?, ZInsO 2012, 1389; *Frind* Die Unabhängigkeit des (vorläufigen) Insolvenzverwalters/Sachwalters nach Inkrafttreten des „ESUG", ZInsO 2014, 119 f; *ders* Hilfestellung zur Formulierung eines Anforderungsprofils zu einer erfolgreichen Insolvenzverwaltung: die fortgeschriebenen Verfahrenskennzahlenauswertung, ZInsO 2011, 1913; *ders* Die Praxis fragt – ESUG antwortet nicht, ZInsO 2011, 2249; *ders* Unabhängigkeit – kein Wert mehr an sich NZI 2010, 705; *Horstkotte* Unabhängigkeit, – the new battleground, ZInsO 2013, 160; *Hölzle* Zur Disponibilität der Unabhängigkeit des Insolvenzverwalters, ZIP 2013, 447; *Huep* Auswirkungen des ESUG auf das Tätigkeitsfeld des Insolvenzverwalters, ZInsO 2012, 403; *Klaas* Qualität – die unbekannte Größe, ZInsO 2010, 706; *Marotzke* Die Rechtsstellung des Insolvenzverwalters, ZInsO 2009, 1929; *Mitlehner* Der Insolvenzverwalter, eine geeignete natürliche Person, § 56 InsO NZI 2016, 248; *Pape* Insolvenzverwalter, Reform, Auswahl, Juristische Person, ZInsO 2015, 1650; *Römermann* Die „Unabhängigkeit" des Insolvenzverwalters: Endlich Schluss mit der uferlosen Auslegung, ZInsO 2013, 218; *Rosenmüller/Heitsch* Verwaltervorschläge im Insolvenzverfahren kleiner und mittlerer Größe, ZInsO 2013, 754; *Schmidt/Hölzle* Der Verzicht auf die Unabhängigkeit des Insolvenzverwalters, ZIP 2012, 2238; *Seagon* Beschränkung des Verwalteramts auf natürliche Personen: Ungleichbehandlung aus gutem Grund, NZI 2015, 825; *Siemon* Ein Verlust der richterlichen Entscheidungsfreiheit des Insolvenzrichters und der Unabhängigkeit des Insolvenzverwalters verstößt gegen Art. 14 GG, ZInsO 2011, 381; *ders* § 56 ist keine Ermessenvorschrift, ZInsO 2012, 364; *Thole* Zertifizierung und Qualitätsmessung bei der Verwalterauswahl, ZIP 2017, 2183; *Trams* Verwalterauswahl nach ESUG – Revolution oder Sturm im Wasserglas?, NJW-Spezial 2012, 149; *Vallender/Zipperer* Der vorbefasste Insolvenzverwalter – ein Zukunftsmodell?, ZIP 2013, 160.

I. Normzweck, Geltungsbereich

1. Normzweck. Die Bedeutung der Auswahl und Bestellung des InsVerw für die Umsetzung des in § 1 genannten Ziels bestmöglicher GlBefriedigung ist unbestritten.[1] § 56 benennt mit den Kriterien der **Eignung**, der **Geschäftskunde** und der **Unabhängigkeit** einzelne Voraussetzungen, an denen sich der InsRichter bei der Bestellung des InsVerw im Rahmen seines Auswahlermessens[2] auszurichten hat. Der InsRichter hat sich über die Voraussetzungen vor seiner Entsch Klarheit zu verschaffen, wobei das Verf der Informationsgewinnung gesetzlich (noch) nicht vorgegeben ist.[3] 1

In der Praxis hat sich nach der LeitEntsch des BVerfG vom 3.8.2004[4] ein **zweigestuftes System der VerwAuswahl** herausgebildet, welches sich aus der Aufnahme geeigneter Bewerber in einer vom InsRichter[5] geführten **Vorauswahlliste** und der **konkreten Bestellung** des InsVerw zusammensetzt. Trotz dieser in der Praxis weitgehend etablierten VerfWeise blieb die Frage der angemessenen GlBeteiligung bei der BestellungsEntsch ungeklärt, insbesondere bei der das weitere Verf häufig prägenden Bestellung des vorl Verw im EröffnungsVerf.

Ein Reformziel war es deshalb ua, den Einfluss der Gl bei der Auswahl und Bestellung des vorl Verw zu stärken.[6] Umgesetzt wurde das Reformziel durch das zum 1.3.2012 in Kraft getretene **ESUG**, in welchem unter den in **§ 22a** normierten Voraussetzungen schon im EröffnungsVerf ein vorl GlAusschuss einzusetzen ist, dem nach **§ 56a** vor der Bestellung des Verw Anhörungs- und Mitwirkungsrechte zustehen, von der Aufstellung eines Anforderungsprofils bis hin zur Abgabe eines einstimmigen Vorschlags zur Person des vorl Verw, an den das G gebunden[7] ist bzw nur abweichen darf, wenn die vorgeschlagene Person nicht geeignet ist, § 56a Abs 2 S 1 (s § 56a Rn 23).

Aus dem nach **§ 22a** gestuften System der Bestellung eines vorl GlAusschusses im EröffnungsVerf ergibt sich ebenfalls ein gestuftes Auswahlermessen durch das G. Soweit ein vorl GlAusschuss nicht gebildet wird, verbleibt es bei der bisherigen Auswahl- und Bestellungs-

1 *Uhlenbruck/Zipperer* § 56 Rn 1.
2 FK/*Jahntz* § 56 Rn 29 (weites Auswahlermessen).
3 *Frind* INDAT Heft 8/2017, 40; zum Vorschlag einer Bundesvorauswahlliste, BAKInsO ZInsO 2017, 2692.
4 *BVerfG* NJW 2004, 2725 = ZIP 2004, 1649 = NZI 2004, 574.
5 *BVerfG* NZI 2006, 453.
6 *Landfermann* WM 2012, 821, 823 zu B.I.
7 *Graf-Schlicker* §§ 56, 56a Rn 51.

praxis gem §§ 56 Abs 1, 57. Soweit ein vorl GlAusschuss nach Maßgabe des § 22a eingerichtet ist und der GlAusschuss entweder einen einstimmigen VerwVorschlag gemacht oder zumindest ein Anforderungsprofil bestimmt hat, verfügt das G nach § 56a Abs 2 nur noch über einen eingeschränkten Entscheidungsspielraum (s Rn 7).[8]

2 **2. Geltungsbereich.** Unmittelbar ist § 56 nur auf die Bestellung des Verw im RegelInsVerf anwendbar. Über die Verweisung in § 21 Abs 2 Nr 1 und§ 274 Abs 1 findet die Norm aber auch auf die Bestellung des vorl Verw und des Sachwalters Anwendung. Über die Bezugnahme auf das Merkmal der Eignung kommt dem G bei einem einstimmigen Votum des vorl GlAusschusses zugunsten eines vorl Verw gem § 56a Abs 2 und gem § 270b Abs 2 S 2 bei dem Vorschlag des Schu zur Person des vorl Sachwalters eine **negative Prüfkompetenz** zu, welche sich inhaltlich mit den Anforderungen des § 56 deckt (s Rn 7). Ob die Grundsätze von §§ 56, 56a auch auf den Aussteller gem § 270b Abs 1 S 3 anzuwenden ist, ist str.[9]

II. Natürliche Person

3 Nach dem Wortlaut kann nur eine natürliche Person als Verw bestellt werden,[10] was die Bestellung jur Personen oder Gesellschaften ohne Rechtspersönlichkeit (zB GbR) begrifflich ausschließt.[11] Ursprüngliche Überlegungen, wonach auch jur Personen als Verw bestellt werden können, sind nicht G geworden.[12] Begründet wird die Beschränkung auf natürliche Personen mit der gewünschten **personenbezogenen Verantwortlichkeit (Höchstpersönlichkeit)**.[13] Dies schließt die Beteiligung Dritter im Arbeitsgang des Verw aber nicht aus.[14]

Die Frage der Begrenzung auf natürliche Personen bzw der Ausgrenzung juristischer Personen war Gegenstand einer VerfassungsBeschw einer InsolvenzRA-Kanzlei in der Rechtsform der GmbH, die sich gegen die Entscheidung des IX. Senats des BGH vom 19.9.2013[15] wendet,welche die Beschränkung der Bestellung auf natürlicher Personen als verfassungsrechtlich zulässig angesehen hat. Mit **Beschl v 12.1.2016 – 1 BvR 3102/13 –** hat das **BVerfG**[16] die **Verfassungsbeschwerde** mit grundsätzlichen Erwägungen zur Funktion des InsGer und der Stellung und Tätigkeit des InsVerw **zurückgewiesen**. Bei der Beschränkung auf natürliche Personen handele es sich zwar um einen Eingriff in die Berufsfreiheit gem Art 12 Abs 1 GG, dieser sei jedoch verfassungsrechtlich gerechtfertigt, weil eine sachdienliche Durchführung des InsVerf maßgeblich von dem an eine natürliche Person gebundenen **Vertrauen** sowie deren fachlicher Qualifikation und **persönlicher Reputation** abhänge.[17] Zudem wäre mit der Zulassung juristischer Personen erhebliche Aufsichtsprobleme verbunden, wobei gerade die **insolvenzger Aufsicht** gem § 58 Voraussetzung für die Wahrung des öffentlichen Interesses innerhalb des InsVerf sei. Flankierend führt das BVerfG aus, dass es auch

---

8 MK/*Graeber* § 56 Rn 90a.
9 *Hölzle* ZIP 2012, 158, 161, 162.
10 Zu dem in Betracht kommenden Personenkreis HambKomm/*Frind* § 56 Rn 5; *K Schmitt/Ries* § 56 Rn 16, 17.
11 *BGH* NZI 2013, 1022 = ZIP 2013, 2070 = ZInsO 2013, 2103; *K Schmidt/Ries* § 56 Rn 8.
12 MK/*Graeber* § 56 Rn 15.
13 *N/R/Delhaes* § 56 Rn 22.
14 *Uhlenbruck/Zipperer* § 56 Rn 19.
15 *BGH* ZIP 2015, 1546 = NZI 2013, 1022; krit *Bluhm* ZIP 2014, 555.
16 *BVerfG* NJW 2016, 930 f = ZIP 2016, 321 f = ZInsO 2016, 383 = NZI 2016, 163; zustimmend *Frind* NZI 2016, 156 f, *Mitlehner* NZI 2016, 248 f; *Pape* ZInsO 2016, 428; 2015, 1650; krit *Römermann* ZIP 2016, 328, 328 f; *Kleine – Cosack* ZIP 2016, 741 f.
17 Länderübersicht bei *Seagon* NZI 2015, 8125 zu VI; *BGH* NZI 2016, 913; Zur Höchstpersönlichkeit des Verwalteramts *Nehrlich* NZI Editorial Heft 20/2016.

an einem beruflichen Mechanismus, also an einer **Berufsordnung** mangele,[18] welche die VerwBestellung von der Erfüllung bestimmter Qualitätsanforderungen abhängig mache und im Übrigen der Beschwerdeführerin der Marktzugang nicht verwehrt sei, da sie bisher schon, ihrem Geschäftsmodell folgend, Unterstützungsleistung im insolvenzrechtlichen Bereich für die jeweils mit ihrem Büro verbundenen Verw leiste. In dem Beschluss bestätigt das BVerfG die **Tätigkeit des Verw als eigenständigen Beruf**, betont die nach wie vor vorhandene **faktische Bedeutung der Vorauswahlliste** und erteilt dem Vorschlag, bei Bestellung einer jur Person eine natürliche Person als **„ausübenden" Verw** zu benennen, eine Absage. Die Entscheidung, die auch einen Verstoß gegen Art. 3 Abs 1 GG verneint, ist in ihrer Klarheit zu begrüßen, da sie neben der ger Aufsichtsproblematikvor allem auch den Vertrauensgesichtspunkt betont, der aufgrund des **personalen Charakters der VerwBestellung** klar für die Beschränkung auf natürliche Personen spricht, der auch die persönliche Haftung des Verw entspricht. Im Zusammenhang mit der Aufsichtspflicht des InsGer spricht das BVerfG in einer Randbemerkung die ger Kapazitätsproblematik an, dietatsächlich der Entwicklung eigener Qualitätsmanagementsysteme seitens der oft kleinteilig besetzen InsGer entgegen steht (*Frind* ZInsO 2018, 231 f).

Diskutiert wurde die Frage der Rechtsmäßigkeit der Beschränkung auf natürliche Personen vor allem auch im Hinblick auf die **Dienstleistungsrichtlinie** der EU (RL 2006/123/EG),[19] zu der allgemein die Frage aufgeworfen wurde, inwieweit das VerwAmt von der Nichtanwendungsregelung in Art 2 lit i erfasst wird, dh, ob der InsVerw ein Amt ausübt, welches mit der Ausübung öffentlicher Gewalt verbunden ist, bzw, ob der Verw im Rahmen eines öffentlichen Amtes[20] oder als privater Dienstleister handelt.[21] Fraglich ist, wie der Begriff ‚**Ausübung öffentlicher Gewalt**' zu interpretieren ist. Zwar ist richtig, dass die Begrifflichkeit europarechtlich auszulegen ist, was gegen die Anwendung der Bereichsausnahme sprechen mag.[22] Dennoch ist festzuhalten, dass der Verw allein auf der Grundlage eines ger Bestellungaktes und damit eines öffentlichen Legitimationsaktes berechtigt ist,[23] über fremdes Vermögen zu verfügen, weshalb, was ihn von Notaren und Gerichtsvollziehern, die nach Art 2 Abs 2 lit l aus dem Anwendungsbereich ausgenommen sind, unterscheidet.[24] Die Einschätzungen zu einer voraussichtlichen Entsch des EUGH schwanken.[25] Nach weiterer Meinung sei aber, selbst wenn man von der Nichtanwendung der Richtlinie ausgehe, über die Gesetzesbegründung zu **Art 102a EGInsO,**[26] welche die Richtlinie für grenzüberschreitende Fälle umsetzt, nunmehr klargestellt, dass der Verw keine Tätigkeit ausübe, die mit öffentlicher Gewalt verbunden sei.[27] Dies betrifft jedoch nur Fälle mit ausländischem Rechtsbezug[28] Soweit im Hinblick auf Art 15 Abs 2 der Richtlinie rechtsvergleichend argu-

18 Dazu *Vallender* NZI 2017, 777 f.

19 *K Schmidt/Ries* § 56 Rn 9.

20 *OLG Hamburg* ZInsO 2012, 175; *Marotzke* ZInsO 2009, 1929; *Smid* ZInsO 2009, 113; *Slopek* ZInsO 2008, 1243; *Frind* ZInsO 2008, 1249.

21 *Kleine-Cosack* NZI 2011, 791; *Sabel/Wimmer* ZIP 2008, 2097, 2101; *Graf-Schlicker* §§ 56, 56a Rn 7 f mwN.

22 *Uhlenbruck/Zipperer* § 56 Rn 5.

23 *OLG Hamburg* ZInsO 2012, 175.

24 *K Schmidt/Ries* § 56 Rn 6, 11; *Gehrlein* NJW 2013, 3756; **aA** wohl *Uhlenbruck/Zipperer* § 56 Rn 5.

25 Überblick bei *Blankenburg* ZIP 2016, 749 f, 752.

26 BT-Drucks 17/3356, 15.

27 *Vallender* ZIP 2011, 454; *Preuß* ZIP 2011, 934.

28 *AG Mannheim* ZIP 2016, 431 (20.1.2016 – kein Zugang ausländischer juristischer Personen zur Vorauswahlliste deutscher InsGer); **aA** *AG Mannheim* ZIP 2016, 132 (14.12.2015); zu den divergierenden Entscheidungen des *AG Mannheim Frind* ZInsO 2016, 672.

mentiert wird,[29] wird allerdings – gerade im Ländervergleich deutlich, dass die **Haftung** immer an die **natürliche Person** anknüpft,[30] weshalb gerade dieser Gesichtspunkt dafür spricht, die Beschränkung der VerwBestellung auf natürliche Personen als gerechtfertigt anzusehen.[31]

Die in diesem Zusammenhang ebenfalls geführte Diskussion nach einer **Berufszulassungsordnung** für InsVerw ist bisher ergebnislos geblieben.[32]

III. Eignungsvoraussetzungen für das Verwalteramt

4 **1. Grundsätze.** Mit der gewählten Formulierung in § 56 wollte der Gesetzgeber nur einen Rahmen vorgeben, der einerseits die Anforderungen an die Übernahme des VerwAmtes umschreibt, andererseits aber nicht zu stark regulierend eingreift.[33] Der **Oberbegriff der Geeignetheit** wird in S 1 nicht näher erläutert, sondern mit den Begriffen der **Geschäftskunde** und der **Unabhängigkeit** beispielhaft konturiert.

5 **2. Geschäftskunde.** Unter dem Begriff der Geschäftskunde werden alle notwendigen **persönlichen** und **fachlichen** Anforderungen an das Amt des Verw zusammengefasst, um eine optimale VerfAbwicklung zu gewährleisten.[34] Beurteilungsgrundlage hierfür sind Fachwissen, einschlägige insolvenzrechtliche Erfahrung und die persönliche Reputation. Es kommen nicht nur Juristen, sondern auch Wirtschaftsprüfer, Steuerberater[35] und ähnlich insolvenzrechtlich vorgebildete Personen in Betracht. Für den Nachweis insolvenzrechtlicher Erfahrung kann ggf die Tätigkeit als sog Grau-Verw herangezogen werden.[36] Allein die Firmierung als Fachanwalt für Insolvenzrecht soll nicht ausreichen.[37] Da die persönliche Eignung Gewähr für die Zuverlässigkeit des VerwHandelns bieten soll, schließen Berufsverbote oder Vermögensverfall die Eignung im Regelfall aus. Vorstrafen sind dann zu berücksichtigen, wenn daraus auf die Ungeeignetheit geschlossen werden kann.[38]

Die unter dem Gesichtspunkt der Qualitätssicherung geführte Diskussion zur Professionalisierung der Arbeit der InsVerw hat ihren Niederschlag ua in den Grundsätzen ordnungsgemäßer Insolvenzverwaltung (GOI) des VID[39] und dem ‚InsO-Excellence' Zertifikat des Gravenbrucher Kreises gefunden, die jeweils auf dem Prinzip der Selbstverpflichtung beruhen.[40] Diese Entwicklung ist im Hinblick auf die Professionalisierung der VerwTätigkeit zu begrüßen,[41] hat sie doch einen einheitlichen Qualitätsmaßstab zum Ziel, auf den seitens der InsG iRd BestellungsEntsch zurückgegriffen werden kann. Anforderungen an die InsVerw werden auch durch die Gläubigerschutzvereinigung (GSV) formuliert.[42]

---

29 *Uhlenbruck/Zipperer* § 56 Rn 5 mwN.
30 *Seagon* NZI 2015, 825 f zu VI.
31 BAK InsO ZInsO 2015, 375, 376.
32 HambKomm/*Frind* § 56 Rn 1c; *A/G/R/Lind* § 56 Rn 4; *Runkel* INDAT 2015, Heft 6, S 28 zur berufsrechtlichen Einordnung FK/*Jahntz* § 56 Rn 39.
33 *K/P/B/Lüke* § 56 Rn 5.
34 MK/*Graeber* § 56 Rn 17–20.
35 *Glaubitz/Linse* DStR 2010, 1497.
36 *K Schmidt/Ries* § 56 Rn 18; zur Problematik HambKomm/*Frind* § 56 Rn 16d: *Frind* InsBüro 2015, 47.
37 *Frind* ZinsO 2008, 18, 19.
38 *BGH* ZInsO 2011, 724 (charakterliche Ungeeignetheit); *OLG Stuttgart* ZInsO 2008, 45.
39 *Www.vid.de*; MK/*Graeber* Anh I zu § 56.
40 *K Schmidt/Ries* § 56 Rn 19.
41 *Haarmeyer* ZInsO 2006, 673.
42 GSV – Gütesiegel – Kriterien für den Insolvenzverwalter, ZInsO 2011, 569; sa *K Schmidt/Ries* § 56 Rn 16.

3. Unabhängigkeit. Die Arbeit des Verw soll Gewähr bieten für die Umsetzung des in § 1 formulierten Ziels bestmöglicher Gläubigerbefriedigung unter Beachtung schutzwürdiger Belange des Schu.[43] Die **Neutralität** des Verw bzw die **Unabhängigkeit** von Interessen der Gl und des Schu ist dabei eine Grundvoraussetzung für die Zielerreichung,[44] weshalb in der Vergangenheit eine Vorbefasstheit des Verw kritisch gesehen wurde (s Rn 8).[45] Das **ESUG** hat insoweit eine Änderung gebracht, als nach § 56 S 3 Nr 1 und Nr 2 die Neutralität nicht schon entfällt, wenn der Verw vom Schu oder einem Gl vorgeschlagen worden ist (Nr 1) oder wenn der Verw den Schu vor dem Eröffnungsantrag in allg Form über den Ablauf eines InsVerf und dessen Folgen beraten hat (Nr 2). Begründet wird dies mit der Autonomie der VerfBeteiligten, die es jedem Gl oder Schu ermöglicht, geeignete Personen vorzuschlagen.[46] Die Neuregelung zu Nr 1 ist zu begrüßen, da eine reflexhafte Nichtbestellung vorgeschlagener Verw die gebotene Suche nach dem geeigneten Verw für das konkrete Verf beschränkt und zudem Manipulationsmöglichkeiten eröffnet. Problematisch erscheint die Neuregelung in Nr 2, weil der schwammige Begriff der ‚Beratung in allgemeiner Form über den Ablauf des InsVerf und dessen Folgen,, erhebliche Wertungsspielräume lässt.[47] Der Begriff ist so niederschwellig angelegt, dass jede Art von Vorbefassung Zweifel an der Neutralität und damit der Unabhängigkeit zu begründen vermag, weshalb durch diesen Zusatz iE wenig gewonnen ist.[48] An der Verpflichtung, eine Vorbefasstheit[49] anzuzeigen, hat sich im Übrigen nichts geändert.[50] 6

Mit Inkrafttreten des ESUG zum 1.3.2012 hat sich das Spannungsfeld[51] zwischen der über § 56a vermittelten **Stärkung der GlAutonomie** und der über § 56a Abs 2 S 1 **verbleibenden ger Entscheidungsverantwortung** insb an der Prüfung der Unabhängigkeit des Verw festgemacht.[52] Das Meinungsspektrum geht dabei von der Möglichkeit des Verzichts auf das Merkmal der Unabhängigkeit durch die Gl[53] bzw einer erforderlichen Reduzierung des Begriffs der Unabhängigkeit[54] bis hin zur klaren Beibehaltung dieses Erfordernisses als Bestandteil deutscher Insolvenzkultur.[55] Entscheidend ist, dass für die Bestellung des vorl Verw und für die Bestellung des Verw im EröffnungsBeschl der **InsRichter** namentlich **verantwortlich** zeichnet, ohne am **Spruchrichterprivileg** zu partizipieren.[56] Aus dieser Verantwortung heraus[51] und weil das Verf nicht nur den Interessen der Gl dient,[57] hat der **InsRichter** folglich nicht nur das Recht, sondern auch die **Pflicht**, sich von der Eignung des Verw 7

43 MK/*Ganter* § 1 Rn 97.
44 *Seagon* NZI 2015, 825, 827 (Stellung des Verwalters ist der Tätigkeit eines Treuhänders oder Notars vergleichbar); *Uhlenbruck/Zipperer* § 56 Rn 42: *N/R/Delhaes* § 56 Rn 17.
45 *Bork* ZIP 2006, 58.
46 BT-Drucks 17/5712, 26.
47 *Römermann* NJW 2012, 645, 648 (nicht justiziabel); *A/G/R/Lind* § 56 Rn 10–13.
48 Generell zur Problematik der Vor- und Seitenbefassung HambKomm/*Frind* § 56 Rn 17c, 17d.
49 Instruktiv zu einem Fall der Vorbefassung *Haarmeyer* ZInsO 2011, 1722.
50 MK/*Graeber* § 56 Rn 53; HambKomm/*Frind* § 56 Rn 17b; *Rosenmüller/Heitsch* ZInsO 2013, 754 mit dem Vorschlag für ein Verwalterrating.
51 *K/P/B/Lüke* § 56 Rn 11b.
52 *Horstkotte* ZInsO 2013, 160 (the new battleground).
53 *Schmidt/Hölzle* ZIP 2012, 2238; einschränkend *Hölzle* ZIP 2013, 447 (an der Unabhängigkeit des InsVerw soll im Prinzip nicht gerüttelt werden, aber Vorrang der GlInteressen bei Vorbefasstheit des Verw); *Landfermann* WM 2012, 821, 825 spricht von Lockerungen der Anforderung an die Unabhängigkeit.
54 *Römermann* ZInsO 2013, 218.
55 *Vallender/Zipperer* ZIP 2013, 149; *Bork* ZIP 2013, 145 (Unabhängigkeit nicht disponibel).
56 *OLG Stuttgart* ZInsO 2008, 45.
57 HambKomm/*Frind* § 56 Rn 1a.

und damit auch von dessen Unabhängigkeit zu überzeugen. Insofern bleibt eine äußere Grenze der Richterkompetenz bestehen, die durch die GlAutonomie nicht überspielt werden kann. Bedenken, die InsGer nähmen deshalb eine Blockadehaltung ein,[58] sind vor diesem Hintergrund nicht begründet. Die Frage nach der Unabhängigkeit wird vor allem dann virulent werden, wenn dem G gem § 56a Abs 2 ein externer Verw zur Bestellung vorgeschlagen wird. Die Verwendung von Checklisten[59] zur Überprüfung der Unabhängigkeit ist sicher eine geeignete Grundlage. Gerade bei externen, dem G unbekannten Verw wird sich daneben das persönliche Gespräch anbieten, damit sich der InsRichter einen eigenen Eindruck verschaffen kann. Auf die dem G verbleibende Prüfungskompetenz wird sich die GlSeite auch bei ‚mitgebrachten' Verw im Rahmen der Aufstellung eines GlAusschusses gem § 22a Abs 2 einzustellen haben.

8 **4. Einzelfälle. – a) Pool-Verwaltung.** Ist der RA als Pool-Verwalter tätig (gewesen), so kann er nicht mehr als unabhängig angesehen werden, wenn PoolGI auch als Beteiligte im InsVerf auftreten.[60] Die Untauglichkeit zum Verw folgt daraus, dass ganz allg nicht InsVerw sein kann, wer vorher oder gleichzeitig einen der Beteiligten in dessen Interessen gegen den Schu oder andere Beteiligte beraten oder vertreten hat.[61]

9 **b) Konzerninsolvenz.** Am 9.3.2017 wurde das ‚Gesetz zur Erleichterung der Bewältigung von Konzerninsolvenzen' verabschiedet.[62] Es tritt am 21.4.2018 in Kraft. § 3a regelt den Begriff des Gruppen – Gerichtsstands, § 3e den Begriff der Unternehmensgruppe. Auf Antrag des Schu erklärt sich das hierfür nach § 2 Abs 3 zuständige Ger für das InsVerf über das Vermögen anderer gruppenangehöriger Schu (Gruppen – Folgeverfahren) dann für zuständig, wenn der Schu nicht offensichtlich von untergeordneter Bedeutung für die gesamte Unternehmensgruppe ist, was an verschiedene Bedingungen geknüpft wird, die in § 3a Abs 1 S 2 aufgeführt sind. Neu ist die in § 269d vorgesehen Möglichkeit, einen Verfahrenskoordinator zu bestellen und die Möglichkeit der Ger gem § 56b, sich bei mehreren Insolvenzanträgen von gruppenangehörigen Schu darüber abzustimmen, ob es im Interesse der Gl liegt. lediglich eine Person zum InsVerw zu bestellen (auf die Kommentierung zu § 56b wird verwiesen). Alle Fragen im Zusammenhang von Konzerninsolvenzen sind damit nicht geklärt, dennoch ist die Regelung als Schritt in die richtige Richtung zu begrüßen.[63] Hinzuweisen ist auf die teils gleichlaufenden Regelungen in Art 61, 56, 57 EuInsVO 2017.

10 **c) Vorinsolvenzlicher Sanierungsversuch.** Ob die Beteiligung an einem vorinsolvenzlichen Sanierungsversuch außerhalb des vorinsolvenzrechtlichen Sanierungsverfahrens nach §§ 270a f die Bestellung als Verw hindert, ist umstritten,[64] und erfordert ein Abgrenzung zu § 56 S 3 Nr 2.[65] Wird eine die Bestellung hindernde Vorbefassung bejaht, ist ein RA auch dann nicht mehr unabhängig, wenn sein Sozius in dieser Weise tätig geworden ist.

---

58 *Trams* NJW-Spezial 2012, 149.
59 Fragebogen BAKinso zur Unabhängigkeit des Verwalters, ZIP 2012, 2240 f.
60 *Vallender/Zipperer* ZIP 2013, 149 f.; *Graf-Schlicker* §§ 56, 56a Rn 72 (Einzelfallprüfung), *K/P/B/Lüke* § 56 Rn 49d.
61 So *Prütting* ZIP 2002, 1971.
62 BT-Drucks 204/17.
63 *Harder* NJW-Spezial 2017, 469; INDAT 2/2017, S 14.
64 MK/*Gruber* § 56 Rn 32; *K/P/B/Lüke* § 56 Rn 49 c (in der Regel wird eine Bestellung ausscheiden); *Uhlenbruck/Zipperer* § 56 Rn 44; *A/G/R/Lind* § 56 Rn 11.
65 FK/*Jahntz* § 56 Rn 19.

IV. Das Vorauswahlverfahren (Listing)

1. Bedeutung. Die vom BVerfG geforderte[66] **Vorauswahlliste** mag durch das Vorschlagsrecht des vorl GlAusschusses gem § 56a gerade in größeren Verfahren an Bedeutung verloren haben, ist doch der GlAusschuss bei seinem VerwVorschlag nicht an die Vorauswahlliste gebunden.[67] Da in der Mehrzahl der Fälle jedoch das G wie bisher die Bestellung des vorl Verw ohne Beteiligung eines vorl GlAusschusses vornehmen wird, behält auch die Vorauswahlliste ihre Bedeutung, nicht nur um dem Auftrag des BVerfG Genüge zu tun, sondern weil sich allein über die Erhebung der Daten zB zu Vorkenntnissen oder der Büroorganisation des Verw die tatsächlichen Kenntnisse gewinnen lassen, die für die Ausübung des Auswahlermessens iSd der bestmöglichen Verwalterauswahl erforderlich sind.[68] In diesem Zusammenhang sind auch die Offenlegungs- und Informationspflichten zu beachten.[69] 11

Die von den InsRichtern bzw den InsG verwendeten Fragebögen,[70] mit denen die erforderlichen Kriterien iS eines Anforderungsprofils ausgeformt werden, sind eine Antwort auf die auch an die InsG gerichtete Forderung zur Sicherstellung von Qualitätsstandards.[71] Die Bestellungsentsch von erhobenen Verfahrenskennzahlen[72] abhängig zu machen, mag ein plausibles Element der EntschFindung sein. Allein werden viele InsG schon aufgrund der knappen Personalausstattung den Aufwand zur Erhebung der Kennzahlen nicht leisten können. Auch deshalb ist die iRd ESUG diskutierte, aber iE nicht umgesetzte **Konzentration der InsG** zu bedauern.[73]

Für die Erstellung der Vorauswahlliste kann deshalb an die bisherigen Grundsätze angeknüpft werden, wobei die **rechtlichen Grundlagen und damit die Legitimation der Leitlinien** der InsRichter für Aufnahme in die Vorauswahlliste allerdings zunehmend **kritisch** gesehen werden.[74] Aus Sicht der Praxis besteht zudem der Wunsch nach übergeordneter Vereinheitlichung der verscheidenen Listen.[75]

2. Grundsätze. Die Entwicklung der Rspr wurde dabei im Wesentlichen durch die beiden Leitentscheidungen des **BVerfG v 3.8.2004**[76] **und vom 23.5.2006**[77] geprägt und in weiteren Entscheidungen ausgeformt.[78] 12

Nach der Entsch vom 3.8.2004 muss jeder Bewerber um das Amt des Verw eine faire Chance erhalten, entspr seiner Eignung bei der konkreten Auswahl berücksichtigt zu werden. Dazu bedürfe es eines **willkürfreien, justiziablen Vorauswahlverfahrens**. Weitere Aus-

66 *BVerfG* NJW 2004, 2725.
67 BT-Drucks 17/5712, 26; *Landfermann* WM 2012, 821, 825 lSp.
68 *Frind* ZInsO 2008, 18, 19 (vorgezogene Bestenauslese).
69 *BGH* NJW 2017, 75 = ZIP 2017, 2127 = ZInsO 2016, 2196.
70 ZB *Heidelberger Fragebogen* NZI 2009, 97; zum Hannoveraner Modell *OLG Celle* ZIP 2017, 1237 = NZI 2017, 447 mit Anm *Moderegger* NZI 2017, 241 und *Blankenburg* ZInsO 2017, 1018: *Kölner Leitlinien* ZInsO 2017, 637. INDAT Heft 4/2017, 49 (Tagungsbericht zu den verschiedenen Verwalterauswahlmodellen.
71 *Beth* ZInsO 2017, 152. *Busch* ZInsO 2011, 1321; *Uhlenbruck* ZInsO 2008, 396; *K Schmidt/Ries* § 56 Rn 41.
72 HambKomm/*Frind* § 56 Rn 15.
73 *Landfermann* WM 2012, 821, 822; HambKomm/*Frind* § 56 Rn 3a; *Frind* INDAT Heft 8/2017, S 40.
74 *Holzer* INDAT Heft 7/ 2017, 14 f; *Blankenburg* ZIP 2016, 749 f.
75 *Römermann* INDAT 6/2017, 22, 23.
76 *BVerfG* ZIP 2004, 1649 = NJW 2004, 2725 = NZI 2004, 574.
77 *BVerfG* ZIP 2006 = NZI 2006, 453.
78 *BVerfG* NZI 2006, 454, 636; ZInsO 2009, 1641.

sagen trifft das BVerfG in dieser Entscheidung zum **eigenständigen Berufsbild des InsVerw,**[79] zur **fehlenden Bindung an die Vorauswahlliste** bei der konkreten Bestellung und zur Berücksichtigung der GlInteressen. Geschlossene Listen (closed-shop), welche ausschließlich eine an der Bedarfsquote des G ausgerichtete Zahl von Bewerbern zulassen, sind unzulässig.[80]

In der Entscheidung vom 23.5.2006 konkretisiert das BVerfG die Anforderungen an das Vorauswahlverfahren. Da aufgrund der Eilbedürftigkeit **bei der konkreten Bestellung nicht die Grundsätze der Bestenauslese** eingreifen können, komme einem Vorauswahlverfahren zur Sicherung der Tatsachengrundlage für eine sachgerechte AuswahlEntsch entscheidende Bedeutung zu. Folglich dürfe sich ein derartiges Verf auch nicht in einer bloßen Registrierung der Bewerber erschöpfen, vielmehr obliege es dem einzelnen InsRichter Eignungskriterien aufzustellen und zu verifizieren, welche einerseits die Tatsachengrundlage für die BestellungsEntsch liefern, andererseits dem Bewerber auch einen Anspruch auf Aufnahme in die Vorauswahlliste – nicht auf die Bestellung – geben, wenn er den Eignungskriterien entspricht.[81]

Der Nutzen einer Vorauswahlliste als gerichtliches Hilfsmittel war und ist aufgrund der Verschiedenartigkeit der Vorauswahllisten nicht unumstritten. Dies ändert aber nichts daran, dass nach der Entscheidung des BVerfG vom 3.8.2004 eine derartige Liste zu erstellen ist.[82]

13 **3. Kriterien.** In der Frage, welche **Kriterien**[83] in die **Vorauswahlliste** aufgenommen werden, ist der einzelne InsRichter[84] frei, wobei die Richter eines InsG vielfach vereinheitlichte Fragebögen verwenden werden, die aufgrund der differenzierten und teils rechtlicher Zulassungsvorgaben für den Verw neuerdings kritisch angesprochen werden.[85] Die Grundätze ordnungsgemäßer InsVerw (GOI) des VID mögen dabei einen Orientierungsrahmen bieten.[86] Abzufragen sind möglichst alle tatsächlichen Grundlagen, die für die konkrete BestellungsEntsch des InsRichters von Bedeutung sein können. Eignungskriterien und damit in eine Vorauswahlliste aufzunehmende Punkte können danach zB sein:

- Büroorganisation,[87]
- Ortsnähe/Erreichbarkeit, wobei dieses Kriterium in Zeiten moderner Kommunikationsmittel schon bisher umstritten war,[88] und mit der Entscheidung des *BGH* v 17.3.2016 – IX AR (VZ) 2/15 – jedenfalls für die Aufnahme in die Vorauswahlliste – als nicht (mehr) sachgerechtes Kriterium eingestuft wird.[89]
- Übersicht über bisher schon geführte InsVerf,

79 *K Schmidt/Ries* § 56 Rn 31.
80 *K/P/B/Lüke* § 56 Rn 8, 20.
81 *BGH* NZI 2008, 161.
82 *Römermann* NJW 2012, 645, 648.
83 Übersicht bei *Uhlenbruck/Zipperer* § 56 Rn 13.
84 *BVerfG* ZIP 2004, 1649, 1651; *OLG Hamm* ZInsO 2008, 671; *OLG Düsseldorf* ZInsO 2010, 1739; HambKomm/*Frind* § 56 Rn 7.
85 *Holzer* INDAT Heft 7/2017, 13 f; dazu auch *Frind* ZInsO 2017, 2146 f zur Erforderlichkeit einer Bundesvorauswahlliste.
86 *Graf-Schlicker* §§ 56, 56a Rn 16.
87 *OLG Köln* ZInsO 2015, 798; *Graf-Schlicker* §§ 56, 56a Rn 29 (Zertifizierung nach ISO 9001 kann insoweit berücksichtigt werden); *K/P/B/Lüke* § 56 Rn 53 f.
88 *OLG Celle* ZInsO 2015, 634; *OLG Düsseldorf* ZInsO 2011, 1010 (prinzipiell sinnvolles Kriterium); *OLG Bamberg* NZI 2008, 309; *OLG Hamm* NZI 2008, 493; *MK/Graeber* § 56 Rn 28 f; *K Schmidt/Ries* § 56 Rn 39, *Graf-Schlicker* § 56, 56a Rn 30; *Schmidt* Die Bestellung des Insolvenzverwalters und die Ortsnähe, ZInsO 2015, 672.
89 *BGH* ZIP 2016, 930 = NZI 2016, 512.

- Bonität,
- Fremdsprachenkenntnisse,
- Zertifizierungen,[90]
- und Erklärungen ua zu:
  - Vermögensschadenshaftpflichtversicherung,
  - Verurteilung wegen einer Straftat,
  - Versicherung geordneter Vermögens- und Einkommensverhältnissen,
  - verpflichtender Mitteilung bei Vorbefassung.

Kein Kriterium, jedenfalls für die Aufnahme in die Vorauswahlliste, ist die Belastungssituation des Verw[91] oder die Examensnote.[92] Die Kriterien bilden nur die Basis für die konkrete Bestellungsentsch des InsRichters und sind bezogen auf den jeweiligen Einzelfall ggf durch weiter einzuholende Informationen zu ergänzen.

4. Aufnahme in die Vorauswahlliste. Der Interessent reicht seine Bewerbung bei dem/den Insolvenzrichter(n) ein. Die nach den dort aufgestellten Kriterien notwendigen Unterlagen sind beizufügen, zusammen mit der Bereitschaftserklärung, generell für InsVerf zur Verfügung zu stehen oder nur bestimmte Verf anzustreben (zB VerbraucherInsVerf). Kritisch ist es zu sehen, wenn Verw die Übernahme von Verf ablehnen, sofern diese nicht eine bestimmte Größenordnung überschreiten.[93] 14

Der Richter prüft die Erfüllung der Kriterien, wobei vorgelegte Zertifikate durchaus berücksichtigt werden können. Über nicht belegte Voraussetzungen vergewissert der Richter sich zweckmäßiger Weise in einem persönlichen Gespräch.[94] Auch in diesem VerfAbschnitt gilt das rechtliche Gehör.[94] Bleiben Zweifel oder offene Fragen, so hat der Richter nachzufragen; eine negative Entsch ohne jede weitere Sachaufklärung stellt einen VerfFehler dar, denn es gilt der Untersuchungsgrundsatz.[95] In einer Entscheidung vom 17.3.2016 hat der BGH[96] klargestellt, dass die generelle fachliche Eignung für die Aufnahme in die Vorauswahlliste nicht allein wegen zweier Fehler verneint werden könne. 15

Das Verf endet mit der Listenaufnahme (über die der Antragsteller zu unterrichten ist) oder es wird der Antrag durch eine zu begründende Entsch abgelehnt. Erfüllt der Bewerber die vom InsRichter selbst aufgestellten Kriterien, wird er aufzunehmen sein.[97] 16

5. Anfechtung ablehnender Entscheidungen. Die Entsch über die Nichtaufnahme in die Liste(n) hat zwar keinen Rechtsprechungscharakter, sie ist aber eine in richterlicher Unabhängigkeit ergehende Maßnahme der öffentlichen Gewalt **(Justizverwaltungsakt)**.[98] Gegen sie ist der **Rechtsweg nach §§ 23 ff EGGVG** eröffnet;[99] Nach dem Beschl des *BGH* v 17.3.2016[100] ist Antragsgegner der Vorstand des AG und nicht der InsRichter. Weiter hat der 17

90 HambKomm/*Frind* § 56 Rn 15.
91 HambKomm/*Frind* § 56 Rn 16.
92 *BGH* NZI 2016, 516.
93 INDAT Heft 4/ 2017, 8.
94 *Lüke* ZIP 2007, 701, 703.
95 *OLG Koblenz* ZIP 2005, 1283, 1288; *OLG Köln* ZIP 2007, 342, 344; *Lüke* ZIP 2007, 704 f.
96 *BGH* NZI 2016, 616.
97 *OLG Hamburg* NZI 2011, 762, NZI 2008, 744; **aA** HambKomm/*Frind* § 56 Rn 9a (Auswahlermessen).
98 *Wieland* ZIP 2005, 913; *BGH* ZInsO 2007, 711 und ZIP 2007, 1379; *KG* ZIP 2006, 294; *OLG Koblenz* ZIP 2005, 1283; *OLG Schleswig* ZIP 2005, 1467; *OLG Hamburg* ZIP 2005, 2165; *Graf-Schlicker* § 56 Rn 39.
99 S nachfolgende Fn.
100 *BGH* Beck-RS 2016, 07799 = ZInsO 2016, 1005; *dazu Frind* ZInsO 2016, 1083 f.

BGH in der Entsch v. 2.2.2017 – IX AR (VZ) 1/ 16[101]– nunmehr entschieden, dass der zuständige InsRichter weder gem § 7 Abs 2 FamFG als Beteiligter noch gem § 8 Nr 1, 3 FamFG als natürliche Person bzw Behörde im Beschwerdeverfahren zu beteiligen ist. Die Entsch wurde sowohl kritisch[102] als auch iE zustimmend[103] besprochen. Unabhängig davon wie man die Entsch einordnet, zeigt die Unterscheidung von Kompetenzen der Exekutive einerseits und der unabhängigen EntschMacht des InsRichters andereseits ein Problembereich in der Handhabung der Vorauswahlliste auf.[104]

18 **6. Delisting.** Die Streichung aus der Vorauswahlliste ist der actus contrarius zur Aufnahme, setzt also die richterliche Überzeugung davon voraus, dass der Eingetragene nunmehr dem Anforderungsprofil nicht mehr entspricht oder dass er ihm – wie sich jetzt erst herausstellt – schon bei seiner Aufnahme nicht entsprochen hat. Dafür müssen konkrete Anhaltspunkte bestehen, zB eine Verurteilung wegen einer Straftat mit InsBezug.[105] Eine Altersgrenze, die angelehnt an die Regelaltersgrenze automatisch zu einem Delisting führt, gibt es nicht.[106] Eine Altersgrenze soll aber durch den vorl GlAusschuss in dem von ihm beschlossenen Anforderungsprofil gem § 56a Abs 1 festgelegt werden können.[107] Vor dem Delisting ist dem Verw rechtliches Gehör zu gewähren.[108]

19 Nach sich Rspr steht dem Verw auch im Falle des Delisting der **Rechtsweg gem § 23 EGGVG** offen.[109] Häufig wir es allerdings nicht zu einem förmlichen, sondern zu einem sog ‚kalten‚ Delisting kommen, dh der faktischen Nichtbestellung. Mangels konkreten Ablehnungsbescheids besteht dann de facto keine Anfechtungsmöglichkeit.[110]

V. Bestellungsauswahl für das konkrete Verfahren

20 **1. Zuständigkeit.** Die Auswahl und **erstmalige Bestellung** des Verw obliegt dem **InsRichter** (§ 18 Abs 1 Nr 1 RPflG). Erfolgt die Bestellung auf der Grundlage von **§ 57**, ist der RPflg zuständig, § 18 RPflG. Auch auf dessen Entsch sind die Kriterien des § 56 anzuwenden.

21 **2. Auswahlkriterien.** Die Auswahlkriterien sind oben dargestellt. Eine Bindung an die Vorauswahlliste besteht zwar nicht,[111] im Regelfall wird sich der InsRichter aber auf seine eigene Vorauswahlliste stützen.

22 Dem Richter steht bei seiner Entscheidung ein **weites Auswahlermessen** zu,[112] welches er **pflichtgemäß**, dh iSv § 1 auszuüben hat. Er hat dabei die Bindung an Art 3 GG zu beachten.[113] Jeder Bewerber soll eine faire Chance erhalten, entsprechend seiner in § 56 Abs 1

101 *BGH* ZIP 2017, 487 = NZI 2017, 278 = ZInsO 2017, 490.
102 *Laroche ua* ZInsO 2017, 492; BAKInsO eV ZInsO 2017, 532.
103 *Simon* NZI 2017, 280.
104 *Frind* ZInsO 2017, 2146.
105 *BGH* NZI 2016, 508; 2011, 282; *AG Potsdam* ZIP 2017, 784. (Verurteilung wegen Untreue) = NZI 2017, 450.
106 *OLG Hamburg* ZIP 2012, 336 mit Anm *Römermann.*
107 *Römermann* EWiR 2012, 145, 146.
108 *Graf-Schlicker* § 56 Rn 43.
109 *OLG Hamburg* ZIP 2012, 336.
110 *BVerfG* ZInsO 2010, 620.
111 *BVerfG* ZIP 2004, 1649 = ZInsO 2004, 913; *Graf-Schlicker* § 56 Rn 48; MK/*Graeber* § 56 Rn 117.
112 Zur Problematik bei Entscheidung auf der Grundlage eines einstimmigen Vorschlags des vorl GlAusschusses s § 56a Rn 21 f.
113 *BverfG* ZInsO 2010, 620 Rn 9 (Verbot willkürlicher Entscheidung).

InsO vorausgesetzten Eignung berücksichtigt zu werden.[114] Die Notwendigkeit der schnellen Bestellung insb im Eröffnungsverfahren schließt zwar ein Verfahren zur **Bestenauslese aus**,[115] dennoch ist der InsRichter gehalten, den für dieses Verf geeignetsten Verw auszuwählen, weshalb je nach Größe des Verf im Regelfall nur bestimmte Verw mit entspr Büroorganisation in Betracht zu ziehen sind. Insoweit ist das Erfahrungswissen des InsRichter/InsRPflg von erheblicher Bedeutung.[116] Dem wurde nunmehr in § 22 Abs 6 GVG, § 18 Abs 4 S 1 RPflG Rechnung getragen.

Für die Berücksichtigung von GlInteressen kann es abgesehen von der Möglichkeit der GlBeteiligung gem §§ 22a, 56a kein einheitliches Schema geben. Vielmehr entscheidet der Einzelfall. Jedenfalls wird sich in größeren Verf die Kontaktaufnahme mit den Gl seitens des G empfehlen.[117] 23

3. Entscheidung. Nach der Rspr des BVerfG[118] gehört der **Bestellungsakt nicht zur Rspr** im materiellen Sinn, denn er entscheidet kein Rechtsverhältnis, sondern gestaltet ein solches. 24

Eine Begr der **Entsch** ist regelmäßig nicht erforderlich, weil sie **unanfechtbar** ist und keiner Begründung bedarf.. 25

4. Rechtsmittel. Der **Schu** kann die VerwBestellung nur im Zusammenhang mit dem EröffnungsBeschl anfechten. Dessen Anfechtung kann nur die Aufhebung im Ganzen zum Ziel haben, nicht aber die Bestellung eines anderen Verw. 26

Dem antragstellenden **Gl** steht, abgesehen von der Abwahlmöglichkeit des ger bestellen Verw gem §§ 56a Abs 3, 57, kein Rechtsmittel zu. 27

Einem nicht berücksichtigten **Konkurrenten** steht kein Rechtsmittel gegen die Bestellung zu.[119] Zwar verfügt er über ein subjektives Recht auf Berücksichtigung iRd § 56. Dies wird aber durch die Aufnahme in der Vorauswahlliste gewahrt. 28

VI. Beginn und Beendigung des Verwalteramtes

1. Beginn. Das Amt beginnt mit der **Annahme**; sie ist gegenüber dem G zu erklären. Dem Verw wird sodann die Ausweisurkunde des Abs 2 ausgehändigt. Eine öffentliche Bek erfolgt bei der Ernennung im EröffnungsBeschl ohnehin (vgl § 27 Abs 2 Nr 2), bei späterer Ernennung muss sie gesondert geschehen. Wird ein Verw nach Überleitung vom VerbraucherInsVerf in das RegelVerf bestellt, wird die Bestellung nicht wirkungslos, wenn sich später die Überleitung als rechtswidrig erweist.[120] 29

2. Ende. Das Amt endet: 30

a) mit dem Tode des Verw;
b) mit dem vollständigen Verlust der Geschäftsfähigkeit. War der Ernannte schon im Zeitpunkt der Ernennung geschäftsunfähig, so ist die Ernennung unwirksam.[121] Die Unwirksamkeit kann jedoch mangels BeschwMöglichkeit (§ 6 Abs 1) nur über eine amtswegige oder beantragte Entlassung (§ 59) durchgesetzt werden. Auch wenn bei einem unwirksam ernannten Verw Vormund/Pfleger ein EntlassungsVerf überwiegend für entbehrlich

114 *BVerfG* ZIP 2006, 1355, 1358.
115 *Wieland* ZIP 2007, 462, 463.
116 Zur haftungsrechtlichen Problematik *Uhlenbruck/Zipperer* § 56 Rn 1; *K/P/B/Lüke* § 56 Rn 61.
117 Zum Detmolder Modell *Busch* DZWIR 2004, 353.
118 *BVerfG* ZIP 2006, 1355 = ZInsO 2006, 765 = NZI 2006, 453.
119 *BVerfG* wie Fn 52; *Graf-Schlicker* § 56 Rn 61; MK/*Graeber* § 56 Rn 172.
120 *BGH* ZIP 2016, 1547.
121 Zweifelnd MK/*Graeber* § 56 Rn 80.

angesehen wird, sollte es hier – doch als förmlicher, wenngleich nur deklaratorischer actus contrarius stattfinden, kommt denn im Hinblick auf die öffentliche Bek – der Ernennung eine den Rechtsverkehr schützende Wirkung zu;

c) mit der Wahl und Bestellung eines anderen Verwalters nach § 57 und mit der Entlassung nach § 59. Vgl Erl dort;

d) grds mit der VerfBeendigung durch Aufhebung oder Einstellung. Ausnahmen: § 205 (Nachtragsverteilung), § 261 (Überwachung der Planerfüllung).

VII. Mehrere Verwalter

31 Mehrere Geschäftszweige (Betrieb, Filialen usw) desselben schuldnerischen Unternehmens rechtfertigen nicht die Ernennung mehrerer Verw.[122] **§ 56b** bietet nunmehr die Möglichkeit, bei InsVerf gruppenangehöriger Schu iSv § 3a Abs 1, eine Person zum InsVerw zu bestellen.

VIII. Der Sonderinsolvenzverwalter

32 Die Bestellung eines SonderinsVerw ist im Ges nicht geregelt, aber **allg anerkannt**.[123] Die Bestellung eines SonderinsVerw kommt in Betracht, wenn der bestellte InsVerw **tatsächlich** oder **rechtlich** gehindert ist, sein Amt in rechter Weise auszuüben.[124]

33 Eine **tatsächliche** Verhinderung wird angenommen zB in Fällen, in denen der Verw sein Amt aus Krankheitsgründen oder wegen Urlaubs nicht ausüben kann.[125]

34 Eine **rechtliche** Verhinderung kann in Fällen der Interessenkollision vorliegen und in Fällen, in denen **Schadensersatzansprüche gegen den Verw** in Betracht kommen.[126] Maßstab für die Einsetzung eines SonderInsVerw ist in diesen Fällen das Vorliegen einer tatsachengestützten Sachlage, welche die Befürchtung einer Interessenkollision bzw die Berechtigung von Schadensersatzansprüchen nahe legt.[127] Weiter kommt die Bestellung eines SonderInsVerw zB in Betracht, wenn eine Sondermasse zu verwalten ist.[128]

35 Ein Antragsrecht von Gl kommen insb im Falle der Geltendmachung eines Gesamtschadens gem § 92 in Betracht.[129] Ein dahingehendes Antragsrecht des Schu ist abzulehnen.[130]

36 Anzuhören sind die Beteiligten; der Verw ist anzuhören, wenn die beabsichtigte Bestellung ihm Rechte entzieht.

37 Die Bestellung des **SonderinsVerw** richtet sich nach **§ 56**. Zuständig ist im EröffnungsVerf der InsRichter, im eröffneten Verf der RPflg, § 18 RpflG. Der SonderInsVerw übt demnach sein Amt als eigenverantwortliches Amt iRd InsVerf aus.[131] In der Bestellung liegt keine Entlassung des Verw, dieser hat die Bestellung hinzunehmen.[132] Der SonderInsVerw ist nicht der Vertreter des Verw, sondern steht selbstständig neben ihn. Für bedeutsame Rechtshandlungen hat der SonderInsVerw die Zustimmung von GlAusschuss und GlVer-

---

122 *Frege* ZInsO 2008, 1130; *K/P/B/Lüke* § 56 Rn 74; *Uhlenbruck/Zipperer* § 56 Rn 56.
123 *BGH* NZI 2006, 474; MK/*Graeber* § 56 Rn 153.
124 *BGH* NZI 2006, 474, 2009, 517; *AG Charlottenburg* ZInsO 2015, 582; *Frege/Keller/Riedel* Rn 1182.
125 MK/*Graeber* § 56 Rn 154.
126 *BGH* ZIP 2007, 547.
127 MK/*Graeber* § 56 Rn 156.
128 *N/R/Delhaes* § 56 Rn 30 zu § 32 Abs 3 DepotG.
129 *AG Göttingen* ZIP 2006, 629; *Lüke* ZIP 2004, 1693, 1696.
130 *Lüke* (Fn 72) S 1696.
131 *Frege/Keller/Riedel* Rn 1184.
132 *BGH* NZI 2010, 525.

sammlung einzuholen.[133] Er hat für seinen Aufgabenbereich Rechnung zu legen. Da die Bestellung des SonderInsVerw in Bezug auf eine konkrete Aufgabenstellung erfolgt, ist der BestellungsBeschl entspr konkret zu fassen.

Gegen den BestellungsBeschl steht dem **einzelnen Gl**[134] **bzw dem Verw kein BeschwRecht** zu[135] bzw nur gem § 59 Abs 2, wenn die Bestellung des SonderInsVerw einer Entlassung gleichkommt.[136] Gegen die Entscheidung des InsG, einen SonderInsVerw nicht zu bestellen, stehen weder dem Schu,[137] einem InsGl oder dem Verw ein BeschwRecht zu.[138]

Der Vergütungsanspr des SonderInsVerw richtet sich nach der InsVV.[139] Der SonderIns-Verw haftet nach den gleichen Grds wie der Verw.[140]

IX. Die Rechtsstellung des Verwalteramtes

Auf die Theorienvielfalt ist an dieser Stelle nicht einzugehen.[141] Herrschend ist die sog 38
Amtstheorie.[142] Nach ihr übt der Verw kraft des ihm übertragenen Amtes die Verwaltungs- und Verfügungsbefugnis im eigenen Namen aus. Prozessrechtlich handelt er als ‚Partei kraft Amtes‚.

§ 56a Gläubigerbeteiligung bei der Verwalterbestellung

(1) Vor der Bestellung des Verwalters ist dem vorläufigen Gläubigerausschuss Gelegenheit zu geben, sich zu den Anforderungen, die an den Verwalter zu stellen sind, und zur Person des Verwalters zu äußern, soweit dies nicht offensichtlich zu einer nachteiligen Veränderung der Vermögenslage des Schuldners führt.

(2) [1]Das Gericht darf von einem einstimmigen Vorschlag des vorläufigen Gläubigerausschusses zur Person des Verwalters nur abweichen, wenn die vorgeschlagene Person für die Übernahme des Amtes nicht geeignet ist. [2]Das Gericht hat bei der Auswahl des Verwalters die vom vorläufigen Gläubigerausschuss beschlossenen Anforderungen an die Person des Verwalters zugrunde zu legen.

(3) Hat das Gericht mit Rücksicht auf eine nachteilige Veränderung der Vermögenslage des Schuldners von einer Anhörung nach Absatz 1 abgesehen, so kann der vorläufige Gläubigerausschuss in seiner ersten Sitzung einstimmig eine andere Person als die bestellte zum Insolvenzverwalter wählen.

Übersicht

133 *Frege/Keller/Riedel* Rn 1184a.
134 *BGH* ZIP 2016, 1738 = NZI 2016, 684 = ZInsO 2016, 1746.
135 *BGH* ZInsO 2015, 1100; ZInsO 2010, 186, NZI 2007, 237.
136 *BGH* ZIP ZIP 2007, 547.
137 *BGH* NZI 2009, 517.
138 MK/*Graeber* § 56 Rn 157a mwN.
139 *BGH* NZI 2008, 485.
140 *Frege/Keller/Riedel* Rn 1184c, d.
141 Überblick in der Voraufl zu § 56 Rn 56 f.
142 *K Schmidt/Ries* § 56 Rn 56.

Literatur: *Busch* Hat das ESUG die Praxis und die Kriterien der Insolvenzgerichte bei der Auswahl von Insolvenzverwaltern geändert?, ZInsO 2012, 1389; *Frind* Das ‚Anforderungsprofil, gem § 56a InsO – Bedeutung und praktische Umsetzung, NZI 2012, 650; *ders* Der vorläufige Gläubigerausschuss – Rechte, Pflichten, Haftungsgefahren, ZIP 2012, 1380; *ders* Nach- und Umbesetzung des (vorläufigen) Gläubigerausschusses, ZIP 2013, 2244; *Gruber* Die neue Korrumpierungsgefahr bei der Insolvenzverwalterbestellung, NJW 2013, 584; *Haarmeyer* Das fürsorgliche Insolvenzgericht oder Gläubigermitwirkung als Zahlenspiel?, ZInsO 2012, 1204; *Heeseler/Neu* Plädoyer für eine Professionalisierung des Gläubigerausschusses, NZI 2012, 440; *Landfermann* Das neue Unternehmensgesetz (ESUG), WM 2012, 821; *Obermüller* Der Gläubigerausschuss nach dem ESUG, ZInsO 2012, 18; *Rauscher* Aufgaben, Kosten, Nutzen des vorläufigen Gläubigerausschusses, ZInsO 2012, 1201; *Steinwachs* Die Wahl des vorläufigen Insolvenzverwalters durch den (vorläufigen) vorläufigen Gläubigerausschuss nach dem ‚ESUG', ZInsO 2011, 410.

I. Normzweck, Geltungsbereich

1 Einer der Hauptkritikpunkte am bisherigen Ablauf des InsVerf war die mangelnde GlBeteiligung, insb bei der Bestellung des vorl Verw im EröffnungsVerf, da in dieser Phase in den meisten Fällen die wesentlichen Weichenstellungen erfolgen.[1] Die den Gl gem § 57 eröffnete Möglichkeit, im eröffneten Verf einen anderen Verw als den bestellten zu wählen, wurde als nicht ausreichend[2] und sogar als Nachteil des Sanierungsstandorts Deutschland gewertet.[3] Die schon bisher von einzelnen InsG praktizierten GlBeteiligungsmodelle im Eröffnungsverf wie das sog Detmolder Modell[4] blieben Insellösungen und boten wegen der Einflussmöglichkeit der GroßGl Anlass zu Kritik.[5]

2 Erklärtes Ziel des Reformgesetzgebers war es deshalb, die **GlAutonomie** insb im **Eröffnungsverfahren** zu **stärken** und den Gl über die Einsetzung eines **vorl GlAusschusses** eine frühzeitige Einflussnahme auf die VerwBestellung zu ermöglichen.[6]

3 Dieses Ziel wurde mit Inkrafttreten des **ESUG** zum 1.3.2012[7] in der Weise umgesetzt, dass über die neu eingeführten **§§ 22a Abs 1, 2, 21 Abs 2 Nr 1a** die Voraussetzungen für die Bestellung eines vorl GlAusschusses geregelt wurden. **§ 56a** bestimmt die **Kompetenzen des vorl GlAusschusses** bei der Bestellung des Verw, die über die Verweisung in § 21 Abs 2 Nr 1 auch und gerade die Bestellung des vorl Verw im EröffnungsVerf umfasst.[8] Die verstärkte GlAutonomie wird über die Mitwirkungsrechte des vorl GlAusschusses bei der VerwAuswahl gem § 56a Abs 1, 2 erreicht, das bisher weite Auswahlermessen des G bei der VerwBestellung dadurch eingeschränkt. So hat zB der InsRichter, der bei der Bestellung des Verw im EröffnungsBeschl von einem Vorschlag des vorl GlAusschusses abweicht, dies gem § 27 Abs 2 Nr 4 zu begründen.

---

1 BT-Drucks 17/5712, 17 (ESUG – Gesetz zur weiteren Erleichterung der Sanierung von Unternehmen).
2 MK/*Graeber* § 56a Rn 1.
3 BT-Drucks 17/5712, 17; zur Kritik an dieser Sichtweise *K/P/B/Lüke* § 56a Rn 5.
4 *Busch* DZWIR 2004, 353.
5 *Landfermann* WM 2012, 821, 823.
6 BT-Drucks 17/5712, 17, 24 zu § 22a und 25 rSp zu § 56.
7 BGBl I 2011, 2582.
8 FK/*Jahntz* § 56a Rn 10 (Hauptanwendungsbereich).

Über die Verweisung in §§ 270a Abs 1 S 2, 274 Abs 1 und in § 270b Abs 2 S 3 InsO hat § 56a auch für die Bestellung des vorl Sachwalters bei beantragter EigenVerw (s hierzu *LG Freiburg* NZI 2015, 605) bzw im sog SchutzschirmVerf Bedeutung. **4**

§ 56a betrifft alle InsVerf, die ab 1.3.2012 beantragt wurden. Für InsVerf, die auf einem Antrag vor dem 1.3.2012 eingeleitet wurden, bleibt es bei der Geltung der bisherigen Vorschriften, Art 103g EGInsO. **5**

II. Bildung und Zusammensetzung des vorläufigen Gläubigerausschusses

Nach § 22a Abs 1 **ist** ein vorl GlAusschuss zu bilden, wenn die dort genannten Schwellenwerte erreicht sind. Nach § 22a Abs 2 **soll** auf Antrag des Schu, des vorl InsVerw oder eines Gl ein vorl GlAusschuss eingesetzt werden, wenn Gl für den Ausschuss zur Verfügung stehen. Aus § 21 Abs 2 Nr 1a lässt sich entnehmen, dass unabhängig von diesen Voraussetzungen das G einen vorl GlAusschuss einsetzen **kann**.[9] **6**

Über die Verweisung in § 21 Abs 2 Nr 1a gelten für die Zusammensetzung, Einberufung und BeschlFassung des vorl GlAusschusses § 67 Abs 2 und die §§ 69–73.[10] Mit der Aufnahme des vorl GlAusschusses in § 21 Abs 2 Nr 1a soll der Wille des Gesetzgebers zur Stärkung der GlMitwirkungsrechte im EröffnungsVerf deutlich gemacht werden;[11] im Übrigen soll mit **dieser** Regelung der Streit um die Zulässigkeit der Bildung eines vorl GlAusschusses im EröffnungsVerf beseitigt werden.[12] **7**

Da § 21 Abs 2 Nr 1a nicht auf § 67 Abs 3 verweist,[13] können **nur InsGl** Mitglieder des vorl GlAusschusses werden. Dies ist unter dem Gesichtspunkt der Qualifikation der Ausschussmitglieder nicht unbedenklich und wirft auch haftungsrechtliche Probleme auf.[14] Die Gefahr, dass GroßGl über professionelle Vertreter den Ausschuss dominieren, ist deshalb nicht von der Hand zu weisen. **8**

In der Auswahl der in den Ausschuss zu berufenden Mitglieder ist das G nicht an den Vorschlag der Gl bzw des Schu gebunden. Allerdings soll das G nicht mit der Suche nach Alternativen eine zeitliche Verzögerung selbst herbeiführen, welche das Eingreifen der Ausnahmeregelung gem § 22a Abs 3[15] bzw § 56a Abs 1 begründet. **9**

Die Befugnisse des vorl GlAusschusses enden mit der Eröffnung des InsVerf. Die Bestellung eines GlAusschuss nach Eröffnung des InsVerf richtet sich allein nach §§ 67, 68. **10**

III. Kompetenzen des vorläufigen Gläubigerausschusses

1. Grundsätze. § 56a sieht gestufte **Mitwirkungsrechte** des GlAusschusses bei der Bestellung des (vorl) InsVerw vor, die über ein Anhörung- und Äußerungsrecht gem Abs 1 bis zu der Vorgabe eines Anforderungsprofils oder eines einstimmigen Vorschlags zur Person des Verw nach Abs 2 reichen. Für die Mitwirkungsrechte kommt es auf die Frage, in welcher **11**

---

9 Zu den drei Arten des vorl GlAusschusses *Haarmeyer* ZInsO 2012, 2109 f; zu II; *Beth* ZInsO 2012, 1974 zu I.

10 *Steinwachs* ZInsO 2011, 410 (systematisch verfehlt).

11 BT-Drucks 17/7511, 33.

12 BT-Drucks 17/5712, 24.

13 *Heeseler/Neu* NZI 2012, 440, 444 – Fehlentwicklung.

14 *Obermüller* ZInsO 2012, 18, 22; *Heeseler/Neu* NZI 2012, 440 – geringe Vergütung, hohes Haftungsrisiko; *Frind* ZIP 2012, 1380 – haftungsrechtlicher Schleudersitz; zur Vergütungsfrage sa *AG Konstanz* ZIP 2015, 1841.

15 *AG Hamburg* BeckRS 2013, 08913 (keine Anhörungspflicht bei absehbarer Einstellung des Geschäftsbetriebs)

Form der vorl GlAusschuss (Pflichtausschuss, Fakultativausschuss) bestellt wurde (s Rn 6), nicht an.[16]

Soweit der vorl GlAusschus ein Anforderungsprofil oder eine einstimmiges VerwVotum abgibt, hat er dies in BeschlForm zu tun.[17] Die allgemeinen Nichtigkeitsgründe für eine BeschlFassung, zB bei fehlender Tagesordnung, gelten auch hier, § 77 Rn 3.

12 **2. Anhörung des vorläufigen Gläubigerausschusses.** Nach Abs 1 ist dem vorl GlAusschuss nach Konstituierung[18] im Rahmen einer Anhörung Gelegenheit zu geben, sich zu den Anforderungen, die an den Verw zu stellen sind, und zu der Person des Verw zu äußern. Eine Verpflichtung zur Äußerung besteht nicht, das G kann bei Nichtäußerung den vorl Verw bestellen.[19] Seitens des G bietet sich deshalb eine angemessene Fristsetzung zur Stellungnahme an. Die Anhörungspflicht ist von der Frage, ob ein vorl GlAusschuss gem § 22a einzusetzen ist, strikt zu trennen.[20]

13 Hat der GlAusschuss sich iRd Anhörung geäußert und folgt das G dem Vorschlag des Ausschusses, ist eine erneute Anhörung des Ausschusses vor der Bestellung dieser Person zum Verw im EröffnungsBeschl nicht erforderlich.[21] Bestellt das G einen anderen als den vorgeschlagenen vorl Verw, soll der vorl Ausschuss vor der endgültigen Entsch nochmals gehört werden.[22] Gleiches gilt, sofern der Ausschuss zum Zeitpunkt der Bestellung des vorl Verw noch nicht gebildet ist und deshalb noch nicht angehört werden konnte, um ihm die Gelegenheit für einen VerwVorschlag zu geben.[23]

14 Von der **Anhörung** kann trotz eingesetztem GlAusschuss gem **§ 56 Abs 1 abgesehen werden**, wenn eine offensichtliche **nachteilige Veränderung der Vermögenslage** des Schu droht. Nach der Begründung des Regierungsentwurfs soll der Anwendungsbereich der Ausnahme gering sein, da die Anhörung eines schon gebildeten Ausschusses keine Zeitprobleme verursache.[24] Die Schwierigkeit dürfte tatsächlich nicht in der Anhörung eines schon gebildeten Ausschusses liegen, sondern in dem Zeitbedarf für Bildung des Ausschusses.[25] Diese Problematik ist aber keine des § 56a Abs 1, sondern von § 22a. Die Dringlichkeit des ger Handelns und damit die ger Bestellung eines vorl Verw ohne Beteiligung eines vorl GlAusschusses kann sich im Übrigen aus der Sache selbst ergeben; zB wenn die Stromabschaltung eines Tiefkühlbetriebes ansteht.[26]

15 Erfolgt die Bestellung des Verw nach Abs 1 ohne Anhörung, kann der vorl GlAusschuss dies nach Abs 3 in seiner ersten Sitzung korrigieren und einstimmig eine andere Person zum vorl Verw wählen.[27] Der Neugewählte ist dann durch das G zu bestellen.[28] **Streitig ist**, ob das G auch in diesem Fall nach § 56a Abs 2 S 1 zur Eignungsprüfung berufen ist. Dies wird wegen der fehlenden Verweisung verneint. Da es aber iE nicht sein kann, dass dann ein evtl

---

16 FK/*Jahntz* § 56a Rn 17.
17 *A/GR/Lind* § 56a Rn 7; HambKomm/*Frind* § 56a Rn 13.
18 *AG Münschen* ZIP 2012, 1308.
19 *A/G/R/Lind* § 56a Rn 8 (Gläubigerausschuss ist berechtigt; dh nicht verpflichtet).
20 MK/*Graeber* § 56a Rn 17; FK/*Jahntz* § 56a Rn 13.
21 FK/*Jahntz* § 56a Rn 14.
22 HambKomm/*Frind* § 56a Rn 15, 16.
23 *Frind* NZI 2012, 650 f zu I.1.
24 BT-Drucks 17/5712, 26.
25 *Steinwachs* ZInsO 2011, 410; *Pape* ZInsO 2011, 1033; *Braun/Blümle* § 56a Rn 15, 16 (bei Bildung des Ausschusses gem § 22a Abs 1); *A/G/R/Lind* § 56a Rn 5.
26 *Braun/Blümle* § 56a Rn 9 (aber nicht dem Druck des Schu nachgeben).
27 Zur Intention des Gesetzgebers *K Schmidt/Ries* § 56a Rn 25.
28 Braun/*Blümle* § 56a Rn 27

ungeeigneter Verw bis zur Eröffnung des Verf amtiert, wird zutreffend die Möglichkeit einer Eignungsprüfung in analoger Anwendung von § 57 S 3 angenommen.[29]

Streitig ist weiter, ob das Recht des vorl GlAusschusses nach Abs 3 gelten soll, wenn das G in Anwendung von § 22a Abs 3 den vorl Verw bestimmt hat. Obwohl der Fall des Abs 3 nach dem Wortlaut nicht einschlägig erscheint, wird überwiegend der Gesetzeszweck dahingehend interpretiert, dass auch in diesem Fall das Verf nach Abs 3 eröffnet ist; dh § 56a Abs 3 soll auch im Falle des § 22a Abs 3, der in seinem Anwendungsbereich umstr ist,[30] Anwendung finden.[31] **16**

Eine weitere Frage ist, wie verfahren werden soll, wenn GlAusschuss nachträglich (zB gem § 22a Abs 2) und damit nach der vorl VerwBestellung gebildet wird. In diesem Fall scheint Abs 3 nicht anwendbar zu sein, da sich Abs 3 auf Abs 1 bezieht, der einen vorl GlAusschuss voraussetzt.[32] Auch diese Konstellation dürfte aber nach der Intention des Gesetzgebers von Abs 3 erfasst sein (sog nachlaufendes Wahlrecht).[33] Sofern ein so geartetes nachgelagertes Entscheidungsrecht bejaht wird, muss konsequenterweise eine einstimmige Entscheidung in der ersten Sitzung des GlAusschusses in gleicher Weise Wirkung entfalten wie die Entscheidung nach Abs 2 S 1, wobei sich bei Bestimmung eines anderen Verw die Frage nach dem Schicksal des schon durch das G bestellten Verw stellt. **17**

3. Festlegung eines Anforderungsprofils. Der Ausschuss hat im Rahmen der Anhörung nach Abs 2 S 2 das Recht, sich zu den Anforderungen, die an den Verw zu stellen sind, zu äußern, wobei hierzu keine Einstimmigkeit gefordert wird. Ein MehrheitsBeschl reicht aus. Das G hat in diesem Fall das Anforderungsprofil bei der Auswahl des Verw zugrunde zu legen. **18**

Zu dem möglichen **Inhalt des Anforderungsprofils** verhält sich die Gesetzesbegründung nur allgemein, indem die Erwartung geäußert wird, dass die Anforderungen ausgewogen zu sein haben und mit dem Gesetz übereinstimmen müssen; dh, den Anforderungen des § 56 Abs 1 genügen müssen und die Interessen aller Gl zu berücksichtigen haben.[34] In der Formulierung des Anforderungsprofils ist der Ausschuss frei. Zwecks Ausübung der gewünschten Steuerungsfunktion sollten die Kriterien möglichst konkret benannt werden (zB Branchenkenntnisse, Erfahrung in InsVerf mit Auslandsberührung, Erfahrung in InsVerf einer bestimmten Größenordnung; Erfahrung mit Betriebsfortführung).[35] Zulässig dürfte das Einfordern bestimmter Standards sein (zB Grundsätze ordnungsgemäßer InsVerw (GOI) des VID).[36] Der Vorteil in der Heranziehung anerkannter Standards liegt in der Bezugnahme auf einen Anforderungskatalog, der einen Maßstab für die Qualitätssicherung darstellt.[37] **19**

Soweit sich das Anforderungsprofil mit den Anforderungen für die Aufnahme in die Vorauswahlliste des InsRichters deckt, wird das G die AuswahlEntsch auf der Grundlage des Anforderungsprofils problemlos treffen können. Schwierigkeiten können nur dann entstehen, wenn ein Anforderungsprofil so spezifiziert ist, dass nur externe Bewerber in Betracht kommen. Insoweit dürfte es sich empfehlen, das Anforderungsprofil mit einem Personalvor- **20**

---

29 *A/G/R/Lind* § 56a Rn 6; FK/*Jahntz* § 56a Rn 56; HambKomm/*Frind* § 56a Rn 31.
30 *Beth* ZInsO 2012, 1974.
31 *A/G/R/Lind* § 56a Rn 6; *K Schmidt/Ries* § 56a Rn 6.
32 *Frind* ZIP 2012, 1380.
33 *Landfermann* WM 2012, 821, 825 Fn 39; *Obermüller* ZInsO 2012, 18, 24; Braun/*Blümle* § 56a Rn 40.
34 BT-Drucks 17/5712, 26.
35 Braun/*Blümle* § 56a Rn 18; *Frind* ZInsO 2012, 650, 654.
36 Www.vid.de.
37 HambKomm/*Frind* § 56a Rn 30 (GOI).

schlag zu versehen, der zwar, soweit es sich um einen MehrheitsBeschl handelt, nicht nach Abs 2 S 1 bindend ist, vom G bei der Prüfung aber zu berücksichtigen sein wird. Jedenfalls dürfte es sich für das G empfehlen, die AuswahlEntsch bei externen Verw im Hinblick auf das Anforderungsprofil zu dokumentieren.

21 **4. Einstimmiger Vorschlag zur Person des Verwalters.** Der vorl GlAusschuss und jedes Mitglied sowie jeder einzelne Gl und auch der Schu dürfen dem G **Vorschläge** zur Person des InsVerw unterbreiten, ohne dass hiermit eine Bestellung ausgeschlossen wäre, § 56 Abs 1 S 3 Nr 1. Eine Bindung des G an den Vorschlag tritt nach Abs 2 S 1 allerdings nur bei einem einstimmige Votum und nur bei auf einem auf eine Person konkretisierten Vorschlag ein.[38] Einstimmigkeit liegt nur vor, wenn alle ger bestellten Ausschussmitglieder an der Beschl-Fassung teilgenommen haben.[39] Stimmenthaltungen verhindern Einstimmigkeit.[40] Liegt ein einstimmiger Vorschlag nicht vor, ist das G frei, ob es den nur mehrheitlich vorgeschlagenen Verw ernennt.[41]

22 **Streitig ist**, ob der einstimmige VerwVorschlag des vorl GLAusschusses durch ein Anforderungsprofil iS einer Begründung des Vorschlags unterlegt sein muss.[42] Aus der Gesetzesbegründung[43] lässt sich aus der „und"-Verknüpfung von Anforderungsprofil und vorgeschlagener Person ein derartiger Zusammenhang nicht zwingend ablesen. Eine Begründung des einstimmigen Vorschlags zur Person dürfte sich allerdings bei einem nicht auf der Vorauswahlliste des InsRichters aufgenommenen Bewerbers empfehlen.

23 Das G darf von dem einstimmigen Personalvorschlag nach Abs 2 S 1 nur abweichen, wenn die vorgeschlagene Person für die Übernahme des Amtes **nicht geeignet** ist, wobei die Ungeeignetheit im Gegensatz zB zur Bestellung des Sachwalters im sog Schutzschirmverfahren, § 270b Abs 2 S 2 **nicht offensichtlich** sein muss, sondern sich unmittelbar auf die Voraussetzungen des § 56 bezieht. Insofern gelten die dort genannten Maßstäbe. Nach der Gesetzesbegründung hat der InsRichter dabei besonders die **Unabhängigkeit** des vorgeschlagenen Bewerbers zu überprüfen.[44] Die Diskussion zum Begriff der Unabhängigkeit[45] wird deshalb und va auch iRv § 56a geführt.[46] Sofern der vorgeschlagene Verw nicht auf der Vorauswahlliste des G gelistet ist, hat der InsRichter die **Eignung**[47] und damit vor allem die **Unabhängigkeit** des benannten Verw[48] in vollem Umfang zu überprüfen (s § 56 Rn 7),[49] da die Bestellung durch seine Entsch legitimiert wird. Musterfragebögen zur Frage der Unabhängigkeit sind in diesem Zusammenhang sicher hilfreich.[50] Weicht das G von dem einstimmigen Vorschlag nach der Überprüfung ab, ist kein Rechtsmittel vorgesehen.[51]

38 FK/*Jahntz* § 56a Rn 28; **aA** HambKomm/*Schmidt/Ries* § 56a Rn 17 (mehrere Vorschläge zulässig).
39 *K/P/B/Hölzle* § 56a Rn 41; FK/*Jahntz* § 56a Rn 37 (Spezialregelung zu § 72); **aA** *Obermüller* ZInsO 2012, 18, 24.
40 MK/*Graeber* § 56a Rn 25.
41 *N/R/Delhaes* § 56a Rn 16.
42 Bejahend: *Frind* NZI 2012, 650, 651; nicht zwingend: MK/*Graeber* § 56a Rn 25 f; *Uhlenbruck/Zipperer* § 56a Rn 8; FK/*Jahntz* § 56a Rn 28; *Obermüller* ZInsO 2912, 18, 23 (Anforderungsprofil bestimmt die Kriterien der Eignung).
43 BT-Drucks 17/5712, 26.
44 *K Schmidt/Ries* § 56a Rn 3, 30; *A/G/R/Lind* § 56a Rn 3.
45 S § 56 Rn 6.
46 *Hölzle* ZIP 2013, 447 (Unabhängigkeit disponibel) einerseits; *Vallender/Zipperer* ZIP 2013, 149 andereseits.
47 *Uhlenbruck/Zipperer* § 56a Rn 9.
48 *AG Stendal* BeckRS 2012, 19830 (Zurückweisung der Bestellung eines Sachwalters).
49 *Uhlenbruck/Zipperer* § 56 Rn 3 zum Diskussionsstand.
50 *Frind/Graeber/Schmerbach/Siemon/Stephan* ZInsO 2012, 368.
51 *A/G/R/Lind* § 56a Rn 3.

§ 56a wendet sich nur an das G. Ist ein Verw gem §§ 43a Abs 1, 45 Abs 2 Nr 2 BRAO an der Übernahme gehindert, hat er dies, wie bisher auch, dem G gegenüber anzuzeigen. An ein Mehrheitsvotum wäre das G in diesem Fall nicht gebunden.[52] 24

52 *Obermüller* ZInsO 2011, 1809, 1812.

§ 56b Verwalterbestellung bei Schuldnern derselben Unternehmensgruppe

(1) [1]Wird über das Vermögen von gruppenangehörigen Schuldnern die Eröffnung eines Insolvenzverfahrens beantragt, so haben die angegangenen Insolvenzgerichte sich darüber abzustimmen, ob es im Interesse der Gläubiger liegt, lediglich eine Person zum Insolvenzverwalter zu bestellen. [2]Bei der Abstimmung ist insbesondere zu erörtern, ob diese Person alle Verfahren über die gruppenangehörigen Schuldner mit der gebotenen Unabhängigkeit wahrnehmen kann und ob mögliche Interessenkonflikte durch die Bestellung von Sonderinsolvenzverwaltern ausgeräumt werden können.

(2) [1]Von dem Vorschlag oder den Vorgaben eines vorläufigen Gläubigerausschusses nach § 56a kann das Gericht abweichen, wenn der für einen anderen gruppenangehörigen Schuldner bestellte vorläufige Gläubigerausschuss eine andere Person einstimmig vorschlägt, die sich für eine Tätigkeit nach Absatz 1 Satz 1 eignet. [2]Vor der Bestellung dieser Person ist der vorläufige Gläubigerausschuss anzuhören. [3]Ist zur Auflösung von Interessenkonflikten ein Sonderinsolvenzverwalter zu bestellen, findet § 56a entsprechende Anwendung.

Übersicht

Literatur: *Harder* Das neue deutsche Konzerninsolvenzrecht, NJW-Spezial 2017, 469 f; *Laroche* Das neue Konzerninsolvenzrecht nach InsO und EuInsVO – Probleme und Fragen aus gerichtlicher Sicht, ZInsO 2017, 2585; *Mock* Das neue Konzerninsolvenzrecht nach dem Gesetz zur Erleichterung der Bewältigung von Konzerninsolvenzen, DB 2017, 951 f; *Wimmer* Konzerninsolvenz im Rahmen der EuInsVO – Ausblick auf die Schaffung eines deutschen Konzerninsolvenzrechts, DB 2013, 1343; *Zipperer* Die einheitliche Verwalterbestellung nach dem Diskussionsentwurf für ein Gesetz zur Erleichterung der Bewältigung von Konzerninsolvenzen, ZIP 2013, 1007 f.

I. Normzweck

Der Bundestag hat mit dem Gesetz zur Erleichterung und Bewältigung von Konzerninsolvenzen vom 13.4.2017 (KIG) die dritte Stufe der Insolvenzrechtsreform verabschiedet.[1] Das Gesetz tritt am 21.4.2018 in Kraft. 1

Neben der schon länger bestehenden Kritik an einem fehlenden Konzerninsolvenzrecht wurde die Regelungsnotwendigkeit auch deshalb in den Blick genommen, um den mit dem 2

1 BGBl I 2017, 866.

ESUG eingeschlagenen Weg zu einer effizienteren Sanierung von Unternehmen für konzern- und gruppengebundene Unternehmen fortzuschreiben.[2]

3 In dem Gesetzentwurf der Bundesregierung vom 30.1.2014[3] wurde die Problematik dahin analysiert, dass die bestehende InsO insb nachteilig sei, wenn die zu einem Konzern zusammengeschlossenen Unternehmen eine **wirtschaftliche Einheit** bilden. Das zu erreichende Ziel, die wirtschaftliche Einheit des Konzerns zu erhalten und damit ihren vollen Wert für die Gl zu realisieren, sei aber kaum zu erreichen, wenn die eingesetzten InsVerw für die einzelnen Unternehmen unterschiedliche und nicht aufeinander abgestimmte Verwertungsstrategien verfolgen würden.

4 Um dem abzuhelfen, werden mit dem KIG Regelungen ua zum Begriff der Unternehmensgruppe, § 3e, und insb zur Etablierung eines Gruppen-Gerichtsstands, § 3a, in die InsO eingefügt; ebenso zum sog Koordinierungsverfahren gem §§ 269a–269i zwecks Kooperation der Verfahrensbeteiligten untereinander mit der Bestimmung eines Koordinationsgerichts in § 269e, der Möglichkeit der Errichtung eines Gruppen-GlAusschusses in § 269c und eines Verfahrenskoordinators in § 269e. § 56b stellt in diesem Konzept den Rechtsrahmen für ein AbstimmungsVerf der InsGer untereinander zur Verfügung, wenn Insolvenzanträge über das Vermögen verschiedener gruppenangehöriger Unternehmen bei **verschiedenen InsGer** gestellt wurden.[4] In diesem Fall haben sich die InsGer nach Abs 1 darüber abzustimmen, ob die Bestellung eines einheitlichen InsVerw unter Berücksichtigung der GlInteressen sinnvoll ist, ohne dass daraus ein Anspruch auf Bestellung ableitbar wäre.[5] Abs 2 regelt die Frage der Berücksichtigung von Vorschlägen oder Vorgaben der **jeweils eingesetzten vorl GlAusschüsse** zur VerwBestellung.

5 Zwar ließe sich die Abstimmungsverpflichtung der InsGer auch aus dem fast inhaltsgleich formulierten § 269b entnehmen, weshalb § 56b teilweise nur deklaratorischer Charakter zugeschrieben wird.[6] Mit der getroffenen Regelung wird jedoch im Hinblick auf §§ 56, 56a der Konnex zu den die VerwBestellung und den Einfluss des GlAusschusses regelnden Normen im Eröffnungsverfahren hergestellt.

6 Die EuInsVO 2017 enthält bei grenzüberschreitenden Konzerninsolvenzen ebenfalls Regelungen für ein Gruppen-Koordinierungsverfahren in Art 56 ff EuInsVO. Die EuInsVO wird in Abgrenzung zur Regelung im deutschen Recht immer dann eingreifen, wenn mindestens ein gruppenangehöriger Schu seinen Sitz in einem anderen Mitgliedstaat hat, weshalb die Regelung in der InsO auf nationale Sachverhalte beschränkt sein wird.[7]

II. Abstimmung zwischen den Insolvenzgerichten – Bestellung eines einheitlichen Insolvenzverwalters

7 § 56b Abs 1 schafft den Rechtsrahmen für die Bestellung eines gemeinsamen InsVerw, wenn **verschiedene Schu eines Konzerns** und **verschiedene InsGer** involviert sind. Nach S 1 haben sich die InsGer in diesem Fall darüber abzustimmen,[8] ob es im **Interesse der Gl** liegt, ledig-

---

2 Zum Regelungsansatz, ein Koordinierungsverfahren statt einer Verfahrenskonsolidierung einzuführen *Zipperer* ZIP 2013, 1007 f. Zum Konzernbegriff und dem Begriff der Unternehmensgruppe *Laroche* ZInsO 2017, 2585, 2586.

3 BT-Drucks 18/407.

4 Sofern die Zuständigkeit für einen **Gruppen-Gerichtsstand gem § 3a Abs 1** auf Antrag des Schu begründet wird, ist auf diesem Weg die Bestellung eines einheitliche Verwalters möglich.

5 BT-Drucks 18/407, 20; *Mock* DB 2017, 951 f.

6 *K/P/B/Thole* § 269b Rn 5.

7 *Mock* DB 2017, 951 f.

8 DiskE, ZIP 2013, S001 f – Pflicht zur Zusammenarbeit.

lich einen einheitlichen InsVerw zu bestellen. S 2 konkretisiert dies dahin, dass für die Abstimmung entscheidend sein soll, ob eine Person (als Verw) alle Verf über die gruppenangehörigen Schu wahrnehmen kann und mögliche **Interessenkonflikte** durch die Bestellung eines **SonderInsVerw** aufgefangen werden können.[9] Letzteres wird ua dann als geboten angesehen, wenn das Vermögen eines insolventen gruppenangehörigen Unternehmens im Wesentlichen aus nicht feststehenden Ansprüchen gegen einen anderen gruppenangehörigen Schu besteht.[10] Einer näheren Festlegung zur Ergebnisfindung der Ger untereinander enthält das Gesetz nicht,[11] weshalb die Ausgestaltung des Abstimmungsverfahrens im EröffnungsVerf den einzelnen Richtern obliegt.[12] Insoweit wird die praktische Handhabung des vorgesehenen Koordinationsverfahrens abzuwarten sein. Im Hinblick auf die Schwierigkeit der Feststellung von **Interessenkollisionen**, die nicht sogleich erkennbar sind, wird eine regelmäßige Berichtspflicht durch den InsVerw empfohlen.[13]

Eine **Festlegung** auf die Bestellung **nur eines Verw** sieht das Gesetz **nicht** vor. Wenn zB die gruppenangehörigen Schu in unterschiedlichen Bereichen tätig sind, dürfte sich schon unter dem Gesichtspunkt der Sachkunde die Bestellung mehrerer Verw anbieten. **8**

Es obliegt den InsGer, darüber zu befinden, welche Kombination am sinnvollsten ist, um das Ziel bestmöglicher GlBefriedigung, unter Berücksichtigung der Interessen aller gruppenangehöriger Gl, zu erreichen,[14] wobei der **Unabhängigkeit** des Verw gegenüber allen gruppenangehörigen Unternehmen besondere Aufmerksamkeit zu schenken ist.[15] **9**

Das Abstimmungserfordernis ist davon unabhängig, ob der Insolvenzantrag von der Schu- oder der GlSeite gestellt wurde. **10**

III. Beteiligung eingesetzter vorläufiger Gläubigerausschüsse

Da nach Maßgabe von § 56a auch im EröffnungsVerf gruppenangehöriger Schu die Bestellung eines vorl GlAusschusses möglich ist, trifft Abs 2 eine Regelung für den Fall des Vorliegens **gegenläufiger Vorschläge oder Vorgaben** der vorläufigen GlAusschüsse bei verschiedenen Gerichten, mit dem Ziel, auch für diesen Fall, unter Berücksichtigung der GlAutonomie, die Bestellung eines einheitlichen Verw zu koordinieren und damit zu ermöglichen. Deshalb kann das Ger von dem Vorschlag des von ihm eingesetzten vorl GlAusschusses zur VerwBestellung **abweichen**, wenn ein **anderer vorläufiger GlAusschuss** eine andere Person **einstimmig** vorgeschlagen hat . Die Durchbrechung des Votums des vom Ger eingesetzten vorläufigen GlAusschusses[16] wird mit der Konzernverbindung der Schu gerechtfertigt.[17] Vor der Bestellung des übernommenen VerwVorschlags ist der vorl GlAusschuss, dessen Vorschlag nicht übernommen wird, anzuhören, Abs 2 S 2. **11**

Abs 2 S 3 stellt klar, dass § 56a, ohne die Einschränkung von Abs 2 S 1,[18] auch auf die Bestellung **eines SonderInsVerw** entspr Anwendung findet und sichert damit die GlBeteiligung auch für diesen Bestellungsvorgang.[18] Dies gilt unabhängig vom Zeitpunkt der Bestel- **12**

9 Zur Frage der Zulässigkeit der Bestellung eines einheitlichen SonderInsverwalters *Zipperer* ZIP 2013, 1007 f.
10 BT-Drucks 18/407 zu Nr 5, S 30 unten.
11 *Mock* DB 2017, 951 f; dort auch zum **Vergütungsargument.**
12 Zu den damit verbundenen Schwierigkeiten *Zipperer* ZIP 2013, 1007 f.
13 *Zipperer* ZIP 2013, 1007 f.
14 *Graf-Schlicker/Bornemann* RegE § 56b Rn 2.
15 Braun/*Blümle* § 56b Rn 15.
16 *Mock* DB 2017, 951 f.
17 DiskE, ZIP 2013, S 001 f., S 011.
18 BT-Drucks 18/407, 31.

lung des SonderInsVerw auch dann, wenn dessen Wirkungskreis eingeschränkt ist.[19] Die Bestellung eines SonderInsVerw dürfte insb dann in Betracht kommen, wenn bei größeren Konzernen lediglich eine Person zum InsVerw bestellt wurde.

IV. Zuständigkeit

13 Die funktionelle Zuständigkeit richtet sich nach den allgemeinen Regeln. Die Abgrenzung der Zuständigkeit des Richters von derjenigen des Rpflg bestimmt sich demnach nach § 18 Abs 1 RPflG.

19 DiskE, ZIP 2013, S 001, 011.

§ 57 Wahl eines anderen Insolvenzverwalters

[1]In der ersten Gläubigerversammlung, die auf die Bestellung des Insolvenzverwalters folgt, können die Gläubiger an dessen Stelle eine andere Person wählen. [2]Die andere Person ist gewählt, wenn neben der in § 76 Abs. 2 genannten Mehrheit auch die Mehrheit der abstimmenden Gläubiger für sie gestimmt hat. [3]Das Gericht kann die Bestellung des Gewählten nur versagen, wenn dieser für die Übernahme des Amtes nicht geeignet ist. [4]Gegen die Versagung steht jedem Insolvenzgläubiger die sofortige Beschwerde zu.

Übersicht

Literatur: *Frind* Der Einfluss von Gläubigern bei der Auswahl des und der Aufsicht über den Insolvenzverwalter, ZInsO 2007, 643; *Muscheler/Bloch* Abwahl des vom Gericht bestellten Insolvenzverwalters, ZIP 2000, 1474.

I. Normzweck; Geltungsbereich

1 Die Norm ist Ausdruck des Grundsatzes der GlSelbstverwaltung im eröffneten Verf. Das Abwahlrecht des ger bestellten Verw ist verfassungskonform.[1]

Die Einflussnahme der Gl auf die VerwBestellung wurde mit Inkrafttreten des ESUG zum 1.3.2012 in das Eröffnungsverfahren vorverlagert. **§ 56a** bietet, sofern ein **vorl GlAusschuss** gem § 22a bestellt wird, diesem die Möglichkeit, auf die Bestellung des **vorl Verw** einzuwirken, und sichert so die Möglichkeit der GlBeteiligung schon in diesem frühen VerfStadium.[2]

§ 57 behält seine Berechtigung in den Fällen, in denen die Bestellung des vorl Verw durch das G ohne Beteiligung eines vorl GlAusschusses erfolgt ist. Aber auch bei der Bestellung des vorl Verw unter Mitwirkung eines vorl GlAusschusses ist die GlVersammlung nicht

1 *BVerfG* ZIP 2005, 537.
2 MK/*Graeber* § 57 Rn 6, 6a, 6b.

gehindert, bei ger Bestellung dieses Verw im eröffneten Verf gem Abs 1 einen anderen Verw einzusetzen.[3]

§ 57 gilt entspr für den **Sachwalter** des §§ 270, 274 Abs 1,[4] nicht jedoch für den Treuhänder/InsVerw in der Wohlverhaltensperiode; vgl die eingeschränkte Verweisung in § 292 Abs 3 S 2. Auf den vorl Verw ist § 57 nicht anwendbar,[5] jedoch auf den Sonderverwalter.[6] 2

II. Das Wahlrecht

1. Zeitliche Begrenzung. Das Abwahl- bzw Neuwahlrecht besteht jeweils in der **ersten GlVersammlung**, die unmittelbar auf eine **VerwBestellung** folgt.[7] Es ist mithin nicht auf die erste Versammlung nach Eröffnung, § 29 Abs 1 Nr 1, beschränkt, sondern kann mehrfach in einem Verf bestehen, sofern es zu mehreren Bestellungsakten, zB nach der Entlassung des Verw gem § 59 oder dem Tod des Verw kommt.[8] In der **Tagesordnung** ist die mögliche Wahl eines anderen InsVerw aufzunehmen; ein bloßer Abwahlantrag reicht nicht aus.[9] Wird in der GlVersammlung kein dahingehender Antrag gestellt, bleibt der bestellte Verw im Amt. Eines Bestätigungsbeschlusses bedarf es nicht.[10] 3

2. Kein wiederholtes Wahlrecht. Das Wahlrecht besteht jeweils nur einmal. Wird die Bestellung des Gewählten versagt (su Rn 10), so ist ein erneuter Wahlgang mit dem Ziel der Wahl einer wiederum anderen Person nicht statthaft.[11] Ebenso unzulässig ist eine wiederholte (erneute) Abstimmung über ein und dieselbe Person.[12] Liegt ein dergestalt unzulässiges Begehren vor, so hat das G die Abstimmung zu untersagen. Die RichterEntsch über die Abberufung bzw Neubestellung ist wegen § 6 unanfechtbar; hat der Rpflg entschieden, so ist die sofortige Erinnerung (§ 11 Abs 2 RPflG) statthaft. 4

3. Antragsrecht und Wahl. Jeder Gl hat das Recht, in der ersten GlVersammlung[13] die Wahl eines anderen, konkret zu benennenden Verw zu beantragen.[14] Der Vorschlag ist nicht auf die **Vorauswahlliste** des G beschränkt; benannt werden kann auch ein nicht beim G gelisteter Verw.[15] An ein bestimmtes Quorum ist der Antrag im Gegensatz zu § 75 nicht gebunden.[16] 5

Werden mehrere Verw zur Wahl vorgeschlagen, ist über die Vorschläge getrennt abzustimmen.[17] Gewählt ist, wer die **Kopf- und Summenmehrheit** erreicht (**doppelte Mehrheit**).[18] Die

---

3 MK/*Graeber* § 57 Rn 6b; *Graf-Schlicker* § 57 Rn 4.
4 *LG Stendal* ZIP 2012, 2168; ZInsO 2012, 2208; dazu *Hoffmann* EWiR 2012, 729; *Uhlenbruck/Vallender* § 57 Rn 5.
5 FK/*Jahntz* § 57 Rn 6.
6 *Uhlenbruck/Vallender* § 57 Rn 4.
7 *LG Hamburg* NZI 2010, 263; **aA** *Becker* NZI 2011, 961, 965 (keine Beschränkung).
8 MK/*Graeber* § 57 Rn 17, 18.
9 MK/*Graeber* § 57 Rn 11; *Uhlenbruck/Vallender* § 57 Rn 9 mit Formulierungsvorschlag.
10 HambKomm/*Frind* § 57 Rn 2.
11 *LG Freiburg* ZIP 1987, 1597; *Uhlenbruck/Vallender* § 57 Rn 15, 17.
12 *LG Neubrandenburg* ZInsO 1999, 300; *Görg* DZWIR 2000, 264, 267, 367.
13 *Braun/Blümle* § 57 Rn 18 (es empfiehlt sich, das Gericht über einen derartigen Antrag möglichst früh zu informieren).
14 *N/R/Delhaes* § 57 Rn 2 (ist vom Gericht routinemäßig als Tagesordnungspunkt auszuweisen).
15 *Uhlenbruck/Vallender* § 57 Rn 9; FK/*Jahntz* § 57 Rn 8; zur Problematik hinsichtlich der Bindungswirkung des Gerichts an die Vorauswahlliste HambKomm/*Frind* § 57 Rn 2b.
16 *BGH* ZIP 2013, 1286 Rn 13 = ZInsO 2013, 1307.
17 MK/*Graeber* § 57 Rn 16; *A/G/R/Lind* § 57 Rn 5.
18 *K/P/B/Lüke* § 57 Rn 3 a zur Begründung des doppelten Mehrheitserfordernisses; sa HambKomm/*Frind* § 57 Rn 1.

Kopfmehrheit bemisst sich gem S 2 nach der Zahl der an der Abstimmung teilnehmenden Stimmberechtigten, die Summenmehrheit nach § 76 Abs 2. Für das Stimmrecht gelten die allgemeinen Regeln. So ist ein Rechtsanwalt, der gleichzeitig einen DrittSchu und einen InsGl vertritt wegen **Interessenkollision** von der Teilnahme an der Abstimmung über die Wahl eines neuen Verw ausgeschlossen.[19] Eine Stimmrechtsversagung allein wegen der wirtschaftlicher Verflechtung eines InsGl mit dem Schu[20] scheidet allerdings aus. Sofern das G beschließt, das Verfahren gem § 5 Abs 2 S 1 **schriftlich** durchzuführen, kann der Antrag auch schriftlich gestellt und die Wahl schriftlich durchgeführt werden.[21] Hingegen ist die Zulässigkeit einer schriftlichen Stimmabgabe in der einberufenen GlVersammlung angesichts des Wortlauts der Norm („In der … GlVersammlung …") abzulehnen.[22] Eine Vertretung bei der Stimmabgabe ist zulässig. Die Wahlentscheidung bedarf keiner Begründung. Der Antrag auf Abstimmung gem § 57 kann nicht in einen Antrag auf Entlassung gem § 59 umgedeutet werden.[23]

III. Gerichtliche Bestellungsentscheidung

6 Die Wahlentscheidung der GlVersammlung bewirkt für sich noch keine Änderung. Wie S 3 zeigt, bedarf es einer ger Prüfung und einer **ger BestellungsEntsch**. Erst diese wirkt **konstitutiv**. Die Bestellung wirkt ab dem im Beschl angegebenen Bestellungszeitpunkt, vorausgesetzt, der neubestellte Verw nimmt das Amt an.[24]

Das G darf nach S 3 die Bestellung nur **versagen**, wenn der Gewählte für die Übernahme des Amtes **nicht geeignet** ist. Ein Eignungsvergleich mit dem bisherigen Verw iS einer Bestenauslese ist dabei nicht vorzunehmen.[25] Der Oberbegriff der Geeignetheit bedingt in erster Linie die Prüfung der Geschäftskunde und der Unabhängigkeit des Verw.

7 **1. Geschäftskunde und persönliche Zuverlässigkeit.** Sofern der Gewählte aus dem Kreis der in der Vorauswahlliste aufgenommen Verw kommt, ist dieses Merkmal im Regelfall durch die Aufnahme in die Vorauswahlliste schon bejaht. Wird ein externer Verw gewählt, hat das G nach S 3 von Amts wegen zu prüfen, ob der Gewählte iSv § 56 Abs 1 geeignet ist, also die erforderliche **Geschäftskunde** und persönliche **Zuverlässigkeit** besitzt.[26] Für die Geschäftskunde kann auf die Ausführungen zu § 56 verwiesen werden. Unbeachtlich für die Entsch sind die stets mit einem VerwWechsel verbundenen Umstände wie Zeitverzögerung oder zusätzliche Kostenbelastung.

8 **2. Unabhängigkeit.** Die Geeignetheitsprüfung soll – neben dem doppelten Mehrheitserfordernis – der Gefahr der Wahl nicht unparteilicher Verw begegnen[27] und wird deshalb in erster Linie bei der Frage der **Neutralität** und **Objektivität** und damit an der Unabhängigkeit

19 *AG Duisburg* ZIP 2007, 2429 = NZI 2007, 728 (Stimmabgabe wäre nichtig).
20 MK/*Graeber* § 57 Rn 28; *Braun/Blümle* § 57 Rn 4 Fn 2 (zur Manipulationsmöglichkeit).
21 *BGH* ZIP 2013, 1286 Rn 9, 12, 19 = ZInsO 2013, 1307.
22 Wie hier *Uhlenbruck/Vallender* § 57 Rn 11; HambKomm/*Frind* § 57 Rn 2 a; *Graf-Schlicker* § 57 Rn 4 f; offengelassen in *BGH* ZIP 2013, 1286 Rn 16 = ZInsO 2013, 1307.
23 *BGH* NZI 2006, 529.
24 *Uhlenbruck/Vallender* § 57 Rn 30; 31; *Braun/Blümle* § 57 Rn 15 (bis zu diesem Zeitpunkt bleibt der alte Verwalter im Amt).
25 *BVerfG* ZIP 2005, 537 aE; *Uhlenbruck/Vallender* § 57 Rn 22 (der Ermessenspielraum der Gläubigerversammlung ist mit § 56 nicht unbedingt identisch).
26 *BVerfG* ZIP 2009, 975 = NZI 2009, 371 (Versagung wegen fehlender praktischer Erfahrung); *LG Hamburg* ZInsO 2016, 1476 (Berücksichtigung negativer Erfahrungen mit dem Verw in vorherigen Verf).
27 *Voigt-Salus/Sietz* ZInsO 2010, 2050; *K/P/B/Lüke* § 57 Rn 5.

des Gewählten ansetzen.[28] Aus dem Grundsatz des Amtsbetriebs (§ 5) folgt, dass das G von Amts wegen dazu Gl, Schu und auch den Gewählten anhören kann.[29] Gründe, die für eine **Ungeeignetheit** sprechen, können sich insb aus einem feststellbaren Interessenkonflikt, zB bei besonderer Nähe zu einem GL, der die unparteiliche Wahrnehmung des Amtes beeinträchtigen kann, ergeben,[30] wobei der begründete Verdacht ausreichen soll.[31] Auch die Umstände der Neuwahl können gegen die Neutralität des Gewählten sprechen,[32] so wenn ein GroßGl in verschiedenen Verf dieselbe Person vorschlägt oder wenn die Neuwahl von einem Gl betrieben wird, gegen den der derzeitige Verw AnfAnsprüche oÄ geltend macht.[33]

Die Möglichkeit des abgelehnten Verw, eine Entscheidung über § 78 herbeizuführen und 9
damit den Beschl der **GlVersammlung** auszuhebeln, wird überwiegend verneint.[34] Dies gilt auch für den Fall der Anzeige der Masseunzulänglichkeit.[35]

3. Versagung. Liegen konkrete Anhaltspunkte dafür vor, dass der Verw den geschilderten 10
Anforderungen nicht entspricht, hat das G die Bestellung des Gewählten zu versagen.[36] Der **zu begründende Beschl** wird entweder im Termin verkündet oder allen InsGl[37]zugestellt. Von der Möglichkeit des § 9 Abs 3 sollte im Hinblick auf den idR personenbezogenen Inhalt der Entsch kein Gebrauch gemacht werden.[38] Wird der VersagungsBeschl aufgehoben, ist die Wahl der GlVersammlung wirksam.

4. Bestellung. Ist die Wahl wirksam[39] und ist keine Ungeeignetheit feststellbar, so wird der 11
Gewählte durch Beschl des G, Übernahmebereitschaft vorausgesetzt, mit **ex-nunc-Wirkung** zum neuen Verw bestellt. Einer Begründung bedarf es nicht. Der Wechsel tritt erst mit der ger Bestellung des neuen Verw, welche öffentlich bekannt zu machen ist, ein. Einer förmlichen Zustellung des Beschl bedarf es nicht; ebenso wenig einer förmlichen Enthebung des bisherigen Verw. Sein Amt endet automatisch.[40]

5. Funktionelle Zuständigkeit. Auch wenn nicht überzeugend, weil in zeitlichem Zusam- 12
menhang mit dem EröffnungsBeschl und damit der Bestellung des Verw stehend,[41] ist nach gegenwärtiger Gesetzeslage für die Entsch funktionell der **RPflg** zuständig,[42] sofern sich der InsRichter die Entscheidung nicht nach § 18 Abs 2 RPflG vorbehalten hat.[43]

---

28 *MK/Graeber* § 57 Rn 29, 30; *K Schmidt/Ries* § 57 Rn 12, 13.
29 Zum Anwesenheit des zu Wählenden in der GlVersammlung *A/G/R/Lind* § 57 Rn 3.
30 *BGH* NZI 2017, 667; 2004, 448; NJW-RR 2012, 953.
31 MK/*Graeber* § 57 Rn 30; HambKomm/*Frind* § 57 Rn 9.
32 Vgl *BGH* NZI 2004, 448 = ZInsO 2004, 614; *K/P/B/Lüke* § 57 Rn 5; Rspr-Übersicht v *Dahl/Sternal* Beil zu NZI Heft 10/2004, 17.
33 MK/*Graeber* § 57 Rn 30.
34 *BGH* ZIP 2003, 1613; FK/*Jahntz* § 57 Rn 20 (§ 57 S 3 lex specialis); zur gegenteiligen Auffassung § 78 Rn 10.
35 *BGH* ZIP 2004, 2341.
36 *K Schmidt/Ries* § 57 Rn 13 (Ermessenreduzierung auf Null).
37 *Uhlenbruck/Vallender* § 57 Rn 28.
38 Differenzierend *A/G/R/Lind* § 57 Rn 11.
39 *AG Duisburg* NZI 2007, 728 (Prüfung von Amts wegen).
40 MK/*Graeber* § 57 Rn 36; *Lüke* ZIP 2005, 539 (Anm zu *BVerfG* 2005, 537).
41 FK/*Jahntz* § 57 Rn 15.
42 MK/*Graeber* § 57 Rn 23; *Uhlenbruck/Vallender* § 57 Rn 19, 29; *Graf-Schlicker* § 57 Rn 12; **aA** *AG Hamburg* RPflg 2015, 301; HambKomm/*Frind* § 57 Rn 7; *N/R/Delhaes* § 58 Rn 6.
43 *AG Duisburg* NZI 2007, 728.

13 **6. Sofortige Beschwerde.** Die Abwahl-/**BestellungsEntsch** ist nicht anfechtbar.[44] Insbesondere hat der abgewählte Verw kein BeschwRecht, denn er hat kein subjektives Recht auf dauernde Amtsausübung. Bis zur ersten GlVersammlung nach Bestellung ist seine Ernennung nur vorläufig.[45] Die Anzeige der Masseunzulänglichkeit ändert hieran nichts.[46] § 59 Abs 2 ist nicht analog anwendbar.[47] Die BestellungsEntsch kann auch nicht über den Umweg von § 78 zu Fall gebracht werden.[48]

14 Die **VersagungsEntsch**, nicht die WahlEntsch,[49] kann nach S 4 von jedem[50] einzelnen InsGl, unabhängig davon, ob er in der GlVersammlung mitgewählt hat, mit der **sofortigen Beschw** ggf der Rechtsbeschwerde angefochten werden, da das BeschwRecht allgemein den verfassungsrechtlichen Anspruch der Gl auf Mitbestimmung bei der VerwWahl sichert. Dies gilt auch dann, wenn das G die von einem Gl erstrebte Neuwahl verhindert, weil es dessen Antrag als Antrag auf Einberufung der GlVersammlung nach § 75 interpretiert.[51] Nicht beschwerdeberechtigt sind die GlVersammlung als Organ, der GlAusschuss als Organ, die MasseGl, der Schu und der gewählte InsVerw.[52]

IV. Rechtsfolgen bei Verwalterwechsel

15 Die Rechtshandlungen des bisherigen Verw bleiben wirksam. Der abgewählte Verw muss neben der Rückgabe der Bestellungsurkunde an das G die Massegegenstände an den neuen Verw herausgeben. Zur Durchsetzung der Herausgabepflicht kann das G Zwangsgeld gem § 58 androhen.[53]

§ 58 Aufsicht des Insolvenzgerichts

(1) [1]Der Insolvenzverwalter steht unter der Aufsicht des Insolvenzgerichts. [2]Das Gericht kann jederzeit einzelne Auskünfte oder einen Bericht über den Sachstand und die Geschäftsführung von ihm verlangen.

(2) [1]Erfüllt der Verwalter seine Pflichten nicht, so kann das Gericht nach vorheriger Androhung Zwangsgeld gegen ihn festsetzen. [2]Das einzelne Zwangsgeld darf den Betrag von fünfundzwanzigtausend Euro nicht übersteigen. [3]Gegen den Beschluss steht dem Verwalter die sofortige Beschwerde zu.

(3) Absatz 2 gilt entsprechend für die Durchsetzung der Herausgabepflichten eines entlassenen Verwalters.

---

44 *BGH* NZI 2009, 246; **aA** *K/P/B/Lüke* § 57 Rn 6 f.
45 MK/*Graeber* § 57 Rn 45–47 (auch nicht über § 59 S 2 bzw im Hinblick auf § 78).
46 *BVerfG* ZIP 2005, 537; *BGH* NZI 2005, 32.
47 MK/*Graeber* § 57 Rn 46.
48 *BGH* NZI 2005, 32.
49 *Graf-Schlicker* § 57 Rn 13.
50 *Uhlenbruck/Vallender* § 57 Rn 33, HambKomm/*Frind* § 57 Rn 13; *Graf-Schlicker* § 57 Rn 15; **aA** MK/*Graeber* § 57 Rn 43; FK/*Jahntz* § 57 Rn 17; *A/G/R/Lind* § 57 Rn 11 (beschwerdeberechtigt sind nur die Gl, die in der Versammlung für den neuen, abgelehnten Verw gestimmt haben).
51 *BGH* ZIP 2013, 1286 = ZInsO 2013, 1307.
52 MK/*Graeber* § 57 Rn 43, 44.
53 *K Schmidt/Ries* § 57 Rn 17.

Übersicht

Literatur: *Antoni* Aufsichtsmaßnahmen des Insolvenzgerichts gem § 58 InsO und Rechtsbehelfe von Insolvenzbeteiligten, DZWiR 2015, 399; *Frind* Das „zahnlose" Insolvenzgericht, NZI 2010, 749; *Ganter* Die Aufsicht des Insolvenzgerichts und ihre Grenzen, ZInsO 2017, 2517; *Gundlach/Frenzel/Strandmann* Die Rechtsaufsicht des Insolvenzgerichts als Mittel der Begrenzung der Gläubigerautonomie, NZI 2008, 461; *Keller* Die gerichtliche Aufsicht bei Unklarheiten in der Insolvenzabwicklung, NZI 2009, 633; *Lissner* Die Aufsichtspflicht des Insolvenzgerichts, ZInsO 2012, 957 f; *Rechel* Die Aufsicht nach § 58 als Risikomanagementprozess, ZInsO 2009, 1665 f; *Schmidberger* Möglichkeiten und Grenzen der insolvenzgerichtlichen Aufsicht, ZInsO 2011, 928 f.

I. Normzweck; Geltungsbereich

Das Recht und die Pflicht[1] des G zur Beaufsichtigung des Verw ergeben sich aus dem Wesen des InsVerf als staatlichem Verf und der damit verbundenen Erfassung fremden Vermögens.[2] Die Aufsicht dient dem Schutz der InsGl[3] aber auch des Schu und damit der gesetzmäßigen VerfAbwicklung. Sie wird vor allem in Verf ohne GlAuschuss relevant.[4] 1

Die Norm gilt nach § 21 Abs 2 Nr 1 auch für den vorl Verw, den Sachwalter im Verf der Eigenverwaltung, § 274 Abs 1, den vorläufigen Sachwalter gem § 270a Abs 1 S 2, den Treuhänder/Verw in der Wohlverhaltensperiode, 292 Abs 3 S 2 sowie während einer angeordneten Planüberwachung, § 261 Abs 1 S 2. 2

II. Das Aufsichtsrecht

1. Rechtsaufsicht. Die Aufsicht ist primär **Rechtsaufsicht**[5] und dient der Sicherung eines gesetzmäßigen VerfAblaufs und der Überwachung der Einhaltung der dem Verw auferlegten insolvenzspezifischen Pflichten. Die Aufsicht beginnt mit der Annahme des Amtes durch den Verw und endet erst, wenn alle Verpflichtungen erfüllt sind.[6] Die **Zweckmäßigkeit** des VerwHandelns ist im Rahmen des dem Verw zur Verfügung stehenden Handlungsspielraums grds nicht nachzuprüfen.[7] Etwas anderes gilt dort, wo das Gesetz dem G **Mitwirkungs- oder Anordnungsrechte** einräumt, vgl §§ 149 Abs 1 S 2, 151 Abs 3 S 1, 158 Abs 2 S 2, 161 S 2, 163 Abs 1, 196 Abs 2, 314 Abs 1 S 1. Eine **Pflicht zum Handeln** besteht für das 3

1 MK/*Graeber* § 58 Rn 8 (Amtspflicht); *Uhlenbruck/Vallender* § 58 Rn 9.
2 *Gundlach/Frenzel/Strandmann* NZI 2008, 461 f.
3 *BVerfG* NJW 2016, 930 Rn 45–47 = NZI 2016, 163; MK/*Graeber* § 58 Rn 1 (auch des Schu); *K/P/B/Lüke* § 58 Rn 2.
4 HambKomm/*Frind* § 58 Rn 1; *Uhlenbruck/Vallender* § 58 Rn 6, 25; *K/P/B/Lüke* § 58 Rn 7, 8; *K Schmidt/Ries* § 58 Rn 16 (keine pauschale Antwort möglich).
5 *K Schmitt/Ries* § 58 Rn 3.
6 *BGH* NZI 2010, 997 Rn 3 (Treuhänder).
7 *Uhlenbruck/Vallender* § 58 Rn 10; *K Schmidt/Ries* § 58 Rn 9.

G, welches im Rahmen der Aufsicht nicht am Spruchrichterprivileg partizipiert,[8] bei **erkennbar pflichtwidrigem Verhalten** des Verw, welches nicht sehenden Auges hingenommen werden kann.[9] Lehnt das G von VerfBeteiligten vorgeschlagene Maßnahmen ab, gibt es dagegen kein Rechtsmittel. Ein schuldhaftes Nichteinschreiten kann Amtshaftungsansprüche gem § 839 BGB iVm Art 34 GG begründen.[10]

4 **2. Aufsichtsgegenstand.** Innerhalb des durch die Begriffspaarung Rechtsaufsicht ja – Zweckmäßigkeitskontrolle nein grob gesteckten Rahmens, liegt die Art und Weise der **Ausübung der Aufsicht im pflichtgemäßen Ermessen des G**.[11] Der dem Verw gegebene Spielraum[12] sowie die GlOrientierung des InsVerf sind vom G zu beachten.[13] Sofern sich eine Maßnahme des Verw im Rahmen des Zulässigen hält, ist es nicht Aufgabe des G, dem Verw eine bestimmtes Vorgehen vorzuschreiben, zumal die Masse über §§ 60, 61 geschützt ist.[14] Die Aufgabe des G in dem Verhältnis zum Verw und den GlOrganen ist nicht die eines NebeninsolvenzVerw.[15] Nach der Intention des Gesetzgebers ist es zuförderst den GlOrganen, insb dem GlAusschuss, aufgegeben, den Verw in seiner Arbeit zu überwachen.[16] Dem G kommt insoweit über sein Recht, Auskünfte zu verlangen,[17] unterstützende Funktion zu. So kann es den Verw zur Ausführung der Beschl der GlVersammlung auffordern.[18] Die GlBeteiligung beseitigt jedoch nicht die Aufsichtspflicht des G, die insbesondere im Eröffnungsverfahren ohne GL Ausschuss relevant wird.[19]

Die Ausübung der Aufsichtspflicht ist nicht iS einer permanenten Kontrolle zu verstehen. So muss keine regelmäßige Rechnungsprüfung durchgeführt werden.[20] Im Geschäftsjahr sollte jedoch mindestens ein Sachstandsbericht verlangt werden. Vielfach wird ein Berichtszyklus von 6 Monaten empfohlen.[21] Unberührt bleiben die Rechte der GlVersammlung aus § 79.

Sofern das G allerdings Erkenntnisse über ein **pflichtwidriges Verhalten des Verw** erhält, zB über fehlende Berichterstattung, keinen feststellbaren Verfahrensfortschritt[22] oder nachlässige Verwertung, hat es aufsichtsrechtlich mittels Beanstandung[23] tätig zu werden. Unterhalb der Schwelle pflichtwidrigem Verhaltens ist die Eingriffsbefugnis umstritten. Einerseits gilt es die Unabhängigkeit des Verw in der Wahrnehmung seines Amtes sowie den Grundsatz der GlSelbstverwaltung zu achten, was ein kleinteiliges Überwachungssystem seitens des G ausschließt,[24] andererseits werden gesteigerte Anforderungen an das Risikomanage-

8 *Uhlenbruck/Vallender* § 58 Rn 1, 38.
9 FK/*Jahntz* § 58 Rn 5, 8.
10 *BGH* ZIP 2014, 2299 (kein Anspruch bei Versagung eines Vergütungs- und Auslagenvorschusses) ZInsO 2010, 2088; FK/*Jahntz* § 58 Rn 20 mit Kritik an *OLG Stuttgart* NZI 2008, 102 (Haftung nur bei groben Pflichtverstößen).
11 *BGH* NZI 2010, 147 = ZInsO 2010, 185.
12 *K Schmidt/Ries* § 58 Rn 10.
13 *Uhlenbruck/Vallender* § 58 Rn 6, 8 f; *K Schmidt/Ries* § 58 R, 3, 4.
14 *BGH* ZInsO 2017, 827 Rn 13; *Keller* NZI 2009, 633 f.
15 *Schmidberger* NZI 2011, 928 f.
16 *K Schmidt/Ries* § 58 Rn 4; zum Aufgabenprogramm *Ganter* ZInsO 2017, 2517.
17 MK/*Graeber* § 58 Rn 22 f; *K Schmitt/Ries* § 58 Rn 4 ((Informationsbeschaffung als Hauptaufgabe).
18 *Uhlenbruck/Vallender* § 58 Rn 9.
19 *Uhlenbruck Vallender* § 58 Rn 25.
20 *OLG Stuttgart* NZI 2008, 102, 104.
21 *BGH* ZInsO 2014, 2368 Rn 13; *K Schmidt/Ries* § 58 Rn 5.
22 *BGH* BeckRS 2010, 25707.
23 Zu den verschiedenen Reaktionsmöglichkeiten des Gerichts *K Schmitt/Ries* § 58 Rn 12.
24 *Uhlenbruck/Vallender* § 58 Rn 22; *Schmidberger* NZI 2011, 928 f.

ment des G gestellt,[25] die auch den Bereich der materiellen Prüfung umfassen können.[26] Eine scharfe Grenzziehung wird nicht möglich sein; vielmehr wird sich eine Pflicht zum Einschreiten seitens des Ger nur einzelfall- und anlassbezogen ableiten lassen.[27]

Im Rahmen der Aufsicht hat das G nach Abs 1 S 2 das Recht, jederzeit Einzelauskünfte oder VerfBerichte zu verlangen; hierher gehören auch Kassenberichte oder Zwischenrechnungslegungen.[28] Anstelle von Berichten oder erg dazu kann das G die Vorlage von Unterlagen, Geschäftsbüchern etc anordnen oder eine Kassenprüfung vornehmen. Das InsG darf sich zur Sachverhaltsaufklärung eines **SonderInsVerw** bedienen, wobei der Verw zur Zusammenarbeit mit diesem verpflichtet ist,[29] und ihn bei der Erfüllung seiner Aufgabe zu unterstützen hat. Es darf von dem Verw auch Auskünfte zu einem Komplex fordern, der Gegenstand der Erhebung von möglichen Schadensersatzansprüchen durch den SonderInsVerw sein kann.[30]

3. Auskunftspflichten. Das G wird seiner Aufsichtspflicht in erster Linie durch die Einholung von Auskünften und Informationen gem Abs 1 S 2 gerecht werden. Dazu kann es sich aller zweckdienlich erscheinender Formen bedienen.[31] Das G ist jederzeit berechtigt, **Auskünfte, Informationen und Berichte** in jeder Form anzufordern, Unterlagen einzusehen und zu prüfen oder eine Kassenprüfung vornehmen. Das G ist auch nicht auf die Einholung schriftlicher Erklärungen oder Auskünfte beschränkt, sondern kann eine mündliche Anhörung des Verw anordnen.[32] Die Auskunft obliegt dem Verw außerhalb der GlVersammlungen und der gesetzlich geregelten Fälle (zB §§ 167, 168) **nur gegenüber dem G**, nicht aber gegenüber einzelnen Beteiligten.[33] Deshalb kann das G den Verw nur dann zur Auskunftserteilung an einen Beteiligten anhalten, wenn einer der gesetzlichen Auskunftsfälle vorliegt.[34] Ansonsten sind die Beteiligten gehalten, sich durch Teilnahme an den GlVersammlungen oder durch Akteneinsicht bei Gericht zu informieren. Zum Auskunftsrecht des GlAusschusses s § 69 Rn 2. 5

4. Aufsichtsumfang. Das G ist nicht auf die bloße Auskunftseinholung beschränkt, sondern kann in vielfältiger Weise reagieren[35] Denn auch insoweit bestimmt das G die Art und Weise des Wahrnehmung des Aufsichtsrechts, wobei Gl und Schu das G nicht zum Tätigwerden zwingen können.[36] So kann sich das G zur Sachverhaltsaufklärung eines Sachverständigen bedienen oder die Kassenführung einemSonderInsVerw übertragen. Nicht jedoch kann das G den Verw über § 58 zwingen, entnommene Gelder an die Masse zurückzuzahlen oder Schadensersatz zu leisten[37] oder zu Unterhaltszahlungen an den Schu bei aufrechenbaren Gegenansprüchen anhalten.[38] 6

---

25 *Rechel* ZInsO 2009, 1665 f.
26 *UhlenbruckVallender* § 58 Rn 2.
27 *Braun/Blümle* § 58 Rn 4, 5; *A/G/R/Lind* § 58 Rn 6; *Graf-Schlicker/Castrup* § 58 Rn 9.
28 *Uhlenbruck Vallender* § 58 Rn 4; *OLG Stuttgart* ZInsO 2008, 45.
29 *BGH* ZInsO 2010, 18b; *K/P/B/Lüke* § 58 Rn 8a.
30 *LG Göttingen* ZIP 2009, 1021, 1023 lSp.
31 *BGH* NZI 2010, 147; MK/*Graeber* § 58 Rn 25–27.
32 *BGH* NZI 2010, 147; *LG Göttingen* ZIP 2009, 1021, 1022 rSp.
33 *Rein* NJW-Spezial 2012, 597.
34 *UhlenbruckVallender* § 58 Rn 40; vgl auch *BGH* ZInsO 2005, 768 (ausgeschiedener Arbeitnehmer).
35 *K Schmitt/Ries* § 58 Rn 12; zu eng *Braun/Blümle* § 58 Rn 7.
36 FK/*Jahntz* § 58 Rn 19.
37 *UhlenbruckVallender* § 58 Rn 11; *K Schmitt/Ries* § 58 Rn 17.
38 *AG Köln* NZI 2005, 226.

Bei der **Durchsetzung des Aufsichtsrechts** ist das G auf die Zwangsgeldfestsetzung beschränkt, eine Inhaftnahme des Verw sieht das Gesetz nicht vor.[39] Allerdings kann vom Verw eine eidesstattliche Versicherung verlangt werden; diese ist regelmäßig kein Zwangsmittel.[40] Zu beachten ist, dass zwangsgeldbewehrte Auflagen dem Verw auch von anderen Behörden, zB dem Finanzamt, auferlegt werden können.[41]

III. Die Verhängung von Zwangsgeld

7 **1. Voraussetzung.** Kommt der InsVerw den ihm auferlegten insolvenzrechtlichen Pflichten nicht nach, zB der angeforderten Einreichung einer Teilschlussrechnung,[42] kann das G gem Abs 2 ein Zwangsgeld festsetzen, um das VerwHandeln zu erzwingen. Die Möglichkeit der Ersatzvornahme, der zwangswiesen Vorführung oder der Anordnung von Erzwingungshaft besteht nicht.

8 **3. Androhung.** Auch wenn nicht ausdrücklich vorgeschrieben, ist es doch ein nobile officium des G, den Verw zunächst zu einem bestimmten Verhalten **aufzufordern**. Geschieht innerhalb angemessener Zeit weiterhin nichts, so ist der Verw nunmehr unter **Androhung** eines Zwangsgeldes **in konkreter Höhe** und unter **konkreter Fristsetzung** zum Tätigwerden aufzufordern,[43] wobei die vorzunehmende Handlung genau zu bezeichnen ist.[44] Der angedrohte Betrag hat dabei in **angemessenem Verhältnis** zur Pflichtwidrigkeit des Verw zu stehen. Die nicht an eine bestimmte Form gebundene Verfügung ist dem Verw zuzustellen; er soll dabei darauf hingewiesen werden, dass innerhalb laufender Frist Gelegenheit zur Stellungnahme besteht.

9 **4. Festsetzung und Zuständigkeit.** Handelt der Verw nicht und entschuldigt er auch sein Nichthandeln nicht, so ist das angedrohte Zwangsgeld bis höchstens 25 000 EUR durch zu begründenden Beschl festzusetzen, Abs 2 S 2. Im eröffneten Verf ist, sofern kein Vorbehalt gem § 18 Abs 2 RPflG vorliegt, der **Rpflg zuständig**. Die Festsetzung kann mit der gleichzeitigen Androhung eines **weiteren Zwangsgeldes** verbunden werden.[44] Als **Vollstreckungstitel** gem § 794 Abs 1 Nr 3 ZPO ist der Beschl zuzustellen und von Amts wegen zu vollstrecken. Da das Zwangsgeld **nicht Strafe, sondern Beugemittel** ist, kann es bei weiterhin fehlender Erfüllung seitens des Verw, ohne nochmalige Anhörung,[45] **mehrfach festgesetzt werden**, weshalb für dieselbe Pflichtverletzung das Zwangsgeld in der Summe den Betrag von 25 000 EUR überschreiten kann.[46] Bei hartnäckiger Verweigerung ist die Einsetzung eines SonderInsVerw[47] oder die Entlassung des InsVerw gem. § 59 zu erwägen.[48] Erfüllt der InsVerw nach der Festsetzung, aber vor der Vollstreckung seine Pflicht, ist die Zwangsgeldfestsetzung durch förmlichen Beschl aufzuheben.[49]

10 **5. Erzwingungscharakter.** Handelt der Verw vor Festsetzung oder entschuldigt er seine Säumnis, so unterbleibt die Festsetzung; das Zwangsgeld ist Erzwingungsmittel und nicht Untätigkeitssanktion. Zweckmäßigerweise wird dem Verw mitgeteilt, die Androhung sei nunmehr erledigt; einer förmlichen Aufhebung bedarf es nicht.

---

39 *BGH* ZInsO 2010, 132 = NZI 2010, 146.
40 *BGH* ZInsO 2010, 188.
41 *BFH* ZInsO 2013, 83 mit Anm *Harder* ZInsO 2013, 227.
42 *BGH* ZIP 2005, 865 (Pflicht des entlassenen InsVerw).
43 *LG Göttingen* ZIP 2009, 1021, 1023 (Androhung erfordert keine bestimmte Form).
44 *BGH* ZIP 2011, 1123 = NZI 2010, 442.
45 *BGH* ZIP 2005, 865, 867; HambKomm/*Frind* § 58 Rn 10a.
46 *BGH* ZIP 2005, 865; FK/*Jahntz* § 58 Rn 14, 15 (Beitreibung nach der JustBeitrO).
47 *LG Göttingen* ZIP 2009, 1021; *K Schmidt/Ries* § 57 Rn 12 (milderes Mittel).
48 *A/G/R/Lind* § 58 Rn 11.
49 *BGH* BeckRS 2011, 29733.

6. Zweckerreichung. Handelt der Verw nach Festsetzung, aber vor Vollstreckung, so ist die Vollstreckung einzustellen und die Festsetzung durch förmlichen Beschl aufzuheben, weil sie ihren Zweck erreicht hat (*BGH* NZI 2015, 366). 11

7. Rechtsmittel. Die Zwangsgeldfestsetzung kann iRd sofortigen Beschw des Verw **gem Abs 2 S 3** nur daraufhin überprüft werden, ob eine Pflichtverletzung vorliegt, das Zwangsmittel gem § 58 Abs 2 S 1 angedroht[50] wurde, der festgesetzte Betrag sich iRv § 58 Abs 2 S 2 hält und der VerhältnismäßigkeitsGrds gewahrt ist. Nicht angreifen kann der Verw mit der Beschw die Aufsichtsanordnung, auf die das Zwangsgeld gestützt wird.[51] Bei Maßnahmen des Rpflg ist der Verw insoweit auf die Möglichkeit der Erinnerung gem § 11 Abs 2 RPflG beschränkt. Ebenso wenig steht dem Verw ein BeschwRecht gegen die Bestellung eines SonderInsVerw zu,[52] oder gegen die Anordnung, eidesstattliche Versicherungen abzugeben.[53] Ist die Festsetzung angefochten und nimmt der Verw die zu erzwingende Handlung vor, so kann das G die Aufhebung nach Rn 11 aussprechen. Eine isolierte Anf der KostenEntsch ist nicht statthaft.[54] 12

IV. Der ausgeschiedene Verwalter

1. Fortgeltung. Ein entlassener oder abgewählter Verw unterliegt insoweit noch der Zwangsgewalt des G, als es um die Herausgabe der Masse und der für die Fortführung der Verwaltung notwendigen Unterlagen nebst Rechnungslegung geht. Deshalb ist auch in dieser Phase noch die Verhängung von Zwangsgeld möglich.[55] 13

2. Herausgabe. Der ausgeschiedene Verw hat neben der Bestallungsurkunde die Insolvenzmasse selbst sowie alle Unterlagen herauszugeben. Verläuft die Verhängung von Zwangsgeld ergebnislos, so ist eine unmittelbare Herausgabevollstr nicht möglich. § 148 Abs 2 ist nicht anwendbar, weil sich die Gegenstände nicht im Gewahrsam des Schu, sondern des Ausgeschiedenen befinden. Ebenso wenig sind Zwangsmittel nach § 98 zulässig.[56] Es hilft in solchen Fällen nur die **Herausgabeklage**, die der neu bestellte Verw zu erheben hat. Dasselbe gilt für die Rückzahlung von Geldern. 14

3. Maßnahmen gegen Erben. Die Herausgabeklage ist auch notwendig, wenn sich nach dem Tode des Verw dessen Erben weigern, Massegegenstände herauszugeben. Die Verhängung von Zwangsgeld scheidet aus, weil die Erben als nicht verfahrensbeteiligte Dritte der Zwangsgewalt des G nicht unterstehen. 15

§ 59 Entlassung des Insolvenzverwalters

(1) [1]Das Insolvenzgericht kann den Insolvenzverwalter aus wichtigem Grund aus dem Amt entlassen. [2]Die Entlassung kann von Amts wegen oder auf Antrag des Verwalters, des Gläubigerausschusses oder der Gläubigerversammlung erfolgen. [3]Vor der Entscheidung des Gerichts ist der Verwalter zu hören.

---

50 Gegen die Androhung selbst besteht kein Beschwerderecht *BGH* ZIP 2011, 1123.
51 *BGH* ZIP 2011, 1123 Rn 6, 8, 9 = NZI 2011, 442; *LG Göttingen* NZI 2013, 444 mit Anm *Seitz*.
52 *BGH* ZInsO 2010, 188 = ZIP 2010, 383.
53 *BGH* ZInsO 2010, 186.
54 *OLG Zweibrücken* ZInsO 2001, 87.
55 *BGH* ZIP 2005, 865 (Teilschlussrechnung); EWiR 2005, 677 (*Eickmann*).
56 *LG Göttingen* ZInsO 2008, 1143.

(2) [1]Gegen die Entlassung steht dem Verwalter die sofortige Beschwerde zu. [2]Gegen die Ablehnung des Antrags steht dem Verwalter, dem Gläubigerausschuss oder, wenn die Gläubigerversammlung den Antrag gestellt hat, jedem Insolvenzgläubiger die sofortige Beschwerde zu.

Übersicht

Literatur: *Gehrlein* Abberufung und Haftung von Insolvenzverwaltern, ZInsO 2011, 1713 f; *Rechel* Die Nachfolge in der Insolvenzverwaltung, ZInsO 2012, 1641 f.

I. Normzweck

1 Der InsVerw ist zu entlassen, wenn sein Verbleiben im Amt – unter Berücksichtigung der schutzwürdigen Belange des InsVerw – die Belange der Gl und die Rechtsmäßigkeit der VerfAbwicklung beeinträchtigen würde.[1] Unter **Verhältnismäßigkeitsgesichtspunkten** sind, abhängig vom Grad des Pflichtverstoßes des Verw, **zunächs**t Maßnahmen der Aufsicht gem **§ 58** zu überprüfen.[2] Die Norm gibt dem **G** ein **eigenständiges Durchgriffsrecht**. Unabhängig hiervon besteht das Recht der GlVersammlung zur Wahl eines anderen Verw gem **§ 57**.

II. Anwendungsbereich

2 Die Norm gilt nach § 21 Abs 2 Nr 1 auch für den vorl Verw[3] (und damit auch für den nach Maßgabe des § 56a Abs 2 u § 56b bestellten Verw) sowie gem § 274 Abs 1 für den Sachwalter im Eigenverwaltungs- und Schutzschirmverfahren und – mit gewissen Modifikationen – für den Treuhänder gem § 292 Abs 3 S 2. Für den mit der Planüberwachung befassten Verw muss sie gleichfalls gelten, da sein Amt fortbesteht und er der ger Aufsicht unterliegt, vgl § 261 Abs 1 S 2. Auf die Entlassung eines **SonderInsVerw** findet § 59 analog Anwendung.[4] Zweifelhaft erscheint die von Graeber[5] vorgeschlagene VerfWeise, einen vorl Verw einfach dergestalt „abzuschütteln", dass die vorl Verw beendet wird, um sogleich – mit neuem vorl Verw – wieder angeordnet zu werden. Auch wenn kein subjektives Recht auf dauernde Amtsausübung besteht, macht doch die ges Regelung klar, dass für die Beendigung des Amtes des vorl Verw im Hinblick auf den Grundrechtsschutz gem Art 12 GG[6] ein wichtiger Grund vorliegen muss und ein ger Verf stattzufinden hat.

1 *BGH* ZIP 2014, 2399 = NZI 2015, 20 = ZInsO 2014, 2368.
2 *Uhlenbruck/Vallender* § 59 Rn 1; *K/P/B/Lüke* § 59 Rn 4c; *Braun/Blümle* § 59 Rn 10, Rn 14 (ultima ratio).
3 MK/*Graeber* § 59 Rn 8 zur Bedeutung der Norm im Eröffnungsverfahren.
4 *BGH* NZI 2009, 238 Rn 5.
5 MK/*Graeber* § 59 Rn 9 (faktische Entlassung).
6 *BGH* ZIP 2014, 2399 Rn 7.

III. Die Entlassungsvoraussetzungen

1. Wichtiger Grund. Das Ges stellt als Entlassungsvoraussetzung auf einen wichtigen Grund ab. Liegt dieser vor, ist das G von Amts wegen zum Einschreiten verpflichtet. Der wichtige Grund kann in der **Person des Verw** oder in einem **Verstoß gegen die VerwPflichten** liegen.[7] Schuldhaftes Handeln ist nicht Voraussetzung. **Persönliche Gründe** können sein zB Krankheit,[8] unwahre Angaben zur Berufsqualifikation,[9] eine strafrechtliche, insolvenzbezogene Verurteilung[10] oder begründete Zweifel an der Unabhängigkeit und Neutralität des InsVerw.[11] **Verstöße gegen die VerwPflichten** können vorliegen zB bei offensichtlicher Unfähigkeit, beim Verschweigen von Umständen, die für die VerwBestellung relevant sind,[12] das Führen evident nutzloser Anfechtungsprozesse,[13] bei Verletzung der Vermögensbetreuungspflicht gegenüber der InsMasse[14] oder bei dem dringenden Verdacht, in einzelnen InsVerf Vermögensdelikte zum Nachteil der Massebegangen zu haben.[15] Nicht ausreichend ist die bloße **Störung des Vertrauensverhältnisses** zwischen G und Verw für sich genommen.[16] Nicht nur ein Handeln, sondern auch ein Unterlassen kann Entlassungsgrund sein.[17] So genügt die unterlassene Anzeige des Verw gegenüber dem G über einen Sachverhalt, der wegen möglicher **Interessenkollision** die ernstliche Sorge der Befangenheit zu rechtfertigen vermag.[18] Hingegen rechtfertigt die Nichtbefolgung eines Beschl der GlVersammlung nicht ohne weiteres die Entlassung.[19] Dies gilt auch bei einem Antrag der GlVersammlung.[20] 3

2. Erheblichkeit. Ein die Entlassung rechtfertigender wichtiger Grund liegt vor, wenn eine Pflichtverletzung des Verw **zur Überzeugung des G**[21] **feststeht** und es in Anbetracht der Erheblichkeit der Pflichtverletzung, insb ihrer Auswirkung auf den Verfahrenslauf und die berechtigten Belange der Beteiligten **sachlich nicht mehr vertretbar** erscheint, den Verw oder Treuhänder in seinem Amt zu belassen.[22] Die **Erheblichkeit** kann sich aus einer einmaligen, aber bes schwerwiegenden Pflichtverletzung ergeben (zB Unterschlagung), aus einer wiederholten Pflichtwidrigkeit (zB unangemessen verzögerte Erfüllung der Berichtspflicht; schlampige Kassenführung, unzureichende Betriebsleitung) oder bei Nichthandeln trotz 4

---

7 Übersicht über die Entlassungsgründe bei: HambKomm/*Frind* § 59 Rn 6; *K Schmidt/Ries* § 59 Rn 8.
8 MK/*Graeber* § 59 Rn 21.
9 *BGH* NJW-RR 2009, 1710 (unbefugtes Führen eines Doktortitels) = NZI 2009, 820; ZIP 2004, 1214 (unbefugtes Führen eines Diplomtitels).
10 *LG Göttingen* ZIP 2003, 1760 = NZI 2003, 499.
11 *OLG Zweibrücken* NZI 2000, 373 zu 2.b.bb)
12 *BGH* ZIP 2017, 1230 = ZInsO 2017, 1312 (Vorbefassung).
13 *LG Hamburg* ZIP 2017, 1771 = NZI 2017, 801.
14 *BGH* ZInsO 2010, 2147 (Treuhänder – verzögerte Verwertung von Forderungen).
15 *BGH* NZI 2011, 282 = ZInsO 2011, 724.
16 *BGH* ZIP 2012, 583 = NJW-RR 2012, 952 (ausgenommen, die Störung ist auf ein objektiv pflichtwidriges Verhalten des Verw zurückzuführen); *Harder* NJW-*Spezial* 2012, 469.
17 *LG Stundal* NZI 2017, 972.
18 *BGH* NJW-RR 2012, 953 (Beteiligung des Verw an einem von ihm beauftragten Unternehmen) = ZIP 2012, 1187; ZInsO 2012, 269; *K Schmidt/Ries* § 59 Rn 6; eingrenzend EWiR 2012, 489 (*Römermann*).
19 *LG Traunstein* ZIP 2009, 2460 = NZI 2009, 654; hierzu *Keller* NZI 2009, 633 f.
20 *BGH* NZI 2010, 980 (keine Abwahl des InsVerw).
21 *BGH* NZI 2006, 158; EWiR 2006, 315 *(Römermann)*.
22 *BGH* NJW-RR 2012, 952 Rn 10 (Treuhänder); NZI 2011, 282 Rn 18; ZInsO 2010, 2093 Rn 4; ZInsO 2009, 1491; ZIP 2006, 247 = NZI 2006, 158.

mehrfacher Zwangsgeldfestsetzung.[23] Die Pflichtwidrigkeit in einem anderen InsVerf kann ausreichend sein, wenn sich daraus Rückschlüsse auf die generelle Ungeeignetheit des Verw ableiten lassen.[24] Ebenso Berufsverbot, Vorstrafen und Vermögensverfall. Bei mehrfachen kleineren Pflichtverstößen, die für sich genommen eine Entlassung nicht rechtfertigen könnten, ist es eine Frage des Einzelfalls, ob diese in der Summe eine Entlassung rechtfertigen.[25] Der InsVerw ist zu entlassen, wenn er bei seiner Bestellung Umstände verschwiegen hat, die ernsthafte Zweifel an seiner Unabhängigkeit begründen (*BGH* NZI 2017, 667).

5 **3. Antrag des Verwalters.** Ein wichtiger Grund ist auch dann erforderlich, wenn der **Verw selbst** seine Entlassung beantragt. Er kann sein Amt nicht niederlegen oder kündigen.[26] Freilich ist es eine praktische Frage, ob es sich empfiehlt, einen Verw an seinem Amt festzuhalten, wenn er es nicht mehr fortführen will; eine erzwungene Fortführung der Geschäfte wird wenig sinnvoll sein.

IV. Das Entlassungsverfahren

6 **1. Antrag.** Die Entlassung kann **von Amts wegen** erfolgen, § 59 Abs 1 S 1, oder **auf Antrag**. Antragsberechtigt sind der Verw (vorl Verw, Sachwalter, Treuhänder), die GlVersammlung,[27] der GlAusschuss und beim Treuhänder im RSB-Verfahren gem § 292 Abs 3 S 2 jeder einzelne Gl. Ansonsten ist der einzelne Gl nicht antragsberechtigt, ebenso wenig der Schu.[28] Zulässig ist aber eine **Anregung** an das G, auch durch den Schu, eine Entlassung von Amts wegen zu prüfen.[29] In der Abstimmung der GlVersammlung über die Wahl eines anderen Verw gem. § 57 kann nicht zugleich ein Antrag auf Entlassung des Verw nach § 59 gesehen werden.[30]

7 **2. Prüfung eines wichtigen Grundes durch das Gericht.** Das G hat, sobald es Kenntnis von Tatsachen erhält, die einen Entlassungsgrund darstellen können, nach pflichtgemäßem Ermessen mögliche Entlassungsgründe zu prüfen und ggf amtswegige Ermittlungen, § 5 Abs 1, anzustellen. Gegenüber Anregungen nicht antragsberechtigter Beteiligter (Schu, einzelne Gl) ist im Hinblick auf deren Eigeninteresse Zurückhaltung in der Übernahme mitgeteilter Gründe geboten. Im Rahmen der **Verhältnismäßigkeit** ist zu prüfen, ob nicht mildere Mittel als die Entlassung ausreichen, zB Aufsichtsmaßnahmen nach § 58.[31] Voraussetzung für die Entlassung ist die auf Tatsachen gestützte Überzeugung des G vom Vorliegen eines wichtigen Grundes.[32] Ausnahmsweise kann schon der **Verdacht** einer pflichtwidrigen Handlung genügen,[33] wenn die Gefahr größerer Schäden für die Masse besteht, zB bei Verdacht auf eine erhebliche strafbare Handlung,[34] die den Schluss auf eine allgemeine charakterliche Ungeeignetheit für das VerwAmt zulassen.

---

23 *BGH* WM 2012, 22, 30.
24 *BGH* NZI 2012, 619 Rn 23; NZI 2011, 282 Rn 16, 20.
25 *BGH* ZIP 2014, 2399 = NZI 2015, 20 = ZInsO 2014, 2368 = WM 2014, 2230 (Entlassungsgrund verneint).
26 *Jaeger/Gerhardt* § 59 Rn 11; *Uhlenbruck /Vallender* § 59 Rn 2; *K Schmidt/Ries* § 59 Rn 9.
27 *BGH* NZI 2017, 667 (Entlassantrag wg verschwiegener Umstände).
28 *BGH* NZI 2009, 238 Rn 9; MK/*Graeber* § 59 Rn 53, 54.
29 *BGH* NZI 2010, 980; NZI 2006, 474 Rn 8.
30 *BGH* NZI 2006, 529.
31 *BGH* NZI 2006, 158; *Uhlenbruck/Vallender* § 59 Rn 13; *A/G/R/Lind* § 59 Rn 2.
32 *BGH* ZInsO 2009, 149; NZI 2006, 158 Rn 7; EWiR 2006, 315 *(Römermann)*.
33 *BGH* NZI 2006, 158 Rn 11; *Braun/Blümle* § 59 Rn 9; FK/*Jantz* § 59 Rn 12.
34 *BGH* NZI 2011, 282 Rn 13, 14 (dringender Verdacht auf Untreuehandlungen); *Gehrlein* ZInsO 2011, 1713 zu I.2.b).

3. Anhörung. Grds hat das InsG den InsVerw vor der EntlassungsEntsch anzuhören, § 59 Abs 1 S 3.[35] Sofern Ermittlungen durchgeführt werden, ist dem Verw das Ergebnis mitzuteilen und ihm zeitgerecht Gelegenheit zur Stellungnahme zu geben. Bei der Anhörung von Zeugen/Sachverständigen sollte ihm die Anwesenheit gestattet werden. Sofern es um die Auslegung eines Beschl der GlVersammlung geht, sollte deren Stellungnahme herbeigeführt werden.[36] Ist **Gefahr im Verzug**, so kann von einer Anhörung abgesehen werden. Zunächst kommt auch eine **vorläufige Aufhebung der Befugnisse** in Betracht.[37] Eine unterlassene Anhörung macht die EntlassungsEntsch nicht unwirksam, da der Verstoß im BeschwerdeVerf geheilt werden kann.[38] Eine Verpflichtung, den vorl GlAusschuss gem § 56a vor der Entlassung anzuhören, besteht, selbst wenn der Verw auf einstimmigen Vorschlag des vorl. GlAuschusses bestellt wurde, zwar nicht,[39] wird sich aber im Hinblick auf § 56a Abs 2, 3 anbieten.[40] 8

4. Entscheidung. Liegt ein wichtiger Grund **nachweislich** vor, hat das G **keinen Ermessensspielraum**. Das G hat dann die Entlassung auszusprechen. Die Entsch ergeht durch zu begründenden Beschl[41]. Dem Antrag, die Vollziehung der Entsch auszusetzen, braucht das G nicht nachzukommen.[42] Liegt kein wichtiger Grund vor, ist der Antrag abzulehnen. Der ablehnende Beschl ist dem Verw und dem Antragsteller zuzustellen. War dies die GlVersammlung, so ist an alle Gl zuzustellen. 9

Der Beschl, mit dem die Entlassung ausgesprochen wird, ist dem Verw zustellen und, sofern ein Antrag gestellt wurde, dem Antragsteller bekannt zu machen. Zweckmäßig ist eine öffentliche Bekanntmachung nach § 9. Mit Ergehen des Beschl ist die Entlassung wirksam, da eine sofortige Beschwerde keine aufschiebende Wirkung hat.[43] Mit der Entlassung ist ein neuer Verw zu bestellen, da es eine verwaltungslose Zeit im InsVerf nicht geben darf.[44] Über die Fortdauer der neuen Bestellung kann wiederum die GlVersammlung gem § 57 entscheiden.[45]

5. Zuständigkeit. Die Frage der Zuständigkeit für die Entscheidung gem § 59 ist **umstr.** Trotz der Tragweite der Entsch wird nach Eröffnung des InsVerf[46] angesichts des Wortlauts von § 18 Abs 1 Nr 1 RPflG der **Rechtspfleger** für die Entscheidung – und im Falle der Entlassungsentscheidung auch für die Bestellung des neuen Verw[47] – als zuständig angesehen,[48] 10

---

35 *A/G/R/Lind* § 59 Rn 11 (regelmäßig eine Woche).
36 *Keller* NZI 2009, 633, 635.
37 *K/P/B/Lüke* § 59 Rn 7; *A/G/R/Lind* § 59 Rn 59 Rn 12 (iVm der Bestellung eines SonderInsVerw); zum fehlenden Antragsrecht des InsVerw zur Einberufung einer Gläubigerversammlung zwecks Abberufung des SonderInsVerw *BGH* ZInsO 2015, 1100).
38 *BGH* NZI 2012, 619 Rn 26, 27; NZI 2011, 282 = ZInsO 2011, 724.
39 *Rechel* ZInsO 2012, 1641, 1643 zu I.3.b.
40 FK/*Jahntz* § 59 Rn 11; HambKomm/*Frind* § 59 Rn 8; *Braun/Blümle* § 59 Rn 9.
41 *BGH* NZI 2015, 390 (in der Bestellung eines neuen Verw liegt automatisch die Entlassung des alten).
42 *BGH* ZIP 2005, 865 (s Sachverhalt).
43 *BGH* ZIP 2005, 865, 866 zu I.1.d).
44 *Uhlenbruck/Vallender* § 59 Rn 25 aE.
45 MK/*Graeber* § 59 Rn 64.
46 *Uhlenbruck/Vallender* § 59 Rn 22 (im Eröffnungsverfahren ist allein der InsRichter zuständig).
47 *Uhlenbruck/Vallender* § 59 Rn 22; FK/*Jahntz* § 59 Rn 15; **aA** Zuständigkeit des InsRichters *N/R/Delhaes* § 59 Rn 11; HambKomm/*Frind* § 59 Rn 7; *K/P/B/Lüke* Rn 9c.
48 *LG Dresden* BeckRS 2017, 129553; MK/*Graeber* § 59 Rn 40; FK/*Jahntz* § 59 Rn 15; *K Schmidt/Ries* § 59 Rn 10; *A/G/R/Lind* § 59 Rn 10; *Graf-Schlicker/Castrup* § 59 Rn 8; **aA** *AG Ludwigshafen* ZInsO 2012, 93 (wenn die Entscheidung von Amts wegen zu treffen ist und die Gründe schon zZ der Entlassungsentscheidung vorlagen), *AG Göttingen* ZIP 2003, 590.

sofern sich der Richter nicht die Entscheidung nach § 18 Abs 2 RPflG vorbehalten hat, wobei dies zwar nicht pauschal,[49] aber im Einzelfall auch nach der Eröffnung des InsVerf erfolgen kann.[50]

11 **6. Rechtsmittel.** Im **Entlassungsfall** ist der **Verw** beschwerdeberechtigt; wird ein Entlassungsantrag **abgelehnt**, so ist es der **Antragsteller**. Trotz des missverständlichen Wortlauts von Abs 2 S 2 kann nicht angenommen werden, dass über den jeweiligen Antragsteller hinaus auch die anderen objektiv Antragsberechtigten beschwerdeberechtigt sein sollen. Dem Schu steht mangels Antragsrecht kein Beschwerderecht zu. Als Folge der Aufhebung der Entlassung des ersten Verw in der Beschwerdeinstanz, welche zwangsläufig die Entlassung des neubestellten zweiten Verw zur Folge hat, soll wiederum der zweite Verw beschwerdeberechtigt sein.[51] War die GlVersammlung Antragstellerin, so übt sie das BeschwRecht nicht als Kollegialorgan aus, weil dies die gesonderte Einberufung einer eigenen Versammlung notwendig machen würde, vielmehr ist dann jeder einzelne Gl beschwerdeberechtigt.[52] Auf sein Abstimmungsverhalten in der den Antrag beschließenden Versammlung kommt es nicht an, denn hier handelt er kraft eigenen, persönlichen Rechts. Bei Ablehnung eines Antrags des GlAusschusses ist nur der Ausschuss als solcher rechtsmittelbefugt.[53] Ist das GlHandeln als bloße Anregung an das G zum Tätigwerden aufzufassen, steht dem einzelnen Gl gegen die Entscheidung des G kein Rechtsmittel zu.[54] Dies betr auch die Ablehnungsentscheidung hinsichtlich der beantragten Bestellung eines SonderInsVerw.[55]

12 **7. Rechtsfolgen.** Das Rechtsverhältnis zu dem bisherigen Verw wirkt über die Entlassung hinaus. So ist der Verw verpflichtet, seine Bestellungsurkunde zurückzugeben und gegenüber der GlVersammlung, nicht gegenüber dem neuen Verw, Rechnung zu legen.[56] Wegen der Herausgabepflicht von Unterlagen steht der entlassene Verw weiterhin unter der Aufsicht des G, weshalb bei Verstößen eine Zwangsgeldfestsetzung gem § 58 möglich bleibt. Die Rechtshandlungen des entlassenen Verw bleiben, abgesehen von nichtigen Handlungen, wirksam.[57] Dem entlassenen Verw stehen, ausgenommen von Fällen der Täuschung, anteilige Vergütungsansprüche zu.[58]

§ 60 Haftung des Insolvenzverwalters

(1) [1]Der Insolvenzverwalter ist allen Beteiligten zum Schadenersatz verpflichtet, wenn er schuldhaft die Pflichten verletzt, die ihm nach diesem Gesetz obliegen. [2]Er hat für die Sorgfalt eines ordentlichen und gewissenhaften Insolvenzverwalters einzustehen.

(2) Soweit er zur Erfüllung der ihm als Verwalter obliegenden Pflichten Angestellte des Schuldners im Rahmen ihrer bisherigen Tätigkeit einsetzen muss und diese Angestellten

---

49 FK/*Jahntz* § 59 Rn 15.
50 Arnold/Meyer-Stolte/*Hintzen* RpflG, 7. Aufl, § 18 Rn 54, 55; *K/P/B/Lüke* § 59 Rn 9a.
51 *BGH* ZInsO 2010, 2093; krit hierzu: HambKomm/*Frind* § 59 Rn 11 (neuer Verw ist zu bestätigen).
52 *BGH* NZI 2010, 980 Rn 4.
53 HambKomm/*Frind* § 59 Rn 9; *K/P/B/Lüke* § 59 Rn 11.
54 *BGH* NZI 2010, 980 (keine Hinweispflicht zur BeschlFassung durch die GlVersammlung).
55 *BGH* NZI 2006, 474 (keine Beschwerdebefugnis des Schu); ZIP 2009, 529 = NZI 2009, 238 Rn 3, 5 (keine Beschwerdebefugnis des Gl bzgl der Entsch, ob eine SonderInsVerw eingesetzt werden soll).
56 *BGH* ZInsO 2010, 2134.
57 *Uhlenbruck/Vallender* § 59 Rn 26.
58 *K Schmidt/Ries* § 59 Rn 20.

nicht offensichtlich ungeeignet sind, hat der Verwalter ein Verschulden dieser Personen nicht gemäß § 278 des Bürgerlichen Gesetzbuchs zu vertreten, sondern ist nur für deren Überwachung und für Entscheidungen von besonderer Bedeutung verantwortlich.

Übersicht

A. Allgemeines

I. Normzweck und Gesetzgebungshinweise

1 Die Vorschrift soll das Vermögen derjenigen Personen schützen, die mit der Amtsführung des Verwalters in Berührung kommen. Sie ist derjenigen des § 82 KO nachgebildet, nach welcher der Konkursverwalter für die Erfüllung der ihm obliegenden Pflichten allen Beteiligten verantwortlich war.[1] „Beteiligter" war derjenige, dem gegenüber der Verwalter Pflichten nach der KO zu erfüllen hatte. Grundlage der Schadensersatzpflicht des Konkursverwalters war damit eine Sonderrechtsbeziehung zwischen ihm und den Beteiligten.[2] Die Verletzung von Vertragspflichten oder Pflichten aus sonstigem Rechtsgrund führte nicht zu einer Haftung nach § 82 KO. Diese Konzeption hat die InsO in § 60 insb deshalb übernommen, um der Gefahr einer Ausuferung der Haftung des Verwalters vorzubeugen.[3]

2 Die Nichterfüllung der vom Verwalter begründeten Masseverbindlichkeiten ist in § 61 besonders geregelt. Diese Vorschrift erweitert die Haftung des Verw gegenüber dem bisherigen Recht. Unabhängig von §§ 60, 61 kommt eine Haftung des Verw aufgrund allg Vorschriften (§§ 823 ff, 826 BGB, culpa in contrahendo/§ 311 Abs 2 BGB,[4] § 69 AO, § 321 SGB III) in Betracht.

---

1 Zur Gesetzgebungsgeschichte und zur Entwicklung der Rspr vgl MK/*Brandes/Schoppmeyer* § 60 Rn 2 ff.
2 *BGHZ* 93, 278, 281 = ZIP 1985, 360.
3 BT-Drucks 12/2443, 129.
4 Vgl dazu *BGH* ZIP 2005, 1322, 1328.

II. Anwendungsbereich

3 Die Vorschrift gilt kraft Verweisung auch für den vorl InsVerw (§ 21 Abs 2 Nr 1), den Sachwalter und den vorl Sachwalter iRd Eigenverwaltung (§ 274 Abs 1, § 270a Abs 1 S 2) und den Treuhänder im vereinfachten InsVerf (§ 313 Abs 1 aF), jedoch nur, soweit es um die Verletzung insolvenzspezifischer Pflichten geht. Eine persönliche Haftung des eigenverwaltenden oder vorl **eigenverwaltenden Schu** (§ 270 Abs 1) sieht die InsO nicht vor. Die entsprechende Anwendung des § 60 auf ihn würde keine zusätzliche Haftungsmasse erschließen; denn gem § 35 gehört sein gesamtes pfändbares Vermögen zur InsMasse.[5] Im Hinblick darauf, dass er die InsMasse nunmehr im Interesse aller InsGl verwalten muss, sich also nicht nur an Vertragspflichten gegenüber einzelnen Gl, sondern vorrangig an allgemeinen insolvenzrechtliche Pflichten zu orientieren hat, haftet er gleichwohl bei Verletzung seiner „Verwalterpflichten" entspr § 60.[6] Handelt es sich bei dem Schu um eine Gesellschaft, wird so die Möglichkeit geschaffen, einen Haftungsschaden des Schu zu begründen, um im Innenverhältnis eine Organhaftung der Geschäftsleitung anknüpfen zu können.[7] Auf die Haftung des Sachverständigen im InsEröffnungsVerf ist § 60 nicht entspr anwendbar.[8] Für ihn gilt vielmehr § 839a BGB. Ob der nach § 292 bestellte Treuhänder gem oder entspr § 60 haftet, ist umstr und höchstrichterlich noch nicht entschieden.[9] § 292 verweist nur auf §§ 58, 59, nicht jedoch auf § 60, was gegen eine Anwendbarkeit dieser Vorschrift sprechen könnte;[10] nach **aA** soll § 60 Abs 1 trotz der fehlenden Verweisung entspr anwendbar sein.[11]

B. Erläuterungen

I. Insolvenzspezifische Pflichten

4 **1. Grundlagen.** Der Verw ist allen Beteiligten zum Schadensersatz verpflichtet, wenn er schuldhaft die Pflichten verletzt, die ihm nach der InsO obliegen (Abs 1 S 1).

5 **a) „Beteiligter"** und damit möglicher Anspruchsberechtigter ist jeder, dessen Interessen durch eine Verletzung der dem Verwalter obliegenden insolvenzspezifischen Pflichten unmittelbar beeinträchtigt werden können und dessen Interessen dieser daher bei der Führung der Verwaltung zu wahren hat.[12] Das sind insb der Schu, die InsGl, die MasseGl sowie die Aus- und Absonderungsberechtigten,[13] aber auch der persönlich haftende Gesellschafter und der Kommanditist im InsVerf über das Vermögen einer KG.[14] Ob der Gesellschafter einer GmbH oder der Aktionär am InsVerfahren über das Vermögen der GmbH oder AG „beteiligt" ist, hatte der BGH noch nicht zu entscheiden.[15] In früheren, noch zur Konkursordnung ergangenen Entsch hat der BGH außerdem etwa die als Hinterlegungsstelle bestimmte Bank (§ 132 KO = § 149 Abs 1 InsO)[16] als „Beteiligte" angesehen, nicht aber den

---

5 *Marotzke* FS Kirchhof, S 349.

6 *Häsemeyer* Rn 8.14; *Thole/Brinkmans* ZIP 2013, 1097, 1098; **aA** *Bachmann* ZIP 2015, 101, 102 ff.

7 *Thole/Brinkmans* ZIP 2013, 1097, 1101 ff.

8 **AA** *Wilhelm* DZWIR 2007, 361 ff.

9 *BGH* ZIP 2008, 1685 Rn 20 lässt die Frage ausdrücklich offen.

10 So *OLG Celle* NZI 2008, 52; *AG Köln* ZVI 2013, 314, 315; *Graf-Schlicker/Kexel* § 292 Rn 13.

11 So *K Schmidt/Thole* § 60 Rn 4; *Gundlach/Schmidt* NZI 2008, 609; su § 292 Rn 22 mwN.

12 *BGHZ* 179, 336 Rn 15 = ZIP 2009, 536; *BGH* WM 1962, 350; ZIP 1984, 1507; ZIP 1987, 117 (zu § 82 KO); *OLG Karlsruhe* WM 2013, 1276, 1277 (zu § 82 KO); *Jaeger/Gerhardt* § 60 Rn 22.

13 BT-Drucks 12/2443, 129; zur KO vgl auch *BGHZ* 100, 346 = ZIP 1987, 650, 652.

14 *BGH* ZIP 1985, 423, 425 (zu § 82 KO); ZIP 2010, 2164 Rn 14 f.

15 Verneinend *OLG Karlsruhe* WM 2013, 1276, 1278; dagegen *Vallender* WuB VI A § 60 InsO 1.13 unter Hinweis auf § 199 InsO; su Rn 6.

16 *BGH* WM 1962, 350; RGZ 149, 185 f; einschr *Jaeger/Gerhardt* § 60 Rn 96.

Bürgen, der sich für eine zur Tabelle angemeldete, noch nicht gem § 774 Abs 1 BGB auf ihn übergegangene (vgl § 44) InsFord verbürgt hat,[17] und auch nicht den Geschäftsführer der Schu, der möglicherweise nur deshalb aus § 64 Abs 2 GmbHG haftete, weil ein Anfechtungsanspruch nicht rechtzeitig geltend gemacht worden war.[18]

b) Eine selbstständige Bedeutung kommt dem Begriff des „Beteiligten" nicht zu. Voraussetzung der Haftung nach § 60 ist vielmehr die **Verletzung einer in der InsO normierten Pflicht,** die – ähnlich wie die Amtspflicht in § 839 BGB – gerade **dem Schutz des Anspruchstellers dienen** muss.[19] Die oben offen gelassene Frage, ob die Gesellschafter einer GmbH „Beteiligte" des InsVerf über das Vermögen der GmbH sind, ist danach zu beantworten, welche Pflicht der InsVerw verletzt hat.[20] Für Fehler bei der Auskehr des Überschusses gem § 199 S 2 kommt eine Haftung gegenüber den Gesellschaftern durchaus in Betracht.[21] Der GmbH-Geschäftsführer gehört dagegen nicht zum Kreis der geschützten Beteiligten. Insbesondere ist der Verw nicht verpflichtet, eine zugunsten des Verwalters bestehende Haftpflichtversicherung aufrecht zu erhalten.[22] Pflichten, die den Verw wie jeden Vertreter fremder Interessen gegenüber Dritten treffen, sind nicht insolvenzspezifisch.[23] Es besteht keine insolvenzspezifische Pflicht, Arbeitnehmer zu einem bestimmten Zeitpunkt freizustellen, um ihnen den Bezug von Arbeitslosengeld zu ermöglichen.[24] Nicht insolvenzspezifisch sind außerdem in der Regel Pflichten, die dem Verw als Verhandlungs- oder Vertragspartner eines Dritten auferlegt sind.[25] Der Verkauf einer mangelhaften Sache begründet keine persönliche Haftung des Verw. Die Verletzung allg Vertragspflichten kann jedoch dann eine Haftung nach § 60 begründen, wenn dem Dritten gegenüber auch insolvenzspezifische Pflichten bestehen, deren Erfüllung durch die Verletzung der Vertragspflicht gefährdet wird.[26] **6**

c) Teilweise wird zwischen der **Innen-** und der **Außenhaftung** des Verw unterschieden. Die Innenhaftung soll das Verhältnis zwischen dem Verw und dem Schu als dem Träger des verwalteten Vermögens betreffen, die Außenhaftung dasjenige zwischen dem Verw und den übrigen Beteiligten.[27] Soweit aus dieser Unterscheidung unterschiedliche Haftungsmaßstäbe folgen sollen, der Verw also im Verhältnis zum Schu einer strengeren Haftung unterliegen soll, entspricht diese Konzeption nicht dem Gesetz.[28] Wichtiger ist die Unterscheidung zwischen **Einzel-** und **Gesamtschaden**, die aber nicht die Haftungsvoraussetzungen, sondern die Befugnis zur Geltendmachung der Schadensersatzpflicht des Verw betrifft. Als **„Gesamtschaden"** bezeichnet die InsO denjenigen Schaden, den die InsGl gemeinschaftlich durch eine Verminderung des zur InsMasse gehörenden Vermögens vor oder nach der Eröffnung des InsVerf erlitten haben (§ 92 S 1). Ansprüche der InsGl auf Ersatz eines Gesamtschadens können während der Dauer des InsVerf nur vom InsVerw – hier: einem neuen Verw oder **7**

---

17 *BGH* ZIP 1984, 1507 f; ebenso jetzt *BGH* 5.6.2012 – XI ZR 233/08, Rn 21.
18 *BGHZ* 131, 325, 328 f = ZIP 1996, 421.
19 *BGH* 14.4.2016 – IX ZR 161/15, Rn 14.
20 Insoweit zutr *OLG Karlsruhe* WM 2013, 1276, 1278.
21 Insoweit zutr *Vallender* WuB VI A. § 60 InsO 1.13.
22 *BGH* 14.4.2016 – IX ZR 161/15, Rn 15 f.
23 *BGH* ZIP 2001, 1377 (zu § 82 KO); ZIP 2007, 539 Rn 7; *BAGE* 143, 321 Rn 41 = ZIP 2013, 638.
24 *BAGE* 143, 321 Rn 44 = ZIP 2013, 638.
25 Vgl aber § 61.
26 *BGH* ZIP 2007, 539 Rn 7 (unberechtigte Untervermietung, welche die pünktliche Erfüllung eines Aussonderungsanspruchs verhinderte); ZIP 2008, 608 Rn 12.
27 *Kilger/K Schmidt* § 82 KO Anm 1; wohl auch HambKomm/*Weitzmann* § 60 Rn 7.
28 *Häsemeyer* Rn 6.36; vgl auch *Jaeger/Gerhardt* § 60 Rn 14 f.

einem speziell zur Durchsetzung der Ansprüche aus § 60 bestellten Sonderverwalter – geltend gemacht werden (§ 92 S 1). Das gilt nicht nur für den – auf die gesamte Masse bezogenen – Gemeinschaftsschaden, sondern auch für den daraus folgenden Quotenverringerungsschaden (Quotenschaden) jedes einzelnen InsGl, der in der Verkürzung des auf ihn entfallenden Anteils besteht.[29] Ein **Einzelschaden** entsteht dagegen in der Person eines einzelnen Beteiligten. Dieser kann – vom Ausnahmefall des Quotenschadens abgesehen – den auf Ersatz des Einzelschadens gerichteten Anspruch gegen den Verw uneingeschränkt selbst geltend machen.

8 **2. Inbesitznahme, Verwaltung und Verwertung der Masse.** Der Verw ist verpflichtet, die Masse zu bewahren und ordnungsgemäß zu verwalten.[30] Nach der Eröffnung des InsVerf hat er das gesamte zur InsMasse gehörende Vermögen sofort in Besitz und Verwaltung zu nehmen (§ 148 Abs 1). Bis zum Berichtstermin hat er das schuldnerische Unternehmen grundsätzlich fortzuführen, wenn dies nicht zu einer erheblichen Verminderung der InsMasse führt (vgl §§ 157, 158).[31] Verletzt der Verw ihm in diesem Zusammenhang obliegende Pflichten, stellt der so entstandene Schaden regelmäßig einen Gesamtschaden (§ 92) dar.[32]

9 **a)** Die **Inbesitznahme** gehört zu den elementaren Pflichten des Verw.[33] Sie dient zunächst der Sicherstellung der Masse im Interesse aller VerfBeteiligter[34] und erstreckt sich auch auf das ausländische Vermögen des Schu.[35] Welche Maßnahmen erforderlich sind, richtet sich nach den Umständen des Einzelfalles. Der Verw muss **Ansprüche der Masse gegen Dritte** rechtzeitig vor Eintritt der Verjährung geltend machen und erforderlichenfalls mit den Mitteln des Rechts durchzusetzen,[36] wenn die Erfolgsaussichten günstig sind und die Prozessführung wirtschaftlich vertretbar erscheint. Geltend zu machen sind auch Schadensersatzansprüche gegen einen vom Verw mit der Einziehung einer Masseforderung beauftragten Rechtsanwalt.[37] Beantragt er einen Mahnbescheid, hat er den Anspruch hinreichend genau zu bezeichnen.[38] Der Verw hat Anfechtungsansprüche nach den §§ 129 ff, 143 durchzusetzen[39] und Ansprüche aus § 826 BGB wegen Verkürzung der Masse geltend zu machen.[40] Im InsVerf über das Vermögen einer GmbH gehören dazu insb die nunmehr als reine Innenhaftung ausgestalteten Ansprüche aus **Existenzvernichtungshaftung** der Gesellschaft gegen die Gesellschafter,[41] die ohne die Notwendigkeit eines Rückgriffs auf § 93 vom Verwalter geltend zu machen sind (§ 80).[42] Auch iÜ hat der Verw zu prüfen, ob die Grundsätze der Kapitalaufbringung und -erhaltung verletzt worden sind.[43] Im InsVerf über das Vermögen

29 *BGHZ* 159, 25, 29 = ZIP 2004, 1220.
30 *BGH* ZIP 2014, 1448 Rn 11; *BGH* 16.7.2015 – IX ZR 127/14, Rn 8; *BGH* 16.3.2017 – IX ZR 253/15, Rn 777.
31 Vgl dazu *BAGE* 143, 321 Rn 53 ff = ZIP 2013, 638.
32 MK/*Brandes/Schoppmeyer* § 60 Rn 11 ff.
33 *BGHZ* 174, 84 Rn 39 = ZIP 2007, 2278.
34 *BGHZ* 150, 305, 311 = ZIP 2002, 1045.
35 *BGHZ* 88, 147, 150 f = ZIP 1983, 961; *BGH* ZIP 2003, 2123, 2124.
36 *BGH* 16.7.15 – IX ZR 127/14, Rn 8; *BGH* 3.3.2016 – IX ZR 119/15, Rn 15.
37 *BGH* 3.3.2016 – IX ZR 119/15, Rn 22; *Jungmann* EWiR 2016, 309, 310.
38 *BGH* ZIP 1993, 1887, insoweit in *BGHZ* 124, 27 ff nicht abgedr.
39 *BGHZ* 131, 325, 328 = ZIP 1996, 421; *LG Krefeld* NZI 2014, 410, 411; *Huber* NZI 2004, 497 f; vgl auch den Fall *BGHZ* 159, 25 = ZIP 2004, 1218; zur Frage, unter welchen Voraussetzungen ein Vergleich über Anfechtungsansprüche in Betracht kommen kann, vgl *Kreft* FS K Schmidt, S 967 ff.
40 *BGH* WM 1973, 1355; *BGH* ZIP 1986, 380.
41 *BGHZ* 173, 246 ff = *BGH* NZI 2007, 603 ff; *BGH* ZIP 2008, 456.
42 *Gehrlein* WM 2008, 765 f.
43 Vgl die Nachweise bei *Ehlers* NZI 2008, 211 Fn 4.

einer Gesellschaft ohne Rechtspersönlichkeit oder einer KGaA obliegt dem Verw, die persönliche Haftung der Gesellschafter geltend zu machen (§ 93). Vor jedem Rechtsstreit hat der Verw abzuwägen, ob der zu erwartende Ertrag den mit der Prozessführung verbundenen finanziellen Aufwand rechtfertigt.[44] Darauf, ob etwaige Kostenerstattungsansprüche des Gegners gedeckt sind, braucht er dagegen regelmäßig keine Rücksicht zu nehmen (su).[45]

b) Aus dem **Verwaltung**sauftrag kann die Pflicht zur Massemehrung[46], etwa zur **zinsgünstigen Anlage** nicht benötigter Gelder[47] oder – im Rahmen des Unternehmens- und Insolvenzzwecks – zum günstigen Erwerb einer Eigentumswohnung[48] folgen. Die Pflicht zur Bewahrung und Erhaltung ist danach nicht immer schon dann erfüllt, wenn es dem Verw gelingt, den Bestand der Masse zu erhalten. Der Verw ist verpflichtet, massezugehörige Forderungen, die der Schu gegen Dritte hat, im Interesse der gleichmäßigen Befriedigung aller InsGl (par conditio creditorum) einzuziehen.[49] Klage erheben muss er dann, wenn die Klage erforderlich ist, Aussicht auf Erfolg hat und wirtschaftlich vertretbar ist. Ansprüche auf Steuerrückerstattungen sind zu prüfen und durchzusetzen.[50] Unberechtigte Forderungen gegen die Masse hat der Verwalter abzuwehren. Eine **Globalzession** hat der Verw auf ihre Wirksamkeit hin zu prüfen und erfolgversprechende, wirtschaftlich vertretbare Rechtsbehelfe gegen den Zessionar (die Bank) zu ergreifen.[51] Die Rspr des BGH zum **Lastschriftenwiderruf**[52] begründet nicht nur die rechtliche Möglichkeit, eine Belastung nicht zu genehmigen, sondern auch die Pflicht des Verwalters zu ermitteln, in welchem Umfang es geboten ist, Lastschriften, welche der Schu noch nicht genehmigt hat, zu widersprechen.[53] Die Entsch hierüber wird alsbald getroffen werden müssen, weil ein längeres Zuwarten vom Gl und von der SchuBank als Genehmigung der Lastschriften verstanden werden kann.[54] Eine Rechtspflicht des Verwalters, schematisch jeglicher Lastschrift innerhalb des relevanten Zeitraums zu widersprechen, besteht jedoch nicht. Im InsVerf über das Vermögen einer natürlichen Person ist vielmehr zu beachten, dass solche Lastschriften, die unter Verwendung des **unpfändbaren Schonvermögens** eingelöst worden sind, vom Verwalter oder Treuhänder respektiert werden müssen.[55] Dem Verw fehlt die Rechtsmacht, über das unpfändbare Schuldnervermögen zu verfügen (§§ 36 Abs 1, 80 Abs 1). Widerspricht er gleichwohl und kommt es hierdurch zu einer Rückbelastung, kann er sich sowohl gegenüber dem Schu als auch gegenüber dem Lastschriftgläubiger schadensersatzpflichtig machen.[56] Für die Zeit bis zum Bekanntwerden des Urt v 20.7.2010[57] wird es aber an einem Verschulden des Verw fehlen.[58] 10

---

44 Vgl *BGHZ* 131, 325, 329 f = ZIP 1996, 421; *BGHZ* 149, 175, 180 = ZIP 2001, 1378; *LG Krefeld* NZI 2014, 410, 11; *Bork* ZIP 2005, 1121 ff.
45 *BGHZ* 148, 175 ff = ZIP 2001, 1376 ff; *BGHZ* 161, 236 = ZIP 2005, 131; *BGH* ZIP 2006, 194, 196.
46 *BGH* 16.3.2017 – IX ZR 253/15, Rn 13; *Jungmann* EWiR 2014, 563, 564.
47 *BGH* ZIP 2014, 1448 Rn 12 ff; krit *Wagner* NZI 2014, 761; *Vallender* NJW 2015, 1343.
48 *BGH* 16.3.2017 – IX ZR 253/15, Rn 11 ff.
49 *BGHZ* 169, 43, 47 = ZIP 2006, 1737; *Bork* ZIP 2005, 1121.
50 *LG Düsseldorf* ZIP 2011, 441.
51 *BGH* ZIP 2003, 1256, 1258.
52 Vgl *BGHZ* 161, 49 = ZIP 2004, 2442; *BGH* ZIP 2006, 2046; *BGHZ* 174, 84 = ZIP 2007, 2273; *BGHZ* 186, 269 = ZIP 2010, 1556 (11. Zivilsenat); *BGHZ* 186, 242 = ZIP 2010, 1552 (9. Zivilsenat).
53 *BGHZ* 174, 84, 99 Rn 39 = ZIP 2007, 2273.
54 Vgl jetzt *BGHZ* 186, 269 Rn 43 ff = ZIP 2010, 1556.
55 *BGHZ* 186, 242 Rn 23 = ZIP 2010, 1552.
56 *BGHZ* 186, 242 Rn 26, 27 = ZIP 2010, 1552.
57 *BGHZ* 186, 242 = ZIP 2010, 1552.
58 Vgl *BGHZ* 194, 1 Rn 10 = ZIP 2012, 1566 (zu § 826 BGB).

11 Auch im rein tatsächlichen Bereich hat der Verw alle Maßnahmen zu treffen, die zur Erhaltung, Bewahrung und ordnungsgemäßen Verwaltung der zur Masse gehörenden Gegenstände erforderlich sind.[59] Er hat zur Masse gehörende Gegenstände vor Diebstahl oder Beschädigungen zu schützen oder gegen Frost- und Wasserschäden eines nicht genutzten Gebäudes vorzusorgen. Zur ordnungsgemäßen Verwaltung von bebauten Grundstücken, auf denen sich ein Gewerbebetrieb befindet, gehören auch der Abschluss und die Aufrechterhaltung ausreichender Versicherungen.[60]

12 Gegenstände, die mehr Kosten verursachen als Ertrag versprechen, hat der Verw freizugeben. Das gilt auch in der Ins von Gesellschaften.[61] Einen Sonderfall der Freigabe regelt § 35 Abs 2.[62] Nach dieser Vorschrift hat der InsVerw dann, wenn der Schu eine selbstständige Tätigkeit ausübt oder aufnehmen will, zu erklären, ob Vermögen aus dieser Tätigkeit zur InsMasse gehört und ob Ansprüche daraus im InsVerf geltend gemacht werden können. Dadurch soll klargestellt werden, ob die vom Schu im Rahmen seiner Tätigkeit begründeten Verbindlichkeiten Masseverbindlichkeiten darstellen oder nicht. Eine zeitliche Vorgabe für die Abgabe der Erklärung enthält das Gesetz nicht; der Verw soll jedoch „bei der Bestimmung des maßgeblichen Zeitpunkts die Haftungsnorm des § 60 berücksichtigen" müssen.[63]

13 Nach § 155 Abs 1 hat der Verw in Bezug auf Masse die handels- und steuerrechtlichen Pflichten des Schu zur Buchführung und zur Rechnungslegung zu erfüllen. Lässt der Verw keine Jahresabschlüsse und Steuererklärungen erstellen, um zu verhindern, dass die damit verbundenen Kosten den Überschuss aus der Unternehmensfortführung und damit seine Vergütung mindern, kann dies eine Pflichtverletzung zum Schaden der InsBeteiligten darstellen.[64] Die steuerrechtliche Pflicht zur Buchführung besteht auch und gerade dem Schu gegenüber; iRd ihm Zumutbaren muss der Verw sich auch um Vervollständigung einer bei Eröffnung mangelhaften Buchführung bemühen.[65] Da nach § 35 der Neuerwerb zur Masse gehört, können erstattete oder niedriger festgesetzte Steuern auch den Gl zugute kommen; der Verw hat Kosten und Nutzen gegeneinander abzuwägen.[66]

14 **c)** Nach dem Berichtstermin hat der Verwalter unverzüglich das zur Masse gehörende Vermögen zu **verwerten**, soweit die Beschlüsse der GlVersammlung nicht entgegenstehen (§ 159). Der Verw hat für eine möglichst weitgehende gleichmäßige Befriedigung der InsFord zu sorgen.[67] Er hat daher die Gegenstände der Masse so günstig wie möglich zu veräußern. Die Verwertung soll unverzüglich, aber nicht in übertriebener Eile erfolgen.[68] Die Vorschriften der §§ 160 ff über eine erforderliche Zustimmung des GlAusschusses (§ 160 Abs 2 Nr 1) oder der GlVersammlung (§ 162) sind zu beachten. Wird das Unternehmen des Schu zu einem geringerem als dem objektiv erzielbaren Preis veräußert, verstößt dies gegen die Verpflichtung zur bestmöglichen Verwertung der Masse und führt zu einem Gemein-

---

59 MK/*Brandes/Schoppmeyer* § 60 Rn 15.
60 *BGHZ* 105, 230, 237 = ZIP 1988, 1413.
61 Vgl *BGHZ* 163, 32 = ZIP 2005, 1034.
62 IdF des Gesetzes zur Vereinfachung des InsVerf v 13.4.2007, BGBl I, 509.
63 BT-Drucks 16/4194, 14.
64 *BGH* ZPI 2007, 784 Rn 18.
65 *BGHZ* 74, 316, 320 = ZIP 1980, 25 f mit krit Anm *Kilger* (zw, wenn Jahresabschluss und Steuererklärung nur dazu dienen, einen Verlustvortrag des Schu zu erhalten, der Masse aber keine Vorteile bringen); für eine Pflicht zugunsten des Schu *BGH* ZIP 2008, 1685 Rn 11; ZIP 2010, 2164.
66 MK/*Brandes/Schoppmeyer* § 60 Rn 22.
67 *BGH* ZIP 1987, 1586, 1587.
68 *BGH* ZIP 1985, 423; *OLG München* NZI 1998, 86.

schaftsschaden;[69] dann, wenn ein die Summe der InsFord übersteigender Betrag hätte erzielt werden können, entsteht zusätzlich ein Einzelschaden des Schu selbst.[70] Durch den Abschluss eines Rechtsgeschäfts, das Umsatzsteuer auslöst, zu deren Begleichung die Masse voraussichtlich nicht ausreichen wird, verletzt der Verwalter keine insolvenzspezifische Pflicht gegenüber dem Fiskus.[71] Er braucht also nicht deshalb von Verwertungshandlungen abzusehen, weil die hierdurch entstehende Umsatzsteuer voraussichtlich nicht beglichen werden kann.[72]

Die Pflichten des Verw bei der Feststellung der InsFord und der Verteilung der Masse ergeben sich aus §§ 174 ff, 187 ff. Pflichtverletzungen in diesem Zusammenhang führen regelmäßig zu Einzelschäden der InsGl (su Rn 19). Eine Masseverkürzung und damit ein Gesamtschaden (§ 92) können etwa dann eintreten, wenn der Verw einer nicht oder nicht in der angemeldeten Höhe bestehenden Forderung nicht widerspricht oder bei der Verteilung einzelne Gl auf Kosten der anderen bevorzugt. 15

d) In einem **InsPlan** können die Befriedigung der absonderungsberechtigten Gl und der InsGl, die Verwertung der Masse und deren Verteilung an die Beteiligten sowie die Haftung des Schu nach der Beendigung des InsVerf abweichend von den Vorschriften der InsO geregelt werden. Haben die Gl den Verw beauftragt, einen InsPlan auszuarbeiten, hat er den Plan binnen angemessener Frist dem Gericht vorzulegen (§ 218 Abs 2). Kommt er diesem Auftrag nicht nach, kann er sich ersatzpflichtig machen.[73] Die Angaben im darstellenden Teil des Planes (§ 220), der Gl und InsGer über die gegenwärtige wirtschaftliche Lage des Schu und deren Ursachen unterrichten und die geplanten, in den gestaltenden Teil des Plans aufzunehmenden Maßnahmen erläutern soll, müssen vollständig und zutreffend sein. Nach § 232 Abs 1 Nr 3, Abs 3 hat der Verwalter innerhalb der vom Gericht gesetzten Frist zu einem vom Schu vorgelegten Plan Stellung zu nehmen. 16

3. Pflichten gegenüber dem Schuldner. Die Pflicht zur bestmöglichen Erhaltung und Verwertung der Masse besteht auch gegenüber dem Schu, der ein rechtlich geschütztes Interesse daran hat, den Umfang seiner Nachhaftung gem § 201 Abs 1 gering zu halten oder sogar einen Überschuss ausgezahlt zu erhalten.[74] Eine Verletzung dieser Pflicht führt etwa dann zu einem Einzelschaden des Schu, wenn dessen Unternehmen nicht zu einem Preis verwertet wird, welcher einen Überschuss erbracht hätte, obgleich dies möglich gewesen wäre.[75] Der Verw darf nicht über Vermögen des Schu verfügen, das unpfändbar ist und deshalb nicht zur Masse gehört (§ 36).[76] Zieht er unpfändbares Vermögen zur Masse und verteilt es an die InsGl, haftet er dem Schu auf Schadensersatz. Dieser Anspruch ist – anders als sonstiger Neuerwerb (§ 35 Abs 1), zu dem auch Schadensersatzansprüche gegen den Verwalter gehören können – nicht Teil der Masse, weil anderenfalls die InsGl doppelt zu Unrecht bevorteilt würden; er unterliegt daher keiner Nachtragsverteilung (§ 203).[77] Der Verwalter ist dagegen nicht verpflichtet, gegen eine unzulässige Verrechnung vorzugehen, 17

69 *BGH* ZIP 1995, 290, 293.
70 *BGH* ZIP 1985, 423.
71 *BGH* ZIP 2010, 2242 Rn 14.
72 Vgl auch *BFHE* 204, 391, 394.
73 MK/*Brandes/Schoppmeyer* § 60 Rn 33.
74 *BGH* ZIP 2014, 1448 Rn 11; ZIP 2015, 1645 Rn 8.
75 *BGH* ZIP 1985, 423, 425; *RGZ* 152, 127; *OLG Karlsruhe* WM 2013, 1276, 1278 (jeweils zu § 82 KO).
76 *BGH* ZIP 2008, 1685 Rn 11.
77 *BGH* NZI 2008, 560 Rn 12 f.

die sich auf das massefreie Vermögen des Schu bezieht.[78] Die steuerrechtlichen Pflichten zur Buchführung (§ 155) obliegen dem Verw auch dem Schu gegenüber.[79]

18 **4. Pflichten gegenüber den Insolvenzgläubigern. – a)** Die Pflicht zur **bestmöglichen Erhaltung und Verwertung der Masse** schützt insb die InsGl. Rechtshandlungen, welche dieser Verpflichtung klar und eindeutig zuwiderlaufen, sind unwirksam. Sie verpflichten die Masse nicht.[80] Für gleichwohl aus ihnen folgende Schäden hat der Verw jedoch einzustehen. In der Regel wird es sich um **Gemeinschaftsschäden** handeln. Die Verkürzung der Masse schmälert idR auch die Quote des einzelnen InsGl. Der **Quotenschaden** ist ein Einzelschaden, der dem einzelnen InsGl zusteht, der während des InsVerfahrens aber nicht geltend gemacht werden kann. Erst nach der Aufhebung des InsVerfahrens kann der einzelne InsGl Schadensersatz iH der auf ihn entfallenden Quote verlangen.[81] Der Verw ist gem §§ 56 Abs 1, 58 verpflichtet, von sich aus dem InsGer rechtzeitig einen Sachverhalt anzuzeigen, der bei unvoreingenommener, lebensnaher Betrachtungsweise die ernstliche Besorgnis rechtfertigen kann, dass er **an seiner Amtsführung verhindert** ist.[82]

19 **b) Einzelschäden** können aus Fehlern bei der Feststellung der Forderungen und der Verteilung der Masse entstehen. Der Verw hat die **Anmeldung von Forderungen** entgegenzunehmen und die angemeldeten Forderungen zu prüfen (§§ 174 ff). Die Anmeldung ist auch dann wirksam, wenn der Gl die Urkunden, aus denen sich die Forderung ergibt, nur „im Abdruck" beifügt (§ 174 Abs 1 S 2). Der Verw ist verpflichtet, solche angemeldeten Tatsachen in die Tabelle einzutragen, aus denen sich nach Einschätzung des Gl ergibt, dass der Forderung eine vorsätzlich begangene unerlaubte Handlung zugrunde liegt. Das gilt auch dann, wenn die Forderung bereits festgestellt worden ist und die Anmeldung der zusätzlichen Tatsachen nachträglich erfolgt.[83] Hängt der Bestand der Forderung nicht von einer Vorsatztat ab, hat der Verw kein Widerspruchsrecht.[84]

20 Vor der **Verteilung** hat der Verw ein Verzeichnis der gem §§ 178, 183 festgestellten und bei der Verteilung zu berücksichtigenden Forderungen aufzustellen und auf der Geschäftsstelle zur Einsicht der Beteiligten niederzulegen (§ 188). Der Verw haftet für die Vollständigkeit und Richtigkeit dieses Verzeichnisses.[85] Hat er einen Gl pflichtwidrig und schuldhaft nicht in das Verzeichnis aufgenommen und fällt dieser deshalb bei der Verteilung aus, haftet er auf Schadensersatz. Unterlassene Einwendungen gegen das Verteilungsverzeichnis (§ 194) können allerdings den Einwand des Mitverschuldens begründen (§ 254 BGB).[86] Der Verw haftet auch dann, wenn er einen absonderungsberechtigten Gl durch eine unrichtige Auskunft von der rechtzeitigen Führung des Nachweises seines Ausfalls (§ 190) abgehalten hat.[87] Der Verw, der die Abgabe der Schlussrechnung (§ 66 Abs 1) schuldhaft verzögert oder die Quote schuldhaft verspätet, also nicht unverzüglich nach der Verwertung der Masse (§§ 196, 197) auszahlt, haftet für den dadurch entstandenen Schaden.[88]

---

78 *BGH* ZIP 2008, 1685 Rn 17 f.
79 *BGHZ* 74, 316, 320 = ZIP 1980, 25 f; *BGH* ZIP 2008, 1685 Rn 11; ZIP 2010, 2164 Rn 11.
80 *BGHZ* 150, 353, 360 = ZIP 2002, 1095; *BGHZ* 174, 84 Rn 42 = ZIP 2007, 2278.
81 *BGH* 3.3.2016 – IX ZR 119/15 Rn 7 mwN.
82 *BGHZ* 113, 262, 275 ff = ZIP 1991, 328.
83 *BGH* ZIP 2008, 566 Rn 12 f.
84 *BGH* ZIP 2008, 566 Rn 15.
85 *LG Frankfurt/Oder* ZVI 2012, 26; MK/*Brandes/Schoppmeyer* § 60 Rn 48.
86 *BGH* ZIP 1994, 1118, 1120; *OLG Hamm* ZIP 1983, 341.
87 *LG Frankfurt/Oder* ZVI 2012, 26.
88 Vgl *BGHZ* 106, 134, 139 = ZIP 1989, 52.

5. Pflichten gegenüber den Massegläubigern. Die pflichtwidrige **Begr von Masseverbindlichkeiten**, die später nicht erfüllt werden können, ist in § 61 bes geregelt. Für die Begr von Neumasseverbindlichkeiten (§ 209 Abs 1 Nr 2) nach Anzeige der Masseunzulänglichkeit (§ 208) gilt diese Vorschrift entspr.[89] Ihr Anwendungsbereich ist auf Pflichtverletzungen bei der Begr der Verbindlichkeit beschränkt. Beruht die Nichterfüllung der Verbindlichkeit auf **nachträglich** begangenen Pflichtverletzungen, etwa einer pflichtwidrigen Masseverkürzung oder einem Fehler bei der Verteilung der Masse, gilt nicht § 61, sondern § 60.[90] MasseGl hat der Verw vorweg (§ 53) und im Falle der Masseunzulänglichkeit (§ 208) in der Rangordnung des § 209 zu befriedigen.[91] Vor der Befriedigung einzelner MasseGl hat er zu prüfen, ob, in welchem Umfang und in welcher Reihenfolge Masseverbindlichkeiten zu befriedigen sind und ob die Masse überhaupt ausreicht, um alle Masseforderungen zu bedienen. Dazu hat er sich einen Überblick über die Aktiva und Passiva zu verschaffen und dann zu entscheiden, inwieweit Forderungen befriedigt werden können, ohne vorrangig oder gleichrangig zu befriedigende Gl zu benachteiligen.[92] Die Pflicht des InsVerw, **rechtzeitig Masseunzulänglichkeit anzuzeigen** (§ 208), bezweckt nicht den Schutz der (Masse-)Gl von auf die Masse übergegangenen Dauerschuldverhältnissen, die nach der Anzeige zu NeumasseGl gem § 209 Abs 1 Nr 2 werden.[93] Der Schutz der MasseGl wird dadurch erreicht, dass es für die Frage der Rangordnung (§ 209) nicht auf die Anzeige ankommt[94] und der InsVerw für die Einhaltung der in § 209 vorgesehenen Reihenfolge einzustehen hat. Schädigt der Verw einen MasseGl, liegt regelmäßig ein **Einzelschaden** vor, der schon während des InsVerf geltend gemacht werden kann. Das gilt auch dann, wenn dem MasseGl ein Ausfall gerade infolge einer Masseverkürzung durch den Verwalter entsteht.[95] Eine analoge Anwendung des § 92 hat der BGH nur für solche Schäden für möglich gehalten, die durch eine Schmälerung der Masse nach Anzeige der Masseunzulänglichkeit eingetreten sind, weil auch in diesem Fall die Verringerung einer Quote in Rede steht.[96] Der Gl eines aus der Masse zu befriedigenden vormerkungsgesicherten Anspruchs nach § 106 ist Beteiligter iSv § 60.[97] 21

6. Pflichten gegenüber Aus- und Absonderungsberechtigten. – a) Die Pflicht zur Erfüllung der Ansprüche der **Aussonderungsberechtigten** (§ 47) trifft den Verw als solchen.[98] Der Verw ist verpflichtet, Aussonderungsrechte zu beachten und an der Herausgabe der auszusondernden Gegenstände mitzuwirken.[99] Wenn er die Masse in Besitz genommen hat (§ 148 Abs 1), hat er deshalb die Zugehörigkeit der vorgefundenen Gegenstände zur Masse und ihre Tauglichkeit zur GlBefriedigung zu prüfen und Gefahren für die in seinem Besitz befindlichen Sachen abzuwenden.[100] Fremdes Vermögen, das er als solches erkennt, darf er nicht zur Masse ziehen.[101] Auch die Pflicht, den nach Beendigung des Mietverhältnisses aus- 22

---

89 *BGH* ZIP 2005, 311, 312.
90 *BGHZ* 159, 104, 108 f = ZIP 2004, 1108 f; *BGH* ZIP 2010, 2252 Rn 15.
91 *BGH* ZIP 1987, 1586, 1587; *BAG* ZIP 2002, 630.
92 *BGHZ* 159, 104, 111 = ZIP 2004, 1110; *BGH* ZIP 2010, 2356 Rn 12; *BAG* ZIP 2007, 1170.
93 *BGH* ZIP 2010, 2356 Rn 7; *BAGE* 143, 321 Rn 64 = ZIP 2013, 638.
94 *BGH* ZIP 2010, 145 Rn 14.
95 *BGHZ* 159, 104, 111 = ZIP 2004, 1109.
96 *BGHZ* 159, 104, 111 f = ZIP 2004, 1110.
97 *OLG Hamm* ZIP 2006, 1912; nach dieser Entsch sollen auch Verzögerungsschäden zu ersetzen sein, weil der Verwalter zur rechtzeitigen Erfüllung des gesicherten Anspruchs verpflichtet sei.
98 *BGHZ* 100, 346 = ZIP 1987, 652; *BGH* ZIP 1998, 655, 658; ZIP 2006, 194, 195; ZIP 2007, 539, 540.
99 *BGH* ZIP 1987, 1586, 1587; *BGH* ZIP 1998, 655, 658; ZIP 2006, 194, 195.
100 *BGHZ* 150, 305, 311 = ZIP 2002, 1045.
101 *BGHZ* 127, 156, 161 = ZIP 1994, 1702.

sonderungsberechtigten Vermieter eines von dem InsSchu gemieteten Gegenstands nicht durch die Verzögerung der Herausgabe oder gar durch deren Vereitelung zu schädigen, ist insolvenzspezifisch.[102] Hat der Verw die Aussonderung schuldhaft vereitelt, kann er auch für die Kosten eines Schadensersatzprozesses haften, die wegen der Unzulänglichkeit der Masse nicht gegen diese durchgesetzt werden können.[103] Die Verletzung eines Aussonderungsrechts führt zu einem Einzelschaden, weil der betroffene Gegenstand nicht dem Insolvenzbeschlag unterliegt.[104]

23 **b)** Den **Absonderungsberechtigten** (§§ 50 ff) gegenüber ist der Verw ebenfalls zur ordnungsgemäßen Vermögensverwaltung verpflichtet.[105] Auch ihnen gegenüber haftet er für die ordnungsgemäße Abwicklung des InsVerf; insb hat er für die Berücksichtigung etwaiger Absonderungsrechte einzustehen.[106] Einzelheiten der Pflichten des Verw gegenüber Absonderungsberechtigten sind in §§ 167 ff geregelt. Der Verw hat Auskunft über den Zustand der Sache oder über die Forderung (§ 167) zu erteilen. Vor der Veräußerung eines mit einem Absonderungsrecht belasteten Gegenstandes an einem Dritten hat er den Gl über die Weise einer beabsichtigten Verwertung zu informieren und ihm Gelegenheit geben, binnen einer Woche auf eine günstigere Möglichkeit hinzuweisen. Bei einer Verzögerung der Verwertung sind vom Berichtstermin an laufend Zinsen aus der Masse zu zahlen (§ 169); führt die Nutzung des Gegenstandes zu einem Wertverlust, ist dieser durch laufende Zahlungen aus der Masse auszugleichen (§ 172). Der Verw ist dem Absonderungsberechtigten gegenüber verpflichtet, dafür zu sorgen, dass der mit dem Absonderungsrecht belastete Gegenstand nicht einen Wertverlust durch einen vermeidbaren Rechtsmangel erleidet.[107] Erlöse aus der Verwertung von Absonderungsgut hat der Verw nach Abzug der Kosten der Feststellung und der Verwertung zur Befriedigung des Absonderungsberechtigten zu verwenden (§ 170 Abs 1 S 2).[108] Hat der Verw den Absonderungsberechtigten über die beabsichtigte Veräußerung des belasteten Gegenstands an einen Dritten informiert und der Gl daraufhin seine Bereitschaft erklärt, den Gegenstand selbst zu übernehmen, muss der Verw den Gl in der Regel nicht erneut unterrichten, bevor er den Gegenstand zu einem besseren Preis an den Dritten veräußert.[109] Dem Gl ist zuzumuten, sogleich einen aus seiner Sicht angemessenen Betrag zu bieten. Die Beeinträchtigung eines Absonderungsrechts kann neben dem Einzelschaden des Berechtigten auch einen Gesamtschaden der Masse zur Folge haben, dann nämlich, wenn der Masse ein Übererlös sowie Kostenpauschalen verloren gehen.[104]

24 **7. Pflichten des vorläufigen Verwalters. – a)** Die Pflichten des vorl Verw im EröffnungsVerf ergeben sich aus § 22 und aus den Anordnungen des EröffnungsBeschl. Hat das Insgericht dem Schu ein allg Verfügungsverbot auferlegt, geht die Verwaltungs- und Verfügungsbefugnis über das Vermögen des Gl auf den vorl Verw über (§ 22 Abs 1). Dieser hat das Vermögen des Schu zu sichern und zu erhalten (§ 22 Abs 1 S 2 Nr 1), ein Unternehmen, das der Schu betreibt, bis zur Entsch über die Eröffnung fortzuführen (§ 22 Abs 1 S 2 Nr 2) sowie zu prüfen, ob das Vermögen des Schu die Kosten des Verf decken wird (§ 22 Abs 1 S 2

102 *BGH* ZIP 2007, 539 f.
103 *BGH* ZIP 2006, 194, 196.
104 *BGH* ZIP 2011, 1575 Rn 9.
105 *BGHZ* 105, 230, 233f = ZIP 1988, 1412; *BGHZ* 144, 192, 196 = ZIP 2000, 896; *BGH* 3.2.2011 – IX ZR 57/10, Rn 2; *BAG* ZIP 2013, 2025.
106 *BGH* ZIP 2005, 909, 911; *BGH* 3.2.2011 – IX ZR 57/10, Rn 2.
107 *BGH* ZIP 2006, 859 (die unterlassene Kündigung eines Mietverhältnisses über ein bereits verkauftes Grundstück führte dazu, dass der Käufer die Zahlung des Kaufpreises verweigerte).
108 *BGHZ* 159, 104, 113 = ZIP 2004, 1110; *BGH* ZIP 2013, 987 Rn 20.
109 *BGH* ZIP 2010, 1089 Rn 3.

Nr 3). Wird ein vorl Verw ohne die gleichzeitige Anordnung eines allg Verfügungsverbotes bestellt, bestimmt das Gericht die Pflichten des vorl Verw, die über die in § 22 Abs 1 S 2 geregelten Pflichten nicht hinausgehen dürfen.

b) Zur Sicherung und Erhaltung der künftigen Masse (§ 22 Abs 1 S 2 Nr 1) hat der vorl Verw so weit wie möglich Schäden vom Vermögen des Schu abzuwenden, etwa nachteilige Verfügungen des Schu oder Diebstähle Dritter zu verhindern und Vorsorge gegen tatsächliche Verschlechterungen des Vermögens zu treffen. Gehören Gebäude zum verwalteten Vermögen, muss eine ausreichende Feuerversicherung abgeschlossen und aufrechterhalten werden.[110] Bereits der vorl Verw ist außerdem verpflichtet, die Rechte von Aus- und Absonderungsberechtigten zu wahren.[111] Er darf auch solche Sicherheiten nicht verwerten, die im Falle der Eröffnung seinem Verwertungsrecht (§ 166) unterfielen.[112] Seine Pflichten und Befugnisse hängen auch davon ab, ob und in welchem Umfang das InsG eine Anordnung nach § 21 Abs 2 S 1 Nr 5 erlassen, den Berechtigten also die Aus- oder Absonderung untersagt und ihm die Nutzung der belasteten Gegenstände gestattet hat.[113] Hat das Gericht dem Gl die Einziehung der ihm zur Sicherheit abgetretenen Forderungen verboten, hat der vorl Verw die Einziehung zu übernehmen. Den Ertrag hat er nach Abzug der Kostenbeiträge an den Sicherungszessionar auszukehren (§§ 21 Abs 2 S 1 Nr 5 S 3, 170 Abs 1 S 2); er kann ihn also nicht zur Fortführung des Betriebes verwenden.[114] Von der Einziehung der Forderungen abgesehen, ist der vorl Verw auch nach einer Anordnung gem § 21 Abs 2 S 1 Nr 5 nicht berechtigt, das Aus- oder Absonderungsgut zu veräußern, zu verarbeiten oder zu verbrauchen.[115] Der BGH hat eine schuldhafte Pflichtverletzung gegenüber einem aussonderungsberechtigten Treugeber darin gesehen, dass der vorl Verw (damals: Sequester) einen Guthabenbetrag auf einem Treuhandkonto nicht dem vorgesehen Zweck zuführte, sondern ohne hinreichende Prüfung auf ein allg Anderkonto überwies und so das Aussonderungsrecht des Treugebers verletzte, statt nur das Treuhandkonto zu sperren.[116] 25

c) Die wichtigste Entsch, welche der vorl Verw zu treffen hat, ist oft diejenige über die **Fortführung oder die Stilllegung des Unternehmens** des Schu. Nach der Vorstellung des Gesetzgebers beschließt darüber die GlVersammlung im Berichtstermin, der innerhalb der Fristen des § 29 Abs 1 Nr 1 anzusetzen ist. Danach hätte der vorl Verw (ebenso wie der Verw nach der Eröffnung) das Unternehmen zunächst fortzuführen.[117] Erwirtschaftet das Unternehmen jedoch erhebliche Verluste, ohne dass Aussicht auf eine Sanierung bestünde, gebietet das Interesse der Gl, es bereits im EröffnungsVerf stillzulegen.[117] Dazu hat der Verw die Zustimmung des InsGer einzuholen (§ 22 Abs 1 S 2 Nr 2). Grundlage seiner Entsch ist eine Prognose aufgrund der aktuellen Liquiditätslage der Masse, der realistischen Einschätzung noch ausstehender offener Forderungen und der künftigen Geschäftsentwicklung für die Dauer der Fortführung (bezogen zunächst auf den Zeitraum bis zum Berichtstermin).[118] Bei der Frage einer Haftung des vorl Verw sind die umfänglichen Schwierigkeiten zu berücksichtigen, die dieser typischerweise bei seinem Amtsantritt vorfindet: Ein Unternehmen, das nicht nur überschuldet, sondern auch zahlungsunfähig ist; die Gegenstände des Anlage- und 26

---

110 *Jaeger/Gerhardt* § 22 Rn 202; *BGHZ* 105, 230, 237 = ZIP 1988, 1413.
111 *BGHZ* 105, 230, 236 ff = ZIP 1988, 1413; *BGH* ZIP 1998, 655, 658.
112 *BGHZ* 146, 165, 172 f = ZIP 2001, 298; *BGH* ZIP 2002, 1630, 1632; *BGHZ* 168, 321, 330 f = ZIP 2006, 1406 f.
113 Dazu *Kuder* ZIP 2007, 1690 ff.
114 *Kuder* ZIP 2007, 1695.
115 BT-Drucks 16/3227, 16.
116 *BGH* ZIP 1998, 655, 658.
117 BT-Drucks 12/2443, 117.
118 Vgl *BGH* ZIP 2005, 311, 312 (zum Entlastungsbeweis nach § 61 S 2).

Umlaufvermögens befinden sich sicherungshalber in den Händen der Gl; die Lieferanten liefern nicht mehr und verlangen Lieferungen aufgrund ihrer Eigentumsvorbehalte zurück; der vorl Verw kennt das Unternehmen nicht und oft auch nicht die Branche, der es angehört; häufig fehlt eine geordnete Buchführung. IRd Haftung nach § 60 sind diese Umstände – anders als bei der Haftung aus § 61, welche die Begr von Masseverbindlichkeiten betrifft – bereits bei der Frage eines Pflichtverstoßes zu berücksichtigen.

27 **d) Verbindlichkeiten**, die ein verwaltungs- und verfügungsbefugter oder mit einer entspr Einzelermächtigung versehener vorl Verw begründet hat, gelten nach der Eröffnung als Masseverbindlichkeiten (§ 55 Abs 2). Können sie aus der Masse nicht oder nicht vollständig erfüllt werden, kommt eine Haftung nach § 61 in Betracht.[119] Noch nicht abschließend geklärt ist, unter welchen Voraussetzungen ein „schwacher" vorl Verw, der keine Masseverbindlichkeiten begründen kann, persönlich für **Aussagen über die künftige Erfüllung** der im EröffnungsVerf begründeten Forderungen einzustehen hat. In der instanzgerichtlichen Rspr ist die Aussage, die Zahlung für künftige Leistungen sei durch das InsSonderkonto sichergestellt", als Garantie verstanden worden;[120] der Hinweis, Kosten für Warenlieferungen würden dann, wenn sie vom vorl Verw abgezeichnet seien, „aus der Masse übernommen", führte zu einer Haftung aus culpa in contrahendo (§§ 311 Abs 2, 280 BGB).[121] Ob ein vorl Verw, der einem künftigen InsGl eine **falsche Auskunft** über dessen Rechte im EröffnungsVerf erteilt, insolvenzspezifische Pflichten verletzt, hat der BGH ausdrücklich offen gelassen.[122]

II. Pflichtwidrigkeit und Verschulden

28 **1. Haftungsmaßstab. – a)** Der Verw hat für die **Sorgfalt eines ordentlichen und gewissenhaften InsVerw** einzustehen (Abs 1 S 2). Diese Begründung ist an § 347 Abs 1 HGB, an § 93 Abs 1 S 1 AktG und an § 34 Abs 1 S 1 GenG sowie an § 43 Abs 1 GmbHG angelehnt, macht aber zugleich deutlich, dass die Sorgfaltsanforderungen des Handels- und Gesellschaftsrechts nicht unverändert auf den InsVers übertragen werden können; denn der Verw übt sein Amt in der Regel unter erheblich ungünstigeren Umständen aus als der Geschäftsführer eines wirtschaftlich gesunden Unternehmens.[123] Bei unternehmerischen Entscheidungen steht dem Verw, der in einer für das Unternehmen schwierigen Lage eine von vielen, teils unbeherrschbaren Faktoren abhängige Prognoseentscheidung zu treffen hat, deshalb ein weiter Ermessensspielraum zu.[124] Hat der Verw nur zu verwerten, kommt ein besonderer, speziell auf die VerwTätigkeit bezogener Sorgfaltsmaßstab in Betracht.[125]

29 Ein ausdrückliches **Wettbewerbsverbot** des Verw sieht die InsO nicht vor. Die gesellschaftsrechtlichen Vorschriften (§ 88 Abs 1 AktG, § 112 Abs 1 HGB, § 161 Abs 2 HGB) lassen sich insoweit nicht unbesehen auf den Verw übertragen, als dieser nicht verpflichtet ist, seine ganze Arbeitskraft nur einem Unternehmen – einem InsVerfahren – zur Verfügung zu stellen. Sie gelten jedoch insoweit, als der Verw fremdnützig, nicht eigennützig zu handeln hat.[126] Die ihm übertragenen weitreichenden Befugnisse (§ 80 Abs 1) hat er ausschließlich zur Verfolgung des Verfahrenszwecks zu nutzen. Eine Geschäftschance, die

---

119 *Jaeger/Gerhardt* § 22 Rn 208 ff; **aA** HambKomm/*Weitzmann* § 60 Rn 45, § 61 Rn 4.
120 *OLG Celle* NZI 2004, 89 f; **aA** *OLG Rostock* ZIP 2005, 221 (nur Haftung aus cic).
121 *OLG Schleswig* NZI 2004, 92 f; vgl auch *OLG Rostock* ZIP 2005, 221 f.
122 *BGH* ZIP 2008, 608 Rn 17.
123 BT-Drucks 12/2443, 129 zu § 71 InsO-E; vgl auch *BGH* ZIP 2014, 1448 Rn 16; *BGH* 16.3.2017 – IX ZR 253/15 Rn 17; *BAGE* 143, 321 Rn 60 = ZIP 2013, 638.
124 *BGH* 16.3.2017 – IX ZR 253/15 Rn 15 mwN.
125 BT-Drucks. 12/2443, 129 zu § 71 InsO-E.
126 *BVerGE* 113, 1, 13 f.

sich der Masse eröffnet, darf er nicht an sich ziehen. Schließt er das Geschäft selbst ab, macht er sich schadensersatzpflichtig.[127]

b) Die in der amtlichen Begr genannten besonderen Umstände der Tätigkeit des Verw begrenzen seine Haftung von vornherein.[128] Pflichtwidrigkeit und Verschulden sind nach dem gleichen Maßstab zu beurteilen. Aus einer objektiven Pflichtwidrigkeit folgt deshalb regelmäßig zugleich der Schuldvorwurf.[129] Für die Verzögerung rechtlich gebotener Maßnahmen haftet der Verw nur dann, wenn die zur Einarbeitung, Gewinnung eines Gesamtüberblicks, Ausschöpfung aller Erkenntnismittel und Gesamtabstimmung mit anderen Entsch erforderliche Zeit deutlich überschritten ist.[130] Der Verw ist außerdem von den Erkenntnismitteln abhängig, die er bei der Eröffnung des Verf vorfindet. Einen Rechtsstreit über massezugehörige Rechte oder Verbindlichkeiten darf er grundsätzlich ohne persönliches Haftungsrisiko führen, auch dann, wenn im Falle des Prozessverlustes die Prozesskosten aus der Masse nicht gedeckt werden können (su). 30

c) Seine insolvenzrechtlichen Pflichten hat der Verw zu kennen.[131] Ein Verw, der die Sachlage unzureichend aufklärt oder eine klare Rechtslage falsch beurteilt, handelt fahrlässig.[132] Bei rechtlichen Zweifelsfragen kommen Pflichtverletzung und Verschulden nicht in Betracht, wenn der Verw nach sorgfältiger Prüfung eine Rechtsansicht vertritt, für die gute Gründe sprechen.[133] Bei der Bearbeitung eines Aussonderungsbegehrens ist die doppelte Vermutung zugunsten des Verw zu berücksichtigen (Besitz lässt Eigenbesitz vermuten, Eigenbesitz gem § 1006 Abs 1 BGB Eigentum). Es ist daher zunächst Sache des Anspruchstellers, den auszusondernden Gegenstand zu bezeichnen und die Umstände darzulegen, auf die er sein Aussonderungsrecht stützt; ohne tatsächliche Anhaltspunkte besteht keine Nachforschungspflicht des Verw. Die entspr Angaben müssen dem Verw binnen angemessener Frist unterbreitet werden; denn ihm kann nicht angesonnen werden, die Verwertung einer dem Anschein nach zur Masse gehörenden Sache auf unabsehbare Zeit auszusetzen. Kann nach den Angaben des Anspruchstellers oder aufgrund anderweitig bekannt gewordener Informationen ein Aussonderungsrecht bestehen, muss der Verw sich auf dieses einrichten, selbst wenn er es bestreiten will.[134] Macht der Verw selbst als Anwalt Masseansprüche gerichtlich geltend, schuldet er den InsGläubigern und dem InsSchu, nicht dem Prozessgegner, grds dieselbe Sorgfalt wie einem Mandanten.[135] 31

2. Haftung für Dritte. – a) Bedient sich der Verw zur Erfüllung der ihm als Verw obliegenden Pflichten **eigenen Hilfspersonals**, so hat er ein Verschulden dieser Personen gem § 278 BGB zu vertreten.[136] Insoweit gelten die allg Regeln. Voraussetzung für die Anwendung des § 278 S 1 BGB ist ein unmittelbarer sachlicher Zusammenhang zwischen dem schuldhaften Verhalten der Hilfsperson und den Aufgaben, die ihr im Hinblick auf die Vertragserfüllung zugewiesen waren. In diesem Rahmen hat der Geschäftsherr auch für strafbares Verhalten 32

---

127 *BGH* 16.3.2017 – IX ZR 253/15 Rn 21 f.
128 Vgl *Häsemeyer* Rn 6.39.
129 *BGH* ZIP 2014, 1448 Rn 24.
130 *BAGE* 143, 321 Rn 60 = ZIP 2013, 638.
131 *BGHZ* 113, 262 = ZIP 1991, 329.
132 *BGH* ZIP 1996, 1181, 1183; vgl auch *BGH* ZIP 2014, 1448 Rn 24.
133 *BGH* 3.2.2011 – IX ZR 231/09, Rn 3; *Jaeger/Gerhardt* § 60 Rn 119, 120.
134 *BGH* ZIP 1996, 1183.
135 *BGH* ZIP 1993, 1888, insoweit in *BGHZ* 124, 27 ff nicht abgedr; *BGH* 29.10.2015 – IX ZR 33/15 Rn 4.
136 Vgl § 71 Abs 2 RegE, BT-Drucks 12/2443, 19; nach dem Bericht des Rechtsausschusses sollte dieser Grundsatz auch in der Neufassung des § 60 Abs 2 erhalten bleiben (BT-Drucks 12/7302, 161).

seiner Hilfspersonen einzustehen. Das gilt selbst dann, wenn diese seinen Weisungen oder Interessen vorsätzlich zum eigenen Vorteil zuwiderhandeln.[137] Überwacht der Verw seine Mitarbeiter nicht ordnungsgemäß, greift die von ihm zu entkräftende Vermutung ein, dass der Schaden bei ordnungsgemäßem Verhalten verhindert worden wäre.[138]

33 **b)** Beauftragt der Verw **selbstständige Fachleute**, gilt § 278 S 1 BGB ebenfalls, wenn diese dem Verw obliegende insolvenzspezifische Pflichten erfüllen sollen. Zwischen dem Verw und den Beteiligten des InsVerfahren besteht eine gesetzliche Sonderverbindung, die Voraussetzung einer Anwendung des § 278 S 1 BGB ist.[139] Daneben haftet der Verw auch für eigenes Verschulden. Er hat den Beauftragten sorgfältig auszuwählen, anzuweisen und zu beaufsichtigen; genügt dessen Leistungen nicht den allg Anforderungen, hat er den Vertrag fristlos zu kündigen. Eine Beschränkung der Haftung auf das eigene Auswahl- und Überwachungsverschulden des Verw hat der BGH in einem Fall angenommen, in welchem es um nicht konkursspezifische Pflichten des Verw ging.[140]

34 **c)** Setzt der Verw **Angestellte des Schu** im Rahmen ihrer bisherigen Tätigkeit ein, hat er deren Verschulden ebenfalls nicht nach § 278 BGB zu vertreten, sondern ist nur für deren Überwachung und für Entsch von besonderer Bedeutung verantwortlich (**Abs 2**). Voraussetzung ist, dass der Einsatz dieser Personen aus finanziellen Gründen oder wegen ihrer besonderen Kenntnisse zwingend erforderlich ist.[141] Es begründet ein Auswahl-, Organisations- und Überwachungsverschulden, wenn der Verw als Bevollmächtigten zur Veräußerung eines Warenlagers den Prokuristen des Unternehmens einsetzt, das den zu einem bestimmten Stichtag noch vorhandenen restlichen Warenbestand zu einem Pauschalpreis erworben hat, ohne streng zu überwachen, dass dieser die Vorgaben des Verw umsetzt und die mit besonderen Aufgaben betrauten Mitarbeiter bei deren Erledigung nicht behindert. Ein Mitarbeiter, der in der Zeit der vorgesehenen Verwertung eines Warenlagers im Urlaub ist, ist für die Überwachung der Verwertung offensichtlich ungeeignet.[142]

35 **3. Beschlüsse der Gläubigerversammlung oder des Gläubigerausschusses.** Die Auswirkungen eines Beschl der GlVersammlung oder des GlAusschusses auf die Haftung des Verw sind höchstrichterlich noch nicht abschließend geklärt. In einer älteren Entsch zu § 82 KO hat der BGH einen Haftungsausschluss nach einer zust Entsch des GlAusschusses für möglich gehalten, wenn nicht besondere Umstände vorlagen, der Verw etwa die Sach- und Rechtslage schuldhaft unrichtig dargestellt oder die Entsch in anderer Weise nachteilig beeinflusst hatte.[143] Aber auch einwandfrei zustande gekommene Beschl stellen den Verw nicht automatisch von seiner Verantwortung frei.[144] Zunächst ist danach zu unterscheiden, ob das Organ, um dessen Entsch es geht, nach der InsO für die Entsch zuständig ist, ob es einer Verwaltungsmaßnahme nur zustimmen muss oder ob der Beschl ohne gesetzliche Anordnung gefasst worden ist.[145]

---

137 *BGH* ZIP 2001, 1507, 1508.
138 *BGHZ* 125, 366 ff = ZIP 1994, 869; *BGH* 15.11.2007 – IX ZR 168/06.
139 *BGH* 3.3.2016 – IX ZR 119/15 Rn 18 ff; dazu *Lohmann* ZInsO 2016, 2138; krit. *Holzer* NZI 2016, 903; zust *Bruns/Thönissen* KTS 2017, 242; **aA** etwa *Häsemeyer* Rn 6.43.
140 *BGHZ* 74, 316 = ZIP 1980, 26.
141 MK/*Brandes/Schoppmeyer* § 60 Rn 93.
142 *OLG Hamm* ZInsO 2007, 217.
143 *BGH* ZIP 1985, 423, 425 f; vgl auch *BGHZ* 113, 262 = ZIP 1991, 330.
144 *Kreft* FS K Schmidt, S 978 f; MK/*Brandes/Schoppmeyer* § 60 Rn 98 ff.
145 *Jaeger/Gerhardt* § 60 Rn 143 ff.

a) Hat das Organ die Entsch zu treffen (etwa die GlVersammlung oder nach zulässiger Delegation[146] der GlAusschuss gem § 100 Abs 1 über den Unterhalt des Schu, gem § 157 über die Stilllegung oder vorl Fortführung des Betriebes, gem § 197 Abs 1 Nr 3 über die nicht verwertbaren Gegenstände der InsMasse, ist die getroffene Entsch bindend. Der Verw handelt in der Regel schon nicht pflichtwidrig, wenn er sie ausführt.[147] Dabei ist allerdings zu beachten, dass er nach § 78 die Aufhebung eines Beschl der GlVersammlung (nicht: des GlAusschusses) beantragen kann, wenn dieser dem gemeinsamen Interesse der InsGl widerspricht.[148] Die rechtliche Möglichkeit, eine Aufhebung des Beschl zu erwirken, begründet eine entsprechende Pflicht.[149] Verletzt der Verw diese Pflicht, haftet er für dadurch verursachte Schäden ebenfalls. 36

b) Die in § 160 angeordnete Zustimmung des GlAusschusses (oder dann, wenn ein Ausschuss nicht bestellt ist, der GlVersammlung) bindet den Verw nicht. Er hat in eigener Verantwortung zu prüfen, ob er von der Zustimmung Gebrauch macht oder nicht. Führt er die genehmigte Maßnahme durch, kann in der Genehmigung ein Beweisanzeichen für ein pflichtgemäßes oder jedenfalls nicht schuldhaftes Verhalten liegen; unterlässt er sie, kann hierin ein Indiz für ein pflichtwidriges Verhalten zu sehen sein. Beides gilt jedoch nur hinsichtlich eines etwaigen Masseschadens. Die Haftung des Verw für einen durch die Maßnahme etwa ausgelösten Einzelschaden eines Beteiligten tritt unabhängig davon ein, ob GlVersammlung oder GlAusschuss der Maßnahme zugestimmt haben; allenfalls kann sein Verschulden entfallen. 37

c) Beschl, die im Gesetz nicht vorgesehen sind, wirken sich nicht auf die Haftung des Verwalters aus.[150] 38

d) Hat der GlAusschuss einer pflichtwidrigen Verwaltungsmaßnahme zugestimmt, können die Ausschussmitglieder ihrerseits nach § 71 haften.[151] Der Verw und die Mitglieder des GlAusschusses haften ggf als GesamtSchu.[152] Allerdings sind die Mitglieder des Gläubigerausschusses nur den absonderungsberechtigten Gl und den InsGl zum Schadensersatz verpflichtet sind, was sich auf die Anspruchshöhe auswirkt.[153] 39

III. Kausalität und Schaden

§ 60 verpflichtet den Verw zum Ersatz desjenigen Schadens, der adäquat kausal auf das pflichtwidrige Verhalten des Verw zurückzuführen ist. Es gelten die allg Grundsätze, ua derjenige, dass der Schaden dem Schädiger nach dem Schutzzweck der verletzten Norm haftungsrechtlich zuzurechnen sein muss.[154] Der geschädigte Beteiligte ist so zu stellen, wie wenn der zum Ersatz verpflichtende Umstand nicht eingetreten wäre, der Verw die Pflichtverletzung also nicht begangen hätte (§ 249 Abs 1 BGB). Zu ersetzen ist regelmäßig das negative Interesse.[155] Die Differenzhypothese umfasst zugleich das Erfordernis der Kausalität zwischen dem haftungsbegründenden Ereignis und einer dadurch eingetretenen Vermö- 40

146 Vgl unten § 157 Rn 8.
147 Vgl *BGHZ* 99, 151 = ZIP 1987, 118 (zu § 82 KO; die Entschließung der GlVersammlung war nach der KO für den Verwalter nicht verbindlich).
148 Vgl dazu *BGH* ZIP 2008, 1384.
149 *Klinck* KTS 2009, 221 ff.
150 So wohl *BGH* ZIP 1985, 423, 425 (zu § 82 KO).
151 Vgl dazu *Ganter* FS Fischer, S 121 ff.
152 *Ganter* FS Fischer, S 133; MK/*Brandes/Schoppmeyer* Rn 104.
153 *BGHZ* 202, 324 Rn 44 f = ZIP 2014, 2242.
154 *BAGE* 143, 321 Rn 70 = ZIP 2013, 638.
155 *BGH* ZIP 1994, 112; *BGHZ* 159, 104 = ZIP 2004, 1112 (zu § 61 InsO); *BGH* ZIP 2007, 539, 540.

gensminderung. Nur eine Vermögensminderung, die durch das haftungsbegründende Ereignis verursacht ist, also ohne dieses nicht eingetreten wäre, ist als ersatzfähiger Schaden anzuerkennen.[156] Auch insoweit gilt das allg Schadensrecht. Hat ein InsVerw das Guthaben eines für die Masse eingerichteten Hinterlegungskontos (§ 149 Abs 1) für eigene Zwecke verbraucht, ist ein ersatzfähiger Schaden auch dann eingetreten, wenn die kontoführende Bank wegen Missachtung eines Mitzeichnungsvorbehalts nicht befreiend geleistet hat, aber den fortbestehenden Anspruch der Masse gegen sie bestreitet.[157]

IV. Ansprüche außerhalb der Insolvenzordnung

41 Nicht insolvenzspezifisch sind solche Pflichten, die den Verw wie jeden Vertreter fremder Interessen gegenüber Dritten treffen.[158]

42 **1. Vertragliche oder quasivertragliche Haftung.** Kraft seines Amtes wird der Verw mit Wirkung für ein fremdes Vermögen tätig, nämlich für die Masse. Als Verhandlungs- und Vertragspartner einer Partei, die mit der Masse Geschäfte abschließen will, haftet er (nur) dann persönlich, wenn er eigene Pflichten ausdrücklich übernommen oder insoweit einen Vertrauenstatbestand geschaffen hat, an dem er sich festhalten lassen muss.[159] Insoweit gelten die allg Regeln. Allg Aussagen gegenüber Lieferanten und Gl, die Zahlungen aller Lieferungen und Leistungen sei gesichert, reichen für eine **persönliche Haftungsübernahme** regelmäßig nicht aus. Diese setzt vielmehr voraus, dass der Verw klar zum Ausdruck bringt, er wolle eine über die gesetzliche Haftung hinausgehende Einstandspflicht übernehmen.[160] **Sachwalter** (im zivilrechtlichen Sinne) ist, wer auf der Seite eines Vertragspartners an dem Zustandekommen des Vertrages beteiligt ist und dabei über das normale Verhandlungsvertrauen hinaus der anderen Vertragspartei eine zusätzliche, gerade von ihm persönlich ausgehende Gewähr für Bestand und Erfüllung des in Aussicht genommenen Rechtsgeschäfts bietet. Gleiches gilt, wenn der Dritte wegen eines **eigenen unmittelbaren wirtschaftlichen Interesses** dem Verhandlungsgegenstand besonders nahe steht, also wirtschaftlich betrachtet gleichsam in eigener Sache verhandelt.[161] Dass der Verw in dieser Eigenschaft, also für die Masse, einen Auftrag erteilt, reicht zur Erfüllung dieser Voraussetzungen nicht aus. Verletzt der Verw bei Vertragsverhandlungen vorvertragliche Hinweis- oder Aufklärungspflichten, haftet deshalb in aller Regel nur die Masse.[162] Auch dass der Verw mit Sicherungsnehmern Vereinbarungen über die Verwertung des Sicherungsgutes trifft und dabei einen Massekredit erhält, reicht für die Begr einer persönlichen Haftung nicht aus.[163] Ein etwaiges Gebühreninteresse des Verwalters begründet kein eigenes unmittelbares wirtschaftliches Interesse, welches zu einer persönlichen Haftung führt. Eine Eigenhaftung nicht nur aus §§ 60, 61, sondern auch aus § 826 BGB kommt dann in Betracht, wenn der Verw den Geschäftspartner über die Risiken des abzuschließenden Geschäfts täuscht, insb die künftige Zulänglichkeit der Masse als sicher vorspiegelt, dadurch den Geschäftspartner zum Vertragsschluss bewogen und einen diesem daraus möglicherweise erwachsenden Schaden erkannt und in Kauf genommen hat.[164]

---

156 *BGH* ZInsO 2013, 670 Rn 10.
157 *BGH* ZIP 2013, 1235 Rn 5 im Anschluss an *RGZ* 149, 182, 186.
158 *BGH* ZIP 2007, 539; *BAGE* 143, 321 Rn 41.
159 *BGHZ* 100, 346, 351 f = ZIP 1987, 652; *BGH* ZIP 1987, 1588; ZIP 1989, 1587; ZIP 2005, 1327, 1328.
160 *BGHZ* 159, 104, 121 f = ZIP 2004, 1113; *LG Trier* ZInsO 2009, 1208; *Gottwald/Klopp/Kluth* § 23 Rn 7.
161 *BGH* ZIP 2005, 1327, 1328 mwN.
162 *BGHZ* 100, 346, 351 = ZIP 1987, 652; *BGH* ZIP 2005, 1327, 1328.
163 *BGH* ZIP 1989, 1584, 1587 f.
164 *Gottwald/Klopp/Kluth* § 23 Rn 7.

2. Bereicherungsrecht. Ansprüche aus einer ungerechtfertigten Bereicherung der Masse richten sich gegen die Masse (§ 55 Abs 1 Nr 3). Persönlich haftet der Verw jedoch dann, wenn die ohne Rechtsgrund erfolgte Leistung nicht in die Masse gelangt, sondern bei ihm verblieben ist. Ein typischer Fall ist derjenige, dass ein vorl Verwalter ohne Verfügungsbefugnis ermächtigt wurde, Forderungen des Schu auf ein Anderkonto einzuziehen (§ 22 Abs 2). Zahlungen Dritter auf dieses Konto gelangen an den vorl Verw, nicht an den Schu, und können bei Fehlen oder Wegfall des rechtlichen Grundes gem § 812 Abs 1 BGB – auch nach Aufhebung der Sicherungsmaßnahmen – vom vorl Verwalter persönlich herausverlangt werden.[165] Mit der Eröffnung des InsVerf wird das Guthaben auf dem Anderkonto nicht automatisch Bestandteil der Masse.[166] Jedenfalls dann, wenn das Anderkonto zur Hinterlegungsstelle (§ 149) bestimmt wird, richtet sich der Bereicherungsanspruch weiterhin gegen den Verwalter persönlich.[167] 43

3. Delikt. Für die persönliche Haftung des Verw gelten zunächst die allg Bestimmungen (§§ 823 ff BGB). Die Haftung aus §§ 823 ff BGB kann neben diejenige aus § 60 treten, etwa dann, wenn durch die unerlaubte Handlung das Eigentum eines Aussonderungsberechtigten geschädigt, die Befriedigungsaussichten eines Absonderungsberechtigten beeinträchtigt[168] oder die Quote der InsGl verringert worden ist. Eine Haftung aus § 826 BGB kommt etwa bei einem insolvenzrechtlich unberechtigten **Lastschriftwiderspruch** des (vorl) Verw in Betracht.[169] Haftet der Verw, wie die frühere Rspr des BGH angenommen hat, wegen der Verletzung allg – nicht insolvenzspezifischer – Verkehrssicherungspflichten oder aus §§ 836, 837 BGB als Gebäudebesitzer, sind die Voraussetzungen des § 60 dagegen nicht erfüllt.[170] Ob neben dem Verw auch die Masse für den entstandenen Schaden einzustehen hat (§ 55 Abs 1 Nr 1), ist für die Haftung des Verw gegenüber dem Geschädigten ohne Belang.[171] Eine Primärhaftung der Masse besteht auch insoweit nicht. Auch gegenüber der Haftung des Betriebserwerbers nach § 613a BGB ist der Anspruch aus § 60 grundsätzlich gleichrangig.[172] Ob der Verw persönlich für die Verletzung von Verkehrssicherungspflichten oder etwa für den Einsturz eines zur Masse gehörenden Gebäudes einzustehen hat oder ob die Haftung insoweit ausschließlich die Masse trifft, ist streitig.[173] 44

4. Haftung für die Kosten des Prozessgegners. Bei Einleitung und Führung eines Aktivprozesses treffen den Verw grds keine insolvenzspezifischen Pflichten gegenüber dem Prozessgegner. Insb ist er diesem gegenüber (anders als gegenüber den Ins- und MasseGl) nicht verpflichtet, vor der Erhebung einer Klage oder während des laufenden Prozesses die hinreichende Erfolgsaussicht einer Klage oder eines Rechtsmittels zu prüfen.[174] Gleiches gilt dann, wenn der Verw nicht Kläger, sondern Beklagter eines Zivilprozesses ist.[175] Rechtsverfolgung und Rechtsverteidigung im Prozess werden in erster Linie von der Hauptsache 45

---

165 *BGH* ZIP 2007, 827, 828; *BGH* ZIP 2007, 2279, 2280; vgl auch *OLG Brem* ZInsO 2005, 323; *Fuest* ZInsO 2006, 464.
166 *BGH* ZIP 1998, 658; *BGH* ZIP 2007, 2279, 2280.
167 *BGH* ZIP 2007, 2279, 2280.
168 *BGHZ* 65, 211, 212 = NJW 1976, 190.
169 *BGHZ* 186, 242 Rn 27, 31 = ZIP 2010, 1552; *BGHZ* 194, 1 Rn 9 = ZIP 2013, 526; *OLG Frankfurt* ZIP 2013, 1634.
170 *BGHZ* 21, 285, 293 = NJW 1956, 1600; *BGH* ZIP 1987, 1398, 1399.
171 MK/*Brandes/Schoppmeyer* § 60 Rn 112; *Jaeger/Gerhardt* § 60 Rn 150.
172 *BAGE* 121, 112 = ZIP 2007, 1169.
173 Grdl *Eckert* KTS 1997, 411; dazu MK/*Brandes/Schoppmeyer* § 60 Rn 77 f; *Jaeger/Gerhardt* § 60 Rn 152; *K Schmidt/Thole* § 60 Rn 47.
174 *BGHZ* 148, 175 = ZIP 2001, 1376, 1377; *BGHZ* 161, 236, 240 = ZIP 2005, 132; *BGH* ZIP 2006, 194, 197; *BGH* 29.10.2015 – IX ZR 33/15 Rn 3; *BGH* 20.7.2017 – IX ZR 310/14 Rn 39.
175 *BGH* ZIP 2006, 194, 196.

bestimmt, insb von ihrem wirtschaftlichen Gewicht, ihren Erfolgsaussichten und ggf ihren Vollstreckungsmöglichkeiten. Die Stellung des Verw unterscheidet sich insoweit nicht von derjenigen eines anderen Vertreters fremder Interessen, der einen Anspruch auch dann klagweise geltend machen kann, wenn er weiß, dass der bedingten Kostenerstattungsanspruch der Gegenseite im Vermögen der Klagepartei keine Deckung mehr findet. Die Deckung der eigenen Prozesskosten durch den unterlegenen Gegner gehört zu den allg Prozessrisiken der obsiegenden Partei.[176] Eine Haftung des Verw kommt unter den Voraussetzungen des **§ 826 BGB** in Betracht. Nach dieser Vorschrift setzt die Haftung für Schäden des Prozessgegners, die durch das Einleiten oder Betreiben eines Rechtsstreits verursacht werden, nicht nur voraus, dass die den Rechtsstreit einleitende oder betreibende Partei die materielle Unrichtigkeit ihres Prozessbegehrens kennt. Vielmehr müssen besondere Umstände aus der Art und Weise der Prozessführung hinzutreten, die das Vorgehen der Partei als sittenwidrig prägen.[177] Der Verw kann persönlich für die später nicht betreibbaren Kosten eines Schadensersatzprozesses einzustehen haben, den ein Gl wegen **Nichterfüllung eines Aussonderungsrechts** gegen die Masse geführt hat.[178] Die Verletzung einer insolvenzspezifischen Pflicht liegt hier bereits in der schuldhaften Vereitelung des Aussonderungsrechts und setzt sich in der Nichterfüllung des Sekundäranspruchs fort. Gegenüber der Masse kommt bei unzulänglicher Prüfung der Erfolgsaussichten einer Klage eine Haftung für den **Kostenschaden** in Betracht.[179]

46 **5. Andere Haftungstatbestände außerhalb der InsO. – a)** Nach § 34 Abs 1 und 3 AO hat der Verw die **steuerlichen Pflichten** des Schu zu erfüllen, soweit seine Verwaltung reicht.[180] Er hat Bücher und Aufzeichnungen zu führen (§§ 140–148 AO), Steuererklärungen abzugeben und zu berichtigen (§§ 149–153 AO), Auskünfte zu erteilen (§ 93 AO), Mitteilungen nach den §§ 137–139 AO zu erstatten, Steuern aus dem verwalteten Vermögen zu entrichten (§ 34 Abs 1 S 2 AO), die Vollstreckung wegen Masseforderungen zu dulden (§ 77 AO) und die von den Arbeitnehmern geschuldete Lohnsteuer abzuführen (§§ 38 Abs 3, 41a EStG). Soweit Ansprüche aus dem Steuerschuldverhältnis (§ 37 AO) infolge vorsätzlicher oder grob fahrlässiger Verletzung der ihm auferlegten Pflichten nicht oder nicht rechtzeitig festgesetzt oder erfüllt oder soweit infolgedessen Steuervergütungen oder Steuererstattungen ohne rechtlichen Grund gezahlt werden, haftet der Verw; die Haftung umfasst auch die infolge der Pflichtverletzung zu zahlenden Säumniszuschläge (§ 69 AO). § 69 AO ist lex specialis gegenüber § 60.[181]

47 **b)** Der Verw hat außerdem die **sozialversicherungsrechtlichen Pflichten** eines Arbeitgebers zu erfüllen, soweit Arbeitsverhältnisse über die Eröffnung hinaus fortbestehen oder von ihm neu begründet werden.[182] Insb hat er die Beiträge für Kranken-, Renten-, Unfall- und Pflegeversicherung an die Sozialversicherungsträger abzuführen (§§ 28d, 28e SGB IV, 253 SGB V, 174 SGB VI, 150 SGB VII, 60 SGB XI). Er hat auf Verlangen alle Auskünfte zu erteilen, welche für die Berechnung und Auszahlung von InsGeld erforderlich sind (§ 316 Abs 1 SGB III), und Verdienstbescheinigungen („InsGeldbescheinigungen") mit den in

---

176 *BGHZ* 148, 175 = ZIP 2001, 1376, 1377; *BGH* 20.7.2017 – IX ZR 310/14, Rn 39.

177 *BGH* ZIP 2003, 964 f; *G Fischer* WM 2004, 2189; weniger strenge Anforderungen stellen *BGHZ* 148, 175 = ZIP 2001, 1376, 1379; *BGHZ* 161, 236, 241 = ZIP 2005, 132; einen Anspruch bejaht *OLG München* ZInsO 2015, 1679; s dazu aber *BGH* 20.7.2017 – IX ZR 210/14 Rn 40 ff.

178 *BGH* ZIP 2006, 196.

179 *BGHZ* 148, 175, 180 = ZIP 2001, 1376; *BGH* 29.10.2015 – IX ZR 33/15 Rn 4.

180 *BGH* NZI 2007, 455.

181 MK/*Brandes/Schoppmeyer* § 60 Rn 81.

182 *Jaeger/Gerhardt* § 60 Rn 159.

§ 314 Abs 1 S 1, Abs 2 SGB III vorgeschriebenen Angaben auszustellen; er hat das InsGeld zu errechnen und auszuzahlen, wenn geeignete Arbeitnehmer zur Verfügung stehen und die erforderlichen Mittel bereitstehen (§ 320 SGB III). Verdienstbescheinigungen und Auskünfte sind vollständig und richtig zu erteilen.[183] Bei unterlassenen oder unrichtigen Auskünften sowie dann, wenn der Verw die Verpflichtung zur Errechnung und Auszahlung des InsGeld nicht erfüllt, ist er der Bundesagentur zum Schadensersatz verpflichtet (§ 321 SGB III). Daneben kommen Schadensersatzansprüche eines Arbeitnehmers in Betracht, wenn dieser kein oder zu wenig InsGeld erhält.[184]

V. Verhältnis zu Ansprüchen gegen die Masse

Die Haftung des Verw wegen schuldhafter Verletzung insolvenzspezifischer und nichtinsolvenzspezifischer Pflichten kann neben eine Haftung der Masse nach § 31 BGB, § 55 Abs 1 Nr 1 treten.[185] Der Schadensersatzanspruch gegen den Verw wegen Verletzung insolvenzspezifischer Pflichten ist gegenüber einem Schadensersatzanspruch gegen die Masse nicht subsidiär.[186] Noch weitergehend hat das BAG einen Gleichrang zwischen dem Schadensersatzanspruch gegen den Verw einerseits, dem Primäranspruch auf Leistung aus Gesetz oder Vertrag gegen die Masse oder gegen den Betriebserwerber angenommen.[187] Voraussetzung eines Anspruchs aus § 60 gegen den Verwalter ist allerdings, dass dem Anspruchsteller ein Schaden entstanden ist. Der Schadensersatzanspruch gegen den Verw wegen Beeinträchtigung oder Vereitelung eines Aussonderungsrechts setzt eine Beeinträchtigung oder Vereitelung dieses Rechts voraus; von einer gleichrangigen Haftung kann insoweit nicht gesprochen werden. Eine Primärhaftung der Masse gibt es grds jedoch nicht.[188] Der Gl ist auch prozessrechtlich nicht gehalten, zunächst die Masse zu verklagen, bevor er den Verw in Anspruch nimmt; seiner Klage fehlt nicht das Rechtsschutzbedürfnis. **48**

Die Masse und der Verw haften ggf als GesamtSchu. Ausgleichsansprüche des Verw gegen die Masse kommen im Falle eines Einzelschadens nur dann in Betracht, wenn die Begr der Mithaftung der Masse dieser gegenüber ausnahmsweise nicht pflichtwidrig war. Hat der Verw durch Verkürzung der Masse einen Gemeinschaftsschaden verursacht, kommt eine Mithaftung der Masse im Innenverhältnis nicht in Betracht.[189] **49**

VI. Prozessuales

Der Schadensersatzanspruch aus § 60 ist durch Klage vor den ordentlichen G geltend zu machen. Nach Ansicht des *LAG Mecklenburg-Vorpommern* fällt ein Rechtsstreit, in dem der Arbeitnehmer den InsVerw auf Schadensersatz wegen pflichtwidriger Fortführung des Betriebes ohne tragfähiges Konzept verklagt, nach § 2 Abs 1 Nr 4 ArbGG in die Zuständigkeit der Arbeitsgerichtsbarkeit.[190] Darlegungs- und beweispflichtig für die tatsächlichen Voraussetzungen der schuldhaften Verletzung einer insolvenzspezifischen Pflicht ist der Anspruchsteller.[191] Den InsVerwalter trifft uU eine sekundäre Darlegungslast. **50**

---

183 *Jaeger/Gerhardt* § 60 Rn 160.
184 *Jaeger/Gerhardt* § 60 Rn 161.
185 *BGH* ZIP 2007, 94 Rn 11; MK/*Brandes/Schoppmeyer* § 60 Rn 112; vgl bereits *RGZ* 144, 179, 182.
186 *BGH* ZIP 2006, 194, 195 f; *OLG Frankfurt* 5.3.2010 – 19 U 247/08, juris, Rn 19.
187 *BAG* ZIP 2007, 1170 f.
188 *Uhlenbruck/Sinz* § 60 Rn 112 f.
189 *Jaeger/Gerhardt* § 60 Rn 186 f.
190 ZInsO 2011, 688.
191 *BAGE* 143, 321 Rn 42 = ZIP 2013, 638; *LG Krefeld* NZI 2014, 410, 411.

51 **1. Prozessführungsbefugnis.** Vorab ist zu prüfen, ob ein Einzel- oder ein Gemeinschaftsschaden geltend gemacht werden soll. Während des InsVerf können die InsGl weder einen Gesamtschaden noch den auf sie entfallenden Quotenschaden gerichtlich oder außergerichtlich geltend machen (§ 92). Ihnen fehlt die Einziehungs- und Prozessführungsbefugnis.[192] Die Klage muss dann, wenn der Verw noch im Amt ist, von einem zu diesem Zweck vom InsGer zu bestellenden SonderInsVerw[193] erhoben werden, sonst vom Nachfolger im Amt des InsVerw. Gleiches gilt, wenn das InsGer nach Aufhebung des InsVerf wegen des auf Ersatz eines Gemeinschaftsschadens gerichteten Anspruchs aus § 60 eine Nachtragsverteilung anordnet (§ 203). Der Verw kann einen Gl ermächtigen, den Gesamtschaden als Prozessstandschafter geltend zu machen.[194] Dem einzelnen InsGl steht kein Rechtsmittel gegen die Entscheidung des InsGer zu, keinen SonderInsVerw zur Durchsetzung eines Anspruchs aus § 60 zu bestellen.[195] Nach Aufhebung des InsVerf können die einzelnen Gl den auf sie entfallenden Einzelschaden (Quotenschaden) verfolgen. Der Schu hingegen ist auch nach Beendigung des InsVerf nicht berechtigt, einen Anspruch auf Ersatz eines Gemeinschaftsschadens gegen den InsVerw zu verfolgen, wenn und soweit der Schadensbetrag für die Befriedigung der Gl benötigt wird.[196] Ist das InsVerf dagegen nach § 213 mit Zustimmung der Gl eingestellt worden, ist auch der Schu berechtigt, Ersatz eines Gesamtschadens zu verlangen.[197] Ist ein Absonderungsrecht verletzt worden, entsteht ein Einzelschaden vorbehaltlich eines in die Masse fallenden Übererlöses oder einer entgangenen Kostenpauschale.[198] Einzelschäden entstehen weiter aus der Verletzung eines Aussonderungsrechts[198] oder auch dann, wenn unpfändbare Vermögensbestandteile des Schu verloren gegangen sind.[199]

52 **2. Zuständigkeit.** Örtlich zuständig ist das Gericht, bei dem der Verw persönlich seinen allg Gerichtsstand hat (§§ 12, 13 ZPO). Der Gerichtsstand des InsVerw (§ 19a ZPO) gilt nicht, weil die Klage sich nicht auf die InsMasse bezieht. Der Verw hat den Anspruch ggf aus seinem eigenen Vermögen zu erfüllen, nicht aus der InsMasse. Die Klage kann auch im Gerichtsstand der unerlaubten Handlung erhoben werden.[200]

53 **3. Richtiger Beklagter. – a)** Die Klage ist gegen den Verw persönlich zu richten, nicht gegen den Verw als Partei kraft Amtes. Dem Namen des Beklagten darf also nicht der Zusatz „als Verw im InsVerf über das Vermögen …" beigefügt werden. Allerdings kann eine Klageschrift ausgelegt und eine unrichtige oder unklare Parteibezeichnung berichtigt werden, wenn – insb aus der mitgeteilten Anspruchsgrundlage – hinreichend deutlich wird, dass es um die persönliche Haftung des Verwalters, nicht um die Haftung der Masse geht.[201]

54 **b)** Will der Kläger sowohl eine Masseverbindlichkeit (aus § 48, aus § 55 Abs 1 Nr 1, aus § 170 Abs 1 S 2) geltend machen als auch den Verw persönlich in Anspruch nehmen, muss er **zwei Parteien** verklagen.[202] Er darf die beiden Ansprüche nicht in ein Eventualverhältnis stellen, etwa den Verw persönlich nur für den Fall in Anspruch nehmen, dass im Prozess gegen die

192 *BGH* ZIP 2004, 1218, 1220.
193 Su § 92 Rn 54 ff, 52 f.
194 *BGH* ZIP 1989, 1409.
195 *BGH* ZIP 2009, 529 Rn 2.
196 *BGH* ZIP 2009, 2012 ff Rn 8 ff.
197 Vgl *BGH* ZIP 2015, 1645.
198 *BGH* ZIP 2011, 1575 Rn 9.
199 *BGH* ZInsO 2008, 921 Rn 13; ZIP 2011, 1575 Rn 9.
200 *OLG Celle* WM 1988, 133; MK/*Brandes/Schoppmeyer* § 60 Rn 119; zweifelnd *Schultz* ZInsO 2015, 529, 538.
201 Vgl etwa *BGHZ* 161, 49, 50 f = ZIP 2004, 2442.
202 *BGH* ZIP 2007, 94 Rn 7.

Masse der Verlust des ersatzauszusondernden Gegenstandes oder Masseunzulänglichkeit eingewandt werden wird. Im Verhältnis zum Verw persönlich wäre die Klage dann unter einer Bedingung erhoben. Eine bedingte Klagehäufung in der Weise, dass die Klage gegen den einen Streitgenossen nur für den Fall erhoben wird, dass die Klage gegen den anderen Streitgenossen keinen Erfolg hat, ist unzulässig, weil es an einem unbedingten Prozessrechtsverhältnis fehlt.[203] Wurde der Verw zunächst nur als Partei kraft Amtes verklagt und will ihn der Kläger im selben Prozess auch oder nur noch persönlich in Anspruch nehmen, ist dies nur unter den Voraussetzungen und nach den Regeln des gewillkürten Parteiwechsels auf Beklagtenseite möglich (§ 263 ZPO).[204] Allerdings kann der Verwalter seine Zustimmung nicht verweigern; da er als Partei kraft Amtes von Anfang an am Prozess beteiligt war, wäre die Weigerung rechtsmissbräuchlich.[205] Die **Berufung** gegen ein die Klage gegen den Verw als Partei kraft Amtes abweisendes Urteil, die ausschließlich die Verurteilung des Verw persönlich zum Ziel hat, ist wegen fehlenden Angriffs auf die Beschwer unzulässig.[206] Auch eine unselbstständige Anschlussberufung an die Berufung des beklagten Verw mit dem Ziel, die Klage auf diesen persönlich auszudehnen, ist unzulässig.[207] Hat der Kläger den Verw sowohl persönlich als auch als Partei kraft Amtes verklagt, wurde die Klage abgewiesen und befasst sich die Berufungsbegründung nicht mit dem Anspruch aus § 60, ist die gegen den Verw persönlich gerichtete Berufung unzulässig (§§ 520, 522 ZPO).[208] In der **Revisionsinstanz** kann eine gegen den Verw als Partei kraft Amtes gerichtete Klage nicht mehr auf den Verw persönlich erstreckt werden, weil hierin eine Klageerweiterung läge, die im Revisionsverfahren ausgeschlossen ist.[209]

c) Die **Rechtskraft** eines gegen den Verw als Partei kraft Amtes ergangenen Urteils erstreckt sich nicht auf den Verw persönlich. Bei der Prüfung der Frage eines Pflichtverstoßes kann einem solchen Urteil jedoch **Tatbestandswirkung** zukommen. Der Verw ist verpflichtet, Leistungen zu erbringen, zu denen ein Gericht ihn als Partei kraft Amtes rechtskräftig verurteilt hat. Im Haftungsprozess gegen ihn persönlich ist diese Frage daher nicht erneut zu prüfen.[210] Dem Urteil im Haftpflichtprozess kommt hinsichtlich der Pflichtverletzung im Deckungsprozess des Verw gegen seinen Haftpflichtversicherer Bindungswirkung zu. Der Ausschlussgrund der Wissentlichkeit der Pflichtverletzung ist im Deckungsprozess dagegen neu zu prüfen; darlegungs- und beweispflichtig ist insoweit der Versicherer.[211] Der Verw als solcher unterliegt bisher keiner gesetzlichen Versicherungspflicht.[212] 55

4. Verhältnis der Ansprüche aus § 60 und aus § 61. Die Ansprüche aus § 60 und § 61 unterscheiden sich in ihren Voraussetzungen und Rechtsfolgen. Ein Massegläubiger, der durch die Begr der Masseverbindlichkeit und durch eine nachfolgende Masseverkürzung geschädigt worden ist, kann die beiden Ansprüche regelmäßig nicht nebeneinander geltend machen. Prozessual stellen sie **alternative Klagebegehren mit unterschiedlichen Streitgegenständen** dar, die nicht auf dasselbe Rechtsschutzziel gerichtet und ohne Klärung ihres Verhältnisses als Haupt- und Hilfsantrag mangels Bestimmtheit (§ 253 Abs 2 Nr 2 ZPO) unzulässig sind.[213] 56

---

203 *BGH* ZIP 2007, 2279 Rn 13.
204 Dazu *BGHZ* 65, 264, 268; *BGH* NJW 1981, 989; NJW 2006, 1351, 1353 f.
205 *BGHZ* 144, 192, 196 = ZIP 2000, 896.
206 *BGH* ZInsO 2015, 421 Rn 7.
207 *BGH* ZIP 1991, 42, 43.
208 *BGH* ZIP 1990, 1417, 1420.
209 *BGH* ZIP 2009, 1477 f Rn 9.
210 *BGH* ZIP 2006, 194, 195.
211 *BGH* ZIP 2015, 184.
212 *BGHZ* 198, 225 Rn 27 = ZIP 2013, 2070.
213 *BGHZ* 159, 104, 122 = ZIP 2004, 1113; *OLG Düsseldorf* ZIP 2012, 2115.

Zwar kann der Massegläubiger nach beiden Vorschriften nur das negative Interesse verlangen. Dieses kann aber unterschiedlich hoch sein. Nach § 61 wird der Gl so gestellt, wie wenn die Masseverbindlichkeit nicht begründet worden wäre. Nach § 60 kann er hingegen verlangen, so gestellt zu werden, wie wenn die Masse nicht verkürzt und sein Anspruch in höherem Umfang erfüllt worden wäre; das negative Interesse kann sich in einem solchen Fall dem positiven Interesse annähern oder dieses sogar erreichen.[214] Im Rahmen ihres Anwendungsbereichs soll die Vorschrift des § 61 derjenigen des § 60 vorgehen.[215]

214 *BGHZ* 159, 104, 122 = ZIP 2004, 1113.
215 *BAG* ZIP 2013, 638 Rn 28; *OLG Düsseldorf* ZIP 2012, 2115.

§ 61 Nichterfüllung von Masseverbindlichkeiten

[1]Kann eine Masseverbindlichkeit, die durch eine Rechtshandlung des Insolvenzverwalters begründet worden ist, aus der Insolvenzmasse nicht voll erfüllt werden, so ist der Verwalter dem Massegläubiger zum Schadenersatz verpflichtet. [2]Dies gilt nicht, wenn der Verwalter bei der Begründung der Verbindlichkeit nicht erkennen konnte, dass die Masse voraussichtlich zur Erfüllung nicht ausreichen würde.

Übersicht

A. Allgemeines

I. Normzweck und Gesetzgebungshinweise

1 Die Vorschrift des § 61 gewährt MasseGl, deren Forderungen durch eine Rechtshandlung des Verw begründet worden sind, die jedoch aus der Masse nicht erfüllt werden, einen Ausgleichsanspruch gegen den Verw. Im Vergleich mit § 82 KO erweitert sie damit die Haftung des Verw. Der BGH hatte die Haftung des Konkursverwalters aus § 82 KO auf die Verletzung von sich aus der Konkursordnung ergebenden Pflichten gegenüber den VerfBeteiligten beschränkt. Gegenüber Dritten als Verhandlungs- und Vertragspartnern legte die Konkursordnung dem Verw keine Pflichten auf. Damit galten die allg Vorschriften; § 82 KO war nicht anwendbar.[1] Das Argument, die Geschäftspartner des Verw seien durch die Konkurseröffnung hinreichend gewarnt und müssten sich bewusst sein, dass sie das Risiko der Masseunzulänglichkeit eingingen, hielt der RegE zur InsO jedoch nicht für überzeugend. Er sah die Gefahr, dass Dritte nur gegen besondere Sicherheiten zu Leistungen an das insolvente

1 *BGHZ* 100, 346 ff = ZIP 1987, 652.

Unternehmen bereit sein würden, was die Unternehmensfortführung im InsVerf erschwere.[2] Nach § 61 soll der Verw folgerichtig dafür einzustehen haben, dass eine von ihm begründete Masseverbindlichkeit aus der Masse erfüllt werden kann. Anderes gilt nur dann, wenn er bei der Begr der Verbindlichkeit nicht erkennen konnte, dass die Masse voraussichtlich zur Erfüllung nicht ausreichen würde (S 2).

II. Anwendungsbereich

Entspr ihrem Zweck, die Bereitschaft zur Kreditgewährung an die Masse zu fördern, 2
betrifft die Vorschrift hauptsächlich die Begr von Masseverbindlichkeiten durch Vertragsschluss, daneben aber auch die Erfüllungswahl und die unterlassene Kündigung eines Dauerschuldverhältnisses.[3] Sie erfasst auch die Begr von Neumasseverbindlichkeiten nach Anzeige der Masseunzulänglichkeit.[4] Kraft Verweisung gilt sie für den vorl InsVerw (§ 21 Abs 2 Nr 1) und für den Treuhänder im vereinfachten InsVerf (§ 313 Abs 1),[5] für den vorl InsVerw jedoch nur, soweit die Verwaltungs- und Verfügungsbefugnis über das Vermögen des Schu auf ihn übergegangen ist (§ 22 Abs 1) und er Masseverbindlichkeiten begründen kann (§ 55 Abs 2 S 1). Kann der vorl InsVerw kraft Einzelermächtigung des InsGer Masseverbindlichkeiten begründen,[6] haftet er insoweit ebenfalls nach § 61. Die Vorschrift des § 274 Abs 1 über die Rechtsstellung des Sachverwalters in der Eigenverwaltung verweist nicht auf § 61.[7] § 61 gilt nur dann entspr, wenn das InsGer auf Antrag der Gläubigerversammlung angeordnet hat, dass bestimmte Rechtsgeschäfte des Schu nur mit Zustimmung des Sachwalters wirksam sind, und dieser der Begründung einer Masseverbindlichkeit zugestimmt hat (§ 277 Abs 1).

B. Erläuterungen

I. Ersatzpflichtiges Verhalten

1. Begründung einer Masseverbindlichkeit. Anspruchsvoraussetzung ist zunächst die Begr 3
einer Masseverbindlichkeit. Pflichtverletzungen des Verw nach Begr der Verbindlichkeit fallen nicht unter § 61.[8] Der Begriff der Masseverbindlichkeit entspricht demjenigen in § 55 Abs 1 und 2. Die Verbindlichkeit muss durch eine Rechtshandlung (einschl des rechtlich erheblichen Unterlassens) des Verw begründet worden sein.[9] In erster Linie ist das Eingehen neuer Verbindlichkeiten, insb der Abschluss von Verträgen mit Wirkung für und gegen die Masse gemeint. Die Vorschrift greift aber auch dann ein, wenn der Verw die Erfüllung eines gegenseitigen Vertrages wählt[10] oder von der möglichen Kündigung eines Dauerschuldverhältnisses absieht.[11] Für Masseverbindlichkeiten, deren Entstehen er nicht verhin-

---

2 BT-Drucks 12/2443, 77 f.
3 BT-Drucks 12/2443, 129 f.
4 *BGH* ZIP 2005, 311; vgl auch *BGH* ZIP 2007, 2187 Rn 11.
5 § 313 ist durch das G zur Verkürzung des Restschuldbefreiungsverfahrens und zur Stärkung der Gläubigerrechte v 15.7.2013, BGBl I 2379, mWv 1.7.2014 aufgehoben worden.
6 *BGHZ* 151, 353 ff = ZIP 2002, 1629; *BGH* ZIP 2003, 810; vgl auch § 55 Abs 2 S 3 idF von Art 1 Nr 7 des Entwurfs eines Gesetzes zur Entschuldung mittelloser Personen, zur Stärkung der GlRechte sowie zur Regelung der InsFestigkeit von Lizenzen, BR-Drucks 600/07, 2, 54.
7 *OLG Düsseldorf* ZIP 2017, 2211.
8 *BGHZ* 159, 104, 108 f = ZIP 2004, 1107; *BGH* ZIP 2010, 2252 Rn 15.
9 *Jaeger/Gerhardt* § 61 Rn 14.
10 *BGH* ZIP 2014, 736.
11 BT-Drucks 12/2443, 129; *BGHZ* 192, 322 Rn 33 = ZIP 2012, 533; *OLG Celle* ZVI 2013, 265, 266.

dern konnte, haftet der Verw dagegen nicht.[12] Der vorl verwaltungs- und verfügungsbefugte Verw begründet Masseverbindlichkeiten aus Dauerschuldverhältnissen zusätzlich dadurch, dass er die Gegenleistung für das von ihm verwaltete Vermögen in Anspruch nimmt (§ 55 Abs 2 S 2). **Bereicherungsansprüche** (§ 55 Abs 1 Nr 3, Abs 2) fallen unter § 61, wenn eine Rechtshandlung des Verw die Bereicherung herbeigeführt hat.[13] Ist der InsVerw rechtskräftig zur Räumung eines Grundstücks verurteilt worden, kann er diese Pflicht nicht durch **Freigabe** des Grundstücks erfüllen.[14] Nach einer Freigabe der selbstständigen Tätigkeit des Schu (§ 35 Abs 2) können auf die selbstständige Tätigkeit bezogene vertragliche Ansprüche, die nach der Freigabe entstehen, nur gegen den Schu und nicht gegen die Masse verfolgt werden.[15] Eine Haftung des Verw nach § 61 kommt daher nur hinsichtlich der bis zur Freigabe entstandenen Ansprüche in Betracht. Die unterlassene Freistellung von **Arbeitnehmern** bis zum Ablauf der Kündigungsfrist (§ 113) steht der Begründung von Masseverbindlichkeiten nicht gleich, weil der Vergütungsanspruch ge § 615 S 1 BGB auch im Falle der Freistellung fortbesteht; darauf, dass der Arbeitnehmer bei fortdauernder Beschäftigung keinen Anspruch auf Arbeitslosengeld erwirbt, kommt es nicht an.[16]

4 **2. Ausnahmen.** Nicht jede Masseverbindlichkeit, welche der Verw neu begründet oder nicht verhindert, kann zu seiner persönlichen Haftung führen. Die besondere Pflicht des Verw, sich zu vergewissern, ob er bei normalem Geschäftsablauf zur Erfüllung der von ihm begründeten Forderungen mit Mitteln der Masse in der Lage sein wird, bezieht sich grds nur auf die primären Erfüllungsansprüche, nicht auf **Sekundäransprüche**.[17] Ausnahmen sind denkbar, wenn der Sekundäranspruch seinen Grund ebenfalls in der Masseinsuffizienz und dem hieraus folgenden Unvermögen der Vertragserfüllung findet.[18] Der Verw haftet auch nicht persönlich für die Vergütungs- und Auslagenerstattungsansprüche eines Zwangsverwalters in einem von ihm beantragten Zwangsverwaltungsverfahren.[19] MasseGl, die für oder im Zusammenhang mit ihrem Anspruch gegen die Masse keine **Gegenleistung** erbringen, fallen nicht in den Schutzbereich des § 61; denn Zweck der Vorschrift ist es gerade, diejenige Vertragspartei zu schützen, die mit ihren Leistungen das Fortführen des Unternehmers oder auch nur die Durchführung des InsVerf ermöglicht.[20] Der Verw haftet nicht persönlich für **Umsatzsteuer** aus der Verwertung von Massegegenständen.[21] Er braucht also nicht deshalb von Verwertungshandlungen, die Umsatzsteuer auslösen, abzusehen, weil die Umsatzsteuer voraussichtlich nicht beglichen werden kann.[22] Aus dem gleichen Grund findet § 61 keine Anwendung auf Kostenerstattungsansprüche eines **Prozessgegners**.[23] Die Lage des Prozessgegners kann derjenigen einer Vertragspartei, die sich zu Leistungen an die Masse verpflichtet hat, nicht gleichgesetzt werden. Dass sich der Gegner dem Prozess nicht entziehen konnte, genügt nicht. Vielmehr gehört es zu den allg Risiken einer obsiegenden Prozesspartei, ob sie die von ihr aufgewendeten Prozesskosten erstattet erhält.[24]

---

12 *OLG Düsseldorf* ZInsO 2014, 502.
13 *Webel* ZInsO 2009, 363, 364 ff; *Huep/Webel* NZI 2011, 389, 393 f.
14 *BGH* ZIP 2006, 583.
15 *BGHZ* 192, 322 Rn 14 ff, 27 = ZIP 2012, 533.
16 *BAGE* 143, 321 Rn 34 ff = ZIP 2013, 638.
17 *BGH* ZIP 2008, 2126 Rn 5.
18 *Hees* ZIP 2011, 502, 503 f.
19 *BGH* ZIP 2010, 242 Rn 7 f.
20 *BGHZ* 161, 236 ff = ZIP 2005, 132; *BGH* ZIP 2010, 2252 Rn 14; *Schultz* ZInsO 2015, 529, 535; krit *Adam* DZWirR 2008, 15 f; *Webel* ZInsO 2009, 363, 366 f.
21 *BGH* ZIP 2010, 2252 Rn 14; krit *Huep/Webel* NZI 2011, 389, 393.
22 Vgl auch *BFHE* 204, 391, 394.
23 *Jaeger/Gerhardt* § 61 Rn 16.
24 *BGHZ* 161, 236 ff = ZIP 2005, 132; zur Haftung nach § 60 so.

Für die Kosten des InsVerf (§ 54) haftet der Verw schließlich ebenfalls nicht persönlich; er „begründet" sie nicht.

3. Begründung von Masseverbindlichkeiten durch den Schuldner. Unter bestimmten, im Einzelnen noch nicht geklärten Voraussetzungen kann auch der Schu Masseverbindlichkeiten begründen, dann etwa, wenn er eine selbstständige Tätigkeit ausübt und der Verw erklärt hat, dass Vermögen aus der selbstständigen Tätigkeit zur Masse gehört und Ansprüche hieraus im InsVerf geltend gemacht werden können (§ 35 Abs 2 S 1).[25] Ob der Verw persönlich haftet, wenn vom Schu begründete Masseverbindlichkeiten nicht erfüllt werden können, wird bezweifelt, weil die Verträge nicht vom Verwalter, sondern vom Schu selbst geschlossen würden.[26] Hat der Verw eine Negativerklärung abgegeben, hat er also die selbstständige Tätigkeit des Schu „freigegeben", kommt eine persönliche Haftung des Verw schon deshalb nicht in Betracht, weil keine Masseverbindlichkeiten entstehen. Nach einer **Freigabeerklärung** gem § 35 Abs 2 S 1 wird nur noch der Schuldner persönlich verpflichtet. Das gilt auch im Hinblick auf Dauerschuldverhältnisse, welche der selbstständigen Tätigkeit des Schu zuzurechnen sind. Einer gesonderten Kündigungserklärung – etwa gegenüber dem Vermieter– bedarf es nicht.[27] 5

II. Pflichtwidrigkeit und Verschulden

1. Objektive Pflichtwidrigkeit. Die objektive Pflichtwidrigkeit liegt in der Begr der Verbindlichkeit, obwohl bereits erkennbar war, dass die Masse voraussichtlich zu ihrer Erfüllung nicht ausreichen wird (S 2). Der Verw ist also verpflichtet zu prüfen, ob die Masse zur Erfüllung ausreicht, bevor er die Verbindlichkeit eingeht. Im Prozess ist dies aus der ex-ante-Sicht des Verw zu ermitteln. Das Wort „voraussichtlich" ist nach der Begr des RegE so auszulegen, dass der Eintritt der Masseunzulänglichkeit wahrscheinlicher sein muss als der Nichteintritt.[28] Ist diese Voraussetzung gegeben, trägt der Vertragspartner ein erhöhtes Risiko, das über die allg Gefahren eines Vertragsschlusses – auch des Vertragsschlusses mit einem InsVerw – weit hinausgeht und das den Verw daher schon nach allg schuldrechtlichen Grundsätzen zu einer Warnung des Vertragspartners verpflichtet.[28] 6

2. Masseunzulänglichkeit. Nach Eintritt der Masseunzulänglichkeit dient das Verf in erster Linie der Befriedigung der NeumasseGl (§ 209 Abs 1 Nr 2), nicht mehr derjenigen der InsGl (§ 38) und auch nicht derjenigen der AltmasseGl (§ 209 Abs 1 Nr 3). Die Pflicht, keine Verbindlichkeiten zu begründen, die nicht aus der Masse erfüllt werden können, bezieht sich von diesem Zeitpunkt an auf die Neumasseverbindlichkeiten. Trifft der Verw nach Anzeige der Masseunzulänglichkeit (§ 208) eine VerwertungsEntsch, muss er prüfen, ob die InsMasse nach Abzug der vorrangig zu bedienenden Kosten (§ 209 Abs 1 Nr 1), jedoch ohne Berücksichtigung der Altmasseverbindlichkeiten (§ 209 Abs 1 Nr 3) zur Befriedigung der aus der Entsch resultierenden Verbindlichkeiten voraussichtlich ausreichen wird.[29] 7

3. Zeitpunkt. Entscheidender Zeitpunkt ist derjenige der Begr der Verbindlichkeit. Maßgebend ist grds, wann der Rechtsgrund gelegt ist; der anspruchsbegründende Tatbestand muss materiell-rechtlich abgeschlossen sein. In der Regel ist dies der Zeitpunkt des Vertragsschlusses. Bei vor der Eröffnung begründeten Dauerschuldverhältnissen, die mit Mitteln der Masse zu erfüllen sind (§§ 108, 55 Abs 1 Nr 2 Fall 2), kommt es auf den Zeitpunkt 8

25 So § 55 Rn 10.
26 *Berger* ZInsO 2008, 1101, 1106; vgl jetzt *BGH* ZIP 2014, 736 Rn 10.
27 *BGHZ* 192, 322 Rn 13 = ZIP 2012, 533.
28 BT-Drucks 12/2443, 129.
29 *BGH* ZIP 2007, 2187 Rn 11.

der frühestmöglichen Kündigung an,[30] in Fällen der Erfüllungswahl auf diese. Im Einzelfall sind jedoch Ausnahmen denkbar. Je nach Ausgestaltung der im Vertrag getroffenen Abreden kann auch ein späterer Zeitpunkt in Betracht kommen, etwa dann, wenn Lieferungen auf Abruf erfolgen sollen. Zu prüfen ist jeweils, wann der Verw die konkrete Leistung des MasseGl noch verhindern konnte, ohne vertragsbrüchig zu werden. Ist zu diesem Zeitpunkt erkennbar, dass die Masse voraussichtlich nicht zur Erfüllung der Verbindlichkeit ausreichen wird, handelt der Verw pflichtwidrig.[31] Ein späteres Fehlverhalten des Verw wird von § 61 InsO nicht erfasst. Die Vorschrift legt keine insolvenzspezifischen Pflichten für die Zeit nach der Begr einer Verbindlichkeit fest.[32] Aus ihr ist daher kein Anspruch herzuleiten, der auf erst später eingetretenen Gründen beruht. Der Fall, dass der Verw die Masseunzulänglichkeit und damit die Nichterfüllung der Masseverbindlichkeiten schuldhaft herbeigeführt hat, ist nach § 60 zu beurteilen.[33]

9 **4. Verschulden.** Wie § 60 setzt § 61 ein schuldhaftes Verhalten des Verw voraus.[34] Dabei kommt es ebenfalls auf den Zeitpunkt der Begr der Masseverbindlichkeit an (so). Pflichtwidrigkeit und Verschulden werden widerlegbar vermutet (S 2; su).

III. Kausalität und Schaden

10 **1. Kausalität.** Zu ersetzen sind nur solche Schäden, die auf der Unzulänglichkeit der Masse beruhen. Reicht die Masse zur Erfüllung aller Masseverbindlichkeiten aus, kann eine Masseverbindlichkeit jedoch aus anderen Gründen – etwa wegen objektiver oder subjektiver Unmöglichkeit – nicht erfüllt werden, gilt § 61 nicht; denn die Gefahr, eine dem Verkäufer nicht gehörende Sache zu kaufen und den Kaufgegenstand aus diesem Grund nicht zu erhalten, ist ein allg, nicht ein insolvenzspezifisches Risiko.[35]

11 **2. Schaden.** Ob dem Gl ein Schaden entstanden ist, ob die Verbindlichkeit also uneinbringlich ist, kann im Einzelfall zweifelhaft sein. Ein Ausfallschaden liegt jedenfalls dann vor, wenn der InsVerw Masseunzulänglichkeit angezeigt hat und keine ohne weiteres durchsetzbaren Ansprüche bestehen, aus denen die MasseGl befriedigt werden können.[36] Die MasseGl müssen sich nicht auf den ungewissen Ausgang eines mglw langwierigen Rechtsstreits verweisen lassen.[37] Offen gelassen hat der BGH bisher, ob der Schaden bereits dann eingetreten ist, wenn der Verw die Masseschuld bei Fälligkeit nicht zu erfüllen vermag, oder ob eine Haftung ausscheidet, wenn er die Masseforderung zwar nicht sogleich decken, sie aber aus Außenständen befriedigen kann, die unschwer zu realisieren sind.[38]

IV. Umfang des Anspruchs

12 Der Anspruch aus § 61 richtet sich auf das negative Interesse.[39] Der geschädigte MasseGl ist so zu stellen, wie wenn der zum Ersatz verpflichtende Umstand nicht eingetreten wäre (§ 249 Abs 1 BGB). Vorgeworfen wird dem Verw der Vertragsschluss trotz unzulänglicher

30 *BGHZ* 192, 322 Rn 33 = ZIP 2012, 533.
31 *BGHZ* 159, 104, 116 f = ZIP 2004, 1111.
32 *BGHZ* 159, 104, 108 f = ZIP 2004, 1107; *BGH* ZIP 2010, 2252 Rn 14; ZIP 2010, 2356 Rn 6.
33 *BGHZ* 159, 104, 110 = ZIP 2004, 1108 f.
34 *Jaeger/Gerhardt* § 61 Rn 22.
35 *Von Olshausen* ZIP 2002, 238 f; *Jaeger/Gerhardt* § 61 Rn 17.
36 *BGH* ZIP 2014, 736 Rn 16.
37 *BGHZ* 159, 104, 108 = ZIP 2004, 1108; ZIP 2005, 312.
38 *BGHZ* 159, 104, 108 f = ZIP 2004, 1108.
39 *BGHZ* 159, 104 ff = ZIP 2004, 1112; *BGH* ZIP 2005, 2265, 2266; ZIP 2007, 94 Rn 7; ZIP 2014, 736 Rn 12; *BAG* ZIP 2006, 1058 f; *OLG Celle* ZVI 2013, 265, 266.

Masse, nicht ein Fehlverhalten während der Abwicklung des Vertrages.[40] Der Gl ist folglich so zu stellen, wie er gestanden hätte, wenn der Vertrag nicht geschlossen worden wäre.[41] Besteht die Pflichtverletzung in der nicht rechtzeitigen Kündigung eines Dauerschuldverhältnisses, insbesondere eines Mietvertrages, kann der Gläubiger also nicht die vereinbarte Miete verlangen, sondern nur die Miete, die ihm entgangen ist, weil er die Mietsache nicht anderweitig vermieten konnte.[42] Weil dem Verw die Begründung der einzelnen, später nicht erfüllten Masseverbindlichkeit vorgeworfen wird und nicht die Entscheidung über die Fortführung des Unternehmens, kommt eine Saldierung der Vor- und Nachteile, welche die Fortführungsentscheidung als solche mit sich gebracht hat, nicht in Betracht.[43]

Die **Umsatzsteuer** wird vom Schadensersatzanspruch des MasseGl gegen den Verwalter nicht erfasst, weil die Ersatzzahlung des persönlich in Anspruch genommenen Verw nicht auf einem Leistungsaustausch beruht.[41] 13

V. Prozessuales und Beweislast

1. Prozessuales. Der Schadensersatzanspruch aus § 61 ist ein Individualanspruch. Er kann bereits während des InsVerf von dem geschädigten MasseGl geltend gemacht werden.[44] Dieser ist also prozessführungsbefugt. Die Vorschrift des § 92, nach der ein Anspruch auf Verminderung des zur InsMasse gehörenden Vermögens während des InsVerf nur vom Verw geltend gemacht werden kann, gilt für MasseGl nicht. Schädigt der Verw einen MasseGl, liegt regelmäßig ein Einzelschaden vor, der auch dann schon während des InsVerf geltend gemacht werden kann, wenn der Ausfall gerade infolge einer Masseverkürzung durch den Verw entsteht.[45] Der InsVerw ist folgerichtig nicht befugt, Schadensersatzansprüche der MasseGl aus § 61 gegen seinen Amtsvorgänger geltend zu machen.[46] Der auf dem Vertragsschluss mit dem früheren Verw beruhende finanzielle Nachteil der NeuGl betrifft nur diese persönlich, nicht dagegen die Gesamtheit der Gl. Der Anspruch hat daher keinen Bezug zur InsMasse. Weil Ziel der Klage nicht eine Anreicherung der Masse wäre, fehlt dem Verw insoweit die gesetzliche Prozessführungsbefugnis (§ 80). 14

Anspruchsgegner ist der Verw persönlich, nicht der Verw als Partei kraft Amtes. Insoweit gilt das zu § 60 Gesagte (so). Will der geschädigte Gl sowohl den vertraglichen Anspruch gegen die Masse (§ 55 Abs 1 Nr 1) als auch den Schadensersatzanspruch gegen den Verw persönlich aus § 61 einklagen, liegt nicht nur eine objektive, sondern auch eine subjektive Klagehäufung vor. Der Verw als Partei kraft Amtes ist eine andere Prozesspartei als der Verw persönlich.[47] Die auf § 61 gestützte Klage gegen den Verw persönlich darf nicht nur hilfsweise für den Fall erhoben werden, dass ein zugleich geltend gemachter Anspruch aus § 55 Abs 1 Nr 1 gegen den Verw als Partei kraft Amtes wegen Masseunzulänglichkeit nicht durchgesetzt werden kann.[48] Zwischen dem Verw persönlich und dem Verw als Partei kraft Amtes besteht **kein Gesamtschuldverhältnis**.[49] 15

---

40 *BAG* ZIP 2006, 1058.
41 *BGH* ZIP 2005, 2265, 2266.
42 *OLG Celle* ZVI 2013, 265, 266.
43 *BGH* 17.6.2010 – IX ZR 135/09, Rn 2.
44 *BGHZ* 159, 104, 107 f = ZIP 2004, 1108; *BGH* ZIP 2006, 1684.
45 *BGHZ* 159, 104, 111 = ZIP 2004, 1109 f zu § 60; *BGH* NZI 2006, 580 f.
46 *BGH* ZIP 2006, 1683 Rn 8.
47 *BGH* ZIP 2000, 896, insoweit in *BGHZ* 144, 192 nicht abgedr.
48 *BGH* ZIP 2007, 2279 Rn 13.
49 *BGH* ZIP 2014, 736 Rn 18.

16 Für eine Schadensersatzklage gegen den InsVerw wegen der Begr einer arbeitsrechtlichen Masseverbindlichkeit, die hernach nicht aus der Masse erfüllt werden kann, ist der **Rechtsweg zu den ArbG** gegeben.[50]

17 **2. Darlegungs- und Beweislast.** Pflichtwidrigkeit und Verschulden des Verw werden widerlegbar vermutet. Dem Verw obliegt nicht nur der Gegenbeweis, sondern der Beweis des Gegenteils (S 2). Eine auf § 61 gestützte Klage ist daher schlüssig, wenn eine fällige und einredefreie Masseforderung nicht erfüllt worden ist und der Kläger seinen Schaden darlegt.[51] Mehr braucht der Anspruchsteller auch nicht zu beweisen. Der Verw muss sich entlasten, also darlegen und beweisen, dass er bei der Begr der Verbindlichkeit die Masseunzulänglichkeit nicht erkennen konnte. Das folgt schon aus der Formulierung des Gesetzes. Die Umkehr der Beweislast beruht auf der Erwägung, dass nur der Verw einen vollständigen Überblick über den Umfang der Masse und die Höhe der Masseverbindlichkeiten hat, also die Tatsachen kennt und vortragen kann, die ihn entlasten.[52]

18 Der Verw kann sich auf zweierlei Art entlasten: Entweder war im Zeitpunkt der Begr der Verbindlichkeit objektiv von einer zur Erfüllung der Verbindlichkeit ausreichenden Masse auszugehen oder die Unzulänglichkeit der Masse war für ihn nicht zu erkennen.[53] Beides setzt voraus, dass der Verw eine plausible Liquiditätsrechnung erstellt und diese bis zum Zeitpunkt der Begr der Verbindlichkeit ständig überprüft und aktualisiert hat. Grundlage ist eine Prognose aufgrund der aktuellen Liquiditätslage der Masse, der realistischen Einschätzung noch ausstehender offener Forderungen[54] und der künftigen Geschäftsentwicklung für die Dauer der Fortführung. Forderungen, bei denen ernsthafte Zweifel bestehen, ob sie in angemessener Zeit realisiert werden können, scheiden aus. Stellt der Verw keine präzisen Berechnungen an, über welche Einnahmen er verfügt und welche Ausgaben er zu leisten hat, kann er sich nicht entlasten.[55]

§ 62 Verjährung

[1]Die Verjährung des Anspruchs auf Ersatz des Schadens, der aus einer Pflichtverletzung des Insolvenzverwalters entstanden ist, richtet sich nach den Regelungen über die regelmäßige Verjährung nach dem Bürgerlichen Gesetzbuch. [2]Der Anspruch verjährt spätestens in drei Jahren von der Aufhebung oder der Rechtskraft der Einstellung des Insolvenzverfahrens an. [3]Für Pflichtverletzungen, die im Rahmen einer Nachtragsverteilung (§ 203) oder einer Überwachung der Planerfüllung (§ 260) begangen worden sind, gilt Satz 2 mit der Maßgabe, dass an die Stelle der Aufhebung des Insolvenzverfahrens der Vollzug der Nachtragsverteilung oder die Beendigung der Überwachung tritt.

Übersicht

50 *BAG* ZIP 2003, 1618; *BGH* ZIP 2007, 94 Rn 3 ff.
51 *BGHZ* 159, 104, 115 f = ZIP 2004, 1111.
52 BT-Drucks 12/2443, 129.
53 *BGHZ* 159, 104 ff = ZIP 2004, 1111; *BGH* ZIP 2014, 736 Rn 15; *G Fischer* WM 2004, 2186.
54 *BGH* ZInsO 2012, 137 Rn 4.
55 *BGHZ* 159, 104 ff = ZIP 2004, 1111.

I. Gesetzgebungshinweise

In seiner ursprünglichen Fassung ordnete § 62 eine Verjährung von drei Jahren ab Kenntnis vom Schaden und den die Ersatzpflicht des Verw begründenden Umständen an. Die Vorschrift war § 852 BGB nachgebildet worden, nachdem der BGH diese Vorschrift auf die Haftung des Konkursverwalters entspr angewendet hatte.[1] Durch das Gesetz zur Anpassung von Verjährungsvorschriften an das Gesetz zur Modernisierung des Schuldrechts v 9.12.2004[2] wurden die allg Vorschriften des BGB für anwendbar erklärt. Nach § 195 BGB beträgt die regelmäßige Verjährungsfrist drei Jahre. Die S 2 und 3 des § 62, die unverändert geblieben sind und nach wie vor eine absolute Grenze von drei Jahren von der Aufhebung oder der Rechtskraft der Einstellung des InsVerf, vom Vollzug der Nachtragsverteilung oder vom Ende der Überwachung an vorsehen, gehen als die spezielleren Vorschriften § 199 Abs 2 und 3 BGB vor.[3] 1

II. Anwendungsbereich

Die Vorschrift gilt für alle Ansprüche aus §§ 60, 61, seien diese Vorschriften unmittelbar oder kraft Verweisung anwendbar. Sie betrifft damit auch die Haftung des vorl InsVerw (§ 21 Abs 2 Nr 1), des Sachwalters iRd Eigenverwaltung (§ 274 Abs 1) und des Treuhänders im vereinfachten InsVerf (§ 313 Abs 1 aF). Für die Haftung der Mitglieder des GlAusschusses gilt § 62 entspr (§ 71 S 2). Der zeitliche Anwendungsbereich ergibt sich aus Art 229 §§ 12, 6 EGBGB. Für am 15.12.2004 noch nicht verjährte Ansprüche gilt die kürzere Verjährungsfrist des § 62 aF (Art 229 § 12 Abs 1 iVm § 6 Abs 3 EGBGB analog);[4] denn die Frist von drei Jahren beginnt nach neuem Recht erst am Schluss des Jahres, in dem die Voraussetzungen des § 199 Abs 1 BGB vorliegen, nicht bereits, wie nach § 62 aF, im Zeitpunkt der Kenntniserlangung. 2

III. Erläuterungen

1. Frist, Beginn. Die Verjährungsfrist beträgt aufgrund der Verweisung auf die allg Vorschriften des BGB drei Jahre (§ 195 BGB). Gem § 199 Abs 1 BGB beginnt sie mit dem Schluss des Jahres, in dem der Anspruch entstanden ist und der Gl von den den Anspruch begründenden Umständen und der Person des Schu **Kenntnis** erlangt hat oder ohne grobe Fahrlässigkeit erlangen musste. Die erforderliche Kenntnis von den den Anspruch begründenden Umständen liegt im Allgemeinen vor, wenn dem Geschädigten die Erhebung einer Schadensersatzklage, sei es auch nur in Form der Feststellungsklage Erfolg versprechend, wenn auch nicht risikolos, möglich ist. Weder ist notwendig, dass der Geschädigte alle Einzelumstände kennt, die für die Beurteilung möglicherweise Bedeutung haben, noch muss er bereits hinreichend sichere Beweismittel in der Hand haben, um einen Rechtsstreit im Wesentlichen risikolos führen zu können. Auch kommt es grundsätzlich nicht auf eine zutreffende rechtliche Würdigung an. Vielmehr genügt aus Gründen der Rechtssicherheit und Billigkeit im Grundsatz die Kenntnis der den Anspruch begründenden tatsächlichen Umstände.[5] 3

---

1 *BGHZ* 93, 278 = ZIP 1985, 359; ZIP 2005, 1327, 1329; ZIP 2006, 194.

2 BGBl I, 3214.

3 Vgl die Begr des RegE zum G zur Anpassung von Verjährungsvorschriften an das G zur Modernisierung des Schuldrechts, BT-Drucks 15/3653, 15.

4 *Zugehör* ZInsO 2006, 861.

5 *BGH* ZIP 2005, 1327, 1329; Beschl v 3.2.2011 – IX ZR 57/10, Rn 2; ZIP 2013, 615 Rn 27; vgl auch *BGHZ* 170, 260 Rn 28 = WM 2008, 414.

4 Anders als § 852 BGB aF, § 82 KO, § 62 InsO aF lässt § 199 Abs 1 Nr 2 BGB die **grob fahrlässige Unkenntnis** ausreichen. Zwar hat die frühere Rspr die Kenntnis von Schaden und Schädiger schon dann bejaht, wenn der Geschädigte sich die Kenntnis in zumutbarer Weise ohne nennenswerte Mühe hätte verschaffen können oder die Augen vor einer sich aufdrängenden Kenntnis verschloss. Der Fraktionsentwurf zu § 199 Abs 1 Nr 2 BGB hat auf diese Rspr ausdrücklich Bezug genommen.[6] Der BGH hatte jedoch bei Anwendung des § 852 BGB aF zwischen positiver Kenntnis und grob fahrlässiger Unkenntnis unterschieden.[7] Die Rspr aus der Zeit vor Einf des § 199 Abs 1 Nr 2 BGB kann daher nur noch mit Vorsicht herangezogen werden. Liegt Kenntnis in ihrem Sinne vor, ist auch grobe Fahrlässigkeit neuen Rechts zu bejahen. Ist eine Kenntnis jedoch zu verneinen, kann gleichwohl grob fahrlässige Unkenntnis in Betracht kommen.[8] Grob fahrlässige Unkenntnis iSv § 199 Abs 1 Nr 2 BGB liegt dann vor, wenn dem Gl die Kenntnis deshalb fehlt, weil er ganz naheliegende Überlegungen nicht angestellt und nicht beachtet hat, was im gegebenen Fall jedem hätte einleuchten müssen. Ihm muss persönlich ein schwerer Obliegenheitsverstoß in seiner eigenen Angelegenheit der Anspruchsverfolgung („Verschulden gegen sich selbst") vorgeworfen werden, weil sich ihm die den Anspruch begründenden Umstände förmlich aufgedrängt haben. Den Gl trifft keine Obliegenheit, im Interesse des Schu an einem möglichst frühzeitigen Beginn der Verjährungsfrist Nachforschungen zu betreiben; vielmehr muss das Unterlassen von Ermittlungen nach Lage des Falles als geradezu unverständlich erscheinen, um ein grob fahrlässiges Verschulden des Gl bejahen zu können.[9]

5 Ist durch das pflichtwidrige Verhalten des Verw nur ein einzelner Beteiligter betroffen (Einzelschaden), kommt es auf dessen Kenntnis oder grob fahrlässige Unkenntnis an.[10] Geht es dagegen um einen **Gesamtschaden**, der nur von einem neu bestellten Verw oder Sonderverw geltend gemacht werden kann (§ 92 S 2), ist jedenfalls solange auf dessen Kenntnis oder grob fahrlässige Unkenntnis abzustellen, bis das InsVerf aufgehoben oder eingestellt wird, jeder Gl also seinen Quotenschaden selbst geltend machen könnte.[11] Anderes kann gelten, wenn sämtliche Gl sich über den Schaden und die Person des Ersatzpflichtigen im Klaren sind, aber keiner von ihnen eine Sonderverwaltung oder die Ablösung des schadensersatzpflichtigen und die Einsetzung eines neuen Verw beantragt hat.[12] Für den neuen Verw oder den Sonderverw beginnt die Verjährungsfrist nicht bereits im Zeitpunkt seiner Bestellung zu laufen, sondern erst dann, wenn er selbst Kenntnis vom Schaden und der Person des Ersatzpflichten erlangt hat oder hätte erlangen müssen;[13] denn ihm obliegt zunächst die Prüfung, ob der andere Verw sich überhaupt schadensersatzpflichtig gemacht hat. Gleiches gilt, wenn der SonderVerw nur mit der Prüfung, nicht aber mit der Durchsetzung der Ansprüche gegen den Verw beauftragt worden ist. Grundsätzlich läuft die Verjährung zwar nur dann, wenn der Gl die Möglichkeit hat, ihren Eintritt zu verhindern,[14] was hier nicht der Fall ist. Der SonderVerw hat jedoch die Möglichkeit, InsGericht und InsGl zeitnah von den Ergebnissen seiner Prüfung zu unterrichten und eine Erweiterung seiner Befugnisse anzuregen.[15]

6 BT-Drucks 14/6040, 108.
7 *BGH* NJW 1994, 3092, 3093; vgl auch BT-Drucks 14/6040, 108: die von § 852 Abs 1 BGB verlangte Kenntnis sei von grober Fahrlässigkeit „nicht weit entfernt".
8 Vgl *BGH* NJW 2012, 1789 Rn 12.
9 *BGH* ZIP 2011, 2361 Rn 10.
10 *Schultz* ZInsO 2015, 529, 537.
11 *BGHZ* 159, 25, 28 = ZIP 2004, 1218; *BGH* ZIP 2008, 1243, 1244; 2014, 2043 Rn 11; 2015, 1645 Rn 14; MK/*Brandes/Schoppmeyer* § 62 Rn 3.
12 *BGHZ* 159, 25, 30 = ZIP 2004, 1218; vgl auch *BGH* ZIP 2015, 1645 Rn 15.
13 *BGHZ* 159, 25, 28 f = ZIP 2004, 1218; *OLG Rostock* ZIP 2007, 735, 736.
14 *BGH* ZIP 2015, 1645 Rn 14.
15 *BGH* ZIP 2014, 2043 Rn 13 f.

Die Verjährung eines Schadensersatzanspruchs gegen ein **GlAusschussmitglied** wegen unzureichender Überwachung eines ungetreuen Verw beginnt nicht bereits mit der Kenntnis des ursprünglichen, nicht zureichend überwachten Verwalters.[16] Es kommt vielmehr auf die Möglichkeit der Kenntnisnahme eines neuen Verw oder Sonderverw von dem Schaden der Person der Ersatzpflichtigen an.[17] Hier kann der Rechtsgedanke des § 92 S 2 herangezogen werden. Der Verw, der gegen seine Pflichten verstoßen hat, wird aus naheliegenden Gründen nichts gegen die GlAusschussmitglieder unternehmen, so dass die Durchsetzung des Anspruchs nicht aus Rechtsgründen, sondern rein tatsächlich unmöglich ist.[18] Ist der **Schu** nach Abschluss des InsVerf ausnahmsweise berechtigt, einen Anspruch auf Ersatz eines Gesamtschadens geltend zu machen, beginnt die Verjährung frühestens mit der Aufhebung oder Einstellung des Verfahrens, weil der Schu keine rechtlichen Möglichkeiten hat, die Abberufung des Verw oder die Einsetzung eines SonderVerw zu erzwingen.[19]

Nach dem Grundsatz der Schadenseinheit genügt bereits die allgemeine Kenntnis vom Eintritt eines Schadens, um die Verjährungsfrist in Lauf zu setzen. 6 Wer sie erlangt, dem gelten auch solche Folgen als bekannt, die im Zeitpunkt der Erlangung jener Kenntnis überhaupt nur als möglich vorhersehbar waren. Der Geschädigte muss weder die jeweiligen Schadenspositionen noch den Umfang oder die genaue Höhe des Schadens kennen. Ausnahmen gelten nur für solche Nachteile, mit denen zunächst nicht zu rechnen war. Für diese läuft die Verjährungsfrist ab dem Zeitpunkt, in dem der Verletzte von ihnen und ihrem Kausalzusammenhang mit der unerlaubten Handlung Kenntnis hatte oder hätte haben müssen.[20]

2. Absolute Verjährungsgrenze. Die absoluten Verjährungsgrenze der S 2 und 3 soll den 7 Verw davor bewahren, sich noch nach vielen Jahren mit Ersatzansprüchen Dritter auseinander setzen zu müssen.[21] Sie beträgt drei Jahre und beginnt idR mit der Aufhebung (§§ 200, 258) oder der Rechtskraft der Einstellung des InsVerf (§§ 207, 211, 212, 213), auch dann, wenn wegen des Ersatzanspruchs gegen den Verw eine Nachtragsverteilung nach § 203 Abs 1 Nr 3 angeordnet wird (S 2).[22] Die Aufhebung wird gem §§ 200 Abs 2, 258 Abs 3, 9 Abs 1 S 3 nach Ablauf von zwei Tagen nach dem Tag der Veröffentlichung wirksam. S 3 gilt für Pflichtverletzungen, die im Rahmen einer Nachtragsverteilung (§ 203) oder einer Überwachung der Planerfüllung (§ 260) begangen worden sind. Der Vollzug der Nachtragsverteilung ist in § 205 geregelt; beendet ist er mit der Rechnungslegung (§ 205 S 2). Die Aufhebung der Überwachung der Planerfüllung erfolgt durch Beschluss des InsGer (§ 268).

3. Unterbrechung. Hemmung, Ablaufhemmung und Neubeginn der Verjährung richten 8 sich nach den allg Vorschriften des BGB (§§ 203–213).[23] IRd § 202 BGB können Verjährungsvereinbarungen getroffen werden.

§ 63 Vergütung des Insolvenzverwalters

(1) [1]Der Insolvenzverwalter hat Anspruch auf Vergütung für seine Geschäftsführung und auf Erstattung angemessener Auslagen. [2]Der Regelsatz der Vergütung wird nach dem Wert der Insolvenzmasse zur Zeit der Beendigung des Insolvenzverfahrens berechnet. [3]Dem Umfang und der Schwierigkeit der Geschäftsführung des Verwalters wird durch Abweichungen vom Regelsatz Rechnung getragen.

---

16 So aber *OLG Rostock* ZIP 2007, 735, 736 mit krit Anm *Kirchhof* ZInsO 2007, 1122 ff.
17 *BGH* ZIP 2008, 1243 Rn 15 ff.
18 *Kirchhof* ZInsO 2007, 1123 f.
19 *BGH* ZIP 2015, 1645 Rn 15 ff.
20 *BGH* ZIP 2005, 1327, 1329.
21 Vgl die Begr des RegE zur InsO, BT-Drucks 12/2443, 231.
22 MK/*Brandes/Schoppmeyer* § 62 Rn 5.
23 Vgl *Kirchhof* ZInsO 2007, 1124.

(2) Sind die Kosten des Verfahrens nach § 4a gestundet, steht dem Insolvenzverwalter für seine Vergütung und seine Auslagen ein Anspruch gegen die Staatskasse zu, soweit die Insolvenzmasse dafür nicht ausreicht.

(3) [1]Die Tätigkeit des vorläufigen Insolvenzverwalters wird gesondert vergütet. [2]Er erhält in der Regel 25 Prozent der Vergütung des Insolvenzverwalters bezogen auf das Vermögen, auf das sich seine Tätigkeit während des Eröffnungsverfahrens erstreckt. [3]Maßgebend für die Wertermittlung ist der Zeitpunkt der Beendigung der vorläufigen Verwaltung oder der Zeitpunkt, ab dem der Gegenstand nicht mehr der vorläufigen Verwaltung unterliegt. [4]Beträgt die Differenz des tatsächlichen Werts der Berechnungsgrundlage der Vergütung zu dem der Vergütung zugrunde gelegten Wert mehr als 20 Prozent, so kann das Gericht den Beschluss über die Vergütung des vorläufigen Insolvenzverwalters bis zur Rechtskraft der Entscheidung über die Vergütung des Insolvenzverwalters ändern.

Übersicht

I. Normzweck und Entstehungsgeschichte

1 Die Norm regelt den Anspruch des InsVerw auf angemessene Vergütung und Auslagenersatz. Sie wird durch § 64 ergänzt, der das gerichtliche Festsetzungsverfahren regelt. Die genaue Vergütungsbestimmung, den Auslagenersatz sowie die Umsatzsteuererstattung regelt die aufgrund der Ermächtigung in § 65 erlassene Insolvenzrechtliche Vergütungsordnung (InsVV) v 19.8.1998 (BGBl I, 2205); diese ist unter Abschn V kommentiert.

2 Die Grundnorm des Abs 1 entspricht dem früheren § 85 KO (zum Vergleichsverw § 43 VerglO).[1] Abs 2 wurde eingeführt durch G v 26.10.2001 (BGBl I, 2711) mWv 1.12.2001. Abs 3 wurde eingeführt durch G v 15.7.2013 (BGBl I, 2379) mWv 19.7.2013. Parallel dazu wurde § 11 InsVV geändert (s dazu Rn 58 ff sowie § 11 InsVV Rn 2).

---

1 Eingehend MK/*Stephan* § 63 Rn 4 ff; *Keller* Vergütung § 1 Rn 65 ff.

II. Anwendungsbereich

Die Vorschrift gilt unmittelbar für den InsVerw des eröffneten Verfahrens, sie gilt ferner für den vorl InsVerw kraft Verweisung in § 21 Abs 2 Nr 1. Bei Nichteröffnung des InsVerf soll sich nach Ansicht des BGH der Vergütungsanspruch des vorl Verw aus analoger Anw der §§ 1835, 1836 BGB ergeben, § 54 sei iÜ nur bei VerfEröffnung anwendbar.[2] Festsetzung der Vergütung erfolgt dann nach § 26a (s dort Rn 2, 3). 3

Für den Sachwalter im Eigenverwaltungsverfahren gilt § 63 kraft Verweisung in § 274 Abs 1; für den vorl Sachwalter gilt die Verweisung über §§ 270a Abs 1 S 2, 270b Abs 2 S 1. Der Treuhänder im Restschuldbefreiungsverfahren hat Vergütungsanspruch nach § 293. 4

Ein SonderInsVerw hat Anspruch auf angemessene Vergütung in unmittelbarer Anwendung des § 63.[3] Die Vergütung ist nach §§ 1, 2, 3 InsVV festzusetzen.[4] 5

Ein Verfahrenskoordinator in der Konzerninsolvenz nach §§ 269a ff hat Anspruch auf Vergütung nach § 269g. Die Vorschrift regelt ähnlich § 63 den Grundtatbestand der Vergütungsbestimmung und verweist auch auf die Verordnungsermächtigung des § 65. Die InsVV trifft aber keine Bestimmung zur Vergütung (eingehend § 1 InsVV Rn 9). Zur Vergütung des sog Gruppenkoordinators nach Art 71 ff EuInsVO vgl Art 77 EuInsO Rn 1 ff.[5] 6

Im InsVerf eines Unternehmens, das Anleihen iSd SchVG begeben hat, können und sollen die Anleihegläubiger nach § 19 Abs 2 SchVG einen gemeinsamen Vertreter bestellen. Dessen Vergütung nach § 7 Abs 6 SchVG gehört nicht zu den Kosten des Verf iSd § 54 und wird auch nicht vom InsGer festgesetzt.[6] Sie ist auch keine Masseverb iSd § 55.[7] Die Vergütung haben die Anleihegläubiger selbst zu tragen, im InsVerf sind sie dann nachrangige Kosten der Teilnahme am Verf nach § 39 Abs 1 Nr 2. 7

III. Der Anspruch auf angemessene Vergütung (Abs 1)

1. Entstehen und Fälligkeit. Der Vergütungsanspruch entsteht mit Ernennung und Annahme des Amtes, durch die Erledigung der Tätigkeit wird er werthaltig und wird mit Beendigung des Amtes – idR bei VerfBeendigung – fällig. Die Vergütung ist Gesamtvergütung für die Tätigkeit des gesamten Verf und kann nicht in Einzeltatbestände insb zu § 3 InsVV aufgespaltet werden.[8] Die Vergütung ist Tätigkeitsvergütung mit Erfolgscharakter (Rn 13, 14, 41), bei angeblich mangelhafter Leistung ist das Gericht nicht berechtigt, die Vergütung zu kürzen, ggf bestehen Ansprüche nach § 60, zu deren Geltendmachung ein SonderInsVerw zu bestellen ist.[9] Das Gericht kann hinsichtlich Ansprüchen nach § 60 auch kein Zurückbehaltungsrecht geltend machen oder aufrechnen.[10] 8

---

2 *BGHZ* 175, 48 = ZIP 2008, 338; ZIP 2010, 89, dazu EWiR 2010, 154 (*Mitlehner*); *BGH* NZI 2012, 317; *BGH* WM 2012, 814; *K Schmidt/Vuia* § 63 Rn 13; *Keller* Vergütung § 2 Rn 29 ff; *Riewe* NZI 2010, 131.

3 Eingehend *Keller* Vergütung § 1 Rn 28 ff; MK/*Stephan* § 63 Rn 56 ff; *Uhlenbruck/Mock* § 63 Rn 12, 13; *K/P/B/Lüke* § 56 Rn 80; *K/P/B/Eickmann/Prasser* Vor § 1 InsVV Rn 65.

4 *BGH* ZIP 2008, 1294 = NZI 2008, 485 mit Anm *Frege* = DZWIR 2008, 461 mit Anm *Keller*; überholt *LG Gießen* ZIP 1980, 1073; *AG Göttingen* NZI 2000, 188.

5 Eing auch *Zimmer* § 1 InsVV Rn 195 ff.

6 *BGH* 14.7.2016 – IX ZA 9/16; 14.7.2016 – IX ZB 46/15.

7 *BGH* 12.1.2017 – IX ZR 87/16.

8 *BGH* ZIP 1992, 120, dazu EWiR 1992, 173 (*Uhlenbruck*); *BGH* NZI 2010, 643; MK/*Nowak* 2. Aufl 2007, § 63 Rn 6; *Uhlenbruck/Mock* § 63 Rn 45 ff; *Keller* Vergütung § 2 Rn 5 ff; nach *Zimmer* § 1 InsVV Rn 19 soll die Vergütung mit Vorlage der Schlussrechnung fällig werden.

9 *BGHZ* 159, 122, 130; *Uhlenbruck/Mock* § 63 Rn 42.

10 *BGH* ZIP 2014, 2450 = NZI 2015, 46 mit Anm *Keller*; *LG Göttingen* ZInsO 2013, 355.

9 Der nicht festgesetzte Anspruch verjährt nach § 197 Abs 1 Nr 3 BGB; die Stellung des Vergütungsantrags hemmt die Verjährung (zur Verjährung der Vergütung des vorl InsVerw eingehend § 11 InsVV Rn 6 ff).[11] Die Verjährung ist durch den Schu oder einen InsGl im Rahmen der Beschw nach § 64 Abs 3 geltend zu machen. Das InsGer kann die Verjährung nicht von Amts wegen berücksichtigen.[12]

10 Verwirkung des Vergütungsanspruchs kommt bei strafbarer Handlung oder Vortäuschung persönlicher Eignung nach § 56,[13] nur in schwerwiegenden Fällen bei Interessenkollisionen in Betracht.[14]

11 Schu des Vergütungsanspruchs ist mit § 54 Nr 2 die InsMasse, eine subsidiäre Haftung des Fiskus ist nur bei Kostenstundung mit § 63 Abs 2 gegeben (Rn 53 ff).[15]

12 Einen Vergütungsausfall erleidet der InsVerw bei Masselosigkeit nach § 207; dieser kann durch ausreichende Vorschussgewährung vermieden werden (Rn 33). Vergütungsausfall kann auch beim vorl InsVerw gegeben sein, wenn die Eröffnung mangels Masse abgewiesen wird und das Vermögen des Schu nicht für die Vergütung ausreicht (s dazu eingehend § 11 InsVV Rn 7). In einem späteren InsVerf auf neuen Antrag ist der Vergütungsanspruch des vorl InsVerw aus einem früheren Verf einfache InsForderung nach § 38.[16]

13 **2. Die Vergütung als Tätigkeitshonorar. – a) Tätigkeitshonorar und Erfolgscharakter.** Die Vergütung des Insolvenzverwalters ist Tätigkeitshonorar für die Insolvenzabwicklung. Die Höhe der Vergütung ist mittelbar vom wirtschaftlichen Erfolg der Insolvenz abhängig, da eine höhere InsMasse eine höhere Regelvergütung zur Folge hat; Erhöhungen nach § 3 InsVV beziehen sich auf die Arbeitstätigkeit (dazu § 3 InsVV Rn 4). Auch bei Masseunzulänglichkeit hat der InsVerw Anspruch auf die volle ihm zustehende Vergütung und auf vorrangige Befriedigung aus der Insolvenzmasse (§ 209 Abs 1 Nr 1 iVm § 54).

14 Die Höhe der Vergütung richtet sich nach § 63 Abs 1 S 2 iVm §§ 1 und 2 InsVV nach dem Umfang der vom InsVerw verwalteten und verwerteten Insolvenzmasse. Bei hoher Insolvenzmasse hat der InsVerw typischerweise höheren Arbeitsaufwand als bei geringer Insolvenzmasse.[17] Ein Erfolgscharakter der Vergütung wird aus § 63 Abs 1 S 3 deutlich, wonach Schwierigkeiten der Geschäftsführung ein Abweichen von der Regelvergütung gebieten. Aus dem grds Nichtabzug von Masseverb nach § 1 Abs 2 Nr 4 S 1 InsVV wird deutlich, dass die Vergütung grds die Tätigkeit abgilt und nicht primär einen wirtschaftlichen Erfolg. Hieraus ergeben sich auch Widersprüche, wenn bspw § 3 Abs 1 lit b InsVV den Zuschlag wegen

---

11 Allg *BGH* NZI 2007, 397; *K Schmidt/Vuia* § 63 Rn 17 ff; *Keller* NZI 2007, 378; *Graeber/Graeber* ZInsO 2010, 465.

12 Bejahend *LG Hannover* NZI 2009, 688; verneinend *LG Gießen* ZIP 2009, 2398 = NZI 2009, 728, dazu EWiR 209, 783 (*Keller*); *LG Karlsruhe* ZInsO 2009, 2358; *Uhlenbruck/Mock* § 63 Rn 46.

13 *BGHZ* 159, 122, 130; ZIP 2011, 1526; *OLG Karlsruhe* ZIP 2000, 2035, dazu EWiR 2001, 241 (*Graeber*); *LG Konstanz* ZInsO 1999, 589; *LG München II* ZInsO 2003, 910; *LG Potsdam* NZI 2004, 321; *LG Schwerin* NZI 2008, 692; *AG Wolfratshausen* ZInsO 2000, 517; MK/*Stephan* § 63 Rn 21 ff; *Uhlenbruck/Mock* § 63 Rn 44; *K Schmidt/Vuia* § 63 Rn 8; zur Entlassung des Verw *BGH* ZIP 2011, 671.

14 *BGH* 14.7.2016 – IX ZB 52/15; 21.9.2017 – IX ZB 28/14; eher streng AM *AG Potsdam* NZI 2005, 340; dazu auch *Leithaus* NZI 2005, 382; AG Potsdam aufgehoben durch *LG Potsdam* ZIP 2005, 1698; zur Entlassung wegen schwerwiegender Pflichtverletzungen *BGH* ZIP 2012, 583; ZInsO 2012, 928; ZIP 2014, 2399.

15 *BGHZ* 157, 370 = ZIP 2004, 571, dazu EWiR 2004, 609 (*Vallender*).

16 *BGH* ZIP 2008, 2371.

17 HambKomm/*Büttner* § 63 Rn 4d.

Unternehmensfortführung nur dann gewährt, wenn keine entspr Massemehrung stattgefunden hat. Damit erhielte der Verw gerade nur bei erfolgloser Fortführung eine Vergütungserhöhung. Bei erfolgreicher Fortführung muss ihm daher unter Berücksichtigung der Massemehrung mindestens ebensoviel gewährt werden (dazu § 3 InsVV Rn 21 „Unternehmensfortführung“).[18] Die Unternehmensfortführung ist iÜ stets Erhöhungstatbestand.[19]

b) Vergütung für unternehmerische Tätigkeit. Die Vergütung ist auch als eine solche für unternehmerische Leistung zu begreifen.[20] Unternehmerische Entscheidungen sind für den InsVerw auch in einem InsolvenzVerf gefordert, das eine Liquidation des schuldnerischen Unternehmens beinhaltet. Dabei ist auch eine hohe Haftungsgefahr des InsVerw bei einzelnen Entscheidungen insb der Unternehmensfortführung anzuerkennen. 15

c) Keine Vergütung nach Stundensätzen. Eine auch nur vergleichsweise Vergütungsbestimmung nach Stundensätzen ist abzulehnen.[21] 16

Die Tätigkeit des InsVerw ist gerade bei Unternehmensfortführung vielfältig, sie erschöpft sich nicht in der Betrachtung einzelner Rechtssachverhalte. Eine auch nur vergleichende „Verprobung“ der Vergütung mit dem Stundenaufwand ist daher untauglich. Auch ein Vergleich zu § 19 ZwVwV betr die Vergütung des ZwangsVerw ist nicht statthaft. Denn diese bemisst sich grds nach der Höhe der Mieteinnahmen nach § 18 ZwVwV, nur bei fehlenden Einnahmen oder krassem Missverhältnis ist eine Stundenabrechnung möglich.[22] Allein bei sog kalter Zwangsverwaltung kann § 18 ZwVwV vergleichend herangezogen werden (dazu § 3 InsVV Rn 21 „kalte Zwangsverwaltung“). 17

3. Der Begriff der Angemessenheit. – a) Berufsausübung iSd Art 12 GG. Das Attribut der Angemessenheit bezieht sich insb auf die Vergütung selbst, die Erstattung der Auslagen bezieht sich dagegen auf tatsächliche Aufwendungen des InsVerw für das konkrete Verf.[23] Angemessen ist die Vergütung, wenn sie die eigenen Kosten des InsVerw deckt als und ihm selbst einen Überschuss belässt. Die Tätigkeit als InsVerw ist Berufsausübung iSd Art 12 Abs 1 GG.[24] Die InsVV muss diesem Gebot entsprechen, andernfalls wäre die Berufsausübungsfreiheit des InsVerw bei zu geringer Vergütung unangemessen beeinträchtigt. Dann wäre die InsVV verfassungswidrig und bereits von der Ermächtigungsgrundlage des § 65 nicht gedeckt (zur Frage der Verwerfungskompetenz § 65 Rn 4).[25] 18

Das System der Vergütungsregelungen muss deshalb ein offenes System sein, das sowohl für die Besonderheiten des Einzelfalles als auch der Höhe nach offen zu sein hat. Eine a priori postulierte Deckelung der Verwaltervergütung verbietet sich daher (dazu Rn 30 ff). 19

---

18 *BGH* ZIP 2007, 784; ZIP 2007, 826; ZIP 2007, 1330; ZInsO 2011, 1519; NZI 2011, 714; eingehend *Keller* Vergütung § 5 Rn 140 ff.

19 *BGH* ZIP 2008, 2222 = NZI 2009, 49 mit Anm *Prasser*, dazu EWiR 2008, 761 (*Schröder*); *BGH* ZIP 2011, 1373.

20 *Berger/Frege* ZIP 2008, 204; *Berger/Frege/Nicht* NZI 2010, 321.

21 *BGH* ZInsO 2009, 1511.

22 *Böttcher/Keller* ZVG, § 152a Rn 18, 19.

23 BT-Drucks 12/2443, 130; *OLG Frankfurt* ZIP 1992, 1564, dazu EWiR 1993, 165 (*Eickmann*); *LG Göttingen* NZI 2001, 219 = ZIP 2001, 625.

24 Dies grdl anerkennend in der Rspr zur Vorauswahl *BVerfG* ZIP 2004, 1649; zur Vergütung des Berufsbetreuers *BVerfGE* 54, 251 = NJW 1980, 2179; zur Vergütung eines Sequesters nach § 938 ZPO *BVerfG* NJW 2004, 437; zum Konkursverwalter *BVerfG* ZIP 1989, 382 mit Anm *Eickmann*, dazu EWiR 1989, 391 (*Onusseit*); *BGHZ* 116, 233 = ZIP 1992, 120; dazu EWiR 1992, 173 (*Uhlenbruck*); zur Vorschussgewährung *BGH* ZIP 2002, 2223; dazu *Keller* DZWIR 2003, 101; allg *Uhlenbruck/Mock* InsO, § 63 Rn 3; MK/*Nowak* 2. Aufl 2007, § 63 Rn 1; MK/*Stephan* § 63 Rn 13 ff; *Keller* Vergütung § 2 Rn 81 ff.

25 *BVerfG* ZIP 1989, 382 mit Anm *Eickmann*, dazu EWiR 1989, 391 (*Onusseit*).

20 Die Vergütung des InsVerw ist Umsatz des Verwalters im Rahmen seiner beruflichen Tätigkeit und hat seine gesamten Betriebsausgaben zu decken (§ 4 Abs 1 InsVV). Ist der InsVerw Partner einer Sozietät oder Gesellschaft oder auch Angestellter, hat er regelmäßig gesellschafts- oder arbeitsvertraglich seine Vergütung an die Gesellschaft abzuführen. Im Gegenzug nutzt er Personal und Betriebsmittel der Gesellschaft. Die Verwendung von Personal und Betriebsmittel einer Sozietät ist daher nicht als umsatzsteuerbare Leistung gegenüber dem InsVerw anzusehen.[26]

21 **b) Die Vergütung bezogen auf die Verfahrensdauer.** Die Vergütung muss auf die Gesamtdauer des InsVerf bezogen werden. Die scheinbare Höhe der in einem regelmäßig mehrjährigen Verfahren gewährten Vergütung relativiert sich dadurch signifikant, insb unter Berücksichtigung der laufenden Personal- und Sachkosten.

22 **c) Die einzelfallbezogene Angemessenheit der Vergütung.** Die Angemessenheit der Vergütung ist für den Einzelfall zu bestimmen und nicht aus der Gesamtheit der dem InsVerw übertragenen Verfahren. Eine Querfinanzierung oder Mischkalkulation würde bedeuten, der InsVerw erhielte in einem Verfahren eine für dieses konkrete Verfahren unangemessen hohe Vergütung, um damit andere Verfahren, bei welchen der Arbeitsaufwand durch die Vergütung nicht gedeckt ist, mit abzugelten. Dieses bspw für die Anwaltsvergütung typische Leitbild ist auf den Insolvenzverwalter nicht übertragbar.[27] Der InsVerw ist darauf angewiesen, durch das InsGer im Einzelfall bestellt zu werden. Es kann aber auch niemand garantieren, dass ein Verw angemessen oft bestellt wird (eingehend § 56 Rn 20 ff).[28]

23 Das Argument der Mischkalkulation wird in der Insolvenzpraxis auch dazu gebraucht, bei der Vergütungsfestsetzung eine Kürzung mit dem pauschalen Argument vorzunehmen, er habe ja aus anderen Verfahren entsprechende Einkünfte. Damit realisiert sich nicht selten die Gefahr, jeden berechtigten Vergütungsanspruch zu kürzen, so dass am Ende auch bei Anerkennung einer Mischkalkulation keine angemessene Vergütung gebildet wird. Eine solche Vergütungsfestsetzung wäre am Ende willkürlich.

24 Es ist auch unzutreffend, das Postulat der Angemessenheit im Einzelfall und konkrete Vergütungsanträge mit den Worten zurückzuweisen, es wäre niemand verpflichtet, ein Verwalteramt zu übernehmen. Denn dann wäre niemand mehr zu finden, der bereit wäre, überhaupt als InsVerw tätig zu sein. Mit Anerkennung des Verwalteramtes als Beruf iSd Art 12 Abs 1 GG ist verbunden, dass angemessene Vergütung für diese Tätigkeit gewährt wird.

25 Der BGH sieht die Mischkalkulation als Wesensmerkmal der Vergütung des InsVerw. Er nimmt dies zum Anlass, Rechtsfragen zur Höhe einer Vergütung ablehnend zu beantworten.[29] Nähme man das Argument der Mischkalkulation aber ernst, müsste man es hinnehmen, wenn der InsVerw in einzelnen großen Verfahren eine Vergütung erhält, die den konkreten Aufwand des Verf übersteigt.[30] Bemerkenswert ist die Rspr des BVerfG zur angemessenen Vergütung des als Berufsvormundes oder Berufsbetreuers tätigen Rechtsanwalts. Das BVerfG betonte im Grundsatzurteil v 1.7.1980 zum Anspruch auf Vergütung aus der Staatskasse ausdrücklich, dass eine Mitfinanzierung mittelloser Mündel durch werthaltige Vormundschaften nicht in Betracht komme.[31]

---

26 *Hessisches FG* EFG 2007, 548; dazu *Onusseit* ZInsO 2008, 1337; BMF-Schreiben v 28.7.2009 – S 7100/08/10003, ZIP 2009, 1544.
27 Grundlegend *Keller* ZIP 2004, 631; zur gleichen Kritik bzgl Anwaltsvergütung NK-GK/*Winkler* § 3a RVG Rn 3.
28 Eingehend auch HambKomm/*Frind* § 56 Rn 4.
29 Bsp *BGH* ZInsO 2012, 300.
30 Zutreffend *Zimmer* ZIP 2013, 1309.
31 *BVerfGE* 54, 251, Begr Rn 43.

Die Angemessenheit unter Berücksichtigung einer Mischkalkulation kann wenn überhaupt nur im Zusammenhang mit der Mindestvergütung nach § 2 Abs 2 oder § 13 InsVV angenommen werden.[32] Mit Beschl v 13.3.2008 schränkte der BGH den Grundsatz der Mischkalkulation dahingehend ein, dass er nicht mehr gelte, wenn eine ausreichende Zahl von InsVerf mit höherer InsMasse nicht mehr gewährleistet werden könne.[33] 26

d) Der Vergütungsanspruch in Konkurrenz zur Gläubigerbefriedigung. Die Angemessenheit bestimmt sich nicht durch die Beeinträchtigung der Gläubigerbefriedigung. Die Verwaltervergütung als Teil der Verfahrenskosten nach § 54 ist vorrangig. 27

Durch den Vorrang der Vergütung aus §§ 53, 54 Nr 2 ist ausdrücklich festgestellt, dass die Vergütung nicht in einer Korrespondenz zur GlBefriedigung steht. Es ist systematisch falsch, die Angemessenheit der Vergütung danach zu beurteilen, dass der InsVerw sich bescheiden müsse, um den Gl noch Befriedigung zu ermöglichen. Der Gesetzgeber nimmt auch mit §§ 207 und 208 ff ausdrücklich hin, dass ein InsVerf ohne Befriedigung der Gl beendet wird. Auch der BGH betont den Vorrang der Vergütung des InsVerw vor den Ansprüchen der Gl.[34] Er verbietet auch eine Kürzung der Vergütung mit dem Argument, ansonsten würde Masseunzulänglichkeit nach §§ 208 ff eintreten.[35] 28

Das Rechte des InsVerw auf angemessene Vergütung aus Art 12 Abs 1 GG und das Eigentumsrecht eines jeden Gl aus Art 14 Abs 1 GG kollidieren zwar miteinander, die Regelungen der InsO zum Vorrang der Verwaltervergütung vor den Ansprüchen der InsGl sind aber als beschränkende Regelungen zu Art 14 Abs 1 GG zu betrachten. Die Beschränkung ist hinsichtlich der Notwendigkeit der ordnungsgem Durchführung eines InsVerf geeignet, erforderlich und angemessen. Es ist vor allem erforderlich und angemessen, der Verwaltervergütung als angemessenes Honorar für aktuelle Tätigkeit vorrangig zu vergüten. Die materielle Entwertung der Gläubigerforderung ist demgegenüber bereits durch die Zahlungsunfähigkeit des Schu eingetreten. Die Forderungen der InsGl stehen daher nicht vollwertig dem Vergütungsanspruch des InsVerw gegenüber. 29

e) Die Frage der Begrenzung des Vergütungsanspruchs. De lege ferenda wäre es theoretisch denkbar, durch förmliches Gesetz die Höhe der Verg absolut auf einen Höchstbetrag durch Deckelung der Berechnungsgrundlage oder relativ auf einen Prozentsatz der InsMasse zu begrenzen (ähnlich § 123). Eine absolute Begrenzung verstieße aber gegen das Postulat der offenen Vergütung als Ausprägung der Berufsausübung.[36] Sie wäre auch kontraproduktiv, weil der InsVerw dann nur „soviel arbeiten würde“, wie seine Vergütung reicht. Eine haftungsträchtige Unternehmensfortführung mit dem Ziel einer Sanierung wäre keine Option, wenn mit einfacher Liquidationstätigkeit eine ebenso hohe Vergütung erzielt würde. Eine absolute Begrenzung der Vergütungshöhe kann auch nicht aus analoger Anwendung anderer Normen des Kostenrechts angenommen werden. § 39 Abs 2 GKG ist nicht analog anwendbar, ebenso wenig § 22 Abs 2 S 1 RVG. 30

Bei einer relativen Begrenzung bezogen auf die InsMasse besteht darüber hinaus das Problem, dass gerade dann Verwaltervergütungen genau bis zu dieser Grenze verlangt und beantragt werden. Eine Vergütungsbegrenzung findet dann praktisch nicht statt. Es darf schließlich nicht vergessen werden, dass in zahlreichen Fällen der Ins gerade durch die 31

---

32 *BGHZ* 157, 282, 288 = ZIP 2004, 133, dazu EWiR 2004, 985 (*Blersch*).

33 *BGH* ZIP 2008, 976, Begr Rn 12.

34 *BGHZ* 116, 233 = ZIP 1992, 120, dazu EWiR 1992, 173 (*Uhlenbruck*); *BGH* ZIP 2002, 2223; dazu *Keller* DZWIR 2003, 101.

35 *BGH* ZIP 2004, 518.

36 *BVerfG* ZIP 1989, 382 mit Anm *Eickmann*, dazu EWiR 1989, 391 (*Onusseit*); ferner *Zimmer* § 3 InsVV Rn 35.

Tätigkeit des InsVerw eine Befriedigung der Gl auch erst ermöglicht wird und sie beispielsweise bei Abweisung der InsEröffnung mangels Masse regelmäßig keinerlei Befriedigung erhalten.[37] Auch deshalb ist eine Einschränkung des Anspruchs auf Verg zur GlBefriedigung in der Insolvenz fragwürdig.

32 **4. Der Anspruch des Insolvenzverwalters auf Vorschuss.** Die Angemessenheit des Vergütungsanspruchs beinhaltet auch den Anspruch auf zeitnahe Vergütung, mithin den Anspruch auf Vorschuss (Rn 8).[38] Die Vorschussgewährung stellt sicher, dass der InsVerw während der Dauer des Verf den Vergütungsbetrag erhält, der ihm am Ende des Verf zusteht.

33 Zweck der Vorschussgewährung ist es, den InsVerw hinsichtlich seiner eigenen Kosten (§ 4 Abs 1 S 1 InsVV) sowie hinsichtlich der Auslagen, die nach § 4 Abs 2 InsVV zu erstatten sind, nicht vorleistungspflichtig werden zu lassen. Die Vorschussgewährung ist nicht lediglich Instrument zur Relativierung einer Kostenlast des InsVerw. Die Vorschussgewährung dient auch dazu, ein Ausfallrisiko im Falle der Masselosigkeit nach § 207 zu verringern. In diesem Falle sichert sie als sog Vorwegbefriedigung den Vergütungsanspruch.[39] Die nach § 207 Abs 3 zu erfolgende anteilige Befriedigung der Gerichtskosten und der Vergütungsansprüche als gleichrangige Kosten des § 54 bezieht sich auf diejenigen Ansprüche, die bei Verfahrensbeendigung noch nicht befriedigt sind.[40] Zur Berechnung nach § 207 Abs 3 muss daher das InsGer die volle Vergütung festsetzen und hiervon bereits gewährte Vorschüsse abziehen. Nur die nicht befriedigte Verg wird dann anteilig zu den ebenfalls nicht befriedigten Gerichtskosten berechnet. Gleiches gilt für die gerichtlichen Kosten des InsVerf, insb bzgl der gerichtlichen Auslagen (zum Gebührenvorschuss und der Auslagenerstattung § 14 KostVfg).

34 Die Vorschussgewährung dient auch der Planbarkeit des InsVerf. Der InsVerw muss für die Kosten des InsVerf nach § 54 Rückstellungen bilden. Eine Berücksichtigung dieser Kosten kann erfolgen, wenn sie durch Vorschussleistungen beziffert werden. Zwar beinhaltet die Vorschussgewährung keine bindende Vorfestlegung des InsGer,[41] sie dient aber einer plausiblen Bildung von Rückstellungen unter dem Gesichtspunkt kaufmännischer Vorsicht.

35 Die Vorschussgewährung dient auch der Unabhängigkeit des InsVerw. Hinsichtlich der Vergütung kann sich der InsVerw in einem Konflikt mit Interessen einzelner Gl befinden. Es besteht die Gefahr, dass auf den InsVerw Druck ausgeübt wird, um verfahrens- oder sachfremde Ziele zu erreichen. Einem einzelnen Beteiligten, der die Vergütung als Störpotential thematisieren möchte, wird durch die Vorschussgewährung Angriffsfläche genommen.

36 Der Vorschuss ist nach der voraussichtlichen InsMasse iSd § 1 InsVV zu bestimmen.[42] Die häufig anzutreffende Praxis, die bisher erwirtschaftete InsMasse als Berechnungsgrundlage heranzuziehen, entspricht zwar verständlicher Vorsicht, ist aber aus § 9 InsVV nicht herleitbar.[43]

37 Aus der InsMasse als Berechnungsgrundlage ist die Regelvergütung nach § 2 InsVV zu ermitteln. Der Vorschussbetrag besteht in einem nach Dauer und Umfang des Verfahrens

---

37 Zum vorl Verw *Keller* ZIP 2008, 1615.

38 *Nicht/Schildt* NZI 2010, 466.

39 *BGHZ* 116, 233, 241 = ZIP 1992, 120, dazu EWiR 1992, 173 (*Uhlenbruck*); *BGH* ZIP 2002, 2223 = NZI 2003, 31 = DZWIR 2003, 101 mit Anm *Keller*.

40 *BGHZ* 116, 233 = ZIP 1992, 120, dazu EWiR 1992, 173 (*Uhlenbruck*); *BGHZ* 157, 370 = ZIP 2004, 571 = NZI 2004, 245 mit Anm *Bernsau*, dazu EWiR 2004, 609 (*Vallender*); zum Konkursrecht bereits *Kuhn/Uhlenbruck* KO, § 60 Rn 3o, § 85 Rn 20c, 22; *Pape*, ZIP 1986, 756.

41 *BGH* ZInsO 2011, 777.

42 So ausdrücklich *BGH* ZIP 2002, 2223, Begr Rn 19; *Stephan/Riedel/Stephan* InsVV § 9 Rn 15, 17.

43 So auch *K/P/B/Eickmann/Prasser* § 9 InsVV Rn 11.

angemessenen Bruchteil der Regelvergütung. Er kann je Dauer und Umfang des Verfahrens auch in der vollen Regelvergütung, bspw verteilt auf mehrere Vorschüsse, bestehen. Erhöhungstatbestände des § 3 Abs 1 InsVV sind auch bei der Vorschussgewährung zu berücksichtigen, sofern sich ein entspr Erhöhungstatbestand bereits verwirklicht hat oder mit Sicherheit verwirklichen wird.[44]

In welcher Art und Weise mehrere Vorschüsse gerechtfertigt sind, ist nicht geregelt. Aus § 9 **38**
S 2 InsVV entnimmt der BGH ein gebundenes Ermessen des InsG dahingehend, dass die Zustimmung zur Vorschussentnahme zu erteilen ist, wenn das Verfahren länger als sechs Monate dauert.[45]

IV. Die Grundlinien der Vergütungsbestimmung

1. Grundsatzregel des Abs 1. Das Grundsystem der Vergütungsbestimmung ergibt sich **39**
bereits aus Abs 1; die InsVV führt diese gesetzliche Vorgabe aus. Abs 1 und InsVV übernehmen das System der früheren Konkursverwaltervergütung nach der VergVO v 25.6.1960. Dieses geht seinerseits auf Richtlinien des AG Mitte von Berlin aus dem Jahre 1936 zurück.[46]

Nach § 63 Abs 1 berechnet sich die Vergütung aus der InsMasse als Berechnungsgrundlage **40**
in Form eines sog Regelsatzes. Dem Umfang und den Schwierigkeiten der Geschäftsführung soll durch Abweichungen vom Regelsatz Rechnung getragen werden. Die Abweichungen können in einer Erhöhung der Regelvergütung bestehen, aber auch in einer Kürzung, wenn bspw der Arbeitsumfang des InsVerw besonders gering war.

Die InsMasse als Berechnungsgrundlage der Vergütung ist nach § 1 InsVV zu bestimmen. **41**
Die Regelvergütung des § 2 InsVV berechnet sich hieraus mathematisch.[47] Bei der Zuerkennung von Erhöhungen oder Kürzungen der Vergütung besteht die entscheidende Schwierigkeit in der Definition des sog Normalfalls der Insolvenz, der allein durch die Regelvergütung abgegolten sein soll. Nach zutr Ansicht ist der Normalfall bezogen auf den Stand des Jahres 1989 individuell nach der Art und der Größe des insolventen Unternehmens als Typus zu bestimmen (eingehend § 2 InsVV Rn 10, 11).[48]

Die Erhöhung oder Kürzung der Vergütung nach den Regelbeispielen des § 3 InsVV (einge- **42**
hend dort Rn 21, 22) erfolgt im Einzelfall nach dem jeweiligen Arbeitsaufwand des InsVerw. Zu- und Abschläge der Vergütung werden regelmäßig durch Prozentsätze der Regelvergütung ausgedrückt. Bei der Zuerkennung von Tatbeständen der Erhöhung oder Kürzung ist jeder Tatbestand einzeln zu beurteilen und zu bewerten. Eine Mehrung der InsMasse und damit Erhöhung der Regelvergütung durch einen Tatbestand ist zu berücksichtigen,[49] gleiches gilt für Überschneidung des Arbeitsaufwandes zwischen den Tatbeständen. Dies kann sachgerecht nur erfolgen, wenn jeder Tatbestand einzeln beurteilt und bewertet wird (eingehend § 3 InsVV Rn 10 ff).[50]

---

44 Ausdrücklich *BGH* ZIP 2002, 2223 = DZWIR 2003, 101 mit Anm *Keller*; *LG Magdeburg* ZIP 1995, 1372 = KTS 1996, 118, dazu EWiR 1995, 1095 (*Tappmeier*); *LG Göttingen* NZI 2001, 665; *AG Chemnitz* ZIP 2006, 820; *Keller* Vergütung § 14 Rn 95.

45 *BGH* ZIP 2002, 2223, Begr Rn 16.

46 MK/*Stephan* § 63 Rn 4 ff; *Keller* Vergütung § 1 Rn 67 ff; *Graeber* NZI 2013, 574.

47 Zu den Berechnungsformeln *Keller* NZI 2005, 25.

48 Eingehend *Keller* FS Görg, 2010, S 247.

49 *BGH* ZIP 2012, 682 = DZWIR 2012, 260 mit Anm *Keller*.

50 So auch *K/P/B/Prasser/Stoffler* § 3 InsVV Rn 9, 17, 31 ff.

43 Auslagenersatz erhält der InsVerw nach §§ 4, 8 InsVV, wobei Besonderheiten beim Auslagenersatz für Zustellungsaufgaben (§ 8 Abs 3) bestehen.[51] Umsatzsteuer wird nach § 7 InsVV erstattet.

44 **2. Die korrekte Anwendung der InsVV.** Grundlage der Vergütungsbestimmung ist die InsVV. Die systematisch richtige Anwendung der InsVV ist Grundvoraussetzung einer objektiven Vergütungsbestimmung. Die Zuerkennung insb konkreter Erhöhungstatbestände nach § 3 Abs 1 InsVV steht dabei nicht im Ermessen des InsGer sondern stellt rechtsmethodisch eine zwingende Folge bei Vorliegen eines Tatbestandes dar.

45 Frage tatrichterlicher Würdigung ist die Zuerkennung eines konkreten Prozentsatzes der Erhöhung. Diese ist nur begrenzt durch die Rechtsbeschwerde angreifbar.[52] Mehrere Erhöhungstatbestände können sich überschneiden, was bei Zuerkennung des Prozentsatzes zu berücksichtigen ist; dies darf aber nicht zu einer pauschalierenden Gerechtigkeitsprüfung der Vergütung führen. Dem Regelungssystem der InsVV liefe es zuwider, würde man eine nach deren Regeln methodisch korrekt ermittelte Vergütung abschließend einer Angemessenheitsverprobung und damit subjektiver und möglicherweise nicht rational begründeter Betrachtung unterziehen.[53]

46 Eine pauschale Bestimmung der Vergütung, die nicht den Regelungen der InsVV entspricht, ist nicht zulässig und willkürlich.

Das InsGer ist nicht befugt, die Vergütung nach nicht fallbezogenen Wertungskriterien zu bestimmen, die zudem mit §§ 2 oder 3 InsVV nicht in Einklang zu bringen sind.[54] Sehr treffend formulierte dies Eickmann bereits zu § 4 VergVO:[55] „Die bei richtiger Anwendung der Vergütungsregeln ermittelte Vergütung ist die angemessene Vergütung. Dieser Satz darf nicht in Zweifel gezogen werden, soll nicht das ganze Normgebäude zum Einsturz gebracht und die Vergütungsfestsetzung subjektiver Beliebigkeit überlassen werden."

V. Reformbestrebungen

47 Die Vergütung des InsVerw ist ständiger Kritik ausgesetzt. In den letzten Jahren wurde pauschal die Höhe der Verwaltervergütung kritisiert, es wurde aber auch differenziert das Vergütungssystem der InsVV in Frage gestellt.[56] Probleme liegen im Detail: Unbestr ist bspw, dass die Ziele der InsO mit Unternehmensfortführung und Sanierung nur unvollkommen in der InsVV berücksichtigt sind.[57]

48 Die Bestimmung der Berechnungsgrundlage bei der Vergütung des vorl InsVerw war zwischen BGH und Gesetzgeber str (Rn 59 ff). Die Tatbestände des § 1 Abs 2 Nr 4 iVm § 3 Abs 1 lit b und § 5 InsVV betreffend Unternehmensfortführung und Einsatz bes Sachkunde beinhalten Probleme im Zusammenhang mit Doppelvergütungen. Auch erzeugen die von der

---

51 *BGH* ZIP 2013, 833 = NZI 2013, 487 mit Anm *Stoffler* dazu EWiR 2013, 383 (*Keller*).

52 *BGH* ZIP 2002, 1459; ZIP 2003, 1757, dazu EWiR 2003, 1043 (*Rendels*); NZI 2004, 665 = DZWIR 2005, 32 mit Anm *Heinze*; ZIP 2005, 1371 = DZWIR 2005, 517 mit Anm *Graeber*; *BGH* ZIP 2006, 1204 = NZI 2006, 464 mit Anm *Nowak* dazu EWiR 2010, 65 (*Prasser*); ZInsO 2009, 55; ZIP 2015, 1595; 22.6.2017 – IX ZB 65/15.

53 So leider *BGH* NZI 2011, 630, Begr Rn 19; *BGH* NZI 2010, 643, Begr Rn 9 mwN; *BGH* ZInsO 2013, 1104, Begr Rn 7, 8.

54 *Eickmann* in Prütting (Hrsg), Insolvenzrecht 1996, S 269.

55 *Eickmann* VergVO, § 4 Rn 15c; fortgeführt von *K/P/B/Prasser/Stoffler* § 3 InsVV Rn 36.

56 *Graeber* NZI 2011, 574; ZIP 2013, 916; *Madaus/Heßel* ZIP 2013, 2088; *Blersch/Bremen* ZIP 2014, Beilage Heft 28; *Holzer* NZI 2013, 1049; *Smid* ZInsO 2013, 1509; ZInsO 2014, 877; *Keller* ZIP 2014, 2014.

57 *Mönning/Keller* Betriebsfortführung in der Insolvenz, § 39 Rn 1, 2.

InsVV und dem BGH vorgegebenen Vergleichsberechnungen zB nach § 1 Abs 2 Nr 1 InsVV (dort Rn 25) oder bei Unternehmensfortführung (§ 3 InsVV Rn 21 „Unternehmensfortführung") zur Vermeidung von Doppelvergütungen oft genug nur eine Scheinobjektivität.[58]

Die InsVV befindet sich mit der Regelvergütung nach § 2 auf dem Preisniveau des Jahres 1989. Der VOGeber hat dieses Preisniveau 1999 übernommen, als schon damals den InsVerw eine um zehn Jahre „veraltete" Vergütung zugemutet. Auch seit Einführung der InsO im Jahre 1999 sind die Verbraucherpreise bis Ende 2013 aber um 23,2 % gestiegen, hinzu kommt eine Kürzung der Vergütung durch die Euro-Umstellung 2002 um 2,2 %.[59] Mittelfristig wird sich das gleiche Problem stellen wie bei der VergVO von 1970, bei welcher das BVerfG 1989 eine pauschale Erhöhung zuließ.[60] Die Notwendigkeit einer allg Erhöhung der Vergütung um 25 % kann nicht pauschal bestritten werden.[61] Der BGH ließ diese Frage zunächst offen,[62] sah Ende 2014 aber noch keinen Anlass für eine Anhebung der Regelvergütung.[63] 49

Reformbedürftig ist das System der Delegation einzelner Tätigkeiten und deren Abrechnung über § 5 InsVV (dort Rn 5 ff). Hier ergeben sich oft Überschneidungen von besonderer Abrechnung und Vergütungserhöhung. 50

Erhöhungen der Vergütung nach § 3 Abs 1 InsVV können sachlich nicht begrenzt oder gedeckelt werden. Beides verstieße gegen das Postulat des offenen Vergütungssystems. 51

Grundlegender erscheint die Frage, ob die Vergütungsbestimmung durch Vereinbarung der Gl mit dem InsVerw insb durch einen InsPlan für zulässig erachtet werden soll (dazu § 64 Rn 36 ff). 52

VI. Vergütungsanspruch gegen die Staatskasse (Abs 2)

Nach § 4a können einer natürlichen Person unter den dort genannten Voraussetzungen die Kosten des InsVerf bis zur Erteilung der Restschuldbefreiung gestundet werden. Es sind dies die Kosten des § 54, damit auch Vergütung und Auslagen des (vorl und endgültigen) Verwalters.[64] Bei vorzeitiger Aufhebung der Kostenstundung haftet der Fiskus entspr Abs 2 weiter subsidiär für die Vergütung des InsVerw.[65] Insb bei der Treuhändervergütung im Restschuldbefreiungsverfahren, bei welchem die Mindestvergütung je Jahr berechnet wird, gilt die Haftung des Fiskus nur so lange, als der Treuhänder von der Aufhebung keine Kenntnis hat.[66] 53

In der Ins der juristischen Person oder Gesellschaft ohne Rechtsperson wie auch in der Nachlassinsolvenz ist Kostenstundung ausgeschlossen. Damit ist auch in diesen Fällen eine Anwendung des Abs 2 nicht möglich.[67] 54

Leistungspflichtig ist die Landeskasse. Die Festsetzung erfolgt nach § 64 iVm § 8 InsVV durch das InsGer. Dem Vertreter der Staatskasse (Bezirksrevisor) ist rechtliches Gehör zu gewähren. Ein BeschwRecht nach § 64 Abs 3 soll der Staatskasse nur gegen die Bewilligung 55

---

58 *Keller* ZIP 2014, 2014.
59 MK/*Stephan* § 63 Rn 8; *Keller* Vergütung § 1 Rn 82.
60 *BVerfG* ZIP 1989, 382 mit Anm *Eickmann*; dazu EWiR 1989, 391 (*Onusseit*).
61 *K/P/B/Stoffler* § 2 InsVV Rn 29 ff; *Keller* § 1 Vergütung Rn 100 ff; umfassend *Zimmer* § 2 InsVV Rn 23 ff.
62 *BGH* ZIP 2005, 447, Begr Rn 19.
63 *BGH* ZIP 2015, 138, dazu EWiR 2015, 153 (*Keller*); *BGH* InsBüro 2015, 368.
64 *BGH* ZIP 2013, 635.
65 *BGH* Rpfleger 2008, 221; zum Kostenrisiko *Huep/Webel* NZI 2011, 389.
66 *BGH* ZIP 2014, 1251 = NZI 2014, 707 mit Anm *Blankenburg*.
67 *BGHZ* 157, 370; *Keller* Vergütung § 2 Rn 57 ff.

der Stundung als solcher zustehen (ebenso bei PKH nach § 127 Abs 3 S 2 ZPO), nicht aber gegen die Festsetzung der Vergütung.[68] Das ist zweifelhaft.[69] Wenn die Staatskasse nach § 63 Abs 2 für die Vergütung haftet, muss ihr gegen die Vergütungsfestsetzung auch ein Beschwerderecht zustehen.[70]

56 Nach KV GKG 9018 verlangt die Staatskasse nach Ablauf der Stundung mit Erteilung der Restschuldbefreiung die verauslagten Beträge vom Schu. Bei Verlängerung der Stundung nach § 4b ist zu prüfen, ob entspr § 115 ZPO Ratenzahlungen festzusetzen sind.

57 Die Haftung der Staatskasse ist subsidiär. Kann der InsVerw seine Vergütung aus der Masse entnehmen, haftet die Staatskasse nur für den Ausfall. Nach BGH soll diese Haftung auf die Mindestvergütung des § 2 Abs 2 InsVV begrenzt sein.[71] Die Begr der Entsch ist nicht überzeugend. Aus dem Wortlaut der Normen lässt sich die Haftungsbegrenzung nicht herleiten. Der BGH argumentiert allg mit dem Zweck der Restschuldbefreiung, der verletzt wäre, müsste der Schu nach Erteilung der Restschuldbefreiung nach KV GKG 9018 wieder für die Vergütung haften. Hier wird übersehen, dass mit § 120 Abs 4 S 3 ZPO (über § 4b Abs 2 S 3) der Schu nur maximal 48 Monatsraten zu zahlen hat und damit begrenzt und überschaubar haftet.[72]

VII. Die Vergütung des vorläufigen Insolvenzverwalters (Abs 3)

58 **1. Geschichte der Norm.** Abs 3 wurde eingeführt durch Gesetz zur Verkürzung der Restschuldbefreiung und zur Stärkung der Gläubigerrechte v 15.7.2013 (BGBl I S 2379). Zusammen mit der Neufassung des § 11 InsVV ist Abs 3 am 19.7.2013 in Kraft getreten. Die Vorschrift war bereits im Gesetzesentwurf v 31.10.2012 vorgesehen,[73] mit dem vorzeitigen Inkrafttreten am Tag nach Verkündung ist der Gesetzgeber ausdrücklich der Rspr des BGH zur Bestimmung der Berechnungsgrundlage des vorl InsVerw v Nov 2012[74] entgegengetreten (eingehend auch § 11 InsVV Rn 3).[75]

59 **2. Die Berechnungsgrundlage. – a) Rechtsentwicklung.** Berechnungsgrundlage ist nach §§ 63 Abs 1 und 3, § 65 mit § 11 Abs 1 S 2 mit § 1 InsVV das Vermögen, auf das sich seine Tätigkeit während des Eröffnungsverfahrens erstreckte (dazu § 11 InsVV Rn 13 ff). In die Berechnungsgrundlage sind alle Vermögenswerte einzubeziehen, die im später eröffneten Insolvenzverfahren die sog „Soll-Masse" des § 35 InsO bilden. Vermögenswerte, die ohne mit Rechten Dritter belastet zu sein, die sog freie Masse bilden, sind Gegenstand der Berechnungsgrundlage des vorläufigen Insolvenzverwalters, ohne dass eine erhebliche Befassung mit diesen erforderlich ist.[76] Einzubeziehen sind nach Abs 3 S 2 mit § 11 Abs 1 S 2 InsVV idF d G v 15.7.2013 (BGBl I, 2379) auch die Vermögenswerte, die im später eröffneten InsVerf der Aussonderung nach § 47 unterliegen oder mit einem Absonderungsrecht nach §§ 49 ff InsO behaftet sind.[77]

---

68 Ebenso *AG Dresden* ZIP 2003, 414; HambKomm/*Büttner* § 64 Rn 13.
69 *Keller* Vergütung § 14 Rn 57.
70 Ebenso MK/*Riedel* § 64 Rn 15; nicht erf daher Anw des § 11 Abs 2 RPflG, so aber *K Schmidt/Vuia* § 63 Rn 35.
71 *BGH* ZIP 2013, 631 = NZI 2013, 351 mit Anm *Keller*; *LG Braunschweig* NZI 2010, 529.
72 Eingehend *Keller* in Anm zu *BGH* NZI 2013, 351; ebenso MK/*Stephan* § 63 Rn 62; *Stephan* VIA 2010, 46.
73 BT-Drucks 17/11268.
74 *BGHZ* 195, 322 = ZIP 2012, 2515 = NZI 2013, 29 mit Anm *Graeber* dazu EWiR 2013, 61 (*Keller*).
75 BeschlEmpf RechtsA BT-Drucks 17/13535.
76 *BGH* ZIP 2005, 1324 = NZI 2005, 557 = DZWIR 2005, 469 mit Anm *Pluta/Heidrich*.
77 Allg *Keller* NZI 2006, 271.

Hinsichtlich dieser Vermögenswerte wollte der BGH die Anwendung des § 11 Abs 1 InsVV einschränken.[78] Der BGH stellte fest, dass unter Beachtung der Regelung des § 63 Abs 1 über die Verordnungsermächtigung des § 65 die Regelung des § 11 Abs 1 S 4 InsVV dahingehend ausgelegt werden müsse, dass Vermögenswerte, die einer Aussonderung unterliegen, überhaupt nicht zur Berechnungsgrundlage zu nehmen seien, und Vermögenswerte, an welchen abgesonderte Befriedigung verlangt werden kann, nur in Höhe der sog freien Masse zu berücksichtigen seien.[79] Mit der teilweisen „Erhebung" des § 11 InsVV in Gesetzesrang wollte nunmehr der Gesetzgeber die Rspr des BGH ausdrücklich korrigieren.[80] 60

Die Änderungen in § 63 und § 11 InsVV sind nach Art 9 d G v 15.7.2013 am Tag nach der Verkündung in Kraft getreten (19.7.2013). Die parallele Änderung des § 65 ist dagegen erst am 1.7.2014 in Kraft getreten, dem regulären Zeitpunkt des Inkrafttretens des G zur Verkürzung der Restschuldbefreiung. Auch soll § 11 InsVV in der neuen Fassung nach § 19 Abs 4 InsVV nur für Verfahren gelten, die nach dem 1.7.2014 beantragt worden sind. Die §§ 63 Abs 3 und 65 sind nach Art 103h S 3 EGInsO erst auf seit 19.7.2013 beantragte Verfahren anzuwenden (eing § 11 InsVV Rn 3). Die missglückte Übergangsregelung beruht auf der ursprünglichen Annahme im Gesetzesentwurf, das Gesetz solle insg erst später in Kraft treten. Die Änderung insbesondere des § 63 Abs 3 wurde vom Gesetzgeber aber zum Anlass genommen, sich ausdrücklich gegen die Rechtsprechung des BGH auszusprechen. Daher wurde in Art 9 S 2 d G das Inkrafttreten der Änderungen von § 63 und § 11 InsVV ausdrücklich auf den Tag nach Verkündung bestimmt. Die am 1.7.2014 in Kraft tretende Übergangsregelung des § 19 Abs 4 InsVV geht ins Leere. Es war eindeutiger Wille des Gesetzgebers, die Rechtslage ohne Berücksichtigung der Rechtsprechung des BGH unverzüglich wieder herstellen zu wollen.[81] 61

b) Der Zeitpunkt der Bewertung. Maßgebend für die Wertermittlung ist bei allen Vermögenswerten der Zeitpunkt der Beendigung des Eröffnungsverfahrens oder wenn der Vermögenswert vorher aus der vorläufigen Verwaltung ausgeschieden ist, dieser Zeitpunkt (§ 11 Abs 1 S 3 InsVV).[82] 62

Hiervon macht § 63 Abs 3 S 3 (früher § 11 Abs 2 InsVV) insoweit eine Ausnahme, als spätere Korrekturen der Bewertung bezogen auf die Gesamtheit des Vermögens auch eine Korrektur der Vergütung sowohl negativ als auch positiv bewirken. § 63 Abs 3 S 3 hat aber nicht den Sinn, später eintretende Wertänderungen auf Grund Änderungen im jeweiligen Sachverhalt einzubeziehen. Es soll vielmehr eine ursprünglich unrichtige Bewertung bezogen auf den Zeitpunkt der Beendigung der vorläufigen Verwaltung noch korrigiert werden können.[83] 63

---

78 *BGHZ* 195, 322 = ZIP 2012, 2515 = NZI 2013, 29 mit Anm *Graeber*, dazu EWiR 2013, 61 (*Keller*); *BGHZ* 195, 336; *Keller* NZI 2013, 240; bekräftigt durch *BGH* ZInsO 2013, 630.

79 So bereits *BGHZ* 146, 165 = ZIP 2001, 296, dazu EWiR 2001, 281 (*Keller*); *BGHZ* 165, 266 = ZIP 2006, 621; dazu *Keller* NZI 2006, 271; *BGHZ* 168, 321 = ZIP 2006, 1403 = NZI 2006, 464 mit Anm *Nowak*; dazu *Andres* Rpfleger 2006, 517; *ders* NZI 2006, 567; *Blersch* ZIP 2006, 1605; *Graeber* ZInsO 2006, 794; *Keller* NZI 2006, Heft 9, S V; *Schmahl* NZI 2006, Heft 10, S VIII; *Schmidt* ZInsO 2006, 791; dagegen Änderung des § 11 InsVV durch VO v 21.12.2006 (BGBl I S 3389); Begr abgedr bei *Keller* Vergütung Anh V S 761 ff.

80 BT-Drucks 17/11268; BeschlEmpf BT-Drucks 17/13535, S 27, 46.

81 *Amery/Kästner* ZIP 2013, 2041; *Keller* NZI 2014, 833.

82 *BGH* ZIP 2004, 518; *BGHZ* 195, 322 = ZIP 2012, 2515 = NZI 2013, 29 mit Anm *Graeber* dazu EWiR 2013, 61 (*Keller*); Begr Rn 32.

83 Ausdrücklich *BGH* ZInsO 2011, 1128.

64 Soweit bei der späteren Festsetzung der Vergütung des vorl InsVerw eine Verwertung des betreffenden Vermögenswertes bereits erfolgt ist, kann der hier erzielte Erlös ein Anhaltspunkt dafür sein, dass der Vermögenswert bereits bei Beendigung des Eröffnungsverfahrens den entsprechenden Wert hatte. Dies ist insb dann anzunehmen, wenn die Verwertung zeitnah nach Insolvenzeröffnung erfolgt ist. Änderungen bezogen auf das Sachverständigengutachten hat der vorläufige InsVerw aber plausibel darzulegen. Ist eine Verwertung eines Vermögenswertes noch nicht erfolgt, hat der Verwalter eine Neubewertung konkret darzulegen und zu begründen.[84]

65 **3. Der Prozentsatz des Abs 3 S 2 als Regelvergütung.** § 63 Abs 3 S 2 bestimmt für den vorläufigen InsVerw die Regelvergütung in Höhe von 25 % der Vergütung aus § 2 Abs 1 InsVV. Mit ihr soll der Normalfall einer vorläufigen Insolvenzverwaltung abgegolten werden (eingehend § 11 InsVV Rn 30, 31).

---

84 Ausdrücklich *BGH* NZI 2007, 168, jedoch vor Inkrafttreten des § 11 Abs 2 InsVV durch VO v 21.12.2006 (BGBl I S 3389).

§ 64 Festsetzung durch das Gericht

(1) Das Insolvenzgericht setzt die Vergütung und die zu erstattenden Auslagen des Insolvenzverwalters durch Beschluss fest.

(2) [1]Der Beschluss ist öffentlich bekannt zu machen und dem Verwalter, dem Schuldner und, wenn ein Gläubigerausschuss bestellt ist, den Mitgliedern des Ausschusses besonders zuzustellen. [2]Die festgesetzten Beträge sind nicht zu veröffentlichen; in der öffentlichen Bekanntmachung ist darauf hinzuweisen, dass der vollständige Beschluss in der Geschäftsstelle eingesehen werden kann.

(3) [1]Gegen den Beschluss steht dem Verwalter, dem Schuldner und jedem Insolvenzgläubiger die sofortige Beschwerde zu. [2]§ 567 Abs. 2 der Zivilprozessordnung gilt entsprechend.

Übersicht

I. Normzweck und Entstehungsgeschichte

Die Norm ergänzt § 63, indem sie für die Vergütung nebst Auslagen das gerichtliche FestsetzungsVerf regelt.[1] Die Vorschrift regelt sowohl die Zuständigkeit des InsGer als auch Bekanntmachung und Rechtsmittel. Sie sichert auch und vor allem die Unabhängigkeit des InsVerw von Schu und Gl (eingehend Rn 6). 1

Die KO regelte die gerichtliche Zuständigkeit in § 85 Abs 1 S 2 KO bzw § 43 Abs 2 und 3 VerglO. 2

II. Anwendungsbereich

Die Vorschrift gilt für jedes eröffnete InsVerf. Die Art der Verfahrensbeendigung ist gleichgültig. Auch bei Masselosigkeit (§ 207) und Masseunzulänglichkeit (§ 208) ist die Festsetzung der Verg erforderlich, ebenso bei Beendigung des Verf mit InsPlan (eingehend Rn 39 ff). 3

Die Verg des vorl Verw bei Nichteröffnung des Verf wird über § 26a durch das InsGer festgesetzt.[2] 4

Für das Festsetzungsverfahren und insb den VergAntrag ist § 8 InsVV zu beachten. 5

III. Die Unabhängigkeit des Insolvenzgerichts und des Insolvenzverwalters

Die Zuständigkeit des InsGer für die Festsetzung der Verg ist Teil der rechtspflegenden Tätigkeit des InsGer und Aufsicht über die Ordnungsmäßigkeit des Verfahrensablaufs.[3] Das InsGer entscheidet unabhängig. Es ist nicht an Anträge einzelner Gl gebunden, auch nicht an Beschlussfassungen der GlVers. Jedem InsGl steht gegen die Festsetzung nach Abs 3 die sof Beschw zu, mit der eine rechtlich fehlerhafte Vergütungsfestsetzung angegriffen werden kann. 6

Durch die Zuständigkeit des InsGer wird die Unabhängigkeit des InsVerw gewahrt, seine Vergütung soll nicht von eigensüchtigen Wünschen oder dem Drängen einzelner Beteiligter abhängig gemacht werden. Die Feststellungen zur Unabhängigkeit des InsGer und des InsVerw gelten auch für die Gewährung von Vorschüssen § 9 InsVV innerhalb der Aufsichtsführung nach § 58 InsO. 7

IV. Festsetzungsverfahren

1. Zuständigkeit. Sachlich zuständig ist das InsGer nach §§ 2, 3 (Abs 1).[4] 8

Die funktionelle Zuständigkeit am InsGer bestimmt sich nach der Zuständigkeit für das InsVerf selbst. Grds ist Rpfl zuständig (§ 3 Nr 2 lit e RPflG).[5] Bei InsPlan (§§ 217, 258) ist wegen § 18 Abs 1 Nr 2 RPflG für Verf, die nach dem 1.1.2013 beantragt worden sind, der Richter zuständig.[6] Er ist dann auch für die Aufhebung des Verfahrens, Schlussrechnungsprüfung und VergFestsetzung zuständig.[7] Wird nach erfolglosem InsPlan das InsVerf als Regelverfahren fortgeführt, ist wieder der Rpfl für das gesamte Verf zuständig. 9

---

1 BT-Drucks 12/2443, 130.
2 Dazu auch *K Schmidt/Vuia* § 64 Rn 4, 5.
3 Allg dazu *Frege/Keller/Riedel* InsR, Rn 810 ff.
4 Zur Heilung des Mangels der örtlichen Zuständigkeit *BGHZ* 138, 44; *K Schmidt/Keller* § 27 Rn 48.
5 Allg *Frege/Keller/Riedel* InsR, Rn 196 ff.
6 Art 5 Nr 2a und Art 10 S 1 G v 7.12.2011 (BGBl I S 2582).
7 Eingehend *Frege/Keller/Riedel* InsR, Rn 220, 221.

10 Die Festsetzung der Verg des vorl Verw erfolgt in jedem Fall durch den Richter, weil das EröffnungsVerf in seiner Zuständigkeit liegt (§ 18 Abs 1 Nr 1 RPflG).[8] Eine rein zeitliche Abgrenzung wird dieser funktionalen Zuständigkeitsverteilung nicht gerecht. Trotzdem wird überwiegend und auch durch BGH vertreten, dass bei Eröffnung des Verf der Rpfl für die VergFestsetzung zuständig sei.[9]

11 Die VergFestsetzung des Sachwalters erfolgt durch den Rpfl, wenn kein InsPlan eingebracht wird, ansonsten durch Richter (§ 18 Abs 1 Nr 2 RPflG). Die Festsetzung der Verg des vorl Sachw erfolgt wie beim vorl InsVerw durch Richter.

12 **2. Vergütungsantrag (§ 8 InsVV).** Die Vergütung wird auf Antrag des InsVerw festgestzt (§ 8 Abs 1 InsVV, eingehend dort Rn 2 ff).[10] Der Antrag hat detailliert die Berechnungsgrundlage (§ 1 InsVV) darzustellen, ebenso die begehrten Zuschläge nach § 3 Abs 1 InsVV; auch mögliche Kürzungen nach § 3 Abs 2 InsVV sind zu berücksichtigen.[11] Der InsVerw hat insb darzulegen, welche Tätigkeiten er an Dienstleister delegiert hat und welche Honorare gezahlt worden sind (§ 4 Abs 1 S 2, § 8 Abs 2 InsVV),[12] gleiches gilt für eigene Erledigungen nach § 5 InsVV (§ 1 Abs 2 Nr 4 lit a InsVV). Erstattungsfähige Auslagen nach § 4 Abs 2 InsVV sind darzulegen. Dies gilt insb für die Erstattungsfähigkeit der Auslagen für übertragene Zustellungen nach § 8 Abs 3 (dazu § 8 InsVV Rn 17 ff).[13]

13 **3. Gewährung rechtlichen Gehörs.** Die Gewährung rechtl Gehörs nach den Grundsätzen des Art 103 Abs 1 GG oder Art 3 GG (fair trial) ist nicht ausdrücklich geregelt und wird wegen der unbestimmten Zahl von VerfBeteiligten als schwierig angesehen.[14] Aus Gründen der Verfahrensbeschleunigung wird vielfach die Gläubigeranhörung für nicht erforderlich gehalten.[15]

14 Das InsGer hat vor der Festsetzung in jedem Fall dem Schu oder seinem gesetzlichen Vertreter rechtliches Gehör zu gewähren.[16]

Anhörung der Mitglieder des Gläubigerausschusses ist sinnvoll, auch wenn ihnen in dieser Funktion kein Rechtsmittel zusteht.[17] Der Gläubigerausschuss als solcher ist erst recht nicht beschwerdebefugt.[18]

15 Anhörung der Gl vor Festsetzung kann erfolgen durch öffentliche Bek des Antrags in Zusammenfassung und Hinweis, dass der Antrag bei Gericht eingesehen werden kann. Anhörung im Schlusstermin (§ 197) ist ebenfalls möglich. Die Vergütung wird oft mit Gen der Schlussverteilung (§ 196 Abs 2) und Schlussrechungsprüfung (§ 66 Abs 2) festgesetzt.[19] Es spricht jedoch nichts dagegen, die Gl im Schlusstermin zu hören und die Vergütung erst danach festzusetzen. Anhörung im Schlusstermin setzt entspr Bek bei Einberufung voraus (§ 74 Abs 2), auch wenn unmittelbar keine Beschlussfassung erfolgt.

---

8 Eingehend *Keller* Vergütung § 14 Rn 21 ff; *K Schmidt/Vuia* § 64 Rn 8 ff.
9 *BGH* ZIP 2010, 2160; dazu *Keller* DZWIR 2011, 39.
10 *K/P/B/Stoffler* § 64 Rn 3.
11 *Uhlenbruck/Mock* § 64 Rn 4 mwN.
12 *K/P/B/Stoffler* § 4 InsVV Rn 107.
13 *Keller* Vergütung § 13 Rn 30 ff; *Frege/Keller/Riedel* InsR, Rn 2504 ff.
14 *K Schmidt/Vuia* § 64 Rn 11 ff.
15 *LG Gießen* NZI 2009, 728.
16 Für vorl Verw *BGH* ZIP 2012, 1779.
17 *KP/B/Stoffler* § 64 Rn 7, 8; § 8 InsVV Rn 7; *Uhlenbruck/Mock* § 64 Rn 7.
18 *Uhlenbruck/Mock* § 64 Rn 15.
19 *Frege/Keller/Riedel* InsR, Rn 1692, 2507.

4. Festsetzungsbeschluss. Das Gericht entscheidet unabhängig über die Vergütung. Die Entsch ist Rechtsentscheidung und nicht Tatsachenfeststellung. Die Beauftragung eines Sachverständigers (§ 5 Abs 1 S 2) mit der Prüfung des Vergütungsantrags und insb der Angemessenheit von Zuschlägen ist unzulässig.[20] 16

Bei überlanger Dauer der Vergütungsfestsetzung steht dem InsVerw kein Zinsanspruch auf die Verg zu.[21] Er kann durch rechtzeitige Vorschüsse nach § 9 InsVV das Problem vermeiden. Bei verzögerter Vorschussgewährung durch das Gericht ist Amtshaftung denkbar. Haftungsmaßstab für das InsGer ist auch Zuständigkeit des Rpfl, Art 97 GG.[22] IÜ kann der InsVerw Klage nach § 198 GVG erheben.[23] 17

Der gerichtliche Beschl hat den Vergütungsbetrag, die Auslagen und jeweilige Umsatzsteuer getrennt darzustellen. In der stets notwendigen Begründung sind auch Berechnungsgrundlage und vor allem Zuschläge und Abschläge differenziert darzustellen und zu bewerten (eingehend § 3 InsVV Rn 10 ff).[24] 18

Der Beschluss hat Rechtsmittelbelehrung nach § 4 iVm § 232 ZPO zu enthalten (G v 5.12.2012, BGBl I, 2418).[25] 19

5. Zustellung und öffentliche Bekanntmachung (Abs 2). Der Festsetzungsbeschluss ist dem Schu (gesesetzlichen Vertreter) und dem InsVerw zuzustellen, ebenso den Mitgl des Gläubigerausschusses (Abs 2 S 1). Nach Abs 2 ist er öffentlich bekanntzumachen (§ 9). Die öffentliche Bek hat Zustellungsfunktion nach § 9 Abs 1 S 3, mit ihr beginnt die Beschwerdefrist des § 6 iVm § 569 ZPO (eingehend § 6 Rn 18).[26] Die öffentliche Bek erfolgt ohne Veröffentlichung der festgesetzten Beträge und mit Hinweis auf Einsichtnahme bei Gericht.[27] 20

Nur die ordnungsgem öffentliche Bek setzt die BeschwFrist in Lauf.[28] Eine hinsichtlich der Bezeichnung des vorl InsVerw oder InsVerw unrichtige Bek soll nach BGH die Wirkung des § 9 Abs 1 S 3 nicht auslösen.[29] Der BGH lässt hierbei auch keine Auslegung der öffentliche Bek zu, § 569 Abs 1 S 2 ZPO (BeschwFrist beginnt fünf Mo nach Entsch) soll gegenüber Gl ebenfalls nicht gelten. Dies ist als zu streng anzusehen. Eine Auslegung einer unrichtigen öffentlichen Bek kann durchaus in Betracht kommen, hinsichtlich eines BeschwBer ist auch Verwirkung der Beschw zu prüfen, wenn er nachweislich Kenntnis von der Entsch erlangt hat.[30] Eine fehlende oder fehlerhafte Rechtsbehelfsbelehrung hindert den Lauf der BeschwFrist dagegen nicht, sie begründet die Möglichkeit der Wiedereinsetzung in den vorigen Stand.[31] 21

20 *K/P/B/Stoffler* § 64 Rn 9, 10; *Keller* Rpfleger 2011, 66, *Hebestreit* ZInsO 2013, 276.
21 *BGH* ZIP 2004, 574.
22 *BGH* ZIP 2014, 2299 = Rpfleger 2015, 97 mit Anm *Keller*.
23 Dazu *Zöller/Lückemann* § 198 GVG Rn 1 ff.
24 Allg *KP/B/Stoffler* § 64 Rn 14 ff; *Frege/Keller/Riedel* InsR, Rn 2507 ff.
25 Eingehend *Frege/Keller/Riedel* InsR, Rn 259 ff.
26 Zum Fristbeginn bei früherer Einzelzustellung *BGH* ZIP 2003, 768, dazu EWiR 2003, 977 (*Keller*); *BGH* NZI 2010, 159.
27 *BGH* ZIP 2004, 332; *Keller* Vergütung § 14 Rn 47 ff; sehr krit *Vorwerk* NZI 2011, 7.
28 Differenzierend zu den Verfahrensbet *K/P/B/Stoffler* § 64 Rn 24 ff.
29 *BGH* ZIP 2011, 2479 = NZI 2011, 974.
30 Allg *Zöller/Heßler* § 569 Rn 4, § 567 Rn 10.
31 *BGH* 24.3.2016 – IX ZB 67/14.

V. Rechtsmittel

22 **1. Grundsatz (Abs 3).** Gegen die VergFestsetzung ist nach Maßgabe des Abs 3 sof Beschw nach § 6 mit §§ 567 ff ZPO statthaft.[32] Die Beschwerde ist nur statthaft bei Beschwer ab 200 EUR (§ 567 Abs 2 ZPO).[33]

23 **2. Beschwerdebefugnis.** Ausdrücklich beschwerdebefugt sind Schu, Verw (vorl Verw, Sachw, vorl Sachw, Treuh) und jeder InsGl. Darüber hinaus ist beschwerdebefugt ein Gfter des Schu, wenn nach § 199 S 2 ein Übererlös in Betracht kommt.[34] Ein Dritter oder Gl, der sich vertraglich verpflichtet hat, für die Vergütung einzustehen, soll auch beschwerdebefugt sein.[35] Das ist sehr fraglich.[36] Der Dritte kann ohne weiteres in der vertraglichen Vereinbarung die eigene Inanspruchnahme begrenzen, ein Bedürfnis für eine Erweiterung des Abs 3 besteht nicht. Der Staatskasse ist hinsichtlich § 63 Abs 2 ein Beschwerderecht zuzubilligen (§ 63 Rn 55).

24 Der Schu ist durch die Vergütung stets beschwert, es muss nur der Beschwerdewert erreicht sein.

25 Der InsVerw ist beschwert, wenn die Vergütung niedriger als beantragt festgesetzt wird, über einen Vergütungsantrag ist insgesamt zu entscheiden, Teilentscheidung ist grds nicht zulässig.[37] Wählt das InsGer bei der Vergütung einen für den InsVerw günstigen Berechnungsweg, ist er nicht beschwert.[38] Der InsVerw ist beschwerdebefugt gegen die Festsetzung der Verg des vorl Verw oder eines früheren entlassenen Verw im selben Verfahren.[39]

26 Ein InsGl ist beschwerdebefugt, wenn er am Verf teilnimmt, seine Forderung also angemeldet hat. Beschwer ist nur gegeben, wenn keine Masselosigkeit oder Masseunzulänglichkeit vorliegt oder sie mit der Änderung der Vergütung beseitigt würde. Der BGH billigt dem InsGl aber auch im masselosen Verf die Beschwerde zu.[40]

27 Ein MasseGl ist bei Masseunzulänglichkeit beschwert. Bei Masselosigkeit, wenn diese beseitigt werden könnte.

28 **3. Beschwerdeverfahren.** Das InsGer prüft, ob es der Beschwerde abhilft (§ 572 Abs 1 ZPO). In jedem Fall hat es durch Beschluss zu entscheiden. Die Nichtabhilfe muss begründet werden, wenn in der Beschw auf Tatsachen oder rechtliche Aspekte hingewiesen wird, die in der angefochtenen Entsch noch nicht berücksichtigt waren.

29 Das BeschwGer entscheidet grds durch den Einzelrichter nach § 568 S 1 ZPO. Es entscheidet als Tatsacheninstanz selbstständig und hat ggf auch Ermittlungen zum Sachverhalt anzustellen, Rückverweisung an das InsGer ist denkbar. Das BeschwGer kann auch Erhöhungen oder Kürzungen selbstständig bewerten. Im BeschwVerf ist ein Vergleich (§ 779 BGB) zw beschwerdeführendem Gl und InsVerw nicht zulässig. Der InsVerw ist nicht Partei des Verf, er ist lediglich sonstiger Beteiligter. Der beschwerdeführende Gl ist auch nicht entscheidungsbefugt oder verfügungsbefugt für den Schu oder die InsMasse. Zudem ist das Beschwerdeverfahren kein Streitverfahren iSd 2. Buchst der ZPO, § 278 ZPO gilt überhaupt

---

32 BT-Drucks 12/2443, 130; allg *Keller* Vergütung § 14 Rn 56 ff.
33 *BGH* ZIP 2012, 972, dazu *Preuß* KTS 2012, 473.
34 *BGH* ZIP 2014, 587.
35 *BGH* ZIP 2013, 226, dazu EWiR 2013, 245 (*Blersch*).
36 Zutr *Blersch* EWiR 2013, 245.
37 *BGH* 14.7.2016 – IX ZB 23/14.
38 *LG Bochum* 9.3.2011 – 7 T 39/10, nv.
39 *BGH* ZIP 2012, 2081.
40 *BGH* NZI 2006, 250.

nicht. Legt das BeschwGer den Abschluss eines Vergleichs nahe, verkennt es die verfahrensrechtliche Einordnung des Beschwerdeverfahrens.

30 Solange über die Beschw nicht entschieden ist, ist der Vergütungsantrag nicht erledigt. Der InsVerw kann einer Beschwerde dadurch begegnen, dass er auch im BeschwVerf seinen Antrag zurücknimmt und später einen neuen Antrag stellt. Das Verf beginnt dann wieder erstinstanzlich beim InsGer.

31 Hat nur der InsVerw Beschw eingelegt, gilt für ihn das Verschlechterungsverbot.[41] Dieses bezieht sich aber nur auf die festgesetzte Vergütungshöhe, nicht auf die Bildung der Berechnungsgrundlage und die Wertung von Erhöhungs- oder Kürzungstatbeständen.[42]

32 **4. Rechtsbeschwerde.** Rechtsbeschwerde zum BGH ist nur bei Zulassung durch das BeschwGer (Kammer, nicht ledigl Einzelrichter)[43] nach § 574 ZPO statthaft.[44] Die Rechtsbeschwerde ist nur durch einen beim BGH zugelassenen Anwalt einzulegen.[45] Gegen die Nichtzulassung ist keine Nichtzulassungsbeschwerde gegeben. Auch wenn das BeschwGer offensichtlich Recht falsch angewendet hat, ist seine Entsch unanfechtbar. Es kommt nur Rüge nach § 321a ZPO in Betracht.

VI. Rechtskraft

33 **1. Formelle und materielle Rechtskraft.** Der FestsetzungsBeschl erwächst in formelle Rechtskraft. Auch der materiellen Rechtskraft ist er fähig.[46] Die Bestimmung der Berechnungsgrundlage wie auch die Zuerkennung von Zu- und Abschlägen nehmen als Vorfragen der Festsetzung an der Rechtskraft nicht teil.[47] Eine weitere Festsetzung kann sich aber nur auf Umstände beziehen, die bei der ersten Festsetzung nicht hätten geltend gemacht werden können. Es ist daher zulässig, dass nach Eintritt der formellen Rechtskraft zB noch die Festsetzung eines Zuschlages (§ 3 Abs 1 InsVV) beantragt wird, wenn nachträglich Einzelumstände bekannt geworden sind. Voraussetzung ist, dass diese Einzelumstände nicht bereits Gegenstand des FestsetzungsVerf waren und in der gerichtlichen FestsetzungsEntsch bereits gewürdigt wurden. Auch eine nachträglich erhöhte Berechnungsgrundlage kann eine Nachtragsfestsetzung rechtfertigen.[48]

34 **2. Entnahme und Rückzahlungspflicht.** Der Verwalter kann die Vergütung der Masse vor Rechtskraft der Festsetzung entnehmen; der vorl Verw ohne Verfügungsbefugnis bedarf dazu der gerichtlichen Ermächtigung. Eine gerichtliche Anordnung, dass die Verg vor Rechtskraft nicht entnommen werden dürfe, ist unzulässig.[49]

35 Wird die Festsetzung ganz oder tw aufgehoben, ist § 717 Abs 2 ZPO entspr anwendbar.[50]

---

41 *BGHZ* 159, 122, 130; *K/P/B/Stoffler* § 64 Rn 39, 40; *Keller* Vergütung § 14 Rn 68, 69.
42 *BGH* ZIP 2005, 1371.
43 Zulassung durch Einzelrichter wirksam, aber in der Rechtsbeschwerde anfechtbar, *BGH* ZInsO 2012, 1439.
44 Allg *K/P/B/Stoffler* § 64 Rn 36, 37.
45 *BGH* 12.8.2011 – IX ZB 202/11, nv.
46 Eingehend HambKomm/*Büttner* § 64 Rn 17 ff.
47 *BGHZ* 185, 353 = ZIP 2010, 1403, dazu EWiR 2010, 651 (*Kexel*).
48 *LG Magdeburg* ZIP 2004, 1915.
49 *BGH* ZInsO 2011, 1566.
50 *BGHZ* 165, 96.

VII. Unzulässigkeit von Vergütungsvereinbarungen

36 **1. Die Unzulässigkeit von Vergütungsvereinbarungen.** Vergütungsvereinbarungen zwischen InsVerw und einzelnen Betr sind wegen Verstoßes gegen §§ 63, 64 als zwingendes Recht nach § 134 BGB nichtig.[51] Verschiedentlich wird angenommen, die Vergütung könne im Rahmen von Vergütungsvereinbarungen zwischen InsGl und InsVerw bestimmt werden. Unklar ist, auf welche Weise eine Vergütungsbestimmung der Gl zustande kommen kann. Für Beschlussfassung in einer GlVers stellt sich die Frage nach der Beschlusskompetenz, die InsO enthält keinerlei Regelung.

37 Vergütungsvereinbarungen und Beschlüsse der GlVers entsprechen nicht dem gesetzlich geregelten Rechtsweg. Sie beeinträchtigen auch die Unabhängigkeit des InsVerw, die durch Abs 1 geschützt wird. Es besteht die Gefahr, dass einzelne Gl oder Beteiligte mit der Beschlussfassung in der GlVers sachfremde Ziele verfolgen. Die Vergütung würde dann nicht mehr nach den Vorgaben des § 63 Abs 1 und der InsVV bestimmt werden. Mit der Vergütungsbestimmung durch Beschluss der GlVers wäre aber auch das individuelle Beschwerderecht eines jeden InsGl aus Abs 3 beeinträchtigt.

38 Auch die Änderungen der InsO durch das ESUG insb mit §§ 22a, 56a oder ein internationaler Vergleich rechtfertigen keine Zulässigkeit von Vergütungsvereinbarungen.[52] Der Hinweis auf ausländische Rechtsordnungen und deren Vergütungsmodelle ist nicht dienlich, wenn nicht auch untersucht wird, inwieweit sich die jeweiligen Rechtsordnungen und Verfahrensziele des Insolvenzrechts sich unterscheiden oder gleichen.

39 **2. Festlegung der Vergütung im Insolvenzplan.** Eine konstitutive Festlegung der Vergütung innerhalb eines InsPlans widerspricht Abs 1 und ist deshalb nicht zulässig.[53] Die Vergütung kann rechtswirksam allein durch das Ger festgesetzt werden. Zulässig soll sein, dass der InsVerw sich als weiterer Planbeteiligter zu einer best Antragstellung verpflichtet. Fraglich ist, ob er sich dann nach § 60 haftbar macht, wenn er eine höhere Vergütung beantragt und das Gericht diese auch festsetzt.

40 Eine Festsetzung im InsPlan beeinträchtigt insb jeden einzelnen InsGl, da dessen Beschwerderecht aus Abs 3 beeinträchtigt wird. Das Beschwerderecht ist Individualrecht eines jeden InsGl. Im InsPlan kann er dagegen nur nach §§ 251, 253 gegen den Plan vorgehen. Gleiches gilt für den Schu und jeden weiteren Beteiligten, der nach Abs 3 beschwerdebefugt ist, aber nur begrenzt gegen den Insolvenzplan vorgehen kann.

41 Selbstverständlich hat die Planliquiditätsrechnung auch die Kosten des Verf zu berücksichtigen, der InsVerw hat diese zu prognostizieren und ausreichende Rückstellungen zu bilden. Nach entsprechender VergFestsetzung durch das InsGer – die informell auch vorher kommuniziert werden kann – können und müssen die Rückstellungen aufgelöst werden. Ein praktisches und sachlich nachvollziehbares Bedürfnis für die VergFestsetzung im InsPlan besteht nicht.

---

51 Eingehend *Keller* Vergütung § 2 Rn 200 ff mwN.

52 So *Mock* KTS 2012, 59; zum Insolvenzplan *AG Hannover* 6.11.2015 – 908 IK 1886/13.

53 *BGH* 16.2.2017 – IX ZB 103/15; *AG Köln* 6.4.2016 – 74 IN 45/15; eingehend *Keller* Vergütung § 2 Rn 210 ff; aM *LG München* NZI 2013, 972 mit krit Bespr *Schöttler* NZI 2014, 852; *AG Wolfratshausen* v 26.11.2007 – 2 IN 116/05; *AG Hannover* 6.11.2015 – 908 IK 1886/13-7; *LG Heilbronn* 25.3.2015 – Bm 1 T 130/15; *LG Münster* 1.10.2015 – 5 T 526/15; MK/*Stephan* § 63 Rn 52; *Uhlenbruck/Mock* § 63 Rn 71; *Stephan/Riedel* InsVV Ein Rn 32; *Graeber* ZIP 2013, 916; *Madaus/Heßel* ZIP 2013, 2088, 2090.

§ 65 Verordnungsermächtigung

Das Bundesministerium der Justiz und für Verbraucherschutz wird ermächtigt, die Vergütung und die Erstattung der Auslagen des vorläufigen Insolvenzverwalters und des Insolvenzverwalters sowie das hierfür maßgebliche Verfahren durch Rechtsverordnung zu regeln.

Übersicht

I. Normzweck und Entstehungsgeschichte

Die Norm enthält die nach Art 80 GG erforderliche Verordungsermächtigung an das BMJ zum Erlass einer VO zur Bestimmung der Vergütungen im InsVerf. Die Insolvenzrechtliche Vergütungsverordnung v 19.12.1998 (BGBl I S 2205) ist zeitgleich mit der InsO am 1.1.1999 in Kraft getreten. 1

II. Anwendungsbereich

§ 65 erlaubt den Erlass einer VO betr die Vergütung des InsVerw, über die Verweisungen der InsO gilt die Vorschr auch für vorl Verw (§ 21 Abs 2 Nr 1), Sachwalter und vorl Sachw (§ 274 Abs 1) und Treuhänder (§ 293 Abs 2). § 65 gilt ferner für die Vergütung der Mitglied des Gläubigerausschusses über § 73 Abs 2. 2

III. Inhalt der Ermächtigungsgrundlage

1. Anforderungen aus Art 80 GG. Diese Verordnungsermächtigung ist inhaltlich dürftig. Vor allem ist bedenklich, dass sie keine Beteiligung des BR vorsieht, was insb angesichts § 63 Abs 2 angezeigt wäre.[1] Ob sie den Anforderungen des Art 80 GG und der verfassungsrechtlich gebotenen Zustimmungspflicht der Bundesländer bei Berührung derer Zuständigkeiten entspricht, kann für die Rechtspraxis offen bleiben. 3

2. Vergütung des vorläufigen Insolvenzverwalters. Fragwürdig wurde § 65 im Zusammenhang mit der Verg des vorl InsVerw, weil durch § 11 Abs 2 InsVV in der bis 19.7.2013 geltenden Fassung eine scheinbare Rechtskraftdurchbrechung hinsichtlich der Vergütungsfestsetzung angeordnet war. Um dieses Problem zu lösen, „erhob" der Gesetzgeber die Regelung mit § 63 Abs 3 S 2 in Gesetzesrang.[2] 4

Die Rspr des BGH zur Berechnungsgrundlage des vorl InsVerw nach § 11 InsVV vom Nov 2012 ließ ebenfalls an § 65 zweifeln, der BGH hielt die Regelung aber noch für ausreichend,[3] andernfalls hätte er iÜ die Verfahren wegen Art 100 GG dem BVerfG vorlegen müssen. 5

Mit dem G v 15.7.2013 (BGBl I, 2379) änderte der Gesetzgeber § 63 durch Einfügung des Abs 3 sowie § 11 InsVV. Der Rspr des BGH sollte damit ausdrücklich entgegengetreten werden.[4] 6

---

1 MK/*Stephan* § 65 Rn 5; *Keller* ZVI 2004, 569, 571.
2 BT-Drucks 17/11268, 27.
3 *BGHZ* 195, 322 = ZIP 2012, 2515 = NZI 2013, 29 mit Anm *Graeber* dazu EWiR 2013, 61 (*Keller*); *BGHZ* 195, 336; *Keller* NZI 2013, 240.
4 BT-Drucks 17/13535, 27, 46.

7 Parallel wurde § 65 durch Art 1 Nr 13 des G v 15.7.2013 geändert.[5] Die Änderung ist nach Art 9 erst am 1.7.2014 in Kraft getreten. Im Zusammenhang mit den Änderungen des § 63 Abs 3 und § 11 InsVV ist dies als reines Versehen zu betrachten. Es wäre verfehlt, der verspäteten Änderung des § 65 hinsichtlich der Vergütung des vorl Verw eien Bedeutung zuzumessen, zumal selbst der BGH den früheren Wortlaut nicht beanstandet hatte.

IV. Änderungen der InsVV

8 Die InsVV wurde mehrfach geändert. Neben redaktionellen Änderungen sind vor allem die Änderungen zu § 11 InsVV, zur Mindestvergütung nach § 2 Abs 2 InsVV und zum Auslagenersatz nach § 4 Abs 2, § 8 InsVV zu erwähnen (1. ÄndVO v 4.10.2004, BGBl I, 2569; 2. ÄndVO v 21.12.2006, BGBl I, 3389). Insb die Änderungen zur Vergütung des vorl InsVerw gehen auf Auseinandersetzungen des VO-Gebers und des Gesetzgebers mit der Rspr des BGH zurück (zul G v 15.7.2013, BGBl I, 2379, betr § 11 InsVV und § 63 Abs 3 InsO).

§ 66 Rechnungslegung

(1) [1]Der Insolvenzverwalter hat bei der Beendigung seines Amtes einer Gläubigerversammlung Rechnung zu legen. [2]Der Insolvenzplan kann eine abweichende Regelung treffen.

(2) [1]Vor der Gläubigerversammlung prüft das Insolvenzgericht die Schlussrechnung des Verwalters. [2]Es legt die Schlussrechnung mit den Belegen, mit einem Vermerk über die Prüfung und, wenn ein Gläubigerausschuss bestellt ist, mit dessen Bemerkungen zur Einsicht der Beteiligten aus; es kann dem Gläubigerausschuss für dessen Stellungnahme eine Frist setzen. [3]Der Zeitraum zwischen der Auslegung der Unterlagen und dem Termin der Gläubigerversammlung soll mindestens eine Woche betragen.

(3) [1]Die Gläubigerversammlung kann dem Verwalter aufgeben, zu bestimmten Zeitpunkten während des Verfahrens Zwischenrechnung zu legen. [2]Die Absätze 1 und 2 gelten entsprechend.

Übersicht

5 Eingehend *K/P/B/Stoffler* § 65 Rn 7 ff.

I. Überblick

1 Die Verpflichtung des InsVerw, Rechnung zu legen, entspringt dem Grundsatz, wonach derjenige, der fremdes Vermögen verwaltet, über seine Tätigkeit Rechenschaft schuldet[1]. Dabei nimmt der Verw nicht nur gegenüber den Gl eine treuhänderische Funktion wahr[2], sondern auch gegenüber dem Schu.[3]

2 Die Notwendigkeit einer insolvenzrechtlichen Rechnungslegung ergibt sich also unmittelbar aus der Rechtsstellung des InsVerw als (doppelter) Treuhänder (für die Gl und für den Schu) und wird gemeinhin als interne Rechnungslegung bezeichnet.[4] In Abgrenzung hierzu wird die Rechnungslegung nach Handelsrecht und gegenüber den Finanzbehörden als externe Rechnungslegung definiert.[4] Obwohl in der Praxis die interne und externe Rechnungslegung als zwei voneinander komplett unabhängige Rechenwerke geführt werden, ist dies weder begrifflich noch technisch zwingend. Die interne Rechnungslegung könnte, wenn eine Verpflichtung zur Rechnungslegung nach Handelsrecht besteht, in die handelsrechtliche Rechnungslegung integriert werden, solange gewährleistet ist, dass die insolvenzspezifischen Anforderungen erfüllt werden.[5]

3 Die Verpflichtung zur Rechnungslegung trifft alle Arten von Verw[6] im InsVerf, insb den vorl Verw,[7] den endgültigen Verw und den Treuhänder im vereinfachten Verf. Sie besteht weiterhin bei jeglicher Art der Verfahrensbeendigung[8] (Aufhebung, Einstellung) oder bei einem Verwalterwechsel.[9] Ist die Eigenverwaltung angeordnet, trifft die Rechnungslegungspflicht den Schu (§ 281 Abs 3). Führt allerdings der vorläufige/endgültige Sachwalter die

---

1 *Uhlenbruck,* NZI 1999, 289; HambKomm/*Weitzmann* § 66 Rn 1.
2 So aber HambKomm/*Weitzmann* § 66 Rn 1.
3 Wenngleich die Bedeutung der Treuhandschaft gegenüber dem Schu in der Insolvenzpraxis untergeht, darf nicht verkannt werden, dass letztlich das Vermögen des Schu (zwangs-)verwaltet/-verwertet wird. Auch dieser hat neben den Gl ein Interesse daran, dass der Verwalter bestmöglich haushält, da dadurch jedenfalls der Umfang der nicht von der Restschuldbefreiung umfassten Forderungen minimiert wird.
4 MK/*Riedel* § 66 Rn 4.
5 Dies ist sogar wünschenswert, da die handelsrechtliche (doppelte) Buchführung als komplettiertes und perfektioniertes System nicht nur in der Lage ist, mit entspr Sachkenntnis die Anforderungen einer insolvenzrechtlichen Rechnungslegung zu erfüllen, sondern darüber hinaus Unzulänglichkeiten von bisher praktizierten insolvenzrechtlichen Rechnungslegungen zu beseitigen.
6 MK/*Riedel* § 66 Rn 1.
7 *Uhlenbruck* NZI 1999, 289.
8 Uhlenbruck/*Mock* § 66 Rn 31.
9 *BGH* ZIP 2010, 2209 Rn 8.

Kasse (§§ 270a Abs 1 S 2, 275 Abs 2), ist dieser ebenfalls zur Rechnungslegung verpflichtet.

4 § 66 ist in der InsO die einzige Vorschrift über die originäre Rechnungslegungsverpflichtung des Verw.[10] Dabei ist aber weder Art noch Umfang dieser Verpflichtung normiert.[11] Um Anforderungen aufzustellen, die eine insolvenzrechtliche Rechnungslegung erfüllen sollte, ist daher methodisch die Bestimmung ihrer Adressaten notwendig. Ausgehend von deren Interessenlage sind die Ziele/Aufgaben, die die Rechnungslegung zu erfüllen hat, festzulegen. Anschließend sind Art und Umfang zu deduzieren.

II. Adressaten und ihr Informationsbedürfnis

5 Ausdrückliche Adressaten der Rechnungslegung des Verw gem § 66 InsO sind die Gläubigergesamtheit und das InsGer. Nicht ausdrücklich genannte Adressaten sind der Schu, die infolge von Drittrechten präferierten Gl sowie die Massegläubiger.

6 **1. Gläubiger.** Das Informationsbedürfnis der Gläubigergesamtheit (als einfache Gl) erstreckt sich primär auf die auszuzahlende Quote. Dabei interessieren im Hinblick auf die Generierung der zu verteilenden Masse die vollständige und bestmögliche Verwertung des schuldnerischen Vermögens, die hierfür notwendigen Aufwendungen unter Einbeziehung der Kosten der Verwaltung sowie der zuvor an Drittrechtsgläubiger ausgekehrte Masseanteil.

7 Für die Drittrechtsgläubiger ist zusätzlich die Fokussierung auf die Verwertung der mit ihrem Drittrecht belasteten Vermögensgegenstände von Belang.[12] Neben der Einhaltung der für die Verwertung maßgeblichen insolvenzrechtlichen Vorschriften (§§ 165 ff) haben die richtige Verteilung des Erlöses zwischen der InsMasse und den Drittrechtsgläubigern sowie die Auswirkungen der Verwertung der drittrechtsbelasteten Gegenstände auf die Vergütung des Verw (§ 1 Abs 2 Nr 1 InsVV) und damit auf die Quote[13] Relevanz.

8 Wird das InsVerf masseunzulänglich oder gar massearm, haben die neu entstandenen Gläubigerkategorien (Alt- und Neumassegläubiger) ein Informationsbedürfnis dahingehend, ob und in welcher Höhe ihre Forderungen befriedigt werden. Entscheidend sind dabei Informationen sowohl über den Zeitpunkt der Masseunzulänglichkeit/-armut als auch über die Verteilung zwischen den Verfahrenskosten, Altmassegläubigern und Neumassegläubigern.

9 **2. Schuldner.** Neben den Gl ist auch der Schu[14] – nicht zuletzt aufgrund von Forderungen, die nicht von einer eventuellen Restschuldbefreiung erfasst sind – an Informationen über die an die Gl auszuzahlende Quote interessiert. Nach hier vertretener Auffassung ist der

10 § 155 InsO schreibt lediglich die zuvor den Schu treffende Verpflichtung fort, nach Handelsrecht Rechnung zu legen.

11 Einen rudimentären Normierungsversuch hatte das „Gesetzes zur Verbesserung und Vereinfachung der Aufsicht in Insolvenzverfahren (GAVI)" (BR-Drucks 566/07) unternommen, welches aber nicht verabschiedet wurde.

12 Ausführlich zu der Verpflichtung des Verw, hierüber der Gläubigergesamtheit Rechnung zu legen, *OLG Stuttgart* ZInsO 2010, 2234, Rn 77. Nach Auffassung des G besteht gegenüber dem einzelnen absonderungsberechtigten Gl diese Verpflichtung nur, soweit sie an den betroffenen Gegenständen Drittrechte geltend machen. Sie haben also keinen Anspruch, von dem Verwalter umfassend über die Verwertung informiert zu werden. Umso mehr kommt der internen Rechnungslegung ein hoher Stellenwert zu.

13 Soweit die Drittrechtsgläubiger einen Ausfall erleiden, haben sie ein Interesse an hoher Quote.

14 Der InsVerw ist auch Treuhänder über das schuldnerische Vermögen, *Zimmer* ZinsO 2010, 2203.

Verw auch dem Schu rechenschaftspflichtig.[15] Werden die Forderungen der Gl vollständig befriedigt, hat der Schu dasselbe Informationsbedürfnis wie die Gl im Fall einer nicht vollständigen Befriedigung. Dieses erstreckt sich über die ordnungsgemäße und effiziente Verwaltung, Verwertung und Verteilung seines Vermögens. Insbesondere muss der Schu überprüfen können, ob die Gl einer Verwertung unter Wert zustimmen, solange ihre Forderungen vollständig befriedigt werden.[16]

3. Gericht. Letztlich schuldet der Verw auch gegenüber dem G eine ordnungsgemäße Rechnungslegung. Zwar hat das G keine Vermögensinteressen, es hat aber die rechtmäßige VerfDurchführung zu überwachen bzw zu gewährleisten. Das G ist daher mit allen Informationen zu versorgen, die erforderlich sind, um die rechtmäßige VerfDurchführung zu überprüfen. Konkret bündelt das G die Informationsbedürfnisse aller anderen Adressaten, da hierdurch das G in die Lage versetzt wird, Entscheidungen zu treffen.[17] 10

III. Aufgaben

Ausgehend von den Informationsbedürfnissen der Adressaten der internen Rechnungslegung lassen sich wesentliche zu erfüllende Aufgaben[18] formulieren: 11

1. Dokumentation der schuldnerischen Vermögensverhältnisse. Die Aufnahme des schuldnerischen Vermögens gehört auch sonst zu den wesentlichen Aufgaben des Verw und ist eigenständig normiert (vgl §§ 151–153). Im Rahmen der Rechnungslegung gewinnt sie allerdings einen hohen Stellenwert, ist doch die genaue Dokumentation des Status Quo (Bestandsaufnahme) der Ausgangspunkt für die Nachvollziehbarkeit der gesamten Verwertung durch den Verw. Aufgabe der Rechnungslegung ist daher das zahlenmäßige Festhalten der Bestandsaufnahme. Hierzu gibt es technisch mehrere Möglichkeiten; auf diese wird an geeigneter Stelle eingegangen. 12

2. Wiedergabe des Erwirtschaftens durch den Verwalter. Sowohl die Gl als auch der Schu haben ein Interesse daran, dass der Verw aus der originären Vermögenssituation heraus so wirtschaftet, dass die Gl bestmöglich befriedigt werden und auch kein Vermögen verschwendet wird. Das InsR sieht hierfür mehrere Möglichkeiten vor, die sich ökonomisch in zwei Hauptkategorien teilen lassen: Liquidation des Vermögens mit Verteilung der Erlöse an die Gl oder Überlassung des Vermögens auch weiterhin an den Schu, damit dieser durch die Nutzung die Gl befriedigen kann (Insolvenzplan iwS). 13

Dabei ergeben sich für die Rechnungslegung zwei Aufgaben. Sie soll die Entscheidungsfindung ermöglichen, welche Variante der Befriedigung gewählt wird. Nachdem die Entscheidung hierüber getroffen wurde, soll sie die Nachvollziehbarkeit der jeweiligen Handlungen des Verw ermöglichen. Entscheidet sich die Gläubigergemeinschaft für die Verwertung des Vermögens, sind die Adressaten mit allen Informationen zu versorgen, die für die Überprüfung einer vollständigen und ordnungsgemäßen Verwertung des Vermögens notwendig sind. Wird das Verf im Rahmen eines Insplans aufgehoben, sind bis zur Aufhebung – und damit bis zur Übergabe an den Schu – die Handlungen des Verw wiederzugeben. Sieht der InsPlan das Eintreten von bestimmten wirtschaftlichen Bedingungen vor, wie bspw Sanierungsbeiträge von Beteiligten, müssen diese ebenfalls Eingang in die Rechnungslegung finden. 14

---

15 **AA** *OLG Koblenz*, ZIP 2015, 392 Rn 19 mwN.
16 Zum Umfang des Informationsrechts eines GmbH-Gesellschafters vgl *Bayerisches OLG*, ZIP 2005, 1087, Rn 23.
17 Zu denken ist insb an entspr Hinweise an die Gläubigerversammlung oder an die Bestellung eines SonderInsVerw.
18 Vgl hierzu auch *IDW* RH HFA 1.011 ZInsO 2009, 130.

15 **3. Information über die wirtschaftliche und finanzielle Lage des Verfahrens.** Die Rechnungslegung muss so beschaffen sein, dass sie den VerfBeteiligten zu jedem Zeitpunkt einen Überblick über die wirtschaftliche Situation der Masse gewährt. Hierzu gehört insb das Ergebnis aus den bisherigen Verwalterhandlungen, mithin der Massebestand. Aus dessen Entwicklung können die Beteiligten ihre Schlüsse ziehen und Entscheidungen treffen.[19] Es ist aber nicht ausreichend, lediglich statisch über den Massebestand zu informieren, sondern die Adressaten sind in die Lage zu versetzen, Entwicklungen zu antizipieren. Dabei sind insb Angaben über den Eintritt einer etwaigen Masseunzulänglichkeit oder Massearmut wichtig.[20]

16 Zu dem Erwartungshorizont der Beteiligten gehören auch nachprüfbare rechnerische Ermittlungen über die Quote und letztlich der Nachweis der ordnungsgemäßen Verteilung. Der Verw hat mit der Ermittlung einer Quote so früh wie möglich anzufangen, ist die Verteilung an die Gl doch eines der Verfahrensziele. Dabei muss die Rechnungslegung so aufgelegt sein, dass die Quotenerwartung – freilich unter Einbeziehung von Unsicherheiten und Prognoserisiken – zumindest nachvollzogen werden kann.

Der Nachweis einer ordnungsgemäßen Verteilung versteht sich von selbst als unabdingbare Voraussetzung einer insolvenzrechtlichen Rechnungslegung.

17 **4. Kontrolle und Bewertung der Verwaltertätigkeit.** Die Versorgung der Beteiligten mit Informationen hat neben der Entscheidungsvorbereitungsfunktion auch eine Kontrollkomponente. Der Verw steht während des Verf unter der Aufsicht des G (§ 58) und wird vom Gläubigerausschuss überwacht (§ 69). Daneben haftet der Verw allen Beteiligten nach § 60.[21] Für die Überwachung des Verw und die Durchsetzung etwaiger Ansprüche ist die Informationsfunktion der Rechnungslegung nicht ausreichend. Es bedarf weiterer Angaben bis hin zu Nachweisen, dass der Verw die ihm obliegenden Aufgaben erfüllt hat.[22]

18 In den letzten Jahren wurden einige Versuche unternommen, die Qualität der Verwaltertätigkeit messbar zu machen.[23] Die Tatsache, dass etwaige Systeme – seien diese Rating- oder Kennzahlensysteme – keinen durschlagenden Erfolg verbuchen können, hängt in erster Linie von der Komplexität und der Einzelfallbezogenheit der Verwaltung ab. Diese machen es geradezu unmöglich, mathematische Abhängigkeiten herzustellen, die verlässliche Rückschlüsse auf die Qualität der Arbeit ermöglichen. Demjenigen, der sich für die Qualität der Verwalterarbeit interessiert, bleibt nichts anderes übrig, als sich mit dem jeweiligen Einzelfall eingehend zu beschäftigen. Aufgabe der Rechnungslegung ist es damit, die Informationen zu liefern, die für eine solche Bewertung notwendig sind.[24]

---

19 Bspw kann das G eingreifen, wenn die Verwertung abgeschlossen ist und der Massebestand kontinuierlich aufgrund von zu erstellenden Steuerklärungen vermindert wird. Auch können absonderungsberechtigte Gl tätig werden, wenn die Verwertung nicht voranschreitet, aber für den Erhalt des Absonderungsguts Aufwendungen getätigt werden müssen.

20 Vgl *IDW* RH HFA 1.011 ZInsO 2009, 130, Rn 4.

21 Zwischen dem Verw und allen Beteiligten besteht ein gesetzliches Schuldverhältnis, vgl hierzu MK/*Brandes/Schoppmeyer* 3. Aufl, § 60 Rn 5.

22 Bspw ist es für die gerichtliche Überwachung nicht ausreichend, wenn Verwertungsergebnisse dargestellt werden; entscheidend ist, ob alle Vermögensgegenstände ordnungsgemäß verwertet wurden. Zu den sich hieraus ergebenden Anforderungen der Rechenwerke weiter unten.

23 *Kück* ZInsO 2007, 637; *Haarmeyer* NZI 2007, 535; *Frind* ZInsO 2008, 126; *Jürges* ZInsO 2008, 888.

24 ZB Quote für die Drittrechtsgläubiger, Quote für die nicht gesicherten Gl, Ergebnis der Anfechtungsansprüche, Realisationsgrad der Buchwerte etc. Wichtig ist, dass der Adressat durch die Angaben in der Rechnungslegung die Zahlenbasis erhält, die für die Bildung von Kennzahlen/Quoten benötigt werden.

19 Die Bewertung der VerwTätigkeit ist mitunter für ihre Vergleichbarkeit erforderlich. Deshalb ist sie insb mittels Rechnungslegung für die VerfBeteiligten und für das InsGer transparent zu machen. Letzteres hat ein Informationsbedürfnis über die das Aufwand/Nutzen-Verhältnis bildendenden Faktoren im InsVerf. Diese sind beim Aufwand im Wesentlichen die VerfKosten und die insolvenzspezifischen Dienstleistungen, die die InsMasse belasten. Aufgrund der großteils stets verfügbaren Substituierbarkeit der VerwLeistung auf dem Dienstleistungsmarkt sind die VerfKosten alleine nicht aussagefähig. Der Verw kann wenig delegieren und bekommt zum Ausgleich für die von ihm erbrachten Leistungen Zuschläge gewährt. Er kann aber auch nahezu alle Tätigkeiten delegieren und im Gegenzug eine niedrigere Vergütung erhalten. Die Art und Weise der Abwicklung liegt im Ermessen des Verw.

20 Der wirtschaftliche Nutzen des InsVerf spiegelt sich in dem Befriedigungsgrad der Gläubigerforderungen wider, wobei Auszahlungen sowohl an die gesicherten als auch an die ungesicherten Gl zu betrachten sind. So kann zB ein grundvermögenlastiges Verfahren zwar eine marginale Quote für die ungesicherten Gl abwerfen; wenn die Summe der ungesicherten Forderungen aber relativ zu den besicherten Gläubigerforderungen klein ausfällt, könnte der hier tätige Verw dennoch eine bessere Leistung als der Verw in einem anderen Verf mit einer höheren Quote aber auch mit höherem Ausfall der besicherten Gl erbracht haben. Um den wirtschaftlichen Nutzen eines InsVerf zu quantifizieren, sind also alle Rückflüsse an die Gl einzubeziehen.

21 Das InsGer und die VerfBeteiligten benötigen damit alle Informationen, die notwendig sind, um das Ergebnis des Verf zu dem hierfür betriebenen Aufwand in Bezug setzen zu können. Sie müssen also unterscheiden können, ob zB das erreichte Ergebnis mit angemessenem Aufwand erzielt wurde, wobei die Angemessenheit aus Praktikabilitätsgründen relativ (im Vergleich zu anderen Verw) am einfachsten zu bestimmen sein wird. Es reicht also nicht, wenn bei einem wirtschaftlich guten Ergebnis nur die Insolvenzquote in den Vordergrund gestellt wird. Denn die könnte mit einem unangemessen hohen Aufwand erreicht worden sein, so dass bei einer effizienteren Verwaltung ein besseres Ergebnis erzielt werden könnte. Umgekehrt kann selbst bei einem quotenlosen Verf eine höchst effiziente Verwalterleistung vorliegen, ohne die das Verf massearm gewesen wäre.

22 **5. Vergütungsbemessungsfunktion.** Schließlich kommt der internen Rechnungslegung auch eine Vergütungsbemessungsfunktion zu. § 1 Abs 1 InsVV stellt ausdrücklich auf die Schlussrechnung als maßgebliches Rechenwerk zur Bestimmung der InsMasse ab. Auch die weiteren Regelungen des § 1 InsVV zur Bestimmung der Berechnungsgrundlage der Verwaltervergütung benötigen Informationen,[25] die durch die Rechnungslegung geliefert werden müssen. Insofern bedingen sich die Auslegung der InsVV, insb § 1, und die Anforderungen, die an die interne Rechnungslegung zu stellen sind, gegenseitig. Die Rechnungslegung muss so beschaffen sein, dass man hieraus alle notwendigen Zahlenangaben erhält, die notwendig sind, um die InsMasse nach der InsVV zu bestimmen.[26]

---

25 ZB § 1 Abs 2 Nr 1 InsVV: Auskehrungen auf Drittrechte; Nr 4: Überschuss aus der Betriebsfortführung.

26 Wird der Verw seines Amtes enthoben, ist die Einreichung der Schlussrechnung sogar formelle Voraussetzung für die Festsetzung seiner Vergütung. Ein Vorschussantrag ist ab diesem Zeitpunkt nicht mehr zulässig, *OLG Zweibrücken* NZI 2002, 43.

23 Die InsMasse ist auch für die Gerichtskosten die maßgebliche Größe (vgl § 58 Abs 1 S 1 GKG). Sie stimmt grds[27] mit der Berechnungsgrundlage der InsVV überein.[28]

IV. Buchhalterische Technik

24 Als buchhalterische Technik kommen zwei Arten in Betracht: die pagatorische Buchführung und die kaufmännische doppelte Buchführung nach Handelsrecht. Der Unterschied liegt in der Erfassungsweise der Geschäftsvorfälle. Während die Pagatorik Einnahmen und Ausgaben erst dann erfasst, wenn sie zahlungswirksam werden (also wenn sie auf dem jeweiligen Bankkonto oder in der Kasse zu verzeichnen sind), nimmt die kaufmännische doppelte Buchführung Geschäftsvorfälle bereits bei ihrem Entstehen auf.

25 Die kaufmännische Buchführung liefert ein genaueres Bild der wirtschaftlichen und finanziellen Verhältnisse, weshalb sie – im Gegensatz zu einer pagatorischen Einnahmen- und Ausgabenrechnung – die Anforderungen des § 238 HGB im Hinblick auf buchhalterische Pflichten von Gewerbetreibenden erfüllt, die nicht Kleingewerbetreibende sind.[29] Obwohl die doppelte kaufmännische Buchführung ein seit Jahrhunderten entwickeltes und perfektioniertes System darstellt, bedient sich die insolvenzrechtliche Praxis zur Erfüllung der Verpflichtungen der internen Rechnungslegung weitestgehend der Einnahmen- und Ausgabenrechnung. Daneben wird aber zur Erfüllung der handels- und steuerrechtlichen Pflichten auch eine kaufmännische Buchhaltung geführt, da die Einnahmen- und Ausgabenrechnung nicht in der Lage ist, dies zu leisten. Insofern werden parallel zwei Buchhaltungssysteme unterhalten, was nicht notwendig und damit mit vermeidbaren Kosten verbunden ist. Man müsste sich lediglich darauf verständigen – hauptsächlich zwischen InsGer und Verw – dass die internen Rechnungslegungspflichten des Verw auch mittels einer kaufmännischen Buchhaltung erfüllt werden könnten. Freilich bedarf dies einer Umgewöhnung – die Einnahmen- und Ausgabenrechnung ist bestechend einfach –. Die Vorteile eines perfektionierten Systems und der zu jedem Zeitpunkt erhöhte Informationsgehalt würden eine Umstellung rechtfertigen.

26 In letzter Zeit sind Bestrebungen zu verzeichnen, die Einheitlichkeit und die Aussagekraft der internen Rechnungslegung durch einen vorgegebenen Kontenrahmen zu erhöhen.[30] Geeignet erscheint der in Anlehnung an dem Datev-Standardkontenrahmen SKR-04 entwickelte Kontenrahmen SKR-04 InsO.[31] Diesem wohnt eine Systematik inne, die generell in der Lage sein sollte, interne und externe Rechnungslegung zu verbinden und dabei insolvenzrechtliche Anforderungen zu erfüllen. Der Vorstoß ist zu begrüßen, wenngleich der Weg bis zur Harmonisierung der internen und externen Rechnungslegung noch lang sein dürfte.

---

27 Eine Abweichung ergibt sich ua durch § 1 Abs 2 Nr 4 S 2 Buchst a InsVV, falls dem Verw Vergütungen nach § 5 InsVV selbst zugeflossen sind; vgl *BGH* ZIP 2007, 1958 Rn 7.

28 Ein Unterschied soll nach Auffassung des *OLG München* ZInsO 2012, 1722; *OLG München* ZIP 2017, 1035 und des *OLG Düsseldorf* ZIP 2010, 1911 bzgl des Überschusses aus der Betriebsfortführung zu machen sein. Bei der Bestimmung der für die Gerichtskosten maßgeblichen InsMasse sollen die kompletten Einnahmen der Betriebsfortführung eingestellt werden, wohingegen bei der Berechnungsgrundlage der Verwaltervergütung lediglich der Überschuss aus der Betriebsfortführung Zugang findet. Soweit ersichtlich ist diese Auffassung aber vereinzelt geblieben (dagegen: *OLG Düsseldorf* ZIP 2012, 1089; *OLG Hamm* ZIP 2013, 470, *Haarmeyer* ZinsO 2013, 25; *Grub* NZI 2012, 949, *Schoppmeyer* ZIP 2013, 813 ff.).

29 *Pelka/Niemann* Rn 31.

30 *Haarmeyer/Basinski/Hillenbrand/Weber* ZinsO 2011, 1874.

31 Der Kontenrahmen kann auf der Homepage des VID angesehen werden.

Das gewählte Buchführungssystem darf keine Auswirkungen auf die materielle Beurteilung des Geschäftsvorfalls haben. Buchhaltungssysteme halten Tatsachen fest, um sie zu beurteilen. Materiell-rechtliche Folgen aufgrund der Erfassungsmethode herleiten zu wollen, ist ein Trugschluss.[32] 27

V. Grundprinzipien

Wie die Rechnungslegung des Verw beschaffen sein soll oder zumindest wie sie aufgebaut sein soll, ist im Gegensatz zu der stark regulierten handelsrechtlichen Rechnungslegung (vgl §§ 238 ff HGB) nicht normiert. Bisweilen ist deshalb eine Vielzahl von Gestaltungen anzutreffen, die von einander stark variieren. Trotz der fehlenden Normierung hat jede Art von Rechnungslegung Mindestanforderungen zu erfüllen, so auch die des InsVerw. 28

1. Nachvollziehbarkeit des Verwalterhandelns. Oberstes Prinzip ist es, den Adressaten die Nachvollziehbarkeit des Verwalterhandelns zu ermöglichen. Jenseits von Gliederungsschematas muss die Rechnungslegung die Informationen enthalten, die den Empfänger in die Lage versetzen, die Handlungen des InsVerw auf die (Lebens-)Tatsachen zurückzuführen, idealerweise das Verf zu rekonstruieren. Eine Allgemeinregel kann nicht aufgestellt werden; es ist eine Frage des jeweiligen Einzelfalles, welche Informationen gegeben werden müssen, um einerseits einen Überblick über die Verwaltung zu geben und andererseits einzelne Vorgänge nachvollziehen zu können. Eine gewisse methodische Konkretisierung[33] bietet § 238 Abs 1 S 2 HGB: beim Adressaten dürfen Kenntnisse eines Buchführungssystems und insolvenzrechtlicher Zusammenhänge vorausgesetzt werden. Die Informationserteilung muss aber zugleich in der Weise erfolgen, die es dem Adressaten ermöglicht, die erforderlichen Informationen am schnellsten zu erfassen. 29

Bereits diese rudimentären Erfordernisse gebieten es, der Rechnungslegung eine Grundstruktur zu geben. Die Einnahmen und Ausgaben sind zumindest in Kategorien zu erfassen und müssen unterschiedliche Detaillierungsgrade aufweisen. Neben einer zusammengefassten, den Überblick gewährenden Einnahmen- und Ausgabenrechnung muss die Möglichkeit bestehen, einzelne Kategorien tiefgehend zu betrachten bis zum tatsächlichen Lebenssachverhalt hin. Eine nach Konten gegliederte Einnahmen- und Ausgabenrechnung, ein Buchungsjournal, die jeweiligen Kontenblätter sowie die Belege zu den jeweiligen Bewegungen sind damit als Mindeststandard zu fordern. 30

Der Grundsatz der Nachvollziehbarkeit verlangt darüber hinaus, das Zahlenwerk der Rechnungslegung mit einer verbalen Erläuterung zu versehen, die einerseits das Verständnis für die Zusammenhänge erleichtert und andererseits einzelne Sachverhalte neben der zahlenmäßigen Darstellung erklärt. Es ist deshalb gemeinhin anerkannt,[34] dass die Rechnungslegung des Verw neben dem Zahlenwerk auch einen „darstellenden Teil" enthalten muss, den Schlussbericht. Dieser ist integrativer Bestandteil der Rechnungslegung und unterliegt als 31

---

32 Beispielhaft sei die Erfassung von Kapitalertragssteuer genannt. Diese wird unmittelbar von dem Kreditinstitut in Abzug gebracht, so dass lediglich der Nettobetrag gutgeschrieben wird. Da bei einer pagatorischen Buchhaltung die Einnahmen und Ausgaben so erfasst werden, wie sie auch auf den Zahlungskonten geschehen, wird hieraus irrtümlicherweise gefolgert, dass nur der Nettobetrag als Einnahme zu verzeichnen ist (vgl hierzu *LG Aachen* ZInsO 2013, 683; *Reck/Schmittmann* ZInsO 2015, 2254). Die Kapitalertragssteuer ist eine Masseverbindlichkeit, so dass die gesamte Zinsgutschrift als Einnahme und zugleich die Kapitalertragssteuer als Masseverbindlichkeit zu erfassen sind (vgl auch *Graeber* ZInsO 2013, 1834). Der Unterschied macht sich bei der Bestimmung der Berechnungsgrundlage der Verwaltervergütung bemerkbar.

33 *Heni* S 178.

34 *Heni* S 175 mwN.

solcher dem Erfordernis der Konnexität zwischen dem Zahlenwerk und den im Schlussbericht enthaltenen Darstellungen. Der Schlussbericht ist damit nicht lose von der Rechnungslegung zu betrachten, sondern muss eine strukturelle und logische Beziehung zu dieser aufbauen. Die Erläuterungen im Schlussbericht müssen – soweit sie zahlenmäßig erfasst wurden – ihre Entsprechung im Zahlenwerk wiederfinden und umgekehrt. Daneben liefert der Schlussbericht Informationen über Sachverhalte, die nicht zahlungswirksam geworden sind wie beispielsweise die Nichtverfolgung von Ansprüchen.

32 Die Konnexität zwischen Schlussbericht und Zahlenwerk soll gewährleisten, dass die vollständige Wiedergabe der wesentlichen Verwalterhandlungen am effizientesten erfolgt.

Streitig ist, ob der Schlussbericht einen Tätigkeits- oder einen Rechenschaftsbericht darstellt.[35] Als Bestandteil der Rechnungslegung kann der Schlussbericht nur als Rechenschaftsbericht verstanden werden. Nur dadurch werden die Adressaten der Rechnungslegung in die Lage versetzt werden, ihre Entscheidungen zu treffen, sei es das InsGer iRv § 58 InsO oder die Gl nach § 60 InsO. Neben der Darstellung der entfalteten Tätigkeiten muss der Verw im Schlussbericht auch auf die Gründe der jeweiligen Entscheidung eingehen, damit sein Handeln nachvollzogen werden kann und hieraus ggf Schlüsse gezogen werden.[36]

33 **2. Grundsätze ordnungsmäßiger Buchführung.** Obwohl eine gesetzliche Normierung für die Rechnungslegung des Verw fehlt, müssen zumindest die für die kaufmännische Buchführung allgemeingültigen und anerkannten Grundsätze – jedenfalls angepasst und soweit sie auf die Gewährleistung der Systemfunktionalität abzielen – auch für die interne Rechnungslegung des Verw gelten. Hierzu gehören die Grundsätze der Vollständigkeit, Klarheit, Stetigkeit und Einzelbetrachtung.[37]

34 **a) Vollständigkeit.** Die Rechnungslegung des Verw hat ausnahmslos alle Veränderungen des schuldnerischen Vermögensbestands iSd InsMasse zu erfassen. Alle auf Bankkonten oder Kassen stattfindenden Bewegungen sind buchhalterisch aufzuzeichnen unabhängig davon, ob es sich dabei um Treuhand-/Anderkonten des Verw oder schuldnerische Geschäftskonten handelt. Dies gilt auch für Teilbereiche der Rechnungslegung, die nicht vom Verw geführt werden, beispielsweise die Buchhaltung während der Betriebsfortführung, wenn sie auf den Steuerberater oder auf die Buchhaltungsabteilung des Schu übertragen wird. In der Praxis ist verhältnismäßig oft anzutreffen, dass die körperliche Kassenführung, die dem Schu überlassen wurde, unvollständig oder gar nicht vorgelegt wird. Neben den zahlungswirksamen Änderungen (Bank, Kasse) sind auch solche abzubilden, die nicht zahlungswirksam geworden sind, insb die Nichtweiterverfolgung von Forderungen oder Ansprüchen oder die Freigabe von Vermögensgegenständen.

35 Zum Grundsatz der Vollständigkeit gehört auch der lückenlose Verwendungsnachweis für den einzelnen Geschäftsvorfall, mithin seine Belegung. Fehlen Belege und lassen sich nach Durchführung der gebotenen Ermittlungen keine Feststellungen zu den Ausgaben treffen, geht dies zu Lasten des Verw.[38] Kombiniert mit dem Grundsatz der Nachvollziehbarkeit ist für jede Bewegung ein aussagekräftiger Beleg anzufordern, welcher nicht nur die Verwendung für den angegebenen Zweck nachweist, sondern darüber hinaus den Informationsempfänger in die Lage versetzt, den Lebenssachverhalt nachzuvollziehen.[39] Die Belegungs-

35 Zum Streitstand Uhlenbruck/*Mock* § 66 Rn 58.
36 Vgl *Heni* S 173.
37 *Pelka/Niemann* Rn 475 ff.
38 So für den Verw einer WEG, *BayObLG* ZMR 2000, 325, Rn 11.
39 Es ist daher nicht ausreichend, lediglich eine Quittung mit dem Zahlungsempfänger vorzulegen, sondern darüber hinaus ist der Zahlungszweck zu erläutern, womöglich sind vertragliche Grundlagen beizufügen.

pflicht gilt nicht nur für Ausgaben, sondern auch für Einnahmen, da nur durch die Vorlage des Belegs geprüft werden kann, ob die Einnahme in voller Höhe zur Masse gezogen wurde (so zB beim Forderungseinzug).[40]

Es versteht sich von selbst, dass die Vorlage von Belegen systematisch erfolgen muss. Der Informationsempfänger muss innerhalb kürzester Zeit und immer nach derselben Vorgehensweise von der Buchung zum dazugehörigen Beleg und umgekehrt gelangen. In der Praxis ist es zur Usus geworden, dass die Belege zu dem jeweiligen Kontoauszug/Kassenbuch abgeheftet werden, was zwar einfach aber nicht unbedingt notwendig ist. Eine alphabetische Belegsortierung getrennt von Kontoauszügen ist ebenfalls zulässig. 36

Der Grundsatz der Vollständigkeit erfährt insoweit eine Einschränkung, als nicht alle, sondern alle wesentlichen Informationen mitgeteilt werden müssen. Eine große Menge von nicht wesentlichen Informationen kann die Übersichtlichkeit der Rechnungslegung so stark in Mitleidenschaft ziehen, dass ihre Hauptziele konterkariert werden. Das Erfordernis der Wesentlichkeit bezieht sich jedoch lediglich auf die Informationserteilung – dabei sind unwesentliche Informationen zu separieren –, damit sich der Empfänger zurechtfindet und seine Aufmerksamkeit auf die entscheidungserheblichen Informationen konzentrieren kann. Das Wesentlichkeitserfordernis geht aber keinesfalls so weit dass, unwesentliche Informationen gänzlich der Verfügbarkeit entzogen werden. Die Rechnungslegung muss jederzeit in der Lage sein – ggf nach entspr Aufforderung – ausnahmslos alle Informationen zu liefern, die ihre Adressaten benötigen.[41] 37

b) Klarheit. Der Grundsatz der Klarheit verlangt eine klare und übersichtliche Darstellung der Positionen eines buchhalterischen Rechenwerks.[42] Auf die insolvenzrechtliche Rechnungslegung übertragen bedeutet dies:[43] 38

- Es sind so viele Positionen in den Einnahmen und Ausgaben aufzunehmen, wie es die „artmäßige Verschiedenheit“[42] der Bewegungen erfordert.
- Die zusammengefassten Positionen der Einnahmen- und Ausgabenrechnung sowie die Konten im Einzelnen sind eindeutig und treffend zu bezeichnen.
- Die Zusammenfassung einzelner Konten hat nach zweckmäßigen Gesichtspunkten zu erfolgen.
- Zusätzliche Erläuterungen sind in der Weise aufzunehmen, dass dadurch die Klarheit der Darstellung nicht beeinträchtigt wird.

c) Stetigkeit. Der Grundsatz der Stetigkeit verlangt die Beibehaltung von einmal gewählten Methoden oder getroffenen Entscheidungen. Für den Fall, dass eine Änderung zweckmäßig ist, ist dies deutlich zu dokumentieren und kund zu machen. Wichtig ist vor allem die konsequente Beibehaltung von einmal gewählten Konten für sich wiederholende Geschäftsvorfälle.[44] 39

---

40 **AA** MK/*Riedel* § 66 Rn 20, was aber im Ergebnis keinen Unterschied macht, da stattdessen eine verbale Erläuterung im Schlussbericht gefordert wird.

41 Insoweit bedeutet Wesentlichkeit für den Rechnungslegungsersteller einen höheren Aufwand, da noch wesentliche von unwesentlichen Informationen getrennt werden müssen. Dadurch wird aber die Rechnungslegung qualitativ hochwertiger und eine bessere Entscheidungsgrundlage.

42 *Pelka/Niemann* Rn 478.

43 In Anlehnung an *Pelka/Niemann* Rn 478.

44 Wird bspw für kanzleieigene Rechtsanwaltsgebühren ein Konto eingerichtet, sind dort grds alle Gebührenrechnungen zu verbuchen, die von der Kanzlei des Verwalters an die Masse ausgestellt wurden.

40 **d) Einzelbetrachtung.** Die Einzelbetrachtung von Geschäftsvorfällen erlangt gemeinsam mit dem Saldierungsverbot insb für die pagatorische Einnahmen- und Ausgabenrechnung besondere Bedeutung. Damit der Informationsempfänger den Lebenssachverhalt erfassen kann, sind die Transaktionen einzeln zu erfassen, wenngleich sie nur in einem Zahlvorgang ihren Niederschlag finden. Es sind deshalb bei Aufrechnungen und Vergleichen, unabhängig davon, dass im Ergebnis nur eine der Parteien einen Zahlungsvorgang auslöst, die kompletten (ungekürzten) Einnahmen und Ausgaben aufzunehmen. Nur hierdurch kann der Empfänger mit der notwendigen Information versorgt werden.

VI. Bestandteile der Rechnungslegung

41 Eine ordnungsgemäße insolvenzrechtliche Rechnungslegung enthält folgende Bestandteile:[45]
- Schlussbericht,
- Einnahmen- und Ausgabenrechnung wahlweise Jahresabschlüsse,[46]
- Buchungsjournal chronologisch,
- Kontenblätter zu den einzelnen Konten,
- Belegwesen.

VII. Insolvenzrechtliche Anforderungen

42 Damit die insolvenzrechtliche Rechnungslegung ihre Aufgaben/Ziele erfüllen und das Informationsbedürfnis ihrer Adressaten befriedigen kann, muss sie aus diesem Informationsbedürfnis heraus folgenden speziellen Anforderungen genügen.

43 **1. Gesonderte Darstellung der Abwicklung und Betriebsfortführung.** In einem InsVerf liegt der wirtschaftliche Fokus ganz besonders auf der Fortführung des schuldnerischen Unternehmens und/oder auf der Liquidation des schuldnerischen Vermögens. Das Ergebnis der Betriebsfortführung ist für die Beteiligten unter mehreren Gesichtspunkten von Bedeutung. Die Gläubigerversammlung hat zu beschließen, ob das schuldnerische Unternehmen stillgelegt oder fortgeführt wird (vgl § 157). Bei der Abstimmung über einen Insolvenzplan ist die Fähigkeit des Unternehmens Überschüsse zu erwirtschaften von essentieller Bedeutung, wenn der Plan eine (Teil-) Befriedigung der Gl aus den künftig zu erwirtschafteten Überschüssen vorsieht. Der Wert eines etwaigen Good-Wills hängt entscheidend davon ab, welche Überschüsse erwirtschaftet werden können; so ist der Good-Will nichts anderes als kapitalisierte künftige Überschüsse. Schließlich ist das Ergebnis der Betriebsfortführung für die Vergütung des Verw unmittelbar bei der Berechnungsgrundlage (§ 1 Abs 2 Nr 4 S 2 Buchst b InsVV) maßgebend und hat auf einen etwaigen Zuschlag iRd mittelbaren Vergütungserhöhung Auswirkung.[47]

44 Eine Trennung der wirtschaftlichen Tätigkeit aus der Abwicklung und aus der Fortführung des schuldnerischen Betriebs ist damit erforderlich und muss auch im Rechnungswesen vorgenommen werden. Die Zuordnung der Ausgaben als solche der Betriebsfortführung wirft nach der insoweit deutlichen Rechtsprechung des BGH[48] keine Fragen mehr auf. Ihre Aufbereitung kann sich an dem existierenden Rechnungswesen des Schuldners orientieren,

---

45 Je nach Verfahrensgröße können nicht alle Bestandteile vorgelegt werden. Den Beteiligten müsste aber die Möglichkeit gegeben werden, diese vor Ort in Augenschein zu nehmen.

46 Diese müssten entweder selbst oder durch begleitende Rechenwerke die insolvenzrechtlichen Anforderungen erfüllen.

47 Vgl *BGH* ZIP 2007, 784 Rn 19.

48 Sowieso-Kosten, *BGH* ZIP 2008, 2222 Rn 15–19; zum Schuldner-Unterhalt, *BGH* ZIP 2006, 1307 Rn 6.

zusätzliche Konten können bei Inanspruchnahme insolvenzspezifischer Dienstleistungen wie zB Interimsmanagement notwendig werden. Die Einnahmekonten orientieren sich an den bisher erwirtschafteten Arten von betrieblichen Einnahmen.

Es ist auf die buchhalterische Trennung des vorl Verf vom endgültigen Verf zu achten, insb bei Verbindlichkeiten der Betriebsfortführung, deren zugrunde liegende Leistungen bereits während des vorl Verf in Anspruch genommen wurden, die Zahlung jedoch im eröffneten Verf stattfindet. Da die Ermittlung des Ergebnisses aus der Betriebsfortführung für alle Beteiligten von wirtschaftlicher Bedeutung ist, kann sie nicht über das Formalkriterium des Zahlungszeitpunktes entschieden werden. Es kommt auf die wirtschaftliche Begründung an.[49] **45**

Ein Überschuss ist auch bei der Durchführung einer sog „kalten Zwangsverwaltung"[50], Vermietung[51] und bei einer Ausproduktion/Auslaufproduktion zu ermitteln.[52] **46**

2. Ausgestaltung der Einnahmenseite/Vermögensverwertung. Die bestmögliche Vermögensverwertung ist eine der Hauptaufgaben des Verw. Alle Rechnungslegungsadressaten haben ein wesentliches Interesse zu erfahren, mit welchem Ergebnis der Verw das schuldnerische Vermögen verwertet hat und darüber hinaus, ob die Verwertung vollständig und ordnungsgemäß erfolgte. Der Informationsstand der Beteiligten vor Schlussrechnungslegung basiert auf den Vermögensverzeichnissen (§ 151 und § 153), dem Bericht zum Berichtstermin (§ 156), den Zwischenberichten[53] und auf einer etwaigen Zwischenrechnungslegung gem § 66 Abs 3. Damit die Beteiligten die Verwertung des Vermögens nachvollziehen und überprüfen können, ist es unbedingt erforderlich, auf die Vermögensverzeichnisse als Ausgangspunkt der Darstellung abzustellen. **47**

Die Struktur der Einnahmenseite hat daher bezüglich der Abwicklungseinnahmen soweit als möglich dem Vermögensverzeichnis bzw der Vermögensübersicht gem §§ 151, 153 zu entsprechen. Selbiges gilt für die Benennung der einzelnen Konten. Ist es notwendig und zweckmäßig, dass die Verwertungsergebnisse einzelner Vermögensgegenstände in einem Konto zusammengefasst werden, so ist auf die Bezeichnung des Kontos zu achten, damit der Bezug zu den Vermögensgegenständen hergestellt werden kann. Jedenfalls die einzelnen Buchungstexte müssen eine unmittelbare Verbindung zu den jeweiligen Gegenständen des Vermögensverzeichnisses ermöglichen. **48**

Hinsichtlich des Forderungseinzugs ist entsprechend vorzugehen. Forderungen, die zu den Abwicklungseinnahmen gehören, sind entweder vor Antragsstellung oder während des vorläufigen Verfahrens entstanden, so dass ihr Bestand bei Eröffnung des Verfahrens feststeht. Die Dokumentation dieses Bestandes mittels einer Offenen-Posten-Liste, die auch in dem Vermögensverzeichnis enthalten sein muss, bildet die Basis für die sich hierauf aufbauenden buchhalterischen Aufzeichnungen des Verw. Jene müssen auch hier nicht nur die Vergleichbarkeit der Einzugsergebnisse mit dem Ursprungsbestand gewährleisten, sondern die Verfolgung des wirtschaftlichen Schicksals jeder einzelnen Forderung erlauben. **49**

Auf der Einnahmenseite wird dem Schlussbericht als integrativer Bestandteil der Rechnungslegung eine besondere Bedeutung zuteil, sonst können wesentliche, nicht realisierte Vermögenswerte keinen Zugang in die Rechnungslegung finden. Umso wichtiger ist es, diese im *Schlussbericht* systematisch zu erläutern und die Grundlagen für die jeweilige Entscheidung des Verw darzulegen. Den Ausgangspunkt bilden weiterhin die Vermögensver- **50**

---

49 So auch der BGH für die Zuordnung zum vorl Verf *BGH* ZInsO 2011, 1519.
50 *BGH* 14.7.2016 – IX ZB 31/14.
51 *Lorenz/Klanke* § 3 Rn 30 ff; *Graeber/Graeber* § 3 Rn 73 ff.
52 Vgl *BGH* 7.10.2010 – IX ZB 115/08, Rn 7; 27.9.2012 – IX ZB 243/11, Rn 9.
53 Sofern das G gem § 58 eine Zwischenberichterstattung verlangt hat.

zeichnisse bzw der Bestand an Forderungen und Ansprüchen, so dass Vermögensgegenstände, die freigegeben wurden, und Ansprüche, die nicht weiterverfolgt wurden, im Schlussbericht vollständig abgestimmt mit den Vermögensverzeichnissen darzulegen und strukturiert abzuhandeln sind.

51 Obwohl die Vermögensverzeichnisse mit einem hohen Maß an Sorgfalt zu erstellen sind und das schuldnerische Vermögen komplett abbilden müssen, werden in nahezu jedem InsVerf weitere Vermögensgegenstände während des Verfahrens bekannt. Damit die Nachvollziehbarkeit der Verwertung gewahrt bleibt, sind die Verwertungsergebnisse der nicht in den Verzeichnissen nach den §§ 151, 153 enthaltenen Gegenstände von den übrigen Verwertungsergebnissen unterscheidbar aufzunehmen. Dies kann je nach Verfahrensgröße, Anzahl und Art der Vermögensgegenstände und Volumen der Buchhaltung entweder durch Bildung entsprechender Konten oder verbal im Schlussbericht erfolgen.

52 **3. Ergebnis insolvenzspezifischer Ansprüche.** Eine strukturelle Unterscheidbarkeit von den übrigen Vermögensgegenständen erfordern in der Rechnungslegung des Verw die insolvenzspezifischen Ansprüche. Es handelt sich dabei um Ansprüche, die im Umfeld des InsVerf entstehen oder geltend gemacht werden, insb die Anfechtungsansprüche nach §§ 129 ff, die Ansprüche aus der Geschäftsführerhaftung gem § 64 GmbHG und Ansprüche gegen Gesellschafter aufgrund persönlicher Haftung.

53 Hintergrund für die geforderte Unterscheidbarkeit ist die zunehmende Bedeutung dieser Ansprüche für die Massegenerierung durch den Verw. Die heutigen InsMassen sind durch vielfältige Finanzierungs- und Leasingmodelle in den meisten Fällen gänzlich mit Drittrechten belastet. Die insolvenzspezifischen Ansprüche bieten oft die einzige Möglichkeit, eine freie InsMasse zu erwirtschaften. Es entspricht daher dem unmittelbaren Interesse der Gl, sie umfassend über die diesbezüglichen Maßnahmen des InsVerw und über das quantifizierbare Ergebnis ihrer Verfolgung zu unterrichten. Zudem ermöglicht die Durchsetzung von Anfechtungsansprüchen eine gleichmäßige Gläubigerbefriedigung, indem anfechtbar erlangte Vorteile eines Gläubigers rückgängig gemacht und auf alle Gl verteilt werden. Schließlich zählen bei vielen InsGer ein umfassendes Aufspüren und eine persistente Verfolgung von insolvenzspezifischen Ansprüchen als Qualitätsindikator für die Verwalterkanzlei, da die entspr Tätigkeiten sehr zeitaufwändig sind und ein tiefgehendes Know-How erfordern.

54 Alle am InsVerf Beteiligten können Informationen über insolvenzspezifische Ansprüche im Wesentlichen aus dem Schlussbericht gewinnen, da das Rechnungswesen – unabhängig von seiner Ausgestaltung – nur unzureichend ein vollständiges Bild der vom Verw hierbei entfalteten Tätigkeiten übermitteln kann. Die Beteiligten erwarten, dass im Schlussbericht die wesentlichen Maßnahmen erläutert werden, die der InsVerw zum Aufspüren von insolvenzspezifischen Ansprüchen getroffen hat. Abgestimmt mit dem Zahlenwerk sind die realisierten Ansprüche zu erläutern, insb sind die Beweggründe für den Abschluss etwaiger Vergleiche zu nennen. Über nicht verfolgte Ansprüche ist zu berichten und die wesentlichen Entscheidungsgrundlagen hierfür anzugeben. Dadurch können die Entscheidungen des Verw daraufhin überprüft werden, ob sie schlüssig erscheinen oder ob eine tiefergehende Untersuchung notwendig ist.

55 **4. Delegationen von Tätigkeiten.** Das Delegationsverhalten des Verw ist für die Beteiligten im InsVerf unter mehreren Gesichtspunkten von Interesse. Zunächst geht es um das wirtschaftliche Interesse, die InsMasse nur mit den Kosten der Verwaltung zu belasten, die auch notwendig sind.

Delegiert der Verw Regelaufgaben, also Aufgaben, deren Erledigung durch die Vergütung abgedeckt ist, wird die Masse doppelt belastet. Aus der Masse für Regelaufgaben bezahlte

Honorare sind daher von der Vergütung des Verw in Abzug zu bringen.[54] Delegiert der Verw Sonderaufgaben, hat die InsMasse zwar die hierfür notwendigen Honorare zu tragen. Von Bedeutung ist aber für die Beteiligten, ob diese Honorare marktüblich sind.[55] Die Frage der Marktüblichkeit stellt sich insb bei Unternehmen, die mit dem Verw verbundenen sind, sowie bei solchen Unternehmen, die dem „Verwalternetzwerk" angehören und in nahezu jedem Verf eingesetzt werden.[56] Die Kooperationsverträge zwischen den Dienstleistern und dem Verw sehen oft – damit der Verw die entsprechende Planungssicherheit hat – eine Pauschalisierung des Honorars vor, die auf einer Durchschnittskalkulation aller Verf beruht, die die verbundenen oder „vernetzten" Unternehmen gemeinsam bearbeiten. Dies geht teilweise sogar so weit, dass der Dienstleister in massearmen Verf nicht kostendeckend arbeitet, aber dafür in massereichen Verf einen ausgleichenden Überschuss erzielt. Vom wirtschaftlichen Standpunkt aus betrachtet ist die Vorgehensweise nachvollziehbar, auch die Verwaltervergütung selbst basiert auf dem Prinzip der Quersubventionierung.[57] Für die Gl in den Verf gilt dies aber nicht. Den Gl in den massereichen Verf kann nicht eine Subventionierung der massearmen Verf zugemutet werden. Sie haben einen Anspruch darauf, dass „ihre" Masse lediglich mit den notwendigen und marktgerechten Honoraren für Dienstleister belastet wird.

Die marktgerechte Entlohnung der im Verf erbrachten Tätigkeiten ist auch bei der Beurteilung der Angemessenheit der Verwaltervergütung ein tragendes Prinzip. Erbringt der Verw selbst oder durch seine Kanzlei Sonderaufgaben, steht ihm ein Zuschlag zur Regelvergütung zu.[58] Die Bemessung der Zuschlagshöhe kann nicht alleine auf die Angaben in den sog Faustregeltabellen gestützt werden, sie entfalten ohnehin keine Bindungswirkung für das Gericht.[59] Die jeweilige Zuschlagshöhe hat sich an den Honorarbandbreiten zu orientieren, was Marktteilnehmer für die Dienstleistung beansprucht hätten.[60] Wird dem Verw wesentlich mehr als entsprechenden Dienstleistern im Rahmen des Zuschlags zugesprochen,[61] wäre eine Delegation für die InsMasse günstiger gewesen.[62] **56**

Das Delegationsverhalten des Verw ist neben den wirtschaftlichen Auswirkungen für die InsMasse auch für das InsGer als Auftraggeber von Interesse, da sich hierdurch die Struktur der Verwalterkanzlei offenbart. Je nach Verf legt das InsGer bei der Beauftragung des Verw Wert auf intern bestehende Kompetenzen. Unabhängig davon, ob die Aufgaben zu Lasten der Masse auf die eigene Kanzlei oder als Zuschlag zu der Verwaltervergütung honoriert **57**

54 *BGH* ZIP 2005, 36, Rn 6.
55 *BGH* ZInsO 2012, 269.
56 Es unterliegt natürlich der Dispositionsfreiheit, wie der Verwalter seine Kanzlei strukturiert. Auf dem Markt können nahezu alle Abwicklungstätigkeiten in einem InsVerf (zB Arbeitnehmerangelegenheiten, Aufspüren und Verfolgen von Anfechtungsansprüchen, komplette Betriebsfortführung, Buchhaltung, Verwertung von Vermögen, gar die Erstellung der Schlussrechnung etc) käuflich erworben werden, so dass abhängig von der strategischen Ausrichtung der Verwalterkanzlei das hierfür notwendige Personal nicht vorgehalten wird. Stattdessen geht der Verw mit verschiedenen Dienstleistern Kooperationen ein. Diese werden in jedem InsVerf von dem Verw eingesetzt.
57 *BGH* ZIP 2004, 424, Rn 12.
58 *Graeber/Graeber* § 4 Rn 12.
59 *BGH* ZInsO 2007, 370.
60 *Graeber/Graeber* ZInsO 2013, 1284; *Haarmeyer/Mock* § 3 Rn 7a.
61 Dies kann bei Festsetzung von prozentual starren Zuschlägen und einer hohen Regelvergütung der Fall sein.
62 Fraglich ist, ob der Verw sogar verpflichtet ist, als Zuschlag nur das zu beantragen, was Dritte bei einer Beauftragung verlangt hätten, da ansonsten die Masse geschädigt ist.

werden, kann es von entscheidender Bedeutung sein, dass der Verw über die entspr Abteilungen verfügen kann und sich die Dienstleistungen nicht erst über den Markt besorgt.

58 Schließlich bedürfen die im Verf delegierten Tätigkeiten auch einer Betrachtung dahingehend, ob sie sich mit Tätigkeiten überschneiden, für welche der Verw Zuschläge zur Regelvergütung beantragt.

59 Die interne Rechnungslegung muss also, um die Informationsbedürfnisse der Beteiligten zu befriedigen, detaillierte Angaben über die Delegationen im Verf enthalten.[63] Technisch geschieht dies effizient und systematisch durch Bildung eigener Konten für beauftragte Dienstleister und durch Erläuterung der erbrachten Tätigkeiten im Schlussbericht oder im Vergütungsantrag. Der Umfang der erbrachten Leistung muss durch jeweilige Zeit- und Tätigkeitsnachweise, die der einzelnen Honorarrechnung beigefügt werden, plausibilisiert werden. Der Rechnungslegungsempfänger hat damit die Möglichkeit, sich von der Einnahmen- und Ausgabenrechnung unter Zuhilfenahme der Erläuterungen im Schlussbericht bis zu den im einzelnen geleisteten Tätigkeiten „durchzuarbeiten", und kann auf dieser Weise ein umfassendes Bild darüber gewinnen, wer welche Tätigkeiten und zu welchen Kosten durchgeführt hat.

60 **5. Zahlungen an Drittrechtsgläubiger.** Zahlungen an Drittrechtsgläubiger verursachen regelmäßig einen Großteil der die InsMasse mindernden Ausgaben. Da das InsVerf von den Schu häufig als ultima ratio betrachtet wird, sind bei Eröffnung des Verf die Finanzierungspotentiale meist ausgeschöpft und nahezu das komplette Vermögen unterfällt Drittrechten von Finanzierungsgläubigern, seien diese Finanzdienstleister oder Lieferanten.[64] Innerhalb der Gläubigerschaft tritt damit eine mit gegenläufigen Interessen behaftete Kategorisierung in gesicherte und ungesicherte Gl ein. Das Informationsbedürfnis hinsichtlich der Verteilung zwischen den beiden Kategorien ist dadurch erheblich gesteigert. Darüber hinaus betreffen die Auskehrungen auf Drittrechte unmittelbar auch die Verwaltervergütung (zweifach) durch die Bestimmung der Berechnungsgrundlage und der Regelvergütung[65] (§ 1 Abs 2 Nr 1 und 2 InsVV).

61 Die Rechnungslegung muss daher dezidierte Informationen über den Grund der Belastung, die jeweiligen Verwertungsergebnisse und die an die Drittrechtsgläubiger ausgekehrten Beträge enthalten. Die Angaben über die Belastung erfolgen zweckmäßigerweise im Schlussbericht, während die Verwertungsergebnisse und die Verteilung dem Zahlenwerk zu entnehmen sind. Hierfür sind entspr Ausgabekonten zu bilden, die die Auskehrungen an Drittrechtsgläubiger wiedergeben. Ihre Anzahl richtet sich nach der Art der Vermögensgegenstände (zB bewegliche oder unbewegliche) und der Drittrechte.

Die Rechnungslegung muss einen jederzeit nachvollziehbaren Bezug zwischen Verwertungserlös der drittrechtsbelasteten Gegenstände, der Auskehrung an die Drittrechtsgläubiger und der dabei für die InsMasse erzielten Beiträge ermöglichen. Ein umfangreiches Rechnungswesen führt zu einem erheblichen Aufwand hinsichtlich der Zuordnung der Auskehrung zu dem dazugehörigen Verwertungserlös, zumal zwischen der Vereinnahmung des Erlöses und der Abrechnung mit dem Drittrechtsgläubiger eine lange Zeitspanne liegen kann. Auch eine Erläuterung im Schlussbericht kann dabei zu Unüberschaubarkeit führen,

---

63 Darüber, dass dies im Rahmen des Vergütungsantrags ohnehin der Fall sein muss, besteht Einigkeit: *BGH* ZIP 2005, 36 Rn 6; *Haarmeyer/Mock* § 8 Rn 10.

64 Auch die Lieferanten übernehmen durch die Einräumung von Zahlungszielen eine Finanzierungsfunktion.

65 Durch die Feststellungskosten.

weshalb die angesprochene Zuordnung (besser: die Rekonstruierbarkeit und Nachprüfbarkeit der Erlösverteilung) aus der Rechnungslegung heraus hergestellt werden muss.[66]

Neben der Nachvollziehbarkeit und Überprüfbarkeit der Verteilung der Verwertungserlöse der belasteten Gegenstände sind die Aufwendungen von Bedeutung, die aus der Masse für diese Gegenstände geleistet wurden. Hierzu gehören neben den Verwertungskosten, die dem Gl weiter zu belasten sind, insb Aufwendungen, die bei der InsMasse verbleiben.[67] Übersteigen die für den Gegenstand geleisteten Aufwendungen die Massekostenbeiträge, könnte die Freigabe des Gegenstandes für die InsMasse günstiger sein als die Verwertung.[68] Bei Grundstücken kommt ein Risikoaspekt hinzu, da die InsMasse bis zum Verkauf das Risiko der Beseitigung von Altlasten trägt.[69] Dort ist es also womöglich nicht ausreichend, dass der Massebeitrag die Grundstücksaufwendungen übersteigt, sondern er muss auch einen adäquaten Ausgleich für das der InsMasse auferlegte Risiko bis zur Veräußerung darstellen. 62

Da die Massekostenbeiträge unterschiedlichen Regelungen unterliegen,[70] sollten je nach Regelungsgehalt unterschiedliche Konten gebildet werden. Hingegen ist es für die Feststellungskosten unerlässlich, stets eigene Konten zu bilden oder – je nach Verfahrensumfang – sie in sonstiger Weise zusammengefasst und nachvollziehbar darzustellen.[71] 63

Für Zwecke der Berechnung der Regelvergütung sollte bei den Auskehrungen an Drittrechtsgläubiger eine kontenmäßige Aufteilung in Auskehrungen für Vermögensgegenstände, die vom Verw verwertet wurden,[72] Auskehrungen für Gegenstände, die vom Gl selbst verwertet wurden, und Abfindungen für Drittrechte vorgenommen werden.

VIII. Prüfung der Schlussrechnung

Die Schlussrechnung des Verw ist durch die Gläubigerversammlung zu prüfen. Davor prüft das InsGer und – wenn ein Gläubigerausschuss bestellt ist – auch dieser (§ 66 Abs 2). Das 64

---

66 Hierzu stehen technisch mehrere Möglichkeiten zur Verfügung. Gängig ist die Gruppierung der Erlöse aus belasteten Vermögensgegenständen unter eigene Einnahmekonten und die Verbuchung der Auskehrungen auf den Einnahmekonten entsprechenden Ausgabekonten. Es genügt aber auch, entweder bei der Abrechnung mit dem Drittrechtsgläubiger auch die Angaben vorzunehmen, die notwendig sind, um den Verwertungserlös eindeutig in der Rechnungslegung zu identifizieren (Datum, entsprechendes Einnahmenkonto) oder der als Beleg in der Buchhaltung befindlichen Abrechnung mit dem Drittrechtsgläubiger einen Verwertungsnachweis beizufügen.

67 ZB zählen die Erhaltungskosten nicht zu den Verwertungskosten und sind daher nicht von dem Absonderungsberechtigten gem § 170, 171 zu tragen (*Braun/Dithmar/Schneider* InsO § 171 Rn 11; MK/*Tetzlaff* § 171 Rn 27).

68 Der Verw könnte sich auch unter diesen Umständen dennoch für eine Verwertung entscheiden, wenn bspw dadurch ein Gesamtverkauf ermöglicht wird, welcher im Ergebnis eine höhere Masse erzielt als ein Einzelverkauf von Gegenständen.

69 *BVerwGE* 108, 269 = ZIP 1999, 538.

70 Die Verwertungskosten gem § 171 sind mehrwertsteuerpflichtig, während die Feststellungskosten von der Mehrwertsteuer befreit sind, *BFH* ZIP 2011, 1923 Rn 28. Frei vereinbarte Massekostenbeiträge hingegen, sind immer mehrwertsteuerpflichtig, *BFHE* 235, 22 = ZIP 2011, 1923 Rn 14-17.

71 Die Feststellungskosten sind für die Berechnung der Regelvergütung gem § 1 Abs 2 Nr 1 InsVV erforderlich. Zudem muss die Berechnungsgrundlage der Verwaltervergütung von den Feststellungskosten bereinigt werden, wenn der Verw eine Zusatzvergütung für mit Absonderungsrechten belastete Vermögensgegenstände beantragt, vgl *BGH* ZInsO 2013, 2288.

72 Für die Berechnung der Zusatzvergütung sind lediglich die Verwertungserlöse der Vermögensgegenstände heranzuziehen, die vom Verw verwertet wurden.

Gesetz verlangt nicht ausdrücklich eine Prüfung durch den Gläubigerausschuss. Sinn und Zweck von § 69 gebieten aber auch für diesen eine Prüfungsverpflichtung zu verlangen.[73]

65 Der Prüfungsumfang des InsGer beschränkt sich auf die Rechtmäßigkeit des Verwalterhandelns.[74] Der Gläubigerausschuss hingegen ist berechtigt, auch die Zweckmäßigkeit der Verwalterhandlungen zu prüfen. Gesetzlich ist der Gläubigerausschuss verpflichtet, jedenfalls eine Kassenprüfung vorzunehmen (§ 69), wobei eine Beschränkung auf die Kassenprüfung für alle Beteiligten nicht befriedigend ist. Die Kassenprüfung beinhaltet lediglich die Prüfung des Vorhandenseins aller Belege zu den jeweiligen Einnahmen und Ausgaben und eine Abstimmung des Saldos aus diesen Einnahmen und Ausgaben mit dem tatsächlichen Geldbestand. Es handelt sich hierbei um eine Mindestanforderung hinsichtlich der buchhalterischen Ordnungsmäßigkeit, die aber kein materielles Informationsbedürfnis der Beteiligten befriedigt. Zudem ist die Kassenprüfung ohnehin Teil der durch das Gericht zu erbringenden Schlussrechnungsprüfung. Der doppelte Aufwand verbietet sich von selbst.

Da der Prüfungsumfang des Gläubigerausschusses weiter geht als der Prüfungsumfang des Gerichts, und da der Gläubigerausschuss vor dem Gericht prüft, sollte sich der Gläubigerausschuss – möglichst frühzeitig – den Prüfungsumfang festlegen. Die Mindestanforderung sollte aber in jedem Fall der gerichtliche Prüfungsumfang sein. Im Sinne einer effizienten Gestaltung ist es geboten, dass der Gläubigerausschuss seine Prüfungstätigkeit mit dem Gericht abstimmt, damit das Gericht ggf keine oder eine stark reduzierte Prüfung vornehmen kann.

66 Die gerichtliche Prüfung erstreckt sich in der Praxis im Wesentlichen auf folgende Prüfungsfelder:

- Einhaltung der Regeln kaufmännischer Buchführung und Wiedergabe eines vollständigen Bilds der Verwaltertätigkeit,
- vollständige und ordnungsgemäße Verwertung der InsMasse,
- ordnungsgemäße Begleichung von Masseverbindlichkeiten,
- ordnungsgemäße Feststellung und Befriedigung von Drittrechten,
- durch den Verw zu Lasten der Masse beauftragte Drittkräfte,
- Feststellung der Berechnungsgrundlage für die Verwaltervergütung.

67 Sowohl der Gläubigerausschuss als auch das Gericht können die Prüfung der Rechnungslegung auf eine hierfür geeignete Person übertragen. Für den Gläubigerausschuss ist dies bereits dem Gesetz zu entnehmen. Für das Gericht ist die Prüfungsvergabe an fremde, fachkundige Prüfer allgemein anerkannt,[75] wenngleich der Prüfungsumfang nicht einheitlich beurteilt wird. Die Rechtsprechung gibt sich indes großzügig. Selbst wenn sich der Sachverständige zu Fragen äußert, deren Beantwortung nicht Gegenstand des Prüfauftrages war (im entschiedenen Fall war es die Angemessenheit der Vergütung), soll dies nicht schädlich sein, solange die Feststellungen sachdienlich sind.[76]

Als Prüfer kommen neben spezialisierten Rechtsanwälten, Steuerberatern und Wirtschaftsprüfern auch InsVerw in Betracht. Gerade die Sachkenntnis eines InsVerw ist für eine effiziente und an den relevanten Schwerpunkten orientierte Prüfung von erheblichem Vorteil. Dem zu prüfenden InsVerw steht das Recht zu, den Prüfer wegen der Besorgnis der Befangenheit abzulehnen, wenn der Prüfer im selben Gerichtsbezirk als InsVerw tätig ist.[77] Der

---

73 Uhlenbruck/*Mock* § 66 Rn 100.
74 MK/*Riedel* § 66 Rn 26.
75 MK/*Riedel* § 66 Rn 29, Uhlenbruck/*Mock* § 66 Rn 90, *Frege/Keller/Riedel* Rn 1685.
76 *OLG Stuttgart* ZIP 2010, 491.
77 *Madaus* NZI 2012, 125 mwN.

Prüfer könnte bestrebt sein, durch eine negative Darstellung seines Konkurrenten die Chancen seiner Beauftragung zu erhöhen.[78] In der Konsequenz besteht das Ablehnungsrecht nicht, wenn Prüfer und zu prüfender Verw in unterschiedlichen Gerichten tätig sind.[79] Auch durch die Einführung des ESUG hat sich hieran nichts geändert.[80]

Behebbare Mängel, die im Zuge der Prüfung festgestellt werden, sind durch den Verw zu beheben. Bei nicht behebbaren Mängeln wie bspw dem Fehlen von Belegen, die nicht mehr beschafft werden können, sollte die Gläubigerversammlung über die weitere Vorgehensweise entscheiden. Bestehen Anhaltspunkte dafür, dass sich der Verw Ansprüchen ausgesetzt sehen muss, hat das Gericht einen SonderInsVerw zu bestellen. 68

Die Kosten der Prüfung im gerichtlichen Auftrag sind Auslagen des G.[81] Die Kosten der Prüfung im Auftrag des Gläubigerausschusses sind jedenfalls Auslagen des Gläubigerausschusses. Es ist aber auch möglich, dass der Gläubigerausschuss dem Verw aufgibt, seine Rechnungslegung prüfen zu lassen. Die Kosten der Prüfung sind in diesem Fall Masseverbindlichkeiten.[82] 69

IX. Die Rechnungslegungspflicht auslösende Tatbestände

1. Vorläufiger Verwalter. Bereits der vorl InsVerw ist bei Beendigung seines Amtes zur Rechnungslegung verpflichtet (§ 21 Abs 2 Nr 1, § 66). Die Rechnungslegungspflicht ist unabhängig davon, ob der vorl Verw zum endgültigen InsVerw bestellt wird.[83] An die Rechnungslegung des vorl InsVerw sind grds dieselben Anforderungen zu stellen wie an die Rechnungslegung des endgültigen InsVerw. Anpassungen sind, soweit sie dem Wesen der vorl Insolvenzverwaltung geschuldet sind, notwendig. So wird in den meisten Fällen die kontenmäßige Erfassung von Absonderungsrechten entbehrlich werden, da der vorl Verw regelmäßig keine Verwertung des Vermögens vornimmt. Hingegen ist der Überschuss aus der Betriebsfortführung unverzichtbar, da diesem im vorl Verf sogar mehr Bedeutung zukommt als im eröffneten Verf.[84] 70

Der eigens für die vorl Insolvenzverwaltung abgefasste Schlussbericht wird jedoch meistens entbehrlich sein, da die diesbezüglichen Informationen sich dem Eröffnungsgutachten entnehmen lassen. Die Komplexität und Größe können jedoch in Einzelfällen einen Schlussbericht auch für die vorl Insolvenzverwaltung erforderlich machen. Wird das InsVerf nicht eröffnet, ist in jedem Fall ein Schlussbericht einzureichen, da die Beteiligten ansonsten keine Möglichkeit haben, eine verbale Erläuterung der Tätigkeiten des vorl InsVerw zu erhalten. 71

---

78 *OLG Köln* ZIP 1990, 58, *Frege/Keller/Riedel* Rn 1685.
79 *LG München* ZInsO 2013, 2023.
80 *LG München* ZInsO 2013, 2023; anders *Madaus* NZI 2012, 125.
81 *OLG Stuttgart* ZIP 2010, 491.
82 Uhlenbruck/*Mock* § 66 Rn 100 mwN.
83 Uhlenbruck/*Mock* § 66 Rn 22.
84 Die Betriebsfortführung im vorl InsVerf liefert den Grundstein für die weitere Vorgehensweise im Verf, da aufgrund der Subventionierungsfunktion des InsGeldes ein gewisses Liquiditätspolster geschaffen wird. Die Beteiligten interessiert, welche Höhe dieses Polster bei Beendigung des vorl Verf hatte, damit sie die späteren Handlungen des Verw auch unter diesem Blickwinkel betrachten können (Wurde die Höhe auch im eröffneten Verf beibehalten? Hat der Verw das finanzielle Polster dazu genutzt, eine defizitäre Fortführung im eröffneten Verf zu finanzieren, um sich dadurch die Chancen einer übertragenden Sanierung zu erhalten? Wäre das schuldnerische Unternehmen auch ohne den Insolvenzgeldeffekt gewinnbringend fortzuführen gewesen?). Schließlich ist der Überschuss aus der Betriebsfortführung für die Vergütung des vorl Verw maßgebend, vgl hierzu *BGH* ZInsO 2011, 1519.

72 Streitig ist, ob im Falle der Eröffnung des InsVerf der vorl InsVerw der Gläubigerversammlung oder dem Gericht gegenüber zur Rechnungslegung verpflichtet ist.[85] In der Praxis berichtet der vorläufige InsVerw eher dem InsGer, welches ansonsten seine Befugnisse gem § 58 nicht wahrnehmen kann. Es erscheint zwar dogmatisch richtig, dass der Verw gegenüber der Gläubigerversammlung Rechnung legt. In der Praxis ist allerdings ein Tagesordnungspunkt „Abnahme der Rechnungslegung des vorl InsVerw" in einer Gläubigerversammlung nicht anzutreffen. Üblich hingegen ist die Einreichung der Rechnungslegung des vorl Verw, die dann zur Einsicht der Beteiligten ausgelegt wird.

73 **2. Zwischenrechnungslegung.** Das Gesetz räumt der Gläubigerversammlung die Befugnis ein, vom InsVerw während des gesamten InsVerf (auch mehrmals) eine Rechnungslegung zu verlangen. Diese Befugnis ist nicht auf die erste Gläubigerversammlung beschränkt.[86] Legt der Verw infolge des Verlangens der Gläubigerversammlung Zwischenrechnung, ist diese vom Gericht zu prüfen.[87]

74 Neben der Gläubigerversammlung hat auch das G das Recht (§ 58) und – unter Umständen – sogar die Pflicht, vom Verw eine Zwischenrechnungslegung zu verlangen. Die Verpflichtung besteht jedenfalls dann, wenn sich Verdachtsmomente für nicht ordnungsgemäßes Handeln des Verw ergeben haben.[88] Da eine Zwischenrechnungslegung für den InsVerw aber mit hohem Aufwand verbunden ist, müssen sachliche Gründe gegeben sein, die das Anfordern einer Zwischenrechnungslegung rechtfertigen. Hierzu gehören jedenfalls der Verfahrensumfang und die Dauer des Verf. Ein sachlicher Grund liegt aber auch dann vor, wenn der Verw Vergütungsvorschüsse unter Einbeziehung von Zuschlägen[89] beantragt hat. Eine ordnungsgemäße Prüfung des Vorschussantrags ohne eine Zwischenrechnungslegung wird in solchen Fällen kaum möglich sein, da das G zwecks Festsetzung der Zuschläge auch die Delegationen des Verw in die Beurteilung einbeziehen muss. Deren Umfang und Tiefe kann sich jedoch nur aus der Zwischenrechnungslegung ergeben. Zudem kann die dem Vergütungsantrag zu Grunde gelegte Berechnungsgrundlage ausschließlich anhand einer Zwischenrechnung geprüft werden.

75 Für Form, Inhalt und Umfang gelten die Anforderungen, die an eine Schlussrechnungslegung zu stellen sind, entspr.

76 **3. Beendigung des Verwalteramtes.** Nach dem Wortlaut des § 66 Abs 1 hat der Verw bei **Beendigung** seines Amtes Rechnung zu legen. Eine wörtliche Auslegung ist indes nicht nur unpraktikabel, sondern auch unsystematisch. Nach § 197 Abs 1 S 2 Nr 1 ist die Schlussrechnung des InsVerw im Schlusstermin zu erörtern, so dass sich bereits hieraus die Erfordernis ergibt, die Schlussrechnung vor dem Schlusstermin einzureichen.[90] Ohnehin kann das G die Vergütung des Verw nicht festsetzen, ohne vorher seine Schlussrechnung geprüft zu haben.

77 In der Praxis hat sich daher zweckmäßigerweise eingebürgert, dass der Verw bei Beendigung aller wesentlichen Tätigkeiten im Verf Schlussrechnung legt und um die Anberaumung des Schlusstermins bittet. Nach der Durchführung der Schlussverteilung wird für den Zeitraum ab Schlussrechnungslegung bis Nullstellung des Anderkontos nochmals Rechnung gelegt. Da die in dieser Zeit stattfindenden Geschäftsvorfälle sich im Wesentlichen auf Zinsen, Entnahme der Verwaltervergütung sowie Verteilung an die Gl beschränken, wird im

85 Vgl zum Streitstand mwN Uhlenbruck/*Mock* § 66 Rn 29.
86 Uhlenbruck/*Mock* § 66 Rn 109.
87 HambKomm/*Weitzmann* § 66 Rn 9.
88 Uhlenbruck/*Mock* § 66 Rn 110.
89 Hierzu ist der Verwalter nach der Rechtsprechung des BGH berechtigt, vgl *BGH* ZIP 2002, 2223, Rn19.
90 Ausführlich hierzu Uhlenbruck/*Mock* § 66 Rn 68.

Allgemeinen die Einreichung der Kontoauszüge nebst den dazugehörigen Belegen genügen. Liegt dagegen zwischen Rechnungslegung und Schlussverteilung ein erheblicher Zeitraum, kann eine aktualisierte Schlussrechnung erforderlich werden.

4. Vorzeitige Entlassung des Verwalters. Wird der Verw gem § 57 abgewählt oder durch das InsGer nach § 59 entlassen, ist dieser zur Rechnungslegung verpflichtet. Die Erfüllung dieser Verpflichtung kann das InsGer durch die Festsetzung von Zwangsgeld erzwingen.[91] Die Verpflichtung zur Rechnungslegung besteht allerdings nicht gegenüber dem neuen InsVerw.[91] Verstirbt der Verw, wären grds die Erben zur Rechnungslegung verpflichtet. Es ist allerdings den Erben nicht zumutbar, dass sie dieselben Anforderungen erfüllen, die an die Schlussrechnung des InsVerw zu stellen sind.[92] Ausreichend ist es daher, wenn die Erben alle die sich in ihrem Besitz befindlichen Unterlagen herausgeben und eine mit Belegen versehene Einnahmen- und Ausgabenrechnung übermitteln. Fehlen Belege oder Kontoauszüge und können diese gegen Entgelt besorgt werden, sind diese Kosten hingegen durch die Erben zu tragen. 78

5. Rechnungslegung bei Masseunzulänglichkeit/Massearmut. Wird das Verf masseunzulänglich (§ 208) oder massearm (§ 207), besteht die Verpflichtung des Verw zur Rechnungslegung weiterhin.[93] Nach § 211 Abs 2 hat jedoch der Verw für seine Tätigkeit nach Anzeige der Masseunzulänglichkeit gesondert Rechnung zu legen. Da sich durch die Anzeige der Masseunzulänglichkeit lediglich die Befriedigungsreihenfolge der Masseverbindlichkeiten geändert hat, ist es ausreichend, wenn der Verw die Rechnungslegung im gewöhnlichen Umfang vornimmt und darüber hinaus die Informationen gibt, die notwendig sind, um die Befriedigungsreihenfolge des § 209 prüfen zu können. Dies kann durch Aufstellungen im Schlussbericht erfolgen oder durch die Bildung entspr Konten im Rahmen der zahlenmäßigen Rechnungslegung. 79

Der Eintritt der Masseunzulänglichkeit/Massearmut hat keine Auswirkungen auf die Berechtigung des Gerichts, die Schlussrechnung des Verw extern durch einen Sachverständigen prüfen zu lassen.[94] Die Entscheidung des G, die Schlussrechnung prüfen zu lassen, ergibt sich aufgrund von Verfahrensbesonderheiten (zu nennen sind etwa Umfang oder Form der Rechnungslegung, mögliche Anhaltspunkte für Unregelmäßigkeiten im Verf uam). Das Argument, bei Masseunzulänglichkeit müsse kostensparend gearbeitet und daher von einer Prüfung abgesehen werden, erscheint nicht plausibel. Wenn eine Prüfung aber erforderlich sein sollte, hilft dieses Argument gerade nicht weiter. Denn die Ursache für die eingetretene Masseinsuffizienz könnte auch ein nicht ordnungsgemäßes Handeln des Verw sein. 80

6. Sonderinsolvenzverwaltung. Wird ein SonderInsVerw bestellt, ist auch dieser grds zur Rechnungslegung verpflichtet.[95] Da der SonderInsVerw mit der Prüfung oder Verfolgung von einzelnen Ansprüchen beauftragt wird, ist in den meisten Fällen eine gesonderte Rechnungslegung entbehrlich. Die zahlenmäßigen Transaktionen halten sich regelmäßig in Grenzen, so dass sie einer systematischen Aufbereitung kaum bedürfen. In solchen Fällen wird es daher ausreichend sein, wenn der Verw lediglich verbal im Rahmen eines Tätigkeitsberichts 81

91 *BGH* ZIP 2010, 2209 Rn 8.
92 HambKomm/*Weitzmann* 5. Aufl, § 66 Rn 19; Uhlenbruck/*Mock* § 66 Rn 34; MK/*Riedel* § 66 Rn 12.
93 Uhlenbruck/*Mock* § 66 Rn 44-47 mwN.
94 **AA** Uhlenbruck/*Mock* § 66 Rn 44-47.
95 HambKomm/*Weitzmann* § 66 Rn 19; Uhlenbruck/*Mock* § 66 Rn 36 mwN; A/G/R/*Lind* § 66 Rn 1.

die notwendigen Auskünfte erteilt und die Kontoauszüge nebst Belegen eines etwaig angelegten Ander-/Treuhandkontos beifügt.

82 **7. Eigenverwaltung.** Wird das InsVerf in Eigenverwaltung durchgeführt, ist für die Erfüllung der internen Rechnungslegungspflichten der Schu verantwortlich (§ 281 Abs 3 iVm § 66). Der Sachwalter hat die Rechnungslegung zu überprüfen und ist an dieser nicht beteiligt.[96] Ist dem Sachwalter die Kassenführung übertragen worden (§ 275 Abs. 2), ist er zumindest über die Transaktionen zur Rechnungslegung verpflichtet, die seiner Verfügungsbefugnis unterlegen haben. Darüber hinaus trifft der Sachwalter im Verf auch eigene Maßnahmen, die einer eigenen Rechnungslegung bedürfen, wie bspw die Verfolgung von Anfechtungsansprüchen (§ 280). Insofern ist eine eigene Verpflichtung des Sachwalters neben der des Schu anzunehmen.[97]

83 Die Verpflichtung zur insolvenzrechtlichen Rechnungslegung wird von dem ansonsten nicht insolvenzrechtlich gebildeten Schu fachlich kaum zu erfüllen sein. Die Übertragung der Erstellung der insolvenzrechtlichen Rechnungslegung auf hierfür spezialisierte Dienstleister ist nicht zu beanstanden.

84 **8. Wegfall der Rechnungslegungsverpflichtung durch Insolvenzplan.** Ein im Verf eingereichter InsPlan kann hinsichtlich der insolvenzrechtlichen Rechnungslegung eine abweichende Regelung treffen (§ 66 Abs 1 S 2). Der Gesetzgeber hat damit die Rechnungslegungsverpflichtung dem Gläubigerwillen unterworfen, wie er sich aus der Mehrheitenbildung in einem InsPlan ergibt. Die Wertung des Gesetzgebers scheint nur auf den ersten Blick konsequent. Wenn schon Gläubigermehrheiten im Rahmen eines Insolvenzplans über die Allokation des schuldnerischen Vermögens entscheiden können, dann sollten sie auch über die diesbezügliche Rechnungslegung entscheiden.[98] Dabei wird aber der Minderheitenschutz (§ 251) deutlich erschwert, da dem Gl eine der Hauptmöglichkeiten genommen wird, seine Schlechterstellung glaubhaft zu machen.[99]

85 Der Informationsverlust infolge eines Verzichts auf die Schlussrechnung bereitet für das InsGer Probleme. Damit dieses über den Vergütungsantrag des Verwentscheiden kann, ist unter anderem die Wechselwirkung der im Verf delegierten Tätigkeiten zu der Regelvergütung bzw zu etwaigen Zuschlägen zu analysieren. Deshalb ist der InsVerw bereits nach § 8 Abs 2 InsVV verpflichtet, hierzu detaillierte Angaben im Vergütungsantrag zu machen.[100] Diese Angaben sind aber nur bedingt brauchbar, wenn nicht die Möglichkeit besteht, sie prüfen zu können. Damit aber geprüft werden kann, müsste grundsätzlich eine Schlussrechnung vorgelegt werden. Denn wie sollte man sonst prüfen, ob die Angaben des Verw zB hinsichtlich beauftragter Dienstleister auch vollständig sind? Der Verw könnte zwar im Vergütungsantrag detailliert über Hilfskräfte berichten und auch die diesbezüglichen Rechnungen beilegen. Ohne eine Rechnungslegung im Sinne eines abschließenden und in sich konsistenten Rechenwerks kann aber nicht geprüft werden, ob es weitere Dienstleister gegeben hat, die womöglich nicht aufgeführt wurden.

---

96 MK/*Tetzlaff/Kern* § 281 Rn 31 ff.
97 Uhlenbruck/*Mock* § 281 Rn 5 mwN; **aA** A/G/R/*Ringstmeier* § 281 Rn 18.
98 Ausführlich hierzu *Heinrich* NZI 2012, 235.
99 **AA** *AG Ludwigshafen* ZInsO 2015, 859, wonach die – verbleibende – gerichtliche Kontrolle der Rechtmäßigkeit der Verfahrensabwicklung ausreichend sein soll. Dennoch ist diese durch den Wegfall der Rechnungslegung erheblich erschwert.
100 *Haarmeyer/Mock* § 1 Rn 39 ff.

X. Höchstpersönliche Pflicht

Die Pflicht zur insolvenzrechtlichen Rechnungslegung ist vom (Fremd-)Verw persönlich zu erfüllen.[101] Höchstpersönlich bedeutet, dass der InsVerw eine von seinen Mitarbeitern erstellte Schlussrechnung unterschreibt und dadurch die Verantwortung für die Vollständigkeit und Richtigkeit der Rechnungslegung übernimmt.[101] Setzt der Verw zur Erstellung der insolvenzrechtlichen Rechnungslegung externe Dienstleister ein, können diese Kosten grds nicht zu Lasten der Masse gehen.[102] Andererseits führt es bei größeren Verf zu kaum ausgewogenen Ergebnissen, wollte man dem InsVerw die Verpflichtung aufbürden, eine Parallelbuchhaltung zur Buchhaltung des schuldnerischen Unternehmens zu führen. In solchen Fällen wird es zulässig sein, dass sich der Verw Drittkräften zur Überführung der handelsrechtlichen Buchhaltung in eine insolvenzrechtliche Buchhaltung bedient, bzw die handelsrechtliche Buchhaltung insolvenzspezifischen Anforderungen anpasst. **86**

Im Rahmen der Eigenverwaltung trifft die Rechnungslegungspflicht zwar den Schu, welcher für die Richtigkeit und Vollständigkeit einzustehen hat. Da der eigenverwaltende Schu regelmäßig in Insolvenzsachen nicht erfahren ist, wird eine Delegation der Erstellung der internen Rechnungslegung auf Dritte zu Lasten der InsMasse nicht zu beanstanden sein. **87**

§ 67 Einsetzung des Gläubigerausschusses

(1) Vor der ersten Gläubigerversammlung kann das Insolvenzgericht einen Gläubigerausschuss einsetzen.

(2) [1]Im Gläubigerausschuss sollen die absonderungsberechtigten Gläubiger, die Insolvenzgläubiger mit den höchsten Forderungen und die Kleingläubiger vertreten sein. [2]Dem Ausschuss soll ein Vertreter der Arbeitnehmer angehören.

(3) Zu Mitgliedern des Gläubigerausschusses können auch Personen bestellt werden, die keine Gläubiger sind.

Übersicht

Literatur: *Heidland* Die Rechtsstellung und Aufgabe des Gläubigerausschusses als Organ der Gläubigerselbstverwaltung in der InsO, in: Kölner Schriften, 2. Aufl, 711 f; *Huber/Magill* Der (vorläufige) Gläubigerausschuss: aktuelle praxisrelevante Aspekte aus dem Blickwinkel eines Kreditinstituts ZInsO 2016, 200; *Lehmann/Rettig* Die Auswahl der Gläubigerausschussversicherung – von der Haftpflicht in die Haftung, NZI 2015, 790; *Obermüller* Der Gläubigerausschuss nach dem „ESUG", ZInsO 2012, 18 f; *Pape/Schultz* Der Gläubigerausschuss im Eröffnungsverfahren und im eröffneten Insolvenzverfahren mit Eigenverwaltung des Schuldners, ZIP 2016, 506 f; *Steinwachs/Vallender* Der Gläubigerausschuss in der Insolvenz des Firmenkunden, 2. Aufl.

---

101 MK/*Riedel* § 66 Rn 13.
102 MK/*Riedel* § 66 Rn 13; *Haarmeyer/Mock* InsVV § 4 Rn 12.

I. Normzweck

1 Die dem InsGer nach Abs 1 gegebene Möglichkeit ab Eröffnung des InsVerf bis zur ersten GlVersammlung einen GlAusschuss (Interimsausschuss) einzusetzen, soll dem Umstand Rechnung tragen, dass schon bis zur ersten GlVersammlung wichtige Entsch zu treffen sind, zB gem §§ 158, 160, welche eine GlMitwirkung erfordern. Die Abhängigkeit der Existenz des nach Abs 1 bestimmten GlAusschusses von der Entsch der GlVersammlung gem **§ 68** macht deutlich, dass es sich bei GlAusschuss nach Abs 1 nur um ein **vorl Organ der GlSelbstverwaltung** handelt. Auch der vorl GlAusschuss nach Abs 1 hat aber die Interessen der GesamtGlschaft wahrzunehmen[1] und steht nach eigenständigen Rechten und Pflichten dem endgültigen GlAusschuss weitgehend gleich, obwohl er nicht durch eine GlEntsch legitimiert ist. In der Praxis hat der ger bestellte vorl GlAusschuss schon aus Kostengründen nur bei größeren Verf Bedeutung.[2] Trifft die GlVersammlung in der ersten Sitzung keine abändernde Entsch, bleibt der nach Abs 1 bestellte GlAuschuss im Amt.[3]

II. Der vorläufige Gläubigerausschuss gemäß §§ 21 Abs 2 Nr 1a, 22a, 56a

2 Der vorl GlAusschuss nach Abs 1 ist nicht zu verwechseln mit dem durch das ESUG zum 1.3.2010 eingeführten sog vor – vorl GlAusschuss im Eröffnungsverfahren gem §§ 21 Abs 2 Nr 1a, 22a. Die wesentliche Aufgabe des **vor-vorl GlAusschuss im EröffnungsVerf** liegt in der in § 56a geregelten Mitwirkung bei der Bestellung des vorl InsVerw gem § 21 Abs 2 Nr 1 und in der gem. § 270 Abs 3 vorgesehenen Mitwirkung im Verf der Eigenverwaltung.[4] Die Amtszeit des vor – vorl GlAusschusses gem §§ 21 Abs 2 Nr 1a, 22a, 56a **endet** mit der Eröffnung des InsVerf.[5]

Das G ist bei seiner Entsch über die Bildung eines vorl GlAusschusses nach Abs 1 frei, also nicht etwa an die Existenz oder Zusammensetzung des vor – vorl GlAusschusses im EröffnungsVerf gebunden.[6] Die Nichtverweisung in § 21 Abs 2 Nr 1a auf die Regelung gem § 67 Abs 1 (ebenso ist § 67 Abs 3, also die Bestellung Dritter, nicht anwendbar) zeigt, dass es sich um **unterschiedliche GlAusschüsse** mit gesonderten Regelungsbereichen handelt.[7] Bei dem schon im EröffnungsVerf eingesetztem vor – vorl GlAusschuss dürfte es sich aber häufig empfehlen, diesen im eröffneten Verf fortzuführen.[8]

III. Die Bestellungsentscheidung

3 **1. Ermessensentscheidung.** Vor der ersten GlVersammlung entscheidet das G nach pflichtgemäßen Ermessen. Entscheidend sind **Zweckmäßigkeits- und Kostengesichtspunkte**. In größeren Verf mit laufendem GeschBetrieb, in denen sogleich weitreichende Entsch zu treffen sind, wird die Einsetzung eines vorl GlAusschusses im Regelfall geboten sein, ebenso bei Anordnung der Eigenverwaltung.[9]

---

1 *BGH* NZI 2015, 166; 2008, 306 Rn 9; zu den Vorteilen der Mitgliedschaft und der Problematik des möglichen Informationsvorsprungs der gewählten Gläubiger *Haarmeyer/Mock* § 17 InsVV Rn 6; *K Schmidt/Jungmann* § 67 Rn 16 (zu möglichen Loyalitätskonflikten); *Braun/Hirte* § 69 Rn 15, 16.

2 FK/*Schmitt* § 67 Rn 4; *A/G/R/Lind* § 67 Rn 2.

3 *K/P/B/Kübler* § 67 Rn 32.

4 HambKomm/*Frind* § 67 Rn 2, 3.

5 *AG Köln* BeckRS 2013, 08856; *Obermüller* ZInsO 2012, 18, 21 rSp; HambKomm/*Frind* § 67 Rn 2, 8; FK/*Schmitt* § 67 Rn 20; *K/P/B/Kübler* § 67 Rn 14; **aA** *A/GR/Lind* § 67 Rn 3, 11.

6 HambKomm/*Frind* § 67 Rn 8.

7 *Obermüller* Rn 4.

8 *AG Köln* BeckRS 2013, 08856.

9 HambKomm/*Frind* § 67 Rn 3; *K/P/B/Kübler* § 67 Rn 13; *K Schmidt/Jungmann* § 67 Rn 12.

2. Entscheidung, Rechtsbehelf. Die BestellungsEntsch ergeht durch Beschl. Funktionell zuständig ist der InsRichter, wenn die Entsch im EröffnungsBeschl getroffen wird, später ist der Rpflg zuständig, wenn sich der Richter nicht die Entsch nach § 18 Abs 2 RPflG vorbehalten hat.[10] Die Bestellung ist als RichterEntsch unanfechtbar (§ 6), die RpflgEntsch unterliegt der befristeten Erinnerung des § 11 Abs 2 S 1 RPflG. Es wird jedoch regelmäßig an der Beschwer fehlen,[11] sieht man von der pauschalen Belastung der Masse durch die Kosten (§ 73) ab. Die negative „Entsch“, die sich nur in einem Unterlassen des G manifestiert, ist unangreifbar. Kein Rechtsmittel besteht gegen die Nichtberücksichtigung im Ausschuss.[12] Entscheidet sich die GlVersammlung gem § 68 gegen die Beibehaltung eines GlAusschusses, endet der vorl GlAusschuss nach Abs 1 automatisch. 4

IV. Zusammensetzung des Ausschusses

1. Mitglieder. Wie die Bestellung fällt auch die Auswahl der Mitglieder des GlAusschusses in das Ermessen des G. Abs 2 gibt allerdings als Soll-Vorschrift eine **Mitgliederstruktur** vor, um die GlSeite ausgewogen abzubilden.[13] Nach Abs 3 können zu Mitgliedern auch Personen bestellt werden, die **keine InsGl** sind. Hier liegt ein Unterschied zum vor – vorl GlAusschuss nach § 21 Abs 2 Nr 1a. Dies betrifft **externe Fachleute**, zB Wirtschaftsprüfer, die Bundesagentur für Arbeit, Gewerkschaftsvertreter oder den Pensions-Sicherungs-Verein aG.[14] Auch jur Personen sowohl des privaten als auch des öffentlichen Rechts können Mitglied sein; nicht jedoch **Behörden**,[15] aber deren Mitarbeiter. Im Fall **jur Personen** werden diese durch einzelvertretungsberechtigte Mitglieder vertreten.[16] Die Möglichkeit der Stellvertretung ist auch bei natürlichen Personen gegeben.[17] Das G kann Ersatzmitglieder bestellen und den GlAusschuss durch nachträglichen Beschl erweitern.[18] 5

Nicht als Mitglieder bestimmbar sind der **InsVerw**[19] und der **Schu**, auch nicht dessen Aufsichtsratsmitglieder.[20] Letzteres folgt daraus, dass nach § 111 AktG der Aufsichtsrat an der Leitungsaufgabe im Unternehmen teilnimmt und daher nicht als neutral angesehen werden kann. 6

Bei Gesellschaftern sollte dahin differenziert werden, ob sie persönlich haften oder nicht. Bei persönlicher Haftung besteht Inkompatibilität.[21] 7

2. Zusammensetzung. Die Zusammensetzung liegt im pflichtgemäßen Ermessen des G. Die Sollvorschrift des Abs 2 schränkt dieses aber soweit ein, dass eine abw Entsch besonderer, an der Eigenart des Verf orientierte Erwägungen bedarf, die in geeigneter Form transparent gemacht werden sollten. Der Verw kann dem G Vorschläge zur Zusammensetzung unterbreiten, was sinnvoll ist Eine Bindung des G an den Vorschlag wie auch an die Vor- 8

---

10 *Uhlenbruck/Knof* § 67 Rn 7.
11 *Braun/Hirte* § 67 Rn 18 f.
12 *A/G/R/Lind* § 67 Rn 4.
13 *Wroblewski* Arbeitnehmervertreter im (vorläufigen) Gläubigerausschuss, ZInsO 2014, 115, dazu auch *Kolbe* NZI 2015, 400 f.
14 *Uhlenbruck/Knof* § 67 Rn 9; HambKomm/*Frind* § 67 Rn 7.
15 *BGH* NJW 1994, 453; FK/*Schmitt* § 67 Rn 10; *K Schmidt/Jungmann* § 67 Rn 18 (bestimmt werden können aber einzelne Mitarbeiter).
16 Zur Problematik der Bevollmächtigung und wechselnder Vertreter FK/*Schmitt* § 67 Rn 9; *K Schmidt/ Jungmann* § 67 Rn 17.
17 MK/*Schmid-Burgk* § 67 Rn 25, 26.
18 *Graf-Schlicker/Pöhlmann/Kubusch* § 67 Rn 7.
19 Zur Problematik sog Überkreuzbestellungen *K.Schmidt/Jungmann* § 67 Rn 21.
20 MK/*Schmid-Burgk* § 67 Rn 22; *Uhlenbruck/Knof* § 67 Rn 16.
21 MK/*Schmid-Burgk* § 67 Rn 23; *K/P/B/Kübler* § 67 Rn 25; *K Schmidt/Jungmann* § 67 Rn 20.

schläge von dritter Seite besteht allerdings nicht. Eine vorherige Kontaktaufnahme mit den vorgesehen Ausschussmitgliedern dürfte sich empfehlen, da keine Verpflichtung zur Annahme besteht (Rn 11).

9 Die in Abs 2 genannten unbestimmten Begriffe zur Forderungshöhe und -umfang können, sollen sie praktikabel sein, nur relativ, dh bezogen auf das jeweilige Verf verstanden werden.

10 Der Wortlaut von Abs 2 scheint auf einen Ausschuss mit vier Mitgliedern abzuzielen (AbsonderungsGl, GroßGl, KleinGl, Arbeitnehmervertreter[22]). Bei letzterem ist durch das ESUG das Erfordernis „nicht unerheblicher Forderungen" wegfallen. Das ist zu begrüßen. Eine Bindung an eine bestimmte Forderungshöhe besteht insoweit nicht. Auch die Größe des Ausschusses unterliegt dem pflichtgemäßen Ermessen des G.[23] Deshalb kann das G auch einen **Fünfer-, Dreier- oder Zweier-Ausschuss**[24] bestellen; ein Einer-„Ausschuss" scheidet schon begrifflich aus.[25] Wegen der Mehrheitsverhältnisse ist eine ungerade Zahl von Ausschussmitgliedern zu empfehlen. Die ger Entscheidung über die Zusammensetzung des GlAusschusses ist unanfechtbar.[26]

11 **3. Annahme.** Schon im Hinblick auf die Haftungsgefahr, § 71, besteht keine Pflicht zur Annahme des Amtes. Das Amt beginnt mit der gegenüber dem G bedingungsfrei und – bei gesetzter Frist[27] – fristgemäß erklärter Annahme.[28] Es ist ein höchstpersönliches Amt. Es endet mit Abwahl (§ 68 Abs 2), mit dem Verzicht auf einen Ausschuss (§ 68 Abs 1), mit Entlassung (§ 70), mit VerfBeendigung sowie mit dem Tod des Mitgliedes. Das GlAusschussmitglied kann sein Amt nicht niederlegen, es kann nur seine Entlassung gem § 70 beantragen.

§ 68 Wahl anderer Mitglieder

(1) [1]Die Gläubigerversammlung beschließt, ob ein Gläubigerausschuss eingesetzt werden soll. [2]Hat das Insolvenzgericht bereits einen Gläubigerausschuss eingesetzt, so beschließt sie, ob dieser beibehalten werden soll.

(2) Sie kann vom Insolvenzgericht bestellte Mitglieder abwählen und andere oder zusätzliche Mitglieder des Gläubigerausschusses wählen.

Übersicht

Literatur: *Gundlach/Frenzel/Jahn* Die Auflösung des Gläubigerausschusses im laufenden Insolvenzverfahren, ZInsO 2011, 708 f; *Vallender* Rechtsstellung und Aufgaben des GlAusschusses, WM 2002, 2040.

---

22 *Wroblewski* ZInsO 2014, 115.
23 *BGH* ZIP 1994, 46; *Pape* ZInsO 1999, 675, 677; MK/*Schmid-Burgk* § 67 Rn 11.
24 *BGH* NZI 2009, 386 (Mindestbesetzung); *A/G/R/Lind* § 67 Rn 6 (idealerweise mindestens 5 Mitglieder).
25 *LG Neuruppin* ZIP 1997, 2130.
26 *Uhlenbruck/Knof* § 67 Rn 24.
27 HambKomm/*Frind* § 67 Rn 8.
28 *Uhlenbruck/Knof* § 67 Rn 21.

I. Normzweck

Die Norm stellt klar, dass die Kompetenz über die **endgültige** Einsetzung eines GlAusschusses im Ermessen der **GlVersammlung als dem originären GlOrgan** liegt.[1] Dies betrifft sowohl die Entsch über die Fortsetzung, Änderung oder Aufhebung eines vom G gem § 67 eingesetzen GlAusschusses, Abs 1 S 2, als auch die Entsch über die erstmalige Einsetzung eines GlAuschusses, Abs 1 S 1. Unabhängig hiervon steht der sog vor – vorl GlAusschuss im Eröffnungsverf gem §§ 22a, 21 Abs 2 Nr 1a, dessen Einsetzung mit der InsEröffnung endet.[2] Will die GLVersammlung diesen im eröffneten Verf fortsetzen, ist eine neue Entsch zu treffen. 1

II. Die Einsetzungs- bzw Auflösungsentscheidung

Hat das InsGer einen sog Interimsausschuss nach § 67 Abs 1 eingesetzt, entscheidet die GlVersammlung nach freiem Ermessen, ob es diesen überhaupt, in dieser Größe und/oder mit diesen Mitgliedern weiterführt. Eine BeschwRecht der Mitglieder des Interimsausschusses bei Nichtfortführung besteht nicht, da die Bestellung gem § 67 nur vorläufig ist. Hat das G keinen Interimsausschuss bestellt, so kann die GlVersammlung dies nunmehr tun. Aus der Formulierung „beschließt" in S 2 ist zu folgern, dass die GlVersammlung in jedem Fall eine **Entsch treffen muss**; sie kann die Frage der Einsetzung oder des Verzichts nicht offen lassen.[3] Eine spätere Einsetzung, nachdem zunächst auf eine Bestellung verzichtet wurde, ist aber möglich.[4] Die GlVersammlung wird sich dabei von der Notwendigkeit und Umsetzbarkeit der Aufgaben eines GlAusschusses nach § 69 sowie der Kostenbelastung leiten lassen. 2

Die Entsch, **ob** und ggf **wie** ein GlAusschuss eingesetzt wird,[5] wird regelmäßig in der **ersten Versammlung** zu treffen sein, ist jedoch nicht auf diese beschränkt.[6] Wird beschlossen, einen gem § 67 bestellten Ausschuss nicht fortzuführen, so endet das Mandat der Mitglieder mit der Wirksamkeit des Beschl automatisch. 3

III. Die Auswahlentscheidung

1. Wahl. Setzt die GlVersammlung einen GlAusschuss ein, so hat sie die **Gruppenrepräsentation** nach § 67 Abs 2 als Soll-Vorschrift zu beachten;[7] der Gedanke einer ausgewogenen, das Interessenspektrum der Gl abdeckenden Besetzung kann nicht nur für den vorl, sondern muss aufgrund des Regelungszusammenhanges der §§ 67 ff auch für den endgültigen Ausschuss Geltung haben.[8] Wählbar sind die Mitglieder aus der Mitte der InsGl,[9] aber auch Nicht-Gl, § 67 Abs 3.[10] Die GlVersammlung ist berechtigt, bei Wegfall von Ausschussmitgliedern zB wegen Tod durch Nachwahl **Ersatzmitglieder** zu wählen. Sie kann den GlAus- 4

---

1 *K/P/B/Kübler* § 68 Rn 2.
2 S § 67 Fn 5.
3 *K/P/B/Kübler* § 68 Rn 4.
4 *Uhlenbruck/Knof* § 68 Rn 3; *K/P/B/Kübler* § 68 Rn 14, 32.
5 *Uhlenbruck/Knof* § 68 Rn 3 (zweistufiges Verfahren).
6 *LG Köln* ZIP 1997, 2053; *Heidland* KS-InsO, S 711; *FK/Schmitt* § 68 Rn 2.
7 *Uhlenbruck/Knof* § 68 Rn 5, 13, 15, 16; *Graf-Schlicker/Pöhlmann/Kubusch* § 68 Rn 6; HambKomm/*Frind* § 68 Rn 2; *N/R/Delhaes* § 68 Rn 4; *Obermüller* ZInsO 2012, 18, 22; aA *Heidland* KS-InsO, S 711, 720; *K/P/B/Kübler* § 68 Rn 10; FK/*Schmitt* § 68 Rn 4; *A/G/R/Lind* § 68 Rn 3; *Braun/Hirte* § 68 Rn 4; MK/*Schmid-Burgk* § 68 Rn 7; *K Schmidt/Jungmann* § 68 Rn 7.
8 *Uhlenbruck/Knof* § 68 Rn 4.
9 MK/*Schmid-Burgk* § 68 Rn 16 (auch nachrangige Gl).
10 Zur Bestellung jur Personen *Uhlenbruck/Knof* § 68 Rn 16; zur Bestellung von Beamten *K/P/B/Kübler* § 68 Rn 17 f.

schuss auch zur Selbstergänzung ermächtigen.[11] Die Wahl wirkt unmittelbar. Eine Bestätigung durch das InsGer ist nicht vorgesehen.[12]

Die Entsch über die Einsetzung eines Ausschusses ist mit der absoluten **Summenmehrheit** der abstimmenden Gl zu treffen, § 76 Abs 2. Die Bestellung der einzelnen Mitglieder erfolgt in Einzelwahl per Mehrheitsbeschl.[13] Die Feststellung der Stimmberechtigung folgt den allgemeinen Vorschriften.[14] Zur Wählbarkeit s § 67 Rn 5 f. Zu beachten ist, dass der GlAusschuss mit mindestens zwei Mitgliedern besetzt sein muss, wobei sich, zwecks Erreichung von Mehrheitsentscheidungen, immer eine **ungerade Zahl** anbietet.[15] Für das einzelne Ausschussmitglied beginnt das Amt mit der Annahme und endet mit der Beendigung des Verf, Tod oder Entlassung. Eine fehlende Abstimmung kann nicht durch eine ger Entsch ersetzt werden.[16]

Es kann nur ein GlAusschuss eingesetzt werden. Die Möglichkeit der Bestellung eines **GlBeirats** anstelle eines GlAusschusses ist zu verneinen, da ein derartiges Organ in der InsO nicht vorgesehen ist.[17]

5 **2. Abwahl.** Mitglieder, die gem § 67 bestellt worden sind, können abgewählt werden; ein wichtiger Grund ist wegen der Vorläufigkeit der Bestellung nicht erforderlich. **Kein Abwahlrecht** besteht bei Mitgliedern, die von der GlVersammlung gem § 68 bestimmt wurden;[18] insoweit kann nur Antrag auf Entlassung (§ 70) ggf aller Mitglieder des GlAusschusses gestellt werden.[19] Dies folgt nicht nur aus dem eindeutigen Wortlaut von Abs 2, sondern auch aus § 70; das dort geregelte **Antragsrecht der GlVersammlung** gegenüber dem G wäre überflüssig, könnte die GlVersammlung selbst über die Abwahl entscheiden. Überdies entfiele auch der in § 70 S 3 eingeräumte Rechtsschutz.[20] Die dem G gegebene Entlassungskompetenz von Amts wegen kann insb bei Ungeeignetheit eingreifen (§ 70 Rn 3). Str ist, ob nachträglich zusätzliche Mitglieder von der GlVersammlung gewählt werden können.[21]

Das GlAusschussmitglied kann sein Amt nicht niederlegen. Will ein Ausschussmitglied ausscheiden, muss es Antrag auf Entlassung gem § 70 stellen.

6 **3. Anwendbarkeit von § 78.** Die Wahl ist nicht mit Rechtsbehelfen angreifbar. Das Amt der gem § 68 gewählten Ausschussmitglieder endet mit Verfahrensbeendigung, Tod oder Entlassung. Eine Aufhebung der Entsch der GlVersammlung gem § 78 kommt sowohl hinsichtlich

---

11 MK/*Schmid-Burgk* § 68 Rn 10; *Uhlenbruck/Knof* § 68 Rn 8.
12 *A/G/R/Lind* § 68 Rn 3.
13 *K/P/B/Kübler* § 68 Rn 9 (eine Wahl „incumolo" in einem Wahlgang wäre aber nicht unzulässig); *Lissner* DZWiR 2013, 323.
14 Zu den damit verbundenen praktischen Schwierigkeiten *Braun/Hirte* § 68 Rn 6.
15 *BGH* NZI 2009, 386; *Uhlenbruck/Knof* § 68 Rn 14.
16 *K/P/B/Kübler* § 68 Rn 4.
17 *K/P/B/Kübler* § 68 Rn 8.
18 FK/*Schmitt* § 68 Rn 3; HambKomm/*Frind* § 68 Rn 3; *K/P/B/Kübler* § 68 Rn 14; vermittelnd *Gundlach/Frenzel/Jahn* NZI 2011, 708, 710 zu IV.; rSp (bei nachträglichem Wegfall der Voraussetzungen für die Einsetzung soll es der GlVersammlung nach Zulassung durch das InsGer ausnahmsweise gestattet sein, einen Auflösungsbeschluss für den Ausschuss zu treffen); *Uhlenbruck/Knof* § 68 Rn 3, kein Abwahlrecht jedoch hinsichtlich des einzelnen Mitglieds Rn 7; offengelassen in *BGH* NZI 2009, 386.
19 *Gundlach/Frenzel/Jahn* NZI 2011, 708, 709 zu III (geringere Anforderungen an das Vorliegen eines wichtigen Grundes).
20 Ebenso *Frege* NZG 1999, 478, 482; MK/*Schmid-Burgk* § 68 Rn 15.
21 *K Schmidt/Jungmann* § 68 Rn 14.

des Beschl zur Bildung eines GlAusschusses[22] wie auch bzgl der Wahl einzelner Mitglieder,[23] zB wegen Nichtwählbarkeit aufgrund offensichtlicher Ungeeignetheit,[24] bei Verstoß gegen Minderheitenrechte[25] oder in Fällen der Interessenkollision (Inkompatibilität) in Betracht.

IV. Rechtsstellung des Gläubigerausschusses

7 Die gem § 68 einmal gewählten GlAusschussmitglieder unterliegen **keinen Weisungen** seitens der GlVersammlung, sie sind unabhängig (s § 69).[26] Die GlVersammlung ist nicht berechtigt Entsch oder Beschl des GlAusschusses zu ersetzen, allerdings kann die GlVersammlung beschließen, dass der GlAusschuss bestimmte Entsch nur mit Zustimmung der GlVersammlung trifft.[27] Die gesetzl verankerte starke Stellung des GlAusschusses dient dem Ziel, im Verfahren die Interessen der InsGl iS einer beständigen Kontrolle zur Geltung zu bringen.

§ 69 Aufgaben des Gläubigerausschusses

[1]Die Mitglieder des Gläubigerausschusses haben den Insolvenzverwalter bei seiner Geschäftsführung zu unterstützen und zu überwachen. [2]Sie haben sich über den Gang der Geschäfte zu unterrichten sowie die Bücher und Geschäftspapiere einsehen und den Geldverkehr und -bestand prüfen zu lassen.

Übersicht

Literatur: *Ampferl/Kilper* Die Pflicht des Gläubigerausschusses zur Prüfung von Geldverkehr und Bestand ZIP 2015, 553; *Eiche* Informationspflichten der Mitglieder des Gläubigerausschusses, ZInsO 2006, 789; *Gundlach/Frenzel/Jahn* Die Kassenprüfung durch die Ausschussmitglieder, ZInsO 2009, 902; *Huber/Magill* Der (vorläufige) Gläubigerausschuss: aktuelle praxisrelevante Aspekte aus dem Blickwinkel eines Kreditinstituts, ZInsO 2016, 200 f; *Pape/Schultz* Die Pflichten der Mitglieder des Gläubigerausschusses im eröffneten Verfahren ZIP 2015, 1662; *Thole* Gläubigerinformation im Insolvenzverfahren – Akteneinsicht und Auskunftsrecht, ZIP 2012, 1533; *Trams* Rechte und Pflichten der Gläubigerausschussmitglieder, NJW-Spezial 2009, 181.

---

22 Befürwortend: *Uhlenbruck/Knof* § 68 Rn 9, 10; *K/P/B/Kübler* § 68 Rn 6, 11; HambKomm/*Frind* § 68 Rn 4; *A/G/R/Lind* § 68 Rn 5; FK/*Schmitt* § 68 Rn 8; verneinend: MK/*Schmid-Burgk* § 68 Rn 9.

23 *Uhlenbruck/Knof* § 68 Rn 11; *K/P/B/Kübler* § 68 Rn 13; *N/R/Delhaes* § 68 Rn 10; *K Schmidt/Jungmann* § 68 Rn 18.

24 *Uhlenbruck/Knof* § 68 Rn 11 (Gefahr allein reicht nicht aus).

25 HambKomm/*Frind* § 68 Rn 4.

26 MK/*Schmid-Burgk* § 68 Rn 11.

27 *K Schmidt/Jungmann* § 68 Rn 2.

I. Normzweck

1 Die Norm umschreibt in allg Form die Aufgaben des GlAusschusses als **eigenständigem Organ der InsVerwaltung** ggü dem InsVerw. Ziel ist, den beständigen GlEinfluss iS des Gesamtinteresses der GlGemeinschaft auf den VerfAblauf zu sichern.[1] Die Beteiligung wird konkretisiert und ergänzt durch Einzelaufgaben und -befugnisse des Ausschusses in den §§ 64 Abs 2, 75 Abs 1, 100 Abs 2, 149, 151 Abs 3, 156 Abs 2, 158, 160, 187 Abs 3 2, 195, 214 Abs 2, 215, 218 Abs 3, 232 Abs 1, 233 Abs 1, 248 Abs 2, 258 Abs 3, 261 Abs 2, 262, 274 Abs 3, 276.

Durch die Verweisung in § 21 Abs 2 Nr 1a wird klargestellt, dass § 69 auch für den **vor-vorl GlAusschuss im Eröffnungsverf** Bedeutung erlangt.[2]

S 1 verdeutlicht den Rahmen der Zusammenarbeit zwischen GlAusschuss und InsVerw. S 2 statuiert ein konkretisiertes, gem § 71 haftungsbewehrtes Pflichtenprogramm.

II. Aufgabe des Gläubigerausschusses

2 **1. Grundsätze.** Die den Ausschussmitgliedern übertragenen Aufgaben haben diese unabhängig und weisungsfrei von GlVersammlung und InsG iS des **GesamtGlInteresses** auszuüben. Der Ausschuss hat den InsVerw einerseits durch Hinweise und Beratung zu unterstützen, aber auch zu überwachen, was sowohl die Rechtmäßigkeit als auch und **insb die Zweckmäßigkeit** des VerwHandelns umfasst und bis zu einer verfahrensleitenden Funktion führen kann.[3] Es besteht deshalb die **Pflicht,** sich über den Gang der Geschäfte kontinuierlich zu unterrichten. Ein Verstoß gegen diese Pflicht kann Schadensersatzansprüche gem § 71 begründen. Dieser Pflicht entspr das **Recht**, vom Verw Auskünfte und Berichte zu verlangen.

Eine bzw **die wesentliche Aufgabe** besteht nach S 2[4] in der **Überwachung des Geldverkehrs**, der die Kontrolle der Kassen und Konten einschl der Belege beinhaltet.[5] Die Prüfung müssen die Ausschussmitglieder nicht jeder selbst vornehmen. Sie können die Aufgabe auf **ein Ausschussmitglied** oder auf einen **Externen** (s Rn 5) im Wege der Delegation übertragen. Wird davon Gebrauch gemacht, ist für die Zurechnung von Fremdverschulden zu differenzieren. Wird **ein Ausschussmitglied** mit der Prüfung beauftragt, haftet dieses für im eigenen Pflichtenkreis eingeschaltete Hilfspersonen gem § 278 BGB.[6] Die Pflicht der übrigen Mitglieder beschränkt sich hingegen auf die **sorgfältige Auswahl und Überwachung**, denn die mit der Prüfung betraute Person wird nicht in Erfüllung einer Pflicht der übrigen Mitglieder des Ausschusses tätig.[7] Eine Zurechnung des Verschuldens des beauftragten Ausschussmitglieds **gem § 278 BGB** soll in diesem Fall ausscheiden;[8] eine Haftung der übrigen Ausschussmitglieder gem § 71 kommt jedoch bei einem **Verstoß gegen die Auswahl- und Überwachungsverpflichtung** in Betracht.[9] Die geforderte Überwachung setzt die Erlangung einer

---

1 *BGH* ZInsO 2014, 2361; *BGH* ZInsO 2007, 444.
2 *K/P/B/Kübler* § 69 Rn 33 f (zur Bedeutung im Rahmen der Eigenverwaltung und im Schutzschirmverfahren); MK/*Schmid-Burgk* § 69 Rn 23 (zum Insolvenzplanverfahren).
3 *Gundlach/Frenzel/Jahn* ZInsO 2009, 902.
4 FK/*Schmitt* § 69 Rn 1 (Muss-Regelung).
5 *BGH* ZIP 2014, 2242 = NZI 2015, 166; ZInsO 2008, 105; *A/G/R/Lind* § 69 Rn 6.
6 *Pape/Schultz* ZIP 2015,1662, 1664 l Sp; *K Schmidt/Jungmann* § 71 Rn 15.
7 *BGH* ZIP 2014, 2242 Rn 20; *Ampferl/Kilper* ZIP 2015, 553, 554.
8 *BGH* ZIP 2014, 2242 Rn 20; *Braun/Hirte* § 69 Rn 12.
9 *BGH* ZIP 2014, 2242 Rn 20, 30–34 (Verstoßes gegen Überwachungspflichten gem § 71 wegen Nichteinhaltung der erforderlichen Prüfungsintervalle von 3 Monaten).

zuverlässigen Beurteilungsgrundlage voraus, der sich die übrigen Ausschussmitglieder zu vergewissern haben.[10]

Da das G keine fixen Prüfungszeiträume vorsieht, fällt der Prüfungszyklus in das pflichtgemäße Ermessen des zuständigen Ausschussmitglieds,[11] wobei schon die Haftungsgefahr[12] eine zeitnahe; dh unverzügliche und sorgfältige Prüfung gebietet.[13] Wenn eine Kassenprüfung vor Ort nicht möglich ist, hat das prüfende Mitglied Anspruch auf Aushändigung der Unterlagen und der Original-Kontoauszüge.[14] Die Aufgabenstellung des Ausschusses beschränkt sich auf das Innenverhältnis der VerfBeteiligten; der Ausschuss kann keine Rechtsgesch für und gegen die InsMasse abschließen.

2. Einzelpflichten. Die beschriebenen Pflichten treffen nicht den Ausschuss als Kollegialorgan, sondern jedes einzelne Mitglied **höchstpersönlich**.[15] Dessen ungeachtet gebietet es eine rationelle und ökonomische VerfGestaltung, dass nicht jedes einzelne Ausschussmitglied für sich und unabhängig von den anderen die Aufgaben nach § 69 wahrnimmt. Es empfiehlt sich, die Befugnisse zumindest informell oder im Rahmen einer **Geschäftsordnung**[16] zu verteilen. Mit der zulässigen Delegation auf einzelne Ausschussmitglieder sind die anderen Mitglieder ihrer Aufsichts- und Überwachungspflicht allerdings nicht enthoben, s Rn 2[17] 3

3. Kollegium. Hat in den oben Rn 1, 2 genannten Fällen „der GlAusschuss“ tätig zu werden oder zu beschließen, so muss er dies als Kollegium in nicht öffentlicher Sitzung tun,[18] dh gem § 72 Beschl fassen und diese ausführen. 4

4. Delegation. Die Prüfung des Geldverkehrs wird der Ausschuss insbesondere bei komplexen Verf häufig an externe, sachkundige Dritte übertragen,[19] wobei die Kosten die InsMasse treffen.[20] Der BGH hat zur Frage der Verschuldenzurechnung klargestellt, dass sich eine Haftung der Ausschussmitglieder bei Einschaltung Dritter nur aus einem **eigenen Aufsichtspflicht- oder Überwachungspflichtverstoß** und nicht aus § 278 ableiten lässt, sa Rn 2[21] Der BGH hat den für diesen Fall eingreifenden Kontroll- und Unterrichtungsmechanismus konkretisiert, denn auch im Falle der Delegation muss die zuverlässige Beurteilung des VerwHandelns durch die Ausschussmitglieder jederzeit gewährleistet sein.[22] Zur **nichtöffentlichen Sitzung** des Ausschusses sind Externe nicht zugelassen bzw nur mit Zustimmung aller Ausschussmitglieder. 5

---

10 *BGH* ZIP 2014, 2242 Rn 29.
11 HK/*Frind* § 69 Rn 4 – mindestens vierteljährliche Prüfung; flexibler MK/*Schmid-Burgk* § 69 Rn 18.
12 *BGH* ZInsO 2014, 2361; *BGH* ZInsO 2013, 986 (pflichtwidriges Poolkonto).
13 Zu dem nicht Gesetz gewordenen Vorschlag für einen vierteljährlichen Prüfungszyklus *K/P/B/Kübler* § 69 Rn 26.
14 *BGH* ZInsO 2008, 105; *Gundlach/Frenzel/Jahn* ZInsO 2009, 902.
15 *BGH* ZInsO 2008, 105.
16 Muster einer Geschäftsordnung bei *Frege/Keller/Riedel* Rn 1246; *Ingelmann/Ide/Steinerachs* ZInsO 2011, 1059.
17 *Heidland* KS-InsO, S 711, 725.
18 *BGH* ZIP 2007, 781 Rn 20.
19 Zu einem möglichen Auswahlverfahren *Huber/Magill* ZInsO 2016, 200, 203 rSp.
20 *Gundlach/Frenzel/Jahn* ZInsO 2009, 902, 905; HambKomm/*Frind* § 69 Rn 4.
21 *BGH* ZIP 2014, 2242 Rn 25; MK/*Schmid-Burgk* § 69 Rn 18; *Ampferl/Kilper* ZIP 2015, 553, 554 zu den Anforderungen an die Auswahl- und Überwachungspflicht (unverzügliche Beauftragung, regelmäßige Unterrichtung und sorgfältige Kontrolle); *K Schmidt/Jungmann* § 71 Rn 15, 16.
22 *BGH* NZI 2015, 799 Rn 14; zur Doppelung von Kassenprüfung durch den GlAusschuss und der Schlussrechnungsprüfung durch das Gericht *Ampferl/ Kilper* ZIP 2015, 553, 554 rSp.

III. Das Verhältnis zu den anderen Verfahrensbeteiligten

6 **1. Verhältnis zur Gläubigerversammlung.** Der GlAusschuss und damit auch seine Mitglieder sind ggü der GlVersammlung unabhängig und weisungsfrei; Beschlüsse des GlAusschusses kann die Versammlung weder aufheben noch abändern.[23] Allerdings kann die GlVersammlung Vorgaben zB zur Überwachung der Kontenführung machen.[24]

7 **2. Verhältnis zum Insolvenzverwalter.** Während das G ggü dem Verw nur im Rahmen einer Rechtskontrolle tätig werden kann, ist dem GlAusschuss in erster Linie eine **Zweckmäßigkeitskontrolle** zugewiesen. Allerdings steht dem GlAusschuss ggü dem Verw **kein Weisungsrecht** zu. Der Ausschuss kann unabhängig vom Verw Informationen beim Schu und dessen Organen einholen. Freilich darf nicht verkannt werden, dass auch im Bereich gesetzlicher Mitwirkungsbefugnisse (zB §§ 160, 231, 276) das Übergehen des Ausschusses im Außenverhältnis folgenlos bleibt, weil die Maßnahmen des Verw auch ohne die Mitwirkung des Ausschusses wirksam sind, vgl zB § 164. Die Missachtung des Ausschusses kann jedoch Haftungsfolgen haben oder Anlass zu ger Aufsichtsmaßnahmen geben.

8 **3. Verhältnis zum Insolvenzgericht.** Der Ausschuss ist auch gegenüber dem G unabhängig. Das G ist nicht befugt, dem Ausschuss Weisungen zu erteilen.[25] Eine entspr Anwendung von § 78 auf Beschl des Ausschusses scheidet aus.[26]

IV. Unabhängigkeit von Einzelgläubigerinteressen

9 Die Mitglieder des GlAusschusses haben Ihre Aufgabe unabhängig iS des Gesamtinteresses der GesamtGlschaft auszuüben. Dies schließt die Berücksichtigung von EinzelGlInteressen aus.[27] **Interessenkollisionen**, die zu einem Stimmrechtsausschluss führen können, sind anzuzeigen.[28] Die einzelnen Ausschussmitglieder sind zudem zur Verschwiegenheit verpflichtet. Verstößen hiergegen können die Haftung nach § 71 auslösen.[29]

§ 70 Entlassung

[1]Das Insolvenzgericht kann ein Mitglied des Gläubigerausschusses aus wichtigem Grund aus dem Amt entlassen. [2]Die Entlassung kann von Amts wegen, auf Antrag des Mitglieds des Gläubigerausschusses oder auf Antrag der Gläubigerversammlung erfolgen. [3]Vor der Entscheidung des Gerichts ist das Mitglied des Gläubigerausschusses zu hören; gegen die Entscheidung steht ihm die sofortige Beschwerde zu.

Übersicht

23 *LG Göttingen* NZI 2000, 491.
24 *BGH* ZInsO 2014, 2361 (zur Führung eines Hinterlegungs- und Betriebskostenkontos durch den InsVerw).
25 *K/P/B/Kübler* § 69 Rn 9; MK/*Schmid-Burgk* § 69 Rn 12.
26 *Frege* NZG 1999, 478, 480; MK/*Schmid-Burgk* § 69 Rn 12.
27 FK/*Schmitt* § 69 Rn 15 zur Abgrenzungsschwierigkeit.
28 *Grell/Klockenbring* DB 2014, 2514; *Braun/Hirte* § 69 Rn 15, 16.
29 *BGH* ZIP 2008, 652; *N/R/Delhaes* § 71 Rn 6; MK/*Schmid-Burgk* § 69 Rn 7.

Literatur: *Bruckhoff* Entlassung eines Rechtsanwalts als Gläubigerausschussmitglied, NZI 2008, 229; *Graf* Der wichtige Grund iSd § 70 S. 1 InsO beim Eigenantrag des Gläubigerausschussmitglieds, NZI 2016, 757; *Gundlach/Schmidt* Die Entlassung eines „beauftragten" Rechtsanwalts aus dem Gläubigerausschuss, ZInsO 2008, 604; *Pape/Schultz* Die Pflichten der Mitglieder des Gläubigerausschusses im eröffneten Verfahren, ZIP 2015, 1662.

I. Normzweck

Die Norm regelt die Entlassung von gem §§ 67, 68 gewählten Ausschussmitgliedern durch das G; sie ist derjenigen des § 59 nachgebildet. Über die Bezugnahme in § 21 Abs 2 Nr 1a greift die Norm auch für den vor-vorl GlAusschuss im EröffnungsVerf ein. Die Sanktionsmöglichkeit besteht, wenn das Vertrauensverhältnis aufgrund eines Pflichtenverstoßes **schwerwiegend gestört** ist und mildere Mittel wie Stimmrechts- oder Teilnahmeverbote nicht ausreichend sind, um die Störung zu beheben.[1] 1

II. Die Entlassung

1. Anlass. Die Entlassung kann **von Amts wegen**[2] oder auf **Antrag** erfolgen. Antragsberechtigt sind nach S 2 das betroffene Mitglied des GlAusschusses selbst und die GlVersammlung,[3] nicht jedoch der InsVerw, nicht der Schu und der GlAusschuss als Organ.[4] Auch bei Eigenantrag eines GlAuschussmitglieds ist ein wichtiger Grund erforderlich.[5] Dieser kann sein Amt nicht einfach niederlegen, wobei der Wunsch jedoch als Eigenantrag auf Entlassung ausgelegt werden kann. Eine Bindung des G tritt durch den Antrag nicht ein, vielmehr hat das G eigenständig die Voraussetzungen zu prüfen. 2

2. Amtswegiges Handeln. Das amtswegige Tätigwerden des G kann aufgrund eigener Feststellungen geschehen; es kann aber auch durch andere Ausschussmitglieder oder VerfBeteiligte, auch durch den Verw **angeregt** werden. Die Tatsachen, die den Entlassungsgrund bilden, müssen dabei idR zur vollen Überzeugung des G feststehen.[6] 3

3. Wichtiger Grund. Jede Entlassung setzt das Vorliegen eines **wichtigen Grundes** voraus, der **schwerwiegend** genug ist, um die Erfüllung der Aufgaben des GlAusschusses als greifbar gefährdet erscheinen zu lassen.[7] Die Entlassung ist ultima ratio mit entsprechend hohen Anforderungen und kommt nur in Betracht, wenn mildere Mittel (Stimmverbot, Abmahnung) ausscheiden.[8] Bei einem Eigenantrag auf Entlassung sollen die Anforderungen nach hM allerdings nicht zu hoch angesetzt werden, da ein Festhalten des Mitglieds gegen seinen 4

---

1 *BGH* ZIP 2007, 781; MK/*Schmid-Burgk* § 70 Rn 6; *Uhlenbruck/Knof* § 70 Rn 1.
2 FK/*Schmitt* § 70 Rn 4 (zu den Überwachungsmöglichkeiten des Gerichts; zB Teilnahme an der Sitzung).
3 *BGH* ZIP 2008, 652 Rn 7; *K/P/B/Kübler* § 70 Rn 8; MK/*Schmid-Burgk* § 70 Rn 9.
4 HambKomm/*Frind* § 70 Rn 2; *Uhlenbruck/Knof* § 70 Rn 4 (auch nicht die anderen Mitglieder des GlAusschusses).
5 *BGH* ZInsO 2012, 826 (Fortsetzung der Tätigkeit nicht zumutbar, wenn die Kosten einer angemessenen Haftpflichtversicherung von der InsMasse nicht getragen werden können); *LG Göttingen* NZI 2011, 857 mit Anm *Keller* NZI 2011, 909 (zur Frage der Erstattungsfähigkeit der Vermögenshaftpflichtversicherung).
6 *BGH* ZIP 2007, 781 Rn 8 (**Verdacht** genügt bei der Gefahr größerer Schäden).
7 *BGH* ZIP 2006, 247; 2007, 781; 2008, 652 Rn 8; FK/*Schmitt* § 70 Rn 1 (Sicherung der Unabhängigkeit der Ausschussmitglieder); zu den Voraussetzungen bei Eigenantrag *Uhlenbruck/Knof* § 70 Rn 8.
8 *BGH* ZInsO 2013, 2282.

Willen wenig Sinn macht.[9] Ein wichtiger Grund kann in der **Vernachlässigung der Pflichten** des § 69 gesehen werden, in der Verfolgung von **Sonderinteressen**[10], in der **Informationsweitergabe** an den Mandanten,[11] in der Unfähigkeit zu gedeihlicher und vertrauensvoller Zusammenarbeit innerhalb des Ausschusses, aber auch bei erheblichen alters- oder krankheitsbedingten Beeinträchtigungen. Die **Zerstörung des Vertrauensverhältnisses zum Verw** soll nicht genügen, da es „in der Natur des Verf liege, dass es zwischen Gl und dem InsVerw zu unterschiedlichen Auffassungen kommt".[12] Störungen dieser Art sind nur beachtlich, wenn sie auf einem pflichtwidrigen Verhalten des Mitglieds beruhen. Im Übrigen genügt die Feststellung eines schwerwiegenden Pflichtverstoßes, ein Verschulden ist nicht erforderlich. Stellt das Ausschussmitglied selbst den Entlassungsantrag, so sollte eine objektiv nachvollziehbare Begr genügen. Stellt das G einen wichtigen Grund fest, hat es die Entlassung auszusprechen.

Einer Entlassung vorgeschaltet sollte eine **Abmahnung** sein;[13] dies entspricht dem Verhältnismäßigkeitsgebot.[14] Dem G ist insoweit ein Ermessenspielraum zuzubilligen. Die Möglichkeit einer **vorläufigen Suspendierung** ist im Gesetz nicht vorgesehen.[15] Liegt ein wichtiger Grund vor, hat das G die Entlassung auszusprechen. Der enstspr Beschl ist, auch bei Ablehnung, zu begründen. Im Falle der Entlassung steht der GLVersammlung das Recht zu, ein Ersatzmitglied zu bestimmen.[16]

5 **4. Gehör.** Sofern der Antrag nicht selbst gestellt wurde, ist das betroffene Ausschussmitglied vor der Entsch zu hören. Die Entsch ergeht durch Beschl. Jedenfalls bei dessen Anfechtbarkeit (unten Rn 6, 7) ist dieser zu begründen, aber auch bei Unanfechtbarkeit sollte die Begr ein nobile officium sein.

6 **5. Anfechtbarkeit der Entscheidung.** Wird ein Antrag der GlVersammlung auf Entlassung abgelehnt, ist die Entscheidung unanfechtbar. Wird dem Antrag entsprochen, so steht dem Entlassenen nach S 3 die sof Beschw zu. Dasselbe gilt bei einem abgelehnten Eigenantrag.[17]

7 Hat der Rpflg entschieden, so ist bei Anfechtbarkeit iSv Rn 6 ebenfalls die sof Beschw statthaft; iÜ ist die befristete Erinnerung (§ 11 Abs 2 S 1 RPflG) gegeben.

8 Die Beschwerde-/Erinnerungsfrist beginnt mit der Verkündung; sofern – wie meist – eine solche fehlt, mit der Zustellung an das Mitglied, § 6 Abs 2.

---

9 *BGH* NZI 2003, 436; *LG Göttingen* NZI 2011, 857; *AG Duisburg* NZI 2003, 659; *Graf-Schlicker/Pöhlmann/Kubusch* § 70 Rn 4.

10 *BGH* ZInsO 2003, 560 (Begünstigung eines einzelnen InsGl); *BGH* ZIP 2008, 6552 (Zur Entlassung eines Anwalts wegen Informationsweitergabe an Mandanten): *LG Deggendorf* ZIP 2013, 2371 (beabsichtigte Geltendmachung von Schadensersatz gegen ein Ausschussmitglied reicht nicht aus).

11 *BGH* ZIP 2008, 652 (Informationsweitergabe an den Mandanten, aber nur, wenn Belange der GlGesamtheit dadurch beeinträchtigt werden).

12 *BGH* ZIP 2007, 781 Rn 13.

13 MK/*Schmid-Burgk* § 70 Rn 18 (milderes Mittel).

14 *BGH* ZInsO 2013, 2282.

15 *Schmid/Jungmann* § 70 Rn 3; aA *N/R/Delhaes* § 70 Rn 3; *Uhlenbruck/Knof* § 70 Rn 2.

16 *Uhlenbruck/Knof* § 70 Rn 13.

17 Ebenso *Heidland* KS-InsO, S 711, 722; *K/P/B/Kübler* § 70 Rn 13; *N/R/Delhaes* § 70 Rn 11; FK/*Schmitt* § 70 Rn 10.

§ 71 Haftung der Mitglieder des Gläubigerausschusses

[1]Die Mitglieder des Gläubigerausschusses sind den absonderungsberechtigten Gläubigern und den Insolvenzgläubigern zum Schadenersatz verpflichtet, wenn sie schuldhaft die Pflichten verletzen, die ihnen nach diesem Gesetz obliegen. [2]§ 62 gilt entsprechend.

Übersicht

Literatur: *Ampferl/Kilper* Die Pflicht des Gläubigerausschusses zur Prüfung von Geldverkehr und -bestand ZIP 2015, 553; *Cranshaw* Haftung, Versicherung und Haftungsbeschränkung des (vorläufigen) Gläubigerausschusses?, ZInsO 2012, 1151; *Cranshaw/Portisch/Knöpnadel* Aspekte der Haftung, der Versicherung und des Risikomanagements des Gläubigerausschusses ZInsO 2015, 1f.; *Frind* Der vorläufige Gläubigerausschuss – Rechte, Pflichten, Haftungsgefahren – Gläubigerverantwortung im Eröffnungsverfahren: haftungsrechtlicher Schleudersitz?, ZIP 2012, 1380; *Gundlach/Frenzel/Jahn* Die Haftung der Gläubigerausschussmitglieder wegen Verletzung ihrer Überwachungspflicht, ZInsO 2009, 1095; *Lind/Ellrich* Zur Haftung der Gläubigerausschussmitglieder wegen unzureichender Kassenprüfung, DB 2014, 2819 f.; *Pape/Schultz* Die Pflichten der Mitglieder des Gläubigerausschusses im eröffneten Verfahren ZIP 2015, 1662.

I. Normzweck

Die Norm ist Anspruchsgrundlage für die insolvenzspezifische Haftung der Mitglieder des GlAusschusses und erstreckt sich ggf auf deren Rechtsnachfolger.[1] Es handelt sich um einen gesetzlichen Anspruch; er besteht als Anspruch sui generis neben anderen Ansprüchen, zB aus unerlaubter Handlung. Über die Verweisung in § 21 Abs 2 Nr 1a gilt die Norm auch für den vor-vorl GlAusschuss im Eröffnungsverf, wobei die Haftungsgefahr gerade in diesem Stadium aufgrund ungesicherter Informationslage für die Ausschussmitglieder erhöht ist.[2] Dies gilt auch für die Mitwirkung bei Entsch im EigenverwaltungsVerf. Die Anspruchsberechtigung ist auf absonderungsberechtigte GL und InsGl beschränkt.[3] Der InsVerw kann jedoch während des InsVerf einen Gesamtschaden, § 92, geltend machen.[4] 1

II. Die Haftung

1. Grundlage. Da die in in § 69 dargestellten Pflichten nicht den GlAusschuss als solchen, sondern die einzelnen Mitglieder treffen, setzt eine Haftung nach § 71 eine eigene schuldhafte **Pflichtverletzung des einzelnen Mitglieds** voraus. Insofern haften die Mitglieder des GlAusschusses individuell und persönlich auf Schadenersatz. Haften mehrere Mitglieder, so liegt Gesamtschuld vor; ebenso bei Haftung neben der des Verw. 2

2. Pflichtverletzung. Das Ausschussmitglied muss eine der ihm nach § 69 obliegenden insolvenzspezifischen Pflichten durch Tun oder pflichtwidriges Unterlassen **vorsätzlich oder fahr-** 3

1 *BGH* ZIP 2014, 2242 Rn 13.
2 HambKomm/*Frind* § 71 Rn 2a; *K/P/B/Kübler* § 71 Rn 26 f; *Frind* ZIP 2012, 1380 f.
3 Zum gesetzgeberischen Zweck *Uhlenbruck/Knof* § 71 Rn 1; krit zur Herausnahme der Massegläubiger *Ampferl/Kilper* ZIP 2015, 553, 561.
4 *Uhlenbruck/Knof* § 70 Rn 2; FK/*Schmitt* § 71 Rn 7.

lässig verletzt haben; zB durch nicht hinreichende Überwachung des Verw,[5] durch Stimmabgabe bei masseschädigenden Beschl[6] oder bei einem Verstoß gegen die Verschwiegenheitspflicht.[7] So sind die Mitglieder auch verpflichtet, für den unverzüglichen Beginn der **Kassenprüfung** zu sorgen,[8] denn zu den Kernaufgaben gehört die Prüfung von Geldbestand und Geldverkehr, § 69 S 2.[9] Es besteht keine originäre Pflicht der Ausschussmitglieder, die Prüfung selbst vorzunehmen, diese kann auf ein Ausschussmitglied oder auf einen externen Dritten übertragen werden (§ 69 Rn 2, 5).[10] Die Pflicht der übrigen Ausschussmitglieder beschränkt sich dann auf eine **Überwachungspflicht**, s § 69 Rn 2, 5,[11] welche die Etablierung eines Kontrollmechanismus erfordert.[12] Zu gewährleisten ist die jederzeit zuverlässige Beurteilung des VerwHandelns. Bei unrechtmäßigem Verhalten des Verw sind die Mitglieder **zum Einschreiten**, ggf über das G **verpflichtet.**[13] Der Haftungsmaßstab soll sich an den Fähigkeiten und Erfahrungen des einzelnen Mitglieds orientieren.[14] Besondere branchenspezifische Kenntnisse können den Haftungsmaßstab verschärfen.[15] Die Anwendung außerinsolvenzlicher Maßstäbe, zB von § 93 Abs 1 S 2 AktG, ist abzulehnen.[16] Die Ungeeignetheit eines Mitglieds zur Aufgabenwahrnehmung hindert seine Haftung nicht, da er sich mit der Annahme des Amtes dem Pflichtenprogramm des § 69 unterworfen hat.[17] Stimmt ein Mitglied gegen einen seiner Meinung nach pflichtwidrigen Beschluss, scheidet eine Haftung aus.[18]

Ist eine jur Person als Mitglied bestellt, haftet diese, nicht der Vertreter.[19]

Die schuldhafte Pflichtverletzung muss für den geltend gemachten Schaden ursächlich sein und im Schutzbereich der Norm liegen, was vom Anspruchsberechtigten darzulegen und ggf zu beweisen ist. Strafrechtliches Verhalten des Verw unterbricht den Kausalzusammenhang nicht.[20] Der BGH hat dies unter Heranziehung der **Grundsätze des Anscheinsbeweises** verneint.[21] Zu ersetzen ist der gesamte durch die Pflichtverletzung entstandene Schaden[22], ver-

---

5 *BGH* NZI 2015, 799 (mangelhafte Kassenprüfung); *OLG Celle* NZI 2010, 609; *OLG Rostock* ZInsO 2004, 814.
6 *BGH* ZIP 1985, 423; 2008, 1243.
7 *Uhlenbruck/Knof* § 69 Rn 33.
8 *BGH* NZI 2015, 799 = BeckRS 2015, 12164 (mangelhafte Kassenprüfung durch ein Ausschussmitglied gibt Klagegrund auch für die anderen Ausschussmitglieder), mit Anm *von Dönges* ZIP 2014, 2242 (Überwachungspflicht verletzt).
9 *BGH* ZIP 2014, 2242.
10 Zur Frage der Zurechnung gem § 278 BGB § 69 Fn 20.
11 *BGH* ZIP 2014, 2242 Rn 19, 20, 23; *OLG Celle* NZI 2010, 609; zur Frage der Berücksichtigung eines Mitverschuldens der Geschädigten FK/*Schmitt* § 71 Rn 3.
12 *BGH* NZI 2017, 799 Rn 14, 15; *AG Aurich* BeckRS 2013, 04922.
13 *BGH* NZI 2015, 799 (verzögerte Aufnahme der Prüfungen, zu geringe Prüfungsintensität), *BGH* ZIP 2013, 1235 (zur Verschiebung von Geldern auf Poolkonten); *N/R/Delhaes* § 71 Rn 6.
14 MK/*Schmid-Burgk* § 71 Rn 7.
15 *A/G/R/Lind* § 71 Rn 6; *K Schmidt/Jungmann* § 71 Rn 13.
16 INDAT 2015, 2/53.
17 *Graf-Schlicke/Pöhlmann/Kubusch* § 71 Rn 4.
18 MK/*Schmid-Burgk* § 70 Rn 9.
19 *Uhlenbruck/Knof* § 71 Rn 1; HambKomm/*Frind* § 71 Rn 3.
20 *Pape/Schultz* ZIP 2015, 1662, 1664.
21 *BGH* NZI 2015, 799 Rn 17, 19, ZIP 2014, 2241 Rn 36-42 (Verw hätte die Veruntreuung bei ordnungsgemäßer Überprüfung nicht begangen); im Grundsatz befürwortend *Ampfer/Kilper* ZIP 2015, 553, 559 zu VIII; krit im Hinblick auf die Haftungsgefahren für die Ausschussmitglieder *Krüger* EWiR 2014, 781, 782.
22 Zur Unterscheidung von Einzel- und Gesamtschaden *K Schmidt/Jungmann* § 71 Rn 21.

standen als Differenz zwischen der Masse ohne Pflichtverletzung und der vorhandenen Masse (sog Quotenschaden).[23]

3. Anspruchsberechtigte. Anspruchsberechtigt sind die Absonderungsberechtigten und die vor- und nachrangigen InsGl. Der nicht erwähnte InsVerw ist gem § 92 berechtigt, einen Gesamtschaden geltend zu machen.[24] Nicht anspruchsberechtigt sind der Schu, die Massegläubiger und Aussonderungsberechtigte. Sofern deren Interessen verletzt werden, kommt aber, abgesehen von der Möglichkeit gegen den InsVerw gem. § 60 vorzugehen, ggf eine deliktische Haftung in Betracht.[25] 4

4. Geltendmachung. Ist durch die Pflichtverletzung ein Gemeinschaftsschaden entstanden, so gilt § 92. Einzelschäden – insb von Absonderungsberechtigten – werden vom Geschädigten geltend gemacht. Dies kann bereits während des Verf geschehen. 5

5. Verjährung. Für die Verjährung gelten §§ 71 S 2, 62. Die Verjährung beträgt demnach drei Jahre und beginnt mit dem Ende des Jahres, in dem der Verletzte von den die Haftung begründenden Umständen Kenntnis erlangt.[26] Bei der Geltendmachung eines Gesamtschadens ist auf die Kenntnis des InsVerw abzustellen.[27] 6

6. Aufrechnung. Eine Aufrechnung mit dem Vergütungsanspruch (§ 73) gegen Ersatzansprüche scheitert idR an fehlender Gegenseitigkeit, denn die Vergütung wird aus der Masse geschuldet, während Gl des Ersatzanspruchs die in Rn 4 Genannten sind. 7

---

23 *Ampferl/Kilper* ZIP 2015, 553, 561 f.
24 *N/R/Delhaes* § 71 Rn 4; *Uhlenbruck/Knof* § 71 Rn 2; FK/*Schmitt* § 71 Rn 7 (bei gleichzeitiger Haftung des InsVerw ist ein neuer Verw oder ein SonderInsVerw zu bestellen).
25 Vgl die Beispiele v *Heidland* KS-InsO, S 711, 725.
26 *N/R/Delhaes* § 71 Rn 15; *K/P/B/Kübler* § 71 Rn 19.
27 *K Schmidt/Jungmann* § 71 Rn 23.

§ 72 Beschlüsse des Gläubigerausschusses

Ein Beschluss des Gläubigerausschusses ist gültig, wenn die Mehrheit der Mitglieder an der Beschlussfassung teilgenommen hat und der Beschluss mit der Mehrheit der abgegebenen Stimmen gefasst worden ist.

Übersicht

I. Normzweck

Die Norm regelt die Beschlussfähigkeit und die Beschlussfassung des GlAusschusses. Über die Verweisung in § 21 Abs 2 Nr 1a ist die Vorschrift auch auf den vor-vorl GlAusschuss im Eröffnungsverfahren anwendbar. 1

II. Beschlussfähigkeit; Abstimmung

1. Verfahren. Das Gesetz regelt nicht das Verf der Einberufung, Ladung, Mitteilung der Tagesordnung usw. In größeren Verf empfiehlt es sich, dass der Ausschuss dies in einer 2

Geschäftsordnung[1] festlegt. Ist dies nicht der Fall, so kann auf die allg Grundsätze im Vereins- und Gesellschaftsrecht zurückgegriffen werden. Einzuberufen sind die Ausschusssitzungen unter Angabe der Tagesordnungspunkte.[2] Über die Teilnahme von Nichtausschussmitgliedern ist vorab zu entscheiden. Über den Verlauf der Sitzung und die Beschl sollte ein **Protokoll** gefertigt werden.[3]

3 **2. Beschlussfähigkeit.** Beschlussfähigkeit liegt vor, wenn die **Mehrheit der gewählten stimmberechtigten Mitglieder** an der Abstimmung teilnimmt. Im Gegensatz zur GlVersammlung, in der nach Forderungsbeträgen abgestimmt wird, **wird im GlAusschuss allein nach Köpfen abgestimmt.**[4] **Stimmrechtsverbote** bzw **Stimmrechtsausschlüsse** sind zu beachten.[5] Ein Mitglied hat **kein Stimmrecht** zB bei Abstimmung über eine ihm nahe stehenden Person (§ 138) oder bei **Interessenkollision.**[6] Nicht stimmberechtigte Mitglieder bleiben außer Betracht.[7] Der Stimmrechtsausschluss ist mit Mehrheitsbeschl des Ausschusses ohne Berücksichtigung der Stimme des Betroffenen festzustellen.[8] Das Mitglied hat einen Interessenkonflikt von sich aus offenzulegen.[9] Unterbleibt dies, kann dies ein wichtiger Grund für die Entlassung sein.[8]

4 **3. Abstimmung.** Ein Beschl[10] kommt zustande, wenn ihm die Mehrheit der mitstimmenden Stimmberechtigten zustimmt und die Abstimmenden zusammen wiederum die Mehrheit der Ausschussmitglieder ausmachen. Bei vier Mitgliedern müssen mithin drei teilnehmen und zwei zustimmen. **Einstimmigkeit** wird zB bei § 56a Abs 2, 3 gefordert. Bei schriftlicher Abstimmung im **UmlaufVerf** (also außerhalb einer Sitzung) gelten alle Mitglieder als präsent, sie müssen mithin auch alle befragt werden. Das mitstimmende aber nicht stimmberechtigte Mitglied wird weder bei der Errechnung der notwendigen noch der erreichten Stimmen mitgezählt.[11] Dasselbe gilt bei **Stimmenthaltung.**[12] Eine Regelung in der Geschäftsordnung, dass bei Stimmengleichheit die Stimme des Vorsitzenden den Ausschlag geben soll, verstößt gegen das Gesetz; bei Stimmengleichheit ist ein Antrag abgelehnt.[13]

Die Formalien samt dem Abstimmungsergebnis sollten in einem Protokoll zwecks Dokumentation festgehalten werden;[14] dies hat insbesondere für den vorl GlAusschuss Bedeutung.[15] Die Protokolle können vom G angefordert werden.[16]

---

1 *Frege/Keller/Riedel* Rn 1246; *Ingelmann/Ide/Steinwachs* ZInsO 2011, 1059.
2 *A/G/R/Schmitt* § 72 Rn 3 (in aller Regel durch den InsVerw).
3 MK/*Schmid-Burgk* § 72 Rn 7; *Braun/Hirte* § 72 Rn 12.
4 MK/*Schmid-Burgk* § 72 Rn 3; HambKomm/*Frind* § 72 Rn 1 (Kopfprinzip dient dem Minderheitenschutz).
5 *Grell/Klockenbring* DB 2014, 2514.
6 MK/*Schmid-Burgk* § 72 Rn 14, 15; HambKomm/*Frind* § 72 Rn 4; *A/G/R/Lind* § 72 Rn 4; FK/*Schmitt* § 72 Rn 7; *K Schmidt/Jungmann* § 72 Rn 5; *Grell/Klockenbrink* DB 2014, 2514 f.
7 Stimmrechtsverbote hindern im Regelfall nicht die Sitzungsteilnahme *K Schmidt/Jungmann* § 72 Rn 7.
8 HambKomm/*Frind* § 72 Rn 4.
9 *A/G/R/Lind* § 72 Rn 4.
10 MK/*Schmid-Burgk* § 72 Rn 13 (bedarf keiner bestimmten Form); *K/P/B/Kübler* § 72 Rn 4.
11 MK/*Schmid-Burgk* § 72 Rn 20.
12 *A/G/R/Lind* § 72 Rn 3.
13 *Pape* ZInsO 1999, 675, 680; MK/*Schmid-Burgk* § 72 Rn 6.
14 MK/*Schmid-Burgk* § 72 Rn 7 (Obliegenheit).
15 HambKomm/*Frind* § 72 Rn 7.
16 *Graf-Schlicker/Pöhlmann/Kubusch* § 72 Rn 8; **aA** *K/P/B/Kübler* § 72 Rn 13 (GlAusschuss unterliegt nicht der Aufsicht des G).

III. Fehlerhafte Beschlüsse

Das Gesetz enthält keine Regelungen über die Unwirksamkeit von Beschl und deren Geltendmachung. Es muss daher auf allg Grundsätze (oben Rn 2) zurückgegriffen werden. **Nichtig** ist ein Beschl bei Verletzung der eine recht- und ordnungsgemäße Willensbildung regelnden Normen (zB Nichtladung von Mitgliedern, geschäftsordnungswidrige Form der Ladung, Gesetzesverstöße bei Abstimmung), sofern der Verstoß für das Ergebnis kausal war.[17] 5

Die **Nichtigkeit** kann durch das G festgestellt werden.[18] Nach anderer Auffassung kann die Unwirksamkeit eines Beschl lediglich inzidenter in einem Schadensersatzprozess nach § 71 überprüft werden.[19] 6

IV. Wirksame, aber unzweckmäßige Beschlüsse

Zweckwidrige Beschl sind nicht unwirksam. Eine Anfechtung von Beschl über § 78 und damit die Aufhebung durch das InsGer scheidet aus.[20] Die GlVersammlung kann derartige Beschl ebenfalls nicht aufheben.[21] Derartige Streitigkeiten sind vor den ordentlichen Gerichten auszutragen. 7

---

17 MK/*Schmid-Burgk* § 72 Rn 5; *K Schmidt/Jungmann* § 72 Rn 18, 19.
18 MK/*Schmid-Burgk* § 72 Rn 22 (eigene Prüfpflicht des Gerichts); HambKomm/*Frind* § 72 Rn 5.
19 *K/P/B/Kübler* § 72 Rn 14; FK/*Schmitt* § 72 Rn 18.
20 MK/*Schmid-Burgk* § 72 Rn 21; *A/G/R/Lind* § 72 Rn 6; FK/*Schmitt* § 72 Rn 18; **aA** *Fritz* NZI 2011, 801, 802.
21 FK/*Schmitt* § 72 Rn 19 (klare Kompetenzverteilung).

§ 73 Vergütung der Mitglieder des Gläubigerausschusses

(1) [1]Die Mitglieder des Gläubigerausschusses haben Anspruch auf Vergütung für ihre Tätigkeit und auf Erstattung angemessener Auslagen. [2]Dabei ist dem Zeitaufwand und dem Umfang der Tätigkeit Rechnung zu tragen.

(2) § 63 Abs. 2 sowie die §§ 64 und 65 gelten entsprechend.

Übersicht

Literatur: *Lissner* Die Vergütung des Sonderinsolvenzverwalters und des Gläubigerausschusses sowie Novellierung beim Treuhänder, JurBüro 2014, 458; *Zimmer* Die Vergütung der Mitglieder des Gläubigerausschusses ZIP 2013, 1309 f.

I. Normzweck

Die Norm regelt den materiell-rechtlichen Anspruch der Mitglieder des GlAusschusses auf **Vergütung** und **Auslagenerstattung** als Masseverbindlichkeit. Die Norm ist § 63 nachgebildet und gilt für den vorl GlAusschuss gem § 67 und den sog vor-vorl GlAusschuss im EröffnungsVerf entspr, § 21 Abs 2 Nr 1a iVm § 17 Abs 2 InsVV.[1] 1

---

1 *LG Aurich* ZIP 2013, 1342 mit Anm *Zimmer* ZIP 2013, 1309 f; HK/*Keller* InsVV, § 17 Rn 13.

II. Vergütung und Auslagen

2 **1. Grundsätze.** Die Ausschussmitglieder[2] haben Anspruch auf eine Vergütung; dabei ist dem Zeitaufwand und – nachrangig – dem Tätigkeitsumfang Rechnung zu tragen.[3] Nach § 17 InsVV ist regelmäßig eine Stundenvergütung zwischen 35 und 95 EUR[4] je Stunde festzusetzen, sofern das Verf ab 1.1.2004 eröffnet wurde (§ 19 InsVV).[5] Basis ist die individuelle Tätigkeit **nach Zeit und Umfang**.[6] Der Zeitaufwand umfasst nicht nur die Ausschusssitzungen, sondern auch häusliche Tätigkeit wie Aktenstudium, Recherchen usw. Der Stundensatz kann im Einzelfall überschritten werden, wenn die bes berufliche Stellung des Mitglieds, seine Sachkunde, besondere Probleme des Verf oder bes Tätigkeiten (zB Kassenprüfung) dies angezeigt erscheinen lassen.[7] Statt der Stundensätze kann auch eine pauschale Vergütung zugebilligt werden.[8] Zulässig dürfte ein Antrag sein, die Vergütung in einem prozentualem Verhältnis zur VerwVergütung festzusetzen.[9] Die Festsetzung erfolgt gem §§ 73 Abs 2, 64 durch das G per Beschl, der öffentlich bekannt zu machen ist.[10]

3 **2. Andere Art der Festlegung.** In bes schwierigen Fällen kann auch von der zeitbezogenen Abrechnung abgewichen werden.[11] Für das bish Recht war anerkannt, dass auch ein Bruchteil der VerwVergütung festgesetzt werden konnte;[12] in der Praxis haben sich Sätze zwischen 1 % und 5 % entwickelt. Das Verf ist auf den Sachverstand der Ausschussmitglieder angewiesen, qualifizierte Personen müssen angemessen honoriert werden.[13] Bes Verf, in denen vom Zeitaufwand-System abgegangen werden kann, liegen vor, wenn Belastung und Verantwortung der Ausschussmitglieder gegenüber dem Durchschnitt der Verf deutlich höher sind. Dabei können allerdings die Kriterien, die iRd §§ 2, 3 InsVV zum NormalVerf und dessen Überschreitung entwickelt wurden, nicht uneingeschränkt übertragen werden. So rechtfertigt zB die lange Dauer eines Verf für sich allein keine andere Vergütungsart, weil eine längere VerfDauer sich notwendig in einem größeren Zeitaufwand niederschlägt, so dass das Zeitaufwand-System gerade in Fällen dieser Art die angemessene Vergütung gewährleistet. Gleiches gilt grds bei einer überdurchschnittlichen Zahl von Ausschusssitzungen, sofern nicht sachliche Erschwernisse die Ursachen waren. Das Abgehen vom Regelsystem des § 17 InsVV ist zB gerechtfertigt, wenn bes unübersichtliche Vermögensverhältnisse (Unternehmensverschachtelungen, Auslandsvermögen) vorliegen, regelmäßig auch bei Betriebsfortführungen wegen der damit verbundenen besonderen Haftungsgefahren und Überwachungsprobleme, bei schwierigen Sozialplanver-

---

2 *Uhlenbruck/Knof* § 73 Rn 8 (auch einer jur Person steht ein Vergütungsanspruch zu, ist der Vertreter allerdings höchstpersönlich bestellt, diesem); *K Schmidt/Jungmann* § 73 Rn 3 (bei entsandten Beamten ist dieser Anspruchsberechtigter).

3 Zum Verbot der doppelten Belastung der Masse bei Ausgleichszahlungen *Uhlenbruck/Knof* § 73 Rn 7, 11; zum Anspruch institutioneller Ausschussmitglieder bzw verbeamteter Ausschussmitglieder § 73 Rn 8.

4 *LG Münster* NZI 2017, 548 (für Gläubigerausschussmitglieder mit besonderer Sachkunde).

5 *Haarmeyer/Mock* § 17 InsVV Rn 28 (Durchschnitts-Stundensatz 65 EUR).

6 *Uhlenbruck/Knof* § 73 Rn 1, 5, zur Vergütung von Nichtgläubigern § 73 Rn 14, hierzu auch MK/*Stephan/Riedel* § 73 Rn 19 (Stundensatz bis 300 EUR).

7 *LG Köln* ZIP 2015, 1450 (nur bei besonderer Qualifikation, bes Leistungen oder bes Haftungsrisiko); *Haarmeyer/Mock* § 17 InsVV Rn 1.

8 *A/G/R/Nies* § 73 Rn 6.

9 Bejahend: *Haarmeyer/Mock* § 17 InsVV 26; MK/*Stephan/Riedel* § 73 Rn 18; *N/R/Delhaes* § 73 Rn 8; *K/P/Lüke* § 73 Rn 9; **aA** *AG Duisburg* NZI 2003, 502, *LG Aurich* ZIP 2013, 1342; *Uhlenbruck/Knof* § 73 Rn 6, 16.

10 *K/P/B/Kübler* § 73 Rn 5, 19; *A/G/R/Nies* § 73 Rn 5 zur Anhörung von InsVerw und Schu.

11 *LG Köln* ZIP 2015, 1450; *Uhlenbruck/Knof* § 73 Rn 5.

12 MK/*Stephan/Riedel* § 73 Rn 17, 18; abl *Haarmeyer/Mock* § 73 Rn 1, 22; *Uhlenbruck/Knof* § 73 Rn 16.

13 *K/P/B/Lüke* § 73 Rn 4; MK/*Stephan/Riedel* § 73 Rn 7.

handlungen, Betriebsveräußerungen, Veräußerungen großer Warenvorräte oder der Behandlung bes schwieriger Rechtsfragen.

3. Auslagen. Auslagen (zB Reisekosten, Telefonkosten etc) werden erstattet, soweit sie angemessen sind; nach § 18 InsVV sind sie einzeln anzuführen und zu belegen, eine Pauschalabgeltung ist nicht vorgesehen. Ist das Ausschussmitglied umsatzsteuerpflichtig, so wird diese ihm aus der Masse erstattet. Die Prämie für die **Vermögenshaftpflichtversicherung** ist als Auslage erstattungsfähig.[14] Dies sollte im Hinblick auf die Kostenbelastung mit dem Ger abgeklärt werden. 4

4. Vorschuss. In § 18 E-InsVV war die Möglichkeit einer Vorschussgewährung ausdrücklich vorgesehen; die endgültige Fassung der InsVV enthält keine entspr Regelung. Dessen ungeachtet ist die **Vorschussgewährung** bei länger dauernden Verf allg anerkannt.[15] Über den Antrag auf Vorschussgewährung entscheidet das G. 5

5. Gerichtliche Festsetzung. Voraussetzung für die ger Festsetzung sind Fälligkeit des Vergütungsanspruchs bzw der Auslagen und einen schriftlichen Antrag des Ausschussmitglieds. Die **Fälligkeit** tritt mit der Beendigung der Tätigkeit ein, demnach spätestens mit dem Schlusstermin.[16] Vor der Entscheidung sind die Beteiligten im Umfang der Beschwerdeberechtigung anzuhören.[17] Jedes einzelne Ausschussmitglied hat einen eigenen Antrag auf Vergütungsfestsetzung zu stellen. 6

6. Verfahren. Das FestsetzungVerf ist entspr § 64 geregelt; es gilt die in § 65 enthaltene Verweisung auf die InsVV (dort §§ 17, 18). 7

III. Rechtsbehelf

Über die Verweisung in § 73 Abs 2 ist § 64 Abs 3 entspr anwendbar. Gegen die Festsetzung oder die Ablehnung der Festsetzung der Vergütung steht dem betr Ausschussmitglied das Recht der sofortigen Beschw (Beschwerdewert mindestens 200 EUR) zu. Beschwerdeberechtigt sind auch die InsGl, der InsVerw und der Schu.[18] Bei einer RpflgEntsch kann befristete Erinnerung eingelegt werden, § 11 Abs 1 RPflG. 8

§ 74 Einberufung der Gläubigerversammlung

(1) [1]Die Gläubigerversammlung wird vom Insolvenzgericht einberufen. [2]Zur Teilnahme an der Versammlung sind alle absonderungsberechtigten Gläubiger, alle Insolvenzgläubiger, der Insolvenzverwalter, die Mitglieder des Gläubigerausschusses und der Schuldner berechtigt.

(2) [1]Die Zeit, der Ort und die Tagesordnung der Gläubigerversammlung sind öffentlich bekannt zu machen. [2]Die öffentliche Bekanntmachung kann unterbleiben, wenn in einer Gläubigerversammlung die Verhandlung vertagt wird.

Übersicht

---

14 *N/R/Delhaes* § 73 Rn 9; *Keller* NZI 2011, 909.

15 *AG Konstanz* NZI 2015, 959; *K/P/B/Lüke* § 73 Rn 15; *K Schmidt/Jungmann* § 73 Rn 16; *A/G/R/Nies* § 73 Rn 10.

16 *AG Konstanz* NZI 2015, 959; *Haarmeyer/Mock* § 17 InsVV Rn 23; *Uhlenbruck/Knof* § 73 Rn 4; *K Schmidt/Jungmann* § 73 Rn 17.

17 Überblick bei *Uhlenbruck/Knof* § 73 Rn 30.

18 MK/*Stephan/Riedel* § 73 Rn 30, 31; *N/R/Delhaes* § 73 Rn 13.

Literatur: *Trams* Gläubigerversammlung: Rechtsstellung, Teilnahme und Kompetenzen NJW-Spezial 2010, 405; *ders* Die Gläubigerversammlung: Einberufung und Beschlussfassung NJW-Spezial 2010, 469.

I. Normzweck

1 Die Norm regelt die Voraussetzung für die Einberufung einer GlVersammlung und das **Teilnahmerecht** an ihr. Die Aufgaben der GlVersammlung als **zentralem Organ der Gläubigerautonomie** im eröffneten Verfahren[1] ergeben sich aus §§ 57, 59 Abs 1 S 2, 66 Abs 1, Abs 3, 68 Abs 1, 2, 70 S 2, 97 Abs 1, 100 Abs 1, 101 Abs 1 und 3, 149 Abs 2, 157, 160 Abs 1, 2, 162 Abs 1, 163 Abs 1, 197, 207 Abs 2, 235 ff, 271, 272, 277, 284 Abs 1, 292 Abs 2, 313 Abs 2. Die GlVersammlung kann auch außerhalb ihres Aufgabenbereichs gegenüber dem InsVerw Maßnahmen anregen, diese haben meist aber keine Bindungswirkung und entspr keinem Weisungsrecht.[2] Für das Verhältnis zum GlAusschuss kann auf § 68 Rn 7 verwiesen werden

II. Die Einberufung

2 **1. Zuständigkeit.** Die Einberufungs hat nach Abs 1 S 1 durch das G zu erfolgen. **Verpflichtet** ist es hierzu in den Fällen von § 29 Abs 1 Nr 1, 2 (Berichts-, Prüfungstermin), § 197 (Schlusstermin), § 235 (Erörterungs- und Abstimmungstermin im Planverfahren).

3 Neben diesen Pflichtterminen entscheidet das G über eine Einberufung nach pflichtgemäßem Ermessen, das sich am gemeinsamen Interesse der Gl orientiert. Eine Versammlung ist einzuberufen, wenn ein wirksamer **Antrag** nach § 75 vorliegt;[3] eine Ermessensausübung des G findet insoweit nicht statt.

Funktional zuständig für die Einberufung ist der InsRichter für die GlVersammlung gem § 29 Nr 1, danach ist der Rpflg zuständig, sofern sich der InsRichter dies nicht gem § 18 Abs 2 RPflG vorbehalten hat.[4] Die durch die Durchführung der GlVersammlung anfallenden Kosten sind Massekosten.

4 Die Einberufungsbefugnis (nach den SchVG) des G besteht nach § 19 Abs 2 S 2 **SchVG** (2009) auch für die Gläubigerversammlung der Gl, die durch ein InsVerf über das Vermögen des Schu, der Schuldverschreibungen nach § 1 SchVG begeben hat, erfasst sind. Nach § 19 Abs 2 S 1 haben die Gl die Möglichkeit, einen **gemeinsamen Vertreter** zur Wahrung ihrer Interessen im InsVerf per Mehrheitsbeschluss zu bestimmen.[5]

5 **2. Form.** Die Einberufung ist nach Abs 2 S 1 öffentlich bekannt zu machen (§ 9). Sie hat **Zeit, Ort und Tagesordnung** zu enthalten.[6] Soweit diese Voraussetzungen erfüllt sind, entfällt für § 29 Abs 1 Nr 1 und 2 eine gesonderte Bek im Hinblick auf § 30.

---

1 *K/P/B/Kübler* § 74 Rn 4 (kein Organ der Rechtspflege); MK/*Ehricke* § 74 Rn 2 (Gläubigerversammlung vertritt allein die Interessen der InsGl und der absonderungsberechtigten Gl).

2 *K/P/B/Kübler* § 74 Rn 6; HambKomm/*Preß* § 74 Rn 1.

3 Der Verw ist nicht antragsberechtigt, wenn in der Gläubigerversammlung über die Abberufung des Sonderverwalters entschieden werden soll *BGH* BeckRS 2015, 09171.

4 MK/*Ehricke* § 74 Rn 23.

5 MK/*Ehricke* § 74 Rn 32; *K/P/B/Kübler* § 74 Rn 16; HambKomm/*Preß* § 74 Rn 3; zur Problematik der Bündelung des Stimmrechts auf einen Vertreter *K Schmidt/Jungmann* § 74 Rn 28 f, 30, 34; *Kuder* ZInsO 2009, 2025; sa *Thole* Schuldverschreibung, Insolvenzverfahren, Gläubigerrechte, ZIP 2014, 293 f; *OLG Zweibrücken* ZInsO 2013, 2119 zur Ermächtigung für Einberufung einer Gläubigerversammlung, dazu auch *BGH* ZIP 2015, 473.

6 *BGH* NZI 2010, 734 Rn 29.

Da über § 4 die §§ 217, 222 ZPO anwendbar sind, müssen zwischen dem Wirksamkeitszeitpunkt des § 9 Abs 1 S 3 und dem Versammlungstag mindestens drei Tage liegen, was faktisch einer Ladungsfrist von sechs Tagen entspricht.[7] Diese Mindestregelung wird überlagert durch Spezialregelungen wie zB § 29 Abs 1 Nr 2 (Prüfungstermin) oder § 197 Abs 2 (Schlusstermin). Sind die Fristen nicht eingehalten, kann Terminverlegung verlangt werden, § 227 ZPO. 6

Die Versammlung kann im Gerichtsgebäude, aber auch an einem anderen Ort stattfinden. Eine Verlegung des Versammlungsortes am Termintag ist bei entspr Kennzeichnung zulässig.[8] 7

Die einzelnen Gegenstände der BeschlFassung müssen in einer für die Beteiligten eindeutigen Weise in der Tagesordnung so angegeben werden, dass einem **rechtsunkundigen Teilnehmer** eine sachgerechte Vorbereitung möglich ist.[9] Deshalb genügen allg Floskeln („Verwertungsfragen", „Genehmigung von Anträgen des Verwalters") ebenso wenig wie ein bloßer Hinweis auf gesetzliche Normen. Verfahrensverstöße haben die **Nichtigkeit des Beschl** zur Folge.[10] Innerhalb der Ladungsfrist kann die Tagesordnung ergänzt bzw geändert werden. 8

Ist ein ordnungsgemäß einberufener Termin in der Verhandlung vertagt worden, so bedarf es für die Terminfortsetzung keiner erneuten öffentlichen Bek, Abs 2 S 2. Dies gilt jedoch nur für eine echte Vertagung iSv § 227 Abs 1 S 1 ZPO, also für die Anordnung, dass ein begonnener, aber noch nicht geschlossener Termin jetzt beendet und zu anderer Zeit fortgesetzt werden soll. Eine Bek ist jedoch erforderlich, wenn in einer Versammlung bereits der Termin für die nächste Versammlung beschlossen wird; § 218 ZPO ist nicht entspr anwendbar. Eine **Erweiterung der Tagesordnung** für die Sitzung, in die vertagt wird, ist nicht zulässig,[11] weil die mit der öffentlichen Bek der Tagesordnung bezweckte Schutzwirkung sonst umgangen werden könnte. 9

3. Anfechtung. Gegen die **Einberufung** der GlVersammlung und die damit einhergehenden Anordnungen (Ort, Zeit, Tagesordnung) ist wegen § 6 die Beschw nicht statthaft.[12] Bei Einberufung durch den Rpflg ist sofortige Erinnerung gem § 11 Abs 2 RPflG möglich. Gegen eine den Antrag abl Entsch ist die sof Beschw nach § 75 Abs 3 zulässig. 10

III. Das Teilnahmerecht

1. Berechtigung. Teilnahmeberechtigt sind, unabhängig vom Grund der Einberufung, nach Abs 1 S 2 die absonderungsberechtigten Gl (§§ 49–51), die InsGl §§ 38, 39 – die nachrangigen Gl sind teilnahmebefugt, aber nicht stimmberechtigt, § 77 Abs 1 S 2 – sowie die Mitglieder des GlAusschuss, der InsVerw[13] einschl Sachwalter, Treuhänder, der Sonderinsolvenverwalter und der Schu.[14] Zu den teilnahmebefugten InsGl rechnen auch die Gl nicht angemeldeter Forderungen.[15] Die Glaubhaftmachung der Forderung kann für die Teilnahmebefugnis nicht verlangt werden. Wird die Forderung bestritten, ist entspr § 77 Abs 2 zu verfahren.[16] Bei jur Pers erstreckt sich das Teilnahmerecht auf den Vertreter; ebenso auf Beistände. Teilnahmeberech- 11

7 FK/*Schmitt* § 74 Rn 7.
8 *BGH* NZI 2010, 734, 736 Rn 29 f.
9 *BGH* ZIP 2008, 1030 = *BGH* NZI 2008, 430 mit Anm *Gundlach/Keller*.
10 *BGH* NZI 2011, 713.
11 MK/*Ehricke* § 74 Rn 39.
12 *OLG Köln* ZInsO 2001, 1112.
13 Zur Frage der Vertretungsbefugnis *Uhlenbruck/Knof* § 74 Rn 7; *K Schmidt/Jungmann* § 74 Rn 20.
14 Zur Teilnahmeberechtigung der Gesellschafter *K Schmidt/Jungmann* § 74 Rn 14, HambKomm/*Preß* § 74 Rn 11.
15 *Uhlenbruck/Knof* § 74 Rn 6; MK/*Ehricke* § 74 Rn 27.
16 MK/*Ehrike* § 74 Rn 27.

tigt sind auch GlAusschussmitglieder, die nicht Gl sind (wegen ihrer verfahrensbezogenen Informationsrechte) und die Genossen in der GenossenschaftsIns. Nicht teilnahmeberechtigt sind Massegläubiger[17] und Aussonderungsberechtigte.

12 **2. Gerichtliche Verhandlung.** Die GlVersammlung ist **nicht öffentlich**.[18] Ungeachtet der Selbstverwaltungsfunktion der Versammlung ist sie Teil eines gerichtlichen Verf und steht deshalb unter der Leitung des G, § 76 Abs 1. Sie ist mithin eine **gerichtliche Verhandlung** iSd §§ 175 ff GVG. Deshalb kann das G über Abs 1 hinaus gem § 175 Abs 2 GVG einzelnen Personen den Zutritt gestatten. Die Entsch steht im freien, aber sachlich begründeten Ermessen des G. Hierher gehören zB eine Gestattung zu Ausbildungszwecken (Referendare, Rechtspflegeranwärter), die Zulassung eines Vertreters der Standesorganisation (IHK, Handwerkskammer etc) oder von Aufsichtsratsmitgliedern.

13 Eine Zulassung kann auch für **Pressevertreter**[19] in Betracht kommen, wenn das Verf von weitreichender Bedeutung ist, insb wenn es zu Aufsehen außerhalb der beteiligten Kreise geführt hat. Eine solche grds Zulassung schließt nicht aus, dass bei der Erörterung von der Vertraulichkeit bedürftigen Gegenständen die Gestattung aufgehoben oder unterbrochen wird.

14 Ton- und Fernsehaufnahmen sind schon in öffentlichen Sitzungen unzulässig, § 169 S 2 GVG.[20] Dies hat dann in der GlVersammlung erst recht zu gelten, so dass Personen mit darauf gerichteter Absicht der Zutritt nicht gestattet werden kann.

§ 75 Antrag auf Einberufung

(1) Die Gläubigerversammlung ist einzuberufen, wenn dies beantragt wird:

1. vom Insolvenzverwalter;
2. vom Gläubigerausschuss;
3. von mindestens fünf absonderungsberechtigten Gläubigern oder nicht nachrangigen Insolvenzgläubigern, deren Absonderungsrechte und Forderungen nach der Schätzung des Insolvenzgerichts zusammen ein Fünftel der Summe erreichen, die sich aus dem Wert aller Absonderungsrechte und den Forderungsbeträgen aller nicht nachrangigen Insolvenzgläubiger ergibt;
4. von einem oder mehreren absonderungsberechtigten Gläubigern oder nicht nachrangigen Insolvenzgläubigern, deren Absonderungsrechte und Forderungen nach der Schätzung des Gerichts zwei Fünftel der in Nummer 3 bezeichneten Summe erreichen.

(2) Der Zeitraum zwischen dem Eingang des Antrags und dem Termin der Gläubigerversammlung soll höchstens drei Wochen betragen.

(3) Wird die Einberufung abgelehnt, so steht dem Antragsteller die sofortige Beschwerde zu.

Übersicht

17 **AA** *K Schmidt/Jungmann* § 74 Rn 17.
18 MK/*Ehricke* § 74 Rn 2.
19 Krit MK/*Ehricke* § 76 Rn 5.
20 Differenzierend *Uhlenbruck/Knof* § 74 Rn 8.

I. Normzweck

1 Die Norm regelt die **Antragsbefugnis** für die Einberufung einer GlVersammlung. Sie ergänzt die Fälle der Pflichteinberufung (vgl § 74 Rn 2) und ist Ausdruck der GlAutonomie. Liegt ein wirksamer Antrag vor, so muss das G die GlVersammlung einberufen, ein Ermessensspielraum kommt dem G insoweit nicht zu.[1] Unabhängig hiervon kann das InsGer jederzeit von Amts wegen eine GlVersammlung nach eigenem Ermessen einberufen.

II. Antragsberechtigung

2 Dem Schu steht kein Antragsrecht zu.[2] Antragsberechtigt sind:

3 **1. Verwalter.** Nach **Nr 1** der Verw,[3] auch der Sonderverw.[4] Allerdings ist der InsVerw nicht befugt, eine GlVersammlung zur Aufhebung der Sonderinsolvenzverwaltung zu beantragen.[5]

4 **2. GlAusschuss.** Nach **Nr 2** der GlAusschuss als Kollegialorgan aufgrund einer BeschlFassung nach § 72. Einzelne Ausschussmitglieder können nur aufgrund von Nr 3 oder 4 initiativ werden. Ist der Beschl nach Auffassung des G unwirksam (s § 72 Rn 5), so liegt ein wirksamer Antrag nicht vor; über die BeschlUnwirksamkeit wird inzident iRv § 75 entschieden.

5 **3. Fünf einzelne Gläubiger.** Nach **Nr 3** mindestens fünf absonderungsberechtigte Gl (§§ 49–51) oder nicht nachrangige InsGl (§ 38), deren Absonderungsrechte und Forderungen nach der **Schätzung** des G zusammen[6] ein Fünftel der Summe erreichen, die den Wert aller Absonderungsrechte und nicht nachrangigen Forderungen ausmacht.[7] Die Schätzung erfolgt nach den zu § 287 ZPO entwickelten Grundsätzen.[8] Der Wert eines Absonderungsrechtes entspricht dem Betrag, der dem Gl nach der Verwertung der Sicherheit zufließen wird. IE müssen also 20 % der angemeldeten InsFord (§ 38) repräsentiert sein; in welcher Kombination dies geschieht, ist ohne Belang.

6 Im Hinblick auf § 77 Abs 2 S 1 kann bei den InsFord nicht zwischen **bestr und unbestr** Forderungen unterschieden werden; für das Antragsrecht genügt es, wenn eine Forderung ordnungsgemäß angemeldet ist.[9] Das G entscheidet auf der Basis der vorliegenden Unterlagen wie Forderungsanmeldung oder der Forderungstabelle und kann ggf eine Stellungnahme des InsVerw einholen. Darüber hinausgehende Ermittlungen sind nicht erforderlich.[10]

7 Steht einem Absonderungsberechtigten auch die persönliche Forderung zu (§ 52), so ist er auch InsGl; es entscheidet dann, unabhängig vom Realisierungswert der Sicherheit, die Forderungshöhe, sofern ordnungsgemäß angemeldet. Zu beachten ist dann aber, dass in einem solchen Fall in den Vergleichswert, aus dem das Fünftel zu errechnen ist, nicht Absonderungsrecht **und** Forderung zusammen eingestellt werden dürfen.

---

1 *BGH* NZI 2005, 31; *LG Mönchengladbach* ZInsO 2013, 1753; *LG Göttingen* ZInsO 2013, 144 (mit Ausnahme für den Fall, dass der Antrag willkürlich gestellt wird).
2 *BGH* NZI 2010, 577; für den Fall der Unterhaltsgewährung nach § 100 soll auch der Schu antragsberechtigt sein FK/*Schmitt* § 75 Rn 2 unter Hinweis auf *LG Schwerin* ZInsO 2002, 1096; *K/P/B*/§ 75 Rn 3.
3 Der Verwalter ist nicht befugt, die Einberufung eines Gläubigerversammlung zwecks Abberufung eines Sonderverwalters zu beantragen *BGH* ZIP 2015, 1076 = NZI 2015, 651 = ZInsO 2015, 1100.
4 Zur Bestellung des Sonderinsolvenzverwalters *Fölsing* NZI 2009, 297.
5 *BGH* NJW-RR 2015, 1397.
6 MK/*Ehricke* § 75 Rn 10; *Uhlenbruck/Knof* § 75 Rn 5 (Ermittlungsgrundlage ist zu dokumentieren).
7 *K Schmidt/Jungmann* § 75 Rn 9, 10.
8 *BGH* ZInsO 2009, 1532 = NZI 2009, 604.
9 *BGH* ZInsO 2011, 131 Rn 6; NZI 2005, 31; MK/*Ehricke* § 75 Rn 8, 10.
10 *BGH* NZI 2009, 604 = ZInsO 2009, 1532.

8 **4. Einzelne Gläubiger.** Nach **Nr 4** einer oder mehrere absonderungsberechtigte Gl oder nicht nachrangige InsGl, deren Absonderungsrechte und Forderungen nach der Schätzung des G zwei Fünftel des Vergleichswertes (oben Rn 5) erreicht. Zur Errechnung gilt das oben Rn 5–7 Gesagte entspr. Die Klausel ist auf GroßGl zugeschnitten.

III. Entscheidung

9 **1. Prüfungsumfang.** Das **G darf lediglich prüfen**, ob ein ordnungsgemäßer Antrag, der schriftlich oder zu Protokoll der Geschäftsstelle gestellt werden kann, vorliegt.[11] Das ist dann der Fall, wenn er auf einen zulässigen Zweck gerichtet ist, Abs 1 entspricht und die erforderlichen Angaben zur Tagesordnung[12] (§ 74 Abs 2 S 1) enthält. Ist Letzteres nicht der Fall, so ist dem/den Antragsteller(n) die Ergänzung aufzugeben; wird keine Tagesordnung mitgeteilt oder ist das Mitgeteilte zu unbestimmt (vgl § 74 Rn 8), so ist der Antrag abzulehnen, weil eine ordnungsgemäße Einberufung nicht möglich ist.

10 Ein Ablehnungsrecht besteht nicht etwa deshalb, weil das G den beabsichtigten BeschlAntrag für unzweckmäßig oder interessenwidrig hält. Dem G steht **kein materielles Prüfungsrecht** zu, auch nicht hinsichtlich der Frage, ob ein Antrag willkürlich gestellt und deshalb abzulehnen sei, da diese Beurteilung den Gl obliegt.[13] Eines zusätzlich darzulegenden **Rechtsschutzinteresses** bedarf es nicht.[14] Hat das G das **schriftliche Verf** angeordnet, hat es auf den Antrag eines InsGl die Wahl eines neuen InsVerw entweder auf schriftlichem Wege durchzuführen oder in das regelmäßige Verf überzugehen.[15]

11 **2. Beschlussfassung und Fristen.** Funktionell zuständig für die BeschlFassung ist der Rpflg (§ 18 Abs 1 RPflG), sofern sich der InsRichter die Entsch nicht vorbehalten hat (§ 18 Abs 2 RPflG). Sofern ein Antrag abgelehnt wird, ist er im Hinblick auf die BeschwMöglichkeit nach Abs 3 zu begründen.[16]

Zwischen Antragseingang und Termin sollen höchstens drei Wochen liegen, Abs 2. Die Ladungsfrist (§ 74 Rn 6) gilt auch hier.[17] IE hat die Bekanntmachung der Einladung mindestens sechs Tage vor dem Versammlungstermin zu erfolgen.[18]

IV. Anfechtbarkeit

12 Gegen die volle oder tw Ablehnung des Antrages ist nach Abs 3 die sofortige Beschw statthaft. Dies gilt auch dann, wenn die Ablehnung darauf gestützt wird, dass das Quorum nicht erreicht ist.[19]

13 Nicht beschwerdebefugt ist der einzelne Gl, der für sich nicht berechtigt wäre, einen Antrag auf Einberufung der GlVersammlung gem Nr 3, 4 zu stellen. Die BeschwBefugnis folgt spiegelbildlich der Antragsbefugnis. Der/die BeschwFührer muss/müssen allein oder gemeinsam mit anderen Gl das Quorum nach Nr 3, 4 erreichen.[20]

---

11 FK/*Schmitt* § 75 Rn 8, 9.
12 *LG Mönchengladbach* ZInsO 2013, 1753.
13 *OLG Celle* NZI 2002, 314, 315, MK/*Ehricke* § 75 Rn 4, FK/*Schmitt* § 75 Rn 10 (Neutralitätspflicht des Gerichts); **aA** *LG Göttingen* NZI 2013, 144, *AG Duisburg* ZIP 2010, 2362 = NZI 2010, 910; *A/G/R/Lind* § 75 Rn 6 (wenn ein Antrag offensichtlich willkürlich gestellt wird); *K Schmidt/Jungmann* § 75 Rn 3.
14 *LG Mönchengladbach* ZInsO 2010, 1753; *LG Stendal* ZIP 2012, 2168 = ZInsO 2012, 2208 mit Anm *Haarmeyer*; **aA** *AG Duisburg* ZIP 2010, 2362 = NZI 2010, 910.
15 *BGH* NJW-RR 2013, 1316 Rn 7, 12, 13 unter Hinweis auf § 57.
16 FK/*Schmitt* § 75 Rn 11.
17 *LG Stendal* ZIP 2012, 2168, 2170 = ZInsO 2012, 2208.
18 *Uhlenbruck/Knof* § 75 Rn 8.
19 *BGH* NZI 2007, 723; HambKomm/*Preß* § 75 Rn 14.
20 *BGH* NZI 2011, 284 = ZInsO 2011, 727; EWiR 2011, 391 (*Keller*).

14 Gegen die Einberufung der Versammlung ist wegen § 6 bei einer RichterEntsch kein Rechtsmittel, bei einer RpflgEntsch die befristete Erinnerung statthaft, § 11 Abs 2 RPflG. Erinnerungsberechtigt ist jeder Beteiligte. Da die Einberufung nicht im Ermessen des InsGer steht, kann sie auch durch das BeschwGer angeordnet werden.[21]

21 *BGH* NJW-RR 2005, 278.

§ 76 Beschlüsse der Gläubigerversammlung

(1) Die Gläubigerversammlung wird vom Insolvenzgericht geleitet.

(2) Ein Beschluss der Gläubigerversammlung kommt zustande, wenn die Summe der Forderungsbeträge der zustimmenden Gläubiger mehr als die Hälfte der Summe der Forderungsbeträge der abstimmenden Gläubiger beträgt; bei absonderungsberechtigten Gläubigern, denen der Schuldner nicht persönlich haftet, tritt der Wert des Absonderungsrechts an die Stelle des Forderungsbetrags.

Übersicht

Literatur: *Grell/Klockenbring* Stimmverbote in Gläubigerversammlung und Gläubigerausschuss – Grenzen der Gläubigermitbestimmung im Insolvenzverfahren, DB 2014, 2514; *Hiebert* Zur verfahrensrechtlichen Behandlung von Planänderungen im Erörterungs- und Abstimmungstermin – zwischen Gläubigerautonomie und gerichtlicher Verfahrensleitung, ZInsO 2015, 113; *Trams* Die Gläubigerversammlung: Einberufung und Beschlussfassung, NJW-Spezial 2010, 469; *Zimmermann* Beschlussfassung des Gläubigerausschusses/der Gläubigerversammlung bzgl besonders bedeutsamer Rechtshandlungen (§ 160 InsO), ZInsO 2012, 245.

I. Normzweck

1 Die Norm regelt die **Durchführung** der GlVersammlung durch das InsG sowie die **Mehrheitsanforderungen** an das Zustandekommen von Beschl. Die Norm ergänzt damit §§ 74, 75, welche die Einberufung der GlVersammlungen sowie das Anwesenheitsrecht regeln und §§ 77, 78, welche die Modalitäten der Feststellung der Stimmrechte sowie das Kassationsrecht des G zum Gegenstand haben.

II. Die Versammlungsleitung

2 Das G (Richter oder im Regelfall der Rpflg nach Maßgabe des § 18 Abs 1, 2 RPflG) leitet die nicht öffentliche GlVersammlung als neutraler Mittler.[1] Das G hat für den ordnungsgemäßen Ablauf der Versammlung zu sorgen. Der InsRichter oder InsRpflg können als Versammlungsleiter in enstpr Anwendung der ZPO-Normen abgelehnt werden.[2] Dem G stehen die **sitzungspolizeilichen Befugnisse** der §§ 176 ff GVG zu,[3] sie bestehen gegenüber allen

1 Zur besonderen Bedeutung im InsPlanVerf *Uhlenbruck/Knof* § 76 Rn 6.
2 MK/*Ehricke* § 76 Rn 4.
3 MK/*Ehricke* § 76 Rn 6 f; FK/*Schmitt* § 76 Rn 8.

Anwesenden[4] und sind unabhängig vom Versammlungsort, bestehen also auch bei einer Versammlung außerhalb der Gerichtsstelle. Der Rpflg ist in seinen Befugnissen lediglich durch § 4 Abs 2 RPflG beschränkt. Er kann keine Ordnungshaft verhängen, wohl aber die Entfernung eines Anwesenden aus dem Sitzungsraum anordnen.

3 Das G hat einen Urkundsbeamten der Geschäftsstelle zuzuziehen; für das zu erstellende **Protokoll** gelten die §§ 159 ff ZPO entspr. Soweit sich ein stimmberechtigter Gl vertreten lässt, ist die Vollmacht (mit Ausnahme der Vollmacht eines RA) zu überprüfen.[5] Das G hat zu Beginn der GlVersammlung die Beschlussfähigkeit festzustellen.

4 Zur Teilnahmeberechtigung der Gl an der Versammlung s § 74 Rn 11. Bei der Zulassung Externer an der nicht-öffentlichen Sitzung sind die Geheimhaltungsinteressen zu wahren,[6] sa § 74 Rn 12 f. Pressevertretern kann bei Großverfahren von öffentlichem Interesse die Anwesenheit gestattet werden.[7]

III. Die Beschlussfassung

5 **1. Amtliche Sitzung.** GlVersammlung ist nur **eine vom G** einberufene und vom G geleitete Zusammenkunft der Gl. Andere, vom Verw oder einzelnen Gl einberufene oder spontane Zusammenkünfte sind keine GlVersammlung im Rechtssinne; ihre Abstimmungsergebnisse sind ein rechtliches Nullum.

Die GlVersammlung ist so durchzuführen, dass eine geordnete Willensbildung und Abstimmung der Gl[8] möglich ist, §§ 136, 139 ZPO entspr.[9] Das G eröffnet die Sitzung, stellt die Anwesenheit und die Stimmberechtigung der Gl fest, ruft die einzelnen Tagesordnungspunkte auf und erteilt oder entzieht das Wort. Das G kann die GlVersammlung vertagen. Die Versagung einer beantragten Vertagung ist nicht anfechtbar.[10]

6 **2. Beschlussfähigkeit.** Für die **BeschlFähigkeit** der Versammlung genügt die Anwesenheit nur eines stimmberechtigten Gl.[11] Nimmt gar kein Gl teil oder ist der/die Gl nicht stimmberechtigt, liegt keine BeschlFähigkeit vor. Eine Ersetzungsbefugnis des G im Falle der BeschlUnfähigkeit besteht nicht, es bleibt dann bei der EntschKompetenz des InsVerw.[12] Die GlVersammlung kann jedoch für einen solchen Fall generell dem G eine EntschBefugnis übertragen.[13] **Eine Ausnahme bildet § 160.** Ist die einberufene GlVersammlung beschlussunfähig, wird in den genannten Fällen die **Zustimmung fingiert**, worauf bei der Einladung zur GlVersammlung hinzuweisen ist.[14] Dies setzt allerdings die **ordnungsgemäße Ladung** und damit eine hinreichend präzisierte **Tagesordnung** voraus.[15]

---

4 Wegen der Einschränkung von § 177 GVG bei Anwälten vgl MK-ZPO/*Wolf* § 177 GVG Rn 3.
5 *BGH* ZIP 2008, 2428.
6 *N/R/Delhaes* § 76 Rn 1; *K Schmidt/Jungmann* § 76 Rn 6; *Uhlenbruck/Knof* § 76 Rn 14.
7 *Uhlenbruck/Knof* § 76 Rn 16.
8 MK/*Ehricke* § 76 Rn 11 (der Schu hat keinen Anspruch auf Stellungnahme).
9 *BGH* ZIP 2010, 1499 Rn 34.
10 *BGH* ZIP 2006, 1065 = NZI 2006, 404.
11 *BGH* NZI 2007, 732; HambKomm/*Preß* § 76 Rn 7.
12 *N/R/Delhaes* § 76 Rn 3; *Uhlenbruck/Knof* § 76 Rn 21; **aA** *K Schmidt/Jungmann* § 76 Rn 26.
13 MK/*Ehricke* § 76 Rn 21, *Uhlenbruck/Knof* § 76 Rn 23; vgl auch *Heukamp* ZInsO 2007, 57.
14 MK/*Ehricke* § 76 Rn 20 (Fiktion hat Wirkung nur im Innenverhältnis von GlVersammlung und InsVerw).
15 *Zimmermann* ZInsO 2012, 245, 248.

3. Stimmrechte. Vor der Abstimmung hat die **Feststellung der Stimmrechte** durch das G zu erfolgen, dazu § 77. **Ausgeschlossen vom Stimmrecht**[16] sind (wie beim GlAusschuss, vgl § 72 Rn 3) Gl, wenn Gegenstand der Abstimmung ein mit einer nahe stehenden Person abzuschließendes Rechtsgeschäft ist[17] oder wenn sie in eigener Person betroffen sind,[18] zB wegen ihrer Abberufung aus dem GlAusschuss. **Widerstreitende Interessen** können auch bei gemeinsamer anwaltlichen Vertretung von InsGl auftreten.[19] 7

4. Abstimmung. Die für die BeschlFassung notwendige Mehrheit ist nach Abs 2 mit der Stimmrechtsmehrheit erreicht **(einfache Summenmehrheit)**,[20]eine **Kopfmehrheit** ist nur ausnahmsweise erforderlich, vgl § 57 S 2. Das Abstimmungsergebnis folgt aus der Gegenüberstellung der abstimmungsbeteiligten Summen **(Vergleichswert)** zu den zustimmenden Summen **(Zustimmungswert)** bzgl jedes einzelnen Tagesordnungspunktes. Bei summenmäßigen Gleichstand ist der Beschluss nicht gefasst. Nichtige Stimmen haben keinen Einfluss auf die Wirkamkeit des Abstimmungsergebnisses.[21] 8

Bei der Ermittlung des **Vergleichswerts** zählen nur stimmberechtigte und nicht ausgeschlossene Gl, die erschienen oder ordnungsgemäß vertreten sind und sich an der Abstimmung beteiligen.[22] Wer sich **enthält**, stimmt nicht mit ab, es verringert sich mithin der Vergleichswert. Eine schriftliche Stimmabgabe ist, abgesehen von den gesetzlich zugelassenen Fällen zB § 242, nicht zulässig.[23] 9

Die Summen werden nach der Höhe der beteiligten Forderungen bestimmt. Gl bestrittener Forderungen sind nur stimmberechtigt, wenn eine Einigung über die Stimmrechte erzielt wird oder das G das Stimmrecht feststellt.[24] Dies gilt auch für **Absonderungsberechtigte,** sofern ihnen der Schu auch persönlich haftet und sie die persönliche Forderung angemeldet haben. Sie sind dann mit der gesamten Forderung zu berücksichtigen, § 77 Rn 19, 20. Haftet der Schu nicht persönlich oder wurde die persönliche Forderung nicht angemeldet, so zählt der Wert des Absonderungsrechts. Das ist der Betrag, der dem Gl bei der Verwertung voraussichtlich zufließen wird. Bei akzessorischen Sicherheiten entscheidet die Höhe der schuldrechtlichen Forderung. Es ergeben sich demnach drei verschiedene Fallgestaltungen: 10

a) Der Schu haftet nur persönlich; dann entscheidet die angemeldete Forderungshöhe;
b) Der Schu haftet persönlich, die Forderung ist tw durch Absonderungsrechte gesichert; hier werden gesicherter und ungesicherter Teil zusammengerechnet;[25]
c) der Schu haftet nur dinglich; hier zählt der Wert des Absonderungsrechts, der sich bei akzessorischen Sicherheiten wiederum an der Forderung orientiert.

---

16 Zu **Stimmverboten** und **Stimmrechtsausschlüssen** *Uhlenbruck/Knof* § 77 Rn 4–6 und 9–11; *K Schmidt/Jungmann* § 76 Rn 15–21; kritisch *Grell/Klockenbring* DB 2014, 2514.

17 Vgl *AG Kaiserslautern* ZIP 2006, 531 (Abstimmung über einen Schadensersatzanspruch gegen den Gl).

18 *AG Itzehoe* BeckRS 2014,16574

19 *AG Duisburg* NZI 2007, 728 f (für den Fall der anwaltlichen Vertetung von InsGl und Interessenten für die Übernahme von Teilen der InsMasse).

20 *K/P/B/Kübler* § 76 Rn 17 (auch für Fragen bzgl gesamthänderischer Berechtigung); zur Gefahr der Dominanz der Großgläubiger s *K/P/B/Kübler* § 76 Rn 3; *K Schmidt/Jungmann* § 76 Rn 8.

21 *Uhlenbruck/Knof* § 76 Rn 31.

22 *K Schmidt/Jungmann* § 76 Rn 14 (sind mehrere Gl Inhaber der Forderung, zählt der Forderungsbetrag nur einmal).

23 MK/*Ehricke* § 76 Rn 26.

24 FK/*Schmitt* § 76 Rn 11.

25 MK/*Ehricke* § 76 Rn 25; *Buck* Der Gl im InsVerf, Kap 10 Rn 83.

11 Ein Beschl ist gefasst, wenn der Zustimmungswert die Hälfte des Vergleichswertes (Rn 8) übersteigt. Das fehlende Erfordernis der **Kopfmehrheit** begünstigt iE die Dominanz der absonderungsberechtigten Gl,[26] der nur über § 78 begegnet werden kann.

12 Erreicht der Zustimmungswert den Vergleichswert, liegt also summenmäßige Stimmengleichheit vor, so ist der Antrag (Vorschlag) abgelehnt.

IV. Anfechtung

13 Die gefassten Beschl sind für den InsVerw bindend. Keine Bindungswirkung entfalten Beschl im Falle ihrer Nichtigkeit[27] oder wenn sie nach § 78 aufgehoben wurden. Die Nichtigkeit von Beschl, zB im Falle nicht ausreichend präziser Tagesordnung, kann von jedermann geltend gemacht werden.[28]

Die Beschl der GlVersammlung sind nicht anfechtbar, können aber in einer späteren GlVersammlung wieder aufgehoben werden. Stellt die GlVersammlung keinen BeschlAntrag, kann von einem einzelnen Gl eine darauf gestützte ger Maßnahme nicht angefochten werden.[29]

§ 77 Feststellung des Stimmrechts

(1) [1]Ein Stimmrecht gewähren die Forderungen, die angemeldet und weder vom Insolvenzverwalter noch von einem stimmberechtigten Gläubiger bestritten worden sind. [2]Nachrangige Gläubiger sind nicht stimmberechtigt.

(2) [1]Die Gläubiger, deren Forderungen bestritten werden, sind stimmberechtigt, soweit sich in der Gläubigerversammlung der Verwalter und die erschienenen stimmberechtigten Gläubiger über das Stimmrecht geeinigt haben. [2]Kommt es nicht zu einer Einigung, so entscheidet das Insolvenzgericht. [3]Es kann seine Entscheidung auf den Antrag des Verwalters oder eines in der Gläubigerversammlung erschienenen Gläubigers ändern.

(3) Absatz 2 gilt entsprechend

1. für die Gläubiger aufschiebend bedingter Forderungen;

2. für die absonderungsberechtigten Gläubiger.

Übersicht

Literatur: *Grell/Klockenbring* Stimmverbote in Gläubigerversammlung und Gläubigerausschuss – Grenzen der Gläubigermitbestimmung in Insolvenzverfahren? DB 2014, 2514; *Frind* Auf ‚Null' gesetzt, ZInsO 2011, 1726 f; Grell/Klockenbring Stimmverbote in Gläubigerversammlung und Gläubigerausschuss – Grenzen der Gläubigermitbestimmung in Insolvenzverfahren?, DB 2014, 2514; *Plathner/Sajogo* Das Stimmrecht in der Gläubigerversammlung, ZInsO 2011, 1090.

26 Zur Problematik s MK/*Ehricke* § 76 Rn 2; *Uhlenbruck/Knof* § 76 Rn 1.
27 *BGH* NZI 2011, 713 (Nichtige Beschlüsse bedürfen keiner besonderen Aufhebungsentscheidung).
28 *BGH* ZInsO 2011, 1598; NZI 2010, 648.
29 *BGH* NZI 2010, 980.

I. Normzweck

Während § 76 Abs 2 die **BeschlVoraussetzungen** in der GlVersammlung regelt, regelt § 77 die Feststellung der **Stimmberechtigung** für die Abstimmungen in der GlVersammlung. Im PlanVerf ist die Norm nach Maßgabe der §§ 237, 238, entspr anwendbar. Zu beachten ist der durch das ESUG eingefügte § 238a. 1

II. Feststellungsverfahren

1. Stimmrechtsfähigkeit. Stimmrechtsfähig sind die Gl nicht nachrangiger InsFord sowie die Inhaber von Absonderungsrechten – in vollem Umfang ihrer Forderungen, sofern ihnen der Schu auch persönlich haftet (s unten Rn 19). Bei absonderungsberechtigten GL ohne persönliche Forderung kommt es auf den geschätzten Wert des Sicherungsgutes an. Nachrangige InsGl (§ 39) sind als solche nicht stimmrechtsfähig, Abs 1 S 2. Sind solche Ansprüche jedoch in absonderungsberechtigender Form besichert, sind die Gl wie Absonderungsberechtigte zu behandeln, denen keine persönliche Forderung zusteht (s unten Rn 19). Nicht stimmberechtigt sind MasseGl, Mitglieder des GlAusschusses und Aussonderungsberechtigte,[1] soweit sie nicht gleichzeitig InsGl sind sowie der InsVerw. 2

2. Stimmberechtigung. Zu berücksichtigen sind die **angemeldeten** Forderungen. Dies umfasst zunächst die formell gem § 174 Abs 1 angemeldeten Forderungen, aber auch die erst im (Berichts)Termin geltend gemachten Forderungen, sofern die Anmeldefrist zZ der GlVersammlung noch nicht verstrichen ist.[2] 3

Die Norm unterscheidet zwischen **unbestrittenen** und **bestrittenen** Forderungen, unabhängig davon, ob es sich um geprüfte oder ungeprüfte Forderungen handelt; dh auch ungeprüfte, aber nicht bestrittene Forderungen sind, sofern der Prüfungstermin nach dem Versammlungstermin liegt, für die jeweilige Versammlung zu berücksichtigen.[3] Während nach Abs 1 S 1 angemeldete und weder vom InsVerw noch von einem stimmberechtigten Gl bestrittene Forderungen ohne Weiteres stimmberechtigt sind,[4] sind Gl bestrittener Forderungen nur stimmberechtigt, wenn nach Abs 2 eine Einigung erfolgt oder das InsGer die Stimmberechtigung feststellt.[5] Bestreiten können der InsVerw und die erschienenen stimmberechtigten Gl. 4

Liegt eine ordnungsgemäße Anmeldung vor und wird die Forderung **nicht wirksam bestritten,** ist das Stimmrecht in Höhe der angemeldeten Forderung zu gewähren.[6] Im Rahmen einer **zweistufigen Prüfung** ist vor der Feststellung der **Höhe des Stimmrechts** über das **Bestehen des Stimmrechts** dem Grunde nach zu entscheiden.[7] Vom Bestehen eines Stimmrechts ist auszugehen, wenn eine urkundlich belegte Forderungsanmeldung vorliegt, die nicht offenkundig unberechtigt ist.[8] 5

Stimmberechtigt sind nur die **anwesenden** GL, wobei diese sich durch einen **Bevollmächtigten** vertreten lassen können. Eine **schriftliche Stimmabgabe** ist nicht zulässig.[1] 6

---

1 MK/*Ehricke* § 77 Rn 2.
2 *AG Frankfurt* NZI 2009, 441; MK/*Ehricke* § 77 Rn 6; *Uhlenbruck/Knof* § 77 Rn 3; *K/P/B/Kübler* § 77 Rn 28, 29.
3 MK/*Ehricke* § 77 Rn 7; *K/P/B/Kübler* § 77 Rn 11, 12.
4 Zur Unbeachtlichkeit des Widerspruch des Schu in diesem Fall *K/P/B/Kübler* § 77 Rn 8.
5 *A/G/R/Lind* § 77 Rn 5.
6 HambKomm/*Preß* § 77 Rn 6, 7.
7 A/G/R/Lind § 77 Rn 3.
8 *AG Frankfurt* NZI 2009, 441 zur Substantiierungspflicht.

7 **Stimmrechtsverbote** und **Stimmrechtsausschlüsse** bei Interessenkollision sind zu beachten.[9] Die Berechtigung von Stimmverboten ist für die GlVersammlung zuletzt krtisch angesprochen worden.[10] Jedenfalls bei **offensichtlicher Interessenkollision** behalten Stimmverbote jedoch zwecks Vermeidung rechtswidriger Beschlüsse ihre Berechtigung; das Stimmrechte ist dann auf Null festsetzen.[11]

8 **3. Stimmrecht bei unbestrittenen Forderungen, Abs 1.** Uneingeschränkt stimmberechtigt sind die angemeldeten Forderungen, die weder vom Verwalter noch von einem stimmberechtigten Gl bestritten wurden, Abs 1 S 1. Dies muss nicht identisch sein mit der in § 178 Abs 1 geregelten Feststellung. Angemeldete, aber noch **ungeprüfte Forderungen** sind bei fehlendem Bestreiten ebenfalls in vollem Umfang stimmberechtigt.[12] Eine nach § 174 Abs 3 festgestellte Forderung eines nachrangigen Gl ist nach dem Wortlaut von Abs 1 S 2 nicht stimmberechtigt. Haben Gl wechselseitig jeweils die Forderung des anderen bestritten, so ist weder die Zuordnung der betr Forderungen zu Abs 1 noch zu Abs 2 möglich, denn es kann hier wie dort nicht entschieden werden, ob ein Bestreiten iSv § 77 („stimmberechtiger Gläubiger"!) überhaupt vorliegt. Um das Erg einer gegenseitigen Blockade zu vermeiden, sollten solche Forderungen Abs 2 zugeordnet werden.

9 **4. Einigung bei bestrittenen Forderungen, Abs 2.** Wird die geprüfte oder ungeprüfte Forderung durch erschienene stimmberechtigte Gl oder den InsVerw **bestritten**, greift das Verf nach Abs 2 ein.[13] Es bedarf der **Einigung** nach Abs 2 oder der **Feststellung** des Stimmrechts durch das G. Die Einigung über das Stimmrecht hat nach Abs 2 S 1 zwischen den erschienen stimmberechtigten Gl und dem InsVerw zu erfolgen, einschl des AnmeldeGl.[14] Bei Gegenstimmen kommt eine Einigung nicht zustande. Enthaltungen sind nicht zu berücksichtigen. Bei nur vorl Bestreiten durch den InsVerw greift Abs 2 nicht ein.[15] Eine zustande gekommene Einigung ist vom G zu protokollieren. Die Einigung kann auch nur über einen Teil der Forderung zustande kommen. Die Wirkung der Einigung wirkt für folgende GlVersammlungen fort,[16] hat aber kein Präjudiz für das Feststellungsverfahren gem § 179.

III. Die Stimmrechtsentscheidung des Gerichts bei bestrittenen Forderungen

10 **1. Notwendigkeit.** Das G ist zu einer StimmrechtsEntsch berufen, wenn bei einer bestrittenen Forderung eine Einigung nicht zustande kommt, Abs 2 S 2. Dieses Verf ist verfassungsrechtl unbedenklich.[17]

11 **2. Formalprüfung.** Das G hat dabei zunächst zu prüfen, ob die Forderung in ihrer vom Anmelder behaupteten Art überhaupt InsFord sein kann und ob sie ordnungsgemäß angemeldet wurde (oben Rn 3).

---

9 Generell zur Berücksichtigung von Stimmrechtsverboten *Uhlenbruck/Knof* § 77 Rn 4 -6; MK/*Ehricke* § 77 Rn 35; *K/P/B/Kübler* § 77 Rn 21; zu Stimmrechtsausschlüssen *LG Hamburg* NZI 2015, 28; *Uhlenbruck/Knof* § 77 Rn 11; *LG Kleve* BeckRS 2016, 12139 (Interessenkollision bei Anfechtung eines Notarvertrages, den dem der Gl beteiligt war).

10 *Grell/Klockenbring* DB 2014, 2514.

11 *LG Hamburg* NZI 2015, 28; *AG Itzehoe* NZI 2014, 1006 – Prokon, mit Bspr *Schulte;* generell zur Berücksichtigung von **Stimmrechtsverboten** *Uhlenbruck/Knof* § 77 Rn 4 – 6; MK/*Ehricke* § 77 Rn 35; *K/P/B/Kübler* § 77 Rn 21; zu **Stimmrechtsausschlüssen** *Uhlenbruck/Knof* § 77 Rn 9, 10.

12 Ein Widerspruch des Schu steht der Feststellung nicht entgegen: MK/*Ehricke* § 77 Rn 15.

13 *LG Hamburg* NZI 2015, 28; *AG Itzehoe* NZI 2014, 1006 – Prokon, (Einigung bei der Größe der Gläubigerversammlung ausgeschlossen).

14 *Plathner/Sajogo* ZInsO 2011, 1090, 1091 lSp; MK/*Ehricke* § 77 Rn 10 aE; *Uhlenbruck/Knof* § 77 Rn 19; **aA** *K/P/B/Kübler* § 77 Rn 16.

15 *Uhlenbruck/Knof* § 77 Rn 18.

16 MK/*Ehricke* § 77 Rn 12.

17 *BVerfG* NZI 2010, 57.

Stimmrechtsausschlüsse, die sich zB bei Verfolgung eigennütziger Ziele eines InsGl ergeben können, sind zu beachten.[18]

3. Schlüssigkeitsprüfung. Das G entscheidet nach pflichtgemäßen Ermessen über das Ob und Wie des Stimmrechts.[19] Abzustellen ist darauf, ob der Vortrag des Anmelders sachlich glaubhaft (Tatsachenseite) und rechtlich begründet (Schlüssigkeit) erscheint.[20] Ist das der Fall, so ist das Stimmrecht zuzusprechen. Es handelt sich um eine **summarische Prüfung** auf der Grundlage der vorhandenen Erkenntnisse. Ist das G aufgrund des Vortrags von Anmelder und Verw (Bestreiter) der Überzeugung, dass die Forderung nicht besteht oder in der Ins nicht durchsetzbar oder aber als Masseschuld nicht beteiligt ist, so ist ein Stimmrecht zu versagen. **Im Zweifel** ist das Stimmrecht zu gewähren, um eine möglichst breite Abstimmungsbasis in den Versammlungen zu sichern.[21] Das Stimmrecht kann auch für einen Bruchteil der behaupteten Forderung festgesetzt werden. 12

Ist die Forderung zwar bestritten, aber bereits **tituliert**, so hat sie die Vermutung der Richtigkeit für sich.[22] Eine Versagung oder Beschränkung des Stimmrechts kann hier nur infrage kommen, wenn der Widersprechende glaubhaft darlegen kann, dass der Titel zu Unrecht erging und noch prozessual angegriffen werden kann, oder dass der titulierte Anspruch bereits erfüllt ist. 13

4. Zuständigkeit und Form. Die Entsch ergeht durch Beschl, der zu begründen ist. Zuständig ist der Rpflg, sofern sich der Richter die Entscheidung nicht vorbehalten hat (§ 18 Abs 2 RPflG). Regelmäßig ist der Beschl in der Versammlung zu verkünden; die mögliche Entsch im Bürowege nach Vertagung, überhaupt die Vertagung zum Zwecke der Entsch, sollten seltene Ausnahme sein. 14

IV. Abänderung und Anfechtung

1. Änderung. Das Ges differenziert nicht zwischen dem bleibenden, dh über die jeweilige Versammlung hinauswirkenden, und dem auf die einzelne Abstimmung (Versammlung) bezogenen Stimmrecht. Jede Stimmrechtsfeststellung wirkt somit zunächst auch für die Zukunft. Fraglich ist, ob das einvernehmlich gewährte Stimmrecht (Abs 2 S 1) in einer späteren Versammlung wieder durch einvernehmliche Entsch entzogen werden kann. Das ist zu bejahen, weil jede Abstimmung auf einer durch das Einvernehmen der Erschienenen gegründeten Vertrauensbasis beruhen muss. Es scheint zwar sinnvoll, ein einmal gewährtes Stimmrecht nicht immer wieder neu zu bestätigen, es muss aber andererseits möglich sein, es zu widerrufen. Dann ist gem Abs 2 S 2 zu verfahren. 15

Die ger Entsch durch Richter oder Rpflg kann nach Abs 2 S 3 auf Antrag geändert werden.[23] Dies kann in dem Termin geschehen, in dem entschieden wurde, wird aber dort seltene Ausnahme bleiben. Diese Änderung ist aber auch in jedem späteren Termin möglich.[24] Voraussetzung dafür wird sein, dass neue Tatsachen vorgetragen werden. Eine Besonderheit folgt aus § 18 Abs 3 RPflG: Hat sich eine StimmrechtsEntsch des Rpflg auf das Erg einer Abstimmung ausgewirkt, so kann der InsRichter auf Antrag eines Gl oder des Verw das Stimmrecht neu festsetzen und die Wiederholung der Abstimmung anordnen. Eine „Aus- 16

---

18 MK/*Ehricke* § 77 Rn 2; *Uhlenbruck/Knof* § 77 Rn 9–11.
19 *K/P/B/Kübler* § 77 Rn 18 f.
20 *AG Frankfurt* 2009, 441.
21 MK/*Ehricke* § 77 Rn 14 („in dubio pro creditore!").
22 *K/P/B/Kübler* § 77 Rn 19; MK/*Ehricke* § 77 Rn 16.
23 *K/P/B/Kübler* § 77 Rn 24 (Ausgleich für die Unanfechtbarkeit der ger Stimmrechtsentscheidung).
24 **AA** MK/*Ehricke* § 77 Rn 21; *K/P/B/Kübler* § 77 Rn 24.

wirkung“ iSd Norm liegt auch dann vor, wenn mehrere StimmrechtsEntsch zusammen das Abstimmungsergebnis beeinflusst haben.[25] Ein solcher Antrag kann im Termin der Entsch gestellt werden (aber erst nach einer davon präjudizierten Abstimmung), er ist auch in einem späteren Termin möglich. Stets muss er bis zum Schluss des Termins gestellt werden, in dem die Abstimmung stattgefunden hat. Hat der Richter die StimmrechtsEntsch abgeändert, so ist ein erneuter Antrag auf Änderung desselben Stimmrechts kein Antrag iSd § 18 Abs 3 RPflG, denn es liegt nunmehr keine RPflgEntsch mehr vor.[26] Der Entsch des Richters sollten keine neuen (dh im Termin nicht vorgebrachten) Beweismittel zugrundegelegt werden;[27] denn dann wäre sie nicht mehr Kontrollinstanz, sondern erstmalige NeuEntsch.

17 **2. Anfechtung.** Eine Anf der ger StimmrechtsEntsch ist nicht statthaft.[28] Die Erinnerung gegen die StimmrechtsEntsch eines Rpflg ist nach § 11 Abs 3 RPflG ausgeschlossen. Im letzteren Fall besteht aber die oben erwähnte Abänderungsmöglichkeit gem § 18 Abs 3 RPflG. Die daraufhin ergehende RichterEntsch ist unanfechtbar. Ggf kann Aufhebung des Beschl nach § 78 beantragt werden.

V. Bedingte Forderung; Absonderungsrecht

18 **1. Bedingte Forderung.** Für **aufschiebend** bedingte Forderungen gilt das vorstehend unter Rn 9–14 Gesagte entspr, Abs 3 Nr 1. Für die StimmrechtsEntsch wird entscheidend sein, wie groß die Wahrscheinlichkeit des Bedingungseintritts ist. **Auflösend** bedingte Forderungen werden wie unbedingte behandelt (§ 42), sie fallen unter Abs 1 und bei Bestreiten unter 2.

19 **2. Absonderungsrechte.** Absonderungsberechtigte Gl, denen eine unbestrittene persönliche Forderung ggü dem Schu zusteht, nehmen mit ihrer Forderung in voller Höhe am Verfahren teil und sind nicht auf die Ausfallforderung beschränkt.[29] Für Absonderungsberechtigte, denen keine persönliche Forderung gegenüber dem Schu zusteht, gilt Abs 2 entspr, Abs 3 Nr 2; dh es hat ein EinigungsVerf und ggf ein ger FeststellungsVerf zu erfolgen.

20 Wird die persönliche Forderung ggü dem Schu bestritten, greift Abs 2 ein; wobei das G sich nicht an der Ausfallwahrscheinlichkeit der Sicherheit, sondern am Bestand der persönlichen Forderung zu orientieren hat.[30] Das akzessorische Sicherungsrecht kann nicht höher angesetzt werden, als die Forderung des Gl reicht.

§ 78 Aufhebung eines Beschlusses der Gläubigerversammlung

(1) Widerspricht ein Beschluss der Gläubigerversammlung dem gemeinsamen Interesse der Insolvenzgläubiger, so hat das Insolvenzgericht den Beschluss aufzuheben, wenn ein absonderungsberechtigter Gläubiger, ein nicht nachrangiger Insolvenzgläubiger oder der Insolvenzverwalter dies in der Gläubigerversammlung beantragt.

(2) [1]Die Aufhebung des Beschlusses ist öffentlich bekannt zu machen. [2]Gegen die Aufhebung steht jedem absonderungsberechtigten Gläubiger und jedem nicht nachrangigen Insolvenzgläubiger die sofortige Beschwerde zu. [3]Gegen die Ablehnung des Antrags auf Aufhebung steht dem Antragsteller die sofortige Beschwerde zu.

---

25 *AG Frankfurt* NZI 2009, 441.
26 *K/P/B/Kübler* § 77 Rn 24; **aA** MK/*Ehricke* § 77 Rn 24.
27 *Wenzel* ZInsO 2007, 751, 753.
28 *BGH* ZIP 2008, 2428 = NZI 2009, 106.
29 *Uhlenbruck/Knof* § 77 Rn 29.
30 *K/P/B/Kübler* § 77 Rn 31.

Übersicht

Literatur: *Gundlach* Aufhebung von Beschlüssen der Gläubigerversammlung wegen Verstoßes gegen das Gemeinschaftsinteresse, ZInsO 2008, 852 (Anm); *Gundlach/Frenzel/Strandmann* Die Rechtsaufsicht des Insolvenzgerichts als Mittel der Begrenzung der Gläubigerautonomie, NZI 2008, 461.

I. Normzweck

§ 78 soll eine mögliche Durchsetzung von Individualinteressen von GroßGl entgegenwirken, 1
indem Beschl, welche gegen die **gemeinsamen Interessen aller Gl** in **erheblicher**[1] Weise verstoßen, **auf Antrag** durch **das G** aufgehoben werden können. Insofern ist die Norm eine Korrektur für das alleinige Abstellen auf die Forderungsmehrheit in § 76 Abs 2. Die Vorschrift ist, weil damit ein Eingriff in die GlAutonomie verbunden ist, eng auszulegen.[2] Bei **nichtigen Beschl**,[3] zB bei Vorliegen von Interessenkollisionen,[4] findet eine förmliche Beschl-Aufhebung nicht statt.[5] Ggf kann ein FeststellungsBeschl zwecks Klarstellung ergehen.[6]

II. Antragserfordernis

1. Antragsberechtigung. Eine Aufhebung kommt als Ausdruck der GlAutonomie nur auf 2
Antrag der bezeichneten GlGruppen in Betracht; ein Einschreiten von Amts wegen ist iRv § 78 nicht möglich. Formal **antragsberechtigt** sind alle **nicht nachrangigen InsGl** und alle **Absonderungsberechtigten,** sofern sie in der GlVersammlung anwesend waren. Absonderungsberechtigte Gl, denen keine persönliche Forderung zusteht, können allein aus der Beeinträchtigung ihres Sicherungsinteresses keine Benachteiligung ableiten.[7] Antragsberechtigt ist ferner der **InsVerw**; er wahrt damit das Interesse nicht anwesender Gl. **Kein Antragsrecht** des Verw besteht aber idR, wenn der Beschl von allen Gl gefasst wurde.[8] Der vom G bestellte, aber in der Versammlung abgewählte InsVerw behält sein Antragsrecht, es

1 *BGH* ZIP 2017, 1377 Rn 12; *LG Konstanz* ZInsO 2013, 2318.
2 *BGH* ZIP 2017, 1377; *LG Hamburg* ZIP 2015, 45 = ZInsO 2015, 209 mit Anm Hiebert.
3 *BGH* ZIP 2011, 1626 = ZInsO 2011, 1598; *AG Duisburg* NZI 2010, 303 (Einberufungsmangel).
4 *LG Hamburg* NZI 2015, 28 (zur anwaltlichen Treuepflicht in einem „qualifizierten" Näheverhältnis).
5 *BGH* ZIP 2011, 1622 = NZI 2011, 713; NZI 2010, 648; *AG Duisburg* NZI 2010, 303; MK/*Ehricke* § 78 Rn 10; deklaratorische Beschl können aber je nach Verfahrenslage sinnvoll sein *LG Hamburg* NZI 2015, 28 mit Anm *Ruhe-Schweigel.*
6 *AG Duisburg* NZI 2010, 303; *Uhlenbruck/Knof* § 78 Rn 8; *K/P/B/Kübler* § 78 Rn 14; *K Schmidt/Jungmann* § 78 Rn 9–11.
7 *K/P/B/Kübler* § 78 Rn 8; *Uhlenbruck/Knof* § 78 Rn 16; MK/*Ehricke* § 78 Rn 18.
8 MK/*Ehricke* § 78 Rn 8.

sei denn, es ist sogleich ein neuer Verw gewählt worden.[9] Gegen den Beschl der GlVersammlung, einen Antrag auf Bestellung[10] eines **SonderInsVerw** zu stellen, steht dem InsVerw kein Antragsrecht auf Aufhebung zu.[11]

Nicht antragsberechtigt sind nachrangige InsGl, MasseGl, die Mitglieder des GlAusschusses und der Schu.[12]

Nach BGH steht dem überstimmten Gl gegenüber der Entsch der ersten GlVersammlung, die Aufhebung der Eigenverwaltung zu beantragen, keine Antragbefugnis nach § 78 zu.[13]

3 Die **str** Frage, mittels welcher Norm die BeschlFassung zur Bestellung eines gemeinsamen Vertreters nach **§ 19 Abs 2 S 2 SchVG** angriffen werden kann, ist dahin zu entscheiden, dass mangels Verweises nicht § 20 SchVG, sondern insolvenzrechtliche Normen, mithin § 78 analog anzuwenden ist.[14]

4 **2. Antragsrecht des Insolvenzverwalters.** Das Antragsrecht des InsVerw soll die Interessen der nicht erschienen Gl wahren und die gesetzeskonforme Abwicklung des InsVerf gewährleisten.[15] Dies kann auch den Fall einer Anordnung nach § 35 Abs 2 S 2, 3 betreffen.[16]

Eine **Pflicht des InsVerw** zur Antragstellung[17] kann nur in Fällen bejaht werden, in denen der Interessenwiderspruch **evident** und damit ein Verstoß gegen die gemeinsamen GlInteressen gleichsam **offensichtlich** ist.[18] War dies im Zeitpunkt der Versammlung nicht der Fall, so kann eine spätere dahingehende Feststellung nicht nachträglich eine Schadensersatz auslösende Pflichtverletzung darstellen.[19]

5 **3. Fehlende Stimmberechtigung.** Die **Antragsberechtigung** hängt nicht davon ab, dass der betr Gl stimmberechtigt ist.[20] Auch der Gl einer bestrittenen Forderung, dem das Stimmrecht versagt wurde, ist antragsberechtigt.[21] Das Antragsrecht stellt eine Kompensation dafür dar, dass die StimmrechtsEntsch nur beschränkt anfechtbar ist.

6 **4. Beschwer.** Die **Antragsberechtigung** setzt eine Beschwer des Ast voraus.[22] Zwar ist nicht mehr, wie dies in § 99 KO der Fall war, das Antragsrecht auf „überstimmte Gl" beschränkt; trotzdem muss dies grds auch hier gelten. Es wäre mit allg Rechtsgrds nicht zu vereinbaren, könnte jemand einen Beschl angreifen, dem er vorher zugestimmt hat.[23] Nicht erforderlich ist, dass der Ast an der Abstimmung teilgenommen hat.

---

9 MK/*Ehricke* § 78 Rn 3 (es sei denn, der Antrag bezieht sich nur auf den Vorgang der Abwahl selbst).
10 *BGH* ZIP 2016, 1738 = NZI 2016, 831.
11 *BGH* ZIP 2014, 627 = NZI 2014, 307 = ZInsO 2014, 601 (teleologische Reduktion).
12 *BGH* ZIP 2017, 1377 Rn 6 (auch nicht iRd Eigenverwaltung).
13 *BGH* NZI 2011, 761 = NZI 2011, 760.
14 *BGH* ZIP 2017, 2312 mit Anm *Thole*; *LG Leipzig* ZIP 2015, 285; *Thole* ZIP 2014, 293, 297.
15 *BGH* ZIP 2014, 627, Rn 11.
16 *LG Memmingen* NZI 2014, 455 mit Anm *Grund; AG Duisburg* NZI 2010, 905 (Arztpraxis).
17 So *K/P/B/Kübler* § 78 Rn 10; zurückhaltend MK/*Ehricke* § 78 Rn 4.
18 *LG Konstanz* ZInsO 2013, 2318 (eindeutig und erheblich); *K/P/B/Kübler* § 78 Rn 10.
19 MK/*Ehricke* § 78 Rn 4.
20 *Uhlenbruck/Knof* § 78 Rn 4 a.
21 *K/P/B/Kübler* § 78 Rn 9; *N/R/Delhaes* § 78 Rn 2; *B/G/H/Blersch* § 78 Rn 5; FK/*Schmitt* § 78 Rn 9.
22 *BGH* ZIP 2017, 1377 Rn 8; HambKomm/*Preß* § 78 Rn 5.
23 *K/P/B/Kübler* § 78 Rn 9a; *N/R/Delhaes* § 78 Rn 2; MK/*Ehricke* § 78 Rn 7; *K Schmidt/Jungmann* § 78 Rn 18.

5. Frist. Der keiner Form bedürftige **Antrag**[24] muss **noch in der beschließenden GlVersammlung** gestellt werden;[25] ein später schriftlich oder erst in der nächsten Versammlung gestellter Antrag ist unzulässig.[26] 7

III. Angriffsgegenstand

1. Beschlüsse. Begehrt werden kann die Aufhebung von – wirksamen[27] – Beschl der GlVersammlung.[28] Hierunter fallen alle förmlichen Entsch gem § 76 Abs 2; auch die Wahl von Ausschussmitgliedern oder eines Verw wird erfasst. Ebenso hinsichtlich des Beschl, mit dem einem Gl das Stimmrecht versagt wird.[29] Ob es sich um einen Beschl handelt, der erst noch auszuführen ist, oder um eine Entsch, die etwa dem InsVerw eine bestimmte Maßnahme untersagt, ist unbeachtlich. „Sonstige Willensäußerungen" der GlVersammlung sind nicht angreifbar.[30] Sie sind rechtlich unverbindlich und können daher keinen Beteiligten beschweren. 8

2. Konstitutivbeschlüsse. Im Geltungsbereich der KO war umstr, ob das Aufhebungsrecht des G auch Beschl erfasst, die keiner Ausführung mehr bedürfen, sondern konstitutiv wirken, so zB die Bestellung oder Entlassung von Mitgliedern des GlAusschusses. Nach dem insoweit klaren Wortlaut ist Abs 1 auch auf diese Beschl anzuwenden,[31] wobei das G die GlVersammlung nicht zwingen kann, bestimmte Mitglieder in der Ausschuss zu wählen.[32] 9

3. Wahlentscheidung. Umstr ist, ob ein Aufhebungsantrag nach Abs 1 auch hinsichtlich der **Wahl eines anderen Verw** (§ 57 S 1) gestellt werden kann.[33] Der bejahenden Auffassung ist gegen die Auffassung des BGH weiterhin zuzustimmen. Die Eingriffsvoraussetzungen sind in beiden Vorschriften unterschiedlich: Während § 57 S 3 nur auf die persönliche Geeignetheit des Gewählten abstellt, sichert § 78 das Gesamtinteresse der Gl. Zudem kann gem § 57 S 4 zwar die Versagung der Ernennung des Gewählten angefochten werden, nicht aber die Abwahl. Auch wenn die Problematik durch die Einfügung von § 57 S 2 entschärft wurde, sind doch weiterhin Fälle denkbar, in denen nur durch die Anwendung von Abs 1 ein für die GlGesamtheit schädliches Erg vermieden werden kann. Das kann zB dann der Fall sein, wenn an der Abstimmung nicht alle stimmberechtigten Gl teilgenommen haben. 10

IV. Der Anfechtungsgrund

1. Gemeinsames Interesse. Voraussetzung einer Aufhebung ist, dass der Beschl dem **gemeinsamen Interesse** der InsGl in ihrer **Gesamtheit** widerspricht. Dieses Interesse ist gerichtet auf bestmögliche Befriedigung; also auf effektive Masseverwertung, tunliche Zurückdrängung von Sicherungsrechten und Vermeidung neuer Masseverbindlichkeiten.[34] Die Grenzziehung in diesem Bereich ist aufgrund der durchaus unterschiedlichen Interes- 11

24 MK/*Ehricke* § 78 Rn 9 (auch mündlich).
25 *LG Kleve* BeckRS 2016, 121139 (Stimmrechtsausschluss).
26 *OLG Celle* ZInsO 2001, 320; *K/P/B/Kübler* § 78 Rn 10; MK/*Ehricke* § 78 Rn 9.
27 *Uhlenbruck/Knof* § 78 Rn 8.
28 Nicht analog anwendbar auf Beschl des InsGer *K/P/B/Kübler* § 78 Rn 4.
29 *LG Kleve* BeckRS 2016, 12139.
30 MK/*Ehricke* § 78 Rn 10; **aA** *B/G/H/Blersch* § 78 Rn 2.
31 Wie hier MK/*Ehricke* § 78 Rn 12; *Uhlenbruck/Knof* § 78 Rn 7; **aA** *B/G/H/Blersch* § 78 Rn 3.
32 *Uhlenbruck/Knof* § 78 Rn 19.
33 Bejahend: MK/*Ehricke* § 78 Rn 14; *Uhlenbruck/Knof* § 78 Rn 5, 17, 18; verneinend: *BGH* ZIP 2003, 1613 und ZInsO 2004, 1314; NJW-RR 2005, 200; *OLG Naumburg* ZIP 2000, 1394; *K/P/B/Kübler* § 78 Rn 5a; *A/G/R/Lind* § 78 Rn 4; *K Schmidt/Jungmann* § 78 Rn 12; FK/*Schmitt* § 78 Rn 14.
34 *BGH* ZIP 2017, 1377 Rn 10; *BGH* NZI 2008, 490 (Erbbaurecht); *LG Saarbrücken* ZInsO 2011, 437; *K/P/B/Kübler* § 78 Rn 6; MK/*Ehricke* § 78 Rn 17; *Uhlenbruck/Knof* § 78 Rn 10, 11.

sen der Gl schwierig und auf der Grundlage des Einzelfalls zu entscheiden.[35] Ein Verstoß liegt vor, wenn einseitig die Sonderinteressen eines Gl oder einer GlGruppe im Vergleich zur Gesamtgläubigerschaft bevorzugt werden. Überprüfungsmaßstab ist dabei der **Entscheidungszeitpunkt** und nicht eine ex – post – Perspektive.[36] IE wird eine Vergleichsberechnung, unter Heranziehung der Informationen des Verw hinsichtlich der Auswirkungen auf die InsMasse anzustellen sein.[37] Im Zweifel ist die Entsch der GlVersammlung zu akzeptieren, zumal es nicht Aufgabe des G ist, die Zweckmäßigkeit eines Beschl zu überprüfen.[38]

12 **2. Unbeachtliche Interessen.** Da die Norm nur das Interesse der InsGl anspricht, sind die Interessen von **Schu, Absonderungsberechtigten** und **MasseGl** nach dem Willen des Gesetzgebers nachrangig, ja unbeachtlich.[39] Dass den Absonderungsberechtigten dessen ungeachtet ein eigenes Antragsrecht zusteht, mag sich daraus erklären, dass sie regelmäßig auch InsGl sind, vgl § 52. Die Zurückstellung ihrer Interessen ist gerechtfertigt, weil sie keine Verschlechterung ihrer Verwertungschancen zu befürchten haben.[40] Im Übrigen ist zu beachten, dass die Aufhebungsmöglichkeit nicht dazu dient, eine objektive nachträgliche Prüfung der wirtschaftlich sinnvollsten Lösung zu ermöglichen. Ein Beschl, der für alle Gl ähnliche Chancen und Risiken enthält, kann nicht mit Erfolg angegriffen werden. Es ist auch nicht Aufgabe des G, im Interesse des InsVerw dessen eventuelle Inanspruchnahme auf Schadensersatz durch die Gl zu verhindern.

13 **3. Einstimmige Entscheidungen.** Eine einstimmige Entsch der GlVersammlung kann ausnahmsweise gegen das gemeinsame Interesse verstoßen, wenn schwerwiegende VerfMängel vorliegen.[41] Dies kann zB angenommen werden, wenn nicht alle Stimmberechtigten an der Abstimmung teilgenommen haben und tatsächliche Anhaltspunkte für nachteiliges Handeln bestehen. Selbst bei Teilnahme aller Stimmberechtigten ist ein Interessenverstoß trotz Einstimmigkeit denkbar, wenn die gemeinsam unterstellten Grdl für die Willensbildung unzutreffend waren und sich dies rechtzeitig herausstellt.[42]

V. Die Entscheidung

14 **1. Form.** Das G entscheidet durch zu begründenden Beschl. Dieser sollte zweckmäßig noch in der Versammlung gefasst werden; es kann jedoch auch im Büroweg entschieden werden, eine Vertagung ist statthaft, aber schon aus Kostengründen regelmäßig nicht empfehlenswert.

15 **2. Bekanntmachung; Anfechtung.** Die Aufhebung ist öffentlich bekannt zu machen, Abs 2 S 1. Die den Antrag ablehnende Entsch wird entweder verkündet oder dem Ast zugestellt.

16 Gegen die **Aufhebung** steht jedem nicht nachrangigen InsGl und jedem Absonderungsberechtigten die sofortige Beschw zu. Es ist dabei ohne Belang, ob der BeschwFührer an der Abstimmung beteiligt oder auch nur in der fraglichen Versammlung anwesend war. Gegen die **abl Entsch** steht dem Ast die sofortige Beschw zu. Dies kann auch der InsVerw sein.

---

35 *K/P/B/Kübler* § 78 Rn 6–8; HambKomm/*Preß* § 78 Rn 7–9; FK/*Schmitt* § 78 Rn 3, 4.
36 *LG Hamburg* NJW-Spezial 2015, 151; *LG Konstanz* ZInsO 2013, 2318.
37 *BGH* ZIP 2017, 1377 Rn 10f (Behauptungen zur Fortführung müssen realistisch belegt sein); *LG Duisburg* ZIP 2010, 2113 (Freigabeerklärung gem § 35 Abs 2); *LG Konstanz* ZInsO 2013, 2318.
38 *LG Hamburg* NZI 2015, 279 mit Anm *Hiebert* EWIR 2015, 121; 1; HambKomm/*Preß* § 78 Rn 8 (§ 78 ist nicht als Gewährleistung eines Minderheitenschutzes anzusehen).
39 *AG Neubrandenburg* ZInsO 2000, 111; *K/P/B/Kübler* § 78 Rn 7, 7 a; *B/G/H/Blersch* § 78 Rn 4; MK/*Ehricke* § 78 Rn 18 (zur Problematik von gesicherten und ungesicherten Gl).
40 Kritisch zu diesem Aspekt FK/*Schmitt* § 78 Rn 4.
41 *LG Hamburg* NZI 2015, 26 f (nicht ordnungsgemäße Versammlungsführung – fragliches Recht zur Stimmabgabe nicht protolliert).
42 MK/*Ehricke* § 78 Rn 27; **aA** *KG* ZInsO 2001, 411.

Dritter Teil
Wirkungen der Eröffnung des Insolvenzverfahrens

Erster Abschnitt
Allgemeine Wirkungen

§ 80 Übergang des Verwaltungs- und Verfügungsrechts

(1) Durch die Eröffnung des Insolvenzverfahrens geht das Recht des Schuldners, das zur Insolvenzmasse gehörende Vermögen zu verwalten und über es zu verfügen, auf den Insolvenzverwalter über.

(2) [1]Ein gegen den Schuldner bestehendes Veräußerungsverbot, das nur den Schutz bestimmter Personen bezweckt (§§ 135, 136 des Bürgerlichen Gesetzbuchs), hat im Verfahren keine Wirkung. [2]Die Vorschriften über die Wirkungen einer Pfändung oder einer Beschlagnahme im Wege der Zwangsvollstreckung bleiben unberührt.

Übersicht

Literatur: *Gehrlein* Die Freigabe der selbstständigen Tätigkeit des Schuldners, FS Pannen, 2017, S 359 ff.

A. Allgemeines

I. Normzweck

1 **1. Gleichmäßige Gläubigerbefriedigung durch Gesamtvollstreckung.** Das InsVerf ist ein GesamtvollstreckungsVerf. Es bezweckt die gleichmäßige und bestmögliche Befriedigung der Gl (§ 1 S 1). Dies erfordert die **Beschlagnahme** des insolvenzbefangenen Vermögens des Schu. Soweit dies nicht schon im EröffnungsVerf durch die Anordnung entspr Sicherungsmaßnahmen (insb § 21 Abs 2 S 1 Nr 2 Fall 1, Nr 3 und Nr 5) geschehen ist, verliert der Schu mit der Eröffnung (§ 27) alle Einwirkungsmöglichkeiten auf das von der Ins betroffene Vermögen.

2 Der Umsetzung des VerfZwecks dient auch die Anordnung des Abs 2, nach der die im Zeitpunkt der VerfEröffnung bestehenden **Veräußerungsverbote** (§§ 135, 136 BGB) ihre Wirksamkeit verlieren. Hierdurch wird der Handlungsspielraum des InsVerw erweitert. Abs 2 S 2 stellt jedoch einschr klar, dass Rechte, die zuvor durch Pfändung begründet worden sind, wirksam bleiben.[1] Vollstreckungsmaßnahmen können, soweit sie nicht der Rückschlagsperre unterfallen (§ 88), im InsVerf ein Recht auf abgesonderte Befriedigung (§§ 49, 50) gewähren. Die Sicherungen können aber auch, wenn ihre Wirkungen im zweiten oder dritten Monat vor Antragstellung eingetreten sind (§ 140 Abs 1), der InsAnf unterliegen.[2]

Gegenüber der KO normiert die InsO in § 1 weitere Ziele. Die Aufnahme des **Erhalts eines Unternehmens** in den Zielkatalog bewirkt keine Änderung des Normzwecks. Gleiches gilt für die Neuregelungen im Rahmen des ESUG, insb die Erleichterung der Eigenverwaltung und Einführung des sog Schutzschirmverfahrens (§ 270b).[3] Die Unternehmenssanierung zielt, gleichgültig ob sie im Wege der Regelinsolvenz oder im Wege der durch dieses Gesetz gestärkten Eigenverwaltung verwirklicht werden soll, auf die Haftungsverwirklichung, nicht auf den Schutz des Schu vor seinen Gl ab.[4] Auch für die Weiterführung des Unternehmens durch Übereinkunft der Beteiligten mittels eines InsPlans (§§ 217 ff) müssen deshalb die Betriebsmittel und Vermögenswerte der Disposition des Schu und dem Zugriff einzelner Gl grds entzogen werden. Soweit das Unternehmen trotz der Ins weitergeführt werden soll, dient die Vorschrift mittelbar auch der Masse.

3 **2. Mittel zur Verwirklichung des Normzwecks.** Mit der InsEröffnung verliert der Schu die Befugnis, das zur InsMasse gehörige Vermögen (§ 35) zu verwalten und über es zu verfügen. Damit ist zweierlei ausgesagt: Der Schu bleibt Rechtsinhaber, verliert aber von G wegen (und nicht kraft besonderer Anordnung) die hieran außerhalb der Ins geknüpften Rechte. Bildlich betrachtet führt die VerfEröffnung zu einer **Überlagerung der materiellen Rechtslage** durch das InsVerf. Dieses in der neueren Rspr des BGH stärker akzentuierte Verständnis hat zur Konsequenz, dass bestimmte in der InsO angeordnete Rechtsfolgen nur für die Dauer und die Zwecke des InsVerf eintreten.[5] Deutlich wird dies auch bei den die Person des Schu betreffenden Einschränkungen, insb verfahrensrechtlicher, beruflicher und familienrechtlicher Art. Sämtliche personellen Einschränkungen sind an das eröffnete InsVerf gebunden, so dass mit der Aufhebung oder Einstellung des Verf der Schu zugleich seine volle Verwaltungs- und Verfügungsbefugnis wiedererlangt.[6] Bezogen auf den freigegebenen

---

1 Vgl aber die Rückschlagsperre gem § 88; s die Kommentierung dort.
2 *BGHZ* 157, 255; 162, 147 ff.
3 Gesetz zur weiteren Erleichterung der Sanierung von Unternehmen v 7.12.2011, BGBl I, 2582.
4 MK/*Ott/Vuia* § 80 Rn 1.
5 Zur Durchsetzbarkeit der Unzulässigkeit einer Aufrechnung durch den InsVerw s *BGH* ZIP 2006, 2180; 2007, 1468; zur Rückschlagsperre s *BGHZ* 166, 77, 83; zur Freigabe selbstständiger Tätigkeit s *BGH* ZIP 2013, 1181 Rn 20 ff.
6 *Uhlenbruck/Mock* § 80 Rn 7.

Gegenstand gilt dies auch im Fall der echten Freigabe, der Vermögensfreigabe nach § 35 Abs 2 S 1 und der Enthaftung nach § 109 Abs 1 S 2.

3. Schrankenbestimmung des Eigentums. Das Eigentum des Schu und seine Rechtsstellung „an sich" werden durch den angeordneten Entzug der Verwaltungs- und Verfügungsbefugnis nicht berührt. Abs 1 ist deshalb als Inhalts- und Schrankenbestimmung des Eigentums iSd Art 14 Abs 1 S 2 GG zu werten. 4

II. Geltungsbereich

1. Zeitlicher Geltungsbereich. – a) Beginn. Die Wirkungen der VerfEröffnung treten mit der **Unterzeichnung** des EröffnungsBeschl, nicht erst mit dessen Zustellung oder Bek ein. Nach § 27 Abs 2 Nr 3 muss der EröffnungsBeschl Tag und Stunde, möglichst auch die Minute der Eröffnung angeben. Das ist zwingend der Zeitpunkt, in dem der Insolvenzrichter den EröffnungsBeschl unterschreibt.[7] Die Angabe hat Urkundsfunktion (§ 417 ZPO); fehlt sie, so gilt nach § 27 Abs 3 als Zeitpunkt der Eröffnung unwiderleglich die Mittagsstunde (12 Uhr) des Tages, an dem der EröffnungsBeschl unterschrieben worden ist. § 27 Abs 3 verhindert, einen vom Tag der Unterzeichnung abweichenden Eröffnungszeitpunkt festzusetzen. Der unterschriebene EröffnungsBeschl entfaltet allerdings mit der Unterschriftsleistung noch keine Wirkungen. Es ist weiter Voraussetzung, dass er den inneren Bereich des InsGer verlässt. Dies betrifft das „Ob" der Wirksamkeit. Sobald dieses Ereignis stattgefunden hat, treten die gesetzlichen Wirkungen rückwirkend bezogen auf den Zeitpunkt der im Beschl verlautbarten Unterschriftsleistung ein.[8] 5

b) Ende der Wirkungen. Die Wirkungen der VerfEröffnung enden mit der **VerfAufhebung** (§§ 200, 258 f), der **VerfEinstellung** (§§ 207, 213) oder mit der **Freigabe** der Gegenstände durch den InsVerw **aus der InsMasse**.[9] Letzteres kann auch konkludent geschehen.[10] Die Freigabe wirkt für die Zukunft und erfasst etwaige Surrogate.[11] Entsprechendes gilt für die **Freigabe von Vermögen aus selbstständiger Tätigkeit** nach § 35 Abs 2 S 1.[12] Wird das Verfahren aufgehoben, entfaltet die Aufhebung im Zweifel Wirksamkeit mit der Beschlussfassung durch das InsGer; auf die öffentliche Bek kommt es auch hier nicht an. Ist in dem Beschl die Stunde der Aufhebung nicht angegeben, so gilt als Zeitpunkt der Aufhebung die Mittagsstunde des Tages, an dem der Beschl erlassen worden ist.[13] Aus dem Sinn und Zweck der insolvenzbedingten Verfügungsbeschränkungen ist abzuleiten, dass mit der Aufhebung des Verfahrens oder der Freigabe des Massegegenstandes die vor Verfahrenseröffnung bestehende Zugriffslage wieder hergestellt wird.[14] Damit ist sichergestellt, dass der ursprüngliche Rang etwaiger Absonderungsrechte an freigegebenen Massegegenständen, die für die Zwecke des Insolvenzverfahrens nicht mehr benötigt werden, erhalten bleibt.[15] Soweit zur Begründung dieser Rechtsfolgen § 185 Abs 2 S 1 BGB in entsprechender Anwendung herangezogen wird, ist damit gemeint, dass die Wirkungen nur eintreten können, wenn der Schuldner im Zeitpunkt des Wegfalls des Insolvenzbeschlages noch Berech- 6

---

7 *BGH* ZIP 2005, 310.
8 S hierzu die Kommentierung bei § 27; *Uhlenbruck/Mock* § 80 Rn 6.
9 *BGHZ* 166, 83; 192, 322 Rn 22.
10 *OLG Hamm* NZI 2017, 616, 617 f.
11 *OLG Braunschweig* ZIP 2016, 2282, 2283.
12 *BGHZ* 192, 322 Rn 27; zu den Erscheinungsformen der Freigabe und deren Problemen s *Gehrlein* FS Pannen, 2017, S 359 ff; *Haberzettl* NZI 2017, 474 ff.
13 *BGHZ* 186, 233, 225 = ZIP 2010, 1610.
14 Zu der Umsetzung im Grundbuchverfahren s *OLG Frankfurt/M* ZIP 2016, 1881; *KG* ZIP 2017, 1479, 1480.
15 Vgl *BGH* ZIP 2013, 1181 Rn 25.

tigter ist und verfahrensrechtliche Gründe der Konvaleszenz nicht entgegenstehen. Insoweit wird mit Recht von einer Wirkung „ex nunc" gesprochen.[16] Streng genommen ergeben sich die Rechtsfolgen jedoch unmittelbar aus § 80, ohne dass es eines Rückgriffs auf § 185 BGB bedarf. Die **Enthaftungserklärung** des InsVerw nach § 109 Abs 1 S 2 beendet ebenfalls die Wirkungen der Verfahrenseröffnung. Mit Wirksamwerden der Erklärung geht die Verfügungs- und Verwaltungsbefugnis betreffend das Mietverhältnis über die Wohnung des Schu in vollem Umfang vom Verwalter auf den Schu über.[17]

7 **2. Sachlicher Geltungsbereich. – a) Fremdverwaltung.** Der **Übergang der Verwaltungs- und Verfügungsbefugnis** nach Abs 1 ist das Grundprinzip der InsO, das sich uneingeschränkt nur in der Fremdverwaltung durchsetzt. Die Beschlagnahmewirkung bezieht sich nur auf das massebefangene Vermögen des Schu, bei der natürlichen Person also nicht auf das Schonvermögen (§§ 35, 36). Geht das Verwaltungs- und Verfügungsrecht an einem Konto nicht auf den InsVerw über, kann dieser auch nicht vorausgegangenen Lastschriften widersprechen. Das Widerspruchsrecht verbleibt insoweit beim Schu.[18] Der Schu bleibt auch befugt, in einem Verf über die Zwangsversteigerung eines zur Masse gehörenden Grundstücks Vollstreckungsschutz nach § 765a ZPO wegen einer Suizidgefahr zu beantragen.[19]

8 Die Norm ist allg nicht anwendbar im Fall der **Eigenverwaltung**. Dies folgt aus § 270 Abs 1 S 1. Danach bleibt dem Schu bei angeordneter Eigenverwaltung die aus der Rechtsinhaberschaft folgende Verwaltungs- und Verfügungsbefugnis erhalten; sie wird nur unter die Aufsicht eines Sachwalters gestellt.[20] Dies hat zur Folge, dass die Rechtsgeschäfte des Schu, die er eigenmächtig ohne Mitwirkung des GlAusschusses (§§ 276, 164) oder des Sachwalters (§ 275 Abs 1) abschließt, grds wirksam sind.[21] Als Gegenmaßnahme kann nur auf Antrag der GlVersammlung durch das InsGer angeordnet werden, bestimmte Rechtsgeschäfte von der Zustimmung des Sachwalters abhängig zu machen (§ 277 Abs 1 S 1), oder die Eigenverwaltung aufzuheben (§ 272).

9 Im vereinfachten InsVerf (§§ 311–314 aF) gilt § 270 Abs 1 S 1 entspr für den Treuhänder (§ 313 Abs 1 aF).

10 **b) Massebefangenes Vermögen von juristischen Personen.** Das InsVerf erstreckt sich nach zutreffender Ansicht nicht zwingend auf das gesamte Vermögen der juristischen Person oder Gesellschaft ohne Rechtspersönlichkeit. Da mithin auch die juristische Person über **insolvenzfreies Vermögen** verfügen kann, gelten auch insoweit die Grundsätze über die Freigabe.[22] Der InsVerw über das Vermögen einer Gesellschaft ist deshalb befugt, einen Massegegenstand freizugeben.[23] Mit der Freigabe erlangt die Gesellschaft, vertreten durch ihre Organe, die Verwaltungs- und Verfügungsbefugnis zurück.

III. Theorie der Insolvenzverwaltung

11 **1. Bedeutung des Theorienstreits.** Um die Rechtsstellung des InsVerw gibt es seit Inkrafttreten der KO im Jahre 1879 einen Theorienstreit, dessen Bedeutung weniger in bestimmten Schlussfolgerungen in Bezug auf gesetzlich nicht ausdrücklich geregelte Einzelfragen bes-

---

16 Vgl *BGH* ZIP 2013, 1181 Rn 25.
17 *BGH* 16.3.2017 – IX ZB 45/15 Rn 9.
18 *BGHZ* 186, 242, 247 = ZIP 2010, 1552, 1554.
19 *BGH* ZIP 2009, 781.
20 *BGH* ZIP 2007, 395; *BGH* 9.3.2017 – IX ZR 177/15 Rn 8.
21 *BGH* 9.3.2017 – IX ZR 177/15 Rn 8.
22 *BGHZ* 148, 258 f; 163, 34; *BVerwG* ZIP 2004, 2147; **aA** *K Schmidt* ZIP 2000, 1916 f; *Bork* Einf Rn 159 ff; *Jaeger/Müller* InsO § 35 Rn 148.
23 *BGHZ* 163, 34 ff; *Graf-Schlicker/Webel* § 80 Rn 4; s nachfolgend unter Rn 60.

teht[24] als vielmehr in der Einordnung der als angemessen empfundenen Problemlösungen in das System des Zivil- und des Zivilverfahrensrechts.[25] Die unterschiedlichen Vorstellungen von der rechtssystematischen und rechtsdogmatischen Erfassung der Verwalterstellung äußern jedoch auch Konsequenzen, insb wenn es um die **prozessrechtliche Stellung** des InsVerw geht.[26] Außerhalb des Prozessrechts bestimmt der Meinungsstreit die Diskussion über die öffentlich-rechtliche **Zustandsstörerhaftung** des Schu[27] und hat Bedeutung für die nähere Ausformung des bisweilen missverstandenen Grundsatzes, wonach der InsVerw für die Masse nicht mehr und keine anderen Rechte beanspruchen kann, als sie dem Schu vor InsEröffnung zustehen.[28] Dieser Grundsatz erfährt durch die InsO allerdings dort Einschränkungen, wo es um die originäre Pflicht des InsVerw zur Massesicherung geht.[29] Insb das Wahlrecht des InsVerw bei nicht vollständig erfüllten gegenseitigen Verträgen (§ 103) und das Rechtsinstitut der InsAnf (§§ 129 ff) verdeutlichen, dass der Verwalter nicht „in die Fußstapfen" des Schu tritt.

Für den Bereich der **Eigenverwaltung** (§§ 270 ff) gewinnt der Theorienstreit keine Bedeutung, weil das Verwaltungs- und Verfügungsrecht bei Eigenverwaltung dem Schu verbleibt. 12

2. Überblick über den Theorienstreit. Trotz der beschränkten praktischen Relevanz des Theorienstreits sollen die wichtigsten Ansätze kurz beleuchtet werden. Diese sind sämtlich unter der Geltung der KO in Bezug auf den Konkursverwalter entwickelt worden, können jedoch ohne weiteres auf den InsVerw übertragen werden. Dem steht nicht entgegen, dass die InsO ein **einheitliches InsVerf** geschaffen hat, welches die Liquidation (KO) und die Sanierung (VerglO) in einer Gesamtvollstreckungsordnung zusammenfasst. Die Rechtsstellung des InsVerw entspricht derjenigen des Konkursverwalters, nicht derjenigen des Vergleichsverwalters.[30] Folgende Theorien lassen sich unterscheiden:[31] 13

a) Amtstheorie. Sie stellt darauf ab, dass der InsVerw materiellrechtlich und prozessual im eigenen Namen und aus eigenem Recht, jedoch mit Wirkung für und gegen die Masse handelt und dabei in Erfüllung der ihm auferlegen gesetzlichen Verpflichtungen tätig wird.[32] Der Schu bleibt Träger der Rechte und Pflichten; er haftet für Verbindlichkeiten mit der Masse. Eine noch weitergehende Auff sieht in dem Verwalter letztlich ein **Rechtspflegeorgan**, dessen Legitimation zur Ausübung der ihm übertragenen Aufgaben sich aus dem G ergibt. Sie betont, dass das InsR das Institut des Amtsträgers oder Amtswalters geschaffen habe.[33] Der Nachteil dieser Auff scheint in der geringen systemprägenden Bedeutung der 14

---

24 So aber *K Schmidt* KTS 1984, 348, 360; NJW 1995, 911; *Stürner* ZZP 94 (1981), 263, 286; *K/P/B/Lüke* § 80 Rn 33.

25 MK/*Ott/Vuia* § 80 Rn 20 f.

26 Hierzu *Bork* Einf Rn 74, 79; *Uhlenbruck/Mock* § 80 Rn 169.

27 Vgl *BVerwG* NZI 1999, 38; ZIP 2004, 1768; 2004, 2146 f; *Bork* Einf Rn 79, 82; *Uhlenbruck/Mock* § 80 Rn 170 ff.

28 *BGHZ* 106, 175; *BGH* ZIP 2006, 1737 f; *BGH* 15.12.2016 – IX ZR 117/16 Rn 12.

29 Vgl die Rspr des BGH zur Zuständigkeit der ordentlichen Gerichte für die gerichtliche Verfolgung von AnfAnsprüchen, *BGH* ZIP 2009, 825, zum Lastschriftwiderruf, *BGHZ* 161, 53 f; 174, 84, 93 f, zur Beschränkung des Nachbesserungsrecht des Subunternehmers in der Ins des Hauptunternehmers, *BGH* ZIP 2006, 1738 sowie *Fischer* FS Gerhardt, 2004, S 223 ff.

30 Dieser wurde als Vertreter des Schu begriffen; Nachweise bei *BGH* ZIP 1988, 1136; *K Schmidt* Insolvenzgesetze, 17. Aufl 1997, § 57 VerglO Anm 3b.

31 Vgl auch den Überblick bei *Bork* Einf Rn 75-78; MK/*Ott/Vuia* § 80 Rn 27–31.

32 *RGZ* 29, 29; *BGHZ* 100, 351; 127, 156, 166; *Jaeger/Henckel* KO § 6 Rn 7 ff; *Kuhn/Uhlenbruck* KO § 6 Rn 17; *Bork* Einf Rn 78; *K/P/B/Lüke* § 80 Rn 38; *Henckel* ZIP 1991, 133; *Weber* KTS 1955, 111.

33 *K/P/B/Lüke* § 80 Rn 37.

Theorie zu liegen, die nicht an ein anerkanntes zivilrechtliches Institut anschließen kann. Gleichwohl oder gerade deshalb erscheint sie vorzugswürdig.[34] Sie wird der weiteren Kommentierung zugrunde gelegt.

15 **b) Organtheorie.** Nach ihr handelt der InsVerw als Organ einer – rechtlich verselbstständigten – InsMasse. Die Masse wird als juristische Person oder zumindest als **Quasi-Rechtssubjekt** begriffen, das wie eine juristische Person mit eigener Sachlegitimation ausgestattet sei. Die Masse werde durch den Verwalter als ihr Vertretungsorgan (§ 31 BGB) vertreten.[35] Die Organtheorie kann die Zurechnungszusammenhänge überw ohne größere Schwierigkeiten erklären. Dies gilt insb für die nunmehr positiv geregelte Einbeziehung des Neuerwerbs in die InsMasse (§ 35 Fall 2). Es fehlt aber eine hinreichende gesetzliche Grundlage dafür, dass eine Vermögensmasse, die grds einem Rechtssubjekt als Rechtsträger zuzuordnen ist, sein eigener Rechtsträger sein kann.[36]

16 **c) Vertreter- und neue Vertretertheorie.** Die – heute nicht mehr vertretene – Vertretertheorie sah den Verwalter als den gesetzlichen (Zwangs-)Vertreter des Schu mit Vertretungsmacht (nur) für die Masse an. Im Prozess sei deshalb der Schu Partei, vertreten durch den InsVerw.[37] Die sog **„neue Vertretertheorie"** verbindet diesen Gedanken mit Elementen der Organtheorie dahin, dass der InsVerw in der **Ins juristischer Personen**, in der es kein massefreies Vermögen gebe, deren Organ (nicht Organ der Masse) sei.[38] In der **Ins natürlicher Personen** sei der Verwalter der gesetzliche Vertreter des Schu.[39] Neben den gegen die Organ- und gegen die Vertretertheorie vorgebrachten Einwänden kann der Ansatz, der den Verwalter zwingend zum Fremdliquidator der juristischen Person erhebt, den Zielkonflikt nicht erklären, der entsteht, wenn die Liquidationsaufgabe vom Zweck der gleichmäßigen GlBefriedigung (§ 1) nicht mehr gedeckt ist.[40] Dies ist insb der Fall, wenn mit Hilfe dieser Theorie dem InsVerw der Weg abgeschnitten werden soll, die Haftung der Masse für die vor InsEröffnung entstandenen Beseitigungs- und Sanierungskosten durch eine Freigabe kontaminierter Grundstücke abzuwenden.[41]

17 **d) Theorie des neutralen Handelns.** Nach diesem Ansatz tritt der InsVerw weder im Namen des Schu noch im eigenen Namen auf, sondern handelt in seiner Eigenschaft als Vertreter fremden Vermögens objektbezogen und neutral.[42] Diese Theorie hat keine aktiven Anhänger mehr.

---

34 Dies folgt allerdings nicht bereits aus der Formulierung in § 116 S 1 Nr 1 ZPO; insoweit zutr *K Schmidt* Insolvenzgesetze, 17. Aufl 1997, § 6 KO Anm 2b aE.

35 *Bötticher* ZZP 71 (1958), 318 ff; 77 (1964), 55 ff; *Erdmann* KTS 1967, 87 ff; *Hanisch* Rechtszuständigkeit der Konkursmasse, S 23, 275 ff; *Pawlowski* JuS 1990, 380; *Stürner* ZZP 94 (1981), 286 ff.

36 *Bork* Einf Rn 75; vgl aber die Rspr zur Teilrechtsfähigkeit der Wohnungseigentümergemeinschaft, *BGHZ* 163, 160 ff.

37 *Ballerstedt* AcP 151 (1951), 526 ff; *Bley* ZZP 62 (1941), 111; *Lent* ZZP 62 (1941), 129 ff.

38 Dieser Standpunkt widerspricht der höchstrichterlichen Rspr: *BGHZ* 163, 34; *BGH* ZInsO 2006, 261; ZIP 2006, 585; 2007, 196.

39 *K Schmidt* KTS 1984, 362 ff, 370 ff; 1991, 221; NJW 1987, 1906 f; *ders* Insolvenzgesetze, 17. Aufl 1997, § 6 KO Anm 2b.

40 *BGHZ* 148, 258 f; *Bork* Einf Rn 76; MK/*Ott/Vuia* § 80 Rn 34.

41 MK/*Ott/Vuia* § 80 Rn 31, 142 ff.

42 *Dölle* FS Schulz, 1951, S 268, 273; *Kilger* KO, 15. Aufl, § 6 Anm 2a.

B. Erläuterungen

I. Übergang des Verwaltungs- und Verfügungsrechts (Abs 1)

1. Rechtsstellung des Schuldners. Die Regelung bezieht sich ihrem Wortlaut nach nur auf das Recht des Schu, das zur InsMasse gehörende Vermögen zu verwalten und über es zu verfügen, mithin auf die **vermögensrechtliche Stellung** des Schu. Bei der juristischen Person sind die von den Organen vorzunehmenden vermögensrechtlichen Verwaltungshandlungen, die von Abs 1 erfasst werden, von den organschaftlichen Rechten und Pflichten der gesetzlichen Vertreter scharf zu unterscheiden, die bei diesen verblieben sind.[43] Ferner hat die VerfEröffnung auch **personenrechtliche und berufsrechtliche Auswirkungen** auf die Rechtsstellung des Schu. 18

a) Vermögensrechtliche Stellung. – aa) Grundlagen. Der Schu verliert mit der Eröffnung kraft Gesetz die Verwaltungs- und Verfügungsbefugnis über das massezugehörige (§§ 35–37) Vermögen. Das betrifft sowohl das im Inland belegene Vermögen als auch das **Auslandsvermögen** des Schu.[44] Die **Arbeitskraft des Insolvenzschuldners** ist Ausdruck der eigenen Persönlichkeit und kein Vermögensobjekt; sie fällt nicht in die Insolvenzmasse.[45] Auch das **Rentenantragsrecht** des Schuldners gehört nicht zu seinem Vermögen, sondern ist seiner höchstpersönlichen Sphäre zuzuordnen.[46] **Auskunftsansprüche zwischen Eheleuten** auf Grund sachenrechtlicher Sonderverbindung haben Vermögensbezug.[47] Der Schu bleibt Inhaber der ihm im Zeitpunkt der InsEröffnung zustehenden Rechte und wird Inhaber der vom InsVerw für die Masse hinzu erworbenen Rechte. Die **Eintragung von Neuerwerb** im Grundbuch erfolgt auf den Namen des Schu. Zur Sicherung der Masse ist ein Sperrvermerk einzutragen.[48] Der Schu (auch die juristische Person) bleibt rechtsfähig und parteifähig, geschäftsfähig und prozessfähig und ist deshalb nicht daran gehindert, sich durch Rechtsgeschäfte neu zu verpflichten.[49] Wirksame **Verpflichtungsgeschäfte** begründen jedoch keine Ansprüche gegen die Masse.[50] Der Schu behält seine **Kaufmannseigenschaft**, bis der InsVerw das Handelsunternehmen aufgibt oder als Ganzes veräußert; der InsVerw wird durch den Übergang der Verwaltungs- und Verfügungsbefugnis selbst dann nicht zum Kaufmann, wenn er das SchuUnternehmen fortführt (str).[51] Der Schu bleibt wechselfähig. Die nach VerfEröffnung eingegangenen **Wechselverbindlichkeiten** können die Masse nicht belasten. Präsentation und Protesterhebung haben gegenüber dem Schu stattzufinden. Gleiches gilt für den Scheckprotest. Die auf die Masse bezogenen wechselrechtlichen Befugnisse und Aufgaben stehen ausschließlich dem InsVerw zu.[52] Ein **Tilgungsbestimmungsrecht** nach § 366 Abs 1 BGB kommt in der Insolvenz nicht zum Tragen. Mit Rücksicht auf den Vollstreckungscharakter der insolvenzrechtlichen Verwertung ist der InsVerw nicht befugt, bei der Erlösverteilung eine Tilgungsbestimmung zu treffen.[53] Die **kassenärztliche Zulassung** soll als 19

---

43 *BGH* ZIP 2007, 449 zu den fehlenden Auswirkungen der InsEröffnung auf die Struktur einer Gesellschaft; *BGH* ZIP 2006, 1455 zur Beschwerdebefugnis der gesetzlichen Vertreterin der Schu gegen die Eröffnung, wenn ihr nach § 37 KWG bestellter Abwickler den InsAntrag gestellt hat.
44 *BGHZ* 118, 159 zur KO; *BGHZ* 177, 12, 21 f = ZIP 2008, 1338, 1340.
45 *BAG* ZIP 2014, 1938 Rn 14.
46 *OVG Münster* ZIP 2012, 1572 (LS); *VG Düsseldorf* NZI 2011, 460.
47 *OLG Dresden* ZIP 2012, 1770.
48 *K/P/B/Lüke* § 80 Rn 8.
49 *BGH* 26.2.2015 – IX ZR 174/13 Rn 8.
50 MK/*Ott/Vuia* § 80 Rn 11.
51 *K/P/B/Lüke* § 80 Rn 13; *Uhlenbruck/Mock* § 80 Rn 241.
52 *K/P/B/Lüke* § 80 Rn 12.
53 *BGH* ZIP 2014, 2248 Rn 16; *Obermüller* NZI 2011, 663; *Klinck* ZIP 2015, 859, 863.

höchstpersönliches Recht nicht der Verwaltungs- und Verfügungsbefugnis des InsVerw unterfallen.[54] Dies erscheint insbesondere bedenklich, soweit dies auch für die Zulassung einer in der Rechtsform einer juristischen Person des Privatrechts betriebenen Medizinischen Versorgungszentrums gelten soll.[55]

20 **bb) Keine gesellschaftsrechtliche Liquidation.** Aus den Zwecken des InsVerf (§ 1) folgt nach zutreffender Rspr des BGH, dass der InsVerw nicht zugleich die **Aufgaben des Liquidators** wahrnimmt, wenn er das Vermögen einer juristischen Person als Handelsgesellschaft verwaltet.[56] Der BGH hat schon zur KO die gegenteilige LitAuffassung[57] widerlegt, dass es dem Verw selbstständig obliege, eine juristische Person zu liquidieren. Vielmehr hat der Verw vorrangig die Interessen der Gl zu wahren. Auch die InsOrdnung geht von dieser Sicht aus. Gem § 1 S 1 dient das InsVerf in erster Linie dazu, die Gl eines Schu gemeinschaftlich zu befriedigen. Der in § 1 Abs 2 S 3 des Regierungsentwurfs zur InsOrdnung vorgesehene weitere Zweck, für die Abwicklung juristischer Personen und Gesellschaften ohne Rechtspersönlichkeiten zu sorgen, ist nicht G geworden. Zur Begr hat der Rechtsausschuss des Bundestages ausgeführt, die Vorschrift sei redaktionell gestrafft „und dadurch auf ihre wesentlichen Elemente zurückgeführt worden".[58] Unabhängig davon, welche Rückschlüsse im einzelnen aus der Gesetzgebungsgeschichte zu ziehen sind, wäre eine Abwicklung der juristischen Person jedenfalls dem als „wesentlich" hervorgehobenen gesetzlichen Hauptzweck des InsVerf untergeordnet: Würde sie die GlBefriedigung verkürzen, hat diese uneingeschränkt Vorrang. Warum die Masse mit den Kosten auch der gesellschaftsrechtlichen Liquidation belastet sein soll, bleibt daher unerfindlich.[59] Dagegen spricht auch § 32 Abs 3, der bei der Freigabe eines Grundstücks nicht zwischen der juristischen Person und der natürlichen Person unterscheidet. Das **Amt des GmbH-Geschäftsführers** erlischt nicht durch die Eröffnung des InsVerf über das GmbH-Vermögen.[60]

21 Diesem Erg steht schließlich nicht § 199 S 2 entgegen. Diese Vorschrift, die den eher theoretischen Fall der **Schlussverteilung** eines Überschusses regelt, setzt voraus, dass ein solcher überhaupt vorhanden ist. Sie besagt hingegen nichts darüber, ob und ggf wie ein solcher Überschuss zustande kommt.[61]

22 **cc) Absolute Unwirksamkeit.** Nach § 7 Abs 1 KO waren Rechtshandlungen des GemeinSchu nach Eröffnung des Verf „den Konkursgläubigern gegenüber unwirksam". Im Blick auf diese Formulierung war str, ob vom GemeinSchu vorgenommenen Verfügungen nur den Konkursgläubigern gegenüber relativ unwirksam sind (iSv §§ 135, 136 BGB) oder die Unwirksamkeit absolute Wirkung hat. Die überw Meinung trat nach dem Schutzweck schon im Anwendungsbereich der KO für die **absolute Unwirksamkeit** ein.[62] Unter der Geltung der InsO lässt sich das Wortlautargument erst Recht nicht mehr halten.[63] Zu beachten sind jedoch die insolvenzspezifischen Besonderheiten der sich aus §§ 80 f ergebenden absoluten Unwirksamkeit, deren Wirkungen sich auf die Zwecke und die Dauer des InsVerf beschränken.[64]

---

54 *BVerfG* ZIP 2013, 986 Rn 10.
55 So aber *BVerfG* ZIP 2013, 986 Rn 11.
56 *BGHZ* 148, 258 f; *BGH* ZIP 1996, 844.
57 *K Schmidt* ZIP 2000, 1913, 1916 f; *Bork* Einf Rn 158–161; *Jaeger/Müller* InsO § 35 Rn 148.
58 BeschlEmpfehlung und Bericht des Rechtsausschusses, BT-Drucks 12/7302, 155 zu § 1.
59 *K/P/B/Lüke* § 80 Rn 9; *Bork* Einf Rn 161 bezeichnet dies als hinnehmbar.
60 *KG* ZIP 2012, 1352, 1353.
61 *BGHZ* 148, 259.
62 *Jaeger/Henckel* KO § 7 Rn 14; *K Schmidt* Insolvenzgesetze, 17. Aufl 1997, § 7 KO Anm 3a.
63 Vgl die Erl zu § 81.
64 *BGHZ* 166, 83; *BGH* ZIP 2006, 2180; vgl *Jaeger/Henckel* KO § 7 Rn 14; *K Schmidt* Insolvenzgesetze, 17. Aufl 1997, § 7 KO Anm 3a.

dd) Partei- und Prozessfähigkeit. Die VerfEröffnung berührt nicht die Partei- und Prozessfähigkeit des Schu, jedoch seine **Prozessführungsbefugnis**. Sie geht, soweit sich der Prozess auf das insolvenzbefangene Vermögen bezieht, auf den InsVerw über.[65] Die Aktivklage der Masse kann deshalb nur der InsVerw (im eigenen Namen; Amtstheorie) erheben.[66] Der eine Masseverbindlichkeit (§ 55) betreffende Passivprozess ist gegen den InsVerw[67] zu richten. Das gilt auch für eine **Kündigungsschutzklage** des Arbeitnehmers, es sei denn der InsVerw hat das Vermögen aus der selbstständigen Tätigkeit des Schu nach § 35 Abs 2 aus der Insolvenzmasse freigegeben.[68] Hinsichtlich des insolvenzfreien Vermögens bleibt der Schu hingegen prozessführungsbefugt. Gleiches gilt, wenn der Verwalter den Streitgegenstand aus der Masse freigegeben hat. Dies hat Bedeutung vor allem im Räumungsrechtsstreit.[69] Der Schu ist auch befugt, nach Freigabe eines Vermögensgegenstandes die sich aus § 89 ergebenden Rechte während des laufenden InsVerf geltend zu machen.[70] Der **laufende Prozess** wird, wenn er die InsMasse betrifft, unterbrochen (§ 240 S 1 ZPO). Er kann nach §§ 85, 86 aufgenommen und fortgeführt werden.[71] Das **ZwangsvollstreckungsVerf** wird in Bezug auf Pfändungsmaßnahmen nicht wegen der InsEröffnung über das Vermögen des Schu unterbrochen.[72] Lehnt der InsVerw die Aufnahme eines Aktivprozesses der Masse ab, hat diese Erklärung auch materiell-rechtliche Bedeutung und kann – ggf mit hierzu abgegebenen Erl – als **Freigabe** des Streitgegenstandes gewertet werden.[73] Erklärt der InsVerw hinsichtlich des streitbefangenen Massegegenstandes nach Aufnahme des Rechtsstreits die Freigabe, geht die von dem materiellen Recht abgespaltene Prozessführungsbefugnis des Verwalters unter und die des Schu lebt wieder auf, wie sie vor VerfEröffnung bestanden hätte.[74] Es liegt kein Fall des § 265 ZPO vor. Deshalb führt der InsVerw den Prozess nicht gem § 265 Abs 2 ZPO als Prozessstandschafter des Schu weiter.[75] Für den **Anlauf der Verjährung** nach § 199 Abs 1 BGB kommt es auf die Person an, die den streitgegenständlichen Anspruch gerichtlich geltend machen kann. Wechselt diese Befugnis nach Freigabe auf den Schu zurück, muss er sich bereits verstrichene Verjährungszeiten anrechnen lassen.[76] 23

b) Personenrechtliche Stellung. Ist Schu eine natürliche Person, wird seine personenrechtliche Rechtsstellung durch die VerfEröffnung grds nicht berührt. Einen Grenzfall bilden Vollstreckungsschutzanträge gem § 765a ZPO, die auf Suizidgefahr gestützt werden (*BGH* ZIP 2009, 781). Der Schu unterliegt jedoch – schon im EröffnungsVerf – Beschränkungen, die sich aus Sachnotwendigkeiten des Verf ergeben (vgl §§ 20, 21 Abs 3, 97–99). Im **Familien- und Vormundschaftsrecht** gelten nunmehr flexible Regelungen. Die Bestellung des Schu als Vormund kann an seiner mangelnden Eignung scheitern (vgl §§ 1776, 1778 Abs 1 Nr 4, 1779 Abs 2 S 1 BGB). Entspr gilt für seine Bestellung zum Pfleger (§ 1915 Abs 1 BGB) oder zum Betreuer (§ 1897 Abs 1 BGB). Bei der Vermögensverwaltung durch einen 24

---

65 *BGH* ZIP 2008, 1795 Rn 8; 2009, 240 Rn 7; 2013, 1181 Rn 11; HambKomm/*Kuleisa* § 80 Rn 40a.

66 *FG Niedersachsen* ZIP 2013, 2080 Rn 14.

67 Und zwar nicht gegen ihn persönlich, sondern in seiner Eigenschaft als InsVerw: „RA … als Verwalter in dem InsVerf über das Vermögen …“.

68 *BAG* ZIP 2014, 339 Rn 13.

69 *BGHZ* 148, 256 f; 150, 311 f; *BGH* ZIP 2007, 341 f.

70 *BGH* ZIP 2009, 818 Rn 12; 2013, 1181 Rn 12.

71 S die Kommentierung in §§ 85, 86.

72 *BGH* ZIP 2007, 983.

73 *BGH* ZIP 2007, 196.

74 Str; *RGZ* 79, 27, 29 f; *BGHZ* 46, 249; auch in diesem Punkt zeigt sich, dass die Ins das materielle Recht nur überlagert.

75 Str; wie hier MK/*Ott/Vuia* § 80 Rn 80.

76 *BGHZ* 201, 129 = ZIP 2014, 1280 Rn 43.

insolventen Elternteil kann das Familiengericht nach §§ 1666, 1667 BGB Schutzmaßnahmen bis hin zum vollständigen Entzug der Vermögenssorge ergreifen. Die **staatsbürgerliche Stellung** des Schu ist dadurch gekennzeichnet, dass er sein aktives und passives Wahlrecht behält, aber in Bezug auf die Wahrnehmung öffentlicher Ämter Einschränkungen hinnehmen muss, die allerdings nicht mehr an die VerfEröffnung, sondern an den Umstand des Vermögensverfalls anknüpfen.[77] Der Anspruch des Ehegatten auf **Zustimmung zur Zusammenveranlagung** richtet sich nach Verfahrenseröffnung gegen den Insolvenzverwalter des anderen Teils.[78]

25 **c) Berufs- und gewerberechtliche Auswirkungen. – aa) Notare, Rechtsberater, steuerliche Berater.** Die InsEröffnung schien dem Gesetzgeber der InsO kein geeigneter Ansatzpunkt zu sein, den Schu von bestimmten Berufen auszuschließen.[79] Stattdessen wird an den **Vermögensverfall** der betreffenden Person angeknüpft, der vermutet wird, wenn das InsVerf eröffnet (§ 27) oder ein Eintrag in das SchuVerzeichnis erfolgt ist (§ 26 Abs 2, § 915 ZPO).[80] Bei bestimmten Berufen kann von einem Widerruf der Bestellung bei Vermögensverfall sogar abgesehen werden, wenn die Interessen der Mandanten nicht gefährdet sind (RA und Patentanwalt). Bei anderen Berufsgruppen wird bei der Zulassung, Bestellung und deren Widerruf an das Vorliegen **geordneter wirtschaftlicher Verhältnisse** angeknüpft (Steuerberater, Wirtschaftsprüfer, vereidigter Buchprüfer). Die InsEröffnung wird ein starkes Indiz sein, ob der Bewerber in diesen Verhältnissen lebt.[81]

26 **bb) Heilberufe.** Im Bereich der ärztlichen Berufe ist einem Antragsteller die Erlaubnis zur Ausübung eines akademischen Heilberufs im Falle seiner **Unwürdigkeit oder Unzuverlässigkeit** zu versagen; eine bereits erteilte Approbation ist in einem solchen Fall zurückzunehmen oder zu widerrufen. Für eine Unwürdigkeit oder Unzuverlässigkeit können ungeordnete Vermögensverhältnisse und damit der Vermögensverfall sprechen. In der Insolvenzpraxis wird der Widerruf die Ausnahme bleiben.[82]

27 **cc) Gewerbe.** Das Gewerberecht knüpft an das Merkmal der Zuverlässigkeit bzgl **Unzuverlässigkeit des Bewerbers** an. Aus ungeordneten Vermögensverhältnissen können sich Tatsachen ergeben, die für die Unzuverlässigkeit sprechen. Die Gewerbeuntersagung sowie die Rücknahme oder der Widerruf der erteilten Erlaubnis wegen ungeordneter Vermögensverhältnisse ist für die Dauer des InsVerf nach § 12 GewO ausgeschlossen. Damit soll ein Zielkonflikt mit der InsO vermieden werden. Die Entsch der GlVersammlung über eine Fortführung oder Stilllegung des Unternehmens würde vorweggenommen, wenn dem insolventen Unternehmer wegen finanzieller Unzuverlässigkeit die Ausübung seines Berufs behördlich untersagt werden könnte. Vereitelt würde möglicherweise auch der Erfolg eines InsPlan (§§ 1, 217), der die Sanierung des Unternehmens zum Ziel hat.[83]

---

77 S hierzu näher *K/P/B/Lüke* § 80 Rn 15 und 16.

78 *BGH* ZIP 2010, 2515 Rn 10 f; ZIP 2011, 1527 Rn 21; *BFH* ZIP 2011, 1162 Rn 17; hiervon abweichend *BFH* 2011, 2118 Rn 14.

79 Begr zu Art 31 RegE EGInsO, BT-Drucks 12/3803, 75 zu Nr 28.

80 Entspr Regelungen finden sich ua in §§ 7 Nr 9, 14 II Nr 7 BRAO, § 14 I Nr 9 PatAnwO, § 50 I Nr 6 BNotO, § 46 II Nr 4 StBerG.

81 Begr zu Art 73 RegE EGInsO, BT-Drucks 12/3803, 102 f; zu weiteren Einzelheiten s MK/*Ott/Vuia* § 80 Rn 15 f.

82 Vgl zB *BGH* ZIP 2006, 1254.

83 Begr zu Art 75 RegE, BT-Drucks 12/38/03, 103.

d) Steuerliche Wirkungen der Insolvenzeröffnung. Insoweit muss auf die einschlägigen Abhandlungen verwiesen werden.[84] 28

2. Rechtsverhältnis zwischen Schuldner und Insolvenzverwalter. – a) Pflichten des Insolvenzverwalters. Mit der Ernennung des InsVerw (§ 27 Abs 1 S 1) entsteht zum Schu ein **gesetzliches Schuldverhältnis**, aus dem Rechte und Pflichten folgen und das einer Geschäftsbesorgung ähnlich ist.[85] Der InsVerw tritt in die Pflichten des Schu ein, die er nach Maßgabe der InsOrdnung zu erfüllen hat. **Höchstpersönliche Verbindlichkeiten** des Schu sind ausgenommen. Hierzu rechnen Leistungen, die nicht ohne Änderung ihres Inhalts von einem anderen als dem Schu erbracht werden können. Der Kreis dieser Leistungen deckt sich nicht mit demjenigen des § 888 ZPO, weil der InsVerw im Verhältnis zum Schu nicht Dritter iSd Vorschrift ist. Vielmehr tritt der InsVerw an die Stelle des Schu hinsichtlich aller Handlungen, welche die Verwertung der Masse betreffen. Die unter § 888 ZPO fallenden Handlungen können ihrer Natur nach zu einem großen Teil auch vom InsVerw wahrgenommen werden, ohne dass sich ihr Inhalt dadurch verändert. Für die Beantwortung der Frage, ob der Schu nach Verfahrenseröffnung ein ihm zuvor persönlich unterbreitetes Vertragsangebot annehmen kann oder ob die Annahme dem InsVerw vorbehalten ist, hängt von der Auslegung der Parteierklärungen ab. Regelmäßig wird das an einen bestimmten Angebotsempfänger gerichtete Vertragsangebot ausschließlich für diesen bestimmt sein.[86] Das Wahlrecht der Ehegatten für eine **Getrennt- oder Zusammenveranlagung** nach § 26 Abs 2 EStG ist kein höchstpersönliches Recht;[87] es wird in der Ins eines Ehegatten durch den InsVerw ausgeübt.[88] Gleiches gilt für die Abgabe von **Steuererklärungen**.[89] Nach der Rspr des BFH gilt die Erklärungspflicht – obwohl sie in diesem Fall sinnentleert ist und nur mit übergeordneten öffentlichen Interessen begründet werden kann – auch in der masseunzulänglichen Ins.[90] Als höchstpersönliche Handlung verbleibt daher im Wesentlichen (Ausnahmen bei Rn 19, 24) nur die Ausübung **familienrechtlicher Pflichten**, soweit sie nicht auf Geld oder geldwerte Leistungen gerichtet sind. 29

b) Weisungsbefugnisse und Ablehnungsrecht. Das Geschäftsbesorgungsverhältnis verpflichtet den InsVerw, das SchuVermögen in Besitz zu nehmen und nach Maßgabe der in § 1 formulierten Ziele des InsVerf zu verwerten. Dem Schu bzw den organschaftlichen Vertretern des SchuUnternehmens stehen gegenüber dem InsVerw **keine Weisungsrechte** zu. Ihre Einflussmöglichkeiten beschränken sich auf die verfahrensmäßigen Rechte der InsO, insb das Beschwerderecht. Der InsVerw ist nach § 56 I auch dann nicht an Weisungen des Schu gebunden, wenn er das SchuUnternehmen fortführt. 30

Dem Schu und seinen organschaftlichen Vertretern steht **kein Ablehnungsrecht** gegen den InsVerw zu. Einen Ausschlussgrund wegen Interessenkollision (§ 41 ZPO) oder wegen Befangenheit (§ 42 ZPO) kann der Schu somit lediglich nach § 58 über die **Aufsichtspflicht des Gs** geltend machen. Die Vorschrift über die Ablehnung eines Sachverständigen (§ 406 ZPO) findet auf den InsVerw und den SonderInsVerw keine entspr Anwendung.[91] Andernfalls hätte es der Schu in der Hand, die VerfAbwicklung durch Ablehnungsgesuche zu 31

---

84 Vgl zB *Uhlenbruck/Mock* § 80 Rn 238–240; zur Umsatzsteuer in der Ins s *Ganter/Brünink* NZI 2006, 257–266.
85 *BGHZ* 113, 276.
86 *BGH* ZIP 2015, 694 Rn 19.
87 *BFHE* 77, 755 f; 81, 239; *FG Münster* ZInsO 2016, 1440, 1442.
88 *BGH* ZInsO 2007, 657.
89 MK/*Ott/Vuia* § 80 Rn 46; *Uhlenbruck/Mock* § 80 Rn 69; gem § 34 Abs 3 AO hat der InsVerw die dem Schu obliegenden steuerlichen Pflichten zu erfüllen.
90 *BFH* ZIP 94, 1971 ff; 1996, 431; hierzu *BGHZ* 160, 178 f.
91 *BGH* ZIP 2007, 549 hinsichtlich des SonderInsVerw.

unterlaufen und die Verwertung durch die Weiterverfolgung abgelehnter Anträge im Rechtsmittelzug zu blockieren. Stellt der Schu Unregelmäßigkeiten bei der VerfAbwicklung fest, ist ihm die Möglichkeit eröffnet, Maßnahmen nach § 58 Abs 2 oder die Entlassung nach § 59 anzuregen. Wird sein Antrag zurückgewiesen, hat es hiermit sein Bewenden (§ 58 Abs 2 S 2, § 59 Abs 2 S 2).

32 **3. Rechtsstellung des Insolvenzverwalters.** Ausgehend von der Amtstheorie ist der InsVerw **Inhaber eines – privaten – Amtes**. Seine Ernennung erfolgt im EröffnungsBeschl (§ 27 Abs 1 S 1). Der InsVerw erlangt die Verwaltungs- und Verfügungsbefugnis mit der **Stunde der Eröffnung**. Einer besonderen Bek oder gar der Rechtskraft des EröffnungsBeschl bedarf es nicht. Der InsVerw verliert seine Befugnisse mit der Aufhebung (§§ 200, 258) oder Einstellung (§§ 207, 211–213) des Verf. Die Aufhebung des InsVerf wird im Zweifel mit der Beschlussfassung des InsGer wirksam; auf die öffentliche Bek kommt es nicht an. Ist in dem Beschl die Stunde der Aufhebung nicht angegeben, so gilt als Zeitpunkt der Aufhebung die Mittagsstunde des Tages, an dem der Beschl erlassen worden ist.[92] Das auf den Übergang der Verwaltungs- und Verfügungsbefugnis gestützte **Handeln ist privatrechtlich**, nicht hoheitlich.

33 **a) Allgemeine Stellung. – aa) Verwertung der Masse.** Dem InsVerw obliegt die Verwertung der InsMasse (§ 159 InsO), und zwar im Gesamtinteresse der InsGl (§ 1 S 1). Dabei sind die Mitwirkungsrechte der Gl (§§ 159, 160) zu wahren. Erfolgt die Verwertung durch Liquidation des SchuVermögens, sind die Vermögensgegenstände des Schu zu veräußern und Forderungen einzuziehen. Dazu gehört auch die Durchsetzung der Ansprüche Gl aus der persönlichen Haftung der Gesellschafter für Verbindlichkeiten gegen die Gesellschaft (§ 93; § 171 Abs 2 HGB). **Bewegliche Sachen** werden durch freihändig veräußert, ggf auch im Wege der öffentlichen Versteigerung auf privatrechtlicher Grundlage. Im Einzelfall ist die Zustimmung des GlAusschusses oder der GlVersammlung einzuholen (§ 160 Abs 1, 2 Nr 1). Bei der freihändigen Veräußerung von **Grundstücken** ist dies Pflicht. Zur Vermeidung von Gewährleistungsansprüchen (§ 56 S 3 ZVG) und/oder, um die Ausübung von Vorkaufsrechten zu verhindern, kann die Verwertung im Wege der Zwangsversteigerung vorzugswürdig sein.[93] In diesem Fall ist der InsVerw Beteiligter iSd § 9 ZVG. Erfolgt die Zwangsversteigerung gegen den Willen des InsVerw, kann er unter den Voraussetzungen des § 30d ZVG die einstweilige Einstellung der Zwangsversteigerung beantragen. Zur Masse gehört auch die **Rechtsposition des Angebotsempfängers**, wenn sie abtretbar und damit pfändbar ist. Deshalb kann der InsVerw ein an den Schu gerichtetes Angebot nach allgemeinen Regeln annehmen. Eine Abtretung kommt allerdings nicht in Betracht, wenn das Vertragsangebot, das sich an einen bestimmten Angebotsempfänger richtet, ausschließlich für diesen bestimmt ist.[94]

34 **bb) Selbstkontrahieren.** Auf Rechtsgeschäfte, die der InsVerw mit sich selbst vornimmt, ist die **Vorschrift des § 181 BGB** nicht unmittelbar anwendbar, weil er nicht Vertreter des Schu ist. Die Auff, dass die Vorschrift den allg Rechtsgedanken enthalte, wonach ansonsten bestehende Interessenkonflikte vermieden werden sollten, der auch auf den InsVerw anwendbar sei (Gesamtanalogie zu einer Reihe von Bestimmungen des BGB, Aktien-, GmbH und Genossenschaftsrechts), hat der BGH mit Recht abgelehnt. § 181 BGB regelt nicht den materiellen Interessenkonflikt, sondern lediglich die unzulässige formale Beteili-

92 *BGHZ* 186, 223, 226 = ZIP 2010, 1610.
93 MK/*Ott/Vuia* § 80 Rn 50.
94 *BGH* 26.2.2015 – IX ZR 174/13 Rn 19.

gung derselben Person auf beiden Seiten bei einem Vertragsschluss.[95] Daran fehlt es in den Fällen der vorliegenden Art. Hiervon ist der Fall zu unterscheiden, dass der Verw persönlich mit dem Schu oder einem absonderungsberechtigten Gl, insb mit dem Ziel der **stillen Zwangsverwaltung**, einen sich auf die Masse beziehenden Vertrag schließt. Ein solcher Vertrag ist nichtig.[96]

cc) Insolvenzzweckwidrige Maßnahmen. Die Verfügungsbefugnis des InsVerw ist nicht nur gegenständlich (auf die InsMasse) begrenzt, sondern auch inhaltlich: Insolvenzzweckwidrige Maßnahmen (§ 1 S 1) sind nichtig. Der Schutz des Rechtsverkehrs gebietet es, nicht jede für die Masse nachteilige Rechtshandlung des Verw als unwirksam anzusehen. **Vorrangig** sind die Schutzwirkungen, die von den Zustimmungserfordernissen (§ 160), der Aufsicht des InsGer (§ 58) und der Verwalterhaftung (§ 60) ausgehen. Dies ergibt sich auch daraus, dass ein Verstoß gegen das Zustimmungserfordernis die Wirksamkeit der Handlung des InsVerw nicht berührt (vgl § 164 InsO). Mit der Nichtigkeitssanktion können deshalb nur solche Maßnahmen belegt werden, die dem Insolvenzzweck offensichtlich zuwider laufen.[97] **35**

Das einschränkende Merkmal der offensichtlichen Zweckwidrigkeit ermöglicht jedoch keine eindeutige Grenzziehung; hinreichend klar ist nur, dass es sich um **objektiv schwerwiegende Verstöße** handeln muss.[98] Deshalb hat es der BGH in der Vergangenheit vermieden, den Schutz der Masse vor nachteiligen Verfügungen auf diesem konstruktiven Weg zu gewährleisten. Dies verdeutlicht die Rspr zur Anf von Rechtshandlungen des Schu mit Zustimmung des vorl InsVerw.[99] Die Lösung über die Anfechtbarkeit der gewährten Deckung oder der Erfüllungsvereinbarung versagt freilich, wenn der endgültige InsVerw oder der vorl Verwalter mit begleitendem allg Verfügungsverbot (§ 22 Abs 1 S 1) – starker vorl Verwalter – die Altverbindlichkeiten beglichen hat, ohne dass es für den Sondervorteil einen sachlichen Grund gibt. Schließlich könnte auch die vom BGH behandelte Variante – Verzicht auf Aus- und Absonderungsrechte im Gegenzug zur Bezahlung der Altforderung – dazu zwingen, das Merkmal der Offensichtlichkeit zu konkretisieren.[100] **36**

dd) Rechtsstellung des InsVerw im Prozess. Mit der Eröffnung des InsVerf über das Vermögen des Schu erhält der InsVerw die Befugnis, die **Insolvenzmasse betreffende Prozesse** zu führen.[101] Ein schon rechtshängiger Prozess wird, wenn er die Insolvenzmasse einer der Parteien betrifft, unterbrochen (§ 240 S 1 ZPO). Entsprechendes gilt, wenn im Eröffnungsverfahren die Verwaltungs- und Verfügungsbefugnis auf einen vorl InsVerw übergeht (§ 240 S 2 ZPO). Auf die Fülle der diskutierten Fragen kann an diese Stelle nur stichpunktmäßig eingegangen werden.[102] **37**

aaa) Der InsVerw führt den Masseprozess als **Partei kraft Amtes** (Amtstheorie). Er führt ihn im eigenen Namen für fremdes Vermögen, nicht dagegen in Vertretung des Schu oder **38**

---

95 *BGHZ* 113, 270; im Anschluss an *BGHZ* 21, 231; 50, 11; 91, 337; **aA** *K/P/B/Lüke* § 80 Rn 26; *Uhlenbruck/Mock* § 80 Rn 65.
96 *BGH* 14.7.2016 – IX ZB 31/14 Rn 27 f; *Vill* ZInsO 2015, 2245, 2247 f.
97 *RGZ* 23, 62; *BGHZ* 118, 379 f; 154, 194; *BGH* ZIP 2008, 884; 2013, 531 Rn 9; 2013, 1181 Rn 14; *K/P/B/Lüke* § 80 Rn 28.
98 *K/P/B/Lüke* § 80 Rn 30 mit Beispielen in Rn 31.
99 *BGHZ* 154, 194; 161, 319; 165, 289, unklar *BGH* ZIP 2008, 1242.
100 *BGHZ* 165, 288 f beschränkt die Gegenausnahme auf den Fall, dass der Wert des Aussonderungsguts „weitaus" geringer ist als die Höhe der befriedigten Altforderungen. Die Beweislast trifft den InsVerw.
101 *BFH* ZIP 2012, 1099 Rn 9.
102 Ausf hierzu MK/*Ott/Vuia* § 80 Rn 73–98; *Uhlenbruck/Mock* § 80 Rn 169–234; sa die Kommentierung bei §§ 85, 86.

der InsGl. Er ist selbst Partei, dies aber in seiner Eigenschaft als InsVerw.[103] Seine eigenverantwortliche Prozessführungsbefugnis sowie die Auswirkungen des Rechtsstreits auf die Masse ergeben sich aus der auf den Verwalter übergegangenen Verwaltungs- und Verfügungsbefugnis. Etwaige eigene Kosten, insb im Falle des Unterliegens, kann er der Masse als Auslagen entnehmen,[104] soweit der Masse gegen ihn kein Schadensersatzanspruch wegen fehlerhafter Prozessführung zusteht.

39 **bbb)** Es ist zwischen dem **Aktivprozess** der Masse und dem nur beschränkt statthaften **Passivprozess** gegen die Masse zu unterscheiden (vgl die Aufnahmetatbestände der §§ 86, 87[105]). Gegenüber dem Prozessgegner treffen den InsVerw im Aktivprozess grds keine insolvenzspezifischen Pflichten (§ 60 Abs 1), wenn jener später wegen eingetretener Masseunzulänglichkeit (§§ 208–211) mit seinem gegen die Masse zu richtenden Kostenerstattungsanpruch ausfällt.[106] Der InsVerw haftet in diesen Fällen regelmäßig auch nicht nach den allg Vorschriften (§ 826 BGB).[107] **Sittenwidriges Handeln** kommt allerdings in Betracht, wenn der InsVerw gegen den anderen Teil in zumindest grob leichtfertiger Weise ein gerichtliches Verf einleitet und durchführt, obwohl er weiß, dass der bedingte gegnerische Kostenerstattungsanspruch ungedeckt ist.[108]

40 **ccc)** Nach § 87 ZPO können die InsGl ihre Forderungen nur nach den Vorschriften über das InsVerf verfolgen. Diese Bestimmung nimmt inhaltlich auf den Abschnitt der InsO über die **Feststellung der Forderungen** (§§ 174–186) Bezug. Danach sind Passivprozesse zunächst auf **Aussonderungsfälle**, die **abgesonderte Befriedigung** sowie den **Streit um Masseverbindlichkeiten** beschränkt (vgl § 86 Abs 1). Bestreitet der InsVerw jedoch die im Verf nach §§ 174 ff angemeldete Forderung, ist zu unterscheiden. Hatte der Gl die Forderung vor InsEröffnung schon eingeklagt und ist der Prozess gegen den Schu nach § 240 S 1 ZPO unterbrochen, ist die nach § 179 Abs 1 anheim gegebene gerichtliche Feststellung der Forderung durch Aufnahme des unterbrochenen Rechtsstreits zu betreiben (§ 180 Abs 2). War über die vom InsVerw bestrittene Forderung dagegen noch kein Rechtsstreit anhängig, kann der Gl gegen diesen die Feststellungsklage erheben (§ 179 Abs 1, § 180 Abs 1).

41 **ddd)** Der InsVerw kann den Schu unterhalb der Schwelle der Freigabe ermächtigen, ein zur InsMasse gehöriges Recht im eigenen Namen geltend zu machen. Solange der InsVerw das ProzessErg – erkennbar – für die Masse beansprucht, scheidet der Prozessgegenstand nicht endgültig aus der Masse aus. Es liegt dann eine **gewillkürte Prozessstandschaft** des Schu vor, die nach allg prozessrechtlichen Grundsätzen nur zuzulassen ist, wenn der Kläger ein eigenes, schutzwürdiges Interesse daran hat, einen fremden Anspruch im eigenen Namen geltend zu machen.[109] Von der Rspr wird das schutzwürdige Eigeninteresse regelmäßig bejaht, wenn die Entsch Einfluss auf die eigene Rechtslage des Prozessführungsbefugten hat; auch ein schutzwürdiges wirtschaftliches Interesse kann genügen. Es ist dagegen zu verneinen bei der überschuldeten oder vermögenslosen Gesellschaft, wenn diese eine zuvor (zB an die Hausbank) abgetretene Forderungen für den Zessionar geltend macht.[110] Anders als bei natürlichen Personen kann hier das schutzwürdige Eigeninteresse nicht auf das Argument

---

103 *Bork* Einf Rn 79. Hieraus folgt die Parteibezeichnung „RA … als Verwalter in dem InsVerf über das Vermögen der …"; wird der InsVerw persönlich verklagt, zB gestützt auf §§ 60, 61, sollte dies entspr deutlich gemacht werden.
104 *Bork* Einf Rn 79.
105 S die Kommentierung in §§ 86, 87 sowie Hk-ZPO/*Wöstmann* § 240 Rn 10 ff.
106 *BGHZ* 148, 178 ff; 161, 240.
107 *BGHZ* 154, 272 ff.
108 *BGHZ* 161, 241.
109 *BGHZ* 96, 156; 100, 221; *BGH* NJW 2002, 1038.
110 *BGHZ* 96, 156.

gestützt werden, dass niemand Anspruch darauf habe, von einem zahlungskräftigen Kläger verklagt zu werden.[111]

eee) An diesen Grundsätzen ist im **eröffneten InsVerf** die Prüfung der Schutzwürdigkeit des Interesses des Schu an der eigenen Prozessführung auszurichten.[112] Die der Erteilung der Ermächtigung durch den InsVerw immanente Zielrichtung, den insolventen Schu zur Prozessführung zu ermächtigen, um das Kostenrisiko der Masse auszuschalten, indiziert den Missbrauch. Der Fall trifft vor allem zu, wenn der Schu eine **juristische Person** oder eine **insolvente Personengesellschaft** ist und keine hinreichende Aussicht besteht, dass der Betrieb nach Beendigung des InsVerf fortgeführt werden kann.[113] Die Prozessführung durch den Schu ist dagegen ausnahmsweise zuzulassen, wenn abzusehen ist, dass nach der Befriedigung der Gl für den Schu ein Masseüberschuss verbleibt, oder aber zw ist, ob die Klageforderung zur Masse oder zum freien Vermögen des Klägers gehört.[114] Ist der Schu eine **natürliche Person**, kann sich das eigene schutzwürdige Interesse an der Rechtsverfolgung aus der erstrebten Verminderung der Gesamtverbindlichkeiten ergeben, weil die InsGl ihre restlichen Forderungen nach Aufhebung des InsVerf gegen den Schu unbeschränkt geltend machen können (§ 201 Abs 1).[115] Hierbei ist es ohne Bedeutung, dass der Schu mit dem InsVerf auch die Restschuldbefreiung (§ 286) erstrebt.[116] 42

fff) Da der InsVerw Partei ist, kann der Schu bzw sein gesetzlicher Vertreterin in dem Prozess des InsVerw als Zeuge vernommen werden. An dieser Frage hat das Reichsgericht in der frühen Entsch aus dem Jahre 1892 die Amtstheorie entwickelt.[117] Über das gefundene Erg besteht heute Einigkeit. Nach der Vertretertheorie folgt die **Zeugeneigenschaft des Schu** aus § 455 Abs 1 ZPO, woraus sich mittelbar ergebe, dass die prozessunfähige Partei grds als Zeuge vernommen werden könne.[118] Der Schu oder SchuVertreter kann die jedem anderen Zeugen zustehenden Rechte beanspruchen; umstr ist, ob eine persönliche Beziehung zum InsVerw **Zeugnisverweigerungsrechte** (§ 383 Abs 1 ZPO) begründen.[119] Sollen Angehörige des Schu als Zeugen vernommen werden, ist der Schu iSd § 383 ZPO als Partei zu behandeln, weil sich der Rechtsstreit auf Rechte und Pflichten bezieht, deren Träger er ist.[119] Soll ein von der Schu beauftragter Berufsgeheimnisträger (Rechtsanwalt usw) in einem Strafverfahren gegen den gesetzlichen Vertreter der Schu als Zeuge vernommen werden, ist die **Schweigerechtsentbindung** durch den InsVerw allein ausreichend.[120] 43

ggg) Die **Rechtskraft** eines im Prozess des InsVerw ergangenen Urt wirkt für und gegen den Schu, jedoch mit Beschränkung auf die Masse. Die **subjektiven Grenzen der Rechtskraft** der vom InsVerw in Masseprozessen erstrittenen Urt sind identisch mit den Grenzen seiner Verwaltungs- und Verfügungsbefugnis. Einzelheiten sind str, insb bei verlorenen Passivprozessen der Masse in den Fällen des InsPlanVerf und der Unternehmensfortführung.[121] 44

hhh) Nach § 116 S 1 Nr 1 ZPO erhält eine Partei kraft Amtes **Prozesskostenhilfe**, wenn die Kosten aus der verwalteten Vermögensmasse nicht aufgebracht werden können und den am 45

111 Hk-ZPO/*Bendtsen* § 51 Rn 23.
112 *BGH* NJW 1995, 3186; MK/*Ott/Vuia* § 80 Rn 81.
113 *BGHZ* 96, 156 f; MK/*Ott/Vuia* § 80 Rn 81.
114 *BGH* WM 1965, 1056 (Kl = natürliche Person); näher hierzu *Uhlenbruck/Mock* § 80 Rn 182.
115 *BGHZ* 100, 220; MK/*Ott/Vuia* § 80 Rn 81; *Uhlenbruck/Mock* § 80 Rn 182 aE.
116 MK/*Ott/Vuia* § 80 Rn 81; *Uhlenbruck/Mock* § 80 Rn 182.
117 *RGZ* 29, 29.
118 *Zöller/Greger* § 455 Rn 1.
119 MK/*Ott/Vuia* § 80 Rn 79.
120 *OLG Köln* ZIP 2016, 331, 332.
121 S hierzu *Uhlenbruck/Mock* § 80 Rn 186.

Gegenstand des Rechtsstreits wirtschaftlich Beteiligten nicht zuzumuten ist, die Kosten aufzubringen.

46 Durch die Neuregelung[122] hat der Gesetzgeber die Rechtsverfolgung durch den InsVerw erleichtert. Die **Reichweite der Erleichterungen** ist umstr, insb ob der Gesetzgeber die Gewährung von Prozesskostenhilfe zur Regel und die Nichtgewährung zur Ausnahme gemacht hat.[123] Nach vorzugswürdiger Auff liegt die **Darlegungslast** hinsichtlich aller Bewilligungsvoraussetzungen beim InsVerw. Aus dem Wortlaut der Vorschrift und ihrer Stellung im Gesamtzusammenhang des Prozesskostenhilferechts ergibt sich, dass die allg Grundsätze dieses Rechtsgebiets auch für Partei kraft Amtes gelten. Zu diesen Grundsätzen gehört die Regel, dass jede Partei ihre Aufwendungen für die Prozessführung grds selber zu tragen hat und Prozesskostenhilfe nur erhält, wenn sie die dafür geltenden besonderen Voraussetzungen dartut sowie auf Verlangen des Gs (§ 118 Abs 2 S 1 ZPO) glaubhaft macht. Hinsichtlich der Voraussetzung der Unzumutbarkeit der Kostenaufbringung für die am Gegenstand des Rechtsstreits wirtschaftlich Beteiligten (§ 116 S 1 Nr 1, 2. HS ZPO) enthält das Gesetz keine abw Regelung.

47 Ein **Regel-Ausnahme-Verhältnis zu Gunsten der Gewährung von Prozesskostenhilfe** kann auch der Begr des Regierungsentwurfs des G über die Prozesskostenhilfe nicht entnommen werden. Dort wird zwar das Erfordernis der Zumutbarkeit der Kostentragung für am Prozess wirtschaftlich Beteiligte als lediglich „in Einzelfällen" zur Versagung der Prozesskostenhilfe führende „Ausnahme von der Regel" bezeichnet. Diese Aussage ist jedoch für die Auslegung des geltenden Rechts unergiebig, weil sich der Text des Entwurfs in diesem Punkt entscheidend von der Gesetzesfassung unterscheidet. In § 114c I des Regierungsentwurfs war die Prozesskostenhilfe für Parteien kraft Amtes nämlich dahin geregelt, dass in S 1 die Voraussetzungen der Bewilligung aufgeführt waren, in S 3 dagegen die Frage der Zumutbarkeit der Mittelaufbringung durch wirtschaftlich Beteiligte als Versagungsgrund ausgestaltet war. Dieser Aufbau des Entwurfstextes war geeignet, die in der Begr des Regierungsentwurfs enthaltene Deutung zu rechtfertigen. Daraus, dass er in den geltenden § 116 S 1 Nr 1 ZPO keine Aufnahme gefunden hat, ergibt sich eine weitere Bestätigung dafür, dass die letztgenannte Vorschrift keineswegs darauf gerichtet ist, die Gewährung von Prozesskostenhilfe an Parteien kraft Amtes zur Regel und die Versagung zu einer besonderer Begr bedürftigen Ausnahme zu machen.[124] Der InsVerw muss daher die Tatbestandsmerkmale **„wirtschaftliche Beteiligung"** und **„Zumutbarkeit der Kostenaufbringung"** mit entspr Tatsachenvortrag unterlegen. Ganz allgemein gilt allerdings, dass sich das Prozessgericht auf die Angaben des InsVerw, der sein Amt im öffentlichen Interesse ausübt, verlassen darf.[125]

48 **Wirtschaftlich beteiligt** sind diejenigen InsGl, die bei einem erfolgreichen Abschluss des Rechtsstreits mit einer verbesserten Befriedigung ihrer Ansprüche rechnen können. Dabei kommt es auf den konkret beabsichtigten Prozess an; eine Gesamtschau aller dem InsVerw möglichen prozessualen Maßnahmen verbietet sich.[126] Die **Gl bestrittener Forderungen** sind von der Vorschusspflicht auszunehmen.[127] Die Chance einer nur geringfügigen Verbesserung kann ausreichen, sofern die Zumutbarkeit der Kostenaufbringung (s die nachfolgenden Erl) nicht entgegensteht.[128] Wirtschaftlich nicht beteiligt sind **nachrangige InsGl** (§ 39), die selbst

122 G über die PKH v 13.6.1980 BGBl I, 677.
123 Befürwortend *BGHZ* 119, 376; *BGH* NJW 1991, 41; abl *BGHZ* 138, 191 f.
124 Zutr *BGHZ* 138, 191 f; *Uhlenbruck* § 80 Rn 116; **aA** MK/*Ott/Vuia* § 80 Rn 86.
125 *Uhlenbruck/Mock* § 80 Rn 198.
126 *BGHZ* 119, 377 f.
127 *Uhlenbruck/Mock* § 80 Rn 203.
128 MK/*Ott/Vuia* § 80 Rn 89.

bei günstigem Prozessausgang keine Befriedigung erwarten können, sowie diejenigen Gl, die auch bei ungünstigem Ausgang voraussichtlich voll befriedigt werden. Hierzu zählt der Kreis der aus- und **absonderungsberechtigten Gl** bei entspr Werthaltigkeit ihrer Sicherheiten. **Massegläubiger** kommen als wirtschaftlich Beteiligte grds in Betracht. Eine generelle Freistellung des **Steuerfiskus** von der Vorschusspflicht ist abzulehnen.[129] Der **InsVerw** ist wegen seines Vergütungs- und Auslagenanspruchs zwar Massegläubiger (§ 54 Nr 2), aber gleichwohl nicht wirtschaftlich beteiligt iSd Vorschrift.[130] Dies gilt auch, wenn der beabsichtigte Rechtsstreit im Erg allein dazu führt, seinen Gebührenanspruch zu realisieren.[131]

Die **Zumutbarkeit der Kostenaufbringung** durch den wirtschaftlich Beteiligten hängt von dessen wirtschaftlicher Leistungsfähigkeit und vom Verhältnis von Aufwand und Ertrag aus der Sicht der in Betracht kommenden Person ab. Danach sind Vorschüsse nur solchen Beteiligten zuzumuten, welche die erforderlichen Mittel unschwer aufbringen können und für die der zu erwartende Nutzen bei vernünftiger, auch das Eigeninteresse sowie das Prozesskostenrisiko angemessen berücksichtigender Betrachtungsweise bei einem Erfolg der Rechtsverfolgung voraussichtlich deutlich größer sein wird.[132] Nicht zumutbar ist eine Beteiligung an den Prozesskosten, wenn das Kostenrisiko für ihn außer Verhältnis zu der Chance einer Verbesserung seiner Befriedigungschance steht.[133] Die Vorschusspflicht greift daher nicht ein, wenn die Position des beteiligten Gl durch den Rechtsstreit nur unerheblich verbessert werden kann, insb wenn der Prozesserfolg einer Vielzahl von Gl zu Gute käme, den Einzelnen aber (absolut) nur geringfügig begünstigen würde. Gleiches gilt für Gl mit geringfügigen Forderungen.[134] Die Abgrenzung ist nicht nach einem bestimmten Berechnungsverfahren, sondern bei einer **wertenden Abwägung** nach den Umständen des Einzelfalls zu treffen.[135] 49

Der Antrag des InsVerw auf Gewährung von PKH ist nicht schon deshalb nach § 116 S 2, § 114 Abs. 1 S 1, Abs 2 ZPO mutwillig, weil **Masseunzulänglichkeit** (§ 208) angezeigt worden ist.[136] Hingegen kann PKH zur Durchsetzung eines AnfAnspruchs idR nicht gewährt werden, wenn dieser nicht geeignet ist, eine bereits eingetretene Massekostenarmut (§ 207) zu beheben.[137] Steht die Leistungsfähigkeit des Beklagten mit Rücksicht auf dessen wirtschaftliche Lage und die Höhe der Klageforderung in Frage, ist nach Maßgabe der voraussichtlichen Beitreibbarkeit der Forderung ein prozentualer Abschlag vorzunehmen.[138] 50

b) Rechte und Pflichten in Sonderrechtsgebieten. – aa) Handels- und Gesellschaftsrecht. Der kaufmännische Schu verliert die **Kaufmannseigenschaft** durch die InsEröffnung nicht, bevor nicht die Geschäftstätigkeit des SchuUnternehmens durch Aufgabe oder Veräußerung des Gewerbebetriebs endet. Der Schu bleibt – unabhängig von der Rechtsform – **Träger des Unternehmens**. Die InsEröffnung hat auf die Struktur der Gesellschaft insgesamt keine Auswirkungen.[139] Das Amt des GmbH-Geschäftsführers erlischt durch die Eröffnung des InsVerf über das Vermögen der GmbH nicht.[140] Der InsVerw rückt deshalb in die gesell- 51

---

129 *BGHZ* 138, 190; *BGH* NJW 1999, 1404.
130 *BGH* NJW 1998, 1229 f.
131 *BGH* ZIP 2003, 2036; zust *Uhlenbruck/Mock* § 80 Rn 205.
132 *BGH* ZIP 2006, 683; *BAG* ZIP 2003, 1948.
133 *BGHZ* 119, 377.
134 MK/*Ott/Vuia* § 80 Rn 90.
135 *BGH* ZIP 2006, 683 f.
136 *BGH* ZIP 2008, 944.
137 *BGH* ZIP 2009, 1591; 2012, 2526 Rn 10.
138 *BGH* ZIP 2012, 2226 Rn 13.
139 *BGH* ZIP 2007, 440.
140 *KG* ZIP 2012, 1352, 1353.

schaftsrechtliche Stellung der organschaftlichen Vertreter nicht ein. Ihm fehlt mithin auch die Kompetenz, ohne die Gesellschafter Änderungen der Satzung – auch in Bezug auf die Firma – vorzunehmen.[141] Er ist aber befugt, das Geschäftsjahr wieder so festzulegen, wie es in der Satzung der Schuldnerin festgelegt ist.[142]

52 Der InsVerw wird, wenn er das kaufmännische Unternehmen fortführt, nicht selbst zum Kaufmann. Tätigt er Geschäfte für die Masse, kann gleichwohl **Handelsrecht** anzuwenden sein, solange die Kaufmannseigenschaft des Schu fortbesteht. Unabhängig von dem Theorienstreit (Amts- oder Vertretertheorie) bestimmt sich dies nach dem Normzweck der jeweiligen Vorschrift des Handelsrechts. Handelsrechtliche Bestimmungen sind dagegen generell nicht mehr anzuwenden, wenn der InsVerw nur noch Geschäfte vornimmt, die erkennbar in keinem Zusammenhang mehr mit unternehmerischem Handeln stehen.[143] Wegen der weiteren Einzelheiten muss auf die Erl in den Großkommentaren zur InsO verwiesen werden.[144]

53 **bb) Arbeitsrecht.** Der InsVerw tritt kraft seiner allg Verwaltungs- und Verfügungsbefugnis in die **Arbeitgeberstellung des Schu** ein, der jedoch als Träger des Unternehmens Arbeitgeber bleibt. Es gilt nichts anderes als in den anderen von der VerfEröffnung berührten Rechtsbereichen. Der Schu ist sonach weiterhin **Vertragspartner** der Arbeitsverhältnisse, die sich aus ihnen ergebenden **Rechte und Pflichten** werden jedoch vom InsVerw wahrgenommen, insb das Direktionsrecht, das Kündigungs- und das Einstellungsrecht, die Pflicht zur Lohnzahlung, die Erfüllung der arbeitsrechtlichen Schutz und Fürsorgepflichten sowie die Erteilung des Arbeitszeugnisses. Kündigt der Insolvenzverwalter das Dienstverhältnis des GmbH-Geschäftsführers bei fortbestehendem Organverhältnis, stellt sich die Frage, ob der Verw weitere Auslaufkündigungsfristen finanziell einplanen muss; s hierzu die Erl zu § 113. Der Wechsel in der Rechts- und Pflichtenstellung des Verw gilt nicht hinsichtlich der zum Zeitpunkt der InsEröffnung bereits beendeten Arbeitsverhältnisse.[145] Zweifelhaft ist, ob sich die Pflichten auch auf den Zeitraum vor InsEröffnung erstrecken. Das BAG hat dies für die Erteilung eines Arbeitszeugnisses bejaht.[146] Für die Erfüllung von Auskunftspflichten gegenüber dem bereits ausgeschiedenen Arbeitnehmer hat der BGH einen differenzierten Standpunkt eingenommen.[145] Der **arbeitsrechtliche Freistellungsanspruch** des Arbeitnehmers richtet sich ebenfalls gegen den InsVerw. Zu seiner Behandlung als Masseverbindlichkeit s die Erl zu § 55.

54 **cc) Steuerrecht.** Das InsR wirkt insoweit auf das Steuerrecht ein, als die Geltendmachung der steuerrechtlichen Pflichten dem Zweck des InsVerf widerspräche (vgl § 179 Abs 2 AO). Dies betrifft die **Person des Adressaten** des Steuerbescheids und die **Haftung für die Verletzung steuerrechtlicher Pflichten**. Dementsprechend dürfen nach Eröffnung des Insolvenzverfahrens über das Vermögen des Steuerpflichtigen keine Steuerbescheide und auch keine Haftungsbescheide mehr gegen ihn ergehen.[147] Gleichwohl erlassene sind unwirksam.[147] Das **Veranlagungswahlrecht** von Ehegatten nach § 26 EStG steht dem InsVerw zu; durch die Ausübung entstehende Ausgleichsansprüche sind InsFord.[148] Hat der InsVerw die steuerlichen Pflichten des InsSchu zu erfüllen und im Besteuerungsverfahren die Erteilung eines Kontoauszugs für den InsSchu beantragt, hat er Anspruch darauf, dass das Finanzamt hierü-

141 *OLG München* ZInsO 2016, 1368 mit abl Anm *Horstkotte* aaO S 1369; **aA** *KG* ZInsO 2017, 1673, 1674.
142 *BGH* NZI 2015, 135 Rn 11 mit zust Anm *Schuster* und *Fritz* aaO S. 138.
143 MK/*Ott/Vuia* § 80 Rn 100.
144 Vgl zB MK/*Ott/Vuia* § 80 Rn 101–115b.
145 *BGH* ZIP 2005, 1327.
146 *BAG* NJW 1991, 1971.
147 *BFH* ZIP 2012, 1099 Rn 8.
148 *BGH* NZI 2007, 455 f; *BGH* 18.5.2011 – XII ZR 67/09 Rn 21; s ferner Erläuterungen zu I 1 b.

ber nach pflichtgemäßem Ermessen entscheidet.[149] Wegen der steuerrechtlichen Rechnungslegung wird auf die Kommentierung bei § 155 verwiesen.

Ist eine **Steuerforderung erst nach InsEröffnung** begründet worden, ist sie eine Masseforderung (§ 55);[150] der InsVerw ist Adressat des Steuerbescheids.[151] **Steuerschulden aus der Zeit vor InsEröffnung** sind InsFord (§ 38);[152] sie sind zur Tabelle anzumelden. Das weitere Verf bestimmt sich – wie bei den anderen InsFord – nach §§ 174 ff. Wird die Steuerforderung von dem InsVerw bestritten und ist noch kein Steuerbescheid mit Leistungsgebot über die InsFord erlassen worden, kann die Finanzbehörde nach § 251 Abs 3 AO die InsFord durch schriftlichen Verwaltungsakt feststellen. Adressat dieses Bescheides ist der InsVerw. Ein **Anspruch auf Erstattung** von Einkommensteuerzahlungen gehört zur Insolvenzmasse, wenn der die Erstattungsforderung begründende Sachverhalt vor oder während des InsVerf verwirklicht worden ist.[153] Dieser wird bereits mit der Leistung der entsprechenden Vorauszahlung gelegt. Denn damit erlangt der Steuerpflichtige einen Anspruch auf Erstattung unter der aufschiebenden Bedingung, dass am Jahresende die geschuldete Einkommensteuer geringer ist als die Summe der Vorauszahlungen.[153] Zur Abgrenzung zwischen Masse- und Insolvenzforderungen s näher die Kommentierung bei § 55 Rn 10 ff. **55**

Die Vorschrift des § 69 AO begründet die **Haftung** der in §§ 34, 35 AO bezeichneten Personen, soweit Ansprüche aus dem Steuerschuldverhältnis (§ 37 AO) infolge vorsätzlicher oder grob fahrlässiger Verletzung der ihnen auferlegten Pflichten nicht oder nicht rechtzeitig festgesetzt oder erfüllt werden. Nach dem in § 34 Abs 3 AO umschriebenen subjektiven Anwendungsbereich der Vorschrift bezieht sie sich vor allem auf den InsVerw und den vorl InsVerw.[154] Die Haftung besteht nur, „soweit ihre Verwaltung reicht", und auch nur für die Verletzung der dem InsVerw obliegenden **steuerrechtlichen Erklärungspflichten**, die einen Schaden des Steuerfiskus nach sich ziehen. Ein Verstoß gegen insolvenzspezifische Pflichten in Bezug auf Steuerforderungen führt nur zu einer Haftung nach § 60.[155] Schadensersatzansprüche des Fiskus wegen der Verletzung der steuerspezifischen Pflichten sind vor den Finanzgerichten geltend zu machen.[156] **56**

Nach den **Informationsfreiheits- oder Transparenzgesetzen** des Bundes und der Länder kann dem InsVerw zur Vorbereitung von Anfechtungsbegehren ein Auskunftsanspruch gegen das Finanzamt zustehen.[157] Bei diesem Anspruch handelt es sich um einen öffentlich-rechtlichen Anspruch, der vor den Verwaltungsgerichten zu verfolgen ist.[158] **57**

dd) Ordnungsrecht. Adressat einer Ordnungsverfügung ist nach InsEröffnung der Verwalter. Auf den Zeitpunkt, zu dem die Störung der öffentlichen Sicherheit eingetreten ist, kommt es nicht an. Der Verwalter haftet nicht persönlich, sondern – falls die Ordnungspflicht eine Masseverbindlichkeit (§ 55 Abs 1) darstellt – mit der von ihm verwalteten Masse.[159] **58**

---

149 *BFH* ZIP 2013, 1133 Rn 14 f.
150 *Klein/Werth* AO § 251 Rn 17, 20.
151 *BFH* BStBl 94, 600; *Klein/Werth* AO § 251 Rn 21.
152 *Klein/Werth* AO § 251 Rn 17 f, 26.
153 *BFH* ZIP 2012, 933 Rn 10.
154 *Klein/Rüsken* AO § 34 Rn 22 f.
155 *BGHZ* 106, 135; MK/*Ott/Vuia* § 80 Rn 135; weitergehend *Klein/Rüsken* AO § 69 Rn 129 ff; str.
156 *BGHZ* 106, 137.
157 Bejahend *OVG Münster* NZI 2016, 182.
158 *BVerwG* ZIP 2013, 1252; *BFH* ZIP 2013, 1252; *BGH* 18.2.2016 – IX ZR 45/14.
159 *BVerwG* ZIP 1999, 539.

59 **aaa)** Die **Einordnung des Anspruchs als Masseverbindlichkeit** oder InsFord ist differenziert zu betrachten: Unkritisch ist der Fall, dass die Gefahr erst nach InsEröffnung durch den Verw hervorgerufen worden ist und dieser als Handlungsstörer in Anspruch genommen wird. Die Ordnungspflicht ist dann Masseverbindlichkeit (§ 55 Abs 1 Nr 1).[160] Ist die Störung von dem Schu vor InsEröffnung hervorgerufen worden und hat die Behörde gegen ihn ebenfalls noch vor VerfEröffnung eine Ordnungsverfügung erlassen, ist der Anspruch auf Durchführung der Ersatzvornahme InsFord (§ 38). Die **Beweislast** dafür, dass die nachteiligen Veränderungen erst nach VerfEröffnung eingetreten sind, hat der Gl.[161]

60 **bbb)** Str ist die Rechtslage, wenn die Gefahr vor InsEröffnung schon bestanden hat, die Grundverfügung der Behörde aber erst nach InsEröffnung (gegen den Verw) erlassen worden ist. Nach der Rspr des BVerwG ist die Beseitigungspflicht dann Masseverbindlichkeit.[162] Dafür soll maßgebend sein, dass die Ordnungspflicht in den Umweltgesetzen regelmäßig an die **Ausübung der tatsächlichen Gewalt** anknüpfe. In diesen Fällen reiche die Inbesitznahme durch den InsVerw aus, um hieraus eine Masseverbindlichkeit abzuleiten. Folge die Ordnungspflicht aus der **Stellung als Anlagenbetreiber**, soll immerhin fraglich sein, ob für die ordnungsrechtliche Verantwortlichkeit die Inbesitznahme als solche ausreiche.[163] Nur wenn die Sachherrschaft keinen Bezug zur Störereigenschaft habe, entfalle eine Beseitigungspflicht des InsVerw.

61 Diese Rspr ist auf berechtigte Kritik gestoßen, weil sie den öffentlich-rechtlichen Beseitigungsanspruch systemwidrig bevorzugt. Nach der Rspr des BGH begründet die **sicherstellende Inbesitznahme störender Sachen** durch den InsVerw noch keine Haftung der Masse für die Beseitigungskosten.[164] Die Besitzergreifung dient zunächst nur – im allseitigen Interesse – der Sicherstellung. Damit integriert der Verw die Gegenstände nicht endgültig in die Masse. Eine insolvenzrechtliche Verantwortung für den Zustand der ergriffenen Sachen mag dieser Vorgang hinsichtlich künftiger Gefahren auslösen; allein kraft Besitzes hat er aber nicht Pflichtverletzungen aus der Zeit vor der InsEröffnung für die von ihm verwaltete Masse auszugleichen. Dies setzt zumindest voraus, dass er die Sache als Erg seiner Prüfung für die Masse nutzt oder verwertet.[165] Dass der InsVerw vor der Freigabe der Sache eine Verkaufsmöglichkeit prüft, führt nicht zur Integration in die Masse.[166] S auch die Kommentierung bei § 55.

62 **ccc)** Im InsVerf über das Vermögen einer natürlichen, aber auch einer juristischen Person[167] kann der InsVerw einen zur Masse gehörenden Vermögensgegenstand freigeben (vgl § 32 Abs 3 S 1). In Bezug auf Immobiliarvermögen bietet sich die **Freigabe als masseschonende Maßnahme** insb dann an, wenn es sich um ein umweltbelastetes Grundstück handelt. Die Freigabe ist nicht sittenwidrig iSv § 138 Abs 1 BGB.[168] Allerdings können ihr umweltrechtli-

---

160 *BGHZ* 148, 257 f.
161 *BGHZ* 125, 272 ff; 148, 258.
162 *BVerwG* ZIP 1999, 539; 2004, 2145.
163 Offen gelassen von *BVerwG* ZIP 1998, 2168.
164 *BGH* 29.1.2015 – IX ZR 279/13 Rn 82 mwN.
165 *BGHZ* 150, 311.
166 *BGHZ* 150, 312.
167 *BGHZ* 163, 34; *BGH* ZInsO 2006, 261; ZIP 2006, 584; 2007, 196; HambKomm/*Kuleisa* § 80 Rn 39; MK/*Ott/Vuia* § 80 Rn 142 f; *Henckel* FS Kreft, 2004, S 300 ff; wohl auch *Uhlenbruck/Mock* § 80 Rn 256, der vom Standpunkt der Vollabwicklung der jur Person ausgeht; **aA** *K Schmidt* ZIP 2000, 1921.
168 *BVerwG* ZIP 2004, 2147 f; HambKomm/*Kuleisa* § 80 Rn 39; näher hierzu *K/P/B/Lüke* § 80 Rn 100 ff.

che Sonderregelungen entgegenstehen.[169] Zur Freigabe des Vermögens des Schu aus einer selbstständigen Tätigkeit (§ 35 Abs 2 S 1) s die Erl zu § 35[170].

II. Unwirksamkeit von Veräußerungsverboten (Abs 2)

1. Relative Veräußerungsverbote. Abs 2 S 1 erfasst Veräußerungsverbote, die nur den **Schutz bestimmter Personen** bezwecken, mithin relative Veräußerungsverbote (vgl §§ 135, 136 BGB).[171] Absolute Veräußerungsverbote bleiben im eröffneten InsVerf wirksam. Die Vorschrift soll – ebenso wie die Vorgängervorschrift des § 13 KO – den Grundsatz der Gleichbehandlung persönlicher InsGl gewährleisten.[172] Abs 2 S 2 stellt einschr klar, dass weder die Pfändung beweglicher Sachen oder Rechte noch die Beschlagnahme von unbeweglichem Vermögen im Wege der Zwangsvollstreckung in Frage gestellt wird. Die praktische Bedeutung der Vorschrift ist deshalb begrenzt. 63

a) Gesetzliche relative Veräußerungsverbote (§ 135 BGB). Solche von praktischer Relevanz bestehen kaum. In Betracht kommen praktisch nur **Verbote aus dem Versicherungsvertragsgesetz** im Zusammenhang mit der Wiederherstellungsklausel (§§ 93, 94 VVG). Das in § 108 VVG für die Haftpflichtversicherung geregelte Verfügungsverbot über den Freistellungsanspruch muss dagegen wirksam bleiben, weil der geschädigte Dritte in der Ins des Versicherungsnehmers nach § 110 VVG absonderungsberechtigt ist und somit die ratio des Abs 2 nicht eingreift. 64

Hierher gehören nicht die **Verfügungsbeschränkungen der Eheleute** nach dem Ehegüterrecht (§§ 1365, 1369, 1423 ff, 1415 BGB; ferner: §§ 1643 ff, 1812 ff, 2211 BGB), weil sie mangels Rechtsmacht des Verfügenden ebenfalls zur absoluten Unwirksamkeit führen.[173] Gleichwohl gelten sie im InsVerf nicht.[174] Wie absolute Veräußerungsverbote wirken auch **vertragliche Abtretungsverbote** (§ 399 BGB), die als pactum de non cedendo den Inhalt der Forderung unmittelbar gestalten.[175] Die gesamthänderische Bindung in der **BGB-Gesellschaft** (§ 719 BGB) begründet ebenfalls kein relatives Veräußerungsverbot, weil die übrigen Gesellschafter die Verfügung des handelnden Gesellschafters genehmigen können.[176] Schließlich entfalten die **Zustimmungserfordernisse** nach dem WEG und der ErbbauRVO absolute Wirkungen oder gehen Abs 2 S 1 vor.[177] 65

b) Gerichtliche oder behördliche Veräußerungsverbote (§ 136 BGB). Praktisch bedeutsam sind die Veräußerungsverbote aufgrund **einstweiliger Verfügungen** (§§ 935, 938 ZPO). Diese entwickeln gegenüber dem Verw keine Wirkung, es sei denn, sie werden gerade aufgrund eines Anspruchs erlassen, den auch der InsVerw aus der Masse begleichen muss (Aussonderungsrecht). Einer Aufhebung der einstweiligen Verfügung bedarf es nicht. Ferner gehören hierher die **Zahlungssperre** im Aufgebotsverfahren (§ 1019 ZPO), die nicht rechtskräftige **Anordnung des Verfalls** im Strafverfahren (§ 73e StGB) sowie bei Beschlagnahme (§§ 111b, 111c Abs 5 StPO).[178] 66

169 Vgl §§ 3, 4 AbfG.
170 Grundlegend hierzu *BGH* ZIP 2012, 532.
171 Zur Einteilung der Verfügungsbeschränkungen s *Raebel* in Handbuch der Grundstückspraxis Teil 5 Rn 153 ff.
172 *BGHZ* 56, 231; *BGH* ZIP 2007, 1340.
173 *BGHZ* 40, 219.
174 *K/P/B/Lüke* § 80 Rn 108; MK/*Ott/Vuia* § 80 Rn 154; *Uhlenbruck/Mock* § 80 Rn 260.
175 *RGZ* 136, 399; *BGHZ* 40, 160.
176 *BGHZ* 13, 182.
177 MK/*Ott/Vuia* § 80 Rn 156.
178 *BGH* ZIP 2007, 1338.

67 Nicht erfasst werden die **strafprozessualen Beschlagnahmevorschriften** (§§ 94 ff, 290 ff, 443 StPO).

68 **2. Rechtfolgen. – a) Grundsatz.** Ein unwirksames Verfügungsverbot entfaltet für die Dauer und die Zwecke des InsVerf keine Wirkungen. Dies gilt insb gegenüber demjenigen Personenkreis, den das Verbot schützen will. Gibt der InsVerw den Gegenstand frei oder wird das InsVerf aufgehoben, tritt die Suspendierung des (relativen) Verfügungsverbots außer Kraft. Der Schu bleibt nach der Freigabe oder nach der Beendigung des InsVerf an das Verfügungsverbot gebunden.[179]

69 **b) Zwangsvollstreckungsmaßnahmen.** Die Vorschriften über die Wirkungen einer Pfändung oder einer Beschlagnahme im Wege der Zwangsvollstreckung bleiben unberührt (Abs 2 S 2). Grund hierfür ist, dass mit der Vollstreckung idR ein **Absonderungsrecht** begründet worden ist (§§ 49 f). Dies gilt jedoch nur, wenn die Pfändung oder Beschlagnahme vor der InsEröffnung bereits wirksam geworden ist. Sofern die VerfEröffnung vorher erfolgt, gilt der Grundsatz des § 91. Der maßgebliche Zeitpunkt kann durch die Anordnung von **Sicherungsmaßnahmen** im EröffnungsVerf (§ 21 Abs 2 S 1 Nr 3, 5) sowie die Wirkungen der **Rückschlagsperre** (§ 88) vorverlagert sein.

70 Bei der **Mobiliarvollstreckung** bedarf es der Inbesitznahme durch den Gerichtsvollzieher (§ 808 Abs 1 ZPO). Bei der **Forderungspfändung** richtet sich dies nach dem Zeitpunkt der Zustellung des Beschl an den DrittSchu (§ 829 Abs 3, § 846 ZPO). Die **Beschlagnahme eines Grundstücks** wird mit der Zustellung des sie anordnenden Beschl an den Schu oder im Zeitpunkt des Ersuchens um Eintragung eines Versteigerungsvermerks nach Maßgabe des § 22 ZVG bewirkt. Das Grundbuchamt hat deshalb die Beschlagnahme nach VerfEröffnung noch einzutragen, wenn das Verf zwischen dem Eingang des Eintragungsersuchens beim Grundbuchamt und der Eintragung eröffnet wurde.[180] Die **Vorpfändung** (§ 845 ZPO) fällt nicht unter § 80 Abs 2 S 2. Sie entfaltet insolvenzrechtliche Wirkungen erst mit der nachfolgenden Hauptpfändung.[181]

§ 81 Verfügungen des Schuldners

(1) [1]Hat der Schuldner nach der Eröffnung des Insolvenzverfahrens über einen Gegenstand der Insolvenzmasse verfügt, so ist diese Verfügung unwirksam. [2]Unberührt bleiben die §§ 892, 893 des Bürgerlichen Gesetzbuchs, §§ 16, 17 des Gesetzes über Rechte an eingetragenen Schiffen und Schiffsbauwerken und §§ 16, 17 des Gesetzes über Rechte an Luftfahrzeugen. [3]Dem anderen Teil ist die Gegenleistung aus der Insolvenzmasse zurückzugewähren, soweit die Masse durch sie bereichert ist.

(2) [1]Für eine Verfügung über künftige Forderungen auf Bezüge aus einem Dienstverhältnis des Schuldners oder an deren Stelle tretende laufende Bezüge gilt Absatz 1 auch insoweit, als die Bezüge für die Zeit nach der Beendigung des Insolvenzverfahrens betroffen sind. [2]Das Recht des Schuldners zur Abtretung dieser Bezüge an einen Treuhänder mit dem Ziel der gemeinschaftlichen Befriedigung der Insolvenzgläubiger bleibt unberührt.

(3) [1]Hat der Schuldner am Tag der Eröffnung des Verfahrens verfügt, so wird vermutet, dass er nach der Eröffnung verfügt hat. [2]Eine Verfügung des Schuldners über Finanzsicher-

---

179 *K/P/B/Lüke* § 80 Rn 114; MK/*Ott/Vuia* § 80 Rn 157.

180 Str, wie hier *Jaeger/Windel* § 80 Rn 290 f; HambKomm/*Kuleisa* § 80 Rn 64; MK/*Ott/Vuia* § 80 Rn 158; *Uhlenbruck/Mock* § 80 Rn 269; **aA** wohl *K/P/B/Lüke* § 80 Rn 116. Zu beachten sind aber die Wirkungen der Rückschlagsperre. S hierzu *BGHZ* 166, 74 ff sowie die Erl zu § 88.

181 *BGHZ* 167, 16 f = ZIP 2006, 917.

heiten im Sinne des § 1 Abs. 17 des Kreditwesengesetzes nach der Eröffnung ist, unbeschadet der §§ 129 bis 147, wirksam, wenn sie am Tag der Eröffnung erfolgt und der andere Teil nachweist, dass er die Eröffnung des Verfahrens weder kannte noch kennen musste.

Übersicht

Literatur: *Gehrlein* Verfügungsbeschränkungen vor und nach Insolvenzeröffnung, WM 2014, 485 ff; *Kayser* Leistungen Dritter an den Schuldner nach Insolvenzeröffnung, FS Wellensiek, 2011, S 211 ff.

A. Allgemeines

I. Normzweck

Die InsMasse muss vor Schmälerungen durch den Schu bewahrt werden, damit eine bestmögliche GlBefriedigung erreicht werden kann. Die Norm zieht die Konsequenz aus dem in § 80 Abs 1 angeordneten Verlust der Verfügungsbefugnis des Schu. Sie wird ergänzt durch § 91, der einen sonstigen Rechtserwerb auch dann ausschließt, wenn keine Verfügung des Schu und keine Zwangsvollstreckung zugrunde liegen. Zwangsvollstreckungen für einzelne InsGl sind nach Maßgabe des § 89 unwirksam (s Kommentierung dort). In engem Zusammenhang mit § 81 steht § 82, der sich mit Leistungen an den Schu befasst. 1

II. Geltungsbereich

Die Norm tritt an die Stelle von § 7 KO, dessen Regelungsgehalt, auch im systematischen Zusammenwirken mit § 15 KO (jetzt: § 91), grds erhalten bleiben sollte.[1] Im Unterschied zu der konkursrechtlichen Regelung, in der allg von Rechtshandlungen des Schu die Rede war, 2

1 RegE S 135.

ist die neue Vorschrift auf **Verfügungen** beschränkt. Dass Verpflichtungen, die der Schu nach VerfEröffnung begründet hat, im Verf nicht geltend gemacht werden können, ergibt sich nach der GBegr schon aus § 38, der insoweit auf den Zeitpunkt der Eröffnung des InsVerf abstellt, dass sonstige Rechtshandlungen des Schu keine Wirkungen zu Lasten der Masse entfalten, aus § 91.

3 Ein weiterer Unterschied zur Vorgängerreglung besteht in der **Anordnung der absoluten Unwirksamkeit** und nicht nur einer Unwirksamkeit „den Konkursgläubigern gegenüber". Eine Genehmigung der Verfügung durch den Verwalter wird dadurch nicht ausgeschlossen (vgl § 185 Abs 2 BGB). Sachlich hat sich auch in diesem Punkt nichts geändert, weil die höchstrichterliche Rspr die Rechtsfolge der absoluten Unwirksamkeit – beschränkt auf die Dauer und die Zwecke des InsVerf – schon der konkursrechtlichen Regelung entnommen hatte und sie auch nach geltendem Recht nur mit dieser Maßgabe gilt.[2]

4 Abs 2 stellt eine Neuregelung dar. Sie ist erforderlich, weil im Gegensatz zur KO auch der Neuerwerb grds insolvenzbefangen ist (§ 35). Abs 3 S 2 wurde durch das Gesetz zur Umsetzung der Richtlinie 2002/47/EG über Finanzsicherheiten v 6.6.2002 und zur Änderung des HypothekenbankG und anderer Gesetze angefügt. Die Erg gilt für Verf, die nach dem 9.4.2004 eröffnet worden sind.

B. Erläuterungen

I. Verfügungen des Schuldners

5 **1. Verfügungen.** Die InsO hat den von der Vorgängervorschrift des § 7 KO verwandten Begriff der **„Rechtshandlung"** nicht übernommen, sondern ihn durch den Begriff der **„Verfügung"** ersetzt. Die Rechtshandlung wurde in einem sehr weiten Sinne verstanden und umfasste jede rechtlich erhebliche Handlung, dh jede private Willensbetätigung, an die das Gesetz eine Rechtsfolge knüpft, ohne Rücksicht darauf, ob sie gewollt ist oder nicht.[3] Einbezogen waren damit dingliche und schuldrechtliche Rechtsgeschäfte, und zwar ohne Rücksicht auf die Masseschädlichkeit, Prozesshandlungen und geschäftsähnliche Handlungen.[4] Schon nach dem Wortlaut rechneten hierzu die Übereignung beweglicher und unbeweglicher Sachen, die Forderungsabtretung, der Forderungserlass, die Übertragung von Lizenzen sowie immateriellen Rechten, die Bestellung von Pfandrechten und Dienstbarkeiten sowie der Verzicht hierauf und auch die Gestaltungsrechte. Da der GGeber mit der Neufassung keine wesentliche sachliche Änderung gegenüber der KO beabsichtigt hat, sind neben den Verfügungen ieS[5] alle übrigen Rechtshandlungen unwirksam, die seinerzeit unter § 7 KO fielen, soweit hierfür nicht die ergänzende Regelung des § 38 eingreift:[6] **Dienstleistungen** an den Schu, der von diesem etwa eine Vorschusszahlung erhalten hat, gehören ebenfalls hierher, wenn sie nicht höchstpersönlicher Art sind. Denn sie brächten den Anspruch der Masse auf diese Leistung zum Erlöschen.[7]

6 **a) Verpflichtungsgeschäfte.** Sie kann der Schu uneingeschränkt weiter eingehen.[8] Begründet der Schu nach InsEröffnung eine Verpflichtung über einen massezugehörigen Gegen-

---

2 *BGHZ* 166, 76, 82 f (zu § 88); 169, 165 (zu § 96 Abs 1 Nr 3).
3 *RGZ* 59, 57; *Jaeger/Henckel* KO § 7 Rn 3.
4 *Jaeger/Henckel* KO § 7 Rn 3 f.
5 Verfügungen sind Rechtsgeschäfte, die durch Belastung, Übertragung, Inhaltsänderung oder Aufhebung unmittelbar auf ein bestehendes dingliches Recht einwirken; *BGHZ* 101, 26. Die Begr eines Rechts ist sonach keine Verfügung.
6 *K/P/B/Lüke* § 81 Rn 7; HambKomm/*Kuleisa* § 81 Rn 4.
7 *BGH* ZIP 2013, 586 Rn 6, 13.
8 *BGH* ZIP 2010, 138, 141.

stand, ist diese wirksam, jedoch wegen § 80 unerfüllbar. Gegen die InsMasse besteht kein durchsetzbarer (Masse-)Anspruch. Es besteht auch keine InsFord nach § 38, weil der Verpflichtungstatbestand erst nach InsEröffnung entstanden ist. Der Schu bleibt jedoch persönlich verpflichtet. Da er regelmäßig nicht erfüllen kann, haftet er dem Vertragspartner nach §§ 275, 280 ff BGB mit seinem insolvenzfreien Vermögen.[9]

b) Prozesshandlungen. Sie fallen unter die Vorschrift, sofern dadurch die Masse berührt wird. Unwirksam sind daher das **prozessuale Anerkenntnis** des Schu sowie Verzicht, Vergleich, Geständnis, Klage- und Rechtsmittelrücknahme, ferner die Bewirkung von Zustellungen oder deren Empfangnahme.[10] **7**

c) Rechtsgeschäftsähnliche Handlungen. – aa) Verfügungsähnliche Handlungen. Unzweifelhaft fallen Überweisungsverträge[11] und die Einlösung von Lastschriften[12] unter die Vorschrift. Gleiches gilt für die Tilgungsbestimmung.[13] Dies wird relevant, wenn sich der Schu zur Begleichung seiner Verbindlichkeit eines Zahlungsmittlers bedient. Verliert er die uneingeschränkte Verfügungsbefugnis, kann er die konstitutive Tilgungsbestimmung nicht mehr über den Zahlungsmittler gegenüber dem Gl verlautbaren.[14] Unwirksam ist auch eine Leistungsbestimmung nach § 267 Abs 1 S 1 BGB. Auch sie ist eine verfügungsähnliche Handlung, welche die uneingeschränkte Verfügungsbefugnis des leistenden Dritten voraussetzt.[15] **8**

bb) Weitere schuldrechtliche Erklärungen. Ihre Behandlung nach der InsO ist str, weil sie sich weder generell als Verfügungen einordnen lassen noch ein Recht an einem Gegenstand der InsMasse begründen, so dass auch § 91 nicht anwendbar scheint. Hierzu gehören etwa Fristsetzungen, Mahnungen, Androhungen, Aufforderungen und Weigerungen, aber auch Mitteilungen und Anzeigen nach den einschlägigen Bestimmungen des BGB und des HGB. Vom Normzweck der Vorschrift her ist eine Einbeziehung solcher Rechtshandlungen in den Anwendungsbereich der §§ 80, 81 geboten, um die umfassende Handlungszuständigkeit des Verw in Bezug auf die Masse gegen Einmischungen des Schu abzuschirmen.[16] Diese Erwägungen gelten gleichermaßen für masseungünstige wie für massegünstige Rechtshandlungen. Ausgenommen sind in entspr Anwendung der §§ 116, 115 Abs 2 fristwahrende Handlungen des Schu, soweit sie für die Masse vorteilhaft sind, wie etwa Mängelanzeigen (§ 377 HGB). **9**

d) Realakte. Vermischung, Verbindung und **Verarbeitung** usw sind keine Rechtsgeschäfte. Sie sind verfügungsähnlichen Handlungen nicht gleichzustellen und fallen nicht unter § 81.[17] Mit Wirksamkeit für die Masse darf der Schu auch Handlungen, die jeder beliebiger Dritter vornehmen könnte, tätigen. Er darf zB die VerfEröffnung dem Versicherer anzeigen oder Massebestandteile gegen Verderb sichern. **10**

2. Gegenstand der Verfügung. Erfasst werden nur Verfügungen über **Massegegenstände**. Die Unwirksamkeit nach Abs 1 S 1 tritt deshalb nur ein, wenn die InsMasse (Aktiv- oder Passivmasse) zumindest mittelbar berührt wird. Aufgrund des Universalprinzips gehört auch das **Auslandsvermögen** des Schu zur inländischen InsMasse. Verfügungen des Schu über sein **insolvenzfreies Vermögen** (§§ 36, 37) sind dagegen ebenso wirksam wie Verbind- **11**

9 HambKomm/*Kuleisa* § 81 Rn 5; MK/*Ott/Vuia* § 81 Rn 5; zur Rechtslage nach der KO s *Jaeger/Henckel* KO § 7 Rn 4.
10 *Uhlenbruck/Mock* § 81 Rn 7.
11 *BGH* ZIP 2006, 139; HambKomm/*Kuleisa* § 81 Rn 6; *Uhlenbruck/Mock* § 81 Rn 8.
12 *BGHZ* 144, 351; 161, 54 = ZIP 2004, 2443; *BGH* ZIP 2006, 2047; *Uhlenbruck/Mock* § 81 Rn 8.
13 *BGHZ* 111, 382, 386; *BGH* ZIP 2014, 32 Rn 21.
14 *BGH* ZIP 2014, 32 Rn 21.
15 *BGH* ZIP 2014, 1037 Rn 21.
16 HambKomm/*Kuleisa* § 81 Rn 6; MK/*Ott/Vuia* § 81 Rn 5.
17 HambKomm/*Kuleisa* § 81 Rn 6; *Uhlenbruck/Mock* § 81 Rn 6.

lichkeiten, die er hinsichtlich dieser Vermögensgegenstände eingeht, wie zB der Verkauf und die Übereignung einer unpfändbaren Sache. Ist der InsSchu eine natürliche Person, kann er 3 bislang nicht genehmigte Lastschriftbuchungen, die unter Verwendung seines Schonvermögens eingelöst worden sind, genehmigen.[18] Da das Arbeitsverhältnis als solches nicht zur Masse gehört, bleibt der Schu als Arbeitnehmer allein berechtigt, darüber zu entscheiden, ob und unter welchen Bedingungen er es nach Kündigung im Wege eines Vergleichs beendet.[19]

12 **3. Zeitpunkt der Verfügung.** Eine Verfügung über einen Gegenstand der InsMasse, die vor der VerfEröffnung vorgenommen wurde, wird von der Regelung nicht erfasst. Sie unterliegt wie andere Rechtshandlungen des Schu der InsAnf (§ 129 Abs 1 iVm § 143 InsO), ggf auch der Rückschlagsperre (§ 88).

13 **a) Eröffnungszeitpunkt. – aa) Berechnungsgrundsätze.** Nach § 27 Abs 2 Nr 3 muss der EröffnungsBeschl Tag und Stunde, möglichst auch die Minute der Eröffnung angeben. Das ist zwingend der Zeitpunkt, in dem der Insolvenzrichter den EröffnungsBeschl unterschreibt. Der im Beschl genannte Zeitpunkt beantwortet die Frage, wann die gesetzlichen Wirkungen, also der Insolvenzbeschlag (§ 80 iVm § 35 Abs 1) und alle anderen Wirkungen der VerfEröffnung, eingetreten sind. Er ist auch für § 81 maßgeblich. Die Angabe hat Urkundsfunktion (§ 417 ZPO); fehlt sie, so gilt nach Abs 3 als Zeitpunkt der Eröffnung unwiderleglich die Mittagsstunde (12 Uhr) des Tages, an dem der EröffnungsBeschl unterschrieben worden ist. § 27 Abs 3 verhindert, einen vom Tag der Unterzeichnung abwen Eröffnungszeitpunkt festzusetzen. Im Übrigen wird die Vermutung im Anwendungsbereich des § 81 durch diejenige nach Abs 3 verdrängt, nach der es ausreicht, dass der Verw beweist, der Schu habe am Tage der Eröffnung verfügt (s nachfolgend Rn 31 ff).

14 **bb) Wirksamkeit.** Der unterschriebene EröffnungsBeschl entfaltet allerdings mit der Unterschriftsleistung regelmäßig noch keine Wirkungen. Es ist weiter Voraussetzung, dass er den inneren Bereich des InsGer verlässt. Dies betrifft das „Ob“ der Wirksamkeit. Sobald dieses Ereignis stattgefunden hat, treten die gesetzlichen Wirkungen rückwirkend bezogen auf den Zeitpunkt der im Beschl angegebenen Unterschriftsleistung (Eröffnungsstunde) ein.[20] In dieser Weise sind die weit verbreiteten Äußerungen zu verstehen, dass es auf die Zustellung, Bek oder Rechtskraft des EröffnungsBeschl nicht ankommt.[21]

15 **b) Verfügungen nach Verfahrenseröffnung.** Die Verfügung müsste nach dem so zu bestimmenden Eröffnungszeitpunkt wirksam geworden sein. Die Beweislast trifft den InsVerw, der sich auf die Unwirksamkeit der Verfügung beruft.

16 **aa) Einseitige Willenserklärungen.** Bei Verfügungen, die sich in einer einseitigen empfangsbedürftigen Willenserklärung erschöpfen, bedarf es für die Wirksamkeit des Zugangs der Erklärung (§ 130 Abs 1 BGB). Kündigung, Rücktritt und Aufrechnungserklärung sind deshalb unwirksam, wenn sie zwar vor VerfEröffnung abgegeben wurden, aber erst nach Eröffnung zugehen.[22] Der Verlust der Verfügungsbefugnis ist dem Verlust der Geschäftsfähigkeit oder dem Tod des Erklärenden nicht gem § 130 Abs 2 BGB gleichzustellen.[23]

---

18 *BGHZ* 186, 242, 247 = ZIP 2010, 1552, 1554 f.
19 *BAG* ZIP 2014, 1938 Rn 14.
20 *Uhlenbruck/Mock* § 81 Rn 18; Einzelheiten s Kommentierung zu § 27.
21 HambKomm/*Kuleisa* § 81 Rn 7; zur Rechtslage nach der KO s *Jaeger/Henckel* KO § 7 Rn 31.
22 *BGHZ* 27, 366; HambKomm/*Kuleisa* § 81 Rn 7a; *K/P/B/Lüke* § 81 Rn 11; *Uhlenbruck/Mock* § 81 Rn 19.
23 HambKomm/*Kuleisa* § 81 Rn 7a.

bb) Vertrag. Kommt durch die Verfügung ein Vertrag zustande, so muss dieser vor VerfEröffnung wirksam geworden sein, dh es müssen alle Voraussetzungen des Verfügungstatbestandes zu diesem Zeitpunkt erfüllt sein. Die Vorschrift des § 153 BGB gilt zu Lasten der Masse nicht entspr. Die Vorschrift regelt die Möglichkeit der Annahme einer Willenserklärung; hier geht es indes darum, ob nach VerfEröffnung eine zuvor abgegebene Willenserklärung mit Wirkung für die Masse zugehen kann. Diese Frage ist zu verneinen (s vorstehend unter aa). Bei Vertragsangeboten *gegenüber* dem Schu ist zu unterscheiden: Die Annahme eines solchen Angebots ist noch möglich, wenn der Antragende sich gegenüber der Ins-Masse binden will (vgl § 145 BGB). 17

Hängt der Eintritt der Rechtswirksamkeit der Verfügung noch von anderen Voraussetzungen ab, steht dies der Wirksamkeit nicht entgegen. Der Begriff der Verfügung ist dahin zu verstehen, dass es nur auf die Wirksamkeitselemente ankommt, die Erklärungen und Handlungen des Schu und ggf des anderen Teils betreffen. Dies folgt auch aus dem Regelungszusammenhang der Vorschrift mit § 91 Abs 1. Diese Vorschrift stellt nicht auf die Verfügung des Schu, sondern auf den Rechtserwerb des Dritten nach VerfEröffnung ab und entfaltet eine zusätzliche Sperrwirkung in den Fällen, in denen neben die wirksam abgeschlossenen Verfügungstatbestände weitere Erwerbselemente hinzutreten, die nicht SchuVerfügung sind.[24]

cc) Gestreckte Geschäfte. Besonderheiten gelten bei gestreckten Geschäften: Im Grundsatz muss auch hier der **Verfügungstatbestand** im vollen Umfang zum Zeitpunkt der VerfEröffnung wirksam geworden sein; die Verfügungsbefugnis muss jedoch nur bis zum Abschluss des Verfügungstatbestandes, nicht notwendig bis zum **Eintritt des Verfügungserfolgs** bestanden haben.[25] Die Regelung in § 878 BGB, nach der Erklärungen nicht dadurch unwirksam werden, dass der Erklärende ab dem dort umschriebenen Zeitpunkt in der Verfügung beschränkt wird, verdeutlicht diesen Grundsatz für Grundstücksgeschäfte. Gehört zum Verfügungstatbestand die **Erklärung eines Dritten**, hindert die zwischenzeitlich eintretende Verfügungsbeschränkung nicht, weil § 81 Abs 1 S 1 an die Schuldnerhandlung anknüpft.[26] 18

Entspr gilt für den gesetzlich nicht geregelten Fall der (abgeschlossene) Verfügung über ein künftiges Recht. Tritt der spätere InsSchu eine **künftige Forderung** an den Zessionar ab, die erst nach VerfEröffnung entsteht, hindert § 81 den Erwerb nicht.[27] Dessen Wirksamkeit richtet sich vielmehr nach § 91. Gleiches gilt, wenn der Schu durch eine Globalzession über seinen Forderungsbestand verfügt (näher § 91 Rn 7 ff). Bei der **Übereignung beweglicher Sachen** ist Abs 1 S 1 dagegen anwendbar, wenn zum Zeitpunkt der VerfEröffnung die Übergabe der Sache oder die Begr des Besitzinstituts aussteht. Bei einer aufschiebend bedingten Übereignung oder Abtretung folgt aus § 161 Abs 1 S 2 BGB, dass die Vorschrift dem Rechtserwerb bei Bedingungseintritt nach InsEröffnung nicht entgegensteht.[28] Bei der **Übertragung von Rechten an Grundstücken** greift Abs 1 S 1 nicht ein, wenn die dingliche Einigung vor VerfEröffnung erfolgt und der Eintragungsantrag vor diesem Zeitpunkt gestellt ist. Die Wirksamkeit einer Übertragung, bei der lediglich die (konstitutive) Eintragung des Rechts nach VerfEröffnung erfolgt, richtet sich ausschließlich nach § 91.[29] 19

---

24 MK/*Ott/Vuia* § 81 Rn 9; s die Kommentierung zu § 91.
25 *BGH* ZIP 2009, 2347, 2348; 2010, 138, 140; 2012, 1256 Rn 10.
26 *BGH* ZIP 2012, 1256 Rn 11, 13.
27 *BGH* ZIP 2009, 2347, 2348 f; 2010, 138, 140.
28 *BGHZ* 155, 92 f; *BGH* NZI 2006, 230 mit Anm *Höpfner*.
29 HambKomm/*Kuleisa* § 81 Rn 8; MK/*Ott/Vuia* § 81 Rn 10; *Uhlenbruck/Mock* § 81 Rn 22.

20 **4. Verfügungen Dritter.** Die Vorschrift erfasst nur Verfügungen des Schu. Hiervon rechnen solche seines gewillkürten oder gesetzlichen Vertreters sowie – bei juristischen Personen – seines Organs. Bei Verfügungen eines Vertreters ohne Vertretungsmacht fehlt der Massebezug (§ 177 I BGB). Eine Genehmigung durch den Schu scheitert an Abs 1; zur Genehmigung durch den InsVerw s Rn 28.

21 **a) Treuhänder und Nichtberechtigter.** Der **Treuhänder** handelt im eigenen Namen und ist deshalb nicht Vertreter des Schu. Seine Verfügungen unterliegen auch dann nicht der Vorschrift des § 81, wenn der Verfügungsgegenstand wirtschaftlich zur Masse gehört.[30] Entscheidend ist, dass der Treuhänder Vollrechtsinhaber ist. Keine Verfügung des Schu liegt auch vor, wenn ein **Nichtberechtigter** im eigenen Namen über einen Massegegenstand verfügt. Beim gutgläubigen Erwerb des Dritten können sich aber Besonderheiten ergeben (s nachfolgend Rn 38 ff).

22 **b) Banküberweisung. – aa) Zahlungsauftrag.** Der sog Zahlungsauftrag des Schu an die Bank ist der noch annahmebedürftige Antrag nach § 675n BGB insb auf Abschluss eines Überweisungsvertrages. Inhaltlich handelte es sich um eine schuldrechtliche Weisung im Rahmen des Giroverhältnisses. Sie ist keine Verfügung und wird von § 81 nicht erfasst. Der durch die Bank idR konkludent angenommene Überweisungsauftrag überdauert die InsEröffnung mit Wirkung für die Masse (§ 116 S 3).[31] Zur Annahme des Auftrags ist die Bank jedoch nicht verpflichtet. Hat die Bank den Auftrag erst nach VerfEröffnung angenommen, gilt § 115 III. Führt die Bank einen solchen – unwirksamen – Überweisungsvertrag aus, handelt sie, wenn sie die VerfEröffnung ohne Verschulden nicht kennt, berechtigt, hat aber keinen Aufwendungsersatzanspruch gegen die Masse (vgl die Kommentierung zu §§ 115, 116).[32]

23 In Ausführung des vor VerfEröffnung angenommenen Auftrags verfügt die Bank über Gegenstände der InsMasse.[33] Die Leistung ist im Verhältnis zum Schu schuldbefreiend; der Bank erwächst dann ein vertraglicher Aufwendungsersatzanspruch aus der durchgeführten Banküberweisung mit dem sie das Konto des Schu belasten kann (§ 82 InsO).[34]

24 **bb) Abwicklung des Überweisungsauftrags.** Im **Verhältnis zum Zahlungsempfänger** gilt § 81: Der Schu hat durch die Überweisung rechtsgeschäftlich über seinen Anspruch gegen die Bank auf Auszahlung des Kontoguthabens verfügt, ggf auch durch Abrufung der ihm eingeräumte Kreditlinie. Im Zeitpunkt der InsEröffnung gehörten diese Ansprüche des Schu gegen die Bank noch zur Masse und hafteten der GlGesamtheit.[35] Weder durch die gutgläubige Zahlung noch Annahme hat der Anweisungsempfänger ein Recht erhalten, aus der Masse volle Deckung zu bekommen. Er ist deswegen gegenüber der Masse aus § 816 Abs 2 BGB zur Herausgabe des Erlangten verpflichtet.[36]

II. Unwirksamkeit der Verfügung (Abs 1 S 1)

25 **1. Absolute Unwirksamkeit. – a) Grundsatz.** Eine Verfügung, die entgegen dem Verbot des Abs 1 S 1 vorgenommen wird, ist unwirksam. Die unter Geltung der KO diskutierte Frage, ob es sich hierbei um eine relative (nur gegenüber den InsGl) oder eine absolute Unwirk-

30 *BGH* ZIP 2012, 1517 Rn 10; HambKomm/*Kuleisa* § 81 Rn 11; MK/*Ott/Vuia* § 81 Rn 12; *Uhlenbruck/Mock* § 81 Rn 15.
31 *BGH* ZIP 2009, 673, 674; *BGHZ* 186, 269, 284 = ZIP 2010, 1556, 1561.
32 *BGH* ZIP 2009, 673, 674.
33 *BGH* ZIP 2006, 138; MK/*Ott/Vuia* § 81 Rn 12a.
34 *BGH* ZIP 2009, 673, 674; ZIP 2014, 32 Rn 9; HambKomm/*Kuleisa* § 81 Rn 12.
35 *BGHZ* 147, 196 ff; *BGH* ZIP 2007, 436.
36 HambKomm/*Kuleisa* § 81 Rn 12; *Jaeger/Henckel* KO § 7 Rn 21.

samkeit handelt,[37] hat sich durch abwe Formulierung der Neuregelung iSd absoluten Unwirksamkeit erledigt.[38] Die InsO kennt keine Verfügungsbeschränkungen, nach der zum Schutz der InsGl nur diesen gegenüber (relative) Unwirksamkeit eintritt.[39] Dies entspricht dem vorherrschenden Standpunkt schon zu der Vorgängerregelung in der KO.[40]

b) Unmittelbare Klagebefugnis. Die Rechtsfolge der absoluten Unwirksamkeit tritt **unmittelbar** ein, ohne dass es einer diesbezüglichen gerichtlichen Rechtsgestaltung oder Feststellung bedarf. Der InsVerw kann daher kraft seiner Verwaltungs- und Verfügungsbefugnis (§ 80 Abs 1) die zu Masse gehörenden Sachen mit der Herausgabeklage gem § 985 BGB zurückfordern oder sich gegen eine Klage im Wege der rechtsvernichtenden Einwendung wehren. Diese ist nicht mit der Einrede iSd BGB zu verwechseln, also von Amts wegen auch bei Säumnis zu berücksichtigen (§ 331 Abs 2). 26

c) Unwirksamkeit, nicht Nichtigkeit. Unwirksamkeit iSd § 81 ist nicht mit Nichtigkeit gleichzusetzen. Sie ist heilbar, etwa durch Genehmigung des InsVerw.[41] Die Unwirksamkeit besteht zudem nur für die Dauer und die Zwecke des InsVerf. Während dies im Grundsatz anerkannt ist,[42] herrscht über Einzelheiten Streit: 27

aa) Genehmigung; Freigabe. Als gesichert ist noch anzusehen, dass die Unwirksamkeit über eine entspr Anwendung v § 185 Abs 2 S 1 BGB geheilt werden kann. Dies kann zum einen geschehen durch eine ex tunc wirkende Genehmigung des InsVerw gem § 185 Abs 2 S 1 Fall 1 BGB. Wird das Verf hingegen aufgehoben oder eingestellt oder wird der Gegenstand der Verfügung vom Verwalter freigegeben, so heilte dies die Verfügung entspr § 185 Abs 2 S 1 Fall 2 BGB nur mit Wirkung ex nunc.[43] Dies könnte zur Folge haben, dass bei mehreren Zwischenverfügungen der sonst geltende **Prioritätsgrundsatz** überspielt wird, obwohl die Zwecke des InsVerf dies gerade nicht fordern. Dies erscheint auch verfassungsrechtlich nicht unproblematisch. Deshalb ist zu erwägen, die Reichweite der (absoluten) Unwirksamkeit von vornherein insolvenzrechtlich zu begrenzen und nur für die rechtstechnische Möglichkeit einer solchen Beschränkung auf den Rechtsgedanken des § 185 Abs 2 BGB zurückzugreifen. Im Falle der Freigabe wäre dann die ursprüngliche Haftungslage an dem nur zwischenzeitlich insolvenzbefangenen Gegenstand wie vor der Insolvenzeröffnung wieder hergestellt. Ist Zweck der Freigabe, mit dem freigegebenen Vermögen für die Masse den nach § 35 Abs 2 S 2 abzuführenden Betrag zu erwirtschaften, tritt keine Rekonvaleszenz wirkungslos gewordener Sicherheiten an dem Vermögensgegenstand ein. Diese Rechtsfolgen ergeben sich bei dieser vorzugswürdigen Lösung **unmittelbar** aus §§ 80, 81 Abs 1, 91 Abs 1, ohne dass die Rechtsfigur des § 185 BGB bemüht werden muss. Wird die InsEröffnung auf Beschwerde aufgehoben, so werden die Verfügungen des Schu durch die rückwirkende Beseitigung des Verfügungsverbots wirksam. Die Verfügungen des Verw bleiben wirksam (§ 34 Abs 3 S 3). 28

bb) Einseitige Rechtsgeschäfte. Soweit auf sie § 81 anzuwenden ist (zB Kündigung, Anfechtung wegen Irrtums, Täuschung oder Drohung), können sie weder durch Genehmigung des Verwalters noch durch die Beendigung des InsVerf wirksam werden. Dies ent- 29

---

37 Zum damaligen Meinungsstand s *Jaeger/Henckel* KO § 7 Rn 14–23.
38 MK/*Ott/Vuia* § 81 Rn 13.
39 *BGHZ* 166, 77 = ZIP 2006, 480.
40 *RGZ* 71, 39 f; 157, 295; *Jaeger/Henckel* KO § 7 Rn 14.
41 S hierzu nachfolgend Rn 28 f.
42 HambKomm/*Kuleisa* § 81 Rn 15; *K/P/B/Lüke* § 81 Rn 15; MK/*Ott/Vuia* § 81 Rn 16, 18; *Uhlenbruck/Mock* § 81 Rn 28.
43 *BGHZ* 166, 80 = ZIP 2006, 481 f; *BGH* ZIP 2013, 1181 Rn 25; MK-BGB/*Bayreuther* § 185 Rn 52.

spricht einer in § 111 S 1, § 180 S 1 BGB zum Ausdruck kommenden allg Regel.[44] Dies gilt jedoch nicht für **Prozesshandlungen.**[45]

30 **cc) Teleologischen Reduktion.** Umstr ist, ob die Unwirksamkeit in ihrem Umfang durch den Zweck der Vorschrift, die InsMasse zu sichern, in der Weise begrenzt wird, dass es für sie auf eine konkrete Gläubigerbeeinträchtigung ankommt. Dies liefe iE auf eine relative Verfügungsbeschränkung zu Gunsten der InsGl hinaus. Dies wurde zu § 7 KO vertreten.[46] Angesichts des eindeutigen Wortlauts des § 81 Abs 1 wäre ein solches Erg im Anwendungsbereich der InsO nur im Wege einer teleologischen Reduktion zu erzielen. Für sie ist kein Raum.[47] Die Beschränkung der Vorschrift wäre mit der Stellung des InsVerw und den Kompetenzen des GlAusschusses nicht vereinbar, denen mit der Möglichkeit der Freigabe sowie mit § 185 Abs 1 BGB flexible Instrumente an die Hand gegeben sind.[48]

31 **2. Beweislast (Abs 3). – a) Beweiserleichterungen für den Insolvenzverwalter.** § 81 Abs 3 S 1 enthält eine **widerlegbare gesetzliche Vermutung**. Wer Rechte aus Verfügungen des Schu am Eröffnungstag herleiten will, hat den vollen Beweis zu führen, dass die Verfügung vor dem Zeitpunkt der VerfEröffnung erfolgt ist.

32 **aa) Grundsatz.** Bei Verfügungen, die am Tage der VerfEröffnung erfolgen, wird vermutet, dass sie nach der VerfEröffnung vorgenommen worden sind. Die Bestimmung entspricht der Regelung in der KO. Für sie war maßgebend, dass erfahrungsgemäß noch in der letzten Stunde massebenachteiligende Geschäfte geschossen werden und sich später nur schwer beweisen lässt, ob die Rechtshandlung vor der in den Lauf eines Tages oder kraft Fiktion des § 27 Abs 3 auf die Mittagsstunde fallenden VerfEröffnung vorgenommen worden ist.

33 **bb) Beweislast.** Der **InsVerw**, der sich auf die Unwirksamkeit beruft, muss hierzu also lediglich darlegen und beweisen, dass die Verfügung oder die sonstige Rechtshandlung des Schu, die als Verfügung iwS § 81 unterfällt,[49] am Tag der InsEröffnung vorgenommen worden ist.[50] Hat der InsVerw die Vornahme am Eröffnungstag bewiesen, obliegt es dem **Prozessgegner**, den vollen Beweis (Hauptbeweis) zu führen, dass die Verfügung vor dem Zeitpunkt der VerfEröffnung erfolgt ist.[51] Der Verfügungsbegriff des Abs 3 entspricht dem des Abs 1 und meint die vollständige Verwirklichung aller rechtsrelevanten Faktoren.[52]

34 **b) Besonderheit bei Finanzsicherheiten.** Nach Abs 3 S 2 nehmen Finanzsicherheiten gem § 1 Abs 17 KWG eine Sonderstellung ein. Die Neuregelung ist durch Art 1 Nr 2 des G zur Umsetzung der Richtlinie 2002/47/EG v 6.6.2002 über Finanzsicherheiten eingefügt worden. Sie ist nur auf Verf anzuwenden, die ab dem 9.4.2004 eröffnet worden sind (Art 103b EGInsO).

35 **aa) Entstehungsgeschichte.** Entgegen dem Entwurf[53] macht die Norm keinen Gebrauch von der Möglichkeit, die Sonderregelung auf die Beziehungen zwischen Kreditinstituten und deren Sicherungsgebern zu beschränken („opt-out"). Sie erfasst also alle Arten von Sicherungsgebern und Sicherungsnehmern. Allerdings sind die privilegierten Geschäfte bei sonstigen Unternehmen in § 1 Abs 17 S 2 KWG nF einengend umschrieben.

---

44 *Jaeger/Windel* § 81 Rn 28; *K/P/B/Lüke* § 81 Rn 19; *Uhlenbruck/Mock* § 81 Rn 30.
45 *Jaeger/Windel* § 81 Rn 29; *K/P/B/Lüke* § 81 Rn 19; *Uhlenbruck/Mock* § 81 Rn 30.
46 Vgl *RGZ* 157, 295 f; *Jaeger/Henckel* KO § 7 Rn 14.
47 MK/*Ott/Vuia* § 81 Rn 16; **aA** *K/P/B/Lüke* § 81 Rn 15.
48 Zu den Rechtsfolgen s Erl zu Rn 28.
49 MK/*Ott/Vuia* § 81 Rn 15; *Uhlenbruck/Mock* § 81 Rn 46.
50 *Laumen/Vallender* NZI 2016, 609, 614.
51 *Laumen/Vallender* aaO.
52 *Uhlenbruck/Mock* § 81 Rn 46.
53 Vgl dazu *Sabel* ZIP 2003, 781, 786 f.

bb) Privilegierte Geschäfte. Erfasst werden Verfügungen über Finanzsicherheiten iSd § 1 Abs 17 KWG.[54] Der Wortlaut der Vorschrift kann dahin missverstanden werden, dass über eine bereits bestehende Sicherheit verfügt werden muss. Nach Sinn und Zweck ist auch die Bestellung der Sicherheit privilegiert, soweit sie der Ersetzung oder der Verstärkung einer gleichartigen Sicherheit dient. Wirksam ist die Verfügung des Schu über die Finanzsicherheit nur, wenn sie noch am Tage der VerfEröffnung erfolgt. Für die Bestimmung des Verfügungszeitpunkts gilt das bereits Gesagte. Der andere Teil muss zusätzlich nachweisen, dass er die VerfEröffnung weder kannte noch kennen musste. Es handelt sich hierbei um den regelmäßig schwierigen Beweis einer negativen Tatsache.[55] **36**

cc) Insolvenzanfechtung. Eine nach Abs 3 S 2 wirksame Verfügung unterliegt uneingeschränkt der InsAnf nach §§ 129–147.[56] **37**

III. Gutglaubensschutz (Abs 1 S 2)

1. Allgemeines. Der Schutz des Rechtsverkehrs in Bezug auf die fehlende Verfügungsbefugnis des Schu im Insolvenzfall ist nur beschränkt gewährleistet. Grundsätzlich wird die fehlende Kenntnis der Zugehörigkeit eines Gegenstandes zur InsMasse nicht geschützt.[57] Vorrang hat der **Schutz der Masse** vor Verfügungen des Schu. Ein gutgläubiger Erwerb von beweglichen Sachen ist nicht möglich (s nachfolgend unter 3.). Schutz genießt nur der Erwerb dinglicher Rechte an Grundstücken sowie an eingetragenen Schiffen, Schiffsbauwerken und Luftfahrzeugen. Nicht eingetragene Schiffe werden als bewegliche Sachen behandelt (§ 929a BGB). Geschützt wird nur der **rechtsgeschäftliche Erwerb**, nicht der Erwerb im Wege der Zwangsvollstreckung.[58] **38**

2. Grundstücksgeschäfte. – a) Verkehrsschutz. Die gesetzliche Ausnahme nach Abs 1 S 2 iVm §§ 892, 893 BGB, §§ 16, 17 SchiffsRG, §§ 16, 17 LuftfzRG dient dem Verkehrsschutz. Da es um den Erwerb aus der Hand des nicht mehr verfügungsbefugten Eigentümers geht, kann die Verweisung nur bedeuten, dass der gute Glaube an die Verfügungsbefugnis geschützt wird.[59] Ebenfalls geschützt wird der gute Glaube, wenn nach VerfEröffnung auf Grund des eingetragenen Rechts an den Schu geleistet wird oder zwischen dem Schu und einem anderen in Ansehung des eingetragenen Rechts Rechtsgeschäfte vorgenommen werden, die eine Verfügung über dieses Recht enthalten, aber nicht unter die in Bezug genommenen Vorschriften fallen (s Verweisung auf § 893 BGB). Die Begünstigung des Gutglaubensschutzes ist gegenüber der Masse vertretbar, weil die Eröffnung des Verf gem §§ 32, 33 im Grundbuch und den maßgeblichen Registern einzutragen ist und die Eintragung den gutgläubigen Erwerb ausschließt (vgl § 892 Abs 1 S 2 BGB). **39**

b) Zeitpunkt. Gutgläubiger Erwerb setzt danach den unterbliebenen Eintrag des Insolvenzvermerks nach §§ 32, 33 sowie fehlende Kenntnis von der Verfügungsbeschränkung voraus. Grob fahrlässige Unkenntnis schadet nicht.[60] Für die Kenntnis ist auf den Zeitpunkt der Vollendung des Erwerbs abzustellen. Ist hierfür die Eintragung erforderlich (§ 873 Abs 1 BGB), ist der Zeitpunkt der Antragstellung auf Eintragung oder – wenn die notwendige Einigung erst später erfolgt – der Zeitpunkt der Einigung maßgeblich.[61] **40**

---

54 S näher *K/P/B/Lüke* § 81 Rn 13a.
55 Vgl hierzu *K/P/B/Lüke* § 81 Rn 13c–13d.
56 *K/P/B/Lüke* § 81 Rn 13e.
57 *K/P/B/Lüke* § 81 Rn 21.
58 *BGHZ* 64, 196 f = NJW 1975, 1282 f; MK/*Ott/Vuia* § 81 Rn 20.
59 *Uhlenbruck/Mock* § 81 Rn 33.
60 MK/*Ott/Vuia* § 81 Rn 22.
61 HambKomm/*Kuleisa* § 81 Rn 19; *Uhlenbruck/Mock* § 81 Rn 349.

41 **c) Grundbuchsperre mit Eintragung des Insolvenzbeschlags.** Das Ersuchen des InsGer auf Eintragung des Insolvenzbeschlagsvermerks ist in der Reihenfolge des § 17 GBO abzuarbeiten; die Grundbuchsperre tritt erst mit der Eintragung des Beschlagvermerks ein. Dies war lange Zeit str. Ist nach VerfEröffnung ein Eintragungsantrag an das Grundbuchamt gestellt worden, und zwar mit Vorrang (vgl § 17 GBO) eines späteren Ersuchens auf Eintragung des Eröffnungsvermerks (§§ 32, 33), so muss das Grundbuchamt nach inzwischen ganz herrschender Auff eintragen, auch wenn es amtlich Kenntnis von der InsEröffnung erlangt hat.[62] Denn es ist keine allgemeine Aufgabe des Grundbuchamtes, gutgläubigen Erwerb zu verhindern. Damit würde es sich zum Richter über die Beteiligten aufwerfen und den Verkehrsschutz des materiellen Rechts unterlaufen. Die Obliegenheit, durch Eintragung der absoluten Verfügungsbeschränkung zu Gunsten Dritter der Gefahr des gutgläubigen Erwerbs zu begegnen, trifft nach der gesetzlichen Risikoverteilung in der Regel den begünstigten Dritten. Nicht erst für den eingetragenen Erwerber, sondern schon für denjenigen, zu dessen Gunsten eine beantragte Eintragung erfolgen soll, spricht § 892 Abs 1 S 2 BGB.

42 **3. Erwerb von Fahrnis. – a) Grundsatz.** Ein gutgläubiger Erwerb beweglicher Sachen, des Pfandrechts, des Nießbrauchs und von Oderpapieren aus dem insolvenzbefangenen Vermögen (§ 35) findet nicht statt, weil insoweit der gute Glaube nach § 81 Abs 1 S 2 nicht geschützt wird.

43 **b) Gutgläubiger Erwerb nach Zivilrecht. – aa) Handeln des Schuldners.** Anders liegt es, wenn der Schu in seiner Ins eine ihm nicht gehörige Sache veräußert oder belastet. Gutgläubiger Erwerb ist dann möglich, weil schon § 81 Abs 1 nicht eingreift. Dieser richtet sich nach den Grundsätzen des bürgerlichen Rechts.[63]

Ein gutgläubiger Erwerb scheidet auch dann nicht aus, wenn der Erwerber den schuldnerfremden Gegenstand fälschlicherweise als zur InsMasse gehörend ansieht.[64] Dies ergibt sich aus dem Schutzzweck des Verfügungsverbots, welches die InsGl und nicht den Eigentümer einer massefremden Sache schützen will. Es ist deshalb nicht zu verlangen, dass sich der gute Glaube des Erwerbers nicht nur auf das Eigentum des Veräußerers, sondern auch auf die Möglichkeit bezieht, dieses rechtsgeschäftlich zu erwerben.

44 **bb) Handeln durch einen Dritten.** Hat der Schu eine Sache freiwillig einem anderen übergeben und hat dieser sodann als Nichtberechtigter verfügt, ist ein Erwerb des Dritten nach §§ 932 ff BGB möglich, weil Abs 1 S 1 grds nur bei Verfügungen des Schu eingreift. Der Erwerb scheitert nicht daran, dass die Übergabe durch den Schu im Rahmen einer nach Abs 1 S 1 unwirksamen Verfügung erfolgt ist.[65] Nach § 935 Abs 1 BGB ist ein gutgläubiger Erwerb jedoch ausgeschlossen, wenn der InsVerw die Sache bereits im Besitz hatte und diesen unfreiwillig wieder verloren hat.

IV. Rückgewähr der Gegenleistung (Abs 1 S 3)

45 Hat der Schu auf einen gegenseitigen Vertrag, der vor VerfEröffnung zustande gekommen ist, nach VerfEröffnung eine Leistung erbracht, so ist diese Verfügung nach Abs 1 S 1 unwirksam; der Vertragspartner muss den geleisteten Gegenstand an die Masse zurückgewähren, ohne dass er mit seiner Gegenleitung an den InsSchu saldieren kann. Ist die Gegenleistung in die InsMasse (§ 35) gelangt, wäre dieses Erg unbillig. Der Vertragspartner kann deshalb die

62 HambKomm/*Kuleisa* § 81 Rn 20; MK/*Ott/Vuia* § 81 Rn 23; *Uhlenbruck/Mock* § 81 Rn 35; *Jaeger/Windel* § 81 Rn 19; **aA** noch *Jaeger/Henckel* KO § 7 Rn 19; sa *OLG Karlsruhe* (zu § 104 BGB) NJW-RR 1998, 446.
63 *K/P/B/Lüke* § 81 Rn 24; *Uhlenbruck/Mock* § 81 Rn 36.
64 *K/P/B/Lüke* § 81 Rn 24; MK/*Ott/Vuia* § 81 Rn 24.
65 MK/*Ott/Vuia* § 81 Rn 24.

Gegenleistung nach **Bereicherungsgrundsätzen** (§§ 812, 818, 819 BGB) zurückverlangen. Soweit die Masse nicht bereichert ist, weil der Gegenstand zB an den Schu persönlich gelangt ist, greift die Vorschrift nicht ein. Der Anspruch kann nach § 818 Abs 2 BGB auf Wertersatz gerichtet oder – bei Entreicherung der Masse – nach § 818 Abs 3 BGB ausgeschlossen sein.[66] Der Bereicherungsanspruch ist **Masseschuld** (§ 55 Abs 1 Nr 3).

Besteht die Gegenleistung in dem Verzicht einer im InsVerf verfolgbaren Forderung, so ist diese als fortbestehend zu behandeln. Durch diese Konstruktion bleiben akzessorische Sicherungsrechte erhalten, die andernfalls erloschen wären.[67] **46**

V. Verfügungen über künftige Forderungen (Abs 2)

1. Regelungsgegenstand. Abs 2 S 1 erstreckt die Rechtsfolge aus Abs 1 S 1 auf Verfügungen des Schu über künftige Forderungen auf Bezüge aus einem Dienstverhältnis oder an deren Stelle tretende laufende Bezüge, soweit diese nach Verfahrensbeendigung entstehen. Die Regelung schützt damit das Interesse der Gl, sich nach Beendigung des InsVerf im Rahmen der Restschuldbefreiung oder eines InsPlan den Zugriff auf das Arbeitseinkommen des Schu zu erhalten. Sie ergänzt die Bestimmungen der § 89 Abs 2 und § 114. **47**

2. Keine teleologische Reduktion. Entspr dem Regelungszweck bleibt nach Abs 2 S 2 das Recht des Schu, Ansprüche dieser Art an den Treuhänder abzutreten, unberührt. Damit wird erreicht, dass der Schu die erstrebte Restschuldbefreiung erreichen kann (§ 287 Abs 2). Die Anwendung ist jedoch nicht davon abhängig, dass der Schu einen Antrag auf Restschuldbefreiung gem § 287 Abs 1 stellt oder die Befriedigung der Gl gem §§ 217 ff in einem InsPlan geregelt wird.[68] **48**

3. Bezüge. Der Begriff der Bezüge ist weit auszulegen.[69] Erfasst wird das Arbeitseinkommen iSv § 850 ZPO, also neben den Dienst- und Versorgungsbezügen auch Renten und sonstige laufende Geldleistungen der Träger der Sozialversicherung, der Bundesagentur für Arbeit im Falle des Ruhestandes, der Erwerbsunfähigkeit sowie der Arbeitslosigkeit. Erfasst werden nur die Bezüge natürlicher Personen; soweit diese unpfändbar sind, kann die Vorschrift nicht eingreifen (vgl § 36 Abs 1). **49**

§ 82 Leistungen an den Schuldner

[1]Ist nach der Eröffnung des Insolvenzverfahrens zur Erfüllung einer Verbindlichkeit an den Schuldner geleistet worden, obwohl die Verbindlichkeit zur Insolvenzmasse zu erfüllen war, so wird der Leistende befreit, wenn er zur Zeit der Leistung die Eröffnung des Verfahrens nicht kannte. [2]Hat er vor der öffentlichen Bekanntmachung der Eröffnung geleistet, so wird vermutet, dass er die Eröffnung nicht kannte.

Übersicht

66 MK/*Ott/Vuia* § 81 Rn 25.
67 HambKomm/*Kuleisa* § 81 Rn 21; MK/*Ott/Vuia* § 81 Rn 26; *Uhlenbruck/Mock* § 81 Rn 43.
68 *K/P/B/Lüke* § 81 Rn 29; MK/*Ott/Vuia* § 81 Rn 28.
69 BT-Drucks 12/2443, 136.

Literatur: *Gehrlein* Verfügungsbeschränkungen vor und nach Insolvenzeröffnung, WM 2014, 485 ff; *Kayser* Leistungen Dritter an den Schuldner nach Insolvenzeröffnung, FS Wellensiek, 2011, S 211 f; *Schimansky/Bunte/Lwowski* Bankrechts-Handbuch, 5. Aufl 2017.

A. Allgemeines

I. Normzweck

1 **1. Schutz des Drittschuldners.** Die **Annahme der Leistung** des DrittSchu durch den Schu ist eine Verfügung über eine zur Masse gehörige Forderung iSv § 81, die nach § 81 Abs 1 S 1 absolut unwirksam wäre. Daraus folgt, dass der Drittschu ohne die **Sonderregelung** in § 82 stets noch einmal leisten müsste, und zwar nunmehr an den allein empfangszuständigen InsVerw. Die Leistung an den Schu könnte er nur von diesem zurückverlangen, zu erbringen aus dessen insolvenzfreien Vermögen. Demgegenüber erkennt § 82 der gutgläubig erbrachten Leistung an den Schu schuldbefreiende Wirkung zu. Die Sonderregelung des (Dritt-)SchuSchutzes schränkt somit den Grundsatz ein, dass Rechtshandlungen des Schu nach VerfEröffnung unwirksam sind.

2 **2. Beschränkung der Erfüllungswirkung. – a) Einbeziehung des Neuerwerbs.** Die Vorschrift ist aus § 8 KO abgeleitet worden. Die aus Sicht des GGebers der InsO lediglich vorgenommene redaktionelle Verkürzung[1] übersieht den veränderten systematischen Zusammenhang, in den die Neuregelung gestellt worden ist. Nach § 35 InsO ist – abw vom Recht der KO – auch der **Neuerwerb** Bestandteil der InsMasse. Hierzu gehört das, was der Schu während des Verf erlangt (s Kommentierung bei § 35). Fällt die Leistung des DrittSchu als Neuerwerb in die Masse, stellt sich die Frage nach der Rechtfertigung der Beschränkung der Erfüllungswirkung. Die Gesetzesmaterialien geben hierzu keine Auskunft.

---

1 BT-Drucks 12/2443, 136.

b) Wahlrecht des Verwalters. Das Spannungsverhältnis zu § 35 kann nur durch die Erwägung aufgelöst werden, dass es Sinn und Zweck des § 80 widerspräche, den InsVerw, auf den das Verwaltungs- und Verfügungsrecht umfassend übergegangen ist, zu zwingen, sich zwecks Herausgabe des von dem Schu empfangenen und zur Masse gehörenden Leistungsgegenstandes an diesen zu halten. Der InsVerw hat vielmehr die Wahl, auf welchem Weg er die Forderung einzieht. Hat nicht schon der SchuSchutz zu einer Erfüllungswirkung geführt, kann der InsVerw eine nach S 1 unwirksame Leistung des DrittSchu an den Schu als Erfüllung genehmigen, er muss es aber nicht. 3

II. Geltungsbereich

1. Schuldrechtliche Ansprüche. Die Norm schützt den Leistenden in seinem Vertrauen auf die Empfangszuständigkeit seines Gl, wenn ihm die Eröffnung des InsVerf über dessen Vermögen so lange unbekannt geblieben ist, wie er den Leistungserfolg noch zu verhindern vermag.[2] Der Schutz beschränkt sich auf den guten Glauben des Leistenden in den **Fortbestand,** der zum Zeitpunkt des Entstehens der Verbindlichkeit noch gegebenen, durch die Verfahrenseröffnung jedoch nachträglich entfallenen Empfangszuständigkeit des Schu. Die Vorschrift greift hingegen von vornherein nicht ein, wenn durch eine vom Schu nach Verfahrenseröffnung getroffene Verfügung die Einziehungsbefugnis begründet werden sollte.[3] Verfügungen des Schu nach Verfahrenseröffnung sind – vorbehaltlich des grundbuchmäßigen Gutglaubensschutzes – nach § 81 Abs 1 S 1 schlechthin unwirksam.[3] Die Norm erfasst im Übrigen **nur Leistungen auf schuldrechtliche Ansprüche**. Aus der Erwähnung von § 892 BGB in § 81 folgt, dass der dort geregelte Vorgang der Leistung auf ein eingetragenes Recht nicht den Regeln des § 82 zuzuordnen ist. Hierzu gehören Zins- und Tilgungsleistungen des Grundstückseigentümers auf Grundpfandrechte, soweit sie auf das dingliche Recht erbracht werden. Zu § 873 BGB und nicht zu § 82 gehören auch Zahlungen von Renten oder der Ablösesumme auf eine Rentenschuld sowie die Leistungen auf eine Reallast. 4

2. Eigenverwaltung, Insolvenzplan. Keine Anwendung findet die Vorschrift bei Anordnung der **Eigenverwaltung** (§ 270 Abs 1 S 1), weil die Verwaltungs- und Verfügungsbefugnis über das insolvenzbefangene Vermögen grds beim Schu verbleibt (§§ 275, 277 Abs 1). Nur wenn das InsGer auf Antrag der GlVersammlung einen Zustimmungsvorbehalt angeordnet hat, gilt § 82 entspr (vgl § 277 Abs 1 S 2). Bei der **Planerfüllung** findet sie über § 263 S 2 Anwendung. 5

B. Erläuterungen

I. Leistungen an den Schuldner oder an Dritte

1. Leistungen an den Schuldner. – a) Leistungen nach Verfahrenseröffnung. § 82 S 1 erweitert den Schutz des § 80 Abs 1 und schließt die **Empfangszuständigkeit** des Schu in Fällen aus, in denen der Übergang des Verwaltungs- und Verfügungsrechts auf den InsVerw der Wirksamkeit einer nach VerfEröffnung an den InsSchu persönlich erbrachten Leistung nicht entgegensteht. Die Vorschrift des § 80 ist nur einschlägig, wenn es zur Erfüllung einer rechtsgeschäftlichen Mitwirkung des Leistungsempfängers (Schu) bedarf. Eine wirksame Annahme der Leistung an Erfüllungs Statt (§ 364 Abs 1 BGB) durch den Schu scheitert danach bereits an § 80 Abs 1. Hierher gehören ferner die Begr eines Rechts (§§ 873, 1205, 1274 BGB), die Übertragung eines Rechts (§§ 398, 873, 925, 929 BGB) und die Aufhebung eines Rechts (§§ 397, 875 BGB), nicht jedoch die Entgegennahme der Leistung in tatsächli- 6

2 *BGHZ* 182, 85 = ZIP 2009, 1726 Rn 9; *BGH* ZIP 2012, 1565 Rn 6.
3 *BGH* ZIP 2012, 1565 Rn 6.

cher Hinsicht.[4] Ebenfalls nach § 82 zu beurteilen ist in der Ins des Auftragnehmers (Generalunternehmers) die Zahlung des Auftraggebers (Bauherrn) gem § 16 Nr 6 VOB/B an den Gl des Auftragnehmers (Subunternehmers).[5]

7 **b) Anspruch als Teil der Insolvenzmasse. – aa) Empfangszuständigkeit.** Die Vorschrift knüpft an die **Empfangszuständigkeit des InsVerw** an und bezieht sich deshalb auf Verbindlichkeiten, die zur InsMasse zu erfüllen sind. Der der Leistung zugrunde liegende vermögensrechtliche Anspruch des Schu muss deshalb zur InsMasse (§ 35) gehören. Hierzu zählt auch der Neuerwerb, zB während des Verf erworbene Lohn- und Gehaltsansprüche des Schu, soweit diese pfändbar sind (vgl § 36). Bei Ansprüchen oder Forderungen, die nicht der Zwangsvollstreckung unterliegen ist zu unterscheiden: § 36 Abs 1 betrifft nur Ansprüche, die kraft Gesetz nicht übertragbar sind (§ 851 Abs 1 ZPO, § 399 Fall 1 BGB).[6] Ist die Übertragbarkeit durch Vereinbarung ausgeschlossen (§ 399 Fall 2 BGB), hindert dies die Pfändbarkeit nicht, wenn der Leistungsgegenstand der Pfändung unterliegt (§ 851 Abs 2 ZPO). Der Anspruch fällt demgemäß in die InsMasse. Die Vorschrift ist **entsprechend** anwendbar, wenn die Empfangszuständigkeit des InsVerw durch Aufhebung des InsVerf[7] oder durch Freigabe[8] der danach zur Masse erfüllten Forderung erloschen ist und der Drittschuldner hiervon keine Kenntnis hatte.

8 **bb) Anspruchsgrund.** Vom Anspruchsgrund her kann es sich um Ansprüche aus vertraglichen Schuldverhältnissen handeln, die vor InsEröffnung begründet worden sind, sowie um Forderungen aus gesetzlichen Schuldverhältnissen (zB Eingriffskondiktion, GoA, Geschäftsanmaßung, unerlaubte Handlung in Bezug auf einen Gegenstand der InsMasse).

9 **aaa)** Nicht zur InsMasse zu erfüllen sind **höchstpersönliche Ansprüche**,[9] zB auf Dienstleistungen persönlicher Art, Persönlichkeitsrechte (Namensrecht gem § 12 BGB; allgemeines Persönlichkeitsrecht gem § 823 Abs 1 BGB) und die sich daraus ergebenden Ansprüche. Nicht zur InsMasse zu erfüllen sind auch familienrechtliche Ansprüche sowie – grds – Ansprüche auf Sozialleistungen. Wegen der Einzelheiten wird auf die Kommentierung zu §§ 35, 36 verwiesen.

10 **bbb) Honoraransprüche** von Rechtsanwälten, anderen rechtlichen Beratern, Ärzten, Zahnärzten sowie Angehörigen anderer Heilberufe sind als Geldforderungen pfändbar.[10] Demzufolge fallen sie in die Masse und können nach VerfEröffnung nur zur InsMasse erfüllt werden.

11 **c) Herbeiführung der Erfüllungswirkung durch den Verwalter.** Erbringt der DrittSchu an den Schu Leistungen, wird er von seiner Verpflichtung gegenüber der Masse befreit, wenn der InsVerw die Leistung genehmigt (§ 362 Abs 2, § 185 Abs 1 BGB, § 80 Abs 1). Die Genehmigung wirkt auf den Zeitpunkt der Leistungsbewirkung an den InsSchu zurück (§ 184 Abs 1 BGB).[11] Sie kann ausdrücklich oder durch **schlüssiges Verhalten** erfolgen. Der InsVerw kann jedoch statt Genehmigung auch den nicht befreiten DrittSchu nochmals in Anspruch nehmen. Verlangt der InsVerw den von diesem erbrachten Leistungsgegenstand vom Schu heraus (vgl § 148 Abs 2), liegt darin idR noch keine Genehmigung, weil der Ver-

---

4 Theorie der realen Leistungsbewirkung: *BGH* NJW 1991, 1295; 1992, 2699; *BAG* NJW 1993, 2398.
5 *BGH* ZIP 1986, 720; HambKomm/*Kuleisa* § 82 Rn 4.
6 Vgl *BGHZ* 154, 68 f = ZIP 2003, 1218 f.
7 *BGHZ* 186, 223 = ZIP 2010, 1610 Rn 8.
8 *BGH* ZIP 2011, 234 Rn 6.
9 Vgl *BGH* ZInsO 2007, 657.
10 *BGHZ* 167, 366 f = ZIP 2006, 1256; *BGHZ* 171, 252 = ZIP 2007, 684.
11 *Jaeger/Windel* § 82 Rn 39.

walter dann das **Beitreibungsrisiko** für die Masse übernähme.[12] Aufgrund der gesetzlichen Risikoverteilung trägt dieses der Leistende. Allerdings kann mangels ausdrücklicher Erklärung in dem Herausgabeverlangen eine Genehmigung der Leistung an den Schu unter der aufschiebenden Bedingung zu sehen sein, dass der Leistungsgegenstand tatsächlich in die Masse gelangt.[12] Kommt es hierzu, tritt Erfüllung schon nach §§ 267, 362 Abs 1 BGB ein.[13] Schließlich kann der InsVerw den der Masse gegenüber nicht erfüllten Anspruch freigeben. Auch in diesem Fall tritt Erfüllungswirkung ex nunc ein. Der Leistungsgegenstand verbleibt aber beim InsSchu.

2. Leistungen an Dritte. – a) Zahlung an Vertreter. S 1 greift auch ein, wenn der DrittSchu an den gesetzlichen oder einen gewillkürten Vertreter des Schu leistet. Unwirksam sind zB Leistungen, die der Vormund, Betreuer oder Pfleger eines geschäftsunfähigen InsSchu oder ein von ihm rechtsgeschäftlich bestellter Vertreter entgegennimmt. Als Leistung in diesem Sinne ist auch diejenige an den **organschaftlichen Vertreter** der Gesellschaft anzusehen. In der Ins der juristischen Person behalten deren Organe grds ihre Stellung, nehmen jedoch nur solche Aufgaben wahr, die nicht die InsMasse betreffen.[14] Daher ist zB eine an den Vorstand einer in Ins stehenden AG eine nach § 82 unwirksame Leistung an den Schu.[15] 12

b) Zahlung an Zessionar oder Sicherungszessionar. Hat der Schu nach VerfEröffnung eine ihm zustehende und in die Masse fallende Forderung abgetreten, ist die Abtretung nach § 81 Abs 1 S 1 unwirksam. Eine Schuldbefreiung nach Maßgabe der §§ 407, 408 BGB kommt nur in Betracht, soweit diese Regelungen nicht mit §§ 81, 82 kollidieren. § 82 bietet, wie schon die inhaltsgleiche Vorgängerregelung in § 8 KO[16] eine besondere, **abschließende Vergünstigung**.[17] Auch § 409 BGB ist unanwendbar, wenn der angezeigten Abtretung ein insolvenzrechtliches Abtretungsverbot entgegensteht.[18] Zahlt der DrittSchu hingegen an einen **vermeintlichen Zessionar**, ist er nach § 409 BGB geschützt.[19] Ähnliches gilt, wenn der Schu die Forderung vor Verfahrenseröffnung, aber nur zur Sicherheit abgetreten hat und das Verfahren dann eröffnet wird. Der BGH hatte bisher offen gelassen, ob Leistungen des DrittSchu trotz des bestehenden alleinigen Einziehungs- und Verwertungsrechts des InsVerw (§ 166 Abs 2) befreiende Wirkung haben.[20] Wusste der Drittschu im Zeitpunkt seiner Zahlung an den Sicherungszessionar sowohl von der Eröffnung als auch von der Sicherungszession, ist ihm entsprechend §§ 408, 407 Abs 1, 412 BGB, § 82 S 1 das Risiko aufzuerlegen, ohne schuldbefreiende Wirkung zu zahlen.[21] Die gegen den DrittSchu gerichtete Forderung des InsSchu erlischt im Falle der Kenntnis auch dann nicht (im Wege der Konfusion), wenn der Drittschu durch Abtretung die mit dem Einziehungsrecht des InsVerw belastete Forderung gegen sich erwirbt.[22] 13

---

12 MK/*Ott/Vuia* § 82 Rn 6.
13 *Jaeger/Windel* § 82 Rn 39.
14 *BGH* ZInsO 2006, 260; ZIP 2007, 440.
15 Vgl *Jaeger/Windel* § 82 Rn 10.
16 BT-Drucks 12/2443 S 136.
17 *BGH* ZIP 2009, 1726 Rn 13; 2012, 1556 Rn 10.
18 *BGH* ZIP 2012, 1556 Rn 12; *Uhlenbruck/Mock* § 82 Rn 5.
19 HambKomm/*Kuleisa* § 82 Rn 5.
20 *BGHZ* 154, 72, 78 f; *BGH* ZIP 2004, 42, 43.
21 *BGH* ZIP 2009, 1075, 1077, auch zur Verteilung der Beweislast für die Kenntnis von der Eröffnung einerseits und vom Sicherungscharakter der Zession andererseits.
22 *BGH* ZIP 2009, 1077, 1079.

II. Schutz des guten Glaubens

14 **1. Schutz des gutgläubig Leistenden.** Hat der InsVerw die von dem DrittSchu erbrachte Gegenleistung zur Masse gezogen, droht diesem keine nochmalige Inanspruchnahme. IÜ wird der DrittSchu von seiner Verbindlichkeit bei fehlender Kenntnis von der InsEröffnung befreit.

15 **a) Gutgläubigkeit.** Nur die positive Kenntnis von der VerfEröffnung lässt die Wirkung der Erfüllung entfallen. Grob fahrlässige Unkenntnis oder die Kenntnis von der Zahlungseinstellung oder dem gestellten Eröffnungsantrag reichen nicht. Da die Befreiung auch bei verschuldeter Unkenntnis eingreift, tritt sie auch bei einem konkreten Organisationsverschulden ein.[23] Insoweit handelt es sich um einen Fahrlässigkeitstatbestand. Anders liegt es bei einem Verstoß gegen **abstrakte Organisationsobliegenheiten** (dazu näher bei Rn 19). Der Grundsatz, jede am Rechtsverkehr teilnehmende Organisation müsse sicherstellen, dass die ihr ordnungsgemäß zugehenden, rechtserheblichen Informationen von ihren Entscheidungsträgern zur Kenntnis genommen werden könnten,[24] gilt auch im Anwendungsbereich des § 82.[25] Der Grundsatz betrifft zunächst die verkehrsgerechte Informationsverwaltung.[26] Hinsichtlich der Informationsgewinnung sind die Grenzen des Zumutbaren schnell erreicht. Aus § 9 folgt nicht, dass der DrittSchu sich auf Unkenntnis einer im Internet öffentlich bekannt gemachten InsEröffnung nur berufen darf, wenn er organisatorische Vorkehrungen geschaffen hat, die im Internet zugänglichen Informationen für seine Unternehmenszwecke aufzunehmen und weiterzuverarbeiten.[27]

16 Die **Darlegungs- und Beweislast** für die Kenntnis trägt grds der InsVerw (s aber S 2).[28] Die ihm im InsAnfProzess nach § 130 Abs 2 und § 131 Abs 2 gewährten Beweiserleichterungen kommen ihm nicht zu Gute. Daher genügt es im Allgemeinen nicht, dass er die Kenntnis von Umständen darlegt und beweist, aus denen auf die Kenntnis zu schließen ist.[29] Eine Beweisführung mit Hilfe von Indizien nach allg zivilprozessualen Grundsätzen wird hierdurch indes nicht ausgeschlossen.

17 **b) Zeitpunkt der Gutgläubigkeit.** Entscheidend ist, dass der DrittSchu **im Zeitpunkt der Leistung** gutgläubig ist. Was hierunter zu verstehen ist, war schon unter der Geltung der KO zweifelhaft; die Entstehungsgeschichte der InsO bringt keine Klarheit:[30] Nach einer Auff soll es auf den Zeitpunkt ankommen, in dem der DrittSchu die Leistungshandlung vornimmt (vgl § 892 Abs 2 BGB).[31] Andere stellen auf den Zeitpunkt des Leistungserfolgs ab. Vorzugswürdig ist eine vermittelnde Auff, die für die Kenntnis den Zeitpunkt als entscheidend ansieht, bis zu dem der Schu den Leistungserfolg noch verhindern kann.[32] Maßgebend für diesen gegenüber § 407 BGB späteren Zeitpunkt ist der **Billigkeitscharakter** der Vorschrift. Während § 407 BGB ein Mindestmaß an Sicherheit gewährleisten soll, stellt § 82 S 1 eine besondere Vergünstigung dar und dient zugleich dem öffentlichen Interesse an einem

---

23 *BGH* ZIP 2010, 935, 936.
24 *BGHZ* 117, 104, 106 f; 140, 54, 62.
25 *BGH* ZIP 2006, 138, 140; 2010, 935, 936.
26 *BGH* ZIP 2006, 138, 140 betreffend die Verwertung von Informationen aus einem gehaltenen Veröffentlichungsblatt.
27 *BGH* ZIP 2010, 935, 936; hierzu ausführlich *Wittmann/Kinzl* ZIP 2011, 2232 ff.
28 *BGH* ZIP 2006, 141.
29 HambKomm/*Kuleisa* § 82 Rn 28; *K/P/B/Lüke* § 82 Rn 8.
30 BT-Drucks 12/2443, 136.
31 MK/*Ott/Vuia* § 82 Rn 13; zu § 407 BGB s auch *BGH* NJW-RR 2004, 1147.
32 *BGHZ* 182, 85, 88 = *BGH* ZIP 2009, 1726, 1727; HambKomm/*Kuleisa* § 82 Rn 28; *Jaeger/Windel* § 82 Rn 48; *Uhlenbruck/Mock* § 82 Rn 16.

effektiven InsVerfahren. Diesem Regelungsziel entspricht es, dem Leistenden weitergehende Obliegenheiten als nach § 407 BGB aufzuerlegen.[33] Die einmal erlangte Kenntnis kann nur durch zuverlässige Kenntniserlangung von dem Abschluss des InsVerf wieder beseitigt werden. Keinesfalls genügt es, dass die Verfahrenseröffnung bei dem Leistenden durch längeren Zeitablauf in Vergessenheit gerät.[34]

c) Zurechnungsfragen. – aa) Wissensvertreter. Der DrittSchu muss sich die Kenntnis der Personen von der InsEröffnung zurechnen lassen, derer er sich zur Erbringung der Leistung bedient (sog Wissensvertreter).[35] Rechtsgeschäftliche Vertretungsbefugnis ist nicht erforderlich.[36] 18

bb) Organmitglied. Das **Wissen eines vertretungsberechtigten Organmitglieds** ist als Wissen des Organs anzusehen und damit auch der juristischen Person zuzurechnen.[37] Darüber hinaus muss jede am Rechtsverkehr teilnehmende Organisation sicherstellen, dass die ihr ordnungsgemäß zugehenden, rechtserheblichen Informationen von ihren EntschTrägern zur Kenntnis genommen werden können. Sie muss es deshalb so einrichten, dass ihre Repräsentanten, die dazu berufen sind, im Rechtsverkehr bestimmte Aufgaben in eigener Verantwortung wahrzunehmen, die erkennbar erheblichen Informationen tatsächlich an die entscheidenden Personen weiterleiten.[38] Hieraus folgt insb für Banken und Versicherungsunternehmen[39] die Notwendigkeit eines internen Informationsaustauschs. Informationen, die auf der Führungsebene vorhanden sind, müssen – soweit sie für diejenigen bedeutsam sind, welche im direkten Kontakt mit den Kunden für die Bank Rechtsgeschäfte vornehmen – an diese weitergegeben werden; erforderlich ist also ein Informationsfluss von oben nach unten. Umgekehrt müssen Erkenntnisse, die von einzelnen Angestellten gewonnen werden, jedoch auch für andere Mitarbeiter und spätere Geschäftsvorgänge erheblich sind, die erforderliche Breitenwirkung erzielen. Dazu kann ein Informationsfluss von unten nach oben, aber auch ein horizontaler, filialübergreifender Austausch erforderlich sein.[40] Die Notwendigkeit eines Informationsaustauschs innerhalb der Bank oder des Versicherers bedingt entspr **organisatorische Maßnahmen**. Solche sind wegen des möglichen Zugriffs auf Datenspeicher grds zumutbar. Fehlt es an zumutbaren organisatorischen Maßnahmen, muss sich die Bank das Wissen einzelner Mitarbeiter – auf welcher Ebene auch immer diese angesiedelt sind – zurechnen lassen. Die Frage der Kenntnis beurteilt sich daher nicht allein nach der Wissenslage der kontoführenden Stelle. Nach dem derzeitigen Stand ist es hingegen für solche Unternehmen zur Vermeidung des Arglisteinwands nicht erforderlich, durch eine Einzelabfrage aus dem Internet unter www.insolvenzbekanntmachungen.de die Kenntnis von der Eröffnung des InsVerf über das Vermögen ihres Gl zu gewinnen.[41] Für den Bereich der Finanzverwaltung hat der BFH diese Grundsätze bedenklich eingeschränkt. Der Arglisteinwand soll nur gelten, wenn der Steuerpflichtige seinerseits die Mitwirkungspflichten erfüllt hat.[42] Vergisst der Dritte die InsEröffnung, ist das unerheblich. Die einmal erlangte Kenntnis dauert fort, solange der Dritte nicht zuverlässig erfährt, das InsVerf sei abgeschlossen.[43] 19

33 *BGHZ* 182, 85, 88 = *BGH* ZIP 2009, 1726, 1727.
34 *LAG Düsseldorf* ZIP 2012, 1726, 1727.
35 MK/*Ott/Vuia* § 82 Rn 14; *Jaeger/Windel* § 82 Rn 47.
36 *BGHZ* 117, 106; HambKomm/*Kuleisa* § 82 Rn 29.
37 *BGHZ* 109, 331.
38 *BGHZ* 117, 106 f; 140, 62; *OLG Bremen* ZIP 2014, 430 Rn 27; MK/*Ott/Vuia* § 82 Rn 14.
39 *BGH* ZIP 2009, 1726, 1728; 2010, 935, 936.
40 *BGH* ZIP 2006, 138, 140.
41 *BGH* ZIP 2010, 935, 936 f; nach der Bedeutung des Geschäfts wollen differenzieren *Wittmann/Kinzl* ZIP 2011, 2232, 2235.
42 *BFH* ZIP 2015, 2431, Rn 16 mit Anm *Riewe* NZI 2016, 46.
43 *BAG* ZIP 2014, 692 Rn 16.

20 **2. Leistungen im Eröffnungsverfahren.** Die Vorschrift bezieht sich wie § 81 Abs 1 auf die Zeit nach der InsEröffnung. Über die Verweisungskette des § 21 Abs 2 Nr 2, § 24 Abs 1 kann sie auch im EröffnungsVerf Anwendung finden.[44] Mit der Einfügung des sog Verwertungsstopps als weitere Sicherungsmaßnahme (§ 21 Abs 2 Nr 5) hat diese Verweisung noch an Bedeutung gewonnen. Ist der Schu **Vermieter oder Verpächter**, ist erg § 110 zu beachten, weil Abs 2 S 1 der Vorschrift die Einziehung der Miete oder Pacht ausdrücklich als Verfügung definiert.

21 **3. Vermutungswirkung (S 2). – a) Leistung vor oder nach Bekanntmachung.** S 2 enthält eine **Beweislastregel**, die an die öffentliche Bek gem § 9 anknüpft. Diese muss wirksam sein.[45] Der Ausdruck eines Sendeberichts für die Internetveröffentlichung begründet keinen Anscheinsbeweis für die tatsächlich erfolgte öffentliche Bekanntmachung.[46] Diese erfolgt nunmehr bundeseinheitlich auf der gemeinsamen Internetplattform der Länder (www.insolvenzbekanntmachungen.de) und nicht mehr durch Veröffentlichung im Amtsblatt des jeweiligen Landes (s Kommentierung bei § 9). Maßgeblich ist der Eintritt der Wirksamkeit der Bek nach § 9 Abs 1 S 3. Ergänzende Veröffentlichungen außerhalb des Internets begründen die Vermutungswirkung nicht.[47] Nach diesem Zeitpunkt trägt der Leistende die Darlegungs- und Beweislast (§ 286 ZPO), dass er zur Zeit der Leistung die Verfügungsbeschränkung nicht gekannt hat.[48] Liegt kein Organisationsmangel (dazu vorstehend Rn 19) vor, ist der Leistende nicht gehalten, sich wegen der Möglichkeit der Internetabfrage beweismäßig für sämtliche Mitarbeiter zu entlasten.[49] Aus den Vorschriften der §§ 9, 82 ergibt sich keine den Rechtsmissbrauchseinwand begründende Informationsbeschaffungspflicht, die nicht mit der innerorganisatorischen Weiterleitungspflicht bzgl bekannter Informationen zu verwechseln ist.[50]

22 **b) Beweislast für den Leistungszeitpunkt vor Bekanntmachung.** Die Beweislast dafür, dass die Leistung **vor der öffentlichen Bek** erfolgt ist, trägt ebenfalls der Leistende, weil er sich auf den für ihn günstigen Vermutungstatbestand des S 2 beruft.[51] Steht dies fest, muss der InsVerw nachweisen, dass der Leistende die Kenntnis hatte. Gefordert ist auch hier der Vollbeweis iSd § 286 ZPO. Es gelten die allg Anforderungen an das Beweismaß.[52]

III. Besonderheiten im Bankverkehr

23 **1. Banküberweisungen. – a) Insolvenz des Überweisungsauftraggebers[53].** Mit der InsEröffnung über das Vermögen des Überweisenden, erlischt der zwischen diesem und seiner Bank bestehende Girovertrag (§ 116 S 1, § 115 Abs 1). Für Überweisungen, die der Schu der Bank vor VerfEröffnung eingereicht hat, gelten Sonderregeln. Es kommt darauf an, wie weit die Bearbeitung durch die Bank fortgeschritten ist, insb ob der zugegangene – konkrete – Zahlungsauftrag (auf Überweisung oder Lastschrift[54]) schon angenommen worden ist. Ist der Überweisungsvertrag vor VerfEröffnung bereits zustandegekommen, bleibt er trotz VerfEr-

44 *BGH* ZIP 2006, 139.
45 Vgl *BGH* 6.7.2017 – IX ZB 73/16.
46 *BGH* 6.7.2017 – IX ZB 73/16 Rn 12.
47 *BGH* ZIP 2006, 141 noch zur amtl Bek im ABl; *Jaeger/Gerhardt* § 9 Rn 9.
48 *BGH* ZIP 2006, 140.
49 *BGH* ZIP 2010, 935 (Bestätigung des Berufungsurteils auch insoweit).
50 *OLG Bremen* ZIP 2014, 430 Rn 31; *Bork* DB 2012, 33, 37.
51 MK/*Ott/Vuia* § 82 Rn 15; *Laumen/Vallender* NZI 2016, 609, 614; **aA** *Jaeger/Windel* § 82 Rn 49.
52 *Jaeger/Windel* § 82 Rn 49; MK/*Ott/Vuia* § 82 Rn 15.
53 S hierzu ausf *Obermüller* Rn 3.7 (S 380 ff).
54 *BGH* ZIP 2010, 1556, 1559.

öffnung bestehen.[55] Die Bank ist nach § 116 S 3 berechtigt und nach bankrechtlichen Grundsätzen (vgl § 675o BGB) grds verpflichtet, die Überweisung weiter abzuwickeln. Insofern ergibt sich eine Abweichung vom Recht vor Inkrafttreten des Überweisungsgesetzes, wonach ein schon erteilter, aber noch nicht ausgeführter Überweisungsauftrag mit VerfEröffnung erlosch, weil er rechtlich als unselbstständige Weisung im Rahmen des Girovertrages anzusehen war und mit diesem unterging. Hat die Bank an der Ausführung kein Interesse, etwa weil für die Überweisung ein Kredit in Anspruch genommen werden würde, muss die Bank den Überweisungsvertrag kündigen. Hierzu ist sie wegen der InsEröffnung berechtigt.[56] Im Einzelnen gilt für die Abwicklung:

aa) Ausführung unerledigter Überweisungsaufträge. Da der vor VerfEröffnung abgeschossene Überweisungsauftrag wirksam bleibt (§ 116 S 3 HS 1) und mit Wirkung für die Masse fortbesteht (§ 116 S 3 HS 2), erwirkt die Bank aus der Ausführung einen als Masseforderung zu qualifizierenden Aufwendungsersatzanspruch. Dies kann der InsVerw nur verhindern, wenn er von den Rechten des Zahlungsdienstnutzers aus § 675p BGB Gebrauch macht. Gelingt ihm dies nicht rechtzeitig und wird die Überweisung durchgeführt, erbringt die Bank ihre geschuldete Leistung an den Überweisenden mit befreiender Wirkung. Den mit der Ausführung der Überweisung entstehenden Aufwendungsersatzanspruch kann die Bank gegen ein Guthaben des Schu aufrechnen oder als Masseverbindlichkeit geltend machen (§ 116 S 3 HS 2).[57] Die Aufrechnungsverbote des § 96 greifen nicht ein, weil sie nicht für Massegläubiger gelten.[58] Für die Anwendung des § 82 ist insoweit kein Raum. 24

bb) Neue Überweisungsverträge. Nach VerfEröffnung kann die Bank mit dem Schu wegen § 80 I keine Zahlungsaufträge gem § 675n BGB zu Lasten eines insolvenzbefangenen Kontos mehr abschließen. Ein Aufwendungsersatzanspruch kann nur für Überweisungen zu Lasten von insolvenzfreien Konten sowie für Überweisungen entstehen, welche die Bank aus Unkenntnis von der VerfEröffnung ausführt. Hierbei kann § 82 einschlägig sein. Im Einzelnen gilt: 25

Zahlungsaufträge, die über ein Konto abgewickelt werden, das nicht massebefangen ist, werden von § 80 Abs 1 und mithin auch von § 82 nicht berührt. Das sind zum einen Konten, die der Schu nach InsEröffnung zur Aufnahme von Geldern eingerichtet hat, die ihm zur freien Verfügung überlassen wurden. Da auch der Neuerwerb zur Masse gehört (§ 35), kann der Schu über dieses Konto nur Gelder lenken, die ihm als Unterhalt aus der Masse bewilligt worden sind (§ 100) oder die aus dem pfändungsfreien Teil seines Arbeitseinkommens stammen.[59] 26

Demgegenüber betrifft § 82 Überweisungen oder autorisierte Lastschriften an den Schu oder einen von ihm bezeichneten Dritten über ein massebefangenes Konto, in denen ein Zahlungsauftrag nicht mehr wirksam zustande gekommen ist. Einen Aufwendungsersatzanspruch gegen die Masse kann die Bank nicht mehr erwerben.[55] Hat die Bank von der VerfEröffnung keine Kenntnis erlangt, wird sie bei einem **kreditorisch geführten Konto** des Schu jedoch von der Verpflichtung zur Auszahlung nach Maßgabe dieser Vorschrift befreit.[60] Maßgeblich für die Kenntnis ist wie bei jeder anderen Leistung der Zeitpunkt, in dem der Leistende den Eintritt des Leistungserfolgs nicht mehr verhindern kann.[61] Hat die Bank den 27

55 *BGH* ZIP 2009, 673, 674.
56 *Obermüller* Rn 3.49.
57 S auch Kommentierung bei § 116.
58 *BGHZ* 130, 38, 45; *BGH* ZIP 2005, 1519, 1520.
59 *BGH* ZIP 2010, 1552, 1554, 1556, auch zum P-Konto gem § 850k Abs 7 ZPO.
60 *OLG Schleswig* ZIP 2016, 1787, 1790; *Obermüller* Rn 3.54.
61 MK/*Ott/Vuia* § 82 Rn 21.

Überweisungsvertrag auf Kredit ausgeführt, gilt der Auftrag bei fehlendem Verschulden als fortbestehend (§ 116 S 1, § 115 Abs 3 S 1); die Bank erlangt einen Aufwendungsersatzanspruch im Range einer InsGl (§ 115 Abs 3 S 2). Ansonsten ist sie Neugläubigerin, weil sie ohne Rechtsgrund geleistet hat.[62]

28 **cc) Valutaverhältnis.** Auf das Verhältnis zwischen der Masse und dem Zahlungsempfänger wirkt sich § 115 S 3 nicht aus. Der Empfänger hat das Erlangte der Masse auszukehren, einerlei ob die Bank befreiend geleistet hat oder nicht. Der auf die Funktionsfähigkeit der bargeldlosen Zahlungssysteme zugeschnittenen Vorschrift kann für das Verhältnis der Masse zu einem einzelnen InsGl keine Bedeutung beigemessen werden.[63] Muss die Bank den überwiesenen Betrag an die Masse erstatten, kann sie ihn von dem Überweisungsempfänger direkt kondizieren.[64]

29 **b) Insolvenz des Überweisungsempfängers. – aa) Zeitpunkt der Zahlung.** Ist der Empfänger der Überweisung insolvent, ist zu unterscheiden, ob die Zahlung ihm vor VerfEröffnung oder zu einem späteren Zeitpunkt gutgebracht worden ist. Im ersten Fall ist der Zahlungsvorgang abgeschlossen; der DrittSchu ist nach § 362 Abs 1 BGB von seiner Leistungspflicht befreit. Die Vorschrift des § 82 ist nicht einschlägig. Hat der DrittSchu mit seiner Bank vor InsEröffnung einen Überweisungsvertrag geschlossen, ist Deckung bei der Empfängerbank (Zahlstelle) jedoch erst nach VerfEröffnung eingetreten, so wird der DrittSchu nach § 82 S 1 frei, weil das Verf bei Vornahme der Leistungshandlung noch nicht eröffnet war. Auf den Kenntnisstand bei Eintritt des Leistungserfolges kommt es nicht an.[65] Der DrittSchu wird auch dann frei, wenn der Überweisungsvertrag nach VerfEröffnung, aber in Unkenntnis hiervon abgeschlossen worden ist und die Zahlung dem Schu gutgebracht wird oder der Masse zufließt.

30 **bb) Nachwirkung des Girovertrages.** Hiervon ist das **Rechtsverhältnis zwischen der Empfängerbank und dem Schu** bez der Masse zu unterscheiden. Für die Bank besteht in Nachwirkung des durch die InsEröffnung beendeten Girovertrages die Befugnis, den Überweisungsbetrag für den Schu entgegenzunehmen und die daran anschließende Verpflichtung, ihn an den InsVerw, auf den die Verwaltungs- und Verfügungsbefugnis übergegangen ist (§ 80 Abs 1), weiterzuleiten.[66] Ist buchmäßige Deckung für den Überweisungsbetrag erst nach VerfEröffnung eingegangen, besteht kein Anspruch des Überweisungsempfängers auf Gutschrift.[67] Werden Beträge dem Schu gleichwohl gutgebracht, unterliegen sie nicht der kontokorrentmäßigen Verrechnung, weil das Kontokorrentverhältnis einschl der darin enthaltenen antezipierten Verrechnungsabrede erloschen ist (s Kommentierung bei § 116). Einer Aufrechnung der Bank steht § 96 Abs 1 Nr 1 entgegen, weil die Bank die Herausgabe des Zahlungseingangs erst nach VerfEröffnung zur InsMasse schuldig geworden ist (s Kommentierung dort).[68]

31 **2. Lastschriftverfahren. – a) Grundlagen[69].** Im Lastschriftverfahren ist wie bei der Zahlung durch Überweisung zwischen der Ins des Zahlungspflichtigen und der des Zahlungsempfängers (Lastschriftberechtigten) zu unterscheiden. Des Weiteren ist bei in der Vergangenheit lie-

---

62 *Jaeger/Windel* § 82 Rn 24; die Einzelheiten sind umstr; s hierzu MK/*Ott/Vuia* § 82 Rn 21 f.
63 *Jaeger/Windel* § 82 Rn 25.
64 *BGHZ* 167, 173 = ZIP 2006, 1042.
65 *BGHZ* 105, 360 f; *BGH* WM 2004, 984 f, jeweils zu § 407 BGB; MK/*Ott/Vuia* § 82 Rn 18.
66 *BGHZ* 167, 178, 181 = ZIP 2006, 1004, 1005; *BGH* ZIP 1995, 660; weitergehend HambKomm/*Kuleisa* § 82 Rn 11: Verpflichtung zur Entgegennahme.
67 MK/*Ott/Vuia* § 82 Rn 19.
68 *BGHZ* 74, 255 zu § 55 Abs 1 Nr 1 KO.
69 S hierzu ausf *Obermüller* Rn 3.650 (S 541 ff).

genden Fällen zwischen den beiden auslaufenden Spielarten des Lastschriftverfahrens, dem **Abbuchungsauftragsverfahren** und dem **Einzugsermächtigungsverfahren**, zu differenzieren.[70] An ihre Stelle ist seit dem 9.7.2012, zunächst mit der Einführung der neuen Bedingungen für das Einzugsermächtigungsverfahren,[71] die **SEPA-Lastschrift** (SEPA-Basislastschrift und SEPA-Firmenlastschrift) getreten, die wegen der Vorabautorisierung (Doppelermächtigung) insolvenzrechtlich wie die Lastschrift im Abbuchungsauftragsverfahren zu behandeln ist.[72] Der SEPA-Basislastschrift konnte nach der Rspr des BGH seit Inkrafttreten des neuen Zahlungsdiensterechts rechtswirksam ein neues vertragliches Lastschriftverfahren, auch im Wege neu gefasster AGB, nachgebildet werden.[73] Dieses ist ebenso wie das Abbuchungsauftragsverfahren alten Rechts und die gesetzliche SEPA-Lastschrift insolvenzfest.[74] Im Folgenden wird die Lastschrift ohne Vorabautorisierung (überkommene Einzugsermächtigung) der vorab autorisierten Lastschrift (Abbuchungsauftragsverfahren) gegenübergestellt.

aa) Insolvenz des Lastschriftberechtigten. Sie ist zu behandeln wie die Ins des Überweisungsempfängers. Mit VerfEröffnung erlischt der Girovertrag mit der Empfängerbank (erste Inkassostelle) einschl der Inkassovereinbarung (§ 116 S 1, § 115 Abs 1). Damit verliert der InsVerw die Möglichkeit, weitere Lastschriften zum Einzug einzureichen. Die auf Grund der Lastschriftabrede von dem Lastschriftgläubiger erteilte Lastschriftermächtigung wird hiervon nicht berührt.[75] Ist die Lastschrift dem Schu vor VerfEröffnung gutgeschrieben, jedoch erst danach eingelöst worden, wird die zugrunde liegende Forderung mit Eintritt der ausdrücklich oder der konkludent erteilten Genehmigung oder der Genehmigungsfiktion erfüllt.[76] Die GlBank (erste Inkassostelle) ist als Nachwirkung des Girovertrages verpflichtet, die Einlösung der bereits erfolgten Gutschrift entgegenzunehmen.[77] In diesem Fall besteht ein Anspruch der Masse auf Herausgabe.[78] War die Empfängerbank bei Entstehung des Anspruchs auf oder aus Gutschrift gutgläubig, ist die Verrechnung des Geldeingangs mit dem Anspruch auf Rückführung des Kredits nach Maßgabe des § 82 wirksam; die Unzulässigkeit der Verrechnung kann sich jedoch aus § 96 ergeben. Widerspricht der Schu im Einzugsermächtigungsverfahren der Belastung seines Kontos, ist die Forderung des Zahlungsempfängers nicht erfüllt (s nachfolgend unter Rn 34); diese fällt in die Masse. 32

bb) Insolvenz des Lastschriftschuldners[79]. Sie ist im Grundsatz so zu behandeln wie die Ins des Überweisenden. Dies gilt insb für die **SEPA-Lastschrift**, das Abbuchungsauftrags- und die diesem durch AGB gleichgestellte Verfahren. Die Vorschrift des § 675n BGB, auf die sich § 116 S 3 bezieht, erfasst mit den dort genannten Zahlungsaufträgen des Schu nicht nur Überweisungsaufträge, sondern auch vorab autorisierte Lastschriften. Wie beim Überweisungsauftrag kommt es für die Wirksamkeit des Abbuchungsauftrags deshalb darauf an, ob die darüber geschlossene, auf eine bestimmte Abbuchung bezogene Vereinbarung bei InsEröffnung schon zustande gekommen war. Ist dem Zahlungsempfänger dagegen eine **Einzugsermächtigung** alten Rechts erteilt, erlischt diese gem § 80 Abs 1, § 81 Abs 1 S 1.[80] Leistet 33

---

70 Zur Abgrenzung beider Verf s *BGH* ZIP 2003, 489; *Jaeger/Windel* § 82 Rn 26–28; *Obermüller* Rn 3.651, 3.658.
71 *Obermüller* Rn 3.655.
72 *BGHZ* 186, 269, 280 = ZIP 2010, 1556, 1560; *Obermüller* Rn 3.660.
73 *BGHZ* 186, 269, 286 = ZIP 2010, 1556, 1562.
74 *BGHZ* 186, 269, 286 = ZIP 2010, 1556, 1562, *Ganter* NZI 2010, 835, 837; *Obermüller* Rn 3.667.
75 HambKomm/*Kuleisa* § 82 Rn 26; MK/*Ott/Vuia* § 82 Rn 24.
76 *BGHZ* 186, 269, 290 = ZIP 2010, 1556, 1563.
77 *BGHZ* 170, 125 = ZIP 2007, 320.
78 MK/*Ott/Vuia* § 82 Rn 24.
79 Näher hierzu *Obermüller* Rn 3.665–3.721.
80 HambKomm/*Kuleisa* § 82 Rn 17; MK/*Ott/Vuia* § 82 Rn 25.

die SchuBank auf Guthaben, wird sie nach Maßgabe des § 82 gegenüber der Masse frei. Führt sie nach VerfEröffnung eine Lastschrift auf Kredit noch durch, erwirbt sie einen Aufwendungsersatzanspruch nur unter den Voraussetzungen und nach Maßgabe der § 116 S 1, § 115 Abs 2, 3.

34 **b) Besonderheiten bei der nicht vorab autorisierten Lastschrift.** Insoweit wird auf die Kommentierung in der 8. Auflage verwiesen (§ 82 Rn 34–52).

35 **3. Scheckverkehr in der Insolvenz. – a) Insolvenz des Scheckausstellers[81].** Die Begebung eines Schecks erfolgt erfüllungshalber (§ 364 Abs 2 BGB). Sie ist von dem zugrunde liegenden Rechtsgeschäft zu unterscheiden.

36 Ab der VerfEröffnung kann der Schu mit Wirkung gegen die Masse keine Scheckverbindlichkeit mehr begründen (§ 80 Abs 1). In diesem Zeitpunkt erlischt zudem – zusammen mit dem Girovertrag – der Scheckvertrag des Schu mit seiner Bank.[82] Der Schu kann weder den Schecknehmer ermächtigen, die Schecksumme mit Wirkung für die Masse entgegenzunehmen, noch die Bank, mit Wirkung für die Masse an den Gl zu leisten.[83]

37 Ein **vor VerfEröffnung ausgestellter Scheck** wird wegen seiner Unabhängigkeit vom Scheckvertrag (Art 3 S 2 SchG) nicht gegenstandslos. Dies führt indes nicht zur Anwendung des § 116 S 3.[84] Die Bank ist bei **kreditorisch geführtem Konto** nur nach Maßgabe des § 82 geschützt, wird also von ihrer Schuld befreit. Bei **debitorischem Konto** ist die einlösende Bank der Masse gegenüber nur nach § 116 S 1, § 115 Abs 3 geschützt: Bei schuldloser Unkenntnis steht ihr ein Aufwendungsersatzanspruch als InsFord zu. Ansonsten ist sie wie bei der Überweisung Neugläubigerin, weil sie ohne Rechtsgrund geleistet hat.[85]

38 **b) Insolvenz des Schecknehmers[86].** Ist oder wird der Schecknehmer insolvent, gehört der Scheck zur InsMasse. Einlösungsberechtigt ist der InsVerw.[87] Weil der Scheckvertrag des Schu mit seiner Bank erloschen ist, ist diese zum Inkasso nicht verpflichtet. Die Leistung des DrittSchu nach Eröffnung des Verf auf eine vor Eröffnung entstandene Kausalforderung hat nach Maßgabe des § 82 befreiende Wirkung.[88]

39 **4. Wechselgeschäft in der Insolvenz. – a) Insolvenz des Bezogenen[89].** Es gelten die zum Scheckaussteller dargelegten Grundsätze: Wird das Verf über das Vermögen des Bezogenen eröffnet, erlischt mit dem Girovertrag auch der Wechselvertrag (§ 116). Der Bezogene kann den Wechsel nicht mehr mit Wirkung gegen die Masse annehmen (§ 80). Der jeweilige Inhaber kann deshalb wegen der Wechselforderung nur auf ein etwa entstandenes insolvenzfreies Vermögen des Schu (vgl aber § 35 Abs 1 Fall 2) zurückgreifen.[90] Ein **vor VerfEröffnung erteiltes Akzept** behält dagegen seine Wirksamkeit. Der Wechselinhaber hat wechselmäßige Ansprüche jedoch nur im Rang von InsFord. Löst die Bank des Akzeptanten den Wechsel bei Fälligkeit ein, erwirbt sie einen Aufwendungsanspruch gegen die Masse nur nach § 116 S 1, § 115 Abs 3. Das kreditorisch geführte Konto kann die Bank nur nach Maßgabe des § 82 belasten.

---

81 S hierzu ausf *Obermüller* Rn 3.351 ff.
82 *Jaeger/Windel* § 82 Rn 35; *K/P/B/Lüke* § 82 Rn 34; MK/*Ott/Vuia* § 82 Rn 30.
83 MK/*Ott/Vuia* § 82 Rn 30.
84 *Jaeger/Windel* § 82 Rn 35; MK/*Ott/Vuia* § 82 Rn 30.
85 *Jaeger/Windel* § 82 Rn 35; *K/P/B/Lüke* § 82 Rn 34; *Obermüller* Rn 3.367 ff.
86 S hierzu *Obermüller* Rn 3.383 ff.
87 HambKomm/*Kuleisa* § 82 Rn 13; MK/*Ott/Vuia* § 82 Rn 32; vgl auch *BGH* ZIP 2007, 925.
88 HambKomm/*Kuleisa* § 82 Rn 13; MK/*Ott/Vuia* § 82 Rn 32.
89 S hierzu ausf *Obermüller* Rn 3.502 ff.
90 *Obermüller* Rn 3.519; nach **aA** ist der Wechsel wegen § 80 unwirksam: HambKomm/*Kuleisa* § 82 Rn 14.

b) Insolvenz des Ausstellers[91]**.** Gerät der Aussteller des Wechsels in die Ins, hat die VerfEröffnung auf die zuvor eingegangene wechselmäßige Verpflichtung des Akzeptanten aus Art 28 WG keinen Einfluss.[92] Zahlt der Akzeptant an den Inhaber des Wechsels, wird er von seiner Schuld befreit, ohne dass es auf die Voraussetzungen des § 82 ankommt. War der Wechsel dagegen bei VerfEröffnung zwar schon begeben, aber noch nicht akzeptiert, verliert der Bezogene mit der Eröffnung die ihm eingeräumte Ermächtigung, sich von seiner Schuld gegenüber dem Aussteller durch Zahlung an den durch den Wechsel legitimierten Inhaber zu befreien. Zahlt er gleichwohl, wird er der Masse gegenüber nur nach § 82 frei.[93] In diesem Fall hat der InsVerw gegen den Empfänger der Leistung einen Anspruch aus § 816 Abs 2 BGB.[94] **40**

IV. Rechtsfolgen bei nicht eingetretener Leistungsbefreiung

1. Fortbestand des Anspruchs der Masse. Hat der DrittSchu nach VerfEröffnung an den Schu geleistet, statt die Verbindlichkeit zur Masse zu erfüllen, so wird er grds nicht befreit. Seine Verbindlichkeit besteht fort.[95] Gegenüber der Masse kann der DrittSchu alle Einwendungen und Einreden geltend machen, die ihm gegen den Anspruch zustehen. Der InsVerw ist grds nicht verpflichtet, vorrangig den InsSchu wegen der Herausgabe des Erlangten in Anspruch zu nehmen. In bes gelagerten Einzelfällen, insb wenn eine Realisierung des Anspruchs bei dem InsSchu für die Masse risikolos möglich ist, kann eine erneute Inanspruchnahme des DrittSchu als treuwidrig (Arglisteinwand nach § 242 BGB) angesehen werden.[96] **41**

2. Ausgleichsansprüche des Leistenden. Muss der DrittSchu an die Masse erneut leisten, stehen ihm Bereicherungsansprüche gegen den Schu zu. Dieser haftet mit seinem insolvenzfreien Vermögen. Der Anspruch ist also weder Masseverbindlichkeit noch InsFord.[97] Da der mit der ersten Leistung bezweckte Schuldtilgungserfolg gegenüber der Masse nicht eintritt, ergibt sich der Bereicherungsanspruch aus § 812 Abs 1 S 2 HS 2 BGB.[98] Der Anspruch wird nach allg Meinung weder nach § 814 noch nach § 815 BGB ausgeschlossen.[99] **42**

§ 83 Erbschaft. Fortgesetzte Gütergemeinschaft

(1) [1]Ist dem Schuldner vor der Eröffnung des Insolvenzverfahrens eine Erbschaft oder ein Vermächtnis angefallen oder geschieht dies während des Verfahrens, so steht die Annahme oder Ausschlagung nur dem Schuldner zu. [2]Gleiches gilt von der Ablehnung der fortgesetzten Gütergemeinschaft.

(2) Ist der Schuldner Vorerbe, so darf der Insolvenzverwalter über die Gegenstände der Erbschaft nicht verfügen, wenn die Verfügung im Falle des Eintritts der Nacherbfolge nach § 2115 des Bürgerlichen Gesetzbuchs dem Nacherben gegenüber unwirksam ist.

---

91 *Obermüller* Rn 3.528.
92 HambKomm/*Kuleisa* § 82 Rn 15; *Jaeger/Windel* § 82 Rn 30.
93 HambKomm/*Kuleisa* § 82 Rn 15; *Jaeger/Windel* § 82 Rn 29; MK/*Ott/Vuia* § 82 Rn 27.
94 HambKomm/*Kuleisa* § 82 Rn 15; *K/P/B/Lüke* § 82 Rn 33; **aA** MK/*Ott/Vuia* § 82 Rn 27.
95 *BGH* ZIP 2006, 139.
96 Str, zum Meinungsstand s MK/*Ott/Vuia* § 82 Rn 10.
97 HambKomm/*Kuleisa* § 82 Rn 33; *Jaeger/Windel* § 82 Rn 38.
98 *Jaeger/Windel* § 82 Rn 38; HambKomm/*Kuleisa* § 82 Rn 33; **aA** MK/*Ott/Vuia* § 82 Rn 11 (Leistungskondiktion).
99 *Jaeger/Windel* § 82 Rn 38.

Übersicht

A. Allgemeines

I. Normzweck

1 Die Bestimmung verbindet zwei in der KO in § 9 KO einerseits und in § 128 KO andererseits getrennt geregelte Fragen, die beide mit § 80 InsO in Zusammenhang stehen. Letztlich geht es um die Bestimmung der dem Schu in der Ins verbleibenden Befugnisse und ihre Abgrenzung zu denen des InsVerw. Hierbei war zu berücksichtigen, dass nach § 35 Abs 1 auch der Neuerwerb des Schu zur InsMasse gehört.

II. Geltungsbereich

2 **1. Annahme oder die Ausschlagung einer Erbschaft. – a) Erbschaft.** Die Vorschrift enthält zwei Regelungsbereiche, die beide im Zusammenhang mit dem Übergang der Verwaltungs- und Verfügungsbefugnis auf den InsVerw nach § 80 stehen. Abs 1 belässt dem Schu während des InsVerf die Entsch über die **Annahme oder die Ausschlagung einer Erbschaft oder eines Vermächtnisses** (S 1) sowie über die Ablehnung der fortgesetzten Gütergemeinschaft (S 2). Diese Entsch sind höchstpersönlicher Natur, obwohl sie vermögensrechtlichen Bezug haben.[1] Das Verbleiben einer partiellen Verfügungsbefugnis beim Schu ist allerdings nicht unproblematisch[2] und deshalb teleologisch zu reduzieren. Die juristische Person, deren Organe nur Vermögensinteressen zu verfolgen haben, bedarf des Schutzes nicht. Die Vorschrift kommt deshalb nicht zur Anwendung, sofern der Erbe keine natürliche Person ist.[3]

3 **b) Pflichtteil.** Abs 1 findet dagegen keine Anwendung auf Pflichtteilsansprüche, weil diese nicht ausgeschlagen werden können. Der Pflichtteilsanspruch entsteht mit dem Erbfall (§ 2317 Abs 1 BGB), ist vererblich und übertragbar (§ 2317 Abs 2 BGB), der Pfändung aber

---

1 *BGH* NZI 2011, 329 Rn 6 (Erbausschlagung, Geltendmachung des Pflichtteils), Rn 7 (Annahme des Vermächtnisses).

2 Kritisch ua *Uhlenbruck/Mock* § 83 Rn 3.

3 *Uhlenbruck/Mock* § 83 Rn 2; *Hillmann-Stadtfeld/Jüchser* ZInsO 2014, 1597, 1599.

nur unterworfen, wenn er durch Vertrag anerkannt oder rechtshängig geworden ist (§ 852 Abs 1 ZPO). Vor Eintritt dieser Voraussetzungen unterliegt er gleichwohl dem InsBeschlag, weil er als aufschiebend bedingter Anspruch pfändbar ist (vgl Kommentierung zu § 36).[4] Der noch nicht anerkannte oder rechtshängig gemachte Pflichtteilsanspruch des Schu gehört daher mit dem Erbfall zur Masse; seine Verwertung ist jedoch ohne Mitwirkung des Schu nicht möglich (§ 852 Abs 1 ZPO).[5]

2. Verfügungsbeschränkungen. Der zweite Regelungsbereich der Vorschrift enthält eine Sonderbestimmung für die **relativen Verfügungsbeschränkungen**, denen der Schu als Vorerbe unterliegt. Im Gegensatz zu § 80 Abs 2 S 1, nach dem relative Veräußerungsverbote in der Ins grds nicht gelten, ist die Verfügungsbefugnis des InsVerw bei Vorerbschaft nach Abs 2 eingeschränkt. Die Verfügungsbeschränkung des Verwalters steht in unmittelbarem Zusammenhang mit § 2115 BGB, wonach Verfügungen des InsVerw, die das Recht des Nacherben vereiteln oder beeinträchtigen, im Falle des Eintritts der Nacherbfolge unwirksam sind. 4

B. Erläuterungen

I. Erbschaft (Abs 1 S 1)

1. Anfall der Erbschaft. – a) Anfallsprinzip. Abs 1 S 1 knüpft materiellrechtlich an § 1942 Abs 1 BGB an, der vom **Anfallsprinzip** ausgeht. Dieses unterscheidet sich vom Antrittserwerb dadurch, dass der Erbe von selbst Gesamtrechtsnachfolger des Erben wird (§ 1922 Abs 1 BGB), ihm aber das Recht zuerkannt wird, die Erbschaft in bestimmter Frist und Form auszuschlagen (§§ 1943 ff BGB). Die Erklärung ist gegenüber dem Nachlassgericht abzugeben (§ 1945 Abs 1 BGB). Erbfall und Anfall fallen also regelmäßig[6] zusammen. Macht der Erbe von diesem Recht wirksam Gebrauch, so gilt nach § 1953 Abs 1 BGB der Anfall an den Ausschlagenden als nicht erfolgt. Zwischen Anfall und Ablauf der Ausschlagungsfrist (§ 1944 BGB) besteht ein Schwebezustand, der durch die Annahme der Erbschaft beseitigt werden kann (§ 1943 BGB). 5

b) Recht zur Annahme oder Ausschlagung. – aa) Werthaltiger Nachlass. Wegen der **höchstpersönlichen Natur** sind die Annahme und die Ausschlagung der Erbschaft und des Vermächtnisses in das freie Belieben des Schu gestellt. Dies gilt sowohl für einen vor Eröffnung liegenden als auch für einen während des Verf eintretenden Erbfall. Namentlich kann der InsVerw die vom Schu ausgeschlagene Erbschaft nicht für die Masse annehmen.[7] Für den Erbverzicht (§§ 2346 ff BGB) muss Gleiches gelten. Als Folge der freien EntschBefugnis unterliegt die Entsch des Schu nicht der InsAnf.[8] 6

bb) Überschuldeter Nachlass. Der Schu muss nicht zwingend mit seinem Gesamtvermögen im InsVerf stehen. Ist über den Nachlass vor Annahme der Erbschaft das **NachlassInsVerf** eröffnet worden (§ 316 Abs 1), kann der Erbe gleichfalls eine Entsch über Annahme und Ausschlagung der Erbschaft treffen. InsSchu ist dann, wer schließlich Erbe bleibt (§§ 1953, 1942 Abs 2 BGB).[9] 7

2. Annahme der Erbschaft. – a) Allgemeines. Nimmt der Erbe die Erbschaft nach InsEröffnung an oder lässt er die Ausschlagungsfrist mit der Folge verstreichen, dass die Erb- 8

4 *BGHZ* 123, 185 ff; *BGH* ZIP 1997, 1302.
5 MK/*Schumann* § 83 Rn 13.
6 Ausnahme: Vor- und Nacherbschaft, § 2139 BGB.
7 *Jaeger/Windel* § 83 Rn 3.
8 *BGH* ZIP 1997, 1302 (zur GlAnfechtung).
9 *Jaeger/Windel* § 83 Rn 3; MK/*Schumann* § 83 Rn 11.

schaft als angenommen gilt (§ 1943 BGB), fällt die Erbschaft der Masse endgültig zu. Von diesem Zeitpunkt an ist sie verwertbar.[10] Mit der Einbeziehung des Nachlasses in die Masse übernimmt diese auch die gegen den Nachlass gerichteten Verbindlichkeiten. Ansprüche aus Vermächtnissen, Auflagen und Pflichtteilsrechten sind gleichfalls InsFord (§ 1967 Abs 2 BGB). Ist der Nachlass überschuldet, so obliegt es dem Verwalter, die haftungsbeschränkenden und aufschiebenden Einreden (§§ 1973, 1974, 1990–1992, 2014 ff BGB) zu erheben, Nachlassverwaltung oder ggf NachlassIns zu beantragen. Der Schu ist zu keiner dieser Maßnahmen berechtigt.[11]

9 **b) Trennung der Vermögensmassen.** Sind aus dem SchuVermögen die NachlassGl und die EigenGl des Erben (ErbenGl) zu befriedigen, sind bei Überschuldung des Nachlasses die Interessen der ErbenGl gefährdet. Andererseits haben oftmals auch die NachlassGl ein Interesse daran, die ErbenGl vom Zugriff auf den Nachlass fernzuhalten. In diesen Fällen kann eine **Trennung der Vermögensmassen** durch den InsVerw oder NachlassGl herbeigeführt werden. Unter den Voraussetzungen des § 1980 BGB ist der InsVerw verpflichtet, die Vermögensmassen zu trennen, um eine Benachteiligung der ErbenGl zu verhindern.[12] Die Trennung hat zur Folge, dass die NachlassGl ausschließlich aus dem Nachlass, die ErbenGl ausschließlich aus dessen Eigenvermögen Befriedigung erlangen können.[13] Der unter **Testamentsvollstreckung** stehende Nachlass, der in die InsMasse fällt, bildet bis zur Beendigung der Testamentsvollstreckung ebenfalls eine Sondermasse, auf welche die NachlassGl, nicht aber die ErbenGl Zugriff nehmen können.[14]

10 **3. Ausschlagung der Erbschaft.** Schlägt der Erbe die Erbschaft aus, so gilt der Anfall an ihn als nicht erfolgt. Die Erbschaft fällt dem Nächstberufenen an (§ 1953 Abs 1, 2 BGB). Falls der InsVerw während der Schwebezeit Nachlassgegenstände zur InsMasse gezogen hat, steht dem nächstberufenen Erben ein **Aussonderungsrecht** zu.[15] Haftet der Schu dem nächstberufenen Erben nach den Grundsätzen über die Geschäftsführung ohne Auftrag (§ 1959 Abs 1 BGB), kann dieser die Masse nur dann in Anspruch nehmen, wenn der Anspruch schon vor der InsEröffnung begründet war.[16]

II. Vermächtnis (Abs 1 S 1)

11 Für die **Annahme und Ausschlagung des Vermächtnisses** gelten grds dieselben Regeln wie für die Annahme und Ausschlagung der Erbschaft. Die Annahme des Vermächtnisses begründet einen Anspruch gegen den Erben (§ 2174 BGB), der für die Masse nutzbar gemacht werden kann. Die Annahme ist gegenüber dem Beschwerten zu erklären (§ 2180 Abs 2 S 1 BGB). Eine besondere Form ist nicht vorgeschrieben (vgl Verweisung in § 2180 Abs 2 BGB). Insb ist die Ausschlagung nicht an eine bestimmte Frist geknüpft (Ausnahme: § 2307 Abs 2 BGB). Deshalb wird der Vermächtnisnehmer die Annahme regelmäßig erst nach Abschluss des InsVerf erklären. Erklärt er die Annahme in der Wohlverhaltensperiode, so muss er nach § 295 Abs 1 Nr 2 nur die Hälfte des Wertes an den Treuhänder herausgeben.[17]

---

10 *BGH* ZIP 2006, 1258.
11 MK/*Schumann* § 83 Rn 6; *Jaeger/Windel* § 83 Rn 8; **aA** *Marotzke* FS Otte, S 226 ff; unklar *BGH* ZIP 2006, 1259.
12 MK/*Schumann* § 83 Rn 8.
13 *BGH* ZIP 2006, 1258 f.
14 *BGH* ZIP 2006, 1260; MK/*Schumann* § 83 Rn 10.
15 HambKomm/*Kuleisa* § 83 Rn 6; *K/P/B/Lüke* § 83 Rn 9; MK/*Schumann* § 83 Rn 11.
16 *K/P/B/Lüke* § 83 Rn 9; MK/*Schumann* § 83 Rn 11.
17 MK/*Schumann* § 83 Rn 15.

III. Fortgesetzte Gütergemeinschaft (Abs 1 S 2)

1. Beendigung der Gütergemeinschaft. Die Ehegatten[18] können durch Ehevertrag vereinbaren, dass die Gütergemeinschaft nach dem Tod eines Ehegatten zwischen dem überlebenden Ehegatten und den gemeinschaftlichen Abkömmlingen fortgesetzt wird (§ 1483 Abs 1 S 1 BGB). Der überlebende Ehegatte kann die die **Fortsetzung der Gütergemeinschaft** mit der Folge ablehnen (§ 1484 Abs 1 BGB), dass bestimmte für die Ausschlagung der Erbschaft geltenden Vorschriften entspr Anwendung finden (§ 1484 Abs 2 S 1 BGB). Daran knüpft Abs 1 S 2 an. Ist über das Vermögen des überlebenden Ehegatten das InsVerf eröffnet, bleibt er wie bei der Ausschlagung der Erbschaft berechtigt, die Fortsetzung der Gütergemeinschaft abzulehnen. Seine Entsch unterfällt nicht der InsAnf.[19] Lehnt der überlebende Ehegatte die Fortsetzung der Gütergemeinschaft ab, ist sein Anteil am Gesamtgut der Pfändung unterworfen (§ 860 Abs 2 ZPO) und fällt in die InsMasse (§ 36). Die bestehende Gemeinschaft ist nach § 84 auseinanderzusetzen. Hierauf sind die außerhalb des InsVerf geltenden Vorschriften anzuwenden (s die Kommentierung dort). 12

2. Fortsetzung der Gütergemeinschaft. Lässt der überlebende Ehegatte die Ablehnungsfrist (§ 1884 Abs 2 S 1, § 1943 BGB) ungenutzt verstreichen, so wird die Gütergemeinschaft fortgesetzt. Dies hat nach § 37 Abs 3 iVm, Abs 1 S 1 zur Folge, das das Gesamtgut Bestandteil der InsMasse im Verf über das Vermögen des überlebenden Ehegatten ist. Die Abkömmlinge verlieren dadurch ihren Anteil am Gesamtgut. 13

IV. Schuldner als Vorerbe (Abs 2)

1. Regelungsbereich. – a) Vor- und Nacherbe. Sie sind beide Erben des Erblassers (§ 2100 BGB). Der Vorerbe ist zwar Inhaber des Vollrechts, wirtschaftlich ist ihm jedoch nur die Stellung eines Nutznießers eingeräumt. Er unterliegt weitgehenden Verfügungsbeschränkungen, die sicherstellen sollen, dass bei Eintritt des Nacherbfalls dem Nacherben die Substanz des Nachlasses zufließt (§§ 2112 ff BGB). Demzufolge ist den EigenGl des Vorerben der Zugriff auf die Substanz des Nachlasses verwehrt (§ 2115 BGB). Hieran schließt Abs 2 an. Er regelt den Fall, dass der Vorerbe sich mit seinem Vermögen in der Ins befindet, nicht hingegen, dass über den Nachlass gem § 11 Abs 2 Nr 2, §§ 315 ff ein NachlassInsVerf eröffnet worden ist. Im NachlassInsVerf unterliegt der InsVerw nicht den Beschränkungen des Abs 2.[20] 14

b) Befreiter Vorerbe. Vorerbe iSv Abs 2 ist auch der befreite Vorerbe (§§ 2136 f BGB). Da die Verweisungskette in § 2136 BGB die Vorschrift des § 2115 BGB nicht aufführt (Zwangsvollstreckungsverfügungen gegen Vorerben), ist der InsVerw trotz weitgehender Verfügungsfreiheit des befreiten Vorerben grds der Verfügungsbeschränkung des Abs 2 unterworfen.[21] 15

2. Massezugehörigkeit. In der Ins des Vorerben sind die zur Erbschaft gehörenden Gegenstände Bestandteil der InsMasse, bis der Nacherbfall eintritt. Auf den InsVerw gehen auch die Rechte und Pflichten zur ordnungsgemäßen Verwaltung der Vorerbschaft über. Mit dem Eintritt des Falles der Nacherbfolge fällt die Erbschaft dem Nacherben an (§ 2139 BGB). Ab diesem Zeitpunkt kann der Nacherbe die Erbschaftsgegenstände sowie etwaige Erträge aus der InsMasse aussondern (§ 47).[22] In der **Schwebezeit** fallen nur die gezogenen Erträge 16

---

18 Gleichgestellt sind die eingetragenen Lebenspartner, §§ 6, 7 LPartG aF.
19 MK/*Schumann* § 83 Rn 18.
20 *K/P/B/Lüke* § 83 Rn 12; MK/*Schumann* § 83 Rn 22.
21 *Jaeger/Windel* § 83 Rn 25.
22 MK/*Ganter* § 47 Rn 338.

endgültig in die Masse und unterliegen auch der Verwertung. Dagegen darf der InsVerw die Erbschaftsgegenstände nicht verwerten.

17 **3. Befugnisse des Insolvenzverwalters. – a) Grundsatz.** Die in Abs 2 enthaltene Beschränkung betrifft solche Verfügungen des InsVerw über Erbschaftsgegenstände, die im Falle des Eintritts der Nacherbfolge dem Nacherben gegenüber nach § 2115 BGB unwirksam sind. Die gegen den Vorerben bestehenden Verfügungsbeschränkungen gelten in seiner Ins weiter. Der InsVerw darf ohne Einwilligung des Nacherben über diese Gegenstände nicht verfügen (§ 135 BGB). Die gleichwohl vorgenommene Veräußerung ist unwirksam (§ 2115 S 1 BGB), kann aber genehmigt werden (§ 185 Abs 2 S 1 BGB).

18 **b) Ausnahmen.** Von der Unwirksamkeit sind Verfügungen über Erbschaftsgegenstände ausgenommen, die ausschließlich der Befriedigung der NachlassGl dienen. Verfügungen, die zu ordnungsgemäßen Verwaltung des Nachlasses erforderlich werden, sind gleichfalls nicht betroffen.[23]

19 **c) Gutgläubiger Erwerb vom Insolvenzverwalter.** Str ist, ob Dritte bei verbotener Verwalterverfügung Gutglaubensschutz genießen. Dies ist zu verneinen. In § 2115 BGB fehlt eine dem § 2113 Abs 3 BGB vergleichbare Gutglaubensvorschrift. Diese differenzierende Regelung ist abschließend und geht der allg Bestimmung des § 135 BGB vor.[24]

§ 84 Auseinandersetzung einer Gesellschaft oder Gemeinschaft

(1) [1]Besteht zwischen dem Schuldner und Dritten eine Gemeinschaft nach Bruchteilen, eine andere Gemeinschaft oder eine Gesellschaft ohne Rechtspersönlichkeit, so erfolgt die Teilung oder sonstige Auseinandersetzung außerhalb des Insolvenzverfahrens. [2]Aus dem dabei ermittelten Anteil des Schuldners kann für Ansprüche aus dem Rechtsverhältnis abgesonderte Befriedigung verlangt werden.

(2) [1]Eine Vereinbarung, durch die bei einer Gemeinschaft nach Bruchteilen das Recht, die Aufhebung der Gemeinschaft zu verlangen, für immer oder auf Zeit ausgeschlossen oder eine Kündigungsfrist bestimmt worden ist, hat im Verfahren keine Wirkung. [2]Gleiches gilt für eine Anordnung dieses Inhalts, die ein Erblasser für die Gemeinschaft seiner Erben getroffen hat, und für eine entsprechende Vereinbarung der Miterben.

Übersicht

23 HambKomm/*Kuleisa* § 83 Rn 15; MK/*Schumann* § 83 Rn 26.

24 MK/*Schumann* § 83 Rn 28; **aA** HambKomm/*Kuleisa* § 83 Rn 16; *K/P/B/Lüke* § 83 Rn 16; *K Schmidt/Sternal* § 83 Rn 24; *Uhlenbruck/Mock* § 83 Rn 32; für eine entspr Anwendung des § 161 Abs 3: *Jaeger/Windel* § 83 Rn 27.

A. Allgemeines

I. Normzweck

1. Gesamtvermögen. Das InsVerf erfasst nur das **Vermögen des Schu** einschl des Neuerwerbs (§ 35). Ist der Schu Miteigentümer einer Sache oder Teilhaber an einem Gesamtvermögen, so fällt nur sein ideeller Anteil daran in die Masse. Vermögensgegenstände Dritter unterliegen der Aussonderung (§ 47). Hieran anknüpfend regelt die Vorschrift in Abs 1 S 1 die gemeinschaftliche oder gesamthänderische Berechtigung an dem Vermögensgegenstand unter Beteiligung des Schu. Dabei verweist das G den InsVerw nicht etwa auf die praktisch problematische, ggf auch rechtlich nicht mögliche Anteilsverwertung, sondern auf die Teilung und sonstige Auseinandersetzung nach den Regeln der entspr Gemeinschaft. Der InsMasse steht dann das auf den Schu entfallende Auseinandersetzungsguthaben zur Verfügung.[1] 1

Abs 1 S 2 will wie schon die Vorgängerregelung (§ 51 KO) sicherstellen, dass die nicht insolventen Mitglieder des Gemeinschaftsverhältnisses wegen ihrer auf diesem Rechtsverhältnis beruhenden Ansprüche nicht auf eine InsFord angewiesen sind. Der Anteil des Schu soll ihnen vorweg zur Befriedigung zur Verfügung stehen (s auch nachfolgend Rn 4). 2

2. Ausschluss der Auseinandersetzung. Die Liquidationsverfahren sind in bestimmten Fällen eine automatische Folge der Ins des Schu. In anderen Fällen muss der Verwalter den Auseinandersetzungsanspruch des Schu ausdrücklich geltend machen. Abs 2 stellt klar, dass **Auseinandersetzungsausschlüsse** und -beschränkungen rechtsgeschäftlicher Natur dem InsVerw nicht entgegengehalten werden können. 3

II. Klarstellende Funktion im Gesamtrechtssystem

1. Klarstellungsfunktion. Die Vorschrift hat in allen ihren Teilen nur eine klarstellende Funktion. Das InsR greift einschl der Anfechtungsregeln und der Verrechnungsverbote in das jeweilige gemeinschaftliche Recht nicht ein; es wäre auch unzulässig, die Beschlagnahmewirkung auf die anderen Beteiligten als Außenstehende zu erstrecken.[2] Der BGH hat dies zu Abs 1 für den Fall der Auseinandersetzung einer BGB-Gesellschaft durch Kontenangleichung zusammengefasst:[3] Die **vorrangige Gesamtabrechnung** aller gegenseitigen Ansprüche im Wege der Saldierung (§ 84 Abs 1 S 1) ist nach heutiger Rechtslage für die in Betracht kommenden Gemeinschaftsverhältnisse und Gesellschaften durch die dafür geltenden Regelungen des materiellen Rechts gewährleistet. Dies gilt gem §§ 728, 734, 738 BGB auch für die BGB-Gesellschaft. Steht der bei der Auseinandersetzung ermittelte Anteil, also der Nettoanteil, des Schu-Gesellschafters fest, gibt es keine Ansprüche mehr, die Gegenstand des in § 84 Abs 1 S 2 geregelten Absonderungsrechts der übrigen Mitglieder der Gemeinschaft oder Gesellschaft sein können. Die Regelung lässt sich deshalb nur aus historischer Sicht verstehen.[4] 4

---

1 S hierzu auch *BGHZ* 170, 214 = ZIP 2007, 386.
2 MK/*Bergmann/Gehrlein* § 84 Rn 1.
3 *BGHZ* 170, 214 = ZIP 2007, 386.
4 MK/*Bergmann/Gehrlein* § 84 Rn 23.

5 **2. Grundsatz.** Auch mit der Regelung in Abs 2 wird nur ein Grundsatz ausgesprochen, der im Zwangsvollstreckungsrecht ganz allg Geltung beansprucht. Es ist generell nicht möglich, den Gemeinschaftsgegenstand durch eine Vereinbarung der Parteien dem Zugriff außenstehender Gl zu entziehen.[5]

B. Erläuterungen

I. Erfasste Gesellschaften und Gemeinschaften (Abs 1 S 1)

6 **1. Bruchteilsgemeinschaft (§§ 741 ff, 1008 ff BGB). – a) Gemeinschaft der Wohnungseigentümer.** Die Auseinandersetzung geschieht nach §§ 749, 752 ff BGB. Wegen vereinbarter Einschränkungen s unter III. Die Bruchteilsgemeinschaft der **Wohnungseigentümer** ist nach § 11 Abs 2 WEG einseitig unauflösbar. Daran ist kraft ausdrücklicher gesetzlicher Anordnung auch der InsVerw in der Ins des Wohnungseigentümers gebunden. Ist bei einer Miteigentümergemeinschaft des § 1008 BGB der Anteil des Schu mit einem Nießbrauch belastet, so bedarf der InsVerw zur Geltendmachung des Aufhebungsanspruchs der Mitwirkung des Nießbrauchers (§ 1066 Abs 2 BGB). Eine Mitwirkungspflicht besteht nur dann, wenn die Aufhebung ordnungsgemäßer Verwaltung entspricht. Dies ist in der Ins nicht der Fall.

7 **b) Gemeinschaftskonto.** Eine Bruchteilsgemeinschaft besteht idR auch bei einem Gemeinschaftskonto, sofern nicht ausnahmsweise ein Gesamthandsverhältnis besteht.[6] Es ist als „Und-Konto" oder – so ganz überw – als „Oder-Konto" anzutreffen. In beiden Fällen bedarf es einer Auseinandersetzung außerhalb des InsVerf, wenn die eingegangenen Beträge den Berechtigten gemeinschaftlich zustehen.

8 **aa) Debitorisches Konto.** Für dieses ist in den üblichen Kontoeröffnungsformularen niedergelegt, dass der andere Kontoinhaber für alle Ansprüche der Bank als GesamtSchu haftet.[7] Die Bank kann daher Geldeingänge nach Eröffnung des Verf wirksam mit einem Schuldsaldo verrechnen.[8]

9 **bb) Kreditorisches Konto. – aaa)** Beim **„Oder-Konto"** berührt das InsVerf über das Vermögen des einen Kontoinhabers den Fortbestand des Kontokorrentverhältnisses des anderen mit der Bank nicht. Während der Schu in seiner Ins die Verfügungsbefugnis über die Forderung verliert (§ 80 Abs 1), ist der andere nicht daran gehindert, Auszahlung des Guthabens zu verlangen.[9] Der nicht insolvente Kontoinhaber und der InsVerw haben daher sowohl die Möglichkeit, das Guthaben abzuheben oder die Einzelverfügungsbefugnis des jeweils anderen zu widerrufen. Zum Widerruf ist jeder Kontoinhaber nach den im Bankgewerbe üblichen Vordrucken berechtigt.[10]

10 **bbb)** Beim **„Und-Konto"** verfügen alle Beteiligten gemeinschaftlich. Deshalb kann der InsVerw eines der Kontoinhaber nur zusammen mit dem nicht insolventen Kontoinhaber über das Konto verfügen. Ob der oder die anderen Kontoinhaber verpflichtet sind, den Verfügungen des Verwalters zuzustimmen, richtet sich nach dem Innenverhältnis zwischen den Kontoinhabern. Die Bank kann die Verfügung solange verweigern, bis die Zustimmung aller Kontoinhaber vorliegt.[11]

---

5 MK/*Bergmann/Gehrlein* § 84 Rn 1.
6 Für das „Und-Konto" ist dies, ohne dass die Frage insolvenzrechtliche Relevanz hätte, str. Zum Meinungsstand s *Jaeger/Eckardt* § 84 Rn 19; *Obermüller* Rn 2.132 f.
7 *Obermüller* Rn 2.126; diese Rechtsfolge ergibt sich auch aus §§ 427, 421 BGB.
8 *BGHZ* 95, 187 f; *Jaeger/Eckardt* § 84 Rn 17; *Obermüller* Rn 2.124.
9 *Jaeger/Eckardt* § 84 Rn 18; *Obermüller* Rn 2.130.
10 *Obermüller* Rn 2130; **aA** MK/*Bergmann/Gehrlein* § 84 Rn 6, offenbar jedoch zu älteren Bedingungswerken, vgl *BGH* ZIP 1990, 1539.
11 *Obermüller* Rn 2.133.

2. Personengesellschaften. § 84 Abs 1 S 1 betrifft nur den Fall der Gesellschafterinsolvenz. Gerät die Gesellschaft in die Ins, ist ihre eigene Insolvenzfähigkeit (§ 11 Abs 2 Nr 1) zu beachten. Das Gesellschaftsvermögen kann daher nur durch ein Gesellschafts-InsVerf in Beschlag genommen werden.[12] Führt die Ins der Gesellschaft wegen der akzessorischen Haftung der Gesellschafter (§ 128 HGB) auch zu deren Ins, so sind getrennte InsVerf zu eröffnen. 11

a) BGB-Gesellschaft; Personenhandelsgesellschaften. S hierzu zunächst die Kommentierung bei § 118. 12

aa) BGB-Gesellschaft. Die InsEröffnung über das Vermögen eines der **Gesellschafter der GbR** führt nach dem gesetzlichen Leitbild des § 728 Abs 2 S 1 BGB zur Auflösung der Gesellschaft und nach § 730 BGB zur Auseinandersetzung unter den Gesellschaftern. Enthält der Gesellschaftsvertrag – wie üblich – eine Fortsetzungsklausel für den Fall der Ins eines der Gesellschafter,[13] so scheidet dieser gem § 736 Abs 1 BGB aus der unter den übrigen Gesellschaftern fortbestehenden Gesellschaft aus. Zu seiner InsMasse gehört die mit seinem Gesellschaftsanteil verbundene Vermögensbeteiligung (§ 859 Abs 1 ZPO, § 725 BGB).[14] Für **Personenhandelsgesellschaften** (OHG, KG) gilt die Besonderheit, dass schon nach der gesetzlichen Regel (§ 131 Abs 3 Nr 2 HGB) die InsEröffnung über das Vermögen des Gesellschafters nicht zur Auflösung der Gesellschaft, sondern zum Ausscheiden des Gesellschafters führt. 13

bb) Auflösung der Gesellschaft. Durch die Auflösung der Gesellschaft tritt sie in das Liquidationsstadium. Die Auseinandersetzung richtet sich nach §§ 730 ff BGB und – bei Personenhandelsgesellschaften – nach §§ 145 ff HGB. Nach § 146 Abs 3 HGB tritt der InsVerw an die Stelle des Gesellschafters. In die Masse fällt der Anspruch des Schu auf das **Auseinandersetzungsguthaben**. Führt die InsEröffnung wie in aller Regel nur zum Ausscheiden des insolventen Gesellschafters (vgl vorstehend unter aa), so fällt der Anspruch auf das nach § 738 BGB zu ermittelnde **Abfindungsguthaben** in die Masse.[15] Ein etwaiger Ausgleichsanspruch der Gesellschaft gegen den insolventen Gesellschafter ist eine InsFord, die von der Gesellschaft zur Tabelle anzumelden ist. 14

b) Partnerschaftsgesellschaft. Die durch das PartGG für den Zusammenschluss von Angehörigen freier Berufe geschaffene zusätzliche Gesellschaftsform ist eine Sonderform der BGB-Gesellschaft. Nach § 1 Abs 4 PartGG finden grds die Vorschriften des BGB über die Gesellschaft Anwendung. Die Partnerschaft ist selbst insolvenzfähig (§ 11 Abs 2 Nr 1). In der Ins des Partners ist zu beachten, dass für das Ausscheiden eines Partners, die Auflösung der Partnerschaft und die Liquidation die Vorschriften für die OHG anwendbar sind (§ 9 Abs 1, § 10 Abs 1 PartGG). 15

c) Stille Gesellschaft. – aa) Besonderheiten. Diese Gesellschaftsform hat die Besonderheit, dass die Einlage des stillen Gesellschafters in das Vermögen des Inhabers des Handelsgeschäfts übergeht (§ 230 Abs 1 HGB). Es wird somit **kein Gesellschaftsvermögen** (Gesamthands- oder Gemeinschaftseigentum) gebildet, auf das sich § 84 beziehen könnte. Es versteht sich von selbst, dass von einem InsVerf über das Vermögen des stillen Gesellschafters das Geschäftsvermögen des Geschäftsinhabers nicht berührt wird.[16] Dennoch ist str, ob § 84 16

---

12 MK/*Bergmann/Gehrlein* § 84 Rn 9.
13 Das Ausscheiden kann wie iF *BGH* ZIP 2000, 757 an die InsAntragstellung oder wie iF *BGHZ* 170, 206 = ZIP 1007, 383 an die InsEröffnung geknüpft sein.
14 *BGHZ* 97, 394; *Jaeger/Eckardt* § 84 Rn 21; MK/*Bergmann/Gehrlein* § 84 Rn 8.
15 *BGHZ* 170, 210 = ZIP 1007, 385.
16 MK/*Bergmann/Gehrlein* § 84 Rn 12.

Abs 1 S 1 auf die stille Gesellschaft Anwendung findet. Der Streit hat keine praktische Bedeutung, weil sich die Rechtsfolgen so oder so aus dem HGB ergeben:[17] Die stille Gesellschaft hat mit BGB-Gesellschaft und der Handelsgesellschaft gemeinsam, dass im InsFall nicht die einzelnen Forderungen zur InsTabelle anzumelden sind, sondern dass eine Auseinandersetzungsrechnung iS einer Gesamtabrechnung durchzuführen ist (§ 235 HGB). Erst das Erg dieser Abrechnung ist die Forderung, die der Stille in der Ins des Geschäftsinhabers nach § 236 Abs 1 HGB als InsGl geltend machen muss oder bei der Ins des Stillen dessen InsVerw zur Masse ziehen kann.[18]

17 **bb) Atypisch stille Gesellschaft.** Bei ihr ist der Stille – wertmäßig – auch am Geschäftsvermögen beteiligt. Bei der aufzustellenden Auseinandersetzungsbilanz wird rechnerisch so verfahren, als wenn das Gesellschaftsvermögen liquidiert würde. Aber auch in diesem Fall dient die Berechnung nur dazu, die Forderung der einen oder anderen Seite zu ermitteln. Dies ist Sache des Geschäftsinhabers und in dessen Ins des InsVerw.[19]

18 **3. Erbengemeinschaft.** Miterben erwerben die Nachlassgegenstände zur gesamten Hand. In der Ins eines der Miterben gehört nur dessen Anteil am Nachlass zur InsMasse (§ 859 Abs 2 ZPO). Die deshalb erforderlich werdende Auseinandersetzung richtet sich nach §§ 2042 ff BGB iVm den Vorschriften über die Aufhebung der Gemeinschaft BGB (§ 2042 Abs 2 BGB).

19 **4. Eheliche Gütergemeinschaft.** Es gilt die Sondervorschrift des § 37; s die Kommentierung dort. Die Gütergemeinschaft (§§ 1415 ff BGB) wird durch die InsEröffnung über das Vermögen eines Ehegatten nicht aufgelöst. Es findet deshalb auch keine Abrechnung statt. Die Folgen für das InsVerf richten sich danach, wie das Gesamtgut nach dem Ehevertrag verwaltet wird (§ 37 Abs 1, 2). In der Ins des nicht verwaltenden Ehegatten gehört dessen Anteil am Gesamtgut nicht zur InsMasse.[20]

20 **5. Juristische Personen und Vereine.** Mitglieder einer juristischen Person (zB eingetragener Verein, AG, GmbH, eingetragene Genossenschaft) sind an deren Vermögen als solchem nicht beteiligt. In ihrer Ins gehört zu dem insolvenzbehafteten Vermögen nur das die Mitgliedschaft verkörpernde Anteilsrecht (Aktie, GmbH-Anteil, Geschäftsanteil). Es ist von dem InsVerw nach den allg Regeln des materiellen Rechts durch Veräußerung zu verwerten. Satzungsmäßige Beschränkungen für die Übertragung von Anteilen (Zustimmungsrechte) gelten für die Verwertung durch den InsVerw nicht.[21]

II. Absonderungsrechte (Abs 1 S 2)

21 Die Regelung ist bedeutungslos. Aufgrund der vorrangigen Gesamtabrechnung aller gegenwärtigen Ansprüche zur Feststellung des Nettoanteils des Schu (Saldierung), die für alle in Betracht kommenden Gemeinschaftsverhältnisse durch die umfassenden Regelungen des materiellen Rechts gewährleistet ist (s vorstehend unter I.), gibt es keine Ansprüche mehr, die Gegenstand des in Abs 1 S 2 geregelten Absonderungsrechts der übrigen Mitglieder der Gemeinschaft sein können.[22]

---

17 *Jaeger/Eckardt* § 84 Rn 39; MK/*Bergmann/Gehrlein* § 84 Rn 12.
18 Näher hierzu *Jaeger/Eckardt* § 84 Rn 41–45.
19 MK/*Bergmann/Gehrlein* § 84 Rn 12.
20 *BGH* ZInsO 2006, 597.
21 *BGHZ 32, 155; 65, 24 f*; MK/*Bergmann/Gehrlein* § 84 Rn 19; für § 68 Abs 2 AktG (vinkulierte Namensaktie) ist dies str: vgl MK/*Bergmann/Gehrlein* § 84 Rn 19; *K/P/B/Lüke* § 84 Rn 5.
22 *BGHZ* 170, 214 = ZIP 2007, 386.

III. Vertragliche Auseinandersetzungsbeschränkung (Abs 2)

Das InsR gewährt dem InsVerw kein eigenständiges Recht, die Auseinandersetzung des Gemeinschaftsverhältnisses zu verlangen. Er kann nur die (gesetzlichen) Auseinandersetzungsrechte des Schu geltend machen. Insoweit tritt er an dessen Stelle. Bei Auseinandersetzungsbeschränkungen des materiellen Rechts ist zu unterscheiden: 22

1. Vereinbarte Auseinandersetzungsausschlüsse und Beschränkungen. – a) Gemeinschaften. Sie binden den InsVerw grds nicht. Dies stellt Abs 2 klar. Bei der **Bruchteilsgemeinschaft** 23 gelten Auseinandersetzungsbeschränkungen nach § 749 Abs 2, 3 BGB nicht, wenn ein wichtiger Grund für die Aufhebung vorliegt. Hierzu gehört die InsEröffnung. Über die Verweisung in § 2042 Abs 2 BGB gilt dies auch für die **Erbengemeinschaft**. Der Ausschluss der Bindung überwindet auch die dingliche Wirkung des § 1010 BGB.[23]

b) Gesellschaft. In Abs 2 nicht geregelt sind **gesellschaftsrechtliche Klauseln**, durch die für 24 den Fall der Auseinandersetzung oder des Ausscheidens des insolventen Gesellschafters der Anspruch auf das Auseinandersetzungsguthaben oder Abfindungsguthaben ausgeschlossen oder beschränkt wird (zB „Buchwertklausel").[24] Ihre Wirksamkeit oder Unwirksamkeit richtet sich grds nach dem Gesellschaftsrecht. Solche Klauseln können wegen **sittenwidriger Benachteiligung** der Gl unwirksam sein. Für ein Überspringen der Grenze zur Sittenwidrigkeit kann entscheidend sein, ob die Beschränkungen auch in vergleichbaren anderen Fällen, etwa beim Ausschluss eines Gesellschafters, gelten.[25] Alternativ diskutierte Ansprüche aus InsAnf[26] werden regelmäßig daran scheitern, dass der hierfür maßgebliche Zeitpunkt (§ 140 Abs 1) – der Abschluss des Gesellschaftsvertrages[27] – in unverdächtiger Zeit liegt.

2. Gesetzliche Teilungsbeschränkungen. Sie werden von Abs 2 nicht außer Kraft gesetzt. 25 Dies gilt insb für den mit einem **Nießbrauch** belasteten Miteigentumsanteil bei fehlender Zustimmung des Nießbrauchers (§ 1066 Abs 2 BGB), den Aufschub der Auseinandersetzung der Erbengemeinschaft bei zeitweiliger **Unbestimmtheit der Erbteile** (§ 2043 BGB) und während des Aufgebotsverfahrens für NachlassGl (§ 2045 BGB) und für die Unauflöslichkeit der **Wohnungseigentümergemeinschaft** (§ 11 Abs 2 WEG). Ist der Anteil übertragbar, ist der InsVerw darauf beschränkt, die Verwertung des Anteils durch Veräußerung zu versuchen.

§ 85 Aufnahme von Aktivprozessen

(1) [1]Rechtsstreitigkeiten über das zur Insolvenzmasse gehörende Vermögen, die zur Zeit der Eröffnung des Insolvenzverfahrens für den Schuldner anhängig sind, können in der Lage, in der sie sich befinden, vom Insolvenzverwalter aufgenommen werden. [2]Wird die Aufnahme verzögert, so gilt § 239 Abs. 2 bis 4 der Zivilprozessordnung entsprechend.

(2) Lehnt der Verwalter die Aufnahme des Rechtsstreits ab, so können sowohl der Schuldner als auch der Gegner den Rechtsstreit aufnehmen.

23 *Uhlenbruck/Hirte* § 84 Rn 28.
24 *Jaeger/Eckardt* § 84 Rn 60; K Schmidt/*Sternal* § 84 Rn 17; *Uhlenbruck/Hirte* § 84 Rn 30.
25 Vgl *BGHZ* 65, 28 f; *BGH* ZIP 2006, 90 f zu § 119.
26 *K/P/B/Lüke* § 84 Rn 32; *Uhlenbruck/Hirte* § 84 Rn 30.
27 *BGH* ZIP 2000, 759; *BGHZ* 170, 210 = ZIP 2007, 384.

Übersicht

Literatur: *Stiller* Nach § 240 ZPO unterbrochene Klage und Widerklage im Insolvenzverfahren, ZInsO 2015, 15 ff.

A. Allgemeines

I. Normzweck

1 **1. Ausgangslage. – a) Verlust der Prozessführungsbefugnis.** Mit der InsEröffnung geht die Verwaltungs- und Verfügungsbefugnis über das zur InsMasse gehörende Vermögen auf den InsVerw über (*§ 80 Abs 1*). Damit verliert der Schu auch die **Prozessführungsbefugnis**. Sind die InsMasse betreffende Verf rechtshängig, ordnet § 240 S 1 ZPO die Verfahrensunterbrechung an. § 240 S 2 ZPO, der zugleich mit der InsO eingeführt worden ist, stellt sicher, dass

ein rechtshängiger Zivilprozess auch dann unterbrochen wird, wenn im EröffnungsVerf ein **starker vorl InsVerw** bestellt ist (§ 22 Abs 1 S 1, § 24 Abs 2). Im Anwendungsbereich von KO und GesO war die Unterbrechung im EröffnungsVerf str.[1] Nach dem nunmehr eindeutigen Wortlaut des § 240 S 2 ZPO tritt keine Unterbrechung ein, solange nur ein schwacher oder mitbestimmender vorl InsVerw bestellt ist.[2] § 240 ZPO und §§ 85 f gelten auch im **VerbrinsVerf**[3] und bei der **Eigenverwaltung**, obwohl der Schu bei diesem verwaltungs- und verfügungsbefugt bleibt (§ 270 Abs 1).[4] Die Anordnung des **vorläufigen Eigenverwaltungsverfahrens** (§ 270a) führt nicht zur Verfahrensunterbrechung.[5]

b) Aufnahme des Verfahrens. Während die Verfahrensunterbrechung in der Zivilprozessordnung (§ 240 ZPO) verortet ist, regeln die §§ 85, 86 die Voraussetzungen der **Verfahrensaufnahme** für Aktivprozesse der Masse und für bestimmter Passivprozesse. Die Bestimmungen der InsO ergänzen somit § 240 ZPO und räumen durch die Verweisung in § 85 Abs 1 S 2 dem InsVerw eine gewisse Überlegungsfrist ein. 2

2. Sinn und Zweck. Die innere Berechtigung für die Unterbrechung des **Aktivprozesses** der Masse ergibt sich aus den Wirkungen des verlorenen Prozesses. Ein rechtskräftig abgesprochenes Recht ist für seinen Inhaber ebenso verloren wie ein Recht, welches er durch eine rechtsgeschäftliche Verfügung aufgegeben hat.[6] Im **Passivprozess** ist die massebezogene Prozessführung dem InsVerw vorbehalten, der allein befugt ist, über Gegenstände der Istmasse zu verfügen und Verpflichtungen zu Lasten der Masse zu begründen. Ist **Eigenverwaltung** angeordnet, sind immerhin die Prozessrisiken, insb die Kostenrisiken, unter den besonderen Bedingungen der Ins neu zu bewerten und ggf Zustimmungen des GlAusschusses einzuholen (§ 276 S 2, § 160 Abs 2 Nr 3). Dies rechtfertigt auch hier die mit der Unterbrechung verbundene Überlegungsfrist.[7] 3

II. Verhältnis zum Wahlrecht des Insolvenzverwalters

Ist Gegenstand des nach § 240 ZPO unterbrochenen Rechtsstreits eine Forderung des Schu aus einem beiderseitig noch nicht vollständig erfüllten gegenseitigen Vertrag, der unter § 103 fällt, oder ist ein von dem Prozessgegner beanspruchter Gegenleistungsanspruch aus einem solchen Vertrag rechtshängig, ist die Ausübung des Wahlrechts nach § 103 von der Aufnahme des Aktiv- oder Passivprozesses nach §§ 85, 86 zu unterscheiden. 4

1. Erfüllungswahl. Wählt der InsVerw Erfüllung nach § 103 Abs 1, was er mit der Aufnahme nach § 85 Abs 1 S 1 (Aktivprozess) oder § 86 Abs 1 Nr 3 (Passivprozess) verbinden kann (zur Form s § 250 ZPO), ergeben sich für die Fortführung des Prozesses keine Besonderheiten. Der Prozessgegner kann im Falle der Erfüllungswahl den Passivprozess der Masse ebenfalls § 86 Abs 1 Nr 3 aufnehmen. 5

2. Ablehnung der Erfüllung. Bei Ablehnung der Erfüllung durch den InsVerw ist der Vertrag dagegen insolvenzrechtlich abzuwickeln.[8] Für die Weiterführung des Prozesses bedeutet dies: 6

---

1 Zum damaligen Meinungsstand s *BGH* ZIP 1987, 1196; *K/P/B/Lüke* § 85 Rn 4.
2 *BGH* ZIP 1999, 1315; NZI 2006, 543.
3 *BGH* ZIP 2003, 1973.
4 *BGH* ZIP 2007, 250; *BFH* ZInsO 2014, 1771 Rn 14; *Jaeger/Windel* § 85 Rn 85; *Uhlenbruck/Zipperer* § 270 Rn 12; *Gundlach* NJW 2004, 3223 f; **aA** MK-ZPO/*Gehrlein* § 240 Rn 10.
5 *LG Freiburg* ZIP 2014, 1351 Rn 47.
6 *Jaeger/Windel* § 85 Rn 2.
7 *K/P/B/Lüke* § 85 Rn 3a; K Schmidt/*Sternal* § 85 Rn 3.
8 *Fischer* NZI 2002, 284.

7 **a) Passivprozess der Masse.** Kann der **Prozessgegner** gleichwohl ausnahmsweise auf Leistung aus der Masse bestehen (§§ 106, 107 Abs 1), kann er den Prozess nach § 86 Abs 1 Nr 3 aufnehmen. Gleiches gilt unter den Voraussetzungen der §§ 179, 180 Abs 2, wenn der InsVerw die nach Unterbrechung von dem Prozessgegner angemeldete Forderung aus § 103 Abs 2 S 1 bestritten hat.[9] § 87 schließt es nunmehr aus, dass der Prozessgegner nicht am InsVerf teilnimmt und seine Forderung gegen den Schu persönlich verfolgt (s Kommentierung dort).

8 **b) Aktivprozess der Masse.** War ein massezugehöriger Anspruch rechtshängig und lehnt der **InsVerw** die Erfüllung ab, kommt es – falls der Verwalter nach § 85 aufnimmt – zum isolierten Kostenstreit, weil sich der Rechtsstreit in der Hauptsache erledigt hat. Endet er mit dem Erg, dass die Kosten nicht von dem Prozessgegner zu tragen sind, stellt sich die Frage, ob dessen **Kostenerstattungsanspruch** insgesamt als Masseverbindlichkeit (§ 55 Abs 1 Nr 1) oder hinsichtlich der vor VerfEröffnung bereits vollendeten Gebührentatbestände nur als InsFord (§ 38) zu behandeln ist. Der BGH hat hierzu nur entschieden, dass eine Auflösung des einheitlichen Kostenerstattungsanspruchs innerhalb einer Instanz nicht in Betracht kommt.[10]

B. Erläuterungen

I. Unterbrechung des Verfahrens (§ 240 ZPO)

9 Die nachfolgende Kommentierung bezieht sich gleichermaßen auf das eröffnete Verf (§ 240 S 1 ZPO) wie auf das EröffnungsVerf, in dem ein starker vorl InsVerw (§ 22 Abs 1) bestellt worden ist (§ 240 S 2 ZPO).

10 **1. Rechtshängigkeit des Verfahrens. – a) Rechtshängigkeit.** Unterbrochen werden nur Prozesse, die im Zeitpunkt der VerfEröffnung (Eröffnungsstunde, § 27 Abs 3) schon **rechtshängig** iSv § 253 Abs 1, § 261 Abs 1, 2 ZPO und noch nicht durch formell rechtskräftiges Urt abgeschlossen sind. Die Möglichkeit der Wiedereinsetzung, der Wiederaufnahmeklage oder des Antrags § 321a ZPO stehen der Rechtskraft nicht entgegen. Bei Klagerücknahme (§ 269 ZPO) oder übereinstimmender Erledigungserklärung (s § 91a ZPO) bleibt der Prozess im Kostenpunkt anhängig, kann also noch unterbrochen werden. Der Erlass einer vorläufig vollstreckbaren Entsch (§§ 708 ff ZPO) beseitigt die Rechtshängigkeit auch dann nicht, wenn der Beklagten hierauf geleistet hat.[11]

11 **b) Anhängigkeit.** Ist die Klage zur Eröffnungsstunde bereits eingereicht, aber noch nicht zugestellt, ist der Prozess noch nicht rechtshängig, sondern erst **anhängig**. § 240 ZPO findet dann keine Anwendung.[12] Die **gegen den Schu gerichtete Klage** ist zuzustellen. Eine SachEntsch kann jedoch idR nicht ergehen. Bei Aus- und Absonderungsklagen ergibt sich dies aus der mangelnden passiven Prozessführungsbefugnis des Schu. Sie besteht nur, wenn gegen den Schu höchstpersönliche Rechtsstreitigkeiten geführt werden[13] oder der InsVerw den Gegenstand freigibt und damit den Massebezug aufhebt. Bei Klagen, die nunmehr eine InsFord zum Gegenstand haben, greift § 87 ein. Wird die Klage dem InsVerw vor Verfahrenseröffnung zugestellt, tritt keine Rechtshängigkeit ein. Der InsVerw sollte ausweislich

---

9 Zu einem solchen Fall und den Folgen eines nachfolgenden Anerkenntnisses des InsVerw s *BGH* ZIP 2006, 2132.

10 *BGH* ZIP 2006, 2134; s Rn 58.

11 *Jaeger/Windel* § 85 Rn 3; zur Definition des Aktivprozesses in den Fällen des § 717 Abs 2 ZPO s *BGH* ZIP 2004, 770; ZIP 2005, 953.

12 *BGH* ZIP 2009, 240, 241; HambKomm/*Kuleisa* Vor §§ 85–87 Rn 9; MK/*Schumacher* Vor §§ 85–87 Rn 42; *Uhlenbruck/Mock* § 85 Rn 5; **aA** *Jaeger/Windel* § 85 Rn 6 f.

13 *BGH* ZIP 2009, 240, 242.

der Klageschrift nicht Partei sein, so dass gegen ihn keine Klage erhoben ist, dem Schu wurde keine Klage zugestellt.[14] Auch die **Aktivklage des Schu** muss zugestellt werden. Sie ist jedoch mangels Prozessführungsbefugnis unzulässig, es sei denn, der InsVerw gibt den Gegenstand des Rechtsstreits frei.

c) Klage nach Verfahrenseröffnung. Wird die Klage erst **nach VerfEröffnung eingereicht**, kommt es nach allen Auff zu einem unzulässigen Prozess, wenn der Schu Partei ist und der Streitgegenstand Massebezug hat.[15] Eine Partei- oder Rubrumsberichtigung kommt regelmäßig nicht in Betracht, weil der Schu auch nach VerfEröffnung partei- und prozessfähig bleibt.[16] 12

2. Prozess des Schuldners. – a) Parteistellung des Schuldners. – aa) Schuldner als Partei. Die Unterbrechung setzt voraus, dass der Schu **Partei des Rechtsstreits** ist. Dies ist er auch, wenn für ihn ein vollmachtloser Vertreter handelt. Die Unterbrechung des Rechtsstreits über das Vermögen der Hauptpartei tritt auch dann ein, wenn diese durch einen Streithelfer unterstützt wird.[17] Wird ein Dritter durch den Schu vertreten oder ist der Schu nur (einfacher) Streithelfer einer dritten Partei, führt dies nicht zur Unterbrechung des Rechtsstreits gegen den Dritten. In **Energiewirtschaftssachen** sind im Rechtsmittelverfahren als Partei jedenfalls diejenigen Beteiligten anzusehen, ohne deren Einbeziehung eine Entscheidung in der Sache nicht ergehen darf.[18] 13

bb) Prozessstandschaft. Der Prozessstandschafter führt den Prozess im eigenen Namen, aber um ein fremdes Recht. Beruht das Recht, einen Prozess über ein fremdes Recht zu führen, auf G, liegt ein Fall gesetzlicher Prozessstandschaft vor, beruht es auf einer Ermächtigung durch den Rechtsinhaber, spricht man von gewillkürter Prozessstandschaft.[19] 14

aaa) Führt er ihn als **Partei kraft Amtes** um Gegenstände des von ihm verwalteten Vermögens, so tritt mit der InsEröffnung über sein eigenes Vermögen keine Unterbrechung ein, weil der Prozess nur das verwaltete Vermögen betrifft.[20] Anders kann es in den Fällen der **Prozessführung kraft prozessrechtlicher Ermächtigung**[21] liegen. Der Hauptfall ist die Veräußerung oder Abtretung des Rechts während des Rechtsstreits (§ 265 ZPO). Nach der Rspr des BGH[22] ist eine Prozessunterbrechung jedenfalls für den Fall einer Abtretung erfüllungshalber anzunehmen, weil der Zessionar im Falle der Klageabweisung seine Forderung im InsVerf verfolgen wird. Darin liegt ein hinreichender Massebezug.[23] Bei der **Prozessführung kraft gesetzlicher Ermächtigung des materiellen Rechts** (Hauptfälle: §§ 432, 1011, 2039 BGB)[24] ist der Schu mit seinem eigenen Vermögen Partei. Der Prozess wird deshalb unterbrochen und kann nur nach § 85 aufgenommen werden. Dass der gemeinschaftliche Gegenstand nicht zur Masse gehört und die Gemeinschaft usw nach § 84 Abs 1 auseinanderzusetzen ist, steht nicht entgegen.[25] 15

---

14 *BGH* NJW 1994, 3233.
15 *BGH* ZIP 2009, 240, 241; *Jaeger/Windel* § 85 Rn 8.
16 *Jaeger/Windel* § 85 Rn 8.
17 *BGH* ZIP 2014, 1303 Rn 1.
18 *BGH* (Kartellsenat) ZIP 2015, 851 Rn 8.
19 Hk-ZPO/*Bendtsen* § 51 Rn 18.
20 *Jaeger/Windel* § 85 Rn 10; *K/P/B/Lüke* § 85 Rn 25; MK/*Schumacher* Vor §§ 85–87 Rn 33.
21 Hierzu Hk-ZPO/*Bendtsen* § 51 Rn 15.
22 *BGHZ* 50, 399.
23 *Jaeger/Windel* § 85 Rn 13; *K/P/B/Lüke* § 85 Rn 26; MK/*Schumacher* Vor §§ 85–87 Rn 34.
24 Hierzu Hk-ZPO/*Bendsen* § 51 Rn 16.
25 *Jaeger/Windel* § 85 Rn 11; *K/P/B/Lüke* § 85 Rn 23.

16 **bbb)** Im Falle der **gewillkürten Prozessstandschaft**[26] gilt Folgendes: In der **Ins des Rechtsträgers** erlischt die Ermächtigung zur Prozessführung (§ 115 Abs 1).[27] Die Klage des Prozessstandschafters ist als unzulässig abzuweisen; eine Unterbrechung findet nicht statt.[28] In der **Ins des Prozessstandschafters** kommt es wie bei der Prozessführung kraft prozessrechtlicher Ermächtigung darauf an, ob das die gewillkürte Prozessstandschaft legitimierende Interesse in dem massezugehörigen Vermögen des Prozessstandschafters begründet ist.[29] Besonderheiten gelten, wenn der InsVerw im **Insolvenzplanverfahren** ermächtigt ist, einen Anfechtungsprozess nach Verfahrensaufhebung fortzusetzen (§ 259 Abs 3), und der Schu während des laufenden Prozesses erneut in Ins gerät. Wird der Prozess auf Rechnung des Schu geführt (§ 259 Abs 3 S 2), wird der InsVerw als gewillkürter Prozessstandschafter des Schu tätig. Sein Auftrag hierzu ist allerdings nicht vom Schu erteilt worden, so dass §§ 115, 116 nicht gelten. Dies rechtfertigt es, dass die Klage nicht unzulässig wird, **sondern** der Rechtsstreit in entsprechender Anwendung des § 240 ZPO unterbrochen ist.[30] Der Verwalter im neuen InsVerf kann den Rechtsstreit dann jedenfalls in entsprechender Anwendung der Vorschrift aufnehmen.[31]

17 **cc) Streitgenossenschaft. – aaa) Die einfache Streitgenossenschaft** (§ 61 ZPO) ist dadurch gekennzeichnet, dass jeder Streitgenosse seinen Prozess selbstständig und unabhängig von den anderen Streitgenossen führt. Dabei unterliegt er nur denjenigen Einschränkungen, die sich aus der verfahrensmäßigen äußeren Verbindung der Einzelprozesse ergeben.[32] Ist jeder Streitgenosse in der Prozessführung selbstständig, wird nur das Verf für und gegen den Streitgenossen unterbrochen, über dessen Vermögen das InsVerf eröffnet wird.[33] Das G kann durch TeilUrt entscheiden (§ 301 ZPO)[34] oder die Trennung der Prozesse anordnen (§ 145 Abs 1 ZPO).

18 **bbb)** Liegt **notwendige Streitgenossenschaft** vor, können die Prozessrechtsverhältnisse der Streitgenossen nur einheitlich entschieden werden (vgl § 62 Abs 1 ZPO).[35] Wird über das Vermögen eines von ihnen das IsVerf eröffnet, kann diesem Grundsatz in zweierlei Weise Rechnung getragen werden. Nach der einen Auff wird der Prozess stets auch hinsichtlich der übrigen Streitgenossen unterbrochen.[36] Nach der anderen Auff tritt diese Wirkung nur ein, wenn die Streitgenossenschaft aus Gründen des **materiellen Rechts**[37] eine notwendige ist (§ 62 Abs 1 Fall 1 ZPO; insb der Aktivprozess der gesamten Hand), weil nur dann die Fortführung des Prozesses durch die übrigen Parteien ausgeschlossen ist.[38] Bei **Gesamthandsklagen** ist allerdings vorrangig zu prüfen, ob der Gesamthänder aus Gründen des materiellen Rechts mit der VerfEröffnung aus der Gemeinschaft ausgeschieden ist; dann ist kein Raum für eine Unterbrechung. Die **Nachlassinsolvenz** unterbricht die Prozesse der

---

26 Hierzu Hk-ZPO/*Bendtsen* § 51 Rn 18–25.
27 *BGH* ZIP 2000, 150.
28 *BGH* ZIP 2000, 150; *K/P/B/Lüke* § 85 Rn 25; **aA** *Jaeger/Windel* § 85 Rn 12.
29 *Jaeger/Windel* § 85 Rn 12.
30 *BGHZ* 199, 344 = ZIP 2014, 330 Rn 22 f.
31 *BGHZ* 199, 344 = ZIP 2014, 330 Rn 32 f.
32 Hk-ZPO/*Bendtsen* § 61 Rn 3.
33 *BGHZ* 148, 216; *BGH* ZIP 2003, 595; MK/*Schumacher* Vor §§ 85–87 Rn 17, auch zu den diskutierten Ausnahmen.
34 *BGHZ* 148, 216; *BGH* ZIP 2003, 595.
35 Hierzu Hk-ZPO/*Bendtsen* § 62 Rn 1.
36 HambKomm/*Kuleisa* vor §§ 85–87 Rn 6.
37 Hierzu Hk-ZPO/*Bendtsen* § 62 Rn 7–10.
38 *Jaeger/Windel* § 85 Rn 16; *K/P/B/Lüke* § 85 Rn 23; offengelassen von MK/*Schumacher* Vor §§ 85–87 Rn 18.

Erben, die diese als solche führen, im Falle des Passivprozesses Klagen, mit denen Nachlassverbindlichkeiten (§ 1967 BGB) geltend gemacht werden.[39]

In den Fällen der notwendigen Streitgenossenschaft aus **prozessualen Gründen**[40] (§ 62 Abs 1 Fall 2 ZPO; insb bei Rechtskrafterstreckung) kann der Prozess nach der Gegenauffassung nur dann nicht fortgesetzt werden, wenn die Rechtskraft des Urt auch gegen die Masse wirken würde (zB § 856 Abs 4 ZPO). In den übrigen Fällen der notwendigen Streitgenossenschaft soll eine Unterbrechung ausscheiden. Wird danach der Prozess nur des schuldnerischen Streitgenossen unterbrochen, können die Verf gegen die übrigen Streitgenossen entspr § 148 ZPO ausgesetzt werden.[41] Sicher ist nur, dass die Vertretungsregelung des § 62 Abs 1 ZPO nicht eingreift.[41] 19

dd) Streitgenössische Nebenintervention. Sie ist dadurch gekennzeichnet, dass der (selbstständige) streitgenössische Nebenintervenient zwar nicht Partei des Rechtsstreits (Streitgenosse) ist, aber in einzelnen Beziehungen wie eine Partei behandelt wird.[42] Die Vorschrift des § 69 ZPO verweist zwar auf die einfache Streitgenossenschaft (§ 61 ZPO); die Frage der Prozessunterbrechung ist aber ebenso zu beantworten wie bei der notwenigen Streitgenossenschaft.[43] 20

b) Verfahren in der Kompetenz des Verwalters. – aa) Bezug zur InsMasse. Es werden nur diejenigen Verf unterbrochen, welche unmittelbar oder mittelbar die InsMasse betreffen.[44] 21

aaa) Dieser Formulierung liegt noch das Liquidationsmodell der KO zu Grunde. In Anknüpfung an die InsZiele der InsO (§ 1 S 1) ist entscheidend, ob das streitbefangene Recht oder Rechtsverhältnis der Kompetenz des InsVerw untersteht. Dies ist nicht nach der wirklichen Rechtslage zu beurteilen, sondern danach, ob der Schu den Gegenstand bezogen auf den Eröffnungszeitpunkt für sein Vermögen in Anspruch genommen hat (Aktivprozess) oder ob die Verteidigung des Schu die Gefahr begründet, dass die Sache als massezugehörig genutzt und verwertet wird (Passivprozess). Dies ist etwa der Fall, wenn der Schu die Herausgabe einer Sache verweigert, die, wenn sie ihm gehören würde, massezugehörig wäre, oder wenn er sich auf ein Besitzrecht beruft, welches, wenn es bestünde, die Nutzung oder Verwertung zu Gunsten der Masse gestatten würde (vgl § 55 Abs 1 Nr 1).[45] 22

bbb) Die **Kompetenz des Verwalters** ist stets gegeben bei Verf mit echtem Massebezug. Hierzu gehören **Istmasse und Sollmasse** (§ 35 Abs 1). Der Streitgegenstand muss als Aktivum oder Passivum ganz oder anteilig zur Masse gehören, wobei es ausreichend ist, wenn sich die Rechtsbeziehung nur als mittelbare darstellt.[46] **Aussonderungsklagen** betreffen die Sollmasse. Der gerichtlich verfolgte Aussonderungsanspruch ist dadurch gekennzeichnet, dass der Prozessgegner die Zugehörigkeit des herausverlangten Gegenstandes zur Sollmasse leugnet. Massebezug soll auch gegeben sein, wenn der Schu die Forderung vor der Eröffnung des InsVerf abgetreten hat, diese Abtretung jedoch der InsAnf unterliegt.[47] Ein der **Testamentsvollstreckung** unterliegender Nachlass fällt mit InsEröffnung über das Vermögen des Erben in die InsMasse.[48] Nicht hierher gehören das **unpfändbare Vermögen** des 23

---

39 *BGH* ZIP 2008, 1943.
40 Hierzu Hk-ZPO/*Bendtsen* § 62 Rn 3–5.
41 *Jaeger/Windel* § 85 Rn 16.
42 Hk-ZPO/*Bendtsen* § 69 Rn 1.
43 *Jaeger/Windel* § 85 Rn 19.
44 *BGH* ZIP 2009, 240, 241; 2015, 399 Rn 15.
45 *Jaeger/Windel* § 85 Rn 20.
46 *BAG* ZIP 2016, 1652, 1654.
47 *BGH* ZIP 2010, 646 f.
48 *BGH* ZIP 2006, 1259.

Schu (§ 36) **sowie Streitigkeiten nichtvermögensrechtlicher Art**. Dazu zählen beispielsweise Unterlassungsklagen des Schu zum Schutz seines allg Persönlichkeitsrechts, Verf um persönliche Rechtsbeziehungen aus dem Bereich des Familienrechts und Prozesse, in denen der Schu auf höchstpersönliche Leistungen in Anspruch genommen wird.[49]

24 Für den Massebezug ist regelmäßig auf die **Hauptsache** abzustellen. Werden im Prozess **mehrere Ansprüche** geltend gemacht, von denen einer die InsMasse betrifft, wird der Rechtsstreit insgesamt unterbrochen.[50] Ist allerdings nach Klagerücknahme oder nach Hauptsacheerledigung nur noch die Kostenfrage offen, kann das noch anhängige Kostenverfahren unabhängig davon unterbrochen werden, ob die Hauptsache Massebezug hatte.[51] Der Anspruch auf **Prozesskostenerstattung** gehört zur InsMasse, wenn der die Erstattungsforderung begründende Sachverhalt vor der InsEröffnung oder während des Verf verwirklicht worden ist.[52]

25 Der Gegenstand mit Massebezug darf nicht freigegeben worden sein. Auf die **Freigabe** hat der Schu keinen Anspruch.[52] Der Massebezug entfällt erst durch die wirksame Freigabeerklärung.[53]

26 **bb) Unterbrechung einzelner Verfahren. – aaa)** Unterbrochen wird das **Erkenntnisverfahren** in allen Instanzen, gleichgültig ob der Schu Kläger oder Beklagter ist. Das schließt das Beschwerdeverfahren auf Zulassung der Revision ein.[54] Das gesamte **Anspruchssystem des Zivilrechts** kommt in Betracht: **Leistungsklagen**, auch solche auf Vorbereitung eines die Masse betr Hauptanspruchs (Auskunftsklagen[55]), Zahlungsklagen, bei Passivprozessen auch dann, wenn sie in der Ins des Schu nur zu einer nachrangigen InsFord führen (§§ 39, 174 Abs 3), **Räumungsklagen** wegen der die InsMasse stets betreffenden Räumungspflicht,[56] **Unterlassungsklagen**, wenn die Störung von der InsMasse ausgeht oder sich das zu unterlassende Verhalten auf das insolvenzbefangene Vermögen bezieht. Entspr gilt für **Feststellungsklagen**. Unterbrechung tritt ein, wenn der Schu ein Rechtsverhältnis festgestellt wissen will, das zur Masse besteht oder der Prozessgegner ein Rechtsverhältnis für sich beansprucht, welches der Schu als zu seiner Masse gehörig ansieht. Ist zunächst Leistungsklage erhoben, führt das einseitig gebliebene Begehren des Klägers, die **Erledigung der Streitsache** festzustellen, zu einer Veränderung des Streitgegenstandes iS eines Feststellungsantrages.[57] Dadurch ändert sich die Massebetroffenheit der Klage nicht.[58] **Gestaltungsklagen** werden unterbrochen, wenn sie unmittelbar oder mittelbar den Bestand der InsMasse berühren. Dies gilt auch für prozessuale Gestaltungsklagen wie die Vollstreckungsabwehrklage nach § 767 ZPO.[59]

27 Unterbrochen wird in der Ins des Antragstellers auch das **selbstständige Beweisverfahren**.[60] Das ergibt sich daraus, dass es einem Parteiverfahren angenähert ist und es fraglich erscheint, ob die gesetzlichen Voraussetzungen für eine Fortsetzung des Verf mit dem Schu

---

49 Weitere Beispiele bei *Uhlenbruck/Mock* § 85 Rn 36 ff.
50 *BGH* ZIP 2015, 399 Rn 17.
51 MK/*Schumacher* Vor §§ 85–87 Rn 23.
52 *BGH* ZIP 2007, 1021.
53 *BGH* ZIP 2007, 196; 2007, 1022.
54 *BFH* ZIP 2011, 592.
55 Zu Auskunftsansprüchen nach § 51a GmbHG. *Gessner* NZI 2013, 677 ff.
56 *BGH* ZIP 2015, 399 Rn 16.
57 *BGHZ* 106, 366; *BGH* WM 2005, 346.
58 *BGH* WM 2005, 346.
59 *BGH* ZIP 2008, 1941, 1942.
60 *Jaeger/Windel* § 85 Rn 71.

persönlich überhaupt gegeben sind (vgl § 485 Abs 2 ZPO). Die besondere Eilbedürftigkeit kann nicht ausschlaggebend sein. Sie trifft auch auf andere – unterbrochene – Verfahren zu. In der Ins des Antragsgegners tritt hingegen keine Unterbrechung ein.[61] Ein solches Verfahren könnte allenfalls nach § 180 Abs 2 aufgenommen werden. Tritt keine Unterbrechung ein, hat das Gericht dem nunmehr allein prozessführungsbefugten InsVerw rechtliches Gehör zu gewähren.[62] Die Vorschrift des § 240 ZPO findet weiter Anwendung auf **Arrest- und einstweilige Verfügungsverfahren.**[63] Die Eröffnung des InsVerf über das Vermögen eines GmbH-Gesellschafters führt zur Unterbrechung eines Beschlussmängelrechtsstreits des Gesellschafters.[64] Das **Kostenfestsetzungsverfahren** wird für die Kosten der Vorinstanzen auch dann unterbrochen, wenn die InsErÖffnung erst in einem späteren Rechtszug eintritt und die maßgebliche KostengrundEntsch somit nicht rechtskräftig wird.[65] Die Unterbrechung tritt auch bei bereits rechtskräftiger Kostengrundentscheidung ein.[66] Für das **Prozesskostenhilfeverfahren** und das **Streitwertfestsetzungsverfahren** soll § 240 ZPO nicht gelten.[67] Das **Zwangsvollstreckungsverfahren** wird in Bezug auf Pfändungsmaßnahmen nicht wegen der InsEröffnung über das Vermögen des Schu unterbrochen.[68] Gleiches gilt für das der Zwangsvollstreckung vorgelagerte Verf auf Erteilung der Vollstreckungsklausel.[69] Die **Vollstreckbarerklärung ausländischer Urteile** (§§ 722 f ZPO) ist als Verf anzusehen, das durch Eröffnung des inländischen InsVerf unterbrochen wird.[70]

bbb) Andere Verfahrensordnungen verweisen mit der Folge auf § 240 ZPO, dass Unterbrechung auch in diesen Verf eintritt (vgl § 46 Abs 2 S 1 ArbGG; § 173 VwGO; § 155 FGO; § 202 SGG).[71] Demgegenüber werden anhängige (eigentliche) Verwaltungsverfahren durch die InsEröffnung idR nicht unterbrochen. Anderes gilt für das gerichtliche Vorverfahren (Widerspruchsverfahren). Einzelheiten sind str, insb die Behandlung des in der InsPraxis bes wichtigen **Besteuerungsverfahrens.**[72] **28**

3. Unterbrechungstatbestände. – a) Beginn und Ende der Unterbrechung. Nach § 240 S 1 ZPO wird das Verf „im Fall der Eröffnung" unterbrochen. Betrifft nur einer von mehreren im Prozess zusammen geltend gemachten Ansprüchen die InsMasse, wird grds einheitlich der **gesamte Rechtsstreit** unterbrochen.[73] **29**

aa) Eröffnungszeitpunkt. Dies knüpft an die **„Eröffnungsstunde"** an, die in den EröffnungsBeschl aufzunehmen ist (§ 27 Abs 2 Nr 3). Das ist der Zeitpunkt, in dem der InsRich- **30**

---

61 *Jaeger/Windel* § 85 Rn 71; weitergehend *BGH* ZIP 2004, 186, 187; HambKomm/*Kuleisa* Vor §§ 85–87 Rn 18; MK/*Schumacher* Vor §§ 85–87 Rn 46.
62 *Jaeger/Windel* § 85 Rn 71.
63 *K/P/B/Lüke* § 85 Rn 29.
64 *BGH* 24.10.2017 – II ZR 16/16 Rn 14.
65 *BGH* NZI 2006, 128; MK/*Schumacher* Vor §§ 85–87 Rn 44.
66 *BGH* ZIP 2012, 1663 Rn 6.
67 *BGH* NZI 2006, 543; *OLG Frankfurt* ZIP 2013, 1838; *LAG Rheinland-Pfalz* NZI 2016, 587; krit mit Recht; HambKomm/*Kuleisa* Vor §§ 85–87 Rn 17; **aA** *K/P/B/Lüke* § 85 Rn 32.
68 *BGHZ* 172, 16 = ZIP 2007, 983.
69 *BGH* ZIP 2008, 528; zu weiteren Verf im Rahmen der Zwangsvollstreckung s *Uhlenbruck/Mock* § 85 Rn 58–61.
70 *BGH* ZIP 2008, 1943.
71 *VGH Kassel* ZIP 2012, 2129 für die Anfechtungsklage gegen die Untersagung unerlaubter Finanzdienstleistungsgeschäfte; *OVG Berlin-Brandenburg* ZIP 2015, 447 für den Fall der Subventionsrückforderung.
72 *Jaeger/Windel* § 85 Rn 82; MK/*Schumacher* Vor §§ 85–87 Rn 51 f; zu weiteren Verf außerhalb des Zivilrechts s *Uhlenbruck/Mock* § 85 Rn 94–104.
73 *BGH* ZIP 2015, 399 Rn 15.

ter den EröffnungsBeschl unterschreibt (näher § 27 Rn 23). Missverständlich ist demgegenüber die Formulierung, dass die Unterbrechung mit dem „Wirksamwerden des EröffnungsBeschl" beginne.[74] Daran ist richtig, dass der unterschriebene EröffnungsBeschl mit der Unterschriftsleistung noch keine Wirkungen entfaltet. Er muss den inneren Bereich des InsGer verlassen. Nach der Entäußerung ist jedoch für den Eintritt der insolvenzrechtlichen Folgen der Eröffnung und mithin auch für die Unterbrechung der im Beschl angegebene Zeitpunkt maßgeblich (§ 27 Rn 30).

31 Auf die **Rechtskraft** des EröffnungsBeschl kommt es nicht an. Wird gegen den EröffnungsBeschl sofortige **Beschw** eingelegt, hat dies zunächst keine Auswirkungen auf die eingetretene Unterbrechung. Wird der Eröffnungsbeschuss auf Rechtsmittel aufgehoben (zum Wirksamwerden der BeschwEntsch s § 6 Abs 3), endet die Unterbrechung erst mit der öffentlichen Bek der rechtskräftigen Entsch (§ 34 Abs 3, § 9 Abs 1 S 1, Abs 3).[75] Die Beendigung wirkt nicht zurück.

32 **bb) Beendigung der Unterbrechung.** Die Unterbrechung endet ferner mit der **Aufnahme des Prozesses** (§§ 85, 86; s nachfolgend unter III.) oder der **Beendigung des InsVerf** durch Aufhebung nach Vollzug der Schlussverteilung (§ 200) oder nach rechtskräftiger Bestätigung des InsPlan (§ 258), durch Einstellung des InsVerf mangels Masse (§ 207), nach Anzeige der Masseunzulänglichkeit (§ 211) wegen Wegfalls des Eröffnungsgrundes (§ 212) oder mit Zustimmung der Gl (§ 213). Auch in diesen Fällen endet die Unterbrechung mit Wirkung für die Zukunft, nicht rückwirkend.[76] Die Unterbrechung endet mit dem Wirksamwerden des jeweiligen Beschl, ggf zwei Tage nach seiner Bek.[77]

33 **b) Unterbrechung durch Eröffnung ausländischer Insolvenzverfahren.** Ist im Inland ein Rechtsstreit anhängig und wird über das Vermögen der Partei im Ausland ein InsVerf eröffnet, richtet sich die Unterbrechung teils nach § 352, teils nach § 240 ZPO. Im Anwendungsbereich des Art 18 EuInsVO v 20.5.2015 (Art 15 EuInsVO aF) ist § 240 ZPO anzuwenden, weil die Verweisungsnorm wegen der Wirkungen des InsVerf ausschließlich auf das Recht des Mitgliedsstaates verweist, in dem der Rechtsstreit anhängig ist.[78] Das durch einen Antrag des Schu eingeleitete Verfahren nach Chapter 11 des US-amerikanischen Bankruptcy Code wird wegen seiner Ähnlichkeit mit dem deutschen Insolvenzplanverfahren wie die Eröffnung eines ausländischen InsVerf behandelt.[79] IÜ wird auf die Kommentierung zu § 352 verwiesen.

34 **4. Streitigkeiten über die Unterbrechung.** Die Klärung, ob ein Rechtsstreit unterbrochen ist, kann durch **ZwischenUrt** (§ 303 ZPO) entschieden werden. Dieses ist regelmäßig wie ein EndUrt in derselben Sache anfechtbar (Analogie zu § 280 Abs 2 S 1, § 304 Abs 2 ZPO).[80] Lehnt das G die Anberaumung eines Verhandlungstermins ab, weil es das Verf für unterbrochen hält, ist diese Entsch wie die Anordnung einer Verfahrensaussetzung anfechtbar (§ 252 ZPO).[81] Ver-

74 ZB MK/*Schumacher* Vor §§ 85–87 Rn 58.
75 *BGHZ* 64, 2; *BGH* WM 1985, 750; *Jaeger/Windel* § 85 Rn 85; *K/P/B/Lüke* § 85 Rn 45 f.
76 MK/*Schumacher* Vor §§ 85–87 Rn 83.
77 *BGHZ* 64, 3; MK/*Schumacher* Vor §§ 85–87 Rn 83; zu weiteren Einzelheiten s *Uhlenbruck/Mock* § 85 Rn 126.
78 *Jaeger/Windel* § 85 Rn 87.
79 *BGH* ZIP 2009, 2217.
80 *BGH* ZIP 2004, 2400; s auch *BGH* ZIP 2006, 873; *Jaeger/Windel* § 85 Rn 91.
81 *Zöller/Greger* § 252 Rn 1.

neint das G die Verfahrensunterbrechung, wird es in der Regel[82] kein ZwischenUrt treffen, sondern durch **EndUrt** entscheiden. Die Nachprüfung findet dann durch das Rechtsmittel gegen das EndUrt statt (§§ 512, 557 Abs 2 ZPO).[83]

II. Die Wirkungen der Unterbrechung (§ 249 ZPO)

Die Wirkungen der Unterbrechung treten kraft G ein (§ 249 ZPO). Es ist zwischen dem Einfluss der Unterbrechung auf den Fristenlauf (§ 249 Abs 1 ZPO), die Prozesshandlungen der Parteien (§ 249 Abs 2 ZPO) und die Handlungen des G (§ 249 Abs 3 ZPO) zu unterscheiden.[84] 35

1. Fristen. Nach § 249 Abs 1 ZPO hat die Unterbrechung des Verf die Wirkung, dass der Lauf einer jeden Frist aufhört und nach Beendigung der Unterbrechung die volle Frist von neuem zu laufen beginnt. 36

a) Prozessuale Fristen. Erfasst werden alle prozessualen Fristen einschl der Notfristen (§ 224 Abs 1 S 2 ZPO). Nicht hierher gehören die materiellen Fristen (Anfechtungs- und Widerrufsfristen) und die sog **uneigentlichen Fristen**. Hierbei handelt es sich um solche zur Vornahme von richterlichen Handlungen und solche, nach deren Ablauf das G bestimmte Parteihandlungen ausschließt (zB § 251a S 2, § 310 Abs 1 S 2, § 315 Abs 2, § 317 Abs 1 S 3, § 586 Abs 2 S 2, §§ 798, 816 Abs 1, § 958 Abs 2 ZPO)[85] Auch die Fünfmonatsfristen der §§ 517, 548 ZPO laufen nach ihrem Zweck trotz der VerfEröffnung weiter. Laufen die fünf Monate während des InsVerf ab, beginnt die Berufungs- und Revisionsfrist erst nach Ende der Unterbrechung.[86] 37

b) Lauf der Frist. Mit der Unterbrechung wird der Lauf der Frist beendet. Noch nicht begonnene Fristen beginnen erst nach Wegfall der Unterbrechung zu laufen.[86] Dies gilt auch für die nach einem Zeitabschnitt bemessene richterliche Frist (Abschnittsfrist). Eine gerichtlich gesetzte Frist mit einem bestimmten Endtermin (Datumsfrist) fällt dagegen weg und ist nach Ende der Unterbrechung neu zu setzen.[87] 38

2. Parteihandlungen. – a) Mögliche Parteihandlungen. Nach § 249 Abs 2 ZPO werden nur Prozesshandlungen der Parteien **„in Ansehung der Hauptsache"** erfasst. Möglich bleiben damit Prozesshandlungen, mit denen die Unterbrechung geltend gemacht oder beseitigt wird (Aufnahme), oder solche in Nebenverfahren, soweit diese von der Unterbrechung nicht erfasst werden (zB Schutzanträge nach §§ 719, 707 ZPO). 39

b) Handlungen gegenüber Dritten. Die Prozesshandlung muss **von der einen Partei gegenüber der anderen Partei** vorgenommen worden sein. Hierunter fällt zB die Zustellung des Vollstreckungsbescheids im Parteibetrieb (§ 699 Abs 4 ZPO). Handlungen gegenüber dem G sind voll wirksam, falls die Prozesshandlungsbefugnis der handelnden Partei nicht berührt ist.[88] Deshalb kann der InsVerw ein Rechtsmittel wirksam einlegen, ohne zugleich den Rechtsstreit aufzunehmen;[89] die nicht insolvente Prozesspartei kann Rechtsmittelrücknahme erklären. 40

---

82 Dies kann anders sein, wenn der Rechtsstreit weitere Zulässigkeitsfragen aufwirft, oder wenn es aus anderen Gründen zweckmäßig erscheint, über die Frage der Unterbrechung vorab zu entscheiden.
83 *BGHZ* 102, 233; Hk-ZPO/*Saenger* § 303 Rn 6.
84 S hierzu die Kommentierung Hk-ZPO/*Wöstmann* § 249.
85 Hierzu s MK/*Schumacher* Vor §§ 85–87 Rn 61.
86 *BGHZ* 111, 108.
87 *BGHZ* 64, 4; MK/*Schumacher* Vor §§ 85–87 Rn 63.
88 *BGHZ* 50, 400.
89 *BGH* ZIP 1997, 473.

41 **c) Relative Unwirksamkeit.** Die erfassten Prozesshandlungen sind gegenüber der anderen Partei **ohne rechtliche Wirkung**, sind jedoch nicht nichtig (relative Unwirksamkeit). Die Unwirksamkeit ist nicht von Amts wegen zu berücksichtigen und kann durch rügelose Einlassung geheilt werden (§ 295 ZPO). Der Handelnde kann sich nicht seinerseits auf die Unwirksamkeit (zB eines von ihm erklärten Rechtsmittelverzichts) berufen.[90]

42 **3. Handlungen des Gerichts. – a) Handlungen und Entscheidungen.** Handlungen des G im unterbrochenen Verf sind gegenüber beiden Parteien unwirksam.[91] Dies ergibt sich im Umkehrschluss aus § 249 Abs 3 ZPO und aus dem Zweck der §§ 239 ff ZPO. **Prozesshandlungen des G mit EntschQualität** sind dagegen wirksam, aber anfechtbar.[92] Unwirksam sind zB Zustellungen im Amtsbetrieb, Ladungen, Fristsetzungen und Beweisaufnahmen. Diese sind nach Beendigung der Unterbrechung zu wiederholen.[93] Rein innergerichtliche Handlungen wie zB die Beratung, die Abstimmung oder das Absetzen eines Urt oder Beschl sind zulässig und wirksam.

43 Eine trotz der Unterbrechung des Verfahrens **ergangene Hauptsacheentscheidung**, insb ein Urteil, ist nicht nichtig, sondern nur mit statthaften Rechtsmitteln angreifbar.[92] Die Anfechtung kann ggf allein auf den Verstoß gegen § 249 Abs 2 ZPO gestützt werden; der InsVerw muss deshalb nicht die Unterbrechung durch Aufnahme des Verf beenden.[94] Der Schu ist seit Eröffnung des InsVerf nicht mehr ordnungsgemäß vertreten; deshalb beruht das ergangene Urteil unabhängig davon, ob dem G die InsEröffnung bekannt war, auf einem Verfahrensfehler, der den absoluten Revisionsgrund des § 547 Nr 4 ZPO begründet.[95] Ob die Unterbrechung bei Entscheidung des Rechtsmittelgerichts noch andauert, ist unerheblich.[92]

44 Ist gegen die Entsch kein Rechtsmittel und kein Rechtsbehelf (§ 321a ZPO) mehr gegeben, kommt eine Anfechtung nicht in Betracht;[96] es verbleibt dann bei der Rechtskraft der Entsch.[97]

45 **b) Verkündung von Entscheidungen.** Sie bleibt nach § 249 Abs 3 ZPO zulässig, wenn der Prozess nach der mündlichen Verhandlung oder dem entspr Zeitpunkt im schriftlichen Verf (§ 128 Abs 2 S 2 ZPO) unterbrochen wurde. Ein VersäumnisUrt im schriftlichen Verf (§ 331 Abs 3 ZPO) kann auch nach InsEröffnung oder dem Übergang der Verfügungsbefugnis auf den vorl (starken) Verwalter ergehen, wenn zu diesem Zeitpunkt die Frist des § 276 Abs 1 S 1 ZPO für die Anzeige der Verteidigungsbereitschaft fruchtlos verstrichen ist. Gleiches gilt für den Erlass eines AnerkenntnisUrt im schriftlichen Verf (§ 307 S 2 ZPO). Soweit in diesen Fällen die Zustellung die Verkündung ersetzt (§ 310 Abs 3 ZPO), ist auch diese zulässig und wirksam. Sie bewirkt aber nicht, dass nach Beendigung der Unterbrechung die Einspruchs- oder Rechtsmittelfrist neu zu laufen beginnt. Hierzu bedarf es einer erneuten Zustellung.[98] In entspr Anwendung der Norm ist es zulässig, während der Unterbrechung ein Rechtsmittel zu verwerfen, dessen Unzulässigkeit bereits vor dem Eintritt des VerfStandes feststand.[99]

---

90 *BGHZ* 4, 320.
91 *BGHZ* 111, 107.
92 *BGH* ZIP 2009, 1027, 1028.
93 *Jaeger/Windel* § 85 Rn 107; MK/*Schumacher* Vor §§ 85–87 Rn 70.
94 *BGH* ZIP 1997, 473.
95 *BGHZ* 172, 250, 251 f; *BGH* ZIP 2009, 1027, 1028.
96 *BGH* ZIP 2009, 1027, 1028; Hk-ZPO/*Wöstmann* § 249 Rn 10; MK/*Schumacher* Vor §§ 85–87 Rn 74; *Jaeger/Windel* § 85 Rn 105.
97 *BGH* ZIP 2004, 1120.
98 *Jaeger/Windel* § 85 Rn 103.
99 *BGH* NJW 1959, 532; ZIP 2014, 148.

III. Aufnahme des Prozesses während der Insolvenz

Das G räumt in § 85 dem InsVerw ein **Aufnahmerecht** ein (Abs 1). Erst wenn dieser die Aufnahme ablehnt, stehen dem InsSchu und dem Gegner das Recht zu (Abs 2).[100] Demgegenüber räumt § 86 in seinem Anwendungsbereich das Aufnahmerecht sowohl dem Verwalter als auch dem Gegner ein. Ein unter Verstoß gegen § 240 ZPO erlassenes Urt gegen den Schu beruht auf einer Rechtsverletzung, die zu den **absoluten Revisionsgründen** zu rechnen ist (§ 547 Nr 4 ZPO); der Mangel ist in der Rechtsmittelinstanz nicht heilbar.[101] Die Aufnahme des Rechtsstreits ist auch möglich, wenn sich der Rechtsstreit zur Zeit der Eröffnung des InsVerf in der Revisionsinstanz befindet.[102] Im **EröffnungsVerf** steht das Wahlrecht nach §§ 85, 86 dem „starken" vorl InsVerw zu (§ 22 Abs 1, § 24 Abs 2). Der Gegner hat im EröffnungsVerf nicht die Möglichkeit einer Verzögerung der Aufnahme entgegenzuwirken, weil § 24 Abs 2 weder auf Abs 1 S 2 noch auf Abs 2 verweist.[103] 46

1. Aktivprozess. Die Bestimmung des § 85 regelt die Aufnahme von Aktivprozessen. Das sind Verf, in denen der Schu einen Anspruch verfolgt, der zur künftigen InsMasse gehört.[104] 47

a) Unmaßgeblichkeit der Parteirolle. Die Parteirolle gibt nicht den Ausschlag. Es kommt auf das **materielle Begehren** an, also darauf, ob ein Vermögensrecht für den Schu und damit zu Gunsten der späteren Teilungsmasse in Anspruch genommen wird.[105] Geht es etwa darum, ob der Kläger die an ihn vom Schu zur **Abwendung der Zwangsvollstreckung** aus dem für vorläufig für vollstreckbar erklärten Urt gezahlten Beträge behalten darf oder ob er sie zur InsMasse zurückgewähren muss, ist der ursprüngliche Passivprozess der Masse in einen Aktivprozess umgeschlagen, weil der von dem InsVerw nunmehr verfolgte „Anspruch" der Vermehrung der Teilungsmasse dient.[106] Dies folgt auch aus dem Antragsrecht des vormaligen Beklagten gem § 717 Abs 2, 3 ZPO.[107] Sind in einem Rechtsstreit **Klage und Widerklage** erhoben, kann die eine Klage Aktiv-, die andere Passivprozess sein.[108] 48

b) Verteidigungsmittel. Sie sind unbeachtlich. Deshalb wird ein **Passivprozess zur Schuldenmasse** nicht dadurch (ganz oder tw) zum Aktivprozess, dass der Schu die Aufrechnung mit einer Gegenforderung erklärt hat. Die zur Aufrechnung gestellte Gegenforderung wird nach allg Meinung ungeachtet der in § 204 Abs 1 Nr 5 BGB, § 322 Abs 2 ZPO formulierten Wirkungen nicht rechtshängig. Eine Aufnahme nach § 85 kommt nur in Betracht, wenn die Aufrechnung nach Erlass eines VorbehaltsUrt gegen den Schu Gegenstand des unterbrochenen NachVerf ist.[109] 49

c) Maßgeblichkeit der Hauptsache. Die **Einordnung als Aktiv- oder Passivprozess** richtet sich ebenso wie die Massebezogenheit des Rechtsstreits nach der Hauptsache. Kostenerstattungsansprüche bleiben grds außer Betracht. Meldet der klagende InsGl seine Forderung nicht zur Tabelle an oder nimmt er das Verf nicht gegen den bestreitenden InsVerw nach § 180 Abs 2 auf, hat dieser keine Möglichkeit, den Kostenerstattungsanspruch innerhalb des 50

---

100 *OLG Celle* ZIP 2011, 2128.
101 *BGH* ZIP 2009, 1127, 1128; *K/P/B/Lüke* § 85 Rn 43.
102 *BGHZ* 195, 233 = ZIP 2012, 2369 Rn 8; *Jaeger/Gerhardt* § 180 Rn 68.
103 S hierzu BT-Drucks 12/2443, 117.
104 *BGHZ* 36, 260.
105 *BGH* 10.5.2016 – XI ZR 46/14 Rn 10.
106 *BGH* ZIP 1995, 643 f.
107 *Jaeger/Windel* § 85 Rn 115.
108 *BGH* 9.11.2017 – VII ZR 116/15 Rn 9; MK/*Schumacher* § 85 Rn 4.
109 *Jaeger/Windel* § 85 Rn 115; MK/*Schumacher* § 85 Rn 5, 10.

unterbrochenen Prozesses zu realisieren.[110] Anders liegt es nach **Klage- oder Rechtsmittelrücknahme**. Dann ist dem Rechtsstreit nicht nur die Hauptsache verloren gegangen; idR steht auch fest, wer die Kosten zu tragen hat (§ 269 Abs 3 S 2,[111] § 516 Abs 3, § 565 ZPO). Ist dies der Schu, gilt wiederum der Vorrang des AnmeldeVerf mit der Möglichkeit des Bestreitens der Forderung durch den InsVerw und der Aufnahme für den Gegner nach § 180 Abs 2. Andernfalls greift § 85 ein.[112] Bei der **Erledigung der Hauptsache** sind eine Vielzahl von Konstellationen vorstellbar. Ist der Prozess nach übereinstimmender Erledigungserklärung unterbrochen worden, können der InsVerw wegen der dann nach § 91a ZPO zu treffenden KostenEntsch nach § 85 vorgehen und der Gegner nach §§ 174 ff Verf.[113]

51 **d) Feststellungsklage.** Auch bei dieser Klage entscheidet das Rechtsschutzziel und nicht die Parteirolle über die Einordnung als Aktiv- oder Passivprozess. § 85 ist nur einschlägig, wenn das Rechtsverhältnis, welches in Streit steht, ausschließlich ein Masseaktivum begründen kann.[114] Bei einer **negativen Feststellungsklage** des Schu handelt es sich demgegenüber um einen Prozess, der in ein Verf nach § 180 Abs 2 einmünden kann, weil der Schu einen Anspruch des Gegners gegen ihn leugnet. Wird die Wirksamkeit der Ausübung eines Gestaltungsrechts oder der Bestand eines Rechtsverhältnisses zur Feststellung gestellt, kommt es darauf an, ob sich daraus **Forderungen der Masse** ergeben können (nur dann § 85), ob mglw Masseverbindlichkeiten begründet sind (zB Fortbestand des Arbeitsverhältnisses; § 55 Abs 1 Nr 2 Fall 2 iVm § 86 Abs 1 Nr 3) oder ob das Rechtsverhältnis nur noch InsFord hervorbringen kann (§ 180 Abs 2).

52 **e) Prozessuale Gestaltungsklagen.** Sie sind nur insoweit § 85 zuzuordnen, als ein im Vermögen des Schu stehender Anspruch im Streit steht. Ansprüche gegen den Schu sind, falls es sich um InsFord handelt, im Verf nach §§ 87, 174 ff, 180 Abs 2 zu verfolgen. IÜ kann je nach Rechtsqualität des Anspruchs § 86 einschlägig sein, zB Abs 1 Nr 1 für die Drittwiderspruchsklage (§ 771 ZPO) und Abs 1 Nr 2 für die gegen die Durchsetzung eines Absonderungsrechts gerichtete Vollstreckungsabwehrklage (s hierzu die Kommentierung zu § 86).

53 **2. Aufnahme (Abs 1 S 1). – a) Aufnahmebefugnis.** Die Aufnahme des Rechtsstreits ist **in jeder Lage des Verfahrens** möglich, auch wenn der Rechtsstreit zur Zeit der Eröffnung des InsVerf schon in der Revisionsinstanz anhängig war. Gleiches gilt für eine anhängige Nichtzulassungsbeschwerde.[115] Zur Aufnahme des Rechtsstreits sind der **InsVerw**, im vereinfachten InsVerf der Treuhänder (§ 313 Abs 1 S 1 aF)[116] und im EröffnungsVerf der „starke“ vorl InsVerw (§ 24 Abs 2) berechtigt. Ist **Eigenverwaltung** angeordnet (§ 270 Abs 1 S 1), ist der Schu zur Aufnahme befugt, nicht der Sachwalter, der nur eine Überwachungsfunktion hat (§ 274 Abs 2).[117] Der Schu hat zuvor ggf die Einwilligung des GAusschusses oder der GlVersammlung einzuholen (§ 276 S 2, § 160 Abs 2 Nr 3). Eine **Teilaufnahme** des unterbrochenen Rechtsstreits ist möglich, wenn die Gefahr einander widersprechender Entscheidungen in Bezug auf den aufgenommenen Teil und den nicht aufgenommenen Teil ausgeschlossen ist.[118] Die Aufnahmebefugnis für eine **negative Feststellungsklage** kann auch der GmbH als

110 MK/*Schumacher* § 85 Rn 7.
111 Ausnahme: § 269 Abs 3 S 3.
112 *Jaeger/Windel* § 85 Rn 120; MK/*Schumacher* § 85 Rn 8.
113 Zu weiteren Konstellationen wird auf die Kommentierung bei *Jaeger/Windel* § 85 Rn 121–123 verwiesen.
114 *Jaeger/Windel* § 85 Rn 116.
115 *BGH* ZIP 2013, 1094 Rn 8.
116 *BGH* ZIP 2003, 1973.
117 *BFH* ZInsO 2014, 1771 Rn 14; MK/*Schumacher* § 85 Rn 12.
118 *BGH* ZIP 2013, 1094 Rn 10.

InsSchu zur Verfolgung ihres Widerspruchs gegen die Feststellung einer titulierten Forderung zustehen.[119]

b) Aufnahmeerklärung. – aa) Grundsatz. Die Aufnahme des Rechtsstreits durch den InsVerw erfolgt mittels eines bei G einzureichenden **Schriftsatzes**, der von Amts wegen zuzustellen ist (§§ 270, 166 Abs 2 ZPO). Die Aufnahmeabsicht muss aus dem Schriftsatz deutlich hervorgehen, ausdrücklich erklärt werden muss sie nicht.[120] Die Erklärung ist **Prozesshandlung**; sie unterliegt dem **Anwaltszwang** (§ 78).[121] Der RA muss grds bei dem G zugelassen sein, bei dem die Aufnahme erklärt wird (s aber nachfolgend Rn 55 f). Erst mit der förmlichen **Zustellung** an den Gegner wird die Unterbrechung beendet.[122] Da die Prozessvollmacht (§§ 80 f ZPO) des schuldnerischen Anwalts mit der InsEröffnung erloschen ist (§ 117), darf der Schriftsatz dem schuldnerischen Anwalt nicht mehr zugestellt werden.[123] Die Aufnahme kann auch in der **mündlichen Verhandlung** erklärt werden.[124] **54**

bb) Aufnahmeerklärung zwischen den Instanzen. – aaa) Der **Rechtsmittelführer** kann mit der Einreichung der Rechtsmittelschrift **stillschweigend** die Aufnahme des Rechtsstreits erklären.[125] Dass in diesen Fällen der Rechtsstreit mangels Zustellung des Aufnahmeschriftsatzes an den Gegner noch unterbrochen ist, steht der Wirksamkeit der Einlegung des Rechtsmittels nicht entgegen, weil trotz der Unterbrechung Prozesshandlungen der Partei gegenüber dem G vorgenommen werden können.[126] Mit der Einlegung des Rechtsmittels gelangt der Prozess in die höhere Instanz, so dass die Aufnahme ebenfalls gegenüber dem iudex ad quem erklärt werden kann. **55**

bbb) Will der **Rechtsmittelgegner** die Aufnahme des nach Einlegung der Revision unterbrochenen Rechtsstreits erklären, stellt sich die Frage seiner Postulationsfähigkeit. Diese ist Prozesshandlungsvoraussetzung und muss grds im Zeitpunkt der Vornahme der Prozesshandlung vorliegen.[127] Im Anwendungsbereich der **Annahmerevision** (§ 554b ZPO aF) hat es der BGH zugelassen, dass vor der Entsch über die Annahme der Revision die Aufnahmeerklärung durch einen (nicht beim BGH zugelassenen) Prozessbevollmächtigten zweiter Instanz abgegeben wurde.[128] Dies wurde daraus hergeleitet, dass der Revisionsbeklagte, ohne Rechtsnachteile zu erleiden, bis zur Annahme der Revision von der Beauftragung eines beim BGH zugelassenen RA absehen konnte. Es wurde deshalb für eine sachlich nicht gerechtfertigte Überspitzung des Anwaltszwangs gehalten, wenn es für die Wirksamkeit der Aufnahme in dieser Phase eines BGH-Anwalts bedurft hätte. Die gleichen Argumente lassen sich für das Verf der Nichtzulassungsbeschwerde anführen (zum Verf s § 544 Abs 4 und 6 ZPO). **56**

c) Der aufgenommene Prozess. – aa) Wirkung. Der InsVerw nimmt den Rechtsstreit in der Lage auf, in der er sich befindet. Der InsVerw muss deshalb die bisherige Prozessführung des Schu, einschl eventueller Anerkenntnisse, Verzichte, Geständnisse und Fristversäumnisse, gegen sich gelten lassen, sofern er nicht im Einzelfall solche Rechtshandlungen gem §§ 129 ff wegen objektiver GlBenachteiligung anfechten kann. Andererseits steht es dem **57**

119 *BGH* ZIP 2013, 1640 Rn 11.
120 *BGHZ* 23, 175; *Jaeger/Windel* § 85 Rn 130.
121 *BGHZ* 146, 373.
122 *BGH* ZIP 1999, 76.
123 *BGH* ZIP 1999, 75 f.
124 *Jaeger/Windel* § 85 Rn 130; MK/*Schumacher* Vor §§ 85–87 Rn 80.
125 *BGHZ* 111, 108 f; *BGH* ZIP 2001, 579.
126 *BGHZ* 50, 400; 111, 108 f.
127 *BGH* NJW 2005, 3773.
128 *BGH* ZIP 2001, 579.

InsVerw frei, sämtliche dem Schu bei Eintritt der Unterbrechung noch zustehende Angriffs- und Verteidigungsmittel vorzubringen.[129] Deshalb kann der InsVerw, wenn dem verklagten Schu im Zeitpunkt der Unterbrechung ein sofortiges Anerkenntnis (§ 93 ZPO) schon versagt war, nach Aufnahme des Verf kein „sofortiges Anerkenntnis" mehr abgeben.[130] Bestand die Möglichkeit noch, steht sie grds auch dem Verwalter noch offen.

58 **bb) Weitere Verfahrensgestaltung.** Die gerichtliche VerfGestaltung nach der Aufnahme hängt von dem Zeitpunkt der Unterbrechung ab. Eine mit dem Schu durchgeführte **Güteverhandlung** (§ 278 Abs 2 ZPO) ist nicht zu wiederholen. **Ladungs- und Einlassungsfristen** sind gegenüber dem InsVerw zu wahren.[131]

59 **cc) Kosten.** Gewinnt der InsVerw den von ihm aufgenommenen Prozess, ergeben sich keine spezifisch insolvenzrechtlichen Probleme. Dies ist anders, wenn er den Prozess verliert.[132] Dann bildet die Kostenlast eine **Masseverbindlichkeit** (§ 55 Abs 1 Nr 1), und zwar grds auch insoweit, als das Urt dem InsVerw die vor der Aufnahme entstandenen Kosten auferlegt hat. Über die Einordnung als Masseverbindlichkeit oder InsFord ist mit der **KostengrundEntsch** und nicht erst im KostenfestsetzungsVerf (§§ 103 ff ZPO) zu entscheiden.[130] Die Abgrenzung ist im Grundsatz und im Detail umstr.[133] Die herkömmliche, zur KO entwickelte Meinung hebt hervor, dass der InsVerw mit der Fortführung des Prozesses zur Hauptsache das **einheitliche Kostenrisiko** des Schu auf die Masse übernehme.[134] Für diese Auff spricht auch, dass G- und Anwaltsgebühren, soweit es sich um VerfGebühren handelt, nicht einzelne, sondern eine Gesamtheit gleichartiger Tätigkeiten und Prozesshandlungen abdecken, über die einheitlich zu entscheiden ist (Grundsatz von der Einheit der KostenEntsch).

60 Demgegenüber betont die Gegenauffassung im Anwendungsbereich der InsOrdnung den **Wertungswiderspruch** zu § 105 InsO, der bei teilbaren Leistungen eine insolvenzrechtlich unerwünschte und sachlich nicht gerechtfertigte Privilegierung des Gl verhindere, dem eine teilbare Leistung geschuldet werde. Der BGH hat dieses Argument innerhalb der Instanz nicht anerkannt und dem Grundsatz von der Einheitlichkeit der KostenEntsch insoweit den Vorrang eingeräumt.[135] Die Kosten der Vorinstanz werden allerdings nicht zu Masseverbindlichkeiten aufgewertet, wenn der InsVerw den Prozess in der Rechtsmittelinstanz fortführt.[136]

61 **3. Ablehnung der Aufnahme (Abs 2). – a) Form.** Für die Ablehnung der Aufnahme sieht das G keine besondere Form vor. Sie ist eine **materiellrechtliche Erklärung** und kann wirksam auch durch schlüssiges Verhalten – etwa durch Freigabe des Gegenstandes an den Schu – erfolgen.[137] Die Ablehnung ist gegenüber dem Schu oder dem Gegner zu erklären.[138] Anwaltszwang besteht nicht. Die Erklärung kann auch in der mündlichen Verhandlung

---

129 *BGH* ZIP 2006, 2133; *Jaeger/Windel* § 85 Rn 132.
130 *BGH* ZIP 2006, 2133.
131 Zu den Einzelheiten s *Jaeger/Windel* § 85 Rn 133–137; MK/*Schumacher* Vor §§ 85–87 Rn 82.
132 S hierzu *BGH* ZIP 2006, 2132 ff.
133 Wie hier: *Jaeger/Windel* § 85 Rn 139; *K Schmidt/Sternal* § 85 Rn 45; **aA** HambKomm/*Kuleisa* § 85 Rn 14 f; *K/P/B/Lüke* § 85 Rn 59; MK/*Schumacher* § 85 Rn 20; *Uhlenbruck* ZIP 2001, 1989.
134 Zur KO schon *Jaeger/Henckel* KO § 10 Rn 119.
135 *BGH* 29.5.2008 – IX ZR 45/07 Rn 29; *BGH* 28.6.2016 – II ZR 364/13 Rn 10; ebenso *Jaeger/Henckel* § 55 Rn 21; *Jaeger/Windel* § 85 Rn 139.
136 *BGH* 28.6.2016 – II ZR 364/13 Rn 11.
137 *BGH* ZIP 2003, 1973; 2007, 196; *K/P/B/Lüke* § 85 Rn 67; MK/*Schumacher* § 85 Rn 22; **aA** *Jaeger/Windel* § 85 Rn 139: auch Prozesserklärung.
138 *BGH* ZIP 2007, 196.

(Abs 1 S 2; § 239 Abs 2 ZPO) abgegeben werden. Die Zustimmung des GlAusschusses bzw der GlVersammlung kann erforderlich sein (§ 160 Abs 2 Nr 3).

b) Verhältnis zur Freigabe. – aa) Grundsatz. Die **Ablehnung**, einen Rechtsstreit für die Masse aufzunehmen (§ 85 Abs 2), ist notwendig mit der Freigabe des im Streit befindlichen Massegegenstandes verbunden; denn der Schu erhält die gesetzliche Prozessführungsbefugnis nur zurück, wenn der Streitgegenstand wieder zum massefreien Vermögen gehört.[139] Die Ablehnung der Aufnahme unter dem ausdrücklichen Vorbehalt, den Gegenstand gleichwohl für die Masse in Anspruch zu nehmen, liefe auf eine **rechtsgeschäftliche Übertragung der Verfügungsbefugnis** auf den Schu hinaus, die bei vermögenslosen juristischen Personen unwirksam ist.[140] 62

bb) Wirkung der Freigabe. Umgekehrt bedeutet die Freigabe eines streitbefangenen Massegegenstandes regelmäßig, dass der InsVerw die Aufnahme des Aktivprozesses ablehnt.[141] Auch im InsVerf über das Vermögen einer juristischen Person kann der InsVerw einen zur Masse gehörenden Vermögensgegenstand freigeben.[142] Die Freigabe eines zur Masse gehörenden Vermögensgegenstandes bedeutet deren **Überführung in das insolvenzfreie Vermögen** des Schu.[143] Führt der Schu den Rechtsstreit nach Freigabe erfolgreich fort, fällt der auf Grund des Urt erlangte Neuerwerb entgegen § 36 nicht in die InsMasse, sondern bleibt insolvenzfrei. Die Freigabe hat somit eine **abtretungsähnliche Wirkung**. Deshalb erfasst die Freigabe eines Kaufpreisanspruchs entspr § 401 BGB auch den Herausgabeanspruch gegen einen mit der Vertragsabwicklung beauftragten Treuhänder.[144] 63

cc) Passivprozess. Lehnt der InsVerw es ab, einen Passivprozess aufzunehmen, findet § 85 Abs 2 dagegen keine Anwendung. Hierdurch wird nicht der Wille dauernden Verzichts auf die Massezugehörigkeit bekundet. Dies folgt daraus, dass es um die Abwehr eines gegen die Masse gerichteten Anspruchs geht, die Masse also nicht Inhaberin des Anspruchs, sondern Anspruchsgegnerin ist.[143] Der Rechtsstreit bleibt deshalb – von den Ausnahmefällen des § 86 Abs 1 abgesehen, in denen der Gegner den Rechtsstreit fortsetzen kann – unterbrochen. 64

c) Wirkung der Ablehnung. Mit der Ablehnung der Aufnahme geht die Prozessführungsbefugnis auf den Schu über. Nunmehr können sowohl der Schu als auch der Gegner den Rechtstreit aufnehmen. Erst die Aufnahme des Rechtsstreits beendet die Unterbrechung, nicht schon die Ablehnung der Aufnahme durch den Verwalter.[145] Der Schu ist nicht verpflichtet, dem Gegner die Aufnahme durch Bestellung eines **Zustellungsbevollmächtigten** zu erleichtern. Die Nichtbestellung stellt auch kein Verschulden dar, welches die Wiedereinsetzung nach § 233 ZPO ausschließen könnte. 65

4. Ermessensentscheidung. – a) Grundsatz. Die Entsch des Verw, ob er den Rechtsstreit aufnimmt, steht in seinem **pflichtgemäßen Ermessen**. Im Vordergrund steht der Hauptzweck des InsVerf, die gemeinschaftliche Befriedigung der Gl (§ 1 S 1). Der InsVerw hat deshalb die mögliche Vermehrung der InsMasse einerseits und das Prozesskostenrisiko andererseits gegeneinander abzuwägen.[146] Ggf muss er vor der Entsch die Zustimmung des 66

---

139 *BGHZ* 163, 36 = ZIP 2005, 1035; *BGH* ZIP 2007, 196.

140 *BGHZ* 96, 153 f; *BGHZ* 100, 220 = ZIP 1987, 794; *Jaeger/Windel* § 85 Rn 145; Hk-ZPO/*Bendtsen* § 51 Rn 23; MK/*Schumacher* § 85 Rn 18; *Gehrlein* DZWIR 1999, 291 f.

141 *BFH* ZInsO 2016, 537, 538.

142 *BGHZ* 163, 34; *BGH* ZInsO 2006, 261; ZIP 2006, 584; MK/*Schumacher* § 85 Rn 26–28; *Henckel* FS Kreft, 2004, S 300 ff; **aA** *K Schmidt* KTS 1994, 315.

143 *BGH* ZIP 2007, 196.

144 *BGH* ZIP 2007, 196 f; MK/*Schumacher* § 85 Rn 23.

145 *BGHZ* 36, 261 f; *K/P/B/Lüke* § 85 Rn 72; MK/*Schumacher* § 85 Rn 24.

146 *K/P/B/Lüke* § 85 Rn 73; MK/*Schumacher* § 85 Rn 32.

GlAusschusses bzw der GlVersammlung einholen (§ 160 Abs 2 Nr 3). Die Wirksamkeit seiner Entsch wird hiervon jedoch nicht berührt (§ 164).

67 **b) Haftungsrisiken. – aa) Masseverkürzung.** Neben der möglichen Massemehrung hat der InsVerw zu beachten, dass er keine Verbindlichkeiten begründen darf (zB Anwaltskosten), zu deren Erfüllung die Masse nicht ausreicht (§ 61).[147] Der InsVerw haftet einem Massegläubiger ferner nach § 60, wenn er die Masse pflichtwidrig verkürzt.[148] Der Verw darf deshalb das Verf nicht aufnehmen, solange es keine hinreichenden Erfolgsaussichten bietet (s Kommentierung zu §§ 60, 61). Ist der Wert des umstrit Gegenstandes bes hoch oder ist er für die Fortführung des Unternehmens von besonderer Bedeutung, kann der Verw in der nicht massearmen Ins umgekehrt auch bei nicht sicheren Gewinnaussichten zur Fortführung verpflichtet sein.[149]

68 **bb) Prozessgegner.** Die InsOrdnung begründet dagegen keine (insolvenzspezifische) Verpflichtung des InsVerw, vor der Erhebung einer Klage oder während des Verf die **Interessen des Prozessgegners** an einer Erstattung seiner Kosten zu berücksichtigen. Eine Haftung nach § 60 kommt deshalb nicht in Betracht.[150] In bes gelagerten Einzelfällen kann sich eine Haftung gegenüber dem Prozessgegner aber aus dem Gesichtspunkt der vorsätzlichen sittenwidrigen Schädigung ergeben.[151]

69 **5. Verzögerung der Aufnahme und weiteres Verfahren (Abs 1 S 2).** Verzögert der endgültige (vgl die beschränkte Verweisungskette in § 24 Abs 2) Verw die Entsch über die Aufnahme, gilt § 239 Abs 2–4 ZPO. Der InsVerw ist dann auf Antrag des Gegners zur Aufnahme und zugleich zur Verhandlung der Hauptsache zu laden. Der Eintritt einer **Verzögerung** bemisst sich danach, ob seit der InsEröffnung eine für die Entsch über die Fortführung des Prozesses angemessene Frist abgelaufen ist. Hierbei ist auf die Schwierigkeiten bei der Bewertung der Prozessaussichten und der Ermittlung der für die Prozessführung nötigen Masse abzustellen, ferner, ob Zustimmungen nach § 160 Abs 2 Nr 3 erforderlich sind, die eine gewisse Zeit benötigen.[152]

70 Für das weitere Verf ist danach zu unterscheiden, in welcher **Lage des Prozesses** die Unterbrechung eingetreten ist.

71 **a) Unterbrechung in der laufenden Instanz. – aa) Ladung.** Es greift § 239 Abs 2 ZPO ein. Die (richterliche) Ladungsfrist ist nach § 239 Abs 3 S 2 ZPO zu bestimmen. Zu laden ist zur Aufnahme und zugleich zur Verhandlung. Zuständig ist das G, vor dem der Rechtsstreit bei Unterbrechung schwebte. Die Ladung ist dem Verw selbst oder dem vom ihm benannten Bevollmächtigten (§§ 171 f ZPO) zuzustellen.[153] Eine Ladung des schuldnerischen Prozessbevollmächtigten ist dagegen nicht zulässig (§§ 115 f). Hat der InsVerw bereits einen Prozessbevollmächtigen benannt und dies dem Gegner in der Form des § 250 ZPO mitgeteilt, ist das Verf stillschweigend aufgenommen.[154]

72 **bb) Termin. – aaa)** Wird im Termin zur Hauptsache verhandelt, liegt darin zugleich die Aufnahme durch den InsVerw; lehnt der Verw die Aufnahme dagegen ab, bleibt das Verf unter-

---

147 *BGHZ* 159, 108 f; 161, 239.
148 *BGHZ* 159, 112 f.
149 *K/P/B/Lüke* § 85 Rn 74.
150 *BGHZ* 148, 177; 161, 240.
151 *BGHZ* 148, 181 ff; 154, 274 f; 161, 241.
152 *K/P/B/Lüke* § 85 Rn 60.
153 Nach **aA** stets an den Verwalter, ggf nach Maßgabe des § 215 Abs 2 ZPO: *Jaeger/Windel* § 85 Rn 155; MK-ZPO/*Stackmann* § 239 Rn 45.
154 *Jaeger/Windel* § 85 Rn 155.

brochen, bis der Schu oder der Gegner aufnimmt (Abs 2). Gibt der Verw nach Aufnahme den Gegenstand frei, geht die Prozessführungsbefugnis des von ihm bestellten Anwalts unter; § 265 ZPO ist in diesem Falle nicht anwendbar.[155] Das Fehlen der Prozessführungsbefugnis ist von Amts wegen zu berücksichtigen. Bei Streit über die Wirksamkeit der Aufnahme kann das G durch **ZwischenUrt** entscheiden (§ 280 ZPO).

bbb) Erscheint der geladene InsVerw im Termin nicht, ist entspr § 239 Abs 4 ZPO zu verfahren. Sein Ausbleiben kann nicht etwa als Ablehnung iSd § 85 Abs 2 gedeutet werden. Der in jener Vorschrift erwähnten „behaupteten Rechtsnachfolge" entspricht hier die Prozessführungsbefugnis des Geladenen über den rechtshängigen Anspruch. Hiermit sind jedoch anders als im unmittelbaren Anwendungsbereich des § 239 ZPO nur die vom Gegner vorgetragenen **Tatsachen** als zugestanden anzusehen, auf die dieser die Prozessführungsbefugnis des Geladenen stützt. Dies folgt daraus, dass die Prozessführungsbefugnis der **Amtsprüfung** unterfällt. Das G weist deshalb den Aufnahmeantrag des Gegners durch Zwischen- oder EndUrt ab, wenn es zu dem Erg gelangt, dass nicht der Verw, sondern der Schu prozessführungsbefugt ist, weil zB der Gegenstand des Rechtsstreits zum unpfändbaren Vermögen gehört (vgl § 331 Abs 2 ZPO). Nur wenn der Vortrag des Gegners die Prozessführungsbefugnis des Verw rechtfertigt, kann in der Hauptsache VersäumnisUrt ergehen.[156] Es ist **SachUrt** und entfaltet nach allg Grundsätzen Rechtskraft auch gegenüber dem Schu.[157] 73

ccc) Ist in dem Termin der Gegner säumig und nimmt der InsVerw das Verf (ggf durch schlüssiges Handeln) auf, kann bei Vorliegen der Voraussetzungen der §§ 330 ff ZPO VersäumnisUrt gegen den Gegner ergehen. Bestreitet der Verw zB die Massebezogenheit des Anspruchs, so kann der Antrag des nicht erschienenen Gegners durch VersäumnisUrt zurückgewiesen werden.[158] 74

b) Unterbrechung zwischen den Instanzen. Wird das Verf nach Verkündung des Urt, aber vor Einlegung des Rechtsmittels unterbrochen, ist der iudex a quo für die Ladung gem § 239 Abs 2 ZPO zuständig. Die von der **obsiegenden Partei** beantragte Ladung kann in diesem Fall nur zur Aufnahme, nicht zur Verhandlung in der Hauptsache erfolgen. Die **unterlegene Partei** kann, wenn das Urt rechtsmittelfähig ist, beim iudex ad quem Rechtsmittel einlegen und zugleich die Ladung des Verwalters zur Aufnahme und Verhandlung der Hauptsache beantragen.[159] 75

c) Unterbrechung während des Laufs der Rechtsmittelbegründungsfrist. Ist der Prozess zwischen Einlegung und Begr des Rechtsmittels unterbrochen worden, kann der InsVerw nur zur Aufnahme geladen werden. Bleibt er säumig, kann mangels einer einseitigen Verhandlung zur Hauptsache (§ 330 ZPO) nur über die Aufnahme entschieden werden, und zwar durch Versäumnis-ZwischenUrt. 76

§ 86 Aufnahme bestimmter Passivprozesse

(1) Rechtsstreitigkeiten, die zur Zeit der Eröffnung des Insolvenzverfahrens gegen den Schuldner anhängig sind, können sowohl vom Insolvenzverwalter als auch vom Gegner aufgenommen werden, wenn sie betreffen:

---

155 Str; wie hier *BGHZ* 46, 251 f; vgl aber in anderem Zusammenhang *BGH* ZIP 2007, 196; **aA** HambKomm/*Kuleisa* § 85 Rn 24; *K/P/B/Lüke* § 85 Rn 72; MK/*Schumacher* § 85 Rn 24.
156 *Jaeger/Windel* § 85 Rn 159; MK/*Schumacher* § 85 Rn 39.
157 *Jaeger/Windel* § 85 Rn 158.
158 MK/*Schumacher* § 85 Rn 40.
159 MK/*Schumacher* § 85 Rn 41f, auch zu den sich aus der Reaktion der Beteiligten ergebenden Alt.

1. die Aussonderung eines Gegenstands aus der Insolvenzmasse,
2. die abgesonderte Befriedigung oder
3. eine Masseverbindlichkeit.

(2) Erkennt der Verwalter den Anspruch sofort an, so kann der Gegner einen Anspruch auf Erstattung der Kosten des Rechtsstreits nur als Insolvenzgläubiger geltend machen.

Übersicht

A. Allgemeines

I. Normzweck

1 **1. Passivprozesse.** Die Norm regelt die Aufnahme von Passivprozessen, die nach § 240 ZPO unterbrochen wurden. Sie erweitert mithin die Aufnahmemöglichkeiten gegenüber § 85, der sich mit der Aufnahme unterbrochener **Aktivprozesse** befasst. Zugelassen wird die Aufnahme jedoch nur für die in Abs 1 bezeichneten **Prozesse gegen die Masse**. Die Fallgestaltungen der Nr 1–3 haben gemeinsam, dass sie unmittelbar auf eine Minderung der Teilungsmasse gerichtet sind. Streitigkeiten hierüber bedürfen im Interesse einer sinnvollen VerfDurchführung baldiger Klärung. Die genannten Rechtsstreitigkeiten können deshalb sowohl von InsVerw als auch vom Gegner sofort aufgenommen werden. Das **unmittelbare Aufnahmerecht des Gegners** trägt dem Umstand Rechnung, dass dieser Aussonderungs-, Absonderungs- oder Masseansprüche, falls sie noch nicht rechtshängig wären, ohne weiteres durch Erhebung einer neuen Klage gegen den Verwalter verfolgen könnte.

2 Mit Ausnahme des § 180 Abs 2 ist die Aufnahme eines Rechtsstreits über **InsFord** nicht möglich.[1] Gl dieser Forderungen haben diese vorrangig nach den Vorschriften über das InsVerf geltend zu machen (§ 87); die Gl haben also gem §§ 174 ff die Anmeldung und Feststellung der Forderungen zur Tabelle zu betreiben.

3 **2. Schutz vor Vollstreckung.** Die Vorschrift des § 86 wird durch § 90 ergänzt. Danach ist die Masse vor der **Vollstreckung** bestimmter titulierter Masseverbindlichkeiten für die Dauer von sechs Monaten seit der InsEröffnung geschützt (s Kommentierung dort).

1 *BGH* ZIP 2014, 1503 Rn 9.

II. Geltungsbereich

§ 86 gilt allg, also auch bei InsVerf in Eigenverwaltung (§§ 270 ff)[2] und ohne Einschränkungen im EröffnungsVerf (§ 24 Abs 2).[3] 4

B. Erläuterungen

I. Unterbrechung des Verfahrens (§ 240 ZPO)

Die Vorschrift setzt wie § 85 die **Unterbrechung des Verf** gem § 240 ZPO voraus. Es muss also bei InsEröffnung ein Prozess des Schu rechtshängig sein, der sich auf die InsMasse bezieht (s hierzu die Kommentierung zu § 85 Rn 21–25). Ist die gegen den Schu gerichtete Klage auf einen **unpfändbaren Gegenstand** gerichtet, der mithin insolvenzfrei ist (§ 36 Abs 1 S 1), unterbricht die Eröffnung das Verf nicht; es ist mit dem Schu fortzusetzen. Wird ein solches Verf von dem InsVerw oder dem Gegner als unterbrochen betrachtet und gegen die Masse aufgenommen, ist die Aufnahme als unzulässig abzuweisen.[4] 5

II. Gegenstand der Passivprozesse (Abs 1)

Die Rechtsstreitigkeit muss „gegen den Schu" anhängig sein. Damit sind Verf gemeint, die ein Recht zu Lasten der späteren InsMasse in Anspruch nehmen. Dies ist unter den weiteren Voraussetzungen der Nr 1–3 stets der Fall. Auf die **Parteirolle** des Schu kommt es wie bei § 85 nicht an.[5] Hierher gehören deshalb auch die negative Feststellungsklage des Schu auf Nichtbestehen eines Rechts gegen die zukünftige Masse und die Vollstreckungsgegenklage des Schu gegen einen zu Gunsten des Gegners titulierten Absonderungsanspruch. Ebenfalls hierher gehört die negative Feststellungsklage des Gegners, wenn dieser die Feststellung des Nichtbestehens eines Rechts des Schu begehrt, das nach seiner Ansicht ihm gehört, aber vom Schu für sein Vermögen in Anspruch genommen war.[6] Ist der Gl hingegen gem § 87 darauf verwiesen, seine Forderungen nach den Vorschriften über das InsVerf zu verfolgen, muss er seine Forderung zur Tabelle anmelden. Wird die Forderung vom **Schu** bestritten, kann nach § 184 Abs 1 S 2 der Passivprozess gegen den Schu aufgenommen werden. Liegt für die angemeldete Forderung schon ein vollstreckbarer Schuldtitel oder ein Endurteil vor, richtet sich das weitere Verfahren nach § 184 Abs 2 (s Kommentierung dort). Widerspricht der **InsVerw oder ein Gl** der Feststellung einer Forderung zur Tabelle (§ 177 Abs 1), über die ein Rechtsstreit anhängig ist, ist die Feststellung nach § 180 Abs 2 durch Aufnahme des Rechtsstreits zu betreiben (s Kommentierung dort).[7] 6

1. Aussonderung (§ 86 Abs 1 Nr 1). – a) Aussonderungsrecht. Der Prozess betrifft die Aussonderung , wenn er aus Sicht der Masse darauf abzielt, ein Recht des Gegners aus § 47 gegen die Verwertung zu Gunsten der InsGl zu schützen. Die Vorschrift des § 47 benennt den Kreis der Aussonderungsberechtigung nicht selbst, sondern verweist auf das sonstige Recht.[8] Hierunter fallen zB eine Klage gegen den Schu aus **§ 985 BGB**, sofern nicht nur ein 7

---

2 *Jaeger/Windel* § 86 Rn 3; *K/P/B/Lüke* § 86 Rn 2.
3 *Jaeger/Windel* § 86 Rn 3.
4 MK/*Schumacher* § 86 Rn 4.
5 *BGHZ* 185, 11, 18 = ZIP 2010, 948, 949; MK/*Schumacher* § 86 Rn 5; *Uhlenbruck/Mock* § 86 Rn 3.
6 *Jaeger/Windel* § 86 Rn 6.
7 Zur Aufnahme zwischen den Instanzen und gegen mehrere Widersprechende s *Adam* ZInsO 2013, 1227 ff.
8 Die dingliche Aussonderungsberechtigung an aussonderungsfähigen Gegenständen betrifft eine Vielzahl von Rechtspositionen. S hierzu die umfassende Zusammenstellung bei MK/*Ganter* § 47 Rn 37–436a.

Sicherungsrecht (§ 51 Nr 1) geltend gemacht wird, auf **Feststellung des Eigentums** oder auf Herausgabe einer beim Schu hinterlegten Sache. **Grundbuchberichtigungs- und Räumungsansprüche** gegen den Schu gehören ebenfalls hierher. Der Herausgabeanspruch des Vermieters begründet jedoch ein Aussonderungsrecht nur in demselben Umfang wie derjenige nach § 985 BGB. Ein weitergehender Räumungsanspruch ist lediglich eine InsFord.[9]

8 **b) Zuweisungsgehalt.** Das von den Prozessparteien jeweils in Anspruch genommene Recht muss sich nicht decken, wie dies zB beim Streit um das Vollrecht der Fall ist. Ausreichend ist es, dass beide Seiten denselben rechtlichen Zuweisungsgehalt hinsichtlich eines Gutes für sich in Anspruch nehmen. Aussonderungsstreit ist daher der Streit zwischen dem Gegner, der unbelastetes Eigentum als Vollrecht für sich in Anspruch nimmt, und dem Schu, der sich als Inhaber eines beschränkten dinglichen Rechts ausgibt. Für den umgekehrten Fall, dass der Inhaber des Vollrechts sich in der Ins befindet, kann nichts anderes gelten.[10] Die **Drittwiderspruchsklage** gehört ebenfalls hierher, ohne dass es auf die Parteirolle ankommt.[11] **Unterlassungsklagen** gegen den Schu können als die Geltendmachung von Aussonderungsansprüchen gewertet werden, wenn der Anspruch sich gegen ein Verhalten richtet, welches die Masse vermögensmäßig mehren würde.[12] Das unterbrochene **Patentnichtigkeitsverfahren** betrifft gleichfalls die Aussonderung eines Gegenstandes aus der Insolvenzmasse und kann daher sowohl vom InsVerw als auch vom Nichtigkeitskläger aufgenommen werden.[13]

9 **c) Anfechtungsanspruch.** Ob die Anfechtung wegen GlBenachteiligung und die InsAnf im InsVerf über das Vermögen des Anfechtungsgegners unter Nr 1 fallen, kann nicht allg beantwortet werden. Zunächst ist der Fall auszuscheiden, dass der verklagte Anfechtungsgegner im Zeitpunkt der InsEröffnung über sein Vermögen lediglich Wertersatz schuldet und seine Gegenleistung für den anfechtbar erlangten Gegenstand selbst nicht unterscheidbar in seinem Vermögen vorhanden ist. In diesem Fall stellt der **Zahlungsanspruch des Anfechtungsgläubigers** (Gegner im unterbrochenen Rechtsstreit) nur eine InsFord (§ 38) dar.[14] Liegt diese Besonderheit nicht vor, gewährt der **Anfechtungsanspruch in der Ins des Anfechtungsgegners** ein Aussonderungsrecht.[15]

10 **2. Abgesonderte Befriedigung (§ 86 Abs 1 Nr 2).** Ein Absonderungsrecht des Gegners (§§ 50 ff)[16] betrifft einen Prozess, in dem dieser die Herausgabe zum Zwecke der abgesonderten Befriedigung verlangt. Das Recht zur Aufnahme schließt die Aufnahme wegen entstandener Kosten ein, soweit diese durch das Recht gesichert sind, das dem Gl abgesonderte Befriedigung gewährt.[17] Wegen des Verwertungsrechts des Verwalters (§ 166) ist nach Lage des Falles der Herausgabeantrag mit deren Aufnahme durch einen Feststellungsantrag zu ersetzen (hierzu nachfolgend unter Rn 15).

11 Zu den auf abgesonderte Befriedigung gerichteten Klagen gehören zB die Klagen auf **Duldung der Zwangsvollstreckung** in ein mit einem Grundpfandrecht belastetes Grundstück

---

9 *BGHZ* 148, 256 und 260.
10 *Jaeger/Windel* § 86 Rn 6; str.
11 *Jaeger/Windel* § 86 Rn 7.
12 *K/P/B/Lüke* § 86 Rn 9; nach *BGHZ* 185, 11, 21 = ZIP 2010, 948, 950 soll es sich um einen Fall des Abs 1 Nr 3 handeln.
13 *BGHZ* 197, 177 = ZIP 2013, 1447 Rn 10.
14 *BGHZ* 155, 203 = ZIP 2003, 1556.
15 *BGHZ* 156, 360 f = ZIP 2003, 2310 f; § 129 Rn 72; *BGH* 27.4.2017 – IX ZR 198/16 Rn 11; *Jaeger/Henckel* § 47 Rn 116; *K/P/B/Lüke* § 86 Rn 10; **aA** wohl MK/*Schumacher* § 86 Rn 8.
16 Grdl zu den Absonderungsrechten s die Kommentierung bei MK/*Ganter* zu §§ 50, 51.
17 *BGH* ZIP 2013, 1742 Rn 14.

des Schu, ferner die Vollstreckungsgegenklage des Schu gegen einen titulierten Absonderungsanspruch des Gegners. Zur Aufnahme des Prozesses sind aber nur der InsVerw und der VerfGegner befugt. Deshalb ist es dem Schu verwehrt, sich mit der Aufnahme gegen die Zulässigkeit der Zwangsvollstreckung wegen des dinglichen Anspruchs aus der Grundschuld zu wenden.[18] Ferner gehören hierher die **Vorzugs-** (§ 805 ZPO) **und Teilungsklagen** (§§ 878 ff ZPO, 115 Abs 3 ZVG).[19] Fällt ein der **Testamentsvollstreckung unterliegender Nachlass** in die Masse, aus dem Pflichtteils- und Pflichtteilsergänzungsansprüche zu berücksichtigen sind, haftet ein gegenständlich beschränkter Teil der Masse den Berechtigten in vergleichbarer Weise wie bei abgesonderter Befriedigung, so dass Nr 2 ebenfalls einschlägig ist.[20] Die Vorschrift ist auch in unterbrochenen **Haftungsprozessen** entsprechend anwendbar, wenn dem klagenden Geschädigten im Sonderfall des § 110 VVG das Recht eingeräumt ist, gegen den InsVerw auf Zahlung, beschränkt auf Leistung aus der Versicherungsforderung, zu klagen und auf diese Weise das Absonderungsrecht geltend zu machen.[21]

3. Masseverbindlichkeiten (§ 86 Abs 1 Nr 3). – a) Allgemeines. Hierunter fallen Verbind- 12
lichkeiten, die vorab aus der Masse zu befriedigen sind (§§ 53, 55). Der Anwendungsbereich dieser Alternative ist begrenzt. Die InsO hat Masseverbindlichkeiten gegenüber dem alten Recht stark eingeschränkt. Erfasst werden im Übrigen nur Masseverbindlichkeiten, über die vor VerfEröffnung bereits ein Rechtsstreit anhängig war. Die Vorschrift ist daher nicht anwendbar auf Rechtsstreitigkeiten, die vom InsVerw begründete Neumasseschulden betreffen (§ 55 Abs 1 Nr 1) oder aus einer ungerechtfertigten Bereicherung der Masse resultieren (§ 55 Abs 1 Nr 3).[22] Bei sonstigen Masseverbindlichkeiten nach § 55 Abs 1 Nr 2 ist zu beachten, dass beim Erfüllungsverlangen bei teilbaren Leistungen gem § 105 der Umfang der hierdurch entstehenden Masseverbindlichkeit beschränkt ist. Der unterbrochene Prozess kann deshalb nur hinsichtlich desjenigen Teils des rechtshängigen Anspruchs aufgenommen werden, der zur Masseverbindlichkeit geworden ist. Soweit der Anspruch nach § 105 eine InsFord bildet, kann ihn der Gegner nur durch Anmeldung zur Tabelle verfolgen (§§ 87, 174 ff).[23]

b) Prozesse des vorläufigen Insolvenzverwalters. Soweit im EröffnungsVerf der „starke“ 13
vorl InsVerw, der Masseverbindlichkeiten begründen kann (§ 55 Abs 2 S 1), oder der schwache Verw im Rahmen einer ihm wirksam erteilten **Einzelermächtigung** tätig geworden ist,[24] kommt es mit der VerfEröffnung zur (ggf zweiten) Unterbrechung, obwohl den genannten Verw im EröffnungsVerf (aber nur dort) die Prozessführungsbefugnis zusteht.[25] Eine weitere Einschränkung des Anwendungsbereichs enthält die Rückstufung der Ansprüche gem § 55 Abs 3. Danach kann die **Bundesagentur für Arbeit** die Ansprüche auf Arbeitsentgelt, die nach § 55 Abs 2 Masseverbindlichkeiten begründen würden und auf sie übergegangen sind, nur als InsGl geltend machen.[26]

c) Beseitigungs- und Unterlassungsansprüche. Die Einordnung dieser Ansprüche in das 14
materielle Haftungssystem ist str. Das ReichsG und ihm folgend der BGH haben **Unterlassungsklagen** des Gegners des Schu als Aktivprozesse zur Teilungsmasse gewertet, wenn sich

18 *BGH* 10.5.2016 – XI ZR 46/14 mit Anm *Meyer* NZI 2016, 658.
19 *BGH* ZIP 2013, 1742 Rn 12.
20 *BGH* ZIP 2006, 1261.
21 *BGH* ZIP 2013, 1742 Rn 13; *Thole* NZI 2011, 41, 42 f.
22 *Uhlenbruck/Mock* § 86 Rn 17.
23 MK/*Schumacher* § 86 Rn 11.
24 S hierzu *BGHZ* 151, 363–368; § 22 Rn 3 ff.
25 HambKomm/*Kuleisa* § 86 Rn 13; *K/P/B/Lüke* § 86 Rn 13a; K Schmidt/*Sternal* § 86 Rn 9; *Uhlenbruck/Mock* § 86 Rn 17; **aA** MK/*Schumacher* § 86 Rn 13 und 18.
26 *BGHZ* 151, 358; näher hierzu *Jaeger/Windel* § 86 Rn 12.

der Unterlassungsanspruch gegen den Gewerbebetrieb des Schu und damit gegen ein Masseaktivum richtete.[27] Dies hat zur Konsequenz, dass zunächst nur der InsVerw zur Aufnahme befugt ist (§ 85). In der Lit wird tw zwischen Unterlassungsansprüchen aus der Beeinträchtigung absoluter Rechte des Schu und solchen aus Verstößen gegen Verbotsgesetze unterschieden.[28] Der BGH hat nunmehr klargestellt, dass es sich bei einem gegen den Schu gerichteten gesetzlichen Unterlassungsanspruch wegen Verletzung eines gewerblichen Schutzrechts des Kl oder wegen eines Wettbewerbsverstoßes um einen Passivprozess iSd § 86 handelt und der durch InsEröffnung unterbrochene Rechtsstreit entspr § 86 Abs 1 Nr 3 aufzunehmen ist.[29] Str ist auch die Behandlung der **Beseitigungsansprüche**, die – soweit sie Masseverbindlichkeiten begründen – teils der Nr 1, teils der Nr 3 zugeordnet werden.[30]

III. Aufnahme des Prozesses während der Insolvenz

15 **1. Aufnahmeberechtigung. – a) Allgemeines.** Den Prozess können sowohl der InsVerw als auch der Gegner sofort aufnehmen. Diesem wird nicht zugemutet, zunächst die **Entschließung des Verw** abzuwarten. Betrifft der Prozess jedoch eine Masseverbindlichkeit nach § 55 Abs 1 Nr 2 Fall 1, kommt eine Aufnahme erst in Betracht, wenn der Verw Erfüllung gewählt hat (§ 103). Im Anwendungsbereich des § 107 Abs 2 ist die **Aufnahme vor dem Berichtstermin** unzulässig, weil sich der InsVerw über das Vermögen des Eigentumsvorbehaltskäufers vorher nicht zu erklären braucht. Anders liegt es bei Verträgen, bei denen Erfüllung für die Zeit nach InsEröffnung erfolgen muss (§ 55 Abs 1 Nr 2 Fall 2), zB bei der Klage des Vermieters (Gegner) gegen den Mieter (Schu) auf Zahlung der rückständigen und künftig fällig werdenden Miete (§ 109 Abs 1). Im Anwendungsbereich des Abs 1 Nr 2 kann die Herausgabe nach Prozessaufnahme nicht mehr verlangt werden, wenn dem InsVerw das Verwertungsrecht (§ 166) zusteht. In diesem Fall kann der Gegner die **Klage auf Feststellung des Absonderungsrechts** umstellen (§ 264 Nr 3 ZPO).[31]

16 **b) Eigenverwaltung.** Im EigenverwaltungsVerf (§ 270 Abs 1 S 1) ist der Schu zur Aufnahme befugt, nicht der Sachwalter, der nur eine Überwachungsfunktion hat (§ 274 Abs 2; s § 85 Rn 53).

17 **c) Eröffnungsverfahren.** Ein im EröffnungsVerf wegen der Anordnung eines allg Verfügungsverbots und der Bestellung eines „starken" vorl InsVerw bereits unterbrochener Prozess (§ 21 Abs 2 Nr 1 und, § 22 Abs 1 S 1) wird infolge der VerfEröffnung erneut unterbrochen (Rn 13). Der endgültige InsVerw hat ein **eigenes Wahlrecht**, wobei andere Gesichtspunkte als im EröffnungsVerf maßgeblich sein können. Auch hat der InsVerw anders als der vorläufige die Möglichkeit der Freigabe der Sache.[32]

18 **2. Form der Aufnahme.** Es gelten dieselben Grundsätze wie bei § 85, auf dessen Kommentierung verwiesen wir (§ 85 Rn 54).

19 **3. Wirkung der Aufnahme.** Auch insoweit kann auf die Kommentierung zu § 85 verwiesen werden (§ 85 Rn 57).

20 **4. Kosten und sofortiges Anerkenntnis des Verwalters (Abs 2).** Werden die Kosten des Rechtsstreits dem InsVerw auferlegt § 91 Abs 1 ZPO), ist der Kostenerstattungsanspruch des Gegners idR **Masseverbindlichkeit** gem § 55 Abs 1 Nr 1. Dies gilt – in der laufenden

---

27 *RGZ* 134, 379 f; *BGH* NJW 1966, 51; ebenso *K/P/B/Lüke* § 85 Rn 53b.
28 *K Schmidt* FS Gerhardt, 2004, S 922 f, 929; **aA** *Jaeger/Windel* § 86 Rn 13, 18.
29 *BGHZ* 185, 11, 21 = ZIP 2010, 948, 950; ebenso für alle Fallgruppen *Jaeger/Windel* § 86 Rn 13.
30 Zum Meinungsstand s *Jaeger/Windel* § 86 Rn 13–15.
31 HambKomm/*Kuleisa* § 86 Rn 10; MK/*Schumacher* § 86 Rn 9.
32 *K/P/B/Lüke* § 86 Rn 6a; **aA** MK/*Schumacher* § 86 Rn 18.

Instanz – auch für die vor der InsEröffnung entstandenen Kosten.[33] Hieran knüpft Abs 2 an. Er eröffnet dem InsVerw mit dem sofortigen Anerkenntnis die Möglichkeit, den Kostenerstattungsanspruch zu einer **InsFord** abzuwerten. Die Vorschrift ist nicht anwendbar, wenn der Anspruch in der Berufungsinstanz nicht sofort anerkannt, sondern die Berufung zurückgenommen wird.[34]

Sein Anerkenntnis hat eine **weiterreichende Wirkung**, wenn der Schu keinen Anlass zur 21
Klage gegeben hatte und sich der Prozess bei VerfEröffnung noch in einer Lage befand, in der jener noch ein Anerkenntnis hätte abgeben können. Dann trägt der Gegner die Kosten nach § 93 ZPO;[35] für eine Anwendung des Abs 2 ist kein Raum.

5. Aufnahme und Freigabe. – a) Freigabe vor der Aufnahme. Der InsVerw kann den nach 22
Abs 1 Nr 1 auszusondernden oder nach Abs 1 Nr 2 der abgesonderten Befriedigung unterliegenden Gegenstand freigeben, bevor der Rechtsstreit aufgenommen worden ist. Die Verfügungsbefugnis geht dann auf den Schu über (§ 85 Rn 63). Obwohl es insoweit an einer bes Regelung fehlt, können sowohl der Schu als auch der Gegner den nach § 240 ZPO unterbrochenen Rechtsstreit aufnehmen.[36] Einem Masseschuldprozess nach Abs 1 Nr 3 kann sich der InsVerw dagegen nicht durch Freigabe von Massebestandteilen entziehen.[37] Er kann auch nicht einen Passivprozess über eine InsFord zur Aufnahme durch den Schu freigeben.[38]

b) Freigabe nach der Aufnahme. Gibt der InsVerw den Gegenstand nach Abs 1 Nr 1 oder 23
Abs 1 Nr 2 frei, nachdem der Rechtstreit aufgenommen worden ist, ist str, ob die Prozessführungsbefugnis dann an den Schu zurückfällt[39] oder ob ein Fall entspr § 265 Abs 2 ZPO (kein Einfluss der Rechtsnachfolge auf den Prozess) vorliegt (§ 85 Rn 63). Eine vermittelnde Meinung will im **Passivprozess** § 265 ZPO nur dann nicht entspr anwenden, wenn der InsVerw den Gegenstand sofort nach der Aufnahme durch den Gegner freigibt. Dann soll die Prozessführungsbefugnis ausnahmsweise auf den Schu zurückfallen, weil der Gegner nach dem Rechtsgedanken des Abs 2 erst geschützt ist, nachdem der Verwalter str zur Sache verhandelt hat.[40]

§ 87 Forderungen der Insolvenzgläubiger

Die Insolvenzgläubiger können ihre Forderungen nur nach den Vorschriften über das Insolvenzverfahren verfolgen.

Übersicht

33 *BGH* ZIP 2006, 2133; str; zum Meinungsstand s § 85 Rn 58 f.
34 *LAG Köln* ZIP 2015, 890 Rn 15 ff.
35 *BGH* ZIP 2006, 2133.
36 AllgM, vgl nur *Jaeger/Windel* § 86 Rn 22.
37 *BGH* ZIP 2006, 584; *Jaeger/Windel* § 86 Rn 22; MK/*Schumacher* § 86 Rn 26.
38 *BGH* ZIP 2003, 2272.
39 *BGHZ* 46, 251 f.
40 *Jaeger/Windel* § 86 Rn 23; MK/*Schumacher* § 86 Rn 27.

A. Allgemeines

I. Normzweck

1 **1. Grundsatz.** In der Ins des Schu gilt der Grundsatz der par conditio creditorum. Die Vorschrift gewährleistet durch ihre verfahrensrechtlichen Anordnungen, dass mit der InsEröffnung die Gl im Allg nur **gemeinschaftliche Befriedigung** erlangen können (§ 1 S 1) und die InsGl (§ 38) im Besonderen **gleichmäßige Befriedigung** erlangen. Sie stellt sicher, dass während der Dauer des InsVerf der Schu nur nach den Vorschriften der InsO in Anspruch genommen werden kann. Anders als nach dem Recht der KO besteht für den Gl auch nicht die Möglichkeit, durch Verzicht auf die Teilnahme am InsVerf den Schu persönlich im Klagewege in Anspruch zu nehmen.

2 **2. Generalklausel.** Die Vorschrift ist eine Generalklausel, die durch eine Reihe von Bestimmungen konkretisiert und ergänzt wird. Hierzu gehören neben § 240 ZPO (Unterbrechung durch InsVerf) insb §§ 85, 86 (Aufnahme unterbrochener Prozesse), §§ 88, 89 (Rückschlagsperre und Vollstreckungsverbote), §§ 174 ff, 187 ff (Feststellung von Forderungen; Verteilung), § 96 (Aufrechnung in der Ins) und nicht zuletzt §§ 129 ff (InsAnf).

II. Geltungsbereich

3 **1. Insolvenzforderungen.** Die Vorschrift betrifft ausschließlich InsGl, soweit sie als Inhaber einer Forderung gegen den Schu vorgehen wollen (§ 38). Die Grundsätze gelten im Anwendungsbereich der InsO (s aber § 63 KO) auch für **nachrangige InsFord** (vgl § 39). Erfasst werden schließlich Gl mit Forderungen aus **vorsätzlich begangenen unerlaubten Handlungen**. Deren Forderungen werden zwar nach § 302 Nr 1 von der Restschuldbefreiung nicht berührt; auch diese Gl sind jedoch darauf verwiesen, ihre Forderungen nach Betrag und Qualität, nämlich als Forderungen aus vorsätzlich begangener unerlaubter Handlung, anzumelden (§ 174 Abs 2).[1] Keine Anwendung findet die Vorschrift bei der gerichtlichen Geltendmachung von **Masseverbindlichkeiten**, **Aus- und Absonderungsrechten**[2] sowie bei höchstpersönlichen und deshalb **nicht massebezogenen Ansprüchen** (zB auf Auskunft, Abrechnung oder Unterlassung).[3] Derartige Ansprüche sind außerhalb des insolvenzrechtlichen Anmeldungs- und Feststellungsverfahrens zu verfolgen.[4] Die Vorschrift steht auch der Befriedigung eines InsGl aus dem **insolvenzfreien Vermögen** des Schu nicht entgegen.[5] Mit **Aufhebung des InsVerf** findet die Vorschrift keine Anwendung mehr. Der Gl kann seine

---

1 Ist die InsTabelle wegen der Anmeldung von Tatsachen, welche die Qualität der Forderung betreffen, lückenhaft, so kann der Gl den Rechtsgrund der festgestellten Forderung nur außerhalb des InsVerf gegen den Schu in Klagewege geltend machen, *BGH* ZIP 2009, 1687, 1688. Eine Tabellenfeststellungsklage gegen den InsVerw ist unzulässig, *BGH* ZIP 2008, 566, 568; s ferner die Kommentierung bei § 184 Rn 3 sowie ausf *K/P/B/Pape/Schaltke* § 184 Rn 97 ff.

2 *BGH* 27.4.2017 – IX ZR 198/16 Rn 9 mwN.

3 *Uhlenbruck/Mock* § 87 Rn 9.

4 *BGH* 27.4.2017 – IX ZR 198/16 Rn 9.

5 *BGH* ZIP 2010, 380, 381.

Forderung gegen den Schu dann wieder klageweise durchsetzen, auch wenn die Wohlverhaltensperiode noch läuft.[6]

MasseGl unterliegen allerdings dem Vollstreckungsverbot des § 90. Nach Anzeige der Masseunzulänglichkeit (§ 208) gilt das Vollstreckungsverbot des § 210, aus dem sich wiederum Beschränkungen hinsichtlich der Rechtsverfolgung ergeben.[7] 4

2. Sicherstellungsanspruch. Die Vorschrift gilt umfassend für alle InsFord, also nicht nur für Forderungen auf Befriedigung, sondern auch für solche auf Sicherstellung. In § 12 KO war dies noch hervorgehoben worden. Dies bedeutet, dass der InsVerw auch Ansprüche auf Sicherstellung nicht erfüllen darf.[8] 5

B. Erläuterungen

I. Rechtsverfolgung gegenüber der Masse

1. Negative Bedeutung der Vorschrift. – a) Allgemeines. Die Vorschrift schließt eine **Rechtsverfolgung gegen die Masse** (sog Schuldenmassestreit) aus.[9] Damit ist das ErkenntnisVerf gemeint, weil der Ausschluss der Vollstreckung gegen die Masse ist in § 89 besonders geregelt ist. Die Sperre erfasst nur **InsGl**. Gemäß § 38 sind dies diejenigen Gl, die einen bereits zur Zeit der Eröffnung des InsVerf begründeten Anspruch gegen den Schu haben (s Kommentierung dort). **Neugläubiger** sind hingegen nicht gehindert, ihre nach Verfahrenseröffnung entstandenen Vermögensansprüche gegen den Schu geltend zu machen und in das beschlagnahmefreie Vermögen zu vollstrecken.[10] Nicht betroffen sind materiell-rechtliche Maßnahmen, die der Sicherung oder Durchsetzung eines Rechts dienen; diese können allerdings den erg Vorschriften der §§ 80, 81, 91, 103 ff unterfallen.[11] Ausgeschlossen sind insb die Erwirkung eines Mahnbescheides, Klage, Widerklage, sonstige verfahrenseinleitende Anträge sowie eine Prozessaufnahme entgegen § 86. Dabei sind Rechtsweg und Prozessart ohne Bedeutung. Die Verweigerung der Zulassung eines Kraftfahrzeugs, solange die Gebühren aus vorausgegangenen Zulassungsvorgängen nicht beglichen sind, stellt keine Rechtsverfolgung gegen die Masse dar.[12] 6

b) Steuer- und Gebührenforderungen. Dem Anwendungsbereich der Vorschrift unterliegen auch die Forderungen des Fiskus. Kann sich der Gl den Titel selbst schaffen, weil er berechtigt ist, **Leistungs- oder Haftungsbescheide** zu erlassen, wird das Verf (insb das Steuerfeststellungs-, Steuerfestsetzungs-, Rechtsbehelfs- oder RechtsmittelVerf) analog § 240 ZPO unterbrochen.[13] Der Erlass von Bescheiden betr Abgabenforderungen, die vor VerfEröffnung entstanden sind, ist unzulässig; etwa noch erlassene Bescheide sind nichtig.[14] Ggf ist die Steuer für einen Entrichtungszeitraum, in den die InsEröffnung fällt, auf die Zeit vor und die Zeit nach der Eröffnung aufzuteilen.[15] Die Forderungen des Fiskus sind zur Tabelle anzumelden. Widerspricht der InsVerw, können die Forderungen durch Erlass eines Feststellungsbescheides zur InsTabelle festgestellt werden (§ 251 Abs 3 AO). Hiergegen kann 7

6 K Schmidt/*Sternal* § 87 Rn 8; *Sternal* NZI 2016, 281, 286.
7 *BGHZ* 167, 184 ff; *BGH* ZIP 2006, 2000 f.
8 *Braun/Kroth* § 87 Rn 7; *Jaeger/Windel* § 87 Rn 1; MK/*Breuer* § 87 Rn 8.
9 MK/*Breuer* § 87 Rn 15.
10 *BGH* ZIP 2014, 137 Rn 8.
11 Zur Unterdeckungnahme s *BGH* ZIP 2008, 704.
12 *VG Lüneburg* ZIP 2014, 190 Rn 5.
13 *BFH* ZIP 2006, 970; 2014, 427 Rn 20.
14 *BFH* ZIP 1997, 2160 f; 2003, 1213; 2006, 970; *BVerwG* ZIP 2003, 2003, 1994; MK/*Breuer* § 87 Rn 13; *Uhlenbruck/Mock* § 87 Rn 28.
15 *BFH* NZI 2015, 41 Rn 6 mit Anm *de Weerth* NZI 2015, 42.

der InsVerw Klage erheben. Wird der Bescheid bestandskräftig, beseitigt er den Widerspruch in der Tabelle gem § 183 Abs 2.[16] Dagegen soll das Finanzamt durch die Verfahrenseröffnung grundsätzlich nicht gehindert sein, eine negative Umsatzsteuer festzusetzen.[17]

8 Der Vorschrift unterfallen auch **öffentlich-rechtliche Gebührenforderungen**. Gleichgültig ist, ob sie behördlich mittels VA oder mittels Klage geltend zu machen sind.[18] Für die Abgrenzung ist maßgeblich, ob der Gebührentatbestand bereits vor InsEröffnung verwirklicht worden ist.

9 **2. Verweisung auf das Anmeldeverfahren. – a) Allgemeines.** In positiver Hinsicht verweist die Vorschrift auf das zur Feststellung der Forderungen gem §§ 174 ff vorgesehene AnmeldeVerf. Danach setzt die Berücksichtigung der Forderung im VerteilungsVerf (§§ 187 ff) ihre Anmeldung voraus. Die Frage der **Nachrangigkeit** (§ 39) ist ebenfalls in dieser Weise zu klären. Hält ein Gl seine Forderung nicht für nachrangig, so ist sie auf Anmeldung hin in die Tabelle aufzunehmen. Der InsVerw darf die Anmeldung zur Tabelle nicht zurückweisen, sondern muss im Prüfungstermin ihre Vollwertigkeit und – wenn es an der Aufforderung gem § 174 Abs 3 fehlt – ihre Anmeldefähigkeit bestreiten.[19] **Zug-um-Zug-Forderungen** sind als solche nicht anmeldefähig, weil sie sich nicht für die Berechnung der Quote eignen.[20] Die Zug-um-Zug-Einschränkung ist entsprechend § 45 zu schätzen und abzuziehen.[21] In der Ins eines Schädigers kann der Geschädigte seinen **Haftpflichtanspruch** grundsätzlich nur im Verfahren verfolgen. Weil die Versicherungsleistung nur ihm zugutekommen soll, räumt ihm § 110 VVG aber das Recht zur abgesonderten Befriedigung aus dem Freistellungsanspruch des Schädigers gegen den Versicherer (gesetzliches Pfandrecht)[22] ein. Diese kann der Geschädigte unmittelbar im Wege der Zahlungsklage gegen den InsVerw durchsetzen, beschränkt auf die Leistung aus dem Versicherungsanspruch.[23]

10 Für das **weitere Verf** ist danach zu unterscheiden, ob die angemeldete Forderung im Prüfungstermin bestritten wird, ob sie tituliert, rechtshängig oder noch nicht streitbefangen ist. Wegen der Einzelheiten wird auf die Kommentierung zu §§ 178, 179 verwiesen.

11 **b) Vorläufiges Bestreiten durch den Insolvenzverwalter.** Der InsVerw, der eine von einem InsGl zur InsTabelle angemeldete Forderung lediglich „vorläufig" bestreitet, löst die vom Gesetz an das Bestreiten in § 179 Abs 1 geknüpften Rechtsfolgen ebenfalls aus.[24] Erkennt der InsVerw den prozessualen Anspruch später an, ist im Anerkenntnisurteil über die Kosten des Rechtsstreits gem § 93 ZPO zu entscheiden.[25] Wird die zunächst vorläufig bestrittene Forderung nach Erhebung der Klage (§ 179 Abs 1) oder nach Aufnahme des Rechtsstreits (§ 180 Abs 2) zur InsTabelle festgestellt und erklären die Parteien daraufhin übereinstimmend den Rechtsstreit für erledigt, ist die KostenEntsch ebenfalls nach den zu § 93 ZPO entwickelten Grundsätzen zu treffen.[26]

---

16 *Braun/Kroth* § 87 Rn 10; MK/*Breuer* § 87 Rn 18.
17 *BFH* ZIP 2014, 427 Rn 21.
18 *VG Aachen* ZInsO 2016, 400, 401.
19 *Jaeger/Windel* § 87 Rn 9.
20 *BGH* ZIP 2003, 2379, 2381; *BGH* 9.7.2013 – II ZR 9/12 Rn 14.
21 *BGH* 9.7.2013 – II ZR 9/12 Rn 17.
22 *BGH* 25.9.2014 – IX ZB 117/12 Rn 7; *BGH* 7.4.2016 – IX ZR 216/14 Rn 12; ausführlich hierzu *Thole* NZI 2013, 665 ff.
23 *BGH* 7.4.2016 – IX ZR 216/14 Rn 12.
24 *BGH* ZIP 2006, 577; *BAG* ZIP 1988, 1589.
25 S hierzu *BGH* ZIP 2006, 2133.
26 *BGH* ZIP 2006, 577.

Ob für den Gl **Veranlassung zur Klageerhebung** bestand, beurteilt sich unter Würdigung aller Umstände des Einzelfalls. Ist dies zu verneinen, etwa weil aus der Sicht des InsVerw für den Gl erkennbar noch Prüfungsbedarf bestand, gelangt jener in den Genuss des Kostenprivilegs allerdings nur, wenn sein Anerkenntnis noch als sofortiges angesehen werden kann.[27] 12

II. Rechtsverfolgung gegenüber dem Schuldner

1. Klage bei Widerspruch des Schuldners. Hat der Schu im Prüfungstermin oder im schriftlichen Verf (§ 177 Abs 1 S 2) eine Forderung bestritten, so kann der Gl Klage auf Feststellung der Forderung gegen den Schu erheben. War zur Zeit der VerfEröffnung bereits ein Passivprozess über die Forderung anhängig, so kann der Gl, wenn der Schu die Forderung im AnmeldeVerf weiterhin bestreitet, diesen Rechstreit gegen den Schu aufnehmen. Diese Rechtsschutzmöglichkeiten des Gl räumt ihm § 184 ein. Auf dessen Kommentierung wird verwiesen. 13

2. Klage gegen den Deliktsschuldner. Hat der DeliktsGl iSd § 302 Nr 1 seine Forderung mit der Forderungsqualität einer vorsätzlich begangenen unerlaubten Handlung gem § 174 Abs 2 angemeldet, berührt die Forderungsqualität die Masse nicht, wenn der Bestand der Forderung von einer Vorsatztat nicht abhängt.[28] Deshalb kann der Einordnung der Forderung als einer solchen aus unerlaubter Handlung grds nur der Schu, nicht aber der InsVerw widersprechen.[29] Geschieht dies, steht dem Gl in entspr Anwendung des § 184 die Rechtsverfolgung gegen den Schu durch Klage oder durch Aufnahme des unterbrochenen Prozesses offen. Gleiches gilt, wenn der Gl einen bereits rechtskräftigen Titel in den Händen hält, der die Forderungsqualität jedoch nicht hinreichend ausweist (zB Vergleich,[30] Versäumnisurteil[31] oder Vollstreckungsbescheid).[32] 14

Gibt der InsVerw eine Forderung des Schu gegen dessen Haftpflichtversicherer im Umfang des Absonderungsrechts des Geschädigten frei, besteht das gesetzliche Pfandrecht des Geschädigten an dieser Forderung nach § 110 VVG fort. Die Verwertung des Pfandrechts erfolgt nach den für dieses Recht geltenden gesetzlichen Bestimmungen; passivlegitimiert ist wegen der Freigabe der Schu.[33] 15

27 *BGH* ZIP 2006, 2133.
28 *BGH* ZIP 2008, 568.
29 *BGH* ZIP 2008, 566, 568; *Jaeger/Windel* § 87 Rn 12.
30 *BGH* ZIP 2009, 1687, 1688.
31 *BGHZ* 183, 77 = ZIP 2010, 150.
32 *OLG Hamm* ZInsO 2005, 1330.
33 *BGH* 7.4.2016 – IX ZR 216/14 Rn 12; *Thole* NZI 2013, 665, 669.

§ 88[1] Vollstreckung vor Verfahrenseröffnung

(1) Hat ein Insolvenzgläubiger im letzten Monat vor dem Antrag auf Eröffnung des Insolvenzverfahrens oder nach diesem Antrag durch Zwangsvollstreckung eine Sicherung an dem zur Insolvenzmasse gehörenden Vermögen des Schuldners erlangt, so wird diese Sicherung mit der Eröffnung des Verfahrens unwirksam.

(2) Die in Absatz 1 genannte Frist beträgt drei Monate, wenn ein Verbraucherinsolvenzverfahren nach § 304 eröffnet wird.

1 Abs 2 angefügt durch Art 1 Nr 14 G v 15.7.2013 (BGBl I S 2379).

Übersicht

Literatur: *Kohler* Rang konvaleszierender Sicherungshypotheken im Fall des § 88 InsO, ZIP 2015, 1471 ff.

A. Allgemeines

I. Normzweck

1 **1. Rückschlagsperre.** Die Vorschrift erklärt in Abs 1 durch Zwangsvollstreckungen erlangte Sicherungen ipse iure für unwirksam, wenn sie im **letzten Monat** vor dem Eröffnungsantrag begründet wurden (Rückschlagsperre). Abs 2 erweitert die Monatsfrist bei **Verbraucherinsolvenzverfahren** auf einen Zeitraum von **drei Monaten**. Dies trägt dem Umstand Rechnung, dass durch das Gesetz zur Verkürzung des Restschuldbefreiungsverfahrens und zur Stärkung der Gläubigerrechte v 15.7.2013[2] die bisherige inhaltsgleiche Regelung in § 312 Abs 1 S 3 aufgehoben wurde.

2 **a) Funktion der Rückschlagsperre.** Durch sie soll verhindert werden, dass Gl im letzten Monat einen **Sonderzugriff** auf das SchuVermögen nehmen und sich damit ein besseres Recht auf Befriedigung verschaffen kann als andere, nicht gesicherte Gl. Da die Regelung allein vollstreckungsrechtliche, nicht aber rechtsgeschäftliche Sicherungen ergreift, nur den letzten Monat des „kritischen" Drei-Monats-Zeitraums (vgl §§ 130, 131) erfasst und sich auch nur auf die Sicherung, nicht jedoch auf die Befriedigung bezieht, ist sie nur bedingt geeignet, die Umsetzung des Grundsatzes der gleichmäßigen GlBefriedigung zu erleichtern.

2 BGBl I, 2379.

b) Absolute Unwirksamkeit begrenzt auf den Insolvenzzweck. Greift die Rückschlagsperre ein, sind die betroffenen Sicherungen absolut und nicht nur gegenüber den InsGl unwirksam.[3] Die Rückschlagsperre gehört zu den insolvenzrechtlichen Verfügungsbeschränkungen.[4] Dem Schu werden vom Gesetz wie eine rechtsgeschäftliche Verfügung auch hoheitliche Eingriffe in sein Vermögen zugerechnet, die im Wege der Zwangsvollstreckung zu seinen Lasten ein Recht des VollstreckungsGl begründen. Die InsO kennt jedoch keine Verfügungsbeschränkung, nach der zum Schutz der InsGl nur diesen gegenüber (relative) Unwirksamkeit eintritt (vgl §§ 81, 89, 110, 114). 3

Die Unwirksamkeit ist jedoch durch die **Dauer und die Zwecke des InsVerf** begrenzt.[5] Sie darf deshalb nicht über die Zwecke der Gesamtvollstreckung hinaus ausgedehnt werden. Die Zurücksetzung des vollstreckenden Einzelgläubigers ist nicht mehr gerechtfertigt, wenn das InsVerf nachträglich mangels Masse eingestellt wird oder der belastete Gegenstand auf andere Weise – etwa durch Freigabe seitens des InsVerw – wieder in die Verfügungsmasse des Schu fällt.[6] Zu der Auswirkung dieser Grundsätze auf das Schicksal der Zwangshypothek s näher unter Rn 36 ff. 4

2. Nähe der Rückschlagsperre zum Anfechtungsrecht. Für das Verständnis des der Vorschrift zu Grunde liegenden Unwirksamkeitsbegriffs ist die Nähe der Norm zum Anfechtungsrecht wichtig. Sie kommt besonders augenfällig in LS 5.2.2 des Ersten Berichts der Kommission für InsRecht[7] zum Ausdruck, der von der Anfechtung inkongruenter Deckungen handelt. Hier findet sich die der jetzigen Vorschrift entsprechende Regelung noch in Abs 2 der Anfechtungsnorm. Aber auch unabhängig davon ist die enge Verwandtschaft der Rückschlagsperre zum Anfechtungsrecht anerkannt.[8] Anfechtung und Rückschlagsperre sind vom Ergebnis her betrachtet austauschbar. Dies zeigt ein Vergleich der Vorschrift mit der Vorläuferregelung in § 7 Abs 3 S 1 GesO, der eine unbefristete Rückschlagsperre anordnete, während nach der Regelung der InsO die vor dem letzten Monat erlangten Sicherheiten nur im Wege der InsAnf zu beseitigen sind.[9] In der Unwirksamkeitsfolge ipso iure wurde eine **verfahrensmäßige Erleichterung** gesehen, die sich insb in einem Verf ohne InsVerw auswirke.[10] 5

II. Geltungsbereich

1. Allgemeines. Die Vorschrift betrifft alle **InsGl** iSd §§ 38, 39 (unter Rn 10 ff). Sie erfasst **Sicherheiten**, die im Wege der Zwangsvollstreckung erlangt wurden (unter Rn 17 ff). Hierzu zählt nicht der Fall, dass die Deckung freiwillig, aber erst nach Einleitung der Zwangsvollstreckung gewährt wird, um diese abzuwenden.[11] Die Vollstreckungsmaßnahme muss schließlich das zur **InsMasse** gehörende Vermögen des Schu (§§ 35–37) betreffen (unter Rn 13 ff). 6

3 *BGHZ* 166, 74, 76 f; vorbehaltlich der Möglichkeit einer Konvaleszenz, s hierzu *Kreft* FS Fischer, 2008, S 303 ff.
4 *Gerhardt* KS-InsO, 2. Aufl S 216 f; *Raebel* ZInsO 2003, 1125.
5 *BGHZ* 130, 354; *BGH* ZIP 2013, 1181 Rn 26.
6 *BGHZ* aaO; *BGH* ZIP 2013, 1181 Rn 26; *Kreft* FS Pannier, 2010, S 109, 114.
7 Hrsg vom *BMJ* Köln 1985, S 339.
8 *Gerhardt* KS-InsO, 2. Aufl S 216 f; *K/P/B/Lüke* § 88 Rn 2–4; *Uhlenbruck/Mock* § 88 Rn 1; BT-Drucks 12/2443, 137.
9 Näher hierzu *Kreft* FS Fischer, 2008, S 304 f.
10 BT-Drucks 12/2443, 137.
11 *Gerhardt* KS-InsO, 2. Aufl S 216; *Uhlenbruck/Mock* § 88 Rn 3; *BGHZ* 55, 310 zu § 28.

7 **2. Ergänzende Regelungen. – a) Verbraucherinsolvenzverfahren und Nachlassinsolvenz.** In dem mit Wirkung vom 1.7.2014 durch Art 1 des Gesetzes v 15.7.2013[12] aufgehobenen vereinfachten InsVerf (§§ 311 ff aF) war die Vorschrift durch § 312 Abs 1 S 3 aF dahin erweitert worden, dass die Sperrfrist bei Eröffnung auf Eigenantrag drei Monate betrug.[13] Die unverändert gelassene Verlängerung für **VerbrInsVerf** hat ihren Standort jetzt in Abs 2 gefunden. Im **Nachlassinsolvenzverfahren** (§§ 315 ff) wird § 88 durch § 321 ergänzt, wonach Maßnahmen der Zwangsvollstreckung in den Nachlass, die nach dem Eintritt des Erbfalls erfolgt sind, kein Recht zur abgesonderten Befriedigung gewähren.

8 **b) Dienstverhältnis.** Die Bezüge aus einem Dienstverhältnis betreffende, durch Art 1 des vorgenannten Gesetzes ebenfalls aufgehobene[12] Vorschrift des § 114 ergänzte ebenfalls § 88. Fiel die Pfändung in die Monatsfrist, galten keine Besonderheiten (vgl die Klarstellung in § 114 Abs 3 S 3 aF). Eine vor der Monatsfrist wirksam gewordene Pfändung künftiger Bezüge bleibt zwar wirksam (Ausnahme zu § 91 Abs 1), aber nur, soweit sie sich auf die Bezüge für den zur Zeit der Eröffnung laufenden Kalendermonat oder – bei Eröffnungen in der zweiten Monatshälfte – auch auf den folgenden Kalendermonat bezog.

9 **c) Miete und Pacht.** Für Miet- und Pachtforderungen enthält § 110 Abs 1 iVm 2 S 2 eine dem § 114 Abs 3 aF ähnliche Regelung, ohne allerdings auf § 88 hinzuweisen. Dies lässt jedoch nicht den Schluss zu, dass die Rückschlagsperre im Anwendungsbereich des § 110 nicht anwendbar sei, also Vollstreckungen in Miet- und Pachtforderungen im letzten Monat grds wirksam blieben.[14] Systematisch erklärt die unverändert fortbestehende Bestimmung einen an sich dem InsBeschlag unterfallenden und deshalb nach § 91 Abs 1 unwirksamen Rechtserwerb in gewissen Grenzen für wirksam.[15] Sie ergänzt deshalb § 88 und verdrängt diese Norm nicht. Dafür spricht auch nicht der in § 110 Abs 2 S 2 angeordnete Gleichlauf von rechtsgeschäftlichen Verfügungen und Vollstreckungsmaßnahmen, der sich ebenfalls auf die Modifizierung des § 91 Abs 1 bezieht.

B. Erläuterungen

I. Voraussetzungen

10 **1. Betroffene Gläubiger. – a) Persönliche Gläubiger.** Die Rückschlagsperre betrifft nur die Vollstreckung durch InsolvenzGl. Dies sind die persönlichen Gl des Schu, die einen zur Zeit der Eröffnung des InsVerf begründeten Vermögensanspruch gegen den Schu haben (§ 38). Erfasst werden auch die nachrangigen Gl (§ 39).[16] Ohne Bedeutung ist, ob der vollstreckende Gl seine Forderung zur Tabelle angemeldet hat oder nicht.[17]

11 **b) Andere Gläubiger. Aus- und absonderungsberechtigte Gl** werden durch die Rückschlagsperre nicht daran gehindert, ihre Aus- und Absonderungsrechte (§§ 47, 50 ff) zu verfolgen.[18] Von ihnen im letzten Monat ausgebrachte **Vollstreckungsmaßnahmen in das dingliche Recht** auf Grund des zugrunde liegenden dinglichen Anspruchs bleiben deshalb wirksam.[19] Das gilt etwa auch für den Fall, dass auf der Grundlage einer außerhalb der Monatsfrist erfolgten Pfändung des Aufhebungsanspruchs die Teilungsversteigerung erst weniger als

12 BGBl I S 2379.
13 Krit hierzu *Jaeger/Eckardt* § 88 Rn 12.
14 HambKomm/*Kuleisa* § 88 Rn 18; *K/P/B/Tintelnot* § 110 Rn 7; MK/*Eckert* § 110 Rn 7; *Uhlenbruck/Mock* § 88 Rn 40.
15 *BGH* ZIP 2006, 2277 zu § 114; *Jaeger/Eckardt* § 88 Rn 2.
16 MK/*Breuer* § 88 Rn 12.
17 *BGH* ZInsO 2006, 995 zu § 294; *Jaeger/Eckardt* § 88 Rn 14; *Uhlenbruck/Mock* § 88 Rn 5.
18 *BGH* 20.3.2014 – IX ZB 67/13 Rn 7.
19 *BGH* ZIP 2014, 796 Rn 7.

einen Monat vor dem InsVerf angeordnet worden ist.[20] Einschränkungen ergeben sich allerdings aus § 21 Abs 2 S 1 Nr 5, §§ 166 ff. Wirksam bleibt auch ein vor der zeitlichen Grenze erlangtes, zur abgesonderten Befriedigung berechtigendes Pfändungspfandrecht (§ 50), mag die titulierte Forderung auch eine einfache InsFord sein. Ein absonderungsberechtigter Gl, der gleichzeitig persönlicher Gl ist, bleibt InsolvenzGl § 52 S 1). Seine Vollstreckungsmaßnahmen in das sonstige Vermögen des Schu unterliegen deshalb der Rückschlagsperre.[21]

Die Vorschrift gilt nicht für Vollstreckungsmaßnahmen von Gl von **Verbindlichkeiten aus dem EröffnungsVerf**, die nach § 55 Abs 2 Masseverbindlichkeiten gleichgestellt werden.[22] **12**

2. Betroffenes Vermögen. – a) Insolvenzmasse. Die Rückschlagsperre bezieht sich nur auf Vollstreckungsmaßnahmen in Gegenstände der InsMasse. Damit erfasst sie das gesamte, der Zwangsvollstreckung unterliegende (§ 36) Vermögen, das dem Schu zur Zeit der Eröffnung des Verf gehört und das er während des Verf erlangt (§ 35 Abs 1). Etwaiges **ausländisches Vermögen** des Schu wird daher ebenfalls geschützt.[23] Umgekehrt greift im Rahmen einer Auslandsinsolvenz die Vorschrift wegen ihres anfechtungsrechtlichen Charakters nur ein, wenn auch deutsches InsAnfR anzuwenden ist (s Art 13 EuInsVO; § 339). **13**

b) Sonstiges Vermögen. – aa) Arbeitseinkommen. Zum insolvenzfreien Vermögen des Schu gehörende Gegenstände sind von der Rückschlagsperre ausgenommen. Dazu rechnen die unpfändbaren Gegenstände (§ 36 Abs 1 S 1). Arbeitseinkommen ist ebenfalls nur in den Grenzen der Pfändbarkeit dem Insolvenzbeschlag unterworfen (s Verweisung in § 36 Abs 1 S 2). Dies kann zur Folge haben, dass eine Vollstreckung teilweise von der Rückschlagsperre erfasst wird, iÜ jedoch wirksam bleibt. **Private Versicherungsrenten** von selbstständig oder freiberuflich tätig gewesenen Personen genießen dagegen nicht den Pfändungsschutz für Arbeitseinkommen.[24] Ihre Pfändung unterfällt daher der Rückschlagsperre. **14**

bb) Unterhaltsansprüche. Unberührt bleibt die Vollstreckung wegen Unterhaltsansprüchen oder Ansprüchen aus deliktischer Haftung in den nach §§ 850d, 850f Abs 2 ZPO erweitert pfändbaren Teil des Schuldnervermögens.[25] Ist die Pfändung eines an sich **unpfändbaren Gegenstandes** nicht nach Vollstreckungsrecht nichtig, ist sie von der Wirkung der Rückschlagsperre ausgenommen, es sei denn, der Schu verzichtet auf den Pfändungsschutz und zieht den Gegenstand so zur InsMasse.[26] **15**

cc) Sonderinsolvenzmasse. Erstreckt sich das Verf nur auf eine SonderInsMasse (Nachlass; Gesamtgut), bezieht sich die Rückschlagsperre nur auf das jeweilige Sondervermögen. **16**

3. Maßnahmen der Zwangsvollstreckung. – a) Grundsatz. Die Rückschlagsperre betrifft die durch Zwangsvollstreckung erlangten Sicherungen. Der Begriff der Zwangsvollstreckung ist umfassend zu verstehen. Hierzu gehören alle unter Beachtung eines gesetzlich vorgeschriebenen Verf durchgeführten Maßnahmen, die zu einer Sicherung des Gl gegen den Willen des Schu geführt haben, gleichgültig ob im Ausland oder im Inland. Unwirksam wird insbesondere die **Zwangssicherungshypothek**, die ein InsGl im letzten Monat vor dem Insolvenzantrag oder zu einem späteren Zeitpunkt im Wege der Zwangsvollstreckung an dem zur InsMasse gehörenden Grundbesitz des Schu erlangt hat.[27] Nicht erfasst sind hinge- **17**

20 *BGH* 20.3.2014 – IX ZB 67/13 Rn 6; *Sternal* NZI 2015, 301, 303.
21 *Jaeger/Eckardt* § 88 Rn 15; *K/P/B/Lüke* § 88 Rn 5.
22 *Jaeger/Eckardt* § 88 Rn 15; MK/*Breuer* § 88 Rn 13.
23 *BGHZ* 88, 150; MK/*Breuer* § 88 Rn 14; *Uhlenbruck/Mock* § 88 Rn 10.
24 *BGH* ZIP 2008, 339 f.
25 *Jaeger/Eckardt* § 88 Rn 17; MK/*Breuer* § 88 Rn 15.
26 *Jaeger/Eckardt* § 88 Rn 17; *K/P/B/Lüke* § 88 Rn 12.
27 *BGH* ZIP 2012, 1767 Rn 8.

gen sämtliche dem Gl vom Schu freiwillig gegebenen Sicherheiten, auch soweit sie nur zu dem Zweck der **Abwendung der Zwangsvollstreckung** gewährt wurden.[28] Auf die Art des Vollstreckungstitels kommt es nicht an. Neben der zivilprozessualen Zwangsvollstreckung einschl der Vollziehung des Arrestes (§§ 928 ff ZPO) und der einstweiligen Verfügung (zB nach § 941 ZPO)[29] werden sämtliche Maßnahmen der **Verwaltungsvollstreckung** wegen öffentlich-rechtlicher Forderungen erfasst.[30] Auch eine nach § 111g Abs 2 StPO durch gerichtlichen Beschl zugelassene Vollstreckungsmaßnahme zur vorrangigen Befriedigung von Ansprüchen des Verletzten kann in den Anwendungsbereich der Norm fallen.[31] Maßnahmen zur **Vorbereitung der Zwangsvollstreckung** wie die Erteilung von Vollstreckungsklauseln oder Vollstreckbarkeitserklärungen und die Zustellung des Titels bleiben wirksam, selbst wenn sie in der Monatsfrist fallen.[32]

18 **b) Rechtsgeschäftlich erlangte Sicherungen.** Die rechtsgeschäftlich erlangte Sicherung gehört nicht hierher. Sie kann nur im Wege der InsAnf beseitigt werden. Dies gilt auch, wenn Gl und Schu eine **Vollstreckungsvereinbarung** allein zu dem Zweck getroffen haben, eine drohende oder bereits begonnene Zwangsvollstreckung abzuwenden.[33] Anders verhält es sich bei Leistungen des Schu an den Gerichtsvollzieher gem § 754 ZPO. In diesem Fall erwirbt der Gl nicht rechtsgeschäftlich.[34] Dies gilt auch in dem Fall, dass der Schu aufgrund eines Vollstreckungsaufschubs nach § 802b ZPO an den GV gezahlt hat.

19 **c) Befriedigungshandlungen.** Erfasst wird nur die **Zwangssicherung**, nicht die Befriedigung. Zur Befriedigung führende Vollstreckungsmaßnahmen unterliegen als inkongruente Deckung nur der InsAnf nach § 131 Abs 1 Nr 1 (§ 131 Rn 8).

20 **aa) Pfändungspfandrecht.** Zu den Zwangssicherungen gehören vor allem die Pfändungspfandrechte (§ 50 Abs 1) an beweglichen Sachen (§§ 803 ff ZPO), Forderungen (§§ 828 ff ZPO) und anderen Vermögensrechten (§§ 857 ff ZPO). Durch die **Pfändung eines künftigen Anspruchs** tritt noch keine Sicherung ein, sondern erst mit dem Entstehen der Forderung selbst. Erst zu diesem Zeitpunkt entsteht das Pfändungspfandrecht an der Forderung und bewirkt die erforderliche Sicherung.[35]

21 Weiterhin kommen in Betracht: **Arrestpfandrechte** (§§ 930 ff ZPO), **Zwangssicherungs- und Arresthypotheken** (§§ 866, 932 ZPO),[36] **Beschlagnahme von Immobiliarvermögen** zum Zwecke der Zwangsverwaltung oder Zwangsversteigerung.[37] Keine Sicherung stellt der **Registerwiderspruch** dar, weil er darauf abzielt, eine bereits bestehende dingliche Rechtslage außerhalb des Grundbuchs usw zu schützen, ohne an der Zuordnung des als massefremd angesehen Rechts etwas zu ändern. Das gleiche gilt für durch einstweilige Verfügung ausgesprochene Veräußerungsverbote.[38]

---

28 *BGHZ* 55, 310; *K/P/B/Lüke* § 88 Rn 6.
29 *BGHZ* 142, 209.
30 MK/*Breuer* § 88 Rn 16.
31 *BGH* ZIP 2007, 1339; *Jaeger/Eckardt* § 88 Rn 19.
32 MK/*Breuer* § 88 Rn 19.
33 *BGHZ* 55, 310 zu § 28 VglO; *Gerhardt* KS-InsO, 2. Aufl, S 216; *Jaeger/Eckardt* § 88 Rn 21; *Uhlenbruck/Mock* § 88 Rn 3.
34 *Jaeger/Eckardt* § 88 Rn 21; K Schmidt/*Keller* § 88 Rn 19.
35 *BGH* ZIP 2003, 809.
36 *BGHZ* 166, 76 = ZIP 2006, 480.
37 *Jaeger/Eckardt* § 88 Rn 24; *K/P/B/Lüke* § 88 Rn 9; MK/*Breuer* § 88 Rn 24.
38 *Jaeger/Eckardt* § 88 Rn 29.

bb) Abgrenzungsfragen. Was noch Sicherung und was schon Befriedigung ist, richtet sich nach dem Inhalt des **Vollstreckungstitels**.[39] Stellt der zwangsweise Zugriff nur einen Zwischenschritt zu der im Titel bestimmten Rechtsfolge dar, handelt es sich um eine Sicherung, ist sie schon eingetreten, liegt eine Befriedigung vor. Maßnahmen mit Befriedigungswirkung sind ua die Aushändigung der gepfändeten Barmittel oder des Versteigerungserlöses an den Gl, im Falle der Immobiliarvollstreckung mit Ausführung des Teilungsplans, und die Überweisung einer gepfändeten Forderung an Zahlungs statt. 22

Str ist, ob die **verfahrensrechtliche Tilgungsfiktion** (§ 815 Abs 3, § 819 ZPO) den maßgeblichen Befriedigungszeitpunkt vorverlegt. Sinn und Zweck der Fiktion ist der **Übergang der Leistungsgefahr** auf den Gl, sobald der Schu keinen Einfluss mehr auf die Abwicklung der Vollstreckung mehr hat. Eine Auff sieht das Risiko der Rückschlagsperre als Kehrseite des Risikos des zufälligen Untergangs und will den Gl ab dem Zeitpunkt der Tilgungsfiktion von der Rückschlagsperre befreien.[40] Die Auff ist abzulehnen. Eine Vermögensverschiebung wird durch die Bestimmungen nicht fingiert; dem Gl steht an dem Geld oder Erlös nur ein Pfändungspfandrecht zu, dem Erfüllungswirkung beigemessen wird. Dieses unterliegt als Sicherungsmittel der Rückschlagsperre.[41] 23

4. Zeitlicher Anwendungsbereich. – a) Sperrfrist. Die Sicherung muss entweder nach Stellung des InsAntrags oder innerhalb eines Monats vor diesem Antrag erlangt sein. 24

aa) Materielle Frist. Im geschützten Zeitraum wird damit der im InsVerf geltende Grundsatz der gleichmäßigen Gläubigerbefriedigung gestärkt, weil es keiner Anfechtung der Rechtshandlung bedarf. Erst wenn die Zeitspanne abgelaufen ist, ohne dass ein InsAntrag gestellt wurde, der zur VerfEröffnung führt, ist das erworbene Sicherungsrecht vorbehaltlich seiner Anfechtbarkeit insolvenzfest geworden. Die Frist hat somit **materiell-rechtlichen Charakter**. Dass sie identisch ist mit der Frist des § 131 Abs 1 Nr 1, innerhalb derer ein (stets inkongruenter) vollstreckungsrechtlicher Erwerb[42] ohne weiteres der Anfechtung unterliegt, wenn er die Gl objektiv benachteiligt, ist kein Zufall. Beide Bestimmungen betreffen dieselbe insolvenzrechtliche Lage des Schu. 25

bb) Verbraucherinsolvenz. Im Rahmen eines VerbraucherInsVerf verlängert sich der geschützte Zeitraum nach Abs 2 auf drei Monate vor Antragstellung durch den Schu (§ 304). Hiermit korrespondiert zwar keine entspr Ausweitung der InsAnf. Dies ist jedoch verfassungsrechtlich unbedenklich, weil der erweiterte Zeitraum der gesetzlichen Krise entspricht und in der damit verbundenen materiellen Ins des Schu eine Ungleichbehandlung der Gl nicht mehr durch den Einsatz staatlicher Zwangsmittel insolvenzfest erzwungen werden soll.[43] Der weitere Grund für die Fristverlängerung besteht – wie schon für die bisherige Regelung in § 312 Abs 1 S 3 aF – darin, dass außergerichtliche Einigungsversuche nicht durch Zwangsvollstreckungsmaßnahmen gestört werden sollen.[44] 26

cc) Sicherungsmaßnahmen. Hat das InsGer Sicherungsmaßnahmen angeordnet (§ 21 Abs 2 Nr 3), ist zusätzlich § 775 Nr 1, 2 ZPO zu beachten. § 88 wird hierdurch nicht verdrängt.[45] 27

b) Fristberechnung. Die Berechnung der Frist vollzieht sich in zwei Schritten. 28

---

39 MK/*Breuer* § 88 Rn 18.
40 *Grothe* KTS 2001, 231 f; *Vallender* ZIP 1997, 1995.
41 *Jaeger/Eckardt* § 88 Rn 32.
42 *BGHZ* 136, 311 ff; 157, 353; 167, 14 f.
43 *BGHZ* 167, 15; **aA** *Jaeger/Eckardt* § 88 Rn 12, 37.
44 BT-Drucks 14/5680 S 54; *Uhlenbruck/Mock* § 88 Rn 38.
45 **AA** HambKomm/*Kuleisa* § 88 Rn 12.

29 **aa) Berechnung des Zeitraums.** In einem ersten Prüfungsschritt ist der **geschützte Zeitraum** zu ermitteln. Das ist der Zeitraum, in dem die Sicherung erlangt sein muss. Prüfungsnorm ist § 139. S hierzu die Kommentierung dort. Bei **mehreren InsAnträgen** ist nach § 139 Abs 2 S 1 der erste zulässige und begründete InsAntrag maßgeblich. Ist auf einen späteren Antrag (insb auf einen Eigenantrag) eröffnet worden, ist zur Beurteilung der Rückschlagsperre der frühere Antrag auf seine Zulässigkeit und Begründetheit hin zu untersuchen. InsAnträge, die anfangs zulässig und begründet waren, aber bis zur Entsch über die Eröffnung unbegründet wurden, sind für die Berechnung unbeachtlich.[46] Bei einer **einheitlichen Ins** ist nach § 139 Abs 2 S 2 der erste, mangels Masse abgewiesene InsAntrag auch dann maßgebend, wenn zwischen ihm und dem Antrag, der zur VerfEröffnung führte, ein Zeitraum von mehreren Jahren liegt.[47]

30 **bb) Maßgeblicher Zeitpunkt.** Steht der geschützte Zeitraum fest, ist in einem zweiten Prüfungsschritt festzustellen, ob der maßgebliche **Zeitpunkt der Sicherung** in diesen Zeitraum hineinfällt. „Erlangung" iSv § 88 bedeutet Entstehung der Sicherung, was erst bei der Vollendung des Erwerbstatbestandes der Fall ist. Dies beurteilt sich nach § 140, so dass auf die dortige Kommentierung verwiesen werden kann.

31 **aaa)** Beispielhaft ist hervorzuheben, dass die **Forderungspfändung** grds zu dem Zeitpunkt vorgenommen ist, in dem der Pfändungsbeschluss dem DrittSchu zugestellt wird, weil damit die rechtlichen Wirkungen eintreten (§ 829 Abs 3 ZPO, § 309 Abs 2 S 1 AO). Dies gilt jedoch nur für den Fall, dass die Pfändung ein Guthaben ergreift. Die **Pfändung einer künftigen Forderung** gilt anfechtungsrechtlich dagegen erst in dem Zeitpunkt als vorgenommen, in dem die Forderung entsteht (§ 140 Abs 1); die Entstehung der Forderung ist keine Bedingung der Pfändung, so dass § 140 Abs 3 nicht einschlägig ist.[48] Dieser Grundsatz hat auch im Anwendungsbereich der Rückschlagsperre Geltung.[49] Die **Pfändung der offenen Kreditlinie** gilt als vorgenommen, sobald und soweit der Schu den ihm zur Verfügung stehenden Kreditbetrag abgerufen hat.[50] Folgt der **Vorpfändung** (§ 845 Abs 1 ZPO) rechtzeitig (§ 845 Abs 2 ZPO) eine Hauptpfändung nach, kommt es auf das Wirksamwerden der Hauptpfändung an, weil der Gl an der von der Vorpfändung ergriffenen Forderung noch kein insolvenzfestes Pfandrecht erwirbt.[51]

32 **bbb)** Eine **Sachpfändung** ist mit Inbesitznahme durch den Gerichtsvollzieher vollendet (§ 808 Abs 1 ZPO). Bei einem **Arrest** (§§ 930 f ZPO) entsteht das (unbedingte) Arrestpfandrecht nicht schon stets mit der Vollziehung des Arrests, sondern ggf erst mit der Zustellung des Arrestbefehls. Folgt diese der Vollziehung nach und liegt bereits innerhalb der Sperrfrist, entsteht das Absonderungsrecht – ähnlich wie bei der Vorpfändung – nicht rückwirkend.[52] § 140 Abs 3 ist auch hier nicht einschlägig, weil diese Norm nur auf rechtsgeschäftliche Bedingungen Anwendung findet.[53]

II. Rechtsfolgen

33 **1. Materiellrechtliche Unwirksamkeit. – a) Grundsatz.** Die Vorschrift erklärt mit der Eröffnung des InsVerf Sicherungen für unwirksam, die ein InsGl im geschützten Zeitraum an einem Gegenstand der Masse erlangt hat.

---

46 *BGH* ZIP 2008, 236.
47 *BGH* aaO.
48 *BGHZ* 157, 354; 182, 264, 267, 269; *BGH* ZIP 2003, 809, jeweils zur InsAnfechtung.
49 *OLG Nürnberg* ZIP 2014, 286 Rn 10.
50 *BGHZ* 157, 355 f.
51 *BGHZ* 167, 16 f, zur InsAnfechtung.
52 Str; wie hier *Jaeger/Eckardt* § 88 Rn 46; **aA** MK/*Breuer* § 88 Rn 29.
53 *BGHZ* 167, 17.

aa) Absolute Unwirksamkeit. Die Unwirksamkeit ist eine **absolute**; sie wirkt also gegenüber jedermann und nicht nur gegenüber den InsGl.[54] Das **Pfändungspfandrecht** erlischt aber nur für die Dauer und Zwecke des InsVerf. Erfasst werden auch nur die **materiellrechtlichen Wirkungen** des Sicherungsrechts, nicht der Vollstreckungsakt als solcher, so dass die **Verstrickung** der Pfandsache solange erhalten bleibt, bis der Pfändungsakt aufgehoben wird.[55] Die Unwirksamkeit tritt unabhängig davon ein, ob ein Gl Kenntnis von dem (künftigen) InsAntrag hatte oder nicht. Sie trifft auch den **Rechtsnachfolger** des pfändenden Gl, etwa den Erben, oder dessen Gl, die ihrerseits auf den der Rückschlagsperre unterliegenden Massebestandteil zugegriffen haben oder zugreifen wollen. Ein Gutglaubensschutz besteht nicht. 34

bb) Schicksal der Zwangshypothek. Die Zwangshypothek erlischt;[56] sie wandelt sich nicht zu einer **Eigentümergrundschuld**, weil für eine Analogie zu § 868 ZPO kein Raum ist.[57] Die Möglichkeit, wonach die Zwangssicherungshypothek in Folge **Konvaleszenz** neu entstehen kann, wenn sie im Grundbuch noch eingetragen ist, hat nicht zur Folge, dass die durch Erlöschen bewirkte Unrichtigkeit des Grundbuchs nur aufgrund einer Bewilligung des Gläubigers nach § 19 GBO beseitigt werden kann.[58] Das Grundbuch ist auch dann zu berichtigen, wenn seine Unrichtigkeit nach § 22 GBO nachgewiesen wird.[59] 35

b) Einschränkung der absoluten Unwirksamkeit. – aa) Grundsatz. Der BGH hat zu der Vorläuferregelung des § 88 in § 7 Abs 3 S 1 GesO, nach der – zeitlich unbefristet – die vor VerfEröffnung eingeleiteten Vollstreckungsmaßnahmen ihre Wirksamkeit verlieren, mehrfach ausgesprochen, dass die Unwirksamkeit des Sicherungsrechts nur insofern und solange wirke, als dies zum Schutz der GesamtvollstreckungsGl erforderlich sei.[60] Im Anwendungsbereich der InsO wird trotz der zeitlichen Beschränkung der Rückschlagsperre tw die Auff vertreten, die Unwirksamkeit werde durch den VerfZweck bestimmt und wirke nur den InsGl gegenüber; die erlangte Sicherung sei somit generell wirksam, wenn der InsVerw den Gegenstand oder das Recht freigebe oder das Verf eingestellt werde.[61] 36

Andere stellen die absolute Unwirksamkeit nicht in Frage, gelangen aber in den Fällen der Beendigung des InsVerf vor einer Verwertung und der Freigabe zu ähnlichen Erg,[62] indem die Parallelen zur InsolvenzAnf und zu § 96 Abs 1 Nr 3 fruchtbar gemacht werden. In seiner zur anfechtbaren Aufrechnungslage entwickelten Rspr[63] hat der BGH den Gedanken von der insolvenzrechtlichen Unzulässigkeit iS einer auf die Dauer und für die Zwecke des InsVerf begrenzten Unwirksamkeit betont. Dies wird im Anschluss an die zur GesO ergangenen Rspr auf § 88 übertragen. 37

---

54 *BGHZ* 166, 77 f; *Jaeger/Eckardt* § 88 Rn 54; MK/*Breuer* § 88 Rn 33.

55 *Jaeger/Eckardt* § 88 Rn 49 und MK/*Breuer* § 88 Rn 32 gehen zutr davon aus, dass bei der Forderungspfändung die Verstrickung trotz § 88 fortdauert und nicht nur der Schein einer wirksamen Pfändung bestehen bleibt. Das ist für relative VerfügungsBeschr idS entschieden worden (*BGH* ZIP 2006, 2276), für § 88 jedoch bislang offen geblieben (*BGHZ* 166, 81).

56 *BGHZ* 130, 353; 166, 78 f; *BGH* ZIP 2012, 1767 Rn 8.

57 *BGHZ* 166, 79; *Jaeger/Eckardt* § 88 Rn 64; **aA** *Keller* ZIP 2006, 1181; ausführlich zu den Fragen *Kohler* ZIP 2015, 1471 – 1477.

58 *BGH* ZIP 2012, 1767 Rn 11.

59 *BGH* ZIP 2012, 1767 Rn 11; *OLG München* ZIP 2012, 383; **aA** noch *OLG Stuttgart* ZIP 2011, 1877 (Vorentsch von *BGH* ZIP 2012, 1767 Rn 11).

60 *BGHZ* 130, 354; 142, 213; offengelassen von *BGH* ZIP 1995, 482.

61 *Grothe* KTS 2001, 205, 232; *Thietz-Bartram/Spilger* ZInsO 2005, 858, 859; **aA** *Vallender* ZIP 1997, 1994; jetzt auch *K/P/B/Lüke* § 88 Rn 25.

62 *Kreft* FS Fischer, 2008, S 303–309.

63 *BGHZ* 169, 161; *BGH* ZIP 2007, 1467.

38 **bb) Begrenzung der Unwirksamkeit.** Die vom BGH im Anwendungsbereich der GesO zur Vermeidung einer – auch verfassungsrechtlich zweifelhaften – Zurücksetzung des Gl der Einzelzwangsvollstreckung entwickelten Begrenzung der Unwirksamkeit ist auf § 88 zu übertragen, ohne den Grundsatz der absoluten Unwirksamkeit in Frage zu stellen. Außerhalb eines InsVerf hat die Rückschlagsperre keinerlei Rechtfertigung, weil das jeweilige Sicherungsgut nun wieder dem individuellen Vollstreckungszugriff zur Verfügung stehen muss.[64]

39 **aaa)** Da die Rückschlagsperre eine dingliche ist, die Unwirksamkeit aber nur besteht, soweit und solange der Verfahrenszweck dies erfordert, entfällt sie bei zivilrechtlicher Betrachtung rückwirkend entspr § 185 BGB nur bei **Genehmigung des Berechtigten**, also des InsVerw. Bei **Wiedergewinnung der Verfügungsbefugnis** des Schu (Konvaleszenz) gilt nach der Rspr des BGH Folgendes: Gibt der InsVerw den Gegenstand frei oder wird das Verf beendet, ohne dass es zu einer Verwertung gekommen ist, endet der Zustand der Unwirksamkeit mit Wirkung ex nunc. Dies bedeutet, dass alle noch vorhandenen Buchpositionen denselben Rang erhalten.[65] Ist der Pfandgegenstand noch verstrickt, erstarkt das betroffene Recht des Gl wieder zu voller Wirksamkeit.[66]

40 **bbb)** Dieses Erg ist unbefriedigend und erscheint aus Gründen des **Eigentumsschutzes** (Art 14 GG) auch verfassungsrechtlich bedenklich, wenn zB das InsVerf wegen Unzulänglichkeit der Masse (§ 207 Abs 1 S 1), ggf wenige Tage nach seiner Eröffnung, oder wegen Wegfalls des InsGrundes (§ 212) eingestellt wird. In diesen Fällen ist es aus Sicht des gesicherten EinzelGl nur schwer zu verstehen, dass dessen nach der Rspr des BGH der Konvaleszenz unterliegenden Sicherung der ihr gebührende Rang genommen wird, obwohl der mit der Sicherung belastete Vermögenswert der Gesamtheit der InsGl nicht zu Gute gekommen ist. Ähnliches gilt, wenn der InsVerw einen Gegenstand, der mit einer der Rückschlagsperre unterliegenden Sicherung behaftet ist – aus welchen Gründen auch immer – freigibt. Die Rechtsfigur der „insolvenzrechtlichen Unwirksamkeit", mithin einer auf die Zwecke und die Dauer des InsVerf beschränkten Unwirksamkeit von Sicherungen, dürfte der Gesamtproblematik deshalb besser gerecht werden als der vom BGH zuletzt eingeschlagene Weg.[67] Es liegt deshalb nahe, die Befugnis des InsVerw, von einer Löschungsbewilligung Gebrauch zu machen, einzuschränken. Er darf sie dem Grundbuchamt erst im Zusammenhang mit der Eintragung der Rechtsänderung nach einer Verwertung des Grundstücks vorlegen.[68]

41 **cc) Konvaleszenz in anderen Fällen.** Die zur Zwangssicherungshypothek entwickelten Grundsätze sind auf **andere Sicherungen** entspr zu übertragen.[69] In allen Fällen ist strikt zu beachten, dass eine Konvaleszenz nicht in Betracht kommt, wenn die Sicherung als Buchposition nicht mehr erhalten bez der Pfandgegenstand nicht mehr verstrickt ist.[70] Der InsVerw ist allerdings gehalten, auf eine Berichtigung des Grundbuchs nur insoweit hinzuwirken, als

---

64 *K/P/G/Lüke* § 88 Rn 27.

65 *BGHZ* 166, 82; *Thietz-Bartram* ZInsO 2006, 528; kritisch *Wipperfürth/Deppe* ZinsO 2016, 78 f.

66 *BGHZ* 166, 80 ff; *Jaeger/Eckardt* § 88 Rn 56 f; **aA** *Keller* ZIP 2006, 1181; krit auch MK/*Breuer* § 88 Rn 34.

67 *Kreft* FS Fischer, 2008, S 304; für das Fortbestehen der ursprünglichen Rangverhältnisse auch *Kohler* ZIP 2015, 1471 ff.

68 *Kreft* FS Pannier, 2010, S 109, 114.

69 *Jaeger/Eckardt* § 88 Rn 66 ff; MK/*Breuer* § 88 Rn 34.

70 *Jaeger/Eckardt* § 88 Rn 68 nimmt Verstrickung auch bei der unwirksam gewordenen Forderungspfändung vor dessen förmlicher Aufhebung an; *BGHZ* 166, 81 lässt die Rechtsfrage offen; skeptisch gegenüber einem Aufleben in diesen Fällen auch MK/*Breuer* § 88 Rn 34.

dies zur Verwertung des Grundstücks notwendig ist.[71] Für andere der Rückschlagsperre unterliegende Sicherungen muss Entspr gelten.

2. Weitere Rechtsfolgen. – a) Kein Pfändungspfandrecht. Außer Zweifel steht, dass in der Ins ein von der Rückschlagsperre betroffenes Pfändungspfandrecht (jedenfalls im Verhältnis zur InsMasse) erlischt und etwa eine Zwangshypothek nicht als Fremdhypothek fortbestehen kann. Die Unwirksamkeit erfasst nur das Pfändungspfandrecht, nicht die Verstrickung. Auch wenn ein Wiederaufleben der Sicherung in Betracht kommt, ist das Vollstreckungsorgan nicht daran gehindert, die von ihm angeordnete Vollstreckungsmaßnahme nach Maßgabe der jeweils einschlägigen verfahrensrechtlichen Bestimmungen aufzuheben und damit auch die Verstrickung zu beseitigen.[72] Erlangt der Gl nach VerfEröffnung gleichwohl Befriedigung, fehlt es angesichts des Wegfalls seines an das Pfändungspfandrecht anknüpfenden (materiellen) Befriedigungsrechts an einem Rechtsgrund, so dass er das Erlangte nach **Bereicherungsrecht** herauszugeben hat.[73] Die vor Eintritt in den geschützten Zeitraum bewirkte dingliche Sicherheit kann im letzten Monat vor Antragstellung und danach nicht mehr durch eine neue Forderung unterlegt werden.[74] 42

b) Grundbuchverfahren. – aa) Unrichtiges Grundbuch. Ist das Grundbuch durch die Rückschlagsperre unrichtig geworden, ist zu berücksichtigen, dass die Eintragung verfahrensfehlerfrei zustande gekommen war,[75] so dass kein Raum für einen Amtswiderspruch ist (vgl §§ 71, 53 GBO) und auch eine Berichtigung des Grundbuchs von Amts wegen ausscheidet (vgl § 13 Abs 1 S 1 GBO).[76] Die Löschung der Eintragung wegen inhaltlicher Unzulässigkeit (§ 53 Abs 1 S 2 GBO) kommt ebenfalls nicht in Betracht, weil die Eintragung einer Zwangsvollstreckungsmaßnahme als solche zulässig ist. 43

bb) Löschungsantrag des Insolvenzverwalters. Gegen die Unrichtigkeit des Grundbuchs nach § 88 kann deshalb nur der **InsVerw** vorgehen, indem er die Löschung des zu Unrecht eingetragenen Zwangsrechts (§ 13 Abs 1 S 2, §§ 22, 29 Abs 1 S 2 GBO) oder eines Versteigerungsvermerks (§ 34 ZVG) beantragt, und zwar in grundbuchmäßiger Form.[77] Nachzuweisen sind insb die Eröffnung des InsVerf, die Bestellung des Antragstellers zum InsVerw, der Zeitpunkt der Vollstreckung und die Massezugehörigkeit des durch die Sicherung belasteten Grundstücks.[78] Die Rechte des gesicherten Gl sind hierbei zu wahren.[79] Eine Bescheinigung des InsGer über den Zeitpunkt des Eingangs des Insolvenzantrags ist kein Unrichtigkeitsnachweis in grundbuchmäßiger Form.[80] Der maßgebliche Zeitpunkt kann sich aber aus dem Grundbuch ergeben und damit offenkundig sein.[81] 44

3. Rechtsbehelfe. – a) Vollstreckungserinnerung und Beschw. Vollstreckungsmaßnahmen, die der Rückschlagsperre unterfallen und deshalb materiell-rechtlich unwirksam sind, sind auf Erinnerung (§ 766 Abs 1 ZPO) für unzulässig zu erklären. Ihre Aufhebung erfolgt durch das jeweils zuständige Vollstreckungsorgan (§§ 775 Nr 1, 776 S 1 ZPO). Pfändungs- und 45

---

71 *BGHZ* 130, 355 f; *Kreft* FS Pannier, 2010, S 109, 114.
72 *BGH* ZIP 2011, 1372 Rn 11.
73 S allg *BGHZ* 83, 280.
74 *OLG Nürnberg* ZIP 2013, 2489 Rn 18; **aA** *KG* ZIP 2013, 2483 Rn 19, jeweils zur Rückgewinnungshilfe gem § 111d StPO.
75 Ausnahme: Eintragung in Kenntnis des bereits eröffneten Verf, s *Keller* ZIP 2000, 1330.
76 *Uhlenbruck/Mock* § 88 Rn 54; *Keller* ZIP 2000, 1330.
77 *BGHZ* 194, 60 Rn 11 = ZIP 2012, 1767.
78 *Jaeger/Eckardt* § 88 Rn 65.
79 *BGHZ* 130, 355 f; *Kreft* FS Fischer, 2008, S 306 f.
80 *BGHZ* 194, 60 Rn 18 = ZIP 2012, 1767.
81 *OLG Köln* ZIP 2015, 1551, 1552 mit ablehnender Anm *Kessler* S 1553 f.

Überweisungsbeschlüsse sind vom Rechtspfleger aufzuheben, notfalls auf Erinnerung des InsVerw.[82] War bereits ein Zwangsversteigerungsverfahren eingeleitet worden, ist dieses von Amts wegen aufzuheben; das Grundbuchamt ist gem § 34 ZVG um Löschung des Versteigerungsvermerks zu ersuchen. Die durch einstweilige Verfügung zwangsweise erlangte Vormerkung zu Sicherung des Anspruchs auf Eintragung einer Sicherungshypothek ist gem § 22 Abs 1 S 1 GBO zu löschen.[83] Die Rechte des gesicherten Gl sind hierbei zu wahren.[84]

46 **b) Zuständigkeit.** § 88 enthält keine dem § 89 Abs 3 entspr Zuständigkeitszuweisung an das InsGer. Zuständig sind daher bei wortlautgemäßer Anwendung der maßgeblichen Bestimmungen die Vollstreckungsgerichte (§ 764 ZPO, § 1 ZVG) bez das Grundbuchamt (§ 71 GBO), nicht das InsGer. Dies ist nicht befriedigend, weil die Sachnähe der Insolvenzgerichte für Entsch zur Umsetzung der Rückschlagsperre ebenso gegeben ist wie bei Vollstreckungsverboten nach § 89. Deshalb ist § 89 Abs 3 entspr anzuwenden.[85] S die Kommentierung dort.

§ 89 Vollstreckungsverbot

(1) Zwangsvollstreckungen für einzelne Insolvenzgläubiger sind während der Dauer des Insolvenzverfahrens weder in die Insolvenzmasse noch in das sonstige Vermögen des Schuldners zulässig.

(2) [1]Zwangsvollstreckungen in künftige Forderungen auf Bezüge aus einem Dienstverhältnis des Schuldners oder an deren Stelle tretende laufende Bezüge sind während der Dauer des Verfahrens auch für Gläubiger unzulässig, die keine Insolvenzgläubiger sind. [2]Dies gilt nicht für die Zwangsvollstreckung wegen eines Unterhaltsanspruchs oder einer Forderung aus einer vorsätzlichen unerlaubten Handlung in den Teil der Bezüge, der für andere Gläubiger nicht pfändbar ist.

(3) [1]Über Einwendungen, die auf Grund des Absatzes 1 oder 2 gegen die Zulässigkeit einer Zwangsvollstreckung erhoben werden, entscheidet das Insolvenzgericht. [2]Das Gericht kann vor der Entscheidung eine einstweilige Anordnung erlassen; es kann insbesondere anordnen, dass die Zwangsvollstreckung gegen oder ohne Sicherheitsleistung einstweilen einzustellen oder nur gegen Sicherheitsleistung fortzusetzen sei.

Übersicht

82 *Uhlenbruck/Mock* § 88 Rn 50.
83 *BGH* ZIP 2000, 932.
84 *BGHZ* 130, 355 f; *Kreft* FS Fischer, 2008, S 306 f.
85 *Jaeger/Eckardt* § 88 Rn 73.

A. Allgemeines

I. Normzweck

1. Verdrängung der Einzelzwangsvollstreckung. Das **Ziel des InsVerf**, die InsGl gemeinschaftlich und gleichmäßig aus dem Vermögen des Schu zu befriedigen (§ 1 S 1, § 38), verbietet es, einzelnen InsGl während des Verf den Vollstreckungszugriff auf das Vermögen des Schu zu erlauben. Die Vorschrift verkörpert daher den Grundsatz, dass das InsVerf als Gesamtvollstreckungsverfahren die Einzelzwangsvollstreckung verdrängt. 1

2. Vorrang des Insolvenzverfahrens. Die Vorschrift ergänzt zudem § 87. Nach dieser Bestimmung können InsGl ihre Forderungen nur nach den Vorschriften über das InsVerf verfolgen. Haben sie bei VerfEröffnung bereits einen Titel erstritten, sollen sie grds daran gehindert sein, den Titel im Vollstreckungswege auszunutzen. Auch diese Gl werden deshalb darauf verwiesen, ihre Forderungen zur InsTabelle anzumelden (§§ 174, 179 Abs 2). 2

II. Geltungsbereich

1. Vollstreckungsverbot. Abs 1 schafft ein **allg Vollstreckungsverbot** für den Kreis der nicht nachrangigen InsGl (§ 38) und der nachrangigen InsGl (§ 39). Die Vollstreckung durch MasseGl bleibt demgegenüber nach Maßgabe des § 90 zulässig. Im Verbraucherinsolvenzverfahren und während des Laufs der Abtretungserklärung bei der Restschuldbefreiung gelten Besonderheiten (§§ 306, 294 Abs 1). Das Verbot erfasst das **gesamte SchuVermögen** einschl des Neuerwerbs (§ 35 Abs 1) und des freien Vermögens des Schu (§ 36). Die Einbeziehung des massefreien Vermögens in den Vollstreckungsschutz soll es dem Schu ermöglichen, noch während des InsVerf eine neue wirtschaftliche Existenz zu begründen.[1] Der Begriff der **Zwangsvollstreckung** ist umfassend zu verstehen; er schließt den Vollzug von Arresten und einstweiligen Verfügungen ein. Hingegen steht die Vorschrift der freiwilligen Befriedigung einzelner InsGl aus dem insolvenzfreien Vermögen des Schu während des InsVerf 3

1 *BGH* ZIP 2014, 2090 Rn 11.

grundsätzlich nicht entgegen.[2] In **zeitlicher Hinsicht** erfasst die Bestimmung die Vollstreckung im eröffneten InsVerf. Vollstreckungmaßnahmen im Vorfeld der VerfEröffnung fallen unter § 88 oder § 21 Abs 2 S 1 Nr 3. In einem sich anschließenden Restschuldbefreiungsverfahren ordnet § 294 ebenfalls ein Vollstreckungsverbot für InsGl an.[3]

4 **2. Erweitertes Vollstreckungsverbot.** Abs 2 der Vorschrift, der kein Vorbild im überkommenen Recht hat, erstreckt das Vollstreckungsverbot auf **andere Gl als InsGl**, sofern künftige Bezüge aus einem Dienstverhältnis in Rede stehen. Hierdurch soll sichergestellt werden, dass die künftigen Dienstbezüge und gleichgestellten Bezüge des Schu im Falle eines sich anschließenden Restschuldbefreiungsverfahrens den InsGl zur Verfügung stehen.

5 Im Falle der **Nachlassinsolvenz** werden die Vollstreckungsverbote des § 89 durch § 321 erweitert. Maßnahmen der Zwangsvollstreckung in den Nachlass, die nach dem Eintritt des Erbfalls erfolgt sind, gewähren kein Recht zur abgesonderten Befriedigung. Damit soll die Rechtslage zum Zeitpunkt des Erbfalls wiederhergestellt werden.

6 **3. Zuständigkeit des Insolvenzgerichts.** Abs 3 enthält wegen etwaiger Einwendungen, über die an sich das Vollstreckungsgericht entscheiden müsste, aus Gründen der Sachnähe eine **Zuständigkeitsverlagerung auf das InsGer**. Dieses Gericht ist auch für die Entsch über einstweilige Anordnungen zuständig.

B. Erläuterungen

I. Vollstreckungsverbot (Abs 1)

7 **1. Insolvenzgläubiger. – a) Grundsatz.** Das Vollstreckungsverbot betrifft zunächst alle InsGl nach § 38. Dazu rechnen diejenigen Gl, die zum Zeitpunkt der Eröffnung des InsVerf einen Anspruch gegen den Schu auf Befriedigung aus seinem Vermögen haben. An der persönlichen Haftung fehlt es bei dinglichen Ansprüchen. Deshalb kann der **Aussonderungsberechtigte** (§ 47) die Herausgabevollstreckung betreiben.[4] **Absonderungsberechtigte Gl** (§§ 49 ff) werden durch § 89 nur bezüglich ihrer Forderungen an der Vollstreckung gehindert;[5] hinsichtlich der Verwertung ihrer Sicherheiten sind sie nur den Beschränkungen der §§ 30d ff, 153b f ZVG, §§ 166 ff unterworfen. Im Anwendungsbereich des § 110 VVG kann der Verwertung der Sicherheit der Fall nicht gleichgestellt werden, dass der InsGl den Freistellungsanspruch des Schu gegen den Versicherer pfändet.[6] Die Vorschrift gilt auch gegenüber dem **Fiskus**, den **Sozialversicherungsträgern** und anderen öffentlichen Gl.[7]

8 **b) Nicht teilnehmende Gläubiger.** Verzichtet der InsGl auf die Teilnahme am Verf, hebt dies seine materiell-haftungsrechtliche Stellung als InsGl nicht auf, weil diese aus dem materiellen Vermögensanspruch gegen den Schu folgt (vgl § 38).[8]

9 **c) Nachrangige Gläubiger.** Nachrangige Forderungen sind ebenfalls InsFord (§ 39); deren Gl sind deshalb ebenfalls von dem Vollstreckungsverbot betroffen, selbst wenn ihre Forderungen nicht durch eine entspr Aufforderung durch den InsVerw in das Verf einbezogen worden sind (§ 174 Abs 3).[9]

---

2 *BGH* ZIP 2010, 380, 381.
3 Zu den Auswirkungen auf eine Kontenpfändung s *Grote* ZInsO 2014, 1746 ff.
4 Im EröffnungsVerf kann er nach § 21 Abs 2 S 1 Nr 5 daran gehindert sein.
5 *BGH* ZIP 2014, 2090 Rn 5; *Uhlenbruck/Mock* § 89 Rn 14.
6 *BGH* ZIP 2014, 2090 Rn 9 f.
7 *Jaeger/Eckardt* § 89 Rn 13; *Uhlenbruck/Mock* § 89 Rn 45.
8 *Jaeger/Eckardt* § 89 Rn 1; MK/*Breuer* § 89 Rn 14.
9 *Vallender* ZIP 1997, 1998.

2. Nicht betroffene Gläubigergruppen. Gl, die nicht zu den InsGl gehören, sind vom Vollstreckungsverbot nicht betroffen. 10

a) Massegläubiger. Sie unterliegen nicht den Beschränkungen nach Abs 1. Dies gilt unabhängig davon, ob sie ihre Forderung irrtümlich zur Tabelle angemeldet haben und diese als InsFord festgestellt worden ist. Masseforderungen werden auch durch Anmeldung, Anerkennung und Feststellung nicht zu InsFord.[10] Die Rechtskraftwirkung gem § 178 Abs 3, § 183 schließt die spätere Geltendmachung desselben Anspruchs als Masseforderung nicht aus. Allerdings enthält § 90 ein zeitlich begrenztes **Vollstreckungsmoratorium** für alle nicht durch Handlungen des InsVerw begründeten Masseverbindlichkeiten (s Kommentierung dort). Daneben enthält § 123 Abs 3 ein gesondertes Vollstreckungsverbot für **Sozialplanforderungen**, die nach § 123 Abs 2 S 1 als Masseverbindlichkeiten gelten. Einer ungehinderten Vollstreckung setzt schließlich der Massebestand Grenzen. Nach Anzeige der **Masseunzulänglichkeit** greift das Vollstreckungsverbot des § 210 ein, welches weit auszulegen ist (s Kommentierung dort) und auch für Neumasseverbindlichkeiten nach § 209 Abs 1 Nr 2 gilt.[11] 11

b) Inhaber von Aussonderungsrechten. Er ist kein InsGl und unterliegt deshalb nicht dem Vollstreckungsverbot. Der **Eigentümer einer Sache** kann zB den Anspruch aus § 985 BGB auf Grund eines vor VerfEröffnung gegen den Schu erwirkten Titels, den er entspr § 727 ZPO auf den InsVerw umschreiben kann, während des InsVerf nach Maßgabe der §§ 883 ff ZPO vollstrecken.[12] Entsprechendes gilt für die **Durchsetzung eines Räumungstitels** bezüglich einer vom Schu gemieteten Wohnung.[13] 12

Ein **gegen den InsVerw erstrittener Aussonderungstitel** kann ebenfalls zwangsweise durchgesetzt werden. Zu beachten ist jedoch, dass die materiell-rechtlichen Voraussetzungen des Aussonderungsanspruchs insolvenzrechtlich modifiziert sein können (zB § 107 Abs 2, § 112). 13

c) Neugläubiger. Erlangt eine Person erst nach VerfEröffnung einen Anspruch gegen den Schu, ist er nach § 38 kein InsGl. Zur Abgrenzung s die Kommentierung dort. NeuGl (NachInsGl) werden vom Vollstreckungsverbot nach Abs 1 nicht erfasst, weil dieses an der Eigenschaft als InsGl anknüpft.[14] Da ihnen jedoch nach § 91 Abs 1 der Zugriff auf die Masse verwehrt ist und zu dieser auch der Neuerwerb zählt (§ 35 Abs 1), wird idR kein insolvenzfreies Vermögen vorhanden sein, aus dem sie sich befriedigen könnten. In Betracht kommen nur die vom InsVerw aus der Masse frei gegebenen Gegenstände und, soweit es sich um privilegierte NeuGl handelt,[15] die Differenz zwischen den nach § 850c und §§ 850d, 850f Abs 2 ZPO pfändbaren Bezügen (§ 36 Abs 1).[16] Neugläubiger ist zB der Inhaber eines prozessualen Anspruchs auf Erstattung der Kosten eines gegen den Schu geführten Rechtsstreits, der nach Eröffnung des InsVerf begonnen wurde.[17] Für die Gl bestimmter künftiger Forderungen findet sich in Abs 2 eine Sonderregelung (Rn 26 ff). 14

d) Gläubiger von Nichtvermögensansprüchen. S hierzu zunächst die Kommentierung bei § 38. Diese Ansprüche sind weder aus der InsMasse noch aus dem freien Vermögen des Schu zu befriedigen. Sie richten sich vor und nach der VerfEröffnung gegen den Schu als 15

---

10 Str; wie hier *BGH* ZIP 2006, 1411, auch zum Meinungsstand.
11 *BGHZ* 167, 186 ff.
12 *Jaeger/Eckardt* § 89 Rn 17.
13 *Jaeger/Eckardt* § 89 Rn 17; MK/*Breuer* § 89 Rn 17.
14 *BGH* ZIP 2014, 480 Rn 7-9; *OLG Hamm* ZIP 2011, 1068; *Jaeger/Eckardt* § 89 Rn 25; MK/*Breuer* § 89 Rn 16; **aA** *Uhlenbruck/Mock* § 89 Rn 12.
15 Hierzu s *BGH* ZIP 2007, 2330 f.
16 *Jaeger/Eckardt* § 89 Rn 25.
17 *BGH* 6.2.2014 – IX ZB 57/12 Rn 14.

Person und werden vom Verbot nach Abs 1 nicht erfasst.[18] Hierzu gehören Ansprüche auf Vornahme einer unvertretbaren Handlung (§§ 888 ff ZPO), auf Duldung oder Unterlassen (§§ 890 ff ZPO) und auf Auskunft, Rechnungslegung und eidesstattliche Versicherung der Vollständigkeit und Richtigkeit.

16 **3. Betroffenes Vermögen. – a) Grundsatz.** Nach Abs 1 sind während der Dauer des Verf Zwangsvollstreckungen weder in die Masse noch in das sonstige Vermögen des Schu zulässig. Zu dem sonstigen, also nicht massebefangenen Vermögen des Schu gehören insb die vom InsVerw aus der Masse frei gegebenen Gegenstände.[19] Zum insolvenzfreien Vermögen des Schu zählen auch die Gegenstände nach § 36 Abs 1 und 3, welche allerdings idR schon den Vollstreckungsverboten nach §§ 811, 850 ff ZPO unterliegen.[20]

17 **b) Künftiges Vermögen.** Da nach § 35 der Neuerwerb zur Masse gehört, werden nur **künftige Vermögenswerte**, soweit sie erst nach Abschluss des Verf entstehen, vom Vollstrekkungsverbot nach Abs 1 ausgenommen.[21] Bedeutung hat dies nur, soweit diese nach allgemeinen Regeln pfändbar sind.[22]

18 **c) Auslandsvermögen.** Es zählt nach deutschem Internationalen InsR zur InsMasse **(Universalprinzip)**[23] und unterfällt deshalb Abs 1. Gleichwohl entfaltet die Bestimmung gegenüber dem im Ausland vollstreckenden Gl keine unmittelbare Wirkung; die Zulässigkeit einer solchen Vollstreckungsmaßnahme beurteilt sich vielmehr nach dem (ausländischen) Recht des Ortes der Vollstreckungshandlung. Da die Vollstreckungsmaßnahmen, auch soweit sie nach ausländischem Recht zulässig sind, gegenüber den Gl im Inland keine Wirkungen entfalten, erfolgt der **Ausgleich nach Bereicherungsrecht**. Erlangt der inländische InsGl im Ausland durch eine solche Vollstreckungsmaßnahme zur InsMasse gehörende Vermögenswerte des Schu, so muss er diese wegen ungerechtfertigter Bereicherung an den InsVerw herausgeben.[24]

19 **d) Massefremde Vermögensgegenstände.** Wird aus einem Titel in Vermögensgegenstände der Istmasse vollstreckt, kann dem ein Titel gegen den InsSchu oder gegen einen Dritten zu Grund liegen. Richtet sich die Vollstreckung gegen einen Dritten, besteht kein Bezug zur Ins des Schu, der die Anwendung von Abs 1 rechtfertigen könnte; dem InsVerw stehen nur die allg vollstreckungsrechtlichen Rechtsbehelfe zu (§§ 809, 739, 766 Abs 1 ZPO). Wird dagegen aus einem Titel gegen den Schu vollstreckt, kann der zusätzliche Mangel, dass die Sache nach materiellem Recht nicht für die Verbindlichkeit des Schu haftet, Abs 1 nicht ausschließen.[25]

20 **4. Maßnahmen der Zwangsvollstreckung. – a) Allgemeines.** Der Begriff der Zwangsvollstreckung ist umfassend zu verstehen. Hierzu zählen **sämtliche Maßnahmen der Zwangsvollstreckung** nach dem Vollstreckungsrecht der ZPO (§§ 704 ff ZPO) und dem Verwaltungsvollstreckungsrecht. Das **Klauselerteilungsverfahren** (§§ 724 ff ZPO) ist noch nicht Teil der Zwangsvollstreckung,[26] sondern bereitet diese in formeller Hinsicht vor.[27] Auf die Art

---

18 *Jaeger/Eckardt* § 89 Rn 26; MK/*Breuer* § 89 Rn 23.
19 *BGHZ* 166, 83; *BGH* ZIP 2009, 818, 820.
20 *Jaeger/Eckardt* § 89 Rn 29.
21 *Jaeger/Eckardt* § 89 Rn 28; bereits entstandene, aber erst künftig fällig werdende Forderungen werden dagegen erfasst, *BGH* ZIP 2007, 2331.
22 Hierzu s *BGH* ZVI 2003, 647.
23 *BGHZ* 68, 17; 88, 150; 95, 264.
24 *BGHZ* 88, 154; *K/P/B/Lüke* § 89 Rn 26; MK/*Breuer* § 89 Rn 29.
25 *Jaeger/Eckardt* § 89 Rn 28.
26 *Jaeger/Eckardt* § 89 Rn 55 f.
27 Hk-ZPO/*Kindl* § 724 Rn 1.

des Titels kommt es nicht an. Unter Abs 1 fallen gleichermaßen Beginn und Fortsetzung einer schon beantragten und/oder begonnenen Vollstreckung. Hat die begonnene Vollstreckung bereits zu einer **dinglichen Sicherung** geführt, greift das Vollstreckungsverbot nicht mehr ein; das entstandene Absonderungsrecht kann allerdings der Rückschlagsperre (§ 88) unterfallen oder im Wege der InsAnf (§§ 129 ff) beseitigt werden. Um keine Maßnahme der Zwangsvollstreckung handelt es sich, wenn die Zulassung eines KFZ von der Zahlung von Gebühren und Auslagen aus vorangegangenen Zulassungsvorgängen abhängig gemacht wird.[28]

b) Vollstreckungsakte nach Abs 1. – aa) Vollstreckung wegen Geldforderungen. Unzulässig ist die Vollstreckung wegen Geldforderungen in das **bewegliche Vermögen** (Sachpfändungen, §§ 803 ff ZPO; Forderungspfändung, §§ 828 ff ZPO; Vollstreckung in andere Vermögensrechte, §§ 857 ff ZPO). Die Pfändung und Überweisung ist auch dann ausgeschlossen, wenn vor VerfEröffnung bereits eine **Vorpfändung** (§ 845 ZPO) ausgebracht worden war, weil diese dem VollstreckungsGl noch keine in der Ins zu beachtende Sicherung verschafft.[29] Die Zustellung einer Vorpfändungsbenachrichtigung darf ebenfalls nicht mehr vorgenommen werden.[30] Ebenso wenig dürfen zur Sicherung von InsFord **Zwangshypotheken** (§§ 866 ff ZPO) und **Zwangsvormerkungen** (§ 885 Abs 1 BGB) an Grundstücken eingetragen werden. Für bereits eingeleitete Maßnahmen nach dem ZVG enthalten §§ 30d–30f ZVG besondere Regelungen, welche die einstweilige Einstellung der Zwangsversteigerung ermöglichen. Unzulässig ist es schließlich für den **absonderungsberechtigten Grundpfandgläubiger**, nach Eröffnung des InsVerf über das Vermögen des Grundstückseigentümers im Wege der Pfändung auf die mithaftenden Mieten und Pachten zuzugreifen, also den Hypothekenverbund (§§ 1123, 1124, 1147 BGB) auszunutzen.[31] § 49 erfasst diesen Fall nicht. 21

Gibt der InsVerw ein mit einer nach § 88 unwirksamen **Zwangssicherungshypothek** belastetes Grundstück aus der InsMasse frei, gelten Besonderheiten: Abs 1 ist in einem solchen Fall einschränkend dahin auszulegen, dass das Vollstreckungsverbot für den Fall der **Konvaleszenz** nicht gilt.[32] Vom Standpunkt der insolvenzrechtlichen Unwirksamkeit aus, steht der grundbuchmäßigen Umsetzung der Konvaleszenz Abs 1 nicht entgegen, weil der ZwangshypothekenGl nur sein ihm zustehendes Absonderungsrecht durchzusetzen sucht, welches von dieser Vorschrift nicht erfasst wird.[33] 22

bb) Vollstreckung wegen anderer Ansprüche. Unzulässig ist auch die Erzwingung anderer Ansprüche (Legaldefinition in § 194 Abs 1 BGB) als die Durchsetzung von Geldforderungen, sofern es sich um InsFord (Rn 7–9) handelt. 23

aaa) In Betracht kommen insb die **Herausgabevollstreckung** (§§ 883–886 ZPO) und die **Vollstreckung vertretbarer Handlungen** (§ 887 ZPO). Die Erzwingung von nicht vertretbaren Handlungen und Unterlassungen einschl ihrer Durchsetzung mit Hilfe einstweiliger Verfügungen fallen dagegen nicht unter Abs 1, soweit diese Ansprüche keine InsFord bilden. 24

bbb) Bei der Erzwingung der **Abgabe der eidesstattlichen Versicherung** ist zu unterscheiden: Keine InsFord liegt dem nach bürgerlichem Recht begründeten Anspruch auf Leistung der eidesstattlichen Versicherung iVm Ansprüchen auf Auskunft und Rechnungslegung 25

28 *VG Lüneburg* ZIP 2014, 190 Rn 5.
29 Vgl *BGHZ* 167, 14 ff.
30 MK/*Breuer* § 89 Rn 32.
31 *BGHZ* 168, 340 f.
32 *BGHZ* 166, 83.
33 *Kreft* FS Fischer, 2008, S 307; *ders* FS Pannier, 2010, S 114; einschr *LG Frankfurt/Oder* mit zust Anm *Keller* NZI 2017, 571.

(§§ 260 f BGB, § 889 ZPO) zu Grunde.[34] Sie fällt daher nicht unter Abs 1. Gleiches gilt für die nach InsR zu leistende eidesstattliche Versicherung (§§ 98, 153 Abs 2). Anders liegen die Fälle, in denen der Schu eine vollstreckungsrechtliche **Offenbarungsversicherung** abzugeben hat (§§ 807, 836 Abs 3, § 883 Abs 2 ZPO). Hier stellen sowohl der Antrag als auch die Abnahme unzulässige Vollstreckungsmaßnahmen dar.[35] Gleiches gilt für die Anordnung der Haft (§ 802g ZPO) und das sich anschließende Verf.[36]

II. Vollstreckungsverbot für künftige Forderungen (Abs 2)

26 **1. Betroffene Gläubiger.** Künftige Forderungen iSd Abs 2 sind ausschließlich solche Forderungen, die nach Beendigung des Verf entstehen.[37] Abs 2 S 1 weitet das Vollstreckungsverbot für künftige Forderungen auf Bezüge aus einem Dienstverhältnis des Schu und an deren Stelle tretende Bezüge auf sämtliche Gl aus und erfasst deshalb anders als Abs 1 auch den Kreis der NeuGl. Mit Hilfe dieser Regelung soll der Schu in den Stand gesetzt werden, nach VerfBeendigung seine pfändbaren Forderungen auf Bezüge aus einem Dienstverhältnis zum Zwecke der Restschuldbefreiung an einen Treuhänder abzutreten.[38]

27 **2. Betroffene Forderungen.** Das Verbot erfasst künftige Forderungen auf Bezüge aus einem Dienstverhältnis des Schu oder an deren Stelle tretende laufende Bezüge. Die Umschreibung der Forderungen entspricht derjenigen des § 287 Abs 2 S 1 (Inhalt der Abtretungserklärung). Erfasst werden sämtliche geschuldeten wiederkehrenden Entgelte für Dienstleistungen jeglicher Art, welche die Erwerbstätigkeit des Schu vollständig oder zu einem wesentlichen Teil ausmachen. **Kapitallebensversicherungen** werden nicht erfasst.[39] Die in § 850b ZPO aufgeführten bedingt pfändbaren Bezüge werden erfasst, soweit die Pfändungsvoraussetzungen vorliegen. Sonstige künftige Forderungen bleiben von Abs 2 unberührt.

28 **3. Ausnahme des Abs 2 S 2. – a) Unterhalts- und Deliktsansprüche.** Das danach grds auf NeuGl erstreckte Vollstreckungsverbot findet in Abs 2 S 2 zugunsten solcher NeuGl eine **Ausnahme**, die aus Unterhalts- oder Deliktsansprüchen in den Teil der Bezüge vollstrecken, der für sie erweitert pfändbar ist (§§ 850d, 850f Abs 2 ZPO). Dieser nicht zur InsMasse gehörende Teil der Bezüge wird von der die Restschuldbefreiung bezweckenden Abtretung der (pfändbaren) Bezüge an den Treuhänder nicht erfasst und soll deshalb dem Zugriff der privilegierten NeuGl unterliegen. Für Deliktsgläubiger, die zu den InsGl zählen, bleibt es hingegen bei dem allgemeinen Vollstreckungsverbot.[40]

29 **b) Neugläubiger.** Die Besserstellung gilt nur für NeuGl von Unterhalts- und Deliktsansprüchen, nicht aber für Unterhalts- und Deliktsgläubiger, die an dem InsVerf teilnehmen.[41] Wegen ihrer besonderen Schutzbedürftigkeit wird das Vollstreckungsverbot zu Gunsten der NeuGl, die im InsVerf nicht berücksichtigt werden und infolge der Einbeziehung des Neuerwerbs in die InsMasse (§ 35) keinen realistischen Vollstreckungszugriff auf das insolvenzfreie Vermögen haben, im Umfang der erweitert pfändbaren Beträge gelockert. Hingegen soll Unterhalts- und DeliktsGl, die ohnehin an der gemeinschaftlichen Befriedigung im Ins-

---

34 *Jaeger/Eckardt* § 89 Rn 26, 40.
35 *Jaeger/Eckardt* § 89 Rn 41.
36 *BGH* ZIP 2012, 1311 Rn 12; *Jaeger/Eckardt* § 89 Rn 41; *Gottwald/Eckardt* § 33 Rn 20.
37 *K/P/B/Lüke* § 89 Rn 33.
38 *BGH* ZIP 2007, 2331.
39 *Jaeger/Eckardt* § 89 Rn 64.
40 *BGH* ZIP 2014, 480 Rn 8.
41 *BGH* ZInsO 2006, 1166; ZIP 2007, 2331.

Verf beteiligt sind, kein zusätzlicher Vollstreckungszugriff eingeräumt werden.[42] Diese Rechtsfolge kann auch nicht den Wertungen der § 302 Nr 1, § 114 Abs 3 S 3 aF entnommen werden.[43]

III. Rechtsfolgen

1. Wirkungen des Verbots. – a) Grundsatz. Nach Abs 1 ist den **Altgläubigern** eine Vollstreckung sowohl in die InsMasse als auch in das sonstige Vermögen des Schu verwehrt. Für **Neugläubiger** des Schu, insb nach Freigabe seiner selbstständigen Tätigkeit (§ 35 Abs 2), gilt das nicht. Für sie haftet das aus der freigegebenen Tätigkeit neu erwirtschaftete Vermögen des Schu, in das die in Abs 1 nicht genannten Neugläubiger vollstrecken können.[44] Reicht die Haftungsmasse nicht aus, kann auf Antrag eines Neugläubigers ein auf dieses Vermögen beschränktes zweites InsVerf eröffnet werden.[45] Das Vollstreckungsverbot ist von den Organen der Zwangsvollstreckung **von Amts wegen** zu beachten.[46] Die beantragen Zwangsvollstreckungsmaßnahmen sind abzulehnen. Dies gilt auch für das Grundbuchamt, wenn es um die Eintragung einer Zwangs- oder Arresthypothek ersucht wird.[47] Eine begonnene Vollstreckung haben die Vollstreckungsorgane einzustellen, soweit sie nicht schon zu einem Absonderungsrecht geführt hat.[48] Hält der Gl anders als das Vollstreckungsorgan die Vollstreckung für zulässig, steht ihm die Vollstreckungserinnerung nach § 766 Abs 2 ZPO zu oder – bei Entsch des Rechtspflegers – die sofortige Beschw nach Maßgabe des § 11 Abs 1 RPflG iVm § 793 ZPO oder §§ 95 ff ZVG zu. Zur Entsch über die Rechtsbehelfe sind die InsGer berufen.[49] Bei Entsch des Grundbuchamtes finden §§ 71 ff GBO Anwendung.[50] 30

b) Unkenntnis des Gläubigers. Das Vollstreckungsverbot kann bei Unkenntnis des Gl von der VerfEröffnung nicht überwunden werden, weil es an einem rechtsgeschäftlichen Erwerbsvorgang fehlt.[51] 31

c) Eintragungsbedürftigkeit. Für die Zulässigkeit **eintragungsbedürftiger Zwangsvollstreckungsmaßnahmen** kommt es auf den Zeitpunkt der Eintragung an, die wie eine Zwangsvollstreckung wirkt (§ 866 Abs 1 ZPO). Der Zeitpunkt des Eingangs des Eintragungsantrags sowie der für die InsAnf nach § 140 Abs 2 maßgebliche Zeitpunkt sind dagegen unerheblich.[52] Die letztgenannte Vorschrift will iVm § 878 BGB lediglich die Nachteile abwenden, die bei einem Rechtserwerb eintreten, der neben dem rechtsgeschäftlichen Tatbestand noch der Eintragung bedarf. Die Eintragung der Zwangssicherungshypothek als Vollstreckungsmaßnahme ist mit diesem Tatbestand nicht vergleichbar. Auch beim Erlass eines Pfändungs- und ÜberweisungsBeschl genügt der Antrag nicht, um dem Gl das Absonderungsrecht zu verschaffen (§ 829 Abs 3 ZPO). Gleiches gilt bei der Sachpfändung. 32

2. Folgen verbotswidriger Vollstreckung. Wird gegen das Vollstreckungsverbot verstoßen, so ist die Vollstreckungsmaßnahme nicht nichtig, sondern nur anfechtbar. Die Pfandsache ist wirksam verstrickt. Ein Pfändungspfandrecht oder – nach der öffentlichen Pfandrechts- 33

---

42 Näher hierzu s *BGH* ZIP 2007, 2331; ZInsO 2008, 39; MK/*Breuer* § 89 Rn 55.
43 *BGH* ZInsO 2008, 40.
44 *BGHZ* 192, 322, 332 Rn 28.
45 *BGHZ* 192, 322, 332 Rn 28.
46 *Uhlenbruck/Mock* § 89 Rn 44.
47 *Jaeger/Eckardt* § 89 Rn 70.
48 MK/*Breuer* § 89 Rn 59.
49 *BGH* ZIP 2007, 2330.
50 *Gerhardt* KS-InsO, 2. Aufl S 216.
51 *Jaeger/Eckardt* § 89 Rn 71.
52 *Jaeger/Eckardt* § 89 Rn 72; *Uhlenbruck/Mock* § 89 Rn 22; **aA** *K/P/B/Lüke* § 89 Rn 18.

theorie – ein materiell-rechtliches Verwertungsrecht entsteht im Hinblick auf den schweren VerfFehler jedoch nicht.[53] Das gilt allerdings nur soweit und solange, als dies die Zwecke des InsVerf und ggf der möglichen Restschuldbefreiung dies rechtfertigen.[54] Nach Abschluss der Zwangsvollstreckung gehen vollstreckungsinterne Rechtsbehelfe ins Leere. Bei vormals massebefangenen Gegenständen kann der InsVerw, bei insolvenzfreiem Vermögen der Schu den Vollstreckungserlös von dem Gl kondizieren (§ 812 Abs 1 S 1 Fall 2 BGB).[55]

IV. Rechtsbehelfe gegen verbotswidrige Vollstreckungsmaßnahmen (Abs 3)

1. Zuständigkeit des Insolvenzgerichts (Abs 3 S 1). – a) Besonderes Vollstreckungsgericht.
34 Über Einwendungen gegen unzulässige Vollstreckungsmaßnahmen entscheidet nicht das Vollstreckungsgericht, sondern das InsGer. Für diese Regelung war die größere **Sachnähe des InsGer** maßgeblich.[56] Dies gilt insb für die Beurteilung der Eigenschaft als InsGl. Die Verlagerung ist unvollständig, weil für den Erlass von Vollstreckungsmaßnahmen nicht durchweg das Vollstreckungsgericht zuständig ist und die Neuregelung in Abs 3 die Zuständigkeit des InsGer nur anstelle des Vollstreckungsgerichts begründet. Dagegen kommt es für die Begr der Zuständigkeit der InsGer nicht darauf an, ob die beantragte Vollstreckungsmaßnahme angeordnet oder ihr Erlass abgelehnt worden ist.[57]

35 **b) Erinnerung.** Für die Entsch über die Erinnerung ist **funktionell der Richter**, nicht der Rechtspfleger zuständig (§ 20 Nr 17 S 2 RPflG).[58]

36 **c) Beschwerde und Rechtsbeschwerde.** Für den **weiteren Rechtsmittelzug** ist zu beachten, dass die InsGer kraft besonderer Zuweisung als „besondere Vollstreckungsgerichte" entscheiden. Die Zulässigkeit der sofortigen (ersten) Beschw richtet sich deshalb nach § 567 Abs 1, § 793 ZPO,[59] die Statthaftigkeit der Rechtsbeschwerde nach § 574 Abs 1 S 1 Nr 2, § 793 ZPO. Dies hat zur Konsequenz, dass die Rechtsbeschwerde nur dann statthaft ist, wenn das Landgericht sie zugelassen hat.[60]

37 **2. Entsprechende Anwendung.** Die Zuweisung vollstreckungsrechtlicher Rechtsbehelfe durch Abs 3 S 1 (sowie § 36 Abs 4, § 148 Abs 2 S 2) an das InsGer ist nicht abschließend. In ihr kommt der allg Rechtsgedanke zum Ausdruck, dass während der Dauer des InsVerf über sämtliche insolvenzspezifischen Einwendungen gegen eine Zwangsvollstreckung das InsGer entscheiden soll.[61] Andererseits sind die regelmäßig gleichfalls aus Gründen der Sachnähe geschaffenen besonderen Ausgestaltungen von Rechtsmittelzügen, insb die registerrechtlichen, zu respektieren. Daraus ergibt sich:

38 **a) Zuständigkeit des Insolvenzgerichts.** Die funktionelle Zuständigkeit des InsGer ist auch für Erinnerungen gegeben, mit denen der InsVerw bei Vollstreckungen in das bewegliche Vermögen, zB durch Pfändungs- und Überweisungsbeschlüsse, **Vollstreckungsverbote bei**

---

53 Vgl *Jaeger/Eckardt* § 89 Rn 74; MK/*Ganter* § 50 Rn 66b; *Gottwald/Eckardt* § 33 Rn 41; *Uhlenbruck/Mock* § 89 Rn 40.
54 Vgl hierzu *BGH* ZIP 2011, 871 Rn 13 f.
55 *Jaeger/Eckardt* § 89 Rn 75; *Gottwaldt/Eckardt* § 33 Rn 50.
56 BT-Drucks 12/2443, 138.
57 *BGH* ZIP 2007, 2330.
58 *BGH* ZIP 2004, 732; *Uhlenbruck/Mock* § 89 Rn 62; *Vallender* ZIP 1997, 1998; **aA** *AG Hbg* NZI 2006, 646.
59 *BGH* ZIP 2004, 1379; 2006, 341.
60 *BGH* ZIP 2004, 1379; 2006, 340; 2006, 1999. Über die Zulassung ist durch die vollbesetzte Kammer zu befinden, *BGHZ* 154, 202 f.
61 *Jaeger/Eckardt* § 89 Rn 86.

Masseverbindlichkeiten (§ 90 Abs 1) geltend macht.[62] Die entspr Anwendung der Vorschrift ist ebenso gegeben, wenn bei **Masseunzulänglichkeit** im Anwendungsbereich des § 210 Vollstreckungsverbote eingewandt werden.[63] Gleiches muss für die Durchsetzung von Vollstreckungsverboten in den Fällen der **Massearmut** (§ 207) gelten. Unterschiedliche Zuständigkeiten für die gerichtliche Durchsetzung von Vollstreckungsverboten, die ihren Grund entweder in der Masseunzulänglichkeit nach §§ 208, 209 oder in der Massearmut nach § 207 haben, würden dem gemeinsamen Sinn und Zweck der Regelung, im Falle unzulänglicher Massen eine bestimmte Befriedigungsreihenfolge verfahrensrechtlich sicherzustellen, nicht gerecht.[64]

b) Zuständigkeit des Grundbuchamts. Die Durchbrechung der allgemeinen Zuständig- 39
keitsregeln gilt nicht für Einwendungen gegen **Maßnahmen des Grundbuchamts**. Sie sind dort geltend zu machen, weil die Eintragung des Amtswiderspruchs (§ 53 Abs 1 S 1, § 71 Abs 2 GBO) nur vom Grundbuchamt oder dem an seine Stelle tretenden Gericht der ersten Beschw angeordnet werden kann. Dass auch hier entgegen dem Wortlaut das InsGer auf Grund der größeren Sachnähe zuständig sein soll, wäre mit der gesetzlichen Zuständigkeitsordnung nicht zu vereinbaren und auch sachlich zweifelhaft.[65]

3. Einstweilige Anordnungen (Abs 3 S 2). Die Vorschrift ist § 732 Abs 2 ZPO nachgebildet. 40
Das InsGer hat danach die gleichen Befugnisse wie das Vollstreckungsgericht und kann entspr § 766 Abs 1 S 2, § 732 Abs 2 ZPO einstweilige Anordnungen erlassen. Die einstweilige Einstellung der Zwangsvollstreckung ist als wichtigstes Beispiel ausdrücklich genannt. Die getroffenen Anordnungen dürfen die Hauptsache nicht vorwegnehmen. Deshalb dürfen Zwangsvollstreckungsmaßnahmen nur eingestellt und nicht aufgehoben werden (vgl auch §§ 775, 776 ZPO).[66]

§ 90 Vollstreckungsverbot bei Masseverbindlichkeiten

(1) Zwangsvollstreckungen wegen Masseverbindlichkeiten, die nicht durch eine Rechtshandlung des Insolvenzverwalters begründet worden sind, sind für die Dauer von sechs Monaten seit der Eröffnung des Insolvenzverfahrens unzulässig.

(2) Nicht als derartige Masseverbindlichkeiten gelten die Verbindlichkeiten:

1. **aus einem gegenseitigen Vertrag, dessen Erfüllung der Verwalter gewählt hat;**
2. **aus einem Dauerschuldverhältnis für die Zeit nach dem ersten Termin, zu dem der Verwalter kündigen konnte;**
3. **aus einem Dauerschuldverhältnis, soweit der Verwalter für die Insolvenzmasse die Gegenleistung in Anspruch nimmt.**

Übersicht

62 *BGH* ZIP 2006, 2000; *AG Hamburg* ZIP 2014, 1401; *Gottwaldt/Eckardt* § 33 Rn 44.
63 *BGH* ZIP 2006, 2000.
64 *BGH* ZIP 2006, 2000; *Jaeger/Eckardt* § 89 Rn 88; *Pape* WuB VI A § 89 InsO 2.07.
65 *KG Berlin* ZIP 2010, 2467, 2468; HambKomm/*Kuleisa* § 89 Rn 20; *Jaeger/Eckardt* § 89 Rn 89; *Uhlenbruck/Mock* § 89 Rn 58; **aA** *K/P/B/Lüke* § 89 Rn 36; MK/*Breuer* § 89 Rn 67.
66 *Jaeger/Eckardt* § 89 Rn 85.

A. Allgemeines

I. Normzweck

1 **1. Fortführung eines Rechtsgedankens des Konkursrechts.** Die Vorschrift bezweckt, die Masse in der Anfangsphase des InsVerf durch ein Vollstreckungsmoratorium vor einer Aushöhlung zu bewahren. Sie steht in einem inneren Zusammenhang mit der Vorschrift des § 210, die ein Vollstreckungsverbot für den Fall der Masseunzulänglichkeit vorsieht.[1] Sie knüpft hierbei an eine zu § 14 KO entwickelte Auff an, wonach zwischen **unechten Masseverbindlichkeiten**, deren Rechtsgrund vor VerfEröffnung begründet worden sei, und **echten Masseverbindlichkeiten** zu unterscheiden sei, die auf Geschäften oder Handlungen des InsVerw beruhten. Für die unechten MasseGl galt nach dieser Auff während der gesamten Dauer des InsVerf ein Vollstreckungsverbot; wegen der echten Masseverbindlichkeiten konnten die Gl dagegen jederzeit die Zwangsvollstreckung in die Masse betrieben.[2] Diesen Rechtsgedanken nimmt die Vorschrift auf.

2 **2. Vollstreckungsverbote für Massegläubiger.** Die Kosten des InsVerf und die sonstigen Masseverbindlichkeiten sind nach § 53 aus der InsMasse vorweg zu befriedigen. Dies schließt die Befugnis des Gl ein, seinen Masseanspruch gegen den InsVerw gerichtlich geltend zu machen und aus dem erwirkten Titel gegen die Masse zu vollstrecken. §§ 87–89 hindern den MasseGl nicht daran, weil die dort normierten Einschränkungen sich nur auf die InsGl (§ 38) beziehen. Einen unbeschränkten Zugriff der MasseGl in jeder Lage des Verf sieht die InsO jedoch in mehrfacher Hinsicht als bedenklich an: Dies gilt in den Fällen **angezeigter Masseunzulänglichkeit** (§ 210) oder **Massearmut** (§ 207),[3] für **Sozialplanforderungen**, soweit diese Masseverbindlichkeiten sind (§ 123 Abs 2 S 1), und in Bezug auf die Vollstreckung von **Verbindlichkeiten aus dem EröffnungsVerf**, die im Falle der VerfEröffnung als Masseverbindlichkeiten zu behandeln wären (§ 21 Abs 2 S 1 Nr 3 iVm § 55 Abs 2). Das befristete Vollstreckungsverbot des § 90 ergänzt diese Regelungen.

II. Geltungsbereich

3 Der Geltungsbereich der Vorschrift erschließt sich erst aus dem Zusammenspiel von Abs 1 und Abs 2. Die Norm knüpft die unterschiedliche vollstreckungsrechtliche Behandlung von Masseverbindlichkeiten an die Unterscheidung zwischen **aufgezwungenen (oktroyierten) Masseverbindlichkeiten**, die dem InsVerw nicht zuzurechnen sind, und **gewillkürten Masseverbindlichkeiten**, die auf einem Handeln des InsVerw beruhen. Abs 1 spricht das Vollstreckungsmoratorium nur in Bezug auf die aufgezwungenen Masseverbindlichkeiten aus. Abs 2 rechnet bestimmte, durch die Fallgruppen 1–3 beschriebene Masseverbindlichkeiten den gewillkürten zu, schränkt also im Erg das Vollstreckungsverbot des Abs 1 ein.

---

1 BT-Drucks 12/2443, 138.

2 *K Schmidt* Insolvenzgesetze, 17. Aufl 1997, § 14 KO Anm 1b, str.

3 *BGH* ZIP 2006, 2000 f.

B. Erläuterungen

I. Erfasste Masseverbindlichkeiten

1. Grundsatz. Das **Vollstreckungsmoratorium** betrifft hauptsächlich die Ansprüche aus den nach der InsO ohne weiteres zu erfüllenden gegenseitigen Verträgen, ferner, wenn der InsVerw zum frühestmöglichen Termin gekündigt hat und er die Gegenleistung für die Masse nicht in Anspruch nimmt. Beruhen die zu vollstreckenden Masseverbindlichkeiten dagegen auf einem Handeln des InsVerw, was für die Fallgruppen des Abs 2 klargestellt wird, ist die Zwangsvollstreckung von Anfang an zulässig. Sie muss es auch sein, weil der MasseGl in diesen Fällen berechtigterweise auf die Befriedigung zur vereinbarten Zeit aus der InsMasse vertrauen darf. 4

2. Gewillkürte Masseverbindlichkeiten. – a) Rechtshandlungen des Verwalters. Hierzu gehören zunächst Masseverbindlichkeiten, die durch Rechtshandlungen des InsVerw begründet worden sind (Abs 1 iVm § 55 Abs 1 Nr 1 Fall 1). Sie können nach der ausdrücklichen Anordnung in Abs 1 sofort vollstreckt werden. Hierzu rechnen Rechtshandlungen im Zusammenhang mit der Verwaltung, Verwertung und Verteilung der InsMasse, insb der **Neuabschluss gegenseitiger Verträge** sowie die **Vornahme von Prozesshandlungen**.[4] Nicht hierher gehören Steuerforderungen, weil das Entstehen eines Steueranspruchs gesetzliche Folge des Handelns des InsVerw ist (§ 38 AO), nicht aber gewollte Rechtsfolge seiner Handlung im Sinne der Vorschrift.[5] 5

b) Erfüllungswahl. Nach der Klarstellung in Abs 2 Nr 1 iVm § 55 Abs 1 Nr 2 Fall 1 nimmt das Gesetz ferner solche Verbindlichkeiten vom Vollstreckungsverbot aus, die aus einem **gegenseitigen Vertrag** herrühren, dessen Erfüllung der InsVerw gewählt hat (§ 103). Abs 2 Nr 1 hat hierbei nur eine klarstellende Funktion. Der Rechtsgrund des Schuldverhältnisses liegt im Falle der Erfüllungswahl zwar wie bei den aufgezwungenen Masseverbindlichkeiten in der Zeit vor der VerfEröffnung; mit der Entsch für die Erfüllung entsteht aber eine auf einer Rechtshandlung des Verwalters beruhende gewillkürte Masseverbindlichkeit, die deshalb schon nach Abs 1 sofort vollstreckbar ist. 6

c) Dauernde Leistungspflicht. Die Regelung in Abs 2 Nr 2 und 3 iVm § 55 Abs 1 Nr 2 Fall 2 („für die Zeit nach der Eröffnung des InsVerf erfolgen muss") bezieht sich auf zwei Fallgestaltungen, in denen für den Erbringenden ebenfalls die Möglichkeit der Durchsetzung seiner Ansprüche ohne Verzögerung gesetzlich gewährleistet sein muss. Bei den genannten Verbindlichkeiten aus **Dauerschuldverhältnissen** muss es sich nicht um solche iSd § 108 handeln. Erfasst werden alle Schuldverhältnisse (§ 241 BGB), bei denen eine dauernde Leistungspflicht begründet ist. 7

aa) Aufgezwungener Teil. Das Vollstreckungsverbot greift – vorbehaltlich der Inanspruchnahme der Gegenleistung für die Masse (Abs 2 Nr 3) – allerdings ein, soweit es sich um Masseverbindlichkeiten aus der Zeit zwischen der Eröffnung und dem **frühestmöglichen Beendigungstermin** geht. Insoweit sind die Masseverbindlichkeiten dem InsVerw aufgezwungen. Für die Zeit danach stellt Abs 2 Nr 2 die unterlassene Kündigung einer Rechtshandlung des InsVerw gleich. Von dem durch die unterlassene Kündigung versäumten Auflösungszeitpunkt an sind die Masseverbindlichkeiten als gewillkürte zu behandeln. Zur Bestimmung des ersten Kündigungstermins ist auf den Kenntnisstand des Verwalters von den die Kündigungsmöglichkeit begründenden Tatsachen abzustellen (subjektive Betrachtungsweise).[6] 8

---

4 *BGH* ZIP 2006, 2133.

5 *Braun/Kroth* § 90 Rn 9; HambKomm/*Kuleisa* § 90 Rn 4; *K Schmidt/Keller* § 90 Rn 7; *Rennert-Bergenthal/Dähling* ZInsO 2011, 1922, 1925; **aA** *FG Niedersachsen* ZIP 2014, 2144 Rn 62.

6 *Jaeger/Eckardt* § 90 Rn 9; *K/P/B/Lüke* § 90 Rn 8; MK/*Breuer* § 90 Rn 18.

9 **bb) Inanspruchnahme der Gegenleistung.** Abs 2 Nr 3 spricht schließlich aus, dass das Vollstreckungsverbot auch dann nicht eingreift, wenn und soweit der InsVerw die **Gegenleistung aus dem Dauerschuldverhältnis** in Anspruch nimmt. Bedeutung hat dies insb bei **Arbeits- und Mietverhältnissen**. Wird der gekündigte Arbeitnehmer bis zum Ablauf der Kündigungsfrist nicht freigestellt, unterliegen dessen Forderungen nicht dem Vollstreckungsverbot. Dies ergibt sich allerdings schon daraus, dass in der Inanspruchnahme der Arbeitsleitung eine Rechtshandlung des InsVerw liegen dürfte.[7] Bei Mietverhältnissen kommt es darauf an, ob der InsVerw die Gegenleistung nutzt, obwohl er dies pflichtgemäß hätte verhindern können.[8]

10 **3. Aufgezwungene Masseverbindlichkeiten.** Kann eine Masseverbindlichkeit nicht auf eine „gewillkürte Entstehung" zurückgeführt werden, ist sie als aufgezwungene zu werten, die vom Vollstreckungsverbot nach Abs 1 erfasst wird. Hierbei kann es sich um Verbindlichkeiten aus gegenseitigen Verträgen handeln, falls die Masse die Gegenleistung nicht in Anspruch nimmt (§ 55 Nr 2), oder um Verbindlichkeiten aus einer ungerechtfertigten Bereicherung der Masse (§ 55 Nr 3).[9] Auch die besonderen Masseverbindlichkeiten in der NachlassIns (§ 324 Abs 1) gehören hierher, weil sie nicht auf einer Handlung des InsVerw beruhen.[10]

II. Rechtsfolgen des Vollstreckungsverbots

11 **1. Grundsatz. – a) Umfang des Verbots.** Das Vollstreckungsverbot erfasst **sämtliche gegen die Masse gerichteten Vollstreckungsmaßnahmen**. Sein Umfang entspricht dem des § 89. Deshalb kann auf die Kommentierung dort verwiesen werden. Verboten sind insb die Pfändung beweglicher Sachen, die Pfändung von Forderungen und anderer Vermögenswerte und die Vollstreckung in das unbewegliche Vermögen. Wie bei § 89 werden auch Arrestbefehle erfasst. Das Vollstreckungsverbot ist von Amts wegen zu beachten.[11]

12 **b) Dauer des Verbots. – aa) Zeitraum.** Es gilt für die Dauer von sechs Monaten seit dem im EröffnungsBeschl angegebenen Zeitpunkt (§ 27 Abs 2 Nr 3) des InsVerf. Das ist zwingend der Zeitpunkt der **Eröffnungsstunde**.[12] Unerheblich ist der Zeitpunkt der Zustellung oder der Eintritt der Rechtskraft. Für die Berechnung der Frist sind über die Verweisungskette des § 4 iVm § 222 ZPO die Vorschriften der §§ 186 ff BGB anzuwenden. Fällt das Ende der Frist auf einen Samstag, Sonntag oder allg Feiertag, ist nach § 222 Abs 2 ZPO auf den Ablauf des nächsten Werktages abzustellen.

13 **bb) Zeitliche Zuordnung.** Ist der Zeitraum des Vollstreckungsverbots ermittelt, ist die Vollstreckungsmaßnahme dem Verbotszeitraum in zeitlicher Hinsicht zuzuordnen. Maßgeblich ist nicht der Eingang des Vollstreckungsantrags, sondern der Zeitpunkt, in dem der **Zugriff auf die InsMasse** erfolgt.[13]

14 **2. Folgen verbotswidriger Vollstreckung.** Die Wirkungen des Vollstreckungsverbots nach § 90 entsprechen denen des § 89. Deshalb kann auf die Kommentierung dort verwiesen werden. Die in den Verbotszeitraum fallende Vollstreckung ist nicht nichtig, sondern besteht bis zu ihrer förmlichen Aufhebung fort (Eintritt der Verstrickung). Ein Pfändungspfandrecht bez materielles Befriedigungsrecht des MasseGl entsteht jedoch nicht. Erlangt der MasseGl den Erlös, hat er ihn der Masse nach Bereicherungsrecht zurück zu gewähren (§ 812 Abs 1 S 1 Fall 2 BGB).

---

7 *Jaeger/Eckardt* § 90 Rn 10.
8 *BGHZ* 154, 364 ff; *BGH* ZIP 2007, 780.
9 Vgl hierzu das zu § 210 ergangene Urt *BGHZ* 167, 183 f.
10 *Jaeger/Eckardt* § 90 Rn 11; MK/*Breuer* § 90 Rn 7.
11 *Jaeger/Eckardt* § 90 Rn 12.
12 *BGHZ* 169, 17, 20 ff; *BGH* ZIP 2005, 310; *BGH* 12.7.2007 – IX ZB 32/07, Rn 3.
13 *Jaeger/Eckardt* § 90 Rn 13; *K/P/B/Lüke* § 90 Rn 17; MK/*Breuer* § 90 Rn 14.

3. Rechtsbehelfe. Auch insoweit kann auf die Kommentierung bei § 89 verwiesen werden. 15
Nach fast einhelliger (zutreffender) Auff haben in entspr Anwendung des § 89 Abs 3 nicht die Vollstreckungsgerichte, sondern die **InsGer** über Erinnerungen zu befinden;[14] die funktionelle Zuständigkeiten des Grundbuchamts bleibt auch hier unberührt (§ 89 Rn 39).

§ 91 Ausschluss sonstigen Rechtserwerbs

(1) Rechte an den Gegenständen der Insolvenzmasse können nach der Eröffnung des Insolvenzverfahrens nicht wirksam erworben werden, auch wenn keine Verfügung des Schuldners und keine Zwangsvollstreckung für einen Insolvenzgläubiger zugrunde liegt.

(2) Unberührt bleiben die §§ 878, 892, 893 des Bürgerlichen Gesetzbuchs, § 3 Abs. 3, §§ 16, 17 des Gesetzes über Rechte an eingetragenen Schiffen und Schiffsbauwerken, § 5 Abs. 3, §§ 16, 17 des Gesetzes über Rechte an Luftfahrzeugen und § 20 Abs. 3 der Schifffahrtsrechtlichen Verteilungsordnung.

Übersicht

Literatur: *Gehrlein* Verfügungsbeschränkungen vor und nach Insolvenzeröffnung, WM 2014, 485 ff; *Smid* Struktur und systematischer Gehalt des deutschen Insolvenzrechts in der Judikatur des IX. Zivilsenats des Bundesgerichtshofs (XI, Teil 1), DZWIR 2013, 89 ff.

---

14 *BGH* ZIP 2006, 2000; *Gottwald/Eckardt* § 33 Rn 82.

A. Allgemeines

I. Normzweck

1 Die Vorschrift dient dem **Schluss von Lücken**, welche die Vollstreckungsverbote der §§ 89, 90 lassen. Sie erstreckt die Unwirksamkeitsfolge auf Erwerbstatbestände unabhängig von Rechtshandlungen des Schu (hierzu s § 81 Abs 1) und schützt damit die haftungsrechtliche Zuweisung der InsMasse zur gemeinsamen GlBefriedigung gegen Eingriffe, die in anderer Weise als durch SchuHandlungen oder Vollstreckungen bewirkt werden. Die Formulierung des zweiten HS des Abs 1 („auch wenn keine Verfügung des Schu …") verdeutlicht, dass es sich um einen **Auffangtatbestand** handelt, der sicherstellen soll, dass den InsGl die InsMasse in dem Umfang zur Verfügung steht, in dem sie bei VerfEröffnung vorhanden war.[1]

II. Geltungsbereich

2 **1. Massebezug.** Die Vorschrift erfasst jeden **Erwerb an Gegenständen der InsMasse** (§§ 35, 36) nach VerfEröffnung. Dazu zählt das gesamte Vermögen, das dem Schu zur Zeit der Eröffnung des InsVerf gehört und das er während des Verf erwirbt (Neuerwerb), sofern es der Zwangsvollstreckung unterliegt (§ 36 Abs 1) oder dem § 36 Abs 2 unterfällt. Das insolvenzfreie Vermögen des Schu ist also nicht betroffen. Neben dem Vollrecht (Eigentum, Inhaberschaft von Forderungen) werden alle beschränkt dinglichen Rechte erfasst (Pfandrechte, Grundpfandrechte, Nießbrauch oder Reallasten). Die bei § 81 allgemein anerkannte Möglichkeit einer **Konvaleszenz** mit Freigabe des Vermögensgegenstands durch den Verwalter (s Kommentierung zu § 81 Rn 28) gilt in gleicher Weise hier. Danach ist die Vorausabtretung einer aufschiebend befristeten Forderung ab dem Zeitpunkt der Freigabe einer freiberuflichen Tätigkeit (§ 35 Abs 2) gültig.[2] Der Hinweis auf die entsprechende Anwendung § 185 Abs 2 S 1 Fall 2 ist nach vorzugswürdiger Auffassung nicht dahin miss zu verstehen, dass bei mehrfacher Abtretung die alten Rangverhältnisse an der Forderung beseitigt werden; sie bestehen vielmehr trotz der zwischenzeitlichen Massezugehörigkeit der abgetretenen Forderung fort. Dies folgt nach der hier vertretenen Auffassung unmittelbar aus der Reichweite des Insolvenzbeschlags.

3 **2. Erwerbstatbestände.** Die Vorschrift erfasst Verfügungen Dritter, nicht der Vorschrift des § 81 unterfallende Rechtshandlungen des Schu sowie den ohne eine Verfügung oder eine Zwangsvollstreckung erfolgenden Rechtserwerb, soweit er zu einem Rechtverlust der InsMasse führt. Aus dem masseschützenden Zweck der Vorschrift folgt, dass auch der Rechtsverlust mit (und nicht erst derjenige nach) Verfahrenseröffnung verhindert wird.[3]

4 **a) Eigenständiger Anwendungsbereich.** Die Vorschrift entfaltet einen eigenständigen Anwendungsbereich vor allem **bei Vollstreckungszugriffen von NeuGl**, beim **Rechtserwerb kraft Gesetzes**, bei Rechtshandlungen Dritter und bei einem Rechtserwerb nach VerfEröffnung auf Grund von **mehraktigen Rechtshandlungen**, deren Einl noch in die Zeit vor der VerfEröffnung fällt.[4] Hierbei ist zu beachten, dass auch die **Erweiterung** bereits bestehender Rechte zu Lasten der Masse, etwa der Verlust einer Einrede, namentlich bei der Valutierung nicht akzessorischer Sicherungsrechte, in Betracht kommt.[5]

---

1 MK/*Breuer* § 91 Rn 2; demgegenüber betont *Jaeger/Windel* § 91 Rn 5 das differenziert ausgestaltete Innenverhältnis, das die Belange des Rechtsverkehrs in unterschiedlichem Ausmaß schütze, s hierzu die in § 81 Abs 1 S 2 und § 91 Abs 2 von einander abw in Bezug genommenen Normen.

2 *BGH* ZIP 2013, 1181 Rn 26.

3 *BGHZ* 181, 362, 365 = ZIP 2009, 1529; *Jaeger/Windel* § 91 Rn 60.

4 Zu einem solchen Fall s *BGH* ZIP 2008, 703.

5 *BGH* ZIP 2008, 705; *Jaeger/Windel* § 91 Rn 8.

Nicht hierher gehören Verfügungen des InsVerw (§ 80 Abs 1) sowie Zwangsvollstreckungen der MasseGl (§ 90). Ist der Erwerbsvorgang bei VerfEröffnung bereits abgeschossen, findet die Vorschrift ebenfalls keine Anwendung.[6] Auf die Übertragung eines Rechts, insb durch Abtretung, ist § 91 Abs 1 ebenfalls nicht anzuwenden, wenn durch sie die Rechte der InsGl nicht beeinträchtigt werden.[7] Da die Regelungen der §§ 80 ff nur für die Dauer und die Zwecke des InsVerf Geltung beanspruchen können, reicht ein Rechtserwerb irgendwann nach Verfahrenseröffnung nicht aus; er muss vielmehr grundsätzlich vor Beendigung des Verfahrens erfolgt sein.[8] Eine Anwendung der Vorschrift auf einen späteren Rechtserwerb setzt voraus, dass es sich um einen der Nachtragsverteilung (§ 203 Abs 1) unterliegenden Gegenstand der Masse handelt.[9] 5

b) Eröffnungsverfahren. Auf Erwerbstatbestände nach **Anordnung von Sicherungsmaßnahmen** und Bestellung eines vorl InsVerw (§ 21 Abs 2 S 1 Nr 2 und 3) ist die Vorschrift nicht anzuwenden.[10] Die InsO enthält keine Bestimmung, die einen sonstigen, nicht auf Verfügungen des Schu oder Vollstreckungsmaßnahmen für einen Gl beruhenden Rechtserwerb während des EröffnungsVerf ausschließt. Eine Analogie des § 91 kommt mangels einer planwidrigen Regelungslücke nicht in Betracht. Der Gesetzgeber der InsO hat in § 24 in Kenntnis der Problematik von einer Verweisung auf diese Vorschrift bewusst abgesehen.[11] Deshalb steht die Anordnung eines Zustimmungsvorbehalts der Wirksamkeit der Abtretung nicht entgegen, wenn der spätere InsSchu künftige Forderungen unter der aufschiebenden Bedingung des Ankaufs der jeweiligen Forderung durch den Abtretungsempfänger abgetreten hat.[12] 6

B. Erläuterungen

I. Rechte an Massegegenständen (Abs 1)

1. Rechtsgeschäftlicher Erwerb. – a) Bedingte Übertragung von Rechten. Nach materiellem Recht rechnet bei einem aufschiebend bedingten Rechtserwerb der Eintritt der aufschiebenden Bedingung zu den Voraussetzungen der RechtsBegr. Die insolvenzrechtliche Wertung weicht hiervon ab: 7

aa) Allgemeines. Bedingt begründete Rechte werden anders als künftige Rechte in der Ins als bestehend behandelt.[13] IF einer Abtretung ist nicht nur die unter einer Bedingung erfolgende Abtretung eines unbedingten Anspruchs, sondern auch die uneingeschränkte Abtretung eines bedingten Anspruchs insolvenzfest.[14] Dies folgt insb aus § 161 Abs 1 S 2 BGB, wonach eine **Zwischenverfügung des InsVerw** über das aufschiebend bedingte Recht insoweit unwirksam ist, als sie die von der Bedingung abhängige Wirkung vereiteln oder beeinträchtigen würde. Der Formulierung eines solchen Schutzes hätte es nicht bedurft, wenn ein solcher nach Abs 1 ohnehin ausgeschlossen wäre.[15] Deshalb hindert Abs 1 die Entstehung des Rechts nicht, wenn es vor der VerfEröffnung unter einer **aufschiebenden Bedingung** übertragen worden ist und es zur Entstehung nur noch des Bedingungseintritts nach VerfEr- 8

---

6 *BGH* ZIP 2008, 705.
7 *BGH* ZIP 2002, 408; *BGH* ZIP 2008, 704.
8 *BGH* ZIP 2015, 233 Rn 12.
9 S *BGH* ZIP 2015, 233 Rn 12.
10 *BGH* ZIP 2011, 1419 Rn 15; 2012, 1256 Rn 6.
11 *BGHZ* 135, 146 f; 170, 199.
12 *BGH* ZIP 2010, 138, 141.
13 *BGH* 3.3.2016 – IX ZR 132/15 Rn 16.
14 *BGHZ* 155, 92 f; *BGH* ZIP 2008, 886; MK/*Breuer* § 91 Rn 36; *Uhlenbruck/Mock* § 91 Rn 25.
15 *K/P/B/Lüke* § 91 Rn 20; MK/*Breuer* § 91 Rn 36.

öffnung bedarf.[16] Bei der Übertragung eines Rechts des Schu vor VerfEröffnung unter einer **auflösenden Bedingung** fällt dieses bei Bedingungseintritt nach VerfEröffnung wieder in die InsMasse zurück. Bezieht sich die Übertragung auf ein **unbedingtes Recht,** erfolgt jedoch bedingt, ist entscheidend, ob das Recht aus dem Vermögen des Schu bereits zum Zeitpunkt der InsEröffnung ausgeschieden war, so dass für ihn keine Möglichkeit mehr bestand, es aufgrund alleiniger Entsch wieder zurückzuerlangen.[17]

9 **bb) Unbedingter Erwerb einer künftigen Forderung.** Im Falle der vorinsolvenzlichen Abtretung einer künftigen Forderung ist die Verfügung ebenfalls mit Abschluss des Abtretungsvertrages beendet. Der Rechtsübergang erfolgt jedoch erst mit dem Entstehen der Forderung. Entsteht die im Voraus abgetretene Forderung erst nach Eröffnung des InsVerf, kann der Zessionar gem Abs 1 kein Forderungsrecht zu Lasten der Masse mehr erwerben.[18] Für die **Abgrenzung zwischen künftigen und bedingten Ansprüchen** kommt es darauf an, ob der Schu den Vermögensgegenstand (unter der aufschiebenden Bedingung) bereits aus seinem Vermögen gegeben hat, ohne dass für ihn die Möglichkeit besteht, diesen auf Grund alleiniger Entsch wieder zurückzuerlangen.[19] Bei der Abtretung oder Pfändung einer aufschiebend bedingten Forderung schont Abs 1 nur solche Erwerbsanwärter, die bereits eine **gesicherte Rechtsstellung** an dem Erwerbsgegenstand erworben haben.[20]

10 Abs 1 steht der Abtretung künftiger Rechte nicht entgegen, wenn das Recht als solches noch vor der VerfEröffnung entsteht. Hierzu s nachfolgend unter Rn 17 ff.

11 **cc) Bedingung auf den Insolvenzfall.** Ist die Bedingung **gerade für den Insolvenzfall** vereinbart worden, kann sie unwirksam sein (vgl § 119), wenn nicht die angenähert vollwertige Erfassung des wirtschaftlichen Vermögens beider Seiten gewährleistet bleibt.[21] Ist die Klausel unwirksam, bleiben die auf Grund einer solchen Bedingung übergegangenen Gegenstände massezugehörig. Eine Bedingung auf den InsFall liegt nicht vor, wenn sich die vereinbarte Klausel an der gesetzlichen Regelung, zB des Gesellschaftsrechts für den Fall der Ins eines der Gesellschafter, ausrichtet.[22] Besonders kritisch ist die vertraglich vereinbarte **Abänderung der Bezugsrechtsregelung** hin zu einem strikt unwiderruflichen Bezugsrecht auf Grund der Eröffnung des InsVerf über das Vermögen des Versicherungsnehmers zu sehen. Das Insolvenzereignis kann nicht das Aussonderungsrecht erst begründen.[23] Eine unentziehbare und damit insolvenzfeste Rechtsposition erwirbt der Arbeitnehmer erst, wenn die Vorbehalte nicht mehr erfüllt werden können und damit feststeht, dass sich das eingeschränkt unwiderrufliche Bezugsrecht in ein unwiderrufliches Bezugsrecht umgewandelt hat.[24]

12 **b) Übertragung von betagten Rechten. – aa) Hinausgeschobene Fälligkeit.** Unberührt von Abs 1 bleibt die Übertragung von betagten Ansprüchen vor InsEröffnung, auch wenn deren

16 *BGH* ZIP 2006, 89.
17 *BGHZ* 135, 145; *BGH* ZIP 2008, 886.
18 *BGHZ* 135, 145; 162, 190; 167, 365; *BGH* ZIP 2015, 233 Rn 10; MK/*Ganter* Vor §§ 49–52 Rn 23; **aA** MK/*Breuer* § 91 Rn 43.
19 *BGHZ* 155, 93; *K/P/B/Lüke* § 91 Rn 18.
20 *BGHZ* 191, 277 Rn 9 = ZIP 2011, 2364; *BGH* ZIP 2012, 638 Rn 29; 2013, 1082 Rn 27; 2015, 233 Rn 10; *BGH* 2.6.2016 – III ZR 334/14 Rn 3.
21 Die Einzelheiten sind bislang nicht abschließend geklärt, vgl *BGHZ* 124, 79; 155, 94; *BGH* ZIP 2000, 759; 2006, 90; *BGH* WM 2013, 274 Rn 13 für Lieferverträge; *Tintelnot* Vereinbarungen für den Konkursfall, 1991, S 99 ff.
22 *BGHZ* 170, 211; *BGH* ZIP 2000, 759; s näher *BGH* WM 2013, 274 Rn 10 ff.
23 *Kayser* Die Lebensversicherung in der Insolvenz des Arbeitgebers, 2006, S 56; **aA** *BGH (IV. ZS)* ZIP 2014, 384, Rn 11 ff mit abl Anm *Hinkel* DZWIR 2015, 53 ff.
24 *BGH* ZIP 2014, 2251 Rn 19; *Hinkel* DZWIR 2015, 53, 55.

Fälligkeit erst nach VerfEröffnung eintritt. Der spätere Eintritt der Fälligkeit ändert nichts daran, dass die zedierte Forderung vor VerfEröffnung entstanden ist.[25] Dies kann etwa bei Steuererstattungs- und Steuervergütungsansprüchen in Betracht kommen.[26]

bb) Dauerschuldverhältnis. Tritt der Schu vor InsEröffnung Ansprüche aus Dauerschuldverhältnissen ab, kommt es darauf an, ob sie mit Abschluss des zu Grunde liegenden Vertrages „betagt", also nur in ihrer Durchsetzbarkeit vom Beginn oder vom Ablauf einer bestimmten Frist abhängig sind, oder ob sie gem §§ 163, 158 Abs 1 BGB erst mit der Inanspruchnahme der jeweiligen Gegenleistung (künftig) entstehen. Im zweiten Fall hat der Zessionar vor der Inanspruchnahme noch keine gesicherte Rechtsposition erlangt.[27] 13

aaa) So verhält es sich nach zutreffender Ansicht mit dem Anspruch auf Zahlung der **Miete**. Dieser Anspruch entsteht nicht vor dem Beginn des jeweiligen Nutzungszeitraums.[28] Anders verhält es sich beim **Leasing** beweglicher und unbeweglicher Sachen während der Grundmietzeit. Die Forderungen auf die Leasingraten in der festgelegten Grundmietzeit sind regelmäßig betagt, so dass über sie insolvenzbeständig verfügt werden kann (zum Fortbestehen von Miet- und Pachtverhältnissen in der Ins des Vermieters s Rn 17 und die Kommentierung bei § 108).[29] 14

Ist der **Schu Vermieter oder Verpächter von unbeweglichen Gegenständen oder Räumen**, beschränkt § 110 Abs 1 nicht die Wirksamkeit der Vorausverfügung über die Miet- oder Pachtforderung, sondern verdrängt in seinem Anwendungsbereich § 91.[30] Danach ist eine nach § 91 an sich unwirksame Vorausverfügung über die Miet- oder Pachtforderung im zeitlichen Anwendungsbereich des § 110 ausnahmsweise wirksam. 15

bbb) Die Vorausabtretung der **Bezüge aus einem Dienstverhältnis** ist grds wie diejenige von Mietforderungen zu behandeln (s nachfolgend Rn 17). Für die erst nach InsEröffnung zu erbringenden Leistungen ist die Zession unwirksam, soweit nicht die inzwischen aufgehobene Sondervorschrift des § 114 aF[31] eingriff, die im Rahmen ihres Anwendungsbereichs § 91 verdrängte.[32] Die **Vergütungsansprüche eines Kassenarztes** gegen die kassenärztliche Vereinigung waren keine Forderungen nach § 114 aF; sie sind wie Ansprüche aus privatärztlichen Behandlungsverträgen[33] ausschließlich nach § 91 Abs 1 zu beurteilen.[34] Für die Wirksamkeit der Vorausabtretung kommt es deshalb darauf an, inwieweit der Zessionar vor Eröffnung des InsVerf eine gesicherte Rechtsposition erworben hatte, die der Kassenarzt (Schu) durch einseitiges Verhalten nicht mehr zu zerstören vermag. Maßgeblich ist der Zeitpunkt, in dem der Arzt seine vergütungsfähige Leistung erbracht hat.[35] 16

c) Übertragung von künftigen Rechten. Zwar ist bei der Übertragung von künftigen Rechten das zu Grunde liegende Rechtsgeschäft schon vor VerfEröffnung vollständig vorgenommen; ein Rechtserwerb nach VerfEröffnung scheidet nach Abs 1 gleichwohl aus, wenn das 17

---

25 Vgl *BGHZ* 182, 264, Rn 10 = ZIP 2010, 38.
26 MK/*Breuer* § 91 Rn 41.
27 *BGHZ* 167, 365 f; 182, 264, Rn 11 ff = ZIP 2010, 38; MK/*Ganter* Vor §§ 49–52 Rn 24 f; *Uhlenbruck/Mock* § 91 Rn 17.
28 *BGHZ* 111, 93 f; 170, 200; 182, 264, 267 f; *BGH* ZIP 1997, 514; ZIP 2013, 1082 Rn 28; *Uhlenbruck/Mock* § 91 Rn 17, 20.
29 *BGHZ* 109, 372 f; *BGH* ZIP 2013, 1082 Rn 29.
30 *BGHZ* 170, 201; *BGH* ZIP 2013, 1082 Rn 25; MK/*Eckert* § 110 Rn 11.
31 Weggefallen durch G v 15.7.2013, BGBl I S 2379.
32 *BGHZ* 167, 367; *BGH* ZIP 2006, 2277.
33 *BGHZ* 162, 190.
34 *BGHZ* 167, 367; *BGH* ZIP 2010, 587 f.
35 *BGHZ* 167, 374.

Recht erst nach VerfEröffnung entsteht.[36] Denn der Rechtserwerb vollzieht sich erst mit dem Entstehen der Forderung. Nur wenn der Zessionar bereits vor der Eröffnung des InsVerf eine **gesicherte Rechtsposition** hinsichtlich der abgetretenen Forderung erlangt hat, ist die Abtretung insolvenzfest.[37] Wann dies anzunehmen ist, ist im Einzelfall streitig.[38] Insb gehören hierher die **Globalzession**, die **Erweiterungsformen des Eigentumsvorbehalts** und die Abtretung von **Saldoforderungen** im Kontokorrentverhältnis. Die Forderung auf Zahlung der **Leasingrate** für die Grundmietzeit des Finanzierungleasings stellt dagegen eine betagte Forderung dar, über die insolvenzfest verfügt werden kann.[39] Dies gilt auch für Finanzierungsleasingverträge über unbewegliche Gegenstände.[40] Die Insolvenzfestigkeit der Abtretung bezieht sich auf die Forderung in ihrer Gesamtheit; eine Aufteilung in einen insolvenzfesten Teil (Gegenleistung für die Finanzierungsleistung) und einen nicht insolvenzfesten Teil (Gegenleistung für die Gebrauchsüberlassung) scheidet aus.[41] Der schuldrechtliche **Rückübertragungsanspruch** auf Rückgewähr einer zur Sicherheit abgetretenen Forderung kann vor Verfahrenseröffnung insolvenzfest auf einen zweiten Sicherungsnehmer übertragen werden, wenn er durch endgültigen Wegfall des Sicherungszwecks im Zeitpunkt der Insolvenzeröffnung bereits entstanden war.[42] Gleiches gilt für die **Grundschuld**.[43] Hier kommt es darauf an, ob nach dem vereinbarten Sicherungszweck ihre Revalutierung ohne Änderung des Sicherungsvertrages möglich ist oder nicht. Nur im zweiten Fall ist die Abtretung des Rückgewähranspruchs insolvenzfest.[44]

18 Nicht hierher gehören künftige **Lohn- und Gehaltsansprüche**, solange die Arbeitsleistung noch nicht erbracht ist,[45] und **Mietforderungen**, weil der Anspruch auf Entrichtung der Miete erst zum Anfangstermin des jeweiligen Zeitraums der Nutzungsüberlassung entsteht.[46] Entsteht der im Voraus abgetretene Anspruch des Schu auf **Kautionsrückzahlung** erst nach Eröffnung des InsVerf, erwirbt der Zessionar kein Forderungsrecht zu Lasten der InsMasse.[47]

19 **aa) Globalzession.** Die Vorausabtretung, insb in der Spielart der Globalzession, ist bei hinreichender Bestimmbarkeit zulässig.[48] Die üblich gefasste Globalzession (insb die nach AGB-Banken oder AGB-Sparkassen) genügt dem **Bestimmtheitsgebot** des § 398 BGB.[49] Die Abtretung der zukünftigen Forderung enthält bereits selbst alle Merkmale, aus denen der Übertragungstatbestand besteht. Die Entstehung der abgetretenen Forderung gehört selbst dann nicht dazu, wenn noch nicht einmal der Rechtsgrund für sie gelegt ist.[50] Hat der Schu durch eine solche Vorausabtretung über künftige Forderungen verfügt, ist str, ob auf die Vollendung des Rechtserwerbs durch das Entstehen der abgetretenen Forderung § 81

36 *BGH* ZIP 1989, 173; *BGH* 11.12.2014 – IX ZB 69/12 Rn 10; *BGH* 2.6.2016 – III ZR 334/14 Rn 3.
37 *BGH* ZIP 2012, 2358 Rn 13; 2013, 1082 Rn 27; *BGH* 2.6.2016 – III ZR 334/14 Rn 3; *Obermüller/Kuder* in FS G Fischer, 2008, S 385, 393; *Becker* ZIP 2013, 1554, 1556.
38 *BGHZ* 149, 7 f; 166, 323; *Jaeger/Windel* § 91 Rn 50.
39 *BGHZ* 109, 372 = ZIP 1990, 180, 182; *BGH* ZIP 2013, 1082 Rn 29.
40 *BGH* ZIP 2013, 1082 Rn 30.
41 *BGH* ZIP 2013, 1082 Rn 31.
42 *BGH* ZIP 2012, 2214 Rn 17; dazu *Adolphsen/Hohl* NZI 2013, 278.
43 *BGHZ* 191, 277 Rn 12 = ZIP 2011, 2364.
44 *BGHZ* 191, 277 Rn 13 ff.
45 *BGH* ZIP 2012, 2358 Rn 14.
46 *BGH* ZIP 2013, 1082 Rn 29.
47 *BGH* 2.6.2016 – III ZR 334/14 Rn 3 ff.
48 *BGHZ* 71, 78 f; *BGHZ* 174, 297 = ZIP 2008, 186.
49 *BGHZ* 174, 297, 305 = ZIP 2008, 186.
50 *BGH* ZIP 2008, 186.

oder § 91 anzuwenden ist.[51] Dies ist bedeutsam, wenn die globalzedierte Forderung erst nach Antragstellung und der Anordnung von Sicherungsmaßnahmen (§ 21 Abs 2 S 1 Nr 2) in der Eröffnungsphase entsteht, weil für das EröffnungsVerf § 24 Abs 2 nur auf § 81, nicht aber § 91 Abs 1 verweist. Deshalb wird die Masse im EröffnungsVerf vor Schmälerungen, die nicht von § 81 erfasst werden, nur durch das InsAnfR geschützt.[52]

Die Rspr des BGH zur Insolvenzbeständigkeit von Globalsicherheiten betont die Wirksamkeit der Abtretung künftiger Forderungen sogar für den Fall, dass bei der Abtretung noch nicht einmal der Rechtsgrund für die Entstehung der abgetretenen Forderung gelegt ist, und sucht den **Ausgleich über die Anfechtung der Sicherung** als kongruente Handlung.[53] Da eine Anfechtung für nach dem Eröffnungsantrag vorgenommene Rechtshandlungen unter den erleichterten Voraussetzungen des § 130 Abs 1 S 1 Nr 2 möglich ist, ist ein bes Bedürfnis, diese Rechtshandlungen der Vorschrift des § 81 zu unterstellen, nicht erkennbar.[54] **20**

bb) Verlängerter Eigentumsvorbehalt. Er ist, auch in Form des **Kontokorrentvorbehalts**, wie die Globalzession zu behandeln.[55] Die Wirksamkeit einer auf Grund eines verlängerten Eigentumsvorbehalts vereinbarten Vorausabtretung von Kaufpreisforderungen steht Abs 1 dann nicht entgegen, wenn der Vorbehaltskäufer die ihm aus der Weiterveräußerung zustehende Forderungen in ein Kontokorrent einstellt.[56] Die Zusammenfassung aller Einzelforderungen zum Zeitpunkt der InsEröffnung bildet den Schlusssaldo, der gegenüber der Masse wirksam ist.[57] **21**

cc) Kontokorrent. Nach der Rspr des BGH[58] gilt bei der **Vorausabtretung einer Saldoforderung** im Kontokorrent vor InsEröffnung im Anwendungsbereich der InsO etwas anderes. Durch das Urteil wird eine ältere, noch zum Erwerbsverbot des § 15 KO ergangene Rspr[59] ausdrücklich aufgegeben.[58] Die Vorausabtretung kontokorrentgebundener Forderungen und des kausalen Schlusssaldos aus dem Kontokorrent führt wegen § 91 nicht zum Rechtserwerb des Zessionars, wenn die Kontokorrentabrede erst mit der InsEröffnung erlischt. Die aufgegebene Rspr stand in Widerspruch zur jüngeren Rspr des BGH, die das Erwerbsverbot nur dann zurücktreten lässt, wenn der Dritte vor InsEröffnung bereits eine gesicherte Rechtsposition hinsichtlich der ihm abgetretenen oder verpfändeten Forderung erlangt hat.[60] **22**

dd) Auseinandersetzungsguthaben; Gewinnbezugsrecht. Ähnliches gilt für die Behandlung künftiger **Auseinandersetzungsguthaben**. Eine Genossenschaft kann an dem Anspruch eines Genossen auf Auszahlung des künftigen Auseinandersetzungsguthabens nach Eröffnung des InsVerf über dessen Vermögen kein Pfandrecht mehr erwerben, wenn die Entstehung des verpfändeten Anspruchs von rechtsgeschäftlichen Erklärungen der Beteiligten nach VerfEröffnung abhängig ist.[61] An einer gesicherten Rechtsposition des Zessionars fehlt es auch, wenn der Gesellschafter neben den künftigen monatlich entstehenden **Gewinnfor-** **23**

---

51 Für § 81: *OLG Dresden* ZInsO 2006, 1058; MK/*Ott/Vuia* § 81 Rn 10; für § 91: *Braun/Kroth* § 81 Rn 5; *Uhlenbruck/Mock* § 91 Rn 16.
52 *BGHZ* 135, 146 f.
53 *BGHZ* 174, 297, 304 ff = ZIP 2008, 186 f.
54 **AA** HambKomm/*Kuleisa* § 81 Rn 10 aE.
55 *BGHZ* 189, 1 Rn 43 = *BGH* ZIP 2011, 773.
56 *BGHZ* 70, 89 f.
57 MK/*Breuer* § 91 Rn 45.
58 *BGHZ* 181, 362, 365 = ZIP 2009, 1529.
59 *BGHZ* 70, 89 f; zur InsO ebenso ua MK/*Breuer* § 91 Rn 43.
60 *BGHZ* 181, 362, 365 f unter Bezugnahme auf *BGHZ* 167, 363, 365; *BGH* ZIP 2009, 380, 382.
61 *BGH* ZIP 2009, 380, 381 f.

derungen aus der Beteiligung an einer Gesellschaft bürgerlichen Rechts den Gesellschaftsanteil selbst verpfändet. Sie können für den Zeitraum ab InsEröffnung nicht mehr wirksam erworben werden.[62]

24 **d) Die Bedeutung von § 103 für Abs 1.** Mit der Erfüllungswahl verliert die Sicherungszession eines Anspruchs des Schu aus einem im Eröffnungszeitpunkt beiderseits noch nicht vollständig erfüllten Vertrag ihre Wirkung. Der **„Qualitätssprung"**, den der zuvor undurchsetzbare und durch die Erfüllungswahl als originäre Masseforderung (§ 55 Abs 1 Nr 2) erst wieder durchsetzbar gewordene Anspruch erfährt, steht in den Wirkungen einer NeuBegr gleich. Solche Forderungen können durch die Sicherungsabtretung nicht wirksam erfasst werden (§ 91 Abs 1).

25 **e) Pfandrechte. – aa) Grundpfandrechte. – aaa)** Die **Bestellung von Grundpfandrechten** (Hypotheken, Grund- und Rentenschulden) bedarf nach § 873 Abs 1 BGB der Einigung des Berechtigten (Schu) und des anderen Teils (Gl) über die Bestellung des Rechts und der Eintragung des Rechts in das Grundbuch, bei Briefgrundschulden (-hypotheken) zusätzlich der Aushändigung des Briefs an den Gl (§ 1117 Abs 1 BGB). Ist die Einigung erst nach VerfEröffnung erfolgt, hindert § 81 Abs 1 den Rechtserwerb. Liegt die Einigung vor der VerfEröffnung, wird das Recht jedoch erst danach eingetragen, greift Abs 1 ein, sofern nicht die Ausnahmetatbestände nach Abs 2 iVm §§ 878, 892, 893 BGB vorliegen. Entsprechendes gilt für die Briefübergabe nach Eröffnung.[63] War die Aushändigung des Briefs durch das Grundbuchamt vereinbart (§§ 1117 Abs 2, 1192 Abs 1 BGB), ist die nachfolgende Übergabe unschädlich, weil sie vereinbarungsgemäß für den Zeitpunkt der Vereinbarung fingiert wird.[64]

26 **bbb)** Die **Hypothek** ist ein akzessorisches Sicherungsmittel. Entsteht die Forderung erst nach VerfEröffnung, handelt es sch bei der Entgegennahme der Valuta durch den Schu um eine Verfügung iSd § 81 Abs 1, weil sie unmittelbar darauf gerichtet ist, eine Rechtsänderung herbeizuführen (§ 1163 Abs 1 S 1 BGB). Wird nach VerfEröffnung gegenüber einem Dritten valutiert, ist Abs 1 einschlägig. Wurde dem Schu vor VerfEröffnung gegen Abtretung seines Anspruchs auf Auszahlung eines Hypothekendarlehens ein Zwischenkredit gewährt, wird die Hypothek mit dessen Auszahlung noch nicht valutiert. Wenn der endgültige Kreditgeber nach Eröffnung des InsVerf dieses Darlehen ablöst, steht der Umwandlung der Eigentümergrundschuld in eine Hypothek Abs 1 entgegen.[65]

27 **ccc)** Entsprechendes gilt für die **Sicherungsgrundschuld**. Solange die zu sichernde Forderung noch nicht entstanden ist, steht dem Schu aus der Sicherungsabrede gegen die Geltendmachung der Rechte aus der Grundschuld die **Einrede der Nichtvalutierung** zu. Fällt die Einrede nach Eröffnung zu Lasten der Masse weg, ohne dass ihr die Valuta zufließt, ist Abs 1 gegeben, wenn die Valuta an einen Dritten ausgezahlt wird, für dessen Schuld die Grundschuld bestellt worden ist. Fließt die Valuta an den Schu, ist § 81 Abs 1 einschlägig (Rn 3).[66]

28 **ddd)** Die **Abtretung einer** durch Buchhypothek, Buchgrund- oder Buchrentenschuld **gesicherten Forderung** erfolgt durch Einigung und Eintragung (§§ 1154 Abs 3, 873, 1187 S 3, 1192, 1199 BGB). Die Abtretung der entspr Briefrechte bedarf entweder eines Abtretungsvertrages mit schriftlicher Abtretungserklärung und Briefübergabe oder des Abschlusses eines formlosen Abtretungsvertrages, der Grundbucheintragung und der Briefübergabe

62 *BGH* ZIP 2010, 335, 338.
63 MK/*Breuer* § 91 Rn 26.
64 *Uhlenbruck/Mock* § 91 Rn 47.
65 MK/*Breuer* § 91 Rn 27.
66 Vgl *BGH* ZIP 2008, 705.

(§§ 1154 Abs 1 und 2, 1192, 1199). Wie bei der Begr der Hypothek, steht § 81 Abs 1 S 1 – vorbehaltlich § 81 Abs 1 S 2 – dem Rechtserweb entgegen, wenn Einigung und/oder Briefübergabe erst nach VerfEröffnung stattfinden. Dagegen greift Abs 1 ein, wenn die Einigung und die Briefübergabe vor, die Eintragung jedoch erst nach InsEröffnung erfolgt.[67] War die Aushändigung des Briefs durch das Grundbuchamt vereinbart (§ 1117 Abs 2 BGB), ist auch hier die Übergabe nach VerfEröffnung unschädlich (Rn 55 ff).

eee) Die **Verpfändung von Grundpfandrechten** geschieht in den für die Übertragung der Grundpfandrechte vorgeschriebenen Formen (§§ 1274, 1291 BGB). Es kann deshalb auf die Ausführungen zur Abtretung verwiesen werden (Rn 28). 29

fff) Die Bestellung einer **Vormerkung** erfordert nach § 885 Abs 1 S 1 BGB die Bewilligung des Grundstückseigentümers (Schu) und die Eintragung im Grundbuch. Erfolgt die Bewilligung erst nach VerfEröffnung, findet § 81 Abs 1 S 1 Anwendung.[68] Liegt die Bewilligung bei der Eröffnung vor, wird die Vormerkung jedoch erst danach eingetragen, steht Abs 1 ihrer Wirksamkeit entgegen. 30

Der **durch Vormerkung gesicherte Anspruch** ist insolvenzfest und muss vom Verwalter erfüllt werden (§ 106 Abs 1). Dies gilt auch für den durch Vormerkung gesicherten bedingten Anspruch. Der Rechtserwerb wird durch Eintritt der Bedingung nach VerfEröffnung nicht gehindert, weil insoweit § 161 Abs 1 S 2 BGB Anwendung findet.[69] 31

Sollen durch die Vormerkung **künftige Ansprüche** gesichert werden (§ 883 Abs 1 S 2 BGB), reicht es nicht aus, dass die Vormerkung vor VerfEröffnung bewilligt und eingetragen wird.[70] Es muss – jedenfalls zur Rechtfertigung der InsFestigkeit – hinzukommen, dass der **Rechtsboden** des zu besichernden künftigen Anspruchs vor InsEröffnung bereits gelegt ist.[71] Das ist insb der Fall, wenn die Entstehung des Anspruchs nur noch vom Willen des künftigen Berechtigten abhängt.[72] Dagegen ist der Rechtsboden noch nicht gelegt, wenn die Entstehung des Anspruchs ausschließlich vom Willen des Schu oder davon abhängt, ob er ein Rechtsgeschäft überhaupt erst vornimmt.[73] In einem solchen Fall fehlt es an der für die InsFestigkeit notwendigen Seriosität des künftigen Anspruchs. 32

Diese Grundsätze sind auf den **gesetzlichen Löschungsanspruch** eines nachrangigen GrundschuldGl zu übertragen, weil dieser nach § 1179a Abs 1 S 3, § 1192 Abs 1 BGB so gesichert ist, als wäre mit der begünstigten Grundschuld eine Vormerkung in das Grundbuch eingetragen worden. Da der nachrangige GrundschuldGl keinen Anspruch gegen den Grundstückseigentümer hat, den Vereinigungsfall eintreten zu lassen, und er nicht widersprechen kann, wenn der Schu seinen Rückgewähranspruch gegen den vorrangigen GrundpfandGl an einen Dritten abtritt, ist die Seriosität des Löschungsanspruchs in dieser Abwicklungsphase nicht gegeben.[74] 33

bb) Vertragspfandrechte an beweglichen Sachen. Das **vertragliche Pfandrecht** entsteht durch Einigung und Übergabe (§ 1205 Abs 1 BGB). Auch hier ist maßgeblich, ob der 34

---

67 MK/*Breuer* § 91 Rn 31.
68 *BGH* ZIP 2005, 627, 628 (zur GesO); *Uhlenbruck/Mock* § 91 Rn 57.
69 MK/*Breuer* § 91 Rn 47.
70 So aber MK/*Breuer* § 91 Rn 47.
71 *BGHZ* 166, 323 f; *BGH* ZIP 2008, 885, 886; iE auch *Jaeger/Windel* § 91 Rn 68 f; *Uhlenbruck/Mock* § 91 Rn 58.
72 *BGHZ* 149, 6 f; 166, 324.
73 *BGHZ* 134, 184 f; 149, 3; 166, 324; vgl aber *BGH* 3.3.2016 – IX ZR 132/15 Rn 16, 21 f.
74 *BGHZ* 166, 325; einschr *BGHZ* 191, 277 Rn 8; aufgegeben von *BGHZ* 193, 144 Rn 12 ff, 21; dem zust *Jaeger/Windel* § 91 Rn 70; *Uhlenbruck/Mock* § 91 Rn 59.

Rechtserwerb vor der VerfEröffnung vollständig vollzogen worden ist. Erfolgt nur eine dieser Rechtshandlungen später, hindert § 81 Abs 1 S 1 und nicht § 91 Abs 1 den Rechtserwerb. § 91 ist hingegen einschlägig, wenn das Absonderungsrecht (Pfandrecht; Sicherungszession) an dem Pfandgegenstand ins Leere geht, weil dem Absonderungsberechtigten wegen der Verfahrenseröffnung kein sicherbarer Anspruch gegen den Schu mehr zuwachsen kann. Für die **Kautionsversicherung** hat dies der BGH für Prämienansprüche für die Zeit nach Eröffnung des InsVerf angenommen.[75] Demgegenüber steht dem Kautionsversicherer bei Inanspruchnahme aus einer von ihm erteilten Bürgschaft durch einen Dritten ein solcher Anspruch zu, auch wenn er den gesicherten Anspruch erst nach Eröffnung des InsVerf erworben hat.[76]

35 **cc) Pfändungspfandrecht.** Entsprechendes gilt bei der **Pfändung einer künftigen Forderung**. Das Pfandrecht entsteht erst mit der Begründung der voraus gepfändeten Forderung. Entsteht diese erst nach Eröffnung des InsVerf, kann der Pfandgläubiger daran kein Pfandrecht zu Lasten der Masse mehr erwerben.[77]Anderes gilt nur für solche Erwerbsanwärter, die an dem Erwerbsgegenstand vor Eröffnung des Insolvenzverfahrens bereits eine **gesicherte Rechtsstellung** erworben haben. Hierfür ist Voraussetzung, dass der Pfändungsschuldner sie ohne Zustimmung des Pfändungspfandgläubigers nicht mehr zerstören kann.[78]

36 **f) Rechtserwerb auf Grund einer Genehmigung.** Es sind eine Reihe von Fallgestaltungen zu unterscheiden:

37 **aa) Genehmigung eines Dritten.** Hat der Schu vor VerfEröffnung über ein ihm gehörendes Recht verfügt und bedarf dies der Genehmigung eines Dritten (zB nach ErbaurechtsVO, WEG), wird die Verfügung auch wirksam, wenn die Genehmigung erst im eröffneten Verf erteilt wird.[79] Die Genehmigung wirkt nach allg vertretener Auff gem § 184 Abs 1 BGB auf den Zeitpunkt der Verfügung – vor VerfEröffnung – zurück.[80]

38 **bb) Genehmigung des Berechtigten.** Hat der Schu als Nichtberechtigter über ein Recht verfügt, scheitert die Anwendbarkeit des Abs 1 an der mangelnden Zugehörigkeit des Rechts zur InsMasse. Im Übrigen entfaltete die Genehmigung des Berechtigten rückwirkende Kraft (§ 185 Abs 2 S 1 Fall 2 BGB). Hat der Schu vor VerfEröffnung über eine fremde Sache verfügt, die der InsVerw nach VerfEröffnung für die Masse erwirbt, würde eine Verfügung des Schu erst mit dem Erwerb durch die Masse wirksam werden (§ 185 Abs 2 S 1 Fall 2 BGB). Dem Erwerb des Dritten steht dann Abs 1 entgegen.[81]

39 **cc) Gutgläubiger Erwerb.** Verfügt ein **nichtberechtigter Dritter** über ein dem Schu gehörendes Recht und genehmigt der Schu dies nach VerfEröffnung, steht der Wirksamkeit § 81 Abs 1 S 1 entgegen. Allerdings kommt hier ein gutgläubiger Erwerb (§§ 929, 932, 892, 893 BGB) in Betracht, wenn der Erwerber auf das Eigentum des nichtberechtigten Verfügenden vertrauen darf und deshalb auch keinen Anlass hat, sich mit der Ins des tatsächlich Berechtigten zu befassen. Geschützt wird in diesem Fall nicht die Unkenntnis von der Ins, sondern die Unkenntnis von der Nichtberechtigung des Verfügenden. Es handelt sich deshalb um eine direkte und nicht um eine vermittelte Anwendung der Gutglaubensvorschriften.[82]

---

75 *BGHZ* 168, 276, 281; *BGH* ZIP 2007, 543, 544.
76 *BGH* ZIP 2008, 885, 886.
77 *BGH* ZIP 2012, 638 Rn 30.
78 *BGH* aaO Rn 31; *Uhlenbruck/Mock* § 91 Rn 42 f.
79 *BGH* ZIP 2009, 485, 486.
80 *BGH* WM 1959, 815; ZIP 2009, 485, 486; *K/P/B/Lüke* § 91 Rn 52.
81 MK/*Breuer* § 91 Rn 49; *K Schmidt/Sternal* § 91 Rn 36; *Uhlenbruck/Mock* § 91 Rn 71.
82 *Jaeger/Henckel* KO § 15 Rn 85.

2. Originärer Erwerb. – a) Verbindung, Vermischung, Verarbeitung. Der Eigentumserwerb eines Dritten an massezugehörigen Gegenständen nach §§ 946, 947 Abs 2, 950 BGB wird durch die Ins nicht gehindert. Diese gesetzlichen Erwerbsgründe zerstören die haftungsrechtliche Zuweisung der InsMasse an die Gl schlechthin.[83] Der Erwerb kann sich auch nach VerfEröffnung vollziehen; der Dritte kann dann aussondern (§ 47). Als Ausgleich für den Eigentumsverlust fällt der Masse (insb in der **Ins des Vorbehaltsverkäufers**) der Bereicherungsanspruch gegen den Erwerber aus § 951 BGB zu. **40**

b) Verarbeitungsklausel. Zur Sicherung seiner Kaufpreisforderung kann der Warenlieferant mit dem Schu vereinbaren, dass er nach § 950 Abs 1 S 1 BGB Hersteller und damit unmittelbarer Eigentümer des hergestellten Gegenstandes wird.[84] Damit erwirbt der Lieferant allerdings nur das **Sicherungseigentum** an der erstellten Sache mit der Folge, dass er in der Ins des Vorbehaltskäufers nicht aussondern (§ 47), sondern nur absondern kann (§§ 50, 51).[85] In der Ins des Vorbehaltskäufers verliert die Verarbeitungsklausel ihre Durchsetzbarkeit. Stellt der Schu ohne Einverständnis des Lieferanten gleichwohl eine neue Sache her, scheitert ein Rechtserwerb des Warenlieferanten an Abs 1. Entscheidet sich der InsVerw für die **Erfüllung des Vertrages** lebt die Verarbeitungsklausel wieder auf. Der Lieferant kann dann nach § 950 Abs 1 S 1 BGB Eigentum erwerben.[86] **41**

c) Ersitzung und Fund. – aa) Ersitzung. Bei der **Ersitzung** (§ 937 BGB) ist danach zu unterscheiden, ob der Dritten den Eigenbesitz von einem Dritten oder durch den Schu erlangt hat. Läuft die Ersitzungsfrist nach VerfEröffnung ab, steht Abs 1 dem Erwerb nur im zweiten Fall entgegen. Hierunter fallen insb die Fälle im Zusammenhang mit einer nichtigen Einigung.[87] Bei Besitzerwerb von einem Dritten, ist die Masse auf Bereicherungsansprüche aus § 816 BGB beschränkt. **42**

bb) Fund. Der **Eigentumserwerb des Finders** vollzieht sich ungeachtet von Abs 1 nach §§ 973, 974, 976 BGB. Die Masse erhält nur einen Anspruch aus § 977 BGB. **43**

d) Anspruch auf Lebensversicherungssumme. Tritt bei einer **Lebensversicherung** nach Eröffnung des InsVerf der Versicherungsfall ein, ohne dass der InsVerw den Versicherungsvertrag zuvor gekündigt oder ein widerrufliches Bezugsrecht eines Dritten widerrufen hat, erstarkt die Rechtsstellung des begünstigten Dritten. Der InsVerw über das Vermögen des Versicherungsnehmers verliert mit dem Eintritt des Versicherungsfalls die Möglichkeit, über die Rechte aus dem Vertrag zu verfügen.[88] Diese entstehen in der Person des Begünstigten originär. Die Versicherungssumme fällt nicht in die Masse. Sie steht dem Begünstigten direkt aus dem Vermögen des Versicherers zu.[89] Ein Rechtsübergang von der Masse an den Bezugsberechtigten, dem Abs 1 entgegenstehen könnte, findet daher nicht statt. Wird der Arbeitnehmeranspruch auf Auszahlung einer Direktversicherung vor InsEröffnung gepfändet und tritt der Versicherungsfall erst nach Aufhebung des InsVerf in der Wohlverhaltensperiode ein, ist die Pfändung insolvenzfest.[90] **44**

---

83 *Jaeger/Henckel* KO § 15 Rn 81; K Schmidt/*Sternal* § 91 Rn 12.
84 *BGHZ* 46, 120.
85 *Gottwald/Adolphsen* § 43 Rn 42.
86 MK/*Breuer* § 91 Rn 19.
87 **AA** *K/P/B/Lüke* § 91 Rn 48.
88 *BGH* ZIP 2014, 2251 Rn 26f; *Kayser* Die Lebensversicherung in der Insolvenz des Arbeitgebers, 2006, S 51f.
89 BGH in stRspr im Anschluss an das RG, zuletzt *BGHZ* 156, 350, 353 = ZIP 2003, 2307, 2308; *BGH* ZIP 2014, 2251 Rn 24.
90 *BGH* 11.12.2014 – IX ZB 69/12 Rn 9f mit Anm *Kluth* NZI 2015, 180.

45 **3. Hoheitliche Maßnahmen. – a) Erwerb im Wege der Zwangsvollstreckung.** Die Vorschrift des § 89 schließt nur den Erwerb eines Pfändungspfandrechts durch den vollstreckenden Gl an den massezugehörigen Gegenständen, nicht jedoch die öffentlich-rechtliche Verstrickung aus, die Grundlage des weiteren Verwertungsvorgangs ist (§ 89 Rn 33). Der Erwerb im Wege der Zwangsversteigerung, der somit von der fortdauernden Verstrickung gedeckt ist, wird weder bei der Immobiliarvollstreckung (§ 90 ZVG) noch bei der Mobiliarvollstreckung (§§ 814 ff ZPO) durch Abs 1 gehindert.[91]

46 **b) Einziehung und Verfall.** Die Anwendung des § 91 hängt davon ab, ob die Einziehung Sicherungscharakter (§§ 74 Abs 2 Nr 2, 74d StGB) oder Strafcharakter (§ 74 Abs 2 Nr 1 StGB) hat. Einziehungen mit Sicherungscharakter werden als Maßnahmen im Interesse der Allgemeinheit von Abs 1 nicht erfasst. Die Masse ist ggf auf die Entschädigung nach § 74f StGB zu verweisen. Der Einziehung mit Strafcharakter steht, soweit der Gegenstand massezugehörig ist, nach VerfEröffnung Abs 1 entgegen. Diese ergibt sich mittelbar aus § 39 Abs 1 Nr 3.[92]

47 **c) Zoll- und Steuergut.** Im Anwendungsbereich des § 76 AO findet Abs 1 keine Anwendung.[93]

48 **d) Enteignung.** Enteignende Maßnahmen sind nur zum Wohle der Allgemeinheit zulässig (Art 14 Abs 3 GG) und werden deshalb von Abs 1 nicht erfasst. Der an Stelle der enteigneten Sache tretende Entschädigungsanspruch ist Massebestandteil.[94]

II. Rechtsfolgen (Abs 1)

49 **1. Absolute Unwirksamkeit. – a) Grundsatz.** Schon im **Geltungsbereich der KO** wurde der Rechtserwerb entgegen der in § 15 KO verwendeten Formulierung nicht nur gegenüber den KonkursGl als unwirksam angesehen, sondern gegenüber jedermann, begrenzt allerdings auf das gemeinsame Interesse der KonkursGl.[95] Die **Neuregelung in der InsO** hat dies nunmehr durch den geänderten Wortlaut klarer zum Ausdruck gebracht. Der Rechtserwerb nach Abs 1 ist danach (insolvenzrechtlich) absolut unwirksam, keineswegs aber (zivilrechtlich) nichtig. Der InsVerw kann den nach Abs 1 unwirksamen Erwerb genehmigen (§ 185 Abs 2 S 1 BGB).

50 **b) Amtsprüfung.** Die absolute Unwirksamkeit ist **von Amts wegen** zu beachten. Werden entgegen Abs 1 Zwangsvollstreckungsmaßnahmen gegen den Schu betrieben, hat der InsVerw hiergegen das Recht der Erinnerung und der sofortigen Beschw (§§ 766, 793 ZPO, § 11 Abs 1 RPflegerG).

51 **2. Vollstreckungsmaßnahmen für Neugläubiger.** Abs 1 soll die InsMasse auch vor Zwangsvollstreckungen von NeuGl des Schu schützen.[96] Die Bestimmung ergänzt insoweit § 81 Abs 1 S 1, der die Unwirksamkeitsfolge bezüglich **rechtsgeschäftlicher Verfügungen** zu Gunsten auch von NeuGl ausspricht. Schreiten diese zur Vollstreckung, steht § 89 Abs 1 nicht entgegen, weil diese Norm lediglich ein **Vollstreckungsverbot für InsGl** (§ 35 Abs 1) begründet. Ein solches folgt für NeuGl aber aus Abs 1, der generell das Entstehen von Pfändungspfandrechten an massezugehörigen Vermögenswerten verhindert.

---

91 MK/*Breuer* § 91 Rn 54.
92 MK/*Breuer* § 91 Rn 59.
93 MK/*Breuer* § 91 Rn 60.
94 *Jaeger/Henckel* KO § 15 Rn 90.
95 *Jaeger/Henckel* KO § 15 Rn 105.
96 *Bork* Einf Rn 175 und Fn 33.

III. Ausnahmetatbestände (Abs 2)

1. Allgemeines. – a) Maßgeblicher Zeitpunkt. Nach Abs 2 gelten zur **Sicherung des Rechtsverkehrs** die immobiliarrechtlichen Gutglaubensvorschriften der §§ 892, 893 BGB sowie die ihnen nachgebildeten Vorschriften des SchiffsRG, des LuftfzRG und der Schifffahrtsrechtlichen Verteilungsordnung. Durch die **zusätzliche Einbeziehung des § 878 BGB** in die Verweisungskette wird der Schutz des gutgläubigen Erwerbers an dem massezugehörigen Recht unter bestimmten Voraussetzungen vom Zeitpunkt der Eintragung auf denjenigen der Antragstellung vorverlagert. Hat sich der Erwerber mit dem Schu bindend geeinigt (§§ 873 Abs 2, 875 Abs 2 BGB) und ist der Eintragungsantrag gestellt, kann er gutgläubig erwerben. 52

b) Verhältnis zur Anfechtung. Der **anfechtungsrechtlichen Rückgewährpflicht** greifen diese Bestimmungen nicht vor. Nach § 147 kann ihr auch ein Erwerb ausgesetzt sein, der erst während des InsVerf, zB durch Eintragung im Grundbuch, seinen Abschluss findet (vgl die Kommentierung zu § 147). Ungereimt erscheint es, dass in § 147 Abs 1 weder auf § 878 BGB noch auf die Sonderbestimmungen für eingetragene Seeschiffe usw verwiesen wird. In § 140 Abs 2, der den maßgeblichen Zeitpunkt der Vornahme einer Rechtshandlung in Registerfällen regelt, findet sich eine gegenüber § 878 BGB engere Formulierung, indem die Vorverlagerung des Gutglaubensschutzes ua an die Stellung des Eintragungsantrags durch den Erwerber geknüpft wird.[97] 53

c) Bewegliche Sachen. Abs 2 kennt ebenso wie § 81 Abs 2 keinen gutgläubigen Erwerb von beweglichen Sachen, eines Pfandrecht oder einer Forderung, weil der gute Glaube an die Verfügungsbefugnis grds nicht geschützt wird. 54

2. Bindende Eintragungsbewilligung. Nach Abs 2 iVm § 878 BGB, § 3 Abs 3 SchiffsRG und § 5 Abs 3 LuftfzRG kann ein Rechtserwerb an massezugehörigen Grundstücken, erfassten Schiffen und Luftfahrzeugen wirksam vollzogen werden, wenn alle Bedingungen für den Rechtserwerb gegeben sind und es nur noch an der **konstitutiven Registereintragung** fehlt. 55

a) Antrag. Erforderlich ist ein Antrag, der noch vor Eröffnung des InsVerf gestellt sein muss (Form: §§ 13, 29, 30 GBO). Anders als bei § 140 Abs 2 muss ihn nicht der Erwerber stellen. Dessen eigener Antrag sichert ihn aber vor einer Antragsrücknahme. Der **(vorläufige) InsVerw** ist berechtigt, einen allein vom Schu gestellten Antrag zurückzunehmen.[98] Die Berechtigung hierzu ergibt sich aus seiner Aufgabe der Massesicherung. 56

b) Einigungserklärung. Der Schutz des § 878 BGB greift nur ein, wenn vor VerfEröffnung eine **bindende Einigungserklärung** abgegeben worden ist und sämtliche anderen materiellrechtlichen **Wirksamkeitsvoraussetzungen** vorgelegen haben, insb die erforderlichen Zustimmungserklärungen (zB § 12 Abs 3 WEG) sowie behördliche und vormundschaftsgerichtliche Genehmigungen.[99] 57

c) Eintragung. Die Grundbuch- und Registerämter sind **zur Eintragung der Rechtsänderung verpflichtet**, wenn die Voraussetzungen zu a) und b) vorliegen, selbst wenn ihnen die Eröffnung des InsVerf oder der Insolvenzvermerk bekannt werden. § 878 BGB ist keine Gutglaubensvorschrift. Dies gilt auch, wenn der Insolvenzvermerk unter Verstoß gegen §§ 17, 45 GBO früher eingetragen worden ist.[100] 58

---

97 Zu der Reichweite dieses Erfordernisses *BGH* ZIP 2001, 935.

98 *BGH* ZIP 2008, 322, 323 f; MK/*Breuer* § 91 Rn 79; *Uhlenbruck/Mock* § 91 Rn 96; *Raebel* ZInsO 2002, 955; **aA** *Jaeger/Windel* § 91 Rn 118.

99 *OLG Frankfurt* ZinsO 2006, 272; HambKomm/*Kuleisa* § 91 Rn 30; MK/*Breuer* § 91 Rn 78; differenzierend *Jaeger/Windel* § 91 Rn 120.

100 *Uhlenbruck/Mock* § 91 Rn 97.

59 **3. Öffentlicher Glaube des Registers. – a) Gutgläubiger Erwerb.** § 91 Abs 2 iVm § 892 BGB, § 16 Abs 2 SchiffsRG und § 16 Abs 3 LuftfzRG ermöglichen den gutgläubigen Erwerb von Immobilarrechten, eingetragenen Seeschiffen und Luftfahrzeugen. Voraussetzung ist, dass vor VerfEröffnung die dingliche Einigung erklärt, die Eintragung bewilligt, der Erwerber aber erst nach VerfEröffnung in Unkenntnis hiervon den Eintragungsantrag stellt und dieser vor dem Antrag auf Eintragung des InsVermerks (§§ 32 Abs 2, 33) bei dem Grundbuch- oder Registeramt eingeht. Gleiches gilt für den gutgläubigen Hypotheken- oder GrundschuldGl dem der Brief ernst nach VerfEröffnung übergeben wird (§ 1117 BGB).[101]

60 **b) Positive Kenntnis.** Der Erwerber kann sich nicht auf die Schutzvorschriften berufen, wenn er im Zeitpunkt des Eintragungsantrags oder einer erst später vollzogenen Einigung **positive Kenntnis** von dem eröffneten, aber noch nicht im Register kenntlich gemachten InsVerf hat; eine nach Antragstellung erlangte Kenntnis schadet nicht mehr (§ 892 Abs 2 BGB). Die **Beweislast** hierfür trägt der InsVerw. An der Gutgläubigkeit fehlt es stets, wenn der Eröffnungsvermerk bei Eingang des Antrags im Register bereits verlautbart ist (§§ 32, 33).

61 Nach vorzugswürdiger Auff ist das Grundbuch- oder Registeramt nicht verpflichtet, die Eintragung der Rechtsänderung zu verhindern, wenn es selbst Kenntnis von der Eröffnung des InsVerf hat. Das Grundbuchamt hat sich bei der Behandlung der Eintragungsanträge vielmehr an § 17 GBO auszurichten. Danach tritt die **Grundbuchsperre** erst mit der vorgängigen Eintragung des Eröffnungsvermerks ein.

62 **c) Sonstige Registerrechte.** Abs 2 nimmt schließlich auf § 893 BGB und die inhaltsgleichen Bestimmungen der anderen Registergesetze Bezug. Der Anwendungsbereich diese Verweisung ist gering, weil § 893 BGB idR über § 81 Abs 1 S 2 anwendbar sein wird.

63 **4. Schifffahrtsrechtliche Verteilungsordnung.** S hierzu die Kommentierung in den einschlägigen Großkommentaren zur InsO.[102]

§ 92 Gesamtschaden

[1]Ansprüche der Insolvenzgläubiger auf Ersatz eines Schadens, den diese Gläubiger gemeinschaftlich durch eine Verminderung des zur Insolvenzmasse gehörenden Vermögens vor oder nach der Eröffnung des Insolvenzverfahrens erlitten haben (Gesamtschaden), können während der Dauer des Insolvenzverfahrens nur vom Insolvenzverwalter geltend gemacht werden. [2]Richten sich die Ansprüche gegen den Verwalter, so können sie nur von einem neu bestellten Insolvenzverwalter geltend gemacht werden.

Übersicht

101 MK/*Breuer* § 91 Rn 84.
102 MK/*Breuer* § 91 Rn 88; *Jaeger/Windel* § 91 Rn 125.

A. Allgemeines

I. Normzweck

1 **1. Durchsetzungssperre.** Schadensersatzansprüche, die Gl dadurch erwachsen, dass die InsMasse verkürzt wird, können nach S 1 der Vorschrift von einzelnen Gl nicht mehr durchgesetzt werden. Diese Beschränkung dient der **Gleichbehandlung der Gl**. Ohne sie könnten sich einzelne von ihnen nach dem Prioritätsprinzip Vorteile durch den schnellen Zugriff auf das Vermögen des HaftungsSchu verschaffen. Die Bündelung der Ansprüche in der Hand des InsVerw trägt ferner den Gesichtspunkten der **Praktikabilität und Prozessökonomie** Rechnung, weil der Einzelne mglw davon absieht, seinen (marginalen) Schadensersatzanspruch gerichtlich durchzusetzen.[1]

2 **2. Neuregelung bei Einführung InsO.** Die Vorschrift hat **kein Vorbild im früheren InsR**. Sie knüpft jedoch an einer Reihe von Bestimmungen und ihre weitere Auslegung insb durch die vom Gesellschaftsrecht geprägte Rspr an, wonach die Einziehungs- und Prozessführungsbefugnis mit der Eröffnung des Gesamtvollstreckungsverfahrens auf den InsVerw übertragen wurde.[2] Zu erwähnen sind in diesem Zusammenhang Entsch des BGH zur **Geschäftsführerhaftung wegen Insolvenzverschleppung**,[3] zur **Existenzvernichtungshaftung**[4] und zur **Vermögensvermischung**.[5] Dieser Ansatz wird durch S 1 in der Weise verallgemeinert, dass der InsVerw dann ausschließlich zur Geltendmachung von Ansprüchen berechtigt ist, wenn es sich um Ansprüche handelt, die ihre Ursache in einer Masseschmälerung haben und deshalb allen Gl zustehen („Gesamtschaden").[6]

---

1 *BGHZ* 126, 197.
2 *BGHZ* 143, 251; einen Überblick gibt *Uhlenbruck/Hirte* § 92 Rn 1.
3 *BGH* ZIP 2007, 676; ZIP 2007, 1501.
4 *BGHZ* 149, 10; 151, 181; *BGH* ZIP 2004, 2138; ZIP 2005, 117.
5 *BGHZ* 2006, 467.
6 *Uhlenbruck/Hirte* § 92 Rn 2.

II. Geltungsbereich

3 **1. Eröffnetes Verfahren. – a) Grundsatz.** Die Sperrwirkung gilt nur im eröffneten Verfahren. Wird die VerfEröffnung mangels Masse abgelehnt (§ 26), sind die Gl nicht daran gehindert, ihre Ansprüche gegen den HaftungsSchu selbst zu verfolgen. Wird das eröffnete Verf aufgehoben oder eingestellt, enden die Wirkungen des § 92.[7]

4 **b) Eröffnungsverfahren.** Die Vorschrift kann im EröffnungsVerf nicht entspr angewendet werden. Dies gilt auch für EröffnungsVerf, in denen ein sog starker Verwalter (§ 22 Abs 1) bestellt worden ist.[8] Das EröffnungsVerf dient nicht der Verwertung. Eine Befugnis des vorl Verwalters „zur Verwertung", hier durch Geltendmachung der Ersatzforderung, wird nur in engen Grenzen bei der Gefahr unwiederbringlicher Vermögenseinbußen angenommen (§ 22 Rn 12, 60).

5 **c) Vorgeschaltetes Arrestverfahren.** Noch nicht höchstrichterlich geklärt ist die Reichweite des § 92 im Rahmen des **einstweiligen Rechtsschutzes**. Unbestritten ist die Möglichkeit des InsVerw, aufgrund der materiellen Einziehungsermächtigung als gesetzlicher Prozessstandschafter einen Gesamtschaden im Wege einstweiligen Rechtsschutzes geltend zu machen.[9] Ob diese Befugnis ausschließlich dem InsVerw zusteht, ist streitig. Im Anschluss an *Bork*[10] gehen Lit[11] und Rspr[12] davon aus, dass der InsGl neben dem InsVerw berechtigt bleibt, die Sicherung seines Anspruchs, zB im Arrestverfahren zu betreiben. Mithin gilt zwar die Ermächtigungs-, nicht jedoch die Sperrwirkung.

6 **2. Besondere Verfahren.** Die Sperr- und Ermächtigungswirkung gilt auch in den Fällen der **Eigenverwaltung**. Gem § 280 handelt insoweit der Sachwalter. Im **VerbrInsVerf** fällt die Einziehungsbefugnis ebenso in die Kompetenz des InsVerw bzw des Treuhänders gem § 313 Abs 1 S 1 für das bis zum 1.7.2014 geltende VerbrInsR.

B. Erläuterungen

I. Tatbestandsvoraussetzungen

7 **1. Gesamtschaden. – a) Allgemeines.** S 1 wirkt nicht anspruchsbegründend, sondern setzt das Bestehen der Forderung voraus.[13] Zur Liquidation muss ein Gesamtschaden anstehen. Hierbei handelt es sich nach S 1 um einen solchen Schaden, den die InsGl gemeinschaftlich vor oder nach Eröffnung des InsVerf durch eine Verminderung des zur InsMasse gehörenden Vermögens erlitten haben.[14] Er kann durch Verringerung der Aktiva oder Vermehrung der Passiva eingetreten sein.[15] In beiden Fällen wird die Quote der InsGl vermindert. Daher wird der hier relevante Schaden aus dem Blickwinkel des einzelnen Gl auch als **„Quotenschaden"** bezeichnet. Dieser kann von den an der Verteilung der Masse teilnehmenden InsGl erst nach Abschluss des Verf geltend gemacht werden.[16]

---

7 *Jaeger/Müller* § 92 Rn 22.
8 *K/P/B/Lüke* § 92 Rn 55; **aA** *Jaeger/Müller* § 92 Rn 23.
9 Vgl zum Meinungsstand *OLG Bamberg* 28.7.2017 – 3 W 28/17.
10 *Bork* ZInsO 2001, 835.
11 K/P/B/*Lüke* § 92 Rn 27a; Uhlenbruck/*Hirte* § 92 Rn 27.
12 *OLG Bamberg* 28.7.2017 – 3 W 28/17.
13 *BGH* ZIP 2004, 2140; 2011, 1575 Rn 6; *Bork* KS-InsO, 3. Aufl, S 1025.
14 Zur Anwendung des § 92 und zum Vorliegen von Gesamtschäden vgl *BGH* WM 2011, 1483; *OLG Bamberg* 28.7.2017 – 3 W 28/17; *Schlick* WM 2014, 633.
15 *BGH* ZIP 2011, 1575 Rn 6.
16 *BGHZ* 159, 27.

b) Ansprüche nach Verfahrenseröffnung. – aa) Pflichtverletzung. Hierbei geht es um Schadensersatz der Gl unter dem Gesichtspunkt, dass die gemeinsame Befriedigungsmasse durch eine **Pflichtverletzung des InsVerw** verkürzt worden ist.[17] Bei Pflichtverletzungen des Verwalters gehört der Anspruch auf Ersatz des Schadens zur InsMasse, wenn er die InsGl als Gesamtheit trifft. Er konnte schon unter der Geltung der KO während der Dauer des Konkursverfahrens nicht von dem einzelnen InsGl durchgesetzt werden. Diese Anordnung trifft jetzt ausdrücklich S 1. Mit erfasst ist nach VerfEröffnung neben dem InsVerw auch der vorläufigen InsVerw sowie der (vorläufige) Sachwalter, jeweils iVm § 60.[18] Die Ausweitung der §§ 92, 280 auf etwaige Schadensersatzansprüche gegen die Geschäftsführung im eröffneten Eigenverwaltungsverf entscheidet sich mit der materiell-rechtlichen Frage der (analogen) Anwendung der §§ 60, 61.[19] 8

bb) Sonderinsolvenzverwalter. Die Bestimmung wird durch S 2 ergänzt: Danach können **Ansprüche gegen den Verwalter** während des Verf nur durch einen neu bestellten InsVerw geltend gemacht werden (Rn 46 ff; vgl auch die Kommentierung bei §§ 60, 61). Nach § 59 Abs 1 S 1 kann das InsGer den InsVerw aus wichtigem Grund entlassen. Dies kann der einzelne InsGl unter Hinweis auf einen im Raum stehenden Gesamtschadensersatzanspruch anregen. Bleibt der InsVerw im Amt, ohne die Forderung anzuerkennen oder auszugleichen, ist nach Lage des Falles ein SonderInsVerw zu bestellen, der den Ersatzanspruch für die Masse geltend macht. 9

Eine Interessenkollision und damit die Notwendigkeit zur Bestellung eines SonderInsVerw besteht auch dann, wenn der Anspruch auf Ersatz des Gesamtschadens nicht von einem InsGl, sondern vom InsSchu geltend gemacht wird. Dies ergibt sich zwar nicht aus § 92, folgt jedoch unmittelbar aus § 80. **Ansprüche des InsSchu**, die dieser vor oder nach Eröffnung des InsVerf erwirbt, gehören gem § 35 Abs 1 zur InsMasse und unterstehen damit der Verwaltungs- und Verfügungsbefugnis des InsVerw. Richten die Ansprüche sich gegen diesen, muss ein neuer Ins- oder ein SonderInsVerw nach § 92 bestellt werden.[20] 10

cc) Sonstige Verfahrensbeteiligte. Unter S 1 fällt ferner die Haftung anderer Verfahrensbeteiligter. 11

Nach § 71 haften **Mitglieder des Gläubigerausschusses** für Pflichtverletzungen nach § 69. Die Verzögerung der VerfEröffnung, unzureichende Sicherungsmaßnahmen während des EröffnungsVerf sowie die ungenügende Auswahl und Überwachung des InsVerw können Amtshaftungsansprüche nach § 839 BGB iVm Art 34 GG begründen, die ebenfalls zu einem während des InsVerf nur gemeinschaftlich geltend zu machenden Quotenschaden führen.[21] Diese Haftung des (vorl) GlAusschusses hat durch die durch das ESUG gestärkte Rolle des (vorl) GlAusschusses und jüngste Rspr des BGH an Bedeutung gewonnen. So wurde der Pflichtenkatalog des § 69 durch Urt v 9.10.2014[22] und 25.6.2015[23] im Allgemeinen und im Umgang m Geldverkehr und -bestand im Besonderen erheblich präzisiert und (dadurch) verschärft. 12

Die Haftung nach § 71 schützt nur InsGl und – soweit es um die gesetzlichen Kostenbeiträge geht – Absonderungsberechtigte, nicht dagegen MasseGl und Aussonderungsberechtigte. 13

---

17 Grundlegend zu (verschärften) massebezogenen Verwalterpflichten *BGH* 16.3.2017 – IX ZR 253/15 mit Anm *Berger* ZInsO 2017, 2100.
18 *K Schmidt* § 92 Rn 21.
19 Ablehnend hierzu jüngst *OLG Düsseldorf* 7.9.2017 – I 16 U 33/17.
20 *BGH* ZIP 2015, 1645.
21 *BGH* ZIP 2008, 466; Bestellung eines vorbestraften RA zum InsVerw.
22 *BGH* ZIP 2014, 2242.
23 *BGH* NZI 2015, 799.

Erwirkt daher der InsVerw in Ausübung seiner Einziehungs- und Prozessführungsbefugnis aus § 92 eine Schadensersatzleistung nach § 71, darf diese nur zur Befriedigung der anspruchsberechtigten **absonderungsberechtigten** Gl und insb InsGl verwandt werden. Die Kosten der Einziehung sind von der Verteilung abzuziehen.[24]

14 Wie ausgeführt (Rn 11) fällt unter „Ansprüche nach Verfahrenseröffnung" iSv S 1 nicht nur die Haftung des InsVerw. Neben der beschriebenen Haftung des (vorl) GlAusschusses kann auch die **Haftung des InsSchu** den Anwendungsbereich nach § 92 eröffnen. Lässt etwa der Schu einen zur Sicherheit an einen Gl übereigneten Gegenstand der InsMasse versteigern und den Erlös an den gesicherten Gl auskehren, schädigt er die InsGl in Höhe eines vom InsVerw erzielbaren Übererlöses und des Kostenbeitrags für eine tatsächlich erfolgte Feststellung des Gegenstands. Nach erfolgter Verfahrensaufhebung erfolgt die Durchsetzung im Wege der Nachtragsverteilung (durch den vormaligen InsVerw), der nicht nur die Befugnis hat, nachträglich ermittelte und noch vorhandene Gegenstände der Masse zu verwerten und den Erlös an die InsGl zu verteilen (§ 205), sondern auch die Befugnis, gem § 92 Schadensersatzansprüche der InsGl dahingehend geltend zu machen, dass der Nachtragsverteilung unterliegende Gegenstände der InsMasse entzogen wurden. Wie angemerkt (Rn 11) entscheidet sich die Anwendbarkeit der §§ 92, 280 auf Pflichtverletzungen der Geschäftsführung im eröffneten Eigenverwaltungsverf mit dem Haftungsregime. Bei Durchsetzung einer analogen Anwendung der §§ 60, 61[25] wäre konsequenterweise der Anwendungsbereich der §§ 92, 280 eröffnet.

15 **c) Ansprüche vor Verfahrenseröffnung.** Ein gemeinschaftlich erlittener Schaden, der einen **spezifischen Bezug zur Masse** aufweist, ist ferner anzunehmen, wenn die Geschäftsführer oder Gesellschafter einer GmbH oder der Vorstand einer AG nach Eintritt der InsReife die Eröffnung des InsVerf verschleppen und auf diese Weise das den Gl haftende Vermögen verkürzen.

16 **aa) Insolvenzverschleppung.** Die Vorschrift des § 15a (vormals § 64 Abs 1 GmbHG, § 92 Abs 2 AktG, Insolvenzantragspflicht) ist Schutzgesetz nach § 823 Abs 2 BGB zu Gunsten der Gl der Gesellschaft.[26] Die zivilrechtliche Verantwortung trifft nicht nur die **förmlichen Organe der Gesellschaft** (§ 15a Abs 1 S 1), sondern auch diejenigen, die ohne eine Organstellung zu bekleiden, **wie ein geschäftsführendes Organ** tätig werden.[27] Ein Anspruch aus der Zeit vor Eröffnung des InsVerf kann sich gem § 826 BGB auch gegen einen **Gesellschafter** der Schu richten, zB wenn er das zur Antragstellung verpflichtete Organ zur Hinauszögerung des Antrags bestimmt, um in der Zwischenzeit die Tilgung der von ihm verbürgter Forderung zu erreichen.[28]

17 **bb) Existenzvernichtung.** Die Ansprüche der Gesellschafter gegen den Gesellschafter wegen Existenzvernichtung gehören nicht mehr hierher, nachdem der BGH das bisherige Konzept einer Durchgriffs(außen)haftung des Gesellschafters gegenüber den GesellschaftsGl aufgegeben hat.[29] Es kommen deshalb ohnehin nur Ansprüche in Gestalt einer auf § 826 BGB gestützten schadensersatzrechtlichen **Innenhaftung** in Betracht, welche nur die Gesellschaft und – in deren Ins – der InsVerw für die Masse verfolgen kann. Weiterverfolgt wird vom BGH dagegen die auf eine analoge Anwendung des § 128 HGB gestützte Außenhaftung gegen den Gesellschafter wegen **unkontrollierbarer Vermögensvermi-**

24 *BGH* ZIP 2014, 2242.
25 Dagegen: *OLG Düsseldorf* 7.9.2017 – I 16 U 33/17; zustimmend: HambKomm/*Fiebig* § 270 Rn 43.
26 *BGHZ* 138, 214; *K Schmidt* NZG 2015, 129. Zur Ökonomik des § 92 vgl *Freitag* NZG 2014, 447.
27 MK/*Brandes/Gehrlein* § 92 Rn 9; sa die detaillierte Regelung in § 15a Abs 1 S 2, Abs 2 und 3.
28 *BGH* WM 1973, 1355.
29 *BGHZ* 173, 246 ff = ZIP 2007, 1555 (Trihotel); *BGH* ZIP 2008, 310.

schung.[30] In diesem Fall ist der InsVerw über das Vermögens der Gesellschaft nach S 1 dazu berufen, eine etwaige Durchgriffshaftung des Gesellschafters für die Gesellschaftsverbindlichkeiten gerichtlich geltend zu machen.[31]

d) Verkürzung der Masse. S 1 regelt den Ersatz des **Gesamtschadens**, nicht den von **Individualschäden**, zu denen an sich auch der Quotenschaden des einzelnen InsGl gehört.[32] Es handelt sich immer dann um einen von § 92 nicht erfassten Individualschaden, wenn der Gl nicht als Teil der GlGemeinschaft, sondern individuell geschädigt wird. Ein Gesamtschaden liegt dann vor, wenn es sich um einen Schadenseinschlag handelt, den der Gl aufgrund seiner GlStellung und damit als Teil der Gemeinschaft der Gl erlitten hat.[33] 18

aa) Gesamtschaden. Bestimmte Individualschäden, zB den Ersatz der Vorschussleistung nach § 26 Abs 3, können die Gl auch nach der Eröffnung des InsVerf gegen den HaftungsSchu geltend machen.[34] Beim Gesamtschaden geht es dagegen um die Verkürzung der Masse, welche die Gesamtheit der Gl oder – im Falle einer dann zu bildenden Sondermasse – eine bestimmte GlGruppe betrifft. Der Anspruch auf Ersatz des aus dem Gemeinschaftsschaden folgenden **Quotenschadens** steht zwar jedem an der Verteilung der Masse teilnehmenden InsGl und nicht der Gemeinschaft der Gl als solcher zu. Er darf von dem einzelnen InsGl jedoch nicht geltend gemacht werden, solange das InsVerf noch andauert.[35] 19

bb) Individualschaden. Individualschaden und nicht Gesamtschaden ist der Anspruch des MasseGl gegen den InsVerw aus § 61 wegen **Nichterfüllung von Masseverbindlichkeiten**. Es handelt sich um einen Individualanspruch ohne Massebezug, der deshalb von dem geschädigten MasseGl schon während des InsVerf gegen den InsVerw geltend gemacht werden kann.[36] Ein Einzelschaden ist auch gegeben, wenn **unpfändbare Vermögensbestandteile** des Schu beeinträchtigt werden.[37] Wird ein **Staatshaftungsanspruch** aus der verspäteten innerstaatlichen Umsetzung einer EG-Richtlinie hergeleitet, welche die bevorrechtigte Behandlung von Versicherungsforderungen bei Insolvenz eines Versicherungsnehmers anordnet, handelt es sich um einen von dem jeweiligen Versicherungsnehmer zu verfolgenden Einzelschaden.[38] Auch der **Kontrahierungsschaden** des betrügerisch zur Zeichnung einer Kapitalanlage veranlassten Anlegers ist kein Gesamtschaden.[39] Dies gilt auch dann, wenn eine ganze Gruppe von InsGl wie etwa sämtliche Anleger einer Kapitalanlagegesellschaft durch gleichartige deliktische Handlungen geschädigt worden ist. Denn das Bestehen mehrerer oder sogar massenhaft eingetretener Individualschäden führt nicht zu einem Gesamtschaden.[40] 20

cc) Insolvenzverschleppung. In den Fällen der InsVerschleppung kann ein Gesamtschaden grds nur bei den sog AltGl eintreten, die bei Eintritt der Insolvenzreife schon Forderungen gegen die Gesellschaft haben. Gl, die erst nach diesem Zeitpunkt vertragliche Ansprüche gegen die Gesellschaft erlangen, können einen Gesamtschaden in Form eines Quotenschadens nur erleiden, falls sich ihre Befriedigungsaussichten später weiter verschlechtern.[41] 21

---

30 *BGH* ZIP 2006, 469; 2008, 310.
31 *BGH* ZIP 2006, 468.
32 Vgl *BGHZ* 159, 26 f; MK/*Brandes/Gehrlein* § 92 Rn 11.
33 *BGH* 14.7.2011- IX ZR 210/10.
34 BT-Drucks 12/2443, 139; *BGH* ZIP 2007, 678.
35 *BGHZ* 159, 26 f.
36 *BGHZ* 159, 107 f; *BGH* ZIP 2006, 1684 mit Anm *Mohrbutter* WuB VI A. § 92 1.06.
37 *BGH* WM 2008, 1691 Rn 13; ZIP 2011, 1575 Rn 9.
38 *BGH* ZIP 2011, 1575 Rn 10.
39 *OLG Nürnberg* ZIP 2011, 1017.
40 *OLG Bamberg* 28.7.2017 – 3 W 28/17; *OLG Nürnberg* ZIP 2011, 1017.
41 Näher hierzu MK/*Brandes/Gehrlein* § 92 Rn 29 ff.

22 **dd) Alt- und Neugläubiger.** Die Abgrenzung von Alt- und NeuGlstellung kann schwierig sein. Sie richtet sich nicht nach der Begr des Vertragsverhältnisses, sondern nach Art und Umfang des dem Gl durch die InsVerschleppung entstandenen Schadens.[42] Ist die Geschädigte zB eine Bank, kommt es nicht auf die Begr der Geschäftsverbindung (idR lange Zeit vor der geltend gemachten InsReife) an. Die Haftung des Geschäftsführers wegen InsVerschleppung kann vielmehr erst ab dem Zeitpunkt eingreifen, zu dem das Konto des Schu debitorisch geführt wird. War dies nach dem für die Haftung maßgeblichen Zeitpunkt, ist die Bank NeuGl. Sie hat einen Individualschaden, den sie selbst geltend machen kann. Dabei ist ihr Schadensersatzanspruch nicht um die auf sie entfallende InsQuote zu kürzen (dazu nachfolgend näher unter 3.).[43]

23 **2. Insolvenzgläubiger.** S 1 erfasst seinem Wortlaut nach nur die Ansprüche der InsGl (§ 38). Hierzu gehören auch die nachrangigen InsGl (§ 39). Der über einen Treuhandkommanditisten nur mittelbar an einer insolventen Fondsgesellschaft beteiligte Anleger gehört regelmäßig nicht zum Kreis der InsGl.[44]

24 **a) Aus- und Absonderung.** Bei der **Aussonderung** (§ 47) geht es um die Geltendmachung eines massefremden Rechts. Wird dieses Recht verletzt, entsteht dem Aussonderungsberechtigten ein Individual- und kein Gesamtschaden. Er ist von dem Geschädigten, der im Übrigen auch kein InsGl ist, außerhalb des Verf selbstständig geltend zu machen.[45] Wird ein **Absonderungsrecht** verletzt (§§ 50 f), liegt dagegen (jedenfalls auch) ein Gesamtschaden vor, weil der mit dem Absonderungsrecht belastete Gegenstand zur InsMasse gehört. Dieser gebührt ein ggf zu erzielender Überschuss aus der Verwertung sowie die Kostenpauschalen (§§ 170, 171); beides kann durch eine Beschädigung oder Zerstörung des Gegenstandes gemindert sein oder vollständig entfallen.[46]

25 **b) Doppelwirkung.** Treten in einem Verf durch dasselbe schadensstiftende Ereignis **sowohl Gesamt- als auch Individualschäden** auf, findet § 92 nach Sinn und Zweck auf den Gesamtschaden Anwendung. Andernfalls würde schon die Existenz eines einzelnen Individualschadens die Wirkung der Vorschrift beseitigen. Der Gl des Individualanspruchs kann diesen außerhalb des Verf daneben selbst geltend machen.[47]

26 **c) Schädigung des Massegläubigers.** Schädigt der InsVerw (§ 60) oder ein Mitglied des GlAusschusses (§ 71) einen MasseGl, liegt regelmäßig ein **Einzelschaden** vor, der gegen diese Personen schon während des InsVerf geltend gemacht werden kann. Daran ändert sich nichts, wenn dem MasseGl der Ausfall (Schaden) gerade infolge einer Masseverkürzung durch das handelnde Organ entsteht.[48] Demgegenüber wird im Schrifttum eine entspr Anwendung des § 92 für solche Schäden befürwortet, die durch eine Schmälerung der InsMasse **nach Anzeige der Masseunzulänglichkeit** (§§ 208 f) eintreten.[49] Der BGH hat dies ausdrücklich offen gelassen.[50] Die Vorschrift ist jedenfalls nicht auf den Fall zugeschnitten, dass die Masseverkürzung, aus welcher der MasseGl seinen Schaden herleitet, zu einem Zeitpunkt vor Anzeige der Masseunzulänglichkeit erfolgte, in dem die Masse noch zur Erfüllung sämtlicher Masseverbindlichkeiten ausreichte.

---

42 *BGH* ZIP 2007, 678.
43 *BGH* ZIP 2007, 679.
44 *OLG Nürnberg* ZIP 2011, 1016.
45 *K/P/B/Lüke* § 92 Rn 22.
46 *BGH* ZIP 2011, 1575 Rn 9.
47 *K/P/B/Lüke* § 92 Rn 23a; MK/*Brandes/Gehrlein* § 92 Rn 13.
48 *BGHZ* 159, 111; *BGH* ZIP 1988, 1069; 1989, 1408.
49 *Jaeger/Müller* § 92 Rn 20; MK/*Brandes/Gehrlein* § 92 Rn 8.
50 *BGHZ* 159, 112.

II. Rechtsfolgen

Von § 92 S 1 geht eine **doppelte Rechtswirkung** aus: Mit der VerfEröffnung werden die einzelnen Gl daran gehindert, die von der Vorschrift erfassten Ansprüche gerichtlich geltend zu machen (Sperrwirkung). Zugleich wird der InsVerw ermächtigt, diese Ansprüche zur Masse einzuziehen (Ermächtigungswirkung). 27

1. Sperrwirkung. – a) Ähnliche Prozesslagen. Die Fälle des § 92 sind von ähnlichen Prozesslagen zu unterscheiden, in denen der Masse (aus dem Recht des Schu) Ersatzansprüche gegen den InsVerw, Mitglieder des GlAusschusses oder das InsGer zustehen. In diesem Fall gehört der Schadensersatzanspruch zur InsMasse; das Einziehungsrecht des Sonderverwalters usw ergibt sich unmittelbar aus § 80. 28

b) Grundsatz. Der Fall des § 92 ist ein anderer: Hier verlieren die Gl nicht ihren Ersatzanspruch gegen den Schädiger; nur ihre **Einziehungs- und Prozessführungsbefugnis** geht auf den InsVerw über.[51] Deshalb verbleibt ihnen während des InsVerf das Recht, ihren Ersatzanspruch abzutreten (§ 398 BGB) oder ihn dem Schu des Anspruchs zu erlassen (§ 397 BGB).[52] Im zweiten Fall kann der InsVerw den durch Erlassvertrag erloschenen Anteil nicht mehr geltend machen; von der Verteilung der von dem InsVerw eingezogenen Ersatzleistung ist der Gl ausgeschlossen.[52] Die Sperrwirkung trifft auch den InsGl, der sich nicht am Verf beteiligt.[53] 29

c) Umfassende Wirkung. Die Sperrwirkung ist umfassend. Sie schließt die **Feststellungsklage** und die **Leistungsklage auf Ersatz des Gemeinschaftsschadens** durch Zahlung an die InsMasse ein. Der einzelne Gl kann den Anspruch nur als fremdes Recht geltend machen, falls der InsVerw ihn zur Prozessführung ermächtigt oder die ohne Ermächtigung begonnene Prozessführung genehmigt.[54] Anders verhält es sich mit der Durchsetzung im einstweiligen Rechtsschutz. Für diesen erkennt die hM zwar die Ermächtigungs- nicht jedoch die Sperrwirkung an.[55] Der geschädigte InsGl hat mithin eine parallele Sicherungsbefugnis auf der Arrestebene. 30

2. Ermächtigungswirkung. – a) Grundsatz. Der InsVerw ist für die Dauer des InsVerf **ermächtigt**, den der Gemeinschaft der InsGl zustehenden Anspruch auf Ersatz des Gesamtschadens geltend zu machen. Im Fall der Eigenverwaltung ist die Gesamtschadensliquidation nach § 270 durch § 280 allein dem Sachwalter zugewiesen. Regelungsgehalt des S 1 ist nicht eine Legalzession zu Gunsten des InsVerw oder der Masse. Der Verwalter übt vielmehr treuhänderisch fremde Rechte aus.[56] Dies gilt jedoch nur für den Gesamtschaden derjenigen Gl, die sich am InsVerf beteiligen.[57] Ein **außenstehender Gl** kann nicht daran gehindert werden, nach Abschluss des InsVerf gegen seinen Schädiger vorzugehen.[58] Die Rechtskraft eines „Vorprozesses" stände nicht entgegen. Im Prozess des InsVerw führt dies zu Bezifferungsproblemen.[59] Sie werden in der Praxis durch die dem Verwalter zu Gute gehaltene Vermutung entschärft, dass sich alle Geschädigten am InsVerf beteiligen.[60] 31

---

51 *BGHZ* 159, 29; MK/*Brandes/Gehrlein* § 92 Rn 14.
52 *Bork* KS-InsO 3. Aufl, S 1026.
53 MK/*Brandes/Gehrlein* § 92 Rn 14.
54 *BGH* ZIP 1989, 1409.
55 *Bork* ZInsO 2001, 835; *OLG Bamberg* 28.7.2017 – 3 W 28/17.
56 *BGHZ* 178, 171, 174; *BGH* ZIP 2007, 79, 80, je zu § 93; MK/*Brandes/Gehrlein* § 92 Rn 15; *Bork* KS-InsO, S 1027R unter Hinweis auf § 171 Abs 2 HGB.
57 *Bork* KS-InsO, S 1027.
58 Zu vergleichbaren Problemen bei § 93 InsO vgl grundlegend *BGH* 17.12.2015 – IX ZR 143/13.
59 Zur Schadensberechnung s ausf MK/*Brandes/Gehrlein* § 92 Rn 18–21.
60 *Jaeger/Müller* § 92 Rn 30; *K/P/B/Lüke* § 92 Rn 32; MK/*Brandes/Gehrlein* § 92 Rn 15; *Bork* KS-InsO, 3. Aufl, S 1027.

32 **b) Treuhandstellung.** Aus der Treuhandstellung des InsVerw in Bezug auf die Einziehung des Gesamtschadens folgt, dass der Verwalter das Eingezogene ausschließlich zu Gunsten der Gl verwenden darf, die durch die Verkürzung der Masse geschädigt worden sind. Eine Vermischung mit der Masse ist nur zulässig, wenn die Verteilung über die InsMasse zum selben Erg führt.[61]

33 **c) Freigabe des Anspruchs/Vergleichsbefugnis des InsVerw.** Zur Freigabe des Anspruchs[62] ist der InsVerw grds nicht berechtigt. Er wird bei der Liquidierung des Gesamtschadens nur in zweiter Linie im Interesse der Masse tätig. In erster Linie hat er die Interessen der geschädigten Gl zu wahren. Dies geschieht allerdings mit Mitteln der Masse, die er in seiner Funktion als InsVerw nicht dadurch schädigen darf, dass er einen wirtschaftlich nicht vertretbaren Prozess führt (§ 60). Zur Auflösung dieser **Pflichtenkollision** kann ausnahmsweise eine Freigabe in Betracht kommen.[63]

34 Ähnlich gelagert ist die Frage nach der Vergleichsbefugnis des InsVerw. Auch in dieser Hinsicht zeigt sich der Unterschied zwischen einer Legalzession – die § 92 gerade nicht darstellt – und der Treuhandstellung des InsVerw für den jeweil materiell-rechtlich berechtigten InsGl. Gleichwohl erkennt die hM eine grundsätzliche Vergleichsbefugnis des InsVerw an.[64]

35 **3. Aufrechnung.** In Betracht kommen Aufrechnungen durch den InsGl, den Ersatzpflichtigen und den InsVerw.

36 **a) Insolvenzgläubiger.** Der InsGl kann gegenüber dem Ersatzpflichtigen nicht aufrechnen. Die Sperrwirkung des S 1 hindert ihn nicht nur an der Einziehung der Forderung, sondern auch an der Aufrechnung. Allerdings gilt zu seinen Gunsten die Vorschrift des § 94, wonach die Eröffnung des InsVerf eine bereits bestehende Aufrechnungslage grds unberührt lässt. Was für den Gl im Verhältnis zur Schu (Gesellschaft) gilt, muss für ihn entspr auch im Verhältnis zum Gesellschafter gelten.[65] Der Schutz einer einmal entstandenen Aufrechnungslage setzt allerdings voraus, dass die Forderung des Aufrechnenden nicht anderweitig zu Fall gebracht werden kann. Diese Möglichkeit hat der **Kommanditist**, indem er die Haftsumme an einen anderen Gl oder an die Gesellschaftskasse leistet.[66]

37 **b) Ersatzpflichtiger.** Die Aufrechnung durch den Ersatzpflichtigen wird häufig an § 393 BGB scheitern. Danach ist insb dem wegen InsVerschleppung deliktisch haftenden Geschäftsführer die Aufrechnung versagt. Im Übrigen ist zu unterscheiden, mit welcher Forderung der Ersatzpflichtige gegen den Schadensersatzanspruch aufrechnen will. Mit Forderungen gegen die InsSchu kann er nicht aufrechnen, weil es an der Gegenseitigkeit fehlt (§ 387 BGB).[67] Bei der Aufrechnung mit einer Forderung gegen einen InsGl sollte wiederum auf §§ 94 ff zurückgegriffen werden, um den insolvenzrechtlichen Wertungen Geltung zu verleihen.[68] Eine Aufrechnung ist danach nur dann möglich, wenn die Aufrechnungslage bereits vor VerfEröffnung bestanden hat.

---

61 *Bork* KS-InsO, S 1027.
62 Zu unterscheiden von der Ermächtigung zur Prozessführung; s hierzu *BGH* ZIP 1989, 1409.
63 *K/P/B/Lüke* § 92 Rn 33; MK/*Brandes/Gehrlein* § 92 Rn 17; *Bork* KS-InsO, 3. Aufl, S 1028.
64 N/R/*Wittkowski/Kruth* § 93 Rn 5. Zu der Problematik iRv § 93 InsO vgl Rn 33 und *BGH* 17.12.2015 – IX ZR 143/13.
65 *Jaeger/Müller* § 92 Rn 34; MK/*Brandes/Gehrlein* § 92 Rn 22; **aA** *K/P/B/Lüke* § 92 Rn 56.
66 MK/*Brandes/Gehrlein* § 92 Rn 22.
67 *K/P/B/Lüke* § 92 Rn 57; *Bork* KS-InsO, 3. Aufl, S 1033.
68 HambKomm/*Pohlmann* § 92 Rn 38; *Bork* KS-InsO, S 1034; **aA** *K/P/B/Lüke* § 92 Rn 57.

c) Insolvenzverwalter. Die Aufrechnung durch den InsVerw folgt den allg Regeln. Stehen dem Ersatzpflichtigen InsFord oder Masseverbindlichkeiten zu, kann der InsVerw ohne gesonderte Abtretung durch die InsGl nicht mit den Gesamtschadensersatzansprüchen aufrechnen. Es fehlt wiederum an der Gegenseitigkeit der Forderungen (§ 387 BGB), weil der InsVerw eine fremde Forderung einzieht.[69] 38

III. Ansprüche der Neugläubiger

1. Allgemeines. Die Haftung der Organe der juristischen Person wegen verspäteter InsAntragstellung führt zu einer unterschiedlichen Behandlung der Alt- und NeuGl (Rn 21 f). Gl, die ihre GlStellung bereits innehatten, als der Geschäftsführer den InsAntrag erstmals hätte stellen müssen, bekommen als sog **Altgläubiger** im Wege der Gesamtschadensliquidation ihren Quotenschaden ersetzt.[70] Gl, die nach diesem Zeitpunkt noch Verträge mit der Gesellschaft abschießen und ihre vertraglichen Leistungen erbringen, sog **NeuGl**, werden individuell geschädigt. Sie erleiden einen **Kontrahierungsschaden**. Dieser besteht darin, dass der NeuGl, der seine Leistung erbracht hat, seinen Erfüllungsanspruch nur in Höhe der InsQuote realisieren kann.[71] 39

2. Umfang der Insolvenzverschleppungshaftung. – a) Schutzzweck des § 15a InsO (64 Abs 1 GmbHG aF). Nach gefestigter Rspr des BGH[72] wird mit der InsAntragspflicht des § 64 Abs 1 GmbHG (aF; vgl jetzt § 15a InsO) auch der Zweck verfolgt, ein insolventes Unternehmen mit beschränktem Haftungsfond vom Markt zu nehmen, um auf diese Weise **präventiv** zu verhindern, dass Dritte in ihren Vermögensinteressen dadurch gefährdet werden, dass sie mit einer insolventen Gesellschaft noch in Vertragsbeziehungen treten und Leistungen erbringen. Insb die insolvente GmbH ist kein tauglicher Geschäftspartner mehr und deshalb durch InsAnmeldung rechtzeitig zu beseitigen.[73] Verletzt das Gesellschaftsorgan (Geschäftsführer) seine Antragspflicht schuldhaft (insb die nach § 64 Abs 1 GmbHG aF; nunmehr nach § 15a InsO), so haftet es auch dem NeuGl nach § 823 Abs 1 BGB. 40

b) Ersatz des Vertrauensschadens. Kann der NeuGl in den Fällen der InsVerschleppung den Kontrahierungsschaden ersetzt verlangen, ist er so zu stellen, als hätte er den Vertrag nicht geschlossen und seine Leistung nicht erbracht. Es ist ihm sonach der gesamte Vertrauensschaden zu ersetzen. Der zu ersetzende Schaden besteht nicht in dem wegen der Ins der Gesellschaft entwerteten **Erfüllungsanspruch** des Gl. Dies wäre das deliktsrechtlich grds nicht geschützte positive Interesse.[74] Schwierig ist die Abgrenzung von negativem und positivem Interesse im Zusammenhang mit **Ansprüchen der Sozialversicherungen** auf Abführung des Sozialversicherungsbeitrags. 41

aa) Schutzzweck. Ein Anspruch auf direkten Ersatz der Beiträge ist nicht geschuldet, weil er sich auf das positive Interesse richtet.[75] Der Rspr des BGH ist eine deutliche Zurückhaltung gegenüber der Annahme auf Erstreckung dieses Haftungsinstituts auf Gl gesetzlicher Ansprüche zu entnehmen.[76] Die Zurückhaltung ist berechtigt. Die Vorschrift des § 64 Abs 1 GmbHG (aF; nunmehr § 15a InsO) schützt nicht davor, dass es zu einer deliktischen Haf- 42

---

69 HambKomm/*Pohlmann* § 92 Rn 40.
70 *OLG Köln* 12.1.2017 – 7 U 12/16.
71 *AG Bremen* BeckRS 2015, 02414.
72 Seit *BGHZ* 126, 192; *BGH* ZIP 2003, 1714 mit Anm *K Schmidt*; *Goette* FS Kreft, 2004, S 56.
73 *BGHZ* 126, 194; *BGH* ZIP 1995, 125.
74 MK/*Brandes/Gehrlein* § 92 Rn 31.
75 *BGH* ZIP 2003, 1714.
76 *Goette* FS Kreft, 2004, S 56 und Fn 21; ebenfalls dagegen MK/*Brandes/Gehrlein* § 92 Rn 32.

tung der Gesellschaft kommt, sondern vor werbender Geschäftstätigkeit einer insolventen GmbH, die vom Markt genommen werden muss.[77]

43 **bb) Beitragsausfallschaden.** Er kann hilfsweise auch nicht damit begründet werden, dass eine Vermutung besteht, der Arbeitnehmer einer im EröffnungsVerf befindlichen, insolventen Gesellschaft hätte bei rechtzeitiger InsAntragstellung durch den Geschäftsführer sofort eine Beschäftigung bei einem anderen Unternehmen aufgenommen, was Beitragsausfälle bei der Sozialkasse vermieden hätte.[78] Werden **Forderungen öffentlicher Gl** nicht erfüllt oder aber trotz des Zahlungsverbots nach § 64 Abs 2 GmbHG (aF; nunmehr § 64 GmbHG) im Blick auf § 823 Abs 2 BGB iVm § 266a StGB vorrangig erfüllt, kann den Geschäftsführer allerdings aus anderen Rechtsgründen eine persönliche Haftung treffen.[79]

44 **c) Keine Anrechnung der Quote.** Die Schadensersatzpflicht des Geschäftsführers einer GmbH gegenüber NeuGl (§ 823 Abs 2 BGB iVm § 15a InsO) ist nicht um die auf diese entfallende InsQuote zu kürzen. Vielmehr ist dem Geschäftsführer ein Anspruch auf Abtretung der Insford des NeuGl gegen die Gesellschaft zuzubilligen (§ 255 iVm §§ 273 f BGB).[80] Der BGH hat die seit dem 126. Bd vertretene gegenteilige Auff[81] damit aufgeben. Dies wird damit begründet, dass der NeuGl nicht darauf verwiesen werden dürfe, mit der Geltendmachung seines Schadensersatzanspruchs gegen den Geschäftsführer bis zum Abschluss des InsVerf zu warten, obwohl dieser dafür verantwortlich sei, dass es überhaupt zu der Leistung des Gl gekommen sei.

45 **3. Geltendmachung des Schadens.** Der Kontrahierungsschaden des NeuGl wird nicht vom InsVerw, sondern von dem Geschädigten liquidiert. Er besteht nicht in einer Verminderung des zur InsMasse gehörenden Vermögens und ist nicht durch Auffüllung der Masse zu ersetzen. Den Schaden hat jeder NeuGl allein und nicht die Gemeinschaft der Gl erlitten (Rn 39).[81] Der Ersatz des Kontrahierungsschadens verringert nicht in entspr Anwendung des § 190 den Anspruch, mit dem der NeuGl am InsVerf beteiligt ist.[82]

IV. Haftung des Insolvenzverwalters (S 2)

46 **1. Anwendungsbereich. – a) Insolvenzverwalter.** Ein **Gesamtschaden**, der auf einer Pflichtverletzung des InsVerw beruht, kann nach S 2 nur von einem neu bestellten Verwalter geltend gemacht werden. Die Vorschrift soll den Verwalter vor **Interessenkonflikten** bewahren.[83] Sie betrifft nur Handlungen und Unterlassungen des Verwalters, die zu einem Gesamtschaden (Masseverkürzung) geführt haben. Individualschäden, die zB der NeuGl oder der Aussonderungsberechtigte erlitten haben, können von dem Geschädigten selbst und auch während des InsVerf gegen den amtierenden InsVerw geltend gemacht werden.

47 **b) Sonstige Haftende.** Unter S 2 fällt auch die Geltendmachung von Haftungsansprüchen gegen den **vorl InsVerw** aus § 21 Abs 2 S 1 Nr 1 oder den **Sachwalter** aus § 274 Abs 1, jeweils iVm § 60.

---

77 Auch anderenorts beeinflusst der Vertrauensschutzgedanke im InsR nur vertragliche Ansprüche; s *BGHZ* 161, 322 f; 165, 286 f.
78 *BGH* ZIP 2003, 1714.
79 Vgl hierzu *BGH* ZIP 2007, 1265 (zu § 64 Abs 2 GmbHG); *BGH* ZIP 2007, 1006 (zur GmbH & Co KG); *BFH* ZIP 2007, 1604 (zu § 69 AO).
80 *BGH* ZIP 2007, 679; so schon vorher MK/*Brandes/Gehrlein* § 92 Rn 37.
81 *BGHZ* 126, 201.
82 MK/*Brandes/Gehrlein* § 92 Rn 37.
83 *K/P/B/Lüke* § 92 Rn 59.

c) Pflichtverstöße. Zu den schadensstiftenden Pflichtverstößen, die Gesamtschäden nach sich ziehen, können zB die Verschleuderung von Massevermögen, Obhutsverletzungen bezüglich der Massegegenstände, unnötig verursachte Masseverbindlichkeiten, Verjährenlassen von Forderungen der Masse, Anerkennung unberechtigter Forderungen gegen die Masse oder unterbliebene InsAnf gehören. Für seine **Gehilfen** haftet der Verwalter nach § 60 Abs 2.[84] Wegen aller weiteren Einzelheiten wird auf die Erl bei § 60 verwiesen. 48

d) Haftung des InsVerw für Dritte. Der Verw hat gem § 278 BGB ebenso für die Pflichtverletzungen einzustehen, die ein von ihm beauftragter Fachmann bei der Erfüllung insolvenzspezifischer Pflichten begeht.[85] Unter der Geltung der KO hat der BGH daher § 278 BGB angewandt, wenn der Verw sich zur Erfüllung seiner Pflichten anderer Personen bediente.[86] 49

Nichts anderes gilt für diejenigen Pflichten, welche die InsO dem Verw gegenüber den Beteiligten des InsVerf auferlegt. Der Verw ist den InsGl zur Sammlung und Verwertung der Masse verpflichtet und damit auch zur Einziehung von zur Masse gehörenden Ford. Bedient er sich dabei einer Hilfsperson, hat er für deren Pflichtverletzung und deren Verschulden grundsätzlich nach § 278 BGB einzustehen. Für die Richtigkeit dieser Annahme spricht § 60 Abs 2. Nach dieser Vorschrift ist der Verw unter bestimmten Voraussetzungen dann, wenn er Angestellte des Schu im Rahmen ihrer bisherigen Tätigkeit einsetzt, nur für deren Überwachung und für Entscheidungen von besonderer Bedeutung verantwortlich; § 278 BGB ist nicht anwendbar. Das heißt im Umkehrschluss, dass § 278 BGB für sonstige Hilfspersonen grundsätzlich anwendbar ist.[85] 50

e) Verjährung. Schon zur KO hat der BGH entschieden, dass Schadensersatzansprüche gegen Konkursverwalter und Mitglieder des GlAusschusses innerhalb der Frist des § 852 BGB aF verjähren.[87] Nach Änderung der Verjährungsvorschriften durch das Gesetz zur Modernisierung des Schuldrechts v 26.11.2001 ist auf die Verjährung der gegen den InsVerw gerichteten Schadensersatzansprüche die allgemeine Regelung der §§ 195, 199 BGB und damit die **regelmäßige Verjährungsfrist von drei Jahren** (§ 195 BGB) anzuwenden. 51

Die **Verjährung beginnt** m dem Schluss des Jahres, in dem der Anspruch entstanden ist und der Gl Kenntnis von den den Anspruch begründenden Umständen und der Person des Schu erlangt oder ohne grobe Fahrlässigkeit erlangen könnte (§ 199 Abs 1 BGB). 52

Die Verjährung eines (Schadensersatz-) Anspruchs gegen den InsVerw auf Ersatz eines **Gesamtschadens** beginnt in dem Fall, dass ein SonderInsVerw in dem noch laufenden InsVerf bestellt wird, m dem Schluss des Jahres zu laufen, in welchem der SonderInsVerw Kenntnis der anspruchsbegründenden Umstände erlangt. Dies gilt unabhängig von der Reichweite der dem SonderInsVerw gerichtlich eingeräumten Befugnisse und damit auch dann, wenn dieser zunächst nur zur Prüfung und noch nicht zur Geltendmachung und Durchsetzung ermächtigt worden ist.[88] Ist im laufenden InsVerf keine SonderInsVerw angeordnet worden, beginnt die Verjährung frühestens m der Aufhebung oder Einstellung des InsVerf. Bis dahin sind InsGl aus Rechtsgründen gehindert, Schadensersatzansprüche gegen den InsVerw einzuklagen und so den Lauf der Verjährung gem § 204 Abs 1 Nr 1 BGB zu hemmen.[89] Dies gilt sowohl für Ansprüche der InsGl als auch Ansprüche des InsSchu. Beide sind während des InsVerf – entweder nach § 92 S 1 oder nach § 80 – an der Geltend- 53

84 Zur Haftung des InsVerw für Dritte vgl grundlegend *BGH* 3.3.2016 – IX ZR 119/15.
85 *BGH* 3.3.2016 – IX ZR 119/15.
86 *BGH* 21.3.1961 -VI ZR 149/60.
87 *BGH* ZIP 2008, 1243.
88 *BGH* NJW-RR 2014, 1457.
89 *BGH* ZIP 2015, 1645., wenn auch für einen Schadensersatzanspruch des Schu.

machung gehindert, so dass die Verjährung nicht früher als mit Rechtskraft des Beschl beginnt, m welchem das InsVerf aufgehoben bzw eingestellt wird.[90]

54 **2. Entlassung oder Sonderinsolvenzverwalter. – a) Entlassung.** Hat die Pflichtverletzung zur Entlassung des InsVerw geführt (§ 59), kann sein Nachfolger den Schaden liquidieren. Möchte ein InsGl die Haftung des InsVerw geltend machen, kann er sich zu diesem Behufe an den GlAusschuss oder die GlVersammlung wenden, damit diese ein EntlassungsVerf einzuleiten (vgl § 59 Abs 1 S 2). Ebenso kann er unmittelbar dem InsGer eine entspr Anregung geben, damit dieses von Amts wegen tätig wird.

55 **b) Wichtiger Grund.** Der für eine Entlassung erforderliche wichtige Grund (§ 59 Abs 1 S 1) dürfte dann entfallen, wenn der InsVerw den geltend gemachten Anspruch vorbehaltlos anerkannt und in die Masse leistet. Aus der Entstehungsgeschichte des S 2 kann auch nicht abgeleitet werden, dass jede Pflichtverletzung, die zu einem Gesamtschaden führt, die Entlassung des Verwalters nach sich ziehen muss.[91] Wie schon unter Geltung der KO kommt deshalb an Stelle der Entlassung des alten und Bestellung eines neuen Verwalters auch die zusätzliche Bestellung eines **SonderInsVerw** in Betracht. Dieser hat dann die Aufgabe, Ansprüche der InsGl (Gesamtschaden) gegen den amtierenden InsVerw zu prüfen und geltend zu machen.[92] Wegen weiterer Einzelheiten wird auf die Kommentierung zu § 59 verwiesen.

56 **c) Sonderinsolvenzverwalter.** Die InsO befasst sich mit seiner Person nicht. Auf ihn sind vielmehr die für den InsVerw maßgeblichen Vorschriften der §§ 56 ff anzuwenden.[93] Zur allgemeinen Rechtsstellung, Haftung und Vergütung vgl nachstehend Rn 61 ff.

Für die Bestellung des Sonderinsolvenzverwalters reicht grds die Möglichkeit, dass Schadensersatzansprüche bestehen.[94]

57 Diese geringen Anordnungsvoraussetzungen hat der BGH mit seiner Entsch vom 21.7.2016 tendenziell verschärft.[95] Hiernach kann die SonderInsVerw angeordnet werden, wenn (i) tatsächlich und rechtlich begründete Anhaltspunkte für das Vorliegen von Gesamtschadensersatzansprüchen gegen den InsVerw gegeben sind (ii) der Erfolg des InsVerf durch die SonderInsVerw nicht beeinträchtigt wird und (iii) die SonderInsVerw nicht aus anderen Gründen masseschädlich oder gar gesetzeswidrig ist. Hatte der BGH in seiner Entsch vom 23.4.2015[96] noch offen gelassen, in welchem Umfang das G an Beschlussfassungen zur Bestellung eines SonderInsVerw gebunden ist, stellt es für den der Entsch vom 21.7.2016 zugrundeliegenden Sachverhalt klar, dass das Vorliegen der (Anordnungs-) Voraussetzungen vom InsGer sowohl im Amts- als auch im Antragsverfahren zu prüfen sind. Ein auf den Verzicht der SonderInsVerw gerichteter Beschl der GlVersammlung kann auf diese gerichtliche Prüfung Einfluss, aber keine Bindungswirkung haben.[97]

58 **aa) Verfahren.** Die **Anlehnung an die Vorschriften der §§ 56 ff** gilt auch in **verfahrensrechtlicher Hinsicht**, insb für die Rechtsmittel gegen seine Entlassung und Ablehnung seiner Entlassung (§ 59 Abs 2). Ein Rechtsmittel gegen die Ablehnung der beantragten Bestellung eines SonderInsVerw ist in der InsO nicht vorgesehen, weil diese VerfLage beim InsVerw nicht auftreten kann. Insoweit käme die sofortige Beschw entspr § 59 Abs 2 in Betracht. Für den **Schu** ist

---

90 BGH in stRspr, vgl *BGHZ* 159, 25; *BGH* ZIP 2015, 1645.
91 *Jaeger/Müller* § 92 Rn 43.
92 *BGHZ* 113, 270; 165, 99, jeweils zur KO; *BGH* ZIP 2007, 549.
93 *BGH* NZI 2006, 475; ZIP 2007, 550; *BGH* 21.7.2016 – IX ZB 58/15; *BGH* NZI 2006, 475; ZIP 2007, 550.
94 *K Schmidt* § 92 Rz 23; *OLG München* 20.1.1987 – 25 W 3137/86.
95 *BGH* 21.7.2016 – IX ZB 58/15.
96 *BGH* 23.4.2015 – IX ZB 29/13.
97 *BGH* 21.7.2016 – IX ZB 58/15.

danach kein Rechtmittel gegeben.[98] Der **InsVerw** kann die Entlassung des SonderInsVerw nur anregen; ein förmliches Antrags- und BeschwRecht steht ihm nicht zu. (vgl auch nachstehend Rn 61). Dieses ergibt sich insb nicht aus einer entspr Anwendung des § 59. Das Antragsrecht nach Abs 1 S 2 ist auf den Fall beschränkt, dass der Verwalter seine eigene Entlassung begehrt. Darum geht es hier nicht. Das Beschwrecht nach Abs 2 S 2 baut hierauf auf und meint nur den Fall, das der Verwalter seine eigene Entlassung beantragt hatte.[99]

Beschließt die Gl**Versammlung**, dass ein SonderInsVerw zur Prüfung und Durchsetzung 59 eines Anspruchs gegen den InsVerw eingesetzt werden soll, ist der InsVerw nicht berechtigt, die Aufhebung dieses Beschl zu beantragen. Das Antragsrecht des § 78 Abs 1 gilt nicht. Der Anwendungsbereich dieser Regelung ist im Wege der teleologischen Reduktion dahin zu beschränken, dass das Antragsrecht des InsVerw entfällt, wenn der Beschl der GlVersammlung darauf gerichtet ist, einen SonderInsVerw einzusetzen mit der Aufgabe, einen Anspruch der Gl gegen den InsVerw auf Ersatz eines Gesamtschadens nach § 92 zu prüfen und ggf durchzusetzen.[100]

Der Verw ist ebenso wenig befugt, die Einberufung einer GlVersammlung zu beantragen, in 60 welcher über die Amtsführung oder Abberufung eines SonderInsVerw sowie die Aufhebung der SonderVerw beschlossen werden soll. Der Verw ist insoweit nicht „Verwalter" iSd einschlägigen Bestimmungen der InsO. Er hat in dem Bereich, für welchen die SonderVerw eingerichtet worden ist, keinerlei Kompetenzen und ist damit auch nicht berechtigt, die Einberufung einer GlVersammlung zu beantragen.[101]

bb) Rechtsstellung. Der SonderInsVerw ist wie der InsVerw **weder Gerichtsperson** noch 61 ein durch das Gericht bestellter Gutachter oder Sachverständiger. Er kann deswegen nicht nach § 4 iVm §§ 41 ff, § 406 ZPO abgelehnt werden. Er kann nur gem § 59 aus wichtigem Grund aus dem Amt entlassen werden.[99] Er übt sein Amt, unter Aufsicht des InsGer, als eigenverantwortliches Organ der InsVerw aus.[102] Der SonderInsVerw muss in einem Unabhängigkeitsverhältnis zum InsVerw stehen, das heißt er darf kein Sozius oder Angestellter des InsVerw sein, da sich in einem solchen Fall das Problem der Interessenkollision lediglich auf die Ebene des Angestellten des InsVerw verschieben würde.[103]

Die **Hauptfunktion** des SonderInsVerw besteht darin, eine gegebene oder drohende Inte- 62 ressenkollision des amtierenden InsVerw zu beseitigen. Im Rahmen des § 92 wird er eingesetzt, um die Interessen der Gl wahrzunehmen.[104] Des Weiteren wird er eingesetzt um aufsichtsrechtliche Maßnahmen des InsGer vorzubereiten und ggf durchzusetzen.[105] Der Wirkungskreis des SonderInsVerw wird vom InsGer bestimmt.[106]

Die Bestimmungen zur **Haftung** des InsVerw sind auch für den SonderInsVers entsprechend 63 anwendbar.[107] Gleiches gilt für die Vergütung seiner Tätigkeit. So sind die Vorschriften über die Vergütung des InsVerw entsprechend anwendbar.[108]

98 *BGH* NZI 2006, 475.
99 *BGH* ZIP 2007, 550.
100 *BGH* ZIP 2014, 627.
101 *BGH* 23.4.2015 – IX ZB 29/13.
102 *Frege/Keller/Riedel* Insolvenzrecht, 7. Aufl 2008, Rn 1184.
103 *Frege* Der Sonderinsolvenzverwalter, S 31.
104 Vgl zu den verschiedenen Fallgruppen: *Frege* Der Sonderinsolvenzverwalter, S 41 ff.
105 *Frege/Keller/Riedel* Insolvenzrecht, 7. Aufl 2008, Rn 1183d.
106 *Frege/Keller/Riedel* Insolvenzrecht, 7. Aufl 2008, Rn 1184b.
107 *Frege/Keller/Riedel* Insolvenzrecht, 7. Aufl 2008, Rn 1184d.
108 *BGH* NZI 2015, 730.

§ 93 Persönliche Haftung der Gesellschafter

Ist das Insolvenzverfahren über das Vermögen einer Gesellschaft ohne Rechtspersönlichkeit oder einer Kommanditgesellschaft auf Aktien eröffnet, so kann die persönliche Haftung eines Gesellschafters für die Verbindlichkeiten der Gesellschaft während der Dauer des Insolvenzverfahrens nur vom Insolvenzverwalter geltend gemacht werden.

Übersicht

A. Allgemeines

I. Normzweck

1 **1. Innenhaftung des Kommanditisten.** Nach § 171 Abs 2 HGB wird die **Außenhaftung von Kommanditisten** gegenüber Gl der Gesellschaft für die Dauer des InsVerf über das Vermögen der Gesellschaft in Höhe der Haftsumme zu einer **Innenhaftung**.[1] Sie ist vom InsVerw geltend zu machen. Zweck dieser Regelung ist es, den Wettlauf der Gl um die Abschöpfung der Haftsummen während der Gesellschaftsinsolvenz im Interesse der Gleichbehandlung anzuhalten und den Haftungsanspruch der Masse zuzuweisen.[2]

2 **2. Ergänzung für den Komplementär.** Die Vorschrift des § 93 schließt an diese gesellschaftsrechtliche Bestimmung an, indem sie entspr Rechtfolgen für die **Haftung der unbeschränkt haftenden Gesellschafter** anordnet. Auch diese führt nur zu einer Teilbefriedigung der GesellschafterGl, wenn deren Forderungen weder aus dem Gesellschaftsvermögen noch aus dem pfändbaren Vermögen sämtlicher Gesellschafter gedeckt werden können. § 93 schließt deshalb den Wettlauf der Gl um dieses Vermögen aus, sichert es für die gleichmäßige Befriedigung aller InsGl und leistet zugleich einen **Beitrag zur Verhinderung der Mas-**

1 Zur Abgrenzung von Gesellschafts-Innen und Außenverhältnis vgl *OLG München* ZIP 2015, 2137.
2 *BGHZ* 151, 245, 248; 178, 171, 174; *BGH* ZIP 2009, 47; MK/*Brandes/Gehrlein* § 93 Rn 1.

searmut. Es soll verhindert werden, dass der Antrag auf Eröffnung des InsVerf über das Vermögen einer Gesellschaft mangels Masse abgewiesen werden muss, obwohl ein persönlich haftender Gesellschafter über ausreichendes Vermögen verfügt.[3]

II. Geltungsbereich

1. Betroffene Gesellschafter. Die Vorschrift gilt nach ihrem Wortlaut für die persönliche Haftung eines Gesellschafters einer **Gesellschaft ohne Rechtspersönlichkeit** (§ 11 Abs 2 Nr 1) sowie einer **KGaA** (§ 278 ff AktG). Mit dem Begriff der „Gesellschaft ohne Rechtspersönlichkeit" sollen Personengesellschaften von juristischen Personen abgegrenzt werden. Nachdem der BGH der BGB-Außengesellschaft die Rechtsfähigkeit zuerkannt hat, soweit sie durch Teilnahme am Rechtsverkehr eigene Rechte und Pflichten begründet (vgl § 14 Abs 2 BGB),[4] ist die Terminologie des Gesetzes überholt. 3

Die Notwendigkeit, eine Sondermasse zu Gunsten bestimmter Gl zu bilden, stellt sich insb im Ausnahmefall der **gesellschaftsrechtlich begründeten Nachhaftung**[5].

Die Vorschrift kann nicht auf beliebige Fälle gesamtschuldnerischer Haftung übertragen werden. Sie gilt daher nicht für die Mithaftung, die an eine Auf- oder Abspaltung oder eine Ausgliederung nach §§ 123, 133 UmwG anknüpft.[6] Näher liegt es, die Vorschrift auf die Ansprüche aus § 303 AktG entsprechend anzuwenden.[7]

2. Gläubigeranfechtung; Ehegatte und Erbenhaftung in der Nachlassinsolvenz. Die Vorschrift steht in engem Zusammenhang mit § 17 Abs 1 S 1 AnfG, nach der ein Rechtsstreit über einen Gläubigeranfechtungsanspruch gegen Gesellschafter einer Personenhandelsgesellschaft mit Eröffnung des InsVerf über das Vermögen dieser Gesellschaft unterbrochen ist.[8] Eine mit § 93 vergleichbare Regelung enthält § 334 für die **persönliche Haftung der Ehegatten** für Verbindlichkeiten, deren Erfüllung aus dem Gesamtgut einer Gütergemeinschaft verlangt werden kann. 4

Weiterhin sind die §§ 93, 334 analog anzuwenden auf den **unbeschränkt haftenden Erben**. Die Geltendmachung der Haftung gegen diesen obliegt – entgegen der hM[9] und bisherigen Rspr[10] – allein dem **NachlassInsVerw**. Auch diesem steht ein – wenn auch nicht gesetzlich geregelter – Einzugsvorbehalt zu. Dies gebietet entgegen des ausdrücklichen Wortlauts die gebotene Auslegung der §§ 93, 334 nach Maßgabe des Regelungszwecks unter Berücksichtigung der Planwidrigkeit der Regelungslücke und der Vergleichbarkeit der Interessenlage. Nicht anders als iRd unmittelbaren Anwendungsbereichs der §§ 93, 334 InsO soll zur weitergehenden Verwirklichung der GlGleichbehandlung ein GlWettlauf beim Zugriff auf einen von Gesetzes wegen zusätzlich existierenden Haftungsfonds vermieden werden.[11] 5

---

3 BT-Drucks 12/2443, 140.

4 *BGHZ* 146, 343.

5 Zur Haftung ausgeschiedener Scheingesellschafter in der Ins von Anwaltssozietäten vgl *Wischemeyer/Honisch* NJW 2014, 881.

6 *BGH* ZIP 2013, 1433 Rn 1.

7 Hierzu näher *Bork* ZIP 2012, 1001 ff.

8 *BGH* ZIP 2009, 47, 48.

9 MK/*Küpper* § 2013 BGB Rn 2; *Brinkmann* Die Bedeutung der §§ 92, 93 InsO für den Umfang der Insolvenz- und Sanierungsmasse, S 192 ff.

10 *OLG Schleswig* FamRZ 2011, 1682.

11 *Sämisch* ZInsO 2014, 25 mwN.

B. Erläuterungen

I. Voraussetzungen

6 **1. Gesellschaftsform. – a) Unmittelbarer Anwendungsbereich.** Die Vorschrift erfasst unbeschränkt persönlich haftende Gesellschafter der KGaA und der in § 11 Abs 2 Nr 1 genannten Gesellschaften. Dazu gehören die OHG, die KG, die Partnerschaftsgesellschaft, die GbR,[12] die Partenreederei und die Europäische wirtschaftliche Interessenvereinigung. Erfasst wird auch der Kommanditist, der nach § 176 HGB unbeschränkt haftet.[13]

7 **b) Erweiterung des Anwendungsbereichs. – aa) Vor-GmbH.** Die Vor-GmbH gehört nicht zu den in § 11 Abs 2 Nr 1 aufgeführten Gesellschaften. Deren Gesellschafter haben zwar bis zur Eintragung die Verluste auszugleichen. Es handelt sich aber nach materiellem Recht um eine der Höhe nach unbeschränkte **Innenhaftung.**[14] Deshalb ergibt sich die Einziehungsbefugnis des Verwalters grds aus § 80. Ist die Vor-GmbH hingegen vermögenslos, hat sie keinen Geschäftsführer mehr oder sind weitere Gl nicht vorhanden, kann ebenso wie bei der Einmann-Vor-GmbH dem Gl der unmittelbare Zugriff gestattet werden.[15] In diesem Sonderfall sowie bei sog unechten oder fehlgeschlagenen Vorgesellschaften[16] besteht sonach eine **unmittelbare Außenhaftung**, was die Anwendung des § 93 nach sich zieht.

8 **bb) BGB-Gesellschaft.** Für die Gesellschaft bürgerlichen Rechts ist der BGH von der früher vorherrschenden **Doppelverpflichtungstheorie** abgerückt und bejaht eine **akzessoriche Haftung** entspr § 128 HGB sowohl für vertragliche als auch für gesetzliche Verbindlichkeiten.[17] Die Haftung erstreckt sich entspr § 130 HGB auch auf Verbindlichkeiten, die vor dem Beitritt des Gesellschafters schon begründet warten.[18] Dies führt zur Anwendung des § 93.

9 **cc) Juristische Person.** Die Mitglieder einer juristischen Person kann der InsVerw immer dann in Anspruch nehmen, wenn die Voraussetzungen einer **Durchgriffshaftung** vorliegen.[19] Ebenso kann § 93 im Wege entspr Anwendung in der Ins einer juristischen Person gelten, wenn (i) es sich bei dieser um die Rechtsnachfolgerin einer Gesellschaft ohne Rechtspersönlichkeit handelt und es (ii) um die Inanspruchnahme eines ausgeschiedenen, persönlich haftenden Gesellschafters geht.[20] Bedeutsamer sind jedoch die Fälle der Durchgriffshaftung. Hierzu gehört etwa die Vor-GmbH.[21]

10 **aaa)** Als einen Fall der Durchgriffshaftung hatte der BGH das Institut des **existenzvernichtenden Eingriffs** konzipiert.[22] Es führte zu einer Außenhaftung des Gesellschafters unmittelbar gegenüber den GesellschaftsGl, die während des InsVerf entspr § 93 vom InsVerw über das Vermögen der Gesellschaft zu verfolgen war.[23] Nachdem der BGH den existenzvernichtenden Eingriff nunmehr als eine auf § 826 BGB gestützte Innenhaftung des Gesellschafters gegenüber der Gesellschaft ansieht,[24] folgt die Zuständigkeit des InsVerw unmittelbar aus § 80 Abs 1.

---

12 *BGHZ* 146, 343.
13 MK/*Brandes/Gehrlein* § 93 Rn 3.
14 *BGHZ* 134, 338; *BGH* ZIP 2002, 353.
15 *BGHZ* 134, 341; *OLG Hamm* ZIP 2012, 338.
16 *BGHZ* 152, 295.
17 *BGHZ* 154, 94.
18 *BGHZ* 154, 374; *BGH* ZIP 2007, 80.
19 *BGHZ* 165, 89 f.
20 *KG* ZIP 2014, 933.
21 *OLG Hamm* ZIP 2012, 338.
22 *BGHZ* 149, 16 f; 150, 67 f; 151, 186 f; *BAG* ZIP 2005, 1176.
23 *BGHZ* 164, 62 f; *BAG* ZIP 2005, 1176.
24 *BGHZ* 173, 246 = ZIP 2007, 1552; hierzu *Goette* ZInsO 2007, 1177 ff; *Schaefer/Steinmetz* WM 2007, 2265 ff.

bbb) Dagegen bleibt es nach Auff des BGH in den Fällen der **Vermögensvermischung** bei der Durchgriffshaftung.[25] In der Ins der Gesellschaft sind die Ansprüche nach § 93 vom InsVerw zu liquidieren.[26] 11

c) Ausgeschiedene Gesellschafter. Der unbeschränkt Haftende muss Gesellschafter gewesen sein, als die Haftung begründet wurde. Dagegen kommt es nicht darauf an, ob der Gesellschafter, dessen persönliche Haftung der InsVerw geltend macht, der Gesellschaft bei VerfEröffnung noch angehört oder nicht.[27] Nicht erforderlich ist auch, dass die Gesellschaft noch besteht, wenn das InsVerf eröffnet wird. Es kann ein Rechtsnachfolger an ihre Stelle getreten sein, auf dessen Schulden sich die Haftung des noch aktiven oder ehemaligen Gesellschafters erstreckt.[28] Diese Grundsätze gewinnen vor allem Bedeutung in den Fällen der sog **Unternehmensbestattung** und Reorganisation nach dem Umwandlungsrecht.[29] 12

2. Ausgestaltung der Haftung. – a) Allgemeines. Die Vorschrift des § 93 betrifft die unmittelbare unbeschränkte persönliche Haftung des Gesellschafters für die Schulden der in der Vorschrift genannten Gesellschaften.[30] Die unbeschränkte Haftung des Gesellschafters endet nicht mit seinem Ausscheiden aus der Gesellschaft. Der Umfang der Haftung wird durch § 93 nicht beeinflusst. Der Gesellschafter haftet – vorbehaltlich § 15 Abs 1 iVm § 143 Abs 2 HGB – nur für die bis zu seinem Ausscheiden begründeten und nicht nach § 160 HGB verjährten Verbindlichkeiten; für die späteren haftet er nicht.[31] 13

b) Akzessorische Gesellschafterhaftung. – aa) Grundsatz. Die Ermächtigung nach § 93 bezieht sich auf **Ansprüche aus der gesetzlichen akzessorischen Gesellschafterhaftung** (§ 128 HGB).[32] Nicht erfasst wird die Haftung aus anderen Rechtsgründen, insb bei einer rechtlich selbstständigen eigenen Verpflichtung, für die Verbindlichkeiten der Gesellschaft einzustehen.[33] Deshalb ist auch die **Finanzverwaltung** nicht gehindert, nach Eröffnung des InsVerf über das Vermögen einer von § 93 erfassten Gesellschaft einen Anspruch aus §§ 69, 34 AO gegen den persönlich haftenden Gesellschafter geltend zu machen.[34] 14

bb) Sicherheiten. Erfasst § 93 nur die gesetzliche Haftung auf Grund der Gesellschaftereigenschaft, fallen bei einer wortlautgetreuen Auslegung der Vorschrift, für die auch ihre Entstehungsgeschichte spricht,[35] **Personalsicherheiten** nicht darunter, insb auch nicht die in der Praxis vielfach gewährte **Gesellschafterbürgschaft**.[36] Ein Verstoß gegen die insolvenzrechtliche Befriedigungsordnung, die eine Ausweitung der Vorschrift auf **Parallelsicherheiten** nicht zwingend erforderlich macht, kann hierin nicht gesehen werden.[37] Auf **Realsicherheiten** kann § 93 in keinem Fall erstreckt werden. Hat die Gesellschaft selbst solche Sicherhei- 15

---

25 *BGHZ* 165, 89 f = ZIP 2006, 469.
26 *Jaeger/Müller* § 93 Rn 16; MK/*Brandes* § 93 Rn 3.
27 *Jaeger/Müller* § 93 Rn 20; *Uhlenbruck/Hirte* § 93 Rn 10. Zur Gesellschafterhaftung im Allgemeinen und als (ausgeschiedener) Scheingesellschafter in der Ins von Anwaltssozietäten, vgl *Wischemeyer/Honisch* NJW 2014, 881.
28 MK/*Brandes/Gehrlein* § 93 Rn 5.
29 Für den Fall der Rechtsnachfolge im Wege der Anwachsung *KG* ZIP 2014, 933.
30 Einen Überblick über die Anspruchsgrundlagen gibt MK/*Brandes/Gehrlein* § 93 Rn 6.
31 *Uhlenbruck/Hirte* § 93 Rn 17; *Bork* KS-InsO, 3. Aufl, S 1031.
32 *BGHZ* 151, 248; *Reiswich* ZInsO 2014, 2411.
33 *BGH* ZIP 2013, 1433.
34 *BGHZ* 151, 249 f; *BFH* ZIP 2002, 180; *Bork* KS-InsO, 3. Aufl, S 1031; vgl *VG Dresden* 13.6.2006 – IX ZB 220/05 in Fortsetzung der Rspr des BFH.
35 MK/*Brandes/Gehrlein* § 93 Rn 21; *Reiswich* ZInsO 2014, 2411.
36 *J Schmidt* Die Gesellschafterbürgschaft in der Insolvenz der Personenhandelsgesellschaft, 2006.
37 *K/P/B/Lüke* § 93 Rn 18a f; MK/*Brandes/Gehrlein* § 93 Rn 21; **aA** *Jaeger/Müller* § 93 Rn 23–27.

ten gewährt, so ist der Gl zur abgesonderten Befriedigung berechtigt. Er kann im Erg nicht schlechter stehen, wenn ein persönlich haftender Gesellschafter die Sicherheit stellt, weil dessen Vermögen gleichsam als InsMasse behandelt wird.[38]

16 **c) Alt- und Neuverbindlichkeiten.** Anders als § 92 („Ansprüche der InsGl") stellt § 93 allein auf das **Bestehen der Einstandspflicht** ab. Soweit materiellrechtlich eine persönliche akzessorische Haftung des Gesellschafters für eine Forderung gegen die Gesellschaft gegeben ist, kann sie ohne Einschränkung durch den InsVerw gegen den Gesellschafter geltend gemacht werden. Führt dagegen erst das Eingreifen des InsVerw zu einem Anspruch gegen die Masse, kann dies zweifelhaft sein. Es ist deshalb iRd § 93 von EntschRelevanz, auf welche Ansprüche des GesellschaftsGl sich die gesellschaftsrechtliche Haftung erstreckt. Hierbei ist zwischen **Alt- und Neuverbindlichkeiten** zu unterscheiden:

17 **aa) Grundsätze.** Der strenge Grundsatz der persönlichen Gläubigerhaftung korrespondiert mit der **Einflussmöglichkeit des Gesellschafters** auf die Geschicke der Gesellschaft und die Chance auf Zufluss von Erträgen („Keine Haftung ohne Herrschaft").[39] Der InsVerw, dessen Auswahl und Amtsführung die Gesellschafter nicht beeinflussen können, lässt die Erträgnisse einer Unternehmensfortführung den Gl, nicht den Gesellschaftern zu Gute kommen. Deshalb ist eine Haftung der Gesellschafter für alle Verbindlichkeiten ohne Rücksicht darauf, ob sie vor oder nach der VerfEröffnung entstanden sind (Alt- und Neuverbindlichkeiten), nicht interessengerecht. Insb trifft die Gesellschafter keine persönliche Haftung für die Kosten des Insolvenzverfahrens über das Vermögen der OHG.[40] Gegen die Gleichstellung der Kosten spricht auch, dass den MasseGl von Neuverbindlichkeiten zusätzlich der InsVerw haftet, falls er solche begründete, obwohl er mit deren vollständiger Tilgung nicht sicher rechnen konnte (§ 61).

18 **bb) Fallgruppen.** Für die bereits im Zeitpunkt der VerfEröffnung begründeten Verbindlichkeiten bleibt es ohne Einschränkung bei der Einstandpflicht der Gesellschafter für Gesellschaftsschulden, weil gerade in der Ins der Gesellschaft die persönliche Haftung ihre wesentliche praktische Bedeutung gewinnt.[41] Etwas anderes – wie zB die Anrechnung von Zahlungen und Erlösen aus dem Gesellschaftsvermögen anstelle der von der Rspr angenommenen Bezugnahme auf die Nominalbeträge als Berechnungsgrundlage der persönlichen Haftung[42] – verlangt eine eindeutige Vereinbarung.[43] Folgende **Fallgruppen** sind erwähnenswert:

19 **aaa)** Zu den Altverbindlichkeiten, für die der Gesellschafter haftet, gehören alle **InsFord** (§ 87) einschl der **Schadensersatzansprüche**, die entstehen, weil die Gesellschaft ihre Altverbindlichkeiten nicht erfüllt.[44] Dieser Fall tritt zB ein, wenn der InsVerw die Erfüllung des Vertrages ablehnt (§ 103).[45] Der Rechtsgrund ist dann vor der Eröffnung des InsVerf gelegt worden.

20 **bbb)** Zu den Altverbindlichkeiten gehören weiter die bereits vor VerfEröffnung betagt oder aufschiebend bedingt entstandenen Masseverbindlichkeiten (§ 55 Abs 1 Nr 2 Fall 2). Das

---

38 *Bork* NZI 2002, 365.
39 *Jaeger/Müller* § 93 Rn 32.
40 *BGH* ZIP 2009, 2204 Rn 15 ff, 25; hierzu *Smid* ZInsO 2013, 1233.
41 *BGHZ* 48, 205.
42 *BGHZ* 188, 233 ff.
43 *OLG Koblenz* ZInsO 2014, 1763.
44 *Jaeger/Müller* § 93 Rn 36; MK/*Brandes/Gehrlein* § 93 Rn 8. Zur Anwendbarkeit des § 128 HGB auf Zinsen und Nebenkosten (einschließlich Vorfälligkeitsentschädigung) bei einer notleidenden Darlehensrückzahlungspflicht der Gesellschaft vgl *LG Frankenthal* BeckRS 2014, 18109.
45 *BGHZ* 135, 26 f.

sind insb die aus **Dauerschuldverhältnissen** nach § 108 (Miet- und Pachtverhältnisse; Arbeits- und Dienstverhältnisse). Dies wirkt sich in der Weise aus, dass die Einzelverbindlichkeiten, die aus vor VerfEröffnung abgeschlossenen Miet- und Leasingverträgen, Arbeitsverträgen und Sukzessivlieferungsverträgen herrühren und nach Eröffnung entstehen, als Altverbindlichkeiten einzuordnen sind und den Gesellschafter ungeachtet des Zeitablaufs nach VerfEröffnung treffen.[46]

Für die Forderung gegenüber einem ausgeschiedenen Gesellschafter sieht § 160 HGB eine **Enthaftung** nach fünf Jahren vor, soweit die Ansprüche nicht zu diesem Zeitpunkt bereits fällig und gerichtlich geltend gemacht worden sind.[47] Diese Vorschrift sollte auf das eröffnete InsVerf entspr angewendet werden.[48] 21

ccc) Die Einstandspflicht der Gesellschafter erstreckt sich auch auf **Masseverbindlichkeiten aus einem Sozialplan** (§ 123 Abs 2), der nach VerfEröffnung aufgestellt wird. Mit dessen Leistungen werden zwar keine Ansprüche aus einem Arbeitsverhältnis erfüllt. Vielmehr sollen sie nach § 112 BetrVG die mit dem Auslaufen des Arbeitsverhältnisses verbundenen wirtschaftlichen Nachteile ausgleichen (vgl ausdrücklich § 123 Abs 1). Gleichwohl handelt es sich aber um Altverbindlichkeiten.[49] Den Sozialplanverbindlichkeiten liegen Arbeitsverträge aus der Zeit vor VerfEröffnung zu Grunde. Mit der Aufstellung des Plans verfolgt der InsVerw mithin Pflichten, die der Arbeitgeber im Falle einer Betriebsstilllegung ohne Ins auch zu erfüllen gehabt hätte. Verdeutlicht wird dies durch die Anknüpfung des höchst zulässigen Umfangs der Sozialplanleistungen an den Verdienst des Arbeitnehmers (§ 123 Abs 1). 22

ddd) Entscheidet sich der InsVerw nach § 103 für die **Erfüllung des Vertrages**, geht dem Vertragsgegner nach zutreffender Auff der Gesellschafter als HaftungsSchu ebenfalls nicht verloren.[50] Nach der Rspr des BGH hat die Eröffnung des InsVerf zur Folge, dass die Erfüllungsansprüche aus den beiderseits noch nicht erfüllten gegenseitigen Verträgen zunächst nicht durchsetzbar sind, dann aber mit dem bisherigen Inhalt neu begründet werden, wenn der Verwalter die Erfüllung wählt.[51] Trotzdem handelt es sich um **Altverbindlichkeiten**. Ähnlich wie bei den Sozialplanansprüchen stammt der gegenseitige Vertrag aus einer Zeit, in der die Gesellschafter das Schicksal des Unternehmens steuern und auf dessen Erträge zugreifen konnten. Wäre das InsVerf nicht eröffnet worden, hätten die GesellschaftsGl auf das sonstige Vermögen der Gesellschafter zugreifen können. Der Verwalter ist bei der Ausübung des Wahlrechts an den Inhalt des Vertrages grds gebunden.[52] Es ist deshalb sachgerecht, den Gesellschafter auch für die neue Verbindlichkeit haften zu lassen, die inhaltsgleich an die Stelle der alten tritt.[53] 23

eee) Zu den **Neuverbindlichkeiten**, für die der Gesellschafter nicht haftet, gehören demgegenüber die Masseverbindlichkeiten, die aus den **Geschäften und Handlungen des InsVerw** (§ 55 Abs 1 Nr 1) und einer ungerechtfertigten **Bereicherung der Masse** (§ 55 Abs 1 Nr 3) entstehen. Für diese Verbindlichkeiten haftet der Gesellschafter ausschließlich mit der InsMasse, nicht aber mit seinem sonstigen Vermögen. Mit der Einstellung oder Aufhebung des 24

---

46 *Jaeger/Müller* § 93 Rn 37; MK/*Brandes/Gehrlein* § 93 Rn 11.
47 Zur zeitlichen Begrenzung und zur Aufgabe der „Kündigungstheorie" in diesem Zusammenhang s *BGHZ* 142, 330 f.
48 *Jaeger/Müller* § 93 Rn 38 f.
49 *BAG* NJW 1987, 92; MK/*Brandes/Gehrlein* § 93 Rn 11; **aA** *Jaeger/Müller* § 93 Rn 42.
50 *Jaeger/Müller* § 93 Rn 36; MK/*Brandes/Gehrlein* § 93 Rn 12.
51 *BGHZ* 150, 359.
52 *BGHZ* 169, 48.
53 MK/*Brandes/Gehrlein* § 93 Rn 12.

Verf ändert sich daran nichts. Die Haftung des Gesellschafters beschränkt sich für diese Verbindlichkeiten dann auf die Bestandteile der früheren InsMasse, soweit sie ihm überlassen worden sind.

25 **fff)** Die **Kosten des InsVerf** sind wie **Neuverbindlichkeiten** zu werten. Sie bestehen aus den Gerichtskosten sowie den Vergütungen und Auslagen für den InsVerw und die Mitglieder des GlAusschusses (§ 54). Zwar beruhen diese Kosten auf der bei VerfEröffnung schon eingetretenen materiellen Ins der Gesellschaft. Diese ist jedoch nur tatsächliche Voraussetzung, nicht Rechtsgrund für die VerfKosten.[54] Der Vorschrift des § 93 kann nicht entnommen werden, dass die Gesellschafter neben den Altverbindlichkeiten die Massekosten aufzubringen haben. Diese gehen vielmehr zu Lasten der den Gl zustehenden Sondermasse, des Gesellschaftsvermögens. Dies gilt gleichermaßen im InsVerf wie nach dem Verf.[55]

II. Rechtsfolgen

26 **1. Sperrwirkung. – a) Sperr- und Ermächtigungsfunktion.** Die in § 93 zum Ausdruck kommende **Sperrfunktion** besteht darin, dass es den GesellschaftsGl während des InsVerf verwehrt ist, ihr Ansprüche gegen den persönlich haftenden Gesellschafter außergerichtlich oder gerichtlich durchzusetzen, und dass dieser nicht mehr mit befreiender Wirkung an die GesellschaftsGl leisten kann. Hierbei kommt es nicht darauf an, ob der GesellschaftsGl seine InsFord zur InsTabelle angemeldet hat oder nicht und ob diese zur Tabelle festgestellt ist oder nicht. Die Sperrwirkung gilt aus Gründen der Rechtssicherheit unabhängig hiervon für **Aktiv- wie Passivprozesse**.[56] Deshalb fehlt dem Gesellschafter seinerseits die Befugnis, sich durch Klage gegen einen Gesellschaftsgläubiger seiner Haftung zu erwehren, indem er gegen diesen negative Feststellungsklage erhebt.[57] Der Gl kann also seinen Haftungsanspruch (Hauptforderung und Zinsen) während der Dauer des Verf weder durch Klage noch durch Zwangsvollstreckung aus einem schon vorher erlangten Titel durchsetzen. Er kann jedoch mit seinem Haftungsanspruch gegen einen Anspruch aufrechnen, den der Gesellschafter gegen ihn hat (Rn 44 ff). Die Sperrwirkung gilt auch zu Lasten der Gl, die sich nicht am InsVerf beteiligen. Damit korrespondiert die **Ermächtigungsfunktion** der Vorschrift (nachfolgend Rn 31 ff).

27 **b) Ausbleiben der Erfüllung.** Leistet der Gesellschafter im Anwendungsbereich des § 93 an einen HaftungsGl, tilgt er dadurch seine Haftungsverbindlichkeit grds nicht, weil jenem die **Einziehungsberechtigung** fehlt.

28 **aa) Bereicherungsausgleich.** Der Empfänger ist mit Erhalt der Leistung zu Lasten der Masse ungerechtfertigt bereichert und hat das Geleistete nach **Bereicherungsgrundsätzen** zu erstatten. Die Rückabwicklung erfolgt im – vorrangigen – Leistungsverhältnis Gesellschafter-Gl (§ 812 Abs 1 S 1 Fall 1 BGB).[58] Die Verpflichtung des Gesellschafters gegenüber der Masse bleibt bestehen. Zu seinen Gunsten gilt allerdings § 82 entspr, so dass er, falls er in **Unkenntnis der Eröffnung** geleistet hat, von seiner Verbindlichkeit frei wird.[59]

---

54 MK/*Brandes/Gehrlein* § 93 Rn 10; **aA** *Jaeger/Müller* § 93 Rn 43–46, der nur die Vergütungen und Auslagen der Mitglieder des Gläubigerausschusses wegen § 68 Abs 1 S 1 als Neuverbindlichkeiten behandeln will.

55 MK/*Brandes/Gehrlein* § 93 Rn 10 aE.

56 *BGH* 17.12.2015 – IX ZR 143/13.

57 *BGH* ZIP 2012, 1683 Rn 1; Anm *Runkel/Schmidt* vgl EWiR 2013, 121.

58 *Jaeger/Müller* § 93 Rn 48; MK/*Brandes/Gehrlein* § 93 Rn 13; **aA** *K/P/B/Lüke* § 93 Rn 14.

59 Ganz **hM**: zB *Jaeger/Müller* § 93 Rn 49; *K/P/B/Lüke* § 93 Rn 15; MK/*Brandes/Gehrlein* § 93 Rn 30; *Bork* KS-InsO, 3. Aufl, S 1033.

bb) Begrenzte Haftungsmasse. Die **Falschzahlung** unter Umgehung des InsVerw wirkt sich zu Lasten des Gesellschafters allerdings nur aus, wenn er dem InsVerw insgesamt weniger Haftungsmasse zur Verfügung stellt, als dieser zur Befriedigung der übrigen HaftungsGl benötigt. Ist das der Fall, wird der Verwalter, um an die Leistung heranzukommen, nicht den Gesellschafter nochmals in Anspruch nehmen. Er wird vielmehr dessen Leistung an den nichtberechtigten Gl genehmigen und gegen diesen gem § 816 Abs 2 BGB vorgehen.[60] Dieser hat dann dem InsVerw die erhaltene Leistung abzüglich der auf ihn entfallenden Quote zur erstatten. Der Weg über § 816 Abs 2 BGB ist zwingend, wenn der Gesellschafter mit befreiender Wirkung in Unkenntnis der Eröffnung geleistet hat (§ 82 analog). 29

Neben der Abwicklung nach Bereicherungsrecht kommt die **InsAnf** gem § 130 Abs 1 S 1 Nr 2 in Betracht, da der BGH mit einer Entscheidung v 9.10.2008 dem InsVerw einer KG das Recht zugebilligt hat, Leistungen des Komplementärs an Gl der KG anzufechten, solange nicht auch über das Vermögen des Komplementärs ein InsVerf eröffnet ist.[61] 30

2. Ermächtigungswirkung. § 93 hat wie § 92 und § 171 Abs 2 HGB[62] nicht die Wirkungen einer cessio legis. Die Vorschrift begründet lediglich eine **Einziehungs- und Prozessführungsbefugnis.**[63] § 93 ist insofern keine anspruchs- oder haftungsbegründende Norm für den InsVerw. Materiell-rechtliche Anspruchsinhaber bleiben die Gesellschaftsgläubiger. 31

Aus diesem Grund ist die Rechtsnatur einer Forderung auch nicht deshalb als bürgerlichrechtlich iSv § 13 GVG zu qualifizieren, weil sie vom InsVerw nach § 93 geltend gemacht wird.[64] Ebenso wenig wird der InsVerw bei der Geltendmachung der Gesellschafterhaftung für Steuerverbindlichkeiten nach § 128 HGB zum öffentlich-rechtlichen Steuergläubiger; mit der Konsequenz, dass er – sofern überhaupt der Anwendungsbereich des § 93 eröffnet ist[65] – nicht befugt ist, fällige Steuern mittels Haftungsbescheid nach § 191 AO geltend zu machen. Die Regelung des § 93 enthält insoweit keine Beleihung.[66] Der InsVerw muss die Begründung der ihm gesetzlich zur Einziehung überlassenen Forderungen einzeln nachweisen und die Reihenfolge der Geltendmachung darlegen. Der bloße Verweis auf die InsTabelle genügt nicht.[67]

Die eingezogenen Beträge hat der InsVerw **treuhänderisch** zu verwalten und an die beteiligten Gl auszukehren. Ggf sind **Sondermassen** zu bilden.[68] Dies kollidiert mit dem gesetzgeberischen Willen, eine Abweisung mangels Masse in dem InsVerf der Gesellschaft ohne Rechtspersönlichkeit zu vermeiden, wenn die Haftungsansprüche gegenüber den persönlich haftenden Gesellschaftern werthaltig sind, dh Vermögen in der Gesellschaftersphäre kollidiert. Denn werden die nach § 93 eingezogenen Beträge für die Gläubiger – ggf in Sondermassen dinglich separiert – verwaltet, so ist die Verwendung des über die Haftung realisierten (Sonder-) Vermögens für die Verfahrenskostendeckung im InsVerf der Gesellschaft zumindest fraglich. Dementsprechend besteht Uneinigkeit in der Lit. Rechtsprechung existiert – soweit ersichtlich[69] – nicht. Unter Berücksichtigung der Teleologie des Gesetzes und des gesetzgeberischen Willens muss dem InsVerw der Gesellschaft der Zugriff auf die 32

---

60 Vgl *BGHZ* 85, 272 f; *BGH* ZIP 1990, 1127; MK/*Brandes/Gehrlein* § 93 Rn 13.
61 BGHZ 178, 171.
62 Vgl jüngst hierzu *OLG München* ZIP 2015, 2137.
63 *BGH* ZIP 2007, 80; *Bork* KS-InsO, 3. Aufl, S 1027 zu § 92.
64 *OLG Frankfurt* ZIP 2014, 1196.
65 Vgl oben Rn 13.
66 *VG Dresden* 13.6.2017 – 2 K 1455/15.
67 *LG Karlsruhe* 19.6.2017 – 20 S 207/16.
68 *BGH* 17.12.2015 – IX ZR 143/13; *Jaeger/Müller* § 93 Rn 56; *Bork* KS-InsO, S 1027 zu § 92.
69 Ausdrücklich offen gelassen durch *BGH* 17.12.2015 – IX ZR 143/13.

erzielten oder zum Zeitpunkt des Gutachtens prognostizierten Erlöse für die Verfahrenskostendeckung gestattet sein. Aufgrund der verbleibenden Restunsicherheit ist der InsVerw gut beraten, bei erreichter Verfahrenskostendeckung aufgrund von Erlösen aus dem Vermögen der Gesellschaft, die Sondermasse zu bilden bzw wieder aufzufüllen.

33 Zu Gunsten eines **SekundärInsVerw** (Art 27 ff EuInsVO) sollen die Wirkungen nicht eingreifen, wenn es darum geht, vermeintliche Haftungsansprüche der InsGl gegen die Gesellschaft geltend zu machen.[70]

34 **a) Grundsatz.** Der nach § 93 von dem InsVerw in Anspruch genommene Gesellschafter tilgt durch die Zahlung eine in ihrer Selbstständigkeit durch die Ins unangetastet gebliebene **konkrete Gläubigerforderung**.[71] Die Ermächtigung erfasst nur Haftungsansprüche der GesellschaftsGl, die ihre Forderungen im Verf anmelden, unabhängig davon, ob diese festgestellt oder (noch) bestritten sind.[72] Damit unterscheidet sich die Ermächtigungswirkung von der Sperrwirkung, die auch gegenüber solchen Gl gilt, die ihre Ford nicht zur InsTabelle angemeldet haben (vgl oben Rn 26). Es ist dabei ausreichend, dass die Gesellschaft lediglich einen Gl hat.[73] Gegen ausgeschiedene Gesellschafter kann der InsVerw nur vorgehen, wenn der GesellschaftsGl am Verf der Gesellschaft beteiligt ist, dem der ehemalige Gesellschafter haftet.[74]

35 **b) Vergleich und Freigabe.** Kraft der ihm verliehenen Ermächtigung kann der InsVerw mit dem Haftenden auch einen gerichtlichen oder außergerichtlichen **Vergleich** schließen, sofern er dadurch nicht objektiv dem InsZweck zuwider handelt und der Abschluss im gemeinsamen Interesse der GesellschaftsGl liegt.[75] Diese vom BAG und in der Lit herrschend vertretene Ansicht hat der BGH mit seiner Entsch vom 17.12.2015 ausdrücklich bestätigt (vgl Rn 40).[76] Ebenso kann der InsVerw den Haftungsanspruch aus der InsMasse **freigeben**.

36 Der BGH bestätigt nicht nur die Befugnis des InsVerw, sich mit einem Gesellschafter über die Höhe seiner Haftung zu vergleichen, sondern trifft grundsätzliche Aussagen für das **Haftungsmodell** nach § 93: (i) Anders als die Sperrwirkung erstreckt sich die Ermächtigungswirkung nur auf Haftungsansprüche der GesellschaftsGl, welche die der Haftung zu Grunde liegende Forderungen im InsVerf auch angemeldet haben. (ii) Hiervon erfasst sind auch die bestrittenen und deswegen noch nicht zur InsTabelle festgestellten InsFord. Sähe man den InsVerw erst mit der endgültigen Feststellung als ermächtigt an, könnte er die Haftungsforderung nur schwerlich geltend machen.

37 Auch zur Vergleichsbefugnis verfeinert der BGH das Haftungsmodell durch konkrete – für die Praxis nicht ohne weiteres umsetzbare – Vorgaben: (i) Die Wirkungen eines Vergleichs kommen richtigerweise den Gesellschaftern im Ins- wie außerhalb des InsVerf zugute. (ii) Der InsVerw ist bei der Gestaltung des Vergleichs nicht völlig frei. Er ist der Massemehrung verpflichtet. Insolvenzzweckwidrige Vergleiche sind unwirksam. Vor nachteiligen – aber nicht inszweckwidrigen – Vergleichen für die InsMasse schützt § 60. (iii) Dass der InsVerw sich über jede angemeldete Forderung vergleichen kann, heißt nicht, dass er sich auch ver-

---

70 *KG Berlin* ZIP 2011, 1731.
71 *BGH* ZIP 2007, 80.
72 *LG Frankenthal* BeckRS 2014, 18109; *Jaeger/Müller* § 93 Rn 51; MK/*Brandes/Gehrlein* § 93 Rn 14.
73 *LG Frankenthal* BeckRS 2014, 18109.
74 Zum umgekehrten Fall des nachträglich beigetretenen Gesellschafters s *BGH* ZIP 2007, 80.
75 *BAG* NZI 2008, 387, 388; Anm *Runkel/Schmidt* vgl EWiR 2009, 419; MK/*Brandes/Gehrlein* § 93 Rn 14; *Bork* KS-InsO, 3. Aufl, S 1036; **aA** *Jaeger/Müller* § 93 Rn 53.
76 *BGH* 17.12.2015 IX – ZR 143/13.

gleichen muss. Dies gilt insb für bestrittene Forderungen. Der Vergleich kann auf einzelne (Haftungs-) Forderungen reduziert werden.

Der BGH geht davon aus, dass der InsVerw regelmäßig keinen Vergleich schließen will über bestrittene Forderungen; er würde sich regelmäßig widersprüchlich verhalten, wenn er sich über Haftungsforderungen vergleicht, die entsprechenden GesellschaftsGl bei der Verteilung aber unberücksichtigt lässt. Die **Insolvenzpraxis** sieht anders aus, da (Abfindungs-) Zahlungen der Gesellschafter nur zu erwarten sind, wenn der Vergleich (möglichst) umfassende und abschließende Wirkung auch außerhalb des InsVerf hat. Dies erkennt auch der BGH und empfiehlt für diese Situation entweder ein InsPlanVerfahren mit den Wirkungen des § 227 Abs 2 oder aber den Hinweis des InsVerw an die GesellschaftsGl bestrittener Gl, dass auch ihre Forderungen vom Vergleich erfasst seien, ohne gesichert zu wissen, ob sie später bei der Verteilung zu berücksichtigen sind. Ein hiervon abweichendes Vorgehen kann eine Haftung nach § 60 InsO begründen. Die Auferlegung einer solchen **qualifizierten Hinweispflicht** gegenüber Gl bestrittener Forderungen, wird ein übervorsichtiges Agieren nach sich ziehen und dadurch Vergleichsverhandlungen und -abschlüsse deutlich erschweren.[77] 38

Es kann nach Lage des Falles auch die **Freigabe** des Haftungsanspruchs durch den InsVerw aus der Insolvenzmasse in Betracht kommen. Ebenso wenig wie der Verwalter einen aussichtslosen Anspruch der Masse geltend machen und einen Prozess führen darf, obwohl die Prozessführung wirtschaftlich nicht vertretbar ist, darf er mit hohem Risiko vermeintliche Haftungsansprüche gegen einen Gesellschafter verfolgen; in dem Falle hat er sie freizugeben.[78] Der Maßstab hierbei ist identisch mit der Vergleichssituation: Der InsVerw ist nicht vollständig frei. Er ist der Massemehrung verpflichtet. Die Gl werden hierbei geschützt durch die Unwirksamkeit bei Insolvenzzweckwidrigkeit und eine mögliche Inanspruchnahme nach § 60. 39

c) Haftungsverzicht. Dem **Gesellschaftergläubiger** bleibt das Recht unbenommen, auf seine gegen die Schu gerichtete Forderung zu verzichten und damit die akzessorische Haftung gegen den Gesellschafter zum Erlöschen zu bringen. Sperr- und Ermächtigungsfunktion verhindern nur eine isolierte Verfügung über die Haftungsforderung.[79] An der Haftungsmasse ist der verzichtende Gl dann nicht beteiligt.[80] 40

3. Einwendungen. – a) Persönliche Einwendungen. Der von dem InsVerw in Anspruch genommene Gesellschafter kann gegen die Forderung sowohl persönliche Einwendungen als auch solche der Gesellschaft geltend machen (§ 129 Abs 1–3 HGB).[81] Insb kann er einwenden, der von ihm verlangte Betrag sei zur Befriedigung der GesellschaftsGl nicht erforderlich. In diesem Fall ist die Inanspruchnahme treuwidrig (dolo-agit-Einwand). Darlegungs- und beweispflichtig hierfür ist der beklagte Gesellschafter. 41

b) Sonstige Einwendungen. Auf abgeleitete Einwendungen kann er sich im Einziehungsprozess nur insoweit berufen, als sie von der Gesellschaft noch erhoben werden können (§ 129 Abs 1 HGB). Schwierigkeiten bereitet es, wenn der Forderung des GesellschaftsGl im **FeststellungsVerf** (§§ 174 ff) nicht widersprochen worden ist, mit der Folge, dass die zur Tabelle festgestellte InsFord gem § 178 Abs 3 wie ein rechtskräftiges Urt wirkt. In diesem Fall sind die Einwendungen des Gesellschafters in dem von dem InsVerw nachfolgend 42

---

77 Anm *Schmidt/Georgiev* NZI 2016, 445 f.

78 MK/*Brandes/Gehrlein* § 93 Rn 14; **aA** *Jaeger/Müller* § 93 Rn 55: nur Ermächtigung des einzelnen Gl zur Prozessführung.

79 *Jaeger/Müller* § 93 Rn 53; **aA** *K/P/B/Lüke* § 93 Rn 16.

80 MK/*Brandes/Gehrlein* § 93 Rn 15.

81 *BGH* 17.12.2015 – UX ZR 143/13; *BGHZ* 165, 96; *BGH* ZIP 2007, 80.

geführten Haftungsprozess nicht schon wegen der Rechtskraftwirkung der Eintragung in die InsTabelle abgeschnitten.[82] Dies gebietet schon das **rechtliche Gehör** des Gesellschafters (Art 103 Abs 1 GG). Dem Verfassungsgebot kann im Vorfeld dadurch Rechnung getragen werden, dass der Gesellschafter an dem FeststellungsVerf beteiligt und ihm ohne Rücksicht auf die Vertretungsberechtigung das Recht zugebilligt wird, die angemeldete Forderung zu bestreiten.[83]

43 Forderungen, die vor Eröffnung des InsVerf über das Vermögen der Gesellschaft bereits **rechtskräftig tituliert** waren, kann der Gesellschafter in dem Einziehungsprozess des InsVerw entspr § 129 Abs 1 HGB nicht mehr bestreiten.[84]

44 **c) Aufrechnung.** Die Aufrechnung setzt als Gestaltungsrecht die **Verfügungsbefugnis des Aufrechnenden** über die die zur Aufrechnung gestellte Forderung voraus. Die Aufrechnung kann weiter an der mangelnden **Gegenseitigkeit von Haupt- und Gegenforderung** (§ 387 BGB) scheitern. Hierbei ist wie folgt zu unterscheiden:

45 **aa) Schutz der Aufrechnungslage.** Es herrscht Streit darüber, ob der **GesellschaftsGl** seine Forderung gegen den Gesellschafter (Gegenforderung) im Wege der Aufrechnung gegen Ansprüche des InsVerw über das Vermögen der Gesellschaft (Hauptforderung) einsetzen kann. Dies ist im Erg zu bejahen.

46 **aaa)** Mit der Eröffnung des InsVerf über das Vermögen der Gesellschaft bleibt dem GesellschaftsGl die Verfügungsbefugnis erhalten, soweit es um seine Forderung gegen die Gesellschaft geht (§ 94). Hinsichtlich seiner Forderung gegen den Gesellschafter verliert er sie (§ 93). Nach der **GesetzesBegr**, die sich auf §§ 406, 412 BGB bezieht, sollte dem GesellschaftsGl, der vor der Eröffnung des Verf zur Aufrechnung gegen die Forderung eines Gesellschafters berechtigt war, die Aufrechnungsbefugnis gleichwohl auch gegenüber dem Gesellschafter erhalten bleiben.[85] Damit wird zwar das interessengerechte Erg getroffen,[86] der Hinweis auf die genannten Vorschriften geht jedoch fehl. § 406 BGB schützt den Gesellschafter nur vor dem Übergang der Einziehungsbefugnis seines Gl auf den InsVerw, indem er das Erfordernis der Gegenseitigkeit durchbricht und ihm die Vorteile einer bestehenden Aufrechnungslage erhält. Die Vorschrift bezieht sich somit auf die **Hauptforderung**, also die Forderung der Gesellschaft bez der Masse, gegen die aufgerechnet werden soll. Sie schützt aber nicht den Gl, der die Verfügungsbefugnis über die **Gegenforderung** verloren hat.[87]

47 **bbb)** Der **Schutz der Aufrechnungslage** des GesellschaftsGl ergibt sich vielmehr aus dem Rechtsgedanken des § 94.[88] Das Recht zur Aufrechnung hat eine Sicherungs- und Vollstreckungsfunktion, die sich in der Ins wie ein pfandrechtsähnliches Vorzugsrecht auswirkt.[89] Der Gl muss sich nicht mit der InsQuote begnügen, sondern kann seine Forderung vollständig dadurch tilgen, dass er seine Schuld gegenüber der Gesellschaft (Hauptforderung) durch Aufrechnung mit der ihm zustehenden Gegenforderung zum Erlöschen bringt. Besteht die Aufrechnungslage mit dem haftenden Gesellschafter, kann nichts anderes gelten, nur weil er nicht der Gesellschaft, sondern einem persönlich haftenden Gesellschafter etwas schuldet.

---

82 *BGHZ* 165, 95 f.
83 *BGH* ZIP 2007, 80; *Jaeger/Müller* § 93 Rn 58.
84 *BGHZ* 165, 96.
85 BT-Drucks 12/2443, 140.
86 *Jaeger/Müller* § 93 Rn 61; MK/*Brandes/Gehrlein* § 93 Rn 32; *Bork* KS-InsO, 3. Aufl, S 1034.
87 MK/*Brandes/Gehrlein* § 93 Rn 32.
88 *Jaeger/Müller* § 93 Rn 61; *Bork* KS-InsO, 3. Aufl, S 1034.
89 *BGHZ* 129, 341.

bb) Gegenseitigkeit. Rechnet der der **unbeschränkt haftende Gesellschafter** auf, gilt dasselbe.[90] Die Aufrechnung ist ihm nur erlaubt, wenn die Aufrechnungslage im Verhältnis zum GesellschaftsGl bereits vor VerfEröffnung bestand. Hat die Schu eine Aufrechnungsmöglichkeit gegen den GesellschaftsGl, so kann der Gesellschafter sich darauf entspr § 129 Abs 3 HGB berufen.[91] Dagegen kann der Gesellschafter nicht mit einer **Forderung gegen die Gesellschaft** aufrechnen. Es fehlt an der Gegenseitigkeit der Forderungen, weil die gegen den Gesellschafter gerichteten Haftungsansprüche materiellrechtlich dem einzelnen Gl zustehen.[92] 48

4. Gesellschafterinsolvenz. – a) Allgemeines. In der parallelen Ins des Gesellschafters sind grundsätzlich beide InsVerf (sog DoppelIns) rechtlich unabhängig von einander zu führen. 49

aa) Grundsatz. Der InsVerw in der Ins der Gesellschaft ist wegen der von ihm nach § 93 zu verfolgenden Haftungsansprüche in der Ins des Gesellschafters antragsberechtigt iSd § 13 Abs 1.[93] Hat ein GesellschaftsGl gestützt auf seinen Haftungsanspruch bereits den Antrag gestellt, rückt der InsVerw verfahrensrechtlich an die Stelle dieses Gl. Hat der persönlich haftende Gesellschafter vor Eröffnung des InsVerf über das Vermögen der Gesellschaft Leistungen an einen Gesellschaftsgläubiger schon erbracht, ist der InsVerw über das Vermögen der Gesellschaft zur Anfechtung berechtigt.[94] Ist der Gesellschafter ebenfalls insolvent, steht das Anfechtungsrecht dessen InsVerw zu.[95] 50

bb) Unterscheidung nach Forderung. Im weiteren Verf ist zwischen den **Privatverbindlichkeiten des Gesellschafters**, für die keine Besonderheiten gelten, und dem **Haftungsanspruch** zu unterscheiden. Die Haftungsforderungen muss der InsVerw über das Vermögen der Gesellschaft anmelden (§§ 174 ff) und ggf im Wege der Tabellenfeststellungsklage gegen den Bestreitenden verfolgen (§ 179 Abs 1).[96] Unzulässig ist es, nur die **Gesamtsumme aller Haftungsansprüche** oder einer für den Eintragungsstichtag festzustellenden **Unterdeckung** zur Tabelle anzumelden. Die Beteiligten der GesellschafterIns müssen durch die Art der Anmeldung in die Lage versetzt werden, sich gegen jede konkrete Einzelforderung zu verteidigen.[92] 51

cc) Interessenkollision. Die Möglichkeit von Interessenkollisionen zwischen den beiden Ins, die an dieser Stelle aufscheint, macht die besonders sorgsame Prüfung erforderlich, ob in der Gesellschafts- und der GesellschafterIns ders InsVerw bestellt werden kann. Der grds Ausschluss dieser einheitlichen Insolvenzabwicklung[97] erscheint weder praxis- noch sachgerecht. So erscheint regelmäßig die Anordnung der SonderInsVerwaltung für die Forderungsprüfung hinreichend. 52

b) Ausfallhaftung oder Doppelberücksichtigungsprinzip. – aa) Grundsatz. Bei der (Doppel-) Ins einer von § 93 erfassten Gesellschaft sowie einem ihrer bzw ihrem Gfter ist weder gesetzlich noch höchstrichterlich geklärt, in welcher Höhe die Forderungen im InsVerf des 53

---

90 *Jaeger/Müller* § 93 Rn 64; MK/*Brandes/Gehrlein* § 93 Rn 37; *Bork* KS-InsO, 3. Aufl, S 1034.
91 *Bork* KS-InsO, 3. Aufl, S 1034.
92 Vgl *BGH* ZIP 2007, 80.
93 *Jaeger/Müller* § 93 Rn 66.
94 *BGHZ* 178, 171 Rn 16 = ZIP 2008, 2224. *Bork/Vogelsang* ZIP 2014, 2313 gehen hierbei von einer Zuordnung des Anfechtungsanspruchs zum Vermögen der Komplementärin und einer treuhänderischen Geltendmachung durch den InsVerw der Gesellschaft aus.
95 *BGHZ* 178, 171 Rn 16 = ZIP 2008, 2224; zur Doppelinsolvenz sa *Kranz* ZInsO 2013, 1119.
96 *OLG Hamm* ZIP 2012, 338.
97 AllgM resignierend *Häsemeyer* Rn 31.27; nicht unproblematisch erscheint die Empfehlung v *Braun/Kroth* § 93 Rn 34, InsVerw aus demselben Büro zu bestellen. Näher dürfte der Vorschlag liegen, insoweit mit einem SonderInsVerw zu arbeiten.

Gfters anzumelden sind. Denkbar ist, dass der InsVerw über das Vermögen der Gesellschaft entweder nur in dem Umfang Befriedigung verlangen kann, in dem die GesellschaftsGl in der GesellschaftsIns ausgefallen sind (Ausfallprinzip)[98] oder m dem gesamten Betrag (Doppelberücksichtigungsprinzip).[99] An der unter der Geltung der KO entwickelten Ausfallhaftung hat § 93 nichts geändert, so dass für Doppelberücksichtigungsprinzip bzw Vollanmeldungsmodell kein Raum bleibt. Die Ausfallhaftung dient dem **Schutz der PrivatGl des Gesellschafters** gegen die Konkurrenz der GesellschaftsGl, weil sie diesen den Anteil des insolventen Gesellschafters an dem Gesellschaftsvermögen zur Befriedigung überlassen müssen und sich nur an dessen übriges Vermögen halten können.[100] Ist **nur die Gesellschaft insolvent**, verbietet es § 242 BGB dem InsVerw, die Summe der InsFord geltend zu machen, ohne zuvor den Liquidationswert der Masse abzuziehen. Da der Verwalter den nach Ende der Schlussverteilung verbleibenden Überschuss an die Gesellschafter auszukehren hat (§ 199 S 2), handelte er rechtsmissbräuchlich, wenn er mehr als den für die GlBefriedigung erforderlichen Betrag einforderte.[101]

54 **bb) Ausschluss eines Überschusses.** Der Einwand des Rechtsmissbrauchs greift allerdings nicht durch, wenn auch über das **Vermögen der Gesellschafter** das InsVerf eröffnet ist und nur mit einer Quote gerechnet werden kann, die auch bei **Vollanmeldung** einen Überschuss ausschließt.[102] Deshalb meldet der InsVerw nach vorzugswürdiger Auff die Haftungsansprüche im InsVerf über das Vermögen des Gesellschafters in voller Höhe an, darf aber nur in Höhe des Ausfalls Befriedigung suchen. Die **Feststellung** erfolgt ebenfalls – wie schon nach dem früheren Recht (§ 212 Abs 3 KO) – für den gesamten Betrag, aber nur für den Ausfall in der Ins der Gesellschaft. Der Charakter der festgestellten Forderung als Ausfallforderung wird somit erst im **VerteilungsVerf** berücksichtigt.[103]

55 **cc) Grenzen des Ausfallprinzips.** Das Ausfallprinzip gilt nur im Verhältnis zur **Gesamtheit der gesamtschuldnerisch persönlich haftenden Gesellschafter**. Gegenüber dem einzelnen Gesellschafter kann der InsVerw nach § 43 Befriedigung für den gesamten Ausfallbetrag suchen. Hat der Gesellschafter dem GesellschaftsGl eine **Sachsicherheit** gestellt, so gilt § 52.

56 **c) Rang der Forderungen.** Gesellschafts- und GesellschafterIns sind als zwei getrennte Verf zu führen. Eine **Rangübertragung**, die unter der Geltung der KO für bevorrechtigte Konkursforderungen und unechte Masseschulden vertreten wurde,[104] scheidet deshalb von vornherein aus. Sie war auch schon dort verfehlt. Die Haftungsansprüche konkurrieren mit den Ansprüchen der PrivatGl des Gesellschafters. Deren in der GesetzesBegr herausgestellte gleichberechtigte Teilnahme[105] wäre nicht gewährleistet, wenn Masseansprüche in der Ins der Gesellschaft zu solchen in der Ins des Gesellschafters aufgewertet würden. Ob Masseverbindlichkeiten vorliegen, ist in jedem Verf gesondert an Hand des abschließenden Katalogs der §§ 54 f zu prüfen.

---

98 *Braun/Bäuerle* § 52 InsO Rn 5; MK/*Ganter* § 52 Rn 2; *Schmidt/Bitter* ZIP 2000, 1077.
99 MK/*Bitter* § 43 Rn 1; *K Schmidt/Bitter* ZIP 2000, 1077.
100 MK/*Brandes/Gehrlein* § 93 Rn 24.
101 *K Schmidt/Bitter* ZIP 2000, 1083; **aA** *Reiswich* ZInsO 2014, 2411.
102 Ausf hierzu MK/*Brandes/Gehrlein* § 93 Rn 26 ff.
103 Wie hier *Jaeger/Müller* § 93 Rn 68; MK/*Brandes/Gehrlein* § 93 Rn 28; *Uhlenbruck/Hirte* § 93 Rn 23.
104 S hierzu MK/*Brandes/Gehrlein* § 93 Rn 29.
105 BT-Drucks 12/2443, 140.

III. Prozessuales

1. Unterbrechung. – a) Erkenntnisverfahren. Die Einziehungsermächtigung des InsVerw nach § 93 umfasst auch die Prozessführungsbefugnis. Eine nach VerfEröffnung von dem GesellschaftsGl gegen den Gesellschafter erhobene Haftungsklage ist als unzulässig abzuweisen. Es fehlt an einer **Sachurteilsvoraussetzung**.[106] Ist der Prozess des GesellschaftsGl bereits rechtshängig, wird er in entspr Anwendung des § 17 Abs 1 S 1 AnfG unterbrochen.[107] Der **InsVerw** kann ihn nach § 17 Abs 1 S 2 AnfG aufnehmen. Wird die Aufnahme verzögert, gilt über § 17 Abs 1 S 3 AnfG die Regelung des § 239 Abs 2–4 ZPO entspr. Ein gleichwohl ergangenes Urt ist analog § 538 Abs 2 ZPO aufzuheben und der Rechtsstreit an das erstinstanzliche G zurückzuverweisen.[108] **57**

Ebenso greift die Analogie zu § 17 Abs 1 S 1 AnfG bei einem Rechtsstreit eines Gl einer Gesellschaft gegen einen **ausgeschiedenen persönlich haftenden Gesellschafter**, wenn das InsVerf über das Vermögen desselben eröffnet worden ist.[109] Dies folgt aus der anerkannten analogen Anwendung des § 93 auf ausgeschiedene Gfter. **58**

b) Zwangsvollstreckung. Hat der GesellschaftsGl bei VerfEröffnung bereits einen Titel gegen den Gesellschafter in den Händen, hindert die Sperrwirkung ihn daran, die Zwangsvollstreckung in das Vermögen des Gesellschafters zu betreiben. Der Titel kann jedoch analog § 727 ZPO auf den InsVerw umgeschrieben werden; wird der Haftungsanspruch während des InsVerf nicht realisiert, ist der Titel nach Beendigung des Verf auf den GesellschaftsGl wieder zurück umzuschreiben.[110] **59**

2. Prozess des Insolvenzverwalters. Nimmt der InsVerw einen Gesellschafter wegen einer Vielzahl von Gesellschaftsverbindlichkeiten in Anspruch, so hat er die einzelnen Forderungen genau zu spezifizieren.[111] Dies gilt insb, wenn der beklagte Gesellschafter der Gesellschaft nachträglich beigetreten ist. Anzugeben sind dann Entstehungszeitpunkt und Schuldgrund, weil der Gesellschafter für **Neuverbindlichkeiten** uneingeschränkt und für **Altverbindlichkeiten** nur insoweit haftet, als er sie kannte oder sie für ihn erkennbar waren.[112] **60**

§ 94 Erhaltung einer Aufrechnungslage

Ist ein Insolvenzgläubiger zur Zeit der Eröffnung des Insolvenzverfahrens kraft Gesetzes oder auf Grund einer Vereinbarung zur Aufrechnung berechtigt, so wird dieses Recht durch das Verfahren nicht berührt.

Übersicht

106 HK-ZPO/*Bendtsen* § 51 Rn 10, 14.
107 *BGH* ZIP 2003, 39; zur Haftung des Kommanditisten nach § 171 Abs 2 HGB s *BGHZ* 82, 216 f.
108 *KG* ZIP 2014, 933.
109 *KG* ZIP 2014, 933.
110 *Jaeger/Müller* § 93 Rn 75.
111 *BGH* ZIP 2007, 80; *Jaeger/Müller* § 93 Rn 73. Vgl auch *LG Bonn* ZIP 2014, 1683) zu den Anforderungen an die Geltendmachung durch den InsVerw der nach § 93 zugewiesenen Ansprüche im Rahmen der Forderungsanmeldung in der Ins des Gesellschafters.
112 *BGH* ZIP 2007, 80.

A. Allgemeines

I. Normzweck

1 Die Vorschriften der §§ 94–96 stehen in einem inneren Zusammenhang. Sie regeln die Befugnis des InsGl, sich durch Aufrechnung volle Erfüllung seiner InsFord (Aktivforderung; Gegenforderung) zu verschaffen. Geschützt wird das Vertrauen auf eine bestehende, nicht anfechtbar erworbene Aufrechnungslage.

2 **1. Grundsatz.** Die Vorschrift des § 94 formuliert unter der Überschrift **„Erhaltung einer Aufrechnungslage"** zunächst den Grundsatz, dass ein InsGl durch die Eröffnung des InsVerf nicht in seinem „kraft Gesetzes oder auf Grund einer Vereinbarung" bestehenden Aufrechnungsrecht berührt wird. Dies regelt nach dem Wortlaut zwei grds verschiedene Fälle. Mit dem ersten, der **gesetzlichen Aufrechnung,** wird – wie schon im Recht der KO und der GesO – eine bis zur VerfEröffnung in unanfechtbarer Weise (§ 96 Abs 1 Nr 3) kraft Gesetzes erworbene Aufrechnungsbefugnis als gesicherte Rechtsposition im InsVerf anerkannt. Das Vertrauen des Forderungsinhabers auf eine bestehende Aufrechnungslage und die daraus folgende Selbstexekutionsbefugnis erscheint auch im InsVerf schutzwürdig. Hiermit wird zugleich der maßgebliche Auslegungsmaßstab für das gesamte Regelungssystem der §§ 94–96 formuliert. Krit und abgrenzungsbedürftig ist dagegen die durch die zweite Fallgestaltung – auf Vorschlag des Rechtsausschusses „zur Klarstellung" – einbezogene Aufrechnungsberechtigung kraft Vereinbarung, die **Verrechnung.**[1]

1 *BGHZ* 170, 209 f.

2. Erweiterung des Schutzes. Die Vorschrift des § 95 erweitert unter der Überschrift **„Eintritt der Aufrechnunglslage im Verfahren"** den Schutz des § 94 um den Schutz des Vertrauens auf eine **entstehende Aufrechnungslage**. Besteht die Forderung des InsGl bei Eröffnung des InsVerf bereits, soll er nach § 94 darauf vertrauen dürfen, dass er sich nach Fälligkeit oder Eintritt der Bedingung durch Aufrechnung befriedigen kann (ähnlich § 392 BGB bei der Aufrechnung gegen eine beschlagnahmte Forderung). Kein schutzwürdiges Vertrauen besteht hingegen, wenn die Forderung des Schu (Hauptforderung) vor der Forderung des InsGl (Gegenforderung) unbedingt oder fällig wird. § 95 Abs 2 benennt weitere unbedenkliche Fallgestaltungen. 3

Ob ein **Steueranspruch** bereits vor InsEröffnung begründet war, richtet sich gem der stRspr des BFH nicht danach, ob der Anspruch im steuerrechtlichen Sinne entstanden war, sondern danach, ob im Zeitpunkt der InsEröffnung der Rechtsgrund im insolvenzrechtlichen Sinne gelegt war.[2] Dies ist der Fall, wenn der anspruchsbegründende Sachverhalt – der zur Entstehung der Steuer führt – bereits vor Verfahrenseröffnung abgeschlossen ist. Dies gilt auch für **Steuererstattungsansprüche**. Diese entstehen im Zeitpunkt der Entrichtung der Steuer unter der aufschiebenden Bedingung, dass am Ende des Besteuerungszeitraums die geschuldete Steuer geringer ist als die Vorauszahlung. Auf die Festsetzung in einem Erstattungsbescheid kommt es nicht an.[3] 4

3. Unzulässige Aufrechnungen. Die Vorschrift des § 96 Abs 1 regelt unter der Überschrift **„Unzulässigkeit der Aufrechnung"** Folgendes:[4] Das Vertrauen des InsGl in eine Aufrechnungsbefugnis verdient keinen Schutz, wenn diese bei VerfEröffnung nicht einmal in dem durch § 95 **geschützten Kern** entstanden war (§ 96 Abs 1 Nr 1 und 2) oder aber schon bestand, jedoch in **anfechtbarer Weise** erlangt wurde (§ 96 Abs 1 Nr 3).[5] Der Tatbestand des § 96 Abs 1 Nr 4 dient der Klarstellung: Da der Schu einerseits die Masse nicht verpflichten kann, andererseits der Neuerwerb in die Masse fällt (§ 35), kann der mit dem Schu kontrahierende Gl nur auf das insolvenzfreie Vermögen des Schu zugreifen. 5

4. Sonderregelung für Abrechnungssysteme. Dieses Regelungssystem wird durch folgende Bestimmungen ergänzt: **§ 96 Abs 2** trifft Sonderregelungen für den **Inter-Banken-Abrechnungsverkehr**. Für Miet- und Pachtverhältnisse über unbewegliche Gegenstände oder Räume gelten ergänzend § 110 Abs 3, die für Bezüge aus einem Dienstverhältnis oder an deren Stelle tretende laufende Bezüge geltende Bestimmung des § 114 Abs 2 ist durch das Gesetz vom 15.7.2013[6] weggefallen. 6

II. Geltungsbereich

1. Insolvenzgläubiger. – a) Allgemeines. Die §§ 94–96 regeln die **Aufrechnung durch InsGl** (§ 38). Eine Ausnahme bildet § 96 Abs 1 Nr 4, der sich auf die Aufrechnung durch NeuGl bezieht, denen nur das freie Vermögen des InsSchu haftet. Es reicht die **materielle Stellung** des Gl als InsGl aus; seiner Teilnahme am InsVerf bedarf es nicht. Diese kann auf Grund einer (auch) insolvenzrechtlich wirksamen Aufrechnung gerade entbehrlich sein. Ist die Aufrechnung dagegen streitig, ist dem aufrechnenden Gl die Anmeldung der Forderungen im Verfahren anzuraten. Das gleiche gilt bei unstreitigen Aufrechnungen für den durch die Aufrechnung nicht gedeckten Forderungsteil. 7

---

2 *BFH* BStBl II 2005, 195.
3 *BFH* ZIP 2006, 1593.
4 Vgl Kommentierung zu § 96.
5 Hierzu jüngst *BGH* ZIP 2014, 22.
6 BGBl I, 2379.

8 **b) Nachrangige Insolvenzgläubiger.** Zur Aufrechnung befugt sind auch die **nachrangigen InsGl** (§ 39).[7] Auch sie sind InsGl iSd § 94 InsO,[8] da die Aufrechnung keine Teilnahme am Verfahren voraussetzt, steht § 174 Abs 3 S 1 (Anmeldung nur nach besonderer Aufforderung) nicht entgegen. Die Aufrechnung können jedoch besondere zivilrechtliche Aufrechnungsverbote verhindern. Mit **kapitalersetzenden Darlehen** und vergleichbaren Forderungen des früheren Rechts konnte grundsätzlich überhaupt nicht aufgerechnet werden.[9] Dieses aus dem Zahlungsverbot des Eigenkapitalersatzrechts folgende Aufrechnungsverbot ist nach dem MoMiG nicht fortzuführen. Neben etwaigen zivilrechtlichen Aufrechnungsverboten kann ein Unwirksamkeitsgrund nach § 96 Abs 1 Nr 3 bestehen.[10]

9 **c) Absonderungsberechtigte. – aa) Grundsatz.** Gl, denen an Gegenständen der InsMasse ein **Recht zur abgesonderten Befriedigung** (§§ 49–51) zusteht, sind nicht wegen ihres Absonderungsrechts zur Aufrechnung berechtigt. Dies ist nur im Anwendungsbereich des § 96 Abs 1 Nr 3 anders. Dort schließt ein anfechtungsfestes Absonderungsrecht, zB dasjenige aus einer Globalabtretung, das sich durch unmittelbaren Sicherheitentausch in ein Pfandrecht an dem Zahlungseingang umgewandelt hat, die objektive GlBenachteiligung aus, wenn in dem Beispielsfall die Zahlstelle den Herausgabeanspruch des Zahlungsempfängers auf den Geldeingang (Hauptforderung) mit ihren Ansprüchen (Gegenforderung) verrechnet.[11]

10 **bb) Doppelstellung.** Der Absonderungsberechtigte ist jedoch **zugleich InsGl**, falls – wie häufig – der Schu auch der persönliche Schu der durch das Absonderungsrecht gesicherten Forderung ist (§ 52 S 1). Es bedarf dann keines (zu erwartenden) Ausfalls oder Verzichtes auf das Absonderungsrecht.[12] Ist die zivilrechtlich wirksame Aufrechnung[13] auch insolvenzrechtlich zulässig, führt sie ganz oder tw zu einem Freiwerden der Sicherheit.

11 **2. Massegläubiger. – a) Allgemeines.** Die §§ 94 ff gelten grds nicht für die MasseGl (§§ 54–55), deren Forderungen vorweg aus der InsMasse zu befriedigen sind (§ 53). Masseverbindlichkeiten sind solche, die erst nach der VerfEröffnung oder im EröffnungsVerf durch einen „starken" vorl InsVerw nach Maßgabe des § 55 Abs 2 begründet worden sind.[14] Bei **Masseunzulänglichkeit** können auch die MasseGl nicht mehr mit einer vollen Befriedigung ihrer Forderungen rechnen. § 209 bestimmt deshalb eine geänderte Befriedigungsreihenfolge, die den NeumasseGl iSv § 209 Abs 1 Nr 2 eine Vorzugsstellung verleiht.[15]

12 **b) Entsprechende Anwendung. – aa) Massegläubiger bei Masseunzulänglichkeit.** Soweit die MasseGl nicht nach § 209 befriedigt werden, gelten die §§ 94–96 mit der Maßgabe entspr, dass an die Stelle des Zeitpunktes der VerfEröffnung der der Anzeige des Verwalters tritt. Danach bleiben den MasseGl nur die Aufrechnungslagen erhalten, die zum Zeitpunkt der Anzeige des Verwalters (§ 208) bereits bestanden haben.[16] Die **Nachrangigkeit eines MasseGl** hindert nicht, weil dieser nicht anders zu behandeln ist als der Gl einer nachrangigen InsFord vor Anzeige der Masseunzulänglichkeit.

---

7 MK/*Brandes/Lohmann* § 94 Rn 10; *K/P/B/Lüke* § 94 Rn 13; *Uhlenbruck/Sinz* § 94 Rn 3; **aA** *Jaeger/Windel* § 94 Rn 50.
8 K Schmidt/*Thole* § 94 Rn 4.
9 MK/*Brandes/Lohmann* § 94 Rn 10.
10 K Schmidt/*Thole* § 94 Rn 4, 21.
11 *BGHZ* 174, 297, 300 = ZIP 2008, 184.
12 *Jaeger/Windel* § 94 Rn 49.
13 Zu möglichen zivilrechtlichen Aufrechnungsausschlüssen s *Uhlenbruck/Sinz* § 94 Rn 4, 35 ff.
14 Vgl statt vieler *OLG Köln* BeckRS 2014, 04195.
15 *Kayser/Heck* NZI 2005, 65.
16 *BGHZ* 130, 47 (zur Rechtslage nach der KO); MK/*Brandes/Lohmann* § 94 Rn 11; *Smid* WM 1998, 1319.

bb) Beschränkte Analogie. Anzuwenden sind der im allg InsVerf greifende **Aufrechnungsausschluss** (§ 95 Abs 1) und die **Aufrechnungsverbote** gem § 96 Abs 1 Nr 1 und 2. Nicht anwendbar ist dagegen § 96 Abs 1 Nr 3.[17] Der MasseGl wird die auf die Masseunzulänglichkeit hindeutenden Umstände regelmäßig kennen, so dass die Anfechtungsvoraussetzungen, wenn es um Forderungen gegen die Masse geht, stets vorliegen. Dies liefe auf ein in diesem Bereich nicht erwünschtes Aufrechnungsverbot hinaus. Die Mehrung der Masse geschähe im masseunzulänglichen Verfahren iÜ ausschließlich zum Vorteil der vorrangigen Gl, nicht der GlGesamtheit. Dies findet Bestätigung darin, dass es regelmäßig an einer Anfechtbarkeit fehlen wird, wenn die Masseschuld auf einer Handlung des InsVerw beruht. Denn Rechtshandlungen des InsVerw sind vom Wortlaut des § 129 Abs 1 nicht erfasst und daher im Grundsatz nicht anfechtbar, so dass eine entsprechende Anwendung des § 96 Abs 1 Nr 3 zu unsachgerechten Ergebnissen gelangt. 13

3. Insolvenzverwalter. Die Vorschriften der §§ 94–96 beschränken die zivilrechtlich wirksame Aufrechnung durch den InsGl, nicht die durch den InsVerw. Die entsprechenden Bestimmungen sind insoweit weder unmittelbar noch analog anwendbar für eine Aufrechnung durch den InsVerw. Dennoch ergeben sich für dessen Aufrechnungen **insolvenzrechtliche Besonderheiten**: 14

a) Aufrechnung gegen den Anspruch auf die InsQuote. Der BGH hat für die Rechtslage unter Geltung der KO entschieden, dass ein Konkursverwalter eine Konkursforderung **vor ihrer Feststellung** zur InsTabelle nicht durch Aufrechnung befriedigen darf, weil dies dem Grundsatz der gemeinschaftlichen und gleichmäßigen Befriedigung der Konkursgläubiger zuwider läuft und den übrigen Konkursgläubigern das Recht nimmt, der Forderung im Prüfungstermin zu widersprechen; nach dieser Rspr konnten InsVerw jedenfalls bis zur Feststellung der Forderung nicht die ihnen obliegende Leistung bewirken.[18] Nach **Abschluss des FeststellungsVerf** war die Aufrechnung in Höhe der Quote als Surrogat zu dem Verteilungsakt im Wege der Zahlung (§§ 187 Abs 1, 196) unproblematisch möglich. Der InsVerw tilgte dadurch anteilig die InsFord als solche.[19] Diese Rspr hat der *BGH* mit seinem Urt v 8.5.2014 ausdrücklich **aufgegeben**.[20] Die InsEröffnung führe nicht dazu, dass eine vom Schu geschuldete Leistung nicht mehr bewirkt werden könne. Das Recht, über das zur InsMasse gehörende Vermögen zu verfügen, gehe auf den InsVerw über (§ 80 Abs 1) und sei unbeschränkt, so dass der InsVerw grds eine Forderung der Masse gegen eine InsFord im Nennbetrag und nicht nur in Höhe der Quote nach Abschluss des FeststellungsVerf wirksam aufrechnen könne. Etwas anderes gelte – mit der Konsequenz der Unwirksamkeit – nur dann, wenn die Aufrechnung klar und eindeutig der gleichmäßigen Befriedigung aller InsGl zuwiderlaufe.[21] Ob dies der Fall ist, verlangt eine Prüfung im Einzelfall. Keinesfalls ist eine solche Aufrechnung stets insolvenzzweckwidrig.[22] So können sich die Befriedigungsaussichten der G verbessern, wenn eine uneinbringliche Masseforderung gegen eine InsFord aufgerechnet wird und die bei der Verteilung zu berücksichtigenden Masseverbindlichkeiten sich reduzieren.[21] 15

Ausgeschlossen ist der InsVerw m der Aufrechnung gegen eine InsFord im Nennbetrag nach deren Feststellung zur InsTabelle, sofern die Aufrechnungslage schon vor der Feststellung bestand. Denn sobald die Forderung des InsGl festgestellt ist, kann er aus ihrer Eintragung 16

---

17 MK/*Brandes/Lohmann* § 94 Rn 11; *K/P/B/Lüke* § 94 Rn 26; *Uhlenbruck/Sinz* § 94 Rn 72; *Smid* WM 1998, 1319.
18 *BGHZ* 100, 227.
19 *BGHZ* 100, 227.
20 *BGH* WM 2014, 1096.
21 *BGH* WM 2014, 1096.
22 Vgl *BGHZ* 150, 353.

in die Tabelle wie aus einem vollstreckbaren Urt die Zwangsvollstreckung gegen den Schu betreiben (§ 201 Abs 2 S 1). Der in der Lit[23] vertretenen Ansicht, dass die InsFord durch die nach ihrer Feststellung zur Tabelle erklärte Aufrechnung des InsVerw mit einer Masseforderung nicht in Höhe des Nennbetrages erloschen sei, wird vom BGH ausdrücklich eine Absage erteilt.[24]

17 **b) Aufrechnung gegen Insolvenzforderung.** Der BGH hält, wie ausgeführt, nicht mehr an seiner früheren Rspr[25] fest, nach Maßgabe derer die (volle) InsFord erst mit deren Feststellung **erfüllbar** war. Vielmehr kann der InsVerw grds eine Forderung der Masse gegen eine InsFord (i) nicht nur in Höhe der Quote, sondern im Nennbetrag und (ii) auch schon vor Abschluss des Feststellungsverfahren aufrechnen.[26] Etwas anderes gilt – wie ausgeführt – nur bei Insolvenzzweckwidrigkeit der Aufrechnung oder dann, wenn die Aufrechnung erst nach der Feststellung erklärt wird, obgleich die Aufrechnungslage schon vor der Feststellung bestand. Dann geht der BGH in Anlehnung an den Rechtsgedanken des § 767 Abs 2 ZPO von Präklusion aus.[24]

18 **c) Bewertung der Änderung der Rechtsprechung.** Damit hat sich die in früheren Auflagen aufgezeigte[27] und selbst formulierte Kritik durchgesetzt und nach Aufgabe der früheren nunmehr Eingang in die aktuelle Rspr des BGH gefunden. Es bedarf keiner Differenzierung mehr zwischen dem Recht des InsVerw, lediglich gegen die Quote oder die Forderung im Nennbetrag aufrechnen zu dürfen noch der Feststellung. Im Gegenteil ist diese nunmehr für den möglichen Präklusionseinwand relevant, sofern die Aufrechnungslage bereits zuvor bestand.

19 Die Aufrechnung durch den InsVerw kann sinnvoll sein, wenn der Aufrechnungsgegner selbst insolvent wird oder dieser nicht als InsolvenzGl am Verf teilnehmen soll. Ebenso kann der InsVerw durch eine Aufrechnung die InsMasse davor schützen, dass ein zur Aufrechnung berechtigter InsGl zunächst seine Forderung in voller Höhe anmeldet, hierauf die Quote beansprucht und erst hiernach die Aufrechnung erklärt. Dies ist möglich, da eine § 52 vergleichbare Bestimmung fehlt (vgl Rn 67).

20 Ein Schutz des Gl und der GlGesamtheit im Zusammenhang mit dem Aufrechnungsrecht erfolgt über die Grenze der InsZweckwidrigkeit, des § 160 sowie mittelbar über § 60.

21 **4. Eröffnungsverfahren.** Die Aufrechnungsverbote gelten in **zeitlicher Hinsicht** im InsVerf, bei angestrebter Restschuldbefreiung nicht in der Wohlverhaltensperiode.[28] Im EröffnungsVerf greifen die §§ 95–96 auch dann nicht ein, wenn das InsGer Sicherungsmaßnahmen nach § 21 Abs 2 getroffen und einen vorl InsVerw bestellt hat.[29] Ein Aufrechnungsverbot lässt sich auch nicht aus § 394 BGB iVm § 21 Abs 2 S 1 Nr 2 und 3 herleiten, weil die InsO zum Aufrechnungsausschluss eine abschließende Regelung enthält, die nicht über eine entspr Anwendung des § 394 BGB erweitert werden kann.[30]

Eine **rückwirkende insolvenzrechtliche Unwirksamkeit**, die auf den Zeitpunkt der Wirkung der Aufrechnung (§ 389 BGB) zurückschlägt, ergibt sich jedoch aus § 96 Abs 1 Nr 3. Danach besteht die Forderung, die durch die Aufrechnung erloschen ist, für die Dauer und die Zwe-

---

23 Statt vieler MK/*Brandes/Lohmann* § 94 Rn 59.
24 *BGH* WM 2014, 1096.
25 *BGHZ* 100, 228.
26 *BGH* WM 2014, 1096 (ausdrücklich Aufgabe von *BGHZ* 100, 226 f.).
27 Beispiele bei MK/*Brandes/Lohmann* § 94 Rn 15.
28 *BGHZ 163, 393* f.
29 *BGHZ* 159, 390 = ZIP 2004, 1558.
30 *BGHZ* 159, 391= ZIP 2004, 1558 f; *Fischer* WM 2008, 1.

cke des InsVerf fort,[31] sofern nicht der InsVerw die anfechtungsrechtliche Ausübungsfrist des § 146 Abs 1 ungenutzt verstreichen lässt (§ 96 Rn 51 ff).[32] Dies gilt erst Recht, wenn das InsEröffnungsVerf in Eigenverwaltung und lediglich unter Anordnung einer vorl Sachwaltung stattfindet.

B. Erläuterungen

I. Gesetzlich geregelte Aufrechnung

1. Allgemeines. Das Rechtsinstitut der Aufrechnung bietet für den Aufrechnenden **Befreiungsfunktion**, **Befriedigungsfunktion** und **Sicherungsfunktion**: Die Erfüllungswirkung der erklärten Aufrechnung befreit den Aufrechnenden von seiner Schuld (§ 389 BGB); gleichzeitig setzt dieser seine Gegenforderung durch, ohne auf die Vollstreckung angewiesen zu sein (insb durch Pfändung und Überweisung der Hauptforderung gem §§ 828, 835 ZPO); schließlich genießt der Aufrechnungsberechtigte als Gl der Gegenforderung seit Eintritt der Aufrechnungslage die Sicherheit, die Aufrechnung jederzeit vollziehen zu können, um sich um die Realisierung seiner Forderung sogar in der Ins seines Schu nicht mehr sorgen zu müssen.[33] Die Aufrechnungsmöglichkeit wirkt sich deshalb in der Ins wie ein **pfandrechtsähnliches Vorzugsrecht** aus.[34] Dabei unterliegt es nicht einmal den Schranken, die dem Absonderungsberechtigten bei seiner Teilnahme am InsVerf gezogen sind. Insb werden die Forderungen der aufrechnungsberechtigten Gl (Gegenforderungen) nicht um die Feststellungs- und Verwertungskosten gekürzt (vgl § 166 Abs 2 iVm §§ 170, 171). 22

2. Voraussetzungen der Aufrechnung. Diese ergeben sich im Wesentlichen aus §§ 387 ff BGB. Danach müssen im **Zeitpunkt der Aufrechnungserklärung** (§ 388 S 1 BGB)[35] folgende Voraussetzungen gegeben sein: 23

a) Gegenseitigkeit der Forderungen. – aa) Grundsatz. Nach § 387 BGB müssen sich zwei Personen einander Leistungen schulden, jede muss also zugleich Schu und Gl der anderen sein. 24

aaa) Dies ist nicht der Fall, wenn nach dem Widerspruch des vorl InsVerw gegen eine per **Lastschrift** im Einziehungsermächtigungsverfahren alten Rechts erfolgte Belastung des debitorisch geführten Kontos der Schu Berichtigung der ungenehmigten Belastung begehrt (Hauptforderung). In diesem Fall steht der Bank kein Aufwendungsersatzanspruch gegen den Schu aus § 670 BGB zu (Gegenforderung), mit dem sie aufrechnen könnte.[36] 25

bbb) Ist der Aufrechnende zwar Schu des Aufrechnungsgegners, nicht aber dessen Gl, rechnet er also mit einer Forderung auf, die er gegen einen Dritten oder die ein Dritter gegen den Aufrechnungsgegner hat, so versagt die Aufrechnung. Dies gilt nach einer **Schuldübernahme** für den Übernehmer (§ 417 Abs 1 S 2 BGB), für den **Bürgen**, der nur mit seiner Forderung gegen den Gl, nicht jedoch mit einer Forderung des HauptSchu gegen den Gl aufrechnen kann. Ein **GesamtSchu** kann nicht mit der Forderung eines anderen GesamtSchu (§ 422 Abs 2 BGB), ein **Gesellschafter** nicht mit der Forderung der Gesellschaft aufrechnen (§ 719 Abs 1 BGB). Gegen eine Forderung, die zum Gesellschaftsvermögen gehört, kann der Schu nicht eine ihm gegen einen einzelnen Gesellschafter zustehende Forderung aufrechnen (§ 719 Abs 2 BGB). 26

---

31 *BGHZ* 169, 161; *Kreft* FS Fischer, 2008, S 300.
32 *BGH* ZIP 2007, 1468; *Fischer* WM 2008.
33 *BGHZ* 2, 305.
34 *BGHZ* 129, 341.
35 *BGHZ* 2, 303 f; 12, 144.
36 *BGH* ZIP 2002, 2185; MK/*Brandes/Lohmann* § 94 Rn 18.

27 **ccc)** Die Erteilung der **Restschuldbefreiung** lässt die Existenz gegenseitiger Forderungen unberührt. Die Regelung des § 94 ist dahin zu verstehen, dass ein rechtskräftiger Beschl über die Restschuldbefreiung gem § 301 ein bei Eröffnung des InsVerf bestehendes Recht eines InsGl zur Aufrechnung unberührt lässt.[37] Denn die Restschuldbefreiung führt nicht zum Erlöschen der Forderungen der InsGl. Diese werden in ihrem Schuldgrund nicht geändert. Sie sind zwar m der Restschuldbefreiung nicht mehr erzwingbar und werden damit zu so genannten unvollkommenen Verbindlichkeiten. Die Aufrechnungslage wird aber hierdurch nicht beseitigt. Dies ergibt sich aus einem erst-Recht-Schluss aus § 301 Abs 2.[38] Ebenso wenig hindert die Erteilung einer „Discharge" nach englischem Recht die Befugnis des Finanzamts, Steuererstattungsansprüche, die bereits vor Eröffnung des englischen Ins-Verf begründet waren, gegen Steuerforderungen, die ebenfalls vor InsEröffnung begründet waren, aufzurechnen.[39]

28 **bb) Ausnahmen.** Von dem Grundsatz, dass der Schu der Hauptforderung (Passivforderung) nur mit eigenen (Gegen-)Forderungen (Aktivforderungen) aufrechnen kann, gibt es zahlreiche Ausnahmen.

29 **aaa)** Ist die Hauptforderung abgetreten worden, wird der Schu, obwohl sich die Gegenforderung gegen den Zedenten richtet, in seinem Vertrauen auf den Bestand der Aufrechnungslage durch **§ 406 BGB** geschützt.[40] Ist die Forderung nur treuhänderisch zur Einziehung abgetreten worden, kann der Schutz des Schu der Hauptforderung noch darüber hinausgehen, wenn die Stellung des Treuhänders im Treuhandverhältnis unselbstständig ist und die Berufung auf die formale Rechtslage Treu und Glauben widerspricht.[41] Dem Mieter eines veräußerten Grundstücks erlaubt **§ 566d BGB** – ähnlich § 406 BGB – die Aufrechnung einer ihm gegen den bisherigen Vermieter zustehenden Forderung gegen Mietforderungen des Erwerbers.[42]

30 **bbb)** Weitere Ausnahmen von dem Erfordernis der Gegenseitigkeit der Forderungen finden sich zu Gunsten der öffentlichen Gl im **öffentlichen Recht**.

31 Die erleichterten **Verrechnungsbefugnisse des Sozialversicherungsrechts** (§§ 52 SGB I, 28 Nr 1 SGB IV) mögen aus Gründen der Verwaltungsvereinfachung geschaffen worden sein, zumal bei ihrer Einf die Abtretung von Ansprüchen eines Sozialleistungsträgers gegen einen Leistungsberechtigten ausgeschlossen war. Da mit der Verrechnungsmöglichkeit auch die Abtretbarkeit sozialrechtlich anerkannt wurde, erscheint der **Verzicht auf das Gegenseitigkeitsverhältnis** bereits grds zweifelhaft.[43] Dies gilt erst Recht für die Ins des Leistungsberechtigten.

32 Dessen ungeachtet hält das BSG die Verrechnungsbefugnisse auch in der Ins für wirksam.[44] Dies wird maßgeblich daraus abgeleitet, dass die Grundvorschrift des § 94 über die Erhal-

---

37 *BGH* NJW-RR 2011, 1142; zweifelnd, aber offen gelassen *BFH* 16.12.2016 – X R 4/15 mit Anm *Anzinger* EWiR 2017, 507.

38 *OLG Oldenburg* ZInsO 2014, 671; *FG Schleswig-Holstein* BeckRS 2014, 94919; K Schmidt/*Thole* § 94 Rn 18.

39 *FG München* BeckRS 2015, 95144; *FG Schleswig-Holstein* EFG 2014, 1028.

40 *BGHZ* 56, 114 f.

41 *BGHZ* 110, 81; MK/*Brandes/Lohmann* § 94 Rn 20.

42 Zu weiteren zivilrechtlichen Modifikationen des Gegenseitigkeitserfordernisses s ausf *Jaeger/Windel* § 94 Rn 73–106.

43 *Jaeger/Windel* § 94 Rn 109; die GesetzesBegr zu § 108 InsO-E betont demgegenüber den Grundsatz von der Einheit der Sozialversicherungsträger, ohne sich jedoch im Punkt der Ins-Beständigkeit unter dem neuen Recht festzulegen.

44 *BSGE* 92, 1 ff = ZIP 2004, 1329 f.

tung der Aufrechnungslage im InsVerf einen weiten Aufrechnungsbegriff zu Grunde lege, der grds auch eine als Verrechnung bezeichnete Drittaufrechnung umfasse.[45] Ein Wertungswiderspruch zu den allg als unzulässig beurteilten **Konzernverrechnungsklauseln** (dazu Rn 55 ff) wird nicht gesehen.[46] In beiden Fällen werden **Drittaufrechnungen rechtlich selbstständiger Rechtsobjekte** ermöglicht. Erkennt man mit guten Gründen, die auch das BSG nicht in Frage stellt, Konzernverrechnungsklauseln in der Ins nicht an, kann ein sachlicher Grund für die unterschiedliche Behandlung nur darin liegen, dass die Sozialleistungs- und Sozialversicherungsträger zu einer funktionalen Einheit zusammengefasst sind, die eine stärkere Verdichtung aufweist als der Konzern. Dies hat jetzt auch der BGH angenommen, der sich der Rspr des BSG angeschlossen hat.[47] Die Anwendung des § 96 Abs 1 Nr 3 ist aber möglich.

Ähnliche Erleichterungen gewährt § 226 AO dem **Fiskus** für die Aufrechnung mit Steuerfor- 33
derungen. Nach § 226 Abs 1 AO der Vorschrift gelten für die Aufrechnung gegen Ansprüche aus dem Steuerschuldverhältnis die Vorschriften des BGB sinngemäß, soweit nichts anderes bestimmt ist. Eine abweichende Regelung enthält § 226 Abs 4 AO. Danach gilt als Gl oder Schu eines Anspruchs aus dem Steuerschuldverhältnis auch die Körperschaft, welche die Steuer verwaltet. Damit entfällt für die Aufrechnung das einschr Erfordernis der Kassenidentität (§ 395 BGB).[48] Zur Aufrechnung befugt ist danach sowohl die Körperschaft, der nach Art 106 GG der Ertrag zusteht (§ 226 Abs 1 AO), als auch diejenige, welche die Steuer verwaltet (§ 226 Abs 4 AO). Diese **Verdoppelung der Aufrechnungsmöglichkeit** hat auch in der Ins Geltung, weil das Gesetz beiden Körperschaften die volle GlStellung zuschreibt.[49]

b) Gleichartigkeit der Forderungen. – aa) Grundsatz. Der **Gegenstand** der einander 34
geschuldeten Leistungen muss zum Zeitpunkt der Aufrechnungserklärung gleichartig sein. Auf die Gleichartigkeit des Rechtsgrundes kommt es ebenso wenig an wie auf die Konnexität. Die Gleichartigkeit wird auch nicht durch eine besondere Zweckbindung eines der Ansprüche, etwa des Vorschussanspruchs, ausgeschlossen.[50]

bb) Beispiele. Gleichartig sind eine Geldforderung und der Anspruch aus § 667 BGB auf 35
Herausgabe einer Geldsumme. Denn der Herausgabeanspruch (zB derjenige des Schu aus, nicht auf Gutschrift)[51] hat nicht die Verschaffung der erlangten Gegenstände, sondern eine **Zahlungsverpflichtung** zum Gegenstand.[52] Eine Geldforderung ist gleichartig mit dem Anspruch auf Einwilligung in die Auszahlung des hinterlegten Geldes.[53] Die in der Ins als nachrangig zu behandelnde Forderungen (§ 39) sind gleichartig mit nicht nachrangigen Forderungen, da auch die Gl solcher Forderungen InsGl iSd § 94 sind. Hier ist allerdings zusätzlich zu beachten, dass mit nachrangigen Forderungen vielfach aus anderen Gründen nicht aufgerechnet werden kann.[54] das mit dem Zahlungsverbot des früheren Eigenkapitalersatzrechts begründete Aufrechnungsverbot ist durch das MoMiG entfallen (vgl Rn 6).

---

45 **AA** *BGHZ* 170, 209 f.
46 *BSG* ZIP 2004, 1330.
47 *BGHZ* 177, 1,3 ff = ZIP 2008, 1334.
48 *BFHE* 157, 8 = ZIP 1989, 1581; *BGH* ZIP 2007, 1613.
49 *BGH* ZIP 2007, 1613; HambKomm/*Jacoby* § 94 Rn 6; **aA** *Jaeger/Windel* § 94 Rn 113.
50 *BGHZ* 54, 246.
51 *BGH* NJW 1978, 699.
52 *BGH* NJW 1995, 1426.
53 *Jaeger/Windel* § 94 Rn 119.
54 MK/*Brandes/Lohmann* § 94 Rn 26 aE.

36 **cc) Freistellungsanspruch.** Zahlungs- und Freistellungsansprüche können nicht gegeneinander aufgerechnet werden.[55] Im Gegensatz zum überkommenen Recht (§ 54 Abs 4 KO) lässt es § 95 Abs 1 S 2 nicht genügen, dass die Gleichartigkeit erst mit der VerfEröffnung gem § 45 durch Umrechnung der Forderung in eine Geldforderung herbeigeführt wird. Auch mit dem **Freistellungsanspruch des Bürgen** gegen den HauptSchu aus § 775 Abs 1 BGB, dessen Vermögensverhältnisse sich wesentlich verschlechtert haben, kann gegen einen Zahlungsanspruch mangels Gleichartigkeit nicht aufgerechnet werden.[56] Die Aufrechnung von **Fremdwährungsschulden** hat in § 95 Abs 2 eine besondere Regelung erfahren (s Kommentierung dort).

37 **c) Vollwirksamkeit und Fälligkeit der Gegenforderung.** Die Gegenforderung, mit der aufgerechnet wird, muss durchsetzbar sein. Hierzu zählen ihre Vollwertigkeit und Fälligkeit (jeweils § 387 BGB) sowie ihre Freiheit (§ 390 BGB). Die **Fälligkeit** ist insolvenzrechtlich in § 95 Abs 1 geregelt (s die Kommentierung dort).

38 **aa) Vollwirksamkeit.** Das Erfordernis der Vollwirksamkeit der Gegenforderung (Aktivforderung) meint, dass sie einklagbar und vollstreckbar sein muss.[57] Mit einer nicht einklagbaren Forderungen (§§ 656, 762 f BGB) kann deshalb nicht aufgerechnet werden. Die Notwendigkeit der Vollstreckbarkeit ergibt sich aus der Befriedigungsfunktion der Aufrechnung (Rn 22).

39 **bb) Einredefreiheit.** Die Einredefreiheit der Gegenforderung (Aktivforderung) muss nach § 390 BGB gegeben sein, wobei es grds nicht darauf ankommt, ob die Einrede vor oder nach Begründung der Aufrechnungslage entstanden ist; auch insoweit kommt es auf den Zeitpunkt der Aufrechnungserklärung an.

40 **aaa)** Nicht klagbar und infolgedessen nicht aufrechenbar sind **anwaltliche Honoraransprüche**, solange eine den Anforderungen des § 10 RVG entspr Berechnung fehlt. Der **prozessuale Kostenerstattungsanspruch** wird idR mit der vorl Vollstreckbarkeit der KostengrundEntsch fällig. Damit ist er jedoch nicht in jedem Fall einredefrei entstanden. Mit ihm kann nur dann aufgerechnet werden, wenn er seiner Höhe nach unumstritten oder im KostenfestsetzungsVerf rechtskräftig festgestellt worden ist.[58]

41 **bbb)** Von dem Erfordernis der Einredefreiheit macht § 215 BGB für die **Einrede der Verjährung** eine Ausnahme: Die Verjährung der Gegenforderung schließt danach die Aufrechnung nicht aus, wenn der Anspruch in dem Zeitpunkt noch nicht verjährt war, in dem erstmals aufgerechnet werden konnte. Diese Regelung kann auch dem InsVerw zu Gute kommen, wenn er mit einem nach § 146 verjährten Anfechtungsanspruch aus § 143 gegen einen unanfechtbaren und vollwertigen Anspruch gegen die Masse aufrechnet.[59] **Weitere Ausnahmen** ergeben sich aus dem Sinn und Zweck des § 390 BGB: So hindern Einreden, welche die Durchsetzung eines Anspruchs sichern sollen (§§ 273, 320 BGB), die Aufrechnung nicht, wenn diese zur Erfüllung des gesicherten Anspruchs führt.[60]

42 **d) Erfüllbarkeit der Hauptforderung.** Dieses Erfordernis, das sich aus § 387 BGB ergibt („die ihm obliegende Leistung bewirken kann"), ist zum Teil in § 95 Abs 1 geregelt (Eintritt der Erfüllbarkeit nach VerfEröffnung; s Kommentierung dort). Die Hauptforderung muss erfüllbar, braucht jedoch nicht durchsetzbar sein. Ist die Forderung entstanden, so schadet

---

55 *BGHZ* 140, 273; 161, 253 f; *BGH* ZIP 2005, 1560.
56 *BGHZ* 140, 273; 161, 253 f.
57 *Jaeger/Windel* § 94 Rn 125; *Uhlenbruck/Sinz* § 94 Rn 19.
58 MK/*Brandes/Lohmann* § 94 Rn 30.
59 *Jaeger/Windel* § 94 Rn 126; offengelassen von *BGH* ZIP 2001, 1252 f.
60 *BGH* NJW 1990, 3212.

im ZweiFl ihre **mangelnde Fälligkeit** nicht (§ 271 Abs 2 BGB). Nicht erfüllbar sind hingegen **künftige Forderungen** und solche, die unter einer **aufschiebenden Bedingung** stehen (§ 158 Abs 1 BGB) oder **befristet** sind (§ 163 iVm § 158 Abs 1 BGB).[61] Wiederum erfüllbar sind – jedenfalls grds – Passivforderungen nach § 64 GmbHG, gegen die ein Geschäftsführer die Aufrechnung m vor der Ins erworbenen Gehaltsansprüchen erklärt.[62]

aa) Geschäftsbesorgung. Die **Vertragspflicht aus § 667 BGB**, dem Auftraggeber alles, was er aus der Geschäftsbesorgung erlangt, herauszugeben, schuldet der Beauftragte bis zur Einziehung auch nicht bedingt oder betagt. Die Einziehung ist nicht als Bedingung oder Zeitbestimmung anzusehen, sondern ist Inhalt des Rechtsgeschäfts selbst.[63] Der RA, der für seinen Mandanten (den späteren Schu) Gelder eingezogen hat, kann deshalb gegen den Herausgabeanspruch mit seinen Gebührenansprüchen frühestens dann aufrechnen, wenn er das Geld in Empfang genommen hat.[63] **43**

bb) Dauerschuldverhältnisse. Bei ihnen kann die Abgrenzung zwischen erfüllbaren betagten Forderungen und nicht erfüllbaren befristeten Forderungen schwierig sein. **Forderungen auf Zahlung der Miete** für die periodische Gebrauchsüberlassung sind nicht betagte, sondern befristete Forderungen; sie entstehen also abschnittsweise neu.[64] Demgegenüber werden **Leasingraten** für bewegliche Gegenstände in der festgelegten Grundmietzeit von der gefestigten Rspr des BGH regelmäßig als betagte Forderungen eingeordnet.[65] Diese Unterscheidung findet ihre innere Berechtigung in dem Finanzierungszweck des Leasingvertrages und den im Voraus festgelegten Zahlungsmodalitäten. **44**

3. Ausschluss der Aufrechnung. Die Aufrechnung kann gesetzlich, vertraglich oder nach Treu und Glauben ausgeschlossen sein. **45**

a) Gesetz. Die gesetzlichen Aufrechnungsverbote gelten auch in der Ins. Unzulässig ist die Aufrechnung mit einer **einredebehafteten Forderung** (§ 390 BGB; Rn 37).[66] Dasselbe gilt für die Aufrechnung gegen eine Forderung aus vorsätzlich begangener **unerlaubter Handlung** (§ 393 BGB) und gegen **unpfändbare Forderungen** (§ 394 BGB). Die Aufrechnung nach § 393 BGB ist auch dann ausgeschlossen, wenn der deliktische Anspruch mit einem vertraglichen konkurriert und der deliktische bereits verjährt ist.[67] Der Anspruch nach § 64 GmbHG schließt hingegen nicht bereits aufgrund seiner besonderen Eigenart jede Aufrechnung aus.[68] **Steuerpflichtige** können gegen Ansprüche aus dem Steuerschuldverhältnis nur mit unbestrittenen oder rechtskräftig festgestellten Gegenansprüchen aufrechnen (§ 226 Abs 3 AO). **Gesellschafter** können gegen Einlageforderungen von Kapitalgesellschaften nicht aufrechnen (ua § 19 Abs 2 GmbHG).[69] Der **Anfechtungsgegner** kann gegen den **46**

---

61 *BGHZ* 103, 367; 160, 3 f = ZIP 2004, 1608 f.

62 *BGH* ZIP 2014, 22.

63 *BGH* ZIP 2007, 1509.

64 *BGHZ* 86, 385 f; *BGH* ZIP 1997, 514; 2005, 1522; 2007, 1509.

65 *BGHZ* 109, 372 f; 118, 290; *BGH* ZIP 1997, 514.

66 Zum Fortbestand des Zurückbehaltungsrechts nach § 18 Abs 5 VTV aF gegenüber einer Erstattungsforderung des Arbeitgebers nach Eröffnung des InsVerf über das Vermögen des Arbeitgebers, *LAG Berlin-Brandenburg* 8.4.2015 – 4 sa 2182/14, BeckRS 2015, 69653.

67 MK/*Brandes/Lohmann* § 94 Rn 35.

68 *BGH ZIP* 2014, 22, obgleich der *BGH* die vom Berufungsgericht als grds bewertete Frage, ob der Geschäftsführer gegen eine Forderung aus § 64 S 1 bzw Abs 2 GmbH aF mit vor InsEröffnung erworbenen Gehaltsforderungen aufrechnen kann, wegen der Unwirksamkeit der Aufrechnung nach § 96 Abs 1 Nr 3 offen lassen konnte.

69 MK/*Brandes/Lohmann* § 94 Rn 36, auch zu weiteren gesellschaftsrechtlichen Aufrechnungsverboten.

anfechtungsrechtlichen Rückgewähranspruch aus § 143 InsO nicht mit InsFord aus § 144 Abs 1 InsO aufrechnen.[70]

47 **b) Vertrag. – aa) Grundsatz. Vertragliche Aufrechnungsverbote** sind grds wirksam; sie fallen nicht unter § 137 BGB. Ihre Vereinbarung durch AGB wird zivilrechtlich durch § 309 Nr 3 BGB beschränkt. Danach ist ein Aufrechnungsverbot unwirksam, soweit es die Aufrechnung mit unbestrittenen oder rechtskräftig festgestellten Forderungen ausschließt. Für Individualvereinbarungen kann dasselbe gelten, wenn die zur Aufrechnung gestellte Gegenforderung entscheidungsreif ist.[71]

48 **bb) Auslegung des Aufrechnungsverbots.** Ein zivilrechtlich wirksames Aufrechnungsverbot ist nach **Sinn und Zweck** dahin auszulegen, ob es auch in der Ins des Aufrechnungsgegners eingreifen soll.[72] Führt es dazu, dass der spätere InsGl seine Gegenforderung wegen des nachträglichen Vermögensverfalls des Gl der Hauptforderung nicht mehr durchsetzen kann, wird er ungeachtet des Verbots aufrechnen können, falls es nicht auch für diesen Fall gelten sollte.[73] Danach bleibt ein Aufrechnungsverbot in der Ins des Gl der Hauptforderung regelmäßig in Kraft, wenn es entspr seiner Zweckbestimmung als Mittel der Kreditsicherung verwandt worden ist; denn der Kreditgeber soll gerade darauf vertrauen dürfen, die ihm als Sicherheit abgetretene (Haupt-)Forderung nicht durch Aufrechnung zu verlieren, wenn sein Schu insolvent wird.[74] Demgegenüber gelten Klauselverbote in AGB regelmäßig nicht bei Vermögensverfall des Klauselverwenders.[75]

49 **c) Treu und Glauben.** Die Aufrechnung ist über die gesetzlich und vertraglich ausdrücklich geregelten Fälle hinaus nach ständiger Rspr des BGH, die auf Entsch des Reichsgerichts aufbaut, ausgeschlossen, sofern der besondere Inhalt des Schuldverhältnisses, die Natur der Rechtsbeziehungen oder der Zweck der geschuldeten Leistung eine Erfüllung durch Aufrechnung als mit Treu und Glauben (§ 242 BGB) unvereinbar erscheinen lassen.[76] Das Aufrechnungsverbot kann sich insb aus der **Zweckgebundenheit des Geschäfts** ergeben. So dürfen **Treuhänder und Geschäftsführer** nicht gegen den Anspruch auf Herausgabe des Erlangten nach § 667 BGB mit Gegenforderungen aufrechnen, die ihren Grund nicht in dem betreffenden Rechtsverhältnis haben.[77] Aus **nicht zweckgebundenen Fremdgeldern** darf ein RA sich durch Aufrechnung mit Honoraransprüchen befriedigen, auch wenn diese nicht gerade den Auftrag betreffen, der zu dem Geldeingang geführt hat.[78] Erwirbt die **Bank** in nicht banküblicher Weise den Anspruch eines Dritten gegen ihren Bankkunden allein zu dem Zweck, durch Aufrechnungen gegen eine Guthabenforderung ihres Kunden dem Dritten den Zugriff auf das Vermögen des Bankkunden zu verschaffen, so ist diese Aufrechnung rechtsmissbräuchlich und daher unwirksam.[79]

50 **4. Erklärung der Aufrechnung.** Nach § 388 S 1 BGB erfolgt die Aufrechnung durch Erklärung gegenüber dem anderen Teil, also durch eine empfangsbedürftige Willenserklärung. Diese ist unwiderruflich und bedingungsfeindlich (§ 388 S 2 BGB). Nach VerfEröffnung ist **Erklärungsempfänger** der InsVerw (§ 80 Abs 1). Ist im EröffnungsVerf ein InsVerw starker

70 *BGH* ZIP 1995, 1205 f; 2004, 326; sa § 96 Abs 1 Nr 1.
71 *BGH* WM 1978, 621.
72 Ausf hierzu *Jaeger/Windel* § 94 Rn 187 ff.
73 *BGHZ* 23, 26; 23, 137; *Uhlenbruck/Sinz* § 94 Rn 46.
74 *BGHZ* 14, 63; *BGH* ZIP 1988, 1342.
75 *BGH* ZIP 1983, 1474.
76 *BGHZ* 113, 93 f.
77 *BGH* ZIP 1993, 604.
78 *BGH* NJW 1995, 1426; ZIP 2007, 1508.
79 *BGH* ZIP 1987, 976 f.

Verwalter bestellt worden (§§ 21 Abs 2 S 1 Nr 2 Fall 1, 22 Abs 1), ist die Aufrechnung diesem gegenüber zu erklären.

5. Wirkung der Aufrechnung. – a) Allgemeines. Die Aufrechnung führt zum Erlöschen von Haupt- und Gegenforderung, soweit sie sich decken (§ 389 BGB). Die Rechtsfolge tritt rückwirkend bezogen auf den Zeitpunkt ein, in welchem die Forderungen zur Aufrechnung geeignet einander gegenüber treten. Die **rückwirkende Kraft** soll das Vertrauen beider Forderungsinhaber in den Fortbestand der Aufrechnungslage schützen. Damit entfallen Verzugsfolgen, Zinsanspruch und Vertragsstrafe ex tunc.[80] Dagegen soll dem Aufrechnungsberechtigten nicht durch nachträgliche Vorgänge, die seiner Einflussmöglichkeit entzogen sind, die Aufrechnungsmöglichkeit unter Hinweis auf die Rückwirkung verloren gehen (vgl §§ 392, 406 BGB).[81] 51

b) Mehrere Hauptforderungen. Bestehen **mehrere Hauptforderungen** (Passivforderungen), ergibt sich die Anrechnungsreihenfolge aus der Bestimmung des aufrechnenden Teils (§ 396 Abs 1 S 1 BGB). Der Tilgungsbestimmung kann der Aufrechnungsempfänger widersprechen (§ 396 Abs 1 S 2 BGB). In diesem Fall oder bei Fehlen einer Tilgungsbestimmung gelten §§ 366 Abs 2, 367 BGB. 52

II. Vertraglich geregelte Aufrechnung

1. Allgemeines. § 94 stellt nach der Entwurfsbegründung klar, dass neben der gesetzlichen auch die **vertragliche Aufrechnungsberechtigung** durch das InsVerf nicht berührt wird.[82] Um eine bloße Klarstellung gegenüber der Rechtslage nach der KO handelte es sich freilich nicht, nähme man die Formulierung wörtlich. Denn nach der KO waren **Aufrechungsverträge** in der Ins (Konkurs) schlechterdings unwirksam.[83] Das in einer wechselseitigen Verrechnungsvereinbarung ausgesprochene bloße „Einverständnis mit der Verrechnung" ohne Abtretung kann dem Erwerb der Gegenforderung (Aktivforderung) insolvenzrechtlich schon deshalb nicht gleichgestellt werden, weil andernfalls die Zahl der Aufrechnungsbefugten willkürlich vervielfacht werden könnte. Dem Wortlaut des § 94 einschl der im GesetzgebungsVerf eingefügten sog Klarstellung ist nicht zu entnehmen, dass für Aufrechnungsvereinbarungen der Schutz der InsMasse, der in §§ 95, 96 vorgesehen ist, nicht eingreifen soll.[84] Auch die Rspr geht – jedenfalls im Grundsatz – davon aus, dass nach § 94 nicht nur eine gesetzliche, sondern auch eine vertraglich vereinbarte Aufrechnung- bzw Verrechnungslage insolvenzrechtlich Bestand hat.[85] 53

Bedeutung hat die Einbeziehung der „vertraglich geregelten Aufrechnung" daher nur für vertragliche Erweiterungen der gesetzlichen Aufrechnungslage, die entweder den **Aufrechnungsvollzug** einer späteren einseitigen Erklärung vorbehalten oder die **Anforderungen an Haupt- und Gegenforderung** modifizieren.[86] Die vertragliche Aufgabe des Gegenseitigkeitserfordernisses für die Aufrechnung genießt in der Ins dagegen keinen Schutz.[87] 54

2. Unzulässige Gestaltungen. – a) Konzenverrechnungsklausel. In Anwendung dieser Auslegungsgrundsätze sind insb Konzernverrechnungsklauseln auch nach der InsO als unwirksam anzusehen. 55

---

80 *BGHZ* 80, 278 f; *BGH* ZIP 1991, 317.
81 MK/*Brandes/Lohmann* § 94 Rn 54.
82 BT-Drucks 12/7302, 165.
83 *BGHZ* 81, 19 f; *BGH* ZIP 1996, 552; *Fischer* WM 2008, 2.
84 *Fischer* WM 2008, 2.
85 *OLG Oldenburg* ZInsO 2014, 671.
86 *BGHZ* 170, 210; MK/*Brandes/Lohmann* § 94 Rn 45; *Häsemeyer* Rn 19.02 und 19.30.
87 *BGHZ* 170, 210; *BGH* ZIP 2006, 1741; *Jaeger/Windel* § 94 Rn 194.

56 **aa) Begriff.** Schon der Begriff ist irreführend. Es geht in diesen Fällen nicht um eine automatische Saldierung sich aufrechenbar gegenüber stehender Forderungen, worauf der Wortbestandteil „verrechnungs" schließen lassen könnte, sondern um eine Aufrechnung mit selbstständigen, einem fremden Rechtsträger zustehenden Forderungen. Die Verrechnung in einer solchen Weise ist kein gesetzlich vorgesehenes, in der Ins in den Schutzbereich des § 94 fallendes Rechtsinstitut. Es ist unzulässig, die Aufrechnungsverbote der §§ 95, 96 dadurch zu umgehen, dass Haupt- und Gegenforderung einer vom Gesetz nicht anerkannten Verrechnung unterstellt werden.[88]

57 **bb) Sinn und Zweck.** § 94 bezweckt, wie sich aus der amtlichen Überschrift („Erhaltung einer Aufrechnungslage") ergibt, dem Gl eine bereits bei Eröffnung des InsVerf **gegebene Aufrechnungslage** zu erhalten. Diese entsteht jedoch erst, wenn zwei Forderungen einander gegenübertreten. Dies ist bei einer auf eine Konzernverrechnungsklausel gestützten Aufrechnung nicht der Fall, solange die Aufrechnung nicht erklärt worden ist.

58 Ebenso wie die Aufrechnung auf Grund der Konzernverrechnungsklausel mit einer fremden (Gegen-)Forderung dem Rechtsgedanken des § 96 Abs 1 Nr 2 zuwiderläuft, ist in der **Aufrechnung mit einer eigenen Forderung gegen eine fremde Schuld** (fremde Hauptforderung) ein Widerspruch zur Wertung des § 96 Abs 1 Nr 1 zu sehen. Auch in diesem Fall wird die Aufrechnungslage unter Bezugnahme auf die Konzernverrechnungsklausel erst nach der VerfEröffnung hergestellt. Dies rechtfertigt eine Gleichbehandlung beider Varianten.[89]

59 **cc) Vergleich mit Pfandrecht.** Die Wirksamkeit der Aufrechnung kann in den genannten Fällen auch nicht damit begründet werden, dass sie in der Ins im wirtschaftlichen Erg einem Pfandrecht oder einer Sicherungsabtretung und dem hierdurch vermittelten Recht zur abgesonderten Befriedigung ähnelt. **Pfand- und Sicherungsrechte** räumen dem Gl des Schu Sicherungsrechte für eigene Forderungen ein. Demgegenüber gewährt die Konzernverrechnungsklausel die Aufrechnungsbefugnis dem Schu des InsSchu.[88]

60 **dd) Künstlich geschaffene Aufrechnungslage.** Die Aufrechnung auf Grund einer Konzernverrechnungsklausel ist deshalb auch im Anwendungsbereich der InsO generell so zu beurteilen, als ob die Gegenforderung im **Zeitpunkt der Abgabe der Aufrechnungserklärung** an den Aufrechnenden (§ 388 BGB) abgetreten wird. Ein anderes Verständnis führte zu einer Schmälerung der InsMasse und widerspräche dem erklärten Ziel der InsO, die Masse im Interesse der GlGleichbehandlung zusammenzuhalten.[90] Hierbei macht es auch keinen Unterschied, ob die konzernangehörigen Gesellschaften, gestützt auf die Klausel, die Gegenforderung gegen den Schu einzeln durchzusetzen versuchen oder ob die Rechtsfolgen der §§ 95, 96 dadurch umgangen werden sollen, dass der Konzern eine **Zentralregulierung** aller gegenseitiger Forderungen zwischen den Konzernunternehmen und dem Schu organisiert.[88]

61 **b) Stille Zession.** Der BGH hat noch unter der Geltung der KO seine Rspr zur Konzernverrechnungsklausel auf den Fall einer **wechselseitigen stillen Zession** ausgedehnt. Treten zwei durch eine gemeinsame Muttergesellschaft verbundene Unternehmen sich gegenseitig ihre Außenstände still zum Inkasso bei Weiterbestehen der Einziehungsermächtigung ab und erweitern sie so die Aufrechnungsmöglichkeit, so kann das iF des Konkurses eines gemeinsamen Geschäftsgegners wegen Umgehung der Aufrechnungsverbote unwirksam sein. Es könne von einer insolvenzrechtlich nicht hinzunehmenden **„Verdoppelung der Aufrechnungsmöglichkeit"** gesprochen werden.[91] Im Recht der InsO kann nichts anderes gel-

---

88 *Fischer* WM 2008, 2.
89 *BGH* ZIP 2006, 1741; *Fischer* WM 2008, 2.
90 *BGH* ZIP 2006, 1741.
91 *BGH* ZIP 1991, 112.

der Gl – anders als absonderungsberechtigte Gl – jederzeit durch Aufrechnung seiner Einbeziehung in den InsPlan entziehen kann. Nach § 254 Abs 1 treten mit der Rechtskraft der Bestätigung des Insolvenzplans die im gestaltenden Teil festgelegten Wirkungen für und gegen alle Beteiligten ein. Ein bei Eröffnung des InsVerf bestehendes Aufrechnungsrecht bleibt hiervon unberührt; § 94 setzt sich mithin gegenüber § 254 durch.[110]

Mit der Konsequenz, dass auch mit Forderungen, die im InsPlanVerf erlassen worden sind, bei Vorliegen der Voraussetzungen des § 94 die Aufrechnung erklärt werden kann. Zwar bestehen die im InsPlanVerf erlassenen Forderungen lediglich als **unvollkommene Verbindlichkeiten** fort, die mangels Durchsetzbarkeit keine Aufrechnungslage begründen.[111] Gleichwohl ist § 94 anwendbar. Sowohl der Wortlaut („durch das Verfahren nicht berührt") als auch die Entstehungsgeschichte gebieten es, dass eine bei InsEröffnung bestehende Aufrechnungslage auch bei späterer Plansanierung unabhängig von den Planregelungen geschützt wird. Insoweit macht auch ein vollständiger Verzicht, dh auch Erlass der unvollkommenen Verbindlichkeit, keinen Unterschied. 72

§ 95 Eintritt der Aufrechnungslage im Verfahren

(1) [1]Sind zur Zeit der Eröffnung des Insolvenzverfahrens die aufzurechnenden Forderungen oder eine von ihnen noch aufschiebend bedingt oder nicht fällig oder die Forderungen noch nicht auf gleichartige Leistungen gerichtet, so kann die Aufrechnung erst erfolgen, wenn ihre Voraussetzungen eingetreten sind. [2]Die §§ 41, 45 sind nicht anzuwenden. [3]Die Aufrechnung ist ausgeschlossen, wenn die Forderung, gegen die aufgerechnet werden soll, unbedingt und fällig wird, bevor die Aufrechnung erfolgen kann.

(2) [1]Die Aufrechnung wird nicht dadurch ausgeschlossen, dass die Forderungen auf unterschiedliche Währungen oder Rechnungseinheiten lauten, wenn diese Währungen oder Rechnungseinheiten am Zahlungsort der Forderung, gegen die aufgerechnet wird, frei getauscht werden können. [2]Die Umrechnung erfolgt nach dem Kurswert, der für diesen Ort zur Zeit des Zugangs der Aufrechnungserklärung maßgeblich ist.

Übersicht

110 *BGH* 19.5.2011 – IX ZR 222/08.
111 *BGH* 29.03.2007 – IX ZB 204/05.

A. Allgemeines

I. Normzweck

1 **1. Unterschiedliche Währungen.** Die Vorschrift betrifft zwei sachlich nicht zusammenhängende Komplexe. Abs 2 betrifft die allg Frage der Aufrechenbarkeit von Forderungen auf Geldleistungen in verschiedenen, aber **konvertiblen Währungen**. Diese Problematik stellt sich für alle, nicht nur für die erst im Verfahren eingetretenen Aufrechnungslagen. Systematisch gehört Abs 2 daher zu § 94. Ihr Regelungsgehalt hätte auch in das BGB eingestellt werden können.

2 **2. Aufrechnungslage nach Eröffnung.** Grundgedanke des Abs 1 ist der **Vertrauensschutz**.[1] Der Gl, der vor der Eröffnung des InsVerf darauf vertrauen durfte, mit Rücksicht auf das Entstehen einer Aufrechnungslage seine Forderung durchsetzen zu können, soll in dieser Erwartung auch im InsVerf nicht enttäuscht werden.[2] Der Kern der Regelung ist in Abs 1 S 1 enthalten: Als Ergänzung zu § 94 stellt diese in den Fällen, in denen zum Zeitpunkt der InsEröffnung die wechselseitigen Forderungen schon begründet sind, jedoch bedingt, oder die Forderung des InsGl (Gegenforderung; Aktivforderung) noch nicht fällig ist, sicher, dass dieser aufrechnen kann, wenn die Hindernisse nach VerfEröffnung weggefallen sind.[3] Die Vorschriften stellen also eine Ausnahme zu den Aufrechnungsverboten nach § 96 dar.[3]

II. Geltungsbereich

3 **1. Selbstständige Forderung.** Die Vorschrift gilt ebenso wie § 94 nur für die Aufrechnung selbstständiger Forderungen und nicht für die gesellschaftsrechtlich gebotene Verrechnung im Wege der **Kontenangleichung**.[4] Nach dem auch für das InsVerf maßgeblichen § 387 BGB setzt die Aufrechnung zwei selbstständige Forderungen voraus, die in einem Gegenseitigkeitsverhältnis stehen und gleichartig sind. Fehlt es hieran, können die Wirkungen der Aufrechnung schon begrifflich nicht eintreten. Diese bestehen darin, dass die Forderungen, soweit sie sich decken, als in dem Zeitpunkt erloschen gelten, in welchem sie zur Aufrechnung geeignet gegenüberstehen. Dies trifft auf unselbstständige Rechnungsposten, die gebunden und gelähmt sind, nicht zu.[1]

4 **2. Abgrenzung.** Damit sind die Aufrechnungserklärungen nicht zu verwechseln, die sich auf eine (selbstständige) Forderung beziehen, auch wenn diese sich wie der Anspruch auf Zahlung eines Auseinandersetzungsguthabens aus einem **Gesellschaftsvertrag** ergibt. Der Vertrauensschutz der Gesellschaft, gegen eine solche Forderung des Gesellschafters (Schu) mit Ansprüchen aus Lieferungen an den Gesellschafter aufrechnen zu können, richtet sich nach Abs 1.[5] Entspr gilt für Forderungen, die sich mit der VerfEröffnung aus dem Erlöschen des zugrunde liegenden **Geschäftsbesorgungsverhältnisses** (§§ 115, 116) ergeben. So kann die Bank mit ihrer Forderung auf Ausgleich des Saldos, die mit Beendigung des Kontokorrentverhältnisses im Zeitpunkt der VerfEröffnung als sofort fällig entsteht, gegen Ansprüche der Masse aufrechnen.[6]

---

1 *BGHZ* 170, 209.
2 BT-Drucks 12/2443, 140.
3 *VGH Mannheim* 31.8.2016 – 2 S 279/16.
4 *BGHZ* 170, 209; MK/*Brandes/Lohmann* § 95 Rn 4.
5 Vgl *BGHZ* 160, 3 f.
6 MK/*Brandes/Lohmann* § 95 Rn 7.

B. Erläuterungen

I. Aufrechnungslage im Verfahren (Abs 1)

1. Eintritt der Fälligkeit im Verfahren. Die Vorschrift des § 41, wonach nicht fällige Forderungen als fällig gelten ist, ist nach Abs 1 S 2 nicht anzuwenden (gleiches gilt für § 45 betreffend die Umrechnung von Forderungen; dazu Rn 52 f. Sie führt also für den Zeitpunkt der VerfEröffnung zu keiner Aufrechnungslage. Etwas anderes gilt für Forderungen, etwa aus Geschäftsbesorgungsverträgen, die sich mit der VerfEröffnung wegen des Erlöschens der zugrunde liegenden Rechtsverhältnisse ergeben und fällig werden (§§ 115, 116). IÜ richtet sich die Fälligkeit nach den allgemeinen Vorschriften ggf iVm den getroffenen vertraglichen Vereinbarungen. 5

a) Verhältnis von Abs 1 zu § 96 Abs 1 Nr 1. Die Regelung in Abs 1 S 1 steht in einem Spannungsverhältnis zu § 96 Abs 1 Nr 1, wonach die Aufrechnung unzulässig ist, wenn ein InsGl erst nach Eröffnung des Verfahrens etwas zur Masse schuldig geworden ist.[7] 6

aa) Konkurrierende Rechtsprinzipien. § 95 Abs 1 bestimmt dagegen, dass der Gl mit einer bei der Eröffnung des InsVerf aufschiebend bedingten oder nicht fälligen (Gegen-)Forderung aufrechnen darf, sobald die Bedingung oder Fälligkeit eingetreten ist (Abs 1 S 1). Dies gilt nur dann nicht, wenn die Forderung der Masse (Hauptforderung) **vorher** unbedingt und fällig geworden ist (Abs 1 S 3). Ist die Hauptforderung erst nach VerfEröffnung entstanden, jedoch später fällig geworden als die Gegenforderung, ist der Aufrechnende zwar erst nach VerfEröffnung etwas zur Masse schuldig geworden. Er konnte aber zu jedem Zeitpunkt darauf vertrauen, sich durch Aufrechnung befriedigen zu können. Es stellt sich deshalb die Frage, welches der beiden Rechtsprinzipien der Vorrang gebührt. 7

bb) Vorrang des Vertrauensschutzgedankens. Der BGH hat den Konflikt dahin gelöst, dass sich der Vertrauensschutzgedanke nach Abs 1 durchsetzt.[8] Dies entspricht der Rechtlage nach der KO. Danach war die Aufrechnung nicht dadurch ausgeschlossen, dass die Hauptforderung im Zeitpunkt der Eröffnung des Verf noch betagt oder bedingt war.[9] Die Regelung der KO ist allerdings nicht unverändert in die InsO übernommen worden. Dafür war maßgeblich, dass nicht systemwidrig Gl bevorzugt werden sollten, die außerhalb des Verf nicht zur Aufrechnung befugt sind.[10] Dies hat in zwei Punkten zu einer **Änderung gegenüber der überkommenen Rechtslage** geführt (Abs 1 S 2 und 3), die vorliegend jedoch nicht einschlägig sind. Davon abgesehen sollte die Befugnis der Gl zur Aufrechnung durch die Eröffnung des InsVerf auch für eine Rechtsbedingung nicht erschwert werden. Fällt das Hindernis für die Aufrechnung nach der Eröffnung des Verf fort[11] und stehen sich die Forderungen dann in aufrechenbarer Weise gegenüber, schließt das InsVerf die Erklärung der Aufrechnung nicht aus. 8

b) Einzelfälle nach Abs 1 S 1. – aa) Zulässige Aufrechnung. Hiernach kann der InsGl aufrechnen, wenn seine (Gegen-)Forderung schon vor der VerfEröffnung fällig ist. Gleiches gilt, wenn die Fälligkeit seiner Forderung erst im Verf eintritt, jedoch vor[12] der Forderung der Masse. Haben die Parteien vereinbart, dass die Fälligkeit der Forderungen des Schu von der Vorlage bestimmter Unterlagen abhängt, bleibt eine solche **Fälligkeitsvereinbarung** 9

7 Vgl zu diesem Abgrenzungsbedarf *BFH* ZIP 2015, 2237.
8 *BGHZ* 160, 4 f; hierzu *Fischer* WM 2008, 2 f; *BGH* ZIP 2011, 1826 Rn 19.
9 *BGHZ* 71, 384 f; *BGH* ZIP 2000, 758.
10 *BGHZ* 137, 290 f; MK/*Brandes/Lohmann* § 95 Rn 3.
11 Aber ohne Zuhilfenahme der nach Abs 1 S 2 nicht anwendbaren Fiktionen gem §§ 41, 45.
12 *BGHZ* 160, 3.

auch nach der InsFord für den InsVerf bindend.[13] Die Aufrechnung ist auch zulässig, wenn zwar die Forderung der Masse vor VerfEröffnung fällig wird, der InsGl aber ein Recht hat, die Tilgung der Masseforderung zu verweigern.[14]

10 Wird umgekehrt die Forderung der Masse vor der InsFord fällig, ist die Aufrechnung nach Abs 1 S 3 grds ausgeschossen (s nachfolgend unter 2). Die Forderung der Masse wird eingezogen. Der InsGl kann seine Forderung im Verfahren geltend machen (§ 87); er erhält nur die Quote.

11 Die Aufrechnung ist auch dann nach § 95 zulässig, wenn beide Forderungen in ihrer Fälligkeit von derselben Bedingung abhängen und hierdurch **gleichzeitig fällig** werden.[15] Die Regelung des § 95 Abs 1 S 3 schließt die Aufrechnung ausdrücklich nur dann aus, wenn zuerst die Forderung des Schu fällig wird.[16]

12 **bb) Unzulässige Aufrechnung.** Keinen Vertrauensschutz genießen **„künstlich" begründete Aufrechnungslagen**.[17] Das sind solche, die nach den Grundsätzen des Schuldrechts nicht bestehen und maßgebend gerade mit der Ins des Schu begründet werden sollen. Deshalb kann den in § 250 BGB genannten Voraussetzungen, unter denen sich der schadensrechtliche **Befreiungsanspruch** in einen (dann aufrechenbaren) **Zahlungsanspruch** umwandelt, nicht der Eintritt der materiellen Ins des Schu gleichgestellt werden.[18]

13 **2. Aufschiebend bedingte Forderungen. – a) Allgemeines. – aa) Abgrenzung.** Nach Abs 1 S 1 kann erst aufgerechnet werden, wenn **Haupt- und Gegenforderung** unbedingt sind und die Hauptforderung wenigstens erfüllbar ist (§ 387 BGB aE). Wird die Forderung der Masse (Hauptforderung) vor der InsFord (Gegenforderung) unbedingt und fällig, kann sie also früher durchgesetzt werden, muss der Aufrechnungsschutz versagen, weil der InsGl zum Zeitpunkt der VerfEröffnung bei der gebotenen abstrakten Betrachtungsweise nicht sicher sein konnte, sich einmal durch Aufrechnung befriedigen zu können. Diese **Einschränkung des Schutzes der Aufrechnungslage** in der Ins regelt nunmehr ausdrücklich Abs 1 S 3.

14 Der Aufrechnung steht § 95 nicht entgegen, wenn beide Forderungen von derselben Bedingung abhängen und dadurch **gleichzeitig** entstehen. In diesem Fall greift § 95 Abs 1 S 3 nicht, da die Forderung des Schu eben nicht eintritt, **bevor** die Aufrechnung möglich wird. Dies gilt auch dann, wenn es sich bei der aufschiebenden Bedingung um eine rechtsgeschäftliche Erklärung handelt. Zwar hat der IX. Zivilsenat des BGH entschieden, dass eine Aufrechnung bei aufschiebend bedingten Forderung nach § 95 Abs 1 voraussetzt, dass die Forderung in ihrem rechtlichen Kern aufgrund gesetzlicher oder vertraglicher Vereinbarungen bereits gesichert ist und fällig wird, ohne dass es einer weiteren Rechtshandlung bedarf.[19] Hierbei handelt es sich jedoch um Fälle, in denen nur eine der Forderungen unter einer Bedingung stand. Hängen sämtliche wechselseitige (Rückgewähr-) Verpflichtungen von der gleichen Bedingung ab, liegt der Fall anders und verdient den Schutz des § 95.[16]

15 **bb) Bedingte Forderung der Masse.** Ist lediglich die Forderung der Masse (Hauptforderung) bedingt, ist eine Aufrechnung bis zum Bedingungseintritt aus Gründen des materiellen Rechts nicht möglich; es fehlt an der Erfüllbarkeit der Hauptforderung (§ 387 BGB). Gegen eine künftige oder aufschiebend bedingte Forderung kann nicht aufgerechnet wer-

---

13 *BGH* 15.12.2016 – IX ZR 117/16.
14 *BGHZ* 164, 164; MK/*Brandes/Lohmann* § 95 Rn 6.
15 *BGH* ZIP 2005, 1743.
16 *BGH* 3.3.2016 – IX ZR 132/15.
17 *BGHZ* 160, 7; *BGH* ZIP 2005, 1561.
18 *BGH* ZIP 2005, 1561.
19 *BGHZ* 160, 6.

den.[20] Aus dem isoliert betrachteten Wortlaut von S 3 ist tw gefolgert worden, der Aufrechnungsausschluss sei „ab Bedingungseintritt" auch in dem Fall anzuwenden, dass **lediglich** die Forderung der Masse bedingt war.[21] Der BGH ist dem mit Recht nicht gefolgt.[22] Nach Abs 1 S 1 können zunächst beide **oder** lediglich eine der beiden Forderungen bedingt oder betagt sein. Der Fall, dass dies lediglich auf die Forderung der Masse zutrifft, wird nicht ausgeschieden. Eine weitergehende Einschränkung der Aufrechnungslage entspricht danach nicht dem Willen des Gesetzgebers.

cc) Bedingungen. Unter Abs 1 fallen **rechtsgeschäftliche und auf Grund Gesetzes bedingte Forderungen**. 16

aaa) Allgemeines („Im rechtlichen Kern gesichert …"). Eine Forderung ist nicht nur bedingt iSd Abs 1, wenn sich die Bedingung als rechtsgeschäftliche unter § 158 Abs 1 BGB fassen lässt. Es werden auch gesetzliche Bedingungen erfasst.[23] Gemeint sind damit die gesetzlichen Voraussetzungen für das Entstehen einer Forderung. Die Vorschrift will jedoch nur Gl schützen, deren Forderung in ihrem **rechtlichen Kern** auf Grund der gesetzlichen Bestimmungen und/oder vertraglichen Vereinbarungen bereits gesichert ist und fällig wird, ohne dass es einer weiteren Rechtshandlung des Anspruchsinhabers bedarf.[24] Der Anspruch muss deshalb gleichsam „automatisch" entstehen.[25] Damit ist der frühere Rechtsstandpunkt überholt, wonach es für die Insolvenzfestigkeit unschädlich war, dass der (Rückzahlungs)-Anspruch erst nach Ausübung eines Rücktrittsrechts entstehe.[26] Hierzu gehören insb Ansprüche des Gesellschafters auf Zahlung der Abfindung oder des Auseinandersetzungsguthabens, die mit Abschluss des Gesellschaftsvertrages zu den geschützten Ansprüchen gehören (Rn 4), nicht aber der Ausgleichsanspruch des Handelsvertreters oder Vertragshändlers.[27] Anderes gilt, wenn beide **Forderungen von derselben Bedingung abhängen**. Dann ist die Aufrechnung nach § 95 auch dann zulässig, wenn es sich bei der Bedingung um eine rechtsgeschäftliche Erklärung handelt. Diese Ergänzung zu seiner Rspr aus *BGHZ* 160, 1 sah der IX. Zivilsenat als geboten an, da mit dem Widerruf sowohl der eine als auch der andere Anspruch entstanden sei und insoweit eine „automatische" Entstehung iSd durch *BGHZ* 160, 1 geprägten Rspr vorliege. 17

bbb) Besonderes Abgrenzungsbedürfnis bei Steuererstattungen. Von großer praktischer Bedeutung sind **Steuererstattungsansprüche** im Allgemeinen und Umsatzsteuererstattungsansprüche im Besonderen. Die Frage nach der (insolvenzrechtlichen) Entstehung und die hiervon abhängige Abgrenzung von § 95 Abs 1 S 1 und § 96 Abs 1 Nr 1 ist besonders diffizil. Ob ein Steueranspruch bereits vor InsEröffnung begründet war, richtet sich nach stRspr des BFH[28] nicht danach, ob der Anspruch im steuerrechtlichen Sinne entstanden war, sondern danach, ob im Zeitpunkt der InsEröffnung der Rechtsgrund für den Anspruch im insolvenzrechtlichen Sinne gelegt war.[29] Der Anspruch auf eine Steuer ist im insolvenzrechtlichen Sinne dann vor InsEröffnung begründet, wenn der anspruchsbegründende Tatbestand – der 18

---

20 *BGHZ* 103, 367; 160, 6.
21 *K/P/B/Lüke* § 95 Rn 15.
22 *BGHZ* 160, 6; ebenso MK/*Brandes/Lohmann* § 95 Rn 9; *Fischer* WM 2008, 3.
23 *BGHZ* 15, 335; 160, 6 f; *BGH* ZIP 1994, 715; 2000, 758; MK/*Brandes/Lohmann* § 95 Rn 10; *Uhlenbruck/Sinz* § 95 Rn 10.
24 *BGH* ZIP 2009, 380 Rn 32; 2013, 1180 Rn 11; *BFH* v 18.8.2015, BeckRS 2015, 95849; *BFH* v 21.3.2014, BFH/NV 2014, 1088; *BFH* ZIP 2011, 1116 Rn 12; *BSG* ZIP 2011, 1972, Rn 16.
25 *BGHZ* 160, 6 f; *BGH* ZIP 2000, 758; 2006, 89.
26 So aber *BGHZ* 155, 87, 93 f.
27 *BGH* ZIP 2013, 1180, Rn 11.
28 Statt vieler *BFH* BStBl II 2005, 195; *BFH* BStBl 2006, 193.
29 Vgl zuvor Rn 17.

zur Entstehung der Steuer führt – bereits vor Verfahrenseröffnung abgeschlossen ist. Das gilt auch für Steuererstattungsansprüche. Steuererstattungsansprüche aufgrund von Vorauszahlungen entstehen im Zeitpunkt der Entrichtung der Steuer unter der aufschiebenden Bedingung, dass am Ende des Besteuerungszeitraums die geschuldete Steuer geringer ist als die Vorauszahlung. Auf die Festsetzung des Steuererstattungsanspruchs kommt es nicht an.[30]

19 Mit der gesetzlichen Neuregelung in § 37 Abs 5 KStG hat der Gesetzgeber das Verfahren zur Auszahlung des **Körperschaftssteuerguthabens** von den Gewinnausschüttungen der Körperschaft und der jährlichen Körperschaftssteuerveranlagung gelöst. § 37 Abs 5 S 1 KStG erzeugt für den gesetzlich angeordneten Auszahlungszeitraum von 10 Jahren (2008–2017) einen **unbedingten Anspruch** auf eine ratenweise Auszahlung des Körperschaftssteuerguthabens. Dieser Anspruch ist von keinen weiteren Voraussetzungen abhängig. Damit ist grds ab dem 1.1.2007 der Anspruch auf Auszahlung eines Körperschaftssteuerguthabens in seinem Kern entstanden und eine Aufrechnung nach § 95 zulässig.[31]

20 Für einen von einem **Investitionszulageantrag abhängigen Umsatzsteuererstattungsanspruch** nimmt der BFH an, dass es für die insolvenzrechtliche Begründung des Anspruchs im vorbenannten Sinne nicht erforderlich ist, dass der entsprechende Antrag vor VerfEröffnung gestellt worden ist.[32] Unter Bezugnahme hierauf wird die insolvenzrechtliche Begründung auch dann angenommen, wenn sich der Inhaber des Erstattungsanspruchs (hier: Betreiber von Glücksspielgeräten) erst auf eine EU-Richtlinie berufen muss, um die Anwendung einer m der EU Richtlinie unvereinbare innerstaatliche Bestimmung (hier: § 4 Nr 9 b, S 1 UStG) zu verhindern.[33] In beiden Fällen sei der Rechtsanspruch auf Erstattung kraft Gesetzes ohne weitere Rechtshandlung eines Beteiligten in dem Zeitpunkt entstanden, in dem die Umsatzsteuer für diese Umsätze entrichtet worden sei.

21 **ccc) Entstehung erst durch Kündigung.** Es muss stets ein Element am rechtlichen Entstehen **des Anspruchs selbst** fehlen. Die Aufrechnung ist somit dann ausgeschlossen, wenn eine der beiden Forderungen erst nach InsEröffnung durch eine **Kündigung** begründet wird.[34] Anderes gilt, wenn die wechselseitigen Forderungen unter der gleichen Bedingung stehen und die Forderungen mithin gleichzeitig entstehen bzw fällig werden. In diesem Fall kann auch eine einseitige Erklärung die Bedingung darstellen (vgl oben Rn 17). Bei der Ungewissheit, ob ein Gewährleistungsanspruch besteht und als solcher innerhalb eines bestimmten künftigen Zeitraums tatsächlich erkannt werden wird, handelt es sich ebenfalls nicht um eine Bedingung iS des Abs 1.[35]

22 **b) Weitere Einzelfälle nach Abs 1 S 3. – aa) Gesellschaftsrecht.** Geschützt sind die Ansprüche des Gesellschafters auf **Abfindung** oder auf das **Auseinandersetzungsguthaben**, obwohl es sich bei ihnen zunächst lediglich um zukünftige Forderungen handelt. Der Rechtsgrund ist mit Wirksamwerden des Gesellschaftsvertrages in der Person des Gesellschafters jedoch gelegt. Dieser Rechtsakt verschafft dem Gesellschafter bereits eine gesicherte Position in Form einer bestimmten Erwerbsaussicht.[36]

23 **bb) Geschäftsbesorgung.** Die Vertragspflicht aus § 667 BGB, dem Auftraggeber alles, was er aus der Geschäftsbesorgung erlangt, herauszugeben, schuldet der Beauftragte bis zur Einziehung auch nicht bedingt oder betagt, weil die **Einziehung** weder als eine Bedingung

---

30 *BFH* 29.1.1991, BStBl II 2006, 641.
31 *BFH* BStBl II 2011, 822; *FG München* 30.9.2014 – 6 K 2816/12, BeckRS 2014, 96388.
32 *BFH* BStBl II 2011, 822.
33 *BFH* 18.8.2015, BeckRS 2015, 95849.
34 *BGH* ZIP 2004, 1609; 2006, 89; 2013, 1180 Rn 11.
35 *BGH* ZIP 2000, 758; MK/*Brandes/Lohmann* § 95 Rn 10.
36 *BGHZ* 160, 6 f; *BGH* ZIP 2000, 758 f; *Fischer* WM 2008, 3.

noch als eine Zeitbestimmung anzusehen, sondern **Inhalt des Rechtsgeschäfts** selbst ist.[37] Kommt es iRd § 96 Abs 1 Nr 3 für die Anfechtbarkeit der Aufrechnungslage auf den maßgeblichen Zeitpunkt an, so bestimmt sich dieser nach § 140 Abs 1 und nicht nach Abs 3, der nur rechtsgeschäftliche Bedingungen betrifft.[38] Im Anwendungsbereich des § 95 Abs 1, der Rechtsbedingungen in seinen Schutz einbezieht, gilt hingegen eine andere Wertung.[39] Entsteht die Verpflichtung des InsGl, bevor das Geschäftsbesorgungsverhältnis nach §§ 115, 116 endet, kann er mit seinem Vergütungsanspruch gegen den Anspruch auf Herausgabe von Geld aufrechnen, weil beide Ansprüche mit der VerfEröffnung und damit gleichzeitig fällig werden. Gehen die Gelder dagegen erst nach VerfEröffnung ein, entsteht ein Bereicherungsanspruch der Masse gegen den eine Aufrechnung durch den Geschäftsbesorger an § 96 Abs 1 Nr 1 scheitert.[40]

cc) Miete. Mietansprüche entstehen befristet mit Beginn des jeweiligen Zeitabschnitts, für **24** den die Miete zu entrichten ist. Die Forderungen entstehen also abschnittsweise neu.[41] Damit stehen sie nach der Regel des § 163 BGB aufschiebend bedingten Forderungen gleich. Abs 1 S 1 und 3 sind daher anwendbar.[42] Im Erg kann aus § 95 jedoch keine Berechtigung zur Aufrechnung hergeleitet werden. Es gilt der Grundsatz, dass Forderungen der Ins-Masse (Hauptforderung), die Gegenleistungen für Leistungen der Masse darstellen, nur in der Weise getilgt werden dürfen, dass die Masse nicht verkürzt wird. Dies hindert in der Ins des Vermieters den Mieter daran, gegen Forderungen der Masse aus der Zeit nach VerfEröffnung aufzurechnen (§ 96 Rn 16).[43]

dd) Gegenseitige Verträge im Anwendungsbereich des § 103. Für die Aufrechnung des Gl **25** bzw Vertragspartners mit Ansprüchen aus gegenseitigen Verträgen ist danach zu unterscheiden, ob der InsVerw Erfüllung wählt oder die Erfüllung ablehnt. Hiervon hängt ab, ob der Gl bzw Vertragspartner m seinem vertraglich begründeten Primäranspruch oder m einem aus § 103 Abs 2 S 1 folgenden Anspruch wegen Nichterfüllung aufrechnen will.

aaa) Wählt der InsVerw **nicht die Erfüllung**, bleibt der Vertrag ungeachtet der Eröffnung **26** des InsVerf bestehen, wird aber rein insolvenzmäßig abgewickelt.[44] Der BGH hat dies zunächst so ausgedrückt, dass die beiderseitigen Erfüllungsansprüche mit der VerfEröffnung „erlöschen". Damit war in der Sache gemeint, dass der Vertragspartner – ohne Erfüllungswahl – **keinen durchsetzbaren Anspruch gegen die Masse auf (weitere) Erfüllung** des Vertrages hat und dass umgekehrt kein durchsetzbarer Anspruch der Masse auf die Gegenleistung für vom Schu noch nicht erbrachte Leistungen besteht.[45] Der BGH hat dies später klargestellt.[46] Dieses Verständnis entspricht seitdem ständiger Rspr des BGH;[47] von ihm soll nachfolgend ausgegangen werden.[48] Des Weiteren hängen die Aufrechnungsmöglichkeiten von dem Abwicklungsstand des gegenseitigen Vertrages bei Eröffnung des InsVerf ab.[49]

---

37 *BGHZ* 107, 90; *BGH* ZIP 2007, 1509.
38 *BGHZ* 167, 17; *BGH* ZIP 2003, 809.
39 *BGHZ* 107, 90.
40 *BGHZ* 107, 90; MK/*Brandes/Lohmann* § 95 Rn 12.
41 *BGHZ* 170, 196, 200; 182, 264, 267; *BGH* ZIP 1997, 514; 2005, 1522; 2007, 1509.
42 *Fischer* WM 2008, 3.
43 *BGH* ZIP 2005, 1522; 2007, 239 f, auch zum Zusammenspiel von §§ 95, 96 Abs 1 Nr 1 und § 110 Abs 3.
44 *BGHZ* 89, 194; MK/*Kreft* § 103 Rn 13; s auch die Kommentierung zu § 103.
45 *BGH* ZIP 1996, 427; 2001, 32.
46 *BGHZ* 150, 359.
47 *BGHZ* 155, 90, 95 ff; *BGH* ZIP 2006, 90.
48 Zur Entwicklung der Rspr des BGH s MK/*Kreft* § 103 Rn 11–13; § 103 Rn 2 ff, 35 ff.
49 Ausf MK/*Kreft* § 103 Rn 14–38.

27 **Keine Vertragspartei hat vor Eröffnung des InsVerf Leistungen erbracht**. Der Vertrag ist insolvenzrechtlich abzuwickeln, falls sich der Vertragspartner überhaupt an dem InsVerf beteiligt. Bei seiner **Forderung wegen Nichterfüllung** (§ 103 Abs 2 S 1) handelt es sich um eine InsFord. Unter der Geltung der KO wurde überwiegend angenommen, dass der Anspruch als im Zeitpunkt der VerfEröffnung aufschiebend bedingter Anspruch anzusehen und deshalb die Aufrechnung gegen eine vom Schu begründete Forderung – auch soweit diese noch bedingt oder betagt war – nicht ausgeschlossen sei.[50] Grdl dieser Schlussfolgerung ist die Einordnung der in § 103 Abs 2 S 1 vorgesehenen Forderung wegen Nichterfüllung als Anspruch auf Schadensersatz statt der Leistung entsprechend der bisherigen Rspr.[51] Diese grds Aufrechenbarkeit schützt den Gl indes nur dann, wenn kein Ausschluss nach § 95 Abs 1 S 3 vorliegt. Hiernach ist die Aufrechnung ausgeschlossen, wenn die Forderung, gegen die aufgerechnet werden soll (Hauptforderung), unbedingt und fällig wird, bevor die Aufrechnung erfolgen kann. Dies bedeutet, dass gegen eine bei VerfEröffnung bereits fällige Forderung des Schu mit einer durch die VerfEröffnung erst begründeten Forderung wegen Nichterfüllung nicht aufgerechnet werden kann,[52] wenn man davon ausgeht, dass diese Forderung erst mit der Geltendmachung durch den Vertragspartner unbedingt und fällig wird.[53] Dies gilt wegen Abs 1 S 2 jedenfalls dann, wenn der Erfüllungsanspruch des Vertragspartners nicht auf Geld gerichtet war.

28 **Der Vertragspartner hat vor Eröffnung des InsVerf tw geleistet, der Schu nichts.** Bei jeweils teilbaren Leistungen gilt: Der Vertrag wird durch die Eröffnung des InsVerf in seinem Bestand nicht berührt. Dem Vertragspartner, der tw geleistet hat, steht ein seiner tw Leistung entspr Erfüllungsanspruch auf die Gegenleistung als InsFord zu, den er zur Tabelle anmelden kann.[54] § 266 BGB (Unzulässigkeit von Teilleistungen) gilt nicht. Ferner kann der Vertragspartner nach § 103 Abs 2 S 1 eine Forderung wegen Nichterfüllung geltend machen, wenn er einen über seine bereits erbrachte Leistung hinausgehenden Nachteil erlitten hat. Dies trifft zu, wenn der Vertrag für ihn vorteilhaft war, für den Schu dagegen ungünstig, so dass der InsVerw von einer Erfüllungswahl absieht.[55]

29 Dem InsVerw steht dann kein weiterer Erfüllungsanspruch zu (§ 103 Abs 2 S 3). Der Vertragspartner kann mit dem seiner Leistung entsprechenden Erfüllungsanspruch, sofern dieser auf Zahlung von Geld gerichtet ist (vgl Abs 1 S 2), gegen bei VerfEröffnung bestehende Zahlungsansprüche des Schu aufrechnen. Eine Vorleistungspflicht des Vertragspartners schadet nicht, weil sie mit der VerfEröffnung entfiel (§ 321 BGB). Mit seinem darüber hinaus gehenden Anspruch aus § 103 Abs 2 S 1 kann der Vertragspartner wegen Abs 1 S 3 nicht aufrechnen.

30 **Der Schu hat vor Eröffnung des InsVerf tw geleistet, der Vertragspartner hat nichts geleistet.** Der Vertragspartner ist auf die Möglichkeit beschränkt, einen Anspruch wegen tw Nichtleistung (§ 103 Abs 2 S 1) zur Tabelle anzumelden. Dem InsVerw steht ein Anspruch auf anteilige Gegenleistung zu, auch wenn der Schu vorzuleisten verpflichtet war. Da der

50 *BGHZ* 15, 356.
51 *BGHZ* 196, 160; *BGHZ* 176, 43.
52 MK/*Kreft* § 103 Rn 23; **aA** MK/*Brandes/Lohmann* § 95 Rn 17.
53 MK/*Kreft* § 103 Rn 22. Zu den weiterhin vertretenen Ansichten zu welchem Zeitpunkt der Anspruch wegen Nichterfüllung durchsetzbar wird und abhängig von der Anwendbarkeit der Sperre des § 95 Abs 1 S 3 zur Aufrechnung gestellt werden kann vgl HambKomm/*Jacoby* § 95 Rn 18 mwN *Jacoby* selbst ordnet den Anspruch nach § 103 Abs 2 als Primäranspruch ein und lehnt die Aufrechnung nach § 95 Abs 1 S 2 ab.
54 *BGHZ* 135, 27.
55 MK/*Kreft* § 103 Rn 26.

InsVerw weitere Erfüllung nicht verlangen kann (§ 103 Abs 2 S 3), entfällt auch die Vorleistungspflicht des Schu.[56]

Erhebt der Vertragspartner gegen den Anspruch des InsVerw (Hauptforderung) eine Forderung wegen Nichterfüllung (Gegenforderung), stellt sich die Frage, ob er seinen Schadensersatzanspruch einsetzen kann, um ihn gegen die dem InsVerw zu erbringende Leistung aufzurechnen. Bei wörtlichem Verständnis des Abs 1 S 3 ist dies ausgeschlossen, weil der Anspruch des Vertragspartners wegen Nichterfüllung erst mit dessen Geltendmachung fällig wird, der Anspruch des InsVerw auf die der Leistung des Schu entsprechende Gegenleistung jedoch spätestens mit der Eröffnung des InsVerf.[57] Eine Aufrechnung kann in diesen Fällen auch an der mangelnden Gleichartigkeit der Leistungen scheitern (Abs 1 S 2). Dieses Erg wird als in hohem Maße unbefriedigend empfunden.[58] Für die zur Korrektur vorgeschlagene Lösung müssten **synallagmatisch verbundene Forderungen** von der Regelung der §§ 94, 95 ausgenommen und §§ 41, 45 für anwendbar erklärt werden.[59] Die Rechtsfrage ist höchstrichterlich bislang nicht entschieden worden. 31

Beide Vertragsparteien haben tw geleistet, die Gegenleistung entspricht jeweils der Leistung. In diesem Fall hat es mit den beiderseitigen Leistungen sein Bewenden; § 103 findet nur hinsichtlich der restlichen Erfüllungsansprüche Anwendung.[60] 32

Beide Vertragsparteien haben bei Eröffnung des InsVerf tw geleistet, aber eine Seite mehr als die andere. Des gelten dieselben Grundsätze wie in den Fällen, in denen eine Vertragspartei tw geleistet hat, die andere hingegen nichts (Rn 28, 30). 33

bbb) Wählt der InsVerw **Erfüllung**, wird den ohne Erfüllungswahl nicht durchsetzbaren Erfüllungsansprüchen durch die Erfüllungswahl die Rechtsqualität von originären Masseverbindlichkeiten und Masseforderungen beigelegt,[61] so dass die §§ 94 ff grds nicht einschlägig sind. Lediglich im Einzelfall – insb bei Vorleistungen des Vertragspartners – kann der Abwicklungsstand des gegenseitigen Vertrages die grds Aufrechenbarkeit rechtfertigen: 34

Keine Vertragspartei hat vor Eröffnung des InsVerf eine Leistung erbracht. Die Rechte und Pflichten aus dem Vertrag werden insgesamt zu Masseforderungen (Hauptforderung) und Masseverbindlichkeiten (Gegenforderung, Aktivforderung) aufgewertet. Dies gilt nicht nur für die Forderung des Vertragspartners (insoweit ausdrücklich § 55 Abs 1 Nr 2 Fall 1); auch der InsVerw macht nicht nur den vom Schu begründeten Erfüllungsanspruch geltend. Die Erfüllungswahl hat vielmehr, sofern noch keine Partei Leistungen erbracht hat, für die Dauer und die Zwecke des InsVerf die gleichen Wirkungen wie ein zwischen dem InsVerw und dem Vertragspartner neu abgeschlossener Vertrag mit identischem Inhalt.[62] Das Wahlrecht enthebt den InsVerw im Interesse der Masse nur der Notwendigkeit einer Einigung.[63] 35

Bei einem **vertraglichen Neuabschluss** bestünden von vornherein keine Zweifel, dass gegen den Erfüllungsanspruch der Masse nicht mit InsFord des Vertragspartners aufgerechnet 36

56 MK/*Kreft* § 103 Rn 31.
57 MK/*Kreft* § 103 Rn 35.
58 MK/*Brandes/Lohmann* § 95 Rn 17; MK/*Kreft* § 103 Rn 35; vgl auch *BGHZ* 164, 164 ff zur Aufrechnung des InsGl mit einem während des InsVerf fällig gewordenen Schadensersatzanspruch auf Ersatz der Mängelbeseitigungskosten gegen den vorher fällig gewordenen Werklohnanspruch des InsSchu.
59 Einen anderen Ansatz zur Korrektur wählt MK/*Brandes/Lohmann* § 95 Rn 17.
60 *BGHZ* 98, 171, noch zu § 17 KO.
61 *BGHZ* 150, 359.
62 Vgl BT-Drucks 12/2443, 129, zu § 72 des Entwurfs (§ 61 InsO).
63 MK/*Kreft* § 103 Rn 41.

werden könnte (§ 96 Abs 1 Nr 1). Nichts anderes gilt für Ansprüche des Schu, deren Erfüllung der InsVerw verlangt. Ihnen wird durch die Erfüllungswahl, mithin nach der Eröffnung des InsVerf, die Eigenschaft als **originäre Masseforderungen** zugewiesen. Deshalb scheitert auch insoweit eine Aufrechnung mit InsFord an § 96 Abs 1 Nr 1.[64]

37 **Der Vertragspartner hat vor Eröffnung des InsVerf tw geleistet, der Schu hat nichts geleistet.** In einem solchen Fall bewirkt die Erfüllungswahl die Teilung des Vertrages.

38 Hinsichtlich der **Vorleistung des Vertragspartners** geht die Erfüllungswahl ins Leere; insb kommt es nicht zu einer Aufwertung seiner Forderung gegen die Masse. Dies wäre ein dem Zweck der Erfüllungswahl, eine Massemehrung zu gewähren, offensichtlich zuwider laufendes Erg.[65] Der Sinn der Erfüllungswahl besteht vielmehr darin, den **noch ausstehenden Leistungsteil** des Vertragspartners zu den vertraglich vereinbarten (massegünstigen) Bedingungen für die Masse zu erwerben. Mit der Erfüllungswahl wird dieser Anspruch zu einer originären Forderung der Masse aufgewertet. Dem Vertragspartner stehen im Hinblick auf die Verpflichtung zur Erfüllung weder ein Zurückbehaltungsrecht (§ 273 Abs 1 BGB) noch die Einrede des nicht erfüllten Vertrages (§ 320 BGB) zu.[66] Dadurch wird sichergestellt, dass die Masse über die InsQuote hinaus nur für solche Leistungen aufzukommen hat, die ihr zugute kommen.

39 Die auf die vor Eröffnung des InsVerf erbrachte Teilleistung entfallende **Gegenforderung** kann der Vertragspartner nur als **InsFord** geltend machen. Mit ihr kann er nach Maßgabe der §§ 94, 95 Abs 1 S 1 und 3 gegen die vor der VerfEröffnung begründeten Forderungen des Schu aufrechnen (Rn 29).

40 **Der Schu hat vor Eröffnung des InsVerf tw geleistet, der Vertragspartner hat nichts geleistet.** Auch hier bewirkt die Erfüllungswahl eine **Teilung des Vertrages**: Der InsVerw kann den vom Schu erbrachten Teil der Leistung nicht zurückfordern. Er hat einen Anspruch auf den der Vorleistung des Schu entsprechenden Teil der vertraglich vereinbarten Gegenleistung, ohne dass es hierzu der Erfüllungswahl bedurft hätte.[67]

41 Der **Erfüllungswahl** kommt jedoch insoweit Bedeutung zu, als es darum geht, diejenige vertraglich vereinbarte Gegenleistung des Vertragspartners zur Masse zu ziehen, auf die der InsVerw ohne die Erfüllungswahl keinen Anspruch hätte. Sie bewirkt mithin, dass die Masse diesen Anspruch erhält, und umgekehrt, dass der Vertragspartner gegen die Masse einen Anspruch auf die dieser Gegenleistung entsprechende restliche Leistung begründet (§ 55 Abs 1 Nr 2 Fall 1). Soweit es dagegen um die Vorleistung des Schu und die ihr entsprechende (noch offene) Gegenleistung das Vertragspartners geht, unterfällt der Vertrag nicht § 103.[68]

42 Das bedeutet, dass gegen den Anspruch des Schu auf die Gegenleistung aus seiner Teilerfüllung (Hauptforderung) nach Maßgabe der §§ 94 ff mit InsFord des Vertragspartners (Gegenforderung) aufgerechnet werden kann.[69] Anders ist es wegen desjenigen Teils des Erfüllungsanspruchs, der durch das Erfüllungsverlangen zu einer originären, nicht vom Schu abgeleiteten Masseforderung aufgewertet wurde. Hier gilt das Gleiche wie bei gänzlich unerfüllten Verträgen. Gegen diesen Anspruchsteil kann der Vertragspartner mit InsFord nicht aufrechnen (Rn 36).

---

64 *BGHZ* 116, 158 ff; MK/*Kreft* § 103 Rn 41.
65 *BGHZ* 135, 28 f; MK/*Kreft* § 103 Rn 47.
66 *BGHZ* 149, 336; 150, 145 f; **aA** *Marotzke* § 103 Rn 49 ff.
67 MK/*Kreft* § 103 Rn 51.
68 MK/*Kreft* § 103 Rn 52.
69 *BGHZ* 129, 341; 135, 27; 147, 31; MK/*Kreft* § 103 Rn 51.

Beide Vertragsparteien haben vor Eröffnung des InsVerf tw geleistet. Entspricht die Gegenleistung jeweils der Leistung, so gilt bei einer Erfüllungswahl wegen des Restes grds das Gleiche wie in den Fällen, in denen keine Partei Leistungen erbracht hat (Rn 36). Hat eine Vertragspartei mehr geleistet, finden wegen der Mehrleistung die gleichen Grundsätze Anwendung, wie wenn nur eine Vertragspartei tw geleistet hat (Rn 37, 40). 43

ee) Rückgriffsansprüche. – aaa) Wer gegenüber dem Gl für eine fremde Schuld einzustehen hat und deshalb Regress bei dessen Schu nehmen kann, erlangt zu seinem Schutz regelmäßig kraft Gesetzes die Forderung des Gl gegen den Schu (zB §§ 426 Abs 2, 774 Abs 1, 1143, 1225 BGB). Die **Rückgriffsforderung** geht bereits mit der Begründung der Gesamtschuld oder Stellung der Sicherheit aufschiebend bedingt als **Freistellungsanspruch** auf die Person des RückgriffsGl über. Aufschiebende Bedingung ist die Befriedigung des Gl durch den GesamtSchu oder Sicherungsgeber.[70] 44

bbb) Der Freistellungsanspruch ist gegenüber einem Zahlungsanspruch **ungleichartig** (§ 387 BGB); aufrechenbar wird er erst mit der Umwandlung.[71] Für eine vorzeitige Umwandlung des Befreiungs- in einen Zahlungsanspruch besteht nach der Interessenlage zB bei der Bürgschaft schon deshalb kein Bedürfnis, weil der Bürge, der gegen eine fällige Forderung des HauptSchu aufrechnen will, sich den dafür erforderlichen Zahlungsanspruch gem § 774 BGB durch Leistung an den BürgschaftsGl verschaffen kann.[72] War dies vor der VerfEröffnung über das Vermögen des HauptSchu, gilt § 94. War dies nach der VerfEröffnung, ist Abs 1 S 3 anzuwenden. 45

Wurden beide Forderungen gleichzeitig fällig oder die der Masse später, ist danach die Aufrechnung möglich. War die Forderung der Masse früher fällig, ist die Aufrechnung unzulässig. Einer zulässigen Aufrechnung steht nicht entgegen, dass der Aufrechnende nach § 44 daran gehindert sein kann, seine Regressforderung gegen den Schu anzumelden.[73] 46

ff) Steuererstattungen. Will das Finanzamt in der Ins des SteuerSchu mit Steuerforderungen aufrechnen, kann dies zum einen die Aufrechnung mit „vorinsolvenzlichen" Steuerforderungen gegen den Vorsteueranspruch des Schu[74] oder gegen Steuererstattungsansprüche aufgrund von Steuervorauszahlungen[75] betreffen. Abgrenzungsfragen im InsVerf stellen sich zum anderen bei der Aufrechnung mit Umsatzsteuerforderungen aus § 14c Abs 2 UStG gegen den **Vorsteuerberichtigungsanspruch** aus § 17 Abs 2 UStG.[76] Ob eine InsFord (§ 38) oder eine Masseverbindlichkeit (§ 55) des Fiskus vorliegt, hängt im Umsatzsteuerrecht davon ab, ob der den Umsatzsteueranspruch begründende Tatbestand vollständig verwirklicht und damit abgeschlossen ist.[77] Dies richtet sich im Grundsatz nach den materiellen Vorschriften des Steuerrechts, im Übrigen nach insolvenzrechtlichen Grundsätzen und insb nicht nach Steuerverfahrensrecht. [78] Dieser Rechtsgrundsatz ist in den vergangenen Jahren durch den Gesetzgeber m Einführung des § 55 Abs 4 und die Rspr des BFH dahingehend 47

70 *BGH* ZIP 1990, 55.
71 *BGHZ* 161, 253; *BGH* ZIP 2005, 1560.
72 *BGHZ* 140, 273 f; 161, 253.
73 *BGH* NJW 1960, 1296; *K/P/B/Lüke* § 95 Rn 21; MK/*Brandes/Lohmann* § 95 Rn 23; **aA** *Häsemeyer* Rn 19.23.
74 *BFH* ZIP 1999, 714, noch zu § 55 KO.
75 *BFH* ZIP 2011, 1116 Rn 12 f.
76 *BFH* ZIP 1987, 119; vgl *BGHZ* 137, 290 f; 140, 272; zu allem *Kahlert* ZIP 2013, 500 ff; *Ganter/Brünink* NZI 2006, 263 f (sa Kommentierung zu § 96 Rn 22).
77 *BFH* ZIP 2011, 782 Rn 18; *Heinze* DZWiR 2011, 276, 277.
78 *Heinze* DZWiR 2011, 276, 277; *Onusseit* DZWiR 2011, 353, 354; **aA** *BFH* ZIP 2011, 782 Rn 31 f (für Ist- und Sollbesteuerung).

interpretiert worden, dass sehr weitgehend Steuerverbindlichkeiten als Masseschulden qualifiziert worden sind. Dies gilt insbesondere für die Berichtigung von aus Rechtsgründen uneinbringlicher Forderungen (§ 17 Abs 2 Nr 1 UStG). Dem steht der Grundsatz der Unternehmenseinheit (§ 2 Abs 1 S 2 UStG) entgegen, der durch die Ins insoweit nicht außer Kraft gesetzt werden kann.[79] Die an die Zerlegung des Unternehmens in Unternehmensteile anknüpfende Rechtsfolge, wonach der Umsatzsteueranspruch gegenüber der Schu uneinbringlich werde, ist daher für die insolvenzrechtliche Zeitpunktbestimmung nicht maßgeblich.[80] Deshalb steht ein durch die Berichtigung ausgelöster Erstattungsanspruch dem Finanzamt auch nicht zur Aufrechnung mit eigenen InsFord zur Verfügung.[81] Die Zweifelhaftigkeit der vom Fiskus für sich in Anspruch genommenen Konstruktion wird nicht zuletzt dadurch belegt, dass bei einem späteren Zahlungseingang im eröffneten Verfahren die eingezogenen Forderungen wieder auf ihren tatsächlichen Wert zurück zu berichtigen sein sollen[82] und die Steuer erneut – nunmehr aus der Masse – abzuführen sein soll.[83]

48 **3. Auflösend bedingte Forderungen.** Sie sind bereits vor dem Eintritt der Bedingung wirksam und können nach § 42 wie unbedingte Forderungen geltend gemacht werden. Sie fallen nicht unter § 95 Abs 1 und sind auch aufrechenbar wie unbedingte Forderungen (§ 387 BGB; § 94).[84] Tritt die Bedingung im Verfahren ein, so soll entweder die Forderung, gegen die aufgerechnet wurde, wieder aufleben oder ein Bereicherungsanspruch auf Wiedereinräumung dieser Forderung entstehen. Die Rechtsfolge ist die gleiche: Steht der Anspruch dem InsGl zu, so ist er als InsFord zur Tabelle anzumelden. Stand die Passivforderung dem Schu zu, ist in die Masse zu leisten.[85]

49 **4. Ungleichartige Forderungen. – a) Grundsatz.** Das weitere Aufrechnungserfordernis, die **Gleichartigkeit der Forderungen** (§ 387 BGB), kann auch noch nach VerfEröffnung eintreten, so dass die Aufrechnung erfolgen kann (Abs 1 S 1), wenn die Reihenfolge des Abs 1 S 3 gewahrt ist. Die insolvenzrechtliche Vorschrift des § 45, wonach nicht auf Geld gerichtete Forderungen zwecks Berechnung der Quote in Geldforderungen umgerechnet werden, gilt jedoch nicht für die Aufrechnung (Abs 1 S 2). Damit ist der Wertungswiderspruch des überkommenen Rechts beseitigt worden, welches dem Gl einer Naturalleistung die Aufrechnung gegen eine Geldforderung ermöglichte, dem Gl einer Geldforderung, der seinerseits zu einer Naturalleistung verpflichtet war, aber versagte.[86]

50 **b) Zeitpunkt der Umwandlung.** Abs 1 lässt offen, ob die **Einschränkung des Abs 1 S 3** auch für den nachträglichen Eintritt der Gleichartigkeit gilt. Der Zweck dieser Regelung, nämlich das Vertrauen des Gl darauf zu schützen, mit seiner Forderung aufrechnen zu können, bevor der Schu seine durchsetzen kann, gebietet die Gleichbehandlung. Deshalb muss die Gegenforderung spätestens in dem Zeitpunkt in eine Geldforderung umgewandelt sein, in dem die Forderung der Masse unbedingt und fällig wird.[87]

---

79 *Onusseit* DZWiR 2011, 353, 354; vgl auch *BFH* ZIP 2011, 782 Rn 28.
80 *Onusseit* DZWIR 2011, 353, 354; **aA** *BFH ZIP* 2009, 977 Rn 30; ZIP 2011, 782 Rn 31 f.
81 *Heinze* DZWiR 2013, 45, 46.
82 *BFH* ZIP 2011, 782 Rn 31; ablehnend *Heinze* DZWiR 2011, 276, 277; *Onusseit* DZWiR 2011, 353, 355.
83 *BFH* ZIP 2011, 782 Rn 22 ff; dagegen mit Recht *Heinze* DZWiR 2013, 45, 46.
84 *Uhlenbruck* § 95 Rn 3; *Häsemeyer* KS-InsO, S 652.
85 MK/*Brandes/Lohmann* § 95 Rn 29.
86 BT-Drucks 12/2424, 140.
87 MK/*Brandes/Lohmann* § 95 Rn 33; *Häsemeyer* Rn 19.25 bezweifelt sogar, ob überhaupt ein vertrauensschutzwürdiger Tatbestand vorliegt.

5. Insolvenzplanverfahren. Ein bei InsEröffnung bestehendes Aufrechnungsrecht bleibt gem § 94 auch dann erhalten, wenn die aufgerechnete Gegenforderung nach einem rechtskräftig bestätigten **InsPlan** als erlassen gilt.[88] Besteht mithin im Zeitpunkt der Eröffnung des InsVerf bereits eine Aufrechnungslage, gilt die aufzurechnende Forderung (des InsGl) nicht als erlassen, selbst wenn der InsGl einem Forderungserlass im InsPlan zustimmt. Die Regelung des § 94 bewahrt den InsGl trotz rechtskräftigen InsPlans vor einem Rechtsverlust, wenn die Aufrechnungslage besteht, die Aufrechnung aber mangels Aufrechnungserklärung noch nicht erfolgte. Diese – bereits vor Eröffnung des InsVerf begründete – gesicherte Rechtsposition soll dem InsGl durch einen rechtskräftigen InsPlan nicht genommen werden. Bei einer Aufrechnungslage iSd § 95 fehlt es hingegen sowohl an einer Aufrechnungslage als auch an einer Aufrechnungserklärung. Insoweit besteht bei der durch § 95 geschützten **bloßen Erwartung auf eine Aufrechnungslage** keine mit § 94 vergleichbare gesicherte Rechtsposition, die den InsGl durch das InsVerf trägt und auch vor der Erlasswirkung eines InsPlans schützt. Die Wertung des § 254 Abs 1 S 1 sind stärker zu gewichten als die möglicherweise in Zukunft eintretende Aufrechnungslage iSv § 95. Insoweit verdrängen die Wirkungen des InsPlans mit Eintritt der Rechtskraft das Aufrechnungsrecht nach § 95 Abs 1 S 1. Bis zu diesem Zeitpunkt kann bei Vorliegen der Voraussetzungen des § 95 die Aufrechnung erklärt werden.[89] 51

II. Fremdwährungen (Abs 2)

1. Systematik. Abs 2 bezieht sich nicht nur auf die Forderungen nach Abs 1 und steht deshalb systematisch an falscher Stelle. Er hätte § 94 angefügt werden müssen, weil er für alle Fälle der Aufrechnung in der Ins gilt.[90] 52

2. Aufrechnung von Fremdwährungsforderungen. Nach § 244 Abs 1 BGB sind auf unterschiedliche Währungen gerichtete Geldforderungen nicht gleichartig. Eine Aufrechnung wird nur im Rahmen der dort geregelten Ersetzungsbefugnis ermöglicht. Der Inhaber einer auf EUR lautenden Geldschuld kann gegen eine auf eine Fremdwährung lautende Geldschuld aufrechnen, während im umgekehrten Verhältnis nur ein Zurückbehaltungsrecht besteht, das aber nach § 51 regelmäßig nicht insolvenzfest ist. Der Regierungsentwurf wollte es hierbei belassen. Abs 2 ist auf Vorschlag des Rechtsausschusses eingefügt worden.[91] Die Ergänzung soll die Aufrechenbarkeit wirtschaftlich gleichartiger Forderungen ermöglichen. Diese ist nur unter den in Abs 2 genannten einschränkenden Voraussetzungen gegeben. 53

§ 96 Unzulässigkeit der Aufrechnung

(1) Die Aufrechnung ist unzulässig,

1. **wenn ein Insolvenzgläubiger erst nach der Eröffnung des Insolvenzverfahrens etwas zur Insolvenzmasse schuldig geworden ist,**
2. **wenn ein Insolvenzgläubiger seine Forderung erst nach der Eröffnung des Verfahrens von einem anderen Gläubiger erworben hat,**
3. **wenn ein Insolvenzgläubiger die Möglichkeit der Aufrechnung durch eine anfechtbare Rechtshandlung erlangt hat,**
4. **wenn ein Gläubiger, dessen Forderung aus dem freien Vermögen des Schuldners zu erfüllen ist, etwas zur Insolvenzmasse schuldet.**

---

88 *BGH* 19.5.2011 – IX ZR 222/08.
89 *VG Stuttgart* 27.7.2017 – 10 K 2902/16.
90 MK/*Brandes/Lohmann* § 95 Rn 35.
91 BT-Drucks 12/7302, 38.

(2) Absatz 1 sowie § 95 Abs. 1 Satz 3 stehen nicht der Verfügung über Finanzsicherheiten im Sinne des § 1 Abs. 17 des Kreditwesengesetzes oder der Verrechnung von Ansprüchen und Leistungen aus Zahlungsaufträgen, Aufträgen zwischen Zahlungsdienstleistern oder zwischengeschalteten Stellen oder Aufträgen zur Übertragung von Wertpapieren entgegen, die in Systeme im Sinne des § 1 Abs. 16 des Kreditwesengesetzes eingebracht wurden, das der Ausführung solcher Verträge dient, sofern die Verrechnung spätestens am Tage der Eröffnung des Insolvenzverfahrens erfolgt; ist der andere Teil ein Systembetreiber oder Teilnehmer in dem System, bestimmt sich der Tag der Eröffnung nach dem Geschäftstag im Sinne des § 1 Absatz 16b des Kreditwesengesetzes.

Übersicht

A. Allgemeines

I. Normzweck

1 **1. Allgemeines.** Abs 1 der Vorschrift stellt **vier insolvenzrechtliche Aufrechnungsverbote** auf, die in Abs 2 für Verfügungen über Finanzsicherheiten und Verrechnungen im Rahmen bestimmter Banken-Abrechnungssysteme für unanwendbar erklärt werden. Die Tatbestände des § 96 Abs 1 sind mit denen des § 95 Abs 1 S 3 eng verwoben. Dies verdeutlicht auch die Bezugnahme in Abs 2 auf diese Vorschrift.

2 **2. Aufrechnungsverbote.** Abs 1 will verhindern, dass mit Forderungen aufgerechnet wird, die im Zeitpunkt der VerfEröffnung nicht mit einer Gegenforderung gesichert und deshalb entwertet sind. Wäre in diesen Fällen eine Aufrechnung möglich, würde die der gleichmäßigen Befriedigung aller InsGl dienende Masse verkürzt. Mit den Aufrechnungsverboten soll der Tendenz entgegengewirkt werden, aus **künstlich geschaffenen Aufrechnungslagen** Befriedigung zu suchen. Unzulässig ist eine Aufrechnung außerdem, wenn sie nach §§ 94, 95 zwar möglich ist, der Gl diese Möglichkeit aber in anfechtbarer Weise erlangt hat (Abs 1 Nr 3).

3. Doppelregelung. Die Vorschrift vermittelt den **Eindruck einer geschlossenen Normenstruktur**, die aber in Wahrheit nicht besteht.[1] Die Tatbestände des Abs 2 sind mit denen der §§ 94, 95 Abs 1 S 3 zusammen zu lesen. Die Nr 1 und 2 des § 96 Abs 1 stellen letztlich eine **Doppelregelung** zu § 94 dar. Dort ist bereits Voraussetzung für die Aufrechnung im InsVerf, dass die Aufrechnungslage bei VerfEröffnung bereits bestand. Dies ist streng genommen nicht der Fall, wenn ein InsGl erst nach Eröffnung etwas zur InsMasse schuldig wird oder ein InsGl seine Forderung erst nach VerfEröffnung erwirbt. Die Aufrechnungsverbote der § 95 Abs 1 S 3 stehen ebenfalls in einem inneren Zusammenhang mit den Tatbeständen des § 96. Im Erg ergibt § 96 Abs 1 ein Gesamtbild, welches der Regelung der §§ 94, 95 entspricht. Eine exakte Abgrenzung der Anwendungsbereiche ist deshalb in vielen Fällen nicht möglich und mangels Entscheidungserheblichkeit auch nicht nötig. 3

II. Geltungsbereich

1. Insolvenzeröffnungsverfahren. Soweit in § 96 Abs 1 das „eröffnete InsVerf" angesprochen wird, ist dies wortlautgemäß zu verstehen. Insb Abs 1 Nr 1 bezieht sich allein auf nach Eröffnung des InsVerf entstandene Aufrechnungslagen. Die Norm ist auf das EröffnungsVerf selbst dann nicht entspr anzuwenden, wenn das InsGer einen vorl InsVerw eingesetzt und Maßnahmen nach § 21 Abs 2 S 1 Nr 2 und 3 getroffen hat.[2] 4

2. Aufrechnung vor Verfahrenseröffnung. Während §§ 94, 95, 96 Abs 1 Nr 1 und 2 voraussetzen, dass die Aufrechnung im Verfahren erklärt wird, erfasst § 96 Abs 1 Nr 3 auch die von einem **künftigen InsGl** vor Eröffnung des InsVerf abgegebene Aufrechnungserklärung.[3] Dies hängt damit zusammen, dass die InsO einen zum überkommenen Recht entwickelten selbstständigen Anfechtungstatbestand (Herstellen einer anfechtbaren Aufrechnungslage)[4] nunmehr als insolvenzrechtlichen Unwirksamkeitsgrund formuliert. Den Kritikern, die es nicht für angängig halten, eine vor der VerfEröffnung erloschene Forderung in der Ins wieder aufleben zu lassen,[5] sind die Rechtslage nach der KO, die Entstehungsgeschichte und der Wortlaut von § 96 Abs 1, insb seiner Nr 3, entgegenzuhalten.[6] IÜ beschränken sich die Wirkungen wie bei § 143 (s die Kommentierung dort) auf die Dauer und die Zwecke des InsVerf (Rn 7 f). 5

B. Erläuterungen

I. Unzulässigkeitsgründe (Abs 1)

1. Allgemeines. Abs 1 schließt die **Aufrechnungswirkung** (§ 389 BGB) **für die Dauer und die Zwecke des InsVerf** aus, mag die Aufrechnung vor oder nach VerfEröffnung erklärt worden sein. 6

a) Insolvenzrechtliche Unwirksamkeit. Die Aufrechnung ist unter den in der Vorschrift genannten Voraussetzungen „unzulässig", also insolvenzrechtlich unwirksam; sie ist nicht nichtig.[7] 7

aa) Wegfall der Insolvenz. Die Aufrechnungsverbote des § 96 im Allgemeinen und des § 96 Abs 1 Nr 1 im Besonderen gelten nur **während des InsVerf**. Dies ergibt sich jedenfalls aus 8

1 *Jaeger/Windel* § 96 Rn 1.
2 *BGHZ* 159, 390.
3 *BGHZ* 169, 161.
4 *BGHZ* 147, 235; *BGH* ZIP 3003, 2371.
5 *Gerhardt* KTS 2004, 200; *Ries* ZInsO 2005, 852; *Zenker* NZI 2006, 18 f.
6 *Kreft* FS Fischer, 2008, S 300.
7 *BGHZ* 169, 161 f.

der Gesetzessystematik („Wirkungen des eröffneten Verfahrens"). Nach Aufhebung des InsVerf können InsGl gem § 201 Abs 1 ihre Forderung gegen den Schu unbeschränkt geltend machen. Mit der Konsequenz, dass ein Gl nach Aufhebung des InsVerf die Aufrechnung gegen Forderungen des Schu erklären kann, die zwar während des InsVerf begründet, jedoch nicht ermittelt bzw nicht beigetrieben wurden und über die der Schu nunmehr wieder frei verfügen kann.[8] Gleiches muss gelten für die Einstellung des InsVerf wegen Massearmut oder nach Einstellung wegen Masseunzulänglichkeit.

9 Fraglich ist dieser bereits in der Voraufl vertretene grundsätzliche **Wegfall des Aufrechnungsverbots mit Aufhebung** des InsVerf in dem Fall, dass der InsVerw die Forderungen des Schu im eröffneten Verf durch Abtretung verwertet hat. Das in der Voraufl erwähnte Revisionsverfahren[9] beim BFH ist abgeschlossen. Mit Urt v 13.12.2016 lehnt der *BFH* den Fortbestand des Aufrechnungsverbots bei Abtretung der Forderung ab. InsGl können hiernach gegen eine abgetretene Forderung der InsMasse unter den Voraussetzungen des § 406 BGB auch gegenüber dem neuen Gl die Aufrechnung erklären.

10 Der in der Voraufl unter Verwertungsgesichtspunkten vertretene Fortbestand des Aufrechnungsverbots bei Forderungsabtretung durch den InsVerw wird nicht aufrechterhalten. Zwar bleibt es bei dem grundsätzlichen Verwertungshindernis; jedoch ist der InsVerw nicht schutzlos. Will er das InsVerf beenden, aber gleichwohl künftig entstehende Forderungen zur Masse ziehen, kann er gem §§ 203, 211 Abs 3 die Anordnung der Nachtragsverteilung beantragen. Unter Abwägung dieser Verwertungs- und Sicherungsmöglichkeit zugunsten der InsMasse verdient die Anwendung des § 406 BGB – auch mit seinen Ausnahmen (HS 2) – den Vorzug gegenüber einem zeitlich unbefristeten Aufrechnungsverbot bei Abtretung.[10]

11 Hatte der InsGl – insolvenzrechtlich unwirksam – schon aufgerechnet, braucht er die Aufrechnung nicht zu wiederholen. Ist die Gegenforderung zwischenzeitlich verjährt, bedarf es keines Rückgriffs auf § 215 BGB.[11] Die Wirkungen der Aufrechnung bleiben also in dem Umfang bestehen, in dem die Hauptforderung im InsVerf nicht eingezogen und auf die Forderung des InsGl eine Quote nicht ausgeschüttet worden ist.[12]

12 **bb) Rechtsweg.** Da die Aufrechnung insolvenzrechtlich unwirksam ist, ist der **Streit über die Hauptforderung** vor den für diese Forderung zuständigen Gerichten auszutragen. Dies gilt im Anwendungsbereich des Abs 1 Nr 3 auch für die **anfechtbar erworbene Aufrechnungslage**.[13] Der insolvenzrechtliche Anfechtungsanspruch (§ 143), der als bürgerliche Rechtsstreitigkeit vor die ordentlichen Gerichte gehört, soweit der Gesetzgeber nicht wie in § 191 AO eine Sonderregelung getroffen hat,[14] ist trotz der Nähe zum Anfechtungsrecht nicht Verfahrensgegenstand. Zur Durchsetzung der Hauptforderung bedarf es keiner Geltendmachung oder Durchsetzung der Anfechtung durch Klage auf Rückgewähr nach § 143 Abs 1. Bestreitet der InsGl das Vorliegen der Voraussetzungen für das Aufrechnungsverbot, so hat der InsVerw unmittelbar auf Zahlung der Hauptforderung zu klagen.[15] Dass demzu-

8 *BFH* 13.12.2016 – VII R 1/15.
9 Vorlagefrage des *FG Berlin-Brandenburg* ZIP 2015, 844: Wirkt § 96 Abs 1 zugunsten des Zessionars über die Beendigung des InsVerf weiter, wenn der InsVerw während des InsVerf eine Forderung des InsSchu durch Abtretung verwertet hat?
10 *BFH* 13.12.2016 – VII R 1/15; **aA** statt vieler: MK/*Brandes/Lohmann* § 96 Rn 3.
11 *Kreft* FS Fischer, 2008, S 301.
12 MK/*Brandes/Lohmann* § 96 Rn 3.
13 *BGH* ZIP 2005, 1335; *Pape* WuB VI A. § 96 InsO 2.07; zw *Kreft* WuB § 96 InsO 3.07.
14 *BGHZ* 114, 320; *Fischer* WM 2008, 7; § 129 Rn 97.
15 Instruktiv zur Darlegungs- und Beweislast *BGH* ZInsO 2015, 1497.

folge anfechtungsrechtliche Fragen im Zusammenhang mit Aufrechnungen – anders als nach überkommenem Recht – in Spezialgerichtsbarkeiten verlagert werden können, ist hinzunehmen.[16]

Ebenso wenig kann mit dem Einwand der Unwirksamkeit der Aufrechnung nach § 96 Abs 1 Nr 3 die **internationale Zuständigkeit** dt G begründet werden. Die internationale Zuständigkeit dt G für die Kaufpreisklage eines InsVerw am inländischen Sitz des InsGer aus einem vom inländischen InsSchu vor Einleitung des InsVerf geschlossenen Kaufvertrages mit einem im EU-Ausland ansässigen Käufer bestimmt sich aus diesem Grund nach den Bestimmungen der EuGVVO und nicht nach Art 3 Abs 1 EuInsVO. Der Einwand nach § 96 Abs 1 Nr 3 genügt mithin nicht, die Klage als insolvenzrechtliche Annexstreitigkeit iSv Art 3 Abs 1 EuInsVO zu begründen.[17] 13

b) Zwingendes Recht. Die Norm errichtet ein Aufrechnungsverbot für **alle Aufrechnungslagen** unabhängig davon, ob sie sich auf privat- oder öffentlichrechtliche Forderungen beziehen. Eine gegen das Verbot verstoßende **Vereinbarung** zwischen InsVerw und Gl ist grds unwirksam.[18] Das OLG Celle konnte die Frage offen lassen, ob das in § 96 enthaltene Aufrechnungsverbot so restriktiv zu verstehen ist, dass es dem InsVerw schlechterdings verwehrt ist, im Rahmen einer Vereinbarung m einem InsGl dessen Altforderungen m Verbindlichkeiten zu verrechnen, die der InsGl erst nach der Eröffnung des InsVerf schuldig geworden ist.[19] Es bemüht aber zu Recht LiteraturStimmen,[20] nach Maßgabe derer sich die Frage der Vergleichsbefugnis für den InsVerw nicht nach § 96, sondern nach §§ 80, 60 f richte und es dem InsVerw nicht grds verwehrt sein könne, einen Vergleich über eine Forderung der Masse zu schließen, so dass ein Vergleich auch darin bestehen könne, die Aufrechnung gegen die Masse (tw) anzuerkennen.[19] In Fortsetzung der Kommentierung der Vorauflage wird davon ausgegangen, dass der InsVerw nicht gehindert ist, einen Vergleich über Anfechtungsansprüche zu schließen.[21] 14

aa) Aufrechnungsverträge. Nach § 94 kann eine bei VerfEröffnung bestehende Aufrechnungslage allerdings auch dann unberührt bleiben, wenn sie auf **Vertrag** beruht (§ 94 Rn 54, 63 f). Es liegt deshalb kein Verstoß gegen § 96 Abs 1 vor, wenn Schu und Gl die gesetzlichen Aufrechnungsvoraussetzungen in zulässiger Weise erweitert haben **und** die getroffene Vereinbarung anfechtungsrechtlich unbedenklich ist.[22] Vorgreifliche Aufrechnungserweiterungen werden jedoch nicht selten der InsAnf wegen inkongruenter Deckung (§ 131) oder vorsätzlicher GlBenachteiligung unterliegen (§ 133 Abs 1).[23] 15

bb) Verrechnungsabreden. Unwirksam ist dagegen die **vorgreifliche Verrechnungsabrede**, also eine Vorausverfügung mit Aufrechnungscharakter für künftige Ansprüche. Sie erlischt gem § 91 mit der Eröffnung des InsVerf.[24] Keine von § 96 Abs 1 hingenommene vertragliche Vereinbarung ist auch die **Konzernverrechnungsklausel** (§ 94 Rn 57 ff).[25] Ebenso ist die Vergleichsbefugnis des InsVerw zu unterscheiden von unwirksamen Verrechnungsabreden (vgl Rn 14).[26] 16

---

16 *Kreft* WuB § 96 InsO 3.07.
17 *BGH* ZIP 2015, 2192.
18 *Uhlenbruck/Sinz* § 96 Rn 1.
19 *OLG Celle* ZInsO 2014, 842.
20 MK/*Brandes/Lohmann* § 96 Rn 4.
21 Näher hierzu, auch zu den Voraussetzungen, *Kreft* FS K Schmidt, 2009, S 965 ff.
22 MK/*Brandes/Lohmann* § 96 Rn 3.
23 *Häsemeyer* Rn 19.31.
24 *BGHZ* 74, 255; 170, 124 f.
25 *BGHZ* 160, 109 f, 112; *BGH* ZIP 2006, 1741 f.
26 *Kreft* FS K Schmidt, 2009, S 965 ff.

17 **2. Entstehen der Hauptforderung nach Verfahrenseröffnung (Nr 1). – a) Allgemeines.** Die Aufrechnung ist unzulässig, wenn der InsGl erst nach VerfEröffnung etwas zur Masse schuldig geworden ist. Den erfassten Fällen ist gemeinsam, dass die Forderung des Gl (Gegenforderung) vor der VerfEröffnung nicht gesichert war, so dass er auf sie nur die InsQuote erwarten kann. Könnte er sich für seine entwertete Forderung durch Aufrechnung volle Deckung verschaffen, verstieße dies gegen den Grundsatz, dass aus der nach VerfEröffnung entstandenen Forderung der Masse (Hauptforderung) die Gl gleichmäßig zu befriedigen sind. Beruft sich ein InsGl, der zugleich Schu der Masse ist, darauf, gegen deren Anspruch aufrechnen zu können, muss er darlegen und beweisen,[27] dass die Forderung der InsMasse schon vor VerfEröffnung entstanden ist.

18 Dieses Verbot kann nicht durch **Konzernverrechnungsklauseln** unterlaufen werden. Steht der Masse ein Anspruch gegen ein konzernangehöriges Unternehmen zu, dem die Aufrechnung mangels einer eigenen Gegenforderung verwehrt ist, kann ein anderes konzernangehöriges Unternehmen nicht – gestützt auf eine mit dem Schu vereinbarte Konzernverrechnungsklausel – die eigene, durch die Ins des Schu entwertete Gegenforderung durch Aufrechnung aufwerten.[28]

19 **b) Einzelfälle. – aa) Originäres Schuldigwerden zur Masse.** Hierzu gehören – spiegelbildlich zu § 55 Abs 1 Nr 1, 3 – Passivforderungen aus Rechtsgeschäften mit dem InsVerw sowie aus gesetzlichen Schuldverhältnissen (unerlaubte Handlung, ungerechtfertigte Bereicherung, Geschäftsführung ohne Auftrag).

20 **aaa)** Sofern das **Geschäft mit dem InsVerw** abgeschlossen wurde, unterliegen alle sich daraus ergebenden Ansprüche dem Aufrechnungsverbot. Hierher gehören auch Ansprüche aus der Abrechnung von Vorschüssen oder Anzahlungen auf künftige Masseverbindlichkeiten und aus Vertragsverletzungen. Beruht die Pflichtverletzung auf einem vor VerfEröffnung abgeschlossenen Vertrag, muss sich, um das Aufrechnungsverbot auszulösen, die Verletzung nach der Eröffnung in einer Schädigung der Masse niedergeschlagen haben.[29] Wird eine zum Stichtag der VerfEröffnung noch nicht werthaltige Werklohnforderung des Schu erst durch die vom InsVerw nach VerfEröffnung erbrachte Werkleistung werthaltig, ist auf den Zeitpunkt dieser Leistungserbringung abzustellen. Insoweit ist der durch die Rspr zu § 96 Abs 1 Nr 1 entwickelte Begriff der **Werthaltigkeit einer Forderung** (vgl Rn 72) auf § 96 Abs 1 Nr 1 zu übertragen.[30]

21 **bbb)** Zu den **Kondiktionsansprüchen** gehören insb solche, die durch der Masse gegenüber befeiend wirkende Leistungen eines Dritten (§ 82) an den InsGl entstehen, wie solche, die sich auf Grund der Auskehrung des Versteigerungserlöses nach unzulässiger oder unzulässig gewordener (§ 88) Zwangsvollstreckung ergeben. Gegen den Bereicherungsanspruch der Masse kann dann nicht aufgerechnet werden. Soweit **Steuererstattungsansprüche** der Masse als vor Eröffnung des InsVerf entstanden anzusehen sind, geht § 95 Abs 1 vor, so dass das Finanzamt als SteuerGl gegen solche Passivforderungen aufrechnen kann.[31]

22 **ccc)** Schu der InsMasse wird der Gl auch durch **Rechtsgeschäfte mit dem InsSchu**. Nach § 35 erfasst das InsVerf den Neuerwerb des Schu. Der Gl hat deshalb in die Masse zu leisten (Erfüllung der Hauptforderung), kann aber aus ihr seine Gegenforderung nicht realisieren (s hierzu auch § 96 Abs 1 Nr 4).[32]

---

27 *BGH* ZIP 2012, 1254 Rn 10 ff; zu § 7 Abs 5 GesO ebenso schon *BGHZ* 135, 33, 38 f.
28 *BGH* ZIP 2006, 141; sa Kommentierung bei § 94.
29 *Jaeger/Windel* § 96 Rn 16.
30 *OLG Schleswig* 14.7.2016 – 7 U 125/15.
31 *Jaeger/Windel* § 96 Rn 17.
32 *K/P/B/Lüke* § 96 Rn 9.

ddd) Zum Schu der InsMasse kann auch der Fiskus werden, wenn **Steuererstattungsansprüche** aufgrund von Steuervorauszahlungen bestehen. Sie entstehen, ohne dass es auf die Festsetzung in einem Erstattungsbescheid ankommt, im Zeitpunkt der Entrichtung der Steuer unter der aufschiebenden Bedingung, dass am Ende des Besteuerungszeitraums die geschuldete Steuer geringer ist als die Vorauszahlung.[33] Das gilt auch dann, wenn bei der Erstattung von vor Verfahrenseröffnung geleisteten Vorauszahlungen der diesbezügliche Anspruch vor Verfahrenseröffnung begründet war und die Steuer, auf die vorzuleisten war, erst nach Eröffnung entstanden ist.[33] Im **Umsatzsteuerrecht** ist nach zutreffender Ansicht daran anzuknüpfen, wann der dem Steuertatbestand zugrunde liegende **zivilrechtliche Sachverhalt**, mithin die Lieferung oder sonstige Leistung, verwirklicht worden ist. Nur diese Lösung befindet sich im Einklang mit der Abgrenzung in anderen Rechtsgebieten. 23

Diesen Rechtsstandpunkt, den der VII. Senat des BFH in seiner früheren Rspr eingenommen hatte, vertritt der BFH nicht mehr.[34] Im Einklang mit der früheren Rspr des V. Senat des BFH wird die Begründetheit eines Vermögensanspruchs vor oder nach InsEröffnung gem § 38 im Festsetzungsverfahren danach beurteilt, wann der Steuertatbestand vollständig verwirklicht sei.[35] An dieser Rspr hält der VII. Senat des BFH in seiner Rspr seit der letzten Auflage fest. Die gegen das in der Vorauf1 erwähnte Urt des FG Düsseldorf[36] eingelegte Revision wurde mit Urt des *BFH* v 18.8.2015 zurückgewiesen.[37] Ebenso stellt der *BFH* in seinem Urt v 8.11.2016 für die Frage, ob ein InsGl bis zu der Eröffnung des InsVerf etwas zur InsMasse schuldig geworden ist, darauf ab, „ob der Tatbestand, der den betreffenden Anspruch begründet, nach den steuerrechtlichen Vorschriften bereits vor oder erst nach InsEröffnung vollständig verwirklicht und damit abgeschlossen ist". Entscheidend sei, ob **sämtliche materiell-rechtliche Tatbestandsvoraussetzungen** für die Entstehung eines Erstattungsanspruchs im Zeitpunkt der InsEröffnung erfüllt seien. Angewandt auf eine Steuerberichtigung nach § 14c Abs 2 UStG sei maßgeblich, ob bei Eröffnung die Gefährdung des Steueraufkommens beseitigt sei. Dies sei in dem Sinne zu verstehen, dass endgültig feststehen müsse, dass jedwede Gefährdung des Steueraufkommens ausgeschlossen sei, dh ein Vorsteuerabzug beim Empfänger der Rechnung nicht durchgeführt oder die geltend gemachte Vorsteuer zurückgezahlt worden sei.[38]

Im Ergebnis ermöglicht dieses insolvenzrechtlich zumindest bedenkliche Verständnis, eigentlich als InsFord zu beurteilende Umsatzsteuerforderungen als Masseverbindlichkeiten zu qualifizieren, indem das Steuerverfahrensrecht in den Steuertatbestand implantiert wird.[39] Die Rspr des BFH ist in dieser Hinsicht indes gefestigt,[40] wenn auch bislang – soweit ersichtlich – auf die Umsatzsteuer beschränkt. So lehnt das FG Berlin-Brandenburg die Übertragung der Rspr des VII. Senats auf **andere Steuerarten**, konkret die Behandlung von Ertragsteuern (Gewerb-, Körperschafts- oder Einkommenssteuer) ausdrücklich ab. Würde man auch für diese auf die steuerrechtliche Entstehung iSd Rspr des VII. Senats abstellen, würde es zu einer uneinheitlichen Auslegung von § 38 und § 96 Abs 1 Nr 1 kommen, da für die Abgrenzung von Ins- und MasseFord bei Einkommenssteuern eine Aufteilung der Steu-

33 *BFH* 2011, 1116 Rn 13.
34 *BFH* ZIP 2012, 2217 Rn 17.
35 *BFH* ZIP 2011, 782 Rn 22 ff.
36 *FG Düsseldorf* 15.5.2014 – 12 K 4478/11 AO.
37 *BFH* 18.8.2015 – VII R 29/14.
38 *BFH* 8.11.2016 – VII R 34715.
39 Krit auch *Heinze* DZWiR 2011, 276, 279; *Kahlert* ZIP 2013, 500, 503; *Onusseit* DZWiR 2011, 353, 355.
40 Insoweit auch die Entwicklung der Rspr bei den Instanzgerichten, vgl *FG Hamburg* 25.11.2015 – 6 K 167/15.

erschuld erfolgt. Da aber der BFH gerade mit einer einheitlichen Auslegung argumentiere, könne die Rspr nicht übertragen werden.

24 Nach Eröffnung des InsVerf an das Finanzamt entrichtete Beträge, die nicht aus freigegebenem Vermögen stammen, können gem § 36 Abs 2 Nr 1 EStG nur auf Steuerschulden angerechnet werden, die zu den Masseverbindlichkeiten gehören. In Höhe eines nach **Anrechnung** der Zahlungen auf nachinsolvenzlich begründete Steuerschulden verbliebenen Überschusses entsteht ein Erstattungsanspruch zugunsten der Masse gem § 36 Abs 4 S 2 EStG. Gegen diesen Erstattungsanspruch ist die Aufrechnung m InsFord des Finanzamtes nach § 96 Abs 1 Nr 1 unwirksam.[41] Anderes gilt dann, wenn der Erstattungsanspruch der Masse aufgrund einer unmissverständlichen Freigabeerklärung gemeinsam m der selbstständigen Tätigkeit als selbstständiger Vermögenswert freigegeben worden ist. Dann steht der Aufrechnung der aus der freigegebenen Tätigkeit entstandenen Umsatzsteuererstattungsansprüche m vor der Ins-Eröffnung entstandenen Steuerschulden § 96 Abs 1 Nr 1 nicht entgegen.[42]

25 Diese Abgrenzung von Ins- und Masseforderungen über den Zeitpunkt, zu dem der den Steueranspruch begründende Tatbestand vollständig verwirklicht ist und nicht etwa den Zeitpunkt der Steuerentstehung hat auch Auswirkungen auf die **Freigabe**. Bei dieser sind im Allgemeinen und unter Berücksichtigung von § 96 Abs 1 Nr 4 – gesonderte Überlegungen zur Aufrechnungsbefugnis des Finanzamtes anzustellen. So steht nach Ansicht des FG Stuttgart die insolvenzrechtliche strukturelle Unterscheidung der Vermögensmassen einer Aufrechnung des Finanzamts mit vorinsolvenzlichen Forderungen gegen Umsatzsteuererstattungsansprüche des insolvenzfreien Vermögens iSv § 35 Abs 2 nicht entgegen.[43]

26 **bb) Erwerb der Hauptforderung durch Abtretung. – aaa)** Für das Aufrechnungsverbot nach Abs 1 Nr 1 reicht es grds aus, dass eine vor VerfEröffnung gegen den InsGl entstandene Forderung eines Dritten nach der Eröffnung an die Masse abgetreten wird. Die Vorschrift baut jedoch auf den Regelungen des **allgemeinen Zivilrechts** auf. Deshalb genießt ein DrittSchu den Schutz der §§ 406, 407 Abs 1 BGB, wenn er durch Abtretung (§ 398 BGB) oder cessio legis (§ 412 BGB) nach VerfEröffnung etwas zur InsMasse schuldig wird.[44] Er kann dann nach Maßgabe der genannten Bestimmungen gegenüber dem Zedenten bzgl dem InsVerw aufrechnen, ohne durch Abs 1 Nr 1 daran gehindert zu sein.

27 **bbb)** Entspr gilt für den **Rückerwerb** einer Forderung durch die Masse, die der spätere InsSchu zuvor abgetreten hatte. Gegen sie kann trotz Abs 1 Nr 1 mit einer InsFord aufgerechnet werden, wenn nach § 404 oder § 406 BGB schon gegenüber dem Zessionar hätte aufgerechnet werden können. Die Forderung geht bei der Rückabtretung belastet mit der Aufrechnungsmöglichkeit aus der Zeit vor der VerfEröffnung auf den InsVerw über.[45]

28 **cc) Aufrechnung als Reaktion auf die Erfüllungswahl.** S hierzu die Kommentierung zu § 95 Rn 26 ff.

29 **dd) Anfechtungsrechtlicher Rückgewähranspruch. – aaa)** Nicht aufgerechnet werden kann gegen den anfechtungsrechtlichen Rückgewähranspruch aus § 143. Nach der Rspr des BGH folgt dies schon daraus, dass der Anfechtungsanspruch **erst mit der VerfEröffnung** entsteht.[46] Nimmt man dagegen an, dass der Anfechtungsanspruch mit dem der EinzelGl identisch ist, folgt der Ausschluss der Aufrechnung aus dem Zweck der Anfechtung.[47]

---

41 *BFH* ZIP 2015, 986.
42 *FG Sachsen-Anhalt* EFG 2014, 782.
43 *FG Stuttgart* ZIP 2015, 1894.
44 *Häsemeyer* KS-InsO, S 655; *Gottwald/Adolphsen* 4. Aufl § 45 Rn 91.
45 *BGHZ* 56, 115; MK/*Brandes/Lohmann* § 96 Rn 16.
46 *BGHZ* 15, 337; *BGH* ZIP 2004, 326.
47 *Henckel* JZ 1996, 532.

bbb) Nach einer älteren zur KO ergangenen Entsch des BGH ist Anfechtungsgegner so zu stellen, als hätte er aufrechnen können, falls der anfechtungsrechtliche Rückgewähranspruch nur deshalb besteht, weil ein Bereicherungsanspruch der Masse, gegen den er hätte aufrechnen können, wegen §§ 814, 817 S 2 BGB ausgeschlossen ist.[48] Das Urteil setzt die – auch für die InsMasse wirksame – Beschränkung eigener Ansprüche des Schu mit derjenigen originärer gesetzlichen Ansprüche der InsMasse gleich. Für diese Gleichsetzung ist im Anwendungsbereich der InsO kein Raum, wie der BGH nunmehr entschieden hat.[49] § 814 BGB rechtfertigt eine Einschränkung des gesetzlichen Anspruchs aus § 143 Abs 1 nicht.[50] Im Anwendungsbereich der InsO wird der Empfänger der unentgeltlichen Leistung durch § 143 Abs 2 und (in Extremfällen) durch die allg Grundsätze des § 242 BGB geschützt.[51] 30

3. Erwerb der Gegenforderung nach Verfahrenseröffnung (Nr 2). – a) Allgemeines. Die Bestimmung erfasst den GlWechsel nach VerfEröffnung in Bezug auf die Aktivforderung (Gegenforderung). 31

aa) Sinn und Zweck. Der Zweck der Vorschrift ist darin zu sehen, der Ausplünderung der Masse durch den Aufkauf von Forderungen entgegenzuwirken.[52] Deshalb ist die Aufrechnung insolvenzrechtlich unwirksam, wenn der InsGl seine Forderung (Gegenforderung) nach VerfEröffnung im Wege der Einzel- oder Gesamtrechtsnachfolge von einem anderen InsGl erworben hat. Die erworbene Forderung unterfällt dem Gleichbehandlungsgrundsatz und kann diesem durch Abtretung an einen Schu der Masse nicht entzogen werden. 32

bb) Anwendungsbereich. Abs 1 Nr 2 hat einen breiten mittelbaren Anwendungsbereich. Ihr Verbot kann durch **Konzernverrechnungsklauseln** nicht umgangen werden. Wird dem konzernangehörigen Vertragspartner des Schu die Befugnis eingeräumt, gegen die Hauptforderung des Schu mit Gegenforderungen anderer Konzerngesellschaften aufzurechnen, ist die nach VerfEröffnung erklärte Aufrechnung nach dem Rechtsgedanken der Vorschrift unwirksam, weil die Gegenseitigkeit erst durch die Erklärung der Aufrechnung, mithin nach VerfEröffnung, hergestellt worden ist.[53] Im **masseunzulänglichen Verfahren** gilt sie auch für Masseforderungen (Rn 36). 33

b) Einzelfälle. – aa) Fälle unzulässiger Aufrechnung. – aaa) Entscheidend ist der **Erwerb der Gegenforderung** nach VerfEröffnung. Befriedigt ein Schu der Masse einen InsGl, so ist die Aufrechnung mit dem Anspruch, der in seiner Person wegen **ungerechtfertigter Bereicherung der Masse** entsteht (§ 55 Abs 1 Nr 3), gegen deren Forderung ebenfalls ausgeschlossen.[54] 34

bbb) Bei wortlautgemäßer Anwendung von Abs 1 Nr 2 ist die Aufrechnung auch iF des **Rückerwerbs** der abgetretenen (Gegen-)Forderung nach VerfEröffnung ausgeschlossen. Die wortgetreue Auslegung entspricht auch dem Sinn und Zweck der Vorschrift. Dies gilt aber nur, wenn die Zession vor VerfEröffnung, der Rückerwerb danach erfolgt ist.[55] In diesem Fall besteht im Zeitpunkt der Eröffnung keine Aufrechnungslage. **Abtretung und Sicherungsabtretung** werden von dem Verbot gleichermaßen erfasst.[56] Entscheidend ist, dass die Forderung auch bei der Sicherungsabtretung mit voller dinglicher Wirkung als Voll- 35

48 *BGHZ* 113, 105; zust MK/*Brandes/Lohmann* § 96 Rn 10.
49 *BGHZ* 179, 137, 142 = ZIP 2009, 186; ZIP 2010, 1253; 2010, 1455. 1456.
50 MK/*Kayser* § 134 Rn 45.
51 *BGHZ* 179, 137, 146 = ZIP 2009, 186.
52 *BGHZ* 136, 261; *Ganter* FS Kirchhof, 2003, S 106 f.
53 *BGHZ* 160, 111 f; sa Kommentierung bei § 94.
54 *BGH* NJW 1962, 1202.
55 Hierzu und zu den anderen Fallgestaltungen ausf *Ganter* FS Kirchhof, 2003, S 105–119.
56 *Ganter* FS Kirchhof, 2003, S 105–119; MK/*Brandes/Lohmann* § 96 Rn 21.

recht auf den Sicherungsnehmer übergegangen ist. Entspr gilt, wenn der Abtretung ein **Factoring-Geschäft** zu Grunde liegt.[57]

36 **ccc)** Nach förmlicher **Anzeige der Masseunzulänglichkeit** (§ 208) gilt für die Aufrechnung des Altmassegläubigers gegen Forderungen, die danach für die Masse begründet werden (Hauptforderungen, Passivforderungen), oder mit Forderungen (Gegenforderungen), die danach von anderen MasseGl erworben werden, Abs 1 Nr 2 entspr.[58] Insb darf im „Konkurs im Konkurse" der **Vorrang der Insolvenzverwaltervergütung** (§ 54 iVm § 209 Abs 1 Nr 1) nicht durch Aufrechnungen unterlaufen werden. Die InsO unterscheidet hierbei nicht danach, ob die Vergütungs- und Auslagenansprüche vor oder nach Eintritt der Masseunzulänglichkeit erdient worden sind. Sie räumt ihnen vielmehr generell eine absolute Priorität ein.[59]

37 **bb) Fälle zulässiger Aufrechnung. – aaa)** In den Fällen des **Rückerwerbs** ist zu unterscheiden: Hat der InsGl die Forderung erst nach VerfEröffnung **sicherungshalber** abgetreten und entspr der Sicherungsabrede wieder zurückerhalten, bestand die Aufrechnungslage bei VerfEröffnung; Abtretung und Rückabtretung schaden dann nicht.[60] Unabhängig vom Zeitpunkt der Zession vor oder nach VerfEröffnung ist die Aufrechnung in den Fällen der **Inkassozession** oder vergleichbarer uneigennütziger Treuhandverhältnisse zulässig, weil die Forderung zu jeder Zeit wirtschaftlich im Vermögen des Zedenten verblieben ist.[61]

38 **bbb)** Nicht von Abs 1 Nr 2 werden die Gegenforderungen erfasst, die dem InsGl schon vor VerfEröffnung **aufschiebend bedingt** zustanden und mit denen er nach Eintritt der Bedingung gem § 95 wirksam aufrechnen kann (s Kommentierung zu § 95). Den dort aufgeführten Forderungen sind solche Ansprüche gleichzustellen, die vor VerfEröffnung zwar nicht bedingt, wohl aber **ihrem Kern nach** vorhanden waren.[62] Hierzu gehört der Anspruch des Gesellschafters auf Zahlung des **Auseinandersetzungsguthabens**, welches bereits mit Abschluss des Gesellschaftsvertrages zu den geschützten Ansprüchen gehört.[63] Der mit Vertragsschluss gelegte Rechtsgrund verschafft dem Gesellschafter eine gesicherte Position in Form einer bestimmten Erwerbsaussicht, die ohne sein weiteres Zutun zu einem vollwertigen Anspruch erstarkt. Ist nicht Abs 1 Nr 2, sondern § 95 Abs 1 einschlägig, kann die Aufrechnung jedoch nach dessen S 3 ausgeschlossen sein.[64]

39 **4. Anfechtbare Aufrechnungslagen (Nr 3). – a) Allgemeines.** Die Vorschrift ermöglicht es, dass die **gläubigerbenachteiligende Wirkung**, die mit der Herstellung einer Aufrechnungslage eintritt, selbstständig angefochten werden kann.[65] Sie schränkt damit § 94 ein, wonach das InsVerf die Berechtigung zur Aufrechnung nicht berührt, wenn diese vor VerfEröffnung begründet worden ist. Als Rechtshandlung kann an jedes Geschäft angeknüpft werden, das zum anfechtbaren Erwerb einer Gl- oder Schuldnerstellung führt.[66] In der Vorschrift kommt

---

57 *Jaeger/Windel* § 96 Rn 41; MK/*Brandes/Lohmann* § 96 Rn 21; *Uhlenbruck/Sinz* § 96 Rn 43.
58 *BGHZ* 130, 44 ff; MK/*Brandes/Lohmann* § 96 Rn 19.
59 Vgl *BGHZ* 167, 188.
60 MK/*Brandes/Lohmann* § 96 Rn 22; *Uhlenbruck/Sinz* § 96 Rn 39; *Ganter* FS Kirchhof, 2003, S 118; *Gottwald* § 45 Rn 94.
61 *BGHZ* 25, 367; MK/*Brandes/Lohmann* § 96 Rn 23; *Uhlenbruck/Sinz* § 96 Rn 40; *Gottwald/Adolphsen* 4. Aufl § 45 Rn 97.
62 *BGHZ* 71, 385; für die Beurteilung der Anfechtbarkeit der Aufrechnungslage gilt allerdings ein anderer Zeitpunkt, *BGH* ZIP 2007, 1509.
63 *BGHZ* 160, 4; *Fischer* WM 2008, 3.
64 MK/*Brandes/Lohmann* § 96 Rn 24.
65 *BGH* ZIP 2003, 2370, 2371; 2005, 1521, 1523; 2010, 90, 91; *BSG* 31.5.2016 – B 1 KR 38/15 R.
66 *BGH* ZIP 2012, 1254 Rn 16.

die Wertung zum Ausdruck, dass das Vertrauen des Gl auf den Bestand einer durch eine anfechtbare Rechtshandlung geschaffenen Aufrechnungslage nicht schutzwürdig ist.[67] Da auf die **Herstellung der Aufrechnungslage** und deren gläubigerbenachteiligende Wirkungen abzustellen ist,[68] scheitert die Anfechtbarkeit nicht daran, dass eine Saldierung von Umsatzsteuer- und Vorsteuerbeträgen im selben Voranmeldungszeitraum keine gläubigerbenachteiligende Rechtshandlung sei.[69] Der InsVerw kann sich unmittelbar auf die Unwirksamkeit der Aufrechnung berufen.[70] Er kann die Wirkungen der Anfechtung auf die Herstellung der Aufrechnungslage beschränken.[71]

aa) Anfechtungstatbestand. Nach Abs 1 Nr 3 kommen alle Anfechtungstatbestände in 40
Betracht, auch die Anfechtung unentgeltlicher Leistungen.[72] Insoweit gelten die durch das am 5.4.2017 in Kraft getretene G zur Verbesserung der Rechtssicherheit bei Anf bewirkten Änderungen der §§ 129 ff mittelbar auch für Abs 1 Nr 3. Unmittelbare Änderungen dieser Norm oder des insolvenzrechtlichen Aufrechnungsrechts sind mit dem og G nicht verbunden. Für die Einzelheiten der Gesetzesänderung sei auf die einzelnen Kommentierungen der §§ 129 ff verwiesen.

Es müssen **alle Merkmale eines Anfechtungstatbestandes** einschl der objektiven GlBenachteiligung[73] (§ 129 Abs 1) und des Ausschlusses eines Bargeschäfts (§ 142) vorliegen.[74] Das ist der Fall, wenn ohne die Vorschrift eine Anfechtungsklage erfolgreich wäre. Der engen Verknüpfung von Aufrechnung und Anfechtung kann der InsVerw nicht dadurch ausweichen, dass er entspr dem überkommenen Recht zur **Anfechtungsklage** zurückkehrt.[75] Für diese besteht kein **Rechtsschutzbedürfnis**, seit die InsO die insolvenzrechtliche Unwirksamkeit einer nicht anfechtungsfesten Aufrechnungslage anordnet.[76] Der InsVerw kann vielmehr die Forderung der Masse unmittelbar geltend machen und dem Erfüllungseinwand (durch Aufrechnung) die Unwirksamkeit der Aufrechnung nach § 96 Abs 1 Nr 3 entgegenhalten.[77]

aaa) Die Regelung ist nicht auf **Rechtshandlungen** des späteren InsSchu beschränkt. Insoweit ist der Begriff der Rechtshandlung iSv § 96 Abs 1 Nr 3 weit auszulegen. Rechtshandlung ist danach jedes von einem Willen getragene Handeln, das eine rechtliche Wirkung auslöst und das Vermögen des Schu zum Nachteil der InsGl verändern kann. Ob die Wirkung selbst gewollt war, ist unerheblich.[78] 41

Ein „klassischer Fall" des Abs 1 Nr 3 ist der **Ankauf von Ford Dritter** gegen den Schu durch 42
einen Schu des InsSchu in „kritischer" Zeit.[79] Der inzident zu prüfende Anfechtungstatbe-

67 *BGHZ* 135, 36; 174, 297, 299 = ZIP 2008, 183; *BGH* ZIP 2010, 90, 91; *BFH* ZIP 2013, 379, Rn 2 (7. Senat); BT-Drucks 12/2443, 141; **aA** *BFH* ZIP 2011, 2481 Rn 17 f (5. Senat).
68 *BGH* ZIP 2012, 1254 Rn 16, ständig.
69 *BGH* ZIP 2010, 90 Rn 18 f; **aA** *BFH* 2011, 2481 Rn 33 ff.
70 *BGHZ* 159, 388, 393; *BGH* ZIP 2006, 2178 Rn 11; 2012, 1254 Rn 16; BT-Drucks 12/2443 S 141 zu § 108 RegE.
71 *BGH* ZIP 2005, 1521, 1523; 2010, 90, 91.
72 *BGH* ZIP 2012, 1254 Rn 16. Zur Anwendung des § 134 iRd § 96 Abs 1 Nr 3 vgl *BGH* 20.4.2017 – IX ZR 252/16.
73 Zur Darlegungs- und Beweislast bei anfechtungsfest begründeten Absonderungsrechten und der hiervon abhängigen GlBenachteiligung vgl *BGH* ZIP 2015, 1497.
74 *BGHZ* 159, 395; instruktiv hierzu *BGH* ZIP 2013, 588.
75 Zu den Konsequenzen auf die (internationale) Zuständigkeit deutscher Gerichte vgl *BGH* ZIP 2015, 2192.
76 *BGH* ZIP 2005, 1335; *Fischer* WM 2008, 4.
77 *BSG* 31.5.2018 – B 1 38/15 R.
78 *LSG NRW* 20.8.2015 – L 5 KR 843/12.
79 *BGHZ* 135, 36.

stand kann allerdings eine Rechtshandlung des Schu fordern (zB § 133 Abs 1).[80] Mit Ausnahme der nicht beeinflussten Gesamtrechtsnachfolge[81] kann als Rechtshandlung an jedes Geschäft angeknüpft werden, das zum anfechtbaren Erwerb einer Gl- oder SchuStellung führt. Zu der ersten Gruppe gehören insb die anfechtbaren Abtretungen an den späteren Schu der Masse, der damit auch zum InsGl wird,[82] zu der zweiten die Rechtsgeschäfte des InsGl mit dem Schu zur Begr von Passivforderungen der späteren Masse.[83] Eine zielgerichtete Herbeiführung der (anfechtbaren) Wirkungen ist auch hier nicht erforderlich.[84] Deshalb ist auch das Entstehen von Umsatzsteueransprüchen in anfechtbarer Zeit, mit denen der Fiskus gegen den Steuererstattungsanpruch des Schu aufrechnet, auf eine Rechtshandlung zurückzuführen.[84]

43 Aus dem gleichen Grund ist einem Geschäftsführer die Aufrechnung m seinem Vergütungsanspruch gegen den ihm gegenüber bestehenden Anspruch aus § 64 S 1 GmbHG für Zahlungen in dem Monat vor Antragstellung nach § 96 Abs 1 unzulässig. Da er als InsGl in Bezug auf seine Vergütungsforderungen die Möglichkeit der Aufrechnung durch eine anfechtbare Rechtshandlung erlangt hat. Der Umstand des Zahlungsverbots nach § 64 S 1 GmbHG begründet die Inkongruenz und diese wiederum die Anfechtbarkeit nach § 131 Abs 1 Nr 1, ohne dass es des Eintritts weiterer Voraussetzungen bedarf.[85]

44 Ob die Möglichkeit zur Aufrechnung auch dann iSv § 96 Abs 1 Nr 3 durch eine anfechtbare Rechtshandlung erlangt wird, wenn in der kritischen Zeit vor VerfEröffnung die zur Aufrechnung berechtigende Rechtsposition kraft einer **gesetzlichen Regelung** entsteht, wird mittlerweile einheitlich bewertet und bejaht.[86] Eine Rechtshandlung ist mithin auch dann anzunehmen, wenn Ansprüche „kraft G“ entstehen. So ist auch beim Entstehen beider der Aufrechnung zugrunde liegender Ansprüche von einer Rechtshandlung iSv § 96 Abs 1 Nr 3 auszugehen.[87] Wie ausgeführt (vgl Rn 40) ist auch die Anf nach § 134 geeigneter AnfTatbestand isd § 96 Abs 1 Nr 3. Die aufgrund von wechselseitigen Ansprüchen in Zusammenhang mit einem Vertragsverhältnis erlangte Möglichkeit der Aufrechnung oder Verrechnung ist indes auch dann als unentgeltliche Leistung anfechtbar, wenn die dem Schu zustehende Gegenforderung ein bereicherungsrechtlicher Rückforderungsanspruch ist.[88]

45 **bbb)** Da die Vorschrift an die Aufrechnung anknüpft und die Masse vor dem gerade durch die Aufrechnung entstehenden Vermögensverlust schützen will, ist die **objektiver GlBenachteiligung** nicht auf die Rechtshandlung zu beziehen, welche die Anfechtbarkeit nach sich zieht (zB komplexes Vertragswerk zwischen Schu und InsGl), sondern auf die unmittelbaren Folgen der Aufrechnung (Verlust der Passivforderung der künftigen Masse).[89] Dabei sind lediglich solche Folgen zu berücksichtigen, die an die anzufechtende Rechtshandlung – Herstellung der Aufrechnungslage – selbst anknüpfen. Eine **Vorteilsausgleichung** mit nach-

80 Vgl *BGHZ* 162, 147.
81 MK/*Brandes/Lohmann* § 96 Rn 29a.
82 Vgl zB *BGH* ZIP 2006, 819.
83 Vgl zB *BGH* ZIP 2004, 1913; 2005, 1523.
84 *BGH* ZIP 2010, 90, 91.
85 *BGH* ZIP 2014, 22; vgl zur Aufrechnung rückständiger Gehaltsforderung mit Ersatzforderungen der GmbH im Allgemeinen und das Urt des BGH v 19.11.2013 im Besonderen *Müller/Rautmann* DStR 2014, 704.
86 Einen guten Überblick zur Rspr von *BGH*, *BFH* und *BSG* gibt *LSG NRW* 20.8.2015 – L 5 KR 843/12; **aA** *FG München* EFG 2015, 67 bzw BeckRS 2014, 96388 zu der Änderung des § 37 KStG.
87 *LSG NRW* 20.8.2015 – L 5 KR 843/12.
88 *BGH* 20.4.2017 – IX ZR 252/16.
89 *BGHZ* 179, 137, 142; *BGH* ZIP 2005, 1522 f; 2010, 90, 91.

teiligen Elementen des Vertragswerks findet grds nicht statt.[90] Vielmehr ist der Eintritt der Gläubigerbenachteiligung isoliert in Bezug auf die konkret bewirkte Minderung des Aktivvermögens oder der Vermehrung der Passiva des Schu zu beurteilen.[91]

ccc) Für die Ermittlung des Anfechtungstatbestandes ist zunächst der **maßgebliche Zeitpunkt** zu bestimmen. Er entscheidet insb darüber, ob eine Deckungsanfechtung (§§ 130, 131) in Betracht kommt und ob die Handlung im letzten Monat vor dem Eröffnungsantrag vorgenommen worden ist und deshalb die erleichterten Anfechtungsvoraussetzungen nach § 131 Abs 1 Nr 1 gelten. Gem § 140 Abs 1 ist entscheidend, wann das Gegenseitigkeitsverhältnis durch die Verknüpfung der gegenseitigen Forderungen begründet worden ist.[92] Dagegen ist grds unerheblich, ob die Forderung des Schu (Hauptforderung) oder die des InsGl (Gegenforderung) früher entstanden oder fällig geworden ist.[93] **46**

Bei einer **Werklohnforderung** des Schu ist darauf abzustellen, wann diese durch Erbringung der Leistung werthaltig geworden ist.[94] Die zur Herstellung der Aufrechnungslage in Bezug auf die Ansprüche auf Erstattung der Mängelbeseitigungskosten einerseits und Werklohnzahlung andererseits führende Verfügung des InsSchu benachteiligt die Gl nicht, wenn sie gleichzeitig erst zur vollen Durchsetzbarkeit der Werklohnforderung führt.[95] Hat erst eine solche nachträgliche Wertschöpfung zur Werthaltigkeit eines die Gläubigerbenachteiligung ausschließenden Absonderungsrechts geführt, obliegt in dieser Hinsicht dem InsVerw die Darlegungs- und Beweislast.[96] **47**

Für die Herstellung von Verrechnungslagen in einem **Bankkontokorrent** konnte der *BGH* jüngst offen lassen, ob das Gegenseitigkeitsverhältnis mit Einzahlung auf das debitorische Konto oder erst mit Beendigung des Kontokorrents entsteht.[97] In der bisher vorliegenden Rspr[98] musste diese Frage noch nicht abschließend geklärt werden. **48**

Es liegt jedoch näher, das Gegenseitigkeitsverhältnis erst **bei Beendigung des Kontokorrents** anzunehmen. Zum Zeitpunkt des Kontokorrentabschlusses nach Kündigung des Kontokorrents – nicht aber zum Zeitpunkt des Zahlungseingangs – entsteht eine fällige Forderung aus dem Kontokorrentkredit. Eine Einzahlung bewirkt zunächst nur einen Anspruch nach § 667 BGB auf Gutschrift. Dieser Anspruch ist bei einem gekündigten Kontokorrent pfändbar, sodass der Bank nach § 14 I AGB-Banken, § 21 I AGB-Sparkassen ein Pfandrecht zusteht. Würde man bereits auf den Zeitpunkt der Einzahlung zur Begründung des Gegenseitigkeitsverhältnisses abstellen, könnte kein Sicherungsrecht der Banken entstehen.

Ist der Anspruch aus einer oder beiden der im Gegenseitigkeitsverhältnis stehenden Forderungen vom Eintritt einer **Bedingung** abhängig, fehlt es nach bürgerlichem Recht an einer Aufrechnungslage, weil eine aufschiebend bedingte Forderung nicht erfüllbar ist (§ 387 BGB). Anfechtungsrechtlich kommt es auf den Zeitpunkt jedoch nicht an, wenn die Voraussetzungen des § 140 Abs 3 zutreffen. Diese Vorschrift gilt auch im Anwendungsbereich des § 96 Abs 1 Nr 3.[99] Hierfür ist erforderlich, dass es sich um eine **rechtsgeschäftliche** **49**

---

90 *BGH* ZIP 2005, 1523; *OLG Hamm* 19.1.2016 – 21 U 106/15; *Fischer* WM 2008, 4.
91 BGH 7.5.2013 – IX ZR 191/12; *OLG Hamm* 19.1.2016 – 21 U 106/15.
92 *BGHZ* 174, 297, 299 f = ZIP 2008 184; *BGH* ZIP 2007, 1508; ZIP 2013, 588 Rn 11; *Fischer* WM 2008, 4; *BSG* 31.5.2016 – B 1 KR 38/15 R..
93 *BGH* 2.2.2017 – IX ZR 245/14; *BGHZ* 159, 395; *BGH* ZIP 2007, 1508; 2012, 1254 Rn 16.
94 *BGH* ZIP 2013, 588 Rn 12.
95 *BGH* 23.6.2005 – VII ZR 197/03; *OLG Hamm* 19.1.2016 – 21 U 106/15.
96 *BGH* ZInsO 2015, 1497.
97 *BGH* 2.2.2017 – IX ZR 245/14.
98 *BGHZ* 174, 297 ff; *BGHZ* 189, 1 ff; *BGH* 2.2.2017 – IX ZR 245/14.
99 *BGH* ZInsO 2010, 673, 674.

Bedingung handelt[100] und die Rechtshandlung, an die angeknüpft werden soll, dem Gl bereits eine gesicherte Rechtsstellung verschafft hat (zu den Einzelheiten s die Kommentierung bei § 140).[101]

50 **ddd)** Die Begr der Aufrechnungslage kann als **kongruente oder als inkongruente Rechtshandlung** anfechtbar sein. Die Abgrenzung ist wie nach überkommenem Recht danach vorzunehmen, ob der aufrechnende InsGl einen **Anspruch auf die Vereinbarung** hatte, welche die Aufrechnungslage entstehen ließ.[102] Die Inkongruenz kann wie auch sonst durch die Art und Weise der Erfüllung begründet sein. Deshalb hat zB ein Gl, der gegenüber der Forderung des Schu aus einem gegenseitigen Vertrag mit einem abgetretenen Anspruch aufrechnet, der aus einem Vertrag des Zedenten mit dem Schu stammt, die Aufrechnungslage inkongruent erlangt.[103]

51 **bb) Verjährung.** Die rechtliche Einordnung des § 96 Abs 1 Nr 3 als besondere Anfechtungsnorm hat Auswirkungen auf die Verjährung der Hauptforderung, die der InsVerw iF einer anfechtbar begründeten Aufrechnungslage zur Anreicherung der Masse unmittelbar zu verfolgen hat.[104] Die auf die Anfechtbarkeit gestützte insolvenzrechtliche Unwirksamkeit der Aufrechnung oder Verrechnung kann vom InsVerw nicht mehr durchgesetzt werden, wenn die Frist des § 146 Abs 1 zur gerichtlichen Geltendmachung versäumt ist und sich der Anfechtungsgegner hierauf beruft. Die Frist des § 146 Abs 1 ist auf die Hauptforderung entsprechend anwendbar und verlagert nach der Rspr des BGH[105] und jüngst auch BFH[106] deren allgemeine Verjährungsfristen. Im Einzelnen gilt:

52 Ist die **Aufrechnung insolvenzrechtlich unwirksam**, besteht die Forderung, die andernfalls durch Aufrechnung erloschen wäre, für die Dauer und die Zwecke des InsVerf fort. Die mit der Aufrechnung zunächst gehemmte Verjährung würde wegen der ab VerfEröffnung eintretenden insolvenzrechtlichen Unwirksamkeit grds weiter laufen. Unterliegt sie einer kürzeren Verjährungsfrist als der Anfechtungsanspruch nach § 146 InsO oder ist die Frist bei Eröffnung schon nahezu abgelaufen, würde der InsVerw bei der Prüfung der Anfechtungsvoraussetzungen unter einen unzumutbaren Zeitdruck gesetzt, unter dem er nicht stände, wenn er die Herstellung der Aufrechnungslage wie nach überkommenen Recht anfechten müsste.

53 Dieses Erg lässt sich mit dem Zweck der Vorschrift, die Rechtsstellung der Masse gegenüber dem Begünstigten einer anfechtbaren Aufrechnungslage zu stärken,[107] nicht vereinbaren. Wegen der **rein insolvenzrechtlichen Wirkung** des Abs 1 Nr 3 läuft deshalb die Verjährung des Anspruchs auch nach VerfEröffnung nicht weiter. Die allgemeinen Verjährungsfristen werden durch die Frist des § 146 Abs 1 verdrängt.

54 Die Regelung des § 146 Abs 1 verweist auf die regelmäßige Verjährung nach dem BGB, die gem § 195 BGB 3 Jahre beträgt und gem § 199 BGB am Ende desjenigen Jahres **beginnt**, in dem der Anspruch entstanden ist und der Gl Kenntnis erlangt hat oder ohne grobe Fahrlässigkeit hätte erlangen müssen. Da es iRv § 96 Abs 1 Nr 3 um den Fortbestand der Hauptforderung geht, kann es nicht schon auf den Zeitpunkt der anfechtbaren Rechtshandlung

---

100 *BGHZ* 167, 17; *BGH* ZIP 2003, 809.
101 *BGH* ZIP 2007, 1509; *Fischer* WM 2008, 5.
102 *BGHZ* 147, 240; 159, 395 f; *BGH* ZIP 2006, 819; 2007, 1510; zum Meinungsstand in der Lit s MK/*Brandes/Lohmann* § 96 Rn 30 f.
103 *BGHZ* 159, 395 f; *BGH* ZIP 2006, 819; *Fischer* WM 2008, 5.
104 Ausf hierzu *Kreft* FS Fischer, 2008, S 299–303.
105 *BGHZ* 169, 158.
106 *BFH* ZIP 2015, 1598.
107 *Kreft* FS Fischer, 2008, S 302.

ankommen. Denkbar erscheint grds der Zeitpunkt der Entstehung des AnfAnspruchs. Dies greift indes dann zu kurz, wenn – wie in dem vom BFH am 5.5.2015 entschiedenen Fall – nach VerfEröffnung noch gar nicht absehbar war, ob und wie die Hauptforderung entstehen würde. Aus diesem Grund beginnt die Verjährungsfrist frühestens mit Ablauf desjenigen Jahrs, in dem die Hauptforderung entstanden ist, die durch die Aufrechnung erloschen wäre.[108] Dabei ist nicht auf die insolvenzrechtliche Begründung dieses Anspruchs abzustellen, sondern auf die steuerrechtliche Entstehung. Andernfalls ist es denkbar, dass eine Hauptforderung bereits vor ihrer tatsächlichen Entstehung verjährt, was dem Sinn und Zweck des § 96 Abs 1 Nr 3 widerspricht.[109]

Die Verjährung **endet** erst, wenn der nach § 146 Abs 1 für Anfechtungsklagen gewährte Zeitraum abgelaufen ist.[110] Hierbei ist – wie ausgeführt – nicht zwingend von einem Verjährungsbeginn mit VerfEröffnung auszugehen. 55

Die Beschränkung der Unwirksamkeit auf die Dauer und die Zwecke des InsVerf hat aber auch umgekehrt zur Folge, dass der InsVerw den Anspruch aus der Hauptforderung vor Ablauf der anfechtungsrechtlichen Verjährungsfrist durch Erhebung der Klage gerichtlich geltend machen muss. Wird diese Frist versäumt und beruft sich der InsGl darauf, verbleibt es bei dem zivilrechtlichen Erlöschen der Hauptforderung durch Aufrechnung oder Verrechnung.[111] 56

Verteidigt sich der Gl der Gegenforderung gegen die auf Unwirksamkeit der Aufrechnung gestützten Zahlungsklage des InsVerw damit, dass es an einer objektiven Gläubigerbenachteiligung fehle, weil die zur Aufrechnung eingesetzte Gegenforderung durch ein **Absonderungsrecht** gesichert gewesen sei, stellt sich die Frage, bis zu welchem Zeitpunkt der InsVerw die Anfechtbarkeit des Absonderungsrechts noch geltend machen kann. In einem solchen Fall reicht es zur Hemmung der Verjährung aus, dass der Anspruch auf die Hauptforderung und die Anfechtbarkeit der durch eine anfechtbare Rechtshandlung erlangten Aufrechnungslage dargelegt ist. Damit ist die Anfechtbarkeit der Verrechnungslage insgesamt zur Nachprüfung gestellt; der Darlegung der Anfechtbarkeit sämtlicher weiterer, der objektiven GlBenachteiligung mglw entgegenstehenden Rechte bedarf es innerhalb der laufenden Frist nicht.[112] 57

cc) Sonstige Rechtsfolgen. Liegt die Rechtshandlung in der anfechtbaren Herstellung einer Aufrechnungslage nebst Aufrechnung oder Verrechnung durch den InsGl, hat der InsVerw nach § 80 Abs 1 nicht nur die Hauptforderung, sondern auch den **Zinsanspruch** zu verfolgen. Dieser beurteilt sich wegen der sachlichen Nähe zur InsAnfechtung nach § 143 Abs 1 S 2 und den dort in Bezug genommenen Vorschriften.[113] Das OLG Zweibrücken lehnt in einer nicht rechtskräftigen Entscheidung die Anwendung des § 143 Abs 1 S 2 iRd § 96 Abs 1 Nr 3 ab. Es entstehe kein Rückgewährschuldverhältnis iSv § 143 Abs 1 m den sich daraus ergebenden Folgen für die Verzinsung.[114] Die vom InsVerw vertretenen GlInteressen seien durch das Fortbestehen der durchsetzbaren Hauptforderungen m ihren Nebenrechten gewahrt. Der Zinsanspruch aus der ursprünglichen Hauptforderung bestimme sich folglich nach dem Recht für die Hauptforderung. Der BGH hat jedoch aufgrund von begründeter 58

108 *BGH* ZIP 2008, 1593.
109 *BFH* ZIP 2015, 1598.
110 *BGHZ* 169, 165 f; *BGH* ZIP 2007, 1468.
111 *BGH* ZIP 2007, 1468 f; ZIP 2008, 889, auch zu den Anforderungen an die Auslösung des Hemmungstatbestandes durch den Verw; *Fischer* WM 2008, 7.
112 *BGH* ZIP 2008, 1593, 1595.
113 MK/*Brandes/Lohmann* § 96 Rn 37; *Kreft* WuB VI A § 143 InsO 1.08 unter 2.
114 *OLG Zweibrücken* ZIP 2015, 1740.

Revision das angefochtene Urteil aufgehoben. Nach Auffassung des Senats wird die anfechtungsrechtliche Verzinsung durch die Sonderregelung des § 96 Abs 1 InsO nicht ausgeschlossen. Verschafft sich der Gl durch Auf- oder Verrechnung in anfechtbarer Weise Befriedigung seiner Forderung, sind hierauf ab Verfahrenseröffnung Prozesszinsen zu entrichten.[115] Das Urt überzeugt und ist konsequent vor dem Hintergrund der Rspr des BGH zur Verzinsung des Anfechtungsanspruchs ab Insolvenzeröffnung. Die besondere praktische Bedeutung dieser Rspr reduziert sich nach Inkrafttreten des **G zur Verbesserung der Rechtssicherheit bei Anf** nach der InsO und dem AnfG am 5.4.2017 auf sog. Altfälle, da der Zinsanspruch nach der Neufassung des § 143 nur noch bei Verzug und im Fall des § 291 BGB entsteht und nicht mehr voraussetzungslos und rückwirkend ab InsEröffnung.

59 **b) Einzelfälle. – aa) Bankkontokorrent[116].** Die Norm des § 96 Abs 1 Nr 3 findet auch auf die Herstellung von Verrechnungslagen Anwendung.[117] Die Ermittlung des insolvenzrechtlich in unzulässiger Weise erlangten Betrages durch die Verrechnung von Gutschriften unterliegt anfechtungsrechtlich einer mehrstufigen Prüfung.[118]

60 **aaa)** Auf der ersten Stufe sind Beträge in derselben Höhe auszuscheiden, in welcher die beklagte Bank im Anfechtungszeitraum[119] weitere Ausgaben des Schu nach eigenem Ermessen zugelassen hat. Insoweit hält sich die Bank an die Giroabrede mit dem Schu und handelt vertragsgemäß. In dieser Höhe kommt eine Anfechtung der Verrechnung nur als **kongruente Deckung** (§ 130) in Frage. Diese wird zusätzlich dadurch eingeschränkt, dass die Gutschriften jeweils dadurch wieder ausgeglichen werden, dass die Bank es der Schu allg gestattet, den Kredit wieder in Anspruch zu nehmen. Dieser Vorgang ist als grds unanfechtbares **Bargeschäft** (§ 142) zu werten, wenn ein Zeitraum von zwei Wochen zwischen Ein- und Auszahlungen eingehalten wird.[120] Für eine Anfechtung ist dann regelmäßig kein Raum.[121]

61 **bbb)** Der Anfechtung unterfällt jedoch die **Rückführung des Kredits**, die dadurch zustande kommt, dass die Summe der Eingänge die der Ausgänge übersteigt. Auf der zweiten Prüfungsstufe ist der anfechtungsrelevante Umfang der Rückführung in zeitlicher und gegenständlicher Hinsicht zu bestimmen. In **zeitlicher Hinsicht** kommt es auf den Betrag an, um den die durch die Bank verrechneten Einzahlungen die berücksichtigungsfähigen Auszahlungen im Anfechtungszeitraum (zB gem § 131 Abs 1 Nr 1 im Zeitraum von einem Monat vor Antragstellung bis zum Schließen des Kontos) übersteigen. Der höchste Sollstand des Kontos ist grds unerheblich.[121] Bei der Bestimmung des negativen Ausgangssaldos bei Eintritt in den Anfechtungszeitraum ist der Sollstand nur in der Höhe zu berücksichtigen, wie ihm ein Aufwendungsersatzanspruch der Bank zu Grunde liegt. Ein buchmäßiger (höherer) Sollstand, der sich insb unter Einbeziehung nicht vorab autorisierter und noch nicht genehmigter Lastschriften ergibt, ist unerheblich.

62 In **gegenständlicher Hinsicht** sind diejenigen während des Anfechtungszeitraums vom Schu veranlassten Auszahlungen herauszurechnen, bei denen die Bank nicht als **Zahlstelle** fungiert, sondern eigene Ansprüche deckt.[122] Dies trifft etwa auf Positionen wie „Annuitäten" und „Rechnungsabschluss" zu.[123] Die Abgrenzung ist nach dem zwingenden Merkmal des

---

115 *BGH* NZI 2016, 86.
116 Leitentscheidung in *BGHZ* 150, 122.
117 *BGH* 2.2.2017 – IX ZR 245/14; *BGHZ* 169, 158, 161; *BGH* ZIP 2008, 1437, 1439.
118 S hierzu auch *Bork* FS Fischer, 2008, S 37 ff; *Kayser* FS Fischer, 2008, S 276 ff.
119 Vgl *BGH* ZIP 2008, 235, 237.
120 *BGHZ* 150, 130 f; näher hierzu *Kayser* FS Fischer, 2008, S 277 f.
121 *BGH* ZIP 2008, 237.
122 *BGHZ* 150, 128; *BGH* ZIP 2004, 1465; 2004, 1510; 2008, 238.
123 *BGH* NZI 2005, 630; ZIP 2009, 1124, 1125.

Bargeschäfts vorzunehmen, wonach Leistung und Gegenleistung gleichwertig sein müssen.[124] Eine Kreditgewährung zur Ablösung von Verbindlichkeiten des Schu, für welche die Bank sich verbürgt hat, stellt keine gleichwertige Gegenleistung für die Verrechnung von Zahlungseingängen dar, wenn und soweit die Bank endgültig von ihrer **Bürgschaftsverbindlichkeit** frei geworden ist.[125] Die Bereinigung der Zahlungsausgänge um die Positionen, die eigene Forderungen der Bank betreffen, vermindert den Bereich des Bargeschäfts und erhöht die für die Anfechtung maßgebliche Rückführung des Kredits.

ccc) In dem dritten Prüfungsschritt ist der **Anfechtungstatbestand** zu ermitteln. Steht eine Anfechtung in der „kritischen" Zeit in Rede, kommt es für die Anwendung des § 130 oder des § 131 darauf an, ob die Bank einen fälligen Anspruch auf Rückführung des Kredits hat oder nicht. Die Rückführung eines von der Bank (ausdrücklich oder konkludent) bewilligten, ungekündigten Kredits in der Zeit der wirtschaftlichen Krise des Bankkunden ist auch dann inkongruent, wenn sie durch Saldierung im Kontokorrent erfolgt.[126] **Kongruent** ist danach die Rückführung des Schuldsaldos oberhalb der Kreditlinie (im geduldeten Bereich) und nach wirksamer Kreditkündigung; **inkongruent** ist die Rückführung innerhalb des Kreditrahmens vor der Kreditkündigung. Wird der Kredit durch den Schu gekündigt oder wirkt der Schu an einer Vertagsaufhebung mit und wird das Darlehen dadurch fällig, erlangt die Bank durch die anschließende Tilgung eine inkongruente Deckung.[127] Die Kündigung selbst bildet eine anfechtbare, die Befriedigung erst ermöglichende Rechtshandlung, durch die der Bank mehr Rechte eingeräumt werden, als ihr kraft ihrer eigenen Rechtsstellung gebühren.[128] 63

ddd) War die Bank an den an sich herauszugebenden Eingängen in Höhe der bereinigten Rückführung anfechtungsfest gesichert, führt die anschließende Verrechnung zu einem **unmittelbaren Sicherheitentausch**, der die Gl nicht gem § 129 Abs 1 benachteiligt. Die Verrechnung wechselseitiger Forderungen im Kontokorrentverhältnis benachteiligt die Gl nicht, soweit die eingegangenen Gutschriften auf der Bezahlung solcher Forderungen beruhen, welche der Bank anfechtungsfest zur Sicherheit abgetreten worden waren, und der Bank eine anfechtungsfeste Sicherheit am Anspruch des Schu auf Gutschrift zusteht.[129] In einem vierten Prüfungsschritt ist deshalb zu untersuchen, ob die Bank an den Forderungen, die durch Zahlungen auf das Konto des Schu erloschen sind, ein **anfechtungsfestes Absonderungsrecht** (§ 51 Nr 1) erworben hat. Das Absonderungsrecht kann seinerseits der InsAnfechtung, insb nach §§ 130, 131[130] oder nach § 134 Abs 1[131] unterliegen. Auch insoweit muss der volle Anfechtungstatbestand gegeben sein. 64

bb) Geschäftsbesorgungsverträge. Die Unzulässigkeit der Aufrechnung durch den Beauftragten mit seinen Honoraransprüchen gegen Herausgabeansprüche des Auftraggebers (Schu) hängt vom maßgeblichen Zeitpunkt und dem Anfechtungstatbestand ab: 65

Hat ein Beauftragter, insb ein RA, **aus der Geschäftsbesorgung einen Geldbetrag** erlangt, den er an den Auftraggeber abliefern muss, und will er demgegenüber mit eigenen **Honorarforderungen** aufrechnen, so ist die Aufrechnungslage nicht schon mit dem Abschluss des Mandatsvertrages entstanden. Die Herausgabepflicht aus § 667 BGB schuldet der Beauf- 66

---

124 *Kayser* FS Fischer, 2008, S 270.
125 *BGH* ZIP 2008, 238.
126 *BGHZ* 150, 129; *BGH* ZIP 2009, 1124.
127 *BGHZ* 181, 132, 137 = ZIP 2009, 1235.
128 *BGHZ* aaO; *Uhlenbruck/Hirte* § 131 Rn 13; MK/*Kayser* § 131 Rn 41a; **aA** *Jaeger/Henckel* § 131 Rn 28.
129 *BGH* 2.2.2017 – IX ZR 254/14 mit zust Anm *Bork* EWiR 2017, 207.
130 *BGHZ* 174, 297, 300 f = ZIP 2008, 183, 184.
131 *BGH* ZIP 2006, 1362 f.

tragte bis zur Einziehung des Geldes auch nicht bedingt oder betagt (vgl § 140 Abs 3), weil die Einziehung weder als eine Bedingung noch als eine Zeitbestimmung anzusehen, sondern Inhalt des Rechtsgeschäfts selbst ist.[132]

67 Eine **Rückverlagerung** des maßgeblichen Zeitpunkts auf den Vertragsschluss findet nur statt, wenn diese Rechtshandlung dem Gl bereits eine gesicherte Rechtsstellung verschafft hat. Eine mehr oder weniger starke tatsächliche Aussicht auf den Erwerb eines zukünftigen Anspruchs reicht hierfür nicht aus.[133] Vor dem Eingang des Geldes bei dem Beauftragten hat dieser, falls ihm der Anspruch des Auftraggebers nicht abgetreten worden ist, noch keine unentziehbare Rechtsposition inne. Der Auftraggeber hätte den Auftrag jederzeit ändern oder Zahlung an sich verlangen können. Auf Rechtsbedingungen oder künftige Forderungen findet § 140 Abs 3 keine Anwendung.[132]

68 Fällt die Herstellung der Aufrechnungslage danach in die „kritische" Zeit und ist sie nach §§ 130, 131 anfechtbar, hängen die weiteren Voraussetzungen davon ab, ob der Beauftragte einen **Anspruch auf Abschluss der Vereinbarung** hatte, welche die Aufrechnungslage entstehen ließ, oder ob dies nicht der Fall war.[134] Dass der Beauftragte die Beträge, gestützt auf eine **Geldempfangsvollmacht** und einen diese begleitenden Auftrag berechtigt entgegengenommen hat, bedeutet nicht, dass er einen die Kongruenz begründenden Anspruch auf Einzug mit dem Ziel der Verrechnung hatte.[135]

69 **cc) Gesellschaftsrechtliche Ansprüche.** Insb bei den in der Baubranche vielfach anzutreffenden Arbeitsgemeinschaften (BGB-Gesellschaften), bei denen die Leistungen der Gesellschafter allein im Rahmen einer sog **Kontenangleichung** vergütet werden, stellt sich die Frage, ob in der Ins eines der Gesellschafter der Masse die „Gegenleistung" für die von dem Schu in der krit Zeit, insb nach Antragstellung, erbrachten Leistungen zusteht oder ob diese in die zum Stichtag des Ausscheidens (Eröffnungsstunde) zu erstellende Auseinandersetzungsbilanz einfließt.

70 Der BGH betont in seiner Rspr den **Vorrang der innergesellschaftlichen Abrechnung**.[136] Würde man bei dem im Streitfall festgestellten vertragsgemäßen Verhalten der Gesellschafter selbstständige Zahlungsansprüche der Masse anerkennen, weil das gesellschaftsrechtliche Abrechnungsverhältnis in der Ins des leistenden Gesellschafters wegen Abs 1 Nr 3 keine Wirkungen entfaltete, geriete man in Widerspruch zu der materiell-rechtlichen Rechtslage, nach der die Ansprüche des Gesellschafters aus dem Gesellschaftsverhältnis nur iRd abschließenden Auseinandersetzung zu berücksichtigen sind.[137]

71 Der BGH hat offen gelassen, wie zu entscheiden ist, wenn der Gesellschafter die aus Sicht der Masse offenen Leistungen – vertragsgemäß – erst **nach seinem Ausscheiden aus der Gesellschaft**, aber vor VerfEröffnung erbracht hat. Bei dieser Konstellation fallen sie nicht mehr unter das gesellschaftsrechtliche Abrechnungssystem. Daher wird die Aufrechnungslage erst mit Erbringung der Leistung hergestellt.[138] Die auf diese Weise ausgelösten anfechtungsrechtlichen Wirkungen können auch nicht durch eine Vereinbarung der Gesellschafter vorweg ausgeschlossen werden, weil Abs 1 Nr 3 als zwingende Norm nicht abbedungen werden kann.[133]

132 *BGH* ZIP 2007, 1509.
133 *Fischer* WM 2008, 6.
134 *BGHZ* 147, 240; ZIP 2006, 819; 2007, 1510.
135 *BGH* ZIP 2007, 1510.
136 *BGHZ* 170, 212 f; *BGH* ZIP 2000, 758 f.
137 *BGHZ* 170, 213.
138 **AA** zur KO: *BGH* ZIP 2000, 759.

dd) Aufrechnung mit einer oder gegen eine Werklohnforderung. Bei der **Bestimmung des maßgeblichen Zeitpunkts** ist von § 140 Abs 1 auszugehen, weil die Werklohnforderung nicht unter einer rechtsgeschäftlichen Bedingung steht. Deshalb verlegt § 140 Abs 3 den Zeitpunkt nicht auf den Vertragsschluss zurück.[139] Bei mehraktigen Rechtshandlungen treten deren Wirkungen erst mit dem letzten zur Erfüllung des Tatbestandes erforderlichen Teilakt ein.[140] Allein die mit Abschluss des Werkvertrages entstandene Aufrechnungslage bringt dem Gegner noch keinen unmittelbaren wirtschaftlichen Nutzen. Solange der Unternehmer noch nichts geleistet hat, wofür eine Vergütung geschuldet wird, besteht keine Befriedigungsmöglichkeit im Wege der Aufrechnung. Die anfechtungsrelevante Aufrechnungslage nach Abs 1 Nr 3 entsteht vielmehr erst durch die Inanspruchnahme der Leistung des Schu, so dass es darauf ankommt, wann dessen Forderung werthaltig geworden ist.[141] 72

Auf den Zeitpunkt des Vertragsschlusses kann auch dann nicht abgestellt werden, wenn die **gegenseitigen Ansprüche aus demselben Werkvertrag** herrühren. Auch in diesem Fall muss der Zeitpunkt maßgeblich sein, in dem die zur Aufrechnung stehenden Forderungen werthaltig geworden sind.[142] 73

ee) Ansprüche aus Mietverträgen. Stehen sich in der **Ins des Mieters** der Anspruch des Vermieters auf Zahlung der Miete und der Anspruch des Mieters auf Erstattung des Guthabens aus einer von ihm erbrachten Betriebskostenvorauszahlung aufrechenbar gegenüber, kann dagegen der Zeitpunkt des Vertragsschlusses maßgeblich sein. Die Forderung der Masse wird zwar fällig erst mit der Erteilung der Abrechnung (im Streitfall nach der Eröffnung des InsVerf). Anfechtungsrechtlich ist der Anspruch jedoch bedingt durch den Ablauf des Abrechnungszeitraums und eine tatsächlich eingetretene Überzahlung. Beides ist als Bedingung iSd § 140 Abs 3 zu werten. Gleiches gilt für den Anspruch auf die laufende Miete (§ 163 BGB). Damit war der maßgebliche Rechtsgrund für das Gegenseitigkeitsverhältnis schon mit Abschluss des Mietvertrages gelegt (im entschiedenen Fall außerhalb der krit Zeit).[143] 74

ff) Honoraranspruch gegen die kassenärztliche Vereinigung (KZV). Ausgehend von der für § 140 Abs 1 maßgeblichen Begründung des Gegenseitigkeitsverhältnisses, stellt sich die Frage, **zu welchem Zeitpunkt** der Vergütungsanspruch eines Kassenarztes gegenüber der kassenärztlichen Vereinigung entsteht. In der höchstrichterlichen Rspr wird diese Frage unterschiedlich beurteilt. Während der BGH der Auffassung ist, dass dieser mit der Erbringung der Dienstleistung des Arztes entstehe und das vertragsärztliche Vergütungssystem nur die Abrechnung – mithin die Fälligkeit – betreffe; mit der Konsequenz, dass das Vergütungssystem keinen Einfluss auf die Entstehung des Anspruchs hat.[144] Nach Ansicht des BSG konkretisiert sich der bis dahin nur allgemeine Anspruch des Vertragsarztes auf Teilhabe an der Honorarverteilung erst mit Erlass des Honorarbescheids zu einem der Höhe nach individualisierten Honoraranspruch, wobei der Vertragsarzt schon mit der Abrechnung seiner Leistungen gegenüber der kassenärztlichen Vereinigung eine dem Anwartschaftsrecht aus einem bedingten Rechtsgeschäft vergleichbare Rechtsposition erlangt.[145] Aufgrund der sowohl vom BSG als auch der Lit[146] sorgfältig herausgearbeiteten Unterschiede zwischen dem Honoraranspruch des Vertragsarztes aus vertragsärztlicher Behand- 75

139 *BGHZ* 174, 297, 300 = ZIP 2008, 183, 184; *Fischer* WM 2008, 6.
140 *BGHZ* 167, 16.
141 *BGHZ* 145, 254 f; 147, 35, jeweils zur KO; *Fischer* WM 2008, 6.
142 *Fischer* WM 2008, 6 unter Bezugnahme auf *BGHZ* 163, 279 f.
143 *BGH* ZIP 2005, 182.
144 *BGH* 18.4.2013 – IX ZR 165/12; *BGH* 11.5.2006 – IX ZR 247/03.
145 *BSG* 10.12.2014 – B 6 KA 45/13 R mit zust Anm *Kayser* ZInsO 2016, 895.
146 *Kayser* ZIP 2015, 1079, Rn 31.

lung auf der einen und Honoraransprüchen aus der privatärztlichen Tätigkeit, kann ein konkreter Honoraranspruch des Vertragsarztes erst nach Prüfung sämtlicher von den Vertragsärzten eingereichter Abrechnungen und der darauf basierenden Errechnung der Verteilungspunktwerte entstehen. Aufgrund dieser Besonderheiten des Sozialversicherungsrechts ist für den für die Anfechtbarkeit entscheidenden Zeitpunkt nach § 140 Abs 1 auf den **Erlass des Honorarbescheids** abzustellen.[147]

76 **5. Forderungen gegen das freie Vermögen des Schu (Nr 4). – a) Grundsatz.** Für das Recht der KO war anerkannt , dass das zur Zeit der VerfEröffnung vorhandene insolvenzbefangene Vermögen nicht für Forderungen haftete, die erst nach VerfEröffnung gegen den InsSchu entstanden. Die Vorschrift des Abs 1 Nr 4 trägt dem Umstand Rechnung, dass nunmehr auch der **Neuerwerb** des InsSchu in die InsMasse fällt (§ 35 Abs 1). Deshalb wird der Vertragspartner des Schu zwar zum Schu der Masse (Hauptforderung als Neuerwerb der Masse), kann sich aber wegen der von ihm zu beanspruchenden Gegenleistung nur an das **freie Vermögen des Schu** halten. Die Vorschrift versperrt ihm grds den Weg, die Forderung der Masse aus dem Geschäft mit dem Schu gegen neue Forderungen, die er gegen den Schu hat, aufzurechnen.

77 **b) Schutz des Vertragspartners.** Der gutgläubige Vertragspartner des Schu ist nach § 406 BGB, § 82 geschützt.[148] Kennt der Vertragspartner das InsVerf, ist ihm zu raten, vorab auf einer Zug-um-Zug-Leistung zu bestehen. Darüber hinaus sollte für **konnexe Forderungen** die Aufrechnung zugelassen werden, indem Abs 1 Nr 4 entspr teleologisch reduziert wird.[149] Eine Aufrechnung gegen inkonnexe Passivforderungen kommt dagegen nicht in Betracht.

78 **c) Vertragspartner als Insolvenzgläubiger.** Ist der Geschäftspartner des Schu schon InsGl, so steht einer Aufrechnung gegen die Forderung der Masse (Hauptforderung) mit der InsFord (Gegenforderung) bereits Abs 1 Nr 1 entgegen.[150]

II. Ausnahmen für Abrechnungssysteme (Abs 2)

79 **1. Normzweck.** Abs 2 enthält Ausnahmen der Aufrechnungs- und Verrechnungsbeschränkungen der §§ 95, 96 für bestimmte Abrechnungssysteme. Er ist in Ausführung der Richtlinie 98/26/EG v 19.5.1998 eingefügt worden.[151] Mit der Regelung soll verhindert werden, dass interne Abrechnungen zwischen Teilnehmern an Zahlungs-, Wertpapierliefer- und Abrechnungssystemen nachträglich insolvenzbedingt in Frage gestellt werden. Die Vorschrift hat praktische Bedeutung va für BankIns.

80 **2. Reichweite der Ausnahme.** Privilegiert sind **Sicherheiten** iSv § 1 Nr 17 KWG und **Systeme** iSv § 1 Nr 16 KWG. Es muss sich um ein Abrechnungssystem handeln, das von der zuständigen Stelle (§ 24b KWG) der Kommission der EG gemeldet worden ist. Die Regelung gilt auch für die Teilnahme deutscher Institute an Systemen aus Drittstaaten, sofern diese im Wesentlichen den in Art 2 lit a der Richtlinie 98/26/EG angeführten Voraussetzungen entsprechen. Ist ein Anspruch in ein solches **Zahlungssystem** eingestellt worden, so stehen die in der Vorschrift in Bezug genommenen Aufrechnungsbeschränkungen (§§ 95 Abs 1 S 3, 96 Abs 1) nicht entgegen, sofern die Aufrechnung oder Verrechnung nach den einschlägigen Regelungen des jeweiligen Systems spätestens am Eröffnungstag erfolgt. Dasselbe gilt für die Verfügung über **Finanzsicherheiten.**[152]

---

147 *OLG Hamm* 2.3.2017 – I-27 U 31/16.
148 MK/*Brandes/Lohmann* § 96 Rn 40.
149 *Jaeger/Windel* § 96 Rn 102; MK/*Brandes/Lohmann* § 96 Rn 40.
150 *Jaeger/Windel* § 96 Rn 103; *K/P/B/Lüke* § 96 Rn 59.
151 Zu den Einzelheiten s *K/P/B/Lüke* § 96 Rn 60a–60f; *Balz* ZIP 1995, 1639 f; *Hasselbach* ZIP 1997, 1491–1495.
152 Vgl hierzu *Ehricke* ZIP 2003, 273 ff.

§ 97 Auskunfts- und Mitwirkungspflichten des Schuldners

(1) [1]Der Schuldner ist verpflichtet, dem Insolvenzgericht, dem Insolvenzverwalter, dem Gläubigerausschuss und auf Anordnung des Gerichts der Gläubigerversammlung über alle das Verfahren betreffenden Verhältnisse Auskunft zu geben. [2]Er hat auch Tatsachen zu offenbaren, die geeignet sind, eine Verfolgung wegen einer Straftat oder einer Ordnungswidrigkeit herbeizuführen. [3]Jedoch darf eine Auskunft, die der Schuldner gemäß seiner Verpflichtung nach Satz 1 erteilt, in einem Strafverfahren oder in einem Verfahren nach dem Gesetz über Ordnungswidrigkeiten gegen den Schuldner oder einen in § 52 Abs. 1 der Strafprozessordnung bezeichneten Angehörigen des Schuldners nur mit Zustimmung des Schuldners verwendet werden.

(2) Der Schuldner hat den Verwalter bei der Erfüllung von dessen Aufgaben zu unterstützen.

(3) [1]Der Schuldner ist verpflichtet, sich auf Anordnung des Gerichts jederzeit zur Verfügung zu stellen, um seine Auskunfts- und Mitwirkungspflichten zu erfüllen. [2]Er hat alle Handlungen zu unterlassen, die der Erfüllung dieser Pflichten zuwiderlaufen.

Übersicht

A. Allgemeines

I. Normzweck

1. Auskunftspflicht. Die bestmögliche Verwertung des SchuVermögens durch Liquidation oder Sanierung (§ 1) ist ohne die Mitwirkung des Schu kaum möglich oder zumindest wesentlich erschwert. Beide InsZiele setzen eine umfassende **Auskunftserteilung** (Abs 1) seitens des über alle das InsVerf betreffenden Verhältnisse idR am besten informierten Schu voraus. Die **Zusammenarbeit** mit ihm (Abs 2) ist aber va dann wichtig, wenn eine Sanierung des schuldnerischen Unternehmens angestrebt wird und in Betracht kommt, dass der Schu später wieder selbst die Rolle des Unternehmers ausübt, die gem § 80 Abs 1 zeitweilig auf den InsVerw übergegangen ist. Neben dem Auskunftsrecht des InsVerw nach § 97, gegebenenfalls iVm § 101, kann ein Auskunftsanspruch nach dem Informationsfreiheitsgesetz (IVG) bestehen.[1] 1

1 *BVerwG* ZIP 2011, 41 Rn 7 ff.

2 **2. Behinderungsverbot.** Um sicherzustellen, dass der Schu seine Auskunfts- und Mitwirkungspflichten gegenüber dem Gericht, dem Verwalter und den Organen der Gl auch erfüllt, hat er sich auf Anordnung des Gerichts jederzeit zur Verfügung zu stellen und alles zu unterlassen, was die Erfüllung seiner Pflichten hindern oder erschweren könnte (**Bereitschaftspflicht und Behinderungsverbot**; Abs 3). Die Pflichten des Schu können nach § 98 erzwungen werden (s Kommentierung dort).

II. Geltungsbereich

3 **1. Zeitlicher Geltungsbereich.** Die SchuPflichten gem § 97 bestehen während der gesamten Dauer des **eröffneten InsVerf**. Über die Verweisungen in § 20 Abs 1 und § 22 Abs 3 S 3 gelten sie nunmehr vollumfänglich auch schon im **EröffnungsVerf**. Dort entfalten sie ihre herausragende praktische Bedeutung. In beiden Vorschriften werden die §§ 97, 98, 101 Abs 1 S 1 und 2, Abs 2 für entspr anwendbar erklärt. Deshalb kann zunächst auf die Kommentierung dort verwiesen werden (§§ 20 Rn 4–16, 22 Rn 71–75). Im Restschuldbefreiungs-Verf gilt § 97 nicht (vgl Rn 5 f). Im Verf der **Nachtragsverteilung** gilt § 97 bei vorbehaltener Nachtragsverteilung solange bis diese vollzogen ist; bei vorbehaltloser Aufhebung des Verf gelten die Pflichten aus § 97 erst wieder mit späterer Anordnung der Nachtragsverteilung.[2] Das Pflichtenprogramm dürfte indes geringer sein und im engen Zusammenhang mit dem nachträglich zu verteilenden Vermögen zu sehen sein.[3]

4 **2. Eigenverwaltung.** Ist Eigenverwaltung angeordnet (§§ 270 ff), gilt § 97 neben den besonderen Pflichten der §§ 275–277, 281. Der Schu hat nicht nur in dem Berichtstermin (§ 156) den Bericht zu erstatten (§ 281 Abs 2 S 1), sondern auch dem Sachwalter und auf Anordnung des Gerichts der GlVersammlung über sämtliche das Verf betreffende Verhältnisse Auskunft zu erteilen.[4]

5 **3. Verbraucherinsolvenz.** Im **VerbrInsVerf** gem §§ 304 ff – dem vormals vereinfachten InsVerf (§§ 311 ff aF) – gelten die Auskunftspflichten in gleicher Weise; nach Wegfall des § 313 besteht diese Pflicht nicht mehr gegenüber dem Treuhänder, sondern gegenüber dem InsVerw. Im VerbrInsVerf gelten die SchuPflichten aus § 97 einschl der Zwangsmittel (§ 98) ebenfalls, jedoch nicht in der Ruhensphase gem § 306 Abs 1. Dies folgt aus § 306 Abs 2, wonach in dieser Phase Sicherungsmaßnahmen (§ 21) angeordnet werden können; auf § 20 S 2, der wiederum §§ 97, 98 in Bezug nimmt, wird jedoch nicht verwiesen.[5]

6 Die in den Voraufl vertretene Anwendbarkeit des § 97[6] im **RestschuldbefreiungsVerf** (§§ 286 ff) wird aufgegeben. Der Geltungsbereich beschränkt sich entsprechend der Gesetzessystematik („Wirkungen des eröffneten Verfahrens“) auf das (vereinfachte) InsVerf, sofern nicht – wie zB durch § 20 – eine Verweisung erfolgt. Für das RSBVerf existiert eine § 20 entsprechende Verweisung nicht; im Gegenteil existiert mit § 295 Abs 1 Nr 3 eine einschränkende Spezialregelung. Die Regelung des § 97 gilt daher im RSBVerf nicht.[7]

7 Etwas anderes ergibt sich auch nicht – wie vom 1. Strafsenat in der Entsch v 14.3.2016[8] angenommen – aus dem Beschluss des IX. Zivilsenats des *BGH* v 8.9.2016.[9] In dieser und

2 HambKomm/*Herchen* § 97 Rn 3.
3 *AG Köln* 30.6.2017 – 71 IK 453/12.
4 *Uhlenbruck* § 97 Rn 3.
5 **AA** MK/*Stephan* § 97 Rn 44.
6 Vgl § 97 Rn 5 (8. Aufl) und MK/*Stephan* § 97 Rn 44.
7 *BGH* 25.2.2016 – IX ZB 74/15; Uhlenbruck/*Zipperer* § 97 Rn 22; § 97; HambKomm/*Herchen* § 97 Rn 2; **aA** *BGH* 14.3.2016 – 1 StR 337/15.
8 *BGH* 14.3.2016 – 1 StR 337/15.
9 *BGH* 8.9.2016 – IX ZB 72/15.

auch schon früheren Entsch des BGH[10] ging es (i) um die Frage, ob eine Versagung der RSB auf Umstände gestützt werden kann, welche in einem – bis zum Schlusstermin gestellten – Antrag, nicht genannt wurden und (ii) ob die Nichterfüllung der Auskunftspflichten der §§ 20, 97 einen Versagungsgrund iSd § 290 Abs 1 Nr 5 darstellt. Eine Aussage zur Anwendbarkeit des § 97 ist indes nicht erfolgt. Aus der Entscheidung des IX. Zivilsenats geht – als Ausdruck der stets betonten Trennung zwischen InsVerf und der Wohlverhaltensperiode[11] – vielmehr hervor, dass § 97 im **RestschuldbefreiungsVerf** nicht gilt. Zu klar wird betont, dass die Mitwirkungspflichten des § 97 (nur) für das eröffnete InsVerf und (nur) bis zur Aufhebung gelten.[12]

Konsequenterweise bestehen die **Mitwirkungspflichten** nach § 97 fort, wenn die RSB erteilt, das InsVerf aber noch andauert. Allerdings werden die Auskunfts- und Mitwirkungspflichten durch die erteilte RSB gegenständlich beschränkt. Denn mit der rechtskräftigen Erteilung der RSB während des laufenden InsVerf entfällt der Insolvenzbeschlag hinsichtlich des Neuerwerbs nach Ablauf der Abtretungsfrist. Die Pflichten des § 97 bestehen insoweit nur noch in dem Umfang, in dem die Beschlagnahmewirkung noch fortbesteht.[13] **8**

B. Erläuterungen

I. Auskunftspflicht des Schu (Abs 1)

Der Rechtsgrund für die Pflichten des Schu zur Erteilung der Auskunft, aber auch zur Mitwirkung und Unterlassung, folgt nicht schon aus der Amtsermittlungspflicht des InsGer gem § 5 Abs 1. Diese ist eine öffentlich-rechtliche Pflicht zur Ermittlung des wahren Sachverhalts und steht im Gegensatz zum Beibringungsgrundsatz und dem Prinzip der formellen Wahrheit des Zivilprozesses. Die SchuPflichten ergeben sich vielmehr aus dem Zweck des InsVerf, nämlich der Haftungsverwirklichung gem § 1.[14] **9**

1. Form und Inhalt der Auskunft. – a) Form. Abs 1 enthält über die Form der Auskunftserteilung keine bestimmte Anordnung. **10**

aa) Persönliche Pflicht. Die Auskunft ist grds von dem Schu **persönlich**, bei Einverständnis der Auskunftsberechtigten auch von einer beauftragen Person, insb einem RA oder Steuerberater, zu erteilen (Rn 29 ff). Sie ist grds **mündlich** zu erstatten. Die Beteiligten können sich aber auch auf eine andere Form, insb auf die **schriftliche Auskunftserteilung**, verständigen.[15] Eine abweichende Form kann nicht nur gestattet sondern von den Auskunftsberechtigten auch verlangt werden. Dazu gehört die **Vorlage von Belegen**.[16] Der zur Auskunft Verpflichtete darf sich nicht darauf beschränken, sein präsentes Wissen mitzuteilen. Er kann auch dazu verpflichtet sein, diejenigen **Vorarbeiten** zu erbringen, die für eine sachdienliche Auskunft erforderlich sind, wozu auch das Forschen nach vorhandenen Unterlagen und deren Zusammenstellung gehört.[17] Dem Schu kann auch aufgegeben werden, Aufzeichnungen über den Umfang der weiter laufenden Geschäfte anzufertigen.[18] **11**

---

10 *BGH* 8.3.2012 – IX ZB 70/10
11 *BGH* 18.12.2008 – IX ZB 249/07.
12 *Kemperdick* ZInsO 2016, 1148.
13 *BGH* 8.9.2016 – IX ZB 72/15; *BGH* 25.2.2016 – IX ZB 74/15.
14 MK/*Stephan* § 97 Rn 13.
15 HambKomm/*Wendler* § 97 Rn 6; *Jaeger/Schilken* § 97 Rn 16.
16 *BGHZ* 162, 198; *BGH* ZInsO 2006, 265.
17 *BGH* ZInsO 2006, 265; MK/*Stephan* § 97 Rn 19.
18 HambKomm/*Wendler* § 97 Rn 6.

12 Hierbei ergeben sich keine Einschränkungen aus dem **anwaltlichen Berufsrecht**. Zwar findet nach jüngster Rspr des BGH das anwaltliche Berufsrecht grds auch auf den als InsVerw tätigen RA Anwendung, da die InsVerwaltung zum Berufsbild des RA gehört.[19] Daher gilt jedenfalls grds das Verbot, ohne die Einwilligung des RA eines anderen Beteiligten mit diesem unmittelbar Verbindung aufzunehmen oder zu verhandeln – so genanntes **Umgehungsverbot –** auch für einen RA, der zum InsVerw bestellt worden ist. Dies gilt jedoch nur bei Geltendmachung einer Forderung gegen das Organ für die verwaltete Masse und nicht bei der Durchsetzung der Auskunfts- und Mitwirkungspflichten nach § 97 InsO. Der Grundsatz der „Waffengleicheit" tritt hier zurück.[20]

13 **bb) Auskunftsverlangen.** Die Aufforderung zur Auskunftserteilung muss den **Bestimmtheitsanforderungen** genügen, die an eine mit Zwangsmaßnahmen zu vollstreckende Mitwirkungshandlung des Schu zu stellen sind.[21] Die vom Schu verlangten Auskunfts- und Mitwirkungshandlungen sind so bestimmt zu bezeichnen, dass die Aufforderung aus sich heraus verständlich ist und auch für den Schu erkennen lässt, was verlangt wird.

14 **b) Inhalt.** Nach Abs 1 S 1 erstreckt sich die **Auskunftspflicht ihrem Inhalt** nach auf alle Verhältnisse, die für das InsVerf von Bedeutung sein können.

15 **aa) Umfassende Auskunft.** Der Begriff ist weit auszulegen, richtet sich am Verfahrenszweck der Haftungsverwirklichung aus und umfasst **alle rechtlichen und wirtschaftlichen Umstände**, die für die Abwicklung des InsVerf in irgendeiner Weise von Bedeutung sein können[22]. Dies sind insb die Gründe für die Ins, die Geschäftsbeziehungen, die Organisationsstruktur des Unternehmens, auch nicht angemeldete Erfindungen und etwaige immaterielle Rechte. Die Auskunftspflicht bezieht sich auf das gesamte in- und ausländische Vermögen des Schu, die Aktiven und die Passiven, etwaige Aussonderungs- und Absonderungsrechte Dritter, Masseansprüche sowie Tatsachen, aus denen sich Anfechtungsansprüche gegen Gl[23] oder Ansprüche gegen die Gesellschafter der Schu ergeben können (insb Nachschusspflichten oder Ansprüche aus Kapitalersatz).[24]

16 Der BGH hat letzteres im Jahr 2015 für einen Anspruch nach § 64 GmbHG bestätigt.[25] Die Auskunftspflicht des Geschäftsführers über die rechtlichen, wirtschaftlichen und tatsächlichen Verhältnisse der von ihm vertretenen Gesellschaft gelte einschließlich der **gegen ihn selbst gerichteten Ansprüche**. Dies gebiete der Vorrang der GlInteressen. Er sei hingegen nicht verpflichtet, über seine eigenen Vermögensverhältnisse und die Realisierbarkeit etwaiger gegen ihn gerichteter Ansprüche Angaben zu machen.[26]

17 Von der Auskunftspflicht erfasst sind ferner Angaben zum insolvenzfreien Vermögen des Schu.[27]

18 **bb) Offenbarungspflicht.** Den Schu trifft eine **unbeschränkte Offenbarungspflicht**, die nach Abs 1 S 2 auch solche Tatsachen mit einschließt, die geeignet sind, eine Verfolgung wegen

19 *BGH* ZIP 2015, 1546.
20 *BGH* ZIP 2015, 1546; *BVerfG* 29.10.2015, 1 BvR 2400/15.
21 *BGHZ* 162, 198.
22 *BGH* ZIP 2015, 791.
23 *BAG* ZIP 2014, 2519; *LAG Köln* ZInsO 2015, 1923.
24 Weitere Bsp bei MK/*Stephan* § 97 Rn 14.
25 *BGH* ZIP 2015, 791. Ebenso *LG Münster* ZInsO 2015, 411 in der Vorinstanz. Vgl zum Beschl des BGH *Kluth* 2015, 382.
26 Kritisch hierzu *Laroche* ZInsO 2015, 1469.
27 Str, wie hier MK/*Stephan* § 97 Rn 14; **aA** *AG Duisburg* NZI 2000, 415; *Uhlenbruck* § 97 Rn 7; *Jaeger/Schilken* § 97 Rn 18.

einer Straftat oder Ordnungswidrigkeit herbeizuführen. Diese Regelung ist verfassungsgemäß, wenn sie – wie in Abs 1 S 3 auch bestimmt ist – ein Verwertungsverbot für ein etwaiges Strafverfahren vorsieht.[28] Die **Durchführung von Ermittlungsmaßnahmen** wie zB eine Durchsuchung oder Beschlagnahme können nicht auf einen Verdacht gestützt werden, der sich auf Auskünften des Schu gründet, die aufgrund der Offenbarungspflicht erlangt wurden. Das gilt auch für den Fall, dass der Schu aufgrund eines gerichtlichen Beschlusses zur Auskunft gegenüber einem Sachverständigen verpflichtet worden ist. Dann findet § 97 Abs 1 analoge Anwendung.[29] Der Schu steht zu den Gl in einem bes Pflichtenverhältnis, wonach das Interesse der Gl auf vollständige Ermittlung und Verwertung der Masse den Vorrang hat. Die Rechte der Gl haben **Verfassungsrang** (Art 14 GG; Recht auf effektive Justizgewährung). Sie setzen sich auch gegenüber der Verschwiegenheitspflicht des Arztes, des RA und des Steuerberaters durch.[30]

cc) Verwendungsverbot. Die unbeschränkte Offenbarungspflicht wird in ihren Auswirkun- 19
gen durch das „Verwendungsverbot“ nach Abs 1 S 3 abgemildert.[31] Danach dürfen Auskünfte, die der Schu nach S 1 erteilt hat, in einem Straf- oder Ordnungswidrigkeitsverfahren gegen ihn oder gegen einen Angehörigen (§ 52 Abs 1 StPO) nur mit Zustimmung des Schu verwendet werden. Das gilt nach hM unabhängig davon, ob sie freiwillig oder aufgrund von Zwangsmaßnahmen erteilt wurden.[32] Weiterhin können Angaben, die dem Verwendungsverbot unterfallen nicht zur Begründung eines Anfangsverdachts herangezogen werden.[33] Die Anwendbarkeit des § 97 Abs 1 S 3 schließt dabei nicht ein Zeugnisverweigerungsrecht des InsSchu als Zeugen nach § 384 Nr 1 ZPO aus. Bei § 97 handelt es sich um eine insolvenzrechtliche Spezialvorschrift, die ohne Auswirkung auf die Zeugnisverweigerung des § 384 ZPO ist.[34] Das Verwendungsverbot soll nach dem Gesetzeszweck jedoch nur demjenigen Schu zugutekommen, der seinen Pflichten im InsVerf ohne Einschränkung nachkommt, der also eine umfassende Auskunft gem seiner Verpflichtung nach § 97 Abs 1 S 1 erteilt, die sich gem § 97 Abs 1 S 2 auch auf evtl. begangene Straftaten zu beziehen hat. Es besteht kein Anlass auch solche Schu zu privilegieren, die ihren Pflichten nicht genügen und dem InsVerw falsch oder nur lückenhaft Auskunft erteilen.[35] Ein **Verstoß** gegen das Verwendungsverbot nach § 97 Abs 1 S 3 hat kein Verfahrenshindernis zur Folge. Selbst wenn das Verwendungsverbot Fernwirkung hinsichtlich der Verwertung aller aufgrund von § 97 Abs 1 S 1, S 2 gewonnen Auskünfte entfaltet, bleibt es dabei, dass ein Verstoß mit der Verfahrensrüge geltend zu machen ist.[36]

Die Regelung spricht bewusst von einem „Verwendungsverbot“ und nicht von einem „Verwertungsverbot“.[37] Ersteres geht weiter, weil es die **Fernwirkungen** in das Verbot mit einschließt. Dies bedeutet, dass die erteilte Auskunft grds auch nicht als **Grundlage für gezielte**

---

28 *BVerfG* ZIP 1981, 363 f.

29 *LG Münster* 31.8.2017 – 12 Qs – 45 Js 916/16-25/17.

30 *Jaeger/Schilken* § 97 Rn 22; MK/*Stephan* § 97 Rn 15. **aA** HambKomm/*Herchen* § 97 Rn 3 der eine automatische Befreiung ablehnt und aus der Mitwirkungspflicht des Schu dessen Pflicht zur Befreiung von der Verschwiegenheit schließt.

31 Zur verfassungsrechtlichen Notwendigkeit des Verwertungsverbots s *BVerfG* ZIP 1981, 363 f (zu § 100 KO).

32 HambKomm/*Herchen* § 97 Rn 14. *Laroche* ZInsO 2015, 1469 mwN. Zum Begriff der Freiwilligkeit vgl MK/*Stephan* § 97 Rn 17; *Brill* ZVI 2015, 201.

33 *LG Münster* 31.8.2017 – 12 Qs- 45 Js 916/16-25/17.

34 *AG Köln* 2.1.2017 – 142 C 329/14.

35 *OLG Düsseldorf* 1.6.2016 – 2 Ws 299/16, III- 2 Ws 299/16.

36 *BGH* 26.7.2017 – 3 StR 52/17.

37 BT-Drucks 12/7302, 166.

Ermittlungen mit dem Ziel der Schaffung selbstständiger anderer Beweismittel eingesetzt werden darf.[38] Hierbei ergeben sich erhebliche Abgrenzungsschwierigkeiten.[39]

20 **aaa)** Sind Auskunftstatsachen den **Strafverfolgungsbehörden bereits bekannt** oder werden sie später aus anderen Quellen bekannt, dürfen sie verwertet werden. Hierbei darf aus der von den Ermittlungsbehörden beigezogenen InsAkte ein **Anfangsverdacht** iSd § 152 StPO geschöpft werden, auch soweit es sich ich um Auskünfte des Schu handelt.

21 **bbb)** Bereits **existierende, vor Eingang des Eröffnungsantrags entstandene Unterlagen** oder Aufzeichnungen hat der Schu nicht in Erfüllung seiner insolvenzrechtlichen Auskunftspflicht erstellt. Zur Buchführung besteht eine spezielle Verpflichtung, die auf allgemeinen handelsrechtlichen Bestimmungen beruht. Die Erstellung von Geschäftsunterlagen ist daher vom Verwendungsverbot gegenständlich nicht umfasst.[40]

22 **ccc)** Offenbart der Schu mit seinem Eigenantrag den Ort der **Lagerung seiner Geschäftsunterlagen**, greift hinsichtlich der Unterlagen kein Verwendungsverbot ein. Durch einen zulässigen Antrag löst der Schu die insolvenzrechtlichen Auskunftspflichten nach § 97 Abs 1 S 1 erst aus, deren Erfüllung zu einem Verwendungsverbot führen kann.

23 **ddd)** Das Verwendungsverbot bezieht sich nur auf die den Auskunftsberechtigten nach Abs 1 S 2 **offenbarten, in der Vergangenheit liegenden Tatsachen**. Hierzu gehören nicht falsche oder unvollständige Angaben bei der Aussage, wegen derer der Schu insb wegen des Verdachts eines Aussagedelikts, des Betruges oder auch eines Urkundendelikts[41] strafrechtlich verfolgt werden kann.

24 **eee)** Aus § 97 Abs 1 S 3 lässt sich indes kein allgemeines **Durchsuchungs- oder Beschlagnahmeverbot** in Bezug auf den **InsVerw** herleiten. Zwar darf eine Auskunft, die der Schu aufgrund seiner Offenbarungspflicht dem InsVerw mitgeteilt hat, in einem Strafverfahren ohne seine Einwilligung nicht zu seinen Lasten verwendet werden. Allerdings kann die Vorschrift nicht dahingehend ausgelegt werden, dass sämtliche vom Schu an den InsVerw übergebenen Dokumente einem Verwertungsverbot im Strafverfahren unterliegen. Aus dem Grund kann auch nicht aus § 97 Abs 1 S 3 ein allgemeines Durchsuchungs- und Beschlagnahmeverbot in Bezug auf den InsVerw abgeleitet werden.[42] Der InsVerw ist als unabhängige Rechtsperson verpflichtet, mit den Ermittlungsbehörden zu kooperieren. Etwas anderes gilt allein, wenn konkrete Anhaltspunkte dafür vorliegen, dass ein besonderes Näheverhältnis zwischen ihm und dem Beschuldigten oder dessen Umfeld besteht, das besorgen lässt, dass eine Anfrage bei dem InsVerw dem Beschuldigten zur Kenntnis gelangt und dort oder bei einem Dritten zu einem Beweismittelverlust führen wird (Verdunklungsgefahr) oder wenn bereits vor Beantragung und Erlass deutlich wird, dass der InsVerw zur Herausgabe nicht bereit ist.[43] In diesem Fall kann eine Durchsuchung bei dem InsVerw erfolgen.

25 Eine **Durchsuchung beim InsVerw** ist indes nur dann verhältnismäßig, wenn gewichtige Anhaltspunkte dafür vorliegen, dass Beweismittel ohne Durchsuchung verloren gehen könnten und dadurch die Ermittlungen beeinträchtigt werden. Vorrangig vor der Durchsuchung und Beschlagnahme beim InsVerw sind vielfältige Möglichkeiten der Informationserlangung, zB Beiziehung der InsAkte, Akteneinsicht, etc in Erwägung zu ziehen.

---

38 *Uhlenbruck* NZI 2002, 403.
39 S ferner MK/*Stephan* § 97 Rn 17 f. *Brill* ZVI 2015, 201.
40 *Weyand* ZInsO 2008, 25.
41 Hierzu zutr *Jaeger/Schilken* § 97 Rn 25.
42 *LG Ulm* 15.1.2007 – 2 Qs 2002/07.
43 *LG Bonn* 22.12.2016 – 27 Qs 23/16.

Einer Durchsuchung steht auch nicht das Beschlagnahmeverbot des § 97 Abs 2 entgegen; dieses erstreckt sich gerade nicht auf den InsVerw. Die Stellung des InsVerw ist im Verhältnis zum Schu auch nicht vergleichbar mit einem von § 97 Abs 2 erfassten Mandatsverhältnis. Der InsVerw ist weder einseitig an bestimmte Personen gebunden noch ist er zur Verschwiegenheit verpflichtet.[44] 26

2. Auskunftsberechtigte. – a) Kreis der Auskunftsberechtigten. Zum ihm gehören nach Abs 1 S 1 das InsGer, der InsVerw sowie der GlAusschuss und – auf entsprechende Anordnung des InsGer – die GlVersammlung. Im bisherigen vereinfachten InsVerf steht das Auskunftsrecht dem Treuhänder (§ 313 aF); künftig ist nach Wegfall des § 313 auch in der VerbrIns der InsVerw auskunftsberechtigt. Im RestschuldbefreiungsVerf ist der Treuhänder nach Maßgabe des § 292 Abs 2 zur Auskunft berechtigt. Das Auskunftsrecht des Sachwalters folgt aus § 274 Abs 2 S 2 iVm § 22 Abs 3. 27

b) Gläubigerversammlung. Der GlVersammlung muss der Schu nur dann Auskunft erteilen, wenn das InsG dies angeordnet hat. Es wird eine entspr Anordnung treffen, wenn besondere Gründe eine unmittelbare Unterrichtung (vgl § 79) der Gl über den Sachstand gebieten. Dem **einzelnen Gl**, mag er auch zur Absonderung berechtigt sein,[45] steht ein solches Auskunftsrecht nicht zu. Etwas anderes gilt, wenn er im Auftrag des GlAusschuss für diesen handelt. Sein Interesse ist auf die im Berichtstermin vom InsVerw zu erteilenden Informationen (§ 156) und auf sein Akteneinsichtsrecht (§ 4 iVm § 299 ZPO) beschränkt.[46] 28

3. Auskunftspflichtige Personen. – a) Schuldner. Ist der Schu eine **natürliche Person**, ist er persönlich zur Auskunftserteilung verpflichtet. Um dies zu gewährleisten, trifft ihn nach Abs 3 S 1 die **ergänzende Pflicht**, sich auf Anordnung des Gerichts jederzeit zur Verfügung zu stellen. Ist der Schu anwaltlich vertreten, so greift trotz grds Geltung des anwaltlichen Berufsrechts für den zum InsVerw bestellten RA nicht das Umgehungsverbot gem § 12 BORA.[47] Mangelt es an seiner Prozessfähigkeit, trifft die Auskunftspflicht auch seinen gesetzlichen Vertreter (Eltern, Vormund, Betreuer). Der Schu bleibt aussagepflichtig, soweit er willensfähig ist. 29

b) Beschaffung von Unterlagen. Ist der Schu zur ordnungsgemäßen Auskunftserteilung auf **Unterlagen** angewiesen, die sich im Besitz eines von ihm beauftragen Beraters, insb eines Rechtsanwalts oder Steuerberaters, befinden, gehört zu der Auskunftspflicht die Beschaffung dieser Unterlagen. Den Berater selbst trifft nach § 97 keine unmittelbare Auskunftspflicht. Er ist jedoch aus dem Innenverhältnis grds zur Herausgabe der Unterlagen verpflichtet (§§ 666, 667 BGB).[48] Soweit der Berater aus Geschäftsbesorgung ein **Zurückbehaltungsrecht** an den Unterlagen wegen unbezahlter fälliger Forderungen hat, ist er zumindest zur Auskunft sowie dazu verpflichtet, dem Schu Einsicht in seine Handakten zu gewähren und Gelegenheit zur Fertigung von Kopien zu geben. Davon sind nur die persönlichen Notizen des Bevollmächtigten ausgenommen, die er bei Gelegenheit des Mandats ohne Bezug zum Schu vermögen gefertigt hat. 30

c) Angestellte, Dritte. Abs 1 gilt über die Verweisung des § 101 Abs 2 (s Kommentierung dort) auch für die dort näher bezeichneten **Angestellten** des Schu, nicht aber gegenüber seinem **Ehepartner** oder sonstigen Angehörigen. Hinsichtlich der Letztgenannten bleibt nur die Möglichkeit einer zeugenschaftlichen Vernehmung durch das InsGer im Rahmen der 31

---

44 *LG Potsdam* 8.1.2007- 25 Qs 60/06.
45 *BGHZ* 49, 16; 70, 88; *BGH* ZIP 2004, 328.
46 MK/*Stephan* § 97 Rn 20.
47 *BGH* ZIP 2015, 1546.
48 *Jaeger/Schilken* § 97 Rn 12; *Uhlenbruck* § 97 Rn 5.

Amtsermittlung (§ 5 Abs 1). Diese wird häufig an Zeugnisverweigerungsrechten gem § 383 Abs 1 Nr 2–3 ZPO scheitern. Die insolvenzrechtlichen Pflichten des Schu gelten nicht zu Lasten Dritter. Diese sind im Anwendungsbereich des § 383 ZPO auch dann nicht auskunftspflichtig, wenn ihre Auskunft der einzig zumutbare Weg zu ausreichender Information wäre.[49] Der **Auskunftsanspruch gegen einen Dritten** kann sich aber daraus ergeben, dass dieser dem Schu zur Auskunft verpflichtet und dieses Recht nach § 80 Abs 1 auf den Insolvenzverwalter übergegangen ist.[50]

32 **d) Organmitglieder.** Ist der **InsSchu keine natürliche Person**, trifft die Auskunftspflicht gem § 101 Abs 1 S 1 die Mitglieder des Vertretungs- und Aufsichtsorgans und die vertretungsberechtigten persönlich haftenden Gesellschafter (s Kommentierung dort). Ein nicht vertretungsberechtigter Gfter ist nicht zur Auskunft verpflichtet. Dies gilt auch für den InsVerw eines nicht vertretungsberechtigten Gfter gegenüber dem InsVerw der Gesellschaft.[51]

II. Unterstützungs- und Mitwirkungspflicht des Schu (Abs 2)

33 **1. Unterstützung und Mitwirkung.** Nach Abs 2 hat der Schu den Verwalter bei der Erfüllung von dessen Aufgaben zu unterstützen. Form und Umfang legt das Gesetz nicht fest.

34 **a) Anwendungsbereich.** Er erschließt sich aus dem Zusammenhang mit der Auskunftspflicht nach Abs 1 und der Bereitschafts- und Unterlassungspflicht nach Abs 3. Der InsVerw kann danach verlangen, dass der Schu das Verwalterhandeln nicht nur duldet und gegenläufige Handlungen unterlässt; der Schu hat vielmehr aktiv an der Erfüllung der Aufgaben des InsVerw mitzuwirken.

Dies kann allerdings nur eine **punktuelle Mitarbeit** sein, weil die Arbeitskraft des Schu nicht zur InsMasse (§ 35) gehört.[52] Der Schu ist deshalb nicht verpflichtet, für den InsVerw dauerhaft ohne oder gegen Entgelt zu arbeiten. Für die Mitwirkung in diesem Umfang hat der Schu keinen Anspruch auf Vergütung oder Erstattung von Auslagen. Die Zahlung einer angemessenen Vergütung – wie sie § 113 Abs 1 S 2 RegE-InsO vorsah – ist nicht G geworden. Davon unberührt bleibt – insbesondere in laufenden Betriebsfortführungen – die Möglichkeit, mit dem Schu einen **Dienstvertrag** abzuschließen, der für den Fall einer längeren oder ständigen Mitarbeit eine aus der Masse zu zahlende angemessene Vergütung vorsieht.[53] Zur Annahme eines solchen Angebots ist der Schu allerdings selbst bei angemessener Vergütung nicht verpflichtet. Dies gilt auch dann, wenn dem Schu gem § 100 bzw § 278 Abs 1 iVm § 100 Unterhalt gewährt wird; auch dann ist er nicht zur ständigen Mitarbeit verpflichtet. Die Ablehnung kann indes die RSB gefährden.[54]

35 **b) Allgemeine Mitwirkungspflicht. – aa) Beispiele.** Hierher gehören zB die Herausgabe der Schlüssel, das Verschaffen des Zugangs zu den Geschäftsräumen in sonstiger Weise, Angaben zur Systematik der Aufbewahrung von Geschäftsunterlagen, Fertigung von Übersichten über Geschäftsvorgänge, Mitwirkung an der Inventarisierung des Schuldnervermögens.[55] Der Schu ist verpflichtet, einen Veranlagungsantrag zu stellen und eine **Einkommensteuererklärung** abzugeben, um die Antragsveranlagung zu erreichen und so den Erstattungsanspruch für die

49 *BGHZ* 74, 381 ff; *OLG Dresden* ZIP 2012, 1770; vgl aber *BGHZ* 193, 129 Rn 12 (hebt auf die berufliche Pflicht des Dritten zur Verschwiegenheit ab).
50 *OLG Dresden* ZIP 2012, 1770.
51 *AG Köln* ZIP 2015, 1602.9.
52 *Jaeger/Schilken* § 97 Rn 27.
53 *Uhlenbruck* § 97 Rn 19.
54 Uhlenbruck/*Herchen* § 97 Rn 5.
55 MK/*Stephan* § 97 Rn 31.

Masse zu generieren.[56] Ebenso ist der Schu verpflichtet, einen Wohnungswechsel und ein neues Arbeitsverhältnis anzuzeigen. Ein Verstoß gegen § 97 Abs 2 InsO liegt jedoch nicht vor, wenn der Schu keine Nutzungsentschädigung für sein von ihm genutztes Wohnhaus zahlt.[57]

bb) Auslandsvollmacht. Befinden sich Teile des **Schuldnervermögens im Ausland**, gewinnen Mitwirkungshandlungen des Schu eine erhöhte Bedeutung. Wenn der ausländische Staat die grenzüberschreitende Wirkung der Eröffnung des InsVerf nicht anerkennt, ist der Verwalter auf die Erteilung einer Vollmacht durch den Schu angewiesen. Hierzu ist dieser nach Abs 2 verpflichtet;[58] verfassungsrechtliche Bedenken bestehen insoweit nicht.[59] Die Verpflichtung zur Vollmachtserteilung setzt nicht voraus, dass die Existenz ausländischen Schuldnervermögens feststeht oder der InsVerw Hinweise auf bestimmte Bankverbindungen haben muss. Vielmehr reicht es aus, wenn es aufgrund bestimmter Umstände nicht ganz unwahrscheinlich ist, dass der Schu über Auslandsvermögen, zB in sog Steueroasen, verfügt. Die rechtlichen Voraussetzungen der Erteilung einer solchen Vollmacht sind an dem **möglichst effizienten Zugriff** auf etwaiges Auslandsvermögen des Schu zu messen.[60] 36

cc) Aufwendungsersatz. Der Schu hat die vorstehend aufgeführten Mitwirkungspflichten **unentgeltlich** zu erbringen und kann **keinen Aufwendungsersatz** fordern.[61] 37

c) Besondere Mitwirkungspflichten. Neben den allg sieht die Insolvenzordnung **spezielle Mitwirkungspflichten** des Schu vor. Gem § 176 muss er sich im Prüfungstermin zu den angemeldeten Forderungen erklären. Bei Anordnung der Eigenveraltung treffen ihn die speziellen Pflichten aus § 281. Nach § 153 Abs 2 hat der Schu ggf die Vollständigkeit der Vermögensübersicht eidesstattlich zu versichern. Wird nicht ausdrücklich auf § 98 verwiesen (vgl zB § 153 Abs 2), kann die Mitwirkung nach diesen Bestimmungen nicht erzwungen werden.[62] 38

2. Ermessen. Es liegt im pflichtgemäßen Ermessen des InsVerw, ob und ggf in welchem Umfang er den Schu bez dessen gesetzlichen Vertreter, insb den Geschäftsführer der GmbH, zu Unterstützungshandlungen heranzieht. In die **Ermessensausübung** wird je nach Lage des Falles einzubeziehen sein, ob es sich um einen redlichen oder einen unredlichen Schu handelt, ob eine Sanierung des schuldnerischen Unternehmens mit dem Ziel einer erneuten Tätigkeit des gesetzlichen Vertreters im Unternehmen in Betracht kommt oder ob das Unternehmen zu liquidieren ist, und ob sich der Schu voraussichtlich freiwillig oder nur unter dem Druck von Zwangsmitteln (§ 98) zur Mitarbeit bereit finden wird. 39

III. Bereitschafts- und Unterlassungspflicht (Abs 3)

1. Bereitschaftspflicht. – a) Allgemeines. Auf Anordnung des Gerichts hat sich der Schu an dem Ort bereitzuhalten, an dem er seine Auskunfts- und Mitwirkungspflichten zu erfüllen hat. Damit hat die InsO die weiter reichende Pflicht des § 101 Abs 1 KO, wonach der Schu sich von seinem Wohnort nur mit Erlaubnis des Gerichts entfernen durfte,[63] gelockert. Nach altem Recht war insb in Verfahren, die eine Gesellschaft betrafen, die Residenzpflicht für den organschaftlichen Vertreter, vor allem wenn sie ohne Entgelt verlangt wurde, verfassungsrechtlich problematisch. 40

---

56 *Beck* NZI 2012, 991, 994.
57 *AG Göttingen* NZI 2015, 330.
58 *BGH* ZIP 2003, 2124.
59 *BVerfG* ZIP 1986, 1337 zur KO.
60 *BGH* ZIP 2003, 2124; zust MK/*Stephan* § 97 Rn 32.
61 *Jaeger/Schilken* § 97 Rn 39.
62 **AA** jetzt *Uhlenbruck* § 97 Rn 17.
63 Hierzu s *Kuhn/Uhlenbruck* 11. Aufl § 101 KO Rn 1, 5.

41 **b) Verhältnismäßigkeit.** Die Neuregelung stellt die **praktische Konkordanz** zwischen dem Grundrecht des Schu auf Freizügigkeit (Art 11 GG) und den Eigentumsrechten der InsGl (Art 14 GG) her.

42 **aa) Grundsatz.** Das Gericht darf **keine unverhältnismäßigen Freiheitsbeschränkungen** anordnen. Es hat auf der **Tatbestandsseite** der Norm einzelfallbezogen zu prüfen, ob und inwieweit die Gefahr besteht, dass der Schu sich nicht in geeigneter Weise bereithalten wird. Auf der **Rechtsfolgenseite** ist das Maß der Aufenthaltsbeschränkung nach Ort und Zeit zu bestimmen. Hierbei ist das Verhältnismäßigkeitsprinzip im weiteren Sinne (Geeignetheit, Erforderlichkeit, Verhältnismäßigkeit ieS) zu beachten. Im Hinblick auf die Erzwingbarkeit der gerichtlichen Anordnung (§ 98) müssen schließlich die örtlichen und zeitlichen Vorgaben so exakt gefasst sein, dass der Schu weiß, was von ihm verlangt wird.[64]

43 **bb) Juristische Personen.** Ist der Schu eine **juristische Person oder insolvenzfähige Gesellschaft**, trifft die Bereitschaftspflicht gem § 101 Abs 1 S 1 die **amtierenden Organe** der Gesellschaft und die persönlich haftenden Gesellschafter. Gleiches gilt für die erst nach VerfEröffnung **ausgeschiedenen Organmitglieder** und Gesellschafter.[65] In Bezug auf den Kreis der vor VerfEröffnung ausgeschiedenen auskunftspflichtigen Personen verweist § 101 Abs 1 S 2 nicht auf § 97 Abs 3 S 1. Für sie gilt die Bereitschaftspflicht deshalb grds nicht.

44 **c) Verfahren.** Die von Abs 3 S 1 vorausgesetzte entsprechende Anordnung ergeht durch **Beschl des InsGer von Amts wegen**. Außerhalb der Gerichtstermine wird der Anordnung regelmäßig eine entsprechende Anregung durch den InsVerw vorausgehen. Die Anordnung der Bereitschaftspflicht für einen Termin erfolgt durch die förmliche Ladung zu diesem Termin; andernfalls erhält der Schu nur Terminsnachricht.

45 Der (richterliche) Beschl des InsGer ist **unanfechtbar** (§ 6 Abs 1). Gegen Anordnungen durch den Rechtspfleger steht dem Schu die befristete Erinnerung zu (§ 11 Abs 2 RPflG). Die zwangsweise Durchsetzung der Bereitschaftspflicht richtet sich nach § 98. Gegen die Anordnung der Haft und gegen die Ablehnung des Antrags auf Aufhebung der Haftanordnung steht dem Schu die sofortige Beschwerde zu (§ 98 Abs 3 S 3; s Kommentierung dort).

46 **2. Behinderungsverbot.** Die Auskunfts- und Mitwirkungspflichten sowie die Bereitschaftspflicht werden durch die in Abs 3 S 2 verankerte **Unterlassungspflicht** abgerundet und verstärkt. Sachlich beinhaltet sie ein Behinderungsverbot. Zu den Unterlassungspflichten des Schu gehört es, alle denkbaren verfahrensschädlichen Handlungen unterlassen, insb Geschäftsunterlagen zu vernichten, zu unterdrücken oder zu manipulieren, Massegegenstände beiseite zu schaffen, Zeugen zu beeinflussen oder die eigene Erreichbarkeit im Verfahren zu erschweren.

IV. Durchsetzung der Schuldnerpflichten

47 Die Durchsetzung der SchuPflichten nach Abs 1–3 erfolgt nach § 98. Die Auskunftspflicht ist im Hinblick auf ihre Richtigkeit und Vollständigkeit mit einer eidesstattlichen Versicherung bewehrt (§ 98 Abs 1). IÜ kann der Schu zwangsweise vorgeführt und in Haft genommen werden (§ 98 Abs 2 und 3; s die Kommentierung dort).

48 Neben der Durchsetzung der Schuldnerpflichten können andere (mittelbare) Rechtsfolgen drohen:

Zentral ist hierbei die Möglichkeit des Widerrufs der RSB (§ 303). Weiterhin ist es rechtsmissbräuchlich, wenn der Schu einen erneuten Antrag auf **Verfahrenskostenstundung** stellt, nachdem er in einem vorangegangenen RSB-Verfahren die Aufhebung der Verfahrenskos-

64 *BGHZ* 162, 197; *Jaeger/Schilken* § 97 Rn 34.
65 *Jaeger/Schilken* § 97 Rn 36; *Uhlenbruck* § 97 Rn 20.

tenstundung schuldhaft dadurch provoziert hat, dass er seiner Auskunfts- und Mitwirkungspflicht nicht nachgekommen ist.[66]

In einem **InsPlanVerfahr** kann die Zurückweisung nach § 231 drohen, wenn der Schu nicht kooperiert.[67] **49**

§ 98 Durchsetzung der Pflichten des Schuldners

(1) [1]Wenn es zur Herbeiführung wahrheitsgemäßer Aussagen erforderlich erscheint, ordnet das Insolvenzgericht an, dass der Schuldner zu Protokoll an Eides statt versichert, er habe die von ihm verlangte Auskunft nach bestem Wissen und Gewissen richtig und vollständig erteilt. [2]Die §§ 478 bis 480, 483 der Zivilprozessordnung gelten entsprechend.

(2) Das Gericht kann den Schuldner zwangsweise vorführen und nach Anhörung in Haft nehmen lassen,

1. **wenn der Schuldner eine Auskunft oder die eidesstattliche Versicherung oder die Mitwirkung bei der Erfüllung der Aufgaben des Insolvenzverwalters verweigert;**
2. **wenn der Schuldner sich der Erfüllung seiner Auskunfts- und Mitwirkungspflichten entziehen will, insbesondere Anstalten zur Flucht trifft, oder**
3. **wenn dies zur Vermeidung von Handlungen des Schuldners, die der Erfüllung seiner Auskunfts- und Mitwirkungspflichten zuwiderlaufen, insbesondere zur Sicherung der Insolvenzmasse, erforderlich ist.**

(3) [1]Für die Anordnung von Haft gelten die § 802g Abs. 2, §§ 802h und 802j Abs. 1 der Zivilprozessordnung entsprechend. [2]Der Haftbefehl ist von Amts wegen aufzuheben, sobald die Voraussetzungen für die Anordnung von Haft nicht mehr vorliegen. [3]Gegen die Anordnung der Haft und gegen die Abweisung eines Antrags auf Aufhebung des Haftbefehls wegen Wegfalls seiner Voraussetzungen findet die sofortige Beschwerde statt.

Übersicht

---

66 *AG Montabaur* 8.7.2016 – 14 IK 88/16.
67 *AG Hamburg* 24.5.2017 – 67c IN 164/15.

A. Allgemeines

I. Normzweck

1 Die Vorschrift dient der Durchsetzung der in § 97 normierten Pflichten des Schu und damit der **Haftungsverwirklichung** und der bestmöglichen Verwertung des SchuVermögens. Die eidesstattliche Versicherung nach Abs 1 soll den Schu anhalten, die nach § 97 Abs 1 geschuldeten Auskünfte wahrheitsgemäß und vollständig zu erteilen. Die nach Abs 2 eröffneten Möglichkeiten der zwangsweisen Vorführung und Verhaftung erstrecken sich auf den gesamten Pflichtenkatalog nach § 97. Abs 3 regelt schließlich die verfahrensrechtlichen Garantien für die freiheitsentziehende Maßnahme der Verhaftung. Sämtliche dieser Zwangsmittel setzen voraus, dass ein auf § 97 InsO gestützter Auskunfts- bzw Mitwirkungsanspruch besteht. Ist ein solcher Anspruch streitig, erfolgt eine Klärung im Rahmen des Zwangsmittelverfahrens nach §§ 98 Abs 2, 3 InsO.[1]

2 Die Vorschrift dient nicht nur der Durchsetzung der Mitwirkungspflichten und damit der Haftungsverwirklichung, sondern hat auch **prozessuale Implikationen**. So muss der InsVerw bei der Durchsetzung massezugehöriger Ansprüche, zB aus InsAnf versuchen, die ihm von der InsO zur Verfügung gestellten Erkenntnismöglichkeiten auszuschöpfen. Hierzu gehören auch die Geltendmachung des Auskunftsanspruchs nach § 97 InsO sowie die Einschaltung des InsGer zur Ergreifung von Zwangsmaßnahmen gem § 98 InsO.[2] Nur hierdurch erfüllt der InsVerw die ihm obliegende Darlegungslast und eröffnet die Möglichkeit der Anwendung der **Grundsätze der sekundären Beweislast**.[3]

II. Geltungsbereich

3 **1. Eröffnetes Verfahren.** Die Vorschrift gilt in **allen Verfahrensarten** während der gesamten Dauer des eröffneten Verfahrens. Im **VerbraucherInsVerf** (§§ 304 ff) – dem vormals vereinfachten InsVerf (§§ 311 ff aF) – sind die Zwangsmittel ebenfalls anwendbar, nicht jedoch in der **Ruhensphase** gem § 306 Abs 1.[4] Dies folgt aus dessen Abs 2, nach dem in dieser Phase ausdrücklich Sicherungsmaßnahmen möglich sein sollen. Diese sind in § 21 geregelt. Für die Auskunftspflicht und deren Erzwingung hätte auf § 20 S 2 iVm § 98 Bezug genommen werden müssen. Eine solche Verweisung fehlt in § 306. Unter anderem deshalb gilt § 97 und damit auch § 98 nicht im RSB-Verfahren (vgl § 97 Rn 5). In diesem Verfahrensabschnitt sind keine Zwangsmaßnahmen nach § 98 möglich. Als Sanktion für Verletzungen der Obliegenheiten des § 290 sieht das G die Versagung und den Widerruf der RSB vor,[5] nicht die Anwendung von Zwangsmitteln.[6]

4 **2. Eröffnungsverfahren.** Praktische Bedeutung erhält § 98 va durch seine Anwendung im EröffnungsVerf. Der das Verhältnis zwischen dem Schu und dem Eröffnungsgericht betreffende § 20 verweist in seinem Abs 1 S 2 ua auf §§ 97, 98; der die Rechtstellung des vorl InsVerw betreffende § 22 nimmt in seinem Abs 3 S 3 auf die gleichen Normen Bezug. Es kann deshalb zunächst auf die Kommentierung dort verwiesen werden (§ 20 Rn 17–21 und § 22 Rn 73).

5 Ebenso wie bei der Vollstreckung titulierter Ansprüche nach §§ 899, 901 ZPO sowie §§ 889, 888 ZPO sind die vom Schu verlangten Auskunfts- und Mitwirkungshandlungen inhaltlich

---

1 *BGH* ZIP 2015, 791; HambKomm/*Herchen* § 97 Rn 7; *Laroche* ZInsO 2015, 1469.
2 *LAG Köln* ZInsO 2015, 1923 in Fortsetzung von *BAG* ZIP 2014, 2519.
3 *BAG* ZIP 2014, 2519.
4 *Jaeger/Schilken* § 98 Rn 5; MK/*Stephan* § 98 Rn 39.
5 Vgl *BGH* 8.9.2016 – IX ZB 72/15.
6 HambKomm/*Herchen* § 97 Rn 2.

nach Art und Umfang so bestimmt zu bezeichnen, dass die Aufforderung aus sich heraus verständlich ist und auch für den Schu erkennen lässt, was verlangt wird.[7] Nur bei einer klaren und eindeutigen Konkretisierung kann der Auskunftsverpflichtete seiner Auskunftspflicht nachkommen und so die Zwangsmittel der Vorführung und Inhaftierung vermeiden oder sich gegen möglicherweise unzulässige Auskunftsbegehren verteidigen.[8]

B. Erläuterungen

I. Eidesstattliche Versicherung (Abs 1)

1. Anordnung. Hält das InsGer die eidesstattliche Versicherung zur Herbeiführung wahrheitsgemäßer und vollständiger Aussagen für erforderlich, kann es **von Amts wegen** eine entsprechende Anordnung treffen. Zeigen sich im Verfahren erneut Unklarheiten, kann dies auch wiederholt geschehen. 6

Ebenso wie bei der Vollstreckung titulierter Ansprüche nach §§ 899, 901 ZPO sowie §§ 889, 888 ZPO sind die vom Schu verlangten Auskunfts- und Mitwirkungshandlungen **inhaltlich nach Art und Umfang so bestimmt** zu bezeichnen, dass die Aufforderung aus sich heraus verständlich ist und auch für den Schu erkennen lässt, was verlangt wird.[9] Nur bei einer klaren und eindeutigen Konkretisierung kann der Auskunftsverpflichtete seiner Auskunftspflicht nachkommen und so die Zwangsmittel der Vorführung und Inhaftierung vermeiden oder sich gegen möglicherweise unzulässige Auskunftsbegehren verteidigen.[8] 7

a) Erforderlichkeit. Erforderlich ist die Versicherung bereits dann, wenn die betreffende Auskunft für das Verfahren von nicht nur geringer Bedeutung ist und die Gl – wie regelmäßig – noch keine vollständige Befriedigung erhalten haben. Konkrete Anhaltspunkte für eine bisher unwahre oder unvollständige Auskunft des Schu müssen nicht dargelegt werden.[10] Denn die eidesstattliche Versicherung kann nicht Erkenntnisse voraussetzen, die sie idR erst verschaffen soll. Es kann deshalb kein anderer Maßstab als in der Einzelzwangsvollstreckung nach § 807 ZPO gelten. 8

b) Anregung. InsVerw, GlAusschuss und ggf GlVersammlung (vgl § 97 Abs 1) können die Anordnung anregen; ihnen steht jedoch **kein förmliches Antragsrecht** zu. Stellen sie gleichwohl einen Antrag, ist er als Anregung zu verstehen.[11] Der Streit um das förmliche Antragsrecht hat kaum praktische Bedeutung, weil nach § 6 Abs 1 ein Rechtsmittel gegen die Entsch des InsGer selbst dann nicht eröffnet wäre, wenn das Gericht einen (förmlichen) Antrag eines Antragsberechtigten zurückgewiesen hätte. Die Zulässigkeit einer Rechtspflegererinnerung (§ 11 Abs 2 RPflegerG) kann hiervon allerdings abhängen. 9

c) Zuständigkeit. Die **funktionelle Zuständigkeit** für die Anordnung der eidesstattlichen Versicherung liegt im EröffnungsVerf beim Richter, im eröffneten Verfahren beim Rechtspfleger (§ 18 Abs 1 RPflG). Die Abnahme der eidesstattlichen Versicherung erfolgt durch den Rechtspfleger (§ 20 Nr 17 RPflG); falls sie im Anhörungstermin im EröffnungsVerf erfolgt, ggf auch durch den Richter (§ 6 RPflG). Die Anordnung der eidesstattlichen Versicherung durch den Richter ist nicht anfechtbar (§ 6). Hat der Rpfleger entschieden, ist die befristete Erinnerung nach § 11 Abs 2 S 1 RPflG statthaft. Bleibt der Rpfleger oder der organschaftliche Vertreter dem Termin unentschuldigt fern, legt der Rpfleger gem § 4 10

7 *BGHZ* 162, 198; *BGH* ZIP 2005, 722.
8 *BGH* ZIP 2005, 722.
9 *BGHZ* 162, 198; *BGH* ZIP 2005, 722.
10 Str, wie hier MK/*Stephan* § 98 Rn 11; **aA** *Jaeger/Schilken* § 98 Rn 8; *Uhlenbruck* § 98 Rn 2.
11 *Uhlenbruck* § 98 Rn 3; **aA** *Jaeger/Schilken* § 98 Rn 7.

Abs 3 RPflG dem Richter vor. Dieser ist nach § 4 Abs 2 RPflG zuständig zur Entscheidung über Zwangsmaßnahmen[12].

11 **2. Umfang, Inhalt und Form der Versicherung. – a) Umfang.** Maßgeblich ist das nach § 97 Abs 1 S 1 gestellte Auskunftsverlangen, das die umfassende Auskunftspflicht des Schu für die eidesstattliche Versicherung konkretisiert.[13] Der Inhalt der eidesstattlichen Versicherung kann also nicht über die „verlangte Auskunft" hinausgehen. Über den möglichen Inhalt der Auskunft kann auf die Kommentierung zu § 97 verwiesen werden. Hält sich die „verlangte Auskunft" iRd § 97, begrenzt dies das Risiko des Schu, sich gem §§ 156, 163 StGB wegen falscher eidesstattlicher Versicherung strafbar zu machen. Geht die „verlangte Auskunft" objektiv oder auch nur aus Sicht des Schu darüber hinaus und sind Gegenvorstellung oder ggf Rechtspflegererinnerung (§ 11 Abs 2 RPflG) erfolglos geblieben, ist der Rechtsweg erschöpft (§ 6 Abs 1). Der Schu muss dann die verlangte Auskunft erteilen und auf Verlangen eidesstattlich versichern.[13]

12 **b) Inhalt.** Inhaltlich geht die eidesstattliche Versicherung dahin, dass der Schu erklärt, er habe die von ihm verlangte Auskunft nach bestem Wissen und Gewissen vollständig erteilt. Dabei ist auf die Auskunft Bezug zu nehmen, die einen der Beweiserhebung zugänglichen Inhalt haben muss. Maßgeblicher **Beurteilungszeitpunkt** für die Vollständigkeit und Richtigkeit ist der Zeitpunkt der Abgabe. Deshalb kann die Auskunft vor der Bekräftigung durch die eidesstattliche Erklärung ergänzt oder berichtigt werden. Gegenständlich beschränkte Erklärungen und Negativerklärungen sind nach Abs 1 auch zulässig. Die dem Schu abverlangte Erklärung kann zB dahin formuliert werden, nach bestem Wissen und Gewissen keine weiteren Angaben zum Vermögen oder zu anderen näher zu bezeichnenden verfahrenserheblichen Umständen machen zu können.[14]

13 **c) Form (Abs 1 S 2).** Sie ergibt sich aus der Verweisung auf die einschlägigen Vorschriften der ZPO. Der Schu hat die eidesstattliche Versicherung in Person zu leisten (§ 478 ZPO), auf Ersuchen des Gerichts im Wege der Rechtshilfe auch vor einem anderen Gericht (§ 479 ZPO). Der Schu ist über die Bedeutung der Versicherung zu belehren (§ 480 ZPO); ist er stumm, kann er die Versicherung schriftlich oder durch Zeichen bekräftigen (§ 483 ZPO). Die Eidesformel ergibt sich unmittelbar aus Abs 1 S 1.[15]

II. Zwangsweise Vorführung und Haft

14 **1. Voraussetzungen für die Anordnung.** Die zwangsweise Vorführung des Schu und die Anordnung der Haft sind grds gleichwertige Zwangsmittel zur Durchsetzung der jeweiligen Verpflichtungen des Schu, sie haben **Beugecharakter**. Beugemittel sind nur zulässig, wenn das erzwungene Verhalten für den Schu klar erkennbar ist. Wie ausgeführt muss die vom Schu verlangte Auskunfts- und Mitwirkungspflicht inhaltlich nach Art und Umfang so bestimmt bezeichnet sein, dass die Aufforderung aus sich heraus verständlich ist und auch für den Schu erkennen lässt, was verlangt wird.[16] Es ist deshalb grds auch erforderlich, den Grund der Haftanordnung im Haftbefehl konkret zu benennen, sprachlich sowie optisch hervorzuheben und ähnlich einer Tenorierung voranzustellen.[17]

---

12 *Uhlenbruck* § 98 Rn 8.
13 MK/*Stephan* § 98 Rn 13; *Jaeger/Schilken* § 98 Rn 10.
14 *Jaeger/Schilken* § 98 Rn 12.
15 Zu weiteren Einzelheiten s *Jaeger/Schilken* § 98 Rn 13.
16 *BGHZ* 162, 198.
17 *Laroche* ZInsO 2015, 1469.

a) Voraussetzungen des Abs 2 Nr 1. Es sind drei Varianten zu unterscheiden: 15

aa) Verweigerung einer Auskunft. Der Schu verweigert die verlangte Auskunft, wenn er das Auskunftsersuchen nicht oder unvollständig beantwortet und auf Nachfrage nicht ergänzt. Nicht erforderlich ist, dass der Schu zuvor nachdrücklich zur Auskunftserteilung angehalten wird.[18] Ein **grundloses Nichterscheinen** im Anhörungstermin, zu dem der Schu förmlich geladen worden ist, steht dem gleich. Keine Auskunftsverweigerung liegt vor, wenn der Schu, ohne dass zugleich ein Fall der Unvollständigkeit vorliegt, eine schlicht **falsche Auskunft** erteilt.[19] Erklärt der Schu zu einem bestimmten Sachverhalt, dass er dazu nichts wisse und sich auch nicht kundig machen könne, weil ihm zB keine Unterlagen zur Verfügung ständen oder er an einen nicht dokumentierten Vorgang keine Erinnerung mehr habe, liegt ebenfalls eine Auskunft vor, deren Richtigkeit und Vollständigkeit der Schu versichern könne. Eine Auskunftsverweigerung ist in diesen Fällen gleichwohl anzunehmen, wenn das Gericht zu der Überzeugung gelangt, dass der Schu bei zumutbarer Nachforschung weitergehende Auskunft erteilen könnte.[20] 16

bb) Verweigerung der eidesstattlichen Versicherung. Die Weigerung kann mündlich oder schriftlich oder dadurch erfolgen, dass der im Termin der erschienene Schu nicht bereit ist, die eidesstattliche Versicherung abzugeben. Als Verweigerung ist auch das unentschuldigte Fernbleiben des förmlich geladenen Schu in dem zur eidesstattlichen Versicherung bestimmten Termin zu behandeln. Liegt im Verfahren vor dem Rechtspfleger eine Weigerung mit Erklärungswert vor, kann diese vorrangig als befristete Erinnerung zu werten und nach § 11 Abs 2 RPflG zu bescheiden sein. 17

cc) Verweigerung der Mitwirkung gegenüber dem Verwalter. Sie liegt vor, wenn der Schu trotz Aufforderung zur Unterstützung des Verwalters untätig bleibt. Besondere Bedeutung erlangt hier das Erfordernis der Konkretisierung der erwarteten Mitwirkungsmaßnahmen gegenüber dem Schu (Rn 11). Nicht ausreichend ist es zB, die Vorlage der „angeforderten Einnahmen- und Ausgabenbelege" sowie Kassenbücher „für den Zeitraum ab der InsEröffnung bis zum heutigen Tage" erzwingen zu wollen. Die eingeforderten Belege müssen vielmehr näher bezeichnet werden.[21] Eine Haftanordnung zur Durchsetzung des Anspruchs, einen **Veranlagungsantrag** zu stellen, dürfte unzulässig sein.[22] 18

Das **Gericht** hat im Anordnungsverfahren zu prüfen, ob die Bestimmtheitsanforderungen für die Zwangsmaßnahme gewahrt sind und ob sich die geforderte Mitwirkung iRd § 97 Abs 2 hält. Nicht hierher (sondern zu Abs 2 Nr 2) gehören Verstöße gegen die Bereitschaftspflicht nach § 97 Abs 3 S 1. 19

b) Voraussetzungen des Abs 2 Nr 2. Nach Sinn und Zweck der Vorschrift ist das Zwangsmittel schon dann anzuwenden, wenn der Schu **Vorbereitungen zur Flucht** trifft. Es müssen konkrete Handlungen vorliegen, die seiner Bereitschaftspflicht zuwider laufen und den von der Vorschrift vorausgesetzten Willen zur Entziehung dokumentieren.[23] Das trifft zu, wenn der Schu sich bereits von seinem Wohnort abgesetzt hat, herauszugebenden Unterlagen beiseite schafft oder eine mit Recht erteilte Auslandsvollmacht widerruft. Die innere Absicht allein reicht nicht; sie muss sich in objektiven Indizien manifestieren. 20

---

18 Offengelassen von *BGH* ZInsO 2006, 265.
19 **AA** HambKomm/*Wendler* § 98 Rn 8.
20 *Jaeger/Schilken* § 98 Rn 19; MK/*Stephan* § 98 Rn 16.
21 *BGHZ* 162, 198.
22 *Beck* NZI 2012, 991, 994 unter Bezugnahme auf *BGHZ* 176, 79 und *BFHE* 187, 1.
23 *Jaeger/Schilken* § 98 Rn 22.

21 **c) Voraussetzungen des Abs 2 Nr 3.** Die Vorschrift korrespondiert mit den Bereitstellungs- und Unterlassungspflichten nach § 97 Abs 3. Es handelt sich um einen Auffangtatbestand, der Überschneidungen zu den aktiven Handlungspflichten nach § 97 Abs 1 und 2 aufweist.

22 **2. Anhörung des Schuldners.** Nach Abs 2 muss das Gericht den Schu vor der Anordnung der Haft, nicht jedoch vor der Anordnung der Vorführung, anhören. Die Anhörung muss nach ihrem Sinn und Zweck vor der Haftanordnung erfolgen. Eine **persönliche Anhörung** ist nicht gefordert. Die Anhörung setzt jedoch in jedem Fall voraus, dass das Fehlverhalten konkret benannt und auf die drohende Haft für den Fall hingewiesen wird, dass es nicht abgestellt wird.[24] Damit sind **schriftliche Anhörungen im Vorfeld**, etwa im Zusammenhang mit der Verfahrenseinleitung oder bei der Ladung zu einer Anhörung, regelmäßig nicht genügend.[25] Etwas anderes kann allerdings im Wiederholungsfall gelten.

23 **3. Ermessensentscheidung.** Die Entsch nach Abs 2 ist eine rechtlich gebundene Entsch.[26] Sie ist zugleich eine ErmessensEntsch. Insb die Erforderlichkeit der Haftanordnung ist auf den Einzelfall bezogen zu prüfen. Das folgt bereits daraus, dass durch diese Zwangsmaßnahme das **Grundrecht** aus Art 2 Abs 2 S 2 GG eingeschränkt wird.[27]

24 **a) Verhältnismäßigkeit.** Der Verhältnismäßigkeitsgrundsatz ist zu wahren.[28]

25 **aa) Grundsatz.** Danach ist zu erwägen, ob weniger einschneidende Mittel wie zB die eidesstattliche Versicherung nach Abs 1 ausreichen und, wenn die Anordnung der Haft im Raum steht, ob die Zwangsvorführung als das weniger einschneidende Zwangsmittel geeignet ist, den erstrebten Zweck gleich wirksam zu erreichen. Vorführung und Haft stehen jedoch nicht in einem Stufenverhältnis dergestalt, dass der Anordnung der Haft stets die Vorführung vorauszugehen hat. Die zwangsweise Vorführung kann nicht möglich, erfolglos oder nicht erfolgversprechend sein, insb in den Fällen des Abs 2 Nr 2 und 3; in einem solchen Fall kommt unmittelbar die Anordnung der Haft in Betracht. Sie kann nach Lage des Falles gleichwohl als geeignetes Mittel der Haftanordnung vorzuziehen sein, wenn sie zu einer entsprechenden Belehrung des Schu und seiner vorherigen Anhörung dienen soll.

26 **bb) Gesetzesfremde Zwangsmittel.** Im G nicht vorgesehene Zwangsmittel sind in die Ermessenserwägungen nicht einzubeziehen. Die Verhängung eines Zwangsgeldes gegen den Schu ist nicht zulässig. Für andere – durchaus geeignete – Sicherungsmaßnahmen wie die Einforderung des Reisepasses fehlt im eröffneten Verfahren die Rechtsgrundlage.[29] Es ist allerdings zu erwägen, dem Schu in Anwendung des Verhältnismäßigkeitsgrundsatzes eine Abwendungsbefugnis einzuräumen, wonach er Vorführung und Verhaftung mit dem Angebot anderer geeigneter Sicherungsmaßnahmen entgegentreten kann, zu denen auch die Abgabe der Reisepapiere gehört.[30]

27 **b) Überhaft.** Die Anordnung der Haft kommt neben vollzogener bzw vollstreckter Untersuchungs- oder Strafhaft als Überhaft in Betracht.[31]

28 **4. Zuständigkeit.** Die Entscheidung über die Anordnung Zwangsmittel der Vorführung und Haft fällt gem § 4 Abs 2 Nr 2 RPflG in die ausschließliche Richterzuständigkeit. Dies gilt über die Anordnung hinaus auch für die Androhung. Eine vom Rpfleger ausgespro-

---

24 HambKomm/*Wendler* § 98 Rn 14.
25 **AA** MK/*Stephan* § 98 Rn 22.
26 *BGH* NZI 2004, 86.
27 *BGHZ* 162, 197.
28 Vgl *BGH* NZI 2004, 86.
29 Anders im EröffnungsVerf, § 21 Rn 23.
30 Ähnlich *Jaeger/Schilken* § 98 Rn 24.
31 MK/*Stephan* § 98 Rn 24.

chene Androhung ist deshalb keine zulässige Grdl für die Haftanordnung.[32] Diese ausschließliche Richterzuständigkeit gilt auch für Zwangsmaßnahmen im EröffnungsVerf.

III. Verfahren bei Anordnung der Haft (Abs 3)

1. Anordnung der Haft. Gegen den Schu wird Erzwingungshaft verhängt; Vorbild ist das zivilprozessuale Offenbarungsverfahren, auf das in Abs 3 S 1 tw verwiesen wird. Die Haftanordnung erfolgt durch richterlichen Beschl (§ 4 Abs 2 RPflG). Der Beschl ist zu begründen. Der **Begründungszwang** dient der Unterrichtung des Schu und ermöglicht eine Überprüfung im Instanzenzug. Die Begründung muss einzelfallbezogen sein. Sie erfordert auch eine genaue Bezeichnung der Handlungen, die mit der Zwangsmaßnahme durchgesetzt werden sollen.[33] Anders als die ZPO unterscheidet Abs 3 noch zwischen der Haftanordnung und dem **Haftbefehl** als der Ausfertigung der Haftanordnung. Da die Haftanordnung der sofortigen Beschw unterliegt (Abs 3 S 3), ist diese zuzustellen, sofern sie nicht verkündet wird. Die Zustellung des Haftbefehls bei der Verhaftung ist ausreichend (vgl § 901 S 3 ZPO). Die in Abs 3 S 1 ZPO in Bezug genommenen Vorschriften der ZPO enthalten Regelungen über die Unzulässigkeit der Haft ua bei Mandatsträgern (§ 904 ZPO), über die Haftunterbrechung bei diesen Personen (§ 905 ZPO)und die Verhaftung von Amtsträgern (§ 910 ZPO). 29

2. Durchführung der Verhaftung. Abs 3 S 1 verweist insoweit auf § 909 ZPO. Die Verhaftung erfolgt durch den Gerichtsvollzieher. Entspr § 758a Abs 2 ZPO bedarf es im Zusammenhang mit der Verhaftung des Schu keiner richterlichen Durchsuchungsanordnung; auch § 758a Abs 4 ZPO (Vollstreckung zur Nachtzeit usw) ist anwendbar. Abs 3 S 1 verweist auch auf § 906 ZPO, der die Zulässigkeit der Haftanordnung und den Haftaufschub **haftunfähiger Personen** regelt. 30

3. Aufhebung der Haftanordnung. – a) Wegfall des Haftgrundes. Nach dem **Beugezweck** der Haft ist die Haftanordnung gem Abs 3 S 2[34] wieder aufzuheben, sobald die Voraussetzungen nicht mehr vorliegen. Dies hat das G unter Einbeziehung des Verhältnismäßigkeitsgrundsatzes jederzeit zu prüfen. Die Aufhebung kann auch angezeigt sein, wenn einer der Haftgründe in Wegfall gerät und die übrigen die Anordnung der Haft nicht mehr tragen.[35] Die **Höchstdauer** der Haft beträgt sechs Monate (Abs 3 S 1 iVm § 913 ZPO). 31

b) Außervollzugsetzung. Eine **Aufhebung des Haftbefehls** oder zumindest die einstweilige Aussetzung seiner Vollziehung ist entspr § 902 ZPO auszusprechen, wenn der Schu sich zu der zunächst verweigerten Verhaltensweise bereit findet. Aufhebungsgrund ist auch, wenn der InsVerw oder das G eine vom Schu verweigerte Auskunft von anderer Seite erhält. 32

4. Rechtsmittel; Abhilfebefugnis. Dem Schu steht nach Abs 3 S 3 gegen die Anordnung der Haft und gegen die Abweisung eines Antrags auf Aufhebung des Haftbefehls wegen Wegfalls seiner Voraussetzungen die **sofortige Beschwerde** (§ 6) zu. Hierzu s die Kommentierung bei § 6. Die Beschwerde hat entgegen § 570 Abs 1 ZPO keine aufschiebende Wirkung.[36] Ist die Anordnung der Haft formell rechtskräftig und liegt kein des Wegfalls der Voraussetzungen vor, stellt sich die Frage nach der gerichtlichen Abhilfebefugnis. Diese ist nach dem **Verhältnismäßigkeitsgrundsatz** zu bejahen, auch wenn keine aufhebungsrelevanten Umstände vorliegen.[37] 33

---

32 *Laroche* ZInsO 2015, 1469.
33 *BGHZ* 162, 197.
34 Die Vorschrift spricht insoweit missverständlich nur vom Haftbefehl.
35 S hierzu *BGHZ* 162, 196.
36 *Jaeger/Schilken* § 98 Rn 32; HambKomm/*Wendler* § 98 Rn 22; *Ahrens* NZI 2005, 302 f.
37 *Jaeger/Schilken* § 98 Rn 36.

§ 99 Postsperre

(1) [1]Soweit dies erforderlich erscheint, um für die Gläubiger nachteilige Rechtshandlungen des Schuldners aufzuklären oder zu verhindern, ordnet das Insolvenzgericht auf Antrag des Insolvenzverwalters oder von Amts wegen durch begründeten Beschluss an, dass die in dem Beschluss bezeichneten Unternehmen bestimmte oder alle Postsendungen für den Schuldner dem Verwalter zuzuleiten haben. [2]Die Anordnung ergeht nach Anhörung des Schuldners, sofern dadurch nicht wegen besonderer Umstände des Einzelfalls der Zweck der Anordnung gefährdet wird. [3]Unterbleibt die vorherige Anhörung des Schuldners, so ist dies in dem Beschluss gesondert zu begründen und die Anhörung unverzüglich nachzuholen.

(2) [1]Der Verwalter ist berechtigt, die ihm zugeleiteten Sendungen zu öffnen. [2]Sendungen, deren Inhalt nicht die Insolvenzmasse betrifft, sind dem Schuldner unverzüglich zuzuleiten. [3]Die übrigen Sendungen kann der Schuldner einsehen.

(3) [1]Gegen die Anordnung der Postsperre steht dem Schuldner die sofortige Beschwerde zu. [2]Das Gericht hat die Anordnung nach Anhörung des Verwalters aufzuheben, soweit ihre Voraussetzungen fortfallen.

Übersicht

A. Allgemeines

I. Normzweck

1 **1. Allgemeines.** Die Postsperre dient der Sicherung und Feststellung der InsMasse. Sie ergänzt die durch die Auskunfts- und Mitwirkungspflichten des Schu nach § 97 eröffneten Möglichkeiten der Sachaufklärung, weil sie dem InsVerw die Möglichkeit bietet, schnell und

direkt **masserelevante Informationen** zu erhalten. In dieser Hinsicht ist die Postsperre einer ggf umständlichen Erzwingung der Auskunfts- und Mitwirkungspflichten über § 98 überlegen. Ihr wichtigster Anwendungsfall ist die Anordnung im **EröffnungsVerf** (vgl § 21 Abs 2 S 1 Nr 4). Deshalb wird zunächst auf die Kommentierung dort verwiesen (§ 21 Rn 12–14).

2. Bedeutung. Bei dem gegenwärtigen Stand der **elektronischen Datenübermittlung** und der sich ausbreitenden Beförderung von Postsendungen durch **private Zustelldienste** nimmt die praktische Bedeutung des Instituts laufend ab. Das Auslaufen des Briefmonopols der Deutschen Post (§ 51 Postgesetz) erschwert die Feststellung der im Einzelfall in Betracht kommenden Anbieter von Postdienstleistungen als Adressaten der Anordnung (… in dem Beschluss bezeichneten Unternehmen …). 2

3. Grundrechtseingriff. Mit der Anordnung der Postsperre wird in das **Grundrecht aus Art 10 GG** (Brief-, Post- und Fernmeldegeheimnis) eingegriffen. Dieses Grundrecht besteht nicht schrankenlos. § 99 stellt ein beschränkendes G iSd Art 10 Abs 2 S 1 GG dar. Es ist verfassungsrechtlich unbedenklich, weil es den Grundrechten der Gl auf effektive Justizgewährung angemessen Rechnung trägt. Das Zitiergebot (Art 19 Abs 1 S 2 GG) ist gewahrt (§ 102). Dem **Informationsinteresse des Schu** wird durch sein Einsichtsrecht (Abs 2 S 3) Rechnung getragen. 3

II. Anwendungsbereich

1. Betroffene Verfahren. Der unmittelbare Anwendungsbereich der Vorschrift bezieht sich auf das **eröffnete InsVerf**. Im **EröffnungsVerf** wird auf sie in § 21 Abs 2 S 1 Nr 4 verwiesen. Einer Beschränkung auf die sog „starke" vorl Verwaltung aus Gründen der Verhältnismäßigkeit bedarf es nicht (vgl Rn 11 f).[1] Im **VerbraucherInsVerf** (§§ 304 ff) gilt sie ebenso, vor Wegfall des § 313 aF mit der Maßgabe, dass das Einsichtsrecht vom Treuhänder ausgeübt wird. Bei der **Eigenverwaltung** (§§ 270 ff) ergibt sich die Anwendung der Postsperre aus der allg Verweisung in § 270 Abs 1 S 2. Einsichtsberechtigt ist der Sachwalter. Im Hinblick auf § 274 Abs 3 und § 281 Abs 1 S 2 kann dafür im Einzelfall durchaus eine Notwendigkeit bestehen. 4

2. Erfasste Personen. Die Vorschrift gilt **gegenüber jedem Schu**, also natürlichen Personen, juristischen Personen und insolvenzfähigen Personengesellschaften. Die Vorschrift des § 101 Abs 1 S 1 weitet den Kreis der Empfänger der Post auf bestimmte **organschaftliche Vertreter und Gesellschafter** aus (s die Kommentierung dort). Bei einem InsVerf über das Vermögen einer OHG, KG oder GbR sind danach von der Postsperre auch die Sendungen an die persönlich haftenden Gesellschafter erfasst, bei juristischen Personen ergänzend nur die an die vertretungsberechtigten Organe gerichteten Sendungen, nicht hingegen die an die Gesellschafter als solche gerichtete.[2] 5

3. Erfasste Sendungen. Erfasst werden alle **Postsendungen**, dh alle verkörperten Zusendungen und Mitteilungen, für den Schu. 6

a) Post- und Botendienst. Unerheblich ist, ob die **Übermittlung der Sendung** durch die Deutsche Post AG oder durch einen anderen privaten Post- oder Botendienst erfolgt. Dies ergibt sich nunmehr aus dem neu gefassten letzten Teilsatz in Abs 1 S 1.[3] Eine umfassende Postsperre umfasst auch die **Privatpost** des Schu, selbst wenn sie ihrem äußeren Anschein 7

---

1 *AG Ludwigshafen* 9.5.2016 – 3d IN 36/16; HambKomm/*Herchen* § 99 Rn 3; **aA** *OLG Celle* 6.11.2000 – 2 W 109/00.
2 *Jaeger/Schilken* § 99 Rn 6.
3 Zur Entstehungsgeschichte s MK/*Stephan* § 99 Rn 12.

nach nicht insolvenzrelevant erscheinen mag (Periodika, Werbesendung, Trauerbrief).[4] Die Belange des Gl gehen denen des Schu vor. Deshalb darf in der Ins des Arztes, des Rechtsanwalts oder des Steuerberaters der Verwalter auch **Patienten- oder Mandantenpost** öffnen.[5] Die Postsperre erfasst auch förmlich **zuzustellende Sendungen**, die deshalb grds weder dem Schu noch dem Verwalter ausgehändigt werden dürfen. Nicht erfasst ist die **Ausgangspost des Schu** oder Post an dessen Familienangehörige.

8 **b) Elektronische Übermittlung.** Der Begriff der **Postsendung** ist weit auszulegen. Hierunter fallen sämtliche Schriftstücke wie Briefe, Postkarten, Pakete, Päckchen, Zeitungen, Zeitschriften, Telegramme und Faxschreiben (Telekopien). Erfasst werden auch Nachrichten, die **elektronisch** übermittelt worden sind (E-Mails).[6] Um Unklarheiten zu vermeiden, sollte in der Anordnung besonders hervorgehoben werden, dass der Verwalter berechtigt ist, auch auf E-Mails zuzugreifen.[7] Der Provider ist zur Weiterleitung von E-Mails sogar dann verpflichtet, wenn die vom Schu genutzte E-Mail-Adresse auf dessen Geschäftsführer zugelassen ist.[8] Eine **Fernsprechsperre** sieht § 99 dagegen bewusst nicht vor,[9] obwohl diese bei Wahrung des Verhältnismäßigkeitsgrundsatzes durchaus gesetzlich hätte formuliert werden können.[10]

B. Erläuterungen

I. Voraussetzungen (Abs 1 S 1)

9 Da die Postsperre in das Grundrecht des Schu aus Art 10 GG eingreift, ist ihre Anordnung nur unter Beachtung des **Verhältnismäßigkeitsprinzips** iwS zulässig. Dies bringt § 99 im Gegensatz zum überkommenen Recht an mehreren Stellen zum Ausdruck.

10 **1. Verhältnismäßigkeit.** Gesetzliche Voraussetzung ist, dass die Postsperre erforderlich erscheint, um für die Gl nachteilige Rechtshandlungen aufzuklären oder zu verhindern. Die Vorgängerbestimmung (§ 121 KO) enthielt eine solche ausdrückliche Voraussetzung nicht. Da das Verhältnismäßigkeitsprinzip aber auch auf das überkommene Recht ausstrahlte, enthält Abs 1 keine signifikante Verschärfung der Anforderungen, sondern eher eine **Klarstellung**.[11] Das Merkmal der Erforderlichkeit schließt insb aus, dass die Postsperre „routinemäßig" angeordnet wird.

11 **a) Erforderlichkeit.** Sie setzt voraus, dass kein anderes gleich wirksames, aber das Grundrecht aus Art 10 GG nicht oder weniger stark beeinträchtigendes Mittel zur Erreichung des Zwecks der Sicherung und Feststellung der InsMasse zur Verfügung steht. Als **weniger einschneidende Maßnahmen** kommen insb Auskünfte des Schu (§ 97 Abs 1) und Zeugenvernehmungen (§ 5 Abs 1) in Betracht, sofern diese Maßnahmen nicht schon vergeblich versucht worden sind oder von vornherein ungeeignet erscheinen.[12] Verhält sich der Schu von Beginn an lediglich passiv, kann es, wenn keine anderen Umstände hinzutreten, als milderes Mittel angezeigt sein, ihn unverzüglich zu einem Anhörungstermin zu laden; die Anordnung einer Postsperre kommt in dieser Phase der Verfahrens noch nicht in Betracht.[13]

---

4 *Jaeger/Schilken* § 99 Rn 22; MK/*Stephan* § 99 Rn 19; **aA** für die offensichtlich privaten Sendungen *K/P/B/Lüke* § 99 Rn 6.
5 Für die Post des Strafverteidigers *BVerfG* ZIP 2000, 2312.
6 Nunmehr allgM; s zB *Jaeger/Schilken* § 99 Rn 21; *K/P/B/Lüke* § 99 Rn 4; MK/*Stephan* § 99 Rn 20; HambKomm/*Wendler* § 99 Rn 7; *Prager/Keller* NZI 2012, 829.
7 *Uhlenbruck* § 99 Rn 6; HambKomm/*Wendler* § 99 Rn 7.
8 *Prager/Keller* NZI 2012, 829.
9 BT-Drucks 12/2443, 143.
10 *BVerfG* ZIP 1986, 1337 zur KO.
11 *Jaeger/Schilken* § 99 Rn 8; **aA** *Uhlenbruck* § 99 Rn 5.
12 MK/*Stephan* § 99 Rn 13.
13 HambKomm/*Wendler* § 99 Rn 2.

Die Anordnung der Postsperre im InsEröffnungsVerf ist aber nicht nur (erst) dann erforderlich und damit verhältnismäßig, wenn bereits ein Verfügungsverbot erlassen ist. Für eine solche Differenzierung zwischen „schwacher" und „starker" vorl Verwaltung gibt § 21 Abs 2 S 1 keinen Anhaltspunkt.[14] Mit dem Argument der Gegenmeinung – werde dem Schu die Verfügungsbefugnis belassen, sei die auf die Vermeidung von Verdunkelungshandlungen gerichtete Postsperre nicht zu rechtfertigen – müsste man überdies die Postsperre bei (vorläufiger) Eigenverwaltung gänzlich ablehnen.[15] Dies ist mit den entsprechenden (Verweisungs-) Normen und § 21 Abs 2 S 1 Nr 4 nicht vereinbar. 12

b) Anhaltspunkte für gläubigerschädigende Rechtshandlungen. Erforderlich ist die Postsperre nur, wenn bei vernünftiger Würdigung **Anhaltspunkte** die Annahme rechtfertigen, dass der Schu gläubigerschädigende Rechtshandlungen entweder schon begangen hat oder künftig begehen wird.[16] 13

aa) Anfangsverdacht. Die (versuchte) GlSchädigung muss nicht feststehen („… erforderlich erscheint …"). Es reicht der **durch Indizien belegte Anfangsverdacht** aus, dass der Schu den Postweg zum Nachteil der Gl einsetzt. Bei den an die Indizien zu stellenden Anforderungen ist zu beachten, dass die Postsperre ein wertvolles Hilfsmittel (insb im EröffnungsVerf) ist, gläubigerbenachteiligende Vermögensmanipulationen des Schu frühzeitig aufzuklären oder zu verhindern. Hierbei handelt es sich meist um **„Zufallsfunde"**, dh der Zugriff auf die Post verschafft dem InsVerw erst die Möglichkeit, konkrete Anhaltspunkte für entsprechende Aktivitäten zu entdecken und dem InsGer vorzutragen. So geben vielfach erst Grundsteuerbescheide, Bankauszüge und Auslandspost darüber Aufschluss, dass der Schu noch weiteres Vermögen besitzt, das er bislang verschwiegen hat.[17] Soll das Institut der Postsperre nicht entwertet werden, ist deshalb eine großzügige Beurteilung zuzulassen.[17] 14

bb) Beispiele. Als **Indizien**, die einen Anfangsverdacht belegen, kommen ua in Betracht: Verschieben von Vermögenswerten in kritischer Zeit, Abschluss anfechtbarer Rechtsgeschäfte; Verdacht einer InsStraftat (§§ 283–283d StGB); Maßnahmen der sog Unternehmensbestattung, Verlegung oder scheinbare Verlegung der wirtschaftlichen Aktivitäten ins Ausland; Verschweigen von Vermögenswerten, unzutreffende Angaben auch zum Randgeschehen; qualifizierte Verletzung der Auskunfts- und Mitteilungspflichten, die über eine reine Untätigkeit hinausgeht, zB hinhaltendes, taktisches Verhalten gegenüber dem SV, dem (vorl) InsVerw oder dem InsGer; Behinderung des Verfahrens durch Einlegung unstatthafter Rechtsmittel. 15

c) Geeignetheit. Die Abs 1 S 1 einleitende Formulierung „Soweit dies erforderlich erscheint" bringt zum Ausdruck, dass die Postsperre auch **geeignet** sein muss, den gewünschten Erfolg tatsächlich zu fördern. Deshalb sind zB trotz gläubigergefährdenden Verhaltens des Schu solche Postsendungen auszunehmen, die von vornherein als Träger für masserelevante Ermittlungen ausscheiden.[18] Dies muss allerdings, was selten der Fall sein wird, für den Adressaten der Maßnahme klar erkennbar sein. 16

2. Verhältnismäßigkeit ieS. Die Anordnung der Postsperre muss in einem angemessenen Verhältnis zur Bedeutung des Grundrechts aus Art 10 GG stehen (Verhältnismäßigkeit ieS). Unverhältnismäßig ist ihre Anordnung insb dann, wenn es nur um geringfügige Massegegenstände geht. 17

---

14 *LG Hamburg* 28.8.2014 – 326 T 102/14; *AG Ludwigshafen* 9.5.2016 – 3d IN 36/16; **aA** *OLG Celle* 6.11.2000 – 2 W 109/00.

15 HambKomm/*Herchen* § 99 Rn 3.

16 *Jaeger/Schilken* § 99 Rn 9; MK/*Stephan* § 99 Rn 14.

17 *Uhlenbruck* § 99 Rn 5.

18 *Jaeger/Schilken* § 99 Rn 9; MK/*Stephan* § 99 Rn 16.

II. Anordnungsverfahren (Abs 1 S 2 und 3)

18 **1. Anordnungsbeschluss.** Die Anordnung der Postsperre erfolgt durch begründeten Beschluss des InsGer (Abs 1 S 1). Eine mündliche Verhandlung ist fakultativ (§ 4 iVm § 128 Abs 4 ZPO). Bei (zulässiger) schriftlicher Anhörung des Schu oder ohne dessen vorherige Anhörung wird die Entsch idR ohne mündliche Verhandlung ergehen.

19 **a) Antrag oder Entscheidung von Amts wegen.** Die Hinweise auf ein gläubigerschädigendes Verhalten müssen nicht vom InsVerw ermittelt und vorgetragen worden sein. Sie können dem InsGer auch von **dritter Seite**, namentlich von den InsGl, mitgeteilt worden sein. In einem solchen Fall kommt die Anordnung der Postsperre von Amts wegen in Betracht. Stellt der allein **antragsberechtigte InsVerw** (Abs 1 S 1) den Antrag, hat er die Anhaltspunkte darzulegen, aus denen er die Postsperre für erforderlich hält, und den Umfang der beantragten Sperre zu konkretisieren. In dringenden Fällen kann dies auch mündlich oder fernmündlich geschehen, muss dann aber schriftlich dokumentiert werden.

20 **b) Zuständigkeit. Funktionell zuständig** ist im EröffnungsVerf der Richter (§ 18 Abs 1 Nr 1 RPflG), im eröffneten Verfahren idR der Rechtpfleger (§ 3 Nr 2 lit e RPflG). Der Beschluss ist anders als nach überkommenem Recht zu begründen. Damit soll der Schu vor leichtfertigen Einschränkungen seiner Grundrechte durch Formularentscheidungen geschützt werden. Wird dem Antrag des InsVerw nicht entsprochen, bedarf es keiner Begründung, weil der Schu nicht beschwert ist und dem Verwalter ein Rechtsmittel nicht zusteht.[19]

21 **c) Inhalt des Anordnungsbeschlusses.** Der Beschl enthält die Entscheidungsformel und die für die Anordnung maßgeblichen Gründe.

22 **aa) Entscheidungsformel.** Sie geht dahin, dass alle oder bestimmte Postsendungen für den Schu von den in dem Beschl näher zu bezeichnenden Unternehmen dem (vorl) InsVerw zuzuleiten sind. Wird eine beschränkte Postsperre angeordnet, sind die von ihr erfassten Sendungen so genau zu benennen, dass eine Zuordnung der einzelnen Sendung bei Eingang der Post möglich ist. Dies gilt auch, wenn die Postsperre auf die geschäftliche Post beschränkt und die Privatpost ausgenommen werden soll. Die Postsperre kann sich auch auf die Auslandspost[20] oder auf bestimmte Absender beschränken. Umgekehrt können bestimmte Absender, sinnvoller Weise Schreiben des InsGer und des InsVerw an den Schu, ausgenommen werden.

23 **bb) Begründungserfordernis.** Es erstreckt sich regelmäßig auf folgende Elemente:[21]

24 **aaa)** Es sind die den Anfangsverdacht belegenden Indizien darzustellen, nach denen die Anordnung einer Postsperre erforderlich erscheint, um etwaige GlBenachteiligungen aufzuklären oder zu verhindern.

25 **bbb)** Es sind Ausführungen dazu aufzunehmen, warum anderweitige Ermittlungsmöglichkeiten nach Lage des konkreten Falles nicht in Betracht kommen oder jedenfalls keinen hinreichenden Erfolg versprechen.

26 **ccc)** Für den Fall, dass das G ausnahmsweise von der vorherigen Anhörung des Schu absieht, sind die Gründe mitzuteilen, aus denen das G bei vorheriger Anhörung den Zweck der Postsperre als gefährdet ansieht.

---

19 *Uhlenbruck* § 99 Rn 11.

20 Zur Anerkennung der Postsperre im Vereinigten Königreich s *Prager/Keller* NZI 2012, 829.

21 MK/*Stephan* § 99 Rn 30.

d) Bekanntmachung. Der Beschl ist, wenn er im Anschluss an die mündliche Anhörung des Schu ergeht, zu verkünden; stets ist er diesem, ggf auch dem organschaftlichen oder gesellschaftsrechtlichen Vertreter, zuzustellen (vgl § 6 Abs 2). Bei Abweisung eines Antrags des InsVerw durch richterliche Entsch ist eine förmliche Zustellung entbehrlich, weil diese nicht rechtsmittelfähig ist. Der Beschl ist ferner den in dem Beschl bezeichneten Unternehmen zuzustellen. Mit der Zustellung entsteht für sie die Verpflichtung, die in dem Beschl aufgeführten Postsendungen dem InsVerw auszuhändigen und dies organisatorisch sicherzustellen.[22] 27

2. Anhörung des Schuldners. Abs 1 S 2 schreibt die **grundsätzliche vorherige Anhörung** des Schu vor. 28

a) Form der Anhörung. Die Anhörung kann durch **schriftlichen Hinweis** oder in einem **Termin vor Gericht** erfolgen. Hierbei ist dem Schu zu eröffnen, dass und aus welchen Gründen beabsichtigt ist, gegen ihn die Postsperre anzuordnen. Damit soll dem Schu Gelegenheit gegeben werden, durch entsprechende Auskünfte oder Mitwirkungshandlungen zu vermeiden, dass es zu der für ihn einschneidenden Maßnahme kommt, die auch den nicht masserelevanten Bereich und seine private Lebensführung betreffen kann. Zulässig ist es auch, den Schu in seiner Ladung zur Anhörung in geeigneter Weise (also nicht nur formularmäßig) sowohl auf die Möglichkeit der Anordnung von Zwangsmitteln nach § 98 als auch auf die mögliche Postsperre hinzuweisen.[23] 29

Dem Schu ist nur **Gelegenheit zur Stellungnahme** zu geben. Nutzt er sie unentschuldigt nicht, darf die Postsperre, wenn die übrigen Voraussetzungen vorliegen, angeordnet werden. 30

b) Entbehrlichkeit der Anhörung. Insb in dem auf Antrag des Gl eingeleiteten EröffnungsVerf besteht die Gefahr, dass der Schu durch die vorherige Anhörung gewarnt wird und er die **Postsperre ins Leere laufen** lässt, indem er die relevanten Postsendungen zu einer Deckadresse umleitet oder für einen anderen Informationsweg sorgt. 31

aa) Ausnahme auf Grund besonderer Umstände. Dem will Abs 1 S 2 begegnen, wonach die Anhörung wegen **bes Umstände des Einzelfalls**, die den Zweck der Anordnung gefährdeten, hinausgeschoben werden kann. Diese Ausgestaltung der Verfahrensgarantien ist wenig praktikabel und iÜ auch unehrlich. Dies ist im Gesetzgebungsverfahren auch erkannt worden[24] Da die Anordnung der Postsperre nur einen Anfangsverdacht erfordert, der typischerweise gerade dann vorliegt, wenn der Schu seine Mitarbeit verweigert, und die Erkenntnismöglichkeiten des Gerichts insb im EröffnungsVerf eingeschränkt sind, ist zutreffend vorausgesagt worden, dass sich gesetzliche Ausnahmefall zur Regel, der Regeltatbestand hingegen zur Ausnahme entwickeln würde. Sachgerecht wäre es demgegenüber gewesen, wie bei § 834 ZPO die **effektive Justizgewährung** als Rechtfertigung auch dafür heranzuziehen, dass das Grundrecht des Schu auf rechtliches Gehör (Art 103 Abs 1 GG) eingeschränkt wird.[25] 32

bb) Beispiele. **Konkrete Anhaltspunkte** müssen den Schluss zulassen, dass die vorherige Anhörung den Zweck der Anordnung wahrscheinlich gefährdet. Dies werden idR ähnliche Gesichtspunkte sein, wie sie schon die Anordnung der Postsperre als solche rechtfertigen: *Feststehende oder durch Indizien* belegte Vermögensmanipulationen, der untergetauchte Schu, durch Indizien belegte Absetzbemühungen, „Bestattungsaktivitäten" der schuldnerischen Gesellschaft, grundlos verweigerte Auskünfte, Ablehnung jeder Mitwirkung bei der 33

22 *Jaeger/Schilken* § 99 Rn 15; MK/*Stephan* § 99 Rn 33.
23 MK/*Stephan* § 99 Rn 28.
24 Krit auch *Uhlenbruck* § 99 Rn 13.
25 *Jaeger/Schilken* § 99 Rn 18.

Feststellung der Masse. Ferner ist an Fälle zu denken, in denen der Eingang wichtiger Postsendungen mit Masserelevanz unmittelbar bevorsteht.

34 **c) Nachholung der Anhörung.** Sie ist nach Abs 1 S 3 zwingend geboten, wenn die vorherige Anhörung unterblieben ist. Die Nachholung kann **mündlich oder schriftlich** erfolgen. Dies hat unverzüglich zu geschehen. Zweckmäßig wird es idR sein, dem Schu in dem Anordnungsbeschluss Gelegenheit zur Stellungnahme zu geben und ihn darauf hinzuweisen, dass die Postsperre aufgehoben wird, wenn er gegenüber dem InsVerw oder dem Gericht vollständig Auskunft erteilt. Werden die geforderten Auskünfte erteilt und die verlangten Unterstützungshandlungen erbracht, ist die Postsperre von Amts wegen aufzuheben; einer sofortigen Beschwerde des Schu (§ 99 Abs 3 S 1) bedarf es nicht.

III. Durchführung der Postsperre (Abs 2)

35 **1. Handhabung der Postsperre.** Die Befugnis des InsVerw, von den in dem Beschl bezeichneten Unternehmen die Aushändigung der von der Postsperre erfassten Sendungen zu verlangen, ergibt sich schon aus Abs 1 S 1.

36 **2. Einsichtsrechte und Verwahrungspflicht. – a) Einsichtsrecht als originäre Verwaltertätigkeit.** Nach Abs 2 S 1 ist der InsVerw berechtigt, die ihm zugeleiteten Postsendungen zu öffnen und einzusehen. Die Befugnis zur Einsichtnahme folgt zwar nicht aus dem Wortlaut der Vorschrift, jedoch aus dem Zusammenhang mit Abs 2 S 2 sowie dem Sinn und Zweck der Postsperre, Erkenntnisse über den Massebestand zu gewinnen. Der InsVerw handelt deshalb nicht „unbefugt" iSd § 202 StGB.

37 Das Einsichtsrecht ist eine **originäre Verwaltertätigkeit**; der InsVerw hat deshalb die Post grds persönlich zu lesen.[26] Str ist, ob und in welchem Umfang er **Hilfskräfte** aus seinem Büro mit der Durchsicht der Sendungen beauftragen darf. Dies ist im Einzelfall, insb in GroßInsVerf, unverzichtbar und auch unbedenklich, weil eine zu enge Interpretation der Vorschrift den praktischen Bedürfnissen nicht gerecht wird und die Hilfskräfte ohne sachlichen Grund der Gefahr der Strafverfolgung aussetzt. Die Belange des Schu und der Absender bleiben strafrechtlich hinreichend geschützt. Da der InsVerw idR zu einer der Berufsgruppen des § 203 Abs 1 Nr 3 StGB gehört, ist auch die Verletzung der Verschwiegenheitspflicht durch eine seiner Hilfspersonen nach § 203 Abs 3 S 1 StGB strafbewehrt.[27]

38 **b) Weiterleitungspflicht (Abs 2 S 2).** Sendungen, die nicht die InsMasse betreffen, muss der InsVerw unverzüglich dem Schu zuleiten. Gleiches gilt für Sendungen, die zwar Massebezug haben, deren Inhalt der InsVerw aber verwerten kann, ohne auf das Original der Postsendung angewiesen zu sein. Den verbleibenden Rest hat der InsVerw bis zur Beendigung der Postsperre aufzubewahren.

39 **c) Einsichtsrecht des Schu (Abs 2 S 3).** Der Schu darf alle Sendungen beim InsVerw einsehen und sich auf seine Kosten (§ 811 Abs 2 S 1 BGB) Kopien fertigen. Er kann verlangen, dass dies am Ort der InsVerwaltung geschieht.[28] Das Einsichtsrecht ist durch die Erfordernisse ordnungsgemäßer InsVerwaltung begrenzt.[29]

26 *Jaeger/Schilken* § 99 Rn 26; *K/P/B/Lüke* § 99 Rn 10; *Uhlenbruck* § 99 Rn 14; MK/*Stephan* § 99 Rn 37.
27 *K/P/B/Lüke* § 99 Rn 10.
28 *Uhlenbruck* § 99 Rn 15.
29 AllgM, zB *Uhlenbruck* § 99 Rn 15.

IV. Rechtsmittel und Aufhebung (Abs 3)

1. Rechtsmittel. – a) Schuldner. Dem Schu steht nach Abs 3 S 1 gegen die **Anordnung der Postsperre** die sofortige Beschwerde zu. Dies gilt auch für die im EröffnungsVerf angeordnete Postsperre (§ 21 Abs 1 S 2), soweit sich diese durch die VerfEröffnung nicht erledigt hat.[30] Das Beschwerderecht des Schu ist im Interesse der Verfahrensbeschleunigung und der Entlastung der InsGer enger gefasst als im überkommenen Recht, welches ähnlich wie in § 98 Abs 3 S 3 ein Rechtsmittel auch gegen die **Ablehnung eines Aufhebungsantrages** vorsah. Die vorgeschlagene entsprechende Anwendung dieser Bestimmung[31] kommt mangels einer planwidrigen Regelungslücke nicht in Betracht. 40

b) Insolvenzverwalter. Anders als der Schu hat der InsVerw ein Beschwerderecht weder gegen die Abweisung seines Antrags auf Anordnung der Postsperre (Abs 1 S 1) noch gegen die Aufhebung der Postsperre (Abs 3 S 2) durch das InsGer (vgl § 6 Abs 1). Hiervon wurde in dem Bestreben abgesehen, das Gerichtsverfahren zu verschlanken. 41

2. Aufhebung. – a) Amtsprüfung. Abs 3 S 2 enthält die **Kompensation** zu den nach Abs 3 S 1 eingeschränkten Rechtsmittelmöglichkeiten des Schu. Die Regelung trägt zugleich dem Verhältnismäßigkeitsgrundsatz Rechnung. Das InsGer hat **von Amts wegen** zu prüfen, ob die Voraussetzungen der Postsperre noch vorliegen. Bestimmte Überprüfungsfristen sind nicht vorgesehen. Als grobe Faustregel mag der Zeitraum von einem halben Jahr dienen. Zwischen dem InsGer und dem InsVerw bestehen **wechselseitige Hinweispflichten** zu den veränderten Umständen. Insb ist der InsVerw verpflichtet, dem Gericht Mitteilung zu machen, wenn auf Grund des aktuellen Ermittlungsstandes der Anfangsverdacht, auf den die Anordnung der Postsperre gestützt worden war, entfallen ist oder nicht mehr aufrechterhalten werden kann. 42

b) Teilaufhebung. Sie kommt ebenfalls in Frage.[32] Nach einer gewissen Zeit ist es regelmäßig angezeigt, bestimmte Postsendungen (zB Zeitschriften) von der Postsperre auszunehmen.[33] Der InsVerw ist vor der Aufhebung und jeder Einschränkung der Postsperre zu hören. 43

§ 100 Unterhalt aus der Insolvenzmasse

(1) Die Gläubigerversammlung beschließt, ob und in welchem Umfang dem Schuldner und seiner Familie Unterhalt aus der Insolvenzmasse gewährt werden soll.

(2) [1]Bis zur Entscheidung der Gläubigerversammlung kann der Insolvenzverwalter mit Zustimmung des Gläubigerausschusses, wenn ein solcher bestellt ist, dem Schuldner den notwendigen Unterhalt gewähren. [2]In gleicher Weise kann den minderjährigen unverheirateten Kindern des Schuldners, seinem Ehegatten, seinem früheren Ehegatten, seinem Lebenspartner, seinem früheren Lebenspartner und dem anderen Elternteil seines Kindes hinsichtlich des Anspruchs nach den §§ 1615l, 1615n des Bürgerlichen Gesetzbuchs Unterhalt gewährt werden.

30 *BGH* ZInsO 2006, 1213 f.
31 Vgl *Jaeger/Schilken* § 99 Rn 31; *Uhlenbruck* § 99 Rn 16.
32 *Jaeger/Schilken* § 99 Rn 31.
33 *Uhlenbruck* § 99 Rn 17.

Übersicht

A. Allgemeines

I. Normzweck

1 **1. Gläubigerautonomie.** Die Vorschrift ist eine Ausprägung der GlAutonomie. Nach ihr kann dem Schu und seiner Familie Unterhalt aus der InsMasse gewährt werden. Einen Rechtsanspruch des Schu auf Unterhalt gewährt die Norm nicht. Über die Unterhaltsgewährung beschließt die GlVersammlung nach freiem Ermessen. Bis dahin kann der InsVerw dem Schu, ggf mit Zustimmung des GlAusschusses, den notwendigen Unterhalt gewähren.

2 **2. Entschädigung für Mitarbeit.** Die Unterhaltsgewährung kann auch eine Entschädigung dafür sein, dass der Schu wegen seiner Mitwirkungspflicht nach § 97 Abs 2 daran gehindert ist, einer anderweitigen Beschäftigung nachzugehen, aus den er seinen Unterhalt und den Unterhalt seiner Familie bestreiten kann. Wegen des fehlenden Anspruchscharakters dient die Vorschrift nicht der Entlastung der öffentlichen Kassen.[1]

II. Geltungsbereich

3 **1. Persönlicher Anwendungsbereich.** Der persönliche Anwendungsbereich der Vorschrift ist begrenzt. Sie gilt zunächst für den Schu, der eine natürliche Person ist. Durch die Verweisung in § 101 Abs 1 S 3 ist sie bei insolvenzfähigen Gesellschaften (§ 11 Abs 2 Nr 1) auch anwendbar auf die vertretungsberechtigten persönlich haftenden Gesellschafter. Ist Schu dagegen eine juristische Person, kommt ihre Anwendung nicht in Betracht. Erfasst wird deshalb nicht der Gesellschafts-Geschäftsführer einer GmbH.[2]

4 **2. Sachlicher Anwendungsbereich.** In sachlicher Hinsicht erfasst die Vorschrift das **eröffnete RegelInsVerfahr** und das VerbrInsVerf (§§ 304 ff), insb bei Kleingewerbetreibenden.

5 Bei der **Eigenverwaltung** ist der Schu nach § 278 berechtigt, in gewissem Umfang Mittel für sich und die in Abs 2 S 2 genannten Familienmitglieder aus der InsMasse zu entnehmen. Die Bedeutung dieses Rechts liegt darin, dass der Schu für die Unterhaltsgewährung nicht wie im regulären InsVerf gem § 100 auf die nach freiem Ermessen erfolgende Entscheidung der GlVersammlung angewiesen ist, sondern einen Rechtsanspruch auf die erforderlichen Mittel hat und diesen durch das Entnahmerecht auch selbst realisieren kann.[3] Angesichts

1 *K/P/B/Lüke* § 100 Rn 2.
2 *OLG Celle* ZIP 2011, 2312; HambKomm/*Wendler* § 100 Rn 6.
3 *K Schmidt/Undritz* § 278 Rn 2.

der eingeschränkten persönlichen Anwendung (vgl oben Rn 3) auf persönlich haftende Gfter ist die praktische Bedeutung gering. In der Eigenverwaltung von Kapitalgesellschaften dominiert vielmehr die Behandlung und Erfüllung der Ansprüche aus einem Anstellungsverhältnis als Masseverbindlichkeit. Abhängig von der Höhe der Vergütung droht ein Missverhältnis zum Maßstab des § 100 und ein Nachteil für die GlGesamtheit.[4] Umgekehrt ist es der GlVersammlung unbenommen, nach § 100 einen höheren Betrag festzusetzen.

Im **NachlassInsVerfahren** und in der Wohlverhaltensphase der Restschuldbefreiung ist § 100 nicht anwendbar.[5] Der Schu tritt den Gl für diese Phase sein pfändbares Einkommen gem § 287 Abs 2 S 1 ab; es verbleiben ihm die unpfändbaren Beträge gem § 36 Abs 1 S 2. Einen möglichen Sonderbedarf regeln § 36 Abs 1 S 2 iVm § 850f Abs 1 ZPO.[6] 6

Im **InsEröffnungsVerf** fehlt eine Verweisung auf § 100, die aber für eine Anwendung erforderlich ist, weil der vorl InsVerw regelmäßig keine Masseverbindlichkeiten begründen kann (§ 55 Abs 2). Der nur mitbestimmende vorl Verwalter kann daher anders als der vorl Verwalter, auf den die Verwaltungs- und Verfügungsbefugnis übergegangen ist (§ 22 Abs 1 S 1), auch keine vorl Maßnahmen entspr Abs 2 treffen.[7] Ist ein GlAusschuss bestellt, ist dessen Zustimmung einzuholen. 7

B. Erläuterungen

I. Unterhaltsgewährung durch die Gläubigerversammlung (Abs 1)

1. Zuständigkeit. Über die Gewährung von Unterhalt aus der InsMasse entscheidet, vorbehaltlich der Eilkompetenz des InsVerw nach Abs 2 S 1, die **GlVersammlung**. Eines Antrags des Schu oder seiner Familienangehörigen bedarf es nicht. Stellt er einen Antrag, so wird vertreten, dass dieser als Antrag auf Einberufung einer GlVersammlung iSv § 75 ausgelegt werden kann.[8] Dies erscheint bedenklich angesichts des unmissverständlichen Wortlauts des § 75 und der wohl bewussten Entscheidung des Gesetzgebers.[9] 8

Eine **Übertragung der Zuständigkeit** auf den GlAusschuss scheidet nach der Systematik von Abs 1 und Abs 2 aus.[10] Gleiches gilt für die Übertragung der Zuständigkeit auf das InsGer.[11] Die GlVersammlung entscheidet über das Ob und den Umfang des zu gewährenden Unterhalts mit einfacher Mehrheit nach freiem Ermessen. Der Beschl ist jederzeit abänderbar. 9

2. Art und Höhe des Unterhalts. – a) Schuldnerunterhalt. Dem **Schu** kann **Bar- und/oder Naturalunterhalt** gewährt werden. Als Naturalunterhalt kommt etwa die unentgeltliche oder entgeltliche Nutzung einer zur Masse gehörenden Wohnung oder eines Kraftfahrzeugs in Betracht. Ohne eine entspr Bewilligung ist der Schu nicht berechtigt, eine zur Masse gehörende Immobilie ohne Nutzungsentschädigung zu bewohnen.[12] 10

Die GlVersammlung kann nach **freiem Ermessen** bestimmen, ob sie dem Schu gar keinen Unterhalt, nur Teilbeträge, den notwendigen Unterhalt (vgl Abs 2 S 1), Unterhalt für eine bescheidene oder sogar Unterhalt für eine angemessene Lebensführung gewährt. Die Unterhaltsgewährung kann auch neben das mit dem InsVerw vereinbarte **Entgelt für** 11

4 HambKomm/*Fiebig* § 278 Rn 8; *K Schmidt/Undritz* § 278 Rn 2; *Uhlenbruck* § 278 Rn 6.
5 *Jaeger/Schilken* § 100 Rn 6 f.
6 *Uhlenbruck* § 100 Rn 15.
7 *Uhlenbruck* § 100 Rn 8.
8 *LG Schwerin* ZInsO 2002, 1096; *K Schmidt/Jungmann* § 100 Rn 13.
9 *Uhlenbruck* § 100 Rn 4; HambKomm/*Wendler* § 100 Rn 9.
10 *Jaeger/Schilken* § 100 Rn 8; *Uhlenbruck* § 100 Rn 4.
11 MK/*Stephan* § 100 Rn 20; **aA** *Jaeger/Schilken* § 100 Rn 8; *K Schmidt/Jungmann* § 100 Rn 12.
12 MK/*Stephan* § 100 Rn 15.

Dienste treten, die der Schu der Masse außerhalb der ihm obliegenden Mitwirkungspflichten (§ 97 Abs 1, 2) leistet.[13] Insoweit tritt neben den Normzweck der Existenzsicherung auch die Erweiterung der Handlungsmöglichkeiten der Gl bzw des Verw zur Gestaltung des Verf. Bedeutsam wird dies, wenn es darum geht, den Schu zur überobligationsmäßigen Mitarbeit zu bewegen.

12 **b) Familienunterhalt.** Abs 1 erstreckt den möglichen Unterhalt auf die **Familie des Schu**. Diese wird anders als in Abs 2 S 2 nicht definiert. Maßgebend sind die Umstände des Einzelfalls. Einbeziehbar sind alle Personen, die mit dem Schu in der Art einer Familie zusammenleben oder zu seinem Haushalt gehören. Dazu rechnet der **Kreis der kraft Gesetzes Unterhaltsberechtigten**.[14] Die Vorschrift des § 100 hat allerdings eine andere Zweckrichtung als das Unterhaltsrecht des BGB und geht darüber hinaus. Es können deshalb weiter berücksichtigt werden: nicht eheliche (nicht eingetragene) Lebenspartner, bedürftige Geschwister, sonstige Verwandte und Personen, denen der Schu in der Vergangenheit kraft sittlicher Verpflichtung Unterstützung gewährt hat.[15] Da die Unterhaltsleistungen zu Lasten der InsGl gehen, liegt es bei der GlVersammlung, ohne an das Unterhaltsrecht gebunden zu sein, den Kreis der einzubeziehenden Personen festzulegen.

13 **3. Ermessensentscheidung.** Weil kein Anspruch auf Unterhalt aus der Masse besteht, kann die GlVersammlung in freiem Ermessen (**GlAutonomie**) beschließen, ob und in welcher Höhe Teile der InsMasse für Unterhaltsleistungen eingesetzt werden. Dies gilt selbst dann, wenn das unpfändbare Einkommen des Schu (§ 36) zu gering ist, um den notwendigen Unterhalt für sich, seine Familie und die in Abs 2 genannten Personen zu decken. Die Entsch des Gesetzgebers, im InsVerf keinen selbstständigen Unterhaltsanspruch zur Sicherung des Existenzminimums vorzusehen, widerspricht insb nicht den Wertungen des Pfändungsschutzes im Recht der Einzelzwangsvollstreckung.[16]

14 **4. Rang des Unterhaltsanspruchs.** Zur InsMasse gehören alle von § 35 erfassten Vermögenswerte einschl des Neuerwerbs. Ausgenommen sind nur die unpfändbaren Beträge (§§ 36, 287 Abs 2 S 1). Stehen dem Schu selbst Unterhaltsansprüche gegen Dritte zu, fallen sie als nur bedingt pfändbare Ansprüche nicht in die Masse. Diese sind dem Schu zu belassen. Der (ggf zusätzlich) bewilligte Unterhalt nach Abs 1 stellt eine **Masseverbindlichkeit** dar (§ 55 Abs 1). IF der Masseunzulänglichkeit ist er im letzten Rang zu befriedigen (§ 209 Abs 1 Nr 3).

15 **5. Verfahren.** Die Entsch der GlVersammlung ist abschließend. Ein **Rechtsmittel** des Schu findet weder gegen die Ablehnung der Unterhaltsgewährung noch gegen ihre Art und Höhe statt (§ 6 Abs 1).[17] Ein Beschl, den die GlVersammlung mangels Zuständigkeit nicht fassen darf, ist nichtig, ohne dass diese Rechtsfolge im Beschwerdeweg festgestellt werden könnte.[18] Eine **amtswegige Überprüfung** der Ermessensentscheidung durch das InsGer scheidet ebenfalls aus.[19] Eine solche kommt nur im Rahmen der Aufsicht des InsGer über den InsVerw (§ 58) und über den Treuhänder (§ 292 Abs 3 S 2) in Betracht, nicht hingegen bei Entsch der GlVersammlung. Ebenso wenig wie nach § 58 ist das InsGer bei der Festsetzung eines unangenehmen Unterhalts nach § 78 zum Einschreiten verpflichtet. Einer Analogie steht entgegen, dass § 78 nicht die Interessen des Schu schützt.[20]

---

13 *K/P/B/Lüke* § 100 Rn 4; MK/*Stephan* § 100 Rn 14.
14 Vgl §§ 1602 ff, 1361, 1569 ff, 1615l und 1615n BGB.
15 MK/*Stephan* § 100 Rn 17.
16 *Jaeger/Schilken* § 100 Rn 14; MK/*Stephan* § 100 Rn 20.
17 HambKomm/*Wendler* § 100 Rn 11; *Jaeger/Schilken* § 100 Rn 33; MK/*Stephan* § 100 Rn 20.
18 *BGH* ZIP 2011, 1626 Rn 6 ff; *OLG Celle* NZI 2011, 2312.
19 *Uhlenbruck* § 100 Rn 3.
20 *Uhlenbruck* § 100 Rn 3.

II. Vorläufige Gewährung des notwendigen Unterhalts (Abs 2)

1. Zuständigkeit. Nach Abs 2 kann der **InsVerw**, im vormaligen VerbrinsVerf der **Treuhänder**, bis zur Entsch der GlVersammlung nach Abs 1 dem Schu und den in Abs 2 S 2 aufgeführten Personen notwendigen Unterhalt gewähren. Es handelt sich um eine **vorl Entsch**, die hinfällig wird, wenn die GlVersammlung einen positiven oder abl Beschl fasst. Besteht kein GlAusschuss, entscheidet der Verwalter allein. Die Gewährung notwendigen Unterhalts vor der ersten GlVersammlung setzt also nicht voraus, dass ein GlAusschuss nach § 67 eingesetzt worden ist.[21] 16

2. Notwendiger Unterhalt. – a) Hilfe zum Lebensunterhalt. Die Vorschrift beschränkt die Befugnis des InsVerw hinsichtlich des **Umfangs der Unterhaltsgewährung** auf den notwendigen Unterhalt. Diese Regelung knüpft an die damalige Regelung in §§ 11, 12 BSHG an (Hilfe zum Lebensunterhalt) an.[22] 17

aa) Barbedarf. Zum notwendigen Unterhalt gehört als Barbedarf zunächst der Betrag, der nach der Tabelle zu § 850c ZPO unpfändbar ist. Ergänzend fällt hierunter, was nach Kap 3 und Kap 11 SGB XII und Kap 3 Abschn 2 SGB II, die Nachfolgeregelungen der §§ 11, 12 BSHG, als Hilfe zum Lebensunterhalt verlangt werden kann. Der zur Entsch Berufene muss die **Obergrenze** nicht selbst errechnen. Er kann vom Schu, der aus der Masse den notwendigen Unterhalt begehrt, die Vorlage einer Bescheinigung der zuständigen Stelle über die Höhe des notwendigen Barunterhalts verlangen.[23] 18

bb) Naturalunterhalt. Auch der notwendige Unterhalt kann nicht nur als Barleistung erbracht werden. Naturalunterhalt kommt auch in Betracht. Zum notwendigen Unterhalt kann es zB gehören, dem Schu vorl die Nutzung einer zur Masse gehörenden Wohnung – gegen Entgelt in Anrechnung auf den Barunterhalt – zu gestatten. Eine zeitliche Beschränkung der Nutzungsüberlassung wird idR angezeigt sein, wenn die vom Schu bewohnte Wohnung im Blick auf die Ins unangemessen erscheint. 19

b) Angehörige. Der InsVerw – und bis zum 1.7.2014 der Treuhänder im VerbrInsVerf – kann den notwendigen Unterhalt nicht nur dem **Schu** bez den vertretungsberechtigten **persönlich haftenden Gesellschaftern** (§ 101 Abs 1 S 3) sondern auch den in Abs 2 S 2 aufgeführten **Angehörigen** gewähren. Das sind der Ehegatte des Schu, der frühere Ehegatte, der eingetragene Lebenspartner und die Mutter seines nichtehelichen Kindes aufgrund der Schwangerschaft und Geburt.[24] Der Kreis der Angehörigen ist damit – anders als in Abs 1 – abschließend beschrieben. Der InsVerw darf ihn zwar nach seinem Ermessen enger ziehen, ihn aber nicht erweitern. 20

3. Ermessensentscheidung. – a) Obergrenze. Der notwendige Unterhalt beschreibt lediglich die Obergrenze der möglichen Unterhaltsgewährung. Eine Untergrenze besteht auch hier nicht. Es steht im Ermessen des InsVerw, ob er Unterhalt geringeren Umfangs oder überhaupt keinen Unterhalt zubilligt, weil etwa dem Schu in hinreichendem Umfang insolvenzfreies Vermögen zur Verfügung steht. 21

b) Hilfe zum Lebensunterhalt. Kann der Schu seinen notwendigen Unterhalt nicht oder nur bis zur Grenze des pfandfreien Betrages (§ 850c ZPO) selbst verdienen und gewährt der InsVerw keinen Unterhalt aus der Masse, steht ihm **ergänzende Hilfe zum Lebensunterhalt** nach den einschlägigen sozialhilferechtlichen Bestimmungen zu. Der Träger der Sozialhilfe 22

---

21 *Jaeger/Schilken* § 100 Rn 19; MK/*Stephan* § 100 Rn 22; *Uhlenbruck* § 100 Rn 9.
22 BT-Drucks 12/2443, 143; s hierzu MK/*Stephan* § 100 Rn 23 f.
23 MK/*Stephan* § 100 Rn 24.
24 Zu den berücksichtigungsfähigen Personen s näher MK/*Stephan* § 100 Rn 26.

kann ihm den Subsidiaritätsgrundsatz nicht entgegenhalten, weil § 100 keinen durchsetzbaren Anspruch auf notwendigen Unterhalt gewährt.[25]

23 **c) Amtsweise Überprüfung.** Eine **gerichtliche Überprüfung** der Entsch des (vorl) InsVerw sieht das Gesetz nicht vor (§ 6 Abs 1). Anders als im Anwendungsbereich von Abs 1 ist allerdings eine amtswegige Überprüfung auf Rechtsfehler im Aufsichtswege (§ 58) vorstellbar. Ein unmittelbarer Anspruch auf Unterhaltsgewährung ergibt sich hieraus jedoch nicht.

§ 101 Organschaftliche Vertreter. Angestellte

(1) [1]Ist der Schuldner keine natürliche Person, so gelten die §§ 97 bis 99 entsprechend für die Mitglieder des Vertretungs- oder Aufsichtsorgans und die vertretungsberechtigten persönlich haftenden Gesellschafter des Schuldners. [2]§ 97 Abs. 1 und § 98 gelten außerdem entsprechend für Personen, die nicht früher als zwei Jahre vor dem Antrag auf Eröffnung des Insolvenzverfahrens aus einer in Satz 1 genannten Stellung ausgeschieden sind; verfügt der Schuldner über keinen Vertreter, gilt dies auch für die Personen, die an ihm beteiligt sind. [3]§ 100 gilt entsprechend für die vertretungsberechtigten persönlich haftenden Gesellschafter des Schuldners.

(2) § 97 Abs. 1 Satz 1 gilt entsprechend für Angestellte und frühere Angestellte des Schuldners, sofern diese nicht früher als zwei Jahre vor dem Eröffnungsantrag ausgeschieden sind.

(3) Kommen die in den Absätzen 1 und 2 genannten Personen ihrer Auskunfts- und Mitwirkungspflicht nicht nach, können ihnen im Fall der Abweisung des Antrags auf Eröffnung des Insolvenzverfahrens die Kosten des Verfahrens auferlegt werden.

Übersicht

A. Allgemeines

I. Normzweck

1 **1. Auskunftspflicht.** Schon vor Einf der InsO waren die Organe einer juristischen Person zur **Erteilung von Auskünften**, auch nach Niederlegung des Amtes, verpflichtet, ohne dass dies ausdrücklich normiert gewesen wäre. Dies wird von Abs 1 gesetzlich klargestellt. Zusätzlich wird der Kreis der Auskunftspflichtigen auf Angestellte sowie frühere Organe und Angestellte ausgedehnt. Die Vorschrift stellt somit eine Ergänzung zu §§ 97–99 dar,

---

25 MK/*Stephan* § 100 Rn 25.

indem sie den Personenkreis der Auskunfts- und Mitwirkungsverpflichteten auf die Mitglieder des Vertretungs- und Aufsichtsorgans und die vertretungsberechtigten persönlich haftenden Gesellschafter des Schu erweitert. Damit wird den organschaftlichen Vertretern von insolventen Gesellschaften der Weg versperrt, in der Krise ihr Amt niederzulegen oder sich abberufen zu lassen, nur um ihren verfahrensrechtlichen Pflichten zu entgehen. Hiermit wird zugleich ein Beitrag zur Bekämpfung des „Bestattungsunwesens" geleistet. In diese Richtung weist schließlich der durch das MoMiG eingeführte Abs 3 der Vorschrift. Danach können den in Abs 1 und Abs 2 genannten Personen, die ihren Auskunfts- und Mitwirkungspflichten nicht nachkommen, iF der Abweisung des Eröffnungsantrages die Kosten des Verf auferlegt werden.

2. Erweiterung der Unterhaltsregelung. Ferner wird der Kreis der Begünstigten festgelegt, dem gem § 100 **Unterhalt aus der InsMasse** gewährt werden kann. Insgesamt dient die Vorschrift somit dazu, die Effizienz der §§ 97–99 zu steigern. 2

II. Geltungsbereich

1. Grundsatz. Der **Anwendungsbereich von Abs 1** wird in Abs 1 S 1 HS 1 beschrieben. §§ 97–99 gelten auch für InsVerf, in denen der Schu keine natürliche Person ist. Hierzu zählen die juristischen Personen einschl nicht rechtsfähiger Vereine (§ 11 Abs 1 S 2), die in § 11 Abs 2 aufgezählten Gesellschaften ohne Rechtspersönlichkeit und die dort genannten Sondervermögen. Durch das MoMiG ist Abs 1 S 2 um den letzten HS ergänzt worden. Danach gilt die entspr Anwendung auch für Personen, die an dem Schu beteiligt sind, wenn dieser über keinen Vertreter verfügt. 3

2. Auskunftspflicht. Demgegenüber betrifft die **Erstreckung der Auskunftspflicht** gem § 97 Abs 1 S 1 durch Abs 2 sämtliche Insolvenzen. Sie gilt deshalb auch in InsVerf über das Vermögen natürlicher Personen. 4

3. Besondere Verfahren. Die Vorschrift des § 101 ist auch im Rahmen der **Eigenverwaltung** anwendbar. Für das **EröffnungsVerf** gilt Folgendes: Nach § 20 Abs 1 S 2 und § 22 Abs 3 S 3 HS 2 sind die Bestimmungen des § 101 Abs 1 S 1, 2 und Abs 2 auch in diesem Verfahrensabschnitt anwendbar. Für vorher ausgeschiedene Personen iSd § 101 Abs 1 S 1 besteht deshalb gem § 101 Abs 1 S 2 noch die Auskunftspflicht, bewehrt mit den Zwangsmitteln des § 98. Die §§ 97, 101 verdrängen nicht die Auskunftsrechte nach dem Informationsfreiheitsgesetz (IFG).[1] 5

B. Erläuterungen

I. Kreis der Auskunfts- und Mitwirkungsverpflichteten

1. Organe. Ist der Schu keine natürliche Person, sind nach Abs 1 S 1 alle Geschäftsführer, Vorstände, Mitglieder des Aufsichtsrates sowie die Vertretungsberechtigten persönlich haftenden Gesellschafter, Abwickler und Liquidatoren[2] nach Maßgabe des § 97 zur vollständigen Auskunft, Mitwirkung und Bereitschaft verpflichtet. Sind **mehrere Organe** bestellt, so treffen die Pflichten jeden einzelnen unabhängig von der Ausgestaltung der Vertretungsbefugnis.[3] Bei der OHG und der GbR treffen die Verpflichtungen alle Gesellschafter, bei der KG nur den Komplementär, weil die Kommanditisten nur mit ihrer Einlage haften.[4] Ist das Dienstverhältnis nach § 113 durch Kündigung des InsVerw beendet, ist hierdurch noch nicht 6

1 *BVerwG* ZIP 2011, 41 Rn 8.
2 MK/*Stephan* § 101 Rn 17.
3 *K/P/B/Lüke* § 101 Rn 3.
4 S hierzu die ausf Zusammenstellung bei MK/*Stephan* § 101 Rn 14–17.

die Organstellung eines GmbH-Geschäftsführers beendet. Die verfahrensrechtlichen Pflichten bestehen fort, uU auch über die Verfahrensbeendigung hinaus, zB der Geschäftsführer iRd Anhörung im Löschungsverfahren nach § 394 Abs 2 FamFG in seiner Eigenschaft als geborener Liquidator.[5]

7 **2. Faktisches Organ.** Die Verfahrenspflichten nach § 97 treffen auch den faktischen organschaftlichen Vertreter (in seiner Funktion als Geschäftsführer, Vorstand oder Aufsichtsrat). Maßgeblich für seine Pflichtenstellung ist nicht, ob er wirksam als Organ bestellt worden ist, sondern ob er mit Wissen und Willen der Gesellschafter, des Geschäftsführers, des Vorstands oder des Aufsichtsrates im Rechtsverkehr wie ein vertretungsberechtigtes Organ aufgetreten ist.[6] Es entspricht allgM, dass auch das faktische Organ zur Stellung eines InsAntrags verpflichtet ist; ebenso treffen ihn die Verfahrenspflichten nach § 101.[7]

8 **3. Ausgeschiedene Organe.** Nach Abs 1 S 2 treffen die **Auskunftspflichten** nach § 97 Abs 1 auch die innerhalb von zwei Jahren vor Antragstellung ausgeschiedenen Organe. Dies umfasst auch solche Auskünfte, mit denen sie eine von ihnen begangene **strafbare Handlung** offenbaren (§ 101 Abs 1 S 2 iVm § 97 Abs 1 S 2).[8] Auf § 97 Abs 2 und 3 wird hingegen nicht verwiesen. Daher dürfen ausgeschiedene Organe zur Mitwirkung nicht mehr herangezogen werden; auch eine Bereitschaftspflicht besteht für sie nicht.

9 **4. Angestellte.** Von Angestellten und früheren Angestellten können nach Abs 2 lediglich Auskünfte nach § 97 Abs 1 S 1 verlangt werden. Anders als organschaftliche Vertreter wird ihnen nicht zugemutet, strafbare Handlungen zu offenbaren; auch trifft sie generell weder eine Mitwirkungs- noch eine Bereitschaftspflicht. Der Ausweitung auch dieser Pflichten auf Angestellte steht die auf § 97 Abs 1 S 1 beschränkte Verweisung in § 101 Abs 2 entgegen. Unabhängig von ihrer Auskunftspflicht können Angestellte als Zeugen im InsVerf vernommen werden. Es gelten insoweit die Vorschriften über die Zeugnisverweigerungsrecht (§§ 383–385 ZPO) und über Ordnungsmittel (§ 380 ZPO).

10 Nach dem Wortlaut des § 101 Abs 1 S 2 HS 1 ist auf die **tatsächliche Beendigung** der Tätigkeit abzustellen und nicht auf ein ggf rechtlich streitigen Beendigungszeitpunkt des Anstellungsverhältnisses.

II. Zwangsmittel

11 **1. Durchsetzung der Pflichten.** Mit den Mitteln des § 98 können nur die Geschäftsführer, Vorstände, die Mitglieder des Aufsichtsrates und die vertretungsberechtigten persönlich haftenden Gesellschafter zu den ihnen im Verfahren obliegenden Pflichten gezwungen werden (Abs 1 S 1). Einbezogen werden die Geschäftsführer usw, die innerhalb von zwei Jahren vor VerfEröffnung ausgeschieden sind (Abs 1 S 2). Angestellte des Schu sind keine Verfahrensbeteiligten; ihnen gegenüber scheiden Zwangsmittel aus (vgl die beschränkte Verweisung in Abs 2). Verweigert ein (früherer) Angestellter die Aussage, so bleibt dem InsVerw nur die Möglichkeit der Auskunftsklage vor dem ordentlichen G (vgl Rn 12).

12 **2. Alternativen.** Eine solche Klage setzt einen materiell-rechtlichen Auskunftsanspruch voraus. Treffen den Angestellten aus dem Anstellungsverhältnis entsprechende – ggf auch nachvertragliche – Auskunftspflichten, kann der Auskunftsberechtigte diese vor den Prozessgerichten geltend machen.[9] Unabhängig davon kann das InsGer den Angestellten nach

5 *Uhlenbruck* § 101 Rn 12.
6 *BGHZ* 41, 287; 47, 343.
7 MK/*Stephan* § 101 Rn 19.
8 *K/P/B/Lüke* § 101 Rn 5.
9 MK/*Stephan* § 101 Rn 29.

§ 5 Abs 1 S 2 als Zeugen vernehmen. In diesem Fall stehen dem G die allg gegen Zeugen eröffneten Zwangsmittel offen.

III. Postsperre

1. Organschaftliche Vertreter. Nach Abs 1 S 1 kann die Postsperre gegen sämtliche organschaftlichen Vertreter der Schu verhängt werden. Regelmäßig wird für eine solche Maßnahme kein Bedürfnis bestehen, weil die an den Schu gerichtete Geschäftspost ohnehin dem InsVerw zugeht und an die Privatanschriften der Organe auch nur Privatpost gesandt werden dürfte. Besteht dagegen der durch Indizien belegte Verdacht, dass der erfasste Personenkreis seine Privatpost dazu verwendet, um gläubigerbenachteiligende Handlungen zu begehen oder zu verdecken, kommt die Anordnung in Betracht. 13

2. Ausgeschiedene Personen, Angestellte. Hinsichtlich dieser Personenkreise sieht das G eine Postsperre nicht vor (vgl Abs 1 S 2, Abs 2). 14

IV. Unterhalt

1. Persönlich haftender Gesellschafter. Für die vertretungsberechtigten persönlich haftenden Gesellschafter gilt die Unterhaltsregelung des § 100 entspr (Abs 1 S 3). Damit sind aus dem Personenkreis des Abs 1 S 1 nur der Komplementär einer OHG, einer KG oder einer KGaA erfasst. Die wirtschaftliche Stellung des Komplementärs ist in der Ins mit derjenigen des Einzelkaufmanns vergleichbar. Wie dieser verliert er die Möglichkeit, seinen Lebensunterhalt aus den Mitteln des Unternehmens zu bestreiten, und wie dieser haftet er dem Zugriff der Gl mit seinem vollem Vermögen einschl des Neuerwerbs (§ 35 Abs 1). 15

2. Geschäftsführer. Geschäftsführern und Vorständen ist Unterhalt nicht zu gewähren. Deren Anstellungsverträge bestehen in der Ins der Gesellschaft zunächst weiter; ihr Vermögen wird von der Ins der Gesellschaft nicht erfasst.[10] 16

§ 102 Einschränkung eines Grundrechts

Durch § 21 Abs. 2 Nr. 4 und die §§ 99, 101 Abs. 1 Satz 1 wird das Grundrecht des Briefgeheimnisses sowie des Post- und Fernmeldegeheimnisses (Artikel 10 Grundgesetz) eingeschränkt.

Die Norm erfüllt das Zitiergebot nach Art 19 Abs 1 S 2 GG. 1

Zweiter Abschnitt
Erfüllung der Rechtsgeschäfte.
Mitwirkung des Betriebsrats

§ 103 Wahlrecht des Insolvenzverwalters

(1) Ist ein gegenseitiger Vertrag zur Zeit der Eröffnung des Insolvenzverfahrens vom Schuldner und vom anderen Teil nicht oder nicht vollständig erfüllt, so kann der Insolvenzverwalter anstelle des Schuldners den Vertrag erfüllen und die Erfüllung vom anderen Teil verlangen.

10 MK/*Stephan* § 101 Rn 26.

(2) [1]Lehnt der Verwalter die Erfüllung ab, so kann der andere Teil eine Forderung wegen der Nichterfüllung nur als Insolvenzgläubiger geltend machen. [2]Fordert der andere Teil den Verwalter zur Ausübung seines Wahlrechts auf, so hat der Verwalter unverzüglich zu erklären, ob er die Erfüllung verlangen will. [3]Unterlässt er dies, so kann er auf der Erfüllung nicht bestehen.

Übersicht

Literatur: *Backes* Die Insolvenz des Versicherungsunternehmens, 2003; *Baldringer* Das Wahlrecht des Insolvenzverwalters, 2014; *Lucina Berger* Insolvenzschutz für Markenlizenzen, 2006; *Bork* Zahlungsverkehr in der Insolvenz, 2002; *Bornholdt* Leasingnehmer und refinanzierende Bank in der Insolvenz des Leasinggebers nach der InsO, 1999; *Burkhard* Der Einfluss der Schuldrechtsreform auf von § 103 InsO erfasste Kaufverträge, 2010; *Dahncke* Zur Sicherungsabtretung von Forderungen, die im Konkurs des Zedenten dem § 17 KO unterliegen, Diss Freiburg 1997; *Duursma-Kepplinger* Eigentumsvorbehalt und Mobiliarleasing in der Insolvenz – Eine Darstellung der österreichischen und deutschen Rechtslage, 2002; *dies* Eigentumsvorbehalt und Mobilienleasing in der Insolvenz (eine Darstellung der deutschen und der österreichischen Rechtslage), 2002; *Franken/Dahl* Mietverhältnisse in der Insolvenz, 2. Aufl 2006; *Geißler* Geschichte und juristische Gegenwart gesellschaftsinterner Nutzungsüberlassungen, 2010; *Harder* Insolvenzrechtliche Surrogation, 2002, Rn 426 ff; *Heidland* Der Bauvertrag in der Insolvenz, 2001; *Heise* Verbraucherkredit und Geschäftskredit in der Insolvenz, 2001; *Henckel* Gegenseitige Verträge in Konkurs und Vergleich, ZZP 99 (1986), 419; *Henkelmann* Schwebende Verträge in der Insolvenz, 2009; *Kalkschmid* Immobilienleasing in der Insolvenz, 2003; *Kayser* Die Lebensversicherung in der Insolvenz des Arbeitgebers, 2006; *Kepplinger* Das Synallagma in der Insolvenz – Das Wahlrecht des Masseverwalters, Ausgleichsschuldners und Insolvenzverwalters, 2000; *Klinck* Das Leasinggut in der Insolvenz, in: Martinek/Stoffels/Wimmer-Leonhardt (Hrsg), Leasinghandbuch, 2. Aufl 2008, Kap 14 §§ 49 f; *Kögel* Die Rechtsfolgen der Masseunzulänglichkeitsanzeige auf beiderseits nicht oder nicht vollständig erfüllte Verträge – die analoge Anwendbarkeit der §§ 103 ff InsO, 2007; *Linder* Vorleistungen in der Insolvenz, 2006; *Marotzke* Gegenseitige Verträge im neuen Insolvenzrecht (im Folgenden: Gegenseitige Verträge), 3. Aufl 2001 (im Internet unter www.jura.uni-tuebingen.de/professoren_und_dozenten/marotzke/zur%20person/habilitationsschrift-1/view); *ders* Das Unternehmen in der Insolvenz: Fortführung und Veräußerung zwischen Eröffnungsantrag und Berichtstermin (im Folgenden: Das Unternehmen), 2000, Rn 29, 110 ff, 118 f, 123 ff; *ders* BGB und InsO: zwei neue Leistungsstörungsrechte im Widerstreit, KTS 2002, 1; *ders* Gesellschafterhaftung und Verwalterrisiko bei Masseverbindlichkeiten einer insolventen Personengesellschaft, DB 2013, 681 (mit Ausführungen zur Haftung für Masseverbindlichkeiten aus Erfüllungswahl des InsVerw in Fällen des § 103 sowie zur Haftung in Fällen des § 108 und des § 123); *ders* Offene Entgeltansprüche und mögliche noch unentdeckte Sach- oder Rechtsmängel in der Insolvenz des Verkäufers oder Werkunternehmers, ZInsO 2017, 1758; *Mossler* Bereicherung aus Leistung und Gegenleistung. Der nichtige gegenseitige Vertrag und die Insolvenz, 2006, S 3 ff, 46 ff, 67 ff, 165 ff; *Pannen* Krise und Insolvenz bei Kreditinstituten, 3. Aufl 2010, 175 ff, 189 ff, 205 ff; *Rühle* Gegenseitige Verträge nach Aufhebung des Insolvenzverfahrens, 2006; *Schollmeyer* Gegenseitige Verträge im internationalen Insolvenzrecht, 1997; *Schwörer* Lösungsklauseln für den Insolvenzfall, 2000; *Stamm* Die Entmystifizierung des Insolvenzverwalterwahlrechts aus zivilrechtlicher Sicht, KTS 2011, 421; *Wallner* Die Insolvenz des Urhebers unter besonderer Berücksichtigung der Verträge zur Überlassung von Software, 2002; *D Wegener* Das Wahlrecht des Insolvenzverwalters unter dem Einfluss des Schuldrechtsmodernisierungsgesetzes, 2007; *Graf v Westphalen* Der Leasingvertrag, 7. Aufl 2015, Kap I Rn 270 ff, Kap R Rn 1 ff, 94 ff; *v Wilmowsky* Der Mieter eines beweglichen Gegenstands in der Insolvenz – Zum Inhalt des § 103 InsO bei Miet- und Pachtverhältnissen, ZInsO 2007, 731; *ders* Darlehensnehmer in Insolvenz, WM 2008, 1189 (Teil 1) und WM 2008, 1237 (Teil 2); *ders* Vermieter (Verpächter, Lizenzgeber) in Insolvenz, ZInsO 2011, 1473; *ders* Insolvenzvertragsrecht: Die Grundstruktur – Plädoyer für ein funktionsgerechteres Verständnis des § 103 InsO, KTS 2011, 453; *ders* Insolvenzvertragsrecht: Teilleistung des Schuldners vor dem Insolvenzverfahren, KTS 2012, 285; *ders* Insolvenzvertragsrecht: Rechte am Vertragsanspruch des Insolvenzschuldners, ZIP 2012, 401; *ders* Gegen einen § 108a InsO für Lizenzverträge – Die Pflichten des Lizenzgebers (Vermieters, Verpächters) nach Überlassung des Gegenstands zur Nutzung, NZI 2013, 377. Vgl ferner die bei §§ 104 ff angegebene Lit.

A. Einleitung

I. Aktuelle Tendenzen

1 In Zusammenhang mit der Auslegung des § 17 KO, dem der § 103 nachgebildet ist, hatte sich bereits während der letzten zwei Jahrzehnte vor Inkrafttreten der InsO ein Paradigmenwechsel vollzogen, der sich nicht nur in dem oben angeführten neueren Schrifttum, sondern auch in wichtigen GrundsatzEntsch des BGH niedergeschlagen hat (s Rn 46, 53, 88, 102, 112) und vom InsRSenat des BGH zutr als **„Neuorientierung der höchstrichterlichen Rspr"** bezeichnet worden ist.[1] Die folgende Kommentierung trägt diesem Umstand Rechnung, indem sie sich unter Verzicht auf eine vollständige Dokumentation der älteren Rspr auf die aktuellen Positionen des BGH konzentriert, ohne jedoch diesen in allen Punkten unkritisch zu folgen (zumal auch beim BGH wieder „rückläufige Tendenzen" erkennbar werden; s zB Rn 4, 88, 102).

1 *BGHZ* 135, 25, 27.

2 Weitere Impulse ergeben sich aus dem am 1.1.2002 in Kraft getretenen **SchuldRModG**[2] (vgl auch unten Rn 53, 126; § 107 Rn 32, § 119 Rn 2). Auf vor dem 1.1.2002 geschlossene Verträge bleibt grds das alte SchuldR anwendbar (Art 229 § 5 EGBGB). Dies gilt auch, wenn auf den Vertrag § 103 anwendbar ist und der InsVerw nach dem 31.12.2001 die Erfüllung verlangt[3] (jedenfalls wenn dieses Erfüllungsverlangen nicht mit Änderungswünschen verknüpft ist[4]).

3 **Erhebliche Rechtsunsicherheit geht,** auch im Zusammenhang mit § 103,[5] **von** dem am 1.7.2007 in Kraft getretenen **§ 35 Abs 2 (und Abs 3) aus**: Übt der Schu eine **selbstständige Tätigkeit** aus oder beabsichtigt er, demnächst eine solche auszuüben, so hat der InsVerw ihm gegenüber zu erklären, ob Vermögen aus der selbstständigen Tätigkeit zur InsMasse gehört und ob Ansprüche aus dieser Tätigkeit im InsVerf geltend gemacht werden können (§ 35 Abs 2 S 1). Bei der Auslegung dieser neuen Vorschrift wird sehr darauf zu achten sein, dass sich die Rechtsstellung von Vertragspartnern des insolventen Schu nicht über das ihnen durch §§ 103 ff zugemutete Maß hinaus verschlechtert.[6] Unbeeindruckt von diesem Gedanken hat der BGH in seinem Urt v 9.2.2012 die Ansicht vertreten, dass eine auf § 35 Abs 2 S 1 gestützte Negativerklärung des InsVerw ohne weiteres bewirke, dass auf die selbstständige Tätigkeit des Schu und zugleich auf die Zeit nach Zugang der Erklärung beim Schu bezogene Ansprüche von Vertragspartern nicht mehr gegen die InsMasse, sondern nur noch gegen den Schu verfolgt werden können.[7]

II. Grundlagen und Wirkungsweise des § 103 Abs 1

4 § 103 gilt für „gegenseitige" Verträge iSd §§ 320 ff BGB (Rn 19 ff). Hat der Vertragspartner des Schu den Vertrag zur Zeit der VerfEröffnung bereits vollständig erfüllt (kein Fall des § 103!), so ist er mit seiner noch nicht erfüllten Gegenforderung normalerweise (aber: §§ 55 Abs 2, 106, 107, 103 Rn 62) **InsGl gem § 38**. Vom InsVerw kann er deshalb nicht die vollständige vertragsgemäße Erfüllung, sondern nur die Auszahlung der „Quote" verlangen.

---

2 Ausf *Marotzke* KTS 2002, 1 ff, 20 ff (Gesamtdarstellung); *ders* ZInsO 2002, 501 ff (Masseverwertung unter den Bedingungen des neuen KaufR); *Scherer* NZI 2002, 356 ff (neues KaufgewährleistungsR und § 103); *Mossler* ZIP 2002, 1831 (§ 323 Abs 4 BGB); *Kreft* FS Kirchhof, 2003, S 275, 277 ff = ZInsO 2003, 1120 ff; *D Wegener* S 39 ff; *Burkhard* Der Einfluss der Schuldrechtsreform auf von § 103 InsO erfasste Kaufverträge, 2010.

3 *Thomas B Schmidt* ZInsO 2002, 103, 109 f; *Marotzke* KTS 2002, 1, 41 ff; *Kreft* FS Kirchhof, 2003, S 275 ff = ZInsO 2003, 1120 ff; **aM** *Prütting* INDat-Report 12/2001, 7.

4 Andernfalls vgl *Marotzke* KTS 2002, 1, 47 ff.

5 Vgl *Gutschke* ZVI 2008, 41 ff; *Chr Berger* ZInsO 2008, 1101, 1107; *Stiller* ZInsO 2010, 1374, 1375 sowie unten Rn 82 und den 5. Satz bei § 108 Rn 47.

6 In der Grundtendenz zutr deshalb *Wieschemeyer/Schnur* ZInsO 2007, 1240, 1242; *Gutschke* ZVI 2008, 41, 44 ff; *Chr Berger* ZInsO 2008, 1101, 1107; *Uhlenbruck/Hirte* § 35 Rn 101; **aM** aber zB *Stiller* ZInsO 2010, 1374, 1375 f; *Dahl/Schindler* VIA 2011, 1 ff; *LG Krefeld* NZI 2010, 485 f = ZIP 2010, 1912 ff = ZInsO 2010, 1704 f (zu diesem Urt krit bis abl *Henkel* EWiR 2010, 541 f; *Priebe* ZInsO 2010, 1673 ff); *ArbG Berlin* ZIP 2010, 1914 (krit kommentiert von *Priebe* EWiR 2010, 675 f); unentschieden *AG Duisburg* NZI 2010, 905, 909; vgl auch *ArbG Herne* ZInsO 2010, 2199 f = ZIP 2011, 139 (das allerdings zu vertieften Ausführungen keinen Anlass hatte).

7 *BGH* 9.2.2012 – IX ZR 75/11, BGHZ 192, 322 ff = ZInsO 2012, 481 ff = ZIP 2012, 533 ff = NZI 2012, 409 ff (mit Anm *Andres*); dazu BesprAufsatz *Bartels* KTS 2012, 381 ff; dem BGH zust *BAG* Urt v 21.11.2013 – 6 AZR 979/11, NZI 2014, 324 ff (mit Anm *Fleußner*).

Nichts anderes gilt im Ausgangspunkt für den von § 103 erfassten Fall, dass der Vertragspartner auch seinerseits noch nicht vollständig erfüllt hat.[8] Das in § 103 vorausgesetzte beiderseitige Nichterfülltsein des Vertrages führt weder zum automatischen Erlöschen der Erfüllungsansprüche bei VerfEröffnung[9] noch zu einer sich der sofortigen Anwendung des § 38 entziehenden „Schwebelage"[10] noch zu einer den § 38 unanwendbar machenden Privilegierung des Vertragspartners nach dem Vorbild des mit Inkrafttreten der InsO ersatzlos weggefallenen § 36 Abs 1 VglO.[11] 5

Gleichwohl wird sich der InsVerw manchmal gezwungen sehen, die Forderung des Vertragspartners **vollständig** zu erfüllen (zur Alternative der „Nichterfüllung" su Rn 84 ff). Denn die gegen den Vertragspartner gerichtete Forderung des Schu gehört idR[12] zur InsMasse (§ 35) und ist deshalb vom InsVerw nach Möglichkeit zu verwerten (§§ 80 Abs 1, 159), also zB gem §§ 80 Abs 1, 103 Abs 1 einzuziehen (s Rn 42 ff, 104 ff) oder – sofern erfolgversprechend und sinnvoll – entgeltlich zu veräußern.[13] Eine **Forderungsverwertung durch Veräußerung** wird wohl meist als „Übertragung der Außenstände" im Zusammenhang mit einer Gesamtveräußerung des schuldnerischen Unternehmens vorkommen. Die **Einziehung** von Forderungen aus beiderseits noch nicht vollständig erfüllten gegenseitigen Verträgen wird dem InsVerw (oder seinem Zessionar) wegen der dem Vertragspartner zustehenden Zug-um-Zug-Einreden aus § 320 und/oder § 273 BGB nur gelingen, wenn er in der Lage und bereit ist, den Vertrag auch seinerseits vollständig zu erfüllen.[14] **§ 103 Abs 1** stellt klar, dass der InsVerw hierzu berechtigt ist trotz des Umstands, dass der Vertragspartner eigentlich nur InsGl ist (§ 38) und als solcher mit der Quote abgespeist werden könnte.[15] 6

Die Verfasser des § 17 KO, dem § 103 nachgebildet ist, sahen in diesem Erfüllungswahlrecht des InsVerw eine konzeptionelle **Parallele zu § 844 ZPO**, der in Bezug auf gepfändete Forderungen, deren Einziehung „wegen der Abhängigkeit von einer Gegenleistung … mit Schwierigkeiten verbunden" ist, eine „andere Art der Verwertung" zulässt.[16] Bei Verwertung durch den **InsVerw** (die VerfEröffnung entspricht der in § 844 ZPO vorausgesetzten Pfändung) besteht die „Andersartigkeit" darin, dass der InsVerw auch seinerseits den Vertrag vollständig erfüllen darf, wenn die beiderseitige Erfüllung im Interesse der Masse liegt. 7

Das hier angesprochene Recht, den Vertrag nötigenfalls auch seinerseits zu erfüllen, hat der InsVerw aber nicht erst aufgrund der ausdr Erwähnung in § 103 Abs 1 (diese ist lediglich 8

---

8 *BGHZ* 89, 189, 194 f (dazu *Häsemeyer* JuS 1986, 841); *BGH* WM 1984, 265 f; *BFHE* 148, 346, 350; *U Huber* BB 1964, 731, 733; *Musielak* AcP 179 (1979) 189, 196/197, 198; *Henckel* JZ 1987, 359 f; *Marotzke* Gegenseitige Verträge, Rn 5.1 ff, 12.7 ff, 12.20 ff, 12.25 ff mwN.

9 Insoweit zutr *BGHZ* 150, 353 f, 359 = ZZP 115 (2002) 501 ff mit Anm *Marotzke*; anders zuvor *BGHZ* 103, 250, 252, 254; *BGHZ* 135, 25, 26 = JZ 1998, 154 mit Anm *Henckel*.

10 So aber *Jaeger/Lent* KO, 8. Aufl, § 17 Rn 55 und § 30 Rn 42.

11 Vgl *BGH* WM 1984, 265, 266; s zu § 36 VglO auch unten Rn 153.

12 Zu denkbaren Ausnahmen s Rn 42 ff.

13 Dazu *Musielak* AcP 179 (1979) 189, 207 f; *Marotzke* Gegenseitige Verträge, Rn 9.51.

14 Zur InsFestigkeit der erwähnten Zug-um-Zug-Einreden vgl Rn 106 ff, 113 f, § 105 Rn 5; *Marotzke* Gegenseitige Verträge, Rn 2.8 ff, 2.26 ff, 2.46 ff und – jedoch jeweils lediglich zu § 320 BGB – *BGH* ZInsO 2007, 596, 597 [Rn 15]; *Stamm* KTS 2011, 421, 424 ff; MK/*Kreft* § 103 Rn 17.

15 In thematischem Zusammenhang hiermit steht die in *BGH* NJW-RR 2002, 775 ff = NZI 2002, 257 ff = ZInsO 2002, 278 ff = ZIP 2002, 535 ff = LM H 7/2002 § 29 KO Nr 28 (mit Anm *Gsell*; s auch *Homann* EWiR § 30 KO 2/2002, 531 f) erörterte Frage, ob während des EröffnungsVerf vereinbarte und vollzogene **Treuhandkonstruktionen, die der Abwendung von Zurückbehaltungsrechten dienen**, vom InsVerw gem §§ 129 ff angefochten werden können.

16 Vgl *Marotzke* Gegenseitige Verträge, Rn 2.20 f, 2.79, 4.184.

deklaratorischer Natur), sondern schon nach allg Grundsätzen als Ausfluss seiner im Interesse der Masse auszuübenden Verwaltungs- und Verwertungskompetenz (vgl auch Rn 48 mwN). Nicht richtig ist vor diesem Hintergrund die These des BGH,[17] dass „wegen der beiderseitigen Nichterfüllungseinreden der Vertragspartner (§ 320 BGB)" nicht nur der Erfüllungsanspruch der anderen Vertragspartei (der als InsFord den beschränkenden Wirkungen der §§ 38, 87 ff unterliegt), sondern auch der Erfüllungsanspruch des im InsVerf stehenden Schu seine „Durchsetzbarkeit" (vgl LS c und unten Rn 88) verliere. Die Zug-um-Zug-Einrede des Vertragspartners hindert die Durchsetzung der gegen ihn gerichteten Forderung nach Eröffnung des InsVerf nicht stärker als vorher; der auf § 80 Abs 1 beruhende Übergang der Einziehungsbefugnis vom Schu auf den InsVerw erhöht die Durchsetzungskraft der gegnerischen Zug-um-Zug-Einrede nicht.[18]

9 **Nicht nur deklaratorisch, sondern konstitutiv wirkt § 55 Abs 1 Nr 2 Alt 1**. Nach dieser Vorschrift erlangen die Ansprüche des Vertragspartners die Qualität von **Masseverbindlichkeiten** (Einzelheiten bei Rn 46 f, 104 ff), „soweit" (Rn 105) der InsVerw die Erfüllung des Vertrages verlangt (zum **vorl** InsVerw vgl Rn 116). Von **„originären"** Masseverbindlichkeiten **und -forderungen** spricht in diesem Zusammenhang *BGHZ* 150, 353, 359 (also doch keine völlige Aufgabe der bei Rn 88 beschriebenen Erlöschens- und Wiederbegründungstheorie? s hierzu Rn 102 ff).

10 Wollte der Verw die Erfüllung des Vertrages verlangen und betrug der Wert der noch unerfüllten Gegenforderung des Vertragspartners mehr als 300 DM, so hatte der Verw nach früherem Recht (§ 133 Nr 2 KO) die **Genehmigung des GlAusschusses** einzuholen, wenn ein solcher bestellt war. An die Stelle dieser viel zu kleinlichen Regelung sind die **§§ 160 ff** getreten (Rn 82, 104).

11 In jedem Fall ist der Verw den InsGl gegenüber gehalten, die Erfüllung eines dem § 103 unterliegenden Vertrages nur dann zu wählen, wenn dies für die Masse vorteilhafter ist als die „Nichterfüllung".[19] Bei der **Beurteilung der Vorteilhaftigkeit** ist nicht einseitig nur auf das Wertverhältnis der beiderseits noch ausstehenden Leistungen, sondern auf alle Umstände des Falles abzustellen.[20] Oft besteht ein wirtschaftlicher Zusammenhang mit der Entsch über die Fortführung des schuldnerischen Unternehmens (s § 103 Rn 162, § 107 Rn 23). Auch steuerrechtliche Fragen können eine Rolle spielen (zB bei „steckengebliebenen" Bauvorhaben[21]). Für unzweckmäßige oder sonstwie pflichtwidrige Wahlrechtsausübung haftet der InsVerw den Gl nach **§ 60** und dem Vertragspartner analog **§ 61** (vgl Rn 104, § 109 Rn 30 f, 37). Eine Wahlrechtsausübung, die offenkundig und für den Vertragspartner erkennbar den Interessen der InsGl zuwiderläuft, ist sogar wegen evidenter Insolvenzzweckwidrigkeit unwirksam.[22] Wirksame Erfüllungswahl nach angezeigter Masseunzulänglichkeit führt zu privilegierter Neumasseverbindlichkeit gem § 209 Abs 2 Nr 1 (vgl auch Rn 13).

12 **Lehnt der Verw die Erfüllung des Vertrages ab,** so bleibt der Vertragspartner (endgültig) InsGl gem § 103 Abs 2 S 1. Näheres bei Rn 14, 84 ff, 169 f. Dem Interesse des Vertragspart-

---

17 *BGHZ* 150, 353, 359 = ZZP 115 (2002) 501, 504 mit Anm *Marotzke*.

18 *Marotzke* ZZP 115 (2002) 507, 510 ff; vgl auch *Henckel* FS Kirchhof, 2003, S 191, 199 f; die These des BGH gegen Kritik verteidigend MK/*Kreft* § 103 Rn 17.

19 Vgl *BGHZ* 129, 336, 340.

20 Zutr und mit Beispielen *Schwörer* Rn 196 ff, 258.

21 Vgl die in den Fn zu § 105 Rn 18 Genannten und aus der neueren, allerdings nicht zu Bauverträgen ergangenen Rspr insb *BFH* ZInsO 2003, 996 f; *BFHE* 227, 513 ff (dazu auch Rn 88) = ZInsO 2010, 487 ff = NZI 2010, 272 ff (m Anm *de Weeth*).

22 *BGH* ZInsO 2009, 378, 379 [Rn 14] = NJW 2009, 1414, 1415 = NZI 2009, 235, 236 f.

ners an einer **unverzüglichen** Entsch des InsVerw dienen S 2 und S 3 des § 103 Abs 2 (dazu Rn 157 ff). Allein der Umstand, dass der im Fall der Eröffnung des InsVerf zu bestellende Verw gem § 103 zwischen Erfüllung und Erfüllungsablehnung wählen kann, nimmt dem Vertragspartner nicht das ihm gem §§ 13 Abs 1 S 2, 14 zustehende Recht, die Eröffnung des InsVerf über das Vermögen des Schu zu beantragen.[23]

B. Voraussetzungen des § 103 Abs 1

I. Gegenseitiger Vertrag des Schuldners

1. Zeitpunkt des Vertragsschlusses. Nach seinem Sinn und Zweck (Rn 6 ff) setzt § 103 voraus, dass der Anspruch gegen den Vertragspartner zur InsMasse gehört oder aus anderen Gründen der Forderungszuständigkeit des InsVerw (Rn 15 ff) unterliegt. Der dem § 17 Abs 1 KO nachgebildete Wortlaut des § 103 Abs 1 geht noch von einem **vor** VerfEröffnung geschlossenen Vertrag aus. Da zur InsMasse aber auch solches Vermögen gehört, das der Schu erst „während" des Verf erlangt (so § 35 Abs 1 in bewusster Abweichung von § 1 Abs 1 KO), wird man auch **nach VerfEröffnung geschlossene Verträge des Schu** unter § 103 und § 55 Abs 1 Nr 2 Alt 1 subsumieren müssen, wenn der Anspruch gegen den Vertragspartner zur Masse gehört[24] (wobei im Zusammenhang mit dieser Vorfrage nun auch die am 1.7.2007 in Kraft getretenen § 35 Abs 2 und 3 zu beachten sind; s Rn 3 mwN). 13

Unanwendbar auf **nach** Eröffnung des InsVerf geschlossene Verträge ist jedoch § 103 Abs 2 S 1; die dort erwähnte „Forderung wegen der Nichterfüllung" kann wegen des für § 38 zu späten Zustandekommens des zugrunde liegenden Vertrages nicht als InsFord, sondern überhaupt nicht gegen die Masse verfolgt werden (es sei denn, es handelte sich um eine Masseverbindlichkeit kraft Erklärung des InsVerw gem § 35 Abs 2 S 1; dann hat der InsVerw aber idR – zur Ausnahmesituation der Masseunzulänglichkeit vgl jedoch das Folgende – ohnehin kein Wahlrecht iSd § 103). 14

Nach Anzeige einer bestehenden Masseunzulänglichkeit wird man § 103 (zB Abs 2 S 2) auf Verträge, die der InsVerw vor dieser Anzeige selbst geschlossen hat, analog anwenden müssen.[25] Verlangt der InsVerw nach Anzeige der Masseunzulänglichkeit die Erfüllung eines vor dieser Anzeige von ihm selbst geschlossenen Vertrages, so wird die Gegenforderung des Vertragspartners, die bis dahin gewöhnliche Masseverbindlichkeit iSd §§ 55 Abs 1 Nr 1, 209 Abs 1 Nr 3 war, **bevorrechtigte** Masseverbindlichkeit gem § 209 Abs 2 Nr 1. IF der Erfüllungs**ablehnung** wird der Vertragspartner des InsVerw nicht analog § 103 Abs 2 S 1 zu einem InsGl herabgestuft, sondern einfach nur in der bereits vorher innegehabten Stellung eines 15

---

23 *BGH* ZInsO 2006, 824 f = ZVI 2006, 334 f = ZIP 2006, 1452 ff m Anm *Frind* EWiR 2006, 595 f.

24 *Marotzke* Gegenseitige Verträge, Rn 7.118 mit Fn 330; mit bedenkenswerten Einschränkungen ebenso *Pech* Die Einbeziehung des Neuerwerbs in die Insolvenzmasse, 1999, S 91 ff, 100 ff, 129 ff, 143 ff; vgl auch *Tichbi* Die Rechtsstellung des Angebotsempfängers, 2011, S 137 ff, 148 ff, 160 ff, 167 ff, 170 ff, 191 f; dezidiert **aM** *Kögel* S 55 ff, 136. Gegen die These, dass der Vertragspartner bereits unabhängig von § 55 Abs 1 Nr 2 Alt 1 MasseGl sei, wendet sich zu Recht *Tetzlaff* ZVI 2002, 309 ff; zum Ganzen auch *Voigt/Gerke* ZInsO 2002, 1054, 1059 ff, 1062 ff; *AG Hamburg* ZInsO 2005, 837 f sowie *BFH* ZIP 2005, 1376 f = ZInsO 2005, 774 f m Anm *Schmittmann* und S 794 ff, Anm *Dahms.*

25 § 209 Rn 15; MK/*Hefermehl* § 209 Rn 25; *K/P/B/Pape* § 209 Rn 12 f; *Kröpelin* Die massearme Insolvenz, 2003, Rn 227 ff; *Ringstmeier* ZInsO 2004, 169, 170 f; *Kögel* S 69 ff, 82 ff, 136 ff; *Uhlenbruck/Ries* § 209 Rn 21; **aM** *Runkel/Schnurbusch* NZI 2000, 49, 56 (die zu Unrecht – arg § 279 – meinen, dass § 103 Personenverschiedenheit zwischen Vertragsschließendem und Erfüllungswahlberechtigtem zwingend voraussetze); wohl auch *Braun/Kießner* § 209 Rn 23 f.

nicht bevorrechtigten MasseGl belassen;[26] die Nichtanwendung des § 103 Abs 2 S 1 auf diesen Sonderfall entspricht dem deklaratorischen Charakter der Vorschrift[27] und dem sich hieraus ergebenden Vorrang der §§ 55 Abs 1 Nr 1, 209 Abs 1 Nr 3.

16 War der Vertragspartner vor der Erfüllungsablehnung des InsVerw nur InsGl gem § 38 (weil er bereits vor VerfEröffnung mit dem Schu kontrahiert hatte und weder § 55 Abs 1 Nr 2 noch § 55 Abs 2 erfüllt ist), so ändert daran auch die erst nach Anzeige der Masseunzulänglichkeit erklärte Erfüllungsablehnung des InsVerw nichts;[28] § 103 Abs 2 S 1 findet Anwendung.

17 Für Verträge, die im EröffnungsVerf von einem verfügungsbefugten (§ 22 Abs 1 S 1) **vorl InsVerw** geschlossen wurden, gilt das bei Rn 116 Ausgeführte; daneben ist für §§ 38, 55 Abs 1 Nr 2, 103 grds kein Raum. Das soeben für den Fall der Masseunzulänglichkeit Ausgeführte gilt aber auch hier.

18 Soweit gesetzlich nichts anderes bestimmt ist, braucht der InsVerw einen gegen den Schu gerichteten **Anspruch auf Abschluss eines gegenseitigen Vertrages** nur als InsFord zu berücksichtigen (§ 38).[29] Analog § 103[30] steht es dem InsVerw jedoch frei, die Kontrahierungspflicht des Schu an dessen Stelle zu erfüllen, wenn Abschluss und Durchführung des Vertrages im Interesse der Masse liegen. In der Ins eines Arbeitgebers begründet ein gegen diesen gerichteter **Anspruch auf Abschluss eines Arbeitsvertrages** idR keine Masseverbindlichkeit gem § 55 Abs 1 Nr 2 Fall 1 iVm § 108 Abs 1 S 1, sondern lediglich eine InsFo mit Wahlrecht des InsVerw analog § 103.[31] Ob dies aber auch dann gilt, wenn der Anspruch des Arbeitnehmers auf der vom Arbeitgeber mit einer „saison-/witterungsbedingten" Kündigung verbundenen **Wiedereinstellungszusage** „zu gleichen Konditionen bis spätestens (taggenaue Zeitangabe)" beruht, erscheint zweifelhaft.[32] Einen mit einem Kontrahierungszwang belasteten Gegenstand kann der InsVerw „freigeben".[33] Zur Behandlung von durch Vormerkung (§ 106) gesicherten und sonstigen **Optionsrechten** der anderen (Vertrags-)Partei vgl die informative Darstellung v Kalkschmid.[34] Dem **Schu** zustehende Optionsrechte – zB Kaufoptionen – können, soweit sie nicht höchstpersönlicher Natur sind, mit Wirkung für

---

26 Begr RegE S 220 lSp; *Kübler* KS-InsO 3. Aufl 2009 S 573, 590 Rn 39; *Kröpelin* Die massearme Insolvenz, 2003, Rn 236; *Ringstmeier* ZInsO 2004, 169, 170 f; *Kögel* S 100; *Uhlenbruck/Ries* § 209 Rn 21 aE.

27 Vgl *Marotzke* Gegenseitige Verträge, Rn 3.48 ff, 4.5 ff, 5.14 ff.

28 *Uhlenbruck/Ries* § 209 Rn 21; *Kröpelin* Die massearme Insolvenz, 2003, Rn 234 ff; missverständlich Begr RegE S 220 lSp.

29 IE ebenso *BGH* NJW-RR 2008, 846, 847 f [Rn 12 ff] = ZIP 2008, 778, 780 f in Bezug auf ein in einem Beherrschungs- oder Gewinnabführungsvertrag vorgesehenes Andienungsrecht außenstehender Aktionäre (dazu auch *Müller* ZIP 2008, 1701, 1703 ff). Vgl im Zusammenhang mit § 82 Abs 1 SachenRBerG auch *OLG Naumburg* ZIP 2000, 976 mit Anm *Mitlehner*.

30 IE ebenso *Mitlehner* aaO S 979 f; *BGH* NJW-RR 2008, 846, 848 [Rn 18] = ZIP 2008, 778, 781. Sogar für unmittelbare Anwendung des § 103 *Müller* ZIP 2008, 1701, 1703.

31 Insoweit zutr *LAG Mainz* 2.5.2013 – 2 Sa 423/12, ZIP 2013, 1638 ff (Revision zurückweisend *BAG* 17.3.2015 – 6 AZR 702/13, ZIP 2015, 1633 ff); vgl erg § 108 Rn 5 aE; die entspr Anwendbarkeit des § 103 in Fällen wie diesem bezweifelnd *Nungeßer* NZI 2013, 926, 928.

32 Auch in einem solchen Fall keine Masseverbindlichkeit annehmend das in der vorherigen Fn erwähnte Urt des *LAG Mainz*.

33 Vgl das einen Fall des § 82 Abs 1 SachRBerG betr Urt *OLG Brandenburg* ZInsO 2002, 672 ff; die Frage nur am Rande thematisierend *BGHZ* 150, 305, 309 f, 318 = NJW-RR 2002, 1198 ff = KTS 2002, 568 ff = NZI 2002, 425 ff ad III 2 b, 3 f.

34 *Kalkschmid* Rn 536 ff; vgl auch *Casper* Der Optionsvertrag, 2005, S 207 ff; *OLG Düsseldorf* ZInsO 2009, 2250 ff.

und gegen die Masse vom InsVerw ausgeübt werden.[35] Entsprechendes gilt unter derselben Voraussetzung für ein dem Schu zustehendes Recht zur Annahme eines Vertragsangebots.[36] Ausüben kann der InsVerw auch ein dem Schu zustehendes Recht zum **Abruf eines Darlehens**[37] (also nicht nur den Anspruch auf Auszahlung eines **bereits vom Schu abgerufenen** Darlehens[38]), jedoch wird dem Darlehensgeber im Hinblick auf die Ins des Schu uU ein gesetzliches (§ 490 Abs 1 BGB) oder vertragliches (zB gem AGB-Banken) Kündigungsrecht zustehen – dies ist eine Frage des Einzelfalls[39] und bei vertraglichen Kündigungsvorbehalten mglw auch eine solche des § 119. S zur Optionsrechtsausübung auch §§ 103 Rn 159, 107 Rn 2, 39, 108 Rn 5 aE, 18, 34.

2. Gegenseitigkeit. Mit „gegenseitigen" Verträgen meinen die §§ 103, 55 Abs 1 Nr 2 gegen- 19
seitige Verträge **iSd §§ 320 ff BGB**.[40] Darunter fallen insb **Kauf-, Werk- und Werklieferungsverträge** (Rn 24), auch der Kauf von Verträgen über die Wartung von Aufzugsanlagen[41] und die verkauften Wartungsverträge selbst,[42] Verträge über **entgeltliche Verwahrung** und solche über **verzinsliche Darlehensgewährung**[43] (vgl zum Darlehen auch §§ 103 Rn 18, 22, 50, 105 Rn 8, 13, 108 Rn 83 ff, 112 Rn 25). Zum Kauf bzw **Verkauf eines Unternehmens** vgl Rn 82, 116. Einen **„Darlehens- und (Getränke-)Belieferungsvertrag"** betrifft *BGH* ZIP 2001, 31 ff = NZI 2001, 85 ff.[44] Zur **Rückabwicklung nichtiger Kaufverträge** s Rn 33 und die dort erwähnten Urt *BGHZ* 149, 326 ff;[45] *BGHZ* 150, 138 ff[46] und *BGH* ZIP 2003, 1406 ff.[47] Eben-

---

35 Vgl *Kalkschmid* Rn 536 ff, 542 ff; *Casper* Der Optionsvertrag, 2005, S 205 ff; *Uhlenbruck/Sinz* § 108 Rn 89 ff.

36 Vgl *BGH* 26.2.2015 – IX ZR 174/13, ZIP 2015, 694 ff [Rn 15 ff] = NZI 2015, 376 ff m Anm *Vuia*. Nicht annehmen kann der InsVerw idR ein an den Schu gerichtetes Angebot auf Abschluss eines Arbeitsvertrages (so auch Rn 21 der BGH-Entscheidungsgründe).

37 *Marotzke* ZInsO 2004, 1273, 1274 (dort mit näherer Begr für diese Abweichung vom Recht der Einzelzwangsvollstreckung); ohne nähere Begr hiermit übereinstimmend anscheinend *v Wilmowsky* WM 2008, 1189, 1237 f, 1240 f, 1244 und wohl auch *BGH* ZInsO 2006, 1164 [bei Rn 8]; **aM** die in der nächsten Fn Genannten.

38 In diesem Sinne jedoch *Spliedt* NZI 2001, 524, 525 (II 2); vgl auch *BGHZ* 157, 350, 356 f = ZInsO 2004, 270, 272 = ZIP 2004, 513, 515; *BGHZ* 170, 276, 279 ff [insb Rn 12, 15] = NJW 2007, 1357, 1359 = ZInsO 2007, 269, 270 f = NZI 2007, 225, 226 f m Anm *Spliedt*.

39 Vgl *BGHZ* 171, 46, 52 ff [Rn 14] = ZInsO 2007, 376, 378 = ZIP 2007, 676, 678 – für die Zeit zwischen InsAntrag und EröffnungsBeschl, sowie die den Schlüssel zur Lösung solcher Probleme eher bei §§ 129 ff sehenden Ausführungen von *v Wilmowsky* WM 2008, 1189 ff, 1237 ff.

40 Ebenso schon zu § 17 KO Mot II S 63, 85 f; *RGZ* 100, 1, 2; *BGH* DB 1979, 2415, 2416 rSp.

41 *BGH* KTS 2002, 123 ff = ZIP 2001, 2142 ff = ZInsO 2001, 1100 ff = NZI 2002, 95 ff = NJW-RR 2002, 191 ff = LM § 17 KO Nr 36 m Anm *Busche*.

42 *BGH* aaO.

43 *Fleckner* ZIP 2004, 585, 594 ff; *Lind* ZInsO 2004, 580 ff; *Freitag* ZIP 2004, 2368; *Marotzke* ZInsO 2004, 1273 ff; *Engert/Schmidl* WM 2005, 60 ff; *v Wilmowsky* WM 2008, 1189 ff, 1237 ff; *Laudenklos/Sester* ZIP 2005, 1757 ff; *Graaf* FS Greiner, 2005, S 57, 60 ff; *K/P/B/Tintelnot* § 103 Rn 84; *Heise* Rn 309 ff; *Luther* Darlehen im Konkurs, 1990, S 77 ff, 131 f; *Stahmer* Verzinsliches Darlehen in der Insolvenz – eine rechtsvergleichende Darstellung des dt, französischen und englischen Rechts, 2002; *Kirchhof* WM-Sonderbeilage Nr 2 zu Heft 28, 1996, S 10; *BGH* WM 1990, 54, 56.

44 Dazu *Tintelnot* EWiR § 17 KO 1/2001, 737 f.

45 = NJW 2002, 1050 ff = DZWIR 2002, 159 ff = NZI 2002, 150 ff = ZInsO 2002, 185 ff = ZIP 2002, 309 ff = LM § 987 BGB Nr 22 m Anm *Chr Berger* = WuB VI B. § 17 KO 2.02 m Anm *Pape* = EWiR § 55 KO 1/2002, 397 f (*Ringstmeier/Homann*).

46 = KTS 2002, 553 ff = NZI 2002, 380 ff = ZInsO 2002, 487 ff = ZIP 2002, 858 ff = LM § 273 BGB Nr 62 m Anm *Marotzke*.

47 Auch in ZInsO 2003, 767 f.

falls gegenseitig, aber dem Anwendungsbereich des § 103 durch **Sonderregelungen** ganz oder tw entzogen (vgl §§ 108 ff) sind **Miet-, Pacht-, Dienst-, Arbeits-** und nach hM (§ 115 Rn 3, 5 ff) auch die meisten **Geschäftsbesorgungsverträge** (aber auch der **Anstellungsvertrag eines GmbH-Geschäftsführers oder eines AG-Vorstandsmitglieds?**[48]). Auf Miet- und Pachtverträge über **bewegliche** Gegenstände sind die §§ 108–111 nicht anwendbar (jedoch Ausnahme in § 108 Abs 1 S 2), insofern bleibt Raum für § 103[49] (und je nach Auslegung des Begriffs „teilbare Leistungen" evtl auch für § 105 [s § 105 Rn 8 ff]). Anwendbar ist auch § 112, der zwischen beweglichen und unbeweglichen Gegenständen nicht unterscheidet (zur analogen Anwendbarkeit auf Kaufverträge vgl § 107 Rn 31, § 112 Rn 24). Bei **Fixgeschäften** und Verträgen über **Finanzleistungen** ist § 104 zu beachten, bei Verträgen über **teilbare Leistungen** § 105, bei **vormerkungsgeschützten** (§§ 883 ff BGB) **Grundstücksgeschäften** § 106, beim **Eigentumsvorbehalt** § 107 (zT analog anwendbar auf Miet-, Pacht- und Leasingverträge über bewegliche Sachen [vgl § 107 Rn 2, 37 f]), beim **Verlagsvertrag** § 36 VerlG.

20 **Leasingverträge** sind idR auch dann, wenn sie im wirtschaftlichen Erg einem Kauf entsprechen, zivil- und insolvenzrechtlich als Miete zu qualifizieren. In Bezug auf **bewegliche** Sachen behandelt das neue InsR Kauf- und Mietverträge nicht mehr so grundverschieden wie das frühere Recht.[50] Für verfehlt hält dies *Zahn*,[51] dessen Einwänden jedoch, soweit sie berechtigt sind, durch eine Änderung der bei Rn 49 kritisierten Rspr zur Abtretungsproblematik Rechnung getragen werden könnte.[52]

21 **Gesellschaftsverträge** sind nach der Begr zu RegE § 137 (Vorläufer des § 119 InsO) „keine gegenseitigen Verträge iSd Vorschrift"[53] (vgl auch § 119 Rn 10). Mit diesem Hinweis sollte wohl zugleich die Unanwendbarkeit des **§ 103 InsO** zum Ausdruck gebracht werden. ISd **§§ 320 ff BGB** sehen manche Autoren allerdings auch Gesellschaftsverträge als „gegenseitige" Verträge an.[54] § 705 BGB spricht davon, dass Gesellschafter sich „gegenseitig" verpflichten. In insolvenzrechtlicher Hinsicht besteht jedoch die Besonderheit, dass bei Personengesellschaften die VerfEröffnung über das Vermögen eines Gesellschafters je nach Art der Gesellschaft und Inhalt der getroffenen Vereinbarungen meist entweder Ausscheidens- oder Auflösungsgrund ist (s §§ 118 Rn 5 f, 119 Rn 10). **IF des Ausscheidens des Schu** liegen die Dinge tw ähnlich wie bei Rückabwicklungsschuldverhältnissen (Rn 33; vgl erg § 119 Rn 10 f). **IF der Auflösung der Gesellschaft** heißt der Gesellschaftszweck fortan „Liquidation". Gem § 84 Abs 1 erfolgt die in diesem Fall vorzunehmende Teilung oder sonstige Auseinandersetzung außerhalb des InsVerf; spätestens hieraus ergibt sich die Unanwendbarkeit der **im** InsVerf geltenden §§ 103, 55 Abs 1 Nr 2. Wegen der Ansprüche geschäftsführender Gesellschafter vgl die Sonderregelungen in § 118. Schwebt über dem Vermögen eines Gesellschafters einer OHG oder einer KG ein InsVerf und wurde die Gesellschaft hierdurch oder aus einem anderen Grund aufgelöst (der VerfEröffnung als solcher legt das Gesetz seit der Streichung des § 131 Abs 1 Nr 5 HGB aF keine auflösende Wirkung mehr bei), so tritt für die Liquidation der InsVerw – sofern ein solcher bestellt ist (vgl jedoch §§ 270 ff) – an die Stelle des Gesellschafters (§§ 145 Abs 2, 146 Abs 3, 161 Abs 2 HGB). Schwierige Fragen der Forderungszuständigkeit ergeben sich im InsVerf über das Vermögen

---

48 Dazu § 116 Rn 4.

49 Ausf *v Wilmowsky* ZInsO 2007, 731 ff (Ins des Mieters).

50 Vgl Rn 19 und *Marotzke* JZ 1995, 803, 805 f, 807, 813 f.

51 *Zahn* DB 1995, 1597 ff, 1653 ff.

52 Vgl auch § 108 Rn 32 ff; *Bornholdt* S 186 ff.

53 Begr RegE S 152.

54 Dazu *Hüttemann* Leistungsstörungen bei Personengesellschaften, 1998, S 65 ff, 485 ff; MK-BGB/*Ulmer* § 705 Rn 161 ff; *Erman/HP Westermann* BGB 14. Aufl 2014 § 705 Rn 43 ff; *Staudinger/Habermeier* 2003 BGB § 706 Rn 16 ff.

eines Gesellschafters, der seine von der Gesellschafterstellung abspaltbaren Vermögensansprüche vorher an eine andere Person abgetreten hatte.[55]

Unvollkommen-gegenseitige Verträge wie **Auftrag** (§ 115), **Leihe** (s auch § 108 Rn 6), **unentgeltliche Verwahrung, unverzinsliches Darlehen**[56] fallen zwar nicht unmittelbar unter §§ 103, 55 Abs 1 Nr 2.[57] Eine analoge Anwendung des § 103 kommt aber in Betracht, wenn dem Vertragspartner Gegenansprüche zustehen (vgl Rn 79 f, § 115 Rn 8 f).[58] Zur **Geschäftsführung ohne Auftrag** s Rn 81. 22

Verträge über **entgeltliche Geschäftsbesorgung** sind zwar „gegenseitige" Verträge. Befindet sich jedoch der Vertragspartner des insolventen Schu in der Rolle des Geschäftsbesorgers, so erlischt das Vertragsverhältnis (richtiger: die auf ihm beruhende Geschäftsführungsbefugnis; s § 115 Rn 4) automatisch gem §§ 115 Abs 1, 116 S 1, wenn es sich auf die InsMasse bezieht. UU ist in derartigen Fällen dennoch **Raum für §§ 103, 55 Abs 1 Nr 2 Alt 1**. Hierzu ausf § 115 Rn 3, 6; *Marotzke* in InsR im Umbruch, S 183, 194; *ders* FS Henckel, 1995, S 579, 591 mit Fn 49 und schon zuvor in EWiR § 49 KO 1/1987, 1121. Bei der letztgenannten Fundstelle handelt es sich um die Bespr eines vom BGH[59] später aufgehobenen Urt des *OLG Hamm*[60] zum **Zurückbehaltungsrecht des Steuerberaters** an selbstgefertigten Aufzeichnungen seiner vom Schu noch nicht bezahlten bisherigen Arbeitsergebnisse.[61] 23

Sonstige gegenseitige Verträge (Themen- u Fundstellenübersicht): 24

- **Unternehmensverkauf durch den Schu oder einen vorl InsVerw:** *Marotzke* Das Unternehmen Rn 111 ff, 114 ff, 123 ff, 177 ff.
- **Beteiligungskaufverträge:** *Strotmann* ZInsO 2010, 1314 ff; vgl auch § 107 Rn 7.
- **Handelsvertretervertrag:** Urteilsanm *Preuß* KTS 2007, 361, 362; s auch §§ 112 Rn 24, 116 Rn 4, 119 Rn 6.
- **Schulvertrag mit Privatschule:** *BGH* 20.10.2011 – IX ZR 10/11, ZInsO 2011, 2229 [Rn 6] = ZIP 2011, 2262 (m Anm *Sauer* EWiR 2012, 119) = KTS 2012, 215 (m Anm *Madaus*) (Anwendbarkeit des § 103 auf das Vertragsverhältnis zwischen dem jetzt insolventen Träger einer Privatschule und den Eltern eines Schülers [auch erwähnt in der dritten Fn zu § 108 Rn 5]; zur Wirksamkeit des in einem zur Finanzierung des Schulbetriebs geschlossenen Darlehensvertrag enthaltenen Rangrücktritts der darlehensgewährenden Eltern vgl *BGH* Urt v 20.2.2014 – IX ZR 137/13, ZIP 2014, 1087 = NZI 2014, 503 mit Anm *Matz*).
- **Versicherungsverträge:** *Häsemeyer* Rn 20.83 ff, 30.14 f; *Elfring* BB 2004, 617 ff; vgl auch §§ 16, 46, 110, 115 Abs 1 Nr 2, 117 Abs 6, 170 VVG, §§ 311 ff VAG, § 119 Rn 4, 8.

---

55 Vgl *Marotzke* ZIP 1988, 1509, 1522 ff – geschrieben vor Inkrafttreten des § 166 Abs 2 InsO (sa Rn 46) und des § 131 Abs 3 S 1 Nr 2 HGB (s auch § 118 Rn 5 f).

56 Dazu *Marotzke* ZInsO 2004, 1273, 1277 (einschl Fn 47 ff), 1281. Zum **verzinslichen** Darlehen s Rn 19 mwN und § 108 Rn 83 ff.

57 Vgl *Marotzke* JA 1988, 117, 119 ff, 179; **aM** *Förster/Eccius* Preußisches Privatrecht Bd 2, 1892, § 141 Fn 121.

58 Nicht abgeneigt auch *Braun/Kroth* § 103 Rn 17; deutlich in die Gegenrichtung weisend jedoch das bei Rn 70 erwähnte Urt *BGH* ZInsO 2009, 378, 380 [Rn 15] = ZIP 2009, 428, 430 = NZI 2009, 235, 237 = NJW 2009, 1414, 1415; *Jaeger/Jacoby* § 103 Rn 98 ff.

59 LM BGB § 667 Nr 32 = ZIP 1988, 1474 f.

60 ZIP 1987, 1330.

61 Hierzu auch *LG Essen* ZIP 1996, 1878 f; *LG Düsseldorf* ZIP 1997, 1657 f; *LG Cottbus* ZInsO 2002, 635 ff; *OLG Hamburg* ZInsO 2005, 550; *LG Berlin* ZIP 2006, 962 (betr die Herausgabe der „Steuerdaten" an vorl InsVerw); *LG Hannover* NZI 2010, 119 f; *Gehre/Koslowski* Komm zum StBerG, 7. Aufl 2015 § 66 Rn 14 ff; *K/P/B/Tintelnot* §§ 115, 116 Rn 18; *Jaeger/Henckel* § 51 Rn 52; *Hess* §§ 115, 116 Rn 42; *N/R/Kießner* § 116 Rn 26.

- **D&O-Versicherung** (= „Directors-and-Officers-Versicherung" = Organ- oder Manager-Haftpflichtversicherung): *Werner* ZInsO 2014, 1949, 1942 ff mit Ausführungen sowohl zu § 103 als auch zu § 119; *OLG Hamburg* 8.7.2015 – 11 U 313/13, ZInsO 2015, 1977, 1978 f [II.2.b].
- **Krankenversicherung:** *LG Kiel* 6.10.2011 – 115 C 242/11, ZInsO 2012, 226 ff = NZI 2012, 30 f; *OLG Frankfurt* ZInsO 2013, 2160 ff; *LG Köln* NZI 2014, 29 f (dazu *Köke* VIA 2014, 6 f); *BGH* 19.2.2014 – IV ZR 163/13, ZInsO 2014, 833 ff; *OLG Schleswig* 30.12.2014 – 16 W 168/14, ZIP 2015, 1040 f = ZInsO 2015, 802 f; s auch § 103 Rn 45.
- **Versicherungsschutz der InsMasse nach qualifizierter Mahnung gem § 39 VVG aF/§ 38 VVG nF:** *Homann/Neufeld* ZInsO 2005, 741 ff.
- **Kapital-Lebensversicherung:** *Hasse* VersR 2005, 1, 20, 27, 32 ff.
- **Lebensversicherung:** *BGH* ZIP 1993, 600 ff = VersR 1993, 689 ff; *OLG Köln* ZInsO 2002, 534, 536; *KG* ZInsO 2012, 218 ff; zur Anwendbarkeit der §§ 166 Abs 2, 170, 171 bei Bestehen eines Absonderungsrechts vgl *BGH* NZI 2002, 599 ff = ZInsO 2002, 826 ff = ZIP 2002, 1630 ff (= Aufhebung des Urt *OLG Hamm* NZI 2002, 50 ff = ZInsO 2001, 1162 ff m Anm *Weis* ZInsO 2002, 170 ff); zum Schicksal des Bezugsrechts in der Ins s *Müller-Feldhammer* NZI 2001, 343 ff; *Thiel* ZIP 2002, 1232 ff.
- **Verpfändete Rückdeckungs-Lebensversicherung:** *BGH* ZIP 2005, 909 ff = NJW 2005, 2231 ff m Aufsatz *Elfring* 2192 ff = NZI 2005, 384 ff m Anm *Ampferl* = DZWIR 2005, 384 ff m Anm *Armbrüster* (Rechtslage vor Pfandreife).
- **Lebens-Direktversicherung:** *OLG Düsseldorf* NJW 1998, 3572 f = ZIP 1998, 1037 mit Anm *Huntemann* EWiR § 17 KO 2/1998, 953; *BAG* NZI 2000, 341 ff (dazu *Marotzke* Gegenseitige Verträge Rn 2.70 Fn 150a) = ZIP 1999, 1638 ff m Anm *Blomeyer* EWiR § 1 BetrAVG 1/2000, 111.
- **Rechte des Käufers eines Lebensversicherungsvertrags in der Ins des Versicherungsnehmers:** *Lachner/Lexa* NJW 2007, 1176 ff.
- **Kündigung einer Kapitallebensversicherung durch den InsVerw bzw Treuhänder:** *BGH* Urt v 1.12.2011 – IX ZR 79/11, ZIP 2012, 34 ff = ZInsO 2012, 77 ff; *KG* ZInsO 2012, 218 ff.
- **Rechtsschutzversicherung:** *OLG Karlsruhe* NZI 2002, 316 f = ZInsO 2002, 631 f.
- **Kautionsversicherung:** *BGHZ* 168, 276 ff = ZInsO 2006, 1055 ff = ZIP 2006, 1781 ff; *BGH* ZIP 2007, 543 ff = NJW-RR 2007, 848 ff = NZI 2007, 234 ff m Anm *Stapper/Schädlich*; *BGH* ZInsO 2008, 452 f; 2010, 1332 ff, 2391 ff; vgl auch §§ 112 Rn 25, 115 Rn 14, 116 Rn 4.
- **Warenkreditversicherung:** *OLG Koblenz* ZInsO 2003, 83 ff sowie in derselben Sache *BGH* ZIP 2004, 176 ff = ZInsO 2004, 86 ff = NZI 2004, 144 ff; vgl auch § 119 Rn 8 mwN.
- **Forderungsausfallversicherung:** *AG Wiesbaden* ZIP 2005, 500 (dazu auch die zweite Fn zu Rn 99); *Göb/Wirth* EWiR § 16 AVBWKV-plus 1/2005, 151 f).
- **Avalkreditvertrag:** *KG* ZIP 2010, 2411 ff.
- **Nutzungsvereinbarungen (insbesondere Lizenzverträge) über geistiges Eigentum und Ähnliches/Hauptlizenz/Unterlizenz/Kreuzlizenz/Verdinglichungstendenzen:** unten § 108 Rn 8 ff, 21 ff, 82, 96 ff mit punktuellen Ergänzungen bei § 103 Rn 66 (samt Fn), Rn 167 (die zweite Fn hierzu), Rn 175, § 105 Rn 14, § 107 Rn 40, § 112 Rn 24); *BGH* Urt v 19.7.2012 – I ZR 70/10 („**M2Trade**"), BGHZ 194, 136 ff = GRUR 2012, 916 ff. = ZIP 2012, 1561 ff = JZ 2013, 794 ff m Anm *Jotzo* (**Urheberrechtslizenz**; zu diesbezüglichen insolvenzrechtlichen obiter dicta dieses Urt des BGH vgl *Marotzke* ZInsO 2012, 1737 ff; *Pleister/Wündisch* ZIP 2012, 1792 ff; *Ganter* WuB 2012, 767 f [zu WuB V D. § 33 UrhG 1.12]; *Haedicke* Mitteilungen der deutschen Patentanwälte 2012, 429 ff; *Hirte* ZInsO 2013, 1770 ff); *LG München I* Urt v 9.2.2012 – 7 O 1906/11, ZIP 2012, 1770 ff (**Patentlizenz**; vgl auch § 108 Rn 8 ff, 21 ff, 96 ff) sowie als Berufungsinstanz in derselben Sache:

Urt v 25.7.2013 – 6 U 541/12, GRUR 2013, 1125 ff (m Anm *McGuire*) = WRP 2013, 1530 ff (m Anm *Haedicke*) = ZInsO 2013, 1747 ff (m Anm *Röckrath*) = NZI 2013, 899 ff (m Anm *Dahl/Schmitz* NZI 2013, 878 ff) = ZIP 2013, 1734 ff (hiergegen eingelegte Nichtzulassungsbeschwerden und Revisionen wurden zurückgenommen; vgl *BGH* Beschl v 9.12.2014 – X ZR 94/13 [Rn 1]); *BGH* Urt v 21.10.2015 – I ZR 173/14, ZIP 2016, 40 ff (**Markenlizenz**), s zu diesem Urt auch die dritte und vierte Fn zu § 103 Rn 66; *LG Mannheim* DZWIR 2003, 479 ff m Anm *Adam* = ZIP 2004, 576 ff m Anm *Beyerlein* EWiR § 103 InsO 3/2004, 767 f (**Softwarelizenz**; s auch § 108 Rn 8 ff, 21 ff, 96 ff); *BGH* ZInsO 2006, 35, 37 (**Softwarelizenz**; s zu diesem Urt auch die zweite Fn zu § 103 Rn 167).

- **Doppeltreuhand und Verträge über Musical-Produktionen:** *Bork* NZI 1999, 337 ff; vgl auch § 108 Rn 21.
- **Sportlizenz:** *Adolphsen* KTS 2005, 53, 65 ff; vgl auch §§ 112 Rn 24, 119 Rn 10.
- **Nutzungsverhältnis nach § 8 Abs 3 Nr 3 VOB/B:** *BGHZ* 145, 245, 247 = NJW 2001, 367, 368 f = ZIP 2000, 2207 ff.
- **Franchisevertrag:** *Torz* ZInsO 2009, 1235 ff.
- **Factoringvertrag:** *Gehrlein* ZInsO 2015, 1645 ff.
- **Werkvertrag/Bauvertrag:** *BGHZ* 150, 353, 358 f = ZIP 2002, 1093 ff = ZInsO 2002, 577 ff = LM GesO Nr 83/84 m Anm *Huber* = ZZP 115 (2002) 501 ff m Anm *Marotzke*.
- **Werkvertrag/Bauvertrag/Fälligkeitsvereinbarungen:** Haben die Parteien eines Werkvertrages vereinbart, dass die Fälligkeit des Werklohns von der Vorlage von Unbedenklichkeitsbescheinigungen der Sozialkassen und der Bauberufsgenossenschaft abhängen soll, ist diese Vereinbarung nach der Eröffnung des InsVerf über das Vermögen des Bauunternehmers für den Verw bindend (*BGH* ZIP 2017, 89 = ZInsO 2017, 82; zust *Marotzke* EWiR 2017, 49).
- **Werklieferungsvertrag über Schiffsbauwerk (Ins des Werkunternehmers/Teilbarkeit von Leistungen/Aufrechnung):** *BGHZ* 147, 28 ff = NZI 2001, 537 ff = ZInsO 2001, 708 ff = LM H 12/2001 § 17 KO Nr 35 m Anm *Pape* = BauR 2001, 1580 ff m Anm *Schmitz* = ZIP 2001, 1380 ff m Anm *Tintelnot* EWiR § 17 KO 2/2001, 1107 f; vgl auch §§ 103 Rn 53, 105 Rn 8, 10 f.
- **Werklieferungsvertrag über Metallgussteile (Ins des Werkunternehmers/Kündigung des Bestellers):** *BGH* 14.9.2017 – IX ZR 261/15; dazu § 103 Rn 55, 75, 116 ff.
- **Verkauf von Wartungsverträgen:** *BGH* LM § 17 KO Nr 36 m Anm *Busche* = NZI 2002, 95 ff = ZInsO 2001, 1100 ff = ZIP 2001, 2142 ff.
- **Verkauf von Wertpapieren:** *Pannen* Kap 5 S 220 ff Rn 109 ff, 124 f.
- **Vertrag zwischen einer Personal-Service-Agentur und der BA:** *BGH* ZInsO 2010, 284 ff = NZI 2010, 180 ff m Anm *B Wegener* (Zahlung von Fallpauschalen durch die BA nur bei Zahlung von Arbeitsentgelten durch die PSA).
- **Arbeitnehmerüberlassungsvertrag:** *OLG Celle* ZInsO 2004, 1211 f; *BGH* ZIP 2005, 1559 ff = ZInsO 2005, 875 ff; *AG Moers* 7.5.2013 – 563 C 297/12, ZInsO 2013, 1696 ff; *BGHZ* 161, 241, 251 = ZInsO 2005, 90, 93 = ZIP 2005, 126, 129 f = NZI 2005, 157, 159 f; vgl auch § 103 Rn 35, 105 und die bei Rn 105 hinter „Arbeitnehmerüberlassungsvertrag" angefügte Fn.
- **Konsignationslagervertrag:** *BGH* Urt v 13.2.2014 – IX ZR 313/12, ZInsO 2014, 710 ff und die Fn zu Rn 135, 136.
- **Energielieferungsverträge:** Vgl zunächst Rn 111 ff, 137, 139 sowie die Ausführungen zu § 105. Einen besonderen Fall, in dem der Energielieferant bereits während des schwebenden InsVerf den Schu persönlich in Anspruch nehmen wollte, betrifft *BGH* 3.3.2016 – IX ZR 119/15, ZInsO 2016, 694 ff = ZIP 2016, 682 ff (dazu *Marotzke* EWiR 2016, 273 f): Lehne der InsVerw des Kunden die Erfüllung eines zzt der Eröffnung des InsVerf beiderseits noch nicht vollständig erfüllten Energielieferungsvertrages ab, obwohl der

andere Teil (der Energieversorger) nach Verfahrenseröffnung noch weitere Leistungen erbracht habe, entstünden durch diese weiteren Leistungen keine Neuverbindlichkeiten des Schu, die diesem gegenüber während des laufenden InsVerf geltend gemacht werden könnten. Nach dem maßgeblichen objektiven Empfängerhorizont richte sich eine in der Bereitstellung von Versorgungsleistungen (Strom, Gas) liegende Realofferte eines Versorgungsunternehmens hinsichtlich eines massezugehörigen, vollständig fremdvermieteten Grundstücks nach Eröffnung des InsVerf nicht an den Schu persönlich, sondern entweder an den InsVerw oder an die Mieter. **Vgl im Übrigen Rn 111 ff, 137, 139 sowie die Ausführungen zu § 105**.

25 Eine analoge Anwendung des § 103 kommt in Betracht, wenn der Schu zum Abschluss eines gegenseitigen Vertrages **aufgrund Vorvertrages oder Gesetzes** verpflichtet ist und er diese Pflicht noch nicht erfüllt hat (s Rn 18).

26 Ein gesetzlicher **Anschluss- und Benutzungszwang** steht der Anwendbarkeit des § 103 nicht entgegen.[62]

27 Auf **Tarifverträge** ist § 103 nicht anzuwenden; das in Abs 2 vorausgesetzte Ablehnungsrecht des InsVerw wäre mit seiner Tarifbindung unvereinbar.[63] Wird über das Vermögen eines Arbeitgeberverbandes das InsVerf eröffnet, so endet damit nicht ohne weiteres die normative Wirkung eines von diesem Verband abgeschlossenen Tarifvertrages. Hierzu bedarf es, wenn kein sonstiger Beendigungstatbestand erfüllt ist, einer Kündigung, für die nach *BAGE* 95, 156, 163 f[64] der InsVerw, nach der zutr Ansicht von *Reuter*[65] hingegen der Vorstand (Liquidator) des insolventen Arbeitgeberverbandes zuständig ist. Praxishinweise zum Thema „Beendigung der Tarifbindung in der Ins" finden sich bei den in der Fn[66] Genannten.

28 Für **Betriebsvereinbarungen** gilt § 120, für **Sozialpläne** § 124.

29 Auf **Unternehmensverträge (Konzernverträge)** ist § 103 uU analog anwendbar (vgl §§ 108 Rn 6, 115 Rn 9 mwN).

30 Kein Wahlrecht iSd § 103 hat der InsVerw einer eingetragenen Genossenschaft in Bezug auf die **Mitgliedschaft in einem gesetzlichen Prüfungsverband**. Die auf die Zeit nach Eröffnung des InsVerf entfallenden **Beitragsforderungen** des Prüfungsverbands muss der InsVerw als Masseverbindlichkeiten erfüllen,[67] insofern also ähnliche Rechtslage wie in Fällen des § 108 (s dort Rn 10, 40 ff).

31 **Schiedsvereinbarungen** sind keine gegenseitigen Verträge iSd §§ 320 ff BGB und der §§ 103 ff,[68] sondern gehören zur Kategorie der Prozessverträge (§§ 1029 ff ZPO). Sie bestehen in der Ins eines Beteiligten fort und wirken grds auch für und gegen den InsVerw[69] in

---

62 **AM** *OLG Brandenburg* NZI 2002, 107, 108 = ZInsO 2002, 71, 73; dazu auch die letzte Fn zu Rn 46.

63 *Hess* § 113 Rn 204 ff.

64 = DZWIR 2001, 239, 242.

65 *Reuter* DZWIR 2002, 244 f.

66 *Mückl/Krings* BB 2012, 769 ff.

67 *LG Kassel* DZWIR 2002, 520 f m zust Anm *Scheibner*.

68 § 103 ist auf Schiedsvereinbarungen weder direkt noch analog anwendbar. Wie hier *Chr Berger* ZInsO 2009, 1033, 1035, 1039; *Haas* ZZP 126 (2013), 117 ff; *Dahl/Schmitz* NZI 2013, 1059 f; *BGH* 9.8.2016 – I ZB 1/15, ZInsO 2016, 1982 ff [Rn 10, 16 ff]; **aM** *Häsemeyer* Rn 13.27 (ganz allgemein in Bezug auf Prozessverträge, also wohl auch für Schiedsvereinbarungen); *Jaeger/Windel* § 80 Rn 249.

69 In diesem Sinne etwa *BGHZ* 179, 304, 307 (Rn 11); *BGH* ZInsO 2004, 88; *BGH* ZIP 2013, 1539 f (dazu *Dahl/Schmitz* NZI 2013, 1059 ff; *Flöther/Gelbrich* EWiR 2013, 659 f); *BGH* 9.8.2016 – I ZB 1/15, ZInsO 2016, 1982 ff [Rn 10, 16 ff] und überhaupt die ganz hM; **aM** jedoch *Häsemeyer* Rn 13.28; *Jaeger/Windel* § 80 Rn 249.

seiner Eigenschaft als Rechtsnachfolger in die Verwaltungs- und Verfügungsbefugnis über das Vermögen des Schu. Jedoch erstrecken sie sich nicht auf Rechte des InsVerw, die nicht unmittelbar auf dem der Schiedsvereinbarung unterworfenen Rechtsverhältnis des Schu, sondern auf der InsO beruhen und derart „insolvenzspezifisch" sind, dass der Schu von Rechts wegen weder über sie verfügen noch Einfluss darauf nehmen kann, ob, wann, in welcher Weise und bei welcher Stelle sie geltend gemacht werden. Nach einem Beschl des III. Zivilsenats des *BGH* v 30.6.2011 gehören zu den insolvenzspezifischen Rechten des InsVerw, die von einer Schiedsvereinbarung des Schu nicht erfasst werden, sowohl die **InsAnf** gem §§ 129 ff als auch das **„Wahlrecht des Insolvenzverwalters aus § 103"**.[70] **Letzteres dürfte vor dem Hintergrund der im vorliegenden Kommentar vertretenen Auslegung des § 103**, nach der § 103 kein SuperAnfR gewährt (Rn 91 ff, 101), das Ablehnungsrecht des InsVerw nicht auf § 103, sondern auf §§ 38, 87 beruht (Rn 4, 66, 87 f) und der erste Abs des § 103 – anders als der ihn ergänzende § 55 Abs 1 Nr 2 und die ihn abwandelnden §§ 104, 105 S 1 – lediglich deklaratorisch das bekräftigt, was auch ohne ihn gelten würde (Rn 8), **nicht den Kern der Sache treffen**. Gute Gründe sprechen jedoch dafür, als außerhalb des Anwendungsbereichs vorinsolvenzlicher Schiedsvereinbarungen liegend nicht nur „insolvenzspezifische" Rechte wie etwa die in §§ 129 ff geregelten Anfechtungsrechte des InsVerw, sondern ganz allgemein die Auslegung und Anwendung **aller** Vorschriften anzusehen, die eine **Gleichbehandlung der Gl des insolventen Schu** sicherstellen bzw ausnahmsweise eine Ungleichbehandlung zulassen oder diese sogar vorschreiben möchten. Außerhalb des Anwendungsbereichs vorinsolvenzlicher Schiedsvereinbarungen lägen dann auch alle **Fragen der insolvenzrechtlichen Qualifikation von Ansprüchen der nicht insolventen Vertragspartei** (zB ob es sich um Masseverbindlichkeiten iSd § 55 Abs 1 Nr 2 oder lediglich um InsFord iSd §§ 38, 103 Abs 2 S 1, 105 S 1 oder 108 Abs 3 handelt). Für diese Interpretation[71] lässt sich das Argument anführen, dass bei der Anwendung des Gleichbehandlungsgrundsatzes und der Definition seiner Ausnahmen stets auch Gl betroffen sind, die an der Schiedsvereinbarung weder unmittelbar noch als Rechtsnachfolger einer Vertragspartei beteiligt waren.[72] Ob als in diesem Sinne „insolvenzspezifisch" bzw „gleichbehandlungsrelevant" und damit den Wirkungen der Schiedsvereinbarung entzogen auch Streitigkeiten über **Aussonderungsansprüche** angesehen werden sollten (zB Herausgabe- bzw Rückgewähransprüche eines Vermieters, Verpächters, Leasinggebers oder Lizenzgebers nach Beendigung

---

70 *BGH* 30.06.2011 – III ZB 59/10 [LS 2 und Rn 13 ff der Gründe], ZInsO 2011, 1457, 1459 = ZIP 2011, 1477 f = ZZP 126 (2013), 111 ff (m Anm *Haas*); zustimmend *BGH* 29.6.2017 – I ZB 60/16 [Rn 18, bei Rn 20 ff allerdings eine entspr Ausnahme für §§ 115, 116 ablehnend]; *Dahl/Thomas* NZI 2012, 534, 536 (für den Fall, dass der InsVerw die Vertragserfüllung ablehnt); vgl auch *KG* 23.4.2012 – 20 SCHH 3/09, ZIP 2012, 990 ff = NZI 2012, 759 ff (dazu *Brinkmann* NZI 2012, 735 ff); *Heydn* SchiedsVZ 2010, 182, 185 ff; ebenso in Bezug auf die **InsAnfechtung** *BGH* ZInsO 2004, 88 = DZWIR 2004, 161 f (m Anm *Flöther*), die auch in der vorletzten Fn zu Rn 31 erwähnte Entscheidung *BGH* ZInsO 2008, 269, 271 [Rn 17] sowie § 129 Rn 125.

71 In diesem Sinne – jeweils in Bezug auf Fragen des Ranges einer geltend gemachten InsFord – *Lüke* ZZP 101 (1988) 92, 100; MK/*Schumacher* § 180 Rn 11; **aM** *Jestaedt* Schiedsverfahren und Konkurs, 1985, 132 ff; *Chr Berger* ZInsO 2009, 1033, 1034, 1038 f; bezgl der Abgrenzung zw § 38 und § 55 Abs 1 Nr 1 auch *OLG Köln* 23.9.2017 – 19 Sch 9/16, ZInsO 2017, 2019, 2022 f (II.3 und letzter Abs von II.2) sowie bezgl des Bestehens von Aus- oder Absonderungsrechten (§§ 47 f, §§ 49 ff) und einer sich auf § 166 Abs 2 gründenden Einziehungsbefugnis des InsVerw *BGH* 29.6.2017 – I ZB 60/16 [Rn 19].

72 Dieses Argument unberücksichtigt lassend die in der vorherigen Fn erwähnte Entscheidung des *OLG Köln*.

des Vertragsverhältnisses), ist zweifelhaft.[73] Denn eine Aussonderung kommt nur in Betracht, wenn der Berechtigte aufgrund eines dinglichen oder persönlichen Rechts geltend machen kann, dass der beanspruchte Gegenstand **nicht zur InsMasse** gehört (§ 47 S 1). Zudem verweist die InsO für den Anspruch auf Aussonderung ausdrücklich auf die „außerhalb" des InsVerf geltenden Gesetze (§ 47 S 2). Nicht unterschätzen sollte man aber die – letztlich wohl zur **Verneinung** der InsFestigkeit diesbezüglicher Schiedsvereinbarungen zwingende – Gefahr, dass manche Schiedsgerichte, etwa wenn sie von Inhabern geistigen Eigentums (zB von Marken- oder Patentinhabern) und ihren Lizenznehmern eingesetzt bzw akzeptiert wurden, möglicherweise eher als staatliche Gerichte (insbesondere eher als der Insolvenzrechtssenat des BGH) bereit sein könnten, bestimmte Rechtspositionen (zB Marken- oder Patentlizenzen) zu Lasten der nicht an der Schiedsabrede beteiligten übrigen Gl (im Beispiel: zum Nachteil der Gl eines inzwischen insolventen Lizenzgebers) als zur Aussonderung (§ 47) befähigende und in diesem Sinne insolvenzfeste **dingliche** Rechte zu qualifizieren.[74] Die Anwendbarkeit einer vorinsolvenzlichen Schiedsvereinbarung auf die Geltendmachung eines **Ab**sonderungsrechts, das der Sicherung einer Ford aus einem mglw sogar dem § 103 unterliegenden Vertrag dienen sollte (vgl für solche Konstellationen Rn 95, 170), wurde vom III. Zivilsenat des BGH in einem Fall, der zu diesbezüglichen Zweifeln Anlass geben konnte, nicht in Frage gestellt.[75] Ein interessantes Thema ist vor dem Hintergrund der vielen noch ungeklärten Probleme auch die Frage nach dem Zusammenhang zwischen der **Wahl eines (zB ausländischen) Schiedsortes** und der Reichweite der schiedsgerichtlichen Entscheidungskompetenz in der Ins eines Beteiligten.[76]

II. Analoge Anwendung auf gesetzliche Schuldverhältnisse

32 Ob § 103 auch auf **gesetzliche** Schuldverhältnisse angewendet werden darf (dann natürlich nicht unmittelbar, sondern analog), ist eine bisher wenig diskutierte Frage (s aber immerhin Rn 25 f, 33 ff). Die analoge Anwendbarkeit wird jedenfalls bei solchen gesetzlichen Schuldverhältnissen zu bejahen sein, deren Leistungsprogramm mit dem eines unter § 103 subsumierbaren Vertragstyps identisch oder zumindest vergleichbar ist.[77] So verhält es sich idR bei dem gesetzlichen Schuldverhältnis des **§ 135 Abs 3**.[78] Der InsVerw kann, muss aber nicht auf der tatsächlichen Durchführung des durch § 135 Abs 3 begründeten gesetzlichen Nutzungsverhältnisses bestehen. Durch Rückgabe des Nutzungsgegenstandes kann er die in § 135 Abs 3 S 2 geregelte Ausgleichszahlungspflicht der Masse abwenden. Dem InsVerw steht damit ein Wahlrecht zu, auf dessen Ausübung die §§ 103 Abs 2 S 2, 107 Abs 2, 103 Abs 2 S 3 analog anwendbar sind.

---

73 Die Frage trotzdem bejahend *Häsemeyer* Rn 13.28; **aM** *Haas* ZZP 126 (2013) 119 f sowie unter bestimmten Voraussetzungen auch *KG* v 23.4.2012 – 20 SCHH 3/09, ZIP 2012, 990 f (ad II 2) = NZI 2012, 759, 760 (dazu *Brinkmann* NZI 2012, 735 ff).

74 Vgl zur (angeblichen) „Dinglichkeit" von Lizenzen § 108 Rn 15, 20, 24 und zu den bisherigen (erfolglosen) Versuchen zur Installierung eines **gesetzlichen** InsSchutzes für Lizenzen § 108 Rn 9, 12 ff, 96 ff.

75 Vgl *BGH* 17.1.2008 – III ZB 11/07, ZInsO 2008, 269, 270 Rn 7 ff = NJW-RR 2008, 558, 559 = ZIP 2008, 478 f (mit Ausführungen auch zur Unanwendbarkeit der Schiedsvereinbarung auf eine geltend gemachte InsAnfechtung; Entscheidungsgründe Rn 17 und vorliegender Kommentar § 129 Rn 125); obiter auch *BGH* 29.6.2017 – I ZB 60/16 [Rn 19]. Zu interessanten Wechselwirkungen zwischen InsAnf und Wahlrechtsausübung nach § 103 s § 103 Rn 39 ff, 76, 101.

76 Vgl dazu *Flecke-Giammarco/Keller* NZI 2012, 529 ff.

77 Sehr restriktiv *OLG Köln* 23.9.2017 – 19 Sch 9/16, ZInsO 2017, 2019, 2021 f (II.2).

78 Hierzu und zum Folgenden *Marotzke* FS Runkel, 2009, S 359 ff; *Geißler* S 161 ff, 224 f.

III. Analoge Anwendung auf Rückabwicklungsschuldverhältnisse

1. Grundsatz. Nach ganz hM ist § 103 nicht nur auf die „Erfüllung" gegenseitiger „Verträge", sondern analog auch auf die „Rückabwicklung" solcher Verträge, genauer: auf die „Erfüllung" beiderseits noch nicht vollständig erfüllter, gegenseitiger „Rückabwicklungsschuldverhältnisse" anzuwenden.[79] Das gilt zB für beiderseits noch nicht erfüllte Schuldverhältnisse aus **Rücktritt** (§§ 346 ff BGB, ggf iVm §§ 323, 326 Abs 5, 437 Nr 2, 440, 634 Nr 3, 636 BGB) und – soweit nicht die Anwendung der Saldotheorie zu einem einseitigen (Geld-)Anspruch nur einer der Parteien führt – aus **ungerechtfertigter Bereicherung** (§§ 812 ff BGB). Da diese Rückabwicklungsschuldverhältnisse Nachwirkungen eines – wenn auch uU niemals wirksam gewesenen – gegenseitigen Vertrages sind und ebenso wie die meisten gegenseitigen Verträge nur **Zug um Zug** erfüllt werden müssen (was für das infolge Rücktritts entstehende Schuldverhältnis aus § 348 BGB, für das bereicherungsrechtliche Schuldverhältnis entweder aus der Saldotheorie[80] oder, wenn diese im konkreten Fall nicht anwendbar ist bzw ohnehin grds abgelehnt wird,[81] aus § 273 BGB[82] oder aus einer analogen Anwendung des § 348[83] folgt), ist eine analoge Anwendung des § 103 auf diese Rückabwicklungsschuldverhältnisse folgerichtig: Hauptzweck des § 103 ist ja gerade, dem InsVerw die Einziehung von Forderungen der Masse zu ermöglichen, die der Gegner nur Zug um Zug gegen eine Leistung des insolventen Schu bzw des InsVerw zu erfüllen braucht (vgl Rn 4). 33

Die vielen Detailfragen, die eine analoge Anwendung des § 103 auf Rückabwicklungsschuldverhältnisse gleichwohl aufwirft, sind ausf dargestellt bei *Marotzke* Gegenseitige Verträge Rn 4.114 ff, 7.20. Die dort und auch von Anderen[84] noch als zulässig erachtete Erstreckung der Analogie auf **§ 55 Abs 1 Nr 2 Alt 1** ist nicht zwingend und sollte aufgegeben werden.[85] 34

---

79 *RG* LZ 1915 Sp 217 Nr 17; *BGH* WM 1961, 482, 485 f unter 5; *OLG Stuttgart* ZInsO 2004, 1087, 1089; *OLG Celle* ZInsO 2011, 490, 493; *Jaeger/Jacoby* § 103 Rn 87 ff; *v Olshausen* FS Gaul, 1997, S 497, 514 ff; *Staudinger/Kessal-Wulf* 2012 BGB § 359 Rn 35; *Goraj* ZInsO 2011, 497, 503 f; *Kepplinger* S 336 ff; *Häsemeyer* KTS 2002, 603, 606 ff; *Scherer* NZI 2002, 356, 359 ff; *Mossler* S 53 ff, 68 ff, 165 ff; **grds aM** *Muthorst* KTS 2009, 467 ff (in Bezug auf §§ 346, 348 BGB); trotz gegebenen Anlasses **nicht erwähnt** wird die Frage der analogen Anwendbarkeit in dem – iE gleichwohl zutr, s Rn 107 – Urt *BGHZ* 149, 326, 334 = NJW 2002, 1050, 1052 = LM § 987 BGB Nr 22 m Anm *Chr Berger* = NZI 2002, 150, 152 = ZIP 2002, 309, 312 = ZInsO 2002, 185, 187 = DZWIR 2002, 159, 162 (**„gar nicht besonders geregelt"**); **die Frage offen lassend** das ParallelUrt (dieselbe Ins!) *BGHZ* 150, 138, 148 f = LM § 273 BGB Nr 62 m Anm *Marotzke* = KTS 2002, 553, 557 f = NZI 2002, 380, 382 = ZIP 2002, 858, 862 = ZInsO 2002, 487, 489; ähnlicher Fall in *BGH* ZIP 2003, 1406 ff = ZInsO 2003, 767 f; **die Frage erneut offen lassend** *BGH* ZVI 2003, 661, 662 Abschn II 1; *BGH* ZInsO 2009, 378, 379 [Rn 9] = NJW 2009, 1414 = NZI 2009, 235, 236 und *BGH* 12.10.2017 – IX ZR 288/14, ZInsO 2017, 2539 f [Rn 17]; die Thematik erneut als **„nicht besonders geregelt"** bezeichnend *BGHZ* 161, 241, 251 = NJW 2005, 884, 887 = ZInsO 2005, 90, 93 = ZIP 2005, 126, 129 = NZI 2005, 157, 159.

80 *BGHZ* 147, 152, 157; 150, 138, 146.

81 Vgl *Larenz/Canaris* 13. Aufl 1994 Schuldrecht Bd II 2, § 73 III 7 S 334 ff.

82 Vgl *Medicus/Petersen* Bürgerliches Recht, 25. Aufl 2015, Rn 225.

83 *Larenz/Canaris* aaO § 73 III 2 c S 325.

84 Vgl *Jaeger/Henckel* KO § 55 Rn 45; *Mossler* S 53 ff, 62, 68 ff; *OLG Celle* ZInsO 2011, 490, 493.

85 *Marotzke* im letzten Abs der Anm zu *BGH* LM § 273 BGB Nr 62; vgl auch *Rugullis* KTS 2005, 459, 464 ff, der auf den Fall, dass der **InsVerw** ein Rücktrittsrecht ausübt, § 55 Abs 1 **Nr 1** anwenden will (insoweit abl *Marotzke* Gegenseitige Verträge, Rn 4.126 ff).

35 Als insolvenzrechtlich gebotene Einschränkung der **„Saldotheorie"** bezeichnet der *BGH* seine in BGHZ 161, 241, 250 ff[86] vertretene Ansicht, dass, wenn ein **Arbeitnehmerüberlassungsvertrag** wegen eines Mangels der Schriftform nichtig sei, der Entleiher **Sozialversicherungsbeiträge**, die er nach Eröffnung des InsVerf über das Vermögen des Verleihers zum Ausgleich der diesem obliegenden Zahlungspflicht an die Kasse geleistet habe, der vom InsVerw geltend gemachten Bereicherungsforderung nicht anspruchsmindernd entgegensetzen könne. Diese Rechtsansicht erscheint iE fragwürdig.[87] Zudem weicht sie nicht lediglich von einer mehr oder weniger unverbindlichen „Theorie" (der vom BGH erwähnten Saldotheorie), sondern vom Gesetz (§ 818 Abs 3 BGB) ab.

36 Zustimmung verdient allerdings die im Urt v 22.4.2010 vertretene Ansicht des BGH,[88] dass der aus der **Anfechtung der Auszahlung von Scheingewinnen** resultierende Rückgewähranspruch des InsVerw nicht mit den als Einlage erbrachten Zahlungen des Anfechtungsgegners zu saldieren sei.

37 Wenn und soweit für einen Rückgewähranspruch gegen den Schu **Vormerkungsschutz** besteht (Bsp: § 106 Rn 29), schließt § 106 eine analoge Anwendung des § 103 – richtiger: der §§ 38, 103 Abs 2 S 1[89] – aus. Gleiches gilt auch ohne § 106 bei echten **Aussonderungsrechten** iSd §§ 47 f und beim **Erbbaurecht** – sofern man § 103 auf dieses grds für anwendbar hält[90] – für einen etwaigen Heimfallanspruch des Grundstückseigentümers gegen den Schu.[91] Hat der InsVerw ein Grundstück, bzgl dessen einem Vertragspartner des Schu ein Rückgewähranspruch aus § 985 und/oder § 346 Abs 1 BGB zusteht, nicht in seinem Besitz und richtet der Vertragspartner seinen Herausgabeanspruch deshalb nicht gegen den InsVerw, sondern gegen den Schu persönlich, so hat der Schu ein etwaiges **Zurückbehaltungsrecht**, das ihm gem § 273 BGB, §§ 348, 320 BGB oder § 1000 BGB wegen einer insolvenzbefangenen GegenFo zusteht, in der Weise geltend zu machen, dass die Rückgabe des Grundstücks nur für den Fall angeboten wird, dass der Vertragspartner die GegenFo des Schu **zur InsMasse** erfüllt.[92]

38 Nach Ansicht von Bruns[93] soll der InsVerw ein auf einem insolvenzbedingten Lösungsrecht beruhendes und beiderseits noch nicht vollständig erfülltes Rückabwicklungsverhältnis durch Erfüllungswahl wieder in das ursprüngliche Primärschuldverhältnis rückverwandeln können. Diese These geht über die hier vertretene Analogie weit hinaus und beruht auf einer kaum vertretbaren Übersteigerung der bei Rn 88 kritisierten Erlöschens- und Wieder-

---

86 = ZInsO 2005, 90 ff = ZIP 2005, 126 ff = NZI 2005, 157 ff (dazu auch Rn 104 ff und Anm *Naraschewski* EWiR § 818 BGB 1/2005, 565 f).

87 Vgl zu dem Urt des BGH auch Rn 104 ff sowie die Kritik v *Naraschewski* EWiR § 818 BGB 1/2005, 565 f; *Häsemeyer* KTS 2006, 99 ff.

88 *BGH* ZIP 2010, 1253 ff = ZInsO 2010, 1158 ff = NZI 2010, 605 ff.

89 *Marotzke* Gegenseitige Verträge, Rn 10.1 ff.

90 Bereits diese Vorfrage verneinend *BGH* ZIP 2005, 2267 f = NJW-RR 2006, 188 f = NZI 2006, 97 ff m Anm *Drasdo*; *BGH* NJW 2007, 2325, 2326 [Rn 10] = ZInsO 2007, 600 = ZIP 2007, 1120, 1121; *Pfennig* Das Erbbaurecht in der Insolvenz, 2010, S 37 ff, 181, 218; s auch § 108 Rn 81.

91 Dazu die auch bei § 108 Rn 81 f erwähnten Urt *OLG Karlsruhe* NJW-RR 2002, 413 f = ZInsO 2001, 714 ff und, im konkreten Fall jedoch die Anfechtbarkeit der Heimfallvereinbarung bejahend, *BGH* NJW 2007, 2325, 2326 [Rn 8] = ZInsO 2007, 600 = ZIP 2007, 1120, 1121 (Vorinstanz: *OLG Naumburg* ZIP 2006, 716 ff = ZInsO 2006, 659 ff).

92 *BGH* ZInsO 2013, 823 ff = ZIP 2013, 890 ff [LS und Rn 9 ff]. Hintergrund dieser auch in der dritten Fn zu § 103 Rn 89 erwähnten Entscheidung war ein noch nicht im Grundbuch vollzogener, aber bereits zu einem Rohbau des Schu gediehener **Erbbaurechtsvertrag**.

93 *Bruns* ZZP 110 (1997) 305, 329 ff.

begründungstheorie.[94] Hinzu kommt, dass der BGH diese Theorie inzwischen zu einer „Qualitätssprungtheorie“ abgeschwächt hat (vgl Rn 8, 88, 102).

2. Ausnahmen. Besonderheiten gelten für Rückabwicklungsschuldverhältnisse, die dadurch zustande kommen, dass die InsO eine Teil- oder Vollleistung, die der Schu auf einen gegenseitigen Vertrag erbracht hat, im Interesse der übrigen Gl für unwirksam (§ 81) oder anfechtbar (§§ 129 ff) erklärt: Hier sind die §§ 103, 55 Abs 1 Nr 2 Alt 1 zwar auf den ursprünglichen Vertrag (Rn 76), nicht aber auf das Rückabwicklungsschuldverhältnis anwendbar, welches sich aus den **§§ 81 Abs 1 S 3, 143 Abs 1 S 1, 144 Abs 2** ergibt, wenn der InsVerw es ablehnt, von dem ihm nach § 103 (Rn 76) zustehenden Recht Gebrauch zu machen, auf die Geltendmachung der Unwirksamkeit bzw Anfechtbarkeit der vom Schu erbrachten Leistung zu verzichten.[95] **39**

Eine andere Frage ist, ob der InsVerw eine durch Ausübung seines AnfR entstandene Masseverbindlichkeit auf Rückgewähr der Gegenleistung (§ 144 Abs 2 S 1) wieder beseitigen kann, indem er nach § 103 die (weitere) Erfüllung des vom Schu geschlossenen Vertrages verlangt. Geht man davon aus, dass eine nach §§ 129 ff angefochtene Rechtshandlung der InsMasse gegenüber unwirksam ist, so muss die Frage schon aus diesem Grund verneint werden, falls sich die Anf auch gegen das Kausalgeschäft richtete. Der BGH[96] hat sich jedoch auf den Standpunkt gestellt, dass die insolvenzrechtliche Anf „nicht die Ausübung eines Gestaltungsrechts, sondern lediglich die Geltendmachung eines schuldrechtlichen Anspruchs auf Rückgewähr“ darstelle, und daraus den Schluss gezogen, dass der InsVerw, der einen Vertrag des Schu angefochten habe, nicht gehindert sei, „von der Verfolgung des Rückgewähranspruchs abzusehen und Erfüllung des Vertrages zu verlangen“.[97] Das Erg dieser Schlussfolgerung überzeugt nicht. Denn die Anf eines dem § 103 unterliegenden Vertrages enthält fast immer auch eine Kundgabe des Willens, den Vertrag nicht erfüllen, sondern rückabwickeln zu wollen. IRd § 103 hat solch eine Erfüllungsablehnung zur Folge, dass der InsVerw das Recht, gegen den Willen des Vertragspartners auf Erfüllung zu bestehen, verliert (Rn 88). **40**

Ebenso verliert der InsVerw übrigens sein **AnfR**, wenn er vor dessen Ausübung den Gegner auf Erfüllung des Vertrages in Anspruch nimmt.[98] Denn wenn der InsVerw die Erfüllung des Vertrages verlangt, erhebt er die Gegenansprüche des anderen Teils durch eine eigene und deshalb nicht nach §§ 129 ff anfechtbare Rechtshandlung zu Masseverbindlichkeiten (§ 55 Abs 1 Nr 2 Alt 1). Für die Erfüllbarkeit von Masseverbindlichkeiten haftet er dem Vertragspartner nach Maßgabe des § 61 sogar persönlich. Folglich kann der InsVerw nun nicht mehr berechtigt sein, eine bereits durch den Schu bewirkte Erfüllung des Vertrages gem §§ 129 ff anzufechten (vgl auch Rn 76). **41**

---

94 Vgl auch § 119 Rn 3 aE und die Kritik von *N/R/Balthasar* § 119 Rn 14; *Schwörer* Rn 290 ff.

95 Vgl *Marotzke* Gegenseitige Verträge, Rn 4.130 ff, 7.133; interessant in diesem Zusammenhang auch *BGH* ZIP 2010, 1253 ff = ZInsO 2010, 1185 ff.

96 *BGH* NJW 1962, 1200 ff Abschn 2.

97 *BGH* NJW 1962, 1200 ff Abschn 2 LS b; zust „bis … zur Grenze des § 242 BGB“ MK/*Kirchhof* § 143 Rn 16a.

98 Ebenso MK/*Kirchhof* § 143 Rn 16a; zu der scheinbar abw Entsch *BGHZ* 89, 189 ff vgl *Marotzke* Gegenseitige Verträge, Rn 7.131 mit Fn 366 sowie *Häsemeyer* JuS 1986, 851 ff.

IV. Forderungszuständigkeit des Insolvenzverwalters

42 Die bestehende „Forderungszuständigkeit des InsVerw" **ist eine ungeschriebene weil selbstverständliche Voraussetzung** der §§ 103 Abs 1, 55 Abs 1 Nr 2 Alt 1.[99] Das Recht des InsVerw, die Erfüllung des Vertrages zu verlangen, ist in § 103 Abs 1 nicht begründet, sondern vorausgesetzt. Wenn und soweit der InsVerw die Erfüllung des Vertrages ohne § 103 nicht verlangen kann, kann er sie auch mit § 103 nicht verlangen. Das kann zB[100] in folgenden Fällen praktisch werden:

43 **1. Verträge mit beschlagsfreiem Inhalt.** Nach Mot II S 64 können die §§ 17 ff KO (§§ 103 ff) „nicht angewendet werden auf solche zweiseitigen Verträge, welche den Konkursverhältnissen überhaupt nicht unterliegen". Als Beispiele nennen die Motive Verträge, deren Natur es nicht zulasse, dass die vertragsmäßige Leistung entweder statt **durch** den GemeinSchu (InsO: Schu) durch den InsVerw (dazu Rn 60) oder statt **an** den GemeinSchu an den InsVerw erbracht werde. Zur letztgenannten Kategorie zählen die Motive alle an die Person des GemeinSchu geknüpften „rein persönlichen" Rechte; diese gehörten „schon an sich" nicht zur InsMasse. Darüber hinaus könnten wegen § 1 KO (§§ 35, 36) auch diejenigen Ansprüche nicht durch den InsVerw für die Masse ausgeübt werden, „deren Leistung nur an und für die Person des Gemeinschuldners ohne eine Beziehung auf das die Konkursmasse bildende Vermögen desselben auszuführen, und deren Verwerthung daher für die Konkursmasse ausgeschlossen ist". Deshalb komme die Anwendung des § 17 KO (§ 103) auf ein Vertragsverhältnis des GemeinSchu mit seinem Hausarzt oder mit einer Amme oder mit den Erziehern seiner Kinder nicht in Betracht.[101] Für die Richtigkeit dieser Ansicht[102] spricht, dass „Gegenstände, die nicht der Zwangsvollstreckung unterliegen", auch nicht zur InsMasse gehören (§ 36 Abs 1), und dass Forderungen der in den KO-Motiven bezeichneten Art gem § 851 Abs 1 ZPO nicht der Pfändung unterworfen sind, weil sie wegen § 399 Alt 1 BGB weder übertragen noch zur Ausübung[103] überlassen werden können und – worauf es allerdings nur in den Fällen einer nach § 399 Alt 2 BGB **vereinbarten** Unübertragbarkeit ankommt[104] – der geschuldete Gegenstand (§ 851 Abs 2 ZPO) nicht pfändbar ist. Zur Zulässigkeit von insolvenzanknüpfenden „Lösungsklauseln" s § 119 Rn 3 f und § 112 Rn 12, 17 ff.

44 Beschlagsfrei sind auch Ansprüche des Schu auf Verschaffung oder Herausgabe „konkursfreier" Sachen.[105] Dementsprechend findet § 103 keine Anwendung auf den Kauf der zur persönlichen Tätigkeit von Künstlern, Gelehrten, Schriftstellern oder Handwerkern unentbehrlichen Arbeitsgegenstände oder auf den Kauf eines Rollstuhls für den gebrechlichen Schu (§ 36 Abs 1 und 2, § 811 Nr 5 und Nr 12 ZPO).

45 In allen diesen Fällen (zu unterscheiden von den bei Rn 46 ff, 60 genannten) gehört der Erfüllungsanspruch des Schu **schon wegen seines Inhalts** nicht zur InsMasse; mangels Massezugehörigkeit unterliegt er trotz § 103 nicht der Einziehung durch den InsVerw, sondern

---

99 Ausf *Marotzke* Gegenseitige Verträge, Rn 4.10 ff; zust *Adam* DZWIR 1999, 217, 218 f; *Keplinger* S 277 ff; *v Wilmowsky* ZIP 2012, 401, 407; vgl auch *BAGE* 132, 333, 343 [Rn 32] = NJW 2010, 2154, 2157 = ZIP 2010, 588, 592 (dazu § 108 Rn 6); **aM** bzgl der bei Rn 46, 48 angesprochenen Fallgruppe *Dahncke* S 88 ff, 121 ff, 197; *K/P/B/Tintelnot* § 103 Rn 206.

100 Zu einem weiteren, mit der nachfolgenden Kategorisierung nur schwer zu fassenden Fall vgl *BAGE* 132, 333, 343 Rn 32 = ZIP 2010, 588, 592 (dazu § 108 Rn 6).

101 Mot II S 64. Vgl zur Ins der anderen Vertragspartei (zB des Arztes) § 115 Rn 21.

102 Vgl auch *Heinze* ZInsO 2015, 1117, 1121 ff.

103 Vgl *Staudinger/Busche* 2017 BGB Einl 126 zu §§ 398 ff.

104 Vgl *Zöller/Stöber* ZPO, 31. Aufl 2016, § 851 Rn 3, 6; *Stein/Jonas/Brehm* § 851 Rn 28 mwN auch zur Gegenansicht.

105 *Jaeger/Henckel* KO § 1 Rn 70; *Kuhn/Uhlenbruck* KO § 17 Rn 14.

bleibt auch insoweit dem insolventen Schu persönlich zugeordnet. Ein Erfüllungsverlangen des InsVerw wäre unbegründet (Rn 42) und hätte nicht die Kraft, die Gegenforderung des Vertragspartners nach § 55 Abs 1 Nr 2 Alt 1 in eine Masseverbindlichkeit zu verwandeln. **Ob solche Verträge** – insb Verträge des GemeinSchu mit seinem Hausarzt oder mit einer Amme oder mit Erziehern seiner Kinder – **gegenüber dem GemeinSchu bestehen bleiben**, soll sich nach den KO-Motiven[106] allein nach bürgerlichem Recht richten (heute richtigerweise zu ergänzen: und ggf auch nach §§ 108, 113[107]). **Für die Konkurskursmasse und das Konkursrecht** hätten solche Verträge nur die Bedeutung, dass der Vertragspartner eine ihm wegen einer Nichterfüllung oder Aufhebung (mit Blick auf § 113 zu ergänzen: oder durch eine Kündigung) des Vertrages zustehende Entschädigungsforderung nur als InsGl geltend machen könne (vgl auch §§ 103 Abs 2 S 1, 113 Abs 1 S 3/vormals §§ 26 S 2, 22 Abs 2 KO). Dieser Auffassung ist zuzustimmen mit der kleinen Einschränkung, dass die in § 103 Abs 2 S 1 (vormals § 26 S 2 KO) erwähnte „Forderung wegen der Nichterfüllung" nicht in allen Fällen eine Schadensersatz- oder Entschädigungsforderung ist, sondern durchaus mit dem ursprünglichen Vergütungsanspruch identisch sein kann.[108] Gut vertretbar ist die in der neueren Rspr[109] anzutreffende These, dass auch Leistungsansprüche gegen eine **Krankenversicherung** insolvenzfrei sein könnten, der vom Schu als Versicherungsnehmer geschlossene Vertrag insoweit nicht dem § 103 unterliege und das Versicherungsunternehmen seine auf die Zeit nach Eröffnung des InsVerf entfallenden Prämienansprüche nicht im InsVerf anmelden müsse, sondern unmittelbar gegenüber dem Schu gerichtlich geltend machen könne.

2. Vor Verfahrenseröffnung vorgenommene Abtretung, Verpfändung oder Pfändung. Soweit sich aus § 166 Abs 2 nichts anderes ergibt, gilt das Vorstehende (Rn 42) entspr, **46**
wenn der Erfüllungsanspruch des insolventen Schu nach seinem Inhalt zwar zur Masse gehören könnte,[110] er im konkreten Fall aber nicht zu ihr gehört, weil der Schu ihn schon vor VerfEröffnung unanfechtbar an einen Dritten abgetreten hatte. Auch in diesem Fall wäre ein Erfüllungsverlangen des InsVerw mangels Forderungszuständigkeit unbegründet (tw **aM** der BGH; s Rn 49) und somit nicht geeignet, die Gegenforderung des Vertragspartners gem § 55 Abs 1 Nr 2 Alt 1 in eine Masseverbindlichkeit zu verwandeln.[111]

---

106 Mot II S 64. Vgl zur Ins der anderen Vertragspartei (zB des Arztes) § 115 Rn 21.

107 Die in den Motiven zur KO (Mot II S 64, 83) vertretene Ansicht, dass nicht nur § 15 KO (späterer § 17 KO, heutiger § 103 InsO), sondern auch § 19 KO (späterer § 22 KO, heutiger § 113 InsO) unanwendbar sei, wenn die vom Vertragspartner zu erbringende Leistung an die Person des Gemeinschuldners geknüpft sei, hat sich nicht durchsetzen können und ist wohl auch heute abzulehnen. Näheres bei *Marotzke* Gegenseitige Verträge, Rn 4.11 Fn 39 mwN.

108 Vgl *Marotzke* Gegenseitige Verträge, Rn 5.14 ff, 5.31 ff, 5.64 ff sowie unten § 103 Rn 91 ff.

109 *LG Kiel* 6.10.2011 – 115 C 242/11, ZInsO 2012, 226 ff = NZI 2012, 30 f; *OLG Frankfurt* 24.4.2013 – 7 U 142/12, ZInsO 2013, 2160 ff; vgl auch *LG Köln* 15.5.2013 – 23 S 29/12, NZI 2014, 29 f (dazu *Köke* VIA 2014, 6 f); *BGH* 19.2.2014 – IV ZR 163/13, ZInsO 2014, 833 ff; *OLG Schleswig* 30.12.2014 – 16 W 168/14, ZIP 2015, 1040 f = ZInsO 2015, 802 f.

110 Hier liegt der Unterschied zu den bei Rn 43 ff thematisierten Fällen.

111 Ausf *Marotzke* Gegenseitige Verträge, Rn 4.16 ff, bes 4.36 ff (mit Hinweis auf Ausnahmen bei Rn 4.37 ff, 4.45 ff, 4.53), 4.43 Fn 117 (zur Rückforderung des bei irrtümlicher Annahme einer Masseverbindlichkeit Geleisteten; dazu auch *OLG Brandenburg* NZI 2002, 107 f = ZInsO 2002, 71 ff [dazu auch Rn 25 f mit dortiger Fn]; *LG Düsseldorf* ZInsO 2001, 1168 f m krit Anm *Malitz*); grds ebenso *Adam* DZWIR 1999, 217, 218 f; *Roth* FS Rolland 1998, S 305, 313 ff; vgl auch *Koziol* ÖBA 1998, 745, 752 ff; *Kepplinger* S 277 ff; **aM** *Henckel* ZZP 99 (1986) 419, 426 ff; MK/*Kreft* § 103 Rn 41; wohl auch *K/P/B/Tintelnot* § 103 Rn 207 f.

47 Beides gilt jedoch nicht, wenn der InsVerw gem § 166 Abs 2 zur Einziehung der abgetretenen Forderung berechtigt ist,[112] also wenn die vor VerfEröffnung vorgenommene Zession Sicherungszwecken diente (§ 166 Abs 2 unmittelbar) oder wenn anstelle der Vollrechtsübertragung nur eine Verpfändung vorgenommen oder ein Pfändungs- und ÜberweisungsBeschl erwirkt wurde (§ 166 Abs 2 analog; str[113]). In solchen Fällen wird man dem InsVerw das Recht zubilligen müssen, sein nur wegen § 166 Abs 2 nicht gänzlich folgenloses Erfüllungsverlangen einseitig zu widerrufen oder – wenn man so weit nicht gehen will – es nach § 119 Abs 2 BGB anzufechten, wenn er es in Unkenntnis des den Erfüllungsanspruch der Masse belastenden Absonderungsrechts des Zessionars bzw PfandGl erklärt hat.[114]

48 Dass die §§ 103 Abs 1, 55 Abs 1 Nr 2 Alt 1 die Forderungszuständigkeit des InsVerw nicht zu begründen vermögen, sondern sie als ungeschriebenes Tatbestandsmerkmal voraussetzen (Rn 42 ff), ist von erheblicher Bedeutung für die Beurteilung der Begründetheit und der Rechtsfolgen einer vom InsVerw ausgesprochenen Leistungsaufforderung an den Vertragspartner (Rn 46). Es bedeutet aber nicht, dass der InsVerw den Vertrag seinerseits nur dann erfüllen dürfte, wenn er in Bezug auf die Gegenforderung an den Vertragspartner forderungszuständig ist.[115] Denn das Recht, eine InsFord wie eine Masseverbindlichkeit vollständig zu erfüllen, hat der InsVerw als Minus zu seiner in § 55 Abs 1 Nr 1 anerkannten Masseschuld**begründungs**möglichkeit ganz unabhängig von § 103 Abs 1 immer schon dann, wenn die vollständige Erfüllung aus Massesicht von Vorteil ist.[116] Dies kann unter besonderen Umständen auch dann in Betracht kommen, wenn der InsVerw die unmittelbare Gegenleistung des Vertragspartners mangels Forderungszuständigkeit nicht verlangen kann.[117]

49 **Nach Ansicht des BGH[118] soll eine vom Schu vor Eröffnung des InsVerf vorgenommene Abtretung** des Erfüllungsanspruchs aus einem Vertrag, der nach Eröffnung des InsVerf dem § 103 unterliegt, **spätestens im Zeitpunkt des Erfüllungsverlangens des InsVerw unwirksam werden**, soweit der abgetretene Anspruch bei VerfEröffnung noch nicht durch eine bereits erbrachte anteilige Gegenleistung des Schu gedeckt ist, maW die Deckung jetzt nur noch vom InsVerw mit Mitteln der Masse bewirkt werden könnte. **Das ist im Ergebnis durchaus akzeptabel.** Nicht zu überzeugen vermag jedoch die vom BGH gegebene Begründung, die im Wesentlichen darin besteht, dem § 103 mittels einer sehr gewagten Auslegung den Charakter einer Zubringervorschrift zu § 91 Abs 1 beizulegen.[119] Solange der BGH seine

---

112 Zust *Kepplinger* S 284 ff; **aM** *Adam* DZWIR 1999, 217, 218 f; 2000, 89 f.

113 Für eine solche Analogie *Marotzke* ZZP 109 (1996) 429, 447 ff; **aM** *BGH* ZIP 2002, 1630, 1631; 2003, 1256, 1257; vgl auch § 166 Rn 31 f mwN.

114 Ausf *Marotzke* Gegenseitige Verträge, Rn 4.56 f; *K/P/B/Tintelnot* § 103 Rn 225; *Kepplinger* S 286; krit *Adam* DZWIR 2000, 89, 91 f und *Stamm* KTS 2011, 421, 439 f mit jeweils sehr enger Auslegung des § 119 Abs 2 BGB; vgl auch *v Wilmowsky* ZIP 2012, 401, 409 Fn 35.

115 In diesem Sinne interpretiert jedoch *Dahncke* S 112 f, 124 f, 197 die hier vertretene Ansicht.

116 Vgl *Marotzke* Gegenseitige Verträge, Rn 2.80, 4.7, 4.137 ff; zust *Mossler* S 52 f; *Kesseler* ZNotP 2008, 155, 157; *Stamm* KTS 2011, 421, 433; **aM** *Kepplinger* S 76 f, 119 f.

117 Insoweit zutr *Dahncke* S 112 f, 124 f, 197; *Koziol* ÖBA 1998, 745, 753 f und *K/P/B/Tintelnot* § 103 Rn 207.

118 *BGHZ* 129, 336, 338 ff = LM § 17 KO Nr 31 m Anm *Marotzke*; *BGH* ZIP 2001, 2142, 2144 f = ZInsO 2001, 1100, 1102 = LM § 17 KO Nr 36 (m Anm *Busche*); *BGHZ* 150, 353, 359 ff = ZInsO 2002, 577 ff = LM GesO Nr 83/84 (m Anm *Huber*) = ZIP 2002, 1093 ff = ZZP 115 (2002) 501 ff (m Anm *Marotzke*); *BGH* ZIP 2006, 859, 860 rSp.

119 Vgl die diesbezügliche Kritik bei *Marotzke* Gegenseitige Verträge, Rn 4.17 ff; *v Wilmowsky* ZIP 2012, 401 ff; abl auch *Adam* DZWIR 2000, 89 ff, 94; *Bornholdt* S 120 ff, 186 ff; *Dahncke* S 140 ff; *Roth* FS Rolland, 1998, S 305, 313 ff; *Koziol* ÖBA 1998, 745, 748; *Kepplinger* S 270 ff; *Stamm* KTS 2011, 421, 441 ff; *K/P/B/Tintelnot* § 103 Rn 25, 281 ff (insb 288 ff).

Ansicht nicht auf den Surrogationsgedanken stützt (was möglich wäre[120] und zugleich eine sinnvolle Beweislastverteilung[121] implizieren würde) oder alternativ hierzu die oftmals zu ähnlichen Ergebnissen führenden Ideen von v Wilmowsky[122] aufgreift, sondern weiterhin lediglich auf seine inzwischen bereits mehrfach variierte Interpretation des § 103 rekurriert, wird er eine Abtretung, Verpfändung oder Pfändung respektieren müssen, wenn und soweit der Vertrag, auf dem die betroffene Forderung beruht, dem Anwendungsbereich des § 103 durch Sondervorschriften (zB §§ 106, 107 Abs 1, 108 Abs 1, 108 Abs 2)[123] entzogen ist und der Zession, Verpfändung oder Pfändung sonstige Wirksamkeitshindernisse nicht entgegenstehen. Als „sonstige Wirksamkeitshindernisse" kommen in Betracht: **§§ 88, 110, 114**[124] und nach Ansicht des BGH wohl auch eine sehr weite Auslegung des **§ 91 Abs 1** (mit Hauptanwendungsbereich bei Miet-, Pacht-, und Leasingverträgen)[125] und des **§ 400 BGB**.[126] Soweit der BGH zur Unwirksamkeit der Zession gelangt, muss mit der Möglichkeit gerechnet werden, dass er **abw Vereinbarungen** zwischen dem InsVerw und dem Zessionar analog den Regeln über den Missbrauch einer Vertretungsmacht als unwirksam betrachten wird.[127]

Ist Gegenstand der vorinsolvenzlichen Abtretung ein Rückgewähranspruch (zB aus § 346 oder 50
§ 488 Abs 1 S 2 BGB) und ist der zurückzugewährende Gegenstand – zB ein bereits gezahlter **Kaufpreis** oder eine bereits ausgezahlte **Darlehenssumme**[128] – bereits vor Eröffnung des InsVerf aus dem Vermögen des Schu (Zedenten) ausgeschieden und in dasjenige des Rückgewährpflichtigen übergegangen, so führt weder § 91 noch § 103 zur Unwirksamkeit der Zession.[129] (Zur Herbeiführung **dieses** Ergebnisses bedurfte es also nicht der Schaffung des bei § 108 Rn 83 ff kommentierten § 108 Abs 2 nF!). Dies gilt auch dann, wenn der Zessionar die zurückforderbare Leistung des Schu nicht oder nicht vollständig finanziert hat.[130]

---

120 Vgl *Marotzke* Gegenseitige Verträge, Rn 4.37 ff und unten § 106 Rn 10 ff (dort auch die Fälle des § 107 Abs 1 berücksichtigend), § 108 Rn 35 f, 38, § 110 Rn 9 f; *Harder* Rn 426 ff, 706 ff; krit *Kepplinger* S 275 ff; für uneingeschränkte **Wirksamkeit** der Zession *K/P/B/Tintelnot* § 103 Rn 25, 288 ff, 291 ff, der ergänzend eine kompensatorische bereicherungsrechtliche Lösung (dazu *Marotzke* Gegenseitige Verträge, Rn 4.43 f mwN in Fn 117 f) vorschlägt.

121 Zur Beweislast für den Zeitpunkt etwaiger an den Vertragspartner erbrachter Teilleistungen vgl *BGHZ* 150, 353, 364 f einerseits (Beweislast beim Zessionar) und *Marotzke* ZZP 115 (2002) 501, 513 f andererseits (Beweislast beim InsVerw).

122 Vgl *v Wilmowsky* ZIP 2012, 401, 405 ff.

123 Vgl für **§ 108 Abs 1 S 1** die dortige Rn 60 und § 110 Rn 8 ff, für **§ 106** die dortige Rn 22 ff und *BGH* LM § 387 BGB Nr 91 = NJW 1996, 1056 f = ZIP 1996, 426, 428 (jeweils Abschn II 4); *BGHZ* 138, 179, 186 f = NJW 1998, 2134, 2136 = ZIP 1998, 836, 839 sowie für **§ 878 BGB und § 107 Abs 1** unten § 106 Rn 10 ff mwN.

124 § 114 InsO wurde aufgehoben mit Wirkung ab 1.7.2014.

125 Vgl § 108 Rn 24, § 110 Rn 5 und die zweite Fn zu § 108 Rn 12.

126 Vgl *BGH* LM § 400 BGB Nr 10a m abl Anm *Marotzke*; vorsichtiger das spätere Urt *BGHZ* 135, 140, 142 ff = ZZP 111 (1998) 77 ff m Anm *Häsemeyer* = JR 1998, 31 ff m Anm *Marotzke*; dazu auch Hadding/Hopt/Schimansky/*Ganter* (Hrsg), Schriftenreihe der Bankrechtlichen Vereinigung Bd 16, 2000, S 27, 32 ff.

127 Vgl *BGHZ* 150, 353, 360 ff = ZInsO 2002, 577, 579 f = ZIP 2002, 1093, 1095 f = LM GesO Nr 83/84 (m Anm *Huber*) = ZZP 115 (2002) 501 ff (m Anm *Marotzke*).

128 Zur Anwendbarkeit des § 103 auf Darlehensverträge s Rn 18, 19, 22.

129 Vgl *BGHZ* 155, 87, 92 ff = ZInsO 2003, 607, 608 ff (insb für Ansprüche auf Rückabwicklung von Kaufverträgen); *Marotzke* ZInsO 2004, 1273, 1278 f (insb für den Anspruch auf Rückzahlung eines Darlehens; beim Darlehen m anderer Begr ebenso *Laudenklos/Sester* ZIP 2005, 1757 ff, 1762 ff, 1765; *Obermüller* ZInsO 2005, 1079, 1083 ff); s aber die einschr Bemerkungen in der ersten Fn zu § 103 Rn 86.

130 *Marotzke* ZInsO 2004, 1273, 1279 (m Begr in Fn 85); **aM** *Christiansen* KTS 2003, 549, 557 ff; die Frage offen lassend *BGHZ* 155, 87, 97 f = ZInsO 2003, 607, 609.

51 **3. Beschränkte oder gespaltene Insolvenzmassen.** Abw von § 35 umfasst ein **Partikular**InsVerf nicht das gesamte, sondern nur das – aus Sicht des Eröffnungsstaates – „inländische“ Vermögen des Schu (Art 3 Abs 2 S 2 EuInsVO, § 354 Abs 1). Hat der Vertragspartner des Schu seinen Sitz, seinen Wohnsitz oder den „Mittelpunkt seiner hauptsächlichen Interessen“ im Ausland, so gehört die gegen ihn gerichtete Ford des Schu idR nicht zum „inländischen“ Vermögen des Schu (vgl Art 2 Nr 9 viii EuInsVO bzw § 23 S 2 ZPO[131] iVm § 4) und deshalb auch nicht zur „Masse“ eines inländischen **Partikular**InsVerf. Ebensowenig gehört die gegen den Vertragspartner gerichtete Ford des Schu zur Masse eines **gewöhnlichen** inländischen (Haupt-)InsVerf, wenn im ausländischen Belegenheitsstaat ein diese Ford erfassendes, anerkennungsfähiges **Sekundär**InsVerf[132] eröffnet ist. In beiden Fällen fehlt dem Verw des inländischen InsVerf im Verhältnis zum Vertragspartner die Forderungszuständigkeit; die §§ 103 Abs 1, 55 Abs 1 Nr 2 Alt 1 sind deshalb (Rn 15) unanwendbar. Der Vertragspartner ist mit seiner (um den Wert der seinerseits ersparten Erfüllungsaufwendungen zu kürzenden) Gegenforderung[133] InsGl iSd § 38. Die Unanwendbarkeit der §§ 103 Abs 1, 55 Abs 1 Nr 2 Alt 1 steht der Anwendung des § 38 nicht entgegen (s Rn 66).

52 **Hat der Schu den gegenseitigen Vertrag nicht selbst geschlossen, sondern das Vertragsverhältnis geerbt (Vertragsschließender war also der Erblasser)**, so gehören die gegen den Vertragspartner gerichteten Ansprüche zwar zur Masse eines über das (gesamte) Vermögen des **Erben** eröffneten InsVerf. Die Zugehörigkeit zur Masse **dieses** InsVerf endet jedoch (bzw wird von der Zugehörigkeit zu einer Sondermasse überlagert[134]), sobald eine Nachlassverwaltung, §§ 1981 ff BGB, angeordnet oder ein NachlassInsVerf, §§ 315 ff, eröffnet wird.[135] Von nun an liegt die Forderungszuständigkeit nicht mehr beim Verw des über dem Vermögen des **Erben** schwebenden InsVerf, sondern beim **Nachlass**verwalter (auf den die §§ 103, 55 Abs 1 Nr 2 Alt 1 jedoch nicht anwendbar sind) bzw beim **Nachlass**InsVerw (dem jetzt das Wahlrecht aus § 103 zusteht). In dem InsVerf, welches über dem Vermögen des **Erben** schwebt, sind die §§ 103 Abs 1, 55 Abs 1 Nr 2 Alt 1 von nun an mangels Forderungszuständigkeit (Rn 42) unanwendbar. Gleiches gilt, wenn die Verfügungsbeschränkung des Erben nicht auf einer Nachlassverwaltung oder einem NachlassInsVerf, sondern auf einer vom Erblasser angeordneten **Testamentsvollstreckung** beruht.[136] Vgl erg § 331.

V. Fälligkeit und Durchsetzbarkeit

53 Im Wortlaut des § 17 Abs 2 S 1 KO war ausdr hervorgehoben worden, dass der InsVerw das ihm zustehende Wahlrecht (Rn 84 ff) schon **vor Eintritt der Erfüllungszeit** ausüben kann

---

131 Vgl auch § 354 Rn 11.

132 Das ist ein „sekundäres“ PartikularInsVerf; vgl Art 3 Abs 3, Art 19 Abs 2 EuInsVO und § 354 Rn 4.

133 Ob eine solche Gegenforderung unter Berücksichtigung des erwähnten Kürzungserfordernisses überhaupt besteht, ist nicht nur eine Frage des Wertvergleichs der beiderseits noch ausstehenden Leistungen, sondern auch eine solche des – oftmals ausl – materiellen Rechts und, wenn im Ausland ein die Forderung gegen den Vertragspartner erfassendes Haupt- oder SekundärInsVerf schwebt, eine Frage des Einflusses des ausl InsR auf das Schicksal des Vertragsverhältnisses (vgl etwa Art 7 Abs 2 S 2 lit e EuInsVO).

134 Vgl für den Fall der **Testamentsvollstreckung** *BGHZ* 167, 352 ff = ZEV 2006, 405 ff m Anm *M Siegmann* = ZInsO 2006, 705 ff m Anm *Schindler* ZInsO 2007, 484 ff (Vorinstanz: *OLG Köln* ZEV 2005, 307, 308 mit Anm *Marotzke*); sa § 331 Rn 7.

135 Vgl *Marotzke* FS Otte, 2005, S 223, 225 f.

136 Vgl das auch bei § 331 Rn 7 erwähnte Urt *OLG Köln* ZEV 2005, 307 ff m Anm *Marotzke* (nicht direkt zu § 103, sondern zum Einfluss der Testamentsvollstreckung auf die Verwaltungs- und Verfügungsbefugnis des InsVerw in der EigenIns des Erben); das Urt des *OLG Köln* bestätigend *BGHZ* 167, 352 ff.

und auf Anfrage des Vertragspartners auch muss. In § 103 wird dies nicht mehr ausdr gesagt, sondern als selbstverständlich vorausgesetzt.[137] Verlangt der InsVerw vom Vertragspartner Erfüllung, obwohl die zugrunde liegende Forderung noch nicht fällig ist, so wird die Gegenverbindlichkeit des insolventen Schu trotz des Umstands, dass das Erfüllungsverlangen des InsVerw zur Zeit noch unbegründet ist, **sofort** zu einer Masseverbindlichkeit nach § 55 Abs 1 Nr 2 Alt 1. Die **Fälligkeit** dieser Masseverbindlichkeit richtet sich nach dem ursprünglichen Vertrag.

Steht dem Erfüllungsanspruch der Masse eine **Einrede** entgegen, mit welcher der Vertragspartner seine gesamte noch ausstehende Leistung endgültig verweigern kann (zB wegen **Verjährung**), so wird man annehmen müssen, dass ein vom InsVerw gleichwohl erklärtes Erfüllungsverlangen zwar die Wirkung des § 55 Abs 1 Nr 2 Alt 1 hat, dass diese Wirkung jedoch wieder entfällt, sobald der Vertragspartner seine Einrede geltend macht (zu „ausschaltbaren" Einreden des Vertragspartners, insb zu vertragsübergreifenden Zug-um-Zug-Einreden und erweiterten Eigentumsvorbehalten, vgl Rn 107 ff, 110). **54**

Entsprechendes gilt, wenn der Vertragspartner den Erfüllungsanspruch der Masse durch **Aufrechnung** mit einer InsFord rückwirkend zerstört[138] (was ihm der BGH nach Möglichkeit zu verwehren versucht[139]), und wohl auch iF der Ausübung lediglich ex nunc wirkender **sonstiger Gestaltungsrechte** des Vertragspartners, wenn diese bereits vor dem Erfüllungsverlangen des InsVerw begründet waren und das Erfüllungsverlangen durch die nachfolgende Gestaltungsrechtsausübung vollständig unterlaufen wird (vgl für Kündigungsrechte nach **§ 649 BGB** oder **§ 8 Abs 2 VOB/B** auch § 119 Rn 7). Besondere Bedeutung kommt diesem Gedanken im Zusammenhang mit den Gegenwahlrechten zu, die das **SchuldRModG** dem Vertragspartner in weitaus größerem Umfang als das bisherige Recht zugesteht.[140] Aber auch mithilfe des schon ziemlich alten **§ 649 BGB** kann ein Werkbesteller seinen Vertrag mit dem jetzt insolventen Werkunternehmer ohne Angabe von Gründen kündigen und dadurch das beiderseitige Leistungsprogramm (nach Maßgabe **§ 649 S 2 HS 2 BGB** auch den Vergütungsanspruch) reduzieren.[141] Eine **außerordentliche Kündigung aus wichtigem Grund**, die den Vergütungsanspruch des Werkunternehmers sogar insgesamt zum Erlöschen bringt (weniger radikal die am 1.1.2018 in Kraft tretende Neufassung des § 648a Abs 5 BGB), wird aufseiten des Bestellers nur in ganz besonderen Ausnahmefällen in Betracht kommen. **55**

---

137 Begr § 117 RegE S 145.

138 Vgl *Marotzke* Gegenseitige Verträge, Rn 4.73 ff (**aM** *Adam* DZWIR 1999, 217, 218; 2000, 89 ff, 94). Im Gegensatz hierzu gelangt der BGH in seinen Urt LM § 17 KO Nr 31 (m Anm *Marotzke*), in *BGHZ* 147, 28 ff (dazu bereits Rn 24) und in *BGHZ* 149, 326, 335 ff (nichtige Vormerkung, dazu auch *Ringstmeier/Homann* EWiR § 55 KO 1/2002, 397 f) aufgrund seiner Erlöschens- und Wiederbegründungstheorie bzw aufgrund der davon übrig gebliebenen Elemente (s Rn 4, 88, 102) zu einem tw Aufrechnungsausschluss nach § 55 S 1 Nr 1 KO/§ 96 Abs 1 Nr 1 InsO (abl *Marotzke* Gegenseitige Verträge, Rn 4.58 ff; *Stamm* KTS 2011, 421, 446 ff; *K/P/B/Tintelnot* § 103 Rn 25, 288 ff – jeweils mwN; dem BGH hingegen m anderer Begr zust *Adam* DZWIR 1999, 217, 218; 2000, 89 ff, 94; *Wieser* JZ 2003, 231 ff; m anderer Begr ähnliche – aber nicht immer vollkommen identische – Ergebnisse anstrebend *v Wilmowsky* ZIP 2012, 401, 405 ff, 409 ff). Eine besondere Aufrechnungsproblematik wird behandelt unten Rn 134.

139 Nachweise in der vorherigen Fn und bei § 95 Rn 34 ff.

140 Vgl Rn 126, § 107 Rn 32, § 119 Rn 2 und *Marotzke* KTS 2002, 1, 31 f bei Fn 131; vgl auch die Hinweise aE der dortigen Fn 124 sowie *Uhlenbruck/Berscheid* 12. Aufl 2003 Vor § 103 Rn 10 ff (weggefallen seit der 13. Aufl 2010); *D Wegener* S 70 ff, 77 ff; *Burkhard* S 77 ff, 127 ff, 238 ff.

141 Dazu auch Rn 75 mit Hinweis auf *BGH* 14.9.2017 – IX ZR 261/15 (Rn 32)], ZInsO 2017, 2159, 2162.

Allein die Eröffnung des InsVerf über das Vermögen des Werkunternehmers reicht dafür nicht aus.[142] Ob bei einem **Bau**vertrag der vom Unternehmer selbst gestellte Eröffnungsantrag den Besteller zur Kündigung „aus wichtigem Grund" berechtigt, steht auf einem anderen Blatt.[143]

56 Hindert die Einredeerhebung oder Aufrechnung nur die Durchsetzung von **Teilen** des Erfüllungsanspruchs, so ist der InsVerw idR darauf angewiesen, sein Erfüllungsverlangen gem § 119 Abs 2 BGB **anfechten** zu können.[144]

57 Zum **Bereicherungsausgleich** des infolge irrtümlicher Annahme einer Masseverbindlichkeit Geleisteten vgl die Hinweise bei Rn 46 und *Marotzke* LM § 17 KO Nr 31.

58 Die These, dass der Vertragspartner „dem Erfüllungsverlangen des Verwalters nicht die **frühere Vertragsuntreue des Schu** entgegenhalten" könne,[145] entspricht zumindest im Ausgangspunkt nicht der Rechtslage (Ausnahmen jedoch in § 112 Nr 1 und bei § 103 Rn 106).

59 Ist die Verbindlichkeit des insolventen **Schu** einredebehaftet oder aus sonstigen Gründen „unvollkommen",[146] so ist es auch die iF des § 55 Abs 1 Nr 2 Alt 1 entstehende Masseverbindlichkeit.

VI. Erfüllbarkeit durch Insolvenzverwalter

60 **1. Verträge auf nicht vertretbare Leistungen des insolventen Schuldners.** Wenn die vom Schu versprochene Leistung „nur von diesem persönlich erfüllt werden kann, zB bei einer Verpflichtung desselben, ein schriftstellerisches oder künstlerisches Werk auszuführen, Unterricht zu erteilen usw", würde die Erfüllung durch den InsVerw „entweder unmöglich, oder wenigstens die Leistung eine derart andere sein, dass sie den Kontrakt zu einem anderen machen würde". Die Motive der KO[147] schließen hieraus zutr auf die Unanwendbarkeit des § 17 KO (so Rn 43), dem der § 103 nachgebildet ist, und führen erg aus: „Der Verwalter hat in solchem Falle [aber auch bei Arztverträgen,[148] Anwaltsverträgen[149] oder KFZ-Vertragshändlerverträgen?[150]] weder das Recht noch die Pflicht, die Verbindlichkeit des Gemeinschuldners zu erfüllen. Dieselbe kann oder muss entweder nach wie vor Eintritt des

---

142 In Bezug auf einen Werklieferungsvertrag über Metallgussteile wie hier *BGH* 14.9.2017 – IX ZR 261/15 (Rn 22 ff), ZInsO 2017, 2159, 2161 f.

143 Die Frage bejahend *BGH* 7.4.2016 – VII ZR 56/15, BGHZ 210, 1 ff (auch erwähnt bei § 119 Rn 7); ausweichend *BGH* 14.9.2017 – IX ZR 261/15 (Rn 27), ZInsO 2017, 2159, 2162.

144 *Marotzke* Gegenseitige Verträge, Rn 4.75 f; *ders* auf Bl 5 der Anm zu *BGH* LM § 17 KO Nr 31; vgl auch *K/P/B/Tintelnot* § 103 Rn 225, 228; **krit** *Adam* DZWIR 1999, 217, 218; 2000, 89 ff mit sehr enger Auslegung des § 119 Abs 2 BGB.

145 Vgl *OLG Rostock* ZIP 2006, 1882.

146 Zum letzteren Fall *Jaeger/Henckel* KO § 17 Rn 34.

147 Motive S 64 = *Hahn* Bd IV S 84.

148 Das wird grds zu bejahen sein (jedenfalls bei der Einzelarztpraxis, anders uU bei Ins eines Krankenhausträgers). Zur Forderungszuständigkeit bzgl bereits vor Eröffnung des InsVerf erarbeiteter Honoraransprüche s § 115 Rn 21.

149 Vgl dazu das bei § 115 Rn 11 erwähnte Urt *LG Rostock* NJW-RR 2002, 846, 847 (lSp Abschn 1 a).

150 Vgl zur **Ins des Handelsvertreters** das bei § 116 Rn 4 zit Urt des *OLG München,* das bei § 108 Rn 4 und bei § 116 Rn 2, 4 zitierte Urt des *BGH* 7.5.2013 – IX ZR 191/12, NZI 2013, 694, 695 [Rn 11] = BB 2013, 2001, 2002 (m Anm *Boeminghaus*) = ZInsO 2013, 1143, 1144 (wie selbstverständlich von der Anwendbarkeit des **§ 108 Abs 1 S 1** ausgehend!) sowie speziell zur Frage einer Anwendbarkeit des **§ 103** *Preuß* KTS 2007, 361, 362; *OLG Düsseldorf* NZI 2010, 105 f = ZIP 2010, 194 f = ZInsO 2010, 143, 144 (m Aufsatz *Krüger* ZInsO 2010, 507 ff); zur Anwendbarkeit des **§ 119** s § 119 Rn 6.

Konkurses gegen die Person des Schuldners verfolgt …, oder es mag gegen die Konkursmasse das Interesse wegen Nichterfüllung als Konkursforderung, liquidirt werden."

Erbrachte der insolvente Schu seine nicht vertretbare Leistung während des **Konkurs**Verf, so war sein Anspruch auf die Gegenleistung konkursfrei, da § 1 Abs 1 KO Neuerwerb des Schu vom Konkursbeschlag verschonte. Nicht konkursfrei und deshalb vom **KonkursVerw** einzuziehen war der Anspruch auf die Gegenleistung nur, wenn der Schu den Vertrag bereits **vor** Konkurseröffnung vollständig erfüllt hatte.[151] **61**

Nach neuem InsR kommt es auf diese Unterscheidung nach der **Zeit** der Leistung nicht mehr an, da nach § 35 auch solches Vermögen zur InsMasse gehört, das der Schu **während** des Verf erlangt. Zumindest im Fall der **Eigenverwaltung**[152] ist deshalb auch bei Verträgen, die nur der Schu persönlich erfüllen kann, eine Anwendung des § 103 (iVm § 279) denkbar. Ähnliche Fragen stellen sich im Zusammenhang mit § 108 (s § 108 Rn 5 samt Fn). **62**

2. Möglichkeit der vom Schuldner versprochenen Leistung. Über die bei Rn 60 wiedergegebene Passage der KO-Motive hinausgehend, wollen Viele die §§ 103, 55 Abs 1 Nr 2 Alt 1 auch dann nicht anwenden, wenn der Schu zwar eine **vertretbare** Leistung versprochen hatte, diese ihm aber nachträglich **unmöglich** geworden ist und auch vom InsVerw nicht erbracht werden kann.[153] Das ist aber nur in dem Sinne richtig, dass eine „unmögliche" Leistung natürlich auch von einem InsVerw nicht erbracht werden kann. Tritt jedoch an die Stelle der nach § 275 Abs 1 BGB erloschenen Primärleistungspflicht eine (zB auf Schadensersatz gerichtete) Sekundärleistungspflicht und steht dieser noch irgendeine auf demselben Vertrag beruhende Forderung gegenüber, so bleiben die §§ 103, 55 Abs 1 Nr 2 Alt 1 trotz Unmöglichkeit der **ursprünglich** geschuldeten Leistung anwendbar.[154] Vgl auch Rn 104 (Eigenhaftung des InsVerw bei Masseunzulänglichkeit) und Rn 154 (Treu und Glauben). **63**

VII. Massezugehörigkeit des Leistungsgegenstandes?

Immer wieder wird behauptet, eine Anwendung des § 103 setze voraus, dass der Gegenstand, den der Schu dem Vertragspartner versprochen habe, zur InsMasse gehöre bzw der Verfügungsmacht des InsVerw unterliege.[155] Dies ist jedoch keine Voraussetzung des § 103, sondern eine solche des auf §§ 80 Abs 1, 159 beruhenden Rechts des InsVerw, den betr Gegenstand auf irgendeine Weise (also nicht notwendig durch Erfüllung eines sich auf ihn beziehenden Vertrages des insolventen Schu) zu verwerten. Vgl auch § 108 Rn 40 ff. **64**

Setzten die §§ 103, 55 Abs 1 Nr 2 Alt 1 wirklich voraus, dass der dem Vertragspartner versprochene Leistungsgegenstand zur Masse gehört, so wären entgegen einhelliger Ansicht auch diejenigen Verträge den §§ 103, 55 Abs 1 Nr 2 Alt 1 entzogen, die den Schu zur Leis- **65**

---

151 Zur Behandlung des Falles, dass der GemeinSchu seine nicht vertretbare Leistung teils vor und teils nach der Konkurseröffnung erbringt (zB durch Beseitigung von Mängeln gem § 633 BGB), vgl *Marotzke* Gegenseitige Verträge, Rn 2.100 ff.

152 Weiter gehend *K Schmidt* KTS 2004, 241, 253 f.

153 *OLG Hamm* NJW 1977, 768; vgl auch *Baur* in FS Friedrich Weber, 1975, S 41, 46; *Kuhn/Uhlenbruck* KO § 17 Rn 19a, 22; einschränkend *Jaeger/Henckel* KO § 17 Rn 109.

154 *Marotzke* Gegenseitige Verträge, Rn 8.20; sa *Jaeger/Henckel* KO § 17 Rn 88 und *Scherer* NZI 2002, 356, 360, 362 für den Fall, dass der Vertragspartner Schadensersatz „wegen Nichterfüllung" (§§ 325 f BGB aF) bzw „statt der Leistung" (§§ 280 ff BGB nF) verlangen kann und dabei nicht nach der Differenz-, sondern zulässigerweise nach der Surrogationsmethode vorgeht.

155 Vgl *Jaeger/Henckel* KO § 17 Rn 9, 35, 46, 52 aE, 64; *Mellwig* Das Vorbehaltsgut als Vermögen in § 1 KO, 1988, S 62, 68 ff, 72, 137, 140; *Kepplinger* S 304 ff, 317 f.

tung von erst noch zu **beschaffenden** Gegenständen verpflichten. Das jedoch wäre falsch. Kann der geschuldete Beschaffungsaufwand aus der Masse nicht gedeckt werden, haftet der InsVerw dem Vertragspartner, von dem er gleichwohl Erfüllung verlangt hat, nach Maßgabe des § 61 persönlich (s Rn 104, 154).

VIII. Beiderseitiges Nichterfülltsein

66 **1. Keine Bedeutung für das Ablehnungsrecht des Insolvenzverwalters.** Das Recht des InsVerw, die Erfüllung gegenseitiger Verträge abzulehnen, beruht nicht auf § 103[156] (str[157]), sondern darauf, dass der Vertragspartner nach der Legaldefinition des § 38 **InsGl** ist und als solcher den Beschränkungen des § 87 unterliegt (Rn 87 ff).[158] Die Voraussetzungen des Ablehnungsrechts sind deshalb nicht in § 103, sondern in § 38 zu suchen.[159] Eine restriktive Interpretation des § 103 ist folglich kein taugliches Mittel, um das Ablehnungsrecht des InsVerw dort, wo man es für unbillig hält, auszuschalten.[160] Dennoch ist das in Bezug auf das Tatbestandsmerkmal, dass der Vertrag beiderseits noch nicht vollständig erfüllt sein darf, immer wieder versucht worden.

67 Häufig anzutreffen sind solche untauglichen (Rn 66) Versuche im Zusammenhang mit Fällen, in denen der insolvente Schu sämtliche seinerseits erforderlichen **Leistungshandlungen** bereits vor VerfEröffnung erbracht hat und nur der **Erfolg** einer von ihm bereits „krisenfest" vorgenommenen (§§ 158 Abs 1, 161 Abs 1 S 2 BGB) oder eingeleiteten (§§ 878, 883 Abs 2 S 2 BGB) Verfügung noch aussteht. In Bezug auf solche Fälle haben viele Vertreter der bis vor einigen Jahren noch ganz herrschend gewesenen Meinung, dass dem InsVerw das Recht zur Erfüllungsablehnung nur unter den Voraussetzungen des § 103 zustehe, die Unanwendbarkeit des § 103 nachzuweisen versucht.[161] Denn man hielt es für inakzeptabel, dass § 103 bzw der diesem entspr frühere § 17 KO dazu benutzt werden könnte, eine durch §§ 161, 878 oder § 883 BGB geschützte Anwartschaft des Vertragspartners nachträglich wieder zu zerstören. Der BGH hatte sich diesen Bedenken zunächst weitgehend verschlos-

---

156 Ausführliche Begründung bei *Marotzke* Gegenseitige Verträge, Rn 3.1 ff, 3.48 ff, 4.1 ff (mwN); vgl auch *Stamm* KTS 2011, 421, 431, 433, 438.

157 Zur Gegenansicht vgl u Rn 67 ff, 84 ff.

158 Unrichtig deshalb die jeweils im Zusammenhang mit **Lizenzverträgen** ergangenen Entscheidungen *LG München I* 13.6.2007 – 21 O 23532/06, ZIP 2008, 751 f; *LG München I* Urt v 21.8.2014 – 7 O 11811/12, BeckRS 2014, 16898 = ZIP 2014, 2406 ff (dazu *Kluth* NZI 2014, 887 f; *Ostendorf* GWR 2014, 421; *Hauck* GRUR-Prax 2014, 459; *Ramisch* EWiR 2014, 757 f; Berufung noch anhängig beim *OLG München* unter Az 6 U 3650/14); *BGH* 21.10.2015 – I ZR 173/14 (ECOSOIL), ZIP 2016, 40, 43 [44]. Vgl zu diesen Gerichtsurteilen auch § 108 Rn 21.

159 Auch in diesem Punkt unrichtig die in der vorherigen Fn erwähnten Entscheidungen des *LG München I* und des *BGH*.

160 Wie hier *Marotzke* Gegenseitige Verträge, Rn 4.1 ff; *Henckel* ZZP 99 (1986), 419, 428 Abs 2; *ders* JZ 1987, 359 ff; *Pflug* AG 1986, 305, 309 ff; *Hölder/Schmoll* GRUR 2004, 830, 833 f (dazu auch Rn 69, 91).

161 Vgl die informativen Darstellungen bei *Kuhn/Uhlenbruck* KO § 17 Rn 18c, d und *Kepplinger* S 302 ff (jeweils zum Konkurs des Vorbehaltsverkäufers); ferner *BGHZ* 138, 179, 186 f = NJW 1998, 2134, 2136 = ZIP 1998, 836, 839 (Ins des Grundstücksverkäufers nach bindender Vormerkungsbewilligung und vom Käufer gestelltem Eintragungsantrag); differenzierend *Scholtz* ZIP 1999, 1693, 1698 ff („§ 878 BGB in der Verkäuferinsolvenz"); *Staudinger/Gursky* 2012, BGB § 878 Rn 70.

sen.[162] Folgt man der im vorliegenden Kommentar vertretenen Ansicht, dass § 103 dem InsVerw kein „Ablehnungsrecht" verleiht, das er nicht auch ohne diese Vorschrift hätte (Rn 87 ff),[163] so ist die InsFestigkeit einer dem Vertragspartner bereits zustehenden **Anwartschaft** iRd § 103 kein Thema: Dann ist die InsFestigkeit der Anwartschaft des Vorbehaltskäufers unabhängig davon zu bejahen, ob man § 103 in der Ins des Verkäufers (zur KäuferIns s Rn 77) für anwendbar hält. Denn bei Eintritt der den Eigentumserwerb des Käufers aufschiebenden Bedingung würde jede beeinträchtigende Zwischenverfügung des InsVerw gem § 161 Abs 1 S 2 BGB unwirksam. Wenn er nicht ausnahmsweise ein vertragliches oder gesetzliches (s § 107 Rn 32) Rücktrittsrecht vorfindet, kann der InsVerw den in § 161 Abs 1 BGB vorausgesetzten Bedingungseintritt nicht verhindern. Weder § 103[164] noch eine andere Vorschrift der InsO ermächtigt den InsVerw, den Kaufpreisanspruch, von dessen Erfüllung der Eigentumserwerb des Käufers gem § 158 Abs 1 BGB nur noch abhängt, durch einseitige Erklärung zum Erlöschen zu bringen. (Wäre dies anders oder ließe man eine vergleichbare Erlöschensfolge sogar schon mit Eröffnung des InsVerf eintreten [Rn 88], so müsste uU die Frage thematisiert werden, ob wegen des Abstraktionsprinzips vielleicht auch die Zahlung eines **nicht mehr geschuldeten** Kaufpreises zum Eigentumsübergang führt.[165]) Im InsVerf über das Vermögen eines Vorbehaltsverkäufers, der alle seinerseits erforderlichen Leistungshandlungen schon erbracht hat, ist § 103 also nicht deshalb als unanwendbar – richtiger: als gegenstandslos – anzusehen, weil schutzwürdige Belange des Käufers dies geböten, sondern deshalb, weil § 103 Rechtsgrundlage nicht eines Ablehnungs-, sondern nur eines Erfüllungsrechts ist und es des Letzteren nicht bedarf, wenn sämtliche Erfüllungshandlungen bereits vor VerfEröffnung insolvenzfest (also auch nicht anfechtbar nach §§ 129 ff) erbracht worden sind und der InsVerw den Eintritt des Leistungserfolgs (des Eigentumsübergangs) somit nicht mehr verhindern kann.[166] Durch Schaffung des **§ 107 Abs 1**, der im Konkursrecht keine Parallele fand, hat der Gesetzgeber die Problematik des Eigentumsvorbehalts iSd hier vertretenen Lösung zu entscheiden versucht. Da man darüber streiten kann, ob dieses Ziel allein mit § 107 Abs 1 erreichbar ist,[167] sollte man bis zur endgültigen Klärung der vielen Zweifelsfragen (§ 107 Rn 2 ff, 42 f) vorsichtshalber „zweispurig" argumentieren und dabei die oben angestellten Überlegungen zumindest hilfsweise mitberücksichtigen.

Da das Recht des InsVerw zur Erfüllungsablehnung nicht auf § 103, sondern auf §§ 38, 87 **68**
beruht (Rn 29), wäre es wenig konsequent, dem InsVerw die Berufung auf sein Ablehnungsrecht wegen Verstoßes gegen **Treu und Glauben** zu versagen, wenn die Voraussetzung

162 Vgl *BGHZ* 98, 160, 168 ff (Konkurs des Verkäufers bei „einfachem" und bei „erweitertem" Eigentumsvorbehalt; dazu jetzt Sondervorschriften in § 107 Abs 1 InsO) und *BGH* DNotZ 1977, 234 f (vom Gesetzgeber korrigiert durch § 24 S 2 KO/§ 106 Abs 1 S 2 InsO); krit auch *K Müller* JZ 1980, 554 ff (zu § 878 BGB).

163 **AM** der *BGH* DNotZ 1977, 234 f und in den bei Rn 84 ff, 88 genannten Urt.

164 **AM** in Bezug auf § 17 KO *BGHZ* 98, 160, 168 f.

165 Vgl *Marotzke* AcP 186 (1986) 490, 510 ff; *Rinke* Die Kausalabhängigkeit des Anwartschaftsrechts aus Eigentumsvorbehalt, 1998, S 113 ff, 260 ff; *Bülow* Recht der Kreditsicherheiten, 8. Aufl 2012, Rn 746 ff, 750, 754, 757, 774 f, 783 ff; *Finkenauer* in: Historisch-Kritischer Kommentar zum BGB Bd I, 2003, §§ 158-163 Rn 29 ff (S 900 ff); *Hofmann* Immaterialgüterrechtliche Anwartschaftsrechte, 2009, S 22 ff; abl *Gursky* AcP 199 (1999) 373 ff im Rahmen einer Rezension zu *Minthe* Die Übertragung des Anwartschaftsrechts durch einen Nichtberechtigten, 1998; vgl auch *Mursch* Der Schutz des Vorbehaltskäufers, 2003, S 87 ff, 103 ff; *Otte* AcP 205 (2005), 297, 300.

166 *Marotzke* Gegenseitige Verträge, Rn 4.2; vgl auch *Pflug* AG 1986, 305, 309 f; *Kepplinger* S 306 ff und – gegen *BGHZ* 98, 160, 168 f – *Henckel* JZ 1987, 359 ff; *Marotzke* EWiR § 17 KO 4/1986, 915 f.

167 Vgl *Marotzke* JZ 1995, 803 ff.

des § **103**, dass der Vertrag beiderseits noch nicht vollständig erfüllt ist, im Hinblick auf eine schon „fast vollständige" Erfüllung durch den Schu oder seinen Vertragspartner nur „ganz knapp" gegeben ist.[168]

69 Das für den Fall eigener Erfüllungsablehnung diskutierte Recht des InsVerw, bereits erbrachte **(Teil-)Leistungen des Schu zurückzufordern**, beruht – soweit es überhaupt Anerkennung verdient (dazu Rn 84 ff, 91) – weder unmittelbar noch mittelbar auf § 103.[169] Das bei Rn 68 Ausgeführte gilt also auch insoweit.[170] Vertragsgestaltungen, welche den § 103 durch aufschiebend bedingte Reduzierungen des Leistungsprogramms unanwendbar machen sollen (zB indem man im Voraus vereinbart, dass noch unerfüllte Forderungsreste, welche in den Anwendungsbereich des § 103 führen würden, bei VerfEröffnung automatisch erlöschen[171]), wären auch dann, wenn man sie nicht bereits an § 119 scheitern ließe (Rn 165), wenig zielführend.[172]

70 **2. Details.** Die Voraussetzung des § 103, dass der Vertrag beiderseits noch nicht vollständig erfüllt wurde, ist also (Rn 66 ff) **ohne Rücksicht auf die Frage nach der Zulässigkeit einer Erfüllungsablehnung** zu interpretieren.[173] Einer Anwendung der §§ 103, 55 Abs 1 Nr 2 Alt 1 steht nicht entgegen, dass die Erfüllung infolge von Umständen unterblieben ist, die auf Seiten der einen oder anderen Partei **Schu- oder GlVerzug**, §§ 286 ff, 293 ff BGB, begründen (vgl auch Rn 104). Nicht erforderlich ist, dass die beiderseits noch nicht vollständig erfüllten Verpflichtungen im Synallagma, dh im **Gegenseitigkeitsverhältnis** stehen (so die meist allerdings nicht näher begründete[174] hM insb bzgl unerfüllter **Abnahme- und sonstiger Nebenpflichten**[175]), dass sie wegen § 320 oder § 273 BGB **Zug um Zug** zu erfüllen sind[176] oder dass der Leistungsrückstand der einen oder der anderen Vertragspartei absolut oder im Verhältnis zu demjenigen der Gegenseite (vgl § 320 Abs 2 BGB) einen gewissen **Mindestumfang**

---

168 Ausf *Marotzke* Gegenseitige Verträge, Rn 4.88 ff (s auch unten Rn 148). IE ebenso *Henckel* ZZP 99 (1986) 419, 428; *Kuhn/Uhlenbruck* KO § 17 Rn 18s; *N/R/Balthasar* § 103 Rn 32 ff; *OLG Dresden* ZIP 2002, 815, 817 im letzten Abs (dazu *Tintelnot* EWiR § 103 InsO 1/2002, 441 f ad 3.2). **Anders** sieht das anscheinend für den Fall, dass der **Vertragspartner** fast vollständig erfüllt hat, die sowohl in *BGH* NJW 1962, 2296, 2297 als auch in *BGHZ* 98, 160, 168 f angeführte Entsch *RGZ* 140, 156, 162 f (bemüht ua den Rechtsgedanken des § 320 Abs 2 BGB; dazu *Marotzke* Gegenseitige Verträge, Rn 4.101 f). Wie hier hingegen das *OLG Dresden* ZIP 2002, 815, 817 (zu diesem Urt auch Rn 129, 145).

169 Vgl *Marotzke* Gegenseitige Verträge, Rn 9.6 ff, 9.53 ff, 9.85 ff; grds gegen ein Rückforderungsrecht auch *BGHZ* 155, 87, 96 ff = ZIP 2003, 1208, 1211 (s § 106 Rn 5); MK/*Kreft* § 103 Rn 32, 34, 51 (konzilianter formulierend jedoch *ders* § 105 Rn 26); **aM** aber zB *BGH* WM 1983, 503 f = ZIP 1983, 709 f (dazu *Marotzke* Gegenseitige Verträge, Rn 9.94 Fn 272); *Scherer* NZI 2002, 356, 357 und wohl auch das in der ersten Fn zu § 103 Rn 100 erwähnte Urt *OLG Naumburg* ZInsO 2002, 677 ff = DZWIR 2002, 290 ff m Anm *Fehl.*

170 Vgl *Marotzke* Gegenseitige Verträge, Rn 4.91, 4.102, 9.88 ff m Fn 249, 252.

171 Vgl *Hölder/Schmoll* GRUR 2004, 830, 835 f (Verzicht des Lizenznehmers auf synallagmatische Einreden).

172 **AM** *Hölder/Schmoll* GRUR 2004, 830, 835 f.

173 Unnötig waren deshalb die in der ersten Fn zu § 103 Rn 100 kritisierten argumentativen Kunstgriffe des *OLG Naumburg* ZInsO 2002, 677 ff.

174 Ausführliche Begründung jedoch bei *Marotzke* Gegenseitige Verträge, Rn 4.91 ff, 9.86, 9.94 Fn 272 (m Nachw auch zur damaligen Rspr des BGH (nunmehr zu ergänzen das in einigen der nachfolgenden Fn (noch zu § 103 Rn 70) erwähnte Urt des *BGH* 22.1.2009).

175 Vgl *RGZ* 142, 296, 299 f; *BGHZ* 58, 246 ff; *Marotzke* Gegenseitige Verträge, Rn 4.91 ff, 9.86, 9.94 Fn 272; *ders* JA 1988, 117, 120; *N/R/Balthasar* § 103 Rn 33 f; **aM** *Jaeger/Henckel* KO § 17 Rn 7 aE, 8, 69, 132; vgl auch *K/P/B/Tintelnot* § 103 Rn 171 f, 269 ff und §§ 115, 116 Rn 9b Fn 47.

176 Vgl *BGHZ* 58, 246, 250; *Marotzke* Gegenseitige Verträge, Rn 2.22 ff, 4.83 ff.

hat.[177] Sehr mutig erscheint in diesem Zusammenhang die in einem neueren Urt des BGH vertretene These, dass § 103 nicht anwendbar sei, wenn der InsVerw einen „nicht im Gegenseitigkeitsverhältnis wurzelnden" Anspruch geltend mache,[178] und dass die für eine Anwendung des § 103 erforderliche (!) synallagmatische Verknüpfung zwar zwischen dem Kaufpreisanspruch des Grundstücksverkäufers und dem Anspruch des Käufers auf Übereignung des Grundstücks, nicht aber auch zwischen dem Kaufpreisanspruch und dem Anspruch auf Eintragung einer den Eigentumserwerb des Käufers sichernden Vormerkung[179] bestehe.

Auch unerfüllte **Gewährleistungsansprüche** genügen für die Annahme einer nicht vollständigen Vertragserfüllung[180] (s auch unten Rn 129 ff); die Praxisrelevanz dieses Gesichtspunkts hat infolge der am 1.1.2002 in Kraft getretenen Neufassung der kaufrechtlichen Vorschriften erheblich zugenommen.[181] 71

Steht dem Schu gegen seinen Vertragspartner ein **Nachbesserungsanspruch** zu, so verwandelt sich dieser nicht allein schon infolge der VerfEröffnung und der Erfüllungsablehnung des InsVerw in eine Geldforderung bzw in ein Recht zur Minderung des vertraglichen Entgelts (str).[182] 72

Wegen bisher nicht bekannter, sondern nur möglicher Mängel des abgenommenen Werks kann der Besteller im InsVerf des Unternehmers nicht ohne weiteres **Sicherstellung** verlangen.[183] Abw Vereinbarungen werden – idR folgenlos – an § 119 und, wenn sie AGB-Charak- 73

---

177 Vgl für Leistungsrückstände des insolventen Schu *Marotzke* Gegenseitige Verträge, Rn 4.88 ff, 9.86 und für solche des Vertragspartners aaO Rn 4.101 ff; *Kuhn/Uhlenbruck* KO § 17 Rn 18s; *Kepplinger* S 316; *Henckel* ZZP 99 (1986) 419, 428, 430; für beide Fälle übereinstimmend *K/P/B/Tintelnot* § 103 Rn 171.

178 *BGH* 22.1.2009 – IX ZR 66/07, NJW 2009, 1414, 1415 = ZInsO 2009, 378, 380 Rn 15 aE; ebenso *K/P/B/Tintelnot* § 103 Rn 145 f, 172 ff; *Jaeger/Jacoby* § 103 Rn 109 ff; zur bisherigen, eher in die Gegenrichtung weisenden Behandlung dieser Frage vgl *Marotzke* Gegenseitige Verträge, Rn 4.91 ff, 9.86; *K/P/B/Tintelnot* § 103 Rn 173.

179 *BGH* 22.1.2009 – IX ZR 66/07, NJW 2009, 1414, 1415 = ZInsO 2009, 378, 380 Rn 16. Die insoweit angebotene Argumentation des BGH verkennt, dass auch Vorleistungspflichten (hier: die Verpflichtung zur Bestellung einer Vormerkung) zu erst danach zu erfüllenden Verpflichtungen (hier: Kaufpreiszahlung) der Gegenseite im Synallagma stehen können; besonders anschaulich zeigt dies die werkvertragliche Regelung des § 641 BGB. Zur Behandlung von Vorleistungspflichten im Zusammenhang mit §§ 103, 55 Abs 1 Nr 2 vgl *Marotzke* Gegenseitige Verträge, Rn 2.22 ff, 4.83 ff.

180 N/R/*Balthasar* § 103 Rn 34; ausf *Schmitz* ZIP 2001, 765 ff; *Gottwald* NZI 2005, 588 ff; *Jaeger/Henckel* KO § 17 Rn 87 ff, 90 ff, 104 f; *Kuhn/Uhlenbruck* KO § 17 Rn 18u; evtl übersehen in *AG München* ZIP 1998, 1884 f.

181 Ausf *Scherer* NZI 2002, 356 ff, deren Darlegungen zum Rückforderungsrecht des InsVerw und zur analogen Anwendung des § 103 auf Rückabwicklungsschuldverhältnisse jedoch nicht vollständig überzeugen, und *Marotzke* Gegenseitige Verträge, Rn 4.127 ff, 9.45 ff, 9.85.

182 Wie hier *OLG Düsseldorf* ZIP 2005, 668, 669 (dazu *Vogel* EWiR § 13 VOB/B 1/2005, 523 f). Teilw **aM** das die Entsch des OLG Düsseldorf aufhebende Revisionsurteil *BGHZ* 169, 43, 45 ff = NZI 2006, 575 ff = ZInsO 2006, 933 ff = ZIP 2006, 1736 ff = NJW 2006, 2919 ff (m Anm *Huber*): Beim VOB-Bauvertrag könne der InsVerw des Hauptunternehmers (Generalunternehmer) vom Nachunternehmer (Subunternehmer) Minderung statt Nachbesserung verlangen, wenn dem Bauherrn wegen der Baumängel nur eine InsFord zustehe (zB weil der Vertrag mit dem Bauherrn nicht dem § 103 unterliege oder weil seine Erfüllung vom InsVerw wirksam abgelehnt worden sei).

183 *BGH* 24.3.1994 – IX ZR 149/93, LM § 54 KO Nr 9 = NJW 1994, 1659 f = ZIP 1994, 714 f; dazu *Münch* EWiR § 54 KO 1/1994, 591 f; vgl auch *OLG Hamm* 2.6.1997 – 17 U 128/96, NJW-RR 1997, 1242 f; *Marotzke* Gegenseitige Verträge, Rn 2.22 ff, 2.82; ausf *ders* ZInsO 2017, 1758, 1761 ff, 1765.

ter haben, an §§ 305 ff BGB zu messen sein.[184] Verlangt werden kann uU[185] trotz Nichtbestehens eines Rechts zum Sicherheitseinbehalt die Berücksichtigung potenzieller Gewährleistungsansprüche als **Masse**verbindlichkeiten iSd § 55 Abs 1 Nr 2 Alt 1.

74 Die Eröffnung des InsVerf über das Vermögen des Unternehmers lässt ein dem Besteller **vertraglich** eingeräumtes Recht, einen **Teil des Werklohns** als Sicherheit **einzubehalten**, nicht entfallen.[186] Das gilt auch, wenn zur Zeit der VerfEröffnung noch keine Anhaltspunkte für Mängel ersichtlich sind.[187] § 119 steht, zumindest idR, nicht entgegen.

75 Steht dem InsVerw oder dem Vertragspartner wegen eines Sachmangels das Recht zur **Entgeltminderung** zu (§§ 437 Nr 2, 441, 634 Nr 3, 638, 651 BGB) und macht er von diesem Recht Gebrauch, so reduziert er damit das beiderseitige Leistungsprogramm (vgl auch § 105 Rn 16). Dadurch kann ein Kauf- oder Werkvertrag, der bei VerfEröffnung noch nicht vollständig erfüllt war und deshalb zunächst von § 103 erfasst wurde, nachträglich dem Anwendungsbereich des § 103 entzogen werden. Entspr gilt, wenn das beiderseitige Leistungsprogramm durch eine auf § 648a BGB (idF ab 1.1.2018) oder auf **§ 649 BGB**[188] gestützte Kündigung reduziert wurde.[189] Zwar stellt der Wortlaut des § 103 Abs 1 für die Frage des beiderseitigen Nichterfülltseins des Vertrages auf die „Zeit der „Eröffnung" des InsVerf ab. Daraus folgt jedoch nicht, dass spätere Veränderungen des Leistungsprogramms irrelevant wären.[190] Der Zweck des § 103 (Rn 2) verlangt keine derart rigorose Handhabung der Vorschrift.

76 **Selbst wenn der insolvente Schu alle seinerseits erforderlichen Leistungshandlungen schon vor VerfEröffnung erbracht hat,** ist uU noch Raum für §§ 103, 55 Abs 1 Nr 2 Alt 1.[191] Dies gilt zB dann, wenn der InsVerw die bereits in Gang gesetzte Leistung des Schu (etwa eine vom Schu zwecks Erfüllung eines **Versendungsverkaufs** bereits zur Bahn gebrachte, aber noch nicht beim Käufer angekommene Sache) zurückrufen und so den Vertragspartner auf die Quote verweisen kann. Als weiteres Beispiel kommt in Betracht, dass der Vertragspartner einen ihm geschuldeten **Geldbetrag im EinzugsermächtigungslastschriftVerf** vom Girokonto des Schu **abbuchen** und sich gutschreiben ließ, der InsVerw des Schu oder sogar der Schu persönlich dem jedoch noch widersprechen kann.[192] In beiden Fällen besteht durchaus noch Grund für eine Anwendung des § 103, der es dem InsVerw freistellt, von dem – an sich möglichen – Rückruf der schon in Gang gesetzten Leistung abzusehen und im Gegenzug die noch ausstehende Gegenleistung zu beanspruchen (wenn das für die Masse günstiger ist als

184 Zur Unwirksamkeit führend in *BGH* NJW 2002, 894 f.
185 Näheres bei § 103 Rn 130, 131.
186 *BGH* 17.12.1998 – IX ZR 151/98, NJW 1999, 1261 f = ZIP 1999, 199 ff; zust *Schmitz* EWiR § 54 KO 1/1999, 269 f.
187 *LG Lüneburg* 12.3.1998 –1 S 272–97, NJW-RR 1998, 1100 f; iE ebenso *BGH* 17.12.1998 – IX ZR 151/98, NJW 1999, 1261 f = ZIP 1999, 199 ff.
188 Vgl zu diesen Vorschriften auch Rn 55.
189 Vgl *BGH* 14.9.2017 – IX ZR 261/15 (Rn 32), ZInsO 2017, 2159, 2162.
190 Zutr *BGH* 14.9.2017 – IX ZR 261/15 (Rn 32), ZInsO 2017, 2159, 2162: Der Anspruch aus § 649 S 2 BGB setze auch dann, wenn der Vertragspartner des jetzt insolventen Werkunternehmers erst nach Eröffnung des InsVerf gekündigt habe (Rn 12 ff), keine Erfüllungswahl iSd § 103 voraus.
191 Zum Folgenden *Marotzke* Gegenseitige Verträge, Rn 4.3 f mwN.
192 Vgl hierzu – unter Berücksichtigung auch der verschiedenen Varianten des im November 2009 neu eingeführten SEPA-Lastschriftverfahrens – *BGHZ* 186, 269 ff [XI ZR 236/07] = ZIP *2010, 1556* ff = ZInsO 2010, 1538 ff und *BGHZ* 186, 242 ff [IX ZR 37/09] = ZIP 2010, 1552 ff = ZInsO 2010, 1534 ff. Diese beiden Grundsatzentscheidungen ergingen in vom XI. und IX. ZS zur Beilegung ihrer bisherigen Differenzen gemeinsam verhandelten Verfahren.

der Rückruf). Entspr gilt sogar dann, wenn der Schu auch den Leistungs**erfolg** schon vor VerfEröffnung herbeigeführt hat, dies jedoch nach §§ 129 ff angefochten werden kann (vgl zB § 107 Rn 20). Auch hier ist Raum für eine Anwendung des § 103, der den InsVerw ermächtigt, von der an sich möglichen Anf des Erfüllungs- und vielleicht auch des Kausalgeschäfts abzusehen, falls es im Interesse der Masse liegt, unter Verzicht auf das an sich bestehende Anfechtungsrecht den Anspruch auf die vom Vertragspartner noch nicht erbrachte Gegenleistung zu realisieren. Wenn der InsVerw den Vertragspartner auf die Gegenleistung in Anspruch nimmt, verwandelt sich die vom insolventen Schu nur **anfechtbar** erfüllte Verbindlichkeit in einen mit Masseschuldcharakter ausgestatteten (§ 55 Abs 1 Nr 2 Alt 1) und deshalb das AnfR des InsVerw derogierenden Behaltensgrund zugunsten des Vertragspartners (vgl auch Rn 41).

Vollständige Erfüllung der Pflichten des Vertragspartners steht einer Anwendung der §§ 103, 55 Abs 1 Nr 2 Alt 1 zwar grds, nicht jedoch ausnahmslos entgegen. Auch wenn der Vertragspartner seinerseits schon vollständig erfüllt hat, kommt eine Anwendung in Betracht, wenn der Vertragspartner für den Fall, dass ihm die Gegenleistung des Schu nicht vollständig gewährt oder belassen wird, Anspruch auf Rückgewähr des seinerseits Geleisteten hat.[193] Hatte der ins InsVerf geratene Schu Waren unter **Eigentumsvorbehalt** gekauft und sind vor der VerfEröffnung zwar die Übergabe und die aufschiebend bedingte Übereignung, nicht aber auch die vollständige Kaufpreiszahlung erfolgt, so müsste die Anwendbarkeit des § 103 mE[194] eigentlich selbst von denen bejaht werden, die sich – um § 103 nicht anwenden zu müssen! – auf den Standpunkt stellen, dass der **Ver**käufer in dieser Situation schon vollständig erfüllt habe. Entscheidend ist hier nicht der Begriff „Erfüllung", sondern die Überlegung, dass der InsVerw des Rechts, den noch offenen Kaufpreis vollständig zu zahlen (§ 103 Abs 1), bedarf, um die bei Nichtzahlung des Preises drohende Vindikation des Verkäufers abzuwenden. Von der grundsätzlichen Anwendbarkeit des § 103 im InsVerf des Vorbehaltskäufers geht auch § 107 Abs 2 aus. Zu beachten ist jedoch, dass § 107 Abs 2 nicht zwingend voraussetzt, dass bereits aufschiebend bedingt an den Käufer übereignet wurde (vgl § 107 Rn 27); die soeben ausgeführten Argumente lassen sich also nicht durch bloßen Hinweis auf § 107 Abs 2 ersetzen. Vgl des Weiteren die sich auf § 103 **Abs 2 S 2** beziehenden Hinweise bei Rn 158, 160. Zur Anwendbarkeit des § 103 im InsVerf des Käufers beim **erweiterten** Eigentumsvorbehalt s *Marotzke* Gegenseitige Verträge Rn 4.166 ff und unten Rn 107 ff, zum InsVerf des Vorbehalts**ver**käufers oben Rn 67 und § 107 Abs 1. 77

Für **Sukzessivlieferungsverträge** (Rn 112) vertrat *BGHZ* 98, 160, 171 die Ansicht, dass hinsichtlich schon an den Schu erbrachter und von diesem bezahlter Teilleistungen des Vertragspartners eine Erfüllungsablehnung nach § 17 KO (§ 103 InsO) ausscheide, wenn diese Teilleistungen „jeweils einzeln einen selbstständigen wirtschaftlichen Zweck haben". In solch einem Fall betreffe die Erfüllungsablehnung des InsVerw (gemeint war letztlich sein Rückforderungsrecht) „nur die noch nicht abgewickelten bzw noch nicht bezahlten Teilleistungen", während die vom Gemeinschuldner „vor Konkurseröffnung erhaltenen und bezahlten Teilleistungen unberührt blieben". Motiviert war diese dem damaligen Konkursrecht eigentlich fremde (vgl aber jetzt § 105 InsO [allerdings auch die dortige Rn 44!] und unten Rn 111, 115) Reduktion des § 17 KO durch die unrichtige (Rn 66, 69, 84 ff) Annahme, 78

---

193 ZB gem § 346 (ggf iVm §§ 323, 326 Abs 5, 437 Nr 2, 440) BGB, § 985 BGB, § 81 Abs 1 S 3 oder § 144 Abs 2; vgl hierzu *Marotzke* Gegenseitige Verträge, Rn 4.104 ff mit weiterführenden Hinweisen in Fn 264 (nunmehr zu ergänzen: §§ 323 ff BGB nF statt der damaligen §§ 323 Abs 3, 325 ff BGB aF); ebenso *Häsemeyer* Rn 20.15; *Henckel* ZZP 99 (1986) 419, 428 und *Kuhn/Uhlenbruck* KO § 17 Rn 18s für den Fall, dass der Vertragspartner den seinerseits geleisteten Gegenstand noch aussondern kann.

194 *Marotzke* Gegenseitige Verträge, Rn 4.107 ff.

dass § 17 KO iF seiner Anwendbarkeit zu einem ohne diese Vorschrift nicht begründbaren Ablehnungs- und Rückforderungsrecht des InsVerw führe.

79 Hat der Vertragspartner schon vollständig erfüllt und steht nur die vom Schu versprochene Gegenleistung noch aus, so muss gleichwohl eine (analoge) Anwendung des § 103 zulässig sein, wenn zur InsMasse eine **außerhalb** dieses Vertrages begründete Forderung gegen den Vertragspartner gehört und der InsVerw diese wegen **§ 273 BGB** nur Zug um Zug gegen ordnungsgemäße Vertragserfüllung durchsetzen kann.[195]

80 Konsequenterweise wird man dem InsVerw das Recht, der einer Forderung der InsMasse entgegenstehenden Zug-um-Zug-Einrede (§ 273 BGB) durch vollständige Erfüllung der Gegenforderung Rechnung zu tragen, sogar dann zugestehen müssen, **wenn weder Forderung noch Gegenforderung auf einem „gegenseitigen Vertrag" beruhen**. In Betracht kommt zB der Fall, dass jemand vor VerfEröffnung im **Auftrag** des Schu, aber im eigenen Namen ein Bild erwirbt, es bezahlt und sich später gegenüber dem InsVerw des Schu unter Berufung auf § 273 BGB weigert, das Bild vor Begleichung des ihm nach § 670 BGB zustehenden Aufwendungsersatzes herauszugeben und zu übereignen.[196]

81 Zur analogen Anwendbarkeit des § 103 auf Rechtsbeziehungen aus **Geschäftsführung ohne Auftrag** *Marotzke* JA 1988, 117, 121 mwN in Fn 39 sowie unten § 115 Rn 8.

C. Wahlrecht des Insolvenzverwalters

I. Inhalt und Zweck

82 Im Fall des § 103 Abs 1 hat der InsVerw die Wahl, **entweder** die Erfüllung des Vertrages zu verlangen und dann auch seinerseits vollständig zu erfüllen (Rn 4, 104 ff), **oder** aber die Erfüllung abzulehnen. Nicht Gegenstand der nachfolgenden Kommentierung ist die Frage, ob dem InsVerw für den Fall, dass der Schu eine selbstständige Tätigkeit ausübt oder demnächst auszuüben beabsichtigt, durch den am 1.7.2007 in Kraft getretenen § 35 Abs 2 sogar noch eine **dritte** Wahlmöglichkeit eröffnet worden ist.[197]

83 **Das Recht, zwischen Erfüllung und Erfüllungsablehnung zu wählen, ist vom InsVerw „zum Vorteil der Gesamtheit der Gläubiger" auszuüben**[198] (vgl auch Rn 4). Ob er vorher die Zustimmung eines GlOrgans (GlAusschuss oder GlVersammlung) einholen muss, richtet sich nach §§ 160 ff (vgl Rn 4, 116).[199] Ein Verstoß gegen diese Vorschriften lässt die Wirksamkeit der Wahlrechtsausübung unberührt (§ 164).

II. Erfüllungsablehnung

84 **1. Streitfragen.** Herrschend und die Praxis prägend war bis ca 1986 die These, dass die sog „Erfüllungsablehnung" des InsVerw die Ausübung eines von den Voraussetzungen des § 17

---

195 Einzelheiten bei *Marotzke* Gegenseitige Verträge, Rn 4.133 ff; **aM** *Jaeger/Jacoby* § 103 Rn 98 f; vgl auch unten Rn 107 ff zur Wirkungsweise des § 273 BGB im Verhältnis zum InsVerw.

196 *Marotzke* Gegenseitige Verträge, Rn 4.141; ausf *ders* JA 1988, 117, 118 ff; vgl auch § 115 Rn 8 f; *K/P/B/Tintelnot* §§ 115, 116 Rn 9b; *Blaum* S 250 f; nicht abgeneigt wohl auch *Braun/Kroth* § 103 Rn 17; **aM** *Jaeger/Jacoby* §§ 115 f Rn 59 ff (jedenfalls in der Überschrift zu Rn 59 und im letzten Satz bei Rn 61).

197 Vgl jedoch den kurzen Hinweis bei Rn 3.

198 *BGHZ* 129, 336, 340; vgl auch *BGHZ* 167, 363, 370 f [Rn 17] = ZInsO 2006, 708, 709 sowie speziell im Zusammenhang mit Versicherungsverträgen *Zöllner/App* DZWIR 2008, 232.

199 Vgl speziell für noch unerfüllte Unternehmensverkäufe des Schu oder des vorl InsVerw *Marotzke* Das Unternehmen Rn 111 ff, 125 ff, 128, 174, 176, 178.

KO bzw § 103 InsO abhängigen **Gestaltungsrechts** sei.[200] Als Inhalt des Gestaltungsrechts wird angegeben:

Die Erfüllungsablehnung des InsVerw bringe zwar nicht das Vertragsverhältnis insgesamt,[201] wohl aber die aus ihm entspringenden beiderseitigen Erfüllungsansprüche zum **Erlöschen**.[202] Der Erfüllungsanspruch des Vertragspartners verwandele sich infolge der Ablehnungserklärung des InsVerw (nach neuerer, bei Rn 88 nachgewiesener, inzwischen aber schon wieder überholter Rspr des BGH sogar schon infolge der VerfEröffnung) **endgültig**, also trotz § 201 Abs 1 nicht nur für die Dauer des schwebenden Verf,[203] in einen als InsFord zu verfolgenden Anspruch auf **Schadensersatz wegen Nichterfüllung**,[204] dessen Grundlage man bald in § 17 KO (§ 103), bald in § 26 S 2 KO (§ 103 Abs 2 S 1), bald in „allg" Rechtsgrundsätzen, bald in den bürgerlich-rechtlichen Regeln über Leistungsstörungen erblickt oder auch einfach dahinstehen lässt.[205] 85

Weiterhin nahm die – in *BGHZ* 155, 87, 96 ff aber wohl aufgegebene oder zumindest stark eingeschränkte (s § 106 Rn 5) – Rspr an, dass infolge der Erfüllungsablehnung des InsVerw (oder sogar schon infolge der VerfEröffnung; s Rn 85, 88!) der Rechtsgrund für bereits erbrachte Teilleistungen entfalle und dass deshalb **Teilleistungen des Schu** vom InsVerw (oder von einem vorkonkurslichen Zessionar![206]) **zurückgefordert** werden könnten, soweit sie den Nichterfüllungsschaden des Vertragspartners übersteigen[207] (vgl hierzu Rn 91). Ein entspr Rückforderungsrecht des **Vertragspartners** soll jedoch grds nicht bestehen.[208] Letzteres ist eine Rechtsfolge, die man früher mit § 26 S 1 KO begründete und die sich, in dem bei Rn 91 und § 105 Rn 23 umschriebenen engen Sinne, nach neuem InsR teils aus § 105 S 2 (eine merkwürdig verengte Nachfolgevorschrift zu § 26 S 1 KO), iÜ bereits aus §§ 38, 45, 87, 174 ff, 187 ff ergibt (vgl § 105 Rn 21 ff). 86

---

200 So zB *BGHZ* 98, 160, 168 ff = JZ 1987, 355, 358 m krit Anm *Henckel* = EWiR § 17 KO 4/1986, 915 m abl Anm *Marotzke.*

201 *BGHZ* 68, 379, 380; 74, 258, 271.

202 Vgl *BGHZ* 98, 160, 172; ferner *BGHZ* 68, 379, 381 (wo offen gelassen ist, ob der die weitere Erfüllung ablehnende InsVerw für bereits erbrachte Teilleistungen des Schu eine Teilvergütung verlangen kann); unklar *BGH* NJW-RR 2008, 846, 848 f = ZIP 2008, 778, 781 [Rn 18 ff].

203 *RGZ* 79, 209, 211 f; *BGH* NJW 1962, 2296, 2297.

204 Vgl *BGHZ* 96, 392, 394 ff (ua auch zu Verjährungsfragen) m Kurzkomm *Marotzke* EWiR § 17 KO 2/1986, 385 und Aufsatz *Peters* JZ 1986, 669; *BGH* NJW-RR 2008, 846, 848 f [Rn 18 ff] = ZIP 2008, 778, 781 f.

205 Dazu mit vielen Nachweisen *Marotzke* Gegenseitige Verträge, Rn 3.2 und Rn 5.1–6.36.

206 Vgl *BGHZ* 106, 236, 242; vorsichtiger *BGH* NJW 1991, 2897 f = ZIP 1991, 945, 947; *BGHZ* 155, 87, 96 ff = NJW 2003, 2744, 2747 f = ZIP 2003, 1208, 1211 f = NZI 2003, 491, 493 f m Anm *Huber*; gänzlich abl – aber nicht für den in dem letztgenannten Urt des BGH behandelten Sonderfall eines **vom InsR unabhängigen** Rückgewähranspruchs (s dazu auch Rn 50) – *Marotzke* EWiR § 15 KO 1/1991, 907 f; vgl auch *ders* ZInsO 2004, 1273, 1279 Fn 85.

207 Vgl *RGZ* 135, 167, 172; *BGHZ* 15, 333, 335 f = JZ 1955, 285 ff m zust Anm *A Blomeyer*; *BGH* ZIP 1983, 709 f; zwischen **Bereicherungs- und Teilerfüllungsanspruch** schwankend *BGHZ* 68, 379, 381 ff und *BGH* LM BGB § 399 Nr 36 (Bl 5) = NJW 1997, 3434, 3437 = ZIP 1997, 1072, 1076 = JZ 1998, 255, 258; ein **Abrechnungsverhältnis sui generis** annehmend die schon bei Rn 85 zitierte Entsch *BGHZ* 96, 392, 394, 396 ff und *BGHZ* 106, 236, 242 sowie iE auch *OLG Köln* ZIP 1999, 495 f (mit Ausführungen zur Abrechnungsobliegenheit des InsVerw; krit *Schmitz* EWiR 1999, 217 f); den Rückgewähranspruch in Bezug auf **Grundstücke** in Frage stellend *BGHZ* 79, 103, 110 f (dazu § 106 Rn 5); ihn in Bezug auf **beiderseits bereits tw erfüllte (Sukzessivlieferungs-)Verträge** beschränkend *BGHZ* 98, 160, 171; ihn **gänzlich** in Frage stellend *BGHZ* 155, 87, 96 ff (s § 106 Rn 5).

208 *Jaeger/Lent* 8. Aufl KO § 17 Rn 17.

87 **2. Stellungnahme.** Ein Gestaltungsrecht der bei Rn 84 ff beschriebenen Art sollte eigentlich schon deshalb nicht anerkannt werden, weil es der gesetzlichen Grundlage bedarf (§ 311 Abs 1 BGB) und eine solche nicht existiert.[209] Auch de lege ferenda wäre es nicht zu rechtfertigen.[210] Außergewöhnlich oft hat die Annahme, dass das bei Rn 84 ff beschriebene Gestaltungsrecht grds Anerkennung verdiene, mangels hinreichender Überzeugungskraft der angeführten Gründe zu gerichtlichen Auseinandersetzungen zwischen dem sein vermeintliches Recht ausübenden InsVerw und dem sich schikaniert fühlenden Vertragspartner geführt und so der Rspr, manchmal sogar dem Gesetzgeber, größten Einfallsreichtum abverlangt (dazu § 107 Rn 1 ff).[211] Eine Gesetzesauslegung, die schwierigste **Folgeprobleme** geradezu provoziert, sollte nochmals überprüft werden.[212]

88 **Verneint wird eine vertragsumgestaltende Wirkung der Erfüllungsablehnung seit einigen Jahren auch vom BGH.** In einer mit *BGHZ* 103, 250, 252, 254 beginnenden und in *BGHZ* 129, 336, 338 ff; 135, 25, 26 ff kulminierenden Serie von Urteilen schrieb er jedoch die Gestaltungswirkung, die er der Erfüllungsablehnung des InsVerw jetzt zu Recht abspricht, nun bereits der VerfEröffnung als solcher zu. Diese Rspr sah in dem Recht des InsVerw, die Erfüllung des Vertrages zu „verlangen" (§ 103), zugleich das Recht zur einseitig-autoritären **Neubegründung** der – nach dieser Auffassung bereits im Zeitpunkt der VerfEröffnung erlöschenden – Erfüllungsansprüche. **Auch das ist nicht richtig** (vgl die in der Fn[213] Genannten und ergänzend §§ 107 Rn 29, 108 Rn 16 f sowie zu möglichen **Konsequenzen für eine etwaige persönliche Haftung von Gesellschaftern des Schu** den in der Fn[214] zitierten Aufsatz des Verf). Zustimmung verdiente diese Rspr des BGH zwar insofern, als sie der Erfüllungsablehnung des InsVerw keine gestaltende, sondern nur eine die bereits infolge der VerfEröffnung eingetretene Rechtslage „bestätigende" Wirkung zuschrieb. Jedoch besteht die Rechtslage, die infolge der Erfüllungsablehnung des InsVerw verbindlich bestätigt wird, nicht im Erlöschen der beiderseitigen Erfüllungsansprüche (das gibt inzwischen auch der BGH zu[215]), sondern darin, dass der Vertragspartner des Schu mit seiner Forderung **InsGl**

---

209 Vgl *Marotzke* Gegenseitige Verträge, Rn 3.5 ff, 3.42 ff, 3.48 ff, 4.15, 5.23 ff, 9.14 ff.

210 Vgl *Marotzke* Gegenseitige Verträge, Rn 3.35 ff, 3.41, 5.66 ff, 9.6 ff, 9.52 ff, 9.85 ff, 10.14 ff.

211 *Marotzke* Gegenseitige Verträge, Rn 1.5 f, 3.19 ff, 3.42 ff, 4.1 f, 10.1 ff; *ders* JZ 1977, 552 ff (zu § 24 KO/§ 106 InsO); *ders* JZ 1995, 803 ff (zu § 107 Abs 1 InsO); *Musielak* AcP 179 (1979) 189 ff und – zu *BGHZ* 98, 160, 168 – *Henckel* JZ 1987, 359 ff.

212 Gegen die hier abgelehnte Theorie auch die Vorgenannten und *Henckel* ZZP 99 (1986) 419 f, 425; *Jaeger/Henckel* 9. Aufl, KO § 17 Rn 115, 149 ff; *Kuhn/Uhlenbruck* KO § 17 Rn 19, 36; *Bork* FS Zeuner, 1994, S 297 ff; *Pflug* AG 1986, 305 ff; *Kepplinger* S 77 ff; *K/P/B/Tintelnot* § 103 Rn 25 f; MK/*Kreft* § 103 Rn 18 ff, 22; *BGHZ* 155, 87, 96 ff = ZIP 2003, 1208, 1211 f – weitere Fundstellen dieses Urt bei § 106 Rn 5.

213 *Marotzke* Gegenseitige Verträge, Rn 3.42 ff, 4.17 ff, 4.59 ff, 4.77 ff (und schon vorher in EWiR § 17 KO 2/1988, 285; § 55 KO 1/1992, 71 f; JR 1990, 331, 333 ff; LM § 17 KO Nr 31); *Häsemeyer* Rn 20.07; *ders* JR 1992, 423 f; *Henckel* JZ 1998, 155, 157; *Bork* FS Zeuner, 1994, S 297 ff; *ders* JZ 1996, 51 ff; *Tintelnot* ZIP 1995, 616, 618 f; *K/P/B/Tintelnot* § 103 Rn 25 ff; MK/*Kreft* § 103 Rn 18, 22; *Dahncke* S 141 ff; *Roth* FS Rolland, 1998, S 305 ff; *Adam* DZWIR 1999, 217, 218; *Kepplinger* S 96 ff, 258, 270 ff, 292 ff; *Schwörer* Rn 169 ff; *Harder* Rn 442 ff.

214 *Marotzke* DB 2013, 621, 681, 683 ff.

215 Vgl das auch bei Rn 5, 102 erwähnte Urt *BGHZ* 150, 353 f, 359 = NJW 2002, 2783, 2785 = NZI 2002, 375, 376 = ZInsO 2002, 577, 579 = ZIP 2002, 1093 f = LM GesO Nr 83/84 mit Anm *Huber* = ZZP 115 (2002) 501, 504 mit Anm *Marotzke*; *BGHZ* 155, 87, 95 ff, 99 = ZIP 2003, 1208, 1209, 1211 f (dazu erg § 106 Rn 5); der neuen Rspr des BGH zustimmend *BFH* ZIP 2007, 976, 977 (II 2 b) = DStRE 2007, 433, 434; auf Distanz zur Erlöschenstheorie ging auch schon *BGH* ZIP 2001, 2142, 2144 f = ZInsO 2001, 1100, 1102 = NZI 2002, 95, 96 f = NJW-RR 2002, 191, 193 = LM § 17 KO Nr 36 m Anm *Busche*; vgl auch *Fischer* NZI 2002, 281, 283 f, der zutr von einem Abschied „auf leisen Sohlen" spricht und dafür noch einige weitere Urt zitiert.

ist und deshalb, soweit er nicht ausnahmsweise (§§ 49 ff) abgesonderte Befriedigung verlangen kann (Rn 170), im laufenden Verf nicht mehr als die Quote zu beanspruchen hat[216] oder, etwas salopper formuliert: dass der Erfüllungsanspruch des Vertragspartners mit Verf-Eröffnung idR „seine Durchsetzbarkeit" verliert[217] bzw, in der Terminologie des **Umsatzsteuer**rechts, bis auf weiteres „uneinbringlich"[218] wird. **Rechtsgestaltend** wirkt die Erfüllungsablehnung des InsVerw nur insofern, als der InsVerw an diese Erklärung gebunden ist (vgl Rn 127 f) und durch sie analog § 103 Abs 2 S 3 das Recht verliert, seinerseits auf der Erfüllung des Vertrages zu bestehen.[219] Auch Schadensersatz wegen Nichterfüllung kann der InsVerw in solch einem Fall nicht verlangen.[220]

Auch der Schu selbst ist während des Verf nicht berechtigt, die Erfüllung eines Vertrages zu verlangen, dessen Erfüllung zuvor vom InsVerw – oder iF der §§ 270, 279 vom Schu selbst – abgelehnt wurde.[221] Die Erfüllungsablehnung des InsVerw hat nicht die Wirkung einer Freigabeerklärung.[222] Von der **aktiven** Forderungsdurchsetzung, die den soeben beschriebenen Hemmnissen unterliegt, sind zu unterscheiden die **freiwillige** Erfüllung durch den Schu oder einen Dritten sowie das Recht zur **verteidigungsweisen** Geltendmachung der Forderung iRv Einredetatbeständen wie zB §§ 273, 320 oder § 348 BGB.[223] **Seine eigene vertragliche Verpflichtung kann der Schu oder an seiner Stelle ein interessierter Dritter (zB der bei § 107 Rn 43 erwähnte „Anwartschaftszweiterwerber") uU trotz der Erfüllungsableh-** 89

216 Vgl schon Rn 4 sowie die in den Fn zu Rn 87 genannten Autoren.

217 Vgl die vor dem Hintergrund der §§ 38, 87 ff zu sehende Formulierung des V. Zivilsenats des BGH in LM § 387 BGB Nr 91= NJW 1996, 1056 f = ZIP 1996, 426 f (Abschn II 1 b), die der für das InsR zuständige IX. Zivilsenat des BGH zunächst unverändert übernommen (*BGH* NZI 2001, 85, 86 = ZIP 2001, 31, 32 Abschn II 1 c) und dann sogar auf den Erfüllungsanspruch der Masse (!) übertragen hat (*BGHZ* 150, 353 f, 359 = LM GesO Nr 83/84 [m Anm *Huber*] = NJW 2002, 2783, 2785 = NZI 2002, 375, 376 = ZIP 2002, 1093 f; diesen zweiten Schritt gegen Kritik verteidigend MK/*Kreft* § 103 Rn 17; abl *Marotzke* ZZP 115 [2002] 507, 510 ff; *Wieser* JZ 2003, 231, 232; vgl auch Rn 5, 102).

218 Unter tw Aufgabe seiner früheren Rspr hat der *BFH* mit Urt v 22.10.2009 (BFHE 227, 513 ff = ZInsO 2010, 487 ff = ZIP 2010, 383 ff = NZI 2010, 272 ff m Anm *de Weeth*) entschieden, dass der Umsatzsteuer unterliegende Entgeltforderungen aus Lieferungen und sonstigen Leistungen an den späteren InsSchu „spätestens im Augenblick der Insolvenzeröffnung unbeschadet einer möglichen Insolvenzquote in voller Höhe uneinbringlich" würden, so dass „spätestens zu diesem Zeitpunkt" die Umsatzsteuer des leistenden Unternehmers und dementsprechend der Vorsteuerabzug des Leistungsempfängers nach § 17 Abs 1 UStG zu berichtigen sei. Werde jedoch das zunächst uneinbringlich gewordene Entgelt nachträglich doch noch vereinnahmt, etwa weil sich der InsVerw gem § 103 für die Erfüllung des Vertrages entschieden habe, so sei der Umsatzsteuerbetrag „erneut" zu berichtigen (§ 17 Abs 2 Nr 1 S 2 UStG). Vgl zur Umsatzsteuer auch § 105 Rn 18 mwN.

219 Vgl zu dieser Analogie *Marotzke* Gegenseitige Verträge, Rn 3.37 mit Fn 114; iE übereinstimmend *BGH* NJW 1987, 1702; *BGH* ZIP 1988, 1474, 1475 (Schlusssatz); *Kepplinger* S 177; MK/*Huber* § 103 Rn 167; **aM** *Jaeger/Henckel* 9. Aufl KO § 17 Rn 152.

220 *BGH* ZIP 2016, 85, 87 [Rn 18 ff].

221 Vgl *RGZ* 41, 133 ff; *BGH* NJW 1982, 768 f Abschn II 1; *Marotzke* Gegenseitige Verträge, Rn 3.39, 8.1; **aM** *Hellmann* Lehrbuch des deutschen Konkursrechts, 1907, S 267; *Kohler* Lehrbuch des Konkursrechts, 1891, S 122 iVm S 135; differenzierend *Jaeger/Henckel* 9. Aufl, KO § 17 Rn 154 ff.

222 Ausf *Marotzke* Gegenseitige Verträge, Rn 8.1 ff.

223 Vgl *Marotzke* Gegenseitige Verträge, Rn 4.123, 5.36, 8.6, 10.7. Zutr hat der *BGH* (ZInsO 2013, 823 ff = ZIP 2013, 890 ff; dazu auch § 103 Rn 37 samt dortiger letzter Fn) entschieden, dass ein Schu die Befugnis zur Ausübung eines Leistungsverweigerungsrechts aus § 320 BGB nicht dadurch verliere, dass die Verwaltungs- und Verfügungsbefugnis über sein Vermögen

nung des InsVerw noch erfüllen.[224] Jedoch muss dem Vertragspartner hier ein Zurückweisungsrecht zugestanden werden.[225] Auch ändert eine vom Schu oder von einem Dritten entgegen der Ablehnungserklärung des InsVerw bewirkte Erfüllung nichts an der bereits vorher eingetretenen (Rn 88 aE) Rechtsfolge des § 103 Abs 2 S 3; der Erfüllungsanspruch gegen den Vertragspartner bleibt also **während** des Verf undurchsetzbar.[226]

90 Eine andere Frage ist, ob der Schu auch noch **nach Aufhebung des Verf** an der Durchsetzung seiner Forderung gegen den Vertragspartner gehindert ist, wenn der InsVerw die Vertragserfüllung abgelehnt hatte. Bejaht wird dies von den meisten Vertretern der bei Rn 84 ff dargestellten Ansicht. Eine Fortwirkung dieser Art, die dann gleichermaßen auch den Erfüllungsanspruch des Vertragspartners erfassen müsste, lässt sich mE[227] nur begründen, wenn der Vertragspartner sein Recht, sich mit einer nach der Differenzmethode (Rn 91) berechneten „Forderung wegen der Nichterfüllung" (§ 103 Abs 2 S 1) am Verf zu beteiligen, wirklich wahrgenommen hat und deshalb[228] auch nach Verfahrensende auf diesen Differenzanspruch – mit dem ein Fortbestand des Erfüllungsanspruchs des Schu unvereinbar wäre – beschränkt ist. Da die InsO keinen Gl zwingt, sich am Verf zu beteiligen, hängt es auch dann, wenn ein Fall des § 103 Abs 2 S 3 vorliegt oder der InsVerw die Erfüllung des Vertrages ausdrücklich ablehnt, vom Willen des Vertragspartners ab, ob er sich mit einer „Forderung wegen der Nichterfüllung" (§ 103 Abs 2 S 1) am Verf beteiligt und deshalb spätestens[229] nach Empfang einer Abschlagszahlung (§§ 187 ff) nicht mehr auf seinen ursprünglichen Erfüllungsanspruch zurückgreifen kann, oder ob er von einer Teilnahme am InsVerf absieht, sich dadurch – vorbehaltlich InsPlan oder Restschuldbefreiung (Rn 156) – seinen ursprünglichen Erfüllungsanspruch über das VerfEnde hinaus bewahrt[230] und dann konsequenterweise auch dem Schu ver-

---

auf den InsVerw übergegangen sei. Gegenüber einem Gl, der nach Eröffnung des InsVerf zulässigerweise einen Prozess gegen den Schu fortführe (etwa weil der InsVerw wie im vom BGH entschiedenen Fall erklärt hatte, an dem von der klagenden Stadt nach Rücktritt vom Erbbaurechtsvertrag zurückverlangten Grundstück keinen Besitz ausüben zu wollen), könne dieser seine Zug-um-Zug-Einrede dahin geltend machen, dass der Gl seine Gegenleistung (im vom BGH entschiedenen Fall: die Zahlung von Geld) an die InsMasse zu erbringen habe.

224 Ausf *Marotzke* Gegenseitige Verträge, Rn 2.85 ff, 7.59 ff; iE übereinstimmend *Kepplinger* S 182 ff, 251, 309 f; *L/S/Z/Smid* § 103 Rn 52; *ders* § 107 Rn 9.

225 Ausf *Marotzke* Gegenseitige Verträge, Rn 4.110 f, 7.62; zust *Kepplinger* S 184 (vorbehaltlich des auf S 309 f Ausgeführten); tw **aM** *Rinke* Die Kausalabhängigkeit des Anwartschaftsrechts aus Eigentumsvorbehalt, 1998, S 218 f, 260 f.

226 **AM** wohl *L/S/Z/Smid* § 103 Rn 52.

227 *Marotzke* Gegenseitige Verträge, Rn 3.38 ff; im Ausgangspunkt ebenso *Rühle* S 92-158; *BFH* ZIP 2007, 976, 977 (II 2 b) = DStRE 2007, 433, 434.

228 Vgl *Jaeger/Henckel* 9. Aufl, KO § 17 Rn 161.

229 *Marotzke* Gegenseitige Verträge, Rn 5.94 Fn 329 mwN; zum Ganzen auch *Rühle* S 98 ff.

230 Ebenso mit Unterschieden im Detail *OLG Jena* SeuffA 47 (1892) Nr 87; *Jaeger/Henckel* KO § 17 Rn 159 ff; *Musielak* AcP 179 (1979), 189, 195 f, 211 ff; *Bork* FS Zeuner, 1994, S 297, 308 f; *Kepplinger* S 95 f, 102 f; *K/P/B/Tintelnot* § 103 Rn 328 ff; MK/*Kreft* § 103 Rn 18 ff, 22; vgl auch *BGH* ZInsO 2010, 289, 292 = ZIP 2010, 264, 266 = DZWIR 2010, 164, 167 mit Anm *Wellensiek*; *BGH* 7.2.2013 – IX ZR 218/11, BGHZ 196, 160, 162 f [Rn 8] = ZInsO 2013, 494 f = ZIP 2013, 526 f (direkt zu diesem Urt *Dahl/Schmitz* NZI 2013, 631 ff; *Kayser* ZIP 2013, 1359 f; *Tintelnot* EWiR 2013, 351 f); weitere Nachweise bei *Marotzke* Gegenseitige Verträge, Rn 3.40 Fn 131; sogar noch großzügiger für ein Wahlrecht des Vertragspartners *Häsemeyer* Rn 20.07, 20.16, 25.14 ff; wohl auch *L/S/Z/Smid* § 103 Rn 52.

pflichtet bleibt (Letzteres natürlich nur vorbehaltlich des hier stets in Betracht zu ziehenden Rechts, sich gem §§ 323 ff BGB oder aus anderen Gründen vom Vertrag zu lösen[231]).

3. Konsequenzen der hier vertretenen Ansicht. Die hier vertretene Ansicht, dass das Vertragsverhältnis weder durch die Eröffnung des InsVerf noch durch die Erfüllungsablehnung des InsVerw „umgestaltet" wird, führt, kurz zusammengefasst, zu folgenden Konsequenzen.[232] 91

Der Vertragspartner kann seinen **Erfüllungsanspruch**, iF des § 45 nach Umstellung auf Geld, trotz der Erfüllungs**ablehnung** des InsVerw als InsFord[233] geltend machen.[234] Er muss jedoch wie ein SchadensersatzGl der seinerseits noch nicht erfüllten Gegenverbindlichkeit entweder nach der **Differenzmethode** oder nach der – ihm von der hM allerdings verwehrten[235] – **Austauschmethode** (zB wenn er sich wegen der Verbindlichkeit des Schu an einen **Bürgen** halten kann[236]) Rechnung tragen.[237] 92

Auf **Schadensersatz** wegen Nichterfüllung richtet sich die InsFord des Vertragspartners nicht ohne weiteres,[238] sondern nur unter den Voraussetzungen der einschlägigen Anspruchsgrund- 93

---

231 Vgl *Marotzke* Gegenseitige Verträge, Rn 7.3 ff (nur tw überholt durch die spätere Neufassung der §§ 275 ff, 323 ff BGB sowie durch die bei § 107 Rn 32 kommentierte Änderung der Rücktrittsvoraussetzungen beim Eigentumsvorbehalt).

232 Ausf *Marotzke* Gegenseitige Verträge, Rn 5.1–13.140.

233 Um **Neu**verbindlichkeiten des **Schu**, die diesem gegenüber auch während des laufenden InsVerf geltend gemacht werden könnten, handelt es sich selbst dann **nicht**, wenn der Vertragspartner nach Verfahrenseröffnung noch weitere Leistungen erbracht hat (zutr BGH ZInsO 2016, 694 ff = ZIP 2016, 682 ff; dazu *Marotzke* EWiR 2016, 273 f). Nach dem maßgeblichen objektiven Empfängerhorizont richtet sich eine in der Bereitstellung von Versorgungsleistungen (Strom, Gas) liegende Realofferte eines Versorgungsunternehmens hinsichtlich eines massezugehörigen, vollständig fremdvermieteten Grundstücks nach Eröffnung des InsVerf nicht an den Schu persönlich, sondern entweder an den InsVerw oder an die Mieter (*BGH* aaO).

234 *Marotzke* Gegenseitige Verträge, Rn 5.31 ff; *Grimm* Begründete Vermögensansprüche, 1927, S 75 ff, 77; *Musielak* AcP 179 (1979), 189, 200–205; *Häsemeyer* Rn 20.06 f; *Pflug* AG 1986, 305, 308 f, 310 ff; *Schwörer* Rn 176 ff; *Kepplinger* S 102 f, 216 ff, 247, 257; *Blaum* S 178 f; **aM** die bei Rn 85 als hM Genannten; zw *Henckel* ZZP 99 (1986) 419, 421 ff; differenzierend MK/*Kreft* § 103 Rn 16, 25 ff; *ders* § 105 Rn 34.

235 Die Austauschmethode in diesem Zusammenhang gänzlich abl *Kepplinger* S 103, 227, 242, 247, 252, 257; *Rühle* S 49 ff, 56; *N/R/Balthasar* § 103 Rn 63; *K/P/B/Tintelnot* § 103 Rn 320; wohl auch *BGH* ZVI 2003, 661, 663 [II 2]; *Blaum* S 178 ff und überhaupt die hM. Überwiegend wird sogar vertreten, dass Zug-um-Zug-Forderungen nicht als solche zur InsTabelle festgestellt werden können (vgl *BGH* 21.5.2015 – III ZR 384/12, ZIP 2015, 1500 = ZInsO 2015, 1620 [LS 2 und Rn 18 f]; *BGH* 11.2.2016 – III ZR 383/12, ZInsO 2016, 1152 ff; *BGH* 26.1.2017 – IX ZR 315/14, ZInsO 2017, 496 ff [LS 3 und Rn 28 ff]).

236 Zur Bürgenhaftung im Fall des § 103 vgl *Marotzke* Gegenseitige Verträge, Rn 2.88, 3.44 (Fn 142), 5.51, 5.61, 7.12 (Fn 29), 8.2 (Fn 7), 8.7, 9.64, 12.2 f; *Schlosser* ZIP 2005, 781 ff und unten *Rn 104, 105*. Zu restriktiv, weil eine Inanspruchnahme des Bürgen aus der PrimärFord (dem ursprüngl Erfüllungsanspruch) bei Erfüllungsablehnung oder Schweigen des InsVerw nicht zulassend: *Ensenbach/Jotzo* KTS 2010, 463, 472 f.

237 *Marotzke* Gegenseitige Verträge, Rn 5.40 ff; *Schwörer* Rn 166 ff; skeptisch in Bezug auf Austauschmethode *Henckel* ZZP 99 (1986) 419, 430 ff; *Tintelnot* KTS 2004, 339, 343; die Austauschmethode hier gänzlich abl die in der zweiten Fn zu Rn 92 Genannten; zu den bürgerlich-rechtlichen Vorfragen vgl *Palandt/Grüneberg* 75. Aufl 2016 § 281 Rn 18 ff; MK-BGB/*Emmerich* 7. Aufl 2015, Vorb 12 ff (insb Vor 17 f) zu § 281.

238 So aber die bei Rn 85 erwähnte Rspr.

lagen wie zB §§ 280 ff BGB.[239] Nicht ohne Grund ist während des Gesetzgebungsverfahrens verhindert worden, dass **§ 111 Abs 2 S 1 RefEInsO**, der die jetzt in § 103 Abs 2 S 1 erwähnte „Forderung wegen der Nichterfüllung" als Anspruch auf „Schadenersatz" bezeichnete, in dieser dogmatisch verengten Form Gesetzeskraft erlangen konnte.[240] Der Unterschied zwischen einem mit dem Geldwert (§ 45) geltend zu machenden Erfüllungsanspruch und einem Anspruch auf Ersatz des vollen Nichterfüllungsschadens ist wichtig zB im Hinblick auf die Ersatzfähigkeit **entgangenen Gewinns** aus Anschlussgeschäften mit Dritten (§ 252 BGB). Da § 103 Abs 2 S 1 keine Anspruchsgrundlage darstellt, sondern lediglich die insolvenzrechtliche Qualifikation eines als bestehend vorausgesetzten Anspruchs regelt, ist es entgegen einer im Schrifttum vertretenen Ansicht[241] nicht möglich, in der **Ins des Zulieferers eines KFZ-Herstellers** dem Letzteren mithilfe einer analogen Anwendung des § 103 Abs 2 S 1 zu einem Anspruch auf Ausgleich der finanziellen Mehrbelastungen zu verhelfen, die ihm entstehen, wenn er mit dem InsVerw, um dessen drohende Erfüllungsablehnung abzuwenden,[242] höhere als die ursprünglich vereinbarten Entgelte und/oder Verlustkompensationszahlungen vereinbaren musste und das Vertragsverhältnis dann zu diesen neuen Konditionen fortgeführt wird.

94 Unberührt von der Qualifikation seines Erfüllungs- oder etwaigen (Rn 93) Schadensersatzanspruchs als InsFord (§§ 38, 103 Abs 2 S 1) bleibt ein bereits vor VerfEröffnung entstandenes Recht des Vertragspartners, mit dem Erfüllungsanspruch (zB einem Anspruch auf schon vor VerfEröffnung fällig gewordene Abschlagszahlungen gem §§ 632a, 641 Abs 1 S 2 BGB oder § 16 VOB/B) oder mit einem etwaigen Schadensersatzanspruch gegen massezugehörige Forderungen des Schu aufzurechnen (§ 94).[243] Nach VerfEröffnung kann solch eine **Aufrechnungsmöglichkeit** jedoch nur unter den engen Voraussetzungen des § 95 Abs 1 erworben werden.[244]

95 **Sonstige Sicherungsrechte** – außer vielleicht **Zurückbehaltungsrechte**[245] – des Vertragspartners werden von §§ 95, 96 nicht berührt. § 119 steht der Wirksamkeit vor VerfEröffnung vereinbarter **Absonderungsrechte** auch bei Zwischenschaltung eines Treuhänders nicht entgegen.[246]

96 § 103 und die Erfüllungsablehnung des InsVerw schließen **Regressansprüche von MitSchu** und legalzedierte Ansprüche gegen einen **Bürgen** nicht aus.[247] Kompliziert wird es allerdings, wenn der Bürge oder ein sonstiger Sicherungsgeber bereits vor der Erfüllungsablehnung des InsVerw an den Vertragspartner gezahlt hat.[248]

---

239 *Marotzke* Gegenseitige Verträge, Rn 5.64 ff (noch auf der Grundlage der §§ 325, 326 BGB aF, jedoch bereits mit Hinweis auf die Schuldrechtsmodernisierung bei Rn 5.84, 5.116); *Schwörer* Rn 176 ff; *Kepplinger* S 227 ff; *Pflug* AG 1986, 305, 313 ff; *K Schmidt/Ringstmeier* § 103 Rn 56; *N/R/Balthasar* § 103 Rn 62; *Rühle* S 26 ff, 55 f, 157 f; *Stamm* KTS 2011, 421, 433 ff; *v Wilmowsky* KTS 2011, 453, 471 f; krit *Henckel* ZZP 99 (1986) 419, 429 ff; nach Entstehungszeit des Schadensersatzanspruchs differenzierend *Häsemeyer* Rn 16.14, 17.01 ff, 20.06, 20.24 (gegen diese Differenzierung *Marotzke* Gegenseitige Verträge, Rn 5.113 ff); *Blaum* S 179 f mit Fn 450 f.

240 Vgl *Marotzke* Gegenseitige Verträge, Rn 5.17, 5.71, 13.126 ff; *K/P/B/Tintelnot* § 103 Rn 317 ff (insb Rn 318).

241 Vgl *Brugugnone* NZI 2012, 638 ff.

242 Zu den Rechtsfolgen einer auf **Änderung des ursprünglichen Leistungsprogramms** zielenden Erklärung des InsVerw vgl Rn 140 ff.

243 *Tintelnot* KTS 2004, 339, 342 ff; *K/P/B/Tintelnot* § 103 Rn 323.

244 Anders noch § 54 KO und auf dessen Grdl *Schlosser* Zivilprozessrecht II, 1984, Rn 344 S 221 f; bereits zum neuen Recht hingegen *Tintelnot* KTS 2004, 339, 345 ff.

245 Vgl *Marotzke* Gegenseitige Verträge, Rn 2.68: analoge Anwendung des § 96.

246 *Bork NZI 1999, 337, 339* ff; vgl auch unten Rn 170.

247 *BGH* NJW 1991, 97 f (Ins des Mitglieds einer Bau-ARGE).

248 Ausf *Schlosser* ZIP 2005, 781 ff; s auch unten Rn 150 f.

Rücktritts- und Rückforderungsrechte hat der Vertragspartner nicht ohne weiteres schon wegen der Erfüllungsablehnung des InsVerw[249] (jedoch Ausnahme bei Bestehen einer dinglichen Anspruchsgrundlage[250]), sondern nur auf vertraglicher oder gesetzlicher Grundlage[251] und selbst bei Bestehen einer solchen nur, soweit sich aus einer analogen Anwendung des § 112 (s § 112 Rn 17 ff und § 107 Rn 31 f) nichts anderes ergibt. Die **Durchsetzung** eines etwaigen Rückforderungsanspruchs wird zudem sehr oft behindert durch §§ 38, 87, 105 S 2,[252] was freilich die davon unberührte Inanspruchnahme eines etwaigen **Bürgen** nicht ausschließt.[253] **97**

Einem – in manchen Fällen durchaus denkbaren[254] – **Anspruch** der Masse gegen den Vertragspartner **auf Erbringung eines einer etwaigen Vorleistung des Schu entspr Teils der Gegenleistung** steht nach einer Erfüllungsablehnung des InsVerw die bei Rn 88 befürwortete Analogie zu § 103 Abs 2 S 3 entgegen.[255] Realistischerweise ist anzumerken, dass die Rspr[256] sich von dieser Argumentation nicht beeindrucken lassen, sondern ganz im Gegenteil wohl eher dazu tendieren wird, den Teilvergütungsanspruch des die weitere Vertragserfüllung ablehnenden InsVerw von den bürgerlichrechtlichen Voraussetzungen abzukoppeln[257] und seine Durchsetzung auch nicht an § 103 Abs 2 S 3 scheitern zu lassen. **98**

Zurückverlangen kann der InsVerw etwaige Vorleistungen des Schu nicht allein wegen der Erfüllungsablehnung,[258] sondern nur bei Hinzutreten besonderer Umstände wie zB Wegfall **99**

---

249 Vgl auch *BAG* ZIP 2011, 347, 350 = NZI 2011, 152, 155 [Rn 30]; **aM** *v Wilmowsky* KTS 2011, 453, 472 ff, 477 f.

250 Vgl *BGHZ* 196, 160, 164 [Rn 10] = ZInsO 2013, 494 f = ZIP 2013, 526 ff (direkt zu diesem Urt *Dahl/Schmitz* NZI 2013, 631 ff; *Kayser* ZIP 2013, 1359 f; *Tintelnot* EWiR 2013, 351 f); vgl auch § 107 Rn 13, 20; *Marotzke* Gegenseitige Verträge, Rn 7.46 ff.

251 ZB gem §§ 323 ff BGB; s § 107 Rn 30 ff; aber andererseits auch *BAG* 10.11.2011 – 6 AZR 342/10, ZInsO 2012, 450, 453 f [Rn 26 ff], wo zu Unrecht mit der Annahme sympathisiert wird, dass von einer Nichterfüllung iSd § 323 BGB nicht die Rede sein könne, wenn der InsVerw die Fo des Vertragspartners als **Ins**Fo anzuerkennen bereit sei (vgl zum Urt des BAG auch § 108 Rn 54).

252 *Marotzke* Gegenseitige Verträge, Rn 7.3–7.133; vgl auch oben Rn 86 aE, § 105 Rn 19 ff sowie zur Rückforderung von Leistungen, die erst nach VerfEröffnung in die InsMasse gelangt sind: *Marotzke* Gegenseitige Verträge, Rn 7.87 ff (großzügiger *Bärenz* NZI 2006, 72 f Abschn III 1). Zur Aufrechnung des Vertragspartners mit einem Rückforderungsanspruch aus Überzahlung eines Bauvorhabens *OLG Dresden* NJW-RR 2000, 974 f.

253 Vgl *BGH* ZIP 2010, 264, 265 f [Rn 24] = ZInsO 2010, 289, 291 = DZWIR 2010, 164, 166 mit Anm *Wellensiek*.

254 *Marotzke* Gegenseitige Verträge, Rn 8.10–8.48.

255 *Marotzke* Gegenseitige Verträge, Rn 8.36 ff; **aM** zumindest konkludent alle Vertreter der Teilvergütungslösung wie zB *Henckel* ZZP 99 (1986), 419, 435 ff; *K/P/B/Tintelnot* § 103 Rn 311; MK/*Kreft* § 103 Rn 4, 32; *RGZ* 73, 58 ff; *OLG Frankfurt* DB 1984, 2032 ff; vgl auch *BGHZ* 79, 103, 110; *BGHZ* 155, 87, 98 f = ZIP 2003, 1208, 1211 aE; unentschieden *BGHZ* 68, 379, 381 f; *BGH* LM § 399 BGB Nr 36 (Bl 5 f) = NJW 1997, 3434, 3437 = ZIP 1997, 1072, 1076.

256 Vgl die in der vorherigen Fn genannten Gerichtsentscheidungen.

257 Dies zu Recht kritisierend *v Wilmowsky* KTS 2012, 285, 293 ff, 311 ff.

258 Insoweit übereinstimmend *v Wilmowsky* KTS 2012, 285, 301 ff und zumindest im Grds auch *MK/Kreft* § 103 Rn 32, 34, 51 (konziliant formulierend jedoch *ders* § 105 Rn 26); *BGHZ* 155, 87, 96 (s § 106 Rn 5); *BGH* ZInsO 2007, 596, 597 (Rn 15); *BGH* 7.2.2013 – IX ZR 218/11, BGHZ 196, 160 ff = ZInsO 2013, 494 ff = ZIP 2013, 526 ff = NZI 2013, 296 ff (direkt zu diesem Urt *Dahl/Schmitz* NZI 2013, 631 ff; *Kayser* ZIP 2013, 1359 f; *Tintelnot* EWiR 2013, 351 f); *Adam* DZWIR 2003, 483 f; *Prahl* ZInsO 2005, 568 ff; *LG Hamburg* NJW 2007, 3215 ff m Anm *Limper* (betr Nutzungsrecht aufgrund Autorenexklusivvertrags); **aM** jedoch die meisten der bei Rn 86 Genannten und auch *AG Hamburg-Altona* ZInsO 2005, 502 f (Rückforderung einer Versicherungsprämie allein wegen Erfüllungsablehnung des InsVerw – also ohne aufgezwungene Vertragsbeendigung durch den Versicherer; vgl auch die letzte Fn zu § 119 Rn 5).

des Rechtsgrundes von Vorauszahlungen bei Eingreifen einer insolvenzfesten (§ 119 Rn 2 ff) Lösungsklausel,[259] Anfechtbarkeit der Vorleistung gem §§ 129 ff[260] oder Zweckverfehlung – auch insolvenzbedingte[261] – iSd condictio ob rem (§ 812 Abs 1 S 2 Fall 2 BGB).[262] Als ein besonderer Umstand in diesem Sinne wird in einem GrundsatzUrt des BGH v 7.2.2013 des Weiteren anerkannt, dass jemand, der dem Schu vor Eröffnung des InsVerf ein Grundstück verkauft und übergeben, aber noch nicht übereignet hatte, die Erfüllungsablehnung des InsVerw zum Anlass nimmt, das dem Schu zwar bereits übergebene und von diesem bereits bebaute, aber erst teilw bezahlte Grundstück gem § 985 BGB iVm § 47 S 2 InsO zurückzuverlangen.[263]

100 Eine noch unerfüllte **Abnahmepflicht** des Schu rechtfertigt einen Rückgewähranspruch des InsVerw idR nicht.[264] Denn es ist nicht Sinn des § 103, „dem InsVerw zu ermöglichen, ein bereits vollständig aus dem Vermögen des Schu herausgelöstes Gut quasi an dem dünnen Faden der nicht erfüllten Nebenpflicht ohne jeden Sachzusammenhang wieder in die Masse zurückzuziehen".[265]

101 § 103 ist nicht dazu bestimmt, dem InsVerw die Rückforderung auch dort zu ermöglichen, wo weder ein AnfGrund iSd §§ 129 ff vorliegt noch eine sonstige Anspruchsgrundlage erfüllt ist.[266] Würde § 103 ein **SuperAnfR** gewähren,[267] dann hätte der Gesetzgeber sehr widersprüchlich gehandelt, als er dennoch § 106 Abs 1 S 2 und § 107 Abs 1 S 2 schuf (vgl § 106 Rn 5) und für den Fall der Eigenverwaltung zwar das „normale" AnfR beim Sachwalter monopolisierte (§ 280), hingegen das Wahlrecht aus § 103 dem Schu überließ (§ 279).[268]

102 **Nochmals zu betonen ist, dass oben nicht immer der Rspr des BGH** (Rn 84 ff) **gefolgt wurde**. Ob der BGH seine zu § 17 KO entwickelte Rspr ohne Weiteres und in vollem Umfang auf die InsO übertragen wird, bleibt abzuwarten. Einige Vorschriften aus dem Umfeld des § 103 „funktionieren" nur, wenn man der Erlöschens- und Wiederbegründungs-

---

259 Vgl zB *AG Wiesbaden* ZIP 2005, 500; *Göb/Wirth* EWiR § 16 AVBWKV-plus 1/2005, 151 f: vorzeitige Beendigung einer Forderungsausfallversicherung und anschl Rückforderung des auf die Folgezeit entfallenden Teils der letzten Jahresprämie.

260 *Marotzke* Gegenseitige Verträge, Rn 9.1–9.113 (rechtspolitische Würdigung und Gesetzgebungsvorschläge in Rn 9.52 ff, 9.88 ff, 9.95 ff); vgl auch *Pflug* AG 1986, 305, 311 f; krit *Henckel* ZZP 99 (1986) 419, 435 ff; *Kepplinger* S 215, 258.

261 **AM** *v Wilmowsky* KTS 2012, 285, 301 (mit Fn 46), 306.

262 *Marotzke* Gegenseitige Verträge, Rn 9.47 ff, 9.85 ff.

263 *BGH* 7.2.2013 – IX ZR 218/11, BGHZ 196, 160, 164 ff [LS und Rn 10 ff der Gründe] = ZInsO 2013, 494 ff = ZIP 2013, 526 ff = KTS 2014, 78 ff m Anm *Wertenbruch*; vgl zu diesem Urt auch *Dahl/Schmitz* NZI 2013, 631 ff; *Kayser* ZIP 2013, 1359 f; *Tintelnot* EWiR 2013, 351 f.

264 *Marotzke* Gegenseitige Verträge, Rn 9.86, 9.94 Fn 272; **aM** das dort besprochene Urt *BGH* ZIP 1983, 709 f = WM 1983, 503 f; **der Frage** durch Abstellen auf die Abnahmehandlung (Mitwirkung an der Auflassung) statt auf den Abnahmeerfolg (Erwerb des Eigentums) **ausweichend** *OLG Naumburg* ZInsO 2002, 677, 679 im letzten Abs der lSp – übrigens in hartem Kontrast zu LS 1 dieses Urt.

265 So sehr anschaulich und zutr *Hölder/Schmoll* GRUR 2004, 830, 835. Sehr fraglich ist allerdings, ob bzw unter welchen Voraussetzungen als „bereits vollständig aus dem Vermögen des Schu herausgelöstes Gut" auch eine **Lizenz** in Betracht kommen kann – was von *Hölder/Schmoll* großzügig bejaht wird. Vgl auch § 108 Rn 8, 21 ff, 96 ff.

266 So auch *v Wilmowsky* KTS 2012, 285, 301 ff.

267 Abl *Marotzke* ZG 1989, 138, 146 ff; *v Wilmowsky* KTS 2012, 285, 307 und in der Grundtendenz auch *BGHZ* 155, 87, 96 ff = ZIP 2003, 1208, 1211 f = NZI 2003, 491, 493 f m Anm *Huber* (s § 106 Rn 5).

268 Gegen dieses Argument jedoch *Rühle* S 75.

theorie des BGH nicht folgt.[269] Selbst der BGH hat inzwischen zugegeben, dass seine Erlöschenstheorie „der Rechtslage nicht voll gerecht" werde.[270] In dieser Äußerung eine endgültige Aufgabe der Erlöschens- und Wiederbegründungstheorie und der mit ihr erzielten Erg zu sehen, könnte jedoch voreilig sein (vgl Rn 4 f).[271] In einer ersten Stellungnahme hatte der Verfasser dieser Zeilen die Vermutung geäußert, dass der BGH nun zwar an die Stelle der starren Erlöschens- und Wiederbegründungstheorie eine etwas elastischere **„Qualitätssprungtheorie"** gesetzt,[272] in der Sache selbst aber nur einige wenige Randkorrekturen eingeleitet habe.[273] Inzwischen hat der BGH jedoch gezeigt,[274] dass er seine bisherige Rspr durchaus auch in **zentralen** Punkten zu überprüfen gedenkt. Vieles ist demnach wieder offen.

Die Rechtsfolgen einer erst nach Anzeige der **Masseunzulänglichkeit** erklärten Erfüllungs- **103**
ablehnung und die **Ablehnung der Erfüllung von erst nach VerfEröffnung geschlossenen Verträgen** wurden bereits bei Rn 13 ff thematisiert.

III. Erfüllung

Soweit (Rn 105) der InsVerw berechtigterweise (Rn 42 ff, 46 ff, 88, 143, 147) die Erfüllung **104**
des Vertrages verlangt, muss er diesen – ggf mit erheblichen umsatzsteuerrechtlichen Konsequenzen[275] – auch seinerseits erfüllen, und zwar als **Masseverbindlichkeit** gem § 55 Abs 1 Nr 2 Alt 1 (uU jedoch problematisch bei Dazwischentreten eines Bürgen[276] oder bei der Geltendmachung nicht im Gegenseitigkeitsverhältnis wurzelnder Ansprüche[277]). **Reicht die InsMasse zur Erfüllung nicht aus,** haftet der InsVerw, der die Erfüllung gleichwohl gewählt

---

269 Vgl Rn 101; § 106 Rn 5; § 107 Rn 29; § 108 Rn 16 ff; *Tintelnot* ZIP 1995, 616, 618 f; *Marotzke* Gegenseitige Verträge, Rn 3.45 ff, 3.58; betont vorsichtig auch *BGH* ZInsO 2001, 1100, 1102 = ZIP 2001, 2142, 2144 f = LM § 17 KO Nr 36 m Anm *Busche*; MK/*Kreft* § 103 Rn 3 ff, 13, 18 ff; *Fischer* NZI 2002, 281, 283 f.

270 *BGHZ* 150, 353, 359 = ZIP 2002, 1093, 1094 = LM GesO Nr 83/84 mit Anm *Huber* = ZZP 115 (2002) 501, 504 mit Anm *Marotzke*.

271 *Marotzke* ZZP 115 (2002), 507 ff.

272 Vgl *Marotzke* ZZP 115 (2002), 510.

273 *Marotzke* ZZP 115 (2002), 508 ff; vgl auch Anm *Huber* LM GesO Nr 83/84; *dens* NZI 2002, 467 ff; *Henckel* FS Kirchhof, 2003, S 191, 197 ff; *Mohrbutter/Mohrbutter* DZWIR 2003, 1, 3 ff; *Wieser* JZ 2003, 231 f; *Tintelnot* EWiR § 103 InsO 1/2003, 125 f.

274 So zB in dem bei Rn 69, 86 f, 91 und § 106 Rn 5 zitierten Urt *BGHZ* 155, 87 ff = ZIP 2003, 1208 ff = NZI 2003, 491 ff m Anm *Huber*. Vgl ferner *BGH* NJW 2005, 2231, 2232 = ZIP 2005, 909, 910 Abschn II 2b aa (Beendigung eines Versicherungsvertrages); *BGH* NJW 2006, 915, 916 f = ZInsO 2006, 35, 37 = ZIP 2006, 87, 90.

275 Vgl die in den Fn zu § 105 Rn 18 Genannten.

276 Wenn ein vom insolventen Schu gestellter Bürge vor VerfEröffnung an den Vertragspartner geleistet hatte und nun dieser **Bürge** den gem § 774 BGB auf ihn übergegangenen Anspruch des Vertragspartners geltend macht, kann man sehr darüber streiten, ob der InsVerw diesen Anspruch gem § 55 Abs 1 Nr 2 Alt 1 als **Masse**verbindlichkeit erfüllen muss. Vgl zu diesem Sonderfall Ziff 3.3 meines Kurzkomm in EWiR § 17 KO 1/1990, 171 f zu *LG Bielefeld* DB 1990, 219 (nur LS); *Koziol* ÖBA 1998, 745, 753 f; *Kepplinger* S 281 f; s zur Bürgschaft auch Rn 43, 68; *Marotzke* Gegenseitige Verträge, Rn 2.88, 5.51, 5.61, 7.12 (Fn 29), 8.7, 12.2 f; *KG* ZInsO 2004, 979, 980; *OLG Celle* ZInsO 2004, 1211 f (dazu auch Rn 105); *BGHZ* 161, 241, 247 ff = ZInsO 2005, 90, 92 ff = ZIP 2005, 126, 128 ff (sowie die Anm *Naraschewski* EWiR § 818 BGB 1/2005, 565 f); *OLG Frankfurt* ZIP 2005, 1245 ff (hierzu *Spliedt* EWiR § 115 InsO 1/2005, 573 f).

277 Vgl das bereits bei Rn 70 thematisierte Urt *BGH* ZInsO 2009, 378, 380 (Rn 15) = NJW 2009, 1414, 1415: „Macht der InsVerw einen nicht im Gegenseitigkeitsverhältnis wurzelnden Anspruch geltend, ist § 103 InsO unanwendbar."

hat, dem Vertragspartner persönlich nach Maßgabe des § 61.[278] Ein nach **Anzeige** der Masseunzulänglichkeit erklärtes Erfüllungsverlangen des InsVerw führt zu **bevorrechtigter** Masseverbindlichkeit gem § 209 Abs 2 Nr 1 (vgl auch Rn 15). Die Umwandlung der dem Vertragspartner eigentlich nur zustehenden InsFord (Rn 4 ff) in eine Masseverbindlichkeit (§§ 55 Abs 1 Nr 2 Alt 1, 209 Abs 2 Nr 1) setzt weder voraus, dass den Vertragspartner an dem Nichterfülltsein seiner Gegenverbindlichkeit kein **Verschulden** trifft,[279] noch, dass die vom InsVerw unter den Voraussetzungen der §§ 160 ff (Rn 82) einzuholende **Zustimmung des GlAusschusses** bzw der GlVersammlung vorliegt (§ 164), wie auch umgekehrt das Vorliegen solch einer Zustimmung den InsVerw nicht der persönlichen Verantwortlichkeit (§§ 60 f) für die sachgerechte Ausübung seines Wahlrechts entbindet.[280] Meine in der FS Zöllner, 1998, S 1193, 1200 vertretene Ansicht, dass sich der Vertragspartner auf das „Gegenseitigkeitsprivileg" des früheren § 36 Abs 1 VerglO[281] nicht berufen könne, wenn er die in § 36 Abs 1 VerglO aufgestellte Voraussetzung, dass der Vertrag auch seinerseits noch nicht vollständig erfüllt ist, in einer den **SchuVerzug** begründenden Weise selbst herbeigeführt habe (vgl auch unten §§ 109 Rn 41, 112 Rn 6 aE), lässt sich auf § 55 Abs 1 Nr 2 Alt 1 InsO nicht übertragen, da dieser die Gegenforderung des Vertragspartners nur dann zu einer Masseverbindlichkeit verstärkt, wenn der InsVerw die Erfüllung des Vertrages tatsächlich verlangt (Prinzip der Mitverursachung durch eigene und – im Gegensatz zu § 50 Abs 2 VerglO – gesetzlich nicht gebundene WillensEntsch des InsVerw). Ob das Erfüllungsverlangen des InsVerw einen **Verzicht auf Rücktritts- oder ähnliche Gestaltungsrechte** enthält, ist Auslegungsfrage (vgl § 109 Rn 4, 24).[282] Durch die VerfEröffnung als solche werden derartige Gestaltungsrechte nicht berührt.[283] Zu den Rechtsfolgen einer gegenüber dem Erfüllungsanspruch der Masse erklärten **Aufrechnung** s Rn 53, zur Bindung des InsVerw an **Geheimhaltungs- bzw Verschwiegenheitspflichten** des Schu die in der Fn[284] Genannten.

105 **Hinsichtlich des Umfangs der** infolge des Erfüllungsverlangens entstehenden **Masseverbindlichkeit** können sich Probleme ergeben. In sprachlicher Abweichung von § 59 Abs 1 Nr 2 KO, der das Wort „soweit" noch nicht enthielt, lässt § 55 Abs 1 Nr 2 InsO eine Masseverbindlichkeit nur entstehen, **soweit** Vertragserfüllung zur InsMasse verlangt wird (oder für die Zeit nach VerfEröffnung erfolgen muss). Das Wort „soweit" – welches übrigens in § 209 Abs 2 Nr 1 fehlt – darf jedoch nicht zu dem Schluss verleiten, dass der InsVerw abw vom Konkursrecht ganz unabhängig von der Zustimmung des Vertragspartners (die zB in einer sog Fortführungsvereinbarung enthalten sein kann[285]) und auch unabhängig vom Bestehen eines Teilkündigungs- oder ähnlichen Gestaltungsrechts des Schu stets befugt sei, durch Erklärung eines auf **Teile** des noch unerfüllten Leistungsprogramms beschränkten Erfüllungsverlangens eine entspr **reduzierte** Gegenleistungs-Masseverbindlichkeit zu erzeugen und die Erfüllung des Vertrages iÜ – zB hinsichtlich der Nachbesserung einer mangelhaften

278 Vgl *OLG Hamm* NZI 2003, 150 f = ZInsO 2003, 474 ff = ZIP 2003, 1165 f; *OLG Naumburg* ZInsO 2004, 1145 ff; s ferner § 109 Rn 30 – dort auch zur Eigenverwaltung.
279 Vgl *Jaeger/Henckel* KO § 17 Rn 131.
280 *Jaeger/Henckel* KO § 17 Rn 130.
281 Dazu *Marotzke* Gegenseitige Verträge, Rn 13.1 ff, 13.7 ff, 13.37 ff.
282 MK-BGB/*Ernst* 7. Aufl 2015, § 281 Rn 77, § 323 Rn 161, 186.
283 *BGHZ* 155, 87, 90 (Abschn B I 1) = ZIP 2003, 1208, 1209 = ZInsO 2003, 607 = NZI 2003, 491 mit Anm *Huber*; *BGH* ZInsO 2006, 35, 37 rSp = ZIP 2006, 87, 90 rSp – letztgenanntes Urt auch erwähnt in der zweiten Fn zu § 103 Rn 167 und bei § 105 Rn 20, § 108 Rn 21.
284 *Wenner/Schuster* ZIP 2005, 2191 ff (auch zu § 103); *Deckenbrock/Fleckner* ZIP 2005, 2290 ff (allg Darstellung ohne besondere Fokussierung auf § 103).
285 Vgl *Schaaf/Mushardt* BB 2013, 2056 ff sowie u § 103 Rn 142.

Werkleistung des Schu – abzulehnen.[286] Ebensowenig wäre der Schluss gerechtfertigt, dass dann, wenn der Vertragspartner bereits vor VerfEröffnung tw erfüllt hat und er nun vom InsVerw auf die noch fehlende Restleistung in Anspruch genommen wird, nur der auf die vom InsVerw verlangte Restleistung entfallende **Teil** der Gegenleistungspflicht Masseverbindlichkeit wird. Solch eine **Aufspaltung des einheitlichen Vertragsverhältnisses** ist von der ursprünglichen Willensübereinstimmung der Vertragsparteien nicht gedeckt und deshalb mangels Zustimmung des Vertragspartners (die allerdings auch noch während des InsVerf erklärt werden kann) nur dort anzuerkennen, wo das Gesetz sie ausdr zulässt, also zB in Fällen des § 105 (teilbare Leistungen) und wohl auch in denen des § 108 Abs 3. IÜ muss es trotz des in § 55 Abs 1 Nr 2 verwendeten Wortes „soweit" dabei bleiben, dass **alle** Verpflichtungen des Schu aus dem Vertrag (iF des § 105 InsO: aus dem abtrennbaren Vertrags**teil**), dessen Erfüllung der InsVerw verlangt, zu Masseverbindlichkeiten werden.[287] Das gilt auch für nicht-synallagmatische Nebenpflichten[288] und für Unterlassungspflichten.[289] Der InsVerw hat den Vertrag grds genau so zu erfüllen, wie das eigentlich der Schu tun müsste.[290] Dies gilt auch für die vom Schu in einem **Arbeitnehmerüberlassungsvertrag** versprochene Abführung der Lohnnebenkosten an die zuständige Einzugsstelle,[291] zumal es sich dabei nicht lediglich um eine Nebenpflicht, sondern ähnlich wie bei einem Rechtsmängelbeseitigungsanspruch um eine Hauptpflicht handelt, die zu dem gegen den Entleiher gerichteten Vergü-

---

286 Wie hier *BGH* Urt v 17.7.2013 – VIII ZR 163/12, ZInsO 2013, 1838, 1840 (Rn 24) = ZIP 2013, 1729f (m Anm *Tintelnot* EWiR 2013, 685f)= NZI 2013, 891, 893 (m Anm *Braukmann*); vgl zu diesem Urt auch § 103 Rn 129 (letzter Satz); **aM** wohl *Schmitz* EWiR 2000, 641f ad 3.2; *ders* ZIP 2001, 765, 768ff, 773; *Huber* ZInsO 2005, 449, 452f; *AG Witten* ZInsO 2003, 479f (dazu auch § 103 Rn 145 mit Zitierung des AG Witten in den ersten beiden Fn); *OLG Rostock* ZIP 2006, 1882; differenzierend *Kreft* FS Kirchhof, 2003, S 275, 282ff = ZInsO 2003, 1120, 1123f; hinsichtlich der Rechtsfolgen eines unzulässig beschränkten Erfüllungsverlangens gilt das bei Rn 140ff Ausgeführte.

287 Wie hier *K/P/B/Tintelnot* § 103 Rn 227ff, 269 ff; **aM** MK/*Kreft* § 103 Rn 9ff, 47ff; *Huber* ZInsO 2005, 449ff.

288 Vgl zur Anwendbarkeit des § 103 im Allgemeinen o Rn 70 sowie speziell zur Anwendbarkeit des § 55 Abs 1 Nr 2 Alt 2 *Marotzke* Gegenseitige Verträge, Rn 4.90ff, 9.86; *K/P/B/Tintelnot* § 103 Rn 269ff (dieser mwN zum Streitstand und Befürwortung einer Ausnahme für dem Vertragspartner vor der Erfüllungswahl des InsVerw erwachsene Ansprüche auf Ersatz von Verzugsschäden und Zahlung von Vertragsstrafen).

289 Vgl *OLG Stuttgart* NZI 2002, 489ff = ZInsO 2002, 774ff, das im konkreten Fall jedoch zutr davon ausging, dass der Vertrag auf Seiten der Gegenpartei bereits vollständig erfüllt war, also kein Fall der §§ 103, 55 Abs 1 Nr 2 Alt 1 vorlag; ebenso in derselben Sache *BGHZ* 155, 371, 374 = NJW 2003, 3060f = NZI 2003, 539f (m Anm *Gundlach/Frenzel*) = ZIP 2003, 1550ff = ZInsO 2003, 751, 752 im zweiten Satz des Abschn II 3c; s zu diesem Urt auch *K Schmidt* KTS 2004, 241ff.

290 Dieses Prinzip zu Recht auch auf **vorinsolvenzlich vereinbarte Liefertermine** anwendend *BGH* 17.7.2013 – VIII ZR 163/12, ZInsO 2013, 1838, 1841 [Rn 36] = ZIP 2013, 1729, 1731 (m insoweit krit Anm *Tintelnot* EWiR 2013, 685f) = NZI 2013, 891, 894 (m Anm *Braukmann*; vgl zu diesem Urt auch § 103 Rn 129 aE samt dortiger letzter Fn). Anderes **Beispiel**: Haben die Parteien eines Werkvertrages vereinbart, dass die Fälligkeit des Werklohns von der Vorlage von Unbedenklichkeitsbescheinigungen der Sozialkassen und der Bauberufsgenossenschaft abhängen soll, ist diese Vereinbarung nach der Eröffnung des InsVerf über das Vermögen des Bauunternehmers für den Verw bindend (*BGH* ZIP 2017, 89 = ZInsO 2017, 82; zust *Marotzke* EWiR 2017, 49).

291 **AM** anscheinend *OLG Celle* ZInsO 2004, 1211f (das den gegen den Schu als Verleiher gerichteten Regressanspruch des vom Sozialversicherungsträger in Anspruch genommenen Entleihers wie selbstverständlich als InsFord behandelt und eine Anwendung der §§ 103, 55 Abs 1 Nr 2 Alt 1 überhaupt nicht thematisiert); *BGH* NJW 2005, 3285f = ZIP 2005, 1559ff

tungsanspruch der InsMasse (insb zur Höhe dieses Anspruchs) im Gegenseitigkeitsverhältnis steht.[292] Der „Rechtsmangel", dessen Beseitigung der InsVerw als Masseverbindlichkeit gewährleisten muss, nachdem er durch Geltendmachung des massebefangenen Anspruchs auf Zahlung der für die Arbeitnehmerüberlassung vereinbarten Vergütung die „Erfüllung" des Vertrages gewählt hat, besteht in der dem Entleiher durch § 28e Abs 2 S 1 SGB IV auferlegten selbstschuldnerischen Bürgenhaftung für die an die Einzugsstelle zu entrichtenden Gesamtsozialversicherungsbeiträge; von dieser Verbindlichkeit muss der InsVerw den von ihm auf Zahlung der Überlassungsvergütung in Anspruch genommenen Entleiher durch vollständige (nicht nur quotenmäßige) eigene Leistung an die Einzugstelle freistellen. Je nach Inhalt der vertraglichen Vereinbarungen steht dem Entleiher bis zur Erfüllung seines Freistellungsanspruchs ein Zurückbehaltungsrecht nach § 320 BGB, hilfsweise nach § 273 BGB sowie äußerst hilfsweise – dann aber nur im Fall bestehender oder drohender Masseunzulänglichkeit[293] – die Unsicherheitseinrede des § 321 BGB zu.[294]

Auch der Schu darf trotz des schwebenden InsVerf erfüllen,[295] soweit ihm das noch möglich ist, zB durch Einsatz seiner Arbeitskraft oder etwa vorhandenen „freien" Vermögens.

106 Eine etwaige **Vorleistungspflicht** des Schu oder eine den Schu treffende Pflicht zur **Zug-um-Zug-Leistung** muss der InsVerw nach der Aufwertung zu einer Masseverbindlichkeit genauso erfüllen wie sonstige Masseverbindlichkeiten. Treffen derartige Pflichten den Vertragspartner, so bleibt auch er daran gebunden; die VerfEröffnung als solche gibt einem vorleistungspflichtigen Vertragspartner nicht die Zug-um-Zug-Einrede des **§ 321 BGB**.[296] Stand ihm diese Einrede schon vor VerfEröffnung zu, so erlischt sie, wenn die in § 321 BGB vorausgesetzte Gefährdung des zugrunde liegenden Gegenanspruchs durch dessen Aufwertung zu einer Masseverbindlichkeit behoben ist.[297] Eine entspr Einschränkung wird in Bezug auf den Kündigungsgrund des **§ 297 Abs 1 S 2 AktG** (§ 115 Rn 9), in Bezug auf das Erfüllungsaussetzungsrecht nach **Art 71 Abs 1 lit a Alt 2 CISG** sowie in Bezug auf die gesetzliche Lösungsklausel des **Art 72 Abs 1 CISG** bzw des dieser nachgebildeten **§ 323 Abs 4 BGB** anzunehmen sein.[298] Eine dem Schu nach § 323 Abs 1 BGB gesetzte **Frist zur Leistung oder**

= ZInsO 2005, 875 ff (dem Entleiher stehe weder ein insolvenzfestes Leistungsverweigerungsrecht noch eine insolvenzbeständige Auf- oder Verrechnungsmöglichkeit zu; dazu *Blank* EWiR § 95 InsO 3/2005, 681 f); *AG Moers* 7.5.2013 – 563 C 297/12, ZInsO 2013, 1696 ff = ZIP 2013, 1926 f (auf derselben Linie wie das vorstehend zit Urt des BGH); *BGHZ* 161, 241, 251 = NJW 2005, 884, 887 = ZInsO 2005, 90, 93 = ZIP 2005, 126, 129 f = NZI 2005, 157, 159 f (nicht ganz klares obiter dictum im Zusammenhang mit der insolvenzrechtlichen Behandlung eines **nichtigen** Arbeitnehmerüberlassungsvertrags; vgl zu diesem Urt auch § 103 Rn 35 sowie *Naraschewski* EWiR § 818 BGB 1/2005, 565 f).

292 Zutr *K/P/B/Tintelnot* § 103 Rn 176.

293 Zu § 321 BGB vgl § 103 Rn 106.

294 Solche Gegenrechte zu Unrecht verneinend die wenige Fn zuvor (nach „Einzugsstelle") nachgewiesene hM; diese zu Recht kritisierend *Häsemeyer* Rn 20.21; *K/P/B/Tintelnot* § 103 Rn 176.

295 Vgl *Marotzke* Gegenseitige Verträge, Rn 2.85 ff.

296 *Marotzke* ZInsO 2017, 1758, 1764 ff.

297 Wie hier *BGH* 24.11.1959 – VIII ZR 220/57, WM 1960, 377, 380; Jaeger/*Henckel* KO § 17 Rn 137 f (jeweils zur KO und zu § 321 BGB aF); *Marotzke* ZInsO 2017, 1758, 1764 ff (zur InsO und zu § 321 BGB nF). Vgl ergänzend § 119 Rn 8, die für Miet- und Pachtverhältnisse geltende **Kündigungssperre** des § 112 sowie für Kaufverträge die bei § 107 Rn 31 f und § 112 Rn 18, 20 befürwortete **Rücktrittssperre** analog § 112.

298 In der Grundtendenz übereinstimmend *Mossler* ZIP 2002, 1831, 1837 f. **Speziell zum CISG:** *Soergel/Lüderitz/Dettmeier* BGB, Bd 13, 13. Aufl 2000, CISG Art 71 Rn 5, Art 72 Rn 6; **aM** *Staudinger/Magnus* 2017 CISG Art 71 Rn 25 aE (wohl auch Art 72 Rn 11). **Speziell zu § 323 Abs 4 BGB:** *Marotzke* KTS 2002, 1, 18 f, 25 ff; MK-BGB/*Ernst* 7. Aufl 2015, § 323 Rn 142.

Nacherfüllung, die bei VerfEröffnung noch nicht verstrichen ist, läuft gegenüber dem InsVerw weiter,[299] ist jedoch uU – aber nur mit Vorsicht![300] – angemessen zu verlängern.[301] **Das InsVerf macht eine Fristsetzung nicht ohne weiteres** nach § 281 Abs 2 BGB oder § 323 Abs 2 Nr 3 bzw Abs 5 BGB **entbehrlich**.[302] Eine erst *nach* VerfEröffnung beabsichtigte Fristsetzung sollte sicherheitshalber auch an den InsVerw adressiert werden.[303]

§ 55 Abs 1 Nr 2 Alt 1 hat keine „vertragsübergreifende" Wirkung. Die in ihm vorgesehene **107** Aufwertung des Vertragspartners zu einem Massegläubiger gilt nur für Forderungen aus demselben Vertrag, dessen Erfüllung der InsVerw verlangt hat. Verbindlichkeiten, die den insolventen Schu aufgrund eines mit demselben Partner geschlossenen anderen Vertrages treffen, werden selbst dann nicht zu Masseverbindlichkeiten, wenn der Partner den Vertrag, dessen Erfüllung der InsVerw verlangt, wegen eines **vertragsübergreifenden Zurückbehaltungsrechts** (§ 273 BGB) nur Zug um Zug (§ 274 BGB) gegen Bewirkung der ihm aufgrund des anderen Vertrages geschuldeten Leistung zu erfüllen braucht. Das RG löste solch einen Fall in der Weise, dass es der auf den anderen Vertrag gestützten Zug-um-Zug-Einrede im Verhältnis zum InsVerw die Wirksamkeit absprach.[304] Diese auch heute noch hA ist jedoch in dieser Pauschalität nicht richtig. **Auch auf bloße InsForderungen gestützte Zurückbehaltungsrechte des Vertragspartners behalten ihre Wirksamkeit gegenüber dem InsVerw, wenn der zurückbehaltene Gegenstand noch nicht – oder nicht mehr – zur InsMasse gehört**[305] (Konsequenzen:

---

299 **AM** *Tintelnot* ZIP 1989, 144, 153; *Uhlenbruck/D Wegener* § 103 Rn 102 ff; *Heidland* NJW 2011, 201, 203.

300 Berechtigter Hinweis auf schutzwürdige und deshalb stets zu beachtende Gegeninteressen des Vertragspartners bei *Stamm* KTS 2011, 421, 436 f, der die Notwendigkeit einer insolvenzbedingten Fristverlängerung sogar kategorisch verneint.

301 Zu diesen und verwandten Fragen *Homann/Neufeld* ZInsO 2005, 741 ff (zur sog qualifizierten Mahnung gem § 39 VVG aF); *Uhlenbruck/Berscheid* 12. Aufl § 103 Rn 76 (anders seit der 13. Aufl *Uhlenbruck/D Wegener* § 103 Rn 77 ff, 104); *Jaeger/Henckel* KO § 17 Rn 141 ff; *Marotzke* Gegenseitige Verträge, Rn 5.91 ff mit Fn 360 f (zT noch in Bezug auf § 326 Abs 1 BGB aF, jedoch übertragbar auf § 323 Abs 1 BGB nF).

302 *Marotzke* KTS 2002, 1, 25 ff; MK-BGB/*Ernst* 7. Aufl 2015, § 281 Rn 63, § 323 Rn 132, 142; vgl auch *Uhlenbruck/Berscheid* 12. Aufl, § 107 Rn 8, § 112 Rn 20 sowie unten § 107 Rn 32.

303 *Marotzke* Gegenseitige Verträge, Rn 5.101 f mit Fn 361 f; vgl auch *Uhlenbruck/D Wegener* § 103 Rn 105.

304 *RGZ* 77, 436 ff.

305 *Marotzke* JA 1988, 117 ff, 176 ff; *ders* Gegenseitige Verträge, Rn 2.46 ff, 2.69 ff; vgl auch unten Rn 109 ff, 114; zust *Schwörer* Rn 217 ff; *Soergel/M Wolf* 12. Aufl BGB § 273 Rn 48 bei Fn 38; *v Wilmowsky* KTS 2011, 453, 456; **aM** *BGHZ* 161, 241, 252 f = NJW 2005, 884, 887 = ZInsO 2005, 90, 93 = ZIP 2005, 126, 130; *BGH* 13.12.2012 – IX ZR 9/12, ZInsO 2013, 136, 137 [Rn 9] = NZI 2013, 158 f (m Anm *Franken*) = ZIP 2013, 179 f (m krit Anm *Derleder* EWiR 2013, 81 f); *Henckel* ZZP 99 (1986) 419, 421 ff, 428 f; *Jaeger/Jacoby* § 103 Rn 100, 111; MK/*Kreft* § 103 Rn 47 (jedoch Ausnahme bei Rn 35); *Kepplinger* S 72 ff, 124 f, 133 f, 201 f, 205 f, 315, 348 ff, 353 (die diesen Standpunkt aber nur wegen der Existenz des § 105 vertritt); *Blaum* S 160 ff, 248 ff, 254 ff; *Mossler* S 20 ff; *Burkhard* S 31 ff; **ebenfalls aM** anscheinend die Begr des RegE S 140 (zu RegE § 107/InsO § 95) und – den Gesichtspunkt der Massezugehörigkeit bzw Massefremdheit des zurückbehaltenen Gegenstandes allerdings nicht besonders erwähnend – *BGH* JZ 1995, 569, 571; *LG Cottbus* ZInsO 2002, 635 f; *BAG* ZIP 1999, 1638, 1642 = NZI 2000, 341, 343 (dort war der zurückbehaltene Gegenstand bereits Massebestandteil; s *Marotzke* Gegenseitige Verträge, Rn 2.70 Fn 150a); *BGHZ* 149, 326 ff = NJW 2002, 1050 ff = ZIP 2002, 309 ff = ZInsO 2002, 185 ff (dort gehörte der Gegenstand, für den Nutzungsersatz zur Masse verlangt und vom Gegner unter Hinweis auf einen Kaufpreisrückzahlungsanspruch verweigert wurde, ohnehin noch zur Masse; dieser in dem ParallelUrt *BGHZ* 150, 138, 145 f = LM § 273 BGB Nr 62 m Anm *Marotzke* zutr hervorgehobene Umstand eröffnete dem InsVerw die „dingliche" Anspruchsgrund-

§ 103 Rn 22 f, 108 ff, 114, § 105 Rn 5, 7, § 108 Rn 49, 64, § 110 Rn 18, § 115 Rn 7). Dass lediglich „der Anspruch" auf die zurückbehaltene Leistung zur InsMasse gehört, genügt hingegen nicht zum Ausschluss des Zurückbehaltungsrechts.[306] Die Massezugehörigkeit „des Anspruchs" ist nur eine – durch Einziehungsermächtigung ersetzbare[307] – Voraussetzung dafür, dass der InsVerw den Anspruch überhaupt geltend machen kann. Davon zu unterscheiden ist die Frage nach dem Anspruchsinhalt und dem Fortbestand von Zurückbehaltungsrechten des Anspruchsgegners.[308]

108 **Die Insolvenzfestigkeit vertragsübergreifender (u deshalb idR lediglich auf InsForderungen basierender) Zurückbehaltungsrechte, die dem Vertragspartner nach bürgerlichem Recht in Bezug auf nicht oder noch nicht zur InsMasse gehörende Gegenstände zustehen** (s Rn 107), **wird sowohl in mehreren zum sog „erweiterten" Eigentumsvorbehalt ergangenen Urteilen des BGH als auch in einer diese Urteile iE bestätigenden Passage der Begr des RegEInsO stillschweigend vorausgesetzt:** Vollzieht der Verkäufer (Vertragspartner des Schu) die Übereignung beim „einfachen" Eigentumsvorbehalt unter der aufschiebenden Bedingung vollständiger Bezahlung der mit dem **zugrunde liegenden** schuldrechtlichen Vertrag verkauften Ware, so vollzieht er sie beim „erweiterten" Eigentumsvorbehalt unter der zusätzlichen aufschiebenden Bedingung, dass auch noch andere ihm gegen den Käufer zustehende Forderungen – typischerweise solche aus **früheren** Verträgen – vollständig erfüllt werden.[309] Auf diese Weise automatisiert der erweiterte Eigentumsvorbehalt nicht nur die Zug-um-Zug-Einrede des § 320 BGB (Eigentumsverschaffung gegen Bezahlung der betr Ware), sondern er übernimmt zugleich die Funktion eines auf Parteivereinbarung beruhenden – und durch Erhebung zu einer aufschiebenden Bedingung ebenfalls automatisierten – **Zurückbehaltungsrechts mit vertragsübergreifender Wirkung** (Eigentumsübergang nur Zug um Zug gegen Ausgleich **aller**, auch der auf **anderen** Verträgen beruhenden Zahlungsrückstände). Hat der insolvente Schu die **erste** dieser beiden Bedingungen erfüllt (also die Wirkung des Eigentumsvorbehalts „auf den Erweiterungsfall reduziert") und wird dann über das Vermögen des Käufers das InsVerf eröffnet, so stellt sich die Frage, ob der Verkäufer die gelieferte Ware aussondern oder zumindest abgesonderte Befriedigung aus ihr verlangen kann, oder ob er hinsichtlich der Forderungen, um derentwillen der Eigentumsvorbehalt „erweitert" wurde, auf die Quote angewiesen ist. Lange vor Inkrafttreten der InsO hat sich der BGH, unter Beschränkung des Verkäufers auf ein Absonderungsrecht (ebenso Begr RegEInsO S 125), für die erste Alternative entschieden.[310] Diese Entsch ist zwar unvereinbar mit dem bei Rn 107 erwähnten Urt des RG,[311] aber iE zutr (Begr bei Rn 109).

109 Wer im Ausgangspunkt der bei Rn 107 abgelehnten Ansicht des RG folgt und dementsprechend die InsFestigkeit „vertragsübergreifender" Zurückbehaltungsrechte auch dann ver-

---

lage des § 987 Abs 2 BGB; vgl zu den beiden letztgenannten Urt des BGH auch Rn 19, 33; *Häsemeyer* KTS 2002, 603 ff sowie zu einer ähnlichen Konstellation *Marotzke* Gegenseitige Verträge, Rn 4.128, 4.132); *BGH* ZIP 2003, 1406 ff = ZInsO 2003, 767 f (ähnliche Fallkonstellation wie zuvor); *BGH* ZInsO 2009, 378 ff [Rn 8 ff] = NZI 2009, 235 ff (ähnliche Fallkonstellation wie zuvor); *BGH* NZI 2010, 257, 259 [Rn 17] = ZInsO 2010, 479, 481 = ZIP 2010, 529, 531; *Wilhelm* JZ 1995, 574; FK/*Imberger* § 51 Rn 80 ff; FK/*B Wegener* § 115 Rn 19, § 116 Rn 29 f; *K/P/B/Tintelnot* § 103 Rn 22 ff (insb 24), 267, § 105 Rn 16 (jedoch mit Ausnahme bei §§ 115, 116 Rn 9b).

306 Unrichtig *Schlegelberger* Das Zurückbehaltungsrecht, 1904, S 185; *Friedländer* LZ 1909, 272, 276; *Franken/Dahl* S 159 f Rn 238.

307 *BGH* ZIP 2003, 1256 ff.

308 So schon *Marotzke* Gegenseitige Verträge, Rn 2.71.

309 Vgl statt aller *Serick* V § 57 II.

310 *BGH* NJW 1971, 799; 1978, 632 f; *BGHZ* 98, 160, 170.

311 **AM** *Mossler* S 24, 26; *Burkhard* S 35 f, 39 f.

neint, wenn der zurückbehaltene Gegenstand noch im Eigentum des Zurückbehaltungswilligen (zB Verkäufers) steht und von diesem noch nicht einmal aus seinen Lagerbeständen ausgesondert und konkretisiert worden ist (so verhielt es sich hinsichtlich der an den Schu verkauften 600 000 kg Zucker in dem vom RG entschiedenen Fall), müsste die InsFestigkeit eigentlich **erst recht** verneinen, wenn der Zurückbehaltungswillige den geschuldeten Gegenstand bereits konkretisiert und unter der aufschiebenden Bedingung, dass die eigene Gegenforderung erfüllt wird, an den später ins InsVerf geratenden Käufer übereignet hat.[312] Denn während die InsMasse im ersten Fall lediglich einen schuldrechtlichen Anspruch auf den ihr vorenthaltenen Gegenstand (bzw auf Sachen aus derselben Gattung) hat, steht ihr im zweiten Fall sogar schon ein Anwartschaftsrecht zu, was ihre Rechtsposition natürlich nicht schwächt, sondern stärkt. **Von einigen Autoren wird deshalb den Erweiterungsformen des Eigentumsvorbehalts analog der reichsgerichtlichen Rspr zum Zurückbehaltungsrecht jedwede Wirksamkeit gegenüber dem InsVerw des Käufers**[313] **abgesprochen.**[314] Das ist zwar konsequent, aber iE genau so unrichtig wie die den Ausgangspunkt der Argumentation bildende Prämisse, dass das Zurückbehaltungsrecht des § 273 BGB im InsVerf des Gegners auch dann hinfällig wird, wenn der zurückbehaltene Gegenstand noch im Eigentum des Zurückbehaltungsberechtigten steht. Auf dieser unrichtigen Prämisse beruhen nahezu alle Versuche, den Erweiterungsformen des Eigentumsvorbehalts wegen der – auch vom Verf dieser Zeilen anerkannten – Ähnlichkeit mit Zurückbehaltungsrechten die InsFestigkeit abzusprechen.[315] Die vom BGH praktizierte und in der Begr des RegEInsO bestätigte **Anerkennung des erweiterten Eigentumsvorbehalts als Absonderungsrecht** (Rn 108) ist also trotz des Wertungswiderspruchs zu dem bei Rn 107 kritisierten Urt des RG iE zutr.

Aus Billigkeitsgründen sollte man einem InsVerw, der die Erfüllung des Vertrages in Unkenntnis der Tatsache bzw Rechtslage verlangt hat, dass der Vertragspartner ihm aufgrund einer auf einem **anderen** Vertrag beruhenden Gegenforderung ein insolvenzfestes Zurückbehaltungsrecht (§ 273 BGB) oder eine insolvenzfeste Eigentumsvorbehaltserweiterung entgegenhalten kann (Rn 107 ff), das Recht zugestehen, die unglücklicherweise bereits eingetretene Rechtsfolge seines Erfüllungsverlangens (Aufwertung des Vertragspartners zu einem MasseGl, s Rn 104 ff) durch **Widerruf des Erfüllungsverlangens** oder – wenn man so weit nicht gehen will (Rn 127 f) – durch **Anf gem § 119 Abs 2 BGB** (Rn 54 ff) zu beseitigen.[316] Selbstverständlich steht es dem InsVerw frei, an seinem Erfüllungsverlangen festzuhalten und die dem Gegner zustehende „vertragsübergreifende" Zug-um-Zug-Einrede durch vollständige Erfüllung der zugrunde liegenden Gegenforderung auszuschalten, falls dies für die Masse günstiger ist als ein Widerruf des Erfüllungsverlangens.[317] Eine **Aus-** **110**

---

312 Inkonsequent *Kepplinger* S 315 f; *Blaum* S 254 ff; mE auch *Burkhard* S 39 f.

313 Die Rechtsfolgen des Konkurses des einen erweiterten Eigentumsvorbehalt verwendenden **Ver**käufers behandelt die auch bei Rn 67, 78 erwähnte Entsch *BGHZ* 98, 160, 168 ff = JZ 1987, 355 mit Anm *Henckel* = EWiR § 17 KO 4/1986, 915 (Kurzkomm *Marotzke*). Da damals keine Vorschrift mit dem Inhalt des § 107 Abs 1 existierte, ist diese BGH-Entsch heute nur noch mit Vorsicht heranzuziehen.

314 Vgl *Bley* ZAkDR 1937, 41, 43 unter V; *Henckel* ZZP 99 (1986) 419, 428 f; nur zT übereinstimmend *K/P/B/Tintelnot* § 103 Rn 181, 274 f und § 107 Rn 55; vgl auch *Seger/Tetzlaff* ZInsO 2012, 427 ff (die sogar § 119 anwenden wollen).

315 Zu anderen, letztlich ebenfalls nicht überzeugenden Begründungsversuchen vgl *Marotzke* Gegenseitige Verträge, Rn 4.166 ff, 4.170 ff; iE wie hier MK/*Ganter* § 47 Rn 93 trotz seiner bei § 51 Rn 242b Fn 455 geäußerten Zustimmung zu *RGZ* 77, 436, 438.

316 Vgl *Marotzke* Gegenseitige Verträge, Rn 4.133 ff, 4.143, 4.169, 4.176, 4.178; **aM** *Kesseler* ZNotP 2008, 155, 158.

317 *Marotzke* Gegenseitige Verträge, Rn 4.137 ff; vgl auch dort Rn 4.175 ff mit Hinweisen für **zweckmäßiges Verhalten des InsVerw bei unsicherer EntschGrdl** (dazu auch unten Rn 144 ff).

kunftspflicht des Schu besteht nach Maßgabe des § 97; begründbar ist uU auch eine entspr Pflicht des **Vertragspartners.**[318]

111 **Sukzessivlieferungsverträge, Wiederkehrschuldverhältnisse:** Folgt man der hier vertretenen Ansicht, dass „vertragsübergreifende" Zurückbehaltungsrechte, soweit sie sich auf nicht zur Masse gehörende Gegenstände oder Leistungen beziehen, im InsVerf des Gegners auch dann durchsetzbar bleiben, wenn die zugrunde liegende Gegenforderung nur InsFord iSv § 38 ist (Rn 107 ff), so nimmt man zugleich der oft sehr schwierigen Unterscheidung zwischen Sukzessivlieferungsverträgen und Wiederkehrschuldverhältnissen die insolvenzrechtliche Spitze. **Die Rechtslage wird im Folgenden in der Weise dargestellt, dass die Sonderregelungen des § 105**, die diese Unterscheidung ebenfalls überflüssig machen wollen, **zunächst (Rn 112–114) ganz außer Betracht gelassen werden**. (Ihrer Anwendbarkeit kann zB entgegenstehen, dass die an die „Teilbarkeit" von Leistungen und an das Vorliegen einer „bereits erbrachten Teilleistung" zu stellenden Anforderungen im konkreten Fall – zB im Zusammenhang mit mangelhaften oder unter Eigentumsvorbehalt erbrachten Teilleistungen – nicht erfüllt sind; vgl hierzu § 105 Rn 8 ff, 15 ff). **Erst bei der Kommentierung des § 105 wird untersucht, ob und ggf wie § 105 – falls seine Voraussetzungen vorliegen – die bei § 103 Rn 112 ff gefundenen Erg beeinflusst** (vgl § 105 Rn 2 ff).

112 Unter einem Sukzessivlieferungsvertrag versteht man **einen** Vertrag, der aufgrund der getroffenen Vereinbarungen „sukzessive" **erfüllt** werden soll (zB Lieferung einer feststehenden Gesamtmenge Kohle in einzeln abzurufenden Teilmengen). Als Wiederkehrschuldverhältnis hingegen bezeichnet man ein „Schuldverhältnis, das kraft einer, wäre es auch nur stillschweigenden, **Wiederholung des Vertragsabschlusses** fort und fort für weitere Zeitabschnitte oder für weitere Bezugsmengen neu entsteht, also nicht ein für allemal begründet ist".[319] Die **konkurs**rechtliche Relevanz des Unterschieds zwischen einem Sukzessivlieferungsvertrag und einem Wiederkehrschuldverhältnis betraf in erster Linie die Anwendung des § 59 Abs 1 Nr 2 Alt 1 KO, der Ansprüche aus gegenseitigen Verträgen, deren Erfüllung zur Konkursmasse verlangt wurde, unterschiedslos zu Masseschulden erklärte. **Verlangte der KonkursVerw die Erfüllung eines vom GemeinSchu als Käufer geschlossenen Sukzessivlieferungsvertrages**, so musste er, da § 59 Abs 1 Nr 2 Alt 1 KO im Gegensatz zu der heute maßgeblichen Nachfolgebestimmung in § 55 Abs 1 Nr 2 Alt 1 InsO noch nicht das die Rechtsfolge einschränkende Wort „soweit" enthielt (vgl schon Rn 105) und auch eine dem § 105 S 1 InsO entspr Bestimmung dem Konkursrecht fremd war, **sämtliche** vom GemeinSchu noch nicht bezahlten Lieferungen als Masseschulden bezahlen.[320] **Anders hingegen, wenn es sich um ein Wiederkehrschuldverhältnis handelte**; hier konnte der KonkursVerw sein Erfüllungsverlangen auf einzelne der „wiederkehrenden" Verträge beschränken mit der Folge, dass etwaige Gegenansprüche, die dem Vertragspartner aus anderen Verträgen dieser Vertragsreihe zustanden, nicht zu Masseschulden wurden.[321] In Bezug auf Wiederkehrschuldverhältnisse gingen Rspr und Schrifttum – meist stillschweigend – davon aus, dass der Vertragspartner (Lieferant) des GemeinSchu einem Erfüllungsverlangen des KonkursVerw, wenn dieses auf einen oder einzelne der mehreren (und iSd § 273 Abs 1 BGB konnexen) „Wiederkehrverträge" beschränkt war, etwaige Zug-um-Zug-Einreden nur ent-

---

318 Vgl *Marotzke* Gegenseitige Verträge, Rn 4.183 ff.

319 *RGZ* 148, 326, 330.

320 *RG* aaO; vgl auch *BGHZ* 81, 90, 91; 83, 359, 362 f; 97, 87, 90; **aM** jedoch *Fenyves* Erbenhaftung und Dauerschuldverhältnis, 1982, S 122 ff, 148 ff; *Oetker* Das Dauerschuldverhältnis, 1994, S 130 ff und – allerdings bereits in der sicheren Erwartung des baldigen Inkrafttretens des § 105 InsO – *BGHZ* 135, 25 ff = ZIP 1997, 688 ff = DZWIR 1998, 64 ff m zust Anm *Oetker* = JZ 1998, 154 f m krit Anm *Henckel* = LM GesO Nr 24 m krit Anm *Marotzke*.

321 Vgl *RGZ* 77, 436, 439 f; 148, 326, 330; *BGHZ* 83, 359, 362.

gegenhalten könne, soweit die sie begründenden Gegenforderungen nach § 59 Abs 1 Nr 2 Alt 1 KO zu Masseschulden erstarkt waren,[322] und dass sich eine gewisse Großzügigkeit bei der Annahme von „Wiederkehrschuldverhältnissen" deshalb trefflich eigne, den KonkursVerw in die Lage zu versetzen, Bezugsverträge des GemeinSchu über **Wasser, Heizung, Gas und elektrischen Strom** mit dem bisherigen Lieferanten fortzusetzen, ohne dafür **sämtliche** vom GemeinSchu noch nicht bezahlten Rechnungen für frühere Lieferungen vollständig begleichen zu müssen.[323] Das dabei verfolgte Ziel verdiente im Prinzip Zustimmung. Andererseits hatten aber auch diejenigen Autoren und Gerichte Recht, die darauf hinwiesen, dass es einem Energielieferanten, der dem GemeinSchu mit Rücksicht auf den Umfang des Vertrages einen besonders günstigen Preis gewährt habe, nicht zuzumuten sei, den KonkursVerw auch dann zum bisherigen Vorzugspreis weiter zu beliefern, wenn dieser von seinem Recht Gebrauch mache, die Stromrechnungen aus der Zeit vor VerfEröffnung mit der Quote abzuspeisen.[324] Vor dem – iE wie eine vorzeitige Inkraftsetzung des § 105 S 1 InsO wirkenden – Urt *BGHZ* 135, 25 ff pflegte man dieser Billigkeitserwägung dadurch Rechnung zu tragen, dass man solche Energielieferungsverträge, soweit ihr Inhalt es zuließ, nicht mehr als Wiederkehrschuldverhältnisse, sondern als Sukzessivlieferungsverträge qualifizierte[325] und den KonkursVerw vor die Wahl stellte, entweder deren weitere Erfüllung (zu dem mit dem GemeinSchu vereinbarten Preis) zu verlangen und dafür **sämtliche** rückständigen Raten des GemeinSchu als Masseschulden zu erfüllen (§§ 17 Abs 1, 59 Abs 1 Nr 2 Alt 1 KO), oder aber mit dem – idR einem **Kontrahierungszwang** unterliegenden[326] – Versorgungsunternehmen einen völlig neuen Vertrag abzuschließen, dessen Erfüllung das Unternehmen nicht von der vollständigen Bezahlung aller früheren Lieferungen abhängig machen könne. Bemerkenswert sind in diesem Zusammenhang auch *LG Mainz* NZI 2002, 444 f[327] (zur Vollstreckbarkeit von **Stromanschluss-Sperrungen im InsEröffnungsVerf**); *LG Bonn* ZIP 2001, 1644 ff (bejaht eine Pflicht der **Deutschen Telekom AG** zur einstweiligen Leistungsgewährung gegenüber in die Krise geratenem Mobilfunkdienstanbieter)[328] sowie die Ausführungen von *Rein* (NJW-Spezial 2011, 213 f) zur Frage der **Anfechtbarkeit** von zur Vermeidung einer Energiesperre erbrachten Zahlungen.

ME hätte man das Ziel, dem Energielieferanten die Belieferung des KonkursVerw zu dem **113**
mit dem Schu vereinbarten **Vorzugspreis** zu ersparen, wenn ihm die bereits an den Schu

---

322 Vgl *RGZ* 77, 436 ff; *Weiß* KuT 1927, 119, 120 f; *B Mayer* KuT 1929, 182, 184 rSp.

323 Vgl *RGZ* 148, 326, 334 f; krit *Jaeger/Henckel* KO § 17 Rn 85 f.

324 *Häsemeyer* KTS 1973, 2, 10 f; *ders* InsR Rn 20.27; *Henckel* ZZP 84 (1971) 447, 461; *ders* JZ 1998, 157 lSp; *Jaeger/Henckel* KO § 17 Rn 85; *LG Kassel* ZIP 1983, 970, 971; **aM** *BGHZ* 135, 25, 28 = ZIP 1997, 688 ff = DZWIR 1998, 64 ff m Anm *Oetker* = JZ 1998, 154 f m Anm *Henckel* = LM GesO Nr 24 m Anm *Marotzke*.

325 *BGH* LM § 17 KO Nr 3; *BGHZ* 81, 90 ff; 97, 87, 90 = JZ 1986, 691 ff m Anm *Henckel* (es handelte sich jeweils um **Sonderkundenverträge** mit Elektrizitätsversorgungsunternehmen); *OLG Frankfurt* DB 1981, 2072 f; *Jaeger/Henckel* KO § 17 Rn 85 f; *Kuhn/Uhlenbruck* KO § 17 Rn 27; die Frage für einen zu **normalen** Tarifbedingungen geschlossenen Stromlieferungsvertrag offen lassend *BGHZ* 83, 359, 361 ff.

326 Vgl §§ 18, 21, 23a ff, 26 ff **EnWG**, §§ 19, 20, 21, 33 **GWB**, § 826 **BGB** und *Scholz* Kontrahierungszwang in der Versorgungswirtschaft, 1997 (allg Darstellung der damaligen Rechtsgrundlagen); *BGH* LM § 17 KO Nr 3; *LG Kassel* ZIP 1983, 970, 971; *Jaeger/Henckel* KO § 17 Rn 86; bezweifelt oder sogar ausdrücklich verneint wird ein Kontrahierungszwang in den hier interessierenden Fällen jedoch von *Fuchs-Wissemann* NJW 1984, 27 f; *Michalski* JA 1979, 401, 408; *Fenyves* Erbenhaftung und Dauerschuldverhältnis, 1982, S 150 f; *Büdenbender* EnWG, 2003, § 10 Rn 130; nicht aber wohl von *Salje* EnWG, 2006, § 17 Rn 55.

327 = ZInsO 2002, 639 ff = ZVI 2002, 203 f.

328 Dazu treffend *Frind* EWiR 2002, 111 f.

erbrachten Lieferungen nicht vollständig vergütet werden, unabhängig davon erreichen können, ob man die den unbezahlten Rechnungen zugrundeliegende Rechtsbeziehung als Wiederkehrschuldverhältnis oder als Sukzessivlieferungsvertrag auffasst. **Da die Zug-um-Zug-Einrede des § 273 BGB in Wirklichkeit** (s Rn 107 ff) **genauso insolvenzfest ist wie die des § 320 BGB** (deren InsFestigkeit iE außer Streit steht), **kam der oftmals schwierigen Abgrenzung zwischen Sukzessivlieferungsverträgen** (die idR zur Anwendung des § 320 BGB führen) **und Wiederkehrschuldverhältnissen** (zwischen denen idR Konnexität iS des § 273 BGB besteht) **schon vor Inkrafttreten der InsO nicht die große Bedeutung zu, die ihr meist zugeschrieben wurde**: So oder so hätte man dem Lieferanten eigentlich das Recht zubilligen müssen, die vom KonkursVerw verlangte Erfüllung des Vertrages bis zur Begleichung der alten Rechnungen zu verweigern.[329] So oder so hätte es für die Masse deshalb von Vorteil sein können, dass der Verwalter nicht die weitere Erfüllung oder die Fortsetzung des (wenn auch vielleicht Vorzugsbedingungen gewährenden) alten Vertrages des Schu verlangte, sondern auf dem Abschluss eines neuen, von den bisherigen Rechtsbeziehungen zwischen dem Schu und dem (meist versorgungs- bzw kontrahierungspflichtigen) Versorgungsunternehmen unabhängigen Vertrages bestand: Die bei Rn 107 ff vertretene Ansicht, dass die Zug-um-Zug-Einrede des § 273 BGB, soweit sie schon vor VerfEröffnung gegenüber dem Schu begründet war, grds auch gegenüber dem InsVerw erhoben werden kann, führt ebensowenig wie die diese Frage im gegenteiligen Sinne entscheidende hM zu der unliebsamen Konsequenz, dass das Versorgungsunternehmen die Erfüllung seiner Kontrahierungspflicht bzw eines aufgrund dieser Pflicht bereits geschlossenen neuen Vertrages mit dem InsVerw bis zur Begleichung der Zahlungsrückstände aus den alten, noch mit dem Schu geschlossenen Verträgen verweigern darf. Denn diese neuen Verpflichtungen des Versorgungsunternehmens entstehen ja erst **nach** VerfEröffnung und dann gleich im unmittelbaren Interesse der **Masse**; gegenüber der Person des Schu waren sie bis dahin nicht einmal als aufschiebend bedingte entstanden, geschweige denn mit der Zug-um-Zug-Einrede des § 273 BGB behaftet. Eine Anwendung des Satzes, dass alle Einreden, die gegenüber einer Forderung des insolventen Schu vor VerfEröffnung begründet waren, nach dem Übergang der Einziehungsbefugnis auf den InsVerw auch diesem entgegengesetzt werden können, scheidet hier also von vornherein aus. Deshalb könnte sich das Versorgungsunternehmen wegen der Zahlungsrückstände des Schu aus den alten Verträgen gegenüber dem Anspruch des InsVerw auf Abschluss und Erfüllung eines neuen Vertrages nur dann auf § 273 BGB berufen, wenn diese Ansprüche im Verhältnis der Gegenseitigkeit und der Konnexität stünden. Problematisch ist schon die Gegenseitigkeit. Denn vom **InsVerw** kann das Versorgungsunternehmen wegen der Zahlungsrückstände des Schu nicht **volle** Befriedigung, sondern nur Berücksichtigung als InsGl verlangen (§§ 38, 87). Nur bis zur Befriedigung **dieses** Anspruchs kann also ein Zurückbehaltungsrecht gegenüber dem Anspruch des InsVerw auf Abschluss und Erfüllung eines neuen Vertrages in Betracht kommen. Und gerade insoweit ergibt sich, was § 273 Abs 1 BGB ausdrücklich als zu respektierende Ausnahme erwähnt, „aus dem Schuldverhältnis ein anderes". Denn die Abwicklung des InsVerf durch den amtlich bestellten Verwalter gewährt dem Anspruch auf die **Quote** eine so hohe Sicherheit, dass daneben ein schutzwürdiges Interesse des Gl, auf diese Forderung ein Zurückbehaltungsrecht zu stützen, nach dem Rechtsgedanken des § 273 Abs 3 BGB (wonach die Ausübung eines Zurückbehaltungsrechts durch Sicherheitsleistung abgewendet werden kann) nicht anzuer-

329 Ebenso *Häsemeyer* KTS 1973, 2, 10/11 (obwohl auf S 8/9 die Konkursfestigkeit des § 273 BGB verneinend); *Kepplinger* S 68 ff (die ihre bei Rn 107 erwähnte Gegenansicht nur für die Zeit nach Inkrafttreten des § 105 vertritt); **aM** *Weiß* KuT 1927, 119, 120 f (falls und soweit die diesen Rechnungen zugrunde liegenden Ansprüche nicht nach § 59 Abs 1 Nr 2 KO zu Masseschulden geworden seien); wohl auch – jeweils an den bei § 105 Rn 5 genannten Stellen – *Brandes*, *Pape*, *Tintelnot* und *B Wegener*.

kennen ist. Zudem dürfte der für § 273 BGB und letztlich auch für eine **Stromsperre**[330] erforderliche enge natürliche und wirtschaftliche Zusammenhang zwischen den noch offenen Forderungen des Versorgungsunternehmens aus der Zeit vor VerfEröffnung und dem (nicht von dem insolventen Schu abgeleiteten!) Anspruch des InsVerw auf Abschluss und Erfüllung eines neuen Vertrages fehlen. Denn im Verhältnis zum Energielieferanten ist der auf einem **neuen** Vertrag bestehende InsVerw nicht einfach nur Repräsentant des Schu, sondern eher ein den Schu weitgehend verdrängender und unter den Voraussetzungen des § 61 sogar persönlich haftbarer (s Rn 104) „Übernehmer" des auf die Stromlieferungen angewiesenen Betriebes. Wie jedem **dritten** Betriebsübernehmer sollte deshalb auch dem InsVerw der Abschluss eines neuen Vertrages nicht allein schon wegen der Zahlungsrückstände des „Vorgängers" verweigert werden dürfen.[331]

Folgender Grundgedanke hat sich herausgeschält: Ein Zurückbehaltungsrecht, das einer 114
Forderung des Schu bereits **vor** VerfEröffnung entgegengehalten werden konnte, besteht gegenüber dem InsVerw idR fort (Rn 107 ff); jedoch darf niemand eine der Masse erst **während** des Verf schuldig gewordene, fällige Leistung bis zur Befriedigung eines nur den Rang einer InsFord (§ 38) innehabenden Gegenanspruchs nach § 273 BGB verweigern. Eine **konsequente Anwendung** dieses Prinzips verringert nicht nur völlig unabhängig von § 105 (s oben Rn 111 und § 105 Rn 5) die insolvenzrechtliche Relevanz der Unterscheidung zwischen Sukzessivlieferungsverträgen und Wiederkehrschuldverhältnissen, sondern harmoniert auch mit den Wertungen, die die InsO für den – der Geltendmachung eines Zurückbehaltungsrechts in mancherlei Hinsicht vergleichbaren[332] – Fall der **Aufrechnung** bereithält: Während ein InsGl fast immer aufrechnen kann, wenn die Aufrechnungslage schon vor VerfEröffnung bestanden hat (vgl § 94, allerdings auch § 96 Abs 1 Nr 3), wird ihm die Aufrechnung gegen eine erst nach VerfEröffnung begründete Forderung der Masse durch § 96 Abs 1 Nr 1 verwehrt. Harmonie besteht auch noch in anderer Hinsicht: Die in § 104 Abs 2 S 3 vorgesehene Verklammerung mehrerer Finanzleistungsgeschäfte zu **einem** gegenseitigen Vertrag iSd §§ 103, 104 ist vor dem Hintergrund der hier vertretenen Ansicht deutlich besser nachvollziehbar als vom Standpunkt der die InsFestigkeit des § 273 BGB grds bestreitenden hM (s § 104 Rn 7 f).

**§ 105 InsO unterwirft Sukzessivlieferungsverträge einer Sonderregelung für den Fall einer 115
auf eine teilbare Leistung erbrachten Teil-Vorleistung des Vertragspartners.** Inhalt und Zweck des § 105 geben Anlass zu erheblicher Kritik (vgl § 105 Rn 1 ff, 7). Die Meinungsdifferenzen zur InsFestigkeit von **Zug-um-Zug-Einreden** (o Rn 107–114) sind mit Inkrafttreten des § 105 InsO nicht gegenstandslos geworden, sondern in vielen Bereichen weiterhin von hoher praktischer Relevanz (s § 103 Rn 22 f, 79 ff, 108 ff, 111, § 105 Rn 5, 7, § 108 Rn 49, 64, § 110 Rn 18, § 115 Rn 7).

---

330 Vgl *BGHZ* 115, 99 ff.

331 In der Grundtendenz übereinstimmend MK/*Kreft* § 105 Rn 37. Nicht unmittelbar einschlägig, aber gleichwohl beachtenswert sind in diesem Zusammenhang die Ausführungen in *BGHZ* 115, 99 ff und *BGH* ZIP 2000, 1061, 1066 Abschn III 2; vgl auch *LG Frankfurt/Oder* NJW-RR 2002, 803, 804 rSp Abschn 1 c cc; zu „zurückbehaltungsfreudig" ist hingegen *LG Neuruppin* NJW-RR 2001, 1667 rSp, soweit dort ein Anspruch eines Wohnungsmieters auf Abschluss eines Versorgungsvertrages unmittelbar mit ihm persönlich nur unter der Voraussetzung bejaht wird, dass zuvor alle Zahlungsrückstände des Vermieters als des bisherigen Vertragspartners des Versorgungsunternehmens beglichen werden.

332 *Marotzke* JA 1988, 117, 124 f.

IV. Monopolisierung des Wahlrechts beim Insolvenzverwalter

116 **1. Grundsatz.** Das Recht und die Last, mit bindender Wirkung (Rn 127) zwischen Erfüllung (Rn 104 ff) und Nichterfüllung (Rn 85 ff) zu wählen und zur Wahlrechtsausübung nach Abs 2 angehalten werden zu können, bestehen erst ab Eröffnung des InsVerf[333] und sind idR **beim InsVerw monopolisiert** (aber: Rn 125 f). Der Zustimmung des GlAusschusses oder der GlVersammlung bedarf der InsVerw nur in Fällen der §§ 160 ff (dazu Rn 82, 104 und 116 aE).

117 Wurde die Erfüllung bereits im EröffnungsVerf vom **vorl InsVerw** (§§ 21 Abs 2 S 1 Nr 1, 22) abgelehnt, so bindet dies den endgültigen InsVerw auch dann nicht iSd § 103 Abs 2,[334] wenn es sich um dieselbe Person handelt.[333]

118 Entspr gilt (außer in Fällen des § 55 Abs 2 S 2), wenn der **vorl InsVerw** den Vertragspartner auf Erfüllung in Anspruch genommen hat. Auch wenn das Erfüllungsverlangen des **vorl InsVerw** im konkreten Fall berechtigt ist (etwa weil der vorl InsVerw gem § 22 Abs 1 S 1 Verfügungsmacht über die Forderung des insolventen Schu erlangt hatte), ist es als **vor** VerfEröffnung erklärtes Erfüllungsverlangen idR nicht geeignet, die Gegenforderung des Vertragspartners gem oder analog § 55 Abs 1 Nr 2 Alt 1 zu einer Masseverbindlichkeit zu verstärken.[335] Deshalb sollte und darf[336] der Vertragspartner hier stets an § 273 BGB,[337] an § 320 BGB oder – bei Nichtentstehen einer Masseverbindlichkeit durchaus realistisch (vgl den dritten Satz bei Rn 106) – an § 321 BGB denken (aber auch an die Möglichkeit einer bereits im EröffnungsVerf eingreifenden Kündigungs- oder Rücktrittssperre gem oder analog § 112; s § 112 Rn 1 ff, 17 ff).

119 Soweit sich aus § 55 Abs 2 nichts anderes ergibt (dazu sogleich),[338] kann der InsVerw zur Ablehnung der Erfüllung **sogar dann** berechtigt und verpflichtet sein, **wenn es sich um einen Vertrag handelt, dessen Erfüllung er in seiner früheren Eigenschaft als vorl InsVerw, also im EröffnungsVerf, selbst verlangt oder versprochen oder durch Zustimmung zu einem solchen Verlangen oder Versprechen des insolventen Schu ausdrücklich gebilligt hatte**.[339]

120 **Vor Inkrafttreten der InsO** konnte ein InsVerw (damals: KonkursVerw) die Erfüllung selbst derjenigen Verträge ablehnen, deren Abschluss er in seiner früheren Eigenschaft als Sequester zugestimmt hatte.[340] Entspr wurde, außer iF des § 106 VerglO (großzügiger nunmehr § 55 Abs 2), hinsichtlich derjenigen Verträge angenommen, deren Erfüllung der KonkursVerw in seiner früheren Eigenschaft als VergleichsVerw in Aussicht gestellt hatte[341] (vgl Rn 152 f).

---

333 *BGH* 14.9.2017 – IX ZR 261/15 (Rn 19 ff), ZInsO 2017, 2159, 2160 f.

334 Vgl *Marotzke* Gegenseitige Verträge, Rn 14.110.

335 Ausf *Marotzke* Gegenseitige Verträge, Rn 14.31 ff, 14.35 ff, 14.47 ff, 14.51 ff, 14.62 ff, 14.72 ff, 14.75 ff, 14.84 ff, 14.95 ff; iE übereinstimmend *OLG Hamm* NZI 2002, 259 f (Abschn A I) = ZIP 2002, 676 f (aus anderen Gründen aufgehoben durch *BGHZ* 154, 190 ff [dazu sogleich mwN]); *BGH* 14.9.2017 – IX ZR 261/15 (Rn 19 ff), ZInsO 2017, 2159, 2160 f.

336 Vgl *OLG Hamm* aaO Abschn A II 1; *AG Hagen* NZI 2003, 210 f; *Marotzke* Gegenseitige Verträge, Rn 14.91 Fn 216.

337 Jedoch mit InsAnfRisiko nach Maßgabe von *BGHZ* 154, 190 ff (weitere Fundstellen dieses Urt in der zweiten Fn zu Rn 121); *BGH* ZIP 2003, 855 f = ZInsO 2003, 420 f; einschr und iE gut vertretbar *BGH* 10.1.2013 – IX ZR 161/11, ZInsO 2013, 551, 553 [Rn 21 ff, 24] = ZIP 2013, 528, 530.

338 Vgl auch *Hoenig/Meyer-Löwy* ZIP 2002, 2162 ff.

339 Vgl für den KonkursVerw, der im EröffnungsVerf gem § 106 Abs 1 S 2 KO zum „Sequester" bestellt worden war: *BGHZ* 97, 87, 90, 92 (= JZ 1986, 691 ff m Anm *Henckel*); 130, 38, 42; *BGH* ZIP 1988, 322, 323 (insoweit nicht abgedr in *BGHZ* 103, 250 ff).

340 Vgl *LG Köln* ZIP 1988, 931 f mwN auch zur Gegenansicht.

341 Vgl *BGHZ* 83, 359, 365.

Nach neuem InsR wird viel davon abhängen, wie großzügig man die Regelung des § 55 Abs 2 InsO handhabt. Nach dieser Vorschrift sind Verbindlichkeiten, die von einem verfügungsbefugten (§ 22 Abs 1 S 1 iVm § 21 Abs 2 S 1 Nr 2 Alt 1) vorl InsVerw begründet worden sind, und Verbindlichkeiten aus einem Dauerschuldverhältnis, „soweit der vorl InsVerw für das von ihm verwaltete Vermögen die Gegenleistung in Anspruch genommen hat", nach Eröffnung des InsVerf als Masseverbindlichkeiten zu qualifizieren. Soweit aufgrund unmittelbarer oder analoger Anwendung des § 55 Abs 2 eine **Masseverbindlichkeit**[342] oder ein gleichwertiger **Behaltensgrund**[343] entsteht und die InsMasse zur Erfüllung aller Masseverbindlichkeiten ausreicht (andernfalls vgl §§ 103 Rn 13, 129 Rn 42, 208 Rn 13 ff), wird man dem InsVerw nicht nur eine „Erfüllungsablehnung" iSd bei Rn 84 ff Ausgeführten, sondern grds auch eine Anf (§§ 129 ff) der zugrunde liegenden Rechts- und ggf auch der Erfüllungshandlung verwehren müssen (vgl §§ 22 Rn 36, 53; 25 Rn 8; 129 Rn 35).[344] **121**

IF des § 55 Abs 2 S 2 scheitert eine Anf zudem fast immer an § 142. **122**

Als Verbindlichkeiten, die iSd § 55 Abs 2 S 1 **vom vorl InsVerw „begründet"** worden sind und die deshalb nach Eröffnung des InsVerf als Masseverbindlichkeiten gelten (falls der vorl InsVerw Verfügungsmacht hatte) bzw bei Nichteröffnung des Verf nach § 25 Abs 2 S 1 zu erfüllen sind, sollte man mE nicht nur solche Verbindlichkeiten ansehen, die vor Bestellung des vorl InsVerw noch gar nicht existierten, sondern auch solche Verbindlichkeiten des Schu, die bereits vorher begründet waren und in Bezug auf die der (verfügungsbefugte) vorl InsVerw lediglich ein **Erfüllungsversprechen** abgegeben hat (zB weil er andernfalls den Anspruch auf die Gegenleistung nicht hätte durchsetzen können). Ginge man in solchen Fällen von einer „InsFord" aus,[345] könnten der Gl und der vorl InsVerw eine Masseverbindlichkeit nur durch **Abschluss eines Novationsvertrages** entstehen lassen; diesen Umweg sollte man den Beteiligten ersparen.[346] Das Vorliegen eines Novationsvertrages wurde in casu bejaht in einer Entscheidung des *OLG Hamm*[347] und wäre auch in einem Fall zu diskutieren gewesen, über den im Dezember 1999 das *LG Lübeck*[348] zu entscheiden hatte. **123**

---

342 Ausf *BGHZ* 151, 353 ff = NJW 2002, 3326 ff = NZI 2002, 543 ff = ZIP 2002, 1625 ff (gekürzt) = ZInsO 2002, 819 ff = KTS 2003, 138 ff (dazu auch § 55 Rn 27 ff, § 108 Rn 55 ff, § 112 Rn 8, 27); *BGHZ* 154, 358, 364 ff = NJW 2003, 2454, 2455 f = ZIP 2003, 914, 916 f = ZInsO 2003, 465, 466 f; *Marotzke* Gegenseitige Verträge, Rn 14.26 ff, 14.35 ff, 14.72 ff, 14.84 ff, 14.95 ff; *ders* ZInsO 2004, 113 ff, 178 ff; *ders* InVo 2004, 301, 304 ff, 316.

343 *Marotzke* Gegenseitige Verträge, Rn 14.84 ff, 14.95 ff, 14.100 ff; damit iE übereinstimmend *AG Hagen* NZI 2003, 210 f; *de Bra* LMK 2003, 135; zum Standpunkt des BGH vgl *BGHZ* 154, 190, 193 f = NJW 2003, 1865, 1866 = ZInsO 2003, 417, 418 = ZIP 2003, 810 f (Abschn II 1 b) und *BGHZ* 161, 315, 318 ff = NJW 2005, 1118 ff = ZInsO 2005, 209 ff = ZIP 2005, 314 ff.

344 Grds ebenso *Pohlmann* Befugnisse und Funktionen des vorl InsVerw, 1998, Rn 507 ff, 518; *Kirchhof* ZInsO 2000, 297 ff und – mit einer Ausnahme für den Fall des § 133 Abs 1 – *Marotzke* Gegenseitige Verträge, Rn 14.87 ff mwN; *ders* EWiR § 129 InsO 2/2002, 351 f; ähnlich inzwischen der BGH (*BGHZ* 161, 315, 318 ff = NJW 2005, 1118 ff = NZI 2005, 218 ff = ZInsO 2005, 209 ff = ZIP 2005, 314 ff m Anm *Marotzke* EWiR § 129 InsO 4/2005, 511 f; *BGH* ZInsO 2006, 208 ff = ZIP 2006, 431 ff = NJW 2006, 1134 ff = NZI 2006, 227 ff m Anm *Leithaus*); vgl auch *de Bra* LMK 2003, 135; *OLG Koblenz* ZIP 2001, 345 ff.

345 So wohl *AG Hamburg* NZI 2003, 153, 154 = ZIP 2003, 43, 45.

346 Ausf *Marotzke* Gegenseitige Verträge, Rn 14.72 ff; vgl auch *Uhlenbruck/Vallender* § 22 Rn 55.

347 *OLG Hamm* NZI 2002, 259 ff = ZIP 2002, 676 ff; aus anderen Gründen aufgehoben durch *BGHZ* 154, 190 ff.

348 *LG Lübeck* DZWIR 2000, 78; dazu ausf *Marotzke* Gegenseitige Verträge, Rn 14.1 ff, 14.73; vgl auch den vorliegenden Komm bei § 22 Rn 39, § 115 Rn 18 f, § 116 Rn 4.

124 Weitere Einzelheiten zu § 55 Abs 2 s dort und im Spezialschrifttum.[349] Vor der Erfüllung eines vom vorl InsVerw geschlossenen Verkaufsvertrages über das **Unternehmen** des Schu hat der InsVerw gem §§ 160 ff die Zustimmung des GlAusschusses bzw der GlVersammlung einzuholen. Dies gilt auch, wenn der Käufer bereits gem § 55 Abs 2 S 1 die Stellung eines MasseGl erlangt hat.[350]

125 **2. Ausnahmen.** Wenn das InsGer keinen InsVerw bestellt, sondern **Eigenverwaltung** anordnet (§§ 270 ff), fallen die Rechte und Lasten, die § 103 dem InsVerw zuordnet, dem Schu zu (§ 279 S 1),[351] der das Wahlrecht im Einvernehmen mit dem Sachwalter ausüben soll (§ 279 S 2) und wie ein InsVerw (s Rn 4, 82, 104) die Zustimmung des GlAusschusses bzw der GlVersammlung einzuholen hat, wenn die beabsichtigte Wahlrechtsausübung für das InsVerf von bes Bedeutung ist (§ 276). Auf Schwierigkeiten stößt bei der Eigenverwaltung die ansonsten grds sinnvolle und zulässige analoge Anwendung des § 61 (s § 109 Rn 30).

Im vereinfachten InsVerf wurden die Aufgaben des InsVerw bisher vom Treuhänder wahrgenommen (§ 313 Abs 1 S 1 – aufgehoben mit Wirkung ab 1.7.2014). Das galt auch in Bezug auf § 103. Die Vorschriften über die Eigenverwaltung (Rn 125) waren im vereinfachten InsVerf unanwendbar (§ 312 Abs 2 – aufgehoben mit Wirkung ab 1.7.2014).

126 **3. Gegenwahlrechte des Vertragspartners. Ausübungsbedürftige Gegenrechte des Vertragspartners** (Rn 54 ff, 73 ff, 75, 79 ff) eröffnen diesem ein Wahlrecht zwischen Ausübung und Nichtausübung. Im Verhältnis zum die Vertragserfüllung wählenden InsVerw handelt es sich funktional um Gegenwahlrechte. Der Lästigkeitsfaktor solcher Gegenwahlrechte hat mit Inkrafttreten des SchuldRModG einen erheblichen Bedeutungszuwachs erlangt: Häufiger als zuvor muss der InsVerw nun damit rechnen, dass sich der Vertragspartner seinem Erfüllungsverlangen widersetzt, beispielsweise indem er nach **§§ 280 ff BGB** Schadensersatz statt der Leistung verlangt oder sich nach **§ 323 BGB**, der die Rücktrittsvoraussetzungen im Vergleich zu §§ 325, 326 BGB aF deutlich abgesenkt hat, vom Vertrag löst. Die literarische Aufarbeitung solcher Wahlrechtskollisionen steckt noch in den Anfängen.[352] Dem InsVerw ist dringend zu raten, vor Ausübung seines Wahlrechts zu klären, ob dem Vertragspartner Lösungsrechte zustehen und ob der Vertragspartner diese tatsächlich geltend machen möchte. Andernfalls kann der Vertragspartner den InsVerw in gefährlicher Weise „hängen lassen".[353] Früher konnte sich der InsVerw wenigstens noch durch das Setzen von **Fristen** wehren. Viele dieser Fristsetzungsmöglichkeiten (zB §§ 327 S 1, 355 BGB aF [Rücktritt] und § 466 BGB aF [Wandelung; seit 1.1.2002 ersetzt durch Rücktritt gem §§ 437 Nr 2, 440 BGB] sind mit Inkrafttreten des SchuldRModG entfallen.[354]

---

349 *Marotzke* Das Unternehmen, Rn 10 ff, 19 ff, 137 ff.

350 *Marotzke* Das Unternehmen, Rn 125 ff, 128, 174.

351 Näheres bei § 279 sowie bei *Marotzke* Gegenseitige Verträge, Rn 5.90, 13.102 ff und unten Rn 153.

352 Vgl *Marotzke* KTS 2002, 1 ff, 20 ff; § 103 Rn 55; § 107 Rn 32; § 119 Rn 2; *Mossler* ZIP 2002, 1831 ff; *K/P/B/Tintelnot* § 103 Rn 17 ff; *K Schmidt/Ringstmeier* § 103 Rn 57 f; *D Wegener* S 70 ff, 77 ff, 118 f; *Uhlenbruck/D Wegener* § 103 Rn 101 ff; MK-BGB/*Ernst* 7. Aufl 2015, § 281 Rn 95, § 323 Rn 142, 149, 186 f; vgl auch *Hanau* NJW 2007, 2806 ff.

353 Vgl die in der vorherigen Fn Genannten sowie *Wolf/Lange* FS Kilian, 2004, S 801, 804 ff; *Finn* ZGS 2004, 32 ff; speziell zu **Abhilfeversuchen** oben § 103 Rn 55 sowie *Marotzke* KTS aaO; vgl auch § 107 Rn 32 sowie *Berscheid* und *Ernst* jeweils aaO. Sehr optimistisch aus Massesicht *D Wegener* S 118 f. Vgl auch *Hanau* NJW 2007, 2806 ff.

354 Vgl § 350 BGB und meine mit einem Gesetzgebungsvorschlag verbundene Kritik in KTS 2002, 1, 33 ff, 41 sowie die durch den Wegfall des § 466 BGB aF ausgelösten Reparaturbemühungen von *Lorenz/Riehm* Lehrbuch zum neuen Schuldrecht, 2002, Rn 501 ff, 522.

V. Ausübung des Wahlrechts

Ausgeübt wird das Wahlrecht durch **Erklärung des InsVerw gegenüber dem Vertragspartner** (vgl Abs 2). Es handelt sich um eine einseitige, empfangsbedürftige Willenserklärung, die mit Zugang wirksam wird (§ 130 BGB) und dann nicht mehr einseitig widerrufen werden kann.[355] Das Fehlen der uU erforderlichen (Rn 82) **Zustimmung des GlAusschusses oder der GlVersammlung** ist kein Unwirksamkeitsgrund (§ 164). **Stellvertretung** wird weithin als unzulässig erachtet.[356] Vor dem Hintergrund der Ausführungen bei Rn 4 ff erscheint dies zweifelhaft. Zumindest jedoch sollte man aus einer etwaigen Unzulässigkeit nicht ohne weiteres auf die Unwirksamkeit des Vertreterhandelns schließen.[357] Erst recht steht nichts entgegen, das Verhalten eines Stellvertreters im Zusammenhang mit der **Auslegung** des nachfolgenden Verhaltens des InsVerw als Wahlrechtsausübung iSd § 103 zu berücksichtigen.[358] 127

Grds unwiderruflich (Rn 127) ist sowohl die Erklärung, den Vertrag erfüllen zu wollen (gleichbedeutend: die Erfüllung zu verlangen; vgl § 55 Abs 1 Nr 2 Alt 1), als auch die Erfüllungsablehnung (hM; vgl Schlusssatz zu Rn 88 und erg Rn 89 f). 128

Eine bestimmte **Form** der Erklärung ist weder für die Erfüllungsablehnung noch für das Erfüllungsverlangen vorgeschrieben. Auch in Bezug auf Grundstücksgeschäfte des Schu kann der InsVerw seine Wahlerklärung **formfrei** abgeben.[359] Der InsVerw kann sein Wahlrecht nicht nur durch ausdr Erklärung, sondern auch durch **schlüssiges Verhalten** ausüben.[360] Die **vorbehaltslose Erbringung der vertraglichen Gegenleistung** durch den InsVerw steht einem Erfüllungsverlangen idR gleich.[361]Dies gilt auch, wenn der InsVerw einen Liefervertrag über mehr als 700 Heizkörper durch Wiederaufnahme bereits vom Schu begonnener Lieferungen zu erfüllen beginnt, ohne dabei deutlich zu machen, dass er die Masse damit nicht zur Erfüllung des *gesamten* Vertrages verpflichten wolle.[362] **Ein wirksames Erfüllungsverlangen iSd §§ 103, 55 Abs 1 Nr 2 Alt 1 liegt idR**[363] (nicht nur, wie manche meinen, 129

---

355 Diesen Grundsatz zu Recht auch auf das Erfüllungs**verlangen** anwendend das bereits bei § 103 Rn 60 erwähnte Urt des *BGH* v 17.7.2013 – VIII ZR 163/12, ZInsO 2013, 1838, 1840 (Rn 25) = ZIP 2013, 1729, 1730 (m Anm *Tintelnot* EWiR 2013, 685 f) = NZI 2013, 891, 893 (m Anm *Braukmann*). Zu einigen Sonderfällen s § 103 Rn 46 f, 54 ff, 110; zum Einfluss von Willensmängeln und zu Auslegungsfragen *N/R/Balthasar* § 103 Rn 41 f, 48 ff; *Jaeger/Henckel* KO § 17 Rn 117, 120 ff und oben Rn 46, unten Rn 129.

356 *OLG Düsseldorf* ZIP 1988, 855 f; *Graeber* NZI 2003, 569, 573 f ad V 2, VI 2; *Uhlenbruck/Zipperer* § 56 Rn 21; zwischen (höchstpersönlicher) Willensbildung und (stellvertretungsgeeigneter) Willenskundgabe differenzierend *K Schmidt/Ringstmeier* § 103 Rn 21.

357 **AM** anscheinend das *OLG Düsseldorf* ZIP 1988, 855 f.

358 Vgl zB *OLG Naumburg* ZInsO 2004, 1145 ff.

359 Vgl *Bork* FS Zeuner, 1994, S 297, 314 f; *Marotzke* Gegenseitige Verträge, Rn 14.76.

360 *OLG Naumburg* ZInsO 2004, 1145 ff mwN.

361 Dezidiert **aM** *OLG Brandenburg* NZI 2009, 117 = ZInsO 2009, 525 (dazu auch die Fn zu Rn 137 und die Fn zu Rn 139): „Allein die bloße Abnahme des gelieferten Stroms und die *Zahlung*, auch über mehrere Monate hinweg, reicht nicht aus, um ein solches Verhalten als Erfüllungswahl zu qualifizieren."

362 Vgl das bereits in der zweiten und der sechsten Fn zu § 103 Rn 105 und in der ersten Fn zu § 103 Rn 127 erwähnte Urt des *BGH* 17.7.2013 – VIII ZR 163/12, ZInsO 2013, 1838, 1840 (Rn 24) = ZIP 2013, 1729 f (m Anm *Tintelnot* EWiR 2013, 685 f) = NZI 2013, 891, 893 (m Anm *Braukmann*).

363 Zutr *OLG Celle* 23.5.2000 – 16 U 208/99 (online unter www.rechtsprechung.niedersachsen.de/jportal/?quelle=jlink&docid=KORE550382000&psml=bsndprod.psml&max=true); hiergegen zu Unrecht *Schmitz* EWiR § 17 KO 2/2000, 641f (dazu auch die zweite Fn zu § 103 Rn 105).

bei Hinzutreten besonderer Umstände[364] wie etwa gleichzeitig signalisierter Bereitschaft zur Erfüllung auf demselben Vertrag beruhender Gegenforderungen[365]) **in der Erhebung einer Klage auf Werklohnzahlung,**[366] **in der Aufnahme eines vom insolventen Unternehmer als Anspruchsteller begonnenen Werklohnprozesses**[367] **oder**, was oft übersehen wird, **in einer außergerichtlichen Zahlungsaufforderung.**[368] Der Gegenansicht ist entgegenzuhalten, dass in den §§ 103, 55 Abs 1 Nr 2 Alt 1 nicht von einer Erfüllungs*wahl*, sondern von einem Erfüllungs*verlangen* des InsVerw die Rede ist und die Aufwertung etwaiger Gegenforderungen (zB Gewährleistungsansprüche) zu Masseverbindlichkeiten keine unmittelbar rechtsgeschäftliche, sondern eine auf § 55 Abs 1 Nr 2 Alt 1 beruhende *gesetzliche* Folge des Erfüllungsverlangens darstellt, die als solche nicht von einen entspr Rechtsfolgewillen des InsVerw getragen sein muss.[369] Erforderlich ist nicht einmal, dass der InsVerw überhaupt wusste oder hätte wissen müssen, dass er mit seinem Zahlungs- oder sonstigen Erfüllungsverlangen zugleich kraft Gesetzes (§ 55 Abs 1 Nr 2 Alt 1) eine ihm nach § 103 zustehende

---

364 So jedoch *K Schmidt/Ringstmeier* § 103 Rn 26 („Ohne Hinzutreten besonderer Umstände" reiche es „für die Annahme einer Erfüllungswahl nicht aus, dass der Verwalter gegenüber dem Vertragspartner einen Anspruch aus dem Vertrag geltend macht".) und Jaeger/*Jacoby* § 103 Rn 129 („…. einschränkungslose Geltendmachung einer Zahlungsforderung bedeutet im Unterschied zum Verlangen Zug um Zug gegen Nachbesserung grundsätzlich keine Erfüllungswahl."), Rn 177 („Erfüllungswahl" im Sinne des §§ 103 setze „zusätzlich zur Leistungsaufforderung noch voraus, dass der Verwalter ggf konkludent seine eigene Erfüllungsbereitschaft erklärt."), Rn 178 („Fehlen entsprechende Hinweise, fehlt es auch bei der Klage an einer Erfüllungswahl."). Ähnlich FK/*B Wegener* § 103 Rn 75, 80 und *Schmitz* EWiR § 17 KO 2/2000, 641 f in seiner Kritik an *OLG Celle* 23.5.2000 – 16 U 208/99 (online unter www.rechtsprechung.niedersachsen.de/jportal/?quelle=jlink&docid=KORE550382000&psml=bsndprod.psml&max=true).

365 Vgl etwa *OLG Stuttgart* 22.2.2005 – 10 U 242/04, ZIP 2005, 588, 589 = KTS 2006, 323, 324 l Sp (mit zust Anm *Lennartz*): Habe der Vertragspartner „bereits Gegenansprüche geltend gemacht oder sich beispielsweise auf ein Zurückbehaltungsrecht berufen", könne „die Forderungsbeitreibung des Verwalters auch durch Klage grundsätzlich nur dann als konkludentes Erfüllungsverlangen ausgelegt werden, „wenn der Verwalter gleichzeitig die Berechtigung der Einwendungen des anderen Teils einräumt, zum Beispiel, indem er die Zahlung nur Zug um Zug gegen die Gegenleistung fordert". Weitere Hinweise zu dem auch in anderer Hinsicht kritikwürdigen Urt des *OLG Stuttgart* finden sich in der zweiten Fn zu § 103 Rn 145 und in der zweiten Fn zu § 106 Rn 1 sowie bei § 106 Rn 19 f.

366 Dies trotz gegebenen Anlasses nicht thematisierend *OLG Frankfurt* 4.3.2002 – 1 U 107/00, ZIP 2003, 220 f (dazu *Beutler* EWiR § 2 GesO 1/2003, 369 f). Die Frage eines Erfüllungs*verlangens* im Sinne der §§ 103, 55 Abs 1 Nr 2 Alt 1 trotz auch hier gegebenen Anlasses nicht thematisierend, sondern sich mehr auf die Frage einer Erfüllungs*ablehnung* konzentrierend *LG Potsdam* 18.7.2002 – 7 S 113/02, ZIP 2002, 1734 f = NZI 2003, 209 f.

367 Zutr *OLG Celle* 23.5.2000 – 16 U 208/99 (online unter www.rechtsprechung.niedersachsen.de/jportal/?quelle=jlink&docid=KORE550382000&psml=bsndprod.psml&max=true).

368 Im Ausgangspunkt ebenso, im konkreten Fall aber sehr restriktiv und deshalb zu einem negativen Ergebnis gelangend *OLG Dresden* 24.1.2002 – 13 U 2215/01, ZIP 2002, 815 ff (dazu treffend *Tintelnot* EWiR 2002, 441, 442 [„Die Zurückhaltung bei der Auslegung einer Zahlungsaufforderung des Verwalters als konkludentes Erfüllungsverlangen verschiebt freilich Risiken vom Verwalter auf den Vertragspartner."]; vgl. auch § 103 Rn 68, 129, 145). Sehr restriktiv auch wenige Fn zuvor erwähnte Urt des *OLG Stuttgart*.

369 Folgte man der hier abgelehnten Ansicht, müsste man ein *nicht* durch „besondere Umstände" begleitetes Zahlungsverlangen des InsVerw in gleicher Weise als rechtlich unbegründet ansehen wie ein Zahlungsverlangen, das der InsVerw mit einem ausdrücklichen Protest gegen die Rechtsfolge des § 55 Abs 1 Nr 2 Alt 1 verbunden hat (Näheres sogleich bei Rn 131).

Wahlmöglichkeit ausübte;[370] diesbezügliche Fehlvorstellungen des Verw berechtigen diesen lediglich zur Anfechtung nach § 119 BGB[371] (mit der Folge einer als Masseverbindlichkeit zu erfüllenden Schadensersatzpflicht aus § 122 BGB).[372] Entspr gilt für den Fall, dass der InsVerw im Zeitpunkt seines als Erfüllungsverlangen iSd §§ 103 Abs 1, 55 Abs 1 Nr 2 Alt 1 zu wertenden Zahlungsverlangens weder wusste noch wissen konnte, dass die dem äußeren Anschein nach vollständige Leistung des insolventen Unternehmers mit einem Mangel behaftet und folglich unvollständig im Sinne der §§ 103 Abs 1, 55 Abs 1 Nr 2 Alt 1 war.

„Verdeckte" Mängel einer bereits gelieferten und abgenommenen Kaufsache oder eines 130 **bereits abgenommenen Werks** sind nicht so selten, dass sich ein Käufer oder Werkbesteller über diese Möglichkeit keine Gedanken machen sollte. Es ist deshalb nicht von vornherein abwegig oder sogar verdächtig,[373] sondern sehr gut nachvollziehbar, dass ein Käufer oder Werkbesteller, der vor Eröffnung des InsVerf mit dem Schu als Verkäufer oder Werkunternehmer kontrahiert hatte, gegenüber dem ihn auf Zahlung in Anspruch nehmenden InsVerw die Befürchtung äußert, dass die vom Schu vor Verfahrenseröffnung erbrachte und dem äußeren Anschein nach vollständige Leistung an einem gegenwärtig noch nicht erkennbaren Mangel leiden könnte. Durchaus naheliegend ist vor diesem Hintergrund das Argument, dass es nicht Sinn und Zweck des InsVerf sei, dem Käufer oder Werkbesteller den Schutz einer noch laufenden Garantiefrist selbst dann zu entziehen, wenn er vom InsVerw auf Zahlung des **ungekürzten** Kaufpreises oder Werklohns in Anspruch genommen werde. Ein insolvenzfestes **Zurückbehaltungsrecht** steht dem Kunden, der konkrete Mängel jetzt noch nicht benennen und im Streitfall beweisen kann, gleichwohl nur zu, wenn und soweit er sich das Recht zur Vornahme eines Sicherheitseinbehalts vertraglich vorbehalten hatte (vgl Rn 73 f). **Um Schaden von sich abzuwenden, sollte der Kunde den InsVerw um eine rechtsverbindliche Erklärung** des Inhalts **bitten**, dass er etwaige Gewährleistungsansprüche und sonstige Rechte, die dem Kunden aufgrund bereits jetzt erkennbarer „oder innerhalb der Garantiezeit noch erkennbar werdender" Mängel der vor VerfEröffnung erbrachten Leistung des Schu zustehen, als Masseverbindlichkeit iSd § 55 Abs 1 Nr 2 Alt 1 behandeln werde.[374] Analog § 103 Abs 2 Satz 2 ist der InsVerw, wenn auch nur im Sinne einer nicht einklagbaren Obliegenheit, verpflichtet, diese Bitte des Kunden unverzüglich zu beantworten. Verweigert der InsVerw die vom Kunden erbetene Klarstellung, so behaftet er sein Zahlungsverlangen mit dem Makel, es möglicherweise zur Grundlage eines kalkulierten Regelverstoßes (Verstoß gegen § 55 Abs 1 Nr 2 Alt 1) machen zu wollen. Sein Zahlungsverlangen ist jetzt treuwidrig, eine dennoch erhobene Klage wäre als unbegründet abzuweisen. Das versteht sich von selbst, wenn man versuchsweise davon ausgeht, dass die vom Schu gelieferte Sache oder das von ihm erstellte Werk tatsächlich mangelhaft ist; in diesem

---

370 Zutr MK/*Huber* § 103 Rn 207; Jaeger/*Jacoby* § 103 Rn 168.

371 So bereits *Marotzke* Gegenseitige Verträge Rn 4.176 (dort auch Ausführungen zu zweckmäßigem Verhalten des InsVerw bei unsicherer Entscheidungsgrundlage). § 119 BGB als einschlägig erachtend auch MK/*Huber* § 103 Rn 207 f für den Fall, dass der InsVerw die Erfüllung des Vertrages in der irrigen Annahme verlangt hatte, dass der Schu seinerseits bereits vollständig erfüllt habe, sowie für den Fall, dass der InsVerw irrig von einer teilweisen Erfüllung durch den Schu ausging, dieser jedoch tatsächlich noch nichts oder weniger geleistet hatte. Vgl auch K/P/B/*Tintelnot* § 103 Rn 225 (Anfechtbarkeit nach § 119 BGB ausdrücklich auch für den Fall in Betracht ziehend, „dass dem Verwalter die Mangelhaftigkeit der Schuldnerleistung nicht bekannt" war; vgl auch *Tintelnot* aaO Rn 248); Jaeger/*Jacoby* § 103 Rn 196 ff.

372 Jaeger/*Henckel* KO § 17 Rn 127; Jaeger/*Jacoby* § 103 Rn 195; *Marotzke* Gegenseitige Verträge Rn 4.176.

373 Vgl jedoch *Brechtel* ZInsO 2017, 1144 ff.

374 Hierzu und zum Folgenden ausführlich *Marotzke* ZInsO 2017, 1758, 1762 ff, 1767 ff.

Fall gilt der anerkannte[375] Grundsatz, dass der Vertragspartner (Kunde) des Schu einem unter Protest gegen die gesetzliche Rechtsfolge des § 55 Abs 1 Nr 2 Alt 1 erklärten Erfüllungsverlangen des InsVerw nicht Folge zu leisten braucht. Nicht ganz so einfach ist die Lösung, wenn man versuchsweise unterstellt (weil man es im Zeitpunkt des Zahlungsverlangens des InsVerw nicht besser weiß), dass die Kaufsache bzw das erstellte Werk in Wirklichkeit weder unter einem offenen noch unter einem verdeckten Mangel leidet, mag auch die Besorgnis des Kunden, es könnten in Zukunft – irgendwann vor Ablauf der Garantiezeit – doch noch Mängel zutage treten, beim gegenwärtigen Erkenntnisstand ohne weiteres nachvollziehbar sein. In solch einem Fall, in dem eine unmittelbare Anwendung der §§ 103, § 55 Abs 1 Nr 2 Alt 1 gut vertretbar ist,[376] aber vielleicht nicht jeden überzeugen wird,[377] muss der Grundsatz, dass ein unter Protest gegen die gesetzliche Rechtsfolge des § 55 Abs 1 Nr 2 Alt 1 erklärtes Erfüllungsverlangen des InsVerw regelwidrig und deshalb für den Adressaten nicht verbindlich ist, zumindest analog angewandt werden. Hätten alle Käufer und Werkbesteller, die bisher vom InsVerw ihres Vertragspartners auf Zahlung verklagt und vom Gericht antragsgemäß verurteilt worden sind, den InsVerw zuvor nachdrücklich um die oben beschriebene Klarstellung gebeten, wären vielleicht einige von ihnen der Verurteilung entgangen.[378] Als hilfreich könnte sich in künftigen Fällen auch die Kenntnis des bei Rn 131 Ausgeführten erweisen.

131 Nach Ansicht mancher Gerichte, die im Schrifttum Zustimmung erfahren hat, stellt ein an den Kunden des jetzt insolventen Unternehmers adressiertes Zahlungsverlangen des InsVerw auch dann, wenn der zugrundeliegende Vertrag ein gegenseitiger und beiderseits noch nicht vollständig erfüllter im Sinne des § 103 ist, nicht ohne weiteres, sondern nur bei Vorliegen besonderer Umstände ein „Erfüllungsverlangen im Sinne der §§ 103, § 55 Abs 1 Nr 2 Alt 1" dar.[379] Diese Ansicht ist unzutreffend.[380] Folgte man ihr dennoch, müsste man ein nicht durch besondere Umstände geprägtes Zahlungsverlangen in gleicher Weise als rechtlich unbegründet ansehen wie ein Zahlungsverlangen, das der InsVerw mit einem ausdrück-

---

375 Vgl die zweite Fn zu § 103 Rn 144.

376 Die Feststellung des Vorliegens eines beiderseits, also auch auf Seiten des jetzt insolventen Unternehmers noch nicht vollständig erfüllten gegenseitigen Vertrags und damit die Möglichkeit einer unmittelbaren Anwendung der §§ 103, § 55 Abs 1 Nr 2 Alt 1 lässt sich ohne Weiteres auf den bereits an anderer Stelle (*Marotzke* ZInsO 2017, 1758, 1763 bei Fn 61) thematisierten Gedanken stützen, dass der jetzt insolvente Unternehmer während der gesamten Gewährleistungszeit, also auch noch nach Erhalt des Kaufpreises bzw Werklohns, zu „garantieren" hat, dass die erbrachte Leistung bei Gefahrübergang nicht mit Mängeln behaftet war bzw dass etwa vorhandene verdeckte Mängel während der Garantiezeit ohne reale Auswirkungen bleiben werden. Ähnlich FK/*B Wegener* § 103 Rn 75: Da bis zum Ablauf der Verjährungsfrist der Mangeleinwand erhoben werden könne, werde man „bis zu diesem Zeitpunkt Erfüllung nicht annehmen können". Nachweise zu abweichenden Auffassungen jedoch bei K/P/B/*Tintelnot* § 103 Rn 193 f.

377 Vgl K/P/B/*Tintelnot* § 103 Rn 193 f.

378 Man denke etwa an die vom *BGH* 24.3.1994 – IX ZR 149/93 (LM § 54 KO Nr 9 = NJW 1994, 1659 f) und vom *OLG Hamm* 2.6.1997 –17 U 128/96 (NJW-RR 1997, 1242 f) entschiedenen Fälle, in denen die Klageabweisung mit dem an sich durchaus zutr (ausf *Marotzke* ZInsO 2017, 1758, 1761, 1765) Hinweis begründet worden war, dass der Werkbesteller wegen bisher nicht bekannter, sondern nur möglicher Mängel des abgenommenen Werks im InsVerf des Unternehmers nicht ohne weiteres Sicherstellung verlangen könne (vgl Rn 73). Aber vielleicht hätte ja die Beachtung des § 59 Abs 1 Nr 2 Alt 1 KO (jetzt: § 55 Abs 1 Nr 2 Alt 1 InsO) verlangt werden können u deshalb vom Werkbesteller, wie o im Text beschrieben, auch tatsächlich eingefordert werden sollen! Vgl erg Rn 131 sowie die erste Fn zu Rn 73.

379 Dazu bereits Rn 129 mit Nachweisen.

380 Vgl Rn 129.

lichen Protest gegen die Rechtsfolge des § 55 Abs 1 Nr 2 Alt 1 verbunden hat.[381] Solch ein Protest läge sogar ganz real vor, wenn der InsVerw mit seinem Zahlungsverlangen freundlicherweise zugleich den unmissverständlichen Hinweis verbunden hätte, dass die Geltendmachung des vertraglichen Zahlungsanspruchs bitte *nicht* als „Erfüllungsverlangen im Sinne der §§ 103, § 55 Abs 1 Nr 2 Alt 1" gedeutet werden möge. Indem man auch ein ohne solch einen klarstellenden Hinweis geäußertes Zahlungsverlangen des InsVerw in Fällen, in denen es nach der hier abgelehnten, aber versuchsweise als richtig unterstellten Ansicht bereits wegen des Nichtvorliegens besonderer Umstände kein „Erfüllungsverlangen im Sinne der §§ 103, § 55 Abs 1 Nr 2 Alt 1" sein soll, als regelwidrig und deshalb für den Adressaten unverbindlich qualifiziert, verhindert man auf sehr effektive Weise ein allein zulasten des Vertragspartners gehendes und von diesem idR nicht einmal bemerktes Ausscheren aus dem wohldurchdachten Regelungskonzept des historischen Gesetzgebers.[382] Hat der Kunde einer (angeblich) nicht als Erfüllungsverlangen „im Sinne der §§ 103, § 55 Abs 1 Nr 2 Alt 1" zu wertenden und dann konsequenterweise als rechtlich unbegründet anzusehenden Zahlungsaufforderung des InsVerw in Unkenntnis der Rechtslage Folge geleistet, steht ihm ein bereicherungsrechtlicher Rückgewähranspruch im Rang einer Masseverbindlichkeit zu.[383]

Nicht die Erfüllung,[384] sondern die tw Rückabwicklung des Vertrages verlangt der InsVerw, wenn er von dem die Rolle eines Verkäufers oder Werkunternehmers innehabenden Vertragspartner unter Hinweis auf **Sachmängel** und ein angebliches (Rn 70) Recht zur **Entgeltminderung** (§§ 437 Nr 2, 441, 634 Nr 3, 638 BGB, § 13 Abs 6 VOB/B) die Erstattung des zuviel gezahlten Kaufpreises bzw Werklohns begehrt (s auch § 105 Rn 16 aE sowie zur entspr Anwendbarkeit des § 103 auf Rückabwicklungsschuldverhältnisse § 103 Rn 33). 132

Nicht Rückabwicklung, sondern „Erfüllung" des Vertrages bedeutet hingegen die in §§ 437 Nr 1, 439, 634 Nr 1, 635 BGB geregelte **Nacherfüllung**, ein diesbezügliches Verlangen kann also ein Erfüllungsverlangen iSd § 103 sein. 133

Keine Erfüllungsablehnung iSd § 103 Abs 2, sondern die Verletzung einer Masseverbindlichkeit liegt idR (aber: Rn 144) vor, wenn der InsVerw zwar den Vertragspartner auf Zahlung von Werklohn in Anspruch nimmt (was nach dem bei Rn 129 ff Ausgeführten idR zur Anwendung des § 55 Abs 1 Nr 2 Alt 1 führt), jedoch die im Gegenzug geschuldete Beseitigung von Baumängeln verweigert. Der Anspruch des Vertragspartners auf Vorschuss der Mängelbeseitigungskosten (§ 637 Abs 3 BGB) ist in solchen Fällen – InsVerw verlangt Werklohnzahlung – Masseverbindlichkeit gem § 55 Abs 1 Nr 2 Alt 1; mit seinem Vorschussanspruch kann der Vertragspartner trotz § 95 Abs 1 S 3, der nur für InsFord gilt, gegen die vom InsVerw geltend gemachte Werklohnforderung aufrechnen;[385] hilfsweise kommt ein Zurückbehaltungsrecht in Betracht.[386] Zum gleichen Erg führt die mE zutr Ansicht von 134

381 Zu diesem Vergleichsfall s § 103 Rn 144.
382 Ausführliche Darstellung des gesetzgeberischen Regelungskonzepts bei *Marotzke* ZInsO 2017, 1758, 1761 ff.
383 § 812 Abs 1 S 1 Alt 1 BGB iVm § 55 Abs 1 Nr 3 InsO. Vgl auch *Marotzke* ZInsO 2017, 1758, 1768 ad III 3. Angedacht wurde die bereicherungsrechtliche Lösung bereits von *Tintelnot* EWiR 2002, 441, 442.
384 Unrichtig *OLG Düsseldorf* NZI 2002, 317 LS 1.
385 Mit anderer Begr ebenso *BGHZ* 164, 159, 164 ff = ZIP 2005, 1972 ff = ZInsO 2005, 1164 ff; *OLG Karlsruhe* NZI 2007, 594 f; **aM** *LG Potsdam* ZIP 2002, 1734 f = NZI 2003, 209 f (m abl Stellungnahme *Thomas B Schmidt* NZI 2003, 186 ff); vgl auch *OLG Frankfurt* ZIP 2003, 220 f = EWiR § 2 GesO 1/2003, 369 f *(Beutler)*.
386 Vgl zu dieser bürgerlich-rechtlichen Vorfrage *Staudinger/Peters/Jacoby* 2014 BGB § 634 Rn 91.

Kreft,[387] dass die in § 95 errichteten Aufrechnungsbeschränkungen nicht auch für den Fall gelten, dass Forderungen und Gegenforderungen im Synallagma stehen.

135 Ein InsVerw, der im Rahmen einer einheitlichen Veräußerung des gesamten Warenbestandes des Schu auch **Vorbehaltsware** von Vorlieferanten veräußert, wählt damit jedoch nicht ohne weiteres die Erfüllung der Kaufverträge mit den Vorbehaltseigentümern. Denn die Vorbehaltseigentümer müssen mit der Möglichkeit rechnen, dass der InsVerw ihre Rechte in solchen Fällen bewusst missachtet und ihnen gegenüber sogar eine persönliche Haftung in Kauf nimmt.[388]

136 Auch die eigenmächtige **Verarbeitung** von Vorbehaltsware durch den InsVerw stellt nicht ohne weiteres eine Erfüllungswahl iSd §§ 103, 55 Abs 1 Nr 2 Alt 1 dar.[389]

137 Entsprechendes gilt für die **Entnahme elektrischer Energie** aus „unter Strom" stehenden Leitungen des Versorgungsunternehmens.[390]

138 **Bei Miet- und Pachtverhältnissen** kann, wenn § 103 anwendbar ist (s § 108 Rn 8 ff), uU der Rechtsgedanke des § 545 BGB nF als Auslegungshilfe dienen und dem Verhalten des InsVerw die Bedeutung eines Fortsetzungs- bzw Erfüllungsverlangens zukommen lassen.[391] Da es sich nicht um eine „direkte" Anwendung des § 545 BGB handelt, muss nicht als zutr vorausgesetzt werden, dass die von § 103 erfassten Miet- und Pachtverhältnisse bei VerfEröffnung automatisch „enden" (s § 108 Rn 16 f). Zweiwöchige stillschweigende Weiterbenutzung des Miet- oder Pachtgegenstandes durch den InsVerw darf aber trotz §§ 545, 581 Abs 2 BGB nur dann als Erfüllungswahl ausgelegt werden, wenn sie **nach dem Berichtstermin** erfolgte (vgl § 108 Rn 16 iVm § 107 Rn 33). Falls diese zeitliche Dimension nicht erfüllt ist,[392] kommt hilfsweise eine analoge Anwendung des § 55 Abs 2 S 2 in Betracht[393]

---

387 MK/*Kreft* § 103 Rn 35; ebenso *Tintelnot* EWiR 2013, 351 f (ad 3.1); vgl auch das allerdings einen Fall der Erfüllungsablehnung betreffende u hier statt von Aufrechnung von automatischer Verrechnung sprechende Urt *BGHZ* 196, 160, 165 [Rn 12] = ZInsO 2013, 494, 495 = ZIP 2013, 526, 528 (direkt dazu *Tintelnot* EWiR 2013, 351 f; *Dahl/Schmitz* NZI 2013, 631 ff; *Kayser* ZIP 2013, 1359 f); **aM** *Beutler* EWiR 2003, 369, 370; die Frage offen lassend *BGH* NJW 2005, 2271, 2273 = ZIP 2005, 1561, 1564; vgl auch *BGHZ* 164, 159, 164 ff = ZIP 2005, 1972 ff = ZInsO 2005, 1164 ff.

388 *BGH* NJW 1998, 992 ff = ZIP 1998, 298 ff = DZWIR 1998, 195 ff m Anm *Smid*; vgl auch das diesen speziellen Punkt allerdings offen lassende Urt *OLG Düsseldorf* ZIP 2003, 1306 ff m Anm *Mitlehner* EWiR § 103 InsO 3/2003, 645 f; zum Ganzen auch *BGH* ZInsO 2014, 710 ff (konkludente Erfüllungswahl beim Konsignationslagervertrag).

389 *BGH* NJW 1998, 992 ff mit Nachweisen zum Diskussionsstand in Abschn II 2; *Marotzke* in InsR im Umbruch, S 183, 187; vgl zur konkludenten Wahlrechtsausübung gegenüber Vorbehaltslieferanten auch § 107 Rn 33, 35 f sowie *BGH* 13.2.2014 – IX ZR 313/12, ZInsO 2014, 710 ff (konkludente Erfüllungswahl beim Konsignationslagervertrag).

390 Vgl *BGH* JZ 1986, 691 f Abschn I 2; *LG Erfurt* ZIP 1999, 1453, 1455 Abschn I 2; *OLG Naumburg* ZInsO 2004, 1145, 1146 f (hier mit dem Ergebnis, dass wegen der Besonderheiten des konkreten Falles dennoch ein Erfüllungsverlangen vorliege); *OLG Bbg* NZI 2009, 117 = ZInsO 2009, 525 (dazu die zweitletzte Fn zu Rn 129 und die Fn zu Rn 139).

391 Vgl im Kontext des mit § 545 BGB nF nicht völlig inhaltsgleichen § 568 BGB aF *Marotzke* Das Unternehmen Rn 27 mit weiterer Erläuterung in Fn 50; zust *Franken/Dahl* S 49 Rn 30 f (beide Fundstellen jedoch nicht direkt zu § 103, s hierzu *Franken/Dahl* S 74 ff Rn 5 ff, sondern zu § 55 Abs 2 S 2 InsO und den dort verwendeten Worten „die Gegenleistung in Anspruch genommen"). Krit *Lucina Berger* S 83 f, 205.

392 Mglw einschlägig war der Fall *OLG Düsseldorf* ZInsO 2005, 820 ff; dazu *Moseschus* EWiR § 103 InsO 1/2005, 769 f sowie das aufhebende Urt *BGH* NJW 2007, 1594 ff = ZIP 2007, 778 ff = NZI 2007, 335 ff (dazu § 108 Rn 18).

393 S auch § 108 Rn 18.

(dessen Fixierung auf während des **EröffnungsVerf** erfolgte Gegenleistungsinanspruchnahmen zu eng ist).[394]

Auch bei **Stromversorgungsverträgen** ist – neben § 105 – an eine analoge Anwendung des § 55 Abs 2 S 2 zu denken.[395] Praktisch relevant wird das aber nur iF späterer Erfüllungsablehnung (§ 103 Abs 2 S 1) oder bei Nichtausübung des Verwalterwahlrechts (Rn 155). Zu anderen Lösungsansätzen vgl § 107 Rn 34. 139

Erfüllungsverlangen und -ablehnung sind bedingungsfeindlich.[396] Dies folgt aus der Einseitigkeit solcher Erklärungen und der ihnen zukommenden Gestaltungswirkung. 140

Da die Gestaltungswirkung der **Erfüllungsablehnung** im Wesentlichen darin besteht, dass der InsVerw den Vertragspartner von nun an nicht mehr zur Erfüllung zwingen kann (Rn 88 ff), verliert der InsVerw im Allgemeinen nichts, wenn er seine Ablehnungserklärung unter eine unzulässige Bedingung stellt. **Eine unter einer unzulässigen Bedingung erklärte Erfüllungsablehnung ist folgenlos.** Anders verhält es sich jedoch, wenn der InsVerw bereits gem Abs 2 S 2 zur Erklärung aufgefordert worden ist und durch seine bedingte Antwort die ihm zustehende Bedenkzeit verspielt: Dann greift der wie eine **unbedingte und endgültige** Erfüllungsablehnung wirkende Abs 2 S 3. Beispiel einer vom *RG* als **zulässig** erachteten Bedingung: *RGZ* 140, 156, 163.[397] 141

Umstr ist die Lösung des Falles, dass der InsVerw erklärt, den Vertrag nur nach **Abänderung des ursprünglich vereinbarten Leistungsprogramms** erfüllen zu wollen.[398] Nicht selten wird eine solche Erklärung von dem Wunsch getragen sein, mit den wichtigsten Geschäftspartnern zu einer sog **Fortführungsvereinbarung**[399] zu gelangen. Nicht zu folgen ist aus den bei Rn 93 genannten Gründen der im Schrifttum[400] vertretenen Ansicht, dass in der Ins des Zulieferers eines KFZ-Herstellers dem Letzteren mithilfe einer analogen Anwendung des § 103 Abs 2 S 1 zu einem Anspruch auf Ausgleich der finanziellen Mehrbelastungen verholfen werden könne, die ihm entstehen, wenn er mit dem InsVerw, um dessen drohende Erfüllungsablehnung abzuwenden, höhere als die ursprünglich vereinbarten Entgelte und/oder Verlustkompensationszahlungen vereinbaren musste und das Vertragsverhältnis dann zu diesen neuen Konditionen fortgeführt wird. 142

Größere Bedeutung hat die Bedingungsfeindlichkeit des Erfüllungs**verlangens**. Jedoch sollte man ein **bedingtes Erfüllungsverlangen** nicht ohne weiteres als bindende Erfüllungsableh- 143

---

394 *Marotzke* Gegenseitige Verträge, 3. Aufl 2001, Rn 14.90; *ders* KS-InsO, 3. Aufl 2009, Kap 21 Rn 102 ff; *Lucina Berger* S 86 ff, 93 f, 214 f, 216 f; *Wortberg* ZInsO 2006, 1256, 1259. **Gegen** analoge Anwendung des § 55 Abs 2 S 2 jedoch *Obermüller/Livonius* DB 1995, 27, 28; *Uhlenbruck/Sinz* 12. Aufl 2003 § 108 Rn 71; *Klinck* (s Literatur zu § 103) Kap 14 § 49 Rn 23; *K/P/B/Tintelnot* § 103 Rn 305 sowie das aus anderen Gründen freilich iE zutr Urt *BGH* NJW 2007, 1591, 1592 [Rn 9] = NZI 2007, 287, 288 = ZIP 2007, 340.

395 Ausf *Marotzke* Gegenseitige Verträge, Rn 14.42 (Stromversorgungsverträge als Dauerschuldverhältnisse iSd § 55 Abs 2 S 2), 14.61 (Stromentnahme als Inanspruchnahme iSd § 55 Abs 2 S 2), 14.90 (analoge Anwendung auf endgültigen InsVerw). Nichts hierzu in dem in der zweitletzten Fn zu Rn 129 und in der Fn zu Rn 137 erwähnten Urt *OLG Bbg* NZI 2009, 117 = ZInsO 2009, 525.

396 Vgl für das Erfüllungsverlangen *BGH* WM 1958, 430, 432 und Rn 143 ff.

397 Dazu *Marotzke* Gegenseitige Verträge, Rn 4.102.

398 Vgl zu dieser auch bei Rn 105, 144 angesprochenen Situation *BGHZ* 103, 250, 252 ff einerseits und meinen KurzKomm in EWiR § 17 KO 2/1998, 285 f andererseits.

399 Vgl *Schluck-Amend/Seibold* ZIP 2010, 62 ff; *Siemon* ZInsO 2014, 625, 633 ff; **Textbeispiel einer Fortführungsvereinbarung aus der Automobilbranche** in ZInsO 2014, 642 ff; direkt dazu *Hill* ZInsO 2014, 1513 ff; *Paulus* ZInsO 2015, 2160 ff.

400 Vgl *Brugugnone* NZI 2012, 638 ff.

nung,[401] sondern im Zweifel (Rn 144) als unbeachtlich ansehen und den Vertragspartner, der eine endgültige Klärung wünscht, auf den in Abs 2 S 2 und 3 vorgezeichneten Weg verweisen.

144 **Der InsVerw kann in seine Erklärung, dass er die Erfüllung des Vertrages verlange, einen Vorbehalt des Inhalts aufnehmen, dass hierdurch abweichend von § 55 Abs 1 Nr 2 Alt 1 keine Masseverbindlichkeit entstehen solle.** Ein solcher Vorbehalt schließt die Entstehung einer Masseverbindlichkeit wirksam aus.[402] Zugleich und gerade deshalb hat er aber auch zur Folge, dass sich der Vertragspartner auf das Erfüllungsverlangen des InsVerw nicht einzulassen braucht.[403]

145 Aus dieser Rechtslage ergibt sich für den InsVerw die Möglichkeit, der insb bei umfangreichen Verträgen drohenden Gefahr, auch solche Gegenforderungen als Masseverbindlichkeiten erfüllen zu müssen, die ihm zur Zeit seines Erfüllungsverlangens noch nicht bekannt waren oder die er für unbegründet hielt,[404] entgegenzuwirken, **indem er sein Erfüllungsverlangen mit der Erklärung verbindet, dass er nur ganz bestimmte (näher zu bezeichnende) Gegenleistungen als Masseverbindlichkeiten anerkenne**.[405] Decken sich die in der Erklärung genannten Gegenleistungen mit denen, die der InsVerw nach einem uneingeschränkten Erfüllungsverlangen als Masseverbindlichkeiten erbringen müsste, so begegnet die Wirksamkeit der Erklärung keinen Bedenken. Haben die in der Erklärung des InsVerw bezeichneten Gegenleistungen dagegen einen **geringeren** Umfang oder handelt es sich sogar um ein aliud, so muss das Erfüllungsverlangen des InsVerw wegen der mit ihm verbundenen, den § 55 Abs 1 Nr 2 Alt 1 ganz oder tw unanwendbar machenden Erklärung als unbegründet angesehen werden;[406] eine Masseverbindlichkeit entsteht dann auch hinsichtlich der in der Erklärung des InsVerw ausdrücklich bezeichneten Leistungen nicht (Rechtsgedanke des § 139 BGB). Einer Erfüllungs**ablehnung**, die zur Folge hätte, dass der InsVerw die Erfüllung nun auch dann nicht mehr verlangen könnte, wenn er seinen (partiellen) Widerstand gegen die Rechtsfolge des § 55 Abs 1 Nr 2 Alt 1 aufgäbe, steht diese Erklärung nicht ohne weiteres gleich,[407] sondern nur, wenn ihr sicher entnommen werden kann, dass der InsVerw weitere vertragliche Gegenforderungen als die in seiner ersten Erklärung genannten selbst dann nicht zu Masseverbindlichkeiten erheben wird, wenn sie ihm zur Kenntnis gebracht und nachgewiesen werden[408] (uU besteht auch ein **Auskunfts**anspruch des InsVerw[409]).

401 Unentschieden *BGH* WM 1958, 430, 432.

402 *RG* 27.9.1904 – 559/10 II, JW 1904, 559 Nr 22 = DJZ 1904, 1138 Nr 94; *SchlHOLG* SchlHAnz 1956, 290 f und – in derselben Sache – *BGH* 4.12.1957 – V ZR 251/56, WM 1958, 430, 432.

403 *RG* 27.9.1904 – 559/10 II, JW 1904, 559 Nr 22 = DJZ 1904, 1138 Nr 94; Jaeger/*Henckel* KO § 17 Rn 84, 118; *Marotzke* Gegenseitige Verträge Rn 4.177 f; vgl auch *BGH* 4.12.1957 – V ZR 251/56, WM 1958, 430, 432; K/P/B/*Tintelnot* § 103 Rn 218.

404 Vgl *OLG Dresden* ZIP 2002, 815 ff; *Schmitz* ZIP 2001, 765, 768 ff sowie das bereits in der zweiten Fn zu Rn 105 erwähnte Urt *AG Witten* ZInsO 2003, 479 f.

405 Diesen Gedanken zumindest hilfsweise aufgreifend *Schmitz* ZIP 2001, 765, 768 ff Fn 28; auch ohne eine solche Vorsichtsmaßnahme des InsVerw „halfen" das *OLG Dresden* ZIP 2002, 815 ff (dazu *Tintelnot* EWiR § 103 InsO 1/2002, 441 f), das *AG Witten* ZInsO 2003, 479 f sowie *OLG Stuttgart* ZIP 2005, 588, 589 (dazu auch § 106 Rn 19 f) = KTS 2006, 323 ff m Anm *Lennartz*.

406 Vgl auch *RG* 27.9.1904 – 559/10 II, JW 1904, 559 Nr 22 = DJZ 1904, 1138 Nr 94; Kilger/*K Schmidt* KO § 17 Anm 4a; *Jaeger/Henckel* KO § 17 Rn 84, 118; *Kuhn/Uhlenbruck* KO § 17 Rn 24; *Marotzke* Gegenseitige Verträge, Rn 4.177.

407 So aber *Jaeger/Henckel* KO § 17 Rn 84, 118 und *Kuhn/Uhlenbruck* KO § 17 Rn 24; MK/*Huber* § 103 Rn 159 ff sowie das vom *Verf* in EWiR § 17 KO 2/1988, 285 besprochene Urt *BGHZ* 103, 250, 253 f (dieses sogar für den Fall, dass sich der Vertragspartner auf den Vorbehalt einlässt).

408 *Marotzke* Gegenseitige Verträge, Rn 4.177; vgl auch *K/P/B/Tintelnot* § 103 Rn 55.

409 Vgl Rn 110 und *Marotzke* Gegenseitige Verträge, Rn 4.183 ff.

Wie eine Erfüllungs**ablehnung** wirkt es freilich, wenn der InsVerw vom Vertragspartner nach Abs 2 S 2 zur Erklärung aufgefordert worden ist und durch sein unter Vorbehalten erklärtes Erfüllungsverlangen die ihm zustehende Bedenkzeit verspielt.[410] **146**

Ähnlich wie bei Rn 144 ff beschrieben kann der InsVerw auch den **Überraschungen vorbeugen**, die ihm drohen, wenn er iF eines vorbehaltslos erklärten Erfüllungsverlangens alle auf dem betr Vertrag beruhenden Verpflichtungen des Schu als Masseverbindlichkeiten erfüllen muss (§ 55 Abs 1 Nr 2 Alt 1) und die Gegenleistung selbst dann nicht ohne weiteres, sondern nur Zug um Zug (§ 273 BGB) gegen vollständige Befriedigung weiterer – zB auf **anderen** Verträgen beruhender – und ihm bis dahin unbekannt gebliebener Forderungen des Vertragspartners beanspruchen kann: Diese **missliche Lage** kann der InsVerw nicht nur durch Ausübung des ihm für diesen bes Fall zugebilligten (Rn 110) Rechts zum Widerruf bzw zur Anf seines Erfüllungsverlangens und der durch dieses hervorgerufenen Masseverbindlichkeit, sondern auch dadurch vermeiden, dass er die Vertragserfüllung von vornherein nur für den Fall verlangt, dass der Vertragspartner wegen etwaiger Forderungen, die ihm aufgrund anderer Rechtsverhältnisse zustehen, keine (berechtigte) Zug-um-Zug-Einrede geltend macht. Ausführlicher zu diesen und ähnlichen Fragen: *Marotzke* Gegenseitige Verträge Rn 4.177 ff. **147**

VI. Treu und Glauben

1. Erfüllungsablehnung. Fälle, in denen die Erfüllungsablehnung des InsVerw gegen Treu und Glauben verstößt, dürften extrem selten sein.[411] Denn die Erfüllungsablehnung des InsVerw „verewigt" ja nur die bereits **kraft Gesetzes** eingetretene Folge, dass der Vertragspartner mit seiner Forderung InsGl gem. § 38 ist (s Rn 87 ff). **148**

Selbst dann, wenn der Vertragspartner seine Verpflichtungen schon fast vollständig erfüllt hat, verstößt eine Erfüllungsablehnung des InsVerw idR nicht gegen Treu und Glauben (Rn 68 ff).[412] Denn selbst nach „restlos" vollständiger seinerseitiger Erfüllung ist der Vertragspartner InsGl gem § 38. **149**

Ein Verstoß gegen Treu und Glauben ist auch darin nicht zu sehen, dass der InsVerw die Erfüllung eines Vertrages, auf den der andere Teil eine **verbürgte Anzahlung** geleistet hat, ablehnt und anschließend mit demselben Partner einen inhaltsgleichen neuen Vertrag abschließt.[413] Dass die Ablehnung, den ursprünglichen Vertrag zu erfüllen, allein dazu diente, die Anzahlung behalten und den Bürgen beim Regress (§ 774 BGB) auf die Quote beschränken zu können, ist insolvenzrechtlich nicht zu beanstanden,[414] sondern vollkommen legitim (vgl Rn 82, 91). **150**

Allerdings verstößt im Verhältnis zu dem Bürgen der **Vertragspartner** gegen Treu und Glauben, wenn er in Fällen wie diesem aktiv dazu beiträgt, dass der InsVerw nicht die Erfüllung **151**

---

410 Näheres bei *Marotzke* Gegenseite Verträge, Rn 4.182, 4.185, 4.187.

411 Zust *K Schmidt/Ringstmeier* § 103 Rn 24; ähnlich bereits *Jaeger/Henckel* KO § 17 Rn 165, während die dort nachgewiesene und in *BGHZ* 98, 160, 168 f (dazu auch Rn 67) erneut bestätigte, in *BGH* ZVI 2003, 661, 663 allerdings grds in Frage gestellte Rspr wegen der sehr weit gehenden Folgen, die sie der Erfüllungsablehnung zuschreibt, häufiger – wenn auch meist folgenlos – die Schrankenfunktion von Treu und Glauben betonte.

412 Wie hier FK/*B Wegener* § 103 Rn 84; *K Schmidt/Ringstmeier* § 103 Rn 24.

413 Zust *K Schmidt/Ringstmeier* § 103 Rn 24; **aM** *Obermüller* Rn 5.1084 f; *ders* in Prütting (Hrsg), RWS-Forum 9, 1997, S 751, 772 f.

414 **AM** *Obermüller* Rn 5.1084 f. Vgl zur Erfüllungsablehnung des InsVerw nach Zahlung eines Bürgen auch *Schlosser* ZIP 2005, 781 ff.

des ursprünglichen Vertrages betreibt, sondern dies ablehnt und einen neuen Vertragsschluss zu erreichen versucht.[415]

152 **Widerspruch zum Verhalten des vorl InsVerw.** Die konkursrechtliche Rspr wertete die Erfüllungsablehnung eines KonkursVerw selbst dann nicht als Verstoß gegen Treu und Glauben, wenn die Person des KonkursVerw mit der des nach § 106 Abs 1 S 2 KO bestellten Sequesters (an dessen Stelle die §§ 21 ff den vorl InsVerw gesetzt haben) identisch war und dieser die Erfüllung des Vertrages während des EröffnungsVerf verlangt oder versprochen[416] oder gar den Vertrag selbst geschlossen bzw dem während der Sequestration erfolgten Vertragsschluss zugestimmt hatte.[417] Entspr entschied der BGH, soweit sich aus § 106 VerglO nichts anderes ergab, in Bezug auf die Erfüllungsablehnung des mit dem früheren VergleichsVerw identischen (Anschluss-)KonkursVerw.[418] **Das neue InsR hat diese Streitfrage mit Hilfe des § 55 Abs 2 InsO weitgehend entschärft** (s Rn 118 ff).

153 **Widerspruch zum Verhalten des Schu:** Ebensowenig handelte ein KonkursVerw treuwidrig, wenn er die Erfüllung des Vertrages ablehnte, obwohl der Schu in einem vorangegangenen VergleichsVerf die **Erfüllung** des Vertrages betrieben und wegen §§ 36 Abs 1, 50 Abs 2 VerglO vielleicht gar keine andere Wahl gehabt hatte.[419] **Nach neuem InsR** besteht zwar nicht mehr die Möglichkeit eines vorgeschalteten VergleichsVerf iSd früheren VerglO. In die InsO übernommen wurde jedoch die für die VerglO typische Möglichkeit der **Eigenverwaltung** durch den Schu, allerdings nicht generell, sondern nur optional nach Maßgabe der §§ 270 ff. Hat das InsGer nach § 270 oder § 271 Eigenverwaltung angeordnet, so steht der Schu in Ansehung der §§ 103 ff, 55 Abs 1 Nr 2 weitgehend einem InsVerw gleich (§ 279, s allerdings auch § 109 Rn 30 aE). Soweit das der Fall ist, wirkt das Verhalten des Schu für und gegen einen etwaigen (§ 272) späteren InsVerw.[420] Komplizierter liegen die Dinge, wenn der Schu seine Verwaltungs- und Verfügungsbefugnis nach einem **InsPlan** zurückerhält und es später zu einem **neuen** InsVerf kommt.[421]

154 **2. Erfüllung.** Das Erfüllungsverlangen des InsVerw soll nach einer im Schrifttum vertretenen Ansicht gegen Treu und Glauben verstoßen, wenn der InsVerw den Vertrag seinerseits nicht oder nicht mehr erfüllen kann.[422] Hier soll der InsVerw die Vertragserfüllung also ablehnen müssen. ME sollte man in diesem Zusammenhang nicht mit der groben Generalklausel des § 242 BGB, sondern mit den differenzierteren Ausprägungen arbeiten, die sie in den spezielleren §§ 320 ff BGB und in § 61 erfahren hat (s Rn 63 ff, 104).[423]

VII. Unterlassen der Wahlrechtsausübung

155 Solange der InsVerw die Erfüllung des Vertrages weder ablehnt noch verlangt oder verspricht, ist und bleibt der Vertragspartner InsGl (§ 38; vgl aber Rn 13 f). Als solcher hat er gegenüber der Masse nicht Anspruch auf vertragsgemäße, sondern nur Anspruch auf insolvenz(quoten)mäßige „Erfüllung". Ob er seinen Erfüllungsanspruch nach Aufhebung des

---

415 Insoweit zutr *Obermüller* Rn 5.1084 f.
416 Vgl *BGHZ* 97, 87, 89–93 = JZ 1986, 691 ff mit sehr lesenswerter Anm *Henckel*; *BGH* ZIP 1988, 322, 323 (insoweit nicht abgedr in *BGHZ* 106, 250 ff).
417 *LG Köln* ZIP 1988, 931 f; die Streitfrage offen lassend *BGHZ* 97, 87, 91.
418 *BGHZ* 83, 359, 365.
419 Zu den rechtspolitisch verfehlten, mE sogar nichtigen und im neuen InsR ohnehin nicht mehr enthaltenen §§ 36 Abs 1, 50 Abs 2 VerglO vgl *Marotzke* Gegenseitige Verträge, Rn 3.25 ff, 13.1 ff, 13.37 ff, 13.88 ff.
420 *Marotzke* Gegenseitige Verträge, Rn 13.102 ff.
421 Dazu *Marotzke* Gegenseitige Verträge, Rn 12.24 m Fn 59.
422 Vgl *Kuhn/Uhlenbruck* KO § 17 Rn 19a, 22.
423 *Marotzke* Gegenseitige Verträge, Rn 8.19 ff m Fn 60, 81; vgl auch FK/*B Wegener* § 103 Rn 85.

InsVerf wieder unbeschränkt gegen den Schu erheben kann (§ 201 Abs 1), hängt davon ab, ob er – der Vertragspartner – sich in einer den Inhalt seiner Forderung endgültig verändernden Weise am Verf beteiligt hat oder nicht.[424]

Von einem **InsPlan** wird der Vertragspartner idR auch dann betroffen, wenn der InsVerw die Erfüllung des Vertrages weder verlangt noch abgelehnt hat (str). Einzelheiten bei § 254 Rn 9; § 259 Rn 4; *Marotzke* Gegenseitige Verträge Rn 12.19 ff; *Kepplinger* S 104 ff; *Rühle* S 122 ff; *Prahl* ZInsO 2007, 318 ff; *K/P/B/Tintelnot* § 103 Rn 331. 156

D. Anfrage des Vertragspartners gem § 103 Abs 2 S 2

Abs 2 S 2 trägt dem Interesse des Vertragspartners Rechnung, möglichst bald die Ungewissheit zu beenden, die sich aus dem Wahlrecht des InsVerw ergibt: Fordert der Vertragspartner den InsVerw (nicht: den vorl InsVerw[425]) ausdrücklich oder konkludent – uU genügt ein Erfüllungsverlangen[426] – zur Ausübung seines Wahlrechts auf, so muss der InsVerw unverzüglich (Rn 160 ff) erklären, „ob er die Erfüllung verlangen will" (Abs 2 S 2). Unterlässt der InsVerw dies (dh erklärt er sich nicht oder nicht rechtzeitig oder nicht in der gebotenen Klarheit),[427] „so kann er auf der Erfüllung nicht bestehen" (Abs 2 S 3). In diesem Fall haben alle Beteiligten dieselben Rechte und Pflichten, wie wenn der InsVerw die Erfüllung des Vertrages ausdrücklich abgelehnt hätte (Rn 84 ff). Abs 2 S 2 gilt nicht für den **vorl** InsVerw.[428] 157

Der Erklärung des InsVerw, dass er „die Erfüllung **verlangen** will" (Abs 2 S 2), steht gleich die Erklärung, dass er den Vertrag **als Masseverbindlichkeit erfüllen** werde. In den einer Anwendung des § 103 manchmal noch zugänglichen Fällen, in denen der InsVerw von dem Vertragspartner nichts oder nichts mehr „verlangen" kann (zB weil dieser bereits unter Eigentumsvorbehalt übereignet und geliefert hat [Rn 77] oder weil der insolvente Schu seine Forderung gegen den Vertragspartner bereits vor VerfEröffnung zu anderen als Sicherungszwecken an einen Dritten abgetreten hatte [Rn 46 f]), sollte der Vertragspartner seine Anfrage entspr anpassen (vgl § 107 Rn 21).[429] 158

Die Entsch des InsVerw kann bereits **vor Eintritt der vertraglichen Erfüllungszeit** gefordert werden. Das hob § 17 Abs 2 KO sogar ausdr hervor, wurde jedoch vom Reformgesetzgeber als selbstverständlich[430] weggelassen. Vgl auch Rn 53 sowie zur Frage einer analogen Anwendbarkeit des § 103 Abs 2 S 2 auf eigentlich erst später ausübbare **Optionsrechte** die in der Fn[431] Genannten. 159

---

424 Vgl MK/*Kreft* § 103 Rn 18 ff, 22, 43; *Jaeger/Henckel* KO § 17 Rn 210; *Marotzke* Gegenseitige Verträge, Rn 3.40, 5.10 ff, 5.94 m Fn 329; *Kepplinger* S 103 mit Fn 512; für sehr weit gehendes Wahlrecht des Vertragspartners selbst nach aktiver Verfahrensteilnahme *Häsemeyer* Rn 20.07, 20.16, 25.14 ff.

425 Die für den Fall der Eröffnung des InsVerf an den vorl InsVerw gerichtete Aufforderung, zu erklären, ob die Erfüllung des Vertrages gewählt werden wird, bleibt nach Eröffnung des InsVerf selbst dann wirkungslos, wenn der InsVerw mit dem vorl InsVerw personenidentisch ist (*zutr BGH* ZInsO 2007, 1275 ff = ZIP 2007, 2322 f = NJW-RR 2008, 560 ff).

426 Vgl *BGH* NJW 1991, 2897 = ZIP 1991, 945, 946 = LM Nr 9 zu § 15 KO.

427 Einzelheiten bei *Jaeger/Henckel* KO § 17 Rn 207 und oben Rn 127 ff.

428 *Marotzke* Gegenseitige Verträge, Rn 14.105 ff.

429 *Marotzke* Gegenseitige Verträge, Rn 4.109 ff und – zu den Abtretungsfällen – Rn 4.55 mit Fn 153 (aktualisierender Hinweis auf die vor Existenz des § 166 Abs 2 geschriebenen Ausführungen in ZIP 1987, 1293, 1301 ff).

430 Begr RegE S 145.

431 *Kalkschmid* Rn 545 f; *Uhlenbruck/Sinz* § 108 Rn 91.

160 Mit **„unverzüglich“** meint § 103 Abs 2 S 2 nicht „sofort“, sondern „ohne schuldhaftes Zögern“ (vgl § 121 Abs 1 S 1 BGB und Begr RegEInsO S 145). Die Länge der Frist, die dem InsVerw damit eingeräumt wird, hängt davon ab, „wieviel Zeit der Verwalter braucht, um die Vor- und Nachteile der Erfüllung dieses Vertrages für die InsMasse beurteilen zu können“ und sich, sofern für diese Beurteilung erforderlich, zunächst „einen ersten Überblick über die Möglichkeiten einer zeitweiligen Fortführung der Geschäfte des Schuldners“ zu verschaffen (Begr RegE S 145). Ob ein Zögern schuldhaft war, kann nur von Fall zu Fall unter Berücksichtigung aller Umstände entschieden werden.[432] Eine dem InsVerw vom Vertragspartner gesetzte Frist ist unmaßgeblich,[433] darf aber i Zw ausgenutzt werden.[434] Im Streitfall ist es Sache des InsVerw, diejenigen Umstände darzulegen und notfalls zu **beweisen**, aus denen die Angemessenheit der tatsächlich in Anspruch genommenen Überlegungszeit folgt.[435]

161 Hat der InsVerw vor der Wahlrechtsausübung die **Zustimmung eines GlOrgans** einzuholen (Rn 83), so kann die dadurch eintretende Verzögerung innerhalb vernünftiger Grenzen hinzunehmen sein.[436] Das gilt jedoch nicht, wenn der InsVerw oder das von ihm zu befragende GlOrgan es an der gebotenen Eile fehlen lassen oder wenn das Interesse des Vertragspartners an einer schnellen Entsch[437] im konkreten Fall groß ist (Rechtsgedanke des § 107 Abs 2 S 2). Auch ist zu beachten, dass interne Zustimmungserfordernisse auf InsVerw-Seite und dadurch bedingte Reibungsverluste grds nicht zur Risikosphäre der anderen Vertragspartei gehören, sondern als Folge der Ins vorrangig vom Schu zu vertreten sind (Rechtsgedanke des § 276 Abs 1 S 1 HS 2 BGB).[438]

162 Als „nicht schuldhaft“ kann ein Zögern des InsVerw uU dann angesehen werden, wenn eine Durchführung des Vertrages für die Masse nur im Fall der Unternehmensfortführung von Interesse ist und die **Fortführungschancen** bisher noch nicht ausreichend geprüft werden konnten.[439] Jedoch sind bei der Abwägung auch die Interessen der anderen Vertragspartei und in diesem Rahmen auch die Wertungen des § 107 Abs 2 S 2 angemessen zu berücksichtigen (Rn 161). Der Umstand, dass ein für das EröffnungsVerf bestellter vorl InsVerw gem § 22 Abs 1 S 2 Nr 3 mit der Prüfung der Aussichten einer Unternehmensfortführung beauftragt wurde und dass diese Aussichten auch für die Wahlrechtsausübung nach § 103 eine Rolle spielen, ist entgegen einer sehr weit gehenden Bemerkung des RAussch in BT-Drucks 12/7302, 158 (lSp) kein Grund, bis zum Abschluss dieser Prüfung sogar die **Verf-Eröffnung** künstlich hinauszuschieben.[440]

163 Für den bei Rn 158 angesprochenen Fall, dass der Schu vor VerfEröffnung eine bewegliche Sache unter **Eigentumsvorbehalt** gekauft und vom Verkäufer den Besitz an der Sache erlangt hat, wird Abs 2 S 2 modifiziert durch § 107 Abs 2 (s § 107 Rn 12 ff). Danach braucht

---

432 Vgl auch *Motive zur KO* S 69 = *Hahn* Bd IV S 88.
433 *OLG Köln* ZInsO 2003, 336 = ZIP 2003, 543 f.
434 MK/*Huber* § 103 Rn 172 f, 175.
435 MK/*Huber* § 103 Rn 175; *K Schmidt/Ringstmeier* § 103 Rn 38.
436 *K/P/B/Tintelnot* § 103 Rn 264; *N/R/Balthasar* § 103 Rn 46.
437 Dazu *K Schmidt/Ringstmeier* § 103 Rn 36 f.
438 Vgl auch *Marotzke* KTS 2002, 1, 4 mit Fn 5; *Stamm* KTS 2011, 421, 437; *Palandt/Grüneberg* 75. Aufl 2016 § 276 Rn 28; MK-BGB/*Grundmann* § 276 Rn 180.
439 Ähnlich *OLG Köln* NZI 2003, 149 f = ZIP 2003, 543 f = ZInsO 2003, 336; trotz dogmatischer Bedenken auch *K Schmidt/Ringstmeier* § 103 Rn 35; vgl erg § 107 Rn 37 f.
440 Zutr Henckel/Kreft/*Henckel* RWS-Forum 14, 1998/1999, S 98 f; vgl auch *Marotzke* Das Unternehmen, Rn 48 m Fn 126; grds für Ermessensspielräume des InsGer jedoch *AG Hamburg* ZIP 2001, 1885 f; ZIP 2003, 43, 45 = NZI 2003, 153, 155; *Spliedt* EWiR § 27 InsO 1/2001, 1099 f.

der vom Verkäufer zur Wahlrechtsausübung aufgeforderte InsVerw seine Erklärung erst unverzüglich nach dem **Berichtstermin** abzugeben; es sei denn, dass bis zum Berichtstermin eine erhebliche Verminderung des Wertes der Sache zu erwarten ist und der Gl den InsVerw auf diesen Umstand hingewiesen hat. Im Schrifttum diskutiert man eine **analoge Anwendung des § 107 Abs 2 auf andere Vertragstypen** (dazu § 107 Rn 37 ff).

E. Insolvenz beider Vertragsparteien

Befinden sich beide Vertragsparteien im InsVerf, so hat die Erklärung des InsVerw der einen Partei, dass er die Erfüllung des Vertrages verlange, nicht zur Folge, dass der InsVerw der anderen Partei deren vertragliche Verbindlichkeit als Masseverbindlichkeit erfüllen muss. Näheres bei *Marotzke* Gegenseitige Verträge Rn 4.124, 9.57, 11.1 ff; vgl auch *BGH* ZIP 2016, 85 (Rn 8, 23). 164

F. Grenzen der Abdingbarkeit

§ 119 erklärt Vereinbarungen, durch die im Voraus die Anwendung der §§ 103–118 ausgeschlossen oder beschränkt wird, für unwirksam. **Zwingend** sind die §§ 103, 55 Abs 1 Nr 2 Alt 1 zB insofern, als sie das Recht, den Vertragspartner aus der ihm nach § 38 zukommenden Position eines InsGl zu einem MasseGl zu erheben, beim InsVerw monopolisieren (über Ausnahmen s Rn 116 ff). 165

Eine **zwischen dem Schu und seinem Vertragspartner** getroffene Vereinbarung des Inhalts, dass der Vertrag iF eines InsVerf als Masseverbindlichkeit erfüllt werden müsse, wäre unwirksam.[441] 166

Gleiches gilt für eine in einem **Miet-, Pacht-, Leasing- oder Lizenzvertrag** über einen beweglichen Gegenstand[442] enthaltene Vereinbarung, nach welcher das Vertragsobjekt bei Eröffnung des InsVerf über das Vermögen des Vermieters, Verpächters, Leasinggebers, Lizenzgebers oder bei Erfüllungsablehnung des InsVerw automatisch und entschädigungslos auf die andere Vertragspartei übergehen soll; denn sonst stünde die InsMasse uU sogar noch schlechter[443] als im Fall eines Erfüllungsverlangens des InsVerw (auf welches der Vertragspartner jedoch keinen Anspruch hat). 167

Unwirksam wäre wohl[444] auch eine Vereinbarung des Inhalts, dass sämtliche noch unerfüllte Verbindlichkeiten, die den zugrunde liegenden Vertrag in den Anwendungsbereich des § 103 führen würden, bei Eröffnung des InsVerf endgültig erlöschen[445] (es sei denn, man beschränkte diese Erlöschensfolge auf die den **Schu** treffenden Pflichten und folgte iÜ dem bei Rn 69 Ausgeführten). 168

---

441 Vgl auch *KG* ZInsO 2004, 979, 980 lSp.

442 Zur Anwendbarkeit des § 103 in solchen Fällen s § 108 Rn 8 ff.

443 Diese Schlechterstellung ausdrücklich billigend jedoch *BGH* NJW 2006, 915, 917 = DZWIR 2006, 290 ff (m Anm *Fehl*) = NZI 2006, 229 ff (m Anm *Höpfner*) = ZInsO 2006, 35, 38 = ZIP 2006, 87, 90 (jeweils vor II 2). In dem vom BGH entschiedenen Fall stand die – allerdings nicht entschädigungslose – Übertragung des Vertragsgegenstandes auf den Lizenznehmer unter der auf*schiebenden Bedingung*, dass das Vertragsverhältnis aus wichtigem Grund – etwa auch im Hinblick auf die Erfüllungsablehnung eines InsVerw? – gekündigt wird. In Abschnitt II 2 der Entscheidungsgründe führt der BGH aus: „Zwar wird die Wahl der Nichterfüllung seitens des klagenden InsVerw im praktischen Ergebnis durch die vorliegende Vertragsgestaltung unterlaufen. Rechtlich war diese jedoch nicht auf dieses Ziel ausgerichtet." Zutr Kritik an dieser Argumentation äußert *Lucina Berger* S 171 ff; vgl zu dem Urt des BGH auch *Chr Berger* NZI 2006, 380 ff; *Huber/Riewe* ZInsO 2006, 290 ff; *Koehler/Ludwig* NZI 2007, 79, 80 f.

444 **Aber:** §§ 103 Rn 171, 119 Rn 3 f!

445 Zu den denkbaren Motiven einer solchen Vereinbarung s oben Rn 69.

169 Die Vereinbarung einer **Vertragsstrafe** nur für den Fall, dass der Vertragspartner im späteren InsVerf des die Strafe Versprechenden mit der Quote abgespeist wird, soll nach *Henckel* nichtig sein, wenn der als Strafe vereinbarte Betrag den Schaden des Vertragspartners übersteigt.[446] Das ist auf **Schadenspauschalierungsvereinbarungen** übertragbar[447] und zudem auch dann richtig, wenn der Vertragspartner bei VerfEröffnung bereits vollständig erfüllt hatte, ein Fall des § 103 mithin nicht vorliegt. In allen diesen Fällen ist der Vertragspartner InsGl gem § 38 und der InsVerw somit berechtigt (und idR sogar verpflichtet), es hierbei ohne weitere Zugeständnisse zu belassen. Gegen die hM, aber sachlich zutr weist *Balthasar*[448] im Anschluss an *Tintelnot*[449] darauf hin, dass auch die mit Vertragsstrafeversprechen und Schadenspauschalierungen beabsichtigte **Umkehrung der Darlegungs- und Beweislast** für den Anspruchsumfang eine nach § 119 unwirksame Abweichung von den §§ 103 ff darstellen kann.[450] Ein InsVerw ist mit den Verhältnissen des Schu und mit den von diesem geschlossenen Verträgen nicht in gleicher Weise vertraut wie der Schu selbst und befindet sich deshalb typischerweise in Beweisnot.

170 Nicht bereits nach § 119 unwirksam ist die **Bestellung von Absonderungsrechten** für die in § 103 Abs 2 S 1 erwähnte Forderung wegen der Nichterfüllung.[451] Denn § 103 Abs 2 S 1 soll den Inhaber dieser Forderung im Verhältnis zu anderen InsGl (§ 52) nicht benachteiligen, sondern gleichstellen. Dass die in § 26 S 2 KO enthaltenen Worte „soweit ihm nicht ein Anspruch auf abgesonderte Befriedigung zusteht" nicht auch in § 103 Abs 2 S 1 InsO aufgenommen wurden, ändert hieran nichts. Vgl auch § 106 Rn 3.

171 **Lösungsklauseln:** Umstr ist, ob § 103, § 112 oder § 119 einer Vereinbarung entgegensteht, mit der die Beteiligten einander für den Fall, dass über das Vermögen des jeweils anderen ein InsVerf eröffnet wird, die Auflösung des Vertrages gestatten bzw erleichtern. Vgl hierzu §§ 112 Rn 12, 17 ff, 119 Rn 3 ff.

172 **Mit „im Voraus"** (Rn 165) **meint § 119 die Zeit vor Eröffnung des InsVerf**. Der **InsVerw** und die Personen, die in den bei Rn 125 f erwähnten Fällen an seine Stelle treten, sind durch § 119 nicht gehindert, mit dem Vertragspartner Abweichungen von §§ 103, 55 Abs 1 Nr 2 Alt 1 zu vereinbaren, wenn das zweckmäßig erscheint. Evident insolvenzzweckwidrige Vereinbarungen können jedoch nach allg Grundsätzen auch dann unwirksam sein, wenn der InsVerw beteiligt war.[452]

173 **Der Vertragspartner kann** auf den ihm durch § 55 Abs 1 Nr 2 Alt 1 gewährten Schutz vor einem mit Vorbehalten und Änderungswünschen erklärten Erfüllungsverlangen des InsVerw (s Rn 140 ff) verzichten und **vom InsVerw gewünschte Vertragsänderungen akzeptieren**.[453]

---

446 *Jaeger/Henckel* KO § 17 Rn 206; vgl auch *K/P/B/Tintelnot* § 119 Rn 13.

447 *K/P/B/Tintelnot* § 119 Rn 12; *N/R/Balthasar* § 119 Rn 9; *Uhlenbruck/Sinz* § 119 Rn 3; *Pape* KS-InsO, 3. Aufl 2009, S 353, 374 f Rn 34; **aM** *Hess* § 109 Rn 26.

448 *N/R/Balthasar* § 119 Rn 9.

449 Vereinbarungen für den Konkursfall S 196 ff; so nicht übernommen in *K/P/B/Tintelnot* § 119 Rn 12 f.

450 Vgl auch MK/*Huber* § 119 Rn 57.

451 Vgl *K/P/B/Tintelnot* § 103 Rn 324; speziell für Doppeltreuhandkonstellationen *Bork* NZI 1999, 337, 339 ff. Sehr eng hingegen *KG* ZInsO 2004, 979, 980; FK/*B Wegener* § 119 Rn 12.

452 Vgl die Rn 49 aE erwähnte Entsch *BGHZ* 150, 353, 360 ff.

453 Vgl *RGZ* 129, 228, 230 f; *RG* JW 1904, 559 Nr 22 = DJZ 1904, 1138 Nr 94; *BGH* WM 1958, 430, 432 (ebenso als Vorinstanz *SchlHOLG* SchlHAnz 1956, 290 f); *LG Bielefeld* DB 1990, 219 (LS) = EWiR § 17 KO 1/1990, 171 f (*Marotzke*); *BGHZ* 103, 250, 254; 129, 336, 342 (zu Beginn des Abschn II 1b cc) = LM Nr 31 zu § 17 KO (m Anm *Marotzke*) = JZ 1996, 49 f (m Anm *Bork*); *Jaeger/Henckel* KO § 17 Rn 118, 214 aE.

Dafür, dass dies geschehen oder dass ein völlig neuer Vertrag zustande gekommen ist, was manche als gleichbedeutend ansehen,[454] trägt der InsVerw die Beweislast.[455]

G. Ausland

Vgl §§ 335 ff (insb §§ 336, 337), §§ 343 ff (insb §§ 349 ff), §§ 354 ff **InsO**, Artt 1 ff (insb Art 7 Abs 2 S 2 lit b, e und Art 8–13), Artt 19 ff (insb Art 31), Art 35 **EuInsVO** und die diesbezüglichen Kommentierungen (insb *Duursma-Kepplinger* in Duursma-Kepplinger/Duursma/Chalupsky, EuInsVO, 1. Aufl 2002, Art 4 [jetzt Art 7] Rn 18) sowie die im **Literaturverzeichnis** zu § 103 erwähnten Schriften von *Kepplinger* = *Duursma-Kepplinger* (Österreich) und von *Schollmeyer*. Vgl ferner *Graf* Die Anerkennung ausländischer Insolvenzentscheidungen, 2003, S 392 f. S auch §§ 103 Rn 51, 104 Rn 7, 22, 105 Rn 25, 106 Rn 40, 107 Rn 45, 108 Rn 21, 35 aE, 95, 119 Rn 3. 174

§ 103 kann uU auch **in einem US-amerikanischen BC Chapter 15 Verfahren** zur Anwendung kommen.[456] Nach Ansicht des *United States Bankruptcy Court for the Eastern District of Virginia* soll jedoch eine Anwendung deutschen Rechts, wenn und soweit dieses vorsehe, dass **Lizenzen an US-amerikanischen Patenten** einseitig beendet werden können,[457] unvereinbar sein mit dem Ordre Public der USA.[458] 175

Das österreichische Recht hat den Fortbestand und die Erfüllung von Verträgen mit Wirkung ab 1.7.2010 neu geregelt.[459] 176

Des Weiteren ist hinzuweisen auf *Martínez Velencoso* Eigentumserwerb von unbeweglichen Sachen und Insolvenz des Verkäufers – Ein Vergleich deutschen und spanischen Rechts unter besonderer Berücksichtigung des neuen spanischen Konkursgesetzes, NZI 2004, 72. 177

Bis 28.12.2016 galt § 104 in der folgenden Fassung:

§ 104 Fixgeschäfte. Finanzleistungen

(1) War die Lieferung von Waren, die einen Markt- oder Börsenpreis haben, genau zu einer fest bestimmten Zeit oder innerhalb einer fest bestimmten Frist vereinbart und tritt die Zeit oder der Ablauf der Frist erst nach der Eröffnung des Insolvenzverfahrens ein, so kann nicht die Erfüllung verlangt, sondern nur eine Forderung wegen der Nichterfüllung geltend gemacht werden.

---

454 *BGHZ* 103, 250, 252, 254; *LG Erfurt* ZIP 1999, 1453, 1454 rSp = EWiR § 17 KO 1/2000, 89 (*Undritz*); **aM** *Marotzke* EWiR § 17 KO 2/1988, 285; *ders* KTS 2002, 1, 47 ff (hier im Zusammenhang mit der SchuldRReform 2002) und wohl auch *LG Bielefeld* DB 1990, 219 (LS).

455 *OLG Frankfurt* WM 1988, 1576, 1578.

456 Vgl *United States Bankruptcy Court for the Eastern District of Virginia* Alexandria Division, Case No 09-14766-RGM (Chapter 15) in re Qimonda AG (Deptor); dazu *Reese/Bradley* Back to the Future (Lubrizol): Qimonda Bankruptcy Provides Deptors With a Windfall at the Expense of Their IP Licensees, in: BNA,s Patent, Trademark & Copyright Journal 2/26/2010; *Riewe* NZI 2010, 477.

457 Vgl zu dieser Vorfrage § 108 Rn 8 ff, 21 ff, 96 ff.

458 *United States Bankruptcy Court for the Eastern District of Virginia* 28.10.2011 Case No. 09-14766-SSM In re Qimonda AG, ZIP 2011, 2314 ff = IILR 2012, 322 ff (dazu *Mitchell* GRURInt 2012, 86 ff; *Hübler* NZI 2012, 131, 133 f); diese Rechtsauffassung bestätigend der *United States Court of Court of Appeals for the Fourth Circuit* mit Entsch v 3.12.2013 (Jaffe v Samsung Electronics Co, et al, No 12-1802, abrufbar unter http://www.ca4.uscourts.gov/Opinions/Published/121802.P.pdf; jetzt auch in ZIP 2015, 235 ff m Anm *Meyer-Löwy/Parzinger*); dazu *Hübler* NZI 2014, 108, 112 f.

459 Näheres bei *Nummer-Krautgasser/Pateter* ZInsO 2011, 2068 ff.

(2) [1]War für Finanzleistungen, die einen Markt- oder Börsenpreis haben, eine bestimmte Zeit oder eine bestimmte Frist vereinbart und tritt die Zeit oder der Ablauf der Frist erst nach der Eröffnung des Verfahrens ein, so kann nicht die Erfüllung verlangt, sondern nur eine Forderung wegen der Nichterfüllung geltend gemacht werden. [2]Als Finanzleistungen gelten insbesondere

1. *die Lieferung von Edelmetallen,*
2. *die Lieferung von Wertpapieren oder vergleichbaren Rechten, soweit nicht der Erwerb einer Beteiligung an einem Unternehmen zur Herstellung einer dauernden Verbindung zu diesem Unternehmen beabsichtigt ist,*
3. *Geldleistungen, die in ausländischer Währung oder in einer Rechnungseinheit zu erbringen sind,*
4. *Geldleistungen, deren Höhe unmittelbar oder mittelbar durch den Kurs einer ausländischen Währung oder einer Rechnungseinheit, durch den Zinssatz von Forderungen oder durch den Preis anderer Güter oder Leistungen bestimmt wird,*
5. *Optionen und andere Rechte auf Lieferungen oder Geldleistungen im Sinne der Nummern 1 bis 4,*
6. *Finanzsicherheiten im Sinne des § 1 Abs. 17 des Kreditwesengesetzes.*

[3]Sind Geschäfte über Finanzleistungen in einem Rahmenvertrag zusammengefasst, für den vereinbart ist, dass er bei Vorliegen eines Insolvenzgrundes nur einheitlich beendet werden kann, so gilt die Gesamtheit dieser Geschäfte als ein gegenseitiger Vertrag im Sinne der §§ 103, 104.

(3) [1]Die Forderung wegen der Nichterfüllung richtet sich auf den Unterschied zwischen dem vereinbarten Preis und dem Markt- oder Börsenpreis, der zu einem von den Parteien vereinbarten Zeitpunkt, spätestens jedoch am fünften Werktag nach der Eröffnung des Verfahrens am Erfüllungsort für einen Vertrag mit der vereinbarten Erfüllungszeit maßgeblich ist. [2]Treffen die Parteien keine Vereinbarung, ist der zweite Werktag nach der Eröffnung des Verfahrens maßgebend. [3]Der andere Teil kann eine solche Forderung nur als Insolvenzgläubiger geltend machen.

Neue Fassung[1]:

§ 104 Fixgeschäfte, Finanzleistungen, vertragliches Liquidationsnetting

(1) [1]War die Lieferung von Waren, die einen Markt- oder Börsenpreis haben, genau zu einer festbestimmten Zeit oder innerhalb einer festbestimmten Frist vereinbart und tritt die Zeit oder der Ablauf der Frist erst nach Eröffnung des Insolvenzverfahrens ein, so kann nicht Erfüllung verlangt, sondern nur eine Forderung wegen Nichterfüllung geltend gemacht werden. [2]Dies gilt auch für Geschäfte über Finanzleistungen, die einen Markt- oder Börsenpreis haben und für die eine bestimmte Zeit oder eine bestimmte Frist vereinbart war, die nach der Eröffnung des Verfahrens eintritt oder abläuft. [3]Als Finanzleistungen gelten insbesondere

1. **die Lieferung von Edelmetallen,**
2. **die Lieferung von Finanzinstrumenten oder vergleichbaren Rechten, soweit nicht der Erwerb einer Beteiligung an einem Unternehmen zur Herstellung einer dauernden Verbindung beabsichtigt ist,**

---

1 Diese beruht auf dem Gesetz zur Änderung der Insolvenzordnung und zur Änderung des Gesetzes betr die Einführung der Zivilprozessordnung vom 22.12.2016 (BGBl I S 3147). In Kraft getreten am 29.12.2016, teilw sogar rückwirkend zum 10.6.2016 (vgl Art 5 Abs 2 des Änderungsgesetzes).

3. Geldleistungen,
a) die in ausländischer Währung oder in einer Rechnungseinheit zu erbringen sind oder
b) deren Höhe unmittelbar oder mittelbar durch den Kurs einer ausländischen Währung oder einer Rechnungseinheit, durch den Zinssatz von Forderungen oder durch den Preis anderer Güter oder Leistungen bestimmt wird,
4. von Nummer 2 nicht ausgeschlossene Lieferungen und Geldleistungen aus derivativen Finanzinstrumenten,
5. Optionen und andere Rechte auf Lieferungen nach Satz 1 oder auf Lieferungen, Geldleistungen, Optionen und Rechte im Sinne der Nummern 1 bis 5,
6. Finanzsicherheiten im Sinne des § 1 Absatz 17 des Kreditwesengesetzes.

[4]Finanzinstrumente im Sinne von Satz 3 Nummer 2 und 4 sind die in Anhang I Abschnitt C der Richtlinie 2014/65/EU des Europäischen Parlaments und des Rates vom 15. Mai 2014 über Märkte für Finanzinstrumente sowie zur Änderung der Richtlinien 2002/92/EG und 2011/61/EU (ABl. L 173 vom 12.6.2014, S. 349; L 74 vom 18.3.2015, S. 38; L 188 vom 13.7.2016, S. 28; L 273 vom 8.10.2016, S. 35), die zuletzt durch die Richtlinie (EU) 2016/1034 (ABl. L 175 vom 30.6.2016, S. 8) geändert worden ist, genannten Instrumente.

(2) [1]Die Forderung wegen Nichterfüllung bestimmt sich nach dem Markt- oder Börsenwert des Geschäfts. [2]Als Markt- oder Börsenwert gilt
1. der Markt- oder Börsenpreis für ein Ersatzgeschäft, das unverzüglich, spätestens jedoch am fünften Werktag nach der Eröffnung des Verfahrens abgeschlossen wird, oder
2. falls kein Ersatzgeschäft nach Nummer 1 abgeschlossen wird, der Markt- oder Börsenpreis für ein Ersatzgeschäft, das am zweiten Werktag nach der Verfahrenseröffnung hätte abgeschlossen werden können.

[3]Sofern das Marktgeschehen den Abschluss eines Ersatzgeschäfts nach Satz 2 Nummer 1 oder 2 nicht zulässt, ist der Markt- und Börsenwert nach Methoden und Verfahren zu bestimmen, die Gewähr für eine angemessene Bewertung des Geschäfts bieten.

(3) [1]Werden Geschäfte nach Absatz 1 durch einen Rahmenvertrag oder das Regelwerk einer zentralen Gegenpartei im Sinne von § 1 Absatz 31 des Kreditwesengesetzes zu einem einheitlichen Vertrag zusammengefasst, der vorsieht, dass die einbezogenen Geschäfte bei Vorliegen bestimmter Gründe nur einheitlich beendet werden können, gilt die Gesamtheit der einbezogenen Geschäfte als ein Geschäft im Sinne des Absatzes 1. [2]Dies gilt auch dann, wenn zugleich andere Geschäfte einbezogen werden; für letztere gelten die allgemeinen Bestimmungen.

(4) [1]Die Vertragsparteien können abweichende Bestimmungen treffen, sofern diese mit den wesentlichen Grundgedanken der jeweiligen gesetzlichen Regelung vereinbar sind, von der abgewichen wird. [2]Sie können insbesondere vereinbaren,
1. dass die Wirkungen nach Absatz 1 auch vor der Verfahrenseröffnung eintreten, insbesondere bei Stellung des Antrags einer Vertragspartei auf Eröffnung eines Insolvenzverfahrens über das eigene Vermögen oder bei Vorliegen eines Eröffnungsgrundes (vertragliche Beendigung),
2. dass einer vertraglichen Beendigung auch solche Geschäfte nach Absatz 1 unterliegen, bei denen die Ansprüche auf die Lieferung der Ware oder die Erbringung der Finanzleistung vor der Verfahrenseröffnung, aber nach dem für die vertragliche Beendigung vorgesehenen Zeitpunkt fällig werden,
3. dass zwecks Bestimmung des Markt- oder Börsenwerts des Geschäfts
a) der Zeitpunkt der vertraglichen Beendigung an die Stelle der Verfahrenseröffnung tritt,

b) die Vornahme des Ersatzgeschäfts nach Absatz 2 Satz 2 Nummer 1 bis zum Ablauf des 20. Werktags nach der vertraglichen Beendigung erfolgen kann, soweit dies für eine wertschonende Abwicklung erforderlich ist,

c) anstelle des in Absatz 2 Satz 2 Nummer 2 genannten Zeitpunkts ein Zeitpunkt oder Zeitraum zwischen der vertraglichen Beendigung und dem Ablauf des fünften darauf folgenden Werktags maßgeblich ist.

(5) Der andere Teil kann die Forderung wegen Nichterfüllung nur als Insolvenzgläubiger geltend machen.

Übersicht

Literatur (zur bisherigen Fassung des § 104): *Benzler* Nettingvereinbarungen im außerbörslichen Derivatehandel, 1999; *Klaus Peter Berger* Lösungsklauseln für den Insolvenzfall, in: KS-InsO, 3. Aufl 2009, S 325, 341 ff Rn 31 ff; *Bosch* Finanztermingeschäfte in der Insolvenz – zum „Netting" im Insolvenzverfahren, WM 1995, 365 ff, 413 ff; *ders* Differenz- und Finanztermingeschäfte nach der Insolvenzordnung, KS-InsO, 2. Aufl 2000, S 1009 (nicht mehr in der 3. Aufl 2009); *Ehricke* Finanztermingeschäfte im Insolvenzverfahren, ZIP 2003, 273; *ders* Zur Zulässigkeit von vertraglich festgelegten Bestimmungen eines Stichtags und zur Ermittlung eines Markt- und Börsenpreises nach § 104 Abs 3 InsO, NZI 2006, 564; *ders* Zur Ermittlung eines Marktpreises im Sinne des § 104 Abs 3 InsO durch eine Auktion, ZInsO 2009, 547; *Hasselbach* Insolvenzprivilegien für Kreditinstitute bei Zahlungssystemen?, ZIP 1997, 1491; *Herring/Cristea* Die Umsetzung der Finanzsicherheiten-Richtlinie und ihre Folgen für Kapitalanlagegesellschaften, deutsche Single-Hedgefonds und Prime Broker, ZIP 2004, 1627; *Marotzke* Gegenseitige Verträge im neuen Insolvenzrecht (im Folgenden: Gegenseitige Verträge), 3. Aufl 2001, Rn 4.157, 5.117 ff (abrufbar unter www.jura.uni-tuebingen.de/professoren_und_dozenten/marotzke/zur%20person/habilitationsschrift-1/view); *Obermüller* Insolvenzrecht in der Bankpraxis, 9. Aufl 2016, 8. Teil, insb Rn 8.360 ff; *Paech* Netting, Finanzmarktstabilität und Bankenrestrukturierung, WM 2010, 1965; *Pannen* Krise und Insolvenz bei Kreditinstituten, 3. Aufl 2010, Kap 5 Rn 101 ff (S 217 ff), Kap 5 Rn 126 ff (S 226 ff); *Paulus* The Wonderful World of Privileges – The Par Condicio Creditorum vs. Closeout-Netting, ECFR 2014, 531; *ders* Multinationale Unternehmen und nationale Insolvenzrechte, ZIP 2014, 2374, 2378 ff; *Piekenbrock/Ludwig* Die Insolvenz des Optionsberechtigten – eine kritische Betrachtung zu § 104 InsO, WM 2014, 2197; *Piekenbrock* Die Insolvenz des Finanzdienstleisters bei Finanzgeschäften nach § 104 InsO, BB 2016, 1795; *Schwörer* Lösungsklauseln für den Insolvenzfall, 2000, Rn 531 ff; *von Wilmowsky* Termingeschäft und Insolvenz: Plädoyer für ein neues Verständnis des § 104 InsO, WM 2002, 2264; *Zimmer/Fuchs* Die Bank in Krise und Insolvenz: Ansätze zur Minderung des systemischen Risikos, ZGR 2010, 597, 616 ff.

Literatur (zur neuen Fassung des § 104): *Behrens/Glück* Bringt der Gesetzentwurf zu § 104 InsO Rechtssicherheit für den Energiehandel?, ZInsO 2016, 2321; *Fried/Voelcker* Abwicklung von Finanzderivatekontrakten in der Insolvenz einer Vertragspartei: Änderung des § 104 InsO, DB 2017, 300; *Lehmann/Flöther/Gurlit* Die Wirksamkeit von Close-out-netting-Klauseln in Finanzderivaten nach

§ 104 InsO n.F., WM 2017, 597; *Piekenbrock* Die Insolvenz des Finanzdienstleisters bei Finanzgeschäften nach § 104 InsO, BB 2016, 1795; *Wesche/Harder* Die Reform des § 104 InsO – Rechtssicherheit für Rahmenverträge in der Real-, insbesondere der Energiewirtschaft, NZI 2017, 246.

A. Zur bisherigen Fassung des § 104

I. Geschichte, Grundgedanke und Wirkungsweise der Vorschrift

§ 104 InsO, dessen Regelungen übergangsrechtlich zT schon vor der übrigen InsO in Kraft gesetzt worden waren (s Art 105, 110 Abs 3 EGInsO), entspricht im Wesentlichen dem bisherigen § 18 KO. Neu sind jedoch die sich aus § 104 Abs 2 (Rn 5 f) und dem Wegfall des § 18 Abs 3 KO (Rn 9) ergebenden Erweiterungen des Anwendungsbereichs sowie die aus § 104 Abs 3 S 1, 2 ersichtlichen zeitlichen Fixpunkte für die Berechnung der „Forderung wegen der Nichterfüllung". Ansonsten sind Rspr und Schrifttum (insb die Komm) zu § 18 KO auf das neue Recht übertragbar. **1**

§ 104 entspricht im Wesentlichen RegE § 118 (jedoch Änderungen durch RAussch). Teile des § 104 und seiner Überschrift wurden mit Wirkung ab 9.4.2004 neu gefasst durch Art 1 Nr 4 des Gesetzes zur Umsetzung der Richtlinie 2002/47/EG v 6.6.2002 über Finanzsicherheiten und zur Änderung des Hypothekenbankgesetzes und anderer Gesetze v 5.4.2004, BGBl I S 502 = NZI 2004, 309. Für den Fall der Ins eines Teilnehmers am System eines zentralen Kontrahenten[2] enthält der am 16.2.2013 in Kraft getretene **Art 102b EGInsO** Sonderregelungen, die vorrangig zu beachten sind (Näheres bei Rn 19 ff). **2**

Wie § 18 KO ist auch § 104 lex specialis mit dem Ziel, in bestimmten Fällen (§ 104 Abs 1 und 2) das Wahlrecht des InsVerw (§ 103 Rn 4 ff, 82 ff) auszuschalten und auf diese Weise eine rasche Fixierung der Rechtslage zu erreichen: „… so kann nicht die Erfüllung verlangt, sondern nur eine Forderung wegen der Nichterfüllung geltend gemacht werden" (Abs 1, Abs 2 S 1; Näheres bei Rn 8 ff). Gem Abs 3 richtet sich die „Forderung wegen der Nichterfüllung" auf die Differenz zwischen dem vereinbarten Preis und dem Markt- oder Börsenpreis, der am zweiten bzw am vereinbarten (spätestens jedoch am fünften) Werktag nach VerfEröffnung am Erfüllungsort für einen Vertrag mit der vereinbarten Erfüllungszeit maßgeblich ist. Mit den **Motiven zu** § 18 KO[3] kann man die Wirkungsweise des § 104 InsO dahin zusammenfassen, dass bereits die VerfEröffnung als solche das „Lieferungsgeschäft in ein Differenzgeschäft auflöst". Da diese Rechtsfolge kraft Gesetzes eintritt, bedarf es keiner Aufrechnungserklärung.[4] Die durch § 104 bewirkte Umwandlung des Lieferungsgeschäfts in ein Differenzgeschäft gilt nicht nur für die Dauer des InsVerf, sondern bleibt über das Verf-Ende hinaus bestehen;[5] insofern also andere Rechtslage als bei § 103 (s dort Rn 90). **3**

II. Fixgeschäfte über Waren (Abs 1)

Abs 1 gilt für Verträge über die Lieferung von Waren, **die einen Markt- oder Börsenpreis haben**. Wie sich aus dem bei Rn 3 beschriebenen Gesetzeszweck ergibt und auch im Wort- **4**

---

2 Dazu ausführlich *v Hall* Insolvenzverrechnung in bilateralen Clearingsystemen. Die Beendigung und Verrechnung von Geschäften mit hinausgeschobenem Erfüllungszeitpunkt nach deutschem und internationalem Insolvenzrecht unter Berücksichtigung der Einführung zentraler Vertragsparteien an Börsen, 2011 (dazu *Esser* NZI 2011, 585); *ders* ZInsO 2011, 505; *ders* WM 2011, 2161.

3 *Motive zur KO* S 71 = *Hahn* IV S 90.

4 **AM** *Benzler* ZInsO 2000, 1, 7; wie hier aber wohl *v Wilmowsky* WM 2002, 2264, 2265 f ad II 1, der dem § 104 zwar aufrechnungsähnliche Wirkungen zuschreibt, ihren Eintritt jedoch nicht von der Abgabe einer Willenserklärung abhängig macht; unklar *Ehricke* ZIP 2003, 273, 277 f; s dazu Rn 10.

5 Vgl *Hess* § 104 Rn 17 ff; *Marotzke* Rn 5.122 mit Fn 420.

laut des Abs 2 S 3 vorausgesetzt wird, muss es sich um beiderseits nicht vollständig erfüllte gegenseitige Verträge iSd § 103 Abs 1 handeln.[6] Strenger als der für „Finanzleistungen" geltende zweite setzt der erste Abs des § 104 voraus, dass die Lieferung so vereinbart worden ist, dass sie „genau zu einer festbestimmten" Zeit oder innerhalb einer „festbestimmten" Frist erfolgen muss. Es muss sich also um ein Fixgeschäft, zumindest[7] um ein relatives iSv § 323 Abs 2 Nr 2 BGB bzw § 376 HGB, handeln (was übrigens bei Börsentermingeschäften nicht immer, sondern nur typischerweise der Fall ist[8]). Tritt die vereinbarte Zeit oder der Fristablauf erst nach VerfEröffnung ein, so gilt das bei Rn 1, 3 und 9 ff Ausgeführte. Ein „Netting" wie bei Verträgen über Finanzleistungen hat der Gesetzgeber in Abs 1 nicht vorgesehen (krit Rn 7 aE).

III. Finanzleistungen (Abs 2)

5 **1. Besonderheiten gegenüber Abs 1.** Der durchaus kritisch[9] zu sehende Abs 2 enthält Sondervorschriften für den Fall, dass es sich bei den vertraglich bedungenen Leistungen, die einen Markt- oder Börsenpreis haben und erst nach VerfEröffnung fällig werden, um Finanzleistungen handelt. Als Finanzleistungen gelten „insbesondere" (also keine abschließende Aufzählung) die in Abs 2 S 2 Nr 1–6 genannten Gegenstände.[10] Die für Verträge über „Finanzleistungen" normierten Abweichungen von Abs 1 bestehen darin, dass

1. die Lieferzeit oder -frist nicht **„genau"** und „**fest**bestimmt", sondern nur „bestimmt" vereinbart sein muss (vgl Abs 2 S 1 sowie Rn 6) und
2. mehrere in einem Rahmenvertrag zusammengefasste Geschäfte uU (Abs 2 S 3) als **ein** Vertrag gelten (Rn 7 f).

Zum Verhältnis von § 104 Abs 2 S 2 Nr 2 zu § 32 DepotG vgl *Pannen* Kap 5 Rn 108, S 219 f.

6 **2. Keine Beschränkung auf Fixgeschäfte.** Bei Geschäften der in Abs 2 bezeichneten Art (Rn 5) will das Gesetz das Wahlrecht des InsVerw (§ 103) ausschließen, „um Unsicherheiten und Spekulationen über die künftige Entwicklung zu vermeiden".[11] Dieser Gedanke soll auch dann zur Anwendung kommen, wenn die einschlägigen Verträge keine Fixgeschäfte in dem Sinne sind, dass sie ihren Zweck verfehlen, wenn sie nicht pünktlich erfüllt werden.[12] Abw von Abs 1 verlangt Abs 2 S 1 deshalb nicht, dass die Leistung „genau" zu einer „fest" bestimmten Zeit oder innerhalb einer „fest" bestimmten Frist zu erbringen ist. Im Schrifttum wird behauptet, dass Abs 2 auch Geschäfte erfassen solle, die „auf **un**bestimmte Zeit"

---

6 RAussch BT-Drucks 12/7302, 168 (zu § 104 Abs 2 S 3); FK/*B Wegener* § 104 Rn 5; *N/R/Balthasar* § 104 Rn 13; **aM** *K/P/B/v Wilmowsky* 2016 § 104 Rn 66 (dessen Anliegen jedoch bei Vorliegen einer noch unerfüllten Abnahmepflicht des Käufers ohne Weiteres Rechnung getragen werden könnte; vgl auch unten Rn 15).

7 Auf „absolute" Fixgeschäfte, bei denen eine verspätete Leistung ohnehin nicht erfüllungstauglich wäre, wird man Abs 1 und insb Abs 3 ebenfalls anwenden dürfen. Vgl auch *K/P/B/v Wilmowsky* 2016 § 104 Rn 64; HambKomm/*Ahrendt* § 104 Rn 3; **aM** *Uhlenbruck/Lüer* § 104 Rn 6.

8 Vgl *BGHZ* 92, 317, 320 f; *Schwark* Kapitalmarktrechts-Kommentar, 3. Aufl 2004, Vor § 37d WpHG (eine inzwischen aufgehobene Vorschrift) Rn 11.

9 Vgl *Paulus* ZIP 2014, 2374, 2378 ff; *Deutscher Notarverein* Stellungnahme v 12.8.2016 zum Entwurf eines Änderungsvorschlags zur Neufassung des § 104 InsO, www.dnotv.de/_files/Dokumente/Stellungnahmen/2016-08-12_nderungsvorschlagNeufassung104InsO_final.pdf.

10 Zu der erst am 9.4.2004 in Kraft getretenen Nr 6 („Finanzsicherheiten") vgl § 166 Rn 48 ff; *Herring/Cristea* ZIP 2004, 1627, 1629 f; *Pannen* 2. Aufl 2006 S 201 ff (weggelassen in der 3. Aufl 2010).

11 Begr RegE S 145; vgl jedoch die Ausnahme bei Rn 8.

12 Begr RegE S 145.

geschlossen wurden.[13] Das kann aber nur in Bezug auf Abs 2 **S 3** richtig sein (s Rn 8). Denn Abs 2 **S 1** setzt auch nach der im Jahr 2004 erfolgten Änderung der Gesetzesüberschrift (aus „Finanztermingeschäfte" wurde „Finanzleistungen") voraus, dass eine „bestimmte" Zeit oder eine „bestimmte" Frist vereinbart war.

3. Fingierte Vertragseinheit (Abs 2 S 3). – a) ISd § 104 Abs 2 S 1. Sind Geschäfte über Finanzleistungen in einem **Rahmenvertrag** zusammengefasst, für den vereinbart ist, dass er bei Vorliegen eines Eröffnungsgrundes – bis 8.4.2004 gültige Fassung: bei Vertragsverletzungen – nur einheitlich beendet werden kann, so gilt die Gesamtheit dieser Geschäfte nach Abs 2 S 3 als **ein** gegenseitiger Vertrag iSd §§ 103, 104. Wie sich aus den Worten „über Finanzleistungen" ergibt, ist mit der Verweisung auf **§ 104** nicht Abs 1, sondern Abs 2 S 1 gemeint. Die Verweisung auf Abs 2 S 1 soll sicherstellen, dass im InsFall alle noch nicht erfüllten Ansprüche aus zwischen zwei Parteien bestehenden und in einem Rahmenvertrag zusammengefassten Finanzleistungen **saldiert** werden können („Netting"). Dadurch wird das Risiko aus derartigen Geschäften gemindert.[14] Ohne Abs 2 S 3 wäre die Saldierungsmöglichkeit insb dann nicht gewährleistet, wenn einige der zwischen zwei Parteien geschlossenen Finanzleistungsgeschäfte von einer Partei schon voll erfüllt sind, so dass bei einer getrennten Betrachtung Abs 2 S 1 – der wie § 103 einen von beiden Seiten noch nicht voll erfüllten Vertrag voraussetzt – nicht eingreifen würde. Dann könnten nicht fällige oder nicht auf Geld gerichtete Einzelforderungen bestehen, deren Aufrechnung uU nach § 95 ausgeschlossen ist. (Davon zu unterscheiden ist der bei Rn 10 thematisierte Fall der vertragsübergreifenden Aufrechnung mit auf § 104 beruhenden **Differenz**forderungen.) Im RAussch meinte man, an einer generellen Saldierungsmöglichkeit bestehe auch im internationalen Geschäftsverkehr ein erhebliches Interesse;[15] so sei in den USA eine entspr Änderung des bankruptcy-code vorgenommen worden.[16] Vom Standpunkt der bei § 103 Rn 107–114 und § 105 Rn 5 vertretenen Ansicht, dass „vertragsübergreifende Zurückbehaltungsrechte" im InsVerf des Gegners nicht ohne weiteres hinfällig werden, erscheint die mit § 104 Abs 2 S 3 verfolgte Grundtendenz (Übertragung dieses Gedankens auf Saldierungsmöglichkeiten) unabhängig von dem rechtsvergleichenden Argument des RAussch sachgerecht.[17] Begründungsbedürftig ist aber die Beschränkung des Anwendungsbereichs auf Verträge über „Finanzleistungen" iSd Abs 2, also die Nichtanwendung desselben Rechtsgedankens auf Fixgeschäfte über Warenlieferungen iSd Abs 1.[18] In auffälligem Kontrast zu § 104 Abs 2 S 3 steht der – wohl nicht auch für Finanzleistungen gedachte – § 105 S 1 (vgl dort Rn 3, 6, 8).[19] 7

---

13 Vgl *Herring/Cristea* ZIP 2004, 1627, 1635 unter Berufung auf BT-Drucks 15/1853, 14 f, wo die Erstreckung des § 104 Abs 2 auf solche Geschäfte zwar als rechtspolitische Wunschvorstellung erwähnt, aber letztlich nicht befürwortet wird (vgl BT-Drucks 15/1853, 15 lSp: „Dennoch sollte nicht eine völlige Abkopplung der Norm von den eigentlichen Termingeschäften erfolgen …").

14 Vgl hierzu und zum Folgenden RAussch BT-Drucks 12/7302, 168; *Bosch* WM 1995, 365 ff, 413 ff; *Benzler* ZInsO 2000, 1 ff; *Ehricke* ZIP 2003, 273, 278 ff; *N/R/Balthasar* § 104 Rn 3, 12.

15 Wesentlich konkreter *Klaus Peter Berger* KS-InsO, 2. Aufl 2000, S 499, 518 f Rn 39 f (stark gekürzt in der 3. Aufl 2009, S 325, 341 f Rn 31 ff).

16 Hierzu sowie zu entspr Regelungen in Frankreich und Belgien: *Bosch* WM 1995, 365, 369 Fn 12; weitere rechtsvergleichende Hinweise desselben Autors in KS-InsO, 2. Aufl 2000, S 1009, 1039 ff Rn 118 ff (nicht mehr enthalten in der 3. Aufl 2009).

17 **AM** *Paulus* ZIP 2014, 2374, 2379.

18 Evtl Möglichkeit der Analogie? Verallgemeinerungstendenzen auch bei *Bosch* KS-InsO, 2. Aufl 2000, S 1009, 1036 f Rn 105 ff (nicht mehr enthalten in der 3. Aufl 2009); *Benzler* ZInsO 2000, 1, 6 f, 8 ff (dazu Rn 8); **krit bis ablehnend** hingegen *v Hall* Insolvenzverrechnung in bilateralen Clearingsystemen, 2011, S 136 (Fn 641), 158 ff; *Schmidt/Ringstmeier* § 104 Rn 26.

19 Vgl außerdem *Häsemeyer* Rn 20.34.

8 **b) Im Sinne des § 103.** Nicht nur iSd § 104, sondern auch iSd § 103 führt § 104 Abs 2 S 3 bei Vorliegen seiner Tatbestandsvoraussetzungen zur Annahme **eines** gegenseitigen Vertrages. Die ausdrückliche Erwähnung auch des § **103** kann sich nur auf den Fall beziehen, dass zwar alle Tatbestandsmerkmale des § 104 Abs 2 S 3, nicht aber auch sämtliche Voraussetzungen des § 104 Abs 2 S 1 erfüllt sind und deshalb das InsVerwWahlrecht des § 103 nicht gem § 104 Abs 2 S 1 ausgeschlossen ist.[20] In solchen Fällen kann der InsVerw also auf Vertragserfüllung bestehen,[21] aber sein Erfüllungsverlangen nicht auf einzelne der in dem Rahmenvertrag zusammengefassten Geschäfte beschränken. § **105 S 1**, der in § 104 Abs 2 S 3 nicht erwähnt ist, soll auf diesen Fall anscheinend nicht anwendbar sein. Diese Differenzierung zwischen Finanzleistungen und sonstigen teilbaren Leistungen ist wenig einleuchtend (vgl § 105 Rn 2, 10).[22] Zur Behebung des Wertungswiderspruchs könnte man entweder § 104 Abs 2 S 3 um eine Verweisung auf § 105 ergänzen oder – dies wäre die bessere Lösung – den § 105 S 1 InsO ersatzlos streichen (vgl § 105 Rn 3 ff, 7). Nach Ehricke[23] soll § 105 S 1 ohnehin unanwendbar sein bei „Finanzleistungen iSd Richtlinie 96/26/EG", weil sich aus Sinn und Zweck der Richtlinie „zum Schutz der dort genannten Systeme eine Beschränkung der Teilbarkeit des Verwalterwahlrechts" ergebe. Nicht iSd §§ 104 Abs 2 S 3, 103 Abs 1, 119 liegt der Versuch von Benzler,[24] die „insolvenzrechtliche Zulässigkeit des vertraglichen Liquidationsnetting" über die bei Rn 7 aE erwogene und an die strengen Voraussetzungen des § 104 Abs 1 gebundene Analogie hinaus ganz von den Voraussetzungen des § 104 abzukoppeln und damit die in § 104 Abs 2 S 3 enthaltene Verweisung auf § **103** praktisch gegenstandslos zu machen. Zur Wirksamkeit von **Lösungsklauseln** vgl § 119 Rn 3 f.

IV. Die „Forderung wegen der Nichterfüllung"

9 **1. Differenzforderung nach Abs 3.** Nach Abs 3 S 1 aF (bis 8.4.2004) richtete sich die an die Stelle des ursprünglich Vereinbarten tretende „Forderung wegen der Nichterfüllung" auf den Unterschied zwischen dem vereinbarten Preis und dem Markt- oder Börsenpreis, der am **zweiten** Werktag nach der Eröffnung des Verf am Erfüllungsort für einen Vertrag mit der vereinbarten Erfüllungszeit maßgeblich ist. Dies gilt nach neuem Recht (Abs 3 S 2 nF) nur noch für den Fall, dass die Parteien nichts anderes vereinbart haben. Haben die Parteien eine zu lange Zeitspanne vereinbart, so ist spätestens der **fünfte** Werktag nach VerfEröffnung maßgeblich (Abs 3 S 1 nF). Bewusst abgesehen haben die Verfasser der InsO von der Übernahme des § 18 Abs 3 KO, welcher für den Fall, dass ein maßgeblicher Markt- oder Börsenpreis nicht zu ermitteln war, die Umwandlung des Lieferungsgeschäfts in ein Differenzgeschäft (Rn 3) ausschloss und den Weg zum Wahlrecht des InsVerw (§ 17 KO/§ 103 InsO) freigab. Durch die ersatzlose Streichung des § 18 Abs 3 KO wollten die Verfasser der InsO die Anwendung der in § 104 Abs 1 und 2 enthaltenen Sondervorschriften für Fixgeschäfte und Verträge über Finanzleistungen auch dann ermöglichen, wenn im Einzelfall schwer festzustellen ist, welcher Marktpreis am **zweiten** – nunmehr zu ergänzen: oder an dem sich aus § 104 Abs 3 S 1 nF ergebenden – Tag nach VerfEröffnung maßgeblich war. ZB soll § 104 auch auf solche Verträge anwendbar sein, bei denen der vereinbarte Leistungszeitpunkt am **ersten** Tag nach der VerfEröffnung liegt: „bei einem solchen Geschäft wird man den Markt- oder Börsenpreis an diesem Tag für maßgeblich halten müssen."[25] Letzteres ergibt sich seit dem 9.4.2004 meist auch schon aus Abs 3 S 1 nF.

20 Vgl auch *Bosch* KS-InsO, 2. Aufl 2000, S 1009, 1013, 1029, 1031, 1035 ff in Rn 15 f, 81, 87, 101 ff (nicht mehr enthalten in der 3. Aufl 2009); **aM** *Benzler* ZInsO 2000, 1, 6 f.
21 **AM** *Benzler* ZInsO 2000, 1, 6.
22 Ebenso *Häsemeyer* Rn 20.34; ausweichend *Ehricke* ZIP 2003, 273, 279 f.
23 *Ehricke* ZIP 2003, 273, 279 f.
24 *Benzler* ZInsO 2000, 1, 6 f, 8 ff.
25 RAussch BT-Drucks 12/7302, 168.

Die Differenzforderung (Rn 9) **steht entweder der InsMasse**[26] **oder dem Vertragspartner zu**. Für den zweiten Fall stellt Abs 3 S 3 klar, dass es sich um eine **InsFord** (§ 38) handelt; dies entspricht dem früheren § 26 S 2 KO. Die Bestellung von **Sicherungsrechten** ist genauso möglich wie bei § 103 Abs 2 S 1 (s dort Rn 95 f, 170).[27] **Existieren zwischen dem Schu und seinem Vertragspartner mehrere von § 104 erfasste Einzelverträge,** welche die Voraussetzungen einer fiktiven Vertragseinheit nach Abs 2 S 3 nicht erfüllen (andernfalls s Rn 7 f), **und stehen in einem solchen Fall beiden Seiten Differenzforderungen iSd Abs 3 zu** (die als solche niemals auf einem und demselben Vertrag beruhen können), **so kann uU „vertragsübergreifend" aufgerechnet werden**.[28] Die §§ 95 f stehen einer solchen Aufrechnung nicht entgegen, da die durch § 104 bewirkte Umwandlung aller von der Vorschrift erfassten Verträge in Differenzgeschäfte (s Rn 3) bei allen Verträgen gleichzeitig direkt mit VerfEröffnung eintritt. 10

2. Berücksichtigung von Teil- und Vorleistungen. Auf den Fall, dass vor VerfEröffnung Teilleistungen erbracht wurden, geht der Wortlaut des Abs 3 nicht ein. Handelt es sich um zulässige, in sich vollständige und termingerechte **Teillieferungen** an den Schu, so ist der Vertragspartner mit dem entspr Betrag seines Anspruchs auf die Gegenleistung InsGl gem §§ 38, 105 S 1. Die letztgenannte Vorschrift gilt nicht „nur", sondern „auch" dann, wenn der InsVerw nach § 103 wegen der noch ausstehenden Leistung Erfüllung verlangen kann und sich in diesem Sinne entscheidet. Nur hinsichtlich der noch **nicht** erbrachten Teillieferungen der einen oder anderen Seite und der entspr Gegenleistung ist § 104 anzuwenden mit den bei Rn 3 beschriebenen Konsequenzen. 11

Anzahlungen, die von der einen oder anderen Seite vor VerfEröffnung geleistet wurden, werden auf die Differenzforderung angerechnet. So auch *Jaeger/Henckel* KO § 18 Rn 4 mit folgendem Beispiel (damals noch DM statt EUR): 12

Der Vertragspartner hat als Käufer 100 EUR angezahlt. Der volle Kaufpreis beträgt 1 000 EUR, der nach § 18 Abs 2 KO/§ 104 Abs 3 InsO ermittelte Marktpreis 800 EUR. Hier habe der Käufer noch weitere 100 EUR zur Masse zu zahlen. Betrage der maßgebliche Marktpreis hingegen 900 EUR, so sei die Differenzforderung der Masse durch die Anzahlung ausgeglichen.

Beträgt der Marktpreis in dem erwähnten Beispiel nicht 1 000 EUR, sondern 1 100 EUR, so soll der Käufer nach *Jaeger/Henckel* KO § 18 Rn 4 als einfacher InsGl 200 EUR zu fordern haben. Eine Anspruchsgrundlage wird bei Jaeger/Henckel nicht angegeben. ME handelt es sich hinsichtlich der ersten 100 EUR um eine Differenzforderung nach § 104 Abs 3 InsO und hinsichtlich der weiteren 100 EUR um einen ebenfalls als InsFord zu qualifizierenden Anspruch aus § 812 Abs 1 S 2 Alt 1 BGB: Infolge der endgültigen (Rn 3) Umwandlung des Liefergeschäfts in ein Differenzgeschäft ist der rechtliche Grund für die vor VerfEröffnung geleistete Anzahlung des Vertragspartners nachträglich weggefallen.[29] Es ist nicht anzunehmen, dass das in § 104 Abs 1 und 2 InsO sowie auch schon in § 18 Abs 1 KO enthaltene Wort „nur" solch einen Bereicherungsanspruch ausschließen soll. Auch dieser Bereicherungsanspruch lässt sich in einem weiteren Sinne als „Forderung wegen der Nichterfüllung" begreifen; die Legaldefinition in Abs 3 S 1 bzw Abs 3 S 2 ist insofern nicht abschließend. 13

26 Einschr *Häsemeyer* Rn 20.36.
27 FK/*B Wegener* § 104 Rn 31.
28 Mglw meint dies *Ehricke* ZIP 2003, 273, 277 f, 281 f; s dazu bereits Rn 3.
29 **AM** *v Wilmowsky* WM 2002, 2264 ff bei Fn 4 und 8.

14 Auch wenn man das bei Rn 13 erörterte Beispiel dahin verändert, dass der vereinbarte Preis mit dem maßgeblichen Markt- oder Börsenpreis identisch ist und deshalb weder der einen noch der anderen Vertragspartei eine Differenzforderung nach Abs 3 S 1 bzw Abs 3 S 2 zusteht, wird man zu dem Erg kommen müssen, dass eine bereits geleistete Kaufpreisanzahlung kondiziert werden kann. Der Bereicherungsanspruch steht der InsMasse zu, wenn Käufer und Zahlender der Schu war, und – als InsFord – dem Vertragspartner, wenn dieser sich in der Rolle des Käufers befand und die Anzahlung geleistet hat. Hier wie dort ergibt sich der Rückgewähranspruch aus dem durch § 104 bewirkten endgültigen (Rn 3) Wegfall der primären Erfüllungsansprüche.

V. Rechtslage bei vollständiger Kaufpreisvorauszahlung

15 Das zum Rückgewähranspruch Ausgeführte (Rn 13 f) gilt auch, wenn bereits der **gesamte** Kaufpreis gezahlt wurde, aber die Lieferung noch nicht erfolgt ist. Denn nach § 433 Abs 2 BGB schuldet der Käufer auch die Abnahme der Ware; der Vertrag ist folglich **beiderseits** noch nicht vollständig erfüllt (§ 103 Rn 70) und wird deshalb (Rn 4) von § 104 erfasst.[30] Die beiderseitigen Erfüllungsansprüche gehen für immer unter (Rn 3 aE). Soweit an ihre Stelle keine Differenzforderung (Abs 3 S 1 bzw Abs 3 S 2) gegen den tritt, der bereits gezahlt hat, entbehrt dessen Leistung nunmehr des rechtlichen Grundes.

VI. Zwingendes Recht

16 Vereinbarungen, durch die im Voraus die Anwendung des § 104 ausgeschlossen oder beschränkt wird, sind unwirksam gem § 119.[31] Das gilt grds für sämtliche Regelungen des § 104. Es gilt insb auch hinsichtlich der in Abs 3 vorgeschriebenen Berechnungsmethode für die Forderung wegen der Nichterfüllung,[32] soweit sich nichts Abweichendes aus Abs 3 S 1 nF ergibt (der aber lediglich hinsichtlich des für die Wertermittlung maßgeblichen **Zeitpunkts** einen – eng begrenzten – Vorrang des konkreten Vertragsinhalts anerkennt). Zu gleichwohl bestehenden Gestaltungsspielräumen und ihren Grenzen vgl Rn 7 f und die in der Fn[33] Genannten. Soweit § 104 zwingend ist, kann er auch durch solche Vereinbarungen nicht wirksam unterlaufen werden, die „eine juristische Sekunde vor Verfahrenseröffnung" greifen sollen;[34] denn dies wäre ein klassisches Umgehungsgeschäft. Anders mag man je nach Lage des Falles entscheiden, wenn an bestimmte Krisenmerkmale unterhalb der Schwelle der VerfEröffnung angeknüpft wird.[35]

VII. Teleologische Reduktion?

17 Nach *Schwörer* Rn 551 soll § 104 keine Anwendung finden und deshalb der Weg zu § 103 Abs 1 eröffnet sein, wenn der InsVerw sofort bei VerfEröffnung erklärt, dass er das Geschäft erfüllen will, und er die Leistungsfähigkeit der Masse sicher nachweisen kann. Die Berechtigung dieser teleologischen Reduktion des § 104 erscheint jedoch zweifelhaft. Wie-

---

30 **AM** *Jaeger/Henckel* KO § 18 Rn 3, der deshalb ua zum Mittel der Analogie greifen muss – ohne jedoch zu vollständig übereinstimmenden Ergebnissen zu gelangen.

31 **AM** und sogar für Abschaffung des § 104 plädierend *K/P/B/v Wilmowsky* 2016 § 104 Rn 126 ff, 240, 242; *ders* WM 2002, 2264, 2273 f.

32 FK/*B Wegener* § 104 Rn 34; *K/P/B/Köndgen* 1998 § 104 Rn 48; *Ehricke* ZIP 2003, 273, 281; *ders* NZI 2006, 564, 565 ff; Flexibilisierungstendenzen bei *Benzler* ZInsO 2000, 1, 7; *K/P/B/v Wilmowsky* 2016 § 104 Rn 126 ff, 242.

33 *Schwörer* Rn 558 ff, 604; *K/P/B/Köndgen* 1998 § 104 Rn 36 ff, 48.

34 **AM** *Benzler* ZInsO *2000*, 1, 8 Abschn VI 1; vgl auch *Piekenbrock/Ludwig* WM 2014, 2197, 2199 Fn 21.

35 Vgl *Schwörer* Rn 559 ff, 567.

viel Zeit soll der InsVerw für den Nachweis der Leistungsfähigkeit der Masse beanspruchen dürfen? § 104 will wegen der Besonderheiten der erfassten Verträge **jede** Schwebelage vermeiden.

B. Zur neuen Fassung des § 104

Die neue Fassung[36] des § 104 ist im Kern eine eiligst [37] ins Werk gesetzte Maßnahme zur Rettung kapitalschwacher aber systemrelevanter deutscher Banken.[38] Einige andere Wirtschaftskreise, wie etwa der Energiehandel, sind auf den von der Bankenlobby[39] in Gang gesetzten Zug aufgesprungen und im Laufe des Gesetzgebungsverfahrens, sehr zu Unrecht,[40] ebenfalls bedient worden.[41] Entsprechend umfangreich sind die Änderungen des § 104. Die praxistaugliche Erläuterung der zahlreichen und teilw hochspeziellen Änderungen und Ergänzungen des § 104 fällt in die Zuständigkeit der Groß- und Spezialkommentare. Ob die neuen Formulierungen jemals zu Gerichtsentscheidungen führen werden, ist ohnehin fraglich. Ihre Kosten, die zum Großteil solche der Finanzmarktstabilisierung sind,[42] werden im Endeffekt nicht von den verursachenden Finanzmarktakteuren, sondern von den ungesicherten Gl des insolventen Schu zu tragen sein. Dies gilt auch für § 104 Abs 3 S 1 nF, bei dem es sich, soweit er auf das „Regelwerk einer zentralen Gegenpartei im Sinne von § 1 Absatz 31 des Kreditwesengesetzes" Bezug nimmt, um eine den Art 102b EGInsO (dazu sogleich Rn 19 ff) ergänzende Sondervorschrift für Clearingsysteme handelt. **18**

C. Sondervorschriften für Clearingsysteme

Für den Fall der Ins eines Teilnehmers am System eines zentralen Kontrahenten[43] enthält der am 16.2.2013 in Kraft getretene **Art 102b EGInsO**[44] Sonderregelungen, die – seit 29.10.2016 ergänzend durch § 104 Abs 3 InsO (s Rn 18) – vorrangig zu beachten sind deshalb nun im Wortlaut wiedergegeben werden: **19**

---

36 Beruhend auf dem Gesetz zur Änderung der InsO und zur Änderung des Gesetzes betr die Einführung der Zivilprozessordnung vom 22.12.2016 (BGBl I S 3147). In Kraft getreten am 29.12.2016, teilw rückwirkend zum 10.6.2016 (vgl Art 5 Abs 2 des Änderungsgesetzes).

37 Vgl *Lehmann/Flöther/Gurlit* WM 2017, 597.

38 *Marotzke* Risikobeteiligung und Verantwortung als notwendige Machtkorrektive, 2017, Kap 3 Fn 40; *Lehmann/Flöther/Gurlit* WM 2017, 597 ff.

39 Deutliche Worte in diese Richtung bei *Paulus* ZIP 2016, 1233 ff.

40 Treffend *Köndgen* in seiner öffentlichen Anhörung vor dem BT-RechtsA am 9.11.2016, Wortprotokoll-Nr. 18/119 (www.bundestag.de/ausschuesse18/a06/anhoerungen/Archiv/insolvenzordnung/476700) S 23: Der einzige belastbare Normzweck der geplanten (und inzwischen erfolgten) Neufassung des § 104 InsO sei „die systemische Qualität von Finanzinstituten". Im Energiehandel könne von „systemrelevant" keine Rede sein.

41 Dazu *Behrens/Glück* ZInsO 2016, 2321 ff; *Fried/Voelcker* DB 2017, 300 f; *Wesche/Harder* NZI 2017, 246 ff, 250 ff. Die Erweiterung des Schutzbereichs auf andere Marktteilnehmer als „Dammbruch" kritisierend *Lehmann/Flöther/Gurlit* WM 2017, 597, 604; krit auch *Köndgen* aaO.

42 *Marotzke* Risikobeteiligung und Verantwortung als notwendige Machtkorrektive, 2017, Kap 3 Fn 40 mwN; vgl auch das von *Roegele* (Exekutivdirektorin BaFin-Wertpapieraufsicht) vorgetragene Eingangsstatement in der öffentlichen Anhörung des BT-RechtsA am 9.11.2016, Wortprotokoll-Nr 18/119 (www.bundestag.de/ausschuesse18/a06/anhoerungen/Archiv/insolvenzordnung/476700) S 12 f.

43 Dazu ausf die bei § 104 Rn 2 zitierten Publikationen von *v Hall.*

44 Art 9 und Art 11 des AusführungsG zur Verordnung (EU) Nr 648/2012 über OTC-Derivate, zentrale Gegenparteien und Transaktionsregister (EMIR-Ausführungsgesetz) v 13.2.2013, BGBl I S 174. Vgl zu Art 102b EGInsO auch *Holzer* DB 2013, 443 ff sowie zu dem früheren RegE § 104a InsO – bei dem es sich um eine ältere Entwurfsfassung des heutigen Art 102b EGInsO handelt – HK-InsO/*Marotzke* 6. Aufl 2011, S 939 ff.

20 **Art 102b Durchführung der Verordnung (EU) Nr. 648/2012**

§ 1

Ausfallbestimmungen von zentralen Gegenparteien

(1) Die Eröffnung des Insolvenzverfahrens hindert nicht

1. **die Durchführung der nach Artikel 48 Absatz 2, 4, 5 Satz 3 und Absatz 6 Satz 3 der Verordnung (EU) Nr. 648/2012 des Europäischen Parlaments und des Rates vom 4. Juli 2012 über OTC-Derivate, zentrale Gegenparteien und Transaktionsregister (ABl. L 201 vom 27.7.2012, S. 1) gebotenen Maßnahmen zur Verwaltung, Glattstellung und sonstigen Abwicklung von Kundenpositionen und Eigenhandelspositionen des Clearingmitglieds,**
2. **die Durchführung der nach Artikel 48 Absatz 4 bis 6 der Verordnung (EU) Nr. 648/2012 gebotenen Maßnahmen der Übertragung von Kundenpositionen sowie**
3. **die nach Artikel 48 Absatz 7 der Verordnung (EU) Nr. 648/2012 gebotene Verwendung und Rückgewähr von Kundensicherheiten.**

(2) Absatz 1 gilt entsprechend für die Anordnung von Sicherungsmaßnahmen nach § 21 der Insolvenzordnung.

§ 2

Unanfechtbarkeit

Die nach § 1 zulässigen Maßnahmen unterliegen nicht der Insolvenzanfechtung.

21 **Rechtspolitisch gibt Art 102b EGInsO Anlass zu erheblicher Kritik.** Das gilt insb in Bezug auf **§ 2** des Art 102b EGInsO. Dieser bestimmt zwar einerseits in Anlehnung an **Abs 3 S 2 des früheren RegE § 104a InsO** (einer in der 6. Aufl dieses Kommentars ausführlich erläuterten[45] Vorläufer-Entwurfsvorschrift des heutigen Art 102b EGInsO), dass die nach § 1 zulässigen Maßnahmen nicht der InsAnfechtung (§§ 129 ff) unterliegen, verweigert aber andererseits der InsMasse just den Nachteilausgleichsanspruch, den der frühere RegE § 104a Abs 3 S 4 noch ausdrücklich vorsah. **Der Anfechtungsausschluss** hat insofern eine gewisse Berechtigung, als er nachteilige und uU sogar gefährliche[46] Auswirkungen des InsVerf auf Clearingsysteme verhindern kann. Von dieser Zielrichtung nicht gedeckt wäre es jedoch, wenn einzelne Gl oder Mitglieder des Systems oder der zentralen Vertragspartei aufgrund des Art 102b EGInsO ungerechtfertigte Sondervorteile erlangen würden.[47] Um dies zu verhindern, verpflichtete **RegE § 104a Abs 3 S 4** den zentralen Kontrahenten in Fällen, in denen die InsGl durch eine Maßnahme nach Abs 1 oder 2 (jetzt im Wesentlichen enthalten in Art 102b § 1 EGInsO) gegenüber einer Abwicklung nach § 104 nachweislich benachteiligt werden, diesen Nachteil gegenüber der InsMasse auszugleichen. Damit sollte erreicht werden, „dass zwar die Clearingprozesse in dem System im Interesse der Stabilität der Finanzmärkte weitgehend ungestört durch die Verfahrenseröffnung abgewickelt werden können, dadurch aber möglichst keine Nachteile für andere InsGl eintreten".[48] Bereits bei der Präsentation des damaligen RegE § 104a deutete sich jedoch an, dass die Ausgleichsregelung des RegE § 104a Abs 3 S 4 vor Inkraftsetzung der übrigen Inhalte der geplanten Vorschrift gestrichen werden[49] und auf diese Weise wieder einmal[50] ein nicht an eine kompensa-

45 HK-InsO/*Marotzke* 6. Aufl 2011, S 939 ff.
46 Näheres hierzu bei HK-InsO/*Marotzke* 6. Aufl 2011, § 104a (RegE) Rn 7 ff (S 942 ff).
47 So ausdrücklich BT-Drucks 17/5712, 30 – in Bezug auf den damaligen RegE § 104a InsO.
48 BT-Drucks 17/5712, 30 – in Bezug auf den damaligen RegE § 104a.
49 Warnend HK-InsO/*Marotzke* 6. Aufl 2011, § 104a (RegE) Rn 23 f (S 946); die Streichung des Ausgleichsanspruchs mit Argumenten befürwortend MK/*Jahn/Fried* § 104 Rn 180t.
50 Zu bereits früher geschaffenen Sonderregelungen zugunsten des Finanzsektors vgl *Marotzke* ZInsO 2010, 2163, 2169 f, 2177; *Paulus* ZIP 2014, 2374 ff; *ders* ECFR 2014, 531 ff.

torische Gegenleistung gekoppeltes **Insolvenzvorrecht des Finanzsektors** geschaffen werden könnte. Dieser Coup zu Lasten der übrigen Gläubigergemeinschaft ist mit Inkraftsetzung des – nunmehr im EGInsO versteckten – Art 102b gelungen. In dieselbe Richtung gehen die im Jahr 2016 hinzugetretenen Änderungen und Ergänzungen des § 104 InsO (dazu bereits Rn 18).

D. Ausland

Vgl § 103 Rn 174, § 104 Rn 7; *Ehricke* WM 2006, 2109; *Schneider* Netting und Internationales Insolvenzrecht, Gedächtnisschrift für Bosch, 2006, 197 ff; *v Hall* Insolvenzverrechnung in bilateralen Clearingsystemen, 2011, S 266 ff. **22**

§ 105 Teilbare Leistungen

[1]Sind die geschuldeten Leistungen teilbar und hat der andere Teil die ihm obliegende Leistung zur Zeit der Eröffnung des Insolvenzverfahrens bereits teilweise erbracht, so ist er mit dem der Teilleistung entsprechenden Betrag seines Anspruchs auf die Gegenleistung Insolvenzgläubiger, auch wenn der Insolvenzverwalter wegen der noch ausstehenden Leistung Erfüllung verlangt. [2]Der andere Teil ist nicht berechtigt, wegen der Nichterfüllung seines Anspruchs auf die Gegenleistung die Rückgabe einer vor der Eröffnung des Verfahrens in das Vermögen des Schuldners übergegangenen Teilleistung aus der Insolvenzmasse zu verlangen.

Übersicht

Literatur: *Adam* Die Spaltung von Rechtsverhältnissen im Insolvenzverfahren, DZWIR 2010, 187; *Lucina Berger* Insolvenzschutz für Markenlizenzen, 2006, S 50 ff, 201; *Blaum* Zurückbehaltungsrechte in der Insolvenz, 2008; *Henckel* Konstruktion, Funktion, Interessen – zur modifizierten Erlöschenstheorie durch den BGH, FS Kirchhof, 2003, S 191; *Kepplinger* Das Synallagma in der Insolvenz, 2000, S 72 ff, 124 f, 133 ff, 200 ff, 214 f, 252 ff, 315, 348 ff, 350 ff; *Kesseler* § 105 InsO und die unteilbaren Leistungen, ZIP 2005, 2046; *Kreft* Teilbare Leistungen nach § 105 InsO (unter besonderer Berücksichtigung des Bauvertragsrechts), FS Uhlenbruck, 2000, S 387; *Linder* Vorleistungen in der Insolvenz, 2006; *Marotzke* Gegenseitige Verträge im neuen Insolvenzrecht (im Folgenden: Gegenseitige Verträge), 3. Aufl 2001, Rn 4.146 ff, 7.21 ff, 13.67 ff, 13.108 ff, 13.115 ff, 13.119 ff, abrufbar unter www.jura.uni-tuebingen.de/professoren_und_dozenten/marotzke/zur%20person/habilitationsschrift-1/view; *Meyer* Zur Begründung der „engen Auslegung“ des § 105 InsO im Zusammenhang mit werkvertraglichen Leistungen, NZI 2014, 679; *Pilgram* Ökonomische Analyse der bundesdeutschen InsO, 1999, S 136 ff, 194; *Schmitz* Die Dreiteilung des im Insolvenz(eröffnungs)verfahren fortgeführten Bauvertrags – Auswirkungen auf Gegenrechte des Bestellers, ZInsO 2004, 1051; *Schwörer* Lösungsklauseln für den Insolvenzfall, 2000, Rn 201 ff; *Thole* Insolvenzbezogene Lösungsklauseln in Energielieferungsverträgen und EFET-Rahmenverträgen, ZNER 2013, 465. **Weitere LitAngaben bei § 103 und § 108.**

A. Vorbemerkung

1 **§ 105 ist eine sehr problematische Vorschrift.** S 1 orientiert sich zu sehr am Vorbild des rechtspolitisch verfehlten § 36 Abs 2 VerglO (Rn 2 ff); S 2 geht nicht weit genug mit der Fortschreibung des bisherigen § 26 S 1 KO (Rn 21 ff). Zudem kann S 1 sehr leicht unterlaufen werden (Rn 5 f), insb während des EröffnungsVerf (Rn 3 aE).

B. Aufspaltung des Vertrages nach S 1

I. Gesetzeszweck

2 Während § 104 Abs 2 S 3 (§ 104 Abs 3 nF) in dem dort vorausgesetzten Fall mehrere Verträge fiktiv zu „einem" Vertrag *verbindet* (§ 104 Rn 7 f), geht § 105 S 1 den entgegengesetzten Weg: ein einheitlicher Vertrag über „teilbare Leistungen" wird in zwei unterschiedlich zu behandelnde Teile *gespalten*. Ohne den bei § 104 Rn 8 kritisierten Wertungswiderspruch zu § 104 Abs 2 S 3 (§ 104 Abs 3 nF) zu thematisieren, gibt die Begr des mit § 105 InsO wortgleichen § 119 RegE folgende Erl (S 145 f): „Bei Verträgen über teilbare Leistungen, insbesondere über die fortlaufende Lieferung von Waren oder Energie", solle der InsVerw „für die Zukunft Erfüllung verlangen (können), ohne dadurch auch für die Vergangenheit zur vollen Erfüllung verpflichtet zu werden". Der Vertragspartner müsse „den Anspruch auf die Gegenleistung für seine Leistungen aus der Vergangenheit als Insolvenzgläubiger geltend machen, unabhängig davon, ob der Verwalter für die Zukunft die Erfüllung wählt oder nicht" (vgl auch § 105 S 1 und die bei § 103 Rn 105 gegebene Erl des Wortes „soweit" in § 55 Abs 1 Nr 2). Diese rechtliche Behandlung entspreche dem bisherigen § 36 Abs 2 S 1 VerglO und könne im Konkursrecht, dem eine entspr Vorschrift fehle, nur mit den bereits bei § 103 Rn 112 beschriebenen Konstruktionen (Differenzierung zwischen Sukzessivlieferungsverträgen und Wiederkehrschuldverhältnissen, großzügige Annahme von Kontrahierungszwängen) mehr oder weniger erfolgreich verwirklicht werden. § 105 mache „diese Konstruktionen überflüssig" und vermeide zugleich eine Schwäche des Konkursrechts, die darin gesehen wurde, dass das Versorgungsunternehmen „bisherige Sonderkonditionen" grds nur dann aufrechterhalten musste, wenn es sich um einen Sukzessivlieferungsvertrag (nicht: um Wiederkehrschuldverhältnisse) handelte und der InsVerw auch die noch offenen alten Rechnungen als Masseverbindlichkeiten beglich (s § 103 Rn 112). Die Neuregelung solle gewährleisten, dass der InsVerw Verträge über fortlaufende Lieferung von Waren oder Energie **zu den gleichen Bedingungen** (zB zu den bisherigen günstigen Sonderkonditionen) fortsetzen könne. Auf diese Weise werde die Fortführung eines Unternehmens durch den InsVerw erleichtert und dennoch der Vertragspartner „im Vergleich zu den anderen Gläubigern nicht unzumutbar belastet", da er zwar seine Rückstände nur als InsFord geltend machen könne, aber für die Zeit ab VerfEröffnung die vereinbarte Gegenleistung voll aus der Masse erhalte.

II. Kritik

3 Hauptzweck des § 105 ist also (Rn 2 aE), den Energielieferanten hinsichtlich künftiger Lieferungen, die er an den InsVerw erbringen muss, auch dann an einen noch mit dem Schu vereinbarten **Vorzugspreis** zu binden, wenn er für die vor VerfEröffnung erbrachten Lieferungen mit der Quote abgespeist wird. Dieser Zweck ist trotz des erstrebten sanierungsfreundlichen Effekts (Rn 2 aE) rechtspolitisch fragwürdig (Rn 4); zudem kann er trotz § 105 nachhaltig verfehlt werden (Rn 5 ff), insb während des EröffnungsVerf, da § 105 hier noch

nicht greift (es sei denn, man entschlösse sich zu einer die Wortlautgrenze übersteigenden analogen Anwendung[1]).

1. Rechtspolitische Einwände. Da ein Sukzessivlieferant seinen Preis idR unter Berücksichtigung des **gesamten** Geschäftsumfangs kalkuliert und ausgehandelt haben wird, läuft es im Erg auf ein Recht des InsVerw zur Nachbesserung des ursprünglichen Preis/Leistungsverhältnisses hinaus, wenn S 1 dem InsVerw, der die weitere Erfüllung des vom Lieferanten erst tw erfüllten Vertrages verlangt, das Recht zugesteht, den Lieferanten hinsichtlich der vor VerfEröffnung erbrachten und in sich vollständigen Teilleistungen mit der Quote abzuspeisen und nur für die **künftigen** Lieferungen anteilig den Preis zu entrichten, der sich aus dem ursprünglichen Vertrag ergibt. Die Gewährung solch eines „Nachbesserungsrechts“ ist sachlich kaum zu rechtfertigen.[2] Dies gilt vor allem dann, wenn der Lieferant weder über ein Monopol noch über sonstige besondere „Stärken“ verfügt. Dennoch ist § 105 so formuliert, dass er nicht nur auf Energielieferungsverträge, sondern auch auf Verträge über andere „teilbare Leistungen“ Anwendung findet. Das geht sehr weit (vgl Rn 5 ff).[3] Aber auch Energielieferanten sollen schon insolvent geworden sein;[4] man darf in diesem Zusammenhang also nicht nur an starke Monopolisten denken. 4

2. Rechtsdogmatische Einwände. Zudem ist § 105 überhaupt **nicht geeignet**, das erstrebte Ziel zu erreichen. § 105 regelt nicht, wie zu verfahren ist, wenn der Vertragspartner gegenüber dem Verlangen auf Weiterbelieferung geltend macht, dass er nur Zug um Zug gegen **vollständige** Bewirkung der **gesamten** Gegenleistung – also auch des auf die bereits erbrachten Lieferungen entfallenden Teils – leisten werde. Es mag zwar sein und liegt sogar nahe, dass die Verfasser des § 105 stillschweigend von der hA[5] ausgingen, dass Zug-um-Zug-Einreden (§§ 273, 320 BGB), die auf **InsFord** gestützt werden, gegenüber dem InsVerw auch dann undurchsetzbar sind, wenn die Gegenstände, zu deren Zurückbehaltung sie berechtigen, **nicht** zur InsMasse gehören. Diese Ansicht ist jedoch unzutr (s § 103 Rn 107 ff). Konsequent zu Ende gedacht,[6] müsste sie auch bei Pfandrechten, Sicherungseigentum und allen 5

---

1 Zur Zulässigkeit einer solchen Analogie vgl *Marotzke* Gegenseitige Verträge, Rn 14.91 Fn 216; bereits für den Zeitraum des Eröffnungsverfahrens den Rechtsgedanken des § 105 heranziehend *BGHZ* 195, 348, 353 [Rn 14] = JZ 2013, 996, 997 (mit Anm *v Wilmowsky*) = NZI 2013, 178, 179 (mit Anm *Eckhoff*) = ZIP 2013, 274, 276 (mit Anm *Marotzke* EWiR 2013, 153 f) = ZNER 2013, 381, 383 (mit BesprAufsatz *Thole* ZNER 2013, 465 ff).

2 Vgl auch *Häsemeyer* Rn 20.27; *Pilgram* S 136 f, 194; *Blaum* S 214 ff, 292; *Stamm* KTS 2011, 421, 445; **aM** *N/R/Balthasar* § 105 Rn 5; *K/P/B/Tintelnot* § 105 Rn 7 f; MK/*Kreft* § 103 Rn 47; *Scherer* NZI 2004, 113, 116 f.

3 Krit auch *Henckel* FS Kirchhof, 2003, S 191, 194 f, 202, 204 f und in Bezug auf § 36 Abs 2 VerglO *Langhein* ZIP 1985, 385, 390 lSp.

4 Zu nennen sind, ohne Anspruch auf Vollständigkeit, folgende Insolvenzen: **Zeus-Strom AG** (2000); **Ares Energie-direkt GmbH** (2002); **Riva-Energie AG** (2003); **Teldafax Energy GmbH** (2011, *AG Bonn* 98 IN 163/11; vgl auch Handelsblatt Nr 170 v 2.9.2011 S 25; *Gundel* GewArch 2012, 137, 140 mit Fn 53; *AG Marburg* ZInsO 2014, 2283 f; *LG Köln* ZInsO 2014, 2509; *OLG Oldenburg* ZInsO 2015, 2025; *OLG Frankfurt/M* ZIP 2015, 1194); **EnerGen Süd eG** (2012, *AG Ulm* 3 IN 98/12); **FlexStrom AG** (2013, *AG Charlottenburg* 36f IN 1569/13); **FlexStrom Marketing AG** (2013, *AG Charlottenburg* 36f IN 1685/13); **OptimalGrün GmbH** (2013, *AG Charlottenburg* 36o IN 1577/13); **OptimalGrün Direct GmbH** (2013, *AG Charlottenburg* 36o IN 1689/13); **Löwenzahn Energie GmbH** (2013, *AG Charlottenburg* 36l IN 1572/13); **FlexGas GmbH** (2013, *AG Charlottenburg* 36f IN 1753/13); **FlexGas Holding GmbH** (2013, *AG Charlottenburg* 36f IN 1964/13). Vgl auch *LG Kiel* NJW-RR 2001, 1628; *Büdenbender* EnWG 2003 § 10 Rn 134 ff.

5 ZB *BGHZ* 161, 241, 252 f = ZIP 2005, 126, 130 = ZInsO 2005, 90, 93; *BGH* ZIP 2013, 179 f [Rn 9].

6 Inkonsequent *Kepplinger* S 315 f.

Erweiterungsformen des Eigentumsvorbehalts zur insolvenzrechtlichen Unwirksamkeit führen – was jedoch auf einen offenen **Wertungswiderspruch zu §§ 50, 51 Nr 1, 166 ff** hinausliefe.[7] Folgt man deshalb der Gegenansicht (s §§ 103 Rn 107 ff, 104 Rn 7 f, 105 Rn 7), so muss man trotz § 105 S 1 zu dem von dieser Bestimmung gewiss nicht intendierten Erg kommen, dass der Sukzessivlieferant dem InsVerw die weitere Erfüllung des Vertrages gem §§ 273, 320 BGB verweigern kann, bis dieser das **gesamte** Entgelt – also auch den durch § 105 S 1 auf den Stand einer InsFord „eingefrorenen" Teil – **vollständig** entrichtet.[8] Da ein Sukzessivlieferant seinen Preis idR unter Berücksichtigung des **gesamten** Geschäftsumfangs berechnet haben wird, ist dieses Erg angemessener als das von den Verfassern des § 105 S 1 beabsichtigte (s Rn 4).[9] Gegenüber Lieferanten, die eine marktbeherrschende Stellung innehaben, ist der InsVerw durch den dann eingreifenden **Kontrahierungszwang**, der von den Lieferanten nicht durch das Stellen diskriminierender Bedingungen unterlaufen werden darf, genügend geschützt (vgl auch § 103 Rn 112).

6 **3. Praktische Folgen.** Viele der Lieferanten, die in der Begr des RegE bes angesprochen sind (s Rn 2 f), werden sich den vor allem die Fortgeltung etwaiger Vorzugspreise betr Folgen des § 105 S 1 durch eine **phantasievolle Gestaltung ihrer Geschäftsbedingungen** zu entziehen wissen. Wenn Anknüpfungspunkt der zu erwartenden neuen Vertragsklauseln nicht die Ins (sonst kommt es auf die bei § 119 Rn 3 f behandelten Streitfragen an), sondern der eine solche nicht notwendig voraussetzende Zahlungsverzug des Kunden oder einer der in § 323 BGB geregelten Tatbestände ist, lässt sich hiergegen kaum etwas ausrichten (vgl § 119 Rn 2).[10] Zudem werden die Lieferanten die Chance zu nutzen wissen, die sich daraus ergibt, dass § 105 im Gegensatz zu § 36 Abs 2 S 2 VerglO völlig zu Recht auf den Versuch verzichtet, ihnen die Ausübung etwaiger auf Zahlungsverzug des Kunden beruhender Rücktrittsrechte vom Zeitpunkt der VerfEröffnung an zu verbieten, und dass die Kündigungssperre des § 112 zumindest dem Wortlaut nach (aber: §§ 107 Rn 31 f, 112 Rn 24) nur in Bezug auf Miet- und Pachtverhältnisse gilt und zudem nach Sinn und Zweck voraussetzt, dass der Vertragsgegenstand dem Schu bereits überlassen war (§ 112 Rn 5). Einem Rücktritt des Lieferanten mit dem Ziel, zu den **ursprünglich** vereinbarten Konditionen keine weiteren Leistungen an den InsVerw erbringen zu müssen, steht bei Erfüllung der bürgerlich-rechtlichen Voraussetzungen wie zB § 323 BGB oder vertraglicher Vorbehalt iSd § 346 Abs 1 BGB

---

7 Ausf *Marotzke* Gegenseitige Verträge in Konkurs und Vergleich, 1985, S 485 ff; *ders* JA 1988, 117 ff, bes S 126 (Funktionsvergleich zwischen Sicherungseigentum und „zurückbehaltenem Eigentum"), 176 ff (Konsequenzen), 182 f (Gestaltungsspielräume des Gesetzgebers).

8 Vgl *Marotzke* Gegenseitige Verträge, 3. Aufl, Rn 4.160 f; **gegen** ein solches Leistungsverweigerungsrecht *LG Rostock* ZIP 2007, 2379 f; *Kepplinger* S 72 ff, 124 f, 133 f, 201 f, 205 f, 315 f, 348 ff, 353; *Blaum* S 116 ff, 205 ff; MK/*Kreft* § 103 Rn 47; FK/*B Wegener* § 105 Rn 25; *Braun/Kroth* § 105 Rn 7; *K/P/B/Tintelnot* § 103 Rn 24, § 105 Rn 42, § 108 Rn 27; *Brandes* in Prütting (Hrsg) RWS-Forum 9, 1997, S 1, 9; *Pape* KS-InsO 3. Aufl 2009 S 353, 378 Rn 40 aE; *Meyer* NZI 2001, 294, 295 Fn 16, 298 (dazu auch unten Rn 11); *Scheffler* ZIP 2001, 1182, 1187; unentschieden *Schwörer* Rn 217 ff, 223.

9 *Häsemeyer* Rn 20.27; *Stamm* KTS 2011, 421, 444 f; **aM** *BGHZ* 135, 25, 28 (= LM GesO Nr 24 mit krit Anm *Marotzke* = JZ 1998, 154 f mit krit Anm *Henckel* = ZIP 1997, 688, 689 f ad II 1); *BGHZ* 195, 348, 353 f (Rn 14) = JZ 2013, 996, 997 (mit Anm *v Wilmowsky*) = ZInsO 2013, 292, 294 = NZI 2013, 178, 179 (mit Anm *Eckhoff*) = ZIP 2013, 274, 276 (mit Anm *Marotzke* EWiR 2013, 153 f) = ZNER 2013, 381, 383 (mit BesprAufsatz *Thole* ZNER 2013, 465 ff).

10 Nicht anders auch *BGHZ* 195, 348, 350 f, 356 [Rn 9, 21] = JZ 2013, 996 ff (mit Anm *v Wilmowsky*) = ZInsO 2013, 292 ff = NZI 2013, 178 ff (mit Anm *Eckhoff*) = ZIP 2013, 274 ff (mit Anm *Marotzke* EWiR 2013, 153 f) = ZNER 2013, 381 ff (mit BesprAufsatz *Thole* ZNER 2013, 465 ff); **aM** *K/P/B/Tintelnot* § 105 Rn 42; lesenswert auch *Kepplinger* S 352 f, 356 ff; *Schwörer* Rn 201 ff, 223, 454 ff, 486 ff.

nichts entgegen:[11] § 105 S 2 schließt zwar die Rückforderung bereits erbrachter Teilleistungen aus der Masse, nicht aber die sonstigen Rücktrittsfolgen aus (Rn 20). Auch wirkt § 105 erst ab VerfEröffnung, nicht schon während des EröffnungsVerf (Rn 3). Es muss deshalb damit gerechnet werden, dass Sukzessivlieferanten ihre auf Zahlungsverzug des Schu beruhenden Rücktritts- oder Kündigungsrechte künftig rücksichtsloser ausüben werden als vor Inkrafttreten der InsO.[12] Da nicht alle Sukzessivlieferanten, deren Leistungen für das schuldnerische Unternehmen lebenswichtig sind, einem Kontrahierungszwang (§ 103 Rn 112 aE) unterliegen, kann sich dies sehr nachteilig auswirken.

4. Eckpunkte einer widerspruchsfreien Auslegung. Ein Gesetz, das an so gravierenden Fehlern leidet wie § 105 S 1 (s Rn 3–6, 11 und § 104 Rn 8), ist „grundsätzlich fragwürdig".[13] Im Hinblick auf den vom Reformgesetzgeber zum Vorbild genommenen § 36 Abs 2 S 1 VerglO – der aber wegen § 36 Abs 1 VerglO in anderem Kontext stand – wurde sogar schon **Nichtigkeit**[14] bzw **Obsoletheit**[15] behauptet. Der **BGH** ist aber wohl bereit, die mit § 105 S 1 verbundenen Vorstellungen des Gesetzgebers zu akzeptieren.[16] **ME** kann jedoch nur eine solche Auslegung Bestand haben, die die bei Rn 5 aufgezeigten Wertungswidersprüche vermeidet, also dem § 105 S 1 keinen negativen Einfluss auf etwaige Zurückbehaltungsrechte des Vertragspartners zuspricht.[17] Nur wenn der Vertragspartner eine marktbeherrschende Stellung genießt oder der Schu bzw der InsVerw aus anderen Gründen keine Möglichkeit des zeitnahen Ausweichens auf einen altforderungslosen und deshalb auch zurückbehaltungsrechtslosen Dritten hat,[18] darf vielleicht eine Ausnahme von der hier vertretenen Grundlinie zugelassen, maW dem Vertragspartner das Zurückbehaltungsrecht unter Berufung auf Sinn und Zweck des § 105 abgesprochen werden. Selbst das ist jedoch zw (s Rn 4, 5 aE). 7

---

11 **AM** K/P/B/*Tintelnot* § 105 Rn 42, 70 ff. Der – in casu nicht entscheidungserheblichen – Frage zulässigerweise ausweichend das in der vorherigen Fn erwähnte Urt *BGHZ* 195, 348 ff.

12 So auch *Gottwald/Huber* 4. Aufl 2010, § 36 Rn 10 S 582 (nicht übernommen in die Folgeauflage).

13 *Häsemeyer* Rn 20.27; iE ebenso *Henckel* JZ 1998, 155, 158; *ders* FS Kirchhof, 2003, S 191, 202 f („rechtspolitischer Missgriff"); vgl auch *Kepplinger* S 135 und – jedenfalls in Bezug auf Bauverträge – *Meyer* NZI 2001, 294, 298.

14 Und zwar wegen Verstoßes gegen das allgem Willkürverbot des Art 3 Abs 1 GG; vgl *Marotzke* Gegenseitige Verträge in Konkurs und Vergleich, 1985, S 449 ff; stark gekürzt in Gegenseitige Verträge im neuen InsR, 3. Aufl 2001, Rn 13.108 ff; von der Erhebung des Nichtigkeitsvorwurfs abratend und stattdessen eine einschränkende Auslegung (des § 105) befürwortend: *Henckel* FS Kirchhof, 2003, S 191, 203 f; K/P/B/*Tintelnot* § 105 Rn 10 f.

15 *Henckel* ZZP 99 (1986) 419, 442 f.

16 Vgl *BGHZ* 129, 336, 342 Abschn II 1b cc = LM Nr 31 zu § 17 KO mit Anm *Marotzke* = JZ 1996, 49, 50 mit Anm *Bork; BGHZ* 135, 25 ff = LM GesO Nr 24 mit Anm *Marotzke* = JZ 1998, 154 f mit Anm *Henckel* = DZWIR 1998, 64 ff mit Anm *Oetker* = ZIP 1997, 688, 690; *BGHZ* 195, 348, 353 f [Rn 14] = JZ 2013, 996, 997 (mit Anm *v. Wilmowsky)* = ZInsO 2013, 292, 294 = NZI 2013, 178, 179 (mit Anm *Eckhoff*) = ZIP 2013, 274, 276 (mit Anm *Marotzke* EWiR 2013, 153 f) = ZNER 2013, 381, 383 (m BesprAufsatz *Thole* ZNER 2013, 465 ff).

17 AM *K/P/B/Tintelnot* § 105 Rn 42; MK/*Kreft* § 103 Rn 47, § 105 Rn 2.

18 Vgl *Henckel* FS Kirchhof, 2003, S 191, 194 f, 202, 204 f und im Zusammenhang mit der Frage einer **Anfechtbarkeit** vom vorl InsVerw erbrachter oder zumindest gebilligter Zahlungen auch *Marotzke* Gegenseitige Verträge, Rn 14.91 ff sowie die bereits bei § 103 Rn 118, 121 mit weiteren Fundstellen erwähnten Entscheidungen *BGH* ZIP 2003, 810 ff (Abschn II 2 c) und *BGH* 10.1.2013 – IX ZR 161/11, ZInsO 2013, 551, 553 [Rn 21 ff, 24] = ZIP 2013, 528, 530 ff = NZI 2013, 298, 300 f.

III. „Teilbare Leistung“

8 **1. Strenger Maßstab.** Voraussetzung für die Anwendung des S 1 ist die **Teilbarkeit** der geschuldeten Leistungen. Aufgrund der Erkenntnis, dass S 1 mit weitgehend untauglichen Mitteln einen rechtspolitisch fragwürdigen Zweck zu erreichen versucht (Rn 3 ff), wird man den Anwendungsbereich der Vorschrift nicht ohne Not über das Unvermeidliche hinaus erweitern dürfen. Bei der Feststellung, ob die geschuldeten Leistungen „teilbar“ sind, ist also nicht großzügig (so jedoch der BGH und die ihm folgende hM[19]), sondern streng zu verfahren.[20] Entscheidend wird es darauf ankommen, ob auch bestimmte **Teile** der vereinbarten Leistung „jeweils einzeln einen selbstständigen wirtschaftlichen Zweck haben“[21] und ob „sich die Gegenleistung auf diese Teilleistungen beziehen lässt“.[22] Bei der Subsumtion unter diese Formel sind die Interessen beider Vertragsparteien zu berücksichtigen. Handelt es sich um einen Vertrag über die Gewährung eines verzinslichen Darlehens in bestimmter, für ein Bauvorhaben notwendiger Höhe, so wäre eine Beschränkung auf einen Teilbetrag für den Darlehensnehmer uninteressant und die Teilbarkeit der Leistung somit zu verneinen.[23] Vgl zur Teilbarkeit von Darlehen auch Rn 13; zur Ins des Darlehensgebers (idR also einer Bank) s § 108 Rn 83 ff.

9 **2. Beispiele. – a) Für Leistungen.** Als Beispiele für „teilbare Leistungen“ erwähnt die Begr des RegE nur „die fortlaufende Lieferung von Waren oder Energie“ (vgl Rn 2). Gleichwohl wird man die bei Rn 8 befürwortete enge Auslegung des § 105 S 1 nicht derart radikal vornehmen dürfen, dass man als Leistungen nur **Lieferungen** in Betracht zieht: „Leistung“ kann gem §§ 241 Abs 1, 194 Abs 1 BGB **jedes Tun oder Unterlassen** sein. Dies gilt – vorbehaltlich der Frage der Teilbarkeit – auch iRd § 105 S 1.[24]

10 **b) Für Teilbarkeit.** § 105 S 1 verfolgt ua den Zweck, der Masse etwaige **Sonderkonditionen** eines Waren- oder Energielieferanten auch dann zu erhalten, wenn die bis zur VerfEröffnung erfolgten Lieferungen nicht vollständig bezahlt, sondern nur mit der Quote bedient werden (Rn 2). Nicht gelten lassen wollte der Gesetzgeber also wohl das Argument, dass von einer „teilbaren“ Leistung iSd § 105 nicht die Rede sein kann, wenn die Preiskalkulation des Lieferanten auf der für den Abnehmer (Schu) erkennbaren Annahme beruht, dass

---

19 *BGHZ* 150, 353, 358 f (im Zusammenhang mit § 103); *Scherer* NZI 2004, 113, 116 f; *N/R/Balthasar* § 105 Rn 7; *Braun/Kroth* § 105 Rn 4; *Scheffler* ZIP 2001, 1182, 1183; *Kreft* FS Uhlenbruck, 2000, S 387 ff; MK/*Kreft* § 105 Rn 8 ff; *Jaeger/Jacoby* § 105 Rn 8, 25 f und – noch zu § 36 Abs 2 VerglO – *RGZ* 155, 306, 312 f; *BGHZ* 67, 242, 247 = KTS 1977, 111, 114; *BGHZ* 125, 270, 274 = ZIP 1994, 715, 717; *Bley/Mohrbutter* VerglO § 36 Rn 48 Abs b.

20 In der Grundtendenz übereinstimmend *Langhein* ZIP 1985, 385, 388 ff, bes 390 lSp, 394 lSp (noch zu § 36 Abs 2 VerglO); *Pilgram* S 136 f, 194; *Blaum* S 217 f; *Meyer* NZI 2014, 679 ff; K/P/B/*Tintelnot* § 105 Rn 10 f, 16 ff (der zwar vor „weit auszulegen“ spricht, dabei aber die wesentliche Einschränkung macht, dass dies „nicht im Sinne bloßer Bewertbarkeit der Vorleistung“, sondern „im Sinne der späten Rechtsprechung zu § 36 VglO“ gemeint sei und auf jeden Fall eine „hinreichend klare Abgrenzbarkeit von Leistungsteilen“ als erforderlich erachtet werden müsse).

21 Vgl *BGHZ* 98, 160, 171.

22 *BGHZ* 67, 242, 249; vgl auch *BGHZ* 125, 270, 275 = ZIP 1994, 715, 717; *Scheffler* ZIP 2001, 1182, 1183 f; wesentlich großzügiger *Kreft* FS Uhlenbruck, 2000, S 387, 396; MK/*Kreft* § 105 Rn 14; *Scherer* NZI 2004, 113, 116 f und die bereits bei § 103 Rn 24, 88 erwähnten Urt *BGHZ* 147, 28, 31 ff; 150, 353, 358 f: für Teilbarkeit genüge grds, dass sich die erbrachte Leistung feststellen und bewerten lasse.

23 Wie hier K/P/B/*Tintelnot* § 105 Rn 61.

24 IE übereinstimmend *Tintelnot* ZIP 1995, 616, 619 f sowie die noch auf § 36 Abs 2 VerglO zielenden Hinweise in *RGZ* 155, 306, 312 ff; *BGHZ* 67, 242, 246; **aM für Bauverträge** *Meyer* NZI 2001, 294, 298.

der Vertrag in seinem **gesamten** Umfang störungsfrei erfüllt wird. Ob man dieser im Gesetzeswortlaut nicht klar zum Ausdruck gebrachten Wertung des Gesetzgebers nachgeben sollte,[25] erscheint zw (vgl Rn 4 f, 7 f),[26] zumal der Gesetzgeber bei in einem Rahmenvertrag zusammengefassten Geschäften über „Finanzleistungen" offenbar im gegenteiligen Sinn entscheiden wollte (vgl § 104 Rn 7 f). Bedenkenswerte Ansätze zur Lösung des Problems finden sich bei *Langhein* Der Sonderkundenvertrag im Vergleich – zur Auslegung des § 36 Abs 2 VerglO, ZIP 1985, 385 ff.

Ob die **Errichtung eines Gebäudes und sonstige Werkleistungen** „teilbar" sind, kann sehr zw sein.[27] Verneint man die Teilbarkeit mit Rücksicht auf das Interesse des Bestellers,[28] so wirkt diese „Rücksichtnahme" bei **dessen** Ins wie ein Bumerang: Nur wenn man Teilbarkeit **bejaht**,[29] hat der InsVerw des Bestellers nach § 105 S 1 das Recht, die Vollendung des halbfertigen Gebäudes zu verlangen, **ohne** dadurch auch den auf die bereits vor VerfEröffnung erbrachten Bauleistungen entfallenden Teil des dem Unternehmer zustehenden Werklohns in den Rang einer Masseverbindlichkeit zu erheben (was freilich den Unternehmer nach der bei Rn 5 vertretenen Ansicht nicht hindert, auch wegen dieses Teils seiner Werklohnforderung ein etwa bestehendes Zurückbehaltungsrecht geltend zu machen). Ob der Gesetzgeber das bedacht hat? Bemerkenswert ist in diesem Zusammenhang der Vorschlag, „die derzeitige Regelung des § 105 im Wege der teleologischen Reduktion dahingehend zu berichtigen, dass sie auf Bauverträge keine Anwendung findet".[30] Solch eine teleologische Reduktion würde die bei Rn 3 ff angesprochenen Probleme aber bei allen anderen Vertragstypen bestehen lassen. 11

Die miet- oder pachtweise Überlassung einer beweglichen Sache ist teilbar iSd § 105 S 1.[31] 12
Das ergibt sich aus Folgendem: Wurden nicht Mobilien, sondern unbewegliche Gegenstände vermietet oder verpachtet, so bestehen diese Verträge „mit Wirkung für die Ins-Masse fort" (§ 108 Abs 1 S 1). Damit ist gemeint, dass solche Verträge nach Maßgabe des § 55 Abs 1 Nr 2 Alt 2 als Masseverbindlichkeiten erfüllt werden müssen. Die Abgrenzungsfunktion des in § 55 Abs 1 Nr 2 enthaltenen Wortes „soweit" verdeutlichend (s § 103 Rn 105), bestimmt § 108 Abs 3, dass der andere Teil „Ansprüche für die Zeit **vor** der Eröffnung des InsVerf … nur als InsGl geltend machen" kann. Wenn dies schon für Miet- und Pachtverhältnisse über „unbewegliche" Gegenstände gilt (dazu näher § 108 Rn 7, 58 ff), dann wird man für Miet- und Pachtverträge über „bewegliche" Sachen nicht anders entscheiden dürfen. Da § 108 auf Miet- und Pachtverträge über bewegliche Sachen unanwendbar ist (soweit sich aus § 108 Abs 1 S 2 nichts Gegenteiliges ergibt), lässt sich ein dem § 108 Abs 3 entspr Erg hier nur über § 105 erreichen. Es bleibt also nichts anderes übrig, als die miet- oder pachtweise Überlassung einer beweglichen Sache als unter zeitlichen Aspekten

25 So zB *K/P/B/Tintelnot* § 105 Rn 2, 6; FK/*B Wegener* § 105 Rn 12; *N/R/Balthasar* § 105 Rn 5; *BGHZ* 135, 25, 28 = LM GesO Nr 24 mit Anm *Marotzke* = JZ 1998, 154 f mit Anm *Henckel* = DZWIR 1998, 64 ff mit Anm *Oetker* = ZIP 1997, 688 f Abschn II 1.

26 Krit auch *Pilgram* S 136 f, 194.

27 Vgl *BGHZ* 67, 242, 246 ff = KTS 1977, 111, 114 ff; K/P/B/*Tintelnot* § 105 Rn 58 ff.

28 Dies in großem Umfang befürwortend *Meyer* NZI 2014, 679 ff; anders jedoch die in der nächsten Fn nachgewiesene hM.

29 Sehr großzügig *Kreft* FS Uhlenbruck, 2000, S 387, 396; *BGHZ* 150, 353, 358 f (dazu auch § 103 Rn 88) und sogar bei Werk**lieferungs**verträgen *BGHZ* 147, 28, 31 ff (dazu schon § 103 Rn 24).

30 Vorgeschlagen von *Meyer* NZI 2001, 294, 298; das Thema nochmals aufgreifend *ders* NZI 2014, 679 ff.

31 Vgl auch *Pape* KS-InsO 3. Aufl 2009 S 353, 377 f Rn 39 f; *Tintelnot* ZIP 1995, 616, 620; *K/P/B/Tintelnot* § 105 Rn 51 ff; *N/R/Balthasar* § 105 Rn 8; *Braun/Kroth* § 105 Rn 10; *Pilgram* S 138; bedenklich jedoch *Eckert* ZIP 1997, 2077, 2079 (dazu aE dieser Rn).

„teilbar" iSd § 105 S 1 anzusehen.[32] Noch zu § 36 Abs 2 VerglO und deshalb ohne Unterscheidung zwischen beweglichen und unbeweglichen Sachen hat der BGH entschieden, die vom Verpächter geschuldete Gebrauchsüberlassung und der vom Pächter dafür entrichtete Pachtzins seien „teilbar". Eine nach dem Vertrag geschuldete **Wiederherstellung** des Pachtgegenstandes sei „insoweit teilbar, als sie sich auf die Summe mehrerer Veränderungen bezieht, die jeweils für sich Grundlage eines selbstständigen Wiederherstellungsanspruchs sein könnten"; eine Teilung nur in zeitlicher Hinsicht komme hingegen nicht in Betracht.[33] Nicht zu folgen ist der in ZIP 1997, 2077, 2079 aufgestellten These von *Eckert*, dass das vertragsgemäße „Belassen der Nutzungsmöglichkeit nach Übergabe an den Leasingnehmer keine der mietrechtlichen Gebrauchsgewährung wertmäßig vergleichbare Leistung" darstelle, sondern angesichts des Gewichts der – offenbar in der Übergabe der Mietsache gesehenen – „überragenden Anfangsleistung … eher unbedeutend" sei.[34] Aus der Sicht des Leasingnehmers, auf die es ankommt, wäre das bloße „Erlangen" der Nutzungsmöglichkeit ohne bleibenden Wert, wenn er unmittelbar danach mit durchsetzbaren Herausgabeansprüchen konfrontiert werden könnte (zB aus § 812 oder §§ 985, 986 BGB). Folgte man gleichwohl der Ansicht von *Eckert*,[35] so hätte dies erhebliche Konsequenzen für den im Zusammenhang mit § 105 S 1 anzuwendenden Teilungsschlüssel (vgl erg § 108 Rn 51) sowie bei Zugrundelegung der bei § 110 Rn 5 erwähnten Rspr des BGH sogar auch im Zusammenhang mit der Frage der Insolvenzfestigkeit von Vorausverfügungen über Miet-, Pacht-, Leasing- und Lizenzentgelte.

13 Das zur Teilbarkeit der miet- oder pachtweisen Gebrauchsüberlassung Ausgeführte (Rn 12) gilt sinngemäß auch für die **Gewährung eines Darlehens**.[36] „Gegenleistung" iSd § 105 S 1 ist nicht die Rück-, sondern die Zinszahlung des Darlehensnehmers. Dennoch meint Tintelnot,[37] dass der Anspruch des Darlehensgebers gegen den Schu auf Rückzahlung des vor VerfEröffnung ausgezahlten Teils der Darlehenssumme auch dann nicht Masseverbindlichkeit nach § 55 Abs 1 Nr 2 Alt 1 sei, wenn der InsVerw vom Darlehensgeber – anscheinend trotz § 490 BGB und einschlägiger AGB mit Erfolg – die Auszahlung der Restvaluta verlangt habe. Das harmoniert mit dem Wort „soweit" in § 55 Abs 1 Nr 2 (s § 103 Rn 105) und ist iE wohl zutr.[38] Die zugrunde liegende Anwendung des § 105 S 1 ist jedoch keine unmit-

32 Krit – jedenfalls für Leasingverträge – *Schmid-Burgk* ZIP 1998, 1022, 1023; vgl auch *Zahn* DB 1995, 1597, 1598 f (Letzterer nicht direkt zu § 105).

33 *BGHZ* 125, 270, 275 = ZIP 1994, 715, 717. Zur Bedeutung des § 105 für Wiederherstellungspflichten vgl auch K/P/B/*Tintelnot* § 105 Rn 55.

34 Von „etwa 5 bis 10 % der jeweiligen monatlichen Leasingrate" sprach *Graf v Westphalen* Der Leasingvertrag 5. Aufl 1998 Rn 1558 f (nicht mehr in den Folgeauflagen).

35 *Eckert* EWiR 2010, 721 f; *Wolf/Eckert/Ball* Handbuch des gewerblichen Miet-, Pacht- und Leasingsrechts, 10. Aufl 2009, Rn 2063 (iVm Rn 2055); **aM** *OLG Düsseldorf* ZIP 2010, 2212 ff (mit abl Anm *Eckert* EWiR 2010, 721 f); *Graf von Westphalen* Der Leasingvertrag 7. Aufl 2015, Kap R Rn 60 f; *Schmid-Burgk* ZIP 1998, 1022 f; *Zahn* DB 1998, 1701 ff; *K/P/B/Tintelnot* § 108 Rn 17 f; *Uhlenbruck/Sinz* § 108 Rn 99 ff; *Braun/Kroth* § 105 Rn 11; *Kalkschmid* Immobilienleasing in der Insolvenz, 2003, Rn 360 ff. Die Argumentationsweise von *Eckert* versuchsweise auf § 91 Abs 1 übertragend – glücklicherweise ohne Auswirkungen im konkret entschiedenen Fall – das bei § 110 Rn 5 erwähnte Urt des *BGH* v 25.4.2013 – IX ZR 62/12 [Rn 29, 31, 34], ZInsO 2013, 1081, 1084 f = NZI 2013, 586, 589 f (mit Anm *Dahl*) = ZIP 2013, 1082, 1085 f (mit Anm *Marotzke* EWiR 2013, 417 f).

36 Ebenso K/P/B/*Tintelnot* § 105 Rn 61 f; *Braun/Kroth* § 105 Rn 10; vgl zum Darlehen auch § 103 Rn 18 f, § 108 Rn 83 ff.

37 *K/P/B/Tintelnot* § 105 Rn 62.

38 Ebenso *Uhlenbruck/D Wegener* § 105 Rn 23; **aM** *Obermüller* Insolvenzrecht in der Bankpraxis, 9. Aufl 2016, Rn 5.768. Zur Ins des Darlehensgebers (anderer Fall!) vgl § 108 Rn 83 ff.

telbare, sondern eine analoge. Summenmäßig ist ein Darlehen nicht „teilbar“ iSd § 105 S 1, wenn aus der bei Vertragsschluss zutage getretenen Sicht des Darlehensnehmers, der vielleicht ein Bauvorhaben finanzieren möchte, nur die **volle** Darlehenssumme von Interesse ist (vgl schon Rn 8 aE; zur Ins des Darlehens**gebers** s § 108 Rn 83 ff). Nicht gedacht ist § 105 S 1 wohl für **Finanzleistungen** iSd § 104 Abs 2 (s Rn 10) bzw § 104 Abs 1 S 3 nF.

Als teilbar (iSd damals noch maßgeblichen § 36 Abs 2 VerglO) sah das RG auch die Leistungsprogramme aller übrigen **Dauerschuldverhältnisse** an, sofern die vereinbarten „zeitlich ablaufende(n) Leistungen sich ihrem wirtschaftlichen Werte nach teilen lassen“.[39] Vorbehaltlich der bei Rn 8 und 10 formulierten Einschränkungen ist dem auch in Bezug auf § 105 S 1 zuzustimmen. Bei einem **Lizenzvertrag** (vgl auch § 103 Rn 24, § 107 Rn 40, § 108 Rn 8 ff, 21 ff, 82, 96 ff, § 112 Rn 24), in dem monatliche Abrechnung von Stücklizenzen vereinbart war, ist die Anwendbarkeit des § 36 Abs 2 VerglO vom RG bejaht worden.[40] Auch bei sonstigen Lizenzverträgen kommt eine Anwendung des § 105 in Betracht.[41] Zur Teilbarkeit von **Versicherungsleistungen** vgl die in der Fn[42] Genannten. **Gesellschaftsverträge** verpflichten nicht zu „teilbaren“ Leistungen iSd § 105;[43] aber auch § 103 ist auf sie idR nicht anzuwenden (§ 103 Rn 21).[44] 14

IV. Bereits „teilweise erbrachte“ Leistung

Wie der bisherige § 36 Abs 2 S 1 VerglO setzt auch die Nachfolgebestimmung in § 105 S 1 als ungeschriebenes Tatbestandsmerkmal voraus, dass es sich bei der bereits erbrachten Teilleistung des Vertragspartners um eine **in sich vollständige** handelt.[45] Die alte Streitfrage, ob ein noch bestehender **Eigentumsvorbehalt** des Vertragspartners der Annahme einer „in sich vollständigen“ Teillieferung entgegensteht, hat sich also nicht erledigt. Im Hinblick auf die hier vertretene enge Auslegung des § 105 S 1 (Rn 8) wird die Anwendbarkeit der Vorschrift zu verneinen sein.[46] Anders würde der BGH aber wohl entscheiden, wenn es sich um einen **„erweiterten“ Eigentumsvorbehalt** handelt und der auf die bereits gelieferte Ware entfallende Kaufpreisanteil schon vor VerfEröffnung gezahlt wurde.[47] 15

---

39 *RGZ* 155, 306, 312 f; vgl auch *BGHZ* 67, 242, 247.
40 *RGZ* 155, 306, 312 f.
41 *Stickelbrock* WM 2004, 549, 558 f; K/P/B/*Tintelnot* § 105 Rn 57.
42 *LG München* KTS 1958, 28 f; *OLG Düsseldorf* NZI 2006, 297 f; *BGH* 25.4.2013 – IX ZR 235/12, NZI 2013, 583, 586 (Rn 41); *LG Hamburg* 13.9.2012 – 323 O 601/09, ZIP 2013, 738, 740 (Berufung anhängig unter Az 5 U 179/12 beim Hanseatischen OLG); *K/P/B/Tintelnot* § 105 Rn 63.
43 Vgl für die stille Gesellschaft *BGHZ* 51, 350, 355.
44 Vgl jedoch zum früheren § 50 VerglO *BGHZ* 51, 350, 353.
45 Ebenso *K/P/B/Tintelnot* § 105 Rn 28; FK/*B Wegener* § 105 Rn 16; ähnlich in etwas anderem Zusammenhang § 632a S 1 BGB: „in sich abgeschlossene Teile des Werkes“; **aM** HambKomm/*Arendt* § 105 Rn 6.
46 Ebenso K/P/B/*Tintelnot* § 105 Rn 48 f; vgl auch FK/*B Wegener* § 105 Rn 4; *Schmidt/Ringstmeier* § 105 Rn 19; *Uhlenbruck/D Wegener* § 105 Rn 19 (jedoch m einigen Differenzierungen im Lichte des § 107 Abs 1) und für den bisherigen § 36 Abs 2 VerglO auch *Bley/Mohrbutter* VerglO § 36 Rn 40, 47 Abs b; *Kilger/Schmidt* Insolvenzgesetze, 1997, VerglO § 36 Anm 7; unentschieden das *Reichsjustizministerium* in: Entwurf einer VerglO nebst EG und Begr, 1933, S 45 f; zum Ganzen ausf *Gutewort* Eigentumsvorbehalt und Rücktritt bei Teilung gegenseitiger Verträge im Vergleichsverfahren, Gießen 1937.
47 Vgl die allerdings nur in Teilaspekten einschlägige Entsch *BGHZ* 98, 160, 170 ff Abschn II 4 a, aa, bb. Klare Ansage bei K/P/B/*Tintelnot* § 105 Rn 49: „Der erweiterte Eigentumsvorbehalt ist mangels Teilbarkeit kein Fall des § 105“.

16 Eine Sondervorschrift für den Fall, dass der Vertragspartner eine **mangelhafte Leistung** erbracht hatte, enthielt § 36 Abs 3 VerglO.[48] Gedacht war diese Vorschrift als lex specialis zu § 36 Abs 1 VerglO, nicht als Konkretisierung des § 36 Abs 2 VerglO. Da § 36 Abs 1 VerglO nicht in die InsO übernommen wurde (was aus den an anderer Stelle genannten Gründen[49] zu begrüßen ist), war es konsequent, mit § 36 Abs 3 VerglO ebenso zu verfahren. Wohl aus diesem Grund verzichtet die InsO auf eine ausdrückliche Regelung des Falles, dass der Vertragspartner mangelhaft geleistet hat. Um den Anwendungsbereich des § 105 S 1 nicht unnötig zu erweitern (s Rn 8), sollte man sich an den üblichen Wortsinn halten und eine mangelhafte Teilleistung **nicht** als „in sich vollständig" iSd bei Rn 15 Ausgeführten ansehen.[50] InsGl (§§ 38, 103 Abs 2 S 1) ist der Vertragspartner mit dem seiner Teilleistung entspr Betrag des Anspruchs auf die Gegenleistung also (wegen Unanwendbarkeit des § 105 S 1) nur, wenn der InsVerw nicht die weitere Erfüllung des Vertrages verlangt (arg § 55 Abs 1 Nr 2 Alt 1). Anders jedoch, wenn dem in der Rolle des Leistungsempfängers befindlichen Schu ein Recht zur Minderung der Gegenleistung zusteht und dieses ausgeübt wird (was während des InsVerf nur durch den InsVerw geschehen kann): In solchen Fällen ist der Mangel, der der bereits empfangenen Teilleistung anhaftet, gegen entspr Herabsetzung auch der Gegenleistungspflicht nachträglich akzeptiert und somit aus der mangelhaften Teilleistung eine **in sich vollständige** Teilleistung iSd § 105 S 1 geworden (vgl auch § 103 Rn 70 aE).

V. Rechtsfolge des Satzes 1

17 Als Rechtsfolge bestimmt § 105 S 1, dass der Vertragspartner mit dem seiner Teilleistung entspr Betrag seines Anspruchs auf die Gegenleistung InsGl ist, auch wenn der InsVerw wegen der noch ausstehenden Leistung Erfüllung verlangt. Bemerkenswert ist, dass der Gesetzeswortlaut diese schon bei Rn 2 ff näher beschriebene (und kritisierte) Rechtsfolge auf einen bestimmten „Betrag" des Anspruchs auf die Gegenleistung bezieht. Die Anwendbarkeit der Vorschrift soll also wohl davon abhängen, dass die Gegenleistung, die dem Gl vertraglich zusteht, auf **Geld** gerichtet ist.[51] Diese Interpretation ist zwar, denkt man an vertretbare Sachen oder an § 45, nicht in jeder Hinsicht zwingend. Sie ist jedoch naheliegend und zudem geeignet, den Anwendungsbereich des ohnehin verfehlten (Rn 3 ff) § 105 S 1 in Grenzen zu halten.[52] **Weitere Einschränkungen des § 105 S 1** ergeben sich aus § 55 Abs 2 bei Schuldbegründung oder Leistungsinanspruchnahme durch einen vorl InsVerw (vgl auch § 103 Rn 116).[53] Durch rechtzeitige **Bestellung von Sicherungsrechten** kann die Rechtsfolge des § 105 S 1 zwar nicht abgewendet, aber wirtschaftlich überbrückt werden (s § 103 Rn 170).

18 Ähnlich wie im Fall des § 105 S 1 der **Vertragspartner** des Schu trotz des Erfüllungsverlangens des InsVerw **InsGl** bleibt, sollte man auch die auf eine vor VerfEröffnung erbrachte Teilleistung (zB Bauleistung) des **Schu** entfallende **Umsatzsteuerforderung** selbst dann als InsFord qualifizieren, wenn der InsVerw die weitere Erfüllung des Vertrages nicht ablehnt,

---

48 Dazu *Marotzke* Gegenseitige Verträge, 3. Aufl, Rn 13.119 ff.

49 Vgl *Marotzke* Gegenseitige Verträge, 3. Aufl, Rn 13.37 ff.

50 Wie hier K/P/B/*Tintelnot* § 105 Rn 10, 16, 29 f, 50; **aM** *Schmidt/Ringstmeier* § 105 Rn 20; *Uhlenbruck/D Wegener* § 105 Rn 21.

51 Zust *Lucina Berger* S 57 ff, 66, 77, 201 (mit ausf Begr; damals gab es noch keinen RegE § 108a). AM *Schmidt/Ringstmeier* § 105 Rn 12; vgl auch *N/R/Balthasar* § 105 Rn 10; *Kreft* FS Uhlenbruck, 2000, S 387, 397 ff (Abschn III 1 „Insolvenz des Auftragnehmers") und in Bezug auf den ähnlich formulierten § 21 Abs 4 östKO *Kepplinger* S 299 ff (geht auch bei **nicht** auf Geld gerichteter Forderung des Gl wie selbstverständlich von § 21 Abs 4 östKO aus und handelt sich dadurch schwierige Folgeprobleme ein).

52 Ähnlich in der Bewertung *K/P/B/Tintelnot* § 105 Rn 31 ff.

53 Vgl auch *Hess* § 105 Rn 21.

sondern sie gem § 103 verlangt.[54] Dies ist eigentlich schon unabhängig von § 105 S 1 zutreffend,[55] kann aber hilfsweise auch auf den Rechtsgedanken des § 105 S 1 gestützt werden.[56] Ob sich diese Sichtweise durchsetzen wird, ist allerdings zweifelhaft (vgl zur Umsatzsteuer auch § 103 Rn 88). Ein vorsichtiger InsVerw könnte deshalb – freilich ohne Erfolgsgarantie – erwägen, die Erfüllung des Vertrages abzulehnen und über die noch ausstehenden Restleistungen einen neuen Vertrag abzuschließen.[57] Dazu bedarf es jedoch der Mitwirkung des anderen Teils. In der Ins eines Bauunternehmers wird der InsVerw in sein Kalkül einzubeziehen haben, dass § 13b Abs 1 S 1 Nr 4, Abs 2 S 2 UStG unter den dort genannten Voraussetzungen den Leistungsempfänger zum Schu der Umsatzsteuer erklärt.[58]

C. Rückforderungsausschluss nach S 2

I. Sinn und Zweck

§ 105 S 2 soll klarstellen, „dass der Vertragspartner des Schuldners die ihm durch S 1 auferlegte Beschränkung seiner Rechtsstellung auch nicht dadurch kompensieren kann, dass er die Rückgabe der von ihm erbrachten Teilleistung aus der Insolvenzmasse verlangt" (Begr RegE S 146). Selbst wenn dem Vertragspartner für den Fall der Nichterfüllung seiner Forderung ein gesetzliches oder vertragliches **Rücktrittsrecht** zusteht, soll er sich „nicht durch Ausübung dieses Rücktrittsrechts nach der Verfahrenseröffnung einen Masseanspruch auf Rückgewähr seiner Teilleistung verschaffen" können.[59] **19**

II. Kein Rücktrittsausschluss

Anders als der frühere § 36 Abs 2 S 2 VerglO schließt § 105 S 2 InsO nicht schon die Ausübung etwa bestehender Rücktritts**rechte**,[60] sondern nur eine von mehreren Rücktritts**fol-** **20**

---

54 Weiter differenzierend *BFHE* 226, 130 ff = ZIP 2009, 1677 ff; dazu *Onusseit* ZIP 2009, 2180 ff; in der Grundtendenz zur Einordnung als Masseverbindlichkeit tendierend *BFH* 11.7.2013 – XI B 41/13, ZInsO 2013, 1739 ff = ZIP 2013, 1680 ff = NZI 2013, 992 ff mit Anm *Harder*.

55 **Anders die hM** (zB *BFH* KTS 1979, 208, 210; *BFHE* 232, 301 ff; *Frotscher* Besteuerung bei Insolvenz, 8. Aufl 2014 S 247 f, 251; *Boochs/Dauernheim* Steuerrecht in der Insolvenz, 3. Aufl 2007, Rn 175; *Maus* Steuern im Insolvenzverfahren, 2004, Rn 86 f; resignierend jetzt auch *Braun/Kroth* § 105 Rn 16), **die jedoch auch Widerspruch erfahren hat** (vgl *Welzel* Die Umsatzsteuer als Masseverbindlichkeit, 1997, S 77 ff, 230 ff; *Onusseit* FS Kirchhof, 2003, S 373, 386 f, 389). **In der Grundtendenz zur Einordnung als Masseverbindlichkeit tendierend** *BFH* Beschl v 11.7.2013 – XI B 41/13, ZInsO 2013, 1739 ff = ZIP 2013, 1680 ff = NZI 2013, 992 ff mit Anm *Harder*. **Differenzierend** *Häsemeyer* FS Stürner 2013, S 769, 776 f: **Masseverbindlichkeit** sei die UStFo nur in Höhe des mit Massemitteln geschaffenen Mehrwerts des steuerpflichtigen Umsatzes. „In Höhe erstatteter Vorsteuer" sei die UstFo lediglich **InsFo**.

56 Zust *Borchard/Frind/v Websky* Betriebsfortführung im Insolvenzverfahren 3. Aufl 2017, Kap 20 Rn 2106; **aM** *Welzel* Die Umsatzsteuer als Masseverbindlichkeit, 1997, S 230 f.

57 Vgl *FG Kiel* ZIP 2011, 137, 139; *Frotscher* Besteuerung bei Insolvenz 8. Aufl 2014, S 251 f; *Braun/Kroth* § 105 Rn 18; *Schmitz* ZInsO 2004, 1051, 1058; *Borchard/Frind/v Websky* Betriebsfortführung im Insolvenzverfahren 3. Aufl 2017, Kap 20 Rn 2107.

58 Dazu *Braun/Kroth* § 105 Rn 17.

59 Begr RegE aaO mit Hinweis auf die bisherigen §§ 26 S 1 KO, 36 Abs 2 S 2 VerglO.

60 Zust *v Wilmowsky* KTS 2011, 453, 475; *Schmidt/Ringstmeier* § 105 Rn 31; iE übereinstimmend – allerdings in Bezug auf zu einem Rechtsverlust der Masse führende **Kündigungs**rechte – *BGH* ZInsO 2006, 35, 37 rSp = ZIP 2006, 87, 90 rSp (vgl zu diesem Urt auch die zweite Fn zu § 103 Rn 167). **AM** K/P/B/*Tintelnot* § 105 Rn 42, 70 ff; FK/*B Wegener* § 105 Rn 22 f; *Uhlenbruck/D Wegener* § 105 Rn 32; vgl auch *LG Rostock* ZIP 2007, 2379, 2380; *LAG Düsseldorf* ZIP 2010, 1099, 1101 (Näheres zu diesem Urt sowie zur in derselben Sache ergangenen Revisionsentsch *BAG* ZInsO 2012, 450 ff bei § 108 Rn 45); differenzierend *Kepplinger* S 252 ff.

gen aus: Verhindert wird nicht das rücktrittsbedingte Erlöschen der beiderseitigen Erfüllungsansprüche (s Rn 6), sondern nur die der Stellung des Vertragspartners als InsGl nicht angemessene Rechtsfolge, dass dieser „wegen der Nichterfüllung seines Anspruchs auf die Gegenleistung die Rückgabe einer vor der Eröffnung des Verfahrens in das Vermögen des Schuldners übergegangenen Teilleistung aus der Insolvenzmasse … verlangen" kann. Diese Abweichung vom bisherigen Recht ist zu begrüßen.[61]

III. Beschränkung des Rückforderungsrechts

21 **1. Deklaratorischer Charakter der Vorschrift.** Wie der bisherige § 26 S 1 KO beschränkt sich auch § 105 S 2 InsO darauf, etwaigen auf Rücktritt oder sonstigen Gründen beruhenden Rückforderungsrechten des Vertragspartners insofern einen Riegel vorzuschieben, als sie nicht zu einem als Masseverbindlichkeit oder sogar als Aussonderungsrecht zu erfüllenden Anspruch auf „Rückgabe einer **vor** [andernfalls uU § 55 Abs 1 Nr 3!] der Eröffnung des Verf in das Vermögen des Schu **übergegangenen** [andernfalls uU § 47!] Teilleistung aus der InsMasse" führen dürfen. In Wirklichkeit ergibt sich das Gesagte aber schon daraus, dass auf einen solchen Rückgewähranspruch des Vertragspartners die §§ 38, 45, 87, 174 ff, 187 ff anzuwenden sind.[62] § 105 S 2 hat also nur deklaratorischen Charakter[63] und hindert den Vertragspartner nicht, einen etwaigen Rückgewähranspruch **als InsFord** geltend zu machen.[64]

22 **2. Zu enge Fassung der Vorschrift.** § 105 S 2 InsO ist schlechter formuliert als § 26 S 1 KO. Denn der Wortlaut erweckt den Anschein, dass der Rückforderungsausschluss nur für solche Gegenstände gelte, deren Hingabe sich als eine auf einen Vertrag über **teilbare** Leistungen erbrachte **Teil**leistung darstelle. Selbstverständlich gilt die Rechtsfolge aber auch für die Rückforderung **vollständiger** Leistungen, und zwar unabhängig davon, ob diese iSd § 105 S 1 „teilbar" gewesen wären oder nicht.[65]

23 **3. Vorschlag an den Gesetzgeber.** Klarer als in § 105 S 2 wäre die Rechtslage (Rn 21 f) umschrieben, wenn man die Vorschrift zu einem eigenständigen Paragraphen aufwerten und diesem die folgende Fassung geben würde: „Soweit dieses Gesetz nichts anderes bestimmt, ist ein Anspruch auf Rückgewähr einer vor der Eröffnung des InsVerf in das Eigentum des Schu übergegangenen Leistung InsFord, auch wenn das der Leistung zugrunde liegende Rechtsverhältnis infolge des InsVerf beendet oder der Anspruch auf die Gegenleistung nicht oder nur als InsFord erfüllt wird und der Rückgewähranspruch des Gl aus einem dieser Gründe entsteht." Ausf Begr bei *Marotzke* Gegenseitige Verträge Rn 7.19–7.29.

---

61 Vgl *Marotzke* Gegenseitige Verträge im neuen InsR, Rn 13.115 ff; ausf *ders* Gegenseitige Verträge in Konkurs und Vergleich, 1985, S 454 ff; **aM** K/P/B/*Tintelnot* § 105 Rn 70 ff, der eine Rücktrittssperre für notwendig hält u sie unabhängig von § 105 S 2 zu begründen versucht.

62 Ausf *Marotzke* Gegenseitige Verträge Rn 7.1 ff, 7.17 ff, 7.25 ff; vgl erg § 103 Rn 97 mwN.

63 So auch *K/P/B/Tintelnot* § 105 Rn 13; Jaeger/*Jacoby* § 105 Rn 57.

64 **AM** *Kepplinger* S 253; *Uhlenbruck/D Wegener* § 105 Rn 32; MK/*Kreft* § 105 Rn 38; K/P/B/*Tintelnot* § 105 Rn 75 (es sei denn, der Vertragspartner wäre bereits vor Eröffnung der InsVerf wirksam zurückgetreten); für Anmeldbarkeit als InsFord MK/*Kreft* § 105 Rn 18 (bei Fn 35), 33, 36.

65 Vgl die bei Rn 21 zitierten §§ 38, 45, 87, 174 ff, 187 ff; *Marotzke* Gegenseitige Verträge Rn 7.26 ff; zust K/P/B/*Tintelnot* § 105 Rn 69, 77. Vgl ferner *LAG Düsseldorf* ZIP 2010, 1099, 1101 (dazu auch § 108 Rn 54); unentschieden *Uhlenbruck/D Wegener* § 105 Rn 30.

D. Zwingendes Recht

24 Vereinbarungen, durch die im Voraus die Anwendung des § 105 ausgeschlossen oder beschränkt wird, werden in § 119 für unwirksam erklärt;[66] zu verbleibenden Spielräumen s oben Rn 6 f. Nach wohl hM soll es den Vertragsparteien nicht möglich sein, den in § 105 S 2 ausgesprochenen Rückforderungsausschluss dadurch zu umgehen, dass der Vertragspartner über den von ihm zu leistenden Gegenstand nur unter der auflösenden Bedingung der VerfEröffnung über das Vermögen des Empfängers und der Nichtgewährung der Gegenleistung durch den InsVerw verfügt oder dass – bei Grundstücken – ein an dieselbe Situation anknüpfender Rückübereignungsanspruch vereinbart und durch Vormerkung, § 106, gesichert wird.[67] Das erscheint im Ausgangspunkt wenig überzeugend angesichts des eher konstruktiven als materiellen Unterschieds zwischen **aufschiebend** bedingter Übereignung (die nach hM wegen § 47 [s Rn 21] vor § 105 S 2 schützt) und **auflösend** bedingter Übereignung (die mE insoweit nicht anders behandelt werden sollte). Da § 105 S 2 ebenso wie § 103 Abs 2 S 1 nur rein deklaratorisch die Anwendbarkeit der §§ 38, 45, 87 ff bestätigt (s Rn 20 ff), sollte man die Lösung der hier angesprochenen Fragen in der bei § 103 Rn 165, 170 angedeuteten Richtung suchen. Unberührt bleibt selbstverständlich das bei § 107 Rn 29 ff, 37 ff, § 112 Rn 19 ff und § 119 Rn 1 ff Ausgeführte. Solange danach ein Rückgewähranspruch bzw Rücktrittsrecht selbst dann nicht bestehen würde, wenn der vom Vertragspartner geleistete Gegenstand noch **nicht** in das Eigentum des Schu übergegangen wäre, nützt dem Vertragspartner iF des bereits erfolgten Eigentumsübergangs natürlich auch die zur Sicherung eines erhofften Rückübereignungsanspruchs bestellte Vormerkung oder der Eintritt einer dem Vollzugsgeschäft beigefügten auflösenden Bedingung nichts. Das folgt für die Vormerkung aus ihrer Akzessorietät zum gesicherten Anspruch und für die auflösende Bedingung daraus, dass diese ebenfalls einen schuldrechtlichen Rückgewähranspruch insolvenzrechtlich verstärken soll und deshalb denselben insolvenzrechtlichen Wirksamkeitsschranken unterliegt wie ein auf die schuldrechtliche Ebene zielendes Rücktritts- oder sonstiges „Lösungsrecht".

E. Auslandsberührung

25 Vgl § 103 Rn 174 und speziell für Österreich *Kepplinger* Das Synallagma in der Insolvenz, 2000, S 134 ff, 200 ff, 354 ff; *Duursma-Kepplinger (= dieselbe Person)* Eigentumsvorbehalt und Mobilienleasing in der Insolvenz, 2002.

§ 106 Vormerkung

(1) [1]Ist zur Sicherung eines Anspruchs auf Einräumung oder Aufhebung eines Rechts an einem Grundstück des Schuldners oder an einem für den Schuldner eingetragenen Recht oder zur Sicherung eines Anspruchs auf Änderung des Inhalts oder des Ranges eines solchen Rechts eine Vormerkung im Grundbuch eingetragen, so kann der Gläubiger für seinen Anspruch Befriedigung aus der Insolvenzmasse verlangen. [2]Dies gilt auch, wenn der Schuldner dem Gläubiger gegenüber weitere Verpflichtungen übernommen hat und diese nicht oder nicht vollständig erfüllt sind.

(2) Für eine Vormerkung, die im Schiffsregister, Schiffsbauregister oder Register für Pfandrechte an Luftfahrzeugen eingetragen ist, gilt Absatz 1 entsprechend.

---

66 Dazu MK/*Kreft* § 105 Rn 37, 40.

67 Vgl *K/P/B/Tintelnot* § 105 Rn 79 mwN; gegen die Bedingungskonstruktion auch *Uhlenbruck/D Wegener* § 105 Rn 31; *Uhlenbruck/Sinz* § 119 Rn 4; MK/*Kreft* § 105 Rn 40.

Übersicht

Literatur: *Dorothea Assmann* Die Vormerkung (§ 883 BGB), 1998, S 237 ff; *dies* Insolvenzfestigkeit von vormerkungsgesicherten künftigen Ansprüchen, ZfIR 2002, 11; *K Dobler* Die übertragene Anwartschaft in der Insolvenz, 2008, Rn 342 ff; *Kesseler* Das Verwalterwahlrecht – ein übertriebenes Risiko für den Kettenkaufvertrag?, ZNotP 2008, 155; *ders* Die Durchsetzung vormerkungsgesicherter Ansprüche im vorläufigen Insolvenzverfahren, NZI 2009, 218; *ders* Die Insolvenzfestigkeit des gesetzlichen Löschungsanspruchs aus § 1179a BGB, NJW 2012, 2240; *Krüger* Die Auflassungsvormerkung in der Insolvenz des Grundstücksverkäufers – Eine hinreichende und insolvenzfeste Sicherheit für den Käufer?, ZMR 2010, 251; *Marotzke* Gegenseitige Verträge im neuen Insolvenzrecht (im Folgenden: Gegenseitige Verträge) 3. Aufl 2001, Rn 1.5, 3.19 ff, 9.82, 10.1 ff; *Martínez Velencoso* Eigentumserwerb von unbeweglichen Sachen und Insolvenz des Verkäufers – Ein Vergleich deutschen und spanischen Rechts unter besonderer Berücksichtigung des neuen spanischen Konkursgesetzes, NZI 2004, 72; *Obermüller* Die „Insolvenzfestigkeit" des gesetzlichen Löschungsanspruchs und des abgetretenen Rückgewähranspruchs, ZIP 2013, 299; *Reymann* Photovoltaikdienstbarkeit und revolvierende Vormerkung – geeignete Kreditsicherungsmittel?, ZIP 2013, 606.

I. Verhältnis zu §§ 38, 103

1 § 106 InsO entspricht dem früheren § 24 KO. Rspr und Schrifttum zu § 24 KO sind auf § 106 InsO übertragbar. **Soweit der Schutz der Vormerkung nach § 883 BGB reicht, ist eine Anwendung der §§ 38, 103 Abs 2 ausgeschlossen:** Gem § 106 Abs 1 S 1 **muss** der gesicherte Anspruch „aus der InsMasse" – also vom InsVerw[1] – erfüllt werden, wenn der Gl dies verlangt. Die Rechtsstellung des Gl ist also nicht lediglich die eines InsGl (deshalb keine Anwendung der §§ 38, 103 Abs 2), sondern weitaus stärker (Näheres bei Rn 19 f, 32). Beim Kaufvertrag über ein Grundstück gibt allein der Umstand, dass der Käufer den **Kaufpreis noch nicht gezahlt** hat, dem InsVerw des Verkäufers nicht das Recht, die Erfüllung des durch eine Vormerkung gesicherten Übereignungsanspruchs des Käufers mit der Konsequenz des § 103 Abs 2 S 1 abzulehnen.[2] Ein solches Ablehnungsrecht wäre mit § 106 unvereinbar. Allein nach dem Inhalt des Vertrages und nach **bürgerlichem** Recht richtet sich, ob der InsVerw die Übereignung bis zur Kaufpreiszahlung verweigern (§ 320 BGB) und ob er sich bei Nichtzahlung des Kaufpreises vom Vertrag lösen kann (zB gem § 323 BGB). Bei **verspäteter** Erfüllung des vormerkungsbewehrten Anspruchs haftet der InsVerw uU auch persönlich nach § 60.[3] Ein bisher wenig erforschtes Thema ist die Durchsetzbarkeit der Vormerkung während des **EröffnungsVerf**, insb wenn massesichernde Maßnahmen iSd § 21 angeordnet wurden.[4]

2 **Auch wenn der Schu** gegenüber dem Gl **noch weitere Verpflichtungen (zB Errichtung eines Gebäudes) übernommen hat** und diese nicht oder nicht vollständig erfüllt sind, muss der

---

1 Vgl aber *Assmann* S 252 f, die, falls bereits vor VerfEröffnung vormerkungswidrig verfügt wurde, eine persönliche Inanspruchnahme des Schu für möglich hält.
2 **AM** *OLG Stuttgart* ZIP 2005, 588, 589 = KTS 2006, 323, 324 f; s dazu Rn 19 f.
3 Ausf *OLG Hamm* ZInsO 2006, 1276 ff = ZIP 2006, 1911 ff; s dazu Rn 28.
4 Vgl hierzu *Kesseler* NZI 2009, 218 ff.

InsVerw den vormerkungsbewehrten Anspruch des Gl erfüllen (§ 106 Abs 1 S 2).[5] Jedoch ist, wenn der InsVerw hinsichtlich solcher „weiteren Verpflichtungen" nicht gem §§ 103, 55 Abs 1 Nr 2 Alt 1 die Erfüllung wählt, eine vom Gl geschuldete Gegenleistung entspr zu reduzieren.[6] In der Konsequenz der bei § 103 Rn 88 dargestellten Erlöschenstheorie – an deren Stelle der BGH[7] inzwischen die sog Qualitätssprungtheorie gesetzt hat (§ 103 Rn 102) – würde wohl die Annahme liegen, dass eine entspr Reduktion der Gegenleistungspflicht unter der auflösenden Bedingung, dass der InsVerw sich für die Erfüllung des **ganzen** Vertrages entscheidet, bereits im Zeitpunkt der VerfEröffnung von selbst eintritt.[8] Die in einem **Immobilienleasingvertrag** enthaltene **Kaufoption** kann durch Vormerkung gesichert werden.[9]

Richtet sich der vormerkungsgeschützte Anspruch auf die **Bestellung eines Grundpfandrechts** (s auch Rn 16, 33), das eine Geldforderung sichern soll, und beruht die zu sichernde Forderung auf einem beiderseits noch nicht vollständig erfüllten gegenseitigen Vertrag iSd § 103, so kann der InsVerw zwar nicht die Erfüllung des Anspruchs auf Bestellung des Grundpfandrechts (arg § 106), sehr wohl jedoch die Erfüllung des gegenseitigen Vertrages ablehnen, auf dem die durch das Grundpfandrecht zu sichernde Forderung beruht. Die zu sichernde Forderung ist dann zwar InsFord gem §§ 38, 103 Abs 2 S 1 (s hierzu und zur richtigen Berechnungsmethode § 103 Rn 4 f, 88, 91 ff). Davon unberührt (vgl auch Rn 2) bleibt jedoch der durch die Vormerkung und deshalb auch durch § 106 gesicherte Anspruch auf Bestellung des Grundpfandrechts, so dass der Gl hinsichtlich der durch das Grundpfandrecht zu sichernden Forderung nicht auf die Quote beschränkt ist, sondern abgesonderte Befriedigung (§§ 49, 52) verlangen kann.[10] Vgl auch § 103 Rn 170. 3

Anf der Vormerkung gem §§ 129 ff lässt die Schutzwirkung des § 106 (und auch die des § 140 Abs 2 S 2) entfallen,[11] bereits vor der Erfüllung seines Anfechtungsanspruchs steht dem InsVerw ein Leistungsverweigerungsrecht zu (s § 146 Abs 2). Im NachlassInsVerf ist eine nach dem Erbfall durch einstweilige Verfügung erlangte Vormerkung wirkungslos (§ 321 Rn 4). Keiner Anf bedarf es auch in Fällen des § 88 (Rn 14). Auch eine unanfechtbare Vormerkung kann vom InsVerw uU mit Hilfe des **§ 174a ZVG** abgeschüttelt werden.[12] 4

Kein Rückforderungsrecht des InsVerw: In *BGHZ* 79, 103, 110 f wird zutr bemerkt, § 24 S 2 KO (Vorläufer des § 106 Abs 1 S 2 InsO) spreche „dafür, dass derjenige, der Eigentum an einem **Grundstück** bereits erlangt hat, nicht einer Rückforderung von seiten des Konkursverwalters ausgesetzt sein soll".[13] Im Hinblick auf den neuen § 107 Abs 1 InsO lässt sich dieser Gedanke auf **bewegliche Sachen** übertragen (vgl § 107 Rn 1, 8). Wenig überzeugend sind 5

---

5 Vgl hierzu und zu dem ähnlich formulierten § 107 Abs 1 S 2 *Marotzke* JZ 1995, 803, 807 ff.
6 *BGHZ* 79, 103, 110; 96, 275, 281; *OLG Stuttgart* ZInsO 2004, 1087, 1089; *OLG Koblenz* NJW-RR 2007, 964 ff (s Rn 24); *Jaeger/Henckel* KO § 24 Rn 44; *Uhlenbruck/D Wegener* § 106 Rn 38.
7 *BGHZ* 150, 353 f, 359.
8 In diesem Sinne wohl auch *OLG Koblenz* ZInsO 2007, 1353 ff (dazu Rn 24); **gegen** solch eine Automatik jedoch *Marotzke* Gegenseitige Verträge, Rn 10.6 ff.
9 Ausf *Kalkschmid* Immobilienleasing in der Insolvenz, 2003, Rn 557 ff.
10 Im Ausgangspunkt wie hier *Jaeger/Henckel* KO § 24 Rn 34 (mit den oben § 103 Rn 92 f angesprochenen Unterschieden bzgl der Rechtsnatur und des Inhalts der gesicherten InsFord); **aM** *Uhlenbruck/D Wegener* § 106 Rn 33; vgl auch FK/*B Wegener* § 106 Rn 4.
11 Vgl § 134 Rn 20; *K/P/B/Tintelnot* § 106 Rn 18; *Assmann* S 258 ff; *Krüger* ZMR 2010, 251, 254; *BGH* ZInsO 2008, 558, 559 (Rn 12 ff) = ZIP 2008, 1028, 1029 = NZI 2008, 428, 429.
12 Näheres bei *Krüger* ZMR 2010, 251, 255 und insb *Dobler* Rn 411 ff, 663 f, die zu Recht für eine „verfassungskonform einschränkende" Interpretation des § 174a ZVG plädiert.
13 Dazu *Marotzke* Gegenseitige Verträge, Rn 10.14 ff.

auch aus diesem Grund[14] die bei § 103 Rn 86, 98 ff dargestellten Versuche, derartige Rückforderungsrechte des InsVerw **mit Hilfe des § 103** zu begründen. Auch bei **Geldleistungen** wird man ein auf § 103 gestütztes Rückforderungsrecht des InsVerw entgegen den Andeutungen in *BGHZ* 79, 103, 110 nicht bejahen dürfen; eine Differenzierung je nach Art des geleisteten Gegenstandes wäre willkürlich. Vgl nunmehr auch *BGHZ* 155, 87, 96:[15] „In aller Regel löst die Eröffnung des Gesamtvollstreckungsverfahrens in Verbindung mit der Erfüllungsablehnung des Verwalters keinen Anspruch der Masse auf Rückzahlung der Vorleistung des Schuldners aus. (…) Ein solcher Rückzahlungsanspruch kann allenfalls entstehen, wenn das Interesse des Verwalters an der noch ausstehenden Leistung des Vertragspartners entfällt (…).“[16]

II. Neuere Rechtsprechung

6 Aus der neueren Rspr, die in dem noch immer verwertbaren (Rn 1) konkursrechtlichen Schrifttum nicht oder nur noch zT berücksichtigt werden konnte, sind folgende Entsch hervorzuheben:

7 • ***BGH* ZIP 1994, 1705:**[17] „Die Wirkung des § 24 KO erfasst nicht den Anspruch auf lastenfreie Übertragung des Eigentums.“

Diese Formulierung ist missverständlich. Selbstverständlich sichert die Vormerkung auch gegen Belastungen des Grundstücks (vgl § 883 Abs 2 und 3 BGB). Nur solche Grundstücksbelastungen, die bereits **vor** Eintragung der Vormerkung bestanden und dieser folglich im Rang vorgehen, braucht der InsVerw trotz § 106 nicht zu berücksichtigen. Nichts anderes hat wohl auch der BGH zum Ausdruck bringen wollen. Vgl erg Rn 8.

8 • ***BayObLG* FGPrax 2003, 289 f:** „Stimmt der InsVerw der Übereignung einer Immobilie, die durch Eintragung einer Vormerkung vor Eröffnung des InsVerf gesichert war (§ 106 Abs 1 S 1), zu, ohne in das Veräußerungsgeschäft im Übrigen einzutreten (§ 103 Abs 2), so löst dies keine Kostenschuld zu Lasten der InsMasse für eine gleichzeitig mit der Eigentumsumschreibung vorgenommene **Löschung von Grundpfandrechten** aus“ (LS 2).

9 • ***LG Aachen* ZInsO 2002, 937 f:** Es bestehe keine insolvenzfeste Sicherung des Käufers, solange kein Eintragungsantrag **des Käufers** in Bezug auf Eigentum oder Vormerkung gestellt sei (s auch Rn 13, letzter Satz, und Rn 23).

10 • ***BGHZ* 138, 179 f:**[18] **„Wurde dem Käufer [eines Grundstücks] eine Vormerkung bindend bewilligt** [mE zu ergänzen: und wurde der Antrag auf Eintragung der Vormerkung vom Käufer gestellt, s Rn 9, 23], **bevor der Antrag auf Eröffnung des Gesamtvollstreckungsverfahrens** [über das Vermögen des Verkäufers] **bei Gericht einging, steht dem Verwalter kein Wahlrecht mehr zu, ob er den Vertrag erfüllen will oder nicht.“** In Abschn II 5b bb der Urt-Gründe zog der BGH hieraus die bei § 103 Rn 48 angesprochene Konsequenz hinsichtlich der Wirksamkeit einer vor VerfEröffnung vorgenommenen **Abtretung der Kaufpreisforderung**. Der BGH meinte, infolge der Wirkung des § 9 Abs 1 S 3 GesO (§ 106 InsO) sei „das Grundstück, zumindest wirtschaftlich gesehen, mit seinem wesentlichen Wert bereits vor

14 Zust *Adam* DZWIR 2003, 483 f.

15 = ZIP 2003, 1208, 1211 = ZInsO 2003, 607, 609 = NJW 2003, 2744, 2747 = NZI 2003, 491, 493 (mit Anm *Huber*).

16 Diese beiden Sätze weiter konkretisierend *BGHZ* 196, 160 ff (dazu bereits § 103 Rn 97, 99 mwN).

17 Dazu EWiR § 24 KO 1/1995, 277 f *(Mönning)*.

18 = NJW 1998, 2134 = ZIP 1998, 836 LS 4 (dazu *Henckel* WuB VI G § 9 GesO 1.99; *Scholtz* ZIP 1999, 1693, 1698 f).

Konkurseröffnung verloren" gewesen. Deshalb sei es „auch nicht geboten, dass der als Ausgleich dafür erhaltene Kaufpreisanspruch der Gesamtheit der Gläubiger zufließt". Die vor VerfEröffnung vorgenommene Abtretung bleibe folglich wirksam.

Bei dieser Argumentation wurde mE zu wenig berücksichtigt, dass die Vormerkung den Anspruch auf Eigentumsübertragung nur in der Gestalt sichert, in der er sich bürgerlichrechtlich befindet. Bürgerlich-rechtlich war der Schu zur Übereignung nur gegen Kaufpreiszahlung verpflichtet. Nicht „mit seinem wesentlichen Wert" (so jedoch der BGH), sondern nur mit seinem um den Betrag der noch offenen Kaufpreisforderung **geminderten** Wert war das Grundstück folglich bereits vor VerfEröffnung für die Masse „verloren" gewesen (wenn man die Kaufpreisabtretung, deren Wirksamkeit ja gerade in Frage stand, versuchsweise außer Betracht lässt). Da der InsVerw wegen § 9 Abs 1 S 3 GesO (§ 106) keine andere Wahl hatte, als das Grundstück an den Käufer zu übereignen, hätte es nahe gelegen, der InsMasse im Gegenzuge aufgrund des Surrogationsgedankens (§ 103 Rn 49) zu der bei VerfEröffnung noch unerfüllten Kaufpreisforderung zu verhelfen, maW die vor VerfEröffnung erfolgte Abtretung derselben als hinfällig zu erachten:[19] Ein InsVerw, der die Übereignungspflicht des Schu wegen § 106 ohne Wahlrecht erfüllen **muss**, sollte in Ansehung der mit dieser Erfüllung werthaltig werdenden Kaufpreisforderung nicht schlechter gestellt werden als ein InsVerw, der – ohne durch eine Vormerkung gezwungen zu sein – sich in Unkenntnis der Kaufpreisabtretung **freiwillig** zur Vertragserfüllung entschließt (§§ 103, 55 Abs 1 Nr 2 Alt 1) und der deshalb sowohl vom BGH (vgl § 103 Rn 49) als auch nach der vom Verf dieser Kommentierung vertretenen Ansicht[20] Hilfe erwarten könnte. 11

• **Übertragbarkeit auf andere verdinglichte Erwerbsaussichten:** Die bei Rn 11 gegebene Begr für das Eingreifen einer Surrogationsregel ist auf die **Fälle des § 107 Abs 1**, also wenn der Käufer einer beweglichen Sache diese unter **Eigentumsvorbehalt** erworben hat, übertragbar.[21] Dass der Schu den – beweglichen – Kaufgegenstand hier bereits vor VerfEröffnung aufschiebend bedingt an den Käufer übereignet hat, dass das Eigentum bei Zahlung des (Rest-)Kaufpreises automatisch auf den Käufer übergehen wird und dass der InsVerw dies idR nicht einseitig verhindern kann, ändert nichts daran, dass auch hier die Kaufsache nicht „mit ihrem wesentlichen Wert" (s Rn 10 f), sondern vorerst nur mit dem um den Betrag der noch offenen Kaufpreisforderung **geminderten** Wert vor VerfEröffnung aus dem die spätere InsMasse bildenden Vermögen des Verkäufers ausgeschieden ist. Die Zug-um-Zug-Einrede des § 320 BGB wurde durch die aufschiebend bedingte Übereignung also nicht beseitigt, sondern „automatisiert". 12

Anders verhält es sich, wenn die Sicherung des Käufers nicht auf einer Übereignung unter Eigentumsvorbehalt (bei beweglichen Sachen) oder auf einer Vormerkung (bei Grundstücken), sondern auf **einer bindenden Auflassung und einem vom Käufer ordnungsgemäß gestellten Antrag auf Grundbucheintragung** beruht. In solch einem Fall (§§ 873 Abs 2, 878 BGB, § 91 Abs 2 InsO) kann der InsVerw den nur noch von der beantragten Grundbucheintragung abhängigen Eigentumsübergang auf den Käufer **weder** einseitig verhindern **noch** 13

---

19 Zust *Harder* Insolvenzrechtliche Surrogation, 2002, Rn 630 ff; an *BGHZ* 138, 179 ff festhaltend hingegen *BGH* ZInsO 2006, 429 ff.

20 Vgl *Marotzke* Gegenseitige Verträge, Rn 4.37 ff, 4.41, 4.44 m Fn 119.

21 Unentschieden *Marotzke* EWiR § 17 KO 1/1996, 179 f (zu *OLG Düsseldorf* ZIP 1996, 337 ff); **aM** *Harder* Insolvenzrechtliche Surrogation, 2002, Rn 659 ff; ohne ausdrückliche Bezugnahme auf den Surrogationsgedanken nach Fallgruppen differenzierend *Tintelnot* JZ 1990, 872, 873 (zu *BGHZ* 109, 368 ff); *K/P/B/Tintelnot* § 107 Rn 39; *Duursma-Kepplinger* Eigentumsvorbehalt und Mobilienleasing in der Insolvenz, 2002, S 155 f (die beide in dem Fall, dass der Schu dem Zessionar als weitere Sicherheit auch sein Vorbehaltseigentum übertragen hatte, mit dem Rechtsgedanken des § 108 Abs 1 S 2, s § 108 Rn 33, 35, argumentieren).

von der Zahlung eines evtl noch offenen (Rest-)Kaufpreises abhängig machen. Hier wird man in der Tat mit den – sich allerdings auf die Fälle des § 9 Abs 1 S 3 GesO (§ 106 InsO) beziehenden – Worten des BGH (s Rn 10) sagen dürfen, dass „das Grundstück, zumindest wirtschaftlich gesehen, mit seinem wesentlichen Wert", also zum Vollwert ohne Abzug des noch offenen Kaufpreises (Rn 11), bereits vor VerfEröffnung aus dem Vermögen des Schu ausgeschieden und es deshalb „nicht geboten" sei, die noch unerfüllte Kaufpreisforderung ohne Rücksicht auf eine vor VerfEröffnung erfolgte Abtretung der InsMasse zuzurechnen.[22] Dies gilt jedoch nicht, wenn der Eintragungsantrag nur vom Schu gestellt wurde und deshalb vom InsVerw ohne weiteres zurückgenommen werden kann bzw nach aA[23] sogar mit VerfEröffnung automatisch unwirksam wurde.[24]

14 • ***BGHZ* 142, 208:**[25] „Vormerkungen, die in Vollziehung einer **einstweiligen Verfügung** eingetragen worden sind, verlieren in der Gesamtvollstreckung ihre Wirksamkeit." Wegen § 88 InsO ist dieser Leitsatz auf das InsVerf übertragbar,[26] wenn die Vormerkung im letzten Monat vor dem Antrag auf VerfEröffnung oder nach diesem Antrag eingetragen wurde.[27]

15 • ***BGHZ* 149, 1:**[28] „Ein **künftiger Auflassungsanspruch**, der durch eine vor Eröffnung des GesamtvollstreckungsVerf eingetragene Vormerkung gesichert wird, ist insolvenzfest" (amtl Leitsatz).

16 • ***BGHZ* 193, 144 ff LS 1 und 2:**[29] „Der [gesetzliche Löschungs-]Anspruch [des nachrangigen Grundpfandgläubigers] aus § 1179a Abs 1 S 1 BGB ist insolvenzfest (Aufgabe von *BGHZ* 166, 319). Der Anspruch aus § 1179a Abs 1 S 1 BGB mit den Wirkungen des S 3 der Norm ist auch dann gegeben, wenn der vorrangige (oder gleichrangige) Grundpfandgläubiger auf sein Recht erst nach erfolgter Versteigerung des Grundstücks im Verteilungsverfahren verzichtet." In *BGHZ* 166, 319 ff[30] hatte der BGH noch gemeint und leitsatzmäßig hervorgehoben, dass der gesetzliche Löschungsanspruch des nachrangigen Grundpfandgläubigers [trotz § 1179a Abs 1 S 3 BGB] „nicht insolvenzfest" sei, „wenn die vorrangige Sicherungsgrundschuld zwar zum Zeitpunkt der Eröffnung des InsVerf nicht mehr valutiert ist, das Eigentum an dem Grundstück und die Grundschuld jedoch zu diesem Zeitpunkt noch nicht zusammengefallen sind". Vgl zu § 1179a BGB auch u Rn 26 f.

17 • ***BGHZ* 149, 326 ff; *BGHZ* 150, 138:**[31] Keine Anwendung des § 106, wenn der Eigentumsübertragungsanspruch, für den die Vormerkung eingetragen wurde, wegen **fehlerhafter**

---

22 Insoweit übereinstimmend *Harder* Insolvenzrechtliche Surrogation, 2012, Rn 600 ff, 612 ff, 621.
23 *Kesseler* ZfIR 2006, 117 ff.
24 *Harder* Insolvenzrechtliche Surrogation, 2002, Rn 606 ff, 615 ff, 621.
25 = NJW 1999, 3122 = DZWIR 1999, 505 = ZIP 1999, 1490 = EWiR § 7 GesO 1/2000, 81 f (*Gerhardt*).
26 *LG Meiningen* ZIP 2000, 416 ff; unklar *Hess* § 106 Rn 28; zu Sinn und Unsinn des § 88 vgl *Marotzke* ZInsO 2006, 190, 191 f.
27 Zur **Grundbuchberichtigung** in solchen Fällen vgl *BGH* ZIP 2000, 931 f (betr einen Fall des § 88) = ZInsO 2000, 332 f = NZI 2000, 311 f = NJW 2000, 2427 f; *OLG Düsseldorf* ZInsO 2003, 804 ff = FGPrax 2003, 248 f (betr einen Fall des § 321).
28 = NJW 2002, 213 = DNotZ 2002, 275 (mit Anm *Preuß*) = DZWIR 2002, 115 (dazu *Fritsche* DZWIR 2002, 92 ff) = ZfIR 2001, 998 (dazu *Assmann* ZfIR 2002, 11 ff) = ZInsO 2002, 1056.
29 = NJW 2012, 2274 ff (mit Aufsatz *Kesseler* NJW 2012, 2240 ff) = NZI 2012, 756 ff (mit Anm *Rein*) = ZIP 2012, 1140 ff (mit Aufsatz *Obermüller* ZIP 2013, 299 ff) = ZInsO 2012, 1070 ff (mit Aufsatz *Fischer* ZInsO 2012, 1493 ff) = KTS 2012, 453 ff (mit Anm *Windel*).
30 = NJW 2006, 2408 = ZInsO 2006, 599 = DZWIR 2006, 425 (mit Anm *Raab*) = ZIP 2006, 1141 (dazu *Kesseler* EWiR 2006, 457; *ders* NJW 2007, 3466 ff; *Rein* NJW 2006, 3470 ff); **aM** als Vorinstanz *OLG Köln* ZInsO 2005, 268 = ZIP 2005, 1038 mit Anm *Kesseler*.
31 = LM § 273 BGB Nr 62 mit Anm *Marotzke*.

Beurkundung des Kaufvertrages nicht entstanden ist.[32] Vgl zu diesen Urteilen des BGH auch § 103 Rn 19, 33, 107 mwN.

18 • ***OLG Stuttgart*** **ZInsO 2004, 1087, 1089 f:** „Der InsVerw kann dem gesicherten Auflassungsanspruch nicht die **Masseunzulänglichkeit** entgegen halten, wenn der Besteller sich verpflichtet hat, die Kosten der Auflassung zu tragen" (LS des Gerichts; s auch Rn 35).

19 • ***OLG Stuttgart*** **ZIP 2005, 588 f = KTS 2006, 323, 324 f:** Der durch Vormerkung gesicherte Käufer eines Grundstücks könne seinen Übereignungsanspruch gegenüber dem InsVerw des Verkäufers durchsetzen, wenn er den noch offenen Kaufpreis zahle. **Vor der Kaufpreiszahlung** habe jedoch der InsVerw des Verkäufers das **Wahlrecht** nach § 103. Deshalb hindere die Vormerkung in dieser Situation nicht eine **auf § 131 gestützte Anfechtung** des bereits vor VerfEröffnung vollzogenen Eigentumserwerbs des Käufers.

20 **Stellungnahme:** Die vom OLG Stuttgart vertretene Einschränkung des § 106 findet im Gesetz keine Stütze. Wenn nicht auch der Vormerkungserwerb anfechtbar ist (Rn 4), gilt § 106 uneingeschränkt mit der Folge, dass der Vertragspartner hinsichtlich seines vormerkungsgeschützten Anspruchs nicht InsGl iSd § 131 ist (und vom InsVerw auch nicht durch „Erfüllungsablehnung" auf die Rechte eines InsGl beschränkt werden kann), sondern vom InsVerw die **Erfüllung** seines Anspruchs verlangen darf – natürlich nur zu den vertraglich festgesetzten Bedingungen wie zB Kaufpreiszahlung usw. Vgl zu dem Urt des OLG Stuttgart auch o Rn 1 und § 103 Rn 129, 144.

21 • ***BGH*** **ZInsO 2005, 370 f:**[33] „Hat der Schuldner auf einem von ihm gekauften Grundstück dem Kreditgeber eine Vormerkung zur Sicherung des Anspruchs auf Eintragung einer Grundschuld bewilligt, so ist diese **Vormerkung unwirksam**, wenn der Eintragungsantrag erst nach Eröffnung des Gesamtvollstreckungsverfahrens beim Grundbuchamt eingegangen ist und zu diesem Zeitpunkt noch der Verkäufer Eigentümer des Grundstücks war" (LS des Gerichts).

22 **Stellungnahme:** Der vom BGH entschiedene Fall lag tatsächlich einfach, aber rechtlich kompliziert. Evtl fehlte es bereits an der nach hM[34] erforderlichen Identität des Vormerkungsschuldners mit dem wahren Grundstückseigentümer. Hätte sich die Vormerkung, ihre Wirksamkeit unterstellt, überhaupt auf einen Massegegenstand bezogen? Das Grundstück gehörte nämlich noch dem Verkäufer (allerdings belastet mit einem – vormerkungsgeschützten – Übereignungsanspruch der InsMasse). Was bedeutet dies für die Anwendbarkeit der §§ 81 Abs 1 („über einen Gegenstand der Insolvenzmasse"), 91 Abs 1 („an Gegenständen der Insolvenzmasse"), 106 Abs 1 (Befriedigung des vormerkungsgeschützten Anspruchs „aus der Insolvenzmasse")? Diese Fragen bedürfen einer gründlicheren Untersuchung, für welche hier jedoch kein Platz ist.

23 • ***BGH*** **NZI 2010, 190 f:**[35] „Hat der andere Teil den Antrag auf Eintragung einer ihm bewilligten Auflassungsvormerkung zu seinen Gunsten gestellt, so gilt das Rechtsgeschäft – auch ohne Auflassung – als vorgenommen, wenn die Bewilligungserklärung des Schu für ihn bindend geworden und der vorgemerkte Anspruch entstanden ist" (LS des Gerichts). Diese Formulierung erfolgte zwar mit Blick auf § 8 Abs 1 AnfG und § 140 Abs 1 InsO, wird aber in den UrtGründen [dort Rn 7] zutr dahin ergänzt, dass der vorgemerkte Anspruch in solch einem Fall unter dem Schutz des § 106 stehe, wenn nach Stellung des Antrags auf Eintragung der Vormerkung über das Vermögen des Schu das InsVerf eröffnet werde.

---

32 Vgl auch *BGH* ZIP 2003, 1406 ff = ZInsO 2003, 767 f.
33 = NZI 2005, 331 f = DZWIR 2005, 254 f = ZIP 2005, 627 f.
34 ZB *Staudinger/Gursky* 2013, § 883 BGB Rn 56 ff.
35 = ZIP 2010, 339 f = ZInsO 2010, 225 f.

24 • ***OLG Koblenz* NJW-RR 2007, 964** (Leitsätze) **= ZInsO 2007, 1353 ff** (mit Gründen): „Aus der Insolvenz des Bauträgers kann sich die **Aufspaltung eines Bauträgerkaufvertrags in zwei Teile**, einen Grundstückskaufvertrag und einen Werkvertrag über die Erstellung eines Wohnhauses oder einer Wohnung, ergeben. Für den Anspruch der Erwerber des Bauträgerobjekts auf **mangelfreie Erstellung des Hauses** bleibt es dann bei dem Wahlrecht des Insolvenzverwalters. Für den Anspruch auf **Auflassung** hat der Insolvenzverwalter dagegen kein Wahlrecht; diesen Anspruch muss er aus der Masse erfüllen. Die **Fälligkeit** des Auflassungsanspruchs richtet sich dann nicht mehr danach, ob die gesamte vereinbarte Gegenleistung erbracht wurde, sondern nur danach, ob der Teil des Kaufpreises, welcher auf die Übereignung des Grundstücks und der Wohnung entfällt, gezahlt wurde. Eine formularmäßige Vertragsbestimmung über die Fälligkeit des gesamten Restkaufpreises für den Fall des ungenehmigten Einzugs ist unwirksam“ (Leitsätze des Gerichts, s erg o Rn 2).

25 • ***OLG München* FGPrax 2007, 159 = ZEV 2007, 393:** „Ein Rückforderungsrecht des Schenkers, das nach den schuldrechtlichen Vereinbarungen des Vertrages **bei einer wesentlichen Verschlechterung der Vermögensverhältnisse** des Beschenkten entstehen soll, kann durch eine Vormerkung gesichert werden“ (Leitsatz des Gerichts).

26 • ***LG Hamburg* ZInsO 2006, 837 f (mit abl Anm *Alff* und abl Berufungsurt OLG Hamburg NZI 2009, 556 f mit Anm *Rein*):** Der gesetzliche Löschungsanspruch aus § 1179a Abs 1 BGB möge vielleicht (dazu auch Rn 16) gem §§ 1179a Abs 1 S 3 BGB, 106 InsO insolvenzfest sein, wenn der Anspruchsteller sein eigenes Grundpfandrecht durch **Rechtsgeschäft** erworben habe. Anders sei es jedoch, wenn dem Anspruchsteller lediglich eine im Wege der Zwangsvollstreckung erworbene **Zwangs**sicherungshypothek zustehe; denn diese stelle „lediglich einen Zwischenschritt“ auf die vom Gl erstrebte Erfüllung seiner Geldforderung dar, biete also nur „ein bloßes Sicherungsrecht“.

27 **Stellungnahme:** Die vom LG Hamburg vertretene Einschränkung der auf § 106 Abs 1 InsO iVm § 1179a Abs 1 S 3 BGB beruhenden Insolvenzfestigkeit des Löschungsanspruchs ist in dieser Pauschalität abzulehnen. Sofern die Rechtsstellung des Anspruchsinhabers von der **Rückschlagsperre des § 88** nicht betroffen ist, besteht kein Anlass, rechtsgeschäftlich bestellte Grundpfandrechte (die niemals unter § 88 fallen) und Zwangssicherungshypotheken (die von § 88 erfasst werden können[36]) unterschiedlich zu behandeln.[37] Über § 1179a Abs 1 S 3 BGB kommt daher der **vor** der Monatsfrist des § 88 InsO erfolgten Eintragung der Zwangssicherungshypothek vormerkungsähnliche Wirkung mit der Folge der Insolvenzfestigkeit des Löschungsanspruchs zu.[38] UU ist der Erwerb der Zwangssicherungshypothek jedoch anfechtbar gem §§ 129 ff; in solch einem Fall kann der InsVerw die Erfüllung des Löschungsanspruchs trotz § 1179a Abs 1 S 3 BGB verweigern (s § 146 Abs 2). Nach Ansicht des Autors[39] ist der Erwerb eines Grundpfandrechts allerdings nicht allein deshalb „inkongruent“ iSd § 131, weil er im Wege der Zwangsvollstreckung erfolgte.

28 • ***OLG Hamm* ZInsO 2006, 1276 ff:**[40] Der Inhaber eines durch § 106 geschützten Anspruchs sei **Beteiligter iSv § 60, dem InsVerw oblägen deshalb auch ihm gegenüber sog „insolvenzspezifische“ Pflichten**, zu denen auch die „rechtzeitige“ Erfüllung des vormerkungsge-

---

36 Zu Sinn und Unsinn des § 88 vgl *Marotzke* ZInsO 2006, 190, 191 f.

37 So auch die abl Anm *Alff* ZInsO 2006, 838, 839. Zur Behandlung von innerhalb der Frist des § 88 rechtsgeschäftlich erlangten Sicherheiten vgl § 88 Rn 18.

38 Im entschiedenen Fall wurde dieser entgegen der Annahme des LG Hamburg mit dem Zuschlag nicht unerfüllbar, sondern verwandelte sich in ein Befriedigungsrecht am Versteigerungserlös, vgl *Alff* ZInsO 2006, 838 sowie dort Fn 1.

39 *Marotzke* DZWIR 2007, 265 ff; **aM** § 131 Rn 25 und die dort nachgewiesene Rspr des BGH.

40 = ZIP 2006, 1911 ff = ZVI 2006, 590 f.

schützten Anspruchs gehöre. Der InsVerw erfülle seine Pflichten rechtzeitig, wenn er bis zum Ablauf einer angemessenen, **nach den Umständen des Einzelfalls zu bemessenden Prüfungsfrist** geltend gemachte begründete Ansprüche befriedige (Leitsätze 1-3 des Gerichts). Die Prüffrist sei aber nicht nach den materiell-rechtlichen Verpflichtungen des Schu, sondern verfahrensbezogen zu bemessen.[41]

• ***BGH* NJW 2008, 578 ff**[42] **(„aufgeladene" Vormerkung):** Eine zur Sicherung eines durch Rücktritt bedingten Rückauflassungsanspruchs eingetragene Vormerkung könne, ohne dass es einer erneuten Eintragung bedürfe, durch Bewilligung auf weitere Rücktrittsgründe – im konkreten Fall: Ins des Rücktrittsgegners! – erstreckt werden. Für die Beurteilung des Ranges und der InsFestigkeit (§ 106) der durch die Erweiterung der Vormerkung zusätzlich gesicherten Ansprüche komme es auf den Zeitpunkt der neuen Bewilligung an. Vgl zu diesem Urt auch § 119 Rn 12 sowie die auf die **Grenzen** der „Aufladbarkeit" hinweisenden neueren Entscheidungen des BGH.[43] 29

• ***BGH* NJW 2009, 1414 ff = ZInsO 2009, 378 ff: Trete der** durch eine Vormerkung gesicherte **Käufer** nach Zahlung des Kaufpreises wegen eines Rechtsmangels von dem Grundstückskaufvertrag **zurück** und werde danach ein InsVerf über das Vermögen des Verkäufers eröffnet, **könne der InsVerw vom Käufer die Bewilligung der Löschung der Vormerkung verlangen, ohne ihm den Kaufpreis aus der Masse erstatten zu müssen**. Vgl zu diesem Urt auch die Fn zu § 103 Rn 11, 33, 104, 107. 30

III. Insolvenzplan, Restschuldbefreiung, Schuldenbereinigungsplan

Ohne Zustimmung des Gl können diese Ereignisse dem vormerkungsgeschützten Anspruch nichts anhaben (vgl §§ 254 Abs 2 S 1, 301 Abs 2 S 1, 309 Abs 1 S 2 Nr 2).[44] 31

Zwar kann ein **InsPlan** – anders als der Zwangsvergleich früheren Rechts (§§ 193 KO, 82 VerglO) – auch in Absonderungsrechte eingreifen (vgl §§ 217, 223, 222 Abs 1 Nr 1, 238 Abs 1 S 1). Jedoch gewährt § 106 nicht nur ein Absonderungsrecht, sondern eine stärkere, eher mit einem Aussonderungsrecht vergleichbare Befugnis.[45] Auch die Parallele zu einer äußerst erstrangigen, weil dinglich verstärkten Masseverbindlichkeit ist naheliegend (aber nicht ungefährlich, s Rn 35). Weder Aussonderungsrechte noch Masseverbindlichkeiten können durch InsPlan verändert werden (arg § 217). Entspr gilt deshalb für Ansprüche, die den Schutz des § 106 genießen.[46] 32

Geht der vormerkungsbewehrte Anspruch jedoch auf Einräumung eines **Grundpfandrechts** (dazu bereits Rn 3), so ändert der Umstand, dass der InsVerw den Anspruch gem § 106 wie einen Aussonderungsanspruch erfüllen muss, nichts daran, dass das dem Gl zu bestellende Grundpfandrecht nur zur abgesonderten Befriedigung berechtigt (§ 49) und deshalb auch vom InsPlan betroffen werden kann (sofern dieser Eingriffe in Absonderungsrechte vorsieht, vgl § 223). 33

---

41 Zust *Weitzmann* EWiR § 60 InsO 1/06, 723, 724.

42 = ZIP 2008, 893 ff mit Anm *Mitlehner*.

43 *BGH* 3.5.2012 – V ZB 258/11, *BGHZ* 193, 152 ff = NJW 2012, 2032 ff = FGPrax 2012, 142 ff (mit Anm *Wiggers*); *BGH* Beschl v 10.5.2012 – V ZB 156/11, BGHZ 193, 183, 186 ff (Rn 16 ff) = ZIP 2013, 14, 16 ff.

44 Vgl auch *Marotzke* ZZP 109 (1996) 429, 438 ff mit Fn 47; *Assmann* S 254 f.

45 Begr RegE S 195 – zu § 253 RegE/§ 217 InsO; vgl auch *BGH* ZInsO 2008, 558, 559 (Rn 11) = ZIP 2008, 1029 f = NZI 2008, 428; *BGH* v 12.10.2017 – IX ZR 288/14, ZInsO 2017, 2539 ff (insb Rn 13, 25).

46 Begr RegE aaO.

34 In einen **Schuldenbereinigungsplan** ist gem § 305 Abs 1 Nr 4 aufzunehmen, ob und inwieweit Bürgschaften, Pfandrechte „und andere Sicherheiten“ der Gl vom Plan berührt werden sollen. Als „andere Sicherheiten“ dürften theoretisch auch solche in Betracht kommen, die nicht nur zur abgesonderten Befriedigung, sondern sogar zur Aussonderung berechtigen. Eine Anwendung der Vorschrift auf die Vormerkung erscheint somit nicht prinzipiell ausgeschlossen. Eine Ersetzung der Zustimmung des vormerkungsgeschützten Gl wird jedoch meist an § 309 Abs 1 S 2 Nr 2 scheitern.[47]

IV. Rechtslage bei Masseunzulänglichkeit

35 Wegen der aussonderungsähnlichen Wirkungen des § 106 (Rn 32) muss der InsVerw den vormerkungsgeschützten Anspruch auch im Fall der Masseunzulänglichkeit erfüllen; die §§ 209, 210 finden keine Anwendung.[48] Deshalb kann der InsVerw dem Anspruch auf Auflassung im Fall des § 106 die Masseunzulänglichkeit jedenfalls dann nicht entgegen halten, wenn der Gl sich verpflichtet hat, die Kosten der Auflassung zu tragen,[49] oder wenn der Gl diese Kosten freiwillig trägt.

V. Insolvenzschutz auch für Zessionare?

36 Ist der vormerkungsbewehrte Anspruch vom bisherigen Gl an einen Dritten abgetreten worden, so genießt nunmehr dieser Dritte als neuer Gl den Schutz des § 106.[50] Das folgt sowohl aus der Akzessorietät der Vormerkung als auch aus § 401 Abs 2 BGB.

37 Jedoch wirkt § 106 hier wie auch sonst nur im InsVerf des **VormerkungsSchu**. Wurde das InsVerf nicht über das Vermögen des VormerkungsSchu, sondern über das des ursprünglichen Anspruchsinhabers (des Zedenten) eröffnet und beruht der durch die Vormerkung geschützte Anspruch auf einem beiderseits noch nicht vollständig erfüllten gegenseitigen Vertrag iSd **§ 103**, so ergeben sich erhebliche Probleme, wenn der InsVerw die Erfüllung des Vertrages ablehnt. Ist damit der Vormerkung die Grundlage entzogen? Ist eine Erfüllungsablehnung des InsVerw auch in Bezug auf das der Abtretung zugrunde liegende Kausalgeschäft mit dem Zessionar zulässig? Wie insolvenzfest ist die Rechtsstellung des Zweiterwerbers wirklich?

38 Dieser bereits in den Voraufl angesprochene, aber nicht ausdiskutierte Fragenkomplex wird nunmehr ausf erörtert in der Tübinger Dissertation von *Katrin Dobler* Die übertragene Anwartschaft in der Insolvenz, RWS 2008, Rn 342 ff, 464 ff, 666 ff, speziell zu § 3 Abs 1 Nr 2 MaBV aaO Rn 633 ff. Eine ähnliche Frage wird diskutiert im Zusammenhang mit § 107 (s dort Rn 43), der dem § 106 nachgebildet ist (s § 107 Rn 1). Bemerkenswert ist auch ein Urt des BGH, in welchem dieser es abgelehnt hat, der als Fälligkeitsvoraussetzung für den Grundstückskaufpreis vereinbarten Eintragung einer Vormerkung zu Gunsten des Käufers die Abtretung eines durch Vormerkung gesicherten Eigentumsverschaffungsanspruchs gegen einen Dritten – den Eigentümer – gleich zu stellen.[51]

VI. Zwingendes Recht

39 Vereinbarungen, durch welche im Voraus die Anwendung des § 106 ausgeschlossen oder beschränkt wird, werden vermutlich nicht vorkommen. Falls doch, wären sie unwirksam gem § 119, der dann plötzlich nicht der InsMasse, sondern einem einzelnen Gl zugute käme! Zu erwägen ist deshalb eine teleologische Reduktion des § 119.

---

47 *Marotzke* ZZP 109 (1996) 429, 440.
48 Zutr *OLG Stuttgart* ZInsO 2004, 1087, 1089 f.
49 Vgl *OLG Stuttgart* ZInsO 2004, 1087, 1089 f.
50 Ausf *Dobler* Rn 342 ff, 658 ff.
51 *BGH* NJW 2007, 508 f.

VII. Auslandsberührung

Vgl § 103 Rn 174 f, §§ 336, 349 Abs 2, 351 **InsO**, Artt 7 (Abs 2 S 2 lit e), 8 (Abs 1 iVm Abs 3), 11, 14, 17 **EuInsVO** sowie speziell für Spanien: *Martínez Velencoso* NZI 2004, 72 ff, 76 f. 40

VIII. Refinanzierungsregister

Nach ***BGHZ* 155, 227 ff**[52] ist Voraussetzung eines Aussonderungsanspruchs (§ 47) in Bezug auf vom insolventen Schu treuhänderisch gehaltene Grundpfandrechte, dass eine Vormerkung für den (Rück-)Übertragungsanspruch des Treuhänders ins Grundbuch eingetragen ist.[53] Für den Bereich der **Refinanzierung der Kreditwirtschaft durch Asset Backed Securities**[54] trug der Gesetzgeber 2005[55] durch Schaffung der Möglichkeit der Führung eines Refinanzierungsregisters (§§ 22a ff KWG) den dort gegebenen Bedürfnissen nach eingeschränkter Publizität[56] sowie Vereinfachung des Verwaltungsaufwands Rechnung. In **§ 22j Abs 1 S 1 KWG** findet sich daher eine spezielle Parallelvorschrift zu § 106. **Die Eintragung ins Refinanzierungsregister ist** dort **mit vormerkungsähnlicher Wirkung ausgestattet, ohne dass es einer Vormerkungseintragung im Grundbuch bedarf**. Der Verzicht auf den Publizitätsakt der Grundbucheintragung ist indes aus rechtspolitischer Sicht nicht unbedenklich. 41

§ 107 Eigentumsvorbehalt

(1) [1]Hat vor der Eröffnung des Insolvenzverfahrens der Schuldner eine bewegliche Sache unter Eigentumsvorbehalt verkauft und dem Käufer den Besitz an der Sache übertragen, so kann der Käufer die Erfüllung des Kaufvertrages verlangen. [2]Dies gilt auch, wenn der Schuldner dem Käufer gegenüber weitere Verpflichtungen übernommen hat und diese nicht oder nicht vollständig erfüllt sind.

(2) [1]Hat vor der Eröffnung des Insolvenzverfahrens der Schuldner eine bewegliche Sache unter Eigentumsvorbehalt gekauft und vom Verkäufer den Besitz an der Sache erlangt, so braucht der Insolvenzverwalter, den der Verkäufer zur Ausübung des Wahlrechts aufgefordert hat, die Erklärung nach § 103 Abs. 2 Satz 2 erst unverzüglich nach dem Berichtstermin abzugeben. [2]Dies gilt nicht, wenn in der Zeit bis zum Berichtstermin eine erhebliche Verminderung des Wertes der Sache zu erwarten ist und der Gläubiger den Verwalter auf diesen Umstand hingewiesen hat.

Übersicht

52 = NJW 2003, 3414 ff = ZIP 2003, 1613 ff = ZInsO 2007, 797 ff = NZI 2003, 594 ff.

53 *BGHZ* 155, 227, 236 f.

54 Dazu *Tollmann* WM 2005, 2017 ff; *Fleckner* ZIP 2004, 585 ff sowie die Hinweise bei § 108 Rn 83 ff.

55 BGBl I S 2809 ff. Vgl zu den Einzelheiten der Gesetzgebungsgeschichte *Tollmann* WM 2005, 2017.

56 Es handelt sich um eine gesetzlich zugelassene Einschränkung iSv *BGHZ* 155, 227, 236 (unter II 3 b). Vgl dazu *Tollmann* WM 2005, 2017, 2020 und die dortige Fn 44.

Literatur: *Lucina Berger* Insolvenzschutz für Markenlizenzen, 2006, S 127 ff, 174 ff, 206 ff; *K Dobler* Die übertragene Anwartschaft in der Insolvenz, 2008, Rn 1 ff, 40 ff, 639; *Duursma-Kepplinger* Eigentumsvorbehalt und Mobilienleasing in der Insolvenz (eine Darstellung der österreichischen und der deutschen Rechtslage), 2002; *Gaul* Verwertungsbefugnis des Insolvenzverwalters bei Mobilien trotz Sicherungsübereignung und Eigentumsvorbehalt, ZInsO 2000, 256; *Gundlach/Frenzel/Schmidt* Die Schranken des Wahlrechts aus § 354a Satz 2 HGB in der Insolvenz des Vorbehaltskäufers, KTS 2000, 519; *Huber* Rücktrittsrecht des Vorbehaltsverkäufers in der Insolvenz des Vorbehaltskäufers, NZI 2004, 57; *Janssen* Betriebsfortführung des Insolvenzverwalters mit Mobiliarsicherungsgut trotz Sicherungsübereignung und Eigentumsvorbehalt, 2005; *Kepplinger* Das Synallagma in der Insolvenz, 2000, S 302 ff; *Kirchhof* Probleme bei der Einbeziehung von Absonderungsrechten in das Insolvenzeröffnungsverfahren, ZInsO 2007, 227; *Marotzke* Das Anwartschaftsrecht – ein Beispiel sinnvoller Rechtsfortbildung? (im Folgenden: Anwartschaftsrecht), 1977; *ders* Gegenseitige Verträge im neuen Insolvenzrecht (im Folgenden: Gegenseitige Verträge), 3. Aufl 2001, Rn 4.2, 4.47 f, 4.101 ff, 4.119 ff, 4.161, 4.166 ff, 7.30 ff, 9.58 ff, 9.81, 10.17 (abrufbar unter www.jura.uni-tuebingen.de/professoren_und_dozenten/marotzke/zur%20person/habilitationsschrift-1/view); *ders* Der Eigentumsvorbehalt im neuen Insolvenzrecht, JZ 1995, 803; *ders* Das neue Insolvenzrecht – dargestellt am Beispiel der Mobiliarsicherheiten, Schriften der Juristischen Gesellschaft Mittelfranken zu Nürnberg eV, Heft 12, 1999, S 15 ff, 26, 32 f; *ders* BGB und InsO: zwei Leistungsstörungsrechte im Widerstreit, KTS 2002, 1, 6 ff; *Primozic/Boller* Eigentumsvorbehalt im internationalen Warenverkehr zwischen Deutschland und der Schweiz, ZInsO 2016, 721; *Rugullis* Der Zahlungsrückstand des Vorbehaltskäufers in der Insolvenz des Verkäufers, KTS 2005, 459 (will auf den Rücktritt des InsVerw § 55 Abs 1 Nr 1 anwenden; s dazu die Fn zu § 103 Rn 34); *Runkel* Praktische und rechtliche Probleme der Eigentumsvorbehaltslieferanten in der Insolvenz, FS Kirchhof, 2003, S 455; *Scherer* Neues Kaufgewährleistungsrecht und § 103 InsO, NZI 2002, 356; *Schulz* Das Konsignationslager in der Insolvenz – eine Alternative zum Eigentumsvorbehalt?, ZInsO 2003, 979; *Schulze/Kienle* Der Kauf unter Eigentumsvorbehalt – eine Kehrtwende des Gesetzgebers?, NJW 2002, 2842; *Schwörer* Lösungsklauseln für den Insolvenzfall, 2000, Rn 226 ff, 335 ff; *Strotmann* Das Wahlrecht des Insolvenzverwalters gem § 103 Abs 1 InsO bei bedingten Beteiligungskaufverträgen in der Verkäuferinsolvenz, ZInsO 2010, 1314; *Wessels* Unternehmenskauf im Vorfeld der Verkäuferinsolvenz, ZIP 2004, 1237.

A. Insolvenz des Verkäufers (Abs 1)

I. Gesetzeszweck

§ 107 Abs 1 ist § 106 nachempfunden, der seinerseits dem § 24 KO entspricht.[1] Wie § 24 S 2 KO (jetzt § 106 Abs 1 S 2 InsO) enthält auch § 107 Abs 1 InsO eine missbilligende Reaktion des Gesetzgebers auf die schon bei § 103 Rn 66 f kritisierten Versuche der Rspr, bereits entstandene Anwartschaftsrechte von Vertragspartnern des insolventen Schu dadurch zu gefährden, dass dem InsVerw das Recht zuerkannt wird, diese „durch Erfüllungsablehnung nach § 17 KO" zu zerstören. Die Begr des RegE InsO[2] setzt dieser Rspr Folgendes entgegen: „Kein Wahlrecht des Verwalters zwischen Erfüllung und Ablehnung der Erfüllung soll in Zukunft bei Kaufverträgen bestehen, bei denen der Schu als Verkäufer die verkaufte Sache unter Eigentumsvorbehalt übergeben hat; dadurch wird erreicht, dass das Anwartschaftsrecht des Vorbehaltskäufers nicht vom Insolvenzverwalter durch Erfüllungsablehnung zerstört werden kann". Und: „Im Insolvenzverfahren über das Vermögen des Verkäufers stehen dem Insolvenzverwalter nur die Rechte zu, die dem Verkäufer aus dem Kaufvertrag zustanden. Der Verwalter kann die Anwartschaft des Vorbehaltskäufers nicht durch eine Ablehnung der Erfüllung des Kaufvertrages zerstören. Solange der Käufer vertragstreu bleibt [andernfalls s § 323 BGB und die nächste Fn], ist der Verwalter nicht berechtigt, die Kaufsache zurückzuverlangen".[3] Vgl zum letzten Satz auch die parallellaufende Erwägung bei § 106 Rn 5. Jedoch bringt § 107 Abs 1 den Willen seiner Verfasser nur unvollkommen zum Ausdruck.[4] 1

II. Voraussetzungen des § 107 Abs 1

1. Kauf oder ähnlicher Vertragstyp über bewegliche Sache. Nach Abs 1 S 1 muss der Schu eine **bewegliche Sache** „unter Eigentumsvorbehalt verkauft" haben (für Grundstücksgeschäfte s Rn 7 aE). Nicht erforderlich ist trotz des unklaren Wortlauts, dass der Eigentumsvorbehalt bereits im schuldrechtlichen Geschäft vorgesehen ist. Es genügt, dass das dingliche Vollzugsgeschäft (Rn 3) unter Eigentumsvorbehalt vorgenommen wurde. Mit dieser Maßgabe ist Abs 1 auf **kaufähnliche Geschäfte** wie zB **„Leasing mit Kaufoption"** analog anzuwenden,[5] falls Vertragsgegenstand eine bewegliche Sache oder ein nicht wie ein Grundstück zu behandelndes Recht (s Rn 7, § 108 Rn 8) ist. Soweit der erst nachträglich eingefügte und die Kaufoption ohnehin nicht erfassende § 108 Abs 1 S 2 reicht (s dort Rn 15 ff), besteht jedoch weder eine Gesetzeslücke noch ein Bedürfnis für eine analoge Anwendung des § 107 Abs 1.[6] 2

---

1 *Marotzke* JZ 1995, 803, 808 ff.

2 Begr RegE S 144.

3 Begr RegE S 146. Zur Rechtslage bei Nichtzahlung des Kaufpreises (Vertrags**un**treue des Käufers) vgl § 323 BGB; *Marotzke* Gegenseitige Verträge Rn 4.126 ff; tw **aM** *Rugullis* KTS 2005, 459, 461 ff (bereits erwähnt in der zweiten Fn zu § 103 Rn 34).

4 Ausf und mit Verbesserungsvorschlägen *Marotzke* JZ 1995, 803 ff; vgl auch *N/R/Balthasar* § 107 Rn 5 ff.

5 *Marotzke* JZ 1995, 803, 807; zust *Duursma-Kepplinger* S 157; *Hess* § 107 Rn 9; *Obermüller* KS-InsO, 2. Aufl 2000 S 985, 996 Rn 42 (nicht übernommen in die 3. Aufl); *Klinck* (s Schrifttum zu § 103) Kap 14 § 50 Rn 6; vgl auch *OLG Düsseldorf* NZI 2010, 21, 23 (rSp); *Häsemeyer* Rn 18.40; *N/R/Balthasar* § 107 Rn 11 aE; FK/*B Wegener* § 107 Rn 5; *Braun/Kroth* § 107 Rn 3, 9; *Wessels* ZIP 2004, 1237, 1244 (**„Erwerbsoption auf unverbriefte Gesellschaftsanteile"**; sa Rn 7); wohl auch *Pape* KS-InsO 3. Aufl 2009 S 353, 381 Rn 47; MK/*Ott/Vuia* § 107 Rn 7; jetzt auch *K/P/B/Tintelnot* § 107 Rn 16 f; ganz oder teilw **aM** *Schmidt/Ringstmeier* § 107 Rn 19 (keine analoge Anwendung auf Finanzierungsleasing mit Kaufoption); *Uhlenbruck/D Wegener* § 107 Rn 10 (keine analoge Anwendung auf „kaufähnliche Geschäfte sowie den Rechtskauf").

6 **AM** wohl *Häsemeyer* Rn 18.40, der beim **Finanzierungsleasing** § 103 anwenden und dadurch den rechtspolitisch fragwürdigen § 108 Abs 1 S 2 „insoweit obsolet" machen möchte.

3 **2. Verfügungsgeschäft unter Eigentumsvorbehalt.** Der Schu muss die bewegliche Sache nicht nur verkauft, sondern auch schon unter Eigentumsvorbehalt, also **unter der aufschiebenden Bedingung vollständiger Kaufpreiszahlung** (§ 449 Abs 1 BGB), **übereignet** haben. Abs 1 S 1 ist in diesem Sinne berichtigend auszulegen.[7] Denn wenn Schutzgut des Abs 1 das Anwartschaftsrecht des Vertragspartners ist (s Rn 1), dann setzt die Anwendung der Vorschrift zwingend voraus, dass ein solches zunächst einmal entstanden ist. Dies gilt unabhängig davon, ob man die Rechtsfigur des „Anwartschaftsrechts" für eine sinnvolle Rechtsfortbildung hält oder nicht.[8] Übrigens vertritt der BGH auch für nicht von § 107 Abs 1 erfasste aufschiebend bedingte Verfügungen des Schu die Ansicht, dass der InsVerw ihr Wirksamwerden nicht dadurch verhindern könne, dass er die Erfüllung des zugrunde liegenden Vertrages ablehne.[9]

4 Unter den Begriff **Eigentumsvorbehalt** fallen iRd Abs 1 sowohl der einfache als auch der erweiterte (vgl auch Rn 10, 14 ff; zur Terminologie § 103 Rn 108). Nach § 449 Abs 3 BGB ist die Vereinbarung eines Eigentumsvorbehalts nichtig, soweit der Eigentumsübergang davon abhängig gemacht wird, dass der Käufer Forderungen eines Dritten, insb eines mit dem Verkäufer verbundenen Unternehmens (sog **Konzernvorbehalt**), erfüllt. Diese Bestimmung wirkt nicht nur schuldrechtlich, sondern auch dinglich.[10] Auf den Fall, dass der Vertrag den Eigentumsübergang davon abhängig macht, dass auch Forderungen erfüllt werden, die dem **Verkäufer** gegen einen Dritten, insb gegen ein mit dem **Käufer** verbundenes Unternehmen zustehen (wofür sich die unschöne Bezeichnung „Konzernvorbehalt auf Käuferseite" durchzusetzen scheint), ist § 449 Abs 3 BGB analog anwendbar.[11]

5 **3. Rechtsinhaberschaft des Schuldners?** § 107 Abs 1 setzt nicht voraus, dass der Schu „als Berechtigter" zugunsten des Käufers verfügt hat. Oft wird die Sache, über die der Schu unter Eigentumsvorbehalt verfügt hat, noch im Vorbehalts- oder Sicherungseigentum eines Dritten gestanden haben. Dies hindert nicht notwendig den Eigentumserwerb des Käufers[12] und deshalb auch nicht die Anwendbarkeit des § 107 Abs 1 (sofern man die Rechtsfolge wie Rn 8 f teleologisch beschränkt, also nicht etwa unabhängig vom Verhalten des InsVerw eine als Masseverbindlichkeit einklagbare Rechtsmängelhaftung des Schu zu konstruieren versucht[13]).

6 **4. Besitzübertragung?** Wie die unbedingte setzt auch die unter Eigentumsvorbehalt stehende Übereignung zwar im gesetzlichen Regelfall des § 929 S 1 BGB, nicht aber ausnahms-

---

7 *Marotzke* JZ 1995, 803, 805 ff; ebenso *K/P/B/Tintelnot* § 107 Rn 5 ff, 17; *N/R/Balthasar* § 107 Rn 7; *Hess* § 107 Rn 7; *Uhlenbruck/D Wegener* § 107 Rn 3; MK/*Ott/Vuia* § 107 Rn 8; *Schmidt/Ringstmeier* § 107 Rn 5; *Braun/Kroth* § 107 Rn 3, 9; **aM** wohl *L/S/Z/Zeuner* § 107 Rn 2; *Adam* DZWIR 2003, 483 f – Letzterer mit Behauptung weitreichender Konsequenzen für den Ins-Schutz von Lizenznehmern, s auch § 108 Rn 8 ff, 21 ff, 82, 96 ff.

8 Im letzteren Sinne *Marotzke* Anwartschaftsrecht S 135 ff.

9 Vgl *BGH* ZInsO 2006, 35 ff = ZIP 2006, 87 ff LS 3; s dazu auch die zweite Fn zu § 103 Rn 167.

10 *Bülow* DB 1999, 2196 f; *ders* Recht der Kreditsicherheiten, 8. Aufl 2012, Rn 1520; *Marotzke* Das neue Insolvenzrecht – dargestellt am Beispiel der Mobiliarsicherheiten, 1999, S 18 Fn 79; **aM** *Niesert* InVo 1998, 141.

11 *Leible/Sosnitza* JuS 2001, 556, 558; *Habersack/Schürnbrand* JuS 2002, 833, 838 f; **aM** *Bülow* Recht der Kreditsicherheiten 8. Aufl 2012, Rn 1244, 1519; *Palandt/Weidenkaff* BGB, 75. Aufl 2016, § 449 Rn 22; *Staudinger/Beckmann* 2013 § 449 BGB Rn 155.

12 Vgl §§ 185, 932 ff BGB, § 366 Abs 1 HGB und *Marotzke* Anwartschaftsrecht, S 120 ff.

13 Eine solche **Masse**verbindlichkeit setzt gem § 55 Abs 1 Nr 2 Alt 1 voraus, dass der InsVerw gem § 103 Erfüllung des Vertrages (zB Kaufpreiszahlung) verlangt hat; vgl auch Rn 8, § 103 Rn 64 f.

los voraus, dass der Veräußerer dem Erwerber unmittelbaren oder wenigstens mittelbaren[14] Besitz an der Sache überträgt.[15] Dennoch macht der Wortlaut des § 107 Abs 1 S 1 den InsSchutz des Käufers iF eines Eigentumsvorbehalts ganz pauschal davon abhängig, dass der Schu dem Käufer vor VerfEröffnung „den Besitz an der Sache übertragen hat". Es wäre jedoch verfehlt, den InsSchutz des Erwerbers im konkreten Fall davon abhängig zu machen, dass die Kaufvertragsparteien auf besitzrechtlicher Ebene mehr Aufwand betrieben haben, als das bürgerliche Recht oder das Handelsrecht (vgl §§ 448, 475g, 524 HGB) im Zusammenhang mit der Eigentumsübertragung vorschreiben. Man sollte deshalb die in Abs 1 S 1 enthaltene Formulierung, dass der Schu dem Käufer vor VerfEröffnung „den Besitz an der Sache übertragen" haben müsse, als der wortlautübersteigenden Auslegung zugängliche falsa demonstratio behandeln, mit der in Wahrheit überhaupt nichts besitzrechtliches, sondern nur die im Gesetzeswortlaut sonst gar nicht erwähnte aufschiebend bedingte Übereignung gemeint ist.[16] Dies gilt jedoch nur für Abs 1, nicht auch für Abs 2 des § 107 (Rn 25 ff).

5. Analoge Anwendung auf Rechtskauf. Auf den Verkauf eines **Rechts** ist Abs 1 entspr anwendbar[17] mit der Maßgabe, dass an die Stelle des Erfordernisses einer aufschiebend bedingten Eigentumsübertragung (Rn 3) das Erfordernis einer aufschiebend bedingten Verfügung über das verkaufte sonstige Recht, maW an die Stelle eines „Eigentumsvorbehalts" ein „Vorbehalt der sonstigen Rechtsinhaberschaft" tritt.[18] Diese Analogie ist selbstverständlich, wenn man das besitzrechtliche Element des § 107 Abs 1 durch Auslegung eliminiert (Rn 6). Wer dies ablehnt, muss die Analogie zumindest hinsichtlich solcher Rechte in Betracht ziehen, die zum Besitz einer beweglichen Sache berechtigen und deren Verkauf somit zu einer Übergabeverpflichtung nach § 453 Abs 3 BGB führt. Zu denken wäre in diesem Zusammenhang an ein Anwartschaftsrecht aus aufschiebend bedingter Übereignung oder, wenn man „Anwartschaftsrechten" die dogmatische Anerkennung versagt,[19] an Ansprüche aus § 433 Abs 1 S 1 BGB auf Eigentums- und Besitzübertragung (bzw auf Nichtvereitelung einer bereits aufschiebend bedingt vollzogenen Übereignung und auf Respektierung des bereits übertragenen Besitzes; die in der aufschiebend bedingten „Anwartschaftsübertragung" enthaltene[20] bedingte Weiterverfügung über das selbst noch gar nicht erworbene Eigentum fällt sogar **unmittelbar** unter § 107 Abs 1; s Rn 5). Da die Abtretung eines Übereignungsanspruchs auch dann unter eine aufschiebende Bedingung („Rechtsvorbehalt") gestellt werden kann, wenn es sich bei dem zu übereignenden Gegenstand um ein **Grundstück** handelt, ist auch hier Raum für eine entspr Anwendung des § 107 Abs 1. Das Grundstück selbst kann allerdings wegen § 925 Abs 2 BGB nicht „unter Eigentumsvorbehalt" übertragen werden. Deshalb die Beschränkung des § 107 auf **bewegliche Sachen** 7

---

14 Zutr *OLG Düsseldorf* NZI 2013, 303 f = ZIP 2013, 327 f am Beispiel der individuellen Herrichtung eines unter EV verkauften KFZ bei nach außen dokumentierter Bereitstellung zum Zwecke der bereits terminierten Zulassung auf den Käufer.

15 Beispiele bei *Marotzke* JZ 1995, 803, 810 f.

16 Vgl *Marotzke* JZ 1995, 803, 810 f; im Wesentlichen zust *K/P/B/Tintelnot* § 107 Rn 20 ff (insb Rn 23); *N/R/Balthasar* § 107 Rn 8; *Jaeger/Jacoby* § 107 Rn 22; wohl auch *Uhlenbruck/D Wegener* § 107 Rn 6; **aM** FK/*B Wegener* § 107 Rn 10 ff; MK/*Ott/Vuia* § 107 Rn 7, 11; *Schmidt/Ringstmeier* § 107 Rn 5; vgl auch *L/S/Z/Zeuner* § 107 Rn 2; *Braun/Kroth* § 107 Rn 4 Fn 7.

17 Zust *Wessels* ZIP 2004, 1237, 1244; *Lucina Berger* S 128 ff; *Graf-Schlicker/Breitenbücher* § 107 Rn 3; *Schmidt/Ringstmeier* § 107 Rn 18 f; *Jaeger/Jacoby* § 107 Rn15 f; **aM** *Uhlenbruck/D Wegener* § 107 Rn 10; MK/*Ott/Vuia* § 107 Rn 7; *Strotmann* ZInsO 2010, 1314, 1317.

18 Beispiele aus der Praxis: *BGHZ* 138, 195; *Wessels* ZIP 2004, 1237, 1244; *BGHZ* 173, 1 [Rn 1] = ZIP 2007, 1705 = DZWIR 2008, 21 (dazu *Goette* ZInsO 2007, 1177, 1178 f ad 3).

19 So zB *Marotzke* Anwartschaftsrecht, S 135 ff.

20 Vgl *Marotzke* Anwartschaftsrecht, S 23 ff, 26 f; *ders* AcP 191 (1991) 177, 191 ff mit Fn 58, 73.

(jedoch analog anwendbar auf bedingt übertragbare Rechte) und die **Sonderregelung für grundstücksbezogene Erwerbsaussichten in § 106**.

III. Rechtsfolge des Abs 1

8 Gemessen an dem bei Rn 1 beschriebenen Gesetzeszweck hat der Gesetzgeber die Rechtsfolge des Abs 1 **zu weit gefasst**. Beabsichtigt war lediglich, den bereits durch aufschiebend bedingte Übereignung eingeleiteten Eigentumserwerb des Käufers gegenüber denkbaren insolvenzrechtlichen Hindernissen, insb gegenüber einem in § 103 vermuteten „Ablehnungsrecht" des InsVerw (s Rn 1) abzuschirmen und zugleich klarzustellen, dass der – durch die VerfEröffnung über das Vermögen des Verkäufers nicht gehinderte – spätere Eigentumserwerb des Käufers nicht vom InsVerw kondiziert (Rn 1) werden kann (was jedoch anfechtungsrechtliche Rückgewähransprüche aus §§ 129 ff nicht ausschließt). Entgegen dem zu weit geratenen Wortlaut des Abs 1 S 1 kann der Käufer vom InsVerw also vor dessen positiver Wahlrechtsausübung (§§ 103 Abs 1, 55 Abs 1 Nr 2 Alt 1) nicht die Vornahme irgendwelcher Leistungshandlungen „verlangen" (auch nicht Nacherfüllung iSd § 439 BGB),[21] sondern er muss sich den durch entspr Leistungshandlungen bereits jetzt ausreichend vorbereiteten Erfolg (Eigentumsübergang) durch Herbeiführung des Bedingungseintritts (Kaufpreiszahlung) selbst verschaffen. Wirklich „verlangen" kann der Käufer vor Bedingungseintritt nur die Respektierung des ihm bereits übertragenen Besitzes und das Unterlassen der – in Wahrheit aber schon durch § 986 Abs 1 S 1 BGB ausgeschlossenen – Vindikation.[22] Dies gilt auch in dem in Abs 1 S 2 angesprochenen Fall, dass „der Schu dem Käufer gegenüber weitere Verpflichtungen übernommen hat und diese nicht oder nicht vollständig erfüllt sind". Eine Auslegung dahingehend, dass der InsVerw solche weiteren Verpflichtungen nach Abs 1 S 1 „erfüllen" müsse, ist zwar logisch möglich, jedoch wertungsmäßig unvertretbar,[23] solange der InsVerw nicht selbst gem § 103 Vertragserfüllung verlangt (dann § 55 Abs 1 Nr 2 Alt 1).

9 **Hat der Schu als Nichtberechtigter verfügt**, so kann der Käufer das Eigentum nur erwerben, wenn außer den mit dem Schu **vereinbarten** (Rn 9) auch die bei Rn 5 angesprochenen zusätzlichen **gesetzlichen** Bedingungen (§§ 185, 932 ff BGB, § 366 Abs 1 HGB) erfüllt sind. Zur Haftung der Masse für Rechtsmängel s Rn 5 aE.

IV. Zusammentreffen mit weiteren Verpflichtungen (Abs 1 S 2)

10 Das bei Rn 8 f Ausgeführte gilt auch, wenn der Schu gegenüber dem Käufer weitere Verpflichtungen (zB Montageleistungen oder – bei Sukzessivlieferungsverträgen – weitere Warenlieferungen) übernommen hat und diese nicht oder nicht vollständig erfüllt sind (Abs 1 S 2). **Jedoch ist, wenn der InsVerw hinsichtlich dieser „weiteren Verpflichtungen" nicht gem §§ 103, 55 Abs 1 Nr 2 Alt 1 Erfüllung wählt, die Gegenleistung des Käufers entspr zu reduzieren.** Die Technik dieser Reduktion ist die gleiche wie in dem ähnlich liegenden Fall des § 106 Abs 1 S 2 (s dort Rn 2). Ob die Reduktion der Gegenleistung auch „dinglich" wirkt in dem Sinne, dass das Eigentum an der aufschiebend bedingt übereigneten Sache schon mit Zahlung des **reduzierten** Preises auf den Käufer übergeht, ist eine noch offene Frage.[24] Verneint man sie, dann kann der

---

21 Zutr *Scherer* NZI 2002, 356, 357 ff.

22 *Marotzke* Gegenseitige Verträge Rn 9.81.

23 Vgl *Marotzke* JZ 1995, 803, 807 ff.

24 Für dingliche Wirkung anscheinend *K/P/B/Tintelnot* § 107 Rn 29 ff; *N/R/Balthasar* § 107 Rn 10; *Duursma-Kepplinger* S 155; *Uhlenbruck/D Wegener* § 107 Rn 9; vgl auch *Scherer* NZI 2002, 356, 358 f, 361 f (für eine aufgrund **§ 441 BGB** erwirkte Kaufpreisminderung); **ausweichend** die iÜ durch § 107 Abs 1 überholte Entsch *BGHZ* 98, 160, 172: mit dem Wegfall der Zahlungsansprüche sei „auch die Sicherungsfunktion des erweiterten Eigentumsvorbehalts an der bereits bezahlten Ware entfallen".

Käufer ausnahmsweise (Rn 8) etwas vom InsVerw „verlangen“: eine Wiederholung der dinglichen Einigung (§§ 929 S 1, 158 Abs 1 BGB) mit der Modifikation, dass der Eigentumsübergang schon bei Erbringung der **reduzierten** Gegenleistung eintreten soll. **Unanwendbar ist selbst bei „Teilbarkeit“ des Leistungsprogramms und „teilweiser“ Vorleistung (also Zahlung) des Käufers die Sondervorschrift des § 105 S 1**; denn diese setzt nach hier vertretener Ansicht voraus, dass die Verpflichtung des insolventen Schu auf Geld gerichtet ist (§ 105 Rn 17).

V. Insolvenzplan, Restschuldbefreiung, Schuldenbereinigungsplan

Derartige Vergünstigungen für den Schu vermögen das Anwartschaftsrecht, das dem Vertragspartner aus der aufschiebend bedingten Übereignung erwachsen ist, nicht zu zerstören. Vgl die ähnliche Rechtslage bei der Vormerkung (§ 106 Rn 31 ff). 11

B. Insolvenz des Käufers (Abs 2)

I. Aus- oder Absonderungsrecht des Verkäufers?

1. Einfacher Eigentumsvorbehalt. Der „einfache“ Eigentumsvorbehalt (§ 103 Rn 108) berechtigt den Inhaber auch nach neuem Recht nicht nur zur abgesonderten Befriedigung (§§ 50 ff, 166 ff), sondern zur **Aussonderung** der Ware aus der InsMasse des Käufers (§ 47).[25] Deshalb kein Verwertungsrecht des InsVerw nach §§ 166 ff, keine Kostenbeitragspflicht des Vorbehaltseigentümers nach §§ 170 f,[26] keine Behinderung etwaiger Herausgabevollstreckung durch Anordnungen nach § 21 Abs 2 S 1 Nr 3[27] (seit 1.7.2007 jedoch neue Rechtslage durch § 21 Abs 2 S 1 Nr 5; s § 21 Rn 43 ff sowie unten Rn 32 aE!) und keine Gefährdung durch InsPlan.[28] Anwendbar ist jedoch **§ 28 Abs 2** (s dort Rn 8). 12

Zu einem fälligen und durchsetzbaren **Herausgabeanspruch gegen den InsVerw** verdichtet sich das Aussonderungsrecht des Verkäufers erst, wenn der Verkäufer ein bestehendes Rücktrittsrecht (Rn 29 ff) ausübt oder wenn der InsVerw es ablehnt, den Kaufvertrag gem §§ 103, 55 Abs 1 Nr 2 zu erfüllen (Rn 20), oder wenn der InsVerw die Anfrage des Verkäufers, ob er den Vertrag erfüllen wolle, nicht unverzüglich nach dem Berichtstermin (§ 107 Abs 2 S 1) beantwortet.[29] Verlangt der Verkäufer die **vorzeitige** Rückgabe seiner Sache, so 13

---

25 *BGH* ZInsO 2008, 445, 448 = ZIP 2008, 842, 844 f; *Marotzke* Das neue Insolvenzrecht – dargestellt am Beispiel der Mobiliarsicherheiten, 1999, S 15 f; *Gaul* ZInsO 2000, 256, 258; *Uhlenbruck/Brinkmann* § 47 Rn 25; *Jaeger/Henckel* § 47 Rn 42, 44, 51; **aM** *L/S/Z/Leonhardt* § 47 Rn 20 ff; *Smid/Rattunde* Der InsPlan 2. Aufl 2005 Rn 6.35 ff, 6.40 (ausweichend Rn 6.46 der insoweit von *Rattunde/Martini* bearbeiteten 4. Aufl 2015); wohl auch *Häsemeyer* Rn 11.10.

26 Dazu *Marotzke* ZZP 109 (1996), 429, 457 f; s auch u Rn 13.

27 Vgl § 112 Rn 16; **aM** *Runkel* FS Kirchhof, 2003, S 455, 459 f; *Huber* NZI 2004, 57, 60 Abschn II 3 a.

28 *Marotzke* ZZP 109 (1996) 429, 438 mit Fn 44, 46; **aM** *Smid/Rattunde/Martini* Der InsPlan, 4. Aufl 2015, Rn 8.10 ff.

29 **AM** – oder nur missverständlich? – *BGH* NJW 2007, 1594 [Rn 12] = ZIP 2007, 778, 779 = DZWIR 2007, 299, 300 = NZI 2007, 335 (s dazu auch Rn 24). Näher bei der oben im Text vertretenen Auffassung liegt hingegen *BGH* 7.2.2013 – IX ZR 218/11, BGHZ 196, 160, 164 f [Rn 10 f] = ZInsO 2013, 494, 495 = ZIP 2013, 526, 527 f = NZI 2013, 296 f in einem allerdings einen **Grundstücks**kauf betreffenden u deshalb nicht von § 107 erfassten Fall: Wenn der InsVerw des Käufers die Vertragserfüllung ablehne, könne der Verkäufer sein bereits an den Schu übergebenes und von diesem sogar schon bebautes Grundstück aussondern (hier ersichtlich zu verstehen im Sinne von „herausverlangen und weiterveräußern“). Sondere der Verkäufer die Kaufsache aufgrund des bei ihm verbliebenen Eigentums aus, könne der Verwalter seinerseits die Rückgewähr der bereits erbrachten Teilleistungen des Schu verlangen (vgl dazu auch § 103 Rn 99 sowie die Beiträge von *Dahl/Schmitz* NZI 2013, 631 ff; *Kayser* ZIP 2013, 1359 f; *Tintelnot* EWiR 2013, 351 f).

steht nichts entgegen, dass der (vorl) InsVerw die Herausgabe von der Zahlung eines Kostenbeitrags von pauschal 4 % abhängig macht.[30] Zu beachten ist, dass der Rechtsgedanke des § 112 Nr 1 auf das Rücktrittsrecht des § 455 Abs 1 BGB aF bzw § 323 BGB nF ausstrahlt und ihm Schranken setzt (s Rn 29 ff). Noch unerörtert ist anscheinend die Frage, ob der insolvente Käufer auch dadurch in Verzug geraten und dem Verkäufer das Rücktrittsrecht des § 455 Abs 1 BGB aF bzw das an etwas andere Voraussetzungen (s Rn 32) geknüpfte Rücktrittsrecht des § 323 BGB nF verschaffen kann, dass er dem Verkäufer statt des ursprünglich vereinbarten nur den durch InsPlan reduzierten Kaufpreis zahlt.[31]

14 **2. Erweiterter Eigentumsvorbehalt. Vor Eintritt des „Erweiterungsfalls"** (§ 103 Rn 108) berechtigt auch der „erweiterte" Eigentumsvorbehalt zur Aussonderung; insoweit kann auf das bei Rn 12 Ausgeführte verwiesen werden.

15 **Mit Eintritt des „Erweiterungsfalls"** (§ 103 Rn 108) verwandelt sich das Aussonderungsrecht des Verkäufers in ein Recht auf abgesonderte Befriedigung nach Maßgabe der §§ 166 ff. Für eine Anwendung des § 107 Abs 2 ist daneben kein Raum.

16 **Weitere Einzelheiten:** §§ 47, 50, 166, 172; § 103 Rn 107 ff; § 105 Rn 5, 15; § 107 Rn 4, 10, 19, 34 f; *Marotzke* Gegenseitige Verträge Rn 4.166 ff; *ders* JA 1988, 117, 176 ff; *Henckel* ZZP 99 (1986) 419, 428 f; *Duursma-Kepplinger* S 109 f (Österreich), 192 ff (Deutschland). **Überträgt der Vorbehaltsverkäufer sein vorbehaltenes Eigentum auf eine Bank, die für den Käufer den Erwerb finanziert**, so kann nach Ansicht des BGH die Bank aufgrund ihres derart erworbenen Eigentums in der Ins des Käufers nicht Aussonderung (Rn 12), sondern lediglich wie ein Sicherungseigentümer (§ 51 Nr 1) abgesonderte Befriedigung verlangen.[32] In ausdrücklicher „Abgrenzung" hierzu hat der BGH einige Jahre später entschieden, dass **der vom Lieferanten abgeleitete Eigentumsvorbehalt des Faktors beim echten Factoring** in der Ins des Forderungsschuldners zur **Aussonderung** des Vorbehaltseigentums berechtige.[33]

17 **3. Verlängerter Eigentumsvorbehalt.** Solange der Verkäufer das Eigentum noch nicht verloren hat, ändert eine zwischen ihm und dem Schu vereinbarte Verlängerung des Eigentumsvorbehalts auf Surrogate (zB auf eine durch Verarbeitung entstehende neue Sache oder auf die Kaufpreisforderung aus erlaubter Weiterveräußerung) nichts an der Anwendbarkeit des § 107 Abs 2. Mit Eintritt des Verlängerungsfalls (Verarbeitung zu einer „neuen" Sache oder wirksame[34] Weiterveräußerung) erwirbt der Verkäufer ein Absonderungsrecht am Surrogat.[35]

---

30 **AM** *LG Braunschweig* DZWIR 2001, 303 ff; richtig hingegen *Gundlach/Frenzel/Schmidt* DZWIR 2001, 277 ff; *Rendels* EWiR 2001, 279 f.

31 Vgl *Marotzke* ZZP 109 (1996) 429, 438 Fn 46 (damals galt noch § 455 BGB aF).

32 *BGH* 27.3.2008 – IX ZR 220/05, BGHZ 176, 86 ff = ZInsO 2008, 445 ff = ZIP 2008, 842 ff = JZ 2008, 1050 ff mit Anm *Jacoby* (vgl zu diesem Urt auch *Smid* WM 2008, 2089 ff; *Jerger* NZI 2012, 695 ff); **aM** *OLG München* ZIP 2015, 283 ff für den Fall, dass der Verkäufer dem Financier auch die Rechte aus dem Kaufvertrag, insb die Kaufpreisforderung u das Rücktrittsrecht, abgetreten hatte.

33 *BGH* 8.5.2014 – IX ZR 128/12, ZInsO 2014, 1377 f [LS und Rn 12 ff].

34 Sollte die Weiterveräußerungsermächtigung, die der Verkäufer dem Schu erteilt hatte, im Zeitpunkt des Eröffnungsantrags oder mit Eröffnung des InsVerf erloschen sein, setzt die Wirksamkeit einer Weiterveräußerung durch den InsVerw entweder den Eintritt der aufschiebenden Bedingung (§§ 158 Abs 1, 449 Abs 1 BGB) oder die Gutgläubigkeit des Erwerbers (§§ 932 ff BGB) oder eine erneute Einwilligung des Verkäufers (§ 185 Abs 1 BGB) oder seine nachträgliche Genehmigung (§ 185 Abs 2 S 1 Alt 1 BGB) voraus.

35 Vgl die Erl zu § 51 und *Uhlenbruck/Brinkmann* § 47 Rn 38 ff.

II. Wahlrecht des Insolvenzverwalters gem §§ 103, 107 Abs 2

1. Inhalt des Wahlrechts. Gem § 103 kann der InsVerw des Käufers wählen, ob er die Erfüllung des Vertrages verlangen und dann auch seinerseits anstelle des insolventen Schu erfüllen (§§ 103 Abs 1, 55 Abs 1 Nr 2 Alt 1), oder ob er die Erfüllung ablehnen will (§ 103 Abs 2 S 1). Das gilt auch, wenn der Verkäufer die Ware bereits vor VerfEröffnung unter der aufschiebenden Bedingung, dass der Kaufpreis vollständig bezahlt wird, an den Käufer übereignet hatte.[36] Bei Sukzessivlieferungsverträgen ist § 105 zu beachten (vgl dort Rn 1 ff, 5, 15). 18

Entscheidet sich der InsVerw für Erfüllung und zahlt er den noch offenen Kaufpreis, so tritt die Bedingung ein, unter der der Verkäufer bereits vor VerfEröffnung an den Schu übereignet hatte. Das Eigentum geht jetzt (§§ 929 S 1, 158 Abs 1 BGB) vom Verkäufer auf den Schu über und unterliegt dann ebenso wie dessen übriges Vermögen dem Verwaltungs- und Verfügungsrecht des InsVerw. Besonderheiten gelten beim „erweiterten" Eigentumsvorbehalt (Rn 14 ff). Weiterveräußerung der Ware an Dritte enthält nicht ohne weiteres ein konkludentes Erfüllungsverlangen gegenüber dem Vorbehaltseigentümer (§ 103 Rn 135). 19

Lehnt der InsVerw die Erfüllung ab, so kann der Verkäufer die Ware kraft seines vorbehaltenen Eigentums, das auch nach neuem InsR Aussonderungskraft hat (Rn 12), ohne weiteres zurückverlangen;[37] des vorherigen Rücktritts gem § 323 BGB bedarf es nicht.[38] Zwar bestimmt § 449 Abs 2 BGB in seiner seit 1.1.2002 maßgeblichen Fassung, dass der Verkäufer die Sache auf Grund des Eigentumsvorbehalts nur dann heraus verlangen kann, wenn er vom Vertrag zurückgetreten ist. Diese Vorschrift regelt jedoch lediglich das bipolare Rechtsverhältnis zwischen dem Verkäufer und dem Käufer. Denn sie bekräftigt nur eine Rspr,[39] die in nichtinsolvenzrechtlichen Zusammenhängen schon zu einer Zeit praktiziert wurde, in der die hier vertretene Ansicht noch absolut herrschend war. Der Sonderfall, dass über dem Vermögen des Käufers ein InsVerf schwebt und der InsVerw die Erfüllung des Vertrages ablehnt, liegt folglich außerhalb der Regelungsabsicht des bürgerlich-rechtlichen § 449 Abs 2 BGB.[40] Im Verhältnis zum **InsVerw** des Käufers darf der „dingliche" Herausgabeanspruch des Verkäufers (§ 985 BGB) nicht an einem „schuldrechtlichen" Besitzrecht scheitern, das auf einem Kaufvertrag beruht, dessen Erfüllung vom InsVerw **abgelehnt** wurde.[41] Ob es sich um eine ausdr oder um eine konkludente Ablehnungserklärung des InsVerw handelte, macht keinen Unterschied. **Eine konkludente Erfüllungsablehnung des InsVerw** kann zB darin gesehen werden, dass der InsVerw eine vor VerfEröffnung erfolgte Kaufpreiszahlung gem §§ 129 ff anficht (s auch § 103 Rn 40, 76 f). Die Frage, ob und zu wel- 20

---

36 Ausf *Marotzke* Gegenseitige Verträge Rn 4.107 ff; vgl auch u Rn 21 zu den Besonderheiten, die sich in solchen Fällen daraus ergeben, dass der Verkäufer nach Vollzug der aufschiebend bedingten Übereignung idR nichts mehr schuldet, was Gegenstand eines „Verlangens" iSd § 103 Abs 1 sein könnte.

37 *Marotzke* Gegenseitige Verträge Rn 7.30 ff, 7.35 ff, 7.46 ff; ebenso wohl *Pape* KS-InsO 3. Aufl 2009 S 353, 375 Rn 35 (jedoch ohne besondere Thematisierung unter EV überlassener Sachen); **aM** *Bärenz* NZI 2006, 72, 74 (vor IV.), 77.

38 Vgl *Marotzke* Gegenseitige Verträge Rn 7.35 ff; *Jaeger/Henckel* § 47 Rn 43, 46; ebenso Nomos-Kommentar-BGB/*Meller-Hannich* 3. Aufl 2013, § 929 Rn 108; anscheinend auch *Janssen* S 150; *Staudinger/Beckmann* 2013 BGB § 449 Rn 112; *BGH* NJW 2007, 1594 Rn 12 = DZWIR 2007, 299, 300 = NZI 2007, 335; ZIP 2007, 778, 779.

39 *BGHZ* 54, 214, 219 ff; s *Staudinger/Beckmann* 2013 BGB § 449 Rn 60.

40 IE ebenso NomosKommentar-BGB/*Meller-Hannich* 4. Aufl 2016, § 929 Rn 108 und – jedoch ohne argumentative Auseinandersetzung mit der Problematik – anscheinend auch *Staudinger/Beckmann* 2013 BGB § 449 Rn 112; **aM** *Uhlenbruck/D Wegener* § 107 Rn 17; *Huber* NZI 2004, 57, 62, der jedoch in solchen Fällen stets die Rücktrittsvoraussetzungen als erfüllt ansieht.

41 *Marotzke* Gegenseitige Verträge Rn 7.46 ff.

chem Zeitpunkt in solch einem Fall der Eigentumsvorbehalt des Verkäufers wieder auflebt, wird gehaltvoll abgehandelt in *LG Karlsruhe* ZIP 2002, 362, 363 f.[42]

21 **2. Aufforderung zur Wahlrechtsausübung.** Für den Verkäufer kann es wichtig sein, frühzeitig zu erfahren, ob sich der InsVerw für oder gegen die Vertragserfüllung entscheiden wird. Deshalb hat er das Recht, den InsVerw zur Ausübung des Wahlrechts aufzufordern. Tut er das, so hat der InsVerw „unverzüglich“ – iF des § 107 Abs 2 S 1 „unverzüglich nach dem Berichtstermin“ – zu erklären, „ob er die Erfüllung verlangen will“ (s § 103 Abs 2 S 2 und dort Rn 157 ff). Wurden seitens des Vertragspartners bereits alle erforderlichen Leistungshandlungen erbracht und ist nur der geschuldete Erfolg noch nicht eingetreten, so geht die vom InsVerw zu beantwortende Frage dahin, ob er, der InsVerw, auch seinerseits den Vertrag erfüllen werde.[43] Verletzt der InsVerw die Obliegenheit zur „unverzüglichen“ Erklärung, so verliert er wie iF ausdrücklicher Erfüllungsablehnung (vgl § 103 Rn 88) das Recht, „auf der Erfüllung“ des Vertrages zu „bestehen“ (§ 103 Abs 2 S 3). Besinnt er sich später eines anderen und bietet er dem Verkäufer doch noch den Kaufpreis an, so kann dieser die Zahlung zurückweisen, auf diese Weise den Eintritt der seinen Eigentumsvorbehalt auflösenden Bedingung verhindern (§ 162 Abs 1 BGB ist in dieser Situation nicht anwendbar[44]) und die bereits gelieferte Sache zurückverlangen.

22 **3. Schonfrist für Insolvenzverwalter.** Für den InsVerw ist es deshalb wichtig zu wissen, bis zu welchem **Zeitpunkt** er die Anfrage des Vertragspartners definitiv beantwortet haben muss. Hier verschafft ihm Abs 2 S 1 unter den beiden Voraussetzungen, dass es sich um einen Kauf unter Eigentumsvorbehalt handelt (Rn 25) und der in der Rolle des Käufers befindliche Schu „vor der Eröffnung des InsVerf … vom Verkäufer den Besitz an der Sache erlangt hat“ (Rn 26), eine klar definierte Schonfrist: Dann „braucht der InsVerw, den der Verkäufer zur Ausübung des Wahlrechts aufgefordert hat, die Erklärung nach § 103 Abs 2 S 2 **erst unverzüglich nach dem Berichtstermin** abzugeben“ (jedoch Ausnahmen in § 107 Abs 2 S 2, s Rn 28). Falsch wäre es allerdings, aus dieser Regelung zu folgern, dass bereits die **Aufforderung** zur Wahlrechtsausübung nur **nach** dem Berichtstermin wirksam erklärt werden könne.[45] Ob bzw ab welchem Zeitpunkt der InsVerw dem Verkäufer **sonstige Auskünfte** erteilen muss (zB darüber, wo bzw bei wem sich die verkauften und bereits übergebenen Gegenstände gegenwärtig befinden), richtet sich nicht nach Abs 2 S 1, sondern nach den Grundsätzen von Treu und Glauben. Dabei sind alle Umstände des Falles zu berücksichtigen, also ggf „auch“ ein noch unter der Schonfrist des Abs 2 S 1 stehendes Erfüllungswahlrecht in Bezug auf den Kaufvertrag als solchen.[46]

III. Zweck und Rechtsfolgen des Abs 2 S 1

23 **Abs 2 S 1 soll verhindern, dass unter Eigentumsvorbehalt gelieferte bewegliche Sachen schon kurz nach VerfEröffnung aus dem Unternehmen des insolventen Käufers herausgezogen werden.**[47] Der InsVerw soll mit der Ausübung des Wahlrechts warten dürfen, bis die Gl

---

42 Ausw das in derselben Sache ergangene Urt *BGH* ZIP 2003, 855, 856 = ZInsO 2003, 420, 421 Abschn II 3; eine ähnliche Problematik wird behandelt in *OLG Frankfurt/Main* NZI 2004, 267 f.

43 Vgl *Marotzke* Gegenseitige Verträge, Rn 4.109 f; im Ergebnis übereinstimmend auch für den Grundstückkauf das bereits in der ersten Fn zu Rn 13 erwähnte Urt *BGHZ* 196, 160, 164 f [Rn 10].

44 Vgl *Marotzke* Gegenseitige Verträge Rn 4.110 f.

45 Zutr *Runkel* FS Kirchhof, 2003, S 455, 466; **aM** wohl *K/P/B/Tintelnot* § 107 Rn 76.

46 Letztlich nicht anders wohl *Runkel* FS Kirchhof, 2003, S 455, 463 ff; *AG Düsseldorf* DZWIR 2000, 347 ff mit Anm *Smid*.

47 Begr RegE S 146.

im Berichtstermin (§§ 156 ff) über das weitere Schicksal des Unternehmens entschieden haben. Dahinter steht der Gedanke, dass bei vielen Verträgen die weitere Erfüllung nur dann wirtschaftlich sinnvoll ist, wenn feststeht, dass das Unternehmen des insolventen Käufers zumindest vorübergehend fortgeführt werden kann und soll. Außerdem wollte der Gesetzgeber den InsVerw durch Gewährung des Aufschubs bis zum Berichtstermin in die Lage versetzen, Gegenstände, die er iF der Unternehmensfortführung benötigt, „auch dann zunächst in der Insolvenzmasse (zu) behalten, wenn ihm in der ersten Phase des Insolvenzverfahrens keine ausreichende Liquidität für die Wahl der Erfüllung des Kaufvertrages zur Verfügung steht" (was aber allein mit § 107 Abs 2 S 1 gar nicht zu erreichen ist; s Rn 29 ff). Insgesamt ist die Regelung „ebenso wie das Verwertungsrecht des Verwalters bei zur Sicherung übereigneten Sachen" (§§ 51 Nr 1, 166 Abs 1) dazu bestimmt, „das Vermögen im Besitz des Schu zunächst zusammenzuhalten, um Fortführungs- und Sanierungschancen zu wahren".[48]

Die soeben (Rn 23) wiedergegebenen Formulierungen dokumentieren, dass § 107 Abs 2 S 1 auf ähnlichen Motiven beruht wie jene, die den Gesetzgeber veranlasst haben, den InsVerw unter bestimmten **besitzrechtlichen Voraussetzungen** (§ 166 Abs 1) zur Verwertung auch solcher beweglicher Sachen zu ermächtigen, die der Schu vor VerfEröffnung an einen Dritten sicherungsübereignet hatte. Unterstrichen wird diese Parallelität dadurch, dass die Begr der dem § 166 Abs 1 entspr Vorschrift des RegE ihrerseits den Hinweis enthält, dass durch die (heutigen) §§ 103, 107 Abs 2 S 1 „auch für Sachen, an denen ein einfacher Eigentumsvorbehalt besteht, sichergestellt (werde), dass sie nach der Erfüllung (gemeint ist: Eröffnung) des InsVerf zunächst nicht herausgegeben werden müssen".[49] **Ebenso wie gegenüber einem Sicherungseigentümer (vgl §§ 51 Nr 1, 166 Abs 1) soll der InsVerw auch gegenüber einem Vorbehaltseigentümer zumindest bis zum Berichtstermin (§§ 107 Abs 2 S 1, 156 ff zum Besitz berechtigt sein,**[50] ohne im zweiten Fall schon während dieses Zeitraums verbindlich entscheiden zu müssen, ob er die gesicherte Geldforderung des Eigentümers, die idR einfache InsFord nach § 38 sein wird, durch positive Wahlrechtsausübung gem §§ 103 Abs 1, 55 Abs 1 Nr 2 Alt 1 in eine Masseverbindlichkeit verwandeln will. 24

IV. Voraussetzungen des Abs 2

1. Kauf unter Eigentumsvorbehalt? Grundvoraussetzung des Abs 2 ist ein wirksamer Kaufvertrag über eine bewegliche Sache. Der insolvente Schu muss die Rolle des Käufers innehaben. Das Eigentum darf noch nicht (unbedingt) auf den Schu übergegangen sein; sonst fehlt es an dem latenten Aussonderungsrecht des Verkäufers, dem Abs 2 S 1 Schranken setzen will (s Rn 12 f, 23 f). Nicht erforderlich ist, dass der Eigentumsvorbehalt bereits im schuldrechtlichen Geschäft vorgesehen ist. Vgl hierzu Rn 38 und zur entspr Anwendbarkeit des Abs 2 auf Rechtskauf, Miet-, Pacht- und Leasingverträge unten Rn 37 ff, zur entspr Anwendbarkeit auf Lizenzverträge § 108 Rn 112. 25

2. Besitz. Indem die Begr der dem § 107 Abs 2 S 1 entspr Bestimmung des RegE „das Verwertungsrecht des Verwalters bei zur Sicherung übereigneten Sachen" ausdr als zweckverwandtes Institut erwähnt (s Rn 23 aE), bezieht sie sich konkludent auch auf § 166 Abs 1 und die darin genannte Voraussetzung, dass der InsVerw „die Sache in seinem **Besitz** hat" (womit in erster Linie unmittelbarer Besitz gemeint sein wird und mittelbarer Besitz nur dann genügen kann, wenn Besitzmittler und Sicherungsnehmer verschiedene Personen 26

48 Begr RegE S 146.
49 Begr RegE S 178 rSp.
50 AM anscheinend das auch bei Rn 13, 29, 33 und § 108 Rn 18 erwähnte Urt *BGH* NJW 2007, 1594 [Rn 12] = ZIP 2007, 778, 779.

sind).[51] Für § 107 Abs 2 bedeutet dies, dass die im Wortlaut genannte Voraussetzung, dass der in der Rolle des Käufers befindliche Schu **vor Eröffnung des InsVerf „von dem Verkäufer den Besitz an der Sache erlangt"** haben muss, im Gegensatz zu der entspr Formulierung des ersten Absatzes (Rn 6) durchaus ernst zu nehmen und genauso streng zu handhaben ist wie die besitzmäßige Voraussetzung des § 166 Abs 1.[52] Aus §§ 280 Abs 2, 286, 249 Abs 1 BGB folgt jedoch, dass sich der Verkäufer dann, wenn er hinsichtlich der Sachübergabe bereits in **Verzug** geraten war, vom InsVerw so behandeln lassen muss, wie wenn die Übergabe unmittelbar nach Verzugseintritt erfolgt wäre (vgl auch § 109 Rn 41 und § 112 Rn 6 aE). In solchen Fällen kann sich der InsVerw also uU auch dann auf § 107 Abs 2 S 1 berufen, wenn sich die Sache noch beim Verkäufer befindet.

27 **3. Dingliche Einigung?** Des Weiteren folgt aus der vom Gesetzgeber gewollten Parallele zur Sicherungsübereignung (Rn 23 f, 26), dass es nicht nur ein Redaktionsversehen, sondern sachlich richtig war, in Abs 2 die dingliche Einigung zwischen Vorbehaltskäufer und -verkäufer unerwähnt zu lassen. **Solange die dingliche Einigung fehlt**, hat die InsMasse zwar noch kein Anwartschaftsrecht iSd üblichen Definition. Das ist jedoch bei einer Sicherungsübereignung nicht anders, wenn diese – wie meist[53] – nicht auflösend bedingt, sondern unbedingt vorgenommen wurde. Und dennoch gelten auch für **unbedingte** Sicherungsübereignungen die §§ 51 Nr 1, 166 Abs 1, 172; bei Ins des Sicherungsgebers muss der Sicherungsnehmer also auch dann mit einem Verwertungs- und Benutzungsrecht des InsVerw rechnen, wenn dem Sicherungsgeber kein „dingliches Anwartschaftsrecht" auf Eigentums(rück)erwerb eingeräumt wurde. Vor diesem Hintergrund kann es nicht falsch sein, auch den als **partielle Analogie zu § 166 Abs 1** gedachten § 107 Abs 2 S 1 unabhängig davon anzuwenden, ob der insolvente Käufer bereits ein Anwartschaftsrecht erlangt hat oder nicht.[54] Nicht erst ein „dingliches Anwartschaftsrecht", sondern auch schon ein „nur schuldrechtlich wirkender Anspruch" auf Erwerb des Eigentums unterliegt gem §§ 80 Abs 1, 103 Abs 1 dem Verwertungsrecht des InsVerw; auch das an solch einem „Anspruch" bestehende Verwertungsrecht verdient nach Übergabe der Sache den bis zum Berichtstermin reichenden Schutz des § 107 Abs 2. Die Kritik, mit der vorhin (Rn 3, 6) der erste Abs des § 107 bedacht werden musste, weil er die dingliche Einigung nicht erwähnt, darf also nicht auf den zweiten Absatz übertragen werden: **§ 107 Abs 2 setzt eine dingliche Einigung auch als „ungeschriebenes" Tatbestandsmerkmal nicht voraus**.[55]

28 **4. Absatz 2 Satz 2.** Gem Abs 2 S 2 steht dem InsVerw die in Abs 2 S 1 bezeichnete Schonfrist (Rn 22 ff) nicht zu, wenn in der Zeit bis zum Berichtstermin eine erhebliche Verminderung des Wertes der Sache zu erwarten ist und der Gl den InsVerw auf diesen Umstand hingewiesen hat. Gedacht ist hier vor allem an leicht verderbliche Waren sowie Saisonartikel.[56]

V. Ergänzungsbedürftigkeit des Abs 2 S 1

29 **1. In Bezug auf das Rücktrittsrecht des Verkäufers.** Mehr Zweckoptimismus als juristische Substanz enthält der bereits bei Rn 23 erwähnte Hinweis in der **Begr des RegE**, dass Abs 2 S 1 den InsVerw in die Lage versetze, Gegenstände, die er im Falle der Unternehmensfortführung benötigt, trotz bestehender Eigentumsvorbehalte der Lieferanten „auch dann zunächst in der Insolvenzmasse (zu) behalten, wenn ihm in der ersten Phase des Insolvenz-

---

51 So iE wohl auch Begr RegE S 178 rSp Zeilen 3–15.

52 Zust *K/P/B/Tintelnot* § 107 Rn 67 f; vgl auch *N/R/Balthasar* § 107 Rn 13.

53 Vgl *Serick* Eigentumsvorbehalt und Sicherungsübertragung, 2. Aufl 1993, im ersten Satz zu § 2 II 4 (S 70); *Lwowski/Fischer/Langenbucher* Das Recht der Kreditsicherung, 9. Aufl 2011 Rn 20 f.

54 Zust *Schmidt/Ringstmeier* § 107 Rn 24; **aM** *Hess* § 107 Rn 20.

55 Zust *K/P/B/Tintelnot* § 107 Rn 69 ff; *N/R/Balthasar* § 107 Rn 13; *Braun/Kroth* § 107 Rn 10; **aM** *Hess* § 107 Rn 20; MK/*Ott/Vuia* § 107 Rn 18.

56 Ausf *N/R/Balthasar* § 107 Rn 16 ff.

verfahrens keine ausreichende Liquidität für die Wahl der Erfüllung des Kaufvertrages zur Verfügung steht". Diese Konsequenz findet im Wortlaut des Abs 2 keine Stütze.[57] Der sie gleichwohl behauptende Hinweis berücksichtigt weder die unzutr (vgl § 103 Rn 4 ff, 88) und deshalb auch im vorliegenden Zusammenhang außer Acht zu lassende damalige Rspr des BGH, dass Erfüllungsansprüche (und deshalb vermutlich auch die aus diesen ableitbaren Besitz- und Nutzungsrechte[58]) aus Verträgen, für die ein Wahlrecht nach § 103 besteht, im Zeitpunkt der VerfEröffnung zunächst einmal erlöschen[59] (s § 103 Rn 88), noch den auf jeden Fall als geltendes Recht zu respektierenden rücktrittsrechtlichen Regelungsgehalt des § 455 Abs 1 BGB aF (Vertragsschluss vor dem 1.1.2002) bzw § 323 BGB nF (Vertragsschluss nach dem 31.12.2001).

§ 455 Abs 1 BGB aF, der auf vor dem 1.1.2002 geschlossene Verträge weiterhin anwendbar 30
ist (vorbehaltlich der Regelung für Dauerschuldverhältnisse in Art 229 § 5 S 2 EGBGB), knüpft an die Vereinbarung eines Eigentumsvorbehalts eine Auslegungsregel des Inhalts, dass der Verkäufer im Zweifel zum Rücktritt vom Vertrag berechtigt ist, wenn der Käufer mit der Kaufpreiszahlung in Verzug gerät. Nicht selten wird sich der (insolvente!) Käufer schon vor VerfEröffnung in Verzug befunden haben.[60] Auch ist an die Möglichkeit des Verzugseintritts infolge Versäumung etwaiger in die Zeit nach VerfEröffnung fallender Zahlungstermine zu denken.[61] Beließe man dem Verkäufer in diesen Fällen das Rücktrittsrecht,[62] so könnte er es uU schon vor Ablauf der Schonfrist des § 107 Abs 2 S 1 ausüben und dann die Sache gem §§ 346, 985 BGB iVm § 47 InsO vom InsVerw herausverlangen!

Anders wäre es jedoch, wenn man auf das Rücktrittsrecht des Vorbehaltsverkäufers **§ 112** 31
Nr 1 analog anwenden dürfte. § 112 betrifft den Fall, dass Antrag auf Eröffnung des InsVerf über das Vermögen eines Mieters oder Pächters gestellt wird. Unabhängig davon, ob Vertragsgegenstand ein Grundstück oder eine bewegliche Sache ist (§ 112 Rn 1), bestimmt § 112 Nr 1, dass der Vermieter bzw Verpächter das Vertragsverhältnis nach dem Antrag auf VerfEröffnung nicht mehr kündigen kann „wegen eines Verzugs mit der Entrichtung der Miete oder Pacht, der in der Zeit vor dem Eröffnungsantrag eingetreten ist". Ausweislich der Begr

---

57 Zu den immanenten Grenzen des § 107 Abs 2 vgl auch *OLG Naumburg* ZInsO 2009, 1538, 1539 = NZI 2009, 685, 686 l Sp.

58 In diesem Sinne sogar noch im Jahr 2007 das auch bei Rn 13, 24 und § 108 Rn 18 erwähnte Urt *BGH* NJW 2007, 1594 [Rn 12] = ZIP 2007, 778, 779.

59 Etwas anders jetzt *BGHZ* 150, 353 f, 359; s auch hierzu § 103 Rn 5, 8, 102.

60 Ein solcher Verzug endet nicht automatisch mit Eröffnung des InsVerf (vgl für den Zahlungsverzug eines Mieters *BGH* 17.6.2015 – VIII ZR 19/14, ZIP 2015, 1496 = ZInsO 2015, 1748 [LS 2 und Rn 45]).

61 Vgl §§ 284 Abs 2 BGB aF, 286 Abs 2 Nr 1 BGB nF; *Marotzke* Gegenseitige Verträge Rn 7.10 ff, 7.37; *Schwörer* Rn 459 ff, 465 ff; **aM** *Duursma-Kepplinger* S 173 ff; *v Wilmowsky* ZZP 114 (2001) 385, 386; *ders* ZInsO 2004, 882, 883 (Abschn I 2 a); *Janssen* S 146 – jeweils aufgrund der mE unrichtigen (s Gegenseitige Verträge, Rn 5.91 ff) Annahme, dass während des InsVerf hinsichtlich einer InsFord kein Verzug eintreten könne; unrichtig auch *OLG Schleswig* ZIP 2003, 1360, 1361 (das sogar in Bezug auf Masseverbindlichkeiten einen Verzugseintritt als ausgeschlossen erachtet, wenn der InsVerw gem § 208 Masseunzulänglichkeit angezeigt hat und deshalb nach § 209 Abs 1 quoteln darf; hiergegen zu Recht *Hees/Stange* ZIP 2013, 1206 ff; diesen Autoren widersprechend *Jansen* NZI 2013, 774 ff).

62 In diesem Sinne *Marotzke* Gegenseitige Verträge Rn 7.10 ff, 7.37 (mit dem unter Rn 31 näher ausgeführten Vorbehalt einer analogen Anwendung des § 112 Nr 1) und für den erstgenannten Fall auch *Mellwig* Das Vorbehaltsgut als Vermögen in § 1 KO, 1988, S 90 ff, 147, 148; *Hilgers* Besitzlose Mobiliarsicherheiten, 1994, S 77 f; *Tintelnot* ZIP 1989, 144, 152 f; **aM** *Häsemeyer* (dazu sogleich Rn 31); *Runkel* FS Kirchhof, 2003, S 455, 457 ff; *Pape* KS-InsO, 3. Aufl 2009, S 353, 384 Rn 52.

des RegE[63] beruht diese Vorschrift ebenso wie § 107 Abs 2 (s Rn 23 f) auf dem „Gedanken, dass die wirtschaftliche Einheit im Besitz des Schu nicht zur Unzeit auseinandergerissen werden darf". Denn miet- oder pachtweise überlassene Gegenstände könnten „für eine Fortführung des Unternehmens in gleicher Weise erforderlich sein wie Gegenstände, die unter Eigentumsvorbehalt geliefert oder mit Absonderungsrechten belastet sind". Besonders hervorgehoben wird in diesem Zusammenhang der **Leasingvertrag**; auf diesen sei § 112 ebenfalls anwendbar. Ist § 112 aber auf Leasinggeschäfte anwendbar, so wird man auch für den Fall keine Ausnahme machen dürfen, dass die bei Vertragsschluss vereinbarten Leasingraten wertmäßig einer ratenweisen Kaufpreiszahlung entsprechen.[64] Fasst man deshalb auch **diejenigen Leasinggeschäfte, die wirtschaftlich Kauf sind**, unter § 112,[65] so bleibt hinsichtlich der Frage, ob man die Vorschrift auf **„echte" Kaufverträge** anwenden darf, überhaupt keine Wahl: Selbstverständlich darf, ja muss man den – rechtspolitisch keineswegs unproblematischen (§ 112 Rn 2) – **§ 112 Nr 1 auf Kaufverträge analog anwenden**[66] und kraft dieser Analogie das auf § 455 Abs 1 BGB aF gestützte Rücktrittsrecht des Verkäufers als vom Zeitpunkt des InsAntrags an – also auch schon im EröffnungsVerf – ausgeschlossen erachten, soweit die in Betracht kommenden Verzugsgründe bereits vorlagen, als der Antrag auf Eröffnung des InsVerf gestellt wurde.[67] Dies gilt jedenfalls dann, **wenn die verkaufte Sache dem Schu (Käufer) bereits überlassen wurde** (s § 112 Rn 5) und man hinsichtlich der **Dauer** der Rücktrittssperre einen Vorbehalt nach Art der Sätze 2 ff meines in KTS 2002, 1, 11 f vorgeschlagenen § 107 Abs 3 macht. **Gegenüber erst nach dem Antrag auf VerfEröffnung eingetretenen Verzugsgründen ist jedoch auch mit einer analogen Anwendung des § 112 Nr 1 nicht zu helfen** (s dort Rn 8 f; **aM** *Janssen* S 146 ff). § 119 hilft ebenfalls nicht weiter;[68] Gleiches gilt für § 21 Abs 2 S 1 Nr 3[69] (zum neuen § 21 Abs 2 S 1 Nr 5 vgl sogleich Rn 32). Insoweit fehlt also jede rechtliche Basis für den bei Rn 29 erwähnten Hinweis der Gesetzesverfasser, dass das neue InsRecht den InsVerw des Vorbehaltskäufers in die Lage versetze, die Kaufsache „auch dann zunächst in der InsMasse (zu) behalten, wenn ihm in der ersten Phase des InsVerf keine ausreichende Liquidität für die Wahl der Erfüllung des Kaufvertrags zur Verfügung steht". Anders sieht das anscheinend *Häsemeyer* Rn 18.35 Fn 146. Seine These, dass dem Verkäufer ein Rücktrittsrecht nach VerfEröffnung „schon wegen § 91" nicht mehr zustehe,[70] beruht aber wohl auf einer Überinterpretation des § 91.[71]

---

63 Begr RegE S 148, zu RegE § 126.

64 Einschr *Obermüller/Livonius* DB 1995, 27, 29 im Schlusssatz des Abschn II 2 c.

65 Vgl die noch zu § 21 KO ergangene Entsch *BGHZ* 109, 368, 370, 373–375 = JR 1990, 327, 329 mit Anm *Marotzke*.

66 *Marotzke* JZ 1995, 803, 813; *Schlegel* DZWIR 2000, 94, 100 ff; *Schwörer* Rn 355 ff, 358 ff, 378 ff, 469 ff; *Janssen* S 143 ff; *AG Düsseldorf* DZWIR 2000, 347, 348 mit zust Anm *Smid*; ebenso wohl *Breuer* Insolvenzrecht, Rn 245 (2. Aufl 2003 [so nicht fortgeführt in der Folgeaufl; s dort Rn 329]); **aM** *Obermüller/Livonius* aaO; *von Wilmowsky* ZZP 114 (2001) 385, 386 f; *N/R/Balthasar* § 112 Rn 16; *Huber* NZI 2004, 57, 60.

67 Vgl auch § 112 Rn 22 (analoge Anwendung des § 112 auf Rücktrittsrechte); *Tintelnot* ZIP 1995, 616, 623; *K/P/B/Tintelnot* § 105 Rn 17 und § 112 Rn 5; s ferner *Rendels* EWiR 2001, 279 f ad 4 und *Gundlach/Frenzel/Schmidt* DZWIR 2001, 277, 279 f, die allerdings § 112 nicht erwähnen.

68 Vgl § 119 Rn 2 und *Schwörer* Rn 478 ff, 486 ff.

69 Vgl Rn 12, § 112 Rn 16; **aM** *Runkel* FS Kirchhof, 2003, S 455, 459 f; *Huber* NZI 2004, 57, 60 Abschn II 3 a.

70 Zust *Runkel* FS Kirchhof, 2003, S 458 f.

71 Wie hier *Schlegel* DZWIR 2000, 94, 99 Fn 56; *Janssen* S 131 f.

An die Stelle des bei Rn 30 f zugrunde gelegten § 455 Abs 1 BGB ist für nach dem 31.12.2001 geschlossene Verträge § 449 BGB nF getreten. Abw vom bisherigen § 455 Abs 1 BGB enthält § 449 BGB nF keine Auslegungsregel im Sinne eines verzugsbedingten Rücktrittsrechts des Verkäufers. Das Fehlen einer Auslegungsregel hindert die Vertragsparteien zumindest im unternehmerischen Geschäftsverkehr nicht, ein solches Rücktrittsrecht ausdr zu vereinbaren.[72] Geschieht dies (zB in AGB), gilt das bei Rn 30 f Ausgeführte entspr. Enthält der Vertrag hingegen keinen ausdrücklichen oder konkludenten Rücktrittsvorbehalt, so sind die Rücktrittsvoraussetzungen dem allg Schuldrecht, seit 1.1.2002 also dem neuen **§ 323 BGB** zu entnehmen. Im Gegensatz zum früheren § 326 BGB, dem der frühere § 455 Abs 1 BGB als lex specialis vorging, macht § 323 BGB nF das Recht, von einem gegenseitigen Vertrag zurückzutreten, nicht davon abhängig, dass der Rücktrittsgegner sich in Schuldnerverzug befindet und eine mit Ablehnungsandrohung verbundene Nachfrist versäumt. Nach § 323 Abs 1 BGB nF ist eine Vertragspartei (zB ein Verkäufer) bereits dann zum Rücktritt berechtigt, wenn die andere Vertragspartei (der Käufer) „eine fällige Leistung nicht oder nicht vertragsgemäß" erbringt und eine ihr daraufhin bestimmte „angemessene Frist zur Leistung" erfolglos verstreichen lässt. Dieses Rücktrittsrecht besteht auch dann, wenn der Leistungsrückstand des Käufers noch keinen „Verzug" iSd § 286 (vormals §§ 284, 285) BGB begründet. Deshalb könnte man meinen, dass die Ausübung **dieses** Rücktrittsrechts mit der bei Rn 31 vorgeschlagenen Analogie zu § 112 Nr 1 **nicht** „gesperrt" werden könne. Das wäre jedoch verfehlt. Denn wenn analog § 112 Nr 1 schon solche Rücktrittsrechte gesperrt werden können, die sich auf einen Verzug iSd § 286 BGB gründen, dann muss Gleiches erst recht für solche Rücktrittsrechte gelten, die **nicht** voraussetzen, dass der Leistungsrückstand, an den sie anknüpfen, bereits „Verzugsqualität" erlangt hat.[73] Rein hilfsweise wäre noch daran zu denken, eine nach § 323 Abs 1 BGB gesetzte „Frist zur Leistung" (zum richtigen Adressaten s § 103 Rn 106) nur dann als „angemessen" gelten zu lassen, wenn sie nicht vor Ablauf der Überlegungszeit endet, die § 107 Abs 2 dem InsVerw bzgl der Ausübung seines Wahlrechts aus § 103 zugesteht.[74] Diese Hilfsargumentation kommt jedoch in Schwierigkeiten, wenn die Fristsetzung bereits vor der Eröffnung des InsVerf erfolgte (§ 103 Rn 106) oder wenn sie nach § 323 Abs 2 BGB entbehrlich ist (was aber nicht allein schon wegen des schwebenden InsVerf[75] anzunehmen ist). Ein in KTS 2002, 1, 11 f publizierter **Gesetzgebungsvorschlag des Verf** versucht, die hier angesprochenen Fragen einer ausgewogenen Lösung zuzuführen[76] und dabei auch den **verfassungsrechtlichen Bedenken** gerecht zu werden, die man haben müsste, wenn sich die Rücktrittssperre **entschädigungslos** über einen allzu langen Zeitraum erstrecken würde. Entspr verfassungsrechtlichen Bedenken begegnet der am 1.7.2007 in Kraft getretene **§ 21 Abs 2 S 1 Nr 5**, der es dem InsGer ermöglicht, den Herausgabeanspruch des Verkäufers für die Dauer des Eröffnungsverfahrens selbst dann ohne (angemessene) Entschädigungsregelung zu blokkieren, wenn der Verkäufer bereits vor dem Antrag auf Eröffnung des InsVerf über das Vermögen des Käufers wirksam zurückgetreten war.[77] 32

---

72 Ausf *Schulze/Kienle* NJW 2002, 2842 ff; vgl auch AnwKomm-BGB/*Büdenbender* 2002 § 449 Rn 5; *Huber* NZI 2004, 57, 58.

73 Zust *Janssen* S 145; vgl auch § 112 Rn 16 ff; anderer Lösungsvorschlag bei *Uhlenbruck/D Wegener* § 107 Rn 17.

74 In diesem Sinne *Braun/Kroth* § 107 Rn 17; *Huber* NZI 2004, 57, 61.

75 Vgl § 103 Rn 106; *Marotzke* KTS 2002, 1, 25 ff; MK-BGB/*Ernst* 7. Aufl 2015, § 281 Rn 63, § 323 Rn 132, 142; *Huber* NZI 2004, 57, 59 f; *Braun/Kroth* § 107 Rn 17; pessimistischer *Uhlenbruck/Berscheid* 12. Aufl, § 107 Rn 8 und § 112 Rn 20 mit dem kompensatorischen Vorschlag einer analogen Anwendung nicht der Nr 1, sondern der Nr 2 des § 112.

76 Krit *Runkel* FS Kirchhof, 2003, S 455, 458 ff – zu einer früheren Version.

77 Vgl zu § 21 Abs 2 S 1 Nr 5 auch *Marotzke* ZInsO 2008, 1108 ff; § 21 Rn 43 ff und § 112 Rn 16 und 27.

33 **2. Besitz- und Benutzungsrecht des Insolvenzverwalters.** Soweit der Kaufvertrag fortbesteht (Rn 29 ff) und dem in der Position des Käufers befindlichen Schu das Recht verleiht, die bereits übergebene Kaufsache zu besitzen und zu benutzen, wird man während der durch § 107 Abs 2 gewährten Schonfrist auch den InsVerw als zur Ausübung (§ 80 Abs 1) des Besitz- und des Benutzungsrechts befugt erachten müssen.[78] Weiterbenutzung der Sache während der Schonfrist des Abs 2 ist – unabhängig von der bei Rn 34 f thematisierten Frage einer analogen Anwendbarkeit des § 172 – nach Maßgabe der über die VerfEröffnung hinaus fortwirkenden (s Rn 29) vertraglichen Regelung zulässig[79] (unnötig deshalb die im älteren Schrifttum[80] erwogene Analogie zu § 172 Abs 1 S 1) und sollte dem InsVerw nicht ohne weiteres als Erfüllungswahl iSd §§ 103 Abs 1, 55 Abs 1 Nr 2 Alt 1 ausgelegt werden (vgl § 103 Rn 136). Besitzen und benutzen darf der InsVerw die Sache unter der genannten Voraussetzung selbst dann, wenn der Eigentümer dem Schu vertraglich verboten hatte, die Sache an Dritte, insb an einen InsVerw, weiterzugeben. Denn die allg Vorschrift des § 986 Abs 1 S 2 BGB muss hier dem speziellen Rechtsgedanken des § 107 Abs 2 InsO (Rn 23 f) weichen. Entspr würde übrigens wegen der §§ 51 Nr 1, 166 Abs 1, 172 InsO in Bezug auf bewegliche Sachen gelten, die der Schu nicht „unter Eigentumsvorbehalt gekauft“, sondern einem Gl „sicherungsübereignet“ hatte und die dann in den Besitz des InsVerw gelangt sind.

34 In dem zuletzt angesprochenen Fall der Sicherungsübereignung darf der InsVerw die in seinen Besitz gelangte (§ 166 Abs 1) Sache allerdings nur dann für die Masse benutzen, wenn er einen dadurch entstehenden Wertverlust ausgleicht. (Entspr gilt beim „erweiterten“ Eigentumsvorbehalt ab Eintritt des Erweiterungsfalls; s Rn 15.) Ist wenigstens **diese** Teilaussage des § 172 Abs 1, die praktisch auf eine **Nutzungsentschädigung** hinausläuft, iF des § 107 Abs 2 (also wenn dem Dritten nicht Sicherungs-, sondern „einfaches“ oder jedenfalls noch nicht im „Erweiterungsstadium“ befindliches „erweitertes“ Vorbehaltseigentum zusteht) analog anwendbar? Die Meinungen hierzu sind geteilt.[81] Die Frage kann praktisch werden, wenn es trotz § 107 Abs 2 doch einmal zur Rückabwicklung des Kaufvertrages kommt (zB wegen Rücktritts des Verkäufers [Rn 29 ff] oder Erfüllungsablehnung des InsVerw [Rn 13]). UU ist hier aber schon mit Hilfe der §§ 346 Abs 1 („und die gezogenen Nutzungen herauszugeben“), 347 Abs 1 BGB, 55 Abs 1 Nr 1 bzw Nr 3 InsO eine Entschärfung des Problems zu erreichen.[82] Eine Analogie zu § 169 erwägt Pape.[83] Des Weiteren ist an die in etwas anderem Zusammenhang auch schon bei § 103 Rn 138 erwogene **analoge Anwendung des § 55 Abs 2 S 2** zu denken. **Gegen** die Anerkennung einer Entschädigungspflicht mit Masseverbindlichkeitscharakter wendet sich, mE zu Unrecht, *Runkel* FS Kirchhof, 2003, S 455, 461 f.

---

78 *Uhlenbruck/Brinkmann* § 47 Rn 26; *Jaeger/Henckel* § 47 Rn 46 f.

79 So jetzt auch *Wellensiek* KS-InsO 3. Aufl 2009 S 208, 219 f Rn 40; **aM** aber wohl das auch bei Rn 13, 24, 29 und § 108 Rn 18 erwähnte Urt *BGH* NJW 2007, 1594 [Rn 12] = ZIP 2007, 778, 779.

80 *Wellensiek* KS-InsO 2. Aufl 2000 S 403, 413 f Rn 38 f.

81 Die Frage wird bejaht von *Janssen* S 150 ff; verneint wird sie von *Tintelnot* ZIP 1995, 616, 617 (rSp); *Wellensiek* KS-InsO 3. Aufl 2009, S 208, 220 Rn 41 (anders noch in der Voraufl).

82 Vgl auch *Uhlenbruck/Brinkmann* § 172 Rn 9 (13. Aufl 2010 [so nicht fortgeführt in der Folgeaufl]); *Kuhn/Uhlenbruck* KO § 43 Rn 51b (Schlusssatz), § 117 Rn 14 und zu der entspr Frage bei der Miete bzw beim Leasing *BGH* NJW 2007, 1594 ff = ZIP 2007, 778 ff (bejaht einen Nutzungsentschädigungsanspruch aus § 546a BGB, der als Masseverbindlichkeit zu qualifizieren sei, soweit der InsVerw die Mietsache nach Eröffnung des InsVerf genutzt habe, ohne die Erfüllung des Mietvertrages zu verlangen [s dazu § 108 Rn 18]); *Obermüller/Livonius* DB 1995, 27, 28; *Eckert* ZIP 1996, 897, 904 f (für Anwendung von § 55 Abs 1 Nr 3 InsO) und *Tintelnot* ZIP 1995, 616, 620 (der bei Fn 42 f einen Nutzungsvergütungsanspruch verneint).

83 *Pape* KS-InsO, 3. Aufl 2009, S 353, 385 f Rn 54.

3. Verbindung, Vermischung, Verarbeitung. Verbindung, Vermischung und Verarbeitung sind dem InsVerw in Bezug auf Sachen, die der Schu vor VerfEröffnung sicherungsübereignet hatte, nach Maßgabe des **§ 172 Abs 2** erlaubt. Diese Vorschrift ist auf Sachen, die der Schu unter Eigentumsvorbehalt erworben und noch nicht vollständig bezahlt hatte, weder unmittelbar noch analog anzuwenden.[84] (Anders liegen die Dinge beim „erweiterten" Eigentumsvorbehalt nach Eintritt des Erweiterungsfalls, da der Verkäufer dann nicht mehr aus-, sondern nur noch absonderungsberechtigt ist; s Rn 14 ff.) Ob der InsVerw die Sache verbinden, vermischen oder verarbeiten darf, richtet sich deshalb allein nach dem zwischen dem Schu und dem „Noch-Eigentümer" bestehenden Vertragsverhältnis.[85] 35

Ob Verbindung, Vermischung oder Verarbeitung durch den InsVerw als **Erfüllungswahl** iSd §§ 103 Abs 1, 55 Abs 1 Nr 2 Alt 1 angesehen werden muss, hängt – auch während der Schonfrist des § 107 Abs 2 – von den Umständen des Einzelfalls ab (vgl § 103 Rn 135 f). 36

VI. Analoge Anwendung auf andere Vertragstypen

1. Miete, Pacht, Leasing. So sehr § 107 Abs 2 durch Analogien zu anderen Vorschriften ergänzt werden muss (Rn 29 ff), so unabweisbar ist auf der anderen Seite die Erkenntnis, dass Abs 2 auch selbst eine Analogiebasis sein kann.[86] Eine analoge Anwendung muss zB in Betracht gezogen werden, wenn der im InsVerf befindliche Schu die bewegliche Sache nicht gekauft, sondern gemietet oder gepachtet und auch schon den Besitz vom Vermieter bzw Verpächter erlangt hatte: Wenn Vertragsgegenstand eine **bewegliche** Sache ist und der Schu diese nicht ver-, sondern gemietet bzw gepachtet hatte (dann kein § 108 Abs 1 S 2!), unterliegen nach neuem Recht auch Miet- und Pachtverträge uneingeschränkt dem Wahlrecht des InsVerw nach § 103 (s § 108 Rn 7 ff). Das durch § 107 Abs 2 geschützte Interesse des InsVerw, die Sache bis zum Berichtstermin auch ohne vorherige Wahlrechtsausübung behalten zu dürfen (Rn 22 ff, 29 ff), besteht jedoch unabhängig davon, ob die Sache aufgrund eines Kauf- oder aufgrund eines Miet- oder Pachtvertrages in den Besitz des Schu gelangt ist.[87] Wendet man § 107 Abs 2 im ersten Fall unmittelbar an, so muss man ihn im zweiten und im dritten analog anwenden.[88] 37

Erleichtert wird diese Analogie dadurch, dass § 107 Abs 2 selbst in seinem primären Anwendungsbereich, also beim Kauf unter Eigentumsvorbehalt, nicht voraussetzt, dass die Sache bereits aufschiebend bedingt übereignet wurde (s Rn 27). Zwar legt der Wortlaut des 38

---

84 Vgl *Marotzke* ZZP 109 (1996) 429, 454; *Niesert* InVo 1998, 85, 90 f; *Pohlmann* Befugnisse und Funktionen des vorl InsVerw, 1998, Rn 455; *Uhlenbruck/Brinkmann* § 172 Rn 16; *Jaeger/Henckel* § 47 Rn 47.

85 Zust *Janssen* S 156 ff; *Lucina Berger* S 208 ff; großzügiger wohl *Braun/Uhlenbruck* S 254 in Bezug auf den vorl InsVerw und auch für den endgültigen InsVerw *Runkel* FS Kirchhof, 2003, S 455, 462 f.

86 Im Ausgangspunkt übereinstimmend, dabei allerdings *sehr* weit gehend, *N/R/Balthasar* § 103 Rn 45 und § 109 Rn 19; *K/P/B/Tintelnot* § 103 Rn 263 und § 109 Rn 59; *Pape* KS-InsO 3. Aufl 2009 S 353 ff Rn 29 f, 51, 72; bereits im Ausgangspunkt **aM** *Hess* § 107 Rn 21; MK/*Ott/Vuia* § 107 Rn 18. Vgl zum Ganzen auch § 109 Rn 47.

87 So auch *Tintelnot* ZIP 1995, 616, 617; *K/P/B/Tintelnot* § 103 Rn 263; *Braun/Kroth* § 107 Rn 18; s ferner unten § 108 Rn 16.

88 Zust *Schwörer* Rn 380; *Pape* KS-InsO, 3. Aufl 2009, S 353, 384 Rn 52; *Runkel* EWiR § 107 InsO 1/2003, 715 f; *v Wilmowsky* ZInsO 2007, 731, 732 f; anscheinend auch *BGH* NJW 2007, 1594 [Rn 13] = ZIP 2007, 778, 779 (s zu diesem Urt auch § 108 Rn 18); **aM** die bereits bei § 103 Rn 162 erwähnte Entsch *OLG Köln* NZI 2003, 149 f = ZIP 2003, 543 f = ZInsO 2003, 336; zumindest für bestimmte Leasingverträge der o im Text vertretenen Ansicht folgend *Klinck* (s Schrifttum zu § 103) Kap 14 § 49 Rn 3 f.

Abs 2 S 1 („unter Eigentumsvorbehalt gekauft") nahe, die Vorschrift so zu verstehen, dass sie selbst auf Kaufverträge nur anwendbar ist, wenn in ihnen ein Eigentumsvorbehalt ausdr oder wenigstens konkludent vorgesehen ist. Jedoch muss die Vorschrift im Wege der Analogie auch auf andere Kaufverträge angewendet werden, wenn und soweit auch bei ihnen die für § 107 Abs 2 S 1 kennzeichnende (s Rn 23 ff) Situation eingetreten ist, dass der Käufer vor Eröffnung des InsVerf über sein Vermögen zwar den Besitz, nicht aber auch das Eigentum an der Sache erlangt hat und der InsVerw deshalb einen Vindikationsanspruch des Vertragspartners befürchten muss. Folgt man dem, so entfällt auch das letzte denkbare Hindernis auf dem Weg zur analogen Anwendung des § 107 Abs 2 auf bloße **Gebrauchs**überlassungsverträge wie Pacht, Miete und Leasing (solchen Verträgen ist, da sie überhaupt keine Übereignungspflicht begründen, ein Eigentumsvorbehalt gewissermaßen „immanent"). IE ist also nicht nur, wie bei Rn 31 f ausgeführt, die miet- und pachtrechtliche Vorschrift des § 112 Nr 1 auf unter § 107 Abs 2 fallende Kaufverträge, sondern umgekehrt auch § 107 Abs 2 auf Miet- und Pachtverhältnisse analog anzuwenden, soweit diese sich auf **bewegliche**[89] Sachen beziehen (§ 108 Rn 16).

39 Hieraus ergibt sich in insolvenzrechtlicher Hinsicht eine weitgehende **Gleichbehandlung von Miet-, Pacht-, Leasing- und Kaufverträgen über bewegliche Sachen**. Es gehört zu den Vorzügen des neuen InsR, diese Gleichbehandlung zwar nicht ausdr vorgeschrieben, aber doch immerhin ermöglicht zu haben. Auch auf **Konsignationslagerverträge** – genauer: auf die Ausübung der in ihnen enthaltenen **Kaufoptionen**[90] – kann § 107 Abs 2 entspr angewandt werden;[91] das bei Rn 37 f Ausgeführte gilt in diesem Zusammenhang analog.

40 **2. Rechtskauf, Rechtspacht, Lizenz.** Wie Abs 1 (Rn 7) ist auch Abs 2 entspr anzuwenden, wenn Kaufgegenstand nicht eine bewegliche Sache, sondern ein Recht ist. Ob dies auch für solche Rechte gilt, die sich nicht auf bewegliche Sachen beziehen, ist fraglich, da sich Abs 2 S 1 stark an die Wertungen des § 166 Abs 1 anlehnt (Rn 23 f) und dieser nur für im „Besitz" des InsVerw befindliche „bewegliche Sachen" gilt. Immerhin erscheint es denkbar, der in § 107 Abs 2 S 1 aufgestellten besitzrechtlichen Voraussetzung im Rahmen einer Analogie den Fall gleichzustellen, dass dem Schu ein an ihn verkauftes – oder an ihn verpachtetes (Rn 37 ff) oder lizenziertes (§ 103 Rn 24, § 108 Rn 8 ff, 97, 112, § 112 Rn 24) – und als solches nicht besitzfähiges Recht bereits „überlassen" wurde.[92] In Betracht kommt des Weiteren eine analoge Anwendung des § 112.[93]

VII. Analoge Anwendung auf § 135 Abs 3

41 Auf das gesetzliche Schuldverhältnis des § 135 Abs 3 ist § 107 Abs 2 analog anwendbar.[94]

---

89 Zur Unanwendbarkeit der Vorschrift auf Miet- und Pachtverträge über **Grundstücke** vgl das auch bei § 112 Rn 27 erwähnte Urt *BGHZ* 151, 353, 371 f = NJW 2002, 3326, 3331 = ZInsO 2002, 819, 824 = KTS 2003, 138, 147 (Abschn IV 3 b).

90 Zur Ausübbarkeit durch den InsVerw s § 103 Rn 18, 159 mwN.

91 **AM** *Schulz* ZInsO 2003, 979, 982 ff.

92 Vgl zum Überlassungsbegriff § 112 Rn 5 und zur Behandlung „sonstiger Rechte" iRd § 166 die dortige Rn 23 sowie *Marotzke* ZZP 109 (1996) 429, 449 f; ausf *ders* Das neue Insolvenzrecht – dargestellt am Beispiel der Mobiliarsicherheiten, 1999, S 23 ff und *Häcker* Abgesonderte Befriedigung aus Rechten, 2000.

93 Vgl oben Rn 31 f, § 112 Rn 18, 20 sowie die bei § 112 Rn 5 thematisierte Frage, ob § 112 „Überlassung" voraussetzt und wie man sich die Überlassung in Bezug auf ein „Recht" vorstellen soll.

94 *Marotzke* FS Runkel, 2009, S 353, 365, 370; vgl auch § 103 Rn 32.

C. Insolvenzschutz auch für Zweiterwerber der Anwartschaft?[95]

I. Insolvenz des Vorbehaltsverkäufers

Hat der Vorbehaltskäufer seine Eigentumsanwartschaft auf einen Dritten übertragen (was nach hM nicht durch Verfügung über das dem Käufer vor Bedingungseintritt noch nicht zustehende Eigentum, sondern nur durch Verfügung über das sog Anwartschaftsrecht geschehen sein kann[96]), so genießt nunmehr dieser Dritte den Schutz des § 107 Abs 1. Das entspr nicht nur allgem Grundsätzen, sondern auch dem Rechtsgedanken des § 401 Abs 2 (iVm § 413) BGB. Der InsVerw des Vorbehaltsverkäufers kann also (Rn 1) das Anwartschaftsrecht des Dritten nicht durch einfache „Erfüllungsablehnung" zerstören.[97] Vgl auch § 103 Rn 66 f und § 106 Rn 36. **42**

II. Insolvenz des Vorbehaltskäufers

Im Unterschied zu § 106, dem § 107 Abs 1 nachgebildet ist (Rn 1), thematisiert § 107 nicht nur die Ins des Verkäufers, sondern in Abs 2 auch die des Käufers. Jedoch geht § 107 nicht auf den Fall ein, dass der insolvente Käufer seine Eigentumsanwartschaft schon vor VerfEröffnung auf einen Dritten weiterübertragen hatte[98] (zur Technik einer solchen Anwartschaftsübertragung vgl Rn 42): Kann dieser Dritte – der sog Anwartschaftszweiterwerber – gegen den Willen des InsVerw durch Zahlung des Restkaufpreises an den Erstverkäufer Eigentum erwerben? Dem Grundgedanken des § 107 Abs 1, bereits erworbene Anwartschaftsrechte zu schützen, dürfte es entsprechen, die Frage zu bejahen.[99] Allerdings gilt § 107 Abs 1 unmittelbar nur in der Ins des Erstverkäufers. Ein Schutz des „Anwartschaftszweiterwerbers" gegenüber den Folgen einer Ins des Erst**käufers** bedarf also einer breiteren argumentativen Grundlage.[100] ME sollte man den InsVerw des Erstkäufers **analog** § 107 Abs 1 als verpflichtet ansehen, dem Anwartschaftszweiterwerber durch Auskunftserteilung über die im Erstgeschäft (also im Vertrag mit dem Vorbehaltseigentümer) vereinbarten Kaufpreisfälligkeiten und durch Nichtausübung eines etwaigen Widerspruchsrechts aus § 267 Abs 2 BGB die Herbeiführung des Bedingungseintritts zu ermöglichen. Die Frage eines Ins-Schutzes für „Anwartschaftszweiterwerber" stellt sich übrigens nicht nur im Zusammenhang mit § 107, sondern auch bei Grundstücken (vgl § 106 Rn 36 ff). **43**

---

95 Ausf jetzt *Dobler* Die übertragene Anwartschaft in der Insolvenz, 2008, Rn 1 ff, 40 ff, 639 ff.

96 Gegen diese hM *Marotzke* Das Anwartschaftsrecht – ein Beispiel sinnvoller Rechtsfortbildung? 1977, S 18 ff, 44, 61 ff, 135 ff; *ders* AcP 191 (1991), 177 ff.

97 Vgl hierzu u zu anderen denkbaren Vereitelungsstrategien *Dobler* Rn 40 ff, 645 ff.

98 Vgl zu einem ähnlichen Fall, in dem allerdings nicht das Anwartschaftsrecht des Käufers aus aufschiebend bedingter Übereignung, sondern ein **Anwartschaftsrecht aus auflösend bedingter Sicherungsübereignung** in Rede stand, *OLG Saarbrücken* 12.3.2014 – 2 U 153/13, ZInsO 2014, 1393 ff.

99 In diesem Sinne mit Unterschieden im Detail *Jaeger/Henckel* KO § 17 Rn 57 f; *Marotzke* AcP 191 (1991) 177, 196 ff; *Kepplinger* S 183, 309 ff; *Hess* § 107 Rn 24 f; MK/*Ott/Vuia* § 107 Rn 32; *Staudinger/Beckmann* 2013 § 449 BGB Rn 115; vgl auch *OLG Frankfurt* ZInsO 2002, 377, 379 (Vermieterpfandrecht) mit abl Anm *Foltis* ZInsO 2002, 361 ff.

100 Vgl die Vorgenannten und § 103 Rn 25, 41 aE; § 107 Rn 7; *Dobler* Rn 109 ff, 648 ff; *Marotzke* Gegenseitige Verträge, Rn 2.88 f, 7.61 ff sowie zu den **Grenzen** des InsSchutzes *dens* Gegenseitige Verträge Rn 4.110 f, 7.62; *dens* AcP 191 (1991) 177, 196 ff mit Fn 77, 79 (dort unter Einbeziehung des Surrogationsgedankens); *Foltis* ZInsO 2002, 361 ff (dessen im vorletzten Satz zum Ausdruck gebrachte Interessenbewertung sich ebenfalls auf den Surrogationsgedanken zurückführen lässt); s zu vergleichbaren Fallkonstellationen auch § 103 Rn 17 und *Harder* Insolvenzrechtliche Surrogation, 2002, Rn 426 ff, 478 ff, 706 ff.

D. Zwingendes Recht

44 Vereinbarungen, durch die im Voraus die Anwendung des § 107 ausgeschlossen oder beschränkt wird, sind unwirksam gem § 119. Hinsichtlich § 107 Abs 1 ist das genauso überraschend wie bei § 106 (s dort Rn 39).

E. Auslandsberührung

45 Vgl § 103 Rn 174, § 107 Rn 16, Artt 7 (Abs 2 S 2 lit e), 8, 10 EuInsVO; *EuGH* DZWIR 2010, 102 ff (zur Durchsetzung eines Eigentumsvorbehalts in der Ins des Käufers); *Cranshaw* DZWIR 2010, 89 ff (zum vorerwähnten Urt des EuGH); das im Literaturverzeichnis zu § 107 erwähnte Buch *Duursma-Kepplinger* (Österreich) sowie *Martínez Velencoso* NZI 2004, 72 ff (Spanien) u *Primozic/Boller* ZInsO 2016, 721 ff. (Schweiz).

§ 108 Fortbestehen bestimmter Schuldverhältnisse

(1) [1]Miet- und Pachtverhältnisse des Schuldners über unbewegliche Gegenstände oder Räume sowie Dienstverhältnisse des Schuldners bestehen mit Wirkung für die Insolvenzmasse fort. [2]Dies gilt auch für Miet- und Pachtverhältnisse, die der Schuldner als Vermieter oder Verpächter eingegangen war und die sonstige Gegenstände betreffen, die einem Dritten, der ihre Anschaffung oder Herstellung finanziert hat, zur Sicherheit übertragen wurden.

(2) Ein vom Schuldner als Darlehensgeber eingegangenes Darlehensverhältnis besteht mit Wirkung für die Masse fort, soweit dem Darlehensnehmer der geschuldete Gegenstand zur Verfügung gestellt wurde.

(3) Ansprüche für die Zeit vor der Eröffnung des Insolvenzverfahrens kann der andere Teil nur als Insolvenzgläubiger geltend machen.

Übersicht

Literatur: [Die mit (✦) gekennzeichneten Beiträge werden vermutlich irgendwann durch neuere Gesetzgebung (§ 108 Rn 12 ff, 96) **ganz oder teilweise überholt sein. Gegenwärtig sind sie jedoch noch von hohem praktischen Interesse.]**

Abel Filmlizenzen in der Insolvenz des Lizenzgebers und Lizenznehmers, NZI 2003, 121 (✦); *Adolphsen* Die Insolvenz im Filmlizenzgeschäft, DZWIR 2003, 228 (✦); *Bausch* Patentlizenz und Insolvenz des Lizenzgebers, NZI 2005, 289 (✦); *Bayreuther* Sanierungs- und Insolvenzklauseln im Arbeitsverhältnis, ZIP 2008, 573; *C Berger* Lizenzen in der Insolvenz des Lizenzgebers, GRUR 2013, 321(✦); *L Berger* Insolvenzschutz für Markenlizenzen, 2006, S 134 ff (✦); *Birner* Die Internet-Domain als Vermögensrecht, 2005, S 166 ff (✦); *Bley* Entfernung des Gemeinschuldners aus der Mietwohnung, KuT 1928, 65; *Bornholdt* Leasingnehmer und refinanzierende Bank in der Insolvenz des Leasinggebers nach der InsO, 1999; *Bortz* Urheberrechtliche Lizenzen in nationaler und internationaler Insolvenz, 2012 (✦); *Böker* Die Mietsicherungs- oder Mieterdienstbarkeit, 2008; *Brandt* Softwarelizenzen in der Insolvenz, NZI 2001, 337 (✦); *Braun* Die Pflicht des Insolvenzverwalters zur Rückgabe von Mietsachen, NZI 2005, 255; *Brinkmann* Schiedsverfahren über Lizenzen in der Insolvenz des Lizenzgebers – eine Gleichung mit drei Unbekannten, NZI 2012, 735; *Cepl* Lizenzen in der Insolvenz des Lizenznehmers unter besonderer Berücksichtigung des Kündigungsrechts des Lizenzgebers, NZI 2000, 357; *Cymutta* Besonderheiten der Pacht- und Landpachtverträge in der Insolvenz, ZInsO 2009, 412; *Delhaes* Zur Kündigung von Wohnraummietverhältnissen durch den Treuhänder im Verbraucherinsolvenzverfahren, FS Uhlenbruck, 2000, S 585 ff; *Dieselhorst* Zur Dinglichkeit und Insolvenzfestigkeit einfacher Lizenzen – Kritische Betrachtungen auf der Grundlage des BGH-Urteils „Reifen Progressiv", CR 2010, 69; *Duursma-Kepplinger* Eigentumsvorbehalt und Mobilienleasing in der Insolvenz (eine Darstellung der österreichischen und der deutschen Rechtslage), 2002; *Ehricke* Das Erlöschen des Vermietungspfandrechts bei Gewerberaummietverhältnissen im Eröffnungsverfahren, KTS 2004, 321; *ders* Zum Entstehen eines Vermieterpfandrechts in der Insolvenz des Mieters, FS Gerhardt, 2004 S 191 ff; *Engel/Völckers* Leasing in der Insolvenz, 1999; *Fezer* Lizenzrechte in der Insolvenz des Lizenzgebers – Zur Insolvenzfestigkeit der Markenlizenz, WRP 2004, 793 (✦); *Franken/Dahl* Mietverhältnisse in der Insolvenz, 2. Aufl 2006; *Ganter* Patentlizenzen in der Insolvenz des Lizenzgebers, NZI 2011, 833; *Gehrlein* Behandlung eines Darlehens in der Insolvenz des Darlehensgebers, ZInsO 2012, 101; *Geißler* Geschichte und juristische Gegenwart gesellschaftsinterner Nutzungsüberlassungen, 2010; *ders* Die insolvenzrechtliche Qualität des Anspruchs des Vermieters auf Miete für unbewegliche Gegenstände oder Räume bei Eröffnung des Insolvenzverfahrens über das Vermögen des Mieters im Laufe des Bemessungs- bzw. Nutzungszeitraums, ZInsO 2012, 1206; *Göcke/Henkel* Zur Anwendbarkeit des § 135 Abs 3 InsO in der Doppelinsolvenz von Gesellschaft und Gesellschafter sowie bei Zwangsverwaltung, ZInsO 2009, 170; *Grote* Wohnraummiete und Arbeitseinkommen während des eröffneten Verbraucherinsolvenzverfahrens, NZI 2000, 66; *Gutschke* Die schicksalhafte Begegnung der Dauerschuldverhältnisse mit der „Freigabe" gem § 35 Abs 2 InsO, ZVI 2008, 41; *Haedicke* Dingliche Wirkungen und Insolvenzfestigkeit von Patentlizenzen in der Lizenzkette, ZGE/IPJ 2011, 377 (✦); *ders* Der Schutz des Unterlizenznehmers bei Wegfall der Hauptlizenz nach den Entscheidungen „M2Trade" und „Take Five", Mitteilungen der deutschen Patentanwälte 2012, 429 (✦); *Hauck* Die Verdinglichung obligatorischer Rechte am Beispiel einfacher immaterialgüterrechtlicher Lizenzen, AcP 211 (2011), 626; *Heimberg* Lizenzen und

Lizenzverträge in der Insolvenz, 2011 (✦); *Henckel* Insolvenzgläubiger – Massegläubiger – Neugläubiger, in: Arbeitskreis für Insolvenz- und Schiedsgerichtswesen eV Köln (Hrsg), Aktuelle Probleme des neuen Insolvenzrechts, RWS 2000, S 97; *Henkel* Die Vermeidung von Räumungskosten als Masseverbindlichkeiten durch Freigabe der in die gemieteten Räume eingebrachten Gegenstände, ZInsO 2005, 1311; *Hinrichs/Tholuck* Die Abwicklung von Altersteilzeitarbeitsverhältnissen in der Insolvenz, ZInsO 2011, 1961; *Hirte/Knof* Wem „gehört" die Lizenz? – Plädoyer für eine Dekonstruktion des Haftungsrechts in der Insolvenz, JZ 2011, 889; *Hirte* Sublizenzen in der neueren Rechtsprechung des I. Zivilsenats des BGH (M2Trade und Take Five) und ihre Auswirkungen auf die Debatte um die Insolvenzfestigkeit von Lizenzen, ZInsO 2013, 1770 (✦); *Hoffmann* Immaterialgüterrechte in der Insolvenz, ZInsO 2003, 732 (✦); *Hölzle* Die Legitimation des Gesellschaftersonderopfers in der insolvenzrechtlichen Finanzierungsverstrickung, ZIP 2010, 913; *Howe* Zur Anfechtbarkeit der Abtretung von Miet- oder Pachtzinsen an den Grundpfandgläubiger, ZVI 2004, 708; *Jelinek* Lizenzen in der Insolvenz – nach deutschem und US-amerikanischen Recht, 2013 (✦); *Kalkschmid* Immobilienleasing in der Insolvenz, 2003; *Kirchhof* Probleme bei der Einbeziehung von Aussonderungsrechten in das Insolvenzeröffnungsverfahren, ZInsO 2007, 227, 230 f; *Klinck* Refinanziertes Mobilienleasing in der Insolvenz des Leasinggebers – § 108 Abs 1 Satz 2 InsO auf dem Prüfstand, KTS 2007, 37; *Klopp/Mokros* Rechtslage des Arbeitnehmers bei Insolvenz seines Arbeitgebers, 2006; *Lakies* Das Arbeitsverhältnis in der Insolvenz, 2. Aufl 2014; *Lohmann* Der Fortbestand des Mietverhältnisses über unbewegliche Gegenstände in der Insolvenz des Mieters, FS Gero Fischer, 2008, S 333; *Marotzke* Gegenseitige Verträge im neuen Insolvenzrecht (im Folgenden: Gegenseitige Verträge), 3. Aufl 2001, Rn 6.1 ff (im Internet unter www.jura.uni-tuebingen.de/professoren_und_dozenten/marotzke/zur%20person/habilitationsschrift-1/view); *ders* Die Wohnraummiete in der Insolvenz des Mieters, KTS 1999, 269; *ders* BGB und InsO: zwei neue Leistungsstörungsrechte im Widerstreit, KTS 2002, 1; *ders* Die Freistellung von Arbeitnehmern in der Insolvenz des Arbeitgebers, InVo 2004, 301; *ders* Darlehen und Insolvenz, ZInsO 2004, 1273 (mit Fortsetzung in ZInsO 2006, 300); *ders* Die Insolvenz des Untervermieters einer Immobilie, KS-InsO, 3. Aufl 2009, S 672; *ders* Die vorzeitige Darlehensrückforderung wegen Insolvenz des Darlehensgebers, FS Westermann, 2008, S 427; *ders* Kommunikationspflichten im gesetzlichen Schuldverhältnis des § 135 Abs 3 InsO, FS Runkel, 2009, S 359; *ders* Sukzessionsschutz für Lizenzen im Immaterialgüterrecht – dargestellt am Beispiel der Patentlizenz, Zeitschrift für Geistiges Eigentum (ZGE) 2010, 233; *ders* Das M2Trade-Urteil des BGH von 19.7.2012: ein Stolperstein auf dem Weg zur gesetzlichen Regelung der Insolvenzfestigkeit von Lizenzen? Zugleich ein Beitrag zum Umfang des immaterialgüterrechtlichen Sukzessionsschutzes bei Lizenzketten, ZInsO 2012, 1737 (✦); *McGuire* Die Lizenz, 2012, S 598 ff, 607 ff, 770 (✦); *dies* Lizenzen in der Insolvenz: ein neuer Anlauf zu einer überfälligen Reform, GRUR 2012, 657 (✦); *Meyer* Das Erbbaurecht in der Insolvenz, NZI 2007, 487; *Nunner-Krautgasser/Pateter* Arbeitsverhältnisse in der Insolvenz – Die aktuelle Rechtslage in Österreich, ZInsO 2013, 1820 ff; *Oberhofer/Wroblewski* Die Altersteilzeit und das BAG in der Insolvenz, ZInsO 2005, 695; *Obermüller* Insolvenzrecht in der Bankpraxis, 9. Aufl 2016, Rn 7.1 ff (Leasing, Factoring, Forfaitierung), 8488 f (zu § 108 Abs 2); *Pannen* Darlehensverträge in der Insolvenz des Kreditinstituts, ZInsO 2009, 596; *ders* Krise und Insolvenz bei Kreditinstituten, 3. Aufl 2010, Kap 5 Rn 33 ff; *Pape* Ablehnung und Erfüllung schwebender Rechtsgeschäfte durch den Insolvenzverwalter, in: KS-InsO, 3. Aufl 2009, S 353, 384, 386; *ders* Insolvenz im Mietrecht, NZM 2004, 401; *Passarge* Contractual Trust Agreements als Instrumente zur Insolvenzsicherung von Pensionsverpflichtungen, Wertguthaben aus Altersteilzeit und von Arbeitszeitkonten, NZI 2006, 20; *Paulus* Software in Vollstreckung und Insolvenz, ZIP 1996, 2 (✦); *Pleister/Wündisch* Lizenzen in der Insolvenz – eine unendliche Geschichte?, ZIP 2012, 1792 (✦); *Frhr Raitz v Frentz/Masch* Die Insolvenzfestigkeit von einfachen und ausschließlichen Nutzungsrechten an Schutzrechten (Patentlizenzen, Markenlizenzen und urheberrechtlichen Nutzungsrechten), ZIP 2011, 1245 (✦); *Ries* Freigabe (auch) von Dauerschuldverhältnissen des § 108 InsO aus dem Insolvenzbeschlag beruflich selbstständiger Schuldner, ZInsO 2009, 2030; *Ringstmeier* Abwicklung von Mietverhältnissen in masseunzulänglichen Insolvenzverfahren, ZInsO 2004, 169; *Roth/Wozniak* Betriebspachtverträge in der Insolvenz, ZInsO 2017, 1293; *Seemann* Der Lizenzvertrag in der Insolvenz, Diss Freiburg 2002 (✦); *Sinz* Factoring in der Insolvenz, 1997, Rn 565 ff (zu Abs 1 S 2); *Spliedt* Die „halbstarke" Verwaltung – unbeherrschbare Masseverbindlichkeiten oder sinnvolle Alternative?, ZIP 2001, 1941; *ders* MoMiG in der Insolvenz – ein Sanierungsversuch, ZIP 2009, 149; *Stahmer* Verzinsliches Darlehen in der Insolvenz, 2002; *Steinhau-*

ser Bleibeprämien in der Insolvenz des Arbeitgebers, 2016; *Tabrizi* Lizenzen in der Insolvenz nach dem Scheitern des Gesetzes zur Einführung eines § 108a InsO, 2011; *Tetzlaff* Rechte des Vermieters in der Insolvenz des Mieters, NZI 2006, 87; *Trimborn* Ist nach „Reifen Progressiv", „Take Five" und „M2Trade" eine gesetzliche Regelung zur Insolvenzfestigkeit von Lizenzen obsolet geworden? MarkenR 2012, 460; *Waldhauser* Die Fernsehrechte des Sportveranstalters, 1999, S 230 ff (✦); *Wallner* Die Insolvenz des Urhebers unter besonderer Berücksichtigung der Verträge zur Überlassung von Software, 2002 (✦); *ders* Insolvenzfeste Nutzungsrechte und Lizenzen an Software, NZI 2002, 70 (✦); *Weber/Hötzel* Das Schicksal der Softwarelizenz in der Lizenzkette bei Insolvenz des Lizenznehmers, NZI 2011, 432 (✦); *Graf von Westphalen* Der Leasingvertrag, 7. Aufl 2015, Kap I Rn 270 ff, Kap R Rn 1 ff, 94 ff; *Wiedemann* Lizenzen und Lizenzverträge in der Insolvenz, 2006 (✦); *v Wilmowsky* Der Mieter eines beweglichen Gegenstands in der Insolvenz – Zum Inhalt des § 103 InsO bei Miet- und Pachtverhältnissen –, ZInsO 2007, 731; *ders* Vermieter (Verpächter, Lizenzgeber) in Insolvenz, ZIP 2011, 1473; *Wimmer* Die Kündigung des Mietvertrages über die vom Schuldner bewohnte Wohnung durch den Insolvenzverwalter/Treuhänder, FS Uhlenbruck, 2000, S 605 ff; *Wischemeyer* Neumasseverbindlichkeiten trotz Freigabe der gewerblich genutzten Mietsache?, ZInsO 2008, 197; *Wolf/Eckert/Ball* Handbuch des gewerblichen Miet-, Pacht- und Leasingrechts, 10. Aufl 2009, Rn 1510 ff, 2053 ff; *Wroblewski* „Recht auf Arbeit" in der Insolvenz – Freistellung, Beschäftigung und die Folgen, NJW 2011, 347; *Wündisch/Bauer* Patent-Cross-Lizenzverträge – Terra incognita? GRUR Int 2010, 641 (646 ff); *Zahn* Der Leasingvertrag über Mobilien in der Insolvenz des Leasinggebers nach der Novellierung der InsO, DB 1996, 1393; *ders* Die Rechte der Bank in der Insolvenz der Gesellschaft bei Doppelstock-Refinanzierung, DB 2003, 2371; *Zwanziger* Das Arbeitsrecht in der Insolvenzordnung, 5. Aufl 2015; *Zeibig* Die Mietkaution. Zum Sicherungstreuhandverhältnis der Mietkaution, den Folgen seiner Fehlerhaftigkeit und der Behandlung in Zwangsvollstreckung und Insolvenz, 2012.

A. Aktueller Anwendungsbereich des § 108

Die Überschrift des § 108 lautete bis Ende Juni 2007: „Fortbestehen von Dauerschuldver- 1
hältnissen". Seit 1.7.2007 lautet sie: „Fortbestehen bestimmter Schuldverhältnisse".[1] Nach der regierungsamtlichen Begründung[2] handelt es sich bei dieser Änderung um eine „redaktionelle Folgeänderung der Einfügung des neuen Absatzes 2", der den Anwendungsbereich des § 108 ab 1.7.2007 auf Darlehensverhältnisse erweitert (s Rn 83 ff). Davon abgesehen ist der neuen Überschrift zu bescheinigen, dass sie besser als ihre Vorläuferin zum Ausdruck bringt, dass § 108 nicht für sämtliche Dauerschuldverhältnisse, sondern nur für die in § 108 genannten Schuldverhältnisse gilt, und dass § 108 für die in ihm bezeichneten Schuldverhältnisse auch dann gilt, wenn die Vertragsschließenden im konkreten Fall keine lang andauernde, sondern eine eher kurze Laufzeit vereinbart hatten.

Als weitere Ergänzung bzw Modifizierung des § 108 hatten zwei Bundesregierungen, jeweils 2
ohne Erfolg, die Schaffung eines § 108a vorgeschlagen, der Lizenzverträge über geistiges Eigentum gegenüber der Ins des Lizenzgebers immunisieren sollte. Dieses Gesetzgebungsprojekt wird vermutlich in nicht allzu ferner Zukunft erneut in Angriff genommen werden. Vgl zum aktuellen Stand der Diskussion die Hinweise bei Rn 8 ff, 96 ff.

B. Sinn und Zweck des Abs 1 S 1

Dass Verträge mit Wirkung für die InsMasse fortbestehen, ist selbstverständlich und hätte in 3
§ 108 Abs 1 S 1 genauso wenig hervorgehoben werden müssen wie im bisherigen § 21 Abs 1 KO, der eine solche Formulierung ebenfalls enthielt. Nicht der Fortbestand, sondern das Erlö-

1 Art 1 Nr 17 des am 1.7.2007 in Kraft getretenen G zur Vereinfachung des InsVerf, BGBl I 2007, 509: Neufassung der Überschrift des § 108, Einfügung des heutigen Abs 2, bisheriger Abs 2 wird zu Abs 3.

2 BT-Drucks 16/3227, 19.

schen eines Vertragsverhältnisses bedarf der gesetzlichen Grundlage (zB §§ 115 Abs 1, 116 S 1, § 16 VVG; s auch § 119 Rn 5). § 108 Abs 1 S 1 will die in ihm bezeichneten Rechtsverhältnisse dem Anwendungsbereich des § 103 entziehen, da die dem § 103 zugrunde liegende Prämisse, dass der Vertragspartner bei VerfEröffnung zunächst nur InsGl ist bzw zunächst sogar das „Erlöschen" seines Erfüllungsanspruchs hinnehmen muss (so die inzwischen zu Recht aufgegebene Erlöschenstheorie des BGH, s Rn 17–18), in Bezug auf die von § 108 erfassten Rechtsverhältnisse als unangemessen angesehen wurde (wenn man von der sich auf „Ansprüche für die Zeit vor der Eröffnung des InsVerf" beziehende Ausnahme des § 108 Abs 3 einmal absieht). An die Stelle des InsVerwWahlrechts nach § 103 (Begr RegE S 146) treten die durch bes geregelte Kündigungs- und Rücktrittsrechte (Rn 76) ergänzten §§ 55 Abs 1 Nr 2 Alt 2, 108 Abs 3, 55 Abs 2 S 2 (s Rn 47 ff). Lediglich im Fall der Masseunzulänglichkeit kommen auf die von § 108 erfassten Verträge Vorschriften zur Anwendung, die auf ähnlichen Rechtsgedanken beruhen wie die §§ 103, 55 Abs 1 Nr 2 Alt 1.[3]

C. Voraussetzungen des Abs 1

I. Allgemeine Umschreibung

4 **§ 108 gilt** nicht für sämtliche Dauerschuldverhältnisse (Rn 1), sondern **nur für Miet-, Pacht- und Dienstverhältnisse** (vgl Abs 1 und speziell zum **Leasing** Rn 43 ff) sowie nach Maßgabe des am 1.7.2007 in Kraft getretenen Abs 2 (Rn 83 ff) auch für **Darlehensverhältnisse**. Eine bestimmte **Mindestlaufzeit** des Miet-, Pacht-, Dienst- oder Darlehensverhältnisses ist nicht erforderlich (Rn 1). Der Begriff „Dienstverhältnis" umfasst auch **Arbeitsverhältnisse**. Nicht unter § 108 fallen **Arbeitnehmerüberlassungsverträge**[4], was uU zu Abgrenzungsproblemen führen kann,[5] und Dienstverträge, die eine **Geschäftsbesorgung** (§ 675 Abs 1 BGB) zum Gegenstand haben; im letztgenannten Fall gilt bei Ins des Geschäftsherrn § 116 und bei Ins des Geschäftsbesorgers (zB eines **Handelsvertreters**) nicht etwa § 108,[6] sondern § 103[7] (sofern eine Erfüllung durch den InsVerw nicht am höchstpersönlichen Charakter der geschuldeten Geschäftsbesorgung scheitert; s dazu die nächsten Fn und § 103 Rn 60).

5 **Liegt ein Miet-, Pacht- oder Dienstverhältnis iSd § 108 Abs 1 vor**, so hängt die Anwendbarkeit der Vorschrift grds (Ausnahme in Abs 1 S 2) nicht davon ab, ob der Schu die Position des Vermieters, Verpächters, Dienstherrn, Arbeitgebers oder die des Mieters, Pächters, Dienstpflichtigen, Arbeitnehmers[8] innehat[9] (evtl jedoch **§ 103** statt § 108 Abs 1, wenn ein

---

3 Vgl § 209 Abs 2; § 108 Rn 9, 24, 47, 50, 101 f; *Ringstmeier* ZInsO 2004, 169 ff; *Marotzke* InVo 2004, 301, 308 ff; *Lucina Berger* S 139 ff, 156.

4 Vgl zu solchen Verträgen auch § 103 Rn 35, 105; *Häsemeyer* KTS 2006, 99 ff.

5 *BGH* WM 2006, 871 f.

6 S § 116 Rn 2; **aM** die dort und in der letzten Fn zu § 103 Rn 60 erwähnten Entscheidungen *OLG Düsseldorf* 18.12.2009 – I-16 U 160/09 und *BGH* 7.5.2013 – IX ZR 191/12 (beide zur Ins eines Handelsvertreters).

7 IE wie hier *N/R/Kießner* § 116 Rn 2; *Hess* §§ 115, 116 Rn 62; *Wente* ZIP 2005, 335 ff, 338 (V 2); *Jaeger/Henckel* KO § 22 Rn 4 iVm § 23 Rn 63 aE; vgl auch unten § 115 Rn 21, § 116 Rn 2, 10.

8 Für Anwendung des § 108 auch in der ArbeitnehmerIns *Schmidt/Ringstmeier* § 108 Rn 29; *Graf-Schlicker/Breitenbücher* § 108 Rn 9; *N/R/Balthasar* § 108 Rn 10; **aM** *Schollmeyer* S 46; wohl auch *Jaeger/Henckel* § 55 Rn 55 Fn 138. ME ist in solchen Fällen jedoch nicht das in § 108 Abs 1 S 1 erwähnte und iÜ sogar selbstverständliche (Rn 3) Fortbestehen des Vertrages „für" die InsMasse zu verneinen (sonst wären die §§ 114, 287 Abs 2 sinnlos), sondern lediglich die Entstehung einer Masseverbindlichkeit; eine solche scheitert trotz der Existenz des § 55 Abs 1 Nr 2 Alt 2 an dem höchstpersönlichen Charakter der geschuldeten Arbeitsleistung (vgl auch § 103 Rn 60).

9 Zust *BGHZ* 204, 83, 92 [Rn 28] = ZIP 2015, 589, 592 = ZInsO 2015, 559, 562 – jedenfalls für Miet- und Pachtverhältnisse.

Dienstvertrag bei strikter Anwendung der §§ 108 Abs 1 S 1, 55 Abs 1 Nr 2 Alt 2 nicht vom dienstverpflichteten Schu in Person, sondern vom InsVerw mit personellen und sächlichen Mitteln eines zur InsMasse gehörenden Dienstleistungsunternehmens erfüllt werden müsste[10]). Auch kommt es nach dem Gesetzeswortlaut nicht darauf an, ob der vermietete oder verpachtete Gegenstand bereits „überlassen" bzw das Dienstverhältnis bereits „angetreten" war.[11] Abs 1 S 1 ist jedoch unanwendbar, wenn die vom Vertragspartner geschuldete Leistung wegen ihres streng auf die Person des insolventen Schu bezogenen Inhalts überhaupt nicht „zur InsMasse" (§ 55 Abs 1 Nr 2) erfolgen kann und eine „Wirkung **für** die InsMasse" (§ 108 Abs 1 S 1) somit unmöglich ist (vgl auch Rn 53). Für die Ins eines **Ver**mieters hat der BGH entschieden, dass das Mietverhältnis nur dann gem § 108 Abs 1 fortbestehe (also vom InsVerw ohne Ablehnungsrecht als Masseverbindlichkeit erfüllt werden müsse), wenn die Mietsache dem Mieter bereits vor Eröffnung des InsVerf überlassen worden sei,[12] und dass eine Anwendung des § 108 Abs 1 auch dann ausgeschlossen sei, wenn der Mieter den ihm bereits überlassenen Besitz „bei Insolvenzeröffnung wieder aufgegeben hatte".[13] Auf die Ins des **Mieters** ist diese Rspr aber wohl nicht übertragbar (arg § 109 Abs 2).[14] Ebensowenig kommt eine Übertragung dieses Gedankens auf die **Ins eines Arbeitgebers oder eines sonstigen Dienstberechtigten** in Betracht, mag sich das Dienstvertragsrecht auch historisch aus der **„Vermietung" von Diensten**[15] entwickelt haben. Daraus, dass ein Dienstverhältnis (insb ein Arbeitsverhältnis) in der Ins des Dienstberechtigten (Arbeitgebers) vorbehaltlich des bei § 109 Rn 48 ff befürworteten Rücktrittsrechts des Dienstverpflichteten (Arbeitnehmers) auch dann fortbesteht, wenn die vereinbarten Dienste noch nicht „angetreten" wurden, folgt aber nicht, dass § 108 Abs 1 S 1 auch dann anwendbar sein müsse, wenn noch nicht einmal der Dienst**vertrag** wirksam zustande gekommen sei, sondern lediglich ein „Anspruch auf Abschluss" eines solchen Vertrages bestehe. In der Ins des Arbeitgebers begründet der gegen diesen gerichtete **Anspruch auf Abschluss eines Arbeitsvertrages** idR keine Masseverbindlichkeit gem § 55 Abs 1 Nr 2 Fall 1 iVm § 108 Abs 1 S 1, sondern

---

10 Vgl MK/*Löwisch/Caspers* § 113 Rn 5 (Anwendung von § 103 statt § 108, soweit die Dienstleistungspflicht „nicht in Person" zu erfüllen sei); *Wente* ZIP 2005, 335 ff (zur Rechtslage bei Ins eines „dienstverpflichteten Unternehmens"); *BGH* 20.10.2011 – IX ZR 10/11 (Privatschule), ZInsO 2011, 2229 [Rn 7] = ZIP 2011, 2262 (m Anm *Sauer* EWiR 2012, 119) = KTS 2012, 215 ff (m Anm *Madaus*) – im selben Urt auch bedeutsame Ausführungen zum Ausschluss einer geltend gemachten Aufrechnung.

11 Insoweit anders die früheren §§ 19 ff KO und auch § 109 InsO; s dort § 109 Rn 21 ff, 33, 48 ff; unklar bzgl nicht angetretener Arbeitsverhältnisse *Hess* § 108 Rn 9 und § 113 Rn 370 ff; s zum Kündigungs- bzw Rücktrittsrecht in solchen Fällen § 109 Rn 48 ff.

12 *BGHZ* 173, 116, 120 ff [Rn 13 ff] = JZ 2008, 203 ff (m zust Anm *Marotzke*) = ZfIR 2008, 151 ff (m zust Anm *Tintelnot*) = NZI 2007, 713 ff (m abl Anm *Dahl/Schmitz*) = ZIP 2007, 2087 ff (m krit Anm *Eckert* EWiR 2007, 729 f); *Lohmann* FS Gero Fischer, 2008, S 333 ff; ebenso schon vorher *K/P/B/Tintelnot* § 108 Rn 19 ff (vgl aber auch aaO § 111 Rn 9 f); dem BGH mit Einschränkungen zust MK/*Eckert* § 108 Rn 12 ff; **aM** *N/R/Balthasar* § 108 Rn 9; *Uhlenbruck/D Wegener* § 108 Rn 11; *Kalkschmid* Rn 289 f; *Dahl/Taras* Verbraucherinsolvenz aktuell 2015, 28; *Derleder* NZM 2004, 568, 569 f (m dem kompensatorischen Vorschlag einer Anwendung des § 109 Abs 2 auch bei Ins des Vermieters bzw Verpächters, s § 109 Rn 33); vgl aber auch unten Rn 40.

13 *BGHZ* 204, 1 ff = ZIP 2015, 135 ff; krit *Marotzke* EWiR 2015, 117 f.

14 Zust *Schmidt/Ringstmeier* § 108 Rn 10.

15 Vgl zum historischen Begriff der „Dienstmiete" *Oetker* Das Dauerschuldverhältnis und seine Beendigung, 1994, S 399 mwN sowie die daran anknüpfenden Ausführungen zur analogen Anwendbarkeit des § 109 Abs 2 bei § 109 Rn 48 ff.

lediglich eine InsFo mit Wahlrecht des InsVerw analog § 103.[16] Ob dies aber auch dann gilt, wenn der Anspruch des Arbeitnehmers auf der vom Arbeitgeber mit einer „saison-/witterungsbedingten" Kündigung verbundenen **Wiedereinstellungszusage** „zu gleichen Konditionen bis spätestens (taggenaue Zeitangabe)" beruht, erscheint sehr zweifelhaft.[17]

6 **Tarifverträge** fallen zwar nicht unter § 108, jedoch bestehen auch sie mit Wirkung für und gegen die Masse fort (§ 103 Rn 27). Gleiches gilt für die **Mitgliedschaft der insolventen Genossenschaft in einem gesetzlichen Prüfungsverband** (§ 103 Rn 30). Für **Betriebsvereinbarungen** gilt § 120, für **Sozialpläne** § 124. **Konzernvereinbarungen (Unternehmensverträge)** sind zwar Dauerschuldverhältnisse, fallen aber aus dem im Eingangssatz zu Rn 4 genannten Grund nicht unter § 108 (zur insolvenzrechtlichen Behandlung vgl § 115 Rn 9 mwN). **Leihverträge** (s § 103 Rn 22) stehen Mietverträgen nicht iSd §§ 108 ff gleich.[18] Das schuldrechtliche Besitzrecht des Entleihers wird also auch bei Grundstücken nicht gem oder analog §§ 108 Abs 1 S 1, 55 Abs 1 Nr 2 Alt 2 zu einer Masseverbindlichkeit aufgewertet; es hat deshalb[19] nicht die Kraft, den dinglichen Herausgabeanspruch der InsMasse zu hemmen.[20] Zudem wird der InsVerw meist gem § 605 Nr 1 BGB kündigen können. Zur Anwendbarkeit des § 108 auf das **Anstellungsverhältnis eines geschäftsführenden GmbH-Gesellschafters oder eines AG-Vorstandsmitglieds** vgl § 116 Rn 4. Das BSG hat entschieden, dass Gesellschafter-Geschäftsführer einer GmbH, die weder über die Mehrheit der Gesellschaftsanteile noch über eine Sperrminorität verfügen, als Arbeitnehmer zu qualifizieren sind und als solche Anspruch auf InsGeld haben.[21] **Hat der Betriebsrat vor Eröffnung des InsVerf** über das Vermögen des Arbeitgebers **nach § 111 S 2 BetrVG oder nach § 80 Abs 3 BetrVG einen RA als Berater oder Sachverständigen hinzugezogen**, so ist auf dieses Vertragsverhältnis zwar auch dann, wenn die Tätigkeit des RA bei Verfahrenseröffnung noch nicht beendet war, weder § 103 (s § 103 Rn 42) noch § 108 anwendbar.[22] Dennoch ist es richtig, die Honoraransprüche für die bis zur Eröffnung des InsVerf erbrachten Leistungen nicht als Masseverbindlichkeiten, sondern als InsForderungen zu qualifizieren.[23]

II. Besonderheiten bei Miete und Pacht[24]

7 **1. Unbewegliche Gegenstände und Räume.** Ebenfalls abw von §§ 19 ff KO und §§ 51 f VerglO setzt § 108 InsO grds voraus, dass das Miet- oder Pachtverhältnis sich auf unbewegliche

---

16 Insoweit zutr *LAG Mainz* 2.5.2013 – 2 Sa 423/12, ZInsO 2013, 2027 ff = ZIP 2013, 1638 ff (Revision zurückweisend *BAG* 17.3.2015 – 6 AZR 702/13, ZIP 2015, 1633 ff); vgl ergänzend *Nungeßer* NZI 2013, 926 ff (dem Urt des LAG Mainz im Wesentlichen zust) und § 103 Rn 18.

17 Auch in einem solchen Fall keine Masseverbindlichkeit annehmend das *LAG Mainz* (vgl die vorherige Fn).

18 *Derleder* NZM 2004, 568, 573; MK/*Eckert* § 108 Rn 16; vom Gegenteil ausgehend anscheinend *Jaeger/Henckel* § 129 Rn 55 S 32.

19 Das zum Besitzrecht des Vorbehaltskäufers Ausgeführte (§ 107 Rn 20) gilt für das Besitzrecht des Entleihers entspr, wobei an die Stelle der Erfüllungsablehnung des InsVerw sein Rückgabeverlangen tritt; denn die Leihe ist kein „gegenseitiger" Vertrag iSd § 103 (s dort Rn 22). Vgl auch Rn 19 f.

20 **AM** *Jaeger/Henckel* § 129 Rn 55 S 32.

21 *BSG* ZIP 2007, 2185 ff; dazu *Berkowsky* NZI 2008, 155, 156 f; ausf zum InsGeld die Kommentierung der §§ 165 ff SGB III in Kap IV.

22 Zutr *BAG* 9.12.2009 – 7 ABR 90/07, BAGE 132, 333, 340 ff [Rn 25 ff] = NJW 2010, 2154, 2156 f = ZIP 2010, 588, 591 f (dazu auch § 103 Rn 42).

23 So auch das BAG, aaO.

24 Über Besonderheiten der **Pacht- und Landpachtverträge** in der Ins informiert *Cymutta* ZInsO 2009, 412 ff.

Gegenstände oder Räume[25] bezieht (jedoch Ausnahmen in Abs 1 S 2 [Rn 32 ff]). Auf einen Mietvertrag, der die Nutzung unbeweglicher und beweglicher Gegenstände umfasst, ist § 108 Abs 1 S 1 insgesamt anwendbar, wenn die Vermietung unbeweglicher Gegenstände den Schwerpunkt des Vertrages bildet.[26]

2. Sonstige Gegenstände. – a) Unanwendbarkeit des Abs 1 S 1. – aa) Betroffene Verträge. Soweit sich aus Abs 1 S 2 nichts anderes ergibt (Rn 32 ff), ist die Fortbestehensanordnung 8 des Abs 1 S 1 (nicht aber die Kündigungssperre des § 112 und auch nicht § 55 Abs 2 S 2) unanwendbar auf **Miet- und Pachtverträge über bewegliche Sachen,** auf **Pachtverträge über** nicht den Grundstücken[27] gesetzlich gleichgestellte **Rechte**[28] und auf – weitgehend wie Rechtspacht zu behandelnde (§ 112 Rn 24) – **Lizenzverträge**[29] einschl der Markenlizenz.[30] In der Ins des **Ver**mieters, **Ver**pächters oder Lizenz**gebers** ist diese Regelung nicht willkürlich iS eines Verstoßes gegen Art 3 GG,[31] sondern im Zusammenhang damit zu sehen, dass ebenso wie die Fortbestehensanordnung des § 108 Abs 1 S 1 auch das deren Reichweite begrenzende Sonderkündigungsrecht des InsVerw aus **§ 111** nur für Verträge über **un**bewegliche Gegenstände oder Räume gilt (s § 111 Rn 7). Das in § 111 geregelte, aber mglw durch geschickte Vertragsgestaltung neutralisierbare (§ 111 Rn 14) Sonderkündigungsrecht des InsVerw kann für den Betroffenen (zB wenn ihm auf diese Weise ein betriebsnotwendiges Miet- oder Pachtgrundstück entzogen wird) genauso schlimme Konsequenzen haben wie die bei Unanwendbarkeit des § 108 Abs 1 S 1 auf Lizenzverträge drohende Entziehbarkeit einer Markenlizenz durch den InsVerw des Lizenzgebers.[32]

---

25 Ausf Erl dieser Begriffe bei *Kalkschmid* Rn 53 ff; *K/P/B/Tintelnot* § 108 Rn 9 ff.

26 *BGHZ* 204, 83, 92 ff [Rn 29 ff] = ZIP 2015, 589, 592 ff = ZInsO 2015, 559, 563 ff.

27 Vgl *Eickmann* FS Gerhardt, 2004, S 191, 217 (Anwendung des Abs 1 **S 1** auf die entgeltliche Ausübungsüberlassung eines **Grundstücks**nießbrauchs).

28 Beispiele für Rechtspacht bei *Staudinger/Schaub* BGB 2013, § 581 Rn 32 ff.

29 Insoweit zutr *BGH* NJW 2006, 915, 916 [Rn 21]. Vgl zur rechtlichen Behandlung von Lizenzverträgen auch § 47 Rn 14, § 103 Rn 24, 66 (die dortige dritte und vierte Fn), 167 (die dortige zweite Fn), § 108 Rn 9 ff, 21 ff, 82, 96, § 112 Rn 24 sowie die – zeitlich vor den bei Rn 96 ff dargestellten Reformbemühungen geschriebenen – Beiträge von *Paulus* ZIP 1996, 2, 5 f; *Brandt* NZI 2001, 337 ff (mit Hinweisen auch zum amerikanischen Recht); *Zeisig* MittdtschPatAnw 2001, 240 f; *Wallner* 181; *dens* NZI 2002, 70 ff; *Adolphsen* DZWIR 2003, 228 ff; *Hoffmann* ZInsO 2003, 732, 735 ff; *Frhr Raitz v Frentz/Marrder* ZUM 2003, 94 ff; *Smid/Lieder* DZWIR 2005, 7, 11 f, 14 f; *Lucina Berger* S 31 f, 134 ff, 242; *Koehler/Ludwig* NZI 2007, 79 ff.

30 *Lucina Berger* S 31 f, 134 ff, 242 (zeitlich vor RegE § 108a); *LG Essen* ZIP 2009, 1583 f („Dem InsVerw kam gem § 103 InsO die Befugnis zu, den Markenlizenzvertrag zu beenden."); *BGH* 21.10.2015 – I ZR 173/14, ZIP 2016, 40, 43 Rn 43 ff (dort die Anwendbarkeit des § 103 jedoch deshalb verneinend, weil der Vertrag bereits vollständig erfüllt sei; vgl zu diesem Urt auch die dritte und die vierte Fn zu § 103 Rn 66; die zweite und die fünfte Fn zu § 108 Rn 20 und die zweite Fn zu § 108 Rn 21); **aM** *Fezer* WRP 2004, 793 ff (dazu sogleich und erg Rn 21 f, 96 ff).

31 **Für analoge Anwendung des § 108 Abs 1 S 1 auf Markenlizenzen** plädieren jedoch *Fezer* WRP 2004, 793 ff; *Brämer* Die Sicherungsabtretung von Markenrechten, 2005, S 378 f; *Koehler/Ludwig* NZI 2007, 79, 81; hilfsweise – dann aber auch für **Patent**lizenzen – *Frhr Raitz v Frentz/Masch* ZIP 2011, 1245, 1249 (die primär jedoch sogar ein **Aussonderungsrecht**, § 47, bejahen möchten; s dazu Rn 12, 21 ff). Zu den von ihren Befürwortern bisher nur sehr unvollständig durchdachten **Konsequenzen** einer solchen Analogie vgl die Hinweise bei Rn 96 ff sowie HK-InsO/*Marotzke* 5. Aufl. 2008 RegE § 108a Rn 1 ff (insb Rn 1, 4, 11 ff, 17) = S 894 ff.

32 Ausf *Marotzke* in der öffentlichen Anhörung vor dem BT-RAussch am 23.4.2008 sowie auf S 11 ff der vorbereitenden schriftlichen Stellungnahme v 16.4.2008; Wortprotokoll und schriftliche Stellungnahme im Internet abrufbar unter http://webarchiv.bundestag.de/cgi/show.php?fileToLoad=1473&id=1134.

9 **bb) Was gilt für Lizenzverträge?** Trotz des bei Rn 8 Ausgeführten spricht Manches dafür, dass die Herausnahme „beweglicher Gegenstände" – statt lediglich „beweglicher Sachen"[33] – aus dem Anwendungsbereich des § 108 Abs 1 S 1 keine vollständig durchdachte Entscheidung des Gesetzgebers,[34] sondern eher ein **redaktioneller Betriebsunfall** war, dessen **negative Konsequenzen für Lizenznehmer** erst nach Inkrafttreten der InsO richtig erkannt wurden und die bei Lizenzen an **US-amerikanischen** Patenten sogar schon zur gerichtlichen Geltendmachung eines **Ordre-Public-Vorbehalts** gegenüber einer Anwendung von Teilen des deutschen InsRechts geführt haben (s § 103 Rn 175). Um die Rechtsstellung des Lizenznehmers zu verbessern, wurde im Jahr 2007 ein RegE § 108a präsentiert, dessen erster Satz regelte, dass ein vom Schu als Lizenzgeber abgeschlossener Lizenzvertrag über ein Recht am geistigen Eigentum mit Wirkung für die InsMasse fortbestehe.[35] Solch eine Fortbestehensanordnung hätte dem Lizenznehmer freilich wenig genutzt in dem – nicht seltenen – Fall der Masseunzulänglichkeit (s Rn 3, 50, 101 f sowie in der 5. Aufl dieses Kommentars § 108a [RegE] Rn 12 ff).[36] Auch unter einigen anderen Aspekten gab der damalige RegE § 108a Anlass zu Kritik.[37] Gesetzeskraft hat RegE § 108a nicht erlangt. Zwar wurde vom BMJ im Januar 2012 ein weitgehend neu gestalteter RefE § 108a präsentiert;[38] dieser fand jedoch ebenfalls nicht den Weg ins BGBl.[39]

10 **Solange sich an der bisherigen Rechtslage[40] nichts ändert,** wird der Lizenznehmer versuchen müssen, sich nach Maßgabe des bei Rn 21 Ausgeführten (rechtzeitig!) abzusichern bzw hilfsweise, sich gegenüber dem zur Erfüllung des Vertrages nicht freiwillig bereiten InsVerw auf den in einigen Spezialgesetzen (zB §§ 33 UrhG, 15 Abs 3 PatG, 30 Abs 5 MarkenG, 22 Abs 3 GebrMG, § 11 Abs 2 HalblSchG, § 31 Abs 5 GeschmMG) geregelten **Sukzessionsschutz**[41] zu berufen. Ob Letzteres Aussicht auf Erfolg hat, ist jedoch selbst dann, wenn man die Eröffnung des InsVerf einer Veräußerung des lizenzierten Rechts gleichstellt, zweifelhaft (vgl §§ 38, 45 S 1, 89 Abs 1, 103 sowie die in der Fn[42] Genannten). Nach einer neueren, unter anderem mit dem Grundsatz des Sukzessionsschutzes argumentierenden Entscheidung des ersten Zivilsenats des BGH („M2Trade") sollen allerdings **Unterlizenzen** mangels abweichender Vereinbarung eine gegenüber dem Hauptlizenzgeber erklärte Erfüllungsablehnung des InsVerw des Hauptlizenznehmers ohne weiteres überleben und dann ein Nut-

---

33 So der Vorschlag von *Marotzke* in: InsR im Umbruch, 1991, S 183, 193; vgl auch *Tabrizi* S 113 f.

34 Oder vielleicht doch? Vgl Begr RegE-InsO S 146: Abw vom bisherigen Recht (§ 21 Abs 1 KO) nehme § 108 Miet- und Pachtverhältnisse über bewegliche Sachen „und Rechte" aus der Regelung über das Fortbestehen von Dauerschuldverhältnissen aus.

35 Auch dazu *Marotzke* aaO und in der 5. Aufl dieses Kommentars, S 892 ff; vgl auch u Rn 96 ff.

36 Vgl auch *Lucina Berger* S 139 ff; *Marotzke* in der Anhörung vor dem BT-RAussch am 23.4.2008, Wortprotokoll S 17, im Internet abrufbar unter http://webarchiv.bundestag.de/cgi/show.php?fileToLoad=1473&id=1134.

37 Vgl § 108 Rn 96 ff sowie die ausführlichere Darstellung in der 5. Aufl dieses Kommentars bei „§ 108**a** [RegE]" Rn 5, 8, 17 aE.

38 Art 1 Nr 11 des Referentenentwurfs eines Gesetzes zur Verkürzung des Restschuldbefreiungsverfahrens, zur Stärkung der Gläubigerrechte sowie zur Insolvenzfestigkeit von Lizenzen; im Internet unter www.bundesgerichtshof.de/DE/Bibliothek/GesMat/WP17/R/Restschuldverk.html.

39 Zu den mutmaßlichen Gründen des nochmaligen Scheiterns vgl *Marotzke* Das M2Trade-Urt des BGH v 19.7.2012: ein Stolperstein auf dem Weg zur gesetzlichen Regelung der Insolvenzfestigkeit von Lizenzen?, ZInsO 2012, 1737 ff.

40 S dazu auch Rn 20.

41 Dazu *Marotzke* ZGE 2010, 233 ff.

42 Wie hier eher skeptisch *Lucina Berger* S 12 ff, 48 ff, 100 ff, 186 f; *Marotzke* ZGE 2010, 233, 264 ff; optimistischer hingegen *Gottzmann* Sukzessionsschutz im Gewerblichen Rechtsschutz und Urheberrecht, 2008, Rn 487 ff, 611 ff.

zungsrecht unmittelbar gegenüber dem Hauptlizenzgeber gewähren;[43] dies erscheint jedoch wenig überzeugend.[44]

Veräußert der InsVerw das lizenzierte Recht im Wege der Masseverwertung, genießt der Lizenznehmer nach wohl zutr Ansicht gegenüber dem **Erwerber** Sukzessionsschutz nach § 15 Abs 3 PatG[45] (bzw § 30 Abs 5 MarkenG, § 22 Abs 3 GebrMG, § 11 Abs 2 HalblSchG oder § 31 Abs 5 GeschmMG); es sei denn,[46] der Lizenznehmer hätte während des InsVerf eine „Forderung wegen der Nichterfüllung" zur Tabelle angemeldet und dafür eine Quote erhalten oder der Lizenzvertrag wäre durch einen Insolvenzplan endgültig in eine Geldforderung umgewandelt worden. 11

Sollte sich der Gesetzgeber (Rn 96) **irgendwann entschließen, den von vielen Rechtspolitikern angestrebten „Insolvenzschutz für Lizenzen" in einem dritten oder vierten Anlauf doch noch zu erreichen** (wofür sich unter gesamtwirtschaftlichen Aspekten, im Interesse der Rechtssicherheit und unter der Last komplizierter kautelarjuristischer Sicherungskonstruktionen gute Gründe anführen lassen), **so sollte er darauf bedacht sein, diesem Insolvenzschutz nicht nur den Charakter einer Masseverbindlichkeit** (s Rn 9), **sondern die volle Kraft eines Aussonderungsrechts zu verleihen** (aber auch bei Unterlizenzen, also wenn der Schu überhaupt nicht Inhaber des lizenzierten Rechts ist?[47]). **Im Gegenzug könnte erwogen werden, den Lizenznehmer für die Inanspruchnahme dieses wertvollen Vorrechts eine angemessene Kompensation – zB Lizenzgebühren – an die Gläubigergemeinschaft (also an die InsMasse)[48] zahlen zu lassen**. Sollte der Weg über die Zuerkennung eines aussonderungsrechtsähnlichen Insolvenzschutzes als nicht akzeptabel angesehen werden, könnte als nahezu gleichwertige Alternative in Betracht gezogen werden, den Lizenznehmer zwar 12

---

43 Nachweise hierzu in der ersten Fn zu Rn 29.

44 Vgl. *Marotzke* ZInsO 2012, 1737 ff; *Ganter* WuB 2012, 767 f (zu WuB V D. § 33 UrhG 1.12).

45 In diesem Sinne *Lucina Berger* S 100 f (zu § 30 Abs 5 MarkenG) und *Wiedemann* Rn 1007 ff, 1777. Jedoch lässt sich in Fällen, in denen die gegen den insolventen Lizenzgeber gerichteten Ansprüche, Ausübungs- und Einrederechte des Lizenznehmers lediglich im Rang von InsForderungen verharren (was die hM vorbehaltlich positiver Wahlrechtsausübung des InsVerw annimmt), durchaus die These vertreten, dass diese Rechtspositionen dann konsequenterweise – und vielleicht sogar über die Verfahrensdauer hinaus – auch gegenüber demjenigen kein durchsetzbares Nutzungsrecht gewähren, auf den der InsVerw das lizenzierte Recht im Wege der Masseverwertung übertragen hat (**aM** *Wiedemann* Rn 1009). Hier ist noch Vieles ungeklärt.

46 Einzelheiten dieses Es-Sei-Denn-Vorbehalts sind str (vgl § 103 Rn 90; *Lucina Berger* S 41 ff, 48 ff, 101).

47 Zu Unterlizenzen vgl Rn 24, 98, 102 sowie die erste Fn zu Rn 29.

48 Und zwar an die Masse als reales Sondervermögen der Gläubigergemeinschaft, nicht etwa nur als Durchgangserwerb der Masse mit Endbegünstigung eines Sicherungszessionars! Das Vorrecht des Lizenznehmers müsste also mit einer masseschützenden Vorschrift nach dem Vorbild des **§ 110** kombiniert werden (vgl HK-InsO/*Marotzke* 5. Aufl 2008, RegE § 108a [= S 892 ff] Rn 4, 17; *Marotzke* Vorbereitende schriftliche Stellungnahme für die Anhörung im Rechts-Aussch des BT am 23.4.2008, S 15, im Internet abrufbar unter http://webarchiv.bundestag.de/cgi/show.php?fileToLoad=1473&id=1134). Folgte man allerdings der bei § 110 Rn 5 dargestellten neuen Rspr des BGH, nach der sich die (partielle) Unwirksamkeit der Vorausverfügung sogar in „echten" Fällen des § 110 (also bei Vorausverfügungen über Entgeltforderungen aus Miet- oder Pachtverhältnissen über Immobilien) nicht aus § 110, sondern aus § 91 Abs 1 ergeben soll, so wäre nicht (nur) § 110, sondern (auch) **§ 91 Abs 1** die Vorschrift, deren zumindest entsprechende Anwendbarkeit auf Vorausverfügungen über lizenzrechtliche Entgeltforderungen sichergestellt werden müsste.

lediglich zu einem **MasseGl** hochzustufen, dies jedoch durch eine weitere Sondervorschrift des Inhalts zu ergänzen, dass der InsVerw auch im Fall der Masseunzulänglichkeit (Rn 9, 50, 101 f) verpflichtet bleibt, die vertragsgemäße Nutzung des lizenzierten Gegenstands durch den Lizenznehmer zu dulden (zur Beschränkung auf eine Duldungspflicht s erg Rn 13). Auch bei diesem Lösungsweg müsste aber über eine **Ausgleichsregelung** zugunsten der nicht in gleicher Weise privilegierten übrigen Gläubiger nachgedacht werden. Eine gesetzliche Ausgleichsregelung kommt zudem nicht nur bei entgeltlichen Lizenzverträgen (hier uU Anpassung einer unangemessen niedrigen Lizenzgebühr an das wertäquivalente Maß), sondern auch bei Gratis- und bei Cross-Lizenzen in Betracht.[49] Eine auch bei Cross-Lizenzen praktikable Art der „angemessenen Kompensation" könnte zB darin bestehen, der InsMasse kraft Gesetzes einen Anspruch auf Ersatz des Geldwertes der Verwertungsmöglichkeiten zuzugestehen, die ihr infolge des Fortbestehens der Lizenz entgehen (spiegelbildlich-reziproke Anwendung des Rechtsgedankens des § 109 Abs 1 S 3; vgl auch die in anderem Zusammenhang vorgeschlagene, später allerdings fallen gelassene [§ 104 Rn 21] Kompensationsregelung des früheren RegE § 104a Abs 3 S 4). Oft werden die in der InsMasse verbleibenden Immaterialgüterrechte (zB Patente) auch dann, wenn man ihre vorinsolvenzliche Lizenzierung – die sich oft auf Tausende von Einzelpatenten erstreckt – als hinfällig betrachtet, für sich allein keine ausreichende Basis für eine dem aktuellen Stand der Technik entsprechende Warenproduktion darstellen; denn dafür bedarf es fast immer auch der Nutzung einiger oder mehrerer *derjenigen* Patente, die der Lizenznehmer im Gegenzug (Cross-Lizenz!) *an* den jetzt insolventen Schu lizenziert hatte und die bei Hinfälligkeit des gesamten Lizenzvertrages natürlich auch ihrerseits nicht mehr lizenzweise zur Verfügung stünden. Bedenkt man des Weiteren, dass bei der Bezifferung des Geldwerts der Verwertungsmögtichkeiten, die der InsMasse im Fall eines gesetzlich geregelten *Fortbestehens* der durch den Schu erteilten Lizenzen entgehen, die Möglichkeit der lizenzfreien Patentveräußerung an einen lediglich ein Erpressungspotenzial anstrebenden „Troll" außer Betracht bleiben muss, so wäre der Umfang des oben angedachten Ausgleichsanspruchs der InsMasse idR durchaus überschaubar. In aller Regel stünde der Lizenznehmer aufgrund der hier erwogenen Lösung deutlich besser als nach bisherigem Recht, dessen üblicherweise vertretene Auslegung es dem InsVerw bis zur Grenze der Sittenwidrigkeit[50] ermöglicht, sich nicht nur den Wert der Lizenz, sondern auch die Bereitschaft, gerade den **bisherigen** Lizenznehmer als (weiterhin) nutzungsberechtigt zu akzeptieren, teuer bezahlen zu lassen.

13 **Inhaltlich** sollte der dem Lizenznehmer zu gewährende Insolvenzschutz in der Weise beschränkt werden, dass der InsVerw, ähnlich wie im US-amerikanischen Recht,[51] grds nur zur **Duldung** der weiteren Ausübung des lizenzierten Rechts durch den Lizenznehmer,[52]

49 Zu den rechtlichen und interessenspezifischen Besonderheiten von **Cross**-Lizenzverträgen innerhalb und außerhalb der Ins vgl die sehr gehaltvollen Ausführungen von *Wündisch/Bauer* GRUR Int 2010, 641 ff; vgl ferner *Tabrizi* S 181 ff.

50 Zur mitunter geradezu existenzbedrohenden Zwangslage des Lizenznehmers, die vom InsVerw leicht ausgebeutet werden kann, vgl bereits *Paulus* ZIP 1996, 1, 6: „Schreckensszenario". Eine ähnliche Einschätzung lag dem im Jahr 2007 präsentierten, inzwischen jedoch überholten (s § 108 Rn 9, 96) RegE § 108a InsO zugrunde (s § 108 Rn 100).

51 Vgl US Code, Title 11 (sog Bankruptcy Code) § 365 (n); *Paulus* CR 1990, 1, 3 ff; *Dengler/Gruson/Spielberger* NZI 2006, 677, 682 ff.

52 So bereits HK-InsO/*Marotzke* 5. Aufl 2008, RegE § 108a (S 892 ff) Rn 16 bei Fn 29; vgl auch unten Rn 106; *Bausch* NZI 2005, 289, 293 (II 6), 294 (II 7); *Dengler/Gruson/Spielberger* NZI 2006, 677, 684 f; *Mitlehner* ZIP 2008, 450.

nicht aber auch zur **aktiven** Erfüllung sonstiger Haupt- oder Nebenleistungspflichten verpflichtet ist.[53]

Darüber hinaus könnte man den gesetzlichen Insolvenzschutz auch noch in der Weise beschränken, dass eine **ausschließliche Lizenz**, bei der das Nutzungsrecht unter Ausschluss des Lizenzgebers beim Lizenznehmer monopolisiert ist, im Verhältnis zur InsMasse nur als **einfache** Lizenz fortbesteht, sofern sich der InsVerw nicht gem § 103 für eine Respektierung auch der Ausschließlichkeitsrechte des Lizenznehmers entscheidet. 14

Nachdrücklich anzumahnen ist in diesem Zusammenhang eine ganzheitliche Betrachtung des Themenkomplexes „Geistiges Eigentum und Insolvenz":[54] Dass die InsO zwar absonderungsrechtsbelastetes Sacheigentum, nicht aber auch absonderungsrechtsbelastetes **geistiges** Eigentum des insolventen Schu dem Verwertungs- und Nutzungsrecht des InsVerw unterstellt (§§ 166 Abs 1, 172; vgl auch § 166 Rn 35), ist ein gefährlicher Anachronismus,[55] den sich eine moderne (Ins-)Rechtsordnung, die es mit der Verwirklichung des in § 1 S 1 genannten Verfahrenszwecks ernst meint, nicht auf Dauer leisten sollte. Wer de lege ferenda an eine Verdinglichung der Rechtsstellung von Lizenznehmern denkt, sollte sich im Gegenzug auch der erforderlichen Erstreckung des § 166 Abs 1 auf geistiges Eigentum nicht verschließen dürfen. Die Realität der deutschen Rechtspolitik sieht leider anders aus. 15

b) Anwendbare Vorschriften. Soweit § 108 Abs 1 S 1 (und die diesen erg Kündigungsregelung des § 111) **wegen der Art des vermieteten oder verpachteten Gegenstandes nicht eingreift** (Rn 8 ff), **bleibt** unabhängig davon, ob der vermietete oder verpachtete Gegenstand bereits „überlassen" wurde (Rn 4), **Raum für § 103** (s Rn 17 f, § 103 Rn 19 f, 138) **und § 105 S 1** (s § 105 Rn 14, 12). Anwendbar bleiben auch **§ 112** und **§ 55 Abs 2 S 2**, da diese Vorschriften nicht zwischen beweglichen und unbeweglichen Gegenständen differenzieren. 16

Die Begr des RegE führt auf S 146 aus: „Abweichend vom geltenden Recht [gemeint war § 21 Abs 1 KO] werden … **Miet- und Pachtverhältnisse über bewegliche Sachen und Rechte** aus der Regelung über das Fortbestehen von Dauerschuldverhältnissen ausgenommen. Sie **unterliegen damit dem Wahlrecht des Verwalters; wenn dieser nicht die Erfüllung wählt, enden sie mit der Eröffnung des Insolvenzverfahrens**". Anders als bei § 107 Abs 2 (s dort Rn 39) ging der Gesetzgeber hier also in Übereinstimmung mit der damaligen Rspr des BGH von der unrichtigen (§ 103 Rn 88 ff) Prämisse aus, dass Erfüllungsansprüche aus von § 103 erfassten Verträgen im Zeitpunkt der VerfEröffnung „erlöschen" und erst iF eines Erfüllungsverlangens des InsVerw neu „begründet" würden. Dieser Widerspruch zu den dogmatischen Prämissen des § 107 Abs 2 bedarf der Korrektur: Bereits bei § 107 Rn 37 f wurde ausgeführt, dass das Interesse des InsVerw, eine bewegliche Sache, die jemand dem jetzt insolventen Schu vor VerfEröffnung miet- oder pachtweise überlassen hatte, bis zum Berichtstermin auch ohne vorherige Wahlrechtsausübung behalten und für die Masse nutzen zu dürfen, genauso schutzwürdig ist, wie wenn die Sache aufgrund Kaufs unter Eigentumsvorbehalt in den Besitz des Schu gelangt wäre (zur Nutzungsvergütung s die in der Fn[56] 17

---

53 Eine Ausnahme sollte man lediglich hinsichtlich solcher vertraglicher Pflichten (egal ob Haupt- oder Nebenpflichten, s Rn 105 f) machen, deren aktive Erfüllung durch den InsVerw zwingend erforderlich ist, um dem Lizenznehmer die (weitere) Nutzung des lizenzierten Rechts zu ermöglichen. Jedoch sollte der Lizenznehmer auch dieses (weitere) Privileg nicht zum Nulltarif, sondern erst nach Leistung eines angemessenen Kostenvorschusses (zusätzlich zur vereinbarten Lizenzgebühr) in Anspruch nehmen dürfen.

54 Ausf *Marotzke* ZInsO 2008, 1108, 1112 ff, 1117.

55 Vgl *Marotzke* ZInsO 2008, 1108, 1114 f, 1117; in der Grundtendenz übereinstimmend *Chr Berger* ZInsO 2013, 569, 577 f.

56 Vgl § 107 Rn 34 (insb die zweite Fn [soweit zu *BGH* NJW 2007, 1594 f = ZIP 2007, 778 ff]).

Genannten). Man muss deshalb auf solche Miet- und Pachtverhältnisse **§ 107 Abs 2 analog** anwenden (§ 107 Rn 37 ff, § 108 Rn 112) und darf das Ziel dieser Analogie nicht dadurch gefährden (s § 107 Rn 29), dass man bei § 103 einer Auslegung folgt, die das auf dem Miet- oder Pachtvertrag beruhende und nun dem InsVerw zustatten kommende Besitzrecht des Schu bereits **vor** dem Berichtstermin bis auf weiteres (nämlich bis zur positiven Wahlrechtsausübung des InsVerw) erlöschen lässt.

18 Die oben erwähnte **Erlöschenstheorie** ist also nicht nur im Allgemeinen (s § 103 Rn 88 ff) und beim Kauf unter Eigentumsvorbehalt (§ 107 Rn 29), sondern auch im Zusammenhang mit Miet- und Pachtverhältnissen über bewegliche Sachen unrichtig. Auch der BGH hat seine Erlöschenstheorie inzwischen stark relativiert und an ihre Stelle eine – ebenfalls nicht ganz unbedenkliche – **Qualitätssprungtheorie** gesetzt (s § 103 Rn 88, 102). Jedoch hat er sich durch diesen neuen theoretischen Ausgangspunkt nicht gehindert gesehen, noch im Jahr 2007 die Ansicht zu vertreten, dass das Besitzrecht des Mieters einer beweglichen Sache bereits im Zeitpunkt der **Eröffnung des InsVerf über das Vermögen des Mieters** erlösche.[57] Dabei ging es dem BGH aber wohl in erster Linie darum, dem Vermieter mit Hilfe des § 546a BGB zu einem – im konkreten Fall (die Mietobjekte waren vom InsVerw durch Aufrechterhaltung von Untermietverhältnissen und Einziehung von Untermietzins weiterhin genutzt worden) als Masseverbindlichkeit verfolgbaren – **Nutzungsentschädigungsanspruch** zu verhelfen.[58] Richtiger wäre es jedoch gewesen, bis zur Erfüllungsablehnung des InsVerw vom Fortbestand des auf dem Mietvertrag beruhenden Besitzrechts auszugehen[59] und auf den Mietzinsanspruch (§ 535 Abs 2 BGB) für die Zeit bis zur Erfüllungsablehnung § 55 Abs 2 S 2 analog anzuwenden (§ 103 Rn 138), was bei bis zur Erfüllungsablehnung fortgesetzter Weiterbenutzung der Mietobjekte für die Masse ebenfalls zu einer Masseverbindlichkeit geführt, andernfalls hingegen die Einordnung als InsFo (§§ 38, 103 Abs 2 S 1) unberührt gelassen hätte.[60] Setzt der InsVerw die Nutzung des Mietobjekts über den Zeitpunkt der Erfüllungsablehnung hinaus fort, ist allerdings Raum für eine analoge Anwendung des – ebenfalls mit einer Analogie zu § 55 Abs 2 S 2 kombinierbaren[61] – **§ 546a BGB**. Bei einem vom Schu gemieteten und auf ihn zugelassenen Kfz haftet die InsMasse nach einer älteren Entscheidung des BFH[62] auch dann, wenn der InsVerw die Erfüllung des Vertrages ablehnt, für die bis zum Zeitpunkt der Ab- oder Ummeldung anfallende **Kfz-Steuer**. Ob hieran nach dem Urt des *BFH* v 13.4.2011[63] festgehalten werden kann, erscheint zweifelhaft. Nach diesem aktuelleren Urt des BFH soll die Kfz-Steuer nicht allein deshalb als Masseverbindlichkeit zu beurteilen sein, weil das Fahrzeug für die Masse benutzt wurde (Urteilsgründe Rn 18). Voraussetzung sei vielmehr, dass „das Fahrzeug, für dessen Halten die Kraftfahrzeugsteuer geschuldet wird, Teil der Insolvenzmasse ist" (amtl LS). Um das Fahrzeug als Massebestandteil einzuordnen, genügt ein Hinweis auf das der InsMasse zustehende mietvertragliche Nutzungsrecht nicht. Vertretbar wäre aber wohl, für eine Anwendung des § 55 Abs 1 Nr 1 auf die Kfz-Steuer genügen zu lassen, dass zwar nicht „das Fahr-

---

57 *BGH* NJW 2007, 1594 f = ZIP 2007, 778, 779 = NZI 2007, 335, 336 [Rn 12 ff und insb LS 1: „von der Eröffnung des Insolvenzverfahrens an"].

58 Vgl die zweite Fn zu § 107 Rn 34 sowie *Zipperer* ZVI 2008, 47 f.

59 So auch *K/P/B/Tintelnot* § 103 Rn 300 ff.

60 IE ebenso das in der ersten Fn zu Rn 18 erwähnte Urt des BGH (LS 2 und 3).

61 *Marotzke* ZInsO 2007, 1, 12 f; *ders* KS-InsO, 3. Aufl 2009, S 672, 701 ff Rn 102 ff; iE übereinstimmend und den § 55 Abs 2 S 2 sogar ausdrücklich erwähnend – ohne dabei jedoch explizit von analoger Anwendung sprechend – *BGH* NJW 2007, 1594, 1595 [insb Rn 34] = ZIP 2007, 778, 780; **aM** *K/P/B/Tintelnot* § 103 Rn 305.

62 *BFH* 16.10.2007 – IX R 29/07, ZIP 2008, 283 f.

63 *BFH* 13.4.2011 – II R 49/09, BFHE 234, 97, 100 f (Rn 17 ff) = ZInsO 2011, 1502 ff = ZIP 2011, 1728 ff.

zeug", aber doch immerhin das diesbezügliche mietvertragliche Besitz- u Nutzungsrecht des die Haltereigenschaft innehabenden Schu zur InsMasse gehört.

Befindet sich der insolvente Schu in der Rolle des Vermieters/Verpächters und hat er dem Vertragspartner die (bewegliche) Sache bereits übergeben, so kann der InsVerw Rückgabe verlangen, sobald er die Erfüllung des Vertrages abgelehnt oder das Recht, Erfüllung zu verlangen, gem § 103 Abs 2 S 3 verloren hat (str; s Rn 20).[64] Dies gilt auch dann, wenn der Vertrag dem Mieter eine Verlängerungsoption einräumt und der Mieter sich auf diese beruft.[65] Eine Masseverbindlichkeit begründet die Ausübung der Verlängerungsoption bei beweglichen Sachen nur im Fall des § 108 Abs 1 S 2 oder wenn der InsVerw die Erfüllung des Miet- bzw Pachtvertrages verlangt hat (§§ 55 Abs 1 Nr 2, 103 Abs 1). 19

Für den Fall der Ins des Vermieters einer beweglichen Sache (Rn 19) **findet sich im neueren Schrifttum die These, dass die Erfüllungsablehnung des InsVerw das Besitz- und Nutzungsrecht des Mieters unberührt lasse**, wenn dem Mieter die Sache bereits vor Eröffnung des InsVerf überlassen wurde.[66] Dabei dürfte neben weiteren Argumenten auch der Wunsch eine Rolle gespielt haben, den dogmatischen Boden für die angestrebte „Insolvenzfestigkeit" von **Lizenzen** (s Rn 9 ff, 21 ff, 96 ff) vorzubereiten.[67] Jedoch würde die erwähnte These den Willen des historischen Gesetzgebers, das Schicksal des vertraglichen Besitzrechts des Mieters oder Pächters bei **beweglichen** Sachen von der Wahlrechtsausübung des InsVerw abhängig zu machen (s Rn 17 f), in unzulässiger Weise konterkarieren. Solange weder ein Nießbrauch noch eine andere gesetzlich – oder richterrechtlich[68] – anerkannte Verdinglichungsmethode zum Einsatz gebracht wurde (s dazu Rn 21, 82), kann selbst ein „zusätzlich" vereinbartes Nutzungsrecht (etwa die „Einräumung" einer ohnehin bereits „vertraglich geschuldeten" Lizenz), mit dem ein bereits bestehendes miet-, pacht- oder lizenzvertragliches Nutzungsrecht gegenüber der schuldrechtlichen Causa verstärkt werden soll, seine schuldrechtlichen Wurzeln und damit seine strukturelle Unterlegenheit[69] gegenüber dem dinglichen Recht (Eigentum, Patent, Marke oder sonstigen Schutzrecht) der Masse nicht leugnen.[70] Diese Kraft hätte nicht einmal ein abstraktes **Schuldanerkenntnis**, das zur Verstärkung einer jetzt als InsFord einzuordnenden GeldFord erteilt wurde; auch der Anspruch 20

64 Ausf Begr der hier vertretenen Ansicht bei *Marotzke* Gegenseitige Verträge, Rn 9.68 ff; vgl auch *K/P/B/Tintelnot* § 103 Rn 300 ff sowie die allerdings nur hypothetischen Bemerkungen auf S 76 der KO-Motive = Hahn/Mugdan Bd IV S 94.

65 **AM** anscheinend *OLG Düsseldorf* NZI 2010, 21, 23.

66 *V Wilmowsky* ZInsO 2011, 1473, 1476 ff; *ders* WM 2013, 377 ff; **aM** o Rn 19 mwN.

67 Bereits erkennbar bei *v Wilmowsky* ZInsO 2011, 1473, 1476 ff; noch deutlicher auf das Thema „Lizenzen" fokussierend *ders* WM 2013, 377 ff sowie der sich einer ähnlichen Argumentation bedienende Beitrag von *Hirte/Knof* JZ 2011, 889, 896 ff; beim Thema „Insolvenzfestigkeit von Lizenzen" auf derselben Linie argumentierend *LG München I* 21.8.2014 – 7 O 11811/12, BeckRS 2014, 16898 = ZIP 2014, 2406 ff (dazu *Kluth* NZI 2014, 887 f; *Ostendorf* GWR 2014, 421; *Hauck* GRUR-Prax 2014, 459; *Ramisch* EWiR 2014, 757 f; Berufung anhängig beim *OLG München* unter Az 6 U 3650/14); *OLG München* 25.7.2013 – 6 U 541/12 (= BerufungsUrt zu *LG München I* 9.2.2012 – 7 O 1906/11, ZIP 2012, 1770 ff), GRUR 2013, 1125 ff (mit Anm *McGuire*) = WRP 2013, 1530 ff (m Anm *Haedicke*) = ZInsO 2013, 1747 ff (mit Anm *Röckrath*) = NZI 2013, 899 ff (mit Anm *Dahl/Schmitz* NZI 2013, 878 ff) = ZIP 2013, 1734 ff (hiergegen eingelegte Nichtzulassungsbeschwerden und Revisionen wurden zurückgenommen; vgl *BGH* 9.12.2014 – X ZR 94/13 [Rn 1]); *BGH* 21.10.2015 – I ZR 173/14 (**ECOSOIL**) ZIP 2016, 40, 43 [Rn 43 ff].

68 Vgl Rn 24 mit Nachw in der dortigen zweiten Fn.

69 Ausf *Marotzke* Gegenseitige Verträge Rn 9.68 ff.

70 **AM** anscheinend das in der zweiten Fn zu Rn 20 erwähnte Urt des *LG München I* und des *OLG München*.

aus dem Anerkenntnis würde durch seine Abstraktheit nicht vor einer Anwendung des § 38 geschützt.

21 **c) Risiken und Gestaltungsmöglichkeiten bei Lizenzverträgen.** Auf Lizenzverträge ist die Fortbestehensanordnung des Abs 1 S 1 weder direkt noch analog anwendbar (Rn 8 ff, 96 ff).[71] **Gefahr droht dem Lizenznehmer in der Ins des Lizenzgebers sowohl von § 103 Abs 2 als auch** – wenn der Vertrag im konkreten Fall kein „beiderseits" noch nicht vollständig erfüllter oder kein „gegenseitiger" ist – **von §§ 38, 45 S 1**.[72] Der Satz, dass sich das schuldrechtliche Nutzungsrecht des Lizenznehmers im Verhältnis zur InsMasse in ein lediglich mit der Quote zu bedienendes Wertrecht (§§ 38, 45 S 1) verwandelt, gilt nicht nur dann, wenn der Lizenzvertrag ein beiderseits noch nicht vollständig erfüllter Vertrag iSd § 103 ist u der InsVerw die Erfüllung ablehnt,[73] sondern auch dann, wenn es an einer oder mehreren Voraussetzungen des § 103 fehlt (beispielsweise weil mindestens eine der Vertragsparteien die sie treffenden Verpflichtungen bereits vollständig erfüllt hat oder bei Gratislizenzen).[74] In allen diesen Fällen verwandelt sich das schuldrechtliche Nutzungsrecht des Lizenznehmers im Verhältnis zur InsMasse auch dann in ein lediglich mit der Quote zu bedienendes Wertrecht, wenn der Lizenzgeber bereits vor Eröffnung des InsVerf alles seinerseits Erforderliche getan hat, um dem Lizenznehmer die vertragsgemäße Nutzung des lizenzierten Rechts zu ermöglichen, und der Lizenznehmer bereits vor Eröffnung des InsVerf begonnen hat, von der ihm eingeräumten Nutzungsmöglichkeit Gebrauch zu machen.[75] Denn auch in solchen Fällen ist das lediglich „relativ" wirkende und deshalb nicht auch gegenüber §§ 38, 45 S 1 schützende **schuldrechtliche** (aber: Rn 24) Nutzungsrecht des Lizenznehmers dem „absoluten" **dinglichen** Recht (Patent-, Marken- oder sonstigen Schutzrechtsinhaberschaft) der InsMasse strukturell unterlegen.[76] Nicht zielführend[77] sind vor diesem Hintergrund die in der Praxis unternommenen Versuche, das Nutzungsrecht des Lizenznehmers dadurch

---

71 Selbst wenn man Abs 1 S 1 auf Lizenzverträge analog anwenden würde, bestünden noch erhebliche Schutzlücken oder zumindest Rechtsunsicherheiten im Fall der **Masseunzulänglichkeit** (Rn 9, 12, 50, 101 f) und, trotz der in der ersten Fn zu Rn 29 erwähnten Ausführungen des BGH, auch bei **Unterlizenzen** (Rn 98, 102) sowie bei noch **unerfüllten Ansprüchen für die Zeit vor Eröffnung des InsVerf** (s Rn 55 ff, 58 f, 108).

72 Zutr *Lucina Berger* S 49, 167; *Jungclaus* ZInsO 2012, 724 ff; **aM** – jedoch nur für den Fall der bereits erfolgten Überlassung der Nutzung des lizenzierten Rechts – die in der zweiten Fn zu Rn 20 erwähnten Urteile des *LG München I*; *OLG München* und des *BGH*.

73 Zu diesem Fall bereits Rn 20.

74 Zutr *Lucina Berger* S 49, 167; *Jungclaus* ZInsO 2012, 724 ff; **aM** *Brinkmann* NZI 2012, 735, 740 f; *Dahl/Schmitz* NZI 2013, 878, 879 ff (ad II 3); vgl auch *LG München I* 13.6.2007 – 21 O 23532/06, ZIP 2008, 751 f; *LG München I* 21.8.2014 – 7 O 11811/12/12, BeckRS 2014, 16898 = ZIP 2014, 2406 ff (dazu *Kluth* NZI 2014, 887 f; *Ostendorf* GWR 2014, 421; *Hauck* GRUR-Prax 2014, 459; *Ramisch* EWiR 2014, 757 f; Berufung anhängig beim *OLG München* unter Az 6 U 3650/14).

75 **AM** die in der zweiten Fn zu Rn 20 erwähnten Urteile des *LG München I* und des *OLG München*.

76 Ausf *Marotzke* Gegenseitige Verträge Rn 9.68 ff (im Internet unter www.jura.uni-tuebingen.de/professoren_und_dozenten/marotzke/zur%20person/habilitationsschrift). **Die dort angestellten Überlegungen zum insolvenzrechtlichen Schicksal des schuldrechtlichen Besitz- und Nutzungsrechts des Käufers einer beweglichen Sache**, die ihm vom später insolventen Verkäufer (Eigentümer) zwar schon übergeben, aber weder unbedingt noch unter einer zur Anwendung des § 107 Abs 1 berechtigenden Bedingung übereignet wurde, **sind im Wesentlichen übertragbar sowohl auf einen nicht durch § 108 Abs 1 geschützten Miet- oder Pachtvertrag über eine bewegliche Sache als auch auf einen (Lizenz-)Vertrag über „geistiges" Eigentum**; dies gilt selbst dann, wenn die „Nutzungsüberlassung" bereits erfolgt und das vertraglich vereinbarte Entgelt bereits gezahlt ist.

77 Zutr *Lucina Berger* S 166 f; *Jungclaus* ZInsO 2012, 724 ff.

„insolvenzfest" machen zu wollen, dass der Vertrag entweder im Wege einer sehr ergebnisorientierten Auslegung oder durch eine rechtzeitig vor Eröffnung des InsVerf herbeigeführte „vollständige" Erfüllung aufseiten mindestens einer Vertragspartei dem Anwendungsbereich des § 103 – aber eben nicht auch dem der §§ 38, 45 S 1 – entzogen wird.

Vor dem Hintergrund dieser risikobehafteten Rechtslage sollte beim Abschluss von Lizenzverträgen stets an eine das schuldrechtliche Nutzungsrecht verstärkende **Nießbrauchsbestellung** (Rn 81 f)[78] **oder**, wenn dies nach Lage des Falles unpraktikabel erscheint, an eine **dingliche Sicherung der in §§ 103 Abs 2 S 1, 105 S 1 erwähnten InsForderungen**[79] gedacht werden. 22

Evtl „hilft" auch schon die **Einräumung einer** durch aufschiebend bedingte Rechtsübertragung **verdinglichten Kaufoption** (s § 107 Rn 2). 23

Ob und in welchem Maße **bereits der Lizenzvertrag als solcher „dinglich" wirkt**, wird in der FachLit unterschiedlich beurteilt.[80] Die in zwei Urteilen des ersten Zivilsenats des BGH sehr pauschal und zudem ganz ohne eigene Begr bejahte[81] Frage nach der **„Dinglichkeit" des dem Lizenznehmer eingeräumten (urheberrechtlichen) Nutzungsrechts** ist in insolvenzrechtlicher Hinsicht zwar bedeutsam, aber nicht alleinentscheidend.[82] Denn zum einen sind 24

---

78 Vgl *Christian Berger* GRUR 2004, 20 ff; *Lucina Berger* S 157 ff, 185 ff; krit *Hölder/Schmoll* GRUR 2004, 830, 832 f.

79 Vgl § 103 Rn 91 ff, 170, § 105 Rn 17; *Bork* NZI 1999, 337, 339 ff.

80 Vgl § 47 Rn 14; *Wallner* S 88 ff, 174 ff; *Abel* NZI 2003, 121, 126 f; *Adolphsen* DZWIR 2003, 228 ff; *Waldhauser* S 230 ff; *Hoffmann* ZInsO 2003, 732, 739; *Vieweg (Hrsg)* Vermarktungsrechte im Sport, 2000, S 13 f *(Ahrens/Jänisch)*, 61 ff *(Mestmäcker)*; *Bausch* NZI 2005, 289, 293 ff; *Lucina Berger* S 7 ff, 104 ff; *Heimberg* S 27 ff, 223; *Frhr Raitz von Frentz/Masch* ZIP 2011, 1245 ff; *Hirte/Knof* JZ 2011, 889 ff; *LG Hamburg* NJW 2007, 3215 ff mit Anm *Limper* (betr Nutzungsrecht aufgrund Autorenexklusivvertrags); *Adolphsen/Tabrizi* GRUR 2011, 384, 387 f; *Tabrizi* S 49 ff, 79, 197; *Stöckel/Brandi-Dohrn* CR 2011, 553 ff; *Hauck* AcP 211 (2011), 626 ff; *Jelinek* Rn 302 ff, 377.

81 *BGHZ* 180, 344, 353 [Rn 20] – **Reifen Progressiv**: „Das einfache [urheberrechtliche] Nutzungsrecht hat – wie auch das ausschließliche Nutzungsrecht – keinen schuldrechtlichen, sondern dinglichen Charakter …". Hierauf ohne rechtliche Notwendigkeit Bezug nehmend das unter dem Kürzel **„Vorschaubilder"** bekannt gewordene Urt *BGHZ* 185, 291, 302 [Rn 29] = NJW 2010, 2731, 2734. Den Gesichtspunkt der Dinglichkeit nicht mehr ausdrücklich erwähnend hingegen die Entscheidungen in Sachen **„M2Trade"** (*BGHZ* 194, 136 ff = JZ 2013, 794 ff mit Anm *Jotzo*) und **„Take Five"** (*BGH* ZInsO 2012, 1611 ff = ZIP 2012, 1671 ff). Vgl zu diesen Entscheidungen des BGH die erste Fn zu Rn 29 sowie *Marotzke* ZGE 2010, 233, 234 f, 265; *dens* ZInsO 2012, 1737, 1744 ff [insb Fn. 73]; *Wündisch/Bauer* GRUR Int 2010, 641, 647; *Malitz/Coumont* InsVZ 2010, 83 ff; *Pleister/Wündisch* ZIP 2012, 1792 ff; *Ganter* WuB 2012, 767 f [zu WuB V D. § 33 UrhG 1.12]; *Haedicke* Mitteilungen der deutschen Patentanwälte 2012, 429 ff; *Frhr Raitz von Frentz/Masch* ZIP 2011, 1245 ff; *Hirte/Knof* JZ 2011, 889, 891 ff; *Hauck* AcP 2011, 626, 631 ff; *Haedicke* ZGE/IPJ 2011, 377 ff; *McGuire* GRUR 2012, 657, 659 ff; *Brinkmann* NZI 2012, 735, 737 ff; *Trimborn* MarkenR 2012, 460 ff; *Fischer* WM 2013, 821 ff; *Raeschke-Kessler/Christopeit* ZIP 2013, 345 ff; *Hirte* ZInsO 2013, 1770 ff; *Hoffmann* ZGE/IPJ 2015, 245 ff; *LG Mannheim* 18.2.2011 – 7 O 100/10, Abschn C II c aa (4) der Entscheidungsgründe (dazu *Westphal/Schönen* EWiR 2011, 645 f) sowie das in den Fn zu Rn 20 und zu Rn 21 erwähnte Urt des *OLG München*.

82 Vgl auch *Lucina Berger* S 7 ff, 104 ff, 186 f, 241 f; *KG* 23.4.2012 – 20 SCHH 3/09, ZIP 2012, 990 ff = NZI 2012, 759 ff (dazu *Brinkmann* NZI 2012, 735 ff); *Marotzke* ZInsO 2012, 1737, 1744 ff (mwN in Fn 76, 87); *Jelinek* Rn 371 ff.

nicht alle dinglichen Rechte auch „abstrakter“ Natur,[83] und zum anderen ist trotz *BGHZ* 155, 87, 96 (s § 103 Rn 69, 86, § 106 Rn 5) auch in Zukunft nicht mit letzter Sicherheit auszuschließen, dass die Rspr mit Hilfe des § 103 (§ 108 Rn 82) – dessen Grundsätze bei **Unterlizenzen**[84] sowie im Fall der **Masseunzulänglichkeit** auch durch den ehemaligen RegE § 108a S 1 (Rn 96 f) nicht gänzlich neutralisiert worden wären[85] – selbst dann einen Rückgewähranspruch der Masse konstruiert, wenn der Leistungsgegenstand bereits mit dinglicher Wirkung in das Vermögen des Vertragspartners übergegangen ist und die Voraussetzung des § 103, dass beide Vertragsparteien noch „nicht vollständig“ erfüllt haben, nur ganz knapp erfüllt ist.[86]

25 Vielleicht sollte man deshalb eher zu Gestaltungsformen greifen, die, soweit rechtlich möglich, nicht dem „Schöpfer“ des den Gegenstand des Lizenzvertrages bildenden Immaterialgüterrechts (zB eines Patents, einer Marke oder eines Fernsehsenderechts), sondern einer nicht insolvenzgefährdeten, weil notfalls von den Lizenznehmern finanziell unterstützten und gegenüber insolventen Mitgliedern nach dem Vorbild des § 131 Abs 3 S 1 Nr 2 HGB abgeschotteten in- oder ausländischen **Holding-Gesellschaft** sowohl die Position des Rechtsinhabers als auch die des Lizenzgebers zuweisen.[87]

26 **Eine vom BGH gebilligte, aber nicht unproblematische Gestaltungsmöglichkeit** besteht zudem darin, in den Lizenzvertrag eine Klausel aufzunehmen, nach der das lizenzierte Recht dann, wenn der Lizenzvertrag vom Lizenznehmer aus wichtigem Grund – worunter auch die Erfüllungsablehnung eines InsVerw subsumiert werden könne – kündigt, automatisch auf den Lizenznehmer übergeht und dem Lizenzgeber lediglich eine Entschädigung gezahlt werden muss.[88] Dieser Weg bleibt jedoch verschlossen, wenn Gegenstand des Lizenzvertrags ein **un**übertragbares Recht ist.

27 **Vor dem Hintergrund des** von ihm zu Recht kritisierten **M2Trade-Urteils des BGH**[89] und möglicherweise auch um die wenig überzeugenden Ausführungen der Urteilbegründung ad absurdum zu führen, hat Ganter darauf hingewiesen, dass nun zwecks Herbeiführung eines gewissen Insolvenzschutzes auch daran gedacht werden könne, **von vornherein nicht nur Haupt-, sondern auch Unterlizenzen** zu **erteilen** und den – mit dem Hauptlizenznehmer freundschaftlich verbundenen – Unterlizenznehmer zu einer Rücklizenzierung an den

---

83 Vgl *Marotzke* ZInsO 2012, 1737, 1745 bei Fn 84 ff (zur im M2Trade-Urt des BGH [vorliegend erwähnt in der zweiten Fn zu Rn 24 und der ersten Fn zu Rn 29] vorgenommenen Einordnung von Hauptlizenzen als idR rechtsgrundabhängige und in diesem Sinne „kausale“ Nutzungsrechte).

84 Zur Frage der Insolvenzfestigkeit von **Unter**lizenzen vgl unten Rn 98, 102, die in der ersten Fn zu Rn 29 erwähnten Ausführungen im M2Trade-Urt des BGH sowie die diesbezüglichen Stellungnahmen von *Pleister/Wündisch* ZIP 2012, 1792 ff; *Marotzke* ZInsO 2012, 1737 ff; *Ganter* WuB 2012, 767 f (zu WuB V D. § 33 UrhG 1.12).

85 Vgl Rn 9 mwN (Masseunzulänglichkeit) sowie Rn 98, 102 (Unterlizenzen).

86 Vgl *Lucina Berger* S 104 ff, 112 ff, 241 f sowie in etwas anderem Zusammenhang – Rückforderung eines bereits vollständig gezahlten Grundstückskaufpreises durch den InsVerw des Käufers – *BGH* ZIP 1982, 724 ff = WM 1983, 503 f (direkt dazu *Marotzke* Gegenseitige Verträge, Rn 4.91, 9.94 Fn 272 mwN); gegen vorschnelle Bejahung von Rückforderungsansprüchen der Masse o § 103 Rn 99 ff; *LG Hamburg* NJW 2007, 3215 ff mit Anm *Limper* (betr Nutzungsrecht aufgrund Autorenexklusivvertrags).

87 Vgl *Bork* NZI 1999, 337 ff, der die Rechtsfigur der „Doppeltreuhand“ allerdings in einem etwas engeren, nicht auch den Lizenzvertrag als solchen umfassenden Sinne diskutiert.

88 Vgl *BGH* NJW 2006, 915, 917 = DZWIR 2006, 290 ff (m Anm *Fehl*) = NZI 2006, 229 ff (m Anm *Höpfner*) = ZInsO 2006, 35, 38 = ZIP 2006, 87, 90 (jeweils vor II 2) und direkt dazu § 103 Rn 167 sowie die dort beim Wort „schlechter“ angefügte Fn.

89 Mit Fundstellen zitiert in den Fn zu Rn 24 und Rn 29.

Hauptlizenznehmer zu veranlassen.[90] Wer diesen Gedanken für zielführend hält, sollte dafür sorgen, dass in die Position des Unterlizenznehmers erster Stufe eine ihrerseits nicht insolvenzgefährdete (Rn 25) Gesellschaft gesetzt wird.

Nach Inkrafttreten einer gesetzlichen Vorschrift oder einer gerichtlichen Praxis mit dem Inhalt des früheren RegE § 108a (Rn 96) kaum noch interessant wäre, außer vielleicht bei Unterlizenzen,[91] die im Schrifttum diskutierte[92] Möglichkeit, durch **besicherte Fremdfinanzierung der „Anschaffung oder Herstellung"** des Lizenzgegenstandes in den Anwendungsbereich des – rechtspolitisch fragwürdigen (Rn 32 ff) – § 108 Abs 1 S 2 zu gelangen. 28

Gegenüber den Risiken, die sich aus der weitgehenden **Unanwendbarkeit des Abstraktionsprinzips im Urheber- und Verlagsrecht**[93] und nach von Manchen vertretener Ansicht[94] auch bei sonstigen Lizenzen ergeben, helfen nur wenige Gestaltungsmöglichkeiten.[95] 29

Als wenig erfolgreich haben sich bisher alle Versuche erwiesen, die Klärung des insolvenzrechtlichen Schicksals von Lizenzen durch Vereinbarung von **Schiedsklauseln** der zu Recht eher skeptischen Rechtsprechung des 9. Zivilsenats des BGH zu entziehen (vgl § 103 Rn 31). 30

Soweit gegenüber einem insolventen Lizenznehmer **Unterlassungsansprüche** des Lizenzgebers, eines anderen Lizenznehmers oder des Inhabers des lizenzierten Rechts bestehen, 31

---

90 Vgl *Ganter* WuB 2012, 767, 768 (zu WuB V D. § 33 UrhG 1.12).

91 Zum Thema „Insolvenzfestigkeit von Unterlizenzen" vgl Rn 24, 98, 102, die in der ersten Fn zu Rn 29 erwähnten Ausführungen im M2Trade-Urt des BGH sowie die diesbezüglichen Stellungnahmen der dort Zitierten.

92 Vgl *Brandt* NZI 2001, 337, 341 ff; *Wallner* S 181 ff; *Abel* NZI 2003, 121, 127; krit bis abl *Lucina Berger* S 138 f, 142 ff, 242.

93 Vgl *BGH* 19.7.2012 – I ZR 70/10 **(„M2Trade")**, BGHZ 194, 136 ff = GRUR 2012, 916 ff = ZIP 2012, 1561 ff = JZ 2013, 794 ff (m Anm *Jotzo*): Ein urheberrechtliches Nutzungsrecht, das der Lizenzgeber einem Lizenznehmer eingeräumt habe, falle „im Regelfall, in dem die Vertragsparteien nichts anderes vereinbart haben, mit der Beendigung des Lizenzvertrages ipso iure an den Lizenzgeber zurück" (Leitsatz a). Jedoch führe das Erlöschen einer **Hauptlizenz** „in aller Regel auch dann nicht zum Erlöschen der **Unterlizenz**, wenn der Hauptlizenznehmer dem Unterlizenznehmer ein einfaches Nutzungsrecht gegen fortlaufende Zahlung von Lizenzgebühren eingeräumt hat und die Hauptlizenz nicht aufgrund eines Rückrufs wegen Nichtausübung, sondern aus anderen Gründen – hier: Kündigung des Hauptlizenzvertrages wegen Zahlungsverzugs – erlischt" (Leitsatz b; vgl hierzu u zu einigen insolvenzrechtlichen obiter dicta des BGH *Marotzke* ZInsO 2012, 1737 ff; *Pleister/Wündisch* ZIP 2012, 1792 ff; *Ganter* WuB 2012, 767 f [zu WuB V D. § 33 UrhG 1.12]; *Haedicke* Mitteilungen der deutschen Patentanwälte 2012, 429 ff; *Hirte* ZInsO 2013, 1770 ff; *Hoffmann* ZGE/IPJ 2015, 245 ff). Den Inhalt des Leitsatzes b auf „ausschließliche" Unterlizenzen und den Fall der einverständlichen Aufhebung des Hauptlizenzvertrages übertragend *BGH* 19.7.2012 – I ZR 24/11 **(„Take Five")**, GRUR 2012, 910 ff = ZInsO 2012, 1611 ff = ZIP 2012, 1671 ff; vgl zur Unanwendbarkeit des Abstraktionsprinzips auch *OLG Hamburg* NJW-RR 2002, 402 ff; gegensteuernd *OLG Hamburg* NJW 2007, 3215, 3217.

94 ZB *LG Mannheim* DZWIR 2003, 479 ff (m abl Anm *Adam*) = ZIP 2004, 576 ff (m insoweit abl Anm *Beyerlein* EWiR § 103 InsO 3/2004, 767 f); *Heimberg* S 84 ff, 224.

95 Vgl *Frhr Raitz von Frentz/Marrder* ZUM 2003, 94, 101 ff, 106 ff; *Hölder/Schmoll* GRUR 2004, 830, 833 ff; *Lucina Berger* S 157 ff, 185 ff, 239 ff (plädiert für Sicherungsnießbrauch); *BGH* NJW 2006, 915 ff = ZInsO 2006, 35 ff = ZIP 2006, 87 ff mit BesprAufsatz *Huber/Riewe* ZInsO 2006, 290 ff.

werden die insolvenzrechtlichen Grundsätze zu beachten sein, die in *BGHZ* 155, 371, 373 ff[96] und *BGHZ* 185, 11 ff[97] herausgearbeitet wurden.[98]

32 **d) Die Ausnahmeregelung des Abs 1 S 2.** Die Herausnahme beweglicher Sachen und Rechte aus dem Anwendungsbereich des § 108 war, abgesehen vielleicht[99] von der bei Rn 8 ff, 96 ff angesprochenen Thematik der Ins eines Lizenzgebers, sachgerecht.[100] Dennoch hat der Gesetzgeber „nachgebessert" und zwischen Veröffentlichung[101] und Inkrafttreten der InsO den im Folgenden zu kommentierenden § 108 Abs 1 S 2 eingefügt.[102]

33 Unter der Voraussetzung, dass sich der **Schu in der Rolle des Vermieters oder Verpächters** befindet und die vermieteten oder verpachteten Gegenstände „einem Dritten, der ihre Anschaffung oder Herstellung finanziert hat, zur Sicherheit übertragen wurden" (Rn 35 ff), erstreckt Abs 1 S 2 die Rechtsfolge des Abs 1 S 1 auf **Miet- und Pachtverträge über „sonstige Gegenstände"** (also auf Miet- und Pachtverträge über bewegliche Sachen und auf Pachtverträge über Rechte). Mit dieser Ergänzung des § 108 Abs 1, die sogar den bisherigen § 21 Abs 1 KO übertrifft (dort war immerhin noch vorkonkursliche Überlassung des Miet- bzw Pachtobjekts an den Vertragspartner erforderlich; vgl auch Rn 37, 39), entsprach der Gesetzgeber einem **Wunsch der Leasingbranche** und der diese refinanzierenden Banken, der bes eindringlich von *Zahn* publizistisch unterstützt worden war.[103] **Erreicht werden sollte, dass eine vor VerfEröffnung vorgenommene Sicherungszession des Anspruchs auf die Leasingraten weder durch die Eröffnung des InsVerf noch durch ein „Wahlrecht" des InsVerw vereitelt werden kann.** Da man dieses Ziel als durch § 103 gefährdet ansah (s § 103 Rn 49, 84 ff, 88), suchte man die Lösung in einer Erweiterung des Anwendungsbereichs des den § 103 verdrängenden § 108 Abs 1 S 1. **Ob das gesteckte Ziel auf diese Weise erreicht werden kann, ist fraglich**,[104] seit sich der BGH am 25.4.2013[105] auf den Standpunkt gestellt hat, dass § 91 Abs 1 der Wirksamkeit von Vorausverfügungen über Miet-, Pacht- oder Leasingforderungen auch dann Schranken setze, wenn der Miet-, Pacht- oder Leasingvertrag nach § 108 Abs 1 S 1 „fortbestehe". Selbst wenn die Sicherungsabtretung wirksam bleiben

---

96 Auch abgedruckt in ZIP 2003, 1550 ff = ZInsO 2003, 751 f = NZI 2003, 539 ff mit Anm *Gundlach/Frenzel*; vgl auch *K Schmidt* KTS 2004, 241 ff.

97 Auch abgedruckt ZInsO 2010, 760 ff = ZIP 2010, 948 ff.

98 Vgl auch *OLG Hamburg* ZInsO 2016, 2051.

99 Zu den hiermit angedeuteten Zweifeln vgl Rn 8 ff, 96 ff sowie die Stellungnahmen von *Frind, Küpper, Leithaus, Marotzke* und *Pannen* in der am 23.4.2008 durchgeführten Anhörung im BT-RAussch (im Internet abrufbar unter http://webarchiv.bundestag.de/cgi/show.php?fileToLoad=1473&id=1134) sowie speziell für Cross-Lizenzverträge *Wündisch/Bauer* GRUR Int 2010, 641, 646 ff.

100 Vgl Rn 8; § 107 Rn 38 ff; *Marotzke* JZ 1995, 803, 805 f, 814; *ders* in InsR im Umbruch, S 183, 188 (Fn 20), 191 ff; *Häsemeyer* Rn 20.48, 20.56; wohl auch *Klinck* KTS 2007, 37, 63; zw *K/P/B/Tintelnot* § 108 Rn 3 f.

101 BGBl I 1994, 2866.

102 Vgl RAussch BT-Drucks 13/4699, 1 ff; *Bornholdt* S 132 ff, 182 ff; *Schmid-Burgk/Ditz* ZIP 1996, 1123 ff; *Zahn* DB 1996, 1393 ff.

103 *Zahn* DB 1995, 1597 ff, 1649 ff; ähnliche Änderungswünsche in Bezug auf § 110 wurden mit Blick auf **Leasinggeschäfte über Flugzeuge** vorgebracht von *Schmalenbach/Sester* WM 2005, 301, 310 (dazu § 110 Rn 2).

104 Zweifelnd bis ablehnend auch *Schmidt/Ringstmeier* § 108 Rn 38; MK/*Eckert* § 108 Rn 42, § 110 Rn 42.

105 *BGH* Urt v 25.4.2013 – IX ZR 62/12, ZIP 2013, 1082, 1084 [Rn 25 f] mit Anm *Marotzke* EWiR 2013, 417 f = NZI 2013, 586, 589 m Anm *Dahl*; vgl zu diesem Urt auch *Kayser* ZIP 2013, 1353, 1360 f sowie im vorliegenden Komm § 105 Rn 12 aE, § 108 Rn 88, § 110 Rn 5.

sollte, läge das Recht, die Leasingraten einzuziehen, aber nicht beim Zessionar, sondern beim InsVerw des Zedenten (§§ 51 Nr 1, 166 Abs 2).

Abs 1 S 2 ist rechtspolitisch fragwürdig (vgl Rn 32, § 103 Rn 20, § 111 Rn 7)[106] **und technisch missglückt**.[107] Mehr als nur ein Schönheitsfehler ist, dass die Voraussetzungen des Abs 1 S 2 für den Leasingnehmer/Mieter/Pächter nur schwer nachprüfbar sind und dass die Vorschrift so formuliert wurde („finanziert hat"), dass sie mglw nicht dem **Warenkreditgeber**, sondern nur dem **Geldkreditgeber** zugute kommt (evtl jedoch Analogiemöglichkeit[108]). Unklar bleibt zudem, ob der Sicherungsnehmer die Anschaffung oder Herstellung des Vertragsobjekts **vollständig** oder wenigstens **größtenteils** finanziert haben muss[109] und welche Rolle die Höhe seiner bei VerfEröffnung noch offenen RestFord spielt (dazu Rn 36 f). Auch fällt auf, dass die **Sicherungszession** des Anspruchs auf Zahlung von Miete, Pacht oder Leasingraten überhaupt nicht als Tatbestandsvoraussetzung des Abs 1 S 2 erwähnt wird. Ist das Absicht, oder soll man hier von einem „ungeschriebenen Tatbestandsmerkmal" ausgehen? Dem bei Rn 33 beschriebenen Zweck und der Entstehungsgeschichte des Abs 1 S 2 würde es entsprechen, iSd zweiten Alt zu entscheiden[110] und verborgen gebliebenen Hoffnungen weiter gehender Art nicht nachzugeben. Zur Bedeutung des Abs 1 S 2 für die Gestaltung von **Markenlizenzverträgen** vgl *Lucina Berger* S 141 ff und erg hierzu § 108 Rn 21 aE. 34

Abs 1 S 2 setzt voraus, dass der **Vertragsgegenstand** einem Dritten, der die Anschaffung oder Herstellung finanziert hat (Rn 33 f), also nicht „irgendeinem" Dritten,[111] **zur Sicherheit übertragen** wurde. In solchen Fällen, in denen dem Sicherungsnehmer ein Absonderungsrecht am Leasinggut zusteht (Rn 39), wird die Unwirksamkeit der Miet- oder Pachtzinsabtretung (s Rn 33 f) auch vom **Surrogationsgedanken** (§ 103 Rn 49, § 106 Rn 10 ff) nicht gefordert (s § 110 Rn 9 aE; zu Ausnahmen sogleich Rn 36 ff). Nachträglicher Eintritt eines Zweitfinanzierers anstelle des ersten Finanzierers ist unschädlich.[112] Mit **„Anschaffung oder Herstellung"** meint Abs 1 S 2 in erster Linie Anschaffung oder Herstellung durch den **Schu**. Mitumfasst wird aber wohl der Fall, dass der Schu eine Betriebsgesellschaft und Anschaffender bzw Hersteller eine mit dieser verbundene Besitzgesellschaft ist (sog Doppelstock-Refinanzierung[113]). Jedoch ist hier die bei Rn 41 f in Bezug auf Untermietverhältnisse beschriebene Einschränkung zu beachten.[114] Mit **„zur Sicherheit übertragen"** verwendet Abs 1 S 2 eine Formulierung, die die Sicherungsübereignung beweglicher Sachen, die Sicherungsabtretung von Forderungen und die Sicherungsübertragung sonstiger Rechte ein- 35

106 *Marotzke* ZZP 109 (1996) 429 ff Fn 66, 94; *ders* Gegenseitige Verträge Rn 6.6 aE mit Fn 16; *Eckert* ZIP 1996, 897, 908; *N/R/Balthasar* § 108 Rn 4; *Pape* KS-InsO, 2. Aufl 2000, S 431, 575 ff Rn 72 ff (insoweit nicht übernommen in die 3. Aufl 2009); *Häsemeyer* Rn 20.56, 18.38 Fn 164.

107 Für ersatzlose Streichung deshalb *Klinck* KTS 2007, 37, 44 ff, 63.

108 Diesen Gedanken aufgreifend *Klinck* (s Literatur zu § 103) Kap 14 § 50 Rn 12.

109 Vgl MK/*Eckert* § 108 Rn 45: keine Anwendung des Abs 1 S 2, wenn der Leasinggeber einen nicht unwesentlichen Teil selbst finanziert habe. **AM** *Klinck* (s Literatur zu § 103) Kap 14 § 50 Rn 16; *K/P/B/Tintelnot* § 108 Rn 21a, der in solchen Fällen zwar § 108 Abs 1 S 2 anwenden, jedoch die Wirksamkeit der Mietzinsvorauszession auf eine dem finanzierten Anteil entspr Quote beschränken will. **Eigene Lösung:** unten Rn 36 f.

110 Zust *Harder* Insolvenzrechtliche Surrogation, 2002, Rn 680; *Klinck* KTS 2007, 37, 46.

111 Großzügiger jedoch *Klinck* (s Lit zu § 103) Kap 14 § 50 Rn 11.

112 Ebenso die BReg in BT-Drucks 13/8534, 12 f; *de With* FLF 1998, 24 f; *Engel/Völckers* Rn 353 ff; vgl auch *K/P/B/Tintelnot* § 108 Rn 21; **aM** *Klinck* KTS 2007, 37, 54 f.

113 Dazu *Zahn* DB 2003, 2371 ff m Bespr *Pape* ZInsO 2004, 84 f; vgl auch *Klinck* KTS 2007, 37, 55; krit *K/P/B/Tintelnot* § 108 Rn 22.

114 Gegen Anwendung des Abs 1 S 2 auf Untermietverhältnisse MK/*Eckert* § 108 Rn 51; *K/P/B/Tintelnot* § 108 Rn 22.

schließt.[115] Der vermietete oder verpachtete Gegenstand muss bereits existieren (Rn 40) und dem Mieter oder Pächter bereits vor Eröffnung des InsVerf überlassen worden sein (Rn 5, 37, 39 aE). Die Übertragung auf den Kreditgeber darf nicht unwirksam sein. Nicht ausreichend ist bloße Besitzübertragung. Eine **Verpfändung** steht der Sicherungsübertragung jedenfalls dann gleich (vgl auch §§ 50 Abs 1, 51 Nr 1), wenn nach der Belegenheit des Leasingobjekts oder aus sonstigen Gründen (Art 43 ff EGBGB) **ausl** Sachenrecht anwendbar ist und dieses zwar eine Verpfändung, nicht jedoch eine Sicherungsübertragung zulässt.[116] Sofern das einschlägige Auslandsrecht jedoch Vorschriften mit ähnlichem Inhalt wie §§ 1253, 1278 BGB enthält, wird zusätzlich zu prüfen sein, ob das Pfandrecht die Überlassung (Rn 37, 39) des Leasingguts an den Leasingnehmer überhaupt „überlebt".

36 **Existenz der gesicherten Forderung?** Nicht ausdrücklich vorausgesetzt ist in Abs 1 S 2, dass die Forderung, zu deren Sicherung der vermietete oder verpachtete Gegenstand dem Dritten übertragen wurde, bei Eröffnung des InsVerf noch bestanden hat. Gleichwohl wird man die Vorschrift nicht anwenden dürfen, wenn der InsMasse wegen Nichtmehrbestehens der gesicherten Forderung bereits bei VerfEröffnung ein fälliger und einredefreier Anspruch auf Rückübertragung der Sicherheit zustand.[117] In solchen Fällen besteht nicht der geringste Grund, den InsVerw ohne eigenes Wahlrecht (§ 103) zu zwingen, den Miet- oder Pachtvertrag als Masseverbindlichkeit zu erfüllen. Dieses Sonderopfer ist der InsMasse selbst dann nicht zuzumuten, wenn man ihr wegen der „wertmäßig unbelasteten" Massezugehörigkeit des Miet- oder Pachtobjekts (das Absonderungsrecht des Zessionars ist nach Erlöschen der gesicherten Forderung nicht mehr werthaltig) die auf die Zeit nach VerfEröffnung entfallenden Miet- oder Pachtzinsansprüche zuordnet, maW die insoweit bestehende Abtretung (Rn 33 f) als unwirksam erachtet (wofür uU der bei § 103 Rn 49 und § 108 Rn 38, § 110 Rn 9 f näher ausgeführte **Surrogationsgedanke** ins Feld geführt werden könnte). Ob eine Anwendung des § 108 Abs 1 S 2 auch dann ausgeschlossen ist, wenn die gesicherte Forderung zwar noch ganz oder zT besteht, aber den realisierbaren Wert des als Sicherheit übertragenen Miet- oder Pachtobjekts nicht oder nicht mehr übersteigt (so dass der Dritte des Rückgriffs auf die ihm als zusätzliche Sicherheit abgetretene [Rn 24 f] Miet- oder Pachtzinsforderung nicht bedarf), erscheint schon etwas zweifelhafter (vor allem wegen der mit einer Verwertungsprognose verbundenen Unsicherheit). Problematisch ist auch, dass dies alles für den Mieter/Pächter nur schwer nachprüfbar ist. Das Interesse des Mieters/Pächters an **Rechtsklarheit** ist bei der nachträglichen Einfügung des Abs 1 S 2 sehr vernachlässigt worden (vgl schon Rn 34).

37 **Am ehesten ist Abs 1 S 2 zu rechtfertigen, wenn der Schu dem Mieter oder Pächter das betr Objekt bereits vor VerfEröffnung überlassen hatte** (Rn 39) **und die Forderung des Kreditgebers größer ist als der unter Insolvenzbedingungen realisierbare Wert des zur Sicherung übertragenen Gegenstandes** (so dass dieser Gegenstand für die Masse wertmäßig ohnehin verloren ist und deshalb unbeschadet einer etwaigen Miet- bzw Pachtzinsabtretung [s Rn 33 ff], auf deren Wirksamkeit der Zessionar in dem hier unterstellten Fall wegen Nichtausreichens des Wertes des ihm sicherungsübertragenen Mietobjekts angewiesen ist, ruhig vermietet bleiben darf). Beides wird jedoch in Abs 1 S 2 nicht ausdrücklich vorausgesetzt (s Rn 33 f, 36, 39).

---

115 *RAussch* BT-Drucks 13/4699, 6.

116 Vgl in Bezug auf ausl Pfandrechte *K/P/B/Tintelnot* § 108 Rn 22; MK/*Eckert* § 108 Rn 50; *Schmid-Burgk/Ditz* ZIP 1996, 1123 ff ad II; *Engel/Völckers* Rn 351 sowie für Pfandrechte allg *Brandt* NZI 2001, 337, 341; *Hoffmann* ZInsO 2003, 732, 741.

117 Zust *Klinck* KTS 2007, 37, 47 (mit dem für die Praxis wichtigen Hinweis, dass zB auch der **vorl InsVerw** dafür sorgen könne, dass die gesicherte Fo noch vor Eröffnung des InsVerf getilgt und damit die Anwendung des Abs 1 S 2 verhindert werde); **aM** MK/*Eckert* § 108 Rn 47.

Nicht zu den Voraussetzungen des Abs 1 S 2 gehört, dass der Schu mit der Besitzüberlassung (Rn 37, 39) **bereits alles zur Vertragserfüllung seinerseits Erforderliche getan hat und die Masse deshalb durch Abs 1 S 2 nicht weiter belastet wird**. Sollten aufgrund der § 108 Abs 1 S 2, § 55 Abs 1 Nr 2 Alt 2 „aus der Masse noch zusätzliche Leistungen zu erbringen sein", so soll nach Auffassung des RAussch,[118] „eine **Aufteilung der abgetretenen** (Rn 33 f) **Forderungen** vorgenommen werden".[119] Diese „Aufteilung" ist übrigens keine Voraussetzung für die Einziehungsbefugnis des InsVerw (arg § 51 Nr 1, § 166 Abs 2), sondern verbessert nur zugunsten der Masse über das in §§ 170, 171 geregelte Maß hinaus die Partizipation am Erlös.[120] Die vom RAussch befürwortete „Aufteilung" der sicherungszedierten Forderungen lässt sich mit dem **Surrogationsgedanken** rechtfertigen[121] (vgl auch § 103 Rn 49). Die Gesetzesverfasser dachten aber wohl eher an eine Analogie zu den in *BGHZ* 129, 336 ff entwickelten Grundsätzen. Der Anknüpfung an diese BGH-Entsch dürfte jedoch entgegenstehen, dass der dort als Ausgangspunkt genommene § 17 KO/§ 103 InsO durch § 108 Abs 1 S 2 verdrängt werden soll.[122] 38

Hinsichtlich des ihm zur Sicherheit übertragenen (Rn 35) Miet- oder Pachtobjekts ist der Dritte nicht zur Aussonderung, sondern „nur" **zur abgesonderten Befriedigung berechtigt** (§ 51 Nr 1). Ob die **Verwertungsbefugnis** beim Dritten oder beim InsVerw liegt, richtet sich nach §§ 166 Abs 1, 173.[123] Praktisch wird eine Verwertung idR an dem durch §§ 108 Abs 1 S 2, 55 Abs 1 Nr 2 Alt 2 konservierten vertraglichen Besitzrecht des Mieters bzw Pächters scheitern. Wurde jedoch diesem der vermietete bzw verpachtete Gegenstand noch nicht überlassen und gelingt es dem absonderungsberechtigten Dritten, die Verwertung zu erzwingen, so wird **die InsMasse** dem Mieter/Pächter nach §§ 536 Abs 1, 3, 536a BGB[124] **schadensersatzpflichtig** (wobei der Schu seine Ins, die letztlich die Ursache für das Dazwischentreten des Dritten war, ohne Rücksicht auf Verschulden „zu vertreten" hat;[125] ganz ohne Rücksicht auf „Vertretenmüssen" greift zudem § 536a Abs 1 Fall 1 BGB[126]). Da der Wortlaut des § 108 Abs 1 S 2 im Gegensatz zu dem des früheren § 21 Abs 1 KO auch diesen Fall erfasst (weil eine vor VerfEröffnung erfolgte „Überlassung" an den Mieter/Pächter nun nicht mehr verlangt wird), liegt es nahe, solch eine Schadensersatzpflicht gem § 55 Abs 1 Nr 2 Alt 2 als **Masseverbindlichkeit** zu qualifizieren. Evtl lässt sich dieses vom Gesetzgeber wohl nicht bedachte Erg durch einen Rückgriff auf die bei § 111 Rn 9 erwähnten „allg Grundsätze" vermeiden. Eine andere, ebenfalls erwägenswerte **Vermeidungsstrategie** 39

---

118 BT-Drucks 13/4699, 6.

119 Abl *Bien* ZIP 1998, 1017 ff mit dem kompensatorischen Vorschlag einer bereicherungsrechtlichen Lösung; kompromisslos abl *Bornholdt* S 176 ff; wieder anders zumindest hilfsweise *N/R/Balthasar* § 108 Rn 16.

120 IE ebenso wohl *K/P/B/Tintelnot* § 108 Rn 24 ff.

121 Zust *Harder* Insolvenzrechtliche Surrogation, 2002, Rn 681 ff; resignierend hingegen *Klinck* KTS 2007, 37, 56 ff, 63.

122 Vgl zu diesen Fragen auch *Zahn* DB 1996, 1393, 1397.

123 Dazu jeweils mit starker Tendenz in Richtung § 166 Abs 1 *BGHZ* 166, 215, 223 ff (Rn 24, 27) = ZInsO 2006, 433, 435 f; *BGH* ZInsO 2006, 1320 f = ZIP 2006, 2390 f; § 166 Rn 17 ff; *Marotzke* ZZP 109 (1996) 429, 443 mit Fn 66; ausf *ders* Das neue Insolvenzrecht – dargestellt am Beispiel der Mobiliarsicherheiten, 1999, S 10 ff mit Fn 37, 39 und – jedoch mit gegenläufiger Tendenz – *Bornholdt* S 163 ff, 169 f; *Gaul* ZInsO 2000, 256, 260 ff; *Zahn* ZIP 2007, 365 ff.

124 Zur – mE analogen – Anwendbarkeit des § 536 Abs 3 BGB und damit auch des § 536a BGB auf den Fall, dass dem Mieter bzw Pächter die Sache mit Rücksicht auf das Recht eines Dritten **von Anfang an nicht überlassen** wird, vgl *Staudinger/Emmerich* 2017 BGB § 536 Rn 11, 83.

125 Vgl bereits § 103 Rn 161.

126 Näheres bei *Marotzke* ZInsO 2007, 1, 2 mit Fn 11 f; aktualisierte Fassung in KS-InsO, 3. Aufl 2009, S 672, 675 Rn 8 mit Fn 11 f.

könnte darin bestehen, **den rechtspolitisch ohnehin sehr fragwürdigen** (Rn 34) **§ 108 Abs 1 S 2 im Wege teleologischer Reduktion** auf Fälle zu **beschränken**, in denen das Miet- oder Pachtobjekt dem Mieter bzw Pächter bereits vor VerfEröffnung überlassen war.[127] Bei der allerdings nicht unter S 2, sondern unter S 1 des § 108 Abs 1 fallenden Vermietung oder Verpachtung von **Grundstücken** oder **Räumen** des Schu hat sich auch der BGH für eine solche teleologische Reduktion ausgesprochen (s Rn 5[128]).

40 **3. Existenz und Massezugehörigkeit des vermieteten oder verpachteten Gegenstandes.** Auf Miet- und Pachtverhältnisse über Gegenstände, die überhaupt noch nicht existieren **(Vermietung am Reißbrett)**, sollte man bei Ins des **Ver**mieters bzw **Ver**pächters nicht § 108,[129] sondern § 103 anwenden.[130] Zum selben Ergebnis gelangt der BGH mit der ebenso mutigen wie sachgerechten Annahme, dass § 108 Abs 1 in der Ins des Vermieters oder Verpächters nur dann anwendbar sei, wenn das Vertragsobjekt dem Mieter bzw Pächter bereits vor Eröffnung des InsVerf überlassen wurde (s Rn 5[128], 39 aE) – was bei noch nicht existierenden Gegenständen natürlich nicht möglich ist. Bei Ins des **Mieters** bzw **Pächters** stellt sich die Frage nach der Anwendbarkeit des § 108 Abs 1 nicht in gleicher Schärfe, da beide Seiten mangels „Überlassung" gem § 109 Abs 2 zurücktreten können.

41 Für den Fall, dass der insolvente Schu die Position des Vermieters/Verpächters inne hat, könnte man des Weiteren erwägen, die Anwendbarkeit des § 108 Abs 1 davon abhängig zu machen, dass der **vermietete/verpachtete Gegenstand zur InsMasse** gehört oder dass der Masse zumindest ein diesbezügliches **Nutzungsrecht** zusteht (dessen Fortbestand sich, wenn es ebenfalls auf Miete oder Pacht beruht, wiederum nach § 108 Abs 1, jedoch mit Kündigungsmöglichkeit nach § 109 Abs 1 richtet). Der frühere § 21 KO, der solch eine Voraussetzung ebensowenig erwähnte wie der heutige § 108 Abs 1, war von namhaften Autoren in dieser restriktiven Weise interpretiert worden.[131] Dies führte einerseits ganz unabhängig vom heutigen § 565 Abs 1 BGB dazu, dass die Anwendung des § 21 KO bei der **Untermiete** (Unterpacht) auf die Dauer des Hauptmietverhältnisses (Hauptpachtverhältnisses) **beschränkt** war,[132] andererseits jedoch zu dem in manchen Fällen durchaus angemessenen Erg, dass eine Schadensersatzpflicht, die auf Seiten des insolventen Schu dadurch entsteht, dass der wirkliche Eigentümer oder ein sonstiger Berechtigter die Sache vom Mieter/Pächter herausverlangen kann (s §§ 985, 986, 546 Abs 2, 581 Abs 2, 596 Abs 3, 604 Abs 4 BGB, aber auch den der Vermeidung solcher Herausgabeansprüche dienenden § 565 Abs 1 BGB),

---

127 Vgl *Zahn* DB 1996, 1393, 1396 f; *Fehl* DZWIR 1999, 89, 91 f; *Engel/Völckers* Rn 349; **aM** MK/*Eckert* § 108 Rn 53; *Klinck* KTS 2007, 37, 46.

128 Bei der dortigen fünften und sechsten Fn.

129 So jetzt auch MK/*Eckert* § 108 Rn 12a; **aM** noch *Wolf/Eckert/Ball* Rn 1514; *Eckert* EWiR § 55 InsO 1/2003, 641, 642 ad 4.2.

130 Ausf *Kalkschmid* Rn 293 ff; zust *Uhlenbruck/D Wegener* § 108 Rn 11; *K/P/B/Tintelnot* § 108 Rn 19a; *Lohmann* FS Gero Fischer, 2008, S 333, 344; *Böker* S 32 ff, 41, 119; vielleicht auch *Derleder* NZM 2004, 568, 571; s erg oben Rn 5, 35, 39 aE (das dort diskutierte Überlassungserfordernis kann nur in Bezug auf einen bereits existierenden Gegenstand erfüllt werden) sowie zur Abgleichung mit der Auslegung anderer Rechtsnormen § 106 Rn 1 und § 107 Rn 8, 10.

131 *Jaeger/Henckel* KO § 21 Rn 7 (dort auch der Hinweis auf den Anwendungsfall eines fortbestehenden Nutzungsrechts); *Kuhn/Uhlenbruck* KO § 21 Rn 3; *Hess* KO § 21 Rn 2; wohl auch *Kilger/Schmidt* KO § 21 Anm 1b.

132 Vgl *Jaeger/Henckel* KO § 21 Rn 5; *Kuhn/Uhlenbruck* KO § 21 Rn 4; *Kilger/Schmidt* KO § 19 Anm 6 Abs 2 und § 21 Anm 9; nicht erkannt in *BGHZ* 90, 145 ff, 149 = ZIP 1984, 612 f; nicht entscheidungserheblich in *BGHZ* 154, 358 ff = NJW 2003, 2454 ff = ZIP 2003, 914 ff = NZI 2003, 369 ff.

nicht als Masseverbindlichkeit, sondern nur als einfache InsFord[133] geltend gemacht werden kann (aber auch dann, wenn die Kündigung des Hauptmietverhältnisses vom **InsVerw** ausging?[134]). Vor allem der letztgenannte Gesichtspunkt spricht dafür, in Anlehnung an die erwähnte Interpretation des § 21 KO auch die Anwendung des (den § 103 verdrängenden) § 108 Abs 1 auf den Fall zu beschränken, dass die vom Schu vermietete oder verpachtete Sache – zumindest jedoch ein sich auf sie beziehendes dingliches oder schuldrechtliches Nutzungsrecht[135] – zur InsMasse gehört[136] (zu den Konsequenzen einer späteren Kündigung oder Freigabe durch den InsVerw vgl die in der Fn[137] Genannten).

Nur scheinbar steht entgegen, dass § 108 Abs 1 S 2 die Anwendung des § 108 Abs 1 S 1 bei Vermietung/Verpachtung beweglicher Gegenstände oder Rechte davon abhängig macht, dass diese „einem Dritten … zur Sicherheit übertragen" wurden. Da der Dritte in diesem Fall nicht aus-, sondern nur absonderungsberechtigt ist (Rn 39), wird man die Massezugehörigkeit eines derart „belasteten" Gegenstandes im Hinblick auf §§ 51 Nr 1, 50 Abs 1 („an einem Gegenstand der InsMasse") bejahen dürfen.[138] Auch an einem zur InsMasse gehördenden Nutzungsrecht (Rn 41) wird es im Verhältnis zum Sicherungsnehmer idR nicht fehlen (s §§ 166 Abs 1, 172 Abs 1, § 108 Rn 39, § 166 Rn 18, 24). Zu den Folgen einer „Freigabe" des Miet- oder Pachtobjekts vgl § 110 Rn 14, § 111 Rn 6 und die in der Fn[139] Genannten. Übrigens gilt die ungeschriebene Tatbestandsvoraussetzung der Massezugehörigkeit nicht auch für den von § 108 nur zT (Rn 7 ff) verdrängten § 103, da dieser die Entstehung einer Masseverbindlichkeit nicht ipso iure erzwingt, sondern von einer entspr Wahlrechtsausübung des InsVerw abhängig macht (§ 103 Rn 64 f). 42

4. Leasing und andere Grenzfälle. Leasingverträge fallen wie normale Mietverträge unter § 108, wenn sie sich auf unbewegliche Gegenstände oder Räume beziehen. Beziehen sie sich auf bewegliche Sachen, gilt das bei Rn 8 ff, 32 ff Ausgeführte. 43

---

133 So im Ausgangspunkt auch für das neue Recht *Marotzke* KS-InsO, 3. Aufl 2009, S 672, 684 ff; unentschieden *Uhlenbruck/D Wegener* § 108 Rn 26.

134 **Bejahend** auf Grundlage der **KO** *RGZ* 67, 372 ff; *RG* LZ 1910, 473 f; *BGHZ* 17, 127 ff = NJW 1955, 948 = KTS 1955, 92 f; *Jaeger/Henckel* KO § 21 Rn 9; *Kuhn/Uhlenbruck* KO § 21 Rn 4; *Kilger/Schmidt* KO § 19 Anm 6 Abs 2; **aM** – also die Schadensersatzpflicht in diesem besonderen Falls als **Masse**verbindlichkeit qualifizierend – *Marotzke* ZInsO 2007, 1, 5 ff, 9; *ders* KS-InsO, 3. Aufl 2009, S 672, 686 ff, 694 (zugl für außerordentliches Kündigungsrecht des InsVerw auch gegenüber dem Untermieter analog § 109 Abs 1; im Wesentlichen zust *K/P/B/Tintelnot* § 108 Rn 16b, § 111 Rn 20); *Th Wolff* KO, 2. Aufl 1921, § 21 Anm 4; *Uhlenbruck/D Wegener* § 108 Rn 26; vgl auch *Wolf/Eckert/Ball* Rn 1655.

135 Zutr *Jaeger/Henckel* KO § 21 Rn 7; iE übereinstimmend die soeben im Zusammenhang mit der Untervermietung Genannten sowie *K/P/B/Tintelnot* § 108 Rn 16b, § 111 Rn 19.

136 Ausf und mit weiteren Details *Marotzke* ZInsO 2007, 1 ff, 4 ff; erweiterte u aktualisierte Fassung mit erstmaliger Einbeziehung auch des § 135 Abs 3 in KS-InsO, 3. Aufl 2009, S 672 ff, 679 ff. Vgl auch *Huber* in: Gottwald (Hrsg), Insolvenzrechts-Handbuch, 5. Aufl 2015, § 37 Rn 5; *Lohmann* FS Gero Fischer, 2008, S 333, 344; *Dahl* NJW-Spezial 2008, 309 f; **aM** *Uhlenbruck/D Wegener* § 108 Rn 17; *Schmidt/Ringstmeier* § 108 Rn 11; MK/*Eckert* § 108 Rn 54 (mglw einer differenzierenden Lösung zuneigend *ders* § 108 Rn 26a; vgl auch aaO Rn 55); anscheinend auch *Wolf/Eckert/Ball* Rn 1652.

137 Ausf *Marotzke* KS-InsO, 3. Aufl 2009, S 672, 684 ff, 692 ff; vgl auch § 111 Rn 6; *K/P/B/Tintelnot* § 108 Rn 16c, § 111 Rn 19 ff; Jaeger/*Jacoby* § 108 Rn 94 f.

138 So auch *Eckert* ZIP 1996, 897, 908.

139 *Häsemeyer* Rn 20.53; *K/P/B/Tintelnot* § 108 Rn 16c, § 111 Rn 21 f; ausf *Marotzke* KS-InsO, 3. Aufl 2009, S 672, 692 ff.

44 Dass dem Leasingnehmer eine **Kaufoption** (§ 103 Rn 18, 159, § 107 Rn 2) eingeräumt wurde, schließt die Anwendung der mietrechtlichen Vorschriften iÜ nicht aus.[140] Etwas anderes gilt jedoch, wenn der Leasingvertrag die Eigentumsverschaffungspflicht von vornherein und unbedingt begründet.[141]

45 Allein der Umstand, dass es sich im konkreten Fall um **„Finanzierungsleasing"** handelt, macht § 108 Abs 1 S 2 aber nicht unanwendbar.[142]

46 Enthält ein von § 108 erfasster Miet- oder Pachtvertrag bzw Leasingvertrag neben den miet- bzw pachtrechtstypischen Verpflichtungen auch **typenfremde** Elemente, kommt uU eine „gespaltene" Anwendung von §§ 108 ff einerseits und §§ 103 ff, §§ 115 ff andererseits in Betracht (ähnlich wie bei § 106 Abs 1 S 2 und § 107 Abs 1 S 2).[143]

D. Rechtsfolgen

I. Fortsetzung des Vertragsverhältnisses

47 Das von Abs 1 erfasste Miet-, Pacht- oder Dienstverhältnis erlischt nicht, unterliegt auch nicht dem § 103, sondern setzt sich wie bei Rn 3 beschrieben automatisch fort (über Ausnahmen s Rn 4, 5, 53). Es handelt sich um einen Vertrag, dessen „Erfüllung zur InsMasse für die Zeit nach der Eröffnung des InsVerf erfolgen muss" (vgl § 55 Abs 1 Nr 2 Alt 2) und dessen Erfüllung der InsVerw folglich **unabhängig von § 103** auch „verlangen" kann. Soweit die Erfüllung zur Masse für die Zeit nach VerfEröffnung erfolgen muss, macht § 55 Abs 1 Nr 2 Alt 2, auf dessen Kommentierung verwiesen wird, die Gegenverbindlichkeit des insolventen Schu – soweit diese nicht auf höchstpersönlich zu leistende Dienste gerichtet ist (s Rn 5 samt Fn) – zu einer **Masseverbindlichkeit**. Dabei ist ein Erfüllungsverlangen des InsVerw, anders als in § 55 Abs 1 Nr 2 Alt 1, nicht vorausgesetzt (jedenfalls wenn der Vertrag bereits vor Eröffnung des InsVerf geschlossen wurde),[144] allerdings auch nicht hinderlich. **Eine einseitige Freigabeerklärung des InsVerw ändert grds[145] nichts am Masseschuldcharakter der Ansprüche des Vertragspartners.**[146] (Anders sehen das aber wohl, mE zu Unrecht,[147] die Verfasser des am 1.7.2007 in Kraft getretenen § 35 Abs 2, während sich für den am 1.12.2001 in Kraft getretenen § 109 Abs 1 S 2 immerhin die Ansicht vertreten lässt, dass hier auch dann keine Masseverbindlichkeit vorliegt, wenn der InsVerw die ihm von dieser Vorschrift gestattete Erklärung nicht abgibt.[148]) Als Masseverbindlichkeiten zu qualifizieren sind zB

---

140 Vgl *BGHZ* 109, 368, 374 f = JR 1990, 327 ff mit Anm *Marotzke*.

141 Vgl *LG Hbg* ZIP 1996, 1559 f (dazu *Pape* EWiR § 9 GesO 3/1996, 941 f) sowie die in *BGHZ* 71, 189, 194 verwendeten Worte „in Zukunft". Krit jedoch *Klinck* (s Literatur zu § 103) Kap 14 § 49 Rn 57.

142 *K/P/B/Tintelnot* § 108 Rn 6, 17 f; vgl auch *RAussch* BT-Drucks 13/4699, 6; **aM** wohl *Häsemeyer* Rn 18.40 (vgl dazu § 107 Rn 2 aE).

143 Hierzu ausf und weithin überzeugend *Kalkschmid* Rn 484 ff; vgl zu dieser Problematik auch MK/*Eckert* § 108 Rn 101; *Uhlenbruck/D Wegener* § 108 Rn 13.

144 Nur dieser Fall wird von § 108, der vom „Fortbestehen" des jeweiligen Dauerschuldverhältnisses spricht, erfasst. Vgl für alle anderen Fälle unten Rn 54.

145 Evtl jedoch Ausnahmen in Fällen des § 35 Abs 1 S 1; s dazu den folgenden Text u § 103 Rn 3.

146 Vgl *Marotzke* KS-InsO, 3. Aufl 2009, S 672, 687 (Rn 51), 692 ff (Rn 69 ff); *BGH* ZInsO 2006, 326 sowie die in der ersten Fn zu § 109 Rn 6 erwähnten Urteile des *LG Dortmund* und des *OLG Rostock*. Speziell für Arbeitsverhältnisse vgl *BAG* ZIP 2008, 1346, 1349 [Rn 23].

147 Vgl § 103 Rn 3; sehr bedenkenswert sind vor diesem Hintergrund die – im Detail freilich stark divergierenden – Vorschläge einer einschränkenden Auslegung des § 35 Abs 2 (Nachw hierzu und zur ablehnenden Stellungnahme des BGH in den beiden letzten Fn zu § 103 Rn 3).

148 Vgl § 109 Rn 8 f.

die auf die Zeit nach VerfEröffnung entfallenden **Beschäftigungsansprüche von Arbeitnehmern**,[149] nach Eröffnung des InsVerf erdiente **Lohnforderungen** und nach Eröffnung des InsVerf erdiente Teile des Anspr auf **betriebliche Altersversorgung**.[150] Ob Ansprüche auf **jährliche Sonderzuwendungen** (zB **Incentive-Bonus**, **Treueprämie**, **Halteprämie**, **Weihnachtsgeld**) bzw Schadensersatzansprüche wegen pflichtwidrigen Nichtabschlusses hierfür erforderlicher **Zielvereinbarungen** als Masseverbindlichkeiten zu qualifizieren sind, hängt vom Zweck der Zuwendung ab.[151] Unter welchen Voraussetzungen der InsVerw einen Arbeitnehmer **„freistellen"** darf oder sogar muss und welche Konsequenzen eine berechtigte oder unberechtigte Freistellung für den insolvenzrechtlichen Rang der auf den Freistellungszeitraum entfallenden Vergütungsansprüche hat, ist Gegenstand einer lebhaften Diskussion;[152] richtigerweise[153] wird zwischen vorl und endgültigem InsVerw sowie zwischen absoluter und relativer Freistellung zu differenzieren sein (zum Sonderfall der im Rahmen einer sog Block-Altersteilzeit **vereinbarten** Freistellungsphase vgl Rn 61, zur Frage einer insolvenzspezifischen Freistellungs**pflicht** des InsVerw das in der Fn[154] erwähnte Urt des BAG). Ansprüche von Arbeitnehmern auf **Gewährung bezahlten Urlaubs** werden vom BAG als Masseverbindlichkeiten qualifiziert, soweit diese Ansprüche nicht eindeutig der Zeit vor Eröffnung des InsVerf zugeordnet werden können.[155] Masseverbindlichkeit kann nach dieser Rspr auch der aufgrund vorinsolvenzlicher vertraglicher Vereinbarung

---

149 *Marotzke* InVo 2004, 301, 309 (bei Fn 86), 311 f; vgl auch *Wroblewski* NJW 2011, 347 ff.

150 *BAGE* 114, 349, 359 f = DZWIR 2006, 67, 70 (Abschn B I 2 d dd). Vgl auch *BGH* ZIP 2008, 279 ff: Ansprüche eines Vorstandsmitglieds auf **Überbrückungsgeld** und betriebliche **Altersversorgung** seien mit dem vor Eröffnung des InsVerf erdienten Anteil InsFord und mit dem während des InsVerf entstandenen Anteil Masseverbindlichkeit. **Aussonderungskraft** hat der Anspruch auf durch den Arbeitgeber vom Lohn einbehaltene aber pflichtwidrig nicht eingezahlte Altersversorgungsbeiträge jedoch nicht (bestätigend *EuGH* 24.11.2016 – Rs C-454/15, ZInsO 2017, 101 ff; *BAG* 21.3.2017 – 3 AZR 718/15, ZInsO 2017, 1669 ff).

151 Ausf *BAG* 14.11.2012 – 10 AZR 3/12, ZIP 2013, 532 [Rn 18 ff] = NZI 2013, 360; *BAG* 14.11.2012 – 10 AZR 793/11, ZInsO 2013, 943 [Rn 13 ff] = NZI 2013, 537 (m Anm *Lohmann); BAG* 12.9.2013 – 6 AZR 980/11, ZIP 2014, 37 [Rn 33 ff]; *BAG* 12.9.2013 – 6 AZR 953/11, ZIP 2013, 2414 [Rn 38 ff] = ZInsO 2014, 146; *BAG* 12.9.2013 – 6 AZR 913/11, ZIP 2014, 139 [Rn 29 ff]; *BAG* 23.3.2017, 6 AZR 264/16; *LAG Berlin-Brandenburg* 10.5.2013 – 10 Sa 2241/12, ZInsO 2013, 1703, 1705 f; *ArbG Weiden* 13.5.2015 – 3 Ca 1714/14, ZInsO 2015, 1925 ff; *Steinhauser* **Bleibeprämien** in der Insolvenz des Arbeitgebers, 2016.

152 *ArbG Herford* ZInsO 2012, 1325, 1328 (ad 2 b dd) mit Anm *Ries* ZInsO 2012, 1362 ff; *LAG Berlin-Brandenburg* 2.3.2012 – 13 Sa 2187/11, ZInsO 2012, 893 ff (dazu *Lindemann* ZInsO 2012, 1873 ff); *LAG Nürnberg* 6.9.2011 – 6 Sa 807/10, ZIP 2012, 1476 ff (dazu *Mückl* EWiR 2012, 443 f); *OLG Düsseldorf* 27.1.2012, NZI 2012, 675 ff; *Fesenmeyer* Die Freistellung des Arbeitnehmers von der Arbeit unter besonderer Berücksichtigung des Insolvenzfalles, 2007, S 47 ff, 136 ff; *Ries/Berscheid* ZInsO 2008, 1161 ff, 1233 ff; *Wroblewski* NJW 2011, 347 ff. Deutlich knapper äußern sich *BAG* ZInsO 2005, 50, 53 (Abschn B III 1c); *BAGE* 111, 80, 83 = ZIP 2004, 1660, 1662 = NZI 2004, 636, 638 = DZWIR 2004, 461, 463 m Anm *Hinkel*; *BAGE* 113, 199, 202 = ZIP 2005, 1289, 1292; *LAG Berlin* ZInsO 2005, 1061, 1063; *LAG Nürnberg* ZIP 2006, 256 (nur Leitsätze); *LAG Hessen* v 10.4.2017 – 7 Sa 650/16, NZI 2017, 902; Runkel/Schmidt/*Höfer* AHB-InsR, 3. Aufl 2015, § 12 Rn 30 ff, 375 ff, 383 f; *Lauer* ZIP 2006, 983 ff; *Klopp/Mokros* S 123 f. Zur Frage einer persönlichen **Haftung des InsVerw** wegen unterbliebener Freistellung von Arbeitnehmern bei späterer Anzeige der Masseunzulänglichkeit vgl *Richter/Völksen* ZIP 2011, 1800 ff.

153 Vgl *Marotzke* InVo 2004, 301 ff.

154 *BAG* 15.11.2012 – 6 AZR 321/11, ZInsO 2013, 723 [Rn 35 ff, 43 ff] = NZI 2013, 284 m Anm *Jansen*.

155 *BAGE* 108, 357, 364 = NZI 2005, 118, 120; *BAGE* 108, 351, 353 = ZIP 2004, 1011, 1012 f = NZI 2005, 120, 122.

übertragene Resturlaubsanspruch des Vorjahres sein,[156] ebenso ein etwaiger Anspruch auf Ersatz für „verfallenen" Urlaub.[157] **Urlaubsabgeltungsansprüche**[158] entstehen erst mit Beendigung des Arbeitsverhältnisses und können nach Ansicht des BAG[159] nicht einem früheren Zeitraum zugeordnet werden. Endet das Arbeitsverhältnis nach Eröffnung des InsVerf, so sei der Urlaubsabgeltungsanspruch Masseverbindlichkeit, ohne dass es darauf ankomme, ob die Zeit nach Eröffnung des InsVerf bis zur Beendigung des Arbeitsverhältnisses ausgereicht hätte, den Urlaubsanspruch durch **Freistellung** von der Arbeitspflicht zu erfüllen.[160] Ebenfalls entschieden hat das BAG,[161] dass der Anspruch eines Arbeitnehmers auf Urlaubsentgelt und Urlaubsgeld im Fall der angezeigten **Masseunzulänglichkeit** keine privilegierte **Neu**masseverbindlichkeit iSd § 209 Abs 2 Nr 3[162] darstellt, wenn der InsVerw den Arbeitnehmer unwiderruflich „unter Anrechnung auf den offenen Urlaub" von jeder Arbeitsleistung freigestellt hatte. Wird der Arbeitnehmer vom InsVerw nach Anzeige der Masseunzulänglichkeit zur Arbeitsleistung herangezogen, so hat der InsVerw noch offene Urlaubsansprüche des Arbeitnehmers nach Maßgabe des § 7 Abs 1 BUrlG durch Freistellung von der Arbeitspflicht ohne jede Einschränkung zu erfüllen;[163] lediglich hinsichtlich des Anspruchs auf Urlaubsentgelt und -abgeltung und die entspr Ersatzansprüche findet eine Differenzierung dergestalt statt, dass solche Ansprüche nur in dem Umfang als Neumasseverbindlichkeiten iSd § 209 Abs 2 Nr 3 qualifiziert werden können, der rechnerisch auf den Zeitraum des aktiven Beschäftigungsverhältnisses nach Anzeige der Masseunzulänglichkeit im Verhältnis zum Urlaubsjahr entfällt.[164] Wenn der InsVerw dem Arbeitnehmer nach Anzeige der Masseunzulänglichkeit nicht zum frühestmöglichen Termin kündigt, erlangen die auf die Folgezeit entfallenden Lohnforderungen des Arbeitnehmers aber auch dann, wenn der InsVerw ihn von der Arbeitsleistung freistellt, gem § 209 Abs 2 Nr 2 den bevorzugten Status von Neumasseverbindlichkeiten.[165] Begründet der InsVerw durch betriebsverfassungswidriges Verhalten nach Anzeige der Masseunzulänglichkeit Ansprüche auf Nachteilsausgleich gem § 113 Abs 3 BetrVG, so handelt es sich um Neumasseverbindlichkeiten iSd § 209 Abs 1 Nr 2.[166] Ein vorinsolvenzlich vereinbarter **Abfindungs- oder Karenzentschädigungsanspruch** des Arbeitnehmers für den Fall der Kündigung des Arbeitsverhältnisses durch den Arbeitgeber ist auch dann lediglich als **InsFord** zu behandeln, wenn die Kündigung erst nach VerfEröffnung durch den InsVerw des Arbeitgebers erfolgt. Dies folgt allerdings nicht aus § 38, aus § 108 Abs 3, aus einem wie immer auch zu definierenden Gegensei-

---

156 *BAGE* 108, 357, 365 = DZWIR 2004, 457 (LS 2), 459 = NZI 2005, 118, 120.

157 *BAGE* 108, 357, 365 f = DZWIR 2004, 457 (LS 2), 459 = NZI 2005, 118, 120; vgl auch *BAG* ZIP 2007, 834, 835 [Rn 15].

158 Zu Urlaubsentgelt und Urlaubsabgeltung auch *Betz* BB 2015, 886 ff.

159 *BAGE* 105, 345 = ZInsO 2004, 220 = ZIP 2003, 1802; *BAG* ZInsO 2006, 670, 672; *BAG* ZIP 2007, 834, 835 [Rn 12 ff].

160 *BAGE* 105, 345 ff in LS und Begr; vgl auch *BAGE* 113, 371 ff = ZIP 2005, 1653 ff; *BAG* ZIP 2007, 834, 835 [Rn 12 f].

161 *BAGE* 111, 80 ff = ZIP 2004, 1160 ff = DZWIR 2004, 461 ff mit Anm *Hinkel*.

162 Zu beachten ist jedoch auch § 209 Abs 2 **Nr 2**; dies erkennt zutr das *BAG* aaO (Abschn II 3b der Entscheidungsgründe) und in *BAGE* 110, 135, 142 = ZIP 2004, 1323, 1325 f = DZWIR 2005, 106, 108 m Anm *Oetker*; vgl auch *Marotzke* InVo 2004, 301, 308 ff, 316.

163 *BAG* ZIP 2007, 834 f [LS und Rn 11 ff].

164 *BAG* ZIP 2007, 834, 836 f [LS und Rn 22 ff].

165 Vgl die zuvor Genannten sowie *BAG* ZIP 2005, 873, 876 = DZWIR 2005, 376, 378 m Anm *Hollich*.

166 *BAGE* 118, 222 ff = ZIP 2006, 1510 ff = ZInsO 2007, 832 ff = NZI 2007, 126 ff.

tigkeitsprinzip[167] oder gar aus dem Nichtvorliegen eines Erfüllungsverlangens iSd § 103,[168] sondern aus einer entspr Anwendung des § 113 S 3 (der ebenfalls einen auf einer Kündigung des InsVerw beruhenden Anspruch des Arbeitnehmers auf das Niveau einer InsFord herabdrückt) iVm dem Umgehungsverbot des § 119. Ein vorinsolvenzlich geschlossener Vertrag, in dem der Arbeitnehmer einer **Aufhebung des Arbeitsverhältnisses** zustimmt und sich im Gegenzuge eine Abfindung versprechen lässt,[169] sollte tunlichst so formuliert werden, dass die Beendigung des Arbeitsverhältnisses erst mit Zahlung der Abfindungssumme wirksam wird; bei anderer Vertragsgestaltung drohen dem Arbeitnehmer erhebliche Rechtsnachteile (vgl Rn 54 aE). Nach einem Urt des LAG Rheinland-Pfalz,[170] das jedoch weder auf § 55 Abs 1 **Nr 2 Alt 2** noch auf § 108 noch auf die hier thematisierte Frage einer entspr Anwendung des § 113 S 3 eingeht, soll ein **Abfindungsanspruch aus § 9 KSchG** als Masseverbindlichkeit iSd § 55 Abs 1 **Nr 1** zu qualifizieren sein, wenn das gerichtliche AuflösungsUrt auf einer unwirksamen Kündigung des InsVerw beruhe. Sei das Arbeitsverhältnis hingegen bereits vor VerfEröffnung vom Schu selbst unwirksam gekündigt worden, so handele es sich bei einer dem Arbeitnehmer erst nach VerfEröffnung durch Urt zugesprochenen Abfindung nur um eine einfache InsFo.

Keine „normale" Masseverbindlichkeit, sondern auch im Fall der Masseunzulänglichkeit vollständig zu erfüllen[171] ist ein dem Arbeitnehmer gegen den InsVerw zustehender Anspruch auf Erteilung eines **Arbeitszeugnisses**. Ein solcher Anspruch[172] richtet sich aber nur dann gegen den InsVerw, wenn das Arbeitsverhältnis bei Eröffnung des InsVerf noch bestand oder wenn zuvor ein vorl InsVerw in vollem Umfang die Verfügungsbefugnis über das Arbeitsverhältnis erlangt hatte.[173] Fehlt es hieran, kann der Anspruch trotz §§ 38, 87 gegen den Schu persönlich verfolgt werden.[174] Gleiches gilt für einen etwaigen **Anspruch auf Auskunft über den Zeitpunkt des Eintritts der InsReife**.[175] Da Arbeitsverhältnisse durch die Eröffnung des InsVerf nicht automatisch beendet werden (Rn 3), begründet die VerfEröffnung für den InsVerw nicht die Verpflichtung, die weiterbeschäftigten Arbeitnehmer gegenüber den Einzugsstellen der **Sozialversicherungsträger** ab- und wieder anzumelden.[176] **48**

Bei nach Abs 1 fortbestehenden Miet- oder Pachtverträgen mit dem **Vertragspartner als Mieter bzw Pächter** ist ein etwaiger Anspruch des Vertragspartners auf Herstellung des zum vertragsgemäßen Gebrauch geeigneten Zustands der Sache auch dann Masseverbindlich- **49**

---

167 So jedoch *LAG Köln* ZIP 2005, 1605 f; *BAGE* 118, 115, 120 ff = ZIP 2006, 1962, 1964 = NZI 2006, 716, 718 f = DZWIR 2007, 324 ff = ZInsO 2007, 835 ff; *BAG* ZIP 2008, 374, 376 f [Rn 19 ff] und *OLG Frankfurt* ZIP 2005, 409 f = ZVI 2005, 319 f (dieses für den Abfindungsanspruch eines GmbH-Geschäftsführers, s auch § 116 Rn 4).

168 So jedoch *BGH* ZInsO 2009, 2150 f = DZWIR 2010, 75 (für den Karenzentschädigungsanspruch eines GmbH-Geschäftsführers nach Kündigung des Anstellungsvertrages durch den InsVerw; sa § 116 Rn 4) und *LAG Nürnberg* ZIP 2015, 334 f (für den Karenzentschädigungsanspruch eines Geschäftsstellenleiters).

169 Dazu *LAG Hessen* 21.5.2013 – 8 Sa 1235/12, ZInsO 2013, 2175 ff; weitere Rspr-Nachweise bei Rn 54.

170 *LAG Rheinland-Pfalz* 9.4.2017 – 4 Sa 329/16, ZInsO 2017, 2233.

171 Vgl *Marotzke* InVo 2004, 301, 310 Fn 95; mit anderer Begr ebenso anscheinend *BAGE* 111, 135, 140 = ZIP 2004, 1974, 1976 = NJW 2005, 460, 462 (Abschn B II 2b aa).

172 Zur Vollstreckbarkeit gegen den Schu auch nach Eröffnung des InsVerf vgl *LAG Köln* ZIP 2009, 988.

173 *BAGE* 111, 135, 140 = ZIP 2004, 1974, 1976 = NJW 2005, 460, 462 (Abschn B II 2b); *Berkowsky* NZI 2008, 224, 225.

174 *BAGE* 111, 135, 140 = ZIP 2004, 1974, 1976 = NJW 2005, 460, 461 (Abschn B II 2a bb).

175 *BGH* ZInsO 2005, 770 f = ZIP 2005, 1325 ff = NZI 2005, 628 f.

176 *SG Freiburg* ZIP 2004, 2111 f; zust *Pape* EWiR § 80 InsO 1/2005, 259 f.

keit, wenn der mangelhafte Zustand bereits vor VerfEröffnung bestand.[177] Denn die Erfüllung dieses Anspruchs steht im Gegenseitigkeitsverhältnis auch zu solchen Miet- bzw Pachtzahlungen, die der Vertragspartner für die Zeit nach VerfEröffnung schuldet. Eine **Mietkaution**,[178] deren Anlage „vom Vermögen des Vermieters [Schu] getrennt" erfolgt ist (§ 551 Abs 3 S 3 BGB) oder die der Mieter erst nach VerfEröffnung geleistet hat, muss der InsVerw ordnungsgemäß verwalten.[179] Hatte der Mieter die Kaution bereits **vor** Eröffnung des InsVerf geleistet, so ist sein etwaiger Rückgewähranspruch auch dann, wenn das Mietverhältnis bei VerfEröffnung noch bestand, nicht Masseverbindlichkeit gem § 55 Abs 1 Nr 2 (vgl dessen einschränkendes „Soweit"), sondern, soweit nicht § 47 S 1 entgegensteht (also soweit keine Anlageform mit Aussonderungskraft realisiert wurde), einfache InsFord iSd § 38.[180] Dies harmoniert mit dem auch etwaige Miet**vorauszahlungen** stark entwertenden § 110 (s § 110 Rn 11, 13). Um dem Mieter hinsichtlich der von ihm geleisteten Kaution ein Aussonderungsrecht zu verschaffen, verpflichtet § 551 Abs 3 S 3 BGB den Vermieter von Wohnraum, die Mietkaution „vom Vermögen des Vermieters getrennt" anzulegen. Solange dies nicht geschehen ist, kann der Mieter dem InsVerw die geschuldeten Mietzahlungen gem § 273 BGB verweigern (anders jedoch der BGH;[181] vgl zur Insolvenzfestigkeit von Zurückbehaltungsrechten auch § 103 Rn 107). Masseverbindlichkeit ist die Verpflichtung zur Getrenntanlegung aber nur dann, wenn die Mietkaution erst nach VerfEröffnung geleistet wurde.[182] Andernfalls muss sich der Mieter – abgesehen von seinem vorhin erwähnten Leistungsverweigerungsrecht[183] – gedulden, bis das Grundstück durch rechtsgeschäftliche Veräußerung (§§ 80 Abs 1, 160 Abs 2 Nr 1, 164) oder Zwangsversteigerung (§§ 49, 165) verwertet wurde. Danach kann er seine Ansprüche – einschl des etwaigen Anspruchs auf Rückgabe der Kaution – gegen den neuen Eigentümer geltend machen (§§ 566a BGB, 57, 172 ZVG).[184] Kommt es bereits vorher zu einer Zwangsverwaltung des Grundstücks (zB auf

177 *BGH* ZIP 2003, 854 f = ZInsO 2003, 412 f = NZI 2003, 373 f mit Anm *Gundlach/Frenzel*; sa *Eckert* EWiR § 55 InsO 1/2003, 641 f; *Lammel* LMK 2003, 158 f; *Derleder* NZM 2004, 568, 571 f.

178 Dazu auch Rn 62 mwN.

179 Einzelheiten str; vgl *Derleder* NZM 2004, 568, 577; *Zeibig* S 454 ff, 474 ff.

180 Vgl *BGH* ZInsO 2008, 206 f = NJW 2008, 1152 f mit Anm *Derleder* = DZWIR 2008, 213 f mit Anm *Gundlach/Frenzel/Strandmann* 189 ff (allerdings zu einem Fall, in dem das Mietverhältnis bereits vor Verfahrenseröffnung beendet worden war); *BGH* 13.12.2012 – IX ZR 9/12, ZInsO 2013, 136, 137 [Rn 9 ff] = ZIP 2013, 179 f = NZI 2013, 158, 159 (m Anm *Franken*; zu diesem Urt auch *Derleder* EWiR 2013, 81 f); *OLG Hamburg* NJW-RR 1990, 213, 214; *OLG München* ZMR 1990, 413; *Jaeger/Henckel* § 55 Rn 49; *L/S/Z/Smid/Leonhardt* § 47 Rn 41; *Noltin* NZI 2007, 149, 152 f; *Staudinger/Emmerich* 2017 BGB § 566a Rn 7; **aM** *Derleder* NZM 2004, 568, 577 f (wegen eines angeblichen Wertungswiderspruchs zu §§ 566a, 578, 581 Abs 2 BGB – aber wäre nicht auch die Wertung des zB für Mietvorauszahlungen geltenden § 110 zu beachten? s dazu oben im Text); *ders* ZAP 2005, 451, 453 (im Hinblick auf die Rspr des BGH zur Kautionsrückzahlungspflicht des Zwangsverwalters; vgl *BGH* NJW 2003, 3342 f; *BGH* NJW-RR 2005, 1029 ff und den letzten Satz dieser Rn 49).

181 *BGH* 13.12.2012 – IX ZR 9/12, ZInsO 2013, 136, 137 f [Rn 7 ff] = NZI 2013, 158 f (m Anm *Franken*) = ZIP 2013, 179 f (m krit Anm *Derleder* EWiR 2013, 81 f); vgl auch *Zeibig* S 480 ff, 486.

182 **AM** *Derleder* NZM 2004, 568, 577 f.

183 Dieses besteht unabhängig davon, ob der Anspruch auf Getrenntanlegung Masseverbindlichkeit oder lediglich InsFord ist (str; s § 103 Rn 107; **aM** das soeben [zwei Fn früher] erwähnte BGH-Urt v 13.12.2012 – IX ZR 9/12, ZInsO 2013, 136).

184 Vgl *BGH* 7.3.2012 – XII ZR 13/10, WM 2012, 819 f = NZI 2012, 383 f m zust Anm *Dahl*; **aM** *Noltin* NZI 2007, 149 ff: Anwendung des § 566a BGB nur dann, wenn der jetzt insolvente Vermieter die Kaution getrennt von seinem sonstigen Vermögen angelegt hatte.

Antrag eines GrundpfandGl gem §§ 49 InsO, 15 ff, 146 ff ZVG), so kann der Anspruch auf Herausgabe der Kaution nach der zu § 152 Abs 2 ZVG ergangenen Rspr des BGH[185] mglw[186] auch gegen den Zwangsverwalter geltend gemacht werden, selbst wenn der Kautionsbetrag nicht an ihn weitergeleitet wurde.

Wenn der InsVerw des Vermieters oder Verpächters eine bestehende **Masseunzulänglichkeit** angezeigt hat, kann er, soweit sich aus § 209 Abs 2 nichts anderes ergibt, das Miet- oder Pachtobjekt auch ohne Kündigung bzw bereits vor Wirksamwerden einer im Hinblick auf § 209 Abs 2 Nr 2 ausgesprochenen Kündigung zurückverlangen.[187] Denn die Erfüllungsansprüche und schuldrechtlichen Besitzrechte des Vertragspartners braucht der InsVerw im Fall der (angezeigten) Masseunzulänglichkeit nur mit der auf ihren Geldwert entfallenden Quote zu berücksichtigen.[188] Anders verhält es sich aber uU[189] in den Fällen des § 209 Abs 2. 50

Bei Miet- oder Pachtverträgen mit dem **Vertragspartner als Vermieter bzw Verpächter** 51
kann es wegen des sich auf beide Fälle des § 55 Abs 1 Nr 2 beziehenden Wortes „soweit" und wegen § 108 Abs 3 uU auf die Streitfrage ankommen, wie sich das „Belassen" der Nutzungsmöglichkeit wertmäßig zur bereits vorher erfolgten „Einräumung" der Nutzungsmöglichkeit verhält (dazu § 105 Rn 12 aE). **Wird ein solches Miet- oder Pachtverhältnis** vor oder nach Eröffnung des InsVerf durch Kündigung oder Zeitablauf **beendet, so hat der Rückgewähranspruch des Vermieters bzw Verpächters idR**[190] **Aussonderungskraft gem § 47.**[191] Daneben ist die Annahme einer auf Rückgewähr, Räumung und Beseiti-

---

185 Vgl *BGH* NJW 2003, 3342 f; *BGH* NJW-RR 2005, 1029 ff; 2006, 1021 f sowie die Bemerkungen in *BGH* 13.12.2012 – IX ZR 9/12, ZInsO 2013, 136, 137 f [Rn 15] = ZIP 2013, 179, 180 = NJW 2013, 1243, 1245.

186 Das hängt davon ab, ob man diese Rspr auch dann für anwendbar hält, wenn über dem Vermögen des Vermieters (Kautionsempfängers) ein InsVerf schwebt und ein dem Mieter bzw dem Zwangsverwalter (vgl *BGH* NJW-RR 2005, 1029, 1031; *BGH* NJW-RR 2005, 1032 f) zustehender Anspruch auf Herausgabe der Kaution lediglich InsFord wäre. Diese Vorfrage wird in den bisherigen Entsch des BGH (dazu die vorherige Fn) nicht thematisiert.

187 *Ringstmeier* ZInsO 2004, 169, 173 ff.

188 *Ringstmeier* aaO; vgl auch Rn 3, 9, 24, 47, 101 sowie *Marotzke* InVo 2004, 301, 310 (dort unter bes Berücksichtigung der Beschäftigungsansprüche von Arbeitnehmern); *Lucina Berger* S 97 ff, 139 ff, 156; **aM** aber wohl auch insoweit *von Wilmowsky* aaO (so § 108 Rn 18).

189 *Marotzke* InVo 2004, 301, 311, 316.

190 Aber: § 109 Rn 17; *OLG Köln* ZIP 2000, 1498 ff; *LG Köln* ZInsO 2010, 53 f.

191 Zu einigen sehr umstr Konsequenzen s § 112 Rn 16; *BGHZ* 148, 252, 255 ff = NZI 2001, 531 ff = ZIP 2001, 1469 ff = ZInsO 2001, 751 ff; *BGHZ* 150, 305, 312 = ZIP 2002, 1043, 1045 = ZInsO 2002, 524, 526. **Unrichtig** und mit § 47 S 1 unvereinbar ist die Annahme, dass ein bereits vor VerfEröffnung entstandener Rückgewähranspruch des Vermieters als **InsFord** zu qualifizieren sei (so jedoch – allerdings nur im zu weit gefassten LS 2 und ohne Auswirkung auf die Entscheidung im konkreten Fall – *BGHZ* 194, 1 = ZInsO 2012, 1421 sowie bereits vorher *AG Charlottenburg* ZInsO 2005, 835 f im Anschluss an *Wolf/Eckert/Ball* 9. Aufl 2004, Rn 1562 [s auch die nächste Fn und § 109 Rn 17]; zutr hingegen *OLG Brandenburg* 30.6.2015 – 6 U 28/14, ZInsO 2015, 1974, 1976 = ZIP 2015, 1790, 1791, das unter II.2b. der Entscheidungsgründe nicht die Aussonderungskraft des dem Vermieter zustehenden **Rückgewähr**anspruchs leugnet [dies fehlinterpretierend die Leitsätze der ZInsO- u der ZIP-Redaktion], sondern nur den davon zu unterscheidenden Anspruch auf **„Räumung der zurückgelassenen Gegenstände"** [vgl dazu die nächste Fn] als InsFord qualifizieren möchte).

gung von **Unrat, Altlasten usw** gerichteten **Masse**verbindlichkeit eher fernliegend.[192] **Masseverbindlichkeit** gem § 55 Abs 1 Nr 1 ist jedoch der Schadensersatzanspruch des Vermieters bzw Verpächters wegen Verzugs bei der Erfüllung des Aussonderungsanspruchs.[193] Gleiches gilt für die Verpflichtung zur Beseitigung eines vertragswidrigen Zustands der Mietsache, soweit der InsVerw „den Zustand durch ihm selbst zuzurechnende Handlungen verursacht hat".[194] Hat der InsVerw unberechtigt untervermietet und sich dadurch die pünktliche Rückgabe des Mietobjekts unmöglich gemacht, haftet er uU sogar persönlich gem § 60.[195] Ein dem Vertragspartner zustehender **Entschädigungsanspruch nach § 546a Abs 1 BGB (vormals § 557 BGB)** ist, soweit er sich auf die Zeit nach VerfEröffnung bezieht (und nicht lediglich auf einem dem InsVerw nicht zurechenbaren Zustand der Mietsache beruht),[196] Masseverbindlichkeit iSd § 55 Abs 1 Nr 2 Alt 2.[197] Dies gilt jedoch nur, wenn das Miet- oder Pachtverhältnis zur Zeit der VerfEröffnung noch bestand.[198]

---

192 Aber immerhin denkbar bei erst nach VerfEröffnung erfolgter Vertragsbeendigung, also nicht in den Fällen *OLG Köln* ZIP 2000, 1498 ff und *BGHZ* 148, 252, 257 ff; dazu auch *BGHZ* 150, 305, 312; den Masseschuldcharakter des Rückgewähranspruchs **bejahend** *Jaeger/Henckel* § 55 Rn 52 und – im konkreten Fall sogar für einen Räumungsanspruch – *OLG Stuttgart* ZInsO 2005, 498, 499 mit der Maßgabe, dass der InsVerw die Haftung der Masse für Räumungskosten vermeiden könne, indem er die von der Schu in die gemieteten Räume eingebrachten Sachen freigebe (**aM** hinsichtlich der Wirkung einer Freigabe die das Urt des OLG Stuttgart aufhebende Entsch *BGH* ZIP 2006, 583 ff = NZI 2006, 293 ff [m Anm *Henkel*], in welcher übrigens die Einordnung der Räumungspflicht als Masseverbindlichkeit nicht ausdrücklich gebilligt, sondern lediglich als vom LG Tübingen rechtskräftig vorentschieden hingenommen wird; s Rn 9 der UrtGründe). ME zu Recht führt *OLG Saarbrücken* ZInsO 2006, 779, 780 (Abschn B II 2 b) m zust Anm *Blank* EWiR 2006, 531 f aus, dass die Rückgabe des Mietobjekts eine „Abwicklungshandlung" sei und schon deshalb nicht in den Anwendungsbereich von § 55 Abs 1 Nr 2 falle und dass auch die Verpflichtung zur Wiederherstellung des vertragsgemäßen Zustands der Mietsache nur dann Masseverbindlichkeit sei, wenn der InsVerw „den vertragswidrigen Zustand der Mietsache selbst zu verantworten hat" (iE ebenso *OLG Celle* ZIP 2007, 1914 ff = ZVI 2007, 526 ff [hiergegen erfolglose Nichtzulassungsbeschwerde zum BGH unter AZ IX ZR 144/07]; sehr zurückhaltend auch *BGH* ZInsO 2010, 1452, 1453 = ZIP 2010, 2410, 2411 [Rn 10]; *BGH* 28.6.2012 – IX ZR 219/10, BGHZ 194, 1, 8 ff [Rn 19 ff] = ZIP 2012, 1566, 1569 f [dazu *Voß* EWiR 2012, 601 f]; *BGH* 29.1.2015 – IX ZR 279/13, BGHZ 204, 83, 111 ff [Rn 75 ff] = ZIP 2015, 589, 598 ff; *OLG Brandenburg* 30.6.2015 – 6 U 28/14, ZIP 2015, 1790 ff [vgl dazu bereits die vorherige Fn]).

193 *OLG Köln* NZI 2001, 554, 558 f = ZIP 2001, 1422, 1427 f; insoweit nicht abgedr in ZInsO 2001, 762 ff.

194 *BGHZ* 148, 252, 257 ff und LS b; vgl zu diesen Fragen auch *Lwowski/Tetzlaff* ZfIR 2002, 265 ff; *Scherer* DZWIR 2002, 184 ff; *Braun* NZI 2005, 255 ff.

195 Vgl *BGH* NJW 2007, 1596 f = ZIP 2007, 539 f.

196 Vgl den vorherigen Satz sowie in Bezug auf unterlassene Ausräumung *Braun* NZI 2005, 255, 257 f.

197 Vgl *BGHZ* 90, 145, 150 f = ZIP 1984, 612, 613; zust *Staudinger/Rolfs* 2017 BGB § 546a Rn 39; ebenso *OLG Saarbrücken* ZInsO 2006, 779, 781 Abschn B I 4.

198 Zutr *BGH* NJW 2007, 1591 ff = ZIP 2007, 340 ff = DZWIR 2007, 243 ff (m Anm *Gruber*); *BGH* 29.1.2015 – IX ZR 279/13, BGHZ 204, 83, 112 [Rn 80 ff] = ZIP 2015, 589, 599 = ZInsO 2015, 559, 569; vgl auch *OLG Koblenz* ZInsO 2013, 1746 f; *Staudinger/Rolfs* aaO und *Jaeger/Henckel* § 55 Rn 48, der allerdings alternativ hierzu genügen lässt, dass „der Verwalter die Sache für die Masse auch gerade gegenüber dem Vermieter aktiv in Besitz nimmt und den Vermieter gezielt vom Besitz ausschließt" (mE zw, soweit nicht lediglich unter dem Gesichtspunkt des Verzugs bzgl der Erfüllung des dem Vermieter zustehenden Aussonderungsanspruchs zu einem als Masseverbindlichkeit verfolgbaren Schadensersatzanspruch, sondern sogar zur Anwendung des – oft allerdings auf dasselbe hinauslaufenden – § 546a Abs 1 BGB führend).

War es bereits vorher beendet, so fehlt es an einem nach § 108 Abs 1 „fortbestehenden" Vertrag und damit an einer Grundvoraussetzung des § 55 Abs 1 Nr 2 Alt 2.[199] Anders verhält es sich jedoch, wenn der InsVerw das Mietobjekt nach Eröffnung des InsVerf für die Masse in Anspruch nimmt: Ergreift der Verwalter für die Masse Besitz am Mietobjekt und schließt er zugleich den Vermieter gegen dessen Willen gezielt aus, so begründet er eine Masseverbindlichkeit. Dies folgt nach Ansicht des BGH aus § 55 Abs 1 Nr 1,[200] mE aber wohl eher aus einer analogen Anwendung des § 55 Abs 2 S 2 (s Rn 18, § 103 Rn 138). Einen Sonderfall, der schon wegen der Art der Mietobjekte (KFZ) nicht von § 108 Abs 1 S 1 erfasst wird und der ebenfalls besser mit Hilfe einer analogen Anwendung des § 55 Abs 2 S 2 gelöst worden wäre, betrifft das schon bei Rn 18 erwähnte Urt des BGH.[201] Nach Ansicht des *OLG Celle* steht das **Unterlassen der Kündigung einer Nutzungsvereinbarung**, die der InsVerw mit dem Vermieter von Räumlichkeiten schließt und die für den Fall der Nichtzahlung der vereinbarten Nutzungsentschädigung die Möglichkeit der sofortigen Vollstreckung aus einem bereits gegenüber dem InsVerw erwirkten Räumungstitel vorsieht, der Begründung einer Verbindlichkeit iSd § 61 nicht gleich.[202]

II. Ansprüche des Vertragspartners

1. Für die Zeit nach Verfahrenseröffnung (§ 55 Abs 1 Nr 2 Alt 2). Ansprüche des Vertragspartners für die Zeit nach VerfEröffnung[203] sind **Masseverbindlichkeiten** nach Maßgabe des bei Rn 47 ff Ausgeführten. Im Fall der Masseunzulänglichkeit haftet der InsVerw uU persönlich analog § 61 (s § 61 Rn 8, § 109 Rn 30, 37). **52**

Eine **Ausnahme** vom Masseschuldcharakter wird man jedoch machen müssen, wenn und soweit die Leistung des Vertragspartners wegen eines streng auf die Person des Schu bezogenen Inhalts überhaupt nicht „zur InsMasse" erbracht werden kann.[204] In solchen Fällen besteht das Vertragsverhältnis zwar fort (Rn 3), aber nicht „mit Wirkung für die InsMasse" iSd § 108 Abs 1 S 1 (vgl Rn 5), sondern nur im Verhältnis zwischen dem Vertragspartner **53**

---

199 Zutr *Jaeger/Henckel* § 55 Rn 48 (gegen *LG Essen* NJW-RR 1992, 205 f); *BGH* NJW 2007, 1591, 1592 (Rn 10 ff) = NZI 2007, 287 f = ZIP 2007, 340 f; *BGH* NJW 2007, 1594, 1595 (Rn 21) = ZIP 2007, 778, 780 = NZI 2007, 335, 336; ebenso in Bezug auf Dienstverträge und aus ihnen folgende Ansprüche auf Erteilung von Arbeitszeugnissen *BAGE* 111, 135, 140 = ZIP 2004, 1974, 1975 f = NJW 2005, 460, 461 (Abschn B II 2a aa); vgl auch *BGH* ZInsO 2005, 770 f = ZIP 2005, 1325 ff (bzgl Auskunftsansprüchen von Arbeitnehmern).

200 *BGH* NJW 2007, 1594, 1595 [Rn 21] = ZIP 2007, 778, 780; vgl auch HambKomm/*Jarchow* § 55 Rn 31; HambKomm/*Pohlmann-Weide* § 108 Rn 21.

201 *BGH* NJW 2007, 1594 = ZIP 2007, 778 = NZI 2007, 335, 336.

202 *OLG Celle* NZI 2013, 442 ff = ZInsO 2013, 993 ff.

203 Zur Bedeutung dieser dem § 55 Abs 1 Nr 2 Alt 2 entlehnten Formulierung und der Verwendung des Wortes „für" vgl die zweite Fn zu § 108 Rn 58.

204 Str; vgl bzgl bestimmter **Dienstleistungen** *Marotzke* Gegenseitige Verträge, Rn 4.11 Fn 39 mwN (dezidiert **aM** *Voigt/Gerke* ZInsO 2004, 1054, 1064) und bzgl mietweiser Überlassung von **Wohnraum** für den Schu persönlich § 109 Rn 7 ff. Zu diesem Themenkomplex auch *Heinze* ZInsO 2015, 1117, 1123 ff.

und dem Schu.[205] Grenzfälle, deren Einordnung schwierig ist,[206] stellen die sog **„Mischmietverhältnisse"** und **„Mischpachtverhältnisse"** dar.[207]

54 Des Weiteren ist zu beachten, dass § 108 als Vorschrift über das „Fortbestehen" der in Abs 1 erwähnten Dauerschuldverhältnisse konkludent voraussetzt, dass der **Vertragsschluss vor Eröffnung des InsVerf** erfolgte und dass das Vertragsverhältnis im Zeitpunkt der Verf-Eröffnung noch bestand[208] (zur Unterbrechung und späteren Aufnahme eines schwebenden **Kündigungsschutz**prozesses vgl *BAG* ZIP 2007, 245 ff[209]). Wurde der Vertrag erst **während** des InsVerf geschlossen, so ist zu unterscheiden: Erfolgte der Vertragsschluss durch den InsVerw, so ist der Vertragspartner ohne weiteres MasseGl gem § 55 Abs 1 Nr **1**. Hat hingegen der Schu persönlich den Miet-, Pacht- oder Dienstvertrag während des InsVerf geschlossen, so gilt ebenfalls nicht § 108 Abs 1 (und deshalb auch nicht § 55 Abs 1 Nr 2 Alt **2**),[210] sondern das am Anfang von § 103 Rn 13 Ausgeführte bzw je nach Lage des Falles § 35 Abs 2.[211] **Wurde ein Arbeitsverhältnis vor dem Eröffnungsantrag einverständlich aufgehoben**, jedoch die dafür vereinbarte Abfindungssumme trotz Fristsetzung nicht gezahlt, kann der Arbeitnehmer die Wirkungen des Aufhebungsvertrages uU durch Ausübung eines Rücktrittsrechts auch noch während des EröffnungsVerf beseitigen.[212] Nach zwei nicht sehr überzeugenden Urteilen des *BAG* v 10.11.2011 gilt dies jedoch nicht, „wenn das Insolvenzgericht dem Arbeitgeber nach dem Eröffnungsantrag derartige Zahlungen gem § 21 untersagt hat".[213] Auf derselben harten Linie liegt ein Urt des *BAG* v 11.7.2012; danach soll der Umstand, dass ein auf einem die Beendigung des Arbeitsverhältnisses regelnden Prozessvergleich beruhender Abfindungsanspruch eines Arbeitnehmers mit Eröffnung des InsVerf über das Vermögen des Arbeitgebers den Status einer InsFo erhält und der InsVerw deshalb lediglich zur quotenmäßigen Befriedigung bereit ist, kein Rücktrittsrecht des Arbeit-

205 **AM** *Eckert* ZVI 2006, 133. Nur de lege ferenda wie o im Text *Delhaes* FS Uhlenbruck, 2000, S 585, 590 ff, 601 und – als Kritik zu § 109 Abs 1 S 2 – *Eckert* NZM 2001, 260, 262 f.

206 *Marotzke* KTS 1999, 269, 272 f, 289; 2001, 67, 68 f ad II 3, 4; *Eckert* NZM 2001, 260, 262 f; *Staudinger/Emmerich* 2014 BGB Rn 27 ff Vor § 535.

207 ZB der in der Sachverhaltsdarstellung von *BGHZ* 151, 353, 354 = ZIP 2002, 1625 = ZInsO 2002, 819 sowie unten § 109 Rn 7 erwähnte Pachtvertrag über „Räume zum Betrieb einer **Gaststätte nebst zugehöriger Wirtewohnung**, in der die Schuldnerin mit ihrer Familie fortan wohnte"; das Urt der Vorinstanz (*OLG Köln* NZI 2001, 554 ff = ZIP 2001, 1422 ff) ist wegen seiner Ausführungen zur Kündigung (dazu Gesetzgebungsvorschlag in KTS 2001, 67, 68 f) und zur Räumungspflicht, die trotz der obiter dicta in *BGHZ* 151, 353, 386 ff nicht Gegenstand des RevisionsVerf waren, noch immer von Interesse (vgl Rn 51 und § 109 Rn 7, 17). Bemerkenswert auch *BGH* ZIP 2008, 2271 f: Geschäftsraummietvertrag bei Anmietung durch GmbH für Geschäftsbetrieb und Geschäftsführerwohnung. Nach Ansicht des BGH, die allerdings nicht in insolvenzrechtlichem Zusammenhang entwickelt wurde, ist ein einheitliches Mietverhältnis über Wohnräume und Geschäftsräume „zwingend entweder als Wohnraummietverhältnis oder als Mietverhältnis über andere Räume zu bewerten"; entscheidend sei, welche Nutzungsart nach den getroffenen Vereinbarungen überwiege (*BGH* 9.7.2014 – VIII ZR 376/13, BGHZ 202, 39 [LS 1 und Rn 16 ff].

208 Vgl auch Rn 51.

209 Auch abgedr in NZI 2007, 300 ff.

210 IE wie hier – aber mit Bezugnahme auf weitere Besonderheiten des zugrunde liegenden Falles – *ArbG Augsburg* ZVI 2005, 382 f.

211 Vgl *BAG* ZIP 2008, 1346, 1348 f; dazu *Ahrens* NZI 2008, 292.

212 Vgl die auch bei § 112 Rn 25 erwähnten Urt *LAG Düsseldorf* ZInsO 2011, 54 ff und *LAG Düsseldorf* ZInsO 2011, 539 ff.

213 *BAG* 10.11.2011 – 6 AZR 357/10, BAGE 139, 376, 384 ff [LS und Rn 22 ff] = ZInsO 2012, 553, 556 = ZIP 2012, 91 ff; vgl auch *BAG* 10.11.2011 – 6 AZR 342/10, ZInsO 2012, 450 ff = NZI 2012, 8 f (LS und Rn 22 ff; vgl zu diesem Urt auch die dritte Fn zu § 103 Rn 97).

nehmers begründen.[214] Vor dem Hintergrund dieser BAG-Urteile ist jedem Arbeitnehmer dringend zu raten, einen vorinsolvenzlichen Vertrag oder Prozessvergleich, in dem der Arbeitnehmer einer **Aufhebung des Arbeitsverhältnisses** zustimmt und sich im Gegenzuge eine **Abfindung** versprechen lässt, so zu gestalten, dass die Beendigung des Arbeitsverhältnisses erst mit Zahlung der Abfindungssumme wirksam wird.

2. Für die Zeit des Eröffnungsverfahrens (§ 55 Abs 2). Ansprüche für die Zeit vor VerfEr- 55
öffnung und damit auch für die Zeit des EröffnungsVerf kann der Vertragspartner **grds „nur als InsGl"** geltend machen (§ 108 Abs 3; Näheres bei Rn 58 ff). Eine **Ausnahme** für den Fall, dass es sich um ein Miet- oder Pachtverhältnis handelt und der Vertragspartner wegen **§ 112** nicht kündigen kann, ist gesetzlich nicht vorgesehen und sollte mE auch im Wege der Rechtsfortbildung nicht geschaffen werden.[215] (Die verfassungsrechtliche Problematik der Kündigungssperre ist auf andere Weise zu lösen).[216] Nicht lediglich als InsForderungen (vorbehaltlich Rn 56), sondern als **Masseverbindlichkeiten** gelten aber nach VerfEröffnung alle Verbindlichkeiten, die von einem vorl InsVerw begründet worden sind, auf den die Verfügungsbefugnis über das Vermögen des Schu übergegangen war (**§ 55 Abs 2 S 1**), sowie „Verbindlichkeiten aus einem Dauerschuldverhältnis, soweit der vorl InsVerw für das von ihm verwaltete Vermögen die Gegenleistung in Anspruch genommen hat" (**§ 55 Abs 2 S 2**). Diese Regelungen, deren Anwendungsbereiche de lege ferenda durchaus noch erweitert werden könnten[217] (zB durch Streichung der Tatbestandsvoraussetzung, dass ein **verfügungsbefugter** vorl InsVerw gehandelt haben muss),[218] werden durch § 108 Abs 3 nicht verdrängt.[219] Verdrängend wirkt jedoch der am 1.12.2011 in Kraft getretene und seitdem nur wenig veränderte **§ 55 Abs 3**, indem er die nach § 169 SGB III auf die BA übergegangenen Ansprüche auf Arbeitsentgelt und die in § 175 Abs 1 SGB III bezeichneten Ansprüche, soweit gegenüber dem Schu bestehen bleibend, vom Zeitpunkt des Übergangs auf die BA dem Anwendungsbereich des § 55 Abs 2 S 2 entzieht.[220] Allerdings ist § 55 Abs 2 S 2 auf derartige Ansprüche ohnehin nicht anwendbar, wenn man mit dem Urt des EuGH v 15.5.2003[221] davon ausgeht, dass InsGeld (§§ 165 ff SGB III [dazu unten Kap IV]) nicht für die letzten drei Monate vor Eröffnung des InsVerf, sondern für die letzten drei Monate vor dem Eröffnungsantrag zu zahlen ist.[222] Dieser Aspekt der Entsch des EuGH ist jedoch nur für Altfälle von Bedeutung. Denn am 8.10.2002 trat die Richtlinie 2002/74/EG des Europäi-

214 *BAG* 11.7.2012 – 2 AZR 42/11, NZI 2012, 977 ff [LS und Rn 30 ff].

215 Insoweit zutr *BGHZ* 151, 353, 370 ff = NJW 2002, 3326, 3330 f = NZI 2002, 543, 547 f = ZInsO 2002, 819, 823 f; **aM** *v Wilmowsky* ZInsO 2004, 882, 885 f, 887 f, der die auf den Zeitraum der Kündigungssperre entfallenden Forderungen des Vermietes bzw Verpächters als Masseverbindlichkeiten qualifizieren möchte (was jedoch im Fall der Masseunzulänglichkeit, § 112 Rn 21 aE, keinen vollständigen Schutz bietet).

216 Vgl § 112 Rn 27 f.

217 Vgl § 112 Rn 27 f; *Marotzke* ZInsO 2004, 113 ff, 117 f, 178 ff, 185 ff; **aM** die Stellungnahme des DAV, die aber ua auf einer unzutr Auslegung des § 112 beruht (vgl die vierte Fn zu § 112 Rn 8).

218 In diese Richtung gehende rechtspolitische Bestrebungen blieben bisher erfolglos. Näheres hierzu in der 5. Aufl 2008, § 108 Rn 38 Fn 140.

219 *BGHZ* 151, 353, 357 f = NJW 2002, 3326 ff = NZI 2002, 543 ff = ZInsO 2002, 819 ff = ZIP 2002, 1625 ff (gekürzt).

220 Zur früheren Rechtslage s die 2. Aufl dieses Komm und *BAGE* 97, 241, 243 ff = NZI 2002, 118 ff = ZInsO 2001, 1171 ff = DZWIR 2002, 57 ff = ZIP 2001, 1964 ff.

221 *EuGH* ZIP 2003, 1000 ff = NZI 2003, 394 ff mit Anm *Dirk/Motz* = ZInsO 2003, 514 ff m Aufsatz *Berscheid* ZInsO 2003, 498 ff.

222 Dazu *Häsemeyer* Rn 23.24b, 23.27.

schen Parlaments und Rates v 23.7.2002 in Kraft,[223] deren Art 3 Abs 2 und Art 4 Abs 2 den nationalen Gesetzgebern mehr Spielraum lassen als die dem Urt des EuGH zugrunde liegenden Art 3 Abs 2 und Art 4 Abs 2 der EWG-Richtlinie 80/987.[224]

56 **Das InsGer kann** während des EröffnungsVerf auch **einen nicht verfügungsberechtigten vorl InsVerw zur Begr von Masseverbindlichkeiten ermächtigen**,[225] nach Ansicht des BGH allerdings nicht generell,[226] sondern nur in Bezug auf „einzelne, im voraus genau festgelegte" Geschäfte.[227] **Sogar dem Schu** kann das InsGer MasseschuldBegrKompetenz verleihen;[228] die vom BGH geforderte Einschränkung („einzelne, im voraus genau festgelegte Verpflichtungen") müsste, ihre Richtigkeit vorausgesetzt,[229] natürlich auch hier in Betracht gezogen werden; ein zwingender Zusammenhang besteht indes nicht (insbesondere nicht im Zusammenhang mit § 270b Abs 3[230]). Auf Masseverbindlichkeiten, die von einem hierzu gerichtlich ermächtigten (schwachen) vorl InsVerw oder vom hierzu gerichtlich ermächtigten Schu während des Eröffnungsverfahrens begründet wurden, ist § 108 Abs 3 nicht anzuwenden. **MasseschuldBegrKompetenz zwingt** allerdings **nicht zur Ausübung derselben:** Wer Masseverbindlichkeiten begründen kann (s auch Rn 55), hat gleichwohl eine ganze Reihe von Möglichkeiten, die Entstehung von Masseverbindlichkeiten durch richtiges Verhalten privatautonom zu vermeiden.[231]

57 Soweit sich aus dem Vorstehenden nichts anderes ergibt, sind etwaige **Nachteilsausgleichsansprüche von Arbeitnehmern**, denen während des EröffnungsVerf mit Zustimmung eines **nicht** verfügungsbefugten vorl InsVerw gekündigt wurde, nach VerfEröffnung nur als Ins-Forderungen zu berücksichtigen.[232] Gleiches gilt für Ansprüche aus einem während des EröffnungsVerf geschlossenen **Sozialplan**.[233]

---

223 Abgedr in ZInsO 2002, 1173.

224 Dazu *Berscheid* aaO; *Pape* ZInsO 2002, 1171, 1173; *Grub* DZWIR 2002, 327 ff; vgl auch *Irschlinger* in Rn 14 zu § 183 SGB III (= HK-InsO, 4. Aufl 2006, Kap IV).

225 Skeptisch *BAGE* 104, 94, 100 f = ZIP 2003, 311, 313; *AG Hamburg* NZI 2003, 153 ff = ZIP 2003, 43 ff.

226 So jedoch *Marotzke* ZInsO 2004, 113, 117 ff, 178 ff.

227 *BGHZ* 151, 353, 365 (dazu auch § 112 Rn 27) = NJW 2002, 3326, 3329 = NZI 2002, 543, 546 = ZInsO 2002, 819, 822 f = KTS 2003, 138, 144 = ZIP 2002, 1625, 1629 f (gekürzt); vgl auch *BGH* ZIP 2005, 1372 f = ZInsO 2005, 804 f; *AG Duisburg* ZIP 2002, 1700 f = ZInsO 2002, 885 f (gekürzt) mit Anm *Pape*; großzügiger *Marotzke* ZInsO 2004, 113, 117 ff, 178 ff.

228 *Marotzke* ZInsO 2004, 113, 115 f, 118 Fn 66; *ders* DB 2013, 1283 ff (hier unter Einbeziehung des am 1.3.2012 in Kraft getretenen § 270b Abs 3).

229 Krit *Marotzke* ZInsO 2004, 113, 117 ff, 178 ff.

230 Zumindest im Schutzschirmverfahren des § 270b kann dem Schu wahlweise entweder eine sog Spezialermächtigung oder eine „globale" Masseschuldbegründungskompetenz erteilt werden (BT-RAusschuss in BT-Drucks 17/7511, 50); Gleiches gilt mE in sonstigen eigenverwalteten Eröffnungsverfahren (*Marotzke* DB 2013, 1283, 1286 ff ad III 2 c, 3 b).

231 Ausf *Marotzke* ZInsO 2002, 501, 507 ff; *ders* ZInsO 2004, 178, 181 f; *ders* InVo 2004, 301, 305, 307 f, 316; *ders* ZIP 2005, 2144 ff; knapper *ders* DB 2013, 1283, 1287 (ad III 2 c – hier für den vom InsGer aufgrund § 270b Abs 3 mit globaler Masseschuldbegründungskompetenz ausgestatteten Schu); vgl auch *BAG* 12.6.2002 – 10 AZR 180/01, BAGE 101, 307, 311; *BAG* 20.1.2005 – 2 AZR 134/04, BAGE 113, 199, 202; **aM** teils grds, teils mit weiteren Differenzierungen *Klinck* ZIP 2013, 853, 856 f (für den vom InsGer aufgrund § 270b Abs 3 mit globaler Masseschuldbegründungskompetenz ausgestatteten Schu); *Frind* ZInsO 2004, 270, 272 f; *Eckert* NZM 2003, 41, 47 ff; vgl auch *BGH* 3.4.2003 – IX ZR 101/02, BGHZ 154, 358, 364 ff = NJW 2003, 2454, 2455 f = ZInsO 2003, 465, 466 f ad III1d.

232 *BAGE* 104, 94 ff = ZIP 2003, 311 ff = DZWIR 2003, 191 ff mit Anm *Rudolph*.

233 *BAGE* 102, 82 ff = ZIP 2002, 2051 ff = DZWIR 2003, 107 ff mit Anm *Bichlmeier*; s auch § 124 Rn 10 (Masseverbindlichkeit nur dann, wenn ein „starker" vorl InsVerw mitgewirkt habe); *Ahrens* ZInsO 2003, 581 ff.

3. Für die Zeit vor Verfahrenseröffnung (§ 108 Abs 3). Soweit sich nichts anderes daraus ergibt, dass bestimmte Personen kraft Gesetzes (§ 55 Abs 2, § 108 Rn 55) oder aufgrund gerichtlichen Ermächtigungsbeschlusses (§§ 21 Abs 1 S 1, 270b Abs 3, § 108 Rn 56) bereits während des Eröffnungsverfahrens Masseverbindlichkeiten begründen konnten, kann der Vertragspartner Ansprüche für die Zeit vor der Eröffnung des InsVerf „nur als **InsGl** geltend machen". Dies folgt aus § 108 Abs 3 und harmoniert mit dem Wort „soweit" in § 55 Abs 1 Nr 2 (s Rn 47 ff, § 103 Rn 105). Da sich das Wort „soweit" auf beide Alternativen von § 55 Abs 1 Nr 2 bezieht, gilt der genannte Rechtssatz auch dann, wenn der InsVerw vom Vertragspartner iSd ersten Alt des § 55 Abs 1 Nr 2 Erfüllung verlangt hat.[234] Ob bzw in welchem Umfang es sich bei dem Anspruch des Vertragspartners um einen Anspruch „für die Zeit vor der Eröffnung des InsVerf" und folglich (§ 108 Abs 3) um eine InsFo handelt, entscheidet sich nicht nach dem Zeitpunkt der Anspruchsentstehung oder nach dem Zeitpunkt des Eintritts der Fälligkeit des Anspruchs, sondern nach der zeitlichen Zuordnung der geschuldeten **Leistung.**[235] In manchen Fällen ist der Vertragspartner nur „nachrangiger" InsGl iSd § 39 Abs 1 Nr 5.[236] Sollte eine von § 108 Abs 3 erfasste Forderung des Vertragspartners ausnahmsweise nicht auf Geld gerichtet sein, muss gem § 45 geschätzt werden. 58

Befindet sich der Vertragspartner in der Position des Mieters/Pächters und wurde ihm der Vertragsgegenstand noch nicht überlassen (was die Anwendung des § 108 idR nicht hindert, s Rn 5 aE), so wird sein noch unerfüllter Anspruch auf Gebrauchsüberlassung bzw ein an dessen Stelle tretender Schadensersatzanspruch von Abs 3 nur erfasst, soweit es um den für die Zeit **vor** VerfEröffnung geschuldeten Gebrauch geht; iÜ muss der Anspruch auf Gebrauchsüberlassung als Masseverbindlichkeit, Rn 47, erfüllt werden.[237] 59

Hatte der Vertragspartner hingegen **ver**mietet oder **ver**pachtet,[238] so kommt es bei bereits vor VerfEröffnung erfolgter Überlassung des Miet- oder Pachtobjekts auf die bei Rn 51 und § 105 Rn 12 aE erwähnte Streitfrage an, wie sich das „Belassen" der Nutzungsmöglichkeit wertmäßig zur bereits vorher erfolgten „Einräumung" derselben verhält.[239] Einen insolvenzbedingten Forderungsausfall kann der Vermieter des Schu uU auf einen **Vormieter** des Schu abwälzen.[240] Evtl kann er aber auch mit seiner Forderung gegen einen der InsMasse zuste- 60

---

234 Vgl *Marotzke* Gegenseitige Verträge, Rn 6.10 ff mit Nachweisen auch zur seit Inkrafttreten der InsO überholten Gegenansicht.

235 Dies folgt aus der Verwendung des Wortes „für" in § 108 Abs 3 und § 55 Abs 1 Nr 2 Alt 2. Dennoch auf den Zeitpunkt der Anspruchsentstehung abstellend *AG Spandau* 30.11.2011 – 13 C 376/11, InsbürO 2013, 74; *AG Berlin-Tempelhof* 2.2.2012 – 16 C 316/11, ZInsO 2012, 1137 f; *Rosenmüller* ZInsO 2012, 1110 mit der befremdlichen Konsequenz, dass eine am 1.10. entstandene und am 3.10. fällig gewordene MietFo in einem am 1.10. eröffneten InsVerf über das Vermögen des Mieters nicht als Masseverbindlichkeit, sondern als InsFo zu qualifizieren sei; hiergegen zutr *Geißler* ZInsO 2012, 1206 ff; *AG Lichtenfels* 14.5.2014 – 2 C 24/14, ZInsO 2014, 1351 f.

236 Vgl in Bezug auf **Entgelte für gesellschaftsinterne Nutzungsüberlassungen** u Rn 68 ff sowie in Bezug auf von Gesellschaftern **zu lange nicht effektiv eingeforderte Ansprüche auf Entlohnung von Arbeits- oder sonstigen Dienstleistungen** *BAG* 27.3.2014 – 6 AZR 204/12, BAGE 147, 373 ff = ZIP 2014, 927 ff = ZInsO 2014, 1019 ff = NZI 2014, 619 ff mit Anm *Keller* (Vorinstanz: *LAG Hannover* 27.1.2012 – 6 Sa 1145/11, ZInsO 2012, 1079 ff = ZIP 2012, 1925 ff); *OLG Schleswig* Hinweisbeschl v. 29.5.2013 – 9 U 15/13, ZIP 2013, 1485 f (dazu *d'Avoine* EWiR 2013, 689 f) = NZI 2013, 936 ff (m Anm *Kokenge*).

237 *Kalkschmid* Rn 476 f; iE ebenso *Eckert* ZIP 1996, 897, 906 f, der jedoch zu Unrecht meint, dass dies mit dem Wortlaut des Abs 2 nicht harmoniere.

238 Dazu bereits Rn 58.

239 Vgl erg *K/P/B/Tintelnot* § 108 Rn 29 f; *Uhlenbruck/Sinz* § 108 Rn 99 ff.

240 *OLG Düsseldorf* NZI 2002, 232.

henden Anspruch auf Auszahlung von Guthaben aus **Nebenkostenvorauszahlungen** aufrechnen.[241] Eine gegen den Schu gerichtete Betriebskosten**nach**forderung des Vermieters, die sich auf einen vor Verfahrenseröffnung liegenden Abrechnungszeitraum bezieht, ist auch dann als **InsFo** zu qualifizieren, wenn der Vermieter die erforderliche Abrechnung erst nach Verfahrenseröffnung und – bei der Wohnraummiete – erst nach Wirksamwerden einer vom InsVerw gem § 109 Abs 1 S 2 abgegebenen Enthaftungserklärung erteilt hat.[242]

61 **Entgeltansprüche eines Arbeitnehmers**, der sich bereits bei Eröffnung des InsVerf in der „Freistellungsphase" einer sog **Block-Altersteilzeit** befindet, werden vom BAG auch insoweit, wie sie erst nach Eröffnung des InsVerf fällig werden, nicht als Masseverbindlichkeiten,[243] sondern als InsFord qualifiziert.[244] Befand sich der Arbeitnehmer jedoch zur Zeit der VerfEröffnung noch in der Arbeitsphase, so ist sein von nun an erarbeiteter Vergütungsanspruch Masseverbindlichkeit (uU sogar Neumasseverbindlichkeit iSd § 209 Abs 2[245]), auch soweit die Zahlung erst „spiegelbildlich zeitversetzt" während der nachfolgenden Freistellungsphase zu erfolgen hat.[246] Wie vor Eröffnung des InsVerf erdiente Lohnforderungen sind auch **Betriebsrentenansprüche oder -anwartschaften** als InsForderungen zu qualifizieren, soweit sie bereits vor VerfEröffnung erdient wurden;[247] soweit gesetzliche Unverfallbarkeit vorliegt, haftet jedoch der PSV (vgl § 7 BetrAVG und § 113 Rn 6, 8, 12 ff). Kommt es während des InsVerf zu einem **Betriebsübergang**, hat die InsMasse für die während des InsVerf erworbenen Betriebsrentenanwartschaften aller Arbeitnehmer einzustehen, die nach Eröffnung des InsVerf, aber vor dem Betriebsübergang ausgeschieden sind oder die von dem Betriebsübergang nicht erfasst werden oder dem Betriebsübergang gem § 613a Abs 6 BGB widersprochen haben; jedoch steht dem InsVerw unter den Voraussetzungen des § 3 Abs 4 BetrAVG ein Abfindungsrecht zu.[248] Erklärt sich ein Arbeitnehmer des Schu diesem gegenüber vor VerfEröffnung bereit, zur Rettung des Unternehmens **gegen ein entspr geringeres Entgelt verkürzt zu arbeiten**, so stellt sein für den Fall einer gleichwohl eintretenden Ins vereinbarter Anspruch auf das volle Entgelt, soweit er sich auf die Zeit nach Eröffnung des InsVerf bezieht, auch dann eine Masseverbindlichkeit dar, wenn der InsVerw von

---

241 Vgl *BGH* ZInsO 2005, 94 f = ZIP 2005, 181 f = NZI 2005, 164 ff mit Anm *Gundlach/Schmidt*; dazu auch *von Olshausen* KTS 2009, 481, 496 ff; vgl erg die Fn zu § 110 Rn 17.

242 Zutr *BGH* ZIP 2011, 924 ff; *OLG Düsseldorf* ZInsO 2014, 502 f.

243 So jedoch *Hanau* ZIP 2002, 2028, 2031; *Schrader/Straube* ZInsO 2005, 234, 237 ff; *ArbG Oberhausen* ZInsO 2003, 626 f; *ArbG Oberhausen* ZInsO 2003, 627 f; *LAG Düsseldorf* ZIP 2003, 2039, 2040 = ZVI 2003, 521, 522 f; *LAG Düsseldorf* ZIP 2004, 272 ff; *LAG Düsseldorf* DZWIR 2004, 116, 118; *LAG Düsseldorf* ZIP 2004, 817, 818 f = ZInsO 2004, 112 (dazu *Moll/Henke* EWiR § 55 InsO 1/2004, 77 f).

244 *BAG* ZIP 2009, 682, 684 [Rn 23 ff] = ZInsO 2009, 1119, 1120 f mit Anm *Thomas B Schmidt*; *BAGE* 112, 214 ff = DZWIR 2005, 243 ff m zust Anm *Flitsch/Hinkel* = ZIP 2005, 457 ff (abl *Schrader/Straube* ZInsO 2005, 234, 238 f; *Oberhofer/Wroblewski* ZInsO 2005, 695 ff); *BAG* DZWIR 2005, 428 f mit Anm *Hollich*; *ArbG Nürnberg* ZInsO 2004, 110; *Seifert* DZWIR 2004, 103, 105 ff; *Rigol/Homann* InVo 2004, 125 ff; *Vogel/Neufeld* ZIP 2004, 1938, 1943 ff; vgl auch *Marotzke* InVo 2004, 301, 313 Fn 117 mit dem Versuch einer Rechtfertigung der gänzlich anderen Rechtslage, die sich im Fall einer nicht vertraglich vereinbarten, sondern einseitig vom **InsVerw** ausgesprochenen Freistellung ergibt. Den **Sonderfall** einer „gescheiterten" Altersteilzeit behandelt *ArbG Düsseldorf* ZIP 2004, 178 f; zu einem weiteren, mglw ebenfalls einer „besonderen" Behandlung zugänglichen Sachverhalt s *LAG Köln* ZInsO 2011, 1265, 1267 f.

245 *BAGE* 114, 13, 18 ff = ZIP 2005, 873 ff = DZWIR 2005, 376, 378 m Anm *Hollich*; vgl auch oben Rn 47.

246 *BAG* aaO (in den beiden vorhergehenden Fn) mit weiteren Details.

247 *BAGE* 114, 349, 359 f = DZWIR 2006, 67, 70 Abschn B I 2 d dd.

248 *BAGE* 133, 50, 53 ff = ZIP 2010, 897 ff.

der vertraglich vorgesehenen Möglichkeit, von dem Arbeitnehmer wieder die vollzeitige Arbeitsleistung zu verlangen, keinen Gebrauch macht.[249] Ansprüche für die Zeit vor Eröffnung des InsVerf können hingegen nur als InsFord geltend gemacht werden.[250]

Ansprüche auf **InsGeld** nach §§ 165 ff SGB III (dazu unten Kap IV)[251], **Ansprüche gegen den PSV** nach § 7 BetrAVG (dazu § 113 Rn 6, 8, 12 ff), **Vermieter- und Verpächterpfandrechte**[252] und sonstige insolvenzfeste **Sicherungsrechte (zB Bürgschaften oder insolvenzfest angelegte Mietkautionen)** können ohne Rücksicht auf § 108 Abs 3 geltend gemacht werden.[253] Der InsVerw eines Mieters ist nicht berechtigt, die Auskehrung des Erlöses aus der Verwertung dem Vermieterpfandrecht unterliegender Gegenstände mit der **Tilgungsbestimmung** zu verbinden, dass die Zahlung vorrangig auf diejenigen Mieten anzurechnen sei, die gem §§ 108 Abs 1 S 1, 55 Abs 1 Nr 2 Fall 2 als Masseverbindlichkeiten zu qualifizieren sind.[254] 62

Problematisch ist je nach Lage des Falles die InsFestigkeit von **Treuhandkonten.**[255] Noch im Jahr 2003 hatte das BAG entschieden und leitsatzmäßig hervorgehoben, dass vom Arbeitgeber auf einem besonderen **Bankkonto für die Abgeltung von Arbeitszeitguthaben** der Arbeitnehmer bereitgestellte Gelder in der Ins des Arbeitgebers nicht der Aussonderung unterliegen würden, wenn der Arbeitgeber selbst Inhaber des Kontos sei.[256] Das war in dieser Pauschalität sicherlich nicht richtig.[257] Noch nicht abschließend geklärt, aber wohl im Grundsatz zu bejahen ist die Insolvenzfestigkeit der insb von Großunternehmen betriebenen Auslagerung des zur Sicherung von Arbeitszeitguthaben und Versorgungsansprüchen 63

---

249 *BAGE* 117, 1, 5 ff [Rn 17 ff] = ZIP 2006, 1366 ff = NZI 2007, 58 ff (dazu *Berkowsky* NZI 2007, 23 ff; *Bayreuther* ZIP 2008, 573, 578 ff); **aM** als Vorinstanz *LAG Berlin* NZI 2005, 49 f = ZInsO 2005, 1063 f (dazu *Stiller* ZInsO 2005, 425 ff).

250 Vgl § 108 Abs 3 sowie die sich ebenfalls auf **Sanierungsbeiträge von Arbeitnehmern** beziehenden Urteile *LAG Rheinland-Pfalz* ZInsO 2009, 2159 ff; *BAG* 21.2.2013 – 6 AZR 406/11, ZIP 2013, 1033 ff [Rn 19].

251 Nach *LSG NRW* 25.2.2016 – L 9 AL 70/14, ZInsO 2016, 1320 ff besteht **kein InsgeldAnspruch bei anfechtbarem aber noch nicht zurückerstattetem Lohnempfang**.

252 Dazu § 50 Abs 2; § 109 Rn 32; *BGH* 6.12.2017 – XII ZR 95/16 (Vermieterpfandrecht an KfZ); *BGHZ* 170, 196 ff (dazu *von Olshausen* KTS 2009, 481, 488 ff) = ZInsO 2007, 91 ff = NZI 2007, 158 ff (m Anm *Neuenhahn*) = ZIP 2007, 191 ff; *LG Darmstadt* ZIP 2005, 456 f (unzulässige Tilgungsbestimmung des InsVerw hinsichtlich des Verwertungserlöses); *Pape* NZM 2004, 401, 407; *Ehricke* KTS 2004, 321 ff; *ders* FS Gerhardt, 2004, S 191 ff; *Zipperer* NZI 2005, 538 ff; *Stiller* ZInsO 2015, 2105 ff; speziell zur Auskunftspflicht des InsVerw vgl *BGH* ZIP 2004, 326 ff = ZInsO 2004, 151 ff = DZWIR 2004, 238 ff mit Anm *Mohrbutter/Mohrbutter*.

253 Zur rechtlichen Behandlung einer **Mietkaution** vgl die Monographie von *Zeibig* (Die Mietkaution. Zum Sicherungstreuhandverhältnis der Mietkaution, den Folgen seiner Fehlerhaftigkeit und der Behandlung in Zwangsvollstreckung und Insolvenz, 2012) sowie o Rn 49; *OLG Köln* EWiR § 108 InsO 1/2002, 583 f *(Eckert)*; *Heinze* ZInsO 2010, 1073 ff; § 109 Rn 8 ff.

254 *BGH* 9.10.2014 – IX ZR 69/14, ZInsO 2014, 2320 ff.

255 Vgl *Marotzke* ZInsO 2004, 721 ff; 2005, 561, 566 ff; *Hirschberger* Die Doppeltreuhand in der Insolvenz und Zwangsvollstreckung, 2005; *BGH* ZInsO 2005, 879 ff; *Smid/Lindenberg* DZWIR 2006, 133 ff; *BAG* 18.7.2013 – 6 AZR 47/12, ZInsO 2013, 2120 ff = ZIP 2013, 2025 ff (Vorinstanz: *LAG Berlin-Brandenburg* 27.10.2011 – 5 Sa 1310/11, ZIP 2012, 789 ff = NZI 2012, 282 ff; dazu *Rüger* NZI 2012, 488 ff); *LAG Nürnberg* 14.11.2012 – 2 Sa 837/10, DB 2013, 1611 ff m BesprAufsatz *Rößler* DB 2013, 1607 ff; *LAG Hamm* 6.3.2013 – 6 Sa 976/12, ZIP 2013, 1294 ff.

256 *BAGE* 108, 1 ff = ZIP 2004, 124 = ZInsO 2004, 104 ff = DZWIR 2004, 287 ff (m Anm *Bichlmeier*).

257 Vgl *Marotzke* ZInsO 2004, 721, 724 Fn 43; *dens* ZInsO 2005, 561, 566 ff sowie aus der neueren Rspr das auch schon zwei Fn zuvor erwähnte Urt des *BAG* 18.7.2013 – 6 AZR 47/12, ZIP 2013, 2025.

erforderlichen Vermögens auf rechtlich selbstständige sog Doppeltreuhänder.[258] Zudem ist der versorgungspflichtige Arbeitgeber verpflichtet, die Gesellschaft, auf die Versorgungsverbindlichkeiten ausgegliedert werden, so auszustatten, dass sie nicht nur die laufenden Betriebsrenten zahlen kann, sondern auch zu den gesetzlich vorgesehenen Anpassungen in der Lage ist.[259] Für unzureichende InsSicherung von Arbeitszeitguthaben haften die organschaftlichen Vertreter des Arbeitgebers den geschädigten Arbeitnehmern uU persönlich nach § 826 BGB.[260] Eine persönliche Haftung nach § 823 Abs 2 BGB iVm § 263 StGB kommt in Betracht, wenn der Geschäftsführer einer GmbH (Arbeitgeberin) den Arbeitnehmern oder dem Betriebsrat wahrheitswidrig vorspiegelt, die tariflich vorgeschriebene InsSicherung der Wertguthaben aus Altersteilzeitarbeitsverhältnissen sei erfolgt.[261] Ein wichtiges Thema sind inzwischen auch die Instrumente des „privatrechtlichen" Insolvenzschutzes der betrieblichen Altersversorgung.[262] Ein Arbeitnehmer, der in vollem Umfang InsGeld (§§ 165 ff SGB III [dazu unten Kap IV]) bezogen hat, kann für denselben Zeitraum mangels Schadens keinen Schadensersatz von dem gesetzlichen Vertreter des Arbeitgebers mit der Begründung verlangen, dieser habe ihm bei Abschluss des Arbeitsvertrages die **InsReife** des Arbeitgebers **verschwiegen.**[263] Für Verdienstausfälle außerhalb des InsGeld-Zeitraums ist ein solcher Anspruch aber denkbar. **Da auch Beschäftigungs- und Qualifizierungsgesellschaften (BQG) insolvent werden können, hatte der BGH kürzlich Gelegenheit, einen Leitsatz mit folgendem Inhalt zu bilden:**[264] „Verschweigt der Gesellschafter-Geschäftsführer einer BQG im Einvernehmen mit seinen Mitgesellschaftern bei Abschluss der dreiseitigen Verträge den … übernommenen Arbeitnehmern, dass die von der abgebenden Gesellschaft zur Aufstockung ihres Verdienstes geschuldeten sog Remanenzkosten nicht – wie branchenüblich – gegen deren Insolvenz abgesichert sind, so haften sie den einzelnen Arbeitnehmern jeweils wegen gemeinschaftlicher sittenwidriger Schädigung gem §§ 826, 830 BGB persönlich auf Schadensersatz in Form des negativen Interesse. **Im InsVerf über das Vermögen der BQG** ist der InsVerw nicht zur Geltendmachung solcher den Arbeitnehmern individuell zustehender Deliktsansprüche … befugt." Der **InsVerw** rückt zwar funktional in die Arbeitgeberstellung des Schu ein, nicht aber auch in dessen noch unerfüllte Verpflichtung zur Insolvenzsicherung von Wertguthaben.[265]

64 **UU ist der Vertragspartner (zB Arbeitnehmer) des insolventen Schu berechtigt, weitere Leistungen an den InsVerw gem § 273 oder § 320 BGB zu verweigern**, bis dieser auch die von Abs 3 erfassten Ansprüche des Vertragspartners vollständig – also nicht nur als Ins-

258 Dazu ausf und sehr informativ *von Rom* Insolvenzsicherung und Jahresabschlussgestaltung durch doppelseitige Treuhandkonstruktionen, 2010; *Rüger* Die Doppeltreuhand zur Insolvenzsicherung von Arbeitnehmeransprüchen, 2010; *Rolfs/Schmid* ZIP 2010, 701 ff; *Ganter* NZI 2013, 769 ff; *Lüder/Kutzner/Simon* ZInsO 2017, 1708 ff.

259 *BAGE* 126, 120 ff = ZIP 2008, 1936 ff.

260 Vgl *LAG Düsseldorf* ZIP 2005, 999 ff = DZWIR 2005, 195 ff mit Anm *Bichlmeier*; für den vom *LAG Düsseldorf* entschiedenen Fall vern *BAG* NZI 2006, 301, 303; vgl auch *BAG* ZIP 2006, 344, 347 f = NZI 2006, 304, 307 m Anm *Krüger/Marx*; nichts zu § 826 BGB in *BAGE* 116, 293 ff = ZIP 2006, 1213 ff = ZInsO 2006, 726 ff mit Anm *Baldringer* 690 ff; die Voraussetzungen des § 826 BGB im konkreten Fall verneinend *BAG* ZIP 2007, 692, 693 f [Rn 24 ff] und *BAG* ZInsO 2010, 2194, 2196 [Rn 31].

261 *BAG* ZIP 2007, 1334 = NJW 2007, 2573; *BAG* 12.4.2011 – 9 AZR 229/10, ZInsO 2012, 495; *BAG* 21.2.2017 – 3 AZR 455/15, ZInsO 2017, 1960.

262 Vgl *Riewe* DB 2010, 784.

263 *BAG* NZI 2006, 539 = ZIP 2006, 1110.

264 Vgl *BGH* ZIP 2008, 1232.

265 *BAG* 15.1.2013 – 9 AZR 448/11, ZInsO 2013, 680 = ZIP 2013, 900.

Ford – erfüllt (str).[266] Nach Ansicht des LAG Hamm[267] kann das Recht des Arbeitnehmers zur **Zurückbehaltung seiner Arbeitskraft**[268] uU bereits im EröffnungsVerf durch das Angebot einer InsGeldVorfinanzierung abgewendet werden.[269] Kommt ein vom InsVerw nach Anzeige der Masseunzulänglichkeit zur Arbeitsleistung aufgeforderter Arbeitnehmer dieser Aufforderung unter Hinweis auf ein wegen noch unerfüllter Lohnforderungen bestehendes Zurückbehaltungsrecht nicht nach, erlangen seine auf die Zeit nach Anzeige der Masseunzulänglichkeit entfallenden Lohnforderungen nicht bereits nach § 209 Abs 2 Nr 3 den bevorzugten Rang einer Neumasseverbindlichkeit.[270]

Zur **Anfechtbarkeit** der mit Hilfe einer an sich berechtigten Androhung der Arbeitsniederlegung erreichten Lohnfortzahlung vgl *OLG Celle* NZI 2003, 266. Allg mit der Anfechtbarkeit während des EröffnungsVerf oder vorher erfolgter Zahlungen von Arbeitslohn und Nebenkosten befassen sich zahlreiche Gerichtsentscheidungen. Zu nennen sind, ohne Anspruch auf Vollständigkeit: *BAG* 27.10.2004 – 10 AZR 123/04, BAGE 112, 266 (Vorinstanz: *LAG München* ZInsO 2004, 1157; beide mE zu anfechtungsfreundlich); *AG Gera* ZInsO 2007, 1000 (Musste hier wirklich angefochten werden?! vgl auch *Ries* ZInsO 2007, 1037 ff; *Bork* ZIP 2007, 2337 ff; *Berkowsky* NZI 2008, 155, 156 f); ***GmS-OGB*** 27.9.2010 – GmS-OGB 1/09, BGHZ 187, 105 = AP § 2 ArbGG 1979 Nr 14 mit Anm *Windel* = ZIP 2010, 2418 (hält den **Rechtsweg zu den Arbeitsgerichten** für einschlägig[271]); *BAG* 19.5.2011 – 6 AZR 736/09, ZInsO 2011, 1560 = ZIP 2011, 1628 (vgl hierzu u zum Folgenden *Marotzke* ZInsO 2014, 417, 421); *BAG* 6.10.2011 – 6 AZR 262/10, BAGE 139, 235 = ZIP 2011, 2366 **(eine ebenso wichtige wie umstrittene Grundsatzentscheidung)**; *BAG* 6.10.2011 – 6 AZR 732/10, ZInsO 2012, 834 ff; *BAG* 24.10.2013 – 6 AZR 466/12, ZInsO 2014, 141, 144 [Rn 22 ff] = ZIP 2014, 91, 93 (dazu *Marotzke* ZInsO 2014, 417, 421 ff); *BAG* 12.9.2013 – 6 AZR 980/11, ZIP 2014, 37, 41 [Rn 45 ff: zur Anfechtbarkeit der Zusage einer Halteprämie]; *BAG* 21.11.2013 – 6 AZR 159/12, ZInsO 2014, 238 [Rn 28] = ZIP 2014, 233; *BGH* 17.10.2013 – IX ZR 10/13, ZInsO 2013, 2265 f; *BAG* 29.1.2014 – 6 AZR 345/12, ZInsO 2014, 659 (auf § 133 Abs 1 gestützte Anfechtbarkeit von Lohnzahlungen im konkreten Fall verneinend); *BAG* 27.2.2014 – 6 AZR 367/13, ZInsO 2014, 1108 = NZI 2014, 559 (m Anm *Froehner*); *BAG* 8.5.2014 – 6 AZR 722/12, ZInsO 2014, 1758; *BAG* 19.6.2014 – 6 AZR 465/12, ZInsO 2014, 1384; *BGH* 10.7.2014 – IX ZR 192/13, BGHZ 202, 59 (**die einschlägige Rspr** 65

---

266 Vgl § 103 Rn 107, § 105 Rn 5 und *Marotzke* Gegenseitige Verträge, Rn 6.13; **aM** MK/*Eckert* § 108 Rn 87 (in der Ins des Mieters kein Zurückbehaltungsrecht des Vermieters wegen als InsFord zu qualifizierender Mietrückstände aus der Zeit vor Eröffnung des InsVerf); vgl auch *BAG* 8.5.2014 – 6 AZR 246/12, ZIP 2014, 1498 = ZInsO 2014, 144 [Rn 16 ff] (in der masseunzulänglichen Ins des Arbeitgebers kein Zurückbehaltungsrecht des Arbeitnehmers wegen eines als Altmasseverbindlichkeit, § 209 Abs 1 Nr 3, zu qualifizierenden Vergütungsanspruchs). Zu möglichen Zurückbehaltungsrechten von **Profifußballspielern** gegenüber ihrem insolventen Arbeitgeber vgl *Habl/Kropf* ZInsO 2012, 430, 435.

267 *LAG Hamm* InVo 1999, 234, 239 f = ZInsO 1999, 363, 364.

268 Dazu *Marotzke* aaO; Runkel/Schmidt/*Höfer* AHB-InsR, 3. Aufl 2015, § 12 Rn 1b ff; *OLG Schleswig* ZInsO 2010, 1702 ff.

269 Vgl auch *Höfer* aaO Rn 2; *Uhlenbruck/Berscheid* 12. Aufl, § 109 Rn 34; *Blank* ZInsO 2007, 426 ff.

270 So jedenfalls *LAG Baden-Württemberg* 21.12.2011 – 10 Sa 65/11, ZInsO 2012, 1579 = ZIP 2012, 1874 (die hiergegen gerichtete Revision zurückweisend das wenige Fn zuvor erwähnte Urt des *BAG* 8.5.2014 – 6 AZR 246/12, ZIP 2014, 1498 = ZInsO 2014, 1441.

271 Hiergegen zu Recht *Ries* ZInsO 2010, 2382 ff und HK-InsO/*Kreft* § 129 Rn 119. Kräftig gegensteuernd ***BGH*** 19.7.2012 – IX ZB 27/12, ZIP 2012, 1681 ff: Entrichte ein **Dritter** anstelle des Arbeitgebers die dem Arbeitnehmer geschuldete Vergütung, sei für eine InsAnfechtung der Rechtsweg zu den **ordentlichen** Gerichten gegeben.

des BAG als verfassungswidrig ablehnend) = JZ 2014, 1114 (m Anm *Marotzke*). Den Streit zwischen BAG u BGH mit Gesetzeskraft zu entscheiden, ist eines der Ziele der am 5.4.2017 in Kraft getretenen **Änderungen der §§ 133, 142**.[272] Die Konsequenzen dieser Gesetzesänderungen werden in den Erläuterungen des § 133 und des § 142 beschrieben.

66 Ein heikles Thema ist die **Anfechtbarkeit der Zahlung von sog Lohn-Nebenkosten**, insb der Lohnsteuer und der Arbeitnehmeranteile der Sozialversicherungsbeiträge.[273] **Ein früherer Gesetzentwurf der BReg** sah Änderungen der §§ 131 Abs 1, 133 Abs 1 InsO, 38 Abs 3 EStG, 28e Abs 1 SGB IV vor mit dem Ziel, die Anfechtbarkeit der freiwilligen oder durch Zwangsvollstreckung bewirkten Abführung von Lohnnebenkosten, insb der Lohnsteuer und der Arbeitnehmeranteile der Sozialversicherungsbeiträge, auszuschließen bzw zu beschränken.[274] **Letztlich erfolgreich war aber lediglich, und zwar auf sehr verschlungenen Wegen,[275] ein ErgVorschlag zu § 28e SGB IV.** Dem ersten Abs dieser Vorschrift wurde mit Wirkung ab 1.1.2008 ein S 2 mit folgendem Inhalt angefügt: „Die Zahlung des vom Beschäftigten zu tragenden Teils des Gesamtsozialversicherungsbeitrags gilt als aus dem Vermögen des Beschäftigten erbracht." Damit ist, jedenfalls im Verhältnis zum Sozialversicherungsträger,[276] eine Anfechtung der Zahlung des Arbeitnehmeranteils in der Ins des Arbeitgebers künftig nicht mehr möglich (anders der BGH[277]). In Betracht kommt sie dann allerdings, bei Vorliegen eines Anfechtungsgrundes iS der §§ 130 ff, in der Ins des Arbeit**nehmers**,[278] so dass sich die durch § 4a bewirkte Verlagerung der Restschuldbefreiungskosten künftig mglw in etwas engeren Grenzen halten wird. **Am besten wäre dennoch eine ersatzlose Streichung des § 28e Abs 1 S 2 SGB IV.**

67 **Kündigungsrechte**[279] **des Vertragspartners** (§§ 543 Abs 2 Nr 3, 581 Abs 2, 594e Abs 2, 626 BGB), die sich auf Zahlungsrückstände für die von § 108 Abs 3 erfasste Zeit gründen, **unterliegen der aus § 112 Nr 1 ersichtlichen Beschränkung.** Dies gilt jedoch nicht bei Dienstverträgen (§ 112 Rn 26). Vgl zum Thema Kündigung auch Rn 54, 76, 94, § 109 Rn 48 ff.

---

272 Die Änderungen beruhen auf Art 2 Nr 2 und 3 des Gesetzes zur Verbesserung der Rechtssicherheit bei Anfechtungen nach der Insolvenzordnung und nach dem Anfechtungsgesetz v 29.3.2017 (BGBl I S 654).

273 Vgl etwa *BGH* 18.12.2003 – IX ZR 199/02, BGHZ 157, 241 = ZInsO 2004, 145 (dazu *Marotzke* ZInsO 2011, 841, 847); *BGH* 9.12.2004 – IX ZR 108/04, BGHZ 161, 315 = ZInsO 2005, 209 = ZIP 2005, 314 (durch Drohung mit Strafanzeige erwirkte Zustimmung des vorl InsVerw zur – dann auch tatsächlich erfolgten – Zahlung von Beiträgen an den Sozialversicherungsträger [dazu *Marotzke* EWiR § 129 InsO 4/2005, 511]); *BGH* 5.11.2009 – IX ZR 233/08, BGHZ 183, 86 = ZInsO 2009, 2293 = ZIP 2009, 2301 = NJW 2010, 870 m Anm *Gundlach/Frenzel* (zu § 28e Abs 1 Satz 2 SGB IV).

274 Vgl Art 2 Nr 3, 4, Art 3 und Art 5 des RegE eines Gesetzes zum Pfändungsschutz der Altersvorsorge und zur Anpassung des Rechts der Insolvenzanfechtung (BR-Drucks 618/05; dazu *Marotzke* DZWIR 2007, 265 ff).

275 Vgl *Blank* ZInsO 2008, 1 ff; *Bauer* ZInsO 2008, 119 ff.

276 **Was aber gilt im Verhältnis zum Arbeitnehmer?** Vgl dazu den nächsten Satz des obigen Textes sowie *Meier* NZI 2008, 140, 142; *Bauer/Eßer* ZInsO 2008, 296, 297; *Dahl/Schmitz* NZI 2008, 294 f; *Leithaus/Krings* NZI 2008, 393, 396 f; *Marotzke* Vorbereitende Stellungnahme für die öffentliche Anhörung im BT-RAussch am 23.4.2008 S 2 f (mit Gesetzgebungsvorschlag), im Internet abrufbar unter http://webarchiv.bundestag.de/cgi/show.php?fileToLoad=1473&id=1134.

277 *BGH* 5.11.2009 – IX ZR 233/08, BGHZ 183, 86; dem Urt des BGH widersprechend *LG Köln* ZInsO 2010, 427 (aufgehoben durch *BGH* ZIP 2010, 2209; vgl auch das ein opponierendes Urt des LG Düsseldorf aufhebende Urt *BGH* ZIP 2011, 966).

278 **AM** *BGH* 5.11.2009 – IX ZR 233/08, BGHZ 183, 86, 92 ff [Rn 15, 17 f].

279 Dazu *Marotzke* Gegenseitige Verträge, Rn 6.13; *LAG Hamm* ZInsO 2007, 837 f.

4. Gesellschaftsinterne Nutzungsverhältnisse. – a) Altfälle aus der Zeit vor Inkrafttreten des MoMiG. Ist der in der Position des Mieters oder Pächters befindliche Schu eine Kapitalgesellschaft oder ein vergleichbares Gebilde und hat die Gebrauchsüberlassung Eigenkapitalersatzcharakter, so kann der Vermieter bzw Verpächter den vereinbarten Miet- oder Pachtzins trotz § 108 und abw von dem bei Rn 52, 55 ff Ausgeführten „so lange nicht [jedenfalls nicht mit besserem Rang als dem des § 39 Abs 1 Nr 5[280]] fordern ..., wie dieser nicht aus dem ungebundenen Vermögen der Gesellschaft gezahlt werden kann".[281] Seit Inkrafttreten der InsO wird man eine den Grundsätzen des Eigenkapitalersatzrechts unterliegende Miet- oder Pachtzinsforderung stets als **nachrangige InsFord** iSd § 39 Abs 1 Nr 5 Alt 2 zu qualifizieren haben[282] – soweit nicht sogar eine Nachrangvereinbarung iSd § 39 Abs 2 geschlossen wurde.[283] Obwohl deshalb aus der InsMasse idR keine Miet- oder Pachtzahlungen zu erbringen sind, ist der InsVerw berechtigt, das Miet- oder Pachtobjekt (Grundstück) während der vereinbarten oder – im Fall einer im Vergleich zur Branchenübung unangemessen kurzen Vertragslaufzeit – der üblichen[284] Vertragslaufzeit zu nutzen. Nach der Rspr des BGH hat der InsVerw die Wahl, das Nutzungsrecht entweder selbst auszuüben oder es gegen Entgelt einem Dritten zu überlassen.[285] 68

Ist das an den Schu vermietete oder verpachtete Grundstück mit einem **Grundpfandrecht** belastet, so endet „die Wirkung einer eigenkapitalersetzenden Gebrauchsüberlassung, dass nämlich die Gesellschaft bzw – iF ihres Konkurses – der Konkursverwalter das Grundstück [zu ergänzen: nahezu[286] unentgeltlich[287]] nutzen darf, ... in entspr Anwendung von §§ 146 ff ZVG, 1123, 1124 Abs 2 BGB mit dem Wirksamwerden [genauer: § 1124 Abs 2 BGB] des im Wege der **Zwangsverwaltung** erlassenen Beschlagnahmebeschlusses (...), ohne dass es eines weiteren Tätigwerdens des Zwangsverwalters bedarf".[288] Die auf die Folgezeit entfallende Miete muss der InsVerw als Masseverbindlichkeit (§ 55 Abs 1 Nr 2 Alt 2) zahlen; diese Beträge muss ihm der Vermieter idR ersetzen.[289] Etwas komplizierter, aber in der Grundtendenz ähnlich verhält es sich in Fällen, in denen ohne die Analogie zu § 1124 Abs 2 BGB entweder § 39 Abs 1 Nr 5 idF **ab 1.11.2008** oder § 135 Abs 3 S 2 idF ab 1.11.2008 zur Anwendung käme.[290] Ganz unabhängig vom Bestehen eines Grundpfandrechts will *Förster*[291] den Eigenkapitalersatzcharakter der Gebrauchsüberlassung auch dann enden lassen, wenn über das Vermögen des Vermieters bzw Verpächters das **InsVerf** eröffnet wird. Vorzugswürdig, 69

---

280 Klammerzusatz = aktualisierende Ergänzung des Kommentators.

281 Vgl die noch zur KO ergangene Entsch *BGHZ* 140, 147, 149 f; krit *K Schmidt* Gesellschaftsrecht, 4. Aufl 2002, § 37 IV 3 b, S 1159 f.

282 *Kalkschmid* Rn 382. Zur Unzulässigkeit der Berufung auf Vermieter- und Verpächterpfandrechte in solchen Fällen s *KG* ZInsO 2006, 1268 f.

283 Vgl erg § 19 Rn 23 f; *BGHZ* 146, 246, 271.

284 So zB *BGHZ* 127, 1, 10 ff; *BGHZ* 140, 147, 150; *BGH* ZInsO 2005, 653 = NZI 2005, 350; **nicht übertragbar auf die neue Rechtslage nach Maßgabe des MoMiG** (vgl Rn 72 sowie *Marotzke* ZInsO 2008, 1281, 1288 l Sp).

285 Vgl *BGHZ* 127, 17, 26, 31; *BGHZ* 140, 147, 150; *BGH* ZInsO 2005, 653 = NZI 2005, 350.

286 Vgl § 39 Abs 1 Nr 5.

287 Vgl *BGH* ZInsO 2005, 490 = ZIP 2005, 484, 485 = NZI 2005, 347 (Abschn II 1).

288 Leitsatz *BGHZ* 140, 147; vgl auch *BGH* ZIP 2000, 455 f = NJW-RR 2000, 925 f = KTS 2000, 296 ff; *BGH* ZInsO 2005, 653 f = NZI 2005, 350 f; *Dahl* NZI 2003, 191 ff sowie § 110 Rn 11.

289 *BGH* ZInsO 2005, 490 f = ZIP 2005, 484 ff = NZI 2005, 347 f mit Anm *Fischer*; *BGH* ZInsO 2005, 653 f = NZI 2005, 350 f.

290 Vgl *Marotzke* ZInsO 2009, 2073, 2077 f (LS 19.1 ff).

291 *Förster* ZInsO 2002, 366; ebenso *K/P/B/Tintelnot* § 108 Rn 16a.

wenngleich weniger weit gehend (bzgl der Miete oder Pacht für den Monat der VerfEröffnung und den Folgemonat), ist hier aber wohl eine analoge Anwendung von § 110 Abs 1.[292]

70 Eine Gebrauchsüberlassung, die ein Gesellschafter der Gesellschaft in guten Zeiten gewährt hat, wird auch nach Eintritt der Krise **nicht** zu Eigenkapitalersatz, wenn der Gesellschafter die Gebrauchsgewährung nach geltendem Recht (BGB und/oder § 112) nicht beenden kann und er auf Grund seiner Beteiligungsverhältnisse objektiv nicht in der Lage ist, die Gesellschaft gegen den Willen der übrigen Gesellschafter unter Entzug der ihr zur Verfügung gestellten Mittel zu liquidieren.[293] Bei einer **Veräußerung** des Grundstücks gehen die für den Vermieter bzw Verpächter nachteiligen Rechtsfolgen der eigenkapitalersetzenden Nutzungsüberlassung trotz §§ 566, 578, 581 Abs 2 BGB nur dann auf den Erwerber über, wenn dieser Gesellschafter ist oder einem solchen gem § 32a Abs 3 GmbHG aF oder nach den Rechtsprechungsregeln – soweit diese nicht durch das MoMiG abgeschafft wurden – gleichsteht.[294] Nach Ansicht des BGH kann dem **Zessionar** künftiger Mietzinsforderungen auch eine erst nach der Zession eingetretene Eigenkapitalersatzfunktion der Gebrauchsüberlassung entgegengehalten werden, soweit die geltend gemachten Mietzinsforderungen nach Eintritt des Eigenkapitalersatzcharakters entstanden sind.[295] Eine nach den Eigenkapitalersatzregeln eingetretene Subordination von Forderungen gegen die GmbH tritt nach hM außer Kraft, wenn die GmbH wirksam in eine KG mit einer natürlichen Person als Komplementär umgewandelt wird.[296]

71 **b) Rechtslage nach Inkrafttreten des MoMiG.** Mit Wirkung ab 1.11.2008 (zum **Übergangsrecht** vgl § 39 Rn 28 ff) hat der Gesetzgeber das bisherige Eigenkapitalersatzrecht durch eine Regelung ersetzt, nach welcher „Forderungen auf Rückgewähr eines Gesellschafterdarlehens oder Forderungen aus Rechtshandlungen, die einem solchen Darlehen wirtschaftlich entsprechen" (wobei unter die zweite Fallgruppe nach wie vor die miet- oder pachtweise Nutzungsüberlassung zu subsumieren sein wird[297]), auch dann den – gesetzlichen[298] – Rechtsfolgen des bisherigen Eigenkapitalersatzrechts unterworfen sein sollen, wenn die Darlehensgewährung bzw die wirtschaftlich gleichwertige sonstige Rechtshandlung im konkreten Fall keinen Eigenkapitalersatzcharakter hatte (vgl § 39 Abs 1 Nr 5, Abs 4, Abs 5 und §§ 44a, 135 nF). Unabhängig davon, ob man dieses als Bestandteil des **MoMiG**[299] durchge-

---

292 *LG Cottbus* ZIP 2005, 1608 ff (Rechtsmittel anhängig beim *OLG Brandenburg* unter Az 3 U 159/05, lt *Rendels* ZIP 2006, 1273 sodann VerfBeendigung durch Vergleich); *BGH* NJW 2008, 2188, 2189 f = ZIP 2008, 1176, 1177 f = ZInsO 2008, 669, 670 f; weitere Nachweise auch zur Anfechtbarkeit des „Stehenlassens" von Gesellschafterleistungen sowie zur Rechtslage nach Inkrafttreten des **MoMiG** bei § 110 Rn 11.

293 Zutr *Blank* zu *OLG Hamm* EWiR § 112 InsO 1/2002, 253 f.

294 *BGHZ* 166, 125, 131 [Rn 16] = ZInsO 2006, 322, 323 f = NZI 2006, 287, 289 m Anm *Huber* = ZIP 2006, 578, 580; vgl auch *OLG Düsseldorf* ZInsO 2007, 152 ff.

295 *BGH* ZInsO 2008, 35 = NJW 2008, 1153; zur analogen Anwendbarkeit des in diesem Urt Ausgeführten auf das **neue Recht** (Rn 71 ff) vgl *Marotzke* ZInsO 2009, 2073, 2078.

296 *OLG Dresden* ZInsO 2009, 339.

297 Ausf Begr bei *Marotzke* JZ 2010, 592, 595 ff; vgl auch *Hölzle* ZIP 2009, 1939, 1945; *ders* ZIP 2010, 913, 914 f; *Thole* Gläubigerschutz durch Insolvenzrecht, 2010, S 405 ff; *Geißler* S 85 f; *Bauer* ZInsO 2011, 1379, 1385 f; FK-InsO/*Dauernheim* § 135 Rn 40; **aM** *K Schmidt* DB 2008, 1727, 1731; *Bitter* ZIP 2010, 1, 6 ff; *OLG Schleswig* ZIP 2012, 885 ff = ZInsO 2012, 1678 ff (gegen *LG Kiel* ZIP 2011, 968 f = ZInsO 2012, 181 ff); *BGH* 29.1.2015 – IX ZR 279/13, BGHZ 204, 83 [Rn 38 ff]; zum Standpunkt der MoMiG-EntwurfsBegr vgl sogleich Rn 71 aE, 72.

298 Zur Abschaffung der sog *RsprRegeln* vgl sogleich im Text.

299 G v 23.10.2008, BGBl I, 2026.

setzte Reformanliegen als „Abschaffung“[300] oder als „Erweiterung“ des bisherigen Eigenkapitalersatzrechts deklariert, wird man konstatieren müssen, dass die am 1.11.2008 in Kraft getretene Gesetzesänderung **in der Sache** darauf hinausläuft, die Eigenkapitalersatzfunktion oder zumindest die Krisenbedingtheit des von einem **Gesellschafter** gewährten Darlehens bzw der von einem Gesellschafter vorgenommenen, wirtschaftlich gleichwertigen Rechtshandlung unwiderleglich (!) zu vermuten[301] – was erhebliche **verfassungsrechtliche Risiken** mit sich bringt[302] – und im Übrigen das bisher weitgehend richterrechtlich geprägte Eigenkapitalersatzrecht unter gleichzeitiger Löschung sowohl des alten Namens („Eigenkapitalersatzrecht“) als auch der vorhandenen Spuren im GmbHG (§§ 32a, b GmbHG aF) und im HGB (§§ 129a, 172a HGB aF) in die InsO zu überführen. Dabei wird durch die in der Neufassung des § 39 Abs 1 Nr 5 enthaltene Formulierung „Forderungen aus Rechtshandlungen, die einem solchen Darlehen wirtschaftlich entsprechen“ der bisherige § 32a Abs 3 Satz 1 GmbHG in personeller und sachlicher Hinsicht übernommen.[303] Jedoch sollen die sog „Rechtsprechungsregeln“, soweit sie auf einer analogen Anwendung der Kapitalerhaltungsvorschriften (§§ 30, 31 GmbHG, §§ 57, 62 AktG) beruhten, künftig nicht mehr angewandt werden dürfen (sog **„Abschaffung der Rechtsprechungsregeln“**; vgl dazu außer der Entwurfsbegründung[304] insb auch § 30 Abs 1 S 3 GmbHG nF, § 57 Abs 1 S 4 AktG nF sowie die Kommentierungen des § 39 Abs 1 Nr 5).

Hinsichtlich der bislang unter dem Stichwort **„eigenkapitalersetzende Nutzungsüberlassung“** diskutierten Fallgruppe (Rn 68 ff) wird von einigen Autoren[305] behauptet, dass der Gesetzgeber des MoMiG sich dezidiert gegen eine Weitergeltung der vom BGH[306] seit vielen Jahren kontinuierlich vertretenen Ansicht entschieden habe, dass die Vermietung oder Verpachtung einer beweglichen Sache oder eines Grundstücks eine Rechtshandlung sei, die einer Darlehensgewährung wirtschaftlich entspreche. Diese These, der sich inzwischen auch der *BGH* angeschlossen hat,[307] findet in den Gesetzesmaterialien keine Stütze.[308] Allerdings äußert die EinzelBegr des Art 9 Nr 5 RegEMoMiG (betr § 39 Abs 1 Nr 5 nF) die Erwartung, dass die vorgesehenen Neuregelungen iVm der vom MoMiG beabsichtigten Aufgabe der sog RsprRegeln „zumindest hinsichtlich der Rechtsfolgen nicht ohne Auswirkungen bleiben“ werde.[309] Diese Bemerkung zielt jedoch nicht, jedenfalls nicht mit Bestimmtheit, auf die Tatbestands-, sondern lediglich auf die Rechtsfolgeseite des § 39 Abs 1 Nr 5. Als nach Inkrafttreten des MoMiG erneut auf den Prüfstand zu stellende RsprRegel verweist die EntwurfsBegr an dieser Stelle lediglich auf die Rspr des BGH, die in den Fällen der eigenkapitalersetzenden Nutzungsüberlassung „aufgrund einer Umqualifizierung der Leis- 72

300 In diesem Sinne die EinzelBegr zu Art 9 Nr 5 des RegEMoMiG (BT-Drucks 16/6140, 56): Auf das Merkmal „kapitalersetzend“ werde verzichtet. Es gebe nach dem neuen Konzept keine „kapitalersetzenden Gesellschafterdarlehen“ mehr.

301 *Bork* ZGR 2007, 250, 257; **aM** *Habersack* ZIP 2007, 2145, 2147.

302 Ausf *Marotzke* JZ 2010, 592, 598 ff; *ders* KTS 2016, 19 ff; *Klinck* Die Grundlagen der besonderen Insolvenzanfechtung, 2011, S 261 ff mit Fn 203, 210 f; vgl auch *Hölzle* ZIP 2010, 913, 914; verfassungsrechtliche Bedenken erst artikulierend, dann aber wenig überzeugend beiseite schiebend *Altmeppen* NJW 2008, 3601, 3602 f, 3607; vgl auch *Schäfer* ZInsO 2012, 1354, 1356.

303 In diesem Sinne die EinzelBegr zu Art 9 Nr 5 des RegEMoMiG, BT-Drucks 16/6140, 56.

304 BT-Drucks 16/6140, 42.

305 Vgl zB *L/H/Kleindiek* § 64 Anh Rn 135; ebenso *OLG Schleswig* ZIP 2012, 885 ff = ZInsO 2012, 1678 ff = NZI 2012, 622 ff m abl Anm *Haas* NZI 2012, 601 ff.

306 Vgl die Nachweise bei Rn 68.

307 *BGH* 29.1.2015 – IX ZR 279/13, BGHZ 204, 83 [Rn 38 ff].

308 Ausf *Marotzke* JZ 2010, 592, 593 f (ad II 2 a, b).

309 BT-Drucks 16/6140, 56; zust *Habersack* ZIP 2007, 2145, 2150 f; vgl auch *K/P/B/Tintelnot* § 109 Rn 26; HambKomm/*Schröder* § 135 Rn 111.

tung in Eigenkapital" eine Verpflichtung des Gesellschafters annehme, „der Gesellschaft das Wirtschaftsgut für den vertraglich vereinbarten Zeitraum (und bei einer missbräuchlichen Zeitbestimmung für den angemessenen Zeitraum[310]) unentgeltlich zu belassen". Eine solche Belassungspflicht sei eine „von den Grundregeln der §§ 103 ff InsO abweichende Rechtsfolge", für die sich in den beabsichtigten Neuregelungen, weil diese „nach ihrer Systematik durchgängig nicht mehr an einen ‚eigenkapitalersetzenden‚ Charakter der Leistung anknüpfen", keine Grundlage mehr finden lassen werde.[311] Diese Art der Rechtsfolgenbetrachtung lässt eine inhaltliche Auseinandersetzung mit den in ihr erwähnten „§§ 103 ff InsO" vollständig vermissen.[312] Jedenfalls bei der Vermietung oder Verpachtung von **Immobilien** folgt der Fortbestand des vertraglichen Besitz- und Nutzungsrechts des Schu (bzw der entspr Befugnis seines InsVerw) nicht erst aus einem etwaigen Eigenkapitalersatzcharakter der Nutzungsüberlassung (altes Recht) oder aus § 135 Abs 3 S 1 (neues Recht), sondern schlicht aus § 108 Abs 1 S 1.[313] Bei Vermietung oder Verpachtung **beweglicher** Sachen besteht das Besitz- und Nutzungsrecht jedenfalls dann fort, wenn der InsVerw auf Erfüllung des Vertrages besteht – was gem §§ 80 Abs 1, 103 sein gutes Recht ist. Den erwähnten §§ 80 Abs 1, 103, 108 Abs 1 S 1 ist eine Differenzierung zwischen Verträgen mit und solchen ohne Eigenkapitalersatzcharakter genau so fremd wie der am 1.11.2008 in Kraft getretenen Neufassung des § 39 Abs 1 Nr 5. Mit dem neu gefassten § 39 Abs 1 Nr 5 (nachrangige InsFord), der ebenso wie § 39 Abs 1 Nr 5 aF nicht nur den §§ 38, 108 Abs 3 (normalrangige InsFord), sondern auch dem § 55 Abs 1 Nr 2 (Masseverbindlichkeit) vorgeht,[314] lässt sich problemlos – wenn auch nicht mehr zeitlich unbegrenzt[315] und auch nicht mehr unter Ersetzung einer missbräuchlich kurz bemessenen Vertragsdauer durch einen „angemessenen" Zeitraum[316] – die „Unentgeltlichkeit" (richtiger: die Entgeltnachrangigkeit) des bereits gem § 108 Abs 1 S 1 fortbestehenden (bei beweglichen Sachen: des dem Erfüllungswahlrecht aus §§ 80 Abs 1, 103 unterliegenden) Nutzungsrechts begründen.[317]

---

310 S dazu bereits Rn 68 mit Nachweisen in der vorletzten Fn.

311 Zust *Habersack* ZIP 2007, 2145, 2150; **aM** *Jaeger/Henckel* § 135 Rn 15 ff; *Knof* ZInsO 2007, 125, 129 ff; *Hölzle* ZInsO 2007, 421 ff; *Bork* ZGR 2007, 250, 266 f; *Haas* ZInsO 2007, 617, 622 (der hier mit §§ 135, 146 Abs 2 helfen will).

312 Diese Auseinandersetzung nachholend *K Schmidt* DB 2008, 1727 ff; *Marotzke* ZInsO 2008, 1281 ff.

313 Insoweit übereinstimmend *LG Kiel* ZIP 2011, 968, 969 = ZInsO 2012, 181 ff (aufhebend und vom Gegenteil ausgehend *OLG Schleswig* ZIP 2012, 885 = ZInsO 2012, 1678 = NZI 2012, 622 m abl Anm *Haas* NZI 2012, 601 ff); *BGH* 29.1.2015 – IX ZR 279/13, BGHZ 204, 83 [Rn 27 ff, 33, 58, 60] = ZIP 2015, 589 = ZInsO 2015, 559.

314 *Marotzke* ZInsO 2009, 2073, 2074 (Leitsätze 3.2 – 3.4); *ders* JZ 2010, 592, 597 f; *Geißler* S 92 ff, 96 ff, 99; *LG Kiel* ZIP 2011, 968 f = ZInsO 2012, 181 ff; **aM** das in derselben Sache ergangene BerufungsUrt *OLG Schleswig* ZIP 2012, 885 ff = ZInsO 2012, 1678 ff = NZI 2012, 622 ff (m abl Anm *Haas* NZI 2012, 601 ff); vgl auch *Heinze* ZIP 2008, 110 (1 Sp), der sich dann (S 111 f) aber sehr über die Konsequenzen seiner eigenen Ansicht beklagt. Missverständlich *Knof* ZInsO 2007, 125, 130 f.

315 Vgl 5. Aufl, § 108 Rn 51f, g; *Marotzke* ZInsO 2008, 1281, 1290; **gegen** jedwede zeitliche Beschränkungen und insofern über die hier vertretene Ansicht sogar noch hinausgehend *Hölzle* ZIP 2009, 1939, 1946 und *Geißler* S 166 ff.

316 Vgl 7. Aufl § 108 Rn 69; anders die in der vorliegenden Aufl bei § 108 Rn 68 nachgewiesene frühere Rspr des BGH.

317 Ausf *Marotzke* ZInsO 2008, 1281, 1284 f, 1288 ff; *ders* JZ 2010, 592, 597 f; *Hölzle* ZIP 2009, 1939, 1945 ff; *Geißler* S 92 ff, 96 ff, 99; vgl auch *Henkel* ZInsO 2010, 2209, 2211 f; **aM** *K Schmidt* DB 2008, 1727, 1731; Götte/Habersack/*Habersack* Das MoMiG in Wissenschaft und Praxis, 2009, Kap 5 Rn 5.37; *Bitter* ZIP 2010, 1, 6 ff; *Graf-Schlicker/Neußner* § 39 Rn 43, § 135 Rn 36, 39 und – jedoch mit Bedauern – *Spliedt* ZIP 2009, 149, 156 ff; vgl auch *LG Freiburg* 7.1.2014 – 12 O 133/13, ZInsO 2014, 262 = ZIP 2014, 336.

Jedoch hat der IX. Zivilsenat des *BGH* am 29.1.2015 anders entschieden[318] und dabei folgenden Leitsatz gebildet: **„Nach Wegfall des Eigenkapitalersatzrechts besteht kein Anspruch des Insolvenzverwalters auf unentgeltliche Nutzung von Betriebsanlagen, die der Gesellschafter seiner Gesellschaft vermietet hat.“** Im Hinblick auf die hohen verfassungsrechtlichen Risiken,[319] die eine vollständige oder auch nur teilweise Fortschreibung der Rechtsfolgen des bisherigen Eigenkapitalersatzrechts mit sich bringt, nachdem das Tatbestandsmerkmal „kapitalersetzend“ ersatzlos gestrichen wurde, kann man mit dieser allerdings ganz anders begründeten Grundsatzentscheidung des BGH gut leben. 73

Begünstigt wurde die Entscheidung des *BGH* durch die Existenz des § 135 Abs 3. Diese Vorschrift war erst kurz vor Abschluss des MoMiG-Gesetzgebungsverfahrens aufgrund einer Empfehlung des BT-Rechtsausschusses eingefügt worden. Sie verdankt ihre Existenz dem Umstand, dass man plötzlich meinte, nach Abschaffung des Tatbestandsmerkmals „kapitalersetzend“ (§ 39 Abs 1 Nr 5 nF) bestehe bei gesellschaftsinternen Nutzungsverhältnissen mit dem Gesellschafter in der Position des Nutzungsgebers „die Gefahr, dass dem Unternehmen mit der Eröffnung des Insolvenzverfahrens die für eine Betriebsfortführung notwendigen Gegenstände, dh bewegliche und unbewegliche Sachen sowie Rechte, nicht mehr zur Verfügung“ stünden.[320] Diese Befürchtung beruhte auf einer gründlichen Verkennung der bei Rn 72 beschriebenen rechtlichen Ausgangssituation (insb der Wirkungsweise der §§ 80 Abs 1, 103, 108 Abs 1 S 1) und war auch im Ergebnis nicht vollständig nachvollziehbar.[321] Der Gesetzgeber ließ sich jedoch davon überzeugen, dass Handlungsbedarf bestehe, und schuf eiligst den **§ 135 Abs 3**. Diese Vorschrift soll, unter den in ihr genannten Voraussetzungen, ein mit einer Aussonderungssperre[322] verbundenes gesetzliches Schuldverhältnis zwischen dem nutzungsgewährenden Gesellschafter und der InsMasse begründen. **§ 135 Abs 3 leidet unter denselben Fehlern wie die seiner Schaffung vorausgegangene Gefahrenanalyse**. Er bedarf deshalb in mehreren Punkten einer teleologischen Reduktion bzw einer harmonisierenden Auslegung im Lichte des vorhandenen Normenkontextes.[323] Mit dieser Maßgabe gilt § 135 Abs 3 aber auch für **Lizenzverträge**.[324] Zur Bedeutung des § 135 Abs 3 in Fällen, in denen nicht nur über das Vermögen der Gesellschaft (Nutzungsnehmerin), sondern auch über das Vermögen des Gesellschafters (Nutzungsgebers) ein InsVerf eröffnet wurde (sog **DoppelIns**), oder in Fällen, in denen auf Antrag eines Gl des Gesellschafters die **Zwangsverwaltung** des Nutzungsgegenstandes (Grundstücks) angeordnet wird, kann auf § 110 Rn 11 f verwiesen werden.[325] Auf **Finanzplan-Nutzungsverhältnisse** ist § 135 Abs 3 nur anwendbar, soweit sich aus dem Finanzplan keine für die Insolvenzmasse günstigere Rechtslage ergibt.[326] 74

---

318 *BGH* 29.1.2015 – IX ZR 279/13, BGHZ 204, 83 [Rn 38 ff] = ZIP 2015, 589 = ZInsO 2015, 559.
319 Vgl dazu die in der sechsten Fn zu Rn 71 Genannten.
320 BT-Drucks 16/9737 zu Art 9 Nr 8; ausf Darstellung der Entstehungsgeschichte bei *Geißler* S 113 ff.
321 Ausf *Marotzke* ZInsO 2008, 1281, 1287 ff; *ders* JZ 2010, 592, 594 f.
322 *Geißler* S 135, 136 ff.
323 Vgl *BGH* 29.1.2015 – IX ZR 279/13, BGHZ 204, 83, 97 [Rn 41 ff] = ZIP 2015, 589 = ZInsO 2015, 559 sowie die bei Rn 75 zitierten Aufsätze des Verf u die zT in ganz andere Richtungen gehenden Beiträge von *K Schmidt* DB 2008, 1727 ff; *Spliedt* ZIP 2009, 149, 156 ff; *Göcke/Henkel* ZInsO 2009, 170 ff; *Henkel* ZInsO 2010, 2209 ff; *Hölzle* ZIP 2009, 1939 ff; 2010, 913 ff; *Bitter* ZIP 2010, 1 ff; *Gruschinske* GmbHR 2010, 179 ff; *Geißler* S 113 ff, 135 ff, 140 ff, 142.
324 *Marotzke* ZInsO 2008, 1108, 1112; zu kautelarjuristischen Gestaltungsmöglichkeiten für den Fall des Inkrafttretens einer Vorschrift mit dem bei Rn 96 beschriebenen Inhalt vgl HK-InsO/*Marotzke* 5. Aufl 2008, § 108 Rn 51l.
325 Vgl zu Zwangsverwaltung und DoppelIns auch *Geißler* S 202, 203 ff, 209 ff, 215 ff, 217 ff.
326 Ausf *Marotzke* ZInsO 2008, 1281, 1291 f; vgl auch *Geißler* S 171, 193 f.

75 **Weiterführende Hinweise:** Ausführlichere Darstellungen der vorstehend skizzierten Rechtsfragen enthalten alle aktuellen Kommentierungen des § 39 Abs 1 Nr 5, des § 135 sowie in einzelnen Punkten auch HK-InsO/*Marotzke* 5. Aufl 2008, § 108 Rn 51a ff. Das an der letztgenannten Stelle Ausgeführte ist Gegenstand eines ausführlicheren Beitrags des *Verf* zum Thema „Gesellschaftsinterne Nutzungsüberlassung nach Abschaffung des Eigenkapitalersatzrechts".[327] **Besonders wichtig für die Praxis ist** selbstverständlich **die bei Rn 73 erwähnte Grundsatzentscheidung des BGH**.

E. Rücktritt, Kündigung, sonstige Gestaltungsrechte, Unwirksamkeit masseschmälender Vorausverfügungen über Entgeltforderungen

76 Das Thema **„Rücktritts-, Kündigungs- und sonstige Gestaltungsrechte in Fällen des § 108"** wird angesprochen bei § 108 Rn 3, 8, 54, 67, 94 sowie in §§ 111, 112, 113 und § 109, dessen Abs 2 über den Wortlaut hinaus auch für Dienstverhältnisse von Bedeutung ist (§ 109 Rn 48 ff). Ein Sonderkündigungsrecht des **Mieters** wegen Ins des **Vermieters** ist gesetzlich nicht vorgesehen[328] und idR auch über §§ 242, 313, 314, 543 Abs 1 BGB nicht zu begründen.[329] Zu einem Kündigungsrecht verhilft allerdings in bes gelagerten Fällen eine analoge Anwendung von § 321 Abs 2, § 323 Abs 2 Nr 3 oder § 323 Abs 4 BGB.[330] Soweit sich aus den in dieser Rn erwähnten Vorschriften nichts anderes ergibt, kann man mit dem BGH[331] feststellen: „Bei Vermögensverfall einer Mietvertragspartei gewährt das Gesetz dem Vertragspartner grds kein Recht, sich vom Vertrag zu lösen." Diese Feststellung gilt nicht nur für Mietverhältnisse, sondern auch für die übrigen von § 108 Abs 1 erfassten Schuldverhältnisse.[332] Bei Miet- und Pachtverhältnissen mit dem Schu in der Rolle des insolventen Mieters bzw Pächters wird sie ergänzt durch die Kündigungssperre des § 112 (s dort Rn 18 ff). Ein Darlehen kann zwar vom Darlehensgeber nach Maßgabe des § 490 Abs 1 BGB und etwaiger AGB wegen Vermögensverfalls des Darlehensnehmers, nicht jedoch vom Darlehensnehmer wegen Vermögensverfalls des Darlehensgebers gekündigt werden (vgl auch § 108 Abs 2 nF). Das Thema **„Unwirksamkeit masseschmälender Vorausverfügungen in Fällen des § 108"** wird mit Blick auf den Fall, dass Entgeltforderungen aus **Miete oder Pacht** betroffen sind, bei § 110 abgehandelt. **Der bei Vorausverfügungen über Entgeltansprüche aus Dienstverhältnissen einschlägige § 114 wurde mit Wirkung ab 1.7.2014 aufgehoben.**[333] **Dies geschah jedoch nicht, um Vorausverfügungen des Schu über Entgeltforderungen aus Dienstverhältnissen oder an deren Stelle tretende laufende Bezüge von aus § 114 resultie-**

---

327 Publiziert in ZInsO 2008, 1281 ff. Diesen Beitrag um weitere Aspekte ergänzend *Marotzke* FS Runkel, 2009, S 359 ff (ua zur analogen Anwendung der §§ 103, 107 Abs 2 auf das gesetzliche Schuldverhältnis des § 135 Abs 3); KS-InsO-*Marotzke* Die Insolvenz des Untervermieters einer Immobilie, 3. Aufl 2009, S 672 ff Rn 2, 27, 29 ff, 40, 59 ff, 82, 112 f, 116; *ders* JZ 2010, 592, 593 ff (mit Schwerpunkt auf der Feststellung der Voraussetzungen des § 39 Abs 1 Nr 5 Alt 2); *ders* ZInsO 2013, 641, 643 ff. Im Übrigen sei verwiesen auf § 103 Rn 32, § 107 Rn 41, § 110 Rn 11 f, auf die dritte und die vierte Fn zu § 112 Rn 9 sowie auf die Monographie von *Geißler* Geschichte und juristische Gegenwart gesellschaftsinterner Nutzungsüberlassungen, 2010.

328 Zur Unwirksamkeit eines **vertraglichen** Vorbehalts s *LG Stendal* DZWIR 2001, 166 f mit Anm *Fehl*.

329 *BGH* NJW-RR 2002, 946 f = KTS 2003, 87 ff; *BGH* NJW-RR 2002, 947 f.

330 *Marotzke* KTS 2002, 1, 12 ff, 18 f, 26 ff (für die Ins des Mieters, des Pächters bzw eines Werkunternehmers).

331 *BGH* NJW-RR 2002, 946 = KTS 2003, 87, 88 [ad 2b aa]; vgl auch *OLG Düsseldorf* ZInsO 2007, 152, 154.

332 Vgl jedoch die Hinweise bei *Marotzke* KTS 2002, 1, 14 Fn 49.

333 Art 1 Nr 15 und Art 9 des Gesetzes zur Verkürzung des Restschuldbefreiungsverfahrens und zur Stärkung der Gläubigerrechte v 15.6.2013, BGBl I 2013, 2379 ff.

renden Wirksamkeitsbeschränkungen zu befreien, sondern sollte dazu dienen, solche Vorausverfügungen insgesamt, also auch hinsichtlich der Teile, deren Wirksamkeit § 114 unberührt ließ (also hinsichtlich der Bezüge „für die Zeit vor Ablauf von zwei Jahren nach dem Ende des zur Zeit der Eröffnung des Verfahrens laufenden Kalendermonats"), **mit Eröffnung des InsVerf unwirksam werden zu lassen.**[334] Die Annahme, dass dieses Ziel ausgerechnet mithilfe einer ersatzlosen Streichung des § 114 erreicht werden könne (weil sich die Unwirksamkeit der Vorausverfügung hinsichtlich der Bezüge für die Zeit nach Ablauf von zwei Jahren seit Ende des bei Eröffnung des InsVerf laufenden Kalendermonats nach bisherigem Recht nicht aus § 114, sondern aus § 91 Abs 1 ergeben habe), entbehrte nicht einer gewissen Kühnheit.[335] Immerhin wurde jedoch das im Endeffekt Gewollte – nämlich hinsichtlich sämtlicher (!) dem Schu für die Zeit nach Verfahrenseröffnung zustehender Arbeitsentgelte die ausnahmslose Unwirksamkeit sowohl rechtsgeschäftlicher (§ 114 Abs 1) als auch im Wege der Zwangsvollstreckung (§ 114 Abs 3) erfolgter Verfügungen sowie die Beseitigung der dem Vertragspartner in § 114 Abs 2 S 1 zugestandenen Aufrechnungsmöglichkeit – in der Gesetz(entwurfs)begründung klar und deutlich zum Ausdruck gebracht.[336] **Die ersatzlose Streichung des § 114 ist** deshalb trotz erheblicher dogmatischer Zweifel **im Sinne einer auf die Fälle des bisherigen § 114 beschränkten authentischen Interpretation des § 91 Abs 1 zu akzeptieren.**

F. Verhältnis zu §§ 129 ff

Bisher nicht abschließend geklärt ist die Frage, ob die in Abs 1 und 2 ausgesprochenen Fortbestehensanordnungen im Rahmen ihrer Anwendungsbereiche nicht nur § 103 (s Rn 3), sondern auch §§ 129 ff unanwendbar machen. ME bestehen gegen eine Anwendung der §§ 129 ff keine Bedenken, soweit mit ihrer Hilfe Leistungen rückgängig gemacht werden sollen, die für die Zeit vor Eröffnung des InsVerf geschuldet und erbracht wurden (s Rn 64); denn insoweit führen die in Abs 1 und 2 ausgesprochenen Fortbestehensanordnungen nicht (vgl Abs 3) zu einer MasseGlStellung des Vertragspartners, die mglw (§ 129 Rn 77) anfechtungsfest wäre. IÜ ist eine differenzierte Betrachungsweise angezeigt.[337] **77**

Der BGH scheint wie selbstverständlich davon auszugehen, dass die Fortbestehensanordnung des § 108 Abs 1 den schuldrechtlichen Vertrag, auf den sie sich bezieht, nicht gegenüber einer auf §§ 129 ff gestützten Anfechtung immunisiert.[338] Das ist iE zutr: Ebensowenig wie die Bestellung einer zur Aussonderung oder zur abgesonderten Befriedigung berechtigenden Sicherheit ist auch der Abschluss eines schuldrechtlichen Vertrages, der dem Part- **78**

334 Vgl RegE eines Gesetzes zur Verkürzung des Restschuldbefreiungsverfahrens und zur Stärkung der Gläubigerrechte nebst Begründung, BR-Drucks 467/12 v 10.8.2012, 33 f.

335 Dies gilt insbesondere für die in der Begründung des im Jahre 2012 vorgelegten RegE eines Gesetzes zur Verkürzung des Restschuldbefreiungsverfahrens und zur Stärkung der Gläubigerrechte (BR-Drucks 467/12, 34) enthaltenen kritischen Ausführungen zu dem – mE durchaus vertretbaren – Standpunkt der Begr des RegEInsO von 1992 (BT-Drucks 12/2443, 150 f = *Balz/Landfermann* S 343 – zu RegE § 132), dass vom Schu getätigte Vorausverfügungen über Entgeltforderungen aus Dienstverhältnissen unbeschränkt **wirksam** geblieben wären, wenn man nicht durch Schaffung des § 114 gegengesteuert hätte. Vgl zu ähnlichen Fragen im Zusammenhang mit dem vergleichbar strukturierten § 110 die Ausführungen bei § 110 Rn 5.

336 Vgl RegE eines Gesetzes zur Verkürzung des Restschuldbefreiungsverfahrens und zur Stärkung der Gläubigerrechte nebst Begründung, BR-Drucks 467/12 v 10.8.2012, S 33 f.

337 Ausf *Marotzke* FS Westermann, 2008, S 427, 431 ff (S 434 Abs 2 wurde verfasst vor Erlass des bei § 108 Rn 5 erwähnten Urt *BGHZ* 173, 116, 120 ff); vgl auch *Jaeger/Henckel* § 129 Rn 55 ff, insb Rn 56 f; *Tabrizi* S 183 ff.

338 Vgl *BGH* 16.10.2014 – IX ZR 282/13, ZIP 2014, 2303 [Rn 11 ff].

ner die Stellung eines MasseGl beschert, nicht allein wegen der mit ihm verbundenen Vorzugsstellung des Vertragspartners der Anfechtung entzogen.

79 Zutr ist vor diesem Hintergrund die in einem Urt des OLG München vertretene Ansicht, dass der auf Mieterseite erfolgte Eintritt des Schu in einen bereits bestehenden Mietvertrag wegen der sich aus §§ 108 Abs 1 S 1, 55 Abs 1 Nr 2 Alt 2 ergebenden Masseschuldqualität der auf die Zeit nach Eröffnung des InsVerf entfallenden Mietschulden des in den Mietvertrag eingetretenen Schu auch dann gläubigerbenachteiligend iSd §§ 129, 133 und deshalb uU auch anfechtbar sein könne, wenn alleiniger Mieter bis dahin eine dem Konzern des Schu angehörende Vermietungsgesellschaft war und der Schu auch schon vor seinem Vertragseintritt für die Zahlung der Miete einzustehen hatte.[339] Denn die durch den Eintritt in den Mietvertrag verstärkte bisherige Einstandspflicht war nicht mietvertraglicher Natur und gewährte deshalb in der Ins des Schu keine Massegläubigerstellung iSd §§ 108 Abs 1 S 1, 55 Abs 1 Nr 2 Alt 2, sondern lediglich eine InsFo gem § 38; sie war also für die InsMasse weniger belastend.[340]

80 Ebenfalls zutr hat sich das OLG München in einer anderen Entscheidung auf den Standpunkt gestellt, dass eine teilweise unentgeltliche und deshalb ganz oder teilweise der Anfechtung nach § 134 unterliegende Leistung des Vermieters einer Wohnung bei einem bereits viele Jahre vor Eröffnung des InsVerf über das Vermögen (bzw über den Nachlass) des Vermieters geschlossenen Mietvertrag nicht bereits darin gesehen werden könne, dass die für die Gebrauchsgewährung zu entrichtende vertragliche Gegenleistung des Mieters jedenfalls während des in § 134 Abs 1 genannten Zeitraums deutlich unter der ortsüblichen Vergleichsmiete gelegen habe und eine rechtlich mögliche Mieterhöhung nicht vorgenommen worden sei.[341]

G. Ausstrahlung des Abs 1 auf dingliche Nutzungsrechte?

81 Im Schrifttum findet sich die Formulierung, dass der „Begriff der Pacht" auch das **Wohnungsrecht** (§ 1093 BGB) und den **Nießbrauch** (§ 1030 BGB) umfasse.[342] Das ist so nicht richtig. Prima facie plausibel erscheint allerdings die Vermutung, dass **dingliche Nutzungsrechte**, insb Nießbrauch (§ 36 Rn 38 f, § 119 Rn 4 mit Fn-Hinweis zu § 1059 S 2 BGB), Wohnungsrecht[343] und **Erbbaurecht**, mindestens ebenso insolvenzfest sind wie schuldrechtliche. Dieser Gedanke führt jedoch nicht zwingend zu einer analogen Anwendung des § 108.[344]

---

339 *OLG München* 15.2.2011 – 5 U 3762/10, ZInsO 2012, 594 = ZIP 2012, 286 (hiergegen eingelegte Nichtzulassungsbeschwerde abweisend *BGH* ZInsO 2012, 971 f); **aM** *OLG Brandenburg* 10.8.2011 – 3 U 112/10, ZInsO 2011, 1952, 1954 f (II 2 b) = ZIP 2011, 1974, 1976 f (m Anm *Frind* EWiR 2011, 783 f); das Urt des *OLG Brandenburg* aufhebend *BGH* 26.4.2012 – IX ZR 146/11, ZInsO 2012, 1127 = ZIP 2012, 1183.

340 Nicht von der Hand zu weisen aber auch *OLG Karlsruhe* ZInsO 2016, 472 (LS): Werde eine Gläubigerbenachteiligung nur durch § 108 Abs 1 S 1 bewirkt, könne ein diesbezüglicher Vorsatz (§ 133 Abs 1 S 1) des Schu nur dann vorgelegen haben, wenn der Schu bei Vornahme der Rechtshandlung (in casu: einer Vertragsübernahme) um diese Wirkung gewusst und sie billigend in seine Überlegungen einbezogen habe.

341 *OLG München* Hinweisbeschl v 21.6.2013 – 14 U 579/13, ZInsO 2013, 1642 = ZIP 2013, 1587 ff.

342 Vgl *Uhlenbruck/Berscheid* 12. Aufl 2003, § 108 Rn 8 aE; ähnlich *Andres/Leithaus* § 108 Rn 3.

343 *Sämisch* ZInsO 2005, 922 ff.

344 Vgl auch *BGH* ZIP 2005, 2267 f = NZI 2006, 97 ff (m Anm *Drasdo*); *BGH* NJW 2007, 2325 [Rn 10] = ZInsO 2007, 600 = ZIP 2007, 1120: auf Erbbaurechtsverträge sei weder § 103 noch § 108 anwendbar (zust *Tintelnot* EWiR 2006, 313; vgl auch *Meyer* NZI 2007, 487 ff; *Pfennig* Das Erbbaurecht in der Insolvenz, 2010, S 37 ff, 180 ff; *Keller* NZI 2012, 777, 778).

Nach einem Urt des OLG Karlsruhe soll einer Vereinbarung, welche „die Eröffnung des Konkurs-/InsVerf" über das Vermögen des Erbbauberechtigten oder dessen Zahlungsunfähigkeit bzw Überschuldung zu einem **Heimfallgrund** iSd § 2 Nr 4 ErbbauVO macht, rechtlich nichts entgegenstehen.[345] Ein solcher Heimfallanspruch komme selbst dann in Betracht, wenn der Heimfall **entschädigungslos** erfolgen solle, das Grundstück bereits mit einem Geschäftshaus bebaut worden „und die Gemeinschuldnerin das Erbbaurecht kurz vor der Konkursantragstellung lastenfrei gemacht" habe.[346] Da das im konkreten Fall eröffnete Ins-Verfahren keines nach der InsO, sondern ein KonkursVerf war, mag die Entsch des OLG Karlsruhe iE richtig gewesen sein.[347] Mit Inkrafttreten der InsO (§ 119) hat sich jedoch insofern eine Änderung der Rechtslage ergeben, als in Miet- oder Pachtverträgen über Grundstücke nun nicht mehr im Voraus bestimmt werden kann, dass das Grundstück bei Eröffnung des InsVerf über das Vermögen des Mieters bzw Pächters sofort zurückgegeben werden muss (Rn 94). Man könnte nun meinen, dass dies bei **dinglichen** Nutzungsrechten wie Nießbrauch oder Erbbaurecht erst recht[348] gelten müsse (außer iF der Unentgeltlichkeit, da ja auch Leihe[349] nicht unter §§ 108, 112 fällt). Allerdings würde ein solcher Erst-Recht-Schluss zu Folgeproblemen führen (analoge Anwendung auch der §§ 109 ff?[350]), deren erschöpfende Darstellung im Rahmen dieses Kommentars nicht möglich ist. Vgl erg § 119 Rn 12.

Beim **Nießbrauch** wird in Rspr und Schrifttum eine Anwendung des **§ 17 KO (§ 103 InsO)** **82**
als möglich erachtet, wenn nach dem der Rechtseinräumung zugrunde liegenden schuldrechtlichen Vertrag eine laufende Gegenleistung zu erbringen ist.[351] Die einschlägigen Stellungnahmen beziehen sich auf den Konkurs des Nießbrauchberechtigten. Überträgt man sie versuchsweise auf die Ins des Inhabers des mit dem Nießbrauch belasteten Rechts, so besteht die Gefahr eines erheblichen Wertungswiderspruchs zu §§ 108 ff (im umgekehrten Fall sind die Divergenzen etwas geringer). Da die Rechtslage noch weithin ungeklärt ist (s Rn 81 aE), könnte es aus Sicht des Nießbrauchers (und vielleicht auch für einen Erbbaurechtsinhaber) sinnvoll sein, sich neben dem dinglichen Nutzungsrecht „sicherheitshalber" auch die oftmals (aber: Rn 8 ff, 16 ff) durch § 108 Abs 1 geschützten Rechte eines Mieters oder Pächters einräumen zu lassen. Funktional wäre dies ein schuldrechtliches Gegenstück zu der sich, übrigens auch im Zusammenhang mit **Lizenzen**,[352] weitaus größerer Bekannt-

---

345 *OLG Karlsruhe* NJW-RR 2002, 413 f = ZInsO 2001, 714 ff (insb LS 1); dazu auch § 103 Rn 37 und § 119 Rn 3 aE.

346 Vgl die Sachverhaltsschilderung des OLG Karlsruhe und Abschn 3 der UrtGründe.

347 Nichtannahme der Revision durch Beschl des *BGH* v 23.5.2001 – V ZR 225/00.

348 **AM** *BGH* NJW 2007, 2325 ff = ZInsO 2007, 600 ff = ZIP 2007, 1120 ff, der im konkreten Fall jedoch eine auf die Heimfallklausel beschränkte (Teil-)Anfechtung nach §§ 129, 133 zulässt. Mit dem BGH im Ausgangspunkt übereinstimmend, jedoch in der anfechtungsrechtlichen Beurteilung teilw abweichend *Pfennig* Das Erbbaurecht in der Insolvenz, 2010, S 66 ff; vgl auch *Keller* NZI 2012, 777, 781 ff.

349 Vgl Rn 6.

350 Abl *OLG Jena* OLG-NL 2006, 60, 61 (bzgl § 109); *Tintelnot* EWiR 2006, 313, 314; *Pfennig* Das Erbbaurecht in der Insolvenz, 2010, S 28 ff, 194 f.

351 Vgl *RG* DJZ 1916, 813; *Jaeger/Henckel* 9. Aufl, KO § 1 Rn 97; MK-BGB/*Pohlmann* 6. Aufl 2013, § 1059 Rn 27; *Soergel/Stürner* BGB, 13. Aufl 2001, § 1059 Rn 11; *Staudinger/Heinze* BGB 2016, § 1059 Rn 32; **aM** für das **Erbbaurecht** *OLG Düsseldorf* DZWIR 2002, 124, 126 (in Abgrenzung zu seinem in ZIP 1995, 2003 veröffentlichten früheren Urt); *BGH* NZI 2006, 97 (m Anm *Drasdo*) = ZInsO 2005, 1322 = ZIP 2005, 2267 f (einschlägig sei weder § 103 noch § 108; zust *Tintelnot* EWiR 2006, 313 f); *BGH* NJW 2007, 2325, 2326 [Rn 10]) = ZInsO 2007, 600 = ZIP 2007, 1120.

352 Vgl die Hinweise bei Rn 21.

heit erfreuenden Rechtsfigur des **Sicherungsnießbrauchs**.[353] Mit der **Behandlung des Nießbrauchs in der Ins** befassen sich die in der Fn[354]genannten Publikationen. Die Möglichkeiten der **Nießbrauchsbestellung an Immaterialgüterrechten** des gewerblichen Rechtsschutzes und des Urheberrechts werden von den in dieser Fn[355] Genannten beschrieben.

H. Abs 2: Darlehensverträge

I. Sinn und Zweck

83 § 108 Abs 2 nF trat am 1.7.2007 in Kraft, der bisherige Abs 2 wurde zu Abs 3. Der neue Abs 2 ist wortgleich mit Art 1 Nr 17 lit b des RegE eines Gesetzes zur Vereinfachung des InsVerf.[356] Abs 2 nF gilt in der Ins des Darlehens**gebers**, nicht in der Ins des Darlehensnehmers. **Nach der EntwurfsBegr**[357] ist § 108 Abs 2 nF die Antwort des Gesetzgebers auf die umstrittene und höchstrichterlich noch nicht geklärte Frage, ob § 103 auf Darlehensverträge anwendbar ist, wenn der Darlehensgeber die Darlehensvaluta vor Eröffnung des InsVerf ausbezahlt hat.[358] Mit Einfügung des heutigen Abs 2 werde eine Rechtsunsicherheit beseitigt, die „insbesondere am Kapitalmarkt zu Risikoaufschlägen (führe) und damit die **Finanzierungskosten in Deutschland** unnötig (erhöhe)." Wer nicht bereits aus anderen Quellen[359] wusste, was mit dieser nebulösen Formulierung gemeint sein konnte, erfährt aus der EntwurfsBegr über den wahren Zweck des Abs 2 (s Rn 88) so gut wie nichts.[360]

84 Direkt im Anschluss an ihren knappen Hinweis auf die angeblich zu Risikoaufschlägen am Kapitalmarkt führende „Rechtsunsicherheit" (Rn 83) wechselt die regierungsamtliche Begründung des heutigen § 108 Abs 2 das Thema: Sei der Schuldner als Darlehensgeber ein entgeltliches Darlehensverhältnis eingegangen, so werde „durch den neuen Abs 2 nunmehr klargestellt, dass dieses mit Wirkung für die Masse fortbesteht, soweit dem Darlehensgeber der geschuldete Gegenstand zur Verfügung gestellt wurde". Bereits aus § 103 ergebe sich, dass der Insolvenzverwalter **das Darlehensverhältnis nicht außerhalb der darlehensrechtlichen Kündigungsmöglichkeiten beenden** könne, da der Darlehensgeber mit der Auszahlung der Darlehensvaluta seine Hauptleistungspflicht erfüllt habe (str[361]). IF der **Ins eines Kreditinstituts** habe der neue § 108 Abs 2 den insb für die Kreditversorgung kleiner und mittelständischer Unternehmen wichtigen „Vorteil, dass durch den Insolvenzverwalter nicht zahlreiche Darlehensverträge beendet werden können". Unberührt bleibe die Anwendbarkeit des § 116 auf **Kontokorrentkredite**.

85 Die bei Rn 84 wiedergegebene Passage der EntwurfsBegr beschreibt die Wirkungsweise und die Grenzen des neuen § 108 Abs 2 in sehr unzulänglicher Weise:

---

353 Zum Sicherungsnießbrauch vgl *Staudinger/Heinze* BGB 2016, § 1030 Rn 63 ff.
354 Vorliegender Komm bei § 36 Rn 40, § 111 Rn 14, § 119 Rn 4; ferner *Staudinger/Heinze* BGB 2016, § 1059 Rn 32 f, § 1061 Rn 12, Vorb 101 f zu §§ 1030 ff.
355 *Staudinger/Heinze* BGB 2016, Rn 5 ff, 9 ff des Anh zu §§ 1068 f BGB; *Benkard/Ullmann/Deichfuß* PatG, 11. Aufl 2015, § 15 Rn 41; *Ströbele/Hacker* MarkenG, 11. Aufl 2015, § 29 Rn 8 ff; *Fezer* Markenrecht, 4. Aufl 2009, § 29 Rn 63.
356 BT-Drucks 16/3227.
357 BT-Drucks 16/3227, 19.
358 Die Frage stellt sich nur beim **entgeltlichen** (Rn 92) Darlehen; hier wurde sie bejaht von *Stahmer* S 251 ff, 277, 359 ff, 405 f, 407 f; *Lind* ZInsO 2004, 580 ff; **aM** *Fleckner* ZIP 2004, 585, 595 ff.
359 ZB *Fleckner* ZIP 2004, 585 ff.
360 Dies kritisierend *Marotzke* ZInsO 2006, 300 ff; sa *K/P/B/Tintelnot* § 108 Rn 4a ff.
361 Vgl zu dieser Frage *Stahmer* S 251 ff, 277, 359 ff, 405 f, 407 f; *Lind* ZInsO 2004, 580 ff; *Fleckner* ZIP 2004, 585, 595 ff.

Die Schlussbemerkung, der neue § 108 Abs 2 lasse die Anwendbarkeit des § 116 auf **Kontokorrentkredite** unberührt, kann leicht dahin missverstanden werden, dass dann, wenn in einem vom Wortlaut des § 108 Abs 2 umfassten Fall zugleich auch § 116 erfüllt ist (weil es sich nicht um einen normalen Tilgungs-, sondern um einen Kontokorrentkredit handelt), die speziellere Erlöschensanordnung des § 116 der allgemeineren Fortbestehensanordnung des § 108 Abs 2 vorgehe. In Wirklichkeit kann dieser Fall jedoch überhaupt nicht eintreten,[362] da § 108 Abs 2 nur in der Ins des Darlehens**gebers** gilt, eine Anwendung des § 116 hingegen nur in der Ins des (Kontokorrent-)Kredit**nehmers** in Betracht gezogen werden kann (s § 116 Rn 5, 10). Die vom Verf dieser Zeilen während des schwebenden GesetzgebungsVerf gestellte Frage, ob etwa beabsichtigt sei, in der Ins einer Bank auch Kontokorrentkredite nach § 108 Abs 2 „fortbestehen" zu lassen,[363] ist von den Gesetzesverfassern nicht beantwortet worden. Als Alternative zur Fortbestehensanordnung des § 108 Abs 2 kommt in der Ins der **Bank** jedenfalls nicht der in der EntwurfsBegr (Rn 84) angeführte § 116, sondern höchstens § 103 in Betracht; der InsVerw kann also zwischen Erfüllung und Nichterfüllung wählen[364] (mE sehr sinnvoll, und zwar auch im umgekehrten Fall, also in der Ins des **Kunden**[365]). 86

Der Hinweis in der EntwurfsBegr, iF der Ins eines Kreditinstituts ergebe sich aus der durch den neuen § 108 Abs 2 bekräftigten Auslegung des § 103, dass der InsVerw des Darlehensgebers das Darlehensverhältnis „nicht außerhalb der darlehensrechtlichen Kündigungsmöglichkeiten beenden" könne (Rn 84), ist zumindest missverständlich. Denn das Erg wäre auch dann kein anderes, wenn man § 103 für anwendbar und den Vertrag für beiderseits noch nicht vollständig erfüllt hielte.[366] Zudem wird man bei der Ermittlung der von § 103 und § 108 Abs 2 unberührt bleibenden „darlehensrechtlichen Kündigungsmöglichkeiten" uU zwischen entgeltlichen und unentgeltlichen Darlehen und des Weiteren wohl auch danach differenzieren müssen, ob es sich um ein Bankdarlehen, ein Arbeitgeberdarlehen oder um ein Gefälligkeitsdarlehen von Privat an Privat handelt.[367] Auch die Anfechtungsvorschriften der §§ 129 ff werden durch § 108 Abs 2 nicht komplett verdrängt.[368] 87

Wie bereits angedeutet (Rn 83), besteht der **primäre** Zweck des neuen § 108 Abs 2 aber ohnehin nicht darin, den Darlehensnehmer vor einer vorzeitigen Fälligstellung des gegen ihn gerichteten Rückzahlungsanspruchs des nunmehr insolventen Darlehensgebers zu schützen. **Treibendes Motiv[369] für die Schaffung des § 108 Abs 2 nF war der von Bankenseite[370] an das BMJ herangetragene Wunsch, den Kreditinstituten** – insb den in § 1 Abs 24 KWG legaldefinierten sog Refinanzierungsunternehmen – **die rechtliche Möglichkeit zu verschaffen, ihre Darlehensrückzahlungs-, Zins- und etwaige (Nach-)Besicherungsansprüche zu Refinanzierungszwecken derart abzutreten** (insb an sog Zweckgesellschaften iSd § 1 Abs 26 KWG, die auf dieser Basis sog Asset Backed Securities emittieren), **dass der Zessio-** 88

---

362 So schon während des GesetzgebungsVerf *Marotzke* ZInsO 2006, 300, 301; zust *K/P/B/Tintelnot* § 108 Rn 4c.

363 Vgl *Marotzke* ZInsO 2006, 300, 301.

364 Vgl § 116 Rn 2 aE, 10; **aM** MK/*Eckert* § 108 Rn 205 und *Uhlenbruck/D Wegener* § 108 Rn 61, die § 108 Abs 2 auch auf Kontokorrentkredite anwenden wollen.

365 Vgl § 115 Rn 6, § 116 Rn 5.

366 Ausf *Marotzke* ZInsO 2004, 1273, 1276 f mwN auch zur Gegenansicht.

367 Ausf *Marotzke* ZInsO 2004, 1273, 1277, 1283; 2006, 300 ff; *ders* FS Westermann, 2008 S 427, 429 f; **aM** wohl MK/*Eckert* § 108 Rn 206 ff.

368 Ausf *Marotzke* FS Westermann, 2008, S 427, 431 ff; s auch o Rn 77 und *K/P/B/Tintelnot* § 108 Rn 26d; MK/*Eckert* § 108 Rn 208, 211. Unberücksichtigt blieb § 108 Abs 2 bei *Jaeger/Henckel* § 129 Rn 57, 99.

369 Ausf und mit Nachweisen *Marotzke* ZInsO 2004, 1273, 1278 ff; vgl auch *Pannen* Krise und Insolvenz bei Kreditinstituten, 3. Aufl 2010, Kap 5 Rn 43 (S 193).

370 Darstellung der genaueren Umstände bei *Marotzke* ZInsO 2004, 1273 Abschn I und Fn 6.

nar auch im Fall einer späteren Ins der Zedentin Forderungsinhaber bleibt. Da man dieses Ziel als durch § 103 gefährdet ansah[371](ohne zu dieser Zeit bereits ahnen zu können, dass sich hinsichtlich der mitzedierten **Zins**ansprüche eine mglw auch mit § 108 nicht in den Griff zu bekommende Gefahr aus dem damals noch nicht vorhersehbaren BGH-Urt v 25.4.2013[372] ergeben würde[373]), setzte man sich für die Schaffung einer gesetzlichen Vorschrift ein, welche in Bezug auf Darlehensverträge durch Anordnung ihres Fortbestehens eine Barriere gegen die Anwendung des § 103 errichten soll. Das Ergebnis dieser – teils überflüssigen,[374] teils zu weit gehenden[375] und in der Methode sehr an § 108 Abs 1 S 2 erinnernden[376] – Bemühungen ist der heutige § 108 Abs 2. Die Vorschrift verdankt ihre Existenz also derselben Refinanzierungsmethode, deren massenhafte Verwendung während der Jahre 2007/2008 auch europäische Banken in den Strudel der US-amerikanischen Immobilienkrise geraten ließ, so dass von dritter (auch staatlicher) Seite in gigantischem Umfang[377] insolvenzabwendende Geldtransfers und Bürgschaften geleistet werden mussten. Auch einige deutsche Häuslebauer sind durch die Weiterveräußerung der gegen sie gerichteten Darlehensrückzahlungsansprüche „nebst Grundschuld" in erhebliche Schwierigkeiten gebracht worden.[378]

Der **Erleichterung von ABS-Transaktionen** dient auch das bei § 106 Rn 41 erwähnte **Refinanzierungsregister**.

II. Weitere Details

89 Abs 2 nF gilt nur, soweit dem Darlehensnehmer **der geschuldete Gegenstand zur Verfügung gestellt** wurde. Nicht ausdrücklich gesagt, aber wohl als selbstverständlich vorausgesetzt wird dabei, dass die Zurverfügungstellung **vor** Eröffnung des InsVerf erfolgte.

90 **Die Formulierung „der geschuldete Gegenstand"** ist sehr weit; im Allgemeinen umfasst der Rechtsbegriff „Gegenstand" **nicht nur Geld, sondern auch Sachen, Forderungen und sonstige Rechte**. Bereits in einem sehr früheren Stadium des Gesetzgebungsverfahrens hatte der Verf dieser Zeilen deshalb die Frage aufgeworfen, ob die (damals) geplante Vorschrift nicht nur normale Darlehensverträge iSd §§ 488 ff BGB, sondern auch den in §§ 607 ff BGB geregelten **Sach**darlehensvertrag erfassen wolle.[379] Eine Antwort hielt der Gesetzgeber nicht für nötig. Es ist jedoch davon auszugehen, dass die Verf des § 108 Abs 2 nF InsO die Terminologie des BGB kannten, als sie zu der Formulierung griffen, ein vom Schu als Darlehensgeber

371 Vgl jedoch § 103 Rn 50.

372 *BGH* 25.4.2013 – IX ZR 62/12, ZIP 2013, 1082, 1084 [Rn 25 f]); vgl dazu bereits Rn 33 aE mwN.

373 Eine Übertragung des bei Rn 33 aE zu **miet-, pacht- und leasingvertraglichen** Nutzungsentgelten Ausgeführten auf vorauszedierte **Darlehens**zinsen wäre durchaus konsequent (zögernd MK/*Eckert* § 108 Rn 212).

374 Vgl § 103 Rn 50 und *Marotzke* ZInsO 2004, 1273, 1278 ff.

375 Ausf *Marotzke* ZInsO 2004, 1273 ff; 2006, 300 ff; vgl auch *Freitag* ZIP 2004, 2386 ff; *Häsemeyer* Insolvenzrecht, 4. Aufl 2007, Rn 20.56a; **aM** *Fleckner* ZIP 2004, 585 ff; *Kuder* ZInsO 2004, 1180 ff; *Weber* InVo 2005, 82 ff.

376 Durchaus naheliegend wäre vor diesem Hintergrund eine Übertragung des bei Rn 33 aE Ausgeführten auf vorauszedierte **Darlehens**zinsen (zögernd MK/*Eckert* § 108 Rn 212).

377 Vgl *Marotzke* JZ 2009, 763 ff; 2015, 597 ff.

378 Vgl den Fall *OLG München* ZIP 2008, 498 ff sowie den als Reaktion auf solche Vorgänge (dazu auch *Pape* ZInsO 2008, 465 f) zu verstehenden Entwurf eines Gesetzes zur Begrenzung der Risiken des Kreditverkaufs (Kreditnehmerschutzgesetz) BT-Drucks 16/9447, dessen Regelungen, wie zB der neue § 1192 Abs 1a BGB, letztlich jedoch in das Risikobegrenzungsgesetz v 12.8.2008, BGBl I, 1666 ff übernommen wurden.

379 *Marotzke* ZInsO 2004, 1063 f.

eingegangenes „Darlehensverhältnis" bestehe mit Wirkung für die Masse fort. Der „Darlehensvertrag" wird in §§ 488 ff BGB in der Weise definiert, dass die vertragstypische Leistung des Darlehensgebers in dem Zurverfügungstellen von **Geld** besteht. Dabei sollte man es auch im Zusammenhang mit § 108 Abs 2 nF InsO belassen.[380]

Nur **„soweit"** dem Darlehensnehmer der geschuldete Gegenstand zur Verfügung gestellt wurde, besteht das Darlehensverhältnis nach Abs 2 nF mit Wirkung für die Masse fort. Wurde erst ein **Teil** der Darlehensvaluta ausgezahlt, kommt hinsichtlich des noch nicht ausgezahlten Teils eine Anwendung des § 103 in Betracht.[381] Dies gilt jedenfalls dann, wenn die vom insolventen Darlehensgeber insgesamt geschuldete Leistung **„teilbar"** iSd § 105[382] ist (obwohl § 105 dem Wortlaut nach nur den umgekehrten Fall – Vorleistung des Vertragspartners, nicht des insolventen Schu – erfasst). Davon wird bei einer geschuldeten Geldsumme (Rn 90) idR auszugehen sein. Sollte die Teilbarkeit ausnahmsweise unter dem Gesichtspunkt der Unzumutbarkeit zu verneinen sein (vgl § 105 Rn 8, 13),[383] wird man § 108 Abs 2 nF für **insgesamt** unanwendbar erachten müssen, obwohl bereits ein **Teil** der Darlehenssumme ausgezahlt wurde. Anwendbar ist dann lediglich § 103. 91

Auch **unentgeltliche** Darlehen, bei denen der Darlehensnehmer weder Zinsen noch sonstige Gegenleistungen zu erbringen hat, werden vom Wortlaut des § 108 Abs 2 erfasst. Gleichwohl sollte man die Vorschrift hier nicht anwenden.[384] Denn § 108 Abs 2 wurde als Sonderregelung zu § 103 konzipiert, und dieser setzt voraus, dass es sich um einen „gegenseitigen" Vertrag handelt (§ 103 Rn 22). Ebenso wie die unentgeltliche Miete – nämlich die Leihe, § 598 BGB – nicht von § 108 (Abs 1) erfasst wird, sollte auch das unentgeltliche Darlehen nicht unter § 108 (Abs 2) subsumiert werden. 92

IÜ kann auf bereits Geschriebenes verwiesen werden: *Marotzke* Darlehen und Insolvenz, ZInsO 2004, 1273 ff (inzwischen gegenstandslos jedoch die auf die Ins des Darlehens**nehmers** zielenden Ausführungen aaO S 1280 ff, da diese und der vorangegangene „Klartext" in ZInsO 2004, 1063 f die Entwurfsverfasser dazu gebracht haben, den § 108 Abs 2 nF auf die Ins des Darlehens**gebers** zu beschränken); *ders* Die vorzeitige Darlehensrückforderung wegen Insolvenz des Darlehensgebers (auch zur Anfechtung gem §§ 129 ff), FS Westermann, 2008, S 427 ff (S 434 Abs 2 wurde verfasst *vor* Erlass der in der fünften Fn zu Rn 5 erwähnten Entscheidung *BGHZ* 173, 116, 120 ff). 93

I. Zwingendes Recht

Vereinbarungen, durch die im Voraus die Anwendung des § 108 ausgeschlossen oder beschränkt wird, sind unwirksam gem § 119. Das gilt zB für eine Vereinbarung des Inhalts, dass ein von § 108 erfasstes Rechtsverhältnis bei VerfEröffnung automatisch enden solle.[385] Denn die automatische Beendigung wäre das kontradiktorische Gegenteil des in Abs 1 angeordneten Fortbestehens. Nach § 119 unwirksam wäre auch eine Vereinbarung, die für den Fall, 94

380 IE ebenso *K/P/B/Tintelnot* § 108 Rn 26b, c; *Uhlenbruck/D Wegener* § 108 Rn 61.
381 *Pannen* Kap 5 Rn 44 (S 194); MK/*Eckert* § 108 Rn 209; vgl auch *K/P/B/Tintelnot* § 108 Rn 26e.
382 S dazu § 105 Rn 13 (allerdings im Hinblick auf die Ins des Darlehens**nehmers**, die von § 108 Abs 2 ohnehin nicht erfasst wird).
383 Vgl auch das Beispiel bei *K/P/B/Tintelnot* § 108 Rn 26e, der dem Darlehensnehmer mit § 323 Abs 5 BGB helfen will.
384 Ebenso MK/*Eckert* § 108 Rn 211; *Uhlenbruck/D Wegener* § 108 Rn 62. Die GesetzesVerf haben eine klare Stellungnahme zu dieser Frage trotz gegebenen Anlasses (*Marotzke* ZInsO 2004, 1273, 1276 ff, 1283; 2006, 300 ff) vermieden. Vgl auch *Marotzke* FS Westermann, 2008, S 427, 430 f.
385 *K/P/B/Tintelnot* § 119 Rn 16, 19 ff; MK/*Huber* § 119 Rn 69; vgl auch FK/*B Wegener* § 119 Rn 7; **aM** *Hess* § 108 Rn 18.

dass über das Vermögen des Mieters/Pächters das InsVerf eröffnet wird, ohne Weiteres ein außerordentliches Kündigungsrecht des Vermieters/Verpächters vorsieht (§ 112 Rn 20).[386] Gleiches gilt iF des § 108 Abs 2 für eine insolvenzanknüpfende Lösungsklausel zugunsten des InsVerw des Darlehensgebers oder zugunsten des Darlehensnehmers[387] – jedenfalls wenn es sich um ein entgeltliches (Rn 87, 92) Bankdarlehen (Rn 87) handelt.[388] Zur Frage eines Kündigungsrechts des Arbeitnehmers in der Ins des Arbeitgebers s Rn 67, § 109 Rn 48 f. Nach der aktuellen Fassung der zu § 159 SGB III erlassenen Durchführungsanweisung der Bundesagentur für Arbeit (Sept 2012) führt die Kündigung des Arbeitnehmers in der Ins des Arbeitgebers idR nicht zu einer Sperrzeit für den Bezug von Arbeitslosengeld I, da für eine solche Kündigung dann, wenn „Insolvenz des Arbeitgebers eingetreten ist", ein „wichtiger Grund" bestehe.[389] Nach § 119 unwirksam sind sowohl individuelle als auch **tarifvertragliche**[390] Vereinbarungen, soweit diese zulasten der Gläubigergemeinschaft von § 108 Abs 3 abweichen.

K. Ausland

95 Vgl § 103 Rn 174 f, § 108 Rn 9, 25, 35 aE, 100, §§ 336, 337 **InsO**, Art 7 (Abs 2 S 2 lit b, e), 11, 13 **EuInsVO** sowie *Duursma-Kepplinger* Eigentumsvorbehalt und Mobilienleasing in der Insolvenz (eine Darstellung der österreichischen und der deutschen Rechtslage), 2002; *Nunner-Krautgasser/Pateter* Arbeitsverhältnisse in der Insolvenz – Die aktuelle Rechtslage in Österreich, ZInsO 2013, 1820 ff.

L. Rechtspolitischer Brennpunkt: Lizenzverträge

Literatur: a) Speziell zu den – jeweils gescheiterten – bisherigen Versuchen der Einfügung eines § 108a InsO (Rn 96) **sowie zur Vorgeschichte und zu den Konsequenzen:** BT-Drucks 16/7416 v 5.12.2007 (RegE) mit beigefügter Stellungnahme des BR (Anlage 3) und Gegenäußerung der BReg (Anlage 4); *Referentenentwurf* (Art 1 Nr 11) eines Gesetzes zur Verkürzung des Restschuldbefreiungsverfahrens, zur Stärkung der Gläubigerrechte sowie zur Insolvenzfestigkeit von Lizenzen; im Internet unter www.bundesgerichtshof.de/DE/Bibliothek/GesMat/WP17/R/Restschuldverk.html; *Gegenäußerung der BReg* im Mai 2011 zu der Stellungnahme des BR zum Entwurf eines Gesetzes zur weiteren Erleichterung der Sanierung von Unternehmen (BR-Drucks 127/11 – Beschl), S 12 (zu Nr 26); *Bausch* Patentlizenz und Insolvenz des Lizenzgebers, NZI 2005, 289; *Bausch/Bullinger/Frind/Hirte/Küpper/Leithaus/Marotzke/Pannen* in der Anhörung vor dem RechtsAussch am 23.4.2008, http://webarchiv.bundestag.de/cgi/show.php?fileToLoad=1473&id=1134; *C Berger* Auf dem Weg zur Insolvenzfestigkeit von Lizenzen, ZInsO 2007, 1142; *ders* Lizenzen in der Insolvenz des Lizenzgebers, GRUR 2013, 321; *Dahl/Schmitz* Der Lizenzvertrag in der Insolvenz des Lizenzgebers und die geplante Einführung des § 108a InsO, NZI 2007, 626; *dies* Die geplante Einführung eines § 108a InsO zur Regelung der Insolvenzfestigkeit von Lizenzen, NZI 2008, 424; *Dengler/Gruson/Spielberger* Insolvenzfestigkeit von Lizenzen? Forschungsstandort Deutschland – so wohl kaum!, NZI 2006, 677; *dies* Das Schicksal der Lizenz in der Insolvenz des Lizenzgebers – der erneut gescheiterte Versuch

---

386 *LG Stendal* DZWIR 2001, 166 f mit Anm *Fehl* (dort hatte sich jedoch nicht der Vermieter, sondern der Mieter das Kündigungsrecht ausbedungen; s auch Rn 76); *OLG Hamm* NZI 2002, 162, 163; *BGH* 22.10.2013 – II ZR 394/12, ZInsO 2013, 2556 [Rn 10 ff] = ZIP 2014, 23; zur Rechtslage bei Hinzutreten bes Umstände vgl *Marotzke* KTS 2002, 1, 12 ff, 16 ff sowie § 112 Rn 21, 27.

387 Vgl *Marotzke* FS Westermann, 2008, S 427, 429.

388 Zur rechtlichen Situation bei unentgeltlichen oder niedrigstverzinslichen Arbeitgeberdarlehen oder bei privaten Gefälligkeitsdarlehen vgl *Marotzke* ZInsO 2004, 1273, 1277, 1283; 2006, 300 ff; *ders* FS Westermann, 2008, S 427, 430 f.

389 Vgl Ziff 9.1.1. Abs 1 Nr 4 der erwähnten Durchführungsanweisung sowie *Pohlmann-Weide/Ahrendt* ZIP 2008, 589 ff.

390 Zutr *LAG Berlin-Brandenburg* 17.3.2011 – 5 Sa 2740/10, ZInsO 2012, 994 [Rn 42] = ZIP 2011, 1833; nichts hierzu in dem – im Übrigen jedoch bestätigenden – Urt des *BAG* v 21.2.2013 – 6 AZR 406/11, ZIP 2013, 1033 ff (vgl zum Urt des BAG auch § 108 Rn 61).

einer gesetzlichen Regelung und deren Notwendigkeit, BB 2013, 1032; *Deutsche Vereinigung für Gewerblichen Rechtsschutz und Urheberrecht e.V.* Stellungnahme zur Frage der Insolvenzfestigkeit von Lizenzen – Entwurf eines § 108a InsO, GRUR 2008, 138; *Fezer* Lizenzrechte in der Insolvenz des Lizenzgebers – Zur Insolvenzfestigkeit der Markenlizenz, WRP 2004, 793 (dazu § 108 Rn 8); *Heim* Lizenzverträge in der Insolvenz – Anmerkungen zu § 108a InsO-E, NZI 2008, 338; *Heimberg* Lizenzen und Lizenzverträge in der Insolvenz, 2011, 169 ff; *Hirte* Sublizenzen in der neueren Rechtsprechung des I. Zivilsenats des BGH (M2Trade und Take Five) und ihre Auswirkungen auf die Debatte um die Insolvenzfestigkeit von Lizenzen, ZInsO 2013, 1770; *Jelinek* Lizenzen in der Insolvenz – nach deutschem und US-amerikanischen Recht, 2013, 161 ff; *Leithaus/Frege* Erneuter Angriff auf die par conditio creditorum, NZI-aktuell NZI 10/2007 S V; *Marotzke* Stellungnahme für den RechtsAussch des BT, http://webarchiv.bundestag.de/cgi/show.php?fileToLoad=1473&id=1134 (im Folgenden: *Marotzke* RechtsAussch) S 11 ff; *ders* Nutzungs- und Immaterialgüterreche im Fokus der aktuellen (Insolvenz-)Rechtspolitik, ZInsO 2008, 1108; *ders* Das M2Trade-Urteil des BGH von 19.7.2012: ein Stolperstein auf dem Weg zur gesetzlichen Regelung der Insolvenzfestigkeit von Lizenzen? Zugleich ein Beitrag zum Umfang des immaterialgüterrechtlichen Sukzessionsschutzes bei Lizenzketten, ZInsO 2012, 1737; *McGuire* Lizenzen in der Insolvenz: ein neuer Anlauf zu einer überfälligen Reform, GRUR 2012, 657; *Mitlehner* § 108a InsO RefE – Insolvenzfestigkeit von Lizenzverträgen kraft Gesetzes?, ZIP 2008, 450; *Pahlow* Lizenz und Lizenzvertrag in der Insolvenz, WM 2008, 2041; *Schleich/Götz* Gesetzentwurf zur Änderung der InsO – Zur Insolvenzfestigkeit von Lizenzverträgen, DZWIR 2008, 58; *Seegel/Remmertz/Kast* Insolvenzfestigkeit von (Software-)Lizenzen, ZInsO 2015, 1993; *Slopek* § 108a InsO RegE und die Büchse der Pandora, ZInsO 2008, 1118; *ders* Lizenzen in der Insolvenz des Lizenzgebers: Der neue § 108a InsO-E, GRUR 2009, 128; *ders* Die Lizenz in der Insolvenz des Lizenzgebers – Endlich Rettung in Sicht?, WRP 2010, 616; *Tabrizi* Lizenzen in der Insolvenz nach dem Scheitern des Gesetzes zur Einführung eines § 108a InsO, 2011; *Trips-Herbert* Lizenzen in der Insolvenz – die deutsche Insolvenzordnung als Bremsklotz, ZRP 2007, 225; *Trimborn* Ist nach „Reifen Progressiv", „Take Five" und „M2Trade" eine gesetzliche Regelung zur Insolvenzfestigkeit von Lizenzen obsolet geworden?, MarkenR 2012, 460; *Verwegen/Tacke* Insolvenzfeste Ausgestaltung von Software- und anderen Lizenzverträgen, K&R 2009, 87; *von Wilmowsky* Vermieter (Verpächter, Lizenzgeber) in Insolvenz, ZInsO 2011, 1473; *ders* Gegen einen § 108a InsO für Lizenzverträge – Die Pflichten des Lizenzgebers (Vermieters, Verpächters) nach Überlassung des Gegenstands zur Nutzung, NZI 2013, 377; *B Wegener* § 108a InsO zur Insolvenzfestigkeit von Lizenzen – Zuviel des Guten?, ZInsO 2008, 352; *Wündisch/Bauer* Patent-Cross-Lizenzverträge – Terra incognita?, GRUR Int 2010, 641, 648 f.

b) Speziell zur Ins des Lizenz*nehmers* (für die RegE § 108a idF v 2007 [Rn 96] nicht bzw nur im Zusammenhang mit sog Lizenzketten von Bedeutung gewesen wäre) **und/oder zur Rechtslage nach bisherigem Gesetzesstand:** Vgl dazu die im LitVerzeichnis zu § 108 genannten Publikationen von Abel, Adolphsen, Bausch, Christian Berger, Lucina Berger, Birner, Brandt, Fezer, Heimberg, Hoffmann, Jelinek, Paulus, Seemann, Waldhauser, Wallner, Weber/Hötzel, Wündisch/Bauer.

I. Insolvenz des Lizenzgebers

1. Einführung. Nach einer im Schrifttum vertretenen Ansicht soll § 108 Abs 1 S 1 auf Lizenzen über geistiges Eigentum analog anzuwenden sein.[391] Dem ist nicht zu folgen. Im Jahr 2007 unternahm die damalige BReg einen Versuch, das Ergebnis der hier abgelehnten (Rn 8) Analogie zumindest im Ausgangspunkt gesetzlich festzuschreiben. Dazu brachte sie einen **RegE § 108a** auf den Weg,[392] dessen erster Satz folgenden Wortlaut hatte: 96

„Ein vom Schuldner als Lizenzgeber abgeschlossener Lizenzvertrag über ein Recht am geistigen Eigentum besteht mit Wirkung für die Insolvenzmasse fort."

391 Vgl die in der fünften Fn zu Rn 8 Genannten.

392 Vgl Art 1 Nr 12 des RegE eines Gesetzes zur Entschuldung mittelloser Personen, zur Stärkung der Gläubigerrechte sowie zur Regelung der Insolvenzfestigkeit von Lizenzen, BR-Drucks 600/07, 3 = BT-Drucks 16/7416 v 5.12.2007, 8.

In Erwartung seines baldigen Inkrafttretens wurde RegE § 108a in der 5. Aufl dieses Kommentars (S 892 ff) ausführlich erläutert und kritisiert. Wider Erwarten kam es dann doch nicht zur Inkraftsetzung des § 108a. Allerdings wurde vom BMJ im Januar 2012 ein weitgehend neu gestalteter RefE § 108a präsentiert,[393] der allerdings ebenfalls nicht den Weg ins BGBl fand.[394] Da erhebliche wirtschaftliche Interessen auf dem Spiel stehen, wäre es nicht überraschend, wenn das Thema demnächst erneut auf die Agenda der Rechtspolitik geriete (soeben geschehen im Koalitionsvertrag 2018 [www.spd.de/fileadmin/Dokumente/Koalitionsvertrag/Koalitionsvertrag_2018.pdf, Zeilen 6231 f], der allerdings noch die SPD-interne Mitgliederbefragung überstehen muss). Wer sich vor diesem Hintergrund – oder auch nur mit Blick auf die im ersten Satz dieser Rn erwähnte Rechtsansicht – über **mögliche Auswirkungen einer durch keine flankierenden Maßnahmen begleiteten analogen Anwendung des § 108 Abs 1 S 1 auf Lizenzverträge** informieren möchte, kann dies anhand der in der 5. Aufl dieses Kommentars enthaltenen Ausführungen zum damaligen RegE § 108a tun (5. Aufl S 892 ff; insb Rn 3, 5, 8, 12 f zu RegE § 108a). Eigene Vorschläge für die künftige Gesetzgebung werden in der vorliegenden Aufl bei § 108 Rn 12 ff präsentiert. **Nachfolgend werden lediglich diejenigen Teile der 5. Aufl fortgeschrieben und auf den neusten Stand gebracht, denen auch weiterhin hohe praktische Bedeutung zukommen kann** – beispielsweise für die argumentative Auseinandersetzung mit dem im ersten Satz dieser Rn erwähnten Vorschlag einer analogen Anwendung des § 108 Abs 1 S 1 oder mit Blick auf erwartbare künftige gesetzgeberische Aktivitäten an der rechtspolitischen „Dauerbaustelle Insolvenzschutz für Lizenzen".

97 **2. Fortbestand des Lizenzvertrags wie im Fall des § 108 Abs 1 S 1?** Unter den zwei Voraussetzungen, dass der Lizenzvertrag vom **Schu** als Lizenzgeber abgeschlossen wurde und dass Gegenstand des Vertrages **„ein Recht am geistigen Eigentum"** ist, sah RegE § 108a S 1 (Rn 96) zwingend das **Fortbestehen des Vertrages** mit Wirkung für die InsMasse vor. Gleiches folgt bereits aus § 55 Abs 2 S 1, wenn der Vertragsschluss durch einen mit Masseschuldbegründungskompetenz ausgestatteten **vorl InsVerw** erfolgte (vgl zu diesem Sonderfall auch Rn 110). Dass das lizenzierte Recht dem Lizenznehmer bereits zur Ausübung **„überlassen"** war (iSd bei § 112 Rn 5 Ausgeführten), gehörte nicht zu den in RegE § 108a (Rn 96) ausdrücklich erwähnten Voraussetzungen der geplanten neuen Vorschrift, wäre aber in Analogie zu *BGHZ* 173, 116, 120 ff[395] zu ergänzen gewesen[396] und ist nach hier vertretener Ansicht auch eine ungeschriebene Vorausetzung der – jeweils nur in der Ins des Lizenz**nehmers** in Betracht kommenden – analogen Anwendbarkeit des § 107 Abs 2 (§ 107 Rn 40, § 108 Rn 112) sowie der Kündigungssperre des § 112 (§ 108 Rn 113 und § 112 Rn 5, 24).

98 Auch vom Schu erteilte **Unter**lizenzen wären in den Schutzbereich des RegE § 108a (Rn 96) gefallen.[397] Dies gilt jedenfalls dann, wenn der Hauptlizenzvertrag noch besteht. Endet der Hauptlizenzvertrag oder das auf ihm beruhende Nutzungsrecht des Schu bzw der InsMasse vor oder nach Eröffnung des InsVerf (zB durch Zeitablauf, Kündigung, einvernehmliche Vertragsaufhebung oder Erfüllungsablehnung des InsVerw[398]), hätten sich ähnliche Fragen

393 Art 1 Nr 11 des Referentenentwurfs eines Gesetzes zur Verkürzung des Restschuldbefreiungsverfahrens, zur Stärkung der Gläubigerrechte sowie zur Insolvenzfestigkeit von Lizenzen; im Internet unter www.bundesgerichtshof.de/DE/Bibliothek/GesMat/WP17/R/Restschuldverk.html.

394 Zu den mutmaßlichen Gründen dieses nochmaligen Scheiterns vgl *Marotzke* ZInsO 2012, 1737 ff.

395 Zu diesem Urt bereits Rn 5 mwN.

396 *Marotzke* JZ 2008, 206, 208; für gesetzliche Festschreibung des Gegenteils *Heim* NZI 2008, 338, 343 f.

397 **AM** *Christian Berger* ZInsO 2007, 1142, 1144.

398 Nur gegenüber der Erfüllungsablehnung würde der in ZInsO 2007, 1142, 1145 publizierte Gesetzgebungsvorschlag von *Christian Berger* schützen.

wie bei § 108 Abs 1 S 1 (s dort Rn 41) gestellt. Um das daraus resultierende **rechtliche Risiko** zu minimieren, sollte jeder, der sich eine Unterlizenz einräumen lässt, bereits bei Vertragsschluss auch mit dem Hauptlizenzgeber in Kontakt treten und mit diesem eine **Auffangvereinbarung** zu treffen versuchen. Vorschriften wie § 30 Abs 5 MarkenG, § 15 Abs 3 PatG, § 22 Abs 3 GebrMG, § 11 Abs 2 HalblSchG, § 31 Abs 5 DesignG, § 33 UrhG und § 36 Abs 2 VerlG machen derartige Vereinbarungen nicht überflüssig (Rn 10 ff), sorgen aber immerhin für interessante rechtliche Rahmenbedingungen. Nach neuerer Rechtsprechung des ersten Zivilsenats des BGH sollen Unterlizenzen allerdings mangels abweichender Vereinbarung auch eine gegenüber dem Hauptlizenzgeber erklärte Erfüllungsablehnung des InsVerw des Hauptlizenznehmers überleben und dann ein Nutzungsrecht unmittelbar gegenüber dem Hauptlizenzgeber geben;[399] dies erscheint jedoch sehr zweifelhaft.[400]

Die Begriffe „geistiges Eigentum", „Recht an geistigem Eigentum" und **„Lizenzvertrag"** lassen prinzipiell eine sehr weite Interpretation zu. Der Ausnahmecharakter des RegE § 108a (Rn 96) hätte mglw eine enge Interpretation rechtfertigen können; hier war noch Vieles ungeklärt.[401] 99

Bes hervorgehoben wurden in der Begr des RegE § 108a (BT-Drucks 16/7416 S 61 f = BR-Drucks 600/07 S 56 f) **Lizenzen an Patenten**, an **Computersoftware** und an **musikalischen Werken**. Insb bei Patentlizenzen könne die Ins des Lizenzgebers nach gegenwärtigem Recht (dazu Rn 8 ff, 21) geradezu „ruinöse" Auswirkungen auf den Lizenznehmer haben. Die **Pharma**industrie und die **Musik**verleger hätten geltend gemacht, dass das Wahlrecht des InsVerw aus § 103[402] die Existenz des lizenznehmenden Unternehmens gefährden könne; zur Begründung werde vor allem auf die langen Entwicklungszeiten und die hohen Entwicklungskosten für **Arzneimittel** sowie die existenzielle Abhängigkeit der **Musik**verlage vom Bestand der Lizenzverträge hingewiesen. Die im Schrifttum unternommenen Versuche, den Lizenznehmer gegenüber den Rechtsfolgen einer Ins des Lizenzgebers zu schützen,[403] seien letztlich nicht geeignet, dem Sicherungsbedürfnis des Lizenznehmers umfassend Rechnung zu tragen; auch dürften sie im angloamerikanischen Rechtskreis kaum auf Akzeptanz stoßen. All diese Überlegungen treffen mehr oder weniger auch auf **Marken**lizenzen zu, deren Insolvenzfestigkeit und Schützbarkeit vor wenigen Jahren monographisch untersucht[404] wurde. 100

Mit **Fortbestehen des Vertrages** meinte RegE § 108a S 1 (Rn 96) grds dasselbe wie § 108 Abs 1 S 1: Der Lizenznehmer wäre bei Zugrundelegung des RegE § 108a S 1 also nicht Aussonderungsberechtigter (was wirkungsvoller gewesen wäre, s Rn 12), sondern lediglich MasseGl geworden (vgl erg Rn 108 ff). In dem nicht seltenen Fall der Masseunzulänglichkeit wäre deshalb auch die Schutzwirkung des § 108a „unzulänglich" geworden (vgl §§ 208, 209 Abs 1 Nr 3 – nur ausnahmsweise Ranghochstufung durch entspr Verhalten des InsVerw gem § 209 Abs 2). Denn die Erfüllungsansprüche und das schuldrechtliche Nutzungsrecht des Lizenznehmers braucht der InsVerw im Fall der angezeigten Masseunzulänglichkeit grds nicht in ihrer ursprünglichen Gestalt, sondern nur mit der auf ihren Geldwert entfallen- 101

399 Nachweise in der ersten Fn zu Rn 29.
400 Vgl *Marotzke* ZInsO 2012, 1737, 1744 ff.
401 Näheres bei *C Berger* ZInsO 2007, 1142, 1145; *Heim* NZI 2008, 338, 341.
402 Vgl § 108 Rn 8 ff, 16 ff.
403 Vgl § 108 Rn 10, 20 ff, 102.
404 Vgl *Lucina Berger* Insolvenzschutz für Markenlizenzen, 2006, S 29 ff (Ins des Lizenzgebers, insoweit tw überholt ab Inkrafttreten des RegE § 108a oder einer ähnlichen Vorschrift), 188 ff (Ins des Lizenznehmers).

den Quote zu berücksichtigen;[405] anders verhält es sich uU[406] in den Fällen des § 209 Abs 2. Zur Anwendbarkeit der §§ 129 ff vgl § 108 Rn 77.

102 **Im Hinblick auf den Fall der Masseunzulänglichkeit** (Rn 101) **sowie vor dem Hintergrund des zum Thema „Unterlizenzen" Ausgeführten** (Rn 98) bliebe es dem Lizenznehmer auch vor dem Hintergrund einer Regelung wie der des RegE § 108a (Rn 96) nicht erspart, sich bereits bei Vertragsschluss mit dem Lizenzgeber der o Rn 21 angesprochenen Sicherungsmittel zu bedienen. Ein **verlässlicher** Insolvenzschutz des Lizenznehmers darf nicht lediglich zu einer (normalen) Masseverbindlichkeit führen, sondern muss dem Lizenznehmer mehr bieten (Näheres bei Rn 12 ff).

103 Gegenüber den Risiken, die sich aus der weitgehenden **Unanwendbarkeit des Abstraktionsprinzips** im Urheber- und Verlagsrecht[407] und nach von Manchen vertretener Ansicht[408] auch bei sonstigen Lizenzen ergeben, helfen nur wenige Gestaltungsmöglichkeiten.[409]

104 **3. Fortbestand mit vollem Pflichtenprogramm?** Lizenzverträge sehen regelmäßig neben der Hauptpflicht, die in der Überlassung der immaterialgüterrechtlichen Nutzungsrechte liegt, zahlreiche **Nebenpflichten** vor.[410] Da das geistige Eigentum eine große Bandbreite an Rechten umfasst und die Unterscheidung von Haupt- und Nebenpflichten nicht immer leicht ist, können mögliche Nebenpflichten hier nicht abschließend aufgezählt werden. Festzuhalten ist jedoch, dass manche Nebenpflichten oft mindestens genauso zentral sind für die Durchführung des Lizenzvertrages wie die Hauptpflichten selbst. So stellen Wettbewerbsverbote, Kooperationspflichten, Schulungen, Entrichtung der Registergebühren, Überlassung von Materialien, Vertriebspflichten, Weiterentwicklungspflichten, Bezugs- und Markierungspflichten etc nur einige Beispiele dafür dar, dass Nebenpflichten fast immer für die Durchführung des Lizenzvertrages von entscheidender Bedeutung sind.

105 Vertragliche „Nebenpflichten" sollten nach RegE § 108 (Rn 96) S 2 nur in dem Umfang fortbestehen (genauer: als Masseverbindlichkeiten erfüllt werden müssen, s Rn 101), als deren Erfüllung zwingend geboten ist, um dem Lizenznehmer eine Nutzung des geschützten Rechts zu ermöglichen. Gelten sollte dies zB für die Verpflichtung zur Zahlung der Jahres- bzw Aufrechterhaltungsgebühren,[411] aber auch für viele andere Nebenpflichten. Die hier erforderliche Abgrenzung ist schwierig und konfliktträchtig.

106 Die Begr des RegE § 108a (Rn 96) hatte zutr erkannt, dass das primäre Interesse des Lizenznehmers, dass alle Haupt- und Nebenpflichten mit Mitteln der InsMasse erfüllt werden, **nicht uneingeschränkt** zu Lasten der InsGl geschützt werden dürfe. Bestehe das wesentliche Anliegen des Lizenznehmers darin, die erheblichen Investitionen abzusichern,

---

405 Wie hier bereits die 4. Aufl bei § 108 Rn 4 aE; zust und weiter vertiefend *Lucina Berger* S 97 ff, 139 ff, 156; sa o § 108 Rn 3, 9, 24, 47, 50; **aM** aber wohl *von Wilmowsky* aaO (so bei Rn 18).

406 Vgl *Marotzke* InVo 2004, 301, 311, 316.

407 *OLG Hamburg* NJW-RR 2002, 402 ff.

408 ZB *LG Mannheim* DZWIR 2003, 479 ff (m abl Anm *Adam*) = ZIP 2004, 576 ff (m insoweit abl Anm *Beyerlein* EWiR § 103 InsO 3/2004, 767 f).

409 Vgl *Frhr Raitz v Frentz/Marrder* ZUM 2003, 94, 101 ff, 106 ff; *Hölder/Schmoll* GRUR 2004, 830, 833 ff; *Lucina Berger* S 157 ff, 185 ff, 239 ff (plädiert für Sicherungsnießbrauch); *BGH* NJW 2006, 915 ff = ZInsO 2006, 35 ff = ZIP 2006, 87 ff mit BesprAufsatz *Huber/Riewe* ZInsO 2006, 290 ff.

410 Beispiele dazu ua bei *Wandtke/Bullinger* Praxiskommentar zum Urheberrecht, 4. Aufl 2014, §§ 103, 105 und 108 InsO Rn 7 mwN; *Henn* Patent- und Know-how-Lizenzvertrag, 5. Aufl 2003, Rn 288.

411 Begr RegE 2007, BT-Drucks 16/7416, 63 = BR-Drucks 600/07, 58.

die beispielsweise bei der Entwicklung eines neuen Arzneimittels anfallen, so könne diesem Interesse auch dadurch Rechnung getragen werden, dass dem Lizenznehmer zwar weiterhin das Nutzungsrecht zustehe, jedoch einige Nebenpflichten nicht mehr erfüllt zu werden brauchen (was wohl darauf hinauslaufen sollte, dass notfalls der Lizenznehmer die eigentlich vom Lizenzgeber geschuldeten Jahres- bzw Aufrechterhaltungsgebühren zahlen sollte und der Schu bzw der InsVerw dem nicht gem § 267 Abs 2 BGB sollte widersprechen dürfen). Sachgerechter als die sehr konfliktträchtige und zudem auch noch die Ziehung einer klaren Grenzlinie zwischen Haupt- und Nebenpflichten erfordernde Regelung des RegE § 108a S 2 wäre es mE, dem InsVerw in Anlehnung an das US-amerikanische Recht[412] **lediglich eine Duldungspflicht** aufzuerlegen,[413] was iE auf einen Insolvenzschutz im Umfang einer **Gestattungs**lizenz[414] hinausläuft.

4. Finanzielle Kompensation einer etwaigen Vorrechtsgewährung. Vgl zu diesem heiklen Thema die Ausführungen bei Rn 12 sowie HK-InsO/*Marotzke* 5. Aufl 2008, RegE § 108a Rn 17 ff (S 899). **107**

5. Ansprüche für die Zeit vor Verfahrenseröffnung. Noch unerfüllte Ansprüche des Lizenznehmers für die Zeit vor Eröffnung des InsVerf (zB Schadensersatzansprüche wegen verspäteter, unvollständiger oder überhaupt noch nicht erfolgter Einräumung der Nutzungsmöglichkeit) liegen außerhalb des von der damaligen BReg angestrebten Anwendungsbereichs des RegE § 108a S 1 (Rn 96). Sie wären also selbst dann, wenn RegE § 108a Gesetzeskraft erlangt hätte, nicht zu Masseverbindlichkeiten (Rn 101) aufgewertet worden, sondern InsForderungen iSd § 38 geblieben. Zwar ließ sich beides weder dem Wortlaut des RegE § 108a (Rn 96) noch der EntwurfsBegr entnehmen.[415] Es wäre jedoch im Fall des Inkrafttretens des § 108a aus einer analogen Anwendung des § 108 Abs 3, hilfsweise aus dem in § 55 Abs 1 Nr 2 enthaltenen Wort „soweit" herzuleiten gewesen (s Rn 58). Nach gegenwärtigem Recht genügt der Hinweis auf den Wortlaut („soweit") des § 55 Abs 1 Nr 2. **108**

6. Vorläufiger Insolvenzverwalter. Lizenzverträge sind **Dauerschuldverhältnisse iSd § 55 Abs 2 S 2**. Soweit ein „starker" oder sonstwie mit MasseschuldBegrKompetenz ausgestatteter vorl InsVerw die „Gegenleistung in Anspruch genommen", also zB Zahlungen des Lizenznehmers verlangt und erhalten hat, sind die korrespondierenden Ansprüche des Lizenznehmers abw von dem bei Rn 108 Ausgeführten nach Eröffnung des InsVerf als Masseverbindlichkeiten zu qualifizieren. **109**

Erfolgte sogar der **Abschluss des Lizenzvertrages** nicht durch den Schu, sondern durch einen „starken" oder sonstwie mit MasseschuldBegrKompetenz ausgestatteten vorl InsVerw, so greift § 55 Abs 2 S 1. In diesem Fall gelten **sämtliche** Verbindlichkeiten auf Lizenzgeberseite nach Eröffnung des InsVerf als Masseverbindlichkeiten; eines RegE § 108a S 1 (Rn 96) oder einer ähnlichen Vorschrift bedarf es zur Begr dieses Erg nicht. **110**

II. Insolvenz des Lizenznehmers

In der Ins des Lizenz**nehmers**, bleibt es bei der Anwendbarkeit des **§ 103** und meist auch des **§ 105**.[416] Hieran hätte auch RegE § 108a (Rn 96) nichts geändert, da dieser nicht für die Ins **111**

---

412 Vgl US Code, Title 11 (sog Bankruptcy Code) § 365 (n); *Paulus* CR 1990, 1, 3 ff; *Dengler/Gruson/Spielberger* NZI 2006, 677, 682 ff.

413 Vgl bereits Rn 13.

414 Dazu *Marotzke* ZGE 2010, 233, 242 f.

415 Bereits kritisiert wurde dies von *Mitlehner* ZIP 2008, 450.

416 Vgl § 105 Rn 14; Näheres bei *Lucina Berger* S 188 ff (speziell zu § 103: S 199 ff; speziell zu § 105: S 201), 242 f.

des Lizenznehmers, sondern nur für die Ins des Lizenzgebers gelten sollte.[417] Der InsVerw kann also zwischen Erfüllung und Erfüllungsablehnung wählen. Zumindest bis zur Erfüllungablehnung des InsVerw ist die Lizenz **Bestandteil der InsMasse** (Einzelheiten str[418]). Soweit gegenüber dem insolventen Lizenznehmer **Unterlassungsansprüche** des Lizenzgebers, eines anderen Lizenznehmers oder des Inhabers des lizenzierten Rechts bestehen, werden die insolvenzrechtlichen Grundsätze zu beachten sein, die in *BGHZ* 155, 371, 373 ff[419] und *BGHZ* 185, 11 ff[420] herausgearbeitet wurden.[421]

112 Gem **§ 103 Abs 2 S 2** kann der Lizenzgeber den InsVerw des Lizenznehmers zur Ausübung seines Rechts, zwischen Erfüllung (§§ 103 Abs 1, 105) und Nichterfüllung (§§ 38, 103 Abs 2 S 1) des Vertrages zu wählen, auffordern. Viel spricht für die Annahme, dass der InsVerw des Lizenznehmers einer solchen Aufforderung nicht „unverzüglich" (§ 103 Abs 2 S 2), sondern erst „unverzüglich nach dem Berichtstermin" Folge leisten muss. Dies lässt sich mit einer analogen Anwendung des **§ 107 Abs 2 S 1** begründen,[422] dessen Rechtsgedanke bei Lizenzverträgen angesichts ihrer oftmals überragenden Bedeutung für die Unternehmensfortführung sogar **erst recht** einschlägig ist (anders jedoch, wenn das lizenzierte Recht dem Lizenznehmer noch nicht zur Nutzung „überlassen" wurde, s § 107 Rn 40). Analog zu berücksichtigen ist dann freilich auch die Ausnahmevorschrift des § 107 Abs 2 S 2.

113 Analog anwendbar ist ferner die **Kündigungssperre** des § 112 (§ 112 Rn 24 wN), jedoch nach bei § 112 Rn 5 näher ausgeführter Ansicht erst ab erstmaliger Nutzungsüberlassung (Verschaffung der Möglichkeit alsbaldiger Rechtsausübung) an den Lizenznehmer. Insb bei der Markenlizenz ist vor einer allzu schematischen Handhabung des § 112 zu warnen.[423]

III. Doppelinsolvenz

114 Wurde sowohl über das Vermögen des Lizenzgebers als auch über das Vermögen des Lizenznehmers ein InsVerf eröffnet (sog DoppelIns), so bewendet es nach **gegenwärtigem** Recht bei den **allgem** Grundsätzen über die Anwendbarkeit des § 103 im Fall der DoppelIns.[424]

115 **RegE § 108a** (Rn 96) thematisierte lediglich die Rechtsfolgen der Ins des Lizenz**gebers**. Hätte RegE § 108a Gesetzeskraft erlangt und würde dann nicht nur über das Vermögen des Lizenzgebers, sondern auch über das des Lizenz**nehmers** ein InsVerf eröffnet, so hätte der InsVerw des Lizenznehmers gem § 103 **wählen** können, ob er die Fortbestehensanordnung der §§ 108a, 55 Abs 1 Nr 2 Alt 2 annehmen, dh mit der Folge des § 55 Abs 1 Nr 2 Alt 1 die weitere Erfüllung des Vertrages verlangen, oder ob er das Fortbestehensangebot der §§ 108a, 55 Abs 1 Nr 2 Alt 2 ausschlagen, also die Erfüllung des Vertrages mit den bei § 103 Rn 84 ff beschriebenen Konsequenzen ablehnen will und dann natürlich auch seine MasseGlPosition bzgl der Ins des Lizenzgebers verliert.[425] Ein entspr Wahlrecht, bei dem an die

---

417 Rechtspolitische Kritik und Änderungsvorschläge jedoch bei *C Berger* ZInsO 2007, 1142 ff; *Heim* NZI 2008, 338, 340, 343 ff.
418 Ausf *Lucina Berger* S 189 ff, 242 – für Markenlizenzen.
419 = ZIP 2003, 1550 ff = NJW 2003, 3060 ff = ZInsO 2003, 751 f = NZI 2003, 539 ff mit Anm *Gundlach/Frenzel*; vgl auch *K Schmidt* KTS 2004, 241 ff.
420 = ZInsO 2010, 760 ff = NZI 2010, 811 ff = ZIP 2010, 948 ff = WM 2010, 903 ff.
421 Vgl auch *OLG Hamburg* ZInsO 2016, 2051.
422 Vgl § 107 Rn 37 ff, 40, § 108 Rn 17; *Lucina Berger* S 208 ff.
423 Ausf *Lucina Berger* S 220 ff, 243.
424 Vgl § 103 Rn 164 mwN.
425 S auch § 103 Rn 164; ausf *Marotzke* Gegenseitige Verträge, 3. Aufl 2001, Rn 11.8 ff, insb 11.13-11.19 (zu dem mit RegE § 108a (Rn 96) vergleichbaren Fall, dass der Vertrag zwar dem § 103 unterliegt, der InsVerw jedoch sein Wahlrecht im Sinne eines Erfüllungsverlangens ausgeübt hat, während der „gegnerische" InsVerw – also der des Lizenznehmers – die Erfüllung ablehnt).

Stelle einer MasseGlPosition allerdings der für den Lizenznehmer sogar noch vorteilhaftere **§ 47** treten würde, müsste dem InsVerw des Lizenznehmers dann zugestanden werden, wenn sich der Gesetzgeber irgendwann entschließen würde, die Rechte des Lizenznehmers in noch näher zu definierendem Umfang zu Aussonderungsrechten hochzustufen (s Rn 12 ff).

Soweit dem InsVerw des Lizenznehmers in den genannten Fällen (Rn 114 f) ein Wahlrecht zusteht, kann ihn der InsVerw des Lizenzgebers **zur Ausübung dieses Wahlrechts auffordern**. Ausüben muss der InsVerw des Lizenznehmers sein Wahlrecht jedoch nicht bereits unverzüglich nach Zugang dieser Aufforderung, sondern erst „unverzüglich nach dem Berichtstermin" (Rn 112). **116**

§ 109 Schuldner als Mieter oder Pächter

(1) [1]Ein Miet- oder Pachtverhältnis über einen unbeweglichen Gegenstand oder über Räume, das der Schuldner als Mieter oder Pächter eingegangen war, kann der Insolvenzverwalter ohne Rücksicht auf die vereinbarte Vertragsdauer oder einen vereinbarten Ausschluss des Rechts zur ordentlichen Kündigung kündigen; die Kündigungsfrist beträgt drei Monate zum Monatsende, wenn nicht eine kürzere Frist maßgeblich ist. [2]Ist Gegenstand des Mietverhältnisses die Wohnung des Schuldners, so tritt an die Stelle der Kündigung das Recht des Insolvenzverwalters zu erklären, dass Ansprüche, die nach Ablauf der in Satz 1 genannten Frist fällig werden, nicht im Insolvenzverfahren geltend gemacht werden können. [3]Kündigt der Verwalter nach Satz 1 oder gibt er die Erklärung nach Satz 2 ab, so kann der andere Teil wegen der vorzeitigen Beendigung des Vertragsverhältnisses oder wegen der Folgen der Erklärung als Insolvenzgläubiger Schadenersatz verlangen.

(2) [1]Waren dem Schuldner der unbewegliche Gegenstand oder die Räume zur Zeit der Eröffnung des Verfahrens noch nicht überlassen, so kann sowohl der Verwalter als auch der andere Teil vom Vertrag zurücktreten. [2]Tritt der Verwalter zurück, so kann der andere Teil wegen der vorzeitigen Beendigung des Vertragsverhältnisses als Insolvenzgläubiger Schadenersatz verlangen. [3]Jeder Teil hat dem Anderen auf dessen Verlangen binnen zwei Wochen zu erklären, ob er vom Vertrag zurücktreten will; unterlässt er dies, so verliert er das Rücktrittsrecht.

Übersicht

Literatur: *Dahl* Mietausfallschaden des gewerblichen Vermieters in der Mieterinsolvenz, NJW-Spezial 2007, 549; *Dahl/Schmitz* Lastschriftwiderspruch in der Insolvenz natürlicher Personen, Verbraucherinsolvenz aktuell 2010 Heft 4 S 26; *Derleder* Die Rechtsstellung des Wohn- und Gewerberaummieters in der Insolvenz des Vermieters, NZM 2004, 568; *Eckert* Neues im Insolvenzrecht der Wohnraummiete, NZM 2001, 260; *ders* Die Schuldnerwohnung im Verbraucherinsolvenzverfahren, ZVI 2006, 133; *Emmert* Kündigung und Einziehung des Genossenschaftsanteils durch den Insolvenzverwalter trotz § 109 Abs 1 Satz 2 InsO?, ZInsO 2005, 852; *Franken/Dahl* Mietverhältnisse in der Insolvenz, 2. Aufl 2006, S 93 ff, 167 ff; *Frind* Lastschrift-„Widerruf" der Mietzahlung in der Insolvenz des Mieters. Eine Folgenbetrachtung für die Praxis, NZM 2009, 688; *Gehrlein* Rechte an einer Kaution nach Enthaftungserklärung des Insolvenzverwalters, ZInsO 2016, 1456; *Gürlevik* Die Rechtsstellung des insolventen Wohnraummieters, 2011; *Hain* Das Wohnraummietverhältnis des Insolvenzschuldners unter besonderer Berücksichtigung der Räumungs- und Herausgabeverpflichtung des Insolvenzverwalters/Treuhänders, ZInsO 2007, 192; *Heicke/Strüder* Wem steht die Mietkaution zu, Verbraucherinsolvenz aktuell 2017, 17; *Heinze* Umfasst die Freigabe des Wohnraummietvertrags eine vom Schuldner hinterlegte Kaution?, ZInsO 2016, 2067; *Heyer* Wem gehört die Mietkaution? Die Wirkung der Enthaftungserklärung bleibt offen, ZInsO 2015, 1181; *Kalkschmid* Immobilienleasing in der Insolvenz, 2003, Rn 461 ff; *Langer* Die Mietkaution als Pfandrecht im Sinne des § 50 InsO, ZInsO 2012, 1093; *ders* Zur Ursache der Anwendungsproblematik des § 112 Nr 1 InsO auf Fälle der Wohnraummiete, ZInsO 2017, 477; *Marotzke* Die Wohnraummiete in der Insolvenz des Mieters (geschrieben vor Schaffung des heutigen § 109 Abs 1 S 2 InsO), KTS 1999, 269; *ders* Änderungs- und Ergänzungsbedarf bei § 109 und § 313 InsO, KTS 2001, 67; *ders* Insolvenzrechtliche Probleme bei Untermietverträgen über Immobilien, ZInsO 2007, 1, 5 ff, 9; *ders* Die Geltendmachung des Schadenersatzanspruchs aus § 109 Abs 1 Satz 3 InsO im Fall der Kündigung gem § 109 Abs 1 Satz 1 InsO, in: FS Fischer, 2008, S 379; *Mork/Heß* Mieterschutz contra Freigabe, ZInsO 2005, 1206; *Sämisch* Das Wohnrecht des Schuldners als persönlich beschränkte Dienstbarkeit gem §§ 1090 ff BGB in der Insolvenz, ZInsO 2005, 922; *Steinicke* Zur Wirkung einer Kündigung durch den Insolvenzverwalter gem § 109 Abs 1 S 1 InsO bei Mietermehrheit, ZMR 2001, 160; *Tetzlaff* Analoge Anwendung des § 109 Abs 1 Satz 2 InsO auf Dauernutzungsverhältnisse des Schuldners bei Wohnungsgenossenschaften?, ZInsO 2007, 590; *Zeibig* Die Mietkaution. Zum Sicherungstreuhandverhältnis der Mietkaution, den Folgen seiner Fehlerhaftigkeit und der Behandlung in Zwangsvollstreckung und Insolvenz, 2012. Ansonsten wie zu § 108.

A. Geschichte und Grundvoraussetzungen des § 109

1 § 109 entspricht im Wesentlichen RegE § 123 (vgl 7. Aufl Rn 50). Zur späteren Einführung des die Wohnraummiete betr Abs 1 S 2 und dem hierauf Bezug nehmenden Formulierungen in Abs 1 S 2 vgl Rn 7 ff, 29 ff, 34, 37. Abs 1 S 1 wurde mit Wirkung ab 1.7.2007 neu gefasst (s Rn 5, 26).

2 Beide Absätze des § 109 setzen ein nach § 108 Abs 1 fortbestehendes Miet- oder Pachtverhältnis voraus. Unanwendbar ist § 109 auf Miet- oder Pachtverträge, die nicht vor Eröffnung des InsVerf vom Schu, sondern erst während des Verf vom InsVerw geschlossen wurden.[1] Des Weiteren wird vorausgesetzt, dass sich der **Schu in der Rolle des Mieters bzw Pächters** befindet (s auch Rn 33). Bei umgekehrter Rollenverteilung gelten die §§ 110, 111 (vgl erg § 108 Rn 76). Der InsVerw eines **Unter**vermieters oder **Unter**verpächters kann allerdings nicht nur das Haupt-, sondern auch das Untermietverhältnis (Unterpachtverhältnis) mit der

1 **AM** in Bezug auf den rechtsähnlichen § 113 *LAG Berlin* ZIP 2007, 2002 f mit abl Anm *Henkel* ZIP 2008, 1265 ff.

Dreimonatsfrist des Abs 1 beenden; in Bezug auf das Untermietverhältnis (Unterpachtverhältnis) ist § 109 zwar nicht unmittelbar anwendbar (denn hier steht der InsVerw ja auf **Ver**mieter- bzw **Ver**pächterseite), wohl aber analog.[2] Entspr anwendbar, hier allerdings wegen des (auch bei Grundstücken!) ebenfalls analog anwendbaren § 103 ohne praktische Relevanz, ist § 109 Abs 1 S 1 im gesetzlichen Schuldverhältnis des § 135 Abs 3.[3]

3 Wie § 108 setzen auch beide Abs des § 109 voraus, dass es sich um ein Miet- oder Pachtverhältnis über einen **unbeweglichen Gegenstand oder** über **Räume** handelt; andernfalls gilt das bei § 108 Rn 8 ff, 16 ff Ausgeführte (jedoch ohne Rn 23–30, da der dort kommentierte § 108 Abs 1 S 2 umgekehrte Parteirollen voraussetzt). Darauf, **ob das Miet- bzw Pachtobjekt dem Schu bereits vor Eröffnung des InsVerf „überlassen" war**, kommt es zwar nicht iRd § 108 (vgl den letzten Satz bei § 108 Rn 5), aber sehr wohl bei § 109 und auch bei § 112 an (s Rn 21 ff, 33, § 112 Rn 5 f). Zur **Wohnraummiete** s Rn 7 ff, 34.

4 Nicht zu befürworten[4] ist eine analoge Anwendung des § 109 Abs 1 auf Miet-, Pacht- und Leasingverträge über **bewegliche Sachen und Rechte**.[5] Vgl ferner unten Rn 40 zur Frage einer analogen Anwendung des § 109 Abs 2 auf Miet- und Pachtverträge über bewegliche Sachen und Rn 48 ff zur analogen Anwendung auf **Dienstverträge**.

B. Kündigungsrecht des Insolvenzverwalters nach Abs 1

I. Allgemeines

5 Abs 1 entspricht, abgesehen von seiner tatbestandlichen Verengung auf Verträge über „unbewegliche Gegenstände oder Räume", von der in Abs 1 S 2 enthaltenen Sonderregelung bzgl der Wohnung des Schu (dazu Rn 7 ff) und von der zum 1.7.2007 erfolgten Einführung einer einheitlichen dreimonatigen Kündigungsfrist (dazu sogleich), weitgehend dem früheren Recht (s §§ 19 KO, 51 Abs 2 VerglO, 9 Abs 3 S 2 GesO, aber auch unten Rn 25, 28 f). Nach der ursprünglichen Fassung des Abs 1 S 1 konnte der InsVerw das Miet- oder Pachtverhältnis „ohne Rücksicht auf die **vereinbarte** Vertragsdauer unter Einhaltung der **gesetzlichen** Frist kündigen". Da auch die „gesetzliche" Kündigungsfrist im Einzelfall sehr lang sein kann (s § 111 Rn 8), wurde dies mit Wirkung ab 1.7.2007 dahin geändert, dass die Kündigungsfrist für den InsVerw **„drei Monate zum Monatsende"** beträgt, wenn nicht sogar eine noch kürzere Frist maßgeblich ist (Art 1 Nr 18 des G zur Vereinfachung des InsVerf v 13.4.2007, BGBl I, 509). Da eine dem § 111 S 2 entspr Bestimmung fehlt (und auch schon vor dem 1.7.2007 fehlte), braucht der InsVerw nicht schon zum erstmöglichen Termin zu kündigen, sondern darf warten, bis er das Miet- oder Pachtobjekt nicht mehr benötigt. Zu Recht weist Eckert[6] darauf hin, dass der Vermieter/Verpächter infolge dieser gesetzlichen Regelung in eine missliche Lage gerät, da er den Schwebezustand nicht dadurch beenden kann, dass er den InsVerw wie in den Fällen der §§ 103 und 109 Abs 2 zu einer definitiven Entsch auffordert. Zur Kündigung bei **Personenmehrheit** sowie zur sich u U auch sonst stellenden Frage einer **„Relativierung" der Kündigungswirkung** vgl Rn 10 ff (= 6. Aufl Rn 7 ff). Der BGH hat in seinem Urt v 13.3.2013 – XII ZR 34/12 den Standpunkt vertreten, dass der InsVerw ein gewerbliches Mietverhältnis auch dann nach § 109 Abs 1 S 1 kündigen könne,

---

2 Ausf *Marotzke* ZInsO 2007, 1, 6 f, 9; *ders* KS-InsO, 3. Aufl 2009 S 672, 688 f (Rn 53 ff), 694 (Rn 79 ff); weitgehend zust *K/P/B/Tintelnot* § 108 Rn 16b und § 111 Rn 19 ff (s dazu auch § 111 Rn 3 [Fn]).

3 Vgl *Marotzke* FS Runkel, 2009, S 359, 361 ff, insb S 363 ff.

4 **AM** jedoch *K/P/B/Tintelnot* § 103 Rn 278.

5 Ein uneingeschränkt erklärtes Erfüllungsverlangen des InsVerw schließt diese Analogie auf jeden Fall aus; sa Rn 24.

6 *Eckert* ZIP 1996, 897, 901.

wenn der jetzt insolvente Schu nicht alleiniger Mieter, sondern lediglich Mitmieter sei, und dass eine solche Kündigung den Mietvertrag auch mit Wirkung für und gegen die – mit der Kündigung vielleicht überhaupt nicht einverstandenen – Mitmieter des Schu beende.[7] Eine irgendwie geartete Relativierung der Kündigungswirkungen wird in diesem Urt des BGH nicht befürwortet. **Kündigt der InsVerw des Mieters in Unkenntnis einer bereits erfolgten Veräußerung des Mitobjekts gegenüber dem bisherigen Eigentümer (Vermieter)**, kommt eine analoge Anwendung der §§ 412, 407 Abs 1 BGB in Betracht.[8] Mit den Konsequenzen der **Nicht**ausübung eines bestehenden Kündigungsrechts für die nachinsolvenzliche Haftung des Schu befasst sich der in der Fn[9] erwähnte Beschl des OLG Stuttgart.

6 Von einer Kündigung zu unterscheiden ist die **Freigabe** des Mietverhältnisses[10] oder des vermieteten Gegenstandes[11] oder die Abgabe einer Negativerklärung iSd § 35 Abs 2 S 1.[12] Möglich und aus Massesicht vorteilhaft ist uU auch eine **„Freistellung“** des Vermieters, zB während des EröffnungsVerf oder iF der Masseunzulänglichkeit (Rn 30) für den Zeitraum zwischen Kündigungserklärung und Ablauf der Kündigungsfrist.[13] Zu den Aufgaben eines InsVerw, der nach Abs 1 S 1 gekündigt und den in den Mieträumen geführten Betrieb an den Schu freigegeben hat, gehört der **Widerspruch gegen die** sich an die Weiterbenutzung der Mieträume durch den Schu knüpfende **Annahme einer stillschweigenden Verlängerung des Mietverhältnisses gem § 545 BGB**[14] bzw seit 1.7.2007 die Abgabe einer **Erklärung iSd § 35 Abs 2 InsO**.

II. Wohnraummiete

7 **1. Dogmatisches Umfeld und Wirkungsweise des Abs 1 S 2.** Der Begriff „Wohnraummiete“ umfasst nicht jedes Mietverhältnis, das sich auf Wohnraum bezieht. Hinzu kommen muss, dass die Vermietung eigenen Wohnzwecken des Mieters dienen soll. Keine „Wohnraummiete“ ist die Anmietung von Wohnraum zum Zweck der gewerblichen Weitervermietung an wohnungssuchende Dritte. Nur der Fall, dass der Schu zum Zwecke des **Selbst**woh-

---

7 *BGHZ* 196, 318 ff = ZIP 2013, 835 ff (mit krit Anm *Eckert* EWiR 2013, 323 f); ebenso als Vorinstanz *OLG Hamburg* ZInsO 2012, 1372 ff = ZIP 2012, 1143 ff (mit abl Anm *Freundenberg* EWiR 2012, 603 f)= NZI 2012, 673 ff (mit krit Anm *Cymutta*).

8 Vgl *BGH* 23.2.2012 – IX ZR 29/11, NZI 2012, 406 ff (mit Anm *Cymutta*) = ZInsO 2012, 733 ff = ZIP 2012, 784 ff (mit Anm *Eckert* EWiR 2012, 423 f) – Entscheidungsgründe Rn 16.

9 *OLG Stuttgart* NZI 2007, 527 f = ZIP 2007, 1616 f mit abl Anm *Eckert* EWiR § 201 InsO 1/2007, 503 f.

10 Vgl *J Mohrbutter* KTS 1955, 10, 12; *Vallender/Dahl* NZI 2000, 246, 249; *Hess* § 109 Rn 15; *Jaeger/Henckel* KO § 19 Rn 61; *Uhlenbruck/D Wegener* § 109 Rn 21 ff; *Derleder* NZM 2004, 568, 576; *Marotzke* KS-InsO, 3. Aufl 2009, S 672, 687 (Rn 51), 694 ff (Rn 78 ff: Freigabe des Hauptmietverhältnisses, eines Untermietverhältnisses, eines auf § 135 Abs 3 beruhenden Nutzungsverhältnisses); *LG Dortmund* ZInsO 2005, 724 (das zutr ausführt, der InsVerw könne sich der als Masseverbindlichkeit zu erfüllenden Verpflichtung zur Aufrechterhaltung der Energieversorgung nicht ohne Zustimmung des Mieters durch Freigabe des Mietvertrages und des Mietobjekts entziehen); *BGH* ZInsO 2006, 326 ff (dazu § 108 Rn 47 [Fn], § 108 Rn 51 [Fn]); *OLG Rostock* ZInsO 2007, 996 f = ZIP 2007, 2377 (Freigabe eines in den gemieteten Räumen fortgeführten Friseurbetriebs; dazu *Wischemeyer* ZInsO 2008, 197 ff).

11 Ausf *Marotzke* KS-InsO, 3. Aufl 2009, S 672, 687 (Rn 51), 692 ff (Rn 69 ff); vgl auch § 111 Rn 6; tw **aM** *K/P/B/Tintelnot* § 111 Rn 21 f.

12 Vgl das bei § 103 Rn 3 zitierte Urt des *BGH* v 9.2.2012.

13 Vgl *BGHZ* 154, 358, 366 Abschn III 1 d dd = NJW 2003, 2454, 2455 f = NZI 2003, 369, 371 = ZIP *2003, 914, 916 f*; *BGH* ZInsO 2004, 674, 675 Abschn II 2 d (1) = DZWIR 2005, 116, 117 (mit Anm *Gundlach/Frenzel*); *OLG Rostock* ZInsO 2007, 996 f = ZIP 2007, 2377, 2378 f.

14 *OLG Rostock* ZInsO 2007, 996 f = ZIP 2007, 2377 f (dazu *Wischemeyer* ZInsO 2008, 197 ff).

nens – entweder allein oder gemeinsam mit Anderen – gemietet hatte, ist Gegenstand der folgenden Überlegungen.[15] **In diesen Fällen gehört das Benutzungsrecht, welches dem Schu als Mieter zusteht, nicht zur InsMasse.**[16] Entsprechendes gilt für ein dem Schu durch **Vermächtnis** zugewendetes, unentgeltliches und höchstpersönliches schuldrechtliches Wohnrecht[17] und nach zutr Auffassung[18] zumindest idR auch für dingliche Wohnungsrechte iSd § 1093 BGB.

Schwierig ist die insolvenzrechtliche Qualifikation der auf die Zeit nach Eröffnung des InsVerf entfallenden Mietforderungen. Nach hM soll diese in der Weise vorzunehmen sein, dass es sich – vorbehaltlich § 109 Abs 1 S 2 – nicht um InsForderungen, sondern um **Masseverbindlichkeiten** handele.[19] Als Rechtsgrundlage für die Einordnung als Masseverbindlichkeit kommt nur **§ 55 Abs 1 Nr 2 Alt 2** in Betracht. Dieser setzt aber voraus, dass die Leistung des Vertragspartners nach Art und Gegenstand überhaupt „zur InsMasse" erfüllbar ist (ein sehr wichtiger Aspekt nicht bloß bei der Wohnraummiete, sondern auch bei Verträgen über nur an den Schu persönlich erbringbare Dienstleistungen[20]). An der „Erfüllbarkeit zur InsMasse" dürfte es bei Verträgen zur Befriedigung des persönlichen Wohnbedürfnisses des Schu fehlen.[21] Dass ein – idR erst nach Beendigung des Mietverhältnisses durchsetzbarer – Anspruch auf **Rückgewähr einer unverbrauchten Mietkaution** „zur InsMasse" erfüllbar wäre (wobei man über die Massezugehörigkeit eines solchen Anspruchs durchaus streiten kann[22]), rechtfertigt eine Anwendung des § 55 Abs 1 Nr 2 Alt 2 nicht,[23] da solch ein 8

15 Zur Rechtslage nach „Auszug" des Schu vgl *LG Freiburg* NJW-RR 1996, 1164 f.

16 **Ausf in diesem Sinne** *Marotzke* KTS 1999, 269, 270 ff; *Grote* NZI 2000, 66, 67 f; *AG Duisburg* NZI 2000, 415; *Eckert* ZVI 2006, 133; vgl auch *Gürlevik* S 98 ff, 105 (die zwar den Wohnraummietvertrag als solchen, nicht aber das auf diesem beruhende Besitz- und Nutzungsrecht des Schu als Bestandteil der dem Recht des InsVerw unterliegenden Masse ansieht); *Heinze* ZInsO 2015, 1117, 1124; **anders die von den Vorgenannten nachgewiesene hM** sowie *OLG Celle* ZInsO 2003, 948, 949; *Hain* ZInsO 2007, 192, 193; wohl auch MK/*Eckert* § 108 Rn 40, 90; *Zeibig* S 447 ff (jedoch mit starken Vorbehalten auf der Ebene des „Wie") und *LG Karlsruhe* ZIP 2003, 677, 679 unter Berufung auf *OLG Köln* ZIP 2001, 1422, 1427 (die letztgenannte Entsch betrifft jedoch ein Mischmiet- bzw Mischpachtverhältnis, nämlich den bereits bei § 108 Rn 53 erwähnten Pachtvertrag über Räume zum Betrieb einer Gaststätte nebst „zugehöriger" Wirtewohnung, der bürgerlich-rechtlich als „gewerbliche" Pacht einzuordnen sein dürfte; s *Staudinger/Emmerich* 2014 Rn 27 ff, 30 ff Vor § 535 BGB). Der Frage ausweichend das Urt des BGH v 9.5.2012 – VIII ZR 327/11, NZI 2012, 770, 774 (Rn 30), wo lediglich in Bezug auf das **Vertragsverhältnis** ausgeführt wird, dass dieses „trotz der in § 109 Abs 1 S 2, 3 InsO für Wohnungsmietverhältnisse getroffenen Sonderregelungen nicht vom Massebeschlag ausgenommen" sei.

17 *LG Hamburg* ZVI 2009, 262 f.

18 *OLG München* ZIP 2010, 2520 f = FGPrax 2011, 17 = ZInsO 2010, 534 ff; *Staudinger/Reymann* 2016 BGB § 1092 Rn 13, § 1093 Rn 53.

19 Nachweise in der dritten Fn zu Rn 9.

20 Vgl § 103 Rn 43, 45, § 108 Rn 5, 53.

21 Vgl auch Rn 7; *Marotzke* KTS 1999, 269, 271 ff; *ders* Gegenseitige Verträge Rn 14.42 mit Fn 75 (zu **§ 55 Abs 2 S 2**); *Schläger* ZMR 1999, 522, 525 (II 4), 526; *Grote* NZI 2000, 66, 67 f (der mit späterer Gefolgschaft auch des *AG Duisburg* NZI 2000, 415 die auf die Zeit nach VerfEröffnung entfallende Miete für die Wohnung des Schu weder als Masseverbindlichkeit noch als InsFord anerkennt und vor diesem Hintergrund den § 109 Abs 1 für völlig unanwendbar hält; s dazu aber sogleich Rn 9 aE); **aM** *Hain* ZInsO 2007, 192, 196; *Franken/Dahl* S 178 f, 184.

22 Vgl *Zeibig* S 445 ff, 450 ff, 499, 454.

23 **AM** wohl *Vallender/Dahl* NZI 2000, 246, 247.

Anspruch in Bezug auf das Mietverhältnis nicht Erfüllungs-, sondern Rückabwicklungscharakter hätte (zur Kaution vgl auch Rn 9 ff).

9 **Dogmatisch konsequent** wäre es somit, die auf die Zeit nach VerfEröffnung entfallenden Mietforderungen bei der Wohnraummiete (Rn 7) als **InsForderungen** zu qualifizieren.[24] Der BGH hat allerdings gemeint, dass diese Ansicht mit dem Gesetz nicht zu vereinbaren sei.[25] Nicht ganz klar wird jedoch, welches „Gesetz" der BGH hier meint. In erster Linie wäre wohl an **§ 55 Abs 1 Nr 2 Alt 2** zu denken.[26] Diese Vorschrift zwingt aber bei genauerem Hinsehen (Rn 8) keinesfalls dazu, die auf die Zeit nach Eröffnung des InsVerf entfallenden Mietansprüche bei der Wohnraummiete als Masseverbindlichkeiten einzuordnen. Gleiches gilt für die in § 109 Abs 1 S 2 (zum 1.12.2001 nachträglich in die InsO eingefügt) verwendete Formulierung, dass der InsVerw bei der Wohnraummiete anstelle des Kündigungsrechts nach S 1 lediglich das Recht habe zu erklären, dass Ansprüche, die nach Ablauf der in S 1 genannten Frist fällig werden, „nicht im Insolvenzverfahren geltend gemacht werden können". Denn diese Formulierung lässt völlig offen, ob Mietansprüche, die bereits vor dem Wirksamwerden einer nach Abs 1 S 2 abgegebenen Enthaftungserklärung fällig wurden, „im Insolvenzverfahren" als Masseverbindlichkeiten (so der BGH) oder lediglich als InsForderungen (so die vorliegende Kommentierung) „geltend gemacht werden können". Richtig ist zwar der ergänzende Hinweis des BGH, dass „der Gesetzgeber … die in § 109 Abs 1 S 2 vorgesehene Erklärung, die bei Wohnraummietverhältnissen an die Stelle des Kündigungsrechts aus § 109 Abs 1 S 1 tritt, gerade damit begründet (habe), dass eine Möglichkeit geschaffen werden sollte, dem Mieter die Wohnung zu erhalten, aber die Masse gleichwohl nach Ablauf der gesetzlichen Kündigungsfrist nicht mehr für ‚neu entstehende Mietzinsforderungen, haften zu lassen (BT-Drucks 14/5680, S 27)".[27] Jedoch ist auch der vom BGH bemühte § 109 Abs 1 S 2 kein wirklich überzeugender Grund, die vor Wirksamwerden der Enthaftungserklärung fällig werdenden Mietforderungen unter Hintanstellung der bekannten Gegenargumente[28] als Masseverbindlicheiten einzuordnen.[29] Zweck der Einfügung des heutigen Abs 1 S 2 war nämlich nicht die Entscheidung der damaligen Meinungsverschiedenheiten über die insolvenzrechtliche Einordnung der Entgeltansprüche bei der Wohnraummiete, sondern die Statuierung einer auf die Wohnraummiete begrenzten Ausnahme von dem in Abs 1 S 1 geregelten Sonderkündigungsrecht des InsVerw, um auf diese Weise den persönlichen Wohnbereich des Schu vor einer Kündigung des InsVerw zu schützen, deren Hauptmotiv nicht selten darin bestand, eine vom Schu bereits gezahlte und noch nicht abgewohnte Mietkaution (Rn 8, 10) zur

---

24 *Marotzke* KTS 1999, 269, 273 ff.

25 *BGH* ZInsO 2012, 733 ff = ZIP 2012, 784 ff (Rn 11); dazu *Eckert* EWiR 2012, 423 f.

26 **Die Anwendbarkeit des § 55 Abs 1 Nr 2 Alt 2 InsO bejahend der *BGH* in seinem Urt v 23.2.2012** – IX ZR 29/11, ZIP 2012, 784 ff (mit Anm *Eckert* EWiR 2012, 423 f) = ZInsO 2012, 733 ff (Entscheidungsgründe Rn 11: „Ohne eine Enthaftungserklärung nach § 109 Abs 1 S 2 InsO wäre die für die Zeit nach Verfahrenseröffnung anfallende Miete wegen §§ 108 Abs 1, 55 Abs 1 Nr 2 InsO als Masseverbindlichkeit zu befriedigen.") **und überhaupt die ganz hM** (vgl etwa *Gürlevik* S 110 ff; MK/*Eckert* § 108 Rn 90; *Jaeger/Jacoby* § 109 Rn 66 sowie die Nachweise im Urt des BGH und in der 6. Aufl dieses Kommentars [aaO § 109 Rn 11 Fn 26]). Diese von ihm eigentlich als „skurril" angesehene hM als durch die „verunglückte" Sondervorschrift des Abs 1 S 2 verbindlich vorgegeben akzeptierend *Heinze* ZInsO 2015, 1117, 1124.

27 *BGH* ZInsO 2012, 733 ff = ZIP 2012, 784 ff [Rn 11]; dazu *Eckert* EWiR 2012, 423 f.

28 Vgl *Marotzke* KTS 1999, 269, 271 ff und o Rn 8.

29 **AM** der *BGH* aaO; vgl auch *Eckert* ZVI 2006, 133, 135.

Prozessführungsbefugnis der InsVerw bzw Treuhänders verneint,[43] im Anschluss jedoch die Frage, ob „die Entstehung oder Realisierung" eines solchen Anspruchs „als Neuerwerb in die Masse fällt und vom Schuldner an den Verwalter abgeführt werden muss", offen gelassen[44]. Eine Betriebskosten**nachforderung** des Vermieters, die sich auf einen vor Verfahrenseröffnung liegenden Abrechnungszeitraum bezieht, ist entgegen dem Wortlaut des Abs 1 S 2 („die nach Ablauf … fällig werden") auch dann als teilnahmeberechtigte InsFord zu qualifizieren, wenn der Vermieter die zur Herbeiführung der Fälligkeit erforderliche Abrechnung erst nach Wirksamwerden einer vom InsVerw gem Abs 1 S 2 abgegebenen Erklärung erteilt hat.[45]

Adressiert der InsVerw bzw Treuhänder die in Abs 1 S 2 erwähnte Erklärung in Unkenntnis einer bereits erfolgten Veräußerung des Mietobjekts gegenüber dem bisherigen Eigentümer (Vermieter), kommt eine analoge Anwendung der §§ 412, 407 Abs 1 BGB in Betracht.[46] 13

Abs 1 S 2 ist analog anzuwenden, wenn der InsVerw nicht die Vergünstigungen des Abs 1 S 1 in Anspruch nehmen, sondern „ordentlich" kündigen will. Die vom Gegenteil ausgehenden Bemerkungen von Eckert[47] führen zu einer Aushöhlung des Mieterschutzes, die nicht iSd Abs 1 S 2 liegt.[48] Zum selben Erg wie eine analoge Anwendung des Abs 1 S 2 führt die bereits vor Schaffung des Abs 1 S 2 vertretene Ansicht des Autors,[49] dass ein Wohnraummietverhältnis mit dem Schu in der Rolle des Mieters ohnehin nicht „für die Masse" wirke (s auch Rn 7 f), so dass dem InsVerw für eine Kündigung, die auch gegenüber dem **Schu** wirken soll, die Rechtszuständigkeit fehle.[50] Ob man dies aus allg Grundsätzen herleitet oder mit einer analogen Anwendung des Abs 1 S 2 begründet, ist, da diese auf jenen beruht (Rn 11), ohne Belang. Da eine „ordentliche" Kündigung niemals zu einer „vorzeitigen" Beendigung des Vertragsverhältnisses iS des Abs 1 S 3 führt, erwirbt der Vermieter in solchen Fällen einen **Schadenersatzanspruch** weder nach der ersten noch nach der zweiten Alternative des Abs 1 S 3. 14

Die Streitfrage, ob und ggf mit welchen Konsequenzen der InsVerw sein Sonderkündigungsrecht unabhängig vom Willen etwaiger **Mitmieter** ausüben kann,[51] stellt sich nicht, wenn man die Rechtsfolgen der Kündigung wie bei Rn 10 beschrieben beschränkt (Rechtslage vor Inkrafttreten des heutigen Abs 1 S 2) bzw an die Stelle der Kündigung eine Erklärung mit dem in Abs 1 S 2 bezeichneten Inhalt treten lässt (Rechtslage nach Inkrafttreten des Abs 1 S 2). In beiden Fällen kann der InsVerw sein Gestaltungsrecht ohne Rücksicht auf die 15

---

43 *BGH* ZIP 2014, 1341 [LS und Rn 6 ff] = NZI 2014, 614 (mit Anm *Cymutta*).

44 *BGH* ZIP 2014, 1341 [LS und Rn 29 ff] = NZI 2014, 614 (mit Anm *Cymutta*).

45 Zutr *BGH* ZIP 2011, 924 ff = NZI 2011, 404 f.

46 Vgl *BGH* NZI 2012, 406 ff (mit Anm *Cymutta*) = ZIP 2012, 784 ff (mit Anm *Eckert* EWiR 2012, 423 f).

47 *Eckert* NZM 2001, 260, 262 f (Abschn IV 1, 4, V); vorsichtiger jetzt *ders* in ZVI 2006, 133, 136 bei Fn 27.

48 Krit auch FK/*Busch* § 313 Rn 42 f; *Hain* ZInsO 2007, 192, 196 und *Franken/Dahl* S 178 f, 184 – Letztere mit Hilfe des § 242 BGB gegensteuernd.

49 *Marotzke* KTS 1999, 269, 270 ff.

50 **AM** *Eckert* NZM 2001, 260, 262 f, der entgegen oben Rn 7 auch Wohnraummietverhältnisse für „massebefangen" hält, insofern also von einer anderen Prämisse ausgeht.

51 Dazu das bei Rn 5 erwähnte Urt des *BGH* v 13.3.2013 sowie *Franken/Dahl* S 118 ff, 120 ff; *Uhlenbruck/D Wegener* § 109 Rn 3, 30; *Steinicke* ZMR 2001, 160 ff; *K/P/B/Tintelnot* § 109 Rn 44 ff, 56 f; *N/R/Balthasar* § 109 Rn 10, 16; *L/S/Z/Zeuner* Rn 6; *Eckert* NZM 2001, 260, 261 f; *Vallender/Dahl* NZI 2000, 246, 247 aE.

übrigen Mieter selbstständig ausüben[52] (deshalb vielleicht sogar Übertragung auf **alle** Miet- und Pachtverhältnisse entspr dem Hinweis bei Rn 10, zumindest bei „natürlichen" Personen?).[53]

16 Da man eigentlich auch schon vor Inkrafttreten des heutigen Abs 1 S 2 zu dem Erg hätte kommen müssen, dass die Kündigung des InsVerw nicht zu einer vollständigen Beendigung des Wohnraummietverhältnisses führte (der Schu blieb Mieter), sondern nur „für die Masse" wirkte,[54] war es bereits damals denkbar, dass auch nach einem (derart beschränkten) Wirksamwerden der Kündigung noch **Ansprüche auf Mietzahlung** entstehen, die sich dann allerdings nicht gegen die Masse (weder als Masseverbindlichkeiten noch als bloße InsForderungen), sondern **nur gegen den Schu persönlich und gegen etwaige Mitmieter** richteten. Nach Inkrafttreten des heutigen Abs 1 S 2 versteht sich das von selbst. Ohne Rücksicht auf § 87, der nur für InsGl gilt, kann der Vermieter die von der Erklärung nach Abs 1 S 2 betroffenen Ansprüche gerichtlich oder außergerichtlich verfolgen und unter den Voraussetzungen der §§ 543 Abs 2 Nr 3, 569 Abs 3 BGB das Mietverhältnis **fristlos kündigen**.[55] § 87 würde selbst bei Annahme einer InsFord den Verzugseintritt nicht hindern.[56] Zu den **mietrechtlichen Konsequenzen eines Lastschriftwiderrufs**[57] durch den InsVerw oder Treuhänder vgl *AG Hamburg* NZI 2007, 598 f (= ZVI 2007, 532 f), das zu Unrecht (Rn 18) § 112 für anwendbar hält.[58] Der BGH hat dieses wichtige Thema bisher nicht abschließend behandeln müssen.[59]

17 **Richtiger Adressat für eine Kündigungserklärung** des **Ver**mieters (Rn 16) **ist der Schu**, nicht der InsVerw (str).[60] Wer auch Wohnraummietverhältnisse für „massebefangen" hält (s dazu Rn 7 ff), wird jedoch den **InsVerw** als den richtigen Kündigungsadressaten ansehen[61] (aber auch noch nach Abgabe und Wirksamwerden der in Abs 1 S 2 bezeichneten Erklärung?[62]).

---

52 Ebenso das in der zweiten Fn zu Rn 5 erwähnte Urt des *BGH*, das freilich zu der o Rn 10 erwogenen Relativierung der Kündigungswirkungen nicht bereit ist.

53 Dazu *Marotzke* KTS 2001, 67 ff; *Voigt/Gerke* ZInsO 2002, 1054, 1064 (die § 109 Abs 1 S 2 analog auf Werkstatt- oder Geschäftsräume anwenden wollen, die der Schu zur Fortsetzung seiner selbstständigen Arbeit benötigt); de lege lata abl *Franken/Dahl* S 119 f (Rn 86, 88).

54 Ausf *Marotzke* KTS 1999, 269, 276 ff; 2001, 67 f; Nachweise zur Gegenansicht in der zweiten Fn zu Rn 10.

55 *Marotzke* KTS 1999, 269, 279 ff; *Gürlevik* S 119; s erg Rn 17 ff.

56 Vgl *Marotzke* Gegenseitige Verträge, Rn 5.98 ff.

57 Dazu auch § 103 Rn 76 m Hinweis auf zwei GrundsatzEntsch des BGH.

58 Vgl auch die in der ersten Fn zu Rn 18 erwähnten Gerichtsentscheidungen.

59 Vgl *BGHZ* 186, 242 ff [Rn 10] = ZIP 2010, 1552, 1553: „Selbst wenn der Schu nicht der Gefahr ausgesetzt sein sollte, wegen des Widerspruchs gegen die im Wege der Lastschrift eingezogenen Forderungen seine Wohnung zu verlieren … oder eine Stromsperre hinnehmen zu müssen …" (s zur Bedeutung dieses Urt auch die Fn zu § 103 Rn 76).

60 Wie hier *K/P/B/Tintelnot* § 109 Rn 21; *Hain* ZInsO 2007, 192, 197 vor V.; ebenso für den Fall, dass der InsVerw bzw Treuhänder die in Abs 1 S 2 bezeichnete Erklärung abgegeben hat und diese bereits wirksam geworden ist: *BGH* ZIP 2014, 1086 [Rn 12 ff] = ZInsO 2014, 1053.

61 So zB *LG Karlsruhe* ZIP 2003, 677 ff Abschn 3; *BGH* NZI 2012, 770, 774 (hier mit dem ergänzenden Hinweis, dass eine zuvor abgegebene Enthaftungserklärung des InsVerw bzw Treuhänders an dessen alleiniger Empfangszuständigkeit für eine Kündigungserklärung des Vermieters jedenfalls dann nichts ändere, wenn die Enthaftungswirkung mit Blick auf die Dreimonatsfrist des § 109 Abs 1 S 1 HS 2 im Kündigungszeitpunkt noch nicht eingetreten sei); *Eckert* EWiR § 108 InsO 1/2003, 337 f; *ders* ZVI 2006, 133, 136 f; iE ebenso *Uhlenbruck/D Wegener* § 109 Rn 17; *Jaeger/Jacoby* § 109 Rn 64; differenzierend *Hain* ZInsO 2007, 192, 196 f.

62 Dies verneinend *BGH* 9.4.2014 – VIII ZR 107/13, ZIP 2014, 1086 [Rn 12 ff].

Um sicher zu gehen,[63] sollte der Vermieter die Kündigung sowohl gegenüber dem Schu als auch gegenüber dem InsVerw erklären. Eine etwaige **Herausgabeklage** ist gegen den Schu persönlich zu richten;[64] ein bereits bei VerfEröffnung schwebender Prozess – denkbar nach bereits vor VerfEröffnung erfolgter Kündigung[65] – wird nicht gem § 240 S 1 ZPO unterbrochen.[66] Eine Herausgabeklage gegen den InsVerw kommt nur in Betracht, wenn er den Schu aus der Wohnung verdrängt und selbst den Besitz ergriffen hat[67] – was er aber eigentlich nicht darf.[68] In diesem Fall hat der Rückgewähranspruch des Vermieters Aussonderungskraft (§ 108 Rn 51). Ein etwaiger Anspruch auf (Leer-)Räumung und/oder Reparatur der herauszugebenden Wohnung kann idR nur als InsFord geltend gemacht werden.[69]

Die Kündigungssperre des § 112 steht dem bei Rn 16 erwähnten Kündigungsrecht des Vermieters nicht entgegen; wegen des persönlichen Einschlags der Wohnungsmiete **ist** § 112 hier **unanwendbar**.[70] Denn § 112 bezweckt nicht den Schutz der – für den InsVerw überhaupt nicht verwertbaren[71] – Wohnung des Schu, sondern will nur verhindern, dass im Besitz des Schu oder des InsVerw befindliche „wirtschaftliche" Einheiten zur Unzeit ausein- **18**

---

63 … und um nicht auf gerichtliche Reparaturbemühungen wie im Fall *ArbG Berlin* ZInsO 2005, 108 ff (Kündigungsschutzklage eines Arbeitnehmers) angewiesen zu sein …

64 **AM** *Eckert* ZVI 2006, 133, 138 f (primär müsse der InsVerw, neben ihm aber auch der Schu persönlich verklagt werden); *LG Karlsruhe* ZIP 2003, 677 ff; *OLG Celle* ZInsO 2003, 948, 949.

65 Vgl *AG Köln* ZInsO 2016, 2209, 2010 r Sp.

66 Zutr *AG Köln* ZInsO 2016, 2209 f. **AM** *AG Charlottenburg* ZInsO 2005, 835 f, weil ein bereits vor VerfEröffnung entstandener Rückgewähranspruch des Vermieters InsFord gem § 38 sei. Die Anwendung des § 38 wird hier jedoch durch § 47 S 1 ausgeschlossen (so auch *Hain* ZInsO 2007, 192, 195).

67 *BGH* NJW 2007, 1591, 1593 (Rn 18) = ZIP 2007, 340, 341 f; *BGH* NJW 2008, 2580 f = ZInsO 2008, 808, 809 [Rn 14 ff]; ebenso für die **Gewerbe**raummiete *LG Köln* ZInsO 2010, 53 f; *LG Lübeck* ZInsO 2011, 391 f mit Anm *Goldbeck/Möller* (erfolgloser Versuch der Inanspruchnahme eines schwachen **vorl** InsVerw, der das Mietobjekt nicht in Besitz genommen hatte).

68 *Marotzke* KTS 1999, 269, 271 ff; *Hain* ZInsO 2007, 192, 194; *Gürlevik* S 99 ff.

69 Vgl § 108 Rn 51 und speziell bei Wohnraum *Hain* ZInsO 2007, 192, 195.

70 *Marotzke* KTS 1999, 269, 283 f, 288; *Grote* NZI 2000, 66, 68 f; *Uhlenbruck/Berscheid* 12. Aufl, § 112 Rn 4; iE ebenso *Eckert* NZM 2001, 260, 263 Abschn IV 5; **ebenso, allerdings unter Beschränkung auf die Zeit nach Abgabe und Wirksamwerden der in § 109 Abs 1 S 2 erwähnten Erklärung, der *BGH*** in seinem Urt v 17.6.2015 – VIII ZR 19/14, ZInsO 2015, 1748 [LS 1 und Rn 20 ff, 44] = ZIP 2015, 1496 = NZI 2015, 809 (mit Anm *Cymutta*); vgl auch *K/P/B/Tintelnot* § 109 Rn 11, 19; MK/*Eckert* § 109 Rn 58 f; **gänzlich aM** *Gürlevik* S 82 ff, 145 ff, 224 (für den Fall der bereits erfolgten Überlassung der Wohnung); *AG Hbg* NZI 2007, 598 f = ZVI 2007, 532 f (das zudem auch unrichtige Ausführungen zu § 286 BGB macht, der nämlich nicht „Verschulden", sondern nur „Vertretenmüssen" voraussetzt, was bei Geldschulden ein gravierender Unterschied ist); *AG Hbg* ZVI 2009, 215, 219 (dazu auch eine Fn zu § 112 Rn 9); *AG Köln* NZI 2010, 306 f; *LG Neubrandenburg* WuM 2001, 551 f; *Eichner* WuM 1999, 260, 261 (C II), 262 (D II 2); *Schläger* ZMR 1999, 522, 523 (II 1), 524 (II 3); *Vallender/Dahl* NZI 2000, 246, 248 (vor 3); *Börstinghaus* NZM 2000, 326 f (ad II); *Wimmer* FS Uhlenbruck, 2000, S 605, 611; *Franken/Dahl* S 182 Rn 45; *Uhlenbruck/D Wegener* § 109 Rn 24b, § 112 Rn 3; *L/S/Z/Zeuner* § 112 Rn 3; *LG Karlsruhe* ZIP 2003, 677 f (dazu auch Rn 7, 17; § 112 Rn 9) = EWiR § 108 InsO 1/2003, 337 f *(Eckert)*. **Die Frage offen lassend** *BGH* NJW 2007, 1591, 1592 Rn 13 = ZIP 2007, 340, 341. „Angesichts der vermehrt auftretenden Fälle von Lastschriftwiderrufen durch Insolvenzverwalter und der damit verbundenen **Gefahr des Wohnungsverlusts aufseiten des insolventen Mieters"** hatte das LG Hbg in einem einschlägigen Fall die Revision zum BGH zugelassen (vgl *LG Hbg* ZInsO 2010, 958, 959 r Sp), die aber anscheinend nicht eingelegt wurde (das bei Rn 16 aE erwähnte Urt *BGHZ* 186, 242 betr einen anderen Fall). Zum Lastschriftwiderruf vgl auch die Hinweise in der Fn zu § 103 Rn 76.

71 *Marotzke* KTS 1999, 269 ff.

andergerissen werden (§ 112 Rn 1, 5). Unabhängig von der Frage einer Anwendbarkeit der Kündigungssperre wird eine auf Mietrückstand gestützte **Kündigung** des Vermieters von Wohnraum **gem § 569 Abs 3 Nr 2 BGB ipso iure unwirksam**, wenn bis zum Ablauf von zwei Monaten nach Eintritt der Rechtshängigkeit des Räumungsanspruchs hinsichtlich der fälligen Miete und der fälligen Entschädigung nach § 546a Abs 1 BGB der Vermieter befriedigt wird oder eine öffentliche Stelle sich zur Befriedigung verpflichtet[72] (es sei denn, der Kündigung wäre vor nicht länger als zwei Jahren eine nach derselben Vorschrift unwirksame Kündigung vorausgegangen; iÜ gilt für den Räumungsanspruch des Vermieters das bei Rn 17 Ausgeführte).

19 **UU erhält der Schu die zur Mietzahlung erforderlichen Mittel aus der Masse** (vgl §§ 100, 209 Abs 1 Nr 3, 278)[73] **oder vom Sozialamt**.[74]

20 **2. Mischmietverhältnisse, Mischpachtverhältnisse, Sonstiges.** Vgl die Hinweise bei Rn 7 aE, 15 aE sowie das Beispiel und die Nachweise bei § 108 Rn 53. Nach Ansicht des BGH, die allerdings nicht in insolvenzrechtlichem Zusammenhang entwickelt wurde, ist ein einheitliches Mietverhältnis über Wohnräume und Geschäftsräume „zwingend entweder als Wohnraummietverhältnis oder als Mietverhältnis über andere Räume zu bewerten"; entscheidend sei, welche Nutzungsart nach den getroffenen Vereinbarungen überwiege[75].

III. Voraussetzungen des Abs 1 S 1

21 Der Wortlaut des Abs 1 S 1 verlangt für das Kündigungsrecht keine weiteren Voraussetzungen als die bei Rn 2 Genannten. Abs 2 S 1 HS 1 erlaubt aber wohl den Gegenschluss, dass **Abs 1** – im Unterschied zu § 108 (bei Ins des Mieters, s § 108 Rn 5 aE) und §§ 110 ff – grds nur dann zur Anwendung kommen soll, wenn der Vertragsgegenstand dem Schu bereits vor VerfEröffnung überlassen war;[76] andernfalls „geht **Abs 2** als Sonderregelung vor".[77]

22 Nach ihrem Wortlaut („zur Zeit der Eröffnung des Verf") erfasst die Sonderregelung des **Abs 2** auch den Fall, dass das Miet- oder Pachtverhältnis erst nach VerfEröffnung durch Gebrauchsüberlassung an den InsVerw vollzogen wird. Dennoch sollte man Abs 2 auf diesen Fall nicht anwenden.[78] Denn sobald ein Miet- oder Pachtverhältnis in Vollzug gesetzt ist, kann es nach allg Grundsätzen und vorbehaltlich abw Vereinbarung (der bei der Wohnraummiete § 572 BGB Grenzen setzt) nicht mehr durch Rücktritt, sondern nur noch durch Kündigung beendet werden.

23 Dieser Hinwendung zur **Kündigung** als passendem Gestaltungsrecht entspricht die These von Eckert, B Wegener, Tintelnot, Balthasar, D Wegener[79] und Kalkschmid,[80] dass **Abs 1**

---

72 Auch dazu das bereits erwähnte Urt des *BGH* v 17.6.2015 – VIII ZR 19/14, ZInsO 2015, 1748 [Rn 35 ff] = ZIP 2015, 1496 = NZI 2015, 809 mit Anm *Cymutta.*

73 *Marotzke* KTS 1999, 269, 280 ff; *AG Duisburg* NZI 2000, 415.

74 Dazu *Marotzke* KTS 1999, 269, 280 ff; *Gürlevik* S 66 ff; *L/S/Z/Zeuner* § 112 Rn 11 und *Schläger* ZMR 1999, 522, 524 ff – Letzterer mit trotz § 129 Abs 2 und § 132 Abs 2 nicht ganz überzeugendem Hinweis auf eventuelle Anfechtbarkeit der Nichtzahlung der Miete.

75 *BGH* 9.7.2014 – VIII ZR 376/13, BGHZ 202, 39 [LS 1 und Rn 16 ff.].

76 *Hess* § 109 Rn 9; **aM** *Eckert* ZIP 1996, 897, 901; FK/*B Wegener* § 109 Rn 5; *K/P/B/Tintelnot* § 109 Rn 68 f; *N/R/Balthasar* § 109 Rn 4; *Kalkschmid* Rn 466 ff.

77 Begr RegE S 147.

78 Zust *Franken/Dahl* S 108 (Schlusssatz zu Rn 49); *Kalkschmid* Rn 461 ff; **aM** die 1. Aufl dieses Komm; *Uhlenbruck/D Wegener* § 109 Rn 35.

79 *Eckert* ZIP 1996, 897, 901; FK/*B Wegener* § 109 Rn 5; *K/P/B/Tintelnot* § 109 Rn 68 f; *N/R/Balthasar* § 109 Rn 4; *Uhlenbruck/D Wegener* § 109 Rn 35.

80 *Kalkschmid* Rn 470.

des § 109 auch dann anzuwenden sei, wenn die Gebrauchsüberlassung erst nach VerfEröffnung erfolgte. Gleichwohl ist dieser These nur für den Fall zuzustimmen, dass die Gebrauchsüberlassung in Unkenntnis (§ 82) der VerfEröffnung an den **Schu** erfolgte.[81] Eine in **Kenntnis** der VerfEröffnung erfolgte Gebrauchsüberlassung an den Schu ist wegen § 82 keine **erfüllungstaugliche** Gebrauchsüberlassung und führt deshalb zu § 109 **Abs 2**.

Erfolgte die Gebrauchsüberlassung hingegen direkt an den **InsVerw** und war dieser damit einverstanden, so wird man ihm das Sonderkündigungsrecht des § 109 Abs 1 nur unter der Voraussetzung zugestehen dürfen, dass er bei der Entgegennahme des Vertragsgegenstandes einen entspr Vorbehalt erklärt hat.[82] Andernfalls kann er nicht „ohne", sondern nur „mit" Rücksicht auf die vertragliche Frist kündigen. Wenn der Vertragspartner mit dem vom InsVerw erklärten Vorbehalt nicht einverstanden ist, mag er, statt dem InsVerw das Vertragsobjekt zu übergeben, nach Abs 2 zurücktreten. Vgl auch Rn 4. 24

IV. Kein entsprechendes Kündigungsrecht des Vertragspartners

Abw von § 19 S 1 KO, aber übereinstimmend mit § 51 Abs 2 VerglO und § 9 Abs 3 S 2 GesO gewährt § 109 Abs 1 InsO das Recht, ohne Rücksicht auf die „vereinbarte" Vertragsdauer unter Einhaltung der „gesetzlichen" (seit 1.7.2007: mit Dreimonatsfrist zum Monatsende) Frist zu kündigen, zwar dem InsVerw, nicht aber auch der in der Rolle des Vermieters bzw Verpächters befindlichen anderen Vertragspartei. Im Gegenteil: Es werden sogar deren „allg" Kündigungsrechte durch § 112 „zusätzlich eingeschränkt".[83] Zur Rechtfertigung dieser Ungleichbehandlung s § 112 Rn 1. 25

V. Kündigungsfrist

Die Kündigungsfrist beträgt nach der seit 1.7.2007 maßgeblichen Fassung des Abs 1 S 1 (s Rn 5), die sich an § 113 S 1 und 2 anlehnt, einheitlich „**drei Monate zum Monatsende**, wenn nicht eine kürzere Frist maßgeblich ist". Die sonst im Miet- und Pachtrecht geltenden Regelungen „mit ihren Karenztagen" spielen bei der Subsumtion unter diese klare Regelung keine Rolle mehr.[84] Die ursprüngliche Fassung des Abs 1 S 1 verlangte vom InsVerw die Einhaltung der „gesetzlichen" Frist (wenn keine kürzere vertragliche Frist vereinbart war); s hierzu § 111 Rn 7. 26

Vertraglich bestimmte Kündigungsfristen bleiben maßgeblich, wenn sie kürzer sind als die Dreimonatsfrist des Abs 1 S 1.[85] Dies wird in den Schlussworten des Abs 1 S 1 klar zum Ausdruck gebracht. Gleiches gilt für kürzere **gesetzliche** Kündigungsfristen (zB § 580 BGB);[86] diese werden durch Abs 1 nicht verdrängt, sondern ergänzt. 27

VI. Schadensersatzanspruch des Vertragspartners

1. Bei Kündigung des Insolvenzverwalters. Kündigt der InsVerw nach Abs 1 S 1, so kann der andere Teil (Vermieter, Verpächter) als **InsGl** Schadensersatz verlangen.[87] Das ent- 28

81 Wie hier *Franken/Dahl* S 107 Rn 47.
82 Zust *Franken/Dahl* S 108 Rn 49; **aM** *Kalkschmid* Rn 470; wohl auch *Uhlenbruck/Berscheid* 12. Aufl, § 109 Rn 28.
83 Begr RegE S 147, zu § 123.
84 Vgl BT-Drucks 16/3227, 19 (zu Art 1 Nr 18 des Entwurfs eines G zur Vereinfachung des InsVerf).
85 Vgl *Tintelnot* ZIP 1995, 616, 621; *K/P/B/Tintelnot* § 109 Rn 37 ff; *Hess* § 109 Rn 13; *Eckert* ZIP 1996, 897, 903; *N/R/Balthasar* § 109 Rn 3.
86 Zutr *K/P/B/Tintelnot* § 109 Rn 39.
87 Ob eine dem Vermieter erteilte **Bürgschaft** auch diesen Schadensersatzanspruch deckt, ist Auslegungsfrage (sehr restriktiv *OLG Rostock* 25.2.2016 – 3 U 73/12, ZInsO 2016, 2484 ff).

spricht den bisherigen §§ 19 S 3, 26 S 2 KO, 52 Abs 1 VerglO. Klarer als diese bringt § 109 Abs 1 S 3 InsO zum Ausdruck, dass sich der Schadensersatzanspruch des Vertragspartners auf die Schäden beschränkt, die aus „der **vorzeitigen** Beendigung des Vertragsverhältnisses" resultieren.[88] Im – allerdings wenig wahrscheinlichen – Höchstfall kann der Vermieter die Quote für den (gem § 41 Abs 2 abgezinsten) Mietbetrag beanspruchen, der ihm außerinsolvenzlich bis zur ersten Kündigungsmöglichkeit des Schu zugestanden hätte. Wegen der Ungewissheit der voraussichtlichen tatsächlichen Schadensentwicklung behandelt die hM den Ersatzanspruch als (bzw „wie") einen aufschiebend bedingten iSd § 191.[89] Auf den Fall, dass nicht der InsVerw sondern der Vertragspartner gekündigt hat, ist Abs 1 S 3 weder unmittelbar noch analog anwendbar.[90]

29 **2. Bei Abgabe einer Erklärung nach Abs 1 S 2 (Wohnung des Schu).** Das Vorstehende gilt entspr, wenn der InsVerw in Bezug auf die Wohnung des Schu (Rn 7) die in Abs 1 S 2 bezeichnete Erklärung abgibt. Der in Abs 1 S 3 erwähnte Schadensersatzanspruch soll, wenn auch nur als InsFord, die „Folgen der Erklärung" ausgleichen. Worin der als InsFord zu liquidierende Schaden bestehen kann, ist bisher wenig geklärt[91] und hängt wohl auch davon ab, wie man die bei Rn 7 ff erörterten Vorfragen entscheidet.

30 **3. Bei Nichtausübung des Gestaltungsrechts.** Übt der InsVerw sein Kündigungsrecht bzw sein bei Rn 6 erwähntes „Freistellungsrecht" trotz Masseinsuffizienz nicht aus, haftet er dem Vermieter/Verpächter uU[92] persönlich analog § 61, und zwar nach hM[93] auf das „negative" Interesse. Die Begr der dem § 61 entspr Vorschrift des RegE führt auf S 129 f aus: „Der Begründung einer neuen Verbindlichkeit durch den Verwalter steht es gleich, wenn der Verwalter die Erfüllung eines gegenseitigen Vertrages wählt … oder von der möglichen Kündigung eines Dauerschuldverhältnisses absieht. Er hat auch in diesen Fällen unter den Voraussetzungen des (§ 61 InsO) persönlich dafür einzustehen, dass die Masseverbindlichkeiten, deren Entstehung er hätte vermeiden können, erfüllt werden." IF der Eigenverwaltung (§§ 270 ff) führt die Analogie zu § 61 aber nur selten weiter (Näheres bei § 61 Rn 2, 5; § 274 Rn 9; § 277 Rn 10). Von hohem Interesse ist nicht nur in diesem Zusammenhang die Frage nach einer entspr Haftung des **Schu**, eines etwaigen **Generalbevollmächtigten** des Schu oder etwaiger **organschaftlicher Vertreter** des Schu (zB kurz vor VerfEröffnung eingewechselter neuer Geschäftsführer).[94]

31 Zu beachten ist, dass § 61 nur greift, wenn es sich bei der vom InsVerw nicht verhinderten Verbindlichkeit, zu deren vollständiger Erfüllung die InsMasse nicht ausreicht, um eine Masseverbindlichkeit handelt. Folgt man bei der **Wohnraummiete** (Rn 7) der bei Rn 8 f ver-

---

88 Dies entspr meinem Formulierungsvorschlag in InsR im Umbruch, S 183, 186 Fn 12.

89 Ausf und im Wesentlichen zust *Marotzke* in: FS Fischer, 2008, S 379 ff; vgl zur Schadensberechnung auch *K/P/B/Tintelnot* § 109 Rn 48 f; HambKomm/*Pholmann-Weide* § 109 Rn 15 ff; *Jaeger/Jacoby* § 109 Rn 68 f; *Marotzke* Gegenseitige Verträge, Rn 6.18 ff; *Oetker* Das Dauerschuldverhältnis und seine Beendigung, 1994, S 628 ff, 631 ff, 633 ff, 714; *Kalkschmid* Rn 327 ff; *Pape* NZM 2004, 401, 410 f; *Dahl* NJW-Spezial 2007, 549 f.

90 Ebenso in Bezug auf den rechtsähnlichen § 113 S 3: *BAG* ZIP 2007, 1875 ff.

91 Vgl aber immerhin *Pape* NZM 2004, 401, 410 f.

92 Näheres bei *K/P/B/Tintelnot* § 109 Rn 40.

93 Vgl *BAGE* 117, 14 ff = ZIP 2006, 1058 f – in Bezug auf Arbeitsverhältnisse, aber wegen §§ 108, 109, 113 übertragbar auf Miet- und Pachtverträge über Immobilien.

94 Dazu *Marotzke* FS Kirchhof, 2003, S 321, 332 Fn 39; *ders* DB 2013, 1283, 1285; *ders* KTS 2014, 113, 116 ff; *Kübler/Flöther* HRI § 18 Rn 1 ff, 19 ff (S 565 ff, 570 ff); *Schaal* Die Haftung der Geschäftsführungsorgane einer insolvenzrechtlich eigenverwaltenden GmbH oder AG, 2017; *OLG Düsseldorf* 7.9.2017 – I-16 U 33/17, ZInsO 2017, 2114 ff; vgl auch *Schlegel* Die Eigenverwaltung in der Insolvenz, 1999, S 154 ff, bes 170.

tretenen Einordnung der Entgeltforderung als InsFord, so kann der Umstand, dass der InsVerw die in **Abs 1 S 2** erwähnte Erklärung nicht abgibt, nicht zu einer persönlichen Haftung analog § 61 führen.[95]

VII. Vermieter- und Verpächterpfandrecht, Kaution

Vgl Rn 8 ff, 11 (jeweils zur Kaution), § 108 Rn 49, 62 sowie §§ 562 ff, 578, 581 Abs 2, 592 BGB und § 50 Abs 2 InsO. 32

C. Beiderseitige Rücktrittsrechte nach Abs 2

I. Voraussetzungen

Vgl zunächst Rn 2 f. Sind die dort genannten Voraussetzungen erfüllt, so ist danach zu unterscheiden, ob dem Schu der Vertragsgegenstand bei VerfEröffnung bereits **überlassen** war oder nicht. Im ersten Fall kommt Abs 1, im zweiten idR Abs 2 zur Anwendung (Rn 21 ff). Wie Abs 1 gilt auch Abs 2 nur für den Fall, dass sich der Schu in der Position des Mieters bzw Pächters befindet[96] – von Besonderheiten im Zusammenhang mit Untervermietung und Unterverpachtung einmal abgesehen (s Rn 2 aE). 33

IF des Abs 2 „kann sowohl der Verwalter als auch der andere Teil vom Vertrag zurücktreten". Ob und in welchem Umfang dies auch für Mietverträge über **Wohnraum** gilt, die der Schu zur Befriedigung seines persönlichen Wohnbedürfnisses geschlossen hat, ist vor dem Hintergrund des bei Rn 7 ff Ausgeführten zw.[97] 34

II. Rücktrittsrecht des Insolvenzverwalters

Indem § 109 Abs 2 S 1 InsO **auch dem InsVerw** ein Rücktrittsrecht gewährt, weicht er formal vom bisherigen § 20 Abs 1 KO ab. Materiell ist der Unterschied jedoch gering, da der **nur dem Vertragspartner** ein Rücktrittsrecht gewährende § 20 KO für den Fall, dass dieses nicht rechtzeitig ausgeübt wurde, auf § 17 KO (jetzt § 103 InsO) verwies, was dann letztlich doch wieder auf ein – wenn auch etwas anderes – Wahlrecht des Verwalters hinauslief.[98] 35

Übt der InsVerw sein Rücktrittsrecht aus, so „kann der andere Teil wegen der vorzeitigen Beendigung des Vertragsverhältnisses als InsGl Schadenersatz verlangen" (Abs 2 S 2). Das ist sachgerecht[99] und erinnert an Abs 1 S 3 (Rn 28 f). 36

Übt der InsVerw sein Rücktrittsrecht nicht aus, so haftet er bei Masseunzulänglichkeit uU persönlich analog § 61 (Rn 30). Das gilt aber wohl nicht gegenüber dem **Wohnraumvermieter** (s Rn 7, 31, 34). 37

III. Rücktrittsrecht des Vertragspartners

Das in § 109 Abs 2 S 1 InsO gewährte Rücktrittsrecht **des Vertragspartners** war auch schon in § 20 Abs 1 KO normiert. Dort harmonierte es mit den Wertungen, die dazu geführt hat- 38

---

95 Der erwähnten Vorfrage ausweichend *LG Osnabrück* ZInsO 2005, 156 f, das aus anderen Gründen auf Klageabweisung erkannte.

96 Für analoge Anwendung des Abs 2 bei umgekehrter Rollenverteilung *Derleder* NZM 2004, 568, 570 m unzutr Berufung auf diesen Komm.

97 Vgl *Marotzke* KTS 1999, 269, 285 ff; 2001, 67 ff (an letztgenannter Stelle iVm einer Kritik an der zu engen Fassung des zum 1.12.2001 angefügten Abs 1 S 2); *Uhlenbruck/Berscheid* 12. Aufl § 109 Rn 17; das Rücktrittsrecht bejahend FK/*B Wegener* § 109 Rn 29; *Uhlenbruck/D Wegener* § 109 Rn 29; *Gürlevik* S 120 ff.

98 *Marotzke* Gegenseitige Verträge in Konkurs und Vergleich, 1985, S 247 f.

99 *Marotzke* InsR im Umbruch S 183, 186 Fn 12; krit *Tintelnot* ZIP 1995, 616, 621.

ten, für den (einer Anwendung des § 20 KO/§ 109 Abs 2 InsO entzogenen) Fall, dass das Miet- bzw Pachtobjekt dem Schu bereits vor VerfEröffnung überlassen worden war, in § 19 KO wenigstens ein bes **Kündigungsrecht** des Vertragspartners (und auch des Verwalters) vorzusehen. Solch ein Kündigungsrecht gesteht das neue InsR (§ 109 Abs 1) jedoch nur noch dem InsVerw, nicht mehr auch dem Vertragspartner zu (Rn 25); dieser wird sogar durch § 112 bes **Kündigungsbeschränkungen** unterworfen.

39 Konsequent wäre es gewesen, die bei Rn 38 angesprochene Neubewertung der einander widerstreitenden Interessen auch auf § 109 Abs 2 durchschlagen zu lassen, also das hier geregelte **Rücktritts**recht zwar dem InsVerw zu gewähren, es jedoch dem Vertragspartner vorzuenthalten. Denn wenn dem Vermieter oder Verpächter, wovon die §§ 109 Abs 1, 112 ausgehen, eine Nutzung des Gegenstandes durch den InsVerw anstelle des insolventen Mieters/Pächters grds zumutbar ist, dann leuchtet nicht ohne weiteres ein, weshalb § 109 Abs 2 diese Zumutbarkeitsfrage für den Fall, dass der Vermieter/Verpächter den Vertragsgegenstand noch nicht an den Schu „überlassen“ hatte, im gegenteiligen Sinne entscheidet.[100]

40 Der Reformgesetzgeber hat aber auch insoweit an dem – im neuen Normenkontext nicht mehr sonderlich überzeugenden – Grundmuster des § 20 Abs 1 KO festgehalten (s Rn 38). Man wird das als geltendes Recht zu respektieren haben,[101] zumal sich bei einigem Nachdenken sogar sachliche Gründe finden lassen.[102] Dann drängt sich freilich sogleich die Frage auf, weshalb dem Vertragspartner ein entspr Rücktrittsrecht nicht auch für den Fall eingeräumt wurde, dass der an den Schu vermietete oder verpachtete, aber noch nicht überlassene Gegenstand ein „beweglicher“ ist und der InsVerw gem § 103 (s § 108 Rn 8, 16 f) die Zurverfügungstellung verlangt. Hier könnte man vielleicht an eine analoge Anwendung des § 109 Abs 2 denken (sofern man es nicht vorzieht, das in Abs 2 gewährte Rücktrittsrecht des Vertragspartners ganz zu streichen – was natürlich Sache des Gesetzgebers wäre).

41 Gem §§ 280 Abs 2, 286 Abs 1, 249 Abs 1 BGB kann der InsVerw von dem Vermieter/Verpächter den **Verzicht auf das Rücktrittsrecht** verlangen, wenn dieser die gesetzliche Voraussetzung, dass das Miet- oder Pachtobjekt „zur Zeit der Eröffnung des Verf noch nicht überlassen“ war, in einer den Tatbestand des **SchuVerzugs** begründenden Weise vertragswidrig selbst herbeigeführt hat.[103]

42 **Übt der Vertragspartner sein Rücktrittsrecht aus**, so steht weder ihm noch der Masse ein Schadensersatzanspruch zu. Abs 2 S 2 lässt nur den Rücktritt des **InsVerw** zu einem Schadensersatzanspruch (des Vertragspartners) führen.

IV. Rechtsfolgen des Rücktritts

43 Infolge des Rücktritts erlöschen die beiderseitigen Leistungspflichten, bereits erbrachte Vorleistungen des Schu können vom InsVerw zurückverlangt werden.

---

100 Vgl die Kritik von *Tintelnot* ZIP 1995, 616, 621; *Eckert* ZIP 1996, 897, 900; *Uhlenbruck/Berscheid* 12. Aufl § 109 Rn 18.

101 *Pape* KS-InsO, 3. Aufl 2009, S 353, 395 f Rn 70 f; *Uhlenbruck/Berscheid* 12. Aufl 2003, § 109 Rn 19; *K/P/B/Tintelnot* § 109 Rn 8; noch auf „berichtigende Auslegung“ hoffend *ders* ZIP 1995, 616, 621.

102 *Kalkschmid* Rn 451; *Derleder* NZM 2004, 568, 570.

103 *Marotzke* FS Zöllner, 1998, S 1193, 1200; zust *Uhlenbruck/Berscheid* 12. Aufl 2003, § 109 Rn 19; vgl auch unten § 112 Rn 6 aE; skeptisch *K/P/B/Tintelnot* § 109 Rn 55a; dezidiert **aM** *Klinck* (s Schrifttum zu § 108) § 49 Rn 59 S 472; *Uhlenbruck/D Wegener* § 109 Rn 29.

Da § 109 Abs 2 das Rücktrittsrecht im Hinblick auf das InsVerf gewährt und der Schu seine Ins ohne Rücksicht auf Verschulden immer zu vertreten hat,[104] haftet der insofern „unschuldige" Vertragspartner für den Rückgewähranspruch der Masse nicht analog §§ 346 ff BGB,[105] sondern nur nach Bereicherungsrecht (Analogie zu § 547 Abs 1 S 2 BGB).[106] Zur Frage eines Schadensersatzanspruchs vgl Rn 36 f, 42. **44**

V. Anfrage gem Abs 2 S 3

Abs 2 S 3 ähnelt den beiden letzten Sätzen des § 103 Abs 2, führt aber anders als diese bei nicht rechtzeitiger Antwort des Gefragten (das kann iF des § 109 Abs 2 auch der Vertragspartner sein) nicht zum Verlust des Rechts, auf Vertragserfüllung zu bestehen, sondern zum Verlust des Rücktrittsrechts: Jetzt **muss** der Vertrag also gem §§ 108, 55 Abs 1 Nr 2 Alt 2 erfüllt werden, soweit keine außerhalb der InsO geregelten Beendigungsmöglichkeiten bestehen. Manche wollen jedoch auch hier Abs 1 anwenden (Rn 21 ff). **45**

Die Zweiwochenfrist des Abs 2 S 3 beginnt nicht mit der VerfEröffnung,[107] sondern mit Zugang des in Abs 2 S 3 vorausgesetzten „Verlangens". **46**

Im Schrifttum wird erwogen, die starre Zweiwochenfrist des Abs 2 S 3 im Lichte des wesentlich großzügigeren § 107 Abs 2 S 1 aufzuweichen.[108] Gegen eine analoge Anwendung des § 107 Abs 2 S 1 sprechen jedoch die Eindeutigkeit des § 109 Abs 2 S 3 und der Umstand, dass die **besitzmäßige** Voraussetzung des § 107 Abs 2 S 1 (s dort Rn 26) iF des § 109 Abs 2 nicht erfüllt ist.[109] **47**

VI. Analoge Anwendung des Abs 2 auf nicht angetretene Dienstverhältnisse

Solange § 109 Abs 2 nicht nur dem InsVerw, sondern auch dem **Vermieter/Verpächter** ein Rücktrittsrecht gewährt (Rn 38 ff), muss man ein analoges Rücktrittsrecht erst recht demjenigen zuerkennen, der nicht nur eine (unbewegliche) Sache oder einen Raum, sondern etwas noch wertvolleres, nämlich seine **Arbeitskraft** „vermietet", also einen Arbeits- oder sonstigen Dienstvertrag mit dem Schu in der Rolle des Dienstberechtigten (Arbeitgebers) geschlossen hat. Rechtshistorische Argumente („Dienstmiete") und der allg Gleichheitssatz erfordern hier die analoge Anwendung des § 109 Abs 2.[110] Der Voraussetzung, dass der Vertragsgegenstand bei VerfEröffnung „noch nicht überlassen" war, entspricht bei der analogen Anwendung des Abs 2 auf Dienstverhältnisse der Umstand, dass diese „noch nicht angetreten" sind. **48**

Nach *Berscheid*[111] soll es für einen Arbeitnehmer **unzumutbar** sein, den Dienst in einem im Konkurs- oder GesamtvollstreckungsVerf befindlichen Unternehmen „anzutreten"; deshalb müsse man dem Arbeitnehmer in solchen Fällen vor Dienstantritt „ein Recht zur außeror- **49**

---

104 *Marotzke* KTS 2002, 1, 4 mwN in Fn 5.
105 So aber *Kuhn/Uhlenbruck* KO § 20 Rn 3.
106 Vgl *Uhlenbruck/D Wegener* § 109 Rn 31; *Jaeger/Henckel* KO § 20 Rn 6.
107 So aber *L/S/Z/Zeuner* § 109 Rn 17 mit dem Vorschlag einer erg Analogie zu § 82 S 2.
108 Vgl *K/P/B/Tintelnot* § 109 Rn 58 ff und *N/R/Balthasar* § 109 Rn 19; beide im Anschluss an *Pape* KS-InsO, 3. Aufl 2009, S 353, 369 Rn 72.
109 Zust *Uhlenbruck/Berscheid* 12. Aufl 2003 § 109 Rn 26.
110 *Marotzke* Gegenseitige Verträge in Konkurs und Vergleich, 1985 S 247 mit Fn 10; gekürzt auch in InsR im Umbruch (Hrsg Leipold), S 183, 193 f; **aM** *Uhlenbruck/Berscheid* 12. Aufl 2003 § 109 Rn 29 ff, 35; vgl zum historischen Begriff „Dienstmiete" *Oetker* Das Dauerschuldverhältnis und seine Beendigung, 1994, S 399 mwN.
111 *Berscheid* Arbeitsverhältnisse in der Insolvenz, 1999, Rn 194, 337.

dentlichen, fristlosen Kündigung" zugestehen.[112] Dieser Vorschlag ist, wenn man ihn auf das neue InsR überträgt,[113] der hier vorgeschlagenen Analogie zu § 109 Abs 2 InsO iE gleichwertig (zum Anspruch auf Arbeitslosengeld nach Kündigung durch den Arbeitnehmer s § 108 Rn 94).

50 Jedoch darf man die Analogie zu § 109 Abs 2 nicht so weit treiben, dass man mit ihrer Hilfe auch ein Rücktrittsrecht des **InsVerw** begründet; in diesem Punkt muss es aus sozialen Gründen bei der für den Dienstpflichtigen günstigeren Regelung des § 113 bleiben.

D. Genossenschaftliche Immobilien

51 § 109 gilt auch dann, wenn sich eine **Genossenschaft** in der Rolle des Vermieters bzw Verpächters von unbeweglichen Gegenständen oder Räumen befindet. Handelt es sich um eine Genossenschafts**wohnung**, die vom jetzt insolventen Schu als Mieter vertragsgemäß für eigene Wohnzwecke genutzt wird, so genießt der Schu hier wie auch sonst (Rn 7 ff) den Schutz des Abs 1 S 2.[114] Das nutzt dem Schu jedoch wenig, wenn der Fortbestand seiner Mitgliedschaft in der Genossenschaft im konkreten Fall zugleich eine Voraussetzung für den Fortbestand seines Nutzungsrechts ist (wenn also der Schu nach Beendigung seiner Mitgliedschaft mit einer wirksamen[115] Kündigung durch die Genossenschaft rechnen muss) und der InsVerw die Mitgliedschaft des Schu gem § 66a GenG (idF ab 19.7.2013) kündigen möchte, um ein etwaiges Auseinandersetzungsguthaben des Schu zur Masse zu ziehen. Um den Schu auch in dieser Situation vor dem Verlust „seiner" Wohnung zu schützen, schließt § 67c Abs 1 GenG (idF ab 19.7.2013) eine Kündigung der Mitgliedschaft durch den InsVerw aus, wenn (1.) „die Mitgliedschaft Voraussetzung für die Nutzung der Wohnung des Mitglieds ist" und (2.) „das Geschäftsguthaben des Mitglieds höchstens das Vierfache des auf einen Monat entfallenden Nutzungsentgelts ohne die als Pauschale oder Vorauszahlung ausgewiesenen Betriebskosten oder höchstens 2 000 Euro beträgt". Übersteigt das Geschäftsguthaben des Mitglieds den unter (2.) genannten Betrag, schließt Abs 2 eine Kündigung der Mitgliedschaft durch den InsVerw dennoch aus, wenn das Geschäftsguthaben durch Kündigung einzelner Geschäftsanteile nach § 67b GenG auf einen nach § 67c Abs 1 Nr 2 GenG zulässigen Betrag vermindert werden kann.[116] Das ist zwar eine Verbesserung im Vergleich zum bisherigen Recht[117] (dessen am 19.7.2013 erfolgte Ergänzung keine Rückwirkung beizumessen ist[118]), jedoch wäre eine noch schuldnerfreundlichere Regelung durchaus vorstellbar gewesen.[119]

112 Krit FK/*Eisenbeis* § 113 Rn 2 ff.

113 Zögernd *Uhlenbruck/Berscheid* 12. Aufl 2003, § 109 Rn 29 f, 35.

114 Bei dem hier meist als „Dauernutzungsvertrag" bezeichneten Rechtsverhältnis handelt es sich „der Sache nach um einen Mietvertrag" (*BGH* NZI 2012, 770, 771 [Rn 10]), so dass der Anwendungsbereich des § 109 eröffnet ist. Vgl zum Urt des *BGH* auch oben Rn 7 (dort erwähnt in der zweiten Fn) und Rn 17 (dort erwähnt in der zweiten Fn).

115 Zur Frage der Wirksamkeit vgl die Ausführungen in *BGHZ* 180, 185, 189 f [Rn 10].

116 An dieser Voraussetzung fehlte es im Fall *AG Hamburg* 17.11.2014 – 68c IK 619/14; vgl auch *Schmerbach* VIA 2015, 23.

117 **Zum bisherigen Recht** vgl *Emmert* ZInsO 2005, 852 f; *AG Dortmund* ZIP 2007, 692; *Tetzlaff* ZInsO 2007, 590 ff; *Pape* KS-InsO 3. Aufl 2009 S 353, 391 f Rn 63; *BGH* 19.3.2009 – IX ZR 58/08, BGHZ 180, 185 ff = NZI 2009, 374 ff (mit Anm *Dahl*) = ZInsO 2009, 826 ff = ZIP 2009, 785 ff; *BGH* ZInsO 2009, 2104 f = ZVI 2009, 448 ff; *BGH* ZInsO 2011, 93 f; *AG Duisburg* ZVI 2011, 246 f; *LG Berlin* ZInsO 2012, 980 f.

118 Vgl *BGH* ZIP 2014, 2142 ff = NZI 2014, 953 ff (mit Anm *Budnik*): Kündigung des Genossenschaftsanteils sei auch in Altfällen nicht analog § 109 Abs 1 S 2 ausgeschlossen.

119 Vgl *Grote/Pape* ZInsO 2013, 1433 f.

E. Zwingendes Recht

Vereinbarungen, durch die im Voraus die Anordnung des § 109 ausgeschlossen oder beschränkt wird, sind unwirksam gem § 119. 52

F. Auslandsberührung

Vgl § 108 Rn 95. 53

§ 110 Schuldner als Vermieter oder Verpächter

(1) [1]Hatte der Schuldner als Vermieter oder Verpächter eines unbeweglichen Gegenstands oder von Räumen vor der Eröffnung des Insolvenzverfahrens über die Miet- oder Pachtforderung für die spätere Zeit verfügt, so ist diese Verfügung nur wirksam, soweit sie sich auf die Miete oder Pacht für den zur Zeit der Eröffnung des Verfahrens laufenden Kalendermonat bezieht. [2]Ist die Eröffnung nach dem fünfzehnten Tag des Monats erfolgt, so ist die Verfügung auch für den folgenden Kalendermonat wirksam.

(2) [1]Eine Verfügung im Sinne des Absatzes 1 ist insbesondere die Einziehung der Miete oder Pacht. [2]Einer rechtsgeschäftlichen Verfügung steht eine Verfügung gleich, die im Wege der Zwangsvollstreckung erfolgt.

(3) [1]Der Mieter oder der Pächter kann gegen die Miet- oder Pachtforderung für den in Absatz 1 bezeichneten Zeitraum eine Forderung aufrechnen, die ihm gegen den Schuldner zusteht. [2]Die §§ 95 und 96 Nr. 2 bis 4 bleiben unberührt.

Übersicht

Literatur: wie zu § 108; s ferner *Bräuer* Insolvenzanfechtungsrechtliche Fragen zur „kalten" Zwangsverwaltung (zugl Bespr von *OLG Hamm* ZInsO 2006, 776), ZInsO 2006, 742; *ders* Der Fortfall der Einrede eigenkapitalersetzender Nutzungsüberlassung in der Insolvenz des Gesellschafters als Folge der §§ 103, 108 Abs. 1 Satz 1 InsO, ZInsO 2007, 306; *Dobmeier* Die Behandlung der Vorausabtretungen von Mietzinsen und pfändbaren Arbeitsentgeltansprüchen in der Insolvenz des Zedenten, NZI 2006, 144; *Dötsch* Ende des „Baukostenzuschusses" als Einwendung „fauler" Mieter in der Insolvenzverwaltung?, NZI 2009, 713; *Eckert* Keine Fortwirkung der Finanzierungsleistung des Mieters gegen Grundstückserwerber, Zwangs- und Insolvenzverwalter nach Abschaffung der §§ 57c, 57d ZVG, ZfJR 2008, 453; *Eickmann* Zwangsverwaltung in der Insolvenz, ZflR 2007, 557; *Flöther/Bräuer* Die Abtretung künftiger Lohnforderungen in der Insolvenz des Arbeitnehmers, NZI 2006, 136; *Göcke/Henkel* Zur Anwendbarkeit des § 135 Abs. 3 InsO in der Doppelinsolvenz von Gesellschaft und Gesellschafter sowie bei Zwangsverwaltung, ZInsO 2009, 170; *Henkel* Die Kollision von Gesellschafterinsolvenz und eigenkapitalersetzender Nutzungsüberlassung, § 110 Abs. 1 InsO, § 32a Abs. 3 Satz 1 GmbHG, ZInsO 2006, 1013; *Marotzke* Die Insolvenz des Untervermieters einer Immobilie, KS-InsO, 3. Aufl 2009, S 672; *Mitlehner* Anfechtungsanspruch bei Absonderungsrechten an Mietforderungen und wegen Mietforderungen, ZIP 2007, 804; *Mylich* Der Zugriff Dritter auf ein zur eigenkapitalersetzenden Nutzung überlassenes Grundstück, KTS 2006, 385; *von Olshausen* Die erstaunliche Karriere des § 140 Abs 3 InsO in der Rechtsprechung des Bundesgerichtshofes, KTS 2009, 481; *Peter/Greß* Das Refinanzierungsregister und die

Wohnungswirtschaft, ZInsO 2007, 455, 460 ff; *Rendels* Entfällt der Eigenkapitalersatzeinwand bei der Gebrauchsüberlassung in der Gesellschafter-Insolvenz?, ZIP 2006, 1273; *Wazlawik* Die gläubigerbenachteiligende Abtretung der Miet-/Pachtzinsforderungen an den Grundpfandgläubiger, NZI 2007, 320.

I. Unterschiede zum Konkursrecht

1 **Die Vorschrift entspricht im Wesentlichen § 21 Abs 2 und 3 KO.** Wie diese Bestimmungen des Konkursrechts setzt auch § 110 InsO voraus, dass sich der Miet- oder Pachtvertrag auf einen **unbeweglichen** Gegenstand (oder auf Räume) bezieht. Insofern ist der Anwendungsbereich des § 110 InsO enger als der des § 108 Abs 1 InsO (der seinerseits allerdings weiter gefasst ist als sein konkursrechtliches Vorbild in § 21 Abs 1 KO, s Rn 8 und § 108 Rn 4 f). Noch klärungsbedürftig ist die Frage, ob § 110 die **Massezugehörigkeit** des vermieteten oder verpachteten Gegenstandes voraussetzt (vgl § 108 Rn 40). Der Gesetzeswortlaut spricht eher gegen, der Surrogationsgedanke (§ 108 Rn 38) jedoch für die Beschränkung des § 110 auf diesen Fall. Die Frage kann praktisch werden, wenn das vom Schu (zB einer Betriebsgesellschaft) vermietete oder verpachtete Grundstück einem Dritten (zB einer Besitzgesellschaft) gehört, insb also in Bezug auf **Unter**miete oder **Unter**pacht.[1] Zur Bedeutung einer **Freigabe** s Rn 14; zur Bedeutung der **Besitz**verhältnisse das nicht unproblematische Urt des OLG Hamburg v 30.12.2009.[2]

2 Wie in § 21 Abs 1 KO war nach hM auch in § 21 Abs 2 und 3 KO vorausgesetzt, dass der Schu dem Mieter bzw dem Pächter den Vertragsgegenstand bereits vor VerfEröffnung überlassen hatte. **§ 110 InsO verzichtet auf die Voraussetzung des Überlassen-Seins.**[3] Das ist konsequent, wenn man bedenkt, dass **§ 108 Abs 1 InsO** sowohl nach seinem Wortlaut (der die „Überlassung" nicht erwähnt) als auch nach den (vom BGH allerdings inzwischen korrigierten[4]) Vorstellungen seiner Verfasser in gleicher Weise von § 21 Abs 1 KO abweicht: Geht man davon aus, dass der InsVerw den Miet- oder Pachtvertrag auch dann, wenn der Schu den vermieteten/verpachteten unbeweglichen Gegenstand noch nicht an den Vertragspartner überlassen hatte, gem §§ 108 Abs 1, 55 Abs 1 Nr 2 Alt 2 erfüllen **muss**, ohne ein Wahlrecht nach §§ 103, 55 Abs 1 Nr 2 Alt 1 zu haben, muss zum Ausgleich dafür gesorgt werden, dass die Gegenleistung des Vertragspartners in erster Linie der Masse, nicht irgendwelchen Zessionaren des Schu oder sonstigen in § 110 bezeichneten Dritten zugute kommt.[5]

3 Aber selbst dann, wenn man mit der neueren Rspr des BGH[6] davon ausgeht, dass ein Miet- oder Pachtverhältnis in der Ins des Vermieters bzw Verpächters nur dann gem § 108 Abs 1 S 1 fortbesteht, wenn das Vertragsobjekt dem Mieter bzw Pächter bereits vor Eröffnung des InsVerf überlassen worden ist, besteht keine zwingende Notwendigkeit, auch die Anwendung des § 110 auf diesen Fall zu beschränken. Die Frage muss bis auf weiteres als ungeklärt angesehen werden.

1 *Marotzke* ZInsO 2007, 1, 13; *ders* KS-InsO, 3. Aufl 2009, S 672 ff bei Rn 112 ff.
2 *OLG Hamburg* ZInsO 2010, 233 ff.
3 Begr RegE S 147.
4 Vgl § 108 Rn 5 (mit Nachweisen in Fn), 39 aE, 40.
5 Diesen Zusammenhang missachten die einseitig dem Interesse der Leasingbranche (hier: dem Flugzeug-Leasing) dienenden **Änderungsvorschläge** v *Schmalenbach/Sester* (WM 2005, 301, 310), die letztlich darauf abzielen, ganz unabhängig von der Überlassungsproblematik den **Rechtsgedanken des § 108 Abs 1 S 2** (§ 108 Rn 32 ff) auf § 110 zu übertragen.
6 Vgl § 108 Rn 5 mit Fn.

II. Teilunwirksamkeit von Verfügungen über Miet- oder Pachtforderungen

1. Voraussetzungen und Rechtsfolgen des Abs 1. Die allg Voraussetzungen des Abs 1 sind bei Rn 1 f genannt. Zur Rechtsfolgenseite ist Folgendes hervorzuheben: 4

Abs 1 setzt der Wirksamkeit von Vorausverfügungen über Miet- und Pachtforderungen Grenzen (str[7]). Wie die in Abs 1 S 1 enthaltene Einschränkung „nur ... soweit" zeigt, hat die positiv gefasste Formulierung, dass solche Verfügungen hinsichtlich der auf den Monat der Verfahrenseröffnung (Abs 1 S 1) bzw auf den Monat der Verfahrenseröffnung und den Folgemonat (Abs 1 S 2) entfallenden Miete oder Pacht „wirksam" sind, in Wahrheit **nur die negative Bedeutung einer Unwirksamkeitsanordnung hinsichtlich der auf die Anschlusszeiträume entfallenden Miete bzw Pacht**. Nicht hingegen will die Vorschrift der Verfügung hinsichtlich der auf den Monat der Verfahrenseröffnung (Abs 1 S 1) bzw der auf den Monat der Verfahrenseröffnung und den Folgemonat (Abs 1 S 2) entfallenden Miete oder Pacht auch dann zur „Wirksamkeit" oder sogar zur „Endgültigkeit" verhelfen, wenn der Verfügung rechtliche Hindernisse entgegenstehen, die auf in § 110 nicht berücksichtigten Besonderheiten des konkreten Falles beruhen (zB auf Sittenwidrigkeit iSd **§ 138 BGB** oder auf AnfGründen iSd **§§ 129 ff**).[8] Verdrängt wird bezüglich einer auf diese eröffnungsnahen Zeiträume entfallenden Verfügungswirkung allerdings **§ 91**,[9] der im Vergleich zu § 110 keine zusätzlichen Anstößigkeits- oder Unrechtsvoraussetzungen aufweist. Besser wäre dies alles zum Ausdruck gekommen, wenn die Rechtsfolge des § 110 Abs 1 S 1 (und zuvor schon die des § 21 Abs 2 KO) in Anlehnung an § 1124 Abs 2 HS 1 BGB wie folgt formuliert worden wäre: „... so ist diese Verfügung **un**wirksam, soweit sie sich auf die Miete oder Pacht für die Zeit **nach** dem bei VerfEröffnung laufenden Kalendermonat bezieht." Und Abs 1 S 2 wäre leichter verständlich, wenn er lauten würde: „Ist die Eröffnung nach dem fünfzehnten Tag des Monats erfolgt, so ist die Verfügung **un**wirksam, soweit sie sich auf die Miete oder Pacht **für die auf den nächsten Kalendermonat folgende Zeit bezieht**". Nicht richtig ist aber selbst vor dem Hintergrund der unnötig gewundenen **gegenwärtigen** Fassung des § 110 Abs 1 die Ansicht des BGH, dass sich die Unwirksamkeit von Vorausverfügungen über Miet- oder Pachtforderungen für die Zeit **nach** dem Monat der Verfahrenseröffnung (Abs 1 S 1) bzw nach dem Folgemonat (Abs 1 S 2) nicht aus § 110 Abs 1 ergebe, sondern dass als insolvenzrechtlicher Unwirksamkeitsgrund insoweit lediglich § 91 Abs 1 in Betracht komme[10] (was entsprechend auch für § 114 gelte[11]) mit der insb bei **Leasing**forderungen hochbrisanten und hier uU sogar zu einer Einschränkung der Unwirksamkeitsfolge führenden Konsequenz,[12] dass in diesem Zusammenhang unterschieden werden müsse zwischen aufschiebend befristeten Forderungen, deren Vorausabtretung gem § 91 Abs 1 unwirksam sei, und betagten 5

---

7 Nach der in der übernächsten und in einigen weiteren Fn erwähnten Entscheidung des *BGH* soll diese Wirkung nicht § 110, sondern § 91 Abs 1 zuzuschreiben sein. Diese Rechtsansicht des BGH kritisierend *Marotzke* EWiR 2013, 417 f; *Jaeger/Jacoby* § 110 Rn 9, 54.

8 Zust *OLG Brandenburg* ZInsO 2008, 211 f (kein Anfechtbarkeitsausschluss durch § 110 Abs 1); *KG* NZI 2008, 440, 441; *Uhlenbruck/D Wegener* § 110 Rn 15; **aM** *Ganter* FS Kübler, 2015, S 171 ff, 175 ff (die Anwendbarkeit der §§ 129 ff als ausgeschlossen erachtend).

9 Insoweit übereinstimmend – nicht aber auch in Bezug auf die Miete oder Pacht für nachfolgende Zeiträume – *BGH* 25.4.2013 – IX ZR 62/12, ZIP 2013, 1082, 1084 Rn 25 f (mit Anm *Marotzke* EWiR 2013, 417 f) = NZI 2013, 586, 589 (mit Anm *Dahl*); vgl zu diesem Urt auch *Kayser* ZIP 2013, 1353, 1360 f sowie im vorliegenden Komm § 105 Rn 12 aE, § 108 Rn 33.

10 So das in der vorherigen Fn erwähnte Urt des *BGH* (Entscheidungsgründe Rn 25 ff); dem BGH insoweit widersprechend *Marotzke* EWiR 2013, 417 f; *Dahl* NZI 2013, 590, 591.

11 Zu den **Konsequenzen dieser These auf das spätere Schicksal des § 114** vgl § 108 Rn 76.

12 Vgl das unmittelbar zuvor erwähnte Urt des *BGH* (Entscheidungsgründe Rn 27 ff); auch insoweit kritisch *Marotzke* EWiR 2013, 417 f; *Jaeger/Jacoby* § 110 Rn 9, 54.

Forderungen (zB bezüglich der sog Grundmietzeit[13]), deren Abtretung von § 91 Abs. 1 unberührt bleibe – eine sehr formale Differenzierung, die nochmals überdacht werden sollte.[14] Einen gewissen Charme hat die These des BGH, dass eine etwaige Unwirksamkeit der Vorausverfügung über Miet- und Pachtforderungen auch im Fall des § 110 Abs 1 nicht aus § 110 Abs 1, sondern aus § 91 Abs 1 folge, allerdings insofern, als es auf dieser Basis denkmöglich wird, die Vorauszession von Miet- und Pachtforderungen auch bei **beweglichen** Sachen und **sonstigen** Gegenständen, für die § 110 nicht gilt, an § 91 Abs 1 scheitern zu lassen (vgl § 103 Rn 49, § 108 Rn 33 sowie die zweite Fn zu § 108 Rn 12) und diesen Gedanken evtl sogar auf abgetretene **Darlehenszinsen** zu übertragen (s § 108 Rn 88 samt zugehöriger Fn). Eine von § 110 unabhängige Begrenzung der Zessionswirkungen wäre insb in Fällen des § 108 Abs 1 S 2 wünschenswert (s § 108 Rn 34 ff). Aber wäre sie auch gesetzeskonform?[15]

6 Eine vertragsgemäß geleistete **Mietvorauszahlung in einem Einmalbetrag**, der nicht auf der Grdl periodischer Zeitabschnitte (zB Monate oder Jahre) bemessen ist, unterliegt nach der Rspr des BGH[16] nicht den beschränkenden Wirkungen des § 1124 BGB, da diese Vorschrift nach Sinn und Zweck voraussetze, dass die betroffene Miet- oder Pachtforderung „nach periodischen Zeitabschnitten" bemessen sei.[17] Dieses Urt des BGH, über dessen Richtigkeit man streiten kann,[18] hat Bedeutung auch für § 110, da dieser auf ähnlichen Überlegungen beruht wie § 1124 BGB. Probleme bereitet auch die rechtliche Behandlung eines abwohnbaren **Baukostenzuschusses**.[19]

7 **Im EröffnungsVerf** ist § 110 auch dann nicht anwendbar, wenn das InsGer dem Schu ein allg Verfügungsverbot, § 21 Abs 2 Nr 2 Alt 1, auferlegt hat.[20] Wie § 91 gehört auch § 110 nicht zu den Vorschriften, deren entspr Anwendung § 24 vorschreibt.[21]

---

13 Der Einordnung als „betagte" Forderungen, deren Vorauszession durch § 91 Abs 1 nicht berührt werde, unter Hervorhebung leasinguntypischer Besonderheiten des konkreten Falles geschickt ausweichend das unmittelbar zuvor erwähnte Urt des *BGH* (Entscheidungsgründe Rn 32 ff).

14 Die letztlich an der **Rechtsfigur des Anwartschaftsrechts** sowie an der Unterscheidung zwischen **Direkterwerb** und **Durchgangserwerb** orientierte Differenzierung zwischen der Abtretung dem Grunde nach bereits bestehender Forderungen einerseits und der Abtretung künftiger Forderungen andererseits als nicht zielführend kritisierend und stattdessen eine stärkere Orientierung am **Surrogationsgrundsatz** („Was mit Mitteln der Masse erworben wurde, sollte der Masse und nicht einem etwaigen Zessionar zukommen.") vorschlagend *Marotzke* Das Anwartschaftsrecht – ein Beispiel sinnvoller Rechtsfortbildung?, 1977, S 67 ff, 72 ff; *ders* KTS 1979, 40, 46 ff; *ders* EWiR 2013, 417, 418 (ad 3.3). Nicht zu folgen ist der Ansicht von *Dahl* (NZI 2013, 590, 591), dass jedenfalls beim Immobilienleasing der auf den Finanzierungsanteil entfallende Teil der Leasingforderung von einer Anwendung der die Unwirksamkeit des Vorauszession anordnenden Rechtsnorm (nach hier vertretener Auffassung also des § 110 Abs 1) ausgenommen werden müsse.

15 Vgl dazu § 108 Rn 76 und § 110 Rn 8 f.

16 *BGH* NJW 2007, 2919 f.

17 Rn 23 f der EntschGründe.

18 Vgl *Dötsch* NZI 2009, 713, 714.

19 Vgl *Eckert* ZfIR 2008, 453 ff; *Dötsch* NZI 2009, 713 ff.

20 **AM** *LG Erfurt* NZI 2004, 599 f (dazu auch die Fn zu Rn 11).

21 Zutr in Bezug auf § 91 *BGH* ZIP 2009, 2347, 2349 [Rn 14 ff] = NZI 2009, 888, 889 f = ZInsO 2009, 2336, 2338; hiermit iE unvereinbar *OLG Naumburg* ZIP 2008, 1931 ff.

2. Übertragbar auf andere Vertragsgegenstände und -typen? Eine analoge Anwendung der Vorschrift auf **Erbbaurechtsverträge** erscheint diskutabel.[22] Weder unmittelbar (Rn 1) noch analog anwendbar ist § 110 auf Forderungen aus der Vermietung oder Verpachtung **beweglicher** Sachen und aus **Rechtspacht**.[23] Auch an **§ 15 S 1 KO**, dem nunmehr der **§ 91 Abs 1 InsO** entspricht, scheiterte die Wirksamkeit einer vor VerfEröffnung vorgenommenen Abtretung von Mietforderungen nach früherem Recht nicht[24] (die Bezugspunkte dieser Diskussion für das **neue** InsR durch eine Neubestimmung des Verhältnisses von § 110 Abs 1 zu § 91 Abs 1 grundlegend verändernd jedoch das § 110 Rn 5 erwähnte Urt des BGH v 25.4.2013). Ob sich daran – nicht nur wegen des erwähnten Urt des BGH v 25.4.2013, sondern auch deshalb – etwas ändern könnte, weil der Gesetzgeber Miet- und Pachtverträge über bewegliche Sachen und Pachtverträge über Rechte aus dem Anwendungsbereich des dem § 21 Abs 1 KO entspr § 108 Abs 1 InsO herausgenommen und dem **Wahlrecht** des InsVerw unterworfen hat, hängt davon ab, wie man die bei § 103 Rn 48 erörterten Rechtsfragen löst (vgl erg § 110 Rn 9 f).[25] Auch ist zu beachten, dass der nachträglich eingefügte **§ 108 Abs 1 S 2** die Rechtsfolge des § 108 Abs 1 S 1 unter bestimmten Voraussetzungen auf Miet- und Pachtverträge über bewegliche Sachen und auf Pachtverträge über Rechte erstreckt (§ 108 Rn 32 ff) mit der Folge, dass der InsVerw zur Vertragserfüllung nicht nur berechtigt, sondern sogar verpflichtet ist. Und dennoch erfolgte diese Rechtsfolgenerstreckung gerade deshalb, weil man die Rechtsstellung des Zessionars **verbessern** wollte (§ 108 Rn 32 ff). 8

Die Situation, dass ein Gl **vollständige** Erfüllung beanspruchen darf, obwohl seine Forderung bereits vor VerfEröffnung begründet (§ 38) war, kann nicht nur bei den in § 110 Abs 1 S 1 ausdrücklich genannten, sondern auch bei einigen anderen Vertragsverhältnissen vorkommen. Hatte der Schu seinen Anspruch auf die Gegenleistung in solchen Fällen **(§§ 106, 107 Abs 1, 108 Abs 1 S 2)** bereits vor VerfEröffnung zediert, so könnte man vor dem Hintergrund des bei Rn 2 Ausgeführten erwägen, diese Verfügung **analog § 110** ganz oder tw für unwirksam zu erklären. Doch abgesehen davon, dass die Rechtsfolge des § 110 nur passt, wenn die Forderungen nach Zeitabschnitten bemessen sind,[26] sprechen gegen solch eine Analogie dieselben Gründe, die den BGH in seinem bei Rn 8 zitierten Urt bewogen haben, auf die Abtretung von Mietforderungen für **bewegliche** Sachen weder § 21 Abs 2 KO (§ 110 Abs 1 InsO) noch § 15 S 1 KO (§ 91 Abs 1 InsO) anzuwenden (vgl aber andererseits § 108 Rn 76 zur insolvenzrechtlichen Unwirksamkeit von Vorausverfügung über Entgeltforderungen aus nach § 108 Abs 1 S 1 weiterhin zu erfüllenden **Dienst**verträgen). In Fällen des § 108 Abs 1 S 2 InsO kommt hinzu, dass der vermietete/verpachtete Gegenstand hier dem Werte nach ohnehin nicht (vollständig) der InsMasse, sondern – zumindest tw – einem absonderungsberechtigten Kreditgeber zusteht.[27] 9

Nach der bei Rn 8 erwähnten, noch zur KO ergangenen Entsch BGHZ 109, 368, 377 ff musste der InsVerw die vorkonkursliche Abtretung von Mietforderungen für **bewegliche** Sachen des Schu trotz der Verpflichtung, den Vertrag seinerseits als Masseverbindlichkeit zu 10

---

22 *OLG München* ZIP 2002, 1264; iE abl *Pfennig* Das Erbbaurecht in der Insolvenz, 2010, S 194 f.

23 Ebenso *K/P/B/Tintelnot* § 110 Rn 2 f; *N/R/Balthasar* § 110 Rn 6; *Hess* § 110 Rn 5 und für **§ 21 Abs 2 KO** *BGHZ* 109, 368, 377 ff = LM § 21 KO Nr 5 = NJW 1990, 1113 = ZIP 1990, 180 mit Anm *Eckert* = JZ 1990, 868 mit Anm *Tintelnot* = JR 1990, 327 mit Anm *Marotzke* = EWiR § 21 KO 1990, 173 (*Ackmann*).

24 Vgl *BGH* aaO und oben Rn 5; unrichtig *OLG Celle* InVo 1999, 231 ff.

25 Für Anwendbarkeit des § 91 Abs 1 *Jaeger/Eckardt* § 88 Rn 78.

26 So wohl auch der BGH, s Rn 6.

27 Vgl § 108 Rn 35 ff (nicht entgegenstehend § 108 Rn 41) und speziell zur abtretungsbegrenzenden Funktion des Surrogationsgedankens § 108 Rn 36, 38.

erfüllen (was ihm die InsO nur noch in den Fällen des § 108 Abs 1 S 2 zumutet, s dort Rn 32 ff), in vollem Umfang respektieren (vgl jedoch Rn 5 zur Möglichkeit abweichender Schlussfolgerungen aus der – allerdings nicht recht überzeugenden – neueren Rspr des BGH). Entspr gilt – soweit sich aus dem Surrogationsgrundsatz nichts anderes ergibt (§ 103 Rn 49, § 106 Rn 10 ff, § 108 Rn 35 f, 38, § 110 Rn 9 und die vorletzte Fn zu § 110 Rn 5) – für die Abtretung von Entgeltforderungen aus **Kaufverträgen**, soweit diese Verträge den §§ 106, 107 Abs 1 InsO unterliegen (Rn 9). Erst recht ist eine analoge Anwendung der §§ 91 Abs 1, 110 und übrigens auch des § 114 (aufgehoben mit Wirkung ab 1.7.2014[28]) dann ausgeschlossen, **wenn der die InsMasse treffende Erfüllungszwang nicht unvermeidbar war** (wie zB in den Fällen der §§ 55 Abs 1 Nr 2 **Alt 2**, 106, 107 Abs 1, 108 Abs 1), **sondern vom InsVerw durch ungeschickte Wahlrechtsausübung gem §§ 103 Abs 1, 55 Abs 1 Nr 2 Alt 1 selbst verursacht worden ist** (sehr str[29]). Diesen Unterschied vernachlässigend, meint *BGHZ* 129, 336, 343,[30] die Wertungen des § 21 Abs 2 und 3 KO (§ 110 InsO) seien „auf gegenseitige Verträge allgemein übertragbar".[31] Nach Ansicht des OLG München soll auch eine Übertragung auf **Erbbaurechtsverträge** in Betracht kommen.[32]

11 **3. Verfügungstatbestände (Abs 1 und 2).** Verfügung ist jedes **Rechtsgeschäft**, durch das ein Recht aufgehoben, übertragen, belastet oder inhaltlich nachteilig verändert wird. Als Verfügungen über Miet- oder Pachtforderungen kommen in Betracht deren Einziehung (Abs 2 S 1),[33] Erlass, Abtretung, Verpfändung, Nießbrauchbestellung, Stundung.[34] Auch die Vereinbarung eines „Nachrangs im Insolvenzverfahren" (§ 39 Abs 2) stellt eine „Verfügung" über die zuvor normalrangige Miet- oder Pachtforderung dar. „Wie eine rechtsgeschäftliche Stundungsabrede" behandelt der BGH[35] „die nach den Eigenkapitalersatzregeln in der Krise der Gesellschaft eintretende Undurchsetzbarkeit des Anspruchs auf Auszahlung des vereinbarten Nutzungsentgelts", also der Miete oder der Pacht. Diese Formulierung erfolgte zwar mit Blick auf § 1124 Abs 2 BGB, ist aber – ihre grds Richtigkeit unterstellt[36] – bei Ins des eigenkapitalersetzend Vermietenden oder Verpachtenden auf § 110 übertragbar.[37] Bei Entgeltforderungen

28 Näheres bei § 108 Rn 76.
29 Vgl § 103 Rn 49.
30 Bestätigend das bereits bei § 103 Rn 19, 33, 107 erwähnte Urt *BGHZ* 149, 326, 336.
31 Vgl zu *BGHZ* 129, 336 ff auch § 103 Rn 49; *Bork* JZ 1996, 51 ff; *Marotzke* LM KO § 17 Nr 31; *Kreft* FS Fuchs, 1996, S 115, 124 ff = ZIP 1997, 865, 868 f.
32 *OLG München* ZIP 2002, 1264; **aM** *Pfennig* Das Erbbaurecht in der Insolvenz, 2010, S 194 f.
33 Vgl jedoch Rn 6.
34 *Jaeger/Henckel* KO § 21 Rn 14; *Uhlenbruck/D Wegener* § 110 Rn 8.
35 *BGHZ* 140, 147, 154 (dazu schon § 108 Rn 68 f).
36 Für nicht richtig hält die Gleichstellung mit einer Stundungsabrede *Rendels* ZIP 2006, 1273 (1275 f). Jedoch prüft der Verf sodann nicht, ob evtl auch eine ***Nachrangvereinbarung*** eine „Verfügung" iSd § 110 wäre (was oben im Text bejaht wurde) und ob die – im Hinblick auf § 39 Abs 1 Nr 5 nahe liegende – Gleichstellung mit einer Nachrangvereinbarung nicht ebenfalls zur Anwendung des § 110 führen würde. Dies bejahend *Marotzke* ZInsO 2009, 2073, 2076 f , und zwar nicht nur für das alte Eigenkapitalersatzrecht, sondern auch für das auf dem **MoMiG** (§ 108 Rn 58 ff) beruhende neue Recht, das zwar keinen Stundungseffekt (s *Marotzke* ZInsO 2008, 1281, 1289, 1292 [l Sp]), sehr wohl jedoch einen stundungsunabhängigen (**aM** *BGHZ* 204, 83, 108 [Rn 69 ff]; vgl zu diesem Urt auch § 108 Rn 73 und die vierte Fn zu § 112 Rn 9) Nachrangeffekt zu erzeugen vermag.
37 Zutr *BGH* NJW 2008, 2188 ff = ZIP 2008, 1176 ff = ZInsO 2008, 669 ff und schon vorher *LG Cottbus* ZIP 2005, 1608 ff; *OLG Brandenburg* ZIP 2006, 1582 ff = WM 2006, 1773 ff (gegen *LG Zwickau* ZIP 2005, 1151 ff = ZInsO 2006, 110 f [dazu *Kesseler* EWiR § 110 InsO 1/2005, 897 f] – beide Verf sodann beendet durch Vergleich, s *Rendels* ZIP 2006, 1273); vgl auch § 108 Rn 69 aE und *LG Erfurt* NZI 2004, 599 f (abl *Rendels* ZIP 2006, 1273 ff – s dazu die vorherige Fn), das allerdings zu Unrecht (Rn 7) meint, § 110 auch schon im EröffnungsVerf anwenden zu dürfen, wenn dem Schu gem § 21 Abs 2 S 1 Nr 2 Alt 1 ein allg Verfügungsverbot auferlegt worden sei.

aus der Vermietung **beweglicher** Sachen, für die § 110 nicht gilt (Rn 1), lässt sich ein ähnliches Ergebnis mglw (aber: Rn 8 f) mit Hilfe des § 91 Abs 1 – nicht: mit Hilfe des § 103[38] – begründen;[39] uU kommt eine Anfechtbarkeit der Hingabe bzw des „Stehenlassens"[40] des Nutzungsgegenstandes in Betracht (jedoch sehr zweifelhaft im durch das **MoMiG** geprägten neuen Recht[41]). **Im durch das MoMiG geprägten neuen Recht** (§ 108 Rn 71 ff) ergibt sich eine verfügungsähnliche Einwirkung des Gesetzes auf den Nutzungsentgeltanspruch[42] des überlassenden Gesellschafters je nach Lage des Falles[43] entweder aus § 39 Abs 1 Nr 5 (Rangrücktrittswirkung; str[44]) oder aus § 135 Abs 3 S 2 HS 2 (Teilerlasswirkung), so dass das zur analogen Anwendbarkeit des § 110 Abs 1 (bei Grundstücken) bzw zur Anwendbarkeit des § 91 Abs 1 (bei sonstigen Gegenständen) Ausgeführte hier entspr gilt.[45]

Abs 2 S 2 stellt den rechtsgeschäftlichen Verfügungen solche gleich, die im Wege der **Zwangsvollstreckung** erfolgen. Dies entspr der üblichen und zutr Auslegung des bisherigen § 21 Abs 2 KO. Als „Zwangsvollstreckung" iSd Abs 2 S 2 ist auch die **Vollziehung eines Arrests oder einer einstweiligen Verfügung anzusehen.**[46] Im Zusammenhang mit Vollstreckungsmaßnahmen ist stets auch an die **Rückschlagsperre des § 88** zu denken. Jedoch verträgt sich die Anwendung des § 88 nicht mit § 110 Abs 2 S 2;[47] das zur Unanwendbarkeit des § 91 Ausgeführte (Rn 5) gilt hier entspr. Der Mieteinzug durch einen **Zwangsverwalter** (§ 152 ZVG) ist zwar im Verhältnis zum Schu (Vermieter) eine „Verfügung …, die im Wege der Zwangsvollstreckung erfolgt"; jedoch ist § 110 Abs 2 auf Verfügungen dieser Art nicht anzuwenden.[48] **12**

In Bezug auf § 21 Abs 2 KO (Vorläufer des § 110 Abs 1) war anerkannt, dass diese Vorschrift die Wirksamkeit einer im Wege der Zwangsvollstreckung erfolgten Verfügung nicht begrenzte, **wenn die Vollstreckung von einem GrundpfandGl ausging.**[49] In der 4. Aufl dieses Komm wurde der Standpunkt vertreten, dass diese Ausnahme noch immer sachgerecht und **13**

---

38 So jedoch *Bräuer* ZInsO 2007, 306 ff.

39 Sehr zurückhaltend in diesem Punkt *BGH* ZInsO 2008, 669, 671 Rn 17; vgl auch *AG Dresden* ZInsO 2006, 888, 891.

40 Die Anfechtbarkeit des „Stehenlassens" eines eigenkapitalersetzenden Darlehens und vergleichbarer Gesellschafterleistungen wurde als möglich erachtet in *BGH* ZInsO 2009, 1060, 1061 [Rn 17] = NZI 2009, 429, 430 = ZIP 2009, 1080, 1081; vgl auch *Bork* FS Uhlenbruck, 2000, S 279 ff; *Marotzke* FS Westermann, 2008, S 427, 437 f; s auch § 129 Rn 29; *BGHZ* 165, 343, 348.

41 Vgl *Marotzke* ZInsO 2009, 2073, 2077 (LS 18.2); *Burmeister/Nohlen* NZI 2010, 41 ff.

42 Nicht auf das Nutzungsrecht als solches (so jedoch *Uhlenbruck/Hirte* § 135 Rn 22 S 1 bzgl § 135 Abs 3 S 1).

43 Ausf *Marotzke* ZInsO 2008, 1281, 1287 ff, 1292 f.

44 Die Rangrücktrittswirkung zu Unrecht vom Vorliegen einer Stundung abhängig machend *BGH* 29.1.2015 – IX ZR 279/13, BGHZ 204, 83, 108 ff [Rn 69 ff]; vgl zu dieser Entscheidung auch § 108 Rn 73.

45 Ausf *Marotzke* ZInsO 2009, 2073, 2076 f; **aM** *Göcke* Wechselwirkungen bei der Insolvenz von Gesellschaft, Gesellschafter und Organwalter, 2009, S 278 ff; vgl auch *Bitter* ZIP 2010, 1, 13 f (mit weiter differenzierendem eigenen Lösungsweg); kritisch auch *Geißler* Geschichte und juristische Gegenwart gesellschaftsinterner Nutzungsüberlassungen, 2010, S 206, 209 ff, 215, 217 ff (der die Wirkungen der §§ 39 Abs 1 Nr 5, 135 Abs 3 auch während einer Zwangsverwaltung oder DoppelIns erhalten will).

46 Begr RegE S 147 (zu § 124) iVm RAussch BT-Drucks 12/7302, 156 (zu § 12).

47 **AM** § 88 Rn 9; *Jaeger/Eckardt* § 88 Rn 77 f; *Uhlenbruck/D Wegener* § 110 Rn 11.

48 *BGHZ* 168, 339, 342 Rn 7 = ZInsO 2006, 873, 874 = ZIP 2006, 1554, 1555.

49 *Jaeger/Henckel* KO § 21 Rn 15; *Kuhn/Uhlenbruck* KO § 21 Rn 7.

deshalb eine teleologische Reduktion des § 110 geboten sei.[50] Es sei nicht ersichtlich, dass mit der Einfügung des Abs 2 S 2 beabsichtigt gewesen sein könnte, dem GrundpfandGl, der ja Anspruch auf abgesonderte Befriedigung habe (§ 49), die zwangsweise Realisierung der ihm durch §§ 1123 f BGB eröffneten vorrangigen Zugriffsmöglichkeit auf Miet- und Pachtforderungen abzuschneiden.[51] Zudem dürfe man, soweit der GrundpfandGl im Wege der Zwangsvollstreckung auf die Miet- oder Pachtforderung zugreifen könne, auch entspr **rechtsgeschäftliche** Verfügungen (zB Sicherungszessionen), die zu seinen Gunsten vorgenommen wurden, nicht an § 110 messen;[52] auch eine Anwendung des § 91 Abs 1 (dazu bereits Rn 5) und eine Anfechtung nach §§ 129 ff seien konsequenterweise ausgeschlossen. An diesen Ausführungen wird, soweit sie sich auf das Vollstreckungsmittel des Pfändungs- und ÜberweisungsBeschl sowie analog hierzu auf rechtsgeschäftliche Verfügungen (zB Sicherungszessionen) zugunsten des GrundpfandGl beziehen, seit der 6. Aufl dieser Kommentierung nicht festgehalten.[53] Zutr haben die *AG Kaiserslautern*[54] und *Hamburg*[55] sowie in deren Gefolge auch der *BGH*[56] darauf aufmerksam gemacht, dass die Weigerung, von GrundpfandGl initiierte Miet- oder Pachtzinspfändungen an § 110 zu messen, den InsVerw in die missliche Lage brächte, einerseits die öffentlichen Lasten des Grundeigentums und die laufenden Kosten der Gebäudeinstandhaltung und -versicherung als Masseverbindlichkeiten berichtigen zu müssen, andererseits jedoch diese Ausgaben nicht mit den (auch durch sie erwirtschafteten) Miet- bzw Pachtzinsen decken zu können, und dass es deshalb geboten sei, den § 49 auch insofern Ernst zu nehmen, wie er als insolvenzfeste Vollstreckungsmethoden der Gl, denen ein Absonderungsrecht an einem Grundstück zusteht, zwar die Zwangsversteigerung und die Zwangsverwaltung des Grundstücks nicht aber auch den Einzelzugriff auf die mithaftenden Miet- oder Pachtzinsforderungen erwähne. Auf den Mieteinzug durch einen **Zwangsverwalter** ist § 110 Abs 2 nicht anzuwenden (Rn 12); dies gilt mE auch dann, wenn die Zwangsverwaltung von einem persönlichen Gl ohne Grundpfandrecht beantragt worden war und dieser sein infolge der Beschlagnahme (§§ 10 Abs 1 Nr 5, 146 Abs 1, 148 Abs 1 S 1 ZVG) erworbenes Absonderungsrecht nach § 88 oder §§ 129 ff verloren hat. Soweit sich der GrundpfandGl weder im Wege der Zwangsvollstreckung (also durch Herbeiführung einer Zwangsverwaltung, nicht ausreichend ist nach dem soeben Ausgeführten

---

50 Zust *Uhlenbruck/Berscheid* 12. Aufl 2003, § 110 Rn 8; **aM** MK/*Eckert* § 110 Rn 20; *Uhlenbruck/D Wegener* § 110 Rn 12 und speziell für die **Pfändung** von Miet- und Pachtzinsansprüchen das überzeugend begründete Urt *BGHZ* 168, 339 ff = NJW 2006, 3356 ff = ZIP 2006, 1554 ff = ZInsO 2006, 873 ff.

51 Vgl auch *Hess* § 110 Rn 11; *OLG München* ZIP 1993, 135, 136 (zu § 21 Abs 2 KO); *LG Traunstein* NZI 2000, 438 (zu § 89 InsO); *OLG Dresden* ZInsO 2001, 760, 762 (zur GesO); **differenzierend** *AG Hamburg* ZInsO 2005, 1058 f = ZIP 2005, 1801 ff: **Zwangsverwaltung** mglw (keine Ausführungen zu § 110) ja, **Pfändung** (in § 49 nicht erwähnt! vgl auch *AG Kaiserslautern* NZI 2005, 636 f) nein. Ebenso jetzt *BGHZ* 168, 339 ff.

52 *Kalkschmid* Rn 437 ff. Allerdings hat der BGH in anderem, aber mglw vergleichbarem Zusammenhang ausgeführt, dass „der rechtsgeschäftliche Erwerb der Miet- oder Pachtforderung … dessen Beschlagnahme nicht ersetzen" könne (*BGHZ* 163, 201, 208 = ZInsO 2005, 764, 766 = ZIP 2005, 1452, 1454 mit Anm *Weber/Madaus* EWiR § 1124 BGB 1/2005, 879 f).

53 Vgl auch *Howe* ZVI 2004, 708, 710 ff; MK/*Kirchhof* § 129 Rn 158; *Uhlenbruck/Hirte/Ede* § 129 Rn 375.

54 *AG Kaiserslautern* NZI 2005, 636 f.

55 *AG Hamburg* ZInsO 2005, 1058 f = ZIP 2005, 1801 ff.

56 *BGHZ* 168, 339, 343 f Rn 9 f = NJW 2006, 3356, 3357 = NZI 2006, 577, 578 (mit zust Anm *Stapper/Schädlich*) = ZIP 2006, 1554, 1555 f = ZInsO 2006, 873, 874 f = DZWIR 2006, 517, 518 (mit zust Anm *Matern*); den dort eingeschlagenen Kurs ohne nochmalige Begr bestätigend *BGH* ZInsO 2006, 1321, 1322 [Rn 15 ff] = ZIP 2007, 35 ff = NZI 2007, 98 f; vgl zum letztgenannten Urt aber auch *Wazlawik* NZI 2007, 320 ff.

eine Pfändung) noch durch Herbeiführung einer freiwilligen Verfügung des Schu (deren Wirksamkeit jedoch idR an § 110 Abs 1 scheitern wird) den Zugriff auf die Miet- oder Pachtforderungen eröffnet hat, stehen die auf diese Forderungen erbrachten Leistungen des Mieters bzw Pächters trotz § 1123 Abs 1 BGB nicht dem GrundpfandGl, sondern der Ins-Masse zu;[57] bei der Grenzziehung ist § 1124 Abs 2 BGB zu beachten.

Unanwendbar ist § 110, wenn und soweit die im Voraus entrichtete Miete oder Pacht vereinbarungsgemäß zur Schaffung oder Instandsetzung des Miet- bzw Pachtobjekts oder zur Befriedigung eines RealGl (s auch Rn 13) verwendet wurde.[58] **Wenn der InsVerw das Grundstück „freigibt"** und dadurch die Massezugehörigkeit endet, ist § 110 nur auf den Teil der Miet- oder Pachtforderung anzuwenden, der auf die Zeit zwischen VerfEröffnung und Wirksamwerden der Freigabe entfällt.[59] Nach Ansicht des OLG Hamburg soll § 110 auch dann unanwendbar sein, wenn der (jetzt insolvente) Eigentümer den Besitz an dem von ihm vermieteten Grundstück auf einen Dritten, der nach den getroffenen Vereinbarungen in die Vermieterrechte und -pflichten eintritt, übertragen hatte.[60] **14**

4. Ausgleichsansprüche. Soweit die schuldbefreiende Wirkung einer vor Eröffnung des Ins-Verf an den Schu persönlich geleisteten Zahlung des Mieters oder Pächters gem Abs 1 entfällt (s Rn 5, 11, 14), muss der Mieter bzw Pächter nochmals zahlen, und zwar an den Ins-Verw. Die zuvor an den Schu geleistete Zahlung kann der Mieter bzw Pächter gem § 812 BGB zurückverlangen. Dieser Bereicherungsanspruch ist InsFord (§ 38). Mit ihm kann nicht gegen die Miet- bzw Pachtforderung der Masse aufgerechnet werden;[61] eine solche Aufrechnung würde den Zweck des § 110 vereiteln.[62] **15**

III. Aufrechnung (Abs 3)

Wer eine Forderung dadurch verliert, dass der Verpflichtete mit einer Gegenforderung aufrechnet, befindet sich in ähnlicher Lage wie der, dessen Forderung durch **Erfüllung** erlischt. Die Annahme einer Leistung als Erfüllung wäre eine **Verfügung** iSd Abs 2 S 1. Betont man bei der Aufrechnung hingegen mehr die Möglichkeit, wegen einer dem Aufrechnenden zustehenden Forderung auf eine ebenfalls bestehende Forderung des Gegners **Zugriff** zu nehmen, so bietet sich die **Parallele zu einer auf die Forderung des Gegners zielenden Zwangsvollstreckungsmaßnahme** an, die über Abs 2 S 2 ebenfalls zu Abs 1 führen würde. Konsequent bestimmt deshalb **Abs 3 S 1**, dass der Mieter oder Pächter eine Forderung, die ihm gegen den im InsVerf befindlichen Vermieter oder Verpächter zusteht, gegen dessen Miet- oder Pachtforderung „für den in Abs 1 bezeichneten Zeitraum" aufrechnen kann; insoweit (nicht hingegen bzgl einer Aufrechnung gegen die auf einen **späteren** Zeitraum entfallende Miete oder Pacht) schließt § 110 Abs 3 S 1 eine Anwendung des § 96 Abs 1 Nr 1 aus, der die Aufrechnung eines InsGl gegen das erst nach VerfEröffnung zur InsMasse **16**

---

57 *LG Stendal* ZInsO 2005, 614 f; *LG Stendal* ZIP 2005, 1800 f.

58 Einzelheiten bei *Jaeger/Henckel* KO § 21 Rn 18; MK/*Eckert* § 110 Rn 14 f; *Uhlenbruck/Berscheid* 12. Aufl 2003 § 110 Rn 5; **aM** beim Baukostenzuschuss *OLG Schleswig* ZInsO 2001, 239 = S 30 der Beil zu NZI Heft 11/2001 (jedenfalls bei Gewerberaum); skeptisch auch *K/P/B/Tintelnot* § 110 Rn 6; *N/R/Balthasar* § 110 Rn 9; gegen analoge Anwendung der in den Fällen des Baukostenzuschusses geltenden Regeln auf die beim Leasing übliche Vorausabtretung der Leasingraten an einen Financier zutr *Kalkschmid* Rn 432 ff.

59 *Jaeger/Henckel* KO § 21 Rn 19; vgl auch *LG Stendal* ZInsO 2005, 614 f sowie oben Rn 1.

60 *OLG Hamburg* ZIP 2010, 744 ff; hiergegen Nichtzulassungsbeschwerde beim *BGH* unter Az IX ZR 5/10, die jedoch zurückgenommen wurde.

61 *Jaeger/Henckel* KO § 21 Rn 17.

62 Vgl zu etwaigen Ausgleichsansprüchen auch *Jaeger/Henckel* KO § 21 Rn 17; *Uhlenbruck/D Wegener* § 110 Rn 17; MK/*Eckert* § 110 Rn 21.

schuldig Gewordene für unzulässig erklärt. § 96 Abs 1 Nr 1 wird also durch § 110 Abs 3 S 1 zwar nicht gänzlich ausgeschlossen, aber doch „berührt" (im Sinne einer gegenständlichen Beschränkung seines Anwendungsbereichs). In § 110 Abs 3 S 2, der die „unberührt" bleibenden Vorschriften aufzählt (Rn 17), wird die Nr 1 des § 96 Abs 1 deshalb zu Recht nicht erwähnt. Keinesfalls darf jedoch aus der Nichterwähnung in Abs 3 S 2 geschlossen werden, dass Abs 3 S 1 den § 96 Abs 1 Nr 1 auch dann unanwendbar mache, wenn sich die Aufrechnung gegen die Miete oder Pacht für die Zeit **nach** dem in (§ 110) Abs 1 bezeichneten Zeitraum richte: Dieser **Anschluss**zeitraum liegt außerhalb des Themas des Abs 3; das Aufrechnungshindernis des § 96 Abs 1 Nr 1 bleibt insoweit also anwendbar. Zur Frage der Übertragbarkeit des Vorstehenden auf **Erbbaurechtsverträge** vgl *OLG München* ZIP 2002, 1264 f; *Pfennig* Das Erbbaurecht in der Insolvenz, 2010, S 194 f.

17 **Abs 3 S 2** bringt eine weitere Präzisierung dieser dem bisherigen § 21 Abs 3 KO (vgl auch §§ 566d, 578, 1125 BGB) entspr Regelung: Die §§ 95, 96 (zu ergänzen: Abs 1) Nr 2–4 bleiben unberührt;[63] die Aufrechnung gegen Miet- oder Pachtforderungen für die Zeit nach VerfEröffnung ist also grds an die allg Voraussetzungen der Aufrechnung im InsVerf gebunden. Deshalb kann der Mieter zB nicht mit einer Forderung aufrechnen, die er erst nach VerfEröffnung erworben hat (§ 96 Abs 1 Nr 2, 4). Der Ausschluss der Aufrechnung für den Fall, dass ein InsGl nach VerfEröffnung etwas zur InsMasse schuldig geworden ist (§ 96 Abs 1 Nr 1), kommt allerdings nicht zum Tragen, soweit die Sonderregelung des Abs 3 S 1 reicht (Näheres bei Rn 16).

IV. Zurückbehaltungsrechte

18 UU steht dem zahlungspflichtigen Mieter oder Pächter wegen seiner Gegenforderung nicht (nur) eine Aufrechnungsbefugnis, sondern (auch) ein Zurückbehaltungsrecht zu. Ein Zurückbehaltungsrecht setzt Gleichartigkeit von Forderung und Gegenforderung nicht voraus und kann **gegenüber der Miet- oder Pachtforderung** der Masse innerhalb derselben Grenzen ausgeübt werden, die bei Rn 16 f für die Aufrechnung beschrieben wurden.[64] Da der als Miete oder Pacht geschuldete Geldbetrag vor der Zahlung noch nicht zur InsMasse gehört, liegt der bei § 103 Rn 107 bezeichnete Fall der Zurückbehaltung eines **zur InsMasse gehörenden** Gegenstandes, die idR unzulässig wäre, nicht vor.[65]

19 Gegenüber dem nach Beendigung des Vertragsverhältnisses bestehenden Anspruch des InsVerw auf **Rückgabe der Miet- oder Pachtsache** kommt ein Zurückbehaltungsrecht nur in Betracht, wenn die Gegenforderung des Mieters/Pächters nicht InsFord, sondern – mindestens – Masseverbindlichkeit ist. Dies gilt jedenfalls dann, wenn das Miet- oder Pachtobjekt Bestandteil der InsMasse ist (vgl § 103 Rn 107).[66]

---

63 Zu den Konsequenzen für die Aufrechenbarkeit von Nebenkostenguthaben aus der Zeit vor Eröffnung des InsVerf gegen Mietansprüche für die Zeit nach VerfEröffnung s *BGH* ZIP 2007, 239 f = ZInsO 2007, 90 f = NZI 2007, 164 f (mit Anm *Gundlach/Frenzel*); treffende Kritik dieses Urt bei *von Olshausen* KTS 2009, 481, 500 ff, der auf S 496 ff auch die Wirksamkeit einer bei spiegelbildlich umgekehrter Rollenverteilung erklärten Aufrechnung (*BGH* ZIP 2005, 181 f = NZI 2005, 164 ff mit Anm *Gundlach/Schmidt*) thematisiert.

64 Zust MK/*Eckert* § 110 Rn 25; tw **aM** *Jaeger/Jacoby* § 110 Rn 44 f und *Braun/Kroth* § 110 Rn 13 f, weil diese Autoren das allg Zurückbehaltungsrecht des § 273 BGB schon prinzipiell für nicht insolvenzfest halten, soweit es sich auf eine InsFord stützt (vgl zu dieser Vorfrage § 103 Rn 107 ff mwN sowie zur Frage eines insolvenzrechtlichen Wertungsgleichklangs von Aufrechnung und Zurückbehaltung § 103 Rn 114; *Marotzke* Gegenseitige Verträge, Rn 2.68, 4.156).

65 Unrichtig *Franken/Dahl* Mietverhältnisse in der Insolvenz, 2. Aufl 2006 S 159 f (Rn 238), deren Argumentation auf dem bei § 103 Rn 107 aE erwähnten Missverständnis beruht.

66 Ausf *Marotzke* Gegenseitige Verträge, Rn 2.52 ff, 2.70 f; **aM** *Blaum* Zurückbehaltungsrechte in der Insolvenz, 2008, S 224 f.

V. Zwingendes Recht

Vereinbarungen, durch die im Voraus die Anwendung des § 110 ausgeschlossen oder beschränkt wird, sind unwirksam gem § 119. 20

VI. Auslandsberührung

Vgl § 108 Rn 95 sowie §§ 336, 338 **InsO**, Art 7 (Abs 2 S 2 lit b, d), 9, 11 **EuInsVO**. 21

§ 111 Veräußerung des Miet- oder Pachtobjekts

[1]Veräußert der Insolvenzverwalter einen unbeweglichen Gegenstand oder Räume, die der Schuldner vermietet oder verpachtet hatte, und tritt der Erwerber anstelle des Schuldners in das Miet- oder Pachtverhältnis ein, so kann der Erwerber das Miet- oder Pachtverhältnis unter Einhaltung der gesetzlichen Frist kündigen. [2]Die Kündigung kann nur für den ersten Termin erfolgen, für den sie zulässig ist.

Übersicht

Literatur: *Böker* Die Mietsicherungs- oder Mieterdienstbarkeit – Verhinderung des Sonderkündigungsrechts nach § 111 InsO/§ 57a ZVG, 2009; *Marotzke* Gegenseitige Verträge im neuen Insolvenzrecht (im Folgenden: Gegenseitige Verträge), 3. Aufl 2001, Rn 6.21 ff (online unter www.jura.uni-tuebingen.de/professoren_und_dozenten/marotzke/zur person/habilitationsschrift-1/view).

I. Zweck der Vorschrift

Will der InsVerw ein Grundstück durch Veräußerung „zu Geld machen", so hat er die Wahl, entweder gem §§ 172 ff ZVG, 165 InsO die Zwangsversteigerung zu beantragen (eines Vollstreckungstitels bedarf er hierzu nicht) oder aber das Grundstück mit Zustimmung der Gläubigerversammlung bzw des Gläubigerausschusses (§ 160 Abs 1 und Abs 2 Nr 1) aus freier Hand zu veräußern. Im ersten Fall können Miet- oder Pachtverhältnisse, die trotz Eröffnung des InsVerf fortbestehen (§ 108 Abs 1 S 1) und weiterhin am Grundstück haften (§ 57 ZVG), vom Erwerber gem § 57a ZVG mit **gesetzlicher** Frist gekündigt werden. Da dies auch und gerade dann gilt, wenn der Schu mit seinem Vertragspartner eine längere als die gesetzliche Kündigungsfrist oder sogar einen langfristigen Ausschluss des Kündigungsrechts vereinbart hatte, schafft diese Regelung einen **Anreiz zur Abgabe „guter" Gebote**. Um einen solchen Anreiz auch für den Fall zu geben, dass der InsVerw das Grundstück nicht durch Betreiben der Zwangsversteigerung, sondern „freihändig" verwerten möchte (zB weil er sich hiervon einen besseren Preis verspricht), überträgt § 111 (ähnlich der frühere § 21 Abs 4 KO) die Regelung des § 57a ZVG auf den Fall der freihändigen Veräußerung durch den InsVerw. Im Hinblick auf die **bürgenähnliche Haftung der Masse aus § 566 Abs 2 BGB** *sollte der InsVerw nach Tintelnot*[1] nicht nur an die Vornahme einer Veräußerungsmitteilung nach § 566 Abs 2 S 2 BGB, sondern auch an die uU bestehende Möglichkeit denken, vorsorglich den Grundstückserwerber zur Ausübung des ihm nach § 111 zustehenden Sonderkündigungsrechts zu verpflichten, oder darauf hinzuwirken versuchen, dass der Erwerber mit dem Mieter einen neuen Mietvertrag schließt, für den § 566 Abs 2 BGB nicht gilt. 1

---

1 *K/P/B/Tintelnot* § 111 Rn 16.

II. Allgemeine Voraussetzungen

2 § 111 gilt für Miet- und Pachtverhältnisse über **unbewegliche** Gegenstände oder Räume, nicht bei Vermietung oder Verpachtung beweglicher Sachen (s auch Rn 7). Handelt es sich um ein Schiff, so muss es im Schiffsregister eingetragen sein. Handelt es sich um ein Luftfahrzeug, so muss es in der Luftfahrzeugrolle oder, wenn die Eintragung dort wieder gelöscht ist, im Register für Pfandrechte an Luftfahrzeugen eingetragen sein.

3 Das Miet- oder Pachtobjekt muss im **Alleineigentum des Schu** gestanden haben[2] (jedoch literarische Aufweichtendenzen bei Untermietverhältnissen[3]). War der Schu lediglich Inhaber eines Miteigentumsanteils oder sogar völlig zu Unrecht im Grundbuch eingetragen, so geht das Miet- oder Pachtverhältnis meist ohnehin nicht auf den (im letztgenannten Fall uU durch § 892 BGB zum Eigentumserwerb gelangenden) Erwerber über.[4] Auch eine Anwendung des § 108 Abs 1 S 1 ist in solchen Fällen fraglich (§ 108 Rn 41 f). Verneint man sowohl die Anwendbarkeit des § 108 Abs 1 S 1 als auch einen Übergang der Vermieterstellung auf den Grundstückserwerber, so besteht für eine Anwendung des § 111 weder Raum noch Notwendigkeit. Unanwendbar ist § 111 auch dann, wenn der Schu neben anderen Personen **Mit**eigentümer des – von allen Eigentümern gemeinschaftlich vermieteten – Grundstücks war und der InsVerw die Grundstücksveräußerung in dieser Situation teils kraft Amtes (hinsichtlich des Miteigentumsanteils des Schu), teils aufgrund rechtsgeschäftlich erteilter Vollmacht oder Verfügungsermächtigung der übrigen Miteigentümer durchgeführt hat.[5] Denn dann handelt es sich lediglich um ein rechtsgeschäftliches Pendant zu einer Teilungsversteigerung (§§ 180 ff ZVG iVm § 84), und auf diese findet § 57a ZVG, dessen Rechtsfolge § 111 InsO auf die rechtsgeschäftliche Veräußerung durch einen InsVerw überträgt (Rn 1), keine Anwendung (§ 183 ZVG).

4 Eine unmittelbare Anwendung des § 111 setzt nach dem Wortlaut voraus, dass der unbewegliche Gegenstand oder Raum (Rn 2) **nicht erst vom InsVerw, sondern bereits vor VerfEröffnung vom Schu vermietet oder verpachtet wurde** (vgl jedoch Rn 12 f). Das vom Schu eingegangene Miet- oder Pachtverhältnis besteht nach § 108 Abs 1 S 1 mit Wirkung für die InsMasse fort. Eine Anwendung des § 111 wird nicht dadurch ausgeschlossen, dass der Schu den Miet- oder Pachtvertrag erst während des EröffnungsVerf mit Zustimmung eines vorl InsVerw geschlossen hat[6] oder dass er bei Vertragsschluss von einem vorl InsVerw aufgrund einer diesem erteilten Vollmacht (§ 167 BGB) vertreten wurde (vgl § 164 Abs 1 S 1 BGB).

5 Der InsVerw muss den Vertragsgegenstand veräußert haben, und **der Erwerber muss anstelle des Schu in das Miet- oder Pachtverhältnis eingetreten sein**. Gemeint ist kein rechtsgeschäftlicher Eintritt, sondern ein Eintritt kraft Gesetzes, wie ihn die **§§ 566, 578, 578a Abs 1, 581 Abs 2, 593b BGB und § 98 Abs 2 des Gesetzes über Rechte an Luftfahrzeugen** vorsehen. Danach ist erforderlich, dass der Gegenstand dem Mieter oder Pächter im Zeitpunkt der Veräußerung bereits überlassen war. Unmaßgeblich für **dieses** Überlassungs-

---

2 *Braun/Kroth* § 111 Rn 7; *K/P/B/Tintelnot* § 111 Rn 7.

3 Für **analoge** Anwendung des § 111, allerdings „mit der Frist des § 109 Abs 1 S 1", *K/P/B/Tintelnot* § 108 Rn 16b und § 111 Rn 20 als Reaktion auf *Marotzke* ZInsO 2007, 1, 7 (auch § 109 Rn 2).

4 Näheres bei *Staudinger/Emmerich* 2017 BGB § 566 Rn 21 ff; *Erman/Lützenkirchen* 14. Aufl BGB § 566 Rn 5 ff; tw **aM** MK-BGB/*Häublein* § 566 Rn 19 ff (zB Rn 20 für den Fall des gutgläubigen Erwerbs gem § 892 BGB).

5 Vgl *Jaeger/Henckel* KO § 21 Rn 29; *Braun/Kroth* § 111 Rn 7.

6 MK/*Eckert* § 108 Rn 11 (Zustimmung eines „nicht verwaltungs- und verfügungsbefugten" vorl InsVerw); *Uhlenbruck/D Wegener* § 111 Rn 3; **aM** *Derleder* NZM 2004, 568, 576; FK/*B Wegener* § 111 Rn 6; s auch unten Rn 12 f.

erfordernis ist der Zeitpunkt der VerfEröffnung.[7] **§ 108 Abs 1 S 1**, dessen zeitliche Reichweite § 111 begrenzt (s Rn 1, 9), gilt nach der neuen Rspr des BGH[8] allerdings nur dann, wenn das Miet- oder Pachtverhältnis zur Zeit der VerfEröffnung bereits durch „Überlassung“ in Vollzug gesetzt war (ebenso – und im Gegensatz zu § 108 Abs 1 S 1 sogar ausdrücklich – der frühere § 21 Abs 1 KO).

6 Im Schrifttum wird erwogen, die **Freigabe** des vermieteten Grundstücks durch den InsVerw einer Veräußerung an den Schu gleichzustellen, um sodann analog § 111 dem **Schu** – oder sogar dem InsVerw[9] – ein außerordentliches Kündigungsrecht zu gewähren.[10] Dagegen spricht jedoch im Regelfall, dass § 111 potenzielle Erwerbsinteressenten zur Abgabe guter Preisangebote animieren möchte (Rn 1), während die Freigabe der vermieteten Immobilie idR keine Verwertung, sondern den Verzicht auf eine solche darstellt.[11] Handelt es sich allerdings nicht um die „entsorgende“ Freigabe eines wertausschöpfend mit Grundpfandrechten oder Umweltrisiken belasteten Grundstücks, sondern um eine Freigabe gegen angemessenes Entgelt (zB entgeltliche Freigabe eines nicht wertausschöpfend belasteten Nachlassgrundstücks an einen solventen Erben im Fall der NachlassIns), so sollte der Umstand, dass der Schu schon vor der Freigabe Eigentümer und Vermieter des Grundstücks war (maW dass die Freigabe streng genommen keine „Veräußerung“, sondern lediglich die Entlassung aus dem Insolvenzbeschlag darstellt), eine – analoge Anwendung des § 111 nicht hindern.[12] Auch eine analoge Anwendung des § 566 Abs 2 BGB dürfte in einem solchen Fall[13] möglich sein.

7 **Unanwendbar** ist § 111 auf Miet- und Pachtverhältnisse über **bewegliche Sachen** und auf Pachtverhältnisse über nicht den Grundstücken gesetzlich gleichgestellte **Rechte**. Dies entspricht dem bisherigen § 21 Abs 4 KO und war vor dem Hintergrund des Nichtbestehens auch sonstiger Sonderkündigungsrechte (zB solcher des InsVerw) der wesentliche Grund dafür, dass der Reformgesetzgeber abw vom bisherigen § 21 Abs 1 KO auch den § 108 Abs 1 S 1 InsO auf **un**bewegliche Sachen und Räume beschränkt, maW in Bezug auf **bewegliche** Sachen und Rechte (!) den Weg zu § 103 (s § 108 Rn 8 ff, 16 ff) offen gehalten hat.[14] Der erst nachträglich eingeführte § 108 Abs 1 S 2 passt freilich nicht in dieses Bild.[15]

III. Rechtsfolgen

8 **Satz 1** gewährt dem Erwerber in Anlehnung an § 57a ZVG (s Rn 1) das Recht, das Miet- oder Pachtverhältnis unter Einhaltung der „gesetzlichen“ Frist zu kündigen. **Gesetzliche**

---

7 So auch das in der nächsten Fn erwähnte Urt des *BGH* (Rn 15 ff der Urteilsgründe); *Böker* S 41 f (m Einschränkungen auf schadensersatzrechtlicher Ebene); *Braun/Kroth* § 111 Rn 15; *K/P/B/Tintelnot* § 111 Rn 9.

8 Grdl *BGHZ* 173, 116, 120 ff = JZ 2008, 203 ff mit zust Anm *Marotzke*; sa § 108 Rn 5 mit Fn.

9 In diesem Sinne *K/P/B/Tintelnot* § 111 Rn 21 f.

10 Grds abl *Marotzke* ZInsO 2007, 1, 8 f.

11 Gegen dieses Argument *K/P/B/Tintelnot* § 111 Rn 21.

12 Ebenso *K/P/B/Tintelnot* § 111 Rn 22 – allerdings mit den zwei Unterschieden, dass dies auch (oder sogar nur?) dann gelte, wenn die Freigabe „wegen der grundpfandrechtlichen Belastung“ erfolgt sei (vgl auch *K/P/B/Tintelnot* § 111 Rn 21: „Wenn das Objekt für die Masse – wegen seiner Belastungen oder aus sonstigen Gründe – ohne Wert ist …“), und dass das Sonderkündigungsrecht in diesem Fall nicht dem Schu, sondern dem InsVerw zustehe.

13 Weiter gehend *Jaeger/Henckel* KO § 21 Rn 11; dazu *Marotzke* ZInsO 2007, 1, 8 f; *K/P/B/Tintelnot* § 111 Rn 22 Fn 61.

14 Vgl *Marotzke* JR 1990, 331, 335 mit Fn 27; *ders* in InsR im Umbruch, S 193; Begr RegE S 146 f.

15 Vgl § 108 Rn 32 ff; *K/P/B/Tintelnot* § 111 Rn 4.

Fristen iSd S 1 ergeben sich aus §§ 573d Abs 2, 575a Abs 3, 580a (vgl bes Abs 4), 584, 594a, b BGB. Bei der Geschäftsraummiete hatte der Umstand, dass § 565 Abs 1a BGB aF nicht zu den Vorschriften gehörte, auf die § 565 Abs 5 BGB aF ausdr Bezug nahm, zu Meinungsverschiedenheiten geführt,[16] die sich mit Inkrafttreten des MietrechtsreformG am 1.9.2001 erledigt haben (§ 580a Abs 2, 4 BGB).

9 Der durch S 1 ermöglichte Rückgriff auf die **gesetzlichen** Kündigungsmodalitäten kann dazu führen, dass **vertragliche** Kündigungsbeschränkungen oder -ausschlüsse beiseite geschoben, das Vertragsverhältnis somit **vorzeitig** beendet wird. Macht der Erwerber von seinem Kündigungsrecht Gebrauch, so steht dem Mieter oder Pächter wegen der vorzeitigen Beendigung des Vertragsverhältnisses ein gegen den Schu gerichteter **Schadensersatzanspruch** zu,[17] der als **InsFo**[18] (nicht: als Masseverbindlichkeit[19]) geltend gemacht werden kann. Das ist zwar in der InsO nicht ausdr vorgesehen (§ 109 Abs 1 S 2 betrifft einen anderen Fall), entspricht aber allg Grundsätzen.[20]

10 **Beschränkungen** des durch S 1 gewährten bes Kündigungsrechts ergeben sich aus **S 2** (wonach die Kündigung nur für den ersten Termin erfolgen kann, für den sie zulässig ist) und aus **S 3**, der – bis zu seiner Aufhebung Ende 2006[21] – den bes Kündigungsschutz des Mieters oder Pächters, der einen **Baukostenzuschuss** geleistet hat (§ 57c ZVG), aufrecht erhielt. Für **weitergehenden** Schutz des Mieters bzw Pächters plädiert mit verfassungsrechtlicher Argumentation *Derleder* NZM 2004, 568, 577.

11 Für die **Wohnraummiete** gilt auch der bes Kündigungsschutz der §§ 573–574c, § 575 Abs 2, 3, § 575a BGB.[22]

IV. Analoge Anwendung?

12 Im Schrifttum wird die Frage aufgeworfen, ob § 111 auch dann anwendbar ist, **wenn der Miet- oder Pachtvertrag** nicht vor VerfEröffnung vom Schu, sondern nach VerfEröffnung **von einem InsVerw geschlossen wurde**. Eine unmittelbare Anwendung des § 111 kommt in solchen Fällen schon wegen des Wortlauts („der Schu") nicht in Betracht. Denkbar wäre jedoch eine Analogie. Für eine solche spricht der Zweck des § 111, der nach dem bei Rn 1 Ausgeführten dahin geht, den Rechtsgedanken des § 57a ZVG auf den Fall der „freihändigen" Veräußerung des vermieteten oder verpachteten Grundstücks zu übertragen. Da der InsVerw selbst dann, wenn **er** das Grundstück vermietet oder verpachtet und dabei zugunsten des Vertragspartners einen langfristigen Kündigungsausschluss vereinbart hat, gem

---

16 Vgl *BGH* ZInsO 2002, 724 ff = ZIP 2002, 1811 ff mwN; dazu *Blank* EWiR § 109 InsO 1/2002, 769 f.

17 Vgl *Marotzke* Gegenseitige Verträge, Rn 6.27 ff; **aM** *Paulus* FS Kübler, 2015, S 499, 504 ff.

18 Ebenso die in der übernächsten Fn Genannten.

19 So jedoch MK/*Eckert* § 111 Rn 29 ff; FK/*B Wegener* § 111 Rn 12 f; *Uhlenbruck/D Wegener* § 111 Rn 13.

20 Vgl *Marotzke* Gegenseitige Verträge, Rn 6.27 ff; *Franken/Dahl* Mietverhältnisse in der Insolvenz, 2. Aufl 2006 S 162 f; *Uhlenbruck/Berscheid* 12. Aufl 2003, § 111 Rn 9 f; *Braun/Kroth* § 111 Rn 11 f; *K/P/B/Tintelnot* § 111 Rn 14; *N/R/Balthasar* § 111 Rn 14 f; *Kalkschmid* Immobilienleasing in der Insolvenz, 2003, Rn 403 ff; *Böker* S 44 ff, 47 f (jeweils mit Unterschieden in Details, insb hinsichtlich der Schadensberechnung).

21 Der in der Ursprungsfassung des § 111 enthaltene S 3 lautete: „§ 57c des Gesetzes über die Zwangsversteigerung und die Zwangsverwaltung gilt entspr." Dieser Satz und der von ihm in Bezug genommene § 57c ZVG wurden Ende 2006 gestrichen (BGBl I, 3416, 3423, 3428).

22 Vgl Begr RegE S 148 (erwähnt ausdrücklich die damaligen „§§ 556a–556c, 564b und 564c BGB") und *BGHZ* 84, 90, 100 f (für das bei Rn 1 erwähnte Kündigungsrecht nach § 57a ZVG).

§§ 172 ff ZVG, 165 InsO die Zwangsversteigerung des Grundstücks betreiben und dadurch dem Ersteher ein mit § 111 inhaltsgleiches Sonderkündigungsrecht verschaffen kann (s § 57a ZVG) – auch wenn er das im Verhältnis zum Mieter bzw Pächter vielleicht nicht darf (Rn 13) –, entbehrt es nicht einer gewissen Konsequenz, in solchen Fällen auch die „freihändige" Veräußerung des Grundstücks durch den InsVerw zu einem Sonderkündigungsrecht des Erwerbers führen zu lassen, maW den § 111 analog anzuwenden. Dennoch ist das abzulehnen.[23] Denn das Instrument der Analogie ist nicht dazu da, dem InsVerw eine zusätzliche (!) Möglichkeit des Aushöhlens eigener (!) Versprechungen zu verschaffen.

Würde man § 111 dennoch analog anwenden, so müsste man den InsVerw bzw die Masse in den hier interessierenden Fällen (Rn 12) im Verhältnis zum Mieter bzw Pächter als vertraglich verpflichtet ansehen, in dem mit dem „freihändigen" Erwerber zu schließenden Kaufvertrag den Ausschluss des durch die Analogie zu § 111 soeben erst geschaffenen Sonderkündigungsrechts zu vereinbaren, was zwar grds möglich wäre (§ 119 stünde wegen der Worte „im Voraus" nicht entgegen, s § 119 Rn 1), aber doch einigermaßen befremdlich wirken würde. Verletzt der InsVerw diese (bei unterstellter analoger Anwendbarkeit des § 111 kaum zu leugnende) Pflicht und kommt der Mieter bzw Pächter dadurch zu Schaden, so hätte man den dann zu bejahenden Ersatzanspruch abw von dem bei Rn 9 Ausgeführten nicht lediglich als InsFord, sondern als Masseverbindlichkeit zu qualifizieren. Gleiches gilt, wenn die Vermietung oder Verpachtung nicht durch den endgültigen, sondern durch einen **vorl** InsVerw erfolgte und dieser mit einer von § 108 und dessen immanenten Grenzen unabhängigen, eigenen Masseschuldbegründungskompetenz (§ 55 Abs 2 S 1) gehandelt hat – vorausgesetzt, man wendet § 111 wenigstens auf diesen Fall analog an.[24] 13

V. Zwingendes Recht

Vereinbarungen, durch die im Voraus die Anwendung des § 111 ausgeschlossen oder beschränkt wird, sind unwirksam gem § 119. Noch nicht höchstrichterlich geklärt ist die Frage, ob die durch § 111 ermöglichte vorzeitige Beendigung des Miet- oder Pachtvertrages dadurch für den Mieter bzw Pächter unschädlich gemacht werden kann, dass diesem rechtzeitig vor Eröffnung des InsVerf eine sein Nutzungsrecht verstärkende Dienstbarkeit oder ein Nießbrauch bestellt wird.[25] 14

VI. Auslandsberührung

Vgl § 108 Rn 95. 15

§ 112 Kündigungssperre

Ein Miet- oder Pachtverhältnis, das der Schuldner als Mieter oder Pächter eingegangen war, kann der andere Teil nach dem Antrag auf Eröffnung des Insolvenzverfahrens nicht kündigen:

1. **wegen eines Verzugs mit der Entrichtung der Miete oder Pacht, der in der Zeit vor dem Eröffnungsantrag eingetreten ist;**
2. **wegen einer Verschlechterung der Vermögensverhältnisse des Schuldners.**

---

23 IE ebenso *Derleder* NZM 2004, 568, 575 f; *Braun/Kroth* § 111 Rn 14; *K/P/B/Tintelnot* § 111 Rn 6; *Böker* S 40 f.

24 Abl *Derleder* NZM 2004, 568, 576; s auch oben Rn 4.

25 Hierzu ausf *Böker* S 55 ff, 88 ff, 120 f; vgl auch *Staudinger/Heinze* 2016 § 1030 BGB Rn 69, § 1093 BGB Rn 12; *BGH* ZInsO 2011, 918, 920 [Rn 18 ff] = ZIP 2011, 1063, 1065 f; s zu der Entscheidung des BGH auch § 112 Rn 24.

Übersicht

Literatur: *Lucina Berger* Insolvenzschutz für Markenlizenzen, 2006, S 220 ff; *Bortz* Urheberrechtliche Lizenzen in nationaler und internationaler Insolvenz, 2012, S 136 ff; *Franken/Dahl* Mietverhältnisse in der Insolvenz, 2. Aufl 2006, S 56 ff, 182; *Kirchhof* Probleme bei der Einbeziehung von Aussonderungsrechten in das Insolvenzeröffnungsverfahren, ZInsO 2007, 227 ff; *Langer* Zur Ursache der Anwendungsproblematik des § 112 Nr 1 InsO auf Fälle der Wohnraummiete, ZInsO 2017, 477; *Marotzke* Die insolvenzrechtliche Kündigungssperre (§ 112 InsO), FS Zöllner, 1998, S 1193 ff; *ders* BGB und InsO: zwei neue Leistungsstörungsrechte im Widerstreit, KTS 2002, 1, 8 ff, 12 ff, 50; *Schwörer* Lösungsklauseln für den Insolvenzfall, 2000; *Wiedemann* Lizenzen und Lizenzverträge in der Insolvenz, 2006, Rn 1209 ff, 1788 ff; *v Wilmowsky* Der Mieter in Insolvenz: Zur Kündigungssperre des § 112 InsO, ZInsO 2004, 882.

I. Gesetzeszweck und Kritik

1 Die Vorschrift gilt unabhängig davon, ob sich das Miet- oder Pachtverhältnis auf eine unbewegliche oder eine bewegliche Sache bezieht. Auch die Rechtspacht wird erfasst.[1] In allen diesen Fällen soll die Kündigungssperre verhindern, dass im Besitz des Schu oder des InsVerw befindliche wirtschaftliche Einheiten zur Unzeit auseinandergerissen werden (§ 107 Rn 31).

2 Abzuwarten bleibt, ob das gesteckte Ziel mit § 112 erreicht werden kann. Nicht auszuschließen ist, dass vorsichtige Vermieter/Verpächter ihre von § 112 bedrohten Kündigungsrechte künftig früher und rücksichtsloser ausüben werden, um einem möglichen InsAntrag – erst dieser setzt die Kündigungssperre in Kraft – zuvor zu kommen.[2] Auch unter verfassungsrechtlichen Aspekten kann § 112 zu Problemen führen (Rn 21, 27 f).

II. Die Voraussetzungen im Einzelnen

3 **1. Miet- oder Pachtverhältnisse.** Die Vorschrift gilt unmittelbar nur für Miet- und Pachtverhältnisse. Darunter fallen aber auch Leasingverträge (Begr RegE S 148). Der Schu muss sich in der Rolle des Mieters (Leasingnehmers) oder Pächters befinden. Zur analogen Anwendbarkeit auf sonstige Vertragstypen s Rn 24 ff.

---

1 *Schwörer* Rn 399 ff; *Abel* NZI 2003, 121, 123.

2 Vgl *Marotzke* InsR im Umbruch S 192 f; *N/R/Balthasar* § 112 Rn 18; *Eckert* NZM 2003, 41, 46 sowie den Hinweis in *BGHZ* 151, 353, 370 = NJW 2002, 3326, 3330 = ZInsO 2002, 819, 824 = KTS 2003, 138, 146 (letzter Absatz von IV 3a).

2. Vertragsgegenstand. § 112 gilt unabhängig von Art und Beschaffenheit des vermieteten oder verpachteten Gegenstandes (Rn 1). Eine Ausnahme muss aber wohl für die Wohnraummiete gemacht werden (s § 109 Rn 18). 4

3. Überlassung an den Schuldner. Unter „Überlassung" des Miet- oder Pachtobjekts versteht man **die Verschaffung der gegenwärtigen Möglichkeit des vertragsmäßigen Gebrauchs oder Genusses**, bei körperlichen **Sachen** also idR deren Übergabe und auch bei der Verpachtung eines **Rechts** nicht schon den Vertragsschluss selbst, sondern erst die Verschaffung der Möglichkeit „alsbaldiger Rechtsausübung".[3] Dem **Wortlaut** des § 112 lässt sich nicht zweifelsfrei entnehmen, ob die auf der Rechtsfolgenseite ausgesprochene Kündigungssperre voraussetzt, dass dem Schu das Miet- oder Pachtobjekt bereits in diesem Sinne „überlassen" war. Sieht man hingegen auf die **Begr des mit § 112 textgleichen § 126 RegE,**[4] so fällt auf, dass diese den Gesetzeszweck in einer Weise definiert, die das Vollzugselement der Gebrauchsüberlassung anscheinend konkludent voraussetzt: Die Rede ist von einer zu schützenden wirtschaftlichen Einheit „im Besitz des Schu" sowie von einer Zweckverwandschaft des § 112 mit § 107 Abs 2 (der Besitzerlangung des Schu voraussetzt, s dort Rn 27) und § 166 (dessen erster Abs ebenfalls eine besitzrechtliche Voraussetzung aufweist). Man sollte deshalb den **Anwendungsbereich des § 112 teleologisch reduzieren** auf den Fall, dass das Miet- oder Pachtobjekt dem Schu bzw dem InsVerw zu dem Zeitpunkt, in welchem die an § 112 zu messende Kündigung erfolgt, bereits „überlassen" war.[5] Diese Auslegung harmoniert mit dem Sprachgebrauch der InsO. Die InsO bezeichnet das Recht, ein noch nicht durch Besitzüberlassung vollzogenes Miet- oder Pachtverhältnis einseitig zu beenden, nicht als Kündigung, sondern als „Rücktritt" und verwendet den Begriff „Kündigung" nur für den Fall, dass der Vertragsgegenstand dem Schu bereits überlassen war (vgl den Unterschied zwischen den beiden Absätzen des § 109). Diese Terminologie ist zwar bürgerlichrechtlich nicht zwingend,[6] aber gleichwohl ein Indiz dafür, wie der Gesetzgeber den von „Kündigung" sprechenden § 112 verstanden wissen wollte: als eine Kündigungssperre für bereits in **Vollzug** gesetzte Miet- und Pachtverhältnisse. 5

Solange der vermietete oder verpachtete Gegenstand dem Mieter/Pächter **nicht „überlassen" ist**, wird es aus Rechtsgründen (man denke an die Verzugsvoraussetzungen der Fälligkeit und der Einredefreiheit) ohnehin nur höchst selten zu dem in § 112 Nr 1 thematisierten Verzug (§ 286 BGB) mit der Entrichtung des Miet- oder Pachtzinses kommen (wenn man von in Leasingverträgen über erst noch zu errichtende Gebäude vereinbarten „Vormieten" einmal absieht). Eher ist während dieser frühen Phase an die bei Rn 11 ff erläuterte Nr 2 des § 112 zu denken. Beide Nr des § 112 werden, wenn der an den Schu vermietete oder verpachtete, aber noch nicht „überlassene" Gegenstand ein **un**beweglicher ist, vom Zeitpunkt der VerfEröffnung an überlagert durch § 109 Abs 2 („so kann sowohl der Verwalter als auch der andere Teil vom Vertrag zurücktreten"). Die gesetzliche Regelung in § 112 einerseits 6

---

3 *Jaeger/Henckel* KO § 19 Rn 41; vgl auch *Kuhn/Uhlenbruck* KO § 19 Rn 4 und § 21 Rn 4a (Schlusssatz); *Schwörer* Rn 401.

4 Begr RegE S 148; vgl auch oben Rn 1 und § 107 Rn 31.

5 Ausf *Marotzke* FS Zöllner, 1998, S 1193 ff; vgl auch FK/*B Wegener* § 112 Rn 3; *N/R/Balthasar* § 112 Rn 10 f; *Uhlenbruck/Berscheid* 12. Aufl 2003, § 112 Rn 10; *Schwörer* Rn 390 ff; *Kalkschmid* Immobilienleasing in der Insolvenz, 2003, Rn 453 ff; *Gürlevik* Die Rechtsstellung des insolventen Wohnraummieters, 2011, S 87 f; **aM** *Uhlenbruck/D Wegener* § 112 Rn 5; *Braun/Kroth* § 112 Rn 4; MK/*Eckert* § 112 Rn 11 ff; *Klinck* (s Schrifttum zu § 103) Kap 14 § 49 Rn 6; *Börstinghaus* NZM 2000, 326; *Cepl* NZI 2000, 357, 359; *v Wilmowsky* ZInsO 2004, 882, 884; *Wiedemann* Rn 1221 ff, 1789; *Bortz* S 137 f; differenzierend *K/P/B/Tintelnot* § 112 Rn 4.

6 Insoweit zutr MK/*Eckert* § 112 Rn 11 ff.

und § 109 Abs 2 andererseits ist nicht frei von Disharmonien.[7] Echte Wertungswidersprüche lassen sich jedoch vermeiden, indem man § 112 nur anwendet, wenn der vermietete oder verpachtete Gegenstand dem Schu bereits überlassen war (s Rn 5). Dem gleichzustellen wird der Fall sein, dass der Vermieter/Verpächter die „Überlassung" in einer die Rechtsfolgen des Schuldnerverzuges auslösenden Weise vertragswidrig verzögert oder ganz verweigert.[8] Entspr soll nach *Kalkschmid*[9] gelten, wenn der Vermieter/Verpächter nach § 109 Abs 2 S 3 HS 2 sein vor der „Überlassung" bestehendes Rücktrittsrecht verloren hat.

III. Rechtsfolgen

7 **1. § 112 Nr 1.** Nur aufgrund eines **SchuVerzugs (§ 286 BGB)**, der **vor** dem Eröffnungsantrag eingetreten ist (u der nach zutr Ansicht nicht automatisch mit Eröffnung des InsVerf endet[10]), kann der Vertragspartner (Vermieter/Verpächter) das Vertragsverhältnis **nach** dem Eröffnungsantrag nicht mehr kündigen. Die Regelung erfasst nicht nur die Fälle des § 543 Abs 2 Nr 3 BGB (der für die Wohnraummiete, auf die § 112 aber wohl nicht anwendbar ist [§ 109 Rn 17], durch § 569 Abs 3 BGB modifiziert wird), sondern ist auch anwendbar auf eine nach § 543 Abs 3 BGB zulässige Kündigung wegen erheblicher Vertragsverletzung, wenn diese in derart häufigen Verspätungen bei der Mietzinszahlung besteht, dass dem Vermieter eine Fortsetzung des Mietverhältnisses bis zum Ablauf der ordentlichen Kündigungsfrist nicht zugemutet werden kann.[11] Bei der Pacht gelten die vorgenannten Kündigungsgründe entspr (§ 581 Abs 2 BGB). Bei Landpachtverträgen ist § 594e BGB zu beachten.

8 **Tritt der SchuVerzug erst nach dem Antrag auf Eröffnung des InsVerf ein** (was auch infolge wirksamen Lastschriftwiderrufs[12] geschehen kann[13]), so kann ein hierauf gestütztes gesetzliches (Rn 7) oder vertragliches Kündigungsrecht des Vermieters/Verpächters ohne weiteres ausgeübt werden.[14] Dieses Ausübungsrecht hat der Vermieter/Verpächter auch schon während des EröffnungsVerf,[15] selbst wenn das InsGer eine Geltendmachung des ihm im Fall der Kündigung zustehenden Rückgewähranspruchs durch eine auf § 21 Abs 2 S 1 Nr 5

---

7 Vgl § 109 Rn 38 ff; *K/P/B/Tintelnot* § 112 Rn 4; *Eckert* ZIP 1996, 897, 899; *v Wilmowsky* ZInsO 2004, 882, 884.

8 *Marotzke* FS Zöllner, 1998, S 1193, 1200; zust *Schwörer* Rn 398; *Kalkschmid* Immobilienleasing in der Insolvenz, 2003, Rn 457; vgl auch § 109 Rn 41.

9 *Kalkschmid* aaO Rn 458.

10 *BGH* 17.6.2015 – VIII ZR 19/14, ZIP 2015, 1496 [LS 2 und Rn 45] = NZI 2015, 809 mit Anm *Cymutta*.

11 *Eckert* ZIP 1996, 897, 898 – für den damaligen § 554a BGB.

12 Zum Lastschriftverfahren vgl die bei § 103 Rn 76 zitierten GrundsatzEntsch des BGH.

13 *Cymutta* ZInsO 2008, 191 ff; **aM** die in der letzten Fn zu Rn 9 erwähnten Entsch des *AG Hbg*, des *AG Hbg-Wandsbeck* und des *LG Hbg* sowie aus anderen Gründen auch *AG München* ZIP 2008, 592 ff.

14 Die Frage offen lassend das in der letzten Fn zu § 109 Rn 16 erwähnte Urt des BGH.

15 *Schwörer* Rn 468 ff, 482; *N/R/Balthasar* § 112 Rn 13; *Uhlenbruck/D Wegener* § 112 Rn 14; *BGHZ* 151, 353, 371 f = ZInsO 2002, 819, 824 = KTS 2003, 138, 147 [IV 3b]; *BGH* NJW 2007, 1591, 1592 Rn 13 = ZIP 2007, 340, 341; *OLG Celle* ZIP 2002, 993, 996 f = ZInsO 2002, 326, 328; *OLG Celle* ZInsO 2004, 207, 208; *Schädlich/Stapper* NZI 2012, 372 (rSp); vgl auch Begr RegE S 148 („... so unterliegt das Recht zur Kündigung des Vertrags wegen dieses Verzugs keiner Beschränkung"); **aM** *K/P/B/Tintelnot* § 112 Rn 11 f (zT auch *Franken/Dahl* S 57 ff Rn 57 ff) für den Fall, dass ein verfügungsbefugter vorl InsVerw bestellt wurde (hiergegen zutr *Schwörer* und *BGHZ* 151, 353, 371 f), und der *DAV* in seiner in ZInsO 2005, 798, 799 publizierten Stellungnahme zu einer vom BMJ damals erwogenen Neufassung des § 55 Abs 2 (s HK-InsO/*Marotzke* 5. Aufl 2008 § 108 Rn 139 f).

gestützte Anordnung vorläufig ausgeschlossen hat.[16] Vor diesem Hintergrund könnte der Vermieter/Verpächter in die Versuchung geraten, etwaige ihm nach dem Eröffnungsantrag angebotene Zahlungen für künftige Zeitabschnitte als nicht vertragsgemäß zurückzuweisen und sich so einen von § 112 unberührten neuen Kündigungsgrund (**nach** Eröffnungsantrag eingetretener Schuldnerverzug) zu verschaffen. Jedoch gibt § 266 BGB dem Vermieter/Verpächter nicht das Recht, einen ihm angebotenen Betrag deshalb zurückzuweisen, weil es sich im Hinblick auf noch unerfüllte Miet- oder Pachtzinsraten für frühere Zeitabschnitte um eine unzulässige Teilleistung handele.[17] Im Schrifttum findet sich der Hinweis, dass Zahlungen, die dem Vermieter/Verpächter während des Zeitraums zwischen InsAntrag und VerfEröffnung angeboten werden, später uU der Anf nach §§ 129 ff unterliegen. Sei dies der Fall, werde man den Vermieter/Verpächter für berechtigt erachten müssen, die mit diesem Mangel behafteten Zahlungen als nicht vertragsgemäß zurückzuweisen, um dann wenigstens kündigen zu dürfen.[18] Das trifft im Ausgangspunkt zu. Zu beachten ist jedoch, dass es sich bei solchen Miet- oder Pachtzahlungen um nur ausnahmsweise anfechtbare Bargeschäfte iSd § 142 handeln könnte.[19] Zahlungen, die ein vorl InsVerw vornimmt oder denen er zustimmt, sind der Anf uU schon durch § 55 Abs 2 oder einen gleichwertigen Behaltensgrund entzogen (vgl Erl zu § 55 und erg § 103 Rn 120 f).

Die Eröffnung des InsVerf über das Vermögen des Mieters/Pächters beendet die Sperrwirkung des § 112 nicht.[20] Weder dem Wortlaut noch dem bei Rn 1 erwähnten Zweck des § 112 ist eine Beschränkung auf das EröffnungsVerf zu entnehmen.[21] Jedoch kann auch noch während des InsVerf ein SchuVerzug hinsichtlich der Miet- oder Pachtzahlungen eintreten und auf dieser Grundlage ein von § 112 Nr 1 unberührtes (Rn 7 S 1) **neues** Kündigungsrecht des Vermieters bzw Verpächters entstehen. Dies gilt nicht nur dann, wenn die Miet- oder Pachtforderung **Masseverbindlichkeit** ist,[22] sondern auch, soweit es sich um eine **InsFord** handelt;[23] im zweiten 9

16 Zutr *Ganter* ZIP 2015, 1767 ff.

17 Vgl *Staudinger/Bittner* 2014 BGB § 266 Rn 6, 19.

18 *Obermüller/Livonius* DB 1995, 27; *Hess* § 108 Rn 35 ff; *Franken/Dahl* S 64 f (Rn 84 f); *Klinck* (s Lit zu § 103) Kap 14 § 49 Rn 8.

19 *BGHZ* 151, 353, 370 = ZInsO 2002, 819, 824 lSp = KTS 2003, 138, 146 f [IV 3b]; *BGHZ* 166, 125, 139 [Rn 48] = NJW 2006, 1800, 1803 f; *LG Köln* ZIP 2007, 1547, 1551 f (Revision vom BGH zurückgewiesen unter Az XI ZR 283/07); **zweifelnd** *Franken/Dahl* S 62 ff (Rn 78 ff).

20 **AM** *LG Karlsruhe* ZIP 2003, 677 f Abschn II 2d; dazu bereits § 109 Rn 7, 17 f.

21 Vgl auch Begr RegE S 148.

22 **Masseverbindlichkeit** ist die auf die Zeit nach Eröffnung des InsVerf entfallende Miet- oder Pachtforderung **bei Verträgen über unbewegliche Gegenstände oder Räume** fast immer (§§ 55 Abs 1 Nr 2 iVm § 108 Abs 1 S 1; zu Ausnahmen s §§ 108 Rn 53, 109 Rn 7 ff, 11 ff sowie die sich auf § 39 Abs 1 Nr 5 beziehenden Ausführungen bei § 108 Rn 71 ff sowie in ZInsO 2009, 2073 ff LS 1.1 ff, 3.2 ff, 7.1 ff, 9.1 [tw **aM** *BGHZ* 204, 83, 108 ff; s dazu § 108 Rn 73]), **bei Verträgen über sonstige Gegenstände** aber nur nach einem Erfüllungsverlangen des InsVerw (§ 108 Rn 8, 16 ff) bzw unter den bei § 103 Rn 138 und § 108 Rn 18 beschriebenen Voraussetzungen einer analogen Anwendung des § 55 Abs 2 S 2.

23 **InsFord** ist die auf die Zeit nach Eröffnung des InsVerf entfallende Miet- oder Pachtforderung **bei Verträgen über unbewegliche Gegenstände oder Räume** nach Maßgabe des bei § 108 Rn 53 und § 109 Rn 7 ff, 11 ff Ausgeführten, **bei Verträgen über sonstige Gegenstände** nach Maßgabe des bei § 103 Rn 4 ff, 91 ff Ausgeführten. UU kommt es sogar zu einer Rückstufung als **nachrangige** InsFord gem § 39 Abs 1 Nr 5 (dazu § 108 Rn 71 ff; *Marotzke* ZInsO 2009, 2073 ff [ad 1.1 ff, 3.2 ff, 7.1 ff, 9.1]; *ders* JZ 2010, 592 ff; **aM** für nicht gestundete Entgeltforderungen *BGHZ* 204, 83, 108 [Rn 69 ff]; vgl zu diesem Urt auch § 108 Rn 73 und die vierte Fn zu § 110 Rn 11); für diesen Fall die Möglichkeit des Verzugseintritts zu Unrecht verneinend *Geißler* Geschichte und juristische Gegenwart gesellschaftsinterner Nutzungsüberlassungen, 2010, S 104 ff, 108 ff, 166.

Fall ist die Möglichkeit des Verzugseintritts jedoch umstritten.[24] Als verzugsbegründendes Verhalten kommt auch der vom InsVerw bzw Treuhänder erklärte Widerruf bereits vor dem Eröffnungsantrag oder während des Eröffnungsverfahrens ausgeführter **Lastschriften** in Betracht.[25]

10 Ist Gegenstand des Miet- oder Pachtverhältnisses eine **bewegliche** Sache, so kann der Vertragspartner sie auch ohne Kündigung[26] zurückverlangen, wenn der InsVerw die Erfüllung des Vertrages ablehnt oder eine nach § 103 Abs 2 S 2 ergangene Aufforderung zur Wahlrechtsausübung nicht unverzüglich nach dem Berichtstermin beantwortet (§ 107 Rn 20, 37 f, § 108 Rn 18).

11 **2. § 112 Nr 2.** Eine „Verschlechterung der Vermögensverhältnisse des Schu" berechtigt grds nicht schon kraft Gesetzes zur Kündigung (s § 108 Rn 76), sondern nur bei Bestehen einer diesbzgl Vereinbarung.[27] Die Wirksamkeit einer solchen Vereinbarung ist bei AGB-Charakter an §§ 307, 310 Abs 1 S 2 BGB,[28] bei der Wohnraummiete (Rn 4) außerdem an § 569 Abs 5 BGB zu messen. § 112 Nr 2 setzt die InsFestigkeit einer derartigen Vereinbarung – sofern bürgerlich-rechtlich wirksam – konkludent voraus (vgl auch § 119 Rn 8) und lässt ein auf ihr beruhendes Kündigungsrecht nur entfallen, wenn es vor dem Eröffnungsantrag noch nicht ausgeübt wurde. **Im Gegensatz zur Nr 1 (Verzug) erfasst Nr 2 auch den Fall, dass der Kündigungsgrund erst nach dem Antrag auf Eröffnung des InsVerf eintritt.** Zu denken ist aber auch an die auf §§ 25 Abs 2, 55 Abs 1 Nr 2, 55 Abs 2 beruhende Möglichkeit des nachträglichen **Wegfalls** dieses Kündigungsgrundes (vgl § 119 Rn 8); diese Möglichkeit besteht unabhängig von § 112 (wichtig bei noch nicht erfolgter „Überlassung"; s Rn 5 f). Nicht zu folgen ist dem Vorschlag von Bruns,[29] den § 112 Nr 2 nur auf Kündigungsrechte „aus § 321 BGB iVm § 242 BGB"[30] anzuwenden oder sogar ganz zu streichen. Geboten ist allerdings eine verfassungskonforme Reduktion (Rn 21).

12 **Wenn der Vermieter oder Verpächter zur Vorleistung verpflichtet ist**,[31] kann er die ihm obliegende Leistung gem § 321 Abs 1 S 1 BGB gleichwohl verweigern, „wenn nach Abschluss des

---

24 Vgl den Hinweis bei § 107 Rn 30; den Verzugseintritt entscheidungserheblich bejahend *OLG Köln* ZIP 2003, 543 f = ZInsO 2003, 336 f.

25 **AM** *AG Hamburg* NZI 2007, 598, 599 = ZVI 2007, 532, 533; *LG Hamburg* ZInsO 2009, 445; *AG Hamburg* ZVI 2009, 215, 219; *AG Hamburg* ZInsO 2011, 342, 343 (jeweils aufgrund der unrichtigen Prämisse, dass Verzug auch bei Geld „Verschulden" voraussetze, während richtigerweise argumentiert werden müsste, dass der Schu seine Ins und folglich auch den Lastschriftwiderruf durch den InsVerw bzw Treuhänder selbst dann iSd § 286 Abs 4 BGB „zu vertreten" hat, wenn ihn kein Verschulden iSd § 276 BGB trifft; eine verschuldensunabhängige Einstandspflicht des Schu für die eigene Zahlungsfähigkeit grds bejahend auch *BGHZ* 107, 92, 102; *Marotzke* KTS 2002, 1, 4 mit Fn 5; hinsichtlich des Lastschriftwiderrufs dezidiert **aM** *AG Hamburg* ZVI 2009, 215, 219; *AG Hamburg-Wandsbeck* ZInsO 2010, 332, 333 = ZVI 2010, 238 ff, und *AG Hamburg* ZInsO 2011, 342, 343, obwohl in den hier interessierenden Fällen doch auch der Lastschriftwiderruf eine Folge der Ins und allein schon deshalb vom Schu „zu vertreten" ist).

26 Insoweit übereinstimmend das bei § 108 Rn 18 kritisierte Urt *BGH* ZIP 2007, 778, 779 Rn 12; **aM** *Bärenz* NZI 2006, 72, 73 ff, 77, der jedoch nach einer Erfüllungsablehnung des InsVerw stets eine fristlose Kündigung „aus wichtigem Grund" (§§ 314, 543 BGB) für möglich hält.

27 Zu einigen Sonderfällen vgl Rn 12 sowie die bei *Marotzke* KTS 2002, 1, 18 f erwogene und auch unten Rn 21 thematisierte analoge Anwendung des § 323 Abs 4 BGB.

28 Vgl *BGHZ* 112, 279, 283 ff = ZIP 1990, 1406, 1409 f.

29 *Bruns* ZZP 100 (1997) 305, 324 ff.

30 Dazu Rn 12 f; *Marotzke* KTS 2002, 1, 12, 15 ff.

31 Vgl hierzu die unterschiedlichen und weitgehend dispositiven Regelungen in § 556b Abs 1 BGB (Wohnraummiete; dazu auch § 109 Rn 18), § 579 BGB (sonstige Mietverhältnisse), § 581 Abs 2 BGB (entspr Anwendung auf Pachtverträge), § 587 Abs 1 BGB (Landpacht).

Vertrags erkennbar wird, dass ein Anspruch auf die Gegenleistung durch mangelnde Leistungsfähigkeit des anderen Teils gefährdet wird". Dieses Leistungsverweigerungsrecht entfällt, wenn die Gegenleistung bewirkt oder Sicherheit für sie geleistet wird (§ 321 Abs 1 S 2 BGB). Es entfällt aber nicht schon analog § 112 ohne weiteres dann, wenn bzgl des Mieters oder Pächters ein InsAntrag gestellt wird. **Eine entspr Anwendung des § 112 auf das Leistungsverweigerungsrecht des § 321 Abs 1 S 1 BGB kommt nicht in Betracht** (allerdings kann uU die Erfüllungszusage eines „starken" vorl InsVerw zum Wegfall der in § 321 Abs 1 S 1 BGB vorausgesetzten Anspruchsgefährdung führen).[32] **Jedoch kann der Vermieter oder Verpächter in dieser Situation mit Fristsetzung nach § 321 Abs 2 BGB vorgehen und auf diese Weise uU ein Rücktritts- oder Kündigungsrecht erwerben.** § 321 Abs 2 S 2 BGB spricht zwar nur von Rücktritt. Doch war schon vor Schaffung des § 321 Abs 2 BGB nF anerkannt, dass an die Stelle dieses Rücktrittsrechts „bei Dauerschuldverhältnissen ein Kündigungsrecht" tritt.[33] Man könnte erwägen, auch dieses Kündigungsrecht analog § 112 Nr 1 (der im Unterschied zu § 321 Abs 2 BGB nF von „Verzug" spricht) und § 112 Nr 2 (der im Unterschied zu § 321 BGB nF nur die erst **nach** Vertragsschluss eingetretene Vermögensverschlechterung thematisiert) als „gesperrt" anzusehen, wenn seine Voraussetzungen bereits vor dem Antrag auf VerfEröffnung erfüllt waren.[34] Der Vermieter oder Verpächter müsste dann also nochmals mit Fristsetzung nach § 321 Abs 2 BGB vorgehen (mE unzumutbar).[35]

Zu beachten ist, dass eine Anwendung des § 112 ohnehin nicht in Betracht kommt, solange der Vermieter oder Verpächter das Miet- bzw Pachtobjekt noch nicht an den Schu bzw an den InsVerw „überlassen" hat (Rn 5 f). Folgt man dem,[36] so wird eine analoge Anwendung des § 112 in den Fällen des § 321 BGB (Rn 12) idR auch deshalb ausscheiden, weil die „Überlassung" hier typischerweise noch aussteht und sogar den „Gegenstand" des Leistungsverweigerungsrechts darstellt.[37] **13**

3. Rechtslage bei Abweisung oder Rücknahme des Insolvenzantrags. Ein durch § 112 ausgeschlossenes Kündigungsrecht lebt wieder auf, wenn der Antrag auf Eröffnung des InsVerf rechtskräftig abgewiesen wird. Entspr gilt im Fall der Antragsrücknahme.[38] Hat der Schu selbst oder auf seine Veranlassung ein Dritter einen offensichtlich aussichtslosen Antrag auf VerfEröffnung gestellt, so kann die Berufung auf die Kündigungssperre uU auch schon vor rechtskräftiger Antragsabweisung gegen Treu und Glauben verstoßen. **14**

4. Wirkung über die Beendigung des Insolvenzverfahrens hinaus? Von dem bei Rn 14 thematisierten Fall zu unterscheiden ist der Fall, dass der die Kündigungssperre auslösende Eröffnungsantrag die Eröffnung und Durchführung eines InsVerf zur Folge hat. Dann wirkt § 112 sicherlich während der gesamten Dauer des InsVerf. Aber wirkt er auch darüber hinaus? In einem Fall, der einige Besonderheiten aufwies (Mietverhältnis über Wohnraum,[39] VerbraucherIns, eingeleitetes RestschuldbefreiungsVerf), wurde die Frage vom *LG* Neu- **15**

---

32 Vgl *Marotzke* Gegenseitige Verträge, Rn 14.72 ff, 14.78 mit Fn 169 iVm dem im vorliegenden Komm bei § 103 Rn 106, 123 Ausgeführten.

33 In diesem Sinne zB *BGHZ* 112, 279, 287 = ZIP 1990, 1406, 1410 = NJW 1991, 102, 105 (wo jedoch nicht genügend berücksichtigt wird, dass *vor* Überlassung des Miet- oder Pachtobjekts sogar ein Rücktritt in Betracht kommt).

34 In diesem Sinne Rn 13 der ersten beiden Aufl dieses Komm im Anschluss an *Eckert* ZIP 1996, 897, 899; **aM** jetzt *Marotzke* KTS 2002, 1, 15–19.

35 Vgl *Marotzke* KTS 2002, 1, 17–20.

36 Nachweise zur **aM** bei Rn 5.

37 Auch dazu *Marotzke* KTS 2002, 1, 12 f mit Fn 42–45 sowie von einem anderen Ausgangspunkt und nur für das EröffnungsVerf MK/*Eckert* § 112 Rn 32 f.

38 *Börstinghaus* NZM 2000, 326; *Franken/Dahl* S 69 Rn 8.

39 Zu der Frage, ob § 112 auf die Wohnraummiete überhaupt anwendbar ist, s § 109 Rn 18.

brandenburg bejaht.[40] Verneint wurde sie hingegen vom BGH, der sich mit ausführlicher Begründung auf den Standpunkt gestellt hat, dass eine Anwendung des § 112 nach Aufhebung des eigentlichen InsVerf selbst während eines sich anschließenden RestschuldbefreiungsVerf nicht möglich sei[41].

16 **5. Kein Einfluss auf vor dem Insolvenzantrag erfolgte Kündigung.** Eine **vor** dem Eröffnungsantrag ausgesprochene und zugegangene[42] Kündigung bleibt auch dann wirksam, wenn sie vom Zeitpunkt der Antragstellung an durch § 112 ausgeschlossen wäre. Außer iF des § 569 Abs 3 Nr 2 BGB (s § 109 Rn 18) kann der Vermieter/Verpächter seinen Anspruch auf Rückgabe der vermieteten/verpachteten Sache also auch dann durchsetzen, wenn ihm vom Schu oder vom InsVerw voller Ausgleich aller Zahlungsrückstände angeboten wird. **Im EröffnungsVerf** können zwar, soweit nicht unbewegliche Gegenstände betroffen sind, Maßnahmen der Zwangsvollstreckung gem § 21 Abs 2 S 1 Nr 3 untersagt oder einstweilen eingestellt werden. Das hilft aber nicht gegenüber dem Rückgewähranspruch eines Vermieters oder Verpächters,[43] da solch ein Anspruch im eröffneten Verf mangels Massezugehörigkeit des herauszugebenden Gegenstandes Aussonderungskraft hat (§ 47) und deshalb eigentlich auch im EröffnungsVerf durchsetzbar bleiben muss.[44] Entgegen der in der 4. Aufl dieses Komm ausgesprochenen Warnung[45] hat der Gesetzgeber allerdings zum 1.7.2007 den heutigen **§ 21 Abs 2 S 1 Nr 5** in Kraft gesetzt, der während des EröffnungsVerf auch Eingriffe in Aussonderungsrechte ermöglicht. Für Vermieter und Verpächter kann das nach der gegenwärtigen Fassung des § 21 Abs 2 S 1 Nr 5 verheerende Konsequenzen haben, die an der Verfassungsgemäßheit der neuen Regelung zweifeln lassen.[46]

IV. Analoge Anwendung des § 112

17 **1. Andere Kündigungsgründe.** § 112 Nr 1 erwähnt nur den Fall, dass der Vermieter bzw Verpächter **wegen Verzugs** kündigen möchte. Der Begriff „Verzug" ist in § 286 BGB definiert. Wenn es sich nicht um Wohnraum handelt (vgl § 569 Abs 5 BGB), steht rechtlich nichts entgegen, durch individuelle Vereinbarung auch solche Zahlungsrückstände zu Kündigungsgründen zu erheben, die den Tatbestand des § 286 BGB (noch) nicht erfüllen. Auf solche Fälle wird man **§ 112 Nr 1** in der Weise analog anzuwenden haben, dass anstelle der Worte „wegen eines **Verzugs**" die Worte „wegen eines **Rückstands**" zu lesen sind (vgl auch § 107 Rn 32).

---

40 *LG Neubrandenburg* WuM 2001, 551 f.

41 *BGH* 17.6.2015 – VIII ZR 19/14, ZInsO 2015, 1748 [Rn 30 ff] = ZIP 2015, 1496 = NZI 2015, 809 mit Anm *Cymutta*.

42 Vgl § 130 BGB und *OLG Düsseldorf* ZInsO 2009, 771 f = ZIP 2009, 887.

43 Zust *Uhlenbruck/Berscheid* 12. Aufl 2003, § 112 Rn 8; **aM** *AG Köln* NJW-RR 1999, 1278; *Eichner* WuM 1999, 260, 261 Abschn C II 2.

44 Vgl *Pohlmann* Befugnisse und Funktionen des vorl InsVerw, 1998, Rn 438 f; weitere Details finden sich in der Kommentierung des § 21. Zum – gescheiterten – Versuch der Inanspruchnahme eines „schwachen" **vorl** InsVerw, der das Mietobjekt nicht in Besitz genommen hatte, das iE zutr (§ 109 Rn 17) Urt *LG Lübeck* ZInsO 2011, 391 f mit Anm *Goldbach/Möller*.

45 HK-InsO/*Marotzke* 4. Aufl 2006, § 112 Rn 15 bei Fn 36.

46 Vgl die eindringliche, aber leider zu spät publizierte Kritik von *Kirchhof* ZInsO 2007, 227 ff; krit bis abl auch *Pape* NZI 2007, 425, 429 f; *Marotzke* ZInsO 2008, 1108 ff; **aM** zumindest im Grundsatz *BGHZ* 183, 269, 278 ff [Rn 43 ff] = ZInsO 2010, 136, 139 f = DB 2010, 103, 106 f = ZIP 2010, 141, 144 f = NZI 2010, 95, 97 f; *BGH* ZInsO 2012, 701 ff = NZI 2012, 369 ff mit Anm *Schädlich/Stapper BGHZ* 194, 1, 10 ff [Rn 22 ff] = ZIP 2012, 1566, 1569 ff = ZInsO 2012, 1421, 1424 f; *BVerfG* 22.3.2012 – 1 BvR 3169/11, ZInsO 2012, 1220 ff = ZIP 2012, 1252 ff. Vgl auch § 107 Rn 32 aE.

§ 112 Nr 1 lässt dem Antrag auf Eröffnung des InsVerf die Wirkung zukommen, dass der Vermieter oder Verpächter ein noch nicht ausgeübtes Kündigungsrecht verliert, soweit dieses auf einer Vermögensverschlechterung oder auf einem vor der Antragstellung eingetretenen Verzug mit der Miet- oder Pachtzahlung beruht. Damit wird zugleich dem Grundsatz Ausdruck verliehen, dass der **InsAntrag** ein Kündigungsrecht des Vertragspartners zwar „sperren", nicht jedoch begründen kann. Daraus folgt, dass jede im Voraus getroffene Vereinbarung, die entweder den InsAntrag oder die ihm stattgebende Gerichtsentsch zu einem **Grund** für die Kündigung eines bereits durch „Überlassung" vollzogenen (Rn 5) Miet- oder Pachtverhältnisses durch den Vertragspartner erhebt, wegen Verstoßes gegen Sinn und Zweck des § 112 unwirksam ist (§ 119). Vgl auch Rn 20 und *Tintelnot* ZIP 1995, 616, 623: „Wenn danach schon ab Antragstellung eine Kündigung wegen vorherigen Verzugs oder Vermögensverschlechterung im Fortführungsinteresse ausscheidet, geht diese Regelung offenbar erst recht davon aus, dass eine Lösung ohne einen solchen Grund nicht in Betracht kommt.". 18

§ 112 Nr 2 ist analog anzuwenden, wenn die Kündigung nicht wegen einer „Verschlechterung" der Vermögensverhältnisse des Schu, sondern **wegen einer bereits seit dem Vertragsschluss bestehenden Vermögensunzulänglichkeit erfolgen soll.**[47] Ob eine solche Kündigung **bürgerlich-rechtlich** zulässig ist (nur dann bedarf es der sie „sperrenden" entspr Anwendung des § 112), wird nicht immer leicht zu beurteilen sein.[48] Zur Frage einer analogen Anwendung des § 112 Nr 2 auf ein etwaiges **AnfR aus § 119 Abs 2 BGB** vgl *Marotzke* KTS 2002, 1, 12 ff (Fn 50); *Braun/Kroth* § 112 Rn 9. 19

§ 112 Nr 2 ist auch dann analog anzuwenden, wenn sich der Vermieter oder Verpächter ein Kündigungsrecht für den Fall ausbedungen hat, dass auf Seiten des Mieters/Pächters ein **Eröffnungsgrund** iSd §§ 17 ff vorliegt, ein **Eröffnungsantrag** gestellt (Rn 18) oder das InsVerf **tatsächlich eröffnet** wird und die Kündigung aus einem dieser Gründe erfolgt.[49] Im ersten Fall kann also aus dem vereinbarten Grund – wenn überhaupt (s § 119 Rn 3 f) – nur bis zur Stellung des Antrags auf Eröffnung des InsVerf, im zweiten und im dritten Fall überhaupt nicht gekündigt werden. Dies gilt auch, wenn die Vermögensverhältnisse des Schu sich nicht „verschlechtert" haben, sondern schon immer schlecht waren (Rn 19). 20

Wenn die Vermögensverhältnisse des Schu **so** schlecht sind, dass die Erfüllbarkeit der auf die Zeit nach dem Eröffnungsantrag entfallenden Ansprüche des Vermieters oder Verpächters ernsthaft **gefährdet** ist, oder wenn sogar **Offensichtlichkeit** iSd vom Verf in KTS 2002, 1, 18 f befürworteten analogen Anwendung des § 323 Abs 4 BGB besteht, ist eine **Anwendung des § 112 aus verfassungsrechtlichen Gründen ausgeschlossen,**[50] solange die Gefahrenlage andauert. Ein vorläufiger oder endgültiger InsVerw, der sich in dieser Situation die Vorzüge des § 112 sichern will, muss dem Vermieter/Verpächter im Gegenzug „etwas bieten" (s Rn 27 f). In Betracht kommen zB das Angebot einer unanfechtbaren Bardeckung (Rn 8) oder die Aufwertung des Vermieters/Verpächters zu einem MasseGl (notfalls auf 21

---

47 Vgl *Marotzke* KTS 2002, 1, 13 ff; zust *Braun/Kroth* § 112 Rn 10 f.

48 Auch hierzu *Marotzke* KTS 2002, 1, 13 ff; s ferner oben Rn 11, § 108 Rn 76.

49 Ebenso mit weiteren Beispielen *Eckert* ZIP 1996, 897, 899; *Uhlenbruck/D Wegener* § 112 Rn 11; vgl auch *OLG Hamm* NZI 2002, 162, 163 (das zwar § 112 Nr 2 nicht erwähnt, aber letztlich zum selben Erg kommt); *BGH* 22.10.2013 – II ZR 394/12, ZInsO 2013, 2556, 2557 [Rn 14] = NZI 2014, 25, 26; *Tintelnot* ZIP 1995, 616, 623; *K/P/B/Tintelnot* § 112 Rn 14 (hier eher abwartend); *Pape* KS-InsO, 2. Aufl 2000 S 531, 570 f Rn 62 f (insoweit nicht mehr enthalten in der 3. Aufl 2009); *Schwörer* Rn 322; s auch oben Rn 17 ff; **aM** *Bruns* (oben Rn 11) und früher auch Hess/Pape/*Pape* InsO und EGInsO, 1996, Rn 340, indem er die bei § 119 Rn 3, 8 erwähnten Äußerungen des RAussch zu Unrecht auch auf § 112 anwandte.

50 Vgl *Marotzke* KTS 2002, 1, 16 ff; **aM** wohl der BGH (s Rn 27, allerdings auch Rn 28 aE).

Grund einer vom InsGer zu erteilenden besonderen Ermächtigung, s Rn 27). Die letztgenannte „Sicherung“ genügt zur Abwendung der gegen eine Anwendung des § 112 sprechenden Bedenken nicht, wenn Masseunzulänglichkeit iSd § 208 vorliegt und im konkreten Fall auch § 209 Abs 2 keine ausreichende Sicherheit bietet.[51]

22 **2. Andere Gestaltungsrechte.** § 112 ist analog anzuwenden, wenn der Miet- oder Pachtvertrag das Recht des Vermieters bzw Verpächters, das Vertragsverhältnis wegen Verzugs oder wegen Verschlechterung der Vermögensverhältnisse des Schu zu beenden, nicht als „Kündigung“, sondern als „Rücktritt“ oder dergleichen ausgestaltet.[52]

23 **3. Auflösende Bedingung.** Auch der Fall, dass der Miet- oder Pachtvertrag unter der auflösenden Bedingung der Beantragung eines InsVerf geschlossen war, muss zu einer analogen Anwendung des § 112 und damit zur Unbeachtlichkeit der Auflösungsklausel führen. Wenn schon eine Kündigungsklausel unwirksam ist (s Rn 17 ff, 20), muss derselbe Unwirksamkeitsgrund erst recht eingreifen, wenn an die Stelle der Kündigung eine auflösende Bedingung gesetzt wurde.[53]

24 **4. Andere Vertragstypen.** Auf **Kaufverträge** ist § 112 entspr anzuwenden (s § 107 Rn 31 f, 40).[54] Gleiches gilt im Grds für **Lizenzverträge**,[55] die auch bürgerlich-rechtlich weitgehend wie Pachtverträge behandelt werden.[56] Mit **pachtähnlichen** Lizenzverträgen hat die sog **Sportlizenz**, also die auf Vertrag beruhende Teilnahmeberechtigung eines Sportvereins am spitzenverbandlich organisierten Spiel- und Wettkampfbetrieb, nur den Namen gemein;[57] § 112 ist auf sie nicht anwendbar.[58] Auch auf **Franchiseverträge** und auf **KFZ-Vertragshändlerverträge** ist § 112 weder unmittelbar noch analog anwendbar.[59] Der V. Zivilsenat des *BGH* hat in seinem Beschl v 7.4.2011 – V ZB 11/10 den Standpunkt vertreten, dass § 112 nicht das für den Fall der Ins des Berechtigten im Voraus vereinbarte Erlöschen einer **Dienstbarkeit** verhindere, selbst wenn diese zur (dinglichen) Sicherung des aus einem Mietvertrag folgenden (schuldrechtlichen) Nutzungsrechts an dem vermieteten Grundstück bestellt worden sei.[60]

---

51 Vgl *Marotzke* KTS 2002, 1, 26 f.

52 Zutr *Eckert* ZIP 1996, 897, 902; *K/P/B/Tintelnot* § 112 Rn 5; *Schwörer* Rn 355 ff.

53 *Eckert* ZIP 1996, 897, 903; *K/P/B/Tintelnot* § 112 Rn 5, 13; *N/R/Balthasar* § 112 Rn 14 f; *Uhlenbruck/D Wegener* § 112 Rn 12; *Schwörer* Rn 355 ff; *Prütting* FS Gerhardt, 2004, S 761, 764 ff; **aM** *Pape* WPrax 1995, 25, 30 (dazu 1. und 2. Aufl, § 112 Rn 18).

54 Zust *Schwörer* Rn 358 ff, 377 ff, 425 ff, 451 f, 472 ff; *Braun/Kroth* § 112 Rn 14; *Uhlenbruck/Berscheid* 12. Aufl 2003 § 112 Rn 20; **aM** *Uhlenbruck/D Wegener* § 112 Rn 19; *N/R/Balthasar* § 112 Rn 16.

55 MK/*Eckert* § 112 Rn 7; ausf *Stickelbrock* WM 2004, 549, 561 ff; *Wiedemann* Rn 1199 ff, 1788 ff; differenzierend *Schmoll/Hölder* GRUR 2004, 743, 745 ff; *Lucina Berger* S 220 ff (hier mit einzelfallbezogener Ergebniskorrektur nach Treu und Glauben); *Bortz* S 138 ff; vgl auch § 108 Rn 113.

56 *Staudinger/Schaub* 2013 BGB § 581 Rn 83 ff, § 584 Rn 13: Rechtspacht; zur Anwendbarkeit des § 108 InsO s § 108 Rn 8 ff, 21 ff, 82, 96 ff.

57 Vgl *Walker* KTS 2003, 169, 176; **aM** *Adolphsen* KTS 2005, 53, 68, 71.

58 Zutr *Haas* NZI 2003, 177, 182 f; **aM** *Adolphsen* KTS 2005, 53, 68, 71 f; unentschieden – jedoch bzgl § 119 – *BGH* NZI 2001, 360, 361 [III 2a aa] = NJW-RR 2001, 1552, 1553 = LM § 32 KO Nr 15 mit Anm *Stürner/Breyer*; gegen Anwendbarkeit des § 119 *Walker* aaO (m nachfolgendem eigenen Lösungsansatz über §§ 138, 242 BGB iVm Art 9 Abs 1 GG); s erg § 119 Rn 10.

59 *Torz* ZInsO 2009, 1235 ff (Franchiseverträge); *OLG Braunschweig* ZIP 2009, 1336 f = NZI 2009, 387 ff mit abl Anm *Brosette* (KFZ-Vertragshändlervertrag; s dazu auch § 116 Rn 4, § 119 Rn 6); *Ströbl/Schumacher* BB 2009, 1201, 1202 ff; bei Franchiseverträgen je nach Lage des Falles differenzierend MK/*Eckert* § 112 Rn 8.

60 *BGH* ZIP 2011, 1063 ff; krit *Dahl* NJW-Spezial 2011, 534 f; **aM** *v Wilmowsky* EWiR 2011, 473 f; s erg § 111 Rn 14.

Auf **Darlehensverträge** (§§ 103 Rn 19, 108 Rn 1, 83 ff) ist die Kündigungssperre des § 112 nicht entspr anwendbar.[61] Der Gedanke, die Gewährung eines Darlehens als „Vermietung von Geld“ anzusehen, muss iRd § 112 verworfen werden, weil der Darlehensgeber nicht Eigentümer des ausgezahlten Geldes bleibt, er also anders als ein Vermieter oder Verpächter nicht nur den Zins, sondern mangels Aussonderungsrechts auch das Kapital riskiert und deshalb schutzwürdiger ist als ein Vermieter oder Verpächter, der den an den Schu überlassenen Gegenstand normalerweise zurückbekommt und dem man deshalb die Kündigungssperre des § 112 eher zumuten kann. Ein dem Darlehensgeber nach § 490 Abs 1 BGB zustehendes Kündigungsrecht wird also durch § 112 nicht gesperrt.[62] Gleiches gilt für das Kündigungsrecht eines **Kautionsversicherers**.[63] 25

Auf **Dienst- und Arbeitsverträge** darf § 112 ebenfalls nicht entspr angewendet werden.[64] 26
Mehr noch als bei Darlehensgebern (Rn 25) ist bei Arbeitnehmern und sonstigen Dienstpflichtigen eine bes Schutzbedürftigkeit in Rechnung zu stellen, mit der sich eine ihre etwaigen Kündigungsrechte erfassende „Sperre“ nicht verträgt. Der historische Begriff „Dienstmiete“, dem in anderem Zusammenhang noch immer eine positive Bedeutung abgewonnen werden kann (§ 109 Rn 41), führt also nicht in den Anwendungsbereich des § 112.

V. Verfassungskonforme Reduktion des § 112

Bei Schaffung des § 112 ging der Gesetzgeber davon aus, dass die Kündigungssperre dem 27
Vermieter oder Verpächter nichts Unzumutbares abverlange, da die §§ 25 Abs 2 S 2, 55 Abs 2 S 2, 55 Abs 1 Nr 2 dafür sorgen würden, dass die auf die Laufzeit der Kündigungssperre entfallenden Miet- bzw Pachtforderungen nicht nur einfache Insolvenzforderungen seien, sondern bevorzugt berücksichtigt werden müssten.[65] Diese Annahme wird dem Erfindungsreichtum der Praxis nicht gerecht. Sehr oft wird – bis auf weiteres mit Erfolg[66] – versucht, eine Anwendung der §§ 25 Abs 2 S 2, 55 Abs 2 S 2 durch Einsetzung eines „schwachen“ vorl InsVerw zu vermeiden; und selbst einem „starken“ vorl InsVerw stehen effektive Masseschuldvermeidungsstrategien zur Verfügung.[67] Zudem hängt es auch von der Art des Miet- bzw Pachtobjekts ab, ob nach VerfEröffnung die §§ 108, 55 Abs 1 Nr 2 Alt 2 oder die §§ 103, 55 Abs 1 Nr 2 Alt 1 anzuwenden sind (s § 108 Rn 8 ff, 16 ff). Bei der Wohnraummiete, bei der die Anwendbarkeit des § 112 allerdings zw ist (§ 109 Rn 18), kommt ohnehin nur § 38 in Betracht (§ 109 Rn 11 f, str). In allen Fällen, in denen der Vermieter bzw Verpächter nicht damit rechnen kann, dass für seine auf die Laufzeit der Kündigungssperre entfallenden Forderungen eines der in §§ 25 Abs 2 S 2, 55 Abs 1 Nr 2 oder 55 Abs 2 S 2 bezeichneten Vorrechte zur Anwendung kommen wird oder eine sonstige werthaltige Sicherheit besteht (s zB § 109 Rn 32), verstößt die Kündigungssperre des § 112 gegen Art 14 GG und das ver-

61 *Stahmer* Verzinsliches Darlehen in der Insolvenz, 2001, S 303 f; **aM** *Schwörer* Rn 405 ff.
62 Zust *Uhlenbruck/D Wegener* § 112 Rn 19.
63 *Vosberg* ZIP 2002, 968, 969 f; vgl zur Ins des Kautionsversicherungsnehmers auch § 116 Rn 4 mwN in Fn 13 f.
64 IE ebenso in Bezug auf entgeltliche Arbeitsvertrags-Aufhebungsverträge *LAG Düsseldorf* ZInsO 2011, 54, 56 (das § 112 nicht einmal erwähnt); *LAG Düsseldorf* ZInsO 2011, 539, 541; vgl zu den dort entschiedenen Fällen auch die in den Fn zu § 108 Rn 54 erwähnten Urteile des BAG.
65 Begr RegE BT-Drucks 12/2443, 148.
66 Zu den bisher erfolglosen Initiativen, hier durch eine **Änderung des § 55 Abs 2** gegenzusteuern, vgl die 5. Aufl dieses Kommentars bei § 108 Rn 38 (insb Fn 139 f) und bei § 112 Rn 26 (insb Fn 63, 65, 67).
67 Vgl *Marotzke* Das Unternehmen, Rn 20 ff, 26 ff; tw **aM** *Eckert* NZM 2003, 41, 47 ff; weitere Nachweise in der letzten Fn zu § 108 Rn 56.

fassungsrechtliche Übermaßverbot.[68] Selbst wenn man mit dem BGH[69] davon ausginge, dass der zusätzliche Forderungsausfall, den der Vermieter/Verpächter infolge der Kündigungssperre des § 112 erleiden kann, idR höchstens zwei Monatsmieten umfasst (neben den als Kündigungsgrund „gesperrten" erheblichen Mietrückständen aus der Zeit vor dem Eröffnungsantrag), würde sich an dieser Bewertung nichts ändern.[70] Man wird deshalb eine **einschr Auslegung** des § 112 (und auch des am 1.7.2007 in Kraft getretenen § 21 Abs 2 S 1 Nr 5![71]) in Betracht ziehen müssen.[72] Ebenso wenig wie ein InsVerw gesetzlich verpflichtet werden darf, ohne Aussicht auf Erfüllung seines Vergütungsanspruchs für die Masse tätig zu werden,[73] darf einem Vermieter oder Verpächter zugemutet werden, die Innehabung und Nutzung des vermieteten bzw verpachteten Gegenstandes durch den Schu bzw durch einen vorl oder endgültigen InsVerw auch noch dann zu dulden, wenn nach Lage des Falles überwiegend wahrscheinlich ist, dass dafür die vertragliche Gegenleistung nicht zu erlangen sein wird.[74] Bes Bedeutung kommt in diesem Zusammenhang dem Urt des *BGH* v 18.7.2002 zu, in welchem ausgesprochen und leitsatzmäßig hervorgehoben wird, das InsGer könne einen vorl InsVerw auch ohne begleitendes allg Verfügungsverbot iSd §§ 21 Abs 2 S 1 Nr 2 Alt 1, 22 Abs 1 S 1, 25 Abs 2, 55 Abs 2 „dazu ermächtigen, einzelne, im Voraus genau festgelegte Verpflichtungen zu Lasten der späteren InsMasse einzugehen, soweit dies für eine erfolgreiche Verwaltung nötig ist".[75] Für eine erfolgreiche InsVerw „nötig" kann nach dem oben Ausgeführten zB sein, dass der vorl InsVerw dem Vermieter oder Verpächter die Vorrechte aus § 25 Abs 2 und § 55 Abs 2 anbietet,[76] um sich im Gegenzug bis zur Verwirklichung eines neuen Kündigungsgrundes (nach dem Eröffnungsantrag eintretender Verzug in dem für § 543 Abs 2 Nr 3 BGB erforderlichen Umfang, s Rn 7 ff) auf § 112 berufen zu können (vgl erg Rn 21; **aM** der BGH[77]). Dies ist jedoch keine starre Regel, sondern eine Frage des Einzelfalls und vielleicht auch Verhandlungssache.

---

68 In diesem Sinne bereits *Marotzke* KTS 2002, 1, 17 ff; vgl auch *v Wilmowsky* ZInsO 2004, 882, 885 f, 887 f (direkt hierzu auch einige der nachfolgenden Fn); **aM** *BGHZ* 151, 353, 369 ff = ZInsO 2002, 819, 823 f = KTS 2003, 138, 145 ff (ad IV 3; insoweit nicht abgedr in ZIP 2002, 1625 ff).

69 Vgl die vorherige Fn.

70 **AM** *BGHZ* 151, 353, 369 ff, dem jedoch *Eckert* NZM 2003, 41, 44 unter Hinweis auf die Möglichkeit wesentlich höherer Forderungsausfälle des Vermieters widerspricht.

71 Vgl Rn 16 aE.

72 Vgl Rn 21; *Marotzke* Gegenseitige Verträge, Rn 14.45 (Fn 93), 14.50; MK/*Eckert* § 112 Rn 2, 32 f; *Eckert* NZM 2003, 41, 49; **aM** *v Wilmowsky* ZInsO 2004, 882, 885 ff; 2007, 731, 737 (b), der stattdessen eine Erweiterung des § 55 vorschlägt (was jedoch im Fall der Masseunzulänglichkeit, Rn 21 aE, nichts nützt, während der Jahre 2005 bis 2006 aber gleichwohl auf der **Agenda des Reformgesetzgebers** stand, s HK-InsO/*Marotzke* 5. Aufl 2008, § 108 Rn 38 Fn 140).

73 *BVerfGE* 88, 145, 159 ff = ZIP 1993, 838, 840 ff.

74 Ausf *Marotzke* KTS 2002, 1, 17 ff (mit Gesetzgebungsvorschlag); vgl auch *v Wilmowsky* ZInsO 2004, 882, 885 f, 887 f (ebenfalls mit Gesetzgebungsvorschlag, der nicht auf eine Begrenzung der Kündigungssperre, sondern auf eine Erweiterung des Anwendungsbereichs des § 55 setzt – was jedoch im Fall der Masseunzulänglichkeit, Rn 21 aE, wenig nützt).

75 *BGHZ* 151, 353, 365 [ad IV 2a aa, bb] = ZInsO 2002, 819, 822 = KTS 2003, 138, 144 = ZIP 2002, 1625, 1629 (hier jedoch ohne die Ausführungen zu § 112 in Abschn IV 3); vgl auch § 108 Rn 56.

76 Den Schutz der letztgenannten Vorschrift hätte, wenn der in der 5. Aufl dieses Kommentars bei § 108 Rn 38 Fn 140 erwähnte **erste** Versuch einer Neufassung des § 55 Abs 2 Erfolg gehabt hätte, künftig auch ein „schwacher" vorl InsVerw anbieten können – und zwar ganz unabhängig vom Vorliegen einer diesbezüglichen Ermächtigung durch das InsGer.

77 *BGHZ* 151, 353, 369 ff [ad IV 3] = ZInsO 2002, 819, 823 ff = KTS 2003, 138, 145 ff; die Frage offen lassend *Eckert* NZM 2003, 41, 46, 49 aE.

28 Besonders klar zutage tritt die verfassungsrechtliche Problematik der Kündigungssperre in der **Ins eines gewerblichen Zwischenmieters**.[78] Es ist schon sehr eigenartig, dass dem Hauptvermieter mit Hilfe des § 112 selbst dann ein zusätzlicher Forderungsausfall (Rn 27) zugemutet wird, wenn die Untermieter weiterhin an den Schu bzw an dessen „schwachen" vorl InsVerw Miete zahlen. Belässt man es hier bei der Kündigungssperre und verzichtet der (vorl) InsVerw nicht freiwillig auf diesen Schutz,[79] so muss im Gegenzug dafür gesorgt werden, dass die gegen die Untermieter gerichteten Mietforderungen des Schu, soweit sie auf den Zeitraum der Kündigungssperre entfallen, nicht allein dem Schu bzw der Masse, sondern als „kompensatorisches Sicherungsgut" primär dem mit der Kündigungssperre belasteten Hauptvermieter zugute kommen. Auf welcher Rechtsgrundlage man zu diesem Erg kommen kann, ist noch ungeklärt. Analogie zu § 55 Abs 1 Nr 3, § 48[80] oder § 170 Abs 1 S 2, jeweils mit „Rückenwind" aus Art 14 GG? Oder einfach kraft insolvenzrechtlicher Surrogation?[81] In einem Fall, in welchem ein „starker" (§ 22 Abs 1 S 1) vorl InsVerw bestellt worden war, hat der BGH – allerdings, der VIII., nicht der für das Insolvenzrecht zuständige IX. Zivilsenat – inzwischen ein Einsehen gehabt und gemeint, dass der vorl InsVerw des insolventen Zwischenmieters verpflichtet sei, die von ihm eingezogene Miete des Endmieters in der geschuldeten Höhe an den Hauptvermieter weiterzuleiten[82] und dass, wenn er dennoch erkläre, dies jetzt und in Zukunft nicht tun zu wollen, der Hauptvermieter trotz § 112 zur fristlosen Kündigung des Zwischenmietverhältnisses berechtigt sei, auch wenn ein Zahlungsrückstand iSd § 543 Abs 2 Nr 3 BGB noch nicht entstanden sei.[83] Die auf Anweisung eines zahlungsunfähigen Zwischenmieters erfolgte Direktzahlung des Endmieters an den Vermieter gewährt diesem nach Auffassung des BGH zulasten der Gläubiger des Zwischenmieters eine inkongruente Deckung iSd § 131.[84]

VI. Mehrere Mieter

29 Sind auf Mieterseite mehrere Personen beteiligt, kann diesen gegenüber idR nur einheitlich gekündigt werden. Eine auf Zahlungsverzug gestützte Kündigung ist deshalb **insgesamt** ausgeschlossen, wenn nur einer der Mieter im InsVerf steht und diesem gegenüber wegen § 112 nicht gekündigt werden kann.[85]

VII. Zwingendes Recht

30 Vereinbarungen, durch die im Voraus die Anwendung der §§ 103–118 ausgeschlossen oder beschränkt wird, sind unwirksam gem § 119. Im Voraus nicht abdingbar ist also auch

78 Vgl *AG Wuppertal* ZIP 2001, 1335 f; *LG Leipzig* ZIP 2001, 1778 f; *AG Leipzig* ZIP 2001, 1780 ff; *BGHZ* 154, 358 ff = ZInsO 2003, 465 ff = ZIP 2003, 914 ff; *OLG Düsseldorf* ZIP 2003, 2125 ff; *BGH* ZInsO 2004, 674 ff (dieselbe Sache) = DZWIR 2005, 116 ff (mit Anm *Gundlach/Frenzel*); *Eckert* NZM 2003, 41, 43, 46.

79 Ohne Erfolg zur Kündigung geradezu gedrängt hatte der vorl InsVerw die Vermieter im Fall *BGH* ZInsO 2004, 674 ff = DZWIR 2005, 116 ff mit in diesem Punkt aufschlussreicher Anm *Gundlach/Frenzel*. Vorinstanz war *OLG Düsseldorf* ZIP 2003, 2125 ff.

80 Zur Frage einer analogen Anwendung des § 48 vgl *Marotzke* KS-InsO, 3. Aufl 2009 S 672, 699 f Rn 92 ff.

81 Vgl zu dieser Rechtsfigur *Harder* Insolvenzrechtliche Surrogation, 2002, Rn 220 ff, 699 ff.

82 *BGH* ZIP 2005, 1085 ff = NZI 2005, 450 ff (mit Anm *Drasdo*); **aM** jedenfalls bei „schwachen" vorl InsVerw *BGH* ZIP 2008, 608 ff = NJW 2008, 1442 f (mit Anm *Gundlach/Frenzel*) = NZI 2008, 295 ff (mit Anm *Drasdo*).

83 So jedenfalls *BGH* ZIP 2005, 1085 ff (bereits erwähnt in der vorherigen Fn).

84 *BGH* ZIP 2011, 438 f = ZInsO 2011, 421 ff.

85 *LG Neu-Brandenburg* WuM 2001, 551, 552 rSp; *AG Köln* NZI 2010, 306 f (s zu diesem Urt aber auch § 109 Rn 18); MK/*Eckert* § 112 Rn 26.

§ 112 (zu einer Konsequenz hieraus s Rn 18). IRd eigenen Anwendungsbereichs geht § 112 dem § 119 vor.[86]

VIII. Auslandsberührung

31 Vgl § 108 Rn 95.

86 Vgl § 119 Rn 2 ff; *Tintelnot* ZIP 1995, 616, 622 f; *Eckert* ZIP 1996, 897, 902 f.

Vorbemerkung zu § 113

Übersicht

I. Allgemeines

1 **1. Insolvenz des Arbeitgebers.** Im Falle der Eröffnung des InsVerf über das Vermögen des Arbeitgebers **besteht das Arbeitsverhältnis gem** § 108 Abs 1 S 1 **fort**. Die InsEröffnung als solche führt nicht zur Beendigung des Arbeitsverhältnisses. Sie stellt für sich allein betrachtet auch keinen Kündigungsgrund iSv § 626 Abs 1 BGB bzw § 1 Abs 2 KSchG dar.[1] Ab dem Zeitpunkt der InsEröffnung verliert der Schu allerdings nach § 80 Abs 1 das Recht, das zur InsMasse gehörende Vermögen zu verwalten und über es zu verfügen. Die Verwaltungs- und Verfügungsbefugnis und damit die Arbeitgeberfunktionen gehen auf den InsVerw über. Dieser rückt damit in die Arbeitgeberstellung der nach § 108 Abs 1 S 1 fortbestehenden Arbeitsverhältnisse ein[2] und übt das Kündigungsrecht nach Maßgabe des § 113 aus.[3]

1 ErfK/*Müller-Glöge* InsO Rn 37.
2 *GmS-OGB* ZIP 2010, 2418; *BAG* AP TVG § 1 Tarifverträge: Bau Nr 308 = ZIP 2009, 984 Rn 15; *Gottwald/Bertram* § 104 Rn 27; *Jaeger/Windel* § 80 Rn 108; MK/*Caspers* Vor §§ 113–128 Rn 10.
3 MK/*Ott/Vuia* § 80 Rn 122.

Für die Zeit zw Antragstellung (§ 13) und Eröffnung des InsVerf ist zu unterscheiden: Wird gem § 21 Abs 2 Nr 2 1. Alt dem Schu ein allg Verfügungsverbot auferlegt und ein **starker vorl Verwalter** bestellt, rückt auch dieser in die Arbeitgeberfunktion ein, denn nach § 22 Abs 1 geht iF eines allg Verfügungsverbots die Verwaltungs- und Verfügungsbefugnis über das Vermögen des Schu auf den vorl Verw über.[4] Der starke vorl InsVerw ist kündigungsbefugt (dazu Rn 61).[5] 2

Wird ein vorl Verw bestellt, dem Schu jedoch nicht gem § 21 Abs 2 Nr 2 1. Alt ein allg Verfügungsverbot auferlegt – **schwacher vorl Verw** – verbleiben die Arbeitgeberfunktionen beim Schu. Dieser ist nach wie vor kündigungsbefugt (dazu Rn 62). 3

2. Insolvenz des Arbeitnehmers. Wird über das Vermögen des Arbeitnehmers das InsVerf eröffnet, gelten grds die Regelungen der §§ 304 ff über die VerbraucherIns sowie die §§ 286 ff über die Restschuldbefreiung.[6] Gem § 108 Abs 1 **bestehen Dienstverhältnisse nach InsEröffnung mit Wirkung für die InsMasse fort.**[7] Diese bestimmt sich nach §§ 35, 36. Erfasst wird daher das gesamte Vermögen, das dem Schu zur Zeit der InsEröffnung gehört und das er während des Verf erlangt mit Ausnahme der Gegenstände, die nicht der Zwangsvollstreckung unterliegen. Bezüglich Arbeitseinkommen gelten gem § 292 Abs 1 S 3, § 36 Abs 1 S 2 die §§ 850, 850a, 850c, 850e, 850f Abs. 1, §§ 850g–850k, § 851c und § 851d ZPO enspr, wenn der Schu die Restschuldbefreiung beantragt und seine pfändbaren Forderungen auf Bezüge aus einem Dienstverhältnis gem § 287 Abs 2 S 1 an den Treuhänder abgetreten hat. Zur InsMasse gehört nach diesen Vorgaben das pfändbare Arbeitseinkommen einschließlich des verschleierten Einkommens iSv § 850h Abs 2 ZPO.[8] Mit Eröffnung des InsVerf kann der Arbeitgeber nach § 80 Abs 1 den pfändbaren Teil der **Arbeitsvergütung** (§ 611 Abs 1 BGB iVm § 35 Abs 1, § 36 Abs 1, § 80 Abs 1, § 304 Abs 1) mit schuldbefreiender Wirkung nur an den Treuhänder zahlen. „Arbeitseinkommen" iSd § 850 Abs 4 ZPO ist grds die Vergütung, die der Arbeitgeber als Gegenleistung für vom Arbeitnehmer geleisteten Dienste zu zahlen hat. Hierzu gehört auch der gesetzliche **Anspruch auf equal pay** nach § 10 Abs 4 AÜG, der die vertragliche Vergütungsabrede ergänzt.[9] Gem § 82 S 2 wird der Arbeitgeber im Falle einer Auszahlung an den Arbeitnehmer nur dann von seiner Schuld befreit, wenn er die Eröffnung des Verf zur Zeit der Leistung an den Schu nicht kannte. Dabei schließt nur positive Kenntnis von dessen Eröffnung den Gutglaubensschutz des § 82 S 1 aus; grob fahrlässige Unkenntnis genügt nicht.[10] 4

Ist über das Vermögen des Arbeitnehmers das InsVerf eröffnet worden und hat der Arbeitnehmer Restschuldbefreiung beantragt, kann der Treuhänder, an den die pfändbaren Dienstbezüge abgetreten sind, ihn ermächtigen, Vergütungsansprüche im eigenen Namen geltend zu machen. Eine solche **gewillkürte Prozessstandschaft** ist zulässig, weil der Arbeitnehmer regelmäßig ein schutzwürdiges Eigeninteresse daran hat, ein zur InsMasse gehörendes Recht im eigenen Namen geltend zu machen und so ihre Verbindlichkeiten zu tilgen. Die Möglichkeit der Restschuldbefreiung nach §§ 286 ff lässt das Eigeninteresse des Schu in diesen Fällen nicht entfallen, weil während der Wohlverhaltensphase noch offen ist, ob die Restschuldbefreiung nach ihrem Ablauf tatsächlich erfolgen wird.[9] Soweit eine solche Klage den unpfändbaren Teil des Arbeitseinkommens betrifft, ist der Arbeitnehmer ohne Weiteres prozessführungsbefugt, weil er ein behauptetes eigenes Recht geltend macht. 5

---

4 *Gottwald/Bertram* § 103 Rn 19; MK/*Haarmeyer* § 22 Rn 62; *Uhlenbruck/Ries/Zobel* § 22 Rn 62.
5 *Jaeger/Giesen* Vor § 113 Rn 3; *Uhlenbruck/Ries/Zobel* § 22 Rn 62.
6 Ausf *Reinfelder* NZA 2009, 124; *ders* NZA 2014, 633; *Zwanziger* Einl Rn 254 ff.
7 MK/*Caspers* § 113 Rn 5; ebenso für Handelsvertreter *OLG Düsseldorf* ZIP 2010, 194.
8 *BAG* AP InsO § 35 Nr 2 = ZInsO 2013, 1806.
9 *BAG* AP AÜG § 10 Nr 40 = NZA 2014, 915.
10 *BAG* ZIP 2014, 692.

6 Die **Arbeitskraft des Arbeitnehmers** als Schu unterliegt im Hinblick auf § 888 Abs 2 ZPO weder dem InsBeschlag noch dem Verfügungsverbot des § 81 Abs 1 S 2.[11] Sie ist kein Vermögensobjekt, sondern Ausdruck der eigenen Persönlichkeit und deshalb auch nicht Teil der InsMasse iSd § 35.[12] Gleiches gilt für das Arbeitsverhältnis als solches. Der Schu kann nicht zur Aufnahme einer Erwerbstätigkeit gezwungen werden.[13] Durch die InsEröffnung über das Vermögen des Arbeitnehmers werden dessen arbeitsvertragliche Handlungsmöglichkeiten nicht betroffen.[14] Die **Veränderung, Beendigung und Neubegründung von Arbeitsverhältnissen** unterliegt deshalb weiterhin der alleinigen Verfügungsbefugnis des Schu. Der Verw ist nicht befugt, das Arbeitsverhältnis des Schu zu kündigen, für diesen ein Arbeitsverhältnis einzugehen oder einen Vergleich über die Beendigung eines Arbeitsverhältnisses mit Wirkung für den Schu abzuschließen. Daran ändert nichts, dass ein solcher Beendigungsvergleich typischerweise den Anspruch auf Zahlung einer Abfindung beinhaltet, die dem Massebeschlag nach § 35 Abs 1 2. Alt unterliegt. Die mittelbare Wirkung auf die InsMasse ist hinzunehmen. Andernfalls könnte das Recht des Schu, über seine Arbeitskraft selbst zu verfügen, durch den Verw eingeschränkt werden.[15] Eine **Kündigung des Arbeitsverhältnisses** durch den Arbeitgeber ist gegen den Schu und nicht gegen den Verw zu richten.[16] Sie hat zu ihrer Wirksamkeit auch im eröffneten InsVerf dem Arbeitnehmer zuzugehen.[16] Nur dieser kann eine Kündigungsschutzklage erheben, da das Klagerecht nach § 4 KSchG höchstpersönlicher Natur ist.[14] Die mittelbare Wirkung auf die InsMasse ändert daran nichts. § 295 Abs 1 Nr 1 bewirkt keine Einschränkung der Befugnisse des Schu, da diese Bestimmung nur eine Erwerbsobliegenheit in der Wohlverhaltensperiode vorsieht, nicht jedoch eine Arbeitspflicht des Schu statuiert.[14] Geht dieser in dieser Zeit keiner angemessenen Erwerbstätigkeit nach, kann ihm allerdings uU die Restschuldbefreiung versagt werden.

7 Die Verkürzung der Wohlverhaltensperiode in § 300 Abs 1 kann vermehrt zu **„asymetrischen" Verfahren** führen, in denen – etwa wegen anhängiger Rechtsstreitigkeiten – das (Verbraucher-)InsVerf noch nicht abgeschlossen, gleichwohl aber nach § 300 Abs 1 Restschuldbefreiung zu erteilen ist.[17] Gem § 300a Abs 1 gehört in einem solchen Fall das Vermögen, das der Arbeitnehmer als Schu nach Ende der Abtretungsfrist oder nach Eintritt der Voraussetzungen des § 300 Abs 1 S 2 erwirbt, nicht mehr zur InsMasse. Bis zur rechtskräftigen Entscheidung über die Restschuldbefreiung hat der InsVerw gem § 300a Abs 2 Neuerwerb treuhänderisch zu vereinnahmen und zu verwalten.

8 Durch die Eröffnung des vereinfachten VerbraucherInsVerf über das Vermögen des Arbeitnehmers wird ein **Kündigungsrechtsstreit nicht unterbrochen**, denn er betrifft nicht die InsMasse, sondern einen höchstpersönlichen Anspruch des Arbeitnehmers.[18] Gleiches gilt für eine Befristungskontrollklage.[19] Dagegen sind Verfahren, die einen Zahlungsanspruch zum Gegenstand haben, regelmäßig gem § 240 ZPO unterbrochen, da hiervon die InsMasse betroffen ist. Entsprechendes gilt für Eingruppierungsstreitigkeiten. Anders ist die Rechtslage nur dann, wenn es sich um unpfändbare Zahlungsansprüche des Schu gem § 850 ff ZPO handelt, da diese nicht in die InsMasse fallen.[20]

---

11 *BAG* ZIP 2014, 1938.
12 *BAG* ZInsO 2013, 1806; *BGH* ZIP 2008, 1435; *Zwanziger* Einl Rn 258.
13 *BGH* ZIP 2006, 1254.
14 *BAG* ZInsO 2013, 1806.
15 *BAG* ZIP 2014, 1938; zust *Windel* RdA 2015, 188.
16 *Reinfelder* NZA 2009, 126.
17 Dazu *Reinfelder* NZA 2014, 635; *Windel* RdA 2015, 190.
18 *BAG* AP BGB § 626 Nr 224 = ZInsO 2010, 438.
19 *BAG* NJW 2015, 2682.
20 *Reinfelder* NZA 2009, 127 f.

II. Folgen der Insolvenzeröffnung im Arbeitsrecht

Die Eröffnung des InsVerf hat einschneidende Folgen für Ansprüche der Arbeitnehmer aus dem Arbeitsverhältnis. Im Folgenden wird hierzu ein Überblick in **alphabetischer Reihenfolge** gegeben. 9

1. Abfindung. Ein auf einer **Vereinbarung zwischen dem Schu und dem Arbeitnehmer** beruhender Abfindungsanspruch ist grds nur InsFord nach § 38 und nicht Masseverbindlichkeit nach § 55 Abs 1 Nr 2, und zwar auch dann, wenn er erst nach InsEröffnung entsteht.[21] Ein in einem **Tarifvertrag** für den Fall der Kündigung des Arbeitsverhältnisses auf Grund von Rationalisierungsmaßnahmen vorgesehener Abfindungsanspruch ist ebenso einfache InsFord iSv § 38, wenn die Kündigung erst nach Eröffnung des InsVerf durch den InsVerw erklärt wird.[22] Ein Abfindungsanspruch aus **§ 1a KSchG** ist gleichfalls nur InsFord, wenn die Kündigung vor InsEröffnung durch den Schu ausgesprochen wurde, das Arbeitsverhältnis aufgrund der einzuhaltenden Kündigungsfrist jedoch erst danach endet. Wird die Kündigung dagegen vom InsVerw oder vom starken vorl InsVerw erklärt, handelt es sich um eine Masseverbindlichkeit.[23] 10

Entsprechendes gilt grds für Abfindungsansprüche aus einem vor InsEröffnung aufgestellten **Sozialplan**.[24] Die InsO differenziert abw von der KO nur zwischen InsFord, die vor der Eröffnung des InsVerf entstanden sind, und Masseforderungen, die nach Maßgabe von § 55 Abs 1 nach der Eröffnung des InsVerf begründet werden. Folgerichtig bestimmt § 123 Abs 2, dass Ansprüche aus Sozialplänen, die nach Eröffnung des InsVerf abgeschlossen werden, Masseverbindlichkeiten sind. Für Ansprüche aus Sozialplänen, die vor der Eröffnung des InsVerf abgeschlossen wurden, fehlt eine entspr gesetzliche Anordnung in § 124. Deshalb sind Ansprüche aus solchen Sozialplänen nach der Grundregel des § 38 grds InsFord.[25] Das gilt auch dann, wenn die Kündigung des Arbeitsverhältnisses erst nach Eröffnung des InsVerf durch den InsVerw erklärt wird. Denn der Abfindungsanspruch ist bereits durch den Sozialplan aufschiebend bedingt begründet, die Kündigung löst den Anspruch lediglich aus.[22] Anderes gilt nur für Verbindlichkeiten, die ein vorl InsVerw mit Verfügungsbefugnis nach §§ 21 Abs 2 Nr 2, 22 (starker InsVerw) vor Eröffnung des InsVerf begründet hat. Diese gelten nach § 55 Abs 2 als Masseverbindlichkeiten. Sozialpläne, die ein starker InsVerw vor der Eröffnung des InsVerf abschließt, begründen deshalb kraft gesetzlicher Fiktion Masseverbindlichkeiten. 11

2. Altersteilzeit. Beim **kontinuierlichen Teilzeitmodell** der Altersteilzeit sind die Entgeltansprüche der Arbeitnehmer für die nach InsEröffnung geleistete Arbeit Masseforderungen iSv §§ 53, 55 Abs 1 Nr 2 2. Alt, da die Arbeitsleistung der Masse zugute kommt.[26] Im **Blockmodell der Altersteilzeit** tritt der Arbeitnehmer während der Arbeitsphase mit seiner vollen Arbeitsleistung hinsichtlich der anschließenden Freistellungsphase in Vorleistung. Der Arbeitnehmer erarbeitet sich damit im Umfange seiner Vorleistungen zum einen Ansprüche auf die spätere Zahlung des Entgelts und zum anderen einen entsprechenden Anspruch auf Freistellung von der Arbeitspflicht. Die während der Freistellungsphase ausgezahlte Arbeitsvergütung ist daher Gegenleistung für die bereits während der Arbeitsphase geleistete, über die verringerte Arbeitszeit hinausgehende Arbeit. Der Anspruch darauf ist im insolvenzrechtlichen Sinne 12

---

21 *BAG* AP InsO § 38 Nr 5 = ZIP 2008, 374.
22 *BAG* AP InsO § 38 Nr 3 = ZIP 2006, 1962.
23 *Jaeger/Giesen* Vor § 113 Rn 60; FK/*Mues* Anh zu § 113 Rn 277; ErfK/*Müller-Glöge* InsO Rn 47; **aA** *Zwanziger* § 108 Rn 47.
24 *BAG* AP InsO § 38 Nr 1 = ZIP 2002, 2051.
25 Vgl *Windel* Anm zu *BAG* AP InsO § 123 Nr 4.
26 *BAG* ZIP 2013, 1033.

„für“ diese Zeit geschuldet.[27] Da es für die insolvenzrechtliche Einordnung als InsFord oder Masseverbindlichkeit nicht auf die Fälligkeit, sondern auf die Begründung des Anspruchs ankommt, sind die Vergütungsansprüche für die gesamte Altersteilzeit InsFord, wenn die Arbeitsphase des Blockmodells vor InsEröffnung abgeschlossen wurde.[28] Dauert dagegen die Arbeitsphase nach InsEröffnung an und entstehen insoweit Masseverbindlichkeiten, stellt auch das Entgelt, das während der Freistellungsphase „spiegelbildlich“ zu diesem nach InsEröffnung liegenden Zeitraum der Arbeitsphase zu leisten ist, eine Masseverbindlichkeit dar.[29] Diese umfasst sowohl das fortzuzahlende hälftige Arbeitsentgelt als auch den Aufstockungsbetrag.[30] Wird der Betrieb aus der Ins erworben, haftet der Erwerber nur für das Entgelt, das spiegelbildlich für die Vorleistung geschuldet wird, die der Arbeitnehmer während der nach InsEröffnung noch andauernden Arbeitsphase erbringt. Ist die Arbeitsphase vor InsEröffnung abgeschlossen, haftet der Erwerber deshalb nicht für die restlichen Vergütungsansprüche des Altersteilzeit-Arbeitnehmers während der Freistellungsphase.[31] Der Anspruch auf InsSicherung nach § 8a Abs 1 und 4 AltTZG ist auf die Zeit vor InsEröffnung beschränkt.[32] Der Arbeitgeber kann seine Verpflichtung zur InsSicherung von Altersteilzeitguthaben nach dieser Vorschrift grds durch Vereinbarung einer sog Doppeltreuhand mit einem Treuhänder erfüllen. Dabei wird das Treugut dem Treuhänder im Rahmen einer uneigennützigen Verwaltungstreuhand übertragen. Zudem wird eine Sicherungstreuhand begründet, welche der Treuhänder zur InsSicherung des Altersteilzeitguthabens zwischen dem Arbeitgeber und dem Altersteilzeitarbeitnehmer vermittelt. Bei Eröffnung des InsVerf über das Vermögen des Arbeitgebers erlischt die Verwaltungstreuhand gem § 116 Abs 1 iVm § 115 Abs 1. Die Sicherungstreuhand bleibt als selbstständiger Vertrag sui generis bestehen. Das Treugut ist Teil der InsMasse. Weder der Treuhänder noch der gesicherte Altersteilzeitarbeitnehmer haben ein Aussonderungsrecht nach § 47, weil das Treugut dem Vermögen des insolventen Arbeitgebers zugeordnet bleibt. Aufgrund der Sicherungstreuhand besteht jedoch ein Absonderungsrecht nach § 51 Nr 1.[33]

13 **3. Anfechtung. – a) Inkongruente Deckung.** Gem § 129 können Rechtshandlungen, die vor der Eröffnung des InsVerf vorgenommen worden sind und die InsGl benachteiligen, vom InsVerw nach Maßgabe der §§ 130–146 angefochten werden. Eine Anfechtung nach § 131 wegen **inkongruenter Deckung** kommt in Betracht, wenn die konkrete Deckungshandlung vom Inhalt des Schuldverhältnisses abweicht, das zwischen InsGl und Schu besteht, sofern die Abweichung von der nach dem Inhalt des Anspruchs typischen und gesetzmäßigen Erfüllung mehr als geringfügig ist und nicht mehr der Verkehrssitte oder Handelsbräuchen entspricht. Für die Beurteilung, ob dies der Fall ist, kommt es allein darauf an, ob die konkrete Deckungshandlung objektiv vom Inhalt des Schuldverhältnisses abweicht. Hat der Gl keinen Anspruch darauf, dass seine Forderung in der gewählten Art **durch einen Dritten erfüllt** wird, liegt darin im Regelfall eine nicht unerhebliche Abweichung vom üblichen Erfüllungsweg. Weist der Schu einen Dritten an, die geschuldete Leistung gegenüber dem Gl zu erbringen, ist eine solche Direktzahlung deshalb im Allgemeinen dem Empfänger gegenüber als inkongruente Deckung anfechtbar.[34] Hiervon kann idR ausgegangen werden,

---

27 *BAG* AP InsO § 55 Nr 5 = ZIP 2005, 457.

28 *BAG* AP BGB § 613a Nr 357 = ZIP 2009, 682; *BAG* AP ATG § 3 Nr 19 = DB 2007, 1707; *Froehner* NZA 2012, 1406.

29 *BAG* AP ATG § 3 Nr 19 = DB 2007, 1707; *Froehner* NZA 2012, 1406.

30 *BAG* ZIP 2005, 457; zu Neumasseverbindlichkeiten vgl *BAG* AP InsO § 55 Nr 9 = ZIP 2005, 873.

31 *BAG* AP BGB § 613a Nr 357 = ZIP 2009, 682.

32 *BAG* ZIP 2013, 900.

33 *BAG* ZIP 2013, 2025.

34 *BAG* 22.10.2015 – 6 AZR 758/14; *BAG* 13.11.2014 – 6 AZR 869/13.

wenn die Entgeltzahlungen nicht über das Konto des späteren Schu erfolgen, über das üblicherweise die Gehaltszahlungen vorgenommen wurden, sondern **über das Konto einer dritten Person (zB Ehefrau),** der die dafür erforderlichen Mittel zuvor vom Schu zur Verfügung gestellt worden sind. Eine derartige Befriedigung erfolgt nicht „in der Art", in der sie geschuldet ist.[35] Allerdings ist nicht jede Entgeltzahlung, die über das Konto eines Dritten erfolgt, inkongruent. Ob eine Entgeltzahlung inkongruent ist, bestimmt sich nämlich nicht nach der Zahlungsweise oder der Erfüllungsart, die im Arbeitsleben „normal" oder „üblich" sind. Maßgeblich ist vielmehr, was die Parteien tatsächlich vereinbart haben und ob eine Abweichung von dieser für das konkrete Arbeitsverhältnis vereinbarten Erfüllungsart oder Zahlungsweise vorliegt. Nur dann kommt es darauf an, ob die Abweichung nach der Verkehrssitte oder den Handelsbräuchen gering ist. Ist das der Fall, ist die Befriedigung ungeachtet der Abweichung kongruent.[36] Nach der Neufassung des § 142 Abs 2 S 3 wird nunmehr die Gewährung des Arbeitsentgelts durch einen Dritten nach § 267 BGB der Gewährung des Arbeitsentgelts durch den Schu gleichgestellt, wenn für den Arbeitnehmer nicht erkennbar war, dass ein Dritter die Leistung bewirkt. Schließt ein Arbeitnehmer unmittelbar nach Erhalt einer Kündigung in der kritischen Zeit mit dem späteren Schu einen **Abwicklungsvertrag** und zahlt der Schu die vereinbarte Abfindung vor der bei Beendigung des Arbeitsverhältnisses eintretenden Fälligkeit aus, erlangt der Arbeitnehmer eine Abfindung, auf die er keinen Anspruch hatte. Die deutlich vor Fälligkeit erfolgte Zahlung begründet die Inkongruenz. Die erforderliche mittelbare Gläubigerbenachteiligung wird dadurch herbeigeführt, dass durch den Abfluss des Abfindungsbetrags aus der Masse deren Aktiva verkürzt werden.[37]

In Betracht kommt eine Anfechtung wegen inkongruenter Deckung nach § 131 Abs 1 Nr 1 **14**
ebenfalls, wenn der Schu während der „kritischen Zeit" der letzten drei Monate vor dem Eröffnungsantrag oder in der Zeit nach Stellung des InsAntrags unter dem Druck unmittelbar **drohender Zwangsvollstreckungsmaßnahmen** leistet, um sie zu vermeiden.[38] In diesen Fällen der Anfechtung wegen inkongruenter Deckung hat im Übrigen auch das BAG – anders als in den Fällen der Anfechtung bei kongruenter Deckung (dazu Rn 20) – eine mit Blick auf die Gewährleistung eines Existenzminimums verfassungsrechtlich legitimierte Anfechtungssperre abgelehnt.[39] Schließt der vom Arbeitnehmer mit der Zwangsvollstreckung beauftragte Gerichtsvollzieher vor der kritischen Zeit eine Ratenzahlungsvereinbarung nach § 802b ZPO, sind die darauf erfolgenden Teilzahlungen selbstständig anfechtbar.[40] Der Schu gewährt auch in diesem Fall eine Befriedigung, die der Gl „nicht in der Art" zu beanspruchen hat. Unerheblich ist, ob die Zwangsvollstreckung im verfahrensrechtlichen Sinn schon begonnen hatte, als die Leistung des Schu erfolgte. Die Inkongruenz wird durch den zumindest unmittelbar bevorstehenden hoheitlichen Zwang begründet.[41] Das Bargeschäftsprivileg des § 142 scheidet in beiden Fällen aus, weil die Zahlung nicht aufgrund einer Vereinbarung zwischen dem Schu (= Arbeitgeber) und dem Arbeitnehmer, sondern unter dem Druck der Zwangsvollstreckung mit der Folge inkongruenter Befriedigung erfolgt.[42] Ein die Inkongruenz begründender Druck einer unmittelbar bevorstehenden Zwangsvoll-

35 *BAG* 13.11.2014 – 6 AZR 869/13.
36 *BAG* 22.10.2015 – 6 AZR 538/14.
37 *BAG* 22.10.2015 – 6 AZR 758/14; *BAG* 24.9.2015 – 6 AZR 497/14.
38 *BAG* 26.10.2017 – 6 AZR 511/16; *BAG* AP InsO § 131 Nr 5 = ZIP 2014, 1396.
39 *BAG* 26.10.2017 – 6 AZR 511/16 mwN.
40 *BAG* 20.9.2017 – 6 AZR 58/16.
41 *BAG* AP InsO § 131 Nr 2 = ZIP 2014, 91.
42 *BAG* ZIP 2015, 533 (zur Zahlung über das Konto eines Dritten); *BAG* ZInsO 2014, 2286; *BAG* AP InsO § 131 Nr 2 = ZIP 2014, 91 (zu Zwangsvollstreckungsmaßnahmen).

streckung besteht dagegen noch nicht, wenn der Schu nach Zustellung eines Titels die titulierte Forderung erfüllt, ohne dass der Gl die Zwangsvollstreckung zuvor eingeleitet oder angedroht hat.[43] Der **Gesetzentwurf** eines Gesetzes zur Verbesserung der Rechtssicherheit bei Anfechtungen nach der InsO vom September 2015 entschärft diese Rechtslage, indem er in einem in § 131 Abs 1 einzufügenden Satz bestimmt, dass eine Rechtshandlung nicht allein dadurch anfechtbar wird, dass die Sicherung oder Befriedigung durch Zwangsvollstreckungsmaßnahmen erwirkt oder zu deren Abwendung bewirkt worden ist.

15 Die Pfändung einer bereits entstandenen Forderung ist zu dem Zeitpunkt vorgenommen, in dem der **Pfändungsbeschluss dem Drittschuldner zugestellt** wird. Damit treten gem § 829 Abs 3 ZPO ihre rechtlichen Wirkungen ein. Wird eine Vorpfändung nach § 845 ZPO früher als drei Monate vor Eingang des InsAntrags ausgebracht, fällt aber die Hauptpfändung in den von § 131 Abs 1 zeitlich erfassten Bereich, richtet sich die Anfechtung insgesamt nach dieser Bestimmung.[44] Weist der spätere Schu einen Dritten an, die geschuldete Leistung gegenüber dem Gl zu erbringen, liegt im Regelfall gleichfalls eine inkongruente Deckung vor. Auch in diesem Fall wird die Forderung nicht „in der Art" erfüllt, in der sie geschuldet ist. Das gilt auch, wenn der Schu und der Dritte Schwesterunternehmen sind oder einen Gemeinschaftsbetrieb unterhalten.[45] Sind die Voraussetzungen einer inkongruenten Deckung erfüllt und hat der Arbeitnehmer deshalb das durch die anfechtbare Handlung Erlangte nach § 143 Abs 1 S 1 zur InsMasse zurückzugewähren, kann er nicht mit Erfolg einwenden, er sei nicht mehr iSv § 818 Abs 3 BGB bereichert.[46]

16 Der Rückforderungsanspruch des InsVerw unterfällt keinen tariflichen **Ausschlussfristen.** Die insolvenzrechtlichen Anfechtungsregelungen sind zwingendes Recht, in welches auch die Tarifvertragsparteien nicht eingreifen dürfen. Die Verjährungsregelung des § 146 InsO normiert eine abschließende zeitliche Begrenzung des Anfechtungsrechts.[47]

17 **b) Kongruente Deckung.** Zumeist wird es bei einer Ins des Arbeitgebers um die Anfechtung von Lohnzahlungen wegen **kongruenter Deckung** nach § 130 gehen. Die Anfechtung nach § 130 Abs 1 S 1 Nr 1 setzt dabei voraus, dass der Arbeitnehmer als Gl in dem nach § 140 maßgeblichen Zeitpunkt die Zahlungsunfähigkeit des Arbeitgebers als Schu kennt (dazu § 130 Rn 33 ff). Auch bei Zahlung durch einen Dritten kann ausnahmsweise eine kongruente Deckung vorliegen, wenn ein eigenes Forderungsrecht des InsGl unanfechtbar begründet worden ist, etwa weil die Zahlung auf einer entsprechenden dreiseitigen, insolvenzfest getroffenen Abrede beruhte. Maßgeblich hierfür ist der Zeitpunkt, in dem die Abrede getroffen worden ist (zur Anfechtung wegen inkongruenter Deckung in diesen Fällen vgl Rn 13). Werden abändernde Vereinbarungen vor Beginn der Dreimonatsfrist des § 131 Abs 1 Nr 2 und 3 getroffen, ist eine dem so geänderten Anspruch entsprechende Leistung grds kongruent. Zu beachten ist jedoch, dass die abändernde Vereinbarung ihrerseits bei Vorliegen der Voraussetzungen des § 133 anfechtbar sein kann (dazu Rn 22).[45] Der Arbeitnehmer hat **Kenntnis von der Zahlungsunfähigkeit** des Arbeitgebers, wenn er die tatsächlichen Umstände kennt, aus denen bei zutreffender rechtlicher Beurteilung die drohende Zahlungsunfähigkeit zweifelsfrei folgt; grob fahrlässige Unkenntnis der Zahlungsunfähigkeit genügt nicht.[48] Der Arbeitnehmer kennt die Zahlungsunfähigkeit oder Zahlungs-

---

43 *BAG* AP InsO § 131 Nr 6 = ZInsO 2014, 1384.
44 *BAG* AP InsO § 131 Nr 2 = ZIP 2014, 91.
45 *BAG* AP InsO § 131 Nr 4 = ZIP 2014, 233.
46 *BAG* AP InsO § 131 Nr 1 = ZIP 2011, 1628.
47 *BAG* AP InsO § 131 Nr 6 = ZInsO 2014, 1384; *BAG* AP InsO § 131 Nr 2 = ZIP 2014, 91.
48 *BGH* AP InsO § 130 Nr 1 Tz 13 = ZIP 2009, 526; dazu *Klinck* Anm zu *BGH* AP InsO § 130 Nr 1; *Sander* ZInsO 2009, 702; *Wegener* NZI 2009, 225.

einstellung als komplexen Rechtsbegriff nur, wenn er selbst die Liquidität oder das Zahlungsverhalten des Schu wenigstens laienhaft so bewertet.[49] Dieses positive Wissen muss bei der Vornahme der Rechtshandlung und damit grundsätzlich in dem Zeitpunkt vorhanden sein, in dem die rechtlichen Wirkungen der Rechtshandlung eintreten (§ 140 Abs 1). Dazu ist regelmäßig erforderlich, dass dem Arbeitnehmer zum einen Informationen über den Gesamtbestand der gegen den Schu gerichteten, in den nächsten drei Wochen fällig werdenden Verbindlichkeiten und über die in dieser Zeit vorhandenen Geldmittel vorliegen. Zum anderen muss der Arbeitnehmer aus diesen Informationen den Schluss ziehen, dass der Arbeitgeber als Schu wesentliche Teile seiner in den nächsten drei Wochen fällig werdenden Verbindlichkeiten nicht wird tilgen können. Die Kenntnis der einzelnen Tatsachen, die eine Zahlungsunfähigkeit begründen, genügt damit für sich allein nicht. Nicht ausreichend ist es im Einzelfall auch, wenn der Arbeitnehmer nur die Eröffnung eines InsVerf fürchtet oder Zweifel an der Kreditwürdigkeit des Arbeitgebers hat.[50] Der zwingende Schluss aus den Indiztatsachen auf die Zahlungsunfähigkeit kann nur gezogen werden, wenn sich ein redlich Denkender, der vom Gedanken auf den eigenen Vorteil nicht beeinflusst ist, angesichts der ihm bekannten Tatsachen der Einsicht nicht verschließen kann, der Schu sei zahlungsunfähig. Mischen sich in die Vorstellungen des Gl – wenngleich möglicherweise irrtümlich – Tatsachen, die bei einer Gesamtbetrachtung den Schluss auf die Zahlungsunfähigkeit des Schu nicht zwingend nahe legen, fehlt dem Gl die entspr Kenntnis. Bewertet er hingegen das ihm vollständig bekannte Tatsachenbild, das objektiv die Annahme der Zahlungsunfähigkeit gebietet, falsch, kann er sich nicht mit Erfolg darauf berufen, diesen Schluss nicht gezogen zu haben.[51]

Die Rspr des BGH, nach der insb die **Nichtzahlung von Sozialversicherungsbeiträgen** auf **18**
die Zahlungsunfähigkeit des Unternehmens hindeutet,[52] kann nicht ohne Weiteres auf die Anfechtung von Lohnzahlungen übertragen werden. Sie betrifft in erster Linie institutionelle Gl oder Gl mit „Insiderkenntnissen". Demgegenüber wird der Überblick eines Arbeitnehmers, insb wenn er weder in der Finanzbuchhaltung des Unternehmens eingesetzt ist noch Leitungsaufgaben im kaufmännischen Bereich wahrzunehmen hat, in aller Regel begrenzt sein und nur Schlussfolgerungen allgemeiner Art wie diejenige auf Zahlungsschwierigkeiten, Zahlungsstockungen oder eine Tendenz zum Vermögensverfall zulassen. Zu Recht hat der IX. Zivilsenat des BGH im Urt v 19.2.2009 angenommen, die erforderliche Kenntnis werde regelmäßig voraussetzen, dass der Arbeitnehmer einen Gesamtüberblick über die Liquiditäts- oder Zahlungslage des Arbeitgebers hat. Ihm muss bekannt sein, dass die Lohnrückstände gegenüber allen Arbeitnehmern gleich ausgeprägt waren und welchen Anteil die Lohnrückstände an den insgesamt fälligen und eingeforderten Geldschulden hatten. Der Arbeitnehmer muss wissen, dass der Arbeitgeber von seinen als fällig eingeforderten Verbindlichkeiten einen nicht unwesentlichen Teil derzeit nicht erfüllen kann und auch keine konkreten Aussichten hat, hierfür ausreichende und verwendbare Geldmittel in den nächsten drei Wochen zu erlangen.[53]

Zweifelhaft ist es allerdings, wenn der BGH die Annahme der Vorinstanz revisionsrechtlich **19**
nicht beanstandet, bei einem **Bauleiter eines Elektrikunternehmens mit 40 Mitarbeitern** handele es sich um einen Mitarbeiter, der über die erforderliche Geschäftserfahrenheit und die entsprechende Kenntnis von den ökonomischen und wirtschaftlichen Hintergründen des Unternehmens verfüge, um dessen Lage realistisch einschätzen zu können, und deshalb

---

49 *BGH* AP InsO § 130 Nr 1 = ZIP 2009, 526.
50 *BAG* AP InsO § 130 Nr 2 = ZIP 2011, 2366.
51 *BGH* AP InsO § 130 Nr 1 Rn 14 = ZIP 2009, 526.
52 *BGH* ZIP 2006, 1457.
53 *BGH* AP InsO § 130 Nr 1 Rn 17 f = ZIP 2009, 526.

Anlass gehabt hätte, Erkundigungen über die wirtschaftliche Gesamtsituation einzuholen, weil die offenstehende Gehaltsforderung erheblich und ihm darüber hinaus bekannt gewesen sei, dass auch andere Mitarbeiter von offenen Lohnforderungen betroffen gewesen seien.[54] Damit wird nicht nur die Funktion eines Bauleiters überhöht, sondern unter Zugrundelegung eines sehr weiten Prüfungsmaßstabs im Ergebnis grob fahrlässige Unkenntnis von der wirtschaftlichen Lage des Schu als ausreichend erachtet. Soweit nach § 130 Abs 2 der Kenntnis der Zahlungsunfähigkeit oder des Eröffnungsantrags die Kenntnis von Umständen gleichsteht, die zwingend auf die Zahlungsunfähigkeit oder den Eröffnungsantrag schließen lassen, lässt auch diese Bestimmung die grob fahrlässige Unkenntnis der Zahlungsunfähigkeit nicht genügen. Sie erlaubt gerade nicht den Schluss, dass Arbeitnehmer in herausgehobenen Funktionen oder Arbeitnehmer, die im kaufmännischen Bereich oder in der Finanzbuchhaltung tätig sind, stets positive Kenntnis von Umständen haben, die zwingend auf die Zahlungsunfähigkeit oder den Eröffnungsantrag schließen lassen. Da § 130 Abs 2 seinem eindeutigen Wortlaut nach auf die Kenntnis von Umständen und gerade nicht auf die (grob) fahrlässige Unkenntnis von Umständen abstellt, trifft Arbeitnehmer unabhängig davon, ob sie Einblick in die Liquiditäts- oder Zahlungslage des Unternehmens haben, keine Erkundigungspflicht. Ein Verstoß gegen eine Erkundigungspflicht könnte zudem keine positive Kenntnis, sondern nur eine schuldhafte Unkenntnis von Vermutungstatsachen begründen.[55]

20 Die Rechtsprechung des BGH wird der besonderen Situation nicht gerecht, in der sich ein Arbeitnehmer in der Krise des Unternehmens befindet. Zu Recht hat *Windel* darauf hingewiesen, dass eine unkontrollierte „Flucht" der Arbeitnehmer Sanierungsbemühungen konterkarieren würde und ein InsAntrag eines einzelnen Arbeitnehmers faktisch undenkbar ist.[56] Zutreffend hat er dargelegt, dass die Lösung des Problems in einem die Besonderheiten des Arbeitsverhältnisses als Dauerschuldverhältnis berücksichtigenden Verständnis des **Bargeschäfts** (§ 142) gesucht werden muss. So sei es denkbar, den Zeitrahmen für die Feststellung der Unmittelbarkeit der Gegenleistung auf drei Monate zu erstrecken.[57] Dem hat sich das BAG inzwischen angeschlossen und angenommen, eine Entgeltzahlung des Arbeitgebers an einen Arbeitnehmer in der Krise sei grundsätzlich als Bargeschäft iSv § 142 zu behandeln und deshalb regelmäßig nur bei Vorliegen der Voraussetzungen der Vorsatzanfechtung nach § 133 Abs 1 anfechtbar, wenn mit der Zahlung Vergütungsrückstände für in den vorhergehenden drei Monaten vom Arbeitnehmer erbrachte Arbeitsleistungen ausgeglichen wurden.[58] Darüber hinaus hat das BAG erwogen, in Fällen kongruenter Deckung durch eine verfassungskonforme Auslegung der §§ 129 ff das im Entgelt enthaltene **Existenzminimum** anfechtungsfrei zu stellen.[59] Der BGH ist dem in beiden Punkten nicht gefolgt. Danach ist der für ein Bargeschäft erforderliche Unmittelbarkeitszusammenhang nur dann noch gegeben, wenn im Falle einer monatlichen Vorleistungspflicht die Entgeltzahlung innerhalb von 30 Tagen nach Fälligkeit vorgenommen wird. Des Weiteren könne ein etwaiges Existenzminimum des Arbeitnehmers nicht mittels einer einschränkenden Auslegung der §§ 129 ff anfechtungsfrei gestellt werden, weil es nicht Aufgabe der GlGe-

54 *BGH* ZIP 2009, 2306.
55 *BAG* ZInsO 2012, 834.
56 *Windel* Anm zu *BAG* AP ArbGG 1979 § 2 Zuständigkeitsprüfung Nr 14.
57 *Windel* Anm zu *BAG* AP ArbGG 1979 § 2 Zuständigkeitsprüfung Nr 14; einschränkend nunmehr aber auf zwei Monate *ders* ZIP 2014, 2167, 2170.
58 *BAG* AP InsO § 130 Nr 2 = ZIP 2011, 2366; hierzu *Jacobs/Doebert* ZInsO 2012, 618; *Ganter* ZIP 2012, 2037; *Huber* ZInsO 2012, 1049; *Klinck* Anm AP InsO § 130 Nr 2.
59 *BAG* AP InsO § 133 Nr 2 = ZIP 2014, 628; dazu *Klinck* Anm AP Nr 2 zu § 133 InsO.

meinschaft sondern des Staates sei, etwaige durch eine Ins zu Lasten bestimmter Gl hervorgerufene unzumutbare Härten auszugleichen.[60]

Durch das Gesetz zur Verbesserung der Rechtssicherheit bei Anfechtungen nach der InsO und nach dem AnfG ist **§ 142 geändert** worden. Nach dessen Abs 2 S 2 besteht ein enger zeitlicher Zusammenhang zwischen der Arbeitsleistung und der Entgeltzahlung, wenn der Zeitraum zwischen Arbeitsleistung und Gewährung des Arbeitsentgelts drei Monate nicht übersteigt. 21

c) Vorsatzanfechtung. Eine **Vorsatzanfechtung** ist nach § 133 begründet, wenn der Schu die Rechtshandlung mit dem Vorsatz vorgenommen hat, seine Gl zu benachteiligen, und der Anfechtungsgegner dies wusste. Ausreichend ist eine mittelbare Gläubigerbenachteiligung. Dass die Entgeltzahlung im Wege eines Bargeschäfts erfolgte, schließt eine solche Benachteiligung nicht aus. Die Kenntnis der Zahlungsunfähigkeit begründet freilich keine gesetzliche Vermutung iSd § 292 ZPO für das Vorliegen der subjektiven Voraussetzungen des § 133, sondern ist nur ein Beweisanzeichen für das Vorliegen des Benachteiligungsvorsatzes, das allerdings besondere Bedeutung hat. Es kann – wie jedes andere Beweisanzeichen auch – entkräftet werden.[61] Wird eine Entgeltzahlung im Rahmen eines Arbeitsverhältnisses im engen zeitlichen Zusammenhang mit einer gleichwertigen Gegenleistung erbracht, spricht viel dafür, dass der Arbeitnehmer davon ausgeht und ausgehen darf, dass er nur bekommen hat, was ihm zustand, die Unternehmensfortführung erfolgversprechend ist und er die Erfüllung des Entgeltanspruchs deshalb als nicht gläubigerbenachteiligend ansieht. Etwas anderes gilt, wenn besondere Umstände des Einzelfalls dem Tatsachengericht gleichwohl die Überzeugung von der nach § 133 Abs 1 erforderlichen Kenntnis des Arbeitnehmers von einem Benachteiligungsvorsatz des Schu verschaffen.[61] Ein idR erhebliches Beweisanzeichen für einen Benachteiligungsvorsatz des Schu liegt im Falle einer inkongruenten Deckung vor, wenn also der Gl eine Befriedigung oder Sicherung erhalten hat, die er nicht, nicht in dieser Art oder nicht zu dieser Zeit zu beanspruchen hatte. Der Indizwirkung eines solchen Umstandes kann im Einzelfall jedoch entgegenstehen, dass die angefochtene Rechtshandlung von einem anderen, anfechtungsrechtlich unbedenklichen Willen geleitet war und das Bewusstsein der Benachteiligung anderer Gl infolgedessen in den Hintergrund getreten ist. Das kommt insb dann in Betracht, wenn die angefochtene Rechtshandlung Bestandteil eines ernsthaften, letztlich aber fehlgeschlagenen Sanierungsversuches ist.[62] Ob die subjektiven Voraussetzungen der Vorsatzanfechtung vorliegen, kann immer nur aus Indizien hergeleitet werden und unterliegt im Prozess der tatrichterlichen Würdigung nach § 286 Abs 1 S 1 ZPO, die unter Berücksichtigung der maßgeblichen Umstände des Einzelfalls auf der Grundlage des Gesamtergebnisses der Verhandlung und einer etwaigen Beweisaufnahme vorzunehmen ist. Da es sich hierbei um innere, dem Beweis nur eingeschränkt zugängliche Tatsachen handelt, können die subjektiven Tatbestandsmerkmale regelmäßig nur mittelbar aus objektiven Tatsachen hergeleitet werden. Auch diese stellen allerdings nur mehr oder weniger gewichtige Beweisanzeichen dar, die eine Gesamtwürdigung nicht entbehrlich machen und nicht schematisch iSe vom anderen Teil zu widerlegenden Vermutung angewandt werden dürfen.[63] 22

Das **Gesetz zur Verbesserung der Rechtssicherheit bei Anfechtungen nach der InsO und nach dem AnfG** enthält Korrekturen der bisherigen Regelung der Vorsatzanfechtung bei kongruenten und inkongruenten Deckungshandlungen. Dazu Kommentierung zu § 133. 23

60 *BGH* ZIP 2014, 1491; hierzu *Fischermeier* ZInsO 2015, 1237; *Marotzke* JZ 2014, 1118; *Windel* ZIP 2014, 2167; *Zwanziger* DB 2014, 2391.
61 *BAG* AP InsO § 133 Nr 2 = ZIP 2014, 628.
62 *BAG* ZIP 2014, 37.
63 *BAG* AP InsO § 130 Nr 2 = ZIP 2011, 2366; ausf hierzu *Huber* FS Ganter, S 203.

24 **d) Unentgeltliche Leistung.** Eine **Anfechtung nach § 134** setzt voraus, dass eine Leistung unentgeltlich erbracht wurde. Hiervon ist auszugehen, wenn ihr nach dem Inhalt des Rechtsgeschäfts keine Leistung gegenübersteht, dem Leistenden also keine Gegenleistung zufließen soll, die dem aufgegebenen Vermögenswert oder der eingegangenen Verpflichtung entspricht.[64] Dagegen erfolgt eine Leistung entgeltlich, wenn der Schu für seine Leistung etwas erhält, was objektiv ein Ausgleich für seine Leistung ist oder dies jedenfalls subjektiv nach dem Willen der Beteiligten sein soll.[65] **Vergütungszahlungen**, die im Rahmen eines wirksam geschlossenen Arbeitsverhältnisses als Gegenleistung für die geleistete Arbeit vorgenommen werden, sind grds entgeltlich. Dies gilt auch, soweit gesetzliche oder tarifliche Bestimmungen in Durchbrechung des Grundsatzes „kein Entgelt ohne Arbeit" eine Entgeltzahlungspflicht ohne Arbeitsleistung vorsehen, wie zB beim Urlaubsentgelt, der Entgeltfortzahlung im Krankheitsfalle bzw an Feiertagen oder der Freistellung von Mandatsträgern (§§ 37 f BetrVG). Entsprechendes gilt, wenn der Arbeitgeber **Annahmeverzugsansprüche** des Arbeitnehmers nach § 615 S 1 iVm § 611 Abs 1 BGB erfüllt, die dadurch entstanden sind, dass er den Arbeitnehmer wegen Arbeitsmangels oder während eines später verlorenen Kündigungsschutzprozesses nicht beschäftigt hat. Auch in diesem Fall liegt eine entgeltliche Leistung vor, die nicht der Anfechtung nach § 134 InsO unterliegt.[66] Wird ein **Arbeitsvertrag nur zum Schein** abgeschlossen und zahlt der Schu als Arbeitgeber ohne den Erhalt von Arbeitsleistung Lohn, handelt es sich nach diesen Grundsätzen um eine unentgeltliche Leistung iSv § 134. Darüber hinaus können Lohnzahlungen auch in einem wirksam begründeten Arbeitsverhältnis unentgeltliche Leistungen darstellen, wenn der InsSchu die hierfür geschuldete Arbeitsleistung trotz vorhandener Arbeitsmenge nicht oder nicht vollständig in Anspruch nimmt. Gleiches gilt im Falle der Vergütungsleistung trotz vertragswidriger Arbeitsverweigerung des Arbeitnehmers.[67] Ebenso können Entgeltzahlungen, die in Erfüllung einer wirksam geschlossenen Freistellungsvereinbarung erfolgen, unentgeltlich sein. Erfolgt die Freistellung allerdings im Wege eines Vergleichs, ist in der Regel davon auszugehen, dass dies seinen Grund in der ungewissen Sach- und Rechtslage hat. Das führt zur Entgeltlichkeit der in Erfüllung des Vergleichs für die Zeit der Freistellung geleisteten Zahlungen.[66] Die mit einer **„Halteprämie"** honorierte Betriebstreue kann gleichfalls eine entgeltliche, objektiv werthaltige Leistung sein, da es in der wirtschaftlichen Krisensituation für das Unternehmen von entscheidender Bedeutung sein kann, Leistungsträger an sich zu binden.[68]

25 **e) Anfechtung von Betriebsvereinbarungen.** Im Schrifttum wird auch die Anfechtung von Betriebsvereinbarungen erörtert. Dies betrifft insb freiwillige Betriebsvereinbarungen nach § 88 BetrVG über die Gewährung von **Sonderzahlungen und Sozialpläne,** welche die Wirkung einer Betriebsvereinbarung haben. Bedeutung kommt einer solchen Anfechtung in Bezug auf Sozialpläne zu, wenn diese vor der Dreimonatsfrist des § 124 Abs 1 abgeschlossen wurden.[69]

26 **f) Verfahrensfragen.** Die Anfechtung richtet sich grds **gegen denjenigen, dem gegenüber die anfechtbare Handlung vorgenommen worden ist**, dh gegen den Empfänger des anfechtbar übertragenen oder begründeten Rechts. Hat der Schu in anfechtbarer Weise an einen vom Gl mit dem Empfang der Leistung beauftragten Dritten geleistet, trifft die Rückge-

64 *BGH* ZIP 2012, 1183.
65 *BGH* ZIP 1999, 316.
66 *BAG* 17.12.2015 – 6 AZR 186/14.
67 *BAG* ZIP 2014, 2519.
68 *BAG* ZIP 2014, 139.
69 Eingehend dazu *Jaeger/Heckel* § 129 Rn 49 ff; MK/*Kayser* § 129 Rn 13; *Mückl/Krings* ZIP 2015, 1714.

währpflicht allerdings gleichwohl den Gl und nicht den Empfangsbeauftragten.[70] Für die auf Rückzahlung der Arbeitsvergütung gerichtete Klage des InsVerw sind gem § 2 Abs 1 Nr 3 lit a ArbGG die **Gerichte für Arbeitssachen zuständig**. Streitgegenstand ist der Anspruch des InsVerw auf Rückgewähr der vom Schu geleisteten Vergütung nach § 143 I, nicht die insolvenzrechtliche Anfechtung als solche.[71] Dies gilt auch dann, wenn zwischen den Parteien streitig ist, ob der Arbeitsvertrag wirksam geschlossen und beiderseitig erfüllt wurde.[72] Dagegen sind die Arbeitsgerichte nicht für den **Rechtsstreit zwischen InsVerw und Finanzamt** über die nach § 143 verlangte Rückgewähr vom Schu entrichteter Lohn- und Annexsteuern zuständig. Ein solcher Rechtsstreit ist auf die insolvenzrechtlich geprägte Rückabwicklung einer steuerrechtlichen Beziehung zwischen dem Schu und dem Fiskus gerichtet und nicht auf die Rückgewähr vom Schu geleisteter Arbeitsvergütung. Zulässig ist in diesen Fällen der Rechtsweg zu den ordentlichen Gerichten.[73] Wird in einem arbeitsgerichtlichen Rechtsstreit nach Eröffnung des InsVerf eine **Kostengrundentscheidung** getroffen, ist darin über die Einordnung der Verfahrenskosten als Masseverbindlichkeit oder als InsFord zu entscheiden. Soweit dem InsVerw als Partei die Kosten des Verfahrens – ganz oder tw – auferlegt werden, ist dies grundsätzlich so zu verstehen, dass diese Kostenforderungen nach § 55 Abs 1 Nr 1 Masseverbindlichkeiten sind. An diese Kostengrundentscheidung sind die Kostenbeamten im Kostenfestsetzungsverfahrens gebunden.[74]

4. Arbeitsentgelt. Für die **Einordnung von Arbeitsentgeltansprüchen als InsFord oder Masseverbindlichkeiten** iSv § 55 Abs 1 Nr 2 2. Alt kommt es zunächst darauf an, ob es sich dabei um eine Leistungen mit Entgeltcharakter handelt. Dies ergibt sich aus dem Zweck des § 55 Abs 1 Nr 2 und aus dessen systematischem Zusammenhang mit der Regelung des § 108 Abs 3.[75] Grundsätzlich können nur solche Leistungsansprüche, die in einem zumindest teilweise synallagmatischen Verhältnis zu der erbrachten Arbeitsleistung stehen, als Masseforderung anerkannt werden, weil sie eine Gegenleistung für die der Masse nach Eröffnung des InsVerf zugutegekommene Arbeitsleistung darstellen. Insolvenzrechtlich sind solche arbeitsleistungsbezogenen Sonderzahlungen dem Zeitraum zuzuordnen, für den sie als Gegenleistung geschuldet sind.[76] Eine Forderung kann daher nur dann Masseverbindlichkeit iSv § 55 Abs 1 Nr 2 2. Alt sein, wenn sie als Entgelt im weitesten Sinne für die Zeit nach Eröffnung des InsVerf geschuldet wird. Hiervon ist nicht auszugehen, wenn die Arbeitsleistung vor InsEröffnung erbracht wurden. Unerheblich ist, ob die hierfür geschuldeten Entgeltansprüche aufschiebend bedingt waren[77] oder aber ein nach einem Sanierungstarifvertrag durch das Wirksamwerden einer betriebsbedingten Beendigungskündigung auflösend bedingter Erlass der Forderung vorliegt (sog „Rückfallklausel").[78] 27

Für die Einordnung eines Zahlungsanspruchs als InsFord oder Masseverbindlichkeit iSv § 55 Abs 1 Nr 2 ist maßgeblich, ob er **vor oder nach der Verfahrenseröffnung entstanden** ist. 28

70 *BAG* AP InsO § 131 Nr 5 = ZIP 2014, 1396; *BAG* AP InsO § 133 Nr 2 = ZIP 2014, 628.
71 *GmS-OGB* AP ArbGG 1979 § 2 Zuständigkeitsprüfung Nr 14 = ZIP 2010, 2418; *BAG* AP ArbGG 1979 § 3 Nr 8 = ZIP 2008, 1499; *BAG* AP ArbGG 1979 § 3 Nr 9 = ZIP 2009, 1687; aM *BGH* AP ArbGG 1979 § 3 Nr 10 = ZIP 2009, 825.
72 *BAG* ZIP 2015, 341.
73 *BAG* ZIP 2014, 2309.
74 *BAG* ZIP 2015, 1181.
75 *BAG* 23.3.2017 – 6 AZR 264/16; *BAG* AP InsO § 55 Nr 20 = ZIP 2013, 2414; *BAG* AP InsO § 55 Nr 19 = ZIP 2013, 1033; zu dieser Unterscheidung *BAG* 13.5.2015 – 10 AZR 266/14.
76 *BAG* 23.3.2017 – 6 AZR 264/16; *BAG* 13.11.2013 – 10 AZR 848/12.
77 *BAG* AP InsO § 133 Nr 1 = ZIP 2014, 37.
78 *BAG* AP InsO § 55 Nr 19 = ZIP 2013, 1033.

Auf den Zeitpunkt der möglicherweise späteren Fälligkeit kommt es dagegen nicht an.[79] Lohn- und Gehaltsansprüche, die aus der Beschäftigung von Arbeitnehmern nach der VerfEröffnung durch den InsVerw erwachsen, sind in der Höhe, die sich aus dem jeweiligen Arbeitsvertrag ergibt, Masseverbindlichkeiten iSv § 55 Abs 1 Nr 2 Alt 2.[80] Dies gilt unabhängig davon, ob der Arbeitnehmer die Arbeitsleistung erbringt.[81] Der Vergütungsanspruch wird zwar gem § 611 BGB grds durch die tatsächliche Leistung der geschuldeten Dienste erworben. Legt der InsVerw den Betrieb unmittelbar mit VerfEröffnung still und stellt er die Arbeitnehmer frei, bleibt er jedoch gem § 615 iVm § 611 BGB aus Annahmeverzug zur Vergütung der Arbeitnehmer verpflichtet.[82] Ist im Arbeitsvertrag ein regelmäßiges Arbeitsentgelt vereinbart, entstehen diese Entgeltansprüche nach Ablauf der Zeitabschnitte, nach denen die Vergütung zu bemessen ist (§ 614 S 2 BGB). Fallen sie dementsprechend in die Zeit nach Eröffnung des InsVerf, ist § 55 Abs 1 Nr 2 Alt 2 einschlägig.[83] Ansprüche für die Zeit vor der InsEröffnung kann der Arbeitnehmer dagegen nach § 108 Abs 3 nur als InsGl geltend machen. Wird über das Vermögen des Arbeitgebers das InsVerf eröffnet, ist der Arbeitnehmer dementsprechend bzgl der auf diesen Zeitraum entfallenden Ansprüche grds nur einfacher InsGl iSd § 38.[84] Masseverbindlichkeiten nach § 55 Abs 1 Nr 1 entstehen nur, wenn sie der InsVerw in seiner Funktion als Partei kraft Amtes selbst begründet. Wurden die Ansprüche dagegen bereits vor InsEröffnung durch Vereinbarungen des Schu mit dem Arbeitnehmer begründet, handelt es sich auch für den Zeitraum nach InsEröffnung nicht um Masseverbindlichkeiten iSv § 55 Abs 1 Nr 1.[85] Ein Anspruch auf Zahlung einer monatlichen außertariflichen Zulage aus einem **Sozialplan**, der durch Abschluss einer Betriebsvereinbarung vor Eröffnung des InsVerf in einen Anspruch auf eine Einmalzahlung umgewandelt und lediglich von dem Bestehen eines Arbeitsverhältnisses zu einem vor InsEröffnung liegenden Stichtag abhängig gemacht wird, ist daher gem § 38 einfache InsFord, auch wenn die Zahlung erst nach InsEröffnung fällig wird.[84]

29 Die insolvenzrechtliche Zuordnung von **Bonus- oder Sonderzahlungen** zu InsFord oder Masseverbindlichkeiten iSv § 55 Abs 1 Nr 2 bestimmt sich nach deren Zweck. Wird damit die vom Arbeitnehmer im Bezugszeitraum erbrachte Arbeitsleistung zusätzlich honoriert, entsteht der Anspruch hierauf regelmäßig während des Bezugszeitraums entspr der zurückgelegten Dauer „pro rata temporis“ und wird nur zu einem anderen Zeitpunkt insgesamt fällig.[86] Insolvenzrechtlich sind solche arbeitsleistungsbezogenen Sonderzuwendungen dem Zeitraum zuzuordnen, für den sie als Gegenleistung geschuldet sind: Soweit mit ihnen **Arbeitsleistungen vergütet** werden, die nach der Eröffnung des InsVerf erbracht wurden, handelt es sich um Masseforderungen. Werden dagegen hiermit davor erbrachte Arbeitsleistungen honoriert, sind sie InsFord.[87] Dies gilt auch für variable Sonderzahlungen, die Entgelt für geleistete Arbeit sind. Auch wenn diese erst nach dem Ende des Bezugsjahres fällig werden, entstehen sie regelmäßig zeitanteilig im Bezugsjahr.[88] Ist die zusätzliche Vergütung dagegen für besondere, zu bestimmten Zeiten während des Geschäftsjahres zu

79 *BAG* ZIP 2013, 532; *BAG* AP InsO § 55 Nr 14 = ZIP 2007, 2173; *Jaeger/Giesen* Vor § 113 Rn 37.
80 *BAG* 23.3.2017 – 6 AZR 264/16; *BAG* AP InsO § 55 Nr 19 = ZIP 2013, 1033.
81 *BAG* AP TVG § 1 Tarifverträge: Bau Nr 308 = ZIP 2009, 984; *BAG* AP InsO § 55 Nr 14 = ZIP 2007, 2173.
82 *BAG* AP BGB § 615 Nr 118 = NJW 2007, 2796; *Jaeger/Giesen* Vor § 113 Rn 50.
83 *BAG* AP InsO § 55 Nr 19 = ZIP 2013, 1033; *BAG* AP InsO § 55 Nr 13 = ZIP 2006, 1366.
84 *BAG* AP InsO § 55 Nr 14 = ZIP 2007, 2173.
85 *BAG* AP InsO § 55 Nr 19 = ZIP 2013, 1033; *BAG* AP InsO § 38 Nr 5 = ZIP 2008, 374.
86 *BAG* AP BGB § 307 Nr 59 = ZIP 2012, 1093.
87 *BAG* 23.3.2017 – 6 AZR 264/16; *BAG* 13.11.2013 – 10 AZR 848/12.
88 *BAG* AP InsO § 55 Nr 17 = NZI 2013, 357.

erbringende Leistungen versprochen, kann es allein auf diese Zeiträume ankommen.[89] Soll eine Sonderzahlung nicht nur die erbrachte Arbeitsleistung vergüten, sondern zusätzlich die gezeigte oder erwartete Betriebstreue belohnen, handelt es sich um eine Leistung mit sog **Mischcharakter**.[90] Auch insoweit gilt, dass es sich um Masseverbindlichkeiten handelt, soweit mit ihnen Arbeitsleistungen vergütet werden, die nach der Eröffnung des InsVerf erbracht wurden.[91] Hängt die Sonderzahlung jedoch nicht (auch) von einer bestimmten Arbeitsleistung, sondern nur vom Bestand des Arbeitsverhältnisses zu einem benannten Stichtag ab, wird damit regelmäßig eine Honorierung künftiger Betriebstreue bezweckt. Sagt der Arbeitgeber dem Arbeitnehmer eine Prämie zu, wenn er bis zu einem bestimmten Stichtag keine Eigenkündigung erklärt **(Halteprämie)**, und liegt der Stichtag nach InsEröffnung, handelt es sich unabhängig davon, dass der Anspruch auf die Prämie auflösend bedingt ist, um eine Masseverbindlichkeit iSv § 55 Abs 1 Nr 2 Alt 2. Der Anspruch ist in diesem Fall daran gebunden, dass der Arbeitnehmer in Form von weiter erwiesener Betriebstreue eine Leistung für die Masse erbringt und steht damit jedenfalls in einem weiten Sinn im Synallagma.[92] Eine solche Vereinbarung ist nicht gem § 119 unwirksam. Sie beeinträchtigt nicht die Gestaltungsrechte des InsVerw nach §§ 103 ff, da eine Kündigung des Verw den Anspruch auf die Halteprämie nicht auslöst.[92] Liegt der Stichtag dagegen vor InsEröffnung, besteht keine Masseverbindlichkeit iSv § 55 Abs 1 Nr 2 Alt 2.[93] Denkbar ist auch, dass sich der Arbeitgeber mit der stichtagsbezogenen Sonderzahlung an den zum **Weihnachtsfest** typischerweise erhöhten Aufwendungen seiner Arbeitnehmer beteiligen möchte.[94] In der Ins sind derartige Leistungen dem Zeitraum zuzurechnen, in den der Stichtag fällt. Liegt dieser zeitlich nach Eröffnung des InsVerf, handelt es sich um Masseverbindlichkeiten, im anderen Fall sind sie in voller Höhe als InsFord zu behandeln.[95] Zur Behandlung von Sonderzahlungen bei Masseunzulänglichkeit Rn 66.

Nimmt der **starke vorl InsVerw** die Arbeitsleistung des Arbeitnehmers für das von ihm ver- **30**
waltete Vermögen entgegen, gelten die hierdurch begründeten Entgeltansprüche gem § 55 Abs 2 S 2 als Masseverbindlichkeiten.[96] Annahmeverzugsansprüche aus §§ 611, 615 BGB gehören allerdings nicht hierzu, weil der Verwalter in diesem Fall die Arbeitsleistung nicht entgegengenommen hat.[97] Hierbei handelt es sich vielmehr um einfache InsFord. § 55 Abs 2 S 2 ist grds weder unmittelbar noch entspr auf Rechtshandlungen eines **schwachen vorl InsVerw** anzuwenden, auf den die Verfügungsbefugnis über das Vermögen des Schu nicht übergegangen ist.[93] Die in § 55 Abs 3 enthaltene Klarstellung wäre entbehrlich gewesen, wenn die entspr Ansprüche aus Dauerschuldverhältnissen schon in der Person des Arbeitnehmers nach § 108 Abs 3 nur InsFord und nicht Masseverbindlichkeiten gem § 55 Abs 2 S 2 wären.[98]

Werden vom InsVerw nach Eröffnung des InsVerf über das Vermögen eines einzelkaufmän- **31**
nisch tätigen Schu nach § 35 Abs 2 S 1 die unmittelbar für die selbstständige Erwerbstätigkeit des Schu benötigten **Betriebsmittel „freigegeben"** und wird im Zusammenhang mit einer solchen Freigabe zwischen dem Schu und dem InsVerw eine den Erfordernissen des

---

89 *BAG* AP InsO § 55 Nr 18 = ZIP 2013, 532.
90 Dazu *BAG* 13.5.2015 – 10 AZR 266/14; *BAG* 13.11.2013 – 10 AZR 848/12.
91 Vgl *BAG* 23.3.2017 – 6 AZR 264/16; zust *Windel* Anm AP InsO § 209 Nr 7.
92 *BAG* AP InsO § 133 Nr. 1 = ZIP 2014, 37.
93 *BAG* AP InsO § 55 Nr 20 = ZIP 2013, 2414.
94 *BAG* 23.3.2017 – 6 AZR 264/16; *BAG* AP BGB § 307 Nr 59 = ZIP 2012, 1093.
95 *BAG* 23.3.2017 – 6 AZR 264/16; *BAG* AP InsO § 55 Nr 18 = ZIP 2013, 532.
96 *BAG* AP InsO § 55 Nr 20 = ZIP 2014, 2147; ErfK/*Müller-Glöge* InsO Rn 41a.
97 Vgl *BAG* AP InsO § 113 Nr 18 = ZIP 2005, 1289; MK/*Caspers* Vor §§ 113–128 Rn 26; *Jaeger/Giesen* Vor § 113 Rn 50; ErfK/*Müller-Glöge* InsO Rn 41a.
98 *BGHZ* 151, 353 = ZIP 2002, 1625.

§ 295 Abs 2 entspr Vereinbarung über abzuführende Beträge geschlossen, haftet die Ins-Masse nicht mehr für Ansprüche der Arbeitnehmer auf Arbeitsvergütung aus danach vom Schu begründeten Arbeitsverhältnissen. Diese hat allein der Schu zu erfüllen.[99] Da nach der neueren Rspr des BGH dies auch für Dauerschuldverhältnisse gilt, die vor InsEröffnung begründet wurden,[100] können Arbeitnehmer Entgeltansprüche, die nach der Eröffnung des InsVerf entstanden und daher Masseverbindlichkeiten iSv § 55 Abs 1 Nr 2 sind, nach der Freigabe nicht mehr gegen die Masse geltend machen, sondern nur noch gegenüber dem Schu. Damit wird den Arbeitnehmern uU ein erheblicher Teil der Haftungsmasse entzogen, da das beschlagsfreie Vermögen des Schu regelmäßig nur aus pfändungsfreien und aus der Masse freigegebenen Gegenständen sowie demjenigen besteht, was der Schu nach der Freigabe erwirtschaftet.[101] Viel spricht dafür, auf eine solche Freigabe § 613a BGB zumindest entsprechend anzuwenden.[102]

32 Wird in einem sanierungsbedürftigen Unternehmen mit den Arbeitnehmern als Beitrag **zur Sanierung eine Reduzierung ihrer Arbeitszeit** bei entspr Absenkung der Vergütung vereinbart und zugleich geregelt, dass die Arbeitnehmer im InsFall für die letzten zwölf Monate vor ihrem insolvenzbedingten Ausscheiden hinsichtlich Arbeitsverpflichtung und Vergütung wieder so zu stellen sind, wie sie ohne Vertragsänderung gestanden hätten, ist dies nicht sittenwidrig und unterliegt auch nicht der InsAnfechtung, wenn der Sanierungsbedarf bis zur InsEröffnung fortbestanden hat. Die Vergütungsdifferenzen für die Zeit nach InsEröffnung sind Masseverbindlichkeiten iSd § 55 Abs 1 Nr 2 Alt 2.[103]

33 Die Einordnung von Arbeitsentgeltansprüchen als InsFord oder Masseverbindlichkeiten ist von **prozessualer Bedeutung**. Geht der Arbeitnehmer nicht von einer Masseverbindlichkeit aus, sondern lediglich von einer InsFord iSv §§ 38, 108 Abs 3, ist die auf eine Leistung des InsVerw gerichtete Klage unzulässig. Der Arbeitnehmer kann diese Ansprüche gem § 87 nur iRd InsVerf verfolgen und muss sie gegenüber dem InsVerw nach § 174 anmelden. Im Falle des Bestreitens der Forderung muss gem § 179 Abs 1 die Feststellung gegen den Bestreitenden betrieben werden. Diese kann gem § 181 nach Grund, Betrag und Rang der Forderung nur in der Weise begehrt werden, wie die Forderung in der Anmeldung oder im Prüfungstermin bezeichnet worden ist. Einer Klage, mit der die Feststellung einer unangemeldeten und ungeprüften Forderung beantragt wird, fehlt das Feststellungsinteresse und ist deshalb als unzulässig abzuweisen.[104] Beruft sich der Arbeitnehmer dagegen auf eine vorweg zu berichtigende Masseverbindlichkeit iSv § 55, ist die Klage zwar zulässig, jedoch unbegründet, wenn es sich in Wirklichkeit um eine InsFord handelt.[105]

34 Sieht der **InsPlan** vor, dass bestrittene Forderungen bei der Verteilung analog § 189 nur zu berücksichtigen sind, wenn sie innerhalb einer **Ausschlussfrist** gerichtlich verfolgt werden, führt dies nicht zum Untergang der Forderung nach Fristablauf. Aus § 254 Abs 1, § 254b folgt vielmehr, dass alle an einem InsVerf beteiligten InsGl sowie die „Nachzügler" nach Aufhebung des InsVerf gegenüber dem Schu im Wege einer Leistungsklage die Planquote durchsetzen können, die der Gläubigergruppe, der sie angehören, zusteht. Wird mit der

---

99 *BAG* AP InsO § 295 Nr 1 mit Anm *Windel* = ZIP 2008, 1346; dazu auch *Wischemeyer* ZInsO 2009, 937.

100 *BGH* ZIP 2012, 533; ebenso *BAG* AP InsO § 35 Nr 3 = ZIP 2014, 339; dazu *Lindemann* ZInsO 2014, 695.

101 Krit daher *Windel* RdA 2012, 366 f.

102 *Windel* RdA 2012, 366, 368 ff; ErfK/*Müller-Glöge* InsO Rn 37c.

103 *BAG* AP InsO § 55 Nr 13 = ZIP 2006, 1366.

104 *BAG* NZA-RR 2013, 304; *BGH* ZIP 2007, 1760.

105 *BAG* ZIP 2014, 2147; *BAG* AP InsO § 55 Nr 19 = ZIP 2013, 1033; *BAG* AP InsO § 38 Nr 5 = ZIP 2008, 374.

Klage dagegen ein die Planquote übersteigender Betrag gefordert, ist die Klage insoweit nur begründet, wenn die bestrittene Forderung nach § 255 Abs 1 wiederaufgelebt ist.[106]

5. Arbeitszeitkonto. Vom Arbeitgeber auf einem bes Bankkonto für die Abgeltung von Arbeitszeitguthaben der Arbeitnehmer bereitgestellte Gelder unterliegen in der Ins nicht der **Aussonderung** nach § 47, wenn der Arbeitgeber selbst Inhaber des Kontos ist. Ein insolvenzgesichertes, zur Aussonderung berechtigendes Treuhandverhältnis setzt grds voraus, dass Vermögensgegenstände des Treugebers in das Vermögen des Treuhänders gelangen und dort unterscheidbar vorhanden sind.[107] **35**

Wertguthabenkonten iSd § 7b SGB IV, die nicht der flexiblen Gestaltung der werktäglichen oder wöchentlichen Arbeitszeit dienen, in die vielmehr Arbeitsentgelt eingebracht wird, um es für Zeiten der Freistellung von der Arbeitsleistung oder der Verringerung der vertraglich vereinbarten Arbeitszeit zu entnehmen, unterliegen nach § 7e SGB IV einem besonderen InsSchutz. Wertguthaben fallen insb dadurch an, dass mehr als die vertraglich geschuldete Arbeitsleistung erbracht und das für die geleistete Mehrarbeit geschuldete Entgelt nicht unmittelbar ausgezahlt wird.[108] Verwendung und Verwaltung des Wertguthabens sind in §§ 7c und 7d SGB IV geregelt. Der in der Zeit vor InsEröffnung aufgebaute Teil des Wertguthabens ist InsFord iSv § 38. Nur soweit das Wertguthaben danach durch Arbeitsleistung erweitert wurde, ist es Masseforderung nach § 55 Abs 1 Nr 2. **36**

Zum **Schutz vor einer Ins des Arbeitgebers** ist gem § 7e Abs 2 SGB IV das Wertguthaben unter Ausschluss der Rückführung auf einen Dritten zu übertragen. Gefordert wird damit ein **Treuhandverhältnis**, in dem das Wertguthaben von dem in die InsMasse fallenden Vermögen des Arbeitgebers getrennt geführt wird (sog CTA-Modell – Contractual Trust Arrangement).[109] Ein anderes, dem Treuhandverhältnis gleichwertiges Sicherungsmodell setzt voraus, dass der Gl in der Ins des Arbeitgebers zur Absonderung (§ 50) berechtigt ist.[110] In § 7e Abs 2 S 2 SGB IV werden hierzu beispielhaft Versicherungs- und schuldrechtliche Verpfändungs- und Bürgschaftsmodelle genannt. Keine geeigneten Vorkehrungen sind gem § 7e Abs 3 SGB IV bilanzielle Rückstellungen sowie zwischen Konzernunternehmen iSv § 18 AktG begründete Einstandspflichten, insb Bürgschaften, Patronatserklärungen oder Schuldbeitritte. Weist der Arbeitgeber nach schriftlicher Aufforderung durch den Beschäftigten den InsSchutz nicht innerhalb von zwei Monaten nach, kann der Beschäftigte gem § 7e Abs 5 SGB IV die Vereinbarung mit sofortiger Wirkung kündigen; das Wertguthaben ist dann nach Maßgabe des § 23b Abs 2 SGB IV aufzulösen. **37**

§ 7e Abs 7 SGB IV regelt die **Haftung des Arbeitgebers** für Schäden, die aus einem nicht geeigneten oder nicht ausreichenden InsSchutz herrühren. Die Haftung juristischer Personen dürfte für den Fall der Ins des Unternehmens freilich nur unvollkommen sein. Denn der dem Arbeitnehmer zustehende Schadensersatzanspruch ist keine bevorrechtigte Masseforderung iSd §§ 53 ff, er ist vielmehr als InsFord ebenso wie die Forderungen aus dem Wertguthaben zur InsTabelle anzumelden und wird deswegen nur zu einem Bruchteil befriedigt werden. Aus diesem Grund ist nunmehr in § 7e Abs 7 S 2 und 3 SGB IV die **persönliche Haftung** der organschaftlichen Vertreter vorgesehen. **38**

---

106 *BAG* 19.11.2015 – 6 AZR 559/14.
107 *BAG* AP InsO § 47 Nr 1 = ZIP 2004, 124.
108 ErfK/*Rolfs* § 7b SGB IV Rn 5; *Rolfs/Witschen* NZS 2009, 295.
109 *Küttner/Schlegel* Personalbuch 2017 „Wertguthaben/Zeitguthaben" Rn 27; ErfK/*Rolfs* § 7e SGB IV Rn 5 ff; zu Doppeltreuhandmodellen vgl *BAG* AP ATG § 8a Nr 8 = ZIP 2013, 2025.
110 *Cisch/Ulbrich* BB 2009, 555.

39 **6. Aufhebungsvertrag.** Schließt der Arbeitnehmer mit dem Arbeitgeber einen Aufhebungsvertrag, in dem die Beendigung des Arbeitsverhältnisses zu einem späteren Termin gegen Zahlung einer Abfindung vereinbart wird, steht dem Arbeitnehmer nach einer in der Zeit zwischen dem Abschluss dieses Vertrags und dem vereinbarten Beendigungszeitpunkt erfolgten Eröffnung des InsVerf über das Vermögen des Arbeitgebers kein Recht zum Rücktritt hiervon iSv § 323 BGB zu, wenn der InsVerw die Abfindung nicht zahlt. Dem steht entgegen, dass die Abfindungsforderung nach InsEröffnung nicht mehr durchsetzbar ist. Der Arbeitnehmer kann die ursprünglich geschuldete Zahlung der Abfindung nicht mehr mit der Leistungsklage verfolgen, sondern nur noch die Anmeldung der Forderung zur InsTabelle verlangen. Seine Forderung ist damit nicht mehr durchsetzbar iSd § 323 BGB. Aus § 103 folgt nichts anderes. Diese Bestimmung erfasst nur Verträge, die vor Eröffnung des InsVerf von keiner Seite vollständig erfüllt worden sind. Mit dem Abschluss des Aufhebungsvertrags hat der Arbeitnehmer jedoch seine Leistung bereits erbracht, da er hiermit sein Einverständnis mit der Beendigung seines Arbeitsverhältnisses erklärt hat.[111] An der Durchsetzbarkeit des Abfindungsanspruchs fehlt es gleichfalls, wenn der Arbeitnehmer Kenntnis davon hat, dass die Eröffnung des InsVerf über das Vermögen seines Arbeitgebers beantragt ist, oder wenn dieser nach dem Eröffnungsantrag aufgrund der Anordnung von Sicherungsmaßnahmen durch das InsGer nach § 21 die Abfindung nicht zahlen darf.[112]

40 Schließt ein betriebsbedingt gekündigter Arbeitnehmer nach Erhebung der Kündigungsschutzklage im Gütetermin mit dem InsVerw einen **widerruflichen Vergleich** und hat dieser zuvor erklärt, die Abfindung könne gezahlt werden, wenn er einen share- oder asset-deal erreiche, besteht keine Haftung des InsVerw nach § 61, wenn es dazu nicht kommt und Masseunzulänglichkeit angezeigt wird. Durch die Einräumung einer Widerrufsfrist wird dem Arbeitnehmer Gelegenheit gegeben, den Erfolg von Veräußerungsbemühungen bzw gesellschaftsrechtlichen Umstrukturierungen abzuwarten. In einer solchen Situation ist es seine Sache, sich nach dem Stand dieser Bemühungen und der Zahlungsfähigkeit der Masse erkundigen. Unterlässt er dies, verwirklicht sich das ihm bei Vergleichsabschluss bekannte und von ihm in Kauf genommene Zahlungsrisiko. Der Arbeitnehmer kann nicht darauf vertrauen, der InsVerw werde den Vergleich von sich aus widerrufen, wenn sich die Verkaufsbemühungen zerschlagen oder verzögern.[113]

41 **7. Ausschlussfrist.** Die **Anmeldung von InsFord** zur InsTabelle hemmt gem § 204 Abs 1 Nr 10 BGB die **Verjährung.** Sie bedürfen auch keiner weiteren Geltendmachung zur Wahrung von **Ausschlussfristen,** soweit diese nicht bereits bei InsEröffnung abgelaufen waren. Insoweit stellen die §§ 174 ff eigene Anforderungen an den zeitlichen Rahmen und den Inhalt der Anmeldung von Forderungen. Diese Regelungen treten an die Stelle tariflicher Ausschlussfristen.[114] Auf **Masseforderungen** sind demgegenüber die Ausschlussfristen in vollem Umfang anzuwenden.[115] Soweit die Auffassung vertreten wird, die – unzutreffende – Anmeldung einer Masseforderung zur Tabelle wahre die erste Stufe einer tariflichen Ausschlussfrist,[116] kann dem nicht gefolgt werden.[117] Die Geltendmachung hat vielmehr aus Gründen der Klarheit gegenüber dem InsVerw zu erfolgen.

---

111 *BAG* AP BGB § 620 Aufhebungsvertrag Nr 43 = ZInsO 2012, 450.
112 *BAG* AP BGB § 620 Aufhebungsvertrag Nr 44 = ZIP 2012, 91.
113 *BAG* AP InsO § 61 Nr 3 = ZIP 2012, 38.
114 *BAG* 19.11.2015 – 6 AZR 559/14.
115 *BAG* 15.2.2005 – 9 AZR 78/04; *Krause* RdA 2004, 117.
116 *BAG* AP InsO § 108 Nr 4 = ZIP 2005, 1653.
117 Zutr *Windel* Anm zu BAG AP InsO § 108 Nr 4.

8. Betriebliche Altersversorgung. Die InsSicherung von Betriebsrentenansprüchen ist in §§ **7–15 BetrAVG**, im VVG sowie in den Vorschriften des PSVaG (Rn 51) geregelt. Tarifverträge oder Betriebsvereinbarungen können weder zum Nachteil noch zum Vorteil von §§ 7–15 BetrAVG abweichen. Nach § 7 Abs 1 S 1 BetrAVG haben Versorgungsempfänger, deren Ansprüche aus einer unmittelbaren Versorgungszusage des Arbeitgebers nicht erfüllt werden, weil über das Vermögen des Arbeitgebers oder über seinen Nachlass das InsVerf eröffnet worden ist, und ihre Hinterbliebenen gegen den Träger der InsSicherung einen Anspruch in Höhe der Leistung, die der Arbeitgeber aufgrund der Versorgungszusage zu erbringen hätte, wenn das InsVerf nicht eröffnet worden wäre. **42**

Der InsSchutz hängt von **zwei Voraussetzungen** ab: Es muss sich um Versorgungsansprüche eines Arbeitnehmers oder einer gleichgestellten Person handeln; die Versorgungsansprüche müssen Leistungen der betrieblichen Altersversorgung sein (§ 1 BetrAVG). Überbrückungshilfen bis zum Erreichen eines in der Versorgungszusage festgelegten Versorgungsfalles „Alter" sind keine insolvenzgesicherten Leistungen der betrieblichen Altersversorgung iSd Betriebsrentengesetzes, selbst wenn sie in der Zusage als Ruhegehälter bezeichnet worden sind.[118] **43**

Insolvenzgesichert sind die Ansprüche aus einer **unmittelbaren Versorgungszusage** des Arbeitgebers (§ 7 Abs 1 S 1 BetrAVG). Ist nach der Versorgungszusage die Versorgungsverpflichtung auf einen Dritten übergegangen, besteht der InsSchutz nur dann, wenn der Betrieb nach § 613a BGB auf einen Dritten übergegangen ist oder der Dritte die Versorgungsverpflichtung nach § 4 BetrAVG wirksam übernommen hat. An den vom Arbeitgeber nicht an die Pensionskasse gezahlten Beiträgen besteht **kein Aussonderungsrecht** nach § 47. Ein solches lässt sich auch nicht durch eine richtlinienkonforme von Art 8 der RL 2008/94/EG begründen.[119] **44**

Die Leistungen aus einer **Direktversicherung** sind gesichert, wenn der Arbeitgeber sie vor Eintritt des Versicherungsfalls durch Abtretung, Beleihung oder Verpfändung in irgendeiner Form beeinträchtigt hat (§ 7 Abs 1 S 2 Nr 1 iVm § 1b Abs 2 S 3 BetrAVG). Einbußen bei einer Direktversicherung, die dem durch ein unwiderrufliches Bezugsrecht begünstigten Arbeitnehmer entstanden sind, weil der Arbeitgeber die Beiträge an den Versicherer nicht vertragsgemäß entrichtet hat, sind dagegen nicht insolvenzgesichert.[120] **45**

Endet ein Arbeitsverhältnis, das in der Ins des Arbeitgebers mit Wirkung für die Masse fortbesteht, während des InsVerf, ist für die Frage, wem die Rechte aus einer vom Schu zugunsten des Arbeitnehmers abgeschlossenen **Lebensversicherung** zustehen, maßgeblich, ob das im Versicherungsvertrag geregelte Bezugsrecht des Arbeitnehmers nach dem Versicherungsvertrag noch durch den Arbeitgeber als Versicherungsnehmer widerrufen werden kann oder nicht. Hat der Arbeitgeber als Versicherungsnehmer dem Arbeitnehmer als Versichertem lediglich ein widerrufliches Bezugsrecht eingeräumt, hat der versicherte Arbeitnehmer vorher lediglich eine Hoffnung auf die später fällig werdende Leistung. Die Rechte aus dem Versicherungsvertrag stehen daher der Masse zu.[121] Räumt der Arbeitgeber als Versicherungsnehmer dem Arbeitnehmer als Versichertem dagegen abweichend vom gesetzlichen Normalfall ein unwiderrufliches Bezugsrecht ein, stehen die Rechte aus dem Versicherungsvertrag von vornherein dem Arbeitnehmer zu. Mit der Unwiderruflichkeit erhält das Bezugsrecht dingliche Wirkung. Die Rechte aus dem Vertrag stehen dem Arbeit- **46**

---

118 *BAG* AP BetrAVG § 1 Nr 36 = ZIP 1999, 1145.
119 *BAG* 21.3.2017 – 3 AZR 718/15.
120 *BAG* AP BetrAVG § 7 Lebensversicherung Nr 1 = ZIP 1993, 696.
121 *BAG* AP BetrAVG § 1 Lebensversicherung Nr 35 = ZIP 2012, 2269.

nehmer zu.[122] In der Ins hat dies zur Folge, dass die Rechte aus dem Versicherungsvertrag von diesem Zeitpunkt an nicht mehr zum Vermögen des Arbeitgebers und damit auch nicht mehr zur InsMasse gehören. Sie stehen vielmehr dem Arbeitnehmer zu, der deshalb ein Aussonderungsrecht nach § 47 hat.[123] Diese Grundsätze gelten auch dann, wenn der Direktversicherung arbeitsrechtlich eine Entgeltumwandlung zugrunde liegt, für die die Neuregelung über die sofortige gesetzliche Unverfallbarkeit noch nicht anwendbar ist, weil die Versorgungszusage vor dem 1.1.2001 erteilt wurde (§ 1b Abs 5, § 30f Abs 1 S 1 und 2 BetrAVG), oder wenn die Rentenanwartschaft arbeitsvertraglich unverfallbar ist. Auch bei einer derartigen Fallgestaltung liegt kein Treuhandverhältnis vor, aufgrund dessen die Rechte aus dem Versicherungsvertrag vom sonstigen Vermögen des Arbeitgebers ausreichend getrennt wären, um sie nicht der Masse zuzuordnen.[123]

47 Leistungen einer **Unterstützungskasse oder eines Pensionsfonds** sind insolvenzgesichert, wenn diese die nach ihrer Versorgungsregelung vorgesehene Versorgung nicht erbringen, weil über das Vermögen oder den Nachlass eines Arbeitgebers, welcher der Unterstützungskasse oder dem Pensionsfonds Zuwendungen leistet (Trägerunternehmen), das InsVerf eröffnet worden ist (§ 7 Abs 1 S 2 Nr 2 BetrAVG).

48 Insolvenzgesichert sind auch **unverfallbare Versorgungsanwartschaften** (§ 1b BetrAVG). Für den InsSchutz der Versorgungsanwärter verlangt § 7 Abs 2 BetrAVG, dass die Versorgungsanwartschaft nach der gesetzlichen Vorschrift des § 1b BetrAVG unverfallbar ist. Eine lediglich arbeitsvertragliche Unverfallbarkeit reicht nicht aus.[124]

49 Die **Sicherungsfälle** sind in § 7 Abs 1 und 2 BetrAVG aufgezählt. In anderen Fällen ist ein InsSchutz nicht gegeben. Nach § 7 Abs 1 und 2 BetrAVG entsteht ein Versicherungsanspruch gegen den Träger der InsSicherung in Höhe der Leistung, die der Arbeitgeber aufgrund der Versorgungszusage zu erbringen hätte, wenn das InsVerf nicht eröffnet worden wäre. Steht aufgrund eines rechtskräftigen Urteils fest, dass der Arbeitnehmer von seinem Arbeitgeber keine Leistungen der betrieblichen Altersversorgung fordern kann, wirkt sich das Urteil auch auf die Einstandspflicht des PSV nach § 7 BetrAVG aus. Die Ins des Arbeitgebers führt zu keinem Ausfall von Versorgungsansprüchen. Es fehlt an der nach § 7 Abs 1 und 2 BetrAVG erforderlichen Ursächlichkeit.[125] Gegen den PSV besteht in den in § 7 Abs 5 BetrAVG genannten Missbrauchsfällen kein Anspruch auf Versorgungsleistungen.

50 Wird über das Vermögen eines Arbeitgebers das InsVerf eröffnet, sind bis zur InsEröffnung erworbene Anwartschaften auf eine betriebliche Altersversorgung reine InsFord, die zur Tabelle angemeldet werden müssen. Für gesetzlich unverfallbare Anwartschaften aus einer Direktzusage tritt der PSV (Rn 51) ein. Kommt es **während des InsVerf zu einem Betriebsübergang**, haftet der Betriebserwerber hinsichtlich der übergegangenen Arbeitnehmer nicht nur für die Anwartschaften, die in der Zeit nach dem Betriebsübergang entstehen, sondern auch für die Anwartschaften, die vom Zeitpunkt der Eröffnung des InsVerf bis zum Zeitpunkt des Betriebsübergangs entstanden sind. In diesem Fall hat der InsVerw damit für die erst während des InsVerf erworbenen Anwartschaften all derjenigen einzustehen, die nach Eröffnung des InsVerf, aber vor dem Betriebsübergang ausgeschieden sind, oder die von einem Betriebsübergang nicht erfasst werden oder einem Betriebsübergang gem § 613a

---

122 *BAG* AP BetrAVG § 1 Lebensversicherung Nr 31 = ZIP 2010, 1915 und *BAG* AP BetrAVG § 1b Nr 12 = ZIP 2010, 2260.
123 *BAG* AP BetrAVG § 1 Lebensversicherung Nr 35 = ZIP 2012, 2269.
124 *BAG* AP BetrAVG § 1 Unverfallbarkeit Nr 9 = NZI 2001, 607.
125 *BAG* AP ZPO § 322 Nr 29 = ZIP 1999, 1058.

Abs 6 BGB widersprochen haben. Diese Anwartschaften kann er freilich unter den Voraussetzungen des § 3 Abs 4 BetrAVG abfinden.[126]

Träger der InsSicherung ist gem § 14 BetrAVG der von der Bundesvereinigung Deutscher Arbeitgeberverbände, dem Bundesverband der Deutschen Industrie und dem Verband der Lebensversicherungsunternehmen gegründete **Pensions-Sicherungs-Verein,** Versicherungsverein auf Gegenseitigkeit **(PSVaG).** Die Mittel zur InsSicherung werden gem § 10 BetrAVG von denjenigen Arbeitgebern aufgebracht, die Versorgungsleistungen gewähren, die durch die InsSicherung abgesichert sind (§ 10 Abs 1 BetrAVG). 51

9. Betriebsübergang. Bei einem Betriebsübergang in der Ins haftet der Betriebserwerber für **rückständige Forderungen der Arbeitnehmer** nach § 613a Abs 1 S 1 BGB nur eingeschränkt. Soweit die Verteilungsgrundsätze des InsRechts greifen, gehen diese als Spezialregelungen vor.[127] Damit wird sichergestellt, dass alle Gl gleichmäßig befriedigt werden. Besondere Verteilungsgrundsätze bestehen nur hinsichtlich der InsFord (§ 38). Demgegenüber sind Verbindlichkeiten, die sich als Masseforderungen gegen die InsMasse richten, aus dieser ohne Beschränkung vorab zu berichtigen. Die insolvenzrechtliche Beschränkung des Eintritts der Haftung nach § 613a Abs 1 S 1 BGB betrifft deshalb lediglich InsFord, nicht jedoch Masseforderungen.[128] Der insolvenzrechtlich bedingten Haftungseinschränkung des § 613a Abs 1 BGB steht die RL 2001/23/EG nicht entgegen.[129] 52

Diese zu individualrechtlichen Forderungen der Arbeitnehmer entwickelten Grundsätze gelten gleichermaßen für **kollektivrechtliche Ansprüche des Betriebsrats** nach § 40 Abs 1 BetrVG. Der Betriebsrat kann keine bessere Rechtsstellung beanspruchen als andere InsGl.[130] Zu einer solchen Besserstellung des Betriebsrats würde es aber führen, wenn der Betriebserwerber für vor InsEröffnung entstandene Kostenforderungen des Betriebsrats nach § 40 Abs 1 BetrVG zu haften hätte. Zugleich würde die InsMasse im Regelfall um die zur Erfüllung der Kostenforderung des Betriebsrats erforderlichen Beträge geschmälert, da ein Betriebserwerber in der Regel verlangen wird, dass die von ihm zusätzlich zu tragenden Kosten bei der Höhe des Kaufpreises berücksichtigt werden. Dadurch würde die InsMasse zulasten der übrigen InsGl verringert. Das liefe dem Zweck des InsVerf, eine gleichmäßige Befriedigung der InsGl zu gewährleisten, zuwider. 53

10. Betriebsverfassungsrecht. Die Eröffnung des InsVerf ändert grds nichts an der **Geltung des Betriebsverfassungsrechts** im Betrieb des Schu, insb bleibt der Betriebsrat unverändert im Amt. Allerdings enthält die InsO einige Sonderregelung zur Kündigung von Betriebsvereinbarungen (§ 120), zur Betriebsänderung und damit verbundenen Sozialplanregelungen (§§ 121–124) sowie zum Interessenausgleich mit Namensliste (§ 125). Auf die Kommentierungen zu diesen Bestimmungen wird insoweit verwiesen. Der Sonderkündigungsschutz der Betriebsratsmitglieder nach § 15 KSchG, § 103 BetrVG besteht auch in der Ins fort (dazu § 113 Rn 30). 54

Der InsVerw hat zu beachten, dass nach § 40 BetrVG der Arbeitgeber die **Kosten der Betriebsratsarbeit** zu tragen hat. Dazu gehören auch die durch die Hinzuziehung eines Beraters nach § 111 Abs 1 S 2 BetrVG oder eines SV nach § 80 Abs 3 BetrVG verursachten Kosten.[131] Hat der Betriebsrat **nach § 80 Abs 3, § 111 Abs 1 S 2 BetrVG einen Berater oder** 55

126 *BAG* AP BetrAVG § 3 Nr 16 = ZIP 2010, 897.
127 *BAG* AP BGB § 613a Nr 357 = ZIP 2009, 682; *BAG* AP InsO § 113 Nr 10 = ZIP 2003, 222.
128 *BAG* AP InsO § 55 Nr 5 = ZIP 2005, 457.
129 *BAG* AP BGB § 613a Nr 357 = ZIP 2009, 682.
130 *BAG* AP BetrVG 1972 § 40 Nr 96 = ZIP 2010, 588.
131 *Fitting* § 40 Rn 13 ff mwN.

SV hinzugezogen, erwirbt der Betriebsrat in Höhe der dadurch entstandenen erforderlichen Kosten einen Freistellungsanspruch gegenüber dem Arbeitgeber. Für diesen kollektivrechtlichen Anspruch nach § 40 Abs 1 BetrVG gelten die zu individualrechtlichen Forderungen der Arbeitnehmer in der Ins entwickelten Grundsätze gleichermaßen, denn der Betriebsrat darf keine bessere Rechtsstellung erhalten als andere InsGl, deren Forderungen nach dem Grundsatz gleichmäßiger Befriedigung berichtigt werden.[132] Tritt der Betriebsrat seinen Freistellungsanspruch an den Berater oder SV ab, wandelt sich für diese der Freistellungsanspruch in einen Zahlungsanspruch um. Für diesen gilt in der Ins nichts Anderes als für den Anspruch des Betriebsrats. Hat daher der Betriebsrat vor der Eröffnung des InsVerf einen Rechtsanwalt als Berater oder SV hinzugezogen und dauerte dessen Tätigkeit bis nach der InsEröffnung an, sind die Honoraransprüche für die bis zur InsEröffnung erbrachten Beratungsleistungen keine Masseverbindlichkeiten, sondern InsFord.[133]

56 Anders zu beurteilen sind Honorarforderungen eines Rechtsanwalts, den der Betriebsrat in einem arbeitsgerichtlichen Beschlussverfahren hinzugezogen hat, das **nach Eröffnung des InsVerf vom InsVerw aufgenommen** wird. Mit der Aufnahme des Verfahrens begründet der InsVerw nach InsEröffnung eine Masseverbindlichkeit. Das hat zur Folge, dass die gesamten Rechtsanwaltskosten als Masseverbindlichkeiten iSd § 55 Abs 1 Nr 1 Alt 1 anzusehen sind. Eine Differenzierung der innerhalb einer Instanz entstandenen Rechtsanwaltsgebühren nach dem Zeitpunkt ihrer Entstehung vor oder nach der InsEröffnung in Bezug auf ihre Behandlung als InsFord oder als Masseverbindlichkeit wäre mit der Systematik des anwaltlichen Gebührenrechts, wonach die Gebühr mit jeder den jeweiligen Gebührentatbestand betreffenden Tätigkeit des Rechtsanwalts neu entsteht, aber insgesamt für jede Instanz nur einmal verlangt werden kann, nicht zu vereinbaren.[134]

57 **11. Eigenkündigung des Arbeitnehmers.** Kündigt ein Arbeitnehmer vor InsEröffnung das Arbeitsverhältnis wegen erheblicher Lohnrückstände fristlos, kann er vom Arbeitgeber nach § 628 Abs 2 BGB **Schadensersatz** verlangen.[135] Dem steht die nachfolgende Eröffnung des InsVerf nicht entgegen, weil hierdurch der kündigungsrechtliche Bestandsschutz nicht entfällt.[136] Schadensersatzansprüche nach § 628 Abs 2 BGB wegen vor InsEröffnung beendeter Arbeitsverhältnisse sind InsFord (zur Feststellungsklage nach § 179 vgl Rn 84 f).[137] Masseverbindlichkeiten sind sie nur dann, wenn sie durch Handlungen des InsVerw begründet wurden.[138]

58 **12. Freistellung.** Der InsVerw hat bei reduziertem Beschäftigungsbedarf ein **insolvenzspezifisches Freistellungsrecht** zur Schonung der Masse. Da oftmals eine sinnvolle Beschäftigung der Arbeitnehmer nicht mehr möglich ist, besteht im Einzelfall ein besonderes Bedürfnis nach Freistellung von der Arbeitspflicht.[139] Eine solche Freistellung kann auch vor InsEröffnung durch den starken vorl InsVerw erfolgen.[140] Dies hat erhebliche Konsequenzen für die InsMasse. Da der Arbeitnehmer nach § 108 Abs 3 Entgeltansprüche aus der Zeit vor Eröffnung des InsVerf nur als InsGl geltend machen kann und gem § 55 Abs 2 S 2 Masseverbindlichkeiten durch den vorl starken InsVerw nur begründet werden, soweit er die Arbeitsleistung tatsächlich in Anspruch nimmt (Rn 30), wird der Arbeitnehmer oftmals von der **AA**

132 *BAG* AP BetrVG 1972 § 40 Nr 96 = ZIP 2010, 588; *BAG* AP KO § 61 Nr 28 = ZIP 1994, 1789.
133 *BAG* AP BetrVG 1972 § 40 Nr 96 = ZIP 2010, 588.
134 *BAG* AP InsO § 55 Nr 10 = ZIP 2006, 144.
135 Näher dazu *Schaub/Linck* § 127 Rn 53 ff.
136 *BAG* AP BGB § 628 Nr 19 = DB 2007, 2716.
137 Vgl *BAG* 22.10.1998 – 8 AZR 73/98.
138 MK-BGB/*Henssler* § 628 Rn 100; ErfK/*Müller-Glöge* § 628 BGB Rn 45.
139 ErfK/*Müller-Glöge* InsO Rn 38; **aA** *Zwanziger* Einl Rn 134; ausf *K/P/B/Moll* § 113 Rn 44.
140 ErfK/*Müller/Glöge* InsO Rn 38; *Uhlenbruck/Sinz* § 55 Rn 100.

nach § 157 Abs 3 SGB III Arbeitslosengeld bzw nach § 165 ff SGB III InsGeld erhalten. Die in diesem Fall auf die **AA** übergegangenen Vergütungsansprüche sind dann nur als InsFord zu berichtigen.[141] Es besteht jedoch grds keine insolvenzspezifische Pflicht des InsVerw iSv § 60 Abs 1 S 1 zur Freistellung, um den Bezug von Arbeitslosengeld zu ermöglichen. Etwas anderes kann nur dann gelten, wenn durch die Beschäftigung der Arbeitnehmer keinerlei Wertschöpfung zugunsten der InsMasse eintritt und eine künftige Wertschöpfung auch nicht zu erwarten ist.[142] Im Falle einer vereinbarten Freistellung nach InsEröffnung entstehen Masseverbindlichkeiten, und zwar unabhängig davon, ob die Freistellung vom Schu oder vom Verw mit dem Arbeitnehmer vereinbart wurde.[143] Gleichwohl ist die Freistellung durch den InsVerw nach Eröffnung des InsVerf nicht unbedeutend, weil er hierdurch verhindert, das die Arbeitsleistung mit der Folge der Entstehung von Neumasseverbindlichkeiten gem § 209 Abs 2 Nr 3 aufgezwungen werden.[144]

Der InsVerw hat bei der Ausübung seines Freistellungsrechts gem § 315 Abs 1 BGB die **Grenzen des billigen Ermessens** zu beachten.[145] Die Anordnung der Freistellung ist unbillig, wenn der InsVerw nicht unverzüglich Maßnahmen ergreift, um das Arbeitsverhältnis zum schnellstmöglichen Zeitpunkt zu beenden. Gleiches soll gelten, wenn der InsVerw die Freistellung eines Betriebsratsvorsitzenden damit begründet, dieser habe ohnehin kaum noch Arbeiten für den Betrieb verrichtet.[146] Bei der Überprüfung der Ermessensentscheidung können soziale Gesichtspunkte wie Alter, Betriebszugehörigkeit, Unterhaltspflichten und bes finanzielle Interessen der betroffenen Arbeitnehmer von Bedeutung sein.[147] Stellt der InsVerw den Arbeitnehmer bis zur Beendigung des Arbeitsverhältnisses unter **Anrechnung auf den Resturlaub** vorbehaltlos frei, ohne die zeitliche Lage des Urlaubs und die Zahl der Urlaubstage festzulegen, kann der Arbeitnehmer daraus regelmäßig entnehmen, dass es der Arbeitgeber ihm überlässt, die zeitliche Lage seines Urlaubs innerhalb des vorbehaltlos gewährten Freistellungszeitraumes selbst festzulegen.[148] **59**

13. Karenzentschädigungen. Entschädigungen nach § 74 Abs 2 HGB wegen nachvertraglicher Wettbewerbsverbote sind Masseverbindlichkeiten, wenn die Pflicht zur Unterlassung von Wettbewerb Zeiträume nach der InsEröffnung betrifft und der InsVerw gem § 103 die Erfüllung des Wettbewerbsverbots gewählt hat.[149] Der Arbeitnehmer schuldet dann die Unterlassung von Wettbewerb und erhält als Gegenleistung die Karenzentschädigung.[150] Kündigt der InsVerw dagegen den Dienstvertrag, ohne dass beiderseits weitere Erklärungen abgegeben werden, ist der Anspruch des Gekündigten auf Karenzentschädigung aus einem nachvertraglichen Wettbewerbsverbot keine Masseforderung. Das nachvertragliche Wettbewerbsverbot wird nicht erst durch die Kündigung des Dienstvertrags begründet mit der Folge, dass die verlangte Entschädigung als Masseschuld gem § 55 Abs 1 Nr 1 zu behandeln wäre. Dieser Anspruch wurzelt vielmehr im Anstellungsvertrag.[151] **60**

---

141 *Bertram* NZI 2001, 625, 626; *Uhlenbruck/Ries* § 108 Rn 55.
142 *BAG* AP InsO § 61 Nr 4 = ZIP 2013, 638.
143 *Jaeger/Giesen* Vor § 113 Rn 50.
144 *Jaeger/Windel* § 209 Rn 61.
145 *K/P/B/Moll* § 113 Rn 45; *Jaeger/Windel* § 209 Rn 62.
146 *LAG Nürnberg* NZA-RR 2006, 151.
147 *LAG Hamm* ZIP 2001, 435.
148 *BAG* AP InsO § 55 Nr 12 sowie allg hierzu *BAG* 16.7.2013 – 9 AZR 50/12.
149 *Jaeger/Giesen* Vor § 113 Rn 82.
150 *BAG* AP KO § 59 Nr 11 = ZIP 1980, 1067.
151 *BGH* ZIP 2009, 2204.

61 **14. Kündigungsbefugnis.** Der **starke vorl InsVerw** ist kündigungsbefugt. Für eine von ihm erklärte Kündigung gilt jedoch nicht die verkürzte Kündigungsfrist des § 113 S 2.[152] Diese Bestimmung gilt nach dem klaren Wortlaut des Gesetzes nur für den InsVerw. § 113 S 2 ist auf eine Kündigung durch einen „starken" vorl Verwalter nicht analog anwendbar.[152] Kündigt dieser die Arbeitsverhältnisse der beim Schu beschäftigten Arbeitnehmer wegen einer geplanten Unternehmensstilllegung, führt allein die im Zeitpunkt des Zugangs der Kündigungen fehlende Zustimmung des InsGer zur Unternehmensstilllegung (§ 22 Abs 1 S 2 Nr 2) noch nicht zur Unwirksamkeit der Kündigungen. Diese Vorschrift ist keine Kündigungsschutznorm. Zwischen dem, was der vorl Verw im Außenverhältnis bewirken kann, und dem, was er im Innenverhältnis tun darf, muss unterschieden werden. Mit der Kündigung aller Arbeitsverhältnisse wegen der beabsichtigten Unternehmensstilllegung ohne Zustimmung des InsGer hat der starke vorl InsVerw zwar seine Befugnisse überschritten. Die Kündigungen verstoßen aber nicht offensichtlich gegen den InsZweck oder gegen den Zweck der vorl InsVerwaltung. Ggf haftet der starke vorl InsVerw wegen Verletzung seiner Pflichten gem § 60.[153] Zur Kündigungsschutzklage vgl Rn 79 ff.

62 Bestellt das InsGer einen **schwachen vorl Verw**, verbleibt die Kündigungsbefugnis beim Schu. Das gilt auch dann, wenn Verfügungen des Schu über Gegenstände seines Vermögens nur noch mit Zustimmung des vorl InsVerw wirksam sind (§ 21 Abs 2 Nr 2 2. Alt).[154] Dieser Vorbehalt erfasst auch die Kündigung von Arbeitsverhältnissen. Eine ohne Zustimmung des vorl InsVerw vom Schu erklärte Kündigung ist daher unwirksam. Nach § 180 S 2, § 177 Abs 1 iVm § 174 S 1 BGB muss der Gekündigte jedoch die vom Vertreter behauptete Vertretungsmacht „bei der Vornahme des Rechtsgeschäfts", dh unverzüglich iSd § 121 Abs 1 S 1 BGB zu beanstanden. Geschieht das nicht, ist die Kündigung dem Arbeitgeber mit Zugang der Genehmigung beim Arbeitnehmer zuzurechnen. In diesem Zeitpunkt beginnt die Klagefrist des § 4 KSchG.[155] Kündigt der Schu mit Einwilligung des vorl InsVerw, kann der Arbeitnehmer die Kündigung zurückweisen, wenn die Einwilligung nicht in schriftlicher Form vorgelegt wird (§ 182 Abs 3 BGB iVm § 111 S 2 und 3 BGB). Aus dem Inhalt der Zurückweisungserklärung oder den Umständen muss sich dabei ergeben, dass die Zurückweisung erfolgt, weil die Einwilligung nicht urkundlich nachgewiesen wurde.[156]

63 **15. Masseunzulänglichkeit.** Sind die Kosten des InsVerf gedeckt, reicht die InsMasse jedoch nicht aus, um die fälligen sonstigen Masseverbindlichkeiten zu erfüllen, hat der InsVerw gem § 208 Abs 1 dem InsGer anzuzeigen, dass Masseunzulänglichkeit vorliegt. Gleiches gilt, wenn die Masse voraussichtlich nicht ausreichen wird, um die bestehenden sonstigen Masseverbindlichkeiten im Zeitpunkt der Fälligkeit zu erfüllen. In diesem Fall ist zwischen **Neu- und Altmasseverbindlichkeiten** zu unterscheiden. Für die Abgrenzung nach § 209 Abs 1 Nr 2 ist ausschließlich der Zeitpunkt maßgebend, in dem die Masseverbindlichkeit begründet worden ist; auf den Entstehungsgrund der Forderung kommt es nicht an.[157]

Für Dauerschuldverhältnisse und damit für Arbeitsverhältnisse enthält § 209 Abs 2 Nr 2 allerdings eine wichtige Ergänzung. Danach kommt es für die Einordnung als Neumasseverbindlichkeit darauf an, ob der InsVerw nach Anzeige der Masseunzulänglichkeit nach dem ersten Termin, zu dem er das Arbeitsverhältnis kündigen konnte, die **Arbeitskraft des**

---

152 *BAG* AP InsO § 113 Nr 18 = ZIP 2005, 1289.
153 *BAG* AP InsO § 22 Nr 4 = ZIP 2006, 585 unter Aufgabe von *BAG* AP InsO § 126 Nr 2 = ZIP 2000, 1588.
154 *BAG* AP InsO § 21 Nr 1 = ZIP 2003, 1161.
155 *BAG* AP BGB § 620 Kündigungserklärung Nr 23 = ZInsO 2013, 1366.
156 *BAG* AP InsO § 21 Nr 1 = ZIP 2003, 1161; *Gottwald/Bertram* § 104 Rn 19.
157 *BGHZ* 167, 178 = ZIP 2006, 1004.

Arbeitnehmers weiter in Anspruch nehmen will oder nicht.[158] Lehnt er die Erfüllung der Arbeitspflicht ab und stellt er den Arbeitnehmer nach Anzeige der Masseunzulänglichkeit frei, bleiben die aus dem Arbeitsverhältnis entstehenden Lohnansprüche Altmasseverbindlichkeiten iSd § 209 Abs 1 Nr 3.[159] In diesem Fall hat der Verw das Arbeitsverhältnis unverzüglich zu kündigen, wenn er sich nicht nach § 61 schadenersatzpflichtig machen will.[160] Benötigt der InsVerw dagegen den Arbeitnehmer noch über den ersten Kündigungstermin hinaus, um die Abwicklung des masseunzulänglichen Verf fortzuführen, wird er so behandelt, als hätte er eine neue Masseverbindlichkeit erst begründet, denn es stand in seiner Macht, den Eintritt dieser Verbindlichkeit durch rechtzeitige Kündigung zu verhindern.[161] Die aus der Fortsetzung des Arbeitsverhältnisses erwachsenden Lohnansprüche sind dann vorrangig zu befriedigende Neumasseverbindlichkeiten.

Der **InsVerw nimmt die Gegenleistung des Arbeitnehmers „in Anspruch"**, wenn er sie 64 nutzt, den Arbeitnehmer also zur Arbeit heranzieht.[162] Die bloße Aufforderung zur Arbeitsleistung reicht allerdings für die Entstehung von Neumasseverbindlichkeiten iSv § 209 Abs 1 Nr 2, § 209 Abs 2 Nr 3 nicht aus. Diese werden grds nur begründet, wenn der Arbeitnehmer der Aufforderung nachkommt und so die Gegenleistung zur Masse gelangt. Nur in diesem Fall „nutzt" der InsVerw die Arbeitsleistung des Arbeitnehmers. Deshalb entsteht auch dann keine Neumasseverbindlichkeit, wenn der Arbeitnehmer ein Zurückbehaltungsrecht ausübt und keine Arbeitsleistung erbringt.[163]

Zur Bestimmung des Zeitpunkts der **frühesten Kündigungsmöglichkeit** iSv § 209 Abs 2 65 Nr 2 ist auf die objektive Rechtslage abzustellen. Gemeint ist nicht ein tatsächliches, sondern ein rechtliches Können. Der InsVerw hat zunächst die (formellen) Voraussetzungen herbeizuführen, die andernfalls die Unwirksamkeit der Kündigung zur Folge hätten, wie die Anhörung des Betriebsrats nach § 102 BetrVG oder die Einholung der Zustimmung des Integrationsamts zur Kündigung gem § 85 SGB IX (§ 168 SGB IX 2018). Ferner hat er bei Eingreifen der §§ 111 ff BetrVG vor dem Ausspruch von Kündigungen Interessenausgleichsverhandlungen zu führen, da er sonst die Masse mit Nachteilsausgleichsansprüchen gem § 113 Abs 3 BetrVG belasten würde.[164]

Sonderzahlungen des Arbeitgebers mit reinem Entgeltcharakter und solche mit „Mischcha- 66 rakter" (dazu Rn 29) unterliegen nach angezeigter Masseunzulänglichkeit § 209. Neumasseverbindlichkeiten nach § 209 Abs 1 Nr 2, Abs 2 Nr 3 werden lediglich begründet, „soweit" die Gegenleistung zur Masse gelangt. Arbeitnehmer können deshalb nur verlangen, dass der auf die Zeit ihrer Arbeitsleistung (einschließlich entgeltfortzahlungspflichtiger sog „unproduktiver" Ausfallzeiten) nach Anzeige der Masseunzulänglichkeit entfallende anteilige Anspruch als Neumasseverbindlichkeit im Sinne dieser Bestimmungen berichtigt wird.[162] Im Falle der Masseunzulänglichkeit bestehen keine **Sozialplanansprüche**, weil die Masse schon nicht ausreicht, um alle Masseverbindlichkeiten und Massekosten vorweg zu berichtigen. Aus den Vorschriften über die Kürzung der Sozialplanansprüche bei geringer Masse in § 123 Abs 2 und 3 folgt, dass diese lediglich letztrangige Masseverbindlichkeiten sind, die bei der Verteilung nach § 209 keinerlei Rolle spielen.[165]

---

158 Vgl *BAG* AP InsO § 209 Nr 3 = ZIP 2004, 1323.
159 Vgl *Jaeger/Windel* § 209 Rn 61.
160 *BAG* AP InsO § 61 Nr 4 = ZIP 2013, 638.
161 *BAG* AP BetrVG 1972 § 113 Nr 50 = ZIP 2006, 199.
162 *BAG* 23.3.2017 – 6 AZR 264/16.
163 *BAG* ZIP 2014, 1498.
164 *BAG* AP BetrVG 1972 § 113 Nr 50 = ZIP 2006, 199; *BAG* AP InsO § 209 Nr 3 = ZIP 2004, 1323.
165 *BAG* AP InsO § 123 Nr 4 = ZIP 2010, 546; zust *Windel* AP InsO § 123 Nr 4; *Seissig/Fischer* ZInsO 2010, 561.

67 Für die **gerichtliche Durchsetzung** von Ansprüchen nach der Anzeige der Masseunzulänglichkeit gilt Folgendes: Sobald der InsVerw die Masseunzulänglichkeit nach § 208 Abs 1 S 1 angezeigt hat, ist die Vollstreckung wegen einer Masseverbindlichkeit iSv § 209 Abs 1 Nr 3 gem § 210 unzulässig. Nach diesem Zeitpunkt kann eine solche Masseverbindlichkeit nicht mehr im Wege der Leistungsklage verfolgt werden. Der Arbeitnehmer ist in diesem Fall auf die Feststellungsklage verwiesen.[166] Für Neumasseverbindlichkeiten iSd § 209 Abs 1 Nr 2 gelten diese Einschränkungen allerdings grds nicht. Diese können regelmäßig gegen die Masse vollstreckt werden und in diesem Umfang auch Gegenstand einer zulässigen Leistungsklage sein.[167] Dies gilt allerdings nicht, wenn der InsVerw mit Recht einwendet, die InsMasse genüge auch nicht zur vollständigen Tilgung der Neumasseverbindlichkeiten (weitere Masseunzulänglichkeit). Der Rechtsschutz des Gl ist dann auf die Erhebung einer Feststellungsklage beschränkt.[168]

68 **16. Nachteilsausgleichsansprüche.** Ansprüche auf Nachteilsausgleich nach § 113 Abs 3 BetrVG sind Masseverbindlichkeiten, wenn der InsVerw ohne Versuch der Vereinbarung eines Interessenausgleichs eine Betriebsänderung durchführt.[169] Zu den Neumasseverbindlichkeiten iSd § 209 Abs 2 Nr 2 gehören Ansprüche auf Nachteilsausgleich, wenn sie dadurch begründet werden, dass der InsVerw nach Anzeige der Masseunzulänglichkeit eine Betriebsänderung durchführt, ohne zuvor den Versuch eines Interessenausgleichs unternommen zu haben.[170] Maßgeblich ist stets der **Zeitpunkt der Betriebsänderung**, nicht jener der Entlassung des Arbeitnehmers.[171] Führt der Unternehmer eine geplante Betriebsänderung durch, ohne über sie einen Interessenausgleich mit dem Betriebsrat versucht zu haben, sind die daraus folgenden Ansprüche entlassener Arbeitnehmer auf Nachteilsausgleich im nach Zugang der Kündigungen eröffneten InsVerf auch dann nur einfache InsFord, wenn die Kündigungen in Absprache mit dem vorl InsVerw und mit dessen Zustimmung erfolgten.[172] Bei der Festsetzung der **Höhe der Abfindung** ist die InsSituation ohne Bedeutung. Der Nachteilsausgleich nach § 113 Abs 3 BetrVG ist in der Ins nicht auf zweieinhalb Monatsverdienste begrenzt. Für eine analoge Anwendung des § 123 Abs 1 fehlt es an einer Regelungslücke.[169]

69 **17. Tarifrecht.** Die **Ins des Arbeitgebers beseitigt nicht dessen Tarifgebundenheit**.[173] Ist der Schu tarifgebunden, sei es dass er Mitglied eines tarifschließenden Arbeitgeberverbandes oder selbst Tarifvertragspartei ist (§ 3 Abs 1 TVG), finden daher die Vorschriften des Tarifvertrags grds weiter Anwendung. Ausnahmen gelten für den tarifvertraglich geregelten Ausschluss der ordentlichen Kündigung (dazu § 113 Rn 17) sowie die verlängerten Kündigungsfristen (dazu § 113 Rn 26). Wird das InsVerf über das Vermögen eines Bauunternehmens eröffnet, auf dessen Betrieb der für allgemeinverbindlich erklärte Tarifvertrag über das **Sozialkassenverfahren im Baugewerbe (VTV)** Anwendung findet, rückt der InsVerw in die Arbeitgeberstellung ein und hat deshalb bis zur rechtlichen Beendigung der einzelnen Arbeitsverhältnisse die Sozialkassenbeiträge zu entrichten. Die Eröffnung des InsVerf allein steht der Anwendbarkeit des VTV nicht entgegen. Die Wirkung der Allgemeinverbindlich-

166 *BAG* AP BetrAVG § 1 Lebensversicherung Nr 33 = ZInsO 2012, 1265; *BAG* AP TVG § 1 Tarifverträge: Bau Nr 308 = ZIP 2009, 984; krit dazu *Jaeger/Windel* § 209 Rn 21 ff.
167 *BGHZ* 167, 178 = ZIP 2006, 1004.
168 *BAG* 18.7.2017 – 1 AZR 546/15 mwN.
169 *BAG* AP BetrVG 1972 § 113 Nr 42 = ZIP 2003, 2216.
170 *BAG* AP InsO § 209 Nr 5 = ZIP 2006, 1510.
171 ErfK/*Müller-Glöge* InsO Rn 49.
172 *BAG* AP InsO § 38 Nr 2 = ZIP 2003, 311; *Jaeger/Giesen* Vor § 113 Rn 73.
173 *BAG* AP TVG § 4 Geltungsbereich Nr 14 = ZIP 1987, 727.

erklärung nach § 5 TVG endet nicht schon durch die InsEröffnung, denn diese ändert für sich betrachtet nichts am Vorliegen eines Betriebs iSd § 1 Abs 2 S 1 VTV.[174]

Im Falle der InsEröffnung kommt die **außerordentliche Kündigung eines Haustarifvertrags** in Betracht.[175] Nach dem heranzuziehenden Rechtsgedanken des § 626 BGB ist ein Tarifvertrag vom InsVerw aus wichtigem Grund ohne Einhaltung einer Frist kündbar, wenn Tatsachen vorliegen, aufgrund derer dem Kündigenden unter Berücksichtigung aller Umstände des Einzelfalls und unter Abwägung der Interessen beider Vertragsteile die Fortsetzung des Vertrags bis zum Ablauf der Kündigungsfrist oder bis zu der vereinbarten Beendigung des Vertrages nicht zugemutet werden kann. Allein die Eröffnung des InsVerf genügt dazu allerdings nicht.[176] Künftige wirtschaftliche Belastungen können nur dann einen wichtigen Grund bilden, wenn sie aufgrund nicht vorhersehbarer Umstände zu einer Existenzgefährdung führen.[177] Nach dem Ultima-Ratio-Grundsatz hat der InsVerw insb dann vor der außerordentlichen Kündigung mit der Gewerkschaft über eine Anpassung der tariflich geregelten Arbeitsbedingungen zu verhandeln, wenn der Tarifvertrag eine Nachverhandlungs- oder Revisionsklausel enthält.[178] **70**

Wird über das Vermögen eines **Arbeitgeberverbands das InsVerf eröffnet**, endet damit nicht ohne Weiteres die normative Wirkung eines von dem Verband abgeschlossenen Tarifvertrags. Dieser kann jedoch vom InsVerw gekündigt werden.[179] Wird der Arbeitgeberverband aufgelöst, wirken die Tarifnormen gem § 4 Abs 5 TVG nach.[180] **71**

18. Urlaub. Urlaubs- und Urlaubsabgeltungsansprüche sind nach der Rspr des BAG **Masseforderungen**, auch soweit sie aus Kalenderjahren vor der InsEröffnung stammen.[181] Gleiches gilt für den Anspruch auf ein zusätzliches Urlaubsgeld. Dieses folgt den für das Urlaubsentgelt entwickelten Grundsätzen, wenn es so mit dem Urlaubsanspruch verbunden ist, dass der Anspruch hierauf mit der Urlaubsgewährung entsteht.[182] Der Urlaubsanspruch ist nach der Rspr des BAG ein Anspruch aus dem Arbeitsverhältnis, der auf Freistellung von der Arbeitsleistung bei Fortzahlung der Bezüge gerichtet ist.[183] Ansprüche aus dem Arbeitsverhältnis sind nach § 108 Abs 3 nur dann InsFord, wenn es sich um solche „für" die Zeit vor Eröffnung des InsVerf handelt. Dazu gehören Urlaubsansprüche nicht.[184] Sie sind nach bisherigem Verständnis des BAG nicht von einer Arbeitsleistung im Kalenderjahr abhängig und werden damit nicht monatlich verdient. Soweit sie noch nicht zeitlich festgelegt sind, können sie keinem bestimmten Zeitraum zugeordnet werden. Damit verbietet sich auch eine rechnerische Zuordnung bestimmter Urlaubstage auf Zeitpunkte vor und nach Eröffnung der Ins.[185] Der Anspruch des Arbeitnehmers auf Freistellung bleibt vielmehr von der Eröffnung des InsVerf unberührt. **72**

---

174 *BAG* AP TVG § 1 Tarifverträge: Bau Nr 308 = ZIP 2009, 984.
175 Vgl *Belling/Hartmann* NZA 1998, 57; MK/*Caspers* § 120 Rn 54 ff.
176 ErfK/*Müller-Glöge* InsO Rn 57.
177 *BAG* AP TVG § 1 Kündigung Nr 3 = DB 1998, 1722.
178 *BAG* AP TVG § 1 Kündigung Nr 2 = DB 1997, 2331.
179 *BAG* AP TVG § 2 Nr 56 = ZIP 2001, 129; *Wiedemann/Oetker* TVG, 7. Aufl § 2 Rn 46; aM *Löwisch/Rieble* TVG 3. Aufl § 2 Rn 35.
180 *BAG* AP TVG § 4 Nachwirkung Nr 26 = DB 1997, 2229.
181 *BAG* AP InsO § 55 Nr 11; *BAG* AP InsO § 108 Nr 4 = ZIP 2005, 1653; *BAG* AP InsO § 113 Nr 17 = ZInsO 2004, 1325; *Zwanziger* § 108 Rn 38; krit neuerdings *BAG* 23.3.2017 – 6 AZR 264/16; abl *Windel* Anm zu AP § 108 Nr 4 und Anm zu AP InsO § 209 Nr 7.
182 *BAG* AP InsO § 108 Nr 4 = ZIP 2005, 1653.
183 Vgl *Schaub/Linck* § 104 Rn 2 ff mwN auch zum tw abw Verständnis des EuGH.
184 *BAG* AP InsO § 113 Nr 17 = ZInsO 2004, 1325; abl *Windel* Anm zu *BAG* AP InsO § 113 Nr 17.
185 *BAG* AP InsO § 55 Nr 4 = ZIP 2003, 1802.

73 Diese Grundsätze gelten auch für **übertragene Urlaubsansprüche des Vorjahres**. Das entspricht dem Zweck der Abgrenzung in § 108 Abs 3.[186] Diese Bestimmung ähnelt in ihrer Struktur § 105. Diese Vorschrift betrifft teilbare Leistungen und ordnet an, dass der Anspruch auf die Gegenleistung für den Teil der Leistung, der zur Zeit der Eröffnung des InsVerf bereits erbracht wurde, InsFord ist. Urlaub ist aber nach der Rspr des BAG keine Gegenleistung für eine bestimmte Arbeitsleistung. Das gilt für das BUrlG[187] und auch für den übergesetzlichen vertraglichen Urlaubsanspruch, sofern die vertraglichen Vereinbarungen keine vom BUrlG abweichende Systematik enthalten. Auch der nicht auf das Jahr der InsEröffnung bezogene Urlaubsanspruch richtet sich iÜ darauf, dass der Arbeitnehmer von einer bestehenden Arbeitspflicht freigestellt wird, ohne dadurch den Anspruch auf Arbeitsentgelt zu verlieren.

74 IF angezeigter **Masseunzulänglichkeit** ist zu beachten, dass der InsVerw nur für von ihm begründete Masseverbindlichkeiten in Anspruch genommen werden kann (§ 209 Abs 1 Nr 2, dazu Rn 63 ff). Als Neumasseverbindlichkeit ist daher nur der anteilig auf die Beschäftigungszeit des Arbeitnehmers nach Anzeige der Masseunzulänglichkeit entfallende in Geld ausgedrückte Urlaub zu berichtigen.[188] Für einen in der 5-Tage-Woche beschäftigten Arbeitnehmer ist dazu die Vergütung (Urlaubsentgelt und Urlaubsgeld), die bei Freistellung für den gesamten im Kalenderjahr entstandenen Urlaubsanspruch zu zahlen wäre, durch 260 (365 Kalendertage abzüglich der Wochenenden) zu dividieren und mit den nach der Anzeige angefallenen entgeltpflichtigen Arbeitstagen zu multiplizieren. Zeiten, in denen der Arbeitnehmer nach Anzeige der Masseunzulänglichkeit wegen krankheitsbedingter Arbeitsunfähigkeit oder wegen Feiertagen ausfällt, begründen ebenfalls Neumasseverbindlichkeiten. Stellt der InsVerw den Arbeitnehmer unwiderruflich „unter Anrechnung auf offenen Urlaub" von jeder Arbeitsleistung frei, entsteht dagegen hinsichtlich der Ansprüche auf Urlaubsentgelt und -geld keine Neumasseverbindlichkeit.[189]

75 **19. Vorläufiger Insolvenzverwalter.** Die Befugnisse des vorl InsVerw hängen davon ab, welche Anordnungen das InsGer im Zusammenhang mit der Bestellung des vorl InsVerw getroffen hat. Hat es dem Schu ein allg Verfügungsverbot auferlegt (§ 21 Abs 2 Nr 2 Alt 1), handelt es sich um einen **„starken vorl InsVerw"**. Dessen Rechte und Pflichten bestimmen sich nach § 22 Abs 1. Er kann kündigen (Rn 61) und neue Arbeitsverhältnisse begründen.[190] Vor der Eröffnung des Verf begründete Verbindlichkeiten des starken vorl InsVerw gelten gem § 55 Abs 2 S 1 nach der InsEröffnung als Masseverbindlichkeiten.

76 § 55 Abs 2 findet allerdings dann nicht unmittelbar zur Anwendung, wenn das InsGer lediglich einen Zustimmungsvorbehalt nach § 21 Abs 2 Nr 2 Alt 2 anordnet. Der Verwalter ist dann **„schwacher vorl InsVerw"**. § 55 Abs 2 knüpft jedoch an § 22 Abs 1 S 1 an.[191] Die Verwaltungs- und Verfügungsbefugnis geht auf den vorl InsVerw nur über, wenn dem Schu ein allg Verfügungsverbot nach § 21 Abs 2 Nr 2 Alt 1 auferlegt wird. § 55 Abs 2 erfasst deshalb nicht Fälle einer einzelfallbezogenen und partiellen Verfügungsermächtigung durch das InsGer. Die Verfügungsbefugnis muss vielmehr über das gesamte Vermögen des Schu (und nicht nur über Teile davon) übergegangen sein.[192] Nur aufgrund des Erlasses eines allg Verfügungsverbots kann der vorl InsVerw umfassend für den Schu handeln. Ein vom InsGer

---

186 *BAG* AP InsO § 113 Nr 17 = ZInsO 2004, 1325.
187 *BAG* AP BUrlG § 3 Rechtsmissbrauch Nr 11 = ZIP 1982, 732.
188 *BAG* AP BUrlG § 11 Nr 49 = ZIP 2007, 834; *Düwell/Pulz* NZA 2008, 788.
189 *BAG* AP BUrlG § 11 Nr 49 = ZIP 2007, 834.
190 Vgl MK/*Hefermehl* § 55 Rn 228.
191 *BGH* ZIP 2002, 1625.
192 *BAG* AP InsO § 38 Nr 2 = ZIP 2003, 311.

nach § 21 Abs 2 Nr 2 Alt 2 angeordneter Zustimmungsvorbehalt erfasst allerdings die Kündigung von Arbeitsverhältnissen (Rn 62).[193]

20. Zeugnis. Wird ein **Arbeitsverhältnis vor InsEröffnung beendet**, bleibt der Arbeitgeber grds Schu des aus § 109 GewO folgenden Anspruchs auf Erteilung eines Arbeitszeugnisses. § 108 Abs 1 fingiert keine Arbeitgeberstellung für bereits beendete Arbeitsverhältnisse. Dementspr regelt § 108 Abs 3, dass Ansprüche aus Dienstverhältnissen für die Zeit vor der Eröffnung des InsVerf vom Arbeitnehmer nur als InsGl gegen den InsVerw geltend zu machen sind. § 108 Abs 3 ist auf Vermögensansprüche beschränkt. Der Zeugnisanspruch ist jedoch kein Vermögensanspruch in diesem Sinne. Der Zeugnisanspruch ist auf die Vornahme einer unvertretbaren Handlung iSv § 888 ZPO gerichtet. Er ist damit keine InsFord, weil er vom Schu persönlich zu erfüllen und nicht auf eine aus seinem Vermögen beitreibbare Leistung bezogen ist. Ein gegen den Arbeitgeber als Schu geführter Zeugnisprozess wird deshalb durch die InsEröffnung auch nicht unterbrochen.[194] Die Verpflichtung zur Zeugniserteilung trifft nicht einen vorl InsVerw, auf den die Verwaltungs- und Verfügungsbefugnis weder gem § 22 Abs 1 noch aufgrund einer Einzelermächtigung gem § 22 Abs 2 in Bezug auf die Arbeitsverhältnisse übergegangen ist.[195] 77

Erlangt ein vorl InsVerw in vollem Umfang die Verfügungsbefugnis über die Arbeitsverhältnisse **(starker vorl InsVerw)** oder wird das Arbeitsverhältnis erst **nach der InsEröffnung beendet**, schuldet der InsVerw das Arbeitszeugnis, unabhängig davon, ob und wie lange er den Arbeitnehmer beschäftigt hat oder eigene Kenntnisse über dessen Arbeitsleistung gewinnen konnte. Zur Erfüllung dieser Verpflichtung hat der InsVerw nach § 97 einen Auskunftsanspruch gegenüber dem Schu.[196] 78

III. Verfahrensrechtliche Fragen mit arbeitsrechtlichem Bezug

1. Klagegegner der Kündigungsschutzklage. Die Kündigungsschutzklage muss sich gegen den Arbeitgeber richten, um die Klagefrist des § 4 KSchG zu wahren. Ab dem Zeitpunkt der Eröffnung des InsVerf ist der **InsVerw** Arbeitgeber iSd Bestimmung. Dieser führt die Prozesse in gesetzlicher Prozessstandschaft als Partei kraft Amtes.[197] Deshalb ist die Kündigungsschutzlage auch dann gegen den Verw zu richten, wenn die Kündigung vor InsEröffnung noch vom Schu erklärt wurde. Eine Klage gegen den Schu macht den InsVerw nicht zur Partei des Rechtsstreits.[198] Übt der Schu nach InsEröffnung jedoch eine selbstständige Tätigkeit aus und gibt der InsVerw diese nach § 35 Abs 2 aus der InsMasse frei, fällt die Verwaltungs- und Verfügungsbefugnis mit Wirksamwerden der Freigabeerklärung auch über die zu diesem Zeitpunkt bereits begründeten Arbeitsverhältnisse an den Schu zurück. Von da an ist dieser und nicht mehr der InsVerw passivlegitimiert für eine Kündigungsschutzklage. Eine gegen den Verw gerichtete Klage ist daher abzuweisen.[199] Ist anstatt des InsVerw der Schu verklagt, ist stets zu prüfen, ob sich durch Auslegung der Klage die richtige bekl Partei ermitteln lässt und daher eine Rubrumsberichtigung in Betracht kommt.[200] Ist der Klageschrift oder den beigefügten Unterlagen zu entnehmen, dass das InsVerf gegen 79

---

193 *BAG* AP InsO § 21 Nr 1 = ZIP 2003, 1161.
194 *BAG* AP BGB § 630 Nr 29 = ZIP 2004, 1974; *Jaeger/Giesen* Vor § 113 Rn 88.
195 *BAG* AP BGB § 630 Nr 29 = ZIP 2004, 1974.
196 *BAG* AP BGB § 630 Nr 18 = ZIP 1991, 744; *BAG* AP BGB § 630 Nr 29 = ZIP 2004, 1974.
197 *BAG* AP KSchG 1969 § 1 Betriebsbedingte Kündigung Nr 196 = ZInsO 2013, 398.
198 *BAG* AP InsO § 35 Nr 3 = ZIP 2014, 339; *BAG* AP KSchG 1969 § 4 Nr 58 = ZIP 2007, 1078; *BGH* ZIP 1994, 1700.
199 *BAG* AP InsO § 35 Nr 3 = ZIP 2014, 339.
200 *BAG* AP KSchG 1969 § 1 Betriebsbedingte Kündigung Nr 196 = ZInsO 2013, 398; *BAG* AP KSchG 1969 § 4 Nr 46 = NJW 2002, 459.

den Schu eröffnet worden ist, wird regelmäßig eine Klarstellung des Klagerubrums möglich sein. Dies gilt vor allem dann, wenn der Klageschrift das Kündigungsschreiben beigefügt ist, aus dem sich ergibt, dass die Kündigung vom InsVerw erklärt wurde. Bei einer eindeutig gegen den Schu gerichteten Klage wird der InsVerw allerdings selbst dann nicht Partei, wenn er die Klageschrift tatsächlich erhält, solange der Kl nicht erklärt hat, die Klage richte sich gegen den InsVerw.[201]

80 Kündigt der **starke vorl InsVerw** (dazu Rn 61), ist die Kündigungsschutzklage gegen ihn zu richten, denn dieser besitzt gem § 22 Abs 1 die Verwaltungs- und Verfügungsbefugnis über das Vermögen des Schu.[202] Wird die Kündigung **vom Schu mit Zustimmung des schwachen vorl InsVerw** erklärt, ist die Kündigungsschutzklage gegen den Schu zu richten. In diesem Fall ist die Arbeitgeberfunktion beim Schu verblieben.[203]

81 **Kündigt der Schu**, ohne vom InsVerw dazu bevollmächtigt gewesen zu sein nach InsEröffnung, liegt nach der Rspr des BAG keine Kündigung des Arbeitgebers iSv § 4 S 1 KSchG vor. Eine solche Kündigung sei dem InsVerw erst nach einer (nachträglich) erteilten Genehmigung zurechenbar. Die dreiwöchige Klagefrist des § 4 S 1 KSchG könne deshalb frühestens mit Zugang der Genehmigung zu laufen beginnen.[204]

82 **2. Unterbrechung des Rechtsstreits.** Die Eröffnung des InsVerf über das Vermögen des Arbeitgebers führt gem § 240 ZPO zur Unterbrechung des Verfahrens. Die Voraussetzungen, unter denen ein infolge InsEröffnung unterbrochener Rechtsstreit aufgenommen werden kann, richten sich danach, ob der Rechtsstreit die InsMasse betrifft (§§ 85, 86) oder es sich um eine InsForderung handelt (§ 87).[205] Auch ein Kündigungsschutzprozess wird im Falle der Ins des Arbeitgebers unterbrochen. Dieser berührt zwar nicht unmittelbar die **InsMasse**. Sie ist jedoch mittelbar betroffen, weil der Arbeitnehmer iF des Obsiegens vermögensrechtliche Ansprüche geltend machen kann.[206] Abweichend hiervon führt jedoch die Eröffnung des VerbraucherInsVerf über das Vermögen des Arbeitnehmers (dazu Rn 4) nicht zu einer Unterbrechung, weil der Kündigungsschutzrechtsstreit nicht die InsMasse, sondern einen höchstpersönlichen Anspruch des Arbeitnehmers betrifft.[207] Tritt jedoch die Ins nach dem Tod des Arbeitnehmers ein, geht die Entscheidung über die Fortführung des Kündigungsschutzverfahrens von den Erben auf den InsVerw über. Da der frühere Schu verstorben ist, ist sein Recht, über seine Arbeitskraft selbst zu verfügen, nicht mehr berührt. Die Entscheidung über die Wirksamkeit einer Kündigung und das Fortbestehen des Arbeitsverhältnisses hat nur Bedeutung für Annahmeverzugslohnansprüche und betrifft damit die InsMasse.[208]

83 Mit der InsEröffnung **verliert der Schu grds die Prozessführungsbefugnis** in Bezug auf das insolvenzbefangene Vermögen, weil gem § 80 Abs 1 hierdurch die Verwaltungs- und Verfügungsbefugnis über das zur InsMasse gehörenden Vermögen auf den InsVerw übergeht. Der Schu ist damit nicht befugt, gegen ein Urt Rechtsmittel einzulegen. Auch erlischt durch die Eröffnung des InsVerf gem § 117 Abs 1 grds eine vom Schu erteilte Vollmacht, die sich

201 Vgl *BAG* AP KSchG 1969 § 1 Betriebsbedingte Kündigung Nr 196 = ZInsO 2013, 398.
202 ErfK/*Müller-Glöge* InsO Rn 37a; *Jaeger/Giesen* Vor § 113 Rn 159; HambKomm/*Schröder* § 22 Rn 119.
203 FK/*Eisenbeis* § 113 Rn 10; HambKomm/*Schröder* § 22 Rn 119.
204 *BAG* AP KSchG 1969 § 4 Nr 74 = NJW 2013, 2219; *BAG* AP KSchG 1969 § 4 Nr 70 = BB 2009, 2150.
205 *BAG* ZInsO 2013, 1475.
206 *BAG* AP ZPO § 240 Nr 6 = ZIP 2007, 745.
207 *BAG* 20.6.2013 – 6 AZR 789/11; *BAG* AP BGB § 626 Nr 224 = ZInsO 2010, 438.
208 *BAG* 13.4.2017 – 7 AZN 732/16 (A).

auf das zur InsMasse gehörende Vermögen bezieht.[209] Der Schu kann jedoch gegen ein nach Eröffnung des InsVerf ergangenes Urt mit einem Rechtsmittel geltend machen, der Rechtsstreit sei infolge der InsEröffnung vor UrtVerkündung gem § 240 ZPO unterbrochen worden, wenn das mit der Sache befasste Gericht diese Rechtsfolge außer Acht gelassen und ein Urt verkündet hat, durch das er materiell beschwert ist.[210] Ein solches Urt ist nicht nichtig, sondern mit dem statthaften Rechtsmittel angreifbar.[211] Dem Rechtsmittel des Schu steht nicht entgegen, dass während des InsVerf aus diesem Urt nach § 89 Abs 1 grundsätzlich nicht vollstreckt werden darf, denn ein solches Urt kann Grundlage für weitere Eingriffe in Rechtspositionen des Verurteilten sein. Ist beispielsweise festgestellt, dass ein Arbeitsverhältnis besteht, kann dies Grundlage für spätere Annahmeverzugsansprüche sein. Im Übrigen können die InsGl nach Aufhebung des InsVerf ihre restlichen Forderungen gegen den Schuldner unbeschränkt geltend machen (§ 201 Abs 1). § 117 steht einer wirksamen Rechtsmitteleinlegung durch einen Rechtsanwalt nicht entgegen. Die Vollmacht des Prozessbevollmächtigten besteht in diesen Fällen in Bezug auf die Einlegung des Rechtsmittels fort, wenn der unterbrochene Rechtsstreit sachlich nicht weiterbetrieben wird, sondern nur das gegen § 240 ZPO verstoßende Urt des Erstgerichts beseitigt werden soll.[212]

Ein durch die Eröffnung des InsVerf unterbrochener Rechtsstreit kann gem § 240 S 2 ZPO nur nach den Vorschriften der InsO aufgenommen werden. War zum Zeitpunkt der InsEröffnung ein Rechtsstreit über **angemeldete InsFord** anhängig, kann der frühere Rechtsstreit wieder aufgenommen werden, wenn die Forderung vom InsVerw oder einem InsGl (§§ 179 Abs 1, 180 Abs 2) bzw vom Schu (§ 184) bestritten worden ist. Sind allein **InsFord** Gegenstand des Rechtsstreits, kann das Verfahren nur nach Durchführung des insolvenzrechtlichen Feststellungsverfahrens aufgenommen werden. Sind dagegen auch **Masseverbindlichkeiten** betroffen, weil zB in einem Kündigungsschutzprozess der Bestand des Arbeitsverhältnisses über den Eröffnungszeitpunkt hinaus geltend gemacht wird, können nach § 86 Abs 1 Nr 3 sowohl der InsVerw als auch der Arbeitnehmer den Rechtsstreit aufnehmen.[213] War zur Zeit der Eröffnung des InsVerf ein Rechtsstreit über die Forderung anhängig, ist die Feststellung gem § 180 Abs 2 durch Aufnahme des Rechtsstreits zu betreiben. Dies gilt auch dann, wenn der Rechtsstreit zu dieser Zeit in der Revisionsinstanz in einem Nichtzulassungsbeschwerdeverfahren anhängig war.[214] Ordnet das Gericht im Falle des **Todes des klagenden Arbeitnehmers** auf Antrag seines Prozessbevollmächtigten gem § 246 Abs 1 ZPO die Aussetzung des Verfahrens an und wird nachfolgend über den Nachlass des früheren Kl das InsVerf eröffnet, kann der Gegner den InsVerw zur Aufnahme des Verf auffordern. Lehnt dieser ab, kann der Bekl nach § 85 Abs 2 den Rechtsstreit aufnehmen. Damit ist aber nur die Unterbrechung des Verf beendet, die durch die Eröffnung des InsVerf über den Nachlass des früheren Kl eingetreten ist. Da die angeordnete Aussetzung davon nicht berührt bleibt, ist die Aufnahmeerklärung des InsVerw nach § 246 Abs 2, § 239 Abs 2 ZPO zu ersetzen.[215] 84

3. Zulässigkeit einer Feststellungsklage nach § 179. Kündigt der Arbeitnehmer vor InsEröffnung wegen erheblicher Zahlungsrückstände fristlos und macht er sodann **Schadensersatzansprüche wegen Auflösungsverschuldens** nach § 628 BGB geltend (dazu Rn 57), die vom InsVerw bestritten werden, bleibt die Klage auf Feststellung zur Tabelle auch nach 85

---

209 *BAG* AP HGB § 74 Nr 81 = NJW 2009, 3529; *BAG* AP InsO § 117 Nr 1 = ZIP 2009, 1134.
210 *BAG* ZInsO 2001, 727; *BGH* ZIP 1997, 473.
211 *BGH* NJW 1995, 2563.
212 *BAG* AP InsO § 117 Nr 1 = ZIP 2009, 1134.
213 *BAG* AP ZPO § 240 Nr 6 = ZIP 2007, 745; *Thomas B Schmidt/Lambertz* ZInsO 2007, 699, 702.
214 *BAG* AP ZPO § 240 Nr 9 = ZInsO 2013, 2456.
215 *BAG* 13.4.2017 – 7 AZN 732/16 (A).

Anzeige der Masseunzulänglichkeit zulässig. Dass voraussichtlich mit einer InsQuote von „Null" zu rechnen ist, lässt das Feststellungsinteresse nicht entfallen, weil nach Beendigung des InsVerf der Schu gem § 178 Abs 3 an die Feststellungen gebunden ist.[216]

86 **4. Zuständigkeit.** Macht ein Arbeitnehmer des Schu gegen den InsVerw einen **Anspruch aus § 61** geltend, ist der Rechtsweg zu den ArbG gegeben. Ob der InsVerw einen Rechtsstreit, in welchem er gem § 60 in Anspruch genommen wird, ebenfalls als „Rechtsnachfolger" des Arbeitgebers führt, hat der BGH offengelassen.[217] Fordert der InsVerw vom Arbeitnehmer **Rückzahlung der vom Schu vor InsEröffnung geleisteten Vergütung wegen Anfechtbarkeit** der Erfüllungshandlung (§§ 129 ff, dazu Rn 13 ff), ist der Rechtsweg zu den Gerichten für Arbeitssachen eröffnet (näher dazu Rn 26).[218] Ist im Ausland ein Hauptinsolvenzverfahren iSd EuInsVO eröffnet worden, zählen Klagen gegen Kündigungen, die ein InsVerw iSd EuInsVO in Deutschland nach deutschem Recht erklärt hat, auch dann nicht zu den Annexverfahren, die gem Art 3 EuInsVO den Gerichten des Staats der VerfEröffnung zuzuordnen sind, wenn sie auf der Grundlage eines Interessenausgleichs mit Namensliste nach § 125 und mit der kurzen Frist des § 113 erklärt worden sind.[219] Solche Klagen haben ihren Rechtsgrund nicht im InsR, sondern im Arbeitsrecht. Für sie bestimmt sich die internationale Zuständigkeit deswegen nach der EuGVVO und nicht nach der EuInsVO.[220]

216 *BAG* AP BGB § 628 Nr 19 = DB 2007, 2716.
217 *BGH* ZIP 2007, 94.
218 *GmS-OGB* AP ArbGG 1979 § 2 Zuständigkeitsprüfung Nr 14 = ZIP 2010, 2418; *BAG* AP ArbGG 1979 § 3 Nr 8 = ZIP 2008, 1499; *BAG* AP ArbGG 1979 § 3 Nr 9 = ZIP 2009, 1687; aM *BGH* AP ArbGG 1979 § 3 Nr 10 = ZIP 2009, 825.
219 *BAG* AP InsO § 125 Nr 10 = ZIP 2012, 2312.
220 *BAG* NZI 2013, 758; *BAG* AP InsO § 125 Nr 10 = ZIP 2012, 2312.

§ 113 Kündigung eines Dienstverhältnisses

[1]Ein Dienstverhältnis, bei dem der Schuldner der Dienstberechtigte ist, kann vom Insolvenzverwalter und vom anderen Teil ohne Rücksicht auf eine vereinbarte Vertragsdauer oder einen vereinbarten Ausschluss des Rechts zur ordentlichen Kündigung gekündigt werden. [2]Die Kündigungsfrist beträgt drei Monate zum Monatsende, wenn nicht eine kürzere Frist maßgeblich ist. [3]Kündigt der Verwalter, so kann der andere Teil wegen der vorzeitigen Beendigung des Dienstverhältnisses als Insolvenzgläubiger Schadenersatz verlangen.

Übersicht

I. Normzweck

1 § 113 ist an die Stelle des § 22 Abs 1 KO getreten. Die Regelung soll notwendige Kündigungen nach Eröffnung des InsVerf ohne Rücksicht auf die vereinbarte Vertragsdauer oder

einen vereinbarten Ausschluss des Rechts zur ordentlichen Kündigung **beschleunigen**.[1] Außerdem soll im Interesse der InsMasse eine allzu lange Bindung an nicht mehr sinnvolle Arbeitsverhältnisse verhindert werden. Die InsMasse soll binnen einer angemessenen Frist von Masseansprüchen solcher Arbeitnehmer befreit werden, die nicht mehr beschäftigt werden können.[2] Die Dreimonatsfrist schafft einen Ausgleich zwischen den sozialen Belangen der Arbeitnehmer und sonstigen Dienstverpflichteten des insolventen Unternehmens sowie den Interessen der InsGl an der Erhaltung der Masse als Grundlage ihrer Befriedigung.[3] § 113 enthält jedoch **keinen eigenständigen Kündigungsgrund** der Ins oder Sanierung. Daher ist das KSchG auch bei einer Kündigung in der Ins zu beachten, wenn es nach seinem persönlichen und betrieblichen Geltungsbereich Anwendung findet.[4]

II. Geltungsbereich

1. Räumlicher Geltungsbereich. § 113 gilt für Kündigungen von Arbeitsverhältnissen, die deutschem Recht unterliegen. Ist über das Vermögen eines Unternehmens mit Sitz in Deutschland das HauptInsVerf eröffnet worden und über eine **unselbstständige Niederlassung im EU-Ausland** nach Maßgabe von Art 34 EuInsVO ein SekundärInsVerf, hat der ausl Masseverwalter gem Art 13 EuInsVO deutsches Recht zu beachten, wenn nach den Vorschriften des IPR (Art 3 und 8 Rom I VO bzw bis zum 17.12.2009 Art 27 ff EGBGB) auf das Arbeitsverhältnis deutsches Recht Anwendung findet (vgl vor § 113 Rn 86). Dies ergibt sich insb aus dem Erwägungsgrund Nr 72 der EuInsVO. Ist nur das HauptInsVerf eröffnet und über das im Ausland belegene Vermögen des Schu noch nicht das SekundärInsVerf, kann der InsVerw auch die im Ausland begründeten Arbeitsverhältnisse kündigen. Er hat dabei gem Art 13 EuInsVO das jeweils vereinbarte Recht zu beachten.[5] Das Verfahren nach **Chapter 11 des Bankruptcy Code** (Chapter 11 B.C.) ist als ausländisches InsVerf nach § 343 Abs 1 S 1 anzuerkennen.[6] Gem § 337 unterliegen die anerkannten Wirkungen des InsVerf auf das Arbeitsverhältnis dem nach dem Arbeitsrechtsstatut maßgeblichen Recht. Über die Sonderanknüpfung des § 337 kann daher für Kündigungen deutsches Recht und damit § 113 Anwendung finden.[7] 2

2. Persönlicher Geltungsbereich. Von § 113 werden alle Dienstverhältnisse iSv § 611 BGB erfasst, bei denen der **Schu der Dienstberechtigte** ist. Im **InsVerf über das Vermögen des Dienstverpflichteten,** dh des Arbeitnehmers, ist § 113 nicht anwendbar.[8] Zu den Dienstverhältnissen gehören zunächst alle Arbeitsverhältnisse. Unerheblich ist, ob die Arbeitsverhältnisse zu Arbeitern oder Angestellten, Aushilfen oder geringfügig Beschäftigten bestehen. § 113 ist auch auf Arbeitsverhältnisse von im Haushalt beschäftigten Personen anwendbar, wenn über das Vermögen des Dienstberechtigten das InsVerf eröffnet wird.[9] Die Norm findet gem § 279 S 1 auch in Fällen der **Eigenverwaltung** Anwendung.[10] 3

---

1 ErfK/*Müller-Glöge* § 113 InsO Rn 1; MK/*Caspers* § 113 Rn 1.
2 Vgl *BAG* AP InsO § 113 Nr 3 = ZIP 1999, 1933; *Braun/Beck* § 113 Rn 1.
3 BT-Drucks 12/7302 S 169.
4 *BAG* 23.2.2017 – 6 AZR 665/15; *BAG* AP InsO § 125 Nr 10 = ZIP 2012, 2312.
5 Vgl *Mankowski/Müller/J. Schmidt* EuInsVO 2015 Art 13 Rn 2; *Duursma-Kepplinger* in *Duursma-Kepplinger/Chalupski/Duursma* Europäische Insolvenzverordnung, 2002, Art 28 Rn 22; *Smid* Deutsches und Europäisches Internationales Insolvenzrecht, 2004, Art 10 EuInsVO Rn 4.
6 *BGH* 13.10.2009 – X ZR 79/06; *BAG* 27.2.2007 – 3 AZR 618/06.
7 *BAG* 24.9.2015 – 6 AZR 492/14.
8 *K/P/B/Moll* § 113 Rn 85; ErfK/*Müller-Glöge* § 113 InsO Rn 7a.
9 ErfK/*Müller-Glöge* § 113 InsO Rn 4.
10 *BAG* 23.2.2017 – 6 AZR 665/15.

4 Da § 113 für „Dienstverhältnisse" und nicht nur für Arbeitsverhältnisse gilt, findet diese Bestimmung auch auf Dienstverträge von **Organen juristischer Personen** Anwendung.[11] Dabei ist zu beachten, dass von der Kündigung des Dienstverhältnisses, für die der InsVerw zuständig ist (vgl § 87 Abs 3 AktG), die Abberufung zu unterscheiden ist. Diese obliegt auch in der Ins dem jeweiligen Gesellschaftsorgan (§ 46 Nr 5 GmbHG, § 84 Abs 3 AktG).[12] Auf geschäftsführende Gesellschafter von Personengesellschaften ist § 113 nicht anwendbar, wenn diese – wie in aller Regel – auf der Grundlage des Gesellschaftsvertrags ihre Tätigkeit verrichten.[13] Das Anstellungsverhältnis eines Kommanditisten einer KG fällt dagegen ebenso in den Anwendungsbereich des § 113[14] wie die Kündigung des Anstellungsverhältnisses eines an der GmbH zu 50 % beteiligten Geschäftsführers.[15] Ein Gesellschafter, dem mehr als 50 % der Stimmrechte zustehen, kann dagegen nicht zugleich Arbeitnehmer dieser Gesellschaft sein.[16] Auch das Dienstverhältnis des Alleingesellschafter-Geschäftsführers einer GmbH oder GmbH & Co KG endet nicht ohne Weiteres mit der InsEröffnung.[17]

5 Ist der Dienstvertrag bereits geschlossen, das **Dienstverhältnis aber noch nicht in Vollzug gesetzt**, steht dem InsVerw nicht das Wahlrecht nach § 103 zu.[18] § 108 Abs 1 S 1 legt als speziellere Regelung ausnahmslos fest, dass Dienstverhältnisse des Schu mit Wirkung für die InsMasse fortbestehen. § 113 verlangt nicht ein „angetretenes Dienstverhältnis", sondern nur den Bestand eines solchen. Der InsVerw kann daher nach Maßgabe des § 113 vor Dienstantritt eine Kündigung erklären. Die Kündigungsfrist beginnt in diesen Fällen stets mit Zugang der Kündigung.[19]

6 Auf **arbeitnehmerähnliche Personen** findet § 113 grds nur Anwendung, wenn diese auf der Grundlage eines Dienstvertrags für den Schu tätig sind.[20] Erfolgt die Tätigkeit im Rahmen eines Werkvertrags, ist § 113 nicht anwendbar.[21] Gleiches gilt, wenn der Rechtsbeziehung ein Auftrag (§ 115) oder ein Geschäftsbesorgungsvertrag (§ 116) zugrunde liegt,[22] wie etwa beim Handelsvertretervertrag.[23]

7 Auf **Heimarbeitsverhältnisse** ist § 113 dagegen unabhängig davon anwendbar, ob die Tätigkeit auf der Grundlage eines Dienst- oder Werkvertrags erfolgt. Denn nach § 29 Abs 4 HAG gelten für Heimarbeiter dieselben verlängerten Kündigungsfristen wie nach § 622 Abs 2 BGB für Arbeitnehmer. Darin kommt ein bes Schutz des Heimarbeitsverhältnisses zum Ausdruck, welcher der Annahme eines einseitigen Wahlrechts des InsVerw nach § 103 entgegensteht.[24]

---

11 *H/W/K/Annuß* § 113 InsO Rn 3; ErfK/*Müller-Glöge* § 113 InsO Rn 3; *Uhlenbruck/Zobel* § 113 Rn 4.
12 *Braun/Beck* § 113 Rn 7; FK/*Eisenbeis* § 113 Rn 15; *K Schmidt/Ahrens* § 113 Rn 11, 13.
13 MK/*Caspers* § 113 Rn 10; *K/P/B/Moll* § 113 Rn 82.
14 KR/*Weigand* §§ 113, 120–124 InsO Rn 17.
15 *OLG Hamm* NJW-RR 2000, 1651; ebenso *OLG Bbg* NZI 2003, 324, 326; *Uhlenbruck/Zobel* § 113 Rn 20c.
16 *BAG* AP ArbGG 1979 § 2 Nr. 101 = ZIP 2015, 247.
17 Vgl *BGHZ* 75, 209 = ZIP 1980, 46.
18 *H/W/K/Annuß* § 113 InsO Rn 5; *Jaeger/Giesen* § 113 Rn 54; *A/P/S/Künzl* § 113 InsO Rn 11; *K/P/B/Moll* § 113 Rn 87; ErfK/*Müller-Glöge* § 113 InsO Rn 7a; **aA** *Obermüller/Hess* Rn 805.
19 *BAG* 23.2.2017 – 6 AZR 665/15.
20 *H/W/K/Annuß* § 113 InsO Rn 3; MK/*Caspers* § 113 Rn 8; *Jaeger/Giesen* § 113 Rn 42; *K/P/B/Moll* § 113 Rn 80.
21 MK/*Caspers* § 113 Rn 8; KR/*Weigand* §§ 113, 120–124 InsO Rn 15; **aA** *K/D/Z/Däubler* § 113 InsO Rn 11.
22 KR/*Weigand* §§ 113, 120–124 InsO Rn 15.
23 Vgl dazu *BGH* NJW 2003, 743.
24 MK/*Caspers* § 113 Rn 9; ebenso *K/D/Z/Däubler* § 113 InsO Rn 11; **aA** *K/P/B/Moll* § 113 Rn 80.

Berufsausbildungsverhältnisse sind zwar Dienstverhältnisse. Sie unterfallen gleichwohl nicht dem Anwendungsbereich des § 113, denn für sie ist nach Ablauf der Probezeit (§ 20 BBiG) gem § 22 Abs 2 Nr 1 BBiG das Recht zur ordentlichen Kündigung von Gesetzes wegen ausgeschlossen.[25] Gesetzliche Regelungen des Ausschlusses der ordentlichen Kündigung werden von § 113 nicht erfasst (dazu Rn 18). Der InsVerw kann das Ausbildungsverhältnis daher nur aus wichtigem Grund kündigen. Die Eröffnung des InsVerf stellt dabei für sich betrachtet noch keinen Kündigungsgrund dar, weil bei einer Fortführung des Betriebs nach InsEröffnung die Berufsausbildung noch möglich sein kann. Nur wenn der Betrieb stillgelegt wird oder sonstige Gründe vorliegen, die eine Fortsetzung der Ausbildung unmöglich erscheinen lassen, liegt ein Kündigungsgrund vor.[26] Die Kündigung hat dann unter Beachtung der Auslauffrist des § 113 zu erfolgen.[27] 8

In **befristeten Arbeitsverhältnissen** besteht das Kündigungsrecht des InsVerw nach § 113, und zwar unabhängig davon, ob das ordentliche Kündigungsrecht vorbehalten wurde oder nicht. § 15 Abs 3 TzBfG enthält nur eine gesetzliche Auslegungsregel, die § 113 nicht vorgeht.[28] Entspr gilt für auflösend bedingte oder zweckbefristete Arbeitsverhältnisse.[29] Zu den befristeten Arbeitsverhältnissen gehören auch **Altersteilzeitarbeitsverhältnisse**.[30] Ist das Arbeitsverhältnis im Zeitpunkt der Kündigung durch den InsVerw ohne ordentliche Kündigungsmöglichkeit noch für zumindest weitere drei Monate befristet, gilt die gesetzliche Höchstkündigungsfrist des § 113 von drei Monaten. Sie wird nicht durch eine kürzere gesetzliche Kündigungsfrist aus § 622 BGB verdrängt, denn eine solche kürze Kündigungsfrist war wegen der nicht vereinbarten Kündigungsmöglichkeit für das Arbeitsverhältnis auch vor Eröffnung des InsVerf nicht maßgeblich.[31] 9

§ 113 gilt nicht nur für Arbeitsverhältnisse, die der Schu bereits begründet hatte. Diese Bestimmung ist vielmehr auch anwendbar auf **Dienstverhältnisse, die vom InsVerw mit Wirkung für die Masse begründet** worden sind (§ 55 Abs 1 Nr 1).[32] Dagegen unterliegen Arbeitsverhältnisse, die der InsVerw zur Bewältigung seiner Verwalteraufgaben begründet, nicht den Regelungen des § 113.[33] 10

§ 113 gilt nach seinem eindeutigen Wortlaut **beiderseitig,** dh nicht nur im Falle einer Kündigung durch den InsVerw, sondern auch bei einer Kündigung durch den Dienstberechtigten.[34] 11

---

25 *K Schmidt/Ahrens* § 113 Rn 14; ErfK/*Müller-Glöge* § 113 InsO Rn 3; KR/*Weigand* §§ 113, 120–124 InsO Rn 57; wohl auch *Braun/Beck* § 113 Rn 22; **aA** *Andres/Leithaus* § 113 Rn 4.

26 *H/W/K/Annuß* § 113 Rn 3.

27 Vgl *Gottwald/Bertram* § 104 Rn 43; *Braun/Beck* § 113 Rn 22; ErfK/*Müller-Glöge* § 113 InsO Rn 3; *Jaeger/Giesen* § 113 Rn 23; *Zwanziger* § 113 Rn 17.

28 *BAG* AP InsO § 113 Nr 6 = ZIP 2000, 1941; *BAG* AP ATG § 3 Nr 13 = ZIP 2005, 1842; ErfK/*Müller-Glöge* § 113 InsO Rn 6a.

29 *H/W/K/Annuß* § 113 InsO Rn 7; *K Schmidt/Ahrens* § 113 Rn 29; ErfK/*Müller-Glöge* § 113 InsO Rn 6a.

30 *BAG* AP ATG § 3 Nr 13 = ZIP 2005, 1842.

31 *BAG* AP InsO § 113 Nr 6 = ZIP 2000, 1941; **aA** *Caspers* SAE 2001, 187.

32 *LAG Berlin-Bbg* ZIP 2007, 2002; HambKomm/*Ahrendt* § 113 Rn 24; *Jaeger/Giesen* § 113 Rn 57 ff; ErfK/*Müller-Glöge* § 113 InsO Rn 5; *Uhlenbruck/Zobel* § 113 Rn 9; KR/*Weigand* §§ 113, 120–124 InsO Rn 21; **aA** *K/D/Z/Däubler* § 113 InsO Rn 13; *Kraft/Lambrecht* NZI 2015, 639, 641 f; *K/P/B/Moll* § 113 Rn 90.

33 *Uhlenbruck/Zobel* § 113 Rn 9; KR/*Weigand* §§ 113, 120–124 InsO Rn 22.

34 MK/*Caspers* § 113 Rn 13; *K/P/B/Moll* § 113 Rn 92; KR/*Weigand* §§ 113, 120–124 InsO Rn 28; *Zwanziger* § 113 Rn 4.

12 **3. Sachlicher Geltungsbereich.** § 113 gilt für ordentliche Kündigungen von Dienstverhältnissen. Dazu gehören **Beendigungs- und Änderungskündigungen**.[35] Das Sonderkündigungsrecht aus § 113 besteht auch, wenn zuvor der Schu oder der vorl InsVerw vor InsEröffnung mit der längeren für das Arbeitsverhältnis maßgeblichen Kündigungsfrist gekündigt haben, **Nachkündigung**.[36] In diesem Fall liegt keine Wiederholungskündigung vor, denn der InsVerw stützt die neue Kündigung auf die InsEröffnung und das dadurch ausgelöste Sonderkündigungsrecht und damit auf weitere, neue Tatsachen, die den bisherigen Kündigungssachverhalt verändert haben.

13 Das Sonderkündigungsrecht aus § 113 muss **nicht unverzüglich** nach der Eröffnung des InsVerf ausgeübt werden.[37] Es gilt vielmehr während der gesamten Dauer des InsVerf.[38] Führt der InsVerw den Betrieb zunächst ganz oder tw fort, kann er deshalb auch noch Jahre später bis zur Einstellung des InsVerf das Sonderkündigungsrecht wahrnehmen. § 113 enthält keine zeitliche Begrenzung.

III. Sonderkündigungsrecht

14 **1. Allgemeines.** § 113 S 1 gibt dem InsVerw das Recht, Dienstverhältnisse ohne Rücksicht auf die vereinbarte Vertragsdauer oder einen vereinbarten Ausschluss des Rechts zur ordentlichen Kündigung zu kündigen. Damit sind neben befristeten und auflösend bedingten Arbeitsverhältnissen (dazu Rn 9) insb sog **„unkündbare" Arbeitsverhältnisse**[39] ordentlich kündbar. Bei Ausübung des Sonderkündigungsrechts hat der InsVerw die Frist des § 113 S 2 einzuhalten (näher dazu Rn 25) und die von der Rspr entwickelten Bestimmtheitsanforderungen an ordentliche Kündigungen zu beachten.[40] Dazu genügt regelmäßig die Angabe des Kündigungstermins oder der Kündigungsfrist. Ein Hinweis auf die maßgeblichen gesetzlichen oder tariflichen Regelungen reicht aus, wenn der Arbeitnehmer dadurch unschwer ermitteln kann, zu welchem Termin das Arbeitsverhältnis enden soll.[41]

15 Der InsVerw kann zum Ausspruch der Kündigung **Dritte bevollmächtigen**. Er hat dabei zu berücksichtigen, dass gem § 117 Abs 1 mit Eröffnung des InsVerf zuvor erteilte Vollmachten erlöschen. Der InsVerw kann aber neue Vollmachten erteilen.[42] Die Bevollmächtigung ist entweder unter Nennung des Bevollmächtigten in betriebsüblicher Form oder durch Vollmachtsvorlage nachzuweisen (§ 174 S 2 BGB).[43] Lässt sich ein InsVerw beim Ausspruch einer Kündigung von einem anderen RA der Sozietät vertreten, muss mit der Kündigung eine entspr Vollmacht vorgelegt werden. Andernfalls kann die Kündigung vom Arbeitnehmer gem § 174 S 1 BGB unverzüglich zurückgewiesen werden, weil der andere RA nicht offensichtlich bevollmächtigt ist.[44] Ein nach Eröffnung des InsVerf vom InsVerw weiterbeschäftigter Personalleiter hat keine Kündigungsvollmacht (§ 174 S 2 BGB) vorzulegen.[45]

---

35 *K Schmidt/Ahrens* § 113 Rn 16; ErfK/*Müller-Glöge* § 113 InsO Rn 7; KR/*Weigand* §§ 113, 120–124 InsO Rn 28.
36 *BAG* ZIP 2010, 1566; *BAG* ZIP 2008, 428; *BAG* AP InsO § 113 Nr 12 = ZIP 2003, 1670; *BAG* AP BetrVG 1972 § 113 Nr 40 = ZIP 2003, 1260; FK/*Eisenbeis* § 113 Rn 29.
37 *H/W/K/Annuß* § 113 InsO Rn 4; *K Schmidt/Ahrens* § 113 Rn 4; *Zwanziger* § 113 Rn 5.
38 HambKomm/*Ahrendt* § 113 Rn 32.
39 Vgl dazu *Schaub/Linck* § 128.
40 Hierzu *Schaub/Linck* § 123 Rn 2 f.
41 Vgl *BAG* ZInsO 2015, 814; *BAG* ZIP 2013, 1835.
42 *K Schmidt/Ahrens* § 113 Rn 24; KR/*Weigand* §§ 113, 120–124 InsO Rn 31.
43 Näher dazu *Schaub/Linck* § 123 Rn 19 ff.
44 *BAG* AP BGB § 613a Nr 232 = ZIP 2002, 2003, 2007.
45 *BAG* AP BGB § 174 Nr 11 = ZIP 1998, 748.

2. Vereinbarte Vertragsdauer und vereinbarter Kündigungsausschluss. Das Sonderkündigungsrecht aus § 113 S 1 setzt eine **„Vereinbarung"** über die Vertragsdauer bzw über den Kündigungsausschluss voraus. Hierzu gehören einzelvertragliche Vereinbarungen ebenso wie **tarifvertragliche Regelungen.**[46] Tarifvertraglich unkündbare Arbeitsverhältnisse sind daher im InsVerf ordentlich kündbar. Das ist mit Art 9 Abs 3 GG vereinbar.[47] Der Gesetzeswortlaut sieht keine Ausnahme vor, aber auch die Entstehungsgeschichte und der Normzweck der Regelung sprechen gegen eine Einschränkung des Kündigungsrechts des InsVerw.[48] Dies gilt unabhängig davon, ob der Ausschluss des Rechts zur ordentlichen Kündigung mit einer Gegenleistung des Arbeitnehmers verbunden war. Deshalb schließt ein vor Eröffnung des InsVerf in einer tarifvertraglichen Standortsicherungsvereinbarung vereinbarter Ausschluss betriebsbedingter Kündigungen die Anwendung des § 113 auf Kündigungen, die der InsVerw wegen der beabsichtigten Stilllegung eines Geschäftsbereichs erklärt, nicht aus.[49] Nichts anderes gilt, wenn der Kündigungsausschluss Bestandteil einer **Betriebsvereinbarung** ist. Auch diese wird vereinbart und steht dem Zweck des § 113 entgegen.[50] 16

Hängt die Wirksamkeit einer ordentlichen Kündigung nach einer tarifvertraglichen Regelung oder aufgrund einer Betriebsvereinbarung nach § 102 Abs 6 BetrVG von der **Zustimmung des Betriebsrats** ab, verdrängt § 113 dieses Zustimmungserfordernis nicht. Der Zustimmungsvorbehalt regelt nicht die Vertragsdauer und stellt auch keine Vereinbarung über den Ausschluss des Rechts zur ordentlichen Kündigung dar.[51] Insoweit gilt nichts anderes als bei behördlichen Zustimmungsvorbehalten (dazu Rn 20). 17

3. Gesetzlicher Kündigungsschutz. § 113 verdrängt nur Vereinbarungen über die Vertragsdauer oder den Ausschluss des Rechts zur ordentlichen Kündigung. Ein **gesetzlicher Ausschluss der ordentlichen Kündigung** wird hiervon nicht erfasst.[52] 18

Deshalb genießen **Betriebsratsmitglieder** in der Ins des Arbeitgebers den besonderen Kündigungsschutz des § 15 Abs 1 KSchG.[53] Eine ordentliche Kündigung kommt hier nur unter den Voraussetzungen des § 15 Abs 4 und 5 KSchG in den Fällen einer Betriebsstilllegung oder Stilllegung einer Betriebsabteilung in Betracht.[54] Ein gesetzlicher Ausschluss des Rechts zur ordentlichen Kündigung besteht des Weiteren bei **Auszubildenden** nach § 22 Abs 2 BBiG (dazu Rn 8), **Wehr- und Zivildienstleistenden** nach § 2 Abs 1 ArbPlSchG, § 78 ZDG,[55] **Abgeordneten** nach Art 48 Abs 2 GG bzw den entspr landesrechtlichen Bestimmungen, **Immissionsschutzbeauftragten** nach § 58 Abs 2 BImSchG sowie **Gewässerschutzbe-** 19

---

46 *BAG* AP InsO § 113 Nr 5 = ZIP 2000, 1941; *BAG* AP ATG § 3 Nr 13 = ZIP 2005, 1842; *Braun/Beck* § 113 Rn 11; *Gottwald/Bertram* § 104 Rn 66; MK/*Caspers* § 113 Rn 15; ErfK/*Müller-Glöge* § 113 InsO Rn 6; KR/*Weigand* §§ 113, 120–124 InsO Rn 42.

47 *BAG* AP InsO § 113 Nr 3 = ZIP 1999, 1933; *BAG* AP ATG § 3 Nr 13 = ZIP 2005, 1842; *A/P/S/Künzl* § 113 InsO Rn 6; *Heinze* NZA 1999, 57, 59; *K/P/B/Moll* § 113 Rn 124 ff; MK/*Caspers* § 113 Rn 15; **aA** *K/D/Z/Däubler* § 113 InsO Rn 29 ff; *Zwanziger* § 113 Rn 29.

48 *BAG* AP BGB § 613a Nr 316 = ZIP 2007, 595.

49 *BAG* AP InsO § 113 Nr 19 = ZIP 2006, 774; ErfK/*Müller-Glöge* § 113 InsO Rn 6.

50 *BAG* AP UmwG § 323 Nr 1 = ZIP 2006, 631.

51 *BAG* 19.1.2000 – 4 AZR 911/98; *H/W/K/Annuß* § 113 InsO Rn 2; ErfK/*Müller-Glöge* § 113 InsO Rn 6; *K Schmidt/Ahrens* § 113 Rn 34; *Zwanziger* § 113 Rn 28; **aA** MK/*Caspers* § 113 Rn 18; *Jaeger/Giesen* § 113 Rn 95; *Rieble* Anm zu *BAG* AP BetrVG 1972 § 102 Nr 160.

52 MK/*Caspers* § 113 Rn 19; *K/P/B/Moll* § 113 Rn 74; ErfK/*Müller-Glöge* § 113 InsO Rn 6a; *Uhlenbruck/Zobel* § 113 Rn 49 ff.

53 *BAG* AP KSchG 1969 § 15 Nr 60 = ZIP 2006, 918.

54 Vgl *BAG* AP BGB § 613a Nr 324 = NZA 2008, 112; MK/*Caspers* § 113 Rn 22.

55 MK/*Caspers* § 113 Rn 23; ErfK/*Müller-Glöge* § 113 InsO Rn 10; *Zwanziger* § 113 Rn 19; **aA** *Andres/Leithaus* § 113 Rn 5.

auftragten nach § 21f Abs 2 Wasserhaushaltsgesetz und **Abfallbeauftragten** nach § 55 Abs 3 Kreislaufwirtschafts- und Abfallgesetz.

20 Bedarf die ordentliche Kündigung der **behördlichen Zustimmung**, wie bei schwerbehinderten Menschen nach §§ 85 und 91 SGB IX (§§ 168 und 174 SGB IX 2017, dazu § 89 Abs 3 SGB IX = § 172 Abs 3 SGB IX 2017), Schwangeren und Wöchnerinnen nach § 9 MuSchG (§ 17 MuSchG 2018), Arbeitnehmern in Elternzeit nach § 18 BEEG und Pflegezeit (§ 5 PflegeZG), hat auch der InsVerw die Zustimmung einzuholen.[56]

21 Der InsVerw hat des Weiteren gem § 102 Abs 1 BetrVG dem **Betriebsrat vor der Kündigung die Kündigungsgründe mitzuteilen**. Die Betriebsratsanhörung unterliegt auch bei Vorliegen eines Interessenausgleichs mit Namensliste iSd § 125 Abs 1 grds keinen erleichterten Anforderungen.[57] Der InsVerw muss allerdings das aus seiner Sicht entfallene Beschäftigungsbedürfnis und die der Sozialauswahl zugrunde liegenden Tatsachen im Anhörungsverfahren dem Betriebsrat nicht erneut mitteilen, wenn jenem diese Umstände bereits aus den Interessenausgleichsverhandlungen nach § 111 BetrVG bekannt sind. In diesem Fall kann er vielmehr das Verfahren nach § 102 Abs 1 BetrVG mit den Verhandlungen über den Interessenausgleich verbinden. Dies hat er gegenüber dem Betriebsrat klarzustellen und ggf im Wortlaut des Interessenausgleichs zum Ausdruck zu bringen.[58] Soweit die gegenüber dem Betriebsrat bestehenden Pflichten aus § 111 BetrVG mit denen aus § 17 Abs 2 S 1 KSchG und § 102 Abs 1 BetrVG übereinstimmen, kann der InsVerw sie gleichzeitig erfüllen.[59] Entspr gilt für die Anhörung nach § 31 SprAuG.[60] Bei einer außerordentlichen Kündigung eines Betriebsratsmitglieds hat der InsVerw das Zustimmungserfordernis des § 103 BetrVG zu beachten.[61] Im Falle einer Betriebsänderung hat er trotz der Erleichterung durch §§ 125, 126 den Versuch eines Interessenausgleichs zu unternehmen, da sonst Nachteilsausgleichsansprüche als Masseverbindlichkeit nach § 113 BetrVG entstehen können (dazu Vor § 113 Rn 68 und § 121 Rn 3). Das gilt auch dann, wenn der Betriebsrat zur Zeit der Eröffnung des InsVerf noch nicht bestand, sondern erst danach gewählt wurde.[62]

22 Da § 113 keinen selbstständigen Kündigungsgrund der Ins oder Sanierung enthält, hat der InsVerw bei der Kündigung das **KSchG zu beachten**, wenn es nach seinem persönlichen und betrieblichen Geltungsbereich Anwendung findet.[63] Bei betriebsbedingten Kündigungen muss der InsVerw daher ein dringendes betriebliches Erfordernis iSv § 1 Abs 2 KSchG darlegen.[64] Er hat eine individuelle soziale Auswahl (§ 1 Abs 3 KSchG) vorzunehmen,[65] sofern nicht § 125 eingreift. **Massenentlassungen** hat er gem § 17 KSchG der **AA** vor den jeweiligen

56 HambKomm/*Ahrendt* § 113 Rn 84; *K Schmidt/Ahrens* § 113 Rn 43 ff; *K/P/B/Moll* § 113 Rn 74; *Uhlenbruck/Zobel* § 113 Rn 58; KR/*Weigand* §§ 113, 120–124 InsO Rn 60 ff; *Zwanziger* § 113 Rn 18.
57 *BAG* AP KSchG 1969 § 1 Betriebsbedingte Kündigung Nr 183 = ZIP 2010, 1309; *BAG* AP BetrVG 1972 § 102 Nr 134 = ZIP 2004, 525.
58 *BAG* AP BGB § 622 Nr 68 = ZIP 2013, 1835; *BAG* AP InsO § 125 Nr 9 = ZIP 2012, 1927.
59 Vgl *BAG* AP KSchG 1969 § 17 Nr 41 = ZIP 2012, 2412.
60 ErfK/*Müller-Glöge* § 113 InsO Rn 10a.
61 FK/*Eisenbeis* § 113 Rn 35.
62 *BAG* AP BetrVG 1972 § 112 Nr 162 = ZIP 2004, 235.
63 *BAG* AP BGB § 613a Nr 424 = ZInsO 2012, 1851; *BAG* AP BGB § 613a Nr 324 = ZIP 2008, 428; *BAG* AP BGB § 613a Nr 316 = ZIP 2007, 595; *BAG* AP ATG § 3 Nr 13 = ZIP 2005, 1842; *BAG* AP KSchG 1969 § 1 Betriebsbedingte Kündigung Nr 125 = ZIP 2003, 1169; *K Schmidt/Ahrens* § 113 Rn 35; ErfK/*Müller-Glöge* § 113 InsO Rn 9.
64 Dazu *Schaub/Linck* § 134.
65 Dazu *Schaub/Linck* § 135.

Kündigungen anzuzeigen (vgl § 125 Rn 42 ff).[66] Hat der Schu mit Zustimmung des schwachen vorl InsVerw eine ordnungsgemäße Massenentlassungsanzeige erstattet, entfaltet diese in der Regel nach InsEröffnung für den InsVerw weiterhin Wirkung, solange die angezeigte Kündigung noch nicht erklärt worden ist. Hat der Schu jedoch nach der Massenentlassungsanzeige und vor InsEröffnung die Kündigungen erklärt, ist die Kündigungsmöglichkeit verbraucht. Will der InsVerw unter Beachtung der verkürzten Frist des § 113 nachkündigen (dazu Rn 12), ist unter den Voraussetzungen des § 17 Abs 1 KSchG eine neue Massenentlassungsanzeige erforderlich. Aus § 18 Abs 4 KSchG folgt nichts anderes.[67] Der Arbeitnehmer hat die Kündigungsschutzklage (§ 4 KSchG) gegen den InsVerw als Partei kraft Amtes zu richten (dazu Vor § 113 Rn 79).[68]

Auch im InsVerf gilt das **Kündigungsverbot des § 613a Abs 4 BGB**. Die Kündigung darf nicht „wegen" des Betriebsübergangs erfolgen. Eine Kündigung erfolgt wegen des Betriebsübergangs, wenn dieser der tragende Grund, nicht nur der äußere Anlass für die Kündigung ist.[69] Die früher str Frage nach der Reichweite der Vermutungswirkung eines Interessenausgleichs mit Namensliste hat der Gesetzgeber durch § 128 Abs 2 geklärt. Danach erstreckt sich die Vermutung des 125 Abs 1 S 1 Nr 1 auch darauf, dass die Kündigung der Arbeitsverhältnisse nicht wegen des Betriebsübergangs erfolgte.[70] 23

§ 113 entbindet den InsVerw nicht von der Einhaltung des **Schriftformerfordernisses** aus § 623 BGB.[71] Soweit die Kündigung nach einzelnen gesetzlichen Regelungen (§ 22 Abs 3 BBiG, § 9 Abs 3 S 2 MuSchG = § 17 Abs 2 S 3 MuSchG 2018) oder Tarifverträgen der **Begr** bedarf, gilt dies auch für die Kündigung durch den InsVerw.[72] 24

IV. Kündigungsfrist

Die Kündigungsfrist beträgt nach § 113 S 2 **drei Monate zum Monatsende**, wenn nicht eine kürzere Frist maßgeblich ist. Hierbei handelt es sich nicht um eine Regelfrist, sondern um eine Höchstfrist,[73] die sowohl für den InsVerw als auch für den Arbeitnehmer gilt und als gesetzliche Spezialregelung allen längeren Kündigungsfristen vorgeht.[74] Sind gesetzlich (§§ 621 Nr 1–3, 622 Abs 2 S 1 Nr 1 und 2 BGB; § 28 HAG, § 66 Abs 1 SeeArbG) oder tariflich/einzelvertraglich kürzere Fristen maßgebend, gelten deshalb diese kürzeren Fristen.[75] Maßgeblich ist die Kündigungsfrist, die gölte, wenn die Kündigung außerhalb des InsVerf erfolgte. Konkurrenzen zwischen gesetzlichen, tarifvertraglichen und einzelvertraglich vereinbarten Kündigungsfristen sind nach allgemeinen Regeln, insb § 622 Abs 4 und 5 BGB sowie § 4 Abs 3 TVG aufzulösen.[76] Ist die vertraglich vereinbarte Kündigungsfrist länger als die sich aus § 622 BGB ergebende gesetzliche, aber kürzer als die dreimonatige des § 113, ist die vertragliche und nicht die gesetzliche Frist für die Kündigung maßgeblich iSv § 113 S 2.[77] 25

---

66 Dazu *Schaub/Linck* § 142.
67 *BAG* AP KSchG 1969 § 17 Nr 38 = ZIP 2010, 1566.
68 *BAG* AP InsO § 113 Nr 14 = NZA 2003, 1391.
69 Näher dazu ErfK/*Preis* § 613a BGB Rn 153; *Schaub/Linck* § 134 Rn 47 ff mwN.
70 *BAG* AP BGB § 613a Nr 316 = ZIP 2007, 595.
71 *K/P/B/Moll* § 113 Rn 70; ErfK/*Müller-Glöge* § 113 InsO Rn 8a.
72 *K Schmidt/Ahrens* § 113 Rn 23.
73 *BAG* AP InsO § 113 Nr 3 = ZIP 1999, 1933; ErfK/*Müller-Glöge* § 113 InsO Rn 8.
74 *BAG* 23.2.2017 – 6 AZR 665/15.
75 *BAG* AP InsO § 113 Nr 6 = ZIP 2000, 1941; *K Schmidt/Ahrens* § 113 Rn 56; *H/W/K/Annuß* § 113 InsO Rn 8.
76 KR/*Weigand* §§ 113, 120–124 InsO Rn 35 ff.
77 *BAG* AP InsO § 113 Nr 1 = ZIP 1999, 370; MK/*Caspers* § 113 Rn 26; *K/P/B/Moll* § 113 Rn 95; ErfK/*Müller-Glöge* § 113 InsO Rn 8.

Die abweichende Auffassung, die stets die kürzeste Frist anwenden will,[78] übersieht, dass diese nicht „maßgeblich" iSv § 113 S 2 ist, wenn sie durch eine andere, auf das Arbeitsverhältnis anwendbare günstigere Kündigungsfrist verdrängt wird.[79] Bei den verkürzten Kündigungsfristen hat die Kündigung nicht zum Monatsende, sondern zu dem gesetzlichen oder vereinbarten Termin zu erfolgen. Die Kündigung des InsVerw mit der Frist des § 113 S 2 unterliegt im Übrigen **keiner Billigkeitskontrolle** nach § 315 Abs 3 BGB. Dies gilt auch bei einer Kündigung während der Elternzeit nach Zulässigerklärung durch die Aufsichtsbehörde.[80] **Probearbeitsverhältnisse** können im Geltungsbereich des § 622 Abs 3 BGB mit der gesetzlichen Frist von zwei Wochen gekündigt werden. Im Falle der gesetzlichen Grundkündigungsfrist (§ 622 Abs 1 BGB) bleibt es bei der Kündigungsmöglichkeit zum 15. oder zum Ende des Kalendermonats.

26 Kündigt der InsVerw ein **befristetes Arbeitsverhältnis**, für das die Möglichkeit einer ordentlichen Kündigung nicht vereinbart wurde (§ 15 Abs 3 TzBfG), und ist dieses noch für zumindest weitere drei Monate befristet, gilt die gesetzliche Höchst-Kündigungsfrist von drei Monaten. Sie wird nicht durch eine kürzere gesetzliche Kündigungsfrist verdrängt, die für das Arbeitsverhältnis auch vor Eröffnung des InsVerf nicht maßgeblich war.[81]

V. Wiedereinstellungsanspruch

27 Findet nach Ablauf der Frist einer insolvenzbedingten Kündigung ein Betriebsübergang statt, besteht **kein Anspruch auf Wiedereinstellung bzw Fortsetzung** des Arbeitsverhältnisses.[82]

VI. Schadensersatz

28 Kündigt der InsVerw mit der verkürzten Frist des § 113 S 2, kann der Dienstverpflichtete nach § 113 S 3 als Ausgleich für die insolvenzbedingte vorzeitige Beendigung des Dienstverhältnisses Schadensersatz verlangen. Der Schadensersatzanspruch ist **verschuldensunabhängig**.[83] Er ist eine **InsFord (§ 38)** und nicht Masseverbindlichkeit iSv § 55 Abs 1 Nr 1, weil der Anspruch dem Dienstverpflichteten als „InsGl" zusteht.[84] Der Schadensersatzanspruch besteht nur, wenn das Arbeitsverhältnis durch eine Kündigung des InsVerw bzw in der Eigenverwaltung des Schu und nicht durch einen anderen Beendigungstatbestand endet, der die Kündigung gegenstandslos macht. Der Abschluss eines Aufhebungsvertrags zwischen Arbeitnehmer und InsVerw begründet deshalb keine Schadensersatzansprüche.[85] Gleiches gilt für einen Prozessvergleich in einem Kündigungsschutzprozess, durch den das Arbeitsverhältnis endet. Die Kündigung wird damit gegenstandslos und durch den Prozessvergleich als neuen, eigenständigen Beendigungstatbestand ersetzt. Dies schließt den Schadensersatzanspruch nach § 113 S 3 aus.[86]

---

78 *Uhlenbruck/Zobel* § 113 Rn 99; *Boemke* NZI 2001, 460, 462.
79 Dagegen zutr *K/P/B/Moll* § 113 Rn 97 f mwN.
80 *BAG* ZIP 2014, 1685.
81 *BAG* AP InsO § 113 Nr 6 = ZIP 2000, 1941; ebenso *BAG* AP ATG § 3 Nr 13 = ZIP 2005 1842; *Annuß* ZInsO 2001, 344, 349; *Bertram* NZI 2001, 630; *K Schmidt/Ahrens* § 113 Rn 55; ErfK/*Müller-Glöge* § 113 InsO Rn 8a; KR/*Weigand* §§ 113, 120–124 InsO Rn 46 f; **aA** *K/P/B/Moll* § 113 Rn 104 ff; MK/*Caspers* § 120 Rn 27; *Uhlenbruck/Zobel* § 113 Rn 104 f.
82 *BAG* AP BGB § 613a Nr 264 = ZIP 2004, 1610; *K Schmidt/Ahrens* § 113 Rn 66.
83 *BAG* AP InsO § 113 Nr 24 = ZIP 2007, 1829; FK/*Eisenbeis* § 113 Rn 83; *A/P/S/Künzl* § 113 InsO Rn 12.
84 *BAG* 19.11.2015 – 6 AZR 559/14; *Jaeger/Giesen* § 113 Rn 114; *Zwanziger* § 113 Rn 38.
85 *BAG* AP InsO § 113 Nr 23 = ZIP 2007, 1875.
86 *BAG* 19.11.2015 – 6 AZR 558/14.

Zu ersetzen ist der **Verfrühungsschaden**.[87] Der von einer vorzeitigen Kündigung betroffene Arbeitnehmer soll so gestellt werden, wie er bei Anwendung der für ihn ohne das InsVerf maßgeblichen Regelungen stehen würde.[88] Voraussetzung des Schadensersatzanspruchs ist damit, dass dem Dienstverpflichteten nach Gesetz, Tarif- oder Einzelvertrag eine längere Kündigungsfrist als die des § 113 S 2 zugestanden hatte oder er ordentlich unkündbar war.[89] Ist das Dienstverhältnis ohne vereinbarte Kündigungsmöglichkeit auf eine bestimmte Vertragsdauer befristet, begrenzt das Befristungsende den Schadensersatzanspruch. Wird über das Vermögen einer Aktiengesellschaft das InsVerf eröffnet und kündigt der InsVerw den Anstellungsvertrag eines Vorstandsmitglieds, kann dieser gem § 87 Abs 3 AktG nur für zwei Jahre seit dem Ablauf des Dienstverhältnisses Schadensersatz verlangen.[90] 29

Bei **vereinbarter Unkündbarkeit** ist der nach § 113 S 3 zu ersetzende Verfrühungsschaden für eine insolvenzbedingt vorzeitige Kündigung auf die ohne die vereinbarte Unkündbarkeit maßgebliche längste ordentliche Kündigungsfrist beschränkt. Die §§ 9, 10 KSchG finden dabei keine entspr Anwendung.[91] Ein Mitverschulden des Dienstverpflichteten ist zwar nach § 254 BGB grds zu berücksichtigen (Rn 32). Hat jedoch ein GmbH-Geschäftsführer seine Sorgfaltspflichten nach § 43 Abs 1 GmbHG verletzt und damit möglicherweise die Ins der Gesellschaft herbeigeführt, hat das nach der Rspr des BAG keine Auswirkungen auf den Schadensersatzanspruch nach § 113 S 3. § 43 Abs 1 GmbHG diene dem Schutz der Gesellschaft und mittelbar den Vermögensinteressen der Gesellschafter, nicht aber der Verhinderung einer vorzeitigen Beendigung des Geschäftsführer-Dienstvertrags. § 113 S 3 regele keinen Ersatzanspruch für Auflösungsverschulden, sondern ausschließlich den Ausgleich für eine vorzeitige Beendigung des Dienstverhältnisses nach InsEintritt und damit für die gesetzlich durch § 113 S 1 und 2 begründeten Erleichterungen einer Kündigung.[92] Diese Entscheidung begegnet Bedenken. Mit guten Gründen wird im Schrifttum darauf hingewiesen, dass bei der Feststellung der Schadenshöhe nach § 113 S 3 nicht unberücksichtigt bleiben kann, wer den Schaden verursacht hat. § 43 GmbHG dient dem Schutz der Gesellschaft vor Schäden. Hat ein Geschäftsführer durch schuldhaftes Handeln die Ins herbeigeführt, hat er der Gesellschaft zweifelsfrei Schaden zugefügt. Dieses (Mit-)Verschulden ist dann bei der Bemessung des aus dem Vermögen der Gesellschaft als Schu gem § 113 S 3 zu leistenden Schadensersatzes zu berücksichtigen.[93] 30

Der gem § 113 S 3 zu ersetzende **Schaden** besteht in dem durch die vorzeitige Beendigung des Dienstverhältnisses erlittenen Verdienstausfall. Maßgeblich ist das Bruttomonatsentgelt, in dessen Berechnung alle Entgeltbestandteile, also auch etwaige Zulagen, Boni, Sonderzahlungen, Provisionen und das anteilige Urlaubsgeld einzubeziehen sind.[94] Der Schaden kann auch in dem Ausfall einer betrieblichen Altersversorgung liegen, wenn der Arbeitneh- 31

87 FK/*Eisenbeis* § 113 Rn 83; *Jaeger/Giesen* § 113 Rn 117; KR/*Weigand* §§ 113, 120–124 InsO Rn 96; *Zwanziger* § 113 Rn 39.

88 *BAG* AP InsO § 113 Nr 23 = ZIP 2007, 1875; *K Schmidt/Ahrens* § 113 Rn 59; *K/P/B/Moll* § 113 Rn 143.

89 ErfK/*Müller-Glöge* § 113 InsO Rn 14.

90 *K Schmidt/Ahrens* § 113 Rn 60.

91 *BAG* AP InsO § 113 Nr 24 = ZIP 2007, 1829; FK/*Eisenbeis* § 113 Rn 84; MK/*Caspers* § 113 Rn 33; ErfK/*Müller-Glöge* § 113 InsO Rn 16; *Uhlenbruck/Zobel* § 113 Rn 160; KR/*Weigand* §§ 113, 120–124 InsO Rn 97; **aA** *K/D/Z/Däubler* § 113 InsO Rn 28; *K/P/B/Moll* § 113 Rn 146; *Zwanziger* § 113 Rn 40.

92 *BAG* AP InsO § 113 Nr 24 = ZIP 2007, 1829; *K Schmidt/Ahrens* § 113 Rn 61.

93 MK/*Caspers* § 113 Rn 85; *K/P/B/Moll* § 113 Rn 152; im Erg auch *Uhlenbruck/Zobel* § 113 Rn 163a, der insoweit den „Arglisteinwand" zur Geltung bringen möchte.

94 *BAG* 19.11.2015 – 6 AZR 559/14.

mer durch die vorzeitige Beendigung des Arbeitsverhältnisses die notwendige Betriebszugehörigkeit nicht erreicht.[95]

32 Der Wegfall von Steuern, Sozialversicherungsbeiträgen und ersparte Aufwendungen für die Fahrt zur Arbeit sind im Wege des Vorteilsausgleichs **anzurechnen.**[96] Ein schuldhaft unterlassener anderweitiger Erwerb ist ggf im Rahmen der Schadensminderungspflicht nach § 254 Abs 2 BGB zu berücksichtigen.[97] Entsprechendes gilt für Leistungen der Sozialversicherung, wie Arbeitslosengeld I, Krankengeld oder Renteneinkünfte. § 615 S 2 findet dagegen keine Anwendung, weil Gegenstand des § 113 S 3 Schadensersatzansprüche und nicht Annahmeverzugsansprüche sind.[98] Der Verwalter hat in Bezug auf anderweitige Einkünfte analog § 74c Abs 2 HGB einen Auskunftsanspruch. Bis zur Erteilung der Auskunft kann der InsVerw die angemeldete Forderung bestreiten.

§ 114

(aufgehoben)

§ 115 Erlöschen von Aufträgen

(1) Ein vom Schuldner erteilter Auftrag, der sich auf das zur Insolvenzmasse gehörende Vermögen bezieht, erlischt durch die Eröffnung des Insolvenzverfahrens.

(2) [1]Der Beauftragte hat, wenn mit dem Aufschub Gefahr verbunden ist, die Besorgung des übertragenen Geschäfts fortzusetzen, bis der Insolvenzverwalter anderweitig Fürsorge treffen kann. [2]Der Auftrag gilt insoweit als fortbestehend. [3]Mit seinen Ersatzansprüchen aus dieser Fortsetzung ist der Beauftragte Masseglӓubiger.

(3) [1]Solange der Beauftragte die Eröffnung des Verfahrens ohne Verschulden nicht kennt, gilt der Auftrag zu seinen Gunsten als fortbestehend. [2]Mit den Ersatzansprüchen aus dieser Fortsetzung ist der Beauftragte Insolvenzgläubiger.

Übersicht

Literatur: *Berthold* Unternehmensverträge in der Insolvenz, 2004; *Blaum* Zurückbehaltungsrechte in der Insolvenz, 2008, S 248; *Bork* Zahlungsverkehr in der Insolvenz, 2002; *Bous* Die Konzernleitungsmacht im Insolvenzverfahren konzernverbundener Kapitalgesellschaften, 2001, S 161 ff; *Bult-*

95 FK/*Eisenbeis* § 113 Rn 87; ErfK/*Müller-Glöge* § 113 InsO Rn 16; *Zwanziger* § 113 Rn 39.
96 *BAG* 19.11.2015 – 6 AZR 559/14.
97 *BAG* 19.11.2015 – 6 AZR 559/14; *Braun/Beck* § 113 Rn 19; MK/*Caspers* § 113 Rn 32; *Zwanziger* § 113 Rn 41.
98 *BAG* 19.11.2015 – 6 AZR 559/14; *Jaeger/Giesen* § 113 Rn 142; **aA** *Andres/Leithaus* § 113 Rn 25.

mann Der Gewinnabführungsvertrag in der Insolvenz, ZInsO 2007, 785; *dies* Aussonderung von Daten in der Insolvenz, ZInsO 2011, 992; *Emde/Kelm* Der Handelsvertretervertrag in der Insolvenz des Unternehmers, ZIP 2005, 58; *Freudenberg* Der Fortbestand des Beherrschungs- und Gewinnabführungsvertrags in der Insolvenz der Konzernobergesellschaft, ZIP 2009, 2037; *Heise* Verbraucherkredit und Geschäftskredit in der Insolvenz, 2001, Rn 304 ff; *Kaiser/Berbuer* Die Ersetzung des Abschlussprüfers in der Insolvenz der Berichtsfirma, ZIP 2017, 161; *Knees* Und es erlischt doch! Warum (auch) das Pfändungsschutzkonto die Insolvenzeröffnung nicht ohne Weiteres überlebt, ZInsO 2011, 511; *Krieger* Unternehmensvertrag und Insolvenz, FS Metzeler, 2003, S 139; *Kuder* Die Zahlstelle in der Insolvenz des Lastschriftschuldners im Einzugsermächtigungsverfahren, 2006; *Marotzke* Die Behandlung der „schwebenden Rechtsgeschäfte", in: Leipold, Insolvenzrecht im Umbruch, 1991, S 183, 194 f; *ders* Der Einfluß des Insolvenzverfahrens auf Auftrags- und Geschäftsbesorgungsverhältnisse, FS Henckel, 1995, S 579; *ders* Das Zurückbehaltungsrecht im Konkurs des Gegners, JA 1988, 117–121, 179; *Mintas* Die Anforderungen an den Makler bei der Insolvenz des Versicherungsnehmers, ZInsO 2012, 1002; *Nobbe* Das Girokonto in der Insolvenz, in: Prütting (Hrsg), RWS-Forum 9: Insolvenzrecht, 1997, S 99; *Obermüller* Insolvenzrecht in der Bankpraxis, 9. Aufl 2016; *ders* Überweisungsverkehr bei Insolvenz unter Berücksichtigung des neuen Rechts der Zahlungsdienste, ZInsO 2010, 8; *Obermüller/Kuder* SEPA-Lastschriften in der Insolvenz nach dem neuen Recht der Zahlungsdienste, ZIP 2010, 349; *Osterloh* SEPA-Lastschrift und das Fehlen einer Pre-Notifikation – Folgen in einer Insolvenz, ZInsO 2016, 733; *Pannen* Krise und Insolvenz bei Kreditinstituten, 3. Aufl 2010, Kap 5 Rn 4 ff (S 177 ff); *Paulus* Vorsicht Falle – Wiederaufnahme eines durch ein Insolvenzverfahren unterbrochenen Prozesses, NJW 2010, 1633; *Peschke* Die Insolvenz des Girokontoinhabers, 2005; *Piepenburg* Faktisches Konzerninsolvenzrecht am Beispiel Babcock Borsig, NZI 2004, 231; *Proske* Die Kautionsversicherung in der Insolvenz des Unternehmers, ZIP 2006, 1035; *Seitz* Inkassorecht und Insolvenzordnung, NZI 1999, 10 ff; *Sinz* Factoring in der Insolvenz, 1997, Rn 159 ff; *ders* Leasing und Factoring im Insolvenzverfahren, KS-InsO, 3. Aufl 2009, S 403 Rn 101 ff, 165; *Uhlenbruck* Die Kündigung und Vergütung von Beratern, Vorständen und Geschäftsführern in der Unternehmensinsolvenz, BB 2003, 1185; *Wilken/Ziems* Beendigung von Unternehmensverträgen in der Krise und Insolvenz, FS Metzeler, 2003, S 153.

A. Vorbemerkung

Mit einigen redaktionellen Änderungen werden in §§ 115, 116 die Regelungen der KO (§§ 23, 27) über das Erlöschen von **Aufträgen** und **Geschäftsbesorgungsverträgen** übernommen. Die sich anschließende Bestimmung (§ 117) über das Erlöschen von **Vollmachten** ist hingegen neu; sie hat ein Vorbild weder in der KO noch in der GesO noch in der VerglO. Nicht ausdrücklich thematisiert wird in der InsO das Schicksal von **Verfügungs-, Einziehungs- und Prozessführungsermächtigungen** (dazu § 117 Rn 8 ff). 1

B. Das Erlöschen von Aufträgen (Abs 1)

I. Ratio legis

Indem die §§ 115 Abs 1, 116 S 1 vom Schu erteilte Aufträge und Geschäftsbesorgungsverträge, die sich auf zur InsMasse gehörendes Vermögen beziehen, unmittelbar bei VerfEröffnung zum Erlöschen bringen, wollen sie sicherstellen, dass die **Verwaltung der Masse** vom Zeitpunkt der VerfEröffnung an allein **in den Händen des InsVerw** liegt (Begr RegE S 151). 2

Ebenso wie gem § 80 Abs 1 der **Schu** von der Verwaltung der Masse ausgeschlossen ist, wenn nicht Eigenverwaltung angeordnet wurde (§§ 270 ff), soll auch der von ihm **Beauftragte** sich der Einflussnahme auf die Masseverwaltung enthalten.[1] Wie § 80 Abs 1 enthalten auch die ihn erg §§ 115 Abs 1, 116 S 1 **zwingendes Recht**, dessen Anwendung **im Voraus (§ 119)** nicht ausgeschlossen werden kann. Eine Vereinbarung des Schu mit dem Geschäftsbesorger, dass der Auftrag über die Verfahrenseröffnung hinaus fortbestehen solle, wurde 3

1 *Jaeger/Henckel* KO § 23 Rn 3, 4.

schon unter der Geltung der KO als unwirksam erachtet.[2] Nicht einmal den InsVerw selbst hält die hM für berechtigt, einen nach §§ 115, 116 erloschenen Auftrag oder Geschäftsbesorgungsvertrag gem oder **analog § 103** zu reaktivieren.[3] Das geht zu weit, wird auch vom Wortlaut des § 119 („im voraus") nicht gefordert und sollte bei passender Gelegenheit noch einmal überdacht werden (vgl Rn 5 ff; §§ 103 Rn 22 f, 80; 116 Rn 2, 5 f).

II. Was erlischt?

4 **„Erlöschen des Auftrags" bedeutet** trotz der Überschrift des § 116 und entgegen *BGHZ* 168, 276 **nicht das Erlöschen des** durch die Annahme (§ 662 BGB) des Auftrags zustande gekommenen **Vertrages,**[4] **sondern nur den Wegfall der durch diesen übertragenen Geschäftsführungsbefugnis.**[5] Sinn und Zweck des § 115 (Rn 2 f) sowie ein Vergleich mit der in § 118 thematisierten ähnlichen Rechtslage bei der BGB-Gesellschaft sprechen für diese restriktive Interpretation der Rechtsfolge. Wie ein Auftrag gem § 115 Abs 1 „erlischt", wird eine BGB-Gesellschaft bei VerfEröffnung über das Vermögen eines Gesellschafters „aufgelöst" (§ 728 Abs 2 S 1 BGB). Und trotzdem ist die Gesellschaft damit nicht automatisch verschwunden, sondern besteht als Liquidationsgesellschaft zunächst fort (gem § 11 Abs 3 kann über ihr Vermögen sogar noch ein selbstständiges InsVerf eröffnet werden). Daran ändert sich auch dadurch nichts, dass der nicht sehr glücklich formulierte § 727 Abs 2 S 3 BGB den Fortbestand der Gesellschaft als eine nur durch Fiktion zu erreichende Ausnahme von der tatbestandlich vorausgesetzten Auflösung erscheinen lässt. Was § 727 Abs 2 S 3 BGB innerhalb enger Grenzen als fortbestehend fingieren will, ist bei Lichte gesehen nicht die (allein infolge der Auflösung ohnehin noch nicht erloschene) Gesellschaft als solche, sondern – dies zeigt ein Blick auf § 729 S 1 BGB – „die Befugnis eines Gesellschafters zur Geschäftsführung". Entspr liegen die Dinge bei §§ 115, 116, die entgegen der zu weit gefassten Überschrift des § 116 nicht den über die beabsichtigte unentgeltliche (§ 115) oder entgeltliche (§ 116) Geschäftsbesorgung geschlossenen „Vertrag", sondern nur die sich auf ihn gründende **Geschäftsführungsbefugnis** teils zum Erlöschen bringen, teils als fortbestehend fingieren (und zwar nach gleichen Maßstäben wie die oben erwähnten §§ 727 Abs 2, 728 S 2 BGB).

2 *Jaeger/Henckel* KO § 23 Rn 4.

3 *BGHZ* 168, 276 (LS b), 279 f, 284 [insb Rn 10 f, 23] = ZInsO 2006, 1055 ff = ZIP 2006, 1781, 1782 ff; *Braun/Kroth* § 115 Rn 5; FK/*B Wegener* § 103 Rn 10, § 115 Rn 9, 20, § 119 Rn 12; *N/R/Kießner* § 116 Rn 29; *Schmidt/Ringstmeier* § 115 Rn 3 aE, 4, 11; § 116 Rn 34; MK/*Ott/Vuia* § 116 Rn 48 f (jedoch mit der Einschränkung, dass sich uU aus Treu und Glauben eine Neukontrahierungspflicht des Vertragspartners ergebe); *L/S/Z/Zeuner* § 116 Rn 1, 4; *Jaeger/Jacoby* §§ 115 f Rn 31 f, 59 ff; vgl auch *LG Essen* ZIP 1996, 1878, 1879; *LG Cottbus* ZInsO 2002, 635 f; *LG Düsseldorf* ZInsO 2001, 1168 (dort wäre eine positive Wahlrechtsausübung aber wohl ungeschickt gewesen); *BGHZ* 157, 350, 356 f und – jedoch mit Bedauern – *K/P/B/Tintelnot* §§ 115, 116 Rn 2, 10; *Uhlenbruck/Sinz* §§ 115, 116 Rn 10; *Mohrbutter/Ringstmeier/Homann* Kap 7 Rn 116 ff.

4 So jedoch *BGHZ* 168, 276 (LS b), 279 f (Rn 9 ff), 284 (Rn 22 f) = ZInsO 2006, 1055 ff = ZIP 2006, 1781, 1782 ff; *Peschke* S 34 ff; *Uhlenbruck/Sinz* §§ 115, 116 Rn 10; MK/*Ott/Vuia* § 116 Rn 48; *Jaeger/Jacoby* §§ 115 f Rn 23 ff; *Jaeger/Henckel* KO § 23 Rn 6, 41–43, 45, 47, § 26 Rn 8, 11; *K Schmidt* InsG § 23 KO Anm 5; *LG Essen* ZIP 1996, 1878, 1879; *LG Cottbus* ZInsO 2002, 635 f; *Emde/Kelm* ZIP 2005, 58.

5 *Marotzke* FS Henckel, S 579, 585 ff; zust *Spliedt* EWiR 2005, 573, 574; *L/S/Z/Zeuner* § 115 Rn 2 f; *Schmidt/Ringstmeier* § 115 Rn 8, § 116 Rn 31; vgl auch *Mohrbutter/Ringstmeier/Homann* Kap 7 Rn 122; *BGHZ* 109, 260, 264, wo zwar zunächst unrichtig vom Erlöschen des „Vertrages", dann jedoch zutr nur noch von einem – der Anwendung des § 667 BGB nicht entgegenstehenden – Erlöschen des Mandats die Rede ist; ähnlich *Uhlenbruck/Sinz* §§ 115, 116 Rn 8 f; *Kaiser/Berbuer* ZIP 2017, 161, 164 bei Fn 52 f; dezidiert **aM** *BGHZ* 168, 276, 279 f (Rn 10 f) = ZInsO 2006, 1055 ff = ZIP 2006, 1781, 1782 ff.

III. Wahlrecht des InsVerw nach §§ 103, 55 Abs 1 Nr 2 Alt 1?

Da nach Abs 1 nicht das Vertragsverhältnis als solches, sondern nur die auf ihm beruhende Geschäftsführungsbefugnis des Beauftragten erlischt (Rn 4), stellt sich die Frage einer Anwendbarkeit der §§ 103, 55 Abs 1 Nr 2 Alt 1. Da der **Auftrag** gem § 662 BGB auf „unentgeltliche" Geschäftsbesorgung gerichtet ist, die §§ 103, 55 Abs 1 Nr 2 Alt 1 jedoch einen „gegenseitigen" Vertrag voraussetzen, kommt keine unmittelbare, sondern höchstens eine analoge Anwendung in Betracht (s § 103 Rn 22, 80 und unten Rn 8 f). 5

Einfacher liegen die Dinge in Bezug auf **Geschäftsbesorgungsverträge** iSd § 675 BGB, auf die § 115 Abs 1 über § 116 ebenfalls anwendbar ist. Da diese Verträge auf Geschäftsbesorgung gegen **Entgelt** gerichtet sind, handelt es sich um „gegenseitige" Verträge iSd § 103. Dennoch will die hM § 103 auf solche Verträge nicht anwenden, wenn der im InsVerf befindliche Schu die Rolle des „Auftraggebers" innehat und die dem Vertragspartner übertragene Geschäftsbesorgung sich auf die InsMasse bezieht (Nachweise bei Rn 3). Diese Auffassung beruht auf der unrichtigen (Rn 4) Prämisse, dass die §§ 115 Abs 1, 116 S 1 nicht nur die dem Vertragspartner übertragene Geschäftsführungsbefugnis, sondern auch den Geschäftsbesorgungsvertrag als solchen zum Erlöschen bringen. Nicht genügend berücksichtigt wird von der hM auch die enorme **Kostenersparnis**, die auf Seiten der Masse eintreten kann, wenn man dem InsVerw das Recht zugesteht, die gem §§ 115 Abs 1, 116 S 1 erloschenen Geschäftsführungs**befugnisse** und Geschäftsbesorgungs**pflichten** des Vertragspartners **auch gegen dessen Willen**[6] durch ein einseitiges Erfüllungsverlangen nach § 103 Abs 1 zu reaktivieren (etwa wenn der Schu seinem Vertragspartner – zB einem **Steuerberater** – bereits vor VerfEröffnung Vorschüsse gewährt hatte und diese vom Vertragspartner durch Aktivitäten, die bei endgültigem Abbruch der Geschäftsbesorgung wertlos würden, bereits „ordnungsgemäß verbraucht" worden sind).[7] **Man sollte deshalb die Anwendbarkeit des § 103 auf die hier in Betracht kommenden Verträge nicht länger bestreiten** (es sei denn, es handelte sich um Verträge mit „beschlagsfreiem Inhalt" iSd Ausführungen bei § 103 Rn 43 ff). Dass die Anwendung des § 103 dem InsVerw uU sogar die Fortführung eines – nunmehr in §§ 675c–676c BGB geregelten – **Girovertrages** des Schu ermöglichen würde (idR wohl mit der Konsequenz einer Anwendbarkeit auch des § 105 S 1; s dort Rn 9, 12 ff), spricht ebenfalls nicht gegen sie,[8] da es dem InsVerw selbstverständlich freisteht, sich von 6

---

6 Diesen wesentlichen Aspekt (vgl auch *Mohrbutter/Ringstmeier/Homann* Kap 7 Rn 118 aE) vernachlässigt das die hier vorgetragene Argumentation verwerfende Urteil *BGHZ* 168, 276, 280 (Rn 11) = ZInsO 2006, 1055, 1056 = ZIP 2006, 1781, 1782. Dies kritisiert zu Recht auch *K/P/B/Tintelnot* §§ 115, 116 Rn 10 („dürfte ... zu leichthin abgetan worden sein").

7 Vgl das sich auf die Tätigkeit eines **Steuerberaters** (§ 116 Rn 4) beziehende Beispiel bei *Marotzke* in: InsR im Umbruch, S 183, 194 sowie die auf die Tätigkeit eines **RA** fokussierten Ausführungen von *Paulus* NJW 2010, 1633 ff (dieser mit dem Vorschlag, den Anwaltsvertrag im Wege teleologischer Reduktion aus dem Anwendungsbereich der §§ 115–117 herauszunehmen). Für Anwendung des § 103 auf Steuerberatungsverträge wohl auch *Schlosser* Zivilprozessrecht II, 1984, Rn 349 (zu Übungsaufgabe 14); *Gehre/Koslowski* Komm zum StBerG 7. Aufl 2015 § 66 Rn 16; unentschieden *Kirchhof* WM-Sonderbeilage Nr 2 zu Heft 28/1996 S 10 rSp nach Fn 99; s ferner *Marotzke* EWiR § 49 KO 1/1987, 1121 f und, das dort besprochene Urt des *OLG Hamm* aufhebend, *BGH* KTS 1989, 375 = ZIP 1988, 1474 = LM BGB § 667 Nr 32 (lässt Anwendbarkeit des § 17 KO/§ 103 InsO dahinstehen). Auch bei **Maklerverträgen** wäre es unangemessen, diese bei Ins des Auftraggebers automatisch und komplett erlöschen zu lassen; für analoge Anwendung des § 103 deshalb *Staudinger/Arnold* 2016, BGB §§ 652, 653 Rn 71 mwN; **aM** *K/P/B/Tintelnot* §§ 115, 116 Rn 17; *Mintas* ZInsO 2012, 1002, 1004 (s erg § 116 Rn 4 [die bei „Maklerverträge" angefügte Fn]).

8 Für den Bereich der GesO ebenso *Nobbe* in RWS-Forum 9 (Hrsg Prütting), S 107; vgl aber die Diskussionsberichte in RWS-Forum 9, S 160 f und in InsR im Umbruch, S 284 vor XVI.

dieser Möglichkeit zu distanzieren. Gem § 103 Abs 2 S 2 kann die Bank den InsVerw zu unverzüglicher Wahlrechtsausübung anhalten. Zur Fortsetzung eines Girokontos durch den InsVerw meint *Canaris*, der InsVerw müsse zwar, wenn er das Konto weiter benutzen wolle, einen neuen Girovertrag schließen (vgl jedoch § 116 Rn 5 für die obligatorische Seite des **Kontokorrents**), jedoch sei ein solcher Vertragsschluss „selbstverständlich auch durch konkludentes Verhalten möglich und idR in der vorbehaltlosen Fortsetzung des Giroverkehrs durch den Konkursverwalter und die Bank zu sehen".[9] Zudem gehen Rspr und Praxis bereits heute davon aus, dass ein gem §§ 115 Abs 1, 116 S 1 „erloschener" Girovertrag „Nachwirkungen" erzeuge, auf deren Grundlage die Bank weiterhin – uU sogar über mehrere Jahre hinweg – befugt sei, auf den Namen des Schu unter Angabe der bisherigen Kontonummer eingehende Zahlungen weiterhin für ihn entgegenzunehmen und auf dem bisherigen „intern weitergeführten" Konto entspr § 676f S 1 BGB aF/§ 675f BGB nF zu verbuchen bzw nach § 667 BGB herauszugeben,[10] und dass die Befugnis der Bank zur Entgegennahme eingehender Zahlungen fortbestehe, „bis der Insolvenzverwalter ihr seine Entscheidung mitgeteilt (habe), wie mit dem ihm bekannten weitergeführten Konto … verfahren werden solle".[11] Nicht zwingend ist vor dem Hintergrund dieses sehr an § 103 erinnernden Befundes sowie des bei Rn 4 f Ausgeführten die resignierende Feststellung von Häsemeyer,[12] dass die vom Verf dieser Zeilen[13] vorgeschlagene analoge Anwendung des § 103 „leider nur noch rechtspolitisch" vorzugswürdig sei.[14] Auch der BGH dürfte mit der hier vertretenen Ansicht eigentlich keine Schwierigkeiten haben, nachdem er sogar im unmittelbaren Anwendungsbereich des § 103 über viele Jahre hinweg kontinuierlich davon ausging, dass die Erfüllungsansprüche bei VerfEröffnung erlöschen, aber vom InsVerw durch einseitiges Erfüllungsverlangen wiederbegründet werden können.[15] In seinem Urt v 6.7.2006 hat er sich gleichwohl **gegen** die hier vertretene Ansicht ausgesprochen, dass dem InsVerw in Bezug auf nach § 116 „erloschene" Geschäftsbesorgungsverträge ein Erfüllungswahlrecht nach § 103 zustehe.[16] Zu ähnlichen Ergebnissen wie hier gelangt jetzt auch Paulus, indem er bestimmte Verträge, die eigentlich von §§ 115 ff erfasst werden, im Wege teleologischer Reduktion der genannten Vorschriften von deren Anwendung freistellen will.[17] Einer solchen teleologischen Reduktion, also einer Einengung auf Tatbestandsebene, bedarf es jedoch nur dann, wenn man die auf Rechtsfolgeseite ausgesprochene Erlöschensanordnung

---

9 *Canaris* Bankvertragsrecht Bd 1, 3. Aufl 1988 Rn 495. Sachlich übereinstimmend *Grundmann* Bankvertragsrecht, Bd 1 5. Aufl 2016, S 271 f; *Bork* Zahlungsverkehr in der Insolvenz, 2002, Rn 59; *Uhlenbruck/Sinz* §§ 115, 116 Rn 18 iVm Rn 10; FK/*B Wegener* § 116 Rn 39; *K/P/B/Tintelnot* §§ 115, 116 Rn 20a; die Anwendbarkeit des § 116 auf den Girovertrag nochmals bes betonend GroßKomm-HGB/*Canaris* 4. Aufl 2001 § 355 Rn 251 aE.

10 *BGHZ* 170, 121 [Rn 11 f] = NJW 2007, 914 = ZIP 2007, 319; vgl auch *BGH* 5.3.2015 – IX ZR 164/14, ZIP 2015, 738 = ZInsO 2015, 742 [Rn 9 f].

11 *BGHZ* 170, 121; 124 ff [Rn 13].

12 *Häsemeyer* InsR Rn 20.72 Fn 270; ähnlich *Uhlenbruck/Berscheid* 12. Aufl 2003 §§ 115, 116 Rn 4, 12; Mohrbutter/Ringstmeier/*Homann* Kap 7 Rn 118.

13 *Marotzke* FS Henckel, S 579, 591.

14 Vorsichtige Zustimmung zu der hier vertretenen Ansicht äußern teils de lege ferenda, teils de lege lata *K/P/B/Tintelnot* § 103 Rn 28, §§ 115, 116 Rn 2, 10 und *L/S/Z/Zeuner* § 115 Rn 3 (tendenziell anders *ders* de lege lata § 115 Rn 5 f und § 116 Rn 1, 4). Vgl auch die Gesetzeskritik von *Schmidt/Ringstmeier* § 115 Rn 3 aE und Mohrbutter/Ringstmeier/*Homann* Kap 7 Rn 118.

15 Vgl hierzu und zu der inzwischen erfolgten Neujustierung dieser Rspr § 103 Rn 88, 102.

16 *BGHZ* 168, 276 (LS b), 279 f [Rn 10 f], 284 [Rn 23] = ZInsO 2006, 1055 ff = ZIP 2006, 1781 ff (s zu diesem Urt auch die erste Fn zu dieser Rn 6 [bei „auch gegen dessen Willen"]). Skeptisch bereits *BGHZ* 157, 350, 356 f = ZInsO 2004, 270, 272 lSp – für den Kontokorrentvertrag.

17 Vgl *Paulus* NJW 2010, 1633, 1635 f – für Anwaltsverträge.

iSd oben abgelehnten hM interpretiert. Nicht bzw nur sehr eingeschränkt anwendbar sind die insolvenzrechtlichen Vorschriften auf das sog **Pfändungsschutzkonto** des § 850k ZPO.[18]

Verlangt der InsVerw vom Vertragspartner zu Recht (Rn 6) die Erfüllung des Geschäftsbesorgungsvertrages, so muss er den Vergütungsanspruch des Vertragspartners nach Maßgabe des § 55 Abs 1 Nr 2 Alt 1 – und evtl des § 105 S 1 (s Rn 6) – als Masseverbindlichkeit erfüllen. Das gilt auch, wenn der Vertragspartner das ihm übertragene Geschäft bereits bei Verfahrenseröffnung vollständig erledigt hatte[19] und jetzt nur noch die Herausgabe des Erlangten (§§ 675, 667 BGB) einschließlich seiner ArbeitsErg schuldet: Auch die Herausgabe des durch die Geschäftsbesorgung Erlangten und der erzielten Arbeitsergebnisse (deren Subsumtion unter § 667 BGB vom BGH[20] zu Unrecht abgelehnt wird) ist dem Vertragspartner nur zumutbar, wenn sein Vergütungsanspruch vollständig erfüllt wird (anders jedoch, wenn nicht nur der Anspruch auf Herausgabe des Erlangten, sondern auch das Erlangte selbst bereits zur InsMasse gehört).[21] Deshalb braucht der Steuerberater des Schu seine ArbeitsErg (zB Hauptabschlussübersicht nebst Umbuchungslisten) nur dann an den InsVerw herauszugeben, wenn dieser dafür das vertragliche Honorar zahlt (insoweit zutr der BGH).[22] Aus demselben Grunde ist ein RA vorbehaltlich § 96 Abs 1 (insb Nr 1, 3)[23] grds nicht gehindert, mit seinem Honoraranspruch gegen den vom InsVerw des Mandanten geltend gemachten Anspruch auf Abführung erstrittenen Geldes aufzurechnen. 7

Das Vorstehende gilt entspr, wenn sich der Vertragspartner zur **unentgeltlichen** Geschäftsbesorgung verpflichtet hatte, es sich also um einen echten **„Auftrag" iSd § 662 BGB** handelt. Zwar ist der Auftrag wegen der ihm eigentümlichen Unentgeltlichkeit kein „gegenseitiger" Vertrag iSd §§ 103, 55 Abs 1 Nr 2 Alt 1. Jedoch trifft die Feststellung, dass dem Vertragspartner die Herausgabe des aus der Geschäftsführung Erlangten (§ 667 BGB) grds nur unter der Voraussetzung zugemutet werden darf, dass seine Gegenforderungen als Masseverbindlichkeiten erfüllt werden (Rn 7), unabhängig davon zu, ob es sich bei der Gegenforderung um einen Vergütungs- oder nur um einen Aufwendungsersatzanspruch (§ 670 BGB) handelt. Sind die §§ 103, 55 Abs 1 Nr 2 Alt 1 im ersten Fall unmittelbar anwendbar (Rn 7), so müssen sie im zweiten analog angewendet werden.[24] Selbst bei der **Geschäftsführung ohne Auftrag** (§§ 677 ff BGB) wird man diesen Gesichtspunkt nicht ganz außer Acht 8

---

18 Vgl *AG Nienburg* 24.1.2013 – 6 C 516/12, NZI 2013, 652 f sowie in derselben Sache *LG Verden* 19.9.2013 – 4 S 3/13, NZI 2014, 36 f (zust *Strüder* VIA 2014, 5 f); *AG Neubrandenburg* 17.1.2013 – 103 C 514/12, NZI 2014, 37 f (der InsMasse gebühre lediglich ein den Freibetrag übersteigender Teil des Guthabens).

19 In solch einem Fall würde selbst die bei Rn 4 erwähnte hM das Vertragsverhältnis nicht nach §§ 115 Abs 1, 116 S 1 erlöschen lassen (vgl Rn 12).

20 *BGH* LM BGB § 667 Nr 32 = ZIP 1988, 1474 f; vgl auch *Jaeger/Henckel* KO § 51 Rn 52.

21 Dazu *Marotzke* JA 1988, 117 ff, 176 ff.

22 *BGH* LM BGB § 667 Nr 32 = ZIP 1988, 1474 f; vgl auch *K/P/B/Tintelnot* § 103 Rn 28, §§ 115, 116 Rn 2, 10, 18; *Braun/Kroth* § 116 Rn 9; **aM** *LG Cottbus* ZInsO 2002, 635 f (kein Recht zur Zurückbehaltung von ArbeitsErg wie zB Kontenblättern eines Steuerberaters, s hierzu auch § 103 Rn 23, 107 mwN); *Uhlenbruck/Sinz* §§ 115, 116 Rn 9 und wohl auch FK/*B Wegener* § 115 Rn 13, 19, § 116 Rn 30 f; zu den Handakten des RA vgl *OLG Hamburg* ZInsO 2005, 550.

23 Vgl *BGH* ZIP 2007, 1507 ff.

24 So schon *Marotzke* JA 1988, 118, 119 ff; *ders* in InsR im Umbruch S 183, 194; zust *Blaum* S 250 f; tw sympathisierend *Häsemeyer* InsR Rn 20.72 Fn 270 und *L/S/Z/Zeuner* § 115 Rn 3 (tendenziell anders *ders* de lege lata § 115 Rn 5 f und § 116 Rn 1, 4); **aM** *Uhlenbruck/Sinz* §§ 115, 116 Rn 10; *Braun/Kroth* § 115 Rn 6; **differenzierend** *K/P/B/Tintelnot* §§ 115, 116 Rn 9b mit Fn 47 (zwar keine analoge Anwendung des § 103, aber doch immerhin ein insolvenzfestes Zurückbehaltungsrecht).

lassen dürfen.[25]

9 Das bei Rn 8 Ausgeführte lässt sich auch auf Unternehmensverträge **(Beherrschungs- und Gewinnabführungsverträge)** anwenden. Auf solche Verträge ist, wenn das herrschende Unternehmen – genauer: der Unternehmensträger – die Rolle des InsSchu inne hat, § 115 analog anwendbar,[26] allerdings nicht mit der ihm von der hM (Rn 3 ff) zugedachten strikten Erlöschensfolge,[27] sondern mit dem bei Rn 8 befürworteten Vorbehalt zugunsten einer analogen Anwendung des § 103.[28] Einem **Erfüllungsverlangen** des InsVerw des herrschenden Unternehmens muss das beherrschte bzw gewinnabführungspflichtige Unternehmen idR Folge leisten.[29] Denn sein Gegenanspruch auf **Verlustausgleich gem § 302 AktG**, der einem auftragsrechtlichen Aufwendungsersatzanspruch aus § 670 BGB wesensverwandt ist,[30] erlangt infolge des Erfüllungsverlangens des InsVerw den bevorzugten Status einer Masseverbindlichkeit analog § 55 Abs 1 Nr 2 Alt 1[31] (zu beachten ist aber auch § 105), was je nach Lage des Falles ein auf unmittelbarer oder analoger Anwendung des § 297 Abs 1 S 2 AktG beruhendes Kündigungsrecht des Vertragspartners ausschließen kann.[32] Vorsicht jedoch bei drohender Masseunzulänglichkeit[33] oder im Fall der Eigenverwaltung, da hier mglw die zusätzliche Sicherheit des § 61 fehlt (s § 109 Rn 30 aE)! Im **EröffnungsVerf** ist zu bedenken, dass Unternehmensverträge Dauerschuldverhältnisse sind und deshalb unter § 55 Abs 2 S 2 fallen.[34] – **Das Vorstehende ist nicht** hM, sondern persönliche Auffassung des Autors.[35]

IV. Einzelheiten

10 **1. Auftrag.** Der in § 115 verwendete Begriff des Auftrags entspricht dem des § 662 BGB. Inhalt des Auftrags kann **jede unentgeltliche Geschäftsbesorgung in fremdem Interesse** sein. War ein Entgelt vereinbart, findet § 115 entspr Anwendung unter den Voraussetzungen des § 116. **Beispiele** für Auftrags- und entgeltliche Geschäftsbesorgungsverhältnisse sind bei § 116 Rn 4 f angeführt. Das Schicksal einer vom Schu erteilten **Vollmacht** richtet sich nicht unmittelbar nach § 115 oder § 116, sondern nach § 117. Entspr gilt für vom Schu erteilte **Ermächtigungen** zu Verfügungen, zur Forderungseinziehung oder zur Prozessführung im eigenen Namen (s § 117 Rn 8 f).

---

25 Vgl *Marotzke* JA 1988, 118, 121 bei Fn 39, wo die Frage einer analogen Anwendbarkeit der §§ 103, 55 Abs 1 Nr 2 Alt 1 offen gelassen und die Lösung über § 273 BGB gesucht wurde.

26 Vgl *Uhlenbruck* KTS 1986, 419, 423 (jedoch für die Ins des „abhängigen" Unternehmens); *Paulus* ZIP 1996, 2140, 2143 (jedoch nicht mehr für das neue Konzernrecht); **aM** *Bous* S 161 ff; *Bultmann* ZInsO 2007, 785, 786; unentschieden *K/P/B/Tintelnot* §§ 115, 116 Rn 4d.

27 Gegen diese auch *Bous* S 161 ff.

28 IE ebenso *Häsemeyer* InsR, Rn 32.09; *K/P/B/Tintelnot* § 103 Rn 134 (der § 103 sogar unmittelbar anwenden will); *Bultmann* ZInsO 2007, 785 ff (Anwendung des § 115 verneinend, die des § 103 bejahend); *Freudenberg* ZIP 2009, 2037, 2039 ff (der erg zur Anwendung des § 103 sogar eine Analogie zu § 112 Nr 2 befürwortet); anders die hM und auch *Paulus* ZIP 1996, 2140, 2143 (der § 84 anwenden will). Zur Unanwendbarkeit des § 108 s dort Rn 6.

29 IE wie hier *Piepenburg* NZI 2004, 231, 235 ff; **aM** *AG Duisburg* ZIP 2002, 1636 LS 5, 1640.

30 Vgl MK-AktG/*Altmeppen* 4. Aufl 2015 § 302 Rn 13.

31 Vgl Rn 8; iE ebenso *K/P/B/Tintelnot* § 103 Rn 134; für Masseverbindlichkeit – unter Offenlassung der Rechtsgrundlage – auch *Bous* S 165 Fn 64, S 254 ff mit Fn 293; *Piepenburg* NZI 2004, 231, 236.

32 Vgl § 103 Rn 106; *K/P/B/Tintelnot* § 103 Rn 134.

33 Auch hierzu *Bous* S 256 ff, 288.

34 Zutr *Bous* S 286.

35 Zur Abrundung und Vertiefung vgl *Bous* S 286 und *Häsemeyer* InsR Rn 32.09, jeweils mwN; *Uhlenbruck/Hirte* § 11 Rn 394 ff sowie die im LitVerzeichnis aufgeführten Beiträge von *Berthold*, *Krieger*, *Wilken/Ziems*, *Freudenberg* und *Piepenburg*.

2. Massebezug und Herkunft des Auftrags. Ein vom Schu erteilter Auftrag erlischt (iSd bei Rn 4 Ausgeführten) nur, wenn er sich auf **das zur InsMasse gehörende Vermögen** bezieht (Abs 1). Anders als nach bisherigem Recht, das das Fehlen eines Massebezugs als Ausnahmetatbestand formulierte (§ 23 Abs 1 S 1 HS 2 KO), ist der Massebezug nunmehr eine positive Voraussetzung für das Erlöschen des Auftrags. Das hat Konsequenzen für die **Beweislast**.[36] Mit diesem Vorbehalt kann hinsichtlich der weiteren Einzelheiten noch immer auf die Kommentare zu § 23 KO verwiesen werden.[37] Zu beachten ist jedoch, dass § 35 abw von § 1 KO auch Neuerwerb zur InsMasse zählt; dies vergrößert den Anwendungsbereich der §§ 115, 116.[38] Im Gegensatz zur Verkaufs- sollte man die **Einkaufskommission** besser nicht unter §§ 115, 116 subsumieren.[39] Ein Auftrag oder Geschäftsbesorgungsvertrag, der lediglich die **Vertretung des Schu im InsVerf** zum Gegenstand hat, fällt mangels normrelevanten Massebezugs nicht unter § 115 bzw § 116.[40] Entsprechendes gilt, wenn der Vertragspartner sich gegenüber dem Schu persönlich verpflichtet hatte, diesen in einer wirtschaftlichen Krise – ggfls auch zum richtigen Verhalten gegenüber dem InsGer sowie gegenüber einem (vorläufigen oder endgültigen) InsVerw – zu beraten.[41] Die Eröffnung des InsVerf über das Vermögen eines **ehemaligen RA** berührt nicht die Rechtsstellung des amtlich bestellten **Kanzleiabwicklers**; erst nach Beendigung seiner Tätigkeit hat der Abwickler einen etwaigen Überschuss an den InsVerw auszukehren.[42] Nach Ansicht des OLG Rostock (auch zu Aufrechnungsfragen) soll sich die Unanwendbarkeit der §§ 115 Abs 1, 116 S 1 auch daraus ergeben, dass die Rechtsstellung des Abwicklers „nicht auf einem Auftrag des **Schuldners**, sondern auf einer Anordnung der **Rechtsanwaltskammer** im öffentlichen Interesse" beruht.[43] Vgl zur Bedeutung der **Herkunft** des Auftrags auch unten Rn 18 f, 21. 11

3. Bereits ausgeführte Aufträge. Wie sich aus dem bei Rn 2 f beschriebenen Zweck des Abs 1 und mittelbar auch aus Abs 2 und 3 ergibt, erlischt ein Auftrag **nicht**, wenn er bei VerfEröffnung bereits vollständig ausgeführt war.[44] 12

---

36 Nicht mehr maßgeblich ist wegen des erwähnten Formulierungsunterschieds die diesbezügliche Bemerkung in *BGHZ* 109, 260, 264; **aM** *B/B/G/Goetsch* § 115 Rn 11.

37 ZB *Jaeger/Henckel* KO § 23 Rn 35 ff.

38 Ausf *K/P/B/Tintelnot* §§ 115, 116 Rn 7; vgl auch oben § 103 Rn 13.

39 Wie hier *K/P/B/Tintelnot* §§ 115, 116 Rn 15; skeptisch auch schon *Marotzke* JA 1988, 117, 119 lSp; **anders die hM**.

40 Zum Fortbestand der Vollmacht s *OLG Dresden* ZIP 2002, 2000 f = ZVI 2003, 32 f; § 117 Rn 5.

41 Wegen ihres höchstpersönlichen Charakters bleiben derartige Ansprüche gegen den Berater von im Eröffnungsverfahren angeordneten Verfügungsbeschränkungen sowie von den Wirkungen einer etwaigen Verfahrenseröffnung unberührt (vgl *BGH* 21.2.2013 – IX ZR 69/12, ZInsO 2013, 547 ff = ZIP 2013, 586 ff; dazu *Junghans* EWiR 2013, 449 f).

42 *LG Rostock* NJW-RR 2002, 846 ff = ZInsO 2002, 290 ff; ebenso in derselben Sache *OLG Rostock* ZIP 2004, 1857 ff (dazu *Tetzlaff* ZInsO 2005, 393, 401 f); nichts zu §§ 115, 116 in dem ebenfalls in derselben Sache ergangenen Urt *BGH* ZInsO 2005, 929 ff = NZI 2005, 681 ff = ZIP 2005, 1742 ff (dazu *Sattler/Rickert* ZInsO 2006, 76 ff).

43 *OLG Rostock* ZIP 2004, 1857, 1858 (Abschn II 3a aa; dort ohne hervorhebenden Fettdruck); keine Ausführungen zu §§ 115, 116 enthält das in derselben Sache ergangene Urt *BGH* ZInsO 2005, 929 ff = NZI 2005, 681 ff = ZIP 2005, 1742 ff (dazu *Sattler/Rickert* ZInsO 2006, 76 ff).

44 Vgl *Jaeger/Henckel* KO § 23 Rn 34; *Kuhn/Uhlenbruck* KO § 23 Rn 5; *Canaris* Bankvertragsrecht, 2. Bearbeitung 1991 Rn 2068; *Schlegelberger/Hefermehl* HGB, 5. Aufl 1977, § 383 Rn 70 ff; GroßKomm-HGB/*Koller* 5. Aufl 2013, § 383 Rn 186; *Marotzke* EWiR § 49 KO 1/1987, 1121 ff – zu dem schon bei § 103 Rn 23 erwähnten Urt des OLG Hamm.

13 **War der Auftrag** bei VerfEröffnung **erst tw ausgeführt**, so erlischt er nur hinsichtlich des noch nicht ausgeführten Teils.[45] Das ist selbstverständlich, wenn man das Erlöschen wie hier (Rn 4) nicht auf das Vertragsverhältnis, sondern nur auf die in ihm begründete Geschäftsführungsbefugnis bezieht.[46] Die bei Rn 4 erwähnten Vertreter der hM, die die Erlöschensfolge des Abs 1 auf das Vertragsverhältnis als solches erstreckt, müssten hier wohl (trotz § 139 BGB?) zu einer Aufspaltung des Vertrages in einen fortbestehenden und einen nach Abs 1 erloschenen Teil kommen.

C. Notgeschäftsführung (Abs 2)

14 Die ersten beiden S des Abs 2 sprechen mit eigenen Worten aus, was § 23 Abs 1 S 2 KO durch Anordnung der entspr Anwendung des § 672 S 2 BGB bewirken wollte: Im Interesse der Masse bleibt der Beauftragte zur Vornahme unaufschiebbarer Maßnahmen **verpflichtet** (S 1) und zu diesem Zweck natürlich auch **berechtigt** (S 2), bis der InsVerw anderweitig Fürsorge treffen kann. Um zu verhindern, dass der Beauftragte unzumutbare Nachteile erleidet, weist S 3 ihm hinsichtlich der aus seiner Notgeschäftsführung resultierenden **Ersatzansprüche** die bevorzugte Stellung eines MasseGl zu; dies entspricht dem früheren § 27 KO und gilt bei der „entgeltlichen" Geschäftsbesorgung auch für die **Vergütungsansprüche** (§ 116 S 2). Zur Anwendbarkeit des Abs 2 auf Kautionsversicherungsverträge vgl das auch bei Rn 3 ff erwähnte Urt *BGHZ* 168, 276 ff [insb Rn 24 der EntschGründe].

15 Soweit ein Auftrag oder ein Geschäftsbesorgungsvertrag nach §§ 115 Abs 2, 116 S 1 fortbesteht, gilt Entspr auch für eine dem Geschäftsbesorger erteilte **Vollmacht** (s § 117 Abs 2 und dort Rn 6).

D. Gutgläubige Fortsetzung nicht eilbedürftiger Geschäfte (Abs 3)

16 **Abs 3 S 1** spricht mit eigenen Worten aus, was § 23 Abs 1 S 2 KO durch Anordnung der entspr Anwendung des § 674 BGB erreichen wollte. Die Rechtsfolge bezieht sich nur auf den **Auftrag** als solchen (iSd bei Rn 4 Ausgeführten). Eine dem Geschäftsbesorger erteilte **Vollmacht** erlischt gem § 117 Abs 1 und gilt „zu seinen Gunsten" (§ 115 Abs 3) nur insofern als fortbestehend, als § 117 Abs 3 eine Haftung nach § 179 BGB ausschließt, „solange der Beauftragte die Eröffnung des Verfahrens ohne sein Verschulden nicht kennt". Für nicht eilbedürftige (arg § 117 Abs 2) Rechtsgeschäfte, die der Beauftragte in Kenntnis oder schuldhafter Unkenntnis der VerfEröffnung namens des Schu vornimmt, wird ihm die **Haftung aus § 179 BGB** weder durch §§ 115 Abs 3, 117 Abs 3 noch durch §§ 80, 81 erspart.[47] Auch eine dem Geschäftsbesorger erteilte **Verfügungs-, Einziehungs- oder Prozessführungsermächtigung** erlischt analog § 117 Abs 1 (s dort Rn 8); unverschuldete Unkenntnis iSd §§ 115 Abs 3 S 1, 117 Abs 3 ändert hieran nichts (vgl für das Kontokorrent § 116 Rn 5 und iÜ § 117 Rn 10).

17 **Abs 3 S 2** entspricht der zweiten Alt des bisherigen § 27 KO. Um den gutgläubigen Beauftragten vor Schaden zu bewahren, behandelt er die von ihm nach VerfEröffnung besorgten,

---

45 Wie hier *BGH* 8.12.2016 – IX ZR 257/15, ZInsO 2017, 84, 89 [Rn 37] – mit Ausführungen auch zur **Wirksamkeit eines vorinsolvenzlichen Verzichts auf Herausgabeansprüche aus § 667 BGB**.

46 Vgl *Marotzke* EWiR § 49 KO 1/1987, 1121 ff.

47 **AA** jedoch *Häsemeyer* InsR Rn 20.70 f und *K/P/B/Tintelnot* § 117 Rn 25 ff. *Häsemeyer* begründet seinen Standpunkt mit § 81 Abs 1. Dabei wird aber zu wenig berücksichtigt, dass es bei § 179 BGB nicht um Verfügungs-, sondern um Verpflichtungsgeschäfte geht und dass als deren Zurechnungsendpunkt nicht lediglich die InsMasse (dies zu *Häsemeyer* InsR Rn 20.70 f Fn 268), sondern auch der Schu persönlich in Betracht kommt (s erg § 117 Rn 1).

nicht eilbedürftigen Geschäfte so, „wie wenn sie in der Zeit vor der Eröffnung vorgenommen wären“.[48] Obwohl die Ersatzansprüche des Beauftragten hier erst **nach** dem in § 38 bezeichneten Zeitpunkt entstanden sind, sollen sie nicht von der VerfTeilnahme ausgeschlossen sein, sondern gem § 115 Abs 3 S 2 als InsFord geltend gemacht werden können. Nach Sinn und Zweck gilt die Vorschrift nicht nur für Ersatzansprüche aus gutgläubiger „Fortsetzung“, sondern auch für solche aus einer erst nach VerfEröffnung begonnenen, nicht eilbedürftigen Geschäftsbesorgung. Bei Führung eilbedürftiger Geschäfte gilt Abs 2.

E. Eröffnungsverfahren

Im EröffnungsVerf finden die §§ 115, 116 selbst dann keine Anwendung, wenn ein verwaltungs- und verfügungsbefugter vorl InsVerw bestellt ist (§ 22 Rn 40).[49] Dennoch kann der Beauftragte dem vorl InsVerw nicht „hineinregieren“ (vgl § 117 Rn 11). **18**

§ 115 setzt voraus, dass der Auftrag „vom Schu“ erteilt wurde (Abs 1; vgl auch §§ 116 S 1, 117 Abs 1). Ein Auftrags- oder Geschäftsbesorgungsvertrag, der ohne ausdrückliche Beschränkung auf das EröffnungsVerf von einem mit Masseschuldbegründungskompetenz ausgestatteten **vorl InsVerw** geschlossen wurde, erlischt bei VerfEröffnung nicht schon nach § 115 oder § 116, sondern muss notfalls gekündigt werden.[50] Begr: wie bei § 103 Rn 116; vgl ferner die Worte „vom Schu“ in § 115 Abs 1 bzw „mit dem Schu“ in § 116 S 1. Zum Fortbestand einer Vollmacht vgl § 117 Rn 12. **19**

F. Zwingendes Recht, Schiedsvereinbarungen

Vereinbarungen, durch die im Voraus die Anwendung der §§ 115, 116 ausgeschlossen oder beschränkt wird, sind unwirksam gem § 119. Vgl auch o Rn 3, 5 ff sowie das dort kritisierte Urt *BGHZ* 168, 276, 284 [Rn 22] = ZInsO 2006, 1055, 1057 = ZIP 2006, 1781, 1783. Die §§ 115, 116 stehen der Bindung des InsVerw an eine vom Schu in einem Auftragsverhältnis oder in einem Geschäftsbesorgungsvertrag vereinbarte Schiedsklausel nicht entgegen.[51] **20**

G. Insolvenz des Beauftragten

Die §§ 115, 116 gelten nur bei Eröffnung eines InsVerf über das Vermögen des Geschäftsherrn. Nicht erfasst ist der Fall, dass das InsVerf über das Vermögen des **Geschäftsbesorgers** eröffnet wird; insoweit bleibt es bei den allg Grundsätzen.[52] Hinsichtlich seiner dem Geschäftsbesorger auf elektronischem Wege übermittelten **Daten** steht dem Geschäftsherrn uU ein Aussonderungsanspruch zu.[53] Honorarforderungen aus Steuerberatungstätigkeit des Schu unterliegen trotz § 64 Abs 2 StBerG dem InsBeschlag.[54] Gleiches gilt für Honoraran- **21**

48 Begr KO-Novelle 1898, zit nach *Hahn/Mugdan* Die gesamten Materialien zu den Reichs-Justizgesetzen, Bd VII, 1898, S 240.

49 Insoweit übereinstimmend das auch bei § 103 Rn 116 angesprochene Urt *LG Lübeck* DZWIR 2000, 78. Der dort zu beurteilende Vertrag fiel als Frachtvertrag aber wohl ohnehin weder unter § 115 noch unter § 116 (vgl § 116 Rn 4).

50 Zust *Uhlenbruck/Sinz* §§ 115, 116 Rn 5; iE ebenso die letzten beiden Abs des *LG Lübeck* DZWIR 2000, 78.

51 *BGH* 29.6. 2017 – I ZB 60/16 [Rn 20 ff]; vgl auch § 103 Rn 31.

52 Vgl auch § 108 Rn 4; *K/P/B/Tintelnot* §§ 115, 116 Rn 4e; *Uhlenbruck/Sinz* §§ 115, 116 Rn 5; *Hess* §§ 115, 116 Rn 34, 91; *N/R/Kießner* § 116 Rn 2; *K Schmidt* KTS 2004, 241, 253 f.

53 *Bultmann* ZInsO 2011, 992 ff; *OLG Düsseldorf* ZInsO 2013, 260 ff.

54 *BGHZ* 141, 173, 175 ff = NJW 1999, 1544, 1546 f = LM StBerG Nr 67 mit Anm *C Berger*.

sprüche eines RA[55] oder Arztes;[56] jedoch ist der Arztvertrag ohnehin kein Geschäftsbesorgungsvertrag iSd § 116 (s dort Rn 3: „Vermögensinteresse").[57]

55 *BGH* NJW-RR 2004, 54.
56 *BGH* ZInsO 2005, 436 ff = ZIP 2005, 722 ff = NJW 2005, 1505 ff = NZI 2005, 263 ff; *SG Düsseldorf* ZInsO 2005, 828 f; *ArbG Augsburg* ZVI 2005, 382, 383 (Abschn II 2b).
57 Zur Anwendbarkeit des § 103 s dort Rn 60.

§ 116 Erlöschen von Geschäftsbesorgungsverträgen

[1]Hat sich jemand durch einen Dienst- oder Werkvertrag mit dem Schuldner verpflichtet, ein Geschäft für diesen zu besorgen, so gilt § 115 entsprechend. [2]Dabei gelten die Vorschriften für die Ersatzansprüche aus der Fortsetzung der Geschäftsbesorgung auch für die Vergütungsansprüche. [3]Satz 1 findet keine Anwendung auf Zahlungsaufträge sowie auf Aufträge zwischen Zahlungsdienstleistern oder zwischengeschalteten Stellen und Aufträge zur Übertragung von Wertpapieren; diese bestehen mit Wirkung für die Masse fort.

Übersicht

Literatur: wie zu § 115.

I. Abgrenzung zu „normalen" Werk- und Dienstverträgen

1 **1. „Normale" Werk- und Dienstverträge.** Normalerweise unterliegt ein Vertrag, durch den sich jemand gegenüber dem Schu zu entgeltlichen Werkleistungen verpflichtet hat, nicht dem § 116, sondern den allg Bestimmungen einschl des § 103. Entspr gilt für Dienstverträge mit der Maßgabe, dass grds die §§ 108, 113 anzuwenden sind.

2 **2. Verträge iSd § 116.** Besonderheiten gelten jedoch, wenn die dem Schu zugesagten Werk- oder Dienstleistungen eine entgeltliche **Geschäftsbesorgung** iSd § 675 BGB zum Gegenstand haben: **Für diesen Sonderfall schreibt § 116 eine entspr Anwendung des § 115 vor, der im Rahmen seines Anwendungsbereichs** (die Geschäftsbesorgung muss sich auf die Ins-Masse beziehen und darf bei VerfEröffnung noch nicht abgeschlossen sein; § 115 Rn 11 ff) **die §§ 108, 113 und nach hM** (abl § 115 Rn 3, 5 ff) **auch den § 103 verdrängt**. Dass **§ 108** auf Geschäftsbesorgungsverträge nicht anzuwenden ist, folgt aber streng genommen nicht erst aus §§ 115, 116, sondern bereits daraus, dass ein „Geschäftsbesorgungsvertrag" kein (einfaches) Dienstverhältnis iSd §§ 108, 113 darstellt. Eine Anwendung der §§ 108, 113 scheidet deshalb auch dann aus, wenn nicht der Vertragspartner (dann §§ 115, 116), sondern der Schu die Rolle des Geschäftsbesorgers übernommen hatte.[1] Dieser Fall wird weder von §§ 115, 116 (s § 115 Rn 21) noch von § 108 erfasst, sondern führt, wenn die dem Schu obliegende

1 **AM** jeweils für die Ins eines Handelsvertreters *OLG Düsseldorf* 18.12.2000 – I- 16 U 160/09, ZIP 2010, 194, 195 = NZI 2010, 105, 106 = ZInsO 2010, 143, 144 (m insoweit abl BesprAufsatz *Krüger* ZInsO 2010, 507, 509 f); *BGH* 7.5.2013 – IX ZR 191/12, ZInsO 2013, 1143, 1144 (Rn 11) = NZI 2013, 694, 695 = BB 2013, 2001, 2002 (mit Anm *Boeminghaus*); vgl auch § 108 Rn 4 und die letzte Fn zu § 103 Rn 60.

Leistung nicht höchstpersönlicher Natur ist,[2] in den Anwendungsbereich des § 103 (s § 108 Rn 4 bei Fn 5).

„Geschäftsbesorgung" iSd § 675 BGB und § 116 ist nur die **selbstständige** Wahrnehmung fremder **Vermögens**interessen.[3] 3

Beispiele[4] für Auftragsverhältnisse und entgeltliche Geschäftsbesorgungsverträge iSd §§ 115, 116: Treuhandverträge;[5] Verträge, durch die sich Arbeitgeber der Dienste einer Unterstützungskasse bedienen;[6] Inkassoverträge;[7] Beereederungsverträge;[8] Handelsvertreterverträge;[9] Anwalts-[10] und Steuerberatungsverträge;[11] Giroverträge;[12] nach hM auch Kautionsversicherungsverträge[13] sowie uU auch Aval-Rahmenverträge[14] und evtl auch das Vertragsverhältnis eines Abschlussprüfers der jetzt insolventen Gesellschaft.[15] § 116 gilt auch 4

---

2 Vgl zu diesem wichtigen Aspekt § 103 Rn 60.

3 *BGHZ* 45, 223, 228 ff (zu § 675 BGB); *Staudinger/Martinek/Omlor* 2016 § 675 BGB Rn A 11 ff; *L/S/Z/Zeuner* § 116 Rn 2; *Uhlenbruck/Sinz* §§ 115, 116 Rn 2; vgl auch *Jaeger/Henckel* KO § 23 Rn 9.

4 Vgl auch *K/P/B/Tintelnot* §§ 115, 116 Rn 15 ff; *L/S/Z/Zeuner* § 116 Rn 10 ff; Jaeger/*Jacoby* §§ 115 f Rn 90 ff; *Jaeger/Henckel* KO § 17 Rn 15 ff, § 23 Rn 9 ff; *Uhlenbruck/Sinz* §§ 115, 116 Rn 3; *Sinz* Factoring in der Insolvenz, 1997, Rn 159 ff.

5 *BGH* WM 1964, 318; *OLG Hamm* NJW-RR 1988, 1463 f; ausf und **nach Art des Treuhandverhältnisses differenzierend** *von Rom* Insolvenzsicherung und Jahresabschlussgestaltung durch doppelseitige Treuhandkonstruktionen, Diss Tübingen 2008, § 16; vgl auch *BAG* Urt v 18.7.2013 – 6 AZR 47/12, ZIP 2013, 2025, 2029 f Rn 42 ff = ZInsO 2013, 2120, 2126 (Vorinstanz: *LAG Berlin-Brandenburg* NZI 2012, 282, 284 f = ZIP 2012, 789, 791 f).

6 *BGH* 8.12.2016 – IX ZR 257/15, ZInsO 2017, 84 ff [insb Rn 86] – mit Ausführungen auch zur **Insolvenzfestigkeit des vom Arbeitgeber erklärten Verzichts auf Herausgabeansprüche aus § 667 BGB**.

7 *BGHZ* 107, 88 ff = LM Nr 7 zu § 23 KO; sa *Seitz* NZI 1999, 10 ff.

8 *BGH* 29.6.2017 – I ZB 60/16 [Rn 12]; vgl zu dieser Entscheidung auch § 115 Rn 20.

9 *BGH* 10.12.2002 – X ZR 193/99, ZIP 2003, 216, 217; *BGH* 7.5.2013 – IX ZR 191/12, ZInsO 2013, 1143, 1144 Rn 11 (obiter) = NZI 2013, 694, 695 = BB 2013, 2001, 2002 (mit Anm *Boeminghaus*); *Emde/Kelm* ZIP 2005, 58 ff; zu Lösungsklauseln für den – nicht von § 116 erfassten (Rn 2, 10) – Fall der Ins des Handelsvertreters (KFZ-Vertragshändlers) vgl *OLG München* ZInsO 2006, 1060 ff = KTS 2007, 355 ff mit Anm *Preuß* (nur LS in ZIP 2006, 1916); *OLG Braunschweig* ZIP 2009, 1336 f = NZI 2009, 387 ff mit Anm *Brosette* sowie § 112 Rn 24, § 119 Rn 6.

10 Zur abw Ansicht von *Paulus* s § 115 Rn 6 aE.

11 Vgl *BGHZ* 109, 260, 263 ff (zum Anspruch des InsVerw gegen RA des Schu auf Herausgabe von Handakten usw); § 103 Rn 23; § 115 Rn 6 und zum Erlöschen der Prozessvollmacht § 117 Rn 5.

12 S § 115 Rn 6 sowie zur Frage eines Zurückbehaltungsrechts der Bank *LG Krefeld* ZInsO 2002, 638 f.

13 *BGHZ* 168, 276 ff = ZInsO 2006, 1055 f = ZIP 2006, 1781 f (auch erwähnt in der ersten und der elften Fn zu § 115 Rn 6); *BGH* [IX ZR 199/09] ZInsO 2010, 1332 f = ZIP 2010, 1453, 1454 [Rn 10 f] (Vorinstanz: *OLG Koblenz* ZIP 2010, 440 ff); *OLG München* NZI 2009, 250 = ZIP 2009, 1240; *BGH* [IX ZR 17/10] ZInsO 2010, 2391 f = ZIP 2011, 282 [Rn 7]; für die GesO iE ebenso *BGH* ZIP 2007, 543 ff = NZI 2007, 234 ff mit Anm *Stapper/Schädlich*. Trotz Anwendung der §§ 115, 116 gesteht der BGH dem Kautionsversicherer bei Inanspruchnahme aus einer von ihm erteilten Bürgschaft in der Ins des Versicherungsnehmers ein **Absonderungsrecht** an einem ihm vor Eröffnung des InsVerf sicherungshalber abgetretenen Festgeldguthaben auch dann zu, wenn er den gesicherten Anspruch erst nach Eröffnung des InsVerf erworben hat (*BGH* ZInsO 2008, 452 f).

14 Vgl *KG* ZIP 2010, 2411 ff; *BGH* 6.10.2011 – IX ZR 153/09, NZI 2012, 82.

15 Vgl *Kaiser/Berbuer* ZIP 2017, 161, 163 ff.

für das öffentlich-rechtliche Sonderverhältnis zwischen Notar und Urkundspartei in Ansehung der Berechtigung und der Pflicht des Notars, durch Stellung von Anträgen gegenüber dem Grundbuchamt „auftragsgemäß" tätig zu werden.[16] **Nicht** unter §§ 115, 116 fallen Schiedsabreden,[17] Lebens- und Rechtsschutzversicherungsverträge (§ 103 Rn 24), Krediteröffnungsverträge,[18] Maklerverträge,[19] Verwahrungsverträge, Lagergeschäfte und Frachtverträge iSd §§ 407 ff HGB.[20] Das für Frachtverträge Gesagte gilt aber nicht auch für Speditionsverträge; diese haben nach §§ 453 Abs 1, 454 HGB Geschäftsbesorgungscharakter.[21] Die Frage, ob bei Ins einer GmbH das Anstellungsverhältnis des Geschäftsführers von § 116 erfasst wird[22] oder ob es bis auf Weiteres – zB bis zu einer Kündigung mit der kurzen Frist des § 113 oder vielleicht sogar bis zu einer fristlosen Kündigung wegen InsVerschleppung[23] – gem § 108 Abs 1 S 1 fortbesteht[24] (wovon für den Anstellungsvertrag eines AG-Vorstandsmitglieds § 87 Abs 3 AktG auszugehen scheint) oder ob die Lösung jenseits aller Extreme nach dem Vorbild des – nach hier vertretener Ansicht auch in Fällen des § 116 anwendbaren (§ 115 Rn 3, 5 ff, § 116 Rn 7) – § 103 geschehen kann[25] (was vorzugswürdig

---

16 *BayObLG* FGPrax 2003, 289 f.

17 *BGH* ZInsO 2004, 88 = DZWIR 2004, 161 f mit Anm *Flöther*; vgl auch *Kück* ZInsO 2006, 11 ff, 17 sowie o § 103 Rn 31.

18 Str; wie hier *Heise* Rn 309 ff; vgl auch *Marotzke* ZInsO 2004, 1273, 1274 und § 103 Rn 18.

19 Str; wie hier *Staudinger/Arnold* 2016, §§ 652, 653 BGB Rn 71 mit der Begr, dass sich der Maklervertrag unbeschadet seiner dogmatischen Struktur als einseitig verpflichtender Vertrag „wirtschaftlich betrachtet" als „Kauf eines Ermittlungs- bzw Vermittlungserfolgs" darstelle. Vgl auch die zweite Fn zu § 115 Rn 6.

20 Vgl *Marotzke* Gegenseitige Verträge, Rn 14.19, 14.25; **aM** für Frachtverträge *L/S/Z/Zeuner* § 116 Rn 2; *Uhlenbruck/Berscheid* 12. Aufl 2003 §§ 115, 116 Rn 9 und das bei § 115 Rn 18 f erwähnte Urt des *LG Lübeck;* nicht aber wohl *L/S/Z/Zeuner* § 103 Rn 10; *Uhlenbruck/Sinz* §§ 115, 116 Rn 3; *Hess* § 103 Rn 39 zu Pfand-, Sicherungs- und Zurückbehaltungsrechten des Frachtführers s *Didier* NZI 2003, 513 ff und *BGH* ZInsO 2005, 648 ff = NZI 2005, 389 ff.

21 Vgl *Senckpiehl* Deutsche Verkehrs-Nachrichten, Ausgabe B, 1937, S 107 f; *Uhlenbruck/Sinz* §§ 115, 116 Rn 3.

22 Verneinend *OLG Hamm* NZI 2000, 475 f = NJW-RR 2000, 1651 f = DZWIR 2001, 389 f; *Uhlenbruck/Hirte* § 11 Rn 126; vom Fortbestehen des Anstellungsverhältnisses ausgehend auch *BAG* ZInsO 2013, 455, 456.

23 Vgl *BGH* ZInsO 2005, 762 ff = ZIP 2005, 1365 ff = NJW 2005, 3069 ff = DZWIR 2005, 155 ff mit Anm *Keil*.

24 In diesem Sinne zumindest konkludent das *OLG Hamm* NZI 2000, 475 f = DZWIR 2001, 389 f; *OLG Frankfurt* ZIP 2005, 409 = ZVI 2005, 319 f (dazu auch § 108 Rn 47 [die bei „Gegenseitigkeitsprinzip" angefügte Fn]); *BGH* ZInsO 2009, 2150 f = DZWIR 2010, 75 (spricht von Kündigung des Anstellungsvertrags gem § 113; s zu diesem Urt auch die übernächste Fn sowie § 108 Rn 47 aE) und sogar ausdrücklich *OLG Karlsruhe* ZIP 2003, 2082, 2083 f; *OLG Brandenburg* NZI 2003, 324, 325 f sowie – in derselben Sache wie das OLG Brandenburg – *BGH* ZInsO 2005, 762, 763 (Abschn V 1) = ZIP 2005, 1365, 1367 = NJW 2005, 3069, 3070 = DZWIR 2005, 155, 157. Zur Frage eines **InsGeld-Anspruchs** des GmbH-Geschäftsführers vgl das bei § 108 Rn 6 zitierte Urt des BSG.

25 Für Anwendung des § 103, wenn der Geschäftsführer zugleich Allein- oder Mehrheitsgesellschafter ist, plädieren *K/P/B/Noack* Gesellschaftsrecht, 1999, Rn 298 f; *B/H/Schulze-Osterloh* 17. Aufl 2000, § 64 aF GmbHG Rn 52; **aM** und für Anwendbarkeit des § 113 InsO der Letztgenannte in der 18. Aufl 2006 (Rn 59 zu § 64 aF GmbHG); vgl auch § 113 Rn 4 sowie *Uhlenbruck/Hirte* § 11 InsO Rn 125 f mwN.

erscheint[26] – wenn man nicht sogar eine Analogie zu § 103 Rn 43, 45 und § 108 Rn 53 zieht, wofür immerhin die sehr weit gehende kompetenzrechtliche Verdrängung des Geschäftsführers durch den InsVerw[27] spricht), sollte nicht losgelöst von der bei Rn 7 angesprochenen Rechtsfolgenproblematik erörtert werden. Das Gleiche gilt selbstverständlich auch für sonstige Problemfälle wie zB unternehmensrechtliche Beherrschungs- und Gewinnabführungsverträge (s § 115 Rn 9). Die Eröffnung des InsVerf über das Vermögen eines ehemaligen RA berührt nicht die Rechtsstellung eines amtl bestellten Abwicklers (§ 115 Rn 11).

Das **Kontokorrentverhältnis** gehört nach einem älteren Urt des BGH[28] – anders die neuere Rspr[29] – nicht zu den von § 23 KO bzw §§ 115, 116 erfassten Vertragstypen. Dennoch endet es nach der in BGHZ 74, 253, 254 referierten Rspr des BGH mit Eröffnung des InsVerf über das Vermögen eines der Beteiligten.[30] Nach zutr Ansicht von *Canaris*[31] und *Henckel*[32] sollen dagegen die **obligatorischen** Wirkungen des Kontokorrentvertrages bestehen bleiben und der InsVerw nach § 103 InsO die Fortsetzung verlangen können (vgl auch § 115 Rn 6 zur Fortsetzung von **Girokonten** sowie zur Rechtslage beim **Pfändungsschutzkonto**). Unabhängig davon, welcher Ansicht man folgt,[33] wird das zwischen einer Bank und ihrem Kunden bestehende Kontokorrentverhältnis durch die Eröffnung des InsVerf über das Vermögen des Kunden **jedenfalls hinsichtlich der im Kontokorrentvertrag enthaltenen antizipierten Verfügungs- und Verrechnungsvereinbarung** beendet, ohne dass sich die Bank insoweit auf die Schutzwirkung der (den bisherigen § 23 Abs 2 KO, § 674 BGB entspr) §§ 115 Abs 3 S 1, 116 S 1 berufen kann.[34] Das gilt auch, wenn das Kontokorrentverhältnis mit einem den §§ 115, 116 unterliegenden **Girovertrag** (Rn 4) verbunden ist,[35] und ergab sich früher aus § 15 S 1 KO.[28] Nach Inkrafttreten der InsO folgt dasselbe Ergebnis aus § 91 Abs 1, hilfsweise aus einer analogen Anwendung des § 117 Abs 1 (s dort Rn 8). Jedoch ist nun auch § 94 („oder auf Grund einer Vereinbarung zur Aufrechnung berechtigt") zu beachten; s dort Rn 53 ff. Die **Vorausabtretung** kontokorrentgebundener Forderungen und des kausalen Schlusssaldos führt nach der gegenwärtigen Rspr des BGH[36] nicht zum Rechtserwerb des Zessionars, wenn die Kontokorrentabrede erst mit Eröffnung des InsVerf erlischt. 5

---

26 Unvereinbar mit einer Anwendung des § 103 auf den (ganzen) Anstellungsvertrag wäre eine Anwendung des § 108 Abs 1 S 1, nicht aber auch eine solche des § 116 (vgl u Rn 7 und § 115 Rn 5 ff). Für lediglich partielle Anwendung des § 103 entschied sich *BGH* ZInsO 2009, 2150 f = DZWIR 2010, 75; s zu diesem Urt § 108 Rn 47 aE.

27 Vgl zu den geringen Restkompetenzen des Geschäftsführers *Uhlenbruck/Hirte* § 11 Rn 118 ff.

28 *BGHZ* 74, 253, 255.

29 *BGHZ* 157, 350, 356 f = ZInsO 2004, 270, 272 = ZIP 2004, 513, 514; *BGHZ* 170, 206, 213 = ZInsO 2007, 213, 215 = ZIP 2007, 383, 386 Rn 19 = NZI 2007, 222, 224 mit Anm *Huber*; *BGHZ* 171, 46, 52 [Rn 14] = ZInsO 2007, 376, 378 = ZIP 2007, 676, 678; *BGHZ* 181, 362, 365 Rn 10 = NJW 2009, 2677, 2678 = ZInsO 2009, 1492 f.

30 Vgl auch *OLG Köln* ZIP 1995, 138; *OLG Köln* ZInsO 2004, 683, 686 und, nunmehr unter Berufung auf §§ 116 S 1, 115 Abs 1 (die jedoch nur in der Ins der *Bank* gelten, s Rn 10): *BGHZ* 157, 350, 356 f = ZInsO 2004, 270, 272 = ZIP 2004, 513, 514.

31 GroßKomm-HGB/*Canaris* 4. Aufl 2001 § 355 Rn 251 ff.

32 *Jaeger/Henckel* KO § 17 Rn 25.

33 **Gegen** eine Anwendung des **§ 103** zB *Heise* Rn 306 f; *Peschke* S 36 ff, 42; unentschieden *Pannen* Kap 5 Rn 12 f (S 179 f). Zur Rechtslage beim **Pfändungsschutzkonto** (§ 850 k ZPO) vgl § 115 Rn 6 aE.

34 Zutr *BGHZ* 74, 253 ff; vgl § 115 Rn 16; *K/P/B/Tintelnot* §§ 115, 116 Rn 21 f.

35 *BGHZ* 74, 253 ff.

36 *BGHZ* 181, 362, 365 f = NJW 2009, 2677 f = ZInsO 2009, 1492 f = NZI 2009, 599 f mit Anm *de Bra/Ganninger*.

6 Auf **Zahlungsaufträge** (§§ 675n ff BGB) sowie auf **Aufträge zwischen Zahlungsdienstleistern oder zwischengeschalteten Stellen** (§§ 675c ff BGB) und **Aufträge zur Übertragung von Wertpapieren** (dazu zB § 675b BGB) ist nicht S 1, sondern nur S 2 des § 116 anzuwenden. Das ergibt HS 1 der seit 31.10.2009 maßgeblichen Fassung des zum 14.8.1999 angefügten § 116 S 3. Erg bestimmt S 3 HS 2: „diese [Verträge] bestehen mit Wirkung für die Masse fort". Die Formulierung des S 3 HS 2 entspricht der des § 108 Abs 1 S 1. Sie will also nicht nur die bereits in HS 1 ausgesprochene Unanwendbarkeit des § 116 S 1 näher präzisieren, sondern darüber hinaus zum Ausdruck bringen, dass dem InsVerw kein Wahlrecht iSd § 103 zusteht und er die Ansprüche der anderen Vertragspartei nach Maßgabe des § 55 Abs 1 Nr 2 Alt 2 als Masseverbindlichkeiten erfüllen muss.[37] Dies gilt auch für das im November 2009 neu eingeführte SEPA-Lastschriftverfahren: Führt die Zahlstelle einen ihr vor Eröffnung des InsVerf mittels SEPA-Mandat erteilten konkreten Zahlungsauftrag nach Eröffnung des InsVerf aus, erwirbt sie einen als Masseverbindlichkeiten zu qualifizierenden Aufwendungsersatzanspruch, den der InsVerw nach Ansicht des XI. Zivilsenats des BGH[38] nicht mithilfe des § 675x BGB konterkarieren kann. Bestehende Kündigungsrechte des Schu kann der InsVerw aufgrund des § 80 Abs 1 ausüben. Auch die andere Vertragspartei verliert etwaige Kündigungsrechte nicht. Für **nach** VerfEröffnung geschlossene Überweisungs-, Zahlungs- und Übertragungsverträge gilt § 116 S 3 nicht;[39] führt die Bank solche Überweisungen in Kenntnis der VerfEröffnung aus, erwirbt sie keinen Aufwendungsersatzanspruch gegen die Masse.[40] Ist ein vorl InsVerw mit Zustimmungsvorbehalt (§ 21 Abs 2 S 1 Nr 2 Fall 2) bestellt, kann der Schu zwar auch noch während des EröffnungsVerf selbstständig einen Überweisungsvertrag mit der Bank abschließen; jedoch kann die Bank den Überweisungsbetrag nicht ohne Zustimmung des vorl InsVerw in das Kontokorrent einstellen.[41] Vgl erg §§ 24 Rn 4, 7 ff, 117 Rn 6, 9 und Art 229 § 22 EGBGB sowie *Obermüller* ZInsO 2010, 8 ff und *Obermüller/Kuder* ZIP 2010, 349 ff.

II. Entsprechende Anwendung des § 115

7 Der auf § 115 verweisende **§ 116 S 1** entspricht dem bisherigen § 23 Abs 2 KO. Entgegen der missverständlichen Überschrift des § 116 führt die vorgeschriebene entspr Anwendung des § 115 nicht zum Erlöschen des ganzen Geschäftsbesorgungsvertrages, sondern nur zum Wegfall der in ihm begründeten Geschäftsführungsbefugnis (str; vgl § 115 Rn 4).

8 **§ 116 S 2** hat kein Vorbild im Wortlaut der KO, sondern stellt die Rechtsfolge klar, die vor 1999 durch eine analoge Anwendung des § 27 KO erzielt werden musste.[42] **S 3** ist bei Rn 6 erläutert.

9 **Weitere Einzelheiten** sind bei § 115 dargestellt.

III. Der Schu in der Rolle des Geschäftsbesorgers

10 Auf diese Fallkonstellation sind die §§ 115, 116 nicht anwendbar (§§ 115 Rn 21, 116 Rn 2). Dies wird nicht selten übersehen – manchmal sogar vom Gesetzgeber selbst (vgl die klar-

---

37 Vgl für den ähnlich formulierten § 108 Abs 1 S 1 die dortigen Rn 3, 47 ff sowie für § 116 S 3 BR-Drucks 456/99, 15; BT-Drucks 14/1539, 8 f; *Schulz* ZRP 1999, 398, 399.

38 Vgl *BGHZ* 186, 269 ff Rn 29 ff, 32 = ZIP 2010, 1556, 1561 = ZInsO 2010, 1538, 1542 f. Diese Ausführungen des XI. ZS wurden, so der Hinweis bei Rn 50 der EntschGründe, vom IX. ZS mitgetragen.

39 BT-Drucks 14/1931, 2 f; *Obermüller* ZInsO 1999, 690, 695 f.

40 *BGH* NJW-RR 2009, 981, 983 Rn 18 = ZInsO 2009, 659, 661 = ZIP 2009, 673, 674.

41 *BGH* NJW-RR 2009, 981, 983 Rn 21 = ZInsO 2009, 659, 661 = ZIP 2009, 663, 675.

42 Vgl *Jaeger/Henckel* KO § 27 Rn 4, 6.

stellenden Bemerkungen bei § 108 Rn 84, 86; *Marotzke* ZInsO 2006, 330, 331 f; *Pannen* Kap 5 Rn 6 S 178 und Kap 5 Rn 48 S 195 [jeweils im Zusammenhang mit Ausführungen zum Schicksal des Kontokorrents in der Ins der kontoführenden Bank]).

§ 117 Erlöschen von Vollmachten

(1) Eine vom Schuldner erteilte Vollmacht, die sich auf das zur Insolvenzmasse gehörende Vermögen bezieht, erlischt durch die Eröffnung des Insolvenzverfahrens.

(2) Soweit ein Auftrag oder ein Geschäftsbesorgungsvertrag nach § 115 Abs. 2 fortbesteht, gilt auch die Vollmacht als fortbestehend.

(3) Solange der Bevollmächtigte die Eröffnung des Verfahrens ohne Verschulden nicht kennt, haftet er nicht nach § 179 des Bürgerlichen Gesetzbuchs.

Übersicht

Literatur: *Freiherr v Proff* Schicksal von Vollmachten einer GbR in der Insolvenz eines Gesellschafters – der Beschluss des OLG München vom 22.5.2017 und seine Folgen für die Praxis, ZInsO 2017, 2007; *Schilken* Die Vollmacht in der Insolvenz, KTS 2007, 1; *ders* Ergänzende Gedanken zur Bedeutung des § 117 InsO, FS-Henckel, 2015, S 301; ansonsten wie zu § 115.

I. Erlöschen von Vollmachten (Abs 1)

1. Zweck der Regelung. § 117 soll wie §§ 115, 116 (§ 115 Rn 2 f) verhindern, dass „die Verwaltungs- und Verfügungsbefugnis des InsVerw beeinträchtigt" wird (Begr RegE S 151). Die KO enthielt eine dem § 117 entspr Vorschrift nicht. Das war damals noch unschädlich, da die KO eine Eigenverwaltung der Masse durch den Schu (Rn 2) unter keinen Umständen zuließ. Da ein Bevollmächtigter nur aus dem Recht des Vollmachtgebers handeln kann und dieser bei Verfahrenseröffnung die Verfügungsmacht über sein haftendes Vermögen verliert (§ 6 KO/§ 80 Abs 1 InsO), ist in einem „fremdverwalteten" Verfahren grds (aber §§ 81 Abs 1 S 2, 82, 91 Abs 2) auch ohne § 117 Abs 1 klar, dass der Bevollmächtigte dem Verwalter nicht hineinregieren kann.[1] Allerdings lässt Abs 1 eine Vollmacht, die sich auf das zur InsMasse gehörende Vermögen bezieht, nicht nur im Verhältnis zur Masse, sondern auch im Verhältnis zum Schu erlöschen.[2] Sähe man das anders (was de lege ferenda vorzuziehen wäre),[3] so würde für Rechtsgeschäfte, die der vor Verfahrenseröffnung Bevollmächtigte nach Verfahrenseröffnung namens des Schu vornimmt, stets der Schu (jedoch im laufenden InsVerf nicht verfolgbar) und allenfalls subsidiär (wenn überhaupt) der für ihn Handelnde haften. De lege lata wäre das jedoch unvereinbar mit § 117 Abs 3, der dem Vertreter 1

1 *Marotzke* FS Henckel, S 579, 583 ff; *Häsemeyer* InsR, Rn 20.68 f, 20.71 (s aber § 115 Rn 16); *BGHZ* 155, 87, 91 = ZIP 2003, 1208, 1209 = NJW 2003, 2744, 2745 = NZI 2003, 491, 492 mit Anm *Huber* (zur GesO); *K/P/B/Tintelnot* § 117 Rn 2, 5; unrichtig Begr RegE S 151.

2 *K/P/B/Tintelnot* § 117 Rn 4, 9; *L/S/Z/Zeuner* § 117 Rn 7.

3 Dies gilt etwa mit Blick auf den im letzten Satz dieses Absatzes nebst zugehöriger Fn erwähnten Fall.

die Haftung aus § 179 BGB nur bei Gutgläubigkeit ersparen will (s Rn 7). Nach wohl hM lebt eine nach § 117 erloschene Vollmacht nach Beendigung des InsVerf nicht automatisch wieder auf.[4]

2 Nach der InsO kann das Gericht uU **„Eigenverwaltung"** anordnen mit der Folge, dass **der Schu selbst** berechtigt ist, unter der Aufsicht eines Sachwalters die InsMasse zu verwalten und über sie zu verfügen (§ 270 Abs 1 S 1). **In solchen Fällen bedarf es vielleicht schon eher des § 117 Abs 1**. Aber auch ohne eine solche Vorschrift würde man wohl zu dem Ergebnis kommen, dass der Bevollmächtigte nicht auch solche Verfügungsmöglichkeiten wahrnehmen kann, die dem Vollmachtgeber „nicht von Haus aus", sondern nur in seiner Funktion als an die Vorschriften der InsO gebundener Verwalter seines eigenen InsVerf zustehen. Denn mit der Anordnung der Eigenverwaltung wird dem Schu nicht einfach seine bisherige Verfügungsmacht „belassen", sondern es wird ihm eine Verfügungsmacht, die funktionell der eines InsVerw entspricht, unter der Aufsicht eines Sachwalters **treuhänderisch zugewiesen**.[5] Auch im Fall der Eigenverwaltung ist § 117 Abs 1 aber insofern konstitutiv, als er uU den Weg zu § 179 BGB eröffnet (s Rn 1 aE).

3 **2. Betroffene Vollmachten.** Es muss sich um eine vom Schu erteilte Vollmacht handeln (s Gesetzeswortlaut und Rn 12). In Bezug auf Vollmachten, die der Schu zur Durchführung eines Auftrags oder einer entgeltlichen Geschäftsbesorgung erteilt hat, wirkt § 117 Abs 1 idR nur klarstellend,[6] da sich das Erlöschen der Vollmacht hier meist schon aus § 168 S 1 BGB iVm §§ 115 Abs 1, 116 S 1 InsO ergibt. Jedoch ist § 168 S 1 BGB abdingbar,[7] auch gilt er nicht für die sog „isolierte" Vollmacht (Rn 4).

4 Nicht nur klarstellend, sondern konstitutiv wirkt § 117 Abs 1 bei **Vollmachten, die im Rahmen eines Dienstverhältnisses erteilt wurden** (denn dieses besteht gem §§ 108 Abs 1, 113 fort), und bei **sog „isolierten" Vollmachten** (das sind Vollmachten, die ohne Vorliegen eines Grundverhältnisses erteilt wurden oder bei denen, obwohl ein Grundverhältnis bestand, § 168 S 1 BGB abbedungen wurde).[8]

5 Auch **Prokura** (§§ 48 ff HGB) und **Handlungsvollmacht** (§§ 54 f HGB) fallen unter § 117,[9] können aber vom InsVerw wie sonstige Vollmachten neu erteilt werden (Letzteres für die Prokura str).[10] Gleiches gilt für die **Prozessvollmacht**[11] (aber auch bzgl PKH-Verfahren?)[12] und – analog – für eine **Ermächtigung zur gewillkürten Prozessstandschaft** (Rn 8 ff). Eine

---

4 Vgl *OLG Karlsruhe* NZI 2005, 39 = ZInsO 2005, 151 (für Prozessvollmacht, im konkreten Fall mit schwerwiegenden Konsequenzen; s dazu auch den bei § 115 Rn 6 aE erwähnten Aufsatz von *Paulus*); *FG Hbg* ZInsO 2011, 1985, 1986 = ZIP 2011, 2275, 2276; *Schilken* KTS 2007, 1, 6, 13.

5 Vgl *Häsemeyer* InsR Rn 8.13; *Marotzke* Gegenseitige Verträge, Rn 5.90.

6 Begr RegE S 151.

7 *Staudinger/Schilken* 2014 BGB § 168 Rn 2, 16 ff.

8 Vgl *Staudinger/Schilken* 2014 BGB § 167 Rn 2, § 168 Rn 16; Begr RegE InsO S 151 f zu § 135.

9 Begr RegE S 152. Zur Eintragung in das **Handelsregister** vgl *LG Halle* NZI 2004, 631 f = ZIP 2004, 2294 f; *Schilken* KTS 2007, 1, 10; *LG Leipzig* ZIP 2007, 1381 f = ZInsO 2007, 279 f mit Anm *Kellner*.

10 Näheres bei *L/S/Z/Zeuner* § 117 Rn 3 f; *N/R/Kießner* § 117 Rn 8 ff; *Uhlenbruck/Sinz* § 117 Rn 14 ff; *Schilken* KTS 2007, 1, 8 f.

11 *BGH* NJW-RR 1989, 183 f = WM 1988, 1838 = LM Nr 5 zu § 23 KO; *OLG Brandenburg* NJW-RR 2002, 265 f = NZI 2002, 255 f; *OLG Köln* NJW-RR 2003, 264, 266 = NZI 2003, 58, 59 = ZInsO 2002, 1184, 1186 = ZIP 2003, 1056, 1058; *OLG Karlsruhe* NZI 2005, 39; *K/P/B/Tintelnot* § 117 Rn 17 ff; *L/S/Z/Zeuner* § 117 Rn 5; *Zöller/Greger* ZPO § 240 Rn 3; *Schilken* KTS 2007, 1, 10 ff.

12 Vgl *OLG Stuttgart* ZInsO 2005, 153 f; *OLG Zweibrücken* ZInsO 2005, 444; *LAG Hamm* ZIP 2005, 1755 f; *Schilken* KTS 2007, 1, 13.

Prozessvollmacht besteht jedoch fort, soweit nicht ein infolge der VerfEröffnung unterbrochener Rechtsstreit fortgesetzt, sondern lediglich ein unter Verstoß gegen § 240 ZPO ergangenes Gerichtsurteil im Rechtsmittelwege beseitigt werden soll.[13] Eine **Vollmacht zur Vertretung im InsVerf**, die der Schu einem RA erteilt hat, bezieht sich nur insofern auf die InsMasse, als es um die Wahrnehmung der Rechte geht, die dem Schu nach VerfEröffnung weiterhin bzw erstmals zustehen. Eine solche Vollmacht erlischt nicht nach Abs 1.[14] Auch die einem **Notar** erteilte Vollmacht zur Stellung von Anträgen an das **Grundbuchamt** erlischt nach Abs 1, soweit sie sich auf die InsMasse bezieht.[15]Gehört zur InsMasse die mitgliedschaftliche Beteiligung an einer durch die Eröffnung des InsVerf über das Vermögen des Mitglieds aufgelösten (§ 728 Abs 2 BGB) und deshalb unter Mitwirkung des InsVerw zu liquidierenden GbR, so erlischt eine **Notarvollmacht zur Vertretung der Gesellschaft**, die der Schu in seiner Funktion als Vertretungsorgan der Gesellschaft vor Eröffnung des InsVerf erteilt hatte, mit Eröffnung des InsVerf.[16] Die Vollmacht lebt nicht automatisch wieder auf, wenn der InsVerw den Gesellschaftsanteil des Schu freigibt, kann in diesem Fall jedoch vom Schu neu erteilt werden.[17]

II. Fiktiver Vollmachtsfortbestand bei Notgeschäftsführung (Abs 2)

Soweit ein Auftrag oder ein Geschäftsbesorgungsvertrag nach §§ 115 Abs 2, 116 S 1 fortbesteht, gilt gem § 117 Abs 2 auch die Vollmacht als fortbestehend. Entspr gilt mE im Fall des erst zum 14.8.1999 angefügten § 116 S 3 (heutige Fassung in Kraft seit 31.10.2009) und iÜ wohl sogar dann, wenn der Vollmacht überhaupt kein Auftrag oder Geschäftsbesorgungsvertrag, sondern ein anderes oder überhaupt kein Rechtsverhältnis zugrunde lag.[18] Vermutlich wollte man mit der in § 117 Abs 2 ausgesprochenen Fiktion des Vollmachtsfortbestands erreichen, dass der Bevollmächtigte in den Grenzen der Notgeschäftsführung wirksam über Massegegenstände verfügen[19] und – was sachgerecht ist[20] – durch Verpflichtungsgeschäfte wie ein InsVerw Masseverbindlichkeiten begründen kann. Im Schrifttum wird diese mutmaßliche Regelungsabsicht größtenteils gebilligt.[21] Konsequenterweise hätte der Gesetzgeber dann aber nicht nur den Fortbestand der vom Schu erteilten Vollmacht, sondern zusätzlich das Einverständnis des **InsVerw** fingieren müssen (vgl Rn 1 f).[22] 6

III. Schutz des gutgläubigen falsus procurator (Abs 3)

In sprachlicher Anlehnung an § 115 Abs 3 S 1, aber ohne ein Auftrags- oder Geschäftsbesorgungsverhältnis vorauszusetzen (vgl auch Rn 6), erspart § 117 Abs 3 dem Bevollmächtigten hinsichtlich der Rechtsgeschäfte, die er in unverschuldeter Unkenntnis der bereits erfolgten VerfEröffnung namens des Schu vornimmt, die Haftung aus § 179 BGB. Dabei ist als selbstverständlich vorausgesetzt, dass eine Haftung aus § 179 BGB bei **Nichtvorliegen** der subjek- 7

---

13 *BAG* DZWIR 2009, 19 ff.
14 *BGH* ZIP 2011, 1014, 1015; *OLG Dresden* ZIP 2002, 2000 f = ZVI 2003, 32 f; *Schilken* KTS 2007, 1, 11 f.
15 *BayObLG* FGPrax 2003, 289 f (zugl zur Vollmachtsvermutung des § 15 GBO); *Schilken* KTS 2007, 1, 14; wohl auch *Freiherr v Proff* ZInsO 2017, 2007, 2010 f.
16 Insoweit zutr *OLG München* 22.5.2017 – 34 Wx 87/17, ZInsO 2017, 1746 ff; **aM** *Freiherr v Proff* ZInsO 2017, 2007, 2010.
17 *OLG München* 22.5.2017 – 34 Wx 87/17, ZInsO 2017, 1746 ff.
18 Vgl die der Begr des RegE entnommenen Beispiele bei Rn 4 f und zu der entspr Frage iRd Abs 3 die Ausführungen bei Rn 7.
19 Krit *Marotzke* FS Henckel, S 579, 589 f.
20 *Marotzke* FS Henckel, S 588 f.
21 Vgl *K/P/B/Tintelnot* § 117 Rn 23; *Häsemeyer* InsR Rn 10.11, 20.69; *Schilken* KTS 2007, 1, 15 f.
22 Zutr *Kuhn/Uhlenbruck* KO § 23 Rn 11.

tiven Voraussetzung des § 117 Abs 3 grds in Betracht kommt (vgl auch Rn 1 f). Dies bestreiten zu Unrecht (§ 115 Rn 16) *Häsemeyer* InsR Rn 20.71, 20.78 (2. Abs) und *K/P/B/Tintelnot* Rn 25 ff (jeweils mit Erwägung von Ausnahmen für eigenverwaltete InsVerf).[23] § 117 Abs 3 ist analog anwendbar, wenn von einer **nach** Eröffnung des InsVerf erteilten Vollmacht in Unkenntnis der VerfEröffnung Gebrauch gemacht wurde.[24]

IV. Verfügungs-, Einziehungs- und Prozessführungsermächtigung

8 Auf eine vom Schu erteilte Verfügungs- oder Einziehungsermächtigung wird man § 117 **analog** anzuwenden haben.[25] Entspr gilt für eine vom Schu erteilte Ermächtigung, ein ihm zustehendes Recht in gewillkürter Prozessstandschaft gerichtlich geltend zu machen.[26]

9 Ein wirkliches Bedürfnis für diese Analogie besteht freilich nur in Verf mit Eigenverwaltung und selbst hier nur im Klarstellungsinteresse (Rn 2). IÜ ergibt sich die notwendige „Entmachtung des Ermächtigten" bereits logisch zwingend aus §§ 80 Abs 1, 81, 91 Abs 1.[27] Die analoge Anwendung des § 117 ist also wohl nur eine hilfsweise.

10 **Unverschuldete Unkenntnis** iSd §§ 115 Abs 3 S 1, 117 Abs 3 schließt eine Anwendung der §§ 80 Abs 1, 91 Abs 1, 117 Abs 1 nicht aus (vgl auch § 116 Rn 5 am Beispiel der in Kontokorrentverträgen enthaltenen antezipierten Verfügungs- und Verrechnungsvereinbarungen). Vom Gegenteil geht das bei Rn 8 erwähnte *BGH*-Urt v 10.11.1999 in Bezug auf die **Ermächtigung zur gewillkürten Prozessstandschaft** aus, allerdings ohne Auswirkung auf das Ergebnis, da es im konkreten Fall an unverschuldeter Unkenntnis fehlte. Gegen den Standpunkt des BGH spricht jedoch § 240 ZPO, der im Fall der gewillkürten Prozessstandschaft auch dann zur Prozessunterbrechung führt, wenn nicht über das Vermögen des Prozessstandschafters, sondern über das des von diesem bezeichneten Rechtsträgers ein InsVerf eröffnet wird.[28] Dass sich der Prozessstandschafter hinsichtlich des über das Vermögen des Rechtsträgers eröffneten InsVerf in entschuldbarer Unkenntnis (§§ 115 Abs 3 S 1, 117 Abs 3) befindet, schließt die Anwendung des § 240 ZPO nicht aus; die Situation des streitigen GerichtsVerf erfordert eine **objektive** Anknüpfung. Auch dass „mit dem Aufschub Gefahr verbunden ist" (§§ 115 Abs 2, 117 Abs 2), macht § 240 ZPO nicht unanwendbar, sondern wird in § 249 ZPO zu vermeiden versucht. Ein Fortbestand der Prozessführungsermächtigung ist also auch unter diesem Gesichtspunkt kaum begründbar. In dem Fall, der dem bei Rn 8 erwähnten Urt des BGH zugrunde lag, war die Klage allerdings erst **nach** Eröffnung des InsVerf erhoben worden. Dieser Umstand rechtfertigt jedoch keine großzügigere Beurteilung der Möglichkeit des Fortbestehens der Prozessführungsermächtigung.

V. Eröffnungsverfahren

11 Im EröffnungsVerf ist § 117 nicht anwendbar. Auch die Bestellung eines verfügungs- und verwaltungsbefugten vorl InsVerw führt nicht zum Erlöschen der Vollmacht.[29] Jedoch ist der

---

23 Vgl zu dieser schwierigen Problematik auch *Schilken* KTS 2007, 1, 17 ff.

24 *OLG München* ZInsO 2010, 145.

25 Vgl *Marotzke* InsR im Umbruch, S 183, 195; *Häsemeyer* InsR, Rn 20.69; zust *K/P/B/Tintelnot* § 117 Rn 22; *Schilken* KTS 2007, 1, 14 f.

26 Vgl *BGH* 10.11.1999 – VIII ZR 78/98, NJW 2000, 738 ff = ZIP 2000, 149, 150 f (s zu diesem Urt Rn 10 und *Marotzke* EWiR § 23 KO 1/2000, 405 f); *BGH* 21.7.2016 – I ZR 190/15, ZInsO 2016, 1852 f (für entspr Anwendung des § 168 S 1 BGB, nichts zu § 117 InsO).

27 *Marotzke* InsR im Umbruch, S 183, 195; *ders* FS Henckel, 1995, S 579, 584 (m Nachweis auch zur Gegenansicht in Fn 23); zust *Uhlenbruck/Sinz* § 117 Rn 10; s auch oben § 117 Rn 1).

28 Vgl *OLG Düsseldorf* JMBl NRW 1976, 42; *Kuhn/Uhlenbruck* Vorb 9 zu §§ 10–12 KO iVm § 23 KO Rn 11.

29 *FG Hbg* ZInsO 2011, 1985 f = ZIP 2011, 2275 f.

Bevollmächtigte in diesem Fall bereits durch §§ 22 Abs 1 S 1, 24 InsO, 240 S 2 ZPO gehindert, über das dem Recht des vorl InsVerw unterliegende Vermögen zu verfügen oder diesbezügliche Prozesshandlungen vorzunehmen (vgl Rn 1, 9 ff).

Eine Vollmacht, Verfügungsermächtigung oder Einziehungsermächtigung, die nicht der Schu, sondern ein verfügungs- und verpflichtungsbefugter (§§ 22 Abs 1 S 1, 55 Abs 2) vorl InsVerw ohne ausdrückliche Beschränkung auf das Eröffnungsverfahren erteilt hat, erlischt nicht nach § 117 Abs 1,[30] sondern wirkt für und gegen die Masse fort (anders jedoch, wenn der vorl InsVerw nicht kraft Amtes, sondern im Namen und mit Vollmacht des Schu aufgetreten ist).[31] § 117 gilt nur für „vom Schu" erteilte Vollmachten (Abs 1). Eine analoge Anwendung auf vom vollberechtigten vorl InsVerw erteilte Vollmachten wäre dessen hervorgehobener Rechtsstellung nicht angemessen (vgl auch § 115 Rn 19). ME sollte man die vom vollberechtigten (§§ 22 Abs 1 S 1, 55 Abs 2) **vorl** InsVerw erteilte Vollmacht der von einem **echten** InsVerw erteilten Vollmacht grds gleichstellen und den Fall ab Verfahrenseröffnung genauso beurteilen, wie wenn ein „echter" InsVerw, der eine Vollmacht erteilt hat, später durch einen neuen InsVerw ersetzt wird. Deshalb abw von den Ausführungen zu Rn 1 auch keine Anwendung des § 81 auf Rechtshandlungen des Bevollmächtigten, sondern nur Möglichkeit des InsVerw zum **Vollmachtswiderruf** ex nunc. 12

VI. Zwingendes Recht

Vereinbarungen, durch die im Voraus die Anwendung des § 117 ausgeschlossen oder beschränkt wird, sind unwirksam gem § 119. Entspr gilt für die Vollmacht als solche, obwohl diese streng genommen nicht durch „Vereinbarung", sondern durch einseitige Willenserklärung erteilt wird (§ 167 BGB). Unwirksam wäre also eine bei der Vollmachtserteilung getroffene Bestimmung des Inhalts, dass die Vollmacht entgegen § 117 Abs 1 fortbesteht, wenn über das Vermögen, auf welches sie sich bezieht, ein InsVerf eröffnet wird. 13

§ 118 Auflösung von Gesellschaften

[1]Wird eine Gesellschaft ohne Rechtspersönlichkeit oder eine Kommanditgesellschaft auf Aktien durch die Eröffnung des Insolvenzverfahrens über das Vermögen eines Gesellschafters aufgelöst, so ist der geschäftsführende Gesellschafter mit den Ansprüchen, die ihm aus der einstweiligen Fortführung eilbedürftiger Geschäfte zustehen, Massegläubiger. [2]Mit den Ansprüchen aus der Fortführung der Geschäfte während der Zeit, in der er die Eröffnung des Insolvenzverfahrens ohne sein Verschulden nicht kannte, ist er Insolvenzgläubiger; § 84 Abs. 1 bleibt unberührt.

Übersicht

30 Zust *Uhlenbruck/Sinz* § 117 Rn 12.
31 Vgl *Marotzke* Das Unternehmen in der Ins, Rn 24 Fn 45.

I. Einführung

1 Gesellschaftsrechtliche Fragen werden an verschiedenen Stellen der §§ 103 ff berührt (vgl § 103 Rn 21, § 105 Rn 14, § 108 Rn 68 ff, § 119 Rn 10 f). **§ 118 entspricht dem bisherigen § 28 KO** (der zwar nur die Gesellschaft bürgerlichen Rechts erwähnte, im Übrigen jedoch als analogiefähig angesehen wurde). Auch besteht eine enge **Zweckverwandtschaft mit** den Bestimmungen, die in **§ 115 Abs 2, 3 und § 116** hinsichtlich der Ersatz- und der Vergütungsansprüche eines Beauftragten und eines entgeltlichen Geschäftsbesorgers enthalten sind. Dem Beauftragten und dem entgeltlichen Geschäftsbesorger der §§ 115, 116 entspricht in § 118 der „geschäftsführende Gesellschafter". Dem Ereignis, das im Text und in den Überschriften der §§ 115, 116 missverständlich (§ 115 Rn 4) als „Erlöschen von Aufträgen" bzw als „Erlöschen von Geschäftsbesorgungsverträgen" bezeichnet wird, entspricht in § 118 die „Auflösung von Gesellschaften" mit dem nur rechtstechnischen Unterschied, dass § 118 die Auflösung nicht nach dem Vorbild des § 115 Abs 1 (ggf iVm § 116 S 1) selbst bewirkt, sondern sie als bereits außerhalb der InsO geregelt (s Rn 5 f) voraussetzt. Das Erlöschen einer **Vertretungsmacht** thematisiert die InsO zwar in Zusammenhang mit dem Erlöschen von Aufträgen und Geschäftsbesorgungsverträgen (§ 117), nicht aber auch in Zusammenhang mit § 118 (obwohl auch eine „aufgelöste" Gesellschaft bis zum Abschluss der Liquidation noch Zuordnungssubjekt von Rechten und Pflichten sein kann).[1]

II. Art der Gesellschaft

2 § 118 setzt voraus, dass es sich um eine Gesellschaft ohne Rechtspersönlichkeit (Legaldefinition in § 11 Abs 2 Nr 1) oder um eine KGaA (§§ 278 ff AktG) handelt.

3 Als Gesellschaft ohne Rechtspersönlichkeit kommt außer den in § 11 Abs 2 Nr 1 genannten Gesellschaftsformen auch die **stille Gesellschaft** (§§ 230 ff HGB) in Betracht. Auf diese finden die §§ 705, 728, 729 BGB und damit auch § 118 unmittelbar Anwendung.[2]

4 Auf **nicht rechtsfähige Vereine** finden gem § 54 S 1 BGB die Vorschriften über die Gesellschaft Anwendung. Das gilt jedoch nicht für § 728 Abs 2 BGB; die Eröffnung des InsVerf über das Vermögen eines Mitglieds löst also zwar die BGB-Gesellschaft, nicht aber auch den Verein auf. § 118, der die Auflösung auf Tatbestandsseite voraussetzt, ist deshalb auf Vereine auch dann nicht anwendbar, wenn diesen die Rechtsfähigkeit fehlt.[3] Auch in anderem Zusammenhang (§ 11 Abs 1 S 2) stellt die InsO den nicht rechtsfähigen Verein nicht der Gesellschaft ohne Rechtspersönlichkeit (§ 118), sondern der juristischen Person gleich.

III. Auflösung durch Verfahrenseröffnung

5 Einige der in § 11 Abs 2 Nr 1 erwähnten Gesellschaften ohne Rechtspersönlichkeit werden bei Eröffnung des InsVerf über das Vermögen eines Gesellschafters bereits kraft Gesetzes aufgelöst (Rn 6), andere hingegen nur bei entspr Vertragsgestaltung. Zur zweiten Gruppe gehören die – seit 25.4.2013 nicht mehr zu den wählbaren Rechtsformen gehörende – **Partenreederei** (§ 505 Abs 2 HGB aF), die **Europäische wirtschaftliche Interessenvereinigung** (Art 30 EWIV-VO iVm § 8 EWIV-AusführungsG), die **Partnerschaftsgesellschaft** (§ 9 Abs 2 PartGG – inzwischen gestrichen wegen der seit dem 1.7.1998 zum selben Ergebnis führenden Verweisung des § 9 Abs 1 PartGG auf § 131 HGB idF des HRefG) sowie seit dem 1.7.1998 (Streichung des bisherigen § 131 Abs 1 Nr 5 HGB und Einfügung des heutigen

---

1 Vorschläge zur Lückenfüllung bei *K/P/B/Tintelnot* § 118 Rn 3 f.

2 Vgl *Jaeger/Henckel* KO § 28 Rn 5; *Uhlenbruck/Hirte* § 118 Rn 2 sowie speziell zur Anwendbarkeit der §§ 728, 727 Abs 2, 729, 736 BGB die differenzierenden Bemerkungen in GroßKomm-HGB/*Harbarth* 5. Aufl 2015 § 234 Rn 50 ff.

3 *Jaeger/Henckel* KO § 28 Rn 6; zust *Uhlenbruck/Hirte* § 118 Rn 4.

§ 131 Abs 3 S 1 Nr 2 HGB) auch die **OHG**, die **KG** (§ 161 Abs 2 HGB) und die **KGaA** (§ 289 Abs 1 AktG). Schon vor dem 1.7.1998 ergab sich aus § 289 Abs 3 AktG, dass die KGaA durch die Verfahrenseröffnung über das Vermögen eines Kommanditaktionärs nicht aufgelöst wird.

Die **BGB-Gesellschaft** und die **stille Gesellschaft** werden bei VerfEröffnung über das Vermögen eines Gesellschafters ipso iure aufgelöst (vgl § 728 Abs 2 S 1 BGB und oben Rn 3). Bei der **zwei**gliedrigen stillen Gesellschaft wird diese Rechtsfolge als zwingend erachtet.[4] Handelt es sich hingegen um eine **mehr**gliedrige stille Gesellschaft[5] oder um eine BGB-Gesellschaft, so wird die Auflösung vermieden, wenn der Gesellschaftsvertrag entweder ausdrücklich oder durch eine Fortbestehensklausel iSv § 736 Abs 1 BGB das Ausscheiden des insolventen Mitglieds vorsieht. Dann wird der Gesellschaftsanteil, den der Schu bis zur VerfEröffnung innehatte, nicht Bestandteil der InsMasse, sondern wächst den übrigen Gesellschaftern zu (§ 738 BGB). Der rechtspolitische Grund des § 728 Abs 2 S 1 BGB, dass der Gesellschaftsanteil des insolventen Schu Massebestandteil ist und als solcher dem Recht des InsVerw unterliegt (vgl §§ 80 Abs 1, 84 Abs 1), trifft in solchen Fällen nicht zu. 6

IV. Ansprüche geschäftsführender Gesellschafter

1. Aus einstweiliger Fortführung eilbedürftiger Geschäfte (S 1). Wird eine **BGB-Gesellschaft** durch Eröffnung des InsVerf über das Vermögen eines Gesellschafters aufgelöst, so sind die übrigen Gesellschafter verpflichtet, die ihnen durch den Gesellschaftsvertrag übertragenen Geschäfte, wenn mit dem Aufschub Gefahr verbunden ist, einstweilen fortzuführen, bis der InsVerw (dessen Zuständigkeit sich auf den Gesellschaftsanteil des Schu als Massebestandteil erstreckt) in Gemeinschaft mit ihnen anderweit Fürsorge treffen kann; die Gesellschaft gilt insoweit als fortbestehend (§§ 728 Abs 2 S 2, 727 Abs 2 S 2, 3 BGB; vgl auch die rechtsähnlichen S 1 und 2 des § 115 Abs 2). Da die einstweilige Fortführung der Geschäfte im Interesse der InsMasse liegt, erhebt § 118 S 1 (vgl auch die rechtsähnlichen §§ 115 Abs 2 S 2, 116) den tätig gewordenen Gesellschafter mit den Ansprüchen, die ihm aus der einstweiligen Fortführung eilbedürftiger Geschäfte gegen den insolventen Schu zustehen, zu einem **MasseGl**. Dies betrifft zB Ansprüche auf Aufwendungsersatz (§§ 713, 670, 256 BGB) und Ansprüche auf eine dem geschäftsführenden Gesellschafter vertragsmäßig zustehende Vergütung.[6] 7

Das zur BGB-Gesellschaft Gesagte gilt entspr für die übrigen von § 118 erfassten Gesellschaftsformen (Rn 2 ff), wenn die Gesellschaft, wie in § 118 vorausgesetzt (Rn 1), durch die VerfEröffnung über das Vermögen eines Mitglieds „aufgelöst" wurde (vgl dazu Rn 5 f). Welche Ansprüche sich aus der einstweiligen Fortführung eilbedürftiger Geschäfte ergeben, ist – vorbehaltlich der Regelungen des Gesellschaftsvertrages – den einschlägigen Spezialbestimmungen zu entnehmen. Soweit solche fehlen, kommt über §§ 105 Abs 3, 161 Abs 2 HGB, 278 Abs 2 AktG eine analoge Anwendung der schon bei Rn 7 erwähnten §§ 728 Abs 2 S 2, 727 Abs 2 S 2, 3 BGB in Betracht.[7] 8

2. Aus gutgläubiger Fortführung nicht eilbedürftiger Geschäfte (S 2). Wird eine **BGB-Gesellschaft** durch Eröffnung des InsVerf über das Vermögen eines Gesellschafters aufgelöst, so gilt die Befugnis eines Gesellschafters zur Geschäftsführung zu seinen Gunsten gleichwohl als 9

---

4 *Schlegelberger/Schmidt* 5. Aufl 1986 HGB § 339 (jetzt § 234) Rn 30; wohl auch *Heymann/Horn* 2. Aufl 1996, HGB § 234 Rn 21.
5 Vgl die Vorgenannten.
6 *Jaeger/Henckel* KO § 28 Rn 2.
7 Vgl BT-Drucks 13/8444, 67 (unter: „Zur Aufhebung von § 137 HGB") und für die stille Gesellschaft oben Rn 3.

fortbestehend, bis er von der Auflösung Kenntnis erlangt oder die Auflösung kennen muss (§ 729 S 1 BGB). Aufgrund derselben Erwägungen, die auch für den rechtsähnlichen § 115 Abs 3 S 2 maßgeblich waren (vgl dort Rn 16), bestimmt § 118 S 2, dass der Mitgesellschafter des Schu seine Ansprüche aus der Fortführung der Geschäfte während der Zeit, in der er die Eröffnung des InsVerf ohne sein Verschulden nicht kannte, als **InsGl** geltend machen kann (obwohl diese Ansprüche eigentlich erst **nach** dem in § 38 bezeichneten Zeitpunkt entstanden sind). Waren die fortgeführten Geschäfte „eilbedürftig", so ist der Ausführende sogar MasseGl nach Satz 1; dort stellt sich die Frage des guten oder bösen Glaubens nicht.

10 **Das für die BGB-Gesellschaft Ausgeführte gilt** – vorbehaltlich abw Bestimmung (s Rn 8) – **auch für die übrigen von § 118 erfassten Gesellschaftsformen**. Auch bei ihnen wird, wenn es zur Auflösung kommt (s Rn 1, 5 f), dem gutgläubigen Gesellschafter ein dem § 729 S 1 BGB entspr Schutz zuteil.[8]

11 **3. Absonderungsrecht gem § 84 Abs 1.** Gem § 84 Abs 1 S 2 können Mitgesellschafter des Schu aus dessen bei der Auseinandersetzung des Gesellschaftsvermögens ermitteltem Anteil **abgesonderte Befriedigung** ihrer „Ansprüche aus dem Rechtsverhältnis" verlangen. Für von § 118 erfasste Ansprüche gilt dies ohne Rücksicht darauf, ob sie Masseverbindlichkeiten nach S 1 oder InsFord nach S 2 sind.[9] Im Vergleich zur gegenwärtigen Fassung des § 118 wäre es also besser gewesen, wenn der in S 2 HS 2 enthaltene Hinweis auf § 84 Abs 1 als S 3 des § 118 verselbstständigt worden wäre. Auch MasseGl können, zB in Fällen der §§ 208 ff, auf Absonderungsrechte dringend angewiesen sein. Vgl erg § 52 Rn 2, 4.

V. Zwingendes Recht

12 Vereinbarungen, durch die im Voraus die Anwendung des § 118 ausgeschlossen oder beschränkt wird, sind unwirksam gem § 119 (vgl dort Rn 8).

§ 119 Unwirksamkeit abweichender Vereinbarungen

Vereinbarungen, durch die im Voraus die Anwendung der §§ 103 bis 118 ausgeschlossen oder beschränkt wird, sind unwirksam.

Übersicht

Literatur: *Chr Berger* Insolvenzbezogene Lösungsklauseln: Welcher Gestaltungsspielraum verbleibt nach BGHZ 195, 348?, ZInsO 2016, 2111; *Huber* Divergenzen zwischen dem IX. und dem VIII. Zivilsenat des Bundesgerichtshofs zur Lösungsklausel, ZInsO 2016, 2130; *Foerste* Lösungsklauseln bei Insolvenz im Lichte der BGH-Rechtsprechung v 15.11.2012, ZInsO 2015, 601; *Möhring/Prietze* Lieferung von Strom und Gas nach Eröffnung des Insolvenzverfahrens, ZInsO 2016, 2140; *Pape* Ablehnung und Erfüllung schwebender Rechtsgeschäfte durch den Insolvenzverwalter,

---

8 Vgl BT-Drucks 13/8444, 46 „Zu Artikel 1", 66 „Zur Aufhebung von § 136 HGB" und §§ 105 Abs 3, 161 Abs 2 HGB, 278 Abs 2 AktG sowie speziell für die stille Gesellschaft oben Rn 3.
9 Zutr *Jaeger/Henckel* KO § 28 Rn 4.

in KS-InsO, 2. Aufl 2000, S 531, 568 ff (zT entfallen in der 3. Aufl 2009, S 353); *Pilgram* Ökonomische Analyse der bundesdeutschen InsO, 1999, S 130 ff; *Schwörer* Lösungsklauseln für den Insolvenzfall, 2000; *Thole* Vertragsgestaltung im Schatten des Insolvenzrechts-Prolegomena zu einer Systematik der insolvenzbezogenen Verträge, KTS 2010, 383; *ders* Grenzen vorinsolvenzlicher Lösungsklauseln, ZHR 181 (2017), 548; *Tintelnot* Vereinbarungen für den Konkursfall, 1991.

I. Im Voraus/Unmittelbar/Mittelbar

Die Unwirksamkeitsfolge des § 119 gilt nur für **im Voraus** vereinbarte Ausschlüsse oder Beschränkungen der §§ 103–118, also nicht für Vereinbarungen, an denen der InsVerw mitgewirkt hat (vgl auch § 103 Rn 172). Wie die im Vergleich zu § 132 („unmittelbar benachteiligt") weite Fassung des § 119 ergibt, werden sowohl unmittelbare als **auch mittelbare Beschränkungen** der §§ 103 ff erfasst;[1] dies jedoch ist str (Rn 3 f, 7). Erfasst werden auch **tarifvertragliche** Vereinbarungen,[2] soweit diese zulasten der Gläubigergemeinschaft von §§ 103 ff (insbesondere von § 108 Abs 3) abweichen. 1

II. Lösungsklauseln für den Fall des Verzugs oder sonstiger Vertragsverletzung

Die im Voraus erfolgte Vereinbarung einer **Vertragsauflösung** oder eines Vertragsaufhebungsrechts **für den Fall des Verzugs oder einer anderen Vertragsverletzung** des Schu wird von § 119 nicht berührt. Das war in RegE § 137 Abs 3 noch ausdrücklich hervorgehoben und später auf Veranlassung des RAussch als selbstverständlich gestrichen worden.[3] Ein vertragliches Rücktritts- oder Kündigungsrecht, das den Verzug des Schu zur Voraussetzung hat, kann also ebenso wie ein gesetzliches Auflösungsrecht, das ohnehin nicht an § 119 scheitern kann, auch nach Verfahrenseröffnung ausgeübt werden.[4] Für Miet-, Pacht- und wohl auch Kaufverträge (§ 112 Rn 24) wird dieser Grundsatz jedoch eingeschränkt durch die Kündigungssperre des § 112,[5] die auf Rücktrittsrechte usw analog anzuwenden ist (§ 112 Rn 22 f) und im Voraus nicht abbedungen werden kann (§ 119). Wirkungslos ist § 119 gegenüber allen **gesetzlichen** Lösungsklauseln.[6] Den sehr gläubigerfreundlichen Regelungen des am 1.1.2002 in Kraft getretenen neuen BGB-Leistungsstörungsrechts kann also mit § 119 nicht entgegengewirkt werden.[7] 2

III. Eröffnungsanknüpfende Lösungsklauseln

RegE § 137 Abs 2 S 1 erklärte „Vereinbarungen, die für den Fall der Eröffnung des InsVerf die Auflösung eines gegenseitigen Vertrags vorsehen oder der anderen Partei das Recht geben, sich einseitig vom Vertrag zu lösen", für unwirksam. Dies wurde auf Empfehlung des **RAussch** ebenfalls gestrichen, aber nicht als selbstverständlich, sondern weil es rechtspolitisch verfehlt sei: Dass derartige Vereinbarungen mittelbar das **Wahlrecht des InsVerw (§ 103)** einschränken würden, sei kein ausreichender Grund, sie als unwirksam zu erachten. 3

---

1 Ausf *Schwörer* Rn 15 ff.

2 Zutr *LAG Berlin-Brandenburg* 17.3.2011 – 5 Sa 2740/10, ZInsO 2012, 994, 996 (Entscheidungsgründe Rn 42) = ZIP 2011, 1833, 1835; nichts hierzu in dem – im Übrigen jedoch bestätigenden – Urt des *BAG* v 21.2.2013 – 6 AZR 406/11, ZInsO 2013, 1191 ff = ZIP 2013, 1033 ff (zum Urt des BAG s auch die letzte Fn zu § 108 Rn 61).

3 BT-Drucks 12/7302, 170.

4 Begr RegE S 152; *Schwörer* Rn 478 ff.

5 Begr RegE S 152.

6 Vgl Rn 8 f (zu § 649 S 1 BGB); *BGH* 15.11.2012 – IX ZR 169/11, BGHZ 195, 348, 353 (Rn 13) mit Anm *Marotzke* EWiR 2013, 153 f (Hinweise auf weitere Stellungnahmen zum Urt des *BGH* in der ersten Fn zu Rn 4); tw aM *Mossler* ZIP 2002, 1831, 1835 vor IV.

7 *Marotzke* KTS 2002, 1, 4 ff, 8 ff, 12 ff, 20 ff, 25 ff, 29 ff mit Fn 123 f; vgl zur Schuldrechtsreform 2002 auch § 103 Rn 1, 55, 126 und § 107 Rn 32.

Die vom RegE postulierte Unwirksamkeit von Auflösungsklauseln für den Fall der Ins **erhöhe** die InsGefahr für Unternehmen, die in der krit Phase auf Vertragspartner angewiesen seien. Denn potenzielle Vertragspartner würden dann das Risiko einer Bindung nicht mehr eingehen. Auch im internationalen Geschäftsverkehr werde Wert darauf gelegt, dass bei Ins des Partners die Vertragsauflösung möglich bleibe.[8] Soweit sich für Miet-, Pacht- und wohl auch (§ 112 Rn 24) Kaufverträge nichts anderes aus § 112 (s § 112 Rn 11, 20) und für Verträge über die fortlaufende Lieferung von Waren oder Energie nichts anderes aus dem – ergänzend auf den Rechtsgedanken des § 105 rekurrierenden – Grundsatzurteil *BGHZ* 195, 348 ff[9] (dazu die nachfolgenden Fn) ergibt, ist nicht auszuschließen, dass sich dieser Standpunkt trotz der beachtlichen Kritik, die er im Schrifttum erfahren hat,[10] durchsetzen wird.[11]

4 **Die Ansicht des RAussch (Rn 3) ist unzutreffend.**[12] § 103 Abs 1 sagt: „… so kann der Insolvenzverwalter anstelle des Schuldners den Vertrag erfüllen und die Erfüllung von dem anderen Teil verlangen." Eine Vereinbarung, die für den Fall der Eröffnung des InsVerf oder für den Fall der Stellung eines Eröffnungsantrags[13] die Vertragsauflösung vorsieht oder der anderen Partei ein einseitiges Lösungsrecht gibt, ist iE nichts anderes als der Versuch, diese beiden Kernaussagen des § 103 ins Gegenteil zu verkehren.[14] Solche Umgehungsversuche sind auch nach der **Gesetz** gewordenen Fassung des § 119 ohne weiteres – unmittelbare

---

8 RAussch BT-Drucks 12/7302, 170.

9 Weitere Fundstellen dieses Urteils in der ersten Fn zu Rn 4.

10 Als kritische Stimmen zu nennen sind insb *Klaus Peter Berger* ZIP 1994, 173 ff; *ders* KS-InsO, 3. Aufl 2009, S 325, 334; *Tintelnot* ZIP 1995, 616, 622 f; *K/P/B/Tintelnot* § 119 Rn 15 ff; *Pape* KS-InsO, 2. Aufl 2000, S 531, 569 ff Rn 60 ff (knapper *ders* in der 3. Aufl 2009, vgl insb S 353); *Pilgram* S 130 ff; N/R/*Balthasar* § 119 Rn 10 ff; *Gerhardt* AcP 200 (2000) S 426, 437 ff; *Schwörer* Rn 78 ff; *Prütting* FS Gerhardt, 2004, S 761, 769 ff.

11 IE stimmen mit dem RAussch überein *BGHZ* 124, 76, 79 (gekürzt) = ZIP 1994, 40, 42 (noch zur KO und zudem tw überholt durch das in der vorletzten Fn zu Rn 2 zitierte Urt *BGHZ* 195, 348 ff); *OLG Karlsruhe* NJW-RR 2002, 413 f = ZInsO 2001, 714 ff (dazu § 108 Rn 81); *OLG München* ZInsO 2006, 1060, 1062 = KTS 2007, 355, 358 f mit Anm *Preuß* (dazu auch die vierte Fn zu § 116 Rn 4); *Bosch* WM 1995, 413, 423 f; *ders* KS-InsO, 2. Aufl 2000 S 1009, 1013 Rn 16, 1030 ff Rn 85 ff, 95; *Benzler* ZInsO 2000, 1, 8 f; *v Wilmowsky* ZIP 2007, 553 ff; L/S/Z/*Zeuner* § 119 Rn 11 f. Vgl auch *Bruns* ZZP 110 (1997) S 305 ff, der allerdings mittels einer trickreichen Übersteigerung der bei § 103 Rn 88, 102 kritisierten Erlöschens- und Wiederbegründungstheorie (jetzt: Qualitätssprungtheorie) des BGH dennoch zu dem Erg gelangt, dass sich § 103 Abs 1 in manchen Fällen auch gegenüber Lösungsklauseln durchsetze (*Bruns* aaO S 329 ff; dazu § 103 Rn 38).

12 Der Bewertung als unzutr jedenfalls für Verträge über fortlaufende Lieferung von Waren oder Energie zustimmend *BGH* 15.11.2012 – IX ZR 169/11, BGHZ 195, 348, 353 f (Rn 13 f) = JZ 2013, 996 ff (mit Anm *v Wilmowsky*) = ZInsO 2013, 292 ff = NZI 2013, 178 ff (mit Anm *Eckhoff*) = ZIP 2013, 274 ff (mit Anm *Marotzke* EWiR 2013, 153 f) = ZNER 2013, 381, 382 f (m BesprAufsatz *Thole* ZNER 2013, 465 ff). Vgl zu diesem Urt auch *Obermüller* Lösungsklauseln im Bankgeschäft, ZInsO 2013, 476 ff; *Huber* ZIP 2013, 493 ff; *Löffler* BB 2013, 1283 ff; *Braegelmann* KSI 2013, 259 ff; *Foerste* ZInsO 2015, 601 ff (der aaO 605 ad II.5. zu dem Ergebnis gelangt, dass sich der BGH „über die recht eindeutige Interpretation des Gesetzgebers mit allzu knapper Begründung hinweggesetzt" habe).

13 Vgl *BGH* 15.11.2012 – IX ZR 169/11, BGHZ 195, 348, 355 f (Leitsatz und Rn 17 ff).

14 Ebenso das bereits in der ersten Fn zu Rn 4 erwähnte Urt *BGHZ* 195, 348 ff; aM *Thole* S 289 ff; *ders* ZHR 181 (2017), 548, 556 ff und *Jacoby* ZIP 2014, 649, 653, 657, die stattdessen mit §§ 129 ff, 133 arbeiten wollen.

Anwendung der Norm, nicht nur Analogie – unwirksam (Rn 1 S 2).[15] Die gegenteilige Ansicht des RAussch (Rn 3) ist zudem unvereinbar mit der Wertung des § 851 Abs 2 ZPO, die in der Einzelzwangsvollstreckung unmittelbar wirkt und in der Gesamtvollstreckung – also im InsVerf – sinngemäß anzuwenden ist.[16] Wenn man aus Sinn und Zweck des § 851 Abs 2 ZPO ableiten darf, dass die Begr eines Rechts unter der auflösenden Bedingung des GlZugriffs die Pfändung nicht ausschließt,[17] dann wird man das für die Pfändung gefundene Ergebnis auf den Fall übertragen müssen, dass ein InsVerf eröffnet wird und das auflösend bedingt begründete – oder zugunsten des Vertragspartners mit einem Rücktritts- oder Kündigungsrecht belastete – Recht vom InsVerw geltend gemacht werden soll.[18] Bemerkenswert ist in diesem Zusammenhang ein Urt des BGH, in welchem – ebenfalls unter Berufung auf Sinn und Zweck des § 851 Abs 2 ZPO – ausgeführt wird, dass die grds Abdingbarkeit des § 1059 S 2 BGB[19] dort ihre Grenzen finde, wo sie zu einer Verkürzung der Rechte eines VollstreckungsGl oder eines InsVerw führen würde.[20]

Bei Versicherungsverträgen erklärte allerdings der den §§ 103, 119 vorgehende,[21] inzwischen jedoch gestrichene[22] **§ 14 Abs 1 VVG** den Versicherer für berechtigt, sich für den Fall der Eröffnung des InsVerf über das Vermögen des Versicherungs**nehmers** die Befugnis auszubedingen, das Versicherungsverhältnis mit einer Frist von einem Monat zu kündigen. Das war zwar rechtspolitisch fragwürdig,[23] aber bis Ende 2007 geltendes Recht.[24] Dem **InsVerw** des Versicherungsnehmers stand und steht ein entspr Kündigungsrecht idR nicht zu, auch nicht nach § 103 InsO.[25] Zur Ins des **Versicherers** vgl § 16 VVG; speziell zur **D&O-Versicherung** *Werner* ZInsO 2014, 1949, 1942 ff mit Ausführungen sowohl zu § 103 als auch zu § 119. 5

Ein dem Hersteller in einem **KFZ-Händlervertrag** eingeräumtes außerordentliches Kündigungsrecht für den Fall der Ins des Vertragshändlers soll nach einem HinweisBeschl des OLG Braunschweig rechtlich nicht zu beanstanden sein.[26] Leider geht das OLG in diesem 6

---

15 Ebenso zumindest für zusätzlich auch durch § 105 geschützte Verträge über die fortlaufende Lieferung von Waren oder Energie das in der ersten Fn zu Rn 4 erwähnte Urt des *BGH* v 15.11.2012 – IX ZR 169/11, *BGHZ* 195, 348. **AM** *Thole* S 291 ff, der Lösungsklauseln iE wie dingliche Sicherheiten behandeln will und, diesem Ansatz folgend, die Grenzziehung primär mithilfe der §§ 129 ff vornehmen möchte. Den in *BGHZ* 195, 348 ff vertretenen Standpunkt ausdrücklich ablehnend *Thole* ZHR 181 (2017), 548, 556 ff.

16 Vgl *Marotzke* Gegenseitige Verträge, Rn 4.13 f.

17 So *Stein/Jonas/Brehm* ZPO 22. Aufl 2004 § 851 Rn 29 mwN; vgl auch *Tintelnot* FS Kübler, 2015, S 697 (mwN in Fn 5); aM *Schwörer* Rn 241 ff, 249 ff.

18 **AM** *Foerste* ZInsO 2015, 601, 605, weil der Gesetzgeber bei § 119 bewusst anders entschieden habe u der Rechtsanwender dies zu respektieren habe.

19 Die Vorschrift bestimmt: „Die Ausübung des **Nießbrauchs** kann einem anderen überlassen werden."

20 *BGHZ* 95, 99, 101 f = NJW 1985, 2827 f; zust *Eickmann* FS Gerhardt, 2004, S 211, 213.

21 Vgl *BGH* NZI 2004, 144, 145 f = ZIP 2004, 176, 177 = ZInsO 2004, 86, 87 Abschn II 3 a; *OLG Hbg* ZInsO 2004, 812 f; *Baldringer* ZInsO 2004, 1117, 1120 ff; aM zumindest bei Warenkreditversicherungen *Blank* EWiR § 103 InsO 1/2004, 295 f; *ders* ZInsO 2004, 795 ff.

22 Einzelheiten bei *Wollmann* Private Altersvorsorge und Gläubigerschutz – dargestellt am Beispiel der Lebensversicherung, 2010, S 26 ff.

23 Insoweit zutr *Blank* NZI 2004, 144, 145 f; sa *Elfring* BB 2004, 617, 619; *Baldringer* ZInsO 2004, 1117, 1119 ff sowie unten Rn 8.

24 Insoweit zutr der *BGH* aaO; wertvolle Details bei *Wollmann* aaO S 26 ff.

25 Unrichtig deshalb *AG Hamburg-Altona* ZInsO 2005, 502 f (dazu auch die erste Fn zu § 103 Rn 99).

26 *OLG Braunschweig* ZIP 2009, 1336 f = NZI 2009, 387 ff mit abl Anm *Brosette*. Vgl zu diesem Hinweisbeschluss auch die vorletzte Fn zu § 112 Rn 24 und die vierte Fn zu § 116 Rn 4.

Zusammenhang weder auf § 103 (der nur kurz erwähnt wird) noch auf § 119, sondern lediglich auf § 112[27] ein. Ob die Ins des Handelsvertreters die andere Vertragspartei auch ohne eine diesbezügliche vertragliche Regelung zur fristlosen Kündigung berechtigt, hängt davon ab, ob man die Ins eines Handelsvertreters als „wichtigen Grund" iSd § 89a Abs 1 HGB ansieht, was zwar von der hM bejaht wird,[28] aber im Lichte des § 119 – insb im Fall der Eigenverwaltung – auch anders beurteilt werden könnte (vgl auch § 103 Rn 60 ff).

IV. VOB-Vertrag

7 Einen der **VOB** unterliegenden Vertrag kann der Auftraggeber gem § 8 Nr 2 Abs 1 VOB/B 2016 **kündigen**, wenn der Auftragnehmer seine Zahlungen einstellt, von ihm oder zulässigerweise vom Auftraggeber oder einem anderen Gl das InsVerf (§§ 14 und 15 InsO) beziehungsweise ein vergleichbares gesetzliches Verf beantragt ist, ein solches Verf eröffnet wird oder dessen Eröffnung mangels Masse abgelehnt wird (ähnlich bereits § 8 Nr 2 Abs 1 VOB/B 1996 und § 8 Nr 2 Abs 1 VOB/B 2002). Nach § 8 Nr 2 VOB/B Abs 2 sind in solch einem Fall die ausgeführten Leistungen nach § 6 Abs 5 VOB/B abzurechnen, und der Auftraggeber kann – abw von § 649 BGB – „Schadensersatz wegen Nichterfüllung des Restes" verlangen. **Wie der BGH[29] zutr erkannt hat, liegt die Bedeutung des § 8 Nr 2 VOB/B nicht in der Gewährung eines Kündigungsrechts für den InsFall; denn schon nach § 649 BGB kann der Besteller den Werkvertrag jederzeit und folglich auch bei Ins des Unternehmers kündigen.**[30] § 8 Nr 2 VOB/B verfolgt vielmehr den Zweck, die **Rechtsfolgen** einer Kündigung des Auftraggebers im InsFall abw von der aus § 649 S 2, 3 BGB ersichtlichen Gesetzeslage zu regeln, insb dem Auftraggeber in diesem Fall einen Anspruch auf **Schadensersatz** wegen Nichterfüllung einzuräumen. Umstr ist, ob diese Regelung der Rechtsfolgen auch für den Fall wirksam ist, dass die Kündigung erst nach VerfEröffnung erfolgt und der InsVerw zur weiteren Erfüllung des Vertrages bereit und in der Lage ist. § 119 hat diese Frage nicht selbst entschieden, sondern das bewusst „weiter der Rspr überlassen".[31] ME sollte man sie verneinen.[32] Dass der Besteller einer Werkleistung den Werkvertrag jederzeit kündigen kann (§ 649 S 1 BGB), bedeutet noch lange nicht, dass er sich für den Fall, dass er aus einem der in § 8 Abs 2 Nr 1 VOB/B genannten Gründe kündigt, außerdem auch noch die Gewäh-

---

27 Vgl dazu § 112 Rn 24.

28 Vgl *BGHZ* 129, 290, 296 (vor Inkrafttreten der InsO); vgl auch *BGH* NJW-RR 2006, 1692, 1693 Rn 13; *Baumbach/Hopt* 36. Aufl 2014, § 89a HGB Rn 20; GroßKomm-HGB/*Emde* 5. Aufl 2008, § 89 Rn 21, § 89a Rn 27 S 1144 mwN in Fn 232; *Ströbl/Schumacher* BB 2009, 1201, 1203 ff; **aM** anscheinend *K/P/B/Tintelnot* § 103 Rn 52; diese spezielle Frage nicht ausdrücklich thematisierend *BGH* 7.5.2013 – IX ZR 191/12, NZI 2013, 694 f = ZInsO 2013, 1143 f (m bemerkenswertem Leitsatz zur anfechtungsrechtlichen Seite des Problems und interessantem diesbezüglichem Hinweis bei Rn 12; dazu *Lütcke* NZI 2013, 786 f).

29 *BGHZ* 96, 34 ff = JZ 1986, 295 ff (mit Anm *Henckel*); *BGH* 7.4.2016 – VII ZR 56/15, BGHZ 201, 1, 5 ff [Rn 17 ff; zu diesem Urt auch § 103 Rn 55 aE]; *BGH* 14.9.2017 – IX ZR 261/15 [Rn 16 ff; zu diesem Urt auch § 103 Rn 55, 75, 116 ff].

30 **An dieser bürgerlich-rechtlichen Vorgabe ändert § 119 nichts.** Vgl auch *Schwörer* Rn 489 ff; diesen wichtigen Aspekt nicht erwähnend, wegen seiner Ausführungen zum französischen Recht aber dennoch sehr interessant *OLG Karlsruhe* NZI 2012, 526 ff = ZIP 2012, 2025 ff = ZInsO 2012, 1476 ff.

31 Begr RegE S 153.

32 So auch *Henckel* JZ 1986, 295 ff; *Schwörer* Rn 507 ff; *Tintelnot* FS Kübler, 2015, 697, 706 ff; vgl auch *B Wegener* ZInsO 2013, 1105 ff; *OLG Frankfurt/M* ZIP 2015, 697 ff (dieses Urt aufhebend *BGH* ZInsO 2016, 1062 ff = ZIP 2016, 981 ff); **aM** der *BGH* (aaO und auch schon in dem noch zur KO ergangenem Urt *BGHZ* 96, 34, 37 f); vgl auch das bei Rn 11 erwähnte Urt *BGHZ* 124, 76 ff, das freilich eine andere Rechtsfolgenregelung als die des § 8 Nr 2 VOB/B betrifft.

rung von „Schadenersatz wegen Nichterfüllung des Restes" (§ 8 Abs 2 Nr 2 S 2 VOB/B) wirksam versprechen lassen kann. Nach dem BGB (§ 649 S 2 BGB) kann nicht der sein Kündigungsrecht ausübende Besteller vom Werkunternehmer, sondern umgekehrt der Werkunternehmer vom kündigenden Besteller Schadlosstellung (genauer: Vergütung abzüglich ersparter Aufwendungen usw) verlangen. § 8 Abs 2 Nr 2 S 2 VOB/B verkehrt diese gesetzliche Vorschrift willkürlich ins Gegenteil, indem er **dem kündigenden Besteller** einen Anspruch auf „Schadenersatz wegen Nichterfüllung des Restes" gewährt und den Besteller so in die Lage versetzt, sich in Höhe dieses Schadensersatzanspruchs von dem Anspruch des InsVerw auf Vergütung der bisher erbrachten Leistungen durch **Aufrechnung** zu befreien (soweit nicht, wie bei schon vor der Kündigung fällig gewordenen – nach hM allerdings das in *BGH* NJW 1985, 1840 f beschriebene Schicksal erleidenden – Ansprüchen auf Abschlagszahlungen [vgl § 16 VOB/B], die Sätze 2 und 3 des § 95 Abs 1 InsO entgegenstehen).[33] Indem § 8 Nr 2 Abs 2 S 2 VOB/B dem Besteller in spiegelbildlicher Umkehrung von § 649 S 2, 3 BGB die Möglichkeit zu verschaffen versucht, dem InsVerw die Vergütung bereits erbrachter Teilleistungen durch Aufrechnung zumindest tw zu **verweigern**, beschränkt er bes trickreich im Voraus das in § 103 Abs 1 erwähnte Recht des InsVerw, die Erfüllung des Vertrages zu **verlangen**. Zumindest insoweit ist folglich ein Verstoß gegen § 119 anzunehmen, also jedenfalls die Aufrechnungsbefugnis des Vertragspartners zu verneinen. Darüber hinaus ist von Bedeutung, dass § 103 Abs 1 mit der Formulierung „so kann der InsVerw anstelle des Schu den Vertrag erfüllen" zugleich zum Ausdruck bringt, dass die Ersetzung des primär zur Leistung verpflichteten Schu durch den InsVerw für den Vertragspartner durchaus zumutbar ist, soweit vertretbare Leistungen in Frage stehen.[34] Mit dieser Grundwertung des § 103 Abs 1, der im Vergleich zum bisherigen Recht noch ein gewichtiges Zusatzargument in Gestalt des uU zu einer persönlichen Haftung des InsVerw führenden § 61 (§ 103 Rn 104) zugewachsen ist (jedoch nicht für den Fall der Eigenverwaltung, s § 109 Rn 30 aE), verträgt es sich nicht, dem Besteller einer Werkleistung dann, wenn er sich der Leistung des InsVerw durch eine (schon nach § 649 S 1 BGB zulässige) Kündigung entzieht, in spiegelbildlicher Umkehrung des § 649 S 2, 3 BGB einen Anspruch auf „Schadenersatz wegen Nichterfüllung des Restes" zuzugestehen: Wer aus Anlass der Ins kündigt, weil er die Zumutbarkeitsfrage für sich persönlich anders beurteilt als § 103 Abs 1, mag zwar die Vorteile dieser Kündigung genießen, darf sich dann aber über die ebenfalls kündigungsbedingte „Nichterfüllung des Restes" nicht beklagen. **Der Vorbehalt eines Anspruchs auf „Schadenersatz wegen Nichterfüllung des Restes" ist vor dem Hintergrund des insolvenzrechtlichen Koordinatensystems grob unbillig und deshalb nichtig gem § 138 BGB**[35] **und nun wohl auch gem § 119 InsO**.[36] Wer das anders sieht und die Schadensersatzpflicht bejaht (so für den Fall eines vom Schu persönlich gestellten Eröffnungsantrags der *VII. Zivilsenat des BGH* in sei-

---

33 Vgl zur Aufrechnung auch den Schlusssatz von § 103 Rn 134; *Schwörer* Rn 513 ff und die noch aufgrund des aufrechnungsfreundlicheren § 54 KO ergangene Entsch *BGHZ* 96, 34, 39 = JZ 1986, 295, 297 mit Anm *Henckel* sowie die sich ebenfalls auf Altfälle (GesO) beziehenden Urt *OLG Naumburg* EWiR § 8 VOB/B 1/2002, 969 f (*Schmitz*); *BGH* NJW 2002, 2952 ff = ZIP 2002, 1951 ff; *BGH* NJW 2005, 2771 ff = ZIP 2005, 1561 ff.

34 Vgl Motive zur KO S 66 = *Hahn* Bd IV S 86 = *Marotzke* Gegenseitige Verträge, Rn 2.17.

35 **AM** *BGHZ* 96, 34, 38 f – allerdings noch zum Konkursrecht, dem eine persönliche Verwalterhaftung in der speziellen Ausprägung des § 61 fremd war.

36 *Schwörer* Rn 513 ff, 583 ff, 599, 606, der hilfsweise auch eine Wirksamkeitskontrolle nach dem AGBG (jetzt: §§ 305 ff BGB) und die Anfechtbarkeit gem §§ 129 ff erörtert und seine Untersuchung zu Recht auf die von § 8 Abs 1 Nr 2 VOB/B und § 649 S 2 BGB abw Vergütungsregelung in § 8 Abs 2 Nr 2 S 1 VOB/B erstreckt. Vgl auch MK/*Huber* § 119 Rn 52 (dessen Differenzierungsvorschläge mit der im vorliegenden Kommentar vertretenen Ansicht weitgehend übereinstimmen); *Koenen* BauR 2011, 352 ff; *Tintelnot* FS Kübler, 2015, S 697, 706 ff.

nem ausführlich begründeten, allerdings nicht auch den § 61 InsO berücksichtigenden Urt v 7.4.2016 – VII ZR 56/15[37]), wird diese aber auch dann nicht[38] gem § 55 Abs 1 Nr 2 Alt 1 als **Masse**verbindlichkeit qualifizieren dürfen, wenn der InsVerw vor Empfang der Kündigung bereits gem § 103 die weitere Erfüllung des Vertrages verlangt hatte. Denn die in Frage stehende Schadensersatzpflicht beruht nicht auf diesem Erfüllungsverlangen des InsVerw, sondern auf der in der Kündigung liegenden Erfüllungsablehnung des Vertragspartners; ein etwaiger Schadensersatzanspruch des Vertragspartners wäre also nur InsFord gem § 38. Vgl erg § 103 Rn 54 f. Die insolvenzrechtlichen Grenzen gläubigerbenachteiligender **Abwicklungsvereinbarungen in jederzeit lösbaren Verträgen** beschreibt ausf *Schwörer* Rn 507 ff.

V. Vereinbarungen für den Fall der Vermögensverschlechterung

8 Mit derselben Begr, die bei Rn 3 wiedergegeben wurde, hat der RAussch **RegE § 137 Abs 2 S 2** gestrichen. Diese Vorschrift lautete: „Ist in einem gegenseitigen Vertrag vereinbart, dass bei einer **Verschlechterung der Vermögensverhältnisse** einer Vertragspartei die andere das Recht hat, sich einseitig vom Vertrag zu lösen, so kann dieses Recht nach der Eröffnung des InsVerf nicht mehr ausgeübt werden." Wegen der auf dem gegenteiligen Rechtsstandpunkt beruhenden Streichung dieses Satzes und im Gegenschluss aus § 112 Nr 2 ist nunmehr davon auszugehen, dass solche Vereinbarungen, soweit sie bürgerlich-rechtlich wirksam sind[39] und sich auf nicht der Ausnahmevorschrift des § 112 Nr 2 unterliegende Verträge beziehen (s Rn 2 f), auch im InsVerf standhalten.[40] § 851 Abs 2 ZPO steht hier weder unmittelbar noch sinngemäß entgegen (anders als bei den in Rn 3 f angesprochenen Vertragsklauseln). Zu beachten ist jedoch, dass der Vertragspartner im Fall eines Erfüllungsverlangens des InsVerw von einem InsGl zu einem MasseGl aufsteigt (§ 103 Rn 104) mit der Folge, dass bei der Feststellung, ob die Vermögensverhältnisse des Schu nun **schlechter** sind als zur Zeit des Vertragschlusses, solche Verbindlichkeiten außer Betracht bleiben, die lediglich als InsFord und somit erst **nach** den Ansprüchen des Vertragspartners berichtigt werden müssen.[41] Eine der letztgenannten Fallgruppe vergleichbare Situation kann sich wegen §§ 25 Abs 2, 55 Abs 2 auch schon im EröffnungsVerf ergeben (vgl § 103 Rn 120 ff).

---

37 *BGH* 7.4.2016 – VII ZR 56/15, BGHZ 210, 1 ff = ZIP 2016, 981 ff (dazu auch § 103 Rn 55 aE; Vorinstanzen: *LG Wiesbaden* ZIP 2014, 386, 389 f; *OLG Frankfurt/M* ZIP 2015, 697 ff). In diesem Sinne für den Fall der einvernehmlichen Vertragsbeendigung *OLG Naumburg* EWiR § 8 VOB/B 1/2002, 969 f (*Schmitz*) und evtl auch *BGH* NJW 2002, 2952 ff = ZIP 2002, 1951 ff – jeweils zu nach der GesO zu beurteilenden Altfällen. Vgl auch *OLG Schleswig* 9.12.2011 – 1 U 72/11, NZI 2012, 293 ff (das die Schadensersatzpflicht des Schu im Fall der Kündigung jedenfalls dann bejahen möchte, wenn das InsVerf aufgrund eines Eigenantrags des Schu eröffnet wurde). Dem erstgenannten Urt des *BGH* (VII ZR 56/15) widersprechend *N M Schmidt* ZInsO 2016, 2464 ff.

38 **AM** mglw *OLG Schleswig* 09.12.2011 – 1 U 72/11, NZI 2012, 293 ff.

39 Bei Verwendung von **AGB** vgl *BGHZ* 112, 279, 283 ff = NJW 1991, 102, 104 = ZIP 1990, 1406, 1409 f.

40 Ebenso mglw *BGH* 15.11.2012 – IX ZR 169/11, BGHZ 195, 348, 356 (Rn 21) = ZInsO 2013, 292, 295 (m Bespr Aufsatz *Obermüller* ZInsO 2013, 476) = NZI 2013, 178, 180 (mit Anm *Eckhoff*) = ZIP 2013, 277 (mit Anm *Marotzke* EWiR 2013, 153 f) = ZNER 2013, 381, 383 (mit BesprAufsatz *Thole* ZNER 2013, 465 ff); vgl auch *Marotzke* KTS 2002, 1, 15 ff, 26 ff; **aM** *Schwörer* Rn 94 ff, 411 ff, bes Fn 523, 528, Rn 424 Fn 541, Rn 425 ff, zB Fn 545.

41 Vgl § 103 Rn 106; *Marotzke* KTS 2002, 1, 27 ff; insoweit lückenhaft die Argumentation in *OLG Koblenz* ZInsO 2003, 83 ff sowie in dem diese Entsch bestätigenden Urt *BGH* NZI 2004, 144 ff = ZIP 2004, 176 f = ZInsO 2004, 86 f betr **Kündigung eines Warenkreditversicherungsvertrages**; krit zu diesen Entsch *Blank/Möller* ZInsO 2003, 437 ff; *Blank* EWiR § 103 InsO 1/2004, 295 f; *ders* ZInsO 2004, 795 f; letztlich entscheidungserheblich war hier der – inzwischen aufgehobene – § 14 Abs 1 VVG (vgl dazu Rn 5).

Als „konkursrechtlich unbedenklich" hat der BGH[42] die Begr eines Gestaltungsrechts bezeichnet, soweit dieses „an das **wirtschaftliche Unvermögen** des Schu anknüpft, die von ihm geschuldete Leistung zu erbringen". Dieser Standpunkt wird, vorbehaltlich des bei Rn 8 Ausgeführten, auch unter § 119 InsO aufrechterhalten werden können. 9

VI. Gesellschaftsverträge, Vereinssatzungen

Gesellschaftsverträge werden von §§ 103 ff grds nicht erfasst (§ 103 Rn 21). Einschlägig ist aber uU § 118. Wird für eine Gesellschaft des bürgerlichen Rechts vereinbart, dass sie bei Eröffnung des InsVerf über das Vermögen eines Gesellschafters aufgelöst werden soll, so wird lediglich die gesetzliche Regelung wiedergegeben, von der auch § 118 S 1 ausgeht (s dort Rn 8). Solch eine Vereinbarung kann also nicht nach § 119 unwirksam sein. Unberührt bleiben auch Bestimmungen in Gesellschaftsverträgen über das Ausscheiden von Gesellschaftern im InsFall.[43] Bei der OHG, der KG und der PartG wiederholen sie ohnehin nur den Inhalt des § 131 Abs 3 S 1 Nr 2 HGB (ggf iVm § 161 Abs 2 HGB bzw § 9 Abs 1 PartGG). Auch in **Vereinssatzungen,** zB bei **Sport-Spitzenverbänden** (s auch § 112 Rn 24), sind solche Regelungen nicht ohne weiteres unzulässig.[44] Unbeanstandet blieben in einem noch auf Grdl der **KO** ergangenen Urt des BGH[45] eine zwischen den Gesellschaftern einer **Bau-Arbeitsgemeinschaft** geschlossene Vereinbarung des Inhalts, dass ein Gesellschafter bereits dann ausscheidet, wenn Konkurseröffnung über sein Vermögen „beantragt" wird, sowie in einem bereits auf Grdl der **InsO** ergangenen Urt des BGH[46] eine entspr Klausel für den Fall der **Eröffnung** des InsVerf über das Vermögen des Gesellschafters einer Bau-Arbeitsgemeinschaft. An § 119 scheitern würde jedoch eine im Voraus getroffene Vereinbarung des Inhalts, dass die in § 118 S 2 erwähnten Ansprüche nicht nur als InsFord berücksichtigt, sondern wie Masseverbindlichkeiten erfüllt werden müssen. Nicht schon nach § 119, aber mglw nach allg Grundsätzen unwirksam sind masseschädliche **Abfindungsklauseln** in Gesellschaftsverträgen (s aber Rn 11). Sieht der Gesellschaftsvertrag einer GbR vor, dass die Ins eines Gesellschafters zu dessen Ausscheiden und zur Fortsetzung der Gesellschaft unter den verbleibenden Gesellschaftern führt, so stellt die Eröffnung des InsVerf über das Vermögen eines Gesellschafters (im konkreten Fall: der geschäftsführenden Gründungsgesellschafterin) für die anderen Gesellschafter nur bei Vorliegen weiterer besonderer Umstände einen wichtigen Grund für eine außerordentliche Kündigung des Gesellschaftsverhältnisses dar.[47] 10

VII. Sonstiges

Vereinbarungen, welche einem Beteiligten für den Fall seiner Ins Vermögensnachteile auferlegen, die über die gesetzlichen Folgen hinausgehen und nicht zur Erreichung des Vertragszwecks geboten sind, können insoweit **anfechtbar** sein nach **§§ 129 ff.**[48] Hingegen besteht kein allg Rechtssatz des Inhalts, dass alle insolvenzbezogenen Bedingungen ohne 11

42 *BGHZ* 124, 76, 80 = ZIP 1994, 40, 43 f.
43 Begr RegE S 152.
44 Zutr *Haas* NZI 2003, 177, 178 ff, 184; nicht entgegenstehend § 118 Rn 4; zum Ganzen auch *Walker* KTS 2003, 169 ff – m differenzierenden Lösungsvorschlägen.
45 *BGH* ZInsO 2000, 284, 286 = NZI 2000, 308, 310 = NJW-RR 2000, 1295, 1297 = KTS 2000, 400, 403.
46 *BGHZ* 170, 206 f, 210 f (Rn 1, 11, 14 f) = NJW 2007, 1067 ff (mit Anm *Wölfing-Hamm*) = NZI 2007, 222 ff (mit Anm *Huber*) = ZInsO 2007, 213 f = ZIP 2007, 383, 385 m wichtigen Ausführungen auch zu Auf- und Verrechnungsfragen.
47 *BGH* 22.5.2012 – II ZR 2/11, NZI 2012, 932, 934 f (Rn 27 ff) = ZIP 2012, 1500, 1502 ff.
48 *BGHZ* 124, 76, 80 ff = ZIP 1994, 40, 44 f.

weiteres **nichtig** sind, wenn nicht die annähernd vollwertige Erfassung des wirtschaftlichen Vermögens beider Seiten gewährleistet bleibt.[49] Nichtig sind jedoch nach den in *BGHZ* 65, 22, 26 ff dargelegten Grundsätzen alle Vereinbarungen, die die Rechtsstellung des Schu **nur** für den Fall der Ins und folglich **nur** zu Lasten seiner Gl verschlechtern sollen. Vertreten wird aber auch die Ansicht, dass dieser Unwirksamkeitsgrund nur im Wege der Anfechtung (§§ 1 ff AnfG, 129 ff InsO) geltend gemacht werden könne. So zB für den vom *BGH* aaO behandelten Fall der **Beschränkung gesellschaftsvertraglicher Abfindungsansprüche**.[50]

12 **Eine Vereinbarung, die eine Vertragspartei berechtigt, im Fall der Ins der anderen Partei ein dieser eingeräumtes oder übertragenes Recht zurückzuverlangen,** ist nach Ansicht des BGH grds wirksam und bei Grundstücken durch Vormerkung sicherbar.[51] UU ist eine solche Vereinbarung jedoch anfechtbar nach §§ 129 ff.[52]

13 **Vgl erg § 103** Rn 73 f, 165 ff, **§ 104** Rn 16, **§ 105** Rn 6, 24, **§ 106** Rn 39, **§ 107** Rn 44, **§ 108** Rn 81 f, 94, **§ 112** Rn 11, 17 ff, 20, 30, **§ 115** Rn 3, 20, **§ 117** Rn 13 sowie die Kommentierungen des mit § 119 zweckverwandten § 225a Abs 4 und des ebenfalls zweckverwandten § 13 KredReorgG.

VIII. Auslandsberührung

14 Vgl Rn 3; *Thole* ZNER 2013, 465, 466 ff sowie speziell für **Frankreich** und für **Österreich** die in der Fn[53] Genannten.

§ 120 Kündigung von Betriebsvereinbarungen

(1) [1]Sind in Betriebsvereinbarungen Leistungen vorgesehen, welche die Insolvenzmasse belasten, so sollen Insolvenzverwalter und Betriebsrat über eine einvernehmliche Herabsetzung der Leistungen beraten. [2]Diese Betriebsvereinbarungen können auch dann mit einer Frist von drei Monaten gekündigt werden, wenn eine längere Frist vereinbart ist.

(2) Unberührt bleibt das Recht, eine Betriebsvereinbarung aus wichtigem Grund ohne Einhaltung einer Kündigungsfrist zu kündigen.

Übersicht

49 Vgl *BGHZ* 124, 76, 79 = ZIP 1994, 40, 42 f gegen *Tintelnot* Vereinbarungen für den Konkursfall, S 40 f, 46 ff, 116 ff.

50 *Heckelmann* Abfindungsklauseln in Gesellschaftsverträgen, 1973, S 115 ff; vgl auch *Schwörer* Rn 246 ff; dem BGH zust hingegen *K Schmidt* Gesellschaftsrecht, 4. Aufl 2002 § 50 IV 2 c aa, S 1458; s auch *Haas* NZI 2003, 177, 179 f.

51 *BGH* NJW 2008, 578 ff = ZIP 2008, 893 ff [insb Rn 10 ff] mit Anm *Mitlehner*; *BGH* ZInsO 2008, 558 f [insb Rn 3, 11 ff, 18 f] = ZIP 2008, 1028 f; *BGH* v 12.10.2017 – IX ZR 288/14, ZInsO 2017, 2539 ff [insb Rn 13 ff]; s erg § 106 Rn 29, § 108 Rn 81.

52 *BGH* v 12.10.2017 – IX ZR 288/14, ZInsO 2017, 2539 ff [insb Rn 19 ff].

53 **Für Frankreich:** *OLG Karlsruhe* NZI 2012, 526 ff = ZIP 2012, 2025 ff = ZInsO 2012, 1476 ff; **für Österreich:** *Nummer-Krautgasser/Pateter* ZInsO 2011, 2068 ff.

I. Allgemeines und Normzweck

Betriebsvereinbarungen bestehen auch nach Eröffnung des InsVerf fort. Die Eröffnung des InsVerf als solche hat grds keinen Einfluss auf deren Bestand und Inhalt.[1] Sollen sie beendet werden, bedarf es einer Kündigung. § 120 bezweckt, die InsMasse möglichst kurzfristig von wirtschaftlich belastenden Betriebsvereinbarungen zu befreien. Der Betrieb soll durch deren **zeitnahe Beseitigung** veräußerungsfähig gemacht werden können.[2] Das Gesetz fordert InsVerw und Betriebsrat auf, über eine einvernehmliche Herabsetzung der Leistungen zu beraten. Daneben eröffnet § 120 Abs 1 S 2 die Möglichkeit zur Kündigung mit einer Frist von drei Monaten, wenn eine längere Frist vereinbart ist. 1

II. Belastende Betriebsvereinbarungen

1. Betriebsvereinbarungen. § 120 Abs 1 betrifft Betriebsvereinbarungen, die Leistungen vorsehen, welche die InsMasse belasten. Das Gesetz unterscheidet nicht zwischen **freiwilligen** Betriebsvereinbarungen (§ 88 BetrVG) und Betriebsvereinbarungen, die in Angelegenheiten der **erzwingbaren Mitbestimmung** geschlossen worden sind. § 120 ist in beiden Fällen anwendbar.[3] Erfasst werden des Weiteren **Gesamtbetriebsvereinbarungen** (§§ 47 ff BetrVG), die in dem gesamten Unternehmen des Schu gelten,[4] und **Konzernbetriebsvereinbarungen**.[5] Auf **Regelungsabreden** ist § 120 entspr anwendbar,[6] doch wird sich idR hieraus keine Belastung der InsMasse ergeben, weil Regelungsabreden nicht normativ wirken. Aus ihnen ergeben nicht unmittelbar Ansprüche der Arbeitnehmer. Diese gründen vielmehr auf vertraglichen Vereinbarungen, auf die sich § 120 nicht erstreckt.[7] Eine analoge Anwendung auf **Richtlinien nach § 28 SprAuG** ist geboten, weil diese für leitende Angestellte vergleichbare Wirkungen wie Betriebsvereinbarungen entfalten können.[8] 2

Für **Sozialpläne**, die nach § 112 Abs 1 S 3 BetrVG die Wirkung von Betriebsvereinbarungen haben, ist § 120 von Bedeutung, wenn sie mehr als drei Monate vor Eröffnung des InsVerf abgeschlossen wurden und als Dauerreglung ausnahmsweise noch Masseverbindlichkeiten auslösen.[9] Zu denken ist auch an einen vorsorglichen Sozialplan für noch nicht geplante, aber in groben Umrissen schon abschätzbare Betriebsänderungen.[10] Ein solcher bestimmt für eine Vielzahl künftig möglicher, noch nicht geplanter Betriebsänderungen den Ausgleich oder die Milderung potentieller wirtschaftlicher Nachteile. Sinn und Zweck einer solchen unternehmensbezogenen Vereinbarung ist typischerweise, für mögliche künftige Betriebsänderungen Ausgleichsregelungen zur Verfügung zu stellen, die dem Arbeitgeber Planungssicherheit eröffnen und den Arbeitnehmern für den Fall einer ausbleibenden Regelung auf 3

---

1 *H/W/K/Annuß* § 120 InsO Rn 1.
2 BT-Drucks 12/2443, S 153.
3 *H/W/K/Annuß* § 120 InsO Rn 2; *K Schmidt/Ahrens* § 120 Rn 5; FK/*Eisenbeis* § 120 Rn 3; MK/*Caspers* § 120 Rn 4; **aA** *Zwanziger* § 120 Rn 3 f.
4 MK/*Caspers* § 120 Rn 7; *Zwanziger* § 120 Rn 2.
5 HK-ArbR/*Bichlmeier* § 120 InsO Rn 1; *Jaeger/Giesen* § 120 Rn 6; *K/P/B/Moll* § 120 Rn 12; *Uhlenbruck/Zobel* § 120 Rn 4; *Zwanziger* § 120 Rn 2; **aA** MK/*Caspers* § 120 Rn 7 und *L/S/Z/Aghamiri* § 120 Rn 5, die von einem Wegfall der Konzernbetriebsvereinbarung ausgehen, weil mit der Ins eines konzernangehörigen Unternehmens das Konzernverhältnis ende.
6 Vgl HambKomm/*Ahrendt* § 120 Rn 5; *Jaeger/Giesen* § 120 Rn 11; *Braun/Wolf* § 120 Rn 4; FK/*Eisenbeis* § 120 Rn 6; *Uhlenbruck/Zobel* § 120 Rn 5; *Zwanziger* § 120 Rn 17.
7 *Fitting* § 77 Rn 154.
8 Vgl *H/W/K/Annuß* § 120 InsO Rn 3; *Zwanziger* § 120 Rn 2; **aA** MK/*Caspers* § 120 Rn 14; *K/P/B/Moll* § 120 Rn 16b.
9 *K/P/B/Moll* § 120 Rn 16; *Zwanziger* § 120 Rn 5.
10 Vgl dazu *BAG* AP BetrVG 1972 § 112 Nr 117 = ZIP 1998, 1412.

betrieblicher Ebene normative Ansprüche gewähren. Derartige Regelungen sind nach § 88 BetrVG nur freiwillig möglich.[11] Ist die dem Sozialplan zugrunde liegende Betriebsänderung dagegen bereits abgeschlossen, scheidet eine Kündigung des Sozialplans aus.[12] Dabei ist zu beachten, dass der Anspruch auf eine Abfindung aus einem Sozialplan, der vor InsEröffnung vereinbart wurde, auch dann nur einfache InsFord iSv § 38 und keine Masseverbindlichkeit ist, wenn der Abfindungsanspruch erst nach InsEröffnung mit der Beendigung des Arbeitsverhältnisses entsteht.[13] Für Sozialpläne, die in dem Zeitraum von drei Monaten vor dem Antrag auf Eröffnung des InsVerf aufgestellt wurden, gilt das Widerrufsrecht nach § 124. Zu auflösenden Bedingungen in Sozialplänen § 124 Rn 11.

4 **2. Belastung.** § 120 setzt voraus, dass die Betriebsvereinbarung Leistungen vorsieht, die zu einer Belastung der InsMasse führen. Das sind zum einen Leistungen, die der einzelne Arbeitnehmer **unmittelbar aus der Betriebsvereinbarung verlangen** kann. Eine Beschränkung auf Sonderleistungen des Arbeitgebers, die über die „normale" Entlohnung hinausgehen, ist § 120 nicht zu entnehmen.[14] Erfasst werden damit Betriebsvereinbarungen über Sonderzahlungen, Urlaubsgelder, Jubiläumsgelder, Ausbildungsbeihilfen, übertarifliche Entgeltzuschläge sowie Prämien- und Akkordregelungen und Aufwendungsersatzleistungen. Zum anderen gehören hierzu aber auch Regelungen zu Leistungen, die dem Arbeitnehmer nur mittelbar zugutekommen. Dazu zählen Vereinbarungen über Sozialeinrichtungen wie zB Kantinen, Kindergärten, Erholungsheime, Werkswohnungen usw.[15] Organisationsregelungen, welche die betriebliche Ordnung uä betreffen, können zwar belastend wirken; sie sind aber keine „Leistung" und lösen deshalb nicht das Kündigungsrecht nach § 120 aus.[16] Soweit sich allerdings aus den Organisationsregelungen Leistungsansprüche der Arbeitnehmer ergeben, fallen sie unter § 120. Dies kann etwa bei Betriebsvereinbarungen zur Lage der Arbeitszeit sein, wenn sich hieraus Ansprüche auf Schichtzulagen ergeben.[17] Eine **Teilkündigung** der Betriebsvereinbarung kommt in Betracht, wenn diese in abgrenzbaren Regelungskomplexen belastende und nicht belastende Teile enthält (dazu Rn 8).[18] Ist eine solche Aufteilung nicht möglich, kann die Betriebsvereinbarung insgesamt gekündigt werden.[19]

5 Auch eine Betriebsvereinbarungen über **betriebliche Altersversorgung** ist kündbar.[20] Die Ausübung des Kündigungsrechts bedarf keiner Rechtfertigung und unterliegt grds keiner inhaltlichen Kontrolle. Die Grundsätze des Vertrauensschutzes und der Verhältnismäßigkeit begrenzen aber die Kündigungswirkungen.[21] Soweit hiernach Versorgungsbesitzstände unangetastet bleiben, ist deren Rechtsgrundlage weiterhin die gekündigte Betriebsvereinbarung.[22]

---

11 *BAG* AP BetrVG 1972 § 112 Nr 218 = ZIP 2012, 2122.
12 Vgl *Uhlenbruck/Zobel* § 120 Rn 8.
13 *BAG* AP InsO § 38 Nr 5 = ZIP 2008, 374.
14 *H/W/K/Annuß* § 120 InsO Rn 4; MK/*Caspers* § 120 Rn 9; *K/P/B/Moll* § 120 Rn 18; **aA** *Zwanziger* § 120 Rn 4.
15 *K Schmidt/Ahrens* § 120 Rn 13; MK/*Caspers* § 120 Rn 11; *Jaeger/Giesen* § 120 Rn 21; *Schrader/Straube* IX Rn 34.
16 *H/W/K/Annuß* § 120 InsO Rn 4; MK/*Caspers* § 120 Rn 12; *Jaeger/Giesen* § 120 Rn 22; *Schrader/Straube* IX Rn 34.
17 *K/P/B/Moll* § 120 Rn 19b; **aA** *Jaeger/Giesen* § 120 Rn 22; *Fitting* § 77 Rn 154, der eine unmittelbare Belastung der Masse fordert.
18 *H/W/K/Annuß* § 120 InsO Rn 5; *Zwanziger* § 120 Rn 7.
19 HambKomm/*Ahrendt* § 120 Rn 6; *Jaeger/Giesen* § 120 Rn 24.
20 Vgl *BAG* AP BetrAVG § 1 Betriebsvereinbarung Nr 6 = ZIP 2000, 421.
21 MK/*Caspers* § 120 Rn 37; *K Schmidt/Ahrens* § 120 Rn 9.
22 Vgl *BAG* AP BetrVG 1972 § 77 Nr 79 = ZIP 2000, 850; *BAG* AP BetrAVG § 1 Betriebsveräußerung Nr 4 = ZIP 1986, 1001.

III. Beratung und Kündigung

1. Beratungsgebot. Der InsVerw soll gem § 120 Abs 1 S 1 zunächst mit dem Betriebsrat eine einvernehmliche Lösung anstreben. Beide sollen über eine Herabsetzung der Leistungen beraten. Das Gesetz sieht jedoch keine Rechtsfolgen für den Fall vor, dass die Kündigung ohne vorherige Beratung erklärt wird. Das Beratungsgebot hat damit lediglich **appellativen Charakter**[23] und begründet keine einklagbare Beratungspflicht.[24] Der im Schrifttum vertretenen Auffassung, wegen des Ultima-Ratio-Grundsatzes sei der Versuch einer einvernehmlichen Lösung vor der Kündigung der Betriebsvereinbarung erforderlich,[25] kann nicht gefolgt werden. Dieser offensichtlich aus dem Kündigungsrecht hergeleitete Grundsatz findet hier schon deshalb keine Anwendung, weil es keinen verfassungsrechtlich gesicherten „Bestandsschutz" für Betriebsvereinbarungen gibt. Dementsprechend „müssen" nicht Beratungen erfolgen, sie „sollen" vielmehr nur stattfinden.[26] Anders ist freilich bei einer außerordentliche Kündigung (§ 120 Abs 2) zu entscheiden, weil es hierfür eines wichtigen Grundes bedarf.[27] Dieser wird nur dann bejaht werden können, wenn es keine anderen Möglichkeiten gibt, die Belastung der Masse herabzusetzen. Um dies bejahen zu können, wird auch im Hinblick auf die Folgen für die Arbeitnehmer in der Regel eine – ggf auch kurze – Beratung mit dem Betriebsrat erforderlich sein. 6

2. Kündigung. § 120 Abs 1 S 2 sieht für beide Seiten, Betriebsrat und InsVerw, ein **Sonderkündigungsrecht** vor. Die Kündigung bedarf keines sachlichen Grundes zu ihrer Wirksamkeit.[28] Das Recht zur Kündigung mit einer Frist von drei Monaten besteht, wenn eine längere Frist vereinbart ist. Das ist auch dann anzunehmen, wenn die Betriebsparteien die Betriebsvereinbarung befristet ohne Kündigungsmöglichkeit abgeschlossen haben. Das ergibt sich zwar nicht unmittelbar aus dem Wortlaut der Regelung. Der Zweck des § 120 Abs 1, die InsMasse möglichst kurzfristig von wirtschaftlich belastenden Betriebsvereinbarungen zu befreien, spricht jedoch dafür, in diesen Fällen ein Sonderkündigungsrecht zu begründen.[29] Sind in der Betriebsvereinbarung kürzere Kündigungsfristen vorgesehen, gelten diese. Die Kündigungsfrist von drei Monaten ist nicht auf das Monatsende bezogen. Die Frist berechnet sich nach §§ 187 Abs. 1, 188 Abs 2 und 3 BGB.[30] Bei der **Eigenverwaltung** (§§ 270 ff) ist zur Kündigung die Zustimmung des Sachwalters erforderlich (§ 279 S 3). 7

Enthält eine Betriebsvereinbarung nur zum Teil Regelungen, die Leistungen vorsehen, welche die InsMasse belasten, kommt eine **Teilkündigung** in Betracht. Dies gilt auch dann, wenn die Möglichkeit einer Teilkündigung nicht ausdrücklich vereinbart wurde.[31] In diesem Fall bestimmt sich die Zulässigkeit einer Teilkündigung danach, ob sie das der Betriebsver- 8

23 *Andres/Leithaus* § 120 Rn 5; *H/W/K/Annuß* § 120 InsO Rn 6; MK/*Caspers* § 120 Rn 21; FK/*Eisenbeis* § 120 Rn 6 f.

24 *Fitting* § 77 Rn 155; *Jaeger/Giesen* § 120 Rn 25.

25 Vgl Hk-ArbR/*Markowski* § 120 Rn 12; *Zwanziger* § 120 Rn 8; unklar *Uhlenbruck/Zobel* § 120 Rn 12.

26 Zutr *K/P/B/Moll* § 120 Rn 22; ebenso *L/S/Z/Aghamiri* § 120 Rn 7; GK-BetrVG/*Kreutz* § 77 Rn 389; *Fitting* § 77 Rn 155.

27 *Jaeger/Giesen* § 120 Rn 26; dahin tendierend auch *Fitting* § 77 Rn 155.

28 HambKomm/*Ahrendt* § 120 Rn 9; MK/*Caspers* § 120 Rn 28.

29 *L/S/Z/Aghamiri* § 120 Rn 9; *Andres/Leithaus* § 120 Rn 6a; *Braun/Wolf* § 120 Rn 10; MK/*Caspers* § 120 Rn 27; *K/P/B/Moll* § 120 Rn 27; *Schrader/Straube* IX Rn 35; *Uhlenbruck/Zobel* § 120 Rn 14; *Zwanziger* § 120 Rn 6; **aA** *D/K/K/W/Berg* § 77 Rn 110; *Fitting* § 77 Rn 156; *Lohkemper* KTS 1996, 1, 40; *Müller* NZA 1998, 1315, 1318.

30 *Andres/Leithaus* § 120 Rn 7; MK/*Caspers* § 120 Rn 29.

31 *H/W/K/Annuß* § 120 InsO Rn 5; *Braun/Wolf* § 120 Rn 9; MK/*Caspers* § 120 Rn 24; *K/P/B/Moll* § 120 Rn 36; *Zwanziger* § 120 Rn 7.

einbarung zugrunde liegende Ordnungsgefüge oder ein von den Betriebsparteien ausdrücklich vereinbartes Äquivalenzgefüge stört. Die Störung des Ordnungsgefüges einer Betriebsvereinbarung ist mit einer Teilkündigung verbunden, wenn in der Betriebsvereinbarung nur ein Gegenstand geregelt ist, der aus rechtlichen oder tatsächlichen Gründen notwendig in ein und derselben Betriebsvereinbarung geregelt werden muss. Dagegen wird das Ordnungsgefüge nicht beeinträchtigt, wenn es sich um mehrere Regelungskomplexe handelt, die ebenso in mehreren gesonderten Betriebsvereinbarungen geregelt werden könnten und die lediglich – mehr oder weniger zufällig – in einer Betriebsvereinbarung zusammengefasst sind. Anzuknüpfen ist insoweit an die jeweils geregelte betriebsverfassungsrechtliche „Angelegenheit", die ebenso gut Gegenstand einer eigenständigen und gesonderten Betriebsvereinbarung sein könnte.[32]

9 Das in § 120 geregelte **Kündigungsrecht besteht beidseitig**. Es steht nach dem klaren Wortlaut des Gesetzes einerseits dem InsVerw – nicht jedoch auch dem vorl Verwalter – und andererseits auch dem Betriebsrat zu.[33] Im Fall der Eigenverwaltung bedarf die Kündigung gem § 279 S 3 der Zustimmung des Sachwalters. Dagegen kann die Beratung nach § 120 Abs 1 S 1 vom Eigenverwalter allein durchgeführt werden, weil sie keine Ausübung von in § 279 S 3 erfassten „Rechten" darstellt.[34]

IV. Rechtsfolgen

10 Die Rechtsfolgen der Kündigung einer Betriebsvereinbarung richten sich nach **allg betriebsverfassungsrechtlichen Grundsätzen**.[35]

11 Das hat zur Folge, dass nach § 77 Abs 6 BetrVG in Fällen der erzwingbaren Mitbestimmung die **Nachwirkung** der Betriebsvereinbarung eintritt, bis sie durch eine andere Abmachung ersetzt wird.[36] Etwas anderes gilt allerdings dann, wenn in der Betriebsvereinbarung bereits die Nachwirkung ausgeschlossen war. Die Betriebsparteien können die in § 77 Abs 6 BetrVG angeordnete Nachwirkung von mitbestimmungspflichtigen Regelungen sowohl von vornherein als auch erst für die Zeit nach Ablauf einer vereinbarten Frist ausschließen.[37]

12 **Freiwillige Betriebsvereinbarungen**, die keine Angelegenheit der erzwingbaren Mitbestimmung regeln, wirken nach ihrer Beendigung nicht kraft Gesetzes nach. Sie enden daher mit Ablauf der Kündigungsfrist. Die Betriebsparteien können aber eine Nachwirkung vereinbaren.[38] Diese hat allerdings in der Ins iF einer Kündigung nach § 120 Abs 1 keinen Bestand, denn sie bewirkt wie die Vereinbarung längerer Kündigungsfristen die Fortgeltung der Regelungen der Betriebsvereinbarung.[39]

13 Bei **teilmitbestimmten Betriebsvereinbarungen,** insb über übertarifliche Zulagen, Jahressonderzahlungen usw, ist zu differenzieren: Soll mit der Kündigung die Verringerung des Volumens für die freiwillige Leistung aus der Betriebsvereinbarung und die Änderung des Verteilungsplans erreicht werden, ist der mitbestimmungspflichtige Teil der Betriebsvereinbarung betroffen. Da in solchen Fällen nur die gesamte Betriebsvereinbarung nachwirken kann, führt die Anwendung des § 77 Abs 6 BetrVG zur Nachwirkung auch des mitbestim-

---

32 *BAG* AP BetrVG 1972 § 77 Betriebsvereinbarung Nr 35 = DB 2008, 1218.
33 *L/S/Z/Aghamiri* § 120 Rn 9; *K/P/B/Moll* § 120 Rn 30.
34 *Jaeger/Giesen* § 120 Rn 39.
35 *H/W/K/Annuß* § 120 InsO Rn 8; *K/P/B/Moll* § 120 Rn 37 ff; MK/*Caspers* § 120 Rn 31 ff.
36 *Fitting* § 77 Rn 156.
37 *BAG* AP BetrVG 1972 § 77 Betriebsvereinbarung Nr 11 = DB 2003, 2290.
38 *BAG* AP BetrVG 1972 § 77 Nachwirkung Nr 11 = DB 1998, 2423.
39 Ebenso *Fitting* § 77 Rn 156; *K/P/B/Moll* § 120 Rn 41 ff; MK/*Caspers* § 120 Rn 34; unentschieden *H/W/K/Annuß* § 120 InsO Rn 8; **aA** *Zwanziger* § 120 Rn 10.

mungsfreien Teils. Will der Arbeitgeber dagegen die (freiwillige) Leistung vollständig und ersatzlos einstellen, scheidet eine Nachwirkung schon deshalb aus, weil der nach § 87 Abs 1 Nr 10 BetrVG bestimmungspflichtige Leistungsplan nur solange von Bedeutung ist, wie der Arbeitgeber eine freiwillige Leistung erbringt.[40] Lässt sich dagegen die Betriebsvereinbarung sinnvoll in einen nachwirkenden und einen nachwirkungslosen Teil aufspalten, wirken grundsätzlich nur die Gegenstände nach, die der zwingenden Mitbestimmung unterfallen.[41]

V. Außerordentliche Kündigung

In § 120 Abs 2 ist klargestellt, dass Betriebsvereinbarungen auch außerordentlich gekündigt werden können. Ein Recht zur außerordentlichen Kündigung besteht allerdings nur dann, wenn dem Kündigenden nicht zugemutet werden kann, die Kündigungsfrist von drei Monaten (§ 120 Abs 1) einzuhalten. Die Eröffnung des InsVerf allein genügt hierfür ebenso wenig[42] wie Geldmangel.[43] 14

VI. Unabdingbarkeit

§ 120 ist unabdingbar, weil ansonsten der Zweck, die InsMasse zur gleichmäßigen GlBefriedigung von Personalkosten zu entlasten, nicht wirksam erreicht werden könnte.[44] 15

40 *BAG* AP BetrVG 1972 § 77 Betriebsvereinbarung Nr 53 = DB 2011, 1113 mwN.
41 *BAG* AP BetrVG 1972 § 87 Lohngestaltung Nr 144 = NZA 2014, 1040.
42 HambKomm/*Ahrendt* § 120 Rn 10; *Zwanziger* § 120 Rn 11.
43 Vgl dazu *BAG* AP BetrVG 1972 § 112 Nr 86 = ZIP 1995, 1037; *K/P/B/Moll* § 120 Rn 46.
44 MK/*Caspers* § 120 Rn 30; *Jaeger/Giesen* § 120 Rn 40.

§ 121 Betriebsänderungen und Vermittlungsverfahren

Im Insolvenzverfahren über das Vermögen des Unternehmers gilt § 112 Abs. 2 Satz 1 des Betriebsverfassungsgesetzes mit der Maßgabe, dass dem Verfahren vor der Einigungsstelle nur dann ein Vermittlungsversuch vorangeht, wenn der Insolvenzverwalter und der Betriebsrat gemeinsam um eine solche Vermittlung ersuchen.

Die Vorschriften des BetrVG über **Interessenausgleich, Sozialplan und Nachteilsausgleich** bei Betriebsänderungen gelten auch in der Ins des Unternehmens.[1] Die §§ 121 ff setzen die Anwendbarkeit der §§ 111 ff BetrVG voraus. Unerheblich ist, ob der Betriebsrat bei Eröffnung des InsVerf bereits bestand oder ob er erst danach gewählt wurde.[2] Daher hat der InsVerw in Unternehmen mit idR mehr als 20 wahlberechtigten Arbeitnehmern bei Betriebsänderungen den Versuch eines Interessenausgleichs zu unternehmen. Bei der Bestimmung der Zahl der wahlberechtigten Arbeitnehmer sind Leiharbeitnehmer, die länger als drei Monate im Unternehmen eingesetzt sind, mitzuzählen.[3] Die Pflichten aus §§ 111 ff BetrVG richten sich an den Unternehmer und setzen eine von ihm geplante Betriebsänderung voraus. Unternehmer ist der Rechtsträger des Betriebs. Nichts anderes ist bei einer (abhängigen) Konzerngesellschaft anzunehmen.[4] 1

1 *BAG* AP BetrVG 1972 § 113 Nr 42 = ZIP 2003, 2216.
2 *BAG* AP BetrVG 1972 § 112 Nr 162 = ZIP 2004, 235.
3 *BAG* AP BetrVG 1972 § 111 Nr 70 = ZIP 2012, 540.
4 *BAG* ZInsO 2015, 1695.

2 Zur Vermeidung von **Nachteilsausgleichsansprüchen** hat der InsVerw einen Interessenausgleich zu versuchen. Der Anspruch aus § 113 Abs 3 BetrVG dient vornehmlich der Sicherung des sich aus § 111 S 1 BetrVG ergebenden Verhandlungsanspruchs des Betriebsrats und schützt dabei mittelbar die Interessen der von einer Betriebsänderung betroffenen Arbeitnehmer. Der Anspruch auf Nachteilsausgleich gem § 113 Abs 2 iVm Abs 1 BetrVG erfasst nur solche Arbeitnehmer, deren Arbeitsverhältnisse von der Betriebsänderung unmittelbar nachteilig betroffen sind.[5] Nachteilsausgleichsansprüche nach § 113 Abs 3 BetrVG entstehen, sobald der Unternehmer mit der **Durchführung der Betriebsänderung begonnen** hat, ohne bis dahin einen Interessenausgleich mit dem Betriebsrat versucht zu haben. Der Unternehmer beginnt mit der Durchführung einer Betriebsänderung, wenn er unumkehrbare Maßnahmen ergreift und damit vollendete Tatsachen schafft. Eine Betriebsänderung in Form der Stilllegung besteht in der Aufgabe des Betriebszwecks unter gleichzeitiger Auflösung der Betriebsorganisation für unbestimmte, nicht nur vorübergehende Zeit. Ihre Umsetzung erfolgt, sobald der Unternehmer unumkehrbare Maßnahmen zur Auflösung der betrieblichen Organisation ergreift. Dies ist jedenfalls dann der Fall, wenn er die bestehenden Arbeitsverhältnisse zum Zwecke der Betriebsstilllegung kündigt.[6]

3 Kommt ein **aufschiebend bedingter Interessenausgleich** zwischen den Betriebsparteien zustande, ist ein Interessenausgleich iSv § 113 Abs 3 BetrVG zumindest „versucht", wenn die übrigen Wirksamkeitsvoraussetzungen (zB Schriftform) erfüllt sind, und zwar unabhängig davon, ob die vereinbarte Bedingung zulässig ist. Von einem versuchten Interessenausgleich ist beispielsweise auszugehen, wenn das Wirksamwerden des Interessenausgleichs nur noch von einer Kreditbewilligung abhängig ist. In diesem Fall ist die Anrufung der Einigungsstelle nicht erforderlich, weil sich die Betriebsparteien über den Inhalt des Interessenausgleichs einig sind.[7] Der Versuch eines Interessenausgleichs iSv § 113 Abs 3 BetrVG setzt nicht voraus, dass die Einigungsstelle das Scheitern der Interessenausgleichsverhandlungen förmlich durch Beschluss feststellt.[8]

4 § 121 ist eine **Sondervorschrift** zu § 112 Abs 2 S 1 BetrVG. Sie dient der Beschleunigung der Interessenausgleichsverhandlungen, indem ein Vermittlungsversuch der BA nur dann erforderlich ist, wenn der InsVerw und der Betriebsrat gemeinsam um eine solche Vermittlung ersuchen. Ohne ein solches gemeinsames Ersuchen kann der InsVerw nach dem Scheitern der Verhandlungen über einen Interessenausgleich die Einigungsstelle unmittelbar anrufen.

5 An die **einmal getroffene Absprache**, den Vorstand der BA um Vermittlung zu ersuchen, sind die Betriebsparteien gebunden.[9]

§ 122 Gerichtliche Zustimmung zur Durchführung einer Betriebsänderung

(1) [1]Ist eine Betriebsänderung geplant und kommt zwischen Insolvenzverwalter und Betriebsrat der Interessenausgleich nach § 112 des Betriebsverfassungsgesetzes nicht innerhalb von drei Wochen nach Verhandlungsbeginn oder schriftlicher Aufforderung zur Aufnahme von Verhandlungen zustande, obwohl der Verwalter den Betriebsrat rechtzeitig und umfassend unterrichtet hat, so kann der Verwalter die Zustimmung des Arbeitsgerichts dazu beantragen, dass die Betriebsänderung durchgeführt wird, ohne dass das Verfahren nach § 112 Abs. 2 des Betriebsverfassungsgesetzes vorangegangen ist. [2]§ 113 Abs. 3 des

5 *BAG* EzA § 113 BetrVG 2001 Nr 9.
6 *BAG* ZInsO 2015, 1695.
7 *BAG* AP BetrVG 1972 § 113 Nr 50 = ZIP 2006, 199.
8 *BAG* AP BetrVG 1972 § 113 Nr 55.
9 *K/P/B/Moll* § 121 Rn 10; *Zwanziger* § 121 Rn 3.

Betriebsverfassungsgesetzes ist insoweit nicht anzuwenden. [3]Unberührt bleibt das Recht des Verwalters, einen Interessenausgleich nach § 125 zustande zu bringen oder einen Feststellungsantrag nach § 126 zu stellen.

(2) [1]Das Gericht erteilt die Zustimmung, wenn die wirtschaftliche Lage des Unternehmens auch unter Berücksichtigung der sozialen Belange der Arbeitnehmer erfordert, dass die Betriebsänderung ohne vorheriges Verfahren nach § 112 Abs. 2 des Betriebsverfassungsgesetzes durchgeführt wird. [2]Die Vorschriften des Arbeitsgerichtsgesetzes über das Beschlussverfahren gelten entsprechend; Beteiligte sind der Insolvenzverwalter und der Betriebsrat. [3]Der Antrag ist nach Maßgabe des § 61a Abs. 3 bis 6 des Arbeitsgerichtsgesetzes vorrangig zu erledigen.

(3) [1]Gegen den Beschluss des Gerichts findet die Beschwerde an das Landesarbeitsgericht nicht statt. [2]Die Rechtsbeschwerde an das Bundesarbeitsgericht findet statt, wenn sie in dem Beschluss des Arbeitsgerichts zugelassen wird; § 72 Abs. 2 und 3 des Arbeitsgerichtsgesetzes gilt entsprechend. [3]Die Rechtsbeschwerde ist innerhalb eines Monats nach Zustellung der in vollständiger Form abgefassten Entscheidung des Arbeitsgerichts beim Bundesarbeitsgericht einzulegen und zu begründen.

Übersicht

I. Allgemeines

Der InsVerw muss bei der beabsichtigten Stilllegung des Betriebs den **Versuch eines Interessenausgleichs** mit dem Betriebsrat unternehmen. Diese Verpflichtung entfällt auch dann nicht, wenn die Stilllegung des Betriebs die unausweichliche Folge einer wirtschaftlichen Zwangslage ist und es zu ihr keine sinnvolle Alternative gibt.[1] § 111 BetrVG erfasst alle für die Arbeitnehmer nachteiligen Maßnahmen, die dem Verantwortungsbereich des Unternehmers zuzurechnen sind. Bei dem Interessenausgleich, den der Arbeitgeber mit dem Betriebsrat zu versuchen hat, geht es nicht nur um die Entsch, ob die Betriebsänderung überhaupt erfolgen, sondern regelmäßig auch darum, wie sie durchgeführt werden soll. Der Betriebsrat soll die Möglichkeit haben, im Interesse der Arbeitnehmer auf Modalitäten wie etwa den Zeitpunkt von Entlassungen und Freistellungen oder die Beschäftigung von Arbeitnehmern mit Abwicklungsarbeiten Einfluss zu nehmen. Welche Vorstellungen er hierzu entwickelt und welche Modalitäten er dem InsVerw vorschlägt, ist seine Angelegenheit.[2] 1

Führt der InsVerw eine Betriebsänderung durch, ohne zuvor einen Interessenausgleich versucht oder das Verf nach § 122 durchgeführt zu haben, steht den betroffenen Arbeitnehmern ein Anspruch auf **Nachteilsausgleich** nach § 113 Abs 3 BetrVG zu.[3] Der InsVerw ist verpflichtet, mit dem Betriebsrat über den Abschluss eines Interessenausgleichs mit dem 2

---

1 *BAG* AP BetrVG 1972 § 113 Nr 42 = ZIP 2003, 2216; *Fitting* §§ 112, 112a Rn 67; krit hierzu HambKomm/*Ahrendt* Vorb zu §§ 121, 122 Rn 5; *Jaeger/Giesen* Vor § 113 Rn 270.

2 *BAG* AP BetrVG 1972 § 113 Nr 42 = ZIP 2003, 2216.

3 *BAG* EzA BetrVG 2001 § 113 Nr 9.

ernsthaften Willen einer Verständigung zu beraten. Hierzu hat er sich auf die vom Betriebsrat vorgeschlagenen Alternativen zu der geplanten Betriebsänderung einzulassen und damit argumentativ auseinanderzusetzen. Können sich die Betriebsparteien nicht auf einen Interessenausgleich verständigen, ist der Verw gegenüber dem Betriebsrat zur Anrufung der Einigungsstelle verpflichtet. Dort besteht letztmals Gelegenheit, unter Mitwirkung eines unparteiischen Vorsitzenden Alternativen zur geplanten Betriebsänderung zu entwickeln, die für die betroffenen Arbeitnehmer weniger nachteilige Folgen haben.[4] Der Nachteilsausgleichsanspruch ist eine Masseverbindlichkeit nach § 55 Abs 1 Nr 1.[5] Insoweit kommt auch eine persönliche Haftung des InsVerw nach § 60 in Betracht.[6]

3 Die Beteiligungsrechte des Betriebsrats nach §§ 111 ff BetrVG hängen nicht davon ab, ob der Betriebsrat bei Eröffnung des InsVerf bereits bestand. Die §§ 121 ff unterscheiden nicht danach, ob der Betriebsrat bei Eröffnung des InsVerf oder erst danach gewählt wurde.[7] Die **Wahl eines Betriebsrats ist nach Eröffnung eines InsVerf** auch nicht ausgeschlossen. Voraussetzung für die Verpflichtung des Arbeitgebers zur Unterrichtung, zur Beratung und zum Versuch eines Interessenausgleichs ist, dass der Betriebsrat zu dem Zeitpunkt besteht, zu welchem der Arbeitgeber mit der Durchführung der Betriebsänderung beginnt.[8] Ein erst während der Durchführung der Betriebsänderung gewählter Betriebsrat kann dagegen weder den Versuch eines Interessenausgleichs noch den Abschluss eines Sozialplans verlangen.[9] Enden die Arbeitsverhältnisse der Betriebsratsmitglieder vor dem Interessenausgleichsverfahren, rücken Ersatzmitglieder nach. Enden auch deren Arbeitsverhältnisse, besteht nach § 21b BetrVG ein Restmandat des Betriebsrats.[8]

II. Normzweck

4 § 122 dient einer **zügigen Abwicklung des InsVerf**. Es sollen die Interessenausgleichsverhandlungen abgekürzt und Nachteilsausgleichsansprüche nach § 113 BetrVG vermieden werden.[10] Das Verf zum Versuch eines Interessenausgleichs gem § 112 Abs 2 BetrVG kann allerdings selbst in der nach § 121 abgekürzten Form zu zeitaufwendig sein. Daher eröffnet § 122 dem InsVerw die Möglichkeit, nach dreiwöchigen ergebnislosen Verhandlungen über einen Interessenausgleich Betriebsänderungen durchzuführen, ohne zuvor ein Einigungsstellenverfahren durchgeführt zu haben. „Um Missbräuchen vorzubeugen"[11] muss er allerdings zuvor die Zustimmung des ArbG einholen.[12] Weitere Einschränkungen oder Ausnahmen von der Verpflichtung des InsVerw zum Versuch eines Interessenausgleichs sieht die InsO nicht vor. Dies gilt auch, wenn eine unverzügliche Einstellung der Unternehmenstätigkeit erforderlich ist, um weitere Verluste zu vermeiden.[13] Selbst in dieser Situation ist nach dem ausdrücklichen Willen des Gesetzgebers der – wenn auch zeitlich befristete – Versuch eines Interessenausgleichs unentbehrlich. Die Beschleunigung des InteressenausgleichsVerf mit dem Ziel der umgehenden Durchführung der Betriebsänderung soll durch die gerichtli-

4 Vgl *BAG* AP BetrVG 1972 § 113 Nr 55.
5 *BAG* AP InsO § 209 Nr 5 = ZIP 2006, 1510.
6 HambKomm/*Ahrendt* Vorb zu §§ 121, 122 Rn 6.
7 *BAG* AP BetrVG 1972 § 112 Nr 162 = ZIP 2004, 235; HambKomm/*Ahrendt* Vorb zu §§ 121, 122 Rn 8.
8 MK/*Caspers* §§ 121, 122 Rn 9.
9 *BAG* AP BetrVG 1972 § 112 Nr 162 = ZIP 2004, 235.
10 *BAG* AP BetrVG 1972 § 113 Nr 42 = ZIP 2003, 2216; *Fitting* §§ 112, 112a Rn 67; *Jaeger/Giesen* § 122 Rn 1.
11 BT-Drucks 12/2443 S 154.
12 *K Schmidt/Ahrens* § 122 Rn 4.
13 BT-Drucks 12/2443 S 153.

che Zustimmung nach § 122 Abs 2 und nicht durch die Beseitigung des Mitwirkungsrechts des Betriebsrats erreicht werden.[14]

Für den InsVerw bestehen auch regelmäßig Gestaltungsspielräume, an deren Ausfüllung der Betriebsrat beteiligt werden kann. Diese mögen bisweilen zwar eng begrenzt sein. Auch bei der **Abwicklung eines notleidenden Unternehmens** verbleiben und obliegen dem Ins-Verw jedoch gestaltende Entsch. So kann zu entscheiden sein, ob und zu welchem Zeitpunkt der gesamte Betrieb stillgelegt wird, ob für Teile desselben nach einem Übernehmer gesucht wird, ob es deshalb möglich und sinnvoll ist, mit einem Teil der Belegschaft die Produktion oder Dienstleistung für eine gewisse Zeit aufrechtzuerhalten und ob zum Zwecke der wirtschaftlichen Realisierung des noch vorhandenen Betriebsvermögens Abwicklungsarbeiten geboten sind. Hierüber kann und muss mit dem Betriebsrat beraten werden. Auf die Frage, ob noch finanzielle Mittel für einen Sozialplan vorhanden sind, kommt es dabei nicht an. Verhandlungen über einen Interessenausgleich haben nicht den Abschluss eines Sozialplans zum Ziel. Wenngleich die Verhandlungen über Interessenausgleich und Sozialplan in der Praxis häufig verbunden werden, unterscheiden sich beide in Funktion, Zustandekommen und Wirkungsweise. Verhandlungen und Vereinbarungen über die Art und Weise der Durchführung einer Betriebsänderung sind unabhängig davon sinnvoll, ob finanzielle Mittel für einen Sozialplan zur Verfügung stehen.[14] 5

III. Dreiwochenfrist

Kommt zwischen InsVerw und Betriebsrat nicht innerhalb von drei Wochen nach Verhandlungsbeginn oder schriftlicher Aufforderung zur Aufnahme von Verhandlungen ein Interessenausgleich zustande, obwohl der Verw den Betriebsrat rechtzeitig und umfassend unterrichtet hat, kann der InsVerw die Zustimmung des ArbG zur Durchführung der Betriebsänderung beantragen. Der **Antrag auf Zustimmung ist nur zulässig**,[15] wenn die im Gesetz genannten Voraussetzungen vorliegen: Rechtzeitige und umfassende Unterrichtung des Betriebsrats sowie kein Interessenausgleich innerhalb von drei Wochen nach Verhandlungsbeginn oder schriftlicher Aufforderung zur Aufnahme von Verhandlungen. 6

1. Rechtzeitige und umfassende Unterrichtung. Die in § 122 Abs 1 vorgesehene rechtzeitige und umfassende Unterrichtung entspricht § 111 S 1 BetrVG. Die Verhandlungen über einen Interessenausgleich setzen eine hinreichend bestimmte, in Einzelheiten bereits absehbare Maßnahme voraus, deren Durchführung der Verw konkret anstrebt. Der InsVerw darf allerdings noch **nicht vollendete Tatsachen geschaffen** haben. Da der Betriebsrat nach § 111 S 1 BetrVG die Gestaltung der im Einzelfall geplanten Betriebsänderung gezielt beeinflussen können soll, müssen jedoch ihre Art und ihr beabsichtigter Umfang bekannt sein.[16] Es ist daher nicht zu beanstanden, wenn sich der InsVerw bereits zur Betriebsänderung entschlossen hat, ohne zuvor mit dem Betriebsrat beraten zu haben. Er darf sich nur nicht endgültig auf die Durchführung der Betriebsänderung festgelegt haben. Das ist anzunehmen, wenn der InsVerw mit der Durchführung einer Betriebsänderung beginnt und unumkehrbare Maßnahmen ergreift[17] und etwa die bestehenden Arbeitsverhältnisse kündigt.[18] Die Information des Betriebsrats muss demzufolge zu einem Zeitpunkt erfolgen, zu dem der Verw noch nicht mit der Durchführung der Betriebsänderung begonnen hat.[19] Da Betriebs- 7

---

14 *BAG* AP BetrVG 1972 § 113 Nr 42 = ZIP 2003, 2216.
15 *H/W/K/Annuß* § 122 InsO Rn 2.
16 *BAG* AP BetrVG 1972 § 113 Nr 39 = ZIP 2002, 817.
17 *Fitting* § 111 Rn 110.
18 *BAG* AP InsO § 209 Nr 5 = ZIP 2006, 1510.
19 *Richardi/Annuß* Anh zu § 113 Rn 20; *K Schmidt/Ahrens* § 122 Rn 16 ff.

änderungen idR mit erheblichem Personalabbau einhergehen, darf die Rspr des EuGH und BAG zu den Konsultationspflichten bei Massenentlassungen nicht aus dem Blick geraten.[20] Danach entsteht die **Konsultationspflicht** nach Art 2 Abs 1 Richtlinie 98/59/EG (§ 17 Abs 2 KSchG), wenn innerhalb eines Konzerns strategische Entscheidungen oder Änderungen der Geschäftstätigkeit erfolgen, die den Arbeitgeber zwingen, Massenentlassungen ins Auge zu fassen oder zu planen. Stets erforderlich ist allerdings, dass die Tochtergesellschaft, bei der es zu Kündigungen kommen könnte, benannt worden ist, weil dieses Unternehmen erst dann die Konsultation überhaupt durchführen kann.[21]

8 Die Unterrichtung ist **umfassend**, wenn sie nicht nur den Umfang der Maßnahmen und deren Gründe, sondern auch die zu erwartenden Auswirkungen auf die Belegschaft erkennen lässt. Ansonsten kann der Betriebsrat nicht zu der geplanten Betriebsänderung Stellung nehmen und darüber entscheiden, wie ein Interessenausgleich herbeigeführt werden kann und ob ein Sozialplan aufgestellt werden soll. Ggf sind ihm nach § 80 Abs 2 S 2 BetrVG die erforderlichen Unterlagen zur Verfügung zu stellen.[22] Hierzu können auch Gutachten von Unternehmensberatern und Wirtschaftsprüferberichte gehören.[23] Der Betriebsrat benötigt jedoch nicht schon vor Durchführung der Betriebsänderung sämtliche für den späteren Abschluss des Sozialplans tatsächlich relevant werdenden Informationen. Er muss nicht schon vor Durchführung der Betriebsänderung in die Lage versetzt werden, einen gegen alle Einwände abgesicherten Entwurf eines Sozialplans vorlegen zu können.[24] Ob der Betriebsrat nach einer umfassenden Unterrichtung weitere Informationen fordert, ist unerheblich. Es kommt allein darauf an, ob der Betriebsrat objektiv ausreichend unterrichtet ist.[25]

9 Der im Schrifttum vertretenen Auffassung, der Betriebsrat könne sich wegen des **Gebots der vertrauensvollen Zusammenarbeit** (§ 2 Abs 1 BetrVG) in einem späteren BeschlVerfahren nicht auf eine unvollständige Unterrichtung berufen, wenn er den InsVerw nicht auf die aus seiner Sicht nicht umfassende Information hingewiesen habe,[26] ist nicht zu folgen. Hierbei wird übersehen, dass die umfassende Unterrichtung nach § 122 eine Verfahrensvoraussetzung des sich anschließenden Beschlussverfahrens ist, die objektiv vorliegen und vom ArbG festgestellt werden muss.[27] Soweit diese **Rügeobliegenheit** offenbar aus die Rspr zur Unterrichtung bei personellen Einzelmaßnahmen nach § 99 BetrVG hergeleitet wird, bleibt des Weiteren außer Betracht, dass danach der Betriebsrat den Arbeitgeber auch nur dann um weitere Informationen bitten muss, wenn der Arbeitgeber davon ausgehen konnte, er seinerseits habe den Betriebsrat iSd § 99 Abs 1 S 1 BetrVG vollständig unterrichtet. Dagegen wird die Frist des § 99 Abs 3 BetrVG nicht dadurch in Lauf gesetzt, dass der Betriebsrat es unterlassen hat, den Arbeitgeber auf eine offensichtliche Unvollständigkeit der Unterrichtung hinzuweisen.[28]

10 **2. Verhandlungen und schriftliche Aufforderung.** Die Dreiwochenfrist des § 122 Abs 1 beginnt mit der Aufnahme der Verhandlungen oder der schriftlichen Aufforderung zur Aufnahme von Verhandlungen, wenn der InsVerw zuvor oder mit der Aufforderung zu Verhandlungen den Betriebsrat rechtzeitig und umfassend unterrichtet hat.[29] Die schriftliche

---

20 *Fitting* § 111 Rn 109.
21 *EuGH* AP RL 98/59/EG Nr 3 = ZIP 2009, 2259.
22 *Fitting* § 111 Rn 111, 113; *K/P/B/Moll* § 122 Rn 20; *Richardi/Annuß* § 111 Rn 150 f.
23 *Fitting* § 111 Rn 113; *Zwanziger* § 122 Rn 21.
24 *BAG* AP BetrVG 1972 § 113 Nr 47 = ZIP 2004, 1823.
25 *D/K/K/W/Däubler* Anh zu §§ 111-113, § 122 InsO Rn 4; *Zwanziger* § 122 Rn 21.
26 So etwa HambKomm/*Ahrendt* § 122 Rn 4; *Braun/Wolf* § 122 Rn 3; *K/P/B/Moll* § 122 Rn 22.
27 *H/W/K/Annuß* § 122 Rn 2.
28 *BAG* AP BetrVG 1972 § 99 Nr 122 = DB 2005, 1524.
29 *Jaeger/Giesen* § 122 Rn 8; *Zwanziger* § 122 Rn 22.

Aufforderung muss dem Betriebsrat **zugehen** (§ 130 BGB). Die Frist berechnet sich nach §§ 186 ff BGB.[30] Das **Schriftformerfordernis** (§ 126 BGB) setzt voraus, dass das Aufforderungsschreiben durch den InsVerw eigenhändig unterschrieben ist.[31] Es muss gem § 26 Abs 2 S 2 BetrVG dem Betriebsratsvorsitzenden und im Verhinderungsfall dessen Stellvertreter zugehen.[32] Die Übermittlung der Aufforderung durch Telefax oder E-Mail wahrt nicht die Schriftform.[33]

Haben die Verhandlungen über einen Interessenausgleich mit dem Schu oder dem vorl Ins- 11
Verw **bereits vor InsEröffnung begonnen**, ist diese Zeit bei der Berechnung der Dreiwochenfrist zu berücksichtigen. Sofern die Verhandlungen schon mehr als drei Wochen angedauert haben, braucht der InsVerw daher nicht weiter zu verhandeln, wenn er an der geplanten Betriebsänderung keine inhaltlichen Änderungen vornimmt, sondern kann sofort die Zustimmung des ArbG beantragen. Dies folgt aus dem Zweck der Vorschrift, die eine zügige Abwicklung des InsVerf zum Ziel hat.[34]

Ist innerhalb der Dreiwochenfrist **kein Interessenausgleich zustande gekommen**, kann der 12
InsVerw die Zustimmung des ArbG beantragen. Unerheblich ist, aus welchen Gründen der Interessenausgleich gescheitert ist. Der InsVerw muss die Verhandlungen allerdings ernsthaft geführt haben. Fehlt es hieran und führt er die Verhandlungen nur zum Schein, stehen dem InsVerw die Rechte aus § 122 nicht zu.[35] Für bloße **Scheinverhandlungen** trägt der Betriebsrat iF der Unaufklärbarkeit die Beweislast.[36] Macht der Arbeitnehmer Nachteilsausgleichsansprüche nach § 113 Abs 3 BetrVG geltend, trägt er die Beweislast für bloße Scheinverhandlungen.

IV. Zustimmung des ArbG

1. Überblick. Das Gericht erteilt nach § 122 Abs 2 die Zustimmung zur Durchführung der 13
Betriebsänderung, wenn die wirtschaftliche Lage des Unternehmens auch unter Berücksichtigung der sozialen Belange der Arbeitnehmer erfordert, dass die Betriebsänderung ohne vorheriges Verf nach § 112 Abs 2 BetrVG durchgeführt wird. Streitgegenstand des Verf ist dabei allein die **Eilbedürftigkeit** der Durchführung der Betriebsänderung und nicht die Zweckmäßigkeit der geplanten Betriebsänderung (zu prozessualen Fragen vgl Rn 18 ff).[37]

2. Wirtschaftliche Lage. In einem ersten Schritt hat das Gericht zu prüfen, ob die wirt- 14
schaftliche Lage des Unternehmens eine Abweichung von § 112 Abs 2 BetrVG fordert.[38] Dabei ist festzustellen, **welche Nachteile der InsMasse bei Durchführung eines Einigungsstellenverfahrens entstehen** würden. Maßgeblich ist, ob die alsbaldige Durchführung der Betriebsänderung geboten ist, um die Entstehung im Verhältnis zur Gesamtmasse nicht

30 MK/*Caspers* §§ 121, 122 Rn 37.

31 *K Schmidt/Ahrens* § 122 Rn 23; *Graf-Schlicker/Pöhlmann/Kubusch* § 122 Rn 11; *K/P/B/Moll* § 122 Rn 28; *Zwanziger* § 122 Rn 24; **aA** FK/*Eisenbeis* § 122 Rn 13.

32 *K Schmidt/Ahrens* § 122 Rn 23.

33 Dazu neigend jedoch *H/W/K/Annuß* § 122 InsO Rn 3; *Jaeger/Giesen* § 122 Rn 11.

34 *Braun/Wolf* § 122 Rn 4; FK/*Eisenbeis* § 122 Rn 15; *K/P/B/Moll* § 122 Rn 27; *Richardi/Annuß* Anh zu § 113 Rn 21; *Uhlenbruck/Zobel* §§ 121, 122 Rn 69; **aA** *D/K/K/W/Däubler* Anh zu §§ 111-113, § 122 Rn 6; *Zwanziger* § 122 Rn 24.

35 MK/*Caspers* §§ 121, 122 Rn 33; *Fitting* §§ 112, 112a Rn 71; § 120 *Richardi/Annuß* Anh zu § 113 Rn 21.

36 *Zwanziger* § 122 Rn 25.

37 *H/W/K/Annuß* § 122 InsO Rn 5; *Fitting* §§ 112, 112a Rn 73; *Graf-Schlicker/Pöhlmann/Kubusch* § 122 Rn 18; MK/*Caspers* §§ 121, 122 Rn 40; *Zwanziger* § 122 Rn 27.

38 *K/P/B/Moll* § 122 Rn 38; *K Schmidt/Ahrens* § 122 Rn 29.

unerheblicher weiterer Verluste zu vermeiden oder zu minimieren.[39] Dabei ist von Bedeutung, ob die laufenden Kosten einschließlich der Personalkosten noch durch die laufenden Einnahmen gedeckt werden können.[40] Dies erfordert die Darlegung der künftigen Belastungen der Masse, die bei Durchführung eines Einigungsstellenverfahrens durch die damit verbundenen zeitlichen Verzögerungen entstehen. Bloße Mutmaßungen genügen insoweit nicht.[41] Schon wegen der damit verbundenen Prozessrisiken wird im Schrifttum mit guten Gründen empfohlen, parallel zu dem Verfahren nach § 122 die Einigungsstelle anzurufen.[42]

15 **3. Soziale Belange der Arbeitnehmer.** Fordert die wirtschaftliche Lage des Unternehmens, dass die Betriebsänderung ohne vorheriges Verf nach § 112 Abs 2 BetrVG durchgeführt wird, ist in einem zweiten Schritt zu prüfen, ob soziale Belange der Arbeitnehmer gleichwohl die Durchführung eines Einigungsstellenverfahrens gebieten. Dabei ist die Möglichkeit einer Verzögerung der Betriebsänderung und die damit verbundene Verschiebung der Kündigungstermine für sich allein kein relevanter Gesichtspunkt.[43] Entscheidend ist vielmehr, ob zu erwarten ist, dass in einem Einigungsstellenverfahren **sozialverträglichere Lösungen** als die vom InsVerw in Betracht gezogenen erzielt werden können.[44] Das dürfte nur in seltenen Ausnahmefällen anzunehmen sein.[45]

16 **4. Rechtsfolge der Zustimmung.** Nach Rechtskraft der Zustimmung des ArbG kann der InsVerw die Betriebsänderung durchführen und insb die damit zusammenhängenden **Kündigungen erklären**, ohne Nachteilsausgleichsansprüche nach § 113 Abs 3 BetrVG auszulösen.[46] Besteht die Betriebsänderung in einer Stilllegung des Betriebs des Schu, hat der InsVerw §§ 157 f zu beachten.

17 Die Entsch nach § 122 steht in einem **Spannungsverhältnis zu § 158 Abs 2**.[47] Untersagt das InsGer nach dieser Bestimmung dem InsVerw auf Antrag des Schu die Betriebsstilllegung vor dem Berichtstermin, darf der InsVerw die Betriebsänderung nicht durchführen.[48] Weist das InsGer einen entspr Antrag ab, ist das ArbG allerdings nicht an den Beschl des InsGer gebunden. Es hat die Voraussetzungen des § 122 eigenständig zu prüfen und dabei – anders als das InsGer – auch die sozialen Belange der Arbeitnehmer zu berücksichtigen.[49]

V. Verfahrensfragen

18 Nach § 122 Abs 2 S 2 gelten für das Verf vor dem ArbG die Vorschriften des ArbGG über das **BeschlVerf** (§§ 80 ff ArbGG) entspr. Die **Zuständigkeit** richtet sich nach § 82 ArbGG. **Beteiligte** sind der InsVerw sowie der Betriebsrat, nicht jedoch die betroffenen Arbeitnehmer.[50] Es gilt der **Untersuchungsgrundsatz** mit der Maßgabe des § 83 Abs 1 S 2 ArbGG. Der

39 Vgl *ArbG Lingen* ZIP 1999, 1892; *Annuß* NZI 1999, 344, 347; *Braun/Wolf* § 122 Rn 7; MK/*Caspers* §§ 121, 122 Rn 41; *Jaeger/Giesen* § 122 Rn 21 f.
40 *Andres/Leithaus* §§ 121, 122 Rn 8.
41 *K/P/B/Moll* § 122 Rn 43.
42 HambKomm/*Ahrendt* § 122 Rn 14.
43 *H/W/K/Annuß* § 122 Rn 6; MK/*Caspers* §§ 121, 122 Rn 44; *K/P/B/Moll* § 122 Rn 47.
44 HambKomm/*Ahrendt* § 122 Rn 10; *K Schmidt/Ahrens* § 122 Rn 32; *Braun/Wolf* § 122 Rn 7; MK/*Caspers* §§ 121, 122 Rn 44; *K/P/B/Moll* § 122 Rn 48.
45 *H/W/K/Annuß* § 122 InsO Rn 6; *Caspers* Rn 415.
46 HambKomm/*Ahrendt* § 122 Rn 11; MK/*Caspers* §§ 121, 122 Rn 59 f; *Fitting* §§ 112, 112a Rn 74; *K/P/B/Moll* § 122 Rn 49.
47 *Zwanziger* § 122 Rn 33.
48 HambKomm/*Ahrendt* § 122 Rn 12; *Zwanziger* § 122 Rn 33.
49 *K/P/B/Moll* § 122 Rn 68; *Zwanziger* § 122 Rn 33; wohl auch ausf *Uhlenbruck/Zobel* §§ 121, 122 Rn 74 ff.
50 *Jaeger/Giesen* § 122 Rn 16; *Braun/Wolf* § 122 Rn 5.

Antrag ist vom ArbG gem § 122 Abs 2 S 3 vorrangig zu erledigen. Der InsVerw trägt die objektive Beweislast für das Vorliegen der Voraussetzungen des § 122 Abs 1.[51] Das ArbG entscheidet nach § 84 ArbGG durch **Beschl**. Dabei kann es dem Antrag des InsVerw auch nur zum Teil stattgeben und beispielsweise nur die Zustimmung zur Stilllegung einzelner Betriebe des Schu erteilen und im Übrigen den Antrag abweisen. Beauftragt der Betriebsrat einen Rechtsanwalt mit der Wahrnehmung seiner Rechte, sind die hierdurch nach § 40 BetrVG entstehenden Kosten Masseverbindlichkeiten.[52] Verhandelt der InsVerw während des BeschlVerf mit dem Betriebsrat weiter und kommt es dabei zu einer Einigung, ist das BeschlVerf erledigt. Bei übereinstimmender Erklärung der Beteiligten ist das Verf gem § 83a Abs 2 ArbGG einzustellen, bei einseitiger Erledigungserklärung ist § 83a Abs 3 ArbGG zu beachten.

Gegen den Beschl des ArbG ist nur die **RechtsBeschw zum BAG** statthaft, und das auch nur dann, wenn sie in dem Beschl des ArbG zugelassen wird. Die Beschw zum LAG findet gem § 122 Abs 3 S 1 nicht statt. Die Möglichkeit einer Nichtzulassungsbeschwerde ist im Gesetz nicht vorgesehen.[53] Dies ist verfassungsgemäß. Es besteht kein Anspruch einen Instanzenzug. Die RechtsBeschw ist innerhalb eines Monats nach Zustellung der in vollständiger Form abgefassten Entsch des ArbG beim BAG einzulegen und zu begründen. 19

Aufgrund der Verweisung auf das arbeitsgerichtliche BeschlVerf kann der InsVerw auch versuchen, im Wege der **einstweiligen Verfügung** die Zustimmung zur Betriebsänderung zu erwirken (§ 85 Abs 2 ArbGG). Wegen der Vorwegnahme der Hauptsache kommt sie jedoch nur in besonderen Ausnahmefällen in Betracht.[54] 20

Bei **Eigenverwaltung** (§§ 270 ff) bedarf die Betriebsänderung der Zustimmung des Sachwalters (§ 279 S 3). 21

§ 123 Umfang des Sozialplans

(1) In einem Sozialplan, der nach der Eröffnung des Insolvenzverfahrens aufgestellt wird, kann für den Ausgleich oder die Milderung der wirtschaftlichen Nachteile, die den Arbeitnehmern infolge der geplanten Betriebsänderungen entstehen, ein Gesamtbetrag von bis zu zweieinhalb Monatsverdiensten (§ 10 Abs. 3 des Kündigungsschutzgesetzes) der von einer Entlassung betroffenen Arbeitnehmer vorgesehen werden.

(2) [1]Die Verbindlichkeiten aus einem solchen Sozialplan sind Masseverbindlichkeiten. [2]Jedoch darf, wenn nicht ein Insolvenzplan zustande kommt, für die Berichtigung von Sozialplanforderungen nicht mehr als ein Drittel der Masse verwendet werden, die ohne einen Sozialplan für die Verteilung an die Insolvenzgläubiger zur Verfügung stünde. [3]Übersteigt der Gesamtbetrag aller Sozialplanforderungen diese Grenze, so sind die einzelnen Forderungen anteilig zu kürzen.

(3) [1]Sooft hinreichende Barmittel in der Masse vorhanden sind, soll der Insolvenzverwalter mit Zustimmung des Insolvenzgerichts Abschlagszahlungen auf die Sozialplanforderungen leisten. [2]Eine Zwangsvollstreckung in die Masse wegen einer Sozialplanforderung ist unzulässig.

---

51 MK/*Caspers* §§ 121, 122 Rn 47; *K/P/B/Moll* § 122 Rn 58.
52 MK/*Caspers* §§ 121, 122 Rn 51.
53 *BAG* AP ArbGG 1979 § 72a Divergenz Nr 44 = ZInsO 2001, 1071; *Fitting* §§ 112, 112a Rn 76.
54 *H/W/K/Annuß* § 122 InsO Rn 11; MK/*Caspers* §§ 121, 122 Rn 56 f; *K/P/B/Moll* § 122 Rn 62; *Zwanziger* § 122 Rn 65.

Übersicht

I. Normzweck

1 § 123 regelt den Dotierungsrahmen von Sozialplänen, die nach Eröffnung des InsVerf aufgestellt werden. Die in § 123 vorgesehenen Begrenzungen des Sozialplanvolumens dienen einem **angemessenen Ausgleich** zwischen den Interessen der von einer Betriebsänderung betroffenen Arbeitnehmer an Sozialplanleistungen und den Interessen der anderen InsGl.[1]

II. Der Sozialplan nach InsEröffnung

2 **1. Allgemeines.** Kommt es nach InsEröffnung zu einer Betriebsänderung, gelten zunächst die **allgemeinen Regelungen des § 112 BetrVG**. Für den Interessenausgleich werden diese in der Ins durch §§ 121, 122 ergänzt und modifiziert. Bei der Aufstellung eines Sozialplans knüpft § 123 an § 112 BetrVG an, begrenzt jedoch den Dotierungsrahmen. § 121 ist auch hier zu beachten, so dass der in § 112 Abs 2 BetrVG vorgesehene Vermittlungsversuch der BA nur erforderlich ist, wenn der InsVerw und der Betriebsrat gemeinsam eine solche Vermittlung wünschen. Der InsVerw hat auch dann mit dem Betriebsrat einen Sozialplan zu vereinbaren, wenn der Betriebsrat erst nach der Eröffnung des InsVerf gewählt wurde (vgl § 122 Rn 3).[2]

3 Der InsVerw hat iF einer **Betriebsänderung** mit dem Betriebsrat einen Sozialplan zu vereinbaren. Dies gilt insb in den Fällen der Liquidation des Unternehmens, aber auch bei der Stilllegung von Betriebsteilen (§ 111 Nr 1 BetrVG). Im Zusammenhang mit der fortführenden oder übertragenden Sanierung wird es häufig ebenfalls zu Betriebsänderungen iSv § 111 BetrVG kommen, weil die notwendigen Rationalisierungsmaßnahmen oftmals grundlegende Änderungen der Betriebsorganisation oder des Betriebszwecks zur Folge haben.[3] Dies gilt auch, wenn nach §§ 217 ff ein InsPlan aufgestellt wird (zu den dort geltenden Obergrenzen Rn 10).[4] Zu beachten ist, dass die Eröffnung des InsVerf allein noch keine Betriebsänderung darstellt.[5]

4 Die Begrenzung des Sozialplanvolumens nach § 123 gilt nur für Sozialpläne, die gem § 112 Abs 4 BetrVG erzwingbar sind (vgl dazu Rn 5 f). Insoweit sind die Einschränkungen für einen reinen Personalabbau und in neu gegründeten Unternehmen nach § 112a BetrVG sind zu beachten (dazu Rn 8).[6] Unbeschadet dessen kann der InsVerw auch **freiwillige Sozi-**

---

1 *K Schmidt/Ahrens* § 123 Rn 4; MK/*Caspers* § 123 Rn 5; *Zwanziger* § 123 Rn 1.
2 *BAG* AP BetrVG 1972 § 112 Nr 162 = ZIP 2004, 235.
3 MK/*Eilenberger* § 220 Rn 21; *Fitting* §§ 112, 112a Rn 289.
4 *Fitting* §§ 112, 112a Rn 291.
5 *Fitting* §§ 112, 112a Rn 289.
6 *K Schmidt/Ahrens* § 123 Rn 5; **aA** MK/*Caspers* § 123 Rn 9.

alpläne abschließen, ohne die Grenzen des § 123 beachten zu müssen.[7] Er hat in diesem Fall aber uneingeschränkt als Sachwalter der Gl handeln, will er sich nicht nach § 60 haftbar machen.[8] Entsprechendes gilt für **Richtlinien nach § 28 SprAuG**, in denen für leitende Angestellte Sozialplanansprüche geregelt werden. Auch diese sind nicht erzwingbar.[9] Fraglich ist, ob § 123 auf **Tarifsozialpläne**[10] entspr anwendbar ist. Viel spricht hier für eine analoge Anwendung, weil der Gesetzgeber diese Frage nicht bei der Regelung des § 123 beachtet hat und der Zweck des § 123 auch auf solche Regelungen zutrifft.[11]

Umstritten ist, ob § 123 nur für Sozialpläne gilt, welche die wirtschaftlichen Folgen von Entlassungen regeln. Der Wortlaut des Gesetzes ist insoweit nicht ganz eindeutig. Danach geht es um den Ausgleich von Nachteilen infolge von geplanten Betriebsänderungen. Das spricht dafür, auch **Arbeitnehmer einzubeziehen, die nicht entlassen**, sondern versetzt werden oder Einkommensverluste infolge der Streichung von Zulagen und Sonderzahlung hinnehmen müssen. Andererseits wird für die Obergrenze auf den Monatsverdienst der von der Entlassung betroffenen Arbeitnehmer abgestellt. Regelt ein Sozialplan sowohl die Folgen von Entlassungen als auch den Ausgleich sonstiger Nachteile (zB Umzugskosten, Verdienstsicherung), ist es weder sachgerecht, das Gesamtvolumen auf zweieinhalb Monatsverdienste der von einer Entlassung betroffenen Arbeitnehmer zu begrenzen, noch in Bezug auf die sonstigen Nachteile von einer Begrenzung abzusehen. Der Normzweck verlangt vielmehr eine Auslegung, die auch diese Arbeitnehmer einzubeziehen und deren Arbeitsverdienst bei der Ermittlung des Gesamtvolumens zu berücksichtigen.[12] **5**

Hat sich der InsVerw mit dem Betriebsrat auf einen Sozialplan geeinigt, hat er vor der Unterzeichnung gem § 160 Abs 1 die Zustimmung des **GlAusschusses** einzuholen. Fehlt diese, lässt das allerdings die Wirksamkeit eines gleichwohl unterzeichneten Sozialplans gem § 164 unberührt.[13] **6**

2. Einigungsstelle. Kommt eine Einigung über den Sozialplan nicht zustande, entscheidet nach § 112 Abs 4 BetrVG die **Einigungsstelle**. Vertreter der Gl müssen dabei nicht zu Mitgliedern der Einigungsstelle bestellt werden.[14] Deren Interessen sind durch die gesetzliche Begrenzung des Dotierungsrahmes gewahrt. Entscheidet die Einigungsstelle über den Sozialplan, besteht keine Genehmigungspflicht nach § 160.[15] Die Einigungsstelle ist auch nicht verpflichtet, im Rahmen ihrer Ermessensausübung einen Vertreter des GlAusschusses zur **7**

---

7 *N/R/Hamacher* § 123 Rn 4a; wohl auch *H/W/K/Annuß* §§ 123, 124 InsO Rn 2; **aA** MK/*Caspers* § 123 Rn 9; *Jaeger/Giesen* § 123 Rn 11; *K/P/B/Moll* §§ 123, 124 Rn 42; GK-BetrVG/*Oetker* §§ 112, 112a Rn 399, *Zwanziger* § 123 Rn 9.

8 MK/*Caspers* § 123 Rn 11; *Uhlenbruck/Zobel* §§ 123, 124 Rn 16; krit dazu *H/W/K/Annuß* §§ 123, 124 InsO Rn 2.

9 *H/W/K/Annuß/Girlich* § 28 SprAuG Rn 1.

10 Dazu *BAG* AP TVG § 1 Sozialplan Nr 2 = ZIP 2007, 1768.

11 *L/S/Z/Aghamiri* § 123 Rn 1; MK/*Caspers* § 123 Rn 17; *Jaeger/Giesen* § 123 Rn 16; *K/P/B/Moll* §§ 123, 124 Rn 46 ff; **aA** *Zwanziger* § 123 Rn 61.

12 *K Schmidt/Ahrens* § 123 Rn 9; MK/*Caspers* § 123 Rn 27; *Fitting* §§ 112, 112a Rn 308; *Gottwald/Bertram* § 108 Rn 151; *Jaeger/Giesen* § 123 Rn 26 ff; GK-BetrVG/*Oetker* §§ 112, 112a Rn 401, *Zwanziger* § 123 Rn 51 ff.; **aA** *Boemke/Tietze* DB 1999, 1389, 1392 f; MünchArbR/*Matthes* § 363 Rn 15; *Richardi/Annuß* Anh zu § 113 Rn 6; *K/P/B/Moll* §§ 123, 124 Rn 35 ff.

13 MK/*Caspers* § 123 Rn 26.

14 *BAG* HGB § 128 Nr 8 = ZIP 1986, 1202.

15 Vgl *BAG* AP BetrVG 1972 § 112 Nr 6 = NJW 1979, 774 zur KO; *K Schmidt/Ahrens* § 123 Rn 7; MK/*Caspers* § 123 Rn 26; *Zwanziger* § 123 Rn 6.

wirtschaftlichen Vertretbarkeit des Sozialplans anzuhören.[16] Die Kosten der Einigungsstelle, zu denen das Honorar des Vorsitzenden und der Beisitzer sowie die Sachkosten zählen, sind Masseverbindlichkeiten (§ 55 Abs 1 Nr 1).

8 Der Sozialplan ist allerdings gem § 112a Abs 1 S 1 BetrVG **nicht über die Einigungsstelle erzwingbar**, wenn die geplante Betriebsänderung allein in der Entlassung von Arbeitnehmern liegt und die in § 112a Abs 1 S 1 BetrVG genannten Zahlen nicht überschritten werden. Als Entlassung gilt dabei gem § 112a Abs 1 S 2 BetrVG auch das vom Arbeitgeber aus Gründen der Betriebsänderung veranlasste Ausscheiden von Arbeitnehmern aufgrund von Aufhebungsverträgen. § 112a Abs 1 S 1 BetrVG ist auch anwendbar, wenn zu dem Personalabbau weitere Maßnahmen des Arbeitgebers hinzukommen. Unanwendbar ist § 112a Abs 1 BetrVG erst, wenn die sonstigen Maßnahmen allein oder zusammen mit dem Personalabbau eine Betriebsänderung iSv § 111 BetrVG darstellen. Dann ist nach § 112 Abs 4 BetrVG ein Sozialplan erzwingbar.[17] Gleiches gilt nach § 112 Abs 2 BetrVG für Unternehmen in den ersten vier Jahren nach ihrer Gründung, sofern die **Neugründung** nicht im Zusammenhang mit der rechtlichen Umstrukturierung von Unternehmen und Konzernen erfolgt ist. Gründet der Alleingesellschafter und Geschäftsführer der Komplementär-GmbH einer KG eine neue GmbH und übernimmt diese von der KG den Betrieb, handelt es sich bei der GmbH um eine Neugründung im Zusammenhang mit der rechtlichen Umstrukturierung von Unternehmen iSv § 112 Abs 2 BetrVG.[18]

III. Begrenzung des Dotierungsrahmens

9 § 123 begrenzt den Dotierungsrahmen für Sozialpläne nach InsEröffnung **in zweifacher Weise**: Nach Abs 1 darf für den Sozialplan ein Gesamtbetrag von bis zu zweieinhalb Monatsverdiensten iSv § 10 Abs 3 KSchG der von einer Entlassung betroffenen Arbeitnehmer vorgesehen werden. Darüber hinaus darf gem Abs 2 S 2 für die Berichtigung von Sozialplanforderungen nicht mehr als ein Drittel der Masse verwendet werden, die ohne einen Sozialplan für die Verteilung an die InsGl zur Verfügung stünde, sofern nicht ein InsPlan zustande kommt.

10 Die absolute Obergrenze von zweieinhalb Monatsverdiensten ist auch dann zu beachten, wenn ein **InsPlan** nach §§ 217 ff aufgestellt ist;[19] dagegen gilt in diesem Falle nicht die relative Obergrenze des Abs 2 S 2.[20] Dies kann allerdings im Hinblick auf das bei der Abstimmung über den InsPlan geltende Obstruktionsverbot des § 245 Abs 1 Nr 1 und den über § 251 gewährleisteten Minderheitenschutz zu Problemen führen, weil eine GlGruppe im Einzelfall darlegen kann, dass sie wegen der fehlenden Geltung der relativen Obergrenze durch den InsPlan schlechter als ohne Plan steht. Im Schrifttum wird deshalb empfohlen, im Sozialplan eine relative Obergrenze ausdrücklich zu vereinbaren.[21]

11 **1. Absolute Obergrenze (Abs 1).** Die Obergrenze von **zweieinhalb Monatsverdiensten** der von einer Entlassung betroffenen Arbeitnehmer (§ 123 Abs 1) bildet die absolute Ober-

---

16 MK/*Caspers* § 123 Rn 26; *Oetker/Friese* DZWiR 2001, 265, 268 f; **aA** *Richardi/Annuß* Anh zu § 113 Rn 3.

17 *BAG* AP BetrVG 1972 § 112a Nr 12 = ZIP 2006, 1460; näher dazu *Fitting* §§ 112, 112a Rn 101 ff; *Richardi/Annuß* § 112a Rn 3 ff.

18 *BAG* AP BetrVG 1972 § 112a Nr 7 = ZIP 1995, 1031.

19 MK/*Caspers* § 123 Rn 73; *Jaeger/Giesen* § 123 Rn 53; *K/P/B/Moll* §§ 123, 124 Rn 88 f; *K Schmidt/Ahrens* § 123 Rn 11; **aA** *Zwanziger* § 123 Rn 4.

20 *Gottwald/Bertram* § 107 Rn 60; *Uhlenbruck/Zobel* §§ 123, 124 Rn 42.

21 *Niering* NZI 2010, 285 ff; *Kohnen/Römer* ZinsO 2010, 1206, 1210.

grenze des Sozialplanvolumens nach InsEröffnung.[22] Hieran ist auch die Einigungsstelle gebunden. Werden innerhalb eines InsVerf mehrere Sozialpläne geschlossen, sind deren Dotierungen zusammenzurechnen. Sie müssen sich in der Summe innerhalb der Grenzen des § 123 Abs 1 halten.[23] Die absolute Obergrenze gilt ausnahmslos und damit auch dann, wenn im Falle der Ins eines konzernangehörigen Unternehmens die Voraussetzungen eines Bemessungsdurchgriffs vorliegen sollten.[24]

Innerhalb des durch § 123 Abs 1 gebildeten Gesamtumfangs können die Betriebsparteien bzw die Einigungsstelle den Sozialplan näher ausgestalten und die **besondere Lage der einzelnen Arbeitnehmer berücksichtigen**. Das hat zur Folge, dass keineswegs für den einzelnen Beschäftigten eine Obergrenze von zweieinhalb Monatsverdiensten gilt.[25] Bei besonderer Schutzbedürftigkeit kann die Obergrenze auch deutlich überschritten werden. Dafür muss dann an anderer Stelle ein Ausgleich sichergestellt werden. So kann vereinbart werden, dass Arbeitnehmer, die im unmittelbaren Anschluss an die Beendigung des Arbeitsverhältnisses eine neue Beschäftigung haben, keine Abfindung erhalten.[26] 12

Für den Dotierungsrahmen ist der Monatsverdienst der von der Entlassung **betroffenen Arbeitnehmer** maßgebend. Es gilt der betriebsverfassungsrechtliche Arbeitnehmerbegriff. Deshalb sind auch Telearbeitnehmer, Heimarbeiter iSv § 5 Abs 1 S 2 BetrVG, nicht aber leitende Angestellte (§ 5 Abs 3 BetrVG) einzubeziehen.[27] 13

Ein Arbeitnehmer ist **von der Entlassung betroffen**, wenn der InsVerw sein Arbeitsverhältnis **betriebsbedingt kündigt**. Darüber hinaus sind aber auch vom InsVerw veranlasste Eigenkündigungen der Arbeitnehmer, **Aufhebungsverträge** oder dreiseitige Vereinbarungen beim Übergang in eine **Transfergesellschaft** zu berücksichtigen.[28] Der Arbeitgeber hat den Anlass zu einer **Eigenkündigung** oder einem Aufhebungsvertrag gegeben, wenn er in dem Arbeitnehmer im Hinblick auf eine konkret geplante Betriebsänderung die berechtigte Annahme hervorgerufen hat, mit der eigenen Initiative zur Beendigung des Arbeitsverhältnisses komme er einer sonst notwendig werdenden betriebsbedingten Kündigung seitens des Arbeitgebers nur zuvor. Ob das geschehen ist, ist eine Frage des Einzelfalls.[29] Der bloße Hinweis auf eine unsichere Lage des Unternehmens, auf notwendig werdende Betriebsänderungen und die nicht auszuschließende Möglichkeit des Arbeitsplatzverlustes genügt allerdings nicht, um in diesem Sinne einen vom Arbeitgeber gesetzten Anlass anzunehmen. Eine Eigenkündigung des Arbeitnehmers oder ein Aufhebungsvertrag ist aber dann vom Arbeitgeber veranlasst, wenn dieser dem Arbeitnehmer zuvor mitgeteilt hat, er habe für ihn nach Durchführung der Betriebsänderung keine Beschäftigungsmöglichkeit mehr.[30] Die Betriebsparteien verstoßen dabei nicht gegen den von ihnen bei Sozialplänen zu beachtenden **Gleichbehandlungsgrundsatz** des § 75 Abs 1 BetrVG, wenn sie den Anspruch auf eine 14

22 HambKomm/*Ahrendt* § 123 Rn 6; MK/*Caspers* § 123 Rn 59.
23 *Boemke/Tietze* DB 1999, 1389, 1393.
24 Dazu allg *BAG* AP BetrVG 1972 § 112 Nr 212 = ZIP 2011, 1433; *Schubert* FS von Hoyningen-Huene, 2014, S 441; *Oetker* FS Wank, 2014, S 383; zum Problem iÜ *Fitting* §§ 112, 112a Rn 294; *Schwarzburg* NZA 2009, 176; **aA** *Roden* NZA 2009, 659.
25 *H/W/K/Annuß* §§ 123, 124 Rn 9; MK/*Caspers* § 123 Rn 63; *Fitting* §§ 112, 112a Rn 294; *K/P/B/Moll* §§ 123, 124 Rn 85; *Richardi/Annuß* Anh zu § 113 Rn 6; *K Schmidt/Ahrens* § 123 Rn 11.
26 *Jaeger/Giesen* § 123 Rn 46.
27 *Fitting* §§ 112, 112a Rn 295; *Jaeger/Giesen* § 123 Rn 39; *N/R/Hamacher* § 123 Rn 16, GK-BetrVG/*Oetker* §§ 112, 112a Rn 409.
28 *K Schmidt/Ahrens* § 123 Rn 14; MK/*Caspers* § 123 Rn 60.
29 *BAG* AP SprAuG § 28 Nr 1 = ZIP 2009, 1244; *BAG* AP BetrVG 1972 § 112 Nr 192; *Fitting* §§ 112, 112a Rn 296.
30 *BAG* EzA BetrVG 2001 § 112 Nr 6; *BAG* ZIP 2003, 1414.

Abfindung im Falle einer vom Arbeitgeber veranlassten Eigenkündigung des Arbeitnehmers davon abhängig machen, dass der Arbeitgeber diesem zuvor ein Arbeitsplatzangebot gemacht hat. Eine solche zusätzliche Anspruchsvoraussetzung ist jedenfalls deshalb gerechtfertigt, weil die Betriebsparteien typisierend annehmen dürfen, dass der „vorzeitig" selbst kündigende Arbeitnehmer durch die Betriebsänderung keine oder geringere Nachteile als die anderen Arbeitnehmer erfährt.[31] Die Betriebsparteien können zur Herstellung von Rechtssicherheit ein Verfahren oder einen Stichtag bestimmen und auf diese Weise festlegen, ob eine Eigenkündigung durch die konkrete Betriebsänderung veranlasst wurde oder nicht. Dazu kann die Ausgleichspflicht an einen Zeitpunkt anknüpfen, zu dem die Art und Weise der durchzuführenden Betriebsänderung für die betroffenen Arbeitnehmer feststeht.[32] Nicht erfasst werden von § 123 Entlassungen aus personen- oder verhaltensbedingten Gründen sowie anderweitige Beendigungen, etwa aufgrund von vereinbarten Befristungen oder Bedingungen.[33]

15 Bei der Bestimmung des **Monatsverdienstes** sind Geld und Sachleistungen (zB privat genutzter Dienstwagen) zu berücksichtigen.[34] Maßgeblich ist der in der vereinbarten regelmäßigen Arbeitszeit erzielte Bruttoverdienst. Vorübergehende Schwankungen der Arbeitszeit infolge von Überstunden und Kurzarbeit bleiben daher grundsätzlich unberücksichtigt, es sein denn, dass sie für den Arbeitnehmer regelmäßig gelten.[35] Zulagen sind einzubeziehen, soweit sie nicht reiner Aufwendungsersatz (Spesen, Reisekostenerstattung) sind. Sonderzahlungen und Boni sind anteilig auf Monate umzurechnen.[36]

16 Aus dem Verweis auf § 10 Abs 3 KSchG folgt, dass der Monatsverdienst des Monats maßgebend ist, in dem das Arbeitsverhältnis endet.[37] Dieser **Bemessungszeitpunkt** bereitet Probleme, wenn der Sozialplan vor der Entlassung aufgestellt wird. Diese Schwierigkeiten können vermieden werden, wenn in dem Sozialplan nicht das Gesamtvolumen betragsmäßig angegeben, sondern nach den zu berücksichtigenden Einkommensbestandteilen der betroffenen Arbeitnehmer abstrakt beschrieben wird. In einem zweiten Schritt ist anhand eines **Punktesystems** die Verteilungsrelation festzulegen.[38]

17 Im Falle der Ins eines an einem **Gemeinschaftsbetrieb** beteiligten Unternehmens und der damit verbundenen Stilllegung des Gemeinschaftsbetriebs sind ggf mehrere Sozialpläne mit den jeweiligen Vertragsarbeitgebern zu vereinbaren. Werden diese in einem Sozialplan zusammengefasst, gehören zu den von der Entlassung betroffenen Arbeitnehmern iSv § 123 Abs 1 nur die Arbeitnehmer des jeweiligen Vertragsarbeitgebers, nicht dagegen alle Arbeitnehmer des Gemeinschaftsbetriebs, an dem der Vertragsarbeitgeber als Unternehmer betei-

---

31 *BAG* AP BetrVG 1972 § 112 Nr 185 = ZIP 2007, 1075.

32 *BAG* AP BetrVG 1972 § 75 Nr 56 = ZIP 2011, 2074.

33 *K Schmidt/Ahrens* § 123 Rn 15; MK/*Caspers* § 123 Rn 60; GK-BetrVG/*Oetker* §§ 112, 112a Rn 411.

34 Vgl dazu HambKomm/*Ahrendt* § 123 Rn 6; *Braun/Wolf* § 123 Rn 5; *Fitting* §§ 112, 112a Rn 299 ff; *Gottwald/Bertram* § 107 Rn 55 f; zu § 10 KSchG vgl *von Hoyningen-Huene/Linck* § 10 Rn 9 ff mwN.

35 *K Schmidt/Ahrens* § 123 Rn 16; MK/*Caspers* § 123 Rn 62; *Jaeger/Giesen* § 123 Rn 42; vgl zur ähnlichen Problematik bei § 4 Abs 1a EFZG *BAG* AP EntgeltFG § 4 Nr 56, 61.

36 *Jaeger/Giesen* § 123 Rn 42.

37 *N/R/Hamacher* § 123 Rn 14.

38 *K Schmidt/Ahrens* § 123 Rn 19; *Boemke/Tietze* DB 1999, 1389, 1391 f; *Fitting* §§ 112, 112a Rn 298; GK-BetrVG/*Oetker* §§ 112, 112a Rn 408; *Zwanziger* § 123 Rn 19; im Grundsatz auch *Gottwald/Bertram* § 108 Rn 149; **aA** FK/*Eisenbeis* § 123 Rn 11: Zeitpunkt der Durchführung der Betriebsänderung; s auch *Jaeger/Giesen* § 123 Rn 44; *K/P/B/Moll* §§ 123, 124 Rn 63; *Braun/Wolf* § 123 Rn 17: Zeitpunkt der Aufstellung des Sozialplans.

ligt ist. Das InsVerf wird nicht über den Gemeinschaftsbetrieb, sondern über das Vermögen eines oder mehrerer Unternehmen eröffnet. Auch wenn InsVerf über die Vermögen aller den Gemeinschaftsbetrieb führenden Unternehmen durchgeführt werden, bilden die InsVerf keine Einheit. Der InsVerw darf die InsMasse nicht durch die Übernahme von gesamtschuldnerischen Verbindlichkeiten gegenüber Arbeitnehmern belasten, die nicht in einem Arbeitsverhältnis zum Schu standen.[39]

2. Überschreiten der absoluten Obergrenze. Die Obergrenze des § 123 Abs 1 ist überschritten, wenn die Summe aller Sozialplanleistungen zweieinhalb Monatsverdienste der von einer Entlassung betroffenen Arbeitnehmer (Rn 14) übersteigt. In diesem Fall ist der **Sozialplan unwirksam**, und zwar unabhängig davon, worauf die Überschreitung beruht (Rechenfehler, fehlerhafte Berechnung des Monatsverdienstes, unzutreffende Einbeziehung von Arbeitnehmern usw). Die Unwirksamkeit wirkt absolut und nicht nur gegenüber den InsGl.[40] Beruht der Sozialplan auf einem Spruch der Einigungsstelle, kann die Unwirksamkeit auch außerhalb der Zweiwochenfrist des § 76 Abs 5 S 4 BetrVG geltend gemacht werden, weil der Sozialplan nicht ermessensfehlerhaft ist, sondern gegen zwingendes Recht verstößt.[41] Ist der Sozialplan wegen Überschreitens der absoluten Obergrenze unwirksam, müssen grds (vgl Rn 19) neue Verhandlungen über den Abschluss eines Sozialplans aufgenommen werden. Beruht der Sozialplan auf dem Spruch einer Einigungsstelle, ist das Einigungsstellenverfahren fortzusetzen.[42] 18

Die Nichtigkeit lässt sich durch ein Punktesystem (Rn 16) oder **Nachbesserungsklauseln** vermeiden. So kann in dem Sozialplan vorgesehen werden, dass bei einer Überschreitung der absoluten Obergrenze des § 123 Abs 1 eine anteilige Kürzung aller Ansprüche erfolgen soll.[43] 19

Ob eine **geltungserhaltende Reduktion** in entspr Anwendung des § 140 BGB auch dann möglich ist, wenn der Sozialplan keine Nachbesserungsklausel enthält, erscheint fraglich. Insoweit ist zu berücksichtigen, dass die Betriebsparteien bei der Ausgestaltung des Sozialplans ein weites Ermessen haben und die anteilige Kürzung der Ansprüche keineswegs zwingend geboten ist. Nur wenn der Sozialplan klare Verteilungsgrundsätze enthält und die Obergrenze nur geringfügig überschritten ist, kommt daher eine geltungserhaltende Reduktion in Frage.[44] Andernfalls ist der Sozialplan neu zu verhandeln. Der Arbeitnehmer kann aus dem unwirksamen Sozialplan keine Ansprüche herleiten.[45] Wurden bereits Leistungen erbracht, bestehen nach § 812 Abs 1 S 1 1. Alt BGB Rückforderungsansprüche des InsVerw.[46] Der Wegfall der 20

---

39 Vgl *BAG* AP BetrVG 1972 § 112 Nr 155 = DB 2003, 1686.

40 HambKomm/*Ahrendt* § 123 Rn 6; *H/W/K/Annuß* §§ 123, 124 InsO Rn 8; *K Schmidt/Ahrens* § 123 Rn 20; FK/*Eisenbeis* § 123 Rn 12; *Fitting* §§ 112, 112a Rn 304; *Graf-Schlicker/Pöhlmann* § 123 Rn 16; GK-BetrVG/*Oetker* §§ 112, 112a Rn 414; **aA** MK/*Caspers* § 123 Rn 64; *K/P/B/Moll* §§ 123, 124 Rn 93.

41 *D/K/K/W/Däubler* Anh zu §§ 111-113, § 123 Rn 15; GK-BetrVG/*Oetker* §§ 112, 112a Rn 417.

42 HambKomm/*Ahrendt* § 123 Rn 6; *L/S/Z/Aghamiri* § 123 Rn 20; *Fitting* §§ 112, 112a Rn 307.

43 *Fitting* §§ 112, 112a Rn 306; GK-BetrVG/*Oetker* §§ 112, 112a Rn 415.

44 Vgl *K Schmidt/Ahrens* § 123 Rn 20; *D/K/K/W/Däubler* Anh zu §§ 111-113, § 123 Rn 16; FK/*Eisenbeis* § 123 Rn 12; *Fitting* §§ 112, 112a Rn 306; *Jaeger/Giesen* § 123 Rn 62; *Richardi/Annuß* Anh zu § 113 Rn 9; *Uhlenbruck/Zobel* §§ 123, 124 Rn 18; weitergehend MK/*Caspers* § 123 Rn 64; *K/P/B/Moll* §§ 123, 124 Rn 93 ff, nach deren Auffassung stets auf das rechtlich zulässige Volumen gekürzt werden kann.

45 *Fitting* §§ 112, 112a Rn 307.

46 *D/K/K/W/Däubler* Anh zu §§ 111–113, § 123 Rn 18; *Graf-Schlicker/Pöhlmann* § 123 Rn 16; *N/R/Hamacher* § 123 Rn 26.

Bereicherung nach § 818 Abs 3 BGB kann dem Anspruch entgegenstehen.[47] Im Einzelfall kann der Anspruch nach § 814 BGB ausgeschlossen sein, etwa wenn der InsVerw wusste, dass die Einigungsstelle die Grenze des § 123 Abs 1 überschritten hat.[48]

IV. Masseverbindlichkeit und relative Obergrenze (Abs 2)

21 **1. Überblick.** Die Verbindlichkeiten aus einem nach InsEröffnung abgeschlossenen Sozialplan sind gem § 123 Abs 2 S 1 **Masseverbindlichkeiten**. Dies folgt iÜ bereits aus § 55 Abs 1 Nr 1. Soweit der Sozialplan durch die Einigungsstelle beschlossen wurde, hat § 123 Abs 2 S 1 klarstellenden Charakter. Als Masseforderung ist der Sozialplananspruch des Arbeitnehmers gem § 53 vorweg zu berichtigen. Nach § 123 Abs 2 S 2 darf jedoch für die Berichtigung der Sozialplanansprüche nicht mehr als ein Drittel der Masse verwendet werden, die ohne den Sozialplan zur Verfügung stünde.

22 **2. Relative Obergrenze.** Die in § 123 Abs 2 S 2 vorgesehene Obergrenze von einem Drittel der Masse soll die InsMasse davor schützen, durch Sozialplanansprüche unverhältnismäßig stark aufgezehrt zu werden.[49] Die relative Obergrenze dient dem **Schutz der übrigen Massegläubiger**. Übersteigt der Gesamtbetrag aller Sozialplanforderungen die Grenze von einem Drittel der Masse, sind gem § 123 Abs 2 S 3 die einzelnen Forderungen anteilig zu kürzen.

23 Zur **Bestimmung der relativen Obergrenze** ist zunächst die Masse zu ermitteln, die für die Verteilung an die Gl zur Verfügung stünde, wenn es keinen Sozialplan gäbe. Dazu sind in einem ersten Schritt von der vorhandenen InsMasse die Aussonderungen (§§ 47 f) und Absonderungen (§§ 48 ff) sowie ggf Aufrechnungen (§§ 94 ff) in Abzug zu bringen. In einem zweiten Schritt sind die Kosten des InsVerf (§ 54) und die sonstigen Masseverbindlichkeiten (§ 55) abzusetzen. Von dieser fiktiven Verteilungsmasse kann bis einem Drittel zur Berichtigung der Sozialplanansprüche – ggf auch aus mehreren Sozialplänen – verwendet werden.[50]

24 **Praxisbeispiel:** Sozialplanvolumen 200 000 EUR, fiktive Verteilungsmasse 150 000 EUR, davon ein Drittel sind 50 000 EUR. Die Sozialplansprüche sind gem § 123 Abs 2 S 3 anteilig im Verhältnis 50 000 EUR zu 200 000 EUR zu kürzen, dh auf ein Viertel. Erhält ein Arbeitnehmer nach dem Sozialplan eine Abfindung in Höhe von 8 000 EUR, kann er daher nach § 123 Abs 2 nur 2 000 EUR verlangen.

25 **3. Masseverbindlichkeiten.** Sozialplanforderungen sind zwar gem § 123 Abs 2 S 1 Masseverbindlichkeiten. Die in Abs 2 S 2 und 3 vorgesehene Berechnungsweise führt jedoch dazu, dass Sozialplanansprüche **letztrangige Masseforderungen** sind. Ihre tatsächliche Höhe steht erst fest, wenn alle anderen Masseverbindlichkeiten berichtigt sind.[51] Die infolge der Kürzung ausfallenden Forderungen bleiben InsFord. Sie können daher erst nach Abschluss des InsVerf gegen den Schu geltend gemacht werden (§ 215 Abs 2, § 210 Abs 1).

26 Im Falle der **Masseunzulänglichkeiten** werden keine Sozialplanforderungen berichtigt, weil bereits die Masse nicht ausreicht, um alle Masseverbindlichkeiten und Massekosten gem

47 GK-BetrVG/*Oetker* §§ 112, 112a Rn 417; *K Schmidt/Ahrens* § 123 Rn 21.
48 *Jaeger/Giesen* § 123 Rn 64.
49 *N/R/Hamacher* § 123 Rn 27.
50 Vgl *Braun/Wolf* § 123 Rn 9; MK/*Caspers* § 123 Rn 66; *Fitting* §§ 112, 112a Rn 310; *Jaeger/Giesen* § 123 Rn 50; *N/R/Hamacher* § 123 Rn 30; *K/P/B/Moll* §§ 123, 124 Rn 108.
51 *K Schmidt/Ahrens* § 123 Rn 25; *Richardi/Annuß* Anh zu § 113 Rn 8; *Fitting* §§ 112, 112a Rn 310; *N/R/Hamacher* § 123 Rn 37; *K/P/B/Moll* §§ 123, 124 Rn 103; *Braun/Wolf* § 123 Rn 12.

§ 53 vorweg zu berichtigen.[52] Sozialplanansprüche können daher nicht zur Masseunzulänglichkeit nach § 208 führen.[53]

V. Durchsetzung des Anspruchs

1. Allgemeine Feststellungsklage. Sozialplanansprüche sind im Streitfall im Wege der **allg Feststellungsklage** gegen den InsVerw geltend zu machen.[54] Sie sind nicht zur Tabelle anzumelden und festzustellen.[55] Eine Leistungsklage, gerichtet auf Zahlung eines bestimmten Betrags, ist unzulässig. Dies folgt mittelbar aus § 123 Abs 3 S 2, wonach die Zwangsvollstreckung in die Masse wegen einer Sozialplanforderung schlechthin – und nicht nur vorübergehend – unzulässig ist. Ein entspr Leistungstitel stellt demnach dauerhaft keine Vollstreckungsgrundlage dar. Daher fehlt für eine Leistungsklage schon das Rechtsschutzbedürfnis, weshalb die Feststellungsklage zulässige Klageart ist.[56] 27

2. Abschlagszahlung. Der InsVerw soll gem § 123 Abs 3 mit Zustimmung des InsGer Abschlagszahlungen auf die Sozialplanforderungen leisten, **sooft hinreichende Barmittel in der Masse vorhanden** sind. InsVerw und InsGer haben dabei § 123 Abs 2 zu beachten. Aus § 123 Abs 3 ergibt sich kein durchsetzbarer Anspruch der Arbeitnehmer auf Zahlung eines Abschlags.[57] 28

3. Vollstreckungsverbot. Nach § 123 Abs 3 ist eine Zwangsvollstreckung in die Masse wegen einer Sozialplanforderung unzulässig. Diese Regelung ist erforderlich, weil das Vollstreckungsverbot für InsFord (§ 89 Abs 1) für Sozialplanforderungen ebenso wenig wie das Vollstreckungsverbot für Masseverbindlichkeiten (§ 90 Abs 1) gilt.[58] Einerseits ist die Masseverbindlichkeit durch eine Rechtshandlung des InsVerw, nämlich Abschluss des Sozialplans, begründet worden. Andererseits ist das Vollstreckungsverbot von sechs Monaten (§ 90 Abs 1) wegen der in § 123 Abs 2 geregelten Verteilung unzureichend. 29

§ 124 Sozialplan vor Verfahrenseröffnung

(1) Ein Sozialplan, der vor der Eröffnung des Insolvenzverfahrens, jedoch nicht früher als drei Monate vor dem Eröffnungsantrag aufgestellt worden ist, kann sowohl vom Insolvenzverwalter als auch vom Betriebsrat widerrufen werden.

(2) Wird der Sozialplan widerrufen, so können die Arbeitnehmer, denen Forderungen aus dem Sozialplan zustanden, bei der Aufstellung eines Sozialplans im Insolvenzverfahren berücksichtigt werden.

(3) [1]Leistungen, die ein Arbeitnehmer vor der Eröffnung des Verfahrens auf seine Forderung aus dem widerrufenen Sozialplan erhalten hat, können nicht wegen des Widerrufs zurückgefordert werden. [2]Bei der Aufstellung eines neuen Sozialplans sind derartige Leistungen an einen von einer Entlassung betroffenen Arbeitnehmer bei der Berechnung des Gesamtbetrags der Sozialplanforderungen nach § 123 Abs. 1 bis zur Höhe von zweieinhalb Monatsverdiensten abzusetzen.

---

52 MK/*Caspers* § 123 Rn 68.

53 *BAG* AP InsO § 123 Nr 4 mit zust Anm *Windel* = ZIP 2010, 546; *N/R/Hamacher* § 123 Rn 37; *Richardi/Annuß* Anh zu § 113 Rn 8.

54 *BAG* AP InsO § 123 Nr 4 = ZIP 2010, 546; HambKomm/*Ahrendt* § 123 Rn 9; *Fitting* §§ 112, 112a Rn 315; *Jaeger/Giesen* § 123 Rn 66.

55 *Fitting* §§ 112, 112a Rn 309.

56 *BAG* AP InsO § 123 Nr 4 = ZIP 2010, 546; *BAG* AP BetrVG 1972 § 112 Nr 176 = ZIP 2006, 489; *BAG* ZIP 2003, 1414.

57 *Jaeger/Giesen* § 123 Rn 65; *N/R/Hamacher* § 123 Rn 41.

58 *K/P/B/Moll* §§ 123, 124 Rn 125.

Übersicht

I. Normzweck

1 § 124 ergänzt § 120 und § 123. Sozialpläne, die in der **krit Phase** kurz vor Eröffnung des InsVerf aufgestellt werden, dienen typischerweise zum Ausgleich von Nachteilen, die mit der InsEröffnung zusammenhängen. Mit dem in § 124 geregelten Widerrufsrecht ermöglicht das Gesetz, solche Sozialpläne mit den in Abs 3 geregelten Einschränkungen zu beseitigen und die durch diese Sozialpläne begünstigten Arbeitnehmer weitgehend den Arbeitnehmern gleichzustellen, denen Forderungen aus einem nach InsEröffnung aufgestellten Sozialplan zustehen.[1] Das Widerrufsrecht betrifft auch Sozialpläne, die in dem Zeitraum zwischen Eröffnungsantrag und InsEröffnung (§ 27) abgeschlossen wurden, und zwar unabhängig davon, ob ein vorl InsVerw beteiligt war.[2] Sozialpläne, die früher als drei Monate vor dem Antrag auf Eröffnung des InsVerf vereinbart worden sind, können nach § 120 gekündigt werden (dazu § 120 Rn 3).

II. Voraussetzungen

2 Von dem Widerrufsrecht aus § 124 Abs 1 werden Sozialpläne erfasst, die in einem Zeitraum von **drei Monaten vor dem Antrag auf Eröffnung des InsVerf** aufgestellt worden sind. Für die Rückrechnung kann § 139 herangezogen werden (vgl § 139 Rn 3).[3] Die Frist berechnet sich nach § 188 Abs 2 BGB.[4] Der Sozialplan ist aufgestellt, wenn er von beiden Betriebsparteien unterzeichnet oder die fehlende Einigung durch einen Spruch der Einigungsstelle ersetzt worden ist.[5] Auf den Zeitpunkt des Inkrafttretens kommt es nicht an.[6]

3 Die Ausübung des Widerrufsrechts bedarf **keines rechtfertigenden Grundes**.[7] Der Widerruf ist nicht an eine bestimmte **Form** gebunden, es braucht auch keine **Frist** eingehalten zu werden.[8] Ausnahmsweise kann das Widerrufsrecht verwirken, auch können Betriebsrat oder InsVerw auf das Widerrufsrecht – ggf auch konkludent – verzichten.[9] Der Widerruf setzt auf Seiten des Betriebsrats einen wirksamen Betriebsratsbeschluss voraus. Das **Restmandat des Betriebsrats** nach § 21b BetrVG erstreckt sich dabei auch auf das Widerrufsrecht.[10] Der Widerruf wird gem § 130 BGB mit Zugang bei der jeweils anderen Betriebs-

1 BT-Drucks 12/2443, 155; *Fitting* §§ 112, 112a Rn 318.
2 *D/K/K/W/Däubler* Anh zu §§ 111-113, § 124 Rn 2; *Fitting* §§ 112, 112a Rn 319; *N/R/Hamacher* § 124 Rn 7; *Gottwald/Bertram* § 107 Rn 66.
3 *Zwanziger* § 124 Rn 4.
4 *Fitting* §§ 112, 112a Rn 321; *Jaeger/Giesen* § 124 Rn 6.
5 MK/*Caspers* § 124 Rn 4; *Fitting* §§ 112, 112a Rn 320; *Jaeger/Giesen* § 124 Rn 5 f.
6 *Uhlenbruck/Zobel* §§ 123, 124 Rn 32.
7 *Fitting* §§ 112, 112a Rn 322; *Gottwald/Bertram* § 107 Rn 67; MK/*Caspers* § 124 Rn 7; *K/P/B/Moll* §§ 123, 124 Rn 135.
8 MK/*Caspers* § 124 Rn 14; FK/*Eisenbeis* § 124 Rn 11; *Richardi/Annuß* Anh zu § 113 Rn 11; *Zwanziger* § 124 Rn 9.
9 *LAG Köln* AP InsO § 124 Nr 1 = NZI 2003, 335; *D/K/K/W/Däubler* Anh zu §§ 111-113, § 124 Rn 1; *N/R/Hamacher* § 124 Rn 9; MK/*Caspers* § 124 Rn 14; *K/P/B/Moll* §§ 123, 124 Rn 132.
10 *Fitting* §§ 112, 112a Rn 322; MK/*Caspers* § 124 Rn 12.

partei wirksam.[11] Das gilt auch, wenn der Sozialplan durch den Spruch einer Einigungsstelle zustande gekommen ist.[12]

Der InsVerw ist zwar nicht zum Widerruf verpflichtet. Aus **haftungsrechtlichen Gründen (§ 60)** wird er allerdings von dem Widerrufsrecht Gebrauch machen, wenn noch nicht alle Sozialplanforderungen erfüllt sind. Die nicht erfüllten Forderungen werden durch den Widerruf beseitigt (Rn 6). Ein dann neu verhandelter Sozialplan belastet wg § 123 die Masse oftmals geringer. Etwas anderes wird allerdings dann gelten, wenn der frühere Sozialplan einen nur geringen Dotierungsrahmen hatte, um die angestrebte Sanierung nicht zu gefährden. In diesem Fall wird freilich der Betriebsrat prüfen, ob er nicht seinerseits den Sozialplan widerruft.[13] 4

Das Widerrufsrecht ist **für den InsVerw ausgeschlossen**, wenn kein Betriebsrat – auch kein solcher mit Restmandat iSv § 21b BetrVG – mehr vorhanden ist, mit dem ein neuer Sozialplan verhandelt werden könnte. In diesem Falle gingen die Ansprüche der Arbeitnehmer ersatzlos unter. Darin läge ein unverhältnismäßiger Eingriff in die dem Schutz des Art 14 GG unterfallenden Sozialplanansprüche.[14] Dem InsVerw verbleibt uU die Möglichkeit der InsAnf nach §§ 132, 133. 5

III. Rechtsfolgen des Widerrufs

1. Rückwirkende Beseitigung der Ansprüche. Der Widerruf lässt die **Wirksamkeit des Sozialplans entfallen**. Die sich daraus ergebenden Ansprüche werden rückwirkend beseitigt.[15] Das hat zur Folge, dass zwischenzeitlich erfolgte Abtretungen oder Pfändungen der Sozialplanansprüche gegenstandslos werden.[16] 6

2. Ausschluss von Rückforderungen. Gem § 124 Abs 3 können Leistungen, die ein Arbeitnehmer vor der Eröffnung des Verf auf seine Forderung aus dem widerrufenen Sozialplan erhalten hat, **nicht wegen des Widerrufs zurückgefordert** werden. Die Möglichkeit einer InsAnf nach §§ 132 ff ist dadurch allerdings nicht ausgeschlossen, soweit die gesetzlichen Voraussetzungen vorliegen.[17] 7

3. Aufstellung eines neuen Sozialplans. Nach dem Widerruf des früheren Sozialplans kann der Betriebsrat den **Abschluss eines neuen Sozialplans** verlangen. Ggf ist ein Einigungsstellenverfahren durchzuführen. Dabei sind Betriebsrat und InsVerw sowie die Einigungsstelle nicht an die Inhalte des widerrufenen Sozialplans gebunden.[18] Der einzelne Arbeitnehmer kann nicht darauf vertrauen, dass ursprünglich entstandene Sozialplanansprüche bestehen bleiben.[19] Soweit nach § 124 Abs 2 Arbeitnehmer, denen nach dem widerrufenen Sozialplan Ansprüche zustanden, in dem neuen Sozialplan berücksichtigt werden „können“, heißt dies, dass sie berücksichtigt werden müssen, soweit dem nicht sachliche Gründe iSd § 75 Abs 1 8

---

11 *Braun/Wolf* § 124 Rn 4; *K Schmidt/Ahrens* § 124 Rn 7; *K/P/B/Moll* §§ 123, 124 Rn 134.
12 FK/*Eisenbeis* § 124 Rn 7; *Fitting* §§ 112, 112a Rn 322; *K/P/B/Moll* §§ 123, 124 Rn 134.
13 HambKomm/*Ahrendt* § 124 Rn 4; MK/*Caspers* § 124 Rn 10.
14 MK/*Caspers* § 124 Rn 13; ebenso *L/S/Z/Aghamiri* § 124 Rn 4; HambKomm/*Ahrendt* § 124 Rn 3; *K Schmidt/Ahrens* § 124 Rn 8; *N/R/Hamacher* § 124 Rn 9.
15 *Andres/Leithaus* § 124 Rn 16; *H/W/K/Annuß* §§ 123, 124 InsO Rn 11; *Braun/Wolf* § 124 Rn 5; *K/P/B/Moll* §§ 123, 124 Rn 136.
16 MK/*Caspers* § 124 Rn 16.
17 *N/R/Hamacher* § 124 Rn 20; MK/*Caspers* § 124 Rn 20.
18 *K Schmidt/Ahrens* § 124 Rn 12; *Braun/Wolf* § 124 Rn 7; *Fitting* §§ 112, 112a Rn 324; *N/R/Hamacher* § 124 Rn 14.
19 *K/P/B/Moll* §§ 123, 124 Rn 139.

BetrVG entgegenstehen.[20] Bei der Dotierung des Sozialplans sind die Höchstgrenzen des § 123 zu beachten.

9 Bei der Aufstellung eines neuen Sozialplans sind Leistungen, die nach § 124 Abs 3 S 1 nicht zurückgefordert werden können, gem § 124 Abs 3 S 2 bei der Berechnung des Gesamtbetrags der Sozialplanforderungen nach § 123 Abs 1 bis zur Höhe von zweieinhalb Monatsverdiensten abzusetzen.

IV. Unterbleiben des Widerrufs

10 Unterbleibt der Widerruf des Sozialplans, bleibt dieser wirksam. Sozialplanansprüche aus nicht widerrufenen insolvenznahen Sozialplänen sind grds als **InsFord** nach § 38 zu behandeln. Wenn der Sozialplan von einem vorl InsVerw mit Verfügungsbefugnis nach § 21 Abs 2 Nr 2, § 22 (starker vorl InsVerw) vor Eröffnung des InsVerf abgeschlossen wurde, gelten die darin begründeten Ansprüche allerdings nach § 55 Abs 2 als Masseverbindlichkeiten.[21] Das Unterlassen des Widerrufs begründet dagegen keine Masseverbindlichkeit nach § 55 Abs 1.[22]

V. Ältere Sozialpläne

11 Ältere Sozialpläne, die **vor der „kritischen Phase" des § 124 Abs 1 abgeschlossen** wurden, können nur ausnahmsweise gekündigt werden (dazu § 120 Rn 3). Die Eröffnung des InsVerf stellt weder einen Grund zur außerordentlichen Kündigung dar noch wird hierdurch allein der Wegfall der Geschäftsgrundlage begründet.[23] Dem Interesse des Betriebsrats, auf diesem Weg den alten – wegen der Zahlungsunfähigkeit des Schu nicht erfüllten – Sozialplan zu beseitigen und über § 123 einen neuen abzuschließen, der nunmehr Masseverbindlichkeiten begründet (§ 123 Rn 21), steht § 124 entgegen. Nach dieser gesetzlichen Regelung können nur Sozialpläne, die in der kritischen Phase drei Monate vor Eröffnung des InsVerf aufgestellt wurden, widerrufen werden. Diese Regelung kann auch nicht dadurch umgangen werden, dass ein Sozialplan unter die auflösende Bedingung der Eröffnung des InsVerf vor Erfüllung der Sozialplanansprüche gestellt wird.[24] Dagegen spricht bereits die mangelnde Klarheit einer solchen Bedingung. Hat der Arbeitgeber vor InsEröffnung einen Teil der Sozialplanleistungen erbracht, sei es in Form von Teilzahlungen an alle betroffenen Arbeitnehmer, sei es in Form einer vollständiger Erfüllung der Ansprüche an einen Teil der Berechtigten, ist unklar, ob die begünstigten Arbeitnehmer die erhaltene Leistung behalten können oder zurückzuzahlen haben. Hinzu kommt, dass eine solche Klausel die übrigen Gl benachteiligt und allein dazu dient, den Grundsatz der Gläubigergleichbehandlung zu umgehen.

§ 125 Interessenausgleich und Kündigungsschutz

(1) [1]Ist eine Betriebsänderung (§ 111 des Betriebsverfassungsgesetzes) geplant und kommt zwischen Insolvenzverwalter und Betriebsrat ein Interessenausgleich zustande, in dem die Arbeitnehmer, denen gekündigt werden soll, namentlich bezeichnet sind, so ist § 1 des Kündigungsschutzgesetzes mit folgenden Maßgaben anzuwenden:

---

20 FK/*Eisenbeis* § 124 Rn 13; *Jaeger/Giesen* § 124 Rn 17; *Zwanziger* § 124 Rn 11.

21 *BAG* AP InsO § 38 Nr 1 = ZIP 2002, 2051.

22 HambKomm/*Ahrendt* § 124 Rn 7; *H/W/K/Annuß* § 124 InsO Rn 12; *Gottwald/Bertram* § 107 Rn 69; *K Schmidt/Ahrens* § 124 Rn 14.

23 *LAG Nds* ZIP 2010, 442; *Fitting* §§ 112, 112a Rn 330; *Jaeger/Giesen* § 124 Rn 23; *K/P/B/Moll* §§ 123, 124 Rn 152 f; **aA** *Zwanziger* § 124 Rn 17.

24 *LAG Nds* ZIP 2010, 442; *K Schmidt/Ahrens* § 124 Rn 4; *Jaeger/Giesen* § 124 Rn 24; dahin tendierend auch *Fitting* §§ 112, 112a Rn 330; **aA** *Zwanziger* § 124 Rn 16.

1. es wird vermutet, dass die Kündigung der Arbeitsverhältnisse der bezeichneten Arbeitnehmer durch dringende betriebliche Erfordernisse, die einer Weiterbeschäftigung in diesem Betrieb oder einer Weiterbeschäftigung zu unveränderten Arbeitsbedingungen entgegenstehen, bedingt ist;
2. die soziale Auswahl der Arbeitnehmer kann nur im Hinblick auf die Dauer der Betriebszugehörigkeit, das Lebensalter und die Unterhaltspflichten und auch insoweit nur auf grobe Fehlerhaftigkeit nachgeprüft werden; sie ist nicht als grob fehlerhaft anzusehen, wenn eine ausgewogene Personalstruktur erhalten oder geschaffen wird.

[2]Satz 1 gilt nicht, soweit sich die Sachlage nach Zustandekommen des Interessenausgleichs wesentlich geändert hat.

(2) Der Interessenausgleich nach Absatz 1 ersetzt die Stellungnahme des Betriebsrats nach § 17 Abs. 3 Satz 2 des Kündigungsschutzgesetzes.

Übersicht

I. Normzweck

1 § 125 dient der **Förderung der „übertragenden Sanierung"**.[1] Die Vorschrift schränkt als lex specialis zu §§ 1 und 2 KSchG den gesetzlichen Kündigungsschutz ein. Die gerichtlichen Überprüfungsmöglichkeiten betriebsbedingter Kündigungen nach § 1 Abs 2 und 3 KSchG werden unter den Voraussetzungen des § 125 zugunsten einer kollektivrechtlichen Regelungsbefugnis der Betriebsparteien begrenzt. Der InsVerw soll nicht einer Fülle von langwierigen und schwer kalkulierbaren Kündigungsschutzprozessen ausgesetzt werden.[2] § 125 verdrängt als speziellere Regelung auch § 1 Abs 5 KSchG.[3] Die Einschränkung der gerichtlichen Überprüfungsmöglichkeiten hat der Gesetzgeber für erforderlich gehalten, um zu verhindern, dass eine beabsichtigte, mit Rationalisierungsmaßnahmen verbundene Betriebsveräußerung daran scheitert, dass der potenzielle Erwerber nicht übersehen kann, welche Arbeitsverhältnisse mit dem Betriebsübergang auf ihn übergehen. Zugleich soll den Arbeitnehmern der Rechtsschutz gegen unberechtigte Kündigungen nicht genommen werden. § 125 soll somit marktwirtschaftlich sinnvolle Sanierungen ermöglichen. Das mit dieser Regelung verfolgte Ziel eines – und sei es auch nur vorübergehenden – Erhalts von Arbeitsplätzen dient nicht nur dem Interesse des Arbeitgebers, sondern auch dem der Gesamtbelegschaft und der Allgemeinheit. Die Leistungsfähigkeit von Betrieben und Unternehmen

---

1 Vgl *BAG* AP InsO § 125 Nr 9 = ZIP 2012, 1927; *N/R/Hamacher* § 125 Rn 2; *Uhlenbruck/Zobel* § 125 Rn 5.
2 *BAG* AP InsO § 125 Nr. 1 = ZIP 2004, 1271.
3 *BAG* AP BGB § 613a Nr 424 = ZInsO 2012, 1851; ErfK/*Gallner* § 125 InsO Rn 1.

in ihrer Gesamtheit gehört zu den Grundlagen eines funktionierenden Wirtschaftssystems.[4] Die Einschränkung der gerichtlichen Überprüfungsmöglichkeiten hat der Gesetzgeber mit der Annahme gerechtfertigt, der Betriebsrat werde nur unvermeidbaren Kündigungen zustimmen und bei der sozialen Auswahl auf eine ausreichende Berücksichtigung der im Gesetz genannten Auswahlgesichtspunkte achten.[5]

II. Anwendungsbereich

2 § 125 gilt für die Kündigung der beim Schu beschäftigten Arbeitnehmer iSd § 5 BetrVG. Nicht erfasst werden **leitende Angestellte**, weil das BetrVG auf diese Personengruppe gem § 5 Abs 3 BetrVG keine Anwendung findet.[6] Dies gilt auch dann, wenn die Vereinbarung mit dem Sprecherausschuss geschlossen wurde.[7] Die Erleichterungen des § 125 stehen nur dem InsVerw, nicht aber auch dem **vorl InsVerw** zur Verfügung.[8] Vor der Eröffnung des InsVerf findet § 125 deshalb keine Anwendung.[9] Ein davor zwischen dem Betriebsrat und dem vorl InsVerw vereinbarter Interessenausgleich erzeugt auch nicht durch einseitige Genehmigung des späteren InsVerw die Wirkungen des § 125 Abs 1 S 1. Dem steht entgegen, das er als kollektivrechtliche Regelung eigener Art[10] eine Einigung beider Betriebsparteien erfordert. Dies spricht dafür, dass auch der Betriebsrat den mit dem vorl InsVerw vereinbarten Interessenausgleich nochmals genehmigen muss.[11] Der **Schu als Eigenverwalter** kann gem § 279 auch ohne Zustimmung des Sachwalters mit dem Betriebsrat einen Interessenausgleich mit Namensliste nach § 125 vereinbaren.[12] Die Regelung des § 125 ist bei **grenzüberschreitenden Ins** anwendbar, bei denen deutsches Arbeitsrecht nach Art 10 EuInsVO anwendbar ist. In einem solchen Fall ist aufgrund einer unionsrechtskonformen Auslegung auch ein Administrator, der in der vom englischen InsRecht vorgesehenen Weise für den Schu handelt, als InsVerw iSv § 125 anzusehen.[13] § 125 gilt nicht nur für Beendigungskündigungen, sondern – ebenso wie § 1 Abs 5 KSchG[14] – auch für **ordentliche Änderungskündigungen** (dazu Rn 23).[15] Dies ist in § 125 Abs 1 S 1 Nr 1 klargestellt, soweit es dort heißt, die Vermutung erstrecke sich auf dringende betriebliche Erfordernisse, die „einer Weiterbeschäftigung zu unveränderten Bedingungen entgegenstehen". § 125 ist lediglich gegenüber §§ 1 und 2 KSchG lex specialis, nicht aber gegenüber § 15 KSchG. Daher genießen **Betriebsratsmitglieder** auch in der Ins des Arbeitgebers den besonderen Kündigungsschutz.[16] Da nach Eröffnung des InsVerf gem § 113 vertragliche oder tarifvertragliche „Unkündbarkeitsregelungen" aufgehoben und die Arbeitsverhältnisse ordentlich kündbar sind (§ 113 Rn 16), gilt § 125 – anders als § 1 Abs 5 KSchG[17] – auch für vor InsEröffnung **unkündbare Arbeitnehmer**. § 125 kommt auch dann zur Anwendung, wenn der Interessenausgleich von einer nach § 117 Abs 2 BetrVG gebildeten besonderen betriebsverfassungsrechtlichen **Vertretung**

---

4 *BAG* AP InsO § 125 Nr. 13 = ZIP 2014, 536.
5 BT-Drucks 12/2443, 149.
6 MK*Caspers* § 125 Rn 10.
7 ErfK/*Gallner* § 125 InsO Rn 3.
8 ErfK/*Gallner* § 125 InsO Rn 1; *Jaeger/Giesen* § 125 Rn 11; KR/*Weigand* § 125 InsO Rn 9.
9 *BAG* ZIP 2012, 1822; **aA** für eine analoge Anwendung MK/*Caspers* Vor §§ 113–118 Rn 29 f.
10 *Fitting* §§ 112, 112a Rn 44.
11 Dahin tendierend *BAG* AP KSchG 1969 § 17 Nr 40 = ZIP 2012, 1822.
12 *Jaeger/Giesen* § 125 Rn 10.
13 *BAG* AP InsO § 125 Nr 10 = ZIP 2012, 2312.
14 *BAG* AP KSchG 1969 § 1 Namensliste Nr 16 = NZA 2008, 103.
15 *Caspers* Rn 225; *A/P/S/Künzl* § 125 InsO Rn 19; ErfK/*Gallner* § 125 InsO Rn 1.
16 *BAG* AP KSchG 1969 § 15 Nr 60 = ZIP 2006, 918; ErfK/*Gallner* § 125 InsO Rn 3.
17 Dazu *BAG* AP BGB § 626 Nr 222 = DB 2009, 2105.

des fliegenden Personals vereinbart wurde.[18] Die Regelung des § 125 gilt dagegen **nicht** im Geltungsbereich des **Personalvertretungsrechts** und in **kirchlichen Einrichtungen** mit kirchlichen Mitarbeitervertretungen.[19]

III. Betriebsänderung

§ 125 setzt voraus, dass im Betrieb des Schu eine **Betriebsänderung iSv § 111 BetrVG** geplant ist. § 125 enthält keinen eigenen Begriff der Betriebsänderung, sondern knüpft insoweit an § 111 BetrVG an. Unerheblich ist, welcher der Tatbestände des § 111 BetrVG erfüllt ist. Um eine Betriebsänderung handelt es sich auch bei einem bloßen Personalabbau, wenn die Zahlen und Prozentangaben des § 17 Abs 1 KSchG erreicht sind.[20] Nicht erforderlich ist, dass die Betriebsänderung iF des § 111 S 3 Nr 1 auch sozialplanpflichtig ist (dazu § 112a BetrVG).[21] Für die Anwendbarkeit des § 111 BetrVG kommt es seit der Änderung dieser Bestimmung im Jahre 2001 auf die Zahl der im Unternehmen beschäftigten Arbeitnehmer an. Bei der Bestimmung der Zahl der wahlberechtigten Arbeitnehmer sind Leiharbeitnehmer, die länger als drei Monate im Unternehmen eingesetzt sind, mitzuzählen.[22] Sind in diesem mehr als 20 Arbeitnehmer tätig, kann auch eine Betriebsänderung in dazu gehörenden Betrieben mit weniger als 21 Mitarbeitern interessenausgleichspflichtig sein.[23] Im Falle der Ins des Unternehmens können daher dort auch Interessenausgleiche mit Namenslisten vereinbart werden. § 125 ist deshalb auch in derartigen Kleinbetrieben anwendbar.[24] 3

Die Vermutungswirkung erstreckt sich lediglich auf eine im Interessenausgleich geregelte Betriebsänderung. Liegt keine Betriebsänderung vor, sondern handelt es sich in Wahrheit um einen **(Teil-)Betriebsübergang**, greift § 125 jedenfalls für die vom (Teil-)Betriebsübergang betroffenen Arbeitsverhältnisse nicht ein.[25] Betriebsveräußerung und Betriebsstilllegung schließen sich systematisch aus.[26] 4

Eine Betriebsänderung kann auch durch **bloßen Personalabbau** erfolgen.[27] Voraussetzung dafür ist, dass der Personalabbau eine relevante Zahl von Arbeitnehmern erfasst. Maßgebend sind insoweit die Zahlen des § 17 Abs 1 KSchG, wobei in größeren Betrieben mindestens 5 % der Belegschaft betroffen sein müssen.[28] Da eine Betriebsänderung auch durch bloßen Personalabbau nach § 111 BetrVG stets zur Voraussetzung hat, dass durch sie wesentliche Nachteile für die Belegschaft oder erhebliche Teile der Belegschaft entstehen können, umfasst die **Darlegungslast des InsVerw**, der sich auf die Vermutungswirkung des § 125 Abs 1 Nr 1 beruft, in einem derartigen Fall jedenfalls die Darlegung, dass die geplante Maßnahme, die zur Kündigung geführt hat, erhebliche Teile der Belegschaft betroffen hat. Dies kann im Einzelfall, wenn zB Haupt- und Nebenbetriebe sowie mehrere Betriebsteile vorhanden sind, substantiierten Vortrag des InsVerw zur Bestimmung des „Betriebs", in dem die geltend gemachte Betriebsänderung iSv § 111 BetrVG vorgenommen worden ist, erforderlich machen. Nur 5

---

18 *BAG* AP InsO § 125 Nr 4 = ZIP 2007, 2136.
19 *LAG Nds* LAGE InsO § 125 Nr 12; ErfK/*Gallner* § 125 InsO Rn 4; *K/P/B/Moll* § 125 Rn 12.
20 *BAG* AP InsO § 125 Nr 13 = ZIP 2014, 536; *BAG* AP KSchG 1969 § 17 Nr 41 = ZIP 2012, 2412.
21 ErfK/*Gallner* § 125 InsO Rn 3; *Stahlhacke/Vossen* Rn 2312.
22 *BAG* AP BetrVG 1972 § 111 Nr 70 = ZIP 2012, 540.
23 Dazu *BAG* AP BetrVG 1972 § 111 Nr 69 = ZIP 2011, 730.
24 **AA** FK/*Eisenbeis* § 125 Rn 2; KR/*Weigand* § 125 InsO Rn 6.
25 *BAG* AP BGB § 613a Nr 316 = ZIP 2007, 595; *BAG* AP BetrVG 1972 § 102 Nr 134 = ZIP 2004, 525; ErfK/*Gallner* § 125 InsO Rn 3.
26 *BAG* AP KSchG 1969 § 1 Betriebsbedingte Kündigung Nr 188 = ZInsO 2013, 306.
27 *BAG* AP KSchG 1969 § 1 Betriebsbedingte Kündigung Nr 190 = NZA 2012, 992.
28 *BAG* AP BetrVG 1972 § 112a Nr 12 = ZIP 2006, 1460 mwN; zu Kleinbetrieben vgl *BAG* AP BetrVG 1972 § 111 Nr 69 = ZIP 2011, 730.

wenn feststeht, was im konkreten Fall als Betrieb im betriebsverfassungsrechtlichen Sinn anzusehen ist, kann anhand der Betriebsgröße und der Größe der Gesamtbelegschaft berechnet werden, ob nach § 111 BetrVG von der geplanten Maßnahme die Gesamtbelegschaft oder zumindest erhebliche Teile dieser Belegschaft betroffen waren.[29]

6 § 125 kann nicht auf Vorgänge erstreckt werden, die noch keine Betriebsänderung darstellen und damit außerhalb des Anwendungsbereichs des § 111 BetrVG liegen. Das Gesetz begrenzt die Einschränkung der gerichtlichen Überprüfungsmöglichkeiten betriebsbedingter Kündigungen in § 125 unmissverständlich auf Fälle der Betriebsänderung nach § 111 BetrVG.[30] Ein **freiwilliger Interessenausgleich** ohne Betriebsänderung ist nicht ausreichend.[31] Dass eine Betriebsänderung geplant war und für die Kündigung ursächlich war, hat der InsVerw **darzulegen und ggf zu beweisen**.[32]

7 Die Betriebsänderung muss vom InsVerw **geplant** sein. Hat der Schu die Betriebsänderung geplant und ist während der Verhandlungen über den Interessenausgleich das InsVerf eröffnet worden, kommt § 125 zur Anwendung, wenn der InsVerw die Verhandlungen mit dem Betriebsrat fortführt und sich so die vom Schu geplante Betriebsänderung zu eigen macht. Nicht erforderlich ist, dass die Betriebsänderung später wie geplant durchgeführt wird. Es muss nur ein sachlicher und zeitlicher Zusammenhang zwischen der geplanten Betriebsänderung und dem Interessenausgleich bestehen.[33] Ein **vorsorglicher Interessenausgleich** für den Fall einer möglichen späteren Betriebsänderung genügt nicht den Anforderungen des § 125.[34]

8 Die **Planung einer Stilllegung** erfordert, dass der InsVerw ernstlich und endgültig entschlossen ist, die Produktionsgemeinschaft zwischen Arbeitgeber und Arbeitnehmern für einen seiner Dauer nach unbestimmten, wirtschaftlich nicht unerheblichen Zeitraum aufzuheben.[35] Er kann eine Kündigung auch auf die beabsichtigte Stilllegung des Betriebs stützen. Dazu muss er im Zeitpunkt des Zugangs der Kündigung den ernsthaften und endgültigen Entschluss gefasst haben, den Betrieb endgültig und nicht nur vorübergehend stillzulegen. Die geplanten Maßnahmen müssen bei Zugang der Kündigung bereits greifbare Formen angenommen haben.[36] Hierfür reicht es nicht aus, wenn zunächst nur eine kurzfristige Produktionsunterbrechung erwogen wird oder die Stilllegung zwar im Gespräch und für den Fall des Scheiterns geplanter Sanierungsmaßnahmen als letztes Mittel vorgesehen ist, jedoch nur ebenso im Bereich des Möglichen liegt wie eine andere angestrebte Maßnahme zur Erhaltung des Betriebs und der Arbeitsplätze. Bei alsbaldiger Wiedereröffnung eines Betriebs spricht eine tatsächliche Vermutung gegen eine ernsthafte Stilllegungsabsicht. Da die Betriebsveräußerung keine Stilllegung darstellt, gilt das gleiche bei einer alsbaldigen Betriebsveräußerung.[37]

---

29 Vgl *BAG* AP BetrVG 1972 § 111 Nr 69 = ZIP 2011, 730; *BAG* AP BetrVG 1972 § 111 Nr 65 = DB 2007, 2376.

30 *BAG* AP BGB § 613a Nr 237 = ZInsO 2003, 43; ErfK/*Gallner* § 125 InsO Rn 3.

31 *K Schmidt/Ahrens* § 125 Rn 8; MK/*Caspers* § 125 Rn 6; ErfK/*Gallner* § 125 InsO Rn 3; *N/R/Hamacher* § 125 Rn 18; *Jaeger/Giesen* § 125 Rn 4; *Stahlhacke/Vossen* Rn 2312; KR/*Weigand* § 125 InsO Rn 6; **aA** *Kappenhagen* NZA 1998, 968.

32 *BAG* AP BetrVG 1972 § 111 Nr 65 = DB 2007, 2376; ErfK/*Gallner* § 125 InsO Rn 3; *N/R/Hamacher* § 125 Rn 18.

33 *K Schmidt/Ahrens* § 125 Rn 13; KR/*Weigand* § 125 InsO Rn 8.

34 ErfK/*Gallner* § 125 InsO Rn 3; KR/*Weigand* § 125 InsO Rn 8.

35 *BAG* AP BGB § 622 Nr 68 = ZIP 2013, 1835; *BAG* AP KSchG 1969 § 1 Betriebsbedingte Kündigung Nr 136 = NJW 2006, 2508.

36 *BAG* AP BGB § 622 Nr 68 = ZIP 2013, 1835; *BAG* AP KSchG 1969 § 1 Betriebsbedingte Kündigung Nr 188 = ZInsO 2013, 306; näher dazu *Schaub/Linck* § 134 Rn 43 ff.

37 *LAG Düsseldorf* ZIP 2003, 817.

IV. Interessenausgleich

Der InsVerw muss mit dem **zuständigen Betriebsrat** einen Interessenausgleich nach § 112 BetrVG vereinbaren. § 121 ist insoweit zu beachten.[38] Zuständig ist grundsätzlich der örtliche Betriebsrat. Dem **Gesamtbetriebsrat** obliegt die Wahrnehmung der Mitbestimmungsrechte, wenn es sich um Maßnahmen handelt, die das gesamte Unternehmen oder mehrere Betriebe betreffen und notwendigerweise nur einheitlich oder jedenfalls betriebsübergreifend geregelt werden können. Dabei folgt nach der Rspr des BAG aus der Zuständigkeit des Gesamtbetriebsrats für einen Interessenausgleich nicht ohne Weiteres seine Zuständigkeit auch für den Abschluss eines Sozialplans.[39] Treffen die Betriebsparteien bei einer mehrere Betriebe erfassenden Personalabbaumaßnahme eine Auswahlentscheidung auch bezogen auf Arbeitnehmer, in deren Betrieb die Voraussetzungen einer Betriebsänderung nicht vorliegen, beeinträchtigt dies die mit der Namensliste verbundene Richtigkeitsgewähr nicht. Dies führt lediglich dazu, dass die in § 125 Abs 1 S 1 vorgesehenen Rechtsfolgen, dh die Vermutung des betriebsbedingten Kündigungsgrundes und die einschränkte Überprüfung der sozialen Auswahl, für die diesen Betrieben zugehörigen Arbeitnehmer nicht eingreifen.[40] Vereinbaren die Betriebsparteien einen **einheitlichen Interessenausgleich und Sozialplan,** steht dies der Anwendung des § 125 nicht entgegen. Gleiches gilt, wenn die Namensliste in einer mit „Sozialplan" überschriebenen Vereinbarung von InsVerw und Betriebsrat enthalten ist. Wird jedoch – fehlerhaft – ein Sozialplan mit Namensliste von der Einigungsstelle beschlossen, treten die Wirkungen des § 125 nicht ein.[41] 9

Der Interessenausgleich muss **formell wirksam** sein. Dazu ist er gem § 112 Abs 1 S 1 BetrVG schriftlich niederzulegen und vom InsVerw und Betriebsrat zu unterschreiben. Will der Arbeitnehmer geltend machen, der Betriebsratsvorsitzende habe den Interessenausgleich ohne vorherigen wirksamen Beschl des Betriebsratsgremiums unterzeichnet, hat er dies substantiiert darzulegen. Ein Bestreiten mit Nichtwissen genügt nicht.[42] Bestehen im Betrieb Auswahlrichtlinien nach § 1 Abs 4 KSchG, können die Betriebsparteien diese durch den Abschluss eines Interessenausgleichs mit Namensliste ändern. In diesem Fall ist die Namensliste jedenfalls dann maßgeblich, wenn Interessenausgleich und Auswahlrichtlinie von denselben Betriebsparteien stammen.[43] 10

Der InsVerw ist **nicht verpflichtet ist, einen Interessenausgleich mit Namensliste zu vereinbaren**. Zur Vermeidung des Nachteilsausgleichs nach § 113 Abs 3 BetrVG hat er lediglich einen Interessenausgleich nach Maßgabe des § 122 zu versuchen (§ 122 Rn 2). Kommt ein Interessenausgleich mit Namensliste nicht zustande, kann der InsVerw kündigen, wobei die Kündigungen dann allerdings nach gem § 1 KSchG einer uneingeschränkten Überprüfung unterliegen.[44] 11

Die Wirkungen des § 125 beziehen sich nur auf **betriebsbedingte Kündigungen**, nicht auch auf personen- oder verhaltensbedingte Kündigungen.[45] Die Kündigungen müssen nach wirksamem Abschluss des Interessenausgleichs erklärt werden.[46] 12

38 *K Schmidt/Ahrens* § 125 Rn 11.
39 *BAG* AP BetrVG 1972 § 50 Nr 29 = ZIP 2006, 1596 mwN.
40 *BAG* AP KSchG 1969 § 1 Namensliste Nr 23 = DB 2013, 523.
41 MK/*Caspers* § 125 Rn 77; ErfK/*Gallner* § 125 InsO Rn 4.
42 *BAG* EzA KSchG § 1 Interessenausgleich Nr 10.
43 *BAG* AP InsO § 125 Nr 12 = ZIP 2013, 2476.
44 *A/P/S/Künzl* § 125 InsO Rn 20.
45 *K Schmidt/Ahrens* § 125 Rn 21; MK/*Caspers* § 125 Rn 72.
46 *LAG Hamm* ZInsO 2003, 47; ErfK/*Gallner* § 125 InsO Rn 2; *Uhlenbruck/Zobel* § 125 Rn 11.

V. Namensliste

13 Die Rechtsfolgen des § 125 treten ein, wenn in dem zwischen InsVerw und Betriebsrat vereinbarten Interessenausgleich die zu kündigenden Arbeitnehmer namentlich bezeichnet sind. Insoweit gelten ergänzend die **Grundsätze, die zu § 1 Abs 5 KSchG entwickelt** worden sind. Der InsVerw hat deshalb zu beachten, dass die Rechtsfolgen des § 125 nur eintreten, wenn die der Kündigung zugrunde liegende Betriebsänderung vollumfänglich Gegenstand einer Verständigung der Betriebsparteien iSv § 111 S 1, § 112 BetrVG ist. Es reicht nicht aus, dass lediglich über Teile des geplanten Stellenabbaus ein Interessenausgleich mit Namensliste zustande kommt.[47]

14 **Namentliche Bezeichnung** bedeutet, dass die zu kündigenden Arbeitnehmer mit ihren Namen – grundsätzlich also Vor- und Nachname – zu benennen sind.[48] Eine abstrakte Umschreibung, wie zB nach der Kostenstelle oder der Abteilung, genügt nicht.[49] **Sog „Negativlisten"**, in denen die Arbeitnehmer aufgeführt sind, denen nicht gekündigt werden soll, werden dem nicht gerecht, weil hieraus nicht hinreichend deutlich wird, dass sich die Betriebsparteien mit den zu kündigenden Arbeitnehmern und deren sozialen Belangen befasst haben.[50] Die mit der Namensliste verbundenen Rechtsfolgen verlangen grundsätzlich, dass in ihr ausschließlich Arbeitnehmer bezeichnet sind, deren Arbeitsverhältnisse aus Sicht der Betriebsparteien aufgrund der fraglichen Betriebsänderung zu kündigen sind.[51]

15 Da die Rechtsfolgen des § 125 Abs 1 nur eintreten, wenn die zu entlassenden Arbeitnehmer in einem Interessenausgleich namentlich bezeichnet sind, erstreckt sich das Schriftformerfordernis des § 112 Abs 1 S 1 BetrVG auch auf die Namensliste. Ihm wird Genüge getan, wenn diese zwar nicht im Interessenausgleich selbst, sondern in einer Anlage enthalten ist, Interessenausgleich und Namensliste aber eine einheitliche Urkunde bilden. Hiervon ist jedenfalls dann auszugehen, wenn Interessenausgleich und Namensliste von Anfang an körperlich miteinander verbunden waren.[52] Eine solche körperliche Verbindung der einzelnen Blätter der Urkunde ist nicht erforderlich, wenn die Namensunterschrift eine aus mehreren Bestandteilen bestehende Urkunde räumlich abschließt und sich die Einheit der Urkunde aus fortlaufender Paginierung, fortlaufender Nummerierung der einzelnen Bestimmungen, einheitlicher grafischer Gestaltung, inhaltlichem Zusammenhang des Textes oder vergleichbaren Merkmalen zweifelsfrei ergibt.[53] Wird die Namensliste getrennt von dem Interessenausgleich erstellt, reicht es aus, wenn sie von den Betriebsparteien unterzeichnet ist und in ihr oder im Interessenausgleich auf sie Bezug genommen ist.[54] Die wechselseitige Inbezugnahme der beiden Schriftstücke muss allerdings unmissverständlich darauf gerichtet sein, die inhaltliche Ergänzung und damit den Bestandteil eines ganz bestimmten Interessenausgleichs für eine ganz bestimmte Betriebsänderung zu bilden.

16 Das Erfordernis der **Einheit der Urkunde** ist nicht bereits dann erfüllt, wenn eine bloße gedankliche Verbindung (Bezugnahme) zur unterzeichneten Haupturkunde besteht. Vielmehr muss die Verbindung auch äußerlich durch tatsächliche Beifügung der in Bezug genommenen Urkunde zur Haupturkunde in Erscheinung treten. Deshalb müssen grds im

---

47 *BAG* 17.3.2016 – 2 AZR 182/15 (zu § 1 Abs 5 KSchG).
48 MK/*Caspers* § 125 Rn 75; ErfK/*Gallner* § 125 InsO Rn 5.
49 *H/W/K/Annuß* § 125 InsO Rn 7; FK/*Eisenbeis* § 125 Rn 5.
50 Ebenso *H/W/K/Annuß* § 125 InsO Rn 7; MK/*Caspers* § 125 Rn 76; *K/P/B/Moll* § 125 Rn 25; wohl auch ErfK/*Gallner* § 125 InsO Rn 5 **aA** KR/*Weigand* § 125 InsO Rn 13.
51 *BAG* AP KSchG 1969 § 1 Namensliste Nr 23 = DB 2013, 523.
52 *BAG* AP KSchG 1969 § 1 Namensliste Nr 23 = DB 2013, 523 zu § 1 Abs 5 KSchG.
53 Vgl zu § 126 BGB *BGH* NJW-RR 2004, 586; *BGH* ZIP 1997, 2085.
54 *BAG* AP KSchG 1969 § 1 Namensliste Nr 19 = DB 2009, 1882.

Zeitpunkt der Unterzeichnung die Schriftstücke als einheitliche Urkunde äußerlich erkennbar werden. Die erst nach Unterzeichnung durch den Arbeitgeber und den Betriebsrat vom Personalleiter vorgenommene Zusammenheftung mittels Heftmaschine soll nach Auffassung des BAG nicht dem Schriftformerfordernis des § 126 BGB genügen.[55] Andererseits hat es das BAG aber ausreichen lassen, wenn ein Interessenausgleich nach seinem Abschluss noch „zeitnah" um eine Namensliste ergänzt wird. Dies könne im Einzelfall bei fortdauernden Verhandlungen der Betriebsparteien über die Erstellung einer Namensliste angenommen werden. Die zeitliche Grenze bilde der Ausspruch der Kündigung.[56] Nicht ausreichend ist die bloße Verweisung im Interessenausgleich auf eine noch zu erstellende Namensliste. Notwendig ist in diesem Fall vielmehr zusätzlich der textliche Rückbezug in der zeitnah erstellten Namensliste auf den betreffenden Interessenausgleich.[57]

Die zu kündigenden Arbeitnehmer müssen im Interessenausgleich **abschließend genannt** sein. 17
Nur dann, wenn sich Arbeitgeber und Betriebsrat auf die namentliche Nennung der zu kündigenden Arbeitnehmer endgültig geeinigt haben, ist es zu rechtfertigen, die Überprüfung der Sozialauswahl zu beschränken.[58] **Teil-Namenslisten** genügen diesen Anforderungen grds nicht. Regelmäßig wird nur aus einer die unternehmerische Entscheidung insgesamt erfassenden Liste deutlich, wie sich die dem Interessenausgleich zugrunde liegende Betriebsänderung aus Sicht der Betriebsparteien auf die konkreten Beschäftigungsmöglichkeiten der Arbeitnehmer im Betrieb insgesamt auswirkt, welche Arbeitnehmer unter Beachtung sozialer Auswahlgesichtspunkte gekündigt werden müssen (und welche nicht) und ob die Betriebsparteien bei der sozialen Auswahl ein von ihnen zugrunde gelegtes System, vor allem was die Bildung von Vergleichsgruppen anbelangt, durchgängig eingehalten haben.[59]

VI. Vermutung dringender betrieblicher Erfordernisse

1. Allgemeines. Kommt nach Maßgabe von § 125 Abs 1 S 1 ein Interessenausgleich mit 18
Namensliste zustande, wird gem § 125 Abs 1 Nr 1 **vermutet**, dass die Kündigung der Arbeitsverhältnisse der bezeichneten Arbeitnehmer durch dringende betriebliche Erfordernisse, die einer Weiterbeschäftigung in diesem Betrieb oder einer Weiterbeschäftigung zu unveränderten Arbeitsbedingungen entgegenstehen, bedingt ist. Die Kündigung muss auf dem Interessenausgleich beruhen. Erforderlich ist ein **kausaler Zusammenhang** zwischen Interessenausgleich und Kündigung. Wird die Kündigung wegen einer zwischenzeitlich bekannt gewordenen Schwerbehinderung des Arbeitnehmers und der dadurch erforderlichen Zustimmung des Integrationsamts zur Kündigung erst mehrere Monate nach Abschluss des Interessenausgleichs erklärt, unterbricht diese zeitliche Verzögerung nicht den Kausalzusammenhang zwischen Betriebsänderung und Kündigung.[60]

§ 125 Abs 1 Nr 1 begegnet ebenso wie § 1 Abs 5 KSchG[61] **keinen durchgreifenden verfassungsrechtlichen Bedenken**.[62] Weder verletzt die Norm den Arbeitnehmer in seinem Grundrecht aus Art 12 Abs 1 GG noch liegt ein Verstoß gegen das aus Art 20 Abs 3 GG abzuleitende Gebot des fairen Verf vor. 19

---

55 *BAG* AP KSchG 1969 § 1 Nr 80 = ZIP 2006, 2329.
56 *BAG* AP KSchG 1969 § 1 Namensliste Nr 19 = DB 2009, 1882.
57 *BAG* AP KSchG 1969 § 1 Namensliste Nr 20 = DB 2010, 2454.
58 *BAG* EzA KSchG § 1 Interessenausgleich Nr 9; *BAG* AP BetrVG 1972 § 112 Namensliste Nr 1.
59 Dahin tendierend *BAG* AP KSchG 1969 § 1 Namensliste Nr 19 Rn 35 = DB 2009, 1882; **aA** MK/*Caspers* § 125 Rn 83; *Richter/Riem* NZA 2011, 1254, 1257.
60 *BAG* AP BetrVG 1972 § 112 Namensliste Nr 1.
61 Dazu *BAG* AP KSchG 1969 § 1 Betriebsbedingte Kündigung Nr 170 = DB 2008, 640.
62 ErfK/*Gallner* § 125 InsO Rn 1.

20 **2. Fehlende Beschäftigungsmöglichkeiten.** Die Vermutungswirkung des § 125 Abs 1 Nr 1 erstreckt sich – ebenso wie die des § 1 Abs 5 KSchG[63] – nicht nur den Wegfall von Beschäftigungsmöglichkeiten des in der Namensliste aufgeführten Arbeitnehmers zu unveränderten Bedingungen. § 125 Abs 1 S 1 Nr 1 umfasst darüber hinaus auch die Vermutung, dass eine Weiterbeschäftigung des Arbeitnehmers zu veränderten Bedingungen im Beschäftigungsbetrieb oder **in einem anderen Betrieb des Unternehmens,** nicht möglich ist, wenn sich die Betriebsparteien bei den Verhandlungen über den Interessenausgleich hiermit befasst haben. Hiervon ist regelmäßig auch ohne ausdrückliche Erwähnung im Interessenausgleich auszugehen.[64] Zwar spricht der Wortlaut des § 125 Abs 1 Nr 1 dafür, dass sich die Vermutung nur auf fehlende Weiterbeschäftigungsmöglichkeiten in dem Betrieb bezieht, für den der Interessenausgleich vereinbart wurde. Zu berücksichtigen ist jedoch, dass die Formulierung „… durch dringende betriebliche Erfordernisse, die einer Weiterbeschäftigung in diesem Betrieb … entgegenstehen …" dem Wortwahl des § 1 Abs 2 S 1 KSchG entspricht und insoweit anerkannt ist, dass es auch ohne Widerspruch des Betriebsrats (§ 1 Abs 2 S 2 Nr 1 Buchst b KSchG) auf die Weiterbeschäftigungsmöglichkeiten im Unternehmen ankommt.[65] Hierauf nimmt auch § 1 Abs 5 S 1 KSchG Bezug. Es ist nicht ersichtlich, dass für § 125 Abs 1 Nr 1 etwas anderes gelten soll. Insoweit ist von Bedeutung, dass nach der Gesetzesbegründung diese Regelung bezweckt, die „soziale Rechtfertigung" der Kündigung nur noch ausnahmsweise in Frage zu stellen (zum Umfang der Vermutung im Zusammenhang mit einem **Betriebsübergang** vgl. § 128 Rn 3 ff).[66]

21 Die Beschäftigung von **Leiharbeitnehmern** rechtfertigt nicht stets die Annahme, es seien noch „freie" Arbeitsplätze vorhanden.[67] Werden Leiharbeitnehmer lediglich zur Abdeckung von Auftragsspitzen eingesetzt, liegt darin keine alternative Beschäftigungsmöglichkeit iSv § 1 Abs 2 S 1 KSchG. Gleiches gilt, wenn der Arbeitgeber Leiharbeitnehmer als „Personalreserve" zur Abdeckung von Vertretungsbedarf beschäftigt.[68] Dabei widerlegt ein in einem Interessenausgleich mit Namensliste in der Ins zugelassener Einsatz von Leiharbeitnehmern bis zu einer Grenze von 10 % der Belegschaft für einen Personalmehrbedarf aufgrund von Krankheits- und Urlaubsfehlzeiten die Vermutung des § 125 Abs 1 S 1 Nr 1 noch nicht.[69]

22 Die mit dem Unternehmensbezug verbundene **Einschränkung der prozessualen Rechte** des gekündigten Arbeitnehmers ist allerdings nur so lange gerechtfertigt, wie die vom Gesetzgeber vorausgesetzte Überprüfung der zugrunde liegenden Gegebenheiten durch den Betriebsrat auch stattgefunden hat. Davon ist zwar regelmäßig auch dann auszugehen, wenn es im Interessenausgleich nicht ausdrücklich erwähnt ist. Bestreitet aber der Arbeitnehmer in erheblicher Weise, dass sich der Betriebsrat iRd Verhandlungen mit Beschäftigungsmöglichkeiten in anderen Betrieben überhaupt befasst hat und trägt der Arbeitnehmer darüber hinaus konkrete Anhaltspunkte für solche Beschäftigungsmöglichkeiten vor, hat der InsVerw zur Aufrechterhaltung der Vermutungswirkung die Befassung der Betriebsparteien mit der Frage der Beschäftigungsmöglichkeiten in anderen Betrieben darzulegen und zu

---

63 *BAG* AP KSchG 1969 § 1 Betriebsbedingte Kündigung Nr 170 = DB 2008, 640.

64 *BAG* AP InsO § 125 Nr 10 = ZIP 2012, 2312; *BAG* AP BGB § 613a Nr 316 = ZIP 2007, 595; HambKomm/*Ahrendt* § 125 Rn 14; *K Schmidt/Ahrens* § 125 Rn 26; *H/W/K/Annuß* § 125 InsO Rn 9; MK/*Caspers* § 125 Rn 86; ErfK/*Gallner* § 125 InsO Rn 7; *Jaeger/Giesen* § 125 Rn 16; *A/P/S/Künzl* § 125 InsO Rn 24; *K/P/B/Moll* § 125 Rn 48; **aA** FK/*Eisenbeis* § 125 Rn 8; *Fischermeier* NZA 1997, 1096 f; KR/*Weigand* § 125 InsO Rn 16.

65 *BAG* AP KSchG 1969 § 1 Betriebsbedingte Kündigung Nr 21.

66 BT-Drucks 12/2443, 149.

67 Dazu näher *Schaub/Linck* § 134 Rn 22a.

68 *BAG* AP KSchG 1969 § 1 Namensliste Nr 21 = ZIP 2012, 1623.

69 *BAG* AP KSchG 1969 § 1 Betriebsbedingte Kündigung Nr 195 = ZIP 2013, 184.

beweisen.[70] Kommt der InsVerw dem nach und legt er dar, dass er mit dem Betriebsrat über Weiterbeschäftigungsmöglichkeiten in anderen Betrieben beraten hat, fällt die Beweislast wieder an den Arbeitnehmer zurück. Dieser hat dann darzulegen und zu beweisen, dass es anderweitige geeignete Weiterbeschäftigungsmöglichkeiten in anderen Betrieben gab.

3. Vermutungswirkung bei Änderungskündigungen. Die Vermutungswirkung des § 125 Abs 1 Nr 1 gilt auch bei Änderungskündigungen (Rn 2). Sie erstreckt sich wie bei einer Beendigungskündigung zunächst auf den Wegfall der bisherigen Beschäftigungsmöglichkeiten. Die Vermutung umfasst die Annahme, dass die vorgeschlagene **Änderung vom Arbeitnehmer auch billigerweise hingenommen** werden muss, wenn die vorgesehenen Änderungen in den Interessenausgleich aufgenommen sind. In diesem Fall ist davon auszugehen, dass der Betriebsrat die vom InsVerw beabsichtigte Änderung mitbeurteilt hat und damit nach dem Zweck der Regelung die Einschränkung der gerichtlichen Überprüfungsmöglichkeiten gerechtfertigt ist. Verhält sich der Interessenausgleich jedoch nicht zu den vorgesehenen Änderungen, ist nach Auffassung des BAG eine Verschiebung der Darlegungs- und Beweislast zu Lasten des Arbeitnehmers nicht zu rechtfertigen.[71] 23

4. Beweis des Gegenteils. § 125 Abs 1 Nr 1 enthält eine **gesetzliche Vermutung iSv § 292 ZPO.** Stellt das Gesetz für das Vorhandensein einer Tatsache – hier der Betriebsbedingtheit der Kündigung – eine Vermutung auf, ist nach § 292 ZPO der Beweis des Gegenteils zulässig.[72] Dieser Beweis des Gegenteils ist ein Hauptbeweis, also erst dann geführt, wenn die Unwahrheit der vermuteten Tatsache voll bewiesen ist. Erforderlich ist ein substantiierter Tatsachenvortrag des Arbeitnehmers, der den gesetzlich vermuteten Umstand nicht nur in Zweifel zieht, sondern ausschließt.[73] Der Arbeitnehmer hat deshalb darzulegen und zu beweisen, dass der nach dem Interessenausgleich in Betracht kommende betriebliche Grund in Wirklichkeit nicht besteht.[74] Dementsprechend muss der Arbeitnehmer substantiiert darlegen, dass entweder der Arbeitsplatz trotz der Betriebsänderung noch vorhanden ist oder er an anderer Stelle im Betrieb oder Unternehmen weiterbeschäftigt werden kann.[75] Dabei sind nur Arbeitsplätze einzubeziehen, die sowohl frei als auch für ihn geeignet sind. Als „frei" sind grundsätzlich nur solche Arbeitsplätze anzusehen, die zum Zeitpunkt des Zugangs der Kündigung unbesetzt sind. Geeignet sind alle Arbeitsplätze, die unter Berücksichtigung der bisher vom Arbeitnehmer verrichteten Tätigkeiten mit seinem vorherigen Arbeitsplatz im Wesentlichen vergleichbar sind. Eine ggf erforderliche angemessene **Einarbeitungszeit** steht der Einbeziehung des Arbeitsplatzes allerdings nicht entgegen.[76] Für den Arbeitnehmer kommen bei der Beweisführung gewisse Erleichterungen in Betracht. Handelt es sich um Geschehnisse aus dem Bereich des Arbeitgebers, mindert sich nach der Rspr des BAG die Darlegungslast des Arbeitnehmers durch eine sich aus § 138 Abs 1 und 2 ZPO ergebende Mitwirkungspflicht des Arbeitgebers **(sekundäre Beweislast)**.[77] Die Auferlegung 24

---

70 Vgl *BAG* AP KSchG 1969 § 1 Betriebsbedingte Kündigung Nr 170 = DB 2008, 640 (zu § 1 Abs 5 KSchG).
71 *BAG* AP KSchG 1969 § 1 Namensliste Nr 16, zu § 1 Abs 5 KSchG; *N/R/Hamacher* § 125 Rn 28.
72 *BAG* AP KSchG 1969 § 1 Namensliste Nr 24 = DB 2013, 880 (zu § 1 Abs 5 KSchG); *Zöller/Greger* § 292 Rn 1; *Gaul* BB 2004, 2686, 2689.
73 *BAG* AP KSchG 1969 § 1 Namensliste Nr 21 = ZIP 2012, 1623; *BAG* AP KSchG 1969 § 1 Betriebsbedingte Kündigung Nr 183 = ZIP 2010, 1309; ErfK/*Gallner* § 125 InsO Rn 8.
74 *BAG* AP InsO § 125 Nr 13 = ZIP 2014, 536; *BAG* AP InsO § 125 Nr 12 = ZIP 2013, 2476.
75 *BAG* AP KSchG 1969 § 1 Namensliste Nr 24 = DB 2013, 880 (zu § 1 Abs 5 KSchG).
76 *BAG* AP Nr 23 zu § 1 KSchG 1969 Namensliste = DB 2013, 523.
77 Vgl *BAG* AP KSchG 1969 § 1 Namensliste Nr 24 = DB 2013, 880 (zu § 1 Abs 5 KSchG); *BAG* AP KSchG 1969 § 1 Soziale Auswahl Nr 97 = DB 2009, 1932; *BAG* AP KSchG 1969 § 1 Betriebsbedingte Kündigung Nr 170 = DB 2008, 640 (zu § 1 Abs 5 KSchG).

der sekundären Beweislast darf allerdings nicht zu einer Aufhebung der gesetzlich geregelten Beweislastverteilung führen. Deshalb muss der Arbeitnehmer die ihm zur Verfügung stehenden Informationsmöglichkeiten tatsächlich ausschöpfen und sich auf dieser Grundlage zu der vermuteten Betriebsbedingtheit der Kündigung erklären. Eine sekundäre Behauptungslast des Arbeitgebers greift nur insoweit ein, wie dem Arbeitnehmer die erforderliche Kenntnismöglichkeit fehlt.[78] Verbleibende Zweifel gehen zu Lasten des Arbeitnehmers. Ein Anscheinsbeweis (prima-facie-Beweis) reicht nicht aus. Es genügt daher nicht, wenn der Arbeitnehmer das Vorbringen des InsVerw nur erschüttert.[79]

25 Der Beweis des Gegenteils mag im Einzelfall für den Arbeitnehmer mit erheblichen Schwierigkeiten verbunden sein, ist aber nicht ausgeschlossen. So ist die Vermutung der Betriebsbedingtheit **beispielsweise** widerlegt, wenn der Arbeitnehmer in der vereinbarten Block-Altersteilzeit seine gesamte Arbeitsleistung bereits erbracht hat und deshalb der Wegfall der Beschäftigungsmöglichkeiten für sein Arbeitsverhältnis bedeutungslos geworden ist.[80] Gleiches gilt, wenn feststeht, dass dem InsVerw vor der Erklärung der Kündigung ein Übernahmeangebot eines Interessenten vorlag, das wenige Tage später zu konkreten Verhandlungen mit einer teilweisen Betriebsübernahme führte und der InsVerw einen Arbeitnehmer wegen beabsichtigter Betriebsstilllegung kündigt.[81] Die Vermutung der Betriebsbedingtheit der Kündigung ist des Weiteren als widerlegt anzusehen, wenn der Arbeitnehmer darlegt und im Bestreitensfall beweist, dass der nach dem Interessenausgleich in Betracht kommende betriebsbedingte Grund nicht vorliegt, weil das Beschäftigungsbedürfnis in Wirklichkeit nicht weggefallen ist. Das kann etwa der Fall sein, wenn die Arbeit nach wie vor vorhanden, der Arbeitnehmer aber durch einen anderen Arbeitnehmer, beispielsweise durch einen Leiharbeitnehmer oder dadurch ersetzt worden ist, dass andere Arbeitnehmer seine Tätigkeiten in überobligatorischer Art und Weise, etwa durch ständige Überstunden, miterledigen.[82]

26 Die **Darlegungs- und Beweislast des InsVerw** ist auf die Voraussetzungen des § 125 begrenzt (vgl Rn 5 f, 22).[83] Liegen die tatbestandlichen Voraussetzungen des § 125 Abs 1 Nr 1 vor, braucht der InsVerw zur sozialen Rechtfertigung der Kündigung keine weiteren Tatsachen vorzutragen.[84]

VII. Eingeschränkte Überprüfung der Sozialauswahl

27 **1. Überblick.** Kommt zwischen InsVerw und Betriebsrat ein Interessenausgleich mit Namensliste zustande, kann nach § 125 Abs 1 Nr 2 die soziale Auswahl der Arbeitnehmer nur im Hinblick auf die Dauer der Betriebszugehörigkeit, das Lebensalter und die Unterhaltspflichten und auch insoweit nur auf **grobe Fehlerhaftigkeit** nachgeprüft werden. Sie ist nicht als grob fehlerhaft anzusehen, wenn eine ausgewogene Personalstruktur erhalten oder geschaffen wird. Die gesetzliche Regelung des § 125 Abs 1 Nr 2 reduziert damit den Umfang der gerichtlichen Überprüfung der vom InsVerw getroffenen sozialen Auswahl. Der Beur-

---

78 *BAG* AP KSchG 1969 § 1 Namensliste Nr 24 = DB 2013, 880 (zu § 1 Abs 5 KSchG).

79 *BAG* AP InsO § 125 Nr 4 = ZIP 2007, 2136 sowie *BAG* AP KSchG 1969 § 1 Namensliste Nr 17 = NZA 2008, 1060 (zu § 1 Abs 5 KSchG).

80 *BAG* AP KSchG 1969 § 1 Betriebsbedingte Kündigung Nr 125 = ZIP 2003, 1169.

81 Vgl *BAG* AP KSchG 1969 § 1 Betriebsbedingte Kündigung Nr 139, das in diesem Fall sogar annimmt, mangels endgültiger Stilllegungsabsicht des InsVerw sei die Kündigung nicht aus betriebsbedingten Gründen gerechtfertigt und deshalb bestehe für die Vermutung kein Raum mehr.

82 *BAG* AP KSchG 1969 § 1 Soziale Auswahl Nr 97 = DB 2009, 1932.

83 *BAG* AP KSchG 1969 § 15 Nr 60 = ZIP 2006, 918; *BAG* AP InsO § 125 Nr 4 = ZIP 2007, 2136.

84 Vgl *BAG* AP KSchG 1969 § 1 Betriebsbedingte Kündigung Nr 94 = ZIP 1998, 1809.

teilungsspielraum des Arbeitgebers bei der sozialen Auswahl wird zugunsten einer von InsVerw und Betriebsrat vereinbarten Gesamtlösung erweitert.[85]

2. Gegenstand der eingeschränkten Überprüfung. Von § 125 Abs 1 Nr 2 wird die **gesamte Sozialauswahl** in jeder Hinsicht erfasst.[86] Dazu gehört nicht nur die Gewichtung der drei im Gesetz genannten Auswahlgesichtspunkte (dazu Rn 36), sondern auch die Bildung der auswahlrelevanten Gruppen (dazu Rn 37).[87] Die getroffene Auswahl muss sich gerade mit Blick auf den klagenden Arbeitnehmer im Ergebnis als grob fehlerhaft erweisen. Nicht entscheidend ist, ob das gewählte Auswahlverfahren als solches Anlass zu Beanstandungen gibt.[88] Die Beschränkung der Prüfung erstreckt sich ebenso auf die Frage, inwieweit Arbeitnehmer gem § 1 Abs 3 S 2 KSchG nicht in die soziale Auswahl einzubeziehen sind.[89] Sinn und Zweck des § 125 verlangen eine weite Ausdehnung des eingeschränkten Prüfungsmaßstabs der groben Fehlerhaftigkeit bei der Sozialauswahl. Nur so wird der Zweck des § 125 verwirklicht, Kündigungsverfahren für den InsVerw berechenbarer zu machen und eine erfolgreiche Sanierung insolventer Unternehmen zu fördern.[90] 28

Bei der Erstellung der Namensliste **sind Betriebszugehörigkeit, Lebensalter und Unterhaltspflichten** zu berücksichtigen. Das Lebensalter darf trotz des Verbots der **Altersdiskriminierung** als Auswahlkriterium bei der Sozialauswahl berücksichtigt werden (zu Altersgruppen vgl Rn 33). Die damit einhergehende Ungleichbehandlung zwischen jüngeren und älteren Arbeitnehmern ist nach § 10 S 1 und 2 AGG gerechtfertigt.[91] Durch die Berücksichtigung des Lebensalters werden ältere Arbeitnehmer, die typischerweise schlechtere Chancen auf dem Arbeitsmarkt haben, besser geschützt. Darin liegt ein legitimes Ziel, das durch die Verwendung dieses Gesichtspunkts bei der Sozialauswahl in angemessener und erforderlicher Weise verfolgt wird. Dass die Chancen auf dem Arbeitsmarkt typisierend und nicht individuell berücksichtigt werden, ist – will man sie überhaupt einbeziehen – unvermeidbar.[92] Jede Aussage über sie muss sich an Wahrscheinlichkeiten orientieren, die ihrerseits nicht ohne Berücksichtigung von Erfahrungswerten ermittelt werden können. Nach aller Erfahrung sinken mit steigendem Lebensalter die Vermittlungschancen auf dem Arbeitsmarkt.[93] Zudem wird älteren Arbeitnehmern ein Arbeitsplatzwechsel mit den damit verbundenen Folgen regelmäßig mehr Schwierigkeiten bereiten als jüngeren.[94] Die Rentennähe kann bei 29

---

85 *BAG* AP InsO § 125 Nr 1 = ZIP 2004, 1271; MK/*Caspers* § 125 Rn 90 ff; ErfK/*Gallner* § 125 InsO Rn 9.

86 *BAG* AP InsO § 113 Nr 19 = ZIP 2006, 774, ErfK/*Gallner* § 125 InsO Rn 9.

87 *BAG* AP InsO § 125 Nr 13 = ZIP 2014, 536; *BAG* AP InsO § 125 Nr 12 = ZIP 2013, 2476; *BAG* AP BGB § 613a Nr 316 = ZIP 2007, 595; *BAG* AP BetrVG 1972 § 113 Nr 50 = ZIP 2006, 199; *BAG* AP InsO § 125 Nr 1 = ZIP 2004, 1271; ebenso zu § 1 Abs 5 KSchG *BAG* AP KSchG 1969 § 1 Soziale Auswahl Nr 98 = DB 2010, 2566; *BAG* AP KSchG 1969 § 1 Soziale Auswahl Nr 97 = DB 2009, 1932.

88 *BAG* AP InsO § 125 Nr 13 = ZIP 2014, 536; *BAG* AP InsO § 125 Nr 12 = ZIP 2013, 2476; *BAG* AP Nr 23 zu § 1 KSchG 1969 Namensliste = DB 2013, 523; *BAG* AP KSchG 1969 § 1 Soziale Auswahl Nr 98 = DB 2010, 2566 (zu § 1 Abs 5 KSchG).

89 *BAG* AP InsO § 113 Nr 19 Rn 27 = ZIP 2006, 774; *BAG* AP InsO § 125 Nr 1 = ZIP 2004, 1271; ErfK/*Gallner* § 125 InsO Rn 9; *Stahlhacke/Vossen* Rn 2320; KR/*Weigand* § 125 InsO Rn 22; **aA** *Zwanziger* § 125 Rn 66.

90 *BAG* AP InsO § 125 Nr 13 = ZIP 2014, 536.

91 *BAG* AP BGB § 626 Unkündbarkeit Nr 3 = DB 2014, 186; *BAG* AP KSchG 1969 § 1 Soziale Auswahl Nr 97 = DB 2009, 1932.

92 Eingehend dazu *BAG* AP KSchG 1969 § 1 Namensliste Nr 21 = ZIP 2012, 1623.

93 **AA** *Kaiser/Dahm* NZA 2010, 473 ff.

94 *BAG* AP KSchG 1969 § 1 Betriebsbedingte Kündigung Nr 183 = ZIP 2010, 1309 (zu § 1 Abs 5 KSchG).

der Sozialauswahl dann dazu führen, dass das Lebensalter geringer bewertet wird, wenn der Arbeitnehmer nach dem Bezug von Arbeitslosengeld (§ 147 SGB III) rentenberechtigt ist.[95] Anders als in § 1 Abs 3 S 1 KSchG ist die **Schwerbehinderung** in § 125 Abs 1 Nr 2 nicht aufgeführt, sie ist daher bei der Sozialauswahl auch nicht zu berücksichtigen.[96] Das ist auch aus verfassungsrechtlichen Gründen nicht geboten, weil Schwerbehinderte über §§ 85 ff SGB IX (§§ 168 ff SGB IX 2017) hinreichend geschützt sind. Das Integrationsamt soll gem § 89 Abs 3 Nr 1 SGB IX (§ 172 Abs 3 Nr 1 SGB IX 2017) der Kündigung zustimmen, wenn der Schwerbehinderte in einer Namensliste aufgeführt ist.[97] Bei der **Gewichtung der Sozialdaten** (Betriebszugehörigkeit, Dienstalter und Unterhaltspflichten) besteht keine Rangfolge zugunsten eines dieser Kriterien. Vielmehr hat der Arbeitgeber nach der gesetzlichen Konzeption einen Wertungsspielraum.[98]

30 **3. Ausgewogene Personalstruktur.** Der Begriff der „Personalstruktur" in § 125 Abs 1 Nr 2 2. HS ist nicht mit dem der Altersstruktur gleichzusetzen. Er ist vielmehr in einem **umfassenderen Sinn zu verstehen**.[99] § 125 Abs 1 Nr 2 2. HS regelt einen Sonderfall der berechtigten betrieblichen Bedürfnisse iSd § 1 Abs 3 S 2 KSchG.[100] Als Aspekte einer Personalstruktur kommen neben der Altersstruktur auch die Ausbildung und die Qualifikation der Arbeitnehmer im Betrieb und damit die Bildung entspr Qualifikationsgruppen und -bereiche in Betracht.[101] Die Betriebsparteien können ebenso die Funktionsfähigkeit eingespielter Teams berücksichtigen. Auch ist es dem InsVerw möglich, mehrere Personalstrukturen geltend zu machen, die zB auf eine ausgewogene Altersstruktur und auf bestimmte Qualifikationsgruppen gerichtet sind.[99] In Bezug auf die Festlegung der Strukturmerkmale und das der Gruppenbildung zugrunde liegende unternehmerische Konzept verfügen die Betriebsparteien über einen Beurteilungsspielraum. Dieser unterliegt lediglich einer Missbrauchskontrolle und ist deshalb gerichtlich nur auf offensichtliche Sachwidrigkeit oder Willkür zu überprüfen.[99]

31 Die besondere insolvenzrechtliche Regelung ermöglicht eine Ausnahme von der Auswahl nach sozialen Gesichtspunkten, wenn erstmals eine **ausgewogene Personalstruktur geschaffen werden** soll. Insoweit geht § 125 Abs 1 Nr 2 über den Regelungsgehalt des § 1 Abs 5 KSchG hinaus. § 125 Abs 1 Nr 2 erlaubt auch aktive Eingriffe in die bestehenden Betriebsstrukturen zur Steigerung der Leistungsfähigkeit des Betriebs. Im InsVerf können damit Versäumnisse einer bis dahin verfehlten Personalpolitik korrigiert werden.[102] Auf der Grundlage nachvollziehbarer Konzepte müssen die Kündigungen darauf ausgerichtet sein.[103] Über § 125 Abs 1 Nr 2 werden keine Zufallsergebnisse salviert. Im Prozess hat der **InsVerw darzulegen und ggf zu beweisen**, welche konkrete Altersstruktur die Betriebsparteien schaffen wollten und aus welchem Grund dies erforderlich war.[104] Aus dem Vortrag muss ersichtlich werden, dass die vereinbarte Altersgruppenbildung zur Erreichung des

---

95 Vgl auch ErfK/*Gallner* § 125 InsO Rn 13.
96 *BAG* AP InsO § 125 Nr 13 = ZIP 2014, 536; *BAG* AP KSchG 1969 § 17 Nr 40 = ZIP 2012, 1822.
97 *Boemke* NZI 2005, 209; ErfK/*Gallner* § 125 InsO Rn 12; MK/*Caspers* § 125 Rn 91; **aA** *Jaeger/Giesen* § 125 Rn 19; *Uhlenbruck/Zobel* § 125 Rn 62; wohl auch *Zwanziger* § 125 Rn 136.
98 *BAG* AP BetrVG 1972 § 113 Nr 50 = ZIP 2006, 199.
99 *BAG* AP InsO § 125 Nr 13 = ZIP 2014, 536.
100 *BAG* AP InsO § 125 Nr 13 = ZIP 2014, 536; *H/W/K/Annuß* § 125 InsO Rn 12.
101 *BAG* AP InsO § 125 Nr 1 = ZIP 2004, 1271; *Fischermeier* NZA 1997, 1099; *Zwanziger* AuR 1997, 427, 431.
102 *Jaeger/Giesen* § 125 Rn 23; KR/*Weigand* § 125 InsO Rn 31.
103 *H/W/K/Annuß* § 125 InsO Rn 12.
104 *BAG* AP InsO § 125 Nr 12 = ZIP 2013, 2476.

Ziels der sanierungsbedingten Schaffung einer ausgewogenen Altersstruktur angemessen und erforderlich ist.[105] Hierzu ist das konkrete Sanierungsvorhaben zu erläutern. An den Vortrag des InsVerw dürfen dabei freilich keine überzogenen Anforderungen gestellt werden. Es reicht bspw aus, dass der InsVerw innerbetriebliche Gründe, wie zB Kostenstrukturen, anführt oder die Probleme bei Gesprächen mit potentiellen Investoren oder Käufern schildert. Dabei kann auch die Altersstruktur vergleichbarer Unternehmen eine Rolle spielen. Unzureichend ist jedoch der pauschale Wunsch nach einer Verjüngung der Belegschaft. Die Vorlage des Interessenausgleichs kann nur dann ausreichen, wenn in diesem die erforderlichen Angaben bereits enthalten sind. Schlagwortartige Bezeichnungen genügen nicht. Sonst kann nicht überprüft werden, ob die Ungleichbehandlung durch das verfolgte Ziel gerechtfertigt ist. Das bloße Bestreben, das Durchschnittsalter der Beschäftigten zu reduzieren, ist für sich allein betrachtet kein legitimes Ziel. Dem InsVerw kommen im Einzelfall in Bezug auf die **Beibehaltung der Altersstruktur** Erleichterungen zugute. Erreicht die Zahl der Kündigungen in einer Gruppe vergleichbarer Arbeitnehmer im Verhältnis zur Zahl aller Arbeitnehmer des Betriebs die **Schwellenwerte des § 17 KSchG**, wird zu seinen Gunsten ein berechtigtes betriebliches Interesse an der Beibehaltung der vorhandenen Altersstruktur – widerlegbar – vermutet.[106]

Der InsVerw kann zur Erreichung einer ausgewogenen Personalstruktur **nach unterschiedlichen Strukturmerkmalen Gruppen bilden** und hieraus den jeweils gleichen prozentualen Anteil zur Kündigung vorsehen.[107] Neben den Altersgruppen (dazu näher Rn 33) kann ein Interessenausgleich insb auch Leistungsfähigkeit und krankheitsbedingte Fehlzeiten als Gruppenmerkmale vorsehen.[108] Unzulässig sind diskriminierende Gruppenbildungen, wie zB nach Staatsangehörigkeit, Gewerkschaftsmitgliedschaft oder Behinderung. Auch die gelegentlich im Schrifttum diskutierte Gruppenbildung nach dem Geschlecht[109] ist problematisch, soweit nicht bes Gründe hierfür geltend gemacht werden können.[110] Diese müssen sich nach Art und Gewicht an den Anforderungen des § 5 AGG orientieren. 32

Die Bildung von **Altersgruppen** ist unionsrechtskonform und verstößt weder gegen die RL 2000/78/EG noch gegen das AGG, weil hierdurch iSd Art 6 Abs 1 S 2 Buchst a der Richtlinie sowie iSd § 10 S 1 und 2 AGG legitime Ziele in angemessener und erforderlicher Weise verfolgt werden.[111] Die Altersgruppenbildung nach § 125 Abs 1 S 1 Nr 2 dient einem im Allgemeininteresse liegenden legitimen Ziel. Die Regelung berücksichtigt, dass gerade bei insolventen Unternehmen typischerweise tiefgreifende Reformen nötig sind. Zu deren Durchführung kann im Zusammenhang mit Entlassungen die Bildung von Altersgruppen bei der sozialen Auswahl ein angemessenes und erforderliches Mittel sein, um eine ausgewogene Altersstruktur zu schaffen, die eine (zumindest tw) Fortführung des Unternehmens oder Betriebs ermöglicht.[112] Die mit der Gruppenbildung erstrebte Erhaltung der Altersstruktur wirkt nicht nur einer Überalterung der Belegschaft entgegen, sondern relativiert 33

105 Dazu und zum Folgenden *BAG* AP InsO § 125 Nr 13 = ZIP 2014, 536.
106 *BAG* AP InsO § 125 Nr 12 = ZIP 2013, 2476; *BAG* AP Nr 22 zu § 1 KSchG 1969 Namensliste = ZIP 2013, 234.
107 *Bütefisch* Die Sozialauswahl, 2000, S 462 f; KR/*Weigand* § 125 InsO Rn 34.
108 KR/*Weigand* § 125 InsO Rn 34, 37; **aA** ErfK/*Gallner* § 125 InsO Rn 16.
109 *H/W/K/Annuß* § 125 InsO Rn 12; KR/*Weigand* § 125 InsO Rn 40.
110 ErfK/*Gallner* § 125 InsO Rn 16; *Fischermeier* NZA 1997, 1093.
111 *BAG* AP InsO § 125 Nr 12 = ZIP 2013, 2476; *BAG* AP InsO § 125 Nr 9 = ZIP 2012, 1927; *BAG* AP KSchG 1969 § 1 Namensliste Nr 21 = ZIP 2012, 1623 (zu § 1 Abs 5 KSchG); *BAG* AP KSchG 1969 § 1 Betriebsbedingte Kündigung Nr 182 = ZIP 2009, 1339; ErfK/*Gallner* § 125 InsO Rn 15 ff.
112 *BAG* AP InsO § 125 Nr 13 = ZIP 2014, 536.

auch etwaige überschießende Tendenzen der Bewertung des Lebensalters als Sozialdatum und wirkt einer übermäßigen Belastung jüngerer Beschäftigter entgegen.[113] Zu empfehlen sind Altersgruppen in Fünf- oder Zehn-Jahres-Schritten. Der Zuschnitt der Altersgruppen kann durch die ArbG nur auf Willkür überprüft werden, wie sie insbesondere bei unsystematischen Altersgruppen mit wechselnden oder willkürlichen Zeitsprüngen indiziert ist.[114] Die bisherige Verteilung der Beschäftigten auf die Altersgruppen muss beim Ausspruch der Kündigungen ihre prozentuale Entsprechung in der Anzahl der in der jeweiligen Altersgruppe zu Kündigenden finden.[115]

34 Innerhalb der einzelnen Gruppen ist nach den drei in § 125 Abs 1 S 1 Nr 2 genannten Gesichtspunkten eine **Sozialauswahl** durchzuführen und anteilig jeweils gleich vielen Arbeitnehmer zu kündigen, wobei ggf auch weitere berechtigte betriebliche Belange iSv § 1 Abs 3 S 2 KSchG berücksichtigt werden können.[116] IRd § 125 Abs 1 S 1 Nr 2 kann zB die soziale Auswahl innerhalb einer Gruppe von Arbeitnehmern mit einer fehlenden einschlägigen kaufmännischen Ausbildung auf deren bisherige Einsatzabteilung beschränkt werden, wenn dies dazu dient, bei einer erheblich reduzierten Belegschaft die verbleibende Arbeit vor allem auf die Mitarbeiter, die eine einschlägige Ausbildung haben, zu verteilen.[117]

35 Den Betriebsparteien steht bei der Festlegung der Strukturmerkmale und der damit einhergehenden Gruppenbildung ein **weiterer Beurteilungsspielraum** zu. Von den ArbG zu überprüfen ist insbes ein Verstoß gegen Diskriminierungsverbote sowie der mögliche Einwand, die Gruppenbildung sei willkürlich oder offenbar nur vorgeschoben, um zielgerichtet einzelne Arbeitnehmer zu kündigen.[118]

36 **4. Grobe Fehlerhaftigkeit.** Die soziale Auswahl ist hinsichtlich der Gewichtung der Auswahlkriterien grob fehlerhaft, wenn ein **evidenter, ins Auge springender Fehler** vorliegt[119] und der Interessenausgleich insoweit jede Ausgewogenheit vermissen lässt.[120] Dies ist zB anzunehmen, wenn einer der drei im Gesetz genannten Auswahlgesichtspunkte überhaupt nicht berücksichtigt worden ist und dies in Bezug auf den gekündigten Arbeitnehmer zu einem offensichtlich unzulänglichen Auswahlergebnis geführt hat.[121] Die Berücksichtigung von Unterhaltspflichten gegenüber Kindern kann auf diejenigen beschränkt werden, die der Lohnsteuerkarte bzw der ELSTAM-Bescheinigung entnommen werden können. Dagegen darf die Verpflichtung zur Gewährung von Unterhalt an den mit dem Arbeitnehmer in ehe-

---

113 *BAG* AP KSchG 1969 § 1 Betriebsbedingte Kündigung Nr 169 = NZA 2008, 405; *Stenslik* Anm 1 zu BAG AP KSchG 1969 § 1 Betriebsbedingte Kündigung Nr 182; zust iE auch *Temming* Anm 2 zu BAG AP KSchG 1969 § 1 Betriebsbedingte Kündigung Nr 182, der die Altersgruppenbildung als Ausdruck eines Allgemeininteresses an einer wettbewerbsfähigen Volkswirtschaft sieht; sa BAG AP AGG § 15 Nr 1 = DB 2009, 2045, wonach als legitime Ziele iSd § 10 S 1 AGG nicht nur solche anzusehen sind, die im Interesse der Allgemeinheit liegen, sondern auch betriebs- und unternehmensbezogene Interessen; ob dies mit der Rspr des EuGH – AP RL 2000/78/EG Nr 12 Rn 46 = NZA 2009, 305 (Age Concern) vereinbar ist, erscheint freilich sehr zweifelhaft.

114 *BAG* AP InsO § 125 Nr 9 = ZIP 2012, 1927; *LAG Hamm* ZIP 2004, 1863.

115 *BAG* AP Nr 22 zu § 1 KSchG 1969 Namensliste = ZIP 2013, 234; *BAG* AP InsO § 125 Nr 12 = ZIP 2013, 2476.

116 Vgl KR/*Weigand* § 125 InsO Rn 34.

117 *BAG* AP InsO § 125 Nr 1 = ZIP 2004, 1271.

118 *Fischermeier* NZA 1997, 1093; *N/R/Hamacher* § 125 Rn 56; KR/*Weigand* § 125 InsO Rn 34.

119 *BAG* AP KSchG 1969 § 1 Namensliste Nr 21 = ZIP 2012, 1623; *BAG* AP KSchG 1969 § 1 Betriebsbedingte Kündigung Nr 183 = ZIP 2010, 1309 (jeweils zu § 1 Abs 5 KSchG); *BAG* AP BGB § 613a Nr 316 = ZIP 2007, 595.

120 *BAG* AP InsO § 125 Nr 13 = ZIP 2014, 536; *BAG* AP InsO § 125 Nr 12 = ZIP 2013, 2476.

121 MK/*Caspers* § 125 Rn 90.

licher Lebensgemeinschaft lebenden Ehegatten gem § 1360 BGB nicht gänzlich außer Betracht bleiben.[122] Stets zu beachten ist, dass auch bei der Kündigung auf der Grundlage einer Namensliste ein Fehler bei der Sozialauswahl nur dann zur Unwirksamkeit der Kündigung führt, wenn er die Auswahl des betreffenden Arbeitnehmers tatsächlich beeinflusst hat. Die getroffene Auswahl muss sich mit Blick auf den klagenden Arbeitnehmer im Ergebnis als grob fehlerhaft erweisen. Nicht entscheidend ist, ob das gewählte Auswahlverfahren als solches zu beanstanden ist.[123] Auch ein mangelhaftes Auswahlverfahren kann zu einem richtigen Auswahlergebnis führen.[124] So reicht es nicht aus, dass ein anderer Arbeitnehmer unberechtigterweise von einer Kündigung ausgenommen wurde, wenn der gekündigte Arbeitnehmer auch bei rechtlich korrekter Erstellung der Namensliste gekündigt worden wäre.[125] Bei der Überprüfung der Sozialauswahl geht es somit stets um eine **Ergebniskontrolle**.[126] Verwenden die Betriebsparteien bei der Sozialauswahl eine Punktetabelle, ist es nach Auffassung des BAG nicht grob fehlerhaft, wenn der InsVerw einen schützwürdigeren Arbeitnehmer mit höherer Punktzahl kündigt, sofern zwischen diesem und dem vergleichbaren nicht gekündigten Arbeitnehmer nur marginale Unterschiede in den Punktwerten bestehen.[127]

Hinsichtlich der Beurteilung der tatsächlichen Verhältnisse ist den Betriebsparteien durch § 125 Abs 1 S 1 Nr 2 ein weiter Spielraum eingeräumt. Bezüglich des **auswahlrelevanten Personenkreises** besteht eine Einschätzungsprärogative ua hinsichtlich der tatsächlichen Austauschbarkeit der Arbeitnehmer und der zumutbaren Dauer der Einarbeitungszeit. Die Sozialauswahl ist erst dann grob fehlerhaft, wenn die Betriebsparteien den auswahlrelevanten Personenkreis **evident verkannt** haben.[128] Wird die Vergleichbarkeit auf Arbeitnehmer beschränkt, die ohne jegliche Einarbeitungszeit sofort austauschbar sind, ist in der Regel von einer solchen grob fehlerhaften Auswahl auszugehen. Gleiches gilt, wenn im Interessenausgleich der Betriebsbegriff selbst grob verkannt worden ist und sich die Betriebsparteien bewusst über die nicht zu ihrer Disposition stehenden gesetzlichen Grundbedingungen der sozialen Auswahl hinweggesetzt haben.[129] Gleiches gilt, wenn bei der Anwendung des § 1 Abs 3 S 2 KSchG die betrieblichen Interessen augenfällig übergewichtet worden sind.[130] Solange jedoch gut nachvollziehbare und ersichtlich nicht auf Missbrauch zielende Überlegungen für die – etwa sogar auch fehlerhaft – getroffene Eingrenzung des auswahlrelevanten Personenkreises sprechen, ist die Grenze der groben Fehlerhaftigkeit nicht überschritten. Allein der Umstand, dass einer Sozialauswahl die falsche Annahme zugrunde liegt, eine Beschäftigungsfiliale sei ein eigenständiger Betrieb, reicht deshalb nicht aus, eine grob feh- 37

122 *BAG* AP InsO § 125 Nr 9 = ZIP 2012, 1927.
123 *BAG* AP KSchG 1969 § 1 Namensliste Nr 21 = ZIP 2012, 1623.
124 *BAG* AP InsO § 125 Nr 11 = ZIP 2013, 284.
125 *BAG* AP KSchG 1969 § 1 Betriebsbedingte Kündigung Nr 183 = ZIP 2010, 1309 (zu § 1 Abs 5 KSchG).
126 *BAG* AP InsO § 125 Nr 13 = ZIP 2014, 536; *BAG* AP KSchG 1969 § 1 Namensliste Nr 22 = ZIP 2013, 234 (zu § 1 Abs 5 KSchG).
127 *BAG* AP InsO § 125 Nr 12 = ZIP 2013, 2476; *BAG* AP KSchG 1969 § 1 Betriebsbedingte Kündigung Nr 195 = ZIP 2013, 184 (82 Punkte für den Gekündigten, 78 bzw 80 für die nicht gekündigten Arbeitnehmer); ebenso zu § 1 Abs 5 KSchG *BAG* AP KSchG 1969 § 1 Soziale Auswahl Nr 98 = DB 2010, 2566.
128 *BAG* AP KSchG 1969 § 1 Namensliste Nr 24 = DB 2013, 880 (zu § 1 Abs 5 KSchG).
129 *BAG* AP InsO § 125 Nr 11 = ZIP 2013, 284; *BAG* AP KSchG 1969 § 1 Namensliste Nr 17 = NZA 2008, 1060; *BAG* AP KSchG 1969 § 1 Namensliste Nr 24 = DB 2013, 880.
130 *BAG* AP InsO § 113 Nr 19 = ZIP 2006, 774; hierzu auch *BAG* AP Nr 22 zu § 1 KSchG 1969 Namensliste = ZIP 2013, 234.

lerhafte Sozialauswahl anzunehmen.[131] Nicht zu beanstanden ist ferner eine Vergleichsgruppenbildung, die zwischen einschlägig ausgebildeten Mitarbeitern und anderen Mitarbeitern ohne eine einschlägige Ausbildung differenziert. Dies gilt auch dann, wenn die tarifliche Eingruppierung in bestimmten Tarifstufen zwischen diesen beiden Mitarbeitergruppen gleich ist. Aus der gleichen tariflichen Eingruppierung ergibt sich allenfalls ein Indiz für eine Vergleichbarkeit der Arbeitnehmer iRd sozialen Auswahl nach § 1 Abs 3 KSchG. Ein solches Indiz ist bei qualifizierten Tätigkeiten nicht hinreichend.[132]

38 Ob eine Sozialauswahl als nicht grob fehlerhaft zu bewerten ist, wenn die Betriebsparteien den auswahlrelevanten Personenkreis dergestalt bestimmen, dass Arbeitnehmer, die sich erst auf einen bestimmten Arbeitsplatz einarbeiten müssen – **fehlende sofortige Substituierbarkeit** – aus der Vergleichbarkeit ausscheiden,[133] hat der Sechste Senat des BAG offengelassen.[134] Im Hinblick auf den Sanierungszweck einerseits und den zu beachtenden Schutz der Arbeitnehmer andererseits wird eine Regelung, welche die Vergleichbarkeit der Arbeitnehmer generell von der sofortigen Austauschbarkeit ohne jegliche Einarbeitungszeit abhängig macht, nur ausnahmsweise als nicht grob fehlerhaft anzusehen sein. Ein solcher Ausnahmefall kann nach zutreffender Auffassung des BAG vorliegen, wenn die Betriebsparteien davon ausgehen durften, dass die Durchführung einer Sozialauswahl und die damit verbundene Auswechselung von Arbeitnehmern zu einer ernsthaften Gefährdung der betrieblichen Arbeitsabläufe führen würde, die in der konkreten Situation des Schu die Sanierung gefährden würde. Geringfügige Störungen des Betriebsablaufs genügen hierzu nicht.[135] Die Betriebsparteien haben jedoch einen weiten Beurteilungsspielraum, bei der Frage, welche Einarbeitungszeit sie unter Berücksichtigung der betrieblichen Verhältnisse als noch hinnehmbar ansehen.[136]

39 **5. Beweislast.** Für die Fehlerhaftigkeit der sozialen Auswahl trägt der **Arbeitnehmer** gem § 1 Abs 3 S 3 KSchG die Darlegungs- und Beweislast. Auch wenn ein Arbeitnehmer in eine Namensliste aufgenommen worden ist, bleibt der InsVerw allerdings nach der Rspr des BAG gem § 1 Abs 3 S 1 2. HS KSchG verpflichtet, dem Arbeitnehmer auf dessen Verlangen seine Gründe mitzuteilen, die zu der getroffenen sozialen Auswahl geführt haben.[137] Seine sich aus der Mitteilungspflicht ergebende Vortragslast ist grundsätzlich auf die subjektiven, von ihm tatsächlich angestellten Auswahlüberlegungen beschränkt. Der Arbeitnehmer hat keinen Anspruch auf die vollständige Auflistung der Sozialdaten aller objektiv vergleichbaren Arbeitnehmer.[138] Die Darlegung der Vergleichsgruppenbildung sei jedoch Teil der Auskunftspflicht.[135] Die aus § 1 Abs 3 S 1 2. HS KSchG folgende subjektiv determinierte materielle Mitteilungspflicht des InsVerw wird nach dieser Rspr durch die prozessuale Erklärungspflicht nach § 138 ZPO ergänzt. Ergebe sich aus der Mitteilung des Arbeitgebers, dass er Tatsachen, die für die Auswahl objektiv erheblich sein können, in seine subjektiven Erwägungen nicht einbezogen habe, und trage der gekündigte Arbeitnehmer nachvollziehbar vor, gerade aus diesen Tatsachen ergebe sich die grobe Fehlerhaftigkeit der sozialen Auswahl, sei es eine Obliegenheit des Arbeitgebers, seinen Vortrag weiter zu substantiieren. Anderenfalls sei der dem Kenntnisstand des Arbeitnehmers entspr und ihm konkreter nicht mögliche Vortrag,

---

131 *BAG* AP KSchG 1969 § 1 Namensliste Nr 17 = NZA 2008, 1060.
132 *BAG* AP InsO § 125 Nr 1 = ZIP 2004, 1271.
133 So *Caspers* Rn 197.
134 *BAG* AP InsO § 113 Nr 19 = ZIP 2006, 774.
135 *BAG* AP InsO § 125 Nr 13 = ZIP 2014, 536.
136 Vgl KR/*Weigand* § 125 InsO Rn 24.
137 StRspr, vgl *BAG* AP KSchG 1969 § 1 Soziale Auswahl Nr 97 = DB 2009, 1932 (zu § 1 Abs 5 KSchG).
138 *BAG* AP KSchG 1969 § 1 Namensliste Nr 24 = DB 2013, 880 (zu § 1 Abs 5 KSchG).

soziale Gesichtspunkte seien in grob fehlerhafter Weise unberücksichtigt geblieben, als unstreitig anzusehen.[139] Beziehe der InsVerw **„Leistungsträger"** nicht in die Sozialauswahl ein, habe er im Prozess die Gründe für die Ausklammerung einzelner Arbeitnehmer aus der Sozialauswahl anzugeben.[140] Insoweit bestehe eine abgestufte Darlegungslast. Erst nach Erfüllung der **Auskunftspflicht** trage der Arbeitnehmer die volle Darlegungslast für die Fehlerhaftigkeit der Sozialauswahl. Der Prüfungsmaßstab der groben Fehlerhaftigkeit ändere an der Verteilung der Darlegungslast nichts.[141]

VIII. Wesentliche Änderung der Sachlage

Die Vermutungswirkung des § 125 Abs 1 S 1 greift nach S 2 dieser Bestimmung nicht ein, wenn sich die Sachlage nach Zustandekommen des Interessenausgleichs wesentlich geändert hat. Maßgeblicher **Zeitpunkt für die Beurteilung**, ob sich die Sachlage geändert hat, ist der Zeitpunkt des Zugangs der Kündigung. Bei späteren Änderungen kommt nur ein Wiedereinstellungsanspruch in Betracht.[142] **40**

Wesentlich ist die Änderung, wenn nicht ernsthaft bezweifelt werden kann, dass beide Betriebsparteien oder eine von ihnen den Interessenausgleich in Kenntnis der späteren Änderung nicht oder mit anderem Inhalt geschlossen hätten.[143] Erforderlich ist damit, dass sich die Sachlage nach dem Zustandekommen des Interessenausgleichs so wesentlich geändert hat, dass von einem Wegfall der Geschäftsgrundlage (§ 313 BGB) auszugehen ist.[144] Dies ist etwa der Fall, wenn sich nachträglich ergibt, dass nun gar keine oder eine völlig andere Betriebsänderung durchgeführt werden soll oder dass die Anzahl der mit ihr verbundenen Kündigungen erheblich verringert werden soll.[145] Soweit auf einer Namensliste einzelne Arbeitnehmer aufgeführt waren, die ihr Arbeitsverhältnis zu diesem Zeitpunkt bereits selbst gekündigt hatten, ist allein dadurch keine wesentliche Änderung der Sachlage eingetreten.[146] **41**

IX. Massenentlassungsanzeige

Liegen die Voraussetzungen des § 17 Abs 1 KSchG vor, hat der Arbeitgeber vor Ausspruch der Kündigungen der **AA** die Entlassungen anzuzeigen. Diese Bestimmung gilt uneingeschränkt auch für den InsVerw.[147] Wird in einer Massenentlassungsanzeige die Anzahl der zu entlassenden Arbeitnehmer zu niedrig angegeben, können sich auf diesen Fehler nur die Arbeitnehmer berufen, die von der Massenentlassungsanzeige nicht erfasst sind.[146] Vor der Anzeige hat der Arbeitgeber nach § 17 Abs 2 KSchG den Betriebsrat über die in S 1 Nr 1–6 dieser Bestimmung aufgeführten Umstände zu unterrichten und in einem **Konsultationsverfahren** gemeinsam mit ihm die Möglichkeiten zu beraten, Entlassungen zu vermeiden oder einzuschränken und ihre Folgen zu mildern.[148] Die Verfahren nach den §§ 111 ff und § 102 **42**

---

139 *BAG* AP KSchG 1969 § 1 Namensliste Nr 24 = DB 2013, 880 (zu § 1 Abs 5 KSchG).
140 *BAG* AP KSchG 1969 § 1 Soziale Auswahl Nr 40 = DB 1999, 908.
141 *BAG* AP InsO § 125 Nr 13 = ZIP 2014, 536; *BAG* AP BGB § 613a Nr 316 = ZIP 2007, 595; *BAG* AP InsO § 113 Nr 19 = ZIP 2006, 774.
142 *BAG* AP KSchG 1969 § 1 Namensliste Nr 21 = ZIP 2012, 1623; *BAG* ZIP 2001, 1825.
143 *BAG* AP InsO § 125 Nr 12 = ZIP 2013, 2476; *BAG* AP KSchG 1969 § 1 Betriebsbedingte Kündigung Nr 195 = ZIP 2013, 184.
144 *BAG* AP KSchG 1969 § 1 Soziale Auswahl Nr 97 = DB 2009, 1932 (zu § 1 Abs 5 KSchG).
145 *BAG* AP KSchG 1969 § 1 Betriebsbedingte Kündigung Nr 195 = ZIP 2013, 184; *BAG* AP KSchG 1969 § 17 Nr 40 = ZIP 2012, 1822; *BAG* AP BetrVG 1972 § 112 Namensliste Nr 1.
146 *BAG* AP KSchG 1969 § 17 Nr 40 = ZIP 2012, 1822.
147 *BAG* AP KSchG 1969 § 17 Nr 39 = ZIP 2012, 1259.
148 Dazu *Schaub/Linck* § 142 Rn 19 ff.

BetrVG sowie § 17 Abs 2 KSchG können dabei verbunden werden, soweit dieselbe Arbeitnehmervertretung zu beteiligen ist und die gegenüber dieser nach den verschiedenen Vorschriften bestehenden Verpflichtungen übereinstimmen. Dabei ist im Regelfall mit einer ordnungsgemäßen Durchführung des Verfahrens nach §§ 111 ff BetrVG auch den Anforderungen des § 17 Abs 2 KSchG genügt, sofern der Arbeitgeber hierbei klarstellt, dass er zugleich auch das Konsultationsverfahren durchführen möchte. Eine solche Verbindung der beiden Verfahrens verletzt nicht unionsrechtlichen Vorgaben aus der RL 98/59/EG.[149] Der Arbeitgeber muss das Konsultationsverfahren grds mindestens zwei Wochen vor dem Zeitpunkt einleiten, zu dem er die Massenentlassungsanzeige zu erstatten beabsichtigt. Beachtet er diese Frist nicht, läuft er Gefahr, dass der Betriebsrat vor der beabsichtigten Anzeige keine abschließende Stellungnahme abgibt oder diese nicht den gesetzlichen Anforderungen genügt.[150] In diesem Fall liegen auch die Voraussetzungen des § 17 Abs 3 S 3 KSchG nicht vor. Eine wirksame abschließende Stellungnahme des Betriebsrats muss erkennen lassen, dass er sich für ausreichend unterrichtet hält, keine (weiteren) Vorschläge unterbreiten und die Zweiwochenfrist des § 17 Abs 3 S 3 KSchG nicht ausschöpfen will.[151]

43 § 17 Abs 2 KSchG, der Art 2 RL 98/59/EG in das nationale Recht umsetzt, enthält ein eigenständiges, gleichwertig neben den in § 17 Abs 3 KSchG geregelten Verpflichtungen gegenüber der **AA** stehendes Formerfordernis. Dies schließt die Annahme aus, die Wirksamkeitsvoraussetzungen der Anzeige seien in § 17 Abs 3 KSchG abschließend aufgezählt.[152] Nach § 17 Abs 2 S 1 Nr 2 und 3 KSchG muss die Unterrichtung des Betriebsrats Angaben zu den Berufsgruppen der zu entlassenden und der in der Regel beschäftigten Arbeitnehmer enthalten. Werden die Angaben unterlassen, kommt eine Heilung dieses Verfahrensfehlers in Betracht, wenn wegen einer Betriebsstilllegung die Entlassung aller Arbeitnehmer beabsichtigt ist und der Betriebsrat hierüber ordnungsgemäß unterrichtet wurde. In einem solchen Fall kann der Betriebsrat schon wegen der offensichtlichen Betroffenheit aller Berufsgruppen zu dem Schluss kommen, ausreichend unterrichtet zu sein.[153] Sowohl die Missachtung der Pflicht, ein Konsultationsverfahren durchzuführen, als auch der Verstoß gegen die Pflichten aus § 17 Abs 3 S 2 KSchG führen zur Unwirksamkeit der Massenentlassungsanzeige.[149] Beide Verstöße haben die **Unwirksamkeit der Kündigung** zur Folge.[154] Dabei hindert auch ein bestandskräftiger Bescheid der Arbeitsverwaltung nach § 18 Abs 1, § 20 KSchG die Arbeitsgerichtsbarkeit nicht daran, die Unwirksamkeit der Massenentlassungsanzeige festzustellen.[155] Der InsVerw hat zu beachten, dass es nach § 18 Abs 4 KSchG einer erneuten Anzeige bedarf, wenn die Entlassungen nicht innerhalb von 90 Tagen nach dem Ende der Sperrfrist „durchgeführt", dh erklärt werden.[156]

44 Gem § 125 Abs 2 **ersetzt der Interessenausgleich mit Namensliste nach Abs 1 die Stellungnahme des Betriebsrats** nach § 17 Abs 3 S 2 KSchG. Dies gilt selbst dann, wenn im Interessenausgleich keine Bekundungen des Betriebsrats zu den Beratungen mit dem Arbeitgeber enthalten sind.[157] Ein Interessenausgleich mit Namensliste ist dabei iSd § 125 Abs 2 bereits dann zustande gekommen, wenn sich die Betriebsparteien lediglich geeinigt haben und der

---

149 *BAG* AP KSchG 1969 § 17 Nr 44.
150 Dazu *BAG* AP KSchG 1969 § 17 Nr 41 = ZIP 2012, 2412.
151 *BAG* AP KSchG 1969 § 17 Nr 41 = ZIP 2012, 2412.
152 *BAG* 13.12.2012 – 6 AZR 772/11.
153 *BAG* 9.6.2016 – 6 AZR 405/15.
154 *BAG* AP KSchG 1969 § 17 Nr 45 = ZIP 2013, 1589; *BAG* AP KSchG 1969 § 17 Nr 42 = ZIP 2013, 742.
155 *BAG* AP KSchG 1969 § 17 Nr 40 = ZIP 2012, 1822; *BAG* AP KSchG 1969 § 17 Nr 44.
156 *BAG* 9.6.2016 – 6 AZR 638/15.
157 *BAG* AP KSchG 1969 § 17 Nr 39 = ZIP 2012, 1259.

Betriebsrat dies durch die Unterschrift eines vertretungsberechtigten Mitglieds unter den Interessenausgleich dokumentiert hat. Dass der Interessenausgleich bereits der gesetzlichen Schriftform des § 112 Abs 1 S 1 BetrVG genügt, ist für die Ersetzungswirkung des § 125 Abs 2 nicht erforderlich.[158] Ersetzt wird nur die Stellungnahme des Betriebsrats, nicht jedoch die Massenentlassungsanzeige nach § 17 Abs 1 KSchG als solche. Der Massenentlassungsanzeige ist neben dem Interessenausgleich nach Abs 1 auch die schriftliche Unterrichtung des Betriebsrats nach § 17 Abs 2 S 1 KSchG beizufügen. Durch den Interessenausgleich wird diese schriftliche Unterrichtung des Betriebsrats nicht entbehrlich.[158] Der InsVerw muss ebenfalls die Angaben nach § 17 Abs 3 S 4 und 5 KSchG vornehmen. Ist für den Abschluss eines Interessenausgleichs mit Namensliste iSv § 125 der Gesamtbetriebsrat nach § 50 Abs 1 BetrVG originär zuständig, weil der mit der Betriebsänderung geplante Personalabbau auf der Grundlage eines unternehmenseinheitlichen Konzepts durchgeführt wird und hiervon mehrere Betriebe betroffen sind,[159] ersetzt dieser Interessenausgleich die Stellungnahme des Gesamtbetriebsrats nach § 17 Abs 3 S 2 KSchG.[160] Vereinbart der InsVerw mit dem Betriebsrat einen **Interessenausgleich ohne Namensliste**, wird hierdurch die Rechtsfolge des § 125 Abs 2 nicht ausgelöst. Dieser kann die Stellungnahme des Betriebsrats nach § 17 Abs 3 S 2 KSchG nicht ersetzen. Da diese Vorschrift jedoch nicht die Stellungnahme des Betriebsrats in einem eigenständigen Dokument verlangt, kann auch eine in den Interessenausgleich ohne Namensliste integrierte Stellungnahme den gesetzlichen Anforderungen genügen.[161]

X. Betriebsratsanhörung nach § 102 BetrVG

Auch bei Vorliegen eines Interessenausgleichs mit Namensliste iSd § 125 Abs 1 unterliegt die Betriebsratsanhörung nach § 102 BetrVG grds **keinen erleichterten Anforderungen**.[162] Weder der Wortlaut noch der Zweck des Gesetzes geben einen Anhaltspunkt dafür, dass der Gesetzgeber beim Vorliegen eines Interessenausgleichs mit Namensliste die Anwendung des § 102 BetrVG auch nur einschränken wollte. § 125 Abs 2, der lediglich für die Stellungnahme des Betriebsrats nach § 17 Abs 3 S 2 KSchG anordnet, sie werde durch den Interessenausgleich ersetzt, macht vielmehr deutlich, dass auch bei einem Interessenausgleich § 102 BetrVG zu beachten ist.[163] **45**

Das Verf nach § 102 BetrVG kann allerdings mit den Verhandlungen über den Interessenausgleich **verbunden** werden.[164] In diesem Fall können aufgrund dieser Verhandlungen beim Betriebsrat erhebliche Vorkenntnisse über die vom InsVerw geltend gemachten Kündigungsgründe und auch die mit dem Betriebsrat zusammen vorgenommene Sozialauswahl vorhanden sein. Die dem Betriebsrat aus diesen Verhandlungen bekannten Tatsachen muss der InsVerw im AnhörungsVerf nicht erneut vortragen.[165] Dass der Betriebsrat derartige Vorkenntnisse hatte, hat der InsVerw aber im Prozess hinreichend konkret darzulegen und ggf zu beweisen.[166] Die gleichzeitige Erfüllung der Pflichten aus § 17 Abs 2 S 1 KSchG und **46**

158 *BAG* AP KSchG 1969 § 6 Nr 6 = ZIP 2012, 1193.
159 Dazu *BAG* AP Nr 23 zu § 1 KSchG 1969 Namensliste = DB 2013, 523.
160 *BAG* AP KSchG 1969 § 17 Nr 41 = ZIP 2012, 2412; *BAG* AP BetrVG 1972 § 102 Nr 165 = ZIP 2011, 1786.
161 *BAG* AP KSchG 1969 § 17 Nr 39 = ZIP 2012, 1259.
162 *BAG* AP InsO § 125 Nr 4 = ZIP 2007, 2136 mwN.
163 *BAG* AP BetrVG 1972 § 102 Nr 134 = ZIP 2004, 525.
164 *BAG* AP KSchG 1969 § 17 Nr 45 = ZIP 2013, 1589; *BAG* AP KSchG 1969 § 17 Nr 44.
165 StRspr, vgl *BAG* AP KSchG 1969 § 1 Betriebsbedingte Kündigung Nr 183 = ZIP 2010, 1309 (zu § 1 Abs 5 KSchG).
166 *BAG* AP KSchG 1969 § 1 Namensliste Nr 5 = ZIP 1999, 1610.

aus § 102 Abs 1 BetrVG dürfte allerdings praktisch kaum durchführbar sein, weil die Konsultationspflicht deutlich über eine bloße Anhörung hinaus geht.[167] Die Anhörung des Betriebsrats ist nicht schon deshalb als ordnungsgem anzusehen, weil der Betriebsrat in dem Interessenausgleich bestätigt, er sei zu allen Kündigungen ordnungsgem angehört worden und das AnhörungsVerf sei abgeschlossen.[168]

167 ErfK/*Kiel* § 17 KSchG Rn 26.
168 *BAG* AP BetrVG 1972 § 102 Nr 134 = ZIP 2004, 525.

§ 126 Beschlussverfahren zum Kündigungsschutz

(1) [1]Hat der Betrieb keinen Betriebsrat oder kommt aus anderen Gründen innerhalb von drei Wochen nach Verhandlungsbeginn oder schriftlicher Aufforderung zur Aufnahme von Verhandlungen ein Interessenausgleich nach § 125 Abs. 1 nicht zustande, obwohl der Verwalter den Betriebsrat rechtzeitig und umfassend unterrichtet hat, so kann der Insolvenzverwalter beim Arbeitsgericht beantragen festzustellen, dass die Kündigung der Arbeitsverhältnisse bestimmter, im Antrag bezeichneter Arbeitnehmer durch dringende betriebliche Erfordernisse bedingt und sozial gerechtfertigt ist. [2]Die soziale Auswahl der Arbeitnehmer kann nur im Hinblick auf die Dauer der Betriebszugehörigkeit, das Lebensalter und die Unterhaltspflichten nachgeprüft werden.

(2) [1]Die Vorschriften des Arbeitsgerichtsgesetzes über das Beschlussverfahren gelten entsprechend; Beteiligte sind der Insolvenzverwalter, der Betriebsrat und die bezeichneten Arbeitnehmer, soweit sie nicht mit der Beendigung der Arbeitsverhältnisse oder mit den geänderten Arbeitsbedingungen einverstanden sind. [2]§ 122 Abs. 2 Satz 3, Abs. 3 gilt entsprechend.

(3) [1]Für die Kosten die den Beteiligten im Verfahren des ersten Rechtszugs entstehen, gilt § 12a Abs. 1 Satz 1 und 2 des Arbeitsgerichtsgesetzes entsprechend. [2]Im Verfahren vor dem Bundesarbeitsgericht gelten die Vorschriften der Zivilprozessordnung über die Erstattung der Kosten des Rechtsstreits entsprechend.

Übersicht

I. Allgemeines

1 § 126 soll der beschleunigten Klärung der Wirksamkeit der Kündigungen des InsVerw und damit der VerfBeschleunigung dienen. Der InsVerw soll eine Art „Sammelverfahren" durchführen können, um so eine Vielzahl von Einzelverf zu vermeiden.[1] Bei dem Verf nach § 126 handelt es sich gewissermaßen um eine „spiegelbildliche Kündigungsschutzsammel-

1 KR/*Weigand* § 126 InsO Rn 1.

klage“,[2] bei der es um die Feststellung des Bestehens eines Gestaltungsrechts geht. Die Ins-Verw machen von dieser Möglichkeit kaum Gebrauch, das Verf nach § 126 wird vielfach als wenig praktikabel angesehen.[3]

II. Voraussetzungen

1. Betriebliche Voraussetzungen. – a) Das BeschlVerf kommt nach § 126 Abs 1 S 1 1. Alt in Betracht, wenn der **Betrieb keinen Betriebsrat hat**. Anknüpfungspunkt für die Beteiligungsrechte des Betriebsrats nach §§ 111, 112 BetrVG ist die Planung des Arbeitgebers. Die Mitbestimmung soll grundsätzlich stattfinden, bevor die Betriebsänderung durchgeführt ist.[4] Dies gilt auch iRd § 126.[5] Besteht zum Zeitpunkt der Planung der Betriebsänderung kein Betriebsrat im Betrieb, gibt es insoweit auch keine Beteiligungsrechte des Betriebsrats.[6] Wird ein Betriebsrat erst nach der Planung während der Durchführung der Betriebsänderung gebildet, besteht kein Mitbestimmungsrecht nach §§ 111, 112 BetrVG. In diesem Fall liegen vielmehr die Voraussetzungen des § 126 Abs 1 S 1 1. Alt vor. Anders ist es dagegen, wenn der Betriebsrat zur Zeit der Eröffnung des InsVerf noch nicht bestand, sondern erst danach, aber vor der Planung der Betriebsänderung gewählt wurde. In diesem Fall ist der InsVerw verpflichtet, den Betriebsrat über eine geplante Betriebsänderung zu unterrichten, diese mit ihm zu beraten und gem § 112 Abs 1 BetrVG iVm § 121 den Versuch eines Interessenausgleichs zu unternehmen.[7] Hat der Betrieb keinen Betriebsrat, muss zugleich eine Zuständigkeit des Gesamtbetriebsrats (dazu § 125 Rn 9) ausgeschlossen sein.[8] Der InsVerw kann in betriebsratslosen Betrieben den Antrag nach § 126 sofort stellen; er muss nicht erst den Versuch unternehmen, sich mit der Belegschaft über ein freiwilliges Ausscheiden zu einigen.[9] 2

b) Gibt es einen Betriebsrat, kommt aber aus anderen Gründen innerhalb von drei Wochen nach Verhandlungsbeginn oder schriftlicher Aufforderung zur Aufnahme von Verhandlungen ein Interessenausgleich nach § 125 Abs 1 nicht zustande, obwohl der Verw den Betriebsrat rechtzeitig und umfassend unterrichtet hat (dazu § 122 Rn 7), ist das BeschlVerf nach § 126 Abs 1 S 1 2. Alt gleichfalls zulässig. Die Dreiwochenfrist korrespondiert mit der Frist nach § 122 Abs 1 S 1. Sie muss vor Einl des BeschlVerf nicht unbedingt ausgeschöpft werden.[10] Erklären beide Seiten die Verhandlungen übereinstimmend für gescheitert, kann der InsVerw das BeschlVerf einleiten.[11] 3

Kommt es zum Abschluss eines Interessenausgleichs iSv § 125, ist ein Antrag nach § 126 unzulässig, soweit mit dem Interessenausgleich eine umfassende Regelung der Folgen der Betriebsänderung angestrebt wurde und nicht nur ein Teilinteressenausgleich vorliegt. Beschränkt ist diese Sperrwirkung jedoch auf den Gegenstand des Interessenausgleichs, dh die jeweilige Betriebsänderung.[12] Der Antrag nach § 126 wird auch dann unzulässig, wenn es nach Ablauf der Dreiwochenfrist noch zu einem Interessenausgleich nach § 125 kommt.[13] 4

---

2 *Rieble* NZA 2007, 1394.
3 Vgl *Berscheid* FS Schwerdtner, 2003, S 536; *Grunsky* FS Lüke, 1997, S 200.
4 *BAG* AP BetrVG 1972 § 112a Nr 12 = ZIP 2006, 1460.
5 *Rieble* NZA 2007, 1395.
6 *BAG* AP BetrVG 1972 § 112 Nr 63 = ZIP 1993, 289.
7 *BAG* AP BetrVG 1972 § 112 Nr 162 = ZIP 2004, 235.
8 MK/*Caspers* § 126 Rn 5.
9 *BAG* AP InsO § 126 Nr 2 = ZIP 2000, 1588.
10 **AA** *H/W/K/Annuß* § 126 InsO Rn 2.
11 KR/*Weigand* § 126 InsO Rn 7; *Zwanziger* § 126 Rn 12.
12 *BAG* AP InsO § 126 Nr 1 = NZI 2000, 498; *H/W/K/Annuß* § 126 InsO Rn 2.
13 *H/W/K/Annuß* § 126 InsO Rn 2; *N/R/Hamacher* § 126 Rn 35.

Der InsVerw kann damit bei Zustandekommen eines Interessenausgleichs mit Namensliste keine weiteren Kündigungen über § 126 „nachschieben".[14]

5 **c)** Umstr und vom BAG ausdrücklich offengelassen[15] ist die Frage, ob § 126 auch dann zur Anwendung kommt, wenn der Betrieb zwar einen Betriebsrat hat, jedoch **keine Pflicht zum Versuch eines Interessenausgleichs besteht**, weil in dem Unternehmen idR nicht mehr als 20 Arbeitnehmer beschäftigt sind (§ 111 S 1 BetrVG) oder die Voraussetzungen einer Betriebsänderung nicht vorliegen, weil bspw der Personalabbau die Zahlen des § 17 Abs 1 KSchG nicht übersteigt. Der Wortlaut des § 126 Abs 1 S 1 spricht dafür, dass das BeschlVerf nur zulässig ist, wenn die tatbestandlichen Voraussetzungen für die Durchführung eines Interessenausgleichs nach § 111 BetrVG vorliegen. § 126 Abs 1 S 1 setzt voraus, dass „...aus anderen Gründen ... nach Verhandlungsbeginn oder schriftlicher Aufforderung zur Aufnahme von Verhandlungen ein Interessenausgleich nach § 125 Abs 1 nicht zustande gekommen (ist)". Der systematische Zusammenhang bestätigt dies. § 126 schließt an den in § 125 geregelten Interessenausgleich mit Namensliste an, ergänzt diese Bestimmung und hat insoweit eine Auffangfunktion. Eine analoge Anwendung des § 126 auf Betriebe mit Betriebsrat, in denen keine Pflicht zum Versuch eines Interessenausgleichs besteht, ist nicht geboten, weil es sich hierbei entweder um kleinere Betriebe handelt oder nur eine überschaubare Zahl von Kündigungen vorliegt.[16]

6 **2. Betriebsbedingte Kündigungen.** Das BeschlVerf ist auf betriebsbedingte, nicht aber auch auf personen- oder verhaltensbedingte Kündigungen anwendbar.[17] Unerheblich ist, ob die Kündigungen nur **geplant oder bereits erklärt** sind. Der InsVerw kann daher zuerst kündigen und abwarten, welche Arbeitnehmer innerhalb von drei Wochen nach Zugang der Kündigung Kündigungsschutzklage erheben.[15] Wird ein BeschlVerf nach § 126 erst nach den Kündigungserklärungen durchgeführt, ist für die Beurteilung der Rechtmäßigkeit der Kündigungen auf den Zeitpunkt des Zugangs der Kündigungen abzustellen.[18] § 126 Abs 1 setzt voraus, dass mindestens zwei Kündigungen erklärt worden sind.[19]

7 Das BeschlVerf nach § 126 gilt auch für **Änderungskündigungen**, wie sich § 126 Abs 2 ergibt.[20]

8 **3. Eigenverwaltung.** Im Falle der Eigenverwaltung (§ 270) verhandelt der Schu über einen Interessenausgleich. Zur Einleitung des BeschlVerf bedarf er gem § 279 S 3 der **Zustimmung des Sachwalters**. Fehlt sie, ist der Antrag unzulässig.[21] Die Zustimmung kann bis zur gerichtlichen Entsch nachgeholt werden.

---

14 *H/W/K/Annuß* § 126 InsO Rn 2; KR/*Weigand* § 126 InsO Rn 5; *Zwanziger* § 126 Rn 14; **aA** *Warrikoff* BB 1994, 2342 f.

15 *BAG* AP InsO § 126 Nr 2 = ZIP 2000, 1588.

16 *K Schmidt/Ahrens* § 126 Rn 6; *Uhlenbruck/Zobel* §§ 126, 127 Rn 8; FK/*Eisenbeis* § 126 Rn 4; *K/P/B/Moll* §§ 126 Rn 11 f; *Braun/Wolf* § 126 Rn 4; **aA** HambKomm/*Ahrendt* § 126 Rn 6; *Caspers* Rn 242; MK/*Caspers* § 126 Rn 6; ErfK/*Gallner* § 126 InsO Rn 1; *Jaeger/Giesen* § 126 Rn 13; *Rieble* NZA 2007, 1395 f.; *Stahlhacke/Vossen* Rn 2326; KR/*Weigand* § 126 InsO Rn 3.

17 *Braun/Wolf* § 126 Rn 10; MK/*Caspers* § 126 Rn 3; *K Schmidt/Ahrens* § 126 Rn 4.

18 *BAG* AP InsO § 126 Nr 2 = ZIP 2000, 1588; *Stahlhacke/Vossen* Rn 2327.

19 *LAG München* ZInsO 2003, 339; FK/*Eisenbeis* § 126 Rn 1; *Zwanziger* § 126 Rn 5; **aA** MK/*Caspers* § 126 Rn 9.

20 ErfK/*Gallner* § 126 InsO Rn 1; MK/*Caspers* § 126 Rn 7; KR/*Weigand* § 126 InsO Rn 8; *Zwanziger* § 126 Rn 7.

21 HambKomm/*Fiebig* § 279 Rn 3.

III. Verfahren

1. Allgemeines. Das ArbG entscheidet im **BeschlVerf nach §§ 80 ff ArbGG**. Es hat den Antrag gem § 126 Abs 2 S 2 iVm § 122 Abs 2 S 3 nach Maßgabe von § 61a Abs 3–6 ArbGG vorrangig zu erledigen. Örtlich zuständig ist das ArbG, in dessen Bezirk der Betrieb des Schu liegt (§ 82 Abs 1 ArbGG). Die Beschw zum LAG findet nicht statt, einziges Rechtsmittel ist die RechtsBeschw, sofern sie im Beschl des ArbG zugelassen ist. 9

2. Beteiligte. Beteiligt sind im BeschlVerf nach § 126 die durch das materielle Recht unmittelbar Betroffenen. Das sind gem § 126 Abs 2 S 1 der **InsVerw, der Betriebsrat und die im Antrag bezeichneten Arbeitnehmer**, soweit sie nicht ihr Einverständnis mit der Kündigung erklärt haben. Erklären sie während des laufenden BeschlVerf ihr Einverständnis mit der Beendigung des Arbeitsverhältnisses, scheiden sie als Beteiligte aus dem Verf aus.[22] Nach § 128 Abs 1 S 2 ist auch der **(mögliche) Erwerber** des Betriebs Beteiligter.[23] 10

3. Antrag. Der InsVerw hat das BeschlVerf einzuleiten. Der Antrag ist auf die **Feststellung gerichtet**, dass die Kündigung der Arbeitsverhältnisse der im Antrag namentlich bezeichneten Arbeitnehmer durch dringende betriebliche Erfordernisse bedingt und sozial gerechtfertigt ist (§ 126 Abs 1 S 1). Im Antrag ist klarzustellen, ob es sich um Beendigungs- oder Änderungskündigungen handelt.[24] Aus Sicht des InsVerw ist eine Bestimmung der Reihenfolge der zu kündigenden Arbeitnehmer für den Fall sinnvoll, dass Arbeitnehmer während des Verf aus dem Arbeitsverhältnis ausscheiden.[25] Im Hinblick auf mögliche Auswahlfehler kann der InsVerw Hilfsanträge stellen.[26] 11

4. Untersuchungsgrundsatz. Es gilt nicht wie im Kündigungsschutzprozess der Beibringungs-, sondern der Untersuchungsgrundsatz (§ 83 Abs 1 ArbGG). Die Beteiligten haben allerdings an der Sachverhaltsaufklärung mitzuwirken. Der Sachvortrag der Beteiligten muss Anhaltspunkte für Amtsermittlungen geben.[27] 12

Der InsVerw hat die **zur Begründung des Antrags maßgebenden Tatsachen vorzutragen**. Er hat darzulegen, dass die Beschäftigungsmöglichkeiten für die im Antrag bezeichneten Arbeitnehmer weggefallen sind und keine Möglichkeit der anderweitigen Beschäftigung besteht.[28] Der InsVerw hat des Weiteren im Rahmen der zu § 1 Abs 3 KSchG entwickelten abgestuften Darlegungs- und Beweislast[29] seine Gründe für die getroffene soziale Auswahl vortragen. Dann ist es Sache des Arbeitnehmers, Tatsachen aufzuzeigen, die den Schluss auf eine fehlerhafte Sozialauswahl rechtfertigen.[30] Auch im BeschlVerf gilt in Bezug auf das Risiko der Nichterweislichkeit bestimmter Tatsachen die kündigungsrechtliche Beweislastverteilung.[31] Das bedeutet, dass der InsVerw bzgl der Betriebsbedingtheit nach § 1 Abs 2 S 4 KSchG beweisbelastet ist[32] und der Arbeitnehmer gem § 1 Abs 3 S 3 KSchG hinsichtlich der Fehlerhaftigkeit der sozialen Auswahl.[33] 13

---

22 ErfK/*Gallner* § 126 InsO Rn 7; *Jaeger/Giesen* § 126 Rn 33.
23 *BAG* AP InsO § 126 Nr 2 = ZIP 2000, 1588; *Zwanziger* § 126 Rn 24 f.
24 *H/W/K/Annuß* § 126 InsO Rn 3.
25 FK/*Eisenbeis* § 126 Rn 8; ErfK/*Gallner* § 126 InsO Rn 3; *Stahlhacke/Vossen* Rn 2329; KR/*Weigand* § 126 InsO Rn 13; **aA** *Zwanziger* § 126 Rn 30.
26 *H/W/K/Annuß* § 126 InsO Rn 3; *Zwanziger* § 126 Rn 31.
27 ErfK/*Gallner* § 126 InsO Rn 3; *Rieble* NZA 2007, 1397.
28 ErfK/*Gallner* § 126 InsO Rn 4; *Jaeger/Giesen* § 126 Rn 25.
29 Dazu *Schaub/Linck* § 135 Rn 59 ff.
30 *BAG* AP InsO § 126 Nr 2 = ZIP 2000, 1588; FK/*Eisenbeis* § 126 Rn 9.
31 *Braun/Wolf* § 126 Rn 11; *Stahlhacke/Vossen* Rn 2333.
32 *Stahlhacke/Vossen* Rn 2333.
33 MK/*Caspers* § 126 Rn 36.

14 **5. Gerichtliche Überprüfung. – a)** Gegenstand der gerichtlichen Überprüfung sind **alle Gesichtspunkte der sozialen Rechtfertigung** der betriebsbedingten Kündigung. Erfasst werden nur Kündigungen von Arbeitnehmern, deren Arbeitsverhältnis unter den Schutz des KSchG fällt.[34] Die Einschränkungen des § 125 finden in dem BeschlVerf nach § 126 keine Anwendung.[35] Die Überprüfung der Sozialauswahl hat in Bezug auf den Kreis der zu vergleichenden Arbeitnehmer umfassend zu erfolgen.[36] Bezüglich der Auswahlgesichtspunkte ist sie auf die drei in § 126 genannten Gesichtspunkte beschränkt.[37] Die sog „Leistungsträgerklausel" des § 1 Abs 3 S 2 KSchG ist zu berücksichtigen.[38] Hinsichtlich der ausgewogenen Personalstruktur ist zu beachten, dass es nur um deren „Erhaltung" und nicht – wie in § 125 – um deren „Schaffung" geht.[39]

15 **b) Sonstige Unwirksamkeitsgründe**, wie sie sich aus § 102 Abs 1 S 3 BetrVG, Sonderkündigungsschutzvorschriften (zB § 85 SGB IX (§ 168 SGB IX 2017), § 9 MuSchG (§ 17 MuSchG 2018), § 18 BEEG, § 5 PflegeZG) ergeben können, bleiben unberücksichtigt.[40] Das Gericht prüft nur die soziale Rechtfertigung der Kündigung. In einem Kündigungsschutzprozess ist daher nach fristgerecht (§ 4 KSchG) erhobener Klage zu prüfen, ob die Voraussetzungen für die Kündigung bes geschützter Arbeitnehmer, insb notwendige Zustimmungen vorliegen. Das BeschlVerf entfaltet insoweit keine Bindungswirkung iSv § 127 Abs 1.[41] Eine Ausnahme gilt wg § 128 Abs 2 in Bezug auf die Prüfung, ob die Kündigung nach **§ 613a Abs 4 S 1 BGB** unwirksam ist, weil sie wegen eines Betriebsübergangs erfolgt ist. Dies ist auch in dem BeschlVerf nach § 126 nachprüfbar.[42]

16 **c)** Das Gericht hat jedoch zu prüfen, ob der Antrag von dem **kündigungsberechtigten InsVerw** gestellt worden ist.[43] Die arbeitsrechtlichen Vorschriften der InsO (§§ 113 ff) stehen im Dritten Teil der InsO „Wirkungen der Eröffnung des InsVerf". Nach der Systematik der InsO gelten sie demgem nur ab der Eröffnung des InsVerf und nicht für das vorangehende Eröffnungsverf, soweit sich nicht aus den entsprechenden Bestimmungen etwas Anderes ergibt.[44] Deshalb bräuchte eine Kündigung nicht mehr auf ihre soziale Rechtfertigung überprüft zu werden, wenn der Antrag nach § 126 vom schwachen vorl InsVerw gestellt wird. Das gilt für beabsichtigte ebenso wie für bereits ausgesprochene Kündigungen.

17 **6. Beurteilungszeitpunkt.** Hinsichtlich des Beurteilungszeitpunkts ist zu **unterscheiden**: Hat der InsVerw noch nicht gekündigt, ist der Zeitpunkt der letzten Anhörung vor dem ArbG maßgebend. Hat der InsVerw dagegen bereits gekündigt, kommt es im Hinblick auf die in

---

34 ErfK/*Gallner* § 126 InsO Rn 1; *A/P/S/Dörner/Künzl* § 126 Rn 35; *Jaeger/Giesen* § 126 Rn 25; *Rieble* NZA 2007, 1394; **aA** *Zwanziger* § 126 Rn 3.

35 HambKomm/*Ahrendt* § 126 Rn 14; *H/W/K/Annuß* § 126 InsO Rn 5; ErfK/*Gallner* § 126 InsO Rn 4 f.

36 *K Schmidt/Ahrens* § 126 Rn 25; ErfK/*Gallner* § 126 InsO Rn 5; MK/*Caspers* § 126 Rn 24 f.

37 *K Schmidt/Ahrens* § 126 Rn 25; ErfK/*Gallner* § 126 InsO Rn 5; krit dazu FK/*Eisenbeis* § 126 Rn 11; *Zwanziger* § 126 Rn 43; unklar HambKomm/*Ahrendt* § 126 Rn 15.

38 *K Schmidt/Ahrens* § 126 Rn 25; *H/W/K/Annuß* § 126 InsO Rn 5; ErfK/*Gallner* § 126 InsO Rn 5; *Zwanziger* § 126 Rn 44; **aA** *Lakies* RdA 1997, 145, 151.

39 *Gottwald/Bertram* § 108 Rn 120; *Stahlhacke/Vossen* Rn 2331.

40 *BAG* AP InsO § 126 Nr 2 = ZIP 2000, 1588; *Bittner* SAE 2002, 64, 66; *A/P/S/Künzl* § 126 InsO Rn 41; FK/*Eisenbeis* § 126 Rn 10; ErfK/*Gallner* § 126 InsO Rn 6; *Jaeger/Giesen* § 126 Rn 26; **aA** *Zwanziger* § 126 Rn 49.

41 *H/W/K/Annuß* § 126 InsO Rn 5; FK/*Eisenbeis* § 126 Rn 10.

42 Dazu *BAG* AP InsO § 126 Nr 2 = ZIP 2000, 1588.

43 *BAG* AP InsO § 126 Nr 2 = ZIP 2000, 1588.

44 *BAG* AP InsO § 113 Nr 18 = ZIP 2005, 1289.

§ 127 angeordnete Bindungswirkung auf die Verhältnisse zum Zeitpunkt des Zugangs der Kündigungen an.[45]

7. Bindungswirkung einer Entscheidung. Eine rechtskräftige Entsch im BeschlVerf nach § 126 hat **Bindungswirkung im individuellen Kündigungsschutzprozess**, sofern der Arbeitnehmer im Antrag nach Abs 1 S 1 bezeichnet ist und über diesen Antrag entschieden wurde (§ 127 Abs 1 S 1). Das gilt sowohl für den Fall, dass das ArbG dem Antrag stattgibt, als auch für den Fall der Abweisung des Antrags (näher dazu § 127 Rn 2 ff).[46] 18

8. Kosten. Nach § 126 Abs 3 gilt für die Kosten, die den Beteiligten im Verf des ersten Rechtszugs entstehen, § 12a Abs 1 S 1 und 2 ArbGG entspr. Demzufolge gibt es **im ersten Rechtszug keinen Kostenerstattungsanspruch** bezüglich der außergerichtlichen Kosten. Im Verf vor dem BAG gelten die Vorschriften der ZPO über die Erstattung der Kosten des Rechtsstreits entspr, so dass bei Obsiegen der Arbeitnehmer deren Kostenerstattungsansprüche Masseverbindlichkeiten darstellen (§ 55 Abs 1 Nr 1). Der Ausschluss der Kostenerstattung ändert an dem materiellen Kostenerstattungsanspruch des Betriebsrats nach § 40 BetrVG nichts.[47] Hat der Betriebsrat die Zuziehung eines RA beschlossen und durfte er die Zuziehung für notwendig halten, sind die Anwaltskosten als Masseverbindlichkeiten (§ 55 Abs 1 Nr 1) zu berichtigen. 19

IV. Rechtsmittel

Der InsVerw und jeder der beteiligten Arbeitnehmer kann selbstständig **RechtsBeschw zum BAG** einlegen, soweit er vor dem ArbG unterlegen ist und das ArbG die RechtsBeschw zugelassen hat. Macht ein Beteiligter von dieser Möglichkeit nicht Gebrauch, erlangt der Beschl des ArbG insoweit Rechtskraft. Die Wirksamkeit der Kündigung des Arbeitsverhältnisses eines bestimmten Arbeitnehmers betrifft einen abgrenzbaren, der Rechtskraft selbstständig fähigen Teil des Beschl.[48] Gegen die unterbliebene Zulassung gibt es nicht den Rechtsbehelf der Nichtzulassungsbeschwerde, weil dieser in § 126 nicht vorgesehen ist.[49] 20

§ 127 Klage des Arbeitnehmers

(1) [1]Kündigt der Insolvenzverwalter einem Arbeitnehmer, der in dem Antrag nach § 126 Abs. 1 bezeichnet ist, und erhebt der Arbeitnehmer Klage auf Feststellung, dass das Arbeitsverhältnis durch die Kündigung nicht aufgelöst oder die Änderung der Arbeitsbedingungen sozial ungerechtfertigt ist, so ist die rechtskräftige Entscheidung im Verfahren nach § 126 für die Parteien bindend. [2]Dies gilt nicht, soweit sich die Sachlage nach dem Schluss der letzten mündlichen Verhandlung wesentlich geändert hat.

(2) Hat der Arbeitnehmer schon vor der Rechtskraft der Entscheidung im Verfahren nach § 126 Klage erhoben, so ist die Verhandlung über die Klage auf Antrag des Verwalters bis zu diesem Zeitpunkt auszusetzen.

---

45 *K Schmidt/Ahrens* § 126 Rn 27; *H/W/K/Annuß* § 126 InsO Rn 5; MK/*Caspers* § 126 Rn 21 f; *A/P/S/Dörner/Künzl* § 126 InsO Rn 38; **aA** *Zwanziger* § 126 Rn 52.

46 *K Schmidt/Ahrens* § 126 Rn 28; *Gottwald/Bertram* § 108 Rn 125.

47 MK/*Caspers* § 126 Rn 43; *A/P/S/Künzl* § 126 InsO Rn 44; *Stahlhacke/Vossen* Rn 2338; KR/*Weigand* § 126 InsO Rn 22.

48 *BAG* AP InsO § 126 Nr 2 = ZIP 2000, 1588.

49 *BAG* AP ArbGG 1979 § 72a Nr 44 = ZInsO 2001, 1071.

Übersicht

I. Normzweck

1 § 127 Abs 1 S 1 bestimmt, dass eine rechtskräftige Entsch, die in dem BeschlVerf nach § 126 ergangen ist, in einem Kündigungsschutzprozess eines Arbeitnehmers, der in dem Antrag nach § 126 bezeichnet ist, bindend ist. Damit sollen **unterschiedliche Entsch verhindert** und die Effektivität des BeschlVerf nach § 126 gewährleistet werden. Soweit der Arbeitnehmer bereits vor der Rechtskraft der Entsch im BeschlVerf nach § 126 Klage erhoben hat, ist gem § 127 Abs 2 die Verhandlung über die Klage auf Antrag des Verwalters bis zu diesem Zeitpunkt auszusetzen.

II. Gegenstand der Bindungswirkung

2 Die Bindungswirkung für den Kündigungsschutzprozess bezieht sich **nur auf rechtskräftige Entsch in BeschlVerf nach § 126**. Solange ein RechtsBeschwVerf noch anhängig ist, besteht keine Bindung an die erstinstanzliche Entsch.[1]

3 Die Bindungswirkung bezieht sich auf alle an dem BeschlVerf **ordnungsgem beteiligten Arbeitnehmer**.[2] Das sind die in dem Antrag benannten Arbeitnehmer, die vom ArbG auch formell beteiligt und gehört wurden.[3] Deshalb bindet ein nach § 126 ergangener Beschl nicht die Arbeitnehmer, die wegen ihres Einverständnisses mit der Kündigung nicht in dem Antrag bezeichnet sind und nicht an dem BeschlVerf beteiligt wurden.[4]

4 Ein nach § 126 ergangener Beschl **gilt sowohl zugunsten des InsVerw** als auch, bei Abweisung des Antrags als unbegründet, **zugunsten der Arbeitnehmer**.[5] Wird der Antrag als unzulässig abgewiesen, entsteht mangels SachEntsch keine Bindungswirkung.[6]

5 Der nach § 126 ergangene Beschl bindet nur in Bezug auf die **soziale Rechtfertigung** der Kündigung (§ 1 Abs 2 und 3 KSchG) sowie – wegen § 128 Abs 2 – hinsichtlich der Frage, ob die **Kündigung wegen Betriebsübergangs** erfolgt ist (§ 613a Abs 4 BGB). Mehr prüft das ArbG in dem BeschlVerf nach § 126 nicht (dazu § 126 Rn 14 ff).

6 Hat der InsVerw die Kündigung bereits vor Einleitung des BeschlVerf nach § 126 erklärt, bindet die in dem BeschlVerf ergangene Entsch das G im Kündigungsschutzprozess nur, wenn die Wirksamkeit der Kündigung in dem BeschlVerf nicht nach den Verhältnissen zum Zeitpunkt der letzten Anhörung in dem BeschlVerf, sondern nach den tatsächlichen Umständen zum **Zeitpunkt des Zugangs der Kündigung beurteilt** worden ist (vgl § 126 Rn 17).[7]

---

1 MK/*Caspers* § 127 Rn 4; *Braun/Wolf* § 127 Rn 5.
2 ErfK/*Gallner* § 127 InsO Rn 2.
3 *Caspers* Rn 275; FK/*Eisenbeis* § 127 Rn 3.
4 *H/W/K/Annuß* § 127 InsO Rn 1; *Caspers* Rn 272 ff; *N/R/Hamacher* § 127 Rn 6; *Jaeger/Giesen* § 127 Rn 8; **aA** ErfK/*Gallner* § 127 InsO Rn 2.
5 HambKomm/*Ahrendt* § 127 Rn 2; *K Schmidt/Ahrens* § 127 Rn 8; FK/*Eisenbeis* § 127 Rn 4; *N/R/Hamacher* § 127 Rn 4; MK/*Caspers* § 127 Rn 10; *Uhlenbruck/Zobel* §§ 126, 127 Rn 42; *Zwanziger* § 127 Rn 2; **aA** *Grunsky* FS Lüke, S 191, 195; *K/P/B/Moll* § 127 Rn 22.
6 *H/W/K/Annuß* § 127 InsO Rn 1; *N/R/Hamacher* § 127 Rn 5; *Zwanziger* § 127 Rn 2.
7 *Caspers* Rn 279; FK/*Eisenbeis* § 127 Rn 5; *Fischermeier* NZA 1997, 1099; ErfK/*Gallner* § 127 InsO Rn 3; *Stahlhacke/Vossen* Rn 2339.

III. Wesentliche Änderung der Sachlage

Eine Bindung tritt nach § 127 Abs 1 S 2 nicht ein, wenn sich die Sachlage **nach dem Schluss der letzten Anhörung** vor dem ArbG wesentlich geändert hat. Diese Bestimmung betrifft nur Kündigungen, die nach Durchführung des BeschlVerf erklärt wurden. Für zuvor erfolgte Kündigungen ist der Zeitpunkt des Zugangs der Kündigung maßgeblich.[8] Kommt es in jenen Fällen zu einer wesentlichen Änderung der Sachlage, kommt ein Wiedereinstellungsanspruch in Betracht.[9] 7

Eine wesentliche Änderung liegt bspw vor, wenn es nach dem Schluss der letzten Anhörung vor dem ArbG und der Rechtskraft der Entsch zu einem **Betriebsübergang** kommt und dem nach § 126 ergangenen Beschl eine Betriebsstilllegung zugrunde liegt.[10] Gleiches gilt, wenn aufgrund nachträglicher Umstände erheblich weniger Arbeitnehmer gekündigt werden, als zunächst beabsichtigt.[11] 8

IV. Aussetzung des Kündigungsschutzprozesses

Hat der Arbeitnehmer schon vor der Rechtskraft der Entsch im BeschlVerf (§ 126) Kündigungsschutzklage erhoben, ist dieser Rechtsstreit gem § 127 Abs 2 **auf Antrag des Verwalters** auszusetzen, bis in dem BeschlVerf eine rechtskräftige Entsch vorliegt. Stellt der InsVerw einen Aussetzungsantrag, hat das Gericht das KündigungsschutzVerf auszusetzen, sofern die tatbestandlichen Voraussetzungen des § 127 vorliegen. Es hat insoweit – anders als nach § 148 ZPO – kein Ermessen.[12] 9

Stellt der InsVerw **keinen Aussetzungsantrag**, kann das ArbG den Kündigungsschutzprozess gleichwohl nach § 148 ZPO aussetzen.[13] Bei der zu treffenden ErmessensEntsch hat das ArbG insbes den Beschleunigungsgrundsatz in Kündigungsrechtsstreiten zu beachten (§ 61a ArbGG). 10

Wird der Kündigungsschutzprozess nicht ausgesetzt und ergeht ein Urt gegen den InsVerw, ist dieses Urt im Wege der **Restitutionsklage** (§ 580 Ziff 6 ZPO) zu beseitigen, wenn der InsVerw im BeschlVerf obsiegt und der Arbeitnehmer namentlich bezeichnet war.[14] 11

§ 128 Betriebsveräußerung

(1) [1]Die Anwendung der §§ 125 bis 127 wird nicht dadurch ausgeschlossen, dass die Betriebsänderung, die dem Interessenausgleich oder dem Feststellungsantrag zugrunde liegt, erst nach einer Betriebsveräußerung durchgeführt werden soll. [2]An dem Verfahren nach § 126 ist der Erwerber des Betriebs beteiligt.

(2) Im Falle eines Betriebsübergangs erstreckt sich die Vermutung nach § 125 Abs. 1 Satz 1 Nr. 1 oder die gerichtliche Feststellung nach § 126 Abs. 1 Satz 1 auch darauf, dass die Kündigung der Arbeitsverhältnisse nicht wegen des Betriebsübergangs erfolgt.

---

8 HambKomm/*Ahrendt* § 127 Rn 4; *K Schmidt/Ahrens* § 127 Rn 12; *H/W/K/Annuß* § 127 InsO Rn 2.

9 FK/*Eisenbeis* § 127 Rn 6; *Braun/Wolf* § 127 Rn 9.

10 HambKomm/*Ahrendt* § 127 Rn 4; *K Schmidt/Ahrens* § 127 Rn 11; FK/*Eisenbeis* § 127 Rn 6; *Zwanziger* § 127 Rn 3.

11 *Stahlhacke/Vossen* Rn 2341.

12 *K Schmidt/Ahrens* § 127 Rn 14; *H/W/K/Annuß* § 127 InsO Rn 4; *A/P/S/Künzl* § 127 InsO Rn 50; ähnlich *Zwanziger* § 127 Rn 9.

13 *Braun/Wolf* § 127 Rn 12; *N/R/Hamacher* § 127 Rn 15; MK/*Caspers* § 127 Rn 19; *Stahlhacke/Vossen* Rn 2342; *Zwanziger* § 127 Rn 8.

14 HambKomm/*Ahrendt* § 127 Rn 6; ErfK/*Gallner* § 127 InsO Rn 5.

Übersicht

I. Allgemeines

1 § 128 stellt klar, dass der InsVerw betriebsbedingte **Kündigungen auf der Grundlage eines vom Erwerber erarbeiteten Konzepts** unter den erleichterten Bedingungen der §§ 125–127 erklären kann. Dies entspricht der Rspr des BAG. Danach kommt es für die Wirksamkeit einer betriebsbedingten Kündigung des Veräußerers nach dem Sanierungskonzept des Erwerbers jedenfalls in der Ins nicht darauf an, dass das Konzept auch beim Veräußerer hätte durchgeführt werden können.[1] In diesen Fällen ist nach § 128 Abs 1 S 2 der Erwerber an einem BeschlVerf nach § 126 zu beteiligen.

2 Durch § 128 werden **nur die Rechtsfolgen der §§ 125–127 auf den Erwerber erstreckt**. Der Erwerber selbst kann aber nicht mit der Rechtsfolge des § 125 mit dem Betriebsrat einen Interessenausgleich mit Namensliste vereinbaren.[2] Ihm bleiben nur die Möglichkeiten des KSchG, insb die Vereinbarung einer Punktetabelle nach § 1 Abs 4 KSchG oder eines Interessenausgleichs mit Namensliste nach § 1 Abs 5 KSchG.

II. Kündigung wegen Betriebsübergangs

3 Durch § 128 Abs 2 wird die Vermutung des § 125 Abs 1 S 1 Nr 1 oder die gerichtliche Feststellung nach § 126 Abs 1 S 1 auch darauf erstreckt, dass die **Kündigung der Arbeitsverhältnisse nicht wegen des Betriebsübergangs erfolgt** ist. Im Falle eines Betriebsübergangs besteht daher bei einem Interessenausgleich mit Namensliste eine doppelte Vermutung. Zum einen, dass die Kündigung des Arbeitsverhältnisses durch dringende betriebliche Erfordernisse bedingt ist (§ 125 Abs 1 S 1 Nr 1) und eine anderweitige Beschäftigungsmöglichkeit fehlt, sowie zum andern, dass die Kündigung nicht wegen des Betriebsübergangs erfolgt ist (Abs 2). Diese gesetzliche Vermutung ist widerleglich (§ 292 S 1 ZPO). In Bezug auf den Sonderkündigungsschutz Schwerbehinderter nach §§ 85 ff SGB IX ist zu beachten, dass sich der Betriebserwerber, der einen schwerbehinderten Arbeitnehmer kündigen will, nicht wirksam auf den Zustimmungsbescheid des Integrationsamtes berufen kann, der auf einen Antrag des InsVerw vor dem Betriebsübergangs beim Integrationsamt beantragt wurde und nach dem Betriebsübergang nur diesem zugestellt worden ist.[3]

4 Im Hinblick auf die Vermutungswirkung des § 125 Abs 1 S 1 Nr 1 ist § 128 Abs 2 genau genommen überflüssig,[4] weil für die Voraussetzungen des § 613a Abs 4 S 1 BGB ohnehin der Arbeitnehmer **darlegungs- und beweispflichtig** ist. Stützt der Arbeitgeber eine Kündigung im Zusammenhang mit einem Betriebsübergang auf dringende betriebliche Erfordernisse iSv § 1 Abs 2 KSchG und bestreitet der Arbeitnehmer diese Gründe, ist der Arbeitgeber gem § 1 Abs 2 S 4 KSchG für die betrieblichen Gründe beweispflichtig. Er hat also darzulegen, dass die im Zusammenhang mit dem Betriebsübergang erfolgte Kündigung durch einen sachlichen Grund iSd § 613a Abs 4 S 2 BGB gerechtfertigt ist. Gelingt dem Arbeitgeber dieser Nachweis, und hängt die Unwirksamkeit der Kündigung nur davon ab, ob das Kündigungsverbot des § 613a Abs 4 S 1 BGB eingreift, muss der Arbeitnehmer die Voraussetzungen dieser Vorschrift darlegen und beweisen.[5]

---

1 *BAG* AP BGB § 613a Nr 250 = ZIP 2003, 1671.
2 *H/W/K/Annuß* § 128 InsO Rn 2; ErfK/*Gallner* § 128 InsO Rn 1; MK/*Caspers* § 128 Rn 39; *Zwanziger* § 128 Rn 2.
3 *BAG* AP SGB IX § 85 Nr 12 = ZIP 2013, 537.
4 *H/W/K/Annuß* § 128 InsO Rn 5; ErfK/*Gallner* § 128 InsO Rn 2; *Stahlhacke/Vossen* Rn 2349.
5 *BAG* AP BGB § 613a Nr 47 § 613a BGB.

Die rechtskräftige Entsch im **BeschlVerf zum Kündigungsschutz** (§ 126 Abs 1) ist gem § 127 Abs 1 S 1 bindend. Diese Entsch bedeutet zugleich, dass die Kündigung des Arbeitsverhältnisses betriebsbedingt erfolgte, sozial gerechtfertigt ist und nicht wegen eines Betriebsübergangs (Abs 2) vorgenommen wurde. Diese Feststellung ist unwiderleglich. 5

Dritter Abschnitt
Insolvenzanfechtung

§ 129 Grundsatz

(1) Rechtshandlungen, die vor der Eröffnung des Insolvenzverfahrens vorgenommen worden sind und die Insolvenzgläubiger benachteiligen, kann der Insolvenzverwalter nach Maßgabe der §§ 130 bis 146 anfechten.

(2) Eine Unterlassung steht einer Rechtshandlung gleich.

Übersicht

Literatur: *Allgayer* Rechtsfolgen und Wirkungen der Gläubigeranfechtung, 2000; *Astner* Die Anfechtung der inkongruenten Deckung, Wien, 2006; *Bartels* Insolvenzanfechtung und Leistungen Dritter, 2015; *Beissenhirtz* Die Insolvenzanfechtung in Deutschland und England, 2003; *van Bömmel* Insolvenzanfechtung von upstream guarantees im GmbH-Konzern, 2009; *Bork (Hrsg)* Handbuch des Insolvenzanfechtungsrechts, 2006; *Bork/Gehrlein* Aktuelle Probleme der Insolvenzanfechtung, 14. Aufl 2017; *Buchner* Insolvenzanfechtung bei Sicherung und Befriedigung durch Zwangsvollstreckung oder bei Druckzahlung, 2007; *Burchard* Die Insolvenzanfechtung im Dreieck, 2009; *von Campe* Insolvenzanfechtung in Deutschland und Frankreich, 1996; *Gerhardt* Die systematische Einordnung der Gläubigeranfechtung, 1969; *Gerhardt/Kreft* Aktuelle Probleme der Insolvenzanfechtung, 10. Aufl 2006; *Güther* Die Insolvenzanfechtung der Deckung von Altverbindlichkeiten, 2006; *Haarmeyer/M Huber/Schmittmann* Praxis der Insolvenzanfechtung, 2. Aufl 2013; *Hallermann* Die Risiken einer Insolvenzanfechtung für den Käufer eines Unternehmens, 2007; *Hannich* Die Pfändungsbeschränkung des § 852 ZPO, 1998; *Harbeck* Gläubigerbenachteiligung als normative Voraussetzung der Insolvenzanfechtung, 2013; *Kayser* Höchstrichterliche Rechtsprechung zum Insolvenzrecht, 6. Aufl 2012; *Knospe* Die Insolvenzanfechtung von Sozialversicherungsbeiträgen im Spannungsfeld zwischen öffentlichem und Privatrecht, 2014; *König* Die Anfechtung nach der (österreichischen) Insolvenzordnung, 5. Aufl 2014; *Kohn-Löffelmann* Insolvenzanfechtung in Europa: Vergleich der Anfechtungsvorschriften von Deutschland, der Schweiz und Frankreich, 2008; *Persch* Die Insolvenzanfechtung von Kontokorrentverrechnungen, 2008; *Röttger* Die insolvenzanfechtungsrechtliche Rückabwicklung von Anweisungsleistungen, 2013; *Schäfer* Insolvenzanfechtung anhand von Rechtsprechungsbeispielen, 4. Aufl 2013; *Sieber* Die Rechtsnatur der Gläubigeranfechtung innerhalb und außerhalb des Insolvenzverfahrens, 2008; *Thole* Gläubigerschutz durch Insolvenzrecht – Anfechtung und verwandte Regelungsinstrumente in der Unternehmensinsolvenz, 2010; *Weiland* Par condicio creditorum – Der insolvenzrechtliche Gleichbehandlungsgrundsatz und seine Durchbrechung zugunsten öffentlich-rechtlicher Gläubiger, 2010; *Würdinger* Insolvenzanfechtung im bargeldlosen Zahlungsverkehr, 2012.

A. Allgemeines

I. Aufgabe der Insolvenzanfechtung

Das AnfR der InsO hat die Aufgabe, den Bestand des den Gl haftenden SchuVermögens dadurch wiederherzustellen, dass bestimmte, als ungerechtfertigt gewertete **Vermögensverschiebungen rückgängig** gemacht werden, die insb in der Zeit der Krise vor VerfEröffnung zum Nachteil der Gl vorgenommen wurden.[1] Die Anf soll mithin in der Rechtsfolge die Gleichbehandlung der Gl bzw die Wertungen des Insolvenzrechts bereits in Bezug auf vor VerfEröffnung vorgenommene Rechtshandlungen durchsetzen.[2] Die einzelnen AnfTatbestände verfolgen aber keinen vollständig identischen Schutzzweck.[3] Das AnfR ist ein Institut des einheitlichen InsVerf.[4] Es ist auf Handlungen vor Eröffnung bezogen, aber seine Anwendbarkeit setzt die Eröffnung des Verf voraus. Das AnfR ist unabhängig davon, ob das Verf der Sanierung oder der Liquidation des SchuVermögens dient oder auf der Grdl eines Plans abgewickelt wird oder ob es sich um eine Eigenverwaltung (arg § 280) handelt.[5] 1

II. Abweichungen zum Anfechtungsrecht der KO

Als Kernstück des AnfR behält die InsO die **Haupttatbestände der KO** bei: §§ 130–132 entsprechen der bes Konkursanfechtung (§ 30 KO, vgl § 10 Abs 1 Nr 4 GesO), § 133 der Absichtsanfechtung (§ 31 KO, § 10 Abs 1 Nr 1, 2 GesO), § 134 der Schenkungsanfechtung (§ 32 KO, § 10 Abs 1 Nr 3 GesO) und § 135 der Anf der Sicherung oder Befriedigung des Gl einer kapitalersetzenden Finanzierungshilfe (§ 32a KO).[6] Die Änderungen verfolgten das Ziel, das AnfR **wirksamer** zu machen. ZT sind **subjektive** Tatbestandsvoraussetzungen entfallen (vgl § 131 Abs 1 Nr 1, 2). Soweit sie beibehalten wurden, ist das ursprüngliche Vorhaben, ihren Nachweis durch die Gleichstellung der grob fahrlässigen Unkenntnis mit der Kenntnis der Krisentatsachen „Zahlungsunfähigkeit" und „Eröffnungsantrag" zu erleichtern,[7] auf der Strecke geblieben.[8] Nach dem Gesetz gewordenen Vorschlag des RAussch[9] ist nur die **Kenntnis von Umständen**, die zwingend auf die Zahlungsunfähigkeit oder den Eröffnungsantrag schließen lassen, der positiven Kenntnis gleichzuachten (§§ 130 Abs 2, 131 Abs 2 S 1, 132 Abs 3, 137 Abs 2 S 2). Die Begr für diese Änderung lautet: „Die Anfechtbarkeit von Geschäften, bei denen der Vertragspartner des Schuldners nichts anderes als die geschuldete Leistung erhält, darf im Interesse der Rechtssicherheit nicht zu weit ausgedehnt 2

1 Vgl *BGHZ* 128, 191 = ZIP 1995, 137; 174, 229 = ZIP 2008, 125 Rn 29; 193, 129 = ZIP 2012, 1038 Rn 35; *BGH* ZIP 2011, 1114 Rn 9; *BAG* ZIP 2014, 91 Rn 33; BAGE 146, 233 = ZIP 2014, 233 Rn 11; auch BAGE 147, 172 = ZIP 2014, 628 Rn 16.

2 *Kirchhof* FS Gerhardt, 2004, S 448; MK/*Kirchhof* Vor §§ 129–147 Rn 2 ff; *K/P/B/Ehricke* Vor § 129 Rn 1 f; Zur Unschärfe des Gläubigergleichbehandlungsgrundsatzes als Erklärungsansatz für das AnfRecht und zu dessen Wertungsgrundlagen *Thole* Gläubigerschutz, S 280 ff; *K Schmidt* § 129 Rn 1; *Röttger* Die insolvenzanfechtungsrechtliche Rückabwicklung, S 37. Zur ökonomischen Analyse der Anfechtung ansatzweise *Bork* FS Hans-Bernd Schäfer, 2008, S 593 ff.

3 *BGH* ZIP 2005, 494, 495; *Schoppmeyer* NZI 2005, 187; *ders* ZIP 2009, 602; *Jacoby* KTS 2009, 19; *Thole* Gläubigerschutz, S 280 ff.

4 *BAG* ZIP 2014, 91 Rn 21.

5 BT-Drucks 12/2443, 156; *Henckel* KS-InsO, S 814 ff Rn 3 ff.

6 Vgl EB, 400; BT-Drucks 12/2443, 156; BT-Drucks 12/7302, 150, 173.

7 EB, 21, 399; BT-Drucks 12/2443, 156.

8 Krit *Gerhardt* FS Brandner, S 615 f; *ders* Festgabe Zivilrechtslehrer 1934/1935, 1999, S 140 f.

9 BT-Drucks 12/7302, 55, 154.

werden. Der unscharfe Begriff der groben Fahrlässigkeit, sollte vermieden werden".[10] Eine nicht unerhebliche Verschärfung des AnfR liegt in der Erweiterung des Kreises der dem Schu **nahe stehenden Personen** (§ 138) und der damit verbundenen Umkehr der Beweislast zu ihren Lasten. Ferner wird der **Zeitraum** vor Eröffnung des InsVerf, innerhalb dessen vorgenommene Rechtshandlungen der Anf unterliegen, zT erweitert. Er wird einheitlich von dem ersten zulässigen und begründeten (§ 139 Abs 2) **Antrag auf Eröffnung** des InsVerf zurückgerechnet (§§ 130–136), unabhängig davon, wer den Antrag gestellt hat. Damit werden Nachteile vermieden, die sich aus den verschiedenen Anknüpfungspunkten des bisherigen Rechts ergeben (VerfEröffnung: § 31 Nr 2, §§ 32, 32a S 2, §§ 33, 41 Abs 1 S 3 KO, § 237 Abs 1 S 1 HGB, § 10 Abs 1 Nr 2, 3 GesO; Zahlungseinstellung oder Eröffnungsantrag: § 30 KO, § 10 Abs 1 Nr 4 GesO). Zum **Verhältnis der einzelnen AnfTatbestände zueinander** vgl MK/*Kirchhof* Vor §§ 129–147 Rn 94; *Uhlenbruck/Hirte* § 129 Rn 90; *Jaeger/Henckel* § 129 Rn 250; *Gottwald/M Huber* § 46 Rn 5 f.

3 Die für die Geltendmachung von AnfAnsprüchen bislang geltende **Ausschlussfrist** von einem Jahr seit Konkurseröffnung (§ 41 Abs 1 KO) wurde **ersetzt** durch eine **Verjährungsfrist** zunächst von zwei Jahren; mit Wirkung ab 15.12.2004 wurde sie den Regelungen über die regelmäßige Verjährung nach dem BGB angepasst (§ 146 Abs 1). Wegen der Verschärfung des AnfRechts insb bei vorsätzlicher Benachteiligung (§ 133) und unentgeltlichen Leistungen (§ 134) wurde die Haftung des Vermögensübernehmers als entbehrlich angesehen. **§ 419 BGB** wurde durch Art 33 Nr 16 EGInsO aufgehoben.[11]

III. Reformgesetz vom 29.3.2017 und frühere Reformbestrebungen

4 Nach langem Reformprozess (dazu 8. Auflage § 129 Rn 4) ist durch G v 29.3.2017 mit Inkrafttreten zum 5.4.2017[12] die InsAnf geändert worden. Die Änderungen betreffen §§ 133, 142, 143 sowie § 14. Zur Übergangsvorschrift Art 103j EGInsO. Die Reform will insbesondere kongruente Deckungen stärker vor der Vorsatzanfechtung schützen, siehe dazu die Erläuterungen bei den einzelnen Vorschriften.

5 Das Gesetz setzt einen vorläufigen Schlusspunkt unter mehrere Reformversuche aus der Vergangenheit. Mit dem auf Druck der Sozialversicherungsträger (fortan: SVT) und der Finanzverwaltung zustande gekommenen RegE eines G zum Pfändungsschutz der Altersvorsorge und zur Anpassung des Rechts der InsAnf v 12.8.2005[13] verfolgte die BReg bereits seinerzeit eine rigorose Beschneidung des AnfR.

6 Der Gesetzentwurf von 2005 war jedoch zurückgezogen worden.[14] Es wurde indes in einem neuen Anlauf die in dem RegE vom 12.8.2005 vorgesehene **Ergänzung des § 28e Abs 1 SGB IV um einen S 2** verwirklicht.[15] Die Vorschrift lautet: „Die Zahlung des vom Beschäftigten zu tragenden Teils des Gesamtsozialversicherungsbeitrags gilt als aus dem Vermögen des Beschäftigten erbracht." Nachdem der *BGH* m Beschl v 27.3.2008[16] entschieden hatte, dass die Neuregelung nicht solche Sachverhalte erfasst, in denen das InsVerf vor Inkrafttre-

---

10 BT-Drucks 12/7302, 173.

11 Zur näheren Begr vgl BT-Drucks 12/3803, 76 f, 125, 134 f; BT-Drucks 12/7303, 106, 111.

12 BGBl I 2017, 654.

13 BR-Drucks 618/05; zur Stellungnahme des BR v 23.9.2005, BR-Drucks 618/05 (Beschl); BT-Drucks 16/886 (RegE m Gegenäußerung der BReg).

14 *Blank* ZInsO 2008, 2.

15 Art 1 Nr 17 lit a des G zur Änd SGB IV und anderer G v 19.12.2007, BGBl I 2007, 3024.

16 IX ZR 210/07, ZIP 2008, 747 Rn 7 ff [10]; bestätigt durch *BGHZ* 182, 317 = ZIP 2009, 2009 Rn 16; *BGH* ZIP 2009, 83 Rn 15; ebenso *OLG Dresden* ZIP 2009, 1174.

ten des ÄndG am 1.1.2008 eröffnet wurde, die in instanzgerichtlicher Rspr[17] und Literatur[18] umstrittene Frage der Anfechtbarkeit der Zahlung von Arbeitnehmeranteilen im Gesamtsozialversicherungsbeitrag aber offen gelassen hatte, hat der *BGH* mit Urt v 5.11.2009[19] diese Frage ungeachtet der neuen Vorschrift zutr bejaht.[20] Auch die Finanzverwaltung hat erneut versucht, sich InsVorrechte zu verschaffen. Nachdem der Versuch der Wiedereinführung eines Fiskusprivilegs gescheitert war, sollte nach Art 3 des RegE für ein HaushaltsbegleitG 2011[21] neben einer Änderung von §§ 14 und 55 dem § 96 folgender Abs 3 angefügt werden: „(3) Abs 1 sowie § 95 Abs 1 S 3 stehen der Aufrechnung von Ansprüchen aus dem Steuerschuldverhältnis durch Finanzbehörden des Bundes, der Länder oder der Gemeinden nicht entgegen."[22] Dieses zuletzt genannte Vorhaben ist nicht Gesetz geworden.[23] Nunmehr sind die arbeits- und sozialversicherungsrechtlichen Fragen beim Bargeschäft nach § 142 in der geänderten Fassung v 29.3.2017 zu thematisieren (dazu § 142 Rn 9 ff).

IV. Normzweck und Systematik

1. Grundvoraussetzung der Anfechtung (Abs 1). Abs 1 umschreibt die Grundvoraussetzungen der Anf und zugleich den Anwendungsbereich innerhalb des InsVerf. Anfechtbar sind grds (Ausnahme: § 147) nur Rechtshandlungen (genauer: die durch sie verursachten **Wirkungen**[24]) mit Einschluss von Zwangsvollstreckungsmaßnahmen, die **vor** der Eröffnung 7

---

17 Vgl etwa *AG Schwerin* ZIP 2008, 1543; *LG Schwerin* ZIP 2009, 43; *LG Kiel* ZIP 2009, 632 – dazu *Köster/Maaß* NZI 2009, 305; *AG Berlin-Tempelhof-Kreuzberg* ZIP 2009, 1920; *AG Hbg-Altona* NZI 2009, 730 (sämtlich für Anfechtbarkeit); *LG Offenburg* ZInsO 2009,670; *LG Stendal* ZIP 2009, 1291; *LG Berlin* ZInsO 2009, 1398; 2009, 1918 (gegen Anfechtbarkeit).

18 Für Anfechtbarkeit etwa *Büchler* EWiR 2008, 114; *Bauer* ZInsO 2008, 121 f; *Bräuer* ZInsO 2008, 173 ff; *von der Heydt* ZInsO 2008, 185 f; *Kreft* FS Samwer, S 268 ff; wohl auch *Bauer/Eßer* ZInsO 2008, 297; *Leithaus/Krings* NZI 2008, 394 ff; *Brinkmann/Luttmann* ZIP 2008, 901; *Bork* ZIP 2008, 1044; *K/P/B/Ehricke* Vor § 129 Rn 41; FK/*Dauernheim* § 129 Rn 47a; *Dahl/Schmitz* NZI 2009, 101; HambKomm/*Rogge/Leptien* § 129 Rn 56; *Stapper/Jacobi* WM 2009, 1493; *Bräuer/Otto* ZInsO 2009, 1894; *Rohlfing* NJW 2009, 3407. Gegen Anfechtbarkeit zB: *Blank* ZInsO 2008, 4; *Looff* DZWIR 2008, 270; *Meier* NZI 2008, 140; *Plagemann/Radtke-Schwenzer* ZIP 2009, 899; *Bruhn* NZI 2009, 628.

19 *BGHZ* 183, 86 = ZIP 2009, 2301; erläuternd *Kayser* FS Ganter, S 233–235; bestätigt durch *BGH* ZInsO 2010, 1324 Rn 6; ZIP 2010, 2209; 2011, 966.

20 Dem folgend *OLG Hbg* ZInsO 2010, 381; zust auch *Bräuer* ZInsO 2009, 2286; *Henkel* EWiR 2010, 67; *Stritz* DZWIR 2010, 84 (Anm); *Stiller* NZI 2010, 250; *Bauer* ZInsO 2010, 1434; **aA** *LG Köln* ZIP 2010, 41 mit grds zust Anm *Looff* EWiR 2010, 93 (abgeändert durch *BGH* ZIP 2010, 2209); *Brand* WM 2010, 1785 ff; vgl auch *Graf-Schlicker/Huber* § 129 Rn 25, 26; *Gottwald/Huber* § 46 Rn 57, 64. *Knospe* Die Insolvenzanfechtung von Sozialversicherungsbeiträgen, S 361–367, hält die Rspr des BGH (aus Sicht der Sozialversicherungsträger) für verfassungswidrig.

21 BR-Drucks 532/10, 15, 51, 53 f; BT-Drucks 17/3030, 17, 42 f.

22 Zur Änderung des § 96 mit Recht krit etwa *Jungclaus/Keller* NZI 2010, 810; *Stapper* ZInsO 2010, 1880; vgl auch *Bauer* ZInsO 2010, 1917 ff sowie die Kolumne von *Landfermann* ZIP 2010, 2471; zur Behandlung der geplanten Änderungen im BR und seinen Ausschüssen ZIP 2010, A 82 Nr 294.

23 Vgl BT-Drucks 17/3406, 21; Art 3 des HBeglG 2011 v 9.12.2010, BGBl I, 1885.

24 Vgl *Henckel* InsR im Umbruch, S 240 f; *Jaeger/Henckel* § 129 Rn 14; *Eckardt* ZIP 1999, 1739; *ders* FS Gerhardt, S 166 f; *K/P/B/Ehricke* § 129 Rn 35, § 140 Rn 3; MK/*Kayser* § 129 Rn 6; *K Schmidt* § 129 Rn 4; *K/S/W/Schäfer* Rn B1–3; *BGHZ* 147, 236 = ZIP 2001, 886; *BGH* ZIP 1995, 634; 1999, 406; 2009, 1674 Rn 29; 2010, 793 Rn 9 f; 2010, 1702 Rn 14; 2012, 636 Rn 11; auch 2009, 186 Rn 12; 2010, 90 Rn 11; *BFHE* 231, 488 = ZIP 2011, 181 Rn 28 mit Anm *Kahlert* ZIP 2011, 185, jeweils zur Herstellung einer Aufrechnungslage; *OLG Frankfurt* ZIP 2011, 829.

des Verf vorgenommen wurden. Mit der Anf wird kein Handlungsunrecht sanktioniert. Es geht auch nicht um einen Deliktsvorwurf.[25] Nach VerfEröffnung erfolgte Rechtshandlungen sind idR unwirksam (§§ 81, 82, 89), so dass es einer Anf nicht bedarf (vgl Rn 42).

8 Abs 1 hebt die Grundvoraussetzung jeder Anfechtbarkeit hervor, dass die InsGl (§§ 38 f) in ihrer Gesamtheit durch die anzufechtende Rechtshandlung (objektiv) **benachteiligt** sind.

9 Im Gegensatz zu § 29 KO enthält Abs 1 nicht die Worte „als den Konkurs-(Ins-)Gl gegenüber unwirksam". Schon unter der Geltung der KO hatte sich die Meinung durchgesetzt, dass die Anfechtbarkeit einer Rechtshandlung nicht als relative Unwirksamkeit dieser Handlung aufzufassen ist, sondern im Regelfall einen **obligatorischen Rückgewähranspruch** begründet (§ 143). Von einer weitergehenden Stellungnahme im Streit um die dogmatische Einordnung der Anf (vgl Rn 85 ff) hat der Gesetzgeber bewusst abgesehen.[26]

10 Abs 1 bestimmt schließlich, dass – abgesehen von § 280 (Sachwalter) und bis zum 30.6.2014 (su Rn 104) von § 313 (InsGl, Treuhänder) – (allein) der **InsVerw**, nicht etwa ein vorl InsVerw,[27] befugt ist, die Anf geltend zu machen. Insoweit übernimmt die Vorschrift den Regelungsgehalt des § 36 KO.

11 **2. Gleichstellung von Unterlassungen (Abs 2).** Abs 2 stellt nach dem Vorbild von § 36 der österreichischen KO[28] eine **Unterlassung** ausdrücklich einer Rechtshandlung gleich. Für die Anfechtbarkeit müssen prozessuale und materielle Unterlassungen den positiven Handlungen gleichgestellt werden, weil sie die gleichen Gl benachteiligenden Wirkungen haben können.[29] Näher zu den Anforderungen unten Rn 29.

B. Erläuterungen

I. Rechtshandlungen

12 **1. Begriff.** Der Begriff der Rechtshandlung ist – wie im bisherigen Recht[30] – weit auszulegen.[31] Rechtshandlung ist **jedes von einem Willen getragene Handeln, das eine rechtliche Wirkung auslöst** und das Vermögen des Schu zum Nachteil der (Ins)Gl verändern kann.[32] Dies soll wegen unterschiedlicher Zielsetzung (Zusammenhalten der Masse hier, lediglich Wiedererschließung der Zugriffslage dort) bei der InsAnf uU anders zu beurteilen sein als

25 *BGH* ZIP 2009, 1674 Rn 29; 2010, 1702 Rn 14.

26 Vgl EB, 402; BT-Drucks 12/2443, 157; *Gerhardt* FS Brandner, S 607.

27 *K/P/B/Ehricke* § 129 Rn 7 mwN; su Rn 101.

28 Vgl EB, 402.

29 BT-Drucks 12/2443, 157.

30 Vgl Mot KO, 114 f.

31 *BGHZ* 198, 77 = ZIP 2013, 1629 Rn 15; *BGH* ZIP 2004, 621; 2004, 918; 2009, 1674 Rn 21; 2010, 90 Rn 14; 2011, 1324 Rn 16; 2012, 333 Rn 8; *OLG Stuttgart* ZIP 2002, 1900; *OLG Karlsruhe* ZIP 2008, 1344; MK/*Kayser* § 129 Rn 7; *Uhlenbruck/Ede/Hirte/Ede* § 129 Rn 86; *Jaeger/Henckel* § 129 Rn 10; *K/S/W/Schäfer* Rn B4; *K Schmidt* § 129 Rn 26; *Gottwald/M Huber* § 46 Rn 19; *A/G/R/Gehrlein* § 129 Rn 23.

32 Vgl *BGHZ* 170, 196 = ZIP 2007, 191 Rn 10; 198, 77 = ZIP 2013, 1629 Rn 15; *BGH* WM 1983, 214 zu I 2b aa, insoweit nicht abgedr in *BGHZ* 86, 340; *BGH* ZIP 2004, 621; 2004, 918; 2009, 1674 Rn 21; 2010, 90 Rn 14; 2011, 1324 Rn 16; 2012, 333 Rn 8; 2013, 1180 Rn 6; 2014, 22 Rn 13 (II. ZS); *BFHE* 231, 488 = ZIP 2011, 181 Rn 25 mit Anm *Kahlert* ZIP 2011, 185; ähnlich bereits *BFHE* 208, 299 f = ZIP 2005, 630; *OLG Frankfurt* ZIP 2011, 829; *Henckel* KS-InsO, S 820 Rn 19; *Kirchhof* FS Uhlenbruck, S 275; *K/P/B/Ehricke* § 129 Rn 36; MK/*Kayser* § 129 Rn 7.

bei der **GlAnf.**[33] Eine zielgerichtete Herbeiführung der anfechtbaren Wirkung der Rechtshandlung ist nicht erforderlich.[34] Eine Rechtshandlung iSv § 129 setzt aber ein **verantwortungsbewusstes**, willensgesteuertes **Handeln** voraus[35]. Nur wer darüber entscheiden kann, ob er eine Leistung erbringt oder verweigert, nimmt eine Rechtshandlung vor.

2. Rechtshandlungen im Zusammenhang mit Vollstreckungsmaßnahmen. Deshalb ist eine 13
Rechtshandlung des Schu grds zu verneinen, wenn ein Gl eine Befriedigung im Wege der **Zwangsvollstreckung** erlangt.[36] Anders ist das bei einer im Rahmen oder aus Anlass einer Zwangsvollstreckung erfolgten Vermögensverlagerung aber dann, wenn dazu zumindest auch eine Rechtshandlung des Schu beigetragen hat, mag diese auch zur **Abwendung einer ihm angedrohten, demnächst zu erwartenden Zwangsvollstreckung** erfolgt sein; in diesem Fall ist der Schu noch in der Lage, über den angeforderten Betrag nach eigenem Belieben zu verfügen.[37] Hat er dagegen nur noch die Wahl, die geforderte Zahlung sofort zu leisten oder die Vollstreckung durch die bereits anwesende Vollziehungsperson zu dulden, ist jede Möglichkeit zu einem selbstbestimmten Handeln ausgeschaltet. Dann fehlt es an einer willensgeleiteten Rechtshandlung des Schu.[38] Übergibt der Schu dem Vollziehungsbeamten Bargeld, Wertpapiere oder andere Wertgegenstände, deren sofortige Pfändung er andernfalls hinnehmen müsste, so bleibt die Entscheidung des Schu, die Pfändung durch eine eigene Leistung abzuwenden, im Ergebnis bedeutungslos. Eine Rechtshandlung des Schu liegt daher nicht allein darin, dass dieser dem sonst unabwendbaren Vollstreckungszugriff durch Leistung derjenigen Vermögenswerte zuvorkommt, auf welche sich die Zwangsvollstreckung erstreckt hätte.[39] Das zu einem **Anerkenntnissurteil** und dessen Vollstreckung ist keine Mitwirkung des Schu, wenn die Forderung bestand und eingefordert werden konnte und der Schu dem Gl nicht beschleunigt einen Titel verschaffen will.[40] Zahlungen des Schu an den anwesenden, vollstreckungsbereiten Vollziehungsbeamten erfüllen dann idR nicht die Voraussetzungen einer (willensgeleiteten) SchuHandlung. Anderes gilt indes, wenn der Schu wegen der Besonderheiten des Falles – etwa der Verwahrung in einer **„schwarzen**

---

33 *BGH* ZIP 2008, 2272 Rn 22–24; ZIP 2010, 793 Rn 10–12; davon mglw abrückend *BGH* ZIP 2012, 636 Rn 13. *Kirchhof* ZInsO 2013, 1815 zu II, 1 weist darauf hin, durch die Rspr des *BGH* werde das Erfordernis der GlBenachteiligung zu Unrecht mit dem Begriff der Rechtshandlung identifiziert; richtigerweise gehe es insoweit um eine Frage des nötigen Zurechnungszusammenhangs zwischen der Rechtshandlung einerseits und der eintretenden GlBenachteiligung andererseits. Ob die unterschiedliche Zielsetzung von InsAnf und GlAnf m der in diesen Entsch für die InsAnf zutr angenommenen, für die GlAnf hingegen abgelehnten „vereinzelnden" Betrachtungsweise zutr erfasst wird, erscheint zw Krit insoweit grds m Recht *Völzmann-Stickelbrock* KTS 2009, 392 ff; *Onusseit* ZInsO 2010, 2022 ff. Vgl in diesem Zusammenhang auch *Thole* ZZP 121 (2008), 84 ff, 88; *Kreft* KTS 2012, 417. Die Abstandnahme von der „Vereinzelungstheorie" bei der GlAnf verteidigend *Ganter* FS Görg, S 178 ff. Su Rn 90.

34 *BGH* ZIP 2010, 90 Rn 17 unter Hinweis auf *BGH* NJW 2004, 1661 = ZIP 2004, 621 (zu aa); vgl auch *BGH* ZIP 2013, 1180 Rn 6; *K Schmidt* § 129 Rn 26.

35 *BGHZ* 162, 152 = ZIP 2005, 497; dazu *M Huber* ZInsO 2005, 630; krit *Bartels* S 145.

36 So auch *BGH* ZIP 2012, 2355 Rn 25; 2012, 2513 Rn 15; 2013, 2113 Rn 9; 1.6.2017 – IX ZR 48/15 Rn 14; 14.9.2017 – IX ZR 108/16 Rn 12.

37 So auch *BGH* ZIP 2010, 191 Rn 10 mit Anm *Kreft* WuB VI A. § 133 InsO 2.10 und *M Huber* EWiR 2010, 189; ZIP 2011, 531 Rn 5 mwN; 2011, 1416 Rn 22; 2012, 1422 Rn 8; 2012, 2355 Rn 25; 2013, 2113 Rn 9; 2014, 35 Rn 7; 2014, 275 Rn 7.

38 Ähnlich *BGHZ* 182, 317 = ZIP 2009, 2009 Rn 8; *BGH* ZIP 2008, 132 Rn 16; 2009, 728 Rn 3; 2010, 191 Rn 10; 2011, 531 Rn 5; 2011, 1324 Rn 16; 2012, 1422 Rn 8; 2012, 2355 Rn 25. Krit zu dieser Rspr *Bork* Hdb, Kap 5 Rn 9; *Jaeger/Henckel* § 133 Rn 40.

39 *BGH* ZIP 2012, 1422 Rn 8; 2012, 2355 Rn 26; auch bereits *BGH* ZIP 2010, 191 Rn 28. Im Erg auch *BGH* 14.9.2017 – IX ZR 108/16 Rn 13.

40 *BGH* 14.9.2017 – IX ZR 108/16 Rn 33.

Kasse" oder einem Versteck – erwarten konnte, ein zwangsweiser Zugriff des Vollziehungsbeamten werde nicht sogleich möglich sein,[41] wenn er mithin aktiv eine Vollstreckungsmaßnahme des Gl fördert.[42] Das trifft auch zu, wenn der Schu erst durch die Einzahlung von Geldern auf ein insfest gepfändetes, zuvor aber im Debet geführtes Bankkonto Gelder einzahlt und durch diese eigenständige Rechtshandlung das Pfandrecht werthaltig macht.[43] Der Vortrag (und Beweis) solcher Besonderheiten obliegt dem InsVerw, weil er als Kläger die anspruchsbegründenden Voraussetzungen darzulegen (und zu beweisen) hat.[44]

14 Der BGH scheint hier verstärkt nach den Bewusstsein des Schu zu fragen (zw.). Überhaupt verlangt der BGH für eine Rechtshandlung des Schu bei wertender Betrachtung **ein der Vollstreckungstätigkeit des Gl vergleichbares Gewicht**.[45] Auch bei einer **Kontenpfändung** kann es für den Schu an jeder Möglichkeit zu einem selbstbestimmten Handeln fehlen, wenn er von den gepfändeten Konten nur noch an den PfändungsGl zu leisten vermochte, mithin nur die Wahl hatte, den PfändungsGl über das gepfändete Guthaben nach § 836 Abs 1 ZPO verfügen zu lassen oder an ihn Beträge zu überweisen.[46] Im Allgemeinen soll die **Veranlassung einer Überweisung** durch den Schu von dessen Konto jedoch eine selbstbestimmte Handlung des Schu sein, auch wenn zuvor die Ansprüche auf Auszahlung gepfändet und zur Einbeziehung überwiesen worden sind.[47] Dies gilt insbesondere, wenn der Gl eine **offene Kreditlinie gepfändet** hat und der Schu aus dieser überweist.[48] Ein willensgesteuertes Handeln liegt ferner vor, wenn der Schu der anwesenden Vollziehungsperson zur Vermeidung eines Pfändungsversuchs einen **Scheck** über den geforderten Betrag übergibt.[49] Stellt der Schu zu Gunsten des VollstreckungsGl einen Scheck aus, der in der Folgezeit von der bezogenen Bank eingelöst wird, so ermöglicht er dem Gl einen Zahlungsweg, den er anwesende Vollziehungsbeamte nicht zwangsweise hätte durchsetzen können. Eine Scheckzahlung setzt ebenso wie eine Banküberweisung voraus, dass der Schu über sein Konto noch selbst verfügen kann. Auch gegenüber einem anwesenden und vollstreckungsbereiten Vollziehungsbeamten bleibt dem Schu die Wahlmöglichkeit, die Zwangsvollstreckung in sein bewegliches Vermögen hinzunehmen oder die Vollstreckung abzuwenden, indem er der Vollstreckungsperson durch Ausstellung eines Schecks den Zugriff auf sein Bankguthaben ermöglicht. Lässt sich der Vollziehungsbeamte darauf ein, im Gegenzug zur Ausstellung eines Schecks von Pfändungsmaßnahmen abzusehen, so beruht die Scheckanweisung zwar auf dem ausgeübten Vollstreckungsdruck, hätte jedoch ohne die Mitwirkung des Schu nicht erfolgen können.[50] In allen diesen Fällen wird nach **neuerer Rspr** zu prüfen sein, ob bei wertender Betrachtung die Mitwirkung des Schu in der Tätigkeit des Gl vergleichbares Gewicht hat, somit fehlt es an der Rechtshandlung des Schu.[51] Eine willensgeleitete Rechtshandlung des Schu liegt ferner dann vor, wenn er in Erwartung des Vollstreckungsversuchs eines Gl die **Kasse gezielt auffüllt**, um eine Befriedigung des Gl zu ermöglichen, und dieser sodann den Kassenbestand pfändet oder der Schu die Kassenpfändung durch Zahlung an den anwesenden Vollziehungsbe-

---

41 *BGH* ZIP 2010, 191 Rn 28; 2012, 2355 Rn 26.
42 *BGH* ZIP 2013, 2113 Rn 9; 2014, 35 Rn 14.
43 *BGH* ZIP 2013, 2113 Rn 10; 2014, 275 Rn 9 f.
44 *BGH* ZIP 2010, 191 Rn 28; 2011, 531 Rn 5 aE.
45 *BGH* 1.6.2017 – IX ZR 48/15 Rn 17; 22.6.2017 – IX ZR 111/14 Rn 10; 14.9.2017 – IX ZR 108/16 Rn 32.
46 *BGH* ZIP 2006, 290 Rn 27.
47 *BGH* ZIP 2011, 1324 Rn 10; 2012, 2513 Rn 9; 2014, 35 Rn 9.
48 *BGH* ZIP 2008, 131 Rn 16; 2011, 1324 Rn 10, 17.
49 *BGHZ* 182, 317 = ZIP 2009, 2009 Rn 8; *BGH* ZIP 2009, 728 Rn 5, 6; 2009, 1434 Rn 8; 2012, 1422 Rn 12; *OLG Nürnberg* ZIP 2009, 1436 zu II, 1, a = WM 2009, 1521.
50 *BGH* ZIP 2012, 1422 Rn 10.
51 Oben Rn 14, Fn 45.

amten abwendet.[52] Die Möglichkeit zu einem willensgesteuerten Handeln wird dem Schu auch nicht allein dadurch genommen, dass die **Einzelzwangsvollstreckung** bereits **begonnen** hat. Die Situation, dass eine einzelne Zwangsvollstreckungsmaßnahme erfolglos geblieben ist und deshalb demnächst weitere Maßnahmen drohen, unterscheidet sich nicht wesentlich von derjenigen, in welcher der Beginn der Zwangsvollstreckung noch bevorsteht. Nach wie vor kann der Schu frei entscheiden, ob er Vermögenswerte, die das Vollstreckungsorgan bislang nicht gefunden hat oder die er noch von dritter Seite bekommen kann, zur Befriedigung des VollstreckungsGl einsetzt oder stattdessen die Fortsetzung des ZwangsvollstreckungsVerf hinnimmt und die Konsequenz zieht, selbst InsAntrag zu stellen. Die Entscheidungsfreiheit ist auch nicht dadurch aufgehoben, dass der Schu bei fortgesetzter Fruchtlosigkeit die **eidesstattliche Versicherung** bzw die Vermögensauskunft abgeben müsste. Denn die Abgabe der eidesstattlichen Versicherung stellt seine Dispositionsfreiheit über verbliebene Vermögenswerte nicht infrage. Sie gibt dem Schu vielmehr Anlass, sich zu entschließen, ob er den vom Gesetz missbilligten Weg geht, einen InsAntrag hinauszuzögern und nur den momentan vollstreckenden Gl zu befriedigen, oder ob er aus seiner (drohenden) Zahlungsunfähigkeit die Konsequenz zieht, durch ein InsVerf der GlGesamtheit zumindest die letzten verbliebenen Vermögenswerte zu bewahren.[53]

3. Einzelfälle. – a) Positives Tun. – aa) Allgemeines. Zu den Rechtshandlungen zählen **Willenserklärungen** als Bestandteile von Rechtsgeschäften aller Art, namentlich von Verpflichtungs- und Verfügungsgeschäften – etwa die Vereinbarung des Heimfalls eines Erbbaurechts,[54] im **EinzugsermächtigungsVerf** die Genehmigung einer Belastungsbuchung[55] (gegenüber der 15

---

52 *BGH* ZIP 2011, 531 Rn 11–13 mit zust Anm *Schröder/Bograkos* ZInsO 2011, 1057; *M Huber* EWiR 2011, 289. Zur gezielten Vermögensverlagerung auch *BGH* ZIP 2014, 35 Rn 10.

53 *BGH* ZIP 2010, 191 Rn 11 ff. Diese Entsch, mit der das anders lautende Urt des *OLG Karlsruhe* ZIP 2008, 1687 aufgehoben wurde, ist **von bes Bedeutung für die Rechtseinheit**, weil bei den Instanzgerichten nicht selten Unsicherheit besteht, wie der Begriff der willensgesteuerten Rechtshandlung, dessen Problematik sich ua bei der Anwendung von § 133 Abs 1 stellt, zu handhaben ist. Bedenklich etwa *OLG Frankfurt* ZInsO 2005, 1111: auch bei einer nach Ankündigung einer zwangsweisen Beitreibung durch den mit der Zwangsvollstreckung beauftragten GV vorgenommenen **Überweisung** soll es an einer willensgeleiteten Rechtshandlung fehlen. Mit Recht krit *Henkel* EWiR 2005, 901; MK/*Kayser* § 133 Rn 9a m Fn 34; *Jaeger/Henckel* § 133 Rn 40. Nicht ganz zweifelsfrei auch *OLG Karlsruhe* ZIP 2007, 2134: Hingabe eines eigenen **Schecks** an den erschienenen und zur Vollstreckung entschlossenen Vollziehungsbeauftragten. Es fehlt hier auch eine Auseinandersetzung m der Frage, ob der Schu die Möglichkeit hatte, den Scheck rechtzeitig sperren zu lassen. Bestand diese Möglichkeit und war der Schu sich ihrer bewusst, kam ein **selbstbestimmtes Handeln durch Unterlassen** in Betracht (vgl dazu *BGH* ZIP 2012, 1422 Rn 11). Nach *LG Aachen* ZIP 2007, 594 soll eine Zahlung, die der Schu auf die Leistungsaufforderung eines mit Vollstreckungsauftrag, aber **ohne richterliche Durchsuchungsanordnung** erschienenen Vollziehungsbeamten erbringt, eine selbstbestimmte Handlung sein. Dem ist zu folgen, wenn dem Schu bekannt war, dass er eine Pfändung durch Verlangen nach einer richterlichen Durchsuchungsanordnung hätte verhindern können; vgl *BGH* ZIP 2011, 531 Rn 10; MK/*Kayser* § 133 Rn 9b m Fn 37. Das *OLG München* EWiR 2007, 407 f (Anm *Koza*) hat eine selbstbestimmte SchuHandlung für den Fall bejaht, dass sich Vollstreckungsbeamte mit einem Teilzahlungsangebot begnügen, ohne weitere Zwangsmaßnahmen zu erwägen (Grenzfall).

54 *BGH* ZIP 2007, 1121, Rn 13. Das Gleiche gilt für die Vereinbarung einer **Halteprämie** nach § 151 S 1 BGB, *BAGE* 146, 64 = ZIP 2014, 37 Rn 47; ZIP 2014, 139 Rn 45.

55 *BGHZ* 161, 56 = ZIP 2004, 2444; 174, 84 = ZIP 2007, 2273 Rn 44; 192, 221 = ZIP 2012, 280 Rn 23; *BGH* ZIP 2008, 1241 Rn 11; 2009, 1334 Rn 6 f; 2010, 2105 Rn 11; WM 2010, 2167 Rn 10; ZInsO 2010, 2293 Rn 7; WM 2012, 85 Rn 10; ZIP 2012, 285 Rn 8; 2013, 1127 Rn 20; *OLG Hamm* ZIP 2010, 2517; *A/G/R/Gehrlein* § 129 Rn 26. Zur Anfechtbarkeit anderer masseschädlicher Genehmigungen, auch solcher, die nach InsEröffnung erklärt wurden, *Berger* FS Ganter, S 97 ff aus Anlass der Entsch *BGH* ZIP 2009, 485 zu § 91.

Zahlstelle)[56] nebst Zustimmung des **vorl InsVerw** m Zustimmungsvorbehalt[57] (gegenüber der Zahlstelle oder dem Schu[58]), die (zur **Aufrechnung** führende) **Abtretung** einer Forderung,[59] die **Überweisung** der festgesetzten **Vergütung eines vorl InsVerw** von dem von ihm für Zwecke des InsEröffnungsVerf geführten Anderkonto auf sein eigenes Konto;[60] die Anweisung des Treugebers an den Treuhänder, aus dem Treugut Überweisungen auszuführen;[61] Rechtsgeschäfte (oder sonstige Rechtshandlungen), die zum Entstehen von **Umsatzsteuerforderungen** des Fiskus führen,[62] die Beantragung von **InsAusfallgeld**, die kraft gesetzlichen Forderungsübergangs eine Aufrechnung ermöglichen kann,[63] der **Verjährungsverzicht**,[64] die **Kündigung** (etwa eines Darlehens oder Vertragshändlervertrags),[65] die **Bezeichnung der Bezugsberechtigung** eines Dritten durch den Versicherungsnehmer einer Lebensversicherung,[66] selbst der Abschluss einer **Schiedsvereinbarung** wird dazu gerechnet,[67]– **rechtsgeschäftsähnliche Handlungen**[68] – etwa die Rechnungslegung,[69] **Kontosperren**,[70] Verrechnungen,[71] Beschlüsse von **Gesellschaftsorganen (die der Gesellschaft zugerechnet werden)**;[72] **Tilgungsbestimmungen**[73] – aber auch

56 Vgl *BGH* ZIP 2010, 2105 Rn 17; ZInsO 2010, 2293 Rn 10, 11; ZIP 2011, 2206 Rn 12; 2013, 1127 Rn 20.

57 *BGH* ZIP 2010, 2105 Rn 16 ff, 19; WM 2010, 2167 Rn 10. Damit gab der *IX. ZS* seine frühere gegenteilige Rspr auf; dazu *Wiechers* WM 2011, 148. Bestätigt durch *BGH* ZInsO 2010, 2293 Rn 11. **Versagt der vorl InsVerw** m Zustimmungsvorbehalt **die Genehmigung** von Belastungsbuchungen (zu Einschränkungen bei Verwendung unpfändbaren Schuvermögens, sog **Schonvermögens**, su Rn 70) auf einem **debitorisch geführten Konto** im EinzugsermächtigungsVerf, so steht dem InsVerw **lediglich ein Anspruch auf Korrektur** der ungenehmigten Belastung, nicht aber ein Zahlungsanspruch zu, *BGH* ZIP 2002, 2185; 2009, 673 Rn 13, 23; dazu auch *Ganter* NZI 2010, 371.

58 *BGH* ZIP 2010, 2105 Rn 17; ZInsO 2010, 2293 Rn 10.

59 *BGH* ZInsO 2010, 1378 Rn 9. Das Gleiche gilt für Begründung einer **Aufrechnungslage** durch Zahlung, *BGH* ZIP 2014, 22 Rn 13 (zu § 64 S 1 GmbHG).

60 *BGH* ZIP 2012, 333 Rn 8.

61 *BGH* ZIP 2013, 2262 Rn 8, 16.

62 *BGH* ZIP 2010, 90 Rn 19; MK/*Kayser* § 129 Rn 14, 22. **Dem folgend *BFHE*** 231, 488 = ZIP 2011, 181 Rn 25, 26 mit Anm *Kahlert* ZIP 2011, 185 und *de Weerth* EWiR 2011, 87, unter Änderung der bisherigen Rspr; *BFHE* 232, 290 = ZIP 2011, 730 (LS); *BFH* ZIP 2013, 379 Rn 2 unter Hinweis auf die entgegenstehende Entsch eines anderen Senats in *BFHE* 235, 137 = ZIP 2011, 2481 mit krit Anm *Schmittmann* ZIP 2012, 249 ff. Vgl auch *K/S/W/Schäfer* Rn B5, B6. Das ***BSG*** hat in seinem vor Erlass dieser Entsch ergangenen Urt *BSGE* 105, 224 =ZIP 2010, 2309 Rn 24) unter Hinweis auf die bisherige Rspr des *BFH* noch die Meinung vertreten, gesetzlich vorgeschriebene Handlungen (konkret: **Honorarbescheide einer KÄV**) seien idR keine benachteiligenden Rechtshandlungen iSd §§ 129 ff, hat daraus für den zur Beurteilung stehenden Fall indes keine Folgerungen gezogen. Su § 140 Rn 15, 16.

63 *BGH* ZInsO 2010, 1378 Rn 9; *OLG Bbg* ZIP 2009, 1491 (Realakt); *OLG Hamm* ZIP 2010, 297 (Willensbetätigung) mwN.

64 *OLG Dresden* NZI 2010, 103 = ZIP 2010, 747 (LS).

65 *BGHZ* 181, 132 = ZIP 2009, 1235 Rn 14; *BGH* ZIP 2013, 1180 Rn 6 mit Anm *Lütcke* NZI 2013, 786 f. Su § 131 Rn 16.

66 *BGH* 22.10.2015 – IX ZR 248/14 Rn. 8. Su § 140 Rn 3.

67 *RGZ* 137, 111; *BGH* ZInsO 2004, 88; krit *C Berger* ZInsO 2009, 1035 f; vgl auch *Heuser* Schiedsgerichtsbarkeit und Mediation im InsVerf, 2011, S 65 ff, 103; *Dahl/Thomas* NZI 2012, 534 zu II, 1.

68 *BGHZ* 170, 196 = ZIP 2007, 191 Rn 10; *BGH* WM 1975, 1184; ZIP 2004, 918; 2013, 223 Rn 19; *A/G/R/Gehrlein* § 129 Rn 28.

69 *LG Potsdam* ZInsO 2010, 582.

70 *BGH* ZIP 2004, 325; 2004, 621.

71 *OLG Köln* NZI 2005, 113.

72 MK/*Kayser* § 129 Rn 19 mwN.

73 *Schulz* NZI 2014, 1025 ff, der die gesonderte Anf aber auf der Ebene der einzelnen Tatbestände sperren will; offenlassend *BGH* ZIP 2014, 1491 Rn 39.

Realakte – wie **Verwendungen** auf eine fremde Sache oder einen Miteigentumsanteil,[74] Verbindung, Vermischung, Verarbeitung **(§§ 946 ff BGB)**,[75] das **Einbringen** einer Sache in Mieträume, das zu einem Vermieterpfandrecht führt,[76] das **Brauen** von Bier,[77] das **Werthaltigmachen** einer (abgetretenen) Forderung, mithin Erfüllungshandlungen wie die Herstellung eines Werkes, die Übergabe der Kaufsache, die Erbringung von Dienst- oder Werkleistungen[78] oder die Einzahlung von Geldern auf ein insfest gepfändetes, aber zunächst im Debet geführtes Bankkonto,[79] die Aufgabe von Rechten,[80] ferner **Prozesshandlungen** – wie Verzicht, Rücknahme von Klage oder Rechtsmittel, Anerkenntnis,[81] Geständnis, Vergleich[82] –; Maßnahmen der Zwangsvollstreckung;[83] die Eintragung in das **Finanzierungsregister**;[84] die **Rückzahlung einer Beihilfe** auf Grund einer Entsch der Europ Kommission;[85] die Zahlung einer **Geldauflage nach § 153a StPO** als Voraussetzung der Einstellung eines Strafverfahrens[86] und – ungeachtet ihres Strafcharakters – die Zahlung einer **Geldstrafe**.[87] Im Fall des **§ 135 Abs 2** ist Rechtshandlung, ggf bei Doppelbesicherung und Verwertung einer von der Gesellschaft für eine Gesellschaftsschuld bestellten Sicherheit, die neben einer Gesellschaftersicherheit bestand, die darin liegende **Befreiung des Gesellschafters**, der die Sicherheit gestellt hatte.[88] Soweit der Gesellschafter mit Blick auf die drohende Anfechtung die erhaltene Rückzahlung eines Darlehens vor Verfahrenseröffnung auf ein debitorisches Kontokorrentkonto der Gesellschaft zurückführt, für das er selbst eine Sicherheit gestellt hat, liegt die Rechtshandlung für § 135 Abs 2 nicht in der Vereinbarung der Kontokorrentabrede selbst,[89] sondern in der mit Eingang des Geldes bewirkten Tilgung des KK-Kredits.[90]

Allerdings fehlt es an einer anfrechtlich relevanten Rechtshandlung des Schu, wenn die ver- 16
einbarte Übertragung (konkret: von Milchanlieferungsquoten) bereits **kraft Gesetzes** auf den Vertragspartner erfolgt.[91] Das gleiche gilt, wenn der Vermögensverlust des Schu (allein) auf einem **hoheitlichen Rechtsakt** beruht.[92] Deshalb kann eine Klage wegen VorsatzAnf

74 *BGH* NJW 1980, 1580 f.
75 *Jaeger/Henckel* § 129 Rn 10, 178; MK/*Kayser* § 129 Rn 22.
76 *BGHZ* 170, 196 = ZIP 2007, 191 Rn 10; *BGH* ZIP 2009, 1674 Rn 21; 2010, 90 Rn 14 *OLG Dresden* ZInsO 2011, 2137.
77 *BGH* ZIP 2009, 1674 Rn 20 – 23; 2010, 90 Rn 14; MK/*Kayser* § 129 Rn 7; *A/G/R/Gehrlein* § 129 Rn 33.
78 *BGHZ* 174, 297 = ZIP 2008, 183 Rn 36, 37; 184, 101 = ZIP 2010, 739 Rn 15; 189, 1 = ZIP 2011, 773 Rn 36, 46; 190, 201 = ZIP 2011, 1523 Rn 11, 12 – zur Werkleistung; *BGH* ZIP 2008, 372 Rn 14; 2008, 650 Rn 20; 2008, 1435 Rn 21, 22 mit Anm *Stamm* KTS 2009, 108; ZIP 2013, 223 Rn 19; 2013, 588 Rn 12; 2014, 1398 Rn 18 f (dort auch zur **Darlegungslast** in diesen Fällen); *OLG München* ZIP 2010, 638 f. Vgl *Heinze* DZWIR 2008, 185 ff. Su Rn 13, 37.
79 *BGH* ZIP 2013, 2113 Rn 10.
80 *Jaeger/Henckel* § 129 Rn 25.
81 *BGH* 14.9.2017 – IX ZR 48/15 Rn 33.
82 *Jaeger/Henckel* § 129 Rn 10, 14; *K Schmidt* § 129 29; MK/*Kayser* § 129 Rn 20.
83 § 141; *BGH* ZIP 2000, 898; 2003, 809; *Jaeger/Henckel* § 129 Rn 17; § 130 Rn 10; *A/G/R/Gehrlein* § 129 Rn 31.
84 Dazu *Schmalenbach/Sester* WM 2005, 2030.
85 *BGHZ* 173, 139 ff = ZIP 2007, 1820 f; *K Schmidt* § 129 Rn 22.
86 *BGH* ZIP 2008, 1291 Rn 21; *K Schmidt* § 129 Rn 22.
87 *BGH* ZIP 2010, 2358 Rn 6, 7 mit Anm *Commandeur* NZG 2011, 135; *OLG Zweibrücken* ZInsO 2013, 2061 Rn 5; *K Schmidt* § 129 Rn 22; *A/G/R/Gehrlein* § 129 Rn 24.
88 *BGHZ* 192, 9 = ZIP 2011, 2417 Rn 7; ZIP 2014, 584 Rn 9; su § 147 Rn 9.
89 Missverständlich *BGHZ* 198, 77 = ZIP 2013, 1629 Rn 16.
90 So wohl auch *BGH* ZIP 2014, 584 Rn 9.
91 *BGH* ZIP 2006, 2226 Rn 7.
92 *BGHZ* 162, 147 = ZIP 2005, 495.

grds nicht darauf gestützt werden, dass der Gegner ein Grundstück des Schu im Wege des **Zuschlags in der Zwangsversteigerung** erworben hat. Hat indes die Übertragung des Grundstücks durch den Schu an einen Dritten einen Anspruch wegen VorsatzAnf ausgelöst, bleibt dieser auch dann bestehen, wenn dem Dritten später das Grundstück in der Zwangsversteigerung zugeschlagen wird.[93] Zur **Zahlung per Lastschrift** als Rechtshandlung (des Schu) *BGH* ZIP 2003, 489 f.

17 **bb) Mehrere Rechtshandlungen.** Bei mehreren Rechtshandlungen ist **grds jede Handlung selbstständig** auf ihre Anfechtbarkeit zu prüfen, und zwar selbst dann, wenn sie gleichzeitig vorgenommen werden oder sich wirtschaftlich ergänzen.[94] Dies gilt etwa bei der Pfändung einer Forderung und der Zahlung[95] oder bei der Ausstellung eines Schecks und dessen Einlösung.[96] Allerdings ist zu unterscheiden zwischen dem Gebot, die Rechtshandlungen selbstständig zu beurteilen, und der Ermittlung der Rechtshandlung(en) und ihres wirtschaftlichen Inhalts selbst. Erwächst der Rückgewähranspruch aus **mehreren Handlungen**, tw auch unter Einschaltung Dritter, kann uU **eine einzige Rechtshandlung** vorliegen. Da der wirtschaftliche Vorgang vollständig und richtig zu erfassen ist, darf eine einheitlich angelegte Vermögenszuwendung **nicht sinnentstellend in verschiedene Einzelteile** zerlegt werden.[97] Zur wirtschaftlichen Betrachtung Rn 19.

18 Die Einzelbetrachtung gilt wegen des Abstraktionsgrundsatzes regelmäßig auch für die Anf von **Grund- und Erfüllungsgeschäften**.[98] Die gegenteiligen Entsch[99] haben mit Recht Kritik erfahren.[100] Wird allein das Grundgeschäft mit Erfolg angefochten, so verliert es seine Wirkung als rechtlicher Grund, so dass die erbrachte Leistung nach §§ 812 ff BGB zurückzugeben ist.[101] Bei einer isolierten Anf des Erfüllungsgeschäfts lebt die Gegenforderung des AnfGegners nach § 144 Abs 1 wieder auf; auch ist das der Verpflichtung entspr Erfüllungsgeschäft als kongruente Leistung zu werten und deshalb nur unter erschwerten Voraussetzungen anfechtbar. Um eine derartige Anf handelt es sich auch, wenn allein das **Werthaltig-**

---

93 *BGHZ* 159, 399 ff = ZIP 2004, 1619 f zum AnfG. Zur Anf eines Zuschlags in der Zwangsversteigerung insb *Jaeger/Henckel* § 133 Rn 9.

94 *BGHZ* 174, 234 = ZIP 2008, 127 Rn 18; *BGHZ* 178, 171 = ZIP 2008, 2224 Rn 25, 26 (Erfüllungshandlung und Sicherung; dies gilt ungeachtet § 93 in der Ins des persönlich haftenden Gesellschafters auch für die Sicherungshandlung zu Lasten des Vermögens eines persönlich haftenden Gesellschafters, der von dem GesellschaftsGl in dieser Eigenschaft in Anspruch genommen wird); *BGHZ* 198, 64 = ZIP 2013, 1579 Rn 13 (zum Verhältnis der Gewährung einer Sicherheit nach § 135 Abs 1 Nr 1 und der Gewährung einer Befriedigung nach § 135 Abs 1 Nr 2); *BGH* ZIP 2002, 490; 2003, 2371; 2005, 1523; 2006, 1639 Rn 14; 2007, 1276 Rn 26; WM 2011, 276 Rn 2; ZIP 2012, 636 Rn 12 (zum AnfG); 2013, 272 Rn 7; MK/*Kayser* § 129 Rn 55; *Jaeger/Henckel* § 129 Rn 11; *K/P/B/Ehricke* § 129 Rn 38 f; *K/S/W/Schäfer* Rn B45; *A/G/R/Gehrlein* § 129 Rn 37.

95 Dazu *BGH* ZIP 2000, 898; NJW 2003, 897; 2003, 2171; *OLG Hamm* ZInsO 2002, 132 f.

96 *BGHZ* 170, 278 = ZIP 2007, 435 Rn 9. Zum Wechsel vgl *BGH* ZIP 2007, 1469 f.

97 *BGH* ZIP 2013, 272 Rn 7 (verschiedene Erbverträge und letztwillige Verfügungen); *A/G/R/Gehrlein* § 129 Rn 37, 38; *K/S/W/Schäfer* Rn B 43, B 48. Vgl auch *BGH* ZIP 2003, 2371; ZInsO 2010, 588 Rn 12 f (VII ZS).

98 *BGH* ZIP 2007, 1276 Rn 27; wohl auch WM 2011, 276 Rn 2; *OLG Frankfurt* ZIP 2011, 393; *K Schmidt* § 129 Rn 42; FK/*Dauernheim* § 129 Rn 34; MK/*Kayser* § 129 Rn 57 ff; *Uhlenbruck/Hirte/Ede* § 129 Rn 103; *K/P/B/Ehricke* § 129 Rn 38.

99 Vgl etwa *RGZ* 116, 136 f; *BGH* WM 1955, 406.

100 Vgl *Jaeger/Henckel* § 129 Rn 108 ff.

101 Vgl *Jaeger/Henckel* § 129 Rn 107; *Henckel* InsR im Umbruch, S 252.

machen von vertraglichen Forderungen während der gesetzlichen Krise angefochten wird.[102] Freilich sind Erfüllungshandlungen nicht stets unabhängig von dem zugrunde liegenden Kausalgeschäft zu beurteilen. Das gilt insb für die Fälle der Anf wegen unentgeltlicher Leistung[103] und der Vorsatzanfechtung (§ 133). Hier wird ein Benachteiligungsvorsatz bei Begr des Verpflichtungsgeschäfts häufig auf das Erfüllungsgeschäft durchgreifen.[104]

Ganz allg gilt: Der Grundsatz, dass bei mehreren Rechtshandlungen jede einzelne von ihnen auf das Vorliegen der AnfVoraussetzungen hin zu prüfen ist, bedeutet nicht, dass bei der Prüfung, ob eine bestimmte Rechtshandlung die Gl **benachteiligt** hat, nur die unmittelbare rechtliche Folge der Handlung berücksichtigt werden dürfte. Vielmehr ist zur Beurteilung der Frage der GlBenachteiligung die durch die Handlung bewirkte **Vermögensverschiebung in ihrer wirtschaftlichen Bedeutung** zu erfassen (**wirtschaftliche Betrachtungsweise**) (su Rn 44; zum Staffelkredit Rn 66). Erwächst der Rückgewähranspruch aus **mehreren Handlungen**, tw auch unter Einschaltung Dritter, kann **eine einzige Rechtshandlung** vorliegen. Da der wirtschaftliche Vorgang vollständig und richtig zu erfassen ist, darf eine einheitlich angelegte Vermögenszuwendung **nicht sinnentstellend in verschiedene Einzelteile** zerlegt werden.[105] Das gilt auch bei mehraktigen Rechtshandlungen (su Rn 20). So werden durch den Abschluss eines Vertrages die Gl unmittelbar benachteiligt, wenn der gesamte rechtsgeschäftliche Vorgang die Zugriffsmöglichkeiten der Gl verschlechtert[106] (su Rn 58). Allerdings bedeutet die wirtschaftliche Betrachtungsweise **keine Saldierung** von Vor- und Nachteilen; dies ist allein bei § 142 zu prüfen. 19

cc) Mehraktige Rechtshandlungen. Bei Rechtshandlungen, die aus mehreren Rechtsakten bestehen, ist in zeitlicher Hinsicht gem § 140 Abs 1 grds der **letzte**, die Rechtswirkung auslösende **Akt** maßgebend, durch den die Masse endgültig geschmälert worden ist.[107] Bei solchen Rechtsgeschäften, für deren Wirksamkeit eine **Eintragung im Grundbuch** oder in vergleichbaren Registern erforderlich ist, erklärt § 140 Abs 2 (su § 140 Rn 8 ff) den Zeitpunkt für maßgebend, zu dem nicht der Schu, sondern „der andere Teil" den Eintragungsantrag gestellt hat, sofern zu diesem Zeitpunkt die übrigen Voraussetzungen für die Rechtsänderung erfüllt sind und die Willenserklärung für den Schu bindend geworden ist. Die Regel des § 140 besagt aber nicht, was die entspr Rechtshandlung ist. Rechtshandlung iSd § 129 bleibt insoweit im Zweifel das gesamte Rechtsgeschäft als eine einzige Rechtshandlung, nicht nur der letzte Teilakt. 20

dd) Unternehmensveräußerungen. Dazu *Spieker* Die Unternehmensveräußerung in der Ins, Diss Bonn, 2000. *Primozic/Doetsch* Der Unternehmenskauf und die aktuelle Rspr zur InsAnf, NJW 2010, 2922. Nach bisheriger Rspr des BGH ist die Anf einer Unternehmens- 21

102 *BGHZ* 174, 297 = ZIP 2008, 183 Rn 36, 37; 184, 101 = ZIP 2010, 739 Rn 15; *BGH* ZIP 2008, 372 Rn 13, 14; 2008, 1435 Rn 22 mit Anm *Stamm* KTS 2009, 108; so Rn 15.

103 MK/*Kayser* § 129 Rn 61; su § 134 Rn 20.

104 *BGH* ZIP 2008, 469 Rn 15; MK/*Kayser* § 129 Rn 62.

105 *BGH* ZIP 2013, 272 Rn 7 (verschiedene Erbverträge und letztwillige Verfügungen); *A/G/R/Gehrlein* § 129 Rn 37, 38; *K/S/W/Schäfer* Rn B 43, B 48. Vgl auch *BGH* ZIP 2003, 2371; ZInsO 2010, 588 Rn 12 f (VII ZS).

106 *BGH* WM 2011, 276 Rn 2; *OLG Frankfurt* ZIP 2011, 393 f (Kaufvertrag, Darlehensvertrag, Mietvertrag); *K/S/W/Schäfer* Rn B44.

107 *BGHZ* 41, 18 f = WM 1964, 197; 86, 346 = ZIP 1983, 337; 113, 394 f = ZIP 1991, 454; 121, 188 = ZIP 1993, 211; 128, 189 f = ZIP 1995, 136; 170, 201 = ZIP 2007, 192 Rn 14; *BGH* NJW 2001, 2479; ZIP 2004, 1821; 2010, 2105 Rn 11 und ZInsO 2010, 2293 Rn 7 (jeweils Genehmigung einer Abbuchung aufgrund Einzugsermächtigung); *OLG Karlsruhe* ZIP 2007, 287 (die Rev IX ZR 20/07 wurde zurückgenommen); MK/*Kirchhof* § 140 Rn 7; *Uhlenbruck/Ede/Hirte* § 140 Rn 5; *Gottwald/M Huber* § 46 Rn 35–38; *K Schmidt* § 129 Rn 43; su § 140 Rn 4.

veräußerung nicht möglich. Anfechtbar soll nur die Veräußerung der einzelnen Vermögensbestandteile sein.[108] Zutreffend wird indes zunehmend eine Unternehmensveräußerung als solche für anfechtbar gehalten.[109] Dafür spricht auch die Gleichbehandlung von asset und share deal. Lediglich beim Vollzug der Rückgewähr muss das sachenrechtliche Bestimmtheits- und Spezialitätsgebot gewahrt werden. Zur Anfechtbarkeit der Übertragung einer freiberuflichen Praxis vgl *Jaeger/Henckel* KO § 29 Rn 106; *Gerhardt* FS Gaul, S 149 mwN; MK/*Kayser* § 129 Rn 93; zur Bewertung einer freiberuflichen Praxis *BGHZ* 188, 282 Rn 17–30 (XII ZS); *Wehmeier* Praxisübertragung in wirtschaftsprüfenden und steuerberatenden Berufen, 2009; zur Bewertung von Arztpraxen *Küntzel* DStR 2000, 1103; von Anwaltskanzleien *Römermann* NJW 2003, 38; *Janssen* NJW 2003, 3387; *Dombek/Ottersbach/Schukze* Die Anwaltssozietät, 2012; von Steuerberaterpraxen *von Borstel/Schoor* Kauf und Bewertung einer Steuerberaterpraxis, 3. Aufl 2003. Vgl auch *van Zwoll/Mai/Eckardt/Rehborn* Die Arztpraxis in Krise und Insolvenz, 2007.

22 **ee) Anfechtung und Aufrechnung.** Als anfechtbare Rechtshandlung wurde unter der **Geltung der KO** auch die Herstellung einer Aufrechnungslage nebst Aufrechnungserklärung (sog AnfTatbestand)[110] angesehen. Die Zulässigkeit der Aufrechnung nach § 55 KO stand der Anfechtbarkeit nicht entgegen.[111] Die durch die Aufrechnung herbeigeführte Befriedigung konnte angefochten werden, wenn die Voraussetzungen für die Aufrechnung in anfechtbarer Weise geschaffen worden waren.[112] Die neuere Rspr zum bisherigen Recht ging jedoch bereits tendenziell dazu über, der Aufrechnung eo ipso die Wirkung abzusprechen, wie es nunmehr auch § 96 Abs 1 Nr 3 anordnet: Wurde die Aufrechungslage dadurch hergestellt, dass der Schu in der Krise einen Vertrag abschloss, der den Gl befähigte, sich durch Aufrechnung mit einer uneinbringlichen Altforderung seiner durch den Vertrag begründeten Zahlungspflicht zu entziehen, führte die Anf regelmäßig dazu, dass der Aufrechnung keine Rechtswirkung beigemessen wurde, der Konkursverwalter mithin die Forderung aus dem Vertrag ohne Rücksicht auf die Altforderung durchsetzen konnte.[113] Ähnlich vollzog sich die Anf der Aufrechnung, wenn ein in unverdächtiger Zeit geschlossener (Werk-)Vertrag vom Schu erst in der Krise erfüllt und dem Gl so ermöglicht wurde, gegen den jetzt **werthaltig** gewordenen Anspruch des Schu mit einer Altforderung aufzurechnen.[114] (Sicherungs-)Zessionar und Vertragspartner konnten ggf beide in Anspruch genommen werden und als Gesamtschuldner haften.[115] Der InsVerw hatte freilich auch die Möglichkeit, gegen den Vertragspartner auf Rückgewähr der vom Schu erbrachten Leistung oder auf Wertersatz zu klagen.[116] Nach dem Recht der InsO erklärt **§ 96 Abs 1 Nr 3** eine

---

108 *BGH* WM 1962, 1326; vgl im Einzelnen *B/G/H/Haas* § 143 Rn 59.

109 *K Schmidt* BB 1988, 5 ff; *K Schmidt* § 129 Rn 51; *Jaeger/Henckel* § 129 Rn 71 ff; *Gerhardt* FS Gaul, S 148 f; MK/*Kayser* § 129 Rn 94; HambKomm/*Rogge/Leptien* § 129 Rn 50.

110 *BGHZ* 86, 353 = ZIP 1983, 339; 129, 343 = ZIP 1995, 928; *A/G/R/Gehrlein* § 129 Rn 39.

111 Vgl *BGHZ* 58, 111 ff = WM 1972, 310 f; 86, 194 = ZIP 1983, 192; 89, 192 f = ZIP 1984, 191.

112 *BGHZ* 129, 343 f = ZIP 1995, 928 f; 145, 254 f = ZIP 2000, 2210; auch *BGH* ZIP 2000, 759; vgl *Spliedt* DZWIR 2000, 424 f; *Jaeger/Henckel* KO § 30 Rn 268 ff; *Kuhn/Uhlenbruck* § 30 Rn 42g.

113 *BGHZ* 145, 253 ff = ZIP 2000, 2210 mit Anm *Schmitz*; 147, 236 f = ZIP 2001, 886 f; *BGH* ZIP 2004, 959; 2004, 1160; 2005, 1523; *A/G/R/Gehrlein* § 129 Rn 40, 41; *K/S/W/Schäfer* Rn B176.

114 *BGHZ* 174, 297 = ZIP 2008, 183 Rn 36; 190, 201 = ZIP 2011, 1523 Rn 11; *BGH* ZIP 2008, 373 Rn 15; 2010, 682 Rn 13; 2013, 588 Rn 12, 13, 15; *G Fischer* ZIP 2004, 1683; *ders* WM 2008, 6 zu dd. § 140 Abs 3 findet keine Anwendung, *BGHZ* 190, 201 = ZIP 2011, 1523 Rn 10; *BGH* ZIP 2013, 588 Rn 11; *G Fischer* ZIP 2004, 1683 f; *ders* WM 2008, 6 zu dd.

115 *BGH* ZIP 2008, 373 Rn 16, 17. Su Rn 114.

116 *BGH* ZIP 2008, 373 Rn 16; vgl *Gerhardt/Kreft* Rn 25; MK/*Kirchhof* § 143 Rn 53.

Aufrechnung – mit Einschluss der Verrechnung[117] – für unzulässig, wenn ein InsGl die Möglichkeit der Aufrechnung durch eine anfechtbare Rechtshandlung – auch eines Dritten[118] – erlangt hat. Danach bedarf es einer Anf der Aufrechnungserklärung nicht mehr,[119] auch wenn die Aufrechnung bereits vor VerfEröffnung erklärt wurde;[120] eine Tilgungswirkung tritt von vornherein nicht ein.[121] Dies gilt freilich nur für die Zwecke und Dauer des InsVerf.[122] Die Begr der Aufrechnungslage muss ggf gesondert angefochten werden.[123] § 96 Abs 1 Nr 3 regelt die Aufrechnung von InsGl, und zwar auch und gerade auch dann, wenn die Aufrechnung noch vor Verfahrenseröffnung erfolgt[124] Das ist der Normalfall. Denkbar ist jedoch auch, dass der Schu oder der vorl InsVerw die Aufrechnung erklärt.[125] Dann bedarf es grds der Anf.[126] Erklärt der InsVerw die Aufrechnung im Verfahren, ist dies kein Fall für die Anf, wohl aber kann in seltenen Fällen die Aufrechnung insolvenzzweckwidrig sein. Zur Auslegung von § 96 Abs 1 Nr 3 im Einzelnen wird auf die Ausführungen zu § 96 Rn 39 ff verwiesen.

ff) Sozialplan. Ein vor VerfEröffnung aufgestellter Sozialplan (§ 112 BetrVG) und aufgrund eines solchen Plans an Arbeitnehmer erbrachte Leistungen können anfechtbare Handlungen sein.[127] Bei einem Sozialplan, der nicht früher als drei Monate vor dem Antrag auf Eröffnung des InsVerf aufgestellt worden ist, bedarf es einer Anf nicht, wenn der InsVerw ihn nach § 124 Abs 1 widerruft, doch bleibt eine Anf bei gegebenem Rechtsschutzinteresse gleichwohl möglich.[128] Dass nach § 124 Abs 3 S 1 Leistungen, die ein Arbeitnehmer vor der Eröffnung des Verf auf seine Forderung aus dem widerrufenen Sozialplan erhalten hat, nicht wegen des Widerrufs zurückgefordert werden können, ändert an ihrer Anfechtbarkeit grds nichts.[129] 23

117 *BGHZ* 170, 206 = ZIP 2007, 383 Rn 8, 18; *BGHZ* 174, 297 = ZIP 2008, 183 Rn 11; *BGH* ZIP 2008, 650 Rn 10; 2008, 1435 Rn 11; 2008, 1437 Rn 17; 2008, 1593 Rn 9; 2012, 537 Rn 8; MK/*Kayser* § 129 Rn 15, 148.

118 *OLG Köln* NZI 2001, 475; *A/G/R/Gehrlein* § 129 Rn 42.

119 *Bork* Einführung, Rn 265; *K Schmidt/Thole* § 96 Rn 12.

120 *BGHZ* 169, 161 ff = ZIP 2006, 2179 f; *BGH* ZIP 2003, 2371; 2004, 1913; 2005, 1335 mit Anm *Kreft* WuB VI A. § 96 InsO 3.05; ZIP 2007, 1467 Rn 11; 2013, 588 Rn 8; BT-Drucks 12/2443, 141; *Gerhardt* FS Zeuner, 1994, S 366; *Bork* Einführung, Rn 265 m Fn 9; *Jaeger/Henckel* § 130 Rn 81; **aA** *Gerhardt* KTS 2004, 200; krit *Ries* ZInsO 2005, 848; vgl auch *ders* ZInsO 2004, 1231; *Zenker* NZI 2006, 16.

121 *BGHZ* 169, 161 f = ZIP 2006, 2179 Rn 11, 13; *BGH* ZIP 2005, 1335; 2012, 537 Rn 11; MK/*Kayser* § 129 Rn 15.

122 *BGHZ* 169, 165 f = ZIP 2006, 2180 f insb Rn 17, 22 mit im Erg zust Anm *Rauhut* WuB VI A. § 146 InsO 2.07; *K/S/W/Schäfer* Rn B177. Zu Bedeutung und Folgen dieser insrechtlichen Unwirksamkeit im Einzelnen *Kreft* FS Fischer, S 301 ff.

123 Vgl *Bork* Einführung, Rn 265 m Fn 11 unter Hinweis auf *BGH* ZIP 2004, 1913 ff; 2006, 818 Rn 18 (19); 2010, 2460 Rn 7 ff. Es liegt grds **keine unentgeltliche Leistung** vor, *BGH* 20.4.2017 – IX ZR 252/16; *BGH* 12.9.2017 – IX ZR 316/16 Rn 5.

124 *BGH* ZIP 2003, 2371; BGHZ 165, 159 Rn 11 = BB 2006, 2655 f.; *K Schmidt/Thole* § 96 Rn 23.

125 Zur Aufrechnung durch den InsVerw *OLG Hamm* ZIP 2014, 188 zu c, (tw aufgehoben aus anderen Gründen durch *BGH* ZIP 2015, 589); *Dobmeier* ZInsO 2007, 1208.

126 Vgl *von Olshausen* KTS 2001, 45 ff; *Häsemeyer* Rn 19.01a; 19.15 Fn 72; *Uhlenbruck/Hirte/Ede* § 129 Rn 59; MK/*Kayser* § 129 Rn 15; *A/G/R/Gehrlein* § 129 Rn 42.

127 *Mückl/Krings* ZIP 2015, 1714 ff; *Jaeger/Henckel* § 129 Rn 49 ff; MK/*Kayser* § 129 Rn 13, 105a; *A/G/R/Gehrlein* § 129 Rn 28.

128 *Uhlenbruck/Hirte/Ede* § 129 Rn 418 2; *K/P/B/Ehricke* § 129 Rn 45; *K Schmidt* § 129 Rn 18.

129 Vgl BT-Drucks 12/2443, 155; MK/*Kirchhof* Vor §§ 129–147 Rn 83; MK/*Kayser* § 132 Rn 7.

24 **gg) Ausschlagung einer Erbschaft, Erbverzicht, Pflichtteilsverzicht,[130] Aufhebung eines Erbvertrags.** Nach § 83 Abs 1 S 1 steht die Annahme oder Ausschlagung einer dem Schu vor oder nach der Eröffnung des InsVerf angefallenen **Erbschaft** nur dem Schu zu. Wegen dieser alleinigen persönlichen Entscheidungsmacht des Schu kommt eine Anf der Ausschlagung einer Erbschaft nicht in Betracht, und zwar auch dann nicht, wenn die Ausschlagung mit GlBenachteiligungsabsicht erfolgte.[131] Das Gleiche gilt aufgrund des Wortlauts von § 83 Abs 1 S 1 für die Anf der Ausschlagung (oder Annahme) eines **Vermächtnisses**.[132]

25 Aus § 83 ergibt sich ferner, dass auch ein **Erbverzicht** (§§ 2346 ff BGB) unanfechtbar ist.[133] Unanfechtbar ist ebenfalls der vollständige oder tw Verzicht auf einen bereits angefallenen **Pflichtteil** vor Eintritt der Pfändungsvoraussetzungen des § 852 Abs 1 ZPO.[134] Dass der Pflichtteilsanspruch als in seiner zwangsweisen Verwertbarkeit aufschiebend bedingt pfändbar ist und in die InsMasse fällt (su Rn 73), steht dem nicht entgegen. Die Zulässigkeit eines Verzichts in diesem Fall folgt aus der dem Pflichtteilsberechtigten weiterhin zustehenden Freiheit der Entsch darüber, ob er den Anspruch geltend machen will oder nicht.[135] Aus den vorstehenden Erwägungen folgt, dass auch die Zustimmung zur Aufhebung einer **erbvertraglichen** Einsetzung zum Erben wegen ihrer höchstpersönlichen Natur nicht anfechtbar ist.[136]

26 § 83 Abs 1 S 2 ist zu entnehmen, dass die Ablehnung der fortgesetzten **Gütergemeinschaft** (vgl § 1484 Abs 2, § 1944 BGB) ebenfalls einer Anf nicht unterliegt. Auch dies entspricht dem bisherigen Recht.[137]

27 **hh) Nichtwahrnehmung von Erwerbschancen.** Unterlässt der Schu einen ihm möglichen Erwerb oder lehnt er ihn – etwa ein günstiges Vertragsangebot – ab, so sind diese Handlungen nach verbreiteter Auffassung nicht anfechtbar. Sie führen nicht zur Minderung seines Vermögens, sondern verhindern dessen Mehrung. Dies ist der Verkürzung des SchuVermögens nicht gleichzuachten.[138] Deshalb werden auch der Nichteinsatz der Arbeitskraft des Schu[139] oder der Verzicht auf ein bäuerliches Verwaltungs- und Nutznießungsrecht[140] als nicht anfechtbar angesehen. Die verbreitete Auffassung ist freilich für solche Fälle zu überdenken, in denen der Schu seinem Kontrahenten durch die Nichtwahrnehmung einer Erwerbschance etwas zuwendet, insb bei vollständig **konkretisierten Vertragsangeboten**;[141] das würde mit der Einsicht korrespondieren, dass ein solches Angebot bereits eine rechtlich geschützte Rechtsposition bzw ein Vermögenswert der späteren Masse ist.[142]

---

130 Vgl *Bartels* KTS 2003, 41; *Hultsch* Die Anf der Erbschaftsausschlagung im deutschen, US-amerikanischen und dänischen InsVerf, 2006. Speziell zur Ausschlagung einer Erbschaft einschließlich der Nichtanfechtbarkeit *Christandl* ZEuP 2011, 779.

131 Vgl *BGH* NJW 1997, 2384; ZIP 2013, 272 Rn 12; *Jaeger/Henckel* KO § 9 Rn 9, 10; § 29 Rn 59; *Jaeger/Henckel* § 129 Rn 75; MK/*Kayser* § 129 Rn 90; *Uhlenbruck/Hirte/Ede* § 129 Rn 408; *K/P/B/Ehricke* § 129 Rn 46.

132 *BGH* ZIP 2013, 272 Rn 13; *Jaeger/Henckel* § 129 Rn 75.

133 Vgl *BGH* NJW 1997, 2384; ZIP 2013, 272 Rn 12 mwN; *Jaeger/Henckel* § 129 Rn 75.

134 *BGH* ZIP 2013, 272 Rn 15; *Uhlenbruck/Hirte/Ede* § 129 Rn 409; *Jaeger/Henckel* § 36 Rn 37; *K/P/B/Ehricke* § 129 Rn 47; *Haas/Vogel* FS Bengel und Reimann, S 188.

135 Vgl *Hannich* Die Pfändungsbeschränkung des § 852 ZPO, S 84 f, 167, 172; *Jaeger/Henckel* § 36 Rn 37; § 129 Rn 75; auch *Kuchinke* NJW 1994, 1771 f; *OLG Düsseldorf* InVo 2000, 63.

136 *BGH* ZIP 2013, 272 Rn 16–19.

137 *Jaeger/Henckel* KO § 9 Rn 12; § 29 Rn 59; *Jaeger/Henckel* § 129 Rn 75.

138 *BGH* ZIP 2009, 1080 Rn 15; *Jaeger/Henckel* § 129 Rn 24; *K/P/B/Ehricke* § 129 Rn 53.

139 *BGH* WM 1964, 115 f; *Jaeger/Henckel* § 129 Rn 47, 149; MK/*Kayser* § 129 Rn 91.

140 *BGH* WM 1964, 507.

141 *Thole* Gläubigerschutz S 326 f.

142 *BGH* ZIP 2015, 694 Rn 18 zur Annahme von an den Schu gerichteten Vertragsangeboten durch den Verwalter.

ii) Nichtige Rechtshandlungen. Auch nichtige Rechtshandlungen können anfechtbar sein.[143] Entsprechendes gilt bei zwar nicht nichtigen, aber aus anderen Gründen ihrerseits angreifbaren Rechtshandlungen, zB gesellschaftsrechtlich anfechtbaren Gesellschafterbeschlüssen.[144] Die Anf greift aber nur, wenn trotz der Nichtigkeit einer Willenserklärung oder eines Rechtsgeschäfts – zB eines Scheingeschäfts (§ 117 BGB) – eine GlBenachteiligung gegeben ist. Dies ist zu bejahen, wenn die nichtige Rechtshandlung etwa durch Veränderung der formellen Rechtslage wie Grundbucheintragung oder Besitzübergang zu einer **Erschwerung** oder Gefährdung des **GlZugriffs** geführt hat.[145] In einem solchen Fall ist es möglich, die Anf im Wege der (objektiven und/oder subjektiven) Klagenhäufung durch Haupt- und Hilfsantrag neben der Nichtigkeit geltend zu machen.[146] Freilich sind nach §§ 129 ff anfechtbare Rechtshandlungen nicht allein deshalb wegen Verstoßes gegen ein gesetzliches Verbot nach § 134[147] oder wegen Sittenwidrigkeit nach § 138 Abs 1 BGB nichtig.[148] Vielmehr müssen weitere erschwerende Umstände hinzukommen, wenn ein Rechtsgeschäft nach §§ 134, 138 BGB nichtig sein soll (dazu unten Rn 95).[149] 28

b) Unterlassungen. Nach der ausdrücklichen Bestimmung in § 129 Abs 2 steht eine Unterlassung einer Rechtshandlung durch positives Tun gleich (so Rn 11). Eine Unterlassung iSd AnfVorschriften der InsO ist freilich – wie bereits nach bisherigem Recht – nur gegeben, wenn das Unterlassen **wissentlich und willentlich** geschieht.[150] Unbewusstes und fahrlässiges Unterlassen ist nicht anfechtbar; es fehlt die notwendige Willensbetätigung.[151] Nötig ist das Bewusstsein, dass das Nichthandeln irgendwelche Rechtsfolgen haben wird; auf eine konkrete Rechtsfolge brauchen sich die Vorstellungen des Schu nicht zu richten und sie müssen auch nicht rechtlich zutr sein; anfechtbar ist es deshalb, wenn aus einer Situation, die naheliegender Weise materiellrechtliche Ansprüche auslöst, bewusst keine Konsequenzen gezo- 29

---

143 MK/*Kayser* § 129 Rn 30–32, 134 f; *Uhlenbruck/Hirte/Ede* § 129 Rn 116 f, 45 ff; *K/P/B/Ehricke* § 129 Rn 51; *K Schmidt* § 129 Rn 27; *A/G/R/Gehrlein* § 129 Rn 29. Grds abl *Jaeger/Henckel* § 129 Rn 267 ff; *Gottwald/M Huber* § 46 Rn 24 f.

144 *Uhlenbruck/Hirte/Ede* § 129 Rn 54, 378 ff.

145 *BGHZ* 141, 105 f = ZIP 1999, 631 (zur GlBenachteiligung einer nach Erlass eines allg Veräußerungsverbots erfolgten Leistung des Schu, wenn die Realisierung eines auf die Unwirksamkeit der Leistung gestützten Bereicherungsanspruchs zw erscheint); *BGH* NJW 1996, 3148 = ZIP 1996, 1518.

146 *BGH* NJW 1996, 3150 = ZIP 1996, 1521 zum AnfG aF; *Huber* EWiR 1996, 772; MK/*Kayser* § 129 Rn 135; *Uhlenbruck/Hirte/Ede* § 129 Rn 76.

147 *BGH* ZIP 2006, 2176 Rn 10, 12 f; 2012, 1183 Rn 32; WM 2012, 2340 Rn 24; vgl *Jaeger/Henckel* § 129 Rn 252; MK/*Kirchhof* Vor §§ 129–147 Rn 45–47; *Uhlenbruck/Hirte/Ede* § 129 Rn 39

148 Vgl *BGH* NJW 1993, 1640 = ZIP 1993, 52; NJW 1993, 2041 = ZIP 1993, 602; ZIP 1996, 1475; 2005, 1200; 2007, 1121.

149 Vgl *BGHZ* 138, 299 f = ZIP 1998, 795; *BGH* ZIP 2002, 1158; 2005, 1199 f; 2006, 2177; *OLG Bbg* ZInsO 2005, 43 (Täuschung über Kreditwürdigkeit des Schu); *Jaeger/Henckel* § 129 Rn 253 ff – zu § 138 BGB; MK/*Kirchhof* Vor §§ 129–147 Rn 50 ff – zu § 138 BGB; *K/P/B/Ehricke* Vor § 129 Rn 18; *Uhlenbruck/Hirte/Ede* § 129 Rn 40. Zur Unwirksamkeit von Sicherheitenbestellungen wegen GlGefährdung und wegen Knebelung *Tetzlaff* ZInsO 2009, 1198.

150 *BGHZ* 162, 154 = ZIP 2005, 498; 165, 343 = ZIP 2006, 243 Rn 19 mit Anm *Kreft* WuB B. § 3 AnfG 1.06; *BGH* ZIP 1996, 2081; 2009, 1080 Rn 20; 2011, 531 Rn 8; 2012, 833 Rn 8; 2012, 1422 Rn 11; 2014, 275 Rn 12; 14.9.2017 – IX ZR 48/15 Rn 33; *OLG Karlsruhe* ZIP 2007, 288 (die Rev IX ZR 20/07 wurde zurückgenommen); *Jaeger/Henckel* § 129 Rn 12; MK/*Kayser* § 129 Rn 24; *Uhlenbruck/Hirte/Ede* § 129 Rn 119; *K/P/B/Ehricke* § 129 Rn 52; HambKomm/*Rogge/Leptien* § 129 Rn 15; *A/G/R/Gehrlein* § 129 Rn 35, 36; *K/S/W/Schäfer* Rn B212–218; krit *K Schmidt* § 129 Rn 34.

151 *Uhlenbruck/Hirte/Ede* § 129 Rn 119.

gen werden.[152] Unterlassungen sind grds nach allen AnfVorschriften anfechtbar.[153] Einige Unterlassungsarten werden bei § 132 behandelt (vgl § 132 Rn 9). Das in dem **Stehenlassen** der Gesellschafterleistung liegende Unterlassen, das eine Forderung in eine Forderung iSd § 39 Abs 1 Nr 5 umqualifiziert, ist grds anfechtbar.[154] Da die AnfTatbestände voraussetzen, dass eine andere Person durch die Rechtshandlung eine Vermögenszuwendung erhalten hat, liegt eine **Unterlassung** iSv § 129 Abs 2 **nur** vor, wenn sie **ursächlich** dafür geworden ist, **dass** der **Empfänger** die durch einseitige Rechtshandlung begründete, die Masse benachteiligende **Vermögensmehrung behalten** konnte.[155] Ein Erwerb im Wege der **Zwangsvollstreckung** beruht folglich nur dann auf einem Unterlassen im anfrechtlichen Sinne, wenn der Gl bei Vornahme der dem Schu möglichen und von ihm bewusst vermiedenen Rechtshandlung den zwangsweise erworbenen Gegenstand nicht erlangt hätte oder ihn vor InsEröffnung hätte zurückgewähren müssen. Deshalb stellt das **Unterlassen eines InsAntrags** mit dem Vorsatz, einen Gl zum Nachteil der übrigen zu begünstigen, keine Rechtshandlung dar, auf die eine Anf gestützt werden könnte; es fehlt an einer GlBenachteiligung, weil ein InsAntrag insoweit nichts bewirken kann. Die Verzögerung eines InsAntrags wirkt sich anfrechtlich allein auf den Fristenlauf aus und trifft alle Gl in gleicher Weise.[156] Keine Unterlassung iSv § 129 Abs 2 dürfte in der fiktiven Genehmigung einer Abbuchung aufgrund einer Einzugsermächtigung und der fiktiven Zustimmung eines vorl InsVerw m Zustimmungsvorbehalt gem Nr 7 Abs 3 AGB-Banken aF oder Nr 7 Abs 4 AGB-SpK aF liegen; dies würde der Annahme einer Fiktion widersprechen.[157]

II. Handelnde Person

30 Wenn nicht anders bestimmt (vgl § 132 Abs 1, 2; § 133 Abs 1 S 1, Abs 2; § 134 Abs 1; § 142), muss die Rechtshandlung nicht gerade vom Schu, sondern kann auch von einem anderen – namentlich einem Gl – vorgenommen worden sein.[158]

31 **1. Schuldner.** Eine Rechtshandlung des Schu (dazu auch § 133 Rn 8–11) liegt nicht nur vor, wenn er allein der Handelnde ist. Es genügt, wenn der Schu an der Rechtshandlung beteiligt ist.[159] Es schadet nicht, wenn die Rechtshandlung des Schu nicht die einzige Ursache für die GlBenachteiligung bildet.[160] So liegt in einer **Vollstreckungshandlung** zugleich eine

---

152 *BGHZ* 165, 348 = ZIP 2006, 243 Rn 19; *BGH* ZIP 2011, 531 Rn 8; 2012, 833 Rn 8; 2014, 275 Rn 12.

153 BT-Drucks 12/2443, 157; *Jaeger/Henckel* § 129 Rn 14 ff.

154 *BGH* ZIP 2009, 1080 Rn 18 ff mit Anm *Dahl/Schmitz* NZI 2009, 433; vgl *Bork* FS Uhlenbruck, S 283 f; MK/*Kayser* § 129 Rn 25.

155 *BGHZ* 162, 155 = ZIP 2005, 498; *BGH* ZIP 2009, 1080 Rn 21; 2011, 531 Rn 8; 2012, 833 Rn 8; 2014, 275 Rn 16 (nicht die Rechtswidrigkeit des Tuns soll sanktioniert werden, sondern der mit herbeigeführten GR benachteiligende Erfolg); MK/*Kayser* § 129 Rn 24.

156 *BGHZ* 162, 155 = ZIP 2005, 498; 2014, 275 Rn 16; MK/*Kayser* § 129 Rn 28; *Uhlenbruck/Hirte/Ede* § 129 Rn 39, 129; *K Schmidt* § 129 Rn 35.

157 Vgl *BGHZ* 192, 221 = ZIP 2012, 280 Rn 23; *BGH* ZIP 2010, 2105 Rn 16, 19; ZInsO 2010, 2133 Rn 9; 2010, 2293 Rn 11. Dazu *Wiechers* WM 2011, 146, 148. **AA** wohl *OLG Stuttgart* ZIP 2009, 2104 zu e, bb aE (dieses Urt lag der RevisionsEntsch *BGH* ZIP 2010, 2105 zugrunde); vgl HambKomm/*Rogge/Leptien* § 129 Rn 5b.

158 BT-Drucks 12/2443, 157; *BGHZ* 143, 335 = ZIP 2000, 365; MK/*Kayser* § 129 Rn 35 f; *K Schmidt* § 129 Rn 36.

159 Vgl *BGHZ* 143, 333 f = ZIP 2000, 364 f; 155, 79 = ZIP 2003, 1507; 173, 129 = ZIP 2007, 1816 Rn 50 (Schu vereinbart mit einem DrittSchu Zahlung an einen Gl: mittelbare Leistung des Schu); *BGH* ZIP 1996, 2081; 2012, 1301 Rn 43; 2012, 2355 Rn 25; *Uhlenbruck/Hirte/Ede* § 133 Rn 9; *K/P/B/Ehricke* § 129 Rn 56; MK/*Kayser* § 133 Rn 8 ff.

160 *BGH* ZIP 2013, 2113 Rn 10.

Rechtshandlung des Schu, wenn dieser die Voraussetzungen für die Vollstreckungshandlung mitschafft oder die Vollstreckung sonstwie fördert, indem er den Gl von dem bevorstehenden Zugriff anderer Gl mit der Aufforderung, diesen zuvorzukommen, benachrichtigt, oder wenn er Pfandgegenstände verheimlicht, um sie gerade für den Zugriff des Gl bereitzuhalten, oder wenn er dem Gl vorzeitig oder beschleunigt einen Vollstreckungstitel gewährt.[161] Die Mitwirkung des Schu muss aber in **der Vollstreckungstätigkeit des Gl vergleichbares Gewicht** haben.[162] Eine Rechtshandlung des Schu ist grds auch anzunehmen, wenn er zur Abwendung der Zwangsvollstreckung leistet[163] (freilich nur, wenn der Schu selbstbestimmt handelt,[164] so Rn 12) oder wenn ein vorl InsVerw mit Zustimmungsvorbehalt bestellt ist.[165] Auch die Veräußerung eines **Erbbaurechtsanteils** durch den Schu, die in Erfüllung des **Heimfallanspruchs** des Grundeigentümers erfolgt und dessen Zustimmung bedarf, ist eine Rechtshandlung des Schu.[166] Ist der Schu an einer Gemeinschaft beteiligt, bei welcher der eine Teilhaber nicht ohne die anderen verfügen kann **(Gesamthand)**, so richtet sich die Anf zwar nur gegen die mitwirkende Rechtshandlung des Schu allein, hat jedoch zur Folge, dass die Handlung ohne Rücksicht auf die Mitwirkung der Teilhaber insgesamt von der Anf ergriffen wird, weil sie nicht ohne die anfechtbare Mitwirkung des Schu erfolgen konnte.[167]

2. Zurechnung von Vertreterhandeln. Das Handeln von Organen einer Gesellschaft, vertretungsberechtigten Gesellschaftern oder Liquidatoren wird dem Vertretenen, dh dem Schu oder einem anderen Beteiligten zugerechnet. Ebenso besteht Vertretungsmacht für Testamentsvollstrecker und Erben. Auch rechtsgeschäftliche Handlungen eines mit Vollmacht handelnden Vertreters werden dem Vertretenen, dh dem Schu oder einem anderen Beteiligten zugerechnet (§§ 164, 166 Abs 1 BGB), sind also Rechtshandlungen des Schu oder des anderen Vertretenen.[168] Das Gleiche gilt, wenn der Schu oder ein anderer Beteiligter die Rechtshandlung eines Vertreters ohne Vertretungsmacht gem §§ 177, 180, 184 BGB genehmigt.[169] Auch ohne Genehmigung kann, soweit eine GlBenachteiligung vorliegt, ein Anf in Betracht kommen.[170] Auch eine Anwendung von § 166 Abs 2 BGB kommt in Betracht.[171] Geht es nicht um ein anfechtbares Rechtsgeschäft, sondern um einen Realakt, der von einer Mittelsperson, zB Besitzmittler oder -diener, durchgeführt wird, liegt idR schon in der entspr Veranlassung eine eigene Rechtshandlung des Geschäftsherrn. Generell kann bei Einschaltung einer Mittelsperson ggf ein Fall einer mittelbaren Zuwendung liegen (unten Rn 41). 32

161 *BGH* WM 1965, 15; 1975, 6; ZIP 2013, 2113 Rn 9.
162 *BGH* 14.9.2017 – IX ZR 48/15 Rn 31 f; dazu oben Rn 13.
163 *BGHZ* 155, 79 f = ZIP 2003, 1507; 157, 255 = ZIP 2004, 324; *BGH* ZIP 2003, 1901; 2004, 1512.
164 *BGHZ* 162, 152 = ZIP 2005, 497.
165 *BGHZ* 154, 194 = ZIP 2003, 811; 161, 318 f = ZIP 2005, 315 f; *BGH* ZIP 2003, 856.
166 *BGH* WM 1965, 1153.
167 *BGHZ* 116, 225 = ZIP 1992, 110; *BGH* NJW 1992, 834; MK/*Kayser* § 129 Rn 40.
168 Vgl *BGHZ* 22, 134 = WM 1956, 1540; 41, 21 f = WM 1964, 198 (auch zur Zurechnung der Kenntnis eines in der Geschäftsführung des Schu tätigen Vertrauensmanns); 55, 310 f = WM 1971, 379 f (zur entspr Anwendung von § 166 Abs 1 BGB); MK/*Kayser* § 129 Rn 37, 39; *Gottwald/M Huber* § 46 Rn 31; *K Schmidt* § 129 Rn 40. Vgl auch *BGH* ZIP 2009, 726 Rn 3 (Tochter der AnfGegnerin als Wissensvertreter); 2013, 174 Rn 31 (Rechtsanwalt als Wissensvertreter); 2013, 685 f (Sachbearbeiter des Hauptzollamts – anders als ein Gerichtsvollzieher – als Wissensvertreter der dieses beauftragenden Behörde oder Einzugsstelle); 2013, 2262 Rn 8 (Schu als Vertreter eines Kontoinhabers als Treuhänder des Schu).
169 Vgl *Jaeger/Henckel* § 129 Rn 30; MK/*Kayser* § 129 Rn 38; *Uhlenbruck/Hirte/Ede* § 129 Rn 134; *K/P/B/Ehricke* § 129 Rn 57.
170 *BGH* ZIP 2001, 889.
171 *BGH* ZIP 2004, 960; *A/G/R/Gehrlein* § 129 Rn 48.

33 **3. Rechtsvorgänger des Schuldners.** Rechtshandlungen eines Rechtsvorgängers des Schu sind in der Ins des Schu von dem Verw – sieht man von Nachlass- und ähnlichen InsVerf ab (§§ 315 f, 331 ff) – grds nicht anfechtbar. Ist etwa das Geschäft eines **Einzelkaufmanns** von einer KG übernommen worden, so unterliegen im InsVerf über deren Vermögen Rechtshandlungen des Einzelkaufmanns der Anf nicht.[172] Den Gl des Einzelkaufmanns sind die anfechtbar weggegebenen Vermögenswerte nach dem AnfG oder – bei Eröffnung eines InsVerf über sein Vermögen – nach den Normen über die InsAnf in diesem Verf zu sichern.[173]

34 Anders liegt es in den Fällen der Umwandlung durch **Verschmelzung** mehrerer Gesellschaften, in denen der Rechtsvorgänger von dem Rechtsnachfolger übernommen wird und erlischt. Ist etwa eine personenrechtliche Handelsgesellschaft durch Übernahme sämtlicher Gesellschaftsanteile in einer Kapitalgesellschaft aufgegangen, so kann im Fall einer späteren Ins dieser Gesellschaft der Verw auch Rechtshandlungen der erloschenen personenrechtlichen Handelsgesellschaft anfechten, wenn noch nicht befriedigte Gl dieser Gesellschaft vorhanden sind. Vermögenswerte, die auf solche Weise zur Masse kommen, sind in Form einer „Sondermasse" auf diese Gl zu verteilen.[174] Näheres ist bei § 133 Rn 11[175] ausgeführt. Ist Gegenstand einer Anfechtung die Rechtshandlung einer Rechtsvorgängerin, so soll die GlBenachteiligung voraussetzen, dass nicht befriedigte Gl der Rechtsvorgängerin vorhanden sind und deren Aktivmasse für die Befriedigung nicht ausreicht.[175]

35 **4. Vorläufiger Insolvenzverwalter; vorläufige Eigenverwaltung.** Während Rechtshandlungen eines Konkursverwalters und eines InsVerw nicht anfechtbar waren und sind,[176] waren dem Schu nach bisherigem Recht auch Rechtshandlungen eines nach § 106 Abs 1 KO bestellten **Sequesters** zuzurechnen, und zwar selbst dann, wenn dieser mit dem späteren Konkursverwalter personenidentisch war.[177] Der **vorl InsVerw** ist dem Sequester vergleichbar, falls dem Schu **kein allg Verfügungsverbot** auferlegt wird (**schwacher vorl Verw**), er also grds verwaltungs- und verfügungsbefugt bleibt (§ 22 Abs 2) und der vorl InsVerw keine Masseverbindlichkeiten zu begründen vermag (§ 55 Abs 2).[178] Deshalb sind die Rechtshandlungen eines solchen vorl InsVerw ähnlich wie die eines Sequesters als Rechtshandlungen des Schu zu werten und – auch bei Personenidentität von vorl und endgültigem InsVerw –

---

172 *BGH* WM 1955, 1197; MK/*Kirchhof* Vor §§ 129–147 Rn 103; *Uhlenbruck/Hirte/Ede* § 129 Rn 132; *K/P/B/Ehricke* § 129 Rn 28; *A/G/R/Gehrlein* § 129 Rn 52; krit *K Schmidt* § 129 Rn 37, der in den Fällen von §§ 25, 28 HGB für eine Anfechtbarkeit gegenüber dem Erwerber oder der Gesellschaft plädiert.

173 *BGHZ* 71, 303 = WM 1978, 673.

174 *BGHZ* 71, 296 ff = WM 1978, 671 ff; dazu *Jaeger/Henckel* § 129 Rn 33; MK/*Kirchhof* Vor §§ 129–147 Rn 102; *Uhlenbruck/Hirte/Ede* § 145 Rn 13; HambKomm/*Rogge/Leptien* § 129 Rn 24; *K/P/B/Brinkmann* § 145 Rn 49, 50; *K Schmidt* § 129 Rn 37; *A/G/R/Gehrlein* § 129 Rn 52; krit *Petersen* NZG 2001, 836. Zum Ganzen *Thole* Gesellschaftsrechtliche Maßnahmen in der Insolvenz, 2. Aufl 2015, Rn 475 ff.

175 So *OLG München* ZInsO 2014, 1912, 1913 f. Das erscheint zweifelhaft.

176 *BGH* ZInsO 2009, 869 Rn 12; *OLG Stuttgart* ZInsO 2009, 2344; *Uhlenbruck/Hirte/Ede* § 129 Rn 137; *K/P/B/Ehricke* § 129 Rn 22. Zur entspr Anwendung der AnfRegeln auf den InsVerw bei Masseunzulänglichkeit su Rn 43.

177 *BGHZ* 86, 195 f = ZIP 1983, 192; 97, 91 = ZIP 1986, 450; 118, 380 f = ZIP 1992, 1007 f; *BGH* ZIP 1992, 1009; NJW 1997, 3029; *Jaeger/Henckel* KO § 29 Rn 27 ff; *Kilger/K Schmidt* § 29 KO Anm 12; § 30 Anm 13; *Kuhn/Uhlenbruck* § 29 Rn 6; § 30 Rn 32e.

178 *BGH* ZIP 2013, 1127 Rn 36; *Kirchhof* ZInsO 2000, 299 f; MK/*Kayser* § 129 Rn 45; *Graf-Schlicker/Huber* § 129 Rn 13–16.

ebenfalls grds anfechtbar.[179] Ob dies auch für Erfüllungshandlungen gilt, denen ein **vorl InsVerw mit Zustimmungsvorbehalt** zugestimmt hat, hat der BGH zunächst ausdrücklich offen gelassen, weil er eine Anfechtbarkeit der Vereinbarung nach § 132 bejahte.[180] Mit Urt v 9.12.2004[181] hat der BGH die Frage dahin entschieden, dass die (Deckungs-)Anf einer Schuldtilgung, der der vorl InsVerw zugestimmt hat, nur ausgeschlossen ist, wenn dieser durch sein Handeln einen **schutzwürdigen Vertrauenstatbestand** beim Empfänger begründet hat und dieser infolgedessen nach Treu und Glauben (§ 242 BGB) damit rechnen durfte, ein nicht mehr entziehbares Recht errungen zu haben. Das trifft nur zu, wenn der Leistungsempfänger auf die Rechtsbeständigkeit des Verhaltens des vorl InsVerw tatsächlich vertraut hat und dieses Vertrauen schutzwürdig ist.[182] Ob das Vertrauensargument zur Abgrenzung taugt, ist fraglich. Es ist **zu unterscheiden**, ob der Verw Verträgen des Schu zustimmt, die im Zusammenhang stehen mit noch zu erbringenden Leistungen des Vertragspartners, oder ob es sich um Rechtshandlungen zur bloßen Erfüllung von gesetzlichen Ansprüchen oder Altverbindlichkeiten handelt, wobei die Rechtshandlungen nicht mit einer noch aufgrund eines neuen Vertragsschlusses zu erbringenden Leistung des Vertragspartners in Zusammenhang stehen. Im **ersten Fall** begründet die Zustimmung grds einen zur Nichtanfechtbarkeit führenden Vertrauenstatbestand, es sei denn, der vorl InsVerw kündigt schon bei Vertragsschluss die spätere Anf der Deckungshandlung an.[183] Im **zweiten Fall**, in dem es an einer Leistung des Vertragspartners im Zusammenhang mit einem neuen Vertragsschluss fehlt, ist der Vertragspartner idR nicht schutzwürdig. Diese Rspr hat der **BGH später bestätigt**[184] dahin ergänzt, dass der Gl bei nach Stellung des Eröffnungsantrags und Einsetzung eines vorl InsVerw allein vom Schu geschlossenen Vereinbarungen über neue Leistungen des Gl m der Zusage des Schu, Altverbindlichkeiten würden ausgeglichen, grds von einer Kenntnis des vorl Verw von der vertraglichen Verknüpfung zwischen den gegenseitigen Leistungen ausgehen darf und sein Vertrauen in den Bestand der ihm vertraglich zuerkannten Rechte in gleicher Weise schutzwürdig ist wie bei einer Einbeziehung des vorl InsVerw in die vertragliche Vereinbarung selbst.[185] Ferner hat der *BGH* in dieser

---

179 *BGHZ* 161, 318 = ZIP 2005, 315; *BGH* ZIP 2010, 2105 Rn 16–19; WM 2010, 2167 Rn 9, 10; ZInsO 2010, 2293 Rn 11; ZIP 2013, 528 Rn 17; 2013, 1127 Rn 36; *OLG Stuttgart* ZIP 2002, 1901; *OLG Celle* ZVI 2004, 638 f; vgl auch *BGHZ* 154, 194 = ZIP 2003, 810 f; *BGH* ZIP 2003, 856; *Hess* InsR § 129 Rn 46; MK/*Kayser* § 129 Rn 45; *Uhlenbruck/Hirte/Ede* § 129 Rn 138 f; *Gottwald/M Huber* § 46 Rn 32 f; *A/G/R/Gehrlein* § 129 Rn 59.

180 *BGHZ* 154, 194 ff = ZIP 2003, 811 ff. In *BGHZ* 165, 289 = ZIP 2006, 433 Rn 21 hat der *BGH* demgegenüber ausdrücklich offen gelassen, „ob an dem rechtlichen Ansatz" von *BGHZ* 154, 190 „überhaupt festzuhalten ist." Auch auf eine InsZweckwidrigkeit der vom vorl InsVerw erteilten Zustimmung ist das Gericht aaO Rn 22 nicht näher eingegangen; dazu *Ganter* FS Gerhardt, 2004, S 237 ff; *Binder* KTS 2006, 36; *Spliedt* ZInsO 2007, 411 f.

181 *BGHZ* 161, 319 ff = ZIP 2005, 316 f; iE ähnlich *BAG* ZIP 2005, 86; *OLG Karlsruhe* ZIP 2007, 290 (die Rev IX ZR 20/07 wurde zurückgenommen); dazu *Stiller* ZInsO 2005, 529; krit *Malitz* FS Greiner, 2005, S 222 ff.

182 Bestätigt durch *BGH* ZIP 2008, 1437 Rn 32 (Anf der Werthaltigmachung); 2013, 1127 Rn 36–38 (Verneinung eines schutzwürdigen Vertrauens, wenn der vorl InsVerw lediglich der Genehmigung der Belastungsbuchung im EinzugsermächtigungsVerf durch den Schu gegenüber seiner Bank zugestimmt hat); *BAGE* 146, 64 = *BAG* ZIP 2014, 37 Rn 46; ZIP 2014, 139 Rn 44.

183 So auch *BGH* ZIP 2009, 1674 Rn 42.

184 *BGHZ* 165, 285 ff = ZIP 2006, 432 f; *BGH* ZIP 2008, 374 Rn 30, 31; 2008, 1437 Rn 32; 2013, 528 Rn 17, 18; ähnlich *OLG Koblenz* ZIP 2011, 346 f. Eine krit Auseinandersetzung findet sich insb bei *Spliedt* ZInsO 2007, 405 ff.

185 *BGHZ* 165, 285 ff = ZIP 2006, 432 f; dazu *Kesseler* ZInsO 2006, 530; zum Ganzen auch *Jaeger/Henckel* § 129 Rn 38 ff; *A/G/R/Gehrlein* § 129 Rn 59, 60.

Entsch die Anfechtbarkeit der Erfüllung von **Altverbindlichkeiten** trotz einer vertraglichen Verknüpfung mit neuen Leistungen für den Fall bejaht, dass der Gl die Zusage des vorl InsVerw nur auf Grund seiner wirtschaftlichen Machtstellung gegen den von diesem zunächst erklärten Widerstand durchsetzen konnte.[186] Allerdings muss der **InsVerw** die Umstände **darlegen und beweisen**, die dem Vertragspartner im Einzelfall eine Berufung auf Treu und Glauben verwehren. Auch das Wertverhältnis zwischen einer Leistung des Gl in die InsMasse und deren Gegenleistung kann für den Vertrauensschutz von Bedeutung sein.[187]

36 Wird dem Schu hingegen ein allg Verfügungsverbot auferlegt, so dass die **Verwaltungs- und Verfügungsbefugnis** über das SchuVermögen auf den **vorl InsVerw** übergeht (**starker vorl Verw**) (§ 22 Abs 1), sind dessen Handlungen – soweit durch sie Masseverbindlichkeiten begründet, erfüllt oder gesichert werden – keine Rechtshandlungen iSv § 129. Seine Stellung ist – wie namentlich §§ 23, 24 iVm §§ 81, 82, 85 Abs 1 S 1, § 86 sowie § 55 Abs 2 zeigen – derjenigen eines InsVerw derart angenähert, dass eine **Anfechtbarkeit** seiner Rechtshandlungen **nicht** in Betracht kommt.[188]

37 Das Gleiche gilt für Rechtshandlungen eines vorl InsVerw ohne begleitendes allg Verfügungsverbot, sofern er durch **Einzelermächtigung** des InsGer berechtigt ist, Masseverbindlichkeiten zu begründen.[189] Allerdings gilt dies nur für die Rechtshandlungen, die derartige Masseverbindlichkeiten begründen oder decken, nicht etwa für die Deckung von Altverbindlichkeiten.[190] Scheidet eine Anfechtbarkeit aus, kann die Rechtshandlung uU wegen **InsZweckwidrigkeit** unwirksam sein.[191]

38 Die Grundsätze für die vorl Verw gelten auch für Handlungen des Schu im Rahmen der **vorl Eigenverwaltung** (§ 270a) und im **SchutzschirmVerf (§ 270b)**.[192] Ein allgemeines Anfechtungsprivileg gibt es insoweit nicht.[193] Grundsätzlich wird daher zu unterscheiden sein: Soweit Masseverbindlichkeiten begründet werden dürfen, sind die damit verbundenen Rechtshandlungen nicht anfechtbar; im Übrigen aber schon.[194] Die Zustimmung des vorl Sachwalters ist dem Fall eines vorl Verw mit Zustimmungsvorbehalts gleichzuachten; es kommt auf einen schutzwürdigen Vertrauenstatbestand an, der aber mit der Zustimmung als solcher nicht ausgefüllt ist. Zum Problem der Begleichung von Steuerforderungen und Sozialversicherungsbeiträgen in der vorläufigen Eigenverwaltung und deren Anfechtung s *Thole* DB 2015, 662 ff.

---

186 So auch *BGH* ZIP 2013, 528 Rn 21 m Beispielen und Gegenbeispielen in Rn 22–24; dazu Anm *Freudenberg/Jan Wolf* EWiR 2013, 389 f (auch zur Frage der InsZweckwidrigkeit); vgl ferner *OLG Koblenz* ZInsO 2010, 1395 f.

187 MK/*Kayser* § 129 Rn 46d.

188 Zutr *Hess* InsR § 129 Rn 78; *Kirchhof* ZInsO 2000, 298 f; *Jaeger/Henckel* § 129 Rn 36 aE; MK/*Kayser* § 129 Rn 44 mwN (anders aber für die Erfüllung oder Besicherung von Altforderungen); *Graf-Schlicker/Huber* § 129 Rn 13; *K/P/B/Ehricke* § 129 Rn 24; *A/G/R/Gehrlein* § 129 Rn 61.

189 *BGH* ZIP 2014, 584 Rn 12; MK/*Kayser* § 129 Rn 45; *A/G/R/Gehrlein* § 129 Rn 61; *Graf-Schlicker/Huber* § 129 Rn 13; *Hess* InsR§ 129Rn 79, 81. Zu dieser Möglichkeit *BGHZ* 151, 353 ff = ZIP 2002, 1625 ff. Ob in diesen Fällen eine Anfechtbarkeit ausgeschlossen ist, wurde in *BGHZ* 161, 318 = ZIP 2005, 315 offen gelassen.

190 *BGH* ZIP 2014, 584 Rn 12.

191 Vgl *BGHZ* 150, 360 ff = ZIP 2002, 1095 f; MK/*Kayser* § 129 Rn 44; *Ganter* FS Gerhardt, 2004, S 237 ff; *Graf-Schlicker/Huber* § 129 Rn 13, 14, 16.

192 Vgl *Schmittmann/Dannemann* ZIP 2013, 763 f.

193 *OLG Dresden* ZIP 2014, 1294; *LG Köln* ZIP 2014, 1849.

194 Zur Qualifizierung bei Zahlungen im Verfahren nach § 270b *BGH* 16.6.2016 – IX ZR 114/15.

5. Gläubiger. Auch Rechtshandlungen, die ein Gl isoliert ohne Mitwirkung des Schu vornimmt, können der Anf unterliegen, wenn das Gesetz die Anfechtbarkeit nicht gerade an eine Rechtshandlung des Schu knüpft, also insb in §§ 130, 131.[195] Als reine GlHandlungen kommen in erster Linie Vollstreckungshandlungen in Betracht.[196] 39

6. Dritte. In einigen Fällen werden Rechtshandlungen mit masseschädigenden Wirkungen weder vom Schu oder diesem zuzurechnenden Personen, noch allein vom Gl, sondern von Dritten zugunsten von Gl des Schu vorgenommen. Dies trifft zu, wenn ein **Kommanditist** das den Gl der KG zustehende (im InsVerf vom InsVerw oder Sachwalter – §§ 270 ff – ausgeübte) Recht auf die ausstehende Einlage in der Krise durch Zahlung an einen Gl der KG befriedigt. In einem solchen Fall ist – soweit die Anfechtbarkeit von subjektiven Voraussetzungen beim Schu abhängt – auf den Kommanditisten abzustellen; AnfGegner ist der befriedigte Gl.[197] 40

Ähnliches gilt für die Zahlung von ersatzpflichtigen **Organen einer AG** an einen Gl der AG nach § 93 Abs 5 AktG (vgl auch § 309 Abs 4 S 3 AktG) in der Krise der AG, wenn über deren Vermögen später das InsVerf eröffnet wird.[198]

III. Mittelbare Zuwendungen

Mittelbare Zuwendungen sind **Rechtshandlungen des Schu, durch die dessen unmittelbare Leistung** an den Empfänger **durch Einschalten eines Leistungsmittlers umgangen wird.**[199] Es sind **zwei grundsätzliche Situationen** zu unterscheiden: In der Zuwendung an eine Person kann zugleich eine Zuwendung an einen Dritten liegen (Bsp: Schu leistet an eine dem Dritten gehörende GmbH). Dann ist der Empfänger (im Beispiel die GmbH) zugleich Leistungsmittler für den Dritten. Denkbar sind aber ins auch Umweg-Deckungen (§ 130 Rn 15). Eine mittelbare Zuwendung liegt insoweit vor, wenn der Schu einen eigenen Schu veranlasst, die geschuldete Leistung nicht ihm, sondern einem Gl zu erbringen.[200] Unter AnfGesichtspunkten ist dies **so anzusehen, als habe die Mittelsperson an den Schu geleistet und** 41

195 Vgl *BGHZ* 143, 334 ff = ZIP 2000, 365 f; *K Schmidt* § 129 Rn 39.

196 *Jaeger/Henckel* § 129 Rn 7; § 131 Rn 49 ff; *Uhlenbruck/Hirte/Ede* § 129 Rn 136, 343 f; *K/P/B/Ehricke* § 129 Rn 32; vgl auch *BGHZ* 162, 147 = ZIP 2005, 495.

197 *Jaeger/Henckel* § 129 Rn 228; *K/P/B/Ehricke* § 129 Rn 33.

198 Vgl *A/G/R/Gehrlein* § 129 Rn 53; im Einzelnen *Jaeger/Henckel* § 129 Rn 229; zur anfechtbaren Leistung eines Treuhänders *LG Kiel* DZWIR 2004, 390; zu derjenigen eines Arbeitnehmers des Schu, der InsGeld beantragt, *OLG Bbg* ZIP 2009, 1481; des HaftungsSchu nach § 13c Abs 1 S 1 UStG *Kroth* NZI 2005, 351; MK/*Kayser* § 129 Rn 49a.

199 *BGHZ* 174, 228 = ZIP 2008, 125 Rn 25; 174, 314 = ZIP 2008, 190 Rn 14; 183, 86 = ZIP 2009, 2301 Rn 13, 16; *BGH* NJW 1980, 1795; 1995, 1093; 1996, 2231; ZIP 2006, 290 Rn 7; 2009, 769 Rn 7; 2011, 824 Rn 10 mit Anm *Ganter* NZI 2011, 475 und *Lütcke* NZI 2011, 702; ZIP 2012, 1018 Rn 38 (XI ZS zur Zahlung im EinzugsermächtigungsVerf); 2013, 223 Rn 17; 2013, 2210 Rn 26 (LKW-Maut); *BGH* 28.1.2016 – IX ZR 185/13 Rn 11; BAGE 146, 323 = *BAG* ZIP 2014, 233 Rn 12; *OLG Bbg* ZIP 1999, 1013; *OLG Dresden* ZIP 2009, 1174 f. Vgl *Graf-Schlicker/Huber* § 129 Rn 7; *Gottwald/M Huber* § 46 Rn 26 f; HambKomm/*Rogge/Leptien* § 129 Rn 29–34; MK/*Kayser* § 129 Rn 35, 68; *K Schmidt* § 129 Rn 41; *A/G/R/Gehrlein* § 129 Rn 54; *Gehrlein* ZInsO 2012, 198 zu 1; *K/S/W/Schäfer* Rn B104. Zur Abgrenzung der mittelbaren Zuwendung von der **Leistungskette** bei der DeckungsAnf vgl *K/S/W/Schäfer* Rn B158–166; su Rn 104.

200 *BGHZ* 38, 46 = WM 1962, 1241; 72, 42 = WM 1978, 989; 118, 167 = ZIP 1992, 786; 142, 287 = ZIP 1999, 1765; 174, 228 = ZIP 2008, 125 Rn 25; *BGH* WM 1955, 409; NJW 1985, 1560; WM 1992, 412; ZIP 2008, 2183 Rn 21; 2011, 438 Rn 12, 15; 2013, 223 Rn 17; *Gehrlein* ZInsO 2012, 198 zu 1.

dieser den Empfänger (seinen Gl) befriedigt.[201] Dann ist die Mittelsperson Leistungsmittler für den Schu bei der Befriedigung des Gl. Deshalb kommt es bei der **Kapitallebensversicherung** iF der Bezugsberechtigung eines Dritten anfechtungsrechtlich grds nicht darauf an, welche Mittel der Versicherungsnehmer (Schu) als Versprechensempfänger aufgebracht, sondern welche Leistungen der Versprechende (Versicherer) nach dem Inhalt seiner Vertragsbeziehung zum Schu bei Eintritt der Fälligkeit zu erbringen hat, maW welche Zuwendung an den Dritten der Versprechensempfänger mit den von ihm aufgewendeten Vermögenswerten „erkauft" hat. Diese wird durch die Leistung an den Dritten der Masse entzogen, so dass die anfechtbare Leistung nicht in der Summe der vom Versicherungsnehmer aufgewendeten Prämien, sondern in der dem Dritten ausgezahlten Versicherungssumme besteht.[202] Der Leistende (Schu) muss keinen Anspruch gegen die Mittelsperson auf den über diese dem Gl zugewandten Gegenstand gehabt haben; es muss also **kein klassischer Anweisungsfall** sein. Der Gegenstand muss sich auch nicht zuvor im Vermögen des Leistenden befunden haben; es reicht aus, dass der Gegenwert für das, was über die Mittelsperson an den Gl gelangt ist, aus dem Vermögen des Leistenden stammt.[203] **Für den Empfänger (Gl)** muss **erkennbar** gewesen sein, dass es sich **um eine Leistung des Schu** an ihn gehandelt hat.[204] Dies trifft nicht zu, wenn sich der Schu bei einer **Cash-Pool-Vereinbarung** nicht der Poolführerin als Leistungsmittlerin bediente, um eine Leistung an die verklagte Bank zu erbringen, weil diese ihrerseits als bloße Leistungsmittlerin (Zahlstelle) der Poolführerin tätig war und es dem Schu erkennbar nur darum ging, seine Pflichten aus dem Poolvertrag gegenüber der Poolführerin zu erfüllen.[205] Zieht das Finanzamt im Fall einer **umsatzsteuerrechtlichen Organschaft** der Steuerschuld des Organträgers entspr Beträge aufgrund einer Lastschriftermächtigung vom Konto der Organgesellschaft als der späteren InsSchu ein, ist keine mittelbare Zuwendung des Organträgers gegeben, bei welcher der Organträger Vermögensbestandteile mit Hilfe einer Mittelsperson (Organgesellschaft) an den gewünschten Empfänger (Finanzamt) verschiebt, ohne mit diesem äußerlich in unmittelbare Rechtsbeziehungen zu treten. Infolge des Lastschrifteinzugs fehlt es an einer Veranlassung der seitens der Schu (Organgesellschaft) bewirkten Zahlung durch den Organträger; auch war dem Finanzamt nicht erkennbar, dass es sich um eine Leistung des Organträgers handeln sollte. Schließlich ist für die Annahme einer mittelbaren Leistung deshalb kein Raum, weil die leistende Organgesellschaft dem Organträger im Innenverhältnis zur Schuldbefreiung verpflichtet war, und zusätzlich deshalb nicht, weil sie dem Empfänger (Finanzamt) kraft Gesetzes (§ 73 AO) zur Zahlung gehalten war. Denn eine mittelbare

---

201 *RGZ* 43, 83 f; 46, 103; 133, 291; *BGHZ* 38, 46 = WM 1962, 1241; 142, 287 f = ZIP 1999, 1766; 156, 355 = ZIP 2003, 2309; 174, 228 = 2008, 125 Rn 25; 174, 314 = ZIP 2008, 190 Rn 14; 193, 129 = ZIP 2012, 1038 Rn 9; *BGH* NJW 1998, 2599 = ZIP 1998, 801; ZIP 2001, 1248; 2004, 918 f; 2013, 1127 Rn 11; 2013, 1826 Rn 21 (Cash-Pool-Vereinbarung) mit Anm *Plathner/Luttmann* NZI 2013, 898 f; BAGE 146, 323 = *BAG* ZIP 2014, 233 Rn 13; im Einzelnen *Jaeger/Henckel* § 130 Rn 45; MK/*Kayser* § 129 Rn 49 ff, 68–73; *Uhlenbruck/Hirte/Ede* § 129 Rn 265; *K/P/B/Ehricke* § 129 Rn 30; *Lüke* ZIP 2001, 1; *A/G/R/Gehrlein* § 129 Rn 54–57.

202 *BGHZ* 156, 355 = ZIP 2003, 2309; *BGH* ZIP 2012, 2409 Rn 6; vgl auch *BGH* ZIP 2013, 223 Rn 17; *OLG Frankfurt* ZIP 2011, 1067 f.

203 *BGHZ* 174, 228 = ZIP 2008, 125 Rn 25; *BGH* ZIP 2013, 223 Rn 17; 2013, 1826 Rn 30; *OLG Dresden* ZIP 2009, 1174 f.

204 *BGHZ* 174, 314 = ZIP 2008, 190 Rn 14; 182, 317 = ZIP 2009, 2009 Rn 14; 193, 129 = ZIP 2012, 1038 Rn 9; *BGH* ZIP 2008, 2183 Rn 21; 2009, 769 Rn 7; 2009, 817 Rn 8; 2011, 824 Rn 10; 2013, 1127 Rn 11; 2013, 1826 Rn 21, 30 mit Anm *Plathner/Luttmann* NZI 2013, 898 f; ZInsO 2015, 1609 Rn 2 (für § 134); *BGH* 28.1.2016 – IX ZR 185/13 Rn 11; *BAGE* 146, 323 = *BAG* ZIP 2014, 233 Rn 13; *OLG Dresden* ZIP 2009, 1174; *Gehrlein* ZInsO 2012, 199 zu 3.

205 *BGH* ZIP 2013, 1826 Rn 31 mit Anm *Plathner/Luttmann* NZI 2013, 898 f.; *Kamm/Kropf* ZInsO 2014, 689.

Zuwendung scheidet der Sache nach aus, wenn durch die Leistung des Schu an den Gl ein Mitverpflichteter befreit wird, weil der Vermögenswert aus Sicht des Schu letztlich allein dem Gl zukommen soll, und ferner dann, wenn die Zwischenperson mit ihrer Leistung an den Gl auch eine eigene Verbindlichkeit als MitSchu zu tilgen sucht.[206] Su Rn 53, 114. Zur **Konkurrenz von Deckungsanfechtung und Schenkungsanfechtung** su Rn 105.

IV. Vor Eröffnung des Insolvenzverfahrens

1. Grundsatz. Anfechtbar nach § 129 sind grds nur Rechtshandlungen, die **vor** Eröffnung 42
des InsVerf vorgenommen wurden.[207] Das gilt grds auch für Rechtshandlungen im Eröffnungsverfahren (o Rn 35), auch für die vorläufige Eigenverwaltung und das Schutzschirmverfahren (§ 270a, § 270b).[208] **Nach** der VerfEröffnung erfolgte Rechtshandlungen sind regelmäßig unwirksam (§ 81 Abs 1 S 1); das Gleiche gilt für vor VerfEröffnung vorgenommene Rechtshandlungen, wenn sich der auf ihnen beruhende Erwerb ohne weitere Mitwirkung des Schu oder ohne eine Zwangsvollstreckung für InsGl erst nach VerfEröffnung vollendet (§ 91 Abs 1). Die Regel des § 129 wird durchbrochen von **§ 147**. Um eine sich andernfalls ergebende Schutzlücke zu schließen, sieht die Norm vor, dass nach Eröffnung des InsVerf vorgenommene Rechtshandlungen dann anfechtbar sind, wenn sie zu einem wirksamen Erwerb kraft guten Glaubens geführt haben.[209] Zur **analogen** Anwendung von § 147 su § 147 Rn 9.

2. Anfechtung bei Masseunzulänglichkeit. Nicht gesetzlich geregelt ist die Frage einer 43
entspr Anwendung der §§ 129 ff iF der **Masseunzulänglichkeit** (§ 208), wenn einzelne MasseGl im Zeitpunkt drohender Masseinsuffizienz in Kenntnis der Situation vollständige Befriedigung erhalten haben.[210] Der BGH hat bei unzulänglicher Masse auf das Verf nach § 60 KO die Aufrechnungsvorschriften der §§ 53–55 KO sinngemäß angewandt und dabei der Eröffnung des KonkursVerf die Anzeige der Masseunzulänglichkeit durch den Konkursverwalter gleichgestellt.[211] Henckel will insoweit auch die AnfRegeln analog anwenden.[212] Unter der Geltung der InsO ist an eine sinngemäße Heranziehung von § 96 Abs 1 Nr 3 zu denken (so § 96 Rn 39 ff).[213] Im Grundsatz wäre eine entspr Anwendung sämtlicher AnfNormen bei Masseunzulänglichkeit zu begrüßen, trotz der Schwierigkeiten, die in der genauen Herausarbeitung der AnfVoraussetzungen gerade auch im subjektiven Bereich liegen dürften.[214] Es erscheint indes **fraglich**, ob der InsVerw ungeachtet seiner umfassenden Befugnisse insoweit einem Sequester der KO oder einem vorl InsVerw beim Fehlen eines allg Verfügungsverbots gegenüber dem Schu (so Rn 35) gleichgestellt werden kann. Auch in § 320 Abs 2 RegE war eine entspr Anwendung der AnfVorschriften nicht vorgesehen.[215]

---

206 *BGHZ* 192, 221 = ZIP 2012, 280 Rn 30, 31; *Gehrlein* ZInsO 2012, 198 zu 2 a (Zahlung des Sicherungsgebers an den Gl keine mittelbare Zuwendung des HauptSchu).

207 *BGHZ* 141, 107 = ZIP 1999, 632; MK/*Kayser* § 129 Rn 74.

208 *OLG Dresden* ZIP 2014, 1294.

209 EB, S 401.

210 Vgl *Gerhardt* JZ 1984, 601; *Kuhn/Uhlenbruck* § 29 Rn 3i; auch Rn 2g.

211 *BGHZ* 130, 46 f = ZIP 1995, 1208.

212 Anm JZ 1996, 532; für die InsO ebenso *Pape* ZIP 2001, 902 f; **aA** *Pape/Hauser* Massearme Verf nach der InsO, 2002, Rn 375; *Kröpelin* Die massearme Ins, 2003, Rn 246 ff, 251, 605; MK/*Kirchhof* § 147 Rn 9; *K/P/B/Ehricke* § 129 Rn 22; *Jaeger/Windel* § 208 Rn 105; *Adam* DZWIR 2011, 490 zu Nr 11 – je mwN; *A/G/R/Gehrlein* § 129 Rn 62.

213 Zutr *Dieckmann* InsR im Umbruch, S 215; *Jaeger/Henckel* § 143 Rn 186; einschränkend *Jaeger/Windel* § 207 Rn 96; § 208 Rn 105.

214 Vgl Prütting/*Brandes* RWS-Forum 9, InsR 1996, 1997, S 18 f; vgl auch *B/G/H/Breutigam* § 129 Rn 34.

215 BT-Drucks 12/2443, 59, 219; dazu BT-Drucks 12/7302, 180.

Hängt die Anfechtbarkeit von Rechtshandlungen eines vorl InsVerw aber grds allein davon ab, dass durch sie keine Masseverbindlichkeit nach § 55 Abs 2 begründet wurde (o Rn 35),[216] ließe sich die Anfechtbarkeit von Rechtshandlungen des InsVerw mglw dann bejahen, wenn durch sie keine Neumasseschuld (§ 209 Abs 1 Nr 2) geschaffen wurde.

V. Gläubigerbenachteiligung

44 **1. Allgemeines.** Unabdingbare **Voraussetzung jeder Anf** ist die **objektive Benachteiligung der InsGl** (§§ 38, 39) in ihrer **Gesamtheit**[217] durch die Rechtshandlung.[218] Eine GlBenachteiligung liegt vor, wenn die Rechtshandlung entweder – auch durch die Belastung mit einer dinglichen Haftung[219] – die **Schuldenmasse vermehrt**[220] oder die **Aktivmasse verkürzt**[221] und dadurch den Zugriff auf das SchuVermögen vereitelt, erschwert[222] oder verzögert hat,[223] wenn sich maW die **Befriedigungsmöglichkeiten** der InsGl **ohne die Handlung** bei **wirtschaftlicher Betrachtungsweise**[224] **günstiger gestaltet** hätten.[225] Die wirtschaftliche Betrachtungsweise verlangt, die Wirkungen der identifizierten Rechtshandlung in ihrer wirtschaftlichen Substanz voll zu erfassen und nicht bei den rechtlichen Bezeichnungen oder der vordergründigen Konstruktion des Vorgangs stehen zu bleiben. Ausgangspunkt bleibt gleichwohl immer der reale Sachverhalt, nicht eine hypothetische Rechtshandlung.[226]

---

216 Vgl *Kirchhof* ZInsO 2000, 300 aE; oben Rn 35, 36.

217 *BGH* ZIP 2012, 537 Rn 8; MK/*Kayser* § 129 Rn 104; *K/P/B/Ehricke* § 129 Rn 67; *K Schmidt* § 129 Rn 46 – je mwN.

218 *BGHZ* 86, 354 f = NJW 1983, 1122; 173, 142 = ZIP 2007, 1821 Rn 52; 189, 1 = ZIP 2011, 773 Rn 25; *BGH* ZIP 1993, 273; NJW 1999, 2970; ZIP 2004, 1510; 2005, 1651; 2006, 388 (zu § 1 Abs 1 AnfG); 2007, 602 Rn 13; 2008, 1029 Rn 13; 2011, 1324 Rn 11; 2012, 1183 Rn 19; WM 2012, 2340 Rn 12; *Jaeger/Henckel* § 129 Rn 76; MK/*Kayser* § 129 Rn 76; *K Schmidt* § 129 Rn 45; *Uhlenbruck/Hirte/Ede* § 129 Rn 159; *A/G/R/Gehrlein* § 129 Rn 63; *K/S/W/Schäfer* Rn B219.

219 *BGH* ZIP 2009, 1674 Rn 26 (Biersteuer); (anders wohl Rn 36: Minderung des Aktivvermögens).

220 *BGHZ* 182, 317 = ZIP 2009, 2009 Rn 13; *BGH* WM 1991, 1575; ZIP 2006, 1009 Rn 20; 2012, 636 Rn 12; *BAGE* 146, 64 = ZIP 2014, 37 Rn 48; ZIP 2014, 139 Rn 46; *Kreft* KTS 2012, 406.

221 *BGHZ* 170, 280 = ZIP 2007, 435 Rn 12; *BGH* WM 1989, 966; 1992, 1336; ZIP 2001, 1248 (zweckgebundener Kredit); NJW 2002, 1575; ZIP 2006, 1009 Rn 20; 2007, 1120 Rn 15; 2011, 824 Rn 8 ff; 2012, 636 Rn 12; 2013, 174 Rn 12; 2013, 374 Rn 27; 2013, 2323 Rn 9 (Rückzahlung eines Darlehens); vgl HambKomm/*Rogge/Leptien* § 129 Rn 40–59; *Kreft* KTS 2012, 406.

222 Su Rn 59.

223 *BGHZ* 174, 314 = ZIP 2008, 190 Rn 27; *BGH* WM 1985, 428; NJW 1999, 2970; ZIP 2004, 1371; 2007, 1275; 2008, 1435 Rn 26; 2008, 2183 Rn 26; 2008, 2324 Rn 9; 2009, 573 Rn 10; 2010, 2009 Rn 19; 2011, 438 Rn 12; 12.10.2017 – IX ZR 288/14 Rn 22; *OLG Celle* ZIP 2011, 677. Vgl auch *BGHZ* 165, 350 = ZIP 2006, 243 Rn 26 (zum AnfG) mit Anm *Kreft* WuB VI B. § 3 AnfG 1.06.

224 *BGH* NJW 1960, 1011; WM 1985, 734 = ZIP 1985, 817 f zu II.

225 *BGHZ* 105, 187 = ZIP 1988, 1254; 124, 78 f = ZIP 1994, 41; 155, 80 f = ZIP 2003, 1508; 170, 280 = ZIP 2007, 435 Rn 12; 174, 228 = ZIP 2008, 125 Rn 18; 193, 129 = ZIP 2012, 1038 Rn 11; *BGH* ZIP 1981, 1229; 1989, 786; 2003, 1508; 2006, 959 Rn 13; 2007, 1120 Rn 15; 2007, 1164 Rn 10; 2008, 131; 2008, 468 Rn 12; 2009, 573 Rn 10; 2009, 1674 Rn 25 (Biersteuer); 2010, 841 Rn 14; 2010, 2009 Rn 19; 2011, 824 Rn 8; ZInsO 2011, 1979 Rn 6; ZIP 2012, 333 Rn 14; 2012, 1183 Rn 21; WM 2012, 2340 Rn 14; ZIP 2012, 2513 Rn 11; 2013, 371 Rn 19; 2013, 1127 Rn 16; 2013, 2113 Rn 12; 2014, 231 Rn 7; 28.1.2016 – IX ZR 185/13 Rn 20; 12.10.2017 – IX ZR 288/14 Rn 22; vgl auch *BGH* ZIP 2007, 36 Rn 8; 2009, 2253 Rn 17; 2011, 438 Rn 12; *BAG* ZIP 2008, 1188 Rn 47; BAGE 146, 323 = 2014, 233 Rn 30; *OLG Stuttgart* ZIP 2002, 1902; *OLG Karlsruhe* ZIP 2007, 288 (die Revision IX ZR 20/07 wurde zurückgenommen); *OLG Dresden* NZI 2010, 103; *OLG Frankfurt* ZIP 2011, 829; *Gottwald/M Huber* § 46 Rn 51; HambKomm/*Rogge/Leptien* § 129 Rn 37.

226 Zu diesen Aspekten *Thole* Gläubigerschutz, S 327 ff.

Darauf, ob jemand bereits bei Vornahme der Rechtshandlung Gl des Schu war, kommt es nicht entscheidend an; es genügt, wenn er später durch die Rechtshandlung benachteiligt wird.[227] Die InsO versteht den Begriff der GlBenachteiligung nicht anders als das bisherige Recht.[228] Doch **reicht nach der InsO** – anders als nach der KO – schon eine **Benachteiligung** der **nachrangigen** InsGl (§ 39) aus.[229] Auch diese **scheidet aus** bei der Gewährung einer **Sicherheit für Darlehen**, wenn ihr nach dem **vereinbarten Rang sämtliche InsFord vorgehen,** also das Absonderungsrecht ohnehin nur zum Zuge kommt, wenn alle Gl befriedigt sind.[230] Bei der **doppelten Besicherung einer** gegen eine Gesellschaft gerichteten **Darlehensforderung** stellt sich die Frage der **GlBenachteiligung unabhängig** davon, ob die **Forderung vor** oder **nach der Eröffnung des InsVerf aus Mitteln der Gesellschaft befriedigt** wurde. Der gesetzlich geregelte Fall (**§ 135 Abs 2, § 143 Abs 3 nF**) lässt **ausreichen**, dass Mittel der Gesellschaft aufgewandt wurden und dass die **vom Gesellschafter gestellte Sicherheit** hierdurch **frei geworden** ist. **Nichts anderes** gilt nach Auff des BGH für den Fall der **Befriedigung** des Gl **nach** der **Eröffnung** des InsVerf.[231] Die Anf ist grds **nicht** dazu da, der InsMasse (§§ 35–37) **Vorteile** zu verschaffen, die sie ohne die angefochtene Rechtshandlung nicht erlangt hätte.[232] Andererseits findet eine **Vorteilsausgleichung** nach schadensersatzrechtlichen Grundsätzen im InsAnfR idR **nicht** statt;[233] dazu ist insoweit allein § 142 berufen. Das betrifft vor allem ohne Zutun des AnfGegners beim Schu eingetretene Vorteile. Vielmehr ist der Eintritt der GlBenachteiligung **isoliert** zu beurteilen, und es sind lediglich solche Folgen zu berücksichtigen, die an die angefochtene Rechtshandlung selbst anknüpfen.[234] Allerdings wird in einzelnen Situationen vom BGH zunehmend eine wirtschaftliche Betrachtungsweise angelegt, zB beim Kontokorrent und in Fällen des Staffelkredits (dazu unten Rn 66). Ebenso können unmittelbar mit einer für sich genommen nachteiligen Zahlung verbundene günstige Umstände berücksichtigt werden, etwa wenn der in der Zahlung liegende 45

---

227 *BGH* WM 1964, 1167; 1987, 882; ZIP 2012, 1183 Rn 24; WM 2012, 2340 Rn 17; *OLG Hamburg* ZIP 2016, 2080; vgl auch *BGH* ZIP 2009, 1966 Rn 5; MK/*Kayser* § 129 Rn 104; *K/P/B/Ehricke* § 129 Rn 66; su Rn 63 aE.

228 *BGHZ* 155, 80 = ZIP 2003, 1508; *BGH* NJW 2002, 2568 = ZIP 2002, 1160.

229 BT-Drucks 12/2443, 157; *OLG München* ZInsO 2002, 540; *Henckel* KS-InsO, S 821 Rn 20; *Jaeger/Henckel* § 129 Rn 144; *K/P/B/Ehricke* § 129 Rn 65; *K Schmidt* § 129 Rn 46; vgl auch *BGH* ZIP 2010, 2055 (zur Befugnis eines nachrangigen InsGl, einen InsAntrag zu stellen).

230 *BGH* ZIP 2006, 483 Rn 11, 12. Vgl auch *BGH* ZIP 2009, 1080 Rn 26.

231 *BGHZ* 192, 9 = ZIP 2011, 2417 Rn 18. Su § 147 Rn 9.

232 *BGHZ* 97, 96 = ZIP 1986, 451; *BGH* ZIP 2009, 2253 Rn 17; vgl aber § 143 Rn 22, 23.

233 *BGHZ* 174, 234 = ZIP 2008, 127 Rn 18; 198, 64 = ZIP 2013, 1579 Rn 14; *BGH* NJW 1994, 451; ZIP 2003, 494; 2005, 1523 (das gilt auch im Anwendungsbereich von § 96 Abs 1 Nr 3); 2006, 1641; 2007, 2084 Rn 11; 2008, 2271 Rn 20; 2009, 1674 Rn 26, 36 (Biersteuer); 2009, 2253 Rn 17; 2010, 793 Rn 10; 2010, 1402 Rn 11 aE; 2012, 636 Rn 12 (zum AnfG); 2012, 1183 Rn 30; WM 2012, 2340 Rn 22; ZIP 2013, 1180 Rn 7 mit Anm *Lütcke* NZI 2013, 786 f; *BGH* 28.1.2016 – IX ZR 185/13 Rn 17; MK/*Kayser* § 129 Rn 176; *Jaeger/Henckel* § 143 Rn 164; *K/P/B/Ehricke* § 129 Rn 88; *Gottwald/M Huber* § 46 Rn 71 f (m zutr Unterscheidung zwischen Vorteils**ausgleichung** und Vorteils**anrechnung**); vgl auch *Eckardt* ZInsO 2004, 888 ff; su § 143 Rn 27.

234 *BGHZ* 198, 64 = ZIP 2013, 1579 Rn 14; *BGH* ZIP 2009, 1674 Rn 26 ff (Biersteuer) – dazu *Kreft* KTS 2012, 408 f und krit *K/S/W/Schäfer* Rn B236; ZIP 2009, 2253 Rn 17 mwN; 2012, 636 Rn 12; 2012, 1183 Rn 31 (Rn 32–35 zur gegenüber dem Biersteuerfall anders gelagerten Rechtslage bei Abschluss eines gegenseitigen schuldrechtlichen Vertrages); *BGH* 28.1.2016 – IX ZR 185/13 Rn 17; ähnlich *BGH* WM 2012, 2340 Rn 23, 24–27; ZIP 2013, 1180 Rn 7 (Kündigung eines Vertragshändlervertrages) mit Anm *Lütcke* NZI 2013, 786 f; *OLG Frankfurt* ZIP 2011, 830; *A/G/R/Gehrlein* § 129 Rn 64, 110. Su Rn 57, 58, 63.

Vermögensverlust durch einen Verzicht auf andere Forderung ausgeglichen wird.[235] Ob man die Berücksichtigung der real mit der Schuldnerleistung verknüpften Vorteile so weit ziehen möchte (in Abgrenzung zur untersagten Vorteilsausgleichung), dass auch spätere Gegenleistungen des AnfGegners die Benachteiligung entfallen lässt[236], ist fraglich, weil dies eine mittelbare Benachteiligung nicht ausschließen muss, wenn der Vermögenswert im maßgeblichen Zeitpunkt (Rn 63) nicht mehr in der Masse ist. Zum Wegfall der Benachteiligung unten Rn 80. Durch eine **Masseunzulänglichkeit** wird eine GlBenachteiligung **nicht** ausgeschlossen.[237] Etwas anderes gilt nur bei Masse**kosten**armut, die auch nach einer Durchsetzung von AnfAnsprüchen nicht beseitigt werden könnte.[238]

46 Im **Konzern** ist das Prinzip der rechtlichen Selbstständigkeit der Verfahren zu wahren. Der Verw einer Konzerngesellschaft darf – im Ausgangspunkt – nicht die Anfechtung geltend machen, soweit es um die gläubigerbenachteiligenden Wirkungen zu Lasten des Vermögens einer anderen Konzerngesellschaft geht. Im Schrifttum wird aber vertreten, der Verw der Mutter dürfe Rechtshandlungen der Tochter anfechten. Diese Handlungen seien **der Mutter zuzurechnen** und sie führten ggf zu einer Minderung des Vermögens der Mutter, weil sich der Wert der gehaltenen Beteiligung vermindere. Daher seien Rechtshandlungen der Tochter als Rechtshandlungen auch der Mutter anzusehen, wenn sie im einverständlichen Zusammenwirken mit ihr oder auf seine Weisung hin erfolgt seien.[239] Das ist zu undifferenziert; in vielen Fällen lässt sich ggf schon eine eigene Rechtshandlung der Mutter identifizieren, soweit überhaupt erforderlich.[240] Aus normativen Gründen und wegen des Rechtsträgerprinzips ausscheiden muss eine allgemeine Öffnung der Anf im Verfahren der Konzernmutter mit dem Arg, der durch die Leistung der Tochter begründete Nachteil für die Tochter schmälere auch den **Beteiligungserwerb der Mutter**.[241] Tilgt eine Gesellschaft ein von ihr und dem Gesellschafter besichertes Darlehen, liegt darin eine Benachteiligung auch hinsichtlich der Anfechtung gegenüber dem Gesellschafter, weil dieser im Verhältnis zur Gesellschaft zur vorrangigen Befriedigung verpflichtet ist.[242]

47 **2. Einzelfälle.** Eine GlBenachteiligung liegt nicht vor, wenn schon **kraft Gesetzes** ein Anspruch auf Herbeiführung der Rechtslage besteht, welche durch die Anf bewirkt werden

---

235 *BGH* 28.1.2016 – IX ZR 185/13 Rn 20.

236 So *Bitter* KTS 2016, 455, 488 f.

237 *BGH* ZIP 2001, 1643 f; 2003, 2036; 2008, 701 Rn 14; ZInsO 2011, 978 Rn 5; *BAG* ZIP 2014, 91 Rn 43; *OLG Bbg* ZIP 2002, 1699; MK/*Kayser* § 129 Rn 105a; *Pape* ZIP 2001, 901 ff; *Uhlenbruck/Hirte/Ede* § 129 Rn 167; HambKomm/*Rogge/Leptien* § 129 Rn 39, § 143 Rn 123; *Gundlach/Frenzel/Schmidt* NZI 2004, 186 f; *Pape/Hauser* Massearme Verf nach der InsO, 2002, Rn 258 f, 370 ff, 611; *Kröpelin* Die massearme Ins, 2003, Rn 327 ff, 505 ff, 611; *Adam* DZWIR 2011, 491 zu Nr 2; *Foerste* ZInsO 2013, 659 ff; **aA** insb *Häsemeyer* Rn 21.25; *ders* FS Gerhardt, 2004, S 358 f; differenzierend *Jaeger/Henckel* § 129 Rn 142 und *Graf-Schlicker/Huber* § 129 Rn 18 sowie *Gottwald/Huber* § 46 Rn 66 (anfunschädlich soll nur die bloße Anzeige der Masseunzulänglichkeit sein; bei feststehender, auch durch eine InsAnf nicht zu beseitigender Masseunzulänglichkeit soll eine InsAnf hingegen ausscheiden und – nach *Graf-Schlicker/Huber* und *Gottwald/Huber* je aaO – nach Beendigung des InsVerf nur eine GlAnf möglich sein); in noch anderer Weise unterscheidend *Jaeger/Windel* § 208 Rn 101–104; § 207 Rn 96.

238 *BGH* ZIP 2009, 1591 f.

239 *Wenner/Schuster* ZIP 2012, 1512, 1518 unter Berufung auf *BGH* NJW 1999, 3046, 3047.

240 Flöther/*Thole* Handbuch zum Konzerninsolvenzrecht, 2015, Rn 408 ff.

241 So *Hirte* ZInsO 2004, 1161, 1165, 1167.

242 *BGH* 13.7.2017 – IX ZR 173/16 Rn 17.

soll.[243] An einer GlBenachteiligung fehlt es auch, wenn **völlig wertlose Gegenstände** aus dem SchuVermögen weggegeben werden (su Rn 68).[244] Grds ist allerdings von der Werthaltigkeit des weggegebenen Vermögensguts auszugehen, wenn ihm im Geschäftsverkehr üblicherweise ein Wert zukommt und es deshalb idR nur gegen Entgelt übertragen wird. So besitzt der arbeitsvertragliche **Anspruch auf die Dienste eines Arbeitnehmers** durchweg einen objektiven Verkehrswert, selbst wenn der Arbeitgeber für den Arbeitnehmer keine Verwendung mehr hat, dieser aber bereit ist, für einen Dritten tätig zu werden.[245] Deshalb ist eine obj GlBenachteiligung in Form der Verminderung der späteren Masse zu bejahen, wenn der Schu seine Arbeitnehmer zur Erbringung von Leistungen zu Gunsten eines einzelnen Gl einsetzt und dadurch die abgetretene Forderung auf Entgelt **werthaltig** macht.[246]

Eine GlBenachteiligung ist wiederum zu verneinen, wenn durch die Zahlung eines Schu des (Gemein)Schu an einen Dritten, die nicht zum Erlöschen der Verbindlichkeit des Schu gegenüber dem (Gemein)Schu geführt hat, nur die **(tatsächliche) Durchsetzung** der Forderung des (Gemein)Schu **erschwert** wird. Denn dieser Nachteil beruht nicht darauf, dass der Masse etwas, was vorher zu ihrem Vermögen gehört hätte, entzogen worden wäre und nur mit Schwierigkeiten zur Masse gezogen werden könnte.[247] Demgegenüber liegt in der **nach Erlass eines allg Veräußerungsverbots** vorgenommenen Leistung des Schu eine GlBenachteiligung, wenn die Durchsetzung eines auf die Unwirksamkeit der Leistung gestützten Bereicherungsanspruchs zweifelhaft erscheint.[248] Eine GlBenachteiligung ist nach einer älteren Rspr jedoch zu verneinen, wenn ein Dritter durch eine anfechtbare Handlung die Stellung eines uneigennützigen **Treuhänders** erlangt, diese aber wieder aufgegeben hat und das Treugut ihm wirtschaftlich nicht zugute gekommen ist.[249] Von dieser zum früheren Recht ergangenen Rspr ist der *BGH* für die InsO abgerückt.[250] Gl benachteiligend ist die Überweisung des Treuhänders aus dem Treugut des treugebenden Schu.[251] Eine GlBenachteiligung ist zu verneinen, wenn Erwerber, die gegenüber dem Schu als Veräußerer die Zahlung des Entgelts bis zur Fertigstellung eines Gebäudes verweigern dürfen, ihre Gegenrechte durch eine Vereinbarung ablösen lassen, der zufolge sie die zurückbehaltenen Teile des Entgelts an einen Treuhänder zahlen, der daraus offen stehende Forderungen von Handwerkern bezahlen soll, damit diese die Gebäude anstelle des Schu ohne Preisaufschlag fertig stellen,[252] ebenso Vereinbarung zwischen Schu und Werkbesteller über die Möglichkeit der Ersatzvornahme bei der Mängelbeseitigung, weil ohne diese Vereinbarung der Besteller zur Zahlungsverweigerung berechtigt gewesen wäre[253]. Demgegenüber ist die Zahlung des Schu auf ein **Treuhandanderkonto** als Gl benachteiligend anzusehen.[254] Das gilt auch für die Ins-Sicherung von **Altersteilzeitguthaben** auf einem Treuhandkonto (Doppeltreuhand).[255] Bei 48

---

243 *BGHZ* 124, 80 = ZIP 1994, 43; *BGH* ZIP 2000, 759; 2007, 1122 (Vereinbarung eines – schon aus dem Gesetz folgenden – Heimfallanspruchs). Vgl auch *BGH* ZIP 2006, 2226 Rn 7 (vertragliche Übertragung von Milchanlieferungsquoten bei gesetzlichem Übergang der Anlieferungs-Referenzmenge [„Milchquote"]).
244 *BGH* ZIP 2004, 672 mwN; *K/P/B/Ehricke* § 129 Rn 71.
245 *BGH* ZIP 2004, 672; 2007, 1118 Rn 14.
246 *BGH* ZIP 2008, 1435 Rn 30. Allg zum **Werthaltigmachen** von Forderungen so Rn 15.
247 *BGH* NJW 1999, 2970, insoweit nicht abgedr in *BGHZ* 142, 72.
248 *BGHZ* 141, 105 f = ZIP 1999, 631 f.
249 *BGHZ* 124, 302 f = ZIP 1994, 220; *BGH* ZIP 2001, 893.
250 *BGHZ* 193, 129 = ZIP 2012, 1038 Rn 13–15, 32–35.
251 *BGH* ZIP 2013, 2262 Rn 8.
252 *BGH* ZIP 2002, 536 ff.
253 *OLG Hamm* ZIP 2016, 781.
254 *BGHZ* 124, 301 = ZIP 1994, 219; 193, 129 = ZIP 2012, 1038 Rn 12; MK/*Kayser* § 129 Rn 140.
255 *BAGE* 146, 1 = ZIP 2013, 2025 Rn 61; vgl auch *BAG* ZIP 2013, 900 Rn 15, 16.

einem widerruflichen Bezugsrecht aus einer Lebensversicherung oder dessen unwirksamer Einräumung fehlt es an einer Benachteiligung.[256]

49 Eine GlBenachteiligung soll auch ausscheiden, wenn dem Verlust von Forderungen des Schu gegen den AnfGegner infolge Verrechnung in gleicher Höhe **vollwertige Forderungen** des Schu gegen seine Gesellschafter (hier: auf Beibringung von Stammkapitalanteilen) gegenüberstehen.[257] Indessen liegt eine GlBenachteiligung vor, wenn der Schu eine **unentgeltliche Zahlung an einen Dritten** erbringt, selbst wenn im Rahmen eines zentralisiert geführten Zahlungsverkehrs **(Cash-Pool)** auch Eingänge für diesen Dritten auf dem Konto gebucht werden, jedenfalls sofern die einzelnen Zahlungen mit der unentgeltlichen Leistung in keinem rechtlichen Zusammenhang stehen.[258] Eine (mittelbare) GlBenachteiligung ist ferner zu bejahen, wenn durch die angefochtene Rechtshandlung (Vertragsübernahme) eine Forderung des AnfGegners, die im Falle der Eröffnung des InsVerf eine bloße InsForderung gewesen wäre, zu einer **Masseverbindlichkeit aufgewertet** wird.[259] Auch die Verringerung des Vermögens einer **Tochtergesellschaft** kann zu einer Benachteiligung der InsGl der Muttergesellschaft führen.[260] Allerdings ist ein **Schenkungsvertrag über ein Grundstück**, in dem zugleich ein durch Vormerkung gesicherter Rückübertragungsanspruch für den Fall des Vermögensverfalls oder der Ins des Begünstigten vereinbart wird, im InsVerf über das Vermögen des Begünstigten mangels objektiver Gl-Benachteiligung nicht anfechtbar.[261]

50 Wirkt der Schu an der Änderung eines für ihn **wirtschaftlich ungünstigen Vertrages** mit und wird dieser durch den anderen Vertragsteil erfüllt, so begründet die Möglichkeit, dass andernfalls der Gegner vom Vertrage zurückgetreten wäre, keine obj Benachteiligung der InsGl.[262] Geht der Schu eine **Wechselschuld** ein, kann sich die GlBenachteiligung aus der Verpflichtung als Aussteller (Art 9 WG) oder Annehmender (Art 38 WG), einer Beweislastumkehr, einer Haftung gegenüber Dritterwerbern (Art 16, 17 WG) oder aus Zins- und Kostentragungspflichten bei Rückgriff (Art 48, 49, 28 WG) ergeben. Nimmt der Schu einen auf ihn selbst gezogenen Wechsel an, kommt eine GlBenachteiligung allenfalls wegen der wechselmäßig verschärften Haftung (Art 16, 17 WG) und der zu zahlenden Zinsen und Kosten bei Rückgriff in Betracht. Soweit das Wechselakzept eine eigene Haftung des Schu begründet (Art 28 WG), ist dies nicht Gl benachteiligend, wenn der Schu dem Aussteller des Wechsels bereits aus einem anderen Rechtsgrund verpflichtet ist und die Annahme des Wechsels zur Begleichung dieser Verbindlichkeit dient. Hier führt die Wechselbegebung nur zu einer Stundung der ursprünglichen Schuld, die der Schu dem Gl und jedem Zessionar dieser Schuld (§ 404 BGB) entgegenhalten kann und die deshalb nicht Gl benachteiligend

256 *BGH* 22.10.2015 – IX ZR 248/14 Rn 14 ff.
257 *BGH* NJW 1999, 3781; krit MK/*Kirchhof* 1. Aufl, § 129 Rn 101 mit Fn 274. Dazu, dass ein schuldrechtlicher Anspruch nicht ohne weiteres dem Vermögensgegenstand selbst gleichsteht, MK/*Kayser* § 129 Rn 101b.
258 *BGHZ* 162, 283 = ZIP 2005, 769. Su § 134 Rn 7–11 mwN.
259 *BGH* ZIP 2012, 1183 Rn 26, 27; WM 2012, 2340 Rn 18, 19; *BAGE* 146, 64 = ZIP 2014, 37 Rn 48; ZIP 2014, 139 Rn 46; ähnlich *OLG München* ZIP 2012, 286 ff (die Nichtzulassungs-Beschw blieb erfolglos, *BGH* v 26.4.2012 – IX ZR 73/11, nv).
260 *OLG Celle* ZIP 2011, 676 f.
261 *BGH* ZIP 2008, 1028 Rn 18.
262 *BGH* ZIP 2007, 1165 f. Vgl auch *BGH* ZIP 2008, 651 (GlBenachteiligung bei Zahlungen des DrittSchu auf sicherungszedierte Forderungen nach einem diese Forderungen nicht mit dem vollen Wert berücksichtigenden Vergleich, in dem der Schu zusätzliche Leistungen an den DrittSchu übernommen hat).

ist.[263] Dies letzte kann auch bei einem erfüllungshalber hingegebenen (vordatierten) **Scheck** zutreffen.[264] Eine GlBenachteiligung ist indes zu bejahen, wenn ein Schu des InsSchu diesem zur Schuldtilgung einen (gedeckten) Kundenscheck überträgt, der InsSchu seine Bank mit der Einziehung des Schecks beauftragt und diese die Gutschrift des Erlöses mit Kreditforderungen gegen den InsSchu verrechnet.[265] Die **Pfändung** eines Kontoguthabens ist auch dann Gl benachteiligend, wenn das gepfändete Guthaben im Wesentlichen aus einer **Straftat** iSv § 261 Abs 1 StGB (Geldwäsche) stammt (Umsatzsteuer-Karussell).[266] Gl benachteiligend kann auch die Zahlung einer **Geldauflage** sein, von der die Einstellung eines Strafverfahrens abhängt.[267] Das Gleiche gilt für die Zahlung einer **Geldstrafe**.[268]

Als **Gl benachteiligend** wurde angesehen die **Aufgabe** eines **Benennungsrechts**, mit dem der Schu Erwerber von wertvollen Gesellschafteranteilen an einer KG benennen konnte, denen dann vertragsgemäß diese Anteile zu verkaufen waren;[269] der Verlust oder die Begr eines **Anwartschaftsrechts**;[270] die Gewährung eines langfristigen **Darlehens** zu einem geringeren als dem marktüblichen **Zinssatz**[271] oder der Verlust der gesetzlichen Abzinsung wegen Kündigung bei Vermögensverfall;[272] die Absicherung für den Insolvenzfall durch Vereinbarung eines **Rücktrittsrechts**;[273] der Abschluss eines entgeltlichen **Beratungsvertrages** mit einem zur unentgeltlichen Beratung verpflichteten Schu;[274] die Überweisung der für einen **vorl InsVerw** (gegen den Schu) festgesetzten **Vergütung** von einem von ihm für Zwecke des (nicht zur Eröffnung gelangenden) InsEröffnungsVerf geführten Anderkonto auf ein eigenes Konto, ungeachtet dessen, dass der vorl InsVerw im Interesse der (damaligen) Gl tätig wurde;[275] die Übertragung eines **Miteigentumsanteils** an einem mit Grundpfandrechten belasteten Grundstück, wenn die gesicherten Forderungen hinter dem Nominalwert der Belastungen zurückbleiben;[276] die Veräußerung des übertragbaren Rechts zur Teilnahme mit Mannschaften am sportlichen Wettbewerb einer Bundesliga (sog **Bundesligalizenz**);[277] das unentgeltliche **„Verleihen" von Arbeitnehmern**, wenn diese allg bereit sind, zugunsten eines Dritten tätig zu werden;[278] die Zahlung von Sozialversicherungsbeiträgen einschließ- 51

---

263 *BGHZ* 166, 137 f = ZIP 2006, 582 Rn 41 ff; vgl auch *BGH* ZIP 2007, 1469 Rn 16; MK/*Kayser* § 129 Rn 145, 146; *A/G/R/Gehrlein* § 129 Rn 82.
264 *BGHZ* 170, 276 = ZIP 2007, 436 Rn 10.
265 *BGHZ* 181, 132 = ZIP 2009, 1235 Rn 27 ff.
266 *OLG Hamm* ZIP 2006, 1104 f (NichtzulassungsBeschw vom *BGH* zurückgewiesen, ZIP 2007, 2228 f, vgl Rn 2); *Jaeger/Henckel* § 129 Rn 266; HambKomm/*Rogge/Leptien* § 129 Rn 41b; vgl *Kreft* KTS 2012, 407.
267 *BGH* 2008, 1291 ff.
268 *BGH* ZIP 2010, 2358 Rn 6, 7 mit Anm *Commandeur* NZG 2011, 135; *OLG Zweibrücken* ZInsO 2013, 2061 Rn 6. Allg zu Geldstrafen und Geldbußen in der Ins *Janca/Heßlau* ZInsO 2012, 2128 ff.
269 *BGH* WM 1975, 1184; *A/G/R/Gehrlein* § 129 Rn 86.
270 Vgl *BGHZ* 128, 188 = ZIP 1995, 136.
271 *BGH* ZIP 1988, 725. Dazu vor dem Hintergrund von § 108 Abs 2 nF *Marotzke* FS HP Westermann, S 431 ff.
272 *BGH* 12.1.2017 – IX ZR 130/16 Rn 9.
273 *BGH* 12.10.2017 – IX ZR 288/14 Rn 28.
274 *BGH* ZIP 1995, 297.
275 *BGH* ZIP 2012, 333 Rn 18, 27; dazu *Graeber* ZInsO 2013, 2083 ff.
276 *BGHZ* 90, 214 ff = ZIP 1984, 492 mit Anm *Gerhardt* das S 397 (zum AnfG); *BGH* ZIP 1984, 1536; 1985, 372; 2008, 2136 Rn 12; 2011, 440 Rn 8; 2012, 234 Rn 51; *Bork/Gehrlein* Rn 145, 169 ff; *Kreft* KTS 2012, 412 f.
277 *BGH* ZIP 2001, 890 f.
278 *BGH* ZIP 2004, 672; so Rn 44.

lich der **Arbeitnehmeranteile** durch den Arbeitgeber;[279] das Gleiche gilt für die Abführung von **Lohnsteuer** der Arbeitnehmer.[280] Der Gesetzgeber hat versucht, mit Hilfe von § 28e Abs 1 S 2 SGB IV die Abführung der Arbeitnehmeranteile im Gesamtsozialversicherungsbeitrag von der Anf auszunehmen. Dieser Versuch ist misslungen.[281] § 28e Abs 1 S 2 SGB IV hat keine Auswirkungen auf die Anf.

52 Die GlBenachteiligung einer **Aufrechnung** liegt darin, dass sich der Gl durch die Aufrechnung befriedigen kann, während er andernfalls nur eine InsFord geltend machen könnte und nur eine Quote erhielte und die Forderung, gegen die aufgerechnet wird, zur Masse gezogen werden könnte, so dass sich durch die Aufrechnung die Befriedigungsmöglichkeiten der übrigen InsolvenzGl verschlechtern.[282] Dies gilt jedoch nicht für den **Ausnahmefall**, dass etwa Kaufvertragsparteien einen über den Wert der Kaufgegenstände hinausgehenden Mehrpreis ausschließlich zu dem Zweck vereinbaren, die höhere Gegenforderung des Gl „glattzustellen", dem Schu die Verbindlichkeit mithin insoweit zu erlassen.[283] Glbenachteiligend ist ferner die Aufrechnung m einer Konkursforderung gegen eine vom Schu **zur Sicherheit abgetretene Forderung**.[284] Ebenso kann die (wirksame) Zahlung des DrittSchu auf eine Forderung des Schu, die dieser zur Sicherheit abgetreten hat, Gl benachteiligend sein, wenn der Zessionar später anderweitig befriedigt wird. Denn ein solches **Absonderungsrecht entzieht** die abgetretene Forderung **nicht ihrem Bestand nach** der InsMasse.[285] Aus dem gleichen Grund ist die Zahlung des Verpflichteten auf eine Forderung, die zunächst im Rahmen einer **Sicherungsglobalzession** abgetreten worden war und dann **erneut** uneingeschränkt **abgetreten** wurde, benachteiligend, weil das Recht der Einziehung oder anderweitigen Verwertung grds allein dem InsVerw zusteht (§ 166 Abs 2) und dieses Recht **einen selbstständigen, im Kern geschützten Vermögenswert** verkörpert.[286] Deshalb kann auch die **Vollabtretung einer** zuvor **zur Sicherung abgetretenen** Forderung Gl benachteiligend sein.[287] Aber: Ein im Kern geschützter Vermögenswert besteht nicht, wenn der Gegenstand wertausschöpfend belastet ist (su Rn 74).

---

279 *BGHZ* 149, 104 ff = ZIP 2001, 2236 ff; 157, 358 = ZIP 2004, 517; 161, 317 = ZIP 2005, 315; 170, 277 f = ZIP 2007, 435 Rn 7; 183, 86 = ZIP 2009, 2301; *BGH* NJW 2002, 2568; ZIP 2003, 1667 f (gegen *OLG Dresden* ZIP 2003, 364 – krit dazu *Flöther/Bräuer* DZWIR 2003, 353); 2005, 1243; 2005, 2217; 2006, 291 f; 2008, 748 Rn 9; 2010, 2209 Rn 4; auch 2007, 542 Rn 17; *OLG Dresden* ZIP 2009, 1174; *Kirchhof* FS Gerhardt, 2004, S 449 f; MK/*Kayser* § 129 Rn 78c; *Jaeger/Henckel* § 129 Rn 223; *K/P/B/Ehricke* § 129 Rn 84; HambKomm/*Rogge/Leptien* § 129 Rn 56. Zur Frage des Bargeschäfts su § 142 Rn 4.

280 *BGHZ* 157, 358 f = ZIP 2004, 517; 161, 317 = ZIP 2005, 315; *BGH* ZIP 1993, 1886 (zu *OLG Köln* NJW-RR 1993, 929); 2004, 1513; *SchlHOLG* ZInsO 2003, 130; *Uhlenbruck/Hirte/Ede* § 129 Rn 422; *Gundlach/Frenzel/Schmidt* DStR 2002, 861; *Fortmann* ZInsO 2003, 114 f; MK/*Kayser* § 129 Rn 78c; *Jaeger/Henckel* § 129 Rn 223; *K/P/B/Ehricke* § 129 Rn 84; HambKomm/*Rogge/Leptien* § 129 Rn 57; **aA** *LG Flensburg* ZInsO 2003, 134. Auch die Zahlung der Lohnsteuer für die Arbeitnehmer sollte nach dem früheren Willen der BReg einer Anf nicht mehr unterliegen, so Rn 5. Zum Bargeschäft insoweit § 142 Rn 4.

281 So Rn 6.

282 *BGHZ* 190, 201 = ZIP 2011, 1523 Rn 27; *BGH* ZIP 2003, 2371; 2010, 90 Rn 25; 2013, 1180 Rn 6; 2014, 22 Rn 14 (II ZS) mit Anm *Poertzgen* NZI 2014, 115 f.

283 *BGH* ZIP 2004, 1913 ff; dazu *G Fischer* WM 2008, 4 zu 2. a, aa.

284 *BGHZ* 147, 239 = ZIP 2001, 887; allg zur GlBenachteiligung bei **Aufrechnung und Verrechnung** *BGH* ZIP 2003, 2371 f; 2005, 1522 f; 2008, 237 Rn 4; 2009, 1124 Rn 14; ZInsO 2009, 1294: Bei der Prüfung, ob die Erlangung einer Aufrechnungsmöglichkeit die Gl des InsSchu benachteiligt, sind die Folgen der Aufrechnung einzubeziehen.

285 *BGH* NJW 2003, 362 = ZIP 2002, 2184 zu II 3 b.

286 *BGH* ZInsO 2011, 1979 Rn 8 mit Anm *Habereder* EWiR 2012, 291 f.

287 *BGH* ZIP 2013, 374 Rn 27, 29 (betr Ruhegeldansprüche) mit Anm *Dahl/Schmitz* EWiR 2013, 421 f.

Zahlungen Dritter können zu einer objektiven Benachteiligung der Gl führen, wenn der Dritte mit der Zahlung eine eigene Verbindlichkeit gegenüber dem Schu tilgt oder einen Aufwendungs- oder Schadensersatzanspruch gegen den Schu erwirbt.[288] Ein GlBenachteiligung scheidet hingegen aus, wenn ein Gl mit **Fremdmitteln**, die nicht in das haftende Vermögen des Schu gelangt sind, befriedigt wird.[289] Bei einer Zahlung des Schu durch Einschaltung eines Dritten, ist nach Auff des BGH nach wie vor zwischen der **Anweisung auf Schuld** und der Anweisung **auf Kredit** zu unterscheiden.[290] Insb die Entsch v 6.10.2009[291] ändert daran nichts.[292] Im ersten Fall, bei Anweisung auf Schuld, tilgt der Angewiesene mit der Zahlung an den Empfänger eine eigene, gegenüber dem Anweisenden bestehende Verbindlichkeit. Demgegenüber nimmt der Angewiesene im zweiten Fall die Zahlung an den Empfänger ohne eine Verpflichtung gegenüber dem Anweisenden vor, so dass er infolge der Zahlung zu dessen Gl wird. Bei einer Anweisung auf Schuld führt die Zahlung durch den Angewiesenen zu einer GlBenachteiligung, weil der Schu mit der Zahlung an den Dritten seine Forderung gegen den Angewiesenen verliert. Bei einer **Anweisung auf Kredit scheidet eine GlBenachteiligung grds aus**, weil es durch die Zahlung lediglich zu einem GlWechsel kommt. Die Belastung der Masse m dem Rückgriffsanspruch des Angewiesenen wird durch die Befreiung von der Schuld des Zahlungsempfängers ausgeglichen, sofern nicht der Kredit für den Schu belastender ist als die getilgte Schuld, etwa weil er nur gegen Sicherheiten gewährt wurde.[293] Die nachträgliche Umwandlung des Anspruchs aus § 670 BGB in einen Darlehensanspruch ändert an der Beurteilung nichts.[294] Insgesamt ist die Abgrenzung zwischen Anweisung auf Kredit und auf Schuld nicht überzeugend, weil es keinen Unterschied machen kann, ob der Angewiesene eine Sekunde vor oder nach Ausführung der Anweisung dem Entstehen eines Anspruchs zustimmt bzw ob er sogleich das Darlehen einräumt oder den Aufwendungsersatzanspruch stundet.[295] Zum Überziehungskredit gleich Rn 54. 53

Überträgt der **Schu als Leistungsmittler** einen ihm zu diesem Zweck zugewendeten, **in sein Vermögen übergegangenen** und für seine Gl **pfändbaren Gegenstand** an einen Dritten, so liegt darin eine GlBenachteiligung; dass er auf Anweisung des Zuwendenden handelt und dieser den Zweck verfolgt, eigene Verbindlichkeiten gegenüber dem Dritten als Leistungsempfänger zu tilgen, ist jedenfalls so lange unerheblich, wie die **Zweckvereinbarung** nicht aus Gründen treuhänderischer Bindung zur Unpfändbarkeit des zugewendeten Gegenstands geführt hat.[296] Nimmt der Schu für den späteren AnfGegner auf seinem **allg Geschäftskonto** – nicht einem Anderkonto – Zahlungsmittel von Dritten entgegen, liegt in deren – § 667 Fall 2 BGB entspr – Auskehr an den AnfGegner eine GlBenachteiligung, weil die Mittel 54

288 *BGHZ* 174, 314 = ZIP 2008, 190 Rn 27; *BGH* ZIP 2007, 1274 Rn 18 mwN. So Rn 41.
289 *BGH* ZIP 2008, 2182 Rn 9; 2012, 1468 Rn 12; vgl auch *BGHZ* 174, 314 = ZIP 2008, 190 Rn 27; *BGH* ZIP 2007, 1274 Rn 18.
290 *BGH* 28.1.2016 – IX ZR 185/13 Rn 26 f. Krit Uhlenbruck/*Ede/Hirte* § 129 Rn 276.
291 *BGHZ* 182, 317 = ZIP 2009, 2009 Rn 15.
292 *BGH* ZIP 2012, 1468 Rn 12; *BAGE* 146, 323 = ZIP 2014, 233 Rn 32; *Kreft* KTS 2012, 418 – je mwN; vgl auch *Ganter* NZI 2011, 475 ff; *Lütcke* NZI 2011, 704 ff.
293 *BGH* ZIP 2008, 2182 Rn 9 f; 2012, 1468 Rn 12; 2013, 2262 Rn 16; *BAGE* 146, 323 = *BAG* ZIP 2014, 233 Rn 31. Vgl auch *Röttger* Die insolvenzanfechtungsrechtliche Rückabwicklung, S 163 f.
294 *BGH* 28.1.2016 – IX ZR 185/13 Rn 29.
295 Vgl die Kritik bei *Raebel* KTS 2015, 293; *Uhlenbruck/Ede/Hirte* § 129 Rn 276.
296 *BGHZ* 174, 228 = ZIP 2008, 125 Rn 19 mwN; *BGH* ZIP 2010, 1402 Rn 11; vgl auch *BGH* ZIP 2011, 824 Rn 14 ff (Gl Benachteiligung durch mittelbare Zuwendung eines zweckgebundenen Kreditbetrags über das Fremdgeldkonto eines Rechtsanwalts); dazu *Hofmann* EWiR 2011, 431; *Ganter* NZI 2011, 475; *Lütcke* NZI 2011, 702; *OLG Dresden* ZIP 2009, 1174 f; su Rn 70.

zunächst in das Vermögen des Schu gelangt sind.[297] Erfüllt der Schu mit **darlehensweise – auch** bei einem **Dispositionskredit – in Anspruch genommenen Mitteln** die Forderung eines späteren InsGl, bewirkt dies regelmäßig eine GlBenachteiligung, wenn das SchuVermögen nicht ausreicht, um alle Forderungen zu befriedigen.[298] Demgegenüber sollte nach der früheren Rspr des *BGH* eine GlBenachteiligung nicht eintreten, wenn die Tilgung von GlForderungen nicht aus einem Dispositionskredit, sondern mit Mitteln einer **ungenehmigten Kontoüberziehung** erfolgt, weil die bloße Duldung der Kontoüberziehung dem Kunden gegen die Bank keinen Anspruch auf Kredit gebe und damit keine pfändbare Forderung schaffe, so dass die Zahlungsmittel nicht aus dem den InsGl haftenden Vermögen stammten.[299] Nach einem Urt des *OLG Karlsruhe*[300] konnte eine GlBenachteiligung vorliegen, wenn die Befriedigung des Gl durch Lastschrift auf einem debitorisch geführten Konto des Schu erfolgt, und zwar auch dann, wenn die Zahlung auf einer lediglich geduldeten Kontoüberziehung beruht. Für eine GlBenachteiligung war jedenfalls dann Raum, wenn der Anspruch der Bank auf **Rückzahlung** des Überziehungskredits **für die InsMasse ungünstiger** ist als der Anspruch des befriedigten Gl, insb weil die Bank für ihren Darlehensrückzahlungsanspruch über (bessere) Sicherheiten verfügt, oder wenn sich Bank und Kunde konkludent über die Erweiterung der Kreditlinie geeinigt haben, etwa indem die Bank mit dem Schu vereinbart, ihn das Konto überziehen zu lassen, um einen bestimmten Gl zu befriedigen; dabei steht eine Zweckbindung zugunsten des Gl der Annahme einer GlBenachteiligung nicht entgegen.[301] Mit **Urt v 6.10.2009**[302] **hat der *BGH*** seine **bisherige Rspr aufgegeben**. Seit dieser Entscheidung[303] kommt dann, wenn der Schu neue Gelder aus einer nur geduldeten Kontoüberziehung schöpft, die infolge seiner Rechtshandlung einem Gl direkt zufließen, die Anf dieser mittelbaren Zuwendung durch den InsVerw ohne Rücksicht darauf in Betracht, ob aus der Einräumung des Überziehungskredits ein pfändbarer Anspruch des Schu gegen die Bank entsteht oder durch die Valutierung von Sicherheiten ein entspr Rückübertragungsanspruch verloren geht.[304] Das gilt auch bei einer gemeinschaftlicher Kreditlinie im Konzernverbund.[305] Der BGH ist daher bereit, den Begriff der GlBenachteiligung teils normativ zu verstehen. Die Grundüberlegung des BGH ist letzt-

---

297 *BGHZ* 174, 228 = ZIP 2008, 125 Rn 19; *BGH* ZIP 2010, 531 Rn 12; 2010, 2009 Rn 21.

298 *BGHZ* 170, 276 = ZIP 2007, 435 Rn 12; 182, 317 = ZIP 2009, 2009 Rn 13; *BGH* NJW 2002, 1575 f = ZIP 2002, 490; ZIP 2008, 131 Rn 14; 2008, 467 Rn 12; 2008, 747 Rn 4; 2011, 824 Rn 10, 11; 2011, 1324 Rn 20; 2012, 1468 Rn 11; 2013, 371 Rn 20; 2013, 1127 Rn 18; *OLG Bbg* ZInsO 2010, 1394; *LG Stendal* ZIP 2009, 1307 f; *K/P/B/Ehricke* § 129 Rn 84; *A/G/R/Gehrlein* § 129 Rn 83. Dazu *Bitter* FS Fischer, S 15 ff, 25 f, 31 f. Anders – keine Beeinträchtigung der verteilungsfähigen Vermögensmasse der insreifen Gesellschaft – *BGH* ZIP 2010, 470 Rn 10 mwN (II ZS) zum Zahlungsverbot nach § 64 Abs 2 GmbHG aF, wenn von einem debitorischen Konto an einzelne GesellschaftsGl gezahlt wird (bloßer GlTausch); dazu *Stapper/Schädlich* NZI 2010, 314; *Strohn* INDat-Report 01_2011, 29; *G Fischer* INDat-Report 04_2011, 37: Sinn und Zweck der weit verstandenen GlBenachteiligung im AnfR und der Haftungsnorm des § 64 Abs 2 GmbH aF sind nicht (notwendig) gleichzusetzen.

299 *BGHZ* 170, 280 ff = ZIP 2007, 436 f; *BGH* ZIP 2007, 601 Rn 13; 2008, 701 Rn 7; vgl auch *OLG Saarbrücken* ZIP 2006, 2029. Krit zu dieser Rspr *Häsemeyer* KTS 2007, 423 ff; MK/*Kirchhof* 2. Aufl, § 129 Rn 108c; *Bitter* FS Fischer, S 15 ff, 33 ff; *ders* FS K Schmidt, S 136 ff (Anfechtbarkeit auch bei Unpfändbarkeit); *Kirchhof* WuB VI A. § 129 InsO 3.08.

300 *OLG Karlsruhe* ZIP 2007, 288 (die Rev IX ZR 20/07 wurde zurückgenommen).

301 *BGH* ZIP 2008, 702 mit Anm *Kirchhof* WuB VI A. § 129 InsO 3.08; vgl auch MK/*Kayser* § 129 Rn 84b, 108b.

302 *BGHZ* 182, 317 = ZIP 2009, 2009 – dazu *Ganter* FS Görg, S 170–177; 192, 221 = ZIP 2012, 280 Rn 25. Vgl auch *BGH* ZIP 2011, 824 Rn 10, 11; 2013, 1127 Rn 18.

303 Bestätigt *BGH* 25.2.2016 – IX ZR 12/14 Rn 7 (auch für Konzernkonstellation).

304 Dem *BGH* folgend etwa *OLG Hbg* ZInsO 2010, 380 f.

305 *BGH* 25.2.2016 – IX ZR 12/14 Rn 7.

lich, dass es für die Abwehr der Gläubigerbevorteilung keinen Unterschied machen kann, ob der Schu die Mittel aus einer genehmigten oder ungenehmigten Kreditlinie schöpft. Sie ist **im Ergebnis zu billigen**,[306] bedeutet aber eine Abweichung von der Unterscheidung zwischen Anweisung auf Schuld und Anweisung auf Kredit. Sie ist daher nur auf Fälle einer Kontoführung zu beschränken, bei der der Empfänger hinsichtlich der Herkunft des Geldes nicht unterscheiden kann. Daher ist von einer mittelbaren Zuwendung an den Gl auszugehen. In der faktischen Möglichkeit des Überziehungskredits, die mit Kontoeröffnung begründet wird, liegt letztlich schon im weiteren, untechnischen Sinne ein vertraglicher Anspruch auf Auszahlung, so dass der Fall besser zur Anweisung auf Schuld passt. Im Einzelnen wird die Begr **des BGH freilich kritisiert**, weil sie einen pfändbaren Anspruch gegen die Bank verneint und – entgegen § 36 Abs 1 – zu einem nicht berechtigten Auseinanderfallen von InsAnf und GlAnf führt.[307]

An einer **GlBenachteiligung fehlt** es, wenn der Gl einer InsFord unmittelbar durch einen anderen, nicht besser gesicherten gleichartigen Gl ersetzt wird (**GlTausch**).[308] Das trifft bei einer GlBefriedigung mit Mitteln eines zuvor eingeräumten und vom Schu abgerufenen Dispositionskredits nicht zu; vielmehr liegt darin – wie dargelegt – eine GlBenachteiligung.[309] Nicht Gl benachteiligend ist ferner ein (Dritt-)**SchuTausch**, sofern dieser sich nicht nachteilig auf die Masse auswirkt. Daran fehlt es, wenn der ursprüngliche (Dritt-)Schu fälligen und einredefreien Forderungen ausgesetzt war, während die Forderungen gegen den neuen (Dritt-)Schu nicht fällig und/oder nicht einredefrei sind.[310] Der **Austausch gleichwertiger Sicherheiten** hat keine Gl benachteiligende Wirkung.[311] Die Verhinderung des Verwertungsrechts des InsVerw an einem mit Absonderungsrechten belasteten Gegenstand gem § 166 mit der Folge des Entfallens von Kostenbeiträgen gem §§ 170, 171 begründet für sich genommen keine GlBenachteiligung, weil die Kostenbeiträge lediglich die Mehrkosten ausgleichen sollen, die durch die Bearbeitung von Absonderungsrechten innerhalb des InsVerf anfallen.[312] Das gilt sowohl für die Verwertungskosten als auch für die Feststellungskosten;[313] die GlBenachteiligung kann dann nur anderweitig begründet werden. Um einen anfrechtlich neutralen Sicherheitentausch handelt es sich grds nicht, wenn das eine Siche- 55

306 *Thole* NZI 2009, 800.

307 Vgl *Kreft* FS Ganter, S 253 ff; *ders* KTS 2012, 416 f; 7. Aufl. (*Kreft*) Rn 40; zum Abgleich mit § 3 AnfG auch *Thole* NZI 2009, 802; ebenfalls krit *G Fischer* Insolvenzrecht 2013/2014, S 227 zu 2.1 aE; *K/S/W/Schäfer* Rn B287–291; **aA** MK/*Kayser* § 129 Rn 84a; vgl aber auch dort Rn 108c (hiernach kommt regelmäßig – zeitlich unmittelbar vor dem maßgeblichen Zugang der Überweisung, § 140 Abs 1, – konkludent ein Kreditgewährungsvertrag des Schu mit seiner Bank zustande).

308 *BGHZ* 170, 276 = ZIP 2007, 435 Rn 12; *BGH* NJW 2002, 1576 = ZIP 2002, 490 f; ZIP 2007, 602 Rn 13; 2008, 2182 Rn 9, 10; WM 2008, 1606 Rn 2 = ZIP 2008, 1695 (nur Leitsätze der Redaktion); *Jaeger/Henckel* § 129 Rn 81; *A/G/R/Gehrlein* § 129 Rn 113; *K Schmidt* § 129 Rn 68; auch Rn 54.

309 S weiter oben in dieser Rn.

310 *BGH* ZIP 2007, 1276 Rn 20.

311 *BGHZ* 174, 297 = ZIP 2008, 183 Rn 13; 182, 264 = ZIP 2010, 38 Rn 16; 189, 1 = ZIP 2011, 773 Rn 32 (statt Vorbehaltseigentum an der Ware Erhalt der zur Sicherheit abgetretenen Forderungen); *BGH* NJW 2003, 361 = ZIP 2002, 2183 f; ZIP 2006, 960 Rn 14; 2008, 650 Rn 12; 2008, 1435 Rn 14, 18; 2012, 1301 Rn 26 (Aufgabe von Sicherungseigentum an verkauften Waren gegen treuhänderische Bindung der Kaufpreisforderung); MK/*Kayser* § 129 Rn 108d; *Jaeger/Henckel* § 129 Rn 103. Su Rn 61. Zur GlBenachteiligung durch eine **Schiedsvereinbarung** *BGH* ZInsO 2004, 88; auch MK-ZPO/*Münch* 4. Aufl, § 1029 Rn 50; zur GlBenachteiligung von Umsatzsteuerzahlungen durch den HaftungsSchu nach **§ 13c Abs 1 S 1 UStG** *Kroth* NZI 2004, 351 ff; *Molitor* ZInsO 2006, 804 ff.

312 *BGH* ZIP 2012, 1301 Rn 28 mwN.

313 *BGH* ZIP 2014, 2305 Rn 11.

rungsrecht erloschen ist, bevor das andere Recht begründet wird[314] oder wenn der Schu als Eigentümer eines **mit einem Grundpfandrecht belasteten Grundstücks vor der Beschlagnahme** des Grundstücks **über die Miet- oder Pachtzinsen** zu Gunsten des GrundpfandGl **verfügt** oder im Wege einer vom GrundpfandGl veranlassten Zwangsvollstreckung vor der Beschlagnahme des Grundstücks auf die Miete zugegriffen wird.[315] Die **Ersetzung einer Forderung** durch eine gleichartige andere, nicht besser gesicherte Forderung desselben Gl wirkt ebenfalls nicht Gl benachteiligend.[316] So ist in einem Zwei-Personen-Verhältnis zwischen dem Sch und einem Dritten, der Inhaber von zwei Konten bei demselben Finanzinstitut ist, die **Umbuchung** von einem Konto auf das andere jedenfalls dann nicht Gl benachteiligend, wenn in der darin liegenden Ablösung eines Bankkredits keine Schuldumschaffung, sondern eine bloße Vertragsänderung liegt.[317] Vgl im Einzelnen *Bork/Gehrlein* Rn 100 ff; MK/*Kayser* § 129 Rn 108b ff, 144; *Uhlenbruck/Hirte* § 129 Rn 110b, 110c, 120; *Gottwald/Huber* § 46 Rn 53–65.

56 Die **Rechtshandlung** muss in ihrer **Gesamtheit** die InsGl **benachteiligen.**[318] Dies trifft auch zu, wenn ein umfassender Vertrag allg in sich ausgewogen ist und gleichwertige Gegenleistungen vorsieht, wenn er aber **gerade für den Fall der Ins** eines Vertragspartners für diesen nicht unerhebliche **nachteilige Ausnahmen** festschreibt, die auch bei einer **Gesamtbetrachtung aller Umstände** zur Erreichung des Vertragszwecks nicht vorrangig geboten sind.[319] Die **Rückgewähr kann** freilich **auf einzelne, abtrennbare Wirkungen** einer Rechtshandlung **beschränkt** werden (su Rn 100).[320] Zum nachträglichen **Wegfall der GlBenachteiligung** su Rn 80.

57 **3. Unmittelbare und mittelbare Gläubigerbenachteiligung.** Zu unterscheiden ist zwischen der in § 132 Abs 1, § 133 Abs 2 gemeinten **unmittelbaren** Benachteiligung, die durch einen Vergleich zwischen Vor- und Nachteilen der Rechtshandlung **im Zeitpunkt ihrer Vornahme** zu ermitteln ist und die mit der Rechtshandlung selbst im Vermögen des Schu eintritt[321] einerseits und der für die Anwendung der übrigen Vorschriften genügenden **mittelbaren**

---

314 *BGH* ZIP 2005, 1652 (Sicherheitenpool); dazu *Kreft* FS Horn, S 770 ff; *BGH* ZIP 2006, 959 Rn 14; 2007, 1274 Rn 21; 2012, 1301 Rn 24; auch *BGH* ZIP 2008, 706 Rn 22. Demgegenüber liegt in der Abtretung einer Grundschuld, die nach der insfesten Sicherungsvereinbarung auch das Darlehen eines Dritten sichert, an diesen Dritten keine GlBenachteiligung, vgl *BGH* ZIP 2008, 703 Rn 20 ff.

315 *BGHZ* 182, 264 = ZIP 2010, 38 Rn 17; *K/S/W/Schäfer* Rn B323, M73. Vgl in diesem Zusammenhang *Bork* ZIP 2013, 2130 f (zur **„kalten Zwangsverwaltung"**); ferner *BGH* WM 2013, 2176 Rn 9.

316 *BGH* WM 2008, 1606 Rn 2 (Umbuchung von Zahlungen des Schu von einem debitorischen auf ein anderes, bei derselben Bank geführtes ebenfalls debitorisches Konto mit identischen dinglichen Sicherheiten für beide Konten); *OLG Naumburg* WM 2006, 1678 (Tilgung von Darlehensforderungen durch Umbuchung v Kontokorrentkonto auf ein Darlehenskonto).

317 *BGH* ZIP 2012, 931 Rn 12–14. Vgl auch die vorangehende Fn.

318 *BGHZ* 124, 80 = ZIP 1994, 44; *BGH* ZIP 2007, 1122 Rn 22; *K/P/B/Ehricke* § 129 Rn 67; *Gottwald/Huber* § 46 Rn 66.

319 *BGHZ* 124, 80 f = ZIP 1994, 44; *BGH* ZIP 2007, 1122 Rn 22.

320 *BGHZ* 147, 236 = ZIP 2001, 886.

321 *BGHZ* 128, 190 = ZIP 1995, 136; 154, 195 f = ZIP 2003, 811 f; *BGH* ZIP 1996, 1516; NJW 1997, 1063; ZIP 2003, 856; 2007, 2084 Rn 9; 2009, 573 Rn 11; 2009, 1285 Rn 18 (zu § 3 Abs 2 AnfG); ZIP 2012, 1183 Rn 28; WM 2012, 2340 Rn 20; ZIP 2013, 374 Rn 27 (Abtretung künftiger Ruhegeldansprüche); *OLG Frankfurt* ZIP 2011, 393; *Jaeger/Henckel* § 129 Rn 91; MK/*Kayser* § 129 Rn 112, 113; *Uhlenbruck/Hirte/Ede* § 129 Rn 124; *K/P/B/Ehricke* § 129 Rn 91; *Gottwald/Huber* § 46 Rn 68; HambKomm/*Rogge/Leptien* § 129 Rn 73; *A/G/R/Gehrlein* § 129 Rn 66; *K/S/W/Schäfer* Rn B237.

Benachteiligung andererseits.[322] Dass eine mittelbare GlBenachteiligung genügt, beruht darauf, dass das Tatbestandsmerkmal der GlBenachteiligung in § 129 im Hinblick auf den das gesamte AnfRecht beherrschenden Grundsatz der GlGleichbehandlung in einem umfassenden Sinn zu verstehen ist.[323] Bei der mittelbaren GlBenachteiligung kann sich der Nachteil erst nach Abschluss der Rechtshandlung durch das Hinzutreten weiterer Umstände bis zum maßgeblichen **Zeitpunkt der letzten mündlichen Verhandlung** in der Tatsacheninstanz des AnfProzesses verwirklichen (unten Rn 63)[324] bspw wenn die ursprünglich ausgetauschten Leistungen gleichwertig waren, der Schu den erhaltenen Geldbetrag aber verbraucht hat.

a) Unmittelbare Gläubigerbenachteiligung. Zur Beurteilung der Frage, ob die InsGl durch eine Rechtshandlung unmittelbar benachteiligt werden, ist die durch die Handlung bewirkte Vermögensverschiebung in ihrer wirtschaftlichen Bedeutung zu erfassen. Eine mehrteilige Rechtsübertragung ist als ein einheitliches Ganzes zu betrachten.[325] Wird die Willenserklärung auf Abschluss eines gegenseitigen schuldrechtlichen Vertrags angefochten, kann die Gl benachteiligende Rechtsfolge nicht allein der Leistungspflicht des Schu entnommen werden, die sich aus dem durch die Willenserklärung zustande gekommenen Vertrag ergibt, während die Pflicht zur Erbringung der Gegenleistung des AnfGegners unberücksichtigt bleibt. Vielmehr ist für die objektive GlBenachteiligung die Gegenleistung oder der Anspruch auf die Gegenleistung in die Beurteilung mit einzubeziehen.[326] Durch den Abschluss eines Vertrages werden die Gl unmittelbar benachteiligt, wenn der gesamte rechtsgeschäftliche Vorgang bereits in diesem Zeitpunkt die Zugriffsmöglichkeiten der Gl verschlechtert.[327] 58

Eine unmittelbare GlBenachteiligung ist zu **bejahen**, wenn der Schu für einen zusätzlichen Kredit in Höhe von 8 000 EUR Maschinen im Wert von 30 000 EUR zur Sicherung übereignet.[328] Sie ist ferner anzunehmen, wenn ein vom Schu weggegebenes Grundstück nominal wertausschöpfend belastet ist, diese Belastungen aber nicht mehr in voller Höhe valutieren, so dass dem Schu ein Rückgewähranspruch zusteht, der zur GlBefriedigung dienen kann. Werden diese Rückgewährrechte mit weggegeben, kann die Grundstücksübertragung insgesamt angefochten werden.[329] Eine GlBenachteiligung in Form einer **Erschwerung** des GlZugriffs[330] ist gegeben, wenn ein Grundstück oder ein Anwartschaftsrecht in eine GmbH eingebracht wird. In dem dafür erworbenen Geschäftsanteil an der GmbH liegt regelmäßig kein vollwertiger Ausgleich, weil ein Geschäftsanteil im Allgemeinen schwerer zu verwerten ist als ein Grundstück.[331] Da eine GlBenachteiligung gerade in dem mit der angefochtenen Rechtshandlung verbundenen erschwerten Zugriff auf einen Vermögenswert des Schu lie- 59

---

322 *BGH* ZIP 2008, 372 Rn 27; 2009, 1080 Rn 26.
323 *BGH* ZIP 2008, 747 Rn 4; 2012, 333 Rn 18.
324 BT-Drucks 12/2443, 157; *BGHZ* 123, 322; 128, 190; 143, 253 f; *BGH* NJW 1996, 3149; ZIP 1996, 1908; 1999, 197; 2007, 588 Rn 19; 2013, 1183 Rn 22; WM 2012, 2340 Rn 15; MK/*Kayser* § 129 Rn 121, 125; *Uhlenbruck/Hirte/Ede* § 129 Rn 256; *K/P/B/Ehricke* § 129 Rn 93; HambKomm/*Rogge/Leptien* § 129 Rn 78; *K/S/W/Schäfer* Rn B238, 253 ff, B356.
325 *BGHZ* 128, 187, 190 = ZIP 1995, 135 f (zu § 3 Abs 1 Nr 2 AnfG aF); *BGH* ZIP 2010, 646 Rn 12 (zu § 133 Abs 2); 2010, 1702 Rn 9 (zu § 133 Abs 2); *OLG Frankfurt* ZIP 2011, 393 (zu § 133 Abs 2); so Rn 20.
326 *BGH* ZIP 2012, 1183 Rn 32, 33; WM 2012, 2340 Rn 24, 25.
327 *BGHZ* 128, 187, 190 = ZIP 1995, 135 f (zu § 3 Abs 1 Nr 2 AnfG aF); *BGH* ZIP 2010, 1702 Rn 9 (zu § 133 Abs 2); WM 2011, 276 Rn 2; *OLG Frankfurt* ZIP 2011, 393 (zu § 133 Abs 2).
328 *BGH* WM 1964, 1166; vgl auch *BGH* ZIP 1998, 251.
329 *BGH* ZIP 1985, 372.
330 *BGH* WM 1959, 888; ZIP 1981, 31.
331 *BGHZ* 128, 189 = ZIP 1995, 136 (zu § 3 Abs 1 Nr 2 AnfG aF).

gen kann, ist es für die Annahme einer GlBenachteiligung ohne Bedeutung, ob ein vollstreckungsrechtlicher Zugriff auf das Bankguthaben des Schu für die Gl wegen des engen zeitlichen Zusammenhangs zwischen den zu dem Guthaben führenden Einzahlungen und den Überweisungen des Guthabens an den AnfGegner mit bes Schwierigkeiten verbunden war.[332]

60 Eine unmittelbare GlBenachteiligung kann ferner vorliegen, wenn der spätere Schu als Sicherungsgeber dem Sicherungsnehmer die **Zustimmung zur Veräußerung** des Sicherungsguts (etwa von Kraftfahrzeugen) zu einem objektiv unter dem Verkehrswert liegenden Preis erteilt. Ohne diese Zustimmung hätte der Sicherungsnehmer sich selbst über den Wert des Sicherungsguts informieren müssen. Wäre es ihm dann bei vertragsgerechtem Verhalten gelungen, einen höheren Preis zu erzielen, bewirkte das Einverständnis zwischen Sicherungsgeber und -nehmer, dass diesem die Verpflichtung, sich um die Erzielung eines möglichen höheren Erlöses zu bemühen, erlassen (§ 397 BGB) und damit zugleich auf alle evtl Schadensersatzansprüche aus der Verletzung dieser Pflicht verzichtet wurde.[333] Auch die konkludente Einigung über die Erweiterung einer Kreditlinie kann Gl benachteiligend sein.[334]

61 Eine unmittelbare GlBenachteiligung **scheidet** hingegen **aus**, wenn der Schu für das, was er aus dem Vermögen weggibt, unmittelbar eine vollwertige Gegenleistung erhält.[335] Das trifft etwa zu, wenn der Schu sich verpflichtet, **für ein** kurzfristiges **Darlehen** in Höhe von 20 000 EUR in gleicher Höhe **eine Sicherungshypothek** auf seinem Grundstück eintragen zu lassen. Darauf, dass bares Geld leichter verschleudert werden kann als ein unbelastetes Grundstück, kommt es grds nicht an.[336] Da die unmittelbare Benachteiligung auf den Zeitpunkt vor Verfahrenseröffnung abstellt, muss umgekehrt dort, wo es auf die unmittelbare Benachteiligung ankommt, bei **Veräußerung eines dinglich belasteten Grundstücks von dem Erlös in einer Versteigerung nach ZVG** ausgegangen werden, weil der InsVerw in diesem Zeitpunkt noch nicht verfügungsbefugt war. Daher ist nicht in jedem Fall der freihändige Veräußerungserlös maßgeblich; der BGH differenziert insoweit mit Recht.[337] Bei einem **Rechtsgeschäft iSv § 132 Abs 1** ist der Eintritt einer unmittelbaren GlBenachteiligung ausschließlich mit Bezug auf das **Wertverhältnis zwischen den konkret ausgetauschten Leistungen** zu beurteilen. Zu berücksichtigen sind lediglich solche Folgen, die an die anzufechtende Rechtshandlung selbst anknüpfen. Erhält der Schu für das, was er aus seinem Vermögen weggibt, zwar keine Gegenleistung, aber etwas, das sich in anderer Weise als zumindest gleichwertiger Vorteil erweist, kommt es darauf an, ob der Vorteil derart mit dem Vermögensopfer zusammenhängt, dass er sich unmittelbar in einer den anderweitigen Nachteil zumindest ausgleichenden Mehrung des SchuVermögens niederschlägt. Das ist nicht der Fall, wenn der Gl eine betriebsnotwendige Leistung – etwa einen neuen Kredit – an den Schu davon abhängig macht, dass dieser **zusätzlich** zu dem Entgelt für die neue Leistung vor

332 *BGH* ZIP 2010, 2009 Rn 22.
333 *BGH* NJW 1997, 1065 = ZIP 1997, 370.
334 *BGH* ZIP 2008, 701 Rn 8 mwN.
335 *BGHZ* 128, 187 = ZIP 1995, 135; 129, 240 f = ZIP 1995, 1022; 154, 195 f = ZIP 2003, 811 f; *BGH* ZIP 1997, 854; NJW 1999, 644; ZIP 2003, 494; 2009, 817 Rn 17; MK/*Kayser* § 129 Rn 117.
336 *BGH* WM 1955, 405. Vgl in diesem Zusammenhang auch *OLG Nürnberg* ZIP 2009, 86 f (Erhöhung der Valutierung einer Grundschuld durch Änderung der Zweckerklärung gegen Hingabe eines der Erhöhung entspr Darlehens).
337 *BGH* 9.6.2016 – IX ZR 153/15 Rn 19 ff.

Eröffnung des InsVerf begründete **Altforderungen begleicht**.[338] Ist bei der **Übernahme eines Mietvertrags** die in dem Mietvertrag vereinbarte **Miete überhöht** und entspricht sie nicht dem Wert der Gegenleistung des Vermieters, fehlt es an einer unmittelbaren GlBenachteiligung, wenn die Pflicht des späteren InsSchu, für eine derart **überhöhte Miete** einstehen zu müssen, bereits in dem m dem Schu **zuvor** abgeschlossenen Mietverschaffungs- und Einstandspflichtvertrag **entgeltlich begründet** worden war.[339]

Auch ein ernsthafter **Sanierungsversuch** kann uU als solcher – etwa bei der Gewährung eines Darlehens gegen Sicherheit[340] – eine unmittelbare GlBenachteiligung sogar dann ausschließen, wenn er letztlich scheitert.[341] Das setzt aber zumindest ein in sich schlüssiges Konzept voraus, das von den erkannten und erkennbaren tatsächlichen Gegebenheiten ausgeht und nicht offensichtlich undurchführbar ist. Dabei ist sowohl für die Frage der Erkennbarkeit der Ausgangslage als auch für die Prognose der Durchführbarkeit auf die Beurteilung eines unvoreingenommenen – nicht notwendigerweise unbeteiligten – branchenkundigen Fachmanns abzustellen, dem die vorgeschriebenen oder üblichen Buchhaltungsunterlagen zeitnah vorliegen.[342] Meist geht es hier aber um § 133 Abs 1 und die mittelbare Benachteiligung **(su § 133 Rn 34).** 62

b) Mittelbare Gläubigerbenachteiligung. Mittelbar sind die InsGl benachteiligt, wenn es zwar an einer unmittelbaren Benachteiligung durch die Rechtshandlung fehlt, sich aber im Zeitpunkt der letzten maßgeblichen mündlichen Tatsachenverhandlung im AnfProzess (o Rn 57)[343] ergibt, dass die Möglichkeit der Gl, sich aus dem Vermögen des Schu zu befriedigen, durch den **Hinzutritt weiterer Umstände** beeinträchtigt wurde.[344] Nach dem **seit 2002 geltenden Berufungsrecht** ist der Zeitpunkt der letzten mündlichen Verhandlung in der Berufungsinstanz nur maßgeblich, wenn Vorgänge zu bewerten sind, die sich erst nach Schluss der letzten mündlichen Verhandlung erster Instanz zugetragen haben; andernfalls ist grds auf den Zeitpunkt dieser Verhandlung abzustellen.[345] Eine mittelbare Benachteiligung liegt vor, wenn der gezahlte (angemessene) Kaufpreis oder eine sonstige Gegenleistung (etwa ein Grundstück) nicht mehr zur Verfügung steht[346] oder an Wert verloren hat;[347] ferner, wenn nach Abschluss der Rechtshandlung aufgrund der allg Marktlage, uU auch des Wegfalls von Belastungen, eine Wertsteigerung des weggegebenen Vermögensgegenstandes eingetreten ist.[348] Eine mittelbare GlBenachteiligung ist auch zu bejahen, wenn eine Forderung, die bei Eröffnung des InsVerf nur InsForderung gem § 38 geworden wäre, durch eine 63

338 *BGHZ* 154, 195 ff = ZIP 2003, 811 f; *BGH* ZIP 2003, 856; *BAG* ZIP 2005, 87 f; MK/*Kayser* § 132 Rn 12. Vgl auch *BGH* ZIP 2010, 793 Rn 10 aE.
339 *BGH* ZIP 2012, 1183 Rn 34, 35; WM 2012, 2340 Rn 26, 27.
340 MK/*Kayser* § 129 Rn 168.
341 *BGH* ZIP 2002, 1541 mwN (Sanierungsbemühungen eines RA).
342 *BGH* ZIP 1998, 251 mwN; vgl auch *BGHZ* 165, 112 f = ZIP 2006, 279 Rn 13–15 zum Sanierungsprivileg des § 32a Abs 3 S 3 GmbHG.
343 So Rn 57.
344 *BGHZ* 143, 253 f = ZIP 2000, 241; *BGH* NJW 1996, 3341; *OLG Dresden* NZI 2010, 103; *N/R/Nerlich* § 129 Rn 77; MK/*Kayser* § 129 Rn 121 (der freilich eine mittelbare Benachteiligung auch bei einer unmittelbaren Benachteiligung idR für verwirklicht hält).
345 *BGH* ZIP 2007, 1326 Rn 17; 2009, 1285 Rn 29; 2012, 1183 Rn 23; WM 2012, 2340 Rn 16; *Gottwald/Huber* § 46 Rn 69; vgl auch MK/*Kayser* § 129 Rn 125.
346 *BGHZ* 123, 325 f = ZIP 1993, 1655; *BGH* WM 1988, 801; *OLG Stuttgart* ZInsO 2011, 234 zu 4.
347 *OLG Stuttgart* ZInsO 2011, 234 zu 4; *Jaeger/Henckel* KO § 29 Rn 83.
348 *BGH* NJW 1996, 3147; 1996, 3341. Vgl auch *BGH* ZIP 2008, 702 Rn 8 mwN (mittelbare GlBenachteiligung, wenn der Anspruch der Bank auf Rückzahlung des Überziehungskredits für die InsMasse ungünstiger ist als der Anspruch des befriedigten Gl, insb weil die Bank für ihren Darlehensrückzahlungsanspruch über [bessere] Sicherheiten verfügt).

Rechtshandlung vor Eröffnung des InsVerf so verändert wird, dass sie im Fall der der Eröffnung des InsVerf als Masseverbindlichkeit zu begleichen ist und deshalb die Quote der Gesamtheit der InsGl vermindert.[349] Auch kann jemand, der zur Zeit der Vornahme der Rechtshandlung noch nicht Gl war, durch sie mittelbar benachteiligt sein.[350] Der eingetretene Umstand muss nicht seinerseits durch die angefochtene Rechtshandlung verursacht worden sein. Es reicht aus, dass die Benachteiligung objektiv jedenfalls auch durch die angefochtene Rechtshandlung verursacht wurde.[351]

64 **4. Bargeschäfte, insb Lohn- und Steuerzahlungen.** In der älteren Rspr wurden unter Bargeschäften Rechtsgeschäfte des GemeinSchu verstanden, „bei denen gleichwertige Leistungen Zug um Zug ausgetauscht werden". Sie sollten weder nach § 30 Nr 1 KO noch nach § 30 Nr 2 KO anfechtbar sein, auch wenn sie erst nach der Zahlungseinstellung (oder dem Antrag auf Eröffnung des Verf) vorgenommen wurden; „denn bei solchen Bargeschäften werden die **KonkursGl nicht benachteiligt**, weil dem Vermögen des GemeinSchu sofort ein entspr Gegenwert durch sein Handeln zufließt".[352] Dieses Verständnis des Bargeschäfts ist in jüngerer Zeit präzisiert und **korrigiert** worden. Nunmehr sind Bargeschäfte allein nach § 142 zu beurteilen. Danach geht es **nicht** an, das **Bargeschäft** allg durch das **Fehlen einer GlBenachteiligung** zu charakterisieren. Seine Besonderheit liegt allein in der **zeitnahen kongruenten** Erfüllung eines **nach § 132 Abs 1 seinerseits unanfechtbaren Rechtsgeschäfts**, sofern es an den Voraussetzungen für eine Anf nach § 133 Abs 1 fehlt.[353] Dass ein Bargeschäft eine mittelbare GlBenachteiligung und damit eine Anf wegen vorsätzlicher Benachteiligung nicht ausschließt, wurde vom Gesetzgeber der InsO zutr erkannt (§ 142). Daraus folgt, dass der mit der Leistung bewirkte Zufluss von wirtschaftlichen Vorteilen grundsätzlich erst auf der Ebene des § 142 zu berücksichtigen ist und nicht schon bei der **GlBenachteiligung**; sie ist regelmäßig etwa mit dem Abfluss von Vermögen zu begründen.[354] – Obwohl der Wortlaut des § 142 nur eine Anf nach § 133 Abs 1 im Auge hat, sollte gleichwohl auch eine **Anf nach § 131** möglich und nur eine Anf nach § 130 ausgeschlossen sein (su § 142 Rn 13).

65 Das **Existenzminimum bei der Anfechtung von Arbeitslohn** ist nicht per se anfechtungsfrei; dahin gehende Bestrebungen sind **abenteuerlich** (§ 133 Rn 23).[355] Zwischen Arbeitgeber und **Einzugsstellen der Sozialversicherungsträger** findet kein Bargeschäft statt.[356] Daran ändert § 142 Abs 2 nF nichts. Auch die gesetzliche **Abführungspflicht des Arbeitgebers bei der Lohnsteuer** und die Treuhänderfunktion des Arbeitgebers führen weder dazu, dass die Lohnsteuer im Zeitpunkt der Zahlung bereits Teil des Vermögens des Finanzamts oder des Arbeitnehmers ist. Der Einbehalt des Steueranteils bei der Zahlung des Nettolohns an den Arbeitnehmer macht diesen Anteil nicht zum Vermögen des Fiskus, sondern gibt diesem

---

349 *BGH* ZIP 2012, 1183 Rn 26, 27; WM 2012, 2340 Rn 18, 19.

350 *BGHZ* 143, 254 = ZIP 2000, 241; *BGH* WM 1964, 1167; so Rn 44, 57.

351 *BGHZ* 143, 254 = ZIP 2000, 241; *BGH* ZIP 2012, 1183 Rn 24; WM 2012, 2340 Rn 17; *A/G/R/Gehrlein* § 129 Rn 70.

352 *BGH* NJW 1977, 718; vgl auch *BGHZ* 70, 185 = WM 1978, 135; 118, 173 = ZIP 1992, 778; *BGH* NJW 1980, 1361; ZIP 1988, 326; *Gerhardt/Kreft* Rn 442.

353 Zust *Kayser* FS Fischer, 2008, S 270; *Ganter* ZIP 2012, 2037; *K Schmidt/Ganter/Weinland* § 142 Rn 3; nur tw zust *K/S/W/Wagner* Rn O8; su § 142 Rn 2.

354 Tendenziell einschränkend in jüngerer Zeit *Bitter* KTS 2016, 455, 488 ff, dort mit Abgrenzung zur unzulässigen Vorteilsausgleichung.

355 Vgl *BGH* ZIP 2005, 1245; *Uhlenbruck/Hirte/Ede* § 142 Rn 19; unten § 142 Rn 5. Anders *Erkis/Schneider* DStZ 2015, 167 ff.

356 Vgl *BGH* ZIP 2005, 1245; *Uhlenbruck/Hirte/Ede* § 142 Rn 19; unten § 142 Rn 5. Krit *Knospe* ZInsO 2014, 753 ff.

nur einen Anspruch auf Abführung. Ein Bargeschäft kraft Betrachtung des Dreiecksverhältnisses ist entgegen der von interessierter Seite vertretenen Auffassung[357] schon wegen des anfechtungsrechtlichen Grundsatzes der Einzelbetrachtung abzulehnen, auch und erst recht nach der Reform des § 142 (s dort § 142 Rn 9). Der Gesetzgeber hat nun einmal die Steuerabwicklung nicht so geregelt, dass der Arbeitnehmer den Bruttolohn vom Arbeitgeber erhält und dann für die Steuerzahlung selbst verantwortlich ist.

5. Kontokorrent und Staffelkredite. In einem **echten Kontokorrent mit vereinbarter Kreditobergrenze** scheidet eine Gläubigerbenachteiligung durch einzelne Kreditrückführungen aus, weil ohne sie die Kreditmittel, die der Schu danach tatsächlich noch erhalten hat, ihm nicht mehr zugeflossen wären. Nach der Kreditabrede stehen dort die Leistungen des Schu an den Gl in einem unmittelbaren rechtlichen Zusammenhang mit der dem Schu eingeräumten Möglichkeit, einen neuen Kredit zu ziehen. Anfechtbar sind solche Kreditrückführungen daher nicht in ihrer Summe, sondern nur bis zur eingeräumten Kreditobergrenze.[358] Mehr als die ausgeschöpften Mittel der Kreditlinie waren im Schuldnervermögen nie vorhanden und für die Gläubigerbefriedigung einsetzbar. Diesen Grundsatz hat der BGH auch auf den **Staffelkredit** erstreckt, wenn und weil die „fortlaufend gewährten Kredite durch ihre gleich bleibenden Bedingungen, ihre kurze Dauer, den mit ihrer Ausreichung verfolgten Zweck und das zwischen den Vertragspartnern bestehende Gesellschaftsverhältnis nach der Art eines Kontokorrentkredits miteinander verbunden sind“.[359] Die Anfechtung beschränkt sich dann auf den höchsten zurückgeführten Darlehensbetrag. Daran hält der BGH auch in weiteren Entscheidungen fest.[360] Man könnte dies auch eher über § 142 lösen. Darlehen für den allgemeinen Liquiditätsbedarf genügen nicht,[361] was beim **Cash-Pool** häufig gerade so sein wird.[362] Es ist zudem stets ein verklammerndes vertragliches Band erforderlich.[363] 66

6. Nicht benachteiligende Rechtshandlungen. Eine GlBenachteiligung setzt voraus, dass durch die Rechtshandlung der Zugriff der InsGl auf das Vermögen des Schu bei wirtschaftlicher Betrachtungsweise beeinträchtigt wird (vgl oben Rn 44). Deshalb sind Rechtshandlungen, die zwar auf den ersten Blick das Vermögen des Schu zu verkürzen scheinen, gleichwohl nicht anfechtbar, wenn sich bei genauerem Zusehen ergibt, dass die Gl ohne die Rechtshandlung im wirtschaftlichen Erg nicht besser stünden. So fehlt es an einer GlBenachteiligung, wenn der Inanspruchnahme aus einer rechtsgrundlos erteilten Gutschrift ununterbrochen die Einrede der ungerechtfertigten Bereicherung entgegenstand[364] oder wenn gleichwertige insfeste Sicherheiten (nur) ausgetauscht werden;[365] ferner dann, wenn auf eine Forderung gezahlt wird, die der Schu insfest an den Empfänger abgetreten hatte.[366] 67

a) Wertlose Gegenstände. Die Weggabe von Gegenständen, die völlig wertlos sind, unterliegt nicht der Anf.[367] Ein Gl hätte bei einer Verwertung nach Pfändung keinen Erlös erzielen können. Freilich ist bei der Annahme der Wertlosigkeit Zurückhaltung geboten.[368] 68

---

357 *Erkis/Schneider* DStZ 2015, 167 ff.
358 *BGH* ZIP 2013, 734 Rn 17.
359 *BGH* ZIP 2013, 734 Rn 18.
360 *BGH* NZI 2013, 804 Rn 33 f; ZIP 2014, 785 Rn 4. Zum Ganzen *Bitter* FS Lwowski, 2015, S 223 ff.
361 *BGH* ZIP 2014, 785 Rn 6.
362 Vgl auch *van Marwyk* ZInsO 2025, 335.
363 *Kayser* ZIP 2015, 454.
364 *BGH* ZIP 1995, 225.
365 *BGHZ* 147, 239 f = ZIP 2001, 887 f; *BGH* ZIP 2005, 1652; so Rn 52.
366 *BGH* ZIP 2006, 1009 Rn 22; su Rn 79.
367 *BGH* ZIP 2001, 890; 2004, 672.
368 So Rn 44.

69 **b) Unpfändbare Gegenstände.** Die Weggabe von Gegenständen, die – insb nach §§ 811 Nr 1–3, 5–8, 10–13, 850 ff ZPO – aus Rechtsgründen nicht der Zwangsvollstreckung unterliegen, weil sie in der Einzelzwangsvollstreckung nicht gepfändet werden könnten, ist nicht anfechtbar.[369] Sie waren zur GlBefriedigung im Zwangswege von vornherein ungeeignet und hätten nicht zur InsMasse gehört (§§ 35, 36). Dieser grds Gleichklang zwischen Pfändbarkeit und InsBeschlag einerseits sowie InsAnf und GlAnf andererseits wurde vom *BGH* in der Entsch v 6.10.2009[370] für den Bereich der geduldeten **Kontoüberziehung** aufgegeben, indem eine InsAnf bejaht wurde, obwohl das G eine Pfändbarkeit ablehnte. Demgegenüber kann der Anspruch des Schu auf Auszahlung eines Kredits innerhalb einer eingeräumten Kreditlinie nach Abruf des Kredits durch den Schu nach wie vor Gegenstand eines Pfändungspfandrechts sein.[371] Nicht zu den unpfändbaren Gegenständen gehört ausgezahltes Baugeld, sofern es nicht auf einem bes Treuhandkonto verbucht ist.[372] Es gehört deshalb grds zur InsMasse, so dass die Pfändung und Auszahlung eines Bankguthabens, das auf der Zahlung von Baugeld beruht, die InsGl des Kontoinhabers benachteiligen kann.[373] Nicht zur InsMasse und zum SchuVermögen gehören Gelder, die auf das von einem RA als InsVerw eingerichtete **Anderkonto als offenes Vollrechtstreuhandkonto** eingehen.[374] Auch Zahlungen aus dem **insfreien** Vermögen unterliegen nicht der InsAnf; allenfalls kommt eine GlAnf in Betracht.[375] **Allerdings** ergreift der InsBeschlag **Vermögen**, das der Schu nach der VerfEröffnung **aus pfändungsfreiem Arbeitseinkommen** angespart und **auf** das **Konto** eines Kreditinstituts **eingezahlt** hat.[376] Das Gleiche gilt für die dem Schu auf der Grundlage des **§ 17 StrRehaG** gewährte Kapitalentschädigung.[377] IÜ – insb zum **P-Konto** – wird auf die Ausführungen zu § 36 verwiesen sowie auf *Bograkos/Riewe* InsBüro 2015, 218 ff, 337 ff.

70 Die Frage der Pfändbarkeit ist freilich nicht immer leicht zu beantworten. So können vereinbarte (treuhänderische) **Zweckbindungen** gem § 851 Abs 1 ZPO die Unpfändbarkeit der sie betr Forderungen bewirken.[378] Das trifft nicht zu, wenn ein Dritter dem Schu **darlehensweise** Geldmittel zu dem Zweck zur Verfügung stellt, durch Teilzahlungen an Gl weitere Zwangsvollstreckungsmaßnahmen und einen InsAntrag zu vermeiden, sofern es dem Schu überlassen bleibt, in welcher Höhe und an welche Gl er Zahlungen leistet.[379] Dient die zugunsten eines Dritten (konkret: des Alleingesellschafters des Schu) vereinbarte Zweckbindung eines vom Schu aufgenommenen Darlehens nicht dem Schutz des Schu, sondern

---

369 *BGHZ* 123, 185 = ZIP 1993, 1663; 170, 276 = ZIP 2007, 435 Rn 13; *BGH* ZIP 2001, 890; vgl auch *BGHZ* 155, 82 = ZIP 2003, 1508; MK/*Kayser* § 129 Rn 84; *Uhlenbruck/Hirte/Ede* § 129 Rn 184; *K/P/B/Ehricke* § 129 Rn 73. Für eine InsAnf der Weggabe unpfändbarer Gegenstände *Bitter* FS K Schmidt, S 136 ff.

370 *BGHZ* 182, 317 = ZIP 2009, 2209 Rn 12 ff; dazu krit *Kreft* FS Ganter, S 253 ff (so Rn 52). Dem *BGH* folgend *OLG Hbg* ZInsO 2010, 380 f; *LG Hbg* ZInsO 2010, 776 f.

371 *BGH* ZIP 2012, 1422 Rn 14 mwN; *BGH* 3.12.2015 – IX ZR 131/15 Rn 3.

372 *BGH* ZIP 1987, 1439 = NJW 1988, 265 lSp; ZIP 2013, 1288 Rn 5. Vgl *Heidland* ZInsO 2010, 744 ff; auch *BGH* WM 2010, 2090.

373 *BGH* ZIP 2013, 1288 Rn 5; *OLG Hamm* ZIP 2007, 241 (die Rev IX ZR 1/07 wurde zurückgenommen); HambKomm/*Rogge/Leptien* § 129 Rn 70 aE; MK/*Kayser* § 129 Rn 106; *Heidland* ZInsO 2010, 742 f; *A/G/R/Gehrlein* § 129 Rn 99; **aA** wohl *Jaeger/Henckel* § 130 Rn 31.

374 *BGH* ZIP 2011, 1220 Rn 9; 2012, 333 Rn 16.

375 Vgl *BGH* ZIP 2010, 380 Rn 9.

376 *BGH* ZIP 2013, 2112 Rn 8.

377 *BGH* ZInsO 2012, 147 Rn 4.

378 *BGHZ* 155, 82 = ZIP 2003, 1508; 174, 228 = ZIP 2008, 125 Rn 19; *BGH* ZIP 2004, 1510 f mN; ZIP 2014, 86 (zur allein aus den Beiträgen des versicherten Arbeitnehmers gebildeten unverfallbaren Direktversicherung nach § 2 Abs 2 S 5 BetrAVG); so Rn 52.

379 *BGHZ* 155, 81 f = ZIP 2003, 1508.

allein den Interessen des Kreditinstituts und/oder des Dritten an der Tilgung eines von diesem bei dem Kreditinstitut aufgenommenen anderen Kredits, ist die an den Dritten ausbezahlte Darlehenssumme – ähnlich wie ein Schuldbefreiungsanspruch – zu dem pfändbaren und damit zur InsMasse gehörenden Vermögen des Schu zu rechnen.[380] Die Anfechtbarkeit einer durch den **Einsatz von Arbeitnehmern** zu Gunsten eines Gl herbeigeführte **Werthaltigmachung** seiner (an eine Bank abgetretenen) **Forderung** ist nicht deshalb zu verneinen, weil der Anspruch auf die Dienste der Arbeitnehmer im Zweifel nicht übertragbar (§ 613 S 2 BGB) und deshalb weder abtretbar noch pfändbar ist (§§ 399, 400 BGB, § 851 ZPO); denn § 613 S 2 BGB dient allein dem Schutz des Arbeitnehmers, nicht dem des Schu.[381] Die Regelung des **§ 114 Abs 3 aF** schließt die Anwendbarkeit der AnfVorschriften auf Maßnahmen der Zwangsvollstreckung in Bezüge eines Arbeitnehmers nicht aus.[382] Das übliche **Urlaubsgeld** unterliegt nach § 850a Nr 2 ZPO nicht der Pfändung.[383] Auch hat der *BGH* ungeachtet ihrer grds Unabtretbarkeit die Pfändbarkeit von **Gebührenforderungen der Steuerberater** bejaht.[384] Ähnliches gilt für die Honorarforderungen von RA[385] und Ärzten[386] und ganz allg für Honorarforderungen von Freiberuflern.[387]

Pfändbar sind auch die Ansprüche gegen das **Versorgungswerk** der Rechtsanwälte in BW, obwohl diese Ansprüche nicht übertragbar und nicht verpfändbar sind.[388] Nicht pfändbar ist das Recht, die freiwillige Mitgliedschaft im Versorgungswerk der Rechtsanwälte im Freistaat Sachsen zu beenden; es unterliegt auch nicht dem InsBeschlag.[389] Private **Versicherungsrenten** von selbstständig oder freiberuflich tätig gewesenen Personen genießen nicht den Pfändungsschutz für Arbeitseinkommen iSv § 850 Abs 3 Buchst b ZPO, sondern fallen in vollem Umfang in die InsMasse.[390] Zur Rechtslage nach Einführung von § 851c ZPO durch das G zum Pfändungsschutz der Altersvorsorge[391] hat sich der *BGH* m Urt v 15.7.2010 geäußert.[392] In dieser Entsch hat er zugleich sein Urt v 3.12.2009[393] bestätigt, wonach eine gem § 850b ZPO bedingt pfändbare **Berufsunfähigkeitsrente** insoweit in die InsMasse fällt, als sie im Rahmen einer (im AnfProzess vom ProzessG vorzunehmenden)[394] Billigkeitsprüfung für pfändbar erklärt wird. Zu § 850c Abs 2 ZPO hat der BGH entschieden, dass sich der Schutz privater, **zur Altersvorsorge abgeschlossener Versicherungen** nur 71

380 *BGHZ* 170, 276 = ZIP 2007, 435 Rn 15; 174, 228 = ZIP 2008, 125 Rn 19; *BGH* ZIP 2001, 1248 f mit Anm *von Olshausen* LM GesO Nr 68; 2008, 701 Rn 9; 2011, 824 Rn 14 ff; *A/G/R/Gehrlein* § 129 Rn 99.

381 *BGH* ZIP 2004, 672; 2008, 1435 Rn 31. Zur Unpfändbarkeit des **Anspruchs auf eine höchstpersönliche Dienstleistung** (konkret: entgeltliche wirtschaftliche Beratung) *BGH* ZIP 2013, 586 Rn 9–11.

382 *BGH* ZIP 2008, 1488 Rn 17–20.

383 *BGH* ZIP 2012, 1086 Rn 10 ff.

384 *BGHZ* 141, 176 ff = ZIP 1999, 625 f; 162, 191 = ZIP 2005, 723; *BGH* ZIP 2003, 2176; 2004, 917, insoweit nicht abgedr in *BGHZ* 158, 212.

385 *BGHZ* 162, 191 = ZIP 2005, 723; *BGH* ZIP 2003, 2176; 2004, 917, insoweit in *BGHZ* 158, 212 nicht abgedr; *BFH* 1.2.2005 – VII B 198/04, InVo 2005, 318 f.

386 *BGHZ* 162, 191 = ZIP 2005, 723.

387 *BGHZ* 162, 190 = ZIP 2005, 723; *BGH* ZInsO 2003, 416 = WM 2003, 983.

388 *BGHZ* 160, 199 ff = WM 2004, 2316 ff.

389 *BGH* ZIP 2008, 417 Rn 10 ff.

390 *BGH* ZIP 2008, 338 ff; *OLG Hamm* ZInsO 2009, 2340 f.

391 V 26.3.2007, BGBl I, 368.

392 *BGH* ZIP 2010, 1656 mit zust Anm *Lau* EWiR 2011, 55 (Revisionsurt zu *OLG Hamm* ZInsO 2009, 2339, 2341 f – dazu *Wollmann* ZInsO 2009, 2319 ff). Zu § 851c Abs 1 ZPO vgl auch *BGH* WM 2011, 128.

393 *BGH* ZIP 2010, 293. Dazu *Wollmann* ZInsO 2010, 754 ff.

394 *BGH* ZIP 2010, 293 Rn 10; 2010, 1656 Rn 41. Vgl auch *BGH* ZIP 2012, 95 Rn 14.

auf das vom Versicherungsnehmer aufgebaute Deckungskapital und die nach Eintritt des Versicherungsfalls zu erbringenden Leistungen, nicht jedoch auf die für die Einzahlung erforderlichen Mittel des selbstständig tätigen Schu erstreckt.[395] Zahlung von Prämien aus einem nach § 811 Abs 1 Nr 8 ZPO unpfändbaren Betrag ist nicht benachteiligend[396]. Wird eine **Lebensversicherung** zur Erlangung des Pfändungsschutzes nach § 851c ZPO vor Eröffnung des InsVerf **umgewandelt**, so kann die Umwandlung unanfechtbar sein.[397] **Arbeitnehmerbeiträge zur Pflichtversicherung** bei der Versorgungsanstalt des Bundes und der Länder sind wie Beiträge aufgrund sozialrechtlicher Vorschriften nach § 850e Nr 1 S 1 ZPO unpfändbar.[398] Der Anspruch des Arbeitnehmers auf Auszahlung der Versicherungssumme aus einer **Firmendirektversicherung** iSv § 1b Abs 2 S 1 BetrAVG ist bereits vor Eintritt des Versicherungsfalls als zukünftige Forderung pfändbar.[399] **Beihilfeansprüche** (konkret: nordrhein-westfälischer Landes- und Kommunalbeamter) für Aufwendungen im Krankheitsfall sind für Gl dann unpfändbar, wenn ihre Forderung nicht dem konkreten Beihilfeanspruch zugrunde liegt (keine Anlassforderung) und dessen AnlassGl noch nicht befriedigt sind.[400] Hat der Dienstherr die Beihilfe an den berechtigten Schu bereits ausgezahlt, so dass der konkrete Beihilfeanspruch durch die Zahlung erloschen ist, hat sich die Zweckbindung dieses Anspruchs erledigt. Gl des Beihilfeberechtigten können ohne Hinderung durch § 851 Abs 1 ZPO auf entspr Zahlungsmittel oder Guthaben zugreifen. Diese gehören gem § 36 Abs 1 S 1 zur InsMasse.[401]

72 Unpfändbar sind Ansprüche nach **§ 51a GmbHG.**[402] Ein **Steuererstattungsanspruch** ist pfändbar und unterliegt dem InsBeschlag,[403] doch ist die Durchsetzung mit Schwierigkeiten verbunden.[404] Pfändbar sein und damit dem InsBeschlag, nicht aber dem Pfändungsschutz für Arbeitseinkommen unterliegen sollen auch Einkommensteuer-Erstattungsansprüche, die aus überzahlter Lohnsteuer resultieren.[405] Mit der Anwendung von **§ 850f ZPO** im InsVerf befassen sich *BGH* ZIP 2011, 90 (InsVerw kündigt Mitgliedschaft des Schu in einer Wohnungsgenossenschaft); WM 2011, 76 (Zwangsvollstreckung wegen einer Forderung aus unerlaubter Handlung). Den **Rechtsgedanken des § 850k ZPO** (ab 1.7.2010 **§ 850l ZPO**) wendet der *BGH* zur Einschränkung der Möglichkeit des Versagens einer Genehmigung durch den (vorl) InsVerf bei Einlösung einer im **EinzugsermächtigungsVerf** erfolgten Lastschrift unter Verwendung **unpfändbaren** SchuVermögens, sog **Schonvermögens**, an.[406] Dazu muss der Schu eine **natürliche** Person sein; eine juristische Person kann sich auf die in § 36

---

395 *BGH* ZIP 2011, 1235.
396 *BGH* 7.4.2016 – IX ZR 145/15.
397 *OLG Stuttgart* ZInsO 2012, 281 ff im Anschluss an *BGH* WM 2011, 128 (VII ZS); vgl auch *KG* ZIP 2012, 379 (in dem gegen das Urt gerichteten RevisionsVerf – IX ZR 138/12 – wurde die Hauptsache für erledigt erklärt, die VerfKosten wurden der Bekl auferlegt). Zu § 851c Abs 1 ZPO auch *BGH* ZIP 2012, 1933 Rn 16 ff (VII ZS).
398 *BGH* NZI 2010, 118 Rn 13 ff.
399 *BGH* ZIP 2011, 350.
400 *BGH* WM 2005, 182; ZInsO 2007, 1348 f = WM 2008, 87 f Rn 6.
401 *BGH* ZInsO 2007, 1348 f = WM 2008, 87 Rn 5.
402 *BGH* ZIP 2013, 1071 Rn 11–14 (VII ZS).
403 *BFHE* 236, 202 =ZIP 2012, 933 Rn 10 (Einkommensteuererstattung); vgl auch *Nayel* ZInsO 2011, 153; ferner *BGH* ZIP 2013, 1131 Rn 9, 10.
404 *BGHZ* 157, 195 = ZIP 2004, 528; dazu *Wolf/Müller* NJW 2004, 1775 ff. **AA** – freilich wenig überzeugend – *BGHZ* 176, 79 = NJW 2008, 1675 (VII ZS); krit dazu auch *Walker* JZ 2011, 411 lSp. Zur zivilprozessualen Zwangsvollstreckung in Steuererstattungsansprüche eingehend *Fest* WM 2012, 1565 ff.
405 *FG Neustadt/W* EWiR 2009, 751 mit Anm *App*.
406 *BGHZ* 186, 242 = ZIP 2010, 1552 Rn 16 ff. Dazu *Wiechers* WM 2011, 146 f.

Abs 1 S 2 in Bezug genommenen Pfändungsschutzvorschriften nicht berufen.[407] Pfändbar, und zwar ohne die Pfändungsgrenzen der §§ 850c, 850f, 850k, ist das **Eigengeld des** arbeitspflichtigen **Strafgefangenen**, das durch Gutschriften von Arbeitsentgelt gebildet wird.[408] Unpfändbar ist die vom **EGMR** wegen Menschenrechtsverletzung infolge **überlanger Verf-Dauer** nach Art 41 EMRK zugesprochene **Entschädigung** und der Anspruch auf Ersatz der Kosten des Verf vor dem EGMR, aber nicht der vom EGMR zuerkannte Anspruch auf Erstattung von Mehrkosten im vorausgegangenen, innerstaatlichen Verf.[409] Unpfändbar sind ferner der **Geldentschädigungsanspruch eines Strafgefangenen** wegen **menschenunwürdiger Haftbedingungen** gegen den Staat sowie die aus der Rechtsverfolgung des Entschädigungsanspruchs erwachsenen Ansprüche, insb auf Ersatz v Rechtsanwalts- und Gerichtskosten.[410] Zur Pfändbarkeit einer **Bundesligalizenz** *BGH* ZIP 2001, 890 f; zu Pfändbarkeit und InsBeschlag von **Emissionszertifikaten** *Wagner* JZ 2007, 975 f.

Trotz des Wortlauts von § 852 Abs 1 ZPO, wonach ein **Pflichtteilsanspruch** der Pfändung (erst) unterworfen ist, wenn er durch Vertrag anerkannt oder rechtshängig geworden ist, hat der BGH bereits vor Eintritt dieser Voraussetzungen in teleologischer Reduktion des Pfändungsverbots eine – in ihrer Wirkung allerdings eingeschränkte – Pfändung zugelassen,[411] so dass er in die InsMasse fällt (so Rn 25).[412] Das hat zur Folge, dass etwa die Abtretung eines Pflichtteilsanspruchs (und dessen Durchsetzung durch den Zessionar) ohne Rücksicht darauf angefochten werden kann, ob vor der Abtretung die Pfändungsvoraussetzungen des § 852 Abs 1 ZPO erfüllt waren.[413] 73

Das Gleiche wird für die in § 852 Abs 2 ZPO genannten Ansprüche des Schenkers auf Herausgabe des **Geschenks** (§ 528 BGB)[414] und eines Ehegatten auf den Ausgleich des **Zugewinns** (§ 1378 BGB) anzunehmen sein.[415] Aus ähnlichen Gründen wird die Abtretung eines **geschmacksmuster**rechtlichen Anwartschaftsrechts der Anf unterliegen.[416] Demgegenüber soll das Recht des Arbeitgebers zur Inanspruchnahme einer Diensterfindung unpfändbar sein.[417] Zur „Zwangsvollstreckung in Persönlichkeitsrechte" die gleichnamige Schrift von *Freudenberg* 2006 (dazu *Onusseit* ZInsO 2008, 372).

c) Wertausschöpfend belastete Gegenstände. Gegenstände des Schu, insb Grundstücke, die mit dinglichen Rechten (zB Pfandrecht oder Sicherungseigentum) oder sonstigen Absonderungsrechten (unanfechtbar) so hoch belastet sind, dass ein nunmehr vollstreckender Gl aus einer Verwertung keinerlei Befriedigung erwarten kann, können weggegeben und weiter 74

407 *BGH* ZIP 2011, 2206 Rn 8.
408 *BGHZ* 160, 114 ff = WM 2004, 1929 ff; *BGH* ZInsO 2013, 1845 Rn 7–17.
409 *BGHZ* 189, 65 = ZIP 2011, 820 Rn 32 ff.
410 *BGH* WM 2011, 1141 Rn 9–11.
411 *BGHZ* 123, 186 ff = ZIP 1993, 1663 f; *BGH* NJW 1997, 2384; WM 2009, 710 Rn 7 (VII ZS); vgl auch *OLG Düsseldorf* InVo 2000, 62.
412 *BGH* ZIP 2011, 135 Rn 8, 10 mit Anm *Storz* EWiR 2011, 157, *Floeth* FamRZ 2011, 1399 ff und *Haas/Vogel* KTS 2011, 387 (auch zur Nachtragsverteilung in einem VerbraucherinsVerf, su Rn 107); ferner *BGH* WM 2009, 361 = ZInsO 2009, 299 Rn 14; WM 2009, 1517 = ZInsO 2009, 1461 Rn 8; *Enzensberger/Roth* NJW Spezial 2009, 263 f; *Haas/Vogel* FS Bengel und Reimann, S 179.
413 *BGHZ* 123, 185, 190 = ZIP 1993, 1663, 1664; *LG Münster* NZI 2009, 658 = ZInsO 2010, 1155 f; MK/*Kayser* § 129 Rn 85; *Uhlenbruck/Hirte/Ede* § 129 Rn 187; *A/G/R/Gehrlein* § 129 Rn 100; *Kreft* KTS 2004, 213 ff; *Haas/Vogel* FS Bengel und Reimann, S 187.
414 Vgl *BGHZ* 147, 291 = WM 2001, 1390.
415 Vgl zu alledem *Hannich* insb S 167 ff; zust MK/*Kirchhof* § 129 Rn 86.
416 Vgl *BGH* ZIP 1998, 830; *Uhlenbruck/Hirte/Ede* § 129 Rn 102.
417 *OLG Karlsruhe* ZIP 2013, 380 f.

belastet werden, ohne dass diese Rechtshandlungen anfechtbar sind; es fehlt an einer GlBenachteiligung.[418] Es geht um die Frage, welchen Wert die Sache in der Hand des Absonderungsberechtigten und auf dieser Handelsstufe hat. Dabei ist bei einer Anf nach dem **AnfG** nicht darauf abzustellen, welchen Verkehrswert ein belastetes Grundstück hatte und welcher Preis bei einer freihändigen Veräußerung erreicht worden wäre, sondern darauf, ob bei einer Zwangsversteigerung ein an den Gl auszukehrender Erlös hätte erzielt werden können.[419] Demgegenüber soll im **InsVerf** als Grundstückswert nicht allein der in der Zwangsversteigerung erzielbare Erlös zu berücksichtigen sein, weil der InsVerw auch freihändig veräußern darf (anders ist dies bei Prüfung einer unmittelbaren Benachteiligung, oben Rn 53)[420] Das leuchtet trotz des Umstandes ein, dass in diesem Fall die „Zugriffslage" des InsVerw besser ist als die der Gl vor Eröffnung des InsVerf. Ob eine wertausschöpfende Belastung vorliegt, hängt bei Grundstücken vom Wert des Grundstücks und von der tatsächlichen Höhe derjenigen Forderungen ab, die durch die eingetragenen Grundpfandrechte gesichert werden.[421] Eine Ausnahme gilt nur dann, wenn der schuldrechtliche Anspruch auf Rückgewähr eines nicht (mehr) valutierenden Teils der Sicherheit beim Schu verblieben ist.[422] Handelt es sich um die Weggabe **mehrerer Grundstücke**, kommt es darauf an, ob jedes einzelne Grundstück wertausschöpfend belastet ist. Trifft dies im Einzelfall nicht zu, ist insoweit eine Anf möglich.[423] Bei wertausschöpfender Belastung mit einem Absonderungsrecht besteht auch kein im Kern geschützter Vermögenswert für die Masse mehr[424](Rn 52), der durch Zugriff vor der Verfahrenseröffnung vereitelt würde; auch nicht wegen des Verlust vager Fortführungsmöglichkeiten. Die Herstellung einer Aufrechnungslage durch Verkauf eines Gegenstands an einen Gl benachteiligt folglich nicht, wenn dieser daran schon vorher insolvenzbeständig so gesichert war, dass der Verkehrswert voll ausgeschöpft wird[425]. Sa unten Rn 78.

75 Der – bei einer sekundären Darlegungslast des AnfGegners grds dem InsVerw/Gl obliegende[426] – **Beweis** für die Behauptung, der Erlös eines Grundstücks bei der Zwangsversteigerung reiche nicht oder allenfalls aus, um vorrangige Belastungen abzudecken, ist grds nur mit Hilfe eines **SV** zu führen; der Zeugenbeweis ist dafür regelmäßig ungeeignet.[427] Da sich die Ergebnisse einer Zwangsvollstreckung im AnfProzess nicht mit letzter Sicherheit und Genau-

---

418 Vgl *BGHZ* 90, 212 = ZIP 1984, 491; 104, 357 = ZIP 1988, 1061; 173, 129 = ZIP 2007, 1816 Rn 52; *BGH* WM 1979, 777; ZIP 1985, 372; NJW 1996, 3149; ZIP 1996, 1908; 1999, 197 f; 2004, 1511; ZInsO 2013, 608 Rn 4; 2.2.2017 – IX ZR 245/14 Rn 11 (Verrechnung Kontokorrent); 14.9.2017 – IX ZR 108/16 Rn 16; *OLG Frankfurt/M* ZIP 2014, 329 (Vorbemerkungsbewilligung bei wertausschöpfend belastetem Grundstück); aber *OLG Hbg* NZI 2001, 425 f (Lästigkeitswert einer nachrangigen Grundschuld); MK/*Kayser* § 129 Rn 109, 152a; *K/P/B/Ehricke* § 129 Rn 75; *A/G/R/Gehrlein* § 129 Rn 116.

419 *BGH* ZIP 2006, 387 Rn 7; 2007, 588 Rn 21; 2007, 1327 Rn 15; 2009, 1285 Rn 19; 2011, 440 Rn 6; ZInsO 2013, 608 Rn 5; 26.9.2013 – IX ZR 47/13 Rn 3.

420 Grds *BGH* 9.6.2016 – IX ZR 153/15 Rn 20 ff; HambKomm/*Rogge/Leptien* § 129 Rn 65a; MK/*Kayser* § 129 Rn 152b; *K/S/W/Schäfer* Rn B353; offen gelassen in *BGH* ZInsO 2012, 1264 Rn 5 aE.

421 *BGH* ZIP 1984, 755; 1999, 198; 2006, 387 Rn 7; 2007, 588 Rn 21; 2007, 1326 Rn 15; 2009, 1285 Rn 20.

422 *BGH* ZIP 1984, 755; 1985, 374; 2007, 588 Rn 21. Zur GlBenachteiligung bei der Besicherung von Darlehensrückzahlungsansprüchen durch eine Grundschuld und durch Abtretung von Ansprüchen gegen einen Versicherer *BGH* ZIP 2007, 588 (zum AnfG).

423 *BGH* NJW 1996, 3149; MK/*Kayser* § 129 Rn 152b.

424 *BGH* ZIP 2004, 1511.

425 *BGH* 2.2.2017 – IX ZR 245/14 Rn 11 (Verrechnung Kontokorrent); MK/*Kayser* § 129 Rn 124.

426 *BGH* ZIP 2006, 387 Rn 9, 11 f; 2009, 1285 Rn 34; 2011, 440 Rn 6 (zum AnfG). Su Rn 82.

427 *BGH* ZIP 1993, 869; 2006, 387 Rn 9; 2011, 440 Rn 5; *K/P/B/Ehricke* § 129 Rn 77.

igkeit feststellen lassen, genügt es für die Annahme einer (mittelbaren) GlBenachteiligung, wenn der InsVerw darlegt und notfalls beweist, dass eine **Zwangsvollstreckung** in den weggegebenen Gegenstand – die auch in einer Zwangsverwaltung bestehen kann – **nicht aussichtslos** erscheint.[428]

d) „Schuldnerfremde" Gegenstände und Absonderungsrechte. Eine GlBenachteiligung iSd AnfVorschriften ist nur zu bejahen, wenn sie sich aus der Veräußerung, Weggabe oder Aufgabe von Gegenständen des SchuVermögens (§ 143 Abs 1 S 1) ergibt.[429] Mittelbare Benachteiligungen anderer Art genügen für die Anf nicht.[430] Nicht anfechtbar ist deshalb die Weggabe einer Sache, die im Eigentum eines Dritten steht und die dieser **aussondern** kann (§ 47).[431] Das Gleiche gilt für die Ablösung eines Aussonderungsrechts durch eine Wert ausgleichende Zahlung[432] oder für die Auflassung von mit Treuhandmitteln erworbenem Grundstück ohne Zwischenauflassung.[433] 76

Auch Rechtshandlungen, die **MasseGl** Deckung gewähren oder ermöglichen, sind mangels GlBenachteiligung nicht anfechtbar.[434] Mangels GlBenachteiligung nicht anfechtbar ist ferner grds der **verlängerte EV**. Hier liegt in der Abtretung künftiger Forderungen, die an die Stelle des vereinbarten EV treten sollen, keine GlBenachteiligung, wenn und soweit die Vorausabtretung sich auf das mit der unter EV gelieferten Ware Erlangte beschränkt.[435] Sichert die Forderungsabtretung neben dem Kaufpreisanspruch aus der Lieferung der jeweiligen Ware auch weitere Forderungen des Vorbehaltsverkäufers und tritt der Vorbehaltskäufer diesem die Kaufpreisforderung aus dem Weiterverkauf der Waren in voller Höhe ab (verlängerter und **erweiterter EV**), so liegt eine objektive GlBenachteiligung (nur) insoweit vor, als die Vorausabtretung die vom Schu aus dem Weiterverkauf verdiente **Marge** betrifft.[436] Diese Grundsätze sind auf den Fall übertragbar, dass der Sicherungsgeber den zur Sicherheit übereigneten Warenbestand mit Zustimmung des Sicherungsnehmers veräußert. Wird das Sicherungseigentum abgelöst, indem die Kaufpreisansprüche aus dem Weiterverkauf an den Sicherungsnehmer abgetreten oder zu dessen Gunsten treuhänderisch gebunden werden, so liegt keine GlBenachteiligung vor, soweit die Kaufpreisansprüche den verkehrsüblichen Einkaufspreisen der Waren (Wiederbeschaffungskosten) entsprechen.[437] 77

Unter **der KO** war auch die Deckung von (unanfechtbaren) **Absonderungsrechten**[438] stets insoweit nicht anfechtbar, als der Empfänger aus dem Absonderungsgegenstand Befriedi- 78

---

428 *BGH* ZIP 1996, 1909.
429 *BGH* ZIP 2004, 1510; 2006, 1009 Rn 22; 2009, 1235 Rn 27; *Jaeger/Henckel* § 129 Rn 159.
430 *BGH* ZIP 1986, 454; 2005, 1651.
431 *BGH* ZIP 2000, 1063; 2006, 1009 Rn 22; 2010, 2009 Rn 10, 11; 22.10.2017 – IX ZR 288/16 Rn 24; *K/P/B/Ehricke* § 129 Rn 78; *A/G/R/Gehrlein* § 129 Rn 102.
432 Vgl *BGH* NJW 1960, 1011; ZIP 1991, 1017; 1998, 834; *OLG Stuttgart* ZInsO 2011, 236 (zur Ablösung eines **einfachen Eigentumsvorbehalts** durch ausgleichende Zahlung des Schu); im Erg auch *LG München I* ZInsO 2015, 164 (das aber Ab- und Aussonderungsberechtigte verwechselt); *Jaeger/Henckel* § 129 Rn 159.
433 *BGH* 4.2.2016 – IX ZA 28/15 Rn 7 ff.
434 Vgl *BGH* ZIP 1998, 834; *Henckel* KS-InsO, S 821 Rn 20.
435 *BGHZ* 64, 315 = WM 1975, 535 f; *BGH* ZIP 2000, 934; *OLG Naumburg* NZI 2010, 768; vgl auch *BGH* ZIP 2000, 1063; *Gerhardt/Kreft* 7. Aufl 1996, S 153–155; *Jaeger/Henckel* § 129 Rn 164, 205 f.
436 *BGHZ* 189, 1 = ZIP 2011, 773 Rn 25, 33; *BGH* ZIP 2012, 1301 Rn 33; MK/*Kayser* § 129 Rn 155; *A/G/R/Gehrlein* § 129 Rn 102.
437 *BGH* ZIP 2012, 1301 Rn 34.
438 Ein Absonderungsrecht oder ein sonstiges Vorrecht entsteht nicht ohne weiteres infolge Schädigung eines Gl durch eine unerlaubte Handlung, *BGH* WM 1959, 470 f; ZIP 2007, 2228 f = WM 2007, 2158 f.

gung hätte erlangen können.[439] Dies war deshalb berechtigt, weil die abgesonderte Befriedigung gem § 4 Abs 2 KO unabhängig vom KonkursVerf erfolgte, so dass es für die Masse gleichgültig war, ob das Absonderungsrecht vor oder nach VerfEröffnung befriedigt wurde.[440] Für die **InsO** kann man daran zweifeln, weil das Verwertungsrecht von Absonderungsrechten an beweglichen Sachen im Besitz des InsVerw und an Forderungen infolge Sicherungsabtretung grds auf den InsVerw übergeht (§ 166). Auch kann das InsG nach § 21 Abs 2 Nr 5[441] anordnen, dass derartige Gegenstände und solche, deren Aussonderung verlangt werden könnte, uU vom Gl nicht verwertet oder eingezogen werden dürfen und zur Fortführung des Unternehmens eingesetzt werden können. Zwangsversteigerungen von Grundstücken sind nach Maßgabe der §§ 30d, 30e, 30f ZVG einstweilen einzustellen. Diese Vorschriften sollen es ermöglichen, den „technisch-organisatorischen Verbund des Schuldnervermögens" zum Zweck einer möglichst günstigen Masseverwertung zu erhalten.[442] Man kann daraus ableiten, dass die InsGl durch eine **Herausgabe** des mit einem Absonderungsrecht belasteten Gegenstandes – namentlich beweglicher Sachen und Grundstücke – an einen Dritten vor VerfEröffnung benachteiligt werden können.[443] Gemeint ist freilich nur, dass die Herausgabe deshalb benachteiligend ist, weil weitere Nachteile für die Gl verursacht wurden, die sonst nicht eingetreten wären; mit dem Verlust nur vermeintlicher und vage behaupteter Fortführungsperspektiven kann die Benachteiligung freilich kaum begründet werden. Insoweit ist aber zu Rn 74 abzugrenzen; **die Herausgabe zwecks Zugriffs und Ablösung des Absonderungsrechts an den Absonderungsberechtigten ist im Umfang des Rechts gerade nicht gläubigerbenachteiligend** und folglich bei wertausschöpfender Belastung gar nicht. Eine **Belastung mit Umsatzsteuer** kann indes benachteiligend wirken.[444] Ferner kann in der **Veräußerung sicherungsübereigneter Gegenstände** an einen Dritten mit Zustimmung des Sicherungsnehmers eine GlBenachteiligung liegen.[445]

79 Abgesehen von den in Rn 78 geschilderten Sonderfällen scheidet eine GlBenachteiligung aber nach wie vor aus, wenn und soweit sich der Gl aufgrund eines anffesten **Absonderungsrechts** befriedigt[446] oder der Schu das (insfeste) Absonderungsrecht **durch Zahlung ablöst**, soweit deren Höhe nicht den Erlös überschreitet, den der Absonderungsberechtigte bei einer Verwertung des mit dem Absonderungsrecht belasteten Gegenstandes hätte erzielen können.[447] Es

---

439 *BGHZ* 138, 306 f = ZIP 1998, 800; *BGH* ZIP 1995, 634; 1998, 800; 1998, 834; 2000, 898; NJW 2003, 361; *Jaeger/Henckel* KO § 30 Rn 132.

440 *Henckel* KS-InsO, S 817 Rn 8.

441 Eingefügt durch G v 13.4.2007, BGBl I, 509. So § 21 Rn 26–46.

442 BT-Drucks 12/2443, 79 zu gg, 178. Vgl auch *BGH* ZIP 2012, 1301 Rn 30.

443 Zutr *Henckel* KS-InsO, S 819 Rn 15; vgl auch S 818 f Rn 13, 14; MK/*Kayser* § 129 Rn 137; *Gundlach/Frenzel/Schmidt* NZI 2002, 20; FK/*Dauernheim* § 129 Rn 40; su § 130 Rn 10.

444 *BGH* ZIP 2007, 1128 f mit Anm *Kreft* WuB VI A. § 170 InsO 1.08; 14.09.2017 – IX ZR 108/16 Rn 16; MK/*Kayser* § 129 Rn 137.

445 *BGH* ZIP 2003, 2371 f; vgl auch *BGH* ZIP 2004, 1511; 2007, 1126 Rn 26; NZI 2011, 855 Rn 8; *A/G/R/Gehrlein* § 129 Rn 103. So Rn 52.

446 *BGHZ* 178, 171 = ZIP 2008, 1224 Rn 22; *BGH* 2012, 1301 Rn 22; 2012, 1422 Rn 14; 2012, 2513 Rn 10, 13 f; 2014, 35 Rn 12; 2014, 231 Rn 8 (zum Verpächterpfandrecht aus § 592 BGB); 2014, 275 Rn 6; *LG Neuruppin* ZInsO 2011, 2090 (Befriedigung aus der Verwertung eines verpfändeten [Wertpapier-]Depots).

447 *BGHZ* 157, 352 f = ZIP 2004, 514; 162, 156 = ZIP 2005, 498; 174, 297 = ZIP 2008, 183 Rn 13; *BGH* ZIP 2000, 898; 2002, 2183; 2004, 1511; 2005, 587; 2006, 1009 Rn 21; 2008, 131 Rn 9, 10; 2008, 797 Rn 6 (InsFestigkeit eines Pfändungspfandrechts trotz Unwirksamkeit des bei der notariellen Zwangsvollstreckungsunterwerfung mitbeurkundeten Vertrages); 2008, 1488 Rn 8; 2008, 1593 Rn 14; 2009, 817 Rn 13; 2009, 1674 Rn 12 (Biersteuer); 2012, 1301 Rn 22, 32; 2012, 2513 Rn 14; *A/G/R/Gehrlein* § 129 Rn 104.

muss aber eine echte Ablösung stattfinden.[448] Die Herstellung einer Aufrechnungslage durch Verkauf eines Gegenstands an einen Gl benachteiligt folglich in Höhe des Absonderungsrechts nicht[449] und folglich ist auch die (fällige) Herausgabe und **Besitzübertragung an einen Absonderungsberechtigten**, der die Sache selbst kauft bzw übernimmt, im Umfang des Absonderungsrechts gerade nicht gläubigerbenachteiligend. Das im Absonderungsrecht verkörperte Zugriffsrecht, das der Sicherungsnehmer mit verbesserten Kreditkonditionen „bezahlt" hat, bleibt insoweit geschützt. Vgl auch die Rspr des II. ZS zu § 64 GmbHG, unten Rn 96. Überschreitet die Zahlung den Wert des Sicherungsgutes, liegt in der Differenz eine GlBenachteiligung.[450] Einer Zahlung des Schu zum Zweck der Ablösung des Sicherungsrechts steht der Fall gleich, dass der Käufer des belasteten Gegenstands den Kaufpreis unmittelbar an den Absonderungsberechtigten zahlt, soweit die Zahlung dem Wert des Absonderungsrechts entspricht.[451] Ebenso liegt es, wenn der Käufer die Zahlung zur Ablösung des Sicherungsrechts auf ein im Soll befindliches Kontokorrentkonto leistet, das der Schu bei der absonderungsberechtigten Bank führt, so dass dieser die Befriedigung aus dem Zahlungseingang im Wege der Verrechnung ermöglicht wird.[452] Nicht Gl benachteiligend ist auch die **Verrechnung** von Zahlungen von DrittSchu des Schu, wenn der verrechnende InsGl an den Forderungen des Schu ein unanfechtbares Sicherungsrecht erlangt hatte.[453] Die **Gutschrift** und Verrechnung in **Kontokorrent** benachteiligt nicht, wenn die Gutschrift auf anfechtungsfest an die Bank abgetretenen Forderungen beruht.[454] Demgegenüber ist eine GlBenachteiligung zu bejahen, wenn der Schu nach **Aussetzung der Vollziehung** einer Pfändungs- und Einziehungsverfügung der Finanzverwaltung über das gepfändete Konto verfügt; denn für die Dauer der Aussetzung der Vollziehung sind das Zahlungsverbot für den DrittSchu und das Verfügungsverbot für den Vollstreckungs-Schu unbeachtlich, der Schu kann wieder über das Kontoguthaben verfügen und seine Gl können auf das Konto zugreifen.[455] Ferner ist eine GlBenachteiligung gegeben, wenn der Schu als Sicherungsgeber, dessen Einziehungsermächtigung nicht widerrufen war, auf seinem Konto eingegangene Zahlungen, durch welche die dem Sicherungsnehmer als Sicherheit abgetretenen Forderungen erloschen, an diesen weiterleitet, sofern der Sicherungsnehmer nicht ein Ersatzabsonderungsrecht erworben hat.[456] Eine GlBenachteiligung scheidet aus, wenn das Absonderungsrecht von vornherein an einem Geldbetrag oder an einem Bankguthaben besteht.[457] Dass der InsVerw bei einer **Zwangsversteigerung** von Grundstücken wegen der Kosten der Feststellung der beweglichen Gegenstände, auf die sich die Versteigerung erstreckt, gem § 10 Abs 1 Nr 1a ZVG idF von Art 20 Nr 1 EGInsO ein Recht auf vorrangige Befriedigung hat und bei einer Verwertung von beweglichen Gegenständen mit Absonderungsrechten aus dem Erlös die Kosten der Feststellung und der Verwertung entnehmen darf (§ 170 Abs 1 S 1), steht einer Verneinung der GlBenachteiligung allein nicht entgegen. Denn diese Kosten fallen nicht an, wenn

---

448 Verneint bei *LG München I* ZInsO 2015, 164 wegen Zahlung auf die persönliche Darlehensforderung bei unverändertem Fortbestehen des Grundpfandrechts (dort fälschlich als Aussonderungsrecht bezeichnet).

449 MK/*Kayser* § 129 Rn 124.

450 *BGH* ZIP 2009, 817 Rn 16.

451 *BGH* ZIP 2009, 817 Rn 14 f; 2012, 1301 Rn 22.

452 *BGH* ZIP 2012, 1301 Rn 22.

453 *BGH* ZIP 2007, 36 (GrundschuldGl verrechnet die ihm auf Grund einer Abtretung des Schu bis zur InsEröffnung zugeflossenen Mietzahlungen mit seiner Forderung gegen den Schu); 2008, 131 Rn 10 (Überweisung aus einem unanfechtbar gepfändeten Guthaben); 22.2.2017 – IX ZR 245/14 Rn 12; *OLG Karlsruhe* ZIP 2007, 2369; *A/G/R/Gehrlein* § 129 Rn 107.

454 *BGH* 2.2.2017 – IX ZR 245/14 Rn 12,

455 *BGH* ZIP 2009, 83 Rn 10; 2012, 2513 Rn 12; *A/G/R/Gehrlein* § 129 Rn 84.

456 *BGH* ZIP 2006, 959 Rn 14–17 mit Anm *Kreft* WuB VI A. § 131 InsO 5.06; 2006, 1009 Rn 18, 21; vgl auch *LG Neuruppin* ZInsO 2011, 2090; HambKomm/*Rogge/Leptien* § 129 Rn 65c.

457 *BGH* ZIP 2004, 1511; 2006, 1011 Rn 21.

der Absonderungsberechtigte seine Rechtsstellung vor Eröffnung des InsVerf wieder auf den Schu übertragen hat. Mit den §§ 170, 171 soll lediglich die Mehrvergütung ausgeglichen werden, die innerhalb des InsVerf anfällt.[458] Soweit solche Mehrkosten nicht entstehen, soll der Masse folglich auch kein Anspruch auf einen Kostenbeitrag zukommen. Sind Absonderungsrechte schon vor VerfEröffnung weggefallen, entsteht weder ein Anspruch auf Ausgleich von Feststellungskosten noch ein solcher auf Ausgleich von Verwertungskosten, so dass es insoweit an einer GlBenachteiligung fehlt.[459] Zum Verhältnis von rangbesserem **GrundpfandGl** und einem **Gl**, der die dem Haftungsverband unterliegenden Mietzinsforderungen **gepfändet** hat, so Rn 52 gegen Ende. Wird hingegen auf das Absonderungsrecht an einen Dritten gezahlt, dem dieses Recht (trotz eines **Sicherheitenpoolvertrages**[460]) nicht selbst zusteht, kann darin eine GlBenachteiligung liegen. Denn das Absonderungsrecht entzieht die abgetretene Forderung nicht ihrem Bestand nach der Masse, wie sich aus dem Verwertungsrecht des InsVerw (§ 166 Abs 1, 2) ergibt.[461] So stellt die Verrechnung einer Gutschrift mit dem negativen Saldo eines Kontokorrentkontos auch dann eine Benachteiligung der Gesamtheit der Gl dar, wenn die Gutschrift aus der Zahlung auf eine sicherungshalber an eine andere Bank abgetretene Forderung stammt und diese Bank die ihr gestellten Sicherheiten aufgrund eines Sicherheitenpoolvertrages auch treuhänderisch für die kontoführende Bank hält.[462]

80 **e) Ausreichende Masse und nachträglicher Wegfall der Benachteiligung.** Von einer GlBenachteiligung kann nicht die Rede sein, wenn die InsMasse ausreicht, um alle Ansprüche der InsGl zu erfüllen.[463] Zum entgegenstehenden Anscheinsbeweis Rn 82. Dabei sind in den Vergleich der Aktiven und Passiven auch die InsFord einzubeziehen, die noch zur Tabelle festgestellt werden können, weil sich ein Widerspruch als unbegründet erweist.[464] Auch ein **nachträglicher Wegfall der GlBenachteiligung** ist möglich und erheblich, wenn er bis zur letzten maßgeblichen mündlichen Verhandlung in der Tatsacheninstanz[465] eintritt.[466] Für das **AnfG** trifft dies zu, wenn der AnfGegner dem Schu bis zu diesem Zeitpunkt als (weitere) Gegenleistung für die angefochtene Zuwendung Vermögenswerte zukommen lässt, welche die angefochtene Leistung nunmehr vollständig ausgleichen und dem Zugriff der Gl offen stehen.[467] IRd **InsO** kann eine GlBenachteiligung dadurch wieder beseitigt werden, dass der AnfGegner den AnfGegenstand oder dessen

---

458 *BGHZ* 154, 80 f = ZIP 2003, 634 f; *BGH* ZIP 2003, 2372; 2005, 40 f; vgl auch *BGH* ZIP 2004, 42.

459 *BGH* ZIP 2003, 2372; 2004, 44; 2004, 1914; 2005, 40 f; 2006, 91 Rn 14; 2007, 1126 Rn 30; 2012, 1301 Rn 28. Vgl auch § 21 Abs 2 S 1 Nr 5, so Rn 78.

460 Zu Sicherheitenpoolverträgen ausf *Obermüller* InsR Rn 6180–6.303.

461 *BGHZ* 147, 239 = ZIP 2001, 887; *BGH* ZIP 2002, 2184; 2003, 2372; 2005, 1652; 2007, 1126 Rn 26; ZInsO 2011, 1979 Rn 8; ZIP 2012, 1301 Rn 28; 2013, 374 Rn 29; *A/G/R/Gehrlein* § 129 Rn 108.

462 *BGH* ZIP 2005, 1652 f; dazu *Kreft* FS Horn, S 770 ff; *Obermüller* InsR Rn 6207. Demgegenüber *BGH* ZIP 2008, 706 Rn 20, 22: Abtretung einer Grundschuld an einen Zessionar, dessen Forderungen nach der m dem Zedenten insfest getroffenen Sicherungsvereinbarung ebenfalls von der Grundschuld gesichert wurden, nicht Gl benachteiligend.

463 *BGHZ* 105, 187 = ZIP 1988, 1254; *BGH* ZIP 1986, 788; 2014, 584 Rn 20; *OLG München* ZInsO 2015, 1913; *Jaeger/Henckel* § 129 Rn 85; MK/*Kayser* § 129 Rn 107; *A/G/R/Gehrlein* § 129 Rn 112; *K/S/W/Schäfer* Rn B268; krit *K Schmidt* § 129 Rn 46.

464 *BGHZ* 105, 188 = ZIP 1988, 1254.

465 So Rn 57.

466 *BGHZ* 173, 328 = ZIP 2007, 1717 Rn 57; 198, 77 = ZIP 2013, 1629 Rn 31; vgl auch *BGH* ZIP 2007, 2084 Rn 19.

467 *BGHZ* 173, 328 = ZIP 2007, 1717 Rn 57; vgl auch *BGH* ZIP 2011, 440 Rn 9 ff (zum pfandrechtsähnlichen Bereitstellungsanspruch iSv § 11 Abs 1 S 1 AnfG, dessen ausreichende Höhe der AnfGegner zu beweisen hat).

vollen Wert in das Vermögen des Schu zurückführt. Dies setzt voraus, dass die entspr „Rückgewähr" des AnfGegners eindeutig zu dem Zweck erfolgt, dem Schu den entzogenen Vermögenswert wiederzugeben und damit die Verkürzung der Haftungsmasse ungeschehen zu machen. Von der Zweckbestimmung her muss es sich um eine vorweggenommene Befriedigung des individuellen Rückgewähranspruchs handeln.[468] Daran fehlt es bei Überweisung an uneigennützigen Treuhänder und Rückgewähr in bar.[469] Der Ausgleich kann auch schon **vor Verfahrenseröffnung** erfolgen, dh der künftige Anspruch vorweggenommen befriedigt werden.[470] Dies kann etwa zutreffen, wenn ein abgetretenes Recht an den Schu rückübertragen wird.[471] Die Beweislast für die Einwendung, die GlBenachteiligung durch Rückführung des Erlangten in das SchuVermögen vollständig beseitigt zu haben, trägt der AnfGegner.[472] Eine GlBenachteiligung liegt jedoch vor, wenn der zum Zeitpunkt der Zahlung zahlungsunfähige Schu vor dem Eintritt der zur Eröffnung führenden Ins **vorübergehend wieder zahlungsfähig** wird.[473]

In der Rspr zur KO ist anerkannt, dass eine GlBenachteiligung auch dann fehlen kann, 81
wenn mit einem weggegebenen Geldbetrag **bevorrechtigte Gl** befriedigt werden, die auch der Konkursverwalter in gleicher Weise hätte befriedigen müssen.[474] Das setzt voraus, dass es – außer den befriedigten Gl – keine anderen Gl mit gleichen oder besseren Vorrechten gibt oder dass die Masse zur Befriedigung aller dieser Gl ausreicht.[475] Dies hat der AnfGegner zu beweisen. Lässt es sich nicht feststellen, ist der gesamte anfechtbar erlangte Betrag zurückzugewähren.[476] Da die InsO im Gegensatz zu § 61 Nr 1–5 KO bevorrechtigte InsFord nicht kennt,[477] kommt dieser Rspr für die **InsO** Bedeutung nur im Verhältnis der **„übrigen Forderungen"** (§ 39 Abs 1 HS 1) zu den **nachrangigen Forderungen** iSv § 39 Abs 1 Nr 1–5, Abs 2 oder im Verhältnis der verschiedenen Stufen dieser nachrangigen Forderungen zueinander zu. Demzufolge ist die Befriedigung oder Besicherung der nicht nachrangigen Forderung eines InsGl nicht als objektive GlBenachteiligung zu werten, wenn die InsMasse zur Befriedigung aller „übrigen Forderungen" der InsGl ausreicht, aber nicht zur Erfüllung der nachrangigen Forderungen.[478] Ähnliches gilt für die Befriedigung oder Sicherung einer nachrangigen Forderung, wenn die InsMasse zur Erfüllung der „übrigen Forderungen" und darüber hinaus der Gruppen von nachrangigen Forderungen ausreicht, denen die befriedigte oder besicherte Forderung angehört und die ihr im Rang vorgehen.[479]

---

468 *BGHZ* 198, 77 = ZIP 2013, 1629 Rn 31; *BGH* ZIP 2007, 2084 Rn 19; MK/*Kayser* § 129 Rn 178; *K/S/W/Schäfer* Rn B269; *Kreft* KTS 2012, 415 f; *K Schmidt* § 129 Rn 53.
469 *BGH* 10.9.2015 – IX ZR 215/13 Rn 15.
470 *BGH* ZIP 2014, 584 Rn 17 (dort verneint). Weitergehend wohl *Bitter* KTS 2016, 455, 484 ff.
471 *BGH* ZInsO 2013, 670 Rn 3 unter Hinweis auf *RGZ* 69, 48; *A/G/R/Gehrlein* § 143 Rn 18a.
472 *BGH* ZIP 2011, 440 Rn 12; *BGHZ* 198, 77 = ZIP 2013, 1629 Rn 31.
473 *BGH* 20.10.2016 – IX ZR 305/14 Rn 12 mit Anm *Ahrens* NZI 2017, 28.
474 *BGH* WM 1962, 1317 f; vgl auch *LG Dresden* ZIP 2002, 93 f zum Vorrang von Baugeld (so Rn 69).
475 *OLG Jena* ZInsO 1999, 112.
476 *BGHZ* 114, 322 f = ZIP 1991, 739 f; *BGH* ZIP 1992, 1010; 1994, 1196; 1999, 1979; NJW 1999, 3047; ZIP 2001, 1644; 2001, 2057.
477 Vgl BT-Drucks 12/2443, 81.
478 *BGH* ZIP 2013, 637 Rn 3.
479 Zust *Uhlenbruck/Hirte/Ede* § 129 Rn 166; *A/G/R/Gehrlein* § 129 Rn 92; vgl auch MK/*Kayser* § 129 Rn 103 Fn 471.

82 **7. Darlegungs- und Beweislast.** Die Darlegungs- und Beweislast für die (objektive) GlBenachteiligung als Voraussetzung jeder Anf trägt **grds** der **InsVerw**.[480] Er genügt dieser Obliegenheit, wenn er vorträgt und beweist, dass es an einer Gegenleistung des AnfGegners fehlt[481] bzw – wo mittelbare GlBenachteiligung ausreicht – dass sie im Zeitpunkt der letzten maßgeblichen mündlichen Verhandlung in der Tatsacheninstanz[482] nicht mehr vorhanden war[483] oder dass die Gegenleistung hinter dem Wert des vom Schu weggegebenen Gegenstandes zurückbleibt.[484] Steht fest oder ist unstreitig, dass der AnfGegner die angefochtene Leistung von dem Schu ohne Gegenleistung erhalten hat, trifft den AnfGegner die **sekundäre Darlegungslast** dafür, dass er die entspr Forderung des Schu zuvor erworben hatte.[485] Behauptet der AnfGegner, er sei aufgrund eines früheren Erwerbs Inhaber des herausverlangten Gegenstandes, muss er die Voraussetzungen des Erwerbstatbestandes darlegen, weil er darüber eine genauere Kenntnis hat als der InsVerw.[486] Beruft sich der AnfGegner auf eine **wertausschöpfende Belastung** des AnfGegenstandes, trifft ihn die die Obliegenheit, Einzelheiten zum Stand der Valutierung der Belastung im maßgeblichen Zeitpunkt vorzutragen. Kommt er dieser sekundären Darlegungslast nicht nach, gilt der Vortrag des anfechtenden Klägers als zugestanden.[487] Werden umgekehrt Angaben zu den Sicherheiten und zum Umfang ihrer Valutierung gemacht, muss der Anfechtende diesen Vortrag widerlegen; gelingt dies nicht, bleibt er beweisfällig.[488] Wendet der InsVerw gegen die Verteidigung des Anfechtungsgegners mit einem anfechtungsfest entstandenen Absonderungsrecht ein, die Wertschöpfung, die zur Werthaltigkeit des Absonderungsrechts geführt habe, sei erst in den letzten drei Monaten vor dem Eröffnungsantrag erfolgt, muss er diesen Gegeneinwand beweisen.[489] Ganz allg trifft den AnfGegner, der Gegenrechte gegen den anfechtenden InsVerw/Gl geltend macht, insoweit eine sekundäre Darlegungslast; erst wenn er solche Rechte vorträgt, muss der InsVerw darlegen und beweisen, dass diese Rechte entweder nicht bestehen oder anfechtbar sind.[490] Es gibt keine empirische Erfahrung, dass der Schu Zahlungen nur aus Mitteln (Guthaben, eingeräumte Kreditlinie) leistet, die der Pfändung unterliegen.[491] Jedenfalls wenn der AnfGegner eine GlBenachteiligung bestreitet oder Auskünfte darüber verlangt, ob die Zahlung aus einem Guthaben oder einer genehmigten Kreditlinie erbracht wurde, obliegt es dem InsVerw nach **bisheriger** Rspr nicht nur im Rahmen der sekundären Behauptungslast, sondern es gehört zur Schlüssigkeit der Klage, nähere Anga-

---

480 *BGHZ* 58, 22 f = WM 1972, 133 (Beweiserleichterung nach § 31 Nr 2 KO); 77, 254 = ZIP 1980, 620; *BGH* ZIP 1995, 301; 1995, 1024, insoweit nicht abgedr in *BGHZ* 124, 236, 243; ZIP 2000, 1063; 2004, 1510; 2005, 1651 f; 2006, 388 (AnfG); 2008, 650 Rn 19; 2008, 1593 Rn 23; 2009, 817 Rn 16; 2009, 1285 Rn 34 (AnfG); ZIP 2012, 1422 Rn 17; 2012, 2513 Rn 20 (Eingang der angefochtenen Zahlung bei dem AnfGegner); *Uhlenbruck/Hirte/Ede* § 129 Rn 130; *Jaeger/Henckel* 129 Rn 230; *K/P/B/Ehricke* § 129 Rn 95; *K/S/W/Schäfer* Rn B495–505; *A/G/R/Gehrlein* § 129 Rn 118.

481 *BGH* WM 1962, 1318; ZIP 1991, 1018.

482 So Rn 57.

483 *BGH* WM 1988, 801.

484 *BGH* ZIP 1991, 1018; 1992, 1010; 1999, 198.

485 *BGH* ZIP 2006, 1011 Rn 23.

486 *BGH* ZIP 2000, 1063; *OLG Karlsruhe* ZIP 2007, 2370.

487 *BGH* ZIP 2006, 387 Rn 10, 11; 2009, 1285 Rn 34. So Rn 75.

488 MK/*Kayser* § 129 Rn 228 mwN.

489 *BGH* ZIP 2014, 1398 Rn 24.

490 *BGH* ZIP 2008, 1593 Rn 23, 24; 2012, 1422 Rn 17 (zum Bestehen eines Pfändungspfandrechts); vgl auch *OLG Stuttgart* ZInsO 2011, 235 zum einfachen **Eigentumsvorbehalt** und zum Übergang des Eigentums auf den Schu infolge von dessen Zahlungen.

491 So Rn 52.

ben dazu zu machen.[492] **Diese** – zuletzt angeführte – **Rspr** ist durch die Entsch des *BGH* v 6.10.2009[493] zur InsAnf bei einer nur **geduldeten Kontoüberziehung überholt** (so Rn 52). Ist das InsVerf wegen **Überschuldung** (§ 19) eröffnet worden, trägt der AnfGegner die Beweislast für die Behauptung, die InsMasse reiche zur Befriedigung aller InsGl aus.[494] Bildet **Zahlungsunfähigkeit** den Eröffnungsgrund (§ 17), spricht (zumindest) der Anscheinsbeweis für die Unzulänglichkeit der InsMasse;[495] der AnfGegner, der sich darauf beruft, hat daher Tatsachen zu behaupten und zu beweisen, aus denen sich die ernsthafte Möglichkeit eines vollständigen Ausgleichs aller GlAnsprüche ergibt.[496] Wird das InsVerf auf Antrag des Schu wegen **drohender Zahlungsunfähigkeit** eröffnet (§ 18), besteht ohne weiteres kein Anlass, die Beweislast des InsVerw für die AnfVoraussetzungen und damit auch für die Unzulänglichkeit der Masse zu verschieben oder einzuschränken.[497]

VI. Kausalität zwischen Rechtshandlung und Benachteiligung

Zwischen der angefochtenen Rechtshandlung und der Verkürzung des SchuVermögens für den GlZugriff muss ein **ursächlicher Zusammenhang** bestehen;[498] nicht aber durchgängige Zahlungsunfähigkeit bis zur Eröffnung.[499] Für die Ursächlichkeit genügt es, dass die Rechtshandlung im **natürlichen Sinn** eine Bedingung für die GlBenachteiligung darstellt.[500] Es ist mithin zu prüfen, ob die Befriedigung der InsGl ohne die Rechtshandlung günstiger gewesen wäre.[501] Dies ist beispielsweise zu verneinen, wenn der Schu auf dem Grundstück des AnfGegners Bauleistungen erbracht hat, der für das Grundstück erzielte Kaufpreis oder Versteigerungserlös dadurch jedoch nicht beeinflusst wurde.[502] 83

Die Frage des ursächlichen Zusammenhangs zwischen der Rechtshandlung des Schu und der GlBenachteiligung ist – wenn möglich – aufgrund des **realen Geschehens** zu beurteilen.[503] Für 84

492 *BGH* ZIP 2007, 601 Rn 14 (Frage der Schlüssigkeit noch offengelassen); 2008, 747 Rn 2 (zur Schlüssigkeit gehört die Darlegung, dass die Zahlung aus einem Guthaben oder im Rahmen einer eingeräumten Kreditlinie erbracht wurde; dazu genügt jedoch, wenn der AnfKläger eine Kontoaufstellung vorlegt, aus der sich ergibt, dass der Kontostand die eingeräumte Kreditlinie nie überschritten hat).

493 *BGHZ* 182, 317 = ZIP 2009, 2009.

494 Vgl *RGZ* 162, 293; *BGH* ZIP 1986, 788; 1993, 273; 1997, 854 spricht auch insoweit von einem Anscheinsbeweis; ähnlich *BGH* NJW 2001, 2547.

495 *BGH* NJW 2001, 2547; ZIP 2014, 584 Rn 19 f.

496 *BGH* ZIP 1993, 273; 1997, 854 f.

497 Zust *Uhlenbruck/Hirte/Ede* § 129 Rn 260; **aA** MK/*Kayser* § 129 Rn 107. Zur Beweislast des Näheren *Jaeger/Henckel* § 129 Rn 230–233; MK/*Kayser* § 129 Rn 228 ff; *Uhlenbruck/Hirte/Ede* § 129 Rn 258 ff; *K/S/W/Schäfer* Rn B495–505.

498 *BGHZ* 86, 354 = NJW 1983, 1122; 128, 190 = ZIP 1995, 136; 143, 253 = ZIP 2000, 240 f; *BGH* ZIP 1983, 335; 2005, 1244; *Uhlenbruck/Hirte/Ede* § 129 Rn 228; *K/P/B/Ehricke* § 129 Rn 86; im Einzelnen MK/*Kayser* § 129 Rn 169 ff; *Jaeger/Henckel* § 129 Rn 126 ff; *A/G/R/Gehrlein* § 129 Rn 121; *K/S/W/Schäfer* Rn B467–471. Zur Kausalität bei **Unterlassungen** so Rn 29.

499 *BGH* 20.10.2016 – IX ZR 305/14 Rn 12.

500 *BGHZ* 143, 253 = ZIP 2000, 240; *BFHE* 231, 488 = ZIP 2011, 181 Rn 30; *A/G/R/Gehrlein* § 129 Rn 121.

501 *BGH* WM 1979, 778; ZIP 1989, 786; 2005, 1244.

502 *BGH* NJW 1980, 1581; *A/G/R/Gehrlein* § 129 Rn 122.

503 StRspr ab *BGHZ* 104, 360 = ZIP 1988, 1061 f; vgl *BGHZ* 121, 187 = ZIP 1993, 211; 123, 190 f = ZIP 1993, 1664 f; 123, 325 f = ZIP 1993, 1655; 128, 192 = ZIP 1995, 137; 159, 400 f = ZIP 2004, 1620; *BGH* ZIP 2000, 1551; 2004, 673; 2005, 1244; 2005, 1523; 2007, 1164 Rn 19; 2010, 38 Rn 17; 2011, 438 Rn 14; *A/G/R/Gehrlein* § 129 Rn 121.

hypothetische, nur gedachte Kausalverläufe[504] ist insoweit **kein Raum**.[505] Das bedeutet letztlich eine Korrektur der condicio sine qua non-Formel. Umgekehrt vermögen hypothetische Geschehensabläufe idR die Ursächlichkeit einer Rechtshandlung für die Benachteiligung der InsGl auch nicht zu begründen.[506] Wenn der Schu einen Gegenstand aus seinem Vermögen in das des AnfGegners überführt, ist dies die reale Ursache dafür, dass dieser Gegenstand den InsGl zu ihrer Befriedigung nicht zur Verfügung steht. Diese Ursächlichkeit wird nicht durch die Feststellung beseitigt, dass der Schu bis zur Eröffnung des InsVerf in anderer Weise als geschehen über den Gegenstand verfügt haben würde. Dieser gedachte Geschehensablauf schließt deshalb den AnfTatbestand nicht aus, insb dann nicht, wenn das anfechtbar weggegebene Objekt noch im Vermögen des AnfGegners vorhanden ist.[507] Deshalb berührt der Umstand, dass der AnfGegner ein ihm anfechtbar veräußertes Grundstück später in einem ZwangsversteigerungsVerf ersteigert, den anfrechtlichen Rückgewähranspruch nicht.[508] Wenn eine **Leistung vor Fälligkeit** und damit inkongruent erbracht wird, ist es für die GlBenachteiligung grds ohne Bedeutung, ob dieselbe Zahlung auch nach Fälligkeit erfolgt wäre; dies ist vielmehr eine Frage der normativen Zurechenbarkeit.[509] Im Wege **wertender Betrachtung** ist einzuschätzen, ob dieselbe Masseschmälerung durch eine gesetzlich nicht missbilligte Rechtshandlung des Schu wirksam hätte herbeigeführt werden können und ob die Dauerhaftigkeit der mit der angefochtenen Rechtshandlung erzielten Wirkung mit dem Zweck der AnfVorschriften vereinbart werden kann.[509]

VII. Das Anfechtungsrecht

85 **1. Rechtsnatur.** Das in §§ 129 ff gemeinte AnfRecht ist weder mit der Anf von **Willenserklärungen** (§§ 119 f, 123 BGB) noch mit der Anf von **GesellschafterBeschl** (vgl insb §§ 241 Nr 5, 243 ff AktG) zu verwechseln.[510] Die insrechtliche Anf dient dem Zweck, neben der Rückgängigmachung einer Erhöhung der Passiva (Schuldenmasse) Gegenstände des SchuVermögens, die idR (vgl aber § 147) vor der Eröffnung des InsVerf veräußert oder belastet wurden, in die InsMasse zurückzuführen oder von ihrer Belastung zu befreien, um ihre Verwertung zugunsten der InsGl zu ermöglichen (vgl oben Rn 1).[511] Bis heute ist die **Rechtsnatur** der Anf im Schrifttum **umstr.**[512] Nach zutr Ansicht ist die Rechtsfolge der Anf aus Systematik und Zweck des AnfR jeweils wertend zu ermitteln.[513]

---

504 Vgl *RGZ* 150, 44 ff; *BGHZ* 90, 212 = ZIP 1984, 491; *BGH* WM 1979, 778 (hier wurde dem hypothetischen Geschehen noch Bedeutung beigemessen).

505 *BGHZ* 159, 400 f = ZIP 2004, 1620; 181, 132 = ZIP 2009, 1235 Rn 28; *BGH* NJW 2002, 1576; ZIP 2005, 2026; ZIP 2007, 1122 Rn 23; 2007, 1164 Rn 19; 2007, 2084 Rn 15; 2008, 748 Rn 5; 2008, 2324 Rn 11; 2009, 1235 Rn 28; 2010, 38 Rn 17; 2011, 438 Rn 14; 2011, 531 Rn 9; 2013, 734 Rn 22; 2013, 1127 Rn 40; *BAGE* 146, 64 = ZIP 2014, 37 Rn 48; 2014, 139 Rn 46; vgl *Gerhardt* ZIP 1984, 398; *Bork/Gehrlein* Rn 180 ff; *Heinze* DZWIR 2007, 407 ff; *K/P/B/Ehricke* § 129 Rn 87; MK/*Kayser* § 129 Rn 170; *Gottwald/M Huber* § 46 Rn 73 f; *K/S/W/Schäfer* Rn B472–489; *A/G/R/Gehrlein* § 129 Rn 123–127.

506 *BGH* ZIP 2007, 1164 Rn 19; ZIP 2013, 734 Rn 22.

507 *BGHZ* 104, 360, 362 = ZIP 1988, 1061 f; 128, 192 = ZIP 1995, 137; *BGH* ZIP 2007, 2084 Rn 15; 2013, 1579 Rn 14.

508 *BGHZ* 159, 400 ff = ZIP 2004, 1620 (zum AnfG).

509 *BGH* ZIP 2005, 1244; 2007, 2084 Rn 17.

510 Vgl *BGH* NJW 1997, 1857; ZIP 2010, 2460 Rn 7 (zu §§ **119 ff**, 142 Abs 1 BGB); *BAG* ZIP 2004, 230; *Kilger/K Schmidt* § 29 KO Anm 2b; MK/*Kirchhof* Vor §§ 129–147 Rn 40.

511 *Jaeger/Henckel* § 129 Rn 2.

512 Vgl *Jaeger/Henckel* § 143 Rn 3 ff; *Hess* FS Fuchs, 1996, S 79 ff; MK/*Kirchhof* Vor §§ 129–147 Rn 11 ff; *Uhlenbruck/Hirte/Ede* § 143 Rn 4 ff; *Gaul* KTS 2007, 145 ff, 171 f.

513 *BGHZ* 155, 203 = ZIP 2003, 1556; 156, 359 = ZIP 2003, 2310; MK/*Kirchhof* Vor §§ 129–147 Rn 37; *Gaul* KTS 2007, 148; wohl auch *K/P/B/Bork* Vor § 129 Rn 9 aE; *Bork/Gehrlein* Rn 668 ff; *K/S/W/Schäfer* Rn B506 ff; krit *Gerhardt* ZIP 2004, 1675 ff; *Jaeger/Henckel* § 143 Rn 17.

a) Dingliche Theorie. Diese Theorie, die der Anf rechtsgestaltende Kraft beimisst mit der Folge, dass die anfechtbare Rechtshandlung rückwirkend unwirksam wird, oder deren Variante, derzufolge die anfechtbare Rechtshandlung unmittelbar kraft Gesetzes unwirksam ist, hat kaum noch Anhänger.[514] 86

b) Schuldrechtliche Theorie. Die Rspr sieht das AnfR seit langem als schuldrechtlichen Anspruch an, hat freilich haftungsrechtliche Erwägungen ergänzt[515] (zur Aussonderungskraft unten Rn 91), was letztlich zu einem Rechtsinstitut eigener Art führt. Danach verleiht das insrechtliche AnfR dem InsVerw den Anspruch, dass der AnfGegner das, was durch die anfechtbare Handlung aus dem Vermögen des Schu an ihn weggegeben wurde, „zur Ins-Masse zurückgewährt".[516] Diese Vorstellung liegt auch der InsO zugrunde, wie sich aus der Verwendung des Wortes „Anfechtungsanspruch" in § 146 und dem Wortlaut von § 143 Abs 1 S 1 ergibt.[517] Das hat zur Folge, dass der AnfGegner so lange Inhaber einer anfechtbar abgetretenen Forderung bleibt, bis diese an den Schu/InsVerw zurückübertragen ist.[518] 87

c) Haftungsrechtliche Theorie. Im Schrifttum wird im Anschluss an *G Paulus*[519] weithin eine sog haftungsrechtliche Theorie befürwortet.[520] Nach der haftungsrechtlichen Deutung der InsAnf sollen die aus dem SchuVermögen anfechtbar weggegebenen Gegenstände durch die Weggabe der Haftung für die Verbindlichkeiten des Schu nicht entzogen werden; für anfechtbar eingegangene Verbindlichkeiten soll die InsMasse nicht haften. Die anfechtbare Rechtshandlung soll maW keine enthaftende Wirkung haben,[521] vielmehr haftungsrechtlich unwirksam sein.[522] 88

d) Rechtsinstitut besonderer Art. Im Anschluss an die neuere Rspr des *BGH*,[523] die das schuldrechtliche Verständnis zugrundelegt, aber die besondere haftungsrechtliche Bedeutung des AnfR anerkennt,ist davon auszugehen, dass das InsAnfR gesetzlich zu eigenartig und vielschichtig ausgestaltet ist, als dass es uneingeschränkt von einer der dargestellten Theorien allein erfasst werden könnte. Soweit ausdrückliche Regelungen fehlen, sind auftretende Rechtsfragen jeweils aus Systematik und Zweck des AnfR wertend zu beantworten.[524] 89

---

514 Vgl aber *Marotzke* KTS 1987, 1 ff; *ders* ZfG 1989, 138 ff; *ders* Anm LM § 276 (Cc) BGB Nr 41 Bl 6 Rückseite; dazu *Jaeger/Henckel* § 143 Rn 5 f; MK/*Kirchhof* Vor §§ 129–147 Rn 39; *K Schmidt* § 129 Rn 8. *BGH* ZIP 2006, 2176 Rn 10 lehnt (für die Abtretung einer Forderung) eine Nichtigkeit infolge Anf ausdrücklich ab.

515 Ausdrücklich *BGH* ZIP 1995, 1206 zu § 145 Abs 2: „fortdauenderde haftungsrechtliche Unwirksamkeit".

516 *RGZ* 70, 113 ff; 103, 121; *BGHZ* 15, 337 = WM 1955, 311; 22, 134 = WM 1956, 1540; 71, 63 = WM 1978, 371; 100, 42 = ZIP 1987, 604; 101, 288 = ZIP 1987, 1134; 106, 129 = ZIP 1989, 48; 128, 194 = ZIP 1995, 138; 135, 149 ff = ZIP 1997, 739 f; *BGH* WM 1955, 409 f; NJW 1986, 2252 (LS) = ZIP 1986, 788 f; NJW 1990, 990 = ZIP 1990, 247; ZIP 2006, 2177 f; 2007, 1274 f; 2011, 1114 Rn 7; *BAG* ZIP 2004, 230; so auch FK/*Dauernheim* § 129 Rn 6; *Gottwald/M Huber* § 52 Rn 1–7; krit insb *Jaeger/Henckel* § 143 Rn 33 ff.

517 Vgl BT-Drucks 12/2443, 157, 168 f.

518 *BGH* ZIP 2006, 2176 Rn 10, 18 mit Anm *Kreft* WuB VI A. § 143 InsO 1.07; **aA** *Jaeger/Henckel* § 143 Rn 34, 84.

519 AcP 155 (1956), 277 ff.

520 Vgl etwa *Gerhardt* GlAnf, S 177 ff; *ders* ZIP 2004, 1675 ff; *ders* FS Yessiou-Faltsi, S 196 f; *Jaeger/Henckel* § 143 Rn 10 ff, 27 ff; *K Schmidt* JZ 1987, 889 ff; 1990, 296 ff; MK/*Kirchhof* Vor §§ 129–147 Rn 31–34; *K/P/B/Jacoby* § 143 Rn 16 ff.

521 *Henckel* InsR im Umbruch, S 240 f.

522 Vgl auch *BGH* ZIP 1995, 1206, insoweit in *BGHZ* 130, 38 nicht abgedr; ZIP 1996, 1476; 1997, 370.

523 *BGHZ* 155, 203 = ZIP 2003, 1556; 156, 359 = ZIP 2003, 2310.

524 MK/*Kirchhof* Vor §§ 129–147 Rn 37; HK-InsO, 6. Aufl, § 129 Rn 74; vgl auch *K Schmidt* § 129 Rn 9: Symbiose zw der schuldrechtlichen und der haftungsrechtlichen Deutung; *A/G/R/Gehrlein* § 129 Rn 4.

90 **e) Folgerungen. – aa) Grundsatz.** Aus § 143 ist abzuleiten, dass die dem SchuVermögen anfechtbar entzogenen Gegenstände grds an die Masse (den Schu) zurückzuübertragen sind (schuldrechtliche Theorie).[525] Von einem „automatischen Heimfall"[526] in die Masse lässt sich nur in Fällen ausgehen, in denen lediglich schuldrechtliche Ansprüche gegen den Schu begründet wurden oder dieser auf Rechte gegen den AnfGegner verzichtet hat uam. Hier führt die Anf dazu, dass die schuldrechtlichen Ansprüche oder der Verzicht wirkungslos werden und der AnfGegner sich auf sie nicht berufen kann.[527] Ähnliches gilt, wenn der Schu im Besitz einer anfechtbar veräußerten Sache geblieben ist.[528] Dafür bräuchte man § 143 und den damit gewährten Anspruch auf Rückgewähr gerade nicht, wie die haftungsrechtlichen Lehren mit Recht erkannt haben.

91 **bb) Insolvenz des Anfechtungsgegners und Aussonderungskraft.** In der Ins des AnfGegners gewährt das InsAnfR nach inzwischen stRspr ungeachtet des grds schuldrechtlichen Chrakters des AnfR ein **Aussonderungsrecht**, soweit der anfechtbar weggegebene Gegenstand noch in Natur im Vermögen des AnfGegners vorhanden ist.[529] Diese Rspr hat in der Lit mit Recht ganz überwiegend Anerkennung gefunden,[530] wenn sie auch in der Begr schwach bleibt.[531] Die Aussonderung kommt nur in Betracht, wenn Ziel der Rückgewähr ein Gegenstand iSd § 47, dh eine Sache oder ein Recht ist (näher § 143 Rn 39)[532]. Ist Rückgewähr dieser Sache oder dieses Rechts in Natur nicht möglich, besteht ggf ein **Ersatzaussonderungsrecht** (§ 48)[533] Liegen dessen Voraussetzungen nicht vor, kann ein **Bereicherungsanspruch** gegen die Masse nach § 55 Abs 1 Nr 3 gegeben sein, was aber eine Bereicherung nach Verfahrenseröffnung voraussetzt.[534] Allerdings stellt der Zahlungsanspruch des AnfGl in der Ins des AnfGegners nur eine InsFord dar, wenn dieser im Zeitpunkt der InsEröffnung über sein Vermögen lediglich **Wertersatz** schuldete und eine Gegenleistung für den

---

525 Vgl *A/G/R/Gehrlein* § 129 Rn 4

526 *K Schmidt* § 129 Rn 9.

527 MK/*Kirchhof* Vor §§ 129–147 Rn 34, 38; su § 143 Rn 4.

528 Su § 143 Rn 5.

529 *BGHZ* 156, 358 ff = ZIP 2003, 2310 f; 174, 228 = ZIP 2008, 125 Rn 44; 178, 171 = ZIP 2008, 2224 Rn 15 (Doppelinsolvenz von Gesellschaft und Gesellschafter); 181, 132 = ZIP 2009, 1235 Rn 35; *BGH* ZIP 2009, 1080 Rn 42–44 (Voraussetzung ist ein aussonderungsfähiger Gegenstand, der unterscheidbar in der Masse vorhanden oder hinterlegt ist).

530 MK/*Kirchhof* § 143 Rn 20a; *Jaeger/Henckel* § 143 Rn 77 ff, 86, 93; *Uhlenbruck/Hirte/Ede* § 29 Rn 8; *K/P/B/Jacoby* § 143 Rn 18; *B/G/H/Haas* § 143 Rn 115; *Gottwald/M Huber* § 52 Rn 3, 4; HambKomm/*Rogge/Leptien* § 143 Rn 87; krit insb *Eckardt* KTS 2005, 15 ff; *Spitzer* (Österreich), ZInsO 2012, 308 ff. Vgl auch HK-InsO, 6. Aufl, § 129 Rn 74, 75.

531 Näher *Thole* Gläubigerschutz, S 540.

532 Tendenziell auch *BGH* 27.4.2017 – IX ZR 198/16 Rn 16, insoweit gegen *OLG Schleswig* NZI 2017, 19, 21, das bei **Überweisung von Buchgeld** eine Aussonderungskraft für den Anfechtungsanspruch auf Rückgewähr zuerkennen will. Insoweit geht es freilich um einen Wertersatzanspruch, da Herausgabe des Giralgelds von vornherein unmöglich ist (*K/P/B/Jacoby* § 143 Rn 18). Insoweit spricht wohl mehr gegen einen aussonderungsfähigen Gegenstand, zumal die Rechtsposition gegenüber der Empfängerbank der Masse nicht entzogen wurde. Von dieser Frage zu trennen ist die Frage, ob an einem Kontoguthaben als solches Aussonderungsrechte deshalb bestehen, weil das Konto als solches haftungsrechtlich dem Anfechtungsberechtigten zugeordnet ist.

533 *BGHZ* 155, 204 = ZIP 2003, 1556; *BGHZ* 174, 228 = ZIP 2008, 125 Rn 44; MK/*Kirchhof* § 143 Rn 20a. Wohl auch *BGH* 27.4.2017 – IX ZR 198/16 Rn 15.

534 Vgl *BGHZ* 139, 324 f = ZIP 1998, 1807; 150, 365 = ZIP 2002, 1097; 155, 205 = ZIP 2003, 1557; auch *BGH* ZIP 1998, 658; MK/*Kirchhof* § 143 Rn 20a.

anfechtbar erlangten Gegenstand entweder fehlt oder nicht unterscheidbar in seinem Vermögen vorhanden ist.[535]

cc) Drittwiderspruchsklage. Bei der bislang für die InsO höchstrichterlich nicht geklärten Frage, ob bei der InsAnf von Vollstreckungshandlungen die Drittwiderspruchsklage nach § 771 ZPO zulässig ist, sollte danach unterschieden werden, ob die angefochtene Vollstreckungsmaßnahme unmittelbar das dem Schu zugeordnete Vermögen betrifft (also Frage der Geltendmachung der Anf im Hinblick auf den Anfgegner) oder ob Gl des AnfGegners in den aus dem SchuVermögen anfechtbar übertragenen Gegenstand vollstreckt haben (also Frage der Geltendmachung der Anf im Hinblick auf die vollstreckenden Gl).[536] 92

Bei der Anf von Vollstreckungsmaßnahmen, die unmittelbar das Vermögen des Schu betreffen, hat der BGH im Gegensatz zu der Rspr des RG[537] aus der schuldrechtlichen Natur des AnfR gefolgert, der gegen eine Vollstreckungshandlung gerichtete anfrechtliche Rückgewähranspruch des InsVerw sei kein die Veräußerung hinderndes Recht, auf das eine Drittwiderspruchsklage nach **§ 771 ZPO** gestützt werden könne.[538] Dem ist nicht aus Gründen der Theorienzuordnung, wohl aber im Erg zu folgen. Auch wenn das AnfR in der Ins des AnfGegners ein Aussonderungsrecht gewährt, weil es wertungsmäßig geboten erscheint, das auf der zeitlich ersten anfechtbaren Rechtshandlung beruhende AnfR gegenüber dem AnfGegner und dessen Gl außerhalb und innerhalb eines InsVerf grds in gleicher Weise durchzusetzen, begründet es an dem Gegenstand, in den vollstreckt wurde, doch kein die Veräußerung hinderndes Recht. Es wird in dieser Situation nicht geltend gemacht, der Gegenstand gehöre nicht zum Schuldnervermögen; das ist vielmehr unbestritten. Es wird nur die Abwehr des im Pfändungspfandrecht liegenden Absonderungsrechts begehrt. Der AnfAnspruch ist also grds darauf gerichtet, das durch die Vollstreckung Erlangte „zurückzugewähren", also aufzugeben und aus der Vollstreckung keine Rechte herzuleiten. Eher noch könnte – ähnlich wie bei einer vollstreckungsbeschränkenden Vereinbarung – eine Klage analog § 767 ZPO passen. Die Pflicht zur Rückgewähr ist jedenfalls **rein anfrechtlich** zu begründen, indem der InsVerw gem § 143 auf einen Verzicht des AnfGegners auf die Rechte aus der Vollstreckung, etwa aus einer Pfändung, anträgt.[539] Ggf kann der Verw sein Recht durch eine einstweilige Verfügung (§§ 935 ff ZPO) sichern lassen. Das hat zwar den Nachteil, dass bei Erfolg der Klage die Vollstreckbarkeit nicht über § 775 Nr 1 ZPO automatisch beseitigt ist, wahrt aber den Gleichlauf mit der Anfechtung anderer Zugriffsrechte, lässt eine Klagenhäufung (etwa bei tw bereits erfolgter Befriedigung und folglich Rückzahlungsansprüchen) leichter zu, weil die ausschließliche Zuständigkeit nach § 771 ZPO insoweit keinen Fremdkörper bildet und erspart allg prozessuale und zuständigkeitsrechtliche Folgefragen, was die örtliche und vor allem die int Zuständigkeit angeht.[540] Gegen eine 93

---

535 *BGHZ* 155, 204 = ZIP 2003, 1556; *BGHZ* 174, 228 f = ZIP 2008, 125 Rn 44; *BGH* ZIP 2008, 796 Rn 11; MK/*Kirchhof* § 143 Rn 20a.

536 Vgl *K Schmidt* § 129 Rn 12. Su Rn 122.

537 Vgl etwa *RGZ* 30, 394; ebenso *KG* NJW 1958, 915 = JZ 1958, 441 f mit krit Anm *F Baur*; ähnlich *Jaeger/Henckel* § 143 Rn 75, 89.

538 *BGH* NJW 1990, 991 f = ZIP 1990, 247 f mwN; die Frage offen lassend *BGHZ* 135, 148 = ZIP 1997, 739 zu III, 1; **aA** *Jaeger/Henckel* § 143 Rn 75; *K/P/B/Jacoby* § 143 Rn 16; wohl auch *Uhlenbruck/Hirte/Ede* § 129 Rn 8.

539 Vgl *BGHZ* 135, 148 = ZIP 1997, 739 zu III, 1; vgl auch *K Schmidt* JZ 1990, 626 zu 7; MK/*Kirchhof* § 143 Rn 57.

540 Vgl *K Schmidt* § 129 Rn 12 mwN. Für eine wenigstens entspr Anwendung des § 771 ZPO m Einschluss der örtlichen Zuständigkeit MK/*Kirchhof* § 146 Rn 34; *K/P/B/Jacoby* § 143 Rn 16; Anh § 143 Rn 24–27 (allerdings wird die Frage der int Zuständigkeit nicht aufgeworfen); su Rn 122.

Drittwiderspruchsklage in diesen Fällen sprechen zudem die Ausführungen des *BGH*,[541] das Widerspruchsrecht des § 771 ZPO setze voraus, dass der gepfändete Gegenstand im Zeitpunkt der Pfändung nicht zum Vermögen des VollstreckungsSchu gehöre und deshalb mit der Pfändung ein Pfandrecht iSd § 804 ZPO nicht entstanden sei. Das treffe aber nicht zu, wenn Gegenstände des Schu vor Konkurs-(Ins)Eröffnung gepfändet würden. Die Pfändung sei voll wirksam und bleibe unberührt, wenn nach VerfEröffnung der Rückgewähranspruch nicht fristgerecht gerichtlich geltend gemacht werde. Deshalb habe der Verw nicht die Wahl, ob er die AnfKlage in dem für sie maßgebenden Gerichtsstand oder wie eine Drittwiderspruchsklage bei dem Gericht erhebe, in dessen Bezirk der AnfGegner vollstreckt habe.

94 Vollstreckt hingegen ein **Gl des insolventen AnfGegners** in den anfechtbar erworbenen Gegenstand, kommt zwar grds eine InsAnf nach § 145 Abs 2 in Betracht, weil der vollstreckende Gl als Rechtsnachfolger des AnfGegners anzusehen ist.[542] Nach der Anerkennung der Aussonderungskraft des Rückgewähranspruchs gem § 143 in der Ins des AnfGegners unterliegt es aber jedenfalls keinem Zweifel, dass der InsVerw des Schu ein Widerspruchsrecht nach § 771 ZPO gegenüber dem vollstreckenden Gl des insolventen AnfGegners hat.[543] Begründet der AnfAnspruch aber in der Ins des AnfGegners ein Aussonderungsrecht und ermöglicht aus diesem Grund die Anwendung von § 771 ZPO gegenüber dem PfändungsGl des insolventen AnfGegners, erscheint es gerechtfertigt, die Drittwiderspruchsklage des InsVerw des Schu **auch gegen** einen vollstreckenden **Gl des nicht insolventen AnfGegners** zuzulassen, wie dies weithin vertreten wird.[544]

95 **2. Konkurrenzen zu verwandten Haftungsregelungen, insb Geschäftsführerhaftung.** Das AnfR ist **weder** ein **Schadensersatzanspruch**[545] **noch** ein **Bereicherungsanspruch**.[546] Freilich kann ein AnfAnspruch mit einem Schadensersatzanspruch konkurrieren.[547] Ein Anspruch aus **unerlaubter Handlung, insb aus § 826 BGB,** kann indessen nicht allein darauf gestützt werden, dass ein AnfTatbestand vorliegt. Da die §§ 129 ff an die Anfechtbarkeit grds weniger einschneidende Rechtsfolgen knüpfen als eine Schadensersatzforderung, stehen die deliktischen Anspruchsgrundlagen zu denen des AnfR regelmäßig in Gesetzeskonkurrenz. Ein Schadensersatzanspruch aus unerlaubter Handlung setzt daher – über den AnfTatbestand hinaus – **bes erschwerende Umstände** voraus.[548] Diese liegen zB vor, wenn der Schu planmäßig mit eingeweihten Helfern zusammenwirkt, um sein wesentliches Vermögen dem Zugriff von Gl zu entziehen.[549] Denkbar ist etwa auch die Konkurrenz mit Ansprüchen gegen Gesellschafter aufgrund **existenzvernichtenden Eingriffs oder aus Kapitalerhaltung**. Insoweit gibt es keinen Vorrang gesellschaftsrechtlicher Instrumente.[550]

---

541 *BGH* NJW 1990, 992 = ZIP 1990, 248.
542 MK/*Kirchhof* § 145 Rn 17, 21 mwN.
543 MK/*Kirchhof* § 143 Rn 20a; § 145 Rn 30.
544 MK/*Kirchhof* § 146 Rn 34; *K/P/B/Jacoby* § 143 Anh Rn 23; vgl auch *A/G/R/Gehrlein* § 129 Rn 4 aE.
545 *BGH* WM 1962, 1317; ZIP 1986, 790; NJW 1990, 991 = ZIP 1990, 247; ZIP 2000, 243; 2009, 1287 Rn 12; vgl *Henckel* FS Deutsch, 1999, S 968 ff, 974; MK/*Kirchhof* § 143 Rn 10; Vor §§ 129–147 Rn 86–92; *Uhlenbruck/Hirte/Ede* § 129 Rn 27.
546 *BGHZ* 15, 337 = WM 1955, 311; 41, 103 f = WM 1964, 320; MK/*Kirchhof* § 143 Rn 10.
547 *RGZ* 69, 146; *Jaeger/Henckel* § 129 Rn 275 f; *Uhlenbruck/Hirte/Ede* § 129 Rn 34.
548 *BGH* NJW 2000, 1263 = ZIP 2000, 243, insoweit nicht abgedr in *BGHZ* 143, 246; NJW 2000, 3139 = ZIP 2000, 1540 mit Anm *Gerhardt* FamRZ 2001, 87 f; MK/*Kirchhof* Vor §§ 129–147 Rn 87 ff, 91; *Jaeger/Henckel* § 129 Rn 274; *K/P/B/Bork* Vor § 129 Rn 25; *Thole* WM 2010, 689.
549 *BGHZ* 130, 330 f = ZIP 1995, 1369; 174, 233 = ZIP 2008, 127 Rn 16; *BGH* NJW 1996, 2231 = ZIP 1996, 1179; vgl auch *BGHZ* 138, 298 ff = ZIP 1998, 795 f (zu § 138 BGB).
550 Mit Recht *Uhlenbruck/Hirte/Ede* § 129 Rn 52 mwN.

96 Für das Verhältnis von InsAnf und der als insolvenzrechtlich zu qualifizierenden[551] **Geschäftsführerhaftung** nach § 64 S 1 GmbHG nF[552] (dazu näher Anh § 35 Rn 107) gilt, dass der nach § 64 Abs 2 GmbHG aF belangte Geschäftsführer und der im AnfWege in Anspruch genommene Leistungsempfänger keine GesamtSchu sind.[553] Soweit der Geschäftsführer in die Masse zahlt, sollte ihm entspr § 255 BGB ein Recht gegen den InsVerw auf Abtretung des AnfAnspruchs gegen den begünstigten Gl zustehen (su Rn 113).[554] In seiner Entscheidung vom 18.11.2014 nimmt der II. ZS des BGH an, dass der Erstattungsanspruch gegen das Organ nicht nur bei Erfüllung durch das Organ entfällt, sondern auch, wenn die Massekürzung anderweitig ausgeglichen und der Zweck der Ersatzpflicht erreicht ist. Es besteht kein Erstattungsanspruch gegen das Organ mehr, soweit es dem InsVerw gelingt, durch die InsAnf eine Rückerstattung der Zahlung zu erreichen und so die Masseschmälerung wettzumachen, oder wenn die Massekürzung dadurch ausgeglichen wird, dass für die Zahlung ein Gegenwert in das Gesellschaftsvermögen gelangt ist, und der Sache nach lediglich ein Aktiventausch vorliegt.[555] Inhaltlich bemüht sich der II. Zivilsenat zunehmend, wenngleich nicht vollständig um Abstimmung mit anfechtungsrechtlichen Wertungen.[556] So ist § 142 nicht entsprechend anwendbar.[557] Der Einzug von Forderungen, die an die Bank zur Sicherheit abgetreten waren, auf einem debitorischen Konto der GmbH und die anschließende Verrechnung mit dem Sollsaldo ist grundsätzlich keine vom Geschäftsführer einer GmbH veranlasste masseschmälernde Zahlung iSv § 64 GmbHG, wenn vor Insolvenzreife die Sicherungsabtretung vereinbart und die Forderung der Gesellschaft entstanden und werthaltig geworden ist.[558] Das entspricht den Regeln zur Gläubigerbenachteiligung (o Rn 74).

97 Zu den Fragen einer Pflichtenkollision, wenn der Geschäftsführer Zahlungen mit Blick auf die sonst drohende Strafbarkeit nach § 266a StGB vornimmt vgl *BGH* 2007, 1265 Rn 12 und dazu *Wilhelm* ZIP 2007, 1781 ff; *BGH* ZIP 2008, 1229 Rn 13 f; 2008, 1275 Rn 6; 2008, 2220 Rn 9 f; ZIP 2010, 368 Rn 4 f mit Anm *Klöhn* EWiR 2010, 223; ZIP 2011, 422 Rn 12–18. Die Rspr gibt insoweit dem strafrechtlichen Befehl den Vorrang und rechtfertigt den Verstoß gegen das Zahlungsverbot über § 64 S 2 GmbHG nF. Ähnlich *BFH* in BFHE 216, 491 = ZIP 2007, 1604 Rn 16–21 und ZIP 2009, 122 Rn 14, der sich – für die Abführung von Lohnsteuer – ebenfalls an der strafrechtlichen Rspr des *BGH* (etwa ZIP 2005, 1679 f) ausrichtet. Nach der Rspr des IX. Zivilsenats erleidet der zuständige Versicherungsträger indes **trotz Strafbarkeit** unterbliebener Abführung von Arbeitnehmerbeiträgen zur Sozialversicherung wegen des bloßen Handlungsunrechts **keinen Schaden**, **wenn** die **Beitragszahlung** im InsVerf erfolgreich **angefochten** worden wäre.[559] Eine entspr Anwendung von § 64 Abs 2 GmbHG aF (§ 64 S 1 GmbHG nF) und vergleichbarer Vorschriften auf den Vorstand eines

---

551 *EuGH* 4.12.2014, Rs C-295/13 (H. als Insolvenzverwalt der G.T. GmbH), ECLI:EU:C:2014:2410; *OLG Jena* NZI 2013, 807; vgl *B/H/Haas* § 64 Rn 14c, 14f, 88.

552 Dazu etwa *Knittel/Schwall* NZI 2013, 782.

553 *OLG Oldenburg* ZInsO 2004, 984 f.

554 Vgl *OLG Oldenburg* ZInsO 2004, 985; MK/*Kirchhof* § 143 Rn 15; *Goette* FS Kreft, 2004, S 62 = ZInsO 2005, 5; *B/H/Haas* § 64 Rn 87; *Flöther/Korb* ZIP 2012, 2334 f, 2337 (auch ganz allg zum Verhältnis zwischen dem Erstattungsanspruch nach § 64 GmbHG und der InsAnf). Dazu, dass ein NeuGl, dessen Schaden der Geschäftsführer gem § 823 Abs 2, § 64 Abs 1 GmbHG aF ersetzt, seine InsFord Entspr § 255 BGB an den Geschäftsführer abzutreten hat, *BGHZ* 171, 46 = ZIP 2007, 676 Rn 20; *BGH* ZIP 2009, 1220 Rn 21; 2012, 1455 Rn 27; abgrenzend *OLG München* ZIP 2013, 779 für den Fall einer „Cross-Pledge"-Vereinbarung.

555 *BGH* ZIP 2015, 71 Rn 9.

556 Dazu näher *Gehrlein* ZHR 181(2017), 482 ff.

557 *BGH* 4.7.2017 – II ZR 319/15 Rn 12.

558 *BGH* ZIP 2015, 1480 Rn 15.

559 *BGH* ZIP 2011, 37 Rn 19, insoweit nicht abgedr in *BGHZ* 187, 337.

Vereins hat der *BGH* abgelehnt.[560] Da § 64 GmbHG Teil des Insolvenzstatuts über Art 7 EuInsVO ist, kann er (nach erfolgter Substitution bzw Analogiebildung) auf eine ausländische Kapitalgesellschaft angewendet werden, die in Deutschland das InsVerf durchläuft (sa Rn 96).[561]

98 Soweit § 143 Abs 1 S 2, Abs 2 auf **Bereicherungsrecht** verweist, wird lediglich der Umfang des Rückgewähranspruchs bereicherungsrechtlichen Vorschriften angepasst, ohne den Anspruch selbst zu einem Bereicherungsanspruch zu machen. § 143 Abs 1 S 2 ordnet daher ausdrücklich nur die entspr Anwendung von Bereicherungsrecht an (§ 143 Rn 23).

99 **3. Teilanfechtung.** Eine einheitliche Rechtshandlung ist grds nur im Ganzen anfechtbar.[562] Zu fragen ist allerdings stets, ob wirklich eine **einheitliche** Rechtshandlung – etwa ein Rechtsgeschäft – vorliegt oder ob es sich um **mehrere** Rechtshandlungen handelt.[563]

100 Nach der Rspr des RG ist auch bei einem einheitlichen Rechtsgeschäft eine TeilAnf zulässig, wenn sich das Rechtsgeschäft in voneinander unabhängige, selbstständige Teile **zerlegen** lässt.[564] Der BGH hat einer einheitlichen Anf uU lediglich die **Wirkung einer TeilAnf** zugesprochen.[565] Dies hat er insb angenommen, wenn die anfechtbare Handlung das SchuVermögen nur in begrenztem Maße geschmälert hat und das Rechtsgeschäft insoweit teilbar ist. **Teilbarkeit** ist dabei nicht allein in einem rein zahlenmäßigen Sinn zu verstehen oder ausschließlich auf den Leistungsinhalt zu beziehen. Teilbar ist vielmehr auch ein allg ausgewogener Vertrag, der lediglich und gezielt für den Fall der Ins den Schu einseitig und unangemessen benachteiligt. In einem solchen Fall begrenzt das Ausmaß der Benachteiligung den Umfang der AnfWirkung, so dass für die Rückabwicklung allein die nachteilige Klausel entfällt.[566] Offen ist, ob insolvenzbedingte Lösungsklauseln **isoliert anfechtbar** sind.[567] In einer wichtigen Entsch hat der BGH die Frage der TeilAnf der Annahme angepasst, dass der Anf nur die Wirkungen einer Rechtshandlung unterliegen (so Rn 7). Nach ***BGHZ* 147, 236 = ZIP 2001, 886 f** gilt: Greift ein AnfTatbestand nur für **einzelne, abtrennbare Wirkungen** einer einheitlichen Rechtshandlung ein, darf die Rückgewähr dieser Wirkungen nicht mit der Begr ausgeschlossen werden, die Handlung habe auch andere, für sich nicht anfechtbare Folgen ausgelöst. Einen Rechts(grund)satz, dass mehrere durch eine Rechtshandlung verursachte Wirkungen nur ganz oder gar nicht anfechtbar sind, gibt es nicht.[568] Danach ist bei der TeilAnf darauf abzustellen, ob sich die Anf gegen eine einheitliche Wirkung einer Rechtshandlung richtet (dann nur einheitliche Anf) oder ob die Wirkungen sich in selbst-

---

560 *BGH* ZIP 2010, 1080 f, dazu *Poertzgen* NZG 2010, 772 f. Zu § 64 S 1 GmbHG *Poertzgen* ZInsO 2011, 305.

561 *OLG Jena* NZI 2013, 807 mit insoweit krit Anm *Poertzgen* daselbst S 809 f. Dazu die Vorlage des BGH an den EuGH in ZIP 2015, 68. Zur Anwendbarkeit von Art 3 EuInsVO *EuGH* 10.12.2014, Rs C-295/13 (H. als InsVerw der G.T. GmbH), ECLI:EU:2014:2410.

562 *BGHZ* 124, 83 f = ZIP 1994, 45; *BGH* ZIP 2007, 1122 Rn 22; 2008, 1028 Rn 16; *BAG* ZIP 2006, 1370 = NZI 2007, 62; *Uhlenbruck/Hirte/Ede* § 129 Rn 105; *Gottwald/M Huber* § 46 Rn 41; *K/S/W/Schäfer* Rn B525.

563 Vgl *Jaeger/Henckel* § 129 Rn 235 ff; *K Schmidt* § 129 Rn 6; MK/*Kirchhof* § 143 Rn 19.

564 *RGZ* 21, 99 f; 114, 210; *RG* JW 1937, 3241; *BGH* 12.10.2017 – IX ZR 288/14 Rn 40 ff; vgl auch *BGHZ* 77, 255 f = ZIP 1980, 620; *BGH* WM 1975, 536 zu 5.

565 *BGHZ* 30, 241 = WM 1959, 944.

566 *BGHZ* 124, 84 f = ZIP 1994, 45 (Breitbandverteilanlage); *BGH* ZIP 2007, 1123 Rn 32; 2008, 1028 Rn 16 f (keine Anwendbarkeit dieser Grundsätze auf eine Schenkung zum Vorteil des Schu, so Rn 37 aE); vgl auch *BGH* NJW 1999, 359; *OLG Jena* ZIP 2000, 2125.

567 *BGH* 12.10.2017 – IX ZR 288/14 Rn 30 (offenlassend).

568 Zust *BFHE* 231, 488 = ZIP 2011, 181 Rn 28. *BGH* ZIP 2009, 1674 Rn 32; 2010, 793 Rn 10; 2013, 1180 Rn 8.

ständige Teile zerlegen lassen (in diesem Fall kann die Anf jeweils auf eine oder mehrere Wirkungen beschränkt werden).[569] Zu den Fällen des **Staffelkredits** und des Kontokorrents Rn 66. Zur fehlenden Berücksichtigung der zu erwartenden Quotenzahlung § 143 Rn 6.

4. Entstehung und Ausübung. Das AnfR des InsVerw ist ein **eigens für die InsZwecke geschaffenes Recht. Der InsVerw übt es** im Interesse der InsGl **aus**, aber weder als deren Vertreter noch als Vertreter des Schu, sondern **kraft gesetzlicher Übertragung.**[570] Dieses AnfR entsteht mit der Vollendung eines AnfTatbestandes, jedoch nach verbreiteter Auffassung nicht vor, sondern frühestens mit und deshalb **„nach" der Eröffnung** des InsVerf,[571] und zwar auch dann, wenn zuvor aufgrund desselben Sachverhalts eine EinzelGlAnf möglich gewesen wäre.[572] Das ist dogmatisch zu überdenken jedenfalls für Fälle der §§ 133, 134 (§§ 3, 4 AnfG), wobei es freilich nur um die Alternative „erstmaliges Entstehen nach Verfahrenseröffnung" oder aufschiebend bedingtes Entstehen vor Verfahrenseröffnung geht, was sachlich kaum einen Unterschied macht. In der Lit wird mit beachtlichen Gründen die Meinung vertreten, das AnfR des InsVerw entstehe bereits mit der Vollendung eines Anf-Tatbestandes, jedoch aufschiebend bedingt durch die Eröffnung des InsVerf.[573] Bei dem Umfang der Rückgewährpflicht hat der BGH jedenfalls die Nutzungsherausgabe bereits auf den Zeitpunkt der Vornahme der Rechtshandlung erweitert (§ 143 Rn 25). Auch wenn man der hM folgen will, führt die Anknüpfung des AnfR an die Erfüllung der tatbestandlichen Voraussetzungen der jeweiligen AnfNorm also dazu, dass **Nutzungen (zB Zinsen)** gem § 143 Abs 1 S 2 vom Zeitpunkt der Vornahme der anfechtbaren Rechtshandlung an zurückzugewähren sind; die Reform des § 143 hat dies für Geldschulden eingeschränkt.[574] Wegen der angenommene Entstehung nach Verfahrenseröffnung kann ein **vorl InsVerw nicht anfechten.**[575] Gegen den Rückgewähranspruch aus § 143 kann **nicht** mit einer InsFord – wohl aber mit einer Forderung gegen die Masse[576] – **aufgerechnet** werden.[577] Der **Rückgewähran-** 101

569 *BGH* ZIP 2009, 1674 Rn 32; 2012, 636 Rn 12 (zum AnfG; in Rn 13 Abgrenzung gegen die Entsch ZIP 2008 2272 Rn 26 ff; dazu auch *Kreft* KTS 2012, 417); vgl MK/*Kirchhof* § 143 Rn 17, 18; *K Schmidt* § 129 Rn 42; *Bork/Gehrlein* Rn 790 f.

570 Vgl *BGHZ* 83, 105 = ZIP 1982, 468 zu 2.

571 Vgl *BGHZ* 15, 337 = WM 1955, 311; 101, 287 f = ZIP 1987, 1133 f; 113, 105 = ZIP 1991, 38; 130, 40 = ZIP 1995, 1205; 171, 38 = ZIP 2007, 488 Rn 20; 198, 77 = ZIP 2013, 1629 Rn 18; *BGH* ZIP 2004, 1467; 2008, 748 Rn 10; 2009, 825 Rn 13; 2012, 737 Rn 25; 2012, 1183 Rn 26; 2012, 1359 Rn 13; 2013, 1533 Rn 30; ähnlich bereits *Fr Weber* KTS 1961, 55; *K/P/B/Ehricke* § 129 Rn 3; vgl auch *BGH* ZIP 2010, 646 Rn 8 (VII ZS); *Bork/Gehrlein* Rn 711.

572 *BGH* NJW 1995, 2784 = ZIP 1995, 1206, insoweit in *BGHZ* 130, 38 nicht abgedr; vgl MK/*Kayser* § 129 Rn 186; *Jaeger/Henckel* § 143 Rn 103; *K/S/W/Schäfer* Rn B519; vgl auch *Gerhardt/Kreft* Rn 214 ff.

573 MK/*Kayser* § 129 Rn 186 (etwas anders *Kirchhof* ZInsO 2002, 2037); *Jaeger/Henckel* § 143 Rn 103; **aA** *BGH* ZIP 1995, 1206.

574 *BGHZ* 171, 38 = ZIP 2007, 488 Rn 22, 23 mit Anm *Kreft* WuB VI A. § 143 InsO 1.08; *BGH* ZIP 2005, 1889; 2012, 1299 Rn 7, 8, 15 (angefochtene Steuerzahlungen). **AA** *OLG Karlsruhe* ZIP 2004, 2065 f (erst vom Zeitpunkt der Eröffnung des InsVerf an); *OLG Hamm* ZIP 2007, 243 (Revision IX ZR 1/07 zurückgenommen); su § 143 Rn 17.

575 Vgl *BGHZ* 86, 195 f = ZIP 1983, 192; *BGH* ZIP 1992, 1009; 1995, 1206 zum Sequester; *Uhlenbruck/Ede/Hirte* § 143 Rn 11; *Jaeger/Henckel* § 129 Rn 279; MK/*Kayser* § 129 Rn 193; *K Schmidt/Büteröwe* § 143 Rn 3.

576 Vgl *BGH* ZIP 2000, 1066; ZIP 2005, 1520; *Jaeger/Henckel* § 143 Rn 186.

577 Vgl § 96 Nr 1; *BGHZ* 130, 40 = ZIP 1995, 1205 f; 179, 137 = ZIP 2009, 186 Rn 12, 13, 16; *BGH* ZIP 1999, 318; 2010, 1253 Rn 11; 2013, 1533 Rn 30; *OLG Nürnberg* ZIP 2009, 1437 = WM 2009, 1522 (zur Unzulässigkeit der Aufrechnung gegen einen Rückforderungsanspruch des InsVerw gegen die Finanzbehörde m einem steuerrechtlichen Haftungsanspruch gegen die Organgesellschaft).

spruch, der dadurch begründet wurde, dass der InsVerw über das Vermögen eines Gl des später insolvent gewordenen Schu Altforderungen im Wege der Zwangsvollstreckung beigetrieben hatte, **führt in der Ins des Gl** gem § 55 Abs 1 Nr 1 zu einer **Masseverbindlichkeit**.[578] Voraussetzung für das Entstehen eines AnfR ist die Erfüllung der Tatbestandsvoraussetzungen der einzelnen AnfNormen und namentlich die Wahrung der jeweiligen tatbestandlichen Fristen, die – abgesehen von § 147 – durchweg an den Antrag auf Eröffnung des InsVerf anknüpfen.[579] Allerdings **scheidet** in Fällen, in denen der **AnfGegner vor** der **Eröffnung des InsVerf nach Vorschriften des AnfG in Anspruch** genommen wurde, **ein Anspruch auf Rückgewähr** zur InsMasse im Umfang der Erfüllung des AnfAnspruchs **aus**.[580] Von der Entstehung ist die **Ausübung** des AnfR zu unterscheiden. Dafür genügt jede erkennbare – auch konkludente – Willensäußerung, dass der InsVerw (oder ein sonstiger Berechtigter, su Rn 104) eine GlBenachteiligung in der Ins nicht hinnimmt, sondern zur Masseanreicherung wenigstens wertmäßig auf Kosten des AnfGegners wieder auszugleichen sucht.[581] Die Anf muss also nicht, insb nicht ausdrücklich, als solche „erklärt" werden.[582] Allerdings kann der InsVerw einen bestimmten Sachverhalt nicht der Anf unterwerfen, dh er kann eine bestimmte Rechtshandlung von der Anf ausnehmen. Von einem solchen Willen des InsVerw ist aber nicht ohne weiteres auszugehen, zB dann nicht, wenn er eine Rechtshandlung anficht – oder sich auf ihre Unwirksamkeit nach § 96 Abs 1 Nr 3 beruft – und zusätzlich die Tatsachengrundlage für die Anfechtbarkeit einer weiteren Rechtshandlung vorträgt, die einen anderen wirtschaftlichen Vorgang betrifft.[583]

102 IF der Ins eines **Kreditinstituts** tritt an die Stelle des Eröffnungsantrags gem § 46b Abs 1 KWG[584] die Anzeige an die BaFin, die auch schon zuvor entsprechende Maßnahmen erlassen kann (vgl §§ 46, 46g KWG). Für die Anfechtungsfristen gilt § 46c KWG. Unterdessen wurden, auch im Lichte der Richtlinie zur Festlegung eines Rahmens für die Sanierung und Abwicklung von Kreditinstituten (BRRD) und weiterer europäischer Entwicklungen, die §§ 46–46c KWG mehrfach geändert und durch weitere Normen ergänzt.[585] Zu den FinanzmarktstabilisierungsG und den durch sie eingeführten Regelungen *Obermüller/Obermüller* ZInsO 2010, 305 ff; zum RestrukturierungsG für Kreditinstitute[586] *Obermüller/Kuder* ZInsO 2010, 2016 ff; *Pannen* ZInsO 2010, 2026 ff.

103 Zu den ab 1.1.2010 geltenden Besonderheiten der Ins einer **Krankenkasse** nach dem G zur Weiterentwicklung der Organisationsstrukturen in der gesetzlichen Krankenversicherung – GKV-OrgWG – v 15.12.2008[587] vgl etwa *Heeg/Kehbel* ZIP 2009, 302; *Uhlenbruck/Hirte* § 12 Rn 10; *Gottwald/Haas/Mock* § 93 Rn 254.

104 **5. Anfechtungsberechtigte.** Während die KO lediglich ein AnfR des Konkursverwalters kannte, ist nach der InsO nicht nur eine Anf durch den **InsVerw**, sondern iF der Eigenverwaltung (§§ 270 ff) eine Anf durch den **Sachwalter** (§ 280) und iF des vereinfachten InsVerf

---

578 *OLG Köln* ZIP 2011, 1830 ff mit zust Anm *Rendels/Körner* EWiR 2011, 755 f.
579 Vgl *Gerhardt* FS Brandner, S 614.
580 *BGH* ZIP 2013, 131 Rn 15–25 mit Anm *Lau* EWiR 2013, 327 f; su Rn 111 und § 143 Rn 4.
581 *BGH* ZIP 2008, 888 Rn 11; *BAGE* 146, 1 = ZIP 2013, 2025 Rn 60.
582 *BGH* ZIP 2008, 888 Rn 11 mwN; *BAGE* 146, 1 = ZIP 2013, 2025 Rn 60.
583 *BGH* ZIP 2008, 888 Rn 11–14.
584 IdF v Art 79 Nr 7 EGInsOÄndG (Art 1 Nr 17) v 19.12.1998, BGBl I, 3836.
585 Dazu jüngst Beck/Samm/Kokemoor/*Skauradszun* Kreditwesengesetz mit CRR, §§ 46a-c KWG. Vgl MK/*Kirchhof* Vor §§ 129–147 Rn 104, 106; *Uhlenbruck/Hirte/Ede* § 129 Rn 77; § 139 Rn 8 (§ 46c KWG soll nur dann eingreifen, wenn nicht ein früherer InsAntrag gestellt wurde). Einen Gesamtüberblick gibt *Pannen* Krise und Insolvenz bei Kreditinstituten, 3. Aufl, 2010. Zu den jüngeren europäischen Vorgaben *Engelbach/Friedrich* WM 2015, 662.
586 Vgl Einl Rn 16.
587 BGBl I, 2008, 2426; vgl Einl Rn 14.

(§§ 311 ff) durch jeden **InsGl**, bei einem entspr Auftrag der GlVersammlung[588] durch den für das G idF bis 1.7.2014[589] grundsätzlich berechtigten **Treuhänder**[590] oder einen bestimmten Gl (§ 313 Abs 2 aF) vorgesehen.[591] Demzufolge kann die bisherige Auffassung, das konkursmäßige AnfR sei untrennbar mit dem Amt des Konkursverwalters verbunden,[592] in dieser Form nicht aufrecht erhalten werden. Nach dem **Wegfall des vereinfachten InsVerf** mit Inkrafttreten des G zur Verkürzung des RestschuldbefreiungsVerf und zur Stärkung der GlRechte am 1.7.2014 ist auch **in Verbraucher-InsVerf nur noch der InsVerw zur Anf berechtigt**. Als **Inhaber des AnfR** ist das **Sondervermögen „InsMasse"** anzusehen, das für sich aber nicht rechtsfähig und dessen Träger der Schu ist, das aber der Verfügungsbefugnis des InsVerw bzw bei Eigenverwaltung der insolvenzrechtlichen Pflichtenbindung untersteht, um die Nutzung im Interesse aller Gl sicherzustellen.[593] Ob im Fall der Eigenverwaltung der Sachwalter berechtigt ist, über Erlöse aus der Anfechtung ohne Zustimmung des Schu zu verfügen, ist eine allgemeine Frage des § 280 iVm § 275.[594]

Es ist möglich, dass der AnfGegner – insb in Fällen **mittelbarer Zuwendung** (so Rn 41, su 105 Rn 114) – einer Anf durch **mehrere AnfBerechtigte** in **verschiedenen InsVerf** ausgesetzt ist. Hier wird – sofern der AnfGegner die jeweils angefochtene Leistung nur einmal erhalten hat – idR keine Gesamt- oder Teilgläubigerschaft vorliegen, sondern es wird sich um **konkurrierende**, auf denselben Gegenstand gerichtete **AnfAnsprüche** handeln, von denen sich im Ergebnis **nur einer durchsetzen** kann. Hat jemand über einen Leistungsmittler an seinen Gl geleistet und wird die Erfüllungshandlung von den InsVerw des Leistenden und des Leistungsmittlers angefochten, **geht die** Anf durch den InsVerw des Leistenden (konkret: **DeckungsAnf) der** Schenkungsanfechtung durch den InsVerw des Leistungsmittlers vor.[595] Bestreitet der AnfGegner die Sachbefugnis des InsVerw des Leistungsmittlers unter Hinweis auf einen konkurrierenden AnfAnspruch des InsVerw des Leistenden, hat er darzulegen und zu beweisen, dass ein vorrangiger AnfAnspruch besteht, der in nicht verjährter Zeit erhoben worden ist,[596] dass eine DeckungsAnf also tatsächlich durchgreift.[597] Der Vorrang greift nur, wenn das anfechtbar Erlangte tatsächlich an den Verw der Deckungsanfechtung zurückgewährt wird, was für bilaterale Vergleiche bedeutsam ist.[598] Diese Vorgaben sind verfahrensrechtlich gewöhnungsbedürftig, weil der Empfänger dann darlegen muss, dass der andere Verw einen Anspruch gegen ihn hat, was der Empfänger im Prozess gegen diesen anderen Verw eigentlich bestreiten würde.[599] Eine Konkurrenz von AnfAnsprüchen scheidet indes aus, wenn nicht eine mittelbare Zuwendung in Rede steht, sondern wenn Gl eine **Leistungskette** bilden und derjenige InsGl, an den zuerst (anfechtbar) geleistet wurde,

---

588 Die GlVersammlung hat durch förmlichen Beschl zu entscheiden, auch wenn an einem vereinfachten InsVerf nur ein Gl beteiligt ist, *BGH* WM 2007, 1795 f = ZInsO 2007, 938 f.

589 Anders jetzt seit dem Gesetz zur Verkürzung des Restschuldbefreiungsverfahrens und zur Stärkung der Gläubigerrechte v 15.7.2013, BGBl I, 2379.

590 Vgl *BGH* ZInsO 2012, 1138 Rn 11, 17; zur Anf durch den Treuhänder insb *Henckel* FS Gaul, 1997, S 299 ff.

591 Vgl *Uhlenbruck/Hirte* 13. Aufl, § 129 Rn 41–43; *Uhlenbruck/Vallender* 13. Aufl, § 313 Rn 64 ff.

592 *RGZ* 31, 43; *BGHZ* 83, 105 = ZIP 1982, 468.

593 MK/*Kayser* § 129 Rn 191 unter Hinweis auf *BGH* NZI 2009, 313 (= ZIP 2009, 825 Rn 13).

594 Zum Problem *Buchalik/Hiebert* ZInsO 2015, 1953.

595 *BGHZ* 174, 239 ff = ZIP 2008, 129 f (der Leistungsmittler war einer SchenkungsAnf ausgesetzt); 192, 221 = ZIP 2012, 280 Rn 32; *BGH* ZIP 2009, 2303 Rn 12; krit *Bork* ZIP 2008, 1048 zu 3.2; *K/P/B/Brinkmann* § 145 Anh I Rn 58 ff; vgl auch *OLG Dresden* ZIP 2009, 1175.

596 *BGHZ* 174, 228 = ZIP 2008, 125 Rn 49.

597 *BGH* ZIP 2009, 2303 Rn 12 f.

598 *BGH* 4.2.2016 – IX ZR 42/14 Rn 15 ff.

599 *Thole* KTS 2011, 232.

an einen weiteren Berechtigten leistet.[600] Zur fehlenden Reichweite der Ermächtigung des InsVerw im **Planverfahren** nach § 259 Abs 3 im Falle eines nachfolgenden zweiten InsVerf s § 259 Rn 28 und *BGH* ZIP 2014, 330 Rn 28.

106 Hat der **persönlich haftende Gesellschafter vor Eröffnung des InsVerf** über das Vermögen **der Gesellschaft Leistungen an einen GesellschaftsGl** erbracht, **ist** in erweiternder Auslegung des **§ 93** der **InsVerw** über das Vermögen **der Gesellschaft** zur Anf berechtigt.[601] Der InsVerw der KG mache dann den Anfechtungsanspruch treuhänderisch ermächtigt geltend. Richtigerweise bedarf es der Anwendung des § 93 nicht, um die Anf zu begründen.[602] Im Fall der **DoppelIns** von Gesellschaft und Gesellschafter steht das Recht zur InsAnf dem **InsVerw** über das Vermögen **des Gesellschafters** zu.[603] Der **AnfZeitraum** berechnet sich in diesem Fall nach dem früheren InsAntrag.[604] Zur EinzelAnf des **Absonderungsberechtigten** während des InsVerf vgl *Jaeger/Henckel* § 129 Rn 291 f; *Uhlenbruck/Hirte* § 129 Rn 37; MK/*Kayser* § 129 Rn 209. Zum AnfR eines **MasseGl** während des InsVerf *Jaeger/Henckel* § 129 Rn 294.

107 **6. Erlöschen und Fortdauer nach Insolvenzplan.** Das AnfR des **InsVerw** als Bestandteil seines Verwaltungs- und Verfügungsrechts (§ 80 Abs 1) erlischt grds mit der **Beendigung des InsVerf** (§ 200; §§ 207 ff; §§ 258 ff [§ 259 Abs 1]).[605] Zugleich entfällt die Prozessführungsbefugnis des InsVerw.[606] Eine vom InsVerw rechtshängig gemachte AnfKlage erledigt sich mit der Beendigung des InsVerf.[607] Wird das InsVerf nach Vollziehung der Schlussverteilung **aufgehoben** (§ 200 Abs 1), bleibt der InsVerw bei **vorbehaltener Nachtragsverteilung** (§ 203)[608] zu diesem Zweck legitimiert, anhängige Prozesse fortzuführen.[609] Dazu gehören auch AnfProzesse.[610] Da der AnfAnspruch (§ 143) ein Masseaktivum darstellt,[611] kommt im Regelverfahren auch die **nachträgliche Anordnung einer Nachtragsverteilung** (§ 203) in Betracht, die es dem InsVerw erlaubt, einen AnfProzess erst nach vollzogener Schlussverteilung und Verfahrensaufhebung einzuleiten.[612] IF der **Einstellung** des InsVerf ist ebenfalls

---

600 *BGH* ZIP 2009, 769 Rn 8, 11; bestätigt durch *BGHZ* 181, 132 = ZIP 2009, 1235 Rn 33; vgl auch *BGHZ* 183, 86 = ZIP 2009, 2301 Rn 13. Zur **Abgrenzung von mittelbaren Zuwendungen und Leistungsketten** im Einzelnen *Kayser* FS Ganter, S 221 ff; vgl auch *Kirchhof* AnfG § 1 Rn 60; so Rn 41.

601 *BGHZ* 178, 171 = ZIP 2008, 2224 Rn 12; *BGH* ZIP 2009, 2204 Rn 15; ausführlich *Bork/Vogelsang* ZIP 2014, 2313.

602 Ausgeführt bei *Thole* Gesellschaftsrechtliche Maßnahmen in der Insolvenz, 2. Aufl 2015, Rn 380a.

603 *BGHZ* 178, 171 = ZIP 2008, 2224 Rn 13–17.

604 *BGHZ* 178, 171 = ZIP 2008, 2224 Rn 20, 21; su § 139 Rn 15.

605 Vgl *BGHZ* 83, 102 f = ZIP 1982, 468; *BGH* NJW 1973, 1199; ZIP 2009, 825 Rn 22; 2010, 102 Rn 7; 2011, 1114 Rn 12; *UhlenbruckEde/Hirte* § 143 Rn 98; MK/*Kayser* § 129 Rn 225; *Graf-Schlicker/Huber* § 129 Rn 31.

606 *BGH* ZIP 1992, 1152 f; 2010, 102 Rn 7.

607 *BGH* ZIP 2010, 102 Rn 7.

608 Vgl *Uhlenbruck* ZIP 1993, 246.

609 *BGH* NJW 1992, 2895 = ZIP 1992, 1153; ZIP 2010, 102 Rn 8; *Bork* ZIP 2009, 2078 f.

610 Vgl *BGHZ* 83, 103= ZIP 1992, 468 mwN; *BGH* ZIP 2010, 102 Rn 8; 2011, 1114 Rn 13; *LG Köln* ZIP 1982, 737; *Huber* § 18 Rn 11; MK/*Kayser* § 129 Rn 211.

611 *BGHZ* 83, 103 = ZIP 1982, 468; *BGH* ZIP 2010, 102 Rn 8.

612 *BGH* ZIP 2010, 102 Rn 8; *Huber* § 18 Rn 11; *UhlenbruckEde/Hirte* § 143 Rn 100; MK/*Kayser* § 129 Rn 211; *Jaeger/Meller-Hannich* § 203 Rn 10; HambKomm/*Rogge/Leptien* § 143 Rn 99; vgl auch die Fallkonstellation *BGHZ* 86, 352 f = ZIP 1983, 339. Das gilt auch für VerbraucherInsVerf; vgl insoweit *BGH* ZIP 2006, 143; 2011, 135 Rn 5 ff mit Anm *Storz* EWiR 2011, 157 und *Haas/Vogel* KTS 2011, 387–394 (zur Nachtragsverteilung wegen eines während des VerbraucherInsVerf entstandenen, aber vom Schu erst nach dessen Aufhebung gerichtlich geltend gemachten Pflichtteilsanspruchs; so Rn 73).

die Anordnung einer Nachtragsverteilung möglich (§ 211 Abs 3), und zwar selbst dann, wenn die Einstellung des InsVerf wegen **Massekostenarmut** erfolgt.[613] Deshalb gilt für die Anf grds das Gleiche wie bei der Aufhebung des Verf nach Vollziehung der Schlussverteilung. Wird das InsVerf **nach** rechtskräftiger **Bestätigung des Plans** aufgehoben (§ 258 Abs 1), kann der InsVerw einen **anhängigen AnfRechtsstreit fortführen**, **wenn** dies im **gestaltenden** Teil des Plans **vorgesehen** ist (§ 259 Abs 3 S 1),[614] wobei der InsPlan die Befugnis des InsVerw, anhängige AnfKlagen fortzuführen, auf bestimmte Verf beschränken kann.[615] (Bestehende AnfAnsprüche, die für das InsVerf von Bedeutung sind, gehören in den *darstellenden* Teil.[616]) Dies muss der InsVerw in den Tatsacheninstanzen **offenlegen**.[617] Eine von dem maßgeblichen gestaltenden Teil des InsPlans abweichende Zusammenfassung ist für die Frage, welcher Rechtsstreit weitergeführt werden darf, nach rechtskräftiger Bestätigung des Plans ohne Bedeutung.[618] Der vom InsVerw weitergeführte Rechtsstreit wird durch die Eröffnung eines weiteren InsVerf über das Vermögen des Schu unterbrochen und kann vom InsVerw in dem neuen Ins aufgenommen werden m der Folge, dass die geltend gemachten AnfAnsprüche in die Masse des neuen InsVerf fallen, aus der auch die AltGl befriedigt werden.[619] Im InsPlanverfahren gibt es **keine Nachtragsverteilung**. Deshalb ist es nicht möglich, eine AnfKlage erst nach rechtskräftiger Bestätigung des Plans und Aufhebung des InsVerf anzustrengen; vielmehr schließt das G eine Prozessführungsbefugnis des InsVerw für neue AnfKlagen aus.[620] Auf andere als schwebende Verf ist § 259 Abs 3 auch nicht analog anzuwenden.[621] Fehlt es an den Voraussetzungen dieser Norm, ist eine Ermächtigung des InsVerw durch das Gericht, AnfAnsprüche gerichtlich geltend zu machen, nichtig.[622] In der Entsch des *BGH* vom 11.4.2013[623] kam es erstmals auf das Verständnis des in § 259 Abs 3 S 1 verwendeten Begriffs „**anhängiger Rechtsstreit**" an. Ähnlich wie bei § 240 ZPO und den darauf bezogenen konkurs- bzw insrechtlichen Vorschriften[624] komme es auf die **Rechtshängigkeit** an,[625] mithin auf die Zustellung der Klageschrift (§ 253 Abs 1, § 261 Abs 1 ZPO). Dem ist zu folgen, weil es Sinn und Zweck des § 259 Abs 3 ist, dem Gegner die Möglichkeit zur Flucht in die Erledigung durch Prozessverschleppung bis Verfahrensende zu nehmen; dieser Anreiz entsteht erst mit Zustellung der Klage.[626] Zuzugeben ist lediglich, dass Wortlaut und Entstehungsgeschichte auch ein anderes Ergebnis zuließen.[627]

Für das Erlöschen des AnfR eines **Sachwalters** (§ 280) gilt grds das Gleiche wie für den Ins- **108**
Verw (vgl § 270 Abs 1 S 2).

---

613 *BGH* ZIP 2013, 2320 ff; WM 2014, 328 f.
614 Vgl *BGH* ZIP 2006, 39 ff (die Klausel: „§ 259 Abs 3 findet Anwendung" genügt); 2010, 102 Rn 9, 10; 2010, 1499 Rn 56; 2011, 1114 Rn 13; *BGHZ* 199, 344 = ZIP 2014, 330 Rn 3–5, 15, 16. Zur früheren Rechtslage nach Beendigung des KonkursVerf durch Zwangsvergleich (§ 190 KO) vgl *BGHZ* 83, 104 = ZIP 1982, 468; *Kuhn/Uhlenbruck* § 163 Rn 7.
615 *BGH* ZIP 2013, 738 Rn 5; *BGHZ* 199, 344 = ZIP 2014, 330 Rn 17.
616 *BGH* ZIP 2010, 1499 Rn 56.
617 *BGH* ZIP 2008, 2094 Rn 13 ff.
618 *BGHZ* 199, 344 = ZIP; *BGH* ZIP 2014, 330 Rn 18.
619 *BGHZ* 199, 344 = ZIP; *BGH* ZIP 2014, 330 Rn 20–34.
620 *BGH* ZIP 2010, 102 Rn 9, 10. Vgl auch *BGHZ* 175, 86 = ZIP 2008, 546 Rn 10; 2008, 2094 Rn 10.
621 *BGH* ZIP 2010, 102 Rn 10 aE.
622 *BGH* ZIP 2010, 102 Rn 13 f.
623 *BGH* ZIP 2013, 998 mit Anm *Wollweber/Hennig* ZInsO 2013, 1182.
624 Vgl insoweit *Wollweber/Hennig* ZInsO 2013, 51.
625 *BGH* ZIP 2013, 998 Rn 9–13.
626 *Thole* ZIP 2014, 1658; **aA** HK-InsO/*Kreft* 7. Aufl, § 129 Rn 86.
627 So HK-InsO/*Kreft* 7. Aufl, § 129 Rn 86.

109 Auch das AnfR der **InsGl** oder des **Treuhänders** im vereinfachten InsVerf (§ 313 Abs 2 aF), das mit Wirkung vom 1.7.2014 weggefallen ist (so Rn 104), erlischt wegen der Verweisung auf die allg Vorschriften in § 304 Abs 1 aF in ähnlicher Weise wie das des InsVerw bei Aufhebung nach vollzogener Schlussverteilung (§ 200) oder nach Einstellung des Verf (§§ 207 ff).

110 Das AnfR erlischt durch **Erfüllung**, wenn der AnfGegner dem gegen ihn geltend gemachten AnfAnspruch in vollem Umfang Rechnung trägt (§ 362 Abs 1 BGB). Es erlischt – soweit es auf Wertersatz gerichtet ist – ferner durch **Aufrechnung** des AnfGegners mit einer gegen die Masse gerichteten Forderung (§ 389 BGB). Auch ein Erlöschen des AnfR durch **Erlass** (§ 397 BGB) oder **Vergleich** (§ 779 BGB) ist möglich.[628] Allerdings kann ein Vergleich insolvenzzweckwidrig sein. Die Vergleichsbefugnis befreit den Verw auch nicht davon, Anfansprüche zu ermitteln. Im **Planverfahren** ist der Anfechtungsanspruch zwar dispositiv, allerdings muss es auch insoweit eine materielle Kontrolle der Dispositionsbefugnis geben.[629] Auf ersichtlich bestehende Anfansprüche gegen Gesellschafter und Geschäftsführer darf insb im Eigenverwaltungsverfahren nicht wegen vager und geringer „Sanierungsbeiträge" des Gesellschafters oder Geschäftsführers verzichtet werden.

111 **7. Verhältnis zur Einzelgläubigeranfechtung.** Während die Anf nach §§ **130–132** spezifisch **insrechtlicher** Natur ist, kommt die Anf wegen vorsätzlicher Benachteiligung (**§ 133**), wegen unentgeltlicher Leistung (**§ 134**) und wegen Sicherung oder Befriedigung eines Gesellschafterdarlehens (**§ 135**) **auch als GlAnf** außerhalb eines InsVerf vor (**§§ 3, 4, 6, 6a AnfG**). Das im Klagewege geltend gemachte **AnfR** eines **Gl verändert sich** mit der Eröffnung des InsVerf und dem Übergang der AnfBefugnis auf den InsVerw (**§ 16 Abs 1 S 1 AnfG**) oder gleichgestellte AnfBerechtigte (so Rn 104) regelmäßig **in zweifacher Hinsicht**: Es ist nicht mehr auf Leistung (Rückgewähr) an den Gl gerichtet (§ 11 AnfG), sondern an die InsMasse (§ 143) und erhält in der Mehrzahl der Fälle – nämlich immer dann, wenn eine Übertragung des weggegebenen Gegenstandes verlangt wird – zugleich eine andere materielle Qualität.[630] Auch wenn das InsAnfR erst mit InsEröffnung entsteht (so Rn 101) und der Befriedigung der InsGl und nicht nur einem Gl dient, ist es – anders als der neuen Rspr des BGH zur unterschiedlichen Bestimmung der Rechtshandlung[631] entnommen werden könnte – von dem AnfR nach dem AnfG **nicht wesensverschieden**. Vielmehr ist die Anf nach dem AnfG (§§ 3, 4) mit der allgemeinen Anf nach der InsO (§§ 133, 134) grds „wertungskongruent". Zwischen beiden besteht jedenfalls im Grundsatz kein substantieller teleologischer Unterschied.[632] Ein rechtshängiges Verf über den AnfAnspruch eines Gl wird durch die InsEröffnung unterbrochen und kann durch den InsVerw oder Sachwalter aufgenommen werden (§ 17 Abs 1 AnfG),[633] ebenso bei einem rechtskräftigen, aber noch nicht vollstreckten

---

628 Vgl *BGH* ZIP 1995, 1205, insoweit in *BGHZ* 130, 38 nicht abgedr; 2011, 1114 Rn 7; *OLG Karlsruhe* NZI 2014, 121 f (Vergleich bis zur Grenze der Insolvenzzweckwidrigkeit wirksam) mit Anm *Ganter* S 122 f; MK/*Kayser* § 129 Rn 196, 222–224; *Uhlenbruck/Ede/Hirte* § 43 Rn 92 f; *K/P/B/Jacoby* § 143 Rn 7. Zum **Vergleich** über AnfAnsprüche und zu dabei möglichen Schadensersatzansprüchen *Kreft* FS K Schmidt, S 965 ff.

629 *Thole* ZIP 2014, 1659. Wohl großzügiger *Buchalik/Hiebert* ZInsO 2014, 109, 111 ff.

630 Vgl *Kirchhof* AnfG, § 16 Rn 12; § 17 Rn 17. Eingehend *Jungclaus* KTS 2013, 23 ff. Im Einzelnen zum Verhältnis der InsAnf zur GlAnf MK/*Kayser* § 129 Rn 200–213.

631 So Rn 12; vgl bereits *BGH* ZIP 1995, 1206, insoweit nicht abgedr in *BGHZ* 130, 40.

632 *Thole* ZZP 121 (2008), 87 f; *ders* Gläubigerschutz, S 317 ff, 320. Zu Gemeinsamkeiten und Unterschieden zwischen Ins- und EinzelGlAnf *Kirchhof* ZInsO 2013, 1813 ff; zu § 3 AnfG einerseits und § 133 andererseits *ders* FS Ganter, S 237 ff.

633 Zum vereinfachten InsVerf *BGH* ZInsO 2010, 230 ff; *Kirchhof* AnfG, § 16 Rn 13.

Urteil.[634] Das gilt auch, soweit die Klage zugleich auf andere **Rechtsnormen** (zB über unerlaubte Handlung), gestützt wird.[635] Bei einer InsEröffnung und Aufnahme des Verf in der Revisionsinstanz soll sich der InsVerw weiter auf die AnfVorschriften des AnfG stützen können.[636] Ist der AnfGegner allerdings **vor** der **Eröffnung des InsVerf** aufgrund v Vorschriften des AnfG in Anspruch genommen worden, scheidet ein Anspruch auf Rückgewähr zur InsMasse im Umfang der Erfüllung des AnfAnspruchs aus.[637] Problematisch ist die Frage, ob sich der AnfGegner bei Gläubigeranfechtung auf die dem Schu erteilte Restschuldbefreiung berufen kann.[638]

8. Abtretbarkeit. Nach der **Rspr des RG** konnte das AnfR des Konkursverwalters **nicht abgetreten** werden. Dies wird aus Zweck und Wirkungen der Anf abgeleitet.[639] Der BGH hat – soweit ersichtlich – nie ausgesprochen, dass die Abtretung des konkursrechtlichen AnfR nicht möglich sei. Doch hat er wiederholt darauf hingewiesen, das konkursmäßige AnfR sei eigens für die Konkurszwecke geschaffen und untrennbar mit dem Amt des Konkursverwalters verbunden.[640] Henckel[641] hat – unter überzeugender Zurückweisung anderer Argumente des RG – die Unabtretbarkeit aus dem Zweck des Rückgewähranspruchs hergeleitet, die rechtliche Zuständigkeit der haftungsrechtlichen Lage anzupassen. Die haftungsrechtliche Zuordnung sei an die Konkursmasse gebunden; sie erlösche mit der Konkursbeendigung und mit der Freigabe an den GemeinSchu, könne also von der Masse nicht getrennt werden. Die Abtretung des anfrechtlichen Wertersatzanspruchs hat Henckel (aaO) demgegenüber für möglich gehalten. 112

Eckardt[642] hat nachgewiesen, dass weder die haftungsrechtliche Zuordnung des anfechtbar weggegebenen Gegenstandes noch ein Ausübungsmonopol des InsVerw oder der Zweck von InsVerf und Anf einer Abtretung des AnfR entgegenstehen.[643] Im Anschluss daran wurde im Schrifttum zunehmend eine Abtretbarkeit des AnfR angenommen.[644] Dem hat sich der BGH angeschlossen.[645] Demzufolge ist der **InsVerw grds zu einer Abtretung des InsAnfAnspruchs berechtigt**. Diese darf allerdings nicht inszweckwidrig sein, also nicht in offensichtlichem Widerspruch zum Zweck des InsVerf stehen, die Gl gleichmäßig zu befriedigen.[646] Diese Grenze ist nicht überschritten, wenn der Gegenwert für die Abtretung „nicht jeglicher tatsächlicher und rechtlicher Grundlage" entbehrt. Bloße Einschätzungsfehler führen nicht zur Unwirksamkeit der Abtretung, sondern können ggf lediglich eine Haftung des InsVerw nach 113

---

634 *OLG München* FGPrax 2017, 68.

635 *BGHZ* 143, 249 ff = ZIP 2000, 239 f. Verfolgte der Gl neben dem AnfR zugleich einen Schadensersatzanspruch aus einem **anderen Lebenssachverhalt**, tritt wegen dieses Anspruchs eine Unterbrechung nicht ein, MK/*Kayser* § 129 Rn 204.

636 *BGHZ* 143, 252 = ZIP 2000, 240; dazu MK/*Kayser* § 129 Rn 205 unter Aufnahme der Kritik v *Henckel* FS 50 Jahre BGH, S 794 ff; *Thole* ZZP 121 (2008), 88; *ders* Gläubigerschutz, S 320 f; krit auch *Kirchhof* AnfG, § 16 Rn 12.

637 *BGH* ZIP 2013, 131 Rn 15–25 mit Anm *Lau* EWiR 2013, 327 f; so Rn 101, su § 143 Rn 4.

638 *BGH* 12.11.2015 – IX ZR 301/14; *OLG Düsseldorf* 1.6.2017 – I-12 U 4/16 (Revision anhängig unter *BGH* IX ZR 163/17). Dazu auch *Thole*/Prax 2016, 453.

639 Vgl *RGZ* 30, 75 ff; *RG* JW 1909, 658.

640 *BGHZ* 83, 105 = ZIP 1982, 468; 86, 196 = ZIP 1983, 192; 106, 129 = ZIP 1989, 48; 118, 381 = ZIP 1992, 1007 f.

641 *Jaeger/Henckel* KO § 37 Rn 83.

642 KTS 1993, 585 ff.

643 Vgl dazu *Bork/Gehrlein*, 11. Aufl, Rn 201 ff.

644 Vgl die Nachweise in HK-InsO, 6. Aufl, Rn 92.

645 *BGH* ZIP 2011, 1114 mit Anm *M Huber* EWiR 2011, 433 f; 2013, 531 mit Anm *D Schulz* EWiR 2013, 329 f. Krit *Smid* ZInsO 2015, 1716, 1720 aufgrund seines Verständnisses von § 144.

646 *BGH* ZIP 2013, 531 Rn 8–10; *A/G/R/Gehrlein* § 129 Rn 18.

§ 60 begründen.[647] Im Einzelnen sind viele mit der Abtretung des InsAnfR verbundene Fragen noch ungeklärt. Insb ist ungeklärt, ob der abgetretene Anfanspruch mit Verfahrensbeendigung erlischt,[648] was mit Blick auf die Präventionsfunktion der Anfechtung jedenfalls in solchen Fällen verneint werden sollte, in denen in der Abtretung die Verwertung des Anspruchs liegt, also die Masse vom Zessionar befriedigt wird, der dann das Einbringungsrisiko übernimmt. Der BGH hat jedoch zu erkennen gegeben, dass einiges dafür sprechen könnte, bei einem InsPlan im gestaltenden Teil analog § 259 Abs 3 vorzusehen, dass der Abtretungsempfänger einen anhängigen Rechtsstreit fortführen darf, und bei einer VerfAufhebung zugunsten des Zessionars eine Nachtragsverteilung anzuordnen.[649] ME bedarf es der Ermächtigung insoweit nicht.[650] Ungeklärt ist auch, wie sich die Abtretung des InsolvenzAnfAnspruchs auf die EinzelGlAnf auswirkt, soweit der InsolvenzAnfAnspruch nach Verfahrensbeendigung bestehen bleibt. Insoweit hat der BGH ausgeführt, dass ein EinzelGlAnfAnspruch infolge einer Abtretung nach Beendigung des InsVerf (grds) nicht nach § 18 AnfG wieder auflebt, sondern erlischt,[651] wobei noch offen ist, ob der GlAnfAnspruch bereits m der Abtretung, m der (vorbehaltslosen) Aufhebung des InsVerf oder erst m der Einziehung des Anspruchs durch den Zessionar erlischt.[652] Wird der InsolvenzAnfAnspruch nach Verfahrensbeendigung tendenziell zu einer gewöhnlichen Forderung in der Hand des Zessionars, dürfte einiges dafür sprechen, das Erlöschen an die Einziehung des Anspruchs durch den Zessionar bzw die Erfüllung durch den AnfGegner zu knüpfen, der sich auf diese Weise einer doppelten Inanspruchnahme entledigen kann. Wegen der m einer Abtretung verbundenen weiteren Fragen wird insb auf MK/*Kayser* § 129 Rn 214–221 verwiesen.

114 **9. Anfechtungsgegner.** Die Anf richtet sich grds gegen denjenigen, demgegenüber die anfechtbare Handlung vorgenommen wurde, dh gegen den **Empfänger** des anfechtbar übertragenen oder begründeten Rechts.[653] Leistet der Schu in anfechtbarer Weise an einen v Gl mit dem **Empfang** der Leistung **beauftragten** Dritten, ist der **Gl** AnfGegner und zur Rückgewähr der Leistung verpflichtet.[654] Das gilt auch bei Inkassozession nach Weiterleitung an den Forderungsinhaber.[655] Bei der anfechtbaren Übertragung einer Sache zu **Miteigentum** schuldet jeder Miteigentümer die Rückgewähr seines Anteils.[656] Bei **mittelbarer Zuwendung** (vgl oben Rn 41) ist **AnfGegner** iRd DeckungsAnf nach §§ 130, 131 **idR der mittelbare Empfänger**, nicht die Mittelsperson.[657] Diese kommt nur insoweit, aber immerhin als Anf-

647 *BGH* ZIP 2013, 531 Rn 10; vgl *K Schmidt/Büteröwe* § 143 Rn 17.
648 So wohl MK/*Kayser* § 129 Rn 221 iVm 210.
649 *BGH* ZIP 2011, 1114 Rn 13.
650 *Thole* ZIP 2014, 1653, 1656.
651 *BGH* ZIP 2011, 1114 Rn 14.
652 *BGH* ZIP 2011, 1114 Rn 15.
653 *BGH* NJW 1974, 57 = WM 1973, 1354; NJW 2004, 2163 = ZIP 2004, 863; *Jaeger/Henckel* § 143 Rn 99; *K Schmidt/Büteröwe* § 143 Rn 4; MK/*Kirchhof* § 143 Rn 5; *K/S/W/Schäfer* Rn B537; *A/G/R/Gehrlein* § 129 Rn 20.
654 *BGH* ZIP 2009, 726 Rn 2 mit Anm *Primozic* NZI 2010, 297 f; NZI 2010, 320 Rn 2; ZIP 2010, 531 Rn 12; NZI 2014, 650 Rn 14; MK/*Kirchhof* § 143 Rn 5. Zur Zahlstelleneigenschaft eines Kreditinstituts bei einem Eingang nach gekündigtem, aber noch nicht abgerechnetem Girokonto *BFH* ZInsO 2010, 377 ff.
655 *BGH* 24.9.2015 – IX ZR 308/14 Rn 6 ff; *OLG Brandenburg* NZI 2016, 315.
656 *RGZ* 21, 144; *Jaeger/Henckel* § 143 Rn 100; MK/*Kirchhof* § 143 Rn 6.
657 *RGZ* 133, 291 f; *BGHZ* 142, 287 f = ZIP 1999, 1766; *BGHZ* 174, 228 = ZIP 2008, 125 Rn 35; 174, 314 = ZIP 2008, 190 Rn 14; 193, 129 = ZIP 2012, 1038 Rn 9; *BGH* ZIP 2009, 817 Rn 8; ZIP 2013, 2210 Rn 26; *OLG Stuttgart* ZInsO 2000, 158; MK/*Kirchhof* § 143 Rn 7; *Kayser* FS Ganter, S 230; vgl *Lüke* ZIP 2001, 1 ff.

Gegner in Betracht, als auch sie einen Vorteil erlangt hat.[658] Bei mittelbaren Zuwendungen ist allerdings erforderllich, dass der Dritte erkennen kann, dass der Schu an ihn leisten will.[659] Veranlasst der Schu den Leistungsmittler – etwa einen eigenen Schu (DrittSchu) – mit **GlBenachteiligungsvoratz**, unmittelbar an einen Gl des Schu (etwa einen Subunternehmer) zu zahlen, kommt indes nicht nur gegen den Zuwendungsempfänger (InsGl), sondern **auch gegen den** angewiesenen **DrittSchu** eine Anf nach § 133 Abs 1 in Betracht; beide haften ggf als **GesamtSchu.**[660] Das kann auch in anderen Fällen zutreffen, in denen eine Rechtshandlung gegenüber mehreren Personen anfechtbar ist (sog **Doppelwirkung einer Rechtshandlung**).[661] Bei Gesamtschuldnerschaft steht es dem InsVerw frei, ob er sämtliche Gesamtschuldner oder welchen Verpflichteten er in Anspruch nimmt.[662] Allerdings schließt der Umstand, dass die Leistung gegenüber dem Zahlungsempfänger nicht anfechtbar ist, eine Anf gegenüber dem Leistungsmittler nicht aus; beide AnfMöglichkeiten sind voneinander unabhängig.[663] AnfGegner nach Zahlung des Schu für einen Dritten auf eine nicht werthaltige Forderung im Rahmen eines **Cash-Pooling** ist der Zahlungsempfänger und nicht der Dritte.[664] Macht der Schu hingegen durch eine Leistung an seinen Kunden eine der Bank zur Sicherheit abgetretene Forderung **werthaltig** (so Rn 15, 22), kommt ein AnfAnspruch sowohl gegenüber der **Bank** als auch gegenüber dem **Kunden** in Betracht; beide haften ggf auch hier als **GesamtSchu.**[665] Im Fall einer **umsatzsteuerlichen Organschaft** soll nach dem Urt des *BFH* v 23.9.2009 bei der Zahlung einer zahlungsunfähigen Organgesellschaft für den solventen Organträger als SteuerSchu an das Finanzamt dieses auch dann nicht Anf-Gegner sein, wenn ihm die Eigenschaft eines InsGl zukommt (su § 130 Rn 10); der InsVerw der Organgesellschaft soll sich nur an den Organträger halten können.[666] Dem ist der *BGH* m Urt v 19.1.2012 in einem vergleichbaren, aber gleichwohl „in wesentlichen Punkten" anders gelagerten Fall entgegengetreten.[667] Danach gilt: Zieht das Finanzamt in Fällen einer

---

658 *RGZ* 117, 86; *OLG Hamm* ZInsO 2010, 1005; *Uhlenbruck/Hirte/Ede* § 129 Rn 297; MK/*Kayser* § 129 Rn 49a. Die übrigen Fälle, in denen die Mittelsperson in der Vergangenheit als passivlegitimiert angesehen wurde, bedürfen nach *Kayser* FS Ganter, S 230 einer **Überprüfung**.

659 *BGH* ZInsO 2015, 1609 Rn 2.

660 *BGHZ* 174, 314 = ZIP 2008, 190 Rn 24–26; 193, 129 = ZIP 2012, 1038 Rn 15; *BGH* ZIP 2013, 81 Rn 11; 2013, 371 Rn 21; 2013, 1127 Rn 14. Krit *Bork* ZIP 2008, 1048 f zu 3.2; *K/P/B/Brinkmann* § 145 Anh I Rn 34 ff; *Röttger* Die insolvenzanfechtungsrechtliche Rückabwicklung, S 157–162. Diese Entsch könnten Veranlassung geben, bei mittelbaren Zuwendungen das Verhältnis einer Anf nach § 132 (§ 30 Nr 1 Fall 1 KO) gegenüber der Mittelsperson zu einer DeckungsAnf nach §§ 130, 131 gegenüber dem Zuwendungsempfänger (vgl *BGHZ* 142, 286 ff = ZIP 1999, 1765 f) auf ihre Stimmigkeit in vergleichbaren Fällen zu überprüfen. Vgl auch *BGH* ZIP 2008, 650 Rn 17 (entspr Anwendung auf eine nach § 96 Abs 1 Nr 3 unwirksame Verrechnung); zu beiden Entsch *Kayser* FS Ganter, S 232. Vgl ferner *BFHE* 226, 391 = ZIP 2009, 2455 Rn 33 ff (in einer umsatzsteuerlichen **Organschaft** zahlt die Organgesellschaft kurz vor Eröffnung des InsVerf über ihr Vermögen die Steuerschuld des solventen Organträgers an das Finanzamt, das jedoch weder die Zahlungsunfähigkeit noch einen GlBenachteiligungsvorsatz der Organgesellschaft [nicht: des Organträgers] kannte, so dass eine Anf nach § 133 ausschied; su § 130 Rn 10).

661 *BGHZ* 192, 221 = ZIP 2012, 280 Rn 29, 33 mwN; 2013, 223 Rn 18.

662 *BGHZ* 192, 221 = ZIP 2012, 280 Rn 33; *BGH* ZIP 2008, 372 Rn 17; 2013, 223 Rn 18.

663 *BGH* ZIP 2013, 371 Rn 21.

664 *BGHZ* 162, 280 f = ZIP 2005, 768 f; *BGH* ZIP 2006, 957 Rn 10; vgl auch *BGH* ZIP 2008, 1385 Rn 20; 2013, 1826 Rn 29–31.

665 *BGH* ZIP 2008, 372 Rn 16 f; 2008, 1435 Rn 33.

666 *BFHE* 226, 391 = ZIP 2009, 2455 Rn 30 ff mit Anm *Weiß* EWiR 2010, 367. Vgl insoweit *BGHZ* 181, 132 = ZIP 2009, 1235 Rn 33 zur **Leistungskette**.

667 *BGHZ* 192, 221 = ZIP 2012, 280 Rn 37; vgl auch *OLG Hamm* ZInsO 2013, 1426.

umsatzsteuerlichen Organschaft der Steuerschuld des Organträgers entspr Beträge aufgrund einer Lastschriftermächtigung vom Konto der Organgesellschaft ein, so macht es den steuerrechtlichen Haftungsanspruch aus § 73 AO gegen die Organgesellschaft geltend. Gerät diese in Insolvenz, erlangt das Finanzamt die Zahlung als deren InsGl. Erbringt der Schu einer noch nicht durchsetzbaren steuerrechtlichen Haftungsverbindlichkeit eine Zahlung an das Finanzamt, ist davon auszugehen, dass er dadurch seine Haftungsverbindlichkeit und nicht die ihr zugrunde liegende Steuerschuld des Dritten tilgen will. AnfGegner können auch der **Rechtsnachfolger** des ersten Empfängers des aus dem SchuVermögen anfechtbar weggegebenen oder begründeten Rechts und weitere Rechtsnachfolger (§ 145), in seltenen Fällen auch der **Schu selbst**[668] sowie ein **Treuhänder** des Schu sein. Ist aus dem Vermögen des Schu jedoch lediglich eine formelle Rechtsposition ausgeschieden und kann der (frühere) **Treuhänder** diese formelle Rechtsposition nicht zurückgewähren, weil das Treuhandverhältnis beendet ist, so kam nach früherer Rspr ein Wertersatzanspruch gegen den Treuhänder nicht in Betracht, wenn dieser sich das Treugut nicht wirtschaftlich zugeführt hatte.[669] Von dieser Rspr ist der BGH im Fall der VorsatzAnf m Rücksicht auf die Rechtsfolgenverweisung des § 143 Abs 2 S 1 abgerückt.[670] Die Krankenkasse (§ 4 Abs 2 SGB V) als **Einzugsstelle** (§§ 28h, 28i SGB IV) von Gesamtsozialversicherungsbeiträgen (§ 28d SGB IV) ist AnfGegner bei einer Anf der Zahlung derartiger Beiträge auch insoweit, als die Beiträge im Innenverhältnis anderen Versicherungsträgern zustehen.[671] Die Einzugsstelle ist wie ein Vollrechtsinhaber anzusehen.[672] Das Gleiche gilt für **Sozialkassen im Baugewerbe**, die kraft tarifvertraglicher Ermächtigung Arbeitgeberbeiträge in einem Gesamtbetrag einziehen, auch soweit sie fremdnützig eingezogene Beiträge an die berechtigten Sozialkassen ausgekehrt haben.[673] Eine ähnliche Situation besteht bei der privaten Betreiberin des Systems zur Erhebung der **LKW-Maut,** an die ein Schu Zahlungen im GuthabenabrechnungsVerf erbracht hat.[674] Das **Bundesland**, dem **Umsatzsteuern** anfechtbar zugeflossen sind, ist AnfGegner auch für den Anteil der an den Bund abzuführen ist.[675] Der Anspruch auf Rückzahlung von **Prämien** auf eine vom Schu für seine Arbeitnehmer unter Einräumung eines unwiderruflichen Bezugsrechts abgeschlossene Direktversicherung, die im EinzugsermächtigungsVerf vom Geschäftskonto des Schu abgebucht wurden, richtet sich nicht gegen die Arbeitnehmer, sondern gegen den Versicherer.[676] Erbringt der Schu auf Grund eines **„letter of intent"** Werkleistungen, kommt ein Werkvertrag aber nicht mit dem Schu, sondern zwischen dem Leistungsempfänger und einem Dritten zustande und wird diesem der volle Werklohn ausgezahlt, können die vom Schu erbrachten Werkleistungen gegenüber dem Dritten als unentgeltliche Leistung anfechtbar sein.[677] Wird die vom Schu erklärte **Genehmigung der Lastschrift** aus einer Einzugsermächtigung angefochten, ist AnfGegner

---

668 Vgl MK/*Kirchhof* § 145 Rn 17a; su § 145 Rn 7. Im Allg ist der Schu nicht tauglicher Gegner eines InsAnfAnspruchs, *BGH* 13.10.2011 – IX ZR 80/11, Rn 3. Nach GlAnfR ist eine Anf gegen den Schu gänzlich ausgeschlossen, zutr *Kirchhof* ZInsO 2011, 2009–2011; **aA** *BFHE* 229, 29 = ZIP 2010, 1356 Rn 25–29; *BGHZ* 190, 267 = WM 2011, 1955 Rn 11 (V ZS).
669 *BGHZ* 124, 302 f = ZIP 1994, 220; 142, 289 = ZIP 1999, 1766; MK/*Kirchhof* § 143 Rn 5; so Rn 44.
670 *BGHZ* 193, 129 = ZIP 2012, 1038 Rn 13, 30–35.
671 *BGH* NJW 2004, 2163 = ZIP 2004, 862 f; ZIP 2006, 957 Rn 8; 2007, 2228 Rn 4; ZIP 2013, 2210 Rn 27; dazu *Jaeger/Henckel* § 143 Rn 99; MK/*Kirchhof* § 143 Rn 5a; *Kayser* FS Ganter, S 232 f.
672 *BGH* ZIP 2004, 863 lSp aE; ZIP 2013, 2210 Rn 28.
673 *BGH* NJW 2004, 2163 f = ZIP 2004, 862 f; ZIP 2005, 38 f; ZIP 2013, 2210 Rn 27.
674 *BGH ZIP* 2013, 2210 Rn 29 mit zust Anm *Lange* NZI 2013, 1071.
675 *OLG Hamm* ZIP 2006, 1105; bestätigt durch *BGH* ZIP 2007, 2228 Rn 4 (NichtzulassungsBeschl); *OLG Hamm* ZIP 2010, 996; *A/G/R/Gehrlein* § 129 Rn 22.
676 *OLG Karlsruhe* ZIP 2007, 290 (die Revision IX ZR 20/07 wurde zurückgenommen).
677 *BGH* ZIP 2007, 1120 Rn 15.

der **Gl als Empfänger** der Leistung, im allg **nicht** die einlösende **Bank**.[678] Für die Anf der Einlösung einer **SEPA-Lastschrift** durch die Bank muss das Gleiche gelten.[679]

VIII. Auskunftsanspruch

115 Die **InsO sieht** einen **Auskunftsanspruch** des InsVerw gegen Gl, die im Wege der InsAnf in Anspruch genommen werden sollen, **nicht vor**.[680] Einen allg, nicht aus bes Rechtsgründen abgeleiteten, sondern allein auf **§ 242 BGB** gestützten Auskunftsanspruch gibt es nicht.[681] Allerdings kann ein Anspruch auf Auskunftserteilung bei Rechtsverhältnissen zu bejahen sein, deren Wesen es mit sich bringt, dass der Berechtigte in entschuldbarer Weise über Bestehen und Umfang seines Rechts im Ungewissen, der Verpflichtete hingegen in der Lage ist, unschwer solche Auskünfte zu erteilen. Voraussetzung ist grds eine bereits bestehende bes rechtliche Beziehung zwischen dem Berechtigten und dem Verpflichteten.[682] Deshalb ist ein Auskunftsanspruch des InsVerw gegen den AnfGegner grds nur gegeben, wenn der **AnfAnspruch** selbst **dem Grunde nach feststeht**[683] und es nur noch um die nähere Bestimmung von Art und Umfang des Rückgewähranspruchs geht.[684] Das setzt voraus, dass der InsVerw den Sachverhalt, der den Tatbestand einer AnfNorm erfüllt, darlegt und notfalls beweist.[685] Dieser Auskunftsanspruch ist – wie der AnfAnspruch selbst –[686] ein zivilrechtlicher Anspruch, auch wenn er sich gegen die öffentliche Hand, etwa gegen die Finanzveraltung richtet.[687] Besteht nicht mehr als ein, wenn auch durch bestimmte Umstände begründeter, Verdacht, ein Dritter habe vom Schu in anfechtbarer Weise etwas erhalten, ist dem InsVerw ein Auskunftsanspruch gegen den Dritten zu versagen,[688] mag der InsVerw auch trotz Ausschöpfung seiner rechtlichen Möglichkeiten (vgl § 5 Abs 1, §§ 97, 98, 101) vom Schu, dessen Vertretern oder Angestellten sowie von Zeugen ausreichende Auskünfte nicht erhalten haben.[689] Aus dem begründeten Verdacht anfechtbaren Erwerbs ist ein Auskunftsanspruch selbst dann nicht herzuleiten, wenn der Verdacht sich auf die Feststellung anderer anfechtbarer Vermögensverfügungen gründet. Denn jede selbstständige anfechtbare Rechtshandlung begründet einen bes Rückgewähranspruch.[690] Mit Ansprüchen auf

678 *BGHZ* 161, 56 f = ZIP 2004, 2444; 174, 84 = ZIP 2007, 2273 Rn 44; *BGH* ZIP 2008, 1241 Rn 11; WM 2010, 2167 Rn 10; ZIP 2011, 2398 Rn 17 (XI ZS) mwN; so im Erg auch bereits *Bork* FS Gerhardt, 2004, S 84–87; vgl auch *BGH* ZIP 2013, 1127 Rn 37; zum Bargeschäft in einem solchen Fall *BGHZ* 177, 69 = ZIP 2008, 1977 Rn 47; *BGH* ZIP 2008, 1241 Rn 12 ff; 2009, 1334 Rn 10 f (su § 142 Rn 7).

679 *Obermüller/Kuder* ZIP 2010, 355 zu 3.

680 *BGH* ZIP 2008, 565 Rn 9; 2009, 1823 Rn 5.

681 *BGHZ* 74, 380 ff = WM 1979, 921 f.

682 *BGHZ* 191, 259 Rn 20 mwN (XII ZS); *BGH* NJW 1978, 1002 f; 2007, 1807 = WM 2007, 1098 Rn 13.

683 *RGZ* 150, 46; *BGHZ* 74, 380 f = WM 1979, 920 f; *BGH* NJW 1978, 1002 f; *K Schmidt/Büteröwe* § 143 Rn 36.

684 *BGH* NJW 1987, 1813; 1998, 2970; 1999, 1034 = ZIP 1999, 317; ZIP 2009, 1823 Rn 7; *BFH* ZIP 2010, 1660 Rn 7; 2011, 883 Rn 8; *FG Düsseldorf* ZIP 2009, 732 f; *Jaeger/Henckel* § 143 Rn 165; *Gundlach/Frenzel/Schmidt* DStR 2002, 1910; *Gundlach/Flöther* NZI 2009, 720; *K/S/W/Schäfer* Rn B551; *K/S/W/Kummer* Rn P171.

685 *BGH* NJW 2000, 3778; MK/*Kirchhof* § 143 Rn 14a.

686 Su Rn 119.

687 *BFH* ZIP 2010, 1660 Rn 11; 2011, 883 Rn 8; MK/*Kirchhof* § 143 Rn 14a.

688 *BGH* NJW 1999, 1034; ZIP 2009, 1823 Rn 7; *BFH* ZIP 2013, 1133 Rn 22; *FG Düsseldorf* ZIP 2009, 733; MK/*Kirchhof* § 143 Rn 14a.

689 *BGHZ* 74, 381 = WM 1979, 322.

690 Vgl *BGH* NJW 1987, 1813; ZIP 2009, 1823 Rn 7; *Jaeger/Henckel* § 143 Rn 165; aber auch MK/*Kirchhof* § 143 Rn 14a.

Auskunftserteilung nach dem **Informationsfreiheitsgesetz (IFG)** des Bundes[691] und entspr G der Länder[692] hatte der BGH sich bislang nur am Rande zu befassen.[693] Derartige Ansprüche sind nicht im ordentlichen Rechtsweg, sondern nach einem behördlichen VorVerf vor den **Verwaltungsgerichten** durchzusetzen.[694]

IX. Internationales Anfechtungsrecht; anwendbares Recht

116 Im internationalen Anfechtungsrecht ist zu unterscheiden zwischen der internationalen Zuständigkeit für die Anfechtungsklage und der Frage nach dem anwendbaren Recht. Zur **int Zuständigkeit nach der EuInsVO** su Rn 120.

Im Mittelpunkt des int AnfR steht die Frage nach dem **AnfStatut, dh dem anwendbaren Recht**. Dazu wurden **früher** drei Möglichkeiten diskutiert:
- Maßgebend ist – wie nach § 19 AnfG[695] – die lex causae, dh das AnfR des Staates, dessen Recht die Wirkungen der Rechtshandlung unterliegen (sog **Wirkungsstatut**);
- anzuwenden ist das AnfR des Staates, in dem das InsVerf eröffnet wurde (sog **InsStatut**);
- das AnfR richtet sich **kumulativ** sowohl nach Ins- als auch nach Wirkungsstatut.[696]

Die letztgenannte Auffassung lag **Art 102 Abs 2 EGInsO** aF zugrunde.

Unterdessen wurde das int InsR grdl geändert. An die Stelle des Art 102 EG InsO aF traten als mit G v 14.3.2003[697] neu gefasster Elfter Teil der InsO deren §§ 335–358. Für den Bereich der EU (mit Ausnahme Dänemarks) trat am 31.5.2002 die VO (EG) Nr 1346/2000 des Rates v 29.5.2000 über InsVerf – EuInsVO[698] – in Kraft. Art 102 EG InsO nF enthält nur noch Bestimmungen zur Durchführung der EuInsVO. Die InsAnf ist nunmehr allseitig geregelt in § 339 InsO und – inhaltlich übereinstimmend – in Art 7 Abs 2 Buchst m iVm Art 16 EuInsVO. Danach richtet sich die InsAnf grds nach dem Recht des Staates der VerfEröffnung. Dies gilt uneingeschränkt für Formen, Fristen und Rechtsfolgen der Anf.[699] In der Sache hat eine InsAnf nach diesem Recht aber nur Erfolg, wenn der AnfGegner nicht nachweisen kann, dass für die Rechtshandlung das Recht eines anderen Staates maßgebend und sie nach diesem Recht in keiner Weise angreifbar ist. Die EuInsVO wurde mit Wirkung zum 26.6.2017 reformiert. Eine sachliche Änderung war damit im Hinblick auf das anwendbare Recht nicht verbunden.

---

691 V 5.9.2005, BGBl I, 2722, zuletzt geändert durch Art 2 Abs 6 des G v 7.8.2013, BGBl I, 3154.

692 Vgl etwa die Nachweise bei *Blank/Blank* ZInsO 2009, 1881 Fn 2. In Bayern gibt es kein LandesIFG; vgl *VG München* ZIP 2013, 2229 f.

693 *BGH* ZIP 2009, 1823 Rn 8; vgl auch *Pape/Pape* ZInsO 2010, 1364 zu k).

694 *BVerwG* ZIP 2012, 1258 f; 2012, 2417 ff mit Anm *Blank* EWiR 2013, 207 f (Vorlageschl zum Gemeinsamen Senat der obersten Gerichtshöfe des Bundes; das Verf erledigte sich, weil der divergierende BFH sich der Meinung des *BVerwG* anschloss, *BFH* ZIP 2013, 1252 [noch nicht berücksichtigt von *BFH* ZIP 2013, 1133 Rn 27]; *BVerwG* ZIP 2013, 1252 Rn 3); 2013, 1252 Rn 4; *BSG* ZIP 2012, 2321 ff; *FG Münster* ZIP 2012, 2323 f. Vgl *Eisolt* DStR 2013, 1872. Zu früherer Rspr zu den InformationsfreiheitsG HK-InsO, 6. Aufl, § 129 Rn 94. Zu Auskunftsansprüchen von InsVerw nach dem Hamburgischen TransparenzG *Bruns* ZInsO 2013, 1892. Zu **Grenzen** des Anspruchs auf Informationszugang *VG Frankfurt/M* ZIP 2013, 2377 ff.

695 Dazu *BGH* ZIP 2012, 234 Rn 13.

696 Vgl die Nachweise in *BGHZ* 134, 120 ff = ZIP 1997, 151 ff.

697 BGBl I, 345.

698 Kommentiert in Kap VI.

699 Vgl MK/*Kirchhof* Vor §§ 129–147 Rn 107.

Im Einzelnen ist zu unterscheiden: 117

In einem deutschen InsVerf gilt nach Art. 7 Abs 2 Buchstabe m EuInsVO das Insolvenzstatut als Anfechtungsstatut (lex fori concursus). Dem gilt deutsches Recht. Es kommt aber das „Veto-Recht" des Art 16 EuInsVO in Betracht. Dazu ist zunächst die konkret angefochtene Rechtshandlung nach deutschem Recht zu qualifizieren (zB als unentgeltliche Leistung, als Verfügung etc), und dann zu fragen, welches Recht nach allgemeinen, durch die Rom-Verordnungen weitgehend harmonisierten Regeln des deutschen IPR auf diese Handlung anwendbar ist (lex causae).[700] Ist dieses Recht das Recht eines anderen Mitgliedstaats, kommt es darauf an, ob die Rechtshandlung nach diesem Recht in keiner Weise angreifbar ist. Wird dagegen auf das Recht eines Drittstaats verwiesen, bleibt es bei der Grundregel des Art 7 EuInsVO.

§ 339 kommt nur zum Tragen, soweit es um Anfechtungssachverhalte geht, die Verfahren in Drittstaaten betreffen, etwa wenn in einem deutschen Prozess über die Anfechtbarkeit des Erwerbs zu entscheiden ist, weil ein InsVerf in einem Drittstaat anhängig ist. Dann verweist § 339 ebenfalls auf die lex fori concursus, schränkt sie aber gleichfalls durch die lex causae ein. 118

X. Prozessuales

1. Rechtsweg. Der insrechtliche AnfAnspruch nach §§ 129 ff, 143 findet seine Rechtsgrundlage allein in der InsO (früher: KO, GesO). Er ist daher ein originär zivilrechtlicher/bürgerlichrechtlicher Anspruch (sog **AnfStatut**). Der Rechtsstreit über einen InsAnfAnspruch gehört daher gem § 13 GVG **ausschließlich vor die Zivilgerichte** als Teil der ordentlichen Gerichtsbarkeit. Das Rechtsgebiet, dem die angefochtenen Rechtshandlungen angehören (sog **Wirkungsstatut oder lex causae**), ist für die InsAnf und damit für die Bestimmung des Rechtswegs **ohne Bedeutung**.[701] Deshalb ist der **Rechtsweg zu den Zivilgerichten auch für InsAnfKlagen gegen Rechtshandlungen aus** Rechtsgebieten gegeben, die – wie das **Arbeitsrecht** und das **öffentliche Recht m Einschluss** des **Sozialversicherungsrechts** und des **Steuerrechts** – grds nicht zum Zuständigkeitsbereich der Zivilgerichte gehören. Dieses Verständnis entspricht einhundertjähriger richterlicher Praxis, der ganz überwiegenden Meinung im Schrifttum und wird auch vom Gesetzgeber geteilt.[702] Gleichwohl **wichen** das **BAG** und – auf Vorlage des BGH – der **Gemeinsame Senat der obersten Gerichtshöfe des Bundes** für die InsAnf von **Lohnzahlungen** von diesem Konsens **ab**.[703] Sie ordneten derartige InsAnf-Klagen als bürgerliche Rechtsstreitigkeiten zwischen Arbeitnehmer und Arbeitgeber (BAG: zwischen Arbeitnehmer und dem Rechtsnachfolger des Arbeitgebers) aus dem Arbeitsverhältnis ein und hielten deshalb den **Rechtsweg zu den Gerichten für Arbeitssachen** für gegeben. Das anscheinend zugrunde gelegte oder zumindest einzig in Betracht kommende Sachargument, es ginge bei der Anf quasi um Leistungsstörungen im Arbeitsverhältnis, ist verfehlt. Erst recht verfehlt sind die sozialpolitischen Motivationen, den Arbeitnehmer die (Kosten-)Vorteile der Arbeitsgerichtsbarkeit zugute kommen zu lassen; die maßgeblichen Prozessordnungen folgen der Rechtswegfrage und nicht anders herum.[704] Bestrebungen, die **Maßgeblichkeit des Wirkungsstatuts** für den Rechtsweg von InsAnfKlagen auf das **Sozial-** 119

700 *Thole* NZI 2013, 114.
701 *BGH* ZIP 2009, 825 Rn 13; 2011, 683 Rn 6; 4.7.2013 – IX ZR 21/11, Rn 2.
702 Vgl die Nachweise in HK-InsO, 6. Aufl, § 129 Rn 98 sowie bei *Kreft* ZInsO 2009, 578 ff und ZIP 2013, 241 ff; ferner *K/P/B/Jacoby* § 143 Anh Rn 3–3b; *A/G/R/Gehrlein* § 129 Rn 128; MK/*Kirchhof* § 146 Rn 30a; *K Schmidt/Büteröwe* § 143 Rn 39; *Schäfer* InsAnf, Rn 1291.
703 *BAGE* 126, 117 = ZIP 2008, 1499; *BGH* ZIP 2009, 825; Gemeinsamer Senat in *BGHZ* 187, 105 = ZIP 2010, 2418.
704 *Rieble* in: Juristische Studiengesellschaft, Jahresband 2014, S 124.

versicherungsrecht auszudehnen, ist der BGH m Recht entgegengetreten.[705] Der BFH hat ähnlichen Tendenzen bei der InsAnf von **Steuerzahlungen** einen Riegel vorgeschoben.[706] Auf dem **Gebiet des Arbeitsrechts** sucht der BGH – ebenfalls völlig zu Recht – die **Auswirkungen** der Entsch des Gemeinsamen Senats **so gering wie möglich** zu halten.[707] Es liegt die Annahme nahe, die oberflächlich begründeten und rechtspolitisch motivierten **Entsch von BAG und Gemeinsamem Senat seien verfassungswidrig**. In Betracht kommt ein Verstoß gegen die Garantie des gesetzlichen Richters (Art 101 Abs 1 S 2 GG) und gegen Gesetz und Recht (Art 20 Abs 3 GG).[708] Jedenfalls sind sie verfehlt und führen zu einer Rechtszersplitterung und zu einem Auseinanderdriften der Maßstäbe auch im materiellen Recht, wie die Diskussion um das Bargeschäft zeigt (§ 142 Rn 7). In einer Zeit, in der das deutsche Insolvenz- und Sanierungsrecht im internationalen Wettbewerb steht und es verlässlicher Rspr bedarf, ist dies keine Kleinigkeit. Es bleibt zu hoffen, dass die **Spaltung des Rechtswegs** im InsAnfR in möglichst naher Zukunft **beseitigt** wird.[709] Die Reform vom 29.3.2017 hat die Frage nicht geregelt.

Das m der AnfKlage angerufene Zivilgericht soll an einen **wirksamen Bescheid** gebunden sein, m dem das **Finanzamt** eine InsSteuerforderung m einem Vorsteuervergütungsanspruch der Masse verrechnet hat; die **Einwendungen** des InsVerw gegen die Zulässigkeit der Verrechnung (Aufrechnung) sollen im Wege der **Klage** zu den **Finanzgerichten** zu erledigen sein.[710] IF einer nach § 96 Abs 1 Nr 3 wegen anfechtbarer Herstellung einer Aufrechnungslage **unzulässigen Aufrechnung** soll die Frage der Anfechtbarkeit **nicht Rechtsweg bestimmend** sein.[711]

120 **2. Internationale Zuständigkeit.** AnfKlagen unterfielen nach der Rspr des BGH nicht dem Übereinkommen der Mitgliedstaaten der EG über die gerichtliche Zuständigkeit und die Vollstreckung gerichtlicher Entsch in Zivil- und Handelssachen – EuGVÜ – (Art 1 Abs 2

---

705 *BGH* ZIP 2011, 683. **AA** *AG Hbg* 20.2.2013 – 822 C 282/12, BeckRS 2013, 04173 mit krit Anm *Rein* NZI 2013, 738.

706 *BFHE* 238, 325 = ZIP 2012, 2073; 238, 526 = ZIP 2012, 2451 Rn 11 mit Anm *Uhländer* EWiR 2013, 249 f. Der im Urt v 18.9.2012, *BFHE* 238, 505 = ZIP 2013, 1046, (in einem obiter dictum) vertretenen Auff des *BFH*, bei einer InsEröffnung sei der finanzgerichtliche Prozess gegen einen auf GlAnf nach dem AnfG gestützten Duldungsbescheid der Finanzverwaltung vom **InsVerw vor dem Finanzgericht fortzusetzen**, ist freilich zu **widersprechen**. **InsAnfKlagen sind** ungeachtet der in § 191 Abs 1 S 2 AO vorgesehenen Möglichkeit von auf das AnfG gestützten Duldungsbescheiden **stets vor den Zivilgerichten zu führen** (vgl *Kreft* ZIP 2013, 246). Deshalb hat ein FG auf einen entspr Antrag das **Verf an das zust Zivilgericht** zu **verweisen**. Im Streitfall schied dies freilich aus, weil das InsVerf erst wärend des RevisionsVerf eröffnet wurde und § 17a Abs 5 GVG einer Verweisung entgegenstand. Sollte es bei der kritisierten Rspr des BFH bleiben, wäre der InsVerw ggf genötigt, von einer Aufnahme des finanzgerichtlichen Verf nach § 17 Abs 1 S 2 AnfG abzusehen und Klage vor dem Zivilgericht zu erheben. Das könnte ihm aus Rechtsgründen nicht verwehrt werden.

707 Vgl die Nachweise bei *Kreft* ZIP 2013, 251.

708 So *Kreft* ZIP 2013, 241–252; Zust *M Huber* NZI 2013, 681.

709 Zu der schwachen Begründung des BAG und des GemSOGB *Rieble* in: Juristische Studiengesellschaft, Jahresband 2014, S 123 ff. Zu den misslichen Folgen dieser Rechtswegspaltung auch *J Pape* NZI 20/2013, V f Editorial.

710 *BGH* ZIP 2006, 2234 Rn 13–17.

711 *BGHZ* 169, 158 = ZIP 2006, 2178 Rn 26; *BGH* ZIP 2005, 1335; 2006, 2234 Rn 10. M Recht krit *Häsemeyer* Rn 21 106 m Fn 505. Vgl auch *Kreft* FS Fischer, S 302.

Nr 2).[712] Auch das Lugano-Übereinkommen soll auf AnfKlagen nicht anwendbar sein.[713] Nach Inkrafttreten der VO des Rates v 22.12.2000 über die gerichtliche Zuständigkeit und die Anerkennung und Vollstreckung von Entsch in Zivil- und Handelssachen – EuGVVO – und der VO (EG) des Rates v 29.5.2000 über InsVerf[714] – EuInsVO – (so Rn 116) war jedoch zw geworden, ob **Art 3 Abs 1 EuInsVO auf insolvenzrechtliche AnfKlagen anwendbar** ist, ob solche Klagen unter die EuGVVO fallen, der Ausnahmetatbestand des Art 1 Abs 2 lit b EuGVVO mithin enger auszulegen ist als Art 1 Abs 2 Nr 2 EuGVÜ, oder ob die internationale Zuständigkeit für AnfKlagen dem autonomen nationalen Recht der einzelnen Mitgliedstaaten zu entnehmen ist.[715] Auf ein vom BGH eingeleitetes VorabEntschVerf[716] hatte der *EuGH*[717] entschieden, Art 3 Abs 1 EuInsVO sei dahin auszulegen, dass die Gerichte des Mitgliedstaats, in dessen Gebiet das InsVerf eröffnet wurde, für eine InsAnfKlage gegen einen AnfGegner, der seinen satzungsmäßigen Sitz in einem anderen Mitgliedstaat hat, zuständig sind. Diese Entsch hat der *BGH* mit Urt v 19.5.2009 umgesetzt.[718] Seit der VO 2015/848 und der damit reformierten EuInsVO ergibt sich die direkte internationale Zuständigkeit deutscher Gerichte für eine Anfechtungsklage in einem deutschen InsVerf (auch Sekundärverfahren) aus Art 6 EuInsVO; der Analogie zu Art. 3 EuInsVO bedarf es nicht mehr. Das gilt auch dann, wenn das deutsche InsVerf nur Bezüge zu einem Drittstaat hat. Für Anfechtungsklagen in anderen InsVerf in der EU sind deutsche Gerichte insoweit nicht international zuständig. Ggf kann aber (nur) der InsVerw auf diese Zuständigkeit verzichten, um zB in Deutschland einheitlich den Anfanspruch und nicht-insolvenzspezifische Ansprüche geltend zu machen (sog relativ ausschließliche Zuständigkeit; Fall des Art 6 Abs 2 EuInsVO idF der VO 2015/848). Klagt demgegenüber ein InsVerw aus einem Drittstaat, in dem das InsVerf geführt wird, erscheint es richtig, dass sich eine Zuständigkeit deutscher Gerichte aus autonomem Recht ergeben kann (§§ 12 ff ZPO analog), da die EuInsVO die Annexzuständigkeit nur unter der Prämisse eines Verfahrens in einem Mitgliedstaat regeln will. Das gilt, wenn und weil man die EuGVVO nicht anwenden will (wegen Art 1 Abs 2 Buchst b EuGVVO).

Das *LG Essen* hat m Beschl v 25.11.2010[719] dem EuGH die Frage zur VorabEntsch vorgelegt, ob Art 3 Abs 1 EuInsVO auch dann eingreift, wenn neben einem InsAnfAnspruch primär **Ansprüche aus den sog RsprRegeln** analog den Kapitalerhaltungsregeln **der §§ 30, 31 GmbHG aF** geltend gemacht werden. Die Vorlage wurde zwischenzeitlich gestrichen.[720] Der *BGH* hat diese Frage im Urt v 21.7.2011 offengelassen.[721] Mit Wirkung v 26.6.2017 ist die Frage unter Art 6 Abs 2 EuInsVO idF der VO 2015/848 zu lösen (Gerichtsstand des Sachzusammenhangs). Der BGH hat auf Ansprüche aus den sog **Novellenregeln der §§ 32a** 121

712 *BGH* NJW 1990, 990 = ZIP 1990, 246 mit Anm *Balz* EWiR 1990, 257; zuvor bereits *EuGH* Rs 133/78, *EuGHE* 1979, 733 – Gourdain/Nadler.
713 *OLG Köln* ZIP 1998, 75; *OLG München* ZIP 2006, 2403.
714 Kommentiert in Kap VI.
715 Vgl die Nachweise in *BGH* ZIP 2007, 1416.
716 *BGH* ZIP 2007, 1415 mit Anm *Klöhn/Berner* das S 1418 ff.
717 *EuGH* 12.2.2009 – Rs C-339/07, ZIP 2009, 427 m Bespr *Mörsdorf-Schulte* ZIP 2009, 1456 ff und Anm *Hau* KTS 2009, 382 ff; bestätigt durch *EuGH* ZIP 2012, 1049 Rn 25–28. In die gleiche Richtung geht die auf Vorlage des *BGH* (ZIP 2012, 1467) ergangene Entsch des *EuGH* in der Rs C-328/12, wonach Art 3 Abs 1 EuInsVO auch für AnfKlagen gegen einen **AnfGegner mit Sitz außerhalb** des Anwendungsbereichs **der EuInsVO** gilt, ZIP 2014, 181 ff mit Anm *Baumert* NZI 2014, 106 f und *Paulus* EWiR 2014, 85 f.
718 *BGH* ZIP 2009, 1287 m Bespr *Mörsdorf-Schulte* ZIP 2009, 1461 f. So Rn 122.
719 *LG Essen* ZIP 2011, 875.
720 7.5.2012, Rs. C-494/10, ECLI:EU:C:2012:275.
721 *BGHZ* 190, 364 = ZIP 2011, 1775 Rn 31.

und 32b (konkret: § 32a) **GmbHG aF** wegen der **insrechtlichen Natur** der Rechtsfolgen dieser Regeln ohne Anrufung des *EuGH* die Vorschrift des Art 4 EuInsVO (Art. 7 EuInsVO nF) angewandt;[722] auch eine Anf nach § 135 ist ohne weiteres als insolvenztypische Annexstreitigkeit anzusehen. Der EuGH hat die Frage bejaht, ob Art 3 Abs 1 EuInsVO (Art. 6 EuInsVO nF) auf einen Haftungsanspruch aus § 64 GmbHG nF anwendbar ist[723] (so Rn 96). Zu Art 16 EuInsVO s die Ausf dort.

122 **3. Örtliche Zuständigkeit.** Für AnfKlagen ist in erster Linie das Gericht des **allg Gerichtsstandes des AnfGegners** örtlich zuständig (§§ 13–19 iVm § 22 ZPO).[724] Bestrebungen im GesetzgebungsVerf nach einem Gerichtsstand für AnfKlagen am Sitz der InsVerwaltung haben sich nicht durchgesetzt.[725] **§ 19a ZPO** gilt nicht für Aktivprozesse des InsVerw.[726] Deshalb kann auf diese Norm auch nicht die int Zuständigkeit eines dt Gerichts für solche Prozesse gestützt werden.[726] Eine **Ausnahme** besteht lediglich für AnfKlagen, wenn der AnfGegner seinen satzungsmäßigen Sitz in einem anderen Mitgliedstaat der EU hat, deutsche Gerichte für die AnfKlage nach **Art 3 Abs 1 EuInsVO** in der Auslegung des EuGH[727] zuständig sind und nach den deutschen Gerichtsstandsbestimmungen eine örtliche Zuständigkeit nicht begründet wäre. In diesem Fall ist das sachlich zuständige Streitgericht für den Sitz des eröffnenden InsG entspr § 19a ZPO iVm § 3 InsO, Art 102 § 1 EGInsO (hilfsweise) ausschließlich örtlich zuständig.[728] Neben dem allg Gerichtsstand des AnfGegners kommen als **Wahlgerichtsstände** die bes Gerichtsstände des Aufenthaltsortes (§ 20 ZPO), der Niederlassung (§ 21 ZPO) oder des Vermögens (§ 23 ZPO[729]) in Betracht. Auch § 22 (Gerichtsstand der Mitgliedschaft) ist auf Klagen nach § 135 anwendbar.[730] Nicht anwendbar ist der Gerichtsstand des Erfüllungsorts (§ 29 ZPO)[731] – Gegenstand des AnfStreits ist eine gesetzliche Verpflichtung – und derjenige der unerlaubten Handlung (§ 32 ZPO).[732] Dies gilt nach zutr Ansicht auch dann, wenn die Anf auf vorsätzliche Benachteiligung (§ 133) gestützt wird.[733] Denn auch in diesem Fall ist der AnfAnspruch kein Anspruch aus unerlaubter Handlung.[734] Anders kann es nur sein, wenn der Anspruch nicht nur aus AnfVorschriften, sondern zugleich aus unerlaubter Handlung hergeleitet wird.[735] Ob der (ausschließliche) dingliche **Gerichtsstand des § 24 ZPO** für eine AnfKlage gegeben sein kann, ist umstr.[736] Die besseren Gründe dürften für eine Anwendung des § 24 ZPO jedenfalls dann sprechen, wenn mit der Anf das Eigentum an einem Grundstück oder dessen dingliche Belastung oder

---

722 *BGHZ* 190, 364 = ZIP 2011, 1775 Rn 32–46 mit zust Anm *Bork* EWiR 2011, 643 f.
723 *EuGH* 10.12.2014, Rs C-295/13 (H. als InsVerw der G.T. GmbH), ECLI:EU:2014:2410.
724 *OLG Köln* ZIP 1998, 75; *Jaeger/Henckel* § 143 Rn 171; MK/*Kirchhof* § 146 Rn 31; *Uhlenbruck/Ede/Hirte* § 143 Rn 149. Zu § 22 ZPO *B/G/H/Haas* § 143 Rn 106.
725 Vgl *Gerhardt* FS Brandner, S 614.
726 *BGH* ZIP 2003, 1420.
727 *EuGH* 12.2.2009 – Rs C-339/07, ZIP 2009, 427.
728 *BGH* ZIP 2009, 1287 Rn 21–23.
729 *BGH* NJW 1990, 991 = ZIP 1990, 248.
730 *OLG Frankfurt* NZI 2015, 619.
731 Vgl *RGZ* 30, 402; *BGH* NJW 1956, 1921; MK/*Kirchhof* § 146 Rn 32; *Kreft* ZIP 2013, 243.
732 *Henckel* FS Deutsch, 1999, S 974; *K/P/B/Jacoby* § 143 Anh Rn 5; MK/*Kirchhof* § 146 Rn 32.
733 Vgl *BGH* NJW 1990, 991 = ZIP 1990, 247.
734 Vgl *OLG Köln* ZIP 1998, 75; *Jaeger/Henckel* § 143 Rn 171; *Kilger/K Schmidt* § 29 KO Anm 22; MK/*Kirchhof* § 146 Rn 32.
735 Vgl *BGHZ* 153, 176 ff = NJW 2003, 829 f; *UhlenbruckEde/Hirte* § 143 Rn 149; MK/*Kirchhof* § 146 Rn 32.
736 Bejahend *Jaeger/Henckel* § 143 Rn 171; *Kilger/K Schmidt* § 29 Anm 22; vern *Uhlenbruck/Ede/Hirte* § 143 Rn 151; offen gelassen von *BGH* NJW 2001, 2478 = ZIP 2001, 934.

deren Nichtbestehen selbst geltend gemacht wird.[737] Wird eine Zwangsvollstreckungsmaßnahme des AnfGegners – etwa die Pfändung eines Gegenstandes des SchuVermögens – angefochten, greift der (ausschließliche, § 802 ZPO) Gerichtsstand des **§ 771 Abs 1 ZPO nicht** ein. Diese Norm ist nach der insoweit zutr Rspr des BGH auf AnfKlagen gegen den unmittelbaren AnfGegner nicht anwendbar (dazu o Rn 92).[738] Anders liegt es, wenn sich die InsAnf gegen den vollstreckenden Gl des AnfGegners richtet.[739] Bei der Anf eines titulierten Anspruchs kann eine Anwendung von § 767 ZPO geboten sein.[740]

4. Sachliche Zuständigkeit. Die sachliche Zuständigkeit für AnfKlagen richtet sich nach dem **Wert des Streitgegenstandes** (§ 23 Nr 1, § 71 Abs 1 GVG). Dieser wird durch den Klageantrag bestimmt und bemisst sich grds nach dem Betrag der Forderungen, deretwegen angefochten wird, oder entspr dem Wert der veräußerten Gegenstände, welche diese bei Zurückgewährung für die InsMasse haben; im Fall der Rückübertragung von Grundpfandrechten ist dieser Wert zu schätzen.[741] 123

5. Kammer für Handelssachen, Familiengericht. Die **Kammern für Handelssachen** sind für AnfKlagen **nicht zuständig**. Derartige Rechtsstreitigkeiten sind keine Handelssachen iSv §§ 94, 95 GVG,[742] weil der AnfAnspruch von der rechtlichen Einordnung der angefochtenen Rechtshandlung unabhängig ist (so Rn 119).[743] Aus dem gleichen Grund ist das **FamilienG** auch dann **nicht** für InsAnfKlagen **zuständig**, wenn mit der Klage die Rückgewähr von Leistungen aus familienrechtlichen Beziehungen iSv § 266 Abs 1 FamFG verlangt wird.[744] Unberührt bleibt naturgemäß die Zuständigkeit der KfH, wenn in einer allgemeinen handelsrechtlichen Streitigkeit die Anfechtungseinrede erhoben wird oder wenn der InsVerw einen Kaufpreis einklagt, weil er die zuvor erfolgte Verrechnung nach § 96 Abs 1 Nr 3 für unwirksam erachtet. 124

6. Einrede des Schiedsvertrages. Aus einer **vor** Eröffnung des InsVerf getroffenen Schiedsvereinbarung des Schu für Rechtsstreitigkeiten über ein Rechtsverhältnis, auf das sich die anfechtbare Handlung bezieht, ist die Unzulässigkeit der bei einem staatlichen Gericht 125

---

737 MK/*Kirchhof* § 146 Rn 33; HambKomm/*Rogge/Leptien* § 143 Rn 112.

738 *BGH* NJW 1990, 990 = ZIP 1990, 247 f; HambKomm/*Rogge/Leptien* § 143 Rn 113; wohl auch *B/G/H/Haas* § 143 Rn 109; **aA** eine verbreitete Meinung in der Lit, vgl *Jaeger/Henckel* § 143 Rn 16, 66, 68, 171; *Kilger/K Schmidt* § 29 KO Anm 7; *Uhlenbruck/Ede/Hirte* § 143 Rn 150, 172; *Eckardt* KTS 2005, 49 f. So Rn 93.

739 So Rn 94.

740 MK/*Kirchhof* § 146 Rn 39; *Uhlenbruck/Ede/Hirte* § 143 Rn 150, 171; HambKomm/*Rogge/Leptien* § 143 Rn 120.

741 *BGH* 23.3.2009 – IX ZR 55/06, BeckRS 2009, 10968 Rn 1 (dazu auch *Ganter* NZI 2010, 378); *OLG Celle* ZInsO 2001, 131. Vgl im Einzelnen *Jaeger/Henckel* § 143 Rn 170; MK/*Kirchhof* § 146 Rn 35; *Uhlenbruck/Ede/Hirte* § 143 Rn 147, 148; FK/*Dauernheim* § 143 Rn 48; auch *BGH* NJW-RR 1999, 1080; JurBüro 2008, 368 Rn 1; 8.5.2012 – IX ZR 143/10 Rn 2.

742 *RGZ* 96, 57; *LG Dortmund* NZI 2015, 894; *Jaeger/Henckel* § 143 Rn 172; *K Schmidt/Büteröwe* § 143 Rn 40; MK/*Kirchhof* § 146 Rn 36; *Uhlenbruck/Ede/Hirte* § 143 Rn 132; FK/*Dauernheim* § 143 Rn 50; HambKomm/*Rogge/Leptien* § 143 Rn 115; *B/G/H/Haas* § 143 Rn 105; vgl auch *BGH* ZIP 1987, 1134, insoweit nicht abgedr in *BGHZ* 101, 286; **aA** *LG München I* EWiR 1999, 845 mit abl Anm *C Schmitz*; *LG Köln* DB 2001, 1714 f.

743 Vgl *Kreft* ZIP 2013, 243 mwN. Das gilt auch im österreichischen Recht, vgl die bei *König* Die Anf nach der (österreichischen) KO, Rn 17/84 Fn 233 wiedergegebene Rspr des *OGH*.

744 Das verkennt *LG Kleve* NZI 2013, 701; *LG Duisburg* NZI 2016, 423. Zutr die Kritik v *M Huber* NZI 2013, 680 ff. Vgl auch *Jaeger/Henckel* § 143 Rn 173; MK/*Kirchhof* § 146 Rn 36; FK/*Dauernheim* § 143 Rn 48; HambKomm/*Rogge/Leptien* § 143 Rn 115.

erhobenen AnfKlage (§ 1032 Abs 1 ZPO)[745] nicht herzuleiten.[746] Zwar muss der InsVerw die vom Schu geschaffene Rechtslage grds übernehmen. Das gilt aber nicht für AnfAnsprüche. Der **Schu ist nicht berechtigt**, über den AnfAnspruch als den „Gegenstand des Streites" einen Vergleich zu schließen (§ 1030 Abs 1 S 2 ZPO) oder sonst über ihn zu verfügen.[747] Wohlgemerkt gilt diese Ausnahme nur für den Anfechtungsanspruch als solchen. Insoweit steht die Verfügungsmacht über den AnfAnspruch allein dem **InsVerw** oder den **übrigen AnfBerechtigten** (vgl oben Rn 104) zu. Diese können sich insb über den AnfAnspruch vergleichen.[748] Sie **können** deshalb mit dem AnfGegner grds nach § 1030 Abs 1 S 1 ZPO nF eine **wirksame Schiedsvereinbarung treffen**.[749] Der auf ein Absonderungsrecht gestützten Schiedsklage, die (allein) auf einer mit dem Schu getroffenen Schiedsvereinbarung beruht, kann der InsVerw Ansprüche aus InsAnf nach Auff des BGH mangels Kompetenz des Schiedsgerichts und wegens des Justizgewährungsanspruchs weder im Wege der Einrede noch mit der Schieds(wider)klage entgegensetzen. Der InsVerw kann die Einrede der InsAnf aber im Verf auf Vollstreckbarerklärung des Schiedsspruchs erheben, durch den der auf ein Absonderungsrecht gestützten Schiedsklage stattgegeben wurde.[750] Das ist fragwürdig, denn soweit der InsVerw im konkreten Fall an die Schiedsvereinbarung gebunden war (sie betraf ja das Absonderungsrecht, nicht den AnfAnspruch), muss er auch die Möglichkeit haben, eine AnfEinrede zu erheben.[751] Es mutet auch seltsam an, wenn erst die Verurteilung abgewartet werden muss.

126 **7. Prozesskostenhilfe.** Nach § 116 S 1 Nr 1 ZPO erhält eine **Partei kraft Amtes** (ua der InsVerw) auf Antrag PKH, wenn die Kosten aus der verwalteten Vermögensmasse nicht aufgebracht werden können[752] und den am Gegenstand des Rechtsstreits wirtschaftlich Beteiligten nicht zuzumuten ist, die Kosten aufzubringen. § 116 S 1 Nr 2 ZPO ist auf den Antrag des InsVerw nicht anzuwenden, und zwar gleichviel, ob der InsVerw den Betrieb der juristischen Person liquidiert oder – vorerst – fortführt.[753] Gem § 116 S 2 ZPO ist weitere Voraussetzung, dass die beabsichtigte Rechtsverfolgung oder Rechtsverteidigung hinreichende

745 BGBl I, 3224.

746 *BGHZ* 24, 18 = WM 1957, 483 f; *BGH* NJW 1956, 1921; ZInsO 2004, 88 (III ZS); ZIP 2008, 478 Rn 17 (III ZS); 2011, 1477 Rn 14 (III ZS); 2013, 1539 Rn 9; MK/*Kirchhof* § 146 Rn 37a; *Jaeger/Henckel* § 143 Rn 174; *K/P/B/Jacoby* § 143 Anh Rn 8; *B/G/H/Haas* § 143 Rn 107a; MK-ZPO/*Münch* 4. Aufl, § 1029 Rn 50; *Musielak/Voit* 11. Aufl, § 1029 Rn 8; *Stein/Jonas/Schlosser* 22. Aufl, § 1029 Rn 35; *Zöller/Geimer* 30. Aufl, § 1029 Rn 65, § 1030 Rn 11; *Thomas/Putzo/Reichold* 35. Aufl, § 1029 Rn 14; *Kück* ZInsO 2006, 13; *Heidbrink/Gräfin von der Groeben* ZIP 2006, 266 f; *Heidbrink* SchiedsVZ 2009, 259; *C Berger* ZInsO 2009, 1036 f; *Wagner* KTS 2010, 48 f; *Poelzig* ZZPInt 2009, 393 ff; *Heuser* Schiedsgerichtsbarkeit und Mediation im InsVerf, S 38–40; *Flecke-Giammarco/Keller* NZI 2012, 531; *Dahl/Thomas* NZI 2012, 535 f; *Kreft* ZIP 2013, 243 f mwN in Fn 18; eine Bindung des InsVerw an eine Schiedsvereinbarung darüber hinaus in Zweifel ziehend *Schulte-Frohlinde/Wilts* ZInsO 2006, 199; dazu auch *Heuser* aaO, S 41–46.

747 Vgl *BGHZ* 24, 18 = WM 1957, 484.

748 *BGH* ZIP 1995, 1205, insoweit in *BGHZ* 130, 38 nicht abgedr. So Rn 110.

749 MK/*Kirchhof* § 146 Rn 38; *Uhlenbruck/Ede/Hirte* § 143 Rn 145; vgl *Zöller/Geimer* 30. Aufl, § 1030 Rn 11; *Musielak/Voit* 10. Aufl, § 1030 Rn 2; MK-ZPO/*Münch* 4. Aufl, § 1029 Rn 81; *Heidbrink/Gräfin von der Groeben* ZIP 2006, 268; vgl auch *Kück* ZInsO 2006, 16.

750 *BGH* ZIP 2008, 478 Rn 16 ff mit Anm *Schulte-Frohlinde* ZInsO 2008, 383 f und *Wagner/Braem* KTS 2009, 242 ff. Vgl auch *Heidbrink* SchiedsVZ 2009, 260 ff; *Wagner* KTS 2010, 49 f.

751 Krit auch *Wagner* KTS 2010, 49; *Wagner/Braem* KTS 2009, 242 ff.

752 Davon ist iF der Masseunzulänglichkeit grds auszugehen, *BGH* ZIP 2007, 2188 mit Anm *Frind* EWiR 2008, 95 f; ZIP 2008, 944; 2008, 1035 Rn 6; ZInsO 2012, 2198 Rn 1; ZIP 2013, 2112 Rn 11; *BVerwG* ZIP 2006, 1543 Rn 4. Im Fall *OLG Naumburg* NZI 2010, 765 konnten die Kosten aufgebracht werden. Im Einzelnen *Uhlenbruck/Mock* § 80 Rn 192–198.

753 *BGH* ZIP 2005, 1519; 2007, 888; *Uhlenbruck/Mock* § 80 Rn 220.

Aussicht auf Erfolg bietet und nicht mutwillig erscheint (§ 114 letzter HS ZPO; Ausnahme: § 119 Abs 1 S 2 ZPO[754]). Können die Kosten nur zT oder in Teilbeträgen aufgebracht werden, sind die entspr Beträge zu zahlen (§ 116 S 3 ZPO). Zur Durchsetzung eines AnfAnspruchs, der nicht dazu geeignet ist, eine bereits eingetretene Masse**kosten**armut zu beheben, ist PKH idR nicht zu gewähren.[755] Das trifft insb zu, wenn die m dem beabsichtigten Rechtsstreit geltend zu machende Forderung wegen erheblicher Prozess- und Vollstreckungsrisiken bei wirtschaftlicher Betrachtungsweise schwerlich realisiert werden kann.[756] PKH ist jedoch zu bewilligen, wenn die Massekostenarmut infolge der Durchführung des Rechtsstreits, für den PKH beantragt wird, beseitigt werden kann.[757] Im Rahmen der Kostendeckungsprüfung nach § 207 Abs 1 sind der Aktivmasse auch bestrittene Ansprüche zuzurechnen, wenn für ihre gerichtliche Geltendmachung eine iSv § 114 ZPO hinreichende Erfolgsaussicht besteht.[758] Die Ansprüche sind mit dem mutmaßlichen Realisationswert anzusetzen, wobei ebenfalls Prozessaussichten, Werthaltigkeit und Kostenrisiko zu berücksichtigen und abzuwägen sind.[759] Ist zw, ob eine stattgebende Entsch gegen den AnfGegner wirtschaftlich durchzusetzen ist, kann nach Maßgabe der voraussichtlichen Beitreibbarkeit ein prozentualer Abschlag vorzunehmen sein.[760]

Auslegungsschwierigkeiten bereitet vornehmlich die Frage, wann den wirtschaftlich Beteiligten eine **Kostenaufbringung zuzumuten oder nicht zuzumuten** ist. Dies ist grds anhand einer wertenden **Abwägung aller Umstände des Einzelfalls** zu prüfen.[761] Hierbei sind insb die iF des Obsiegens zu erwartende Quotenverbesserung, das Prozess- und Vollstreckungsrisiko und die GlStruktur zu berücksichtigen.[762] **Wirtschaftlich beteiligt** sind diejenigen 127

754 Dazu *BFH* ZInsO 2005, 1216.

755 *BGH* ZIP 2009, 1591f mit Anm *Böcker* DZWIR 2009, 434 ff und *Wagner* EWiR 2009, 757; *BGH* ZIP 2012, 2526 Rn 6; ZInsO 2013, 249 Rn 10; *OLG München* ZIP 2011, 400 (PKH grds zu gewähren, bei Kosten von 13 000 EUR und einer Liquiditätsmasse von 16 000 EUR); vgl auch *Ganter* NZI 2010, 386. Der Sinn dieser Entsch wird von *OLG Celle* ZIP 2010, 1464 – soweit ersichtlich – verkannt; das moniert *Jacoby* EWiR 2010, 473 f mit Recht; nicht zweifelsfrei auch *OLG Celle* ZIP 2012, 1983 f mit krit Anm *Fehst* EWiR 2013, 59 f; *OLG Frankfurt/M* ZInsO 2012, 2395 f. Zutr hingegen *OLG Celle* NZI 2010, 688 f; ZIP 2012, 1428. In *BGH* ZIP 2008, 944 Rn 9 war die Frage, ob PKH auch dann gewährt werden kann, wenn die Masse einschl des verfolgten AnfAnspruchs nicht ausreicht, um die Kosten des InsVerf (§ 54) zu decken, bereits angesprochen worden, aber noch offen geblieben.

756 *OLG Karlsruhe* ZIP 2012, 496.

757 *BGH* ZIP 2012, 2526 Rn 10 mwN; dazu *M Schmidt* ZInsO 2013, 766 ff; *BGH* ZInsO 2013, 249 Rn 9 f; 2013, 496 Rn 6. Damit dürfte die Entsch des *OLG München* ZIP 2012, 1984 ff kaum zu vereinbaren sein.

758 *BGH* ZIP 2012, 2526 Rn 10.

759 *OLG Celle* ZIP 2012, 1429.

760 *BGH* ZIP 2012, 2526 Rn 13; ZInsO 2013, 249 Rn 13.

761 *BGH* ZIP 2011, 98 Rn 9 mwN (VII ZS); *OVG Berlin-Bbg* ZIP 2011, 448 (PKH für einen Antrag auf Zugang nach dem Berliner InformationsfreiheitsG zu den beim Finanzamt geführten Vollstreckungsakten des Schu als Voraussetzung für einen AnfProzess gegen den Steuerfiskus; so Rn 115); *OLG Karlsruhe* ZIP 2012, 495 zu II 2 b.

762 *BGH* ZIP 2006, 682 Rn 15 (RechtsbeschwerdeEntsch zu *OLG Hamm* ZIP 2005, 1711, das an seiner Rspr – vgl auch *OLG Hamm* NZI 2006, 42 – trotz der Kritik ua v *Gelpcke* ZIP 2006, 1522 ff festhält, *OLG Hamm* ZInsO 2007, 1050); *BGH* ZIP 2007, 2188 Rn 9; 2011, 98 Rn 9 (VII ZS); ZInsO 2012, 2198 Rn 2; ZIP 2012, 2275 Rn 8 (V ZS); auch *BGH* ZIP 2013, 2112 Rn 12; ZInsO 2014, 79 Rn 3; *OLG Köln* ZIP 2007, 1030; *OLG Nürnberg* NZI 2007, 592; *OLG Karlsruhe* NZI 2007, 593. Nach *OLG Hbg* ZInsO 2009, 1125 f (insoweit in ZIP 2009, 1636 nicht abgedr) ist den (Ins)Gl bei einer im Fall des Obsiegens zu erwartenden InsQuote von 5 % ein Prozesskostenvorschuss nicht zuzumuten. **AA** *OLG München* ZInsO 2013, 1091 f (abstellen auf den Einzelfall).

InsGl (abgesehen vom Fall der **Masseunzulänglichkeit**[763] nicht **MasseGl**[764]), deren Befriedigungsaussichten sich bei einem erfolgreichen Abschluss der beabsichtigten Rechtsverfolgung konkret verbessern,[765] dh die wenigstens **mit einer tw Befriedigung** ihrer Ansprüche **rechnen** können.[766] Das wird bei **Masseunzulänglichkeit idR nicht zutreffen**.[767] In diesem Fall ist auch AltmasseGl eine Aufbringung der Prozesskosten nicht zuzumuten.[768] Vorschüsse auf Prozesskosten sind solchen Beteiligten zuzumuten, die die erforderlichen Mittel unschwer aufbringen können und für die der zu erwartende Nutzen bei vernünftiger, auch das Eigeninteresse sowie das VerfRisiko angemessen berücksichtigender Betrachtungsweise bei dem Erfolg der Rechtsverfolgung deutlich größer sein wird als die von ihnen aufzubringenden Kosten.[769] Sind Gl, denen die Aufbringung der Prozesskosten zugemutet werden kann, dazu nicht bereit, hat der Rechtsstreit zu unterbleiben.[770] Der **InsVerw**, der im Interesse der InsMasse Prozesse führt, ist (bei Masseunzulänglichkeit) als wirtschaftlich Beteiligter in diesem Sinne **nicht** anzusehen, auch wenn er mit seinem Vergütungsanspruch MasseGl ist. Da er eine im öffentlichen Interesse liegende Aufgabe – die Abwicklung eines geordneten InsVerf – wahrnimmt, fehlt das Merkmal der Eigennützigkeit.[771] **Unzumutbar** ist die Kostenaufbringung idR für **Arbeitnehmer** wegen ihrer Forderungen aufgrund eines Sozialplans oder für die **BA** als Inhaberin auf sie übergegangener Arbeitnehmeransprüche.[772] Ähnliches gilt für **Träger der Sozialverwaltung,**[773] **Allg Ortskrankenkassen** und **Berufsgenossenschaften**[774] (**aA** *KG* ZInsO 2000, 230 mit dem zw Argument, wegen der in der InsO erfolgten Abkehr von der Rangunterscheidung in § 61 KO, § 17 GesO zwischen bevorrechtigten und nicht bevorrechtigten Gl könne nicht mehr davon ausgegangen werden, dass einzelnen Gl grds eine Kostenbeteiligung nicht zumutbar wäre)[775] und soll auch auf den **PSVaG** zutreffen.[776] Bei der **Finanzverwaltung** ist – wie bei anderen Gl (etwa einem Landkreis als Gl übergeleiteter Unterhaltsansprüche)[777] – zu unterscheiden, ob ein Prozesserfolg überwiegend ihr selbst oder den nicht mit einer Vorschusspflicht belasteten InsGl –

763 *BGH* ZIP 2005, 1519; *OLG Celle* ZIP 2013, 904.

764 *BFH* ZInsO 2005, 1216 (MasseGl zwar wirtschaftlich beteiligt, Kostenaufbringung jedoch unzumutbar); *OLG Celle* ZIP 2013, 904; *FG Bbg* EFG 2004, 833. Zur Zumutbarkeit eines Prozesskostenvorschusses für **absonderungsberechtigte Gl** *BGH* ZIP 2012, 2275 Rn 16–19 (V ZS).

765 *BGH* ZIP 1990, 1490.

766 *BGHZ* 119, 376 ff = ZIP 1992, 1646; *BGH* NJW 1991, 41; 1998, 3124; *OLG Nürnberg* ZInsO 2005, 103; *OLG Karlsruhe* NZI 2007, 593; *Uhlenbruck/Mock* § 80 Rn 120.

767 *BGH* NJW 1998, 1229; ZIP 2003, 2036; 2005, 1519 = WM 2005, 1858; *BFH* ZInsO 2005, 1216; *OLG Jena* ZIP 2001, 580; *OLG Celle* ZIP 2013, 904 zu 1; *FG Bbg* EFG 2004, 833; vgl auch *OLG Köln* ZIP 2000, 1780.

768 *BGH* ZIP 2007, 2187 Rn 9.

769 *BGH* ZInsO 2011, 1552 Rn 2 (II ZS); 2012, 2198 Rn 2; ZIP 2012, 2275 Rn 8 (V ZS); 2013, 2112 Rn 12 – je mwN.

770 *BGH* ZInsO 2012, 2198 Rn 6.

771 *BGH* NJW 1998, 1229 = ZIP 1998, 298; ZIP 2003, 2036; 2005, 1519; vgl auch *BFH* ZInsO 2005, 1216; zwar wirtschaftlich beteiligt, Kostenaufbringung aber unzumutbar; *OLG Jena* ZIP 2001, 580; *FG Bbg* EFG 2004, 833; *OLG Köln* ZIP 2000, 1780; *Uhlenbruck* § 80 Rn 121.

772 *BGH* NJW 1990, 41.

773 *OLG Hbg* ZInsO 2009, 1125; *OLG München* ZIP 2013, 1300 mit Anm *Fehst* EWiR 2013, 759 f.

774 *BGHZ* 119, 378 = ZIP 1992, 1646; *OLG München* ZIP 2013, 1300; vgl auch *BGH* NJW 1994, 3170 f; ZIP 1997, 1554; NJW 1998, 1868.

775 Dagegen *Harms* InVo 2000, 42.

776 *LG Augsburg* ZIP 2011, 247 f.

777 *OLG Celle* ZInsO 1998, 235.

oder sonstigen Gl[778] – zugute käme. Im ersten Fall ist ihr ein Prozesskostenvorschuss zumutbar,[779] im zweiten Fall nicht.[780] Wenn bei einem Prozesserfolg alle wirtschaftlich beteiligten Gl mit einer **Befriedigung** rechnen können, deren Höhe **deutlich über den zu finanzierenden Prozesskosten** liegt (im konkreten Fall um mehr als das Doppelte), soll ihnen eine Kostenbeteiligung grds zumutbar sein.[781] Gl kleinerer Forderungen werden regelmäßig ebenso wenig zur Aufbringung der Kosten heranzuziehen sein wie solche, deren Forderungen wegen vorrangiger Ansprüche keine Befriedigung fänden.[782] Selbst bei mehreren **GroßGl** (konkret: fünf) kann PKH zu bewilligen sein, wenn es für den InsVerw mit einem hohen **Koordinierungsaufwand** verbunden ist, diese Gl, von denen nach der Lebenserfahrung jeder einzelne auf die Finanzierung der Kosten durch die anderen vertraut, zu einem gemeinsamen Vorgehen zu bewegen, und deshalb eine Prozessfinanzierung durch die wirtschaftlich Beteiligten wenig wahrscheinlich ist. In einem solchen Fall kann unter Berücksichtigung des Umstandes, dass der Rechtsverfolgung des InsVerw im Rahmen eines geordneten InsVerf grds ein eigenständiges, schutzwürdiges Interesse beizumessen ist, auch die wertende **Abwägung der Gesamtumstände** des Einzelfalls (unter Einbeziehung der zu erwartenden **Ins-Quote**, des **Prozessrisikos** und des **Vollstreckungsrisikos**) zu dem Ergebnis führen, dass den wirtschaftlich Beteiligten die Aufbringung der Prozesskosten nicht zuzumuten ist.[783] Gl, deren **Forderungen** vom InsVerw (endgültig) **bestr** werden, dürfte eine Kostenbeteiligung grds unzumutbar sein.[784] Das soll auch für Gl noch ungeklärter Forderungen gelten.[785] Stets muss der **InsVerw die Forderungen** der Gl **nach Art und Höhe vortragen**, um dem Gericht die Beurteilung der Zumutbarkeit zu ermöglichen.[786] Auch für eine **Teilklage** des InsVerw kommt grds PKH in Betracht.[787] Sie ist allerdings **mutwillig** iSv § 116 S 2, § 114 S 1 letzter HS ZPO, wenn der darlegungsbelastete InsVerw keine nachvollziehbaren Sachgründe dafür vorbringt, warum er nicht die Gesamtforderung geltend macht.[788] Wird PKH bewilligt, ist auch dem volljuristisch ausgebildeten InsVerw für die Führung eines AnfProzesses ein **RA beizuordnen**.[789] Eine **Abänderung des Beschl** über die Bewilligung von PKH kommt grds nicht allein deshalb in Betracht, weil der InsVerw die von der Staatskasse verauslagten Prozesskosten nicht aus dem Ertrag des erfolgreichen Prozesses begleicht.[790] Allerdings kann

---

778 Vgl *OLG Frankfurt* InVo 2001, 321 f.

779 *BGH* ZIP 1995, 660 f; 1998, 793; *BGHZ* 138, 189 ff = ZIP 1998, 790 f mit krit Anm *Holzer* EWiR 1998, 1007 f und *Pape* ZIP 1998, 791 f; *BGH* 22.7.2013 – IX ZA 21/12 Rn 5; *BVerwG* ZIP 2006, 1544 Rn 10; *OLG Karlsruhe* NZI 2007, 593.

780 *BGH* NJW 1994, 3170 f; 1997, 3319.

781 *BVerwG* ZIP 2006, 1544 Rn 10 mit Anm *Undritz* EWiR 2006, 671 f; *OLG Nürnberg* ZInsO 2005, 103 f; *OLG Hbg* ZInsO 2009, 1125.

782 *BVerwG* ZIP 2006, 1542 Rn 10; *OLG München* ZIP 2011, 399 (bei Quotenverbesserung von maximal 5,8 % Kostenvorschuss unzumutbar).

783 *BGH* ZIP 2006, 682 Rn 15. **Abgrenzend** *BGH* ZIP 2011, 98 (VII ZS); *OLG Hbg* ZIP 2011, 99; *OLG Karlsruhe* ZIP 2012, 495; *OLG München* ZInsO 2013, 1091 f; ZIP 2013, 1300.

784 Vgl *OLG Naumburg* ZIP 1994, 383 f; *OLG Oldenburg* ZInsO 2005, 103; *OLG Hbg* ZInsO 2009, 1125; *OLG München* ZIP 2011, 399; auch *OLG Celle* NZI 2004, 268 (zum nur vorl Bestreiten) – je mwN; *Uhlenbruck/Mock* § 80 Rn 203; MK/*Kirchhof* § 146 Rn 41.

785 *OLG München* ZIP 2011, 399.

786 *BGH* NJW 1998, 3124; vgl auch *OLG Köln* ZInsO 2000, 151 aE; *OLG Stuttgart* ZInsO 2000, 158 zu IV; *OLG Naumburg* ZInsO 2001, 558; 2002, 541.

787 *OLG Celle* ZIP 2008, 434; *OLG Hbg* ZIP 2009, 1636; *Uhlenbruck/Mock* § 80 Rn 200.

788 *BGH* ZIP 2011, 246 Rn 5, 7 ff mit Anm *Rendels* EWiR 2011, 135; vgl auch *OLG Karlsruhe* ZIP 2012, 495 (keine Verweigerung v PKH wegen Mutwilligkeit, wenn es vernünftige sachliche Gründe für die beabsichtigte Teilklage gibt).

789 *BGH* ZIP 2006, 825 f; *Uhlenbruck/Mock* § 80 Rn 229.

790 *BGH* ZIP 2006, 2055 f.

die Bewilligung der PKH nach § 124 Nr 2 Fall 1 ZPO wegen absichtlich oder aus grober Nachlässigkeit gemachter unrichtiger Angaben aufgehoben werden, und zwar selbst dann, wenn die Bewilligung nicht auf den falschen Angaben beruht.[791] Vgl im Einzelnen *Gelpcke/Hellstab/Wache/Weigelt* Der PKHAnspruch des InsVerw, 2007.

128 **8. Klageantrag.** Dazu § 146 Rn 10. Ein Wechsel des InsVerw ist als gesetzlicher **Parteiwechsel** auch in der in der Revisionsinstanz möglich.[792]

129 **9. Feststellungsklage.** Das AnfBegehren kann auch durch eine **Feststellungsklage** geltend gemacht werden, wenn ein entspr Feststellungsinteresse iSd § 256 ZPO besteht. Das trifft bei möglicher Leistungsklage dann zu, wenn zu erwarten ist, dass ein FeststellungsUrt zu einer endgültigen Streitbeilegung führen wird. Das gilt insb dann, wenn angenommen werden kann, dass der beklagte AnfGegner bereits auf ein FeststellungsUrt hin leisten wird.[793] Auch eine **negative** Feststellungsklage erscheint – insb bei die Passivmasse mehrenden Rechtshandlungen – nicht ausgeschlossen.[794]

130 **10. Grundurteil.** Soweit der AnfAnspruch auf **Rückgewähr in Natur** gerichtet ist, scheidet die Möglichkeit eines Grundurteils nach § 304 Abs 1 ZPO aus.[795] Verlangt der InsVerw indessen eine **Geldleistung** – insb als Wertersatz (§ 143 Abs 1 S 2) –, ist eine Trennung in Grund- und BetragsVerf ohne weiteres möglich und ein Grundurteil daher in gleicher Weise wie bei anderen Zahlungsklagen zulässig.[796]

131 **11. Sicherung des Anfechtungsrechts.** Der Anspruch auf **Rückgewähr in Natur** kann durch **einstweilige Verfügung** (§§ 935 ff ZPO) gesichert werden.[797] Richtet sich der Anspruch auf Rückübertragung des Eigentums an einem Grundstück oder eines beschränkten dinglichen Grundstücksrechts, lässt sich auf diese Weise die Eintragung einer **Vormerkung im Grundbuch** erreichen (§§ 883 Abs 1, 885 BGB).[798] Allerdings kann der anfrechtliche Anspruch auf Duldung der Zwangsvollstreckung in ein weggegebenes Grundstück im Grundbuch nicht vorgemerkt werden; er ist im einstweiligen Rechtsschutz nur durch richterliches Verfügungsverbot gem § 938 Abs 2 ZPO zu sichern.[799] Wird **Zahlung von Geld** – etwa Wertersatz nach § 143 Abs 1 S 2 – begehrt, kann der Anspruch durch dinglichen oder persönlichen **Arrest** (§§ 916 ff ZPO) gesichert werden.[800]

---

791 *BGH* ZInsO 2013, 40 Rn 15–30 (IV ZS) = ZIP 2013, 388 (LS).

792 *BGH* ZIP 2011, 1220 Rn 6; ZIP 2012, 1183 Rn 17; WM 2012, 2340 Rn 8.

793 *BGHZ* 170, 196 = ZIP 2007, 191 Rn 7; *BGH* ZIP 2007, 1274 Rn 11; MK/*Kirchhof* § 146 Rn 39; *A/G/R/Gehrlein* § 129 Rn 131.

794 Vgl *Smid* NZI 2013, 818 ff, 822.

795 *RGZ* 73, 428; 138, 87; *Jaeger/Henckel* § 143 Rn 180; *Kilger/K Schmidt* § 29 KO Anm 21; MK/*Kirchhof* § 146 Rn 43; *Uhlenbruck/Ede/Hirte* § 143 Rn 180; *A/G/R/Gehrlein* § 129 Rn 134.

796 *BGH* NJW 1995, 1095; ZIP 2011, 484 Rn 14; MK/*Kirchhof* § 146 Rn 43; *Uhlenbruck/Ede/Hirte* § 143 Rn 180; *A/G/R/Gehrlein* § 129 Rn 134.

797 *RGZ* 67, 41; *Jaeger/Henckel* KO § 37 Rn 150; *Jaeger/Henckel* § 143 Rn 181; MK/*Kirchhof* § 146 Rn 44; *Gaul* KTS 2007, 176; *UhlenbruckEde/Hirte* § 143 Rn 173; HambKomm/*Rogge/Leptien* § 143 Rn 124; *K Schmid/Büteröwe* § 143 Rn 45; su § 143 Rn 9.

798 *BGHZ* 172, 360 = ZIP 2007, 1577 Rn 9 (zur Vormerkung eines Anspruchs auf Rangrücktritt); *OLG Karlsruhe* NZI 2017, 395, 396; *LG Chemnitz* ZIP 1999, 496; *LG Dresden* ZInsO 2002, 141; *Jaeger/Henckel* KO § 37 Rn 43 f; *Jaeger/Henckel* § 143 Rn 56, 181; *K Schmidt/Büteröwe* § 143 Rn 45; MK/*Kirchhof* § 146 Rn 44; *Uhlenbruck/Ede/Hirte* § 143 Rn 130; *Gaul* KTS 2007, 176; HambKomm/*Rogge/Leptien* § 143 Rn 124; su § 143 Rn 29.

799 *BGHZ* 172, 360 = ZIP 2007, 1577 Rn 10 f (zum AnfG). Nach *Gaul* KTS 2007, 144 f, 163 ff, 177 kommt in diesen Fällen nur ein Arrest in Betracht; dem zust *Jaeger/Henckel* § 143 Rn 181.

800 *OLG Düsseldorf* NJW 1977, 1828 (zum AnfG); *Jaeger/Henckel* § 143 Rn 181; *K Schmidt/Büteröwe* § 143 Rn 45; MK/*Kirchhof* § 146 Rn 44; *Uhlenbruck/Ede/Hirte* § 143 Rn 173; *Gaul* KTS 2007, 177; HambKomm/*Rogge/Leptien* § 143 Rn 124; su § 143 Rn 29.

12. Wiederaufnahme des Verfahrens. Auch im AnfR kommt eine Wiederaufnahme des Verf in Betracht. So können die Voraussetzungen eines Restitutionsgrundes gegeben sein, wenn der RestitutionsKl nachträglich eine Urkunde auffindet, die ihn in die Lage versetzt, zu belegen, dass eine Zahlung nicht vom Schu, sondern von einem Dritten (hier dem Geschäftsführer des Schu) geleistet wurde, auch wenn der RestitutionsKl damit eine gegnerische Tatsachenbehauptung aus dem Vorprozess (hier: die Zahlung sei mit Darlehensmitteln des Schu erfolgt) erstmals bestreitet.[801] 132

13. Darlegungs- und Beweislast. Die Darlegungs- und Beweislast für die Voraussetzungen des § 129 liegt grundsätzlich beim InsVerw (dazu oben Rn 82). 133

§ 130 Kongruente Deckung

(1) [1]Anfechtbar ist eine Rechtshandlung, die einem Insolvenzgläubiger eine Sicherung oder Befriedigung gewährt oder ermöglicht hat,

1. wenn sie in den letzten drei Monaten vor dem Antrag auf Eröffnung des Insolvenzverfahrens vorgenommen worden ist, wenn zur Zeit der Handlung der Schuldner zahlungsunfähig war und wenn der Gläubiger zu dieser Zeit die Zahlungsunfähigkeit kannte oder

2. wenn sie nach dem Eröffnungsantrag vorgenommen worden ist und wenn der Gläubiger zur Zeit der Handlung die Zahlungsunfähigkeit oder den Eröffnungsantrag kannte.

[2]Dies gilt nicht, soweit die Rechtshandlung auf einer Sicherungsvereinbarung beruht, die die Verpflichtung enthält, eine Finanzsicherheit, eine andere oder eine zusätzliche Finanzsicherheit im Sinne des § 1 Abs. 17 des Kreditwesengesetzes zu bestellen, um das in der Sicherungsvereinbarung festgelegte Verhältnis zwischen dem Wert der gesicherten Verbindlichkeiten und dem Wert der geleisteten Sicherheiten wiederherzustellen (Margensicherheit).

(2) Der Kenntnis der Zahlungsunfähigkeit oder des Eröffnungsantrags steht die Kenntnis von Umständen gleich, die zwingend auf die Zahlungsunfähigkeit oder den Eröffnungsantrag schließen lassen.

(3) Gegenüber einer Person, die dem Schuldner zur Zeit der Handlung nahestand (§ 138), wird vermutet, dass sie die Zahlungsunfähigkeit oder den Eröffnungsantrag kannte.

Übersicht

801 *BGHZ* 161, 1 ff = WM 2005, 98 f.

Literatur: *Klinck* Die Grundlagen der besonderen Insolvenzanfechtung, 2011; *Thole* Gläubigerschutz durch Insolvenzrecht, 2010, S 347 ff; *Würdinger* Insolvenzanfechtung im bargeldlosen Zahlungsverkehr, 2012. Sa Schrifttum bei § 129.

A. Allgemeines

I. Gesetzgebungshinweise

1 Die Norm tritt an die Stelle von § 30 Nr 1 Fall 2 KO (vgl auch § 10 Abs 1 Nr 4 GesO, der aber zwischen kongruenten und inkongruenten Deckungen nicht unterschied). Im Unterschied zum früheren Recht sind neben Rechtshandlungen, die eine Deckung unmittelbar selbst gewähren, auch solche Rechtshandlungen anfechtbar, die eine Deckung nur **„ermöglichen"** und damit die Deckung mittelbar bewirken (Rn 15). Insoweit ist ein Rückgriff auf die strengeren Voraussetzungen der vorsätzlichen Benachteiligung (§ 133) ggf nicht erforderlich. Nach §§ 30 Nr 1 Fall 2, 33 KO waren Rechtshandlungen, die nach der – dem Gl bekannten – Zahlungseinstellung vorgenommen wurden, anfechtbar, sofern sie nicht früher als sechs Monate vor der Eröffnung des Verf erfolgten. § 130 Abs 1 setzt demgegenüber voraus, dass die Rechtshandlung in den letzten drei Monaten vor dem Antrag auf Eröffnung des InsVerf in Kenntnis des Gl von der Zahlungsunfähigkeit vorgenommen oder nach diesem Antrag vorgenommen worden ist (§ 140). Die Anknüpfung an die Kenntnis der Zahlungsunfähigkeit und nicht – wie bisher in § 30 KO (und § 10 Abs 1 Nr 4 GesO) – der Zahlungseinstellung wird in der Entwurfsbegründung als eine **Erweiterung der Anfechtbarkeit** gewertet.[1] Das ist zweifelhaft, weil die Zahlungseinstellung eine nach außen getretene Zahlungsunfähigkeit bedeutet und dessen Kenntnis einfacher darzulegen sein wird.[2]

2 Mit G v 5.4.2004 wurde in Abs 1 S 2[3] die Richtlinie 2002/47/EG des Europäischen Parlaments und des Rates v 6.6.2002 über Finanzsicherheiten[4] umgesetzt.

---

1 BT-Drucks 12/2443, 157.

2 Vgl *Jaeger/Henckel* § 130 Rn 3.

3 Eingefügt durch Art 1 Nr 5 des G zur Umsetzung der Richtlinie 2002/47/EG v 6.6.2002 über Finanzsicherheiten und zur Änderung des HypothekenbankG und anderer G v 5.4.2004, BGBl I, 502. Das G v 5.4.2004 trat nach seinem Art 13 einen Tag nach der Verkündung, die am 8.4.2004 stattfand (vgl *BVerfGE* 34, 22), in Kraft, dh am 9.4.2004. Nach Art 103b EGInsO, der durch Art 2 des G v 5.4.2004 eingefügt wurde, sind auf InsVerf, die vor dem 9.4.2004 eröffnet wurden, die bis dahin geltenden gesetzlichen Vorschriften anzuwenden.

4 ABlEG v 27.6.2002, Nr L 168/43.

II. Normzweck und Systematik

1. Grundregel, Abs 1 S 1. Die Vorschrift regelt die Anfechtbarkeit einer vom Gl zu beanspruchenden (dh kongruenten) Sicherung oder Befriedigung (Deckung) im Zusammenspiel mit § 131. Bei **inkongruenter Deckung** iSd § 131 ist § 130 wegen seiner ggü § 131 strengeren Voraussetzungen **erst recht anwendbar** (Rn 12), umgekehrt gilt das nicht. Es ist daher bei § 130 nicht zu prüfen, ob die Deckung kongruent ist, wohl aber bei § 131 die Inkongruenz. § 130 gehört wie § 131 und auch § 135 zur Deckungsanfechtung: Das ist derjenige Teil der Anfechtungstatbestände, der mit der ungerechtfertigten Vorteilserlangung einzelner Gl im Verhältnis zu konkurrierenden Gl befasst ist.[5] Die Anfechtung dient insoweit – anders als §§ 133, 134 – dem **Schutz der Gläubigergleichbehandlung** (par condicio creditorum).[6] Daher ist die Anfechtung nach Maßgabe der §§ 133, 134 auch bei kongruenten Deckungen nicht schon grundsätzlich gesperrt (§ 133 Rn 4), zum Verhältnis bei Doppelinsolvenz unten Rn 17. Die Anfechtung nach § 130 steht unter dem Vorbehalt des Bargeschäftsprivilegs in § 142. Außerhalb des InsVerf können Deckungen nur nach § 3 AnfG angefochten werden.[7] 3

Die Anknüpfung an die Zahlungsunfähigkeit macht deutlich, dass ab diesem Stadium die Gl um die knappen Ressourcen des Schu konkurrieren und der Gleichbehandlungsgrundsatz Vorwirkungen enthält. § 130 Abs 1 S 1 Nr 2 lässt den Eröffnungsantrag genügen. Wird dieser vom Schu wegen nur drohender Zahlungsunfähigkeit (§ 18) gestellt, ist damit eine Vorverlagerung der Anfechtbarkeit auf einen Zeitraum vor der tatsächlichen Illiquidität verbunden (sog zeitraumbezogene Zahlungsunfähigkeit).[8] Dies ist zu Unrecht als „unstimmig" kritisiert worden,[9] denn in einem solchen Fall ist mit der Verfahrenseröffnung zu rechnen und der Anreiz zur Vorteilsverschaffung durch einzelne Gl hoch. 4

Die subjektiven Voraussetzungen des § 130 an die Kenntnis des Gl verwirklichen das zugrundeliegende Bestandsinteresse des Leistungsempfängers bzw dessen eigener Gl.[10] Damit wird der **Verkehrsschutz** bewerkstelligt. Die Kenntnisanforderungen sind aber kein konstitutives Element für den Tatbestand, sondern sie agieren nur als ein limitierendes Prinzip.[11] 5

2. Finanzsicherheiten, Abs 1 S 2. Die der Regelung zugrunde liegende Finanzsicherheitenrichtlinie 2002/47/EG (so Rn 3, Fn 5) soll als Teil des europäischen Rechtsrahmens zur Förderung einer weiteren Integration und höheren Kostenwirksamkeit des Finanzmarktes sowie zur Stabilisierung des Finanzsystems in der Gemeinschaft und zur Förderung des freien Dienstleistungs- und Kapitalverkehrs im Binnenmarkt dienen.[12] Parallelvorschriften finden sich in § 104 Abs 2 und § 96 Abs 2. 6

3. Kenntnis von Umständen, Abs 2. Abs 2 stellt der Kenntnis von Zahlungsunfähigkeit oder Eröffnungsantrag die Kenntnis von Umständen gleich, die zwingend auf Zahlungsunfähigkeit oder Eröffnungsantrag schließen lassen. Hiermit wird eine gewisse Erleichterung 7

---

5 *Thole* Gläubigerschutz S 292 ff; *K Schmidt/Ganter/Weinland* § 130 Rn 6.
6 Vgl auch *Schoppmeyer* NZI 2005, 185, 186.
7 MK/*Kirchhof* § 3 AnfG Rn 21.
8 EB, 403.
9 *Gerhardt* FS Brandner, S 617.
10 Zu diesem Wertungsgesichtspunkt *Koziol* Grundlagen und Streitfragen der Gläubigeranfechtung, 1991, S 37 f.
11 Begründung des RegE, BT-Drucks 12/2443, S 157; *Pfefferle* ZIP 1984, 147, 152; ähnlich *v Campe* Insolvenzanfechtung in Deutschland und Frankreich, 1996, S 17; *Klumb* Kollisionsrecht der Insolvenzanfechtung, 2005, S 135.
12 Vgl *Ehricke* ZIP 2003, 1065; *Wimmer* ZIP 2003, 1563; *ders* ZInsO 2004, 1; *Hölzle* ZIP 2003, 2144; *Kieper* ZInsO 2003, 1109; *Obermüller* ZIP 2003, 2336; *ders* ZInsO 2004, 187; *Zypries* ZIP 2004, 51; *Kollmann* WM 2004, 1012; *Herring/Cristea* ZIP 2004, 1627.

der Anf gegenüber dem bisherigen, auf Kenntnis im Rechtssinne abstellenden Rechtszustand angestrebt. Die genaue **Abgrenzung zur groben Fahrlässigkeit** ist vor dem Hintergrund der Entstehungsgeschichte der Norm unklar (Rn 36).

8 **4. Beweiserleichterung, Abs 3.** Grds hat der InsVerw die objektiven und subjektiven Voraussetzungen des § 130 zu beweisen (Rn 45).[13] Abs 3 kehrt diese Beweislast um für die subjektiven Voraussetzungen der Kenntnis von Zahlungsunfähigkeit oder Eröffnungsantrag bei dem Schu nahe stehenden Personen (§ 138), weil diese Personen **bes Informationsmöglichkeiten** über die wirtschaftlichen Verhältnisse des Schu[14] und damit einen Vorsprung gegenüber konkurrierenden, gewöhnlichen Gl beim Zugriff auf die knappen Mittel des Schu haben.

B. Erläuterungen

I. Benachteiligende Rechtshandlung

9 Zum Begriff der Rechtshandlung wird auf § 129 Rn 12 ff verwiesen. Entscheidend ist, dass die Handlung zu einer Deckung des Gl führt. Die Handlung muss nicht eine solche des Schu sein. Allerdings fallen auch Deckungen des **eigenverwaltenden Schu** im Eröffnungsverfahren unter § 130, wenn es nicht zB um die Befriedigung von Massegläubigern geht.[15] Anfechtbar sind auch Rechtshandlungen der InsGl und solche **Dritter**.[16] Insbesondere ist ein Vollstreckungszugriff des Gl erfasst. Eine durch die Rechtshandlung entstandene **mittelbare** Benachteiligung der InsGl (vgl § 129 Rn 57, 63) genügt.[17] Das Merkmal der Gläubigerbenachteiligung ist daher regelmäßig erfüllt, wenn und weil liquides Vermögen zugunsten des jeweiligen Gl abgeflossen ist und nicht mehr zur Verfügung steht,[18] näher § 129 Rn 63. Entgegen der Überschrift erfasst § 130 **auch inkongruente** Deckungen, so Rn 3 und u Rn 11.

II. Insolvenzgläubiger

10 Die DeckungsAnf der §§ 130, 131 richtet sich **nur gegen InsGl**;[19] InsGl sind die in §§ 38, 39 beschriebenen Gl und damit auch die nachrangigen Gl, weil diese ebenfalls InsGl sind.[20] **MasseGl** sind keine InsGl.[21] § 130 meint solche Gl, die ohne die erlangte Deckung an dem anschließenden InsVerf mit dem befriedigten oder gesicherten Anspruch im Rang der §§ 38,

---

13 Dazu im Einzelnen MK/*Kayser* § 130 Rn 61 ff.

14 BT-Drucks 12/2443, 158.

15 Näher § 129 Rn 31; *Schmittmann/Dannemann* ZIP 2013, 760.

16 *OLG Bbg* ZIP 2009, 1481 (Antrag der ArbN auf Zahlung von InsGeld); *Jaeger/Henckel* § 130 Rn 11; MK/*Kayser* § 129 Rn 35; § 130 Rn 11; *K/P/B/Schoppmeyer* § 130 Rn 9.

17 Vgl *BGHZ* 147, 238 = ZIP 2001, 887 (zu § 30 Nr 1 Fall 2 KO); *BGH* ZIP 2007, 1469 Rn 44; 2008, 374 Rn 27; 2012, 333 Rn 18; *OLG Stuttgart* ZInsO 2011, 234 zu 4; MK/*Kayser* § 130 Rn 23; *Uhlenbruck/Ede/Hirte* § 130 Rn 2; *Gottwald/M Huber* § 47 Rn 27. Vgl *BFHE* 235, 137 = ZIP 2011, 2481 Rn 33 mit Anm *de Weerth* EWiR 2012, 127 (keine glbenachteiligende Wirkung der Umsatzsteuerberechnung nach §§ 16 ff UStG). Allgemein zur GlBenachteiligung *Kreft* KTS 2012, 405.

18 *BGH* ZIP 2012, 1183 Rn 19.

19 *BGH* ZIP 2008, 2183 Rn 14 f; 2009, 769 Rn 8; 2012, 1018 Rn 37; *K/P/B/Schoppmeyer* § 130 Rn 44; HambKomm/*Rogge/Leptien* § 130 Rn 3.

20 *BGH* ZIP 2006, 1591 Rn 10; 2008, 2183 Rn 15, 16 (HauptGl als InsGl in der Ins des selbstschuldnerischen Bürgen); MK/*Kayser* § 130 Rn 16 ff; *Uhlenbruck/Ede/Hirte* § 130 Rn 27 ff; *Jaeger/Henckel* § 130 Rn 18 ff; zu § 39 Abs 1 Nr 5 aF *OLG München* WM 2002, 620 f.

21 *BGH* 15.12.2005 – IX ZA 3/04; vgl *Jaeger/Henckel* § 130 Rn 32 ff; *Uhlenbruck/Ede/Hirte* § 130 Rn 28; *K/P/B/Schoppmeyer* § 130 Rn 61 (auch zu Aussonderungsberechtigten). Zum **Schutzschirmverfahren** *OLG Dresden* ZIP 2014, 1294, 1295.

39 teilgenommen hätten oder hätten können.[22] Denn die Erfüllung oder Sicherung des Anspruchs ist geeignet, die Befriedigungsaussichten der GlGesamtheit zu schmälern. Darauf, ob der Empfänger der Leistung tatsächlich an dem InsVerf teilnehmen würde oder teilgenommen hätte, kommt es nicht entscheidend an.[23] Die InsFord muss im Zeitpunkt der Deckung bereits entstanden sein, mag sie auch unvollkommen oder verjährt sein.[24] Daher ist auch der Inhaber einer aufschiebend bedingten Forderung InsGl.[25] Nicht anfechtbar sind Rechtshandlungen, mit denen sich ein Dritter erst zum InsGl gemacht hat oder – bei Unterlassen – gemacht haben würde.[26] Zahlt der Schu an einen **Dritten**, der keinen Anspruch gegen den Schu, wohl aber gegen einen Gl des Schu hat, um die Forderung dieses Gl zu tilgen, ist der Dritte nicht InsGl,[27] zu sonstigen **mittelbaren Deckungen** u Rn 15. Wer lediglich als bloße **Zahlungsstelle** und **Leistungsmittler** tätig wird, ist insoweit kein InsGl.[28] AnfGegner ist dann für §§ 130, 131 nur der Leistungsempfänger und Gl. Gegenüber **absonderungsberechtigten** Gl, die gem § 52 S 1 insoweit InsGl sind, als ihnen der Schu auch persönlich haftet, sind Rechtshandlungen nach § 130 anfechtbar, die nicht der Befriedigung des Absonderungsrechts dienen, sondern die durch das Absonderungsrecht gesicherten Forderungen erfüllen,[29] und zwar insoweit ohne Beschränkung durch § 52 S 1. Nur soweit der absonderungsberechtigte Gl **ausschließlich** als Inhaber des Absonderungsrechts betroffen wird, ist er nicht InsGl.[30] Das wird insb dann der Fall sein, wenn sich die persönliche Forderung gegen einen Dritten richtet.[31] Werden durch die Rechtshandlung sowohl die Stellung als Absonderungsberechtigter als auch die Stellung als InsGl berührt, ist der Gl jedenfalls auch in seiner Eigenschaft als InsGl betroffen. Das gilt immer dann, wenn eine Rechtshandlung die gesicherte Forderung verringert. Eine andere Frage ist, ob die Deckung **gläubigerbenachteiligend** ist, soweit der Gl auch ein unanfechtbares Absonderungsrecht hatte und sich

---

22 *BGH* ZIP 2006, 1009 Rn 12; *OLG Köln* ZInsO 2006, 1329 (zu § 131, Steuerfiskus als InsGl); *BGH* ZIP 2012, 333 Rn 9 mit Anm *Budnik* EWiR 2012, 247 (vorl InsVerw als InsGl).

23 *BGH* ZIP 2006, 1591 Rn 10 (AnfAnspruch gegen einen GesamtSchu des Schu, dessen Freistellungsanspruch der Schu befriedigt hat, auch dann, wenn der GesamtSchu gem § 44 seinen Ausgleichungsanspruch nicht geltend machen kann); *BGHZ* 192, 221 = ZIP 2012, 280 Rn 15 aE; *Jaeger/Henckel* § 130 Rn 18.

24 *K Schmidt/Ganter/Weinland* § 130 Rn 27; FK/*Dauernheim* § 130 Rn 6.

25 *BGHZ* 192, 221 = ZIP 2012, 280 Rn 16 f mit Anm *Bork* EWiR 2012, 149 (bei Zahlung von Umsatzsteuer durch eine Organgesellschaft für den solventen Organträger als SteuerSchu ist das Finanzamt trotz noch fehlenden Haftungsbescheids InsGl; vorhergehend *OLG Hamm* ZIP 2010, 2518 sowie *OLG Nürnberg* ZIP 2009, 1436; offengelassen von *BGH* ZInsO 2012, 139 Rn 5 ff; **aA** *BFHE* 226, 396 = ZIP 2009, 2455 Rn 20 mit Anm *Weiß* EWiR 2010, 367; zur Umsatzsteuer im InsVerf auch *Schmittmann* ZIP 2012, 49; zur Nutzungsersatzpflicht des Fiskus für anfechtbar erlangte Steuern *BGH* ZIP 2012, 1300 Rn 11 mit Anm *Schmittmann* EWiR 2012, 461.

26 *BGH* ZIP 2012, 834 Rn 12 (Nichtauszahlung von Aufwendungshilfen zur Wohnbauförderung).

27 *BGH* ZIP 2004, 918; dazu *Henckel* ZIP 2004, 1671 ff; *Jaeger/Henckel* § 130 Rn 19; bestätigt durch *BGHZ* 162, 279 = ZIP 2005, 767; *BGH* ZIP 2008, 1385 Rn 18; ferner *BGH* NZS 2012, 581 Rn 3 (Einzugsstellen nicht InsGl wegen der vom Arbeitgeber abgeführten Versicherungsbeiträge von freiwilligen Mitgliedern der gesetzlichen Kranken- und Pflegeversicherung).

28 *BGH* ZIP 2012, 1018 Rn 37 (Lastschrifteinzug durch Bank); 2013, 1127 Rn 11; 2013, 1826 Rn 21.

29 *BGH* ZIP 2006, 1009 Rn 13; 2007, 1126 Rn 25; *KG* ZIP 2011, 537 zu 5 aE; vgl *Uhlenbruck/Ede/Hirte* § 130 Rn 31; *K/P/B/Schoppmeyer* § 130 Rn 56 *L/S/Z/Zeuner* § 130 Rn 4; **aA** FK/*Dauernheim* § 130 Rn 8.

30 *BGH* ZIP 2006, 1010 Rn 14; 2007, 1126 Rn 24.

31 *BGH* ZIP 2007, 1126 Rn 24.

daher auch anderweitig hätte befriedigen können.[32] (dazu § 129 Rn 74 ff). Verschafft sich der Absonderungsberechtigte in der krit Zeit (eigenmächtig) den **Besitz an dem beweglichen Sicherungsgut** des Schu, handelt er zumal dann, wenn er noch keinen fälligen Anspruch auf Verwertung des Sicherungsgutes hat und letztere nur sicherstellen will, auch im Hinblick auf seine gesicherte Forderung, deren Befriedigung er anstrebt.[33] In diesen Fällen haftet der Absonderungsberechtigte auch deshalb als InsGl, weil die auf das Absonderungsrecht bezogenen Maßnahmen auch das Schuldverhältnis zwischen ihm und dem Schu berühren. Das letztgenannte Argument des BGH ist zwar schwach; richtig ist aber, dass sich der Gl mit der Vollziehung der Selbstbesicherung auch eine Besserstellung gegenüber anderen InsGl (Rn 3) verschafft. Der Fall ist einem Vollstreckungszugriff ähnlich, der ebenfalls die par condicio creditorum tangierte. Zur Sicherheit übertragene Gegenstände sind trotz des Absonderungsrechts selbstständige, im Kern geschützte Vermögensrechte des Schu und der Masse (wenn das Absonderungsrecht nicht wertausschöpfend ist). Bis zur Verwertung hat der Schu als Sicherungsgeber das Recht, das Sicherungsgut auszulösen. Erst mit der Veräußerung des Sicherungsguts scheidet dieses wirtschaftlich endgültig aus dem Vermögen des Schu/der Masse aus.[34] Deshalb ist auch eine **Besitzergreifung des Absonderungsberechtigten**, durch welche in krit Zeit der „technisch-organisatorische Verbund des SchuVermögens" in gläubigerbenachteiligender Weise auseinandergerissen wird (so § 129 Rn 78), nach § 130 anfechtbar,[35] wie dies in LS 5.5 EB ausdrücklich vorgesehen war.[36] Gläubigerbenachteiligung ist aber zu prüfen. Durch Anordnungen des InsG nach § 21 Abs 2 Nr 5[37] werden Anf der beschriebenen Art ggf überflüssig. – Die Erfüllung von Herausgabeansprüchen der **Aussonderungsberechtigten** ist nicht erfasst.

III. Gewährung einer Sicherung oder Befriedigung

11 § 130 hat die kongruente Deckung im Auge, dh eine Sicherung oder Befriedigung, die dem (potentiellen) InsGl gebührt, weil er auf sie so, wie sie erbracht wurde, einen bestimmten Anspruch hatte.[38] Das Gesetz unterscheidet dann weiter zwischen dem Gewähren und dem Ermöglichen der Sicherung oder Befriedigung (su Rn 14). Ganz geringfügige, nach der Verkehrsanschauung **unerhebliche Abweichungen** schaden nicht.[39] Wird lediglich eine ver-

---

32 *BGH* ZIP 1998, 800; 2004, 42 (zur Unbeachtlichkeit von §§ 170, 171); *K/P/B/Schoppmeyer* § 130 Rn 57.

33 *BGH* ZIP 2007, 1126 Rn 25.

34 *BGH* ZIP 2007, 1126 Rn 26.

35 Vgl MK/*Kayser* § 130 Rn 18; aber auch § 132 Rn 21, 23; *Gundlach/Frenzel/Schmidt* NZI 2002, 20, **aA** *Henckel* KS-InsO, S 819 f Rn 17 (er will nur eine Anf nach § 133 zulassen, S 820 Rn 18); *Eckardt* ZIP 1999, 1741 f; FK/*Dauernheim* § 129 Rn 40; § 130 Rn 8. So § 129 Rn 60, 61.

36 EB, 420. Zur Deckung von Absonderungsrechten auch *Jaeger/Henckel* § 130 Rn 26 ff.

37 So § 129 Rn 78.

38 Vgl *BGHZ* 166, 136 f = ZIP 2006, 578 Rn 36, 38 (Auszahlung einer Wechselsumme zur Erfüllung einer Wechselverpflichtung [ähnl *BGH* ZIP 2007, 1469 Rn 17] und Eingehung einer Wechselschuld aufgrund einer Kongruenzvereinbarung); *BGH* ZIP 2005, 1652; *OLG Stuttgart* ZIP 2002, 1902; *Uhlenbruck/Ede/Hirte* § 130 Rn 9 ff; zur näheren Abgrenzung zwischen kongruenten und inkongruenten Deckungen su § 131 Rn 7 ff.

39 *BGHZ* 166, 139 = ZIP 2006, 582 Rn 46; *BGH* ZIP 2006, 2222 Rn 9; 2007, 1469 Rn 15 – jeweils Zahlung durch eigenen Scheck; 2003, 354 f (bargeldlose Überweisung; Hingabe eines eigenen Schecks; Abbuchung im Lastschrift-[Einzugsermächtigungs-]Verf); *BAG* ZIP 2014, 233 Rn 11; *OLG Dresden* ZInsO 2004, 746 f (Scheckzahlung); *Jaeger/Henckel* § 131 Rn 13; MK/*Kayser* § 131 Rn 11, 35; *Uhlenbruck/Ede/Hirte* § 131 Rn 12; *Gottwald/M Huber* § 47 Rn 20; *L/S/Z/Zeuner* § 130 Rn 10; su § 131 Rn 8, 27.

kehrsübliche Art der Leistungserbringung durch eine ebenfalls verkehrsübliche andere Art der Leistungserbringung ersetzt, bleibt die Leistung kongruent.[40]

Befriedigung meint die vollständige oder tw materiell-rechtliche Erfüllung (§ 362 BGB) des im maßgeblichen Zeitpunkt bereits entstandenen Anspruchs, auch durch Erfüllungssurrogate (zB Hinterlegung, Leistung an Erfüllungs statt), die freilich idR inkongruente Deckungen begründen. Eine **Sicherung** wird gewährt, wenn der Gl für seinen Anspruch eine rechtsgeschäftliche oder gesetzliche Sicherheit erhält; die Besicherung wird der Befriedigung gleichgestellt, weil sie die Bevorteilung bei der Befriedigung lediglich zeitlich später, bei der Verwertung der Sicherheit, eintreten lässt. Trotz der gesetzlichen Überschrift, die von kongruenten Deckungen spricht, können auch **inkongruente Deckungen nach § 130** anfechtbar sein (Auffangtatbestand),[41] wenn sämtliche Voraussetzungen dieser Norm erfüllt sind.[42] Von praktischer Bedeutung dürfte diese Möglichkeit wegen der erleichterten AnfVoraussetzungen des § 131 kaum sein.[43] Für § 130 bedeutet dies, dass die Kongruenz nicht eigens zu prüfen ist (so Rn 9). Die **Abgrenzung zwischen Kongruenz und Inkongruenz** ist daher im Einzelnen su § 131 Rn 6–28 behandelt. Bei der Ausfüllung des Begriffs der Kongruenz kann auf die Rspr zur KO zurückgegriffen werden.[44] 12

Unter den Voraussetzungen des **Bargeschäfts** (§ 142) scheidet eine Anf nach § 130 wegen kongruenter Deckung aus;[45] liegen dessen Voraussetzungen nicht vor, kann auch die Vereinnahmung der **Vergütung** durch den **vorl InsVerw** in einem nicht zur Eröffnung gelangten Verfahren als kongruente Deckung in einem später eröffneten InsVerf anfechtbar sein.[46] Das Reformgesetz vom 29.3.2017 hat in § 142 Abs 1 den Schutz kongruenter Deckungen vor der Vorsatzanfechtung erweitert, weil es auf das unlautere Handeln des Schu ankommt. 13

IV. Ermöglichung einer Sicherung oder Befriedigung

Das gegenüber der KO neue Tatbestandsmerkmal[47] des Ermöglichens erfasst Handlungen, die selbst noch keine Deckung gewähren, jedoch zu einer solchen führen können.[48] Die Deckung muss noch nicht tatsächlich (außerhalb des InsVerf) erfolgt sein.[49] Gedacht ist nicht ausschließlich, aber vor allem an **Prozesshandlungen**, etwa ein Anerkenntnis (§ 307 ZPO). In Betracht kommen auch Schuldanerkenntnisse oder Schuldversprechen in einer vollstreckbaren notariellen Urkunde (§ 794 Abs 1 Nr 5 ZPO), das Nichtbestreiten von (unrichtigen) Prozessbehauptungen, die Nichteinlegung von (Erfolg versprechenden) Rechtsbehelfen, insb des Einspruchs gegen ein Versäumnisurteil oder gegen einen Vollstreckungsbescheid.[50] Zum Unterlassen, das ein entsprechendes Bewusstsein voraussetzt, vgl 14

40 *BGH* ZIP 2006, 578 Rn 47; 2007, 1469 Rn 15.

41 *BGHZ* 192, 221 = ZIP 2012, 280 Rn 11 aE; MK/*Kayser* § 130 Rn 5; *Bork/Schoppmeyer* Hdb, Kap 7 Rn 6; *K/P/B/Schoppmeyer* § 130 Rn 6, 15.

42 Vgl *Jaeger/Henckel* § 130 Rn 13; *K Schmidt/Ganter/Weinland* § 130 Rn 2.

43 Vgl MK/*Kayser* § 130 Rn 6.

44 Vgl *BGH* ZIP 2003, 357 f.

45 Zum Bargeschäft *Ganter* ZIP 2012, 2037; verfehlte zeitliche Ausweitung bei der Lohnanfechtung durch *BAG* ZIP 2011, 2365 mit abl Anm *M Huber* EWiR 2012, 817.

46 *BGH* ZIP 2012, 333 Rn 18 mit Anm *Budnik* EWiR 2012, 247.

47 Dazu insb *Kirchhof* FS Uhlenbruck, S 269 ff; MK/*Kayser* § 130 Rn 13 ff; HambKomm/*Rogge/Leptien* § 130 Rn 9; *Jaeger/Henckel* § 130 Rn 14 ff; *K/P/B/Schoppmeyer* § 130 Rn 35 ff; *K Schmidt/Ganter/Weinland* § 130 Rn 38.

48 Vgl EB, 405; BT-Drucks 12/2443, 157; *Henckel* KS-InsO, S 822 Rn 23; *Uhlenbruck/Ede/Hirte* § 130 Rn 10.

49 *BGH* 12.1.2017 – IX ZR 130/16 Rn 13.

50 *K/P/B/Schoppmeyer* § 130 Rn 37.

auch § 129 Rn 29. Die Wirkungen der Prozesshandlungen sind dann wegen ihrer Qualität als Quasi-Sicherheit anfechtbar, auch wenn zB noch nicht vollstreckt und damit noch keine Befriedigung erzielt wurde. Das **Wertighaltigmachen** einer Forderung ist selbstständig als kongruente Deckung bzw über § 96 Abs 1 Nr 3 anfechtbar (§ 131 Rn 11, 22, 24); entscheidend ist dabei der Zeitpunkt der Leistungserbringung, nicht der Rechnungsstellung.[51] Auch das Stehenlassen eines Betrags auf einem Konto kann der kontoführenden Bank eine Sicherung in Gestalt einer Auf- oder Verrechnungslage ermöglichen.[52] Ermöglichen einer Deckung ist auch die kongruenzbegründende Abrede, allerdings kann eine solche, die einen Baraustausch iSd. § 142 ermöglichen sein, nicht ihrerseits nach § 130 anfechtbar sein.[53]

V. Mittelbare Deckungen

15 Bei „**Umwegdeckungen**“,[54] bei denen der Schu **über eine Mittelsperson** im Wege einer einheitlichen Handlung Zuwendungen aus seinem Vermögen an seinen Gl macht, statt unmittelbar an den Gl zu leisten, ist der befriedigte Gl in gleicher Weise zur Rückgewähr verpflichtet wie bei einem direkten Erhalt des jeweiligen Gegenstands von dem InsSchu.[55] Der Leistungsmittler haftet – mangels Stellung als InsGl – nicht nach §§ 130, 131,[56] sondern allenfalls (ggf wie Gesamtschuldner) nach § 133, näher zu den Folgen § 133 Rn 41. Das gilt idR auch dann, wenn der Leistungsmittler aufgrund einer Verpflichtung gegenüber dem Schu zur Zahlung an den Empfänger angewiesen wurde, wenn und weil der Mittler insoweit kein Gl, sondern Schu des Schu ist. Ob die Mittelsperson nur Zahlstelle oder Leistungsmittler ist, kann schwierig zu ermitteln sein.[57] In der Ins des Inhabers einer Kreditkarte richtet sich die Deckungsanfechtung gegen das Vertragsunternehmen, nicht den Kartenaussteller.[58] Wird nicht *durch* einen vom Schu eingeschalteten Leistungsmittler an den Gl geleistet, sondern hat der Gl als Empfangsbeauftragten einen Dritten (Treuhänder, Forderungszessionar) eingeschaltet, kann die Zahlung nach Weiterleitung an den ursprünglichen und eigentlichen Gl nur diesem gegenüber angefochten werden.[59]

16 Liegt in der Zahlung zugleich die Befriedigung eines InsGl und die Besicherung des Anspruchs eines anderen InsGl, haften beide auf der Grundlage von §§ 130, 131 als Gesamtschuldner.[60] Auch dann, wenn mit der Zahlung neben der Forderung des Empfängers zugleich der gegen den Schu gerichtete Anspruch eines mithaftenden **Dritten** auf Befreiung von dieser Verbindlichkeit erfüllt wird, kann die Leistung nach Wahl des Verw sowohl gegenüber dem Leistungsempfänger als auch gegenüber dem Dritten als **Gesamtschuldner**

---

51 *BGH* ZIP 2013, 588 Rn 5 ff.

52 MK/*Kayser* Rn 13b unter Hinweis auf das Urt *BGH* ZIP 2012, 1038, das dafür aber wenig hergibt.

53 BGH 17.12.2015 – IX ZR 287/14 Rn 18.

54 *Berges* KTS 1961, 66; *Thole* Gläubigerschutz S 350.

55 *RGZ* 48, 149; vgl ferner *BGHZ* 72, 40; 124, 287; *BGH* ZIP 1980, 347 = NJW 1980, 1795; ZIP 1998, 801 = NJW 1998, 2599 (insoweit nicht in *BGHZ* 138, 291); ZIP 2014, 2351 Rn 8; *Berges* KTS 1961, 65 lSp; Jaeger/*Henckel* § 130 Rn 45 ff; *Uhlenbruck/Ede/Hirte* § 129 Rn 265. So sogar für den Fall der Auszahlung eines Darlehens an einen Dritten kraft einer vereinbarten, den Dritten begünstigenden Zweckbindung *BGH* ZIP 2001, 1248 = NZI 2001, 540 mit krit Anm *Spliedt* NZI 2001, 525.

56 *BGH* ZIP 2008, 769 Rn 8; *BGH* ZIP 2013, 1127 Rn 11; 2013, 1826 Rn 21; ZIP 2014, 2351 Rn 8.

57 *BGH* ZIP 2013, 2210 Rn 26 zur LKW-Maut.

58 *BGH* ZIP 2014, 2351 Rn 8 f.

59 *BGH* 24.9.2015 – IX ZR 308/14 Rn 7 ff.

60 *BGHZ* 192, 221 = ZIP 2012, 280 Rn 27; *BGH* ZIP 2008, 372 Rn 17; vgl *BGH* ZIP 2013, 223 Rn 18.

angefochten werden;[61] die Voraussetzungen sind aber – natürlich – jeweils gesondert zu prüfen. Zahlt der Schu auf eine von einem Dritten gesicherte Verbindlichkeit, kann darin auch die Deckung des Freistellungs- und Regressanspruchs des Sicherungsgebers liegen.

Zahlt der Schu auf eine **fremde Verbindlichkeit** eines Dritten, ohne dazu ggü dem ForderungsGl verpflichtet zu sein, so ist dies nicht nach §§ 130, 131 gegenüber dem ForderungsGl anfechtbar (o Rn 10), sondern ggf nach § 134 (§ 134 Rn 7a, b). Eine Deckungsanfechtung kommt gegenüber den ForderungsGl nur in Betracht, wenn der Schu mit Zahlung zugleich einen ihm ggü bestehenden Anspruch des ForderungsGl tilgt, zB weil er als Sicherungsgeber mitverpflichtet war (soeben Rn 10). War der Schu dem Dritten gegenüber zur Zahlung an den ForderungsGl verpflichtet, so handelt es sich idR um einen von der bloßen Leistungskette zu unterscheidenden **Anweisungsfall** (vgl § 134 Rn 10).[62] Dann liegt in der Leistung an den ForderungsGl zugleich die Deckung der internen Schuld ggü dem Dritten (Anweisendem), so dass die Anwendung der §§ 130, 131 ggü dem Dritten denkbar ist. In der mittels Anweisung an den Schu bewirkten Tilgung der Forderung des ForderungsGl kann zugleich eine Umweg-Deckung im Verhältnis Dritter-ForderungsGl liegen, so dass in der Insolvenz des anweisendem Dritten eine Anfechtung nach §§ 130, 131 ggü dem ForderungsGl in Betracht kommt. In der **Doppelinsolvenz** von leistendem Schu (Angewiesenem) und Drittem (Anweisendem) kann der befriedigte Gl nach Auff des BGH die Anfechtung nach §§ 130, 131 als Einwand gegenüber der **Schenkungsanfechtung** des Verw des Schu erheben (**Vorrang der Deckungsanfechtung**) (dazu schon § 129 Rn 105).[63] Näher zur **Inkongruenz bei Anweisungsfällen** § 131 Rn 9. 17

VI. Objektive Anfechtungsvoraussetzungen bei Deckung vor dem Eröffnungsantrag (Abs 1 S 1 Nr 1)

1. Zahlungsunfähigkeit des Schuldners. – a) Begriff. Anders als § 30 KO stellt § 130 ebenso wie §§ 131 und 132 nicht auf die **Zahlungseinstellung**,[64] sondern auf die **Zahlungsunfähigkeit** des Schu zur Zeit, dh bei Vornahme (§ 140) der Rechtshandlung ab.[65] 18

Der **Begriff der Zahlungsunfähigkeit** wird in § 17 Abs 2 umschrieben. Gem S 1 ist der Schu zahlungsunfähig, wenn er nicht in der Lage ist, die fälligen Zahlungspflichten zu erfüllen. 19

---

61 *BGHZ* 192, 221 = ZIP 2012, 280 Rn 27.

62 Vgl *Thole* KTS 2011, 232.

63 *BGHZ* 174, 228 = ZIP 2008, 125 Rn 35 ff; 4.2.2016 – IX ZR 42/14 Rn 13.Dazu krit *Thole* KTS 2011, 232; vgl § 134 Rn 2. Unklar *BGHZ* 192, 221 = ZIP 2012, 280 Rn 35, der dort offenbar annimmt, § 134 greife schon tatbestandlich nicht, wenn der Leistende dem Forderungsschuldner verpflichtet war (der Begriff des Dritten wird dort verwirrend für beide Personen verwendet).

64 Vgl dazu *BGH* WM 1959, 891 f sowie aus neuerer Zeit insb *BGHZ* 118, 174 = ZIP 1992, 779; 149, 108 = ZIP 2001, 2238; *BGH* ZIP 1986, 723; 1991, 40; NJW 1992, 624 (weltweit tätiges Unternehmen); NJW 1995, 2103; ZIP 1996, 1015; 1997, 515 (auch zur Beseitigung einer Zahlungsunfähigkeit); ZIP 1997, 1927 f; 1998, 2009 f (auch zur Beweislast im Hinblick auf das ernsthafte Geltendmachen); NJW 1999, 646; ZIP 2000, 1017; 2001, 35; NJW 2001, 1651; ZIP 2001, 1155; 2001, 2098; auch ZIP 2002, 854 f (VIII ZS zur Zahlungsunfähigkeit nach §§ 60, 63 GmbHG aF); 2002, 1411 f; 2003, 411; 2003, 489, 491 f; 2003, 1669 (die mind halbjährige Nichtabführung von Sozialversicherungsbeiträgen kann hinreichend auf eine Zahlungseinstellung hindeuten); 2003, 1800; 2004, 515, insoweit in *BGHZ* 157, 350 nicht abgedr; ZIP 2004, 670; 2006, 2223 f; 2007, 1469 Rn 28 f, 34 (hier zur Bedeutung einer Stundung); 2007, 1507 Rn 22; 2007, 1511 Rn 22; 2008, 422; 2008, 707; 2010, 682 Rn 39 ff; 2011, 1416 Rn 12; NZI 2013, 253 Rn 18; *OLG Köln* NZI 2005, 115 = ZIP 2005, 224 (Nichtzulassungsbeschwerde zurückgewiesen, *BGH* ZIP 2007, 1913); *OLG Celle* ZInsO 2009, 1204; *OLG Dresden* NZI 2010, 103 f.

65 *BGH* ZIP 2006, 2222 Rn 11; 2007, 1469 Rn 23; 2011, 1111 Rn 13.

Nach S 2 ist in Anlehnung an § 102 Abs 2 KO Zahlungsunfähigkeit idR anzunehmen, wenn der Schu seine Zahlungen eingestellt hat. Insoweit hat der Begriff der Zahlungseinstellung seine Bedeutung auch für die InsAnf behalten. Auf die Kommentierung zu § 17 wird verwiesen. Das Verständnis der Zahlungseinstellung als Indiz der Zahlungsunfähigkeit entspricht der Auslegung des § 30 KO, nach der eine Zahlungseinstellung nur anzunehmen war, wenn sie Ausdruck der Zahlungsunfähigkeit sei.[66] In der neueren höchstrichterlichen Rspr wird zwar deutlicher zwischen Zahlungseinstellung als dem äußeren Verhalten, in dem sich typischerweise die Zahlungsunfähigkeit ausdrückt,[67] und der Zahlungsunfähigkeit unterschieden.[68] Eine Zahlungseinstellung ist die nach außen manifestierte Zahlungsunfähigkeit;[69] sie kann **ihrerseits aus den Indizien und einer Gesamtwürdigung** der Umstände ermittelt werden.[70] Zahlungsunwilligkeit steht einer Zahlungseinstellung nicht entgegen, weil es auf den nach außen hervortretenden, objektiven Eindruck ankommt.[71] Da die Anf nach §§ 130 und 132 aber voraussetzt, dass der Gl oder der andere Teil die Zahlungsunfähigkeit oder Umstände kennt, die zwingend auf die Zahlungsunfähigkeit schließen lassen, wird in den weitaus meisten Fällen Zahlungsunfähigkeit nur anzunehmen sein, wenn Zahlungseinstellung vorliegt;[72] zwingend ist das freilich nicht.[73] Jedenfalls gilt die aus der Zahlungseinstellung abzuleitende Vermutung des § 17 Abs 2 S 2 für Zahlungsunfähigkeit auch iRv § 130.[74] Das Gleiche trifft für § 131 Abs 1 Nr 2 zu.[75] Ist **Zahlungseinstellung** zu bejahen, **begründet** dies eine **gesetzliche Vermutung für Zahlungsunfähigkeit**, die vom AnfGegner zu widerlegen ist.[76] Die Annahme einer Zahlungseinstellung und damit einer Zahlungsunfähigkeit ist gegenüber dem Recht der KO erleichtert. Der BGH hatte schon vor der Grundsatzentscheidung v 24.5.2005 (Rn 20) mehrfach angedeutet, dass sich die Grenze von der Zahlungsstockung zur Zahlungseinstellung, die nach der Rspr zum bisherigen Recht erst überschritten war, wenn die fälligen Schulden nicht im Wesentlichen binnen etwa einem Monat gezahlt werden konnten,[77] durch die InsO zugunsten einer Zahlungseinstellung verschoben haben könnte. Die höchstmögliche Dauer für eine noch unschädliche Zahlungsstockung durch § 17 Abs 2 S 1 habe der Gesetzgeber ausweislich der Begr des RegE[78] verkürzen wol-

---

66 *Henckel* InsR im Umbruch, S 243.

67 *BGH* ZIP 1995, 930; 2008, 420 Rn 21; 2008, 706 Rn 13; 2011, 1416 Rn 12; 2012, 735 Rn 9; ZInsO 2012, 976 Rn 10; ZIP 2013, 228 Rn 20; *BAG* ZIP 2011, 2366 Rn 23; *OLG Düsseldorf* ZInsO 2012, 787.

68 Vgl *BGH* ZIP 2006, 2222 Rn 27; 2007, 1469 Rn 37; su Rn 20, 21.

69 Vgl *K Schmidt* JZ 1982, 165, 166; HK/*Kirchhof* § 17 Rn 27; vgl *BGH* ZIP 2011, 1416 Rn 12.

70 *BGH* ZIP 2013, 2015 Rn 10 ff.; *BGH* 16.6.2016 – IX ZR 23/15 Rn 15; 6.7.2017 – IX ZR 178/16 Rn 18 (schleppende Zahlung bei geringfügigen Forderung reicht nicht).

71 *BGH* 12.10.2017 – IX ZR 50/15 Rn 13.

72 Vgl MK/*Kayser* § 130 Rn 29; *K Schmidt/Ganter/Weinland* § 130 Rn 44.

73 *BGH* ZIP 2006, 2222 Rn 27 f; 2009, 1235 Rn 37, insoweit nicht in *BGHZ* 181, 132 abgedr; ZIP 2011, 1416 Rn 10.

74 *BGHZ* 149, 184 = ZIP 2002, 89; 180, 63 = ZIP 2009, 526 Rn 13; ebenso *BGH* ZIP 2003, 411; 2003, 1800; 2006, 2222 Rn 12; 2007, 1469 Rn 27; 2007, 1507 Rn 22; 2010, 682 Rn 38; 2011, 1111 Rn 26; 2013, 228 Rn 20; 16.6.2016 – IX ZR 23/15 Rn 9; *BAG* ZIP 2011, 2366 Rn 23.

75 *BGH* ZIP 2004, 515, insoweit in *BGHZ* 157, 350 nicht abgedr; ZIP 2004, 670; 2007, 1507 Rn 22; ZInsO 2012, 976 Rn 7, 10; für § 133 s dort Rn 19; vgl *BGH* ZIP 2013, 228 Rn 20.

76 *BGHZ* 149, 184 = ZIP 2002, 89; *BGH* ZIP 2006, 2222 Rn 12; 2007, 1469 Rn 27; 2011, 1416 Rn 20; 2012, 735 Rn 11; *BGH* 12.10.2017 – IX ZR 50/15 Rn 10; *OLG Düsseldorf* ZInsO 2012, 787. Zu dieser Vermutung und ihrer Widerlegung im Einzelnen *Fischer* FS Ganter, S 164–167; zur Zahlungseinstellung im Einzelnen § 17 Rn 4 ff.

77 Zuletzt *BGHZ* 149, 108 = ZIP 2001, 2238; *BGH* ZIP 2001, 2098; NJW 2002, 1576.

78 BT-Drucks 12/2443, 114 zu § 20 und § 21.

len.[79] Danach soll eine „über Wochen … fortbestehende Illiquidität" keinesfalls unerheblich sein. Der BGH hebt hervor,[80] dass nach der Begr des RegE (aaO) auf der Grdl des § 17 Abs 2 S 1 nur „ganz geringfügige Liquiditätslücken außer Betracht" bleiben, ohne dass auf „einen bestimmten Bruchteil" der Gesamtverbindlichkeiten des Schu abgestellt werden soll.[81]

b) Voraussetzungen und Abgrenzung zur Zahlungsstockung. In der **Grundsatzentscheidung** v 24.5.2005 hat der BGH das Verhältnis von **Zahlungsstockung** und **Zahlungsunfähigkeit/Zahlungseinstellung** und die Frage, wann eine **Zahlungslücke wesentlich** ist, sodann grds **geklärt**,[82] und zwar mit Wirkung für die Zeit ab Inkrafttreten der InsO.[83] Dies gilt auch für das Anfechtungsrecht. Zwei Punkte bedürfen der Prüfung, (1) eine zeitliche Komponente und (2) eine inhaltliche Komponente. Hinsichtlich des Zeitmoments ist eine bloße **Zahlungsstockung** anzunehmen, wenn der Zeitraum nicht überschritten wird, der für eine kreditwürdige Person notwendig ist, um sich die benötigten Mittel zu besorgen. Dafür erscheinen zwei bis **drei Wochen** erforderlich und ausreichend. Die Frage, ob noch von einer vorübergehenden Zahlungsstockung oder schon von einer Zahlungsunfähigkeit auszugehen ist, muss allein anhand der objektiven Umstände bewertet werden.[84] Eine **Zahlungslücke** ist regelmäßig **wesentlich**, wenn der Schu mit den am Stichtag – dh im AnfR bei Vornahme der Rechtshandlung (§ 140) – aktuell verfügbaren und den innerhalb von spätestens drei Wochen flüssig zu machenden Mitteln[85] **10 %** oder mehr der am Stichtag bestehenden und fälligen Verbindlichkeiten nicht ausgleichen kann.[86] Eine bloß vorübergehende Zahlungsstockung liegt nicht vor, wenn es dem Schu über mehrere Monate nicht gelingt, seine fälligen Verbindlichkeiten spätestens innerhalb von drei Wochen auszugleichen und die rückständigen Beträge insgesamt so erheblich sind, dass von lediglich geringfügigen Liquiditätslücken keine Rede sein kann.[87] Beträgt eine innerhalb von drei Wochen nicht zu beseitigende Liquiditätslücke des Schu weniger als 10 % seiner fälligen Gesamtverbindlichkeiten, ist regelmäßig von Zahlungsfähigkeit auszugehen, falls nicht aufgrund bes – vom InsVerw darzulegender und zu beweisender – Umstände bereits absehbar ist, dass die Lücke demnächst mehr als 10 % erreichen wird. Beträgt die Liquiditätslücke des Schu 10 % oder mehr, 20

79 *BGHZ* 149, 187 f = ZIP 2002, 90.
80 *BGHZ* 149, 186 f = ZIP 2002, 90.
81 Bestätigt durch *BGH* ZIP 2003, 411.
82 *BGHZ* 163, 134 ff = ZIP 2005, 1426 ff – zu § 64 Abs 2 GmbHG aF (hier ist der Begriff der Zahlungsunfähigkeit nicht anders zu verstehen als in § 17; dazu auch *Fischer* FS Ganter, S 153) mit Anm *Thonfeld* NZI 2005, 550; vgl ferner *BGH* ZIP 2006, 2224; 2007, 1469, 1470 Rn 30, 37; 2009, 1966 Rn 10; 2009, 2253 Rn 11; 2010, 682 Rn 43; ZIP 2011, 1416 Rn 10; zum Urt v 24.5.2005 *Neumaier* NJW 2005, 3041 ff; *Hölzle* ZIP 2006, 101 ff; *ders* ZIP 2007, 613 ff. Zu der vom Hauptfachausschuss des Instituts für Wirtschaftsprüfer (IDW) überarbeiteten Fassung des **Prüfungsstandards 800** „Beurteilung eingetretener oder drohender Zahlungsunfähigkeit bei Unternehmen" (Fachnachrichten-IDW 2009, 161 = WPg Supplement 2009, 42) krit *Frystatzki* NZI 2010, 389 ff. Zur Zahlungsunfähigkeit und insb zur „**Bugwelle**" *Krüger/Wigand* ZInsO 2011, 316 ff; *Ganter* ZInsO 2011, 2297; *Neu/Ebbinghaus* ZInsO 2012, 2229.
83 *BGHZ* 181, 132 = ZIP 2009, 1235 Rn 17.
84 *BGHZ* 163, 140 = ZIP 2005, 1429; *BGH* ZIP 2006, 2222 Rn 28; 2007, 1469 Rn 38; ZIP 2013, 2015 Rn 13.
85 Dazu *Fischer* FS Ganter, S 161.
86 *BGHZ* 163, 145 = ZIP 2005, 1430; *BGH* ZIP 2006, 2222 Rn 19; 2007, 1469 Rn 26, 27; 2013, 228 Rn 19; 17.11.2016 – IX ZR 65/15 Rn 17. *BAG* ZIP 2011, 2366 Rn 23. Dazu, dass nur auf die am Stichtag fälligen und nicht zusätzlich auf solche Verbindlichkeiten abzustellen ist, die erst während des Drei-Wochen-Zeitraums fällig werden, *Fischer* FS Ganter, S 157–160 mwN zum Meinungsstand.
87 *BGH* ZIP 2010, 682 Rn 42; 2011, 1416 Rn 12; *OLG Düsseldorf* ZInsO 2012, 788.

ist regelmäßig von Zahlungsunfähigkeit auszugehen, sofern nicht vom AnfGegner vorzutragende und zu beweisende konkrete Umstände mit an Sicherheit grenzender Wahrscheinlichkeit erwarten lassen, dass die Liquiditätslücke zwar nicht innerhalb von zwei bis drei Wochen – dann läge ohnehin nur eine Zahlungsstockung vor –, jedoch immerhin in überschaubarer Zeit vollständig oder fast vollständig[88] beseitigt wird und den Gl ein Zuwarten nach den bes Umständen des Einzelfalls zuzumuten ist.[89] Drei Monate erscheinen angesichts der Häufigkeit saisonal bedingter Geschäftsflauten als taugliches Höchstmaß für dieses Merkmal der überschaubaren Zeit und damit für das Zuwarten der Gl.[90] Je näher die konkret festgestellte Liquiditätslücke dem Bagatellwert von 10 % kommt, desto geringere Anforderungen sind an das Gewicht der bes Umstände zu stellen, mit denen die Vermutung entkräftet werden kann. Umgekehrt müssen umso schwerer wiegende Umstände vorliegen, je größer der Abstand der tatsächlichen Liquiditätslücke vom Schwellenwert ist.[91] Ist die Lücke geringer als 10 %, aber ist insoweit von Dauerhaftigkeit auszugehen, ist richtigerweise ebenfalls von Zahlungsunfähigkeit auszugehen.

21 **Fällig** iSv § 17 Abs 2 S 1 sind nicht ohne weiteres alle nach § 271 BGB fälligen Forderungen. Fälligkeit iSv § 271 BGB ist nur die Mindestvoraussetzung.[92] Nach § 271 BGB fällige Forderungen müssen, um fällig iSv § 17 Abs 2 S 1 zu sein, zusätzlich **„ernsthaft eingefordert“** sein.[93] Das trifft zu, wenn eine GlHandlung feststeht, aus der sich der Wille, vom Schu Erfüllung zu verlangen, im Allgemeinen ergibt.[94] An diese Voraussetzung werden indes nur **geringe Anforderungen** gestellt. Grds genügt die Übersendung einer Rechnung[95] oder auch die rein kalendarmäßige Bestimmung eines Rückzahlungs- oder Leistungstermins iSd § 286 Abs 2 Nr 1 BGB.[96] Wird ein befristetes Darlehen durch Zeitablauf fällig, ist die Verpflichtung des Schu zur Tilgung bei der Prüfung der Zahlungsunfähigkeit regelmäßig zu berücksichtigen, auch wenn der Darlehensgeber zur Rückzahlung nicht konkret aufgefordert hat.[97] Dem Schu kann die Zahlungsunfähigkeit trotz gewährter Prolongation des Darlehens drohen, wenn die in dieser Zeit geführten Umschuldungsverhandlungen keine sicheren Erfolgsaussichten bieten.[98] Stellt der Schu eine Forderung durch Kündigung fällig und sagt er dem Gl die alsbaldige Erfüllung zu, nimmt der Schu – ähnlich einer Selbstmahnung – eine Zahlungsaufforderung des Gl vorweg, so dass es einer GlHandlung zur Begr der Fälligkeit nicht mehr bedarf.[99] Allgemein sollen mit dem Merkmal der ernsthaften Einforderung über rechtlich bindend gestundete Ansprüche hinaus auch solche Forderungen unberücksichtigt blei-

---

88 Nach *Fischer* FS Ganter, S 163 bis auf weniger als 5 % der fälligen und eingeforderten Verbindlichkeiten.

89 *BGHZ* 163, 142 ff = ZIP 2005, 1429; 181, 132 = ZIP 2009, 1235 Rn 37; *BGH* ZIP 2006, 2222 Rn 27 f; 2007, 1469 Rn 37; 2010, 682 Rn 43; 2010, 841 Rn 20; 2013, 228 Rn 19.

90 *Thole* Gläubigerschutz S 74. Vgl auch *Fischer* ZGR 2006, 403, 408, der im Einzelfall sechs Monate ausreichen lassen will.

91 *BGHZ* 163, 146 = ZIP 2005, 1430.

92 Vgl *BGHZ* 173, 286 = ZIP 2007, 1666 Rn 25, 28.

93 *BGHZ* 173, 286 = ZIP 2007, 1666 Rn 18; *BGHZ* 181, 132 = ZIP 2009, 1235 Rn 22; *BGH* ZIP 2008, 706 Rn 21; *BGH* ZIP 2011, 1875 Rn 9.

94 *BGHZ* 173, 286 = ZIP 2007, 1666 Rn 19; *BGHZ* 181, 132 = ZIP 2009, 1235 Rn 22; *BGH* ZIP 2011, 1875 Rn 9; 2013, 79 Rn 8; 2013, 228 Rn 26; *Fischer* FS Ganter, S 156.

95 *BGHZ* 173, 286 = ZIP 2007, 1666 Rn 19; 181, 132 = ZIP 2009, 1235 Rn 22; 2011, 1875 Rn 9.

96 *BGHZ* 181, 132 = ZIP 2009, 1235 Rn 26; *BGH* ZIP 2013, 79 Rn 12; 2013, 228 Rn 26.

97 *BGH* ZIP 2013, 79 Rn 12 mit Anm *Baumert* NZI 2013, 131.

98 *BGH* ZIP 2013, 79 Rn 13.

99 *BGHZ* 181, 132 = ZIP 2009, 1235 Rn 24.

ben, die nur **rein tatsächlich vom Gl zurückgestellt** wurden.[100] Das trifft etwa zu, wenn der Gl zum Ausdruck bringt, er sei je nach den finanziellen Möglichkeiten des Schu auch mit einer nachrangigen Befriedigung einverstanden,[101] oder wenn der Schu Mieten nur nach jeweiligen Absprachen zahlen soll.[102] Eine Forderung, die früher ernsthaft eingefordert war, darf bei der Prüfung der Zahlungsunfähigkeit nicht mehr berücksichtigt werden, wenn inzwischen ein **Stillhalteabkommen**, das keine Stundung im Rechtssinne enthalten muss, mit dem Gl geschlossen wurde.[103] Hat der Gl das Stillhalten an gewisse Leistungen, insb **Ratenzahlung** geknüpft, wird der Schu allerdings von Neuem zahlungsunfähig, wenn er nicht in der Lage ist, diese Leistungen zu erbringen,[104] maW eine sich in der Nichtzahlung der ersten Rate manifestierende Zahlungseinstellung des Schu wird nicht durch den Neuabschluss der **Ratenzahlungsvereinbarung** beseitigt, wenn der Schu seiner Ratenzahlungspflicht auch danach nur verspätet nachkommt und der gesamte offene Restforderungsbetrag deshalb fällig bleibt.[105] Die Nichtbelastung mit Verzugszinsen kann ausnahmsweise für die Bereitschaft zur Prolongation sprechen.[106] Freilich ist bei der Annahme, ein Gl habe stillschweigend in eine spätere oder nachrangige Befriedigung seiner Forderung eingewilligt, Zurückhaltung geboten. „Erzwungene Stundungen", die dadurch zustande kommen, dass der Schu seine fälligen Verbindlichkeiten mangels liquider Mittel nicht oder nur noch mit Verzögerungen begleicht, die Gl – insb Arbeitnehmer – aber nicht sofort klagen und vollstrecken, weil sie dies für aussichtslos halten oder sie nicht den sofortigen Zusammenbruch des Schu verantworten wollen, stehen der Fälligkeit und damit der Berücksichtigung der Forderungen nicht entgegen.[107] An der Fälligkeit fehlt es aber bspw aus Rechtsgründen bei einer Gesellschafterforderung, welcher der **Einwand des Eigenkapitalersatzes** (entspr) § 30 GmbHG aF entgegensteht, so dass sie als Verbindlichkeit nicht zu berücksichtigen ist.[108] Nach dem seit dem MoMiG geltenden Recht sind Forderungen auf Rückgewähr eines Gesellschafterdarlehens oder aus Rechtshandlungen, die einem solchen Darlehen wirtschaftlich entsprechen, vor InsEröffnung aber (vorbehaltlich einer besonderen Absprache) uneingeschränkt durchsetzbar und daher als Passivposten anzusetzen.[109] Entsprechendes gilt zB für nachrangige **Genussrechte**. Auf der Aktivseite können umgekehrt Forderungen des Schu, die zwar fällig, aber seit geraumer Zeit unbeglichen geblieben sind, wenn überhaupt,

100 *BGHZ* 173, 286 = ZIP 2007, 1666 Rn 15, 18; *BGHZ* 181, 132 = ZIP 2009, 1666 Rn 22; ZIP 2011, 1875 Rn 9; 2013, 79 Rn 8; 2013, 228 Rn 26; vgl auch *BGH* ZInsO 2012, 732 Rn 7; *Fischer* FS Ganter, S 156.

101 *BGHZ* 173, 286 = ZIP 2007, 1666 Rn 20.

102 *BGHZ* 173, 286 = ZIP 2007, 1666 Rn 24.

103 *BGH* ZIP 2008, 420 Rn 26 unter Hinweis auf *BGHZ* 173, 286 = ZIP 2007, 1666 Rn 20; ebenso *BGH* ZIP 2013, 228 Rn 29.

104 *BGH* ZIP 2013, 228 Rn 29 mit Anm *Rühle* BB 2013, 525; *BGH* ZIP 2008, 420 Rn 26; vgl auch *OLG Celle* ZInsO 2012, 92. **AA** wohl *OLG Saarbrücken* ZIP 2012, 1974 (ratierende Verbindlichkeiten in nominaler Höhe, wenn Ratenabrede in Kenntnis des offen gelegten Zahlungsunvermögens).

105 *BGH* ZInsO 2012, 2048 Rn 4; 9.6.2016 – IX ZR 174/15 Rn 21; *OLG Bamberg* ZIP 2017, 97.

106 *BGH* ZIP 2013, 79 Rn 13.

107 *BGH* ZIP 2008, 706 Rn 22, 23.

108 *BGHZ* 181, 132 = ZIP 2009, 1235 Rn 20; *Fischer* FS Ganter, S 160; krit *Keller* EWiR 2009, 580.

109 *Fischer* FS Ganter, S 160. Für § 64 GmbHG hat *BGH* ZIP 2012, 2391 Rn 7 ff (ZS) die bisherige Kontroverse zu § 64 S 3 GmbHG aufgelöst und entschieden, dass für den Nachweis der Zahlungsunfähigkeit durch Liquiditätsbilanzen auch Forderungen der Gfter mit aufgenommen werden müssen, dazu *Haas* NZG 2013, 41 ff; mwN zum bisherigen Meinungsstand *B/H/Haas* § 64 Rn 99; zu Nachrang und InsAnf bei GfterDarlehen *Thole* ZHR 176 (2012), 513 ff. Von Verstrickung spricht weiterhin *BGH* ZIP 2013, 582 Rn 32 zu § 135.

nur mit einem erheblichen Abschlag als zu erwartender Geldzufluss berücksichtigt werden, weil mit vollständiger Durchsetzung nicht zu rechnen ist.[110]

22 Wie § 30 KO meint auch § 130 nur eine solche Zahlungsunfähigkeit, die für die Eröffnung des InsVerf **ursächlich** war und bis zur VerfEröffnung fortdauerte.[111] Im Einzelnen wird zur Auslegung der Begriffe Zahlungsunfähigkeit und Zahlungseinstellung auf die Erl zu § 17 Rn 25 ff verwiesen.

23 **Drohende Zahlungsunfähigkeit** ist zwar beim Eigenantrag des Schu ebenfalls ein Eröffnungsgrund (§ 18), reicht aber für §§ 130–132 ebenso wenig aus wie eine **Überschuldung** (§ 19).[112] Beide Gründe haben allenfalls – idR sehr schwache – Indizwirkungen für die im Zeitpunkt des § 140 bestehende Zahlungsunfähigkeit.

24 **c) Darlegung und Beweis.** Die Voraussetzungen der **Zahlungsunfähigkeit zum maßgeblichen Zeitpunkt** hat grds der **InsVerw darzulegen** und zu **beweisen**.[113] Insb ist es Sache des InsVerw, den Bestand und die Fälligkeit der Verbindlichkeiten des Schu ausreichend vorzutragen und unter Beweis zu stellen. Bei der Bestimmung des **Maßes der Darlegungs- und Beweislast des InsVerw** ist zu berücksichtigen, dass dem InsVerw zur Begründung der AnfKlage häufig über die vorgefundenen schriftlichen Unterlagen hinaus nur geringe Erkenntnismöglichkeiten zur Verfügung stehen. Deshalb dürfen an die Substantiierungslast keine zu hohen Anforderungen gestellt werden, um die Erfolgsaussichten einer AnfKlage nicht von vornherein zu vereiteln. So kann die Vorlage von Listen über die Verbindlichkeiten des Schu iVm ergänzenden Angaben, insb Rechnungen der Gl, zur Substantiierung genügen, wenn sich hieraus die notwendigen Informationen über den jeweiligen Anspruch und seine Fälligkeit hinreichend entnehmen lassen.[114]

25 Zur Feststellung der Zahlungsunfähigkeit iSv § 17 Abs 2 S 1 ist – auch im AnfProzess – **zunächst Zahlungseinstellung** gem § 17 Abs 2 S 2 zu prüfen.[115] Für die Prüfung sind die im maßgeblichen Zeitpunkt (§ 140) verfügbaren und innerhalb von drei Wochen flüssig zu machenden Mittel[116] in Beziehung zu setzen zu den am selben Stichtag fälligen und eingeforderten Verbindlichkeiten.[117] **Aus welchen Quellen die Einnahmen des Schu stammen**, ist **ohne Bedeutung**; insb kommt es nicht darauf an, ob sich der Schu die Zahlungsmittel auf redliche oder unredliche Weise beschafft hat, so dass selbst aus Straftaten herrührende illegale Einkünfte als liquide Mittel anzusehen sind.[118] Hat der Schu seine Zahlungen eingestellt, begründet dies auch für die InsAnf gem § 17 Abs 2 die gesetzliche Vermutung der

---

110 Vgl *LG Hbg* ZIP 2012, 1725.

111 MK/*Kayser* § 130 Rn 30; *Uhlenbruck/Ede/Hirte* § 130 Rn 46; *K/P/B/Schoppmeyer* § 130 Rn 94. Vgl aber *Jaeger/Henckel* KO § 30 Rn 31 f und *Jaeger/Henckel* § 130 Rn 112: zwar keine Anfechtbarkeit, wenn es dem Schu nach Vornahme der Rechtshandlung gelungen ist, die Zahlungsunfähigkeit zu beheben; dies soll sich aber nicht daraus ergeben, dass zwischen der Zahlungsunfähigkeit und dem InsVerf ein Ursachenzusammenhang bestehen müsste.

112 *BGH* ZIP 2007, 1469 Rn 23; *OLG Köln* NZI 2005, 114 = ZIP 2005, 224 (Nichtzulassungsbeschwerde zurückgewiesen, *BGH* ZIP 2007, 1913); MK/*Kayser* § 130 Rn 28a; *Uhlenbruck/Ede/Hirte* § 130 Rn 42; *Jaeger/Henckel* § 130 Rn 110 f; krit *Gerhardt* FS Brandner, S 616 ff.

113 *BGH* ZIP 2007, 1913 Rn 5; *OLG Köln* NZI 2005, 115 = ZIP 2005, 224 (Nichtzulassungsbeschwerde zurückgewiesen, *BGH* ZIP 2007, 1913); *Braun/de Bra* § 130 Rn 44.

114 *BGH* ZIP 2007, 1913 f Rn 5 ff.

115 *BGH* ZIP 2006, 2222 Rn 12, 27; 2007, 1469 Rn 27, 37. Zur Zahlungseinstellung auch *Krüger/Wigand* ZInsO 2011, 315 f.

116 Vgl dazu auch *BGH* ZIP 2007, 1512 Rn 15.

117 *BGHZ* 163, 140 = ZIP 2005, 1427 f; 181, 132 = ZIP 2009, 1235 Rn 37; *BGH* ZIP 2006, 2222 Rn 28; 2013, 228 Rn 19; *OLG Hbg* ZInsO 2010, 379, 381.

118 *BGHZ* 181, 132 = ZIP 2009, 1235 Rn 19.

Zahlungsunfähigkeit. Die **Zahlungseinstellung** kann aus einem einzelnen, aber auch aus einer Gesamtschau mehrerer darauf hindeutender Beweisanzeichen gefolgert werden.[119] Zahlungsunwilligkeit genügt nicht.[120] Es muss sich mindestens für die beteiligten Verkehrskreise der berechtigte Eindruck aufdrängen, dass der Schu außerstande ist, seine fälligen Zahlungsverpflichtungen zu genügen.[121] Die **Nichtzahlung eines erheblichen Teils der fälligen Verbindlichkeiten** reicht idR selbst dann aus, wenn tatsächlich geleistete Zahlungen beträchtlich sind, aber im Verhältnis zu den fälligen Gesamtschulden nicht den wesentlichen Teil ausmachen.[122] Die 10 %-Grenze gilt hier nicht.[123] Eine Ratenzahlungsbitte wegen Unfähigkeit, die Zahlung in einem Zug erbringen zu können, reicht als solche noch nicht für die Kenntnis der Zahlungseinstellung aus.[124] Haben im Zeitpunkt des § 140 fällige Verbindlichkeiten bestanden, die bis zur Verfahrenseröffnung nicht mehr beglichen worden sind, ist regelmäßig von Zahlungseinstellung auszugehen.[125] **Schleppendes Abtragen eines ständigen Forderungsrückstands** weist auf Zahlungseinstellung hin.[126] Sind derartige Indizien vorhanden, bedarf es nicht einer darüber hinaus gehenden Darlegung und Feststellung der genauen Höhe der gegen den Schu bestehenden Verbindlichkeiten oder gar einer Unterdeckung von mindestens 10 %.[127] Vielmehr obliegt es dem Tatrichter ausgehend von den festgestellten Indizien eine **Gesamtabwägung** vorzunehmen, ob eine Zahlungseinstellung gegeben ist.[128] Eine Zahlungseinstellung gilt nach den Grundsätzen der Beweisvereitelung als bewiesen, wenn der GFührer einer GmbH seine Pflicht zur Führung und Aufbewahrung von Büchern und Belegen gem §§ 238, 257 HGB, § 41 GmbHG verletzt und deshalb eine Darlegung näherer Einzelheiten nicht möglich ist.[129] Das gilt aber nur, soweit der Geschäftsführer selbst Prozessgegner ist. Die Vermutung der Zahlungsunfähigkeit nach § 17 Abs 2 S 2 kann nicht durch den Nachweis der Zahlungsunwilligkeit des Schu widerlegt werden;

---

119 *BGH* ZIP 2011, 1416 Rn 13 mit Anm *Henkel* EWiR 2011, 571; *BGH* ZInsO 2012, 976 Rn 11; zu Indiztatsachen und ihrer Beweiskraft im AnfProzess *M Huber* ZInsO 2012, 53; *Kayser* WM 2013, 293.

120 *BGH* ZIP 2012, 735 Rn 18.

121 *BGH* ZIP 2012, 735 Rn 9.

122 *BGH* ZIP 2007, 1469 Rn 29; 2010, 682 Rn 42; 2012, 735 Rn 9.

123 *BGH* ZIP 2011, 1416 Rn 13; WM 2013, 1361 Rn 18 ff = ZInsO 2013, 1419; MK/*Kayser* § 130 Rn 28a.

124 *BGH* 14.7.2016 – IX ZR 188/15 Rn 14 ff.

125 *BGH* ZIP 2006, 2222 Rn 28; 2013, 174 Rn 16.

126 *BGH* ZIP 2012, 2355 Rn 19.

127 Vgl aber zur Kenntnis bei geringfügigen Forderungen *BGH* 6.7.2017 – IX ZR 178/16 Rn 18.

128 *BGH* ZIP 2006, 1457 Rn 6 und 2006, 2222 Rn 24 (die Nichtzahlung von Sozialversicherungsbeiträgen und über einen Zeitraum von mehr als drei Wochen macht deutlich, dass die Nichtzahlung auf einem objektiven Mangel an Geldmitteln beruht); 2007, 1510 Rn 12 (Nichtzahlung einer erheblichen Steuerschuld bis zur Eröffnung des InsVerf); 2008, 708 Rn 20 (schleppende Zahlung von Löhnen und Gehältern durch einen Arbeitgeber). Auch eigene Erklärungen des Schu, eine fällige Verbindlichkeit nicht begleichen zu können, deuten auf eine Zahlungseinstellung hin, *BGH* ZIP 2008, 420 Rn 21; *OLG Celle* ZInsO 2009, 1204; vgl auch *BGHZ* 167, 11 = ZIP 2006, 916 Rn 19; *BGH* ZIP 2009, 1966 Rn 10; 2009, 2253 Rn 11; 2011, 1416 Rn 13 (ständiges Vor-sich-Herschieben eines erheblichen Forderungsrückstandes); 2012, 2355 Rn 19; 2013, 228 Rn 20; *OLG Hbg* ZInsO 2012, 493 (die Nichtausführung eines Dauerauftrages und Rückgabe einer Lastschrift); *OLG Düsseldorf* ZInsO 2012, 788 (Ratenzahlungsvereinbarung).

129 *BGH* ZIP 2012, 723 Rn 16 (II ZS) mit Anm *Podewils* EWiR 2012, 523; *BGH* ZIP 2007, 1061 Rn 14 (II. ZS) jew zu § 823 Abs 2 BGB iVm § 64 Abs 1 GmbHG aF (jetzt § 15a InsO); zur Beweisvereitelung und den Rechtsfolgen allgemein MK-ZPO/*Prütting* § 286 ZPO Rn 80 ff; *Thole* JR 2011, 327 ff.

erforderlich ist Nachweis der Zahlungsfähigkeit.[130] Dass nicht lediglich Zahlungsstockung vorlag, ist im Nachhinein ohne weiteres feststellbar; dafür bedarf es keiner Liquiditätsbilanz und Prognose.[131]

26 Lässt sich eine **Zahlungseinstellung nicht feststellen,** ist **Zahlungsunfähigkeit** eigenständig zu prüfen.[132] Zur Feststellung der Zahlungsunfähigkeit kann eine **Liquiditätsbilanz** aufgestellt werden;[133] erforderlich ist dies nicht, wenn auf andere Weise iSd § 286 ZPO festgestellt werden kann, ob der Schu einen wesentlichen Teil seiner fälligen Verbindlichkeiten nicht bezahlen konnte.[134] Die Zahlungsunfähigkeit ist – da insoweit deutsches Recht maßgeblich ist (Art 7 Abs 2 S 2 lit m EuInsVO) – auch dann zu ermitteln, wenn das Verfahren als **Sekundärverfahren eines ausländischen Hauptverfahrens** geführt wird, das ohne Prüfung des Eröffnungsgrunds (Art 34 S 1 letzter HS EuInsVO) eröffnet wird.[135] Eine einmal eingetretene Zahlungseinstellung/Zahlungsunfähigkeit wird nur **beseitigt**, wenn der Schu die Zahlungen im Allgemeinen wieder aufnimmt; dies hat grds derjenige zu beweisen, der sich auf den Wegfall der Zahlungseinstellung/Zahlungsunfähigkeit beruft.[136] ZB muss der Anfechtungsgegner darlegen und beweisen, dass die bereits eingetretene Zahlungsunfähigkeit des Schu durch eine mit ihm getroffene Ratenzahlungsvereinbarung nachträglich entfallen ist.[137] Von einer Wiederherstellung der Zahlungsfähigkeit kann insb nicht ausgegangen werden, wenn sich der Schu durch die Befriedigung seiner gegenwärtigen Gl der Mittel entäußert, die er zur Begleichung seiner künftigen, alsbald fällig werdenden Verbindlichkeiten benötigt.[138]

27 **2. Zur Zeit der Handlung.** Die Rechtshandlung muss zu einem Zeitpunkt vorgenommen worden sein, in dem der Schu bereits zahlungsunfähig war.[139] Es reicht aber aus, wenn erst die Zahlung und damit der Vermögensabfluss die Zahlungsunfähigkeit **unmittelbar** bewirkt hat,[140] dh wenn also zB die letzten Liquiditätsreserven eingesetzt wurden. Wann die Handlung vorgenommen worden ist, bestimmt § 140. Auf die Erl zu dieser Vorschrift wird verwiesen.

---

130 *BGH* ZIP 2012, 735 Rn 18; *Kayser* WM 2013, 300.
131 *BGH* ZIP 2006, 2222 Rn 28: 8.1.2015 – IX ZR 203/12 Rn 14; 17.11.2016 – IX ZR 65/15 Rn 18.
132 *BGH* ZIP 2006, 2222 Rn 27; 2007, 1469 Rn 27, 37.
133 *BGHZ* 163, 140 = ZIP 2005, 1429; *BGH* ZIP 2006, 2222 Rn 28; 2009, 1235 Rn 37 (insoweit in *BGHZ* 181, 132 nicht abgedr). Vgl. *BGH* ZInsO 2012, 733 Rn 6 (Handelsbilanz reicht für sich nicht).
134 *BGH* ZIP 2013, 228 Rn 20; 17.12.2015 – IX ZR 61/14 Rn 17.
135 *K Schmidt/Ganter/Weinland* § 130 Rn 97; **aA** FK/*Dauernheim* § 130 Rn 46.
136 *BGHZ* 149, 109 = ZIP 2001, 2238; 149, 188 = ZIP 2002, 90; *BGH* ZIP 2004, 516, insoweit in *BGHZ* 157, 350 nicht abgedr; ZIP 2004, 2196 f, insoweit in *BGHZ* 160, 259 nicht abgedr; ZIP 2006, 2222 Rn 23; 2007, 1469 Rn 32 f, 39; 2007, 1513 Rn 23; 2008, 420 Rn 24; 2008, 930 = WM 2008, 840 Rn 23; ZIP 2010, 682 Rn 44; 2011, 1111 Rn 23; 2012, 735 Rn 10; 2012, 2355 Rn 16, 18; 2013, 228 Rn 33 (das gilt jedenfalls uneingeschränkt dann, wenn zwischen der festgestellten Zahlungseinstellung und den angefochtenen Zahlungen ein relativ kurzer Zeitraum liegt); *OLG Dresden* ZInsO 2004, 747; NZI 2010, 104; *OLG Celle* ZInsO 2009, 1204; 2012, 92; *OLG Stuttgart* ZInsO 2011, 233 f; *OLG Saarbrücken* ZIP 2012, 1974; *OLG Hbg* ZInsO 2012, 493; MK/*Kayser* § 130 Rn 29a; *K/P/B/Schoppmeyer* § 130 Rn 95; *Kayser* WM 2013, 300.
137 *BGH* ZIP 2013, 228 Rn 33 mit Anm *Rühle* BB 2013, 525.
138 *BGH* ZIP 2012, 2355 Rn 19 mit Anm *Thole* NZI 2012, 965.
139 *BGH* ZIP 2006, 2222 Rn 11; 2007, 1469 Rn 24 – 27; ZInsO 2010, 2293 Rn 12; ZIP 2013, 322 Rn 7; MK/*Kayser* § 130 Rn 27; *Uhlenbruck/Ede/Hirte* § 130 Rn 32; *K/P/B/Schoppmeyer* § 130 Rn 93.
140 *BGH* WM 1955, 1471 (zur Zahlungseinstellung); MK/*Kayser* § 130 Rn 27, 29a; K/P/B/*Schoppmeyer* § 130 Rn 93.

3. Suspektsperiode von drei Monaten. Die Berechnung der Frist von drei Monaten bestimmt sich nach § 139 (vgl die Erl zu dieser Vorschrift). Das gilt bei einheitlicher Ins auch für § 139 Abs 2 S 2.[141] Darauf, wann das InsVerf eröffnet wird, kommt es entgegen § 33 KO in keinem Fall an.[142] Ab der Stellung des Eröffnungsantrags gilt nur noch § 130 Abs 1 S 1 Nr 2 mit erleichterten Anforderungen. Zur Situation bei mehreren Eröffnungsanträgen Rn 31. 28

VII. Objektive Anfechtungsvoraussetzungen bei Deckung nach dem Eröffnungsantrag (Abs 1 S 1 Nr 2)

1. Eröffnungsantrag und Verhältnis zur Zahlungsunfähigkeit. Nach § 130 Abs 1 S 1 Nr 2 sind auch Rechtshandlungen anfechtbar, die nach dem Eröffnungsantrag vorgenommen wurden. Eröffnungsantrag in diesem Sinne ist auch der mit dem Antrag auf **Einleitung eines Schutzschirmverfahrens** (§ 270b InsO) verbundene Antrag.[143] Für die Abgrenzung zwischen § 130 Abs 1 S 1 Nr 1 und § 130 Abs 1 S 1 Nr 2 kommt es allein auf den Zeitpunkt der Deckung vor oder nach dem Antrag an. Ungeachtet des Wortlauts von § 130 Abs 1 S 1 Nr 1, der nur Rechtshandlungen **vor** dem Eröffnungsantrag im Auge hat, ist aber naturgemäß auch eine **nach** dem Antrag vorgenommene Rechtshandlung erst recht anfechtbar, wenn der Schu zur Zeit der Handlung zahlungsunfähig war.[144] Dies ergibt sich mittelbar aus § 130 Abs 1 S 1 Nr 2, soweit dort auf die Kenntnis des Gl von der Zahlungsunfähigkeit abgestellt wird, und es wird durch die Entstehungsgeschichte bestätigt.[145] MaW die Zahlungsunfähigkeit im Zeitpunkt der Deckung, aber nach dem Antrag hat keine Sperrwirkung zu Lasten des § 130 Abs 1 S 1 Nr 2 zur Folge. Bei solchen Rechtshandlungen nach dem Antrag kommt es allerdings grds auch **überhaupt nicht** darauf an, ob zur Zeit ihrer Vornahme **Zahlungsunfähigkeit** vorlag oder nicht. Dh umgekehrt muss Zahlungsunfähigkeit nicht dargelegt werden; die Deckung zeitlich nach dem **Antrag genügt**. Der Wortlaut der Vorschrift ist insoweit zwar nicht eindeutig, lässt eine solche Auslegung aber jedenfalls zu. Dass dieses Verständnis der Norm zugrunde liegt, ergibt sich deutlich aus dem EB.[146] „Daher kann auch ein nur wegen drohender Zahlungsunfähigkeit gestellter Eröffnungsantrag (§ 18) die Anfechtbarkeit auslösen, obwohl bei Antragstellung eine tatsächliche Insolvenzreife noch nicht gegeben oder indiziert ist.[147] Dies ist im Interesse der Rechtssicherheit hinzunehmen.[148] Auf die Zahlungsunfähigkeit kommt es nur hinsichtlich der subjektiven Voraussetzungen an, wenn der Gl den Eröffnungsantrag nicht kannte, und sich der Verw auf die Kenntnis von der Zahlungsunfähigkeit stützt. Dann muss Zahlungsunfähigkeit auch tatsächlich vorgelegen haben, da dessen irrige Annahme durch den Gl nicht genügt. Maßgeblich für die Anwendbarkeit von § 130 Abs 1 S 1 Nr 2 ist der Zeitraum zwischen Eröffnungsantrag und Eröffnung des InsVerf, vgl § 147.[149] 29

Wegen § 130 Abs 1 Nr 2 können auch Rechtshandlungen des **vorl Verw** anfechtbar sein. Zum Vertrauensschutz § 129 Rn 35 ff. Zahlungen von **Sozialversicherungsbeiträgen** nach Antrag- 30

---

141 *BGH* ZIP 2008, 236 Rn 10 f; 2008, 797 Rn 6; 2008, 930 = WM 2008, 840 Rn 8.
142 MK/*Kayser* § 130 Rn 25; *K/P/B/Schoppmeyer* § 130 Rn 151. Vgl auch *BGH* ZIP 2008, 236 Rn 13.
143 *OLG Dresden* ZIP 2014, 1294, 1295; *LG Hamburg* NZI 2015, 226, 227.
144 *Henckel* KS-InsO, S 824 Rn 27; MK/*Kayser* § 130 Rn 59; *K/P/B/Schoppmeyer* § 130 Rn 152.
145 HK/*Kreft* 6. Aufl, § 130 Rn 27; *K Schmidt/Ganter/Weinland* § 130 Rn 56.
146 S 403; vgl auch S 405 aE.
147 Vgl *Gerhardt* FS Brandner, S 617.
148 Vgl *Breutigam/Tanz* ZIP 1998, 717, 719; MK/*Kayser* § 130 Rn 53; *Uhlenbruck/Ede/Hirte* § 130 Rn 52; **aA** *Hess* InsR § 130 Rn 28.
149 *BGH* ZIP 2009, 1334 Rn 6; 2010, 2306 Rn 18; ZInsO 2010, 2293 Rn 7.

stellung können auch dann angefochten werden, wenn die Rückforderung nicht ausdrücklich vorbehalten wurde; es kommt allein auf die Tatbestandsvoraussetzungen des § 130 an.[150]

31 **2. Maßgeblicher Eröffnungsantrag; Konkurrenz von Anträgen.** Maßgeblich ist **gem § 139 Abs 2**, der hier wertungsmäßig herangezogen werden kann,[151] der erste zulässige und begründete Eröffnungsantrag,[152] mit Einschluss des mangels Masse abgewiesenen Antrags,[153] auch wenn die Vorschrift des § 139 dem Wortlaut ihrer Überschrift nach nur für die Berechnung der Fristen **vor** dem Eröffnungsantrag von Bedeutung ist.[154] Diese Auslegung legt der Wortlaut des § 130 nahe, der von „dem Antrag auf Eröffnung" oder „dem Eröffnungsantrag" spricht und zwischen dem Antrag nach Abs 1 S 1 Nr 1 und dem nach Abs 1 S 1 Nr 2 nicht unterscheidet. Ganz deutlich wird dies in § 131 Abs 1 Nr 1, wo darauf abgestellt wird, ob die Handlung vor dem Antrag auf Eröffnung des InsVerf oder nach diesem Antrag vorgenommen worden ist. Das hat bei **mehreren** Eröffnungsanträgen (§ 139 Abs 2) zur Folge, dass eine nach dem ersten zulässigen und begründeten Eröffnungsantrag vorgenommene Rechtshandlung der Anf unterliegt, wenn der Gl nur diesen Antrag kannte, nicht aber den für das bisherige Recht maßgeblichen[155] späteren Antrag, aufgrund dessen das InsVerf eröffnet wurde.[156] § 139 Abs 2 meint freilich nur mehrere Anträge im laufenden Eröffnungsverfahren. Kenntnis des Gl von einem **irgendwann einmal gestellten Antrag** genügt daher nicht, wenn das Eröffnungsverfahren seinen Abschluss gefunden hatte; anders nur bei Abweisung mangels Masse (u Rn 43). Noch anders ist es, wenn der erste Antrag nicht mehr beachtlich ist, weil er **zurückgenommen** wurde. Dann kommt insoweit grds auch keine Anfechtung nach der InsO in Betracht. Wird sodann nach Beendigung der Rechtshängigkeit des ersten Antrags ein zweiter gestellt, der zur Eröffnung führt, ist nur dieser zweite Antrag maßgeblich. Denkbar ist aber uU die Vorsatzanfechtung im späteren Verfahren, wenn erst die Befriedigung im ersten Eröffnungsverfahren den Gl zur Rücknahme seines ersten Antrags veranlasst hatte.[157]

32 Wird das Verfahren als **Sekundärverfahren** nach Eröffnung eines ausländischen Hauptverfahrens geführt, genügt Kenntnis des **ausländischen Eröffnungsantrags** nur dann, wenn damit auch Kenntnis einer vom prospektiven ausländischen Verfahren beanspruchten universalen Beschlagswirkung verbunden ist,[158] maW Leistungen nach ausländischen Antrag und vor Antrag im Sekundärverfahren werden im deutschen Sekundärverfahren grundsätzlich nach § 130 Abs 1 S 1 Nr 2 behandelt, Leistungen vor jeglichem Antrag nach § 130 Abs 1 Nr 1, wobei der inländische Antrag ggf durch den ausländischen Antrag bezüglich des Hauptverfahrens substituiert werden kann, so dass die Dreimonatsfrist vom ausländischen Antrag zurückzurechnen ist. Die Zahlungsunfähigkeit ist aber iFd § 130 Abs 1 Nr 1 gleichwohl zu prüfen (Rn 29).

---

150 *OLG Saarbrücken* ZIP 2014, 1791, 1793 f.
151 **AA** *Klinck* S 250 ff.
152 Darauf, ob die Einl und die Eröffnung des Verf schuldhaft verzögert wurde, kommt es nicht an, *BGHZ* 162, 146 f = ZIP 2005, 495.
153 Vgl *BGH* ZIP 2008, 235 Rn 10 f; 2008, 796 Rn 6; 2008, 930 = WM 2008, 840 Rn 8.
154 *BGHZ* 149, 181 = ZIP 2002, 88.
155 Vgl *RGZ* 88, 237; *Jaeger/Henckel* KO § 30 Rn 47; *Kilger/K Schmidt* § 30 KO Anm 7a; *Kuhn/Uhlenbruck* § 30 Rn 17.
156 Wie hier HambKomm/*Rogge/Leptien* § 130 Rn 25; su Rn 42.
157 *BGH* ZIP 2012, 2355 Rn 11 mit Anm *Thole* NZI 2012, 965.
158 Anders FK/*Dauernheim* § 130 Rn 14. Für globale Betrachtung der Zahlungseinstellung in solchen Fällen *BGH* ZIP 1991, 1014.

VIII. Subjektive Anfechtungsvoraussetzungen

1. Kenntnis der Zahlungsunfähigkeit. – a) Voraussetzungen der Kenntnis. Kenntnis der Zahlungsunfähigkeit bedeutet **positives**, dh für sicher gehaltenes **Wissen**.[159] Dieses muss im **Zeitpunkt der Vornahme** der Rechtshandlung, dh grds bei Eintritt ihrer Rechtswirkungen (§ 140) vorhanden sein.[160] Gegenstand der Kenntnis kann nur eine **tatsächlich bereits eingetretene Zahlungsunfähigkeit** sein. Die bloße Vermutung, irrige Annahme oder billigende Inkaufnahme einer (nicht bereits verwirklichten) Zahlungsunfähigkeit genügt nicht.[161] Eine der Rechtshandlung nachfolgende Kenntnis reicht nicht,[162] eine vor der Rechtshandlung bestehende Kenntnis kann bis zum Zeitpunkt der Rechtshandlung fortwirken (Rn 35). Die Feststellung der subjektiven Voraussetzungen der DeckungsAnf nach § 130 Abs 1 S 1, Abs 2 obliegt zuvörderst dem Tatrichter.[163] 33

Die Zahlungsunfähigkeit kennt der Gl nach der insoweit zu übernehmenden Rspr des BGH zur Kenntnis der Zahlungseinstellung zB dann, wenn er beim Leistungsempfang seine Ansprüche ernsthaft eingefordert hat, diese verhältnismäßig hoch sind und er weiß, dass der Schu nicht in der Lage ist, die Forderung zu erfüllen.[164] Das gilt beispielsweise, wenn der Schu selbst seine Zahlungsunfähigkeit eingestanden hat.[165] An einem positiven Wissen fehlte es hingegen eigentlich, wenn der Gl zwar sämtliche einzelnen Tatsachen kennt, die für sich eine Zahlungseinstellung/Zahlungsunfähigkeit begründen, wenn er diesen Schluss aber – etwa aus Unkenntnis – nicht zieht;[166] das würde lediglich fahrlässige Unkenntnis bedeuten.[167] Der Gl kennt die Zahlungsunfähigkeit/Zahlungseinstellung als komplexe Rechtsbegriffe nur, wenn er die Liquidität oder das Zahlungsverhalten des Schu wenigstens laienhaft bewerten kann.[168] Freilich setzt die Annahme einer Kenntnis der Zahlungsunfähigkeit keine genaue Kenntnis der rechtlichen Zusammenhänge voraus. Es **genügt, wenn der Gl aus den ihm bekannten Tatsachen und dem Verhalten des Schu bei natürlicher Betrachtungsweise den zutr Schluss zieht, dass jener wesentliche Teile – dh** grds **10 % und mehr – seiner ernsthaft eingeforderten Verbindlichkeiten im Zeitraum etwa der nächsten zwei bis drei Wochen**[169] **– nicht wird tilgen können.**[170] Aus der Kenntnis der Tatsachen dürfen beweismäßige Schlüsse auf die Kenntnis der Zahlungseinstellung/Zahlungsunfähigkeit selbst gezogen werden. Kennt ein im Geschäftsle- 34

---

159 Vgl *RGZ* 95, 152 ff; *BGHZ* 180, 63 = ZIP 2009, 526 Rn 13; *BGH* NJW 1984, 1954 = ZIP 1984, 812 zu 4; WM 1991, 151; ZIP 2008, 930 Rn 14; *BAG* ZIP 2011, 2366 Rn 24; MK/*Kayser* § 130 Rn 33; *Uhlenbruck/Ede/Hirte* § 130 Rn 58, 59; *K/P/B/Schoppmeyer* § 130 Rn 110 ff; *Gottwald/M Huber* § 47 Rn 28; HambKomm/*Rogge/Leptien* § 130 Rn 16; *Gehrlein* FS Ganter, S 170, 171.

160 Vgl *BGHZ* 41, 18 = WM 1964, 197; *BGH* ZIP 1995, 634; 1997, 426; 2006, 2222 Rn 11; 2008, 930 Rn 13; 2011, 1111 Rn 14; 20.10.2016 – IX ZR 305/14 Rn 13; *BAG* ZIP 2011, 2366 Rn 24; *Jaeger/Heckel* § 130 Rn 115; MK/*Kayser* § 130 Rn 32; *Uhlenbruck/Ede/Hirte* § 130 Rn 60; *K/P/B/Schoppmeyer* § 130 Rn 107 f; *Gehrlein* FS Ganter, S 173.

161 *BGH* ZIP 2011, 1111 Rn 25; *AG Bonn* ZIP 2015, 48 (Kenntnis Einstellung der Geschäftstätigkeit reicht nicht).

162 *BGH* ZIP 2008, 930 Rn 13; 2011, 1111 Rn 15; HambKomm/*Rogge/Leptien* § 130 Rn 16.

163 *BGH* ZInsO 2010, 1324 Rn 9; vgl bereits *BGHZ* 180, 63 = ZIP 2009, 526 Rn 15.

164 *BGH* ZIP 1997, 1927; 1998, 479.

165 *BGH* 16.6.2106 – IX ZR 23/15 Rn 18.

166 Vgl *BGH* KTS 1964, 169 = WM 1964, 198 f, insoweit nicht abgedr in *BGHZ* 41, 17.

167 *BGH* NJW 1995, 2105 = ZIP 1995, 931.

168 *BGHZ* 180, 63 = ZIP 2009, 526 Rn 13; *BAG* ZIP 2011, 2366 Rn 24. Vgl auch *K/P/B/Schoppmeyer* § 130 Rn 112.

169 *BGHZ* 163, 139 f = ZIP 2005, 1428; so Rn 20.

170 *BGH* ZIP 2006, 2222 Rn 30; ZIP 2010, 682 Rn 46; vgl auch *BGH* NJW 1995, 2103; *BAG* ZIP 2011, 2366 Rn 24.

ben nicht unerfahrener Gl alle für das Vorliegen einer Zahlungseinstellung relevanten Tatsachen, so kennt er die Zahlungseinstellung (Zahlungsunfähigkeit) auch dann, wenn er die aus den Tatsachen zwingend abzuleitenden Schlussforderungen nicht zieht; dies gilt regelmäßig auch dann, wenn dieser Gl mit mehr als einmonatiger – jetzt: mehr als zwei- bis dreiwöchiger – Verzögerung nach Stellung eines Konkurs(Ins)Antrages vollständig befriedigt wird.[171] Ob der Gl von einer fortdauernden Anspruchsprüfung durch den Schu ausgehen darf, ist Tatfrage.[172] Diese zur KO ergangene Rechtsprechung ist nunmehr in die Vermutung des § 130 Abs 2 eingegangen und dort zu behandeln, auf die Erl dazu unter Rn 36 verwiesen.

35 **b) Wegfall der Kenntnis.** Eine bereits vor der angefochtenen Rechtshandlung gegebene Kenntnis des AnfGegners von der Zahlungsunfähigkeit des Schu entfällt, wenn der AnfGegner aufgrund neuer, objektiv geeigneter Tatsachen – nicht eines bloßen „Gesinnungswandels" – zu der Ansicht gelangt, der Schu sei möglicherweise wieder zahlungsfähig.[173] Das kann zutreffen, wenn ein Erfolg versprechender Sanierungsversuch unternommen wird, in dessen Rahmen umfangreiche Forderungsverzichte der Gl erreicht sind und ein gestellter InsAntrag daraufhin zurückgenommen wird.[174] Haben zunächst Umstände vorgelegen, die zwingend auf die Zahlungsunfähigkeit schließen ließen (§ 130 Abs 2), ist der Wegfall der Kenntnis von der Zahlungsunfähigkeit **in zwei Schritten** zu prüfen. Als erstes dürfen diese Umstände nicht mehr gegeben sein (tatsächliche Veränderung der Tatsachengrundlage); andernfalls kommt ein Wegfall der Kenntnis von vornherein nicht in Betracht.[175] Die Zahlungseinstellung ist nur beseitigt, wenn der Schu **allgemein seine Zahlungen wieder aufnimmt**.[176] Darüber hinaus hat der Tatrichter **in einem zweiten Schritt** aufgrund aller von den Parteien vorgetragenen Umstände des Einzelfalls zu würdigen (§ 286 ZPO), ob eine Kenntnis der Zahlungsunfähigkeit bei Vornahme der Rechtshandlung (§ 140) nicht mehr bestanden hat.[177] Allein eine (harte) Patronatserklärung, die dem begünstigten Schu keinen eigenen Anspruch gegen den Patron verschafft, beseitigt weder die Zahlungsunfähigkeit noch die Kenntnis von Umständen, die zwingend auf die Zahlungsunfähigkeit schließen lassen.[178] Von einer Wiederherstellung der Zahlungsfähigkeit kann auch nicht ausgegangen werden, wenn sich der Schu durch die Befriedigung seiner gegenwärtigen Gl der Mittel entäußert, die er zur Begleichung seiner künftigen, alsbald fällig werdenden Verbindlichkeiten benötigt.[179] Die Kenntnis des Gl von einer bestehenden Zahlungsunfähigkeit entfällt auch nicht durch den Abschluss einer von dem Schu vereinbarungsgemäß bedienten Ratenzahlungsvereinbarung, wenn bei dem gewerblich tätigen Schu mit weiteren Gl zu rechnen ist, die keinen vergleichbaren Druck zur Eintreibung ihrer Forderung ausüben.[180] Die **Darlegungs- und Beweislast** für den nachträglichen Wegfall der subjektiven AnfVoraussetzung „Kenntnis von der Zahlungsunfähigkeit" liegt beim **AnfGegner**. Ein Gl, der von der einmal einge-

171 *BGH* ZIP 2003, 1669; *BGH* 16.6.2016 – IX ZR 23/15 Rn 11 mwN.
172 Verneinend im konkreten Fall *BGH* 25.2.2016 – IX ZR 109/15 Rn 15 ff.
173 *BGH* ZIP 2008, 930 Rn 13 – 16; 2011, 1111 Rn 15; 2012, 2355 Rn 21; 2013, 174 Rn 34; 2013, 228 Rn 39; 17.12.2015 – IX ZR 61/14 Rn 27; vgl dazu *Kayser* WM 2013, 300.
174 *BGH* ZIP 2008, 930 Rn 21.
175 *BGH* ZIP 2008, 930 Rn 17; 2010, 682 Rn 48; 2011, 1111 Rn 15, 26; 2012, 2355 Rn 21; 2013, 174 Rn 34; 2013, 228 Rn 39.
176 *BGH* 16.6.2016 – IX ZR 23/15 Rn 22; 24.3.2016 – IX ZR 242/13 Rn 15; 17.11.2016 – IX ZR 65/15 Rn 25. So Rn 24.
177 *BGH* ZIP 2008, 930 Rn 17, 22; 2011, 1111 Rn 15; 2012, 2355 Rn 21; 2013, 228 Rn 39; dazu auch *Gehrlein* FS Ganter, S 173.
178 *BGH* ZIP 2011, 1111 Rn 16–23 mit Anm *Krüger/Pape* NZI 2011, 617; im Erg übereinstimmend bereits *BGH* ZIP 2010, 682 Rn 48.
179 *BGH* ZIP 2012, 2355 Rn 19 mit Anm *Thole* NZI 2012, 965.
180 *BGH* ZIP 2013, 228 Rn 42 mit Anm *Rühle* BB 2013, 525.

tretenen Zahlungsunfähigkeit des Schu wusste, hat darzulegen und zu beweisen, warum er später davon ausging, der Schu habe seine Zahlungen möglicherweise allgemein wieder aufgenommen.[181] Der InsVerw wäre regelmäßig überfordert, müsste er darlegen und beweisen, dass in der Person des Gl die objektiv veränderten Umstände keine Änderung der inneren Einstellung bewirkt haben.[182]

c) Kenntnis von Umständen (Abs 2). Nach Abs 2 steht der Kenntnis der Zahlungsunfähigkeit unwiderleglich[183] die Kenntnis von Umständen gleich, die zwingend auf die Zahlungsunfähigkeit schließen lassen. Eine nähere Umschreibung dieses subjektiven Tatbestandsmerkmals fehlt.[184] Die G gewordene Fassung beruht auf der Empfehlung des RAussch zu § 145 RegE.[185] Bis dahin war der Kenntnis von Zahlungsunfähigkeit und Eröffnungsantrag grundsätzlich deren grob fahrlässige Unkenntnis gleichgestellt worden, so dass die nunmehr Gesetz gewordene Fassung offenbar strenger zu sein scheint.[186] Die insoweit etwas dunkle Entstehungsgeschichte[187] wirft daher die Frage auf, ob man die Voraussetzungen bei Abs 2 der groben Fahrlässigkeit annähern darf. Der BGH geht davon aus, dass die Erfordernisse des § 130 Abs 2 anders als bei § 10 Abs 1 Nr 4 GesO **nicht mit grober Fahrlässigkeit gleichgesetzt werden** dürfen.[188] Dennoch ist die Rückannäherung an die grobe Fahrlässigkeit zumindest tendenziell nicht ausgeschlossen; ohnehin geht es hier oft um kaum zu trennende Feinheiten. Die entscheidende Weiche liegt darin, ob ein zwingender Schluss auf die Zahlungsunfähigkeit zu ziehen ist. 36

Bei der inhaltlichen Ausfüllung der Voraussetzungen von § 130 Abs 2 ist davon auszugehen, dass jedenfalls eine Änderung gegenüber der älteren Rspr zu § 30 KO gewollt war, die eine Kenntnis des Gl nur bejahte, wenn er die Zahlungseinstellung als solche erkannt hatte.[189] Die Kenntnis von Tatsachen, aus denen auf die Zahlungseinstellung zu schließen war, reichte nach dieser Rspr nicht aus.[190] Dies entsprach der überwiegenden **Auslegung von § 819 BGB**, die ebenfalls die Kenntnis der Tatsachen, aus denen sich der Mangel des Rechtsgrundes ergibt, nicht genügen ließ.[191] Unterdessen geht die Rspr zu § 819 BGB in Anlehnung an die Rspr zu § 990 BGB dahin, dass Kenntnis vom Mangel des rechtlichen Grundes bereits derjenige hat, der die für diesen Mangel maßgebenden Tatsachen kennt und sich der Einsicht in die Nichtigkeit des Verpflichtungsgeschäfts bewusst verschließt.[192] 37

Es dürfte dem Willen des Gesetzgebers entsprechen, die zu § 990 und § 819 BGB ergangenen Erkenntnisse auf § 130 Abs 2 zu übertragen und eine der Kenntnis von der Zahlungsunfähigkeit gleichstehende **Kenntnis von Umständen**, die zwingend auf die Zahlungsunfähigkeit schließen lassen, **zu bejahen, wenn sich ein redlich Denkender**, der vom Gedanken auf den eigenen Vorteil nicht beeinflusst ist, **angesichts der ihm bekannten Tatsachen der Ein-** 38

---

181 *BGH* 17.12.2015 – IX ZR 61/14 Rn 27; 16.6.2016 – IX ZR 23/15 Rn 22.
182 *BGH* ZIP 2008, 930 Rn 23; *K/P/B/Schoppmeyer* § 130 Rn 161; HambKomm/*Rogge/Leptien* § 130 Rn 16a; vgl auch *Jaeger/Henckel* § 130 Rn 154 aE.
183 *K Schmidt/Ganter/Weinland* § 130 Rn 61.
184 Vgl BT-Drucks 12/7302, 173.
185 BT-Drucks 12/7302, 54 f.
186 Krit *Gerhardt* FS Brandner, S 615 f; *ders* Festgabe Zivilrechtslehrer 1934/1935, 1999, S 140 f.
187 HK/*Kreft* 6. Aufl, § 130 Rn 27 f.
188 *BGHZ* 180, 63 = ZIP 2009, 526 Rn 22.
189 So auch *Henckel* KS-InsO, S 824 f Rn 29; *Jaeger/Henckel* § 130 Rn 121.
190 Vgl insb *RGZ* 23, 114; *BGH* WM 1955, 1471.
191 Vgl *Jaeger/Henckel* KO § 30 Rn 50.
192 *BGHZ* 133, 250 f = NJW 1996, 2653.

sicht nicht verschließen konnte, der Schu sei zahlungsunfähig.[193] Das Vorliegen dieser Voraussetzungen ist vom Standpunkt des redlichen Verkehrs aus und nach dem normativen Maßstab redlich Denkender zu beurteilen.[194] Die Vorschrift verlangt Kenntnisse von den konkreten Umständen, die ein eindeutiges Urteil über die Liquiditätsgesamtlage des Unternehmens ermöglichen.[195] Dieses Erg dürfte sich im Wesentlichen mit den Erwägungen decken, die der BGH seiner neuen Rspr zur Kenntnis der Zahlungseinstellung iSv § 30 KO zugrunde gelegt hat.[196] Die **Kenntnis ist danach für denjenigen zu vermuten, der die zugrunde liegenden Tatsachen kennt, an die jedermann mit seiner Verkehrserfahrung verständigerweise die Erwartung knüpft, dass der Schu wesentliche Zahlungen so gut wie sicher nicht wird erbringen können.**[197] Freilich war der BGH zur KO von einer tatsächlichen Vermutung ausgegangen. Bei der Vermutung des § 130 Abs 2 handelt es sich hingegen um eine **(unwiderlegliche) Rechtsvermutung**.

39 Der InsGl muss also die tatsächlichen Umstände kennen, aus denen bei zutr rechtlicher Bewertung die Zahlungsunfähigkeit zweifelsfrei folgt.[198] Dann vermag er sich nicht mit Erfolg darauf zu berufen, dass er den an sich zwingenden Schluss von den Tatsachen auf die Rechtsfolge selbst nicht gezogen hat.[199] Mischen sich hingegen in die Vorstellungen des Gl – wenn auch irrtümlich – Tatsachen, die bei einer **Gesamtbetrachtung** den Schluss auf die Zahlungsunfähigkeit des Schu nicht zwingend nahelegen, fehlt dem Gl die entspr Kenntnis. Bewertet er jedoch das ihm vollständig bekannte Tatsachenbild, das objektiv die Annahme einer Zahlungsunfähigkeit gebietet, falsch, kann er sich nicht mit Erfolg darauf berufen, dass er diesen Schluss nicht gezogen habe.[200]

40 Eine einzelne Tatsache kann ebenso wie – was häufiger sein dürfte – eine **Gesamtschau von Tatsachen** den Schluss auf die Zahlungsunfähigkeit rechtfertigen. Presseberichte können Verdacht erregen und insoweit gewissermaßen Beobachtungs- und Erkundigungspflichten auslösen,[201] doch ist dies nur für institutionelle Gl zu bejahen, eher nicht für außenstehende KleinGl.[202] Bei der Anfechtung von **Lohnzahlungen** hat der *BGH* in seiner Entsch v 19.2.2009[203] (vor der Entsch des GemS v 27.9.2010[204] zur Rechtswegfrage) angenommen, dass bei **Arbeitnehmern** allein aus der Kenntnis von Rückständen bei eigenen und fremden

---

193 *BGHZ* 180, 63 = ZIP 2009, 526 Rn 14; *BGH* 16.6.2016 – IX ZR 23/15 Rn 11; *OLG Hamburg* ZInsO 2016, 1262 (kein eigenes Geschäftskonto der Schu); *K/P/B/Schoppmeyer* § 130 Rn 116 aE; *Gottwald/M Huber* § 47 Rn 30; *L/S/Z/Zeuner* § 130 Rn 24; **aA** *Gehrlein* FS Ganter, S 174.

194 Vgl *BGHZ* 133, 250 f = NJW 1996, 2653; *Henckel* KS-InsO S 825f Rn 29; *Jaeger/Henckel* § 130 Rn 121.

195 *BGHZ* 180, 63 = ZIP 2009, 526 Rn 17.

196 *BGH* NJW 1995, 2103, 2105 = ZIP 1995, 931 f; vgl auch *BGH* ZIP 1998, 479 f; so Rn 25.

197 *BGH* NJW 1995, 2103, 2105 = ZIP 1995, 931 f; ZIP 2003, 492; vgl im Einzelnen *Jaeger/Henckel* § 130 Rn 122.

198 *BGHZ* 149, 185 = ZIP 2002, 87; *BGH* ZIP 2013, 2015 Rn 17.

199 Ebenso *BGHZ* 180, 63 = ZIP 2009, 526 Rn 13; *BGH* ZIP 2003, 412 (zur Kenntnis eines Finanzbeamten von Umständen, die zwingend auf die Zahlungsunfähigkeit des SteuerSchu schließen lassen); 2009, 2253 Rn 10; 2010, 682 Rn 46, 47; 2013, 2015 Rn 17; vgl MK/*Kayser* § 130 Rn 34, 36; *K/P/B/Schoppmeyer* § 130 Rn 117–122.

200 *BGHZ* 180, 63 = ZIP 2009, 526 Rn 14; *BGH* ZIP 2013, 2015 Rn 17. Dazu auch *Gehrlein* FS Ganter, S 175 f.

201 *BGH* ZIP 2001, 1643; vgl auch. *BGHZ* 180, 63 = ZIP 2009, 526 Rn 21.

202 *BGHZ* 180, 63 = ZIP 2009, 526 Rn 22; vgl auch *BGH* ZIP 2009, 2306 Rn 15.

203 *BGHZ* 180, 63 = ZIP 2009, 526 Rn 17, 18.

204 *BGHZ* 187, 105 = ZIP 2010, 2418; vgl *Kreft* ZIP 2013, 241. Dazu § 129 Rn 119; für ordentlichen Rechtsweg bei Lohnzahlungen durch Dritte *BGH* ZIP 2012, 1681 mit Anm *Huber* NZI 2013, 36.

Lohnzahlungen sowie Sozialversicherungsabgaben – anders als bei institutionellen Gl und solchen mit „Insiderkenntnissen" – der Schluss auf die Zahlungsunfähigkeit nicht zwingend sei, weil sich auch aus der Kenntnis der Rückstände nicht ergebe, welchen Anteil diese an den insgesamt fälligen und eingeforderten Geldschulden hätten. An diesen Grundsätzen hat der *BGH* in seiner Entsch v 15.10.2009 festgehalten, allerdings für den AnfGegner dieses Verfahrens hervorgehoben, dass jener Arbeitnehmer in seiner Funktion als Bauleiter in der Informationshierarchie nicht auf unterster Ebene gestanden sei, und er hat die Würdigung der Vorinstanz nicht beanstandet, die bzgl der positiven Kenntnis des AnfGegners von Vermutungstatsachen maßgeblich auf die zeitliche Dauer und Höhe der eigenen Lohnrückstände, die erheblichen Lohnrückstände bei anderen Arbeitnehmern sowie die Kenntnis des AnfGegners von den ökonomischen und wirtschaftlichen Hintergründen des Schu aufgrund seiner langjährigen Stellung als Bauleiter abgestellt hatte.[205] In vier Entsch v 6.10.2011 hat das *BAG*[206] dagegen den Standpunkt eingenommen, dass die Stellung und Funktion des Arbeitnehmers für die Beurteilung, ob der Arbeitnehmer positive Kenntnis von entspr Vermutungstatsachen hat, „nicht per se" maßgebend sei und dies im Wesentlichen damit begründet, dass § 130 Abs 2 auf die positive Kenntnis, nicht auf die (grob) fahrlässige Unkenntnis von Umständen abstelle. Der wesentliche **Unterschied dieser Judikate** besteht auf der Ebene der **Beweiswürdigung** (§ 286 Abs 1 S 1 ZPO)[207] sowie bei der Prüfung des Bargeschäfts.[208] Der *BAG* ließ es für die Kenntnis der Vermutungstatsachen nicht einmal ausreichen, dass die Arbeitnehmer vom Schu darüber informiert waren, dass dieser sich um die Einräumung neuer Kredite bemühe, weil „in Folge der Nichteinbringung seiner umfangreichen Zahlungsaufforderungen keine Mittel mehr zur Realisierung seiner Zahlungsverpflichtungen zum Fälligkeitstermin vorhanden gewesen seien".[209] Insgesamt ist die Rspr des BAG zu streng; sie führt zu einem de facto-Privileg selbst solcher Arbeitnehmer, die auf einer höheren Hierarchieebene angesiedelt sind. Bei Mitgliedern der Geschäftsleitung liegen die Dinge ohnehin anders.[210]

d) Kenntniszurechnung. Der Kenntnis des Gl steht eine Kenntnis seines **Vertreters** – auch eines Empfangsbevollmächtigten als Wissensvertreters[211] – gleich, der die Rechtshandlung vorgenommen hat (§ 166 Abs 1 BGB),[212] und zwar auch die Kenntnis eines vollmachtlosen Vertreters, dessen Handlung der Gl nachträglich genehmigt. Der Gl muss sich das Wissen seines **Prozessbevollmächtigten** in entspr Anwendung des § 166 Abs 1 BGB zurechnen lassen, soweit dieser seine Kenntnis nicht ausschließlich aufgrund der Bearbeitung eines anderen von einem Dritten übertragenen Mandates erlangt hat.[213] Ein vom Gl mit der Durchset- 41

---

205 *BGH* ZIP 2009, 2306 Rn 13 mit Anm *Stiller* EWiR 2009, 779; ähnlich *BGH* ZInsO 2010, 714 Rn 6 f; vgl *Gehrlein* FS Ganter, S 177; *Vollrath* ZInsO 2011, 1665.

206 *BAG* ZIP 2011, 2366 Rn 32; ZInsO 2012, 271 Rn 35; ZInsO 2012, 832 Rn 35; Urt v 6.10.2011 – 6 AZR 731/10 Rn 36 mit zust Anm *Wroblewski* NJW 2012, 894; mit abl Anm *Huber* EWiR 2012, 817; vgl *Brinkmann* ZZP 2012, 197; zum Bargeschäft eng mit Recht *Ganter* ZIP 2012, 2037, 2043.

207 *Brinkmann* ZZP 2012, 197, 210 f.

208 § 142 Rn 7. Zum Bargeschäft mit Recht eng und gegen die Rspr des BAG *Ganter* ZIP 2012, 2037, 2043.

209 *BAG* ZInsO 2012, 271 Rn 41; ZInsO 2012, 834 Rn 38, 39; Urt v 6.10.2011 – 6 AZR 731/10 Rn 40, 41.

210 Dazu *Thole/Schmidberger* BB 2014, 3, 4.

211 *BGH* ZIP 2009, 726 Rn 3.

212 Vgl *BGHZ* 41, 21 = WM 1964, 198; *BGH* NJW 1984, 1954 = ZIP 1984, 811 f; MK/*Kayser* § 130 Rn 41 ff; *Uhlenbruck/Ede/Hirte* § 130 Rn 79 ff; *Jaeger/Henckel* § 130 Rn 123 ff; vgl zur Wissenszurechnung im InsAnfRecht Bork DB 2012, 33.

213 *BGH* ZIP 1991, 41; *OLG Köln* ZIP 2004, 921; ZInsO 2011, 1701, 1705.

zung einer Forderung gegen den Schu beauftragter Rechtsanwalt ist daher Wissensvertreter des Gl, soweit er sein Wissen aus allgemein zugänglichen Quellen erlangt oder es über seine Internetseite selbst verbreitet hat.[214] Ggf kommt auch eine Anwendung von § 166 Abs 2 BGB in Betracht.[215] Ist der Gl eine GmbH, so ist ihr die Kenntnis des Alleingesellschafters zuzurechnen, wenn dieser den Geschäftsführer oder Liquidator zu der Rechtshandlung angewiesen hat.[216] Der Gl muss sich darüber hinaus die Kenntnis desjenigen zurechnen lassen, der für ihn in der Geschäftsführung des Schu dessen kritische Lage zu beobachten und im Notfall Alarm zu schlagen hat, auch wenn er bei Vornahme der Rechtshandlung nicht als Vertreter des Gl tätig geworden ist.[217] Die Kenntnis eines **Testamentsvollstreckers** ist dem Erben/den Miterben zuzurechnen.[218] Eine Anwendung des Rechtsgedankens des § 166 Abs 1 BGB kommt hingegen nicht in Betracht, wenn eine Person weder im Namen noch im Auftrag noch überhaupt mit Kenntnis des Gl tätig geworden ist.[219] Ein **Gerichtsvollzieher** ist als Organ der staatlichen Rechtspflege bei der Vollstreckung weder Interessen- noch Wissensvertreter des Gl.[220] Die Einzugstelle für die Abführung der Versicherungsbeiträge von freiwilligen Mitgliedern der gesetzlichen Kranken- und Pflegeversicherung durch den Arbeitgeber muss sich nicht die Kenntnisse des Vollziehungsbeamten des ersuchten Hautzollamtes entspr Anwendung des § 166 Abs 1 BGB zurechnen lassen.[221] Im Fall der **Gesamtvertretung** genügt Kenntnis eines der mehreren Gesamtvertreter.[222] Bei einer **juristischen Person** als Gl ist grundsätzlich maßgebend die Kenntnis ihres Vertretungsorgans oder eines seiner Mitglieder,[223] auch wenn dieses die Rechtshandlung nicht vorgenommen hat;[224] es besteht gleichwohl keine tatsächliche Vermutung, dass ein Aufsichtsratsmitglied des Schu Kenntnis von denjenigen Tatsachen hat, über die der Aufsichtsrat pflichtgemäß durch den Vorstand unterrichtet werden muss.[225] Zuzurechnen ist aber auch die Kenntnis eines sonstigen Vertreters wie etwa eines **Filialdirektors** oder eines **Prokuristen**;[226] eines **Sachbearbeiters**, der für die Abwicklung eines Kreditgeschäfts auch im Außenverhältnis zuständig ist;[227] aber etwa auch eines **Kassierers**, der von einem Vertreter unterbevollmächtigt wird, vom Schu Bargeld als Besitzdiener an sich zu nehmen und die zur Eigentumsübertragung erforderlichen Erklärungen abzugeben.[228] Die Kenntnis, die der Kassierer in Wahrnehmung seiner Befugnisse erlangt hat, ist dem Gl auch insoweit zuzurechnen, als dieser später selbst

---

214 *BGH* ZIP 2013, 174 Rn 26 (Göttinger Gruppe).

215 HambKomm/*Rogge/Leptien* § 130 Rn 30, 33; L/S/Z/*Zeuner* § 130 Rn 210 a.E.

216 Vgl *BGH* ZIP 2004, 960 (zur Benachteiligungsabsicht einer GmbH als GemeinSchu iSv § 31 Nr 1 KO).

217 *BGHZ* 41, 22 = WM 1964, 198; MK/*Kayser* § 130 Rn 47.

218 *LG Stuttgart* ZIP 1998, 77, 78 (auch S 1408); dazu *Jaeger/Henckel* § 130 Rn 137 (wegen der Amtsverwalter-Eigenschaft des Testamentsvollstreckers soll es der Anwendung von § 166 BGB nicht bedürfen).

219 Vgl *BGH* WM 1971, 380 (vom Schu bestellter **Treuhänder** befriedigt Forderung eines Gl).

220 *LG Hbg* ZInsO 2009, 1113; MK/*Kayser* § 130 Rn 51; *Jaeger/Henckel* § 130 Rn 139; *K/P/B/Schoppmeyer* § 130 Rn 142; HambKomm/*Rogge/Leptien* § 130 Rn 38.

221 *BGH* NZS 2012, 581 Rn 4.

222 *BGHZ* 22, 153; *BGH* NJW 1988, 1200; MK/*Kayser* § 130 Rn 43; *Uhlenbruck/Ede/Hirte* § 130 Rn 90; *K/P/B/Schoppmeyer* § 130 Rn 133.

223 *BGH* ZIP 1986, 723; *K/P/B/Schoppmeyer* § 130 Rn 147; HambKomm/*Rogge/Leptien* § 130 Rn 29.

224 *BGH* NJW 1984, 1954 = ZIP 1984, 811; vgl auch *BGH* ZIP 2006, 140 Rn 13 (zu § 82); HambKomm/*Rogge/Leptien* § 130 Rn 33.

225 *BGH* ZIP 2011, 1418 Rn 2; *OLG Bbg* ZInsO 2009, 1593.

226 *BGH* NJW 1984, 1954 = ZIP 1984, 812.

227 *BGH* NJW 1995, 2105 = ZIP 1995, 931.

228 *BGH* NJW 1984, 1954 = ZIP 1984, 812.

oder als eine andere von ihm ermächtigte Person an Rechtshandlungen teilnimmt.[229] Zur Kenntnis eines **Kreditinstituts** (Bank) von einer Verfügungsbeschränkung des Schu (§ 24 Abs 1, § 82) hat der *BGH* entschieden, dass das Institut organisatorisch Vorsorge treffen muss, damit seine Kunden betreffende Informationen über die Eröffnung von InsVerf oder Sicherungsmaßnahmen im Vorfeld der InsEröffnung von seinen EntschTrägern zur Kenntnis genommen werden, und dass es sich – wenn es der Obliegenheit nicht gerecht wird – die Kenntnisse, die bei einem zur Vornahme von Rechtsgeschäften bestellten und ermächtigten Bediensteten vorhanden sind, als ihm bekannt zurechnen lassen muss.[230] Ähnliches gilt für jede am Rechtsleben teilnehmende Organisation, etwa auch für **Versicherer**.[231] Es sind entsprechend auch solche Kenntnisse zurechenbar, die dem Gl (hier: Sozialversicherung) ohne persönliche Wahrnehmung durch seine zuständigen Beschäftigten allein durch Eingang der elektronischen Daten und deren vollautomatisierte Verarbeitung in einem von ihm für den Forderungseinzug bereitgestellten **Computersystem** mitgeteilt werden. Die Kenntnis folgt aus der Organisationspflicht, bei der Einrichtung eines solchen Datensystems (hier: automatisiertes Buchungs- und Mahnsystem nach §§ 28a ff SGB IV) Vorkehrungen für die Information einer zuständigen Stelle über eventuell kritisches Zahlungsverhalten des Schu vorzusehen.[232] Bei einem **staatlichen Rechtsträger** kommt es bei der Aufrechnung für die Kenntnis der Zahlungsunfähigkeit auf diejenige Stelle an, welche die Aufrechnung betreibt (hier: das Finanzamt), und nicht auf die Stelle (hier: Staatsoberkasse), welche auf Ersuchen der betreibenden Stelle die Aufrechnung erklärt.[233] Ggf kommt aber eine Zurechnung des Wissens der ersuchten Behörde in Betracht.[234] Eine Zurechnung des Wissens anderer **Behörden** kann aber nicht allgemein begründet werden.[235] Entscheidend ist die Frage, ob eine Weitergabe der Kenntnis bei wertender Betrachtung zu erwarten war. Es genügt, dass die Möglichkeit bestand, die Informationen im maßgeblichen Zeitpunkt innerhalb der Organisation zusammenzuführen.[236] Kenntnisse der Umsatz- und Einkommenssteuerstelle eines Finanzamts über die drohende Zahlungsunfähigkeit eines Schu sind einer Sondervollstreckungsstelle (hier: für Kraftfahrzeugsteuer) desselben Finanzamts trotz organisatorischer, sachlicher und personeller Trennung zuzurechnen, weil es hier nur um Untergliederungen der nach außen auftretenden Organisationshoheit (Finanzamt) geht.[237]

2. Kenntnis des Eröffnungsantrags. – a) Voraussetzungen der Kenntnis. Positives Wissen vom Eröffnungsantrag hat der Gl, der (bei Vornahme der Rechtshandlung,[238] § 140) positiv weiß, dass ein solcher Antrag gestellt worden, dh bei Gericht eingegangen ist.[239] War nur **ein** Antrag gestellt, kommt es allein darauf an, dass dieser Antrag später zur Eröffnung des Ins- 42

229 *BGH* NJW 1984, 1954 = ZIP 1984, 812; vgl allg zur Zurechnung des Wissens weisungsgebundener Hilfspersonen *Jaeger/Henckel* KO § 30 Rn 51 ff; *Jaeger/Henckel* § 130 Rn 130; MK/*Kayser* § 130 Rn 46 ff.

230 *BGH* ZIP 2006, 138 Rn 13 mit Anm *Obermüller* BGH Report 2006, 328 f.

231 *BGHZ* 182, 85 = ZIP 2009, 1726 Rn 16; *BGH* ZIP 2010, 935 Rn 11. Möglicherweise weniger weitgehend *BGH* ZIP 2010, 886 Rn 17, 18 (IV ZS).

232 *OLG Hamm* ZIP 2011, 1928 mit Anm *Kruth* EWiR 2011, 815.

233 *OLG München* ZIP 2010, 638 = ZInsO 2009, 2153 zu 4 mit zust Anm *Laskos* (Nichtzulassungsbeschwerde zurückgewiesen, *BGH* 9.6.2011 – IX ZR 183/09).

234 *BGH* ZIP 2013, 685 Rn 4 zu § 133.

235 *BGHZ* 190, 201 = ZIP 2011, 1523 Rn 18; ZIP 2014, 1497 Rn 2; *K Schmidt/Ganter/Weinland* § 130 Rn 74.

236 *BGH* ZIP 2014, 1497 Rn 2.

237 **AA** *OLG Nürnberg* ZIP 2012, 1044. Zum Gesichtspunkt der Organisationshoheit vgl *BGHZ* 190, 201 = ZIP 2011, 1523 Rn 16.

238 *BGH* ZInsO 2010, 2294 Rn 12.

239 MK/*Kayser* § 130 Rn 54; *K/P/B/Schoppmeyer* § 130 Rn 123; *Gehrlein* FS Ganter, S 171.

Verf geführt hat. Ob er bereits im Zeitpunkt der Antragstellung und der Rechtshandlung zulässig und begründet war, ist ohne Bedeutung.[240]

43 Bei **mehreren Eröffnungsanträgen** (§ 139 Abs 2) im laufenden Eröffnungsverfahren ist zu unterscheiden:[241] Wurden vor dem Antrag, der zur Eröffnung des InsVerf führte, weitere zulässige und begründete Anträge gestellt, so genügt es, wenn der Gl einen dieser Anträge kannte. Darauf, ob dies der erste zulässige und begründete Antrag war, kommt es nicht an. In entspr Anwendung von § 139 Abs 2 ist entscheidend, dass die Rechtshandlung nach dem ersten dem Gl bekannten sowie zulässigen und begründeten Antrag vorgenommen wurde. Sind nach dem Antrag, aufgrund dessen das InsVerf eröffnet wurde, weitere zulässige und begründete Anträge gestellt worden und kannte der Gl nur einen dieser späteren Anträge, kommt es entspr § 139 Abs 2 darauf an, ob die Rechtshandlung nach der Stellung dieses dem Gl bekannten Antrages vorgenommen wurde.[242] Ein dem Gl bekannter, aber später rechtskräftig abgewiesener Antrag ist entspr § 139 Abs 2 S 2 nur von Bedeutung, wenn er mangels Masse abgewiesen wurde (so Rn 27, 31).

44 **b) Kenntnis von Umständen.** Ebenso wie in Bezug auf die Zahlungsunfähigkeit steht nach Abs 2 auch **im Hinblick auf den Eröffnungsantrag** der Kenntnis die Kenntnis von Umständen gleich, die zwingend auf den Eröffnungsantrag schließen lassen. Wann derartige Umstände gegeben sind, lässt sich nur schwer umschreiben. Aus der Kenntnis, dass das InsGer eine Sicherungsmaßnahme nach § 21 erlassen hat, ist selbst dann zwingend auf eine Kenntnis des Eröffnungsantrags zu schließen, wenn der Gl nicht insolvenzrechtlich versiert ist.[243] Ein Fall idS liegt zB vor, wenn der Gl weiß, dass ein vorl InsVerw bestellt wurde.[244] Allein aus der öffentlichen Bekanntmachung der Bestellung eines vorl InsVerw ergibt sich diese Kenntnis jedoch nicht.[245] Als ein solcher Umstand mag es ferner anzusehen sein, wenn vom Schu oder anderen Gl die Stellung eines Antrags auf Eröffnung eines InsVerf über das Vermögen des Schu für einen bestimmten Termin oder innerhalb eines bestimmten Zeitraums gegenüber dem AnfGegner glaubhaft angekündigt worden war, der Antrag auch tatsächlich gestellt wurde, der AnfGegner sich aber vor der Rechtshandlung darüber nicht vergewissert hat.[246] Grds besteht indes **keine Erkundigungspflicht des Gl**.[247]

IX. Vermutung bei nahestehenden Personen (Abs 3)

45 **1. Widerlegliche Vermutung der Kenntnis.** Grds ist der **InsVerw** für sämtliche Voraussetzungen der Anf gem § 130 mit Einschluss von Zahlungsunfähigkeit und Eröffnungsantrag sowie deren Kenntnis auf Seiten des Gl darlegungs- und beweispflichtig.[248] Nach Abs 3 wird die **Kenntnis** von Zahlungsunfähigkeit oder Eröffnungsantrag (widerleglich) **vermutet**,

---

240 Vgl *Jaeger/Henckel* KO § 30 Rn 47; *Jaeger/Henckel* § 130 Rn 116; MK/*Kayser* § 130 Rn 54; HambKomm/*Rogge/Leptien* § 130 Rn 14; *Gehrlein* FS Ganter, S 171 f.

241 Vgl *K/P/B/Schoppmeyer* § 130 Rn 123 f.

242 *Gottwald/M Huber* § 47 Rn 28.

243 FK/*Dauernheim* § 130 Rn 47; MK/*Kayser* § 130 Rn 56; *K/P/B/Schoppmeyer* § 130 Rn 125; *Gehrlein* FS Ganter, S 175.

244 *BGHZ* 154, 194 = ZIP 2003, 811 zu 2 b; *BAG* ZIP 2005, 87.

245 *BGH* ZIP 2010, 2306 Rn 22 – 26; ZInsO 2010, 2293 Rn 14; *K/P/B/Schoppmeyer* § 130 Rn 125; *Gehrlein* FS Ganter, S 175; vgl auch *BGH* ZIP 2010, 935 Rn 13 f, 16; HambKomm/*Rogge/Leptien* § 130 Rn 26.

246 *Gehrlein* FS Ganter S 175; vgl auch *K/P/B/Schoppmeyer* § 130 Rn 126; **aA** insoweit MK/*Kayser* § 130 Rn 56 mwN.

247 *K/P/B/Schoppmeyer* § 130 Rn 126; *Gehrlein* FS Ganter, S 175.

248 *BGH* ZIP 2010, 2306 Rn 24; *BAG* ZIP 2011, 2366 Rn 25; *K/P/B/Schoppmeyer* § 130 Rn 156–159 mwN; HambKomm/*Rogge/Leptien* § 130 Rn 55. So Rn 8.

wenn der Gl dem Schu zur Zeit der Handlung iSv § 138 nahe stand.[249] Eine nahe stehende Person muss mithin beweisen, dass sie die Zahlungsunfähigkeit oder den Eröffnungsantrag bei Vornahme der Handlung nicht kannte. Die Beweislast ist daher zu Lasten der nahestehenden Person umgekehrt.[250]

2. Widerlegliche Vermutung der Kenntnis von Umständen. Nicht abschließend geklärt ist, ob eine nahe stehende Person dann, wenn ihr der Beweis gelingt, dass sie Zahlungsunfähigkeit oder Eröffnungsantrag nicht kannte, ferner beweisen muss, dass sie keine Umstände kannte, die zwingend auf die Zahlungsunfähigkeit oder den Eröffnungsantrag schließen lassen, oder ob es insoweit bei der Beweislast des InsVerw bleibt. Der Wortlaut scheint auf den ersten Blick auf die zweite Alternative (Beweislast beim InsVerw) hinzudeuten. Für eine **Umkehr der Beweislast** zugunsten des InsVerw spricht indessen, dass nach Abs 2 der Kenntnis die Kenntnis der Umstände gleichsteht. 46

Die Frage dürfte kaum praktische Bedeutung haben. Den Gegenteilsbeweis des Gl, er habe die Zahlungsunfähigkeit nicht gekannt, wird er in der Regel nur so führen können, dass er darlegt und beweist, er habe die der Zahlungsunfähigkeit zugrundeliegenden und damit nach außen getretenen Umständen, dh mithin gerade die in Abs 2 erfassten Umstände, nicht gekannt. Für die verbleibenden Fälle, in denen der Gl unabhängig von solchen Tatsachen ausnahmsweise beweisen kann, dass er zB den Begriff der Zahlungsunfähigkeit in rechtlicher Hinsicht verkannt und gerade deshalb keine positive Kenntnis hatte, erweist sich sodann die Erstreckung des Abs 3 auf Abs 2 als richtig. Diese Deutung wird durch die Entstehungsgeschichte bestätigt. In LS 5.2.6 Abs 1 EB heißt es ausdrücklich: „Gegenüber Personen, die dem Schu … nahe stehen, wird vermutet, dass sie die Zahlungsunfähigkeit oder den Antrag auf Eröffnung des InsVerf kannten oder infolge grober Fahrlässigkeit nicht kannten." Obwohl die Vermutung für das zunächst beibehaltene grobe Fahrlässigkeit sodann nicht in § 135 Abs 3 DiskE und RefE als auch in § 145 Abs 3 RegE aufgenommen wurde,[251] so liegt doch für die an die positive Kenntnis angenäherten Voraussetzungen des § 130 Abs 2 InsO ein solcher Gleichklang nahe. Wenn der Gesetzgeber davon ausgegangen ist, dass die nahestehende Personen Kenntnis von der Zahlungsunfähigkeit selbst hat, dann muss dies erst recht für Umstände gelten, die zwingend auf die Krise hindeuten. 47

Deshalb erscheint es angebracht, die **Vermutung in Abs 3**, die nahe stehende Person habe die Zahlungsunfähigkeit oder den Eröffnungsantrag gekannt, dahin zu verstehen, dass sie die **Vermutung der Kenntnis von Umständen**, die zwingend auf die Zahlungsunfähigkeit oder den Eröffnungsantrag schließen lassen, **mitumfasst**.[252] Das hat zur Folge, dass eine nahe stehende Person auch beweisen muss, sie habe derartige Umstände nicht gekannt. Da die Nichtkenntnis freilich eine für sich genommen **nicht beweisbare negative Tatsache** ist, müsste in diesem Fall der Verw wegen seiner **sekundären Darlegungslast** zumindest die Umstände benennen, aus denen sich der Schluss auf die Zahlungsunfähigkeit ergibt; der Gl muss dann beweisen, dass er sie nicht gekannt hat.[253] 48

249 Dazu und zur Widerlegung der Vermutung *BGH* ZIP 2007, 1469 Rn 41 ff; 2012, 2449 Rn 11 ff (Steuerberater); *K/P/B/Schoppmeyer* § 130 Rn 162.

250 MK/*Kayser* § 130 Rn 67.

251 BT-Drucks 12/2443, 158; kritisch *Henckel* InsR im Umbruch, S 245.

252 MK/*Kayser* § 130 Rn 67; *Uhlenbruck/Hirte* § 130 Rn 67; *Braun/de Bra* § 130 Rn 45; *Jaeger/Henckel* § 130 Rn 154; *K/P/B/Schoppmeyer* § 130 Rn 162 m Fn 464; HambKomm/*Rogge/Leptien* § 130 Rn 60.

253 *Thole* Gläubigerschutz, S 370.

X. Sonderregel für Finanzsicherheiten (Abs 1 S 2)

49 **1. Begriff der Finanzsicherheiten.** § 130 Abs 1 S 2 nimmt unter bestimmten Voraussetzungen die kongruente, dh dem Sicherungsnehmer durch eine Sicherungsvereinbarung versprochene Bestellung einer (oder mehrerer) Finanzsicherheit(en) iSd § 1 Abs 17 KWG von der Anf nach § 130 aus. § 1 Abs 17 KWG wurde durch Art 5 Nr 1 des G v 5.4.2004[254] in das KWG eingefügt. Er lautet idF seit 31.1.2014:

[1]Finanzsicherheiten im Sinne dieses Gesetzes sind Barguthaben, Geldbeträge, Wertpapiere, Geldmarktinstrumente sowie Kreditforderungen im Sinne des Artikels 2 Absatz 1 Buchstabe o der Richtlinie 2002/47/EG des Europäischen Parlaments und des Rates vom 6. Juni 2002 über Finanzsicherheiten (ABl. L 168 vom 27.6.2002, S. 43), die durch die Richtlinie 2009/44/EG (ABl. L 146 vom 10.6.2009, S. 37) geändert worden ist, und Geldforderungen aus einer Vereinbarung, auf Grund derer ein Versicherungsunternehmen im Sinne des § 1 Absatz 1 des Versicherungsaufsichtsgesetzes einen Kredit in Form eines Darlehens gewährt hat, jeweils einschließlich jeglicher damit in Zusammenhang stehender Rechte oder Ansprüche, die als Sicherheit in Form eines beschränkten dinglichen Sicherungsrechts oder im Wege der Überweisung oder Vollrechtsübertragung auf Grund einer Vereinbarung zwischen einem Sicherungsnehmer und einem Sicherungsgeber, die einer der in Artikel 1 Abs. 2 Buchstabe a bis e der Richtlinie 2002/47/EG, die durch die Richtlinie 2009/44/EG geändert worden ist, aufgeführten Kategorien angehören, bereitgestellt werden; bei von Versicherungsunternehmen gewährten Kreditforderungen gilt dies nur, wenn der Sicherungsgeber seinen Sitz im Inland hat. [2]Gehört der Sicherungsgeber zu den in Artikel 1 Abs. 2 Buchstabe e der Richtlinie 2002/47/EG genannten Personen oder Gesellschaften, so liegt eine Finanzsicherheit nur vor, wenn die Sicherheit der Besicherung von Verbindlichkeiten aus Verträgen oder aus der Vermittlung von Verträgen über

a) die Anschaffung und die Veräußerung von Finanzinstrumenten,
b) Pensions-, Darlehens- sowie vergleichbare Geschäfte auf Finanzinstrumente oder
c) Darlehen zur Finanzierung des Erwerbs von Finanzinstrumenten

dient. [3]Gehört der Sicherungsgeber zu den in Artikel 1 Abs. 2 Buchstabe e der Richtlinie 2002/47/EG genannten Personen oder Gesellschaften, so sind eigene Anteile des Sicherungsgebers oder Anteile an verbundenen Unternehmen im Sinne von § 290 Abs. 2 des Handelsgesetzbuches keine Finanzsicherheiten; maßgebend ist der Zeitpunkt der Bestellung der Sicherheit. [4]Sicherungsgeber aus Drittstaaten stehen den in Satz 1 genannten Sicherungsgebern gleich, sofern sie im Wesentlichen den in Artikel 1 Abs. 2 Buchstabe a bis e aufgeführten Körperschaften, Finanzinstituten und Einrichtungen entsprechen.

§ 1 Abs 17 KWG verweist zunächst auf Art 1 Abs 2 Buchst a bis e der Finanzsicherheitenrichtlinie 2002/47/EG v 6.6.2002.[255] Diese Vorschrift hat nach der Änderung durch die RL 2009/44/EG folgenden Wortlaut:

(2) Sowohl der Sicherungsnehmer als auch der Sicherungsgeber muss einer der folgenden Kategorien angehören:

a) öffentlich-rechtliche Körperschaften, mit Ausnahme von Unternehmen, die mit einer öffentlichen Garantie ausgestattet sind, sofern sie nicht durch die Buchstaben b) bis e) erfasst werden, einschließlich
  i) der öffentlichen Stellen der Mitgliedstaaten, die für die Verwaltung der Schulden der öffentlichen Hand zuständig sind oder daran mitwirken, und

---

254 BGBl I, 502 (so Rn 1).
255 ABlEG Nr L 168/43, v 27.6.2002, S 1.

ii) der öffentlichen Stellen der Mitgliedstaaten, die berechtigt sind, Konten für Kunden zu führen,

b) Zentralbanken, die Europäische Zentralbank, die Bank für Internationalen Zahlungsausgleich, multilaterale Entwicklungsbanken im Sinne von Artikel 1 Nummer 19 der Richtlinie 2000/12/EG der Europäischen Parlaments und des Rates vom 20. März 2000 über die Aufnahme und Ausübung der Tätigkeit der Kreditinstitute, der Internationale Währungsfonds und die Europäische Investitionsbank,

c) beaufsichtigte Finanzinstitute, einschließlich der

i) Kreditinstitute im Sinne von Artikel 1 Nummer 1 der Richtlinie 2000/12/EG einschließlich der in Artikel 2 Abs. 3 der Richtlinie 2000/12/EG bezeichneten Institute,

ii) Wertpapierfirmen im Sinne von Artikel 1 Nummer 2 der Richtlinie 93/22/EWG des Rates vom 10. Mai 1993 über Wertpapierdienstleistungen,

iii) Finanzinstitute im Sinne von Artikel 1 Nummer 5 der Richtlinie 2000/12/EG

iv) Versicherungsunternehmen im Sinne von Artikel 1 Buchstabe a) der Richtlinie 92/49/EWG des Rates vom 18. Juni 1992 zur Koordinierung der Rechts- und Verwaltungsvorschriften für die Direktversicherung (mit Ausnahme der Lebensversicherung) und Lebensversicherungsunternehmen im Sinne von Artikel 1 Buchstabe a) der Richtlinie 92/96/EWG des Rates vom 10. November 1992 zur Koordinierung der Rechts- und Verwaltungsvorschriften für die Direktversicherung (Lebensversicherung),

v) Organismen für gemeinsame Anlagen in Wertpapieren (OGAW) im Sinne von Artikel 1 Absatz 2 der Richtlinie 85/611/EWG des Rates vom 20. Dezember 1985 zur Koordinierung der Rechts- und Verwaltungsvorschriften betreffend bestimmte Organismen für gemeinsame Anlagen in Wertpapieren (OGAW),

vi) Verwaltungsgesellschaften im Sinne von Artikel 1a Absatz 2 der Richtlinie 85/611/EWG,

d) zentrale Vertragsparteien, Verrechnungsstellen und Clearingstellen im Sinne von Artikel 2 Buchstabe c) bzw. Buchstabe d) bzw. Buchstabe e) der Richtlinie 98/26/EG und vergleichbare Einrichtungen, die einer Aufsicht nach dem Recht eines Mitgliedstaats unterliegen und für Terminkontrakt-, Options- und Derivatemärkte fungieren, soweit sie nicht bereits von der genannten Richtlinie erfasst werden sowie juristische Personen, die als Treuhänder oder Vertreter für eine oder mehrere Personen tätig sind, insbesondere für Anleihegläubiger oder Inhaber sonstiger verbriefter Forderungen oder für eine Einrichtung im Sinne der Buchstaben a) bis d),

e) andere als natürliche Personen sowie Einzelkaufleute und Personengesellschaften, sofern die andere Vertragspartei eine Einrichtung im Sinne der Buchstaben a) bis d) ist.

Ferner spricht § 1 Abs 17 KWG von Finanzinstrumenten und verweist damit auf die Definition in § 1 Abs 11 KWG.

Wie die wiedergegebenen Normen zeigen, verbirgt sich hinter dem relativ kurzen Text von § 130 Abs 1 S 2 eine Fülle von Weiterverweisungen. Das Normverständnis wird damit erschwert; es geht um die kraft Europarechts geforderte Privilegierung von Finanzsicherheiten.[256] Insoweit ist es unerlässlich, vor allem die Finanzsicherheitenrichtlinie und ggf die in ihr angezogenen weiteren Richtlinien heranzuziehen. Ferner ist zum Verständnis der Regelung auf den GEntwurf der BReg zur Umsetzung der Finanzsicherheitenrichtlinie v 15.8.2003,[257] den

256 Näher *Binder* Bankeninsolvenzen im Spannungsfeld zwischen Bankaufsichts- und Insolvenzrecht, S 340 ff et passim.

257 BR-Drucks 563/03, die wichtigsten Teile abgedr in ZIP 2003, 1566.

Beschl des BR dazu v 26.9.2003,[258] die Empfehlungen der Ausschüsse des BR zu dem GEntwurf,[259] die Stellungnahme des BR v 17.10.2003[260] und den GEntwurf der BReg v 29.10.2003[261] zu verweisen.

50 **2. Voraussetzungen der Privilegierung. – a) Sicherungsvereinbarung.** Der Ausschluss von der AnfVorschrift des § 130 (nicht von anderen AnfNormen[262]) setzt voraus, dass zwischen dem Schu als Sicherungsgeber und dem Sicherungsnehmer eine Sicherungsvereinbarung getroffen und eine (oder mehrere) Sicherheit(en) – sog Basissicherheit(en) – bestellt wurde(n). Für deren Bestellung gilt die Privilegierung nach Abs 1 S 2 nicht; sie können ggf auch nach § 130 angefochten werden und entziehen dann einer späteren Finanzsicherheit die rechtliche Grdl.[263] Die Privilegierung betrifft nur die **sog Nachbesicherung**,[264] gleichsam also das Auffüllen oder Wiederauffüllen der Besicherung für den Sicherungsnehmer. Ferner muss in der Sicherungsvereinbarung das Verhältnis zwischen dem Wert der gesicherten Verbindlichkeiten und dem Wert der geleisteten Sicherheiten (Basissicherheiten) festgelegt sein. Ohne diese Festlegung wird sich eine Verschiebung des Wertverhältnisses zulasten des Sicherungsnehmers (sog Marge) nicht feststellen lassen. Gerade die Wiederherstellung der Finanzsicherheit muss aber der Zweck der Besicherung sein, damit Abs 1 S 2 greifen kann (Margensicherheit). Die Festlegung des Wertverhältnisses in der Sicherungsvereinbarung ist deshalb eine notwendige Voraussetzung für den AnfAusschluss.[265] Ferner müssen die zu bestellenden Finanz(margen)sicherheiten in der Sicherungsvereinbarung möglichst konkret benannt werden.[266] Andernfalls fehlt es an der notwendigen Kongruenz (vgl § 131 Rn 21). Hier liegt freilich im Hinblick auf das in ihrem Art 8 Abs 1 und 3 zum Ausdruck gebrachte Anliegen der Finanzsicherheitenrichtlinie eine Schwachstelle der Umsetzung.[267] In der Begr zum RegE des UmsetzungsG[268] wird die Gefahr gesehen, „dass – etwa wegen mangelnder Bestimmtheit – die Verstärkung der Sicherheit als inkongruente Deckung gewertet wird." Es heißt dann (aaO) weiter: „Insofern enthält die Änderung von § 130 Abs 1 … bereits die Klarstellung, dass eine bankübliche Margensicherheit keine inkongruente Deckung darstellt." Ob dieser Hinweis, der im Gesetz selbst keinen Niederschlag gefunden hat, ausreicht, um bei Vereinbarung einer nicht näher spezifizierten „banküblichen Finanzsicher-

258 Zu BR-Drucks 563/03.
259 BR-Drucks 563/2/03.
260 BR-Drucks 563/03 (Beschl).
261 BT-Drucks 15/1853.
262 *Obermüller* ZInsO 2004, 189; *Bork/Schoppmeyer* Hdb, Kap 7 Rn 29; *K/P/B/Schoppmeyer* § 130 Rn 33. Nach *Obermüller/Kuder* InsR Rn 8443 soll freilich nur eine Anf nach § 133 Abs 1 in Betracht kommen.
263 *Obermüller* ZInsO 2004, 188; MK/*Kayser* § 130 Rn 5d; *Jaeger/Henckel* § 130 Rn 152; *Braun/de Bra* § 130 Rn 41; *K/P/B/Schoppmeyer* § 130 Rn 32; *Gottwald/M Huber* § 47 Rn 19.
264 BT-Drucks 15/1853, 32 „Zu Nummer 3"; Art 8 Abs 4 der Finanzsicherheitenrichtlinie; *Obermüller* ZInsO 2004, 188; *Braun/de Bra* § 130 Rn 41; MK/*Kayser* § 130 Rn 5e.
265 MK/*Kayser* § 130 Rn 5e; *Jaeger/Henckel* § 130 Rn 152.
266 So auch *Jaeger/Henckel* § 130 Rn 152.
267 *Obermüller* ZInsO 2004, 189. Soweit die marktüblichen Besicherungsvereinbarungen nicht nur eine ausdrückliche Vereinbarung über die im Einzelfall zu übertragenden Sicherheiten, sondern ein Wahlrecht des Sicherungsgebers aus einem Katalog von bestimmten Finanzsicherheiten vorsehen (vgl *Kollmann* WM 2004, 1022), könnte ggf mit der Rechtsfigur der „facultas alternativa" geholfen werden (su § 131 Rn 8).
268 BT-Drucks 15/1853, 32 „Zu Nummer 3".

heit" eine Anf wegen inkongruenter Deckung auszuschließen, erscheint zw.[269] Ein solches Erg ließe sich wohl allenfalls im Wege richtlinienkonformer Auslegung[270] erreichen.[271]

b) Partner der Sicherungsvereinbarung. Der persönliche Anwendungsbereich richtet sich nach Art 1 Abs 2 lit a–e Finanzsicherheitenrichtlinie, auf den § 1 Abs 17 KWG verweist (so Rn 49). Danach sind natürliche Personen, die nicht Kaufleute sind, ausgeschlossen (Art 1 Abs 2 lit e Finanzsicherheitenrichtlinie).[272] In Bezug auf den Sicherungsnehmer unterliegen die der Sicherung dienenden Finanzsicherheiten keinerlei Beschränkungen. Für den Sicherungsgeber gilt das Gleiche, wenn er zu den Einrichtungen iSd Art 1 Abs 2 lit a–d der Finanzsicherheitenrichtlinie gehört. Entspr der in Art 1 Abs 3 dieser Richtlinie vorgesehenen Möglichkeit hat § 1 Abs 17 KWG für Sicherungsgeber, die unter die Kategorie von Art 1 Abs 2 lit e der Richtlinie fallen, die als Sicherheit tauglichen Finanzsicherheiten jedoch eingeschränkt. Die Bestellung anderer als der insoweit als Finanzsicherheiten vorgesehenen Sicherheiten durch die Angehörigen dieser Kategorie unterliegt mithin in vollem Umfang der Anf (auch) nach § 130.[273] 51

c) Sicherheiten. Privilegiert ist die erstmalige Bestellung einer Finanzsicherheit anstelle der oder zusätzlich zu der bisherigen Basissicherheit, die Bestellung einer anderen Finanzsicherheit anstelle der bisherigen Basisfinanzsicherheit oder die Bestellung einer zusätzlichen Finanzsicherheit zu der bisherigen Basisfinanzsicherheit. Die Bestellung solcher Finanzsicherheiten kann bei erneuter Wertverschiebung wiederholt werden. Auch die **revolvierende Bestellung von Finanzsicherheiten** unterliegt – sofern dies in der Sicherungsvereinbarung hinreichend konkret bestimmt ist (so Rn 50) – nicht der Anf nach § 130. 52

§ 131 Inkongruente Deckung

(1) Anfechtbar ist eine Rechtshandlung, die einem Insolvenzgläubiger eine Sicherung oder Befriedigung gewährt oder ermöglicht hat, die er nicht oder nicht in der Art oder nicht zu der Zeit zu beanspruchen hatte,

1. **wenn die Handlung im letzten Monat vor dem Antrag auf Eröffnung des Insolvenzverfahrens oder nach diesem Antrag vorgenommen worden ist,**
2. **wenn die Handlung innerhalb des zweiten oder dritten Monats vor dem Eröffnungsantrag vorgenommen worden ist und der Schuldner zur Zeit der Handlung zahlungsunfähig war oder**
3. **wenn die Handlung innerhalb des zweiten oder dritten Monats vor dem Eröffnungsantrag vorgenommen worden ist und dem Gläubiger zur Zeit der Handlung bekannt war, dass sie die Insolvenzgläubiger benachteiligte.**

(2) [1]Für die Anwendung des Absatzes 1 Nr. 3 steht der Kenntnis der Benachteiligung der Insolvenzgläubiger die Kenntnis von Umständen gleich, die zwingend auf die Benachteiligung schließen lassen. [2]Gegenüber einer Person, die dem Schuldner zur Zeit der Handlung nahestand (§ 138), wird vermutet, dass sie die Benachteiligung der Insolvenzgläubiger kannte.

---

269 Vgl *Braun/de Bra* § 130 Rn 43; *Obermüller* InsR Rn 8445; *Bork/Schoppmeyer* Hdb, Kap 7 Rn 29 mit Fn 67; *K/P/B/Schoppmeyer* § 130 Rn 33.

270 Dazu etwa *BGHZ* 179, 27 = ZIP 2009, 176 Rn 19 ff; *BGH* ZIP 2009, 1287 Rn 18; *Herdegen* WM 2005, 1921; *Schürnbrand* JZ 2007, 910.

271 MK/*Kayser* § 130 Rn 5f (aus diesem Grund soll jedenfalls eine Anf nach § 131 Abs 1 Nr 1 und 2 ausgeschlossen sein); *Jaeger/Henckel* § 130 Rn 152.

272 *Braun/de Bra* § 130 Rn 42; MK/*Kayser* § 130 Rn 5c; *K/P/B/Schoppmeyer* § 130 Rn 31.

273 *Obermüller* ZInsO 2004, 188.

Übersicht

A. Allgemeines

I. Gesetzgebungshinweise

1 Die Norm löst § 30 Nr 2 KO ab, der noch stärker von Gedanken der Absichtsanfechtung durchdrungen war. Schon nach § 30 Nr 2 KO war die Anfechtbarkeit inkongruenter Leistungen in doppelter Weise verschärft: Der Gl musste beweisen, dass ihm zur Zeit der Handlung weder die Zahlungseinstellung noch der Eröffnungsantrag noch eine Begünstigungsabsicht des Gemeinschuldners bekannt war. Ferner war die Anfechtbarkeit auf die letzten zehn Tage vor der Zahlungseinstellung oder dem Eröffnungsantrag ausgedehnt. Die Gesetz gewordene Fassung beruht auf § 146 RegE und einer Empfehlung des RAussch.[1] Während bis zum RegE durchgängig die grob fahrlässige Unkenntnis der GlBenachteiligung deren Kenntnis gleichgesetzt war, stellte der RAussch parallel zur Änderung des Begriffs der grob fahrlässigen Unkenntnis in § 145 RegE der Kenntnis der GlBenachteiligung die Kenntnis von Umständen gleich, die zwingend auf die Benachteiligung schließen lassen.[2]

II. Normzweck und Systematik

2 Die Vorschrift regelt die Anf einer Deckung (Sicherung oder Befriedigung), die der Gl nicht oder nicht so wie geschehen oder noch nicht zu beanspruchen hatte. Sie wird – weil dem Anspruch des Gl nicht (voll) entspr – als inkongruent bezeichnet.[3] Entscheidend für

1 BT-Drucks 12/7302, 55.
2 BT-Drucks 12/7302, 153.
3 *BGH* ZIP 2001, 1251; näher *Fischer* FS Kirchhof, S 78.

die Inkongruenz ist das **Abweichen der konkreten Deckungshandlung vom Inhalt des Schuldverhältnisses**, das zwischen InsGl und Schu besteht.[4] § 131 ist möglichst in dem Sinn auszulegen, dass sich eine die berechtigten Interessen aller Beteiligten berücksichtigende ausgewogene anfrechtliche Gesamtlösung ergibt.[5] Die Vorschrift ist Teil der Anfechtungstatbestände, die sich mit der Vorteilserlangung durch einzelne Gläubiger und mit der Gläubigerkonkurrenz befassen. Sie steht im Hinblick auf Maßnahmen der Zwangsvollstreckung – wie namentlich LS 5.2.2 Abs 2 EB deutlich macht – in enger **Verbindung mit § 88**, der seinerseits an § 104 VerglO anknüpft.[6] Bezweckt ist insoweit der **Schutz der par condicio creditorum**.[7] Das gilt **auch** für den als Auffangtatbestand zu § 131 Abs 1 Nr 2 zu verstehenden **§ 131 Abs 1 Nr 3**,[8] der aber von der hM in verfehlter Anlehnung an die historischen Vorläufer der Vorsatzanfechtung zugeschlagen und damit als Sonderfall des § 133 verstanden wird.[9] Tatsächlich steht aber auch insoweit die Abwehr einer ungerechtfertigten Vorteilserlangung durch einen einzelnen InsGl im Vordergrund; deshalb verlangt § 131 Abs 1 Nr 3 auch keine Rechtshandlung des Schu.

Da ein Gl, dem eine **inkongruente Deckung** gewährt wird, **weniger schutzwürdig** erscheint 3
als ein Gl, der eine kongruente Deckung erhält,[10] wird wegen der **bes Verdächtigkeit** inkongruenten Erwerbs[11] für einen Zeitraum von bis zu einem Monat vor dem Eröffnungsantrag und bei Handlungen nach dem Eröffnungsantrag nicht nur auf subjektive Voraussetzungen in der Person des AnfGegners ganz verzichtet, sondern auch die materielle Ins unwiderleglich vermutet (Abs 1 Nr 1);[12] auch § 142 ist nicht anwendbar (§ 142 Rn 2). Bei inkongruenten Deckungen, die innerhalb des zweiten oder dritten Monats vor dem Eröffnungsantrag vorgenommen worden sind, erschien dem Gesetzgeber wegen des größeren zeitlichen Abstandes von diesem Antrag eine unwiderlegliche Vermutung der Krise nicht mehr gerechtfertigt. Deshalb sind inkongruente Deckungen in diesem Zeitraum nach Abs 1 Nr 2 nur anfechtbar, wenn der Schu zZt ihrer Gewährung objektiv zahlungsunfähig war. Die subjektiven Voraussetzungen auf Seiten des AnfGegners werden dagegen wegen der bes Verdächtigkeit inkongruenten Erwerbs auch hier unwiderleglich vermutet.[13]

Fehlt es bei inkongruenten Deckungen, die innerhalb des zweiten oder dritten Monats vor 4
dem Eröffnungsantrag vorgenommen sind, an dem objektiven Merkmal einer Zahlungsunfähigkeit des Schu, ist eine Anf gleichwohl möglich, wenn der AnfGegner zz der Handlung die Benachteiligung der anderen InsGl oder **Umstände** kannte, die zwingend auf die Benachteiligung schließen lassen (Abs 1 Nr 3, Abs 2 S 1). Auch hierin liegt eine Erleichterung der Anfechtbarkeit gegenüber dem Wortlaut des § 30 Nr 2 KO[14] und zugleich eine Auffangsvorschrift gegenüber § 131 Abs 1 Nr 2, der den ggf schwierigen Nachweis der Zahlungsunfähigkeit zur Zeit der Deckung voraussetzt. Ein Benachteiligungsvorsatz des

4 *BGH* ZIP 2004, 1061; 2006, 1591 Rn 12.
5 *BGHZ* 174, 297 = ZIP 2008, 183 Rn 32 (Globalzession).
6 Vgl BT-Drucks 12/2443, 137, 158; *Kreft* FS Fischer, S 304 f.
7 *Thole* Gläubigerschutz S 292 ff.
8 Ausführlich *Thole* Gläubigerschutz, S 361 ff.
9 *K/P/B/Schoppmeyer* § 131 Rn 146; *Uhlenbruck/Ede/Hirte* § 131 Rn 20; *Schoppmeyer* NZI 2005, 187; *NR/Nerlich* § 131 Rn 3, 65; zurückhaltend mit Recht MK/*Kayser* § 131 Rn 49.
10 *BGHZ* 174, 314 = ZIP 2008, 190 Rn 36; vgl MK/*Kayser* § 131 Rn 1.
11 Vgl *BGHZ* 150, 330 = ZIP 2002, 1205 (Frachtführerpfandrecht). Freilich ist die Verdächtigkeit einer Leistung (im konkreten Fall) keine zwingende Voraussetzung für die Anwendung von § 131, *BGHZ* 174, 297 = ZIP 2008, 183 Rn 31 (Globalzession), mwN.
12 Vgl *K/P/B/Schoppmeyer* § 131 Rn 4, 143.
13 BT-Drucks 12/2443, 159.
14 Vgl BT-Drucks 12/2443, 159. Vgl *K/P/B/Schoppmeyer* § 131 Rn 7, 146–148.

Schuldners oder überhaupt eine Mitwirkung des Schu ist dem richtig verstandenen Normzweck entsprechend (Rn 2) nicht vorausgesetzt.

5 **Abs 2** bezieht sich allein auf Abs 1 Nr 3. S 1 stellt der Kenntnis des Gl von einer GlBenachteiligung die Kenntnis von Umständen gleich, die zwingend auf die Benachteiligung schließen lassen. S 2 kehrt die Beweislast zulasten von Personen um, die zz der Rechtshandlung dem Schu nahe standen (§ 138), und geht damit über § 30 Nr 2 KO hinaus. Bei einer nahe stehenden Person wird (widerleglich) vermutet, dass sie die Benachteiligung der InsGl kannte. Damit wird dem **Wissensvorsprung** nahe stehender Personen Rechnung getragen.[15]

B. Erläuterungen

I. Inkongruente Deckungshandlungen

6 **1. Allgemeines.** Der Begriff der **Rechtshandlung** deckt sich mit dem des § 129 (vgl § 129 Rn 12 ff). (Bewusste) Unterlassungen stehen auch hier den Handlungen durch positives Tun gleich (§ 129 Abs 2). Die Rechtshandlung muss – wie bei § 130 – einem **InsGl** eine Sicherung oder Befriedigung **gewähren oder ermöglichen**,[16] richtet sich also nur gegen InsGl[17] (so § 130 Rn 13; su Rn 7 aE). Der Begriff der InsGl entspricht dem des § 130 Abs 1 (so § 130 Rn 10).[18] Wie jede Anf (§ 129 Abs 1) setzt auch § 131 eine **Benachteiligung** der InsGl voraus (so § 129 Rn 44 ff). Eine **mittelbare** Benachteiligung (so § 129 Rn 61) genügt.[19] Bei der Sicherung oder Befriedigung muss es sich um eine Deckung handeln, die der InsGl im Zeitpunkt der Leistung[20] nicht oder nicht in der Art oder nicht zu der Zeit zu beanspruchen hatte. Der Beurteilung sind mithin diejenigen Rechtsverhältnisse zugrunde zu legen, die bei Vornahme der angefochtenen Rechtshandlung (§ 140) bestanden.[21] Nach § 131 (nicht notwendig nach § 132) anfechtbar sind grds auch solche Sicherungen und Befriedigungen, für welche der übereinstimmende Anspruch erst durch eine Vereinbarung innerhalb der Fristen des § 131 Abs 1 Nr 1–3 unter den Voraussetzungen dieser Regelungen hergestellt wird.[22] Zur **Herstellung der Kongruenz durch Vereinbarung** vgl aber Rn 9 sowie *BGH* 17.7.2014 – IX ZR 240/13 und 17.12.2015 – IX ZR 287/14. Hinsichtlich der Inkongruenz der Deckung ist dann näher zu unterscheiden, ob die Befriedigung oder die Sicherung nicht, nicht in der Art oder nicht zu der Zeit zu beanspruchen war. Entscheidend ist dabei stets die (objektiv zu ermittelnde) **Abweichung** von der materiellen Rechtslage, dh vom vereinbarten oder gesetzlich vorgegebenen **Pflichtenprogramm**.[23] Vorschläge aus der Lit, nach denen Inkongruenz nur dann vorliege, wenn die Umstände die Überzeugung rechtfertigen, dass der AnfGegner die Krise des Schu kannte,[24] sind unpraktikabel und vermischen die objektiven mit den (nur limitierenden) subjektiven Erfordernissen.

7 **2. Inkongruente Befriedigung. – a) Nicht zu beanspruchende Befriedigung.** Zur inkongruenten Sicherung unten Rn 19. Zur Befriedigung gehört auch die Erfüllung von **unvollkom-**

---

15 *BGH* ZIP 2012, 2449 Rn 11.
16 *BGH* ZIP 2008, 2183 Rn 14, 15; HambKomm/*Rogge/Leptien* § 131 Rn 2.
17 *BGHZ* 192, 221 = ZIP 2012, 280 Rn 16 mit Anm *Bork* EWiR 2012, 149 (auch Inhaber aufschiebend bedingter Forderungen); *BGH* ZIP 2009, 769 Rn 8; so § 130 Rn 10.
18 *Jaeger/Henckel* § 131 Rn 2; MK/*Kayser* § 131 Rn 6 f.
19 *BGHZ* 147, 238 = ZIP 2001, 887 – zu § 30 Nr 2 KO; *BGH* ZIP 2004, 1060; *K/P/B/Schoppmeyer* § 131 Rn 11.
20 Vgl *BGH* WM 1959, 471.
21 *BGH* ZIP 2005, 1243; *Jaeger/Henckel* § 131 Rn 3; *K/P/B/Schoppmeyer* § 131 Rn 35.
22 *BGH* ZIP 2005, 2026; *Jaeger/Henckel* § 131 Rn 4; MK/*Kayser* § 131 Rn 10; *K/P/B/Schoppmeyer* § 131 Rn 36 f.
23 *K/P/B/Schoppmeyer* § 131 Rn 31; *K Schmidt/Ganter/Weinland* § 131 Rn 11.
24 So *Klinck* S 338 f.

menen Verbindlichkeiten aus Spiel, Wette, Lotterie- oder Ausspielvertrag (§§ 762 f BGB); von Verbindlichkeiten, denen eine dauernde Einrede (zB die Verjährung) entgegensteht; ferner die Erfüllung von formungültigen Verträgen, die dadurch wirksam werden (§§ 311b Abs 1 S 2, 766 S 3 BGB), grds auch von aufschiebend bedingten Ansprüchen vor Eintritt der Bedingung, von Rechtsgeschäften, die einer Anf nach §§ 119 ff BGB unterliegen uam.[25] Inkongruent sind auch **Vorschusszahlungen** an einen Rechtsanwalt für die Beratung in bereits abgeschlossenen Angelegenheiten, weil der Vorschussanspruch erlischt, sobald der Vergütungsanspruch fällig geworden ist,[26] zum **Sanierungsberater** vgl auch § 133 Rn 34 und § 142 Rn 7. Eine **Gehaltszahlung an ein Vorstandsmitglied** oder einen Geschäftsführer ist nicht deshalb inkongruent, weil das Gehalt nach § 87 Abs 2 AktG (analog) hätte herabgesetzt werden können; es kommt aber § 132 Abs 2 in Betracht. Wird in einem **Vergleich** über die Höhe des geschuldeten **Werklohns** zwischen dem mangelhaft leistenden Bauunternehmer und dem der Auftraggeber der Werklohn über die Kosten der geschuldeten Nachbesserung hinaus ermäßigt wird, kann in dem Verzicht auf die weitergehende Forderung ein inkongruentes Deckungsgeschäft zugunsten des Auftraggebers liegen.[27] Die **Vergleichsvereinbarung** entfällt auch als kongruenzbegründender Schuldgrund für die geleistete Zahlung, wenn sie ihrerseits wegen Inkongruenz anfechtbar ist (nach § 133 InsO).[28] Insofern ist eine im Vergleich eingegangene Zahlungsverpflichtung inkongruent, wenn zB der Darlehensgeber aus dem ungekündigten Darlehen (noch) keine Zahlung verlangen konnte.[29] Nur mit ihrerseits anfechtungsfester Kündigung kann Fälligkeit herbeigeführt werden. Inkongruent ist auch die **Abtretung der Rechte** des Schu als Versicherungsnehmer **aus einem Versicherungsvertrag** an den versicherten Arbeitnehmer, sofern diesem noch keine unverfallbare Anwartschaft iSd BetrAVG zustand.[30] Die erfüllungshalber erfolgte Abtretung kann zu einer inkongruenten Befriedigung führen.[31] Die Rechtsfolgen einer inkongruenten Deckung aus § 131 richten sich nur gegen den Empfänger der Leistung. Beim **Vertrag zugunsten Dritter** ist die Erfüllung der vom Versprechenden geschuldeten Leistung an den Dritten grds weder im Verhältnis zum Dritten noch zum Versprechensempfänger inkongruent. Der Fall ist einem Anweisungsfall ähnlich mit dem Unterschied, dass der Dritte beim echten Vertrag zugunsten Dritter selbst InsGl des Versprechenden ist. Zur VorsatzAnf nach § 133 Abs 1 vgl § 133 Rn 16 und 41.[32] Kongruent ist trotz § 266 BGB die Erbringung von **Teilleistungen**, die der Gl annimmt.[33] Die Leistung des Schu auf **fremde Schuld** an einen Dritten, der nicht InsGl ist, unterliegt nicht der Anf nach § 131.[34]

---

25 Vgl *BGHZ* 192, 221 = ZIP 2012, 280 Rn 12 sowie im Einzelnen *Jaeger/Henckel* § 131 Rn 8; MK/*Kayser* § 131 Rn 14 ff; *K/P/B/Schoppmeyer* § 131 Rn 48–53.

26 *BGHZ* 167, 190 = ZIP 2006, 1261 Rn 25, 26; MK/*Kayser* § 131 Rn 42; *Kayser* WM 2013, 296; krit *Jaeger/Henckel* § 131 Rn 23. Zur Behandlung von **Abschlagszahlungen nach § 632a BGB** in der Ins des Bestellers *Heidland* ZInsO 2009, 752.

27 *BGH* ZIP 2004, 1372; MK/*Kayser* § 131 § 14a; zur Anf eines **Vergleichs** wegen unentgeltlicher Leistung su § 134 Rn 17.

28 *BGH* ZIP 2012, 137 Rn 10. Vgl *BGH* NJW 2014, 2956; 17.12.2015 – IX ZR 287/14 Rn 19 (mit Differenzierung zur Anfechtbarkeit der Kongruenzvereinbarung).

29 *BGH* ZIP 2012, 137 Rn 10.

30 *BAG* VersR 2005, 141 f.

31 *BGH* ZIP 2014, 231 Rn 18.

32 Vgl auch *Jaeger/Henckel* § 130 Rn 10, 41, 43 zur Anweisung.

33 *OLG Saarbrücken* ZIP 2008, 2430 f; *Gottwald/M Huber* § 47 Rn 20.

34 *BGH* ZIP 2004, 918 f m Bespr *Henckel* ZIP 2004, 1671 (zu § 30 Nr 2 KO); *Jaeger/Henckel* § 130 Rn 19; bestätigt durch *BGHZ* 162, 279 = ZIP 2005, 767; *BGH* ZIP 2008, 1385 Rn 18; MK/*Kayser* § 131 Rn 13.

8 **b) Nicht „in der Art“.** Der Gl hat eine Befriedigung nicht „in der Art“ zu beanspruchen, die nach dem Inhalt des Schuldverhältnisses von der tatsächlich geschuldeten Befriedigung abweicht.[35]

9 **aa) Erfüllungssurrogate und abweichender Zahlungsweg, insb Drittzahlungen.** Das trifft etwa zu, wenn der Schu anstelle der Erfüllung eines fälligen und eingeforderten Anspruchs dem Gl im Wege der Abtretung eine Sicherheit zur Verfügung stellt, damit er sich daraus befriedige.[36] Eine der Art nach vom Gl nicht zu beanspruchende Befriedigung liegt insb in den Fällen der **Leistung erfüllungshalber** oder **an Erfüllungs Statt** vor (§ 364 BGB).[37] Dies gilt zB für die Abgeltung des mitarbeitenden Ehegatten durch Übertragung von Grundbesitz.[38] oder für die Hingabe von Waren[39] oder eines Wechsels[40] oder Kundenschecks[41] zur Begleichung einer Zahlungsforderung. Eine Befriedigung ist ferner inkongruent, wenn ein **Dritter**, gegen den der Schu eine Forderung hat, einen Gl des Schu befriedigt, **ohne** dass eine **insolvenzfeste kongruenzbegründende Vereinbarung** zwischen dem Gl und dem Dritten vorlag.[42] Das gilt für Direktzahlungen des Auftraggebers gem § 16 Nr 6 VOB/B an einen Nach- oder Subunternehmer;[43] für Direktzahlungen des Hauptunternehmers auf Weisung des insolventen Subunternehmers an die Zusatzversorgungskasse des Baugewerbes;[44] für Direktzahlungen des Endmieters auf Weisung des Zwischenmieters an dessen Vermieter;[45]

---

35 *BGHZ* 34, 258 f = WM 1961, 176 f (zur Vormerkung als bloßes „minus“ des zu beanspruchenden dinglichen Rechts); *BGH* ZIP 2003, 357 f.

36 *BGH* ZIP 1998, 2010 f; 2004, 770.

37 Vgl *BGH* WM 1968, 684; ZIP 2014, 231 Rn 18 (für erfüllungshalber erfolgte Abtretung); *K/P/B/Schoppmeyer* § 131 Rn 55; MK/*Kayser* § 131 Rn 32; *Jaeger/Henckel* § 131 Rn 9.

38 *BGH* WM 1962, 1370 f.

39 *BGH* WM 1971, 909; *Jaeger/Henckel* § 131 Rn 9.

40 Die Hingabe eines Kundenwechsels ist – wenn es an einer entspr anfechtungsfreien Vereinbarung fehlt – stets inkongruent, *Jaeger/Henckel* § 131 Rn 16; MK/*Kayser* § 131 Rn 35 mwN. Für den eigenen Wechsel gilt dies zwar grds ebenfalls, *Jaeger/Henckel* § 131 Rn 15. Da die Eingehung der **Wechselschuld** die Schuld indes nur verstärkt, wirkt sich die Hingabe des Wechsels aber oft nicht benachteiligend aus, *BGHZ* 166, 125 = ZIP 2006, 578 Rn 43, 44; *BGH* ZInsO 2006, 371 Rn 22; ZIP 2007, 1467 Rn 16 (so § 129 Rn 50). Dann kommt nur eine Anf der Zahlung nach § 130 (*BGH* ZIP 2007, 1467 Rn 20) oder § 133 Abs 1 (*BGH* ZInsO 2006, 371 Rn 31; ZIP 2008, 467 Rn 10) in Betracht.

41 *BGHZ* 123, 324 = ZIP 1993, 1654; 181, 132 = ZIP 2009, 1235 Rn 11 (etwas anderes gilt, wenn der Schu die Kausalforderung in nicht anfechtbarer Weise an den Gl abgetreten und die unverzügliche Weitergabe von Kundenschecks zugesagt hatte, oder im bankmäßigen Verkehr, wenn m dem Einzug der Schecks und der Verrechnung der Schecksummen eine gegenüber der Bank bestehende Verbindlichkeit getilgt werden soll; die zw Frage, ob dies auch zutrifft, wenn die Kausalforderung – wie in Nr 15 Abs 2 AGB-Banken vorgesehen [vgl auch Nr 25 Abs 1 S 2 AGB-Sparkassen] – erst mit Einreichung der Kundenschecks abgetreten wird, bleibt mangels EntschRelevanz offen, so § 129 Rn 50); *BGH* ZIP 2005, 770; MK/*Kayser* § 131 Rn 35.

42 *BGHZ* 174, 297 = ZIP 2008, 183 Rn 33; *BGH* ZIP 2005, 994; 2006, 290 Rn 9 mwN; 2007, 1162 Rn 8 (zu § 648a BGB); *BGH* ZInsO 2011, 1979 Rn 11 (zu § 648a BGB); *BGH* ZIP 2014, 1595 Rn 18; *BAG* ZIP 2014, 233 Rn 13; NZI 2015, 325 Rn 14; *LG Münster* ZInsO 2011, 1994 (Umsatzsteuerabführung durch Factor); MK/*Kayser* § 131 Rn 35; vgl dazu *Kayser* WM 2013, 297.

43 *BGH* ZInsO 2002, 766; ZIP 2003, 358; 2007, 1162 Rn 8 (zu § 648a BGB); 2008, 2324 Rn 13; 2011, 438 Rn 17; vgl auch *BGH* ZIP 1998, 2008, 2011 (Anweisung des Schu als Auftragnehmer an seinen Auftraggeber, an den Subunternehmer zu zahlen); MK/*Kayser* § 131 Rn 35; *K/P/B/Schoppmeyer* § 131 Rn 59; **aA** *Brauns* BauR 2003, 301 ff.

44 *LAG Frankfurt/Main* ZIP 2012, 1622.

45 *BGH* ZIP 2011, 438 Rn 17.

für Zahlungen eines Dritten zur Tilgung von **Sozialversicherungsbeiträgen**;[46] Trifft also ein zahlungsunfähiger Schu mit seinem Auftraggeber (Bauherrn) und seinem Lieferanten vor der Fälligkeit der nächsten Werklohnrate die Vereinbarung, dass der Kaufpreis für die von dem Lieferanten zu liefernden Bauteile von dem Auftraggeber vor der Lieferung direkt gezahlt werde, kann in der vom Schu veranlassten **Direktzahlung** aber eine kongruente Deckung liegen.[47] Vorausgesetzt ist, dass die Vereinbarung ihrerseits nicht anfechtbar ist. Die Zahlung von **Arbeitsentgelt** durch Dritte (ohne entspr Vereinbarung) ist idR keine nur unerhebliche, geringfügige Abweichung (Rn 10, 19).[48] Das Problem liegt hier in der Bedeutung des § 142 Abs 2 S 3 nF, die Vorschrift könnte nunmehr für Kongruenz sprechen (§ 142 Rn 9). Siehe auch schon Rn 6. Vereinbart der Schu mit einem Dritten, dass dieser für ihn **die Lohnzahlung** an seine Arbeitnehmer erbringen soll, bewirkt die Mittelbarkeit dieser Zahlung idR eine inkongruente Deckung. Das muss – jedenfalls im Grundsatz – auch dann gelten, wenn Schu und Dritter von demselben Gschf und Gfter wirtschaftlich wie ein Betrieb geführt wurden, der Arbeitnehmer auch für den Dritten tätig war und seine Vergütung in der Vergangenheit mehrfach von dem Dritten erhielt.[49] Es kommt nicht darauf an, ob der Gl erkennen kann, dass die Zahlung über das Drittkonto erfolgt.[50] Auch insoweit ist nun fraglich, ob § 142 Abs 2 S 3 greift.

Die Hingabe eines eigenen Schecks des Schu, die Abbuchung im Lastschriftverfahren auf- 10
grund Einzugsermächtigung des Schu oder eine Überweisung ist demgegenüber auch bei Fehlen einer Verpflichtung keine inkongruente, sondern – da **verkehrsüblich** – eine kongruente Deckung.[51] Ebenfalls **verkehrsüblich** ist in unternehmerischen Geschäftsbeziehungen das Abbuchungsverfahren.[52] Anfrechtlich ist dann der Zeitpunkt der Einlösung durch die Schuldnerbank maßgeblich.[53] Das Gleiche gilt bei einer echten **„facultas alternativa“**, wenn der Schu die vor der krit Zeit[54] vertraglich vereinbarte Möglichkeit hatte, sich durch eine andere als die in erster Linie geschuldete Leistung (etwa durch einen Kundenwechsel anstelle einer Zahlung) von der Verbindlichkeit zu befreien.[55]

Die Bewertung der Befriedigung einer Forderung durch **Aufrechnung** (oder Verrechnung) 11
als kongruent oder inkongruent hängt davon ab, ob der Gl im Zeitpunkt der Entstehung der

---

46 *BGH* ZIP 2003, 358; 2006, 290 Rn 9; vgl auch *BGHZ* 174, 297 = ZIP 2008, 183 Rn 8, 33 (zu § 648a BGB); *BGH* ZIP 1998, 2011 (Anweisung des Schu als Auftragnehmer an seinen Auftraggeber, an den Subunternehmer zu zahlen); MK/*Kayser* § 131 Rn 35; **aA** *Brauns* BauR 2003, 301 ff.

47 *BGH* ZIP 2014, 1595 Rn 18.

48 So aber für den konkreten Fall wohl vertretbar, *LAG Hannover* ZIP 2013, 1876 (nicht rechtskräftig, Revision ist anhängig unter 6 AZR 631/13). IÜ aber für Inkongruenz *BAG* ZIP 2014, 233 Rn 13 ff; 6 AZR 538/14, AuR 2015, 462.

49 *BAG* ZIP 2014, 233 Rn 19 ff.

50 *BAG* ZIP 2014, 233 Rn 15.

51 Vgl *BGHZ* 166, 125 = ZIP 2006, 578 Rn 46 (eigener Scheck); 177, 69 = ZIP 2008, 1977 Rn 45 (Überweisung); *BGH* ZIP 2003, 358; 2006, 2222 Rn 9; 2007, 1467 Rn 15 (eigener Scheck); 2013, 324 Rn 12; *Jaeger/Henckel* § 131 Rn 17; MK/*Kayser* § 131 Rn 11, 35; *Uhlenbruck/Ede/Hirte* § 131 Rn 6; *K Schmidt/Ganter/Weinland* § 131 Rn 17; so § 130 Rn 11.

52 *BGH* ZIP 2013, 324 Rn 12.

53 *BGH* ZIP 2013, 322 Rn 8 (zu Ziff 9 Abs 2 S 1 AGB-Banken aF).

54 *BGH* ZIP 2005, 2026 (zu § 222 AO; so Rn 6; su Rn 20).

55 *BGHZ* 70, 183 = WM 1978, 135; 174, 297 = ZIP 2008, 183 Rn 30 (auch zur Wahlschuld und zur Gattungsschuld); *BGH* ZIP 2005, 2026 = ZInsO 2005, 1161; *Jaeger/Henckel* § 131 Rn 17; MK/*Kayser* § 131 Rn 12, 32; *Uhlenbruck/Ede/Hirte* § 131 Rn 48.

Aufrechnungslage einen Anspruch auf die Herstellung der Aufrechnungslage hatte,[56] dh ob die Aufrechnungslage vereinbarungsgemäß hergestellt wurde (Kongruenz) oder nicht (Inkongruenz).[57] Die Frage stellt sich bei der „automatischen Anfechtung" nach § 96 Abs 1 Nr 3. Die Herstellung der Aufrechnungslage ist inkongruent, wenn auf den Abschluss des Kaufvertrags, mit dem die Gegenforderung des Schu begründet wird, ein Anspruch des Gl nicht bestand.[58] Anders liegt es, wenn in unverdächtiger Zeit ein Werkvertrag unter Einbeziehung von § 8 Nr 3 Abs 3 VOB/B geschlossen wird und der Besteller in krit Zeit von dem Recht auf Nutzung der auf der Baustelle befindlichen Geräte des Schu Gebrauch macht; die so begründete Aufrechnungslage und die (spätere) Aufrechnung sind kongruent.[59] Inkongruenz der Verrechnungslage liegt vor, wenn das **Finanzamt steuerliche InsFord** m dem aus der Honorarzahlung resultierenden **Vorsteuervergütungsanspruch** eines **vorl InsVerw** verrechnet, weil sich die Aufrechnungs-(Verrechnungs-)Befugnis nicht aus dem zwischen dem Schu und dem Gl zuerst entstandenen Rechtsverhältnis ergebe.[60] Aus den hier zuerst entstandenen Steuerschulden habe sich ein Anspruch auf Begleichung der Steuern durch Zahlung ergeben, nicht aber darauf, dem Finanzamt eine Aufrechnungsbefugnis (und damit die Möglichkeit der Befriedigung außerhalb der Verteilung im InsVerf) zu verschaffen; diese sei erst dadurch entstanden, dass der Schu einen (insrechtlich vor VerfEröffnung entstandenen) Vorsteuervergütungsanspruch erlangt habe.[61]

12 **bb) Befriedigung durch Zwangsvollstreckung und Druckzahlungen.** Nicht „in der Art" zu beanspruchen hat der Gl nach stRspr (auch des BAG) eine während der „krit Zeit" (innerhalb des Dreimonatszeitraums) im Wege der **Zwangsvollstreckung** erlangte Befriedigung.[62] Dies entsprach (in Bezug auf Zwangsvollstreckungen wegen Geldforderungen) bereits der Meinung der Kommission für InsRecht, wie sich aus der Begründung des Leitsatzes 5.2.2. zu

56 *BGHZ* 147, 240 = ZIP 2001, 888 (zum früheren Recht); 159, 393 f = ZIP 2004, 1559; *BGH* ZInsO 2009, 1294 Rn 4 (je zum Recht der InsO); *OLG Köln* NZI 2005, 113 f; *OLG Frankfurt* ZIP 2010, 2464 (zur Verrechnung durch Saldierung auf einem Kontokorrentkonto als inkongruente Deckung; dazu näher Rn 15); *OLG Karlsruhe* ZIP 2008, 1344; vgl auch § 129 Rn 22 und § 142 Rn 15.

57 Vgl *BGH* ZIP 2010, 681 Rn 27. Näher *K Schmidt/Thole* § 96 Rn 18.

58 *BGHZ* 147, 233 = ZIP 2001, 888.

59 *BGHZ* 147, 241 = ZIP 2001, 888; *BGHZ* 145, 245 = ZIP 2000, 2207; vgl ferner MK/*Kayser* § 131 Rn 16 ff; *Jaeger/Henckel* § 131 Rn 18 ff; su Rn 24.

60 *BFH* ZIP 2011, 181 Rn 41 mit zust Anm *Kahlert* S 185; zust *BGH* 9.6.2011 – IX ZR 183/09, Rn 2.

61 Vgl. ferner *BSG* ZIP 2010, 2309 Rn 27: Kongruenz, wenn die **Kassenärztliche Vereinigung** einen **Honorarbescheid** erlässt, der dazu führt, dass sie m früher entstandenen Schadensersatzansprüchen gegen den Vertragsarzt als Schu aufrechnen kann, weil die Kassenärztliche Vereinigung zu dem Erlass des Honorarbescheids **rechtlich verpflichtet** gewesen sei (zweifelhaft). Vgl auch *BFH* ZIP 2013, 379 Rn 2 zur Verrechnung von iS der §§ 130 ff „kritischer Zeit" begründeten Umsatzsteuerforderungen des Finanzamts gegen vorinsolvenzliche Schulden desselben (hier: aus Investitionszulage).

62 *BGHZ* 136, 311, 319 ff = ZIP 1997, 1929 f; 157, 353 = ZIP 2004, 514; *BGHZ* 167, 11 = ZIP 2006, 916 Rn 9; *BGH* ZIP 2003, 809 (der Einordnung der Zwangsvollstreckung stehen Verfügungen des Schu über ein gepfändetes Bankguthaben zugunsten des PfändungsGl gleich); 2004, 669 f; 2007, 136 Rn 6; 2007, 1276 Rn 24; 2007, 2228 Rn 3; 2008, 701 Rn 19; *BAG* ZIP 2014, 91 Rn 23 ff; ZIP 2014, 1396 Rn 14; *BAG* 20.9.2017 – 6 AZR 58/16 Rn 25; *OLG Hamm* ZIP 2006, 1105 = ZInsO 2006, 718 (Zwangsvollstreckung durch Steuerfiskus – Nichtzulassungsbeschwerde zurückgewiesen, *BGH* ZIP 2007, 2228 f); *LG Stuttgart* ZInsO 2006, 383; zust *Jaeger/Henckel* § 131 Rn 49 ff; *Uhlenbruck/Ede/Hirte* § 131 Rn 60; *Gottwald/M Huber* § 47 Rn 45; im Erg *Jacoby* KTS 2005, 1245 f; *Thole* DZWIR 2006, 191, 194. Zu im Wege der Zwangsvollstreckung erlangten Sicherungen su Rn 25.

inkongruenten Deckungen ergibt,[63] und wurde im Laufe des GesetzgebungsVerf der InsO nicht in Frage gestellt.[64] Von einer – gelegentlich insb von Untergerichten angenommenen – Verfassungswidrigkeit der Rspr des BGH kann nicht die Rede sein.[65] Auch bei den Arbeitsgerichten gibt es vereinzelte Tendenzen, die Rspr in Frage zu stellen.[66] Unabhängig von der verfassungsrechtlichen Dimension ist an der Kritik richtig, dass sich die Inkongruenz nicht schon aus dem Gedanken der par condicio ergeben kann, der nämlich sowohl § 130 als auch § 131 zugrunde liegt. Dass Deckungen in dem Drei-Monats-Zeitraum mit dem Gleichbehandlungsgrundsatz in Konflikt geraten, besagt noch nichts für die Frage, um welche Art der Deckung es sich handelt.[67] Insbesondere ist schließlich auch die „gespaltene" Lösung der Rechtsprechung, die nach dem Zeitpunkt der Vollstreckung unterscheidet, nicht über jeden Zweifel erhaben, weil es zuweilen vom Zufall abhängen kann, wann die Vollstreckung ausgebracht wird. Nicht ohne Grund ist angemerkt worden, der Wortlaut der §§ 130 f kenne eine zeitraumbezogene Unterscheidung nicht.[68] Ausschlaggebend für die Einordnung als inkogruente Deckung muss die **Wertungsparallele zu § 88** sein, der ebenfalls erkennen lässt, dass ein Vollstreckungszugriff unmittelbar vor dem Antrag verdächtig erscheint und zur erleichterten Anfechtung führen soll.

Aus den gleichen Gründen inkongruent sind Zahlungen, die vom Schu in „krit Zeit" 13
unter dem **Druck** einer unmittelbar drohenden Zwangsvollstreckung wegen einer bestehenden Schuld geleistet werden.[69] Das beurteilt sich aus der objektiven Sicht des

---

63 EB S 408. Wiedergegeben bei *Kreft* DStR 2005, 1195.

64 Vgl *K/P/B/Schoppmeyer* § 131 Rn 121 f.

65 Verfassungswidrigkeit etwa bejaht von *AG Reinbeck* ZIP 2012, 189 (LS); *AG Kerpen* ZIP 2010, 1145 (LS) mit krit Anm *Rendels/Fröhlich* EWiR 2010, 369. Diese Entsch wurde abgeändert durch *LG Köln* ZIP 2010, 2060. Nicht überzeugend die These von der Verfassungswidrigkeit von § 131 Abs 1 Nr 1 und Notwendigkeit verfassungskonformer Auslegung bei *Klinck* S 261 ff.

66 *LAG Nürnberg* (7. Kammer) ZIP 2012, 2266 mit abl Anm *Stiller* EWiR 2012, 765. Danach betreffe das Tatbestandsmerkmal „in der Art" die materiell-rechtliche Berechtigung für das Erlangte. Demgemäß sei allein zu prüfen, ob der Gl anstelle der Leistung, die er zu fordern hat, in der kritischen Zeit eine andere, nicht geschuldete Leistung erhält. Dieses Urt wurde aufgehoben durch *BAG* ZIP 2014, 91 Rn 23 ff. Der Rspr des BGH folgend dagegen *BAG* ZIP 2011, 629 Rn 16 ff; 2011, 1629 Rn 13 ff; 2014, 91 Rn 28 ff; *LAG Berlin-Brandenburg* (4. Kammer) ZIP 2012, 2261 mit Anm *Stiller* ZInsO 2013, 55; (NZB wurde verworfen Az 6 AZN 2440/12); *LAG Berlin-Brandenburg* (3. Kammer) ZInsO 2013, 91 (tw aufgehoben durch *BAG* ZInsO 2014, 2286); *LAG Nürnberg* (2. Kammer) 16.5.2012 – 2 Sa 566/11 Rn 45; Revision zurückgewiesen *BAG* ZInsO 2014, 1758; *LAG Nürnberg* (8. Kammer) 15.6.2012 – 8 Sa 565/11 Rn 33, Revision zurückgewiesen 6 AZR 811/12; *LAG Nürnberg* (3. Kammer) 27.7.2012 – 3 Sa 560/11 Rn 38, Revision zurückgewiesen 6 AZR 908/12.

67 *Thole* DZWIR 2006, 193 f.

68 *Paulus/Zenker* WuB VI. C. § 133 InsO 1.03.

69 *BGHZ* 136, 309, 313 = ZIP 1997, 1929; 155, 75, 80, 82 = ZIP 2003, 1507 f (auch zum Begriff der „krit Zeit"); *BGHZ* 157, 242, 248 = ZIP 2004, 321; *BGH* ZIP 2002, 228, 229; 2002, 489, 491; 2002, 1159, 1161; 2003, 128, 130; 2003, 1301, 1305 (insb zu den Voraussetzungen eines unmittelbaren Vollstreckungsdrucks); 2003, 1799 f; 2003, 1900, 1902; 2004, 324, 325; 2006, 290 Rn 10; 2007, 136 Rn 8; 2008, 701 Rn 21; 2009, 83 Rn 13; ZInsO 2010, 1324 Rn 6; ZIP 2011, 385 Rn 6 f, 9 ff; NZI 2012, 561 Rn 2; *BAG* 26.10.2017 – 6 AZR 511/16; *BAG* 20.9.2017 – 6 AZR 58/16 Rn 25; *AG Berlin-Schöneberg* NZI 2010, 304 (nach Ratenzahlungsantrag des Schu erteilt das Finanzamt Vollstreckungsauftrag, Vollziehungsbeamter droht Vollstreckung an und Schu leistet – nach entspr Gewährung – Raten); MK/*Kayser* § 131 Rn 26c; *Uhlenbruck/Ede/Hirte* § 131 Rn 63; *Kreft* DStR 2005, 1232 f; *Jaeger/Henckel* § 131 Rn 51; *Gottwald/M Huber* § 47 Rn 46; HambKomm/*Rogge/Leptien* § 131 Rn 14.

Schu.[70] Eine **Druckzahlung** liegt vor, wenn der Schu zz seiner Leistung damit rechnen muss, dass ohne sie der Gl nach dem kurz bevorstehenden Ablauf einer letzten Zahlungsfrist mit der ohne weiteres zulässigen Zwangsvollstreckung beginnt,[71] oder wenn in einem mit „Mahnung mit Ankündigung der Zwangsvollstreckung" überschriebenen Schreiben nach einem Hinweis auf die Fälligkeit der aufgeführten Beträge dazu aufgefordert wird, den rückständigen Gesamtbetrag zur Vermeidung von kostenpflichtigen Vollstreckungsmaßnahmen umgehend zu zahlen.[72] Wird der Schu hingegen in einem mit „Beitragsbescheid" überschriebenen formularmäßigen Schreiben unter Hinweis auf die Vollstreckung und die damit verbundenen Kosten zur Zahlung rückständiger **Sozialversicherungsbeiträge** aufgefordert und entrichtet der Schu die ausstehenden Beträge erst nach Ablauf der einwöchigen Zahlungsfrist, aber vor der, für die Einleitung des VollstreckungsVerf erforderlichen, zweiten Fristsetzung, erfolgt die Zahlung noch nicht unter dem Druck der unmittelbaren Zwangsvollstreckung, weil eine Vollstreckung zz der Zahlung noch nicht unmittelbar droht.[73] Die Entscheidung zeigt die schwierige Grenzziehung bei der Einbeziehung psychologischen Drucks. Der in der Erwirkung eines vorl Zahlungsverbots gem §§ 845, 930 ZPO durch einen Arbeitnehmer zur Durchsetzung von in einem KündigungsschutzVerf vereinbarten Abfindungsbeträgen liegende Druck soll die vom Arbeitgeber daraufhin zur Beseitigung der Kontensperre und Abwendung der Zwangsvollstreckung geleisteten Zahlungen inkongruent machen.[74] Allein in der **Zustellung eines Vollstreckungsbescheids** ist ein solcher Druck freilich nicht zu sehen, wenn der Gl die Zwangsvollstreckung zuvor nicht eingeleitet oder angedroht hat.[75] Er fehlt ebenfalls, wenn aus objektiver Sicht allenfalls mit einer Rückstandsanzeige geschuldeter Arbeitnehmeranteile, nicht aber mit Vollstreckungsmaßnahmen des Sozialversicherungsträgers zu rechnen war.[76] Der Abwendung einer unmittelbar bevorstehenden Zwangsvollstreckung steht es wertungsmäßig gleich, wenn der Schu eine bereits in Gang befindliche Zwangsvollstreckung (konkret: Kontenpfändung) durch Überweisung des geschuldeten Betrages an den VollstreckungsGl erledigt.[77] Auch Teilzahlungen auf eine nach § 802b ZPO geschlossene Vereinbarung mit den Gerichtsvollzieher sind erfasst.[78]

14 Allerdings sind Leistungen, die außerhalb der „krit Zeit", also bei der InsO mithin **außerhalb des Dreimonatszeitraums** der §§ 130, 131 zur Abwendung der Zwangsvollstreckung geleistet werden, grds als **kongruent** anzusehen.[79] Dies ist sodann für § 133 relevant. Nach der GrundsatzEntsch v 10.2.2005[80] gilt dies aber nur dann, wenn der **Schu** „verantwortungsgesteuert", dh

---

70 *BGH* ZIP 2003, 1305; 2007, 136 Rn 8; ZInsO 2010, 1324 Rn 8; NZI 2012, 561 Rn 2; *OLG Köln* ZInsO 2011, 1701, 1704.
71 *BGHZ* 157, 248 = ZIP 2004, 321; *BGH* 2007, 136 Rn 9; ZInsO 2010, 1324 Rn 8.
72 *BGH* ZIP 2011, 385 Rn 9 ff.
73 *BGH* NZI 2012, 561 Rn 2 (tatrichterliche Würdigung nicht beanstandet).
74 *LAG RhPf(Mainz)* ZIP 2009, 2160 f (das RevisionsVerf beim *BAG* – Az 6 ARZ 583/09 – wurde durch Vergleich v 24.1.2011 erledigt); ebenso *LAG Berlin-Brandenburg* 4.9.2012 – 3 Sa 661/12 ZInsO 2013, 91 Rn 30 (auch kein § 142) (tw aufgehoben durch *BAG* ZInsO 2014, 2286).
75 *BGH* ZIP 2007, 136 Rn 9 ff mit Anm *Kreft* WuB VI A. § 131 InsO 1.08; 2011, 385 Rn 8.
76 *BGH* ZInsO 2010, 1324 Rn 8. Dazu *Wegener* NJW 2010, 3607, 3609.
77 *BGH* ZIP 2008, 701 Rn 21; *K Schmidt/Ganter/Weinland* § 131 Rn 38.
78 *BAG* 20.9.2017 – 6 AZR 58/16.
79 *BGHZ* 155, 80, 82 f = ZIP 2003, 1506, 1507 ff mit Anm *de Bra* LMK 2003, 238; *BGHZ* 157, 255 = ZIP 2004, 324 zu IV, 2; *BGH* ZIP 2003, 1799 f; 2003, 1902; 2004, 1513; 2004, 2196, insoweit in *BGHZ* 160, 259 nicht abgedr; *ZIP* 2009, 1434 Rn 6; 2011, 385 Rn 13; *OLG Rostock* ZInsO 2014, 1446, 1447; *Kreft* DStR 2005, 1233; *Jaeger/Henckel* § 133 Rn 40.
80 *BGHZ* 162, 152 = ZIP 2005, 497.

willensgeleitet und **selbstbestimmt gehandelt** hat.[81] Leistet der Schu geschuldete Zahlungen aufgrund eines angedrohten oder gestellten, später aber zurückgenommenen oder für erledigt erklärten **InsAntrags**, so handelt es sich nach st Rspr wegen des Missbrauchsgedankens stets um inkongruente Befriedigungen, unabhängig davon, ob innerhalb oder außerhalb der gesetzlichen Krise gezahlt wurde.[82] Tatsächlich ist die Drohung mit dem Insolvenzantrag (und damit mit einem gesetzlich vorgesehenen Instrument zur Haftungsverwirklichung) nicht stets illegitim, sondern das mag nur der Regelfall sein;[83] die Rspr taugt insofern als Näherung. Ein auf den Schu ausgeübter Druck, der nicht durch Drohung mit einer Zwangsvollstreckung oder durch Androhung der Stellung eines InsAntrages erfolgt, macht daraufhin geleistete Zahlungen des Schu grds nicht inkongruent, auch nicht bei Androhung einer Klage.[84] Wer dagegen über Monate hinweg vergeblich die Rückzahlung der fälligen Beträge telefonisch und schriftlich anmahnt und sich sogar veranlasst sieht, einen InsAntrag anzudrohen, kennt zugleich Umstände, die auf eine beengte finanzielle Situation schließen lassen.[85] Die erforderliche Drucksituation ist ferner bereits auch schon dann gegeben, wenn sich der Gl einen solchen Schritt nur „vorbehält"[86] oder die Drohung nur „zwischen den Zeilen" erfolgt, aber dem Schu das Risiko vor Augen geführt wird.[87] Erlangt der Gl mehrere Monate nach einem von ihm gegen den Schu gestellten InsAntrag durch diesen Befriedigung seiner Forderung und nimmt er anschließend den **InsAntrag** zurück, kann auch die VorsatzAnf nach § 133 Abs 1 mit dem Beweisanzeichen einer inkongruenten Deckung durchgreifen.[88] Inkongruent ist auch die Zahlung einer **Geldstrafe** durch den Schu, nachdem die StA ein Gesuch nach Zahlungsaufschub abgelehnt, ihn zur sofortigen Überweisung aufgefordert und angedroht hatte, im Fall nicht fristgerechter Zahlung müsse er mit Zwangsmaßnahmen bis hin zur Vollstreckung der Ersatzfreiheitsstrafe rechnen.[89]

c) Nicht „zu der Zeit". Inkongruenz wegen vorzeitiger Befriedigung bedeutet Begleichung eines nicht fälligen,[90] aufschiebend bedingten (§ 158 Abs 1 BGB) oder befristeten (§ 163 BGB) Anspruchs.[91] Die Leistung trotz eines vorübergehenden Leistungsverweigerungsrechts führt 15

---

81 So § 129 Rn 12; *Kreft* DStR 2005, 1196.

82 *BGHZ* 157, 245 ff = ZIP 2004, 320 ff; *BGH* ZIP 2006, 290 Rn 21; 2009, 1434 Rn 5 f; 2012, 2355 Rn 10; 2013, 838 Rn 11; 2013, 2113 Rn 16; *OLG Köln* ZInsO 2011, 1704; *OLG Brandenburg* ZIP 2012, 1819; *Fischer* FS Kirchhof, S 79 ff; *Kirchhof* ZInsO 2004, 1171; *Schneider/Hörmann* ZInsO 2005, 136; *Kreft* DStR 2005, 1234; *Jaeger/Henckel* § 131 Rn 63; 133 Rn 41; *Kayser* WM 2013, 297; differenzierend *Bork* ZIP 2004, 1690 f; **aA** *Gerhardt* FS Kreft, S 276 f.

83 Wie hier auch *Bork* ZIP 2004, 1691; *Thole* DZWIR 2006, 194.

84 *BGH* 23.4.2009 – IX ZR 82/06, S 2 f; *BGH* ZIP 2013, 838 Rn 13 f.; *OLG Köln* ZIP 2007, 138 f mwN (zur Androhung einer Liefersperre durch ein Wasserversorgungsunternehmen); insoweit zust *Spliedt* ZInsO 2007, 410; *Jaeger/Henckel* § 131 Rn 62; HambKomm/*Rogge/Leptien* § 131 Rn 15.

85 *OLG Köln* ZInsO 2011, 1705.

86 *BGH* ZIP 2013, 838 Rn 13; *OLG Brandenburg* ZIP 2012, 1819.

87 *BGH* ZIP 2013, 838 Rn 13 f mit Anm *Priebe* EWiR 2013, 355.

88 *BGH* ZIP 2012, 2355 Rn 9, 10 mit Anm *Thole* NZI 2012, 965.

89 *BGH* ZIP 2010, 2358 Rn 8.

90 *BGHZ* 167, 190 = ZIP 2006, 1261 Rn 24; *BGH* ZIP 1997, 855; 1998, 478 (Überziehungskredit); ZIP 2005, 1243; 2006, 1591 Rn 12; *OLG Köln* NZI 2005, 113 f; *OLG Saarbrücken* ZIP 2012, 1975 (Zahlung der Bauabzugssteuer fünf Tage vor Fälligkeit); dazu auch MK/*Kayser* § 131 Rn 40.

91 *BGHZ* 192, 221 = ZIP 2012, 280 Rn 17; *OLG Köln* KTS 1971, 52; *OLG Nürnberg* ZIP 2009, 1437 zu c (Fälligkeit eines Haftungsanspruchs des Steuerfiskus bei **umsatzsteuerrechtlicher Organschaft** gegen eine Organgesellschaft auf Zahlung von Steuerrückständen des Organträgers frühestens mit Erlass eines Haftungsbescheids; so § 130 Rn 10)); *OLG Frankfurt* OLG-Report 2000, 50, 51 (Zahlung an Steuerberater vor Erhalt einer unterzeichneten Gebührenrechnung); vgl *Uhlenbruck/Ede/Hirte* § 131 Rn 8; *K/P/B/Schoppmeyer* § 131 Rn 62–77.

ebenfalls zur Inkongruenz.[92] Wenn Zahlungen „spätestens" an einem bestimmten Tag fällig werden (zB die Beiträge zur Sozialversicherung nach früherer Rechtslage spätestens am 15. des Folgemonats), bezeichnet die Fälligkeit diesen Zeitpunkt, nicht etwa einen (davor beginnenden) Zeitraum; erst von diesem Tage an kann der Gl die Leistung einfordern.[93] Dieses Recht des Gl, die Leistung einzufordern, unterscheidet kongruente von inkongruenten Rechtshandlungen.[94]

16 **aa) Bankgeschäfte.** In „krit Zeit" vorgenommene Verrechnungen einer Bank von Ansprüchen ihres Kunden aus Gutschriften aufgrund von Überweisungen mit Forderungen, die der Bank gegen den Kunden aus der in Anspruch genommenen Kreditlinie eines Kontokorrentkredits zustehen, sind grds nach §§ 130, 131 InsO anfechtbar und deshalb nach § 96 Abs 1 Nr 3 unzulässig (so § 96 Rn 61 ff). Welche Norm eingreift, hängt idR davon ab, ob – etwa wegen Kündigung des Kreditvertrags[95] – ein fälliger Anspruch der Bank auf Rückzahlung des Kredits besteht (dann ist die Verrechnung – weil im Girovertrag vereinbart – eine kongruente Deckung) oder ob ein solcher Rückzahlungsanspruch (noch) nicht besteht (dann Inkongruenz).[96] Der Kreditgeber kann die **Rückzahlung eines** ausgereichten **Kredits** erst **nach** dessen **Fälligkeit** beanspruchen. Allein die Giro- oder Kontokorrentabrede stellt den Kredit nicht zur Rückzahlung fällig; vielmehr wird die Fälligkeit nur durch das Ende einer vereinbarten Laufzeit, eine ordentliche oder eine außerordentliche Kündigung begründet;[97] zum Vergleich oder „Aufhebung" des Darlehensvertrags so Rn 7. Hat der Schu einen ungekündigten Kontokorrentkredit nicht vollständig ausgeschöpft, führen in der krit Zeit eingehende Zahlungen, die dem Konto gutgeschrieben werden, zu einer inkongruenten Deckung.[98] „Kritische Zeit" in diesem Sinne ist einheitlich der gesetzliche Zeitrahmen der besonderen InsAnfechtung (Dreimonatszeitraum vor Antragstellung und bis zur Eröffnung).[99] Bei Zahlungseingang im zweiten oder dritten Monat vor der Insolvenzantragsstellung kann die Gläubigerbenachteiligung aber beseitigt werden, wenn das Kontokorrent zz der Kündigung oder Eröffnung einen **ebenso hohen oder höheren Schuldsaldo** ausweist als zu Beginn des Zeitraums.[100] Demnach ist der höchste Sollstand während des Anfechtungszeitraums nicht entscheidend.[101] Aus einer Verrechnungsbefugnis kann die Kongruenz der Kredittilgung nicht hergeleitet werden, soweit die Kreditlinie tatsächlich nicht mehr in Anspruch genommen wird.[102] Anders ist es nur, wenn die **Verrechnung** eingegangener Zahlungen mit den Verbindlichkeiten des Schu zwischen diesem und der Bank insfest **vereinbart** worden ist; in einem solchen Fall ist die Verrechnung auch dann kongruent, wenn die

---

92 *BGHZ* 192, 221 = ZIP 2012, 280 Rn 13, 17 aE (Zahlung von UmsatzsteuerSchu bei umsatzsteuerrechtlicher Organschaft durch die Organgesellschaft trotz Zahlungsfähigkeit des Organträgers als SteuerSchu, § 219 S 1 AO).

93 *BGH* ZIP 2005, 1243 f; MK/*Kayser* § 131 Rn 40.

94 *BGHZ* 181, 132 = ZIP 2009, 1235 Rn 14; *BGH* ZIP 1999, 1272; 2005, 1244.

95 Zur Anfechtbarkeit einer Kündigung MK/*Kayser* § 131 Rn 41a.

96 Vgl *BGHZ* 138, 47 f = ZIP 1998, 479; 171, 38 = ZIP 2007, 488 Rn 10; *BGH* ZIP 2009, 1124 Rn 8; 2010, 2460 Rn 6; *OLG Köln* NZI 2005, 112, 113; *OLG Karlsruhe* ZIP 2007, 2367, 2368; *OLG Frankfurt* ZIP 2010, 2463, 2464.

97 *BGH* ZIP 2009, 1124 Rn 9; *KG* ZIP 2011, 535 zu B, II, 4, a (NZB durch *BGH* 6.10.2011 – IX ZR 24/11 zurückgewiesen).

98 *BGH* ZIP 2009, 1124 Rn 9; dazu *Hofmann/Würdinger* EWiR 2009, 513; *KG* ZIP 2011, 535 f. Vgl auch *OLG Frankfurt* ZIP 2010, 2464; *K Schmidt/Ganter/Weinland* § 130 Rn 17.

99 *BGH* ZIP 2011, 1576 Rn 7 mit Anm *Würdinger* EWiR 2011, 649; *Ganter* NZI 2013, 220 f; *K Schmidt/Ganter/Weinland* § 131 Rn 48.

100 *BGH* ZIP 2011, 1577 Rn 8.

101 *BGH* 27.3.2008 – IX ZR 29/07, NJW-Spezial 2008, 341 Rn 4.

102 *BGH* ZIP 2009, 1124 Rn 10 – 12; *KG* ZIP 2011, 536. Vgl auch *BGH* ZInsO 2009, 1294 Rn 4.

Bank die Rückzahlung des Kredits mangels Fälligkeit noch nicht verlangen konnte.[103] Bei der **Kündigung** eines Kreditvertrages ist zu unterscheiden: Kündigt der **Gl**, liegt in der Befriedigung seiner Forderung grds eine kongruente Deckung, wenn ein wirksamer Kündigungsgrund bestand; das gilt jedenfalls, wenn die Kündigung vor der krit Zeit erfolgte.[104] Kündigt der **Schu** in krit Zeit, ist die Kündigung als selbstständige, die Befriedigung erst ermöglichende Rechtshandlung nach § 131 anfechtbar, weil der Schu dem Gl mehr Rechte einräumt, als diesem kraft seiner eigenen Rechtsstellung gebührt. Das hat zur Folge, dass der Gl durch die Begleichung der anfechtbar fällig gewordenen Schuld eine inkongruente Deckung erhält.[105] Fehlt es an einer Kündigung, so besteht ein (sof) Rückzahlungsanspruch nur dann, wenn gar kein Kreditvertrag geschlossen worden ist. Allerdings kann eine **Überziehung** vertraglich – auch **konkludent** – **vereinbart** werden mit der Folge, dass ein fälliger Anspruch der Bank erst nach deren Kündigung entsteht. Fehlt es hingegen an einer Vereinbarung, wird die Überziehung aber dennoch nicht sogleich zurückgeführt, so liegt eine bloße Duldung vor, die dem Kunden kein Recht zur Inanspruchnahme der Kreditsumme gibt. Vielmehr kann die Bank Zahlung verlangen, ohne zuvor kündigen zu müssen.[106] Setzt die Bank eine Frist zur Rückzahlung eines in Anspruch genommenen Kontokorrentkredits, so stellt die Rückführung vor Fristablauf auch dann eine inkongruente Deckung dar, wenn die Bank gleichzeitig mit der Fristsetzung ankündigt, sie lasse weitere Belastungen ab sofort nicht mehr zu.[107] Bei einseitiger Überziehung der Kreditlinie hängt es von den Umständen des Einzelfalls ab, ob die Duldung der Bank als stillschweigende Erweiterung der Kreditlinie zu werten ist. Trifft dies zu, liegt in der Verrechnung mit Forderungen aus Gutschriften ohne vorherige Kündigung eine inkongruente Deckung. Andernfalls hat die Bank auch ohne Kündigung einen fälligen Anspruch auf Rückführung, so dass sich die Verrechnung als kongruente Deckung darstellt.[108] Das gilt auch bei einer **Cash-Pool-Vereinbarung**, wenn die Verrechnung der Vereinbarung entspricht, dann gilt auch § 142.[109]

bb) Sonstige Fälle. Ein Bauunternehmer hat auf **Abschlagszahlungen des Auftraggebers** nach § 16 Nr 1, 3 VOB/B nur Anspruch, wenn die Leistungen durch eine prüfbare Aufstellung nachgewiesen werden; die Abschlagszahlungen sind dann binnen 18 Werktagen nach Zugang dieser Aufstellung zu leisten. Bei einer bargeldlosen Überweisung des Gl ist die Befriedigungshandlung in einem solchen Fall inkongruent, wenn zu dem Zeitpunkt, in dem der Anspruch des Unternehmens gegen das Kreditinstitut auf Gutschrift des für ihn bestimmten Geldeingangs bestand, diese Voraussetzungen nicht erfüllt waren. Der Anspruch auf Gutschrift entsteht, sobald die Empfängerbank den Betrag erhalten hat, bei einer innerbetrieblichen Überweisung bereits mit der Belastungsbuchung auf dem Konto des Auftraggebers.[110] Auf den **Vergütungsanspruch eines RA** für eine bestimmte Angelegenheit wird ungeachtet der Fälligkeit des Vergütungsanspruchs erst dann kongruent gezahlt, wenn er aufgrund einer dem Auftraggeber mitgeteilten Berechnung gem § 18 Abs 1 BRAGO, § 10 Abs 1 RVG eingefordert werden konnte.[111] Die Fälligkeit des **Freistellungsan-** 17

103 *BGH* ZIP 2010, 588 Rn 3.
104 *BGHZ* 181, 132 = ZIP 2009, 1235 Rn 13 mit Anm *M Huber* NZI 2009, 474; *Heiderhoff* KTS 2009, 529; *Paulus* NJW 2009, 2603.
105 *BGHZ* 181, 132 = ZIP 2009, 1235 Rn 14 mit Anm *M Huber* NZI 2009, 474; *Heiderhoff* KTS 2009, 529; *Paulus* NJW 2009, 2603.
106 *BGH* ZIP 2004, 1465; 2005, 585; 2011, 1111 Rn 13. Zur **Gläubigerbenachteiligung** bei geduldeter Kontoüberziehung § 129 Rn 54 und *Thole* NZI 2009, 800.
107 *BGH* ZIP 2002, 2183.
108 *BGH* ZIP 1999, 1272.
109 *BGH* ZIP 2013, 1826 Rn 20.
110 *BGH* ZIP 2002, 1409 f.
111 *BGHZ* 167, 190 = ZIP 2006, 1261 Rn 26; zusammenfassend *Utsch* DZWIR 2013, 353, 354.

spruchs eines GesamtSchu aus § 426 BGB ergibt sich nicht aus einer rechtsähnlichen Anwendung von §§ 257 S 2, 738 Abs 1 S 3, 775 Abs 2 BGB, sondern richtet sich nach den Umständen, insb den Vereinbarungen der Beteiligten.[112]

18 Freilich ist es grds denkbar, dass auch solche Leistungen, welche der Gl noch nicht beanspruchen kann, als kongruent zu behandeln sind, wenn die **Abweichung** von der geschuldeten Leistung so **geringfügig** ist, dass sich die Leistung – auch unter Berücksichtigung der Verkehrssitte – als **unverdächtig** darstellt.[113] Da für die Beurteilung der Anfechtbarkeit auf die Wirkung der angefochtenen Rechtshandlung abzustellen ist, die bei bargeldlosen **Überweisungen** nach § 140 Abs 1 in dem Zeitpunkt eintritt, in dem der Anspruch des Berechtigten auf Gutschrift entsteht, könnte der Zahlungspflichtige die Säumigkeit nicht vermeiden, ohne zugleich zwangsläufig die Gefahr der Anf zu begründen. Deshalb ist eine verfrühte Zahlung als kongruent anzusehen, wenn die Zeitspanne der Verfrühung die voraussichtliche Dauer des Zahlungsvorgangs nicht nennenswert, dh um nicht mehr als drei bis fünf Bankgeschäftstage (§ 676a Abs 2 BGB aF; vgl § 675s Abs 1 BGB: drei Bankgeschäftstage) überschreitet.[114] Unverdächtig und damit kongruent ist auch die vor Eintritt der Fälligkeit geleistete Zahlung, die dazu dient, die vom Gl eingeräumte Möglichkeit eines befristet eingeräumten **Skontoabzugs** auszunutzen.[115] Wurde eine Leistung vor Fälligkeit inkongruent erbracht, entfällt die Inkongruenz grds nicht durch das spätere Eintreten der Fälligkeit.[116] Allerdings kann es an einer auf die zeitlich inkongruente Leistung zurückzuführenden **GlBenachteiligung** fehlen, wenn die **Fälligkeit noch vor Eröffnung des InsVerf** unanfechtbar eintritt.[117] Das gilt indessen nicht, wenn der Schu aufgrund der vorherigen Anordnung eines Zustimmungsvorbehalts im Zeitpunkt des Eintritts der Fälligkeit gem § 21 Abs 2 Nr 2 Fall 2, § 24 Abs 1, § 81 Abs 1 S 1 nicht mehr die Möglichkeit hatte, frei – ohne Zustimmung des vorl InsVerw – über sein Vermögen zu verfügen; darauf, ob der vorl InsVerw die Zustimmung erteilt hätte oder gar hätte erteilen müssen, kommt es nicht entscheidend an.[113]

19 **3. Inkongruente Sicherung. – a) Sicherungen.** Darunter fallen alle Rechtshandlungen, die es dem Gl ermöglichen, sich durch ihre Ausübung (Verwertung) wegen eines gegen den Schu bestehenden Anspruchs (ganz oder teilweise) zu befriedigen. Eine Sicherung iSv § 131 muss sich von der Leistung, die der Gl zu fordern hat und die sie sichern soll, unterscheiden und von ihr abweichen.[118] Der Begriff der Sicherung ist sehr **weit** zu verstehen. Er umfasst Personal-, Real-, akzessorische, abstrakte oder fiduziarische Sicherheiten,[119] seien sie durch Vertrag begründet oder unmittelbar durch das Gesetz wie das Pfandrecht des Vermieters (§ 562 BGB), des Werkunternehmers (§ 647 BGB), des Kommissionärs (§ 397 HGB) uam.[120] Gewährt ist eine Sicherung grds erst, wenn der Rechtserwerb des AnfGegners eingetreten ist.[121] Auch ein **Pfändungspfandrecht** ist erfasst. Geht ein solches Recht in Bezug auf ein

---

112 *BGH* ZIP 2006, 1591 Rn 14 mit Anm *Kreft* WuB VI A. § 131 InsO 7.06; MK/*Kayser* § 131 Rn 42.

113 *BGH* ZIP 2005, 1244.

114 *BGH* ZIP 2005, 1244; beachte aber *OLG Saarbrücken* ZIP 2012, 1973, 1975.

115 *BGH* ZIP 2010, 1188 Rn 5.

116 *BGH* ZIP 2005, 1243; *OLG Saarbrücken* ZIP 2012, 1973, 1975.

117 *BGH* ZIP 2011, 1576 Rn 8; 1997, 854 f (zu § 10 Abs 1 Nr 2 GesO); MK/*Kayser* § 130 Rn 45. Für § 131 offen gelassen in *BGH* ZIP 2005, 1244.

118 *BGHZ* 34, 258 = WM 1961, 177.

119 Vgl *Schimansky/Bunte/Lwowski/Ganter* Bankrechts-Hdb Bd II, 4. Aufl 2011, § 90 Rn 20–30.

120 Vgl *Schimansky/Bunte/Lwowski/Ganter* Bankrechts-Hdb Bd II, 4. Aufl 2011, § 90 Rn 3.

121 *BGHZ* 30, 239 f = WM 1959, 944 (Sicherungsabtretung künftiger Forderungen).

Kontoguthaben ins Leere, weil es der Drittschuldner nicht beachtet und entsteht später ein neues Pfändungspfandrecht, wird der Entstehungszeitpunkt nicht vorverlagert.[122]

b) Nicht zu beanspruchende Sicherungen. – aa) Fehlender Anspruch auf Sicherung. Der Gl hat eine Sicherung nur dann zu beanspruchen, wenn ein Anspruch auf eine **bestimmte** Sicherung vertraglich (auch durch Vertrag zugunsten eines Dritten)[123] oder gesetzlich[124] anfrei begründet worden ist.[125] Nicht zu beanspruchen ist umgekehrt eine Sicherung, wenn der Gl keinen Anspruch auf Sicherung seiner Forderung hatte.[126] Die Vorschrift des § 648a BGB aF in der bis zum 31.12.2008 geltenden Fassung gab dem Unternehmer ein Leistungsverweigerungsrecht, jedoch keinen durchsetzbaren Anspruch auf Gewährung einer Sicherheit. Sie begründet deshalb nicht die Kongruenz einer nachträglichen Vereinbarung über die Abtretung einer **Werklohnforderung** des Hauptunternehmers gegen den Bauherrn an den Subunternehmer.[127] Für § 648a BGB nF ist dies anders zu beurteilen. Hier stellt sich eher das Problem der Bestimmtheit (Rn 21). Werden Vorausabtretungen und die ihnen zugrunde liegenden schuldrechtlichen Vereinbarungen erfolgreich angefochten, sind Sicherungen aufgrund späterer Pfändungen der abgetretenen Ansprüche inkongruent. Das Gleiche gilt, wenn der Schu dem Steuerfiskus für die Stundung einer Steuerforderung gem § 222 AO zur Sicherheit eine Forderung (konkret: gegen einen Landkreis) abtritt, sofern die Stundungsvereinbarung nicht anfechtungsfest getroffen wurde.[128] Allein aus dem Bestehen einer Forderung und dem daraus resultierenden Befriedigungsanspruch ist ein Anspruch auf Sicherung nicht herzuleiten.[129] Der **Anspruch auf Besicherung** ist **nicht als Minus in dem Anspruch auf Befriedigung** enthalten.[130] Auch wer durch eine **vorsätzliche unerlaubte Handlung des Schu** geschädigt wurde, hat in dessen Ins keinen Anspruch auf Sicherung; ein solcher Anspruch lässt sich auch aus Strafvorschriften nicht ableiten.[131] Wird zugleich mit der **Krediteinräumung** die Stellung einer Sicherheit vereinbart, liegt in deren späterer Gewährung keine inkongruente Deckung; es bestand von Anfang an ein Anspruch auf die konkrete Sicherung.[132] Wird hingegen eine bereits bestehende Verbindlichkeit **nachträglich besichert**, kann darin eine inkongruente Deckung liegen;[133] zu § 134 vgl § 134 Rn 18. Allein eine mögliche **Übersicherung** der zugesagten Sicherheit begründet noch keine Inkongruenz, solange die zugrunde liegende schuldrechtliche Verpflichtung nicht erfolgreich angefochten ist.[134] Wird für bestimmte Verbindlichkeiten – etwa solche aus einem bestimmten Darlehensvertrag – vor oder bei deren Begr die Stellung einer Sicherheit vereinbart, wird damit kein Anspruch darauf begründet, andere – etwa schon bestehende ältere – Ansprüche die- 20

122 *LG Berlin* ZInsO 2013, 1855, 1856 mit Amm *Stiller* ZInsO 2013, 1816.
123 *RG* WarnRspr 1929 Nr 164.
124 *BGH* ZIP 2005, 771; *K/P/B/Schoppmeyer* § 131 Rn 108–112.
125 *BGH* ZIP 2000, 83; 2001, 896 f; 2001, 1251; 2010, 841 Rn 16; 2013, 174 Rn 21.
126 *BGH* ZIP 2004, 1061; 2010, 841 Rn 16; *Jaeger/Henckel* § 131 Rn 29.
127 *BGH* ZInsO 2011, 1979 = NZI 2011, 855 Rn 12.
128 *BGH* ZIP 2005, 2025 f; *Jaeger/Henckel* § 131 Rn 40.
129 Vgl *BGHZ* 34, 258 f = WM 1961, 176 f (Vormerkung ist keine Sicherung des vorgemerkten Rechts iSv § 131, weil sie nicht ihrem Wesen nach von dem zu schützenden dinglichen Recht abweicht); *BGH* WM 1959, 471 f; auch WM 1968, 684; *Uhlenbruck/Ede/Hirte* § 131 Rn 11 f.
130 *BGHZ* 34, 258 = WM 1961, 177; *BGH* ZIP 2000, 83; 2006, 1362 Rn 9; 2010, 841 Rn 16; 2013, 174 Rn 21; MK/*Kayser* § 131 Rn 19; *K Schmidt/Ganter/Weinland* § 131 Rn 58.
131 *BGH* ZIP 2010, 841 Rn 17 mwN.
132 *BGHZ* 180, 98 = ZIP 2009, 922 Rn 17 aE; *BGH* WM 1965, 84; vgl auch WM 1955, 406; NJW 1998, 1563; ZIP 2004, 1061; 2010, 841 Rn 16; *BGH* NZI 2012, 81 Rn 2; *OLG Dresden* ZInsO 2004, 747 f.
133 *BGH* ZIP 2004, 1061 mwN; 2010, 841 Rn 16; *BGH* NZI 2012, 81 Rn 2; ZIP 2013, 174 Rn 21.
134 *BGH* ZIP 2001, 897.

ser Sicherung ebenfalls zu unterstellen.[135] Wird für einen Kredit eine Sicherung gegeben, die zugleich das dafür ausbezahlte Darlehen und **ältere Ansprüche** des Gl sichern soll, handelt es sich um ein **insgesamt inkongruentes**, in vollem Umfang anfechtbares Deckungsgeschäft, wenn nicht festgestellt werden kann, ob und in welchem Umfang sich die Sicherungen auf bestimmte Ansprüche beziehen; eine spätere rechnerische Aufteilbarkeit genügt für die Annahme der Kongruenz ebenfalls nicht.[136] Anders soll eine Rechtshandlung zu beurteilen sein, wenn die Sicherheit vorrangig die Forderung aus dem im Gegenzug gewährten Kredit abdecken soll und der Erlös nur zur Tilgung dieser Forderung ausreicht,[137] doch wird man die Kongruenz/Inkongruenz kaum von der Verwertung und dem tatsächlich erzielten Erlös abhängig machen können. Die Aussage des BGH muss so verstanden werden, dass tatsächlich nur das ausgereichte neue Darlehen gesichert sein darf. Die eben skizzierten Grundsätze sind insb beim Abschluss von **Sicherheiten-Poolverträgen** von Bedeutung.[138] Auch in der **nachträglichen schuldrechtlichen Vereinbarung** der Sicherung einer bereits bestehenden Verbindlichkeit kann eine inkongruente Handlung liegen.[139] Zieht eine Bank in der „krit Zeit" die ungesicherte Forderung eines anderen Gl an sich und stellt sie unter freie, nicht valutierte Sicherheiten ein, so kann dies eine inkongruente Deckung sein, weil weder der Zedent noch die Bank vor der Abtretung einen Anspruch darauf hatte, dass die Forderung gesichert werde. Dass die Bank diesen Anspruch in „krit Zeit" mit der Abtretung erlangt, macht die Sicherung nicht kongruent.[140] Zieht der Gl eine seinem Schu von einem Dritten gewährte inkongruente Sicherheit an sich, indem er sich von dem Schu dessen gegen den Dritten gerichteten Anspruch nebst Sicherheit abtreten lässt, ist die Sicherheit auch in der Person des Gl inkongruent. Das Gleiche gilt, wenn der Gl sich von dem Schu den Anspruch abtreten und von dem Dritten die Sicherheit gewähren lässt.[141] Das **Pfandrecht** aus Nr 21 Abs 3 S 3 AGB-Sparkassen (Nr 14 Abs 2 S 2 AGB-Banken) sichert Ansprüche aus Bürgschaften erst ab deren Fälligkeit; eine frühere Ausübung des Pfandrechts durch eine **Kontosperre** begründet Inkongruenz. Das hat eine Inkongruenz von späteren Zahlungen von dem gesperrten Konto an das sperrende Kreditinstitut indes nur zur Folge, wenn das Guthaben des gesperrten Kontos ohne die Sperre anderweit verwendet worden wäre; dies hat der InsVerw zu beweisen.[142] Von einem insfest begründeten Pfandrecht aus Nr 14 Abs 2 S 1 AGB-Banken (Nr 21 Abs 3 S 1 AGB-Sparkassen) hingegen kann eine Bank bei entspr Sicherungsbedürfnis schon vor Pfandreife Gebrauch machen, indem sie zur Sicherung einer

---

135 *BGH* ZIP 1998, 250; 2001, 1251; auch ZIP 2004, 1821; im Erg *BGH* NZI 2012, 81 Rn 3.

136 *BGH* ZIP 2008, 706 Rn 30 ff; NZI 2012, 81 Rn 3; *OLG Koblenz* NZI 2010, 25.

137 *BGH* ZIP 1993, 273 f; 1993, 278; 2005, 771; MK/*Kayser* § 131 Rn 21; *K/P/B/Schoppmeyer* § 131 Rn 106. Zur Anfechtbarkeit der Nachbesicherung eines Darlehens nach § 134 InsO *Schormair/Grell* NZI 2009, 625.

138 *BGHZ* 138, 304 ff = ZIP 1998, 799; *BGH* ZIP 1993, 278 f; *Kreft* FS Horn, S 766 ff; MK/*Kayser* § 131 Rn 19a; *K/P/B/Schoppmeyer* § 131 Rn 107. Zu Sicherheiten-Poolverträgen ausf *Obermüller* Rn 6180 – 6276; *Gottwald/Adolphsen* § 44.

139 *BGH* ZIP 1998, 250; 2002, 1206; vgl auch *BGH* ZIP 1997, 426 f.

140 *BGHZ* 59, 233 ff = NJW 1972, 2084 f; *BGH* NJW 1975, 122; WM 1975, 948; *K/P/B/Schoppmeyer* § 131 Rn 104; *Uhlenbruck/Ede/Hirte* § 131 Rn 25 f; vgl auch *BGH* ZIP 2004, 1061; krit *Jaeger/Henckel* § 131 Rn 44 ff. Anders liegt es, wenn nach einer insfesten Sicherungsvereinbarung die Sicherheit (Grundschuld) auch das Darlehen eines Dritten sichert und die Sicherheit in krit Zeit an diesen abgetreten wird, vgl *BGH* ZIP 2008, 706 Rn 20 ff (zu § 91 Abs 1).

141 *BGH* ZIP 2004, 1061.

142 *BGH* ZIP 2004, 325. Vgl auch zur Anfechtung des Pfandrechts einer Sparkasse *OLG Düsseldorf* ZIP 2015, 2490; *BGH* 2.2.2017 – IX ZR 245/14 Rn 14.

späteren Verwertung das im Guthaben geführte Konto sperrt, also Verfügungen des Kunden nicht mehr zulässt. Eine solche Kontosperre ist durch § 1281 S 2 HS 1 BGB gedeckt und daher kongruent.[143]

bb) Bestimmtheitserfordernis. Ein Anspruch auf Sicherung besteht auch dann nicht, wenn dem Gl zwar ein Anspruch eingeräumt wurde, dieser aber **nicht hinreichend bestimmt** ist.[144] Darin liegt eine Normativierung der Kongruenzfeststellung. Inkongruenz wird nur durch einen bestimmten Sicherungsanspruch ausgeschlossen, der auf einen von vornherein individualisierbaren (identifizierbaren) Gegenstand gerichtet ist. Absprachen, die es dem Ermessen der Beteiligten oder dem Zufall überlassen, welche konkrete Sicherheit erfasst werden wird, rechtfertigen die Besserstellung einzelner Gl unter Durchbrechung des insolvenzrechtlichen Gleichbehandlungsgrundsatzes nicht.[145] So reicht Nr 14 Abs 1 (früher Nr 19 Abs 1) **AGB-Banken** (ähnlich Nr 21 Abs 1 AGB-Sparkassen), wo ein Anspruch auf Bestellung bankmäßiger Sicherheiten für alle Ansprüche aus der bankmäßigen Geschäftsverbindung vorgesehen ist, nicht aus, um eine aufgrund dieser Bestimmung begründete Sicherung als kongruent anzusehen.[146] Sogar wenn man die Klausel der AGB-Banken dahin auslegt, dass die Bank und der Kunde sich nicht nur über die Pfandrechtsbestellung dinglich einig sind, sondern zugleich einen schuldrechtlichen Anspruch darauf begründen, wird dieser erst dann auf einen bestimmten Pfandgegenstand konkretisiert, wenn die Sache in den Besitz der Bank gelangt oder die Forderung entsteht.[147] Das Gleiche gilt für Nr 15 Abs 2 AGB-Banken, nach der mit der Erwerb des (Sicherungs-)Eigentums an Schecks und Wechseln (Nr 15 Abs 1 AGB-Banken) auch die zugrunde liegenden Forderungen auf die Bank übergehen.[148] Nicht hinreichend bestimmt war auch der durch § 2 Abs 2 der 4. DDR-Kreditverordnung begründete Anspruch auf Besicherung von Altkrediten[149] und der **Sicherungsanspruch des Bauhandwerkers** nach **§ 648a BGB** aF.[150] Das Sicherungsbedürfnis allein kann das Bestimmtheitserfordernis nicht aushebeln; hinreichend bestimmt ist aber der Anspruch nach § 648 BGB. Vielmehr müssen die gesicherte Forderung und das dafür eingesetzte Sicherungsgut so bestimmt umschrieben sein, dass darauf eine Klage auf Einräumung des Sicherungsrechts gestützt werden kann.[151] Verpflichtet sich der Schu gegenüber dem Sicherungsnehmer, diesem das Eigentum an allen im Betrieb zur Fabrikation eingesetzten Maschinen – mit Ausnahme zweier gemieteter Maschinen – zur Sicherung seiner Verbind- 21

---

143 *BGH* ZIP 2004, 621 f.

144 Vgl *Jaeger/Henckel* KO § 30 Rn 220; *Jaeger/Henckel* § 131 Rn 32 ff; MK/*Kayser* § 131 Rn 20, 39 ff; *Uhlenbruck/Ede/Hirte* § 131 Rn 33 f; *K/P/B/Schoppmeyer* § 131 Rn 96–102; *K Schmidt/Ganter/Weinland* § 130 Rn 17.

145 *BGHZ* 150, 126 = ZIP 2002, 813; *BGHZ* 174, 297 = ZIP 2008, 183 Rn 15, 16 (Globalzession); *BGH* ZIP 2005, 1652; 2007, 924 Rn 18; *BGHZ* 189, 1 = ZIP 2011, 773 Rn 35; vgl auch *BGH* ZIP 2009, 817 Rn 11.

146 *BGHZ* 33, 392 ff = WM 1961, 29 f; *BGH* WM 1968, 684 f; NJW 1969, 1718 f; ZIP 1993, 279; 1995, 1082; NJW 1999, 646 (zwischenzeitliche Schrumpfung des SchuVermögens auf ein einziges Sicherungsobjekt); *K/P/B/Schoppmeyer* § 131 Rn 100.

147 *BGHZ* 150, 126 = ZIP 2002, 813; 174, 297 = ZIP 2008, 183 Rn 16, 17 (Globalzession); *BGH* ZIP 2004, 622; 2005, 1652 (auch zu der vergleichbaren Pfandrechtsvereinbarung in einem Sicherheiten-Poolvertrag; zur Abgrenzung *BGH* ZIP 2008, 703 Rn 20 ff); 2006, 959 Rn 15; 2007, 924 Rn 16; 2008, 1593 Rn 15 *Jaeger/Henckel* § 131 Rn 34.

148 *BGH* ZIP 2007, 924 Rn 17.

149 *BGHZ* 137, 283 = ZIP 1998, 262.

150 *BGH* ZIP 2005, 771 (zu § 648a BGB idF des G v 27.4.1993, BGBl I, 509); **aA** *Jaeger/Henckel* § 131 Rn 39; hinsichtl **§ 648a BGB nF für Kongruenz** *Messerschmit/Voit/Cramer* Privates Baurecht, 2. Aufl 2012, § 648a Rn 71.

151 *BGH* WM 1968, 683; ZIP 1993, 279.

lichkeiten zu übertragen, so lässt sich durch eine Ortsbesichtigung und eine Prüfung der Eigentumslage zweifelsfrei feststellen, welche Maschinen zu übereignen sind. Notfalls kann aus einer solchen Vereinbarung auf Auskunft und Erfüllung geklagt werden. Eine schuldrechtliche Verpflichtung zur Eigentumsübertragung muss nicht schon so weit individualisiert sein wie die dingliche Einigungserklärung selbst. Obwohl im Hinblick auf die Kongruenz von Deckungen strenge Maßstäbe anzulegen sind, reichen lediglich solche Vereinbarungen inhaltlich nicht aus, welche Umfang und Art der Sicherheit oder die Auswahl der Sicherungsgegenstände noch offen lassen.[152]

22 In Bezug auf die bei Vereinbarung einer Sicherheit bisher verlangte Individualisierbarkeit oder Identifizierbarkeit ist der BGH von seiner Rspr im Zusammenhang mit dem Kreditsicherungsmittel der Vorausabtretung künftiger Forderungen des Schu, der sog **Globalzession**, m Urt v 29.11.2007 abgerückt.[153] Nach dieser Entsch genügt es zur Annahme der Kongruenz von Globalzessionen, dass **bei Vertragsschluss in allgemeinen Umrissen erkennbar** ist, wann, woraus und in welchem Umfang neue Forderungen entstehen, so dass die Begründung der künftigen neuen Forderungen dem freien Belieben des Schu entzogen ist (Rn 25). Dies trifft zu, wenn – wie in dem zur Beurteilung stehenden Vertrag, demzufolge die Zession „sämtliche bestehenden und künftigen Forderungen aus Warenlieferungen und Leistungen Anfangsbuchstaben A bis Z" umfasste – der Umfang der in Zukunft auf den Sicherungsnehmer übergehenden Forderungen des Schu in abstrakter Form rechtlich bindend festgelegt ist und die Abtretung alle Merkmale enthält, aus denen der Übertragungstatbestand besteht. Die Entstehung der Forderung selbst gehört dazu sogar dann nicht, wenn noch nicht einmal der Rechtsgrund für sie gelegt ist (Rn 26). Deshalb ist der **Erwerb künftiger Forderungen** im Dreimonatszeitraum vor dem InsAntrag idR nur nach § 130 anfechtbar (Rn 33).[154] Das Gleiche gilt für das **Werthaltigmachen** der global abgetretenen Forderungen; auch dieses unterliegt nur (und zwar selbstständig) der Anf nach § 130.[155] Ein Bargeschäft liegt im Hinblick auf die von der Globalzession erfassten künftigen Forderungen idR nicht vor.[156] Was für die Globalzession gilt, trifft grds auch für die Sicherungsübereignung eines Warenlagers mit wechselndem Bestand (sog **Raumsicherungsvertrag**) zu[157] und hinsichtlich der Vorausabtretung auch beim **erweiterten** oder **verlängerten** Eigentumsvorbehalt zu;[158] bei letzteren ist aber zu fragen, ob § 91 einem Forderungserwerb entgegensteht, was nunmehr grds zu verneinen ist (§ 91 Rn 21). Nach der Rspr des *BGH* soll die **Vorausabtretung kontokorrentgebundener Forderungen** und des **kausalen Schlusssaldos** aus dem Kontokorrent nicht zum Rechtserwerb des Abtretungsempfängers führen, wenn die Kontokorrentab-

---

152 *BGHZ* 174, 297 = ZIP 2008, 183 Rn 23 (Globalzession); *BGH* ZIP 1998, 250; MK/*Kayser* § 131 Rn 39b.

153 *BGHZ* 174, 297 = ZIP 2008, 183 Rn 17 ff mit Anm *Mitlehner* ZIP 2008, 189.

154 Bestätigt durch *BGH* ZIP 2008, 1437 Rn 21; ähnlich bereits *Jaeger/Henckel* § 131 Rn 37. Zu der neuen Rspr insb *Kuder* ZIP 2008, 209, 290 ff; *Jacoby* ZIP 2008, 385; vgl auch *Psaroudakis* ZInsO 2009, 1039.

155 *BGHZ* 174, 297 = ZIP 2008, 183 f Rn 35 ff; *BGH* ZIP 2008, 372 Rn 12 ff; 2008, 1437 Rn 22 f; 2013, 588 Rn 12; *OLG München* ZInsO 2009, 2151, 2152 mit Anm *Laskos* S 2153; *OLG Naumburg* NZI 2016, 230; *K Schmidt/Ganter/Weinland* § 130 Rn 20. Das Gleiche gilt für das Werthaltigmachen zukünftiger Forderungen aus einem **verlängerten** und **erweiterten Eigentumsvorbehalt**, *BGHZ* 189, 1 = ZIP 2011, 773 Rn 46; zu Bauleistungen *Christiansen* ZInsO 2013, 1333. Zur InsAnf der Globalzession auch *Huber* ZInsO 2012, 1343 ff.

156 *BGHZ* 174, 297 = ZIP 2008, 183 Rn 40 ff; *BGH* ZIP 2008, 1437 Rn 24; su § 142 Rn 7.

157 *Gerhardt* FS Fischer, S 153 ff; *Kuder* ZIP 2008, 293; vgl auch *BGH* ZIP 2008, 1437 Rn 26–28.

158 *BGHZ* 189, 1 = ZIP 2011, 773 Rn 32 ff; *OLG Köln* ZIP 2010, 1137 mit Anm *Mitlehner* EWiR 2010, 575.

rede erst mit der InsEröffnung erlischt.[159] Früher hatte der BGH dies – unter Zustimmung der Literatur[160] – noch anders gesehen.[161] Die neue Rspr des BGH wirkt prima facie konstruiert und dürfte der in einer anderen Entsch zum Kontokorrent geforderten Interessenabwägung der Beteiligten[162] nicht voll gerecht werden. Hier wird zutr darauf hingewiesen, dass aus der Art und Weise, wie die sich aus Rechnungsabschluss und Saldoanerkennung regelmäßig ergebenden Rechtsfolgen begründet werden, nicht ohne weiteres Konsequenzen für die Lösung von Interessenkonflikten gezogen werden dürfen, die bei der Aufstellung jener Regeln keine Rolle gespielt haben; die Rspr lasse aus diesem Grund auch nach einer Saldoanerkennung den Rückgriff auf Einzelforderungen, die zum Zustandekommen des Saldos beigetragen haben, zu, wenn ein wirtschaftliches Interesse an einer gesonderten Geltendmachung solcher Forderungen bestehe und die in der Saldoanerkennung gesehene Schuldumschaffung für die Beteiligten zu wirtschaftlich unsinnigen und mit der Kontokorrentabrede nicht beabsichtigten Folgen führen würde.[163] Vor diesem Hintergrund wäre zu fragen, ob sich § 91 nicht tatsächlich wegen des bereits gelegten Rechtsbodens überwinden lässt. Im gegebenen Zusammenhang sollte den in das Kontokorrent eingestellten Einzelforderungen mehr Gewicht beigemessen werden.

cc) Gesetzliche Ansprüche auf Sicherheiten. Zu **gesetzlichen** Ansprüchen auf eine Siche- 23
rung (etwa aus § 648 BGB – Bauhandwerkersicherungshypothek; oder § 775 Abs 2 BGB – Sicherheitsleistung des Hauptschuldners anstelle der Befriedigung des Bürgen) vgl *Jaeger/Henckel* KO § 30 Rn 223; *Jaeger/Henckel* § 131 Rn 39; MK/*Kayser* § 131 Rn 23; *K/P/B/Schoppmeyer* § 131 Rn 108 f. Der Anspruch nach § 648a BGB ist nicht hinreichend bestimmt und führt zur Inkongruenz (Rn 21). Zur Anfechtbarkeit von gesetzlichen Pfandrechten und des kaufmännischen Zurückbehaltungsrechts im Allgemeinen vgl *Jaeger/Henckel* KO § 30 Rn 224; *Jaeger/Henckel* § 131 Rn 41; MK/*Kayser* § 131 Rn 24; *K/P/B/Schoppmeyer* § 131 Rn 110–112. Die das **Frachtführerpfandrecht** (§ 441 HGB) begründende Inbesitznahme stellt – auch soweit inkonnexe Forderungen aus früheren Transportaufträgen gesichert werden – eine kongruente Sicherung dar, selbst wenn ein Anspruch auf Inbesitznahme und die damit verbundene Sicherheit nicht bestand; beim Frachtführerpfandrecht trifft der Rechtsgedanke für die Verschärfung der Anf inkongruenter Deckungen – die bes Verdächtigkeit im Hinblick auf die Ins – im Allgemeinen nicht zu.[164] Im Ergebnis will der BGH das Sicherungsrecht schützen und damit dem vom Gesetzgeber des § 441 HGB gewünschten Schutzzweck Rechnung tragen, um ein Leerlaufen des Sicherungsrechts zu verhindern. Das ist vertretbar, zeigt aber einmal mehr, dass es konsistente Maßstäbe für die Abgrenzung zur Inkongruenz bisher nicht gibt; der BGH musste, um sein Ergebnis zu erreichen, mit spezifischen transportrechtlichen Wertungen argumentieren. Entscheidend dürfte demgegenüber sein, dass die gesetzliche Besicherung dem Schu tendenziell in Gestalt eines niedrigeren Transportpreises zugute kommt. Die Sicherung ist auch dann kongruent, wenn der Frachtführer den neuen Transportauftrag (auch) wegen der ihm bewussten Gefahr übernommen hat, der Absender könnte zahlungsunfähig werden, und für diesen Fall ein zusätzliches Sicherungsmittel für seine Altforderungen erwerben wollte.[165] Vereinbart der Frachtführer

159 *BGHZ* 181, 361 = ZIP 2009, 1529 mit krit Anm *Obermüller* ZInsO 2009, 1527; *Junghans* EWiR 2009, 777; *BGH* ZIP 2010, 1137 Rn 5. Dem *BGH* zust *de Bra/Ganninger* NZI 2009, 600.
160 Vgl die Nachweise in *BGHZ* 181, 361 = ZIP 2009, 1529 Rn 11.
161 *BGHZ* 70, 86 = WM 1978, 137.
162 *BGHZ* 141, 119 f = ZIP 1999, 627.
163 *BGHZ* 141, 121 = ZIP 1999, 627. Vgl auch *Jaeger/Henckel* § 140 Rn 8.
164 *BGHZ* 150, 332 f = ZIP 2002, 1206. Vgl auch *BGHZ* 174, 297 = ZIP 2008, 183 Rn 31 (Globalzession).
165 *BGH* ZIP 2005, 993.

mit dem Absender, der offene (Alt-)Forderungen nicht bezahlen kann, den vorerst unter Berufung auf das Frachtführerpfandrecht angehaltenen Transport auszuführen, sofern die bei Ablieferung des Frachtguts zu realisierende Werklohnforderung gegen den Empfänger in enspr Höhe an den Frachtführer abgetreten oder das Pfandrecht darauf erstreckt wird, ist die erfolgte Zahlung kongruent. Die Vereinbarung selbst ist ein unanfechtbares Bargeschäft, wenn der Wert des Frachtführerpfandrechts dem Wert der abgetretenen oder verpfändeten Forderung entspricht.[166]

24 **dd) Aufrechnung und Verrechnung.** Unter der KO war eine nach §§ 53 ff KO zulässige **Aufrechnung** oder **Verrechnung** als kongruente oder inkongruente Deckung (so Rn 7) anfechtbar (zur Einordnung der Herstellung einer Aufrechnungslage als Sicherung vgl MK/*Kayser* § 131 Rn 16; *OLG Karlsruhe* ZIP 2008, 1344), wenn die Aufrechnungs- und Verrechnungslage in anfechtbarer Weise hergestellt worden war.[167] Nach der InsO bedarf es in diesen Fällen einer Anf nicht mehr, weil nach § 96 Abs 1 Nr 3 eine Aufrechnung/Verrechnung unzulässig ist, wenn der InsGl die Möglichkeit der Aufrechnung durch eine (nach §§ 129 ff) anfechtbare Rechtshandlung erlangt hat (vgl § 129 Rn 22). Inkongruent ist die Aufrechnungslage erlangt, wenn der Gl auf ihre Begründung keinen Anspruch hatte (dazu Erl § 96 Rn 44).[168] Auch Verrechnungen sind unter § 96 einzuordnen.[169] Wegen der Problematik „Anf und Aufrechnung" ist auf die Erl zu § 96 Rn 39 ff zu verweisen.

25 **ee) Sicherung aufgrund Zwangsvollstreckung.** Inkongruent ist ferner eine Sicherung (Pfändungspfandrecht), die in der „krit Zeit" im Wege der **Zwangsvollstreckung** erlangt wird (§§ 803 ff, 829 ff, 857 ff, 864 ff, 916 ff ZPO).[170] Dies wurde lange Zeit damit begründet, dass der Gl eine solche Sicherung grds nicht zu beanspruchen habe.[171] Unterdessen hat der BGH die Inkongruenz in diesen Fällen aus der zeitlichen Vorziehung des insolvenzrechtlichen Gleichbehandlungsgrundsatzes und der damit verbundenen Zurückdrängung des Prioritätsprinzips sowie aus der Erwägung hergeleitet, dass nach Eintritt der Krise und der damit verbundenen materiellen Ins eine Ungleichbehandlung nicht mehr durch den Einsatz staatlicher Zwangsmittel insolvenzfest erzwungen werden soll.[172] Das gilt auch für die Pfändung von Geld.[173] Der Hinweis auf den Gleichbehandlungsgrundsatz taugt für die Abgrenzung zu dem ebenfalls diesem Gedanken verpflichteten § 130 nicht (so Rn 2), so dass nur die Verdächtigkeit eines Zwangszugriffs die Inkongruenz trägt. Wurde eine **Vorpfändung** schon vor der krit Zeit ausgebracht, fällt aber die innerhalb der Monatsfrist des § 845 Abs 2 ZPO erfolgte Hauptpfändung in den von § 131 geschützten Zeitraum, ist die Hauptpfändung selbstständig als inkongruente Sicherung anfechtbar. Mit der erfolgreichen Anf der Hauptpfändung verliert die Vorpfändung nach § 845 Abs 2 ZPO ihre Wir-

---

166 *BGH* ZIP 2005, 994 f.

167 Vgl *Jaeger/Henckel* KO § 30 Rn 267 ff.

168 *BGH* ZIP 2014. 22 Rn 15.

169 *K Schmidt/Thole* § 96 Rn 24, § 94 Rn 25.

170 *BGHZ* 157, 353 = ZIP 2004, 514; *BGH* ZIP 2000, 898; 2004, 669 f; *Uhlenbruck/Ede/Hirte* § 131 Rn 60; *Jaeger/Henckel* § 131 Rn 53 ff; *Gottwald/M Huber* § 47 Rn 45; HambKomm/*Rogge/Leptien* § 131 Rn 26. So Rn 8.

171 Vgl etwa *BGHZ* 34, 256 = WM 1961, 176 und die weiteren Nachweise in *BGHZ* 136, 311 = ZIP 1997, 1929.

172 *BGHZ* 136, 311 ff = ZIP 1997, 1929; 157, 353 = ZIP 2004, 514; *BGH* NJW 2002, 2568; 2003, 897; ZIP 2003, 809; 2004, 670; 2008, 1488 Rn 8; so Rn 8. Im Anschluss namentlich an *Jaeger/Henckel* KO § 30 Rn 232 ff (vgl bereits EB, 408; dazu *Kreft* DStR 2005, 1194 f)

173 *BGHZ* 136, 311 ff = ZIP 1997, 1929; *Jaeger/Henckel* § 131 Rn 61.

kung.[174] Pfändung und Überweisung einerseits und die Zahlung durch den Drittschuldner andererseits sind selbstständige Rechtshandlungen. Die **Pfändung einer künftigen Forderung** ist unter anfrechtlichen Gesichtspunkten erst mit der Anspruchsentstehung bewirkt. Zu welchem Zeitpunkt der DrittSchu daraufhin an den PfändungsGl zahlt, ist unerheblich.[175] Die Eintragung einer **Vormerkung** für einen (unanfechtbar begründeten) Anspruch auf Einräumung eines Rechts an einem Grundstück (etwa eines Bauunternehmers auf Eintragung einer Sicherungshypothek nach § 648 Abs 1 BGB) wird bislang auch dann als kongruent angesehen, wenn die Vormerkung aufgrund einer einstweiligen Verfügung nach § 885 BGB erwirkt wird.[176] Dies ist zu überprüfen,[177] zumal § 88 in solchen Fällen gleichfalls anwendbar bleibt (§ 88 Rn 17). Der Umstand, dass bei der gewöhnlichen Zwangsvollstreckung idR der Geldzahlungsanspruch und nicht schon der von vornherein auf die Bestellung der Sicherung oder auf Sachleistung gerichtete Anspruch vollstreckt wird, taugt als Unterscheidungskriterium kaum. Vgl auch § 16 Abs 2 AnfG bei der aufgrund Anfechtungsanspruchs nach AnfG erlangten Deckung.

Der Anf einer **durch Zwangsvollstreckung erwirkten Sicherung** bedarf es freilich nicht, 26
wenn die Sicherung im letzten Monat vor dem Antrag auf Eröffnung des InsVerf oder nach diesem Antrag erlangt wurde. Dann wird sie **gem § 88** mit der Eröffnung des InsVerf unwirksam.[178] Eine Anf wird dadurch jedoch nicht notwendig ausgeschlossen.[179] Sie kann insb dann geboten sein, wenn die durch Zwangsvollstreckung erlangte Sicherung vor Eröffnung des InsVerf bereits verwertet wurde.[180]

c) Nicht „in der Art" oder „zu der Zeit". Eine Sicherung **anderer Art** als die zu beanspru- 27
chende erhält der Gl, wenn der Schu eine andere Sicherheit leistet, als er sie vertraglich oder nach dem Gesetz schuldete.[181] **Geringfügige** Abweichungen schaden nicht, wenn die gewährte Sicherung im Hinblick auf die Benachteiligung der InsGl mit der geschuldeten gleichwertig ist und nicht den Verdacht zu erwecken vermag, der Schu könne aus finanziellen Gründen die geschuldete andere Sicherheit nicht anbieten[182] (so § 130 Rn 10). So kann eine Inkongruenz zu verneinen sein, wenn statt eines versprochenen Pfandrechts an einer Sache diese zur Sicherheit übereignet[183] oder wenn statt einer Sicherungshypothek eine Grundschuld bestellt wird[184] (so Rn 8).

---

174 *BGHZ* 167, 16 ff = ZIP 2006, 917 f; MK/*Kayser* § 131 Rn 28; *Jaeger/Henckel* § 131 Rn 58 ff; zur inkongruenten **Druckzahlung aufgrund einer Vorpfändung** *BAG* NZI 2014, 867 Rn 13; *LAG RhPf(Mainz)* ZIP 2009, 2159; vgl *LAG Berlin-Brandenburg* 4.9.2012 – 3 Sa 661/12, ZInsO 2013, 91 Rn 3, 30 (tw aufgehoben durch *BAG* ZInsO 2014, 2286); so Rn 8.

175 *OLG Koblenz* ZIP 2012, 1522.

176 *BGHZ* 34, 257 ff = WM 1961, 176 f; *OLG Stuttgart* ZIP 1994, 723; iE ebenso *Jaeger/Henckel* KO § 30 Rn 251–256; *Jaeger/Henckel* § 131 Rn 67 ff.

177 Vgl MK/*Kayser* § 131 Rn 29, der eine Inkongruenz bejaht; ebenso *K/P/B/Schoppmeyer* § 131 Rn 125; **aA** *L/S/Z/Zeuner* § 131 Rn 25.

178 Vgl BT-Drucks 12/2443, 137; *LG Meiningen* ZIP 2000, 416 (zur Vormerkung für Bauhandwerkersicherungshypothek); zu § 7 Abs 3 GesO *BGHZ* 142, 209 f = ZIP 1999, 1491; *BGH* ZIP 2000, 932. Dazu auch *Kreft* FS Fischer, S 303 ff und FS Pannier, 2010, S 113 f, 118.

179 Vgl *OLG Stuttgart* ZIP 1994, 724.

180 Vgl EB, 409; *Keller* ZIP 2000, 1324 mit Fn 5; *Uhlenbruck/Ede/Hirte* § 131 Rn 14.

181 Vgl *BGH* BB 1952, 868; NJW 1969, 1719; ZIP 1985, 1008, 1010; 1993, 276.

182 *K/P/B/Schoppmeyer* § 131 Rn 115.

183 *RG* JW 1909, 734.

184 *RG* WarnRspr 1933 Nr 18; näher *Uhlenbruck/Hirte* § 131 Rn 12, 27.

28 Nicht **„zu der Zeit“** hat der Gl eine Sicherung zu beanspruchen, wenn sie noch nicht fällig oder aufschiebend bedingt oder befristet ist[185] (so Rn 15). Soll ein Pfandrecht nur künftige Ansprüche sichern, ist eine frühere Ausübung durch eine Kontosperre inkongruent.[186] Anders liegt es – sofern ein Sicherungsbedürfnis schon vor Pfandreife gegeben ist –, wenn das Pfandrecht bereits bestehende Ansprüche sichert.[187]

II. Tatbestandsvarianten und Anfechtungszeiträume

29 **1. Deckung im letzten Monat vor dem Antrag (Abs 1 Nr 1).** Bei Deckung innerhalb des letzten Monats vor dem Antrag oder in der Zeit danach bedarf es weiterer objektiver oder subjektiver AnfVoraussetzungen neben der Vornahme der inkongruenten Rechtshandlung nicht.[188] Die Berechnung der Monatsfrist vor dem Antrag auf Eröffnung des InsVerf richtet sich nach § 139 (vgl § 130 Rn 27). Ob eine Rechtshandlung vor oder nach dem Eröffnungsantrag vorgenommen wurde, ist nach § 140 zu bestimmen.

30 **2. Deckung innerhalb des zweiten oder dritten Monats vor dem Antrag (Abs 1 Nr 2).** Die Frage, ob eine Rechtshandlung innerhalb des zweiten oder dritten Monats vor dem Eröffnungsantrag vorgenommen wurde, ist nach Maßgabe der §§ 139, 140 zu beantworten. Hier tritt das objektive Merkmal der Zahlungsunfähigkeit des Schu als Erfordernis hinzu. Zum Begriff der Zahlungsunfähigkeit ist auf die Erl zu § 17 zu verweisen (vgl auch § 130 Rn 18 ff). Die Zahlungsunfähigkeit des Schu muss zz der Handlung vorgelegen haben (vgl § 130 Rn 24) bzw durch die Deckung unmittelbar verursacht werden (wie § 130 Rn 27). Drohende Zahlungsunfähigkeit genügt nicht. Die Zahlungsunfähigkeit ist vom InsVerw darzulegen und zu beweisen: die Vermutung des § 17 Abs 2 gilt auch hier.[189] Eine Kenntnis des Gl von der Zahlungsunfähigkeit oder von Umständen, die zwingend auf sie schließen lassen, wird nicht verlangt.[190]

31 **3. Auffangtatbestand (Abs 1 Nr 3 iVm Abs 2). – a) Gläubigerbenachteiligung und Kenntnis (Abs 1 Nr 3).** Der Auffangtatbestand (zum Normzweck Rn 2) der Nr 3 stellt im Unterschied zu Nr 2 nicht auf das objektive Merkmal der Zahlungsunfähigkeit des Schu ab, sondern auf das subjektive Moment der Kenntnis des Gl davon, dass die Rechtshandlung die InsGl benachteiligt. Diese Kenntnis kann nur gegeben sein, wenn die Benachteiligung auch objektiv gegeben ist; die irrige Annahme genügt nicht. Die Suspektsperiode für die Rechtshandlung stimmt mit Abs 1 Nr 2 überein. Die InsGl werden durch die Rechtshandlung benachteiligt, wenn die anderen Gl keine volle Erfüllung ihrer Ansprüche erhalten. Der Gl muss die **Kenntnis von der GlBenachteiligung** zz der Handlung gehabt haben. Diese Kenntnis **hat der Gl, der weiß, dass der Schu wegen seiner finanziell beengten Lage in absehbarer Zeit nicht mehr in der Lage ist, sämtliche Gl zu befriedigen**.[191] Wie bei § 130 ist auch bei § 131 Abs 1 Nr 3 der Kenntnis des Gl die Kenntnis seines Vertreters und ähnlicher von ihm eingeschalteter Personen gleichzuachten (vgl § 130 Rn 34). Die Kenntnis fehlt indes, wenn der Gl im Zeitpunkt des Wirksamwerdens der angefochtenen Rechtshandlung der sicheren Überzeugung war, das Ver-

185 *K/P/B/Schoppmeyer* § 131 Rn 116–118.
186 *BGH* ZIP 1999, 79 f; 2004, 324, 325; so Rn 20.
187 *BGH* ZIP 2004, 621 f; so Rn 20.
188 MK/*Kayser* § 131 Rn 46; *K/P/B/Schoppmeyer* § 131 Rn 143 f.
189 Vgl BT-Drucks 12/2443, 159; *BGH* ZIP 2004, 1821; *OLG Köln* NZI 2005, 115; so § 130 Rn 21.
190 Vgl MK/*Kayser* § 131 Rn 48; *K/P/B/Schoppmeyer* § 131 Rn 145.
191 Vgl *Henckel* KS-InsO, S 831 Rn 40 sowie *BGHZ* 147, 241 f = ZIP 2001, 888; 157, 250 = ZIP 2004, 322; *BGH* WM 1959, 471 f; 1961, 1372; 1969, 968 f; 1977, 539 f (zur Begünstigungsabsicht und deren Kenntnis); ZIP 2004, 1821; 2006, 2391 Rn 24; *OLG Köln* ZInsO 2011, 1705; *Uhlenbruck/Ede/Hirte* § 131 Rn 21, § 130 Rn 105 ff; *K/P/B/Schoppmeyer* § 131 Rn 151; FK/*Dauernheim* § 131 Rn 31.

mögen des Schu werde zur vollen Befriedigung aller seiner Gl ausreichen oder der Schu werde die dafür erforderlichen Mittel in absehbarer Zeit erhalten.[192]

Da die hM Nr 3 entgegen der hier vertretenen Auffassung als einen auf inkongruente Deckungen bezogenen Sonderfall der Anf wegen vorsätzlicher Benachteiligung versteht,[193] wird im Schrifttum angenommen, es seien unter Nr 3 nur solche Deckungen als inkongruent anzusehen, die auch außerhalb der von Nr 3 und § 133 gerade nicht verlangten materiellen Ins als inkongruent zu behandeln seien, so dass insb reine Zwangsvollstreckungsmaßnahmen von einer Anfechtbarkeit nach § 131 Abs 1 Nr 3 auszunehmen seien.[194] Dem ist nicht zu folgen.[195] Vollstreckungsmaßnahmen fallen auch unter Nr 3, wenn sie innerhalb der kritischen Zeit erfolgten. Es genügt, wenn die Inkongruenz und das Wissen des Gl von einer Benachteiligung der InsGl zusammentreffen.[196] Auch nach § 30 Nr 2 KO waren reine Zwangsvollstreckungsmaßnahmen eines Gl anfechtbar.[197] Dasselbe galt für die Anfechtbarkeit von Zwangsvollstreckungsmaßnahmen nach § 10 Abs 1 Nr 4 GesO.[198] Die vom BGH vorgenommene Begrenzung der Inkongruenz auf die Suspektsperiode dient dazu, das Beweisanzeichen der Inkongruenz bei § 133 nicht zu weit auszudehnen und § 131 nicht überflüssig zu machen. Daraus folgt aber gerade nicht, dass Vollstreckungshandlungen innerhalb der Dreimonatsfrist vor Stellung des InsAntrags gänzlich von § 131, und hier Abs 1 Nr 3 auszunehmen wären; im Gegenteil soll ja gerade § 131 insoweit vorrangig zum Zuge kommen.

b) Kenntnis von Umständen (Abs 2 S 1). Nach Abs 2 S 1 steht der Kenntnis von der 32
Benachteiligung der InsGl die Kenntnis von Umständen gleich, die zwingend auf die Benachteiligung schließen lassen. Eine Kenntnis solcher Umstände ist – ähnlich wie bei der Zahlungsunfähigkeit (vgl § 130 Rn 38) – zu bejahen, wenn sich ein redlich Denkender, der vom Gedanken auf den eigenen Vorteil nicht beeinflusst ist, angesichts der ihm bekannten Tatsachen der Einsicht nicht verschließen konnte, der Schu sei in absehbarer Zeit nicht in der Lage, seine sämtlichen Gl zu befriedigen.[199] Beurteilungsgrundlage ist auch hier der normative Maßstab des redlichen Verkehrs. Die Voraussetzungen des Abs 2 S 1 liegen vor, wenn der Gl solche Tatsachen kennt, aus denen sich bei zutr rechtlicher Beurteilung zweifelsfrei ergibt, dass der Schu infolge seiner Liquiditäts- und Vermögenslage in absehbarer Zeit seine Zahlungspflichten nicht in vollem Umfang erfüllen kann, so dass InsGl wenigstens tw leer ausgehen (so § 130 Rn 38).[200] Das trifft etwa auf einen Gl zu, dessen Außenstände beim Schu trotz vielfältiger Beitreibungsmaßnahmen nicht zurückgehen oder gar noch steigen. In einem solchen Fall ist es Sache des Gl, Tatsachen vorzutragen und zu beweisen, welche die Kenntnis von derartigen Umständen ernsthaft in Frage stellen.[201]

---

192 *BGH* ZIP 2005, 587 (zu § 30 Nr 2 KO); MK/*Kayser* § 131 Rn 53.
193 BT-Drucks 12/2443, 159; MK/*Kirchhof* § 131 Rn 49; *K/P/B/Schoppmeyer* § 131 Rn 146; so Rn 4.
194 *Bork/Schoppmeyer* Hdb, Kap 8 Rn 135 ff; *K/P/B/Schoppmeyer* § 131 Rn 148; vgl bereits *Schoppmeyer* NZI 2005, 187, 191, 194.
195 IE auch MK/*Kayser* § 131 Rn 49; *Jaeger/Henckel* § 131 Rn 75; *K Schmidt/Ganter/Weinland* § 131 Rn 96.
196 *Foerste* InsR, Rn 314, 314a.
197 Vgl *BGHZ* 128, 199 ff = ZIP 1995, 295 f.
198 *BGHZ* 143, 335 ff = ZIP 2000, 365 f.
199 *OLG München* WM 2008, 444.
200 *BGHZ* 157, 250 = ZIP 2004, 322; *OLG Köln* ZInsO 2011, 1705; wohl ähnlich MK/*Kayser* § 131 Rn 54, 55.
201 *BGHZ* 157, 252 = ZIP 2004, 323; *K/P/B/Schoppmeyer* § 131 Rn 154.

33 **c) Darlegungs- und Beweislast.** Die Beweislast für die Kenntnis des Gl von der GlBenachteiligung oder von Umständen, die zwingend auf sie schließen lassen, liegt – von Abs 2 S 2 abgesehen – **grds beim InsVerw.**[202] Zur Beurteilung der Kenntnis der GlBenachteiligung oder der Kenntnis von Umständen, die zwingend auf sie schließen lassen, sind gem § 286 ZPO sämtliche objektiven und subjektiven Gegebenheiten zu würdigen, die insoweit von Bedeutung sein können.[203] Im Vordergrund stehen dabei die Dokumentation der wirtschaftlichen Entwicklung anhand von Bilanzen, Gewinn- und Verlustrechnungen und ähnlichen Unterlagen, Engpässe in der Liquidität und ein daraus fließender Liquiditätsbedarf, ein Ausfall von (Groß-)Kunden oder durch andere Umstände bedingte Umsatzrückgänge uam.[204]

34 Anders als § 30 Nr 2 KO sieht § 131 Abs 1 Nr 3, Abs 2 S 1 eine generelle Umkehr der Beweislast nicht vor. **Allein** aus der **Inkongruenz** der Deckung darf deshalb eine Kenntnis des AnfGegners von der GlBenachteiligung **nicht** gefolgert werden.[205] Das zeigt auch der Umkehrschluss aus Abs 2 S 2. Gleichwohl ist die Rspr des BGH zu § 31 Nr 1 KO und § 133 Abs 1, die in der Inkongruenz einer Deckung idR ein (starkes) Beweisanzeichen für eine Benachteiligungsabsicht des Schu und für eine Kenntnis des Gl von dieser Absicht sieht,[206] für § 131 Abs 1 Nr 3 fruchtbar zu machen. Dabei ist zu berücksichtigen, dass die Rspr bei der Annahme des Benachteiligungsvorsatzes den Beweiswert der Inkongruenz ohnehin an dessen Art und Ausmaß knüpft[207] und zusätzlich verlangt, der Schu habe die Schädigung anderer Gl als notwendige Folge der dem einen gewährten Befriedigung vorausgesehen[208] oder der Schu habe das Bewusstsein gehabt, nach dem gewöhnlichen Verlauf der Dinge werde eine Benachteiligung der Gl eintreten.[209] Für das Bewusstsein des Schu, dass seine Handlung für die übrigen Gl nachteilig ist, wird daher zur Erleichterung der VorsatzAnf bei inkongruenter Deckung zwar nicht eine Zahlungsunfähigkeit des Schu (und sodann deren Kenntnis auf seiten des AnfGegners),[210] wohl aber doch eine auf Seiten des Schu (und sodann des AnfGegners) vorhandene **Kenntnis von einer finanziell beengten Lage des Schu** vorausgesetzt.[211] Für die bei § 131 Abs 1 Nr 3 allein zu prüfende Kenntnis des Gl von der Benachteiligung ist daher gleichfalls die Vorstellung des Gl genügend, aber auch erforderlich, dass das Vermögen des Schu voraussichtlich nicht oder nicht sicher ausreichen wird, um sämtliche Gläubiger jetzt oder in absehbarer Zeit zu befriedigen. Diese Vorstellung ist allein im Allgemeinen nicht ohne weiteres indiziert, sondern ist grds vom InsVerw zu beweisen.[212] Wer über Monate hinweg vergeblich die Rückzahlung der fälligen Beträge telefonisch und schriftlich anmahnt und sich sogar veranlasst sieht, einen InsAntrag anzudrohen, kennt Umstände, die auf eine beengte finanzielle Situation schließen lassen.[213] Steht die Kenntnis bezüglich der finanziellen Umstände aber fest, bestehen keine Bedenken, auch iRv § 131 Abs 1 Nr 3, Abs 2 S 1 die Inkongruenz zu Lasten des begünstigten Gl gem § 286

202 Vgl BT-Drucks 12/2443, 159; *K/P/B/Schoppmeyer* § 131 Rn 158.
203 *BGH* ZIP 2013, 322 Rn 12; *Kayser* WM 2013, 298; *K/P/B/Schoppmeyer* § 131 Rn 159.
204 Vgl *BGH* ZIP 1993, 276, 279; 1998, 248, 251 f; vgl MK/*Kayser* § 131 Rn 62.
205 *BGHZ* 157, 250 = ZIP 2004, 322; *OLG Köln* ZInsO 2011, 1705; MK/*Kayser* § 131 Rn 63; *K/P/B/Schoppmeyer* § 131 Rn 159; *Gottwald/M Huber* § 47 Rn 63.
206 Vgl *BGHZ* 123, 326 = ZIP 1993, 1655; *BGH* ZIP 1997, 426 f; su § 133 Rn 30, 32.
207 *BGHZ* 157, 252 = ZIP 2004, 323.
208 *BGH* WM 1961, 388.
209 *BGH* WM 1961, 672.
210 *BGH* ZIP 1997, 515.
211 *BGH* ZIP 1998, 798. *OLG Köln* ZInsO 2011, 1705.
212 *BGHZ* 157, 252 = ZIP 2004, 322 f; *BGH* ZIP 2004, 1821; su § 133 Rn 34.
213 *OLG Köln* ZInsO 2011, 1705; so Rn 8.

ZPO bei der Beweiswürdigung mit zu berücksichtigen.[214] Andernfalls wäre eine inkongruente Deckung nach § 133 Abs 1 systemwidrig leichter anfechtbar als nach § 131 Abs 1 Nr 3, Abs 2 S 1.[215]

d) Widerlegliche Vermutung der Kenntnis bei nahestehenden Personen (Abs 2 S 2). Abs 2 35
S 2 begründet gegenüber Personen, die dem Schu zur Zeit der Handlung nahe standen (§ 138), die **Vermutung**, dass sie die Benachteiligung der InsGl kannten. Sie bürdet daher dem AnfGegner den Gegenteilsbeweis in Bezug auf die Kenntnis auf, nicht aber in Bezug auf die Eigenschaft als nahestehende Person, die vom Verw zu beweisen ist.[216] Wie bei § 130 Abs 3 gilt, dass die nahe stehende Person[217] im Fall des § 131 Abs 1 Nr 3 nicht nur beweisen muss, sie habe keine Kenntnis von der GlBenachteiligung gehabt, sondern – falls ihr dieser Beweis gelingt – darüber hinaus, sie habe keine Umstände iSd Abs 2 S 1 gekannt, die zwingend auf die Benachteiligung schließen lassen (so § 130 Rn 46 ff).[218] Dieser Beweis ist nur geführt, wenn der Gl zz der Handlung der Überzeugung war und keine Umstände kannte, die zwingend dagegen sprachen, das Vermögen des Schu reiche zur vollen Befriedigung aller Gl aus oder der Schu werde die dafür erforderlichen Mittel in absehbarer Zeit erhalten.[219] Besteht nach § 131 Abs 2 eine Vermutungswirkung für die GlBenachteiligung, weil durch Handlungen die Aktivmasse verkürzt und der Zugriff auf das Schuldnervermögen vereitelt, erschwert oder verzögert wird, ist es nicht Sache des InsVerw, alle möglichen Entlastungstatsachen vorzutragen und zu widerlegen, sondern der AnfGegner muss die Begründung für die Vornahme dieser Handlungen vortragen und sich entlasten.[220]

§ 132 Unmittelbar nachteilige Rechtshandlungen

(1) Anfechtbar ist ein Rechtsgeschäft des Schuldners, das die Insolvenzgläubiger unmittelbar benachteiligt,

1. wenn es in den letzten drei Monaten vor dem Antrag auf Eröffnung des Insolvenzverfahrens vorgenommen worden ist, wenn zur Zeit des Rechtsgeschäfts der Schuldner zahlungsunfähig war und wenn der andere Teil zu dieser Zeit die Zahlungsunfähigkeit kannte oder

2. wenn es nach dem Eröffnungsantrag vorgenommen worden ist und wenn der andere Teil zur Zeit des Rechtsgeschäfts die Zahlungsunfähigkeit oder den Eröffnungsantrag kannte.

(2) Einem Rechtsgeschäft, das die Insolvenzgläubiger unmittelbar benachteiligt, steht eine andere Rechtshandlung des Schuldners gleich, durch die der Schuldner ein Recht verliert oder nicht mehr geltend machen kann oder durch die ein vermögensrechtlicher Anspruch gegen ihn erhalten oder durchsetzbar wird.

(3) § 130 Abs. 2 und 3 gilt entsprechend.

---

214 Vgl *OLG München* WM 2008, 444; *OLG Köln* ZInsO 2011, 1705; MK/*Kayser* § 131 Rn 63.
215 *BGHZ* 157, 252 = ZIP 2004, 323; su § 133 Rn 31.
216 Vgl *BGH* ZIP 2012, 2449 Rn 15 (Steuerberater: Vermutung entkräftet, wenn Tätigkeit für Schu über längere Zeit eingestellt worden war).
217 Auch insoweit gilt § 166 BGB.
218 MK/*Kayser* § 131 Rn 64; *Jaeger/Henckel* § 131 Rn 80; *K/P/B/Schoppmeyer* § 131 Rn 160.
219 Vgl *BGHZ* 128, 202 f = ZIP 1995, 296; 135, 148 f = ZIP 1997, 739; *BGH* NJW 2003, 897 f (zum Nachweis der Nichtkenntnis einer Begünstigungsabsicht iSv § 30 Nr 2 KO).
220 *OLG Koblenz* ZInsO 2012, 2343 (dort fälschlich bezogen auf die bei § 131 Abs 2 irrelevante „Gläubigerbenachteiligungsabsicht").

Übersicht

A. Allgemeines

I. Gesetzgebungshinweise

1 Abs 1 entspricht und erweitert § 30 Nr 1 Fall 1 KO (vgl auch § 10 Abs 1 Nr 4 GesO), der selbstständige Tatbestand des Abs 2[1] ist ohne Vorläufer in der KO. In § 30 Abs 1 Nr 1 KO wurde das Erfordernis der unmittelbaren Benachteiligung durch die Worte „... Rechtsgeschäfte, durch deren Eingehung die Konkursgläubiger benachteiligt werden", zum Ausdruck gebracht.[2] Aus diesem Wortlaut wurde zugleich abgeleitet, dass nur zweiseitige Rechtsgeschäfte, also **Verträge** zwischen dem (Gemein)Schu und dem anderen Teil anfechtbar waren,[3] ein einseitiges Rechtsgeschäft allenfalls dann, wenn es – wie die Genehmigung der Verfügung eines Nichtberechtigten – zu einer vertraglichen Bindung führte.[4] Der jetzige § 132 Abs 1 erfasst dagegen auch einseitige Rechtsgeschäfte (su Rn 6). Die konkrete Fassung der Norm geht zurück auf § 147 RegE. Ihre endgültige Fassung beruht auf der Empfehlung des RAussch.[5] Durch sie wurde die der Kenntnis der Zahlungsunfähigkeit oder des Eröffnungsantrags gleichstehende grob fahrlässige Unkenntnis ersetzt durch die Kenntnis von Umständen, die zwingend auf die Zahlungsunfähigkeit oder den Eröffnungsantrag schließen lassen. Ferner wurde wie in § 130 im Hinblick auf die subjektiven AnfVoraussetzungen nicht mehr zwischen Grundstücksgeschäften und sonstigen Rechtsgeschäften unterschieden.

II. Normzweck und Systematik

2 **1. Anfechtung von Rechtsgeschäften (Abs 1).** Die Vorschrift erfasst nach hergebrachtem Verständnis sämtliche Rechtsgeschäfte, die InsGl unmittelbar benachteiligen und die nicht unter die DeckungsAnf der §§ 130, 131 fallen.[6] Die hM versteht § 132 Abs 1 insofern ganz als Auffangtatbestand zur Deckungsanfechtung und zur bes InsAnfechtung nach §§ 130, 131 und schreibt dem Tatbestand konsequent gleichfalls den Schutz der par condicio creditorum zu.[7] Dieses Normverständnis erklärt § 132 Abs 1 vom Gl her. Richtig ist es demgegenüber, die **Nähe zur Vorsatzanfechtung** zu betonen. § 132 Abs 1 geht es nicht um Deckungen und Erfüllungshandlungen, sondern will **Verschleuderungen** von haftendem Vermögen durch

1 MK/*Kayser* § 132 Rn 20; *Uhlenbruck/Ede/Hirte* § 132 Rn 12; *Thole* Gläubigerschutz, S 428.
2 Vgl *BGHZ* 28, 347 = WM 1959, 29; *BGH* WM 1955, 406; ZIP 1997, 370; *Jaeger/Henckel* KO § 30 Rn 104.
3 *Jaeger/Henckel* KO § 30 Rn 103; *K/P/B/Schoppmeyer* § 132 Rn 1.
4 *Jaeger/Henckel* KO § 30 Rn 106; vgl auch *BGH* ZIP 1997, 367, 370 (Abrede zwischen GemeinSchu und Sicherungsnehmer über eine unzulängliche Verwertung des Sicherungsgutes).
5 BT-Drucks 12/7302, 55 f.
6 *BGHZ* 174, 228 = ZIP 2008, 125 Rn 35 (so § 129 Rn 104); *BGHZ* 174, 314 = ZIP 2008, 183 Rn 14; *BGH* ZIP 2006, 290 Rn 7; *BGH* ZIP 2012, 1018 Rn 40; BT-Drucks 12/2443, 159; MK/*Kayser* § 132 Rn 1, 5; *Jaeger/Henckel* § 132 Rn 5; *K/P/B/Schoppmeyer* § 132 Rn 4–10.
7 *BGHZ* 154, 195; *BGH* ZIP 2005, 494.

den Schu zu Lasten der Gläubigergesamtheit verhindern.[8] Damit reagiert die Vorschrift auf die den Schu treffenden Anreize zu Notverkäufen uÄ.

2. Auffangtatbestand (Abs 2). Abs 2 ist als Auffangtatbestand für bestimmte Rechtshandlungen konzipiert, die für die InsGl nachteilig sind, aber weder unter die DeckungsAnf noch unter Abs 1 fallen.[9] Gedacht war wegen der insoweit bestehenden Lücken der KO vor allem an Unterlassungen (su Rn 9). Solche Rechtshandlungen – in erster Linie Unterlassungen (§ 129 Abs 2) – sollen nicht nur nach § 134 wegen unentgeltlicher Leistung oder wegen vorsätzlicher Benachteiligung unter den strengeren Voraussetzungen des § 133 anfechtbar sein, aber andererseits den subjektiven AnfVoraussetzungen des Abs 1 unterliegen.[10] Auch insoweit geht es nicht um den Schutz der par condicio und die Bevorteilung einzelner InsGl, sondern um Verschleuderungsschutz. 3

3. Beweiserleichterungen (Abs 3). Abs 3 stellt durch die Verweisung auf § 130 Abs 2 und 3 der Kenntnis von Zahlungsunfähigkeit und Eröffnungsantrag die Kenntnis von Umständen gleich, die zwingend auf Zahlungsunfähigkeit und Eröffnungsantrag schließen lassen, und begründet gegenüber dem Schu nahe stehenden Personen (§ 138) eine widerlegliche Vermutung für die Kenntnis, um dem Kenntnisvorsprung nahestehender Personen Rechnung zu tragen. 4

B. Erläuterungen

I. Anfechtung von Rechtsgeschäften (Abs 1)

Ebenso wie § 30 Abs 1 Nr 1 KO meint § 132 Abs 1 ein Rechtsgeschäft des Schu, durch das die InsGl **unmittelbar** benachteiligt werden.[11] Zum Begriff „InsGl" vgl § 130 Rn 10. Die unmittelbare Benachteiligung ist nach den Grundsätzen von § 129 Rn 58 zu bestimmen und ist nach Maßgabe des unmittelbaren Niederschlags des Rechtsgeschäfts im **Vermögensstatus** des Schu zu ermitteln.[12] Eine **Kongruenzvereinbarung**, mit der ein Anspruch des Vertragspartners des Schu auf Zahlung durch einen Dritten begründet wird, ist nicht unmittelbar benachteiligend, wenn die dem Schu durch die Direktzahlungen seines Vertragspartners an den Lieferanten entgehenden Ansprüche ohnehin nicht werthaltig waren.[13] Bei der **Wertermittlung** ist wegen des Schutzzwecks bei marktgängigen Gütern nicht die Eilbedürftigkeit des Verkaufs zu berücksichtigen, wohl aber kann bei individuell zugeschnittenen Gütern berücksichtigt werden, dass sie in solchen Fällen nur mit Abschlägen gehandelt werden.[14] 5

8 Näher *Thole* Gläubigerschutz, S 423 ff. Gegen die hier vertretene Auffassung, aber sachlich nicht weit entfernt MK/*Kayser* § 132 Rn 1; vgl a *K Schmidt/Ganter/Weinland* § 132 Rn 8.

9 MK/*Kayser* § 132 Rn 20; *K/P/B/Schoppmeyer* § 132 Rn 41.

10 BT-Drucks 12/2443, 159 f.

11 Dazu *BGHZ* 154, 194 ff = ZIP 2003, 81 ff (davon etwas abrückend *BGHZ* 165, 289 = ZIP 2006, 431 Rn 21); so § 129 Rn 48; ferner MK/*Kayser* § 132 Rn 11 ff; *Uhlenbruck/Ede/Hirte* § 132 Rn 8 ff; *Jaeger/Henckel* § 132 Rn 9 ff.

12 *BGHZ* 154, 195; *BGH* ZIP 1997, 370; *Jaeger/Henckel* § 132 Rn 9 f.

13 *BGH* ZIP 2014, 1595 Rn 23. Der Schu hätte Werkteillohnforderungen gegen Bauherrn nicht durchsetzen können, solange nicht der Lieferant zur Lieferung der einzubauenden Fenster und Türen bereit war; diese Bereitschaft wurde erst durch Vereinbarung begründet. Ebenso *OLG Bamberg* ZInsO 2017, 387.

14 Näher *Thole* Gläubigerschutz, S 436.

6 § 132 Abs 1 erfasst **sämtliche Rechtsgeschäfte**, also **auch einseitige**, wie etwa die Kündigung eines dem Schu günstigen Vertrages.[15] Veranlasst der künftige Schu die **Umwandlung einer Lebensversicherung** in eine pfändungsgeschützte (Altersrenten)-Versicherung, kommt eine auf § 132 Abs 1 gestützte Anfechtung gegenüber der Versicherungsgesellschaft in Betracht, weil den (künftigen) Gl durch die Umwandlung der Lebensversicherung in eine Altersrentenversicherung (§ 851c ZPO) deren Rückkaufswert entzogen wird,[16] doch scheidet die Anfechtung mangels tauglichen Gegners aus, wenn allein der Schu davon profitiert.[17] Anf-Gegner kann aber die Versicherung sein.[18] Erfüllungshandlungen, deren Benachteiligungswirkung ohnedies nur unter Bezugnahme auf das Verpflichtungsgeschäft zu ermitteln wäre, sollten besser schon tatbestandlich ausgeklammert werden,[19] und in der Tat wird oft anerkannt, dass nach § 132 grds nur Verpflichtungs-, nicht Verfügungsgeschäfte anfechtbar sind.[20] Die ganz hM klammert Erfüllungshandlungen und Deckungen gleichwohl nicht vollständig aus, kommt aber häufig zum selben Ergebnis, wenn sie §§ 130, 131 als lex specialis ansieht (s auch Rn 2), also dann auf Konkurrenzebene einen Vorrang postuliert. In den Fällen, in denen der Schu einem InsGl durch ein Rechtsgeschäft eine **Sicherung** oder **Befriedigung** gewährt oder ermöglicht, greifen nach dieser Auffassung die **speziellen Vorschriften der DeckungsAnf** (§§ 130, 131) ein.[21] Trifft der Schu mit einem seiner Schu (DrittSchu) die nach § 30 Nr 1 Fall 1 KO anfechtbare Abrede, der DrittSchu solle die geschuldete Leistung an einen Gl des Schu erbringen, schließt dies nach der Rspr des BGH zur KO die DeckungsAnf nach § 30 Nr 1 Fall 2 KO gegenüber dem InsGl als Leistungsempfänger und die Anf nach § 30 Nr 1 Fall 1 KO gegenüber dem leistenden DrittSchu aus.[22] Diese Rspr hat der BGH auf das Verhältnis von § 132 zu §§ 130 f übertragen.[23] Veranlasst jedoch der Schu mit GlBenachteiligungsvorsatz seinen (Dritt)Schu, unmittelbar an einen Gl des Schu zu leisten, kommt die VorsatzAnf auch gegen den angewiesenen DrittSchu in Betracht.[24] Bei nicht erfüllten Verträgen sowie in allen anderen Fällen, in denen durch ein Rechtsgeschäft des Schu Ansprüche begründet werden, dient die Anf in erster Linie dazu, durch einen darauf gestützten Widerspruch des InsVerw eine **Feststellung** der aus den Rechtsgeschäften resul-

15 BT-Drucks 12/2443, 159; *Henckel* KS-InsO, S 832 Rn 43; *Jaeger/Henckel* § 132 Rn 7; *N/R/Nerlich* § 132 Rn 6–13; MK/*Kayser* § 132 Rn 9; *Uhlenbruck/Ede/Hirte* § 132 Rn 5; *Gottwald/M Huber* § 47 Rn 66–69.

16 *BGH* NZI 2011, 937 Rn 3; *OLG Stuttgart* ZInsO 2012, 284; *AG Köln* ZIP 2012, 1977; vgl *Kemperdick* ZInsO 2012, 2193; *Wollmann* ZInsO 2012, 2061; zur (außerordentlichen) Kündigung des Versicherungsvertrages bei wirksam vereinbartem Verwertungsausschluss und zur Anfechtung des Ausschlusses *KG* ZIP 2012, 381 m Anm *Viertelhausen* EWiR 2012, 213; *OLG Köln* 30.9.2011 – 20 U 64/11 Rn 25.

17 *BGH* NZI 2011, 937 Rn 3; *OLG Stuttgart* ZInsO 2012, 284.

18 *OLG Köln* ZIP 2012, 1977.

19 Näher *Thole* Gläubigerschutz, S 431 ff.

20 *Jaeger/Henckel* § 132 Rn 12; *K/P/B/Schoppmeyer* § 132 Rn 23; vgl aber MK/*Kayser* § 132 Rn 8. Zu gegenseitigen Verträgen vgl *Jaeger/Henckel* § 132 Rn 18 ff; *K/P/B/Schoppmeyer* § 132 Rn 29–35.

21 Vgl *BGHZ* 174, 314 = ZIP 2008, 190 Rn 14; auch *BGH* ZIP 2006, 290 Rn 6 aE, 7; *BGHZ* 174, 228 = ZIP 2008, 125 Rn 35 ff; *BGH* ZIP 2012, 1018 Rn 40 (für § 132 Abs 2); *Jaeger/Henckel* § 132 Rn 8, 24; *Gottwald/M Huber* § 47 Rn 66; *K Schmidt/Ganter/Weinland* § 132 Rn 16; so Rn 2.

22 *BGHZ* 142, 286 f = ZIP 1999, 1765.

23 *BGHZ* 174, 228 = ZIP 2008, 125 Rn 35 (so § 129 Rn 104); 174, 297 = ZIP 2008, 183 Rn 14; *BGH* ZIP 2006, 290 Rn 7; 2012, 1018 Rn 40. Dazu auch § 130 Rn 15.

24 *BGHZ* 174, 297 = ZIP 2008, 183 Rn 15 ff (so § 129 Rn 114).

tierenden GlForderungen **zur Tabelle** (§ 178 Abs 1) zu **verhindern**.[25] **Bargeschäfte** (Bardeckungen) unterfallen § 132 nicht.[26] Diese haben ihre bes Regelung in § 142 gefunden (vgl die dortigen Erl sowie § 129 Rn 64 f).

Der AnfZeitraum in Nr 1 und 2 entspricht dem des § 130 Abs 1 S 1 Nr 1 und 2, so dass auf die Erl zu § 130 Rn 27 ff verwiesen werden kann. Auch die weiteren Voraussetzungen der Anfechtbarkeit – der relevante Zeitraum und die subjektiven Voraussetzungen – entsprechen § 130 Abs 1. Auf die Erläuterungen zu § 130 wird verwiesen. 7

II. Auffangtatbestand (Abs 2)

Der Auffangtatbestand, der die AnfVoraussetzungen des Abs 1 Nr 1 und 2 einbezieht, aber eine eigenständige AnfNorm bildet,[27] ist in erster Linie auf Unterlassungen (§ 129 Abs 2) zugeschnitten.[28] Die Regelung soll wie Abs 1 nicht zum Tragen kommen, wenn die Deckungshandlung der Sicherung oder Befriedigung eines InsGl dient (dazu oben Rn 6).[29] 8

1. Tatbestandsvarianten. Der Tatbestand kennt vier Tatbestandsvarianten. Im RegE wurden folgende **Beispiele** für Rechtshandlungen durch Unterlassen genannt:[30] 9

- **„ein Recht verliert:"** Schu unterlässt Protest nach Wechselrecht und verliert deshalb Rechte, die den Protest voraussetzen; Schu unterlässt Unterbrechung der Ersitzung und verliert deshalb sein Eigentum;
- **„ein Recht nicht mehr geltend machen kann:"** Schu unterlässt es, Rechtsmittel oder Rechtsbehelfe (zB Einspruch gegen Versäumnisurteil nach § 338 ZPO) einzulegen und verliert deshalb aussichtsreichen Aktivprozess; Schu unterlässt Unterbrechung der Verjährung;
- **„ein Anspruch erhalten wird:"** Schu unterlässt rechtzeitige IrrtumsAnf nach den §§ 119 ff BGB;
- **„ein Anspruch durchsetzbar wird:"** Schu unterlässt es, in einem Passivprozess die Einrede der Verjährung zu erheben.

Erhalten wird ein Anspruch etwa auch, wenn der Schu es unterlässt, eine auflösende Bedingung herbeizuführen oder einen ungünstigen Vertrag zu kündigen.[31] Auch die bewusste **Nichtherabsetzung der Bezüge** eines Vorstandsmitglieds nach **§ 87 Abs 2 AktG** ist ggf ein solcher Fall. Ein Anspruch wird zB auch dann durchsetzbar, wenn der Schu es in einem Passivprozess unterlässt, Rechtsmittel oder andere Rechtsbehelfe einzulegen, obwohl der Klageanspruch nicht besteht.[32] Das Unterlassen der Geltendmachung eines **Pflichtteilsanspruchs** (vor Eintritt der Pfändbarkeitsvoraussetzungen des § 852 Abs 1 ZPO) unterliegt wegen der Entscheidungsfreiheit des Berechtigten nie der Anf[33] (so § 129 Rn 25), nach hM

---

25 Vgl *Jaeger/Weber* KO, 8. Aufl, § 141 Anm 9; auch *Jaeger/Henckel* KO § 36 Rn 5; HambKomm/*Rogge/Leptien* § 132 Rn 7.

26 Vgl *Henckel* KS-InsO, S 834 Rn 47; *Jaeger/Henckel* § 132 Rn 9; MK/*Kayser* § 132 Rn 5; *Gottwald/M Huber* § 47 Rn 66.

27 MK/*Kayser* § 132 Rn 20; *K/P/B/Schoppmeyer* § 132 Rn 41; HambKomm/*Rogge/Leptien* § 132 Rn 14.

28 BT-Drucks 12/2443, 159; zum Begriff der Rechtshandlungen vgl auch *Henckel* KS-InsO, S 833 Rn 45; *Jaeger/Henckel* § 132 Rn 36 ff; *K/P/B/Schoppmeyer* § 132 Rn 41; MK/*Kayser* § 132 Rn 21; *Uhlenbruck/Ede/Hirte* § 132 Rn 13.

29 *BGH* ZIP 2012, 1018 Rn 40.

30 BT-Drucks 12/2443, 160.

31 *Henckel* InsR im Umbruch, S 245.

32 EB, 413; *K/P/B/Schoppmeyer* § 132 Rn 47; dazu auch *Jensen* Grundfragen des Rechts der Gl- und InsAnf, 2008, S 58 f.

33 *BGH* NJW 1997, 2384; *K/P/B/Schoppmeyer* § 132 Rn 49.

auch nicht das Ausschlagen sogar eines konkretisierten Erwerbsangebots (zweifelhaft).[34] Soweit der AnfGegner aus der Rechtshandlung einen Vorteil erlangt, muss dieser **im Widerspruch zur materiellen Rechtslage** stehen; er darf dem AnfGegner daher „an sich" nicht gebühren.[35] Die Rechtshandlung des Schu muss zudem ohne weitere normativ als eigenständig zu bewertende Zwischenakte zu dem Rechtsverlust des Schu führen,[36] maW das Recht betreffen, um dessen Verlust oder Erhalt es gerade geht. Daran fehlt es, wenn die Unterlassung der Mietzahlung die Kündigung durch den anderen Teil und damit den Verlust des eigenen Nutzungsrechts lediglich provoziert, während demgegenüber zB das Verjährenlassen eines Anspruchs ebendiesem Anspruch die Durchsetzbarkeit nimmt.

10 **2. Mittelbare Benachteiligung.** Während Abs 1 eine unmittelbare Benachteiligung der InsGl verlangt, genügt für Abs 2 eine **mittelbare** GlBenachteiligung.[37] Dem Wortlaut nach wird das Rechtsgeschäft iSd Abs 2 gerade der unmittelbaren Benachteiligung iSd Abs 1 gleichgestellt. Zudem wurde in der KommissionsBegr zu LS 5.2.5 Abs 3, der § 132 Abs 2 entspricht, ausdrücklich betont, das Erfordernis der unmittelbaren GlBenachteiligung (Abs 1) gelte nicht, weil „diese in der Regel nicht unmittelbar aufgrund der Unterlassung, sondern erst durch später hinzutretende Umstände eintritt".[38] In den späteren Entwürfen heißt es freilich vage, in den Fällen des Abs 2 werde das Erfordernis der unmittelbaren GlBenachteiligung „unterstellt".[39] Gemeint ist auch dies wohl als Fiktion in dem Sinne, dass eine unmittelbare Benachteiligung nicht zu prüfen ist.[40]

III. Beweiserleichterungen (Abs 3 iVm § 130 Abs 2 und 3)

11 Mit dieser Verweisungsvorschrift wird auch für die Anf nach § 132 Abs 1 und 2 die Kenntnis des „anderen Teils" (dh des AnfGegners) von Umständen, die zwingend auf die Zahlungsunfähigkeit oder den Eröffnungsantrag schließen lassen, der Kenntnis der Zahlungsunfähigkeit oder des Eröffnungsantrags gleichgestellt (§ 130 Abs 2; vgl § 130 Rn 36 ff, 44). Ferner wird gegenüber einer dem Schu zz der Handlung nahe stehenden Person (§ 138) vermutet, dass sie die Zahlungsunfähigkeit oder den Eröffnungsantrag kannte (§ 130 Abs 3; zum Inhalt dieser Vermutung und zu den Voraussetzungen ihrer Widerlegung vgl § 130 Rn 45 ff). Damit wird insoweit die Beweisführung des InsVerw[41] erleichtert.

§ 133 Vorsätzliche Benachteiligung

(1) [1]Anfechtbar ist eine Rechtshandlung, die der Schuldner in den letzten zehn Jahren vor dem Antrag auf Eröffnung des Insolvenzverfahrens oder nach diesem Antrag mit dem Vorsatz, seine Gläubiger zu benachteiligen, vorgenommen hat, wenn der andere Teil zur Zeit der Handlung den Vorsatz des Schuldners kannte. [2]Diese Kenntnis wird vermutet, wenn der andere Teil wusste, dass die Zahlungsunfähigkeit des Schuldners drohte und dass die Handlung die Gläubiger benachteiligte.

---

34 *Jaeger/Henckel* § 29 KO Rn 15; vgl § 129 Rn 26. Anders *Thole* Gläubigerschutz, S 326.

35 Vgl *BGH* ZIP 1999, 1742; *Thole* Gläubigerschutz, S 438.

36 Ähnlich *Henckel* KS-InsO, S 883 Rn 45; *Jaeger/Henckel* § 132 Rn 38.

37 *Henckel* KS-InsO, S 833 Rn 45; *Jaeger/Henckel* § 132 Rn 37; MK/*Kayser* § 132 Rn 27; *Uhlenbruck/Ede/Hirte* § 132 Rn 14; *K/P/B/Schoppmeyer* § 132 Rn 16; *Gottwald/M Huber* § 47 Rn 74; HambKomm/*Rogge/Leptien* § 132 Rn 14; *K Schmidt/Ganter/Weinland* § 132 Rn 48.

38 EB, 412.

39 Vgl BT-Drucks 12/2443, 159.

40 Im Erg wie hier *Henckel* KS-InsO, S 833 Fn 64; ähnlich *Jaeger/Henckel* § 132 Rn 37.

41 Dazu MK/*Kayser* § 132 Rn 30 ff; *Uhlenbruck/Ede/Hirte* § 132 Rn 17; *Jaeger/Henckel* § 132 Rn 35, 40; *K/P/B/Schoppmeyer* § 132 Rn 52.

(2) Hat die Rechtshandlung dem anderen Teil eine Sicherung oder Befriedigung gewährt oder ermöglicht, beträgt der Zeitraum nach Absatz 1 Satz 1 vier Jahre.

(3) [1]Hat die Rechtshandlung dem anderen Teil eine Sicherung oder Befriedigung gewährt oder ermöglicht, welche dieser in der Art und zu der Zeit beanspruchen konnte, tritt an die Stelle der drohenden Zahlungsunfähigkeit des Schuldners nach Absatz 1 Satz 2 die eingetretene. [2]Hatte der andere Teil mit dem Schuldner eine Zahlungsvereinbarung getroffen oder diesem in sonstiger Weise eine Zahlungserleichterung gewährt, wird vermutet, dass er zur Zeit der Handlung die Zahlungsunfähigkeit des Schuldners nicht kannte.

(4) [1]Anfechtbar ist ein vom Schuldner mit einer nahestehenden Person (§ 138) geschlossener entgeltlicher Vertrag, durch den die Insolvenzgläubiger unmittelbar benachteiligt werden. [2]Die Anfechtung ist ausgeschlossen, wenn der Vertrag früher als zwei Jahre vor dem Eröffnungsantrag geschlossen worden ist oder wenn dem anderen Teil zur Zeit des Vertragsschlusses ein Vorsatz des Schuldners, die Gläubiger zu benachteiligen, nicht bekannt war.

Übersicht

A. Allgemeines

I. Gesetzgebungshinweise

1 Die Vorschrift geht auf § 31 KO und § 10 Abs 1 Nr 1, 2 GesO zurück. Die Vorgängervorschriften hatten zwar an eine Benachteiligungsabsicht angeknüpft, doch hatten Rspr und Lit

insoweit bereits Eventualvorsatz genügen lassen.[1] Die in § 133 vorgesehene Anknüpfung an den Vorsatz bedeutet daher keine Änderung des bisherigen Rechtszustands (weitere Hinweise bei 8. Aufl. § 133 Rn 2).

2 Mit Gesetz v 29.3.2017 ist mit Wirkung zum 5.4.2017 (Art 103j EGInsO) § 133 partiell geändert worden.[2] Die Frist gem Abs 2 wurde für Deckungen auf vier Jahre reduziert. In § 133 Abs 3 wurde – systematisch fragwürdig – eine besondere Regelung für die Anfechtung kongruenter Deckungen aufgenommen, die im Zusammenwirken mit § 142 Abs 1 nF die Vorsatzanfechtung solcher Deckungen erschweren soll. Der bisherige Abs 2 wurde unverändert in Abs 4 übernommen. Auch die Grundregel des Abs 1 bleibt unangetastet.

II. Normzweck und Systematik

3 **1. Allgemeine Vorsatzanfechtung (Abs 1). – a) Grundgedanken.** Die Vorsatzanfechtung zielt nicht auf den Schutz der Gleichbehandlung der Gl und auf den Ausgleich einer ungerechtfertigten Vorteilserlangung durch einzelne InsGl ab, sondern versucht eine ungerechtfertigte haftungsvermeidende und damit zum Nachteil der Gl erfolgende Verschiebung haftenden Vermögens durch den Schu zu verhindern bzw wieder auszugleichen.[3] Damit wird insb auf die im Vorfeld der Ins typischen Anreizsituation reagiert. Ausgangspunkt ist damit die Rechtshandlung des Schu, nicht ein „Fehlverhalten" des AnfGegners, der zudem überhaupt nicht Gl des Schu sein muss.

4 Vor diesem Hintergrund ist es richtig, dass sich **Deckungsanfechtung und Vorsatzanfechtung nicht gegenseitig sperren**.[4] Auch die Übernahme der Inkongruenz als Beweisanzeichen in § 133 (Rn 30) ist wegen der unterschiedlichen Schutzzwecke ebenso im Grundsatz unbedenklich wie die in der Rspr zu bemerkende Tendenz, bei Nichteingreifen von § 131 über § 133 zur Anfechtung zu gelangen. Realitätsferne ist der Rechtsprechung nicht vorzuwerfen.[5] Das gilt jedenfalls solange, wie die Tatbestandsvoraussetzungen nicht (auch über Beweiserleichterungen) vollständig nivelliert und die Deckungsanfechtung damit überflüssig gemacht wird. **Teleologischer Einschränkungen** des Tatbestands des § 133 insb bei der Anf kongruenter Deckungen bedarf es **nicht**.[6] Die Anwendung von § 133 wird nicht durch die mögliche Anwendung von § 134 ausgeschlossen; dies ist insb für Drittzahlungen beachtlich.[7]

5 **b) Vermutung der Kenntnis (Abs 1 S 2).** § 133 verlangt hinsichtlich des anderen Teils nur Kenntnis vom Benachteiligungsvorsatz, keinen eigenen Benachteiligungsvorsatz. Die Kenntnisanforderung dient dem Verkehrsschutz und limitiert die Anf.[8] Jedoch soll die praktische Durchsetzbarkeit des AnfAnspruchs mit Hilfe einer Beweiserleichterung nach Abs 1 S 2 verbessert werden. Zwar hat der Verw wie bisher den Benachteiligungsvorsatz des Schu zu beweisen. Die Kenntnis des AnfGegners von diesem Benachteiligungsvorsatz wird jedoch vermutet, wenn – was wiederum der InsVerw zu beweisen hat – der AnfGegner

---

1 Vgl BT-Drucks 12/2443, 160; *BGHZ* 174, 314 = ZIP 2008, 190 Rn 22; *BGH* ZIP 2009, 91 Rn 45; *Henckel* KS-InsO, S 835 f Rn 49; *Jaeger/Henckel* § 133 Rn 1; MK/*Kayser* § 133 Rn 2; *K/P/B/Bork* § 133 Rn 24; su Rn 15.

2 Umfassend *Thole* ZIP 2017, 401.

3 *BGH* 6.7.2017 – IX ZR 178/16 Rn 17; *Thole* Gläubigerschutz, S 297 ff; ähnlich MK/*Kayser* § 133 Rn 1a; *K Schmidt/Ganter/Weinland* § 133 Rn 6.

4 Für die Anf ggü Leistungsmittler *BGH* ZIP 2013, 1127 Rn 14.

5 Richtig *Hutschenreuther/Neugebauer* ZInsO 2013, 1221, 1226.

6 Richtig *K Schmidt/Ganter/Weinland* § 133 Rn 8; s ferner *Thole* ZIP 2013, 2085 f; anders für Drei-Personen-Verhältnisse *Würdinger* Insolvenzanfechtung im bargeldlosen Zahlungsverkehr, 2012, S 156 ff.

7 *BGH* ZIP 2013, 228 Rn 47.

8 *Thole* Gläubigerschutz, S 301 f.

wusste, dass die Zahlungsunfähigkeit drohte (§ 18 Abs 2) und dass die Handlung die InsGl benachteiligte, also ihre Befriedigung beeinträchtigte. Kann der InsVerw diesen Nachweis führen, muss der AnfGegner beweisen, dass er den Benachteiligungsvorsatz des Schu nicht kannte.[9]

2. Einschränkungen für kongruente Deckungen (Abs 3). Die in Abs 3 nF eingefügten Einschränkungen für kongruente Deckungen beruhen auf dem Bestreben des Gesetzgebers, den Wirtschaftsverkehr stärker vor Anfechtungen zu schützen und damit das Vertrauen des Gl auf Behaltendürfen des Betrags, auf den er tatsächlich einen Anspruch hatte, zu fördern. Das gilt insbesondere für Fälle, in denen sich der Gl auf eine Ratenzahlungsvereinbarung einlässt. Rein praktisch ändert sich durch die Neuregelung wenig (unten Rn 39, 44). 6

3. Insideranfechtung (Abs 4). Abs 4 sieht für die bislang in § 31 Nr 2 KO (vgl auch § 10 Abs 1 Nr 2 GesO) geregelte Anfechtbarkeit von entgeltlichen, die InsGl unmittelbar benachteiligenden Verträgen des Schu mit nahen Angehörigen weitere Verschärfungen vor. Damit wird dem Gedanken Rechnung getragen, dass der Schu im Vorfeld der Ins insb angereizt ist, Vermögen an nahestehende Personen, hier in Gestalt nachteiliger Verträge, zu verschieben. Der Tatbestand ist nicht eigenständiger Natur, sondern hat seine Bedeutung in der Erleichterung der Beweisführung. Die **Beweislast** wird nicht nur für die Kenntnis von dem Benachteiligungsvorsatz des Schu (und für dessen Vorliegen, su Rn 49), sondern **auch** für den **Zeitpunkt** umgekehrt, in dem der Vertrag geschlossen wurde. Dadurch soll der Gefahr von Rückdatierungen begegnet werden. Der Kreis der beweisbelasteten Personen wird gegenüber der KO (nicht hingegen der GesO, deren § 10 Abs 1 Nr 2 auf die „nahe stehenden Personen" iSv § 138 InsO verweist)[10] erweitert. Wegen der **bes Verdächtigkeit** der von Abs 4 erfassten Verträge wird der AnfZeitraum auf zwei Jahre – wiederum vom Zeitpunkt des Eröffnungsantrags zurückgerechnet – ausgedehnt.[11] 7

B. Erläuterungen

I. Grundregel (Abs 1)

1. Gläubigerbenachteiligende Rechtshandlung. Zum Begriff der Rechtshandlung, die gem § 129 Abs 2 auch das Unterlassen umfasst, ist auf **§ 129 Rn 12 ff** zu verweisen.[12] Eine **Unterlassung** ist als Rechtshandlung des Schu nur anfechtbar, wenn sie **ursächlich** dafür geworden ist, dass der Empfänger die durch einseitige Rechtshandlung begründete Vermögensmehrung behalten konnte. Es muss sich um ein **zielgerichtetes Unterlassen** handeln.[13] Ein Erwerb im Wege der Zwangsvollstreckung beruht deshalb nur dann auf einem Unterlassen im anfrechtlichen Sinn, wenn der Gl bei Vornahme der dem Schu möglichen und von ihm bewusst vermiedenen Rechtshandlung den Gegenstand nicht erlangt hätte oder ihn vor Eröffnung des InsVerf hätte zurückgewähren müssen, wenn also das Unterlassen den **Erfolg der Vollstreckung gefördert** hat.[14] Durch die Handlung müssen die InsGl (vgl § 130 Rn 10) 8

---

9 BT-Drucks 12/2443, 160.

10 Vgl dazu insb *BGHZ* 129, 244 ff = ZIP 1995, 1024 f; 131, 192 ff = ZIP 1996, 84 f.

11 BT-Drucks 12/2443, 160; vgl *BGH* ZIP 2010, 1702 Rn 13 aE.

12 Vgl auch *K/P/B/Bork* § 133 Rn 6; MK/*Kayser* § 133 Rn 6.

13 *BGH* ZIP 2014, 275 Rn 13.

14 *BGHZ* 162, 143, 152 = ZIP 2005, 494, 498; *BGH* ZIP 2014, 275 Rn 7; 14.9.2017 – IX ZR 108/16 Rn 33; MK/*Kayser* § 133 Rn 9; *Jaeger/Henckel* § 133 Rn 7; **so § 129 Rn 29**. Recht streng hinsichtlich der Einbeziehung des Unterlassens jetzt *BGH* ZIP 2014, 275 Rn 13.

benachteiligt worden sein (so § 129 Rn 44 ff).[15] **Mittelbare** GlBenachteiligung (§ 129 Rn 63) genügt.[16]

9 **2. Rechtshandlung des Schuldners. – a) Allgemeines.** Es muss sich – dem Normzweck entsprechend – um eine **Rechtshandlung des Schu** handeln.[17] Dies trifft bei einer Zahlung mittels **Lastschrift** jedenfalls dann zu, wenn sich der Schu seines abbuchenden Kreditinstituts als „Zahlungs- und Verrechnungsstelle" bedient und die vereinbarten und üblichen Regeln des Abbuchungsauftrags- bzw. des EinzugsermächtigungsVerf eingehalten werden.[18] Bei der Zahlung im Wege des EinzugsermächtigungsVerf liegt die anfechtbare Rechtshandlung erst in der Genehmigung der Lastschriftbuchung, nicht bereits in der Buchung selbst, weil die Belastung des Kontos bis zur Genehmigung ohne materielle Wirkung bleibt.[19] Die Genehmigung kann auch **konkludent** erfolgen.[20] Rechtshandlung idS ist auch ein Schuldanerkenntnis des Schu mit der Zustimmung zur Abtretbarkeit der Forderung an Dritte, denn das Schuldanerkenntnis verbessert die Rechtsstellung der Anerkenntnisempfängerin gegenüber dem Schu schon durch eine bessere Beweissituation und ermöglicht aufgrund der Zustimmung eine Verwertung der Forderung.[21] Eine Rechtshandlung des Schu liegt ferner vor, wenn ein **Vertreter** für den Schu handelt (vgl § 129 Rn 32). Rechtshandlungen des Gl oder anderer Personen genügen nur, wenn sie im **einverständlichen Zusammenwirken** mit dem Schu erfolgen,[22] hingegen nicht, wenn sie ohne oder gar gegen den Willen des Schu vorgenommen werden.[23]

10 **b) Vollstreckungsmaßnahmen.** Letzteres trifft regelmäßig auf Maßnahmen der **Zwangsvollstreckung** zu.[24] Doch sind solche Maßnahmen als Handlungen des Schu zu werten, wenn dieser der Zwangsvollstreckung nicht mit einem Erfolg versprechenden Rechtsbehelf entge-

---

15 Vgl *BGH* ZIP 2012, 1468 Rn 12 mit Anm *Bork* EWiR 2012, 531 (Bei einer Zahlung des Schu durch Einschaltung eines Dritten ist zwischen der Anweisung auf Schuld Glbenachteiligung und der Anweisung auf Kredit keine GlBenachteiligung zu unterscheiden); zur GlBenachteiligung *Kreft* KTS 2012, 405; vgl *BGH* ZIP 2012, 1422 Rn 14; 2012, 2513 Rn 11; *OLG Celle* ZInsO 2012, 91.

16 *BGHZ* 155, 81 = ZIP 2003, 1508; *BGH* ZIP 1998, 252; 2004, 1060; 2004, 1513; 2007, 1120 Rn 15; 2007, 1164 Rn 10 (zu § 10 Abs 1 Nr 1 GesO); 2008, 467 Rn 12; 2009, 1966 Rn 5; 2010, 841 Rn 14; auch *BGH* ZIP 2012, 285 Rn 6 (GlBenachteiligung durch Prämienzahlung einer GmbH für die Direktversicherung des Gschf); 2012, 333 Rn 18; 2012, 1183 Rn 26 (Aufwertung InsFo zur Masseverbindlichkeit); 2012, 2355 Rn 19; *OLG Düsseldorf* ZInsO 2012, 787; *Jaeger/Henckel* § 133 Rn 3; FK/*Dauernheim* § 133 Rn 8; *K/P/B/Bork* § 133 Rn 21; MK/*Kayser* § 133 Rn 11; *Uhlenbruck/Ede/Hirte* § 133 Rn 32.

17 So § 129 Rn 12, 31; *BGHZ* 155, 79 = ZIP 2003, 1507; 162, 147 ff = ZIP 2005, 495 ff; dazu *Schoppmeyer* NZI 2005, 185; *Kreft* DStR 2005, 1195 ff; *M Huber* ZInsO 2005, 628 ff; *BGHZ* 173, 129 = ZIP 2007, 1816 Rn 50; *BGH* ZIP 2007, 1120 Rn 15; 2007, 1164 Rn 9; 2011, 531 Rn 5; MK/*Kayser* § 133 Rn 7 ff; *Jaeger/Henckel* § 133 Rn 4.

18 *BGH* ZIP 2003, 493 f; *Jaeger/Henckel* § 133 Rn 6.

19 *BGH* ZInsO 2012, 138 Rn 9.

20 *BGH* NZI 2011, 679 Rn 21 f; ZIP 2011, 1252 Rn 12 ff; ZIP 2012, 167 Rn 15; ZIP 2012, 1018 Rn 30; *OLG Hamm* ZInsO 2013, 1425.

21 *LG Berlin* ZInsO 2012, 1275.

22 *BGHZ* 143, 333 = ZIP 2000, 364 f; 162, 152 = ZIP 2005, 498; *BGHZ* 173, 129 = ZIP 2007, 1816 Rn 50; *BGH* WM 1959, 893; ZIP 2004, 1512; ZIP 2012, 1301 Rn 43; *OLG Celle* ZIP 2011, 676 f; MK/*Kayser* § 133 Rn 8, 9a, 9b; *K/P/B/Bork* § 133 Rn 11.

23 MK/*Kayser* § 133 Rn 8; *K/P/B/Bork* § 133 Rn 6; *K Schmidt/Ganter/Weinland* § 133 Rn 20.

24 *BGHZ* 162, 147 ff = ZIP 2005, 495 ff; *BGHZ* 167, 11 = ZIP 2006, 916 Rn 7; *BGH* ZIP 2011, 531 Rn 5; 2011, 1416 Rn 22; 2012, 1422 Rn 8; 2012, 2355 Rn 25; 2513 Rn 11, 15; *K/P/B/Bork* § 133 Rn 10 – 19; MK/*Kayser* § 133 Rn 9; *Jaeger/Henckel* § 133 Rn 5; *Uhlenbruck/Ede/Hirte* § 133 Rn 14; *K/P/B/Bork* § 133 Rn 10 – 19; *Gottwald/M Huber* § 48 Rn 5.

gengetreten ist[25] oder sie ermöglicht hat, indem er den Gl auf – den übrigen Gl verheimlichte – vollstreckbare Gegenstände hinwies[26] oder auch in die Durchsuchung einwilligte[27] oder die Kasse zum Zwecke der Pfändung auffüllte.[28] Leistet der Schu zur Abwendung der Zwangsvollstreckung und auf entsprechenden **Druck**, liegt idR ebenfalls eine Rechtshandlung des Schu vor.[29] Das gilt nach der GrundsatzEntsch des *BGH* v 10.2.2005[30] aber nur für solche Leistungen, die der Schu „verantwortungsgesteuert", dh **willensgeleitet und selbstbestimmt** erbringt (so § 129 Rn 12 mwN). Das führt in den Fällen, in denen der Schu nur noch die Wahl hat, die von dem anwesenden GV oder einer sonstigen Vollziehungsperson geforderte Zahlung sofort zu leisten oder die Vollstreckung zu dulden, dazu, dass eine Zahlung nicht als eine Rechtshandlung des Schu iSv § 133 Abs 1 zu werten ist und deshalb – sofern sie außerhalb der „krit Zeit" der §§ 130f erfolgte – einer Anf weder nach § 133 Abs 1 noch nach § 131 oder § 130 unterliegt, also ggf anfechtungsfrei bleibt.[31] Stellt der Schu einen Scheck aus und übergibt diesen einem anwesenden und vollstreckungsbereiten Vollziehungsbeamten, so beruht die durch Einlösung des Schecks erfolgte Zahlung aber auch dann auf einer Rechtshandlung des Schu, wenn der Vollziehungsbeamte ohne die Ausstellung des Schecks erfolgreich in das sonstige Vermögen des Schu vollstreckt hätte.[32] Auch Handlungen, namentlich **Unterlassungen** des Schu iSv § 132 Abs 2 können zur Folge haben, dass ein gegen den Schu gerichteter Anspruch zu einem rechtskräftigen Titel führt und so im Wege der Zwangsvollstreckung durchsetzbar wird. (Zur Verschärfung der Anforderungen in der jüngeren Rspr § 129 Rn 13). In diesen Fällen wird freilich idR nicht die Zwangsvollstreckungsmaßnahme selbst als Rechtshandlung des Schu anzusehen sein; nach § 133 Abs 1 anfechtbar ist allenfalls die Handlung, die zu dem vollstreckbaren Titel führte, so dass dieser seine Beachtlichkeit verliert. Mit der erfolgreichen Anfechtung der Titelerlangung wird die Zwangsvollstreckung jedoch unzulässig und hat gegenüber der Masse keinen Bestand. Dies kann der InsVerw mit der Erinnerung (§ 766 ZPO) oder – was richtig erscheint – nach § 767 ZPO (analog) geltend machen.[33] Der Erwerb eines dem Schu gehörenden Grundstücks in der **Zwangsversteigerung** ist idR nicht nach § 133 Abs 1 anfechtbar, weil jedenfalls dann, wenn ein unbeteiligter Gl die Zwangsversteigerung betrieben hat, der Verlust des Grundbesitzes und der Erwerb des Grundeigentums durch den Ersteher nicht auf einer Rechtshandlung des Schu beruht.[34] Allerdings wird die Anfechtbarkeit eines Grundstückserwerbs nach § 133 Abs 1 nicht dadurch ausgeschlossen, dass dem AnfGegner das Grundstück später in einem ZwangsversteigerungsVerf zugeschlagen wird.[35]

---

25 Vgl *BGHZ* 143, 334 = ZIP 2000, 365; 162, 152 = ZIP 2005, 498; *BGH* WM 1959, 892; 1975, 7; ZIP 2011, 531 Rn 8; MK/*Kayser* § 133 Rn 9b.

26 Vgl *BGHZ* 128, 197 ff = ZIP 1995, 294 f; *BGH* ZIP 1986, 928; MK/*Kayser* § 133 Rn 9b; *Uhlenbruck/Ede/Hirte* § 133 Rn 22, 25.

27 *BGH* ZIP 2011, 531 Rn 10; MK/*Kayser* § 133 Rn 9c.

28 *BGH* ZIP 2011, 531 Rn 11.

29 *BGHZ* 155, 79 f = ZIP 1507 f; *BGH* ZIP 2003, 1901; 2004, 1512 f; so § 129 Rn 31.

30 *BGHZ* 162, 152 = ZIP 2005, 497 – seitdem stRspr, so § 129 Rn 12; MK/*Kayser* § 133 Rn 9a; *Gottwald/M Huber* § 48 Rn 5, 9–11.

31 *BGH* ZIP 2012, 1422 Rn 8; *OLG Frankfurt* MDR 2012, 373 (Zahlung aus vorhandenem Bargeld); *Kreft* DStR 2005, 1234; zu vorsätzlichen Druckzahlungen auch *K/P/B/Bork* § 133 Rn 32–41; *Kayser* WM 2013, 297. Zur Abwendung von **Geldbußen und Geldstrafen** *K Schmidt/Ganter/Weinland* § 133 Rn 26.

32 *BGH* ZIP 2012, 1422 Rn 10.

33 Vgl *BGHZ* 128, 200 f = ZIP 1995, 295; *Jaeger/Henckel* KO § 30 Rn 239; vgl auch *Jaeger/Henckel* § 129 Rn 19, 20.

34 *BGH* ZIP 1986, 927; MK/*Kayser* § 133 Rn 9 aE; *Uhlenbruck/Ede/Hirte* § 133 Rn 18; differenzierend *Jaeger/Henckel* § 133 Rn 9.

35 *BGHZ* 159, 400 ff = ZIP 2004, 1619 f (zu § 3 AnfG nF), so § 129 Rn 15.

11 **c) Umwandlungsvorgänge.** Hinsichtlich der vor der InsEröffnung erfolgten **Umwandlungen** iSd UmwG kommt die Diskussion über die Anf erst in Gang.[36] Hier werden mehrere Fragen relevant. Zunächst ist zu fragen, ob das UmwG generell der Anf vorgeht und diese ausschließt, weil es spezielle Schutzvorschriften wie §§ 22, 23, 125 S 1, 133 UmwG gibt.[37] Das wird man pauschal möglicherweise nicht behaupten können, wohl aber muss situativ auch nach der Ins des jeweiligen Beteiligten abgeschichtet werden und die Anf kann in einzelnen Beziehungen etwa mangels GlBenachteiligung ausgeschlossen sein. Auch kann das Vorhandensein anderweitigen Gläubigerschutzes zB die Feststellung des Benachteiligungsvorsatzes erschweren. Die Verschmelzung als solche wäre potentiell anfechtbar, wenn in der Ins des aufnehmenden oder neu gegründeten Rechtsträgers auch Rechtshandlungen des übernommenen Rechtsträgers anfechtbar sind.[38] Das ist zwar grundsätzlich denkbar, weil der übernehmende Rechtsträger Rechtsnachfolger ist, kann aber nicht die **Verschmelzung** selbst betreffen.[39] Davon zu unterscheiden sind Rechtshandlungen des übertragenden Rechtsträgers gegenüber Dritten.[40] Bei **Spaltungsvorgängen** zur Neugründung dürfte dieser Vorgang in der Ins des neu gegründeten Rechtsträgers kaum anfechtbar sein, weil es faktisch darauf hinausliefe, das Existentwerden des Rechtsträgers anzufechten, das aber Grundvoraussetzung für die Entstehung einer Gläubigerstellung (und deren Benachteiligung) ist. Jedenfalls entstünden erhebliche praktische Schwierigkeiten.[41] Bei der Spaltung zur Aufnahme ist fraglich, ob man in dem „Erhalt" der übernommenen Betriebsteile eine Benachteiligung der Gl des übernehmenden Rechtsträgers sehen kann. Die Anfechtung von Spaltungsvorgängen in der Ins des übertragenden Rechtsträgers erscheint demgegenüber grundsätzlich möglich,[42] soweit die Gl dieses Rechtsträgers durch den Verlust der Vermögenswerte benachteiligt werden. Auf Rechtsfolgenseite wird es dann meist um Wertersatz gehen (§ 143 Abs 1 S 2). Ob die Rspr die Anf zulässt, ist allerdings fraglich, weil man jedenfalls wegen § 133 UmwG an der GlBenachteiligung zweifeln kann.[43] Umwandlungen im InsVerf sind schon tatbestandlich nicht anfechtbar.

12 **3. Suspektsperiode (Abs 1 und Abs 2).** Bei der Suspektsperiode ist zwischen der Grundregel in Abs 1 (zehn Jahre) und Deckungen nach Abs 2 (vier Jahre) zu unterscheiden.

Nach Abs 1 unterliegt eine Rechtshandlung der VorsatzAnf nur, wenn sie in den **letzten zehn Jahren** vor dem Antrag auf Eröffnung des InsVerf oder nach diesem Antrag vorgenommen wurde. Bei der Feststellung des Benachteiligungsvorsatzes kann aber die **zeitliche Nähe zum Antrag** bzw zur materiellen Ins zu berücksichtigen sein (Rn 19 ff). Zur Berechnung des zeitlichen Abstandes, in welchem eine Rechtshandlung vor dem Eröffnungsantrag (bei mehreren Eröffnungsanträgen: vor dem ersten zulässigen und begründeten Eröffnungs-

---

36 Dazu *Keller/Klett* DB 2010, 1223; *J Roth* ZInsO 2013, 1597, 1709. Zur Umwandlung im Verfahren siehe *Kahlert* DStR 2013, 975, *Madaus* ZIP 2012, 2133; *Thole* Gesellschaftsrechtliche Maßnahmen in der Insolvenz, 2014, Rn 475 ff.

37 *J Roth* ZInsO 2013, 1709 klammert die Grundsatzfrage, ob das UmwG Vorrang hat, weitgehend aus.

38 Dies bejahend *J Roth* ZInsO 2013, 1598.

39 Zur Begründung *Thole* Gesellschaftsrechtliche Maßnahmen in der Insolvenz, Rn 488 ff.

40 *BGHZ* 71, 296, 303; *Thole* Gesellschaftsrechtliche Maßnahmen in der Insolvenz, Rn 478 ff.

41 *Kalss* ZGR 2009, 121 f.

42 *Uhlenbruck/Hirte/Ede* § 129 Rn 399.

43 Vgl *OLG Jena* 3.3.1998, 8 U 1166/98, OLG-NL 1998, 163; best durch *BGH* 2.3.2000 – IX ZR 126/98.

antrag, § 139 Abs 2) vorgenommen wurde, wird auf die Erl zu § 130 Rn 27 und zu § 139 Bezug genommen. Dazu, dass § 139 Abs 2 auch dann maßgeblich ist, wenn die Rechtshandlung **nach** dem Eröffnungsantrag vorgenommen wurde, vgl § 130 Rn 31. Wann eine Rechtshandlung vorgenommen wurde, richtet sich nach § 140 (vgl die Erl zu dieser Vorschrift). Nach § 140 Abs 1 kommt es grds auf den Eintritt der Rechtswirkungen an. Gem § 140 Abs 2 gelten Rechtshandlungen, die zu ihrer Wirksamkeit der Eintragung im Grundbuch oder anderen Registern bedürfen, uU schon mit dem Antrag des anderen Teils auf Eintragung als vorgenommen.

Bei der Anfechtung von Deckungen gilt nach Abs 2 nunmehr ein Zeitraum von vier Jahren. **13**
Aus dem systematischen Zusammenspiel mit §§ 130, 131 und der vom Gesetzgeber (implizit) bezweckten Aufwertung des § 130 ist zu schließen, dass diese Begrenzung nur bei Deckungen iSd §§ 130, 131 gilt, also nur, wenn ein InsGl des InsSchu befriedigt oder besichert wird. Das kann etwa bei Anweisungsfällen und bei Anfechtung in der Ins des Leistungsmittlers (der an den Gl eines anderen leistet) relevant werden.[44] Entscheidend ist dabei stets das konkrete Anfechtungsziel. Wird eine Zahlung als vermeintlich inkongruente Deckung angefochten und auf Rückzahlung geklagt, gilt Abs 2 auch dann, wenn zur Begründung der Inkongruenz als Vorfrage zunächst der kongruenzbegründende Schuldgrund angefochten werden muss (§ 131 Rn 9)[45] Nur soweit es um die benachteiligenden Wirkungen des Schuldgrunds für sich genommen geht, bleibt es bei dem Zehnjahreszeitraum des Abs 1.

Abs 1 und 2 sind schwierig abzugrenzen. Nach der Begr RegE soll Abs 1 für Vermögensver- **14**
schiebungen greifen, Abs 2 für Deckungen.[46] Jede Deckung ist aber auch eine Vermögensverschiebung. Insoweit wird man wohl negativ abgrenzen müssen, dass unter Abs 1 nur solche Vermögensverschiebungen fallen, die nicht in der Befriedigung oder Besicherung eines InsGl besteht. Zu beachten ist, dass damit beispielsweise das Kausalgeschäft, dh der Vertrag als Schuldgrund, weiter nach Abs 1 anfechtbar ist, was aber nichts daran ändert, dass die insoweit dann inkongruente Deckung ggf in den Zeitraum des Abs 2 fallen kann und dann für sich genommen nicht anfechtbar ist.[47]

4. Vorsatz des Schuldners. – a) Allgemeines. Der Schu muss die Rechtshandlung mit dem **15**
Vorsatz, seine Gl zu benachteiligen, vorgenommen haben.[48] Hierin liegt gegenüber dem bisherigen Rechtszustand keine Neuerung. [49] Die zur Benachteiligungsabsicht iSv § 31 Nr 1 KO, § 10 Abs 1 Nr 1 GesO ergangenen Entsch können mithin auch zur Auslegung des Begriffs Benachteiligungsvorsatz iSv § 133 Abs 1 herangezogen werden.[50]

Benachteiligungsvorsatz ist danach gegeben, wenn der Schu bei Vornahme der Rechtshand- **16**
lung (§ 140), dh bei deren Wirksamwerden,[51] die Benachteiligung der Gl im Allgemeinen als Erfolg seiner Rechtshandlung gewollt oder als mutmaßliche Folge seiner Rechtshandlung

44 *Thole* ZIP 2017, 401, 403.
45 Vgl *BGH* 17.12.2015 – IX ZR 287/14 Rn 19 (mit Differenzierung zur Anfechtbarkeit der Kongruenzvereinbarung); *OLG Bamberg* ZInsO 2017, 387.
46 Begr. RegE, BT-Drucks. 18/7054, S. 13.
47 Zu Hilfsüberlegungen über das Bereicherungsrecht *Thole* ZIP 2017, 401, 403.
48 *BGHZ* 173, 142 = ZIP 2007, 1821 Rn 50 zu § 140 Abs 1; MK/*Kayser* § 133 Rn 17, 20.
49 Vgl *BGHZ* 124, 81 f = ZIP 1994, 44; *BGH* WM 1961, 388; 1969, 376; 1971, 672; ZIP 1985, 1009; 1991, 808 f; 1997, 426; 2009, 573 Rn 29; *Jaeger/Henckel* KO § 31 Rn 9; *Kilger/K Schmidt* § 31 KO Anm 4; *Uhlenbruck/Ede/Hirte* § 133 Rn 39; so Rn 2.
50 *Jaeger/Henckel* § 133 Rn 1, 21; vgl *BGH* ZIP 2009, 91 Rn 45.
51 *BGH* ZIP 2004, 1060, 1062; MK/*Kayser* § 133 Rn 17.

erkannt und gebilligt hat.[52] Darauf, ob der Schu bei Vornahme der Handlung Gl hatte, kommt es nicht notwendig an.[53] Auch muss der GlBenachteiligungsvorsatz sich nicht gerade auf die Benachteiligung bezogen haben, die später tatsächlich eingetreten ist. Grds reicht irgendeine objektive GlBenachteiligung als Voraussetzung jeder InsAnf (§ 129 Abs 1) aus.[54] Es genügt, dass der Schu die Benachteiligung der Gl als möglichen Erfolg seines Handelns vorausgesehen (**kognitives Element**) und billigend in Kauf genommen oder sich damit abgefunden hat (**voluntatives Element**)[55] (dolus eventualis), sei es auch als unvermeidliche Nebenfolge eines an sich erstrebten anderen Vorteils.[56] Der Schu muss also entweder wissen, dass er neben dem Anfechtungsgegner nicht alle Gläubiger innerhalb angemessener Zeit befriedigen kann, oder aber sich diese Folge zumindest als möglich vorgestellt, aber in Kauf genommen haben.[57] **Veranlasst der Schu mit GlBenachteiligungsvorsatz einen eigenen Schu** (DrittSchu), statt an den Schu selbst **an einen Gl des Schu** zu leisten, ist der **Benachteiligungsvorsatz** im Deckungs- und Valutaverhältnis **einheitlich** zu bestimmen.[58] Der Benachteiligungsvorsatz des Schu, der unter Einschaltung einer **Mittelsperson** Zahlungen an seine Gl bewirkt, ist im Deckungs- und Valtuaverhältnis einheitlich zu bestimmen.[59] Anf gegenüber dem **Leistungsmittler** setzt aber nicht auch die Anf gegenüber dem Empfänger voraus.[60] (näher Rn 41). Entsprechendes gilt, wenn der Schu unter Einschaltung eines uneigennützigen Treuhänders oder eines Kreditinstituts Zahlungen an seine Gl bewirkt.[61] Handelt der Schu **im Zeitpunkt der Eingehung einer Verpflichtung** mit GlBenachteiligungsvor-

---

52 *BGHZ* 124, 81 f = ZIP 1994, 44; 155, 84 = ZIP 2003, 1509; 162, 153 = ZIP 2005, 497; 167, 190 = ZIP 2006, 1261 Rn 14; 180, 98 = ZIP 2009, 922 Rn 10; *BGH* ZIP 1991, 808; 1993, 522; 1997, 426; 1997, 855; 1998, 251; 2007, 1123 Rn 26; 2007, 1511 Rn 8, 19; 2009, 91 Rn 45; 2009, 573 Rn 13; 2011, 1416 Rn 8; 2012, 1038 Rn 17; *BGH* ZInsO 2012, 138 Rn 14; *BGH* ZIP 2013, 79 Rn 7; 2013, 174 Rn 14; 2013, 228 Rn 15; 2013, 371 Rn 21; 2013, 374 Rn 32; 21.1.2016 – IX ZR 32/14 Rn 10; 17.11.2016 – IX ZR 65/15 Rn 13; *OLG Dresden* NZI 2010, 103; *OLG Hamm* ZInsO 2010, 1005 f; *OLG Bbg* ZInsO 2010, 1393; *OLG Hamm* ZIP 2011, 1927; *OLG Saarbrücken* ZIP 2012, 1973; *OLG Celle* ZInsO 2012, 91; *OLG Hbg* ZInsO 2012, 493; *OLG Düsseldorf* ZInsO 2012, 787; *LAG München* ZIP 2012, 594; MK/*Kayser* § 133 Rn 13; *Uhlenbruck/Ede/Hirte* § 133 Rn 39, 42; *K/P/B/Bork* § 133 Rn 24; *Gottwald/M Huber* § 133 Rn 14.

53 *BGH* WM 1955, 412; ZIP 2009, 1966 Rn 5; 2010, 841 Rn 14; MK/*Kayser* § 133 Rn 16 mwN in Fn 68; *Jaeger/Henckel* § 133 Rn 45; *Uhlenbruck/Ede/Hirte* § 133 Rn 44.

54 *BGH* ZIP 2008, 467 Rn 19; *Jaeger/Henckel* InsO § 133 Rn 19, 23; *K/P/B/Bork* § 133 Rn 24; MK/*Kayser* § 133 Rn 16 aE m Hinweis auf *Lind* S 87 f, wonach allenfalls **nicht vorhersehbare Folgen** als ungewollt außer Betracht bleiben können.

55 *BGHZ* 131, 195 = ZIP 1996, 83, 86; 155, 84 = ZIP 2003, 1509; 174, 314 = ZIP 2008, 190 Rn 32; 193, 129 = 2012, 1038 Rn 17; *BGH* WM 1969, 376; ZIP 1991, 808 f; 2004, 1062; 2008, 1291 Rn 18; 2011, 1416 Rn 8; 2013, 174 Rn 14; 2013, 228 Rn 15; 2013, 374 Rn 32; *OLG Hamm* ZIP 2011, 1927; *OLG Saarbrücken* ZIP 2012, 1973; *OLG Celle* ZInsO 2012, 91; *OLG Düsseldorf* ZInsO 2012, 787; *Jaeger/Henckel* InsO § 133 Rn 24.

56 *BGHZ* 174, 314 = ZIP 2008, 190 Rn 32; *BGH* ZIP 1997, 426; 1998, 835; 1999, 199; 2008, 1291 Rn 19 (der Benachteiligungswille wird nicht dadurch ausgeschlossen, dass es dem Schu allein darauf ankam, mit der Erfüllung einer Geldauflage als Einstellungsvoraussetzung einer Bestrafung zu entgehen); 2009, 91 Rn 45; 2011, 1416 Rn 8; 2012, 1038 Rn 17; *BGH* ZInsO 2012, 138 Rn 14; *BGH* ZIP 2013, 79 Rn 7; 2013, 228 Rn 15; 2013, 374 Rn 32; *OLG Hamm* ZInsO 2010, 1005; *OLG Saarbrücken* ZIP 2012, 1973; *OLG Celle* ZInsO 2012, 91; *OLG Düsseldorf* ZInsO 2012, 786, 787; *K/P/B/Bork* § 133 Rn 24.

57 *BGHZ* 180, 98 = ZIP 2009, 922 Rn 10; *BGH* ZIP 2007, 1511 Rn 8.

58 *BGHZ* 174, 314 = ZIP 2008, 190 Rn 33. So § 129 Rn 113.

59 *BGHZ* 174, 314 = ZIP 2008, 190 Rn 33; *BGHZ* 193, 129 = ZIP 2012, 1038 Rn 17; so § 129 Rn 113.

60 *BGH* ZIP 2013, 371 Rn 21.

61 *BGHZ* 193, 129 = ZIP 2012, 1038 Rn 17; *BGH* ZIP 2013, 371 Rn 31.

satz, so bildet dieser Umstand regelmäßig ein wesentliches Beweisanzeichen dafür, dass der Vorsatz bis zu der **Erfüllung der Verpflichtung**, der Sicherung oder der Verstärkung, durch welche die GlBenachteiligung herbeigeführt werden soll, fortbesteht.[62]

Die Kenntnis eines **Vertreters** oder ähnlicher für den Schu handelnder Personen hat dieser sich grundsätzlich zurechnen zu lassen (vgl § 130 Rn 34).[63] 17

b) Feststellung des Vorsatzes. – aa) Grundsätze. Die **Darlegungs- und Beweislast** für den Benachteiligungsvorsatz des Schu liegt – ebenso wie für sämtliche sonstigen Voraussetzungen des § 133 Abs 1 S 1 – grds beim **InsVerw**.[64] Zu der Bedeutung von § 133 Abs 3 S 2 su Rn 44. Der Tatrichter hat sich seine Überzeugung vom Vorliegen oder Fehlen eines Benachteiligungsvorsatzes des Schu aufgrund des Gesamtergebnisses der mündlichen Verhandlung und einer etwaigen Beweisaufnahme unter Einschluss von Erfahrungssätzen[65] gem **§ 286 ZPO** zu bilden und hat dabei das entscheidungserhebliche Parteivorbringen im Rahmen einer **Gesamtwürdigung** erschöpfend zu berücksichtigen und zu würdigen[66] (so Rn 16; su Rn 34). Die im Folgenden erörterten und in der Rspr bekannten Beweisanzeichen sind daher **nicht abschließend**.[67] 18

bb) Schluss von Kenntnis der Zahlungsunfähigkeit auf den Vorsatz. Die Darlegung der Vorsatzanforderungen wird in der Rspr in verschiedener Weise und auf mehreren Ebenen durch anerkannte Beweisanzeichen und Erfahrungssätze erleichtert. Es gilt eine dreistufige Prüfung: 19

So lässt sich **1.** aus dem Bewusstsein und der Vorstellung des Schu, dass die GlBenachteiligung die notwendige Folge seines Handelns ist, regelmäßig auf seinen darauf gerichteten Willen schließen.[68] Der Schu handelt demzufolge grds mit GlBenachteiligungsvorsatz, wenn er entweder weiß, dass er neben dem AnfGegner nicht alle Gl in angemessener Zeit befriedigen kann, oder wenn er sich diese Folge als möglich vorstellt, sie aber in Kauf nimmt, ohne sich durch die Vorstellung dieser Möglichkeit von seinem Handeln abhalten zu lassen.[69] Es genügt dabei idR schon die Vorstellung von der GlBenachteiligung, die sodann auf das voluntative Vorsatzelement schließen lässt. 20

Die Darlegung dieser Vorstellung kann **2.** durch Kenntnis der (drohenden) Zahlungsunfähigkeit ausgefüllt werden. Der **Schu, der seine Zahlungsunfähigkeit kennt,** handelt sonach 21

---

62 *BGH* ZIP 2008, 467 Rn 15.

63 *Jaeger/Henckel* InsO § 133 Rn 42; MK/*Kayser* § 133 Rn 18. Anders aber für die Zurechnung bei **geschäftsunfähigen** oder beschränkt geschäftsfähigen Personen bei wirtschaftlichem Eigennutz des Vertreters *BGH* 7.9.2017 – IX ZR 224/16 Rn 27.

64 BT-Drucks 12/2443, 160; *BGH* ZIP 2003, 1799; 2008, 467 Rn 16; 2009, 573 Rn 8; *LG Stendal* ZInsO 2009, 1308; *Henckel* KS-InsO, S 836 Rn 50; *Jaeger/Henckel* InsO § 133 Rn 32; MK/*Kayser* § 133 Rn 22; *Uhlenbruck/Ede/Hirte* § 133 Rn 59; vgl auch *BGHZ* 129, 240 = ZIP 1995, 1022; *BGH* WM 1965, 917; ZIP 1991, 809; 1995, 299; 1999, 199.

65 Vgl *BGH* NJW 1993, 935; ZIP 2006, 290 Rn 21; 2007, 1511 Rn 11.

66 *BGHZ* 124, 82 = ZIP 1994, 44; 131, 195 f = ZIP 1996, 86 mwN; 174, 314 = ZIP 2008, 190 Rn 29; *BGH* ZIP 2003, 1799; 2007, 1120 Rn 26; 2007, 1511 Rn 11; 2007, 2084 Rn 21; 2009, 1966 Rn 10; 2009, 2253 Rn 8; 2010, 841 Rn 18; 2010, 1702 Rn 15; 2011, 1416 Rn 21; NZI 2013, 253 Rn 27; *OLG Saarbrücken* ZIP 2012, 1973, 1974; *Kayser* WM 2013, 298; MK/*Kayser* § 133 Rn 22.

67 Vgl auch *Fischer* NZI 2008, 588, 590.

68 *BGH* ZIP 1997, 426; 2003, 1902; 2009, 91 Rn 45.

69 *BGHZ* 180, 98 = ZIP 2009, 922 Rn 10; *BGH* ZIP 2007, 1511 Rn 8; 2008, 1291 Rn 18; 2009, 573 Rn 13; 21.1.2016 – IX ZR 32/14 Rn 10; 17.11.2016 – IX ZR 65/15 Rn 13; *OLG Hbg* ZInsO 2010, 379, 381; vgl auch *BGH* ZIP 2006, 290 Rn 20; 2013, 374 Rn 32.

in aller Regel mit Benachteiligungsvorsatz.[70] Die Zahlungsunfähigkeit in diesem Sinne stimmt mit § 17 Abs 2 InsO überein; es gilt die gesetzliche Vermutung bei einer Zahlungseinstellung (näher § 17 Rn 25).[71] Zur **Entkräftung** dieser tatsächlichen Vermutung bedarf es vom AnfGegner darzulegender konkreter Umstände, die nahe legen, dass die Krise noch abgewendet werden kann;[72] etwa die sichere Aussicht, demnächst Kredit zu erhalten oder ausstehende Forderungen realisieren zu können und dass der Schu deshalb mit einer baldigen Überwindung der Krise rechnen kann.[73] Der Schu muss insoweit „überzeugt" sein (können).[74] Auch Sanierungsbemühungen und ggf. auch Umschuldungen können ausnahmsweise den Vorsatz entfallen lassen (su Rn 34). Ferner kann eine **bargeschäftsähnliche Lage** die Rechtshandlung unverdächtig machen (su Rn 26).[75] Diese Grundsätze gelten mit Recht auch dann, wenn eine **kongruente Leistung** angefochten wird (su Rn 26),[76] dazu jetzt Abs 3 iV § 142 Abs 1, der die Vorsatzanfechtung insoweit über § 142 Abs 1 einschränkt. Der BGH hat ferner klargestellt, dass auch schon die **Kenntnis der drohenden Zahlungsunfähigkeit** genügt, um ein starkes Beweisanzeichen zu setzen;[77] dies ergibt sich aus der Übertragung der Wertung des § 133 Abs 1 S 2.[78] Ob daran für kongruente Deckungen festzuhalten ist vor dem Hintergrund des § 133 Abs 3 S 1, su Rn 26.

---

70 *BGHZ* 155, 84 = ZIP 2003, 1509; 162, 152 = ZIP 2005, 497; 167, 190 = ZIP 2006, 1261 Rn 14; 174, 314 = ZIP 2008, 190 Rn 32; 180, 98 = ZIP 2009, 922 Rn 10; *BGH* ZIP 2006, 290 Rn 25; 2007, 1511 Rn 19; 2008, 1291 Rn 18; 2009, 91 Rn 46; 2009, 573 Rn 13; 2010, 841 Rn 19; 2011, 1416 Rn 8; 2012, 1301 Rn 43; 2012, 1422 Rn 31; 2012, 2355 Rn 28; 2013, 79 Rn 7; 2013, 174 Rn 14, 15; 2013, 228 Rn 15; 2013, 371 Rn 23; 21.1.2016 – IX ZR 32/14 Rn 13 ff; *OLG Dresden* NZI 2010, 103; *OLG Hbg* ZInsO 2010, 381; *OLG Hamm* ZInsO 2010, 1006; *OLG Hamm* ZIP 2011, 1927; *OLG Saarbrücken* ZIP 2012, 1973; *OLG Celle* ZInsO 2012, 91; *OLG Düsseldorf* ZInsO 2012, 787; vgl *Kayser* WM 2013, 295; krit *Jaeger/Henckel* InsO § 133 Rn 22 f; *Bork* Hdb, Kap 5 Rn 48; *K/P/B/Bork* § 133 Rn 46–48. Zum GlBenachteiligungsvorsatz bei **kongruenten** Deckungen su Rn 26.

71 *BGH* ZIP 2015, 1234 Rn 12 ff.

72 *BGHZ* 180, 98 = ZIP 2009, 922 Rn 10 aE; *BGH* ZIP 2007, 1511 Rn 8 aE; ZIP 2007, 1123 Rn 28; 2009, 573 Rn 13; 2013, 79 Rn 7; 2013, 174 Rn 14; *OLG Hamm* ZIP 2011, 1926, 1927.

73 *BGHZ* 180, 98 = ZIP 2009, 922 Rn 10; *BGH* ZIP 2007, 1511 Rn 8; 2009, 573 Rn 13; 2012, 735 Rn 15; 2013, 79 Rn 7; 2013, 174 Rn 14; 2013, 371 Rn 24; *OLG Hamm* ZIP 2011, 1926, 1927; *OLG Saarbrücken* ZIP 2012, 1973, 1974; *OLG Düsseldorf* ZInsO 2012, 789; *LAG München* ZIP 2012, 595.

74 *BGH* ZIP 1998, 251; NZI 2013, 253 Rn 16.

75 *BGH* ZIP 2015, 585 Rn 22; 17.11.2016 – IX ZR 65/15 Rn 31; 4.5.2017 – IX ZR 285/16 Rn 7; *Kayser* WM 2013, 298; *Lütcke* ZInsO 2013, 1990 (der aber diese bargeschäftsähnliche Lage weiter ziehen will als den direkten Anwendungsbereich des § 142). Vgl a *BAG* ZIP 2014, 628 Rn 75, 84 ff.

76 *BGH* ZIP 2013, 174 Rn 15; 2013, 373 Rn 25; ZInsO 2014, 496 Rn 3. Dem folgend, aber krit *BAG* ZIP 2014, 628 Rn 83 ff.

77 *BGH* NZI 2013, 253 Rn 16; ZIP 2013, 371 Rn 23; ebenso schon *BGHZ* 167, 190 = ZIP 2006, 1261 Rn 14; 174, 314 = ZIP 2008, 190 Rn 32; 180, 98 = ZIP 2009, 922 Rn 10; *BGH* ZIP 2009, 573 Rn 13; 2010, 841 Rn 19; 2011, 1416 Rn 8; 2013, 79 Rn 7; 2013, 174 Rn 14; 2013, 1127 Rn 24; ZIP 2014, 1289 Rn 15; wohl auch *BGH* ZIP 2009, 91 Rn 46; *OLG Celle* ZInsO 2009, 1204; *OLG Hamm* ZInsO 2010, 1006; *OLG Hamm* ZIP 2011, 1927; *OLG Saarbrücken* ZIP 2012, 1973; *OLG Celle* ZInsO 2012, 91; *OLG Düsseldorf* ZInsO 2012, 787; *LAG München* ZIP 2012, 594; MK/*Kayser* § 133 Rn 26; *Bork* ZIP 2004, 1691 f; *Bork* Hdb, Kap 5 Rn 45; *K/P/B/Bork* § 133 Rn 44, 45 (nur ein Indiz für die Kenntnis des Schu von seiner Zahlungsunfähigkeit); **aA** *Jaeger/Henckel* InsO § 133 Rn 52; kritisch jetzt insbesondere *Ganter* WM 2014, 49, 50.

78 Vgl *BGHZ* 167, 190 = ZIP 2006, 1261 Rn 14; 174, 314 = ZIP 2008, 190 Rn 32; 180,98 = ZIP 2009, 922 Rn 10; *BGH* ZIP 2009, 573 Rn 13; 2010, 841 Rn 19; 2011, 1416 Rn 8; 2013, 79 Rn 7; 2013, 174 Rn 14; 2013, 371 Rn 23; NZI 2013, 253 Rn 16.

Der Kenntnis von der (drohenden) Zahlungsfähigkeit kann dann **3.** wiederum – ähnlich wie bei der Kenntnis der Zahlungsunfähigkeit in § 130 Abs 2, § 132 Abs 3 und bei der Kenntnis der Benachteiligung in § 131 Abs 2 S 1 – die **Kenntnis** des Schu **von Umständen, die zwingend auf eine Benachteiligung der Gl bzw auf die (drohende) Zahlungsunfähigkeit bzw die Zahlungseinstellung, schließen lassen,** gleichgestellt werden.[79] Dazu[80] kann bspw die Rückgabe einer Lastschrift, das monatelange Schweigen auf Rechnungen,[81] die Zahlung unter Vollstreckungsdruck oder die Nichtausführung eines Dauerauftrags gehören[82] sowie das **schleppende Abtragen** insb von mit sanktionsbewehrten Verpflichtungen wie der **Zahlung von Sozialversicherungsbeiträgen.**[83] Letzterem kommt ein besonderes Gewicht zu. Dass der Schu **alle Gl anteilig** und prozentual gleichmäßig befriedigt hat, spricht nicht gegen den Benachteiligungsvorsatz, sondern gerade dafür und für das Bestreben, die Vertragspartner von der Kündigung der Geschäftsbeziehung abzuhalten.[84] Die **Bitte des Schu auf Abschluss einer Ratenzahlungsvereinbarung** ist, wenn sie sich iRd Gepflogenheiten des Geschäftsverkehrs hält, nach Auffassung des BGH „als solche" kein Indiz für eine Zahlungseinstellung oder Zahlungsunfähigkeit des Schu, sondern nur, wenn sie mit der Erklärung verbunden ist, die fälligen Verbindlichkeiten nicht anders begleichen zu können.[85] Zu den Gepflogenheiten passt es allerdings nicht, wenn bereits die erste Rate verspätet gezahlt wird.[86] Richtigerweise ist freilich auch die „nackte" Bitte nach Fälligkeit ein Indiz, wenn auch ein schwaches. Im Ergebnis will der BGH wohl erreichen, dass der Verw mehr vorträgt als nur die Ratenzahlung für sich genommen. Es geht va um das Eingeständnis des Schu, nicht mehr alle fälligen Verbindlichkeiten zahlen zu können. Auch sollen Ratenzahlungsbitten nicht allein auf Zahlungseinstellung schließen lassen;[87] es können aber weitere Umstände hinzutreten.[88] Der Schu muss zudem aus der Kenntnis der Umstände nicht notwendigerweise die richtigen rechtlichen Schlüsse gezogen haben. Die Kenntnis dieser Umstände rechtfertigt ebenfalls idR die Annahme eines Benachteiligungsvorsatzes des Schu[89] (so § 130 Rn 38). Nach früherer Rspr des *BGH* bestand insoweit eine (widerlegliche) tatsächliche Vermutung.[90] Daran hält der *BGH* nicht mehr fest. Nunmehr sieht er in solchen Tatsachen nur mehr oder weniger gewichtige Beweisanzeichen, die eine Gesamtwürdigung nicht entbehrlich machen und nicht schematisch iS einer vom anderen Teil zu widerlegenden Vermutung angewandt werden dürfen; vielmehr hat der Tatrichter die subjektiven Voraussetzungen der Vorsatzanfechtung gem § 286 ZPO **unter Würdigung aller maßgeblichen Umstände** des Einzelfalls und einer etwaigen Beweisaufnahme zu prüfen.[91] (Zur Kenntnis des Gl und ihrer Vermutung su Rn 36.) 22

79 *BGH* ZIP 2007, 1511 Rn 25; ZIP 2009, 189 Rn 10; ZIP 2009, 1966 Rn 8.
80 *BGH* 21.1.2016 – IX ZR 32/14 Rn 15.
81 *BGH* 25.2.2016 – IX ZR 109/15 Rn 13.
82 *OLG Hbg* ZInsO 2012, 493.
83 *BGH* ZIP 2015, 1234 Rn 20f; *BGH* 21.1.2016 – IX ZR 32/14 Rn 15.
84 *OLG Hbg* ZInsO 2014, 2575, 2578.
85 *BGH* ZIP 2015, 937 Rn 3f. Vgl auch *OLG Karlsruhe* ZIP 2014, 934, 936; *LG Hbg* ZInsO 2014, 903.
86 *OLG Bamberg* ZIP 2017, 97.
87 *BGH* 14.7.2016 – IX ZR 188/15 Rn 15.
88 So bei *BGH* 25.2.2016 – IX ZR 109/15 Rn 13ff.
89 *BGH* ZIP 2009, 1966 Rn 8; vgl MK/*Kayser* § 133 Rn 23.
90 *BGH* ZIP 2003, 1799, 1801.
91 *BGH* ZIP 2009, 1966 Rn 8 unter Hinweis auf *Fischer* NZI 2008, 593; *BGH* ZIP 2013, 371 Rn 28; *Schoppmeyer* ZIP 2009, 605; *Ganter* WM 2009, 1443; vgl dazu *Kayser* WM 2013, 298. Dies betonend auch *BAG* ZIP 2014, 628 Rn 72.

23 Die vorstehenden Grundsätze gelten trotz einer insgesamt eher zurückhaltenden Tendenz des *BAG* nach noch geltendem Recht auch bei der Anfechtung von Arbeitslohn.[92] Einschränkungen dergestalt, dass das **Existenzminimum** bei der Anfechtung der Zahlung von **Arbeitslohn** anfechtungsfrei bliebe, sind nicht veranlasst und geradezu **abenteuerlich;**[93] bei ohne Rechtsgrund erlangtem Arbeitslohn würde man dies gleichermaßen nicht erwägen; der Schutz des Anfgegners durch das Vollstreckungsrecht bei Vollstreckung durch den Verw genügt. Zur Unbeachtlichkeit des § 28e SGB IV § 129 Rn 6.

24 **cc) Unmittelbare Benachteiligung.** Allein aus dem Umstand, dass ein Rechtsgeschäft die Gl unmittelbar benachteiligt, ist im Allgemeinen noch kein Benachteiligungsvorsatz des Schu zu folgern.[94] Dies zeigt § 132, und auch § 133 Abs 2 sieht eine Beweislastumkehr nur gegenüber solchen Personen vor, die dem Schu nahe stehen.[95] Gleichwohl kann die unmittelbare Benachteiligung als Beweisanzeichen herangezogen werden, wenngleich die Rspr hier zögerlich ist. Eine **Sicherungsübertragung**, die wertmäßig über eine Krediterhöhung hinausgeht, kann uU auf einen Benachteiligungsvorsatz hinweisen.[96] Ferner kann die in einem Darlehensvertrag enthaltene Bestimmung, wonach die dem Schu überlassene Darlehenssumme (hälftig) zur Tilgung von Verbindlichkeiten einer Gesellschaft einzusetzen ist, die mittelbar im Mehrheitsbesitz des Darlehensgebers steht, um auf diese Weise wieder an den Darlehensgeber zurückzufließen, den Schluss auf einen GlBenachteiligungsvorsatz rechtfertigen.[97] Auch eine in der **Änderungsvereinbarung** zu einem Arbeitsvertrag enthaltene Klausel, die vorsieht, dass der Arbeitnehmer im InsFall trotz der für die letzten 12 Monate vor dem Ausscheiden vereinbarten Teilzeitbeschäftigung das volle Gehalt beanspruchen darf, legt einen GlBenachteiligungsvorsatz nahe.[98] Eine aus einem Verpflichtungs- und einem Verfügungsgeschäft bestehende **Weggabe eines wertvollen Vermögensgegenstandes ohne Gegenleistung** kann je nach Sachlage „in nicht geringerem Maße" als eine inkongruente Deckung (su Rn 30 ff) ein Indiz für einen GlBenachteiligungsvorsatz sein.[99] Selbst dann, wenn der Schu die benachteiligende Wirkung seiner Rechtshandlung als solche erkannt und sie wenigstens billigend in Kauf genommen hat, kann – wie oben Rn 19 – ein Benachteiligungsvorsatz ausgeschlossen sein, wenn der Schu aufgrund konkreter Vorstellung davon überzeugt war, in absehbarer Zeit alle seine Gl befriedigen zu können, wenn also aus seiner Sicht seine Ins so gut wie ausgeschlossen war.[100] Das kann zutreffen, wenn im Zusammenhang mit einer Kreditausweitung das Stammkapital der Schu-GmbH aus eigenen Mitteln des Gesellschaftergeschäftsführers aufgestockt, seine Lebensversicherung gekündigt

---

92 *BAG* ZIP 2014, 628.

93 Offenlassend, aber mit einer Einschränkung sympathisierend *BAG* ZIP 2014, 628 Rn 45. Anders aber *BAG* 26.10.2017 – 6 AZR 511/16. Dagegen auch *BGHZ* 202, 59 = ZIP 2014, 1491 Rn 28 ff.

94 Vgl (teils kritisch) *Thole* Gläubigerschutz, S 516 mwN.

95 Vgl *BGH* ZIP 1998, 251.

96 *BGH* ZIP 1998, 250 f; 1998, 836; NJW 2001, 2547 f; MK/*Kayser* § 133 Rn 32; ansatzweise auch *BGHZ* 12, 232, 237.

97 *BGH* ZIP 2008, 706 Rn 34 ff.

98 *BAG* ZIP 2006, 1366 Rn 42.

99 *BGH* ZIP 2002, 87; vgl auch *BGH* ZIP 2009, 571 Rn 18: wenn einer Zahlungspflicht von 40 000 EUR für ein Grundstück ein Nutzungsrecht von 120 000 EUR gegenübersteht, kann in dieser unmittelbaren GlBenachteiligung ein gewisses Beweisanzeichen für die Kenntnis des AnfGegners von einem Benachteiligungsvorsatz des Schu liegen.

100 *BGHZ* 138, 308 = ZIP 1998, 800 (zum Fehlen einer Benachteiligungsabsicht bei inkongruenter Deckung); *BGH* ZIP 1990, 1090, insoweit nicht abgedr in *BGHZ* 112, 136; ZIP 1997, 1510; 1998, 252 unter Hinweis auf *BGHZ* 128, 202 = ZIP 1995, 296; *BGH* NJW 2000, 958; ZIP 2003, 495; 2004, 1061; MK/*Kayser* § 133 Rn 15.

und der Rückkaufswert zur Rückführung des Schuldensaldos verwendet wird. So verhält sich erfahrungsgemäß kein Schu, der sein Geschäft als verloren ansieht. Darauf, ob der Kreditgeber die genannten Maßnahmen gefordert hat, kommt es grds nicht an.[101]

Das Merkmal des Benachteiligungsvorsatzes darf nicht zu sehr objektiviert werden. Für den Vorsatz des Schu ist **dessen Auffassung über die wirtschaftliche Lage** zz der Vornahme der angefochtenen Rechtshandlung (§ 140) erheblich; die hiervon abw Beurteilung der objektiven Lage durch das Gericht reicht allein nicht aus, um die Feststellung des Vorsatzes der GlBenachteiligung zu tragen.[102] Ein Benachteiligungsvorsatz kann insb fehlen, wenn der Schu persönlich annimmt, eine ihm erbrachte Leistung gleichwertig auszugleichen.[103] 25

dd) Kongruente Deckung; bargeschäftsähnliche Lage. Kongruente Deckungen sind in Abs 3 eigenständig geregelt worden. Dazu unten ausführlich Rn 9. Die Neuregelung hat im Wesentlichen nur prozessuale Bedeutung. Schon bisher waren nach gelegentlich formulierter Auffassung der Rspr erhöhte Anforderungen an die Darlegung und den Beweis des Benachteiligungsvorsatzes zu stellen, wenn die Rechtshandlung dem AnfGegner nur das gewährte, worauf er einen Anspruch hatte, dh eine kongruente Deckung.[104] Hier erschöpft sich der Wille des Schu idR darin, seinen Verbindlichkeiten gerecht zu werden.[105] In diesem Sinne wurde die **Kongruenz** der Deckungshandlung tendenziell als ein Beweisanzeichen gegen die **bewusste Inkaufnahme der GlBenachteiligung** gewertet.[106] Trotz des verbal anderen Ausgangspunkts geht es freilich in der Sache weniger um eigentlich erhöhte Anforderungen als vielmehr darum, dass das Beweisanzeichen der Inkongruenz (Rn 30) hier nicht weiterhelfen kann, so dass die Feststellung des Vorsatzes in Ermangelung anderer Umstände schwerer fallen mag als in anderen Fällen. Auch bei kongruenten Deckungen kann ein **Benachteiligungsvorsatz** indes zu **bejahen** sein, wenn es – so wiederum die missverständliche Formulierung in der Rspr – dem Schu weniger auf die Erfüllung seiner Pflichten, sondern mehr auf die Vereitelung der Ansprüche anderer Gl ankommt,[107] etwa wenn der Schu mit dem Gl in der Absicht zusammenwirkt, den anderen Gl Zugriffsobjekte zu entziehen[108] oder einem Gl Sondervorteile einzuräumen,[109] oder wenn der Schu gezielt seine letzten Geldmittel einsetzt, um einige Gl bevorzugt zu bedienen.[110] Ein Pfändungspfandrecht kann § 133 unterliegen, wenn der Schu die Entstehung des Pfandrechts zielgerichtet gefördert hat.[111] Das Gleiche gilt, wenn der Schu mit der Befriedigung gerade des begünstigten Gl Vorteile für sich erlangen oder Nachteile von sich abwenden will.[112] Das kommt insb bei einer Zahlung zur Abwendung der Zwangsvollstreckung außerhalb der „krit Zeit" in 26

101 *BGH* ZIP 1998, 252.
102 Vgl *BGH* WM 1985, 295; ZIP 1998, 252; MK/*Kayser* § 133 Rn 23.
103 Vgl *BGH* ZIP 1992, 113, insoweit nicht abgedr in *BGHZ* 116, 222; *BGH* ZIP 1998, 253.
104 *BGH* ZIP 2004, 1513; 2007, 1511 Rn 8; 2008, 420 Rn 19; *OLG Celle* ZInsO 2009, 1204; *OLG Hbg* ZInsO 2012, 491, 493; *K/P/B/Bork* § 133 Rn 42; FK/*Dauernheim* § 133 Rn 16; *L/S/Z/Zeuner* § 133 Rn 33.
105 *OLG Hbg* ZInsO 2012, 493; MK/*Kayser* § 133 Rn 33. Das wurde in der Entsch des *OLG Hamm* ZInsO 2010, 1005 f möglicherweise nicht hinreichend bedacht, wenngleich das Erg richtig sein kann, etwa falls es sich bei den Zahlungen um die letzten Mittel der Schu handelte (su im Text).
106 Zutr *Kirchhof* FS Fischer, S 295.
107 Vgl *BGHZ* 12, 238 = JZ 1954, 388 mit Anm *Böhle-Stamschräder* S 389; *BGH* ZIP 1998, 263.
108 *BGH* NJW 1969, 1719.
109 *BGH* ZIP 2007, 1123 Rn 27.
110 *BGH* ZIP 2004, 671. Vgl zu alledem auch *K/P/B/Bork* § 133 Rn 47.
111 *BGH* ZIP 2014, 35 Rn 13 ff.
112 *BGH* ZIP 2004, 2196, insoweit in *BGHZ* 160, 259 nicht abgedr; *LG Stendal* ZInsO 2009, 1308 f.

Betracht.[113] Ein Benachteiligungsvorsatz ist regelmäßig auch zu bejahen, wenn Schu und Gl eine durch die Zahlungsunfähigkeit des Schu aufschiebend bedingte Sicherungsübertragung vereinbaren. Beide wirken hier zu dem Zweck zusammen, dem Sicherungsnehmer das Sicherungsgut zu verschaffen und es damit den übrigen Gl zu entziehen.[114]

27 Die Rechtsprechung hat mit Recht auch klargestellt, dass das Beweisanzeichen für den Vorsatz bei **Kenntnis des Schu von der (drohenden) Zahlungsunfähigkeit** und damit bei einem Bewusstsein, infolge der Leistung nicht alle Gl befriedigen zu können, auch in den Fällen einer kongruenten Deckung eingreift.[115] Daran ändert auch Abs 3 S 1 richtigerweise nichts (unten Rn 39). Dies ist unabhängig davon, ob der Schu mit der Deckung den Gl von einer Vollstreckung oder einem Insolvenzantrag abhalten wollte.[116] Ein überschießendes Ziel der Deckungshandlung ist daher nicht zwingend erforderlich. Ein **unlauteres Zusammenwirken** zwischen Schu und Gl ist auch für die Anf kongruenter Deckungsgeschäfte **nicht erforderlich**.[117] Darauf kommt es nur an, wenn ein Bargeschäft gegeben ist, § 142 Abs 1. Auch bei Einschaltung von **Leistungsmittlern** hat das Merkmal der Unlauterkeit keine eigenständige Bedeutung.[118] Vielmehr genügt auch iF kongruenter Deckung für den Benachteiligungsvorsatz dolus eventualis.[119] Allerdings ist die Feststellung des Vorsatzes auch jenseits des Abs 3 und des § 142 Abs 1 insb dann problematisch, wenn die kongruente Gegenleistung zur Fortführung des Unternehmens des Schu nötig ist und damit den Gl im Allgemeinen nützt (genauer zu Sanierungsbemühungen noch u Rn 34);[120] dh es kann bspw bei „bescheidenen" Lohnzahlungen, die ersichtlich der Aufrechterhaltung des Betriebes dienen, uU ein Benachteiligungsvorsatz zu verneinen sein,[121] doch anders mag es uU liegen, wenn diese Zahlungen bei Kenntnis von der Zahlungsunfähigkeit gemacht werden.[122]

28 Beim **Bargeschäft und der bargeschäftsähnlichen Lage** wird es bei kongruenten Deckungen auf § 142 Abs 1 und damit auf das unlautere Handeln ankommen. Im Übrigen ist es aber schon nach § 133 Abs 1 denkbar, dass dem Schu eine gleichwohl eingetretene (mittelbare) Benachteiligung nicht bewusst geworden ist.[123] Der Schu handelt in der Regel nicht mit Vorsatz, wenn er eine **kongruente Leistung Zug um Zug gegen eine zur Fortführung seines eigenen Unternehmens unentbehrliche Gegenleistung** erbracht hat, die den Gl im Allge-

---

113 So § 131 Rn 8; *BGHZ* 155, 83 f = ZIP 2003, 1509; *BGH* ZIP 2003, 1800; 2003, 1902; 2004, 1513; 2008, 420 Rn 32; vgl auch *OLG Dresden* ZIP 2003, 1053; *Stiller* ZInsO 2002, 793.

114 *BGH* NJW 1993, 1641; ZIP 1996, 1977; 1998, 835.

115 *BGHZ* 167, 190 = ZIP 2006, 1261 Rn 14; *BGH* ZIP 2008, 420 Rn 19; 2013, 174 Rn 15; 2013, 373 Rn 25; ähnlich *OLG Celle* ZInsO 2009, 1204; differenzierend bei kongruenten Deckungen *K Schmidt/Ganter/Weinland* § 133 Rn 57, 59 ff; **aA** oder krit *Uhlenbruck/Ede/Hirte* § 133 Rn 95; *K/P/B/Bork* § 133 Rn 46–48; 7. Aufl (*Kreft*) § 133 Rn 14.

116 *BGH* NZI 2013, 253 Rn 17.

117 *BGH* ZIP 2003, 1800; 2004, 1513; 2008, 420 Rn 18; 2008, 1291 Rn 20 (Geldauflage als Einstellungsvoraussetzung); *OLG Celle* ZInsO 2009, 1204; *Kirchhof* FS Fischer, S 290 ff; *K/P/B/Bork* § 133 Rn 43; **aA** *Gottwald/M Huber* § 48 Rn 16.

118 **AA** wohl MK/*Kayser* Rn 13 m Fn 67; missverständlich *BGH* ZIP 2012, 1038 Rn 26, der von Unlauterkeit spricht, dies in *BGH* ZIP 2013, 371; 2013, 1127 aber nicht wiederholt.

119 *BGHZ* 155, 84 = ZIP 2003, 1509; *BGH* ZIP 2004, 1513; 2005, 771; 2006, 290 Rn 20; 2008, 420 Rn 18; *OLG Celle* ZInsO 2009, 1204; so Rn 16.

120 *BGH* ZIP 1997, 1553 mwN; NZI 2009, 723; *K/P/B/Bork* § 133 Rn 42.

121 *LAG Schleswig-Holstein* 10.11.2011 – 5 Sa 227/11 Rn 42 – juris; Revision zurückgewiesen durch *BAGE* 147, 172 = ZIP 2014, 628.

122 **AA** *LAG Schleswig-Holstein* 10.11.2011 – 5 Sa 227/11 Rn 42 – juris; Revision zurückgewiesen durch *BAGE* 147, 172 = ZIP 2014, 628.

123 *BGH* ZIP 2014, 1491 Rn 44; *Fischer* NZI 2008, 594; ähnlich *Kayser* FS Fischer, S 280.

meinen nützt.[124] Selbst wenn eine bargeschäftsähnliche Situation vorliegt, wird sich der Schu der eintretenden mittelbaren Gläubigerbenachteiligung jedoch gleichwohl bewusst werden, wenn er weiß, dass er trotz Belieferung zu marktgerechten Preisen fortlaufend unrentabel arbeitet und deshalb bei der Fortführung seines Geschäfts mittels der durch bargeschäftsähnliche Handlungen erworbenen Gegenstände weitere Verluste anhäuft, die die Befriedigungsaussichten der Gl weiter mindern, ohne dass auf längere Sicht Aussicht auf Ausgleich besteht.[125] Das Problem besteht dann bei der Kenntnis des Gl, der von unrentablen Arbeitsweise Kenntnis haben muss.[126] Die Rspr äußert sich, wie das Urteil v 12.2.2015 belegt,[127] nicht immer deutlich, ob noch Unterschiede zwischen einem Bargeschäft und einer „bargeschäftsähnlichen Lage" bestehen.[128] Richtigerweise sollte die Rspr keine unterschiedlichen Maßstäbe an das Bargeschäft anliegen; der entscheidende Unterschied besteht allein darin, dass das Vorliegen eines Bargeschäfts zwar indiziell gegen einen Vorsatz spricht, aber je nach Einzelfall *trotzdem* ein davon unabhängiger oder darüber hinausgehender Benachteiligungsvorsatz festgestellt werden kann.[129]

Erörtert wird die bargeschäftsähnliche Lage vor allem, aber nicht ausschließlich bei **Sanierungsversuchen**, dh wenn es um Gegenleistungen für empfangene Leistungen geht, die zur Fortführung des Unternehmens erforderlich waren und die daher auch den Gl über den Sanierungserfolg zugutekommen sollen.[130] Dazu unten Rn 34. Eine generelle Sperre des § 133 sollte man insoweit – schon wegen der Wertung des § 142 – auch bei Bargeschäften nicht einziehen: Kann festgestellt werden, dass der Schu die Benachteiligung in Kauf genommen hat, reicht dies aus, um den Vorsatz zu tragen, allerdings nicht die Unklarheit bei § 142 Abs 1. Kenntnis der Überschuldung hat keine vergleichbare starke Beweiswirkung. Selbst der Schu, der die Überschuldung kennt, dem es aber mehr auf die Erfüllung seiner Vertragspflichten als auf die Schädigung der übrigen Gl ankommt, handelt nicht mit Benachteiligungsvorsatz.[131] Diese in der Rspr gelegentlich gebrauchte Formulierung, es müsse „mehr" oder vorrangig um die Benachteiligung als um die Erfüllung der Vertragspflichten gehen, ist missverständlich und die Rspr sollte sie ebenfalls besser aufgeben. Auf ein prozentuales Überwiegen eines Motivs kommt es materiell-rechtlich nicht an;[132] entscheidend ist in prozessualer Hinsicht, ob die volle richterliche Überzeugung vom Vorsatz gewonnen werden kann. Nur daran kann es fehlen, wenn etwaige Beweisanzeichen „neutralisiert" werden. So kann es liegen, wenn der Schu **irrtümlich** annimmt, eine wirksame Verpflichtung zu erfüllen. Er unterscheidet sich in seiner subjektiven Haltung prinzipiell nicht von demjenigen, der eine kongruente Rechtshandlung vornimmt.[133] 29

ee) Inkongruente Deckung. In der Rspr zu § 31 Nr 1 KO, § 10 Abs 1 Nr 1 GesO wurde dem Umstand, dass der Schu mit der Rechtshandlung eine inkongruente Deckung gewährte (zur Inkongruenz so § 131 Rn 6 ff), in Bezug auf eine Benachteiligungsabsicht (iSv Benachteili- 30

---

124 *BGH* ZInsO 2014, 496 Rn 3; ZIP 2014, 1491 Rn 44; 2014, 1888 Rn 24; ZIP 2015, 585 Rn 22.
125 *BGH* ZIP 2015, 585 Rn 25.
126 *BGH* 4.5.2017 – IX ZR 25/16 Rn 8 ff.
127 *BGH* ZIP 2015, 585 Rn 23–25.
128 Kritisch auch *Wazlawik* NZI 2015, 324.
129 Vgl auch *K Schmidt/Ganter/Weinland* § 133 Rn 67.
130 *Uhlenbruck/Ede/Hirte* § 133 Rn 129 ff; HambKom/*Rogge/Leptien* § 133 Rn 8; wohl auch *Ganter* WM 2009, 1444. Su § 142 Rn 17.
131 Vgl *BGH* NJW 1969, 1719; ZIP 1984, 579; 1991, 809; NJW 1993, 1641; ZIP 1994, 1197; 1997, 1553; 1998, 263; 1998, 798.
132 *Thole* DZWIR 2006, 193; wie hier auch *K Schmidt/Ganter/Weinland* § 133 Rn 54 f.
133 Vgl *BGH* WM 1968, 685; ZIP 1991, 809; auch ZIP 1997, 427; 1998, 252 f; 1998, 836; MK/*Kayser* § 133 Rn 36.

gungsvorsatz) des Schu bes Bedeutung beigemessen. Nach dieser Rspr ist eine inkongruente Deckung idR ein (starkes) **Beweisanzeichen** für eine Benachteiligungsabsicht des Schu[134] (zu einer – moderaten – Veränderung der Rspr su Rn 32). Dies beruht auf dem Gedanken, dass Schu regelmäßig nicht bereit sind, anderes oder mehr zu leisten, als sie schulden.[135] Tun sie dies dennoch zugunsten eines Gl, so liegt der Verdacht nahe, dieser solle zum Nachteil der anderen Gl begünstigt werden.[136]

31 Die Rspr zu § 31 Nr 1 KO ist grds **auch für die Feststellung des Benachteiligungsvorsatzes** in § 133 Abs 1 S 1 heranzuziehen.[137] In der Lit wird demgegenüber vereinzelt argumentiert, was die Rspr mit der Beweiserleichterung hinsichtlich des Vorsatzes des Schu geleistet habe, werde für die InsO in vollem Umfang durch § 131 Abs 1 Nr 2 und 3 aufgefangen. Über diese AnfTatbestände hinaus iRd Anf nach § 133 Abs 1 S 1 noch eine Beweiserleichterung zu gewähren, sei unter der InsO allenfalls noch gerechtfertigt, wenn der Schu in dem für die Anfechtbarkeit maßgebenden Zeitpunkt bereits in Vermögensverfall geraten sei.[138] Dem ist in dieser Allgemeinheit nicht zu folgen. Zwar wird die Anf inkongruenter Deckungen, die **nicht länger als drei Monate vor dem Eröffnungsantrag** oder nach diesem Antrag gewährt oder ermöglicht wurden, in erster Linie **von § 131** erfasst. Gleichwohl wird § 133 durch § 131 nicht verdrängt, sondern ist neben dieser Norm anwendbar, weil beide Regelungen einen unterschiedlichen Schutzzweck verfolgen (Rn 4). Dies darf im Interesse eins stimmigen Systems lediglich nicht dazu führen, dass inkongruente Deckungen nach § 133 leichter anfechtbar sind als nach § 131 (so § 131 Rn 34). Dies schließt freilich eine Heranziehung der zu § 31 KO entwickelten Rspr zur indiziellen Wirkung einer inkongruenten Deckung für die Feststellung eines Benachteiligungsvorsatzes des Schu und dessen Kenntnis auf Seiten des begünstigten Gl nicht aus.

32 Die Rspr des BGH zur erleichterten VorsatzAnf lässt sich auf sämtliche Rechtshandlungen des Schu beziehen, die einem Gl eine inkongruente Deckung gewähren oder ermöglichen, gleichviel ob die Deckung innerhalb des Drei-Monats-Zeitraums des § 131 oder früher als drei Monate vor dem Eröffnungsantrag vorgenommen wird. Insb erfasst diese Rspr auch zeitlich entfernte Rechtshandlungen.[139] Die Gewährung einer inkongruenten Deckung als Beweisanzeichen für einen Benachteiligungsvorsatz des Schu kommt zudem unabhängig davon in Betracht, ob der Schu bei Vornahme der Rechtshandlung **zahlungsunfähig** war.[140] Allerdings wird die **Beweiswirkung** der Inkongruenz von der Rspr in verschiedener Weise **eingeschränkt:** So wird als Voraussetzung für eine dem InsVerw günstige Indizwirkung einer inkongruenten Deckung für einen Benachteiligungsvorsatz des Schu iSv § 133 Abs 1 zusätz-

---

134 *BGHZ* 123, 326 = ZIP 1993, 1655; 137, 283 = ZIP 1998, 262 f; 180, 98 = ZIP 2009, 922 Rn 17; *BGH* WM 1961, 388; 1961, 672; 1968, 683; ZIP 1984, 580, insoweit nicht abgedr in *BGHZ* 90, 381; *BGH* ZIP 1985, 1010; 1990, 460; 1995, 1080; 1997, 426; 1997, 855; 1997, 1510; 1998, 835; 1998, 2008, 2011; 1999, 199; 1999, 407; NJW 1999, 646; 1999, 3047; 2000, 958; ZIP 2001, 1251; 2002, 230; 2002, 1412; 2003, 1799; 2004, 1061; 2004, 1161; 2004, 1372; 2008, 706 Rn 29 ff; *OLG Brdbg* ZInsO 2013, 1257 (Arcandor – Aufwertung zur Masseverbindlichkeit).

135 *BGHZ* 137, 284 = ZIP 1998, 263; *BGH* ZIP 1997, 515; 1998, 2010; 2003, 358; 2005, 771.

136 *BGH* ZIP 1997, 515; 1998, 263; 1999, 1977, 1978; *LG Landau* ZInsO 2009, 1544; MK/*Kayser* § 133 Rn 29; *Uhlenbruck/Ede/Hirte* § 133 Rn 101.

137 *BGHZ* 157, 250 f = ZIP 2004, 322; 166, 125 = ZIP 2006, 578 Rn 40; *BGH* ZIP 2003, 1800; 2004, 1061; 2007, 1375 Rn 37 (IV ZS); WM 2008, 464 Rn 17 (VIII. ZS zu § 3 Abs 1 AnfG); *OLG Hamm* ZInsO 2010, 1007; MK/*Kayser* § 133 Rn 30; *Huber* FS Kirchhof, S 250 ff; *K Schmidt/Ganter/Weinland* § 133 Rn 47; im Erg auch *Bork* Hdb, Kap 5 Rn 27 ff, 30; *K/B/P/Bork* § 133 Rn 27 – 31; FK/*Dauernheim* § 133 Rn 13.

138 *Henckel* KS-InsO, S 838 Rn 50; differenzierter *Jaeger/Henckel* § 133 Rn 35 ff.

139 *BGH* ZIP 1997, 515.

140 *BGH* ZIP 1997, 515; 2004, 1161; vgl auch *BGH* ZIP 1998, 835.

lich das vom InsVerw zu beweisende Bewusstsein des Schu verlangt, die übrigen Gl würden infolge der Bevorzugung eines einzelnen Gl benachteiligt,[141] maW, er werde sie in absehbarer Zeit nicht mehr befriedigen können. Dieses Bewusstsein setzt zwar nicht die (drohende) Zahlungsunfähigkeit im technischen Sinne, wohl aber voraus, dass der **Schu** in eine **finanzielle Bedrängnis** geraten ist. Denn ein ungefährdeter Schu kann einem Gl eine nicht geschuldete oder eine andere als die geschuldete Leistung gewähren und eine Schuld vorzeitig zurückzahlen, ohne dass allein deshalb der Schluss auf eine Ins des Schu gerechtfertigt wäre.[142] In diese Richtung geht die nach wie vor wichtige Entsch *BGH* ZIP 1999, 406 f. Danach **kann** die **Indizwirkung einer inkongruenten Deckung entfallen**, **wenn** die Rechtshandlung zu einer Zeit vorgenommen wird, in welcher der **Schu zweifelsfrei liquide** ist, also kein Anlass besteht, an der Liquidität des Schu zu zweifeln.[143] Das hat der BGH im Jahr 2013 bestätigt.[144] Doch soll es bei der Indizwirkung bleiben, wenn schon erste **ernsthafte Zweifel** an der Zahlungsfähigkeit des Schu auftreten; das ist aber auch erforderlich.[145] **Verdächtig wird die Inkongruenz** daher schon, **wenn auf Seiten des Schu** bei Vornahme der angefochtenen Rechtshandlung **eine Zahlungsschwäche** mit dem zumindest ernsthaften Risiko bevorstehender Zahlungsstörungen oder -stockungen **bestand**, weil sich damit die Gefährdung der anderen Gl aufdrängt.[146] Deshalb begründen bereits derartige Liquiditätsrisiken und nicht erst eine materielle Ins des Schu oder auch nur seine drohende Zahlungsunfähigkeit iSv § 18 die iRd § 286 ZPO zu würdigende Indizwirkung einer inkongruenten Deckung für den Benachteiligungsvorsatz des Schu. Dann kann die Indizwirkung nur noch scheitern, wenn Umstände feststehen, die den Vorsatz in Frage stellen, weil die angefochtene Rechtshandlung von einem **„anfechtungsrechtlich unbedenklichen Willen"** geleitet war und das Bewusstsein der Benachteiligung anderer Gläubiger infolgedessen in den Hintergrund getreten ist.[147] Das kann zum Beispiel und anerkanntermaßen bei Leistungen im Rahmen eines **Sanierungskonzepts** der Fall sein (Rn 34).[148] Mit dem Rückgriff auf den „anfechtungsrechtlich unbedenklichen Willen" öffnet sich die Rspr vorsichtig einem normativen Vorsatzverständnis; das ist weiterführend, solange nicht unter Hinweis auf den vagen Begriff bestimmte Rechtshandlungen pauschalierend ausgeklammert werden. Die Rspr zum Beweisanzeichen einer inkongruenten Deckung für einen GlBenachteiligungsvorsatz des Schu ist auf das „Verschwindenlassen" eines Unternehmens ohne LiquidationsVerf (sog **Firmenbestattung**) zu übertragen.[149] In seiner **neueren Rspr** weist der BGH darauf hin, dass eine **inkongruente Deckung** für den Nachweis eines Benachteiligungsvorsatzes des Schu zwar **weiterhin** ein (mehr oder weniger gewichtiges) **Beweisanzeichen** bildet, dass dies jedoch eine Gesamtwürdigung nicht entbehrlich macht und **nicht schematisch iS einer** vom anderen Teil zu widerlegenden **Vermutung** angewandt werden darf. **Vielmehr** sind die subjektiven Voraussetzungen der VorsatzAnf vom Tatrichter **gem § 286 ZPO** unter **Würdigung**

141 Vgl *BGH* WM 1961, 388; 1961, 672; ZIP 1998, 798; vgl § 131 Rn 34.
142 Zutr *Henckel* KS-InsO, S 831 Rn 40. Vgl auch *BGHZ* 157, 254 = ZIP 2004, 323.
143 *BGH* ZInsO 2006, 371 Rn 31; *OLG Hamm* ZIP 2010, 2058, 2059 zu b, cc; MK/*Kayser* § 133 Rn 30.
144 *BGH* ZIP 2013, 2368 Rn 12 ff.
145 *BGH* ZIP 1999, 407; 2013, 2368 Rn 12.
146 *BGH* ZIP 2004, 1161; 2005, 772; vgl auch *BGH* WM 2008, 464 Rn 17 (VIII. ZS zu § 3 Abs 1 AnfG).
147 *BGH* ZIP 2004, 959.
148 *BGH* ZIP 2012, 137 Rn 11; 2012, 984 Rn 41 (Abfindungsvergleich).
149 *BGHZ* 165, 343 = ZIP 2006, 243 Rn 20.

aller maßgeblichen Umstände des Einzelfalls auf der Grundlage des Gesamtergebnisses der Verhandlung und einer etwaigen Beweisaufnahme zu prüfen.[150]

33 Von der Inkongruenz der Deckung darf **nicht unbesehen** auf einen Benachteiligungsvorsatz des Schu geschlossen werden. Die Bedeutung der Inkongruenz als Beweisanzeichen hängt vielmehr von deren **Art und Ausmaß** ab.[151] Je geringer die Inkongruenz, desto mehr tritt sie als Beweisanzeichen in ihrer Bedeutung zurück; dieses ist schon dann entkräftet, wenn Umstände feststehen, welche den Benachteiligungsvorsatz in Frage stellen.[152] Der Schluss von der Gewährung einer inkongruenten Deckung auf wenigstens bedingten Benachteiligungsvorsatz kann wegen des anfechtungsrechtlich unbedenklichen Willens (Rn 32)[153] ferner ausgeschlossen sein, wenn der Schu ausnahmsweise annimmt, er könne gleichwohl mit Sicherheit alle seine Gl befriedigen,[154] oder wenn der Gl, der einen (unanfechtbaren) Sicherungsanspruch auf Abtretung einer Forderung des Schu gegen einen Dritten hat, die erst bei Eröffnung des InsVerf ein Befriedigungsrecht gewährt hätte, nach der Abtretung von dem Dritten bereits vor VerfEröffnung befriedigt wird.[155] Auch dann, wenn ein Bauhauptunternehmer (der spätere Schu) dem Sicherungsverlangen eines Subunternehmers nach § 648a BGB nachgekommen ist, indem er sich gegenüber dem Subunternehmer in Höhe von dessen Forderung zur Abtretung von Teilen seines Werklohnanspruchs gegen den Bauherrn verpflichtete, ist die (mangels Anspruchs auf ein konkretes Sicherungsmittel zu bejahende) Inkongruenz (so § 131 Rn 21) so schwach, dass daraus allein insb wegen der Sicherungsmöglichkeiten des Hauptunternehmers und der ihm im Weigerungsfall drohenden Gefahren auf einen Benachteiligungsvorsatz des Schu nicht zu schließen ist.[156] Ferner kann eine in der Ermäßigung der Werklohnforderung des späteren Schu gegen den Verzicht auf einen Nachbesserungsanspruch des Auftraggebers liegende Inkongruenz ihre indizielle Wirkung für einen GlBenachteiligungsvorsatz des Schu verlieren, wenn der objektiv erforderliche Nachbesserungsaufwand in etwa dem Betrag entspricht, um den die Werklohnforderung ermäßigt wurde; bei einem Verhältnis der Werklohnforderung von 110 000 EUR zu einem Nachbesserungsaufwand von bis zu 25 000 EUR trifft dies indessen nicht zu.[157] Ebenso kann bei einem inkongruenten **Vergleichsschluss** ein Benachteiligungsvorsatz ausscheiden, wenn ein vom Schu gewährter Forderungsnachlass wegen der unklaren Rechtslage durch die rechtlichen Risiken der Gesamtforderung aufgewogen wird.[158] Ein Benachteiligungsvorsatz und dessen Kenntnis kann nicht allein aus dem Umstand hergeleitet werden, dass der Schu seinem Gl eine sofort bei Bestellung und nicht erst im Insolvenzfall wirksame **Sicherung** gewährt.[159] Auch eine **Halteprämie** (Retention Payment) kann zu einer Inkongruenz führen.[160] Zur Einschränkung bei **Sanierungsversuchen** sogleich Rn 34.

34 **ff) Sanierungsversuche.** Der Schluss von der Inkongruenz auf einen GlBenachteiligungsvorsatz des Schu oder von der Zahlungsunfähigkeit auf den Vorsatz kann auch dann nicht

150 *BGH* ZIP 2010, 841 Rn 18; 2013, 174 Rn 25; *BGH* 15.9.2016 – IX ZR 152/15 Rn 2; *OLG Celle* ZIP 2011, 676, 677; vgl dazu *Kayser* WM 2013, 298. Su Rn 43.
151 *BGH* WM 1969, 375.
152 *BGHZ* 180, 98 = ZIP 2009, 922 Rn 17; *BGH* ZIP 1993, 279 f; 2005, 771.
153 *BGH* ZIP 2012, 137 Rn 11; *BGH* ZIP 2012, 984 Rn 41 (**Abfindungsvergleich**).
154 *BGH* NJW 1999, 3047 mwN; 2000, 958; ZIP 2004, 1061 f.
155 *BGH* ZIP 2005, 770 f.
156 *BGH* ZIP 2005, 771; vgl bereits *BGHZ* 137, 283 f = ZIP 1998, 263 (zur 4. KreditVO der ehemaligen DDR).
157 *BGH* ZIP 2004, 1370 Rn 28 (zu § 3 Abs 1 AnfG aF); so § 131 Rn 7.
158 *BGH* ZIP 2012, 984 Rn 41 mit Anm *Mohrbutter* WuB VI A § 134 InsO 1.12; so § 134 Rn 17.
159 *BGH* ZIP 2013, 2368 Rn 18.
160 *BAG* ZIP 2014, 37 Rn 50 ff.

gerechtfertigt sein, wenn die Gewährung der (inkongruenten) Deckung den Bestandteil eines ernsthaften, letztlich aber fehlgeschlagenen **Sanierungsversuchs** bildete.[161] Zur Entkräftung des Beweisanzeichens zu fordern ist allerdings idR ein **schlüssiges**, von den erkannten und erkennbaren tatsächlichen Gegebenheiten ausgehendes realistisches **Konzept**, das mindestens in den Anfängen schon in die Tat umgesetzt ist und infolgedessen auf der Seite des Schu zur Zeit der Rechtshandlung ernsthafte und begründete Aussichten auf Erfolg rechtfertigt.[162] Einer **Umsetzung in Anfängen** bedarf es richtigerweise nicht, soweit damit Sanierungsdienstleister im Vorfeld des Vollzugs der (erfolgsversprechenden!) Restrukturierungsmaßnahme diskriminiert würden.[163] Zugegebenermaßen ließe sich mit dem Hinweis auf die bargeschäftsähnliche Lage das AnfRisiko ebenfalls sachgerecht begrenzen.[164] Zum Bargeschäftseinwand bei Sanierungsberatern § 142 Rn 7. Auch hindern im Vergleichswege ausgehandelte **unterschiedliche Befriedigungsquoten** der Gl ein ernsthaftes Sanierungskonzept nicht, weil die Berücksichtigung verkehrswertbestimmender Faktoren ihrer Forderungen bei der Festlegung der Vergleichsquote zulässig sein muss und den Gl der Abschluss des Vergleichs frei steht.[165] Ein Sanierungsversuch kann auch dann erfolgsversprechend und ernsthaft sein, wenn nicht alle Gläubiger zustimmen; eine erforderliche Quote lässt sich nur im Einzelfall festlegen.[166] **Rechtliche Risiken** können ein Sanierungskonzept wenig aussichtsreich erscheinen lassen.[167] Ein erfolgversprechender, den GlBenachteiligungsvorsatz des Schu ausschließender Sanierungsversuch kann ferner auch dann vorliegen, wenn umfangreiche Forderungsverzichte der hauptsächlichen Kreditgeber dem Schu neue Liquidität verschaffen, mittels der er in die Lage versetzt wird, seine übrigen Gl vollständig zu befriedigen.[168] Beweisanzeichen für die subjektiven Voraussetzungen der Vorsatzanfechtung (wie zB die Inkongruenz der Deckung) werden durch den Einwand eines Sanierungsversuchs indes nicht entkräftet, wenn es an jeder Darlegung zu den Inhalten und zu den Grundlagen des Sanierungskonzepts fehlt.[169] Es bedarf eines **geschlossenen** Konzepts zur

---

161 *BGHZ* 180, 98 = ZIP 2009, 922 Rn 17; *BGH* ZIP 1998, 251; 2004, 959; 2007, 1469 Rn 18; 2012, 137 Rn 11; 2013, 174 Rn 17; 2013, 894 Rn 11; *OLG Dresden* NZI 2010, 104; *OLG Düsseldorf* ZInsO 2012, 789; *LAG München* ZIP 2012, 596. Vgl *Jaeger/Henckel* 133 Rn 29–31; *Gottwald/M Huber* § 48 Rn 18; *Gehrlein* WM 2011, 581; 258; *ders* NZI 2012, 258; *Huber* ZInsO 2012, 1349; *Kayser* WM 2013, 298 f; *Priebe* ZInsO 2012, 1592; zu **Sanierungskonzepten** gem IDW S 6 aF vor dem Hintergrund der *BGH*-Rspr *Pohl* ZInsO 2011, 207; zu der Neufassung des IDW S 6 *Becker/Martin/Müller/Wobbe* DStR 2012, 981; *Prütting* ZIP 2013, 203; zur finanziellen Restrukturierung von Privat Equity-Portfoliounternehmen instruktiv *Budde* ZInsO 2010, 2251; zu den Risiken der Sanierungsberatung *Ehlers* ZInsO 2013, 105.

162 *BGH* ZIP 1984, 580; 1993, 279; 1995, 299; 1996, 1475; 1998, 251; 1999, 76; 1999, 408; 2012, 137 Rn 11; 2013, 174 Rn 17; 12.5.2016 – IX ZR 65/14 Rn 15; *OLG Hbg* ZInsO 2005, 891; *OLG Dresden* NZI 2010, 104; *OLG Düsseldorf* ZInsO 2013, 1199.

163 *Thole* ZIP 2013, 2087; *Thole/Schmidberger* BB 2014, 3, 5 f; *Lütcke* ZInsO 2013, 1991. Jetzt wohl auch *Ganter* ZIP 2015, 1413, 1416.

164 *Ganter* WM 2014, 49, 52. Vgl auch *Hirte/Fontaine* ZInsO 2017, 1817, 1823 zu Q-Cells.

165 *BGH* GWR 2011, 144 Rn 5.

166 *BGH* 12.5.2016 – IX ZR 65/14 Rn 16; *BGH* GWR 2011, 144 Rn 4.

167 Zutreffend im Ansatz *OLG Frankfurt* NZI 2017, 265, 267; *LG Frankfurt/Main* ZIP 2015, 1358, 1361 (Anfechtung der Zahlung an die Rechtsberater bei der Sanierung). Die Krux lag hier darin, dass das Sanierungskonzept – auch – an der Frage hing, ob in das Regime des SchVG 2009 optiert werden durfte, was der *BGH* in einem anderen Fall nach dem Scheitern des Konzepts bejaht hat. Andere Tendenz bei *LG Berlin* ZIP 2014, 1688, 1689. Sehr zurückhaltend *Hirte/Fontaine* ZInsO 2017, 1817 ff. Zum Ganzen *Thole* ZIP 2015, 2145.

168 *BGH* ZIP 2012, 137 Rn 13.

169 *BGH* ZIP 2012, 137 Rn 14, 15.

Bereinigung der Verbindlichkeiten.[170] Eine Begutachtung nach **IDW-Standard** oÄ ist nicht generell verlangt.[171] Die Anforderungen hängen auch von den zeitlichen Gegebenheiten ab. Der BGH hat die **Anforderungen an das Sanierungsgutachten im Urteil v 12.5.2016**[172] zusammengestellt, allerdings (im Grundsatz mit Recht) Spielraum für die tatrichterliche Einschätzung gelassen; das eigentliche praktische Problem liegt auch eher auf der Seite der Kenntnis des anderen Teils. Für das entkräftende Indiz beim Benachteiligungsvorsatz ist für die Frage der Erkennbarkeit der Ausgangslage und der Prognose der Durchführbarkeit des Sanierungsversuchs die Beurteilung durch einen unvoreingenommenen – nicht notwendigerweise unbeteiligten – branchenkundigen Fachmann maßgeblich, dem die vorgeschriebenen oder üblichen Buchhaltungsunterlagen zeitnah vorliegen. Er muss die wirtschaftliche Lage des Schu im Rahmen seiner Wirtschaftsbranche analysieren und die Krisenursachen sowie die Vermögens-, Ertrags- und Finanzlage erfassen,[173] ebenso die Rentabilität des Unternehmens in der Zukunft.[174] Das Ausmaß der Prüfungspflicht hängt auch von der Größe des Unternehmens ab.[175] Ein GlBenachteiligungsvorsatz fehlt dann, wenn der Sanierungsversuch für den Schu zwar erkennbar mit Risiken belastet ist, die Bemühungen um eine Rettung des Unternehmens jedoch ganz im Vordergrund stehen und aufgrund konkret benennbarer Umstände eine positive Prognose nachvollziehbar und vertretbar erscheint.[176] Im **Schutzschirmverfahren** muss ggf ein anderes Konzept verfolgt werden als noch vor Antragstellung. Bei einer **Umschuldung** ist das Beweisanzeichen der Kenntnis von der (drohenden) Zahlungsunfähigkeit nur dann entkräftet, wenn der Schu die sichere Erwartung haben durfte, dass die Ablöseverhandlungen in Bälde abgeschlossen, die Darlehensverbindlichkeiten mit den neu zugeführten Mitteln getilgt und die übrigen dann fälligen Zahlungspflichten erfüllt werden konnten.[177] Bei der Gewährung einer Sicherung für einen **Überbrückungskredit** kann eine GlBenachteiligungsabsicht auch dann ausgeschlossen sein, wenn der Kredit nicht die Qualität eines Sanierungsversuchs erreicht.[178] Ein Schu, der ernsthaft und mit aus seiner Sicht (wenn auch nicht objektiv) tauglichen Mitteln die Sanierung anstrebt, handelt subjektiv redlich. Er will typischerweise den Eintritt der GlBenachteiligung gerade vermeiden, nimmt sie also durchweg nicht in Kauf. Allerdings kann eine nicht fachgerechte Einleitung eines Sanierungsversuchs Rückschlüsse auf eine mangelnde Ernsthaftigkeit zulassen.[179] Überträgt der **Gründer eines Unternehmens** der finanzierenden Bank nahezu das gesamte Vermögen zur Sicherung von Krediten, handelt er auch dann nicht mit GlBenachteiligungsvorsatz, wenn seine Hoffnung, die Gründung werde erfolgreich sein, objektiv unberechtigt ist; die für die anfrechtliche Beurteilung von Sanierungskrediten entwickelten Grundsätze sind auf die Anschubfinanzierung von neu gegründeten Unternehmen nicht übertragbar.[180] Unter bestimmten, aber engen Voraussetzungen können auch (überhöhte) **Gehälter und Vergütungen von Chief Restructuring Officers** und anderen Mitgliedern der

170 *BGH* WM 2013, 763 Rn 13; 12.5.2016 – IX ZR 65/14 Rn 17.
171 *BGH* 12.5.2016 – IX ZR 65/14 Rn 19; *OLG München* NZI 2015, 611 f; *Hagemann* NZI 2014, 211.
172 *BGH* 12.5.2016 – IX ZR 65/14 Rn 18 ff.
173 *BGH* 12.5.2016 – IX ZR 65/14 Rn 18 ff; *BGH* ZIP 1998, 251; so § 129 Rn 62.
174 *BGH* 12.5.2016 – IX ZR 65/14 Rn 18.
175 *BGH* ZIP 1998, 251.
176 *BGH* ZIP 1991, 809; 1993, 279; MK/*Kayser* § 133 Rn 37, 37a.
177 *BGH* ZIP 2013, 79 Rn 15.
178 *Uhlenbruck/Ede/Hirte* § 133 Rn 139; MK/*Kayser* § 133 Rn 37a; vgl *BGH* ZIP 1998, 252.
179 *BGH* ZIP 1998, 252; vgl auch *BGH* ZIP 1996, 1475.
180 *BGHZ* 180, 98 = ZIP 2009, 922 Rn 12 – 17 gegen *OLG Dresden* WM 2007, 1889 f mit krit Anm *Edelmann* WuB VI A. § 133 InsO 1.08; vgl dazu *Gehrlein* NZI 2012, 258; *Huber* ZInsO 2012, 351 f.

Geschäftsleitung anfechtbar sein.[181] Die Vereinbarung einer **Lösungsklausel** für den Insolvenzfall kann ggf nach § 133 InsO anfechtbar sein;[182] die Rspr geht hier aber schon weitreichend von Nichtigkeit nach § 119 aus[183] (dazu § 119 Rn 4). Die Vereinbarung einer **doppelnützigen (Sanierungs-)treuhand/Doppeltreuhand** ist in der Ins des Treugebers (Gesellschafters) idR kein Fall für § 133.[184] Ausgeschlossen ist dies aber ebenso wenig wie eine Anfechtung nach § 134 gegenüber dem begünstigten Finanzierer, soweit dieser den gesicherten Kredit lediglich stehenlässt. In der Ins der Treugutgesellschaft kann insb § 135 Abs 2 in Betracht kommen, wenn das Darlehen an den Kreditgeber zurückgezahlt und dadurch der Treugeber von der Haftung befreit wird.

5. Kenntnis des anderen Teils. – a) Grundsätze. Die Anf wegen vorsätzlicher Benachteiligung der InsGl kommt nur in Betracht, wenn der „andere Teil", dh der AnfGegner, zz der Handlung (§ 140) den Vorsatz des Schu kannte. Der AnfGegner muss mithin gewusst haben, dass die Rechtshandlung des Schu dessen Gl benachteiligt und dass der Schu dies auch wollte oder in Kauf nahm.[185] Dazu ist nicht erforderlich, dass der AnfGegner alle Umstände im Einzelnen kennt, aus denen sich der Benachteiligungsvorsatz des Schu ergibt. Es reicht aus, wenn er im Allgemeinen um den Benachteiligungsvorsatz gewusst hat.[186] Die Kenntnis des AnfGegners ist grds **spiegelbildlich** in ähnlicher Weise zu beurteilen und zu ermitteln wie der Benachteiligungsvorsatz des Schu,[187] und zwar bezogen auf die gläubigerbenachteiligende Rechtshandlung, nicht die später dann tatsächlich eingetretene Benachteiligung in allen Einzelheiten.[188] Zur Besonderheit bei § 133 Abs 3 S 1 su Rn 39. Ein eigener Benachteiligungsvorsatz des AnfGegners ist nicht erforderlich;[189] zudem ist hinsichtlich der Entkräftung von Beweisanzeichen zu berücksichtigen, dass der AnfGegner nicht den gleichen Kenntnisstand hat wie der Schu (su Rn 36 f).[190] Die Kenntnis eines Vertreters oder einer vergleichbaren vom AnfGegner eingeschalteten Person, auch einer anderen, ersuchten Behörde, genügt (vgl § 130 Rn 34).[191] 35

b) Feststellung der Kenntnis und Beweisregel nach Abs 1 S 2. Grds hat der InsVerw die Kenntnis des AnfGegners zu beweisen. Dies wird ihm durch Abs 1 S 2 erleichtert. Danach wird die Kenntnis von dem Benachteiligungsvorsatz des Schu vermutet, wenn der andere Teil zz der Vornahme der Handlung **wusste**, dass die **Zahlungsunfähigkeit** des Schu **drohte** (§ 18 Abs 2) und dass die Handlung die Gl benachteiligte. Kann der InsVerw eine Kenntnis 36

---

181 Dazu *Thole/Schmidberger* BB 2014, 3 f und bei § 132 Rn 9.

182 *BGH* 12.10.2017 – IX ZR 288/14 Rn 51; *Thole* Jb. Junger Zivilrechtswissenschaftler 2008, S 267, 301 ff; zur Anfechtung bei Rückforderungsrechten bei **Unternehmensnachfolge** *Pauli* ZEV 2013, 295 f. Zur Teilanfechtung § 129 Rn 99.

183 Dazu auch *Thole* ZNER 2013, 465.

184 *BAG* ZIP 2013, 2025 Rn 64. Dazu *Thole* KTS 2014, 66.

185 *BGH* ZIP 2003, 1800; vgl *Jaeger/Henckel* KO § 31 Rn 18.

186 *BGHZ* 174, 314 = ZIP 2008, 190 Rn 34; *BGH* ZIP 2003, 495; *BGHZ* 190, 201 = ZIP 2011, 1523 Rn 25; *BGH* ZIP 2013, 2113 Rn 19.

187 Vgl *BGH* ZIP 1998, 253; NJW 1999, 3047 = ZIP 1999, 974; 2000, 958 = ZIP 2000, 83; ZIP 2012, 137 Rn 16; ZIP 2013, 2262 Rn 13; MK/*Kayser* § 133 Rn 38; *K Schmidt/Ganter/Weinland* § 133 Rn 70 mit Einschränkung für die drohende Zahlungsunfähigkeit.

188 *BGH* ZIP 2013, 2262 Rn 14; ZInsO 2014, 495 Rn 2.

189 Vgl *BGH* ZIP 1997, 427; *BGHZ* 190, 201 = ZIP 2011, 1523 Rn 28; *Gottwald/M Huber* § 48 Rn 19.

190 *BGH* GWR 2011, 144 Rn 3.

191 *BGH* ZIP 2013, 174 Rn 26; ZIP 2013, 685 Rn 4 ff (ersuchte Behörde); *Jaeger/Henckel* § 133 Rn 49; *Kilger/K Schmidt* § 31 KO Anm 5; *Uhlenbruck/Ede/Hirte* § 133 Rn 56.

des AnfGegners von einer (drohenden) Zahlungsunfähigkeit des Schu beweisen,[192] ist damit **zugleich** die **Kenntnis** des AnfGegners **von einer GlBenachteiligung** bewiesen, wenn er bei Vornahme der Rechtshandlung um weitere ungedeckte Verbindlichkeiten des Schu wusste oder mit ihnen rechnete, wovon bei einem unternehmerisch tätigen Schu idR auszugehen ist (so Rn 36).[193] Denn wer weiß, dass der Schu nicht in der Lage ist oder voraussichtlich nicht in der Lage sein wird, die bestehenden Zahlungspflichten im Zeitpunkt der Fälligkeit zu erfüllen (§ 18 Abs 2), weiß idR auch, dass die Rechtshandlung die Gl benachteiligt.[194] Die GlBenachteiligung ist nämlich nur so zu denken, dass die anderen Gl keine volle Deckung für ihre Forderungen erhalten.[195]

37 **aa) Voraussetzungen der gesetzlichen Vermutung (Abs 1 S 2).** Diese Voraussetzungen des Vermutungstatbestands, die grds der InsVerw zu beweisen hat,[196] können schon dann gegeben sein, wenn die **Verbindlichkeiten** des Schu bei dem späteren AnfGegner über einen **längeren Zeitraum** hinweg ständig in beträchtlichem Umfang **nicht ausgeglichen** wurden und jenem den Umständen nach bewusst ist, dass es noch **weitere Gl mit ungedeckten Ansprüchen** gibt.[197] Die Kenntnis vom Vorhandensein weiterer Gläubiger wird bei gewerblich tätigen Schu naheliegen;[198] der BGH scheint insofern großzügig zu sein und vermutet dann tendenziell auch die Kenntnis vom Vorhandensein gerade ungedeckter Forderungen dieser Gläubiger. Bei Vorliegen schleppenden Zahlungsverhaltens wird freilich eine entspr Kenntnis von der Zahlungsunfähigkeit nicht – widerleglich – vermutet; vielmehr handelt es sich nur um ein **Beweisanzeichen iS eines Erfahrungssatzes**,[199] das entgegen der in der BAG-Rechtsprechung geäußerten Tendenz[200] bei der **Lohnanfechtung** in gleicher Weise wie bei anderen Gl greift. Bei der Feststellung der Kenntnis des Gl von einer zumindest drohenden Zahlungsunfähigkeit ist deshalb darauf abzustellen, ob sich die schleppende, möglicherweise erst unter dem Druck einer angedrohten Zwangsvollstreckung erfolgende oder auch ganz ausbleibende Tilgung der Forderung des Gl bei einer **Gesamtbetrachtung der ihm bekannten Umstände**, insb der Art der Forderung, der Person des Schu und des Zuschnitts seines Geschäftsbetriebs als ausreichendes Indiz für eine solche Kenntnis darstellt.[201] Auch im Rahmen von § 133 kann sich der Verw auf die Vermutungswirkung der Zahlungseinstellung für die Zahlungsunfähigkeit nach § 17 Abs 2 S 2 berufen. Diese Vermutung kann nicht durch den Nachweis der Zahlungsunwilligkeit des Schu widerlegt werden; erforderlich ist

---

192 Vgl *BGHZ* 155, 85 f = ZIP 2003, 1509 f; *BGH* ZIP 2004, 671; 2009, 1235 Rn 37; 2010, 841 Rn 20.

193 Vgl *BGHZ* 155, 86 = ZIP 2003, 1510 (auch zu Anforderungen an den Gegenbeweis); *BGH* ZIP 2003, 1902; 2004, 671; 2009, 189 Rn 10; 2009, 1966 Rn 14; 2009, 2253 Rn 17; 2010, 841 Rn 21; 2012, 735 Rn 12; 2013, 228 Rn 15; *OLG Köln* ZInsO 2011, 1701, 1706.

194 *BGH* ZIP 2009, 573 Rn 16.

195 *BGH* ZIP 2008, 423 Rn 37; *Henckel* KS-InsO, S 831 Rn 40.

196 *BGH* ZIP 2003, 1800 f; *BAG* ZInsO 2012, 271 Rn 43; *BAG* ZInsO 2012, 834 Rn 41; *K/P/B/Bork* § 133 Rn 52.

197 *BGHZ* 155, 85 f = ZIP 2003, 1509; *BGH* ZIP 2004, 671; 2004, 1514; 2007, 1511 Rn 24; 2009, 1966 Rn 10; 2009, 2253 Rn 11; 25.2.2016 – IX ZR 109/15 Rn 17; *OLG Hamm* ZIP 2011, 1927; *OLG Celle* ZInsO 2012, 92; *OLG Hbg* ZInsO 2012, 493.

198 *BGHZ* 155, 84 = ZIP 2003, 1506; *BGH* ZIP 2009, 573 Rn 16; anders *OLG München* ZInsO 2017, 607 für Architekten.

199 *BGH* ZIP 2009, 1966 Rn 10; 25.2.2016 – IX ZR 109/15 Rn 17. Zurückhaltend bei der Anfechtung gegenüber Arbeitnehmern *BAG* ZIP 2014, 628 Rn 79 ff.

200 *BAG* ZIP 2014, 628 Rn 77 ff.

201 *BGH* ZIP 2009, 1966 Rn 10 unter Bezugnahme auf *Ganter* WM 2009, 1445; vgl auch *OLG Hamburg* ZInsO 2011, 1066 mit krit Anm *Henkel* S 1067.

der Nachweis der Zahlungsfähigkeit.[202] Aus eigener Anschauung gewonnenes Wissen geht dabei grundsätzlich bloßen Einschätzungen nicht näher orientierter außenstehender Dritter (in casu: Creditreform) vor.[203]

Der AnfGegner kennt die Zahlungsunfähigkeit oder die Zahlungseinstellung als komplexe Rechtsbegriffe allerdings nur, wenn er die Liquidität oder das Zahlungsverhalten des Schu wenigstens laienhaft bewerten kann.[204] Der Kenntnis von der (drohenden) Zahlungsunfähigkeit steht aber auch im Rahmen von § 133 Abs 1 S 2 die **Kenntnis von Umständen** gleich, **die zwingend auf eine** drohende oder bereits eingetretene **Zahlungsunfähigkeit hinweisen**.[205] Es genügt daher, dass der AnfGegner die tatsächlichen Umstände kennt, aus denen bei zutreffender rechtlicher Bewertung die (drohende) Zahlungsunfähigkeit zweifelsfrei folgt.[206] Das kann beispielsweise der Fall sein, wenn Forderungen öffentlich-rechtlicher Gl (Fiskus, Krankenkassen, Berufsgenossenschaft) vom Schu nicht bedient werden oder wenn auf Rechnungen für erhebliche Forderungen monatelang geschwiegen wird[207] oder auf Steuerforderungen nur unter Vollstreckungsdruck gezahlt wird.[208] Ein zahlungsfähiger Schu würde zur Vermeidung der von diesen Gl drohenden Nachteile Vorsorge treffen, dass gerade diese Forderungen noch bedient werden. Dennoch muss die Kenntnis einer über einen längeren Zeitraum jeweils um drei bis vier Wochen verspäteten Zahlung von Sozialversicherungsbeiträgen für sich genommen noch nicht genügen.[209] Allein der Abschluss einer **Ratenzahlungsvereinbarung** der Berufsgenossenschaft mit dem Schu bei erstmaligem Rückstand mit einer Beitragsschuld lässt ohne Kenntnis der gesamten Vermögenslage des Schu und das Hinzutreten weiterer objektiver Umstände (noch) nicht den Schluss auf die Kenntnis der Berufsgenossenschaft von einem Benachteiligungsvorsatz zu. Das gilt insb dann, wenn es sich bei der Beitragsschuld um eine gemessen an den Personalkosten geringe Schuld handelt, die der Schu sodann innerhalb weniger Monate vollständig ausgeglichen hat.[210] Auch nach der Entscheidung v 16.4.2015 reicht die Bitte um Ratenzahlung für sich genommen nicht, wenn sie nicht mit der Erklärung des Schu verbunden ist, seine fälligen Verbindlichkeiten nicht anders bedienen zu können.[211] Gleichwohl indiziert der Umstand und die Kenntnis davon, dasss der Schu anerkannte Forderungen nicht insgesamt ausgleichen kann, sondern auf **Ratenzahlungen** angewiesen ist, die Kenntnis der Zahlungsunfähigkeit,[212] wenngleich es auch insoweit auf die Umstände ankommt.[213] (dazu oben Rn 19). § 133 Abs 3 S 2 nF steht der Indizwirkung nicht entgegen (unten Rn 44). Entsprechendes gilt zB bei Ratenzahlungen 38

202 *BGH* ZIP 2012, 735 Rn 18 mit Anm *Höpker* EWiR 2012, 353.
203 *BGH* ZIP 2013, 228 Rn 24.
204 *BGH* ZIP 2009, 1966 Rn 10. Zurückhaltend bei der Anfechtung gegenüber Arbeitnehmern *BAG* ZIP 2014, 628 Rn 79 ff.
205 *BGH* ZIP 2004, 1514; 2007, 1511 Rn 25; 2009, 189 Rn 10; 2009, 1966 Rn 8; 2009, 2253 Rn 10; 2010, 191 Rn 26; *BGHZ* 190, 201 = ZIP 2011, 1523 Rn 32; ZIP 2012, 735 Rn 17; 2012, 1038 Rn 20; 2013, 174 Rn 25; 2013, 371 Rn 28; *OLG Düsseldorf* ZInsO 2011, 436; *OLG Hamm* ZIP 2011, 1927; *OLG Saarbrücken* ZIP 2012, 1974; *OLG Celle* ZInsO 2012, 92; *OLG Hbg* ZInsO 2012, 493; *OLG Düsseldorf* ZInsO 2012, 789.
206 *BGH* ZIP 2009, 1966 Rn 8.
207 *BGH* 25.2.2016 – IX ZR 109/15.
208 *BGH* 21.1.2016 – IX ZR 32/14 Rn 14 ff.
209 *BGH* ZIP 2013, 2318 Rn 13.
210 *LG Mannheim* NZI 2012, 849 mit Anm *Cymutta* NZI 2012, 831.
211 *BGH* ZIP 2015, 898 Rn 3 f.; *OLG Hamm* ZInsO 2014, 2437.
212 *OLG Frankfurt* ZInsO 2014, 554, 557. So auch im Erg *BGH* ZIP 2015, 898 Rn 4. Vgl auch *OLG Karlsruhe* ZIP 2014, 934, 936.
213 *BGH* 14.7.2016 – IX ZR 188/15 Rn 17.

im Lizenzbereich.[214] Die Notwendigkeit einer konkreten Würdigung aller Umstände besteht gleichermaßen, wenn der Schu auf eine **relativ geringfügige Forderung** erst aufgrund mehrerer Mahnungen nach über einem Jahr zwei Raten zahlt und die Forderung nicht vollständig tilgt; dann kann ausnahmsweise der Schluss auf die Kenntnis der Zahlungseinstellung nicht gerechtfertigt sein.[215] Ferner genügt der Umstand, dass ein Schu auf einen rechtskräftigen Titel nicht sofort gezahlt, sondern die Forderung in drei Raten an den GV beglichen hat, für sich genommen nicht den Voraussetzungen des Abs 1 S 2, weil es keinen Erfahrungssatz gibt, wonach einem Schu, der eine Forderung in drei Raten an den GV zahlt, die Zahlungsunfähigkeit droht.[216] Das gilt auch bei einer Zahlungsvereinbarung mit dem GV über eine geringe Forderung.[217] Die Kenntnis des AnfGegners (und seiner Bevollmächtigten, § 166 BGB), dass der Schu ein **Schneeballsystem** betreibt, ist ein gewichtiges Indiz.[218] Die Nichttilgung von Mietschulden hat einen etwas geringeren Beweiswert als die Nichttilgung „gefährlicher", dh im Zweifel öffentlich-rechtlicher Forderungen, insb auch von Sozialversicherungsbeiträgen.[219] Der Umstand, dass der AnfGegner eine dem Schu nahestehende Person ist, kann berücksichtigt werden, Abs 4 ist insoweit nicht abschließend. **Beweist der InsVerw**, dass der AnfGegner **Umstände** (Tatsachen) kannte, die zwingend auf eine drohende Zahlungsunfähigkeit hindeuteten, war nach früherer höchstrichterlicher Rspr widerleglich zu vermuten, dass er auch die drohende Zahlungsunfähigkeit und die Benachteiligung der Gl kannte (so Rn 16).[220] In seiner **neueren Rspr** sieht der BGH in solchen Tatsachen nur mehr oder weniger gewichtige **Beweisanzeichen**, die eine Gesamtwürdigung nicht entbehrlich machen und **nicht schematisch** iS einer vom anderen Teil zu widerlegenden gesetzlichen Vermutung iSd § 292 ZPO angewandt werden dürfen; vielmehr hat der Tatrichter die subjektiven Voraussetzungen der VorsatzAnf auch insoweit **gem § 286 ZPO** unter Würdigung aller maßgeblichen Umstände des Einzelfalls auf der Grundlage des Gesamtergebnisses der Verhandlung und einer etwaigen Beweisaufnahme zu prüfen.[221]

39 **bb) Beschränkung bei kongruenten Deckungen (Abs 3 S 1).** Nach Abs 3 S 1 nF soll die in § 133 Abs 1 S 2 eingezogene widerlegbare Vermutung für die Kenntnis des Gläubigerbenachteiligungsvorsatzes beschränkt werden. Danach löst nur die Kenntnis der **eingetretenen Zahlungsunfähigkeit** und der Benachteiligung eine gesetzliche Vermutung der Kenntnis

---

214 *Neumann* ZUM 2012, 959.
215 *BGH* ZIP 2015, 1549 Rn 10 f. Vgl auch *BGH* 6.7.2017 – IX ZR 178/16 Rn 18.
216 *LG Stuttgart* ZInsO 2012, 1175.
217 *BGH* 6.7.2017 – IX ZR 178/16 Rn 18.
218 *BGH* ZIP 2015, 279 Rn 14.
219 Sehr streng aber *OLG Hbg* ZInsO 2011, 1066. Zu den Sozialversicherungsbeiträgen vgl auch *BGH* ZIP 2015, 1234 Rn 15.
220 *BGH* ZIP 2003, 1801; 2003, 1902; 2004, 671; 2004, 1514; 2007, 1511 Rn 25, 26; dazu *Kübler* S 165 ff.
221 *BGH* ZIP 2009, 1966 Rn 8; 2009, 2253 Rn 11; 2010, 191 Rn 26; 2011, 1416 Rn 21; 2012, 737 Rn 27; 2012, 1422 Rn 32; 2012, 2449 Rn 7 (Nähe des AnfGegners zum Schu); 2013, 174 Rn 25, 26 (Angaben des Prozessbevollmächtigten des AnfGegners zur Liquiditätslage des späteren Schu); 2013, 371 Rn 32 (Zusammenwirken von Bank und Schu); 14.7.2016 – IX ZR 188/15 Rn 12; *OLG Düsseldorf* ZInsO 2011, 436 (Nichtzahlung von Sozialversicherungsbeiträgen); vgl auch *OLG Hbg* ZInsO 2011, 1066 mit krit Anm *Henkel* das S 1067; *OLG Saarbrücken* ZIP 2012, 1973, 1974 (Steuerrückstände); *OLG Hbg* ZInsO 2012, 493 (die Nichtausführung eines Dauerauftrages macht ebenso wie die Rückgabe einer Lastschrift deutlich, dass keine Liquidität mehr vorhanden ist); *OLG Düsseldorf* ZInsO 2012, 789 (Strafbefehl gegen Gfter des Schu wegen Vorenthaltens von Arbeitsgeld und Betrug); *LG Hbg* ZInsO 2012, 1729 (erhebliche Mietrückstände); zu Indiztatsachen und ihrer Beweiskraft im AnfProzess *M Huber* ZInsO 2012, 53; *Kayser* WM 2013, 293.

vom Benachteiligungsvorsatz aus. Das entspricht einer Forderung im Schrifttum.[222] Das schließt zunächst nicht aus, aus der nur drohenden Zahlungsunfähigkeit ein mehr oder weniger gewichtiges Indiz für den Benachteiligungsvorsatz auf Schuldnerseite zu gewinnen, denn dazu verhält sich § 133 Abs 3 S 1 nicht.[223] Auch eine drohende Zahlungsunfähigkeit ist ein Beweisanzeichen, wenngleich ein schwaches, das oft nicht für sich genommen die richterliche Überzeugung vom Vorsatz begründen kann. Auf Seiten des Anfechtungsgegners kann die Kenntnis der drohenden Zahlungsunfähigkeit weiterhin beachtlich sein, wenngleich auch insoweit ebenfalls nur als Indiz, nicht mehr über die bisherige Beweislastumkehr. Eine widerlegliche Vermutung mit der Obliegenheit des Anfechtungsgegners, das Gegenteil, dh die Nichtkenntnis zu beweisen, ist nur bei Kenntnis der eingetretenen Zahlungsunfähigkeit gegeben. Entscheidend dürfte auch nach neuem Recht sein, ob eine Kenntnis der Zahlungsunfähigkeit nach einer Gesamtbetrachtung begründet werden kann. Dafür werden weiterhin die tatsächlichen Umstände maßgeblich sein, die auf Zahlungsunfähigkeit schließen lassen wie zB geplatzte Lastschriften oder **nicht eingehaltene Ratenzahlungsvereinbarungen**[224] etc. Auch dann, wenn § 133 Abs 3 S 1 iVm § 133 Abs 1 S 2 nicht greift, weil zB die Kenntnis der eingetretenen Zahlungsunfähigkeit nicht feststeht, kann gleichwohl Kenntnis des Benachteiligungsvorsatzes ohne Anknüpfung an die Zahlungsunfähigkeit begründet werden, die Nichtgeltung der gesetzlichen prozessualen Vermutung hat – selbstverständlich – keine Sperrwirkung. Allerdings muss dann in einer Gesamtbetrachtung der Umstände die Kenntnis vom Vorsatz zur Überzeugung des Gerichts ermittelt werden, insoweit können die jeweiligen Krisenanzeichen als Indizien verwertet werden.

cc) Widerlegung der Vermutung. Wenn davon auszugehen ist, dass der AnfGegner die dro- 40
hende bzw. bei Abs 3 S 1 die eingetretene Zahlungsunfähigkeit und die Benachteiligung der GlGesamtheit kennt, **greift** mithin **die Beweisregel des § 133 Abs 1 S 2 ein.** An die Widerlegung der Vermutung sind insoweit hinsichtlich der Voraussetzungen eines ernsthaften Sanierungsversuchs nicht dieselben Anforderungen zu stellen, wie sie für den Schu gelten. Dies scheidet schon deshalb aus, weil der AnfGegner nicht über dieselben Informationen verfügt. Der AnfGegner muss **zur Entkräftung** dieser Vermutung lediglich, aber immerhin **konkrete Umstände** darlegen und beweisen, die es **nahe liegend** erscheinen lassen, **dass** ihm der **GlBenachteiligungsvorsatz** des Schu **nicht bekannt** war.[225] Der *BGH* hat im Urt v 12.5.2016 die Informationsobliegenheiten an den AnfGegner verschärft; er muss auf den erforderlichen Informationen bestehen und das Konzept muss ihm schlüssig dargelegt werden. Dazu gehören Hinweise zur Ursache der Insolvenz und zu den weiteren ungedeckten Forderungen; ein reiner Quotenvergleich wird regelmäßig keine nachhaltige Sanierung vermuten lassen.[226] Der AnfGegner handelt nicht im Bewusstsein der GlBenachteiligung, wenn der Schu plausibel darlegen kann, dass in überschaubarer Zeit mit der Wiederherstellung der uneingeschränkten Liquidität gerechnet werden kann. Hierbei kann es im Einzelfall genügen, wenn der Schu auf ausstehende Vergütungsansprüche eines bereits aufgenommenen Großauftrags verweist.[227] Von einer Wiederherstellung der Zahlungsfähigkeit kann indes nicht ausgegangen werden, wenn sich der Schu durch die Befriedigung seiner gegenwärtigen Gl der Mittel entäußert, die er zur Begleichung seiner künftigen, alsbald fällig wer-

---

222 *Bork* ZIP 2014, 797, 810; *Ganter* WM 2014, 49 f; *ders* WM 2015, 908.
223 *Thole* ZIP 2017, 401, 404 f; HambKomm/*Rogge/Leptien* Ergänzungsband 2017, § 133 Rn 68; *Klinck* DB 2016, 634, 638. Offen *K Schmidt/Ganter/Weinland* 20. Aufl (iE), § 133 Rn 61, 96.
224 *OLG Bamberg* ZIP 2017, 97.
225 *BGH* 12.5.2016 – IX ZR 65/14 Rn 24; ZIP 2007, 1511 Rn 9; GWR 2011, 144 Rn 3; *K Schmidt/Ganter/Weinland* § 133 Rn 81, 90.
226 Im Einzelnen *BGH* 12.5.2016 – IX ZR 65/14 Rn 31 ff.
227 *OLG Saarbrücken* ZIP 2012, 1973, 1974.

denden Verbindlichkeiten benötigt.[228] Die Kenntnis von einer bestehenden Zahlungsunfähigkeit des Schu entfällt auch nicht durch den Abschluss einer von dem Schu vereinbarungsgemäß bedienten Ratenzahlungsvereinbarung, wenn bei dem gewerblich tätigen Schu mit weiteren Gl zu rechnen ist, die keinen vergleichbaren Druck zur Eintreibung ihrer Forderung ausüben;[229] insoweit ist aber Abs 3 S 2 nF zu beachten (unten Rn 44). Eine **Wiederaufnahme der Zahlungen** nach Zahlungseinstellung muss alle Zahlungen erfassen; das ist vom Anfechtungsgegner zu beweisen.[230]Die Ratenzahlungsvereinbarung genügt dafür nicht.[231] Geht der AnfGegner indes von einer umfassenden, insolvenzfesten Sicherung seiner Forderung aus, scheidet eine Kenntnis vom GlBenachteiligungsvorsatz des Schu aus.[232] Anders kann dies jedoch bei kongruenten Deckungen oder Bargeschäften sein (so Rn 24). Tauscht der zahlungsunfähige Schu mit einem Gl in **bargeschäftsähnlicher Weise Leistungen** aus, kann allein aus dem Wissen über die (drohende) Zahlungsunfähigkeit nicht auf die Kenntnis geschlossen werden; das setzt voraus, dass die Belieferung für die übrigen Gl nicht von Nutzen ist, weil der Schu unrentabel arbeitet und weitere Verluste erwirtschaftet. Dies muss der Gl erkannt haben, was vom Verw darzulegen und zu beweisen ist.[233] Nach neuem Recht ist zudem § 142 Abs 1 zu beachten.

41 **dd) Feststellung der Kenntnis außerhalb der gesetzlichen Vermutung.** Für die Feststellung der Kenntnis können sämtliche Indizien herangezogen werden, die auch für die Feststellung des Benachteiligungsvorsatzes von Bedeutung sind. Es kommt nicht zwingend auf die (drohende) Zahlungsunfähigkeit und deren Kenntnis an und § 133 Abs 1 S 2, Abs 3 S 1 hat nur prozessuale Bedeutung. **Inkongruente Deckungen** können grds als **Beweisanzeichen für eine Kenntnis** des AnfGegners **vom Benachteiligungsvorsatz** des Schu gewertet werden. Nach der neueren Rspr des BGH gilt auch hier: Eine **inkongruente Deckung** bietet für den Nachweis der Kenntnis des Benachteiligungsvorsatzes des Schu zwar weiterhin ein (mehr oder weniger gewichtiges) Beweisanzeichen;[234] dieses **macht eine Gesamtwürdigung** jedoch **nicht entbehrlich** und **darf nicht schematisch iS einer** von dem anderen Teil **zu widerlegenden Vermutung angewandt** werden. Die subjektiven Voraussetzungen auf Seiten des AnfGegners hat der Tatrichter vielmehr gem § 286 ZPO unter Würdigung aller maßgeblichen Umstände des Einzelfalls auf der Grundlage des Gesamtergebnisses der Verhandlung und einer etwaigen Beweisaufnahme zu prüfen.[235] Es bestehen insoweit keine Bedenken, die zu § 31 Nr 1 KO ergangene Rspr des BGH zum Nachweis einer Benachteiligungsabsicht des Schu und deren Kenntnis auf Seiten des AnfGegners[236] (so Rn 30 f) zu übernehmen. Die Vermutungsregel des § 133 Abs 1 S 2 steht dem nicht entgegen.[237] Weiß der AnfGegner, dass ihm eine inkongruente Deckung gewährt wird, liegt darin ein starkes Beweisanzeichen

228 *BGH* ZIP 2012, 2355 Rn 19 mit Anm *Thole* NZI 2012, 965.
229 *BGH* ZIP 2013, 228 Rn 42 mit Anm *Rühle* BB 2013, 525.
230 *BGH* ZIP 2016, 173 Rn 27; 17.11.2016 – IX ZR 65/15 Rn 26.
231 *BGH* 24.3.2016 – IX ZR 242/13 Rn 9.
232 *BGH* ZInsO 2012, 1264 Rn 5.
233 *BGH* 4.5.2017 – IX ZR 285/16 Rn 8 ff.
234 *BGH* ZIP 2012, 137 Rn 10; 2012, 174 Rn 19; 2013, 2228 Rn 46; vgl *Kayser* WM 2013, 293, 296.
235 *BGH* ZIP 2010, 841 Rn 18; 2013, 174 Rn 25; 15.9.2016 – iX ZR 152/15 Rn 2; *BAG* ZIP 2011, 2372 Rn 37; *BAG* ZInsO 2012, 274 Rn 43; *BAG* ZInsO 2012, 834 Rn 41; *OLG Saarbrücken* ZIP 2012, 1974; *OLG Hbg* ZInsO 2012, 493; vgl dazu *Kayser* WM 2013, 293, 298; so Rn 34.
236 *BGHZ* 123, 320, 326 = ZIP 1993, 1655; 138, 308 = ZIP 1998, 800; *BGH* ZIP 1995, 1082; 1997, 427; 1998, 253.
237 *BGHZ* 157, 251 = ZIP 2004, 322; *BGH* ZIP 2004, 1061; ZInsO 2006, 371 Rn 31; ZIP 2010, 841 Rn 15.

dafür, dass er den Benachteiligungsvorsatz kennt.[238] Voraussetzung ist freilich, dass aus der Sicht des AnfGegners **Anlass bestand, an der Liquidität des Schu zu zweifeln**.[239] Erlangt bspw der Gl mehrere Monate nach einem von ihm gegen den Schu gestellten InsAntrag durch den Schu Befriedigung seiner Forderung und nimmt er anschließend den Antrag zurück, kann die VorsatzAnf unter dem Gesichtspunkt einer inkongruenten Deckung durchgreifen.[240] Für die Kenntnis der Inkongruenz als eines Rechtsbegriffs genügt es, wenn der AnfGegner die (tatsächlichen) Umstände kennt, bei deren Vorliegen der Rechtsbegriff der Inkongruenz erfüllt ist.[241] Dies gilt freilich nicht in allen Fällen. Veranlasst der Schu mit GlBenachteiligungsvorsatz seinen Schu (DrittSchu), unmittelbar an seinen – des Schu – Gl zu zahlen und kommt eine VorsatzAnf auch gegen den angewiesenen DrittSchu in Betracht, begründet dessen Kenntnis – anders als die Kenntnis des Gl – von der in der mittelbaren Zuwendung liegenden Inkongruenz im Valutaverhältnis zwischen Schu und DrittSchu kein Beweisanzeichen für die Kenntnis von dem GlBenachteiligungsvorsatz des Schu; vielmehr ist die Beweiswirkung im Deckungs- und Valutaverhältnis gesondert zu beurteilen.[242]

Entsprechendes gilt, wenn der Schu unter Einschaltung eines uneigennützigen Treuhänders oder eines Kreditinstituts Zahlungen an seine Gl bewirkt. In beiden Fällen ist zu beachten, dass der **Leistungsmittler bzw Zahlungsdienstleister** (Bank) selbst bei Kenntnis der Zahlungsunfähigkeit des Schu oder eines gegen ihn gestellten Eröffnungsantrags nach § 675o Abs 2 BGB verpflichtet sein kann, von dem Schu veranlasste Zahlungsaufträge durchzuführen.[243] Die bloße Kenntnis des Leistungsmittlers von der Zahlungsunfähigkeit des Schu reicht insoweit nicht aus, um die VorsatzAnf zu begründen.[244] Vielmehr verlässt der Leistungsmittler den Bereich der „neutralen **Zahlstelle**" in solchen Fällen des § 675o Abs 2 BGB erst dann, wenn er im Rahmen der Abwicklung des Zahlungsverkehrs eigene Sonderinteressen verfolgt und in eine vom Schu angestrebte GlBenachteiligung eingebunden ist, mit diesem also – beispielsweise – kollusiv zusammenwirkt.[245] Ein solches Zusammenwirken ist bspw zu bejahen bei einem im Hinblick auf die (drohende) Zahlungsunfähigkeit des Schu mit der Bank abgestimmten Zahlungsverhalten oder in Fällen, in denen die Bank nur ihr genehme Zahlungsaufträge des Schu zur Befriedigung einzelner von ihr bevorzugter Gl ausführt.[246] **Kollusion** oder Unlauterkeit sind aber auch **nicht zwingend erforderlich**. Die 42

---

238 *BGHZ* 157, 250 f = ZIP 2004, 322; 166, 125 = ZIP 2006, 578 Rn 40; 174, 314 = ZIP 2008, 188 Rn 35; *BGH* ZIP 2004, 1062; 2004, 1161; 2004, 1373; 2006, 290 Rn 23; 2007, 1375 Rn 47 (IV ZS); 2012, 2353 Rn 13; 2013, 174 Rn 37; 2013, 228 Rn 46; *OLG Köln* ZInsO 2011, 1706; MK/*Kayser* § 133 Rn 38; *Gerhardt/Kreft* Rn 514, 526; HambKomm/*Rogge/Leptien* § 133 Rn 32; FK/*Dauernheim* § 133 Rn 19.

239 *BGHZ* 157, 251 = ZIP 2004, 322; *BGH* ZIP 1999, 407; 2004, 1060, 1062; ZInsO 2006, 371 Rn 31; ZIP 2006, 957 Rn 16; 2008, 1385 Rn 19; 2010, 841 Rn 15; 2012, 2353 Rn 13; 2013, 174 Rn 37; 2013, 228 Rn 46; *OLG Hamm* ZIP 2010, 2059 zu b, cc; HambKomm/*Rogge/Leptien* § 133 Rn 32.

240 *BGH* ZIP 2012, 2353 Rn 9, 10 mit Anm *Thole* NZI 2012, 965; so § 131 Rn 8.

241 *BGH* NJW 2000, 958 = ZIP 2000, 83; ZIP 2004, 1062; 2004, 1161; 2004, 1373; 2006, 290 Rn 23.

242 *BGHZ* 174, 314 = ZIP 2008, 188 Rn 35 ff.

243 *BGHZ* 193, 129 = ZIP 2012, 1038 Rn 22 mit Anm *Jacoby* EWiR 2012, 391 und Besprechung *Ede* ZInsO 2012, 1541 ff; *Henkel* ZInsO 2012, 1934 f.; *BGH* ZIP 2013, 1127 Rn 11; ZIP 2013, 1826 Rn 24.

244 *BGHZ* 193, 129 = ZIP 2012, 1038 Rn 23; *BGH* ZIP 2013, 371 Rn 30; ZIP 2013, 1127 Rn 30. Im Ergebnis auch *Würdinger* S 155 ff. (wenngleich auf der Grundlage teleologischer Wertungen).

245 *BGHZ* 193, 129 = ZIP 2012, 1038 Rn 26; *BGH* ZIP 2013, 371 Rn 32; *BGH* 14.9.2017 – IX ZR 3/16 Rn 21.

246 Vgl zu den einzelnen Fallgruppen *BGHZ* 193, 129 = ZIP 2012, 1038 Rn 27; *BGH* ZIP 2013, 371 Rn 33. Ferner *BGH* ZIP 2013, 1127 Rn 30.

Verfolgung eigener Interessen ist ein Beweisanzeichen für die Kenntnis, aber kein materielles Erfordernis.[247] Die Rspr erkennt damit in gewisser Weise einen bargeschäftsähnlichen, unverdächtigen Charakter des Geschäfts im Verhältnis Leistungsmittler-Schu an. Die Urteile des BGH dürfen nicht dahin verstanden werden, dass stets die Verfolgung eigener Interessen des Leistungsmittlers oder dass generell ein (kollusives) Zusammenwirken von Schu und Leistungsmittler erforderlich wäre. Das anfrechtliche Haftungsrisiko des bösgläubigen Leistungsmittlers wird dadurch abgemildert, dass er den Leistungsempfänger, sofern dieser ebenfalls anfechtbar erworben hat, möglicherweise im Wege des **Gesamtschuldnerausgleichs** nach § 426 Abs 1 BGB auf Rückgewähr des mittelbar an ihn geleisteten Geldes in Anspruch nehmen kann.[248] In der **Insolvenz des Leistungsmittlers** (hier: Arbeitgeber hinsichtlich der Beiträge freiwillig Versicherter zur gesetzlichen Krankenkasse) kann die Tilgung einer fremden Schuld wegen vorsätzlicher Benachteiligung der InsGl gegenüber dem ForderungsGl angefochten werden, wenn diesem dieser Vorsatz bekannt war.[249] Durch die erfolgreiche Anfechtung gegen den Gl lebt dann dessen Forderung gegen den Leistungs-Schu wieder auf, auch wenn dieser im Drei-Personen-Verhältnis mit dem Schu nicht identisch ist.[250] S auch § 130 Rn 15.

43 Das in der Inkongruenz liegende Beweisanzeichen kann entkräftet sein, wenn der AnfGegner rechtsirrig annahm, die ihm zugestandene Deckung beanspruchen zu dürfen.[251] Bei einem inkongruenten **Vergleich**, in dem der Auftragnehmer (Schu) auf Werklohn, der Auftraggeber auf Nachbesserung verzichtet (so Rn 31), ist die Kenntnis des Auftraggebers von einem Benachteiligungsvorsatz des Schu regelmäßig ausgeschlossen, wenn der Auftraggeber die vorhandenen Mängel als derart gravierend einschätzt, dass aus seiner Sicht die mangelhafte Werkleistung durch die vereinbarte Zahlung in etwa angemessen entlohnt ist.[252] Ferner kann bei einem inkongruenten Vergleichsschluss ein Benachteiligungsvorsatz auch dann ausscheiden, wenn ein vom Schu gewährter Forderungsnachlass wegen der unklaren Rechtslage durch die rechtlichen Risiken der Durchsetzung der Gesamtforderung aufgewogen wird (so Rn 31).[253]

44 **c) Zahlungserleichterungen (Abs 3 S 2).** Eine gesetzliche Fiktion enthält § 133 Abs 3 S 2. Gewollt ist eigentlich eine Privilegierung von (Raten-)Zahlungsvereinbarungen, die aber über den Weg einer prozessualen Vermutung eingeführt wird. Danach soll zugunsten des AnfGegners widerleglich vermutet werden, dass er zur Zeit der Handlung die Zahlungsunfähigkeit des Schu nicht kannte, wenn er mit dem Schu eine Zahlungsvereinbarung getroffen oder diesem in sonstiger Weise eine Zahlungserleichterung gewährt hatte. Diese Vermutung vermutet etwas, was oft der Lebenserfahrung widerspricht. Fraglich ist, welche Bedeutung § 133 Abs 3 S 2 hat. Denn im Verhältnis zu § 133 Abs 3 S 1 InsO-RegE wird man § 133 Abs 3 S 2 als Hilfsnorm zu verstehen haben. Um sich auf die Vermutung in § 133 Abs 3 S 1 stützen zu können, muss der InsVerw aber ohnedies die Kenntnis von der Zahlungsunfähigkeit beweisen müssen, denn dies gehört zum Vermutungstatbestand. Die in § 133 Abs 3 S 2 vorgesehene Umkehr der Beweislast hat insofern überhaupt keine eigen-

---

247 *Thole* ZIP 2013, 2087 f.
248 *BGHZ* 193, 129 = ZIP 2012, 1038 Rn 15; *BGH* ZIP 2013, 371 Rn 21.
249 *BGH* ZIP 2013, 81 Rn 8 mit Anm *Birnbreier* GWR 2013, 50.
250 *BGH* ZIP 2013, 81 Rn 12.
251 Vgl *BGH* ZIP 1990, 1090, insoweit nicht abgedr in *BGHZ* 112, 136; *BGH* ZIP 1997, 427; 1998, 253.
252 *BGH* ZIP 2004, 1373.
253 *BGH* ZIP 2012, 984 Rn 41.

ständige Bedeutung.[254] Man darf die Vermutung auch nicht als Vermutung zur Wiederherstellung der Zahlungsfähigkeit verstehen, denn dies hinge auch von den übrigen Verbindlichkeiten des Schu ab und der BGH ist insoweit ohnedies streng[255].

Möglicherweise wollten die Gesetzverfasser eigentlich etwas anderes erreichen. Im RefE war noch deutlicher ausgesprochen, dass die Zahlungsvereinbarungen nicht für sich genommen genügen können, um Kenntnis von der Zahlungsunfähigkeit auszufüllen. Das ist aber nach der Rspr des BGH nichts Neues (oben Rn 19). Die nunmehr in das Gesetz aufgenommene Vermutung ist insoweit im Lichte der ohnehin beim Verw liegenden Beweislast missraten. Es bleibt bei der Indizwirkung, wenn der Schu dem Anfechtungsgegner mitgeteilt hat, dass er **wegen Zahlungsunfähigkeit** bzw der dieser zugrundeliegenden Tatsachen eine Ratenzahlungsvereinbarung oder Zahlungserleichterung begehrt. **45**

Zudem muss der Anwendungsbereich des § 133 Abs 3 S 2 präzisiert werden. Mit einer Zahlungserleichterung oder Zahlungsvereinbarung kann nur die Gewährung von verkehrsüblichen Ratenzahlungen oder eine Modifikation der bereits geltenden Zahlungsmodalitäten gemeint sein. Die Vereinbarung muss auch eingehalten worden sein. Zudem können nur die Fälle gemeint sein, in denen gerade der Anfechtungsgegner Zahlung als kongruente Deckung verlangen konnte. Der Fall, dass der InsSchu Sachleistungen schuldete (Grundstücksübertragung etc) und insoweit bspw die Fälligkeit hinausgezögert wird, ist gerade nicht erfasst, sonst könnten auch typische Vermögensverschiebungen nicht mehr adäquat erfasst werden. Auch in Fällen des § 133 Abs 4 bleibt alles beim Alten. **46**

II. Entgeltlicher Vertrag mit nahestehender Person (Abs 4)

Diese Vorschrift (bis 5.4.2017: Abs 2) begründet eine erleichterte Anfechtbarkeit von **entgeltlichen Verträgen**, die der Schu **mit** einer ihm **nahe stehenden Person** (§ 138) abgeschlossen hat[256] und durch welche die **InsGl** (§§ 38, 39; dazu § 130 Rn 10) **unmittelbar** (vgl § 129 Rn 58 ff) benachteiligt werden.[257] Die Abtretung künftiger **Ruhegeldansprüche** kann die Gl unmittelbar benachteiligen. Geht einer Vollabtretung eine Sicherungsabtretung voraus, liegt die objektive GlBenachteiligung in dem Entzug des zunächst in der künftigen Insolvenzmasse verbleibenden Vermögenskerns.[258] Bei zeitgleichem **Abschluss mehrerer Verträge** (etwa Kaufvertrag, Darlehensvertrag, Mietvertrag) beurteilt sich die unmittelbare GlBenachteiligung danach, ob sie einem einheitlichen wirtschaftlichen Zweck dienen und der Schu insgesamt für das, was er aufgibt, eine vollwertige Gegenleistung erhält.[259] Eine nur **mittelbare** Benachteiligung (vgl § 129 Rn 63) **reicht nicht** aus. Das ist bei der Bemessung des Wertes eines dinglich belasteten Grundstücks wichtig, weil insoweit nur der im ZV-Verfahren erzielbare Erlös angesetzt werden kann, nicht der Erlös, den später ein InsVerw erzielen kann oder hätte erzielen können.[260] Wie § 31 Nr 2 KO, aber anders als § 10 Abs 1 Nr 2 GesO, der alle entgeltlichen Leistungen erfasste,[261] betrifft Abs 2 seinem Wortlaut nach nur entgeltliche Verträge. Wie der **Vertragsbegriff** in § 31 Nr 2 KO ist auch der in § 133 Abs 4 **weit** **47**

---

254 *Thole* ZIP 2017, 401, 405. Im Erg wohl auch *K Schmidt/Ganter/Weinland* 20. Aufl (iE), § 133 Rn 98.

255 *BGH* 24.3.2016 – IX ZR 242/13 Rn 9. Vgl auch *K Schmidt/Ganter/Weinland* 20. Aufl (iE), § 133 Rn 98.

256 MK/*Kayser* § 133 Rn 42.

257 *BGH* ZIP 2012, 1183 Rn 28; 2013, 374 Rn 26; MK/*Kayser* § 133 Rn 44; *K/P/B/Bork* § 133 Rn 58; vgl dazu *Kayser* WM 2013, 293, 300.

258 *BGH* ZIP 2013, 374 Rn 28, 29.

259 *OLG Frankfurt/Main* ZIP 2011, 393 f.

260 *BGH* 9.6.2016 – IX ZR 153/15 Rn 19.

261 Vgl *BGHZ* 129, 240 = ZIP 1995, 1022; *BGH* ZIP 1997, 854.

auszulegen.[262] Unter ihn fallen nicht nur schuldrechtliche Vereinbarungen aller Art einschließlich der Erfüllung einer Schuld,[263] sondern auch sachenrechtliche Verträge wie Übereignungen, die Bestellung beschränkter dinglicher Rechte, güterrechtliche Verträge,[264] Erbteilungsverträge, Gesellschaftsgründungen und – bei einverständlichem Zusammenwirken zwischen Schu und Partner – auch Zwangsvollstreckungsmaßnahmen.[265]

48 **Entgeltlich** sind Verträge, wenn der Leistung des Schu eine ausgleichende Zuwendung der ihm nahe stehenden Person gegenübersteht und beide rechtlich voneinander abhängen.[266] Als entgeltlich wird herkömmlich auch die Erfüllung einer Schuld, die durch ein entgeltliches Rechtsgeschäft begründet wurde, angesehen. Das ist vor dem Hintergrund des Bestrebens, eine gegenüber Abs 1 verschärfte Insideranfechtung wegen der besonderen Einflussnahmemöglichkeiten von Insidern zu schaffen, begründbar. Hier besteht das Entgelt in der Befreiung von der Verbindlichkeit.[267] Ob die Entscheidung *BGH* ZIP 2012, 2449 Rn 7 davon abrückt, war offen;[268] mittlerweile ist der BGH wieder bei der weiten Auslegung unter Einbeziehung von Erfüllungsgeschäften.[269] Bei einem zinslosen Kredit ist nicht die Gewährung des Geldbetrages,[270] sondern nur die Zinsfreiheit unentgeltlich.[271] Die Übernahme der persönlichen Haftung für Forderungen, die durch auf dem übertragenen Grundstück lastende Grundpfandrechte gesichert sind, stellt idR eine Gegenleistung für die Übertragung dar, es sei denn, der Übernehmer ist finanziell nicht in der Lage, der übernommenen Verbindlichkeit nachzukommen.[272] Zur Abgrenzung von unentgeltlichen Leistungen iÜ su § 134 Rn 19 f.

49 Hat der InsVerw vorgetragen und ggf bewiesen, dass der Schu einen die InsGl unmittelbar benachteiligenden[273] entgeltlichen Vertrag mit einer ihm nahe stehenden Person geschlossen hat, werden der **GlBenachteiligungsvorsatz des Schu und die Kenntnis** des Vertragspartners **widerleglich vermutet**.[274] Der andere Teil, dh die nahe stehende Person als Vertragspartner und AnfGegner, hat die Ausnahmetatbestände des § 133 Abs 4 S 2 darzulegen und zu beweisen. Er muss insb beweisen, dass ihm zur Zeit des Vertragsschlusses ein Vorsatz des Schu, die InsGl zu benachteiligen, nicht bekannt war; dieser Beweis kann auch in der Form

262 *BGH* ZIP 2010, 1702 Rn 9; ZIP 2014, 1491 Rn 47; *Jaeger/Heckel* § 133 Rn 59; *K/P/B/Bork* § 133 Rn 58; HambKomm/*Rogge/Leptien* § 133 Rn 44; L/S/Z/*Zeuner* § 133 Rn 7.

263 *BGH* ZIP 1990, 460; MK/*Kayser* § 133 Rn 40; *K/P/B/Bork* § 133 Rn 58.

264 *BGH* ZIP 2010, 1702 Rn 9; 9.6.2016 – IX ZR 153/15.

265 *BGH* WM 1959, 893; im Einzelnen *Jaeger/Henckel* § 133 Rn 59; FK/*Dauernheim* § 133 Rn 23; MK/*Kayser* § 133 Rn 40; *Uhlenbruck/Ede/Hirte* § 133 Rn 16 ff; *Gottwald/M Huber* § 48 Rn 28.

266 Vgl *RGZ* 163, 359; *BGH* ZIP 2013, 374 Rn 25; *OLG Rostock* ZIP 2007, 2041 = ZInsO 2007, 715; MK/*Kayser* § 133 Rn 41; FK/*Dauernheim* § 133 Rn 24.

267 Vgl *BGHZ* 112, 138 = ZIP 1990, 1089; *BGH* ZIP 1990, 460; 1995, 1024; 2013, 374 Rn 26; *Jaeger/Henckel* § 133 Rn 60; FK/*Dauernheim* § 133 Rn 24; *Thole* Gläubigerschutz durch Insolvenzrecht, S 522. Für die Rückzahlung von Gesellschafterdarlehen *Bangha-Szabo* ZIP 2013, 1058, 1060.

268 Wie bisher aber wieder *BGH* ZIP 2013, 374 Rn 26 (Befreiung von Verbindlichkeit als Gegenleistung).

269 *BGH* 22.12.2016 – IX ZR 94/14 Rn 17.

270 *OLG Rostock* ZIP 2007, 2041 = ZInsO 2007, 715.

271 MK/*Kayser* § 133 Rn 41.

272 *BGH* ZIP 2006, 388 Rn 13.

273 Dazu im Einzelnen MK/*Kayser* § 133 Rn 44, 46; *Jaeger/Henckel* § 133 Rn 65.

274 *BGH* ZIP 1995, 1028 unter 4 zu § 10 Abs 1 Nr 2 GesO, insoweit nicht abgedr in *BGHZ* 129, 236; ZIP 2006, 387 Rn 15 zu § 3 Abs 2 AnfG; 2010, 1702 Rn 11; 2012, 2449 Rn 14; 2013, 374 Rn 30.

geführt werden, dass schon ein GlBenachteiligungsvorsatz nicht vorlag.[275] Die subjektiven Voraussetzungen sind vom Tatrichter gem § 286 ZPO unter Würdigung aller maßgeblichen Umstände des Einzelfalls auf der Grundlage des Gesamtergebnisses der Verhandlung und einer etwaigen Beweisaufnahme zu prüfen.[276] Die Widerlegung der vermuteten subjektiven Tatbestandsmerkmale, bei denen es sich um innere, dem Beweis nur eingeschränkt zugängliche Tatsachen handelt, kann regelmäßig nur mittelbar aus objektiven Tatsachen hergeleitet werden. Ein Beweis durch Zeugen kommt über bestimmt bezeichnete Tatsachen in Betracht, aus denen sich auf fehlenden Vorsatz des Schu und/oder die fehlende Kenntnis des AnfGegners schließen lässt.[277] Kann „der andere Teil" beweisen, dass der Vertrag **früher als zwei Jahre** vor dem Eröffnungsantrag (§ 139) geschlossen wurde[278] oder dass ihm zur Zeit des Vertragsschlusses (§ 140) ein **Benachteiligungsvorsatz** des Schu **nicht bekannt** war,[279] ist gem S 2 die Anf der unter S 1 fallenden Verträge nach dieser Norm ausgeschlossen. Der Beweis einer der beiden Alt genügt. Bleiben Zweifel, ob der Vertrag richtig datiert ist, geht dies zu Lasten des AnfGegners.[280]

Kann der AnfGegner den **Beweis weder** in der einen **noch** in der anderen Richtung führen, **50**
hat die Anf ohne weiteres Erfolg. Beweist der AnfGegner **nur**, dass der Vertrag **früher als zwei Jahre** vor dem Antrag auf Eröffnung des InsVerf geschlossen wurde, bleibt trotz des insoweit nicht ganz klaren Wortlauts von Abs 4 S 2 eine **Anf nach Abs 1** grds möglich.[281] Dies folgt aus dem Zweck des Abs 4, die Anfechtbarkeit gegenüber Abs 1 zu erweitern, nicht aber einzuschränken.[282] Der Anf nach Abs 1 unterliegt deshalb grds auch ein entgeltlicher Vertrag des Schu mit einer ihm nahe stehenden Person, durch welchen die InsGl nicht unmittelbar, sondern nur **mittelbar** benachteiligt werden.[283]

§ 134 Unentgeltliche Leistung

(1) Anfechtbar ist eine unentgeltliche Leistung des Schuldners, es sei denn, sie ist früher als vier Jahre vor dem Antrag auf Eröffnung des Insolvenzverfahrens vorgenommen worden.

(2) Richtet sich die Leistung auf ein gebräuchliches Gelegenheitsgeschenk geringen Werts, so ist sie nicht anfechtbar.

Übersicht

275 *BGH* ZIP 2006, 387 Rn 15 zu § 3 Abs 2 AnfG; 2010, 1702 Rn 11; 2012, 2449 Rn 14; 2013, 374 Rn 30.
276 *BGH* ZIP 2010, 1702 Rn 15.
277 *BGH* ZIP 2010, 1702 Rn 16.
278 Dazu *Jaeger/Henckel* § 133 Rn 61 ff; *Uhlenbruck/Ede/Hirte* § 133 Rn 197.
279 Dazu MK/*Kayser* § 133 Rn 45–47.
280 *Henckel* KS-InsO, S 839 Rn 54.
281 *Hess* InsR § 133 Rn 365; MK/*Kayser* § 133 Rn 5, 39; *Uhlenbruck/Ede/Hirte* § 133 Rn 194; *Jaeger/Henckel* § 133 Rn 57; *K/P/B/Bork* § 133 Rn 59.
282 Vgl BT-Drucks 12/2443, 160.
283 HambKomm/*Rogge/Leptien* § 133 Rn 48 aE.

Literatur: *Ganter* Zum Begriff der „Unentgeltlichkeit" nach § 134 InsO in Zwei-Personen-Verhältnissen, NZI 2015, 249; *Held* Die Anfechtung unentgeltlicher Leistungen gem § 134 InsO, 2016; *Kayser* Die Insolvenzanfechtung nach § 134 InsO – Ausweitung der Anfechtbarkeit von Drittleistungen?, WM 2007, 1; *Prütting* Insolvenzanfechtung wegen Unentgeltlichkeit bei Erfüllungshandlungen, KTS 2005, 253; *Thole* Grundfragen und aktuelle Problemstellungen der Anfechtung unentgeltlicher Leistungen, KTS 2011, 219.

A. Allgemeines

I. Gesetzgebungshinweise

1 Die auch heute noch unpräzise als Schenkungsanfechtung bezeichnete Anfechtung unentgeltlicher Leistungen hat Vorläufer in § 32 KO sowie in § 10 Abs 1 Nr 3 GesO. Die jetzige Fassung stimmt wörtlich mit § 149 RegE überein (BT-Drucks 12/2443, 33); der RAussch hat insoweit keine Änderung empfohlen.[1]

II. Normzweck und Systematik

2 Die Vorschrift soll die Gl entgeltlich, aber – anders als nach bisherigem Recht (§ 63 Nr 4 KO) – ggf auch unentgeltlich (§ 39 Abs 1 Nr 4) begründeter Rechte gegen die Folgen unentgeltlicher Leistungen des Schu innerhalb eines bestimmten Zeitraums vor dem Antrag auf Eröffnung des InsVerf schützen.[2] Das Interesse des Begünstigten am Bestand seines Erwerbs soll dem Recht der InsGl auf Haftungsverwirklichung weichen.[3] Die Norm bezweckt weniger die Durchsetzung des Prinzips der Gläubigergleichbehandlung. § 134 ist eine Schwestervorschrift zu § 133, weil der Anfechtungstatbestand wie auch die Vorsatzanfechtung gegen haftungsvermeidende, dem Interesse der Gesamtgläubigerschaft zuwiderlaufende Zuwendungen des Schu Vorsorge treffen will. Zugleich erweisen sich freigebige Zuwendungen als weniger schutzwürdig – und haben daher eine geringere anfrechtliche Bestandskraft[4] – als ein Erwerb, für den der Empfänger ein ausgleichendes Vermögensopfer zu erbringen hatte; dieser soll sie daher billigerweise nicht auf Kosten der Allgemeinheit der Gl behalten.[5] Die Vorschrift des § 134 erklärt sich allerdings entgegen hergebrachter Auff nicht ausschließlich aus der geringeren Bestandskraft unentgeltlichen Erwerbs auf Seiten des Leistungsempfängers, sondern zumindest auch mit Blick auf die gerade vom Schu veranlasste Zurücksetzung der Interessen seiner Gl.[6] Der Schu soll nicht Vermögen unentgeltlich weggeben dürfen, wenn (später) die Befriedigung seiner Gl nicht mehr gesichert ist. Aus diesen Gründen, die letztlich von **Billigkeitserwägungen** durchzogen sind, wird dem

1 BT-Drucks 12/7302, 56.
2 *BGH* ZIP 2011, 484 Rn 10.
3 Vgl *BGHZ* 113, 396 = ZIP 1991, 455; *BGH* ZIP 2011, 484 Rn 10.
4 BT-Drucks 12/2443, 161; *BGH* ZIP 2010, 841 Rn 9.
5 Vgl *BGHZ* 41, 301 f = WM 1964, 590 f; 58, 243 = WM 1972, 472; *BGH* ZIP 1992, 1092; 2008, 976 Rn 10 (Gewinnzusage); 2008, 1291 Rn 13 (Geldauflage als Voraussetzung für die Einstellung eines StrafVerf); 2012, 1183 Rn 37, 39 (Vertragsübernahme); MK/*Kayser* § 134 Rn 1; *Uhlenbruck/Ede/Hirte* § 134 Rn 1, 2; *Prütting* KTS 2005, 255 (verminderter Bestandsschutz jedes unentgeltlichen Rechtserwerbs); *K Schmidt/Ganter/Weinland* § 134 Rn 4.
6 *Thole* KTS 2011, 219, 222; *Thole* Gläubigerschutz, S 292 ff.

InsVerw die Möglichkeit gegeben, freigebige Zuwendungen aus dem SchuVermögen zugunsten der InsMasse auch dann rückgängig zu machen, wenn die Voraussetzungen der §§ 130–133 nicht vorliegen.[7] Bei **Doppelwirkungen einer unentgeltlichen Leistung** hat der Verwalter die Möglichkeit, die Leistungsempfänger wahlweise in Anspruch zu nehmen, sofern die übrigen Anfechtungsvoraussetzungen jeweils vorliegen.[8] Allerdings kann bei **konkurrierenden AnfAnsprüchen mehrerer InsVerw** gegen denselben Empfänger, von denen der eine AnfAnspruch auf § 130 Abs 1 (wegen mittelbarer Leistung durch den Schu, über dessen Vermögen das andere InsVerf eröffnet wurde) und der andere AnfAnspruch auf § 134 gestützt wird, die auf die mittelbare Zuwendung gestützte **DeckungsAnf** die **Anf nach § 134 ausschließen**[9] (so § 129 Rn 105). Die Rspr postuliert damit rechtsfolgenseitig einen Vorrang der Deckungsanfechtung; der in Anspruch genommene AnfGegner muss zur Abwehr des § 134 darlegen, dass gegen ihn auch ein AnfAnspruch des anderen Verw nach § 130 besteht, was mit Blick auf die Prozessrollen gewöhnungsbedürftig ist.[10] Es wäre darüber nachzudenken, ob die Anweisungsfälle nicht schon tatbestandsseitig bei § 134 ausgeklammert werden sollten, su Rn 10, § 133 und § 134 schließen sich gegenseitig nicht aus.[11]

Abs 1 weicht im Wortlaut von den bisher geltenden vergleichbaren Normen ab, indem er nicht – wie § 32 KO – unentgeltliche Verfügungen oder – wie § 10 Abs 1 Nr 3 GesO – eine unentgeltliche Übertragung von Vermögenswerten, sondern eine unentgeltliche **Leistung** des Schu für anfechtbar erklärt. Eine sachliche Änderung ist mit dieser Wortwahl nicht bezweckt.[12] Vielmehr soll sie die geltende Rechtsauffassung bestätigen und deutlich machen, „dass der Tatbestand nicht nur rechtsgeschäftliche Verfügungen im engen materiellrechtlichen Sinn erfasst",[13] sondern auch andere, verfügungsähnliche Einwirkungen auf ein subjektives Recht zu Lasten des haftenden SchuVermögens.[14] Die Leistung muss nicht notwendig rechtswirksam sein; es genügt, wenn sie den Empfänger in die Lage versetzt, das Vermögensgut tatsächlich zu nutzen und ggf weiter zu übertragen.[15] In Extremfällen kann **§ 242 BGB** die Durchsetzung des Rückgewähranspruchs hindern.[16] Die Geltendmachung der Anfechtbarkeit gegenüber einem **Rechtsnachfolger** desjenigen, dem das anfechtbar Erlangte unentgeltlich zugewendet worden ist (§ 134 InsO), ist in § 145 Abs 2 Nr 3 InsO spezialgesetzlich abschließend geregelt. § 822 BGB ist daneben nicht anwendbar.[17] 3

Über die in § 32 KO und § 10 Abs 1 Nr 3 GesO vorgesehenen Fristen hinaus erweitert Abs 1 den AnfZeitraum – wegen der geringeren Bestandskraft unentgeltlichen Erwerbs[18] – auf **vier** Jahre, wobei die Frist vom Zeitpunkt des Eröffnungsantrags und nicht – wie bisher – vom Zeitpunkt der VerfEröffnung an zurückgerechnet wird. Wegen dieser zeitlichen 4

---

7 Vgl *Mot* KO, 134 f; *Jaeger/Henckel* § 134 Rn 2, 3; *Kayser* WM 2007, 1.
8 *BGH* ZIP 2013, 223 Rn 18; *K Schmidt/Ganter/Weinland* § 130 Rn 34.
9 *BGHZ* 174, 228 = ZIP 2008, 125 Rn 23 ff (dazu *Bork* ZIP 2008, 1048 zu Nr 3.2; *M Huber* NZI 2008, 149; *ders* ZInsO 2010, 979; *Wazlawik* NZI 2010, 881 ff); *BGH* ZIP 2009, 2303 Rn 12 (dazu *M Huber* ZInsO 2010, 980); *BGH* ZIP 2013, 81 Rn 11; vgl auch *OLG Dresden* ZIP 2009, 1175 f.
10 Kritisch bereits *Thole* KTS 2011, 232; ebenso *Lütcke* ZIP 2014, 1777.
11 *BGH* ZIP 2013, 228 Rn 47.
12 *BGH* ZIP 2004, 672; 2004, 1820.
13 BT-Drucks 12/2443, 160.
14 *Henckel* KS-InsO, S 840 Rn 55.
15 *BGH* ZIP 2001, 890 (Bundesligalizenz); MK/*Kayser* § 134 Rn 5.
16 *BGHZ* 179, 137 = ZIP 2009, 186 Rn 21; *BGH* ZIP 2011, 2264 Rn 15; *KG* ZInsO 2010, 1797 zu 7; zu weit *OLG München* ZIP 2011, 240 (aufgehoben durch *BGH* ZIP 2011, 2264 Rn 15); vgl dazu *Baumert* NZI 2011, 967; su § 143 Rn 6.
17 *BGH* ZIP 2012, 1617 Rn 2. Su § 145 Rn 12.
18 *BGH* ZIP 2009, 2313 Rn 11. Su Rn 22.

Ausdehnung erschien eine **Sonderregelung** für den **Ehegatten** des Schu (§ 30 Nr 2 KO) oder ihm **nahe stehende Personen** (§ 10 Abs 1 Nr 3 GesO) **überflüssig.**[19] Durch die Fassung („... es sei denn ...") wird zum Ausdruck gebracht, dass die **Beweislast** für eine längere Frist – ähnlich wie bei § 133 Abs 2 – beim AnfGegner liegt. Damit soll auch hier dem Versuch entgegengetreten werden, durch Rückdatierungen eine Anfechtbarkeit zu vermeiden.[20]

5 Abs 2 nimmt nach dem Vorbild von § 32 Nr 1 KO – jedoch anders als § 10 Abs 1 Nr 3 GesO, der sich an § 139 RefE anlehnte – die Leistung **gebräuchlicher Gelegenheitsgeschenke** von der Anfechtbarkeit aus. Dies geschieht allerdings im Gegensatz zu § 32 Nr 1 KO nur insoweit, als sie einen **geringen Wert** haben. Damit soll der in der Rspr zu § 32 KO beobachteten „sehr weiten Auslegung" der Ausnahme für gebräuchliche Gelegenheitsgeschenke im neuen Recht vorgebeugt werden.[21]

B. Erläuterungen

I. Anfechtungsvoraussetzungen (Abs 1)

6 **1. Leistung des Schuldners.** Der Zweck des § 134 Abs 1 gebietet eine weite Auslegung des Begriffs der Leistung.[22] Darunter ist **jede Schmälerung** des SchuVermögens – auch durch **Unterlassen** (§ 129 Abs 2, so § 129 Rn 29),[23] mittelbare Zuwendungen (so § 129 Rn 41)[24] oder Verträge zugunsten Dritter[25] – zu verstehen, durch welche die **InsGl** (so § 130 Rn 10) **unmittelbar** oder **mittelbar** (so § 129 Rn 57 ff)[26] **benachteiligt** werden.[27] Der Empfänger muss umgekehrt **einen Vermögenswert** erlangen.[28] Die Leistung muss keine Schenkung iSd § 516 BGB sein; insb bedarf es keiner Einigung über die Unentgeltlichkeit (su Rn 7). Die **GlBenachteiligung folgt** idR **aus der Unentgeltlichkeit**, vorausgesetzt, die Leistung betrifft das den Gl haftende Vermögen.[29] Bei **mittelbaren Zuwendungen** reicht es aus, dass der Gegenwert für das, was über den Leistungsmittler an den Empfänger gelangt, aus dem Vermögen

19 BT-Drucks 12/2443, 161.
20 BT-Drucks 12/2443, 161; *Henckel* KS-InsO, S 840 f Rn 56; *Jaeger/Henckel* § 134 Rn 1; *K/P/B/Bork* § 134 Rn 86.
21 BT-Drucks 12/2443, 161; MK/*Kayser* § 134 Rn 2.
22 *BGH* ZIP 2012, 1183 Rn 37; 2013, 223 Rn 18.
23 *BGH* ZIP 2009, 1080 Rn 18 ff (Stehenlassen, das zur Umqualifizierung in Eigenkapital führt); FK/*Dauernheim* § 134 Rn 8; *K/PB/Bork* § 134 Rn 21; *N/R/Nerlich* § 134 Rn 27; MK/*Kayser* § 134 Rn 10; *Bork* FS Uhlenbruck, 2000, S 287 f; *Jaeger/Henckel* § 134 Rn 41.
24 *BGHZ* 156, 355 = ZIP 2003, 2309; *BGH* ZIP 2013, 223 Rn 17 mit Anm *Runge* NZI 2013, 261 (Prämienzahlung des Drittsicherheitengebers als mittelbare Leistung an den Sicherungsnehmer) *Uhlenbruck/Ede/Hirte* § 134 Rn 14; *Jaeger/Henckel* § 134 Rn 42; *K/P/B/Bork* § 134 Rn 26.
25 *BGHZ* 156, 355 = ZIP 2003, 2309 (Bezugsrecht in der Lebensversicherung); *Jaeger/Henckel* § 134 Rn 42 ff; *Uhlenbruck/Ede/Hirte* § 134 Rn 83 ff; FK/*Dauernheim* § 134 Rn 24.
26 *BGH* ZIP 2009, 1080 Rn 26; *OLG Hbg* ZIP 2001, 1334; FK/*Dauernheim* § 134 Rn 34; *K/P/B/Bork* § 134 Rn 7; vgl auch *BGH* ZIP 2012, 1183 Rn 26 mit Anm *Mohr* EWiR 2012, 565 (mittelbare GlBenachteiligung durch Aufwertung einer Insolvenzforderung zur Masseverbindlichkeit).
27 *BGHZ* 113, 395 = ZIP 1991, 455; 162, 283 = ZIP 2005, 769; *BGH* WM 1956, 704 f; ZIP 2007, 1119 Rn 14; *Jaeger/Henckel* § 134 Rn 6; MK/*Kayser* § 134 Rn 43; *K/B/P/Bork* § 134 Rn 15–32; vgl zur GlBenachteiligung *Kreft* KTS 2012, 405.
28 *OLG Frankfurt* ZIP 2011, 828; *OLG Dresden* NZI 2016, 841 (verneint für Miteigentümer eines wertausschöpfend belasteten Grundstücks bei Zahlung auf besichertes Darlehen).
29 *BGHZ* 162, 283 = ZIP 2005, 769 zu f; *Jaeger/Henckel* § 134 Rn 6; MK/*Kayser* § 134 Rn 43. Vgl auch *BGHZ* 174, 228 = ZIP 2008, 125 Rn 18 ff: Ein Dritter stellt dem Schu Mittel zur Verfügung, aus denen dieser die Schuld des – bei Leistung insolventen – Dritten gegenüber dem Leistungsempfänger begleichen soll, so § 129 Rn 41.

des Schu stammt.[30] Zu den Gl benachteiligenden Vermögensschmälerungen zählen Verfügungen iSd bürgerlichen Rechts, dh Übertragungen, Belastungen, Inhaltsänderungen und die Aufgabe von Rechten, die zum haftenden Vermögen des Schu gehören,[31] wie etwa Dereliktion mit dem Zweck, einem anderen die Aneignung zu ermöglichen;[32] ferner die Überlassung von Vermögensgegenständen zum Gebrauch,[33] aber auch der **Abschluss von Schenkungs- und sonstigen unentgeltlichen Verträgen**[34] sowie **deren Erfüllung**[35] oder Durchsetzung im Wege der **Zwangsvollstreckung**[36] und nicht rechtsgeschäftliche Handlungen, die nach §§ 946 ff BGB zur Sachverbindung, -vermischung oder -verarbeitung führen.[37] Anfrechtlich kommt es iF einer mittelbaren Zuwendung im Wege eines **Vertrages zugunsten Dritter** nicht darauf an, welche Mittel der Versprechensempfänger (Schu) aufgebracht hat, sondern welche Leistungen der Versprechende nach dem Inhalt seiner Vertragsbeziehung zum Schu bei Fälligkeitseintritt erbringen muss, maW welche Zuwendung an den Dritten der Versprechensempfänger mit den von ihm aufgewendeten Vermögenswerten „erkauft" hat; denn diese Zuwendung wird durch die Leistung an den Dritten der Masse entzogen. Für den **Lebensversicherungsvertrag** bedeutet dies, dass die anfechtbare Leistung in der dem Dritten ausbezahlten Versicherungssumme, nicht nur in der Summe der vom Schu als Versicherungsnehmer aufgebrachten Prämien zu sehen ist.[38] Daran hat sich durch die Entsch des *BGH* v 28.4.2010 (IV ZS)[39] zur Berechnung des Pflichtteilsergänzungsanspruchs bei Zuwendung einer Lebensversicherung, wie sich aus Rn 29–32 des Urt ergibt, nichts geändert.

2. Unentgeltlichkeit. – a) Zwei-Personen-Verhältnis. Unentgeltlich ist die Leistung des Schu, wenn der Empfänger (AnfGegner) für sie vereinbarungsgemäß **keine ausgleichende Gegenleistung** – sei es an den Schu, sei es an einen Dritten – zu erbringen hat,[40] genauer: wenn der Empfänger für sie oder durch sie **keine eigene Rechtsposition** aufgibt.[41] Der Aus- 7

30 *BGHZ* 174, 228 = ZIP 2008, 125 Rn 25; *BGH* ZIP 2013, 223 Rn 17.
31 *Jaeger/Henckel* § 134 Rn 33–35; MK/*Kayser* § 134 Rn 8.
32 *Uhlenbruck/Ede/Hirte* § 134 Rn 114; *Knütel* FS Eugen Bucher, Bern 2009, S 368.
33 *Jaeger/Henckel* § 134 Rn 36; MK/*Kayser* § 134 Rn 9.
34 *BGH* ZIP 2012, 1183 Rn 38 (Vertragsübernahme); MK/*Kayser* § 134 Rn 6; HambKomm/*Rogge/Leptien* § 134 Rn 3; **aA** *Jaeger/Henckel* § 134 Rn 37–39.
35 *K/P/B/Bork* § 134 Rn 47 mwN, Rn 51.
36 Vgl *Jaeger/Henckel* KO § 30 Rn 28–30 iVm *Henckel* KS-InsO, S 840 Rn 55; *Jaeger/Henckel* § 134 Rn 38 (auch zur Aufrechnung), Rn 39; *K/P/B/Bork* § 134 Rn 34 (Schu muss an der Verwirklichung der Zwangsvollstreckungsmaßnahme mitgewirkt haben).
37 *Jaeger/Henckel* § 134 Rn 40; MK/*Kayser* § 134 Rn 9; vgl auch *BGHZ* 71, 61 ff = WM 1978, 371 ff (unentgeltliche Zuwendungen an Ehegatten); zum Leistungsbegriff auch *Prütting* KTS 2005, 255.
38 *BGHZ* 156, 355 = ZIP 2003, 2309. Zum Lebensversicherungsvertrag auch *BGH* ZIP 2010, 1964 Rn 4; 2012, 636 Rn 6 ff mit Anm *M Huber* EWiR 2012, 229 (zu § 4 Abs 1 AnfG, Anf der Umwandlung einer unwiderruflichen in eine widerrufliche Bezugsberechtigung); 2012, 2409 Rn 8 ff (Anf bei gespaltenem, unwiderruflichen Bezugsrecht); 2013, 223 Rn 13 ff mit Anm *Runge* NZI 2013, 261 (Anf der Prämienzahlung auf eine sicherungshalber abgetretene Lebensversicherung); 22.10.2015 – IX ZR 248/14; *OLG Frankfurt* ZIP 2011, 1067 f; *Jaeger/Henckel* § 134 Rn 46–54; MK/*Kayser* § 134 Rn 16; *Uhlenbruck/Ede/Hirte* § 134 Rn 95 f; *Bork* Hdb, Kap 6 Rn 69 ff; *K/P/B/Bork* § 134 Rn 69 ff; HambKomm/*Rogge/Leptien* § 134 Rn 11.
39 *BGHZ* 185, 252 = NJW 2010, 3232 mit Anm *Kesseler* S 3238 und *Olzen/Metzmacher* JZ 2011, 322.
40 *BGH* ZIP 1992, 1091 f; 1993, 1173; 2001, 1249; 2004, 960; 2008, 1291 Rn 11; 2012, 1183 Rn 39; 2013, 223 Rn 25; *OLG Hamm* ZIP 2010, 2058; *K/P/B/Bork* § 134 Rn 39. Su Rn 13.
41 *BGH* ZIP 2008, 1291 Rn 13; 2012, 1183 Rn 39; näher zum Begriff der unentgeltlichen Leistung *Thole* KTS 2011, 219, 227 ff.

gleich muss keine Gegenleistung iSd § 320 BGB sein.[42] In Rspr und Lit wird eine unentgeltliche Leistung im Allgemeinen angenommen, wenn ein Vermögenswert des Schu zugunsten einer anderen Person aufgegeben wird, ohne dass dem Schu ein entspr Gegenwert zufließen soll.[43] Schon die Verpflichtung zur Gegenleistung kann insofern genügen; ggf muss der Verw sie noch durchsetzen.[44] Der genannte Grundsatz trifft auf das **Zwei-Personen-Verhältnis** zu, wenn Leistungsbeziehungen lediglich zwischen dem zuwendenden Schu und dem Empfänger bestehen.[45] Dabei muss die Gegenleistung (zum Entgeltcharakter aber su Rn 8, 9 und 14) nicht notwendig unmittelbar dem Vermögen des Leistenden zufließen. Es genügt, wenn sie ihm in anderer Weise zugute kommt und damit mittelbar auch zu seinem Vermögensschutz (und damit dem Schutz der Gläubigerbefriedigung) beiträgt.[46] Das trifft zu, wenn der leistende Schu Geld aufwendet, um sich eigene Rechtsgüter zu erhalten, etwa in der Absicht, die Verurteilung in eine Freiheits- oder Geldstrafe durch die Zahlung einer Geldauflage als Voraussetzung für die Einstellung des Strafverfahrens gem § 153a Abs 2 StPO abzuwenden.[47]

8 **b) Mehr-Personen-Verhältnis. Wird** jedoch **eine dritte Person** in den Zuwendungs- und Gegenleistungsvorgang **eingeschaltet**, kommt es nicht entscheidend darauf an, ob der Schu selbst einen Ausgleich für seine Verfügung erhalten hat. Die anfechtungsrechtliche Beurteilung folgt nicht zwingend dem Bereicherungsrecht,[48] was schon deshalb richtig erscheint, weil die Bestimmung von **Leistungsbeziehungen im Bereicherungsrecht** ihrerseits eine Kunst für sich ist und zudem das Anfechtungsrecht die notwendige Flexibilität benötigt, um gläubigerbenachteiligenden Vermögensverschiebungen Herr werden zu können. Soweit gefordert wird, § 134 InsO mit dem Bereicherungsrecht zu verzahnen,[49] geht es in der Sache vor allem um den Schutz von **Zahlungsmittlern**. Dieser Schutz wird aber bereits verwirklicht: Die Zahlung eines Schu auf ein debitorisch geführtes Girokonto seines Gl in der Ins des Schu ist nur dann als mittelbare unentgeltliche Leistung gegenüber der Bank anfechtbar, wenn der **Wille des Schu erkennbar darauf gerichtet** war, die Zahlung im Endergebnis der Bank zur Tilgung ihrer Forderung gegen den Kontoinhaber zuzuwenden;[50] zum Schutz der Zahlstelle vor einer Vorsatzanfechtung bei gesetzlichen Pflichten zur Ausführung von Zahlungsdiensten s § 133 Rn 41. **Maßgeblich** ist im Mehr-Personen-Verhältnis generell, **ob der Empfänger** seinerseits eine **Gegenleistung bzw einen Ausgleich zu erbringen** hatte; egal an wen (vgl auch Rn 9).[51] Insoweit lässt die Rspr auch solche Gegenleistungen an Dritte zu,

---

42 *BGH* ZIP 2013, 2208 Rn 9.

43 Vgl *BGHZ* 113, 101 = ZIP 1991, 37; 113, 395 f = ZIP 1991, 455; 141, 99 = ZIP 1999, 629; *BGH* ZIP 2006, 1639 Rn 7; 2007, 1118 Rn 16; 2008, 975 Rn 7; 2008, 1385 Rn 15; 2012, 1183 Rn 39; *OLG Hamm* ZIP 2010, 2058 f; *Gerhardt* ZIP 1991, 279.

44 Vgl *BGH* ZIP 2008, 1385 Rn 15 ff; ZIP 2010, 1253 Rn 8.

45 *BGHZ* 162, 279 = ZIP 2005, 767 f; *BGHZ* 174, 228 = ZIP 2008, 125 Rn 8; *BGH* ZIP 2010, 36 Rn 7; *BGH* ZIP 2012, 1183 Rn 40.

46 Noch weiter sogar *BGH* ZIP 2008, 1291 Rn 14, 15, der auch keinen mittelbaren Vermögensbezug verlangt.

47 *BGH* ZIP 2008, 1291 Rn 14, 15; *K Schmidt/Ganter/Weinland* § 134 Rn 44: aber ggf § 133.

48 Ebenso *K Schmidt/Ganter/Weinland* § 134 Rn 29

49 In diesem Sinne Habersack/Mülbert/Nobbe/Wittig/*Bitter* Bankrechtstag 2013, S 37, 88.

50 *BGH* ZIP 2015, 1545 Rn 2; *K Schmidt/Ganter/Weinland* § 134 Rn 29.

51 Vgl *RGZ* 153, 353 f; *BGHZ* 41, 301 f = WM 1964, 590 f; 141, 99 f = ZIP 1999, 629; 156, 354 = ZIP 2003, 2308 f; 162, 279 f = ZIP 2005, 768; *BGHZ* 174, 228 = ZIP 2008, 125 Rn 11; *BGH* ZIP 1983, 33; 1992, 1092; 2006, 957 Rn 10; 2006, 1639 Rn 7; 2007, 1118 Rn 16; 2008, 1385 Rn 11; 2009, 1122 Rn 6; 2010, 36 Rn 8; vgl auch *BGH* ZInsO 2013, 549 Rn 3 (Zahlung von Leasingraten für Dritten); MK/*Kayser* § 134 Rn 18; *K/P/B/Bork* § 134 Rn 26–28; *Gottwald/M Huber* § 49 Rn 12.

an denen der Schu kein eigenes wirtschaftliches Interesse hat und von denen er nicht unmittelbar profitiert; dies sollte die Rspr ggf strenger handhaben.[52] Die Gegenleistung kann darin bestehen, dass der Empfänger durch die Leistung des Schu auf fremde Schuld (die er gem § 267 Abs 2 BGB nur bei Widerspruch seines Schu ablehnen kann[53]) einen eigenen **werthaltigen** Anspruch gegen seinen Schu (den Dritten/Forderungsschuldner) verliert.[54] Trifft dies zu, kann sich die (freiwillige) Zahlung nur als eine unentgeltliche Leistung des Schu an den Dritten (nicht an den Empfänger) darstellen, wenn dieser keinen Anspruch gegen den Schu hatte. In diesem Fall ist **der Dritte** einem AnfAnspruch aus § 134 (oder einem Bereicherungsanspruch) ausgesetzt.[55]

War der Anspruch des Empfängers gegen den Dritten jedoch **wertlos**, weil der Dritte insolvent (dh über sein Vermögen das InsVerf eröffnet oder er zumindest insreif, also insb zahlungsunfähig) war, hat der Empfänger wirtschaftlich nichts verloren, also keine Gegenleistung erbracht. In diesem Fall ist die Leistung des Schu nach vielfach kritisierter[56] Auffassung der Rspr gegenüber dem **Empfänger** als unentgeltliche Verfügung (grds) anfechtbar.[57] Das gilt auch dann, wenn der Empfänger *zuvor* Leistungen an den Forderungsschuldner erbracht hatte und auch dann, wenn der Empfänger Leistungen an den zahlenden Schu erbracht hatte, ohne dazu verpflichtet gewesen zu sein.[58] Neben § 134 kann auch eine Anfechtung ggü dem Dritten und Forderungsschuldner oder dem Zahlungsmittler in Betracht kommen. Es kann aber zur Entgeltlichkeit führen, wenn der Empfänger für den Erhalt der Drittzahlung **weitere Leistungen** ausreicht;[59] dann muss diese Leistung aber mit dem Erhalt unmittelbar verknüpft sein. In der Rspr zur Tilgung wertloser Forderungen liegt schon wegen des unterschiedlichen Schutzzwecks keine Umgehung von §§ 130, 131. Der Zuwendungsempfänger ist gegenüber den InsGl des Leistenden nicht schutzwürdig; denn er hätte ohne dessen Leistung, auf die er keinen Anspruch hatte, seine Forderung nicht durchsetzen können.[60] Ihm wird quasi die Befriedigung „geschenkt". In Einzelfragen bedarf die Rspr aber der Überprüfung;[61] etwa auch bei fortgesetzten Dauerschuldverhältnissen,[62] wobei die Gewährung weiterer Leistungen indes nicht rückwirkend erfolgte Zahlungen umzuqualifizieren vermag.[63] Ob in der Ins des Dritten eine **Quote** ausgeschüttet wird, ist unerheblich.[64] Das ist problematisch, wenn die im Zeitpunkt der Zahlung zu erwartende 9

52 Dazu *Thole* Gläubigerschutz durch Insolvenzrecht, S 473 ff.
53 Vgl *BGH* ZIP 2008, 1385 Rn 13; 2010, 36 Rn 8.
54 *BGHZ* 162, 280 = ZIP 2005, 768; *BGHZ* 174, 228 = ZIP 2008, 125 Rn 11; *BGH* ZIP 2006, 957 Rn 10; 2010, 36 Rn 8; *OLG Hamm* ZIP 2010, 2059.
55 *BGHZ* 162, 280 = ZIP 2005, 768; *BGH* ZIP 2004, 918 (dazu *Henckel* ZIP 2004, 1671 ff); 2006, 957 Rn 10; *OLG Hamm* ZIP 2010, 2059; MK/*Kayser* § 134 Rn 31.
56 Zuletzt *Geiger* NZI 2014, 585, 592; *B Schäfer* ZInsO 2014, 973; *Lütcke* ZIP 2014, 1769.
57 *BGHZ* 41, 302 = WM 1964, 591; 162, 280 = ZIP 2005, 768; *BGHZ* 174, 228 = ZIP 2008, 125 Rn 8; *BGH* ZIP 2006, 957 Rn 11; 2008, 232 Rn 14; 2009, 2303 Rn 8; 2010, 36 Rn 8; 2010, 1402 Rn 7; *BGHZ* 192, 221 = ZIP 2012, 280 Rn 35; ZIP 2013, 1131 Rn 6; ZIP 2014, 977 Rn 5; 25.2.2016 – IX ZR 12/14 Rn 10; *OLG Dresden* ZIP 2009, 1174; *OLG Hamm* ZIP 2010, 2059; MK/*Kayser* § 134 Rn 31a; krit *Wilk* NZI 2008, 410.
58 *BGH* ZIP 2013, 2208 Rn 11 und Nachw zuvor Fn 52.
59 Insoweit richtig *Lütcke* ZIP 2014, 1769, 1772 ff, der mE aber den Hinweis in *BGH* ZIP 2013, 2208 Rn 12 überinterpretiert.
60 *BGH* ZIP 2008, 1385 Rn 13; 2009, 1122 Rn 6; 2010, 36 Rn 8.
61 Krit *Wilk* NZI 2008, 410, der – insoweit mit Recht – auf die Marktgängigkeit notleidender Kredite hinweist; sehr krit auch *Herrlich/Merkel* WM 2010, 2344.
62 *Lütcke* ZIP 2014, 1773 für Fälle gesetzlicher Vorleistungspflichten.
63 *K Schmidt/Ganter/Weinland* § 134 Rn 50.
64 *BGH* ZIP 2009, 2303 Rn 9; 2010, 1402 Rn 7. Krit *Thole* KTS 2011, 230 f.

Quote nicht völlig vernachlässigenswert ist, die verlorene Forderung also nicht völlig entwertet war; dann müsste die Rspr (eigentlich) die Grundsätze für die teilweise unentgeltliche Leistung anwenden (su Rn 17).[65] Ohnehin kann es (ausnahmsweise) anders sein, wenn – was der AnfGegner darzulegen und zu beweisen hat[66] – dem Dritten eine werthaltige Forderung (etwa ein auf die Tilgung der Verbindlichkeit gerichteter **werthaltiger Regressanspruch** gegen den Schu) zustand, auf die der AnfGegner trotz der materiellen Ins des Dritten insbeständig hätte zugreifen können.[67] Hätte sich der Dritten durch **Aufrechnung** gegenüber dem Forderungsschuldner befriedigen können, war seine Forderung ebenfalls nicht wertlos.[68] Erst recht anders ist es, wenn der Schu mit der Zahlung an den Empfänger auf die fremde Schuld **auch eine eigene Verpflichtung** gegenüber dem Empfänger erfüllt. Dann liegt in dem Verlust gerade dieser Forderung eine ausgleichende Gegenleistung im Verhältnis Schu und Empfänger, auf die Wertlosigkeit im Verhältnis zum Dritten kommt es nicht an.[69] Keine Tilgung fremder Schulden sind mangels Erfüllungswirkung nach § 362 BGB Leistungen zur Abwendung der Vollstreckung aus einem nur vorläufig vollstreckbaren Urteil.[70] Ebenfalls nicht nach den dargestellten Grundsätzen zu behandeln sind Leistungen persönlich haftender Gesellschafter (§ 128 HGB); sie leisten insoweit auf die eigene Schuld. Daher liegt keine unentgeltliche Leistung vor.[71]

10 Die Rspr wendet die genannten Grundsätze auch im **Anweisungsfall und bei der Leistungskette** an.[72] Es soll unerheblich sein, ob der Schu gegenüber dem Dritten verpflichtet war, dessen Verbindlichkeiten gegenüber dem Empfänger zu tilgen oder ob er ein eigenes Interesse an der Leistungserbringung hatte.[73] Hat der Dritte den Schu angewiesen, die Zahlung an den Empfänger zu erbringen, ist allerdings fraglich, ob (aus der maßgeblichen Sicht des Empfängers) überhaupt eine Leistung des Schu auf die für diesen fremde Schuld vorliegt, oder ob der Empfänger die Zahlung allein als über die Mittelsperson bewirkte Leistung des Dritten auf die für diesen eigene Schuld ansieht, und ggf. als Leistung im Innenverhältnis zwischen Schu und Dritten. Zudem ist fraglich, ob die aufgegebene Schuld dann überhaupt wertlos ist, wenn der Dritte mittels Anweisung an den Schu noch die Zahlung an den Empfänger bewirken konnte. Die Rspr sollte in diesem Fall von der Anwendung des § 134 im Verhältnis Schu und Empfänger tendenziell Abstand nehmen. Damit wären auch **Konzernsachverhalte** sachgerecht zu erfassen, ohne dass es dafür aber Sonderregeln bedürfte.[74]

11 Maßgeblich für die Beurteilung der Frage, ob der Leistungsempfänger eine werthaltige Gegenleistung erbringt, ist der **Zeitpunkt** der **Vornahme der Rechtshandlung** (§ 140), mithin

65 *Thole* KTS 2011, 231.
66 *BGH* ZIP 2010, 1402 Rn 9.
67 *BGH* ZIP 2010, 36 Rn 10 f, 14; 2010, 1402 Rn 9 f.
68 *BGH* ZIP 2013, 1131 Rn 8.
69 Im Erg *BGHZ* 192, 221 = ZIP 2012, 280 Rn 35.
70 *OLG München* ZIP 2014, 2354, 2355.
71 *BGH* ZiP 2015, 2484 Rn 11.
72 Dagegen *Thole* KTS 2011, 232. Unklar der Hinweis auf die „freiwillige Drittleistung" bei *BGHZ* 192, 221 = ZIP 2012, 280 Rn 35. Für die Anwendung im Anweisungsfall MK/*Kayser* § 134 Rn 31; wohl auch *K Schmidt/Ganter/Weinland* § 134 Rn 27, 31.
73 *BGHZ* 141, 101 f = ZIP 1999, 630; 162, 282 = ZIP 2005, 768 f; 174, 228 = ZIP 2008, 125 Rn 11; *BGH* ZIP 2006, 957 Rn 14; 2006, 1362 Rn 14; 2009, 1122 Rn 6.
74 So aber tendenziell *Fichtner* KSzW 2012, 283. Umfassend zur **Anfechtung im Konzern** Flöther/*Thole* Hdb Konzerninsolvenzrecht, 2014, § 4 VII Rn 402 ff.

die Vollendung des Rechtserwerbs.[75] Hat er vertragliche **Leistungen** oder gesetzliche (zB Sozialversicherungsschutz) **bereits erbracht**, kann eine ausgleichende Gegenleistung nur nach dem Wert seiner bestehenden, aber noch nicht beglichenen Forderung bemessen werden.[76] Ist diese im Zeitpunkt der Leistung nicht werthaltig, liegt eine unentgeltliche Zuwendung vor.[77] Ist streitig, ob der Anf ein Zwei- oder ein Dreipersonenverhältnis zugrunde liegt, soll den InsVerw die **Beweislast** treffen.[78]

Die Anfechtung nach § 134 kann im Fall der **Doppelinsolvenz** von Forderungsschuldner und 12
zahlendem Dritten **wegen des Vorrangs der Deckungsanfechtung** ausgeschlossen sein.[79] Dies ist bei § 129 Rn 105 erläutert.

c) Wertvergleich. Zum Schutz der InsGl erfordert der Begriff der Unentgeltlichkeit eine 13
weite Auslegung;[80] insb wird eine Einigung über die Unentgeltlichkeit als solche nicht verlangt.[81] Unentgeltlich ist eine Leistung dann, wenn ihr **nach dem Inhalt des Rechtsgeschäfts** keine Leistung des Empfängers gegenübersteht, die dem aufgegebenen Vermögenswert entspricht.[82]

aa) Grundsatz der objektiven Beurteilung. Ob der Leistung des Schu eine ausgleichende 14
Gegenleistung des Empfängers gegenübersteht, bestimmt sich in erster Linie nach **objektiven Gesichtspunkten**.[83] Maßgeblich ist, ob sich Leistung und Gegenleistung in ihrem jeweils objektiv zu ermittelnden Wert entsprechen; subjektive Vorstellungen und Absichten von Schu und Empfänger treten demgegenüber in ihrer Bedeutung zurück.[84] **Verschleierte**

---

75 *BGHZ* 162, 281 = ZIP 2005, 768; *BGHZ* 173, 328 = ZIP 2007, 1717 Rn 55 (zum AnfG; es kommt darauf an, ob zu diesem Zeitpunkt eine angemessene Gegenleistung erfolgte oder wenigstens ausbedungen war; eine danach unentgeltliche Leistung wird nicht dadurch entgeltlich, dass die Parteien sie später in eine entgeltliche umwandeln); *BGHZ* 174, 228 = ZIP 2008, 125 Rn 10; *BGH* ZIP 1993, 1173 mwN; 2006, 957 Rn 11; 2008, 1385 Rn 12; 2009, 1122 Rn 6, 13; 2012, 1183 Rn 43; 2012, 2409 Rn 8; 2013, 223 Rn 29.

76 *BGHZ* 162, 281 f = ZIP 2005, 768; *BGHZ* 174, 228 = ZIP 2008, 125 Rn 10; *BGH* ZIP 2006, 957 Rn 10; 2008, 1385 Rn 13; 2009, 1122 Rn 6; krit *Thole* KTS 2011, 229 f; su § 143 Rn 31.

77 *BGH* ZIP 2009, 1122 Rn 6; *OLG Hamm* ZIP 2010, 2359.

78 *OLG Dresden* ZIP 2009, 1125 (von der RevisionsEntsch *BGH* ZIP 2010, 531 Rn 13 aE als nicht entscheidungserheblich offen gelassen).

79 Zuletzt *BGH* 4.2.2016 – IX ZR 42/14 Rn 16; 25.2.2016 – IX ZR 12/14 Rn 13.

80 *BGHZ* 113, 103 = ZIP 1991, 37; 113, 393, 396 = ZIP 1991, 455; 162, 280 = ZIP 2005, 768; *BGH* WM 1975, 1184; ZIP 1999, 317; 2004, 960; 2011, 484 Rn 10; 2012, 1183 Rn 37; *OLG Frankfurt* ZIP 2011, 829.

81 *BGHZ* 71, 69 = WM 1978, 373; 113, 103 = ZIP 1991, 37; 162, 280 = ZIP 2005, 768; *BGH* ZIP 1993, 1173; 2011, 484 Rn 10; MK/*Kayser* § 134 Rn 17; *K/P/B/Bork* § 134 Rn 37.

82 *BGH* ZIP 2006, 2391 Rn 15 mwN; 2008, 1291 Rn 11; vgl auch *BGH* ZIP 2014, 528 Rn 15. In *BGH* ZIP 2010, 841 Rn 9 und 2010, 1455 Rn 10 wird etwas anders formuliert: Eine unentgeltliche Leistung liegt vor, wenn ein Vermögenswert des Schu zu Gunsten einer anderen Person aufgegeben wird, ohne dass dem Schu ein entspr Gegenwert zufließen soll; ähnlich *BGH* ZIP 2011, 390 Rn 10; ZIP 2011, 484 Rn 10. So Rn 7.

83 *BGH* ZIP 2011, 484 Rn 10, 13; 2012, 1183 Rn 39; *K/P/B/Bork* § 134 Rn 42. Näher *Thole* Gläubigerschutz, S 441 ff.

84 Vgl *BGHZ* 71, 64 ff = WM 1978, 372; 113, 101 ff = ZIP 1991, 37; 113, 395 ff = ZIP 1991, 455 f; 162, 281 = ZIP 2005, 768; *BGH* ZIP 1997, 248; 2004, 960; 2006, 1362 Rn 14; 2006, 2391 Rn 15 (gerichtlicher oder außergerichtlicher Vergleich); ZIP 2008, 1292 (Geldauflage als Voraussetzung für die Einstellung eines StrafVerf); ZIP 2008, 1385 Rn 12; 2009, 1080 Rn 16. Vgl auch *BGH* ZIP 2010, 841 Rn 9, 2010, 1455 Rn 10 und 2011, 390 Rn 10: Verfügung entgeltlich, wenn der Schu für seine Leistung etwas (tatsächlich) erhalten hat, was objektiv ein Ausgleich für seine Leistung war oder jedenfalls subjektiv nach dem Willen der Beteiligten sein sollte.

Schenkungen sind nach ihrem wahren Inhalt, dh als Schenkung, zu bewerten. Ein beliebiges wirtschaftliches Interesse des Empfängers reicht zur Bejahung der Entgeltlichkeit nicht aus. Es kann allenfalls ein Indiz für Entgeltlichkeit sein, etwa dann, wenn der Schu gerade durch die von ihm gewährte Sicherheit den Sicherungsnehmer dazu veranlassen will, an den Dritten eine Gegenleistung zu erbringen; Voraussetzung ist jedoch auch hier, dass es sich um eine werthaltige Gegenleistung handelt.[85] Die **Zahlung auf eine Nichtschuld** ist idR, aber nicht zwingend unentgeltlich[86] (su Rn 20), so auch bei **Lohnzahlungen** bei einem zum Schein abgeschlossenen Arbeitsvertrag.[87] Das gilt auch bei **Zahlungen entgegen einem vereinbarten qualifizierten Rangrücktritt**, der nach Auff des BGH als vorinsolvenzliche Durchsetzungssperre zugleich ein Zahlungsverbot zugunsten der Gl darstellt. Der BGH erkennt solche Zahlungen als rechtsgrundlos an und stellt sie Zahlungen auf Nichtschulden gleich.[88] **Einseitige Vorstellungen** des Schu über mögliche wirtschaftliche Vorteile, die in keiner rechtlichen Abhängigkeit von der Leistung des Schu stehen, vermögen eine Entgeltlichkeit ebenso wenig zu begründen[89] wie die bloße Hoffnung auf eine Gegenleistung.[90] Unentgeltlich ist daher auch der Erfüllungsanspruch aus einer Gewinnzusage nach § 661a BGB gegenüber einem Verbraucher.[91] In der Rspr wurde auch ein **Irrtum des Schu über die Entgeltlichkeit** für unbeachtlich gehalten, so dass die **rechtsgrundlose Leistung** einer unentgeltlichen Leistung gleichgesetzt wird,[92] wobei es hins der GlBenachteiligung auch nicht auf den Bereicherungsanspruch (dh die Quasi-Gegenleistung) ankommen soll.[93] Daran kann man zweifeln.[94] Der BGH hat mit dem grundlegenden Urteil vom 20.4.2017 nunmehr die Unentgeltlichkeit verneint.[95] Er vertritt nunmehr einen Gleichlauf mit dem Bereicherungsrecht. Habe der Schu einen Ausgleichsanspruch nach § 812 BGB, fehle es an einer Freigebigkeit. Anders sei es, wenn ein Bereicherungsanspruch zB an § 814 BGB scheitere.

15 Der einseitige **Irrtum des Empfängers** über den objektiven Wert der von ihm erbrachten Gegenleistung oder darüber, dass sich seine Gegenleistung auf die von dem Schu erbrachte Leistung bezieht, ist für die Frage der Entgeltlichkeit der SchuLeistung ebenfalls ohne Bedeutung, und zwar selbst dann, wenn er durch den Schu hervorgerufen wurde.[96] Erst wenn feststeht, dass – objektiv betrachtet – der Schu oder ein Dritter überhaupt einen Gegenwert für die Leistung erhalten hat oder ihm eine werthaltige Leistung versprochen wurde, ist Raum für die Prüfung, ob die Beteiligten die erbrachte oder versprochene Gegenleistung als Entgelt angesehen haben oder ob mit der Leistung des Schu Freigebigkeit bezweckt war;[97] dies ist der Fall der teilweise unentgeltlichen Leistung nach Maßgabe von Rn 17. Die Entscheidung des *BGH* vom 15.9.2016 könnte allerdings ein **Abrücken von**

---

85 *BGH* ZIP 2006, 1362 Rn 14 mwN.
86 *BGH* ZIP 2011, 1425 Rn 12; vgl aber *BGH* 20.4.2017 – IX ZR 252/16 Rn 13.
87 *BAG* ZIP 2014, 2519 Rn 21.
88 *BGH* NJW 2015, 1672 = ZIP 2015, 638 Rn 46 ff.
89 *BGHZ* 113, 98, 103 f = ZIP 1991, 35, 38 (Scheingewinne); *BGH* WM 1978, 671, 674.
90 *BGH* ZIP 2008, 975 Rn 8.
91 *BGH* ZIP 2008, 975 Rn 9.
92 *BGHZ* 179, 137 = ZIP 2009, 186 Rn 7 ff; ZIP 2010, 1457 Rn 15; *BGH* ZIP 2013, 1533 Rn 21; ausdrücklich MK/*Kayser* § 134 Rn 22.
93 MK/*Kayser* § 134 Rn 22.
94 Kritisch *Thole* KTS 2011, 224; *Thole* Gläubigerschutz, S. 450. Ebenso *Ganter* NZI 2015, 249, 258.
95 *BGH* 20.4.2017 – IX ZR 252/16 Rn 13 ff; bestätigt in *BGH* 12.9.2017 – IX ZR 316/16.
96 *BGHZ* 113, 101, 103 = ZIP 1991, 37 f; 179, 137 = ZIP 2009, 186 Rn 6; *BGH* ZIP 2011, 484 Rn 10, 12; *KG* ZInsO 2010, 1796.
97 *BGHZ* 113, 397 = ZIP 1991, 455; *BGH* ZIP 1999, 317; ZInsO 2011, 183 Rn 10, 13; *Haas/Panier* EWiR 2005, 738.

dem Grundsatz der objektiven Beurteilung bedeuten. Der BGH hat für den **Fall des Doppelirrtums** angenommen, die Entrichtung eines Kaufpreises für den Kauf eines objektiv wertlosen GmbH-Anteils sei keine unentgeltliche Leistung, wenn beide Teile nach den objektiven Umständen von einem Austausch-Marktgeschäft ausgingen und hinsichtlich der Werthaltigkeit des Anteils gutgläubig waren.[98] Das lässt sich zwar insoweit billigen, als der Schu in einem solchen Fall kein „Fehlverhalten" zu Lasten der Gläubigergesamtheit an den Tag legt (oben Rn 2) und auch ein einseitiger Irrtum des Schu richtigerweise beachtlich sein kann. Die Beurteilung hängt allerdings davon ab, ob man auch bei völliger objektiver Wertlosigkeit den vom BGH als in casu nicht überschritten angesehenen Beurteilungsspielraum eröffnen möchte. Diesen Bewertungsspielraum sollte man erst einräumen, wenn objektiv ein Wert als Gegenleistung geflossen ist und es nunmehr auf die Frage der konkreten Gleichwertigkeit bzw Wertdifferenz ankommt (teilweise unentgeltliche Leistung); nicht schon dann, wenn objektiv ein Nichts als Gegenwert geleistet wird.[99]

Es ist daher nach wie vor richtigerweise zweistufig zu prüfen; **1.** objektiv, ob überhaupt 16
irgendeine nicht völlig wertlose Gegenleistung erfolgt (bzw noch aussteht und vom Verw geltend gemacht werden könnte), und bejahendenfalls **2.** subjektiv, ob die Gegenleistung Entgeltcharakter hat und ob trotz Wertinadäquanz noch von einem entgeltlichen Geschäft gesprochen werden kann. Praktisch wird damit dem Inhalt des Rechtsgeschäfts, der causa, für das Zwei-Parteien-Verhältnis durchaus das nötige Gewicht eingeräumt, denn entscheidend ist zunächst, was als mit der Leistung verknüpfte Gegenleistung geflossen ist oder vereinbart wurde. Bei Wertdiskrepanzen ist dann die Frage des Bewertungsspielraums entscheidend (die wiederum mit den Vereinbarungen zusammenhängt).[100] Wenn gar nichts an den Schu (oder im Drei-Personen-Verhältnis) an einen Dritten fließt, was objektiv einen Wert für die Gläubigerbefriedigung hat, kommt es auf die Bewertung aber gerade nicht mehr an; daher sollte die Prüfung zunächst bei diesem Punkt ansetzen (Nr 1 in der zweistufigen Prüfung).[101]

bb) Teilweise unentgeltliche Leistungen; subjektiver Beurteilungsspielraum. Subjektive 17
Vorstellungen der Beteiligten sind für die Frage der Entgeltlichkeit nur insoweit von Bedeutung, als es darum geht, ob eine Gegenleistung den Wert der Leistung des Schu erreicht.[102] Bei dieser Einschätzung steht den Beteiligten ein angemessener **Bewertungsspielraum** zu.[103] Eine **teilweise** unentgeltliche Leistung unterliegt der Anf insoweit, als deren Wert den der Gegenleistung übersteigt[104] und die Vertragsparteien den ihnen zustehenden Bewertungsspielraum überschritten haben.[105] Die subjektive Bewertung darf sich demnach nicht zu weit von den objektiven Gegebenheiten entfernen. Die in der neueren Rspr offen gebliebene Frage, ob **gemeinsame irrtümliche Wertvorstellungen** der Beteiligten entgegen der objekti-

98 *BGH* 15.9.2016 – IX ZR 220/15 Rn 22 ff. Für die objektive Bestimmung jetzt *Bork* NZI 2018, 1, 8.
99 Im Erg auch *Klinck* ZIP 2017, 1589, 1598.
100 Insoweit scheinen substanzielle Unterschiede zu der Auffassung von *Ganter* NZI 2015, 249 ff nicht zu bestehen.
101 Anders im Vorgehen, aber wohl nicht im Ergebnis *Ganter* NZI 2015, 249, 258.
102 *BGHZ* 113, 98, 102 = ZIP 1991, 35, 37; 162, 271, 281 = ZIP 2005, 767, 768; *BGH* ZIP 2004, 957, 960.
103 *BGHZ* 71, 66 = WM 1978, 372; *BGH* ZIP 1993, 1173; 1998, 838; 2004, 960; *LAG München* ZIP 2012, 594; MK/*Kayser* § 134 Rn 40; *K/P/B/Bork* § 134 Rn 40; HambKomm/*Rogge/Leptien* § 134 Rn 17.
104 *BGH* ZIP 1992, 1092. Vgl zum zutr Vergleichsmaßstab bei Mieten *OLG München* ZIP 2013, 1587.
105 *BGH* ZIP 1993, 1173; 1998, 836; 2004, 960; MK/*Kayser* § 134 Rn 41; vgl auch *LG Dresden* ZInsO 2002, 140, 141; dazu *Beck* ZInsO 2002, 516.

ven Lage eine Entgeltlichkeit der Leistung begründen können,[106] sollte – ebenso wie bei dem nur einseitigen Irrtum eines Beteiligten – verneint werden. In diesem Sinne sind die subjektiven Vorstellungen nur von nachgeordneter Bedeutung.[107] Das besagt jedoch nicht, dass der Schu immer dann, wenn die Gegenleistung ausgeblieben ist, eine unentgeltliche Leistung erbracht hat. Die Voraussetzungen der Unentgeltlichkeit lassen sich nicht ohne Berücksichtigung der mit dem AnfGegner getroffenen Abrede feststellen. Hatte der Schu danach Anspruch auf einen seine Leistung ausgleichenden Gegenwert, kann nicht schon deshalb eine unentgeltliche Leistung bejaht werden, weil er iE nichts erhalten hat (so Rn 7).[108] Besonderheiten bietet in diesem Zusammenhang der Abschluss eines **Vergleichs**. Das vergleichsweise Nachgeben eines Teils kann erst dann als unentgeltlich gewertet werden, wenn der Vergleichsinhalt den Bereich verlässt, der bei objektiver Beurteilung ernstlich zw sein kann. Innerhalb dieser Grenzen gilt die Vermutung, dass das gegenseitige Nachgeben der Beteiligten in der ungewissen Sach- und Rechtslage begründet ist und demzufolge eine unentgeltliche Leistung ausschließt. Auf eine rechnerische Gegenüberstellung des beiderseitigen Nachgebens gegenüber der jeweiligen Ausgangsposition kommt es dabei nicht an. Findet sich jedoch ein (später insolventer) Gl trotz fehlender Ungewissheit über die Sach- und Rechtslage – etwa infolge eines Liquidationsengpasses oder aus sonstigen Gründen – bereit, vergleichsweise einen Teil seiner Forderung(en) aufzugeben, ist ein solcher Vergleich idR anfechtbar, sofern seine Vorteile das Nachgeben nicht aufwiegen.[109] Die Anfechtung des Vergleichs ist zu unterscheiden von der Anfechtung einer (Dritt-)Zahlung auf eine zuvor verglichene und teilerlassene Forderung.[110] Die auf § 134 Abs 1 gestützte **Anf des Teilerlasses** ist allerdings ausgeschlossen, wenn die Wirksamkeit des von Schu und AnfGegner zuvor geschlossenen Vertrages ernsthaften Wirksamkeitsbedenken begegnet, mithin der Anspruch des Schu durch den Vergleichsabschluss erstmals auf eine rechtsverbindliche Grundlage gestellt wird.[111] Für eine InsAnf des Teilverzichts nach § 134 Abs 1 ist auch dann kein Raum, wenn die Unwirksamkeit der vorausgegangenen Verträge feststeht. Dann nämlich verzichtet der Schu nicht auf einen bestehenden Anspruch, sondern erwirbt einen solchen – wenn auch unter einschränkenden Voraussetzungen – erstmals; er steht insofern besser.[112]

18 **d) Beispiele. – aa) Fälle der Entgeltlichkeit.** Entgeltlich ist die Tilgung einer durch einen entgeltlichen Vertrag begründeten werthaltigen Verbindlichkeit[113] – die Gegenleistung ist die vom Schu erlangte Befreiung von seiner Schuld[114] –, auch die Erfüllung einer unverjährten[115] oder einer unvollkommenen Verbindlichkeit iSv §§ 762 f BGB, § 55 BörsG aF[116] und

106 Vgl *BGHZ* 113, 102 = ZIP 1991, 37; 113, 396 = ZIP 1991, 455.
107 MK/*Kayser* § 134 Rn 40; vgl auch *K/P/B/Bork* § 134 Rn 43–46.
108 *BGH* ZIP 1999, 317; *Jaeger/Henckel* § 134 Rn 10. Zur Entgeltlichkeit der Zahlung einer **Geldauflage** als Voraussetzung für die Einstellung eines StrafVerf *BGH* ZIP 2008, 1291 Rn 13 ff.
109 *BGH* ZIP 2006, 2391 Rn 15 ff; *BGH* ZIP 2012, 984 Rn 35; 25.2.2016 – IX ZR 12/14 Rn 12; *BGH* 14.9.2017 – IX ZR 108/16 Rn 36; vgl auch *Gerhardt* KTS 2004, 195, 197 ff; MK/*Kayser* § 134 Rn 40a; *Jaeger/Henckel* § 134 Rn 10; *K/P/B/Bork* § 134 Rn 78.
110 *BGH* 25.2.2016 – IX ZR 12/14 Rn 12.
111 *BGH* ZIP 2012, 984 Rn 38 mit Anm *Mohrbutter* WuB VI A § 134 1.12.
112 *BGH* ZIP 2012, 984 Rn 27.
113 Vgl *BGHZ* 41, 300 ff = WM 1964, 590 f; 112, 138 = ZIP 1990, 1089; 162, 280 = ZIP 2005, 768 mit Anm *Haas/Panier* EWiR 2005, 737; *BGH* ZIP 1992, 1092; 2004, 917 – insoweit krit *Henckel* ZIP 2004, 1674. So Rn 7.
114 *BGHZ* 41, 300 = WM 1964, 590; *BGH* ZIP 2011, 390 Rn 10; *L/S/Z/Zeuner* § 134 Rn 22.
115 *Bork* Hdb Kap 6 Rn 48; *K/P/B/Bork* § 134 Rn 48; MK/*Kayser* § 134 Rn 26.
116 *BGH* ZIP 1998, 463 f zur Erfüllung entspr Börsentermingeschäfte.

vergleichbarer Vorschriften;[117] ein Schuldanerkenntnis, wenn die anerkannte Verbindlichkeit entgeltlicher Art ist.[118] Die **Besicherung einer eigenen Schuld** ist grds entgeltlich, auch die **nachträgliche Besicherung** für einen bereits ausgezahlten Kredit.[119] Gleiches gilt für die **Befriedigung eines Gesellschaftsgläubigers** in der OHG oder GbR oder durch den Komplementär bei der KG, weil der Gesellschafter nach § 128 HGB eine eigene Schuld erfüllt.[120] Die Erfüllung und Besicherung fremder Verbindlichkeiten ist idR nach den Grundsätzen o Rn 8 entgeltlich, wenn und soweit der Empfänger eine werthaltige und taugliche Gegenleistung (auch an den Dritten) erbringt. Erst recht ist die **nachträgliche Sicherung einer fremden Verbindlichkeit** (etwa aus Darlehen) mit Mitteln des Schu entgeltlich, wenn dieser und der Gl die Sicherung vor oder bei Begr der Verbindlichkeit vereinbart hatten.[121] Fehlt eine solche Verpflichtung des Sicherungsgebers ggü dem Gl, **reicht** das **Stehenlassen des Darlehens** bei nachträglicher Besicherung für eine taugliche Gegenleistung mangels weiteren Vermögensopfers aber **nicht** aus.[122] Der BGH hat angenommen, die **Gewährung des Gesellschafterdarlehens** sei in der Insolvenz des Gesellschafters **nicht als unentgeltliche Leistung** des Gesellschafters anfechtbar. Der InsVerw über das Vermögen eines Gesellschafters, welcher der Gesellschaft ein Darlehen gewährt hat, kann dem Nachrangeinwand des InsVerw über das Vermögen der Gesellschaft daher nicht den Gegeneinwand entgegenhalten, die Gewährung eines Gesellschafterdarlehens sei als unentgeltliche Leistung anfechtbar.[123] Das Darlehen sei nachrangig, aber der Rückzahlungsanspruch sei grundsätzlich durchsetzbar, weil es auf die entgegen dem früheren Eigenkapitalersatzrecht auf die Gewährung der in Krise nicht mehr ankomme. Das verdient im Kern Zustimmung, bedarf aber für einzelne Fälle noch der Präzisierung.[124] Zur Ausschüttung an Gesellschafter unten Rn 20. Die Zahlung durch eine **Schwestergesellschaft** des Schu an einen **Netzbetreiber** ist entgeltlich, wenn von der Zahlung die weitere Gasversorgung abhängt, nicht aber bei Zahlung auf Rückstände; auf einen **Kontrahierungszwang** nach § 20 EnWG kommt es nicht an.[125] Die Abtretung der Ansprüche aus einer **Lebensversicherung** für den Erlebens- und den Todesfall sowie die Weiterzahlung der Prämien auf Grundlage einer in der Abtretungsvereinbarung hierzu übernommenen Verpflichtung sind gegenüber dem Sicherungsnehmer nicht als unentgeltliche Leistung anfechtbar, wenn dieser Zug-um-Zug oder später vereinbarungsgemäß einem Dritten ein Darlehen ausreicht; die Entgeltlichkeit setzt nicht voraus, dass der Sicherungsnehmer auch dem Sicherungsgeber gegenüber zur Darlehensgewährung verpflichtet ist.[126] Die Umwandlung einer Lebensversicherung zur Erlangung des Pfändungsschutz nach § 851c ZPO vor Eröffnung des InsVerf ist ebenfalls nicht nach § 134 Abs 1 ggü dem Schu anfechtbar.[127] Der Schu ist kein tauglicher Gegner eines Anfechtungs-

117 *BGHZ* 113, 101 = ZIP 1991, 37.
118 *BGH* ZIP 2010, 841 Rn 10 aE mwN.
119 *BGH* ZIP 2006, 1363.
120 *BGH* 29.10.2015 – IX ZR 123/13 Rn 7.
121 Vgl *BGH* ZIP 1992, 1092; NJW 1998, 2599; *BGH* ZIP 2012, 1183 Rn 43; ZInsO 2013, 73 Rn 4; *Jaeger/Henckel* § 134 Rn 24.
122 *BGH* ZIP 2012, 1254 Rn 21; *Ganter* NZI 2013, 209, 224; MK/*Kayser* § 134 Rn 33; vgl a *BGHZ* 174, 297 = ZIP 2008, 183 Rn 41 zum Bargeschäft. Näher zur Anfechtung im Konzern Flöther/*Thole* Hdb Konzerninsolvenzrecht, 2014, § 4 VII, Rn 402 ff.
123 *BGH* 13.10.2016 – IX ZR 184/14 Rn 12 ff.
124 Dazu *Thole* WuB 2017, 236.
125 *LG Stuttgart* ZInsO 2014, 406, 407.
126 *BGH* ZIP 2013, 223 Rn 23 ff mit Anm *Runge* NZI 2013, 258.
127 *BGH* NZI 2011, 937 Rn 3; *KG* ZIP 2012, 381 mit Anm *Viertelhausen* EWiR 2012, 213; *OLG Stuttgart* ZInsO 2012, 284; *Kemperdick* ZInsO 2012, 2196; **aA** *Wollmann* ZInsO 2012, 2072.

anspruchs;[128] zur Anf gegenüber dem Versicherer § 132 Rn 6. Die treuhänderische Übertragung von Vermögenswerten ist wegen des Rückforderungsanspruchs entgeltlich,[129] ebenso die Abgabe einer strafbewehrten Unterlassungserklärung.[130] Zahlt in einer **umsatzsteuerrechtlichen Organschaft** die Organgesellschaft die SteuerSchu des zahlungsfähigen Organträgers, ist die Zahlung ebenfalls nicht nach § 134 Abs 1 anfechtbar, weil die Organgesellschaft in diesem Fall von ihrer (subsidiären) eigenen SteuerSchu nach § 73 AO befreit wird.[131] Entgeltlich ist ferner eine freiwillige **Weihnachtsgratifikation** an einen Arbeitnehmer für bes Diensteifer, auch wenn sie von dem Alleingesellschafter einer Handelsgesellschaft als Arbeitgeberin geleistet wird.[132] **Halteprämien** für Leistungsträger in der Existenzkrise des Unternehmens in Gestalt von **Retention Payments** auf der Grundlage einer entsprechenden Vereinbarung sind für sich genommen keine unentgeltlichen Leistungen (vgl auch § 133 Rn 33).[133] Sie können ggf teilweise unentgeltlich sein, wenn die Prämie den Bewertungsspielraum überschreitet. Damit nicht zu verwechseln ist die Frage nach der Eigenschaft als Bargeschäft.[134] Die Zahlungen können nach § 130, ggf § 131 und § 133 anfechtbar sein; die Vereinbarung ggf auch nach §§ 132, 133. Auch im Übrigen können **Entgeltzahlungen an Arbeitnehmer** zur Erfüllung einer Freistellungsvereinbarung unentgeltlich sein; anders aber, wenn, wie üblich, ein Vergleich zugrunde liegt.[135] Entgeltzahlungen aufgrund gesetzlicher und tariflicher Bestimmungen sieht das BAG als grundsätzlich entgeltlich an.[136] Die Abgabe des **Versprechens einer Vertragsstrafe bzw. einer strafbewehrte Unterlassungserklärung** wegen einer Markenverletzung ist entgeltlich, weil der Berechtigte als Gegenleistung seinen Unterlassungsanspruch verliert (Wegfall Wiederholungsgefahr).[137]

19 **bb) Fälle der Unentgeltlichkeit.** Unentgeltlich ist idR eine Spende[138], der **Verzicht (Erlass)** auf eine Verbindlichkeit;[139] die **Erfüllung einer Forderung** des Gl gegen einen Dritten, die im maßgeblichen Zeitpunkt[140] wirtschaftlich **wertlos** ist (so Rn 9)[141] oder gar nicht besteht;[142] die Abtretung einer wertlosen Forderung;[143] der **Verzicht auf** das gesetzliche **Pflichtteils-**

---

128 *BGH* NZI 2011, 937; anders *BFHE* 229, 29 = ZIP 2010, 1356 Rn 25 (zu § 3 Abs 1 AnfG, Bestellung eines Nießbrauchs am schuldnereigenen Grundstücks); vgl *BGHZ* 190, 267 = NJW 2011, 3518 Rn 11; *Kirchhof* ZInsO 2011, 2009.
129 *BGH* 10.9.2015 – IX ZR 215/13 Rn 7; 6.12.2016 – IX ZR 257/15 Rn 42.
130 *BGH* 16.4.2015 – IX ZR 180/13 Rn 4.
131 *BGHZ* 192, 221 = ZIP 2012, 280 Rn 35 f mit Anm *Bork* EWiR 2012, 149; **aA** *BFHE* 226, 395 = ZIP 2009, 2455 Rn 17 f mit Anm *Weiß* EWiR 2010, 367.
132 *BGH* NJW 1997, 866 f; MK/*Kayser* § 134 Rn 35 mwN; *Jaeger/Henckel* § 134 Rn 21; *K/P/B/Bork* § 134 Rn 74; **aA** *Braun/de Bra* § 134 Rn 30; *L/S/Z/Zeuner* § 134 Rn 21.
133 *BAG* ZIP 2014, 139 Rn 50; **aA** *LAG München* (6. Kammer) ZIP 2012, 589 mit Anm *Fuhst* GWR 2012, 254, nrk; RevisionsVerf anhängig unter Az: 6 AZR 981/11; *LAG München* (6. Kammer) 20.9.2011 – 6 Sa 74/11 Rn 65 – juris; aufgehoben durch *BAG* 12.9.2013 – 6 AZR 980/11 – Parallelentscheidung in *BAG* ZIP 2014, 37; vgl ferner *Nungeßer* NZI 2012, 877.
134 Vgl § 142 Rn 7 und die verfehlte Rspr des BAG.
135 *BAG* 17.12.2015 – 6 AZR 186/14 Rn 14 ff.
136 *BAG* 17.12.2015 – 6 AZR 186/14 Rn 28 ff.
137 *BGH* ZIP 2015, 1306 Rn 4.
138 *BGH* 4.2.2016 – IX ZR 77/15 Rn 14.
139 *BGH* ZIP 1980, 21; *BGHZ* 142, 284 = ZIP 1999, 628 mit Anm *Gerhardt* EWiR 1999, 509; *K/P/B/Bork* § 134 Rn 78; zur SchenkungsAnf des vergleichsweisen Teilverzichts *BGH* ZIP 2012, 984 Rn 27 ff mit Anm *Mohrbutter* WuB VI A § 134 1.12; so Rn 17 aE.
140 Vgl für die Zahlung von Leasingraten für einen Dritten *BGH* ZInsO 2013, 549 Rn 3.
141 *BGHZ* 41, 302 f = WM 1964, 591; 162, 280 = *BGH* ZIP 2005, 768 (konzernweites Cash-Pooling); so Rn 7.
142 Su Rn 20 und *LAG Rh-Pf* ZInsO 2013, 1263 Rn 38.
143 *RGZ* 51, 416; *BGHZ* 113, 103 = ZIP 1991, 35, 37.

recht;[144] die Ablösung eines bei der unentgeltlichen Grundstücksübertragung bestehen gebliebenen **Grundpfandrechts und die Enthaftung eines Grundstücks**;[145] der Abschluss eines äußerlich entgeltlichen Geschäfts nur **zum Schein**, um die Freigebigkeit zu verdecken;[146] die **unbenannte Zuwendung eines Ehegatten** an den anderen;[147] die Zahlung des Schu an den Ehegatten des Vertragspartners, um den Schenkungssteuerfreibetrag auszunutzen;[148] im Allgemeinen ferner die **Besicherung einer fremden Schuld** ohne ausgleichende Gegenleistung und rechtliche Verpflichtung oder wenn der Empfänger dafür auf eine andere wertlose Forderung gegen den Schu verzichtet.[149] Entgeltlich ist die Besicherung aber dann, wenn der Sicherungsnehmer vereinbarungsgemäß eine ausgleichende Leistung an einen Dritten erbringt, ohne dass hierzu eine vertragliche Verpflichtung gegenüber dem Schu bestehen muss, wobei die ausgleichende Leistung auch von einer Vierten kommen kann, der mit dem Sicherungsnehmer eine wirtschaftliche Einheit bildet.[150] Das bloße **Stehenlassen** eines kündbaren, aber ungekündigten **Kredits** ist – entgegen einer verbreiteten Meinung[151] – mangels Zuführung eines neuen Vermögenswerts auch dann **kein ausgleichender Gegenwert** für die Besicherung, wenn der Gl die Rückzahlung bei einer Kündigung zu dieser Zeit noch hätte durchsetzen können.[152] Ob der Sicherungsgeber mit der Gewährung der Drittsicherheit ein **eigenes wirtschaftliches Interesse** verfolgt, ist nicht erheblich. Die Besicherung einer fremden Forderung ohne Gegenleistung ist auch bei Bestehen eines Eigeninteresses nicht entgeltlich.[153] Die Rspr lässt freilich umgekehrt zur Vermeidung der Unentgeltlichkeit auch Gegenleistungen des Empfängers an Dritte zu, an denen der Schu kein eigenes wirtschaftliches Interesse hat (so Rn 8). Hat sich der Schu verpflichtet, die für die Forderung eines Dritten **mithaftende Person** von ihrer Ausgleichspflicht im Innenverhältnis schenkungshalber **freizustellen**, so ist die Leistung des Schu an den Dritten unentgeltlich im Verhältnis zur mithaftenden Person, auch wenn der Schu dadurch zugleich von einer eigenen Verbindlichkeit frei wird;[154] dass die Leistung erst nach Erlass eines allg Ver-

---

144 *BGHZ* 113, 393 ff = ZIP 1991, 454 ff.

145 *BGH* ZIP 2014, 528 Rn 16; *BGH* 9.3.2017 – IX ZA 16/16 Rn 7 f.

146 *BGH* ZIP 1993, 1173.

147 *BGH* ZIP 1999, 316 f; 2008, 2136 Rn 9; MK/*Kayser* § 134 Rn 36; *Jaeger/Henckel* § 134 Rn 23; *K/P/B/Bork* § 134 Rn 57; FK/*Dauernheim* § 134 Rn 21 HambKomm/*Rogge/Leptien* § 134 Rn 31. Die durch *BGHZ* 177, 193 = FamRZ 2008, 1822 vorgenommene **Abgrenzung** zwischen Schenkung und ehebedingter Zuwendung ist **anfechtungsrechtlich unbeachtlich**, *BGH* ZIP 2012, 234 Rn 44 (zu § 4 Abs 1 AnfG). Zu – unentgeltlichen – Zuwendungen von Schwiegereltern an Schwiegerkinder *BGHZ* 184, 190 = WM 2010, 1136; *BGH* WM 2010, 2130; zu unentgeltlichen Leistungen in oder aufgrund von Güterrechtsverträgen *Braun/de Bra* § 134 Rn 31 ff.

148 *BGH* ZIP 2006, 1640.

149 *BGH* NJW 1983, 1679 (= ZIP 1983, 32); ZIP 2006, 1362 Rn 7; *BGH* ZInsO 2013, 73 Rn 3; vgl auch *OLG Köln* ZInsO 2000, 157 (zur Übernahme der Mitverpflichtung zur Sicherung eines der Muttergesellschaft gewährten Kredits); WM 2005, 477; im Einzelnen *Jaeger/Henckel* § 134 Rn 26; MK/*Kayser* § 134 Rn 33, 34; FK/*Dauernheim* § 134 Rn 18; *Gottwald/M Huber* § 49 Rn 13, 14; HambKomm/*Rogge/Leptien* § 134 Rn 27; *K/P/B/Bork* § 134 Rn 73; § 147 Anh I Rn 45; *Bork* Hdb, Kap 6 Rn 73; Kap 15 Rn 45; **aA** *Häsemeyer* Rn 21.92.

150 *OLG Düsseldorf* ZIP 2014, 837, 838.

151 Vgl die Nachweise in *BGH* ZIP 2006, 1362 Rn 11 und die 7. Aufl. (*Kreft*).

152 *BGH* ZIP 2009, 1122 Rn 12; zust *Henkel* EWiR 2009, 487; *Bograkos* DZWIR 2009, 462; *Gottwald/M Huber* § 49 Rn 13; krit *Grell/Schormair* NZI 2009, 625. In *BGH* ZIP 2006, 1362 Rn 11 war die Frage noch offen geblieben. Su § 142 Rn 3.

153 *BGH* ZIP 2006, 1363; 2012, 1254 Rn 21.

154 *BGHZ* 141, 100–102 = ZIP 1999, 630.

fügungsverbots erfolgt, ändert daran grds nichts.[155] Eine Leistung des Schu, der auf die **wertlose Forderung** eines Dritten an diesen zahlt, wird nicht allein dadurch entgeltlich, dass er sich gegenüber dem Schu des Dritten zur Tilgung der Forderung verpflichtet hat; es ist allein auf das Rechtsverhältnis zwischen dem leistenden Schu und dem Zuwendungsempfänger (hier: dem Dritten) abzustellen; ob daneben die Verbindlichkeit gegenüber einem anderen erfüllt wird, ist unerheblich, wenn es an einem Anspruch des Zuwendungsempfängers gegen den Leistenden (hier: den Schu) fehlt (so Rn 7, 8).[156] Auch eine **Vertragsübernahme** kann als unentgeltliche Leistung anfechtbar sein, auch bei damit verbundener Aufwertung einer Forderung zur Masseverbindlichkeit wegen § 108.[157] Entscheidend für die Werthaltigkeit einer Gegenleistung ist dann der Zeitpunkt der Vollendung des Rechtserwerbs.[158] Für die Beurteilung der zu erbringenden Gegenleistung kommt es darauf an, welche Leistungen der Vertragspartner des Schu diesem künftig nach dem übernommenen Vertrag zu erbringen hat. Hat der Vertragspartner für die Vertragsübernahme als solche eine gesonderte Gegenleistung erbracht, ist diese bei der Beurteilung der Angemessenheit der Gegenleistung zusätzlich zu berücksichtigen. Der Umstand, dass für die Vertragsübernahme selbst keine gesonderte Gegenleistung erbracht wurde, macht diese jedoch nicht unentgeltlich.[159] Das **Stehenlassen einer Gesellschafterleistung**, das zur Umqualifizierung in Eigenkapital bzw zum **Nachrang** (§ 39 Abs 1 Nr 5) führt, ist in der Ins des Gesellschafters gegenüber der Gesellschaft als unentgeltliche Leistung anfechtbar; das gilt im Grundsatz auch nach dem MoMiG; und Entsprechendes gilt für **Stundungen** und auch für ohne Gegenleistung erfolgende **Rangrücktritte**.[160] Nach OLG Hamm[161] ist unentgeltlich die **Zahlung von Strafverteidigerhonorar** für ein Vorstandsmitglied durch Gesellschafter des Unternehmens. Unentgeltlich sind **Spenden an politische Parteien**.[162]

20 Die Auszahlung von **Scheingewinnen im Schneeballsystem** (nicht bloße Umbuchung auf ein anderes Konto des Anlegers[163]) ist unentgeltlich, also die Auszahlung eines bloßen Schein(auseinandersetzungs)guthabens, weil der Anspruch auf Auszahlung nicht besteht,[164] anders ggf bei bestehendem Anspruch auf Mindestzinszahlungen.[165] Der Anfechtungsanspruch ist nicht wegen § 814 BGB eingeschränkt[166] und auch nicht mit den als Einlage erbrachten Zahlungen des Anlegers zu saldieren;[167] der AnfGegner kann sich aber **wegen steuerlicher Belastungen**

---

155 *BGHZ* 141, 104 f = ZIP 1999, 631.
156 *BGHZ* 162, 282 = ZIP 2005, 768 (Cash-Pooling); dazu *Passarge* ZInsO 2005, 971 ff. So Rn 7.
157 *BGH* ZIP 2012, 1183 Rn 40 ff (Arcandor).
158 *BGH* ZIP 2012, 1183 Rn 43.
159 *BGH* ZIP 2012, 1183 Rn 40.
160 *BGH* ZIP 2009, 1080 Rn 18–25 mit Anm *Dahl/Schmitz* NZI 2009, 433 (auch zum neuen, durch das MoMiG geprägten Recht); *Bork* FS Uhlenbruck, S 287; *Gottwald/M Huber* § 49 Rn 13; *K Schmidt/Ganter/Weinland* § 134 Rn 13; *Thole* ZInsO 2011, 1425, 1433. Zum Problem seit dem MoMiG *Thole* FS Kübler, 2015, S 683, 692 ff. So § 129 Rn 29.
161 *BGH* ZIP 2002, 314 f.
162 *OLG Celle* ZIP 2009, 1531; *K/P/B/Bork* § 134 Rn 56; *K Schmidt/Ganter/Weinland* § 134 Rn 34. Zur Geringwertigkeit su Rn 23.
163 *BGH* ZIP 2012, 931 Rn 13; dazu *Baumert/Schmitt* NZI 2012, 394, 400.
164 *BGHZ* 179, 137 = ZIP 2009, 186 Rn 7 ff; *BGH* ZInsO 2009, 1202 *BGH* ZIP 2010, 1253 Rn 7 ff; 2010, 1455 Rn 7 ff; 2011, 1425 Rn 12; 2012, 931 Rn 8; 2013, 1533 Rn 21.
165 *OLG Hamm* NZI 2017, 306.
166 *BGHZ* 179, 137 = ZIP 2009, 186 Rn 7 ff; krit *v Wilmowsky* Schneeballsysteme der Kapitalanlage, 2010, Rn 125–140, 151–160, 229 ff; zust *Thole* KTS 2011, 234–236.
167 *BGH* ZIP 2010, 1253 Rn 7–12; ähnlich *BGH* ZIP 2010, 1457 Rn 17; *KG* ZInsO 2010, 1796 f; *OLG Frankfurt/Main* ZIP 2011, 830; zust *Thole* KTS 2011, 236 f, **aA** *OLG München* ZIP 2009, 1918.

aufgrund der Auszahlung von Scheingewinnen auf den Einwand der **Entreicherung** berufen.[168] Die **Auszahlung auf die Einlage** selbst ist entgeltlich.[169] Das gilt auch, wenn nicht durch Gewinn gedeckte Ausschüttungen Gegenleistung für die Pflichteinlage sind.[170] Die Auszahlung auf eine Vermittlungsprovision, die auf Scheingewinnen beruht, ist demgegenüber ebenfalls unentgeltlich.[171] Nicht unentgeltlich ist bei entsprechendem Auszahlungsanspruch die Entnahme von **Kommanditisten** aus dem Kapitalkonto bzw eine Ausschüttung.[172] Bei einer ohne Gegenleistung erfolgenden Übertragung von **assets** einer Gesellschaft kommt § 134 InsO in Betracht; ob eine Sacheinlage als Kapitalerhöhung erfolgt oder in die freie Kapitalrücklage oder wie der Vermögenswert sonst handelsbilanziell beim Empfänger erfasst wird, spielt für die Bestimmung der Unentgeltlichkeit keine Rolle.[173] Unentgeltlich ist ferner die **Befriedigung einer unentgeltlich begründeten Verpflichtung**, etwa eines Schenkungsversprechens.[174] Hat der Schu ein Grundstück schenkungsweise übertragen und sich darüber hinaus verpflichtet, den Erwerber von den auf dem Grundstück ruhenden Lasten zu befreien, wird die Schenkung insoweit erst mit Befriedigung der dinglichen Gl vollzogen.[175] Die Sicherung des Schenkungsversprechens durch Eintragung einer **Vormerkung** (vgl auch § 140 Abs 2 S 2) dürfte die Anfechtbarkeit trotz § 106 Abs 1 wegen der Einordnung von Ansprüchen auf eine unentgeltliche Leistung als nachrangige InsFord (§ 39 Abs 1 Nr 4) unberührt lassen. Andernfalls wäre Manipulationen des Schu mit Immobilien, die früher als vier Jahre vor dem Antrag auf Eröffnung des InsVerf vorgenommen worden sind, nur über § 133 Abs 1 zu steuern.[176]

3. Darlegungs- und Beweislast. Darlegungs- und beweispflichtig für eine **unentgeltliche Leistung** des Schu ist der **InsVerw**.[177] Ggf. kann den AnfGegner eine sekundäre Darlegungslast zur Gegenleistung treffen.[178] Bei der Anf gegen den Ehegatten des Schu kann dem InsVerw die Vermutung des § 1362 Abs 1 BGB zugute kommen.[179] Die Voraussetzungen für 21

168 *BGH* ZIP 2010, 1253 Rn 14. Zur Berechnung des Rückgewähranspruchs *BGH* ZIP 2011, 2264 Rn 18 ff; dazu *Baumert* NZI 2011, 967.

169 *BGH* ZIP 2010, 1455 Rn 8; dazu *Bitter/Heim* ZIP 2010, 1569. Ergänzend hat der *BGH* ZIP 2011, 390 Rn 12 ff (dazu *Bitter/Heim* ZInsO 2011, 483) entschieden, der InsVerw könne sich ungeachtet entspr AGB nach Treu und Glauben (§ 242 BGB) nicht darauf berufen, die Einlage sei durch Verluste und Verwaltungsgebühren teilweise aufgebraucht.

170 *BGH* 20.4.2017 – IX ZR 189/16 Rn 10.

171 *OLG Frankfurt/Main* ZIP 2010, 938 (bestätigt durch *BGH* ZIP 2011, 484 Rn 11 ff); ähnlich *OLG Frankfurt/Main* ZIP 2010, 941; insoweit **aA** *OLG München* ZIP 2011, 234, 237 ff; ZIP 2011, 237, 241 unter Berufung auf § 242 BGB.

172 So *OLG Schleswig* NZI 2017, 452, 453.

173 Anders offenbar *Gleim* ZIP 2017, 1000.

174 *BGHZ* 141, 96, 103 = ZIP 1999, 628, 630; *BGH* WM 1955, 407, 411; ZIP 1988, 585, 586; *Gerhardt* ZIP 1988, 749, 751; *Prütting* KTS 2005, 253, 258; MK/*Kayser* § 134 Rn 7; *Gottwald/M Huber* § 49 Rn 16; so Rn 6.

175 *BGHZ* 141, 103 = ZIP 1999, 630 f; *K/P/B/Bork* § 134 Rn 56.

176 MK/*Kayser* § 129 Rn 61; § 134 Rn 19, 24; *Uhlenbruck/Ede/Hirte* § 134 Rn 111; § 140 Rn 16; vgl auch *Jaeger/Henckel* § 134 Rn 65.

177 Vgl *BGH* ZIP 1992, 1092; 1999, 317; *BGH* 17.9.2009 – IX ZR 222/07, Rn 4; *BGH* ZIP 2013, 223 Rn 30; *BGH* 9.3.2017 – IX ZA 16/16 Rn 8; *OLG Hamm* ZIP 2010, 2058; *OLG Köln* ZInsO 2016, 1105; MK/*Kayser* § 134 Rn 49; *Jaeger/Henckel* § 134 Rn 66; *K/P/B/Bork* § 134 Rn 85.

178 *BAG* ZIP 2014, 2519 Rn 29; *OLG Karlsruhe* NZI 2017, 395, 398; *LAG Rh-Pf* 15.2.2013, 6 Sa 451/11 – juris.

179 Vgl *BGH* NJW 1955, 20; *Jaeger/Henckel* § 134 Rn 66; MK/*Kayser* § 134 Rn 49; *Uhlenbruck/Ede/Hirte* § 134 Rn 165; *Braun/de Bra* § 134 Rn 38.

einen **Wegfall der Bereicherung** (§ 143 Abs 2 S 1) hat der AnfGegner darzulegen und zu beweisen[180] (su § 143 Rn 30). Zum Vorrang der Deckungsanfechtung § 129 Rn 105.

22 **4. Suspektsperiode.** Eine Anf nach § 134 setzt voraus, dass die unentgeltliche Leistung nicht früher als vier Jahre vor dem Eröffnungsantrag vorgenommen wurde. Eine **Verkürzung** der AnfFrist (auf die AnfFristen der §§ 130–132) **kommt** auch in Fällen einer Drittleistung auf eine **nicht** werthaltige Forderung nicht **in Betracht**.[181] Die Frist ist nach § 139 zu berechnen. Der Zeitpunkt der Vornahme der Leistung bestimmt sich nach § 140.[182] Räumt der Versicherungsnehmer (Schu) einem Dritten eine **widerrufliche Bezugsberechtigung** ein, ist nicht auf den Zeitpunkt dieser Einräumung, sondern auf den Eintritt des Versicherungsfalls abzustellen, wenn der Schu bis dahin die Bezugsberechtigung jederzeit beseitigen kann; erst dann treten die Rechtswirkungen der Bezugsberechtigung ein; § 143 Abs 3 findet keine Anwendung, weil der Dritte durch die widerrufliche Bezugsberechtigung noch kein bedingtes oder befristetes Recht, sondern nur eine tatsächliche Erwerbsaussicht erlangt hat.[183] Bezeichnet der Versicherungsnehmer einer Lebensversicherung als Bezugsberechtigten im Todesfall unwiderruflich seinen Ehegatten, ist die Zuwendung der Versicherungsleistung regelmäßig bereits mit der Bezeichnung als Bezugsberechtigter vorgenommen. Dies gilt auch dann, wenn die Versicherungsleistung im Erlebensfall dem Versicherungsnehmer zustehen soll und das Bezugsrecht des Ehegatten daran geknüpft ist, dass die Ehe mit dem Versicherten bei dessen Tod besteht.[184] Dass die Leistung **früher** als vier Jahre vor dem Antrag auf Eröffnung des InsVerf vorgenommen wurde, hat der **AnfGegner** zu beweisen.[185]

II. Gelegenheitsgeschenke (Abs 2)

23 Wie § 32 Nr 1 KO spricht auch § 134 Abs 2 von gebräuchlichen Gelegenheitsgeschenken, nicht von gebräuchlichen unentgeltlichen Leistungen. Damit soll eine Einschränkung auf **Schenkungen iSv §§ 516 ff BGB** gemeint sein.[186] **Gelegenheitsgeschenke** werden häufig zu einem bestimmten Anlass erbracht: Weihnachten, Geburtstag, Verlobung, Hochzeit, Taufe, Bestehen einer Prüfung, Auszeichnung, Sammlung für gemeinnützige und wohltätige Zwecke uam.[187] Auch Spenden an politische Parteien können gebräuchliche Gelegenheitsgeschenke sein;[188] doch ist eine Spende in Höhe von 5 000 EUR nicht mehr geringen Werts.[189] Zum Teil werden auch Schenkungen, durch die einer **Anstandspflicht** oder einer **sittlichen Pflicht** entsprochen wird, von der Anf ausgenommen.[190]

---

180 *BGH* ZIP 2010, 531 Rn Rn 17; 2010, 1457 Rn 17 aE; *KG* ZInsO 2010, 1797 zu 3; vgl auch *OLG Celle* ZIP 2009, 1531 f.

181 *BGH* ZIP 2009, 2303 Rn 11 ff; dazu *Michel/Geiger* EWiR 2010, 125. So Rn 2 aE.

182 *BGHZ* 156, 357 = ZIP 2003, 2309 f; *BGH* ZIP 2012, 636 Rn 8 (zu § 4 Abs 1 AnfG); ZIP 2012, 2409 Rn 8; MK/*Kayser* § 134 Rn 20.

183 *BGHZ* 156, 356 f = ZIP 2003, 2309 f.

184 *BGH* ZIP 2012, 2409 Rn 8.

185 MK/*Kayser* § 134 Rn 50; so Rn 4.

186 *BGH* 4.2.2016 – IX ZR 77/15 Rn 25. Vgl *Aden* BB 1985, 366 f; *Jaeger/Henckel* § 134 Rn 57; MK/*Kayser* § 134 Rn 46; *K/P/B/Bork* § 134 Rn 82; HambKomm/*Rogge/Leptien* § 134 Rn 38; **aA** *Uhlenbruck/Ede/Hirte* § 134 Rn 159.

187 *Jaeger/Henckel* § 134 Rn 60; MK/*Kayser* § 134 Rn 46; *K/P/B/Bork* § 134 Rn 82.

188 *K/P/B/Bork* § 134 Rn 56; MK/*Kayser* § 134 Rn 46 mwN; *K Schmidt/Ganter/Weinland* § 134 Rn 78; offen gelassen von *OLG Celle* ZIP 2009, 1531.

189 *OLG Celle* ZIP 2009, 1531.

190 *Jaeger/Henckel* § 134 Rn 62; MK/*Kayser* § 134 Rn 46; HambKomm/*Rogge/Leptien* § 134 Rn 31; einschr auf „Anstandsschenkungen" *Uhlenbruck/Ede/Hirte* § 134 Rn 161; offen gelassen von *BGH* 22.1.1998 – IX ZR 307/97, Umdruck S 6 f, nv.

Die **Gebräuchlichkeit** eines Gelegenheitsgeschenks iSv § **32 KO** war danach zu beurteilen, ob es in den Kreisen, denen der Schenkende angehört, nach Anlass, Art und Maß üblich ist.[191] Ausschlaggebend sollte die Vermögenslage des Schu bei Vornahme der Schenkung sein, sofern sich nicht bereits eine Verschlechterung abzeichnete.[192] Bei begüterten Personen sollte seinerzeit ein anderer Maßstab anzulegen sein als bei weniger begüterten.[193] 24

Für die Auslegung von § **134 Abs 2** kann dies nicht mehr ohne weiteres gelten. Die Beschränkung auf geringwertige Geschenke erfolgte ausdrücklich mit dem Ziel, einer in der Vergangenheit zu beobachtenden sehr weiten Auslegung vorzubeugen (vgl oben Rn 5). Dies spricht für eine **absolute Wertgrenze** (ähnlich wie zB bei § 248a StGB).[194] Der *BGH* hat mit Urt v 4.2.2016 eine absolute Wertgrenze von **200 EUR je Gelegenheit und 500 EUR im Kalenderjahr** festgelegt.[195] Fraglich ist, ob in Zweifelsfällen gleichwohl – wenn auch in sehr engen Grenzen – eine gewisse Relativierung des Begriffs **„geringer Wert"** unausweichlich sein wird.[196] 25

Ist eine Anf nach Abs 2 ausgeschlossen, kann eine **Anf nach §§ 130–133 Abs 1** in Betracht kommen, die daneben anwendbar sind. Freilich wird der InsVerw geringwertige Schenkungen nur im Ausnahmefall anfechten, weil sie die Masse nicht merklich erhöhen.[197] Die Voraussetzungen für eine Anf nach § 133 Abs 1 werden hier ohnehin nur in seltenen Fällen erfüllt sein. 26

§ 135 Gesellschafterdarlehen

(1) Anfechtbar ist eine Rechtshandlung, die für die Forderung eines Gesellschafters auf Rückgewähr eines Darlehens im Sinne des § 39 Abs. 1 Nr. 5 oder für eine gleichgestellte Forderung

1. Sicherung gewährt hat, wenn die Handlung in den letzten zehn Jahren vor dem Antrag auf Eröffnung des Insolvenzverfahrens oder nach diesem Antrag vorgenommen worden ist, oder

2. Befriedigung gewährt hat, wenn die Handlung im letzten Jahr vor dem Eröffnungsantrag oder nach diesem Antrag vorgenommen worden ist.

(2) Anfechtbar ist eine Rechtshandlung, mit der eine Gesellschaft einem Dritten für eine Forderung auf Rückgewähr eines Darlehens innerhalb der in Absatz 1 Nr. 2 genannten Fristen Befriedigung gewährt hat, wenn ein Gesellschafter für die Forderung eine Sicherheit bestellt hatte oder als Bürge haftete; dies gilt sinngemäß für Leistungen auf Forderungen, die einem Darlehen wirtschaftlich entsprechen.

(3) [1]Wurde dem Schuldner von einem Gesellschafter ein Gegenstand zum Gebrauch oder zur Ausübung überlassen, so kann der Aussonderungsanspruch während der Dauer des Insolvenzverfahrens, höchstens aber für eine Zeit von einem Jahr ab der Eröffnung des

191 *Jaeger/Lent* KO, 8. Aufl, § 32 Anm 13.

192 *RGZ* 124, 60; *Jaeger/Henckel* KO § 32 Rn 46; nach *Jaeger/Henckel* § 134 Rn 63 sollte der Umfang der Masse berücksichtigt werden.

193 *Kuhn/Uhlenbruck* § 32 Rn 20.

194 Für 100 € als Grenze *K Schmidt/Ganter/Weinland* § 134 Rn 82.

195 *BGH* 4.2.2016 – IX ZR 77/15 Rn 34 f.

196 Vgl *Henckel* KS-InsO, S 841 Rn 57; *Jaeger/Henckel* § 134 Rn 63; MK/*Kayser* § 134 Rn 47, 48 (hier insb zum Begriff des geringen Werts); zweifelnd *Braun/de Bra* § 134 Rn 42. Vgl auch *K/P/B/Bork* § 134 Rn 84.

197 Vgl Begr der Vorentwürfe zur Nichtberücksichtigung jeder Ausnahme bei gebräuchlichen Gelegenheitsgeschenken: EB, 419; DiskE, 126 f; RefE, 155; MK/*Kayser* § 134 Rn 48a.

Insolvenzverfahrens nicht geltend gemacht werden, wenn der Gegenstand für die Fortführung des Unternehmens des Schuldners von erheblicher Bedeutung ist. [2]Für den Gebrauch oder die Ausübung des Gegenstandes gebührt dem Gesellschafter ein Ausgleich; bei der Berechnung ist der Durchschnitt der im letzten Jahr vor Verfahrenseröffnung geleisteten Vergütung in Ansatz zu bringen, bei kürzerer Dauer der Überlassung ist der Durchschnitt während dieses Zeitraums maßgebend.

(4) § 39 Abs. 4 und 5 gilt entsprechend.

Übersicht

Literatur: *Azara* Das Eigenkapitalersatzrecht der GmbH nach dem MoMiG, 2010; *Clemens* Das neue Recht der Gesellschafterfremdfinanzierung nach dem MoMiG, 2012; *Geißler* Geschichte und juristische Gegenwart gesellschaftsinterner Nutzungsüberlassungen, 2010; *von Gerkan/Hommelhoff (Hrsg)* Handbuch des Kapitalersatzrechts, 2. Aufl. 2002 (zit: *vG/H/Bearbeiter*); *Goette/Kleindiek* Gesellschafterfinanzierung nach MoMiG und das Eigenkapitalersatzrecht in der Praxis, 6. Aufl 2010; *Hömme* Die Kapitalerhaltung nach dem MoMiG unter besonderer Berücksichtigung des Cash Poolings, 2015; *U Huber* Gesellschafterdarlehen im GmbH- und Insolvenzrecht nach der MoMiG-Reform, ZIP Beilage 39/2010, 7; *Kleindiek* Das reformierte Recht der Gesellschafterdarlehen – eine Zwischenbilanz, ZGR 2017, 731; *Lüneborg* Das neue Recht der Gesellschafterdarlehen, 2010; *Nolting* Die faktisch abhängige GmbH im konzernweiten Cash Pooling, 2017; *K Schmidt* Gesellschafterdarlehen im GmbH- und Insolvenzrecht nach der MoMiG-Reform – eine alternative Sicht, ZIP Beilage 39/2010, 15; *Stodolkowitz/Kleindiek* Kapitalersetzende Leistungen, in Schimansky/Bunte/Lwowski (Hrsg), Bankrechts-Handbuch, 3. Aufl 2007, § 84; *Taras* Cash-Pooling und die Insolvenzanfechtung nach § 135 InsO im Zuge des MoMiG, 2013; *Ulbrich* Die Abschaffung des Eigenkapitalersatzrechts der GmbH, 2011.

I. Überblick

Die Vorschrift ist mit dem zum 1.11.2008 in Kraft getretene MoMiG[1] erheblich erweitert worden: Abs 1 wurde an das neue Konzept der Gesellschafterfremdfinanzierung (Abschied vom früheren Recht des Eigenkapitalersatzes; s § 39 Rn 21) angepasst, Abs 2–4 sind neu aufgenommen worden. Abs 1 enthält Anfechtungstatbestände im Falle der Gewährung einer Sicherung für (Abs 1 Nr 1) bzw der Befriedigung von Forderungen iSd § 39 Abs 1 Nr 5, dh von Forderungen auf Rückgewähr eines Gesellschafterdarlehens sowie von Forderungen aus Rechtshandlungen, die einem solchen Darlehen wirtschaftlich entsprechen (unten Rn 2 ff). Die davon erfassten Gesellschaftsformen werden in § 39 Abs 4 S 1 abgegrenzt (dazu § 39 Rn 53 ff), auf den § 135 Abs 4 verweist. Abs 2 enthält einen (der Sache nach früher in § 32b GmbHG aF normierten) Anfechtungstatbestand für den Fall, dass eine Gesellschaft iSd § 39 Abs 4 S 1 die Forderung eines Dritten auf Rückgewähr eines Darlehens (oder eine wirtschaftlich entspr Forderung) befriedigt und ein Gesellschafter für diese Forderung eine Sicherheit bestellt hatte oder als Bürge haftete (Rn 42 ff); die Bestimmung wird durch § 143 Abs 3 ergänzt. Abs 3 gewährt dem InsVerw eine neue Option bei Nutzungsüberlassungen durch einen Gesellschafter („Aussonderungssperre", Rn 46 ff). Abs 4 erklärt mit seiner Verweisung auf § 39 Abs 4 und 5 die dortigen Befreiungstatbestände (Sanierungsprivileg iSd § 39 Abs 4 S 2, s § 39 Rn 57 ff; Kleinbeteiligungsprivileg iSd § 39 Abs 5, s § 39 Rn 65 ff) auf die Regelungen in § 135 für entspr anwendbar. Zum Übergangsrecht s § 39 Rn 28 ff. 1

II. Sicherung und Befriedigung bei Gesellschafterdarlehen und wirtschaftlich entsprechenden Rechtshandlungen (Abs 1)

1. Regelungsgegenstand und Entstehungsgeschichte. – a) Regelungsgegenstand. Abs 1 unterwirft Rechtshandlungen, mit denen für Forderungen iSd § 39 Abs 1 Nr 5 Sicherung oder Befriedigung gewährt wird, unter bestimmten Voraussetzungen der **InsAnf**. Forderungen iSd § 39 Abs 1 Nr 5 sind solche auf Rückgewähr eines Gesellschafterdarlehens sowie aus Rechtshandlungen, die einem solchen Darlehen wirtschaftlich entsprechen, und zwar – wie sich aus der Verweisung in § 135 Abs 4 ergibt (unten Rn 62) – bezogen auf Gesellschaftsformen iSd § 39 Abs 4 S 1;[2] s im Einzelnen die Erl zu § 39 Rn 35 ff und 53 ff. Die Anfechtung nach Abs 1 ist ausgeschlossen, wenn die Voraussetzungen des Sanierungsprivilegs (§ 39 Abs 4 S 2; s § 39 Rn 57 ff) oder des Kleinbeteiligtenprivilegs (§ 39 Abs 5; s § 39 Rn 65 ff) vorliegen. Das folgt aus der Verweisung in § 135 Abs 4 auf § 39 Abs 4 und 5 (su Rn 62). 2

Abs 1 normiert – wie schon § 135 aF – **unterschiedlich lange Anfechtungsfristen** für Sicherungen oder Befriedigungen, die auf Forderungen zur Rückgewähr eines Gesellschafterdarlehens (bzw auf gleichgestellte Forderungen) gewährt wurden. Während **Sicherungen** anfechtbar sind, die **in den letzten zehn Jahren** vor dem Eröffnungsantrag (oder nach diesem Antrag) bestellt wurden (Nr 1), sind **Befriedigungen** nur anfechtbar, wenn sie **binnen Jahresfrist** vor dem Eröffnungsantrag (oder nach dem Antrag) gewährt worden sind (Nr 2). 3

Als Folge der Anfechtung hat der Gesellschafter die erhaltene Leistung zur InsMasse zurückzugewähren, § 143 Abs 1; der Rückgewähranspruch bei anfechtbarer Sicherung ist 4

---

1 Gesetz zur Modernisierung des GmbH-Rechts und zur Bekämpfung von Missbräuchen v 28.10.2008, BGBl I 2008, S 2026.

2 Für die Anwendbarkeit des § 135 Abs 1 auch in Konstellationen eines vereinbarten (also freiwilligen) Rangrücktritts plädiert *Bork* ZIP 2012, 2277; dagegen *OLG Düsseldorf* ZIP 2015, 187, 189 f; *Bitter* ZIP 2013, 2; *K Schmidt* § 135 Rn 12.

auf Aufhebung der bestellten Sicherheit gerichtet.[3] Der AnfAnspruch unterliegt der dreijährigen Regelverjährung nach § 146.

5 **b) Entstehungsgeschichte.** Die aktuelle Regelung in Abs 1 geht zurück auf **§ 32a KO**, der mit der GmbH-Novelle 1980[4] in die Konkursordnung eingefügt worden war. Nach dem RegE zur GmbH-Novelle[5] war noch eine Verortung im GmbHG geplant: § 32b Abs 1 GmbHG-RegE sah die Konkursanfechtung von Rechtshandlungen vor, die dem Gl der Forderung aus einer eigenkapitalersetzenden Gesellschafterhilfe „Sicherung oder Befriedigung gewähren". Nach § 32b Abs 2 GmbHG-RegE sollte die dem Gl gewährte Befriedigung dabei jedoch „nicht mehr angefochten werden (können), wenn sie früher als ein Jahr vor der Eröffnung des Konkursverfahrens erfolgt ist". Auf Vorschlag des BT-Rechtsausschusses[6] wurde jene Regelung in einem Paragraphen zusammengefasst und in die KO (statt in das GmbHG) eingestellt. Wie schon im RegE vorgesehen, blieb es dabei beim einjährigen Anfechtungszeitraum für die Fälle der Befriedigung, während die Sicherung unter die (aus diesem Anlass ergänzte) Regelung des § 41 Abs 1 S 3 KO fiel: Danach war die Anfechtung einer Sicherungsgewährung ausgeschlossen, wenn seit der Vornahme der Handlung dreißig Jahre verstrichen waren.

6 Nach der Begründung des RegE zur GmbH-Novelle 1980 sollte der dort vorgesehene § 32b Abs 1 GmbHG-RegE – dessen Regelungsgehalt der Gesetzgeber mit § 32a KO unverändert hat übernehmen wollen[7] – dem **Zweck** dienen, den an den Gesellschafter nach Befriedigung der Forderung zurückgeflossenen Betrag wieder zur Konkursmasse ziehen zu können; gleichfalls sollte eine etwa bestellte Sicherung als unwirksam angefochten werden können.[8] Die zeitliche Begrenzung der Anfechtbarkeit einer Befriedigungsleistung (einschließlich Aufrechnung) auf ein Jahr (§ 32b Abs 2 GmbHG-RegE) wurde mit dieser Überlegung begründet:[9] Bei länger zurückliegender Befriedigung könne davon ausgegangen werden, dass diese „nicht mehr im Hinblick auf ein drohendes Konkursverfahren geschehen" sei. Demgegenüber solle die Bestellung einer Sicherheit ohne jene zeitliche Begrenzung (allerdings nur innerhalb der Grenzen des § 41 Abs 1 S 3 KO) angefochten werden können. Denn solange die Sicherung bestehe, sei „das Darlehensgeschäft noch nicht abgewickelt". Deshalb müsse die Bestellung der Sicherung unabhängig vom Bestellungszeitpunkt angefochten werden können, damit sich der Gl nicht aus der Sicherheit befriedige, obwohl er seine persönliche Forderung im Konkurs über das Vermögen der Gesellschaft (nach Maßgabe von § 32a GmbHG-RegE) nicht geltend machen könne.

7 Im Zuge der zum 1.1.1999 in Kraft getretenen InsO wurde die Regelung in § 32a GmbHG aF, wonach der Gesellschafter seinen Rückgewährsanspruch im Konkurs nicht geltend machen konnte, durch Bezugnahme auf den Nachrang gem § 39 Abs 1 Nr 5 ersetzt. Im Übrigen verkürzte **§ 135 Nr 1 InsO aF** die Anfechtbarkeit einer gewährten Sicherheit auf die noch heute geltende Zehnjahresfrist (statt bislang 30 Jahre). Ausweislich der Begrün-

---

3 *BGH* ZIP 2013, 1579, Rn 26.

4 Gesetz zur Änderung des Gesetzes betreffend die Gesellschaften mit beschränkter Haftung und anderer handelsrechtlicher Vorschriften v 4.7.1980, BGBl I 1980, 836.

5 Entwurf eines Gesetzes zur Änderung des Gesetzes betreffend die Gesellschaften mit beschränkter Haftung und anderer handelsrechtlicher Vorschriften, BT-Drucks 8/1347.

6 Beschlussempfehlung und Bericht des Rechtsausschusses zum RegE eines Gesetzes zur Änderung des Gesetzes betreffend die Gesellschaften mit beschränkter Haftung und anderer handelsrechtlicher Vorschriften, BT-Drucks 8/3908.

7 So ausdrücklich Beschlussempfehlung und Bericht des Rechtsausschusses, BT-Drucks 8/3908, 80 f.

8 Begründung zu § 32b GmbHG-RegE, BT-Drucks 8/1347, 40.

9 Begründung zu § 32b GmbHG-RegE, BT-Drucks 8/1347, 41.

dung zu § 150 InsO-RegE (entspricht § 135) sollte mit dieser Korrektur eine Anpassung an die auch im Rahmen der Vorsatzanfechtung vorgesehene Anfechtungsfrist nach § 148 InsO-RegE (entspricht § 133) vorgenommen werden. Hier wie dort solle die Dreißig- durch die Zehnjahresfrist ersetzt werden, weil „eine längere Frist nicht mehr als zeitgemäß angesehen" werden könne.[10] Demgegenüber blieb die verkürzte Anfechtungsfrist für die Gewährung einer Befriedigung (ein Jahr nach **§ 135 Nr 2 InsO aF**) bestehen.

Der Gesetzgeber des **MoMiG** (vgl oben Rn 1) hat jene zeitliche Abgrenzung aus § 135 aF übernommen. Von der InsAnf erfasst sind heute allerdings Sicherungen und Befriedigungen für Forderungen iSd neu gefassten § 39 Abs 1 Nr 5, nach dem es auf das Tatbestandmerkmal der Krisenfinanzierung nicht mehr ankommt;[11] vgl § 39 Rn 21. Mit Wirkung ab 5.4.2017[12] ist der Zehnjahreszeitraum für die Vorsatzanfechtung auf vier Jahre verkürzt worden, sofern die anfechtbare Rechtshandlung dem anderen Teil eine Sicherung oder Befriedigung gewährt oder ermöglicht hat (§ 133 Abs 2 nF). Die Anfechtungsfristen in § 135 Abs 1 sind hingegen unverändert geblieben.[13] **8**

2. Verhältnis und Zweck der Anfechtungstatbestände nach Abs 1. – a) Rechtsprechung. In einer Grundsatzentscheidung vom 18.7.2013 hat der IX. ZS des **BGH** zum Verhältnis der beiden AnfTatbestände nach § 135 Abs 1 Stellung genommen. Im Fall war eine innerhalb der Zehnjahresfrist des Abs 1 Nr 1 bestellte Sicherheit außerhalb der Jahresfrist des Abs 1 Nr 2 verwertet worden. Der Senat lehnt eine „Sperrwirkung" des Abs 1 Nr 2 ab, wenn eine (nach Nr 1 anfechtbar, weil innerhalb der dort normierten Zehnjahresfrist) bestellte Sicherung außerhalb der Jahresfrist nach Nr 2 verwertet wird.[14] Die Tatbestände nach Nr 1 und Nr 2 seien je selbständig zu betrachten. Zwar könne die Befriedigung einer gesicherten Forderung – auch wenn diese innerhalb der Jahresfrist von Abs 1 Nr 2 erfolge – mangels GlBenachteiligung nicht angefochten werden, falls der Gesellschafter über eine länger als zehn Jahre vor Antragstellung begründete (unanfechtbare) Sicherung verfüge. Umgekehrt schließe eine Befriedigung außerhalb der Jahresfrist die Anfechtbarkeit der Sicherung indes nicht aus, wenn letztere innerhalb des Zehnjahreszeitraums bestellt worden sei; vielmehr greife – bei Verwertung der Sicherheit – die Anfechtung der Sicherungsbestellung (Abs 1 Nr 1) auch dann durch, wenn die Verwertung früher als ein Jahr vor Stellung des Eröffnungsantrags erfolgt sei.[15] **9**

Der IX. ZS meint, die Gewährung von Gesellschafterdarlehen, die durch das Gesellschaftsvermögen gesichert werden, veranlasse den gesicherten Gesellschafter bei Wahrnehmung der Geschäftsführung zur „Eingehung unangemessener, wenn nicht gar unverantwortlicher" Wagnisse zum Nachteil ungesicherter Gl und sei darum „mit einer ordnungsgemäßen Unternehmensfinanzierung nicht vereinbar".[16] In dem entschiedenen Fall war die Besicherung zwar nachträglich gewährt worden. Die Feststellungen des BGH zur selbständigen **10**

---

10 Begründung zu § 148 und § 150 des RegE einer Insolvenzordnung (InsO), BT-Drucks 12/2442, 160, 161.

11 Krit gegenüber der Fortgeltung der Zehnjahresfrist nach § 135 Abs 1 Nr 1 deshalb *Marotzke* KTS 2016, 19, 37 f; ebenso *Bitter* ZIP 2013, 1497, 1507; *Scholz/ders* Anh 64 Rn 34 f; *Mylich* ZIP 2013, 2440, 2446 mwN; entgegengesetzte Einschätzung (de lege ferenda für zeitlich unbegrenzte Anfechtbarkeit der Sicherungsbestellung) *U/H/L/Habersack* Anh § 30 Rn 113; *U Huber/Habersack* BB 2016, 1, 6; *B/S/Thiessen* Anh § 30 Rn 68.

12 Gesetz zur Verbesserung der Rechtssicherheit bei Anfechtungen nach der InsO und nach dem AnfG v. 29.3.2017, BGBl I 2017, 654.

13 Dazu krit *Marotzke* ZInsO 2017, 2264 f („unüberbrückbarer Wertungswiderspruch").

14 *BGH* ZIP 2013, 1579, Rn 10 ff.

15 *BGH* ZIP 2013, 1579, Rn 14.

16 *BGH* ZIP 2013, 1579, Rn 19.

Anfechtbarkeit von Sicherungs- und Befriedigungsgewährung innerhalb der nach Abs 1 Nr 1 und 2 maßgeblichen Fristen differenzieren aber nicht danach, ob die Sicherung schon bei Begründung der Forderung oder erst nachträglich bestellt worden ist.

11 **b) Schrifttum.** Im Schrifttum ist die Entscheidung kontrovers aufgenommen worden.[17] So wollen einige Stimmen eine anfänglich (schon bei Darlehensgewährung) bestellte Sicherheit[18] von der InsAnf ausnehmen, wobei die Begründungen variieren: Teils wird das Bargeschäftsprivileg des § 142 herangezogen.[19] Teils wird mit dem (vermeintlichen) Telos von Abs 1 Nr 1 argumentiert: Weil der Gesellschafter-Gl bei anfänglicher Gewährung einer Sicherheit keinen Informationsvorsprung vor außenstehenden Gl ausnutze, sei die Bestellung in diesem Fall anfechtungsfest.[20] Andere Autoren machen demgegenüber geltend, schon kraft des Nachrangs der gesicherten Forderung (§ 39 Abs 1 Nr 5) sei in der Ins die Verwertung der Sicherheit (einer anfänglichen ebenso wie einer nachträglichen) ausgeschlossen, sogar wenn sie früher als zehn Jahre vor dem Eröffnungsantrag bestellt worden sei.[21] Vereinzelt ist vorgebracht worden, der in § 135 Abs 1 Nr 1 vorausgesetzte Nachrang der gesicherten Forderung beginne erst mit der (in Abs 1 Nr 2 normierten) Jahresfrist vor Stellung des Eröffnungsantrags, so dass auch der AnfTatbestand des Abs 1 Nr 1 bei Licht besehen nicht vor Beginn jener Jahresfrist erfüllt sein könne; die Zehnjahresfrist des Abs 1 Nr 1 sei heute obsolet.[22]

12 **c) Stellungnahme.** § 135 Abs 1 Nr 1 bezieht sich auf die Gewährung von Sicherungen für solche Forderungen, die im Fall einer späteren Ins nach § 39 Abs 1 Nr 5 nachrangig **wären**;[23] deshalb können durchaus auch vor der Jahresfrist des § 135 Abs 1 Nr 2 bestellte Sicherheiten der InsAnf nach § 135 Abs 1 Nr 1 unterworfen sein (näher sogleich Rn 16 ff). Liegt die **Bestellung der Sicherheit mehr als zehn Jahre zurück**, ist sie allerdings **insolvenzfest**;[24] zu dieser Schlussfolgerung zwingt heute – nach Wegfall der RsprRegeln des früheren Eigenkapitalersatzrechts (vgl § 39 Rn 21) – § 135 Abs 1 Nr 1.[25] Der von Teilen des Schrifttums ver-

---

17 Beifällig etwa *K Schmidt/Uhlenbruck/Brinkmann* Rn 2.130; *Bork* EWiR 2013, 521 f; *B/H/Haas* Anh § 64 Rn 105; *Köth* ZGR 2016, 541, 555 ff; *Graf-Schlicker/Neußner* § 135 Rn 16; *K/S/W/Schäfer* H 74j; im Grds auch *Hölzle* ZIP 2013, 1992, 1994. Referierend *Uhlenbruck/Hirte* § 135 Rn 13; *K Schmidt* § 135 Rn 20; HambKomm/*Schröder* § 135 Rn 29.

18 Unanfechtbarkeit selbst nachträglicher Sicherheiten (wegen ggf fehlender GlBenachteiligung) erwägt *Marotzke* ZInsO 2013, 641, 650, 654 ff; iE auch *Mylich* ZIP 2013, 2444, 2450.

19 *Bitter* ZIP 2013, 1497, 1506 f; *Scholz/Bitter* Anh § 64 Rn 147; *U/H/L/Habersack* Anh § 30 Rn 113 und 117; *Hiebert* ZInsO 2016, 1679, 1680 ff; *Marotzke* ZInsO 2013, 641, 652 f; *ders* DB 2015, 2495, 2498; wohl auch HambKomm/*Schröder* § 135 Rn 29.

20 So *Thole* NZI 2013, 745, 746 aE und wohl auch *Mylich* ZIP 2013, 2444, 2449; differenzierend noch *Mylich* ZHR 176 (2012) 547, 569 f: Anfechtbarkeit einer anfänglichen, aus dem bisherigen Gesellschaftsvermögen bestellten Sicherheit in Analogie zu § 135 Abs 1 Nr 2, wenn binnen einen Jahres nach Sicherheitenbestellung der Eröffnungsantrag gestellt wird.

21 *Altmeppen* ZIP 2013, 1745, 1751; *ders* NZG 2013, 441, 442 f; *Bangha-Szabo* ZIP 2013, 1058, 1062 f; *Hölzle* ZIP 2013, 1992, 1995; KK/*Klaahsen* InsO § 135 Rn 70; *Schönfelder* WM 2009, 1401, 1402; *Ulbrich* S 195 f.

22 *Altmeppen* ZIP 2013, 1745, 1747; *R/A/Altmeppen* Anh § 30 Rn 178 ff.

23 *BGH* ZIP 2013, 1579, Rn 9; *Köth* ZGR 2016, 541, 557 ff mwN.

24 Wohl ebenso *BGH* ZIP 2013, 1579, Rn 14 und 21; noch offen gelassen in *BGH* ZIP 2012, 1869, Rn 25.

25 Insoweit iE übereinstimmend etwa *Bitter* ZIP 2013, 1998, 1999 f; *Scholz/Bitter* Anh § 64 Rn 68; *Clemens* S 234 f; *U/H/L/Habersack* Anh § 30 Rn 113 aE; *Köth* ZGR 2016, 541, 559 f und 563 f; Hk-GmbHG/*Kolmann* Anh § 30 Rn 150; *Marotzke* DB 2015, 2431, 2435; *Mylich* ZIP 2013, 2444, 2447; *Seibold/Waßmuth* GmbHR 2016, 962, 966; *Spliedt* ZIP 2009, 149, 153; *C/P/M/Zenker* § 135 Rn 20; **aA** *Hölzle* ZIP 2013, 1992, 1995.

fochtenen These (oben Rn 11), dem Gesellschafter-Gl sei der Zugriff auf die Sicherheit in der Ins – wie auf der Grundlage des früheren Eigenkapitalersatzrechts[26] und ungeachtet des Wegfalls der RsprRegeln – schon allein wegen des Nachrangs der gesicherten Forderung (§ 39 Abs 1 Nr 5) verwehrt,[27] ist jedenfalls die gesetzliche Ausgestaltung des AnfTatbestands des § 135 Abs 1 Nr 1 entgegen zu halten. Zutreffend hat der BGH zudem ausgeführt, dass auch die innerhalb der Jahresfrist des Abs 1 Nr 2 vorgenommene Befriedigung eines gesicherten Gesellschafterdarlehens mangels GlBenachteiligung nicht angefochten werden kann, soweit der Gesellschafter über eine länger als zehn Jahre vor Antragstellung begründete (unanfechtbare) Sicherung verfügt.[28]

Im Ergebnis nicht zu überzeugen vermögen freilich die Feststellungen des BGH zum Verhältnis der InsAnf nach § 135 Abs 1 Nr 1 und 2, die der IX. ZS aus dem allgemeinen Grundsatz der Selbständigkeit verschiedener AnfTatbestände ableiten will (vgl oben Rn 9 und unten Rn 17 ff). Ihnen sind die **Entstehungsgeschichte** des § 135 Abs 1 (oben Rn 5 ff) sowie der **konzeptionelle Zusammenhang** entgegen zu halten, in dem der Nachrang gem **§ 39 Abs 1 Nr 5** einerseits und die InsAnf nach **§ 135 Abs 1 Nr 1 und 2** andererseits stehen: 13

Der in **§ 39 Abs 1 Nr 5** angeordneten **Nachrang** soll sicherstellen, dass in der Ins Dritt-Gl nicht mit Gesellschafter-Gl iS jener Bestimmung konkurrieren müssen. Die **InsAnf** bei Befriedigungsgewährung nach **§ 135 Abs 1 Nr 2** sichert den damit korrespondierenden Vorrang der Dritt-Gl – soweit das AnfRecht reicht – auch für die Vergangenheit: Die InsAnf greift ein, wo es dem Gesellschafter-Gl gelungen ist, seine Forderungen im letzten Jahr vor dem Eröffnungsantrag (oder nach Stellung des Antrags) noch bedient zu bekommen; in diesem Zeitraum gewährte Befriedigungsleistungen können so wieder der InsMasse zugeführt werden. Die InsAnf der Sicherheitenbestellung nach **§ 135 Abs 1 Nr 1** ist ebenfalls eine (vom Gesetzgeber gezogene) Konsequenz des Nachrangs gem § 39 Abs 1 Nr 5: Um des Vorrangs der Dritt-Gl willen soll der Gesellschafter-Gl zur Befriedigung seiner nachrangigen Forderung in der Ins auch nicht auf eine dafür bestellte Sicherheit zugreifen können. Anders formuliert: Da er aus dem in der Ins noch vorhandenen Gesellschaftsvermögen nur nachrangige Befriedigung erfährt, soll er sich in der Ins auch nicht vorrangig aus einer Sicherheit befriedigen können, die ihm aus dem Gesellschaftsvermögen (innerhalb des Zehnjahreszeitraums des Abs 1 Nr 1) gewährt worden war. 14

Jener konzeptionelle Zusammenhang zwischen Nachrang und InsAnf – die InsAnf gem § 135 Abs 1 sichert den Nachrang nach § 39 Abs 1 Nr 5 ergänzend ab (s schon § 39 Rn 26) – kennzeichnet das aktuelle Recht ebenso wie das frühere Eigenkapitalersatzrecht.[29] Die Abkehr vom Merkmal der Krisenfinanzierung sowie der Wegfall der früheren RsprRegeln 15

---

26 Vgl für das frühere Recht (mit dem Zweck des § 32a GmbHG aF argumentierend) *BGHZ* 133, 298, 305 f (IX. ZS) = ZIP 1996, 1829, 1831 mwN; zuletzt *BGH* ZIP 2012, 1869, Rn 25. Zu den Schlussfolgerungen, die aus den ehemaligen RsprRegeln zu ziehen waren, s *BGHZ* 81, 252, 262 f (II. ZS). Zur Verpflichtung zur Freigabe der Sicherheit s *BGHZ* 179, 278 = ZIP 2009, 471, Rn 17 (II. ZS).

27 S in diesem Sinne (außer den Nachw oben Fn 21) zuletzt *Brinkmann* ZGR 2017, 708, 724 ff; *K Schmidt/Uhlenbruck/ders* Rn 2.125, 2.131 ff. Dagegen *Bitter* ZIP 2013, 1497, 1499 ff; *Scholz/Bitter* Anh § 64 Rn 143 f; *Bloß/Zugelder* NZG 2011, 332, 333 f; *Clemens* S 232 f; *B/H/Haas* Anh § 64 Rn 110 (anders aber dort Rn 25); *Marotzke* ZInsO 2013, 641, 648 f; *ders* DB 2015, 2431, 2434 f; *Mylich* ZHR 176 (2012) 547, 556 ff; *ders* ZIP 2013, 2444, 2448 f; *C/P/M/Zenker* § 39 Rn 9 und § 135 Rn 19; eingehend zuletzt *Köth* ZGR 2016, 541, 560 ff. Differenzierend *K Schmidt* § 135 Rn 18.

28 Vgl *BGH* ZIP 2013, 1579, Rn 14 und 21; dazu auch *B/H/Haas* Anh § 64 Rn 104; *Marotzke* DB 2015, 2431, 2436 f.

29 Vgl zum früheren Recht *Stodolkowitz/Kleindiek* § 84 Rn 6, 59 ff.

haben an *diesem* Zusammenhang zwischen Nachrang und InsAnf nichts geändert;[30] der Kreis der dem Nachrang nach § 39 Abs 1 Nr 5 unterworfenen Forderungen ist dadurch gerade ausgeweitet worden: Heute ist jede Darlehensforderung eines Gesellschafters (oder wirtschaftlich entsprechende Forderung) in der Ins subordiniert und damit Anknüpfung für die InsAnfTatbestände nach § 135 Abs 1 Nr 1 und 2.

16 Aus §§ 39 Abs 1, 135 Abs 1 ergibt sich, dass eine vor *mehr* als zehn Jahren bestellte Sicherheit nicht mehr nach § 135 Abs 1 Nr 1 angefochten werden kann (s oben Rn 12). Doch steht jener AnfTatbestand – entgegen anders lautenden Stimmen (oben Rn 11) – dem Zugriff auf eine *innerhalb* jenes Zeitraums gewährte (noch bestehende) Sicherheit in der Ins auch dann entgegen, wenn die Sicherheit zeitgleich mit der gesicherten Forderung bestellt worden ist; eine **Privilegierung anfänglicher Sicherheiten** ist dem Konzept der §§ 39 Abs 1 Nr 5, 135 Abs 1 fremd und deshalb auch mit dem Rechtsgedanken des § 142 (Bargeschäftsprivileg) **nicht hinreichend begründbar**.[31]

17 Ebenso zu widersprechen ist freilich der Rspr des BGH (oben Rn 9 f), soweit die InsAnf aus § 135 Abs 1 Nr 1 auch dort bejaht wird, wo eine **innerhalb der Zehnjahresfrist bestellte Sicherung außerhalb der Jahresfrist** des § 135 Abs 1 Nr 2 **verwertet** worden ist. Auch der IX. ZS räumt ein, dass die Besicherung einen Vorteil bietet, der wirtschaftlich der Befriedigung entspricht.[32] Richtigerweise ist die Verwertung einer von der Gesellschaft gestellten Sicherheit innerhalb der Jahresfrist als Befriedigung iSd Abs 1 Nr 2 anzusehen (s auch Rn 27). Die Befriedigung aus dem Gesellschaftsvermögen ist nach Abs 1 Nr 2 aber gerade unanfechtbar, sofern sie außerhalb der dort bestimmten Jahresfrist erfolgt. Wenn der Gesellschafter-Gl außerhalb jener Jahresfrist aus dem Gesellschaftsvermögen insolvenzfest befriedigt werden kann,[33] sollte ihm außerhalb dieser Frist auch die insolvenzfeste Befriedigung durch Verwertung einer Sicherheit möglich sein, die ihm aus dem Vermögen der Gesellschaft bestellt worden war.

18 Die Anfechtbarkeit der Sicherheitsgewährung nach Abs 1 Nr 1 verhindert, dass sich ein in der Jahresfrist befriedigter Gesellschafter, zu dessen Gunsten eine Sicherheit bestellt worden war, darauf berufen kann, angesichts der bestehenden Sicherheit sei mit der Befriedigung keine GlBenachteiligung verbunden.[34] Darüber hinaus wird **Abs 1 Nr 1 (nur) für solche Sicherheiten** praktisch, die **in der Insolvenz noch bestehen**. Eben dies entsprach auch schon dem Bauplan der GmbH-Novelle 1980 (dazu oben Rn 6), der die InsAnf einer Sicherheitenbestellung bewusst nicht der Jahresfrist (heute § 135 Abs 1 Nr 2) hat unterwerfen wollen, da „solange die Sicherung noch besteht, … das Darlehensgeschäft noch nicht abgewickelt" sei.[35] Bis zur Entscheidung des *BGH* v 18.7.2013 war im Schrifttum denn auch konsentiert, dass der an die Befriedigung anknüpfende AnfTatbestand des Abs 1 Nr 2 die InsAnf der vorausgegangenen Besicherung iSd Abs 1 Nr 1 verdrängt.[36] Daran ist festzuhalten (s auch unten Rn 36); bei Verwertung der Sicherheit außerhalb der Jahresfrist des

---

30 Vgl dazu nur Begründung RegE MoMiG, BT-Drucks 16/6140, 26.

31 IE ebenso *Brinkmann* ZGR 2017, 708, 719 ff; *K Schmidt/Uhlenbruck/ders* Rn 2.128 f; *Gehrlein* NZI 2015, 577, 579 ff; *B/H/Haas* Anh § 64 Rn 110; MK/*Kirchhof* § 142 Rn 22; *Köth* ZGR 2016, 541, 564 ff; *Graf-Schlicker/Neußner* § 135 Rn 16; *K/S/W/Schäfer* H 72; *K Schmidt* § 135 Rn 16; HK/*Thole* § 142 Rn 11.

32 *BGH* ZIP 2013, 1579, Rn 16.

33 So ausdrücklich *BGH* ZIP 2013, 1579, Rn 21.

34 *A/G/R/Gehrlein* § 135 Rn 16.

35 Begründung zu § 32b GmbHG-RegE, BT-Drucks 8/1347, 41.

36 Vgl stellvertretend *Bitter* ZIP 2013, 1497, 1500; *Hömme* S 267 ff; *Köth* ZGR 2016, 541, 554 f, je mwN; s auch schon 6. Aufl, Rn 13.

Abs 1 Nr 2 kann die Sicherheitenbestellung richtigerweise nicht nach Abs 1 Nr 1 (mit der Folge des Schadensersatzanspruchs aus § 143 Abs 1 S 2) angefochten werden.

Die entgegenstehende Rspr des **IX. ZS des BGH** vermag deshalb nicht zu überzeugen;[37] danach soll die InsAnf lediglich dann ausscheiden, wenn der Gesellschafter-Gl außerhalb des Jahreszeitraums tatsächlich „von der Gesellschaft selbst" befriedigt wird, dh von der gewährten Sicherung keinen Gebrauch macht.[38] Die dem wirtschaftlich entsprechende Befriedigung durch Verwertung einer von der Gesellschaft gestellten Sicherheit anders zu behandeln, widerspricht der – schon in der GmbH-Novelle getroffenen[39] und im Zuge des MoMiG bestätigten[40] – Entscheidung des Gesetzgebers, wonach Befriedigungen außerhalb der Jahresfrist des (heutigen) Abs 1 Nr 2, soweit nicht ein AnfTatbestand jenseits von § 135 Abs 1 eingreift, insolvenzfest geleistet werden können. 19

Der BGH setzt iE jede im Zehnjahreszeitraum vor Stellung des Eröffnungsantrags vorgenommene Sicherheitenverwertung dem Risiko späterer InsAnf aus, wobei er unterstützend geltend macht, die Gewährung von Gesellschafterdarlehen, die durch das Gesellschaftsvermögen gesichert würden, sei – weil dies zur Eingehung unverantwortlicher Risiken auf Kosten der Dritt-Gl verleite – „mit einer ordnungsgemäßen Unternehmensfinanzierung nicht vereinbar";[41] s schon oben Rn 10. Ob der IX. ZS im Zuge seiner weiteren RsprPraxis **„Grundsätze ordnungsmäßiger Unternehmensfinanzierung"** entwickeln wird, bleibt abzuwarten. Jedenfalls lassen sich solche Grundsätze nicht lediglich aus Versatzstücken der ökonomischen Analyse des Rechts ableiten. Warum die Gewährung eines Gesellschafterdarlehens gegen Stellung einer Sicherheit – auch wenn sie jenseits einer Unternehmenskrise vollzogen wird – als Verstoß gegen das Gebot ordnungsgemäßer Unternehmensfinanzierung anzusehen sein soll (der mit Ablauf der Zehnjahresfrist des § 135 Abs 1 Nr 1 offenbar geheilt würde), bedürfte allemal vertiefter Begründung. Denn ein gesicherter Gesellschafter-Gl wird daran interessiert sein, die zu seinen Gunsten bestehende Sicherheit nicht zu gefährden; die daraus resultierenden Verhaltensanreize kommen den Interessen der Dritt-Gl durchaus entgegen. 20

3. Rechtshandlung, Gläubigerbenachteiligung, Rückgewähranspruch. Durch die Rechtshandlung (dazu § 129 Rn 12 ff), die Sicherung oder Befriedigung einer Finanzierungshilfe iSd § 39 Abs 1 Nr 5 gewährt, müssen die InsGl (s § 130 Rn 10) benachteiligt worden sein (§ 129 Abs 1; dazu im Einzelnen § 129 Rn 44 ff);[42] mittelbare Benachteiligung genügt.[43] Eine GlBenachteiligung liegt vor, wenn die Rechtshandlung entweder die Schuldenmasse vermehrt oder die Aktivmasse verkürzt und dadurch den Zugriff auf das SchuVermögen verei- 21

37 Kritisch auch *U/H/L/Habersack* Anh § 30 Rn 120; Gottwald/*Haas/Kolmann/Pauw* § 92 Rn 483 f; *Nolting* S 364 ff; *Thiessen* ZGR 2015, 396, 434 ff; *B/S/Thiessen* Anh § 30 Rn 68.

38 *BGH* ZIP 2013, 1579, Rn 21.

39 Vgl Begründung zu § 32b GmbHG-RegE, BT-Drucks 8/1347, 41: Befriedigungen außerhalb der Jahresfrist (seinerzeit noch von der Eröffnung des Konkursverfahrens angerechnet), seien typischerweise „nicht mehr im Hinblick auf ein drohendes Konkursverfahren geschehen".

40 Vgl Begründung RegE MoMiG, BT-Drucks 16/6140, 26: Fragwürdige Auszahlungen in einer „typischerweise kritischen Zeitspanne", nämlich „im Jahr vor der Insolvenz", sollen einem „konsequenten Anfechtungsregime" unterworfen werden.

41 *BGH* ZIP 2013, 1579, Rn 19, im Anschluss an *Engert* ZGR 2004, 813, 830 f; ebenso *ders* ZGR 2012, 835, 851. Zust *Köth* ZGR 2016, 541, 572 ff.

42 S etwa *BGH* ZIP 2013, 1579, Rn 8; *BGH* ZIP 2013, 1629, Rn 31 f; *BGH* 13.7.2017 – IX ZR 173/16, ZIP 2017, 1632, Rn 10 und 17.

43 Weiterführend *Gehrlein* ZInsO 2017, 128, 129 ff.

telt, erschwert oder verzögert hat, dh wenn sich die Befriedigungsmöglichkeiten der InsGl ohne die Handlung bei wirtschaftlicher Betrachtung günstiger gestaltet hätten.[44]

22 **4. Gewährung einer Sicherung (Abs 1 Nr 1).** Unter Abs 1 Nr 1 fallen aus Gesellschaftsmitteln eingeräumte Sicherheiten, die dem Gesellschafter (oder einem gleichgestellten Dritten) als Gl einer Forderung auf Rückgewähr eines Darlehens iSd § 39 Abs 1 Nr 5 (oder einer wirtschaftlich entspr Forderung) gewährt worden sind; gemeint sind mithin solche Forderungen, die im Fall der späteren Ins nach § 39 Abs 1 Nr 5 nachrangig wären (so Rn 12). Der Begriff der **Sicherung** ist – nicht anders als in §§ 130, 131[45] – weit zu verstehen,[46] auch die Sicherungsabtretung[47] oder die Sicherungsübereignung fallen darunter; die im früheren Eigenkapitalersatzrecht hM[48] wollte eine Sicherung idS (wegen der gebotenen wirtschaftlichen Betrachtung) selbst im einfachen Eigentumsvorbehalt zugunsten des Gesellschafters sehen (zweifelhaft). Erfasst werden iÜ auch solche Sicherheiten, welche die Gesellschaft dem Gesellschafter für eine Sicherung – etwa eine Bürgschaft – eingeräumt hat, die er seinerseits für einen Fremdkredit gestellt hat.[49]

23 Die Anfechtbarkeit ist auf solche eine Sicherung einräumende Rechtshandlungen beschränkt, die **innerhalb der letzten zehn Jahre** vor dem Antrag auf Eröffnung des InsVerf (Berechnung gem § 139) oder nach diesem Antrag vorgenommen worden sind. Wann die Handlung vorgenommen wurde, bestimmt § 140. Bei zusammengesetzten Rechtshandlungen kommt es auf den letzten Teilakt an.[50] Liegt die Bestellung der Sicherheit mehr als zehn Jahre zurück, ist sie insolvenzfest (oben Rn 12).

24 Zum **Verhältnis der AnfTatbestände in Abs 1 Nr 1 und 2** sowie zur InsAnf nach Abs 1 Nr 1, wenn eine **innerhalb der Zehnjahresfrist bestellte Sicherung außerhalb der Jahresfrist** des Abs 1 Nr 2 **verwertet** worden ist, s schon oben Rn 9 ff.

25 **5. Befriedigungsleistung (Abs 1 Nr 2). – a) Erfasste Rechtshandlungen.** Vom Begriff der **Befriedigung** werden alle Rechtshandlungen erfasst, durch die die Forderung des Gesellschafters (oder eines gleichgestellten Dritten) auf Rückgewähr eines Darlehens (oder eine gleichgestellte Forderung) zu Lasten des Gesellschaftsvermögens getilgt wird. Zur Abgrenzung des Darlehens und der einem solchen wirtschaftlich entsprechenden Rechtshandlungen s § 39 Rn 34 ff.

26 Von § 135 Abs. 1 Nr 2 erfasst werden auch alle **Erfüllungssurrogate** einschließlich Leistungen an Erfüllungs Statt[51] und erfüllungshalber sowie der Aufrechnung und einer Verrechnungsvereinbarung. Die Anfechtbarkeit bezieht sich richtigerweise auch auf die Tilgung von Nebenforderungen, insb von **Zinsansprüchen**; insofern anders zu entscheiden als hin-

44 So der BGH in stRspr, vgl etwa *BGH* v 26.4.2012 – IX ZR 146/11, ZIP 2012, 1183, Rn 21; *BGH* 13.7.2017 – IX ZR 173/16, ZIP 2017, 1632, Rn 11; zu wN s § 129 Rn 43.
45 *Ganter* WM 2014, 1457, 1460.
46 *BGH* ZIP 2014, 584, Rn 14 mwN.
47 *BGH* ZIP 2013, 1579, Rn 8; vgl auch *BGH* ZIP 2013, 1869, Rn 25.
48 S dazu *vG/H/Johlke/Schröder* Rn 5.59 ff; ebenso für das aktuelle Recht etwa *Clemens* S 310 ff; *R/S-L/Görner* Anh § 30 Rn 96; *C/P/M/Zenker* § 135 Rn 22; **aA** *R/A/Altmeppen* Anh § 30 Rn 131 ff; *Scholz/Bitter* Anh § 64 Rn 171; *U/H/L/Habersack* Anh § 30 Rn 61; Hk-GmbHG/*Kolmann* Anh § 30 Rn 121; einschr auch *Graf-Schlicker/Neußner* § 135 Rn 10.
49 S zum früheren Recht *vG/H/v Gerkan* Rn 3.153.
50 Vgl *BGHZ* 41, 17, 19; *BGHZ* 135, 140, 148 = ZIP 1997, 737.
51 *OLG Hamm* 16.2.2017 – I-27 U 83/16, GmbHR 2017, 1032, 1033.

sichtlich des Nachrangs iSv § 39 Abs 1 Nr 5 (dazu ausdrücklich § 39 Abs 3), wäre nicht gerechtfertigt.[52]

Nach Abs 1 Nr 2 anfechtbar ist auch die **Befriedigung aus einer von der Gesellschaft gestellten Sicherheit**;[53] s zum **Verhältnis der AnfTatbestände in Abs 1 Nr 1 und 2** sowie zu den umstrittenen Einzelheiten, wenn eine **innerhalb der Zehnjahresfrist bestellte Sicherung außerhalb der Jahresfrist** iSv Abs 1 Nr 2 **verwertet** worden ist, eingehend oben Rn 9 ff. 27

Nicht ausgeschüttete Gewinne einer Gesellschaft (iSd § 39 Abs 4 S 1) stehen der Gewährung eines Gesellschafterdarlehens wirtschaftlich gleich, so dass die spätere **Ausschüttung von vorgetragenem Gewinn** der InsAnf nach § 135 Abs 1 Nr 2 unterliegt.[54] Konsequent muss dann ebenso eine **Ausschüttung zu Lasten der frei verfügbaren Kapital- oder Gewinnrücklagen** (§ 272 Abs 2 und 3 HGB) der InsAnf nach Maßgabe von § 135 Abs 1 Nr 2 unterfallen.[55] Das gilt auch für solche Ausschüttungen, denen die Umwandlung eines Gesellschafterdarlehens in die Kapitalrücklage vorausgegangen ist,[56] nicht aber schon – da es insoweit (wegen § 199 S 2) an einer Gläubigerbenachteiligung fehlt[57] – für die Umwandlung in die Rücklage selbst. 28

Zahlungen auf das **Entgelt für Nutzungsüberlassungen** durch einen Gesellschafter (oder einen gleichgestellten Dritten) sind nach Abs 1 Nr 2 nur dann anfechtbar, wenn die entspr Forderungen kreditiert (gestundet etc) worden waren; entspr gilt für den Nachrang offener Forderungen auf das Nutzungsentgelt (vgl § 39 Rn 39). Dieser im Schrifttum schon länger hM[58] hat sich auch der BGH angeschlossen.[59] Keine Kreditierung liegt freilich bei bargeschäftlicher Leistungsabwicklung vor, wobei in Anlehnung an § 286 Abs 3 BGB auf einen 29

---

52 Aber str; iE wie hier etwa *OLG München* ZInsO 2014, 897, 901; *Büscher* FS Hüffer, 2010, S 81, 90 f; *Clemens* S 240 f; *B/H/Haas* Anh § 64 Rn 91 und 108; *U/H/L/Habersack* Anh § 30 Rn 124; Hk-GmbHG/*Kolmann* Anh § 30 Rn 153; *Marotzke* ZInsO 2013, 641, 647 f; *ders* DB 2015, 2431, 2433 f; *N/R/Nerlich* § 135 Rn 39 (Stand: April 2017); *Graf-Schlicker/Neußner* § 135 Rn 18; *K/S/W/Schäfer* H 73; *K Schmidt* § 135 Rn 19; HambKomm/*Schröder* § 135 Rn 17; **aA** *R/A/Altmeppen* Anh § 30 Rn 146; *K Schmidt/Uhlenbruck/Brinkmann* Rn 2.122; *Scholz/Bitter* Anh § 64 Rn 129; KK/*Klaahsen* InsO § 135 Rn 43; *Lüneborg* S 94 f; *Mylich* ZGR 2009, 474, 494 ff; *B/S/Thiessen* Anh § 30 Rn 66; *C/P/M/Zenker* § 135 Rn 12.

53 HambKomm/*Schröder* § 135 Rn 32; s zum früheren Eigenkapitalersatzrecht auch *vG/H/v Gerkan* Rn 3.152; *Scholz/K Schmidt* 10. Aufl, §§ 32 a/b Rn 71.

54 So im Fall *OLG Koblenz* ZIP 2013, 2325 (dort entschieden für eine GmbH mit Alleingesellschafter-Geschäftsführer); ebenso *Scholz/Bitter* Anh § 64 Rn 177; *Freudenberg* ZInsO 2014, 1544, 1546 ff; *Kruth* DStR 2017, 2126, 2129 f; *Leithaus* NZI 2014, 29; zuvor schon *Mylich* ZGR 2009, 474, 492 f; zuletzt *ders* ZIP 2017, 1255, 1256 ff. Krit *OLG Schleswig* 8.2.2017 9 U 84/16, GmbHR 2017, 527, 529 f; *Eidenmüller/Engert* FS K Schmidt, 2009, S 305, 326 f; *Heckschen/Kreußlein* RNotZ 2016, 351, 361 f; *Menkel* NZG 2014, 982, 983 ff; *Priester* GmbHR 2017, 1245 ff; *K/S/W/Schäfer* H 52a; *K Schmidt/K Schmidt/Herchen* § 39 Rn 53; *Seibold/Waßmuth* GmbHR 2016, 962, 963; *Wünschmann* NZG 2017, 51, 52 ff.

55 Gleichsinnig *Scholz/Bitter* Anh § 64 Rn 177; *U/H/L/Habersack* Anh § 30 Rn 58; *Mylich* ZGR 2009, 474, 491 f; *Goette/Habersack/Vetter* Das MoMiG in Wissenschaft und Praxis, 2009, Rn 4.118 ff; im Ausgangspunkt übereinstimmend auch *Graf-Schlicker/Neußner* § 135 Rn 8; *C/P/M/Zenker* § 135 Rn 13; **aA** *Büscher* FS Hüffer, 2010, S 81, 89.

56 Anders *A/G/R/Gehrlein* § 135 Rn 4 („lediglich §§ 130, 133 einschlägig").

57 Vgl dazu auch *Wirsch* NZG 2010, 1131, 1132 f; *C/P/M/Zenker* § 135 Rn 15; *B/S/Thiessen* Anh § 30 Rn 17 f; *U/H/L/Habersack* Anh § 30 Rn 58.

58 Zu Nachweisen s zuletzt 8. Aufl Rn 29.

59 *BGH* ZIP 2015, 589, Rn 65 ff; zuvor schon *OLG Hamm* ZIP 2014, 186, 187 f; *OLG Schleswig* ZIP 2012, 885.

Zeitraum von maximal 30 Tagen abgestellt wird.[60] *Wenn* Kreditierung vorliegt, kann die InsAnf aber nicht am Bargeschäftsprivileg (§ 142) scheitern, denn dann sind die Voraussetzungen eines Anfechtungsausschlusses nach § 142 typischerweise nicht gegeben.[61] Demgegenüber haben Gegenstimmen im Schrifttum die Anfechtbarkeit von Zahlungen (wie auch den Nachrang offener Forderungen) auf das Nutzungsentgelt nach Abs 1 Nr 2 unabhängig davon bejahen wollen, ob Kreditierung (Stundung etc) vorlag, weil – so die Argumentation – die Entgeltforderung auf die Nutzungsüberlassung des Gesellschafters auch nach neuem Recht aus einer Rechtshandlung resultiere, die einem Gesellschafterdarlehen wirtschaftlich entspreche (§ 39 Abs 1 Nr 5)[62] oder mit der doch jedenfalls darlehensgleich zum Nachteil der GlGesamtheit auf das Gesellschaftsvermögen eingewirkt werde.[63] Auf der Basis dieser Auffassung ist dann ggf ein AnfAusschluss nach § 142 angenommen,[64] zum Teil aber auch geltend gemacht worden, § 142 sei auf Anf nach § 135 Abs 1 generell nicht anwendbar.[65]

30 Indes ist schon die Prämisse (Anfechtbarkeit von Zahlungen auf das Nutzungsentgelt unabhängig von vorausgehender Kreditierung) mit dem Konzept der gesetzlichen Neuregelung in §§ 39 Abs 1 Nr 5, 135 Abs 1 unvereinbar.[66] Nach Abkehr vom Merkmal der Krisenfinanzierung ist die **Nutzungsüberlassung durch den Gesellschafter als solche keine der Darlehensgewährung wirtschaftlich entspr Rechtshandlung** mehr;[67] allein für kreditierte (gestundete etc) Entgeltforderungen ist jene Entsprechung gegeben. Würde man das in der Jahresfrist des § 135 Abs 1 Nr 2 gezahlte Nutzungsentgelt unabhängig von einer Kreditierung der Anf unterwerfen, ohne § 142 anzuwenden, wäre iÜ der Berechnung des Ausgleichsanspruchs nach Maßgabe von § 135 Abs 3 S 2 weitgehend der Boden entzogen, da insoweit anfechtbar gewährte Zahlungen unberücksichtigt bleiben müssen (su Rn 59).

31 Als **Folge der Anfechtung** hat der Gesellschafter die erhaltene **Leistung zur InsMasse zurückzugewähren**, § 143 Abs 1. Zu den Adressaten der Erstattungspflicht in Fällen vorausgegangener **Forderungsabtretung** (der BGH bejaht hier die gesamtschuldnerische Haftung von Zedent und Zessionar[68]) oder **Anteilsübertragung** s § 39 Rn 43; zur Passivlegitimation bei Finanzierungshilfen durch **gesellschaftergleiche Dritte** s § 39 Rn 50.

32 **b) Jahresfrist.** Die Befriedigung gewährende Rechtshandlung muss **binnen des letzten Jahres** vor dem Eröffnungsantrag oder nach diesem Antrag vorgenommen worden sein. Die

---

60 *BGH* ZIP 2015, 589, Rn 70 f.
61 *Bangha-Szabo* ZIP 2013, 1058, 1061; *Bitter* ZIP 2010, 1, 10; *Ganter* ZIP 2012, 2037, 2039; *Gehrlein* BB 2011, 3, 6 f; *ders* NZI 2015, 577, 580; HambKomm/*Schröder* § 135 Rn 35.
62 So etwa *Azara* S 875, 883, 921; *Büscher* FS Hüffer, 2010, S 81, 91 f; *Henkel* ZInsO 2010, 2209, 2211 ff; *Andres/Leithaus* § 135 Rn 17; *Marotzke* ZInsO 2008, 1281, 1284 ff; *ders* JZ 2010, 592, 596 ff; wohl weiterhin auch *Braun/de Bra* § 135 Rn 26 und 28.
63 *Haas* FS Ganter, S 189, 192 ff; *ders* NZI 2012, 601 ff.
64 In diesem Sinne *Büscher* FS Hüffer, 2010, S 81, 91 f; *Andres/Leithaus* § 135 Rn 17; *Marotzke* ZInsO 2008, 1281, 1286; *ders* ZInsO 2013, 641, 645.
65 *Haas* FS Ganter, S 189, 199 ff; *ders* NZI 2012, 601, 603 f; *Henkel* ZInsO 2009, 1577; *ders* ZInsO 2010, 2209, 2213.
66 Ebenso etwa *Bitter* ZIP 2010, 1, 5; *U Huber* ZIP Beilage 39/2010, 7, 8; *K Schmidt* FS Wellensiek, S 551, 558; HambKomm/*Schröder* § 135 Rn 54.
67 So auch *BGH* ZIP 2015, 589, Rn 32 ff; s dazu schon Begr RegE MoMiG, BT-Drucks 16/6140, 56; BeschlEmpfehlung und Bericht des RAussch, BT-Drucks 16/9737, 59 und hierzu *K Schmidt* DB 2008, 1727, 1732; zutr auch *Ulbrich* S 425: Gebrauchsüberlassung begründe keine Forderungsposition, der vorrangige Verlusttragung iSv § 39 Abs 1 Nr 5 aufgezwungen werden könne.
68 *BGH* ZIP 2013, 582, Rn 28.

Frist vor dem Eröffnungantrag ist nach § 139 zu berechnen. Wann die Handlung vorgenommen wurde, bestimmt § 140.[69]

33 Eine Befriedigung, die früher erfolgt als ein Jahr vor dem Eröffnungsantrag, ist unter den Voraussetzungen der §§ 133, 134 anfechtbar; insb der VorsatzAnf dürfte im Zusammenhang mit Gesellschafterdarlehen im aktuellen Recht größere Bedeutung zukommen als bislang.[70] Unter den Voraussetzungen des heutigen § 64 S 3 GmbHG (bzw §§ 92 Abs 2 S 3, 93 Abs 3 Nr 6 AktG) entstehen zudem Erstattungsansprüche gegen die GmbH-Geschäftsführer bzw AG-Vorstandsmitglieder (s dazu auch Anh § 35 Rn 113 ff). Wenn ein Gesellschafter, um sich über die Jahresfrist des § 135 Abs 1 Nr 2 zu retten, den Geschäftsführer zur verspäteten Antragstellung angestiftet hat, kann er sich im AnfRecht nicht auf die Fristverstreichung berufen.[71]

34 Die RsprRegeln des auslaufenden Eigenkapitalersatzrechts (für die GmbH: §§ 30, 31 analog) gelten für Altfälle – dh soweit der Erstattungsanspruch schon entstanden war – zwar richtigerweise fort (genauer § 39 Rn 30 ff), sind iÜ aber nicht mehr anwendbar (s § 39 Rn 21 und 30). Ebenso wenig lassen sich die früheren RsprRegeln in einer „Gesamtanalogie zu §§ 135, 136 Abs 2“ mit der Konsequenz „fortsetzen“, dass alle im letzten Jahr vor der „materiellen InsReife“ geleisteten Zahlungen an den Gesellschafter anfechtbar wären.[72] Wenig Erfolg verspricht auch der Vorschlag, den Wegfall der RsprRegeln durch Rückgriff auf das Institut der Existenzvernichtungshaftung (dazu Anh § 35 Rn 89 ff) auszugleichen.[73] Denn in der Erfüllung einer Darlehensverbindlichkeit der Gesellschaft liegt keine **kompensationslose** Auskehr von Gesellschaftsvermögen.[74]

35 **c) Cash Pooling; kontokorrentgleiche Aus- und Rückzahlungen.** Ist die Gesellschaft in ein (von der Muttergesellschaft oder von einem mit dieser verbundenen Unternehmen geführtes) **Cash Pooling** eingebunden, in dem die jeweiligen Darlehensforderungen periodisch wechselseitig verrechnet werden, ist fraglich, ob die Befriedigungsleistungen der Tochter (auf die Darlehensforderungen der Mutter) in der Tochterinsolvenz der InsAnf (nur) nach Maßgabe von § 135 Abs 1 Nr 2 oder (auch) nach Abs 1 Nr 1 unterliegen. Die Anwendbarkeit von § 135 Abs 1 Nr 1 (Zehnjahresfrist!) ist mit der Überlegung befürwortet worden, jede im Rahmen des (wechselseitigen) Liquiditätsausgleichs vorgenommene Umbuchung zulasten der Tochter an die Mutter habe den Charakter einer Sicherheitenbestellung zugunsten Letzterer, da mit ihr eine Aufrechnungslage geschaffen und so sichergestellt werde, dass die Mutter ihre eigenen Ansprüche gegen die Tochter alsdann im Wege der Verrechnung durchsetzen könne.[75]

36 Indes ist schon zweifelhaft, ob jene Unterteilung in die Herstellung einer Aufrechnungslage (Besicherung iSd Abs 1 Nr 1) einerseits und den (späteren) Vollzug der Verrechnung (Befriedigung iSd Abs 1 Nr 2) andererseits den (typischen) Cash Pool-Konstellationen mit ihrem tagesaktuellen Saldenausgleich auf den Unterkonten der in den cash pool einbezoge-

---

69 S auch *BGHZ* 166, 125 = ZIP 2006, 578, Rn 23; *BGH* ZInsO 2006, 371, Rn 13.

70 Dazu weiterführend *Bangha-Szabo* ZIP 2013, 1058 ff; *Gehrlein* BB 2011, 3, 6 f; *MK/Gehrlein* § 135 Rn 35; *U Huber* ZIP Beilage 39/2010, 7, 10; *Mylich* ZIP 2013, 1650, 1652 ff; *Nasall* NJW 2010, 2305, 2308 ff; *Spliedt* ZIP 2009, 149, 154.

71 *U Huber* FS Priester, 2007, S 259, 282; *U Huber* ZIP Beilage 39/2010, 7, 10.

72 So in freier Rechtsschöpfung *Hölzle* ZIP 2011, 650.

73 Dazu *Nasall* NJW 2010, 2305, 2306 ff.

74 Zutr *U Huber* ZIP Beilage 39/2010, 7, 9 f.

75 So *Klinck/Gärtner* NZI 2008, 457, 459 f; *Gärtner* Die rechtlichen Grenzen der Zulässigkeit des Cash Pooling, 2011, S 795 f; zust *B/H/Haas* Anh § 64 Rn 94; iE auch *Bich Vu Tuyet* Die Unwirksamkeit von Aufrechnungen im Cash Pool, 2014, S 57 ff.

nen Beteiligungsgesellschaften überhaupt gerecht wird.[76] Jedenfalls liegt in den **periodischen Verrechnungen** eine **Befriedigung iSd Abs 1 Nr 2** (s dazu Rn 25), womit die Anfechtung einer etwa vorausgegangenen Besicherung iSd Abs 1 Nr 1 nach hier vertretener Auffassung (s oben Rn 18) verdrängt wird.[77] Der IX. ZS des BGH will eine solche „Sperrwirkung" von Abs 1 Nr 2 freilich nicht anerkennen (zu Einzelheiten s oben Rn 9 ff); ob dabei die möglichen Konsequenzen für die Dauer der Anfechtbarkeit von Zahlungsströmen im Cash Pool bedacht worden sind, lässt sich den Gründen seiner Entscheidung vom 18.7.2013[78] nicht entnehmen.

37 Jedenfalls dürfen die einzelnen Tilgungsleistungen der Tochter an die Mutter im Zuge der Verrechnungen im kritischen Jahreszeitraum des Abs 1 Nr 2 nicht einfach aufaddiert werden.[79] Vielmehr sind allein Rückzahlungen auf das tatsächlich gewährte Kreditierungsvolumen (Finanzierungsfunktion des Darlehens; vgl auch § 39 Rn 36) der InsAnf unterworfen. Dabei kann für die Ermittlung des tatsächlich in Anspruch genommenen Darlehens an jene Grundsätze angeknüpft werden, die in einer **BGH-Entsch aus 1994** (noch unter Geltung des früheren Eigenkapitalersatzrechts) zur Kreditierung von Forderungen aus **Warenlieferungen** entwickelt worden sind.[80] Im dortigen Fall stand die Gesellschaft in wechselseitigen laufenden Geschäftsverbindungen mit ihrer Gesellschafterin. Letztere lieferte Stahl, aus dem die Gesellschaft Kaltwalzprodukte herstellte, die wiederum an die Gesellschafterin zu liefern waren. Die Rechnungen der Gesellschafterin aus den Stahllieferungen wurden jeweils durch Verrechnungen oder Zahlungen ausgeglichen, wobei die Gesellschaft ihre Verbindlichkeiten aber unter Duldung der Gesellschafterin ständig mit einer die marktüblichen Zahlungsfristen deutlich (um mehrere Monate) überschreitenden Verzögerung vor sich hinschob. Der BGH stellte fest, dass in solchen Konstellationen nicht schon jede einzelne verspätet beglichene Forderung eine kapitalersetzende Kreditgewährung darstelle. Nicht in der Summe aller aufaddierten (verspätet beglichenen) Forderungen,[81] sondern lediglich in Höhe des durchschnittlichen Saldos der auf diese Weise kreditierten („gestundeten") Forderungen liege eine Kapitalnutzung und – bei Vorliegen der sonstigen Voraussetzungen – der Ersatz von Eigenkapital.[82]

38 Der **Übertragung jener Grundsätze auf** die InsAnf von **Tilgungsleistungen im Cash Pooling** kann nicht entgegen gehalten werden, der BGH habe seinerzeit die einzelnen Stundungen

---

76 IE verneinend, mit unterschiedlichen Begründungen im Detail, *Bitter* ZIP 2013, 1583, 1585; *Brinkmann* ZGR 2017, 708, 713; *K/P/B/ders* Anh § 135 Rn 42 f (Stand: Januar 2017); *K Schmidt/Uhlenbruck/ders* Rn 2.145; *Hamann* NZI 2008, 667, 669; *Hömme* S 271 ff; *Nolting* S 368 ff; *Reuter* NZI 2011, 921, 923.

77 Übereinstimmend etwa Hk-GmbHG/*Kolmann* Anh § 30 Rn 154; *Reuter* NZI 2011, 921, 923 f; *Schall* ZGR 2009, 126, 144; *Willemsen/Rechel* BB 2009, 2215, 2219; auch *Thole* ZInsO 2011, 1425, 1430.

78 *BGH* ZIP 2013, 1579.

79 Im Ausgangspunkt für Anfechtbarkeit der Gesamtsumme aller einzelnen Rückführungen, und zwar im Zehn-Jahres-Zeitraum des § 135 Abs 1 Nr 1 (dazu oben Rn 35), indes *Bich Vu Tuyet* Die Unwirksamkeit von Aufrechnungen im Cash Pool, 2014, S 70 ff.

80 *BGH* ZIP 1995, 23 (II. ZS) mit Anm *Altmeppen* = DStR 1995, 188 mit Anm *Goette*; daran anknüpfend *BGH* 11.10.2011 II ZR 18/10, ZIP 2011, 2253, Rn 10.

81 So noch die Berufungsinstanz: *OLG Hamm* GmbHR 1994, 53, 56.

82 *BGH* ZIP 1995, 23, 24. Jene Grundsätze wurden von der hM im früheren Eigenkapitalersatzrecht auf die Behandlung von Kontokorrentkrediten übertragen; s etwa *vG/H/v Gerkan* Rn 3.87; *Haas* DStR 2000, 1484; *Michalski/Heidinger* 1. Aufl, §§ 32a, 32b Rn 84; **aA** (auf den höchsten Tagessaldo bzw den Tiefststand des Kontos abstellend) *OLG Celle* ZInsO 2000, 617, 619; *OLG Hamburg* GmbHR 2006, 813, 814; *Hermanns* BB 1994, 2363, 2363 f mit Fn 24; wohl auch *Lutter/Hommelhoff* 16. Aufl, §§ 32 a/b Rn 106.

als Überbrückungskredite vom Eigenkapitalersatz freigestellt, während nach heutigem Recht (vgl auch § 39 Rn 36) jede Darlehensausreichung im Cash Pool dem Nachrang bzw der InsAnf unterworfen sei.[83] Auch im BGH-Fall aus 1994 hatte die dortige Gesellschafterin der Gesellschaft keineswegs nur kurzfristige Überbrückungskredite gewährt, denn die Rechnungen wurden erst mit jeweils mehrmonatiger Verspätung (bis zu 8½ Monate) beglichen. Die vom Senat seinerzeit gezogene Parallele zu Überbrückungskrediten sollte ersichtlich nur verdeutlichen, dass von einer eigenkapitalersetzenden Kredithilfe immer nur in dem Umfang die Rede sein kann, in dem der Gesellschaft Finanzmittel tatsächlich **für eine gewisse Dauer** zur Verfügung gestellt werden. Und gerade das war in casu – wegen der ständigen (wenn auch verspäteten) Verrechnungen und Zahlungen – nur in Höhe des durchschnittlichen Saldos offener Forderungen der Fall; bei wirtschaftlicher Betrachtung waren nur in diesem Umfang Mittel mit Finanzierungsfunktion (vgl § 39 Rn 36) tatsächlich gewährt worden.

Aufgrund der periodischen wechselseitigen Verrechnung der Darlehensforderungen und -verbindlichkeiten im Verhältnis Mutter/Tochter liegt auch beim Cash Pooling eine tatsächliche Kreditgewährung an die Tochter nur im Umfang eines nach den Verrechnungen verbleibenden Saldos vor.[84] Da es aufgrund der Verrechnungen zwangsläufig zu Schwankungen im Zeitablauf kommt, liegt die Überlegung nahe, wiederum auf einen in längerer Betrachtung zu ermittelten **Durchschnittssaldo** abzustellen. Die Abkehr vom Eigenkapitalersatzrecht alter Prägung steht einer solchen Anknüpfung jedenfalls nicht entgegen. Problematisch ist allerdings der für die Ermittlung des Durchschnittssaldos maßgebliche Zeitraum. Unter der Geltung des früheren Eigenkapitalersatzrechts wäre wohl die Dauer der Krisenfinanzierung maßgeblich gewesen. Unter der Geltung des heutigen Rechts ist auf den kritischen Jahreszeitraum des § 135 Abs 1 Nr 2 abzustellen, nicht etwa auf die Gesamtdauer der Cash Pool-Verrechnungen. Entspr den Grundsätzen der BGH-Entsch aus 1994[85] sind (anfechtbare) Darlehensrückzahlungen von der Tochter an die Mutter dann nur in dem Umfang anzunehmen, in dem die Darlehensverbindlichkeiten der Tochter zum Zeitpunkt der Eröffnung des InsVerf unter den Betrag jenes Durchschnittssaldos zurückgeführt worden sind. 39

Für den Fall **kontokorrentgleicher Aus- und Rückzahlungen**, dh bei Gewährung fortlaufender Kredite, die in der Art eines Kontokorrents jeweils nach Erhalt des Nachfolgedarlehens abgelöst werden,[86] will der **IX. ZS des BGH** aktuell allerdings nicht auf die Gesamtdurchschnittsforderung abstellen: Weil es auf den Eigenkapitalersatzcharakter der Darlehensgewährung nicht mehr ankomme, könne nicht mehr an den durchschnittlich offenen Darlehensbetrag angeknüpft werden. Für die der Masse entzogenen Zahlungsmittel sei vielmehr auf den **höchsten zurückgeführten Darlehensstand** im maßgeblichen Zeitraum abzustellen.[87] 40

---

83 So jedoch *Zahrte* NZI 2010, 596, 597, der allerdings gleichfalls eine Limitierung des Gesamtanfechtungsbetrages – nämlich auf die Höhe der Kreditlinie im Cash Pool – befürwortet; ihm folgend *N/R/Nerlich* § 135 Rn 45 (Stand: April 2017).

84 Für eine saldierende Betrachtung, aber unter abw Anknüpfung, auch schon *Willemsen/Rechel* BB 2009, 2215, 2218 f: Rückgriff auf die BGH-Rspr zur InsAnf bankmäßiger Verrechnungen im Kontokorrent vorbehaltlich eines vorrangigen AnfAusschlusses nach § 142. Ähnliche Anknüpfung bei *Reuter* NZI 2011, 921, 926: anfechtbare Rückzahlung, soweit im Anfechtungszeitraum der Betrag der Gutschriften den Betrag der verrechneten Lastschriften übersteigt; zust HambKomm/*Schröder* § 135 Rn 33a mwN.

85 S dort *BGH* ZIP 1995, 23, 24 (unter 2.b) aE); dazu auch *Goette* DStR 1995, 190.

86 Zu den Voraussetzungen im Einzelnen: *BGH* ZIP 2013, 734, Rn 17 ff; *BGH* ZIP 2013, 1629, Rn 34 ff; zur Abgrenzung: *BGH* ZIP 2014, 785; *OLG München* ZInsO 2014, 897, 901.

87 *BGH* ZIP 2013, 734, Rn 26; ZIP 2013, 1629, Rn 38.

Warum die Abkehr vom Eigenkapitalersatzrecht alter Prägung einer Anknüpfung an den Durchschnittssaldo entgegenstehen soll, erschließt sich zwar nicht (vgl auch oben Rn 38). Es ist aber zu vermuten, dass der BGH in den Cash Pool-Konstellationen ähnlich entscheiden wird. Auch die überwiegende Ansicht im aktuellen Schrifttum befürwortet insoweit eine Anknüpfung an den höchsten zurückgeführten Darlehensstand,[88] wobei in jüngsten Untersuchungen für die Berechnung des Anfechtungsanspruchs auf die Differenz zwischen dem höchsten im Anfechtungszeitraum eingetretenen Schuldsaldo und dem am Tag der Verfahrenseröffnung bestehenden Sollsaldo abgestellt wird.[89] Allerdings darf sich der maßgebliche Ansatz nicht von Zufälligkeiten der jeweiligen Zahlungsflüsse im Einzelfall abhängig machen. Deshalb ist hier vorgeschlagen worden, auf die Rückführung des in längerer Betrachtung ermittelten *Durchschnitts*saldos abzustellen. Einer solchen Anknüpfung wird freilich entgegengehalten, damit werde die Höhe des Rückforderungsanspruchs von der Dauer der Kreditgewährung abhängig gemacht, was gleichfalls zu unsachgerechten Ergebnissen führen könne.[90] Stattdessen wird dafür geworben, bei der Berechnung des höchsten zurückgeführten Darlehensstandes einzelne, nur wenige Tage währende Spitzensalden („Ausreißer") außer Betracht zu lassen.[91]

41 Unabhängig von der Diskussion um den überzeugenden Weg zur Ermittlung des tatsächlichen Umfangs der Darlehensgewährung verdient aber die Feststellung des BGH Zustimmung, dass eine Anwendung des **Bargeschäftsprivilegs** auf die Rückführung des tatsächlich ausgereichten Darlehens nicht in Betracht kommt.[92] Soweit Kreditgewährung vorliegt, sind hinsichtlich späterer Tilgungen die Voraussetzungen eines Anfechtungsausschlusses nach § 142 typischerweise nicht gegeben (so Rn 29). Das Bargeschäftsprivileg mag allenfalls zur Stützung der Überlegung herangezogen werden, die anfechtbaren Tilgungsleistungen der einzelnen Tochtergesellschaft nicht durch schlichte Addition, sondern unter Saldierung der wechselseitigen Zahlungsströme im Cash Pool zu ermitteln.[93] Dies gebietet sich freilich schon aus der Erkenntnis, dass nur die Rückzahlung des bei wirtschaftlicher Betrachtung tatsächlich gewährten Kreditvolumens der InsAnf nach § 135 Abs 1 Nr 2 unterliegen kann.

III. Gesellschaftersicherheiten für Kredite Dritter (Abs 2)

42 **1. Regelungsgegenstand und Normzusammenhang.** Abs 2 regelt – im Verbund mit § 143 Abs 3 (vgl § 143 Rn 40 ff) – Ansprüche der Gesellschaft gegen den Gesellschafter, wenn eine Gesellschaft (und zwar eine solche iSd § 39 Abs 4 S 1; s die Verweisung in § 135 Abs 4 und dazu unten Rn 62) die Forderung eines außenstehenden Kreditgebers (der weder ein

88 S etwa, mit Unterschieden im Detail, *Bitter* FS Lwowski, 2014, S 223, 233 ff; *Scholz/Bitter* Anh § 64 Rn 121 ff; *Brinkmann* ZGR 2017, 708, 717; *K Schmidt/Uhlenbruck/ders* Rn 2.146; *B/H/Haas* Anh § 64 Rn 94; *U/H/L/Habersack* Anh § 30 Rn 116; *Hömme* S 296; Hk-GmbHG/*Kolmann* Anh § 30 Rn 155; *v Marwyk* ZInsO 2015, 335, 338; *Nolting* S 383; *Thiessen* ZGR 2015, 396, 441; *B/S/ders* Anh 30 Rn 65.

89 In diesem Sinne jüngst *Brinkmann* ZGR 2017, 708, 718, im Anschluss an *Scholz/Bitter* Anh § 64 Rn 126 f; s zudem *Bitter* FS Lwowski, 2014, S 223, 235 f; dem folgend auch *Nolting* S 384; *B/S/Thiessen* Anh 30 Rn 65.

90 Vgl die Kritik bei *Brinkmann* ZGR 2017, 708, 714; *Hömme* S 293 ff; *Nolting* S 382 f.

91 So der Vorschlag von *Brinkmann* ZGR 2017, 708, 711 f; gleichsinnig Hk-GmbHG/*Kolmann* Anh § 30 Rn 155; zuvor auch schon *Bitter* FS Lwowski, 2014, S 223, 239.

92 *BGH* ZIP 2013, 734, Rn 27 unter Hinweis auf *OLG Celle* ZIP 2012, 2114; s auch MK/*Kirchhof* § 142 Rn 22; **aA** (allerdings ohne Berücksichtigung der aktuellen Rspr) *Schubmann* GmbHR 2014, 519.

93 In diesem Sinne insb *Willemsen/Rechel* BB 2009, 2215, 2218 f; gegen einen Rückgriff auf § 142 aber etwa *Brinkmann* ZGR 2017, 708, 715 f; *K/P/B/ders* Anh § 135 Rn 44 (Stand: Januar 2017); MK/*Gehrlein* § 135 Rn 19; iE auch *Taras* S 138 ff.

dem Sonderrecht der Gesellschafterfinanzierung unterstehender Gesellschafter ist noch einem solchen gleichsteht) auf Darlehensrückgewähr (oder eine wirtschaftlich entsprechende Forderung) innerhalb der Jahresfrist des § 135 Abs 1 Nr 2 (dazu oben Rn 32) befriedigt hat und ein Gesellschafter für diese Forderung eine Sicherheit bestellt oder sich verbürgt hatte. Das aus dieser Befriedigungsleistung resultierende AnfRecht ist in § 135 Abs 2, die Rechtsfolgen sind in § 143 Abs 3 geregelt. Die beiden Bestimmungen sind an die Stelle des früheren § 32b GmbHG (der Sache nach ebenfalls schon InsAnfTatbestand) getreten und werden durch § 44a ergänzt. S zum Zusammenspiel zwischen §§ 44a, 135 Abs 2, 143 Abs 3 schon § 44a Rn 2; zu den erfassten **Sicherheiten** s die Erl § 44a Rn 4 ff, zu den erfassten **Sicherungsgebern** § 44a Rn 7. Auch die Bestimmungen der §§ 135 Abs 2, 143 Abs 3 stehen iÜ unter dem Vorbehalt des Sanierungsprivilegs und Kleinbeteiligungsprivilegs nach § 39 Abs 4 S 2 und Abs 5, wie sich aus der Verweisung in § 135 Abs 4 (su Rn 62) ergibt (s auch § 44a Rn 3).

2. Gesellschafter als Anfechtungsgegner. Dem außenstehenden Kreditgeber gegenüber 43
kommt eine Anfechtung nach § 135 Abs 1 Nr 2 bei Tilgung der Forderung nicht in Betracht. Statt dessen gewährt § 135 Abs 2 für den Fall der Tilgung im Jahr vor Stellung des Antrags auf Eröffnung des InsVerf – und auch bei Rückzahlung nach dem Eröffnungsantrag – einen **AnfAnspruch gegen den die Sicherheit gewährenden Gesellschafter** (vgl oben § 44a Rn 4 ff, 7), da dieser durch die Befriedigung des Kreditgebers (Dritten) von der Sicherheit befreit worden ist.[94] In der Folge entsteht ein **Erstattungsanspruch** gegen den Gesellschafter nach Maßgabe des § 143 Abs 3 (s zu Einzelheiten § 143 Rn 40 ff). Dies gilt auch dann, wenn der Sicherungsgeber die Gesellschaftsbeteiligung erst nach Gewährung der Sicherheit erworben hat,[95] denn es genügt, dass die Doppelrolle als Gesellschafter und Sicherungsgeber innerhalb des Jahreszeitraums von § 135 Abs 1 Nr 2 vorgelegen hat; vgl. § 44a Rn 7 und § 39 Rn 42. Der AnfAnspruch unterliegt der dreijährigen Regelverjährung nach § 146. Der Freistellungs- und Erstattungsanspruch, den der sichernde Gesellschafter seinerseits (aus Sicherungsvertrag oder Gesetz) gegen die Gesellschaft hat, unterliegt dem Nachrang nach § 39 Abs 1 Nr 5, eine an den Gesellschafter bewirkte Regressleistung ist nach Maßgabe von § 135 Abs 1 Nr 2 anfechtbar.[96]

Befriedigung des (durch den Gesellschafter gesicherten) Dritten umfasst alle Rechtshand- 44
lungen, durch die die Forderung des Dritten auf Rückgewähr eines Darlehens (oder eine wirtschaftlich entspr Forderung) zu Lasten des Gesellschaftsvermögens getilgt wird, also auch alle **Erfüllungssurrogate** einschließlich der Aufrechnung.[97] Ebenso werden Zwangsvollstreckungsmaßnahmen (§ 141) oder die Verwertung einer von der Gesellschaft gestellten Sicherheit erfasst.[98] Anfechtbar sollen auch Tilgungsleistungen sein, die der voll verfügungs-

---

94 *BGH* ZIP 2011, 2417, Rn 7; *BGH* ZIP 2014, 584, Rn 13, 18; *BGH* 13.7.2017 – IX ZR 173/16, ZIP 2017, 1632, Rn 14; *OLG Frankfurt* 11.11.2015 – 17 U 121/14, ZIP 2016, 733, 734; *OLG Stuttgart* ZIP 2012, 834, 835; *K Schmidt/Uhlenbruck/Brinkmann* Rn 2.149; *K Schmidt* § 44a Rn 4 f und § 135 Rn 24 f; andere Anknüpfung bei *B/S/Thiessen* Anh § 30 Rn 80; *Thole* ZIP 2017, 1742, 1743 f: Mit Zahlung auf die Darlehensforderung bedient die Gesellschaft zugleich (anfechtbar) den Freistellungsanspruch des Gesellschafters; zum Ganzen auch *Thole* ZIP 2015, 1609, 1610 f.

95 *BGH* ZIP 2014, 584, Rn 15.

96 *BGHZ* 192, 9 = ZIP 2011, 2417, Rn 10; *BGH* ZIP 2013, 1629, Rn 21; *BGH* 13.7.2017 – IX ZR 173/16, ZIP 2017, 1632, Rn 17; *OLG Frankfurt* 11.11.2015 – 17 U 121/14, ZIP 2016, 733, 734.

97 *Graf-Schlicker/Neußner* § 135 Rn 32; *C/P/M/Zenker* § 135 Rn 28.

98 *BGH* ZIP 2011, 2417, Rn 7; *BGH* ZIP 2014, 584, Rn 13, 18; *OLG Stuttgart* ZIP 2012, 834, 835; s zum früheren Eigenkapitalersatzrecht schon *BGH* ZIP 1985, 158; *BGH* ZIP 1987, 1541.

befugte vorläufige InsVerw veranlasst hat.[99] Auch eine **Leistung des Gesellschafters selbst** kann im Ergebnis zu einer Befreiung von der bestellten Sicherheit führen; dazu näher § 143 Rn 44.

45 Anfechtbar sind – nicht anders als iRv Abs 1 (so Rn 21) – nur solche Rechtshandlungen, die eine **GlBenachteiligung** ausgelöst haben.[100] Hat die Gesellschaft dem dritten Kreditgeber neben der Gesellschaftersicherheit auch eigene Sicherheiten gestellt (**Doppelbesicherung**) und werden die Gesellschaftssicherheiten verwertet, liegt die GlBenachteiligung im Abfluss von Gesellschaftsvermögen, da der Gesellschafter aufgrund der von ihm übernommenen Sicherheit zur vorrangigen GlBefriedigung verpflichtet ist. Der zu Lasten der Gesellschaft von seiner Sicherung befreite Gesellschafter hat die (seitens der Gesellschaft) dem Dritten gewährte Leistung deshalb gem §§ 135 Abs 2, 143 Abs 3 auch dann zu erstatten, wenn die Gesellschaftssicherheit anfechtungsfest gewährt worden war.[101] Werden die Gesellschaftssicherheiten **nach** VerfEröffnung verwertet, kann der InsVerw gegen den Gesellschafter einen Erstattungsanspruch analog §§ 135 Abs 2, 143 Abs 3 geltend machen; zu Einzelheiten s § 44a Rn 12.

IV. Nutzungsüberlassungen (Abs 3)

46 **1. Regelungsgegenstand, Normgeschichte.** Die durch das **MoMiG** (so Rn 1) vollzogene Rechtsfolgenkonzentration auf Nachrang und InsAnf nach Maßgabe von §§ 39 Abs 1 Nr 5, 135 Abs 1 unter Aufgabe des bisherigen Konzepts des Eigenkapitalersatzes (Krisenfinanzierung) und unter Wegfall der an die Kapitalschutzvorschriften anknüpfenden „RsprRegeln" (§ 30 Abs 1 S 3 GmbHG; § 57 Abs 1 S 4 AktG) hat auch dem früheren Recht eigenkapitalersetzender Nutzungsüberlassungen die Grundlage entzogen;[102] die Nutzungsüberlassung durch den Gesellschafter als solche ist keine der Darlehensgewährung wirtschaftlich entspr Rechtshandlung mehr (s schon oben Rn 29 f). Für den früher vom BGH in gefestigter Rspr[103] befürworteten, zeitlich befristeten Zwang zur unentgeltlichen Weitergewährung des Nutzungsrechts nach Eröffnung des InsVerf über das Vermögen der Gesellschaft ist im Konzept des MoMiG nach dem erklärten Willen des Gesetzgebers kein Raum.[104] Wäre es allein bei den im RegE vorgesehenen Regelungen geblieben, hätten sich die Rechtsfolgen aus von Gesellschaftern (oder gleichgestellten Dritten) gewährten Nutzungsüberlassungen auf Insolvenznachrang und InsAnf beschränkt, und zwar bezogen auf kreditierte Forderungen auf das Nutzungsentgelt bzw auf Zahlungen auf solche (kreditierten) Forderungen (§§ 39 Abs 1 Nr 5, 135 Abs 1; s näher oben Rn 29 f).

47 Im Zuge der Beratungen im RAussch des BTags[105] wurde indes erkannt, dass der Entzug des Nutzungsrechts am überlassenen Gegenstand in vielen Fällen die Fortführung des insolventen Unternehmens ausschließen würde. Hieraus erklärt sich § 135 Abs 3, der – ähnlich

---

99 So *BGH* ZIP 2014, 584, Rn 12 im Falle der Rückführung eines (vom Gesellschafter besicherten) Kontokorrentkredits infolge des Widerrufs von Einziehungsaufträgen und Abbuchungsermächtigungen.

100 *BGH* ZIP 2011, 2417, Rn 20; *BGH* 13.7.2017 – IX ZR 173/16, ZIP 2017, 1632, Rn 10.

101 *BGH* 13.7.2017 – IX ZR 173/16, ZIP 2017, 1632, Rn 9, 12, 16-23 (für den Fall einer vor VerfEröffnung erfolgten Rückführung eines Kontokorrentkredits durch Verrechnung von Einzahlungen auf sicherungsabgetretene Kundenforderungen).

102 Vgl Begr RegE MoMiG, BT-Drucks 16/6140, 56; BeschlEmpfehlung und Bericht des RAussch, BT-Drucks 16/9737, 59.

103 Grdl *BGHZ* 121, 31, 40 = ZIP 1993, 189; *BGHZ* 127, 1, 10 ff = ZIP 1994, 1261; *BGHZ* 127, 17, 22 ff = ZIP 1994, 1441; zusammenfassend mwN *Goette/Kleindiek* Rn 202 ff.

104 Zutr *BGH* ZIP 2015, 589, Rn 32 ff.

105 S dazu BeschlEmpfehlung und Bericht des RAussch, BT-Drucks. 16/9737, 59; *Geißler* S 131 ff.

einer entspr Bestimmung im österreichischen Recht (heute § 26a IO) – dem InsVerw unter bestimmten Voraussetzungen eine **Option zur befristeten (maximal einjährigen) Fortsetzung der Nutzung gegen Ausgleichszahlung** einräumt: Hat ein Gesellschafter der Gesellschaft einen Gegenstand zum Gebrauch oder zur Ausübung (zur Nutzung) überlassen, so kann er den Anspruch auf Aussonderung dieses Gegenstandes (§ 47) während der Dauer des InsVerf über das Vermögen der Gesellschaft, höchstens aber für eine Zeit von einem Jahr ab der Eröffnung des InsVerf nicht geltend machen, wenn der Gegenstand für die Fortführung des Unternehmens von erheblicher Bedeutung ist (Abs 3 S 1). Im Konzept des Gesetzgebers wird diese Begrenzung des Aussonderungsrechts aus der im InsVerf fortwirkenden Treuepflicht der Gesellschafter und dem andernfalls gefährdeten Zweck des InsVerf abgeleitet.[106] Für die Nutzung des Gegenstandes gebührt dem Gesellschafter aber ein Ausgleich, für dessen Berechnung der Durchschnitt der im letzten Jahr vor VerEröffnung geleisteten Vergütung maßgebend ist, bei kürzerer Dauer der Überlassung der Durchschnitt während dieses Zeitraums (Abs 3 S 2).

Auch § 135 Abs 3 erfasst nur Gesellschaften iSd § 39 Abs 4 S 1 (s § 39 Rn 53). Vor der befristeten Blockade seines Aussonderungsrechts („Aussonderungssperre“[107]) ist ein die Nutzung gewährender Gesellschafter jeweils geschützt, wenn die Voraussetzungen des **Sanierungsprivilegs** (§ 39 Abs 4 S 2; s § 39 Rn 57 ff) oder des **Kleinbeteiligtenprivilegs** (§ 39 Abs 5; s § 39 Rn 65 ff) vorliegen. All das folgt aus der Verweisung in § 135 Abs 4 auf § 39 Abs 4 und 5 (su Rn 62). **48**

Hinsichtlich der Behandlung von **Altfällen** gilt: Ein ggf vor dem Inkrafttreten des MoMiG (1.11.2008) auf der Basis des früheren Eigenkapitalersatzrechts entstandenes Recht zur unentgeltlichen Weiternutzung des Nutzungsgegenstandes kann seit dem 1.11.2008 richtigerweise nicht mehr anerkannt werden, auch nicht in Fällen, in denen das InsVerf noch vor dem 1.11.2008 eröffnet wurde.[108] Erstattungsansprüche analog §§ 30, 31 GmbHG, die aus verbotswidrig gezahltem Nutzungsentgelt vor dem Inkrafttreten des MoMiG entstanden sind, können aber (wenn noch nicht verjährt) in jedem Fall weiterhin erfolgreich verfolgt werden; insoweit ist auf die Darlegungen § 39 Rn 30 ff zu verweisen. In nach dem 31.10.2008 eröffneten InsVerf haben offene Forderungen auf das Nutzungsentgelt nur noch unter den Voraussetzungen des § 39 Abs 1 Nr 5 (Kreditierung durch Stundung etc) Nachrang; gezahlte Nutzungsentgelte unterliegen nur unter diesen Voraussetzung der Anf nach § 135 Abs 1 Nr 2 (s dazu § 39 Rn 39 und § 135 Rn 29 f). **49**

2. Gesetzessystematik. Die – nicht dispositive[109] – Bestimmung des § 135 Abs 3 erweitert die (schon bestehenden) Wahlrechte des InsVerw im Blick auf schwebende, dh noch nicht vollständig erfüllte Schuldverhältnisse. Die Vorschrift ist inmitten der Regeln zur InsAnf deshalb unpassend platziert. Sie ergänzt vielmehr die Bestimmungen der §§ 103 ff und die sich bereits daraus ergebenden Verwalteroptionen. Allerdings greift § 135 Abs 3 auch dort, wo es im Einzelfall an einer vertraglichen Grdl für die Nutzungsüberlassung gänzlich fehlt, so dass der InsVerw dem Herausgabeverlangen des Gesellschafters (weil §§ 103 ff hier nicht helfen) andernfalls entsprechen müsste.[110] **50**

---

106 So BeschlEmpfehlung und Bericht des RAussch zum RegEMoMiG, BT-Drucks 16/9737, 59; dem folgend *BGH* ZIP 2015, 589, Rn 54; krit demgegenüber *Bitter* ZIP 2010, 1, 7 ff; *B/H/Haas* Anh § 64 Rn 126; *Spliedt* ZNotP 2015, 162, 165.
107 Begriff bei *Geißler* S 113; *Marotzke* ZInsO 2008, 1281, 1283 mit Fn 21.
108 Aber str; zu weiteren Einzelheiten und Folgefragen s *Goette/Kleindiek* Rn 226 f mwN.
109 *Scholz/Bitter* Anh § 64 Rn 339 mwN.
110 *L/H/Kleindiek* Anh § 64 Rn 163.

51 Das **Verhältnis** der neu geschaffenen Vorschrift **zu §§ 103 ff** ist von Beginn an kontrovers erörtert worden. Teile des Schrifttums[111] wollen die Anwendung des § 135 Abs 3 auch befürworten, wenn der InsVerw das Nutzungsverhältnis fortsetzen will; die Verfechter dieser Position verweisen ua auf eine Bemerkung in Bericht und BeschlEmpfehlung des RAussch,[112] wonach Abs 3 S 2 „auch dann" gelten solle, wenn der Verwalter am Vertragsverhältnis nicht festhalten wolle. Mit der zutr Gegenmeinung,[113] der sich auch der **BGH** angeschlossen hat,[114] ist die Ausübung der Option aus § 135 Abs 3 indes von der Beendigung des Nutzungsverhältnisses (§§ 103 Abs 2, 109 Abs 1) abhängig zu machen.[115] Dafür spricht die Gesetzessystematik: §§ 103, 108, 109 finden auf Nutzungsüberlassungsverhältnisse nunmehr uneingeschränkte Anwendung und erst bei Beendigung des Nutzungsverhältnisses entsteht der Aussonderungsanspruch, dem mit Hilfe des § 135 Abs 3 begegnet werden soll. Der Gesellschafter kann den Verwalter analog § 103 Abs 2 S 2 und 3 zur Ausübung seines Wahlrechts auffordern.[116]

52 Die **Beendigung des Nutzungsverhältnisses vor Verfahrenseröffnung** ist anfechtbar, wenn die Voraussetzungen der §§ 130 ff vorliegen.[117] Jedoch keine Anfechtbarkeit nach § 135 Abs 1 Nr 2,[118] da in der Nutzungsüberlassung keine der Darlehensgewährung wirtschaftlich entspr Rechtshandlung liegt. Auch aus § 135 Abs 3 lässt sich ein Wertersatzanspruch bei vorzeitiger Beendigung des Nutzungsverhältnisses[119] nicht ableiten, weil die Vorschrift allein ein bei InsEröffnung noch bestehendes Aussonderungsrecht „sperrt".[120]

53 **3. Tatbestandsvoraussetzungen. – a) Erfasste Gegenstände.** § 135 Abs 3 erfasst **Gegenstände**, die der Gesellschaft **für Betriebszwecke zum Gebrauch oder zur Ausübung überlassen** worden sind. Das können bewegliche Sachen wie Maschinen, unbewegliche Sachen wie insb das Betriebsgrundstück, aber auch Immaterialgüter- und vergleichbare Schutzrechte etc sein.

---

111 *Bitter* ZIP 2010, 1, 13; *Scholz/Bitter* Anh § 64 Rn 348; *M/H/L/S/Dahl/Linnenbrink* Syst Darst 6 Rn 195 f; *Hirte* ZInsO 2008, 689, 693 f; KK/*Klaahsen* InsO § 135 Rn 150 f; *N/R/Nerlich* § 135 Rn 58 (Stand: April 2017); *Spliedt* ZIP 2009, 149, 157 f; *ders* ZNotP 2015, 162, 166; *C/P/M/Zenker* § 135 Rn 35.

112 BT-Drucks 16/9737, 59.

113 *G Fischer* FS Wellensiek, S 443, 446; MK/*Gehrlein* § 135 Rn 45 und 50; *U/H/L/Habersack* Anh § 30 Rn 175; *Marotzke* ZInsO 2008, 1281, 1288 ff; *ders* FS Runkel, 2009, S 359, 361; *Graf-Schlicker/Neußner* § 135 Rn 39; *Rühle* ZIP 2009, 1358, 1361 f; *K Schmidt* DB 2008, 1727, 1732; *ders* NJW 2015, 1057, 1059 f; *K Schmidt* § 135 Rn 42.

114 *BGH* ZIP 2015, 589, Rn 60 ff; zuvor auch schon *OLG Hamm* ZIP 2014, 186, 187.

115 *K Schmidt/Uhlenbruck/Brinkmann* Rn 2.161.

116 *Marotzke* FS Runkel, 2009, S 359, 364 f; *Scholz/K Schmidt* 10. Aufl, Nachtrag MoMiG §§ 32a/b aF Rn 82; sa *Scholz/Bitter* Anh § 64 Rn 349.

117 Dazu – mit Unterschieden im Einzelnen – *K Schmidt/Uhlenbruck/Brinkmann* Rn 2.160; *M/H/L/S/Dahl/Linnenbrink* Syst Darst 6 Rn 209; *G Fischer* FS Wellensiek, S 443, 446; *Gehrlein* NZI 2016, 561, 565 f; *Gruschinske* GmbHR 2010, 179, 182 ff; *B/H/Haas* Anh § 64 Rn 131; Hk-GmbHG/*Kolmann* Anh § 30 Rn 204; *Graf-Schlicker/Neußner* § 135 Rn 40; *Rühle* ZIP 2009, 1358, 1364; *K Schmidt* FS Wellensiek, S 551, 556; HambKomm/*Schröder* § 135 Rn 55; *C/P/M/Zenker* § 135 Rn 40; sa *B Schäfer* NZI 2010, 505, 507 f, wonach der Geschäftsleiter in der materiellen Ins dem Herausgabeverlangen des Gesellschafters den Einwand der Anfechtbarkeit soll entgegenhalten können.

118 So aber *Marotzke* ZInsO 2008, 1281, 1284 f; *ders* ZInsO 2013, 641, 646; dagegen zutr *Gruschinske* GmbHR 2010, 179, 181; *K Schmidt* FS Wellensiek, S 551, 556; HambKomm/*Schröder* § 135 Rn 55.

119 In diese Richtung *K Schmidt* DB 2008, 1727, 1734; für teleologische Extension des § 135 Abs 3 *Gruschinske* GmbHR 2010, 179, 181 f.

120 Gottwald/*Haas/Kolmann/Pauw* § 92 Rn 504; *U/H/L/Habersack* Anh § 30 Rn 172; *Graf-Schlicker/Neußner* § 135 Rn 39.

Der entspr Gegenstand muss für **die Fortführung des Unternehmens von erheblicher Bedeutung** sein. Mit dieser Voraussetzung wird an die Formulierung des § 21 Abs 2 S 1 Nr 5 angeknüpft, so dass die im Rahmen jener Vorschrift maßgeblichen Abgrenzungskriterien auch hier herangezogen werden können.[121] Dort wird darauf abgestellt, ob der Betriebsablauf ohne Zugriff auf den nämlichen Gegenstand nicht unerheblich gestört würde (s die Erl § 21 Rn 40).[122] Wird der Betrieb stillgelegt, ist für die Verwalteroption aus § 135 Abs 3 indes kein Raum.[123] 54

b) Nutzungsüberlassung durch einen Gesellschafter. § 135 Abs 3 stellt das Wahlrecht des InsVerw unter die Voraussetzung, dass der Gegenstand der Gesellschaft gerade von einem Gesellschafter zum Gebrauch oder zur Ausübung überlassen wurde. Die Einbeziehung der Gebrauchsüberlassung durch **Dritte** sieht die Vorschrift weder explizit noch – anders als § 39 Abs 1 Nr 5 für das Darlehen eines Gesellschafters („wirtschaftlich entspr Rechtshandlungen") – implizit vor. Im Schrifttum ist deshalb eine Erstreckung auf Nutzungsüberlassungen durch Dritte verbreitet abgelehnt worden,[124] zumal der Gesetzgeber die Begrenzung des Aussonderungsrechts gerade aus der gesellschafterlichen Treuepflicht hat ableiten wollen (so Rn 47). 55

Eine derart restriktive Abgrenzung des personellen Anwendungsbereichs der Vorschrift kann indes nicht überzeugen;[125] auch der Treuepflichtansatz schließt es keineswegs aus, Dritte dann einzubeziehen, wenn sie Gesellschaftern gleich stehen. Zutr bezieht auch der **BGH** gesellschaftergleiche Dritte in den Anwendungsbereich des § 135 Abs 3 ein.[126] Die Anwendbarkeit der Neuregelung ist auch nicht ausgeschlossen, wenn ein Gesellschafter innerhalb der Jahresfrist seinen Gesellschaftsanteil (isoliert) abtritt[127] oder ein Dritter den zur Nutzung überlassenen Gegenstand mit Mitteln eines Gesellschafters beschafft hat. Im Einzelnen bedürfen die für die Einbeziehung Dritter maßgeblichen Kriterien freilich noch der Diskussion, wobei abzuwarten bleibt, welches Fallmaterial an die Rechtsprechung herangetragen wird.[128] 56

4. Rechtsfolgen. Mit Hilfe von § 135 Abs 3 kann der InsVerw die **Aussonderung des Gegenstandes** (§ 47) **abwehren**, sofern den überlassenden Gesellschafter nicht das Sanierungs- oder Kleinbeteiligungsprivileg schützen (su Rn 62). Der Gesellschafter kann seinen Aussonderungsanspruch für die Dauer des InsVerf, höchstens aber für ein Jahr, nicht geltend machen: Abs 3 S 1. Zur Kompensation hat der überlassende Gesellschafter nach Abs 3 S 2 einen **Ausgleichsanspruch** nach dem Maßstab der im letzten Jahr durchschnittlich tatsächlich geleisteten Vergütung; bei Überlassungsdauer von unter einem Jahr gilt der Durchschnittswert des im jeweiligen Zeitraum Geleisteten.[129] Der Ausgleichsanspruch ist 57

---

121 S dazu auch *K Schmidt/Uhlenbruck/Brinkmann* Rn 2.159; *Bitter* ZIP 2010, 1, 15; *N/R/Nerlich* § 135 Rn 66 (Stand: April 2017).

122 Zu den Folgerungen für § 135 Abs 3, mit Unterschieden im Einzelnen, *Bitter* ZIP 2010, 1, 12 f; Hk-GmbHG/*Kohlmann* Anh § 30 Rn 201 f, 210; *Spliedt* ZIP 2009, 149, 156 f.

123 *BGH* ZIP 2015, 589, Rn 62.

124 In diesem Sinne etwa *Dahl/Schmitz* NZG 2009, 325, 329; *Geißler* S 196 ff; *Spliedt* ZIP 2009, 149, 156.

125 Gleichsinnig etwa *Scholz/Bitter* Anh § 64 Rn 314; *Gehrlein* BB 2011, 3, 9 f; *B/H/Haas* Anh § 64 Rn 127; *K Schmidt* § 135 Rn 36; HambKomm/*Schröder* § 135 Rn 61; jetzt wohl auch *M/H/L/S/Dahl/Linnenbrink* Syst Darst 6 Rn 191.

126 *BGH* ZIP 2015, 589, Rn 45 ff (dort entschieden für verbundene Unternehmen).

127 Dazu *M/H/L/S/Dahl/Linnenbrink* Syst Darst 6 Rn 191; *Rühle* ZIP 2009, 1358, 1364.

128 Eine identische Abgrenzung wie im Eigenkapitalersatzrecht befürworten *G Fischer* FS Wellensiek, S 443, 447; Gottwald/*Haas/Kolmann/Pauw* § 92 Rn 503.

129 *BGH* ZIP 2015, 589, Rn 55.

Masseverbindlichkeit iSv § 55 Abs 1 Nr 1.[130] – Zur **Anfechtbarkeit von Zahlungen auf das Nutzungsentgelt** s schon oben Rn 29 f.

58 **Stichtag** für den maßgeblichen (Ein-Jahres-)Zeitraum der Vergangenheit ist nach dem klaren Wortlaut des Gesetzes der **Tag der Eröffnung des InsVerf** (anzugeben im EröffnungsBeschl; § 27 Abs 2 Nr 3). Das ist gewiss **rechtspolitisch** zu kritisieren, weil der überlassende Gesellschafter im EröffnungsVerf keinen Einfluss auf die ihm gewährten Zahlungen mehr hat. Die überwiegende Ansicht im Schrifttum will aber schon de lege lata stattdessen auf die Anordnung der vorläufigen Verwaltung[131] bzw die Stellung des InsAntrags[132] als maßgeblichen Zeitpunkt abstellen. Letzterem (**Zeitpunkt der Antragstellung**) hat sich auch der **IX. ZS des BGH** angeschlossen, der im abweichenden Wortlaut des § 135 Abs 3 S 2 ein bloßes Redaktionsversehen des Gesetzgebers sieht.[133] Es ist nach wie vor zu bezweifeln, dass sich eine solche Interpretation noch in den Grenzen zulässiger Rechtsfortbildung bewegt.

59 Bei der Berechnung des Ausgleichsanspruchs kommt es auf die tatsächlich gezahlte Vergütung an; ist im maßgeblichen Jahreszeitraum eine solche Vergütung nicht geleistet worden, hat auch der InsVerw keinen Ausgleich zu zahlen.[134] IÜ bleiben aber solche Vergütungen aus dem vergangenen (Ein-Jahres-)Zeitraum außer Ansatz, die ihr Empfänger nicht behalten darf. **Der InsAnf unterliegende Zahlungen** (vgl auch oben Rn 25 ff) sind bei der Berechnung des Ausgleichsanspruchs nach Abs 3 S 2 **nicht zu berücksichtigen**: der Gesellschafter kann sich nicht durch „Torschluss-Nachzahlungen" einen möglichst hohen Ausgleichsanspruch verschaffen.[135] Ebenso unberücksichtigt bleiben empfangene Vergütungen, die als verdeckte Vermögensverlagerungen („verdeckte Gewinnausschüttungen") nach Maßgabe der Kapitalerhaltungsvorschriften (§§ 30, 31 GmbHG; §§ 57, 62 AktG) zurückzuerstatten sind; auch sie werden freilich regelmäßig der InsAnf unterliegen. Und schließlich fließen auch solche Zahlungen nicht in die Berechnung der durchschnittlich tatsächlich geleisteten Vergütung ein, die – weil sie zur Zahlungsunfähigkeit führten und dabei gegen die Sorgfalt eines ordentlichen Geschäftsleiters verstießen – dem Auszahlungsverbot nach § 64 S 3 GmbHG bzw § 92 Abs 2 S 2 AktG zuwider liefen.[136] Dass sich der Erstattungsanspruch in diesem Fall nicht gegen den Empfänger der Zahlungen, sondern ihren Veranlasser (Geschäftsführer, Vorstand) richtet, ist unerheblich. Aus Gründen des GlSchutzes schon im

---

130 BeschlEmpfehlung und Bericht des RAussch, BT-Drucks 16/9737, 59; *Geißler* S 145 ff; zu den Konsequenzen drohender Masseunzulänglichkeit vgl *Burg/Blasche* GmbHR 2008, 1250, 1253 f.

131 So *Spliedt* ZIP 2009, 149, 157; ähnlich HambKomm/*Schröder* § 135 Rn 70.

132 So *Dahl/Schmitz* NZG 2009, 325, 330; *G Fischer* FS Wellensiek, 2011, S 443, 448; MK/*Gehrlein* § 135 Rn 49; *Uhlenbruck/Hirte* § 135 Rn 23. Dagegen schon 6. Aufl Rn 32 und etwa *Bitter* ZIP 2010, 1, 12; Hk-GmbHG/*Kolmann* 2. Aufl, Anh § 30 Rn 231; Gottwald/*Haas/Kolmann/Pauw* § 92 Rn 513 aE; *Graf-Schlicker/Neußner* § 135 Rn 44.

133 *BGH* ZIP 2015, 589, Rn 56.

134 *BGH* ZIP 2015, 589, Rn 55; vgl schon BeschlEmpfehlung und Bericht des RAussch, BT-Drucks 16/9737, 59; *U/H/L/Habersack* Anh § 30 Rn 176; **aA** *R/A/Altmeppen* Anh § 30 Rn 221 f.

135 Überzeugend schon *Marotzke* ZInsO 2008, 1281, 1286 f; ebenso *BGH* ZIP 2015, 589, Rn 55 und etwa *Bitter* ZIP 2010, 1, 11; *K Schmidt/Uhlenbruck/Brinkmann* Rn 2.164; *M/H/L/S/Dahl/Linnenbrink* Syst Darst 6 Rn 199; *U/H/L/Habersack* Anh § 30 Rn 176; *N/R/Nerlich* § 135 Rn 72 und 76 (Stand: April 2017); *Graf-Schlicker/Neußner* § 135 Rn 44; *Rühle* ZIP 2009, 1358, 1362; HambKomm/*Schröder* § 135 Rn 70; *Spliedt* ZIP 2009, 149, 157; **aA** Gottwald/*Haas/Kolmann/Pauw* § 92 Rn 512; *B/H/Haas* Anh § 64 Rn 136.

136 Vgl zu § 64 S 3 näher *L/H/Kleindiek* § 64 Rn 47 ff sowie (zur Geltung von § 64 S 2) Rn 67; *Scholz/K Schmidt* § 64 Rn 78 ff, 93. Im Ansatz wie hier *Gehrlein* NZI 2016, 561, 564; möglicherweise **aA** *K Schmidt/Uhlenbruck/Brinkmann* Rn 2.165.

Vorfeld der Ins verbotene[137] (oder doch jedenfalls zu erstattende) Zahlungen an einen Gesellschafter können nicht dessen Ausgleichsanspruch erhöhen, der in der Ins als Masseverbindlichkeit zu bedienen ist.

Wo die Nutzungsüberlassung mit **Grundpfandrechten Dritter** am überlassenen Grundstück zusammentraf, hatte der BGH für das frühere Eigenkapitalersatzrecht die Beendigung der kapitalersatzrechtlichen Verstrickung entspr §§ 146 ff ZVG, §§ 1123 Abs 2 S 2, 1124 Abs 2 BGB im Zeitpunkt der durch Anordnung der Zwangsverwaltung bewirkten Beschlagnahme angenommen.[138] Entspr hat er – unter Anwendung von § 110 – den Fall entschieden, dass auch über das Vermögen des vermietenden Gesellschafters das InsVerf eröffnet wird (**DoppelIns von Gesellschaft und Gesellschafter**).[139] In solchen Konstellationen befürworten Teile des Schrifttums die Anwendbarkeit des heutigen § 135 Abs 3 auch zu Lasten der GrundpfandrechtsGl bzw. der GesellschafterGl.[140] Jene Stimmen sehen im Ausgleichsanspruch des Gesellschafters nach § 135 Abs 3 S 2 eine für diese Fälle gleichermaßen interessengerechte Regelung und meinen iÜ, der Gesetzgeber hätte – zumindest in der Gesetzesbegründung – einen Hinweis geben müssen, wenn er die Verwalteroption hier nicht hätte angewendet wissen wollen. Das überzeugt indes nicht.[141] Der Ausgleichsanspruch nach § 135 Abs 3 S 2 knüpft an die dem Gesellschafter durchschnittlich tatsächlich gewährte Vergütung im letzten Jahr vor VerfEröffnung an und kann deshalb einen gerechten Interessenausgleich im Verhältnis zu Dritten schon konzeptionell nicht gewährleisten. Es muss daher auch unter der Geltung des neuen Rechts bei der Beendigung der Gebrauchsüberlassung nach den Grundsätzen bleiben, die der BGH zum alten Eigenkapitalersatzrecht entwickelt hatte.[142] 60

Die neue Regelung des § 135 Abs 3 ist noch mit einer Reihe sonstiger Zweifelsfragen verbunden, über deren Beantwortung einstweilen kein Konsens besteht.[143] Die Anwendung der Vorschrift wird noch geraume Zeit von erheblichen Rechtsunsicherheiten begleitet bleiben. 61

V. Erfasste Gesellschaften, Sanierungsprivileg, Kleinbeteiligungsprivileg (Abs 4)

Kraft der in Abs 4 enthaltenen Verweisung auf § 39 Abs 4 und 5 kommen die Bestimmungen in § 135 Abs 1–3 **nicht** zur Anwendung, wenn der Gesellschafter oder ein gleichgestellter Dritter als AnfGegner (nach Abs 1 oder Abs 2) bzw als an sich Aussonderungsberechtigter (nach Abs 3) die Voraussetzungen des Sanierungsprivilegs (§ 39 Abs 4 S 2; s § 39 Rn 57 ff) oder des Kleinbeteiligtenprivilegs (§ 39 Abs 5; s § 39 Rn 65 ff) erfüllt. Zudem stellt die Verweisung auf § 39 Abs 4 klar, dass von den Bestimmungen des § 135 nur Gesellschaftsformen iSd § 39 Abs 4 S 1 (also solche ohne mindestens eine natürliche Person als Vollhafter; dazu § 39 Rn 53 ff) erfasst werden. 62

---

137 Zum (mit dem Auszahlungsverbot korrespondierenden) Leistungsverweigerungsrecht s *BGH* ZIP 2012, 2391, Rn 18; *L/H/Kleindiek* § 64 Rn 60.

138 Grdl *BGHZ* 140 147 = ZIP 1999, 65.

139 *BGH* ZIP 2008, 1176; zusammenfassend zum Ganzen *Goette/Kleindiek* Rn 208.

140 So etwa *Göcke/Henkel* ZInsO 2009, 170, 172 f; *N/R/Nerlich* § 135 Rn 69 (Stand: April 2017); *Graf-Schlicker/Neußner* § 135 Rn 45; *C/P/M/Zenker* § 135 Rn 46; wohl auch *U/H/L/Habersack* Anh § 30 Rn 178; differenzierend *Bitter* ZIP 2010, 1, 13 f; *Scholz/Bitter* Anh § 64 Rn 355 ff.

141 S schon *L/H/Kleindiek* Anh § 64 Rn 166.

142 Übereinstimmend *Dahl/Schmitz* NZG 2009, 325, 331; *Fischer/Knees* ZInsO 2009, 745, 747 ff; wie hier auch *M/H/L/S/Dahl/Linnenbrink* Syst Darst 6 Rn 212; *P Fischer* ZfIR 2010, 312, 325 ff; *Gehrlein* BB 2011, 3, 10; *B/H/Haas* Anh § 64 Rn 141; Hk-GmbHG/*Kolmann* Anh § 30 Rn 229; *K/P/B/Preuß* § 135 Rn 53 (Stand: Mai 2013); HambKomm/*Schröder* § 135 Rn 62; *Schröder* Rn 181 ff.

143 Weiterführend etwa *Bitter* ZIP 2010, 1; *Rühle* ZIP 2009, 1358.

§ 136 Stille Gesellschaft

(1) [1]Anfechtbar ist eine Rechtshandlung, durch die einem stillen Gesellschafter die Einlage ganz oder teilweise zurückgewährt oder sein Anteil an dem entstandenen Verlust ganz oder teilweise erlassen wird, wenn die zugrunde liegende Vereinbarung im letzten Jahr vor dem Antrag auf Eröffnung des Insolvenzverfahrens über das Vermögen des Inhabers des Handelsgeschäfts oder nach diesem Antrag getroffen worden ist. [2]Dies gilt auch dann, wenn im Zusammenhang mit der Vereinbarung die stille Gesellschaft aufgelöst worden ist.

(2) Die Anfechtung ist ausgeschlossen, wenn ein Eröffnungsgrund erst nach der Vereinbarung eingetreten ist.

Übersicht

A. Allgemeines

I. Gesetzgebungshinweise

1 Die Norm stimmt mit § 151 RegE wörtlich überein. Die Vorschrift ist – aus „rechtssystematischen Gründen"[1] – an die Stelle von § 237 HGB (bis zum BilanzrichtlinienG v 19.12.1985:[2] § 342 HGB, zuvor Art 259 ADHGB) getreten, der durch Art 40 Nr 17 EGInsO aufgehoben wurde.[3]

II. Normzweck

2 Die Befriedigung oder Besicherung des Anspruchs auf Rückgewähr der Einlage des echten oder unechten (der Stille trägt das Unternehmerrisiko mit und kann Unternehmerinitiative entfalten), typischen oder atypischen (der Stille ist an Gewinn und Verlust der Gesellschaft beteiligt) stillen Gesellschafters[4] unterliegt grundsätzlich nicht der Anf nach § 135 Abs 1,[5] wenn nicht ausnahmsweise eine wirtschaftlich dem Gesellschafter entspr Position begründet wird.[6] Daher kann der Stille seine Einlage, soweit sie nicht durch seine Beteiligung am Verlust aufgezehrt wird, idR nicht nur nachrangig (§ 39 Abs 1 Nr 5), sondern gem § 236 Abs 1

---

1 BT-Drucks 12/2443, 161; *B/G/H/Haas* § 136 Rn 1.
2 BGBl I, 2355.
3 BT-Drucks 12/3803, 82 f zu Nr 16.
4 *Braun/Riggert* § 136 Rn 3 ff.
5 So § 39 Rn 51 sowie etwa *K/P/B/Preuß* § 136 Rn 8; *K Schmidt* § 136 Rn 5, 25, 26; HambKomm/*J-S Schröder* § 135 Rn 24; *Uhlenbruck/Hirte* § 39 Rn 43. Zum **alten Kapitalersatzrecht** *BGHZ* 106, 9 ff = ZIP 1989, 96 ff; *BGH* ZIP 2005, 83 f (zur Umwandlung einer eigenkapitalersetzenden Gesellschafterhilfe in eine stille Einlage); *Jaeger/Henckel* KO § 32a Rn 73; MK/*Stodolkowitz/Bergmann* 2. Aufl, § 135 Rn 66, 72; *Uhlenbruck/Hirte* § 135 Rn 19; HambKomm/*J-S Schröder* § 135 Rn 144; *Renner* ZIP 2002, 1430 ff; zum Übergangsrecht HambKomm/*J-S Schröder* § 135 Rn 87 ff, 105.
6 Vgl insoweit *BGHZ* 193, 378 = ZIP 2012, 1869 zur atypisch stillen Gesellschaft mit einer GmbH & Co KG sowie *K Schmidt* § 136 Rn 5.

HGB als InsGl (§ 38) im InsVerf über das Vermögen des Inhabers des Handelsgeschäfts[7] geltend machen. § 136 ist vor diesem Hintergrund ein Unterfall der Anf wegen inkongruenter Deckung (vgl § 131 Abs 1 Nr 2)[8]. Er knüpft die Anf an rein objektive Voraussetzungen. Dies hat seinen Grund in den bes gesellschaftsrechtlichen Beziehungen zwischen dem Inhaber des Handelsgeschäfts und dem stillen Gesellschafter,[9] die diesem Insiderkenntnisse ermöglichen.[10] Im Gegensatz zu § 237 Abs 1 S 1 HGB aF wird der AnfZeitraum nicht mehr von der VerfEröffnung, sondern – ebenso wie in §§ 130–135 – von dem Antrag auf Eröffnung des InsVerf zurückgerechnet. Der Anspruch auf Rückgewähr der stillen Einlage kann zugleich eine darlehensgleiche Forderung iSd § 39 Abs 1 Nr 5, § 135 sein.[11]

Während nach § 237 Abs 2 HGB aF die Anf ausgeschlossen war, wenn der Konkurs in **Umständen** seinen Grund hatte, die erst nach der Vereinbarung der Rückgewähr oder des Erlasses eintraten, kommt nach § 136 Abs 2 eine Anf nicht in Betracht, wenn ein **Eröffnungsgrund** erst nach der Vereinbarung eingetreten ist. Damit soll Abs 2 „für die Praxis handhabbar" werden.[9] Darin liegt eine **Einschränkung der Anfechtbarkeit** gegenüber dem bisherigen Rechtszustand.[12] Danach hinderte der Umstand, dass im Vereinbarungszeitpunkt der Geschäftsinhaber nicht überschuldet oder zahlungsunfähig war, eine Anf nach der Sondernorm für die stille Gesellschaft nicht.[13] 3

B. Erläuterungen

I. Stille Gesellschaft

Nach § 230 Abs 1 HGB idF des Handelsrechtsreformgesetzes v 22.6.1998[14] besteht die stille Gesellschaft in der Beteiligung als stiller Gesellschafter an dem Handelsgewerbe eines anderen mit einer (beliebigen) Vermögenseinlage. Da § 230 Abs 2 HGB zufolge aus den in dem Betrieb geschlossenen Geschäften allein der Inhaber berechtigt und verpflichtet wird, ist die stille Gesellschaft eine **Innengesellschaft** iSv § 705 BGB.[15] Inhaber des Handelsgewerbes (Geschäftsinhaber) können grds jede natürliche und juristische Person (§ 11 Abs 1 S 1) und die in § 11 Abs 1 S 2, Abs 2 Nr 1 aufgeführten Vereinigungen ohne Rechtspersönlichkeit sein.[16] Eine entspr Anwendung des § 136 auf die stille Beteiligung an einem nichtkaufmännischen Unternehmen oder einer Unterbeteiligung und auf andere Formen der Fremdfinanzierung sollte grds ausgeschlossen sein.[17] Zur stillen Beteiligung an einer GmbH vgl *OLG Düsseldorf* NZG 1999, 652; *BGH* ZIP 2006, 705 ff. 4

7 Dazu *RGZ* 30, 35 f; MK/*Gehrlein* § 136 Rn 3 f; *K Schmidt* § 136 Rn 6, der § 136 entgegen der hM jedoch auch auf stille Beteiligungen an nicht kaufmännischen Unternehmen anwenden will.

8 MK/*Gehrlein* § 136 Rn 1, 9; *Jaeger/Henckel* § 136 Rn 13 aE; *K Schmidt* § 136 Rn 16; *B/G/H/Haas* § 136 Rn 2; *K/S/W/Schäfer* Rn I14.

9 BT-Drucks 12/2443, 161.

10 Vgl *N/R/Nerlich* § 136 Rn 2; MK/*Gehrlein* § 136 Rn 1; *Braun/Riggert* § 136 Rn 2.

11 *BGH* 23.11.2017 – IX ZR 218/16 Rn 5.

12 *Uhlenbruck/Hirte* § 136 Rn 11; *K/S/W/Schäfer* Rn I3, I32.

13 Vgl *BGHZ* 83, 346 = ZIP 1982, 1079.

14 BGBl I, 1474.

15 MK/*Gehrlein* § 136 Rn 3; *B/G/H/Haas* § 136 Rn 3; *K/S/W/Schäfer* Rn I15. Zur Abgrenzung von partiarischen Darlehen vgl *BGH* NJW 1992, 2696; 1995, 192; *OLG Celle* NZG 1999, 650; *OLG Dresden* DStR 2000, 649 mit Anm *Haas*; vgl auch Anm *Sosnitza* NZG 2000, 303. Dazu *Uhlenbruck/Hirte* § 136 Rn 5; *K/P/B/Preuß* § 136 Rn 9.

16 Vgl MK/*Gehrlein* § 136 Rn 3.

17 Vgl *Jaeger/Henckel* § 136 Rn 20; MK/*Gehrlein* § 136 Rn 4, 6-8; *K/S/W/Schäfer* Rn 119; *Cranshaw/Hinkel/Ottinger* § 136 Rn 25; **aA** insoweit *K Schmidt/K Schmidt* § 136 Rn 5, 6, 23, 24.

5 Ist der **Vertrag** über die stille Gesellschaft **unwirksam**, findet § 136 nur Anwendung, wenn der fehlerhafte Vertrag nach den Grundsätzen über die **fehlerhafte Gesellschaft** als wirksam zu behandeln ist[18] und das Gesellschaftsverhältnis nicht vor oder zugleich mit der Einlagenrückgewähr gekündigt wird.[19]

II. Anfechtungsvoraussetzungen

6 Gem § 129 Abs 1 müssen die InsGl (vgl § 130 Rn 10) durch die Rechtshandlung benachteiligt werden (dazu § 129 Rn 44 ff). Eine **mittelbare** Benachteiligung (§ 129 Rn 63) genügt.[20] Die Rechtshandlung muss nicht vom Schu (Geschäftsinhaber) vorgenommen werden und kann auch in einer Zwangsvollstreckungsmaßnahme oder einem Unterlassen (§ 129 Rn 29) bestehen.

III. Vereinbarung

7 Die Rechtshandlung muss auf einer **besonderen Vereinbarung** zwischen Geschäftsinhaber und Stillem beruhen. Die Vereinbarung selbst ist nicht Gegenstand der Anf nach § 136. **Nicht** nach § 136, wohl aber ggf nach § 130[21] **anfechtbar** sind Rechtshandlungen, auf die der stille Gesellschafter einen **gesetzlichen** oder **im Gesellschaftsvertrag vereinbarten Anspruch** hat,[22] unabhängig davon, ob der Gesellschaftsvertrag vor oder innerhalb der Jahresfrist des Abs 1 S 1 geschlossen wurde.[23] Der Anspruch kann sich auch aus einer bes Vereinbarung ergeben, wenn diese mehr als ein Jahr vor dem Antrag auf Eröffnung des InsVerf getroffen wurde. Ein gesetzlicher Anspruch kann insb auf einer ordentlichen oder außerordentlichen Kündigung des Gesellschaftsverhältnisses beruhen (vgl § 234 Abs 1 HGB),[24] sofern das Kündigungsrecht nicht seinerseits in einer bes Vereinbarung verabredet wurde.[25] Das einem stillen Gesellschafter im Gesellschaftsvertrag eingeräumte Kündigungsrecht kann ohne ausdrückliche Berufung hierauf ausgeübt werden und schließt die InsAnf einer Einlagenrückgewähr (nach § 136) auch dann aus, wenn es nach der Kündigung zu einer Auflösungsvereinbarung kommt, die nur das konkretisiert, was der Stille auch ohne sie aufgrund der Kün-

18 Vgl *BGHZ* 55, 7 ff = NJW 1971, 376 f; 97, 250 = NJW 1987, 67 li Sp zu 2; *BGH* NJW 1992, 2696; ZIP 2004, 1707; 2005, 255 f; 2005, 755; 2005, 760 f; 2005, 764; 2005, 2062; 2013, 1533 Rn 26; 2013, 1761 Rn 17; *OLG Hbg* NZG 2004, 859; *OLG Bamberg* NZG 2004, 861; *Hey* NZG 2004, 1097 ff; zur Anwendung der Grundsätze über die fehlerhafte Gesellschaft auf den fehlerhaften Beitritt zu einer mehrgliedrigen atypischen stillen Publikumsgesellschaft *BGH* ZIP 2013, 2355; *OLG Hbg* ZIP 2013, 1864 mwN insb S 1865 zu c; *Jaeger/Henckel* § 136 Rn 5; MK/*Gehrlein* § 136 Rn 5; *K/P/B/Preuß* § 136 Rn 10; HambKomm/*J-S Schröder* § 136 Rn 4; nach *K Schmidt* § 136 Rn 9 sollen nur atypische stille Gesellschaften als fehlerhafte Gesellschaften aufrecht erhalten werden können.

19 *BGHZ* 55, 10 = NJW 1971, 377 zu III; MK/*Gehrlein* § 136 Rn 5; HambKomm/*J-S Schröder* § 136 Rn 4.

20 FK/*Dauernheim* § 136 Rn 12; *N/R/Nerlich* § 136 Rn 11; MK/*Gehrlein* § 136 Rn 22; *Jaeger/Henckel* § 136 Rn 18; *B/G/H/Haas* § 136 Rn 10.

21 Vgl *Jaeger/Henckel* § 136 Rn 13; *K Schmidt* § 136 Rn 9 aE.

22 *BGHZ* 55, 10 = NJW 1971, 377 zu III; *BGH* NJW 2001, 1271, 1272; *K/P/B/Preuß* § 136 Rn 12; *K Schmidt* § 136 Rn 9, 16; HambKomm/*J-S Schröder* § 136 Rn 7; FK/*Dauernheim* § 136 Rn 8; *B/G/H/Haas* § 136 Rn 12.

23 Vgl *RGZ* 84, 438; *OLG Oldenburg* NZG 1999, 897; *K Schmidt* § 136 Rn 16; *Gottwald/M Huber* § 50 Rn 57.

24 *BGHZ* 55, 10 = NJW 1971, 377 zu III; *BGH* NJW 1992, 2696; *OLG Stuttgart* NZG 2000, 94 f; *OLG Celle* NZG 2000, 86 f mit Anm *Sosnitza*; *OLG München* NZG 2000, 93.

25 Vgl MK/*Gehrlein* § 136 Rn 10; *Uhlenbruck/Hirte* § 136 Rn 9; HambKomm/*J-S Schröder* § 136 Rn 7.

digungsregelung in dem ursprünglichen Vertrag verlangen konnte.[26] Der Anspruch kann sich auch aus einer anderweitigen Auflösung der stillen Gesellschaft ergeben (vgl §§ 726 ff BGB iVm § 234 Abs 2 HGB). § 136 Abs 1 S 2 meint demgegenüber eine Auflösung, die auf einer vertraglichen Absprache beruht.

IV. Jahresfrist

Die Anfechtbarkeit setzt voraus, dass die **Vereinbarung** nicht früher als ein Jahr vor dem Antrag auf Eröffnung des InsVerf über das Vermögen des Geschäftsinhabers getroffen wurde. Die Frist ist nach § 139 zu berechnen; in dessen Abs 1 wird § 136 ausdrücklich erwähnt.[27] Im Gegensatz zu den sonstigen AnfVorschriften kommt es **nicht** darauf an, wann die **angefochtene Rechtshandlung** vorgenommen wurde (dazu § 140), sondern auf den Abschluss der ihr zugrunde liegenden Vereinbarung.[28] Gleichwohl bestimmt sich der Zeitpunkt, in dem diese „getroffen" ist, ebenfalls nach § 140 Abs 1.[29] Auch für die Vereinbarung kommt es mithin darauf an, wann ihre rechtlichen Wirkungen eingetreten sind; bei einer bedingten oder befristeten Vereinbarung gilt § 140 Abs 3 entspr.[30] Wurde die Vereinbarung länger als ein Jahr vor dem Eröffnungsantrag getroffen, kommt eine **Anf** der beeinträchtigenden Rechtshandlung nicht nach § 136, sondern nur **nach anderen AnfVorschriften** in Betracht.[31] Diese finden neben § 136 Anwendung.[32] Auch ein Bargeschäft ist möglich.[33] 8

V. Anfechtbare Rechtshandlung

1. Rückgewähr der Einlagen. Als Einlagenrückgewähr sind alle Handlungen anzusehen, die eine Rückgewähr der von ihm erbrachte Einlage beinhalten:[34] zB Rückzahlung, Leistung an einen Dritten (§ 362 Abs 2 BGB) oder an Erfüllungs Statt (§ 364 Abs 1 BGB). Bei einer anfechtbaren Aufrechnung (§ 389 BGB) bedarf es nach § 96 Abs 1 Nr 3 einer Anf nicht. Eine Rückgewähr der Einlage liegt darüber hinaus in der Bestellung von Sicherheiten, die dem Stillen ein Absonderungsrecht geben.[35] Insoweit geht es hier um eine Deckung des Rückgewähranspruchs und folglich sowohl um Befriedigung als auch Besicherung. 9

2. Erlass des Anteils am Verlust. Anfechtbar ist auch der Erlass der Verlustzuweisung, genauer: der Erlass des Anspruchs des Inhabers auf Ausgleich des Verlusts. Der Verlust 10

26 *BGH* NJW 2001, 1272; *K/P/B/Preuß* § 136 Rn 15; *B/G/H/Haas* § 136 Rn 14; HambKomm/*J-S Schröder* § 136 Rn 7.

27 Vgl HambKomm/*J-S Schröder* § 136 Rn 8; *Gottwald/M Huber* § 50 Rn 58; *K Schmidt* § 136 Rn 17.

28 *Jaeger/Henckel* § 136 Rn 15; MK/*Gehrlein* § 136 Rn 14, 15; *K/P/B/Preuß* § 136 Rn 16; FK/*Dauernheim* § 136 Rn 9.

29 *Uhlenbruck/Hirte* § 136 Rn 8; *Jaeger/Henckel* § 136 Rn 15; MK/*Gehrlein* § 136 Rn 14; *B/G/H/Haas* § 136 Rn 16.

30 MK/*Gehrlein* § 136 Rn 14; HambKomm/*J-S Schröder* § 136 Rn 8.

31 MK/*Gehrlein* § 136 Rn 14; *K/S/W/Schäfer* Rn I21, I22.

32 Vgl *BGH* WM 1971, 130 zu IV aE, insoweit nicht abgedr in *BGHZ* 55, 5 und NJW 1971, 375; *Mylich* ZIP 2011, 2185 BT-Drucks 12/2443, 161; HambKomm/*J-S Schröder* § 136 Rn 18; *Gottwald/M Huber* § 50 Rn 61; *B/G/H/Haas* § 136 Rn 9.

33 MK/*Gehrlein* § 136 Rn 22; HambKomm/*J-S Schröder* § 136 Rn 13; *Jaeger/Henckel* § 136 Rn 18; *Braun/Riggert* § 136 Rn 16; *K Schmidt* § 136 Rn 10.

34 Vgl FK/*Dauernheim* § 136 Rn 10; MK/*Gehrlein* § 136 Rn 16 ff; *K Schmidt* § 136 Rn 11; HambKomm/*J-S Schröder* § 136 Rn 9; *Jaeger/Henckel* § 136 Rn 6–9.

35 Vgl *RGZ* 84, 437 f; auch *BGH* WM 1971, 184; MK/*Gehrlein* § 136 Rn 18; *Uhlenbruck/Hirte* § 136 Rn 6; *Jaeger/Henckel* § 136 Rn 9; *K Schmidt* § 136 Rn 12 mwN; *B/G/H/Haas* § 136 Rn 15.

muss nach dem Wortlaut bei dem Erlass bereits entstanden gewesen sein.[36] Der Erlass künftiger Verluste ist nicht nach § 136, wohl aber ggf nach anderen Vorschriften anfechtbar.[37] Lässt sich nicht exakt feststellen, wie sich die im letzten Geschäftsjahr vor Eröffnung des InsVerf angefallenen Verluste verteilen, ist ggf eine zeitanteilige Berechnung vorzunehmen.[38]

VI. Abs 2

11 Diese Vorschrift verlangt für die Anf nach § 136, dass im Zeitpunkt der Vereinbarung (vgl Rn 8) bereits ein Grund für die Eröffnung des InsVerf eingetreten war. Damit wird auf §§ 17–19 verwiesen.[39] Während die übrigen AnfVoraussetzungen vom InsVerw zu beweisen sind,[40] liegt die **Beweislast** dafür, dass ein Eröffnungsgrund erst nach der Vereinbarung eingetreten ist, bei dem **stillen Gesellschafter**.[41] Nach tw vertretener Auffassung soll der Stille auch darzulegen und zu beweisen haben, dass die Vereinbarung vor der Jahresfrist getroffen wurde.[42] Insoweit genügt es aber, dem InsVerw mit einer sekundären Darlegungslast des Stillen zu helfen, es aber bei der Beweislast des InsVerw zu belassen.[43] Der InsVerw kann sich daher damit benügen, den vom Stillen behaupteten Vereinbarungszeitpunkt zu widerlegen. § 136 Abs 2 ist nicht auf die Anfechtung bei Gesellschafterdarlehen nach neuem Recht anwendbar.[44]

VII. Spezialschrifttum

12 Erg zur Auslegung des § 136 wird auf die Kommentierungen zu § 237 (§ 342) HGB aF sowie auf *Blaurock* Hdb der stillen Gesellschaft, 7. Aufl 2010, § 17, S 361 ff, *Singhof/Seiler/Schlitt* Mittelbare Gesellschaftsbeteiligungen – Stille Gesellschaft, Unterbeteiligung, Treuhand, 2004, *K Schmidt* KTS 1977, 1 ff, 65 ff, MK-HGB/*K Schmidt* § 236 Anh und *Landsmann* Die stille Gesellschaft in der Ins, 2006 (dazu *Paul* ZInsO 2008, 372) verwiesen.

---

36 MK/*Gehrlein* § 136 Rn 21; *Jaeger/Henckel* § 136 Rn 11, 12; *K Schmidt* § 136 Rn 15; HambKomm/*J-S Schröder* § 136 Rn 11.

37 *Bork/Preuß* Hdb, Kap 11 Rn 24; *K/P/B/Preuß* § 136 Rn 22; HambKomm/*J-S Schröder* § 136 Rn 11; *B/G/H/Haas* § 136 Rn 15; *K/S/W/Schäfer* Rn I29; *Cranshaw/Hinkel/Ottinger* § 136 Rn 45.

38 MK/*Gehrlein* § 136 Rn 21; *Jaeger/Henckel* § 136 Rn 11; *K Schmidt* § 136 Rn 15; HambKomm/*J-S Schröder* § 136 Rn 11 mwN; *K/P/B/Preuß* § 136 Rn 23; *Uhlenbruck/Hirte* § 136 Rn 7.

39 MK/*Gehrlein* § 136 Rn 24, der zutr hervorhebt, dass auch § 18 (drohende Zahlungsunfähigkeit) bei einem InsAntrag des Schu anzuwenden ist; ähnlich *Jaeger/Henckel* § 136 Rn 17; *Gottwald/M Huber* § 50 Rn 58; HambKomm/*J-S Schröder* § 136 Rn 14; *K Schmidt* § 136 Rn 18 m dem Hinweis, dass dieser Tatbestand für eine Fristbestimmung überaus ungeeignet sei.

40 MK/*Gehrlein* § 136 Rn 23; *Jaeger/Henckel* § 136 Rn 19; HambKomm/*J-S Schröder* § 136 Rn 17; *K/P/B/Preuß* § 136 Rn 27; grds zust *K Schmidt* § 136 Rn 19.

41 Vgl *BGHZ* 83, 346 = ZIP 1982, 1079; FK/*Dauernheim* § 136 Rn 14; *K/P/B/Preuß* § 136 Rn 29; MK/*Gehrlein* § 136 Rn 24; *K Schmidt* § 136 Rn 19; *Uhlenbruck/Hirte* § 136 Rn 12; *Jaeger/Henckel* § 136 Rn 17, 19; *B/G/H/Haas* § 136 Rn 19; *K/S/W/Schäfer* Rn I36.

42 Vgl *N/R/Nerlich* § 136 Rn 15; FK/*Dauernheim* § 136 Rn 14; MK-HGB/*K Schmidt* § 236 Anh Rn 24.

43 MK/*Gehrlein* § 136 Rn 23; HambKomm/*J-S Schröder* § 136 Rn 17; *K/P/B/Preuß* § 136 Rn 28; *Jaeger/Henckel* § 136 Rn 19; *K/S/W/Schäfer* Rn I35.

44 *BGH* ZIP 2015, 1130 Rn 7.

§ 137 Wechsel- und Scheckzahlungen

(1) Wechselzahlungen des Schuldners können nicht auf Grund des § 130 vom Empfänger zurückgefordert werden, wenn nach Wechselrecht der Empfänger bei einer Verweigerung der Annahme der Zahlung den Wechselanspruch gegen andere Wechselverpflichtete verloren hätte.

(2) [1]Die gezahlte Wechselsumme ist jedoch vom letzten Rückgriffsverpflichteten oder, wenn dieser den Wechsel für Rechnung eines Dritten begeben hatte, von dem Dritten zu erstatten, wenn der letzte Rückgriffsverpflichtete oder der Dritte zu der Zeit, als er den Wechsel begab oder begeben ließ, die Zahlungsunfähigkeit des Schuldners oder den Eröffnungsantrag kannte. [2]§ 130 Abs. 2 und 3 gilt entsprechend.

(3) Die Absätze 1 und 2 gelten entsprechend für Scheckzahlungen des Schuldners.

Übersicht

A. Allgemeines

I. Gesetzgebungshinweise

Die Vorschrift entspricht § 34 KO und geht zurück auf § 152 RegE. Dessen Abs 3 und Abs 1 – dieser bis auf die Verweisungsnorm – stimmen mit § 137 wörtlich überein. Abs 2 erhielt – wiederum mit Ausnahme der Verweisungsvorschriften – seine endgültige Fassung durch den RAussch; anstelle des Begriffs der grob fahrlässigen Unkenntnis trat durch die Verweisung auf § 145 Abs 2 RegE idF des RAussch (jetzt § 130 Abs 2) die Kenntnis von Umständen, die zwingend auf die Zahlungsunfähigkeit oder den Eröffnungsantrag schließen lassen.[1] 1

II. Normzweck

§ 137 beruht auf den **Besonderheiten des Wechsel- und Scheckrechts**. Er **schließt die Anfechtung nach § 130 aus**. Wenn der Schu nach Zahlungsunfähigkeit oder nach Stellung des Eröffnungsantrags einem darüber unterrichteten Gl Zahlung anbietet, kann der Gl die Annahme ablehnen; seine Forderung und deren Sicherheiten werden dadurch im Bestand nicht berührt. Demgegenüber knüpfen Wechsel- und ScheckG in bestimmten Fällen (Art 43, 44, 47 WechselG, Art 40 ScheckG) an die aus nicht wechsel- oder scheckmäßigen Gründen erfolgte Ablehnung einer angebotenen Zahlung den Verlust des Wechsel- oder Scheckanspruchs gegen andere Verpflichtete, insb gegen Aussteller und Indossanten. Der Wechsel- oder Scheckregress setzt grds die rechtzeitige Vorlage des Wertpapiers zur Zahlung und die Dokumentation der Nichteinlösung durch Protest voraus. Ein Protest mangels Zahlung kann nicht erhoben werden, wenn der WechselSchu bei Verfall oder der ScheckSchu Zahlung anbietet. Sollte gegen den Wechsel- oder Scheckinhaber § 130 uneingeschränkt gelten, so würde er auf Anf hin nicht nur den vom Schu gezahlten Betrag verlie- 2

1 Vgl BT-Drucks 12/7302, 57, 173.

ren, sondern ihm wäre trotz § 144 Abs 1 auch der Rückgriff gegen vorrangig verpflichtete Wechsel- oder ScheckSchu verwehrt. Dies will § 137 Abs 1, 3 verhindern.[2]

3 Abs 2, 3 sollen die InsMasse vor einem **Missbrauch** schützen. Der letzte RegressSchu, der ohne die Zahlung des Schu für den Wechsel- oder Scheckbetrag schließlich hätte aufkommen müssen, würde durch die (unanfechtbare) Zahlung entlastet und bliebe im Genuss des Betrages, der ihm durch die Begebung des Papiers zugeflossen ist. Auf diese Weise könnte die Vorschrift des § 130 umgangen werden. Trotz Kenntnis der Zahlungsunfähigkeit oder des Eröffnungsantrages brauchte ein Gl nur über den Betrag seiner Forderung einen Wechsel auf den Schu zu ziehen und zu verwerten oder sich einen Scheck ausstellen zu lassen und diesen weiterzugeben.[3] Abs 2, 3 enthalten deshalb eine „zweckgerechte Anpassung" des § 130 an das Wechsel- und Scheckrecht.[4] Handelte der letzte Rückgriffsverpflichtete für Rechnung eines Dritten, soll dieser Hintermann als der eigentlich Bereicherte an dessen Stelle treten.[5]

B. Erläuterungen

I. Allgemeines

4 § 137 ist eine **Sondervorschrift zu § 130**, uU auch zu § 132, wenn man § 132 auf Erfüllungshandlungen anwendet;[6] iZw würde es für § 132 Abs 1 aber ohnedies insoweit an einer unmittelbaren Benachteiligung fehlen. § 137 betrifft ausschließlich Wechsel- und Scheckzahlungen.[7] Abs 1 und 3 stellen den Empfänger nur von der Anf nach § 130 wegen kongruenter Deckung frei, nicht – ggf mit Ausnahme von § 132 – von sonstigen AnfVorschriften.[8] Dies hat Auswirkungen auf die Anwendung von Abs 2. Die Erstattungspflicht des letzten Rückgriffsverpflichteten oder des Dritten setzt voraus, dass die Wechsel- oder Scheckzahlung an den Empfänger nicht anfechtbar ist, aber ohne Abs 1 (nur) nach § 130 (ggf § 132) anfechtbar wäre.[9]

II. Abs 1

5 Die Freistellung des WechselGl von der Anf nach § 130 greift nur ein, wenn **nach Verfall** auf den Wechsel **bar** gezahlt wird.[10] Zahlungsweisen, die nach der Verkehrsauffassung der Barzahlung gleichstehen (zB eine Überweisung), schaden nicht.[11] Auch die Aufrechnung ab Verfall[12] steht der Barzahlung gleich.[13]

---

2 Vgl Mot KO, 139 f; *Jaeger/Henckel* § 137 Rn 2, 3; *K/P/B/Schoppmeyer* § 137 Rn 3; *A/G/R/Gehrlein* § 137 Rn 1.

3 Vgl Mot KO, 140.

4 Vgl *Jaeger/Henckel* § 137 Rn 18; MK/*Kirchhof* § 137 Rn 1: spezielle Ausprägung eines allg Billigkeitsgrundsatzes; *A/G/R/Gehrlein* § 137 Rn 1; vgl auch *K/S/W/Wagner* Rn J1, J19, J20.

5 Mot KO, 141.

6 MK/*Kirchhof* § 137 Rn 3; HambKomm/*Rogge/Leptien* § 137 Rn 1, 4; *K/P/B/Schoppmeyer* § 137 Rn 4; *A/G/R/Gehrlein* § 137 Rn 3; *K Schmidt/Ganter* § 137 Rn 3; *K/S/W/Wagner* Rn J2.

7 Vgl *BGH* NJW 1974, 57; *Jaeger/Henckel* § 137 Rn 17.

8 Vgl *BGH* NJW 1974, 57; *Jaeger/Henckel* § 137 Rn 14; *Henckel* KS-InsO, S 843 Rn 63; MK/*Kirchhof* § 137 Rn 3; *Uhlenbruck/Hirte* § 137 Rn 2; HambKomm/*Rogge/Leptien* § 137 Rn 4; *A/G/R/Gehrlein* § 137 Rn 3.

9 Vgl *Jaeger/Henckel* § 137 Rn 19; *K Schmidt/Ganter* § 137 Rn 11; *MK/Kirchhof* § 137 Rn 12; *K/P/B/Schoppmeyer* § 137 Rn 10; *Uhlenbruck/Hirte* § 137 Rn 6.

10 *Jaeger/Henckel* § 137 Rn 4.

11 Vgl *Jaeger/Henckel* § 131 Rn 13; *Uhlenbruck/Hirte* § 137 Rn 1; *K Schmidt/Ganter* § 137 Rn 8; MK/*Kirchhof* § 137 Rn 6; *K/S/W/Wagner* Rn J8.

12 Vgl *BGH* NJW 1970, 42; *Braun/Riggert* § 137 Rn 4.

13 *RGZ* 58, 109; MK/*Kirchhof* § 137 Rn 6; *Jaeger/Henckel* § 137 Rn 5; HambKomm/*Rogge/Leptien* § 137 Rn 2; *L/S/Z/Zeuner* § 137 Rn 6; *A/G/R/Gehrlein* § 137 Rn 4; *Cranshaw/Hinkel/Ottinger* § 137 Rn 17.

Der **Schu** muss grds **Wechselverpflichteter**, insb Akzeptant oder Aussteller des eigenen Wechsels, sein.[14] Zur Zahlung durch einen Domiziliaten (Art 27 WechselG), Ehrenzahler (Art 61 WechselG) uam vgl *Jaeger/Henckel* § 137 Rn 6; MK/*Kirchhof* § 137 Rn 5. 6

Anfechtungsfrei ist nur die sog **notgedrungene Zahlungsannahme**, die nach dem Gesetz[15] erforderlich ist, um wechselrechtliche Rückgriffsansprüche nicht zu verlieren.[16] Bei einem wirksamen Protesterlass (vgl Art 46 Abs 3 S 1 HS 1 WechselG) trifft dies nicht zu,[17] ebenso wenig bei einer Zahlung nach rechtzeitiger Protesterhebung[18] oder nach Versäumung der Protestfrist.[19] § 137 greift ferner nicht ein, wenn der **Zahlende der einzige WechselSchu** ist, ein Rückgriffsrecht also von vornherein nicht in Frage steht.[20] 7

Wird die **Eingehung der Wechselverbindlichkeit** selbst gegenüber dem Empfänger mit Erfolg angefochten, kann das zu ihrer Erfüllung Geleistete ohne Rücksicht auf § 137 zurückgefordert werden.[21] 8

III. Abs 2

1. Der letzte Rückgriffsverpflichtete. Vgl dazu zunächst Rn 3, 4. Der letzte Rückgriffsverpflichtete ist derjenige, der bei wirksamer Protesterhebung letzten Endes hätte zahlen müssen,[22] in dessen Person die Reihe der Garanten bei Rücklauf des Wechsels endet, mithin der **Aussteller** des auf den Schu gezogenen oder der **erste Indossant** des vom Schu ausgestellten eigenen Wechsels. Ein Zugriff des InsVerw auf andere Garanten kommt auch dann nicht in Betracht, wenn der letzte RückgriffsSchu insolvent ist.[23] 9

2. Der Dritte. Für Rechnung eines Dritten wird der Wechsel vom letzten Rückgriffsverpflichteten insb im Fall des Art 3 Abs 3 WechselG begeben, wenn der Aussteller den Wechsel im eigenen Namen zieht, aber ein Dritter den Aussteller deckt (sog **Kommissionswechsel**).[24] 10

3. Subjektive Anfechtungsvoraussetzungen. Eine Anf gegenüber dem letzten Rückgriffsverpflichteten oder dem Dritten kommt nur in Betracht, wenn der AnfGegner bereits bei der Begebung des Wechsels, dh **bei Begr der Wechselverpflichtung**,[25] nicht erst bei Zahlung des Wechselbetrages, entweder die Zahlungsunfähigkeit des Schu oder den Eröffnungsantrag kannte. Die Kenntnis des letzten Rückgriffsverpflichteten, der den Wechsel für Rechnung eines Dritten begeben hat, ist dem Dritten nach dem Rechtsgedanken des § 166 Abs 1 BGB zuzurechnen.[26] 11

---

14 *K/P/B/Schoppmeyer* § 137 Rn 7; *K/S/W/Wagner* Rn J24.
15 Nicht bloß aufgrund Vereinbarung, vgl *RG* LZ 1914, 1374; *K/S/W/Wagner* Rn J9.
16 *K/P/B/Schoppmeyer* § 137 Rn 6; *A/G/R/Gehrlein* § 137 Rn 5; *K Schmidt/Ganter* § 137 Rn 9.
17 Vgl *Jaeger/Henckel* § 137 Rn 8; *K/S/W/Wagner* Rn J12.
18 Vgl *RGZ* 40, 43; *Jaeger/Henckel* § 137 Rn 9, 10.
19 MK/*Kirchhof* § 137 Rn 9.
20 *BGH* ZIP 2007, 1470 Tz 21; *Jaeger/Henckel* § 137 Rn 11; *K Schmidt/Ganter* § 137 Rn 9; *Uhlenbruck/Hirte* § 137 Rn 2; *K/S/W/Wagner* Rn J7, J11, J18.
21 Vgl *Jaeger/Henckel* § 137 Rn 14; *K Schmidt/Ganter* § 137 Rn 4; *Uhlenbruck/Hirte* § 137 Rn 3; *K/P/B/Schoppmeyer* § 137 Rn 5; L/S/Z/*Zeuner* § 137 Rn 3; MK/*Kirchhof* § 137 Rn 10; *K/S/W/Wagner* Rn J15.
22 MK/*Kirchhof* § 137 Rn 13; *Uhlenbruck/Hirte* § 137 Rn 6; *K Schmidt/Ganter* § 137 Rn 12.
23 *Jaeger/Henckel* § 137 Rn 20; MK/*Kirchhof* § 137 Rn 14; *Braun/Riggert* § 137 Rn 11; *K/P/B/Schoppmeyer* § 137 Rn 11; *A/G/R/Gehrlein* § 137 Rn 7.
24 Vgl *Jaeger/Henckel* § 137 Rn 21; MK/*Kirchhof* § 137 Rn 13; HambKomm/*Rogge/Leptien* § 137 Rn 8; *K/S/W/Wagner* Rn J24.
25 Dazu *Jaeger/Henckel* § 137 Rn 23; HambKomm/*Rogge/Leptien* § 137 Rn 10; *K/P/B/Schoppmeyer* § 137 Rn 12; *K/S/W/Wagner* Rn J26.
26 *Jaeger/Henckel* § 137 Rn 23; MK/*Kirchhof* § 137 Rn 17; *Uhlenbruck/Hirte* § 137 Rn 7; *K/P/B/Schoppmeyer* § 137 Rn 12 aE; *K/S/W/Wagner* Rn J28.

12 Abs 2 S 2 erklärt § 130 Abs 2 und 3 für entspr anwendbar. Mithin steht auch hier die Kenntnis von Umständen, die zwingend auf die Zahlungsunfähigkeit oder den Eröffnungsantrag schließen lassen (vgl § 130 Rn 36 ff), der Kenntnis gleich. Ferner wird die Kenntnis vermutet, wenn der letzte Rückgriffsverpflichtete oder der Dritte zur Zeit der Wechselbegebung eine dem Schu nahe stehende Person (§ 138) war (vgl § 130 Rn 45 ff). Zur Beweislastverteilung iÜ vgl MK/*Kirchhof* § 137 Rn 22, 23. Zur nur begrenzten Bedeutung von § 137 *Braun/Riggert* § 137 Rn 15; *K/P/B/Schoppmeyer* § 137 Rn 2, 8 (hier zum Scheck).

IV. Abs 3

13 Nach dieser Vorschrift sind die für Wechselzahlungen geltenden Abs 1 und 2 bei **Scheckzahlungen** entspr anwendbar.[27]

V. Darlegungs- und Beweislast

14 Der InsVerw, der Wechselzahlungen nach § 130 anficht, hat die AnfVoraussetzungen darzulegen und zu beweisen.[28] Kann er dies nicht, kommt es auf § 137 schon nicht mehr an.[29] Führt der InsVerw den Beweis, hat der Zahlungsempfänger als AnfGegner die Voraussetzungen des Abs 1 (Zahlung auf den Wechsel und den ohne die Zahlungsannahme entstandenen Rechtsverlust) darzulegen und zu beweisen.[30] Geschieht dies, hat der InsVerw gegen den Zahlungsempfänger keinen AnfAnspruch aus § 130. Geht der InsVerw nunmehr oder sogleich nach § 137 Abs 2 vor, hat er grds die Voraussetzungen dieser Norm darzutun und zu beweisen.[31] Dazu gehört auch, dass eine Anf nach § 130 gegen den Zahlungsempfänger nach Abs 1 ausgeschlossen ist;[32] das kann also eine innerprozessuale Bedingung sein. Bei nahestehenden Personen kommen ihm nach S 2 die Beweiserleichterungen nach § 130 Abs 3 zugute. Behauptet der letzte Rückgriffsverpflichtete als AnfGegner, er habe den Wechsel im Innenverhältnis für einen Dritten begeben, muss der AnfGegner dies beweisen.[33] Bei **Scheckzahlungen** gilt nach § 137 Abs 3 das Gleiche.

§ 138 Nahestehende Personen

(1) Ist der Schuldner eine natürliche Person, so sind nahestehende Personen:

1. der Ehegatte des Schuldners, auch wenn die Ehe erst nach der Rechtshandlung geschlossen oder im letzten Jahr vor der Handlung aufgelöst worden ist;

1a. der Lebenspartner des Schuldners, auch wenn die Lebenspartnerschaft erst nach der Rechtshandlung eingegangen oder im letzten Jahr vor der Handlung aufgelöst worden ist;

2. Verwandte des Schuldners oder des in Nummer 1 bezeichneten Ehegatten oder des in Nummer 1a bezeichneten Lebenspartners in auf- und absteigender Linie und voll- und

---

27 Im Einzelnen *Jaeger/Henckel* § 137 Rn 25–28; *K Schmidt/Ganter* § 137 Rn 16-18; FK/*Dauernheim* § 137 Rn 7; MK/*Kirchhof* § 137 Rn 19 ff; *Uhlenbruck/Hirte* § 137 Rn 8 ff; *L/S/Z/Zeuner* § 137 Rn 8; *K/S/W/Wagner* Rn J30-36.

28 MK/*Kirchhof* § 137 Rn 22; *Uhlenbruck/Hirte* § 137 Rn 11.

29 *K/P/B/Schoppmeyer* § 137 Rn 13.

30 MK/*Kirchhof* § 137 Rn 22; *K/P/B/Schoppmeyer* § 137 Rn 13; HambKomm/*Rogge/Leptien* § 137 Rn 14; *Uhlenbruck/Hirte* § 137 Rn 11.

31 MK/*Kirchhof* § 137 Rn 23; *K/P/B/Schoppmeyer* § 137 Rn 14; HambKomm/*Rogge/Leptien* § 137 Rn 14.

32 MK/*Kirchhof* § 137 Rn 23; *K/PB/Schoppmeyer* § 137 Rn 14.

33 MK/*Kirchhof* § 137 Rn 23; *Uhlenbruck/Hirte* § 137 Rn 11; HambKomm/*Rogge/Leptien* § 137 Rn 14.

halbbürtige Geschwister des Schuldners oder des in Nummer 1 bezeichneten Ehegatten oder des in Nummer 1a bezeichneten Lebenspartners sowie die Ehegatten oder Lebenspartner dieser Personen;
3. Personen, die in häuslicher Gemeinschaft mit dem Schuldner leben oder im letzten Jahr vor der Handlung in häuslicher Gemeinschaft mit dem Schuldner gelebt haben sowie Personen, die sich auf Grund einer dienstvertraglichen Verbindung zum Schuldner über dessen wirtschaftliche Verhältnisse unterrichten können;
4. eine juristische Person oder eine Gesellschaft ohne Rechtspersönlichkeit, wenn der Schuldner oder eine der in den Nummern 1 bis 3 genannten Personen Mitglied des Vertretungs- oder Aufsichtsorgans, persönlich haftender Gesellschafter oder zu mehr als einem Viertel an deren Kapital beteiligt ist oder auf Grund einer vergleichbaren gesellschaftsrechtlichen oder dienstvertraglichen Verbindung die Möglichkeit hat, sich über die wirtschaftlichen Verhältnisse des Schuldners zu unterrichten.

(2) Ist der Schuldner eine juristische Person oder eine Gesellschaft ohne Rechtspersönlichkeit, so sind nahestehende Personen:

1. die Mitglieder des Vertretungs- oder Aufsichtsorgans und persönlich haftende Gesellschafter des Schuldners sowie Personen, die zu mehr als einem Viertel am Kapital des Schuldners beteiligt sind;
2. eine Person oder eine Gesellschaft, die auf Grund einer vergleichbaren gesellschaftsrechtlichen oder dienstvertraglichen Verbindung zum Schuldner die Möglichkeit haben, sich über dessen wirtschaftliche Verhältnisse zu unterrichten;
3. eine Person, die zu einer der in Nummer 1 oder 2 bezeichneten Personen in einer in Absatz 1 bezeichneten persönlichen Verbindung steht; dies gilt nicht, soweit die in Nummer 1 oder 2 bezeichneten Personen kraft Gesetzes in den Angelegenheiten des Schuldners zur Verschwiegenheit verpflichtet sind.

Übersicht

Literatur: *Biehl* Insider im Insolvenzverfahren, 2000; *Ropohl* Gesellschaftsrechtliche Insider nach § 138 Abs 2 InsO, 2002; *Wolf* Der Dritte in der Pflicht – Kapitalerhaltung und Insolvenzanfechtung unter Berücksichtigung des § 138 InsO, 2015.

A. Allgemeines

I. Gesetzgebungshinweise

§ 138 erweitert gegenüber § 31 Nr 2 KO, § 108 Abs 2 S 1, 2 VerglO den Kreis der „suspekten" Personen. Dieser war freilich bereits in der Rspr zu § 31 Nr 2 KO, § 3 Abs 1 Nr 2 AnfG 1 aF über den Wortlaut der Normen hinaus ausgedehnt worden.[1] § 10 Abs 1 Nr 2, 3 GesO hatte im Vorgriff auf die InsRReform bereits den Begriff der „dem Schu nahe stehenden Personen" verwendet.[2] § 138 geht zurück auf §§ 153–155 RegE. Seine endgültige Fassung erhielt er zunächst aufgrund der BeschlEmpfehlung des RAussch. Diese fasste die §§ 154, 155 RegE in vereinfachter Form zusammen und fügte sie § 153 als neuen Abs 2 an.[3] Später wurde § 138 Abs 1 durch Nr 1a, in Nr 2 und 3 sowie durch Nr 4 ergänzt. Bis zu der zuletzt genannten Erg waren die Näheverhältnisse in den Fällen, in denen der Schu eine natürliche Person, der AnfGegner jedoch eine juristische Person oder eine Gesellschaft ohne Rechtspersönlichkeit ist, nicht gesetzlich geregelt.[4] Diese Lücke wurde durch § 138 Abs 1 Nr 4 geschlossen. Zugleich wurden durch die Erg von Nr 3 in Anlehnung an Abs 2 Nr 2 auch bei einer natürlichen Person als Schu solche Personen als nahe stehend erfasst, die aufgrund einer dienstvertraglichen Stellung bes Möglichkeiten der Information über die wirtschaftlichen Verhältnisse des Schu haben. Abs 2 Nr 3 verbindet wie Abs 1 Nr 4 und ausgehend von § 108 Abs 2 S 2 VerglO die persönlichen (familienrechtlichen) mit den gesellschafts- oder dienstvertraglichen Beziehungen.[5]

II. Normzweck und Systematik

2 § 138 enthält keinen eigenen AnfTatbestand, hat aber als Definitionsnorm Bedeutung. Bei einer Anf gegenüber Personen, die dem Schu zur Zeit der angefochtenen Rechtshandlung iSd § 138 nahe standen, wird die Beweislast für die subjektiven Voraussetzungen der bes InsAnf der §§ 130, 131, 132 und 137 sowie für § 145 Abs 2 Nr 2[6] umgekehrt. § 133 Abs 2 unterwirft zudem bestimmte entgeltliche Verträge mit nahestehenden Personen unter erleichterten Anforderungen der Anf wegen vorsätzlicher Benachteiligung.

3 Die Definitionen des § 138 werden auch in § 162 Abs 1 Nr 1 herangezogen. Danach ist die Betriebsveräußerung an dem Schu nahe stehende Personen unter bestimmten Voraussetzungen nur mit Zustimmung der GlVersammlung zulässig. Indes kann § 138 nicht zur Abgrenzung von einfachen (§ 38) zu nachrangigen (§ 39 Abs 1 Nr 5: Forderungen auf Rückgewähr eines Gesellschafterdarlehens oder Forderungen aus Rechtshandlungen, die einem solchen Darlehen wirtschaftlich entsprechen) InsFord herangezogen werden.[7]

4 Als Grund für die erleichterte Anf wurde in der Entstehungsgeschichte hervorgehoben, nahe stehende Personen hätten aus persönlichen, gesellschaftsrechtlichen oder ähnlichen Gründen eine **bes Informationsmöglichkeit** über die wirtschaftlichen Verhältnisse des Schu.[8] Dieser Informationsvorsprung rechtfertige es, „ihnen gegenüber zu vermuten, dass sie zur Zeit der anfechtbaren Rechtshandlung die Zahlungsunfähigkeit oder den Eröffnungsantrag

1 Zuletzt *BGH* 12.12.2002 – IX ZR 141/02, *BGHR* KO § 31 Nr 2 – Verwandte 2, wiedergegeben bei *G Fischer* NZI 2003, 290 zu 9; vgl *Gerhardt/Kreft* 7. Aufl 1996, S 103–107; *Jaeger/Henckel* KO § 31 Rn 33–37; *Kilger/Huber* AnfG, 8. Aufl, § 3 Anm II 8; *Kilger/K Schmidt* § 31 KO Anm 13; *Kuhn/Uhlenbruck* § 31 Rn 23–26.

2 Vgl *BGHZ* 129, 244 ff = ZIP 1995, 1024 f; 131, 192 ff = ZIP 1996, 84 f; *BGH* ZIP 1997, 516; ZIP 1998, 248; NZI 2004, 449 f.

3 BT-Drucks 12/7302, 58 f, 173 f.

4 Vgl HK-InsO, 4. Aufl, § 138 Rn 5; MK/*Gehrlein* § 138 Rn 4.

5 BT-Drucks 12/2443, 163; 12/7302, 174; *Henckel* KS-InsO, S 846 Rn 73; *Jaeger/Henckel* § 138 Rn 33.

6 Dazu *Cranshaw/Hinkel/Zenker* § 138 Rn 10.

7 *BGHZ* 188, 363 = ZIP 2011, 575 insb Rn 12–17; dazu *Gruschinske* GmbHR 2012, 555 ff; *K/S/W/Maier* Rn K9; *K Schmidt/Ganter* § 138 Rn 4.

8 EB, 414 f; BT-Drucks 12/2443, 161 f.

kannten".[9] In der Rspr zu § 31 Nr 2 KO, § 3 Abs 1 Nr 2 AnfG aF wurde indessen mit Recht zusätzlich hervorgehoben, dass die dort gemeinten nahen Angehörigen des Schu wegen ihrer wirtschaftlichen und persönlichen Verbundenheit **eher bereit** seien, zum Schaden seiner Gl **mit ihm Verträge abzuschließen**.[10] Nahestehende Personen können typischerweise eher auf die Geschicke des Schu Einfluss nehmen und damit bspw Vermögensverschiebungen und insb Deckungen von eigenen Forderungen veranlassen.[11] Es bestehen daher keine Bedenken, ihn auch als Grund für die Erleichterung der Anf nach der InsO gegenüber nahe stehenden Personen zu werten[12] und bei der Auslegung von § 138 zu berücksichtigen.[13]

B. Erläuterungen

I. Der Schuldner als natürliche Person (Abs 1)

1. Ehegatte (Nr 1) und Lebenspartner (Nr 1a). Zu den nahe stehenden Personen des Schu gehört in erster Linie sein **Ehegatte**. Der Ehegatte zählt nach § 138 Abs 1 Nr 1 – anders als nach § 31 Nr 2 KO –auch dann zu den nahe stehenden Personen, wenn die Ehe im letzten Jahr vor der Rechtshandlung aufgelöst wurde;[14] für die Frist gilt § 139 analog.[15] Ähnliches gilt nach Nr 1a für den eingetragenen **Lebenspartner** des Schu.[16] Hingegen ist der mit dem Schu in einer lediglich faktischen **nichtehelichen Lebensgemeinschaft** verbundene Partner keine dem Schu nahe stehende Person.[17] 5

Ob eine **wirksame Ehe** vorliegt, richtet sich nach §§ 1310 f BGB oder nach den einschlägigen ausl Normen. Die Ehe muss also nicht nach deutschem Recht geschlossen sein; es gelten insoweit allgemeine Regeln des IPR. Es genügt, wenn die Eheschließung bis zum Schluss der letzten mündlichen maßgeblichen (so § 129 Rn 57) Verhandlung in der Tatsacheninstanz des AnfProzesses erfolgt ist;[18] § 138 Abs 1 Nr 1 erfasst ausdrücklich die Eheschließung nach der Rechtshandlung. Aufgelöst ist die Ehe erst mit der Rechtskraft des Aufhebungs- oder Scheidungsurteils (vgl § 1313 S 2, § 1564 S 2 BGB) oder unter den entspr Voraussetzungen des ausl Rechts.[19] 6

Die Frist ist von der Vornahme der Rechtshandlung an zurückzurechnen. Wann die Rechtshandlung vorgenommen ist, ergibt sich aus § 140. Auf die Berechnung der Frist ist **§ 139** 7

9 EB, 415.
10 *BGHZ* 96, 358 = ZIP 1986, 173 zu bb; *BGH* NJW 1966, 731; 1975, 2194; *Jaeger/Henckel* KO § 31 Rn 24; *Kilger/Huber* (so Fn 7) § 3 Anm II 1; *Kuhn/Uhlenbruck* § 31 Rn 16; MK/*Gehrlein* § 138 Rn 2.
11 *Thole* Gläubigerschutz, S 331.
12 Vgl *BGHZ* 129, 246 = ZIP 1995, 1025 zu c. Vgl auch *K/P/B/Ehricke* § 138 Rn 3; *K Schmidt/Ganter* § 138 Rn 2; *Cranshaw/Hinkel/Zenker* § 138 Rn 1 aE.
13 MK/*Gehrlein* § 138 Rn 2.
14 *Jaeger/Henckel* § 138 Rn 5; *K/P/B/Ehricke* § 138 Rn 6.
15 *Wolf* S 228 Fn 1406.
16 Vgl *Uhlenbruck/Hirte* § 138 Rn 5, 6; *Jaeger/Henckel* § 138 Rn 6; zu Lebenspartnerschaften allg MittBayNot, 2001, Sonderheft.
17 *BGH* ZIP 2011, 873 ; MK/*Gehrlein* § 138 Rn 5; *K Schmidt/Ganter* § 138 Rn 7. Für analoge Anwendung *Helms* KTS 2011, 506, 509; *Wolf* S. 230.
18 *K/P/B/Ehricke* § 138 Rn 8; L/S/Z/*Zeuner* § 138 Rn 3.
19 Vgl *Jaeger/Henckel* § 138 Rn 5; *Uhlenbruck/Hirte* § 138 Rn 4; MK/*Gehrlein* § 138 Rn 5; FK/*Dauernheim* § 138 Rn 6; *K Schmidt/Ganter* § 138 Rn 8, 9.

Abs 1 entspr anzuwenden.[20] Eine Heranziehung von § 188 Abs 2 iVm § 187 Abs 1 BGB führt zu demselben Erg.[21]

8 **2. Verwandte (Nr 2).** Der in Nr 2 genannte Personenkreis stimmt mit dem in § 31 Nr 2 KO (mit Ausnahme des Ehegatten und des Lebenspartners) überein.[22] Nahestehend sind die Verwandten in auf- und absteigender Linie (also nicht in der Seitenlinie) sowie voll- und halbbürtigen Geschwisters des Schu, aber auch jene des Ehegatten und Lebenspartners des Schu sowie ferner die Ehegatten und Lebenspartner dieser Personen. Das Gesetz nimmt auf § 1589 S 1 BGB Bezug; das gilt auch bei ausländischen Schu. Die aufgeführten Verwandten (§ 1589 BGB) und voll- und halbbürtigen Geschwister des Ehegatten sind unter den gleichen Voraussetzungen als dem Schu nahestehend anzusehen wie dessen Ehegatte selbst.[23] Sie sind mithin nahestehend, wenn die Ehe des Schu bis zum Zeitpunkt der letzten mündlichen Verhandlung in der Tatsacheninstanz des AnfRechtsstreits geschlossen oder nicht länger als ein Jahr vor der Rechtshandlung aufgelöst wurde. Freilich muss die Verwandtschaft zu dem Ehegatten und die Eigenschaft als seine voll- oder halbbürtigen Geschwister bereits vor Vornahme der Rechtshandlung begründet gewesen sein.[24] Die Ehegatten der in Nr 2 erwähnten Personen (letzter HS) stehen dem Schu nahe, wenn deren Ehe bei Vornahme der Rechtshandlung bestand. Insoweit fehlt eine Regelung wie in Nr 1.[25] Verwandtschaft besteht auch zwischen dem nichtehelichen Kind und beiden Elternteilen sowie deren Verwandten.[26] Auch durch Adoption kann das Verwandtschaftsverhältnis hergestellt worden sein.[27]

9 **3. Häusliche Gemeinschaft; dienstvertragliche Verbindung (Nr 3).** Zu den Personen, die in **häuslicher Gemeinschaft** mit dem Schu leben,[28] gehört vor allem der Partner einer (verschieden- oder gleichgeschlechtlichen) nichtehelichen oder nicht partnerschaftlichen Lebensgemeinschaft.[29] Erfasst werden aber auch andere häusliche Gemeinschaften,[30] nicht aber eine bloße Zweck-WG.[31] Den Vorschlag von LS 5.2.6 Abs 2 Nr 3 EB, neben den Personen, die mit dem Schu in häuslicher Gemeinschaft leben, auch solche Personen einzubeziehen, „die dem Schuldner sonst persönlich eng verbunden sind und deshalb eine besondere

---

20 *Uhlenbruck/Hirte* § 138 Rn 4; *K Schmidt/Ganter* § 138 Rn 8; HambKomm/*Rogge/Leptien* § 138 Rn 4.

21 Vgl *Jaeger/Henckel* KO § 31 Rn 39; für die Anwendung von §§ 187 f BGB *Cranshaw/Hinkel/Zenker* § 138 Rn 20.

22 Dazu im Einzelnen *Jaeger/Henckel* § 138 Rn 7; *Uhlenbruck/Hirte* § 138 Rn 7–10; auch *K/P/B/Ehricke* § 138 Rn 10.

23 Vgl BT-Drucks 12/2443, 162; *Henckel* KS-InsO, S 844 Rn 65; *Jaeger/Henckel* § 138 Rn 8; *K Schmidt/Ganter* § 138 Rn 10.

24 Vgl *Jaeger/Henckel* § 138 Rn 8.

25 *OLG Hamm* ZInsO 2008, 459 zu 2 und zu 4; MK/*Gehrlein* § 138 Rn 6; *Uhlenbruck/Hirte* § 138 Rn 10; *Jaeger/Henckel* § 138 Rn 10; *K/S/W/Maier* Rn K15; *K Schmidt/Ganter* § 138 Rn 12.

26 *K/P/B/Ehricke* § 138 Rn 10; HambKomm/*Rogge/Leptien* § 138 Rn 6.

27 Braun/*Riggert* § 138 Rn 5.

28 Vgl *K/P/B/Ehricke* § 138 Rn 11; FK/*Dauernheim* § 138 Rn 10; *Jaeger/Henckel* § 138 Rn 13: ausschlaggebend ist, ob das häusliche Zusammenleben eine bes Informationsmöglichkeit über die wirtschaftlichen Verhältnisse des Schu bietet; ähnlich MK/*Gehrlein* § 138 Rn 7; *K/S/W/Maier* Rn K16.

29 BT-Drucks 12/2443, 162; zur nichtehelichen Lebensgemeinschaft vgl etwa *OLG Hamm* NJW-RR 1999, 1233; im Einzelnen *Griwotz* Nichteheliche Lebensgemeinschaft, 5. Aufl 2012; *Hausmann/Holoch (Hrsg)* Das Recht der nichtehelichen Lebensgemeinschaft, 2. Aufl 2004; *Palandt/Brudermüller* Einl § 1297 Rn 10 ff. Vgl auch *Cranshaw/Hinkel/Zenker* § 138 Rn 22.

30 Vgl MK/*Gehrlein* § 138 Rn 7; *Uhlenbruck/Hirte* § 138 Rn 11.

31 Braun/*Riggert* § 138 Rn 6.

Informationsmöglichkeit über seine wirtschaftlichen Verhältnisse haben",[32] hat der Gesetzgeber nicht aufgegriffen. Die häusliche Gemeinschaft darf – anders als nach Nr 1 die Ehe des Schu – nicht erst nach Vornahme der Rechtshandlung begründet worden sein. Es schadet jedoch nicht, wenn sie bei Vornahme der Rechtshandlung nicht mehr bestand, sofern sie nicht früher als ein Jahr davor aufgelöst wurde. Insoweit gilt das Gleiche wie in Nr 1.[33]

Personen, die in einer **dienstvertraglichen Verbindung** zum Schu stehen, sind nur dann als nahe stehend anzusehen, wenn sie Dienstverpflichtete, nicht Dienstberechtigte, und wenn sie in der Lage sind, sich über die wirtschaftlichen Verhältnisse des Schu zu unterrichten, was etwa für einfache Hausangestellte idR nicht zutreffen wird.[34] Diese Möglichkeit (nicht aber deren tatsächliche Wahrnehmung) muss für den Einzelfall festgestellt werden, wobei aber die Lebenserfahrung zu berücksichtigen ist. Die Nichtigkeit des Dienstvertrags schadet der Eigenschaft als nahestehende Person nicht. 10

4. Juristische Personen und Gesellschaften (Nr 4). Diese Norm erklärt juristische Personen und Gesellschaften ohne Rechtspersönlichkeiten (§ 11 Abs 2) zu nahestehenden Personen eines Schu, der eine natürliche Person ist. Das lehnt sich an die Rspr zu § 31 Nr 2 KO, § 3 Abs 1 Nr 2 AnfG aF[35] an Insoweit kann im Wesentlichen auf die Ausführungen zu Abs 2 (Rn 12 ff) verwiesen werden.[36] 11

II. Der Schuldner als juristische Person oder als Gesellschaft ohne Rechtspersönlichkeit (Abs 2)

1. Allgemeines. Zu den **juristischen Personen** zählen namentlich die AG, die KG auf Aktien, die GmbH, die eingetragene Genossenschaft und der eingetragene Verein. Nach § 11 Abs 1 S 2 steht der nicht rechtsfähige Verein im InsVerf einer juristischen Person gleich. **Gesellschaften ohne Rechtspersönlichkeit** sind nach § 11 Abs 2 Nr 1 die OHG, die KG, die BGB-Gesellschaft als Außengesellschaft,[37] die Partenreederei und die EWIV; ferner die auch in § 212a KO, § 110a VerglO genannte PartG. In allen Fällen des § 138 Abs 2 muss die Nähebeziehung bei Vornahme der Rechtshandlung (§ 140) bestanden haben.[38] 12

2. Organe und Gesellschafter (Nr 1). Mitglieder des **Vertretungsorgans** sind der Vorstand und die Geschäftsführer, unabhängig von der Rechtswirksamkeit des Bestellungsaktes.[39] Nur die Mitglieder des **Aufsichtsorgans** sind erfasst, nicht die entsendende Stelle (zB Kreditgeber).[40] Allerdings gehören dazu nicht nur Mitglieder des im Gesetz zwingend oder fakultativ vorgesehenen Aufsichtsrats, sondern auch diejenigen jedes anderen Aufsichtsgremiums (Beirat, Verwaltungsrat), mag dieses auch nicht gesetzlich oder vertraglich vorgesehen sein.[41] **Persönlich** 13

32 EB, 414.
33 *Uhlenbruck/Hirte* § 138 Rn 12; MK/*Gehrlein* § 138 Rn 7; *K Schmidt/Ganter* § 138 Rn 14; HambKomm/*Rogge/Leptien* § 138 Rn 8.
34 *Jaeger/Henckel* § 138 Rn 14; *K Schmidt/Ganter* § 138 Rn 15; *Cranshaw/Hinkel/Zenker* § 138 Rn 23; **aA** *K/S/W/Maier* Rn K17. Zum Begriff der dienstvertraglichen Verbindung su Rn 18.
35 Vgl *BGHZ* 58, 25 = WM 1972, 134 zu d; 96, 357 ff = ZIP 1986, 172 f; 128, 186 f = ZIP 1995, 135.
36 Vgl MK/*Gehrlein* § 138 Rn 10 ff; auch *Jaeger/Henckel* § 138 Rn 15 ff; HambKomm/*Rogge/Leptien* § 138 Rn 9; *Uhlenbruck/Hirte* § 138 Rn 12b, 12c; *K/P/B/Ehricke* § 138 Rn 13–15; *K/S/W/Maier* Rn K18–21; *K Schmidt/Ganter* § 138 Rn 16, 17.
37 Zur Rechtsfähigkeit der Außen-Gesellschaft *BGHZ* 146, 341 = ZIP 2001, 330; reine Innengesellschaften, auch die stille Gesellschaft, sind nicht gemeint, BT-Drucks 12/2443, 112; MK/*Gehrlein* § 138 Rn 16.
38 *Henckel* KS-InsO, S 844 Rn 67; *Jaeger/Henckel* § 138 Rn 21; *Uhlenbruck/Hirte* § 138 Rn 13; *K Schmidt/Ganter* § 138 Rn 19.
39 *Thole* Gläubigerschutz S 333.
40 **AA** *Paulus* WM 2000, 2225, 2226; ZIP 2000, 2189, 2191.
41 Vgl BT-Drucks 12/2443, 162; *K/S/W/Maier* Rn K23.

haftende Gesellschafter, zu denen auch die Gesellschafter einer BGB-(Außen)-Gesellschaft oder die Mitreeder einer Partenreederei gehören,[42] gelten unabhängig von der Vertretungsberechtigung und der Höhe ihrer Beteiligung als der Gesellschaft nahe stehend,[43] nicht aber die Gesellschafterversammlung, obwohl sie als Organ handeln kann. Bei der GmbH & Co KG oder vergleichbaren Gesellschaftsformen gilt die GmbH als persönlich haftender Gesellschafter.[44] Daher sind dann über § 138 Abs 2 Nr 3 die Mitglieder ihres Vertretungs- oder Aufsichtsorgans als ihr nahe stehende Personen anzusehen.[45]

14 Zu den Personen, die zu **mehr als einem Viertel** am Kapital des Schu beteiligt sind, können insb gehören: Aktionäre, Gesellschafter einer GmbH, Kommanditisten und Kommanditaktionäre, sofern sie am Gesellschaftskapital – unmittelbar oder **mittelbar**[46] – mit mehr als 25 % beteiligt sind. Die 25 %-Grenze spielt auf die Sperrminorität des § 179 Abs 2 AktG an, was im Lichte des Normzwecks (Informationsvorsprung) auf die GmbH eigentlich nicht passt; zu Abs 2 Nr 2 sogleich Rn 15.[47] Bei den „beteiligten" Personen kann es sich um natürliche oder um juristische Personen oder um sonstige Personenverbände handeln. Wird die **Beteiligungsquote unterschritten**, dh beträgt sie nur bis zu 25 %, aber nicht mehr, ist die beteiligte Person nicht iSv Nr 1 nahestehend, auch wenn sie – etwa aufgrund entspr Regelungen im Gesellschaftsvertrag – ähnliche Einfluss- und Informationsmöglichkeiten hat wie ein Gesellschafter, der zu mehr als einem Viertel am Kapital des Schu beteiligt ist.[48]

15 **3. Vergleichbare gesellschaftsrechtliche oder dienstvertragliche Verbindung (Nr 2).** Unter den **Begriff „Person"** fallen grds natürliche und **juristische** Personen. Das könnte hier nur anders sein, wenn unter „Gesellschaft" sowohl juristische Personen als auch nicht rechtsfähige Personenvereinigungen zu verstehen wären. Die Entstehungsgeschichte gibt insoweit keinen eindeutigen Aufschluss. Jedenfalls umfassen die Begriffe „Person" und „Gesellschaft" zusammengenommen sowohl natürliche als auch juristische Personen und nicht rechtsfähige Personenvereinigungen.[49]

16 **a) Gesellschaftsrechtliche Verbindung.** Mit dem Merkmal der gesellschaftsrechtlichen Verbindung zum Schu sollen nach Maßgabe der Gesetzesmaterialien die von diesem abhängigen Unternehmen und solche Unternehmen, von denen der Schu abhängig ist (§§ 17, 16 Abs 1, 18 Abs 1 S 2 AktG)[50] erfasst werden. Das ergibt sich aus § 154 Abs 1 Nr 3 RegE und der Begr der BeschlEmpfehlung zu § 153 RegE.[51] Die Rspr hat diese **Engführung** aufgegriffen und liest das im Wortlaut nicht mehr verankerte Abhängigkeitsverhältnis in das Merkmal der gesellschaftsrechtlichen Verbindung hinein.[52] Nahestehend ist ein in der einen oder anderen Weise abhängiges Unternehmen zudem nur, wenn es – was der InsVerw zu bewei-

---

42 Vgl BT-Drucks 12/2443, 33, 162.
43 Vgl *Henckel* KS-InsO, S 845 Rn 69; *Jaeger/Henckel* § 138 Rn 23.
44 Vgl *BGH* ZIP 2004, 1912, 1913.
45 Vgl § 154 Abs 1 Nr 2 RegE; BT-Drucks 12/7302, 174.
46 Vgl § 154 Abs 2 RegE, BT-Drucks 12/2443, 162; MK/*Gehrlein* § 138 Rn 24; *Uhlenbruck/Hirte* § 138 Rn 30 f; HambKomm/*Rogge/Leptien* § 138 Rn 16; FK/*Dauernheim* § 138 Rn 14; *K Schmidt/Ganter* § 138 Rn 23; *Cranshaw/Hinkel/Zenker* § 138 Rn 28.
47 Krit *Ehricke* KTS 1996, 209, 216 f; *Uhlenbruck/Hirte* § 138 Rn 25; *Hirte* ZInsO 1999, 429, 430.
48 Vgl *BGHZ* 131, 193 f = ZIP IP 1996, 85 – zu § 10 Abs 1 Nr 2 GesO; MK/*Gehrlein* § 138 Rn 21, 26; *Kirchhof* ZInsO 2001, 827; *Jaeger/Henckel* § 138 Rn 27; FK/*Dauernheim* § 138 Rn 14; *K Schmidt/Ganter* § 138 Rn 22; krit *Hirte* ZInsO 1999, 430 f; *Uhlenbruck/Hirte* § 138 Rn 23 ff; *K/S/W/Maier* Rn K25.
49 *Uhlenbruck/Hirte* § 138 Rn 38; *Jaeger/Henckel* § 138 Rn 28; *K Schmidt/Ganter* § 138 Rn 25.
50 BT-Drucks 12/2443, 163.
51 BT-Drucks 12/7302, 174; vgl *BGHZ* 131, 194 = ZIP 1996, 85 zu b; krit *Ehricke* KTS 1996, 224 ff.
52 BGHZ 131, 189 (zu § 10 GesO unter Vorgriff auf § 138 Abs 2).

sen hat[53] – aufgrund seiner Verbindung zum Schu tatsächlich die Möglichkeit hat, sich über dessen wirtschaftliche Verhältnisse zu unterrichten. Dies kann freilich nicht nur im Verhältnis vom herrschenden zum abhängigen, sondern entgegen der insoweit unverbindlichen Meinung des RAussch[54] auch im Verhältnis **vom abhängigen zum herrschenden** Unternehmen der Fall sein.[55] Die enge Auslegung der Nr 2 ist auch generell zu überdenken, weil Nr 2 auf dieser Grundlage keine größere Erweiterung gegenüber Nr 1 darstellt. Richtigerweise sollte darauf abgestellt werden, dass der Einfluss der anderen Personen derartiges Gewicht erhält, dass die Leitungsorgane des Schu darauf eingerichtet sind, im Einklang mit den Vorgaben des Gesellschafters zu handeln.

Mehrere Unternehmen, die von demselben Unternehmen beherrscht werden **(Konzerntöchter, Schwestergesellschaften)** sollen nach der Begr zu § 154 RegE von Nr 2 nicht erfasst werden, weil im Verhältnis der abhängigen Unternehmen zueinander nicht unterstellt werden könne, dass ein Unternehmen eine bes Informationsmöglichkeit über die wirtschaftlichen Verhältnisse eines anderen habe.[56] Dies erscheint zweifelhaft. Nach der Rspr des BGH zu § 31 Nr 2 KO gelten zwei Gesellschaften bei Identität ihrer wesentlichen Gesellschafter als „verwandt".[57] Liegen diese Voraussetzungen vor, bestehen grds keine Bedenken, auch Schwestergesellschaften als einander nahestehend anzusehen.[58] 17

b) Dienstvertragliche Verbindung. In § 155 Nr 1 RegE wird als nahe stehend eine Person bezeichnet, „die aufgrund ihrer Tätigkeit im Unternehmen des Schu die Möglichkeit hat, sich über dessen wirtschaftliche Verhältnisse zu unterrichten". Diese Normauslegung wird nach der BeschlEmpfehlung des RAussch in § 138 Abs 2 „weitgehend" übernommen.[59] Dennoch ist § 138 Abs 2 nach der Gesetz gewordenen Fassung nicht auf interne Personen beschränkt bzw umgekehrt sind externe Dienstleister nicht generell ausgenommen.[60] Die Vorschrift spricht von einer „vergleichbaren dienstvertraglichen Verbindung zum Schu". Dienstvertrag in diesem Sinne kann auch ein Geschäftsbesorgungsvertrag sein. Vergleichbar muss diese Verbindung derjenigen der in Nr 1 genannten Personen (Vorstand, Aufsichtsrat uam) zum Schu sein. Daran fehlt es bei sonstigen vertraglichen Verbindungen, insb sog **Covenants**,[61] trifft aber regelmäßig zu, wenn die Person **innerhalb des SchuUnternehmens** – etwa als **Prokurist** – tätig ist.[62] Eine durch **geschäftliche Beziehungen** begründete Stellung in dem Unternehmen, die zB **Hausbanken** oder **Großlieferanten** haben, genügt im Allgemeinen nicht.[63] Dies kann jedoch anders sein, wenn diese auch über eine **Kapitalbeteiligung** 18

53 *Henckel* KS-InsO, S 846 Rn 72. Der *BGH* hat eine entspr gesetzliche Vermutung jedenfalls im Verhältnis der abhängigen zur herrschenden Gesellschaft verneint, hat aber offen gelassen, ob insoweit eine tatsächliche Vermutung bestehen kann und wer diese ggf zu widerlegen hat, NZI 2004, 449 f.

54 BT-Drucks 12/7302, 174. Für eine Verbindlichkeit dieser Meinung jedoch *Ropohl* NZI 2006, 429.

55 MK/*Gehrlein* § 138 Rn 27; *Uhlenbruck/Hirte* § 138 Rn 41; *Kirchhof* ZInsO 2001, 828; HambKomm/*Rogge/Leptien* § 138 Rn 19.

56 BT-Drucks 12/2443, 163; *Henckel* KS-InsO, S 846 Rn 72.

57 Vgl *BGHZ* 58, 25 = WM 1972, 134 zu d; 129, 246 = ZIP 1995, 1025 zu c; vgl auch *BGH* ZIP 2007, 1469 Rn 41; HambKomm/*Rogge/Leptien* § 138 Rn 18.

58 Vgl *Ehricke* KTS 1996, 219 ff; MK/*Gehrlein* § 138 Rn 32; FK/*Dauernheim* § 138 Rn 20; *K Schmidt/Ganter* § 138 Rn 26; *Cranshaw/Hinkel/Zenker* § 138 Rn 36; **aA** *Ropohl* NZI 2006, 430; *K/S/W/Maier* Rn K28.

59 BT-Drucks 12/7302, 174.

60 *Thole* Gläubigerschutz S 344. Vgl. zum **Sanierungsberater** auch *Mock* ZIP 2014, 450 f.

61 Dazu *K Schmidt/Ganter* § 138 Rn 28 mwN.

62 *K Schmidt/Ganter* § 138 Rn 30 mwN.

63 BT-Drucks 12/2443, 163; *BGHZ* 195, 358 = ZIP 2012, 2449 Rn 10; MK/*Gehrlein* § 138 Rn 34; *Uhlenbruck/Hirte* § 138 Rn 47 f; FK/*Dauernheim* § 138 Rn 18.

unterhalb der Schwelle des § 138 Abs 2 Nr 1 verfügen.[64] Deshalb wird etwa ein **freiberuflicher Wirtschaftsberater**[65] oder ein **RA** und **Steuerberater**[66] des Schu regelmäßig **nicht** als diesem **nahe stehend** anzusehen, wohl aber ein **„Betriebsführer"**, der wie ein Geschäftsführer den Betrieb zu führen hat.[67] Einem Freiberufler im Dienste des Schu müssen, wenn er als nahestehende Person gelten soll, nach der ihm vertraglich eingeräumten Rechtsstellung wie einem in gleicher Zuständigkeit tätigen Angestellten **alle über die wirtschaftliche Lage** des Auftraggebers **erheblichen Daten üblicherweise im normalen Geschäftsgang zufließen, zB im Fall einer ausgelagerten Buchhaltung**. Werden ihm vom Schu planmäßig bestimmte (klassifizierte) Tatsachen vorenthalten, kann ein Näheverhältnis nach § 138 Abs 2 Nr 2 nicht entstehen. Bei dem **Buchhaltungsmandat eines Steuerberaters** – etwa mit organisatorischer Auslagerung der Buchhaltung – ist dieses Näheverhältnis nur anzunehmen, **wenn** es nach seiner rechtlichen und tatsächlichen Prägung den **typischen Wissensvorsprung** über die wirtschaftliche Lage des Mandanten vermittelt, den sonst nur damit befasste leitende Angestellte des Unternehmens haben. Der Steuerberater **kann** nach Auffassung des BGH eine erlangte **Sonderstellung** iSd § 138 Abs 2 Nr 2 **durch Kündigung** oder **Änderung des Dienstvertrags**, der sie begründet hat, nach dem in § 138 Abs 1 Nr 1 und 3 zum Ausdruck gebrachten Rechtsgedanken ggf **auch durch bloßes tatsächliches Versiegen** oder eine **längere Unterbrechung des Informationsflusses**, der seinen typischen Wissensvorsprung begründete, **wieder verlieren**.[68] Allerdings sind die in § 138 Abs 2 Nr 1 und 2 genannten, unternehmerisch tätigen Schu im Allgemeinen schneller einer Änderung ihrer wirtschaftlichen Lage ausgesetzt als natürliche Personen. Deshalb kann die **Jahresfrist** der in § 138 Abs 1 Nr 1 und 3 gelösten Verbindungen für die anders gelagerten Rechtsverhältnisse des § 138 Abs 2 Nr 1 und 2 **nicht** gelten. Hier kann daher schon eine Unterbrechung des Informationsflusses von **mehr als einem Vierteljahr** den erlangten allgemeinen Wissensvorsprung aus der bisherigen Tätigkeit für den Schu in Frage stellen.[69]

19 Auch eine **juristische Person** und eine **Gesellschaft** ohne Rechtspersönlichkeit kann dem Schu in der von Nr 2 geforderten Weise dienstvertraglich verbunden und deshalb eine ihm nahestehende Person sein. Dies trifft etwa zu, wenn der Geschäftsführer eines Unternehmens zugleich als „Betriebsführer" (vgl Rn 18) im Unternehmen des Schu eingesetzt ist.[70]

20 **4. Persönliche Verbindung zu nahestehenden Personen (Nr 3).** Über Abs 2 Nr 3 können nahestehende Personen des Insiders selbst zu Insidern des Schu werden. Die Vorschrift meinte ursprünglich nur **natürliche** Personen.[71] Dies gilt seit der Einfügung von Abs 1 Nr 4, auf den Abs 2 Nr 3 ebenfalls Bezug nimmt, **nicht mehr uneingeschränkt**. Nunmehr sind nahestehende Personen iSv Abs 2 Nr 3 **auch juristische Personen** oder Gesellschaften ohne Rechtspersönlichkeit, bei denen die in Abs 1 Nr 4 genannten Voraussetzungen für ein

---

64 *BGHZ* 195, 358 = ZIP 2012, 2449 Rn 10 unter Hinweis auf die Entsch *BGHZ* 173, 129 = ZIP 2007, 1816 Rn 4, 56, die eine Bank mit einem Geschäftsanteil an der Schu von 2 % betraf.

65 *BGH* ZIP 1997, 516; dazu *Gerhardt/Kreft* Rn 381.

66 *BGH* ZIP 1998, 248.

67 *BGHZ* 129, 245 = ZIP 1995, 1025. Vgl *Uhlenbruck/Hirte* § 138 Rn 47 f; HambKomm/*Rogge/Leptien* § 138 Rn 24 f; *K/P/B/Ehricke* § 138 Rn 23 f; *K Schmidt/Ganter* § 138 Rn 30.

68 *BGHZ* 195, 358 = ZIP 2012, 2449 Rn 11–13 (auch zur Entkräftung der Vermutungswirkung des § 130 Abs 3) mit Anm *Fölsing* NZI 2013, 41 und *H-F Müller* EWiR 2013, 55; MK/*Gehrlein* § 138 Rn 34; *K Schmidt/Ganter* § 138 Rn 31 f.

69 *BGHZ* 195, 358 = ZIP 2012, 2449 Rn 11–13 (auch zur Entkräftung der Vermutungswirkung des § 130 Abs 3) mit Anm *Fölsing* NZI 2013, 41 und *H.-F. Müller* EWiR 2013, 55; MK/*Gehrlein* § 138 Rn 34; *K Schmidt/Ganter* § 138 Rn 31 f.

70 *BGHZ* 129, 246 f = ZIP 1995, 1025 zu c aE.

71 MK/*Gehrlein* § 138 Rn 36; *Uhlenbruck/Hirte* § 138 Rn 49; HambKomm/*Rogge/Leptien* § 138 Rn 26; *K/P/B/Ehricke* § 138 Rn 25.

Näheverhältnis zu einer der in Abs 2 Nr 1 und 2 bezeichneten Personen vorliegen.[72] Ist also zB der Geschäftsführer der GmbH (Fall des Abs 2 Nr 1) seinerseits zu mehr als einem Viertel am Kapital einer weiteren Gesellschaft beteiligt (Abs 1 Nr 4), wäre auch diese weitere Gesellschaft nahestehende Person der GmbH. Vorausgesetzt ist für Abs 2 Nr 3 aber, dass ggf als Insider einzubeziehenden Personen **nicht kraft Gesetzes** (also nicht kraft Vertrags oder kraft Satzung),[73] in den Angelegenheiten des Schu **zur Verschwiegenheit verpflichtet** sind. Mit Angelegenheiten des Schu müssen gerade auch die Umstände erfasst sein, die das jeweilige Tatbestandsmerkmal der Anf betreffen, also etwa die Zahlungsunfähigkeit[74]. Diese Verpflichtung besteht insb gem §§ 93 Abs 1 S 3, 116, 404 AktG für Vorstands- und Aufsichtsratsmitglieder einer AG, gem § 85 GmbHG für Geschäftsführer einer GmbH (so Rn 5).[75] Daher würde im Beispiel Abs 2 Nr 3 doch nicht greifen. Wurde die gesetzliche Verschwiegenheitspflicht aber tatsächlich nicht eingehalten, findet die Ausnahme aber keine Anwendung.[76] Abs 2 Nr 3 soll analog anwendbar sein, wenn zwei juristische Personen miteinander einen Vertrag schließen, deren jeweilige Geschäftsführer im Zeitpunkt des Abschluss miteinander verheiratet oder verpartnert sind.[77] Das hat der BGH für den Fall einer **GmbH&Co. KG** im Verhältnis zwischen GmbH und der KG angenommen.[78]

§ 139 Berechnung der Fristen vor dem Eröffnungsantrag

(1) [1]Die in den §§ 88, 130 bis 136 bestimmten Fristen beginnen mit dem Anfang des Tages, der durch seine Zahl dem Tag entspricht, an dem der Antrag auf Eröffnung des Insolvenzverfahrens beim Insolvenzgericht eingegangen ist. [2]Fehlt ein solcher Tag, so beginnt die Frist mit dem Anfang des folgenden Tages.

(2) [1]Sind mehrere Eröffnungsanträge gestellt worden, so ist der erste zulässige und begründete Antrag maßgeblich, auch wenn das Verfahren auf Grund eines späteren Antrags eröffnet worden ist. [2]Ein rechtskräftig abgewiesener Antrag wird nur berücksichtigt, wenn er mangels Masse abgewiesen worden ist.

Übersicht

72 MK/*Gehrlein* § 138 Rn 37; FK/*Dauernheim* § 138 Rn 20; *K Schmidt/Ganter* § 138 Rn 31 mwN.
73 Vgl *Uhlenbruck/Hirte* § 138 Rn 53; *K/P/B/Ehricke* § 138 Rn 26; HambKomm/*Rogge/Leptien* § 138 Rn 27; FK/*Dauernheim* § 138 Rn 22; *K Schmidt/Ganter* § 138 Rn 34.
74 *OLG Düsseldorf* ZInsO 2005, 216 f.
75 MK/*Gehrlein* § 138 Rn 38; *Uhlenbruck/Hirte* § 138 Rn 51; HambKomm/*Rogge/Leptien* § 138 Rn 27; zu Ausnahmen vgl *Kirchhof* ZInsO 2001, 830.
76 *Uhlenbruck/Hirte* § 138 Rn 51; MK/*Gehrlein* § 138 Rn 38; *K Schmidt/Ganter* § 138 Rn 36; vgl auch *OLG Düsseldorf* ZInsO 2005, 216 f.
77 *OLG Hamm* ZVI 2007, 204 Rn 11; *K Schmidt/Ganter* § 138 Rn 33.
78 *BGH* 22.12.2016 – IX ZR 94/14 Rn 12.

A. Allgemeines

I. Gesetzgebungshinweise

1 Die Vorschrift geht zurück auf § 156 RegE. Abs 1 erhielt seine endgültige Fassung durch die BeschlEmpfehlung des RAussch zu § 156 RegE; es handelt sich um eine nur redaktionelle Vereinfachung ohne inhaltliche Änderung.[1] Abs 2 stimmt wörtlich mit § 156 Abs 2 RegE überein. Ein **besonderes Verf** zur Feststellung des maßgeblichen Eröffnungsantrags hat der Gesetzgeber entgegen dahingehenden Überlegungen nicht vorgesehen.[2]

II. Normzweck und Systematik

2 **1. Abs 1.** § 139 Abs 1 lehnt sich an §§ 187 Abs 1, 188 Abs 2, 3 BGB an, die allerdings in die Zukunft gerichtet sind. Abs 1 soll der Klarstellung dienen, wie der in §§ 130–136 vorgesehene AnfZeitraum rückwärts zu berechnen ist.[3] Darüber hinaus ist die Monatsfrist des § 88, innerhalb deren durch Zwangsvollstreckung erlangte Sicherungen unwirksam werden, nach dieser Vorschrift zu berechnen. Daher geht es um die Berechnung der materiell-rechtlichen Fristen der jeweiligen Anfechtungstatbestände.[4]

3 Zur Berechnung der in § 30 Abs 1 Nr 2 KO, aber auch der in §§ 32, 41 Abs 1 S 3 KO enthaltenen Fristen wurden bereits die §§ 186 ff BGB entspr angewandt.[5] Das führte zu gleichen Erg.[6] Es bestehen daher keine Bedenken, § 139 Abs 1 über die in ihm ausdrücklich genannten Normen hinaus entspr auf andere Vorschriften anzuwenden, die – wie etwa § 138 Abs 1 Nr 1 – eine Rückrechnung nach Monaten oder Jahren von einem bestimmten, in den Lauf eines Tages fallenden Zeitpunkt an vorsehen (§ 138 Rn 7).[7]

4 **2. Abs 2.** Diese Vorschrift betrifft die Fälle, in denen mehrere Anträge auf Eröffnung des InsVerf gestellt worden sind. Hier ist der AnfZeitraum nach dem ersten zulässigen und begründeten Antrag zu berechnen. Es ist nicht erforderlich, dass das InsVerf aufgrund dieses Antrags eröffnet worden ist; entscheidend ist, dass es aufgrund dieses früheren Antrags hätte eröffnet werden können.[8] Für die Berechnung kommt es allein darauf an, dass der Antrag zur VerfEröffnung geführt hätte, wenn er nicht mangels Masse (§ 26 Abs 1) abgewiesen oder das Verf nicht aufgrund eines späteren Antrags eröffnet worden wäre. S 2 hebt hervor, dass die Abweisung allein wegen nicht ausreichender Masse erfolgt sein muss.

Abs 2 hat nach seiner Entstehungsgeschichte **folgende Fallgestaltungen** im Auge:

– das InsVerf wird unverzüglich aufgrund eines späteren Antrags eröffnet, weil dieser Antrag im Gegensatz zu den früheren Anträgen ohne weitere Ermittlungen entscheidungsreif ist;

---

1 BT-Drucks 12/7302, 174.

2 § 147 DiskE und RefE, § 157 RegE; BT-Drucks 12/7302, 174 zu Nr 90; dazu *Gerhardt* FS Brandner, S 618 f; *Uhlenbruck/Hirte/Ede* § 139 Rn 7, 11; MK/*Kirchhof* § 139 Rn 4.

3 BT-Drucks 12/2443, 163; *K/P/B/Ehricke* § 139 Rn 1. In *BGHZ* 157, 354 = ZIP 2004, 514 zu 3 wird – unter nicht exakter Berufung auf MK/*Kirchhof* 1. Aufl, § 139 Rn 6 – gleichwohl über § 4 auf § 222 Abs 1 ZPO, § 187 Abs 1 BGB zurückgegriffen, allerdings ohne dass das Erg dadurch berührt wird.

4 *K Schmidt/Ganter/Büteröwe* § 139 Rn 2

5 Vgl *Jaeger/Henckel* KO § 30 Rn 186; § 31 Rn 39; § 32 Rn 50; *Kuhn/Uhlenbruck* § 30 Rn 57; § 31 Rn 29; § 32 Rn 19; § 41 Rn 11.

6 Vgl *RGZ* 26, 5 f; *RG* SeuffArch 47 (1892) Nr 254; *Jaeger/Henckel* KO § 30 Rn 186; § 31 Rn 39.

7 Vgl § 138 Rn 7; MK/*Kirchhof* § 139 Rn 3; HambKomm/*Rogge/Leptien* § 139 Rn 2; *K Schmidt/Büteröwe* § 139 Rn 3.

8 Vgl zu § 30 Nr 2 KO bereits *RG* LZ 1911, 856; *Jaeger/Henckel* KO § 30 Rn 186; *Kilger/K Schmidt* § 30 KO Anm 17; *Kuhn/Uhlenbruck* § 30 Rn 57.

– ein an sich zulässiger und begründeter Antrag ist allein wegen nicht ausreichender Masse (§ 26 Abs 1) abgewiesen worden; aufgrund eines späteren Antrags wird das Verf doch noch eröffnet, nachdem ein Kostenvorschuss eingezahlt worden ist.

Für die **VerfEröffnung** kommt es in beiden Fällen nicht darauf an, ob die früher gestellten Anträge zulässig und begründet waren.[9] Für die **Anfechtbarkeit** hat diese Feststellung dagegen erhebliche Bedeutung. Wäre das Verf bereits aufgrund des ersten zulässigen und begründeten Antrags eröffnet worden, wäre der für die Anf maßgebende Zeitraum vom Zeitpunkt dieses Antrags an zurückzurechnen. Die Anknüpfung an den ersten zulässigen und begründeten Antrag führt mithin dazu, dass die Anfechtbarkeit **zeitlich vorverlegt** wird; dies ist insb für die bes InsAnf (§§ 130–132) mit ihren Monatsfristen von Bedeutung.[10]

B. Erläuterungen

I. Berechnung der Anfechtungsfristen (Abs 1)

1. Eingang beim Insolvenzgericht. Wird **nur ein Eröffnungsantrag** gestellt, der zur Eröffnung des InsVerf führt,[11] ist der Tag maßgeblich, an dem der Eröffnungsantrag beim InsGer eingegangen ist. Das Gleiche gilt, wenn an einem Tag mehrere Eröffnungsanträge gestellt werden.[12] Für die Zuständigkeit gelten die Regeln der §§ 2, 3. Sind mehrere InsGer zuständig – etwa weil ein nicht selbstständig tätiger Schu mehrere Wohnsitze hat –, kann der Eröffnungsantrag bei allen diesen Gerichten gestellt werden; dasjenige Gericht, bei dem die Eröffnung zuerst beantragt worden ist, schließt jedoch die übrigen aus, ist dann mithin allein ausschließlich zuständig (§ 3 Abs 2). Wird der Antrag bei einem sachlich oder örtlich unzuständigen InsGer gestellt, ist für die Fristberechnung gleichwohl auf den Eingang des Antrags bei dem unzuständigen Gericht abzustellen, sofern dieses den Eröffnungsantrag – ggf nach vorherigem Hinweis gem § 4 InsO, § 139 Abs 1, 2 ZPO – nach §§ 4 InsO, 281 Abs 1, § 495 ZPO auf entspr Antrag des Ast an das zuständige Gericht verweist[13] oder das Verf aufgrund des Eröffnungsantrags ungeachtet der mangelnden Zuständigkeit rechtskräftig eröffnet.[14] Bei einem **Schutzschirmverfahren und der Eigenverwaltung** ist § 139 direkt anwendbar. Maßgeblicher Antrag für § 139 ist stets der **Eröffnungsantrag**, nicht der eigentliche begleitende Antrag auf Anordnung der Eigenverwaltung; auch die Prüfung bei Abs 2 erfolgt nur nach diesem Antrag. 5

---

9 *Uhlenbruck/Hirte/Ede* § 139 Rn 10.

10 BT-Drucks 12/2443, 163; *H/W/F/Schmittmann/Zeeck* InsO, § 139 Rn 16; *K/S/W/Schäfer* Rn L17.

11 Darauf, ob der **Antrag zulässig** war, **kommt es** dann **nicht an**, vgl *BGH* ZIP 2011, 1372 Rn 9 zu § 88. Der Tod des Schu nach Antragstellung ist für den Antrag ohne Bedeutung. Der Tod bewirkt ohne weiteres eine Überleitung des EröffnungsVerf vom Regel- in das NachlassIns-Verf, *BGHZ* 157, 354 = ZIP 2004, 514; MK/*Kirchhof* § 139 Rn 9; *Uhlenbruck/Hirte/Ede* § 139 Rn 9.

12 MK/*Kirchhof* § 139 Rn 5.

13 MK/*Kirchhof* § 139 Rn 9; *Uhlenbruck/Hirte/Ede* § 139 Rn 4; HambKomm/*Rogge/Leptien* § 139 Rn 4. Vgl *BGHZ* 138, 45 = ZIP 1998, 478 zu 3, b, aa.

14 Vgl *Jaeger/Weber* KO, 8. Aufl, § 71 Anm 12; HambKomm/*Rogge/Leptien* § 139 Rn 4, 5; MK/*Kirchhof* § 139 Rn 10; auch *Kilger/K Schmidt* § 71 KO Anm 5; *Kuhn/Uhlenbruck* § 71 Rn 7a, 7b; *BGH* ZIP 1998, 478. Vgl *BGHZ* 138, 44 = ZIP 1998, 478, zu 3, a. Der EröffnungsBeschl muss nicht rechtskräftig sein (*Jaeger/Henckel* § 139 Rn 3), doch kann seine spätere Aufhebung (§ 34 Abs 2) dazu führen, dass ein AnfProzess des InsVerw nicht mehr möglich ist.

6 Auch einem im **Ausland** gestellten InsAntrag kann Bedeutung zukommen.[15] Es ist je Sachlage zu differenzieren: Wird im Ausland ein **Hauptinsolvenzverfahren** eröffnet, gilt ohnehin das dortige Anfechtungsrecht (Art 4 Abs 2 S 2 lit m EuInsVO). Auf die Anfechtbarkeit nach deutschem Recht kann es aber unter Art 13 EuInsVO ankommen, insoweit ist für § 139 der ausländische Antrag maßgeblich. Wird in Deutschland ein isoliertes Partikularverfahren oder ein **Sekundärverfahren** eröffnet, gilt § 139 direkt für die Anfechtung, die allerdings nur die Anfechtungsansprüche betrifft, die zur Masse des Sekundärverfahrens gehören.[16]

7 **2. Berechnung der Fristen im Einzelnen.** Bei den Fristen der in **S 1** genannten Vorschriften handelt es sich entweder um **Monats-** oder um **Jahresfristen**, nicht – wie in § 30 Nr 2 KO – um Tagesfristen. Deshalb kann S 1 für die Fristberechnung auf den Tag abstellen, der durch seine Zahl dem Tag entspricht, an dem der Eröffnungsantrag beim InsGer einging.[17] War dies etwa der 15.5., so beginnen die Monatsfrist am 15.4., die Dreimonatsfrist am 15.2. und die Jahresfristen am 15.5. des Vorjahres oder weiter zurückliegender Jahre, und zwar jeweils mit dem Anfang, dh um 0.00 Uhr, dieser Tage.[18] Die Vorschriften der §§ 222 ff ZPO über Fristen oder § 193 BGB finden keine Anwendung.[19] Eine Wiedereinsetzung entspr §§ 233 ff ZPO gibt es nicht.[20]

8 **S 2** enthält eine Regelung für den Fall, dass der Monat, in dessen Verlauf die Frist beginnt, einen Tag, der durch seine Zahl dem Tag des Eingangs des Eröffnungsantrags entspricht, nicht aufweist. Dann beginnt die Frist – spiegelbildlich zu § 188 Abs 3 BGB – mit dem Anfang, dh um 0.00 Uhr, des folgenden Tages. Ging der Eröffnungsantrag am 31.5. ein, beginnt die Monatsfrist am 1.5., die Dreimonatsfrist am 1.3. Ging der Eröffnungsantrag am 30. oder 31.3. ein, beginnt die Monatsfrist am 1.3. Bei Eingang des Eröffnungsantrags am 29.3. beginnt die Monatsfrist in einem Schaltjahr am 29.2., in allen anderen Jahren am 1.3.; die Jahresfrist beginnt am 29.2. des vorhergehenden Jahres, wenn dieses ein Schaltjahr war, andernfalls am 1.3.[21]

II. Mehrere Eröffnungsanträge (Abs 2)

9 Zum Anwendungsbereich vgl zunächst Rn 4. Werden **mehrere Anträge** auf Eröffnung des InsVerf gestellt, ist für die Fristberechnung derjenige Antrag maßgeblich, der als **erster** beim InsGer einging. Es ist auf den tatsächlichen Eingang abzustellen ohne Rücksicht auf Verzögerungen zwischen Abgabe und Zugang des Antrags. Wird auf diesen Antrag – ggf zusammen mit einem anderen am selben Tag oder später gestellten weiteren Antrag[22] – das InsVerf eröffnet (zur Rechtskraft des EröffnungsBeschl so Rn 5), ist die Frist ohne weiteres

15 MK/*Kirchhof* § 139 Rn 5c; *Jaeger/Henckel* § 139 Rn 7; *Uhlenbruck/Hirte/Ede* § 139 Rn 4 aE; *K Schmidt/Büteröwe* § 139 Rn 8.

16 Zu dessen Bestimmung MK/*Thole* 3. Aufl 2015, Art 18 EuInsVO Rn 14 ff.

17 Der Eingang beim InsGer ist idR auch dann maßgeblich, wenn zwischen dem Schu und dem InsRichter **abgesprochen** wurde, die **Bearbeitung** einige Tage **zurückzustellen**, *BGHZ* 167, 194 = ZIP 2006, 1262 Rn 12; MK/*Kirchhof* § 139 Rn 9.

18 MK/*Kirchhof* § 139 Rn 6. Vgl die Fallgestaltung *OLG Frankfurt* ZIP 2010, 2464 zum maßgeblichen **Tages- oder Sollsaldo**.

19 Vgl *Jaeger/Henckel* § 139 Rn 8; MK/*Kirchhof* § 139 Rn 7; *Uhlenbruck/Hirte/Ede* § 139 Rn 2.

20 MK/*Kirchhof* § 139 Rn 7; *Uhlenbruck/Hirte/Ede* § 139 Rn 2; *K/P/B/Ehricke* § 139 Rn 5; HambKomm/*Rogge/Leptien* § 139 Rn 6.

21 Vgl MK/*Kirchhof* § 139 Rn 6a; *Uhlenbruck/Hirte/Ede* § 139 Rn 3; *Jaeger/Henckel* § 139 Rn 8; HambKomm/*Rogge/Leptien* § 139 Rn 8; *K/S/W/Schäfer* Rn L14.

22 Vgl *Jaeger/Henckel* KO § 30 Rn 47; *Graf-Schlicker/Huber* § 139 Rn 5.

nach diesem Antrag zu berechnen; seine Zulässigkeit und Begründetheit sind im AnfProzess nicht erneut zu prüfen.[23]

Anders liegt es, wenn das InsVerf **nicht auf den zuerst gestellten**, sondern auf einen **späteren Antrag** (oder mehrere spätere Anträge) hin eröffnet wird. Später ist der Antrag, wenn er zeitlich später beim InsGer eingegangen war. Dann bedarf es der Prüfung durch das (jeweilige) Gericht des AnfProzesses, ob der zuerst gestellte Antrag zulässig und begründet war. Das Prozessgericht im Rahmen der Anfechtung hat anhand der §§ 11–19 darüber zu befinden, ob das InsVerf auf diesen Antrag hin hätte eröffnet werden können, wenn es nicht aufgrund des späteren Antrags (der späteren Anträge) eröffnet worden wäre. Dabei genügt es, wenn der zuerst gestellte Antrag im Zeitpunkt der (tatsächlichen) VerfEröffnung, dh der Entscheidung des Gerichts, nicht des Ablaufs der Rechtsmittelfrist, zulässig und begründet war.[24] Es spielt keine Rolle, ob der Antrag bereits bei Eingang bei Gericht zulässig und begründet war, solange er bis zu dem Zeitpunkt, in dem auf den späteren Antrag hin das Verfahren eröffnet wird, zulässig und begründet geworden ist. Dies gilt entgegen vereinzelter Auff[25] auch § 131 Abs 1 Nr 1,[26] weil sonst innerhalb des § 131 eine seltsame Differenzierung vorzunehmen wäre. Bei einheitlicher Ins (su Rn 13) ist der erste zulässige und begründete InsAntrag grds zeitlich unbeschränkt maßgeblich, dh auch bei langer Zeitdauer zwischen seinem Eingang und der tatsächlichen Eröffnung.[27] Allenfalls in Ausnahmelagen können sich zeitliche Schranken ergeben.[28] Ist der erste Antrag bis zur Verfahrenseröffnung unzulässig oder unbegründet geworden, ist er unbeachtlich.[29] 10

Wird bei einem **InsPlan** der InsVerw nach § 259 Abs 3 ermächtigt, Anfprozesse fortzuführen, so gilt diese Prozessführungsbefugnis nicht in einem nachfolgenden **zweiten InsVerf**.[30] Der InsVerw macht den Anfanspruch aus dem Erstverf geltend. Dann ist § 139 weiterhin mit Blick auf die Anträge des Erstverf anzuwenden. Davon unabhängig kann die Rechtshandlung aber aus Sicht des Zweitverf selbstständig anfechtbar sein, dann gilt § 139 für die Anträge des Zweitverf (dann kommt es zur ggf verdeckten Klagehäufung).[31] 11

Dem zuerst gestellten – und auch jedem später eingegangenen – Eröffnungsantrag kommt keine Bedeutung zu, wenn er –ob zu Recht oder zu Unrecht[32] – rechtskräftig (§ 34 Abs 2) abgewiesen wurde (S 2). Davon macht S 2 für den Fall eine Ausnahme, dass der zuerst gestellte Antrag (ausschließlich) **mangels Masse** (§ 26 Abs 1) rechtskräftig abgewiesen wurde. Ein solcher Antrag wird berücksichtigt, weil der Unzulänglichkeit der Masse keine geringere Bedeutung beigemessen werden kann als der (drohenden) Zahlungsunfähigkeit oder der Überschuldung bei einer zur VerfEröffnung ausreichenden Masse oder bei einem dazu ausreichenden Vorschuss.[33] Da das InsGer einen Eröffnungsantrag idR nur dann mangels Masse abweisen wird, wenn es zuvor die Zulässigkeit und die Begründetheit des 12

---

23 *OLG Köln* ZIP 2011, 1832 lSp mit zust Anm *Rendels/Körner* EWiR 2011, 755 f; vgl *Jaeger/Henckel* KO § 30 Rn 47; MK/*Kirchhof* § 139 Rn 10; HambKomm/*Rogge/Leptien* § 139 Rn 5.
24 Vgl *Jaeger/Henckel* KO § 30 Rn 186; MK/*Kirchhof* § 139 Rn 9; HambKomm/*Rogge/Leptien* § 139 Rn 11.
25 Vgl verneinend *Jaeger/Henckel* § 139 Rn 13.
26 Vgl *BGH* ZIP 2008, 235 Rn 13.
27 *BGH* ZIP 2008, 235 Rn 13. Vgl auch *BGH* ZIP 2009, 921 Rn 7.
28 *BGH* ZIP 2008, 235 Rn 13 (drei bis vier Jahre zwischen dem ersten Antrag und dem Antrag, der zur Eröffnung des InsVerf führte, schaden nicht). Vgl auch *K/S/W/Schäfer* Rn L18.
29 *BGH* ZIP 2008, 235 Rn 11
30 *BGH* ZIP 2014, 330 Rn 34.
31 Zum Problem *Thole* ZIP 2014, 1653, 1658.
32 MK/*Kirchhof* § 139 Rn 11; HambKomm/*Rogge/Leptien* § 139 Rn 12; *K/S/W/Schäfer* Rn L28.
33 Vgl *Henckel* KS-InsO, S 846 f Rn 75; HambKomm/*Rogge/Leptien* § 139 Rn 12.

Antrags iÜ bejaht hat, stellt sich die Frage der **Bindungswirkung** des Abweisungsbeschlusses für das Prozessgericht des AnfRechtsstreits. Sie ist grds zu verneinen.[34] Ihr wird – worauf *Henckel* zutr hinweist[35] – im Allgemeinen nur eine theoretische Bedeutung zukommen. Zumindest der Eröffnungsgrund (§§ 17–19) wird bei einer Abweisung mangels Masse regelmäßig auf der Hand liegen.[36]

13 Nicht zu berücksichtigen ist ein Antrag außer bei rechtskräftiger Abweisung aus einem anderen Grund als dem der unzureichenden Masse im Fall der in § 13 Abs 2 geregelten **Antragsrücknahme**.[37] Das Gleiche gilt für einen rechtswirksam für **erledigt erklärten** Eröffnungsantrag, der nicht zu einer rechtskräftigen InsEröffnung geführt hat. Auch er ermöglicht keine InsAnf; auf ihn kann die Eröffnung eines InsVerf grds nicht (mehr) gestützt werden.[38] Anders liegen die Dinge, wenn ein im Zeitpunkt des EröffnungsBeschl zulässiger und begründeter Eröffnungsantrag erst nach der VerfEröffnung wegen prozessualer Überholung für erledigt erklärt wurde; in diesem Fall bleibt er für die Berechnung der AnfFristen maßgeblich.[39] Eine Ausnahme ist aber gem § 242 BGB für den Fall zu erwägen, dass Zurücknahme oder Erledigungserklärung deshalb erfolgen, um eine Rechtshandlung der Anf zu entziehen.[40] Einem Eröffnungsantrag ist ferner keine Bedeutung beizumessen, wenn zwischen dem zunächst zulässigen und begründeten Eröffnungsantrag und dem späteren Antrag, der zur VerfEröffnung führte, der **Eröffnungsgrund entfallen** war.[41] Auch § 139 Abs 2 S 2 gilt nur innerhalb derselben Ins des Schu, hier allerdings grds zeitlich unbeschränkt.[42]

14 Die **Beweislast** dafür, dass neben dem InsAntrag, der zur Eröffnung des InsVerf führte, (mindestens) ein zulässiger und begründeter Eröffnungsantrag gestellt wurde, trifft denjenigen, der sich darauf beruft, idR mithin den InsVerw.[43]

---

34 *OLG Schleswig* ZInsO 2006, 1227; MK/*Kirchhof* § 139 Rn 12; *Jaeger/Henckel* § 139 Rn 12.
35 *Henckel* KS-InsO, S 847 Rn 75.
36 *OLG Schleswig* ZInsO 2006, 1227; HambKomm/*Rogge/Leptien* § 139 Rn 12; *Uhlenbruck/Hirte/Ede* § 139 Rn 13.
37 *BGHZ* 149, 180 = ZIP 2002, 88 liSp oben; *BGH* ZIP 1999, 1977 f = NJW 2000, 212 zu § 10 Abs 1 Nr 4 GesO; ZIP 2006, 290 Rn 6; *K Schmidt/Büteröwe* § 139 Rn 17; MK/*Kirchhof* § 139 Rn 9a; *Uhlenbruck/Hirte/Ede* § 139 Rn 12; *Jaeger/Henckel* § 139 Rn 14; *K/S/W/Schäfer* Rn L20; **aA** *Zeuner* Rn 293; HambKomm/*Rogge/Leptien* § 139 Rn 14 – für den Fall missbräuchlicher Antragsrücknahmen, wenn die Zahlungsunfähigkeit fortbesteht; zw *Hess* InsR § 139 Rn 29.
38 *BGHZ* 149, 180, 182 = ZIP 2002, 88; 157, 354 = ZIP 2004, 514 zu II, 3; *BGH* ZIP 2006, 290 Rn 6; 2012, 333 Rn 12; *OLG Dresden* ZInsO 2001, 912; MK/*Kirchhof* § 139 Rn 9a; *Uhlenbruck/Hirte/Ede* § 139 Rn 12; *Jaeger/Henckel* § 139 Rn 14. Vgl aber *Kirchhof* ZInsO 2004, 1171 sowie *Kreft* DStR 2005, 1234 zur Frage der Erfüllungswirkung von Zahlungen auf gestellte InsAnträge oder der Wirkung einer auf solche Zahlungen gestützten Erledigungserklärung. Diese Frage ist durch die Ergänzung von § 14 Abs 1 durch Art 3 Nr 1a HBeglG 2011, BGBl 2010 I, 1885, für InsVerf, die ab dem 1.1.2011 beantragt wurden (Art 103e EGInsO, eingefügt durch Art 4 HBeglG 2011), beantwortet worden; insoweit wird auf die Kommentierungen von § 14 verwiesen.
39 *BGH* ZIP 2009, 921 Rn 10, 11.
40 MK/*Kirchhof* § 139 Rn 9a; *Jaeger/Henckel* § 139 Rn 14; vgl auch HambKomm/*Rogge/Leptien* § 139 Rn 14; *K/S/W/Schäfer* Rn L25, L26 (zT weitergehend).
41 Vgl *BGH* ZIP 1999, 1978 = NJW 2000, 212; ZIP 2008, 235 Rn 11; 2009, 921 Rn 7; *Henckel* KS-InsO, S 847 Rn 75; MK/*Kirchhof* § 139 Rn 9a mwN; HambKomm/*Rogge/Leptien* § 139 Rn 11; *K/P/B/Ehricke* § 139 Rn 10.
42 *BGH* ZIP 2008, 235 Rn 11, 13 (RevisionsEntsch zu *OLG Schleswig* ZInsO 2006, 1224, das insoweit [S 1227] bestätigt wurde); 2009, 921 Rn 10; *Braun/Riggert* § 139 Rn 13.
43 HambKomm/*Rogge/Leptien* § 139 Rn 16; *K/P/B/Ehricke* § 139 Rn 9.

In einem InsVerf über das Vermögen einer **Gesellschaft ohne Rechtspersönlichkeit** kann der **InsVerw** die vor InsEröffnung **durch einen persönlich haftenden Gesellschafter** an GesellschaftsGl **erbrachten Leistungen entspr § 93** iVm §§ 129 ff **anfechten.**[44] Wird über das **Vermögen eines persönlich haftenden Gesellschafters** einer Gesellschaft ohne Rechtspersönlichkeit das InsVerf eröffnet, **ist die Anf ungeachtet § 93** grds dem in **diesem Verf bestellten InsVerw** vorbehalten.[45] Im Fall der **DoppelIns** ist ebenfalls **der im Verf** über das Vermögen **des Gesellschafters** bestellte **InsVerw zur** Geltendmachung der **Anf** von Leistungen des Gesellschafters an einen GesellschaftsGl **befugt.**[46] In diesem Fall richtet sich der **AnfZeitraum** nach dem **früher gestellten InsAntrag.**[47] Das hat zur Folge, dass auch im InsVerf über das Vermögen des Gesellschafters auf den (idR zuerst gestellten[48]) Antrag (bei mehreren Anträgen auf den ersten zulässigen und begründeten Antrag) auf Eröffnung des InsVerf gegen die Gesellschaft abzustellen ist, wenn nur in diesem Fall eine Anf durchgreift. 15

§ 140 Zeitpunkt der Vornahme einer Rechtshandlung

(1) Eine Rechtshandlung gilt als in dem Zeitpunkt vorgenommen, in dem ihre rechtlichen Wirkungen eintreten.

(2) [1]Ist für das Wirksamwerden eines Rechtsgeschäfts eine Eintragung im Grundbuch, im Schiffsregister, im Schiffsbauregister oder im Register für Pfandrechte an Luftfahrzeugen erforderlich, so gilt das Rechtsgeschäft als vorgenommen, sobald die übrigen Voraussetzungen für das Wirksamwerden erfüllt sind, die Willenserklärung des Schuldners für ihn bindend geworden ist und der andere Teil den Antrag auf Eintragung der Rechtsänderung gestellt hat. [2]Ist der Antrag auf Eintragung einer Vormerkung zur Sicherung des Anspruchs auf die Rechtsänderung gestellt worden, so gilt Satz 1 mit der Maßgabe, dass dieser Antrag an die Stelle des Antrags auf Eintragung der Rechtsänderung tritt.

(3) Bei einer bedingten oder befristeten Rechtshandlung bleibt der Eintritt der Bedingung oder des Termins außer Betracht.

Übersicht

44 *BGHZ* 178, 171 = ZIP 2008, 2224 Rn 12 mit Anm *Runkel/Schmidt* EWiR 2009, 273; *K Schmidt/Büteröwe* § 139 Rn 20.
45 *BGHZ* 178, 171 = ZIP 2008, 2224 Rn 13, 14. Dazu krit *Bork/Vogelsang* ZIP 2014, 2313.
46 *BGHZ* 178, 171 = ZIP 2008, 2224 Rn 15–17.
47 *BGHZ* 178, 171 = ZIP 2008, 2224 Rn 20, 21; *K Schmidt/Büteröwe* § 139 Rn 30.
48 *BGHZ* 178, 171 = ZIP 2008, 2224 Rn 20; *Graf-Schlicker/Huber* § 139 Rn 5 aE; so § 129 Rn 85.

Literatur: *Eckert* Probleme der Bestimmung des für die Insolvenzanfechtung relevanten Zeitpunkts nach § 140 InsO, 2003; *G Fischer* Der maßgebliche Zeitpunkt der anfechtbaren Rechtshandlung, ZIP 2004, 1679; *Voß* Die Vorausabtretung in der Insolvenz (Zum Werthaltigmachen von Forderungen), 2010.

A. Allgemeines

I. Gesetzgebungshinweise

1 Die Vorschrift stimmt wörtlich mit § 159 RegE überein. Während § 149 Abs 2 DiskE und § 149 Abs 2 S 1 RefE genügen ließen, dass der Antrag auf Eintragung der Rechtsänderung gestellt war (gleichviel von welchem Beteiligten), verlangt das Gesetz in § 140 Abs 2 S 1, dass der andere Teil den Eintragungsantrag gestellt hat. Dies wurde bei § 166 RegE und § 147 nicht berücksichtigt.[1]

II. Normzweck und Systematik

2 Der Zeitpunkt der Vornahme der Rechtshandlung ist für deren Anfechtbarkeit und ihre Voraussetzungen von zentraler Bedeutung. Das giltua für die Frage, ob eine Rechtshandlung vor oder nach der Eröffnung des InsVerf, ob sie innerhalb des jeweiligen AnfZeitraums oder ob sie vor oder nach dem Eröffnungsantrag vorgenommen wurde und ob der AnfGegner bei Vornahme der Rechtshandlung von bestimmten, die Anfechtbarkeit begründenden Umständen Kenntnis hatte.[2] Eine Norm, die festlegt, wann eine Rechtshandlung vorgenommen wurde oder – so der Wortlaut des Gesetzes – als vorgenommen gilt, dient deshalb in besonderer Weise der **Rechtssicherheit**.[3] Bisher war diese Bestimmung der Rspr überlassen. An deren Erg knüpft § 140 Abs 1 an. Abs 2 enthält – abw von der bisherigen Rspr, aber in Übereinstimmung mit § 10 Abs 3 GesO[4] – eine bes Regelung für Rechtsgeschäfte, die zu ihrer Wirksamkeit der Eintragung in einem Register, namentlich im Grundbuch, bedürfen. Der Schutz der Masse ist insoweit eingeschränkt.[5] Abs 3 stellt klar, dass bedingte oder befristete Rechtshandlungen nicht erst mit dem Eintritt der Bedingung oder des Termins als vorgenommen gelten; davon zu unterscheiden sind Fälle, in denen die Rechtshandlung, zB Abtretung, unbedingt erfolgt, aber der Gegenstand noch bedingt ist (zB Abtretung einer bedingten Forderung, dazu Rn 5). Nach dem gemeinsamen **Grundgedanken** der in § 140 getroffenen Regelungen entscheidet über die Vornahme der Zeitpunkt, in dem durch die Rechtshandlung eine **Rechtsposition begründet** worden ist, die im Fall der Eröffnung eines InsVerf – ohne die Anf – beachtet werden müsste.[6] Auch der nach Art 103d S 2 EGInsO maßgebliche Zeitpunkt für die Überleitung in das neue Recht der Gesellschafterdarlehen seit dem MoMiG ist nach § 140 zu bestimmen.[7]

---

1 Vgl *Jauernig* FS Uhlenbruck, S 14: „Gesetzespanne".
2 Vgl *BGH* ZInsO 2014, 495 Rn 2; MK/*Kirchhof* § 140 Rn 3, 4; *K/P/B/Ehricke* § 140 Rn 2.
3 HambKomm/*Rogge/Leptien* § 140 Rn 1; *B/G/H/Haas* § 140 Rn 2; *K/S/W/Schäfer* Rn M3.
4 Vgl *BGHZ* 131, 197 f = ZIP 1998, 87; MK/*Kirchhof* § 140 Rn 2; *Uhlenbruck/Ede/Ede/Hirte* § 140 Rn 1.
5 *BGH* ZIP 2012, 1256 Rn 13 aE.
6 BT-Drucks 12/2443, 166; *BGHZ* 157, 353 f = ZIP 2004, 514 zu 2; 167, 11 = ZIP 2006, 916 Rn 16 aE; 170, 196 = ZIP 2007, 191 Rn 13; 170, 276 = ZIP 2007, 435 Rn 10 (Hingabe eines Schecks); 182, 264 = ZIP 2010, 38 Rn 9; 191, 277 = ZIP 2011, 2364 Rn 18; *BGH* ZIP 2007, 1274 Rn 28; 2008, 1488 Rn 10; 2009, 1674 Rn 35; 2010, 339 Rn 7; 2012, 2409 Rn 10; *BAG* ZIP 2014, 91 Rn 45; *B/G/H/Haas* § 140 Rn 2; *A/G/R/Gehrlein* § 140 Rn 1.
7 *BGH* ZIP 2013, 1629 Rn 25.

B. Erläuterungen

I. Grundregel (Abs 1)

1. Vornahme der Rechtshandlung. Mit ihrer Anknüpfung an den Eintritt der rechtlichen Wirkungen enthält Abs 1 die **Grundnorm** für die Bestimmung des Zeitpunkts der Vornahme einer Rechtshandlung. Sie stimmt mit der bisherigen Rspr überein.[8] Die rechtlichen Wirkungen einer Rechtshandlung treten grds mit der **Vollendung und Wirksamkeit des Rechtserwerbs** ein, sobald die gesamten Erfordernisse vorliegen, an welche die Rechtsordnung die Entstehung, Aufhebung oder Veränderung eines Rechtsverhältnisses knüpft.[9] Es genügt, dass die Rechtshandlung dem AnfGegner eine **gesicherte Rechtsstellung** verschafft hat[10] (**su Rn 15**) und damit die GlBenachteiligung bewirkt.[11] Zu mehraktigen Rechtshandlungen Rn 5; zum Unterlassen Rn 6. 3

Einzelfälle: Einseitige Rechtsgeschäfte wie zB Gestaltungserklärungen werden idR mit Zugang beim Empfänger vollendet; anders für die Kündigung zu einem zukünftigen Termin sogleich. Der Bezugsberechtigte aus einer **(Kapital-)Lebensversicherung erwirbt** bei einer **unwiderruflichen** Bezeichnung den Anspruch auf die Versicherungsleistung gem § 159 Abs 3 VVG nF, früher kraft Rspr[12] (regelmäßig) sofort. Der Anspruch scheidet aus dem Vermögen des Versicherungsnehmers aus und steht dem Zugriff seiner Gl nicht mehr zur Verfügung. Diese Gl benachteiligende Wirkung der Einräumung des Bezugsrechts unterliegt grds der Anf.[13] Das **widerrufliche** Bezugsrecht hingegen vermittelt nicht mehr als eine tatsächliche Aussicht auf den Erwerb eines künftigen Anspruchs und ist daher ein rechtliches Nullum.[14] Erst mit dem Eintritt des Versicherungsfalls erwirbt der als Bezugsberechtigter Bezeichnete den Anspruch aus dem Versicherungsvertrag (§ 159 Abs 2 VVG nF, § 166 Abs 2 VVG aF), so dass auf diesen Zeitpunkt für die Beurteilung der Anfechtbarkeit abzustellen ist.[15]Allerdings kann auch bei Widerruflichkeit eine Anfechtung der Bezugsberechtigung gegeben sein.[16] Die Beurteilung, welche Art der Bezugsberechtigung vorliegt, hängt von den Umständen des Einzelfalls ab; maßgeblich ist der Wille des Versicherungsnehmers, wann und unter welchen Voraussetzungen das Recht übergehen soll.[17] Wendet der Versicherungsnehmer seinem Ehegatten oder einem sonstigen Dritten nur die Versicherungsleistung im Todesfall unwiderruflich zu, während die Erlebensfallleistung dem Versicherungsnehmer zustehen soll (**gespaltenes Bezugsrecht**), erwirbt der begünstige Dritte die Rechte aus dem 4

---

8 Vgl *BGH* ZIP 1999, 77; 1999, 973 (Eintritt der Wirkungen einer Bürgschaftsübernahme bereits m Wirksamwerden des Bürgschaftsvertrages und nicht erst m der Zahlung); *G Fischer* ZIP 2004, 1679 mwN.

9 *BGH* ZIP 2012, 2409 Rn 8; ZInsO 2014, 495; ZIP 2015, 585 Rn 22 Vgl MK/*Kirchhof* § 140 Rn 5; *B/G/H/Haas* § 140 Rn 6.

10 *BGHZ* 191, 277 = ZIP 2011, 2364 Rn 18 (zur Abtretung des Anspruchs auf Rückgewähr einer Sicherungsgrundschuld; vgl in diesem Zusammenhang auch *BGHZ* 197, 155 = ZIP 2013, 1113 [V. ZS]); *BGH* ZIP 2009, 228 Rn 12; 2009, 2347 Rn 23; *BAG* ZIP 2014, 37 Rn 47 (**Vereinbarung einer Halteprämie**); 2014, 139 Rn 45.

11 *BGHZ* 156, 357 = ZIP 2003, 2309 f; *BGHZ* 167, 11 = ZIP 2006, 916 Rn 13; *BGHZ* 170, 196 = ZIP 2007, 191 Rn 13; 170, 276 = ZIP 2007, 435 Rn 10; *BGH* ZIP 1998, 2009; 2003, 489; 2008, 1488 Rn 10; 2009, 1674 Rn 35; *G Fischer* ZIP 2004, 1680; *B/G/H/Haas* § 140 Rn 2.

12 Vgl die Nachweise in *BGH* ZIP 2012, 2409 Rn 8.

13 *BGH* ZIP 2012, 636 Rn 7; 2012, 2409 Rn 8.

14 *BGH* ZIP 2010, 1964 Rn 3.

15 *BGHZ* 156, 356 f = ZIP 2003, 2309 f; *BGH* ZIP 1993, 602; 2002, 1697; 2012, 636 Rn 8; 2012, 2409 Rn 8; *B/G/H/Haas* § 140 Rn 83.

16 Deutlich *BGH* 22.10.2015 – IX ZR 248/14 Rn 22 (Risikolebensversicherung) mit Anm *Leithaus* NZI 2016, 37.

17 *BGH* ZIP 2012, 2409 Rn 8.

Versicherungsvertrag regelmäßig sofort, allerdings unter der auflösenden Bedingung, dass der Versicherte den Ablauf der Versicherung erlebt, wobei auflösend bedingte Rechte vor Eintritt der Bedingung gem § 42 wie unbedingte Rechte zu beachten sind; der Rechtserwerb des Versicherungsnehmers ist entspr aufschiebend bedingt.[18] Kündigt der Versicherungsnehmer bei einem derart gespaltenen Bezugsrecht den Versicherungsvertrag, steht der daraus folgende Anspruch auf den **Rückkaufswert** als andere Erscheinungsform des Rechts auf die Versicherungssumme grds dem Dritten zu.[19] Auch die Einschränkung, dass der Ehegatte bezugsberechtigt sein soll, mit dem der Versicherungsnehmer im Zeitpunkt seines Todes verheiratet ist, hindert nicht die Einordnung als unwiderrufliches Bezugsrecht mit der Folge, dass der Ehegatte des Versicherungsnehmers die Rechte aus dem Versicherungsvertrag sofort oder – wenn die Ehe noch nicht besteht – im Zeitpunkt der Eheschließung erwirbt unter der auflösenden Bedingung, dass die Ehe vor dem Eintritt des Versicherungsfalls geschieden wird.[20] Wird eine unwiderrufliche Bezeichnung des Bezugsberechtigten in eine widerrufliche Bezeichnung geändert, liegt darin die Aufhebung der unwiderruflichen Bezugsberechtigung und die Einräumung eines widerruflichen Bezugsrechts. Diese ist mit dem Eintritt des Versicherungsfalls vorgenommen. Sie benachteiligt die InsGl des Versicherungsnehmers als InsSchu; denn nach der Umwandlung der unwiderruflichen in eine widerrufliche Bezugsberechtigung standen die Ansprüche aus dem Versicherungsvertrag bis zum Eintritt des Versicherungsfalls als Haftungsmasse zur Verfügung und wurden durch diesen erneut verkürzt.[21] Die **Pfändung einer bestehenden Forderung** ist gem § 829 Abs 3 ZPO, § 309 Abs 2 S 1 AO in dem Zeitpunkt vorgenommen, in dem der PfändungsBeschl (die -verfügung) dem **DrittSchu zugestellt** wird.[22] Die Rechtshandlung der **Pfändung** der Ansprüche des Schu gegen ein Kreditinstitut aus einem vereinbarten **Dispositionskredit** („offene Kreditlinie") gilt erst dann als vorgenommen, wenn und soweit der Schu den ihm zur Verfügung stehenden Kreditbetrag **abruft**.[23] Die Zahlung per **Lastschrift gilt im (früheren) AbbuchungsauftragsVerf** als in dem Zeitpunkt vorgenommen, in dem die Lastschrift durch die Zahlstelle **wirksam eingelöst** und damit dem Gl der seinem Konto zunächst unter Vorbehalt des Eingangs vorl gutgeschriebene Abbuchungsbetrag endgültig zugewandt wird; insoweit sind regelmäßig die Vorgaben der AGB maßgeblich.[24] Ähnliches gilt für das (grds) seit 1.2.2014 allein anwendbare **SEPA-LastschriftVerf**; hier ist mangels Erfordernis einer nachträglichen Genehmigung der Rechtserwerb folglich mit Zahlungseingang bewirkt.[25] Beim **EinzugsermächtigungsVerf** gilt die Zahlung als vorgenommen, sobald der Schu die Last-

18 *BGH* ZIP 2012, 2409 Rn 10.

19 *BGH* ZIP 2012, 2409 Rn 12, 13; vgl auch *BGH* ZIP 2012, 638 Rn 11–19.

20 *BGH* ZIP 2012, 2409 Rn 14–16.

21 *BGH* ZIP 2012, 636 Rn 9, 10.

22 *BGHZ* 157, 354 = ZIP 2004, 514; 182, 284 = ZIP 2010, 38 Rn 9; *BGH* ZIP 2008, 1488 Rn 10; 2011, 1324 Rn 12; 2012, 638 Rn 36; *BAG* ZIP 2014, 91 Rn 46; *Uhlenbruck/Ede/Ede/Hirte* § 140 Rn 105; HambKomm/*Rogge/Leptien* § 140 Rn 17 (jeweils auch zur Vornahme sonstiger Vollstreckungsmaßnahmen); *A/G/R/Gehrlein* § 140 Rn 4. Nach dem Beschl WM 2011, 2333 Rn 10 (VII ZS) m kaum zutr Verweisung auf *BGHZ* 164, 354 = NJW 2005, 3725 soll es mglw auf den Zeitpunkt ankommen, zu dem der unterschriebene Beschl aus dem internen Geschäftsbereich herausgelangt ist. Dem könnte nicht zugestimmt werden.

23 *BGHZ* 157, 355 ff = ZIP 2004, 514; 192, 314 = ZIP 2012, 890 Rn 10 (VII ZS); *BGH* ZIP 2004, 670; 2008, 131 Rn 14, 15; 2011, 1324 Rn 13 f; 2012, 1422 Rn 25; 2014, 1497 Rn 2; *G Fischer* ZIP 2004, 1680 f; *Jaeger/Henckel* § 140 Rn 22; *Uhlenbruck/Ede/Hirte* § 140 Rn 82; *Gottwald/M Huber* § 46 Rn 20; *B/G/H/Haas* § 140 Rn 45.

24 *BGH* ZIP 2003, 490; *OLG Düsseldorf* BKR 2016, 261; zum Zeitpunkt der Einlösung im Einzelnen *BGH* ZIP 2013, 322 Rn 8 mit Anm *Mordhorst* EWiR 2013, 357; MK/*Kirchhof* § 140 Rn 11; *A/G/R/Gehrlein* § 140 Rn 3, 12; vgl auch *BGH* ZIP 2013, 324 Rn 12.

25 *Mordhorst* EWiR 2013, 358; *K Schmidt/Büteröwe* § 140 Rn 8.

schrift (auch konkludent) **genehmigt**[26] und der Schu dem Gl durch den Widerspruch bei seiner Bank die Leistung nicht mehr entziehen kann.[27] Bis dahin ist die Belastung des Schu-Kontos nicht etwa (auflösend) bedingt, sondern ohne materielle Wirkung, so dass die Genehmigung der Zahlung unter § 140 Abs 1 und nicht unter § 140 Abs 3 fällt.[28] Abgrenzungsschwierigkeiten ergeben sich insb bei mehraktigen Rechtshandlungen, bei Unterlassungen und bei dem Ermöglichen einer Sicherung oder Befriedigung (§§ 130 Abs 1, 131 Abs 1).

2. Mehraktige Rechtshandlungen. Dies sind Rechtshandlungen, die – wie die Übereignung 5
beweglicher Sachen (§ 929 S 1 BGB) – aus mehreren Teilakten bestehen.[29] Mehraktige Rechtshandlungen sind von **mehreren selbstständig anfechtbaren** Rechtshandlungen[30] zu **unterscheiden**.[31] So sind die **Pfändung** (und Überweisung) einer Forderung einerseits und die **Zahlung** des DrittSchu andererseits[32] ebenso wie die **Abtretung einer Forderung** und deren **Werthaltigmachen**[33] selbstständige Rechtshandlungen und nicht eine einheitliche (mehraktige) Rechtshandlung. Das Gleiche gilt für den Abschluss der **Vereinbarung über ein Treuhandkonto** einerseits und die **Weisung**, auf das Treuhandkonto **zu zahlen**, andererseits; beides sind selbstständige Rechtshandlungen, und das Treugut entsteht erst mit dem Eingang der Zahlung auf dem Konto.[34] Bei **mehraktigen** Rechtshandlungen treten nach Abs 1 und vorbehaltlich der Ausnahme in Abs 2 ihre Wirkungen erst mit dem **letzten** zur Erfüllung ihres Tatbestandes erforderlichen **Teilakt** ein.[35] Der letzte Teilakt ist bei der Sicherungsgewährung im Rahmen einer **Doppeltreuhand** die Vermögensübertragung auf den Treuhänder.[36] Bei der **Vorausabtretung einer Forderung** ist dies – sofern sie nicht in ein Kontokorrent eingestellt ist[37] –, jedenfalls im **AnfRecht**[38] – das Ent-

---

26 *BGHZ* 161, 53 f = ZIP 2004, 2445 f; dazu *Spliedt* ZIP 2005, 1260 ff mwN; *BGHZ* 174, 84 = ZIP 2007, 2273 Rn 13; 192, 221 = ZIP 2012, 280 Rn 23; *BGH* ZIP 2003, 490; 2008, 1241 Rn 13 f (zum Bargeschäft in einem solchen Fall Rn 11–16; su § 142 Rn 5); 2010, 2105 Rn 21; WM 2012, 85 Rn 10; ZIP 2013, 1127 Rn 20; *OLG Stuttgart* ZInsO 2009, 2344 lSp; MK/*Kirchhof* § 140 Rn 11; *K Schmidt/Büteröwe* § 140 Rn 7; *K/S/W/Schäfer* Rn M17; *A/G/R/Gehrlein* § 140 Rn 3, 12.

27 *BGHZ* 186, 242 = ZIP 2010, 1552 Rn 6; *BGH* ZIP 2013, 324 Rn 12.

28 *BGHZ* 161, 57 = ZIP 2004, 2445; *BGHZ* 174, 84 = ZIP 2007, 2273 Rn 15; *BGH* ZIP 2014, 1497 Rn 2; *OLG Stuttgart* ZInsO 2009, 2344 lSp.

29 BT-Drucks 12/2443, 166. Zu sachenrechtlichen Rechtshandlungen so § 129 Rn 20.

30 Vgl dazu auch § 129 Rn 17.

31 Vgl *Uhlenbruck/Ede/Hirte* § 140 Rn 5 f; *B/G/H/Haas* § 140 Rn 9; *K/S/W/Schäfer* Rn M23; auch HambKomm/*Rogge/Leptien* § 140 Rn 4.

32 *BGH* ZIP 2000, 898; NJW 2003, 897 f; 2003, 2171; ZIP 2011, 1324 Rn 17; 2012, 2513 Rn 9; *BAG* ZIP 2014, 91 Rn 46. Vgl auch *BGHZ* 167, 11 = ZIP 2006, 916 Rn 6.

33 Vgl dazu *Uhlenbruck/Ede/Hirte* § 140 Rn 54. Krit *Voß* Die Vorausabtretung in der Ins, S 148 ff; *K/S/W/Schäfer* Rn M41 f.

34 *BGH* ZIP 2007, 1274 Rn 27, 28 mit Anm *Kreft* WuB VI A § 140 InsO 2.08.

35 *BGHZ* 99, 286 = ZIP 1987, 443 zu 3, a; 113, 394 f = ZIP 1991, 454 zu 1, a; 170, 196 = ZIP 2007, 191 Rn 14; *BGH* ZIP 1991, 808; 1998, 249 (Sicherungsübereignung); NJW 2001, 2479; ZIP 2004, 1821; 2010, 1137 Rn 6; so § 129 Rn 20.

36 *BAG* ZIP 2013, 2025 Rn 63.

37 *BGHZ* 181, 362 = ZIP 2009, 1529 Rn 9 mit Anm *Obermüller* ZInsO 2009, 1527 und *Junghans* EWiR 2009, 777; *BGH* ZIP 2009, 2347 Rn 23 mit Anm *Obermüller* ZInsO 2009, 2339 und *Wilkens/Siepmann* EWiR 2010, 121; *BGH* ZIP 2010, 1137 Rn 4.

38 Nicht notwendig bei zwischen Abtretung und Entstehung der Forderung angeordneten Verfügungsbeschränkungen, *BGH* ZIP 2009, 2347 Rn 16 mwN, 17 mit Anm *Wilkens/Siepmann* EWiR 2010, 121; 2010, 138 Rn 25 ff mit Anm *Jacoby* EWiR 2010, 123; *Gehrlein* ZIP 2011, 5–8; vgl auch *K/P/B/Jacoby* § 143 Anh Rn 39.

stehen der Forderung;[39] Entsprechendes gilt generell bei Anf einer Globalsicherheiten und des damit verbundenen Absonderungsrechts[40]. Deshalb wird die **Verpfändung oder Pfändung einer künftigen Forderung** ebenfalls erst mit dem Entstehen der Forderung wirksam.[41] Liegt dieser Zeitpunkt nach Verfahrenseröffnung, gilt schon § 91. Bei **kontokorrentgebundenen Forderungen** soll auf den **Schlusssaldo** abzustellen sein.[42] Ein **Pfandrecht aus Nr 14 Abs 1 AGB-Banken** an einem Anspruch auf Erteilung einer Gutschrift entsteht erst mit dem Eingang der Zahlung auf dem Konto des Kunden. Selbst wenn man die Vorschrift dahin auslegt, dass die Bank und der Kunde sich nicht nur über die Pfandrechtsbestellung dinglich einig sind, sondern zugleich einen schuldrechtlichen Anspruch darauf begründen, wird dieser erst in demjenigen Zeitpunkt auf einen bestimmten Pfandgegenstand konkretisiert, in dem die gepfändete Forderung entsteht.[43] Die **Verpfändung** einer Forderung gegen einen Dritten wird darüber hinaus **nie vor der Anzeige** an den Dritten (den Schu, § 1280 BGB) wirksam.[44] Wenn ein **Pfandrecht** an einer beweglichen Sache oder an einem bereits bestehenden Recht **für eine künftige Forderung** bestellt wird (§ 1204 Abs 2 BGB), soll das Pfandrecht bereits mit Einigung und Übergabe (§ 1205 BGB) oder mit der Erfüllung der in §§ 1274 f BGB genannten Voraussetzungen begründet werden; auf den Zeitpunkt des Entstehens der zu sichernden Forderung soll es nicht ankommen.[45] Zu den mehraktigen Rechtshandlungen gehören auch **Vorpfändung und Hauptpfändung**.[46] Bei der **widerruflichen** Einräumung des **Bezugsrechts aus einem Lebensversicherungsvertrag** treten die rechtli-

39 *BGHZ* 30, 239 f = WM 1959, 944; 64, 313 = WM 1975, 535; 88, 206 f = ZIP 1983, 1327 zu 1, a; 135, 148 = ZIP 1997, 739; 170, 196 = ZIP 2007, 191 Rn 14; *BGHZ* 174, 297 = ZIP 2008, 183 Rn 13 (Globalzession); *BGH* ZIP 1988, 1546 f; 1995, 634; 1996, 2082; 1997, 514; 1998, 798; 1998, 835 (Geschmacksmuster); 2000, 934; 2003, 808; 2004, 1060; 2004, 1821; 2007, 924 Rn 17; 2009, 2120 Rn 21; 2010, 1137 Rn 6; vgl auch *BGH* ZIP 2012, 638 Rn 29 und 2012, 2358 Rn 13 – je zu § 91 Abs 1; MK/*Kirchhof* § 140 Rn 14; *K/S/W/Schäfer* Rn M37 ff; *Gehrlein* ZInsO 2013, 1170 zu II 2; auch *BGH* NJW 1987, 1269 (Abtretung künftigen Arbeitseinkommens); dazu krit *Jaeger/Henckel* § 129 Rn 47; diesem zust MK/*Kayser* § 129 Rn 92. Zur Abtretung von Mietzinsforderungen aE.

40 *BGH* ZIP 2015, 1398 Rn. 15.

41 *BGHZ* 135, 148 = ZIP 1997, 739; 157, 354 = ZIP 2004, 514 zu II,2; 182, 264 = ZIP 2010, 38 Rn 9; *BGH* ZIP 1996, 2082 (Forderung auf und aus Gutschrift); 2003, 809; 2008, 1488 Rn 10; 2010, 335 Rn 31 (Verpfändung von künftigen Gewinnforderungen aus der Beteiligung an einer GbR; Rn 18 zu § 91 Abs 1); 2010, 1137 Rn 6; 2011, 1324 Rn 12; auch ZIP 2012, 638 Rn 30 f, 36; *BFHE* 209, 37 ff = ZIP 2005, 1183 (zu § 88); *OLG Nürnberg* ZIP 2014, 286 (zu § 88); *Jaeger/Henckel* § 140 Rn 3, 20; *Uhlenbruck/Ede/Hirte* § 140 Rn 17 f *Gehrlein* ZInsO 2013, 1170 zu II 2; zur Pfändung der Ansprüche aus einem Dispositionskredit so Rn 3.

42 *BGH* ZIP 2009, 2347 Rn 20 ff mit Anm *Obermüller* ZInsO 2009, 2339; ZIP 2010, 1137 Rn 6; *Uhlenbruck/Ede/Hirte* § 130 Rn 81; *K/S/W/Schäfer* Rn M20–M22; **aA** etwa *Jaeger/Henckel* § 140 Rn 8. So § 131 Rn 22. Vgl auch *BGHZ* 192, 314 = ZIP 2012, 890 Rn 9 (VII ZS).

43 *BGHZ* 150, 126 = ZIP 2002, 813 zu 1; *BGH* ZIP 2005, 1652; 2007, 924 Rn 16; vgl auch *BGH* ZIP 2004, 622; *Uhlenbruck/Ede/Hirte* § 140 Rn 79; *K/S/W/Schäfer* Rn M31, M63.

44 MK/*Kirchhof* § 140 Rn 15; *Uhlenbruck/Ede/Hirte* § 140 Rn 14; HambKomm/*Rogge/Leptien* § 140 Rn 12.

45 *BGHZ* 86, 346 f = ZIP 1983, 337; 93, 75 f = ZIP 1985, 151 f; *BGH* ZIP 1998, 798; 1999, 79; krit *Uhlenbruck/Ede/Hirte* § 140 Rn 7; *Jaeger/Henckel* § 140 Rn 17; MK/*Kirchhof* § 140 Rn 15; *K/S/W/Schäfer* Rn M15, M56 ff. In *BGHZ* 170, 196 = ZIP 2007, 191 Rn 15 hat der *BGH* ausdrücklich offen gelassen, „ob an dieser Rspr … noch festzuhalten ist" (vgl auch Rn 18). Die weiteren Ausführungen aaO Rn 16 und 17 deuten darauf hin, dass die bisherige Rspr bei nächster Gelegenheit aufgegeben wird. Das wäre zu begrüßen (so auch *Berger* NZI 2007, 566 ff). Vgl auch *B/G/H/Haas* § 140 Rn 35.

46 *BGHZ* 167, 11 = ZIP 2006, 916 Rn 8, 13; *A/G/R/Gehrlein* § 140 Rn 11; *K/S/W/Schäfer* Rn M32. Zum Verhältnis von Vorpfändung zu Hauptpfändung auch *BAG* ZIP 2014, 91 Rn 46. Zur **Wirksamkeit der Vorpfändung** eines Steuererstattungsanspruchs *BGH* WM 2011, 2333 f (VII ZS: Zustellung an den DrittSchu).

chen Wirkungen erst mit dem Versicherungsfall ein.[47] Bei **Zahlungen durch Lastschrift** im Wege des EinzugsermächtigungsVerf bewirkt erst die Genehmigung des Schu, dass dem Gl die erteilte Gutschrift nicht mehr entzogen werden kann.[48] Im Fall der **Einreichung von Schecks** bei einer Bank bildet (erst) dessen Einlösung durch die Bank und die damit eingetretene Verrechnungslage den für die Anf maßgeblichen Zeitpunkt.[49] Auch bei der **Herstellung der Aufrechnungslage** kann es sich um eine mehraktige Rechtshandlung handeln.[50] Der für die Begründung der Aufrechnungslage maßgebliche Zeitpunkt ist nach § 140 Abs 1 zu bestimmen.[51] Entscheidend ist, wann das Gegenseitigkeitsverhältnis durch die Verknüpfung der gegenüberstehenden Forderungen begründet worden ist.[52] Darauf, ob die Forderung des Schu oder die des InsGl früher entstanden oder fällig geworden ist, kommt es hingegen nicht an.[53] Soweit gem § 140 Abs 3 der Zeitpunkt maßgeblich ist, zu dem die spätere Forderung entstand und damit das Gegenseitigkeitsverhältnis begründet wurde, weil eine der gegenseitigen durch Rechtsgeschäft entstandenen Forderungen befristet oder von einer Bedingung abhängig war,[54] gilt dies nicht für einen Werkvertrag. Hier bestimmt sich der maßgebliche Zeitpunkt nach § 140 Abs 1, weil die Werklohnforderung nicht unter einer rechtsgeschäftlichen Bedingung steht, so dass § 140 Abs 3 den Zeitpunkt nicht auf den Vertragsschluss zurückverlegt, sondern darauf abzustellen ist, wann die Forderung des Schu durch Erbringung seiner Leistung werthaltig geworden ist.[55] Bei anderen Verträgen kann dies anders sein.[56] Bei der Anf einer **Kontokorrentabrede** ist nicht der Zeitpunkt dieser Abrede maßgeblich, sondern der Eintritt der Verrechnungslage mit Eingang der Zahlung auf dem Konto.[57] Für das Entstehen des **gesetzlichen Vermieterpfandrechts** an eingebrachten pfändbaren Sachen des Mieters war nach bisheriger Rspr maßgeblich der Zeitpunkt der Einbringung, auch soweit es erst **künftig entstehende Forderungen aus dem Mietverhältnis** sichert. Das soll aus dem Rechtsgedanken von § 140 Abs 3 folgen, weil Mietzinsforderungen als aufschiebend befristete Ansprüche unter diese Bestimmung fallen, so dass der Abschluss des Mietvertrages der maßgebende Zeitpunkt ist, das Einbringen von Sachen mangels Rechtsgeschäftscharakters nicht bedingt oder befristet sein und das der Sicherung des Mietzinsanspruchs dienende Vermieterpfandrecht nicht in weiterem Umfang der InsAnf unterliegen kann als die Erfüllung der Mietzinsforderungen durch den Mieter.[58] Die (unbedingte) **Abtretung künftiger Mietforderungen** ist nach Maßgabe der neueren Entscheidung vom 14.1.2010 demgegenüber – da vorher idR keine gesicherte

---

47 *BGHZ* 156, 357 = ZIP 2003, 2309 f; *BGH* ZIP 2012, 636 Rn 8; 2012, 2409 Rn 8; *G Fischer* ZIP 2004, 1680; so Rn 3.

48 *BGHZ* 161, 49 = ZIP 2004, 2443 f; so Rn 3, su Rn 16; dies soll indes einem **Bargeschäft** nicht entgegenstehen, *BGH* ZIP 2008, 1242 f; su § 142 Rn 7.

49 *BGHZ* 118, 176 f = ZIP 1992, 780; *BGH* ZIP 2009, 1235 Rn 37, insoweit nicht abgedr in *BGHZ* 181, 132.

50 *BGH* ZIP 2010, 682 Rn 13; *G Fischer* WM 2008, 6 zu dd; *K/S/W/Schäfer* Rn M18.

51 *BGHZ* 174, 297 = ZIP 2008, 183 Rn 12; 190, 201 = ZIP 2011, 1523 Rn 9; *BGH* ZIP 2013, 588 Rn 11.

52 *BGHZ* 190, 201 = ZIP 2011, 1523 Rn 9; *BGH* ZIP 2013, 588 Rn 11; so § 96 Rn 46.

53 *BGHZ* 174, 297 = ZIP 2008, 183 Rn 12; 190, 201 = ZIP 2011, 1523 Rn 9; *BGH* ZIP 2008, 1437 Rn 17.

54 *BGHZ* 159, 395 f = ZIP 2004, 1560; 190, 201 = ZIP 2011, 1523 Rn 9; *BGH* ZIP 2010, 682 Rn 13; 2013, 588 Rn 11.

55 *BGHZ* 190, 201 = ZIP 2011, 1523 Rn 10–12; *BGH* ZIP 2010, 682 Rn 13; 2013, 588 Rn 11, 12; so § 129 Rn 15, Rn 22.

56 Vgl *BGH* ZIP 2010, 682 Rn 20–22; su Rn 16.

57 *BGHZ* 198, 77 = ZIP 2013, 1629 Rn 25, unter Hinweis auf *BGH* ZIP 2008, 1435 Rn 12. Zu dieser Problematik iRd § 135 Abs 2 *Thole* ZIP 2015, 1609.

58 *BGHZ* 170, 196 = ZIP 2007, 191 Rn 11, 15, 18; *OLG Dresden* ZInsO 2011, 2137; *Uhlenbruck/Ede/Hirte* § 140 Rn 89; *A/G/R/Gehrlein* § 140 Rn 11; krit *v Olshausen* KTS 2009, 488–494. Die **Rspr** zum Entstehen von Mietzinsforderungen hat sich jedoch geändert, su Rn 16, so dass die Entsch **zum Entstehen des gesetzlichen Vermieterpfandrechts** zu **überprüfen** sein wird. Vgl auch *K/S/W/Schäfer* Rn M59-M62.

Rechtsstellung begründet wird – grds erst mit dem Erreichen des Nutzungszeitraums vorgenommen, für den die jeweilige Mietrate geschuldet wird.[59] Anders kann es etwa sein, wenn ein befristeter Mietvertrag über bewegliche Sachen so ausgestaltet ist, dass der Vermieter die wesentlichen Gegenleistungspflichten für die monatlich fällig werdenden Mietzinsen bereits zu Beginn des Mietvertrages erbracht hat; in diesem Fall entsteht der Anspruch auf Zahlung sämtlicher Mietzinsen als betagte Forderung bereits zu Beginn des Mietvertrages; die Ansprüche auf künftigen Mietzins sind dann keine befristeten Forderungen.[60] Werden künftige **Gewinnforderungen aus der Beteiligung an einer Gesellschaft** bürgerlichen Rechts verpfändet, ist für die Anf des Pfandrechts der Zeitpunkt des Entstehens der verpfändeten Gewinnforderungen maßgeblich; vorher fehlt es auch dann an einer gesicherten Rechtsposition, wenn der Schu über den Gewinnanteil hinaus auch seinen Geschäftsanteil verpfändet hat und dessen vollstreckungsrechtliche Verwertung auch Gewinnbezugsrechte erfasst.[61] Auch der Anspruch auf **Vergütung für geleistete Dienste** entsteht nicht vor Ableistung der Dienste, so dass eine Abtretung oder Verpfändung solcher Ansprüche erst mit der Dienstleistung als vorgenommen gilt.[62] Das gilt ganz **allgemein** für die **Abtretung von Ansprüchen aus Dauerschuldverhältnissen**.[63] Für die **Abtretung von** laufenden **Rentenbezügen** durch einen Rentenberechtigten, der das Rentenalter bereits erreicht hat, gilt jedoch etwas anderes; hier geht es nicht um künftige Forderungen, sondern um einen Rentenanspruch, der im Zeitpunkt der Abtretung bereits insgesamt entstanden war.[64] Hängt die Wirksamkeit eines Rechtsgeschäfts von der öffentlich-rechtlichen oder privatrechtlichen **Genehmigung**, insb eines Dritten ab, gilt es regelmäßig erst mit Erteilung der Genehmigung als vorgenommen, auch wenn diese nach § 184 Abs 1 BGB zurückwirkt.[65]

---

59 *BGHZ* 182, 264 = ZIP 2010, 38 Rn 11–14 mit Anm *Kreft* WuB VI A. § 140 InsO 1.10; *Eckardt* EWiR 2010, 191; vgl auch *König* FS Leipold, 2009, S 403; *BGH* ZIP 1997, 514; 2009, 2120 Rn 23; 2010, 335 Rn 20, 21 und 2013, 1082 Rn 28 – jeweils zu § 91 Abs 1; *OLG Hamm* ZIP 2006, 434 (die Revisions-Entsch *BGH* ZIP 2007, 35 ff geht auf diese Frage nicht ein); MK/*Kirchhof* § 140 Rn 9b, 14, 16, 51a; *Uhlenbruck/Ede/Hirte* § 140 Rn 85; *Jaeger/Henckel* § 140 Rn 9 (Ausnahme für nach § 110 Abs 1 wirksame Vorausabtretungen; dazu auch aaO Rn 11); *B/G/H/Haas* § 140 Rn 21; *K/S/W/Schäfer* Rn M48 ff (M73 auch zur Doppelsicherung durch Grundpfandrecht und Pfändung; so § 129 Rn 52 gegen Ende); ausführlich *Christiansen* ZInsO 2010, 653. Su Rn 16.

60 *BGH* ZIP 2010, 332 Rn 19–21 (XII ZS); dazu *Christiansen* ZInsO 2010, 662; vgl auch *BGH* ZIP 2010, 335 Rn 21.

61 *BGH* ZIP 2010, 335 Rn 23–28 mit zust Anm *Riedemann* EWiR 2010, 297; *K/S/W/Schäfer* Rn M64–M67; dazu auch *Gehrlein* ZIP 2011, 8–10; *Uhlenbruck/Ede/Hirte* § 140 Rn 101.

62 *BGH* ZIP 2010, 335 Rn 21 unter Hinweis auf *BGHZ* 167, 363 = ZIP 2006, 1254 Rn 7 (zu § 91 Abs 1); *BGH* 2008, 1488 Rn 13; 2011, 2262 Rn 9; 2012, 2358 Rn 14; 2013, 1082 Rn 28; 2013, 1181 Rn 19; *Uhlenbruck/Ede/Hirte* § 140 Rn 6A, 19; *Gehrlein* ZInsO 2013, 1170 f zu III 1 b. M Rücksicht auf *BGHZ* 167, 363 (**Honoraranspruch des Vertragsarztes gegen die Kassenärztliche Vereinigung** [KÄV]) hat das *BSG* in *BSGE* 105, 224 = ZIP 2010, 2309 Rn 38 entschieden, dass m dem Abschluss eines Quartals, in dem der Vertragsarzt vertragsärztliche Leistungen erbracht hat, und der Vorlage der entspr Abrechnung bereits ein „genereller" Anspruch des Arztes auf Teilhabe an der Honorarverteilung und insofern schon dem Grunde nach ein Vergütungsanspruch des Arztes entsteht, wobei Höhe und Fälligkeit dieses Anspruchs von Inhalt und Zeitpunkt des Erlasses des Honorarbescheids abhängen und dieser Erlass insoweit dem Eintritt einer Bedingung iSv § 140 Abs 3 gleichsteht; bestätigt in *BSG* ZIP 2011, 1972 Rn 12. Dazu auch *BGH* ZIP 2013, 1181 Rn 19.

63 *BGH* ZIP 2013, 1181 Rn 19.

64 *BGH* ZIP 2009, 2120 Rn 23, 24 (zu § 8 Abs 1 AnfG); *K/S/W/Schäfer* Rn M39.

65 Vgl *BGH* NJW 1979, 103; ZIP 2003, 490; 2010, 2105 Rn 21; WM 2010, 2167 Rn 11; im Einzelnen *Jaeger/Henckel* § 140 Rn 33 ff; MK/*Kirchhof* § 140 Rn 8; *Uhlenbruck/Ede/Hirte* § 140 Rn 9; FK/*Dauernheim* § 140 Rn 11; HambKomm/*Rogge/Leptien* § 140 Rn 7; *B/G/H/Haas* § 140 Rn 16; *K/S/W/Schäfer* Rn M17; vgl aber *BGH* ZIP 2008, 1242 f zu einem genehmigten Lastschrifteinzug aufgrund Einzugsermächtigung als **Bargeschäft**; su § 142 Rn 7.

3. Unterlassungen. Bei Unterlassungen (vgl § 129 Rn 29) sollte nach LS 5.1 Abs 2 EB die Rechtshandlung als in dem Zeitpunkt vorgenommen gelten, in dem die durch die Unterlassung bewirkte Rechtsfolge durch eine (positive) Handlung noch hätte abgewendet werden können.[66] Nach der zutr Präzisierung in der Begr zu § 159 RegE treten die rechtlichen Wirkungen einer Unterlassung jedoch frühestens in dem Zeitpunkt ein, in dem die **Rechtsfolgen** der Unterlassung **nicht mehr** durch eine (positive) Handlung **abgewendet** werden können (zB ist die Einlegung eines Rechtsbehelfs wegen Fristablaufs nicht mehr möglich); vor diesem Zeitpunkt ist die Unterlassung noch nicht „vorgenommen".[67] 6

4. Ermöglichen einer Sicherung oder Befriedigung. Bei einer Rechtshandlung, die einem InsGl eine Sicherung oder Befriedigung „ermöglicht" hat (§§ 130 Abs 1, 131 Abs 1), geht es gerade um die vorbereitenden Verhaltensweisen vor der Deckung. Dennoch können bereits die Ermöglichungshandlungen **unmittelbar** gläubigerbenachteiligende Wirkungen haben, etwa bei Abgabe eines Schuldanerkenntnisses, das die Beweislage verschlechtert. Dann ist dieser Zeitpunkt maßgeblich. Regelmäßig muss jedoch **weiterer Rechtsakt** hinzukommen. Das gilt etwa bei einem prozessualen Anerkenntnis. Hier treten die Gl benachteiligenden Wirkungen erst mit Erlass des vom Prozessgegner zu beantragenden AnerkenntnisUrt (§ 307 ZPO) ein.[68] 7

II. Eintragungspflichtige Geschäfte (Abs 2)

1. Allgemeines. Abs 2 sieht eine **Ausnahme** von dem Grundsatz in Abs 1 vor. Die Vorschrift knüpft den Zeitpunkt der Vornahme eines mehraktigen Rechtsgeschäfts, das zu seiner Wirksamkeit der Eintragung im Grundbuch oder in einem sonstigen Register bedarf, nicht stets erst an diese Eintragung als den regelmäßig letzten zur Wirksamkeit erforderlichen Teilakt, sondern unter bestimmten Voraussetzungen bereits an die Stellung des Antrags auf Eintragung der Rechtsänderung durch den **anderen Teil** (S 1), iF einer Vormerkung an die Stellung des Antrags auf deren Eintragung ebenfalls durch den anderen Teil (S 2). Damit wird einem Anliegen der Rechtswissenschaft[69] Rechnung getragen und bewusst[70] – entspr dem Schutzzweck des § 91 Abs 2 (bisher § 15 S 2 KO) – **von einer langjährigen höchstrichterlichen Rspr Abstand genommen**, die im Interesse der InsGl auch bei solchen Rechtshandlungen, vor allem Grundstücksgeschäften, allg auf die Verwirklichung des letzten Teilakts und damit in aller Regel auf die Eintragung im Register abstellte.[71] 8

---

66 EB, 401 f.

67 BT-Drucks 12/2443, 166; zust *Henckel* KS-InsO, S 848 Rn 78; *Bork* FS Uhlenbruck, 2000, S 285; *K/P/B/Ehricke* § 140 Rn 8; MK/*Kirchhof* § 140 Rn 19; *Uhlenbruck/Ede/Hirte* § 140 Rn 11; *Jaeger/Henckel* § 140 Rn 32; FK/*Dauernheim* § 140 Rn 5; HambKomm/*Rogge/Leptien* § 140 Rn 18; *B/G/H/Haas* § 140 Rn 48; *K/S/W/Schäfer* Rn M33.

68 Vgl *Henckel* KS-InsO, S 848 Rn 77; vgl auch S 822 Rn 23; MK/*Kirchhof* § 140 Rn 20; *Uhlenbruck/Ede/Hirte* § 140 Rn 6; *Jaeger/Henckel* § 140 Rn 31; *K/P/B/Ehricke* § 140 Rn 9; *B/G/H/Haas* § 140 Rn 49; *A/G/R/Gehrlein* § 140 Rn 13.

69 Vgl etwa *Gerhardt/Kreft* Rn 79 ff; *Jaeger/Henckel* KO § 30 Rn 94–101.

70 BT-Drucks 12/2443, 166.

71 Vgl *RGZ* 51, 286 f; 68, 152 ff; 81, 426; 116, 136; *BGHZ* 30, 240 = WM 1959, 944; 41, 18 f = WM; 99, 286 = ZIP; 113, 334 f = ZIP; 121, 188 = ZIP; 128, 189 f = ZIP; *BGH* WM 1955, 411; WM 1972, 364; NJW 1983, 1544; ZIP 1988, 586; NJW 1995, 659; ZIP 1999, 147; NJW 1999, 644; ZIP 2000, 1552; auch 2001, 935 zu III, 2, a. Vgl auch *B/G/H/Haas* § 140 Rn 54.

9 Freilich gilt die Ausnahmeregelung **nur** für **Rechtsgeschäfte**, so dass Rechtshandlungen in Form von Zwangsvollstreckungsmaßnahmen ausscheiden. Hier gilt Abs 1.[72]

10 **2. Antrag auf Eintragung im Grundbuch (S 1).** Abs 2 verlagert den Zeitpunkt der Vornahme des Rechtsgeschäfts in bestimmten Fällen vor. Voraussetzung ist außer der Stellung des Eintragungsantrags durch den anderen Teil, dh durch den Vertragspartner des Schu, dass alle sonstigen Voraussetzungen für das Wirksamwerden des Rechtsgeschäfts erfüllt sind, also insb die dingliche Einigung (bei Grundstücken: Auflassung, § 925 BGB) erklärt wurde und dass die Willenserklärung des Schu für diesen bindend geworden ist. Demgegenüber gilt allein Abs 1, wenn die dingliche Einigung ausnahmsweise der Eintragung nachfolgt.[73] Die Voraussetzungen des Abs 2 treffen bei Grundstücksgeschäften unter den Voraussetzungen der §§ 873–877 BGB zu. **Fehlt es** auch nur **an einem dieser Erfordernisse – liegt insb nur ein Eintragungsantrag des Schu, nicht aber ein solcher des Erwerbers vor –, scheidet eine Anwendung des § 140 Abs 2 aus**.[74] Vielmehr ist in einem solchen Fall entspr der Grundnorm des § 140 Abs 1 darauf abzustellen, wann der letzte zur Wirksamkeit des Rechtsgeschäfts erforderliche Teilakt – im Allgemeinen mithin die Eintragung – vollzogen wurde.[75] Dies bereitet keine bes Schwierigkeiten, wenn die Eintragung noch vor Eröffnung des InsVerf erfolgte. Dogmatische Diskrepanzen können sich jedoch ergeben, wenn erst nach VerfEröffnung eingetragen wurde (su § 147 Rn 5).

11 Nach der Begr zu § 159 RegE soll als Eintragungsantrag des anderen Teils auch der Antrag gelten, den der **Notar** im Namen des anderen Teils – oder im Namen beider Beteiligter – stellt, denn auch nach einer solchen Antragstellung könne die Eintragung nicht mehr einseitig vom Schu oder von dessen InsVerw verhindert werden.[76] Diese Erwägung trifft zu, wenn **der Antrag** des Notars **zumindest auch im Namen des anderen Teils** derart **gestellt** wird, dass er seine **Wirksamkeit behält**, wenn **der andere Teil ihn nicht zurücknimmt**.[77] Ist der **Notar** nach dem von ihm beurkundeten Kaufvertrag hingegen **allein berechtigt**, den **Eintragungsantrag zu stellen**, und außerdem **von beiden Teilen bevollmächtigt** worden, den **Antrag auch wieder zurückzuziehen**, **soll** dies nach der Entsch des *BGH* v 19.5.2009[78] **nicht genügen**, weil es an einer gesicherten Rechtsposition des anderen Teils fehle, die ihm ohne sein Mitwirken nicht mehr entzogen werden könne. In einem ähnlichen, aber mglw nicht ganz übereinstimmenden Fall hat ein **anderer Senat des BGH** in Auseinandersetzung mit

---

72 Str; wie hier etwa *Henckel* KS-InsO, S 848 Rn 79; *Jaeger/Henckel* § 140 Rn 47; MK/*Kirchhof* § 140 Rn 24, 47; *Uhlenbruck/Ede/Hirte* § 140 Rn 13; *K/P/B/Ehricke* § 140 Rn 15; *Braun/Riggert* § 140 Rn 10; HambKomm/*Rogge/Leptien* § 140 Rn 20; *B/G/H/Haas* § 140 Rn 55; *K/S/W/Schäfer* Rn M98; *A/G/R/Gehrlein* § 140 Rn 15; **aA** zB *Häsemeyer* Rn 21.49; FK/*App* § 88 Rn 19; *K/P/B/Lüke* § 88 Rn 17; zweifelnd *Gerhardt* FS Greiner, S 37 f.

73 *OLG Ddorf* NZI 2015, 606.

74 *BGHZ* 166, 125 = ZIP 2006, 578 Rn 23; *BGH* ZIP 2009, 1285 Rn 22 – zu dem mit § 140 Abs 2 inhaltsgleichen § 8 Abs 2 AnfG; vgl auch *BGH* ZIP 1998, 514; 1999, 77; 2001, 935 – je zu § 10 Abs 3 GesO; MK/*Kirchhof* § 140 Rn 29, 39, 49; *Jaeger/Henckel* § 140 Rn 43, 44; FK/*Dauernheim* § 140 Rn 15; *Braun/Riggert* § 140 Rn 7; HambKomm/*Rogge/Leptien* § 140 Rn 23–28; *Uhlenbruck/Ede/Hirte* § 140 Rn 31; *B/G/H/Haas* § 140 Rn 63; *K/S/W/Schäfer* Rn M99–M101.

75 *BGH* ZIP 1997, 424; MK/*Kirchhof* § 140 Rn 29; *B/G/H/Haas* § 140 Rn 65, 66; *A/G/R/Gehrlein* § 140 Rn 17; ähnlich – mit Rücksicht auf den Wortlaut – wohl auch *Gerhardt* FS Greiner, S 39, jedoch mit – verhaltenem – Appell an den GGeber (aaO S 40); aM *Scherer* ZIP 2002, 346: § 140 Abs 2 soll auch eingreifen, wenn der Schu den Eintragungsantrag gestellt hat; diese Meinung vertritt – jedenfalls in erster Linie – auch *Bork* Einf in das InR, Rn 211; su § 147 Rn 5.

76 BT-Drucks 12/2443, 166; *Uhlenbruck/Ede/Hirte* § 140 Rn 32.

77 MK/*Kirchof* § 140 Rn 40; *K/S/W/Schäfer* Rn M102.

78 *BGH* 19.5.2009 – IX ZR 129/06, ZIP 2009, 1285 Rn 22 (zu § 8 Abs 2 AnfG).

der Entsch v 19.5.2009 **gegenteilig entschieden.**[79] Hier hatten die Parteien in der notariellen Urkunde die Eintragung bewilligt und beantragt, und die Urkunde war v Notar beim GBA eingereicht worden. Daraus entnahm der BGH, dass beide Parteien den Eintragungsantrag gestellt hatten, und ging davon aus, dass es an einem eigenen Antrag des Notars auf der Grundlage des § 15 GBO gefehlt habe. Deshalb maß das Gericht dem Umstand, dass der Notar von beiden Parteien bevollmächtigt war, gestellte Eintragungsanträge zurückzunehmen, keine Bedeutung zu. Es **fehle nicht** an einer **gesicherten Stellung** des **Erwerbers, wenn dieser** einer anderen Person eine **Vollmacht erteilt** habe, die diesen berechtige, den v Erwerber gestellten Eintragungsantrag zurückzunehmen. Der Erwerber erlange eine hinreichend gesicherte Stellung, wenn der Erwerb ohne seine Mitwirkung weder v bisherigen Eigentümer noch von Dritten verhindert werden könne. Die **Rücknahme** eines vondem Erwerber selbst gestellten Eintragungsantrags durch eine v ihm hierzu bevollmächtigte Person sei **nicht** als **Handeln eines Dritten** anzusehen; **vielmehr** sei sie gem § 164 Abs 1 BGB als eine **Rechtshandlung des Vollmachtgebers selbst** zu behandeln. Diese Erwägungen überzeugen. Inwieweit eine Diskrepanz zu der Entsch v 19.5.2009 besteht, ist nicht sicher auszumachen. In Fällen, in denen der Notar kraft Gesetzes ermächtigt ist, den von **ihm** gestellten Antrag mit Wirkung gegenüber dem anderen Teil zurückzunehmen (vgl § 24 Abs 3 BNotO iVm **§ 15 GBO** uä Vorschriften), ist dem Antrag des Notars nicht die gleiche Wirkung wie dem Eintragungsantrag des anderen Teils beizumessen.[80]

Die Darlegungs- und **Beweislast** für die Voraussetzungen des § 140 Abs 2 liegt bei demjeni- **12**
gen, der sich darauf zu seinem Vorteil beruft,[81] dh idR beim AnfGegner.

3. Vormerkung (S 2). Diese Regelung betrifft Fälle, in denen zur Sicherung des Anspruchs **13**
auf eine Rechtsänderung eine **Vormerkung** im Grundbuch, Schiffsregister, Schiffsbauregister oder im Register für Pfandrechte an Luftfahrzeugen mit der Folge eingetragen werden kann, dass dem Gl nach Eröffnung des InsVerf ein Anspruch gegen die Masse auf Verwirklichung der Rechtsänderung zusteht (§ 106). Hier gilt das Rechtsgeschäft bereits dann als vorgenommen, wenn der **andere Teil** (der Begünstigte, ggf für ihn ein Notar, vgl Rn 11) **den Antrag auf Eintragung** der Vormerkung **gestellt** hat und der vorgemerkte oder vorzumerkende Anspruch entstanden ist.[82]Obwohl bei der Vormerkung auch künftige Ansprüche gesichert werden können (§ 883 Abs 1 S 2 BGB), ist das Entstehen des Anspruchs unabdingbar für die Vorverlagerung nach S 2. Entspr S 1 ist zudem weitere Voraussetzung für die Vorverlagerung des Vornahmezeitpunkts, dass sämtliche sonstigen Erfordernisse für eine wirksame Vormerkung, insb eine entspr Bewilligung des Schu[83] vorliegen und dass diese Willenserklärung des Schu für ihn – entspr § 873 Abs 2 BGB[84] – bindend geworden ist.[85] Spätestens mit der Eintragung der Vormerkung hat der Begünstigte jedoch grds die von

---

79 *BGH* 19.7.2011 – X ZR 140/10, BGHZ 190, 281 = WM 2011, 2193 Rn 30–34.

80 *BGH* ZIP 2001, 935; MK/*Kirchhof* § 140 Rn 41; *Gerhardt* FS Greiner, S 39; *K/P/B/Ehricke* § 140 Rn 14; *Uhlenbruck/Ede/Hirte* § 140 Rn 32; *B/G/H/Haas* § 140 Rn 64; *A/G/R/Gehrlein* § 140 Rn 18.

81 Vgl *BGH* ZIP 1998, 514; 1999, 77; 2001, 935; 2009, 1285 Rn 22; MK/*Kirchhof* § 140 Rn 54; HambKomm/*Rogge/Leptien* § 140 Rn 38; *Uhlenbruck/Ede/Hirte* § 140 Rn 50 f; *B/G/H/Haas* § 140 Rn 72.

82 *BGH* ZIP 2010, 339 Rn 7; HambKomm/*Rogge/Leptien* § 140 Rn 30; *K/S/W/Schäfer* Rn M107.

83 Dazu *Palandt/Bassenge* § 885 Rn 8 ff.

84 Vgl *BGHZ* 28, 185 f = WM 1958, 1387; 131, 197 f = ZIP 1996, 87; 138, 186 f = ZIP 1998, 839; *K/P/B/Ehricke* § 140 Rn 16.

85 Vgl *BGH* ZIP 2010, 339 Rn 9; *Henckel* KS-InsO, S 848 Rn 79; MK/*Kirchhof* § 140 Rn 46 ff; *K/P/B/Ehricke* § 140 Rn 16; *B/G/H/Haas* § 140 Rn 67, 68. Zur Vornahme einer Vormerkung bei durch sie gesicherten künftigen oder bedingten Ansprüchen *Mitlehner* ZIP 2008, 897 ff.

§ 140 Abs 2 S 2 geforderte gesicherte Rechtsposition erlangt;[86] das gilt auch für den Erwerber eines Grundstücks und seinen Eintritt in ein Mietverhältnis nach § 571 BGB aF[87] (= § 566 BGB nF). Einer bindenden Auflassungserklärung bedarf es nicht.[88]

III. Bedingte und befristete Rechtshandlung (Abs 3)

14 Abs 3 erfasst nur Fälle, in denen die Rechtshandlung aus einem Rechtsgeschäft besteht, das mit einer Bedingung oder Befristung versehen wird; nicht die unbedingte Verfügung über bedingte Rechte (zum Mietvertrag oben Rn 5).

15 **1. Allgemeines; Abgrenzung betagte und befristete Forderungen.** **Aufschiebend** und **auflösend bedingte** oder **befristete**, dh mit einem Anfangs- oder Endtermin versehene Rechtshandlungen (§§ 158 ff BGB) sind gem § 161 Abs 1, 2, § 163 BGB während des Schwebezustands gegen Verfügungen, auch gegen solche des InsVerw, geschützt und vermitteln dem Gl bereits eine **gesicherte Rechtsstellung**,[89] die bei Eröffnung des InsVerf ohne die Anfechtung beachtet werden müsste.[90] Dies trifft zu, wenn ihm die Rechtsstellung nicht mehr entzogen werden kann und deren Eintritt nicht von freien Entsch des Schu oder eines Dritten abhängt.[91] Dies kann im Einzelfall schwierig zu bestimmen sein. Bei **befristeten** Rechtshandlungen iSv § 140 Abs 3 werden solche Termine erfasst, bei denen das Eintreten des künftigen Ereignisses, welches die Rechtswirkung der Handlung beeinflussen soll, nach der Vorstellung der Beteiligten gewiss und allenfalls dessen Zeitpunkt ungewiss ist.[92] Bei Rechtshandlungen, etwa der Begründung von oder der Verfügung über Forderungen, die mit einem Anfangs- oder Endtermin versehen sind, wird allg zwischen befristeten und betagten Rechtshandlungen unterschieden. **Befristete** Forderungen sind **in ihrem Bestehen**, **betagte** Forderungen nur hinsichtlich ihrer **Fälligkeit** vom Ablauf der Frist abhängig.[93] Eine **gesicherte Rechtsstellung** ist hier grds **nur** gegeben, **wenn** die **Forderung** nicht in ihrem Bestehen, sondern allein **in ihrer Fälligkeit** vom Ablauf einer Frist abhängt.[94] Deshalb spricht vieles dafür, dass **§ 140 Abs 3** nur in diesem Sinn **„betagte"** Rechtshandlungen (Forderungen) im Sinn hat. Bedingte und befristete im Sinne von betagten Rechtshandlungen werden grds unabhängig von der Eröffnung des InsVerf mit Eintritt der Bedingung oder des Termins wirksam oder unwirksam. § 91 Abs 1 findet insoweit keine Anwendung (§ 91 Rn 12).[95] § 41 Abs 1 bestimmt, dass nicht fällige, dh betagte Forderungen[96] als fällig gelten. Nach § 42 werden auflösend bedingte Forderungen vor Eintritt der Bedingung wie unbedingte Forderungen berücksichtigt. § 191 Abs 1 S 1 zufolge wird eine aufschiebend bedingte Forderung bei einer Abschlagsverteilung grds mit ihrem vollen Betrag berücksichtigt, nimmt also am InsVerf teil und kann angemeldet (§§ 174, 177) werden. An diesen Rechtszu-

86 Vgl *BGH* ZIP 2010, 339 Rn 7.
87 *BGHZ* 166, 125 = ZIP 2006, 578 Rn 23; *Jaeger/Henckel* § 140 Rn 49; *A/G/R/Gehrlein* § 140 Rn 19.
88 *BGH* ZIP 2010, 339 Rn 10; *K/S/W/Schäfer* Rn M108.
89 *BGH* ZIP 2007, 1507 Rn 17; *K/P/B/Ehricke* § 140 Rn 23. Zur gesicherten Rechtsposition *Gehrlein* ZInsO 2013, 1170 ff.
90 So Rn 2.
91 *BGH* ZIP 2009, 228 Rn 12; 2010, 335 Rn 20; 2012, 638 Rn 31 (zu § 91 Abs 1); *Gehrlein* ZInsO 2013, 1173 zu IV.
92 *BGH* ZIP 2010, 682 Rn 12.
93 *BGHZ* 182, 264 = ZIP 2010, 38 Rn 10; *BGH* ZIP 2012, 2358 Rn 13, 14; 2013, 1082 Rn 27.
94 *BGH* ZIP 2010, 335 Rn 20; vgl auch *BGH* ZIP 2013, 1181 Rn 19.
95 *BGH* ZIP 2007, 1507 Rn 17; 2010, 335 Rn 20 mwN; 2012, 2358 Rn 13, 14; 2013, 1082 Rn 27, 28; *B/G/H/Haas* § 140 Rn 75. Vgl *Jaeger/Henckel* KO § 15 Rn 60 ff; *Kilger/K Schmidt* § 15 KO Anm 4b, c; *Kuhn/Uhlenbruck* § 15 Rn 10 ff.
96 Vgl insoweit *K Schmidt/Thonfeld* § 41 Rn 2 mwN.

stand knüpft § **140 Abs 3** an; die Norm wurde geschaffen, weil bedingte und befristete (dh **betagte**) Forderungen im InsVerf geltend gemacht werden können.[97] Abs 3 **stellt klar**, dass (anders als etwa die Vorausabtretung oder die Pfändung künftiger Forderungen, so Rn 5)[98] bedingte oder befristete (betagte) Rechtshandlungen (gemeint sind **Rechtsgeschäfte**)[99] ohne Rücksicht auf den Eintritt der Bedingung oder des Termins mit „Abschluss der rechtsbegründenden Tatumstände“[100] als vorgenommen gelten.[101] Der Eintritt der Bedingung oder des Termins bleibt also außer Betracht.[102] § 140 Abs 3 ist auch **iRv § 96 Abs 1 Nr 3** für die Anfechtbarkeit und damit **Unzulässigkeit von Aufrechnungen** von Bedeutung.[103] Die **Beweislast** für die tatsächlichen Voraussetzungen des § 140 Abs 3 liegt wie bei § 140 Abs 2 bei demjenigen, der daraus Vorteile für sich herleiten will.[104]

2. Einzelfälle. In der Rspr des BGH wurde der **Begriff „befristet“** und wohl auch der **Begriff „bedingt“ nicht immer im Sinn einer „gesicherten Rechtsposition“ verstanden**. So sollte es für die Anfechtbarkeit des Erwerbs der Aufrechnungslage zunächst grds nicht darauf ankommen, wann die Aufrechnung zulässig wurde, sondern auf den Zeitpunkt, zu dem die spätere Forderung entstand und damit das Gegenseitigkeitsverhältnis begründet wurde.[105] Bei einer **Provisionsforderung** sollte deswegen, weil der Anspruch auf Provision nach § 87 Abs 1, 3 HGB durch die Ausführung des vermittelten Geschäfts aufschiebend bedingt ist, auf den Abschluss der Vereinbarung abgestellt werden.[106] **Mietzinsforderungen** sollten mit dem Abschluss des Mietvertrages iSv § 140 Abs 3 befristet entstehen.[107] Forderungen auf Rückzahlung zuviel gezahlter **Nebenkostenvorschüsse** sollten ebenfalls mit Abschluss des Mietvertrages aufschiebend bedingt durch Ablauf des Abrechnungszeitraums und eine tatsächlich eingetretene Überzahlung,[108] in einem Vermarktungsvertrag verein- 16

97 *BGHZ* 159, 396 = ZIP 2004, 1560.
98 *BGHZ* 182, 264 = ZIP 2010, 38 Rn 13 mwN; *BGH* ZIP 1997, 514.
99 *BGHZ* 167, 11 = ZIP 2006, 916 Rn 14; *BGHZ* 170, 196 = ZIP 2007, 191 Rn 18; 182, 264 = ZIP 2010, 38 Rn 13; *BGH* ZIP 2003, 809; 2008, 1488 Rn 14; 2010, 793 Rn 19; *Henckel* KS-InsO, S 848 f Rn 80; MK/*Kirchhof* § 140 Rn 50a; *Jaeger/Henckel* § 140 Rn 50, 55; *Uhlenbruck/Ede/Hirte* § 140 Rn 43; HambKomm/*Rogge/Leptien* § 140 Rn 33; *B/G/H/Haas* § 140 Rn 75; *G Fischer* ZIP 2004, 1684. Nach Ansicht des ***BSG*** in *BSGE* 105, 224 = ZIP 2010, 2309 Rn 31 ist § 140 Abs 3 **singngemäß** auf den vertragsärztlichen Honoraranspruch zu übertragen; dazu auch *BSG* ZIP 2011, 1972 Rn 12, 17. Der ***BFH*** wendet die Norm „unmittelbar, zumindest aber entsprechend“ auf einen Vorsteuervergütungsanspruch an, *BFHE* 231, 488 = ZIP 2011, 181 Rn 34, 35.
100 *BGHZ* 159, 395 = ZIP 2004, 1560; BT-Drucks 12/2443, 167.
101 *OLG München* ZInsO 2009, 2152 f; *K/P/B/Ehricke* § 140 Rn 18; *B/G/H/Haas* § 140 Rn 73.
102 *BGHZ* 157, 354 = ZIP 2004, 514 zu II, 2; 159, 395 = ZIP 2004, 1560; *BGH* ZIP 2005, 182.
103 *BGHZ* 159, 395 f = ZIP 2004, 1560; 190, 201 = ZIP 2011, 1523 Rn 9; *BGH* ZIP 2010, 682 Rn 13.
104 MK/*Kirchhof* § 140 Rn 54; HambKomm/*Rogge/Leptien* § 140 Rn 38.
105 *BGHZ* 159, 395 f = ZIP 2004, 1560 mit krit Bespr *Christiansen* InVo 2005, 126; *BGH* ZIP 2005, 182; 2007, 1507 Rn 15; 2010, 682 Rn 13; *BSGE* 105, 224 = ZIP 2010, 2309 Rn 30; MK/*Kirchhof* § 140 Rn 50b; *B/G/H/Haas* § 140 Rn 77; so Rn 5.
106 *BGHZ* 159, 395 f = ZIP 2004, 1560; *BGH* ZIP 2007, 1507 Rn 19; MK/*Kirchhof* § 140 Rn 52a; *B/G/H/Haas* § 140 Rn 80; *G. Fischer* ZIP 2004, 1683. Krit *v Olshausen* KTS 2009, 494–496. **Anders** nunmehr *BGH* ZIP 2012, 1254 Rn 11.
107 *BGHZ* 170, 196 = ZIP 2007, 191 Rn 18; *BGH* ZIP 2005, 182 zu 3 b; 2007, 239 Rn 13, 19; 2013, 1082 Rn 28; *Uhlenbruck/Ede/Hirte* § 140 Rn 49, 84; *B/G/H/Haas* § 140 Rn 89 (differenzierend).
108 *BGH* ZIP 2005, 182 mit zust Anm *Gundlach/Schmidt* NZI 2005, 165; ZIP 2007, 239 Rn 15, 19; 2007, 1507 Rn 19; krit *Beutler/Bierbach* EWiR 2007, 381; *v Olshausen* KTS 2009, 496–506; MK/*Kirchhof* § 140 Rn 52a.

barte **Monatspauschalen** aufschiebend bedingt oder befristet mit Abschluss des Vermarktungsvertrages entstehen.[109] **Unterdessen** ist der BGH für (gepfändete) **Mietzinsforderungen** ausdrücklich **von dieser Rspr abgerückt**. Er hält insoweit nicht mehr den Abschluss des Mietvertrages für maßgeblich, weil dieser noch keine gesicherte Rechtsstellung begründet, sondern stellt darauf ab, wann die Mietzinsforderungen werthaltig wurden, dh frühestens auf das **Erreichen des Nutzungszeitraums**, für den die jeweilige Mietrate geschuldet wird.[110] **Diese Rspr** hat der BGH inzwischen anhand eines Falles, der einen Fakturierungs- und Inkassovertrag über **Dienstleistungen** (zu Dienstleistungen allg so Rn 5 gegen Ende) auf dem Gebiet der Telekommunikation betraf, **präzisiert und erweitert**. Er nimmt an, dass auch bei der Herstellung der Aufrechnungslage von einer mehraktigen Rechtshandlung auszugehen ist, wobei insrechtlich bedeutsam die im wirtschaftlichen Erg einer Vollstreckung gleichkommenden Rechtsfolgen der Aufrechnung sind. Allein eine mit Abschluss eines Vertrages entstandene Aufrechnungslage bringt dem Gegner noch keinen unmittelbaren wirtschaftlichen Nutzen. Solange der Schu nichts geleistet hat, wofür der Gl eine Vergütung schuldet, besteht für ihn keine Befriedigungsmöglichkeit im Wege der Aufrechnung. Die Aufrechnungslage als Befriedigungsmöglichkeit entsteht vielmehr erst durch die Inanspruchnahme der Leistung des Schu. Es kommt also darauf an, wann dessen Forderung **werthaltig** geworden ist. Wann die Werthaltigkeit eingetreten ist, ist jeweils für den Einzelfall zu prüfen. Das traf im konkreten Fall mit der Bestätigung der Verbindungsdaten durch die Beklagte zu, nicht bereits mit der Herstellung der Verbindungen und nicht erst mit Rechnungserteilung oder -zugang oder gar der Zahlung der Kunden. Mit der Bestätigung der Kommunikationsfälle wurden die rechtsbegründenden Tatumstände abgeschlossen und damit die gesicherte Rechtsstellung des Schu begründet, die für die Anwendung von § 143 Abs 3 und zugleich für die Beurteilung der Aufrechnungslage nach § 96 Abs 1 Nr 3 maßgebend ist.[111] In Zukunft werden vergleichbare Fälle nach diesen Maßstäben zu beurteilen sein.

17 Der Inhaber eines **widerruflichen Bezugsrechts aus einer Lebensversicherung** hat vor dem Versicherungsfall weder ein bedingtes noch ein befristetes Recht und damit keine **gesicherte Rechtsposition**, sondern nur eine tatsächliche Erwerbsaussicht erlangt,[112] so dass Abs 3 keine Anwendung findet.[113] Das Gleiche gilt für die **Vertragspflicht des Beauftragten aus § 667 BGB**, dem Auftraggeber alles aus der Geschäftsbesorgung Erlangte herauszugeben. Diese Schuld entsteht erst mit der Erlangung der jeweiligen Gegenstände; vorher ist sie weder bedingt noch betagt, sondern räumt dem Beauftragten nur eine mehr oder weniger

109 *BGHZ* 159, 397 = ZIP 2004, 1561.

110 *BGHZ* 182, 264 = ZIP 2010, 38 Rn 11 – 14 mit zust Anm *Kreft* WuB VI A. § 140 InsO 1.10; *BGH* ZIP 2010, 335 Rn 21, 31 (auch zur Verpfändung künftiger Gewinnforderungen aus der Beteiligung an einer GbR); zum **Provisionsanspruch** des Versicherungsvertreters *BGH* ZIP 2012, 1254 Rn 11; *Gottwald/M Huber* § 46 Rn 23; *K/S/W/Schäfer* Rn M132 f; *Gehrlein* ZInsO 2013, 1170 zu 1 a; so Rn 5.

111 *BGH* ZIP 2010, 682 Rn 13, 20, 21. **AA** wohl noch *Uhlenbruck/Ede/Hirte* § 140 Rn 49 (der Anspruch auf Vergütung von Dienstleistungen ist ein befristeter Anspruch, so dass nach § 140 Abs 3 auf den Vertragsschluss abzustellen ist). Demgegenüber ist – wie oben zu Rn 5 ausgeführt – beim Werkvertrag allein § 140 Abs 1 heranzuziehen, *BGHZ* 190, 201 = ZIP 2011, 1523 Rn 10. Zur Entstehung der Aufrechnungslage bei **Honoraransprüchen des Vertragsarztes** gegen die Kassenärztliche Vereinigung unter sinngemäßer Anwendung von § 140 Abs 3 so Rn 5, 15.

112 So Rn 3, 5.

113 Zur Voraussetzung einer gesicherten Rechtsposition für die Anwendung von § 140 Abs 3 auch *BGHZ* 182, 264 = ZIP 2010, 38 Rn 14; *BGH* ZIP 2007, 1507 Rn 17; *G Fischer* ZIP 2004, 1680.

starke tatsächliche Aussicht auf den Erwerb eines zukünftigen Anspruchs ein.[114] Bei der **Pfändung einer künftigen Forderung** ist die Entstehung der Forderung keine Bedingung der Pfändung.[115] Lastschriftzahlungen im Wege des **EinzugsermächtigungsVerf** sind vor einer Genehmigung des Schu nicht – auch nicht auflösend bedingt – erfüllt;[116] § 140 Abs 3 greift mithin nicht ein.[117] Der **Eintritt des InsFalles** ist nicht als Bedingung iSv Abs 3 anzusehen.[118] Nach der Begr zu § 159 RegE ist als befristete Rechtshandlung auch die **Kündigung** zu einem zukünftigen Termin zu werten.[119] Sie ist mit Zugang der Kündigungserklärung vorgenommen, weil auch diese als befristete Rechtshandlung iSv § 140 Abs 3 verstanden werden kann.[120]

114 *BGH* ZIP 2007, 1509 Rn 16, 18 (RevisionsEntsch zu *KG* ZIP 2006, 2001) mit Anm *Kreft* WuB VI A § 96 InsO 3.08; vgl auch *BGH* ZIP 2008, 650 Rn 10; *Uhlenbruck/Ede/Hirte* § 140 Rn 48, 96; *Gottwald/M Huber* § 46 Rn 22; *B/G/H/Haas* § 140 Rn 82; *K/S/W/Schäfer* Rn M111.
115 *BGHZ* 182, 264 = ZIP 2010, 38 Rn 13 mwN; *BGH* ZIP 2003, 809; *BFHE* 209, 37 ff = ZIP 2005, 1183 f.
116 *BGHZ* 161, 49 = ZIP 2004, 2443 f; so Rn 5.
117 *G Fischer* ZIP 2004, 1682; *Spliedt* ZIP 2005, 1266 f; *B/G/H/Haas* § 140 Rn 84; auch *BGH* ZIP 2008, 1242 f zieht diese Norm nicht heran.
118 *BAG* ZIP 2006, 1370 = NZI 2007, 61 Rn 36; MK/*Kirchhof* § 140 Rn 52c mwN; *Uhlenbruck/Ede/Hirte* § 140 Rn 47; *Gottwald/M Huber* § 46 Rn 22; *B/G/H/Haas* § 140 Rn 84; *K/S/W/Schäfer* Rn M130; **aA** HambKomm/*Rogge/Leptien* § 140 Rn 34.
119 BT-Drucks 12/2443, 167; *Jaeger/Henckel* 140 Rn 55; MK/*Kirchhof* § 140 Rn 53; *K/P/B/Ehricke* § 140 Rn 21; *Uhlenbruck/Ede/Hirte* § 140 Rn 49.
120 *BGH* ZIP 2010, 682 Rn 12.

§ 141 Vollstreckbarer Titel

Die Anfechtung wird nicht dadurch ausgeschlossen, dass für die Rechtshandlung ein vollstreckbarer Schuldtitel erlangt oder dass die Handlung durch Zwangsvollstreckung erwirkt worden ist.

Übersicht

A. Allgemeines

1 Die Norm ist wortgleich mit § 160 RegE. Sie entspricht § 35 KO und **stellt klar**, dass die Anf weder durch einen Vollstreckungstitel noch durch die Einschaltung der staatlichen Vollstreckungsorgane gehindert wird.[1] „Wenn eine Handlung … anfechtbar ist, so darf deren Anf nicht dadurch verhindert oder erschwert werden, dass der GemeinSchu im Wege der Zwangsvollstreckung zur Vornahme der Handlung sich hatte bewegen lassen, oder dass ein Vollstreckungstitel erwirkt ist, aufgrund dessen er sich dazu hätte zwingen lassen können."[2] § 141 schließt die Anf in den genannten Fällen lediglich nicht aus. Ob Zwangsvollstreckungsmaßnahmen als solche anfechtbar sein können, ist eine Frage des jeweiligen Tatbestands und zu verneinen, soweit eine Rechtshandlung des Schu vorausgesetzt wird (§§ 132,

1 BT-Drucks 12/2443, 167; *BAG* ZIP 2014, 91 Rn 29; *B/G/H/Haas* § 141 Rn 3; *K/S/W/Wagner* Rn N1–N5; *Cranshaw/Hinkel/Zenker* § 141 Rn 1.
2 Mot KO, 143.

133, 134); dann kann ggf an das der Zwangsvollstreckung vorgelagerte Verhalten des Schu angeknüpft werden. Bei § 141 geht es demgegenüber um die Klarstellung, dass die Anfechtung einer Rechtshandlung nicht daran scheitert, dass die Rechtshandlung nur aufgrund Zwangsvollstreckung bewirkt wurde oder auf die Rechtshandlung ein titulierter Anspruch bestand.

B. Erläuterungen

I. Vollstreckbarer Schuldtitel

2 Nach dem Wortlaut der Norm ist **AnfGegenstand** nicht der Schuldtitel, sondern die **Rechtshandlung**, für die ein vollstreckbarer Titel erlangt worden ist (vgl bereits Mot KO, 143 f). Gemeint ist insb der Fall, dass der Schu eine Leistung freiwillig erbringt, aber insoweit ein Titel auf die Leistung bestand. Gemeint sind also nicht die durch einen staatlichen Hoheitsakt erlangten Schuldtitel selbst, sondern nur die sie zu erwirkenden Rechtshandlungen des TitelGl sowie ferner fördernde Rechtshandlungen des Schu, die zum Titel führen und ihm zugrundeliegen.[3] Die Rechtshandlung kann dem Titel zugrunde liegen, wenn etwa aufgrund eines anfechtbaren Rechtsgeschäfts des Schu eine (nicht bestehende) Forderung gegen den Schu tituliert worden ist und vom Gl zur Tabelle angemeldet wird.[4] Im WiderspruchsVerf (§ 179 Abs 2) kann der InsVerw das Rechtsgeschäft anfechten. In diesem Fall besteht die Rechtsfolge der Anfechtung gleichwohl darin, dass die gläubigerbenachteiligenden Wirkungen beseitigt werden, also der Gl den Titel letztlich aufgeben muss; *in diesem Sinne* ist letztlich auch der Titel anfechtbar. Die Rechtshandlung kann aber auch darin liegen, dass der Schu den vollstreckbaren Anspruch freiwillig erfüllt. Dann kann diese Rechtshandlung mit der Rechtsfolge der Rückgewähr des Erlangten angefochten werden.[5]

3 Vollstreckbare Schuldtitel sind insb vorl vollstreckbare und rechtskräftige Urteile (§ 704 ZPO), die in § 794 Nr 1–5 ZPO aufgeführten weiteren Titel, der ZuschlagsBeschl (§ 93 ZVG), der Auszug aus der InsTabelle über eine festgestellte Forderung (§ 201 Abs 2), Arrestbefehl und einstweilige Verfügung (§§ 928, 936 ZPO).[6] Wenn die Rechtshandlungen, die zu dem Schuldtitel geführt haben, anfechtbar sind, wird daran durch den Titel nichts geändert.

II. Zwangsvollstreckung

4 § 141 soll nicht die Anfechtbarkeit auf Vollstreckungsmaßnahmen ausdehnen, sondern deutlich machen, dass eine nach §§ 130–137 anfechtbare Rechtshandlung nicht allein deshalb von der Anf ausgeschlossen ist, weil sie im Wege des Vollstreckungszwangs vorgenommen wurde.[7] Zwangsvollstreckung iSv § 141 ist auch die Vollziehung eines **Arrestes** oder einer **einstweiligen Verfügung**.[8] Dies war in § 12 RegE ausdrücklich bestimmt. Die Vorschrift wurde auf Empfehlung des RAussch mit Rücksicht darauf, dass im Achten Buch der ZPO unter der Bezeichnung „Zwangsvollstreckung" sowohl die Einzelzwangsvollstreckung als

---

3 MK/*Kirchhof* § 141 Rn 5; *Jaeger/Henckel* § 141 Rn 6; *Uhlenbruck/Hirte/Ede* § 141 Rn 3; HambKomm/*Rogge/Leptien* § 141 Rn 4; *B/G/H/Haas* § 141 Rn 8; *Cranshaw/Hinkel/Zenker* § 141 Rn 4; vgl aber *K/S/W/Wagner* Rn N15.

4 Zur Anf der Begr von titulierten Scheinansprüchen vgl *RG* JW 1906, 234; MK/*Kirchhof* § 141 Rn 7; *Uhlenbruck/Hirte/Ede* § 141 Rn 4.

5 *Braun/Riggert* § 141 Rn 2; MK/*Kirchhof* § 141 Rn 5; *B/G/H/Haas* § 141 Rn 5.

6 MK/*Kirchhof* § 141 Rn 6; *Uhlenbruck/Hirte/Ede* § 141 Rn 2; *Jaeger/Henckel* § 141 Rn 3; *K/P/B/Ehricke* § 141 Rn 2; *B/G/H/Haas* § 141 Rn 6, 7; im Einzelnen *K/S/W/Wagner* Rn N18.

7 Vgl *Jaeger/Henckel* § 141 Rn 7; *Henckel* KS-InsO, S 849 Rn 81; *K/P/B/Ehricke* § 141 Rn 1.

8 Vgl Begr zu § 160 RegE, BT-Drucks 12/2443, 167; MK/*Kirchhof* § 141 Rn 8; HambKomm/*Rogge/Leptien* § 141 Rn 6; *Cranshaw/Hinkel/Zenker* § 141 Rn 6.

auch Arrest und einstweilige Verfügung abgehandelt werden, als entbehrlich gestrichen.[9] Die Anf richtet sich gegen die **Wirkungen** der Vollstreckungshandlung.[10] Der Meinung, der Vollstreckungstitel sei zusammen mit der Vollstreckungshandlung anfechtbar, wenn aus ihm vollstreckt werde,[11] ist nicht zu folgen.[12] Der Titel ist insoweit über das Verfahrensrecht zu beseitigen; davon zu unterscheiden ist die Rechtsfolge der Anfechtung der den Titel begründenden Handlungen, o Rn 1. Soweit § 88 eingreift, bedarf es idR keiner Anf.[13]

Zum Verhältnis der Anf der anspruchsbegründenden Rechtshandlung einerseits und der Vollstreckungshandlung andererseits sowie zur Konkurrenz der Anf mit vollstreckungsrechtlichen Rechtsbehelfen im Einzelnen *Jaeger/Henckel* § 141 Rn 9; MK/*Kirchhof* § 141 Rn 4. **5**

§ 142 Bargeschäft

(1) Eine Leistung des Schuldners, für die unmittelbar eine gleichwertige Gegenleistung in sein Vermögen gelangt, ist nur anfechtbar, wenn die Voraussetzungen des § 133 Absatz 1 bis 3 gegeben sind und der andere Teil erkannt hat, dass der Schuldner unlauter handelte.

(2) [1]Der Austausch von Leistung und Gegenleistung ist unmittelbar, wenn er nach Art der ausgetauschten Leistungen und unter Berücksichtigung der Gepflogenheiten des Geschäftsverkehrs in einem engen zeitlichen Zusammenhang erfolgt. [2]Gewährt der Schuldner seinem Arbeitnehmer Arbeitsentgelt, ist ein enger zeitlicher Zusammenhang gegeben, wenn der Zeitraum zwischen Arbeitsleistung und Gewährung des Arbeitsentgelts drei Monate nicht übersteigt. [3]Der Gewährung des Arbeitsentgelts durch den Schuldner steht die Gewährung dieses Arbeitsentgelts durch einen Dritten nach § 267 des Bürgerlichen Gesetzbuchs gleich, wenn für den Arbeitnehmer nicht erkennbar war, dass ein Dritter die Leistung bewirkt hat.

Übersicht

9 BT-Drucks 12/7302, 156.

10 *Uhlenbruck/Hirte/Ede* § 141 Rn 6; *B/G/H/Haas* § 141 Rn 12; *K/S/W/Wagner* Rn N19; so § 129 Rn 7.

11 *RGZ* 126, 307; *Kilger/K Schmidt* § 35 KO Anm 2.

12 *Jaeger/Henckel* § 141 Rn 8; MK/*Kirchhof* § 141 Rn 5; *K/S/W/Wagner* Rn N4; *K Schmidt/Büteröwe* § 141 Rn 3; wohl auch *Uhlenbruck/Hirte/Ede* § 141 Rn 3. Vgl *BGH* ZIP 1991, 1017 zu C, 1.

13 MK/*Kirchhof* § 141 Rn 9; HambKomm/*Rogge/Leptien* § 141 Rn 6 aE; *K/P/B/Ehricke* § 141 Rn 3 aE; *B/G/H/Haas* § 141 Rn 4; *K/S/W/Wagner* Rn N11; so § 131 Rn 26.

Literatur: *Ganter* Bargeschäfte (§ 142 InsO) von Dienstleistern, ZIP 2012, 2037; *Kayser* Der Rechtsgedanke des Bargeschäfts – Ein Beitrag zu den Grenzen des Anwendungsbereichs des § 142 InsO –, FS G Fischer, 2008, S 267; *Raschke* Funktion und Abgrenzung des Bargeschäftstatbestandes in § 142 InsO, Diss Hamburg 1999.

A. Allgemeines

I. Gesetzgebungshinweise

1 § 142 ist mit dem G v 29.3.2017 mWv 5.4.2017 novelliert worden. Die Anfechtung von Bargeschäften über den weiterhin möglichen § 133 wird gegenüber dem bisherigen Rechtszustand erschwert, weil über Abs 1 das Erfordernis einer unlauteren Handlung des Schu und die Anforderung an die Kenntnis des anderen Teils eingezogen wird. In Abs 2 S 2 wird die Rechtsprechung des BAG zum Drei-Monats-Zeitraum bei Arbeitnehmerlöhnen kodifiziert und der Fall der Zahlung von Arbeitnehmerlohn durch Dritte geregelt. Im Übrigen bedeutet die Reform aber keine Abweichung von den tatbestandlichen Voraussetzungen eines Bargeschäfts.

II. Normzweck und Systematik

2 Nach der Begr des RegE zur InsO entspricht die Vorschrift dem Grundsatz des Konkursrechts, dass Bargeschäfte nicht der Anf wegen **kongruenter und inkongruenter** Deckung (su Rn 12 f) unterfallen und dass auch eine **unmittelbar nachteilige** Rechtshandlung **nicht** vorliegt, wenn der Schu für seine Leistung eine gleichwertige Gegenleistung erhält. Systematisch gehört die Norm daher nach Henckel[1] hinter § 132. Richtigerweise gehört sie allerdings hinter §§ 130, 131, weil sie nur die Deckungsanfechtung ausschließt (zu § 135 Rn 9), mit § 132 hat § 142 im Grunde nichts zu tun.[2] Die Benachteiligung der Gl, die in der Leistung des Schu liegt, bleibt außer Betracht, weil sie durch die Gegenleistung wieder ausgeglichen wird und deshalb keine Vermögensverschiebung zu Lasten des Schu, sondern eine bloße **Vermögensumschichtung** stattfindet.[3] Eine Anf ist in diesen Fällen nur möglich, wenn die Voraussetzungen der **VorsatzAnf** vorliegen, weil diese auch **mittelbare Benachteiligungen** der InsGl erfasst (so § 129 Rn 64 f). Der entscheidende Grund für die Ausnahmeregelung ist der wirtschaftliche Gesichtspunkt, dass ein Schu, der sich in der Krise befindet, praktisch **vom Geschäftsverkehr ausgeschlossen** würde, wenn selbst die von ihm abgeschlossenen wertäquivalenten Bargeschäfte der Anf unterlägen.[4] Die Vorschrift kommt nur zur Anwendung, wenn Leistung und Gegenleistung miteinander verknüpft sind. Dies wird durch die Worte „für die" zum Ausdruck gebracht. Das Wort „unmittelbar" besagt, dass zwischen Leistung und Gegenleistung ein enger zeitlicher Zusammenhang bestehen muss. Wie schon nach geltendem Recht steht der Annahme eines Bargeschäfts aber nicht entgegen, dass zwischen der Leistung des Vertragspartners und der Gegenleistung des Schu eine gewisse Zeitspanne liegt. Sie darf jedoch nicht so lang sein, dass das Rechtsgeschäft unter Berücksichtigung der üblichen Zahlungsgebräuche den **Charakter eines Kreditgeschäfts** annimmt.[5] Bei

---

1 InsR im Umbruch, S 251; *Jaeger/Henckel* § 142 Rn 2 („§ 142 ergänzt § 132 Abs 1"); vgl auch *Henckel* KS-InsO, S 834 Rn 47. Dazu krit *K/S/W/Wagner* Rn O12, O13.

2 Näher *Thole* Gläubigerschutz, S 371 ff.

3 Vgl BT-Drucks 12/2443, 167 zu § 161; *BGHZ* 123, 323 = ZIP 1993, 1654; *BGH* ZIP 2005, 1245 zu III, 1; 2010, 2009 Rn 24, 30; *BAGE* 147, 172 = ZIP 2014, 628 Rn 48; *L/S/Z/Zeuner* § 142 Rn 2. Su Rn 6.

4 BT-Drucks 12/2443, 167; *BGHZ* 167, 190 = ZIP 2006, 1261 Rn 30; *BGH* ZIP 2010, 682 Rn 30; 2010, 2009 Rn 24; *BAG* ZIP 2014, 91 Rn 38; *BAGE* 147, 172 = ZIP 2014, 628 Rn 47; *Jaeger/Henckel* § 142 Rn 12; *Uhlenbruck/Ede/Hirte* § 142 Rn 1; *K/S/W/Wagner* Rn O4.

5 BT-Drucks 12/2443, 167; MK/*Kirchhof* § 142 Rn 1, 15.

der Bestimmung des § 142 handelt es sich um eine **Ausnahmevorschrift**, die grds **nicht erweiternd auszulegen** ist.[6] Ungeklärt ist die Frage, inwieweit das Bargeschäftsprivileg auf **Gesellschafterdarlehen** und gleichgestellte Gesellschafterleistungen anwendbar ist.[7] Der *BGH* hat die Frage in einem NichtannahmeBeschl m der Begr offengelassen, die Frage der Anwendbarkeit des Bargeschäftseinwands auf die Rückzahlung des Darlehens eines Gesellschafters innerhalb des nach § 135 Abs 1 Nr 2 maßgeblichen Zeitraums stelle sich nicht, weil die Rückzahlung eines Darlehens nicht als Bargeschäft gewertet werden könne (zum Problem Rn 12).[8]

B. Erläuterungen

I. Leistung des Schuldners und Gegenleistung

Ein Bargeschäft iSd § 142 liegt vor, wenn der Schu in **engem zeitlichen** Zusammenhang mit seiner Leistung aufgrund einer **Vereinbarung** mit dem AnfGegner eine der Vereinbarung entspr **gleichwertige** Leistung **erhalten** hat.[9] Es ist demnach – jedenfalls in aller Regel[10] – eine **rechtsgeschäftliche Verknüpfung** von Leistung und Gegenleistung erforderlich, ein lediglich wirtschaftlicher Zusammenhang genügt nicht.[11] Die Abrede muss auf einen unmittelbaren Leistungsaustausch zwischen dem Schu und dem AnfGegner gerichtet sein.[12] **Ferner muss** die **Leistung** des anderen Teils **tatsächlich** in das **Aktivvermögen des Schu gelangt** sein; eine bloße Verringerung der Verbindlichkeiten durch Erlöschen der befriedigten Forderung reicht als Gegenleistung ebenso wenig aus wie die Aufrechnung oder Verrechnung mit einem schon bestehenden Anspruch gegen einen neuen Anspruch des Schu.[13] Das Erfordernis bedeutet allerdings nicht, dass die Leistung des anderen Teils gegenständlich vorhanden sein muss und bilanzrechtlich aktivierbar sein muss; auch Dienstleistungen und Beratungstätigkeiten können genügen; insofern ist eine verkörperte Zugriffsmöglichkeit der Gl nicht zu verlangen.[14] Das **Stehenlassen** einer Darlehensforderung enthält keine ausgleichende Gegenleistung, weil allein damit dem Schu kein neuer Vermögenswert zugeführt wird; er hat ihn vielmehr bereits durch die Darlehensgewährung erhalten, und das bloße 3

6 *BGH* ZIP 2010, 2009 Rn 35 unter Hinweis auf *BGHZ* 174, 297 = ZIP 2008, 183 Rn 43 (Globalzession); *BAGE* 147, 172 = *BAG* ZIP 2014, 628 Rn 47; zust *K Schmidt/Ganter/Weinland* § 142 Rn 6; grds ebenfalls *K/S/W/Wagner* Rn O39–O42, O63–O65. Vgl aber *Ganter* NZI 2010, 553 f (zur Betriebsfortführung durch den vorl InsVerw trotz Globalzession).

7 So § 135 Rn 11, 16, 9 f, 41 mN; ferner etwa *Rühle* ZIP 2009, 1360 f; *Marotzke* ZInsO 2013, 641 ff; *K/S/W/Wagner* Rn O15 und *K Schmidt/Ganter/Weinland* § 142 Rn 11 je m Wiedergabe des Streitstands.

8 *BGH* NZI 2013, 816; ähnlich *OLG Celle* ZIP 2012, 2115 zu 2 b; su Rn 3.

9 Vgl *BGHZ* 157, 360 = ZIP 2004, 517; 174, 297 = ZIP 2008, 183 Rn 41 (Globalzession); 184, 101 = ZIP 2010, 739 Rn 13; *BGH* ZIP 2005, 1245; 2006, 290 Rn 16; 2010, 682 Rn 30; 2010, 2009 Rn 24; auch ZIP 2008, 232 Rn 19; *BAG* ZIP 2014, 91 Rn 38; *BAGE* 147, 172 = BAG ZIP 2014, 628 Rn 48; *Uhlenbruck/Ede/Hirte* § 142 Rn 10; ähnlich *K Schmidt/Ganter/Weinland* § 142 Rn 13. Zum **Leistungsbegriff** im Einzelnen *K/S/W/Wagner* Rn O17–24.

10 Zu einer Ausnahme su Rn 4, 13.

11 *BGHZ* 174, 297 = ZIP 2008, 183 Rn 42; *BGH* ZIP 2010, 682 Rn 30; 2010, 2009 Rn 26; vgl auch *BGH* ZIP 2009, 1122 Rn 12.

12 *BGH* ZIP 2010, 2009 Rn 27.

13 *BGH* ZIP 2010, 682 Rn 36; *K/P/B/Ehricke* § 142 Rn 3; MK/*Kirchhof* § 142 Rn 4a; *K/S/W/Wagner* Rn O26–38; *K Schmidt/Ganter/Weinland* § 142 Rn 13, 49.

14 Strenger wohl *K Schmidt/Ganter/Weinland* § 142 Rn 14.

Unterlassen der Rückforderung bedeutet keine Zuführung eines neuen Vermögenswertes.[15] Ferner ist die **Rückzahlung** eines **Darlehens keine Gegenleistung** für die **Darlehensgewährung**.[16] Auch eine von dem AnfGegner an einen Dritten erbrachte Zuwendung ist keine Gegenleistung iSd Bargeschäfts, weil sie dem Zugriff der (übrigen) Gl nicht offensteht.[17] Bei einer **Globalzession** ist ein Bargeschäft auch nicht deshalb zu bejahen, weil die Bank dem Sicherungsgeber gestattet, die abgetretenen Forderungen einzuziehen und dafür die Auffüllung der Sicherheit durch Entstehen neuer Forderungen verlangen kann. Es fehlt an der für ein Bargeschäft notwendigen Verknüpfung zwischen Leistung und Gegenleistung; denn der Erwerb neuer Forderungen erfolgt unabhängig davon, was aus den dem Schu zur Einziehung überlassenen Forderungen geworden, insb welcher Wert ihm daraus zugeflossen ist, zumal da die neuen Forderungen auch in ihrem wirtschaftlichen Wert den untergegangenen Forderungen typischerweise nicht gleichkommen.[18] Die Leistung des Schu und die Gegenleistung können in der Erfüllung **beliebiger gegenseitiger Verträge** bestehen,[19] etwa von Kaufverträgen[20] oder von Dienst- und Geschäftsbesorgungsverträgen.[21] Auch weniger enge vertragliche Absprachen sollen möglich sein.[22] Auch **länger dauernde Vertragsbeziehungen** scheiden nicht von vornherein als Bargeschäfte aus.[23] Diese liegen vor, wenn die jeweiligen Leistungen und Gegenleistungen zeitlich oder gegenständlich teilbar sind und zeitnah – entweder in Teilen oder abschnittsweise – ausgetauscht werden.[24] Auf beiden Seiten kommen Leistungen mit wirtschaftlichem Wert jeder Art in Betracht.[25] Auf die **Reihenfolge** der Leistungen kommt es grds nicht an, so dass auch eine Vorleistungspflicht des Schu ein Bargeschäft nicht ausschließt.[26] Der Schu kann mit seiner Leistung auch die **Gegenleistung absichern**,[27] zB ein Darlehen durch Bestellung einer Hypothek oder einer Grundschuld,[28] einen Kredit durch ein AGB-Pfandrecht[29] oder durch Forderungsabtretungen in Form von Lastschrifteinreichungen aufgrund Sammeleinzugsauftrags[30] oder den Anspruch auf Übertra-

15 *BGHZ* 174, 297 = ZIP 2008, 183 Rn 41; *BGH* ZIP 2010, 682 Rn 30; *Uhlenbruck/Ede/Hirte* § 142 Rn 27; *K Schmidt/Ganter/Weinland* § 142 Rn 47. So § 134 Rn 19. Das Gleiche gilt für eine **Kreditverlängerung**, *BGH* 6.10.2011 – IX ZR 24/11 Rn 3.

16 *BGH* ZIP 2013, 734 Rn 27; *OLG Celle* ZIP 2012, 2115 zu 2 b mwN; *K Schmidt/Ganter/Weinland* § 142 Rn 13; so Rn 2 aE.

17 *BGH* ZIP 2010, 2009 Rn 30; *Ganter* ZIP 2012, 2038.

18 *BGHZ* 174, 297 = ZIP 2008, 183 Rn 42.

19 *BGHZ* 167, 190 = ZIP 2006, 1261 Rn 32; *BAG* ZIP 2008, 1188 f Rn 48; vgl auch *BGH* ZIP 2008, 232 Rn 19; *B/G/H/Haas* § 142 Rn 15.

20 *BGHZ* 123, 320 = ZIP 1993, 1653; *BGH* ZIP 1980, 518 f; 2007, 1472 Rn 50, 51; 2008, 1241 Rn 12.

21 *BGHZ* 28, 344 = WM 1959, 28; *BGH* ZIP 1988, 324 f (Leistungen eines Wirtschaftsprüfers und Diplomkaufmanns im Hinblick auf ein gerichtliches VergleichsVerf); *BGHZ* 77, 250 = WM 1980, 1047 (Leistungen eines RA oder Steuerberaters im Verf über den Antrag auf Eröffnung eines VergleichsVerf); *BGH* ZIP 2002, 1541; *BGHZ* 167, 190 = ZIP 2006, 1261 (Leistungen eines RA); *BGH* ZIP 2008, 232 Rn 20 und 2013, 333 Rn 21 – jeweils Dienstleistungen von Rechtsanwälten und Steuerberatern.

22 MK/*Kirchhof* § 142 Rn 5; *K/P/B/Ehricke* § 142 Rn 10; *B/G/H/Haas* § 142 Rn 15.

23 *BGHZ* 167, 190 = ZIP 2006, 1261 Rn 32; su Rn 7.

24 *BGHZ* 167, 190 = ZIP 2006, 1261 Rn 34; 177, 69 = ZIP 2008, 1977 Rn 43. Su Rn 7.

25 *BAG* ZIP 2008, 1184 Rn 48.

26 *BGH* ZIP 2010, 682 Rn 31; *Ganter* ZIP 2012, 2038; su Rn 15.

27 MK/*Kirchhof* § 142 Rn 13c; *K Schmidt/Ganter/Weinland* § 142 Rn 16 f.

28 *BGH* WM 1955, 404; NJW 1977, 718; MK/*Kirchhof* § 142 Rn 13c.

29 *BGH* NJW 1998, 2597; *Jaeger/Henckel* § 142 Rn 13.

30 *BGHZ* 70, 186 = WM 1978, 135 f.

gung eines Grundstücks durch Bestellung einer Auflassungsvormerkung.[31] Insoweit kann die Gewährung einer Sicherheit durch den Schu gegen Erhalt des Darlehens ein Bargeschäft sein; das ist im Lichte des Normzwecks allerdings zu überdenken, weil die Verschaffung von Krediten nicht zu den Alltagsgeschäften gehört, die dem Schu in der Krise noch möglich bleiben sollen und auch besicherter Kredit ein Kredit ist. Umgekehrt kann nach Auff der Rspr die Freigabe einer Sicherheit gegen Rückzahlung des gesicherten Darlehens oder gegen Zahlung des gesicherten Guthabens ein Bargeschäft sein.[32] Die Vereinbarung eines **Frachtführers** mit dem Absender (späteren Schu) und dem Empfänger, den vorerst unter Berufung auf das Frachtführerpfandrecht angehaltenen Transport auszuführen, sofern die bei Ablieferung des Frachtguts zu realisierende Werklohnforderung gegen den Empfänger in entspr Höhe an den Frachtführer abgetreten oder das Pfandrecht darauf erstreckt wird, ist ein unanfechtbares Bargeschäft, wenn der Wert des Frachtführerpfandrechts dem Wert der abgetretenen oder verpfändeten Forderung entspricht.[33] Demgegenüber scheidet ein **pauschales „Sicherheiten-Kontokorrent"** in Form des Vergleichs des Gesamtwerts von Sicherheiten zu Beginn und am Ende des von der Anf erfassten Zeitraums für einen Kredit als Bargeschäft aus.[34] Deshalb kann bei Vereinbarung einer **Globalzession** als Sicherheit für einen bestimmten Kredit ein Bargeschäft nicht mit der Erwägung begründet werden, die Bank gestatte dem Sicherungsgeber, die abgetretenen Forderungen einzuziehen, und könne dafür die Auffüllung der Sicherheit durch Entstehen neuer Forderungen verlangen. Es fehlt schon im Ansatz an einer auf einen gleichwertigen Leistungsaustausch ausgerichteten vertraglichen Vereinbarung. IÜ kann nicht davon ausgegangen werden, dass die neuen Forderungen den untergegangenen nicht nur betragsmäßig, sondern auch in ihrem wirtschaftlichen Wert gleichstehen, und deshalb eine Schmälerung des SchuVermögens ausgeschlossen ist.[35] Ein Bargeschäft scheitert nicht daran, dass das Rechtsgeschäft und die **Leistung** des Vertragspartners **vor**, die **Gegenleistung** des Schu hingegen **während** der gesetzlichen **Krise** erfolgten.[36]

II. Verknüpfung von Leistung und Gegenleistung

1. Erfordernis einer Parteivereinbarung. Die Leistung muss – wie die Worte „für die" zum Ausdruck bringen – mit der Gegenleistung durch **Parteivereinbarung** verknüpft sein.[37] Spätere **Änderungen der Vereinbarung** sind nur bis zu dem Zeitpunkt unschädlich, in dem die zeitlich erste Leistung eines Vertragsteils erbracht wird.[38] Eine Verknüpfung von Leistung und Gegenleistung ist zu verneinen, wenn eine Bank in der Absicht, dem Schu bei der 4

31 *BGH* WM 1984, 1430.
32 *BAG* ZIP 2008, 1184 Rn 48 mwN.
33 *BGH* ZIP 2005, 994 f; HambKomm/*Rogge/Leptien* § 142 Rn 17. Zum Bargeschäft bei **Transportleistungen**, **Bewachungsleistungen** und **ärztlichen Behandlungen** *Ganter* ZIP 2012, 2041–2043 mwN.
34 MK/*Kirchhof* § 142 Rn 13e; *K Schmidt/Ganter/Weinland* § 142 Rn 15.
35 *BGHZ* 174, 297 = ZIP 2008, 183 Rn 40–43; *BGH* ZIP 2008, 1437 Rn 24; *K Schmidt/Ganter/Weinland* § 142 Rn 26.
36 *BGH* WM 1984, 1430; *BAGE* 147, 172 = *BAG* ZIP 2014, 628 Rn 47; *LG Bad Kreuznach* NZI 2006, 45 f; *Jaeger/Henckel* § 142 Rn 3–5; MK/*Kirchhof* § 142 Rn 15.
37 *BGHZ* 123, 328 = ZIP 1993, 1655; 174, 297 = ZIP 2008, 183 Rn 41; 184, 101 = ZIP 2010, 739 Rn 13; *BGH* ZIP 2004, 1510; 2006, 1009 Rn 29; 2010, 682 Rn 30, 33; 2010, 2009 Rn 26; *K/P/B/Ehricke* § 142 Rn 9; HambKomm/*Rogge/Leptien* § 142 Rn 3; *B/G/H/Haas* § 142 Rn 14; *K/S/W/Wagner* Rn O43 ff; *K Schmidt/Ganter/Weinland* § 142 Rn 22.
38 *BGHZ* 123, 328 f = ZIP 1993, 1656; *BGH* ZIP 2007, 1162 Rn 14; MK/*Kirchhof* § 142 Rn 8, 10; *K/P/B/Ehricke* § 142 Rn 9; *B/G/H/Haas* § 142 Rn 18; *K/S/W/Wagner* Rn O77; *Ganter* ZIP 2012, 2039.

Sanierung behilflich zu sein, ständig Kreditüberziehungen in nicht exakt festgelegter Höhe gegen Hereinnahme von Kundenschecks toleriert, sofern es an einer **festen Absprache** über einen Leistungsaustausch **fehlt**.[39] Eine Abrede ist auch dann nicht auf einen unmittelbaren Leistungsaustausch gerichtet, wenn ein Tankstellenbetreiber im Namen und für Rechnung eines Mineralölunternehmens in dessen Eigentum stehende Kraftstoffe an Endkunden veräußert und die zunächst für fremde Rechnung vereinnahmten Barerlöse nach Einzahlung auf sein allgemeines Geschäftskonto an das Mineralölunternehmen überweist.[40] Eine **Ausnahme** von der Voraussetzung einer Parteivereinbarung hat der BGH in einem Fall erwogen, in dem es um die InsAnf der von einem **vorl** InsVerw m Zustimmungsvorbehalt vereinnahmten Vergütung ging[41] (dazu 8. Aufl. Rn 4).

5 **2. Abführung von Lohnsteuern und Sozialversicherungsbeiträgen.** Die Abführung der **Lohnsteuer** für den Arbeitnehmer durch den Arbeitgeber (als Schu) an den Fiskus ist **kein Teil eines Bargeschäfts** zwischen Arbeitgeber und Arbeitnehmer. Daran hat § 142 Abs 2 nF nichts geändert, weil die Reform nur die Frage der zeitlichen Verknüpfung, dh die Unmittelbarkeit regelt (Rn 15). Ein weitergehender Vorschlag des Bundesrats im Gesetzgebungsprozess wurde nicht Gesetz.[42] Weder hat der Schu mit dem Fiskus als AnfGegner insoweit eine Vereinbarung getroffen noch hat er von ihm eine Gegenleistung erhalten.[43] Es lässt sich auch nicht – wie neuerdings von interessierter Seite im steuerrechtlichen Schrifttum[44] – argumentieren, bei Auszahlung des Nettolohns an den Arbeitnehmer scheide der **einbehaltene Steueranteil** bereits aus dem Vermögen des Arbeitgebers aus; es entsteht allenfalls ein Anspruch auf Abführung. Die steuerliche Unterscheidung zwischen Steuer- und Haftungsschuld ist für die allein insolvenzrechtlich zu bemessenden Voraussetzungen des Bargeschäfts unerheblich. Ähnliches gilt für die Abführung der **Arbeitnehmeranteile im Gesamtsozialversicherungsbeitrag** durch den Arbeitgeber als Schu an einen Sozialversicherungsträger (SVT) als AnfGegner. Auch hier fehlt es nach zutr Auff des BGH an einer zwischen beiden getroffenen Vereinbarung und an einer in das Vermögen des Schu gelangten Gegenleistung des SVT.[45] Der BFH hat dies in Bezug auf die Lohnsteuer als Lohnanteil des Arbeitnehmers anders gesehen. Er hat in einer Entsch[46] im summarischen Verf zu § 10 Abs 1 Nr 1 GesO eine GlBenachteiligung verneint, weil die Abführung der Lohnsteuer Teil eines Bargeschäfts zwischen Arbeitgeber und Arbeitnehmer sei; die Lohnsteuer gehöre zum Arbeitslohn, auf den der Arbeitnehmer einen arbeitsvertraglichen Anspruch habe, so dass die Lohnsteuer insoweit ein aufgrund der steuerrechtlichen Vorschriften nicht direkt an den Arbeitnehmer auszuzahlendes Entgelt für die von ihm erbrachte Arbeitsleistung darstelle; deshalb könne die Entrichtung an das Finanzamt ebenso wenig wie die Auszahlung des Nettolohns an den Arbeitnehmer als eine (unmittelbare) objektive Benachteiligung der übrigen Gl des Schu angesehen werden. Mit Beschl v 11.8.2005,[47] der in einem Verf auf Aussetzung der Vollziehung eines Haftungsbescheids erging, hat der BFH mit Rücksicht auf die Rspr des BGH erkannt, es bestünden ernstliche Zweifel, ob die Abführung von Lohnsteuer in den letzten drei Monaten vor dem Antrag auf Eröffnung

---

39 *BGHZ* 118, 173 = ZIP 1992, 778 f; *K Schmidt/Ganter/Weinland* § 142 Rn 24.
40 *BGH* ZIP 2010, 2009 Rn 27.
41 *BGH* ZIP 2012, 333 Rn 22–24.
42 § 142 InsO-E i.d.F. der Stellungnahme des Bundesrats, BR-Drucks. 495/15.
43 *BGHZ* 157, 360 = ZIP 2004, 517; *BGH* ZIP 2010, 2009 Rn 33 (zu einem Handelsvertreter); *FG Köln* ZIP 2006, 472; *OLG Hamm* ZIP 2010, 998 mit Anm *G Berger* EWiR 2010, 427; *Jaeger/Henckel* § 142 Rn 44; *Uhlenbruck/Ede/Hirte* § 142 Rn 19.
44 *Erkis/Schneider* DStZ 2015, 167 ff, 172.
45 *BGH* ZIP 2005, 1245; 2006, 290 Rn 16; 2010, 2009 Rn 33 (zu einem Handelsvertreter); MK/*Kirchhof* § 142 Rn 5b; *Uhlenbruck/Ede/Hirte* § 142 Rn 6.
46 *BFH/NV* 1999, 745. Ebenso *LG Dresden* ZInsO 2014, 1061, 1064.
47 *BFHE* 210, 410 = ZIP 2005, 1797.

des InsVerf eine nach § 130 Abs 1 Nr 1 anfechtbare Rechtshandlung darstelle oder ob ein sog Bargeschäft nach § 142 vorliege, das nur unter den Voraussetzungen des § 133 Abs 1 angefochten werden könne, hat diese Frage aber ebenso wie in einer weiteren Entsch[48] dahingestellt sein lassen. Im Erg ist nur die Auffassung des BGH mit der bisherigen Dogmatik zu § 142 vereinbar. Einzuräumen ist allerdings, dass für die in Rede stehenden Fälle der Abführung von Arbeitnehmeranteilen an SVT und der Lohnsteuer an den Fiskus als Forderungsberechtigte weitere Überlegungen geboten sein könnten. Die Regelungen bezwecken aus Gründen der Verwaltungsvereinfachung und der Sicherung des Beitrags- und Steueraufkommens eine Verkürzung des Zahlungsweges, der ohne die Regelungen vom leistenden Arbeitgeber über den Arbeitnehmer zu den SVT und dem Fiskus führte. Dies könnte es prima facie nahe legen, unter Heranziehung der Rechtsfigur der mittelbaren Zuwendung[49] mit dem BFH darauf abzustellen, ob der Arbeitnehmer, wenn die Lohnsteuer (zunächst) unmittelbar an ihn geflossen und dann weitergeleitet worden wäre, sich auf ein Bargeschäft berufen könnte. Dies träfe grds zu, aber nur für die laufenden Lohnzahlungen. Die Zahlung von Lohnrückständen fiele hingegen wegen des fehlenden unmittelbaren zeitlichen Zusammenhangs (su Rn 7, 8) nicht unter § 142.[50] Dann wären auch im Verhältnis zu SVT und Fiskus als Zahlungsempfängern nur solche – selbstbestimmten[51] und kongruenten – Zahlungen des Arbeitgebers als des späteren Schu nach § 142 anfechtungsfrei, die in unmittelbarem zeitlichen Zusammenhang mit der abzugeltenden Arbeitsleistung des Arbeitnehmers, allerdings unter Berücksichtigung der gesetzlichen Fristen (bei der Zahlung von Sozialversicherungsbeiträgen lange Zeit der 15. des Folgemonats[52]) an SVT und Fiskus erbracht werden.[53] Dennoch können derartige Überlegungen nicht darüber hinweghelfen, dass der jeweilige Anfgegner gerade **keine rechtsgeschäftlich verknüpfte Gegenleistung** an den Schu erbringt. Gerade für die Sozialversicherungsbeiträge hilft der Gedanke der Dreiecksbeziehung nicht weiter. Insbesondere ist bei den Sozialversicherungsbeiträgen § 28e Abs 1 S 1 SGB IV zu beachten. Gerade weil danach der Arbeitgeber alleiniger Schu der Arbeitnehmerbeiträge gegenüber den SVT ist, muss allein auf das Verhältnis zwischen Arbeitgeber und Einzugsstelle abgestellt werden, und danach erbringt der SVT keine Gegenleistung, die über den Verlust der erfüllten Forderung hinausgeht, was als solcher nicht für ein Bargeschäft ausreicht. Dazu bereits § 129 Rn 64.

III. Gleichwertigkeit der Gegenleistung

Die Frage der Gleichwertigkeit ist nach objektiven Maßstäben zu beurteilen. Eine Gegen- 6
leistung ist der Leistung gleichwertig, wenn beide Leistungen einander in ihrem **objektiven** Wert entsprechen,[54] so dass nur eine **Vermögensumschichtung** vorliegt.[55] Dies ist ggf mit Hilfe eines SV zu klären. Allerdings kann nach dem Sinn und Zweck des Gesetzes die **dem**

---

48 *BFHE* 217, 233 = ZIP 2007, 1856 Rn 22.
49 Vgl *BGH* ZIP 2004, 918f; so § 129 Rn 41.
50 Vgl *BAG* ZIP 2005, 87; auch *Sauer* ZInsO 2006, 1203 zu a.
51 *BGHZ* 162, 152 = ZIP 2005, 497; so § 129 Rn 12.
52 *BGH* ZIP 2005, 1243f.
53 So § 129 Rn 4 und 7. Aufl. (Kreft) § 142 Rn 4; ähnlich MK/*Kirchhof* § 142 Rn 5b; vgl auch *Kreft* FS Samwer, S 273; *BGH* 13.4.2006 – IX ZR 36/05 Rn 2; **aA** *Kayser* ZIP 2007, 54; *K Schmidt/Ganter/Weinland* § 142 Rn 25.
54 Dazu im Einzelnen FK/*Dauernheim* § 142 Rn 2–4; *K/P/B/Ehricke* § 142 Rn 4–8; MK/*Kirchhof* § 142 Rn 9ff; *Uhlenbruck/Ede/Hirte* § 142 Rn 23 ff; HambKomm/*Rogge/Leptien* § 142 Rn 11; *B/G/H/Haas* § 142 Rn 27; *K/S/W/Wagner* Rn O101 ff; *K Schmidt/Ganter/Weinland* § 142 Rn 44–49. Zur Gleichwertigkeit von Leistung und Gegenleistung in einem Arbeitsverhältnis *BAGE* 147, 172 = *BAG* ZIP 2014, 628 Rn 52.
55 *BGHZ* 123, 323 = ZIP 1993, 1654; *BGH* ZIP 2005, 1245. So Rn 2.

Schu zu erbringende Leistung auch **höherwertig** sein.[56] An einer Gleichwertigkeit fehlt es nicht schon dann, wenn die Leistung an den Schu – etwa eine Barzahlung – dem Zugriff der Gl leichter entzogen werden kann als die von dem Schu erbrachte Leistung.[57] Von einer gleichwertigen Leistung des AnfGegners kann hingegen keine Rede sein, wenn eine Sicherheit des Schu neben dem neuen zugleich einen alten Kredit[58] oder einen Sanierungskredit sichern soll, falls der Sanierungsversuch von vornherein aussichtslos ist.[59] An der Gleichwertigkeit der Gegenleistung mangelt es auch bei Bezahlung rückständiger Stromlieferungen[60] oder wenn ein Rechtsberater von vornherein nicht sachgerechte Leistungen erbringt.[61] Im Konzern soll eine Besicherung des der Mutter gewährten Kredits durch die Töchter ein Bargeschäft sein, wenn der Kredit auch ihnen zugute kommt.[62] Bei der Vereinbarung eines **erweiterten Eigentumsvorbehalts** in der Form, dass der Schu Eigentum an den erstandenen Sachen erst erwerben soll, wenn er nicht nur den Kaufpreis bezahlt, sondern auch alle anderen oder zumindest bestimmte andere Ansprüche aus der Geschäftsverbindung tilgt, fehlt es zudem an der Gleichwertigkeit der erbrachten Gegenleistung.[63] Dasselbe gilt, wenn bei einem **verlängerten und erweiterten Eigentumsvorbehalt** in Form des Kontokorrentvorbehalts sämtliche Forderungen des Lieferanten gesichert sind.[64] Fehlt es an einer Gleichwertigkeit der Gegenleistung und damit an einer Voraussetzung der Privilegierung nach § 142, ist eine Anf nach § 132, ggf auch nach §§ 130, 131, 133 oder 134 möglich.[65] Soweit der BGH in einem jüngeren Urteil trotz einer bargeschäftsähnlichen Lage eine Anf nach § 133 ermöglicht hat, weil der Schu trotz der Belieferung zu Marktpreisen mit den erworbenen Waren weiter unrentabel arbeitete (§ 133 Rn 28),[64] ist dies auf den unmittelbaren Anwendungsbereich des § 142 nicht ohne Weiteres übertragbar. Eine generelle und diffuse **Nützlichkeitskontrolle** findet bei der Prüfung der Gleichwertigkeit der wechselseitigen Leistungen nicht statt; insb darf das Gericht nicht ex post betriebswirtschaftliche Entscheidungen mit dem Arg in Frage stellen, die für sich genommen objektiv werthaltige Gegenleistung habe Schu nichts genutzt. Im genannten Fall fehlte die Gleichwertigkeit allerdings deshalb, weil der Eigentumsübergang bei der Gegenleistung an einen erweiterten Eigentumsvorbehalt geknüpft war.

56 MK/*Kirchhof* § 142 Rn 9; *K/P/B/Ehricke* § 142 Rn 4; *B/G/H/Haas* § 142 Rn 30; *K Schmidt/Ganter/Weinland* § 142 Rn 46, 50.
57 Vgl BT-Drucks 12/2443, 167; MK/*Kirchhof* § 142 Rn 11; FK/*Dauernheim* § 142 Rn 2; *K Schmidt/Ganter/Weinland* § 142 Rn 44.
58 *BGH* ZIP 1993, 273 f; vgl auch MK/*Kirchhof* § 142 Rn 13c; HambKomm/*Rogge/Leptien* § 142 Rn 11.
59 *BGH* ZIP 2002, 1541; 2008, 234 Rn 23 (RA wird in der Krise vom Schu mit der Ausarbeitung eines InsPlans beauftragt. AaO Rn 26 lässt der BGH ausdrücklich die Frage offen, ob an der Rspr festzuhalten sei, wonach eine objektiv angemessene Vergütung bei erbrachter teilbarer Leistung eines Sanierungsberaters der Anf entzogen ist; vgl dazu MK/*Kirchhof* § 142 Rn 12); *OLG Bbg* ZIP 2002, 1907; MK/*Kirchhof* § 142 Rn 14 mwN; *Jaeger/Henckel* § 142 Rn 42; HambKomm/*Rogge/Leptien* § 142 Rn 22. Vgl auch *K Schmidt/Ganter/Weinland* § 142 Rn 51.
60 *BGHZ* 97, 94 = ZIP 1986, 451.
61 *BGH* ZIP 2001, 35. Vgl auch FK/*Dauernheim* § 142 Rn 3; HambKomm/*Rogge/Leptien* § 142 Rn 22.
62 *BGH* NJW 1998, 2599; krit MK/*Kirchhof* § 142 Rn 9a mwN.
63 *BGH* ZIP 2015, 585 Rn 24 mwN; MK/*Kirchhof* § 142 Rn 13d. Krit zu dieser Entsch *Foerste* ZInsO 2015, 832.
64 *BGH* ZIP 2015, 585 Rn 24.
65 Zu § 10 Abs 1 Nr 4 GesO vgl *OLG Bbg* ZIP 2002, 1904.

IV. Unmittelbarkeit der Gegenleistung

1. Allgemeine Anforderungen (Abs 2 S 1). Nach Abs 2 S 1 ist der Austausch von Leistung und Gegenleistung unmittelbar, wenn er nach Art der ausgetauschten Leistungen und unter Berücksichtigung der Gepflogenheiten des Geschäftsverkehrs in einem engen zeitlichen Zusammenhang erfolgt. Ein Bargeschäft stellt nämlich nach dem Parteiwillen, der Verkehrsanschauung und der tatsächlichen Abwicklung ein einheitliches Ganzes dar.[66] Deshalb muss zwischen Leistung und Gegenleistung auch ein **enger zeitlicher** – „unmittelbarer" – **Zusammenhang** bestehen.[67] Dabei müssen nicht nur die den Leistungen zugrunde liegenden wechselseitigen Ansprüche in unmittelbarem Zusammenhang stehen; vielmehr muss der zeitliche Zusammenhang zwischen den Leistungen selbst gewahrt bleiben.[68] Grds ist daher ein sof Leistungsaustausch zu verlangen. Doch ist seit langem anerkannt, dass einer geringen zeitlichen Differenz zwischen Leistung und Gegenleistung keine rechtserhebliche Bedeutung zukommt.[69] Leistung und Gegenleistung müssen **nicht Zug um Zug** ausgetauscht werden.[70] Eine exakte allg Festlegung dieses für die Annahme eines Bargeschäfts unschädlichen Zeitraums ist kaum möglich. Er hängt wesentlich von der Art der ausgetauschten Leistungen und davon ab, in welcher Zeitspanne sich der Austausch nach den **Gepflogenheiten des Geschäftsverkehrs** vollzieht; die Aufnahme des Merkmals in ist daher nichts Neues.[71] Problematisch waren unter anderem Fragen der **Lastschrift im EinzugsermächtigungsVerf** und deren Genehmigung[72], auch bei Leasingverträgen[73]. Das Problem hat sich mit dem SEPA-Verfahren entschärft (so § 140 Rn 5 aE). Bei **Kaufverträgen** über bewegliche Sachen zwischen Großbetrieben hat der *BGH* eine Frist zwischen Belieferung und Rechnungsstellung einerseits und Rechnungsstellung und Zahlung durch alsbald eingelösten Scheck andererseits von jeweils rund einer Woche als nicht zu lang angesehen.[74] Ob dies in jedem Fall eines Kaufvertrages gelten kann, ist nicht ausgemacht.[75] Bei der **Vergütung** der vorbereitenden Tätigkeit für ein gerichtliches **VergleichsVerf** wurden etwa drei Wochen zwischen Auftragserteilung und Vergütung (in Form einer Forderungsabtretung) toleriert.[76] Eine Zeitspanne von fast zwei Monaten zwischen der Fälligkeit des Honorars für die **Sanierungs-** 7

---

66 *BGH* WM 1984, 1430 f.

67 *BGHZ* 166, 125 = ZIP 2006, 578 Rn 48; *BGHZ* 167, 190 = ZIP 2006, 1261 Rn 31; *BGH* ZIP 2004, 1510; 2006, 290 Rn 16; 2007, 1469 Rn 51; 2010, 682 Rn 31; 2012, 333 Rn 24 f; 2012, 1301 Rn 13; 2013, 1127 Rn 32 mwN; MK/*Kirchhof* § 142 Rn 15; *K/P/B/Ehricke* § 142 Rn 13; *Uhlenbruck/Ede/Hirte* § 142 Rn 27; HambKomm/*Rogge/Leptien* § 142 Rn 5; *K/S/W/Wagner* Rn O66 ff; *K Schmidt/Ganter/Weinland* § 142 Rn 27.

68 *BGH* ZIP 2010, 682 Rn 34.

69 *RGZ* 136, 158 f; *BGHZ* 118, 173 = ZIP 1992, 778; *BGH* WM 1955, 406 f.

70 *BGH* ZIP 2010, 682 Rn 31; *B/G/H/Haas* § 142 Rn 20; *Ganter* ZIP 2012, 2039.

71 *BGHZ* 167, 190 = ZIP 2006, 1261 Rn 31; *BGH* NJW 1980, 1961 f; ZIP 2003, 493; 2007, 1469 Rn 51; 2008, 1241 Rn 12; 2010, 682 Rn 31; *Jaeger/Henckel* § 142 Rn 15 ff; MK/*Kirchhof* § 142 Rn 16 ff; *Bork/Ehricke* Hdb, Kap 4 Rn 51; *K/P/B/Ehricke* § 142 Rn 16 mit Bsp Rn 17; *Uhlenbruck/Ede/Hirte* § 142 Rn 29; *K/S/W/Wagner* Rn O68; *Ganter* ZIP 2012, 2039.

72 *BGH* ZIP 2008, 1241 Rn 12 – 16. **AA** *Wagner* NZI 2008, 404. Dieser enge zeitliche Zusammenhang bestand nicht in dem Fall *BGH* ZIP 2010, 2105, so dass es an einem Bargeschäft fehlte (vgl Rn 21); das Gleiche dürfte für den Fall *BGH* WM 2010, 2167 gelten (vgl Rn 11); es traf auch im Fall *BGH* ZIP 2013, 1127 Rn 32 zu.

73 *BGH* ZIP 2009, 1334 Rn 10, 11 mit Anm *Hölzle* EWiR 2009, 721; vgl auch *BGH* ZIP 2010, 2105 Rn 21; WM 2010, 2167 Rn 11.

74 *BGH* ZIP 1980, 519 (dazu *K/S/W/Wagner* Rn O85 ff); 2008, 1241 Rn 12.

75 Nach *BGH* ZIP 2007, 1472 Rn 51 dürfen bei einem Kaufvertrag über bewegliche Sachen zwischen Leistung und Gegenleistung jedenfalls nicht mehr als 30 Tage liegen; vgl MK/*Kirchhof* § 142 Rn 17; *K Schmidt/Ganter/Weinland* § 142 Rn 30.

76 *BGHZ* 28, 347 = WM 1959, 29.

bemühungen eines RA und der Zahlung hat der BGH für zu lang gehalten.[77] Für den Fall, dass die Leistung des Schu eine **Eintragung im Grundbuch** erfordert, wurden Fristen von mehr als einem Monat[78] und mehr als zwei Monaten[79] für mit einem Bargeschäft vereinbar gehalten. Ein Zeitraum von sechs Monaten wurde als zu lang angesehen.[80] Werden **künftige Forderungen** als Kreditsicherheit **abgetreten**, kommt es auf den Zeitpunkt ihres Entstehens an;[81] die zur Annahme eines Bargeschäfts unschädliche Frist soll bei 14 Tagen liegen.[82] Bei **Dauerschuldverhältnissen**, in denen – wie etwa im Fall von Bauverträgen oder von Verträgen über die Dienstleistung eines anwaltlichen oder steuerlichen Beraters – über längere Zeit vorgeleistet wird, ist für die Annahme eines Bargeschäfts zu verlangen, dass die jeweiligen objektiv zeitlich oder gegenständlich teilbaren Leistungen zeitnah in Teilen oder abschnittsweise ausgetauscht werden.[83] Wenn zwischen dem Beginn anwaltlicher Tätigkeit und der Erbringung einer Gegenleistung **mehr als 30 Tage liegen**, **scheidet** nach dem Maßstab des § 286 Abs 3 BGB ein **Bargeschäft aus**; denn RA können **Vorschüsse** verlangen.[84] Diese Vorschüsse sind in regelmäßigen Abständen einzufordern, die in etwa dem Wert der inzwischen entfalteten oder in den nächsten 30 Tagen noch zu erbringenden Tätigkeit des Anwalts entsprechen.[85] Es kann auch **vereinbart** werden, Teilleistungen gegen entspr Vergütung zu erbringen.[86] Die 30-Tage-Frist gilt auch für die Vergütung eines **vorl InsVerw**.[87]

8 Entscheidend für die Annahme eines Bargeschäfts ist, dass der **Schu** in unmittelbarem Zusammenhang mit dem Abschluss des Rechtsgeschäfts leistet. Ihm darf **kein Kredit** gewährt werden.[88] Auch eine **Stundung** ist deshalb schädlich.[89] Das Gleiche gilt, wenn der **Schu seine Leistung verzögert**, sich also auf diese Weise selbst Kredit nimmt.[90] Setzt der Vertragspartner die umgehende Erbringung der Leistung des Schu nicht durch oder sichert

---

77 *BGH* NJW 2002, 3252; dazu *Lwowski/Wunderlich* FS Kirchhof, 2003, S 311 ff; *Meyer* DZWIR 2003, 6 ff; *Kirchhof* ZInsO 2005, 344.

78 *BGH* WM 1955, 407.

79 *BGH* NJW 1977, 718; *Gehrlein* WM 2011, 582; *K/S/W/Wagner* Rn O79 ff.

80 *OLG Bbg* ZIP 2002, 1906.

81 *OLG Hamm* ZIP 2006, 434 (die RevisionsEntsch *BGH* ZIP 2007, 35 ff äußert sich zu dieser Frage nicht); vgl *K Schmidt/Ganter/Weinland* § 142 Rn 16, 27.

82 MK/*Kirchhof* § 142 Rn 18 mwN; *K Schmidt/Ganter/Weinland* § 142 Rn 30.

83 *BGHZ* 167, 190 = ZIP 2006, 1261 Rn 33, 34 (dazu *K/S/W/Wagner* Rn O91–98); MK/*Kirchhof* § 142 Rn 19a; *K Schmidt/Ganter/Weinland* § 142 Rn 33 ff; vgl auch *BGHZ* 151, 370 = WM 2002, 1893 zu b (Miet- und Pachtzinsen); *BAGE* 147, 172 = ZIP 2014, 628 Rn 53, zur „termingerechten“ Zahlung von Arbeitslohn. So Rn 3.

84 *BGHZ* 167, 190 = ZIP 2006, 1261 Rn 35; *BGH* ZIP 2008, 232 Rn 20; 2012, 333 Rn 25, 26; *LG Würzburg* ZInsO 2014, 564, 566; *LG Berlin* ZIP 2014, 1688, 1689; ähnlich *K Schmidt/Ganter/Weinland* § 142 Rn 36; krit *Jaeger/Henckel* § 142 Rn 32, 34; vgl auch MK/*Kirchhof* § 142 Rn 19a.

85 *BGHZ* 167, 190 = ZIP 2006, 1261 Rn 36; *BGH* ZIP 2008, 232 Rn 20, 22, 23.

86 *BGHZ* 167, 190 = ZIP 2006, 1261 Rn 36 aE; *BGH* ZIP 2008, 232 Rn 20. Dazu rät *Ganter* ZIP 2012, 2041.

87 *BGH* ZIP 2012, 333 Rn 25, 26.

88 *BGH* ZIP 2007, 33 Rn 15; *BGHZ* 202, 59 = ZIP 2014, 1491 Rn 37; MK/*Kirchhof* § 142 Rn 15; *B/G/H/Haas* § 142 Rn 21; *K Schmidt/Ganter/Weinland* § 142 Rn 45. Vgl in diesem Zusammenhang auch *OLG Schleswig* NZI 2013, 936 mit krit Anm *Kokenge* zum Stehenlassen einer Forderung nach § 39 Abs 1 Nr 5. Umgekehrt liegt ein Bargeschäft jedoch nicht schon immer vor, wenn kein Kredit gewährt wird, *BGHZ* 167, 190 = ZIP 2006, 1261 Rn 33; *K/S/W/Wagner* Rn O99.

89 *BGH* ZIP 2003, 493; MK/*Kirchhof* § 142 Rn 15; *Uhlenbruck/Ede/Hirte* § 142 Rn 27; *K Schmidt/Ganter/Weinland* § 142 Rn 43.

90 MK/*Kirchhof* § 142 Rn 15; *K Schmidt/Ganter/Weinland* § 142 Rn 45.

er sich nicht hinreichend gegen Verzögerungen von SchuSeite ab, kommen ihm die Vorteile des Bargeschäfts nicht zugute.[91] Hat der **Schu vorgeleistet**, wird die Gegenleistung aber nicht in unmittelbarem zeitlichen Zusammenhang mit dem Abschluss des Rechtsgeschäfts erbracht, erscheint – da dem Schu kein Kredit eingeräumt wird – fraglich, ob dies der Annahme eines Bargeschäfts entgegensteht.[92] Hier könnte mit den allg Vorschriften über Leistungsstörungen geholfen werden, sofern der InsVerw den weiterbestehenden Anspruch gegen den Partner des Geschäfts nicht durchsetzen kann. Gleichwohl kann der InsVerw auch in solchen Fällen die Leistung des Schu nach § 130 anfechten.[93] Er wird auf diesem Wege nicht selten leichter zum Ziel kommen. Die notwendige GlBenachteiligung ist in diesen Fällen darin zu sehen, dass der Schu seinerseits dem Gl Kredit gewährt und deshalb mit der versprochenen Gegenleistung nicht (früher) arbeiten konnte.[94]

2. Zahlung von Arbeitnehmerlöhnen (Abs 2 S 2, S 3). Nach der Rspr des **BAG** soll bei **Lohnzahlungen des Arbeitgebers an Arbeitnehmer** eine Zeitdauer zwischen erbrachter Arbeitsleistung und Zahlung von **drei Monaten** ein Bargeschäft nicht ausschließen.[95] Diese Rspr war zwar nicht verfassungswidrig, aber schwach, nämlich ua unter verfehlter Anleihe an das InsGeld begründet und **mit einer normzweckgerechten und engen Auslegung des § 142 unvereinbar. Sie wurde deshalb mit Recht allseits kritisiert**.[96] Der Gesetzgeber hat sie gleichwohl aufgegriffen und in Abs 2 S 2 verankert. Die Frist ist nicht auf andere (vermeintlich) schutzwürdige Gläubiger übertragbar. Betroffen ist nur der Nettolohn; nur dies kann Bargeschäft sein (§ 129 Rn 4 und oben Rn 5). 9

Nach Abs 2 S 3 wird die Gewährung des Arbeitsentgeltes durch einen Dritten nach § 267 BGB wird der Gewährung des Arbeitsentgelts durch den Schu gleichgestellt, wenn für den Arbeitnehmer nicht erkennbar war, dass ein Dritter die Leistung bewirkt. Die Gewährung durch einen Dritten nach § 267 BGB meint Leistung auf fremde Schuld. 10

Damit soll die häufige Praxis in konzernverbundenen Unternehmen aufgegriffen werden, nach der eine (Zweck-)Gesellschaft die eigentlichen Zahlungen des Arbeitslohns an den Arbeitnehmer vornimmt. Die Regelung ist aus mehreren Gründen fragwürdig. Wie das BAG bestätigt hat, ist nämlich die Leistung durch einen Dritten unabhängig von der Erkennbarkeit für den Gl eine inkongruente Deckung, wenn es keinen Anspruch gegen den Dritten auf Auszahlung oder eine dreiseitige Abrede gab[97]. Gab es eine solche Abrede, war die Drittzahlung aber erkennbar für den Arbeitnehmer. Gab es sie nicht, handelt es sich um eine inkongruente Deckung, für die § 142 nicht gilt, denn Abs 2 regelt nur die Unmittelbar- 11

---

91 Krit insoweit *Lwowski/Wunderlich* FS Kirchhof, 2003, S 312 ff.

92 Vern wohl *Henckel* InsR im Umbruch, S 251.

93 *BGHZ* 167, 190 = ZIP 2006, 1261 Rn 39; *BGH* ZIP 2007, 1162 Rn 15; *L/S/Z/Zeuner* § 142 Rn 6; *B/G/H/Haas* § 142 Rn 21; *K Schmidt/Ganter/Weinland* § 142 Rn 45; **aA** *Jaeger/Henckel* § 142 Rn 18 (ua mit dem Argument, die Chance, dass die Gegenleistung noch in der Masse sei, werde umso größer, je später sie der Schu erhalte).

94 Vgl MK/*Kirchhof* § 142 Rn 16 aE, 19a; *Uhlenbruck/Ede/Hirte* § 142 Rn 32.

95 *BAGE* 139, 235 = ZIP 2011, 2366 Rn 16–18 und weitere Entsch (dazu *Plathner/Sajogo* ZInsO 2012, 581); *BAG* ZIP 2014, 91 Rn 38; ZInsO 2015, 344 Rn 16. Vgl auch *BAGE* 147, 172 = *BAG* ZIP 2014, 628 Rn 50, 53. Dagegen *BGHZ* 202, 59 = ZIP 2014, 1491 Rn 16 ff.

96 *M Huber* EWiR 2011, 817 f; *ders* ZInsO 2013, 1053 f; HambKomm/*Rogge/Leptien* § 142 Rn 5; *Plathner/Sajogo* ZInsO 2012, 581 ff; *Jacobs/Doebert* ZInsO 2012, 618 ff; *Ganter* ZIP 2012, 2043 f; MK/*Kirchhof* § 142 Rn 19; *A/G/R/Gehrlein* § 142 Rn 8 Fn 30 (eine höchst zweifelhafte Überdehnung des Arbeitnehmerschutzes); *Cranshaw/Hinkel/Zeeck* § 142 Rn 32; *Brinkmann* ZZP 125, 197 ff; *Lütcke* NZI 2014, 350, 351; *K Schmidt/Ganter/Weinland* § 142 Rn 39–41; *Kreft* ZIP 2013, 252.

97 *BAG* ZIP 2014, 233 Rn 15; *BAG* 22.10.2015 – 6 AZR 538/14.

keit, nicht die allgemeinen Voraussetzungen. Allenfalls könnte man Abs 2 S 3 insgesamt als Sonderregel dergestalt interpretieren, dass dann die Drittzahlung wie die Schuldnerzahlung behandelt wird, so dass die Kongruenz fingiert wird. Das ändert aber nichs daran, dass die Erkennbarkeit einfach darzulegen ist, wenn und weil auf dem Überweisungsbeleg eine andere Person als Überweisender genannt sein dürfte als der Arbeitgeber. Das gilt selbst bei Ähnlichkeit der Firma. Zu beachten ist auch der Zusammenhang mit § 129. Erfasst sein können wohl im Wesentlichen nur Anweisungen auf Schuld, weil (nur) dann eine Gläubigerbenachteiligung beim Schu eintritt. Organe sind nach der Rspr des BGH nie, nach der Rspr des BAG grundsätzlich nicht Arbeitnehmer[98]. Zu Überlegungen, das Existenzminimum anfechtungsfrei zu stellen, § 133 Rn 23.

V. Inkongruente Deckungen; Fälle des § 135 InsO

12 Der BGH erkennt Rechtsgeschäfte nur dann als Bargeschäfte an, wenn die Leistung des Schu dem zugrunde liegenden Rechtsgeschäft entspricht, also **kongruent** ist.[99] Geschützt sind allerdings auch Kongruenzvereinbarungen, die Bardeckungen iSd § 142 zum Ziel haben und ein Bargeschäft erst ermöglichen; sie sind der Deckungsanfechtung entzogen.[100] Eine **inkongruente** Leistung soll nicht nur der VorsatzAnf,[101] sondern auch der Anf nach § 30 Nr 2 KO,[102] bzw § 131 InsO unterliegen.[103] Dies scheint im Widerspruch zum Wortlaut des § 142 zu stehen, wonach es für ein Bargeschäft allein darauf ankommt, ob für eine Leistung des Schu unmittelbar eine gleichwertige Gegenleistung in sein Vermögen gelangt. In diesem Fall soll die Leistung des Schu nur unter den Voraussetzungen der VorsatzAnf nach § 133 Abs 1 anfechtbar sein.

13 Der **Wortlaut** des § 142 sollte iSd Rspr des BGH **berichtigend ausgelegt** werden. Die Norm beruht – wie die Entstehungsgeschichte zeigt – auf der unreflektierten herkömmlichen Auffassung, die auch inkongruente Deckungen des Schu als mit dem Bargeschäft vereinbar ansah und dieses deshalb nicht nur von einer Anf nach § 30 Nr 1 Fall 2 KO, sondern auch von einer Anf nach § 30 Nr 2 KO (§ 131 InsO) ausnahm. Das erst am 30.9.1993 unter Auswertung der Begr zu § 161 RegE ergangene Urt *BGHZ* 123, 320 hat der Gesetzgeber der InsO nicht mehr berücksichtigt.[104] Dies hindert gleichwohl nicht, das Bargeschäft auf kongruente Deckungen zu beschränken und bei einer inkongruenten Leistung des Schu eine Anf nach § 131 zuzulassen. In der Begr zu § 161 RegE wird der entscheidende Grund für die bes Behandlung des Bargeschäfts zutr darin gesehen, den Schu auch in der Krise nicht gänzlich vom Geschäftsverkehr auszuschließen (vgl Rn 2). Zugleich wird darauf hingewiesen,

---

98 *BGH* NZA 2010, 889 Rnz 7; NZA 2002, 1040, 1041, NJW 1981, 1270; *BAG* NZA 2015, 101 Rn 24. Vgl auch zu leitenden Angestellten *K Schmidt/Ganter/Weinland* 80. Aufl (iE), § 142 Rn 47.

99 *BGHZ* 123, 328 f = ZIP 1993, 1655 f; 150, 130 = ZIP 2002, 814 zu 3; 167, 190 = ZIP 2006, 1261 Rn 28; 177, 69 = ZIP 2008, 1977 Rn 45; *BGH* ZIP 1997, 1553; 1999, 78; 2007, 1162 Rn 10; 2008, 235 Rn 15; 2010, 682 Rn 29; 2010, 2009 Rn 26; 2011, 438 Rn 18; 2013, 2210 Rn 30; *BAG* NZI 2015, 325 Rn 19; vgl auch *BGH* ZIP 1998, 798, insoweit nicht abgedr in *BGHZ* 138, 291; ZIP 1999, 667 f; 2004, 1464.

100 *BGH* ZIP 2014, 1595 Rn 21 f.

101 *BGHZ* 123, 326 = ZIP 1993, 1655.

102 *BGHZ* 123, 329 = ZIP 1993, 1656.

103 Vgl *BGHZ* 150, 130 = ZIP 2002, 814; 167, 190 = ZIP 2006, 1261 Rn 28; *BGH* ZIP 2004, 1510; 2007, 924 Rn 22; 2007, 1162 Rn 10; 2008, 235 Rn 15; 2008, 237 Rn 6; 2009, 1124 Rn 13; 2011, 438 Rn 18; 2013, 2210 Rn 30; *BAGE* 146, 64 = ZIP 2014, 91 Rn 38, 39; *BAGE* 146, 323 = ZIP 2014, 233 Rn 34; *BAG* ZInsO 2015, 344 Rn 21; *OLG Köln* NZI 2005, 114; *OLG Karlsruhe* ZIP 2007, 2369.

104 Vgl *Gerhardt* FS Brandner, 1996, S 661.

dass der Anwendungsbereich des § 142 auf die Fälle beschränkt sei, in denen „Leistung und Gegenleistung miteinander verknüpft sind". Dies werde durch die Worte „für die" zum Ausdruck gebracht. Diesen für das Bargeschäft wesentlichen Gesichtspunkt hat der BGH nur präzisiert und konsequent zu Ende gedacht, wenn er betont,[105] dass die Verknüpfung von Leistung und Gegenleistung durch **Parteivereinbarung** geschieht und dass eine Leistung, die **dieser Vereinbarung nicht entspricht**, keine Bardeckung ist.[106] Dann ist es nur folgerichtig, inkongruente Deckungen wegen ihrer bes Verdächtigkeit und der gegenüber kongruenten Deckungen allg Verschärfung ihrer Anfechtbarkeit[107] von der anfrechtlichen Privilegierung des Bargeschäfts auszunehmen und dieses auf vereinbarungsgemäße, also kongruente Leistungen zu beschränken.[108] § 142 ist mithin entspr seinem Normzweck in teleologischer Reduktion[109] dahin zu verstehen, dass die dort genannten (gleichwertigen) Leistungen des Schu nicht nur nach § 133 Abs 1, sondern **auch nach § 131 anfechtbar** sind[110] (so § 129 Rn 64, 65).

Ob in Fällen des § 135 noch Raum für eine Anwendung des § 142 ist, ist umstritten.[111] Teils wird die Anwendung generell verneint. Das erscheint nicht richtig; es sei denn, man argumentierte mit der Parallele zu den inkongruenten Deckungen. Allerdings bedeutet die Anwendbarkeit von § 142 nicht, dass Darlehensrückzahlungen an den Gesellschafter für sich genommen ein Bargeschäft sind, weil es an einer Gegenleistung des Gesellschafters fehlt; sie liegt nicht in dem Verlust des Rückzahlungsanspruchs.[112] § 142 kann insoweit nur greifen, wenn für die Darlehensrückzahlung eine andere, vom Darlehen unabhängige gleichwertige Gegenleistung zurückfließt. Ebenso greift § 142 ggf bei laufenden Miet- und Zinszahlungen;[113] Stehenlassen reicht als Gegenleistung aber nicht. Problematisch sind **14**

105 *BGHZ* 123, 328 = ZIP 1993, 1655.

106 Bei der v *BGH* ZIP 2012, 333 Rn 22 ff für einen **vorl InsVerw** erwogenen **Ausnahme** von dem Erfordernis einer Vereinbarung (so Rn 4) wäre ggf auf die **gesetzeskonforme Vergütung** abzustellen.

107 Vgl BT-Drucks 12/2443, 158.

108 *Kreft* in Henckel/Kreft (Hrsg), InsR 1998, S 325 ff; *Henckel* KS-InsO, S 835 Rn 47; MK/*Kirchhof* § 142 Rn 7; *Uhlenbruck/Ede/Hirte* § 142 Rn 6; *Braun/Riggert* § 142 Rn 12, 12a; *Bork/Ehricke* Hdb, Kap 4 Rn 48; *K/P/B/Ehricke* § 142 Rn 12; HambKomm/*Rogge/Leptien* § 142 Rn 4; *Kayser* FS Fischer, S 272; *B/G/H/Haas* § 142 Rn 17; *A/G/R/Gehrlein* § 142 Rn 7, 19; *Cranshaw/Hinkel/Zeeck* § 142 Rn 21; *K Schmidt/Ganter/Weinland* § 142 Rn 9; iE auch *Gottwald/M Huber* § 46 Rn 78; zweifelnd *Bork* FS Kirchhof, 2003, S 67; *de Bra* NZI 1999, 251 f; *Eckardt* ZIP 1999, 1422 ff; **aA** *Lwowski/Wunderlich* FS Kirchhof, 2003, S 304 ff; *Persch* Die InsolvenzAnf von Kontokorrentverrechnungen, S 84 ff; *K/S/W/Wagner* Rn O10, O11, O51–O61; differenzierend *Jaeger/Henckel* § 142 Rn 8–11 (keine Privilegierung nur solcher inkongruenter Leistungen, die – wie etwa ein Kundenscheck – außerhalb des normalen Geschäftsverkehrs gewährt wurden, aaO Rn 10); vgl auch *Gerhardt/Kreft* Rn 444 ff.

109 *K/S/W/Wagner* Rn O11 Fn 28.

110 *A/G/R/Gehrlein* § 142 Rn 19. Zur Berücksichtigung der Gegenleistung bei einer erfolgreichen Anf vgl *Eckardt* ZInsO 2004, 892 ff.

111 Die Anwendbarkeit grds bejahend *Uhlenbruck/Ede/Hirte* § 142 Rn 12a f; MK/*Kirchhof* § 142 Rn 22; *K Schmidt/Ganter/Weinland* § 142 Rn 11; *Bitter* ZIP 2013, 1998, 1999; *Thole* ZInsO 2011, 1430 f; *ders* ZHR 176(2012), 542 f; **aA** *Haas* FS Ganter S 200 ff; *ders* ZInsO 2007, 624; *ders* ZIP 2017, 545, 549; *Hölzle* ZIP 2013, 1997: Spliedt ZIP 2009, 149, 151; MK/*Gehrlein* § 135 Rn 19.

112 *BGH* NZI 2013, 816 Rn 2.

113 MK/*Kirchhof* § 142 Rn 22.

allein anfängliche Besicherungen des Darlehens (Darlehen gegen Sicherheit), die nach allgemeinen Regeln des BGH[114] Bargeschäfte sein könnten.[115] Dass indes § 135 Abs 1 Nr 1 nur auf nachträgliche Sicherheiten beschränkt sein soll, ist dem Gesetz freilich nicht zu entnehmen,[116] selbst wenn nachträgliche Besicherungen in besonderem Maße und eher als anfängliche verdächtig erscheinen. Es ließe sich argumentieren, dass auch besicherter Kredit ein Kredit ist, der vom Normzweck des § 142 nicht gedeckt ist (dazu schon oben Rn 2).

VI. Verrechnungen eines Kreditinstituts als Bargeschäft

15 Die Frage der **Anfechtbarkeit von Verrechnungen** der Bank von Ansprüchen des Kunden aus Eingängen seiner Schu in den Fällen, in denen der **Kunde Anspruch auf weitere Kreditgewährung** im Rahmen eines **ungekündigten Kontokorrents m Überziehungskredit** hatte,[117] ist jedenfalls in der Praxis weitgehend geklärt. In der zur GesO ergangenen Entsch *BGH* NJW 1999, 3265 f = ZIP 1999, 666 f hat das Gericht ein unanfechtbares Bargeschäft für den Fall bejaht, dass eine Bank nach einem Eröffnungsantrag noch Verfügungen des Kunden über sein debitorisch geführtes Girokonto zulässt und die daraus entstehenden Aufwendungsersatzansprüche mit Ansprüchen des Kunden aus gutgeschriebenen Zahlungseingängen verrechnet, die ein Überschreiten der Kreditobergrenze verhindern. Nach der **GrundsatzEntsch *BGHZ* 150, 127 ff**[118] kann in dem Umfang ein nicht anfechtbares **Bargeschäft** vorliegen, in dem **eine Bank**, die Zahlungseingänge ins Kontokorrent einstellt, **ihren Kunden** – den Schu – aufgrund des Girovertrags/der Kontokorrentabrede vereinbarungsgemäß und damit **kongruent** wieder **über den Gegenwert verfügen** lässt. Darauf, ob der Schu den vereinbarten Kreditrahmen voll ausnutzt und ob ohne die Verrechnung die Kreditobergrenze überschritten worden wäre, kommt es nicht an. **Unerheblich** ist grds auch die **Reihenfolge** der Ein- und Auszahlungen;[119] doch darf die Verrechnung einer Gutschrift nicht der letzte Akt sein, bevor das Kreditinstitut das Konto des Schu schließt, sondern es müssen weitere Verfügungen zugelassen werden.[120] Die Kongruenzfrage ist innerhalb des **gesamten AnfZeitraums** einheitlich zu beantworten und nicht zwischen dem ersten, zweiten und dritten Monat vor Stellung des InsAntrags zu unterscheiden.[121] Jeden-

---

114 Rn 3.

115 § 142 bejahend insoweit *Uhlenbruck/Ede/Hirte* § 142 Rn 14.

116 HK/*Kleindiek* § 135 Rn 16.

117 Vgl MK/*Kirchhof* § 142 Rn 18a; *Jaeger/Henckel* § 142 Rn 26–28; *Bork* FS Fischer, S 41 ff; *Kayser* FS Fischer, S 275 ff. Zur **Tilgung eines Debets** bei **nicht eingeräumtem Kontokorrentkredit** als Bargeschäft *BGH* ZIP 2013, 1826 Rn 20.

118 = ZIP 2002, 813 f. Dazu *Bork* FS Kirchhof, 2003, S 67 ff; *Bruckhoff* NJW 2002, 330; *Kirchhof* ZInsO 2003, 152, 154 f; *Klanten* DStR 2002, 1231; *Obermüller* LM § 131 InsO Nr 1/2; *Rigol/Homann* ZIP 2003, 15; *Ringstmeier/Rigol* EWiR 2002, 685; *Ristelhuber* BGH Report 2002, S 524; *Stiller* ZInsO 2002, 561; vgl auch *BGH* ZIP 2004, 623 (im Haben geführte Konten); 2004, 1465; 2004, 1510; 2005, 586; NZI 2005, 630; ZIP 2008, 235 Rn 15; 2008, 237 Rn 6, 9; 2011, 1576 Rn 6, 8; 2012, 1301 Rn 13; 2013, 371 Rn 15; *OLG Köln* NZI 2005, 114.

119 Dazu auch *BGHZ* 167, 190 = ZIP 2006, 1261 Rn 39; *BGH* ZIP 1999, 668 li Sp zu bb; 2001, 526 zu 2; 2007, 1162 Rn 15; 2008, 237 Rn 5; DZWIR 2010, 290 Rn 2; ZIP 2012, 1301 Rn 13; so Rn 3.

120 *BGH* DZWIR 2010, 290 Rn 2; *K/S/W/Wagner* Rn O76; *K Schmidt/Ganter/Weinland* § 142 Rn 20.

121 *BGH* ZIP 2011, 1576 Rn 6, 8 mwN (unter Bestätigung von *OLG Koblenz* ZIP 2010, 1616 f) mit Anm *Würdinger* EWiR 2011, 649 f. Ähnlich bereits *BGH* ZIP 2008, 235 Rn 16 f; *Uhlenbruck/Ede/Hirte* § 142 Rn 54. Vgl auch *BGH* ZIP 2012, 1301 Rn 11.

falls ein **Zeitraum von zwei Wochen** zwischen den Ein- und Auszahlungen[122] sollte den Rahmen des engen zeitlichen Zusammenhangs noch nicht übersteigen.[123] Nach *BGHZ* 167, 190 = ZIP 2006, 1261 Rn 34 ist bei der Saldierung von Soll- und Habenbuchungen der erforderliche unmittelbare Leistungsaustausch gegeben, wenn zwischen den Buchungen **weniger als zwei Wochen** liegen. Ein unanfechtbares Bargeschäft kann auch vorliegen, wenn die Bank zwar nicht alle, wohl aber einzelne Verfügungen des Schu über sein im Soll geführtes Konto im Ausgleich gegen verrechnete Zahlungseingänge ausführt. Wesentliche Voraussetzung ist, dass das eigene Bestimmungsrecht des Schu gewahrt bleibt, also nicht gegen seinen Willen Verrechnungen durchgeführt werden.[124] Die Verrechnung von Zahlungseingängen nach Stellung des Antrags auf VerfEröffnung zum Ausgleich von nur gedachten Überziehungen ist nicht als kongruente oder inkongruente Deckung anfechtbar, wenn der Sollsaldo laufend erweitert wird, weil die Bank fremdnützige, nach eigenem Ermessen des Kunden (Schu) vorgenommene Verfügungen zulässt.[125] Die Anf von Verrechnungen, welche eine Bank im Rahmen eines dem Schu eingeräumten Kontokorrentkredits vornimmt, ist jedoch nur solange und soweit durch § 142 eingeschränkt, wie die Entgegennahme der Leistungen durch die Duldung von Verfügungen ausgeglichen wird, die der Bankkunde zur Tilgung von Forderungen von **FremdGl** trifft. Belastungsbuchungen, welche **eigene Forderungen der Bank** betreffen, oder auch nur mittelbar – etwa infolge Ablösung einer durch eine Bürgschaft der Bank gesicherten Forderung – der Bank zugute kommen, erfüllen diese Voraussetzungen **nicht**.[126] Wird ein Kontokorrentkredit von zwei gesamtschuldnerisch haftenden Kreditnehmern in Anspruch genommen und führte der spätere InsSchu den Kredit vorzeitig zurück, während der MitSchu ihn weiter in Anspruch nimmt, setzt ein nicht anfechtbares Bargeschäft nach einer Entsch des *KG* voraus, dass der InsSchu für die weitere Inanspruchnahme durch den MitSchu vereinbarungsgemäß und in unmittelbarem zeitlichen Zusammenhang eine gleichwertige Gegenleistung erhielt.[127] Die **Rspr** zur Beschränkung der Anf auf die Verringerung des Schuldsaldos im AnfZeitraum iF eines Kontokorrentkredits hat der BGH auf den Fall **übertragen**, dass ein **Gesellschafter seiner Gesellschaft** fortlaufend zur Vorfinanzierung der von ihr abzuführenden Sozialversicherungsbeiträge **Kredite gewährt**, die **in der Art eines Kontokorrentkredits** jeweils vor Erhalt des Nachfolgedarlehens mit Hilfe öffentlicher Beihilfen abgelöst werden.[128] Zu anfechtbaren Verrechnungen so § 129 Rn 22; § 131 Rn 16.

---

122 Großzügiger MK/*Kirchhof* § 142 Rn 18a: die Obergrenze sollte bei etwa **einem Monat** liegen.

123 Vgl insoweit auch *BGH* ZIP 2001, 526 zu 3; 2003, 676; 2004, 1464; *K Schmidt/Ganter/Weinland* § 142 Rn 44.

124 *BGH* NJW 2003, 362 = ZIP 2002, 2184; ZIP 2012, 1301 Rn 13; *OLG Köln* NZI 2005, 114.

125 *BGH* ZIP 2004, 1465 (zu § 10 Abs 1 Nr 4 GesO).

126 *BGH* ZIP 2004, 1510; 2008, 237 Rn 6 mwN, Rn 9 aE, 10 mit Anm *Bitter/Rauch* WuB VI A. § 142 InsO 1.08; ZIP 2008, 1437 Rn 25; 2009, 673 Rn 16; 2009, 1124 Rn 12, 13; 2012, 537 Rn 9; 2012, 1301 Rn 13; 2013, 371 Rn 15; *Gehrlein* WM 2011, 583; *K Schmidt/Ganter/Weinland* § 142 Rn 18; vgl auch *BGH* ZIP 2010, 2460 Rn 6.

127 *KG* ZIP 2011, 536; *BGH* 6.10.2011 – IX ZR 24/11, nv; *K Schmidt/Ganter/Weinland* § 142 Rn 20 aE.

128 *BGHZ* 198, 77 = ZIP 2013, 1629 Rn 35, 36; *BGH* ZIP 2013, 734 Rn 16–26. Zur Abgrenzung *BGH* WM 2014, 329 (nicht eine Vielzahl einander ablösender Staffelkredite, sondern nur zwei Darlehensverträge; kein enger zeitlicher und sachlicher Zusammenhang zwischen den beiden Kreditverhältnissen uam).

VII. Darlegungs- und Beweislast

16 Die Voraussetzungen eines Bargeschäfts hat der AnfGegner darzulegen und zu beweisen.[129]

VIII. Anfechtung nach § 133

17 Eine Anf nach § 133 Abs 1 bleibt auch bei einem Bargeschäft möglich, wenn die Voraussetzungen des § 133 Abs 1 und 3 gegeben sind und der andere Teil erkannt hat, dass der Schu unlauter handelte.

Es müssen also die allgemeinen Voraussetzungen der Vorsatzanfechtung vorliegen (§ 133). Der Verweis auf § 133 Abs 3 ist missverständlich. Liegt eine inkongruente Deckung vor, ist diese Deckung nach § 133 erst recht anfechtbar, unabhängig von § 142. Es wird darüber hinaus vorausgesetzt, dass der Schu unlauter handelte und der andere Teil dies positiv erkannt hat. Diese Unlauterkeit ist richtigerweise auf die vom Schu erbrachte Leistung und auf den Zeitpunkt dieser Leistung zu beziehen. Der Begriff wird dahingehend zu präzisieren sein, dass der Schu mit seiner Leistung eine Handlung vornimmt, die der Haftungsvereitelung dient. Unlauterkeit verlangt mehr als das Bewusstsein, nicht mehr alle Gl befriedigen zu können[130]. Absicht wird man nicht im eigentlichen Sinne voraussetzen müssen, sondern es genügt, wenn das Verhalten bei objektiv-normativer Betrachtung aus dem haftungsrechtlichen Blickwinkel die Interessen der Gl in besonderer Weise zurücksetzt. Daher lassen sich mit der allerdings gebotenen Zurückhaltung Fälle erfassen, wie sie etwa im Fall des *BGH* v 12.2.2015 (§ 133 Rn 28)[131] und im Fall v 4.5.2017[132] vorlagen, wenn der Schu Waren zu für sich genommen angemessenen Preisen erwirbt, aber evident ist, dass ihr Erwerb die Verluste nur weiter vergrößert und dies cum grano salis „alles nur noch schlimmer" macht; im Mühlen-Fall v 12.2.2015 fehlte es wegen des erweiterten Eigentumsvorbehalts ohnedies schon an einem Bargeschäft. Darüber hinaus kann auf die Rechtsprechung unter der KO zurückgegriffen werden.[133] In der Literatur wurden Fallgruppen herausgearbeitet, namentlich Kollusion zwischen Schu und Gl, ein überwiegender Zweck der GlBenachteiligung oder die Befriedigung eines wichtigen Gl bei gleichzeitiger Vereitelung des Zugriffs anderer Gl, zB durch Verheimlichen von vollstreckbaren Verögenswerten oder Prozessverschleppung.[134] Unlauteres Handeln liegt auch vor, wenn ein wertmäßig ausgeglichener und von beiden Vertragspartnern alsbald erfüllter Kaufvertrag zu dem Zweck abgeschlossen wurde, dem Schu Bargeld zukommen zu lassen, um es ihm so zu erleichtern, seinen Gl den Wert der von ihm gelieferten Waren zu entziehen.[135] Gleiches gilt, wenn der Schu mit bestimmten eigenen

---

129 *BGHZ* 174, 297 = ZIP 2008, 183 Rn 42 (Globalzession); *BGHZ* 184, 101 = ZIP 2010, 739 Rn 15; *BGH* ZIP 2002, 2184; 2006, 1009 Rn 29; 2007, 1162 Rn 17; 2012, 1301 Rn 41; MK/*Kirchhof* § 142 Rn 25; *Jaeger/Henckel* § 142 Rn 46; *K/P/B/Ehricke* § 142 Rn 20; *Uhlenbruck/Ede/Hirte* § 142 Rn 33; *B/G/H/Haas* § 142 Rn 39; *K/S/W/Wagner* Rn O119; *K Schmidt/Ganter/Weinland* § 142 Rn 52.

130 Begr RegE BT-Drucks. 18/7054, S 17.

131 *BGH* ZIP 2015, 585 Rn 25.

132 BGH 4.5.2017 – IX ZR 285/16.

133 RGZ 57, 161; RGZ 33, 120; WarnRspr. 1929 Nr. 164; *OLG Frankfurt* LZ 1909 Sp 89 Nr 7; BGHZ 12, 232.

134 *Plander* BB 1972, 1480.

135 *BAG* ZIP 2008, 1184 Rn 51; MK/*Kirchhof* § 142 Rn 24. Vgl auch *OLG Saarbrücken* ZIP 2011, 1481 f (Veräußerung eines Grundstücks bei beabsichtigter Erschwernis der Zwangsvollstreckung).

Schu vereinbart, Zahlungen auf das bei seinem Kreditinstitut geführte Konto zu leisten und diesem so im Wege der Verrechnung den Zugriff auf die erlösten Kaufpreise zu ermöglichen.[136] Nach zutr Meinung ist das Bargeschäft grds auch nach **§ 133 Abs 2** anfechtbar.[137]

§ 143 Rechtsfolgen

(1) [1]Was durch die anfechtbare Handlung aus dem Vermögen des Schuldners veräußert, weggegeben oder aufgegeben ist, muss zur Insolvenzmasse zurückgewährt werden. [2]Die Vorschriften über die Rechtsfolgen einer ungerechtfertigten Bereicherung, bei der dem Empfänger der Mangel des rechtlichen Grundes bekannt ist, gelten entsprechend. [3]Eine Geldschuld ist nur zu verzinsen, wenn die Voraussetzungen des Schuldnerverzugs oder des § 291 des Bürgerlichen Gesetzbuchs vorliegen; ein darüber hinausgehender Anspruch auf Herausgabe von Nutzungen eines erlangten Geldbetrags ist ausgeschlossen.

(2) [1]Der Empfänger einer unentgeltlichen Leistung hat diese nur zurückzugewähren, soweit er durch sie bereichert ist. [2]Dies gilt nicht, sobald er weiß oder den Umständen nach wissen muss, dass die unentgeltliche Leistung die Gläubiger benachteiligt.

(3) [1]Im Fall der Anfechtung nach § 135 Abs. 2 hat der Gesellschafter, der die Sicherheit bestellt hatte oder als Bürge haftete, die dem Dritten gewährte Leistung zur Insolvenzmasse zu erstatten. [2]Die Verpflichtung besteht nur bis zur Höhe des Betrags, mit dem der Gesellschafter als Bürge haftete oder der dem Wert der von ihm bestellten Sicherheit im Zeitpunkt der Rückgewähr des Darlehens oder der Leistung auf die gleichgestellte Forderung entspricht. [3]Der Gesellschafter wird von der Verpflichtung frei, wenn er die Gegenstände, die dem Gläubiger als Sicherheit gedient hatten, der Insolvenzmasse zur Verfügung stellt.

Übersicht

136 *BGH* ZIP 2012, 1301 Rn 43 (abgrenzend Rn 44).

137 Vgl *Henckel* KS-InsO, S 834 f Rn 47; *Lwowski/Wunderlich* FS Kirchhof, 2003, S 317; *Braun/Riggert* § 142 Rn 18; *K/S/W/Wagner* Rn O112. Vgl auch *K/P/B/Ehricke* § 142 Rn 19, 21. Nach MK/*Kirchhof* § 142 Rn 22 soll die Anwendung von § 133 Abs 2 bedeutungslos sein, weil die Anf nach dieser Norm eine unmittelbare GlBenachteiligung voraussetze, bei der ein Bargeschäft nie vorliegen könne; ähnlich wohl *Uhlenbruck/Ede/Hirte* § 142 Rn 34; *B/G/H/Haas* § 142 Rn 37; **aA** *Gottwald/M Huber* § 46 Rn 80.

Literatur: *Bredemeyer* Die Insolvenzanfechtung im systematischen Kontext zivilrechtlicher Rückgewährhaftung, 2010; *Eckardt* Haftungsrechtliche Restitution des Erlangten oder Ersatz des Interesses?, FS Gerhardt, 2004, S 145; *Kayser* Die Rechtsfolgen der Insolvenzanfechtung, ZIP 2015, 449.

A. Allgemeines

I. Primäranspruch und Wertersatz (Abs 1)

1 Abs 1 S 1 entspricht wörtlich § 37 Abs 1 KO und bringt den Grundsatz des AnfR zum Ausdruck, dass der AnfGegner alles zur InsMasse zurückgewähren muss, was dem Vermögen des Schu durch die anfechtbare Rechtshandlung entzogen worden ist. Durch die Rückgewähr soll die InsMasse grds in die Lage versetzt werden, in der sie sich befinden würde, wenn die anfechtbare Handlung unterblieben wäre.[1] Danach ist ein anfechtbarer Erwerb grds in Natur zurückzugewähren.[2] Einen Anspruch vollen Schadensersatz insb mit Blick auf die Folgeschäden, die sich aus der Entziehung des Gegenstands für die Masse ergeben haben, gewährt § 143 nicht. Abs 1 S 2 enthält einen **Rechtsfolgenverweis**[3] auf § 819 Abs 1 BGB. Damit wird erklärtermaßen gegenüber dem früheren Rechtszustand eine **Einschränkung der Haftung** des AnfGegners für den Fall bezweckt, dass eine Rückgewähr in Natur nicht möglich ist. Der AnfGegner soll bei einer Unmöglichkeit der Rückgewähr oder einer Verschlechterung des anfechtbar erworbenen Gegenstandes **nicht** länger einer **Zufallshaftung** (§ 848 BGB) unterliegen.[4] Vielmehr soll er im Anschluss an eine in der Lit vertretene Meinung[5] nicht schärfer haften als ein bösgläubiger BereicherungsSchu und ein unrechtmäßiger Besitzer, mithin lediglich für die **schuldhafte** Unmöglichkeit der Herausgabe oder für die schuldhafte Verschlechterung des Gegenstandes (§§ 819 Abs 1, 818 Abs 4, 292 Abs 1, 989 BGB).[6] Durch die Verweisung auf das Bereicherungsrecht ergeben sich darüber hinaus für die Herausgabe von Nutzungen und den Ersatz von Verwendungen insb die Rechtsfolgen von §§ 819 Abs 1, 818 Abs 4, 292 Abs 2, 987, 994 Abs 2 BGB.[7] Allerdings schränkt Abs 1 S 3 in der Fassung des ReformG v 29.3.2017 die **Pflicht zur Verzinsung anfechtbar erlangter Geldbeträge** ein. Erklärtes Ziel war es, dass der AnfGegner nicht die Rechtshängigkeitszinsen nach §§ 288, 291 BGB schon ab Verfahrenseröffnung zahlen soll, sondern erst mit Verzugseintritt oder Rechtshängigkeit der Anfechtungsklage. Dazu gilt zugleich eine **besondere Überleitungsvorschrift in Art 103j Abs 2 EGInsO**. Zur **Dispositionsbefugnis über den Anfechtungsanspruch** § 129 Rn 112. Zur Verfügung über den Anfechtungserlös bei Eigenverwaltung § 129 Rn 104.

1 *BGHZ* 124, 84 = ZIP 1994, 45; *BGH* ZIP 2007, 2084 Rn 23.
2 BT-Drucks 12/2243, 167; MK/*Kirchhof* § 143 Rn 1.
3 *BGHZ* 171, 38 = ZIP 2007, 488 Rn 14; ZInsO 2008, 276 = NZI 2008, 238 Rn 7; *K/S/W/Kummer* Rn P2; *K Schmidt/Büteröwe* § 143 Rn 19.
4 BT-Drucks 12/2443, 167; MK/*Kirchhof* § 143 Rn 2.
5 Vgl insb *Gerhardt* GlAnf, S 162 ff, 238 ff; *Jaeger/Henckel* KO § 37 Rn 98 ff.
6 BT-Drucks 12/2443, 167; *BGH* ZIP 2006, 2178 Rn 16, 20; 2007, 2087 Rn 23.
7 Vgl BT-Drucks 12/2443, 167; *Gerhardt* FS Brandner, S 607.

II. Unentgeltliche Leistung (Abs 2)

Diese Norm entspricht grds § 37 Abs 2 KO.[8] Nach S 1 hat der Empfänger einer **unentgeltlichen** Leistung (§ 134) diese nur insoweit zurückzugewähren, als er durch sie bereichert ist (§ 818 Abs 1–3 BGB). Er haftet mithin weder für die schuldhafte Unmöglichkeit der Rückgewähr noch für die schuldhafte Verschlechterung des empfangenen Gegenstandes; auch die Ersatzpflicht für schuldhaft nicht gezogene Nutzungen entfällt. Dies ändert sich jedoch von dem Zeitpunkt an, in dem er weiß oder den Umständen nach wissen muss, dass die InsGl durch die unentgeltliche Leistung benachteiligt werden (S 2). Nach der Begr zu § 162 RegE[9] soll mit der Vorschrift die **„Bösgläubigkeit"** (Unredlichkeit) umschrieben werden und entgegen der hM zu § 37 Abs 2 KO,[10] jedoch im Einklang mit den Mot zur KO (S 148: „Verlangt der Konkursverwalter die volle Rückgewähr, so mag er die Unredlichkeit des Beschenkten nachweisen.") dem **InsVerw** die **Beweislast** dafür auferlegt werden, dass der Empfänger „bösgläubig" (unredlich) ist. 2

Dies entspricht der Beweislastverteilung des bürgerlichen Rechts.[11] Danach muss dem Erwerber die Bösgläubigkeit nachgewiesen werden.[12]

III. Gesellschafterbesicherte Kredite (Abs 3)

Die Vorschrift ist mit dem MoMiG am 1.11.2008 in Kraft getreten und regelt die Rechtsfolgen einer Anf nach § 135 Abs 2. Zu Einzelheiten su Rn 40 ff. 3

B. Erläuterungen

I. Inhalt des Anfechtungsanspruchs (Abs 1)

1. Primäranspruch auf Rückgewähr in Natur. – a) Weggabe aus dem Vermögen des Schuldners. Der Rückgewähr**anspruch** (vgl § 129 Rn 87)[13] ist grds darauf gerichtet, die InsMasse so zu stellen, als sei die Gl benachteiligende Rechtshandlung nicht erfolgt.[14] Es handelt sich, auch soweit die Rückgewähr von geleisteten Steuern begehrt wird, um einen **bürgerlich-rechtlichen Anspruch**, nicht um einen Anspruch aus dem Steuerschuldverhältnis.[15] Allgemeine steuerrechtliche Erwägungen schränken die Rückgewährpflicht des Fiskus nicht ein.[16]Zurückzugewähren ist das, was durch die anfechtbare Handlung aus dem Vermögen des Schu weggegeben worden ist, nicht das, was in das Vermögen des AnfGegners gelangte (zu mittelbaren Zuwendungen unten Rn 9)[17] Aus dem insolvenzrechtlich begründeten Rückgewährschuldverhältnis ist derjenige **verpflichtet**, der **Empfänger des anfechtbar weggegebenen Gegenstands** war. Demgemäß ist richtiger Anfechtungsgegner jeder, zu dessen Gunsten der Erfolg der konkret 4

---

8 BT-Drucks 12/2443, 167; *BGH* ZIP 2013, 131 Rn 13.

9 BT-Drucks 12/2443, 168.

10 Vgl *RGZ* 92, 229; *BGH* WM 1955, 412; NJW 1970, 46; *Jaeger/Henckel* KO § 37 Rn 130; *Kilger/K Schmidt* § 37 KO Anm 14; *Kuhn/Uhlenbruck* § 37 Rn 38.

11 *Gerhardt* FS Brandner, S 608; *Henckel* InsR im Umbruch, S 252.

12 Zu § 819 Abs 1 BGB vgl *Palandt/Sprau* § 819 Rn 10; zu § 990 Abs 1 BGB *Palandt/Bassenge* § 990 Rn 3 aE.

13 MK/*Kirchhof* § 143 Rn 3, 11 ff; *K/S/W/Kummer* Rn P12.

14 *BGHZ* 124, 84 = ZIP 1994, 45; *BGH* 2007, 1120 Rn 31; 2007, 2084 Rn 23; vgl auch *BGH* ZIP 2007, 1274 Rn 10, 29; *Jaeger/Henckel* KO § 37 Rn 25; MK/*Kirchhof* § 143 Rn 24; *Uhlenbruck/Ede/Ede/Hirte* § 143 Rn 21, 23; *B/G/H/Haas* § 143 Rn 28; *A/G/R/Gehrlein* § 143 Rn 5.

15 *BFH* ZIP 2014, 690 Rn 6.

16 *AG Mannheim* ZInsO 2014, 1231.

17 *BGHZ* 71, 63 = WM 1978, 371; 124, 302 = ZIP 1994, 220; *BGH* 1.12.2011 - IX ZR 44/11 Rn 5,; vgl auch *BGH* ZIP 2013, 1180 Rn 8.

angefochtenen Rechtshandlung zu Lasten des Schuldnervermögens eingetreten ist.[18] Bei einer Zahlung an einen Inkassozessionar bei treuhänderischer Bindung ist dies der Zedent und ursprüngliche Gl, selbst wenn der Zessionar die Gelder tatsächlich nicht weitergeleitet hat.[19] Ist der **AnfGegner vor** der **Eröffnung des InsVerf** aufgrund v **Vorschriften des AnfG in Anspruch genommen** worden, **scheidet ein Anspruch auf Rückgewähr im Umfang der Erfüllung** des AnfAnspruchs **aus.**[20] In Fällen des § 96 Abs 1 Nr 3 bedarf es des § 143 nicht; es kommt auch keine Haftung nach § 143 Abs 1 S 2 in Betracht.[21] Die Ausgestaltung des § 143 zu einem Rückgewähranspruch stimmt weitgehend mit dem schuldrechtlich-haftungsrechtlichen Verständnis des AnfR überein (§ 129 Rn 87). Allerdings bedürfte es § 143 eigentlich nicht in allen Fällen anfechtbarer Rechtshandlungen. In den Fällen, in denen lediglich **schuldrechtliche** Ansprüche gegen den Schu begründet wurden oder dieser auf Rechte gegen den AnfGegner **verzichtet** hat, werden diese Rechtshandlungen **für unbeachtlich angesehen**; der AnfGegner kann sich auf sie nicht mit Erfolg berufen.[22] Ähnlich liegt es, wenn der Schu **im Besitz** einer anfechtbar veräußerten Sache **geblieben** ist.[23] Ferner kann der InsVerw bei anfechtbarer Übertragung von **Geschmacksmusterrechten** den Anspruch auf Prioritätseinräumung gem § 10c Abs 3 GeschmMG geltend machen.[24] In den Mot zur KO (S 147) heißt es insoweit: „Wenn die Vermögensverringerung, gegen welche die Anfechtung durchgreift, noch in den Grenzen obligatorischer Beziehung zu dem Gegner geblieben war, so bewendet es bei der Wirkungslosigkeit der Handlung; die anfechtbar erklärte Verpflichtung, Anerkennung, Verpfändung, Verbürgung, Entlassung, Quittung usw ist nicht verbindlich gegen die Konkursgläubiger und den Verwalter; derselbe macht die durch sie beeinträchtigten Rechte des Gemeinschuldners so geltend, als ob die Handlung nicht erfolgt wäre." Das schuldrechtliche Verständnis des AnfR muss für diese Fälle – etwas gekünstelt – einen Anspruch auf Aufgabe der gewonnenen Rechtsposition annehmen. Dies lässt sich immerhin mit dem Wort „aufgegeben" in § 143 Abs 1 S 1 begründen.[25] Dritte können sich auf die Anf aber erst nach erfolgter Rückgewähr bzw der Zustimmung oder der rechtskräftigen Verurteilung des AnfGegners zum Verzicht auf das erworbene Recht berufen.[26]

5 Hat der Schu jedoch eine **Leistungsbewegung** vorgenommen, hat er zB den unmittelbaren Besitz der veräußerten Sache auf den AnfGegner übertragen, bedarf es der **Rückübertragung** des Besitzes und ggf des Eigentums an den Schu als Träger der InsMasse, um dem InsVerw die Ausübung sämtlicher Befugnisse zu ermöglichen, die ihm (dem Schu) ohne die Leistungsbewegung zugestanden hätten.[27] Allerdings kann der InsVerw sich auch darauf

18 *OLG Dresden* ZIP 2014, 1642.
19 *BGH* ZIP 2014, 1032 Rn 20; *Kayser* ZIP 2015, 449, 453.
20 *BGH* ZIP 2013, 131 Rn 15-25 mit Anm *Lau* EWiR 2013, 327 f; so § 129 Rn 101, 111.
21 *OLG Zweibrücken* NZI 2015, 558, 559.
22 *BGH* ZIP 1997, 370 (Gl benachteiligendes Einverständnis über die Verwertung von Sicherungsgut); *BGHZ* 147, 236 = ZIP 2001, 886 (Aufrechnung); *BGH* ZIP 2007, 1120 Rn 30 (Heimfallklausel in einem Erbbaurechtsvertrag); 2012, 931 Rn 15 (anfechtbare Begr einer Forderung); 2012, 1183 Rn 32 (anfechtbare Begr einer schuldrechtlichen Verpflichtung); ZIP 2014, 2303 Rn 14; *Kilger/K Schmidt* § 37 KO Anm 1d, 2; *Henckel* InsR im Umbruch, S 252; *Jaeger/Henckel* § 143 Rn 36, 37, 42–44; HambKomm/*Rogge/Leptien* § 143 Rn 3; *B/G/H/Haas* § 143 Rn 37; *A/G/R/Gehrlein* § 143 Rn 14; *K/S/W/Kummer* Rn P62 (unter zutr Hinweis auf die Möglichkeit des InsVerw, gegenüber der Forderung des Gl die Einrede der Anfechtbarkeit nach § 146 Abs 2 zu erheben).
23 Vgl *BGH* NJW 1980, 226; *Jaeger/Henckel* § 143 Rn 52; *A/G/R/Gehrlein* § 143 Rn 14.
24 *BGH* ZIP 1998, 833; MK/*Kirchhof* § 143 Rn 39a.
25 Zutr *K/S/W/Kummer* Rn P7.
26 *BGH* ZIP 2014, 2303 Rn 14.
27 Vgl *BGH* ZIP 2006, 2176 Rn 14–16.

beschränken, die **Duldung der Zwangsvollstreckung** in den anfechtbar weggegebenen Gegenstand zu verlangen.[28] Gerät der AnfGegner mit der Rückgewähr in **Verzug**, steht dem InsVerw ein Schadensersatzanspruch nach §§ 280 Abs 1 und 2, 286 ff BGB zu.[29] Ob auch § 285 BGB anzuwenden ist, wird unterschiedlich beantwortet, aber wohl überw verneint.[30] Wird eine in „krit Zeit" getroffene und vollzogene Vereinbarung, eine Altforderung voll zu befriedigen, nach § 132 erfolgreich angefochten, so entfällt der Rechtsgrund für die Zahlung; der Gl hat den gezahlten Betrag zurückzugewähren.[31]

Ein aus der InsMasse zu erstattender Anspruch des AnfGegners aus § 144 Abs 2 S 1 kann dem Rückgewähranspruch aus § 143 Abs 1 im Wege des **Zurückbehaltungsrechts** entgegengesetzt werden.[32] Dies gilt jedoch nicht für Ansprüche, die – wie Aus- oder Absonderungsrechte wegen anderweitiger Leistungen des AnfGegners – mit dem Rückgewähranspruch nicht in einem bes engen Zusammenhang stehen.[33] Ein Zurückbehaltungsrecht besteht nicht hinsichtlich der wiederauflebenden Quotenforderung aus § 144 Abs 1. Auch eine Saldierung mit vor Eröffnung des InsVerf entstandenen Ansprüchen ist grds ausgeschlossen.[34] In Extremfällen kann die Durchsetzung des Rückgewähranspruchs gegen **§ 242 BGB** verstoßen, so dass der Grundsatz der GlGleichbehandlung zurückzutreten hat.[35] Im Allg kann der InsVerw den gesamten anfechtbaren Betrag herausverlangen; das gilt ausnahmsweise nicht, wenn der angefochtene Betrag um ein Vielfaches höher ist als derjenige, der zur Befriedigung aller Gl benötigt wird.[36] 6

Zur **Sicherung des Anspruchs auf Rückgewähr** ist der Erlass einer einstweiligen Verfügung möglich (§§ 935, 938 ZPO),[37] die bei **Grundstücken** auch auf Eintragung einer Vormerkung 7

---

28 Vgl *OLG Zweibrücken* OLGE 1965, 310 f; *OLG Hamm* ZIP 1992, 1757; *Kilger/K Schmidt* § 37 KO Anm 7; *Jaeger/Henckel* § 143 Rn 16, 29, 56; MK/*Kirchhof* § 143 Rn 20, 26; *Uhlenbruck/Ede/Hirte* § 143 Rn 170, 187; HambKomm/*Rogge/Leptien* § 143 Rn 13; *K/S/W/Kummer* Rn P52, P53.

29 *K/P/B/Jacoby* § 143 Rn 67; *Uhlenbruck/Ede/Hirte* § 143 Rn 25; MK/*Kirchhof* § 143 Rn 11, 58. Vgl *BGH* ZIP 2009, 186 Rn 23, insoweit in *BGHZ* 179, 137 nicht abgedr (außergerichtliche Anwaltsgebühren); 2012, 931 Rn 23; 2014, 231 Rn 20.

30 So etwa *Bredemeyer* S 145 ff; **aA** *Eckardt* FS Gerhardt, S 185 ff – je mwN auch zur Gegenansicht. Der *BGH* ZIP 2008, 2272 Rn 28 mwN hat offen gelassen, ob der InsVerw auf das rechtsgeschäftliche Surrogat (den Veräußerungserlös) zugreifen kann. Vgl *B/G/H/Haas* § 143 Rn 13, 79.

31 *BGHZ* 154, 199 aE = ZIP 2003, 813 = NJW 2003, 1867.

32 Vgl *BGH* ZIP 1986, 790 zu § 38 S 1 KO; *Kilger/K Schmidt* § 37 KO Anm 10b; *Uhlenbruck/Ede/Hirte* § 143 Rn 112; *Jaeger/Henckel* § 143 Rn 187; MK/*Kirchhof* § 144 Rn 18; *B/G/H/Haas* § 143 Rn 26.

33 *BGH* ZIP 2000, 1061; 2013, 374 Rn 39 (bes enger Zusammenhang verneint bei einem Anspruch auf Rückgewähr anfechtbar abgetretener Versorgungsansprüche eines [ehemaligen] Notars einerseits und dem Anspruch der AnfGegnerin auf Herausgabe ihr gehörender, bei einem Finanzamt verwahrter Gegenstände andererseits); *Jaeger/Henckel* § 143 Rn 187.

34 *BGH* ZIP 2010, 1253 Rn 8, 9 (zu § 134, Anf v Scheingewinnen; su Rn 27); su § 144 Rn 6.

35 *BGHZ* 179,137 = ZIP 2009, 186 Rn 21; *BGH* ZIP 2010, 1457 Rn 15; 2011, 2264 Rn 15; 2013, 1533 Rn 31; *KG* ZIP 2010, 1256 zu 7 (jeweils verneint für getäuschte Anleger, an die Scheingewinne ausgezahlt wurden); *OLG München* ZIP 2011, 240 zu 3 (bejaht für den Anspruch auf Rückgewähr von aus Scheingewinnen des Schu an getäuschte Handelsvertreter gezahlten überhöhten Bestandsprovisionen; insoweit aufgehoben durch *BGH* ZIP 2011, 2264 Rn 15); *B/G/H/Haas* § 143 Rn 26. So § 134 Rn 3, s auch unten Rn 31.

36 *BGH* ZIP 1992, 1008; *OLG München* ZInsO 2015, 1444.

37 *BGHZ* 172, 360 = ZIP 2007, 1577 Rn 9 (zur Vormerkung eines Anspruchs auf Rangrücktritt); *OLG Karlsruhe* NZI 2017, 395, 396; MK/*Kirchhof* § 146 Rn 44; *Uhlenbruck/Ede/Hirte* § 143 Rn 173; *B/G/H/Haas* § 143 Rn 25; *A/G/R/Gehrlein* § 143 Rn 6 aE.

gerichtet sein kann (§ 885 BGB; so § 129 Rn 131).[38] Zur Rückgewähr eines Gewerbebetriebes vgl *BGH* WM 1962, 1316; *Jaeger/Henckel* InsO § 129 Rn 71, 72; *Kilger/K Schmidt* § 37 KO Anm 2; MK/*Kirchhof* § 143 Rn 42; *Uhlenbruck/Hirte* § 143 Rn 9; *K/S/W/Kummer* Rn P59; auch § 129 Rn 16.

8 **b) Einzelfälle. – aa) Sachen und Rechte.** Die Rückgewähr einer durch anfechtbares Rechtsgeschäft erlangten **Sache** erfolgt grds durch Rückübertragung.[39] Das gilt auch für eine Bürgschaftsurkunde, selbst wenn die durch die (vom Schu anfechtbar übernommene) Bürgschaft gesicherte Forderung zuvor abgetreten wurde.[40] Wurde die anfechtbar erworbene Sache weiter veräußert, kam nach früherem Recht ein Vorgehen des InsVerw nach § 283 BGB aF, §§ 259, 255 Abs 1 ZPO in Betracht.[41] Nunmehr kann der InsVerw nach § 281 BGB vorgehen.[42]

9 War der Schu noch nicht Eigentümer, hatte er aber gegen einen Dritten (Mittelsperson) einen **schuldrechtlichen Anspruch** auf die Sache, die aufgrund der anfechtbaren Rechtshandlung – etwa einer Abtretung kaufvertraglicher Ansprüche – in das Eigentum des AnfGegners gelangt ist, steht dem InsVerw gegen den AnfGegner ebenfalls ein Anspruch auf Übereignung zu.[43] Der Rückgewähranspruch umfasst den **Anspruch auf Beseitigung der** von dem AnfGegner vorgenommenen **Belastungen**.[44] IF der **mittelbaren Zuwendung** durch Vertrag zugunsten Dritter (Lebensversicherungsvertrag mit Einräumung eines widerruflichen Bezugsrechts an einen Dritten) kommt es anfrechtlich grds nicht nur darauf an, welche Mittel der Versprechensempfänger (Schu) aufgebracht, sondern **welche Leistungen der Versprechende** nach dem Inhalt seiner Vertragsbeziehung zum Schu bei Eintritt der Fälligkeit **zu erbringen hatte**, dh welche Zuwendung an den Dritten (Versicherungssumme) der Versprechensempfänger mit den von ihm aufgewendeten Vermögenswerten „erkauft" hat. Denn diese ist durch die Leistung an den Dritten (als Folge der anfechtbaren Rechtshandlung) der Masse entzogen worden.[45]

10 War der Schu **Miteigentümer** einer Sache, etwa eines Grundstücks, und überträgt er seinen Anteil in anfechtbarer Weise auf einen anderen Miteigentümer, so dass der Anteil des Schu

38 MK/*Kirchhof* § 143 Rn 31; § 146 Rn 44; *Uhlenbruck/Ede/Hirte* § 143 Rn 173, 130; *Jaeger/Henckel* § 143 Rn 56; *B/G/H/Haas* § 143 Rn 25; *K/S/W/Kummer* Rn P53.

39 Vgl *BGH* ZIP 1982, 857; *KG* ZIP 2012, 1722 ff (Erbbaurecht; keine Grundbuchberichtigung); *K Schmidt/Büteröwe* § 143 Rn 8, 9; *Jaeger/Henckel* § 143 Rn 53; MK/*Kirchhof* § 143 Rn 28 ff; *Uhlenbruck/Ede/Hirte* § 143 Rn 189; *A/G/R/Gehrlein* § 143 Rn 6-9; *K/S/W/Kummer* Rn P52, P53.

40 *BGH* NZI 2005, 453 = ZIP 2005, 1564 (Kurzbericht) mit Anm *C Schmitz* EWiR 2005, 771 f.

41 Vgl *Jaeger/Henckel* KO § 37 Rn 96; *Kuhn/Uhlenbruck* § 37 Rn 18; auch *BGH* ZIP 1986, 789, 791.

42 Vgl MK/*Kirchhof* § 146 Rn 42.

43 Vgl *BGHZ* 72, 42 f = WM 1978, 989; *BGH* WM 1955, 409; auch *BGHZ* 116, 225 f = ZIP 1992, 111 zu 3; *BGH* ZIP 1992, 126; 2000, 1552 (zu § 7 AnfG aF); MK/*Kirchhof* § 143 Rn 23b; HambKomm/*Rogge/Leptien* § 143 Rn 26; *B/G/H/Haas* § 143 Rn 31, 46.

44 Vgl *RGZ* 57, 28 ff; *BGH* ZIP 1986, 791; *Huber* § 11 Rn 19; *Kilger/K Schmidt* § 37 KO Anm 2; MK/*Kirchhof* § 143 Rn 34; *Uhlenbruck/Ede/Hirte* § 143 Rn 206; *Jaeger/Henckel* § 143 Rn 122; *A/G/R/Gehrlein* § 143 Rn 9.

45 *BGHZ* 156, 355 = ZIP 2003, 2309; *K/S/W/Kummer* Rn P68–70; so § 134 Rn 6. *Eckardt* FS Gerhardt, S 145 ff, 190 will allg von einem schadensersatzrechtlichen Blickwinkel abrücken und nicht die Rechtseinbuße auf Seiten der Masse zum Gegenstand der Betrachtung machen, sondern den durch anfechtbare Rechtshandlung bewirkten Rechtszuwachs auf Seiten des AnfGegners. Allerdings räumt er ein (aaO S 190), dass der Zweck der Anf zweifellos „in der weitestmöglichen Wiederherstellung der durch die anfechtbare Rechtswirkung beeinträchtigten Haftungslage" besteht.

in dessen Anteil aufgeht oder der Erwerber Alleineigentümer wird, geht der AnfAnspruch auf Wiederherstellung des Miteigentumsanteils des Schu.[46] Allerdings kann der InsVerw stattdessen auch die Rechte geltend machen, die dem anfberechtigten Gl nach dem AnfG zustehen. Er kann mithin insb auf Duldung der Zwangsvollstreckung in den vergrößerten Miteigentumsanteil oder in das gesamte Grundstück klagen mit dem Ziel, den Teil des Vollstreckungserlöses, der dem Schu ohne die anfechtbare Handlung zugestanden hätte, zur Masse zu ziehen.[47] Dies gilt auch, wenn Miteigentümer ein Grundstück insgesamt anfechtbar veräußern und auf diese Weise der Miteigentumsanteil des schuldenden Miteigentümers untergeht.[48]

Hat der Schu seinen **Miterbenanteil** anfechtbar dem einzigen anderen Miterben übertragen, 11
ist eine Rückgewähr des Anteils nicht möglich; er ist untergegangen und kann nicht wiederhergestellt werden. Es tritt dieselbe Rechtslage ein, wie wenn die Erbschaft von Anfang an nur einem Erben zugefallen wäre; auch dieser könnte keine Miterbengemeinschaft begründen.[49] Gleichwohl hat das nicht stets notwendig zur Folge, den InsVerw auf einen Wertersatzanspruch zu verweisen. Bestand der Nachlass nur (noch) aus einem Grundstück, kann der InsVerw – ähnlich wie ein Gl bei der EinzelGlAnf – die Duldung der Zwangsversteigerung des gesamten Grundstücks verlangen, damit er den Teil des Versteigerungserlöses, der dem Schu ohne die Übertragung des Anteils zugestanden hätte, der Masse zuführen kann.[50]

Ähnliches gilt, wenn eine aus dem Schu und einem weiteren Gesellschafter bestehende 12
BGB-Gesellschaft, die lediglich einen einzigen Vermögensgegenstand (etwa ein Grundstück oder ein Erbbaurecht) verwaltet, diesen Gegenstand anfechtbar an einen Dritten veräußert. Der InsVerw des Schu-Gesellschafters kann den Erwerber insoweit auf Duldung der Zwangsversteigerung des Grundstücks in Anspruch nehmen, als es um den Teil des Versteigerungserlöses geht, der bei einer Auseinandersetzung der Gesellschaft ohne die anfechtbare Handlung dem Schu als Mitgesellschafter zugestanden hätte.[51]

Zur Anf der **Belastung eines Grundstücks** vgl *BGHZ* 22, 134 = WM 1956, 1540; *Jaeger/Henckel* InsO § 143 Rn 69–72 (vgl auch Rn 48–51); *K Schmidt/Büteröwe* § 143 Rn 9; *Uhlenbruck/Hirte* § 143 Rn 13; auch *BGHZ* 130, 323 ff = ZIP 1995, 1366 ff – zu § 7 AnfG aF; *BGH* WM 2013, 2229 ff (zu § 11 AnfG, V ZS). Die **Löschung einer Grundschuld** kann nur verlangt werden, wenn keine weiteren nachrangigen Belastungen im Grundbuch eingetragen sind; andernfalls kommt nur eine Abtretung an den InsVerw oder ein rangwahrender Verzicht nach §§ 1168, 1177, 1192 Abs 1 BGB in Betracht.[52] Zur Anf einer **Auflassungsvormerkung** vgl *BGH* NJW 1996, 3147 – zu § 7 AnfG aF; *Jaeger/Henckel* § 143 Rn 58-60; MK/*Kirchhof* § 143 Rn 44; *K/S/W/Kummer* Rn P54. Zur Anf des **Verzichts** des Schu **auf ein Grundpfandrecht** MK/*Kirchhof* § 143 Rn 49; *K/S/W/Kummer* Rn P64. 13

46 Vgl *BGH* WM 1972, 364; NJW 1983, 1678; MK/*Kirchhof* § 143 Rn 33; *Jaeger/Henckel* § 143 Rn 61; *B/G/H/Haas* § 143 Rn 44; *K Schmidt/Büteröwe* § 143 Rn 12; *A/G/R/Gehrlein* § 143 Rn 8.

47 Vgl *BGHZ* 90, 214 ff = ZIP 1984, 492 f mit Anm *Gerhardt* ZIP 1984, 397; *BGH* ZIP 1985, 372 (zu § 7 AnfG aF); 2008, 2136 Rn 12 (zu § 7 AnfG); *Jaeger/Henckel*§ 143 Rn 64; MK/*Kirchhof* § 143 Rn 33; *A/G/R/Gehrlein* § 143 Rn 8; *Kreft* KTS 2012, 412 f.

48 *BGH* BGHR AnfG § 7 Abs 1 – Rückgewähr 14; MK/*Kirchhof* § 143 Rn 33.

49 Vgl *BGH* ZIP 1992, 559.

50 Vgl *BGH* ZIP 1992, 560 (zu § 7 AnfG aF); MK/*Kirchhof* § 143 Rn 39; HambKomm/*Rogge/Leptien* § 143 Rn 28; *A/G/R/Gehrlein* § 143 Rn 8.

51 Vgl *BGHZ* 116, 232 = ZIP 1992, 113; *BGH* NJW 1992, 834 – zu § 7 AnfG aF; *Gerhardt* JZ 1992, 724.

52 *BGH* ZIP 1999, 78 f = NJW 1999, 646; MK/*Kirchhof* § 143 Rn 44; vgl auch *N/R/Nerlich* § 143 Rn 38.

14 Bei anfechtbarer **Abtretung einer Forderung** geht der Rückgewähranspruch auf Rückabtretung der Forderung.[53] Der InsVerw hat zuvor nicht das Recht, die Forderung einzuziehen,[54] sofern es sich nicht um eine bloße Sicherungszession handelte.[55]

15 **bb) Vollstreckungshandlungen.** Für die Anf von Vollstreckungshandlungen gilt grds das Gleiche wie für die Anf des Erwerbs von Rechten durch Rechtsgeschäft.[56] Zur Anf von Grundstücksbelastungen in der Zwangsversteigerung vgl *Jaeger/Henckel* InsO § 143 Rn 59; *Kilger/K Schmidt* § 37 KO Anm 2. Entgegen einer verbreiteten Meinung steht dem InsVerw vor Beendigung der Zwangsvollstreckung die **Drittwiderspruchsklage** gegen den ursprünglichen AnfGegner **nicht** zur Verfügung; etwas anderes gilt nur, wenn sich die Anf gegen vollstreckende Gl des AnfGegners richtet.[57]

16 **cc) Unterlassungen.** Bei anfechtbaren Handlungen durch Unterlassen geht der Rückgewähranspruch des InsVerw dahin, ihn so zu stellen, als wäre die unterlassene Handlung vorgenommen worden.[58] Liegt das Unterlassen zB in einer Nichtunterbrechung der Ersitzungsfrist, kann der InsVerw Übertragung des Eigentums verlangen.[59]

17 **dd) Nutzungen einschließlich Zinsen (Abs 1 S 2 und S 3 nF).** Grundsätzlich hat der AnfGegner hat dem InsVerw die Nutzungen (§ 100 BGB) in Natur herauszugeben, die er aus dem anfechtbar erlangten Gegenstand gezogen hat und die bei ihm noch vorhanden sind.[60] Im bisherigen Recht[61] fehlte insoweit eine ausdrückliche Vorschrift. Jetzt folgt dies aus Abs 1 S 2 iVm § 818 Abs 1 (tatsächlich gezogene Nutzungen) oder iVm §§ 819 Abs 1, 818 Abs 4, 292 Abs 2, 987 Abs 1 BGB. Danach hat der AnfGegner auch solche von ihm gezogenen Nutzungen herauszugeben, die ohne die anfechtbare Handlung nicht gezogen worden wären.[62]

18 Nach bisherigem Recht waren ab InsEröffnung (dh wegen § 187 Abs 1 BGB ab dem auf die Eröffnung folgenden Tag[63]) Prozesszinsen entspr § 291 BGB zu zahlen.[64] Darüber hinaus umfasste der Rückgewähranspruch bei anfechtbarem Erwerb von Geld aber auch die seit

---

53 *BGHZ* 106, 129 = ZIP 1989, 48; *BGH* ZIP 2006, 2176 Rn 18 mit Anm *Kreft* WuB VI A. § 143 InsO 1.07; ZIP 2013, 374 Rn 25; *K Schmidt/Büteröwe* § 143 Rn 10; MK/*Kirchhof* § 143 Rn 36; *Uhlenbruck/Ede/Hirte* § 143 Rn 196; *B/G/H/Haas* § 143 Rn 45; *K/S/W/Kummer* Rn P55. Offengelassen in *BGH* ZIP 2012, 931 Rn 20.

54 *BGH* ZIP 2006, 2176 Rn 18, 19; *B/G/H/Haas* § 143 Rn 47; MK/*Kirchhof* § 143 Rn 36a; *A/G/R/Gehrlein* § 143 Rn 10; **aA** *Jaeger/Henckel* § 143 Rn 34, 54.

55 *K/S/W/Kummer* Rn P56.

56 Vgl *Kuhn/Uhlenbruck* § 37 Rn 13; *K/S/W/Kummer* Rn P79-84; *K Schmidt/Büteröwe* § 143 Rn 15.

57 So § 129 Rn 74–76, 99.

58 Vgl *Jaeger/Lent* KO, 8. Aufl, § 37 Anm 14; MK/*Kirchhof* § 143 Rn 55; *Uhlenbruck/Ede/Hirte* § 143 Rn 196; *Braun/Riggert* § 143 Rn 6; *K/P/B/Jacoby* § 143 Rn 44, 46; *B/G/H/Haas* § 143 Rn 57; *A/G/R/Gehrlein* § 143 Rn 15; *K/S/W/Kummer* Rn P85 f; *K Schmidt/Büteröwe* § 143 Rn 13.

59 HambKomm/*Rogge/Leptien* § 143 Rn 44; vgl im Einzelnen *Jaeger/Henckel* § 143 Rn 73; *Uhlenbruck/Ede/Hirte* § 143 Rn 192; *B/G/H/Haas* § 143 Rn 58.

60 MK/*Kirchhof* § 143 Rn 60, 61 ff; *Uhlenbruck/Ede/Hirte* § 143 Rn 41 ff; *A/G/R/Gehrlein* § 143 Rn 16; *K Schmidt/Büteröwe* § 143 Rn 21.

61 Dazu *Jaeger/Henckel* KO § 37 Rn 115, 116; *Kilger/K Schmidt* § 37 KO Anm 3; *Kuhn/Uhlenbruck* § 37 Rn 4.

62 MK/*Kirchhof* § 143 Rn 60a; *Eckardt* FS Gerhardt, S 181, vgl aber S 182 f.

63 *OLG Hamburg* ZIP 2016, 2080, 2081.

64 *Eckardt* FS Gerhardt, S 181, 184; MK/*Kirchhof* § 143 Rn 63; *A/G/R/Gehrlein* § 143 Rn 16. Vgl auch *BGHZ* 171, 38 = ZIP 2007, 488 Rn 23.

Erhalt des Geldes **gezogenen Zinsen**.[65] Ferner hatte der AnfGegner bei Verschulden gem § 987 Abs 2 BGB Wertersatz zu leisten, wenn er **Nutzungen nicht gezogen** hat, die er nach den Regeln einer ordnungsgemäßen Wirtschaft hätte ziehen können.[66] Dazu gehörten grds auch die **marktüblichen Zinsen**.[67] Sie waren **vom Zeitpunkt der Vornahme der Rechtshandlung** an **zu berechnen**.[68] Zugrunde zu legen war gem § 246 BGB ein Jahreszinssatz v mindestens 4 %.[69] (näher 8. Aufl. § 143 Rn 17). **Prozesszinsen** gem § 143 Abs 1 S 2 iVm §§ 819 Abs 1, 818 Abs 4, 291, 288 Abs 1 S 2 BGB hatte der AnfGegner hingegen **erst ab Eröffnung des InsVerf** zu zahlen, weil sie Fälligkeit voraussetzen und der AnfAnspruch nicht vor Eröffnung des InsVerf fällig wird.[70] Das wurde auch für Fälle einer Aufrechnung iSd § 96 Abs 1 Nr 3 bejaht.[71] Ab InsEröffnung wurden Prozesszinsen auch dann geschuldet, wenn AnfGegner der **Steuerfiskus** ist.[72] Das Gleiche galt ungeachtet v § 5 Abs 4 GKG, § 17 Abs 4 KostO, § 8 Abs 4 GvKostG wegen der Unmaßgeblichkeit des Rechtsgebiets, dem die angefochtene Rechtshandlung angehört (so § 129 Rn 119), wenn gegenüber dem Fiskus Zahlungen an die **Landesjustizkasse** angefochten werden.[73] Setzt der InsVerw den AnfGegner in Verzug, haftet dieser nach §§ 286 ff BGB[74] iF der Verpflichtung zur Geldzahlung gem § 288

---

65 *Eckardt* FS Gerhardt, S 181, 184; MK/*Kirchhof* § 143 Rn 63; *A/G/R/Gehrlein* § 143 Rn 16. Vgl auch *BGHZ* 171, 38 = ZIP 2007, 488 Rn 23.

66 *BGH* ZIP 2005, 1889; MK/*Kirchhof* § 143 Rn 60a, 98; *K/P/B/Jacoby* § 143 Rn 51; *Uhlenbruck/Ede/Hirte* § 143 Rn 43. Krit *Jaeger/Henckel* § 143 Rn 136 für den Fall, dass die Nutzungen im Vermögen des Schu nicht hätten gezogen werden können.

67 *Eckardt* FS Gerhardt, S 181 ff, 184. Etwas anderes kann bei **öffentlichen Trägern** gelten, etwa wenn Steuerzahlungen in der Haushaltsführung zur Deckung staatlicher Ausgaben verbraucht werden mussten, *BGH* ZIP 2012, 1299 Rn 7.

68 *BGHZ* 171, 38 = ZIP 2007, 488 Rn 22 mit Anm *Kreft* WuB VI A. § 143 InsO 1.08 (durch diese Entsch ist *OLG Hamm* ZIP 2007, 243, soweit ein Zinsanspruch ab Rechtshandlung auch unter dem Gesichtspunkt von gezogenen oder nicht gezogenen Nutzungen verneint wurde, überholt; die Revision IX ZR 1/07 wurde im Juli 2007 zurückgenommen); *BGH* ZIP 2005, 1889; *LG Stendal* ZInsO 2009, 1310 zu 6 (gesetzliche Zinsen); *G Fischer* KTS 2007, 280; MK/*Kirchhof* § 143 Rn 63; *L/S/Z/Zeuner* § 143 Rn 16; *B/G/H/Haas* § 143 Rn 75; *Jaeger/Henckel* § 143 Rn 135 (für den Fall, dass der AnfGegner anfechtbar erlangtes Geld zur Tilgung eines Kredits verwendet hat); *A/G/R/Gehrlein* § 143 Rn 16; krit wegen einer Spezialität des § 291 BGB *Bork/Jacoby* Hdb, Kap 12 Rn 49; *K/P/B/Jacoby* § 143 Rn 50 (die gezogenen und ersparten Nutzungen [Zinsen] sollen über § 818 Abs 1 BGB herauszugeben sein); *Bork* ZIP 2008, 1047. **AA** *OLG Bbg* ZInsO 2010, 1394 zu 2 (bis zur InsEröffnung kein Zinsanspruch, weil der InsVerw als Kläger den Beklagten nicht in Verzug gesetzt habe); grds auch *Jaeger/Henckel* § 143 Rn 136, 140; *Bredemeyer* S 149. So § 129 Rn 101.

69 MK/*Kirchhof* § 143 Rn 63.

70 *BGHZ* 171, 38 = ZIP 2007, 488 Rn 14–16, 19, 20 (insoweit unter Aufgabe von *BGHZ* 167, 11 = ZIP 2006, 916 Rn 20); 178, 171 = ZIP 2008, 2224 Rn 28; 179, 137 = ZIP 2009, 186 Rn 23; *BGH* ZInsO 2008, 276 = NZI 2008, 238 Rn 7, 8; ZIP 2008, 1488 Rn 22; ZInsO 2009, 1202 Rn 14; ZIP 2012, 333 Rn 30; 2012, 932 Rn 10; 2012, 1299 Rn 6; 2012, 1422 Rn 33; 2013, 1533 Rn 45; 2014, 231 Rn 20; 24.9.2015 – IX ZR 55/15 14 ff; *OLG Hbg* ZInsO 2009, 1917 zu 2; *OLG München* ZIP 2011, 237 zu 4; *AG Dortmund* ZInsO 2013, 395 f; *G Fischer* KTS 2007, 279 f; *Jaeger/Henckel* § 143 Rn 135; MK/*Kirchhof* § 143 Rn 63, 88; *K/P/B/Jacoby* § 143 Rn 49; *L/S/Z/Zeuner* § 143 Rn 16; *B/G/H/Haas* § 143 Rn 73; *K/S/W/Kummer* Rn P105-107; *K Schmidt/Büteröwe* § 143 Rn 20; enger *Bredemeyer* S 150 (ohne Verschulden des AnfGegners nur 4 %).

71 *BGH* 24.9.2015 – IX ZR 55/15 14 ff.

72 *BGH* ZIP 2012, 1299 Rn 1, 13; *OLG Köln* ZIP 2007, 1960; *Jaeger/Henckel* § 143 Rn 135; *A/G/R/Gehrlein* § 143 Rn 17; *K Schmidt/Büteröwe* § 143 Rn 20.

73 *LG Dresden* ZIP 2012, 2521 f; **aA** *AG Dresden* ZIP 2012, 2522.

74 *K/P/B/Jacoby* § 143 Rn 67; so Rn 5.

Abs 3 BGB über die Verzugszinsen nach § 288 Abs 1 BGB hinaus.[75] Eine Anwendung von § 288 Abs 2 BGB kommt nicht in Betracht, weil es sich bei der Rückgewährforderung nicht um eine Entgeltforderung handelt.[76]

19 Das neue Recht zwingt danach zu differenzieren, ob ein „Geldbetrag" anfechtbar erlangt wurde. Der Gesetzgeber möchte das Auflaufen von erheblichen Zinsansprüchen seit Verf-Eröffnung eindämmen, wenn und soweit die Anfechtungsklage erst kurz vor Ablauf der Verjährungsfrist erfolgt. Dies gilt nur für Geldschulden, also bei Rückforderungen von erbrachten Zahlungen und auch dann, wenn sich der primäre Rückgewähranspruch bezogen auf einen erlangten Geldbetrag zB in einen Wertersatzanspruch gewandelt hat (oben Rn 23).

20 Die Pflicht zur Verzinsung nach § 288, § 291 BGB greift erst bei Schuldnerverzug (Mahnung) oder Rechtshängigkeit der Anfechtungsklage. Wenn also in Abs 1 S 3 von § 291 BGB die Rede ist, meint dies gerade nicht die bisherige Anwendung der Norm (oben Rn 17) in dem Sinne, dass analog § 291 BGB die Rechtshängigkeit mit der Verfahrenseröffnung gleichgesetzt wird, sondern unmittelbar die Rechtshängigkeit der Anfechtungsklage. Allerdings kann der InsVerw den Anfechtungsgegner schon vorab durch Mahnung frühzeitig in SchuVerzug setzen. Dazu wird auch eine entsprechende Pflicht iSd § 60 bestehen, sobald die Sach- und Rechtslage dem InsVerw geklärt erscheint. Bei einer (erheblichen) Zuvielforderung besteht freilich die Gefahr, dass die Mahnung unbeachtlich ist[77]. Allerdings dürfen an die Konkretisierung der Forderung keine weitergehenden Anforderungen gestellt werden als nach allgemeinen Regeln des § 286 BGB, und insoweit ist die Rspr eher großzügig.

21 Über S 2 soll in Abkehr vom bisherigen Recht auch die Abschöpfung von gezogenen Nutzungen eines erlangten Geldbetrags ausgeschlossen werden. Gemeint sind also seit Erhalt des Gegenstands erwirtschafteten tatsächlichen Zinsen, aber etwa auch sonstige Vorteile, die man mit dem erlangten Geldbetrag erwirtschaftet hat (zB Wertzuwachs bei mittels des anfechtbar erlangten Geldbetrags gekauften Aktien). S 2 greift freilich nur, wenn ein Geldbetrag erlangt ist. Die anfechtbare Rechtshandlung muss daher darin bestanden haben, dem Anfechtungsgegner einen Geldbetrag zuzuwenden. Werden sonstige Sachen (Maschinen, Grundstücke etc) anfechtbar übertragen, wird Nutzungsherausgabe nach den gewöhnlichen Regeln (oben Rn 17) geschuldet.[78] Zu beachten ist Art 103j EGInsO.

22 **ee) Aufwendungen des Anfechtungsgegners.** Nach bisherigem Rechtsverständnis zur KO mussten Werterhöhungen der anfechtbar weggegebenen Sache, die nicht auf allg Umständen beruhten, sondern durch Aufwendungen des AnfGegners verursacht wurden, diesem verbleiben, weil die Masse nicht ungerechtfertigt bereichert werden sollte.[79] Dies gilt nach § 143 Abs 1 nicht mehr uneingeschränkt. Gem §§ 819 Abs 1, 818 Abs 4, 292, 994 Abs 2, 995 S 1, 996 BGB kann der AnfGegner **nur notwendige Verwendungen** einschl der Aufwendungen zur Bestreitung von Lasten ersetzt verlangen unter der weiteren Voraussetzung, dass sie dem Interesse und – abgesehen von den Fällen des § 679 BGB – dem wirklichen oder mut-

---

75 Vgl *OLG Karlsruhe* ZIP 2004, 2067; MK/*Kirchhof* § 143 Rn 58, 99. Zum Wegfall des Verzuges in einem Sonderfall *LG Dresden* ZIP 2010, 2214 (LS).

76 *OLG Hbg* ZInsO 2009, 1917 zu 2; *K/P/B/Jacoby* § 143 Rn 49; *Uhlenbruck/Ede/Hirte* § 143 Rn 46.

77 Dazu allgemein *Palandt/Grüneberg* § 286 Rn 20.

78 Näher *Thole* ZIP 2017, 401, 409.

79 *BGHZ* 131, 199 = ZIP 1996, 87 f; *BGH* NJW 1984, 2892 f; 1991, 2146; ZIP 1992, 494; NJW 1995, 1093; 1996, 3150; 1996, 3341; *Kilger/K Schmidt* § 37 KO Anm 4; *Kuhn/Uhlenbruck* § 37 Rn 5a.

maßlichen Willen der InsGl/des (vorl) InsVerw entsprachen (§§ 683, 670 BGB).[80] Bei **nützlichen** Verwendungen steht dem AnfGegner in Höhe einer dadurch bewirkten Wertsteigerung ein Bereicherungsanspruch gegen die Masse zu, falls sie auf dem Einsatz von dessen Vermögen oder Arbeitskraft beruhen.[81] Der Empfänger einer Zahlung nicht d**ie an die Inkassogesellschaft gezahlte Provision** absetzen, weil er gem Abs. 1 S 2 wie ein bösgläubiger Bereicherungsschuldner haftet.[82]

2. Wertersatz bei Unmöglichkeit der Rückgewähr in Natur. Bislang war im Gesetz nicht ausdrücklich geregelt, was der AnfGegner zurückzugewähren hatte, wenn der ihm anfechtbar überlassene Gegenstand nicht mehr in Natur herausgegeben werden konnte[83] oder in seinem Wert gemindert war. Dies kann bei nachträglicher (Teil-)Unmöglichkeit oder auch dann der Fall sein, wenn das anfechtbar Erworbene seiner Natur nach nicht gegenständlich herausgegeben werden kann (zB anfechtbar erlangte Gebrauchsvorteile). Rspr und Lit billigten dem KonkursVerw gleichwohl einhellig einen sog Wertersatzanspruch als Sekundäranspruch zu,[84] dessen dogmatische Grundlagen freilich wenig gesichert waren.[85] Nunmehr ist der Wertersatzanspruch über § 143 Abs 1 S 2 iVm §§ 819 Abs 1, 818 Abs 4, 292 Abs 1, 989 BGB als **schuldrechtlicher** – allerdings **nicht deliktsrechtlicher**[86] – **Schadensersatzanspruch** ausgestaltet.[87] Das schließt den entgangenen Gewinn ein. Voraussetzung für einen solchen Schadensersatzanspruch ist freilich stets, dass dem AnfGegner – was er zu beweisen hat[88] – die **Rückgewähr in Natur** rechtlich oder tatsächlich **unmöglich** geworden ist,[89] wobei es genügt, wenn die Rückgewähr in Natur für den Anfechtenden oder den AnfGegner mit 23

80 MK/*Kirchhof* § 143 Rn 65–67 (Rn 65: entscheidend ist nicht der Wille des InsSchu, sondern das wohlverstandene Interesse der Gesamtheit der InsGl oder der Wille des [vorl] InsVerw); *Eckardt* FS Gerhardt, S 187 f (S 188 Fn 101: abzustellen ist nicht auf den Willen des Schu, sondern auf das objektive Interesse der GlGesamtheit, maW der Masse); *Jaeger/Henckel* § 143 Rn 144–147 (Rn 145: es kommt auf den mutmaßlichen Willen aller Gl oder des vorl InsVerw an; ähnlich bereits zum bisherigen Recht *Jaeger/Henckel* KO § 37 Rn 123); *K/P/B/Jacoby* § 143 Rn 54–56 (Rn 56: Abstellen auf das am InsZweck ausgerichtete Interesse eines Schu in der Ins); *Uhlenbruck/Ede/Hirte* § 143 Rn 52 (maßgeblich ist der wirkliche oder mutmaßliche Wille des Schu oder der Masse). Zu allem auch *B/G/H/Haas* § 143 Rn 93; *A/G/R/Gehrlein* § 143 Rn 19.

81 *BGHZ* 159, 402 = ZIP 2004, 1620 zu III, 2 (Wert abgelöster Drittrechte auf einem Grundstück, zu § 11 AnfG nF); MK/*Kirchhof* § 143 Rn 64, 68 f; *Eckardt* FS Gerhardt, S 188 f; *Jaeger/Henckel* § 143 Rn 148; *K/P/B/Jacoby* § 143 Rn 57; *A/G/R/Gehrlein* § 143 Rn 19.

82 Vgl *BGHZ* 193, 129 = ZIP 2012, 1038 Rn 31 ff; ZIP 2014, 1032 Rn 43.

83 Dazu MK/*Kirchhof* § 143 Rn 74 -77; *Uhlenbruck/Ede/Hirte* § 143 Rn 29 ff.

84 Vgl *BGHZ* 101, 288 f = ZIP 1987, 1134; *BGH* ZIP 1986, 791 sowie die Nachweise bei *Jaeger/Henckel* KO § 37 Rn 85; *Kuhn/Uhlenbruck* § 37 Rn 21, 21a.

85 *Jaeger/Henckel* KO § 37 Rn 86–92; *Kilger/K Schmidt* § 37 KO Anm 8. Nach *BFH* ZVI 2004, 596 f sollte ein geschäftsunfähiges Kind bei einem Wertersatzanspruch entspr § 7 Abs 2 AnfG aF (für den Bereich der KO wäre § 37 entspr anzuwenden) nur auf die noch vorhandene Bereicherung haften.

86 *Gottwald/M Huber* § 52 Rn 12; HambKomm/*Rogge/Leptien* § 143 Rn 57; *B/G/H/Haas* § 143 Rn 11; *A/G/R/Gehrlein* § 143 Rn 20; vgl auch RGRK/*Pikart* § 989 Rn 6; *Palandt/Bassenge* § 989 Rn 1, vor § 987 Rn 1.

87 Vgl *K/P/B/Jacoby* § 143 Rn 58; *Jaeger/Henckel* § 143 Rn 107, 108; auch *BGH* ZIP 2006, 2176 Rn 20; 2007, 2084 Rn 23. Zur Berechnung des Wertersatzanspruchs *Jaeger/Henckel* § 143 Rn 123.

88 *BGH* ZIP 2010, 531 Rn 17.

89 *BGHZ* 159, 401 f = ZIP 2004, 1620; *BGH* NZI 2005, 453; ZIP 2008, 2136 Rn 11 – zu § 11 AnfG; *Jaeger/Henckel* § 143 Rn 110, 119 ff; *K/P/B/Jacoby* § 143 Rn 60; *B/G/H/Haas* § 143 Rn 82.

unzumutbaren oder unverhältnismäßigen Schwierigkeiten verbunden ist.[90] Unmöglich werden kann die **Rückgewähr einer Sicherheit** auch durch deren Verwertung, selbst, wenn mit der Verwertung eine für sich genommen nicht anfechtbare Befriedigung verbunden ist.[91] **Ist** gem § 143 Abs 1 S 2, § 819 Abs 1, § 818 Abs 4, § 292 Abs 1, § 989 BGB **Wertersatz zu leisten**, gilt gem § 143 Abs 1 S 2 der Mangel des rechtlichen Grundes als von Anfang an bekannt. Deshalb **ist der AnfGegner** wie ein bösgläubiger BereicherungsSchu der verschärften Haftung des § 819 Abs 1 BGB unterworfen und **so zu behandeln, als wäre der Rückgewähranspruch** gegen ihn im Zeitpunkt der Vornahme der angefochtenen Rechtshandlung (§ 140) **rechtshängig** geworden.[92] Demnach ist bei dem AnfGegner von einer Kenntnis der Rückgewährpflicht auszugehen, so dass sich jede Weitergabe des zurückzugewährenden Gegenstandes durch ihn als pflichtwidrig erweist. Daher hat der Empfänger iF einer freiwilligen Übertragung der anfechtbar erworbenen Gegenstände dafür **uneingeschränkt Wertersatz** zu leisten.[93] Ist die **Rückabtretung der** anfechtbar erlangten **Ansprüche gegen einen Lebensversicherer nicht** mehr **möglich**, weil der Zessionar den Versicherungsvertrag gekündigt hat und der Rückkaufswert an ihn ausgezahlt wurde, hat der Zessionar **in Höhe des Rückkaufswerts Wertersatz** zu leisten.[94]

24 Problematisch ist, dass ein bösgläubiger Bereicherungsschuldner nicht nur über § 989 BGB verschuldensabhängig auf Schadensersatz haftet, sondern auch und erst recht wie jeder Bereicherungsschuldner nach § 818 Abs 2 BGB verschuldensunabhängig auf Ersatz des objektiven Werts (ohne Folgeschäden). Dennoch wollte der Gesetzgeber bei § 143 den **Wertersatz nur bei Verschulden** zulassen, also über § 818 Abs 4 BGB. Im Gegensatz zur bisher hM[95] haftet der AnfGegner für die Unmöglichkeit der Rückgewähr oder für Wertminderungen nur, wenn ihn daran ein **Verschulden** trifft (§ 989 BGB),[96] also etwa nicht bei einer rechtmäßigen Enteignung oder einer für den AnfGegner nicht vermeidbaren strafbaren Handlung.[97] Allerdings gilt die Vermutung des § 280 Abs 1 S 2 BGB, die auch sonst bei § 989 BGB gilt.[98] Bei anfechtbar erworbenen Patenten hat der AnfGegner neben Wertersatz ggf Schadensersatz wegen Vorenthaltung zu leisten.[99] Freilich ist die Rspr bei der Annahme des Verschuldens großzügig; es wird teils schon in der Annahme der anfechtbaren Leistung gesehen.[100] Zur Werthaltigkeit einer Bundesligalizenz vgl *BGH* ZIP 2001, 891.

25 Auch wenn der AnfGegner nur (noch) Wertersatz zu leisten hat, aber aus dem anfechtbar erworbenen oder an dessen Stelle getretenen Gegenstand keine **Nutzungen** seit Erhalt gezogen hat, die er nach den Regeln einer ordnungsgemäßen Wirtschaft hätte ziehen kön-

---

90 MK/*Kirchhof* § 143 Rn 77; *Jaeger/Henckel* § 143 Rn 119; *Kreft* WuB VI B. § 3 AnfG 1.06, S 338; *B/G/H/Haas* § 143 Rn 28; *A/G/R/Gehrlein* § 143 Rn 20; *K/S/W/Kummer* Rn P112.

91 Zu § 135 InsO *BGH* ZIP 2013, 1579 = NZI 2013, 742 mit Anm *Thole*. Der BGH macht hier nicht hinreichend deutlich, dass es um eine Sekundärhaftung ging. Konstruktiv unsauber auch die v BGH zitierte Entscheidung RGZ 48, 149 f.

92 *BGHZ* 171, 38 = ZIP 2007, 488 Rn 14; 193, 129 = ZIP 2012, 1038 Rn 31; *BGH* ZInsO 2008, 276 Rn 7.

93 *BGHZ* 193, 129 = ZIP 2012, 1038 Rn 31 (Rn 32–35 unter Aufgabe von *BGHZ* 124, 302 f = ZIP 1994, 220). Vgl auch *BGH* ZIP 2013, 1127 Rn 42.

94 *BAG* ZIP 2004, 230; *A/G/R/Gehrlein* § 143 Rn 24.

95 Vgl *Kilger/K Schmidt* § 37 KO Anm 8; *Kuhn/Uhlenbruck* § 37 Rn 5b; **aA** *Jaeger/Henckel* KO § 37 Rn 99 ff; vgl auch *Henckel* InsR im Umbruch, S 252.

96 Vgl im Einzelnen *Jaeger/Henckel* § 143 Rn 124 ff; MK/*Kirchhof* § 143 Rn 78 ff; *Eckardt* FS Gerhardt, S 170 f; *K/P/B/Jacoby* § 143 Rn 60 ff; *B/G/H/Haas* § 143 Rn 83 f.

97 Vgl *A/G/R/Gehrlein* § 143 Rn 21.

98 *Palandt/Bassenge* § 989 Rn 5.

99 *OLG Celle* ZIP 1999, 848.

100 So offenbar im Ergebnis *BGH* ZIP 2013, 1579 Rn 18, dazu *Thole* NZI 2013, 744 f.

nen, hat er dem InsVerw gem § 987 Abs 2 BGB Ersatz zu leisten, soweit ihm ein Verschulden zur Last fällt. Das gilt wohl nach der gesetzgeberischen Intention nicht im Anwendungsbereich des Abs 1 S 3, also bei anfechtbar erlangten Geldbeträgen. Zu ersetzen ist der objektive Wert der unterlassenen Nutzungen.[101] Darauf, ob ohne die anfechtbare Handlung Nutzungen gezogen worden wären, kommt es nicht an.[102] Freilich hat der AnfGegner auch ohne Verschulden die **gezogenen** Nutzungen[103] sowie die in § 818 Abs 1 BGB erwähnten **Surrogate** und iF des § 818 Abs 2 BGB den Wert (auch den von Nutzungen, die er nicht herausgeben kann) zu ersetzen, soweit er noch bereichert ist (§ 818 Abs 3 BGB).[104] Der Begriff der Surrogate entspricht § 818 Abs 1 BGB, so dass das sog commodum ex negotiatione nicht erfasst ist.

Maßgebend für die **Berechnung der Schadenshöhe** ist grds der Zeitpunkt der **letzten maßgeblichen**[105] **mündlichen Verhandlung** in der Tatsacheninstanz.[106] Nach *BGHZ* 101, 289 = ZIP 1987, 1134 zu 2, b soll es jedoch dann, wenn eine Rückgewähr in Natur bereits bei Eröffnung des InsVerf nicht mehr möglich war, auf den Zeitpunkt der VerfEröffnung ankommen. Diese Entsch hat gerade im Hinblick auf eine schadensersatzrechtliche Qualifizierung des Wertersatzanspruchs Kritik erfahren.[107] An ihr sollte unter der Geltung der InsO nicht weiter festgehalten werden.[108] **26**

Eine **Vorteilsausgleichung** findet auch bei einem Wertersatzanspruch grds **nicht** statt.[109] Daran ändert die Einordnung des Wertersatzanspruchs als Schadensersatzanspruch grds nichts.[110] Nicht ausgeschlossen ist jedoch die Berücksichtigung eines Vorteils, den ein (nach dem AnfG anfechtender) Gl tatsächlich **erhalten** hat; insoweit fehlt es bereits an einer GlBenachteiligung.[111] **27**

Mit einem Anspruch des AnfGegners gegen die Masse kann – sofern sie nicht unzulänglich ist (so § 129 Rn 43) – gegen den Wertersatzanspruch **aufgerechnet** werden.[112] Dem steht bei Vorsatz § 393 BGB nicht entgegen, weil der Wertersatzanspruch auch nach jetzigem Recht[113] kein Anspruch aus unerlaubter Handlung ist (so Rn 23). Eine Aufrechnung scheidet jedoch dann aus, wenn der AnfGegner zugleich Schadensersatz wegen vorsätzlicher **28**

---

101 *Palandt/Bassenge* § 987 Rn 5.
102 Vgl *BGHZ* 39, 187 = WM 1963, 640; *Henckel* KS-InsO, S 850 Rn 83; MK/*Kirchhof* § 143 Rn 60a.
103 *Eckardt* FS Gerhardt, S 173, 181.
104 *Eckardt* FS Gerhardt, S 171, 174; *Bredemeyer* S 130; *A/G/R/Gehrlein* § 143 Rn 23.
105 So § 129 Rn 57.
106 *BGHZ* 89, 197 f = ZIP 1984, 193; 101, 288 = ZIP 1987, 1134 zu 2 a; *BGH* NJW 1980, 1580 f; *Jaeger/Henckel* KO § 37 Rn 111; *L/S/Z/Zeuner* § 143 Rn 15; *B/G/H/Haas* § 143 Rn 86.
107 *Jaeger/Henckel* KO § 37 Rn 112, 113; auch *Gerhardt* ZIP 1987, 1432.
108 Zutr MK/*Kirchhof* § 143 Rn 85; *Jaeger/Henckel* § 143 Rn 134; *A/G/R/Gehrlein* § 143 Rn 22.
109 *BGHZ* 97, 95 = ZIP 1986, 451 zu 2, b; *BGH* NJW 1995, 1093; vgl auch *BGH* NJW 1994, 451; ZIP 2003, 494; 2004, 1374; 2005, 1523; 2006, 1639 Rn 14 aE; *Kilger/K Schmidt* § 37 KO Anm 9; MK/*Kirchhof* § 143 Rn 84; *N/R/Nerlich* § 143 Rn 31; *A/G/R/Gehrlein* § 143 Rn 24; so § 129 Rn 44.
110 Vgl *Jaeger/Henckel* § 143 Rn 164; grds ebenso MK/*Kirchhof* § 143 Rn 84; **aA** *K/P/B/Jacoby* § 143 Rn 63.
111 *BGH* ZIP 2004, 1374 (zu § 3 Abs 1 AnfG aF: Ermäßigung eines Werklohnanspruchs insoweit nicht Gl benachteiligend, als die Ermäßigung den Kosten einer Nachbesserung entspricht, auf die der AnfGegner verzichtet hat); *A/G/R/Gehrlein* § 143 Rn 24. Vgl auch *Eckardt* ZInsO 2004, 888 ff, 896; *K/P/B/Jacoby* § 143 Rn 63 aE.
112 Vgl *BGH* ZIP 1986, 724; *Jaeger/Henckel* § 143 Rn 186; *Kilger/K Schmidt* § 37 KO Anm 10b; *Uhlenbruck/Ede/Hirte* § 143 Rn 110; *Braun/Riggert* § 143 Rn 19.
113 Zu § 37 KO vgl *BGH* ZIP 1986, 790.

unerlaubter Handlung nach §§ 823 ff, insb nach § 826 BGB, schuldet.[114] Die Aufrechnung des AnfGegners mit einer InsFord scheitert an § 96 Abs 1 Nr 1[115] (so § 129 Rn 101).

29 Im Rechtsstreit über den Wertersatzanspruch kann ein **Grundurteil** ergehen (so § 129 Rn 130).[116] Zur **Sicherung** des Anspruchs kommt ein dinglicher oder persönlicher **Arrest** in Betracht (so § 129 Rn 131).[117]

II. Empfänger einer unentgeltlichen Leistung (Abs 2)

30 **1. Beschränkung auf die vorhandene Bereicherung (S 1).** Die Vorschrift betrifft den **redlichen** Empfänger einer **unentgeltlichen** Leistung (§ 134). Ist die Rechtshandlung nicht ausschließlich nach dieser Norm, sondern daneben nach anderen AnfVorschriften – etwa § 133 Abs 1 – anfechtbar, findet Abs 2 insoweit keine Anwendung.[118]

31 Der redliche Empfänger einer unentgeltlichen Leistung haftet nicht dafür, dass er den Gegenstand oder gezogene Nutzungen aus seinem Verschulden nicht mehr oder nur in seinem Wert gemindert herausgeben kann oder dass er Nutzungen schuldhaft nicht gezogen hat (vgl oben Rn 25, 26).[119] Vielmehr entspricht seine Rückgewährpflicht der **Verpflichtung eines BereicherungsSchu nach § 818 Abs 1–3** BGB.[120] Setzt der AnfGegner das erhaltene Geld zur **Tilgung von Verbindlichkeiten** ein, kommt eine Entreicherung regelmäßig nicht in Betracht, es sei denn, der AnfGegner beweist, dass er dadurch keinen bleibenden Vorteil erlangt hat und die Tilgung ohne die zugewendeten Mittel unterblieben wäre. Begründet er neue Verbindlichkeiten, die er mit dem zugewendeten Betrag erfüllt, kann er sich nur dann auf die Entreicherung berufen, wenn dies zu keinem Vermögensvorteil geführt hat und er die Ausgaben nicht mit anderen Mitteln bestritten hätte.[121] Auch im Zusammenhang mit der Anf der Auszahlung von **Scheingewinnen** hat sich der BGH zu § 143 Abs 2 geäußert.[122] Danach steht (der Schutzgedanke des) **§ 814 BGB** dem Rückgewähranspruch nicht entgegen.[123] Das Gleiche gilt für § 817 S 2 BGB.[124] IRv § 818 Abs 3 ist im InsRecht die **Saldotheorie** nur **eingeschränkt** anwendbar. Insb bietet diese Theorie keine Grundlage dafür, Forderungen, die ohne eine Saldierungsmöglichkeit InsForderungen wären, zu Masseforderungen zu erheben. Leistungen, die nicht in einem synallagmatischen Verhältnis stehen, sollen nicht

---

114 Vgl *BGH* LM § 393 BGB Nr 1; ZIP 1986, 790; RGRK-*Weber* § 393 Rn 8; HambKomm/*Rogge/Leptien* § 143 Rn 72.

115 Vgl *BGH* ZIP 2004, 326; *Braun/Riggert* § 143 Rn 19; iE ebenso *Jaeger/Henckel* § 143 Rn 185, der dies jedoch aus dem Zweck der Anf ableitet.

116 *BGH* ZIP 2011, 484 Rn 14; *Uhlenbruck/Ede/Hirte* § 143 Rn 180.

117 *Uhlenbruck/Ede/Hirte* § 143 Rn 82.

118 *BGH* ZIP 2013, 131 Rn 13 mwN; *Kilger/K Schmidt* § 37 KO Anm 13a; *Jaeger/Henckel* § 143 Rn 154; MK/*Kirchhof* § 143 Rn 101; *Uhlenbruck/Ede/Hirte* § 143 Rn 56, 58; *B/G/H/Haas* § 143 Rn 98; *A/G/R/Gehrlein* § 143 Rn 28 aE.

119 *BGH* ZIP 2013, 131 Rn 13; *Kuhn/Uhlenbruck* § 37 Rn 34; HambKomm/*Rogge/Leptien* § 143 Rn 84.

120 Vgl *BGH* ZIP 2006, 1639 Rn 15; *A/G/R/Gehrlein* § 143 Rn 27; im Einzelnen *Jaeger/Henckel* § 143 Rn 158-161; *Kilger/K Schmidt* § 37 KO Anm 13b, MK/*Kirchhof* § 143 Rn 102 ff; *Uhlenbruck/Ede/Hirte* § 143 Rn 62; zu § 818 Abs 2 BGB: *RGZ* 27, 21; zu **§ 818 Abs 3** BGB: *RGZ* 92, 229; *RG* LZ 1910, 558 f; *BGHZ* 118, 386 ff = WM 1992, 1960 f; *BGH* ZIP 2010, 531 Rn 15, 16; *OLG München* WM 2011, 166 f; auch *BGH* NJW 1970, 46.

121 *BGH* 27.10.2016 – IX ZR 160/14 Rn 13 ff.

122 Dazu *A/G/R/Gehrlein* § 143 Rn 27, 28; *K/P/B/Jacoby* § 143 Rn 69a; *K/S/W/Kummer* Rn P129a-148a.

123 *BGHZ* 179, 137 = ZIP 2009, 186. Ebenso *OLG München* ZIP 2011, 237 zu 5; *B/G/H/Haas* § 143 Rn 26; *A/G/R/Gehrlein* § 143 Rn 18.

124 *KG* ZIP 2010, 2256 zu 5; *A/G/R/Gehrlein* § 143 Rn 18.

durch Saldierung in ein Verhältnis gebracht werden können, welches dem anderen Teil mehr Rechte verschafft, als ihm nach dem InsRecht zustünden. Deshalb ist bei der Anf einer unentgeltlichen Leistung im Dreiecksverhältnis die Leistung, die der spätere Schu zur Tilgung einer nicht werthaltigen Forderung des Empfängers gegen einen Dritten erbracht hat, nicht schon deshalb entgeltlich, weil der Empfänger seinerseits Leistungen an den Dritten erbracht hat, sondern nur, wenn der Dritte die von ihm geschuldete ausgleichende Gegenleistung anschließend erbringt.[125] Bei einer Saldierung mit der früher an den Dritten erbrachten Leistung liefe die Anf regelmäßig ins Leere, weil der Dritte sich dann auf den Wegfall der Bereicherung berufen könnte. Diese Grenzen der Saldotheorie machen auch eine Saldierung ausgezahlter Scheingewinne mit Einlagen unzulässig, die der auf Rückgewähr in Anspruch genommene Anleger an den Schu gezahlt hat.[126] Der Einwand des Wegfalls der Bereicherung kann sich neben Luxusaufwendungen nur auf **Kosten** beziehen, die im Zusammenhang mit der Auszahlung der Scheingewinne stehen. Dazu gehört eine **endgültige Mehrbelastung** des Anlegers **mit Steuern**, die durch die Auszahlung der Scheingewinne angefallen sind.[127] Die Voraussetzungen des **§ 818 Abs 3 BGB** hat der **AnfGegner darzulegen** und zu **beweisen.**[128] So hat eine politische Partei, der nicht nur geringwertige (§ 134 Abs 2) Spenden zugeflossen sind, bei der Geltendmachung der Entreicherung die Verwendung der Spendengelder substantiiert darzulegen.[129]

2. Ausnahme beim unredlichen Anfechtungsgegner (S 2). – a) Bösgläubigkeit. Die Privilegierung von S 1 gilt nur so lange, wie der AnfGegner redlich ist.[130] Das ist er nicht (mehr), sobald er weiß oder den Umständen nach wissen muss, dass die unentgeltliche Leistung die InsGl benachteiligt (S 2). In **§ 37 Abs 2 KO** war demgegenüber von dem **„gutgläubigen Empfänger"** die Rede. Gutgläubigkeit wurde entspr der Gesetzesdefinition des § 932 Abs 2 BGB allg dann angenommen, wenn dem Empfänger weder bekannt noch infolge **grober Fahrlässigkeit** unbekannt war, dass die Befriedigung der Gl des unentgeltlich Leistenden durch die Freigebigkeit verkürzt wurde.[131] **Hieran hat sich** durch § 143 Abs 2 S 2 ungeachtet der Formulierung „oder den Umständen nach wissen muss" **nichts geändert.**[132] Mit dieser Wortwahl sollte trotz der Nähe zu § 122 Abs 2 BGB nicht zum Ausdruck gebracht werden, dass dem AnfGegner bereits jede Art von Fahrlässigkeit schadet.[133] 32

125 Vgl *BGH* ZIP 2008, 1385 Rn 15 ff; 2010, 1253 Rn 8.
126 *BGH* ZIP 2010, 1253 Rn 8, 9, 11. Vgl auch *BGH* ZIP 2010, 1457 Rn 17. Werden die Einlagen allerdings zurückgewährt, handelt es sich um entgeltliche, nicht nach § 134 anfechtbare Leistungen, *BGH* ZIP 2010, 1455 Rn 11, 12; 2011, 390 Rn 6; so § 134 Rn 13.
127 *BGH* ZIP 2010, 1253 Rn 10, 14.
128 *BGH* ZIP 2010, 531 Rn 17 mit Anm *Primozic* NZI 2010, 297; ZIP 2010, 1457 Rn 17; *OLG Frankfurt* ZIP 2010, 943; *OLG München* WM 2011, 167.
129 *OLG Celle* ZIP 2009, 1531 f.
130 *BGH* ZIP 2013, 131 Rn 11 mwN; vgl auch *BGH* ZIP 2006, 1639 Rn 15. Su Rn 32.
131 Vgl *BGH* ZIP 2001, 892; *Jaeger/Henckel* KO § 37 Rn 129; *Kilger/K Schmidt* § 37 KO Anm 13b; *Kuhn/Uhlenbruck* § 37 Rn 36.
132 Zutr *L/S/Z/Zeuner* § 143 Rn 19; *Zeuner* Rn 332; *Braun/Riggert* § 143 Rn 20; HambKomm/*Rogge/Leptien* § 143 Rn 86; *B/G/H/Haas* § 143 Rn 101; *K Schmidt/Büteröwe* § 143 Rn 30; wohl auch *K/S/W/Kummer* Rn P123; offen *Uhlenbruck/Ede/Hirte* § 143 Rn 59.
133 Offenlassend *BGH* 24.3.2016 – IX ZR 159/15 Rn 13; **aA** *OLG Rostock* ZIP 2008, 569; MK/*Kirchhof* § 143 Rn 107, 107a; *Jaeger/Henckel* § 143 Rn 155; *Graf-Schlicker/M Huber* § 143 Rn 25 unter Hinweis auf die Rspr zu § 10 Abs 1 Nr 4 GesO, die aber auf § 143 Abs 2 S 2 nicht ohne weiteres zu übertragen ist (vgl insoweit auch *BGHZ* 180, 63 = ZIP 2009, 526 Rn 22: dass die Zahlungsunfähigkeit dem Gl den Umständen nach bekannt sein musste, deutete auf grobe Fahrlässigkeit hin); *Gerhardt* FS Brandner, S 608; *A/G/R/Gehrlein* § 143 Rn 29; *K/P/B/Jacoby* § 143 Rn 71.

33 Der **Wortlaut** des § 143 Abs 2 S 2 **knüpft vielmehr an** eine in der Rspr häufig gewählte **Umschreibung für grobe Fahrlässigkeit iSv § 932 Abs 2 BGB** an.[134] Es spricht alles dafür, dass mit der Formulierung in § 143 Abs 2 S 2 „oder den Umständen nach wissen muss", die sich im gleichen Zusammenhang bereits bei Lent und Kilger findet,[135] **in verkürzter Form auf die Umschreibung für grobe Fahrlässigkeit verwiesen** werden sollte. Diese Annahme wird insb dadurch nahe gelegt, dass in der Begr zu § 162 RegE von „dem gutgläubigen Empfänger" die Rede ist[136] und dass ihr zufolge mit den Worten „weiß oder den Umständen nach wissen muss" die „Bösgläubigkeit", mithin Kenntnis und grob fahrlässige Unkenntnis, in Anknüpfung „an die herrschende Auffassung in Rechtsprechung und Literatur" definiert werden sollte[137] (vgl oben Rn 4). Sie wird ferner dadurch unterstützt, dass § 143 Abs 2 S 2 einen Gleichklang mit Abs 1 herstellt und insoweit eine Parallele zu § 990 Abs 1 BGB bildet, der in S 1 ebenfalls guten Glauben und damit zumindest grobe Fahrlässigkeit verlangt. Schließlich ist darauf hinzuweisen, dass in keinem der Entwürfe zur InsO auch nur ansatzweise zum Ausdruck kommt, mit der Wortwahl in § 143 Abs 2 S 2 solle von LS 5.12 Abs 6 EB abgewichen werden. Dieser LS wollte es bewusst bei der eingeschränkten Rückgewährpflicht des § 37 Abs 2 KO belassen (EB, 428) und gab mit seiner Umschreibung der Gutgläubigkeit nur das allg Verständnis wieder. Er lautet: „Der gutgläubige Empfänger einer unentgeltlichen Zuwendung hat diese nur insoweit zurückzugewähren, als er durch sie bereichert ist. Der Empfänger ist gutgläubig, wenn ihm weder bekannt noch infolge grober Fahrlässigkeit unbekannt ist, dass die unentgeltliche Zuwendung die anderen Gl benachteiligt." In diesem Sinne ist § 143 Abs 2 S 2 zu verstehen.[138]

34 Grob fahrlässig ist danach im Allgemeinen ein Handeln, bei dem die erforderliche Sorgfalt **nach den** gesamten **Umständen** in ungewöhnlich großem Maße verletzt worden und dasjenige unbeachtet geblieben ist, was im gegebenen Fall jedem hätte einleuchten müssen.[139]

35 In Anlehnung an die wiedergegebene Umschreibung für grobe Fahrlässigkeit iSd bürgerlichen Rechts muss ein Empfänger dann den Umständen nach wissen, dass die unentgeltliche Leistung die Gl benachteiligt, wenn ihm **Umstände** bekannt sind, die mit auffallender Deutlichkeit dafür sprechen und **deren Kenntnis auch einem Empfänger mit durchschnittlichem Erkenntnisvermögen ohne gründliche Überlegung die Annahme nahe legt, dass die Befriedigung der Gl infolge der Freigebigkeit verkürzt wird.**[140] Das trifft immer zu, wenn der Empfänger Umstände kennt, die zwingend auf eine Benachteiligung der Gl schließen lassen (vgl § 131 Abs 2 S 1; § 131 Rn 32). Es genügt indessen die Kenntnis von Umständen, die, wenn auch nicht zwingend, so doch auffällig und eindringlich auf eine GlBenachteiligung hindeuten. Diese Anforderungen sind mithin gegenüber § 131 Abs 2 S 1 etwas geringer. Damit die Unterscheidung für die Praxis handhabbar bleibt, wird dem Tatrichter ein nicht zu enger Beurteilungsspielraum einzuräumen sein.

36 Die **Begünstigung** des Empfängers nach Abs 2 S 1 setzt nicht nur voraus, dass er im Zeitpunkt der Leistungsvornahme, sondern dass er **bis zum Wegfall der Bereicherung gutgläu-**

---

134 Offenlassend *BGH* 24.3.2016 – IX ZR 159/15 Rn 17.
135 Vgl *Jaeger/Lent* KO, 8. Aufl, § 37 Anm 26; *Kilger* KO, 15. Aufl 1987, § 37 Anm 13 b.
136 BT-Drucks 12/2443, 167.
137 BT-Drucks 12/2443, 168.
138 Zutr *Henckel* KS-InsO, S 850 f Rn 84; *N/R/Nerlich* § 143 Rn 60; *B/G/H/Haas* § 143 Rn 101; vgl auch *Eckardt* Anm NZG 1999, 88, der „für eine eigenständige, an anfechtungsrechtlichen Wertungen orientierte Interpretation" eintritt.
139 *BGHZ* 10, 16 = NJW 1953, 1139.
140 *BGH* 24.3.2016 – IX ZR 159/15 Rn 17; 8.9.2016 – IX ZR 151/14 Rn 15; *K/P/B/Jacoby* § 143 Rn 72; *B/G/H/Haas* § 143 Rn 102; *K/S/W/Kummer* Rn P124.

big war.[141] **Sobald** der zunächst gutgläubige **Empfänger bösgläubig wird**, **entfällt** die Begünstigung mit Wirkung ex nunc, wobei auch hier – anders als nach § 990 Abs 1 S 2 – grob fahrlässige Unkenntnis der Benachteiligung der Gl durch die unentgeltliche Leistung genügt. Eine **Unterausnahme** dahin gehend, dass derjenige Empfänger einer unentgeltlichen Leistung nicht für die Unmöglichkeit der Rückgewähr einzustehen hat, der im Zeitpunkt **zwischen** dem **Erhalt der Leistung und** dem **Wegfall der Bereicherung** die **Überzeugung** gewonnen hat, **dass** der **Schu** nunmehr seine **Gl befriedigen** kann, sieht das G **nicht** vor; die Haftung des AnfGegners wird allein durch die in § 134 Abs 1 vorgesehene Frist von vier Jahren beschränkt.[142] Der Bösgläubigkeit steht entspr § 818 Abs 4 BGB der Eintritt der Rechtshängigkeit (§§ 261 Abs 1, 2, 253 Abs 1, 262 ZPO) gleich.[143]

b) Darlegungs- und Beweislast. Aus der Formulierung von S 2 als Ausnahme von S 1 ist zu folgern, dass die Darlegungs- und Beweislast für die Bösgläubigkeit des Empfängers beim **InsVerw** liegt.[144] Dies entspricht der eindeutigen Absicht des Gesetzgebers, wie der Entstehungsgeschichte, namentlich der Begr zu § 162 RegE, eindeutig zu entnehmen ist (so Rn 2).[145] Der InsVerw muss allerdings **nicht** darlegen und beweisen, dass der bei Empfang der unentgeltlichen Leistung bösgläubige AnfGegner bis zum Wegfall der Bereicherung bösgläubig geblieben ist.[146] 37

Der Gesetzgeber hat bei **nahe stehenden Personen** (§ 138) als Empfängern von einer Umkehr der Beweislast abgesehen. Dass die unentgeltliche Leistung einer nahe stehenden Person zugewandt wurde, wird freilich iRd **Beweiswürdigung** von Bedeutung sein,[147] soweit nicht ohnehin die Voraussetzungen des § 133 Abs 1 erfüllt sind. Falls die unentgeltliche Leistung in den letzten drei Monaten vor Stellung des Eröffnungsantrags oder danach vorgenommen wurde, wird dem InsVerw nicht selten mit § 130 Abs 2 und der Verweisungsnorm des § 130 Abs 3 zu helfen sein. 38

III. Insolvenz des Anfechtungsgegners

Wird über das Vermögen des AnfGegners das InsVerf eröffnet, steht dem InsVerw des Schu – falls nicht schon bei VerfEröffnung nur ein Anspruch auf Wertersatz bestand[148] – ein **Aussonderungsrecht** (§ 47) zu, soweit Rückgewähr in Natur möglich ist und Ziel der Anfechtung die Rückgewähr einer Sache oder eines Rechts iSd § 47 ist (folglich zB nicht bei Rückforderung eines anfechtbar überwiesenen Geldbetrags mangels Sachqualität[149]). Der primäre AnfAnspruch vermittelt also Aussonderungskraft. Das ist insb in Fällen einer **Konzerninsolvenz** zu berücksichtigen. Anderenfalls kommt ein **Ersatzaussonderungsrecht** (§ 48) oder ein **Bereicherungsanspruch** gegen die Masse (§ 55 Rn 2) (bei Bereicherung nach Ver- 39

141 *BGH* 2013, 131 Rn 11; zum Recht der KO *BGH* WM 1956, 706 lSp oben; BT-Drucks 12/2443, 168; MK/*Kirchhof* § 143 Rn 108.
142 *BGH* ZIP 2013, 131 Rn 11.
143 Vgl *BGH* WM 1956, 705 f; *Jaeger/Henckel* § 143 Rn 163; MK/*Kirchhof* § 143 Rn 108.
144 *BGH* 24.3.2016 – IX ZR 159/15 Rn 13.
145 *BGH* ZIP 2013, 131 Rn 12; *OLG Rostock* ZIP 2008, 569; *Braun/Riggert* § 143 Rn 21; MK/*Kirchhof* § 143 Rn 112; HambKomm/*Rogge/Leptien* § 143 Rn 90; *B/G/H/Haas* § 143 Rn 2; *K/S/W/Kummer* Rn P150.
146 *BGH* ZIP 2013, 131 Rn 12 aE.
147 *BGH* 24.3.2016 – IX ZR 159/15 Rn 13; MK/*Kirchhof* § 143 Rn 112; *Uhlenbruck/Ede/Hirte* § 143 Rn 67; HambKomm/*Rogge/Leptien* § 143 Rn 90; **aA** *OLG Rostock* ZIP 2008, 569 mit insoweit krit Anm *Dörrscheidt* EWiR 2008, 340.
148 *BGHZ* 155, 203 f = ZIP 2003, 1556.
149 A.A. *OLG Schleswig* NZI 2017, 19, 21. Wie hier aber wohl *BGH* 27.4.2017 – IX ZR 198/16 Rn 16.

fahrenseröffnung) in Betracht.[150] Ist der Empfänger Zwangsverwalter, gelten allgemeine Regeln; die Regelungen des ZVG schränken die Rückgewährpflicht nicht ein.[151]

IV. Anfechtung der Befriedigung gesellschafterbesicherter Kredite (Abs 3)

40 **1. Regelungsgegenstand und Normzusammenhang.** § 143 Abs 3 normiert die Rechtsfolgen einer Anf nach § 135 Abs 2, dh für den Fall, dass eine Gesellschaft (und zwar eine solche iSd § 39 Abs 4 S 1; s § 39 Rn 53 ff) die Forderung eines Dritten (Kreditgebers) auf Darlehensrückgewähr (oder eine wirtschaftlich entsprechende Forderung) innerhalb der Jahresfrist des § 135 Abs 1 Nr 2 befriedigt hat und ein Gesellschafter für diese Forderung eine Sicherheit bestellt oder sich verbürgt hatte (dazu § 135 Rn 42 ff). Die Bestimmungen der §§ 135 Abs 2, 143 Abs 3 sind an die Stelle des früheren § 32b GmbHG (der Sache nach ebenfalls schon InsAnfTatbestand) getreten und werden durch § 44a (s die Erl dort) ergänzt. Zum Zusammenspiel zwischen §§ 44a, 135 Abs 2, 143 Abs 3 s iÜ schon § 44a Rn 2; zu den erfassten Sicherheiten s die Erl § 44a Rn 4 ff.

41 **2. Erstattungsanspruch gegen den sichernden Gesellschafter.** Abs 3 verpflichtet den Gesellschafter, der die Sicherheit bestellt hatte oder als Bürge haftete, die **dem Dritten von der Gesellschaft gewährte Leistung zur InsMasse zu erstatten**. Denn der sichernde Gesellschafter ist durch diese (dem Dritten gewährte) Leistung aus seiner Sicherheit entlassen worden (vgl § 135 Rn 43). Der Erstattungsanspruch entfällt nicht dadurch, dass der Kreditgeber auf die Gesellschaftersicherung **verzichtet**, den Gesellschafter also etwa aus der von diesem übernommenen Bürgschaft entlässt.[152] Das gilt nicht nur im Falle eines Verzichts nach Eröffnung des InsVerf, sondern auch bei Freigabe der Sicherheit innerhalb der Jahresfrist des § 135 Abs 1 Nr 2 vor dem Eröffnungsantrag oder nach Antragstellung.[153] Im Verhältnis zwischen Kreditgeber und Gesellschaft ist der Verzicht dann unwirksam, weil sich nur so die dem Konzept der §§ 44a, 135 Abs 2, 143 Abs 3 zugrunde liegende vorrangige Haftung der Gesellschaftersicherheit verteidigen lässt; s schon § 44a Rn 9.

42 Hat die Gesellschaft dem dritten Kreditgeber neben der Gesellschaftersicherheit auch eigene Sicherheiten (insolvenzfest) gestellt (**Doppelbesicherung**) und werden die Gesellschaftssicherheiten vor VerfEröffnung verwertet, hat der zu Lasten des Gesellschaftsvermögens von seiner Sicherung befreite Gesellschafter gem §§ 135 Abs 2, 143 Abs 3 die (seitens der Gesellschaft) dem Dritten gewährte Leistung zu erstatten (s § 135 Rn 45). Werden die Gesellschaftssicherheiten *nach* VerfEröffnung verwertet (vgl §§ 165 ff), kann der InsVerw gegen den Gesellschafter einen Erstattungsanspruch analog §§ 135 Abs 2, 143 Abs 3 geltend machen; näher dazu § 44a Rn 12.

43 Zu erstatten ist nach Abs 3 S 1 die von der Gesellschaft an den Dritten (Kreditgeber) „gewährte Leistung", soweit der Gesellschafter dadurch von seiner bestellten Sicherheit bzw Bürgschaftsverpflichtung befreit worden ist.[154] Bei nicht vollwertigen Sicherheiten ist der Erstattungsanspruch nach Abs 3 S 2 durch den Wert der Sicherheit begrenzt. Das sind bei einer **Höchstbetragsbürgschaft** der vereinbarte Bürgschaftsbetrag und bei dinglichen

150 *A/G/R/Gehrlein* § 143 Rn 30; *K/P/B/Jacoby* § 143 Rn 16, 18, 83; so § 129 Rn 91.
151 *OLG Dresden* ZIP 2014, 1642, 1644.
152 Vgl zum früheren Eigenkapitalersatzrecht schon *BGH* ZIP 1997, 1648, 1650.
153 *OLG Düsseldorf* 17.12.2015 – I-12 U 13/15, NZI 2016, 542, 544; *OLG Stuttgart* ZIP 2012, 834, 837 f; *Bangha-Szabo* NZI 2015, 514, 515; *Scholz/Bitter* Anh § 64 Rn 303; *Ede* ZInsO 2012, 853, 856 ff; *U/H/L/Habersack* Anh § 30 Rn 151; *Uhlenbruck/Hirte* § 135 Rn 18; *K/S/W/Schäfer* H 89b; **aA** für den Fall des Verzichts vor Verfahrenseröffnung *Thole* ZIP 2015, 1609, 1616.
154 *BGH* ZIP 2013, 1629, Rn 20 ff; *OLG Frankfurt* 11.11.2015 – 17 U 121/14, ZIP 2016, 733, 734 f; *OLG Stuttgart* ZIP 2012, 834, 836; HambKomm/*Schröder* § 135 Rn 50.

Sicherheiten ihr Wert im Zeitpunkt der Rückzahlung.[155] Bei Teilrückzahlungen durch die Gesellschaft ist der Gesellschafter nur insoweit zur Erstattung verpflichtet, als der zu erstattende Betrag zusammen mit dem Betrag, für den er dem Gl weiter verhaftet bleibt, die Bürgschaftssumme[156] bzw den Wert der Sicherheit nicht übersteigt; denn bei einer weitergehenden Inanspruchnahme liefe er Gefahr, zu einer Leistung herangezogen zu werden, die über das hinausginge, was er der Gesellschaft als Finanzierungsbeitrag zur Verfügung gestellt hat. Zu erstatten sind auch getilgte Nebenforderungen (zB Zinsen, Kosten), soweit sie von der Gesellschaftersicherheit erfasst wurden.[157]

Hinsichtlich der Entstehung des Erstattungsanspruchs ist ggf zu bedenken, dass auch eine Leistung des Gesellschafters im Ergebnis zu einer Befreiung von der bestellten Sicherheit führen kann. Tilgt etwa ein Gesellschafter eine gegen ihn bestehende Forderung der Gesellschaft durch Überweisung auf ein im Debet geführtes Gesellschaftskonto, für das er selbst eine Bürgschaft übernommen hat, so führt die Gesellschaft infolge der Einzahlung auf jenes Konto zwangsläufig ihre Kreditverbindlichkeit gegenüber der kontoführenden Bank mit Eigenmitteln zurück. In dem Umfang, in dem der Gesellschafter dadurch von seiner Bürgschaftsverpflichtung frei wird, ist er der Gesellschaft zur Erstattung verpflichtet.[158] Denn der Gesellschafter kann mit ein und derselben Zahlung **nicht mehrere Tilgungszwecke** erreichen: Er kann nicht einerseits seine Schuld bei der Gesellschaft tilgen und andererseits zugleich deren Kreditverbindlichkeit bei der Bank mit der Folge zurückführen, dass er selbst von seiner (für diese) bestellten Sicherheit ersatzlos frei wird. Nichts anderes gilt, wenn der Gesellschafter die Zahlung auf das debitorische Gesellschaftskonto zwar nicht auf eine schon bestehende Forderung der Gesellschaft gegen ihn leistet, mit der Zahlung aber die Entstehung einer Forderung gegen ihn verhindern will. So wenn die Gesellschaft ein Gesellschafterdarlehen im kritischen Zeitraum des § 135 Abs 1 Nr 2 zurückgezahlt hat und der Gesellschafter den nämlichen Betrag dann seinerseits wieder auf das im Soll geführte Konto (für das er eine Sicherheit bestellt oder sich verbürgt hat) zurückreicht, um dem nach InsEröffnung andernfalls entstehenden Erstattungsanspruch zu begegnen.[159] 44

Der Gesellschafter ist nicht verpflichtet, nach Abs 3 S 3 aber berechtigt (**Ersetzungsbefugnis**), die Sicherungsgegenstände der InsMasse zur Verfügung zu stellen. Da er über diesen Wert hinaus nicht haftet, wird er, wenn er davon Gebrauch macht, von seiner Erstattungspflicht in vollem Umfang frei.[160] Einen den Erstattungsbetrag (§ 143 Abs 3 S 1) etwa übersteigenden Verwertungserlös hat die Gesellschaft an ihn herauszugeben.[161] 45

§ 144 Ansprüche des Anfechtungsgegners

(1) Gewährt der Empfänger einer anfechtbaren Leistung das Erlangte zurück, so lebt seine Forderung wieder auf.

---

155 *U/H/L/Habersack* Anh § 30 Rn 165; *Graf-Schlicker/Neußner* § 143 Rn 32; vgl zum früheren § 32b S 2 GmbHG *vG/H/Fleischer* Rn 6.56; *Scholz/K Schmidt* 10. Aufl, §§ 32 a, b Rn 191; *Thonfeld* Eigenkapitalersetzende Gesellschaftersicherheiten und der Freistellungsanspruch der Gesellschaft, 2005, S 110 ff.

156 Vgl *OLG Stuttgart* ZIP 2012, 834, 836 und zum früheren Recht *BGH* ZIP 1990, 642; *BGH* ZIP 1997, 1648, 1650; *BGH* ZIP 2004, 1049.

157 MK/*Kirchhof* § 143 Rn 111; *Graf-Schlicker/Neußner* § 143 Rn 34.

158 *BGH* ZIP 2005, 659 (noch zum früheren Eigenkapitalersatzrecht).

159 So im Fall *BGH* GmbHR 2013, 1034 = ZIP 2013, 1629 (dort gekürzt).

160 Vgl auch *BGH* ZIP 1986, 30.

161 *U/H/L/Habersack* Anh § 30 Rn 166; *K/P/B/Jacoby* § 143 Rn 81 (Stand: September 2017).

(2) [1]Eine Gegenleistung ist aus der Insolvenzmasse zu erstatten, soweit sie in dieser noch unterscheidbar vorhanden ist oder soweit die Masse um ihren Wert bereichert ist. [2]Darüber hinaus kann der Empfänger der anfechtbaren Leistung die Forderung auf Rückgewähr der Gegenleistung nur als Insolvenzgläubiger geltend machen.

Übersicht

Literatur: *Bork* Wiederaufleben von Sicherheiten nach Anfechtung der Erfüllungsleistung, FS Kreft, 2004, S 229; *Eckardt* Aspekte einer „Vorteilsausgleichung" im Anfechtungsrecht, ZInsO 2004, 888; *Ganter* Wiederaufleben von Sicherheiten nach Tilgung der gesicherten Hauptforderung durch Anfechtung, WM 2011, 245; *Heidbrink* Zum Wiederaufleben von Sicherheiten nach Insolvenzanfechtung, NZI 2005, 363; *Köhn* Ausgleichs- und Regressansprüche des Anfechtungsgegners bei anfechtbarem Erwerb, NZI 2008, 412; *Riedel* Wiederaufleben von Abtretungen und Pfändungen des Arbeitseinkommens, ZVI 2009, 174.

A. Allgemeines

1 Die Vorschrift stimmt wörtlich überein mit § 163 RegE. Abs 1 geht zurück auf § 39 KO, Abs 2 auf § 38 KO. Eine Änderung gegenüber diesen Vorschriften ist mit § 144 nicht bezweckt.[1] Die Norm ergänzt § 143. Sie regelt die insolvenzrechtlichen Folgen der erfolgreichen Anf für anfechtbar **erfüllte** Forderungen (Abs 1) und – nach Anf eines **Kausalgeschäfts** – für Gegenleistungen, die der AnfGegner für das anfechtbar Erlangte aufgewendet hat (Abs 2)[2] auf interessengerechte Weise. Daneben können dem AnfGegner aus anderen Rechtsgründen Ausgleichs- und Regressansprüche zustehen.[3]

B. Erläuterungen

I. Wiederaufleben der Forderung (Abs 1)

2 **1. Voraussetzungen.** Diese Vorschrift hat – wie § 39 KO – anfechtbare Rechtshandlungen im Auge, durch welche eine **Verbindlichkeit** des Schu getilgt worden ist, die ihrerseits **nicht anfechtbar** begründet oder gegenüber dem AnfGegner nicht oder nicht wirksam angefochten wurde.[4] Darunter fällt auch die Erfüllung eines Schenkungsversprechens (§ 518 Abs 1 BGB), sofern dieses nicht der Anf nach § 134 unterliegt (dazu § 134 Rn 6, 20). Da Ansprüche aus einem unanfechtbar begründeten Schenkungsversprechen – anders als nach § 63 Nr 4 KO – zu den (nachrangigen) InsFord gehören (§ 39 Abs 1 Nr 4), lebt die Forderung nach Anf des Schenkungsvollzugs wieder auf.[5] Insoweit wird die Entsch *BGH* ZIP 1988, 586

1 BT-Drucks 12/2443, 168.
2 Vgl *Jaeger/Henckel* § 144 Rn 2 f; MK/*Kirchhof* § 144 Rn 1.
3 Vgl *Köhn* NZI 2008, 412 ff; *A/G/R/Gehrlein* § 144 Rn 1.
4 Vgl *Jaeger/Henckel* KO § 39 Rn 2, 6, 7; *K Schmidt/Büteröwe* § 144 Rn 2; MK/*Kirchhof* § 144 Rn 5a; *Uhlenbruck/Hirte* § 144 Rn 1; *Foerste* InsR, 5. Aufl 2010, Rn 340; HambKomm/*Rogge/Leptien* § 144 Rn 3, 4; *B/G/H/Haas* § 144 Rn 10; *K/P/B/Jacoby* § 144 Rn 5; *K/S/W/Kummer* Rn Q2; *A/G/R/Gehrlein* § 144 Rn 3.
5 Vgl *Jaeger/Henckel* § 144 Rn 8, 12.

(Schenkung eines Grundstücks) zu überprüfen sein.[6] Wird die Zahlung einer Geldstrafe angefochten, lebt die Forderung des Staates nach Zurückgewährung der erlangten Zahlung durch die Justizkasse wieder auf.[7] Ist eine **Verrechnung nach § 96 Abs 1 Nr 3 unzulässig**, kommt eine Anwendung von **§ 144 nicht** in Betracht, weil die Verrechnung von vorneherein unwirksam ist, ohne dass es der Anf einer wirksam gewordenen Verrechnung bedurft hätte.[8]

2. Folgen. Die erloschene Forderung lebt nebst dem Rückfall des Eigentums an etwaigen Schuldurkunden (§ 952 BGB) **mit dem Vollzug der Rückgewähr** nach § 143[9] von Gesetzes wegen **rückwirkend** (als InsForderung) wieder auf, und zwar in der Gestalt und in dem Bestand, die (den) sie **vor der Erfüllung** hatte.[10] Das gilt auch bei Anfechtung nach Verfahrensaufhebung in Fällen des § 259 Abs 3; dann ist die aufgrund § 254b eingeschränkte Forderung gegen den Schu geltend zu machen. Das Wiederaufleben nach § 144 erfolgt nur in dem Umfang der Rückgewähr. Davon zu unterscheiden sind weitere vertragsrechtliche Folgen, bspw kann bei teilweiser Rückgewähr (nach Vergleich) an eine Konzerngesellschaft ein Forderungsverzicht zugunsten anderer Konzerngesellschaften hinfällig sein. Stets dürfen bei § 144 die Wirkungen der Rückgewähr nicht vorweggenommen werden. Ein Grundstücksverkäufer, dessen Kaufpreisforderung durch Zahlungen eines Dritten erfüllt worden ist, welche der InsVerw über das Vermögen des Dritten nach Verfahrenseröffnung angefochten hat, kann dem Grundstückskäufer erst dann eine Frist zur Erfüllung der wieder aufgelebten Kaufpreisforderung setzen und den Rücktritt vom Vertrag androhen, wenn der insolvenzrechtliche Rückgewähranspruch erfüllt ist.[11] § 144 Abs 1 gilt auch in einem anfrechtlichen Drei-Personen-Verhältnis m der Folge, dass etwa durch die erfolgreiche Anf gegenüber einer gesetzlichen Krankenkasse als Gl von freiwillig versicherten Arbeitnehmern des Schu, der die Beiträge unmittelbar an die Gl entrichtet hatte, deren Forderung gegen die LeistungsSchu (Arbeitnehmer) wieder aufleben, auch wenn diese m dem InsSchu nicht identisch waren.[12] Dieses rückwirkende Wiederaufleben führt dazu, dass die angefochtene Rechtshandlung vernachlässigt und ein **Zustand** hergestellt wird, **der ohne die angefochtene Rechtshandlung bestanden** hätte. Entgegen einer verbreiteten Meinung erstreckt sich die Rückwirkung auf den **Zeitpunkt der Vornahme** der angefochtenen Rechtshandlung, nicht lediglich auf die Zeit unmittelbar vor der InsEröffnung.[13] Das hat zur Folge, dass bei einer verzinslichen Forderung auch der **Zinsanspruch** vom Zeitpunkt der Erfüllung an wiederauflebt, ab InsEröffnung freilich im Rang des § 39 Abs 1 Nr 1, und dass eine – ab Erfüllung bis 3

6 Vgl *Gerhardt* ZIP 1988, 754; *Uhlenbruck/Hirte/Ede* § 144 Rn 3c.
7 *BGH* ZIP 2010, 2358 Rn 7.
8 *BGH* 6.10.2011 – IX ZR 24/11 Rn 2.
9 Dazu *Jaeger/Henckel* § 144 Rn 10; *B/G/H/Haas* § 144 Rn 11 f; *K/P/B/Jacoby* § 144 Rn 7; *K/S/W/Kummer* Rn Q5.
10 *BGH* ZIP 2012, 537 Rn 11; *BAG* ZIP 2014, 628 Rn 33; vgl *OLG Karlsruhe* ZIP 2007, 290 (die Rev IX ZR 20/07 wurde zurückgenommen); *Jaeger/Henckel* § 144 Rn 2, 13, 14; MK/*Kirchhof* § 144 Rn 7 ff; *Uhlenbruck/Hirte* § 144 Rn 3 ff.; *B/G/H/Haas* § 144 Rn 13; *K Schmidt/Büteröwe* § 144 Rn 3; *A/G/R/Gehrlein* § 144 Rn 4; *H/W/F/Schmittmann/Zeeck* InsO, § 144 Rn 14.
11 *BGH* ZIP 2015, 485 Rn 17.
12 *BGH* ZIP 2013, 81 Rn 12 mwN; Rn 13 auch zu der – letztlich offen gelassenen – Frage, ob auch die möglichen Forderungen der Arbeitnehmer gegen den Arbeitgeber wieder aufleben, und Rn 14 zu der Problematik, ob den Arbeitnehmern das InsRisikos des Arbeitgebers als Leistungsmittlers zumutbar ist, was für den Fall der VorsatzAnf bejaht wurde. Zu weiteren Fallkonstellationen insb MK/*Kirchhof* § 144 Rn 7a.
13 *Ganter* WM 2011, 245 f; *K/S/W/Kummer* Rn Q7; *Cranshaw/Hinkel/Hörmann/Sußner* § 144 Rn 4; wohl auch MK/*Kirchhof* § 144 Rn 8; **aA** *K/P/B/Jacoby* § 144 Rn 12.

zur Rückgewähr gehemmte – **Verjährung** ab Rückgewähr weiterläuft.[14] Die Forderung kann zur Tabelle angemeldet werden.[15] Zugleich mit der Forderung leben auch ihre (unanfechtbar begründeten[16]) **Sicherheiten** grds ohne weiteres so wieder auf, als sei die Forderung nie erloschen gewesen.[17] Mit Wiederaufleben der gesicherten Forderung wird die Sicherheit aber nicht gegenständlich gegenüber dem früheren Zustand erweitert.[18] Es ist **zwischen akzessorischen und nicht akzessorischen Sicherheiten** einerseits sowie – insb bei nicht akzessorischen Sicherheiten – zwischen Sicherheiten des Schu und Drittsicherheiten andererseits zu **unterscheiden**.[19] Akzessorische Sicherheiten des Schu und solche eines Dritten – etwa eine Bürgschaft, die Mitschuld eines GesamtSchu,[20] Hypotheken oder Pfandrechte – leben mit der zunächst getilgten Forderung grds ohne weiteres wieder auf.[21] Das Gleiche gilt grds für nicht akzessorische Sicherheiten, die vom Sicherungsnehmer nicht zurückgegeben wurden.[22] Wenn nicht akzessorische Sicherheiten des Schu[23] oder eines Dritten unterdessen zurückübertragen wurden, sind sie – soweit möglich – neu zu begründen.[24] Einer Inanspruchnahme könnte auch vor Neubegründung kein Einwand entgegengesetzt werden.[25] Bei einer Patronatserklärung ist der Patron daher unabhängig von der Einordnung weiter verpflichtet.[26] Ist eine Neubestellung von Sicherheiten des Schu nicht möglich, weil über die

14 *Ganter* WM 2011, 246; HambKomm/*Rogge/Leptien* § 144 Rn 10 (zur Verjährung); *K/S/W/Kummer* Rn Q7; **aA** *OLG München* ZIP 2009, 1311 (Wiederaufleben von Haupt- und Bürgschaftsforderung auch im Hinblick auf die Verjährung erst mit dem Wiederaufleben mit Wirkung ex nunc [die gegen die Entsch eingelegte Revision IX ZR 70/09 wurde am 13.4.2010 zurückgenommen]); ebenso *K/P/B/Jacoby* § 144 Rn 12a; vgl auch *Ganter* WM 2011, 247 f.

15 Vgl *K/P/B/Jacoby* § 144 Rn 13; *Braun/Riggert* § 144 Rn 5; HambKomm/*Rogge/Leptien* § 144 Rn 5, 6; *B/G/H/Haas* § 144 Rn 23; *K Schmidt/Büteröwe* § 144 Rn 6. Problematisch ist die Rspr des BFH, der durch eine Pflicht zur Berichtigung nach Rückzahlung den **Umsatzsteuerteil** zu einer **Masseverbindlichkeit** aufwerten will, *BFH* 29.3.2017 – XI R 5/16, dazu § 38 Rn 38.

16 Wirksam angefochtene Sicherheiten können nicht wieder aufleben, *Ganter* WM 2011, 247.

17 *OLG Koblenz* ZIP 2015, 1217, 1218. Vgl BT-Drucks 12/2443, 168; *K Schmidt/Büteröwe* § 144 Rn 3; *Jaeger/Henckel* § 144 Rn 15 ff; *Uhlenbruck/Hirte/Ede* § 144 Rn 7; *K/S/W/Kummer* Rn Q8.

18 *OLG Koblenz* ZIP 2015, 1217, 1218 (**qualifizierte Zeitbürgschaft**).

19 Vgl *Bork* FS Kreft, S 231.

20 *KG* ZIP 2011, 535 mwN.

21 *BGH* 12.1.2017 – IX ZR 95/16 Rn 11; *BGH* NJW 1974, 57; WM 2009, 790 Rn 11 (XI ZS, Bürge); ähnlich *BGH* 15.4.2010 – IX ZR 86/09 – Rn 2; MK/*Kirchhof* § 144 Rn 10b, 10c (zu Hypotheken und Pfandrechten); *Bork* FS Kreft, S 232–237, 245 f; *Jaeger/Henckel* § 144 Rn 15–17; *K/P/B/Jacoby* § 144 Rn 14; *B/G/H/Haas* § 144 Rn 18; *Ganter* WM 2011, 247 (auch zu einem Erlassvertrag bei der Bürgschaft), 249 (zu akzessorischen Realsicherheiten); *K/P/B/Jacoby* § 144 Rn 14; *Cranshaw/Hinkel/Hörmann/Sußner* § 144 Rn 5; vgl auch *LG Frankfurt/Oder* ZInsO 2003, 907 f mit Anm *Biehl* ZInsO 2003, 932 ff; dazu krit *Bork* aaO S 245 f.

22 *Bork* FS Kreft, S 238; *Jaeger/Henckel* § 144 Rn 18; *Ganter* WM 2011, 249; zur Grundschuld *OLG Bbg* WM 2001, 628.

23 Insoweit **aA** MK/*Kirchhof* § 144 Rn 10d mwN; wohl auch *A/G/R/Gehrlein* § 144 Rn 5.

24 *BGH* 12.1.2017 – IX ZR 95/16 Rn 14; *Bork* FS Kreft, S 238–244, 246–249; *K/P/B/Jacoby* § 144 Rn 16; *Ganter* WM 2011, 250 f; *A/G/R/Gehrlein* § 144 Rn 6 (für nicht akzessorische Sicherheiten eines Dritten); *OLG Frankfurt* ZIP 2004, 271 f; *OLG Naumburg* NZI 2009, 558 f; vgl auch MK/*Kirchhof* § 144 Rn 10d (bei Sicherheiten des Schu soll das AnfUrt die Willenserklärungen in einer dem § 894 ZPO entspr Weise fingieren; bei Drittsicherungsgebern ist die Sicherheitenbestellung konstitutiv neu vorzunehmen).

25 *BGH* 12.1.2017 – IX ZR 95/16 Rn 14.

26 *BGH* 12.1.2017 – IX ZR 95/16 Rn 11 ff.

Sicherheiten inzwischen wirksam verfügt wurde, besteht grds ein Anspruch auf Wertersatz als Masseverbindlichkeit.[27]

II. Erstattung der Gegenleistung (Abs 2)

1. Gegenleistung. Der Anspruch auf Erstattung der Gegenleistung des AnfGegners setzt nach hM einen angefochtenen gegenseitigen Schuldvertrag voraus, der InsGl benachteiligt hat; anderenfalls greift Abs 1 ein.[28] Gegenleistung ist alles, was der AnfGegner aufgrund des angefochtenen obligatorischen Vertrages geleistet hat.[29] Wie im Fall von § 38 KO kommt auch eine **entspr Anwendung** von § 144 Abs 2 in Betracht.[30] 4

2. Erstattungsanspruch. – a) S 1. Der Anspruch des AnfGegners oder dessen Gesamtrechtsnachfolgers (§ 145 Abs 1)[31] auf Erstattung der Gegenleistung **in Natur** setzt voraus, dass diese **unterscheidbar** in der Masse vorhanden ist.[32] Er ist nach **hM** ein Bereicherungsanspruch (§ 55 Abs 1 Nr 3),[33] der mit dem Vollzug – genauer: dem verbindlichem Angebot[34] – des Rückgewähranspruchs aus § 143 entsteht.[35] Der Umfang der Herausgabeverpflichtung ist nach § 818 Abs 1 BGB zu bestimmen. Ist ein Erstattungsanspruch in Natur ausgeschlossen, richtet sich der Anspruch auf ein **Surrogat** (§ 818 Abs 1) oder auf **Wertersatz** (§ 818 Abs 2). Ist die Gegenleistung vor Eintritt der Rechtshängigkeit (§ 818 Abs 4 BGB) oder 5

---

27 *B/G/H/Haas* § 144 Rn 19; MK/*Kirchhof* § 144 Rn 13; *A/G/R/Gehrlein* § 144 Rn 6; vgl auch *Bork* FS Kreft, S 243, 249 f; **aA** *Ganter* WM 2011, 250 f.

28 Vgl *RG* LZ 1910, 862; *Jaeger/Henckel* § 144 Rn 4–7, 23; *Uhlenbruck/Hirte* § 144 Rn 9; MK/*Kirchhof* § 144 Rn 13; *A/G/R/Gehrlein* § 144 Rn 7; *H/W/F/Schmittmann/Zeeck* InsO, § 144 Rn 17; weitergehend *Eckardt* ZInsO 2004, 892 ff (partielle **Einbeziehung einer DeckungsAnf**, insb wenn ein Bargeschäft daran scheitert, dass die Gegenleistung nicht gleichwertig mit der vom AnfGegner empfangenen Leistung war, und bei der gemischten Schenkung; vgl dazu auch *Jaeger/Henckel* § 144 Rn 25, 28, 30); ähnlich *K/P/B/Jacoby* § 144 Rn 21–25 (Unmittelbarkeitszusammenhang wie bei der Anf eines Bargeschäfts). Vgl auch *L/S/Z/Zeuner* § 144 Rn 4.

29 MK/*Kirchhof* § 144 Rn 14; *Uhlenbruck/Hirte* § 144 Rn 10; *Eckardt* ZInsO 2004, 890 aE; *B/G/H/Haas* § 144 Rn 27; *A/G/R/Gehrlein* § 144 Rn 8; *K/S/W/Kummer* Rn Q13.

30 Vgl *BGHZ* 141, 97, 105 = ZIP 1999, 631: Wer als AnfGegner eine unentgeltliche Zuwendung zurückgewähren muss, die er nach Erlass eines allg Veräußerungsverbots durch Leistung des Schu an einen Dritten erhalten hat, kann einredeweise geltend machen, der Verwalter schulde ihm Zug um Zug die Erklärung, dass er die Leistung an den Dritten als gegen die Masse wirksam gelten lasse. Dieses Gegenrecht ergibt sich aus entspr Anwendung des § 38 KO. Diese Vorschrift soll eine Bereicherung der Masse infolge Anf verhindern; es entspricht daher dem Zweck der Norm, auf die beschriebene Weise auszuschließen, dass die Masse doppelt befriedigt wird.

31 Zum Erstattungsanspruch eines **Einzelrechtsnachfolgers**, der sich nur an seinen Rechtsvorgänger halten kann, vgl *Jaeger/Henckel* § 144 Rn 35; *Uhlenbruck/Hirte/Ede* § 144 Rn 16; *B/G/H/Haas* § 144 Rn 29.

32 MK/*Kirchhof* § 144 Rn 17; *Uhlenbruck/Hirte/Ede* § 144 Rn 11; *K/P/B/Jacoby* § 144 Rn 28; *L/S/Z/Zeuner* § 144 Rn 5; *K Schmidt/Büteröwe* § 144 Rn 7, 8.

33 MK/*Kirchhof* § 144 Rn 18; *K/P/B/Jacoby* § 144 Rn 26 f; *B/G/H/Haas* § 144 Rn 34.

34 MK/*Kirchhof* § 144 Rn 15; *A/G/R/Gehrlein* § 144 Rn 9; *K Schmidt/Büteröwe* § 144 Rn 12; *H/W/F/Schmittmann/Zeeck* InsO, § 144 Rn 19.

35 *BGH* ZIP 1986, 790; *K Schmidt/Büteröwe* § 144 Rn 12; *A/G/R/Gehrlein* § 144 Rn 9; krit *Jaeger/Henckel* § 144 Rn 24 (spätestens bereits mit der VerfEröffnung); ähnlich *Uhlenbruck/Hirte/Ede* § 144 Rn 11; *K/P/B/Jacoby* § 144 Rn 31.

einer Bösgläubigkeit des InsVerw (§ 819 Abs 1 BGB)[36] untergegangen, gilt § 818 Abs 3 BGB.[37] Hat der AnfGegner den späteren Schu von einer Verbindlichkeit befreit, greift S 1 nicht ein; eine Bereicherung des Schu ist über S 2 auszugleichen.[38]

6 Verlangt der **InsVerw Wertersatz**, kann gegen ihn mit einem auf Geld gerichteten Anspruch nach S 1 aufgerechnet werden. Eine automatische Verrechnung nach Art der Saldotheorie scheidet aus.[39] Sind die Ansprüche aus § 143 und aus § 144 Abs 2 S 1 nicht gleichartig, steht dem AnfGegner wegen dieser Ansprüche ein Zurückbehaltungsrecht nach § 273 BGB zu.[40]

7 **b) S 2.** Besteht kein Anspruch nach S 1 gegen die InsMasse, kann der AnfGegner den Anspruch auf die Gegenleistung nur als **InsGl** geltend machen und zur InsTabelle anmelden.[41] Erforderlich ist, dass die Gegenleistung vor Eröffnung des InsVerf erbracht wurde und – ganz oder teilweise – entweder nicht mehr in die InsMasse gelangte oder diese nicht mehr bereichert ist (§ 818 Abs 3 BGB).[42]

§ 145 Anfechtung gegen Rechtsnachfolger

(1) Die Anfechtbarkeit kann gegen den Erben oder einen anderen Gesamtrechtsnachfolger des Anfechtungsgegners geltend gemacht werden.

(2) Gegen einen sonstigen Rechtsnachfolger kann die Anfechtbarkeit geltend gemacht werden:

1. **wenn dem Rechtsnachfolger zur Zeit seines Erwerbs die Umstände bekannt waren, welche die Anfechtbarkeit des Erwerbs seines Rechtsvorgängers begründen;**
2. **wenn der Rechtsnachfolger zur Zeit seines Erwerbs zu den Personen gehörte, die dem Schuldner nahestehen (§ 138), es sei denn, dass ihm zu dieser Zeit die Umstände unbekannt waren, welche die Anfechtbarkeit des Erwerbs seines Rechtsvorgängers begründen;**
3. **wenn dem Rechtsnachfolger das Erlangte unentgeltlich zugewendet worden ist.**

---

36 Nach wohl überwiegender Meinung soll diese **ab Geltendmachung** des AnfAnspruchs einsetzen (so etwa MK/*Kirchhof* § 144 Rn 17a; HambKomm/*Rogge/Leptien* § 144 Rn 21), nach einer anderen Meinung bereits ab InsEröffnung (vgl *Jaeger/Henckel* § 144 Rn 27). ME sollte auf den Zeitpunkt abgestellt werden, zu dem der **InsVerw** von der Anfechtbarkeit der Rechtshandlung **Kenntnis** erlangt (so auch *K/P/B/Jacoby* § 144 Rn 30). Da der **InsVerw** einen **Wegfall der Bereicherung** und die Voraussetzungen dafür, dass er diesen nicht zu vertreten hat, **beweisen** muss (vgl MK/*Kirchhof* § 144 Rn 21; HambKomm/*Rogge/Leptien* § 144 Rn 24; *K/S/W/Kummer* Rn Q16), hat er ggf auch darzulegen und zu beweisen, ab wann er von der Anfechtbarkeit der Rechtshandlung wusste; **aA** *K/P/B/Jacoby* § 144 Rn 30 (Beweislast beim AnfGegner).

37 Vgl im Einzelnen *Jaeger/Henckel* § 144 Rn 26, 27; MK/*Kirchhof* § 144 Rn 17, 17a; *K/P/B/Jacoby* § 144 Rn 30; *Cranshaw/Hinkel/Hörmann/Sußner* § 144 Rn 9.

38 *BGH* 27.9.2007 – IX ZR 74/06; *A/G/R/Gehrlein* § 144 Rn 10 aE.

39 *BGH* ZIP 2010, 1253 Rn 9; MK/*Kirchhof* § 144 Rn 16; *K/P/B/Jacoby* § 144 Rn 31; *B/G/H/Haas* § 144 Rn 37; *K Schmidt/Büteröwe* § 144 Rn 9; *Uhlenbruck/Hirte/Ede* § 144 Rn 13; aM *Jaeger/Henckel* § 144 Rn 27.

40 *BGH* ZIP 1986, 790 (offen gelassen für den Fall der Masseunzulänglichkeit); ZIP 2000, 1066 (verneint für Ansprüche, die, wie Aus- oder Absonderungsrechte wegen anderweitiger Leistungen des AnfGegners, mit dem Rückgewähranspruch nicht in einem bes engen Zusammenhang stehen); *Jaeger/Henckel* § 144 Rn 29; MK/*Kirchhof* § 144 Rn 18; *Uhlenbruck/Hirte* § 144 Rn 12; so § 143 Rn 6.

41 MK/*Kirchhof* § 144 Rn 19 f; *Cranshaw/Hinkel/Hörmann/Sußner* § 144 Rn 4.

42 Vgl im Einzelnen *Jaeger/Henckel* § 144 Rn 31–33; MK/*Kirchhof* § 144 Rn 19; *Uhlenbruck/Hirte/Ede* § 144 Rn 14 f; *K/P/B/Jacoby* § 144 Rn 32; *L/S/Z/Zeuner* § 144 Rn 8, 9; *B/G/H/Haas* § 144 Rn 38 ff; *K Schmidt/Büteröwe* § 144 Rn 11.

Übersicht

Literatur: *Gerhardt* Die Anfechtung gegen den Rechtsnachfolger, FS Kirchhof, 2003, S 121.

A. Allgemeines

1 Die auf § 164 RegE zurückgehende Norm knüpft an § 40 KO an. Abs 1 dehnt im Anschluss an die hL[1] die Anfechtbarkeit auf andere Gesamtrechtsnachfolger als den Erben aus. Abs 2 betrifft die Einzelrechtsnachfolge. Dabei erweitert Abs 2 Nr 2 erweitert den Kreis der verdächtigen Personen über die in §§ 40 Abs 2 Nr 2, 31 Nr 2 KO genannten hinaus auf alle dem Schu nahe stehenden Personen iSv § 138. Eine Norm, die für die unentgeltliche Weitergabe iSd Abs 2 Nr 3 die Anwendung des § 143 Abs 2 vorsieht, wurde als entbehrlich angesehen (anders noch § 40 Abs 3 KO).[2] Da § 145 sachlich im Wesentlichen mit § 40 KO übereinstimmt, kann zu seiner Auslegung auf Rspr und Schrifttum zu dieser Norm zurückgegriffen werden.[3] Voraussetzung für die Anwendung von § 145 ist stets die **Rechtsnachfolge in den anfechtbar weggegebenen Gegenstand selbst**; dass der Ersterwerber im Zeitpunkt der Rechtsnachfolge **nur Wertersatz** schuldete, **genügt nicht**.[4] Die Haftung nach § 145 tritt **selbstständig neben die Haftung** des ursprünglichen Erwerbers (Rn 8).

B. Erläuterungen

I. Gesamtrechtsnachfolge (Abs 1)

2 **1. Erbe.** Wer Erbe des AnfGegners ist, bestimmt das bürgerliche Recht. Gegen den Erben – ggf gegen dessen Erben – kann der AnfAnspruch in gleicher Weise geltend gemacht oder die Anfechtbarkeit eingewendet werden (§ 146) wie gegen den Erblasser.[5] Freilich findet gegen den Erben die Anf nicht wegen solcher anfechtbar begründeter Rechte statt, die – wie ein persönliches Wohnrecht – mit dem Tode des Erblassers vollständig erlöschen.[6]

Die Haftung für den AnfAnspruch richtet sich nach §§ 1967 ff BGB,[7] bei mehreren Erben nach §§ 2058 ff BGB. Daher teilt der AnfAnspruch, soweit er auf Wertersatz (§ 143 Abs 1

1 Vgl *Jaeger/Henckel* KO § 40 Rn 19–23; *Kilger/K Schmidt* § 40 KO Anm 2a; *Kuhn/Uhlenbruck* § 40 Rn 3.

2 BT-Drucks 12/2443, 168.

3 *Jaeger/Henckel* § 145 Rn 1.

4 *BGHZ* 155, 203 f = ZIP 2003, 1556; *BGH* ZIP 2008, 2183 Rn 11; 2012, 1617 Rn 2; MK/*Kirchhof* § 145 Rn 3, 16, 18; *Jaeger/Henckel* § 145 Rn 27; *B/G/H/Haas* § 145 Rn 4; *K/P/B/Brinkmann* § 145 Rn 6; *Graf-Schlicker/M Huber* § 145 Rn 4, 8; *A/G/R/Gehrlein* § 145 Rn 1; *K/S/W/Kummer* Rn R15; *Cranshaw/Hinkel/Zenker* § 145 Rn 6.

5 Im Einzelnen *Jaeger/Henckel* § 145 Rn 10–19.

6 *BGH* NJW 1996, 3007 – zu § 11 Abs 1 AnfG aF; MK/*Kirchhof* § 145 Rn 8; *A/G/R/Gehrlein* § 145 Rn 3.

7 Vgl *BGHZ* 165, 351 = ZIP 2006, 246 Rn 30 (zu § 15 Abs 1 AnfG). Krit *Jaeger/Henckel* § 145 Rn 3 ff: nur wenn bereits gegen den Erblasser ein Wertersatzanspruch bestand, soll der Erbe nach § 1967 haften (aaO Rn 8); *B/G/H/Haas* § 145 Rn 7.

S 2) gerichtet ist, die erbrechtlichen Haftungsbegrenzungen. Bei einer haftungsrechtlichen Sonderung des Nachlasses leben die Rückgewähransprüche wieder auf (§§ 1976, 1991 Abs 2 BGB).[8] Dem InsVerw des Schu kann im NachlassInsVerf (§§ 315 ff) ggf ein Aussonderungsrecht (§ 47), ein Ersatzaussonderungsrecht (§ 48) oder ein gegen die Masse gerichteter Bereicherungsanspruch (§ 55 Abs 1 Nr 3) zustehen (so § 129 Rn 91).[9] Der **Erbschaftskäufer** (§§ 2371 ff BGB) haftet neben dem Verkäufer (§ 2382 BGB).[10] Ähnliches gilt für den **Erwerber eines Miterbenanteils**.[11] Der **Nacherbe** haftet grds[12] vom Eintritt des Falles der Nacherbfolge an (§ 2139 BGB). Der Erbe übernimmt die Anfechtungshaftung wie der Erblasser und muss sich folglich auch dessen Bösgläubigkeit (bei § 143 Abs 2 S 2) und tatbestandliche Verschärfungen (etwa Geltung des § 138) entgegenhalten lassen, auch wenn sie in seiner Person eigentlich nicht begründet sind.

3 Ist der **Schu** des AnfGegners selbst dessen **Erbe**, gehört der weggegebene Gegenstand zur InsMasse, gleichviel ob die Erbschaft vor oder nach Eröffnung des InsVerf angefallen ist (§ 35).[13] Ein Wertersatzanspruch erlischt in einem solchen Fall durch Konfusion.[14] Unabhängig von einer anfrechtlichen Haftung nach § 145 Abs 1 kann im Einzelfall eine schuldrechtliche Verpflichtung nach allg Regeln – etwa gem § 1967 Abs 1 BGB, § 25 oder § 128 HGB[15] – in Betracht kommen.[16]

4 **2. Andere Gesamtrechtsnachfolger.** Die für einen Erben geltenden Grundsätze sind auf andere Gesamtrechtsnachfolger des AnfGegners in gleicher Weise anzuwenden. Für die Annahme einer der Erbschaft gleichstehenden Gesamtrechtsnachfolge kommt es darauf an, dass der Rechtsnachfolger ebenfalls **kraft Gesetzes** in die Verbindlichkeiten des Rechtsvorgängers eingetreten ist, gleichviel ob die Haftung des Rechtsvorgängers neben der des Nachfolgers fortdauert oder nicht.[17] Gesamtrechtsnachfolge liegt insb in den Fällen der **Verschmelzung** und **Spaltung** von Unternehmen (§ 20 Abs 1 Nr 1, §§ 36, 131 Abs 1 Nr 1 UmwG)[18] oder der Vereinbarung einer Gütergemeinschaft (§§ 1416 ff BGB)[19] vor (zur Anf der Umwandlung selbst § 133 Rn 11). Die Frage, ob die InsMasse iE wie ein Gesamtrechtsnachfolger zu behandeln ist, wenn über das Vermögen des AnfGegners das InsVerf eröffnet wird,[20] ist ohne praktische Bedeutung, seitdem anerkannt ist, dass der AnfAnspruch in der

---

8 *K/P/B/Brinkmann* § 145 Rn 12; *A/G/R/Gehrlein* § 145 Rn 3.
9 *Uhlenbruck/Hirte/Ede* § 145 Rn 5; *Jaeger/Henckel* § 145 Rn 10.
10 MK/*Kirchhof* § 145 Rn 11; HambKomm/*Rogge/Leptien* § 145 Rn 6; **aA** *Jaeger/Henckel* § 145 Rn 22 mwN auch zur Gegenansicht: Erbschaftskäufer ist nur Einzelrechtsnachfolger, soweit Erbschaftsverkäufer nicht auf Wertersatz haftete; ähnlich *K/P/B/Brinkmann* § 145 Rn 16.
11 Vgl *RGZ* 60, 131; MK/*Kirchhof* § 145 Rn 11; *Uhlenbruck/Hirte* § 145 Rn 4.
12 Vgl § 2145 BGB; MK/*Kirchhof* § 145 Rn 9.
13 MK/*Kirchhof* § 145 Rn 10; *Uhlenbruck/Hirte/Ede* § 145 Rn 5; *Jaeger/Henckel* § 145 Rn 18; *K/P/B/Brinkmann* § 145 Rn 12.
14 *Jaeger/Henckel* § 145 Rn 19; *A/G/R/Gehrlein* § 145 Rn 3.
15 Dazu *BGHZ* 165, 351 = ZIP 2006, 246 Rn 30 zum AnfG.
16 MK/*Kirchhof* § 145 Rn 3, 16; vgl auch *Jaeger/Henckel* § 145 Rn 8 aE, 22, 68; *K/P/B/Brinkmann* § 145 Rn 15.
17 BT-Drucks 12/2443, 168. Zur Angleichung der Rechtsposition der Bundesagentur für Arbeit gem § 169 S 3 SGB III an § 145 Abs 1 vgl *BAG* ZIP 2014, 628 Rn 13.
18 Vgl *Kilger/K Schmidt* § 40 KO Anm 2a; MK/*Kirchhof* § 145 Rn 14; *Uhlenbruck/Hirte* § 145 Rn 7 ff; *Jaeger/Henckel* § 145 Rn 21 f; *K/S/W/Kummer* Rn R5.
19 Vgl *Jaeger/Henckel* § 145 Rn 23; MK/*Kirchhof* § 145 Rn 12.
20 MK/*Kirchhof* 2. Aufl, § 145 Rn 15; *Uhlenbruck/Hirte/Ede* § 145 Rn 9; *Gottwald/M Huber* § 51 Rn 60; HambKomm/*Rogge/Leptien* § 145 Rn 7; *B/G/H/Haas* § 145 Rn 9; **aA** *Jaeger/Henckel* § 145 Rn 24; *K/P/B/Brinkmann* § 145 Rn 17 f; *Cranshaw/Hinkel/Zenker* § 145 Rn 10.

Ins des AnfGegners ein Aussonderungsrecht begründet (so § 129 Rn 91). Das gilt auch für das AnfRecht nach § 145.[21]

II. Sonstige Rechtsnachfolge in den Anfechtungsgegenstand (Abs 2)

1. Einzelrechtsnachfolge. Abs 2 meint die Einzelrechtsnachfolge, die in den jeweils zurückzugewährenden Gegenstand erfolgt. Soweit ein Dritter die aus dem Anfechtungsanspruch resultierende Verbindlichkeit im Wege eines Schuldbeitritts oder einer Schuldübernahme übernimmt, ist dies kein Fall des § 145. Rechtsnachfolge iSv § 145 Abs 2 liegt grds nur vor, wenn der anfechtbar weggegebene Gegenstand in **derselben Gestalt** und mit **demselben Inhalt** weitergegeben wird.[22] Bei der Weitergabe von Geld ist Rechtsnachfolge nur anzunehmen, wenn die anfechtbar übergebene Geldsumme in denselben Stücken (Geldscheinen oder Münzen) weiter übereignet wird.[23] Rechtsnachfolge setzt jedoch **nicht** stets die **Vollübertragung** des anfechtbar Erlangten voraus, sondern kann auch vorliegen, wenn aus dem anfechtbar Erworbenen eine bes Befugnis – etwa eine Rangänderung[24] – abgezweigt oder an ihm ein beschränktes Recht bestellt wird.[25] Dies trifft insb zu bei der anfechtbaren Übertragung eines Grundstücks und der **Begründung eines beschränkten dinglichen Rechts** daran.[26] Auch die schuldrechtliche Überlassung des anfechtbar erworbenen Gegenstandes kann Rechtsnachfolge begründen;[27] ferner der gutgläubige Erwerb vom Nichtberechtigten, etwa im Fall einer als Scheingeschäft nichtigen, aber gleichwohl anfechtbaren Rechtshandlung.[28] Ob die Rechtsnachfolge auf einem **Rechtsgeschäft** beruht oder – wie bei der Bürgschaft nach § 774 Abs 1 S 1 BGB[29] – **kraft Gesetzes** erfolgt, ist gleichgültig.[30] Rechtsnachfolger ist jedoch nicht, wer einen Gegenstand selbst originär, etwa durch Fund, Ersitzung, Verbindung, Vermischung, Verarbeitung, durch Zwangsversteigerung oder Enteignung erwirbt.[31] 5

Eine Einzelrechtsnachfolge kann ferner vorliegen, wenn der Rechtsvorgänger einen Scheck nicht einem Dritten übereignet, sondern wenn er den Scheck unmittelbar dessen Bank zum Einzug für den Dritten übertragen hat. Dann erlangt zwar die Bank die Rechte aus dem Scheck, allerdings nur als Beauftragte des Dritten. Dieser hatte aus dem bankrechtlichen Geschäftsbesorgungsvertrag von Anfang an einen Anspruch gegen die Bank auf Heraus- 6

---

21 MK/*Kirchhof* § 145 Rn 15.

22 *Jaeger/Henckel* § 145 Rn 27, 28; *Gottwald/M Huber* § 51 Rn 63; *L/S/Z/Zeuner* § 145 Rn 6; *B/G/H/Haas* § 145 Rn 12; *A/G/R/Gehrlein* § 145 Rn 6; *K/S/W/Kummer* Rn R9.

23 *BGHZ* 78, 329 f = ZIP 1981, 35; 100, 41 = ZIP 1987, 603 rSp – je zu § 11 AnfG aF; *BGH* ZIP 2008, 2183 Rn 11; 2009, 769 Rn 12; MK/*Kirchhof* § 145 Rn 18. Vgl auch *BGH* ZIP 2009, 726 Rn 1, 2 (Leistet ein Schu in anfechtbarer Weise an einen von dem Gl m dem Empfang der Leistung beauftragten Dritten, ist der Gl zur Rückgewähr verpflichtet, ohne dass es im Verhältnis des Gl zu dem Dritten auf eine Rechtsnachfolge iSv § 145 Abs 2 ankommt).

24 *BGHZ* 29, 233 f = WM 1959, 331.

25 *BGHZ* 100, 40 = ZIP 1987, 603 li Sp; MK/*Kirchhof* § 145 Rn 20; *Jaeger/Henckel* § 145 Rn 31; *Gottwald/M Huber* § 51 Rn 63; *Cranshaw/Hinkel/Zenker* § 145 Rn 8, 12.

26 *BGHZ* 130, 317 = ZIP 1995, 1364 f; HambKomm/*Rogge/Leptien* § 145 Rn 12; *K/P/B/Brinkmann* § 145 Rn 21; *K/S/W/Kummer* Rn R10.

27 *Jaeger/Henckel* § 145 Rn 32.

28 Dazu § 129 Rn 28; MK/*Kirchhof* § 145 Rn 17a; *Cranshaw/Hinkel/Zenker* § 145 Rn 12; vgl auch *Jaeger/Henckel* § 145 Rn 33.

29 Vgl dazu auch *BGH* NJW 1974, 57.

30 Im Einzelnen: *K Schmidt/Büteröwe* § 145 Rn 8; FK/*Dauernheim* § 145 Rn 6–13; MK/*Kirchhof* § 145 Rn 18, 19 ff; *Uhlenbruck/Hirte/Ede* § 145 Rn 18 ff; *Jaeger/Henckel* § 145 Rn 36–42.

31 MK/*Kirchhof* § 145 Rn 18a; HambKomm/*Rogge/Leptien* § 145 Rn 10; *K/P/B/Brinkmann* § 145 Rn 23; *K Schmidt/Büteröwe* § 145 Rn 9; *Cranshaw/Hinkel/Zenker* § 145 Rn 13.

gabe des Erlöses (§§ 675, 667 BGB). Damit hatte er den Gegenwert des Schecks schon vor dessen Einlösung erlangt. Die Zuwendung eines solchen individuellen Forderungsrechts auf den Leistungsgegenstand des Schecks macht den Dritten zum Rechtsnachfolger in den Scheck.[32]

7 Rechtsnachfolger kann mglw auch der **Schu selbst** sein, etwa wenn er sich an dem anfechtbar an einen Dritten übertragenen Gegenstand ein beschränktes dingliches Recht bestellen lässt.[33] Doch bedarf es ihm gegenüber nur ausnahmsweise der Anf, weil nach § 35 auch der Neuerwerb in die InsMasse fällt.[34] **Nicht** Rechtsnachfolger ist hingegen der Schu einer anfechtbar abgetretenen Forderung, wenn der Zessionar ihm die Schuld erlässt[35] oder wenn der Schu der Forderung diese zum Erlöschen bringt, sei es durch Leistung an den Zessionar, sei es durch ein Erfüllungssurrogat wie die Aufrechnung oder den Aufrechnungsvertrag.[36]

8 Dass gegen den Rechtsvorgänger infolge der Weitergabe des anfechtbar erlangten Gegenstandes ein **Wertersatzanspruch** begründet sein kann, **schließt** die **Haftung des Rechtsnachfolgers** gem § 143 **nicht aus.**[37] Konnte der Rechtsvorgänger jedoch den Gegenstand nicht mehr zurückgewähren und schuldete er nur Wertersatz, liegt keine Rechtsnachfolge iSv Abs 2 vor.[38]

9 **2. Anfechtbarkeit.** Der Rechtsnachfolger haftet nur, wenn die Anf gegenüber dem **ersten Erwerber und** – bei entfernterer Rechtsnachfolge – gegenüber jedem **Zwischenerwerber** begründet ist.[39] Insb darf der AnfAnspruch – abgesehen von § 146 Abs 2 – nach bisher hM zu § 40 KO weder gegenüber dem (letzten) Rechtsnachfolger noch gegenüber einem seiner Vorgänger **verjährt** sein.[40] Demgegenüber will eine im Vordringen begriffene Meinung die AnfAnsprüche im Fall des § 145 Abs 2 – anders als bei § 145 Abs 1 –[41] mit guten Gründen **grds unabhängig voneinander verjähren** lassen.[42] Eine **GlBenachteiligung** muss **fortdauern**.[43]

10 **3. Bösgläubigkeit des Rechtsnachfolgers (Nr 1).** Gegen den Rechtsnachfolger kann die Anfechtbarkeit geltend gemacht werden, wenn er zur Zeit seines Erwerbs (§ 140) die objektiven und ggf subjektiven **Umstände** kannte, welche zur Anfechtbarkeit des Erwerbs seines

---

32 *BGH* NJW 2002, 1343; MK/*Kirchhof* § 145 Rn 18; *B/G/H/Haas* § 145 Rn 12; *Cranshaw/Hinkel/Zenker* § 145 Rn 7.

33 *BGHZ* 130, 317 = ZIP 1995, 1365; MK/*Kirchhof* § 145 Rn 17a; *K/S/W/Kummer* Rn R10; *Cranshaw/Hinkel/Zenker* § 145 Rn 5; **aA** *Jaeger/Henckel* § 145 Rn 44.

34 MK/*Kirchhof* § 143 Rn 5b; § 145 Rn 10, 17a; so Rn 3; § 129 Rn 114.

35 *RGZ* 61, 152; *Jaeger/Henckel* § 145 Rn 29; HambKomm/*Rogge/Leptien* § 145 Rn 10; *A/G/R/Gehrlein* § 145 Rn 8.

36 *BGHZ* 100, 40 = ZIP 1987, 603.

37 Vgl *BGH* ZIP 1986, 791; 1996, 185; 2013, 131 Rn 20; im Einzelnen *Jaeger/Henckel* § 145 Rn 25; MK/*Kirchhof* § 145 Rn 32; *K/P/B/Brinkmann* § 145 Rn 44, 45.

38 So Rn 1 aE.

39 Vgl *Jaeger/Henckel* § 145 Rn 51; *Uhlenbruck/Hirte/Ede* § 145 Rn 23, 34; HambKomm/*Rogge/Leptien* § 145 Rn 23; *B/G/H/Haas* § 145 Rn 16; *A/G/R/Gehrlein* § 145 Rn 9; *K/S/W/Kummer* Rn R4, R22.

40 Vgl *RGZ* 103, 121; *BGH* NJW 1980, 226; *OLG Düsseldorf* ZIP 1996, 187 f; *Kilger/K Schmidt* § 40 KO Anm 5; *Kuhn/Uhlenbruck* § 40 Rn 12.

41 MK/*Kirchhof* § 145 Rn 37.

42 MK/*Kirchhof* § 145 Rn 36, 37; § 146 Rn 7; *Uhlenbruck/Hirte/Ede* § 145 Rn 23, 25; *K/P/B/Brinkmann* § 145 Rn 41; L/S/Z/*Zeuner* § 145 Rn 10; HambKomm/*Rogge/Leptien* § 145 Rn 27; *K/S/W/Kummer* Rn R20; ähnlich wohl *Cranshaw/Hinkel/Zenker* § 145 Rn 24; **aA** *Jaeger/Henckel* § 145 Rn 53–55.

43 *BGHZ* 130, 320 = ZIP 1995, 1366 zu d; MK/*Kirchhof* § 145 Rn 24; *Jaeger/Henckel* § 145 Rn 50; *Cranshaw/Hinkel/Zenker* § 145 Rn 10, 15.

(unmittelbaren) Rechtsvorgängers geführt haben.[44] Es kommt allein auf die Kenntnis dieser Tatsachen an. Der sich daraus ergebenden AnfFolge muss sich der Rechtsnachfolger nicht bewusst gewesen sein.[45] Die eine Anfechtbarkeit des Erwerbs des Rechtsvorgängers begründenden Umstände sind den jeweiligen AnfVorschriften (§§ 130 ff; bei mehreren Rechtsvorgängern auch § 145 Abs 2) zu entnehmen.[46] Danach richtet sich auch die grds beim **InsVerw** liegende **Beweislast**.[47] Entgegen einer zu § 40 KO vertretenen Meinung[48] ist auf das Verhältnis von Rechtsvorgänger zu Rechtsnachfolger § 144 nicht (entspr) anzuwenden.[49] Ist der Erwerb des Rechtsvorgängers nach **§ 134** anfechtbar, braucht der Rechtsnachfolger nur die Unentgeltlichkeit zu kennen. Auch wenn er selbst entgeltlich erworben hat, wird er grds nicht geschützt. Hier wird vereinzelt erwogen, dem Rechtsnachfolger bei entgeltlichem Erwerb mit dem **Rechtsgedanken des Bargeschäfts** zu helfen, sofern dessen Voraussetzungen vorliegen.[50] Indes wird ein hinreichender Schutz über eine entspr Anwendung von § 143 Abs 2 S 2 erreicht.[51]

4. Nahe stehende Personen (Nr 2). Gehört der Rechtsnachfolger zu den dem Schu **nahe stehenden Personen** (§ 138), wird vermutet, dass er im Zeitpunkt seines Erwerbs die zur Anfechtbarkeit des Erwerbs seines Rechtsvorgängers führenden Umstände kannte. Mithin obliegt in diesem Fall der Beweis für seine Unkenntnis dem Rechtsnachfolger.[52] Dies gilt auch für die Unkenntnis solcher Umstände, welche die Anfechtbarkeit eines Zwischenerwerbs begründeten, auch wenn der Rechtsnachfolger keine dem Zwischenerwerber nahe stehende Person war.[53] 11

5. Unentgeltlicher Erwerb (Nr 3). Erwirbt der Rechtsnachfolger das vom Schu anfechtbar Erlangte **unentgeltlich**, was der InsVerw darzulegen und zu beweisen hat,[54] besteht eine Rückgewährpflicht unabhängig davon, ob der Rechtsnachfolger zur Zeit des Erwerbs die Umstände kannte, welche die Anfechtbarkeit des Ersterwerbs und des Erwerbs von Zwischenerwerbern begründeten.[55] Der Begriff der Unentgeltlichkeit entspricht dem des § 134; denkbar ist daher auch eine tw Haftung bei tw unentgeltlicher Leistung. Auf die Frage, ob 12

---

44 *BGHZ* 166, 117 = ZIP 2006, 578 Rn 24 – 27 (zu § 140 Abs 2); *Jaeger/Henckel* § 145 Rn 60; MK/*Kirchhof* § 145 Rn 25–27; HambKomm/*Rogge/Leptien* § 145 Rn 16; *A/G/R/Gehrlein* § 145 Rn 10; *K/S/W/Kummer* Rn R16; *Cranshaw/Hinkel/Zenker* § 145 Rn 14–19.

45 Vgl MK/*Kirchhof* § 145 Rn 25; *Uhlenbruck/Hirte/Ede* § 145 Rn 27; *Jaeger/Henckel* § 145 Rn 60.

46 MK/*Kirchhof* § 145 Rn 26; HambKomm/*Rogge/Leptien* § 145 Rn 17.

47 Vgl *BGH* WM 1969, 100 f; im Einzelnen *Jaeger/Henckel* § 145 Rn 58; MK/*Kirchhof* § 145 Rn 43; *Uhlenbruck/Hirte* § 145 Rn 30 ff; *K/S/W/Kummer* Rn R17; *Cranshaw/Hinkel/Zenker* § 145 Rn 14.

48 *Kilger/K Schmidt* § 40 KO Anm 9; *Kuhn/Uhlenbruck* § 40 Rn 23; **aA** mit guten Gründen *Jaeger/Henckel* KO § 40 Rn 63.

49 MK/*Kirchhof* § 145 Rn 34, 35; *Jaeger/Henckel* § 145 Rn 71; *K/P/B/Brinkmann* § 145 Rn 38; *Cranshaw/Hinkel/Zenker* § 145 Rn 23.

50 *Gottwald/M Huber* § 51 Rn 69; **aA** MK/*Kirchhof* § 145 Rn 26; *Uhlenbruck/Hirte/Ede* § 145 Rn 28.

51 *Gerhardt* FS Kirchhof, S 125 ff; MK/*Kirchhof* § 145 Rn 26 aE.

52 Vgl *BGH* NJW 2002, 1343; *K/S/W/Kummer* R18 m Hinweis auf ein mögliche **sekundäre Darlegungslast** des InsVerw; dazu krit *Cranshaw/Hinkel/Zenker* § 145 Rn 21 Fn 74.

53 Vgl *RGZ* 103, 116 f; *Jaeger/Henckel* § 145 Rn 61, 62; MK/*Kirchhof* § 145 Rn 28; *Uhlenbruck/Hirte* § 145 Rn 32; HambKomm/*Rogge/Leptien* § 145 Rn 19; *A/G/R/Gehrlein* § 145 Rn 11. Ua deshalb insgesamt am Wert der Beweiserleichterung v Nr 2 zweifelnd *Cranshaw/Hinkel/Zenker* § 145 Rn 20 f.

54 *BGH* 21.9.1999 – IX ZR 37/98, nv; MK/*Kirchhof* § 145 Rn 45; *Uhlenbruck/Hirte/Ede* § 145 Rn 33.

55 MK/*Kirchhof* § 145 Rn 29; *Jaeger/Henckel* § 145 Rn 63; *A/G/R/Gehrlein* § 145 Rn 12.

auch die **Pfändung** eines anfechtbar weggegebenen Gegenstandes wie ein unentgeltlicher Erwerb durch einen Rechtsnachfolger zu behandeln ist, kommt es nicht mehr an, seitdem die Aussonderungskraft des AnfAnspruchs anerkannt ist (so Rn 4).[56] **Gebräuchliche Gelegenheitsgeschenke** von geringem Wert sollten entspr § 134 Abs 2 von der Rückgewährpflicht ausgenommen werden.[57] Die Rechtsfolgen des unentgeltlichen Erwerbs richten sich auch hier nach § 143 Abs 2 (so § 143 Rn 31 ff).[58] Das folgt aus dem Wortlaut dieser Norm und wird durch die Entstehungsgeschichte bestätigt (so Rn 1). § 145 Abs 2 Nr 3 enthält eine abschließende spezialgesetzliche Regelung, neben der § 822 BGB nicht anwendbar ist.[59]

13 **6. Prozessuales.** Rechtsvorgänger, insb Ersterwerber, und Rechtsnachfolger sind im Prozess keine notwendigen Streitgenossen iSv § 62 ZPO, sondern können getrennt verklagt werden.[60] Die Rechtskraft einer Entsch im AnfProzess zwischen InsVerw und Rechtsvorgänger ist für den Einzelrechtsnachfolger iSv § 145 Abs 2 nicht bindend;[61] ein gegen den Rechtsvorgänger erwirkter Titel kann nicht nach § 727 ZPO gegen den Rechtsnachfolger vollstreckt werden.[62] Bei einer Rechtsnachfolge nach Rechtshängigkeit des AnfAnspruchs gegen den Rechtsvorgänger findet § 265 ZPO keine Anwendung.[63] Der Übergang von einer Anf nach §§ 130 ff auf eine Anf nach § 145 Abs 2 soll nach RGZ 120, 191 Klageänderung sein.[64] Dies gilt jedoch nur, wenn die neue Erwerbsart zugleich auf einen anderen Lebenssachverhalt gestützt wird.[65] Zur **Verjährung** s § 146 Rn 11.

§ 146 Verjährung des Anfechtungsanspruchs

(1) Die Verjährung des Anfechtungsanspruchs richtet sich nach den Regelungen über die regelmäßige Verjährung nach dem Bürgerlichen Gesetzbuch.

(2) Auch wenn der Anfechtungsanspruch verjährt ist, kann der Insolvenzverwalter die Erfüllung einer Leistungspflicht verweigern, die auf einer anfechtbaren Handlung beruht.

Übersicht

56 MK/*Kirchhof* § 145 Rn 30.

57 Vgl *Kilger/K Schmidt* § 40 KO Anm 7; *Jaeger/Henckel* § 145 Rn 63; MK/*Kirchhof* § 145 Rn 29; *Uhlenbruck/Hirte/Ede* § 145 Rn 33; *Cranshaw/Hinkel/Zenker* § 145 Rn 22.

58 *Jaeger/Henckel* § 145 Rn 63; MK/*Kirchhof* § 145 Rn 31; *K/P/B/Brinkmann* § 145 Rn 36; HambKomm/*Rogge/Leptien* § 145 Rn 21; *K Schmidt/Büteröwe* § 145 Rn 14; *Cranshaw/Hinkel/Zenker* § 145 Rn 22.

59 *BGH* ZIP 2012, 1617 Rn 2; *A/G/R/Gehrlein* § 145 Rn 12.

60 MK/*Kirchhof* § 145 Rn 39; *Jaeger/Henckel* § 145 Rn 72; HambKomm/*Rogge/Leptien* § 145 Rn 26; *A/G/R/Gehrlein* § 145 Rn 13; *Cranshaw/Hinkel/Zenker* § 145 Rn 25.

61 *RGZ* 103, 121; *OLG Rostock* ZIP 2007, 1073; allgM, vgl *Gerhardt* FS Kirchhof, S 132 f; MK/*Kirchhof* § 145 Rn 41; *Jaeger/Henckel* § 145 Rn 76, 77.

62 FK/*Dauernheim* § 145 Rn 26; *K/P/B/Brinkmann* § 145 Rn 42; *A/G/R/Gehrlein* § 145 Rn 13; *K Schmidt/Büteröwe* § 145 Rn 18.

63 Vgl *Kilger/K Schmidt* § 40 KO Anm 9; *Jaeger/Henckel* § 145 Rn 75; MK/*Kirchhof* § 145 Rn 41; *B/G/H/Haas* § 145 Rn 25; *Cranshaw/Hinkel/Zenker* § 145 Rn 25.

64 Zust *Kilger/K Schmidt* § 40 KO Anm 10; *Kuhn/Uhlenbruck* § 40 Rn 24; **aA** *Jaeger/Henckel* § 145 Rn 74.

65 MK/*Kirchhof* § 145 Rn 39; HambKomm/*Rogge/Leptien* § 145 Rn 26; *K Schmidt/Büteröwe* § 145 Rn 18.

A. Allgemeines

I. Gesetzgebungshinweise

Die Norm geht in ihrer ursprünglichen Fassung zurück auf § 165 RegE. Seine endgültige Fassung erhielt dieser aufgrund der BeschlEmpfehlung des RAussch. § 146 Abs 1 sah ursprünglich eine Verjährungsfrist von zwei Jahren seit der Eröffnung vor. Durch Art 5 Nr 4 des G zur Anpassung von Verjährungsvorschriften an das SchuldRModG v 9.12.2004, das nach seinem Art 25 am Tag nach der Verkündung (die am 14.12.2004 mit der Ausgabe des BGBl I, Nr. 66 stattfand, vgl *BVerfGE* 34, 22) in Kraft trat, dh am 15.12.2004, erhielt Abs 1 seine jetzige Fassung. Damit wurde die sog Ausübungsfrist nicht unerheblich verlängert. Zur Überleitung wurde durch Art 6 dem Art 229 EGBGB ein neuer § 12 angefügt.[1] Diese Norm lautet – soweit hier von Bedeutung – wie folgt: 1

(1) Auf die Verjährungsfristen gemäß den … geänderten Vorschriften

…

4. in der Insolvenzordnung

…

ist § 6 entsprechend anzuwenden, soweit nicht ein anderes bestimmt ist. An die Stelle des 1. Januar 2002 tritt der 15. Dezember 2004, an die Stelle des 31. Dezember 2001 der 14. Dezember 2004.

(2) Noch nicht verjährte Ansprüche, deren Verjährung sich nach Maßgabe des bis zum 14. Dezember 2004 geltenden Rechts nach den Regelungen über die regelmäßige Verjährung nach dem Bürgerlichen Gesetzbuch bestimmt hat und für die … längere Verjährungsfristen bestimmt werden, verjähren nach den für dieses Gesetz eingeführten Vorschriften …

II. Normzweck

1. Regelverjährung nach BGB (Abs 1). In allen Phasen der InsRReform war die Notwendigkeit einer Änderung des auf die Konkursnovelle von 1898 zurückgehenden § 41 KO unumstritten („Selbstläufer der Reformbestrebungen").[2] Während § 41 KO die Frist zur Ausübung des AnfR als Ausschlussfrist gestaltet hatte, knüpft § 146 wieder an die ursprüngliche **verjährungsrechtliche** Regelung in § 34 KO idF von 1877 an.[3] Die dort und in § 41 Abs 1 KO 1898 vorgesehene Jahresfrist wurde – wie bereits in § 10 Abs 2 GesO – in der ursprünglichen Fassung des Abs 1 auf zwei Jahre verlängert, um einem dringenden Bedürfnis der InsPraxis vor allem bei GroßVerf Rechnung zu tragen.[4] Die Begr zu § 165 RegE sieht es als Vorteil an, dass die Vorschriften des BGB über Hemmung und Unterbrechung der Verjährung über die in § 41 Abs 1 S 2 KO für entspr anwendbar erklärten Vorschriften des § 203 Abs 2 und § 207 BGB aF hinaus unmittelbar anwendbar sind. Damit werde insb bei einem außergerichtlichen **Anerkenntnis** nach § 208 BGB aF (jetzt: § 212 Abs 1 Nr 1 2

---

1 Dazu *BGH* ZIP 2008, 1593 Rn 18; 2013, 374 Rn 34; 2013, 894 Rn 15.
2 *Gerhardt* FS Brandner, S 608.
3 Zum Anwendungsbereich im Einzelnen MK/*Kirchhof* § 146 Rn 5 f.
4 EB, 432 f; *Henckel* KS-InsO, S 852 Rn 91.

BGB) eine Klageerhebung zur Fristwahrung überflüssig. Ferner erlaube es eine Verjährungsfrist dem InsVerw eher als eine Ausschlussfrist, dem sich auf eine Fristversäumung berufenden AnfGegner den Einwand von Treu und Glauben entgegenzuhalten.[5] Ob diese Gründe geeignet sind, eine unbegrenzte Anwendung der Vorschriften zu Hemmung, Ablaufhemmung und Neubeginn der Verjährung auf die Frist zur Ausübung des AnfR zu rechtfertigen, ist nach Inkrafttreten von § 146 und seiner Änderung ohne praktische Bedeutung. Es lässt sich jedoch wegen der damit verbundenen Gefahr einer Verzögerung von InsVerf, der mit der Befristung der Ausübung des AnfR entgegengetreten werden soll,[6] bezweifeln.[7] Das gilt in verstärktem Maße für die mit der Neufassung des Abs 1 verbundene Verlängerung der Verjährungsfrist auf regelmäßig drei Jahre (§ 195 BGB), wobei die Frist gem § 199 Abs 1 BGB mit dem Schluss des Jahres beginnt, in dem der AnfAnspruch (unbedingt) entstanden, dh das InsVerf eröffnet worden ist (so § 129 Rn 101), und der InsVerw oder sonstige AnfBerechtigte von den den Anspruch begründenden Umständen und der Person des AnfGegners Kenntnis erlangt oder ohne grobe Fahrlässigkeit erlangen müsste. Mit der Ausgestaltung der Frist zur Ausübung der Anf als Verjährungsfrist, die ungeachtet Art 106 EGInsO für sämtliche InsVerf gilt, die nach dem 31.12.1998 beantragt wurden,[8] ist die **Rspr zu § 41 Abs 1 KO** weithin zu **Makulatur** geworden.[9] Soweit es um die Qualifizierung der Frist und die Frage der entspr Anwendung der Verjährungsvorschriften ging,[10] kommt ihr für § 146 keine Bedeutung mehr zu.

3 **2. Anfechtungsgesetz.** Die neue Regelung soll lediglich für den Bereich der InsO gelten. Für das Recht der **EinzelGlAnf** nach dem AnfG soll der **bisherige Rechtszustand** im Wesentlichen bestehen bleiben.[11] Das hätte zur Folge, dass die Verjährungsvorschriften grds keine Anwendung fänden.[12] Dieses Verständnis ist indes nicht zwingend. Vielmehr sollten die Fristen des AnfG **auch** als Ausübungsfristen verstanden werden, auf welche die Verjährungsvorschriften grds Anwendung finden.[13] Freilich gilt hier nicht die regelmäßige Verjährungsfrist des § 195 BGB, sondern es findet § 200 BGB Anwendung.[14]

4 **3. Verweigerungsrecht (Abs 2).** Diese Vorschrift, die dem InsVerw zum Schutz der InsMasse ein zeitlich unbegrenztes, weil unverjährbares Leistungsverweigerungsrecht gibt,[15] lehnt sich an § 41 Abs 2 KO an. Sie soll nach der Begr zu § 165 RegE den **Regelungsbereich** in vorsichtiger Weise **erweitern**.[16] Im Vergleich zum bisher geltenden Recht soll die gewählte Formulierung verdeutlichen, dass auch ein mittelbarer Zusammenhang zwischen anfechtbarer Handlung und Leistungspflicht ausreicht, dass jede Art von Leistungspflicht

---

5 BT-Drucks 12/2443, 169; vgl *BGH* ZIP 2000, 899.

6 Vgl *BGHZ* 122, 26 = ZIP 1993, 606.

7 Vgl auch *Uhlenbruck/Hirte* § 146 Rn 1B; *B/G/H/Haas* § 146 Rn 4; **aA** *Cranshaw/Hinkel/Hörmann/Sußner* § 146 Rn 7.

8 *BGHZ* ZIP 2007, 33 f; su Art 106 EGInsO Rn 12 mwN; *Jaeger/Henckel* § 146 Rn 2.

9 Vgl *K/P/B/Paulus* Stand 2000, § 146 Rn 4.

10 Vgl etwa *BGHZ* 90, 251 = ZIP 1984, 488; 112, 327 ff = WM 1990, 2009 f; 122, 24 ff = ZIP 1993, 605 ff; *BGH* WM 1972, 1428.

11 *BGH* ZIP 2008, 2136 Rn 16 aE (obiter dictum); MK/*Kirchhof* § 146 Rn 2 Fn 4; Rn 7 Fn 19; *ders* AnfG, § 7 Rn 8; *Uhlenbruck/Hirte/Ede* § 146 Rn 1b; *B/G/H/Haas* § 146 Rn 7; *Gerhardt* FS Kirchhof, 2003, S 131.

12 Vgl BT-Drucks 12/3803, 56 – zu § 3; *Gerhardt* FS Brandner, S 608 Fn 14; *Huber* AnfG § 7 Rn 4; *Cranshaw/Hinkel/Hörmann/Sußner* § 146 Rn 48.

13 *Kreft* FS Gerhardt, 2004, S 522 f; **aA** *Zenker* NJW 2008, 1041.

14 Vgl *M Huber* ZInsO 2005, 191.

15 *BAGE* 146, 64 = *BAG* ZIP 2014, 37 Rn 45; MK/*Kirchhof* § 146 Rn 45; *Jaeger/Henckel* § 146 Rn 63; *A/G/R/Gehrlein* § 146 Rn 1; su Rn 13.

16 BT-Drucks 12/2443, 168 f; MK/*Kirchhof* § 146 Rn 4.

genügt (zB eine sachenrechtliche Leistungspflicht) und dass diese nicht schon vor der Verf-Eröffnung gegenüber dem Schu bestanden haben muss.[17]

B. Erläuterungen

I. Verjährungsfrist (Abs 1)

1. Fristbeginn. Durch die Neufassung von Abs 1 ist ein bedeutsamer Wandel zugunsten des InsVerw eingetreten (so Rn 2). Das neue Recht mit seiner Anknüpfung an die regelmäßige Verjährung (§§ 195, 199 Abs 1, 4 BGB) findet nach der Übergangsnorm des Art 229 § 12 Abs 1 (so Rn 1) iVm § 6 Abs 3 EGBGB nur auf solche InsVerf Anwendung, die ab 15.12.2004 eröffnet worden sind.[18] Art 229 § 12 Abs 2 EGBGB (so Rn 1) ändert daran nichts, weil sich die Verjährung nach Abs 1 aF nicht nach den Regeln über die regelmäßige Verjährung, sondern nach § 200 BGB bestimmt hat. 5

Nach § 146 Abs 1 nF beginnt die dreijährige Verjährungsfrist des § 195 BGB unter den Voraussetzungen des § 199 Abs 1 BGB frühestens mit dem Schluss des Jahres, in dem das InsVerf eröffnet wurde.[19] Ist das AnfRecht des Verw in einem ersten Konkurs-, Gesamtvollstreckungs- oder InsVerf verfristet oder verjährt, wird dadurch der Anspruch des InsVerw auf anfrechtliche Rückgewähr in einem weiteren InsVerf über das Vermögen desselben Schu nicht mitbetroffen.[20] Vorausgesetzt ist jeweils, dass der InsVerw Kenntnis von den anspruchsbegründenden Tatsachen erlangt bzw darüber in grob fahrlässiger Unkenntnis war; § 199 Abs 4 schreibt eine Höchstfrist von 10 Jahren vor. Für den **Beginn der Frist**[21] kommt es stets auf das **konkrete Verf** an. Die Kenntniserlangung hängt von dem Ausgang der entsprechenden Ermittlung von Anfechtungsansprüchen ab, zu der ein Verw verpflichtet ist.[22]Der InsVerw muss den Zeitpunkt entspr dokumentieren.[23] Es gelten die Maßgaben zu § 199 BGB. Entscheidend ist allein die **Kenntnis oder grob fahrlässige Unkenntnis des InsVerw**, nicht jene des Schu. Eine grob fahrlässige Unkenntnis liegt nicht schon dann vor, wenn der Verw Zugriff auf die Buchhaltung des Schu hat.[24] Wenn sich der Verw in seinem Parteivortrag erkennbar über die subjektiven Voraussetzungen der Verjährung irrt und deswegen zur Kenntnis oder grob fahrlässigen Unkenntnis vom Anfechtungsanspruch und vom Anfechtungsgegner nicht vorträgt, gesteht er diese übersehene Tatbestandsvoraussetzung nicht zu.[25] Zum **Fall des § 147** s § 147 Rn 8. 6

2. Fristberechnung und Hemmung. Die Berechnung der zweijährigen Frist des **Abs 1 aF** richtete sich nach §§ 187 Abs 1, 188 Abs 2 Fall 1 BGB.[26] Dies galt auch dann, wenn das InsVerf um 0.00 Uhr eines bestimmten Tages eröffnet wurde.[27] Eine am 29.2. beginnende Frist endete entspr § 188 Abs 3 BGB am 28.2. des übernächsten Jahres. § 193 BGB wurde schon 7

---

17 BT-Drucks 12/2443, 169.

18 Zutr *M Huber* ZInsO 2005, 191; *K/S/W/Kummer* Rn S5; vgl *BGH* ZIP 2008, 1593 Rn 18; 2009, 1080 Rn 29; 2013, 894 Rn 15.

19 *BGH* ZIP 2008, 1593 Rn 18. Dazu im Einzelnen MK/*Kirchhof* § 146 Rn 8 ff; *Jaeger/Henckel* § 146 Rn 11 ff; *K/P/B/Jacoby* § 146 Rn 3–6.

20 *BGH* ZIP 2013, 1088 f mit zust Anm *M Huber* EWiR 2013, 455 f und zT krit Anm *Jungclaus* NZI 2013, 538 f; ähnlich *OLG Düsseldorf* ZIP 2012, 482 ff. Vgl auch MK/*Kirchhof* § 146 Rn 5a.

21 Im Einzelnen su Rn 7.

22 *LG Dresden* ZInsO 2013, 1319; *K Schmidt/Thole* § 60 Rn 15.

23 *K/P/B/Jacoby* § 146 Rn 2b; *Uhlenbruck/Hirte/Ede* § 146 Rn 2b.

24 *BGH* 15.12.2016 – IX ZR 224/15 Rn 20.

25 *BGH* ZIP 2015, 1303 Rn 12 ff.

26 *BGH* ZIP 2009, 1080 Rn 29.

27 *BGH* ZIP 2005, 310 f mit Anm *Kreft* WuB VI A. § 146 InsO 1.05; MK/*Kirchhof* § 146 Rn 8.

auf die Frist des § 41 KO für anwendbar gehalten[28] und war auch auf die zweijährige Verjährungsfrist des Abs 1 aF anzuwenden.[29] Das Gleiche gilt für die Verjährungsregelung nach **Abs 1 nF** iVm § 199 Abs 1, 4 BGB. Ist der Schluss des Jahres (31.12.), an dem die drei- oder zehnjährige Verjährungsfrist abläuft (§§ 187 Abs 2, 188 Abs 2 Fall 2 BGB), ein Samstag oder Sonntag, endet die Frist (im zweiten Fall wegen des Neujahrsfeiertags) mit Ablauf des 2.1. des Folgejahres. Wegen des Eröffnungszeitpunkts ist auf den im Eröffnungsbeschluss bezeichneten Tag (vgl. § 27 Abs 2 Nr 3, Abs 3) abzustellen[30] Der Einwand der unzulässigen Rechtsausübung ist in gleicher Weise zu beachten wie im sonstigen Verjährungsrecht.[31] Zu § 41 Abs 1 KO hatte der BGH diese Frage offen gelassen.[32] Ein **Verjährungsverzicht** des AnfGegners beeinflusst nicht den Ablauf der Verjährung; dennoch ist insoweit die Berufung auf die Verjährung (befristet) ausgeschlossen.[33]

8 Der Umfang der durch **Erhebung der Anfechtungsklage** bewirkten Hemmung (**§ 204 Abs 1 Nr 1 BGB**) wird durch den **Streitgegenstand** der Klage bestimmt, mithin durch den Klageantrag und den Lebenssachverhalt, aus dem der Kläger die begehrte Rechtsfolge herleitet.[34] Die **Einreichung eines Antrags bei dem höheren Gericht** zur Bestimmung des zuständigen Gerichts (**§ 204 Abs 1 Nr 13 BGB) hemmt** die Verjährung bei nachfolgend fristgerechter Klage **auch dann** gegenüber den in der Antragsschrift bezeichneten Antragsgegnern, wenn der **Antrag erfolglos** bleibt.[35] Hemmung tritt auch durch Antrag auf Erlass des Mahnbescheids ein (§ 204 Abs 1 Nr 3 BGB).[36] Von nicht unerheblicher Bedeutung ist **§ 204 Abs 1 Nr 14 BGB** zur Hemmung durch **Veranlassung der Bekanntgabe des erstmaligen Antrags auf Gewährung von PKH**.[37] Die bloße Einreichung eines PKH-Gesuchs genügt zur Verjährungshemmung nicht. Diese setzt vielmehr zwingend voraus, dass das Gericht die Bekanntgabe an den Gegner veranlasst. Einem Antrag des Antragstellers, das PKH-Gesuch dem Antragsgegner bekannt zu machen, hat das Gericht unabhängig von den Erfolgsaussichten des PKH-Gesuchs zu entsprechen.[38] Bei einem **VerwWechsel** gilt **§ 210 BGB**, [39]was aber gerade nichts daran ändert, dass eine Kenntnis bzw grob fahrlässige Unkenntnis der Anspruchsentstehung beim ersten Verw dem neuen Verw zuzurechnen ist. Die Verjährungsfrist des § 146 Abs 1 aF und nF **verdrängt** – wie zuvor die Frist des § 41 Abs 1 KO – **tarifvertragliche Ausschlussfristen**.[40] Bei der Durchsetzung der **Unzulässigkeit der Aufrechnung** (mit Einschluss der Verrechnung) nach **§ 96 Abs 1 Nr 3** ist die Frist des **§ 146 Abs 1** auf die

28 *BGHZ* 90, 251 = ZIP 1984, 488.
29 *BGH* 2009, 1080 Rn 29; MK/*Kirchhof* § 146 Rn 8; *Uhlenbruck/Hirte/Ede* § 146 Rn 4.
30 *BGH* ZIP 2015, 1303 Rn 7.
31 Vgl *Palandt/Ellenberger* Überblick v § 194 Rn 16 ff; so Rn 2; MK/*Kirchhof* § 146 Rn 11, 28 f; *Jaeger/Henckel* § 146 Rn 60.
32 *BGH* WM 1972, 1428; vgl *Jaeger/Henckel* KO § 41 Rn 41.
33 *BGH* 17.12.2015 – IX ZR 61/14 Rn 43.
34 *BGH* ZIP 2013, 894 Rn 17; vgl auch *BGH* ZIP 2011, 1576 Rn 11, 12.
35 *BGHZ* 160, 259 = ZIP 2004, 2194 ff.
36 *BAG* ZInsO 2015, 344 Rn 31.
37 Etwa *BGH* ZIP 2013, 894 Rn 15; *OLG Hamm* 21.5.2015 – 27 U 103/14, BeckRS 2015, 14128.
38 *BGH* ZIP 2008, 698 f; *A/G/R/Gehrlein* § 146 Rn 14.
39 MK/*Kirchhof* § 146 Rn 24; HambKomm/*Rogge/Leptien* § 146 Rn 5; *A/G/R/Gehrlein* § 146 Rn 14; *K Schmidt/Büteröwe* § 146 Rn 9. Tendenziell, aber offenlassend *BGH* ZIP 2015, 1303 Rn 12.
40 *BAGE* 108, 373 f = ZIP 2004, 231; *BAG* ZIP 2014, 91 Rn 12 ff mit Anm *Froehner* NZI 2014, 133 f; *Jaeger/Henckel* § 146 Rn 6; *Kreft* ZIP 2013, 252 (auch zu abw Entsch v LAGen); *Humberg* NZI 2013, 733 ff.

Geltendmachung der Hauptforderung **analog** anzuwenden.[41] Wird die Verjährung nicht vor Ablauf dieser Verjährungsfrist – insb durch rechtzeitige Einklagung der Hauptforderung – gehemmt und beruft sich der Gegner hierauf, entfaltet § 96 Abs 1 Nr 3 insrechtlich keine Wirkung mehr und es bleibt bei dem zivilrechtlichen Erlöschen der Hauptforderung durch die Aufrechnung.[42] Die Verjährungsfrist beginnt aber frühestens mit dem Ablauf des Jahres, in dem die Hauptforderung entstanden ist.[43]

3. Anforderungen an die Erhebung der Anfechtungsklage. An die Wahrung der Frist durch rechtzeitige Klageerhebung (§ 204 Abs 1 Nr 1 BGB) werden im Wesentlichen die gleichen Anforderungen zu stellen sein, wie sie in der Rspr zu § 41 Abs 1 KO entwickelt worden sind.[44] Anwendbar bleiben insb die aus der Sicht des InsVerw relativ großzügigen **Maßstäbe zur Beurteilung eines hinreichenden Klagevortrags**. Dass diese Maßstäbe wesentlich auch auf der Kürze der Jahresfrist des § 41 Abs 1 S 1 KO beruhen,[45] sollte daran nichts ändern. Soweit diese Maßstäbe für die Fristwahrung strenger sind als diejenigen, die an eine wirksame Hemmung der Verjährung nach § 204 Abs 1 Nr 1 BGB anzulegen sind,[46] wird den Letztgenannten auch iRd § 146 Abs 1 der Vorzug zu geben sein.[47] 9

Nach der Rspr zu § 41 Abs 1 KO muss die AnfKlage inhaltlich den Anforderungen des **§ 253 Abs 2 ZPO** entsprechen.[48] Erforderlich ist danach ein **Klageantrag**, der den Erfordernissen des § 143 gerecht wird, und ein **Sachvortrag**, der den Antrag zu rechtfertigen vermag.[49] Der Tatsachenvortrag muss geeignet sein, zu einer sachlichen Entsch zu führen.[50] Er muss die Tatsachen bezeichnen, aus denen der AnfAnspruch hergeleitet wird,[51] und insb erkennen lassen, welche Rechtshandlung angefochten wird.[52] Verfolgt der InsVerw vor Gericht (§ 204 Abs 1 Nr 1 BGB) das Ziel, dass der Gegner einen erworbenen Gegenstand zumindest wertmäßig der Masse zuführt, stützt er sein Begehren auf einen Sachverhalt, der geeignet sein kann, die Voraussetzungen einer AnfNorm zu erfüllen, und lässt der Vortrag erkennen, welche Rechtshandlungen angefochten werden, wird die Verjährung des Anspruchs in Bezug 10

---

41 *BGHZ* 169, 158 = ZIP 2006, 2178 Rn 23, 25; *BGH* ZIP 2007, 1467 Rn 12; 2008, 1593 Rn 19; *BFH* ZIP 2015, 1598 Rn 11 f vgl auch *Kreft* FS Fischer, S 301 f; MK/*Kirchhof* § 146 Rn 46; *A/G/R/Gehrlein* § 146 Rn 2; krit *Peters* KTS 2008, 298 ff; *K/P/B/Jacoby* § 146 Rn 21–23.

42 *BGH* ZIP 2007, 1467 Rn 12; 2008, 1593 Rn 19; *A/G/R/Gehrlein* § 146 Rn 2; *K/S/W/Kummer* Rn S11.

43 *BFH* ZIP 2015, 1598 Rn 13 (**Vorsteuervergütungsanspruch**).

44 Zu § 270 Abs 3 ZPO aF (nunmehr § 167 ZPO) *BGH* ZIP 2004, 516, insoweit nicht abgedr in *BGHZ* 157, 350; ZIP 2013, 374 Rn 35. Zur Einhaltung der Frist durch Zustellung eines **Mahnbescheids** *BGH* ZIP 2005, 1245; vgl insoweit auch *BGH* WM 2011, 333 Rn 9 ff zur hinreichenden Individualisierung; 2010, 984 Rn 15 ff zum ausnahmsweisen Eintritt der Verjährungshemmung bei unwirksamer Zustellung eines Mahnbescheids.

45 Vgl *BGHZ* 122, 29 f = ZIP 1993, 607; *BGH* NJW 1985, 1561.

46 Vgl etwa *Palandt/Ellenberger* § 204 Rn 2 ff; zum alten Verjährungsrecht *Jaeger/Henckel* KO § 41 Rn 17 f.

47 Vgl MK/*Kirchhof* § 146 Rn 15a.

48 Vgl im Einzelnen MK/*Kirchhof* § 146 Rn 15 ff.

49 Vgl *BGHZ* 135, 149 = ZIP 1997, 739; zum **Streitgegenstand** des AnfRechtsstreits – auch nach neuem Recht – *BGHZ* 169, 158 = ZIP 2006, 2178 Rn 8; *BGH* ZIP 1993, 276 f; NJW 1999, 360; 2001, 2478 (zur Anf in einem ZwangsversteigerungsVerf); NJW 2001, 2547 (Brandschadenversicherung); ZIP 2013, 894 Rn 17 f; *Jaeger/Henckel* § 146 Rn 45 ff; MK/*Kirchhof* § 146 Rn 15; *Gottwald/M Huber* § 51 Rn 33–35, 49 f.

50 *BGH* WM 1969, 968.

51 *BGH* WM 1983, 1315; ZIP 2013, 894 Rn 17.

52 *BGH* NJW 1985, 1561; vgl auch *BGH* ZIP 2008, 2136 Rn 18.

auf alle diese Rechtshandlungen gehemmt.[53] Ein **pauschaler Vortrag**, der dies nicht deutlich macht, **genügt nicht**.[54] So ist etwa anzugeben, welcher bestimmte Vermögensgegenstand des Schu veräußert, welche Forderung des Schu gegen welchen Dritten durch Zustellung an diesen gepfändet worden sein soll.[55] Andererseits muss der entscheidungserhebliche Sachverhalt nicht in allen Einzelheiten vollständig angeführt sein. Die Erhebung einer Klage, mit der mehrere Ansprüche geltend gemacht werden, deren Summe den geltend gemachten Teil übersteigt, hemmt die Verjährung aller ausreichend bezeichneten **Teilansprüche**. Die Bestimmung, bis zu welcher Höhe und in welcher Reihenfolge die einzelnen Teilansprüche verfolgt werden, kann rückwirkend nachgeholt werden.[56] Auch eine sonstige Klarstellung, Erg oder Berichtigung des Tatsachenvortrags ist nach Fristablauf möglich.[57] Die nicht zu eng zu ziehende Grenze, die § 146 Abs 1 einer Erg oder Berichtigung des Klagevorbringens setzt, ist erst dort überschritten, wo ein neuer und in wesentlichen Teilen geänderter Sachverhalt als Klagegrund nachgeschoben wird.[58] Die Gesetzesbestimmung, auf die sich die Anf stützt, braucht die Klageschrift nicht zu nennen;[59] auch muss der InsVerw die dargestellten Tatsachen rechtlich nicht schlüssig würdigen.[60] Eine besondere **Erklärung der Anfechtung** ist neben der Stellung eines hinreichenden Antrags und dem Vortrag eines ihn
10 rechtfertigenden Sachverhalts ebenfalls nicht zu verlangen.[61] Die AnfAbsicht muss zwar erkennbar sein. Wenn der InsVerw deutlich macht, er wolle einen bestimmten Sachverhalt nicht der Anf unterwerfen, so ist dies zu respektieren; umgekehrt genügt jedoch für die Ausübung des AnfRechts jede erkennbare – auch konkludente – Willensäußerung, dass der InsVerw eine GlBenachteiligung in der Ins nicht hinnehme, sondern zur Masseanreicherung wenigstens wertmäßig auf Kosten des AnfGegners wieder auszugleichen suche.[62] Macht der AnfGegner Gegenrechte geltend, muss der InsVerw nicht in der Frist des § 146 Abs 1 darlegen und beweisen, dass diese Rechte entweder nicht bestehen oder anfechtbar sind; insoweit gilt § 146 Abs 2.[63] Die Wahrung der AnfFrist für den Rückgewähranspruch in Natur wahrt grds zugleich die Frist für den Wertersatzanspruch[64] und umgekehrt.[65] In dem Übergang von dem einen auf den anderen Anspruch liegt keine Klageänderung.[66] Zu den weiteren Hemmungsgründen MK/*Kirchhof* § 146 Rn 17 ff.

---

53 *BGH* ZIP 2008, 888 Rn 12.
54 Vgl *BGH* ZIP 1991, 1017; 1996, 2081.
55 *BGH* ZIP 1995, 635.
56 *BGH* ZIP 2015, 1234 Rn 29.
57 *BGH* NJW 1985, 1561 = ZIP 1985, 429; ZIP 2008, 888 Rn 13.
58 Vgl *BGHZ* 117, 381 = ZIP 1992, 631; *BGH* ZIP 2008, 888 Rn 13 (auch zu der Frage, wann das G davon ausgehen darf, ein InsVerw, der die Anfechtbarkeit einer bestimmten Rechtshandlung geltend macht [Verrechnung nebst Verrechnungsvereinbarung] und zusätzlich die Tatsachengrundlage für die Anf einer weiteren Rechtshandlung [Sicherungsübereignung] vorträgt, wolle diese von der Anf ausnehmen); 2008, 1991 Rn 9, 10, 12.
59 *BGH* NJW 1999, 645.
60 Vgl *BGHZ* 123, 322 = ZIP 1993, 1653; *BGH* ZIP 1990, 1089, insoweit nicht abgedr in *BGHZ* 112, 136; *BGH* ZIP 2001, 35.
61 *BGHZ* 135, 149 ff = ZIP 1997, 739; *BGH* NJW 1999, 3637; ZIP 2000, 899; 2001, 35; 2004, 672; 2004, 1371; 2008, 888 Rn 11; *BAG* ZIP 2004, 230; vgl auch *BGH* ZIP 2005, 770 (zur Wahrung der Darlegungslast).
62 *BGH* ZIP 2008, 888 Rn 11 mwN.
63 *BGH* ZIP 2008, 1593 Rn 24 ff; 2009, 1080 Rn 33 ff.
64 *BGH* NJW 1999, 360 = ZIP 1998, 2167 mwN; ZIP 2008, 2136 Rn 14; *Gottwald/M Huber* § 51 Rn 52.
65 *BGH* ZIP 2008, 2136 Rn 16 – zum AnfG; *OLG Hamm* NZI 2001, 433; MK/*Kirchhof* § 146 Rn 15c; *Gottwald/M Huber* § 51 Rn 52.
66 Vgl *BGH* ZIP 2008, 2136 Rn 17.

4. Rechtsnachfolger des Anfechtungsgegners. Bei der InsAnf gegen einen Einzelrechtsnachfolger iSv § 145 Abs 2 genügt es, dass ihm gegenüber die Verjährung rechtzeitig gehemmt wird. Dass dies auch gegenüber dem Rechtsvorgänger geschieht, ist nicht zu fordern. Anders ist die Situation, wenn bei der Anf gegenüber dem Rechtsnachfolger die Anf gegenüber dem Rechtsvorgänger bereits verjährt war (zum neuen Verständnis so § 145 Rn 9). Darauf kann sich der Rechtsnachfolger berufen.[67] Zudem ist bei Übertragung von Sachen § 198 BGB entspr anzuwenden, auch wenn die Anf kein dinglicher Anspruch iSd § 198 BGB ist;[68] der Rechtsnachfolger im Besitz kann sich auf die gegenüber dem Ersterwerber verstrichene Zeit der Verjährung berufen. Im Übrigen wird die Frage, ob die Fristunterbrechung/-hemmung gegenüber dem Rechtsvorgänger auch zugunsten des Rechtsnachfolgers wirkt, aber unterschiedlich beantwortet.[69] Die besseren Gründe, insb die Selbstständigkeit der Anf nach § 145, dürften dafür sprechen, die Frage zu verneinen.[70] 11

5. Zessionar des Insolvenzverwalters. Tritt der InsVerw den AnfAnspruch ab (vgl § 129 Rn 113), wirkt eine von ihm veranlasste Hemmung der Verjährung auch zugunsten des Zessionars.[71] War die Verjährung bei der Zession noch nicht gehemmt, muss der Zessionar für eine Hemmung Sorge tragen. Den vor der Zession eingetretenen Fristablauf hat er sich zurechnen zu lassen.[72] 12

II. Leistungsverweigerungsrecht (Abs 2)

Mit der Formulierung „Erfüllung einer Leistungspflicht verweigern“ sind – wie insb der Entstehungsgeschichte zu entnehmen ist (so Rn 4) – **nicht nur schuldrechtliche Leistungspflichten** gemeint.[73] Vielmehr kann der InsVerw auch Ansprüchen auf Aussonderung oder Absonderung die Anfechtbarkeit nach Eintritt der Verjährung des AnfAnspruchs **einredeweise** entgegenhalten, wenn die Rechte durch eine anfechtbare Rechtshandlung erworben wurden.[74] Verlangt der Eigentümer von dem InsVerw des erbbauberechtigten Schu aufgrund eines für den InsFall vereinbarten Heimfallanspruchs die Übertragung der Erbbaurechte auf sich, so kann der InsVerw dem Verlangen die Anfechtbarkeit des Heimfallanspruchs nach § 146 Abs 2 entgegenhalten.[75] Wird das von der anfechtbaren Handlung betroffene Vermögen auf einen Dritten übertragen, kann diesem zu Verteidigungszwecken der AnfAnspruch abgetreten werden.[76] 13

---

67 *Gerhardt* FS Kirchhof, S 121, 129 f.

68 Im Erg HambKomm/*Rogge/Leptien* § 145 Rn 27.

69 Vgl *RGZ* 103, 121 ff; *BGH* NJW 1980, 226; ZIP 1996, 185; *OLG Düsseldorf* ZIP 1996, 187 f; *Jaeger/Henckel* § 146 Rn 59 einerseits (bejahend); MK/*Kirchhof* § 145 Rn 37; *Uhlenbruck/Hirte* § 145 Rn 25; *A/G/R/Gehrlein* § 146 Rn 15 andererseits (verneinend).

70 Vgl *Gerhardt* FS Kirchhof, 2003, S 130 f; so § 145 Rn 9.

71 Vgl *RGZ* 163, 398 f; *Uhlenbruck/Hirte* § 146 Rn 6; *B/G/H/Haas* § 146 Rn 17; MK/*Kirchhof* § 146 Rn 9.

72 *Uhlenbruck/Hirte* § 146 Rn 6; *B/G/H/Haas* § 146 Rn 11; MK/*Kirchhof* § 146 Rn 9; *Cranshaw/Hinkel/Hörmann/Sußner* § 146 Rn 29.

73 Dazu im Einzelnen und zur Notwendigkeit eines **Ursachenzusammenhangs** zwischen der Leistungspflicht und der anfechtbaren Handlung MK/*Kirchhof* § 146 Rn 45–50. Zum Ursachenzusammenhang auch *K/S/W/Kummer* Rn S14–20; *A/G/R/Gehrlein* § 146 Rn 17.

74 *BGH* ZIP 2008, 1593 Rn 30; *Gerhardt* FS Brandner, S 609; *Henckel* InsR im Umbruch, S 254; *ders* KS-InsO, S 852 f Rn 92; *Jaeger/Henckel* § 146 Rn 66; MK/*Kirchhof* § 146 Rn 53a; auch bereits *Jaeger/Henckel* KO § 41 Rn 48 ff; so Rn 4.

75 *BGH* ZIP 2007, 1120 Rn 7, 30.

76 MK/*Kirchhof* § 146 Rn 45; HambKomm/*Rogge/Leptien* § 146 Rn 13; so § 129 Rn 113.

14 Abs 2 beruht wie § 41 Abs 2 KO auf dem der **Billigkeit** entspr Gedanken, dass eine infolge Ablaufs der AnfFrist an sich verlustig gegangene Rechtsstellung durch Gewährung einer Einrede dann gewahrt wird, wenn noch nicht geleistet ist und der AnfGegner von dem AnfBerechtigten Erfüllung der an sich anfechtbaren Verbindlichkeit fordert.[77] Für die Anwendung des § 146 Abs 2 kommt es darauf an, ob der InsVerw **(angriffsweise)** vorgeht, um eine aufgrund einer anfechtbaren Rechtshandlung erfolgte Leistung wieder der InsMasse zuzuführen (dann Abs 1), oder ob er **(verteidigungsweise)** die Rechtsstellung der InsMasse wahrt.[78] Maßgebend ist nicht die Parteistellung des InsVerw in einem Prozess, sondern der Umstand, ob der Verw einen nicht mehr in der Masse befindlichen Gegenstand dieser wieder zuführen oder ob er einen zur Masse gehörigen Gegenstand dieser erhalten will.[79] So kann der InsVerw die Anfechtbarkeit einer angemeldeten Forderung mit dem Widerspruch gem § 178 Abs 1 S 1 geltend machen.[80] Abs 2 hat den Zweck zu verhindern, dass Gegenstände und Rechte, die noch in der Masse sind, aufgrund eines anfechtbaren Rechtserwerbs deshalb der Masse entzogen werden, weil der AnfAnspruch verjährt ist.[81] Anders als während der Geltung des § 41 KO[82] kann der InsVerw mit einem verjährten AnfAnspruch gegen eine unanfechtbar begründete InsForderung oder eine Forderung gegen die Masse aufrechnen, falls der AnfAnspruch zu dem Zeitpunkt noch nicht verjährt war, in dem erstmals aufgerechnet werden konnte (§ 215 BGB).[83] § 95 Abs 1 S 3 steht nicht entgegen; diese Vorschrift regelt nicht die Aufrechnung durch den InsVerw.[84]

15 Nach der Rspr des BGH zu § 41 KO konnte der KonkursVerw nach Ablauf der Frist des § 41 Abs 1 KO nicht mit Erfolg auf Zustimmung zur Auszahlung eines (vom AnfGegner) **hinterlegten Betrages** klagen.[85] In einer späteren Entsch hat der BGH offen gelassen, ob dem uneingeschränkt zu folgen ist.[86] Henckel stellt darauf ab, ob der InsVerw ohne Einwilligung des AnfGegners über den hinterlegten Gegenstand verfügen kann, etwa weil er ihn im Einvernehmen mit dem AnfGegner als „Depot" bei sich behalten hat. Ist das der Fall und erhebt der AnfGegner wegen einer solchen Verfügung Ansprüche gegen den InsVerw, kann dieser sich mit der Einrede der Anfechtbarkeit verteidigen oder auf Feststellung seiner Berechtigung klagen.[87] Muss der InsVerw angriffsweise gegen den AnfGegner vorgehen,

77 *BGHZ* 59, 354 = WM 1972, 1428 zu IV, 1, a; vgl auch *BGH* WM 1970, 757; MK/*Kirchhof* § 146 Rn 1.
78 *BGH* ZIP 2001, 1253; 2008, 1593 Rn 28; MK/*Kirchhof* § 146 Rn 52; *K/S/W/Kummer* Rn S10; *A/G/R/Gehrlein* § 146 Rn 20.
79 *BGH* ZIP 2008, 1593 Rn 28, 29 (InsVerw verlangt vom AnfGegner Zahlung, dieser beruft sich auf ein Pfandrecht); *Uhlenbruck/Hirte* § 146 Rn 14; *B/G/H/Haas* § 146 Rn 22.
80 *BGH* ZIP 2012, 931 Rn 19. Vgl auch *BGH* 2009, 1080 Rn 35, 36, 39 (Verw im InsVerf über das Vermögen einer GmbH & Co KG meldet in dem InsVerf über das Vermögen der Komplementär-GmbH Forderungen der KG für Dienstleistung, Vermietung, Darlehen und Zinsen an; in dem KlageVerf auf Feststellung zur Tabelle gegen einen widersprechenden InsGl trat der klagende InsVerw dem von jenem erhobenen Einwand des Kapitalersatzes mit der Geltendmachung der Anfechtbarkeit des Stehenlassens entgegen).
81 Vgl *BGHZ* 83, 160 = ZIP 1982, 467; 106, 130 f = ZIP 1989, 49.
82 Vgl *BGH* ZIP 2001, 1252 f.
83 MK/*Kirchhof* § 146 Rn 10; *Uhlenbruck/Hirte* § 146 Rn 14; **aA** wohl *Jaeger/Henckel* § 146 Rn 67.
84 *K/P/B/Lüke* § 94 Rn 28 ff; MK/*Brandes/Lohmann* § 94 Rn 12 ff; *Uhlenbruck* § 94 Rn 5; so § 94 Rn 14 ff.
85 *BGHZ* 59, 353 ff = WM 1972, 1428 f; vgl auch *BGHZ* 106, 131 = ZIP 1989, 49; *Uhlenbruck/Hirte* § 146 Rn 16; *K/P/B/Jacoby* § 146 Rn 17; *B/G/H/Haas* § 146 Rn 24.
86 *BGHZ* 133, 307 = ZIP 1996, 1831 aE.
87 *Jaeger/Henckel* § 146 Rn 82, 84; vgl auch MK/*Kirchhof* § 146 Rn 55; *A/G/R/Gehrlein* § 146 Rn 20.

etwa um die Auszahlung eines hinterlegten Betrages zu erreichen, soll § 146 Abs 2 nicht anzuwenden sein.[88]

Nach der auf der haftungsrechtlichen AnfTheorie beruhenden Meinung *Henckels* soll dem InsVerw nach Ablauf der Fristen des § 146 Abs 1 gem dem Zweck des § 146 Abs 2 auch die **Gegeneinrede der Anfechtbarkeit** bleiben, so dass er eine Forderung einklagen und sich zur Abwehr eines vom Bekl eingewendeten Erlasses oder einer Stundung auch nach Fristablauf auf deren Anfechtbarkeit berufen kann.[89] Für diese Meinung sprechen gewichtige Gründe. Wenn die geltend gemachte Forderung als solche nicht anfechtbar begründet oder nicht angefochten wurde, sondern lediglich ihr Erlass oder ihre Stundung der Anf unterliegt, will der InsVerw insoweit nicht etwas einmal Weggegebenes wieder zur Masse zurückholen, sondern will die Forderung der Masse lediglich erhalten, indem er sie durchsetzt und die Einwendung des Erlasses oder der Stundung mit der Gegeneinrede der Anfechtbarkeit aus dem Felde schlägt.[90] Dem hat sich der BGH für den Fall des Einwandes eines **Absonderungsrechts**[91] und des (früheren) **Kapitalersatzes**[92] angeschlossen. Für die insrechtliche Unwirksamkeit der **Aufrechnungserklärung** nach § 96 Abs 1 Nr 3 ist anerkannt, dass der InsVerw die Forderung, gegen die anfechtbar aufgerechnet wurde, für die InsMasse einklagen und den Aufrechnungseinwand m der Gegeneinrede der Anfechtbarkeit abwehren kann.[93] 16

Der InsVerw kann die Einrede des § 146 Abs 2 nur als **Partei** eines Rechtsstreits, auch im Wege der negativen Feststellungsklage,[94] **nicht** hingegen als **Nebenintervenient** in einem Rechtsstreit zwischen dem AnfGegner und einem Dritten geltend machen. Das mittelbare Interesse des InsVerw an dem Prozessgewinn der von ihm als Streithelfer unterstützten Partei schützt Abs 2 nicht.[95] Jedoch kann der InsVerw den AnfAnspruch an den Dritten abtreten.[96] 17

§ 147 Rechtshandlungen nach Verfahrenseröffnung

[1]Eine Rechtshandlung, die nach der Eröffnung des Insolvenzverfahrens vorgenommen worden ist und die nach § 81 Abs. 3 Satz 2, §§ 892, 893 des Bürgerlichen Gesetzbuchs, §§ 16, 17 des Gesetzes über Rechte an eingetragenen Schiffen und Schiffsbauwerken und §§ 16, 17 des Gesetzes über Rechte an Luftfahrzeugen wirksam ist, kann nach den Vorschriften angefochten werden, die für die Anfechtung einer vor der Verfahrenseröffnung vorgenommenen Rechtshandlung gelten. [2]Satz 1 findet auf die den in § 96 Abs. 2 genannten Ansprüchen und Leistungen zugrunde liegenden Rechtshandlungen mit der Maßgabe Anwendung, dass durch die Anfechtung nicht die Verrechnung einschließlich des Saldenausgleichs rückgängig

88 *Jaeger/Henckel* § 146 Rn 83; zur Hinterlegung auch aaO § 143 Rn 45–47; großzügiger zugunsten des InsVerw MK/*Kirchhof* § 146 Rn 55.
89 *Jaeger/Henckel* § 146 Rn 73; vgl auch *K/P/B/Jacoby* § 146 Rn 13 ff; zur Einrede der anfechtbaren Abtretung einer Forderung nach § 9 AnfG *BGH* ZIP 2005, 1200.
90 *Jaeger/Henckel* § 146 Rn 73; vgl auch MK/*Kirchhof* § 146 Rn 56; *Uhlenbruck/Hirte* § 146 Rn 15; *Gerhardt* KTS 2004, 202; HambKomm/*Rogge/Leptien* § 146 Rn 20; *B/G/H/Haas* § 146 Rn 25; *A/G/R/Gehrlein* § 146 Rn 21; *K/S/W/Kummer* Rn S13.
91 *BGH* ZIP 2008, 1593 Rn 30; dazu *M Huber* ZInsO 2009, 569 f.
92 *BGH* ZIP 2009, 1080 Rn 36, 39; zust *Gottwald/M Huber* § 51 Rn 48.
93 *BGHZ* 169, 158 = ZIP 2006, 2178 Rn 16; *BGH* ZIP 2013, 588 Rn 8.
94 *BGHZ* 83, 161 = ZIP 1982 zu III, 2, d, bb; MK/*Kirchhof* § 146 Rn 51; HambKomm/*Rogge/Leptien* § 146 Rn 15; *A/G/R/Gehrlein* § 146 Rn 19.
95 Vgl *BGHZ* 106, 131 f = ZIP 1989, 49; MK/*Kirchhof* § 146 Rn 19, 51; *Uhlenbruck/Hirte* § 146 Rn 17; *Jaeger/Henckel* § 146 Rn 64; *B/G/H/Haas* § 146 Rn 22.
96 *Gerhardt* FS Yessiou-Faltsi, 2007, S 187, 197 f; so § 129 Rn 113.

gemacht wird oder die betreffenden Zahlungsaufträge, Aufträge zwischen Zahlungsdienstleistern oder zwischengeschalteten Stellen oder Aufträge zur Übertragung von Wertpapieren unwirksam werden.

Übersicht

I. Allgemeines

1 **1. Gesetzgebungshinweise.** Abs 1 S 1 und Abs 2 aF waren – bis auf die Verweisungsnorm in Abs 2 – identisch mit § 166 RegE. Abs 1 S 2 wurde durch Art 1 Nr 2 des G zur Änderung insrechtlicher und kreditwesenrechtlicher Vorschriften v 8.12.1999[1] aufgenommen. Die Verweise auf § 81 Abs 3 S 2 und § 96 Abs 2 (anstatt wie zunächst auf § 96 Abs 2 S 1) wurden durch Art 1 Nr 6 des G zur Umsetzung der Finanzsicherheitenrichtlinie (so § 130 Rn 2, 49) eingefügt. Der frühere Abs 2 („Die Verjährungsfrist nach § 146 Abs 1 beginnt mit dem Zeitpunkt, in dem die rechtlichen Wirkungen der Handlung eintreten.") wurde durch Art 5 Nr 4 des G zur Anpassung von Verjährungsvorschriften an das G zur Modernisierung des Schuldrechts v 9.12.2004[2] aufgehoben. Er wurde infolge der Änderung von § 146 Abs 1 überflüssig. S 2 der Restnorm wurde durch Art 8 Abs 7 des G zur Umsetzung der Verbraucherkreditrichtlinie, des zivilrechtlichen Teils der Zahlungsdiensterichtlinie sowie zur Neuordnung der Vorschriften über das Widerrufs- und Rückgaberecht (VerbrKredRLUG) v 29.7.2009[3] der Terminologie der neuen Vorschriften der §§ 675b ff BGB angepasst.[4]

2 **2. Normzweck.** S 1 entspricht im Wesentlichen § 42 KO und erstreckt die Anfechtbarkeit über § 129 hinaus ausnahsmweise auf Rechtshandlungen (Rechtsgeschäfte), die wegen des öffentlichen Glaubens des Grundbuchs, des Schiffsregisters, des Schiffsbauregisters und des Luftfahrzeugregisters noch nach der Eröffnung des InsVerf gem § 81 Abs 1, § 91 Abs 2 wirksam werden.[5] Auf die Erwähnung von § 878 BGB wird bewusst verzichtet, weil – so die Begr zu § 166 RegE[6] – ein Rechtserwerb, der aufgrund des § 91 Abs 2 iVm §§ 878, 873 Abs 2 BGB nach Eröffnung des InsVerf wirksam vollendet wird, nicht nach den Grundsätzen über die Anf von Rechtshandlungen **nach** VerfEröffnung anfechtbar sei. Es wäre ein Wertungswiderspruch, das Anwartschaftsrecht aus § 878 BGB für „insolvenzfest" zu erklären, andererseits aber den Rechtserwerb, der sich ungeachtet der VerfEröffnung und des guten oder bösen Glaubens des Erwerbers aufgrund einer solchen Anwartschaft wirksam vollziehe, der Anf zu unterwerfen. Einem „insolvenzfesten" Anwartschaftsrecht müsse ein „anfechtungsfester" Rechtserwerb entsprechen. Dies werde dadurch gewährleistet, dass ein Grundstücksgeschäft, zu dessen Wirksamwerden im Zeitpunkt der VerfEröffnung nur noch die Eintragung fehle, als vor der VerfEröffnung vorgenommen gelte (§ 140 Abs 2). Dann kommt es auf § 147 nicht mehr an.

---

1 BGBl I, 2384.
2 BGBl I, 3214.
3 BGBl I, 2355.
4 Vgl *Graf-Schlicker/M Huber* § 147 Rn 8.
5 Vgl *Jaeger/Henckel* § 147 Rn 2; *Henckel* KS-InsO, S 853 Rn 93.
6 BT-Drucks 12/2443, 169.

S 2 soll die Beständigkeit laufender oder täglicher Verrechnungen in bestimmten Finanzsystemen sichern und so das Vertrauen der Finanzmärkte schützen, dass oft vielseitige und verzweigte Verrechnungen nicht rückwirkend in Frage gestellt werden können.[7] Zusätzlich soll die durch die Neufassung des § 96 Abs 2 bewirkte Sicherung von Verfügungen über Finanzsicherheiten iSd § 1 Abs 17 KWG (so § 130 Rn 49) geschützt werden. 3

II. Erläuterungen

1. Rechtshandlungen nach Verfahrenseröffnung (S 1). – a) Anwendungsbereich. Rechtshandlungen, die **nach** der Eröffnung des InsVerf vorgenommen werden, können solche des Schu oder – etwa bei einer Stellung des Antrags auf Eigentumsumschreibung im Grundbuch – auch des AnfGegners sein.[8] Bei Rechtshandlungen des Schu kann aber bereits § 81 Abs 1 S 1 greifen; dann kommt es auf § 147 nicht an. Die von § 147 gemeinten Rechtshandlungen werden im Wortlaut der Norm im Einzelnen aufgeführt.[9] Zur Anwendung bei **§ 82 S 1** *K. Schmidt/Büteröwe* § 147 Rn 4. Der nach Eröffnung des InsVerf entstandene **gesetzliche Löschungsanspruch** des nachrangigen Gl gem **§ 1179a Abs 1 BGB** soll **nicht** nach § 147 **angefochten** werden können.[10] Auch nach der neuen Rspr des *BGH* ist der Anspruch insolvenzfest.[11] 4

Nach der **Entstehungsgeschichte** (so Rn 2) sollen die Fälle, in denen sich der **Rechtserwerb nach § 878** iVm **§ 873 Abs 2 BGB** oder ähnlichen Vorschriften vollzieht, **von § 147 S 1 nicht erfasst** werden, weil sie gem **§ 140 Abs 2** als **vor der VerfEröffnung vorgenommen** gelten. Dies Letzte trifft indessen **nur** auf **solche**, eine Eintragung im Grundbuch oder in vergleichbaren Registern verlangenden **Rechtsgeschäfte** zu, bei denen der Eintragungsantrag von dem **„anderen Teil"** gestellt wurde. **Für** die Anwendung des **§ 878 BGB** soll es indessen nach hM **genügen**, dass der Eintragungsantrag vom **Verfügenden** gestellt wurde.[12] In diesen Fällen des § 878 BGB, die danach von § 140 Abs 2 nicht erfasst werden, kann die Rechtshandlung demzufolge erst nach Eröffnung des InsVerf als vorgenommen gelten, wenn der Vermögenserwerb des Vertragspartners nicht an § 91 Abs 1 scheitert. Da § 878 BGB in § 147 S 1 nicht erwähnt wird, könnte dies **bei wörtlicher Auslegung** zu einer **Unanfechtbarkeit** derartiger Rechtshandlungen führen. Dies wurde **bei** der **Änderung** von § 149 Abs 2 DiskE und § 149 Abs 2 S 1 RefE **durch § 159 RegE** ersichtlich **nicht bedacht** (so § 140 Rn 1).[13] Deshalb ist der Meinung von Gerhardt,[14] es könne angesichts der Erörterung im GesetzgebungsVerf kaum von einer unbeabsichtigten Regelungslücke gesprochen werden, nicht zu folgen.[15] Eine **Unanfechtbarkeit** der in Rede stehenden Rechtshandlungen **entbehrte jeden** 5

---

7 BT-Drucks 14/1539, 11.

8 Vgl *Jaeger/Henckel* § 147 Rn 9; MK/*Kirchhof* § 147 Rn 11; *K/S/W/Kummer* Rn T7.

9 Zu § 81 Abs 3 S 2 *Jaeger/Henckel* § 147 Rn 14.

10 *OLG Köln* ZInsO 2005, 271 = ZIP 2005, 1040 f; *B/G/H/Haas* § 147 Rn 12; *Cranshaw/Hinkel/Zenker* § 147 Rn 5 aE.

11 *BGHZ* 193, 144 ff = ZIP 2012, 1140 ff (V ZS). Damit wurden die abw Entsch *BGHZ* 166, 319 = ZIP 2006, 1141 Rn 14 ff (RevisionsEntsch zu *OLG Köln* vorangegangene Fn) und *BGHZ* 160, 168 ff = ZIP 2004, 1724 ff – jeweils IX ZS – m Zust dieses Senats aufgegeben. Dazu eingehend *Kesseler* ZIP 2014, 110 ff.

12 Vgl *Palandt/Bassenge* § 878 Rn 14; RGRK/*Augustin* § 878 Rn 35: allg Verweisung auf § 13 GBO; MK-BGB/*Wacke* § 878 Rn 17; *Staudinger/Gursky* (2012) § 878 Rn 48, 51; *Scholtz* ZIP 1999, 1694; *Scherer* ZIP 2002, 343 f.

13 AM wohl *Raebel* ZInsO 2002, 954.

14 FS Greiner, 2005, S 39 iVm S 18; ähnlich bereits *Uhlenbruck* 12. Aufl, § 91 Rn 44.

15 Nach *Jaeger/Henckel* § 140 Rn 44 könnte man sich über die Entstehungsgeschichte allenfalls hinwegsetzen mit dem Hinweis, dass auch der Satz: „Absatz 1 verzichtet bewusst darauf, neben §§ 892, 893 BGB auch § 878 BGB zu erwähnen" (so Rn 2), nach der Neufassung des § 140 Abs 2 hätte überprüft werden müssen. Das trifft zu. So auch MK/*Kirchhof* § 147 Rn 7.

Sachgrundes.[16] Demgegenüber hält *Raebel*[17] eine Anfechtbarkeit dann nicht für erforderlich, wenn der InsVerw die Möglichkeit hatte, den vom Schu selbst gestellten Eintragungsantrag zurückzunehmen. Diese Möglichkeit mag, sofern man sie für zulässig hält,[18] in vielen Fällen eine Anf – und entspr Prozesse – überflüssig machen, ändert aber nichts an dem dogmatischen Problem für den Fall, dass der InsVerw den Eintragungsantrag des Schu – aus welchen Gründen auch immer – nicht (nach § 31 GBO) zurücknimmt. Eine **berichtigende Auslegung von § 140 Abs 2** dahin, dass ein **Eintragungsantrag des** Schu genügt, damit das Rechtsgeschäft als vorgenommen gilt,[19] ist nicht nur wegen des Wortlauts, sondern auch aus Gründen des Schutzes der InsGl **nicht zu befürworten**. Dem Gedanken, **§ 878 BGB** zumindest iRv § 91 Abs 2 in Anlehnung an die Voraussetzungen für ein Anwartschaftsrecht kraft Eintragungsantrags[20] **dahin auszulegen**, dass der **Eintragungsantrag vom Erwerber gestellt** sein **muss**, ist **ebenfalls nicht** näher zu treten.[21] Dann bleibt als **Lösung nur**, **§ 878 BGB** wegen des Versehens des Gesetzgebers[22] **in § 147 Abs 1 „hineinzulesen"**.[23] Der Vorschlag Henckels,[24] die ungenaue Abstimmung von § 140 Abs 2 und § 147 in den Fällen, in denen der allein vom Schu gestellte Eintragungsantrag vor der Eintragung nicht zurückgenommen wurde, im Wege der **UnterlassungsAnf** zu lösen, kann allenfalls helfen, wenn der Schu die Zurücknahme des Eintragungsantrags in der krit Zeit bis zur Eröffnung des InsVerf bewusst und gewollt unterlassen hat (so § 129 Rn 29). Davon ist jedoch nicht ohne weiteres auszugehen.

6 **b) Rechtsfolgen.** Im Fall des § 147 S 1 sind die Rechtshandlungen nicht automatisch anfechtbar. S 1 verweist insoweit auf die Tatbestandsvoraussetzungen sämtlicher **Fälle der §§ 130 ff.**[25] Die Tatbestandsvoraussetzungen müssen also vorliegen. Auf die jeweiligen Anfechtungsfristen kommt es aber nicht an, weil die jeweilige Rechtshandlung ja ohnedies zeitlich später erfolgte.[26] Was das konkret bedeutet, wird selten klar definiert. Ist das Rechtsgeschäft eine kongruente Deckung, wird man unter § 130 verlangen müssen, dass Kenntnis von der Zahlungsunfähigkeit oder dem Eröffnungsantrag bestand; gerade daran fehlt es aber, wenn und weil sonst bereits § 81 Abs 1 den gutgläubigen Erwerb ausschließt. Insoweit kann aber auf den Zeitpunkt des Eintragungsantrags abgestellt werden.[27] Bei inkongruenter Deckung wird man dagegen § 131 Abs 1 Nr 1 anwenden können.

---

16 *Bork* Einführung, Rn 211.
17 ZInsO 2002, 955.
18 So wohl *BGH* ZIP 2008, 322 Rn 8; ebenso *Uhlenbruck/Mock* § 91 Rn 96; **aA** *Jaeger/Windel* § 91 Rn 118.
19 So etwa *Jauernig* FS Uhlenbruck, S 15; *Scherer* ZIP 2002, 345 f; *Bork* Einführung, Rn 211; *Gottwald/M Huber* § 46 Rn 40 aE; *L/S/Z/Zeuner* § 140 Rn 9; vgl auch *Raebel* ZInsO 2002, 955 f; **aA** mit Rücksicht auf den Gesetzeswortlaut *Gerhardt* FS Greiner, 2005, S 39. So § 140 Rn 10.
20 Vgl *BGHZ* 49, 200 ff = WM 1968, 198; 83, 399 = WM 1982, 716; 106, 109 aE = WM 1989, 220; *BGH* WM 1975, 256.
21 Zutr *Gerhardt* FS Greiner, 2005, S 39.
22 Vgl *Jauernig* FS Uhlenbruck, S 14 mit Fn 57.
23 MK/*Kirchhof* § 147 Rn 7 m Fn 19; FK/*Dauernheim* § 147 Rn 2; *N/R/Nerlich* § 147 Rn 6, 7, 11; *Uhlenbruck/Hirte/Ede* § 147 Rn 10; *K/P/B/Ehricke* § 147 Rn 4; *Braun/Riggert* § 147 Rn 5; *B/G/H/Haas* § 140 Rn 66; § 147 Rn 11; *A/G/R/Gehrlein* § 147 Rn 3; *Cranshaw/Hinkel/Zenker* § 147 Rn 12; *Staudinger/Gursky* (2012) § 878 Rn 71; „hilfsweise" auch *Bork* Einführung, Rn 211 mit Fn 23; unentschieden *Uhlenbruck* § 91 Rn 59 (der Gesetzgeber sollte entscheiden).
24 *Jaeger/Henckel* § 140 Rn 45.
25 *Jaeger/Henckel* § 147 Rn 17 ff; MK/*Kirchhof* § 147 Rn 13; *Cranshaw/Hinkel/Zenker* § 147 Rn 6.
26 *Jaeger/Henckel* KO § 42 Rn 4; *Kuhn/Uhlenbruck* § 42 Rn 2; MK/*Kirchhof* § 147 Rn 14; *K/P/B/Ehricke* § 147 Rn 5.
27 *Jaeger/Henckel* § 147 Rn 19.

2. Schutz von Verrechnungen (S 2). S 2 zieht die Konsequenzen aus § 96 Abs 2.[28] Eine Anf der Verrechnung nach § 147 S 2 führt lediglich zu einem Anspruch auf Wertersatz.[29] 7

3. Beginn der Verjährungsfrist. Die Verjährung der in § 147 geregelten AnfAnsprüche richtet sich nach § 146 Abs 1 nF und demzufolge nach den allg Verjährungsvorschriften.[30] Da § 147 nur Rechtshandlungen erfasst, die nach Eröffnung des InsVerf vorgenommen wurden, kann die dreijährige Verjährungsfrist des § 195 BGB noch nicht – wie regelmäßig bei § 146 – mit der Eröffnung des InsVerf (als Zeitpunkt des Entstehens des Anfanspruchs) und Kenntnis bzw grob fahrlässiger Unkenntnis der die Anf begründenden Umstände beginnen. Vielmehr ist für den Verjährungsbeginn wie in § 147 Abs 2 aF (so Rn 1) an den Eintritt der Rechtswirkungen der jeweiligen Rechtshandlung anzuknüpfen. Deshalb beginnt die Verjährungsfrist gem § 199 Abs 1 BGB **am Ende des Jahres**, in welchem die **Wirkungen der** angefochtenen **Rechtshandlung eingetreten** sind (also idR mit Vollendung des Rechtserwerbs) **und der InsVerw** von der Rechtshandlung und dem AnfGegner **Kenntnis erlangte** oder ohne grobe Fahrlässigkeit hätte erlangen müssen. Da §§ 892, 893 BGB ihrerseits im Grundsatz an den guten Glauben bis zur Vollendung abstellen, soweit nicht § 892 Abs 2 BGB greift, kann der Anfanspruch eigentlich nicht vor Vollendung des Rechtserwerbs entstehen. Soweit der Erwerber allerdings den Eintragungsantrag gestellt hat und insoweit ein Fall des § 140 Abs 2 vorliegt, lässt sich auf diesen Zeitpunkt als Entstehungszeitpunkt iSd § 199 Abs 1 Nr 1 BGB abzustellen. Bsp: Verfahrenseröffnung 2015, Eintragungsantrag Ende 2015, Eintragung 2016. Dann ist bei Erfüllung der subjektiven Voraussetzungen für den Verjährungsbeginn der Schluss des Jahres 2015 maßgebend. Bei Bedingung oder Befristung gilt § 140 Abs 3. Insoweit ist maßgebend, wann der Begünstigte eine gesicherte Rechtsposition erhielt und der InsVerf davon Kenntnis erlangte oder ohne grobe Fahrlässigkeit hätte erlangen müssen. Der später dann noch erforderliche Eintritt der Bedingung ist für den Entstehungszeitpunkt nicht von entscheidender Bedeutung.[31] Das ergibt sich aus der Verweisung in § 147 S 1 auf §§ 129 ff und damit auch auf § 140 Abs 2 und 3. Eine Anf **vor** Verjährungsbeginn ist möglich.[32] 8

4. Entsprechende Anwendung von § 147. In **bes Fällen** kann eine **entspr Anwendung** (oder erweiternde Auslegung) von § 147 S 1 in Betracht kommen.[33] Das liegt immer dann nahe, **wenn** eine **masseschmälernde Verfügung nach der Eröffnung des InsVerf vom InsVerw trotz seiner umfassenden Verwaltungs- und Verfügungsbefugnis gem § 80 nicht verhindert werden kann** und nicht davon auszugehen ist, dass die Unanfechtbarkeit der Verfügung dem Willen des Gesetzgebers entspricht.[34] So lag es in dem vom BGH entschiedenen Fall der **Doppelbesicherung** einer Forderung auf Rückgewähr des einer Gesellschaft iSv § 39 Abs 4 S 1 9

28 *N/R/Nerlich* § 147 Rn 2a, 7a; *Uhlenbruck/Hirte/Ede* § 147 Rn 2 f; *Braun/Riggert* § 147 Rn 7; *Jaeger/Henckel* § 147 Rn 15; HambKomm/*Rogge/Leptien* § 147 Rn 9; *B/G/H/Haas* § 147 Rn 14–19.

29 *Braun/Riggert* § 147 Rn 7; MK/*Kirchhof* § 147 Rn 15; *Jaeger/Henckel* § 147 Rn 15; *Graf-Schlicker/M Huber* § 147 Rn 8; *K/P/B/Ehricke* § 147 Rn 6; *K Schmidt/Büteröwe* § 147 Rn 6; *A/G/R/Gehrlein* § 147 Rn 5; *Cranshaw/Hinkel/Zenker* § 147 Rn 9 f.

30 Vgl *Jaeger/Henckel* § 147 Rn 29; MK/*Kirchhof* § 147 Rn 16; *Cranshaw/Hinkel/Zenker* § 147 Rn 7.

31 Vgl *Jaeger/Henckel* § 147 Rn 29, 30.

32 *Jaeger/Henckel* § 147 Rn 31; MK/*Kirchhof* § 147 Rn 17; *Cranshaw/Hinkel/Zenker* § 147 Rn 17.

33 Ebenfalls dazu neigend *Cranshaw/Hinkel/Zenker* § 147 Rn 11 m dem grds zutr Hinweis, eine analoge Anwendung sollte wegen des Ausnahmecharakters von § 147 und aus Gründen der Rechtssicherheit behutsam erfolgen und letztlich nur dort, wo es manifest unbillig wäre, den Begünstigten besser zu stellen als bei hypothetischer Vornahme der Rechtshandlung vor VerfEröffnung und regelhafter Geltung des AnfRechts.

34 *BGHZ* 192, 9 = ZIP 2011, 2417 Rn 20 iVm Rn 9–11, 17 mit Anm *Henkel* EWiR 2012, 57 f; dazu auch *Blöse* GmbHR 2012, 86 ff.

gewährten Darlehens (oder eines diesem wirtschaftlich gleichstehenden Kredits) durch eine Gesellschafts- und eine Gesellschaftersicherheit.[35] Eine unmittelbare Anwendung von § 135 Abs 2 iVm § 135 Abs 1 Nr 2, § 143 Abs 3 lehnte der BGH ab, weil die Befriedigung des DarlehensGl **nicht** – wie es § 129 Abs 1 verlangt – **vor Eröffnung** des InsVerf, sondern erst danach **erfolgt** war.[36] Das Gericht wandte indes § 143 Abs 3 S 1 (und in der Sache auch § 135 Abs 2) analog an,[37] zog dabei aber **zur Überwindung der Sperre des § 129 Abs 1** auch die **Vorschrift des § 147** heran. Sie regele die Anfechtbarkeit von Rechtshandlungen vor allem des InsSchu, die aufgrund des öffentlichen Glaubens des Grundbuchs, des Schiffsregisters und der Luftfahrzeugrolle wirksam seien. Sie zeige, dass § 129 Abs 1 mit dem Bezug auf Rechtshandlungen vor der Eröffnung des InsVerf keine für das AnfRecht schlechthin unentbehrliche Voraussetzung bezeichne, die jede Durchbrechung ausschließe. Der zu entscheidende Fall der Verwertung einer von der InsSchu gestellten Sicherheit stehe § 147 insofern nahe, als der InsVerw – ausgehend von der (richtigen) Annahme, dass der Gl frei entscheiden könne, ob er zuerst die Gesellschafts- oder zuerst die Gesellschaftersicherheit verwerte – den Zugriff des Gl auf die Sicherheit der Masse nicht abwenden könne. Ausgangspunkt sei also jeweils eine masseschmälernde Verfügung nach der Eröffnung des InsVerf, die vom InsVerw trotz dessen umfassender Verwaltungs- und Verfügungsbefugnis gem § 80 nicht verhindert werden könne. Dies rechtfertige in beiden Fällen eine Abweichung von der anfrechtlichen Grundnorm des § 129 Abs 1, die davon ausgehe, dass der InsVerw von der Eröffnung an GlBenachteiligungen verhindere.[38] Dennoch sollte daraus nicht generell geschlossen, dass dasjenige, was anfechtbar wäre, wenn es vor Verfahrenseröffnung vorgenommen worden wäre, automatisch unter § 147 fällt und dann anfechtbar. Die Wirksamkeit von Rechtshandlungen nach Verfahrenseröffnung bleibt grundsätzlich eine Domäne der §§ 80 ff.

35 *BGHZ* 192, 9 = ZIP 2011, 2417 Rn 20 iVm Rn 9–11, 17; **aA** *Cranshaw/Hinkel/Zenker* § 147 Rn 14 mwN.

36 *BGHZ* 192, 9 = ZIP 2011, 2417 Rn 8.

37 *BGHZ* 192, 9 = ZIP 2011, 2417 Rn 5, 12, 18–20; dagegen grds m Recht HambKomm/*J-S Schröder* § 135 Rn 47, der statt dessen § 135 Abs 2 als lex specialis zu § 129 Abs 1 ansehen will.

38 *BGHZ* 192, 9 = ZIP 2011, 2417 Rn 20.

Vierter Teil
Verwaltung und Verwertung der Insolvenzmasse

Erster Abschnitt
Sicherung der Insolvenzmasse

§ 148 Übernahme der Insolvenzmasse

(1) Nach der Eröffnung des Insolvenzverfahrens hat der Insolvenzverwalter das gesamte zur Insolvenzmasse gehörende Vermögen sofort in Besitz und Verwaltung zu nehmen.

(2) [1]Der Verwalter kann auf Grund einer vollstreckbaren Ausfertigung des Eröffnungsbeschlusses die Herausgabe der Sachen, die sich im Gewahrsam des Schuldners befinden, im Wege der Zwangsvollstreckung durchsetzen. [2]§ 766 der Zivilprozessordnung gilt mit der Maßgabe, dass an die Stelle des Vollstreckungsgerichts das Insolvenzgericht tritt.

Übersicht

I. Normzweck

§ 148 Abs 1 ergänzt § 80, um sicherzustellen, dass die InsMasse, über die der InsVerw verwaltungs- und verfügungsbefugt ist, den Gläubigern tatsächlich zur Verfügung steht.[1] 1

II. Inbesitznahme der Insolvenzmasse

Die Pflicht zur Inbesitznahme und Verwaltung bezieht sich auf die InsMasse iSv § 35. Dementspr scheidet eine Inbesitznahme und Verwaltung unpfändbarer Gegenstände (§ 36) aus. Eine Pflicht zur Inbesitznahme besteht ausnahmsweise dann nicht, wenn die Belassung beim Schu die Befriedigung der Gl nicht gefährdet[2] oder die Inbesitznahme mit unverhältnismäßigen Kosten verbunden wäre.[3] Der Besitz erfordert die Erlangung der tatsächlichen Gewalt über eine Sache; allein die Pflicht zur Inbesitznahme begründet keinen Besitz.[4] Durchsetzen kann der InsVerw die Inbesitznahme nur im Wege der Einzelzwangsvollstreckung. Bringt der InsVerw Gegenstände durch verbotene Eigenmacht in seinen Besitz, schuldet er persönlich Rückgabe und Auskunft.[5] 2

Zur InsMasse zählt auch das Auslandsvermögen. Es gilt das **Universalitätsprinzip**.[6] Soweit ausl Rechtsordnungen die Wirkungen der deutschen InsEröffnung oder das Verwaltungsrecht des InsVerw nicht anerkennen, ist der Schu ua zur Erteilung von Vollmachten ver- 3

1 MK/*Füchsl/Weishäupl/Jaffé* § 148 Rn 1.
2 *BGH* NZI 2008, 554, 556; MK/*Füchsl/Weishäupl/Jaffé* § 148 Rn 26.
3 *OLG Köln* ZIP 2000, 1498, 1500 f.
4 *BGH* NJW 2008, 2580; zum Besitz an der Schuldnerwohnung *Cymutta* WuM 2008, 582, 584.
5 *OLG Hamm* 22.9.2016 – I-5 U 129/15.
6 *BGHZ* 88, 147; 95, 256, 264; 118, 151, 159.

pflichtet (§ 97 Abs 2 iVm § 98 Abs 2 Nr 3).[7] Verfassungsrechtliche Bedenken wegen der Verpflichtung zur **Vollmachtserteilung** sind nicht ersichtlich.[8]

III. Verwaltung der Insolvenzmasse

4 Zur Verwaltung gehört die Sicherung, Feststellung, Wahrnehmung und Verwertung der Masserechte, einschl des gerichtlichen und außergerichtlichen Forderungseinzugs. Ein Verwaltungsrecht und eine Verwaltungspflicht besteht auch bzgl beweglicher Gegenstände, an denen Absonderungsrechte bestehen (§ 166 Abs 1). An erkennbar massefremden Gegenständen (Eigentumsvorbehaltsware, Leasinggegenstände) besteht ein Verwaltungsrecht, wenn ein Sicherungsbedürfnis besteht.[9] Die Pflicht zur Verwaltung der InsMasse begründet eine insolvenzspezifische Pflicht des InsVerw, die InsMasse zinsgünstig anzulegen.[10]

5 **1. Besitz des Insolvenzverwalters.** An den massezugehörigen Gegenständen erlangt der InsVerw unmittelbaren Besitz. Der InsVerw hat Besitzschutzrechte nach §§ 859 ff, 1007 BGB, soweit der Schu unmittelbarer Besitzer war.

6 **2. Neuerwerb.** Der InsVerw hat jeweils nach Erwerb das Neuvermögen des Schu in Verwaltung zu nehmen, da auch dieses zur InsMasse gehört (§ 35). Die pfändbaren Anteile der Bezüge aus einem Dienstverhältnis des Schu fallen mit InsEröffnung in die Masse, da Abtretungen, Verpfändungen und Zwangsvollstreckungsmaßnahmen seit Streichung des § 114 Abs 1 mit InsEröffnung unwirksam sind (§ 91 Abs 1).[11] Für eine abweichende Berechnung von pfändbaren Beträge ist das InsGer zuständig (§ 36 Abs 4 S 1). Antragsberechtigt ist anstelle des Gl der InsVerw (§ 36 Abs 4 S 2). Die Nichtberücksichtigung von Unterhaltsberechtigten bei der Berechnung des Pfändungsfreibetrags wegen eigenen Einkommens ist nur ex nunc nach Beschluss des Insolvenzgerichts auf Antrag des InsVerw (§ 850c Abs 4 ZPO) zulässig.[12] Soweit die ZPO dem Schu ein Antragsrecht gewährt, verbleibt ihm dieses während des InsVerf.

7 Die Streichung des § 114 Abs 1 bewirkt bei betagten Forderungen, wie zB Betriebsrenten oder anderen an die Stelle von Dienstbezügen tretende laufende Bezüge (Renten, Arbeitslosengeld, Krankengeld, Verletztengeld, Ruhegehaltsansprüche eines Selbstständigen gegenüber einem berufsständischen Versorgungswerk) nach Eintritt des Versicherungsfalls (Erreichen der Altersgrenze, Krankheit, Erwerbsunfähigkeit, Arbeitsunfall etc),[13] dass eine Abtretung während der gesamten Dauer des InsVerf wirksam bleibt.[14] Diese Bezüge fallen daher nicht in die InsMasse.

8 Über die Massezugehörigkeit im Ausland bezogener Lohnbestandteile entscheidet das Prozessgericht.[15] Gleiches gilt für die Beträge gem §§ 35 Abs 2, 295 Abs 2,[16] die vom InsVerw zur InsMasse zu ziehen sind.[17]

7 *BGH* 25.2.2016 – IX ZB 74/15 (Rn 16); *BGH* ZIP 2003, 2123, 2124; *K Schmidt/Jungmann* § 148 Rn 12.
8 *BVerfG* ZIP 1986, 1336.
9 *Uhlenbruck/Sinz* § 148 Rn 2.
10 *BGH* ZIP 2014, 1448 Rn 15.
11 *BGH* ZIP 2006, 1254 Rn 12; *Ahrens* NZI 2014, 529; *Kuleisa* ZVI 2015, 85; *Riedel* ZVI 2015, 91. Für InsVerfahren, die vor dem 1.7.2014 beantragt wurden, bestimmt § 114 als lex specialis eine Wirksamkeitsbegrenzung.
12 *BGH* NZI 2011, 979, 980; *Depré/Bachmann* Lohnpfändungstabellen, S 138.
13 *BGH* ZIP 2009, 2120 Rn 21 f. Vgl *VG München* ZVI 2015, 68, 71 zu Besoldungsansprüchen.
14 *Bigge/Peters-Lange* ZIP 2015, 2114.
15 *BGH* ZIP 2012, 1371 Rn 6.
16 *BGH* NZI 2014, 461 Rn 15.
17 *BGH* NZI 2014, 461 Rn 12 f.

Werden unpfändbare Beträge (zB nach §§ 850c, 850i ZPO) auf das Konto des Schu eingezahlt, sind diese auf einem Pfändungsschutzkonto des Schu gem §§ 850k, 850l ZPO als sog Schonvermögen des Schu geschützt und fallen nicht in die InsMasse.[18] In den Grenzen des § 850k Abs 1 S 3 ZPO kann Guthaben auf dem Pfändungsschutzkonto in den nächsten Monat übertragen werden.[19] Dem InsVerw steht bzgl des Schonvermögens keine Verwaltungs- und Verfügungsbefugnis zu, so dass er Lastschriften, die daraus bezahlt wurden, die Genehmigung nicht verweigern kann. Werden Lastschriften aus dem Schonvermögen wegen eines pauschalen Widerspruchs des InsVerw zurückgebucht, so ist das entstehende Guthaben kein Neuerwerb.[20] Angespartes Guthaben, auch aus unpfändbarem Arbeitseinkommen, fällt jedoch in die InsMasse.[21] 9

3. Geschäftsbücher. In Besitz zu nehmen hat der InsVerw auch die **Geschäftsbücher** (§ 36 Abs 2 Nr 1) und die sonst nicht der Zwangsvollstreckung unterliegenden Sachen nach § 811 Nr 4 und 9 ZPO (§ 36 Abs 2 Nr 2), da diese zur InsMasse gehören.[22] Nach VerfBeendigung sind die Bücher dem Schu zurückzugeben.[23] 10

4. Versicherungsschutz. Aus der Verwaltungspflicht folgt, dass die InsMasse ausreichend zu versichern ist, soweit die Prämien für die Versicherung aus der Masse gedeckt werden können.[24] 11

IV. Herausgabevollstreckung

1. Titel gegen Schuldner. Die vollstreckbare Ausfertigung des EröffnungsBeschl bildet einen Herausgabetitel iSv § 794 Abs 1 Nr 3 ZPO (Abs 2 S 1).[25] Mit der Wegnahme kann der GV beauftragt werden (§ 90 GVGA).[26] Der InsVerw kann den GV auch mit der Einholung von Auskünften Dritter nach §§ 802a Abs 2 Nr 3, 802l Abs 1 ZPO beauftragen.[27] Einer zusätzlichen richterlichen Anordnung nach Art 13 Abs 2 GG[28] bedarf es nicht.[29] Besonderes Vollstreckungsgericht, das auch über die Bewilligung von Zwangsvollstreckungsmaßnahmen und insoweit über die Bewilligung von Prozesskostenhilfe entscheidet, ist das InsGer.[30] 12

2. Titel gegen Dritte. Befinden sich die Gegenstände im Besitz eines Dritten, so ist der **Herausgabeanspruch** im ordentlichen Verf geltend zu machen. Der EröffnungsBeschl bildet gegenüber Dritten keinen zur Wegnahme im Zwangsvollstreckungswege geeigneten Titel.[31] Gegenüber erwachsenen Familienangehörigen, Ehegatten und sonstigen Mitbesitzern muss der InsVerw einen eigenen Räumungstitel erwirken.[32] Materiell-rechtlich steht gewillkürten Vertretern (zB RA, Steuerberater) grds kein Zurückbehaltungsrecht gegenüber dem InsVerw zu.[33] 13

---

18 *BGH* ZIP 2012, 399; ZIP 2015, 163.
19 *BGH* ZIP 2015, 163 Rn 11 f; *BGH* 19.10.2017 – IX ZR 3/17; *BGH* 17.10.2017 – IX ZR 419/15.
20 *BGH* BB 2010, 2072, 2074 Rn 21.
21 *BGH* ZInsO 2013, 1095 Rn 21; ZIP 2013, 2112 Rn 7 f.
22 *K Schmidt/Jungmann* § 148 Rn 7.
23 *OLG Stuttgart* ZIP 1998, 1880.
24 *BGHZ* 105, 230, 237.
25 *BGH* 3.11.2011 – IX ZR 46/11; *BGH* 13.3.2014 – IX ZR 43/12 (Rn 12).
26 Zur Pflicht, die Herausgabe durch den GV durchzusetzen *OLG Hamm* 22.9.2016 – I-5 U 129/15.
27 *AG Rosenheim* 8.9.2016 – 605 IN 468/15.
28 *BVerfGE* 51, 97.
29 *Uhlenbruck/Sinz* § 148 Rn 30 f.; *AG Rosenheim* 8.9.2016 – 605 IN 468/15.
30 *BGH* NZI 2012, 666.
31 *Uhlenbruck/Sinz* § 148 Rn 29; *K Schmidt/Jungmann* § 148 Rn 13.
32 *BGHZ* 159, 383; *LG Trier* NZI 2005, 563; *Uhlenbruck/Sinz* § 148 Rn 32; **aA** *OLG Köln* ZIP 2001, 1422, 1428.
33 *Uhlenbruck/Sinz* § 148 Rn 29; *OLG Celle* ZInsO 2005, 550.

14 Befinden sich zur InsMasse gehörende Gegenstände in einer ehegemeinschaftlichen Wohnung des Schu, gilt die gesetzliche Vermutung nach § 1362 BGB (zur Räumungsvollstreckung vgl aber Rn 13). Der InsVerw bzw der GV ist iRd Grenzen von § 811 ZPO zur Wegnahme aufgrund des EröffnungsBeschl berechtigt.

15 **3. Rechtsbehelfe.** Einwendungen des Schu gegen die Art und Weise der Zwangsvollstreckung sind gem § 766 ZPO durch das InsGer zu entscheiden (Abs 2 S 2). Gegen die Entsch des InsGer findet die sofortige Beschw gem § 793 ZPO statt.[34] Ist der Schu eine natürliche Person, kann bei Vollstreckungsmaßnahmen auf Antrag Vollstreckungsschutz nach § 765a ZPO gewährt werden, soweit eine unmittelbare Gefahr für Leben und Gesundheit des Schu besteht.[35]

34 *BGH* NZI 2006, 699.
35 *BGH* NZI 2009, 48.

§ 149 Wertgegenstände

(1) [1]Der Gläubigerausschuss kann bestimmen, bei welcher Stelle und zu welchen Bedingungen Geld, Wertpapiere und Kostbarkeiten hinterlegt oder angelegt werden sollen. [2]Ist kein Gläubigerausschuss bestellt oder hat der Gläubigerausschuss noch keinen Beschluss gefasst, so kann das Insolvenzgericht entsprechendes anordnen.

(2) Die Gläubigerversammlung kann abweichende Regelungen beschließen.

Übersicht

I. Normzweck

1 § 149 soll die Masse gegen eine zweckwidrige oder missbräuchliche Verwendung von Wertgegenständen durch den InsVerw schützen. Dazu wird die Verwaltungsbefugnis des InsVerw (§§ 148, 80) eingeschränkt.[1]

II. Anlagegegenstände

2 § 149 Abs 1 umfasst nicht nur Bargeld, sondern auch Buchgeld in jedweder Form.[2]

3 Der Wertpapierbegriff ist umfassend und umfasst Sparbücher, Inhaberschuldverschreibungen etc.[3]

4 Kostbarkeiten (§§ 372 BGB, 5 HinterlO) sind Gegenstände von bes Wert, also Schmuck, Kunstgegenstände, Sammlungen jeder Art.[4]

1 Zur Verwaltungspflicht ohne Beschluss des GlAusschusses *BGH* ZIP 2014, 1448 Rn 14 f.
2 *K Schmidt/Jungmann* § 149 Rn 8; MK/*Füchsl/Weishäupl/Jaffé* § 149 Rn 5; *Uhlenbruck/Sinz* § 149 Rn 8; **aA** *Kießling* NZI 2006, 440, 446.
3 Differenzierend *K Schmidt/Jungmann* § 149 Rn 12.
4 Uhlenbruck/*Sinz* § 148 Rn 9.

III. Bestimmung der Anlage und Hinterlegung

Sofern ein GlAusschuss eingerichtet ist, kann dieser nach seinem Ermessen die Art und Weise der Anlage und Hinterlegung von Geld und Wertgegenständen bestimmen. Der GlAusschuss hat den Geldbestand und -verkehr des InsVerws zudem unverzüglich und engmaschig, ggf durch Wahl eines Kassenprüfers, zu kontrollieren (§ 69).[5] Besteht kein GlAusschuss, so kann das InsGer die entspr Anordnung treffen (Abs 1 S 2). Bis zu einer Anordnung durch das InsGer oder BeschlFassung des GlAusschusses hat der InsVerw in eigener Verantwortung die Hinterlegung vorzunehmen (§ 80 Abs 1).[6] Bei der Hinterlegung von Geld ist eine sichere Anlage zu wählen. Der InsVerw ist verpflichtet, nach einer Einarbeitungszeit eine zinsgünstige Anlage zu wählen, wenn die anzulegenden Gelder voraussichtlich über einen längeren Zeitraum nicht benötigt werden.[7] Er hat sich dabei am Leitbild des ordentlichen und gewissenhaften InsVerw zu orientierten.[8] In die Entscheidung einzubeziehen sind der erzielbare Zins, die Einlagensicherung[9] ebenso wie Transaktionskosten und -risiken. Bestehende eigene Geschäftsverbindungen dürfen genutzt werden, es sei denn, dort würden ungewöhnlich schlechte Bedingungen angeboten.[10] 5

1. Ander- und Treuhandkonten. Da der InsVerw gem § 149 die Verantwortung für die Anlage und Verwahrung von Geld und Wertsachen trägt,[11] muss er aufgrund seiner treuhänderischen Funktion für die GlGesamtheit die zu Gunsten der verwalteten Masse eingehenden Gelder von der sonstigen Kassenführung getrennt halten und den Zahlungsverkehr über ein Sondertreuhandkonto abwickeln, das durch eine Vereinbarung mit der Bank ausdrücklich als solches zu führen ist.[12] Die verbreitete Führung als „Rechtsanwaltsanderkonto" entspricht nicht der Stellung des InsVerw als Partei kraft Amtes.[13] Anderkonten können lediglich durch bestimmte verkammerte Berufe (insb RA, Steuerberater, Wirtschaftsprüfer und Notare) geführt werden;[14] das Amt des InsVerw für sich allein vermittelt noch keine entsprechende Qualifikation. Gelder auf einem Anderkonto (Vollrechtstreuhand)[15] werden nicht Bestandteil der Masse oder des Schuldnervermögens, sondern stehen dem InsVerw persönlich zu.[16] Fehlüberweisungen können von ihm persönlich zurückgefordert werden.[17] Nur persönliche Gl des InsVerw, nicht aber MasseGl können in das Anderkonto pfänden.[18] Rechtsanwälte sollten daher, wie sämtliche sonstigen InsVerw, nur Sondertreuhandkonten (Ermächtigungstreuhand) führen.[19] Für jedes InsVerf ist ein eigenes Konto einzurichten.[20] Durch ordnungsgemäße Belege muss eine geordnete Prüfung über Einnahmen und Ausgaben der Verwaltung durch InsGer und GlAusschuss ermöglicht werden. 6

5 *BGH* 25.6.2015 – IX ZR 142/13; *BGH* 9.10.2014 – IX ZR 140/11 (Rn 16ff).
6 *BGH* ZIP 2014, 1448 Rn 15.
7 *BGH* ZIP 2014, 1448 Rn 15; *Wagner* NZI 2014, 760.
8 *BGH* ZIP 2014, 1448 Rn 16.
9 *BGH* ZIP 2014, 1448 Rn 22. *Cranshaw* ZInsO 2017, 989, 990 verweist auf das Risiko von Negativzinsen.
10 *BGH* ZIP 2014, 1448 Rn 22.
11 MK/*Füchsl/Weishäupl/Jaffé* § 149 Rn 2.
12 Zu Treuhandkonten vgl *BGH* NZI 2008, 39; *Paulus* WM 2008, 473.
13 *Uhlenbruck/Sinz* § 149 Rn 13c; *Cranshaw* ZInsO 2017, 989. 990.
14 Vgl. *Stahlschmidt* NZI 2011, 272; MK/*Füchsl/Weishäupl/Jaffé* § 149 Rn 13.
15 *BGH* ZIP 2009, 531.
16 *BGH* ZIP 2009, 531 Rn 10; ZIP 2007, 2279 Rn 10; *Schulte-Kaubrügger* ZIP 2011, 1400, 1401; *FG Münster* 9.6.2016 – 6 K 213/13.
17 *FG Münster* 9.6.2016 – 6 K 213/13.
18 *Uhlenbruck/Sinz* § 149 Rn 13b, 15; *Schulte-Kaubrügger* ZIP 2011, 1400, 1403.
19 *Schulte-Kaubrügger* ZIP 2011, 1400, 1405. Zu weitgehend in der Auslegung von Anderkonten als Sonderkonten *Uhlenbruck/Sinz* § 149 Rn 13c.
20 *BGH* ZIP 2013, 1235 Rn 3; ZIP 2014, 2242 Rn 27; *BGH* v 25.6.2015 – Az IX ZR 142/13, Rn 15.

7 **2. Entgegennahme von Wertgegenständen.** Die Entgegennahme hinterlegter Wertgegenstände und Anweisungen auf die Hinterlegungsstelle liegen allein in der Zuständigkeit des InsVerw.[21]

21 Ausf zu § 149 aF noch die 6. Aufl dieses Komm.

§ 150 Siegelung

[1]Der Insolvenzverwalter kann zur Sicherung der Sachen, die zur Insolvenzmasse gehören, durch den Gerichtsvollzieher oder eine andere dazu gesetzlich ermächtigte Person Siegel anbringen lassen. [2]Das Protokoll über eine Siegelung oder Entsiegelung hat der Verwalter auf der Geschäftsstelle zur Einsicht der Beteiligten niederzulegen.

Übersicht

I. Siegelung als Sicherungsmaßnahme

1 Eine Verpflichtung für den InsVerw zur Siegelung besteht nicht. Die Siegelung erfolgt im Ermessen und auf Anordnung des InsVerw.[1] Wird der GV tätig, entscheidet über Einwendungen nach § 766 ZPO nicht das Vollstreckungsgericht, sondern das InsGer.[2] Die **Siegelung** ist eine Sicherungsmaßnahme des InsVerw und keine Vollstreckungsmaßnahme.[3] Die gesiegelten Gegenstände sind durch die Strafvorschrift des § 136 StGB (Siegelbruch) geschützt.

2 Ist der Schu nicht unmittelbarer Besitzer, so kann die Siegelung eine verbotene Eigenmacht des InsVerw darstellen. Besitzschutzansprüche des Besitzers können auch durch einstweiligen Rechtsschutz gegenüber dem InsVerw geltend gemacht werden.[4]

3 **1. Gegenstand der Siegelung.** Außer den Wertgegenständen des § 149 unterliegen alle Massegegenstände der Siegelung, die der InsVerw in Besitz zu nehmen hat. Die Siegelung empfiehlt sich bei der Sicherstellung von Geschäftspapieren[5], des Rechnungswesens und von Passwörtern zur EDV.

4 **2. Siegelungsbefugte.** Zur Siegelung befugt sind der Gerichtsvollzieher (S 1 HS 1) oder als gesetzlich ermächtigte Person (S 1 HS 2) der Notar. Ist der InsVerw eine gesetzlich ermächtigte Person, kann er die Siegelung selbst vornehmen.[6] Die Entsiegelung erfolgt auf Anordnung des InsVerw durch den Gerichtsvollzieher oder eine gesetzlich ermächtigte Person;[7] der InsVerw selbst ist zur Entsiegelung nur befugt, wenn er dazu vom Gerichtsvollzieher ermächtigt wurde.

1 *OLG Düsseldorf* ZIP 2008, 1930; *Uhlenbruck/Sinz* § 150 Rn 1.
2 MK/*Füchsl/Weishäupl/Jaffé* § 150 Rn 7.
3 *BGH* NJW 1962, 1392; *Uhlenbruck/Sinz* § 150 Rn 1.
4 *OLG Düsseldorf* ZIP 2008, 1930, 1931.
5 *Uhlenbruck/Sinz* § 150 Rn 1.
6 *Uhlenbruck/Sinz* § 150 Rn 2.
7 MK/*Füchsl/Weishäupl/Jaffé* § 150 Rn 4; *Uhlenbruck/Sinz* § 150 Rn 5.

II. Verfahren

Ist eine Siegelung oder Entsiegelung erfolgt, ist das Protokoll im Original auf der Geschäftsstelle des InsGer niederzulegen (S 2).[8] Die Kosten der Siegelung sind Masseverbindlichkeiten.[9] 5

III. Siegelung im Eröffnungsverfahren

IRd Sicherung des schuldnerischen Vermögens (§ 22 Abs 1 S 2 Nr 1) kann der mit Verwaltungs- und Verfügungsbefugnis ausgestattete vorl InsVerw eine Siegelung der künftigen Ins-Masse vornehmen lassen.[10] 6

8 *Uhlenbruck/Sinz* § 150 Rn 6.
9 *K Schmidt/Jungmann* § 150 Rn 6; Uhlenbruck/*Sinz* § 150 Rn 7.
10 MK/*Füchsl/Weishäupl/Jaffé* § 150 Rn 5.

§ 151 Verzeichnis der Massegegenstände

(1) [1]Der Insolvenzverwalter hat ein Verzeichnis der einzelnen Gegenstände der Insolvenzmasse aufzustellen. [2]Der Schuldner ist hinzuzuziehen, wenn dies ohne eine nachteilige Verzögerung möglich ist.

(2) [1]Bei jedem Gegenstand ist dessen Wert anzugeben. [2]Hängt der Wert davon ab, ob das Unternehmen fortgeführt oder stillgelegt wird, sind beide Werte anzugeben. [3]Besonders schwierige Bewertungen können einem Sachverständigen übertragen werden.

(3) [1]Auf Antrag des Verwalters kann das Insolvenzgericht gestatten, dass die Aufstellung des Verzeichnisses unterbleibt; der Antrag ist zu begründen. [2]Ist ein Gläubigerausschuss bestellt, so kann der Verwalter den Antrag nur mit Zustimmung des Gläubigerausschusses stellen.

Übersicht

I. Normzweck

Das **Verzeichnis** der **Massegegenstände** ist mit dem Gläubigerverzeichnis (§ 152) Teil der Vermögensübersicht (§ 153 Abs 1 S 1 und 2). Es soll den Gl einen Überblick über die Vermögenslage des Schuldners ermöglichen, dient aber auch der Kontrolle des InsVerw.[1] 1

II. Massegegenstände

Dementspr sind die einzelnen Gegenstände detailliert aufzuführen. Gegenstände iSv Abs 1 S 1 sind Grundstücke, bewegliche Sachen, Forderungen und Rechte, also die Aktiva im weitesten Sinne. Zw Forderungen sind aufzuführen und mit dem geschätzten Wert anzusetzen. **AnfR** sind zu erfassen. Die der Aufrechnung unterliegenden Forderungen (§ 152 Abs 3 S 1) sind ebenso 2

1 *Uhlenbruck/Sinz* § 151 Rn 1.

anzugeben wie Gegenstände, an denen Absonderungsrechte bestehen[2] und Gegenstände, die sich nicht im Besitz des InsVerw befinden.[3] Anzugeben sind auch Ansprüche aus kapitalersetzenden Darlehen (§§ 32a, 32b GmbHG aF) bzw Gesellschafterdarlehen (§ 135), Erstattung verbotener Rückzahlungen (§§ 30, 31 GmbHG), Haftungsansprüche nach § 64 GmbHG, Gesamtschadensansprüche (§ 92) sowie Ansprüche aus Gesellschafterhaftung (§ 93). Die Anforderungen an das Verzeichnis der Massegegenstände sind in jedem InsVerf am Einzelfall zu messen. Orientierung können die Rechnungslegungshinweise verschiedener Institutionen geben, die jedoch fallorientiert anzupassen sind.[4] Unpfändbare Vermögenswerte sind nicht Teil der InsMasse und daher nicht in das Verzeichnis aufzunehmen.[5]

3 Die Grundstücke sind mit der exakten Grundbuchbezeichnung aufzuführen.[6] Hat das InsGer bei Grundstücken und grundstücksgleichen Rechten das GBA um Eintragung des Eröffnungsvermerkes noch nicht ersucht (§ 32 Abs 2 S 1), kann dies nunmehr durch den InsVerw iRd Inventarerstellung nachgeholt werden (§ 32 Abs 2 S 2).

III. Zuziehung des Schuldners

4 Die Zuziehung des Schu ist die Regel, wenn keine Verzögerung bei der Inventarisierung zu befürchten ist. Er ist auskunftspflichtig über den Umfang der InsMasse (§ 153 Abs 2 S 1). Bei der Bewertung der einzelnen Gegenstände hat er dem InsVerw Informationen und Hilfestellung zu geben (§ 97 Abs 2). Ist der Schu durch Krankheit etc verhindert, findet die Aufzeichnung ohne ihn statt. Einen Anspruch auf Terminverlegung besitzt der Schu nicht.

IV. Wertangabe

5 Der ermittelte Wert ist bei jedem Gegenstand anzugeben (Abs 2 S 1). Der Wert des Anfechtungsanspruchs wird nicht nur durch die Prozessaussichten, sondern auch durch das Prozesskostenrisiko bestimmt. Sofern gleichartige Waren oder Warengruppen vorhanden sind, kann der Wert gruppenweise gebildet werden.[6]

6 Da die InsGl im Berichtstermin über die Stilllegung des schuldnerischen Unternehmens oder seine vorl Fortführung beschließen sowie evtl den InsVerw mit der Ausarbeitung eines InsPlanes beauftragen (§ 157), muss das **Verzeichnis der Massegegenstände** die erforderliche EntschGrundlage durch Angabe der Liquidations- und Fortführungswerte geben, sofern eine Möglichkeit der Unternehmensfortführung besteht.[7] Die Gegenüberstellung dieser beiden Werte ist nach der GesetzesBegr eine der wichtigsten EntschGrundlagen dafür, ob das Unternehmen fortgeführt oder liquidiert wird.[8] Besteht keine Fortführungsmöglichkeit, ist die Angabe beider Werte entbehrlich.[9] Das Verzeichnis ist auf den Tag der Verfahrenseröffnung zu beziehen, wobei der Insolvenzverwalter im Berichtstermin aktuelle Abweichungen erläutern sollte, um den Gl die Beurteilung der Vermögenslage zum Berichtszeitpunkt zu ermöglichen.[10]

---

2 *K Schmidt/Jungmann* § 151 Rn 5, auch zum Streitstand bzgl der Angabe von Aussonderungsrechten.
3 *Uhlenbruck/Sinz* § 151 Rn 3.
4 *Depré/Dobler* KSI 2010, 53; Rechnungslegungshinweise des *IDW* ZInsO 2015, 2568; *Hillebrand/Moll* ZInsO 2016, 136.
5 Rechnungslegungshinweise des *IDW* Ziff. 3.1.3 ZInsO 2015, 75, 77.
6 *Uhlenbruck/Sinz* § 151 Rn 4.
7 MK/*Füchsl/Weishäupl/Jaffé* § 151 Rn 10. Für eine Ausweisung beider Werte unabhängig von Fortführungschancen: *K Schmidt/Jungmann* § 151 Rn 13; *Uhlenbruck/Sinz* § 151 Rn 6.
8 *Nickert* ZInsO 2013, 1722, 1723. Zur Bestimmung des Fortführungswertes auch *K Schmidt/Jungmann* § 151 Rn 16; *Uhlenbruck/Sinz* § 151 Rn 8.
9 *Braun/Haffa/Leichtle* § 151 Rn 8.
10 Differenzierend mit Hinweis auf die abw hM *K Schmidt/Jungmann* § 151 Rn 8.

Der tatsächliche Wert ist anzugeben. Forderungen sind mit der Einbringlichkeit, auch unter Würdigung der Kenntnisse über die Bonität der Drittschuldner, anzusetzen.[11] Insb für eine Fortführung des schuldnerischen Unternehmens ist die sorgsame Analyse der realisierbaren Debitorenstände wichtig, da hierauf die Liquiditätsplanung aufgebaut werden kann.[12] Bei Grundstücken ist der Verkehrswert anzugeben. 7

V. Zuziehung eines Sachverständigen

Der InsVerw kann bes schwierige Bewertungen, zB **Grundstücksbewertungen**, einem SV übertragen (Abs 2 S 2). Bedient sich der InsVerw sachverständiger Dritter, auch wenn keine bes schwierige Bewertung vorzunehmen ist, wird durch diesen Auftrag die InsMasse und nicht der InsVerw verpflichtet. Es handelt sich um Masseverbindlichkeiten iSv § 55 Abs 1 Nr 1. 8

VI. Befreiung von der Aufstellungspflicht

Auf die Verpflichtung zur Errichtung eines Inventarverzeichnisses kann nur auf begründeten Antrag verzichtet werden (Abs 3 S 1). Gründe, um auf ein Inventarverzeichnis zu verzichten, sind zB geringer, übersichtlicher Aktivbestand, Vorliegen einer zeitnahen und zuverlässigen Aufstellung oder Geringwertigkeit der InsMasse. 9

Die Stärkung der Stellung des GlAusschusses zeigt sich darin, dass er einem Antrag des InsVerw nach Abs 3 S 1 zustimmen muss. Ohne Zustimmung kann das InsGer den InsVerw von der Aufzeichnung nicht befreien (Abs 3 S 2). 10

§ 152 Gläubigerverzeichnis

(1) Der Insolvenzverwalter hat ein Verzeichnis aller Gläubiger des Schuldners aufzustellen, die ihm aus den Büchern und Geschäftspapieren des Schuldners, durch sonstige Angaben des Schuldners, durch die Anmeldung ihrer Forderungen oder auf andere Weise bekannt geworden sind.

(2) [1]In dem Verzeichnis sind die absonderungsberechtigten Gläubiger und die einzelnen Rangklassen der nachrangigen Insolvenzgläubiger gesondert aufzuführen. [2]Bei jedem Gläubiger sind die Anschrift sowie der Grund und der Betrag seiner Forderung anzugeben. [3]Bei den absonderungsberechtigten Gläubigern sind zusätzlich der Gegenstand, an dem das Absonderungsrecht besteht, und die Höhe des mutmaßlichen Ausfalls zu bezeichnen; § 151 Abs. 2 Satz 2 gilt entsprechend.

(3) [1]Weiter ist anzugeben, welche Möglichkeiten der Aufrechnung bestehen. [2]Die Höhe der Masseverbindlichkeiten im Falle einer zügigen Verwertung des Vermögens des Schuldners ist zu schätzen.

Übersicht

11 *Uhlenbruck/Sinz* § 151 Rn 3.
12 Zur betrieblichen Planrechnung in der Ins *Depré/Dobler* KSI 2010, 53, 56.

I. Allgemeines

1 Das **GlVerzeichnis** soll einen Überblick nicht nur über die InsGl und deren Forderungen, sondern auch Aufschluss über Belastungen des schuldnerischen Vermögens mit Absonderungsrechten und Aufrechnungsmöglichkeiten vermitteln, so dass auch noch dem Grund und der Höhe nach ungewisse Verbindlichkeiten aufzuführen sind. Das GlVerzeichnis soll die bereinigte SchuMasse ausweisen. Das GlVerzeichnis ist nicht identisch mit der Tabelle iSv § 175.

2 Der InsVerw hat generell, also auch beim Eigenantrag, das GlVerzeichnis aufzustellen.

3 Der InsVerw ist zum Zwecke der Ermittlung der InsGl zu **Nachforschungen** in den Unterlagen des Schu verpflichtet.[1] Wie weit diese Verpflichtung geht, muss auf den Einzelfall bezogen entschieden werden. Je unvollständiger die Unterlagen des Schu sind, umso höher sind die Anforderungen an den InsVerw zur eigenen Ermittlung. Ein geeignetes Mittel zur Kenntniserlangung stellt eine angeordnete **Postsperre** (§ 99 Abs 1 S 1) dar. Bei erkennbarer **Unvollständigkeit** der Unterlagen muss der InsVerw **Antrag** auf Anordnung der **Postsperre** stellen.

II. Inhalt des Gläubigerverzeichnisses

4 **1. Angaben zum Gläubiger.** Die Angabe von GlAnschrift, Grund und Betrag der Forderung (Abs 2 S 2) korrespondiert mit den Angaben in der Forderungsanmeldung (§ 174 Abs 2). Es ist die ladungs- und zustellungsfähige Adresse des InsGl anzugeben. **Postfachangaben** sind **unzulässig**. Das GlVerzeichnis ist Grundlage für die Zustellungen des EröffnungsBeschl (§ 28 Abs 1 S 1) durch das InsGer oder den InsVerw (§ 8 Abs 1 S 1, Abs 3). Das GlVerzeichnis ist ebenso wie das Verzeichnis der Massegegenstände Grundlage für die Vermögensübersicht (§ 153 Abs 1).

5 **2. Forderungsgrund.** Der **Forderungsgrund** ist anzugeben (Abs 2 S 2), also die Tatsache, aus welcher die Forderung abgeleitet wird.[2] Wird für den Schu kein Kontokorrent geführt, ist die Angabe der einzelnen Rechnungen erforderlich. Die Forderungen sind auch dann ins Gläubigerverzeichnis aufzunehmen, wenn der Schu sie ganz oder teilweise bestreitet.[3]

6 Forderungsgrund sind auch Verzugsansprüche wie Zinsen und Kosten. Diese sind gesondert aufzuführen, wobei Zinsen nicht auszurechnen sind. Es genügt die Angabe von Prozentsatz und Verzugsbeginn.

7 **3. Absonderungsgläubiger.** Die **absonderungsberechtigten Gl** (§§ 49–51) sind gesondert aufzuführen (Abs 2 S 1), auch wenn ihnen keine persönliche Forderung gegen den Schu zusteht.[3]

8 Die Aufstellung des GlVerzeichnisses wird durch die Mitteilungspflicht der absonderungsberechtigten Gl (§ 28 Abs 2 S 1 und 2) erleichtert.

9 **4. Nachrangige Gläubiger.** Unverständlicherweise sind nach Rangklassen geordnet die nachrangigen InsGl iSv § 39 aufzuführen (Abs 2 S 1 HS 2). Es besteht keine Notwendigkeit, an die nachrangigen InsGl den EröffnungsBeschl mit der Aufforderung zur Forderungsanmeldung zuzustellen, da die **Forderungsanmeldung** erst nach gesonderter Aufforderung durch das InsGer (§ 174 Abs 3 S 1) erfolgt. Auch für die Vermögensübersicht nach § 153 sind die Forderungen der nachrangigen InsGl belanglos, da deren Forderungen erst nach den übrigen InsFord zu berücksichtigen sind (§ 39 Abs 1). Soweit die nachrangigen InsGl

---

1 Uhlenbruck/*Sinz* § 152 Rn 2.
2 *BFH* ZIP 1987, 583.
3 *Uhlenbruck/Sinz* § 152 Rn 3.

von einem InsPlan erfasst werden, kann im Einzelfall die Aufforderung nach § 174 Abs 3 S 1 ergehen.

5. Aussonderungsgläubiger. Aussonderungsberechtigte Gl müssen nicht in das Verzeichnis aufgenommen werden. Eine Aufnahme empfiehlt sich jedoch insb, wenn AussonderungsGl im weiteren Verfahren zu AbsonderungsGl werden können (zB spezielle EigentumsvorbehaltsGl) oder wenn aussonderungsfähige Gegenstände in das Verzeichnis der Massegegenstände (§ 151) aufgenommen wurden.[4] 10

III. Weitere Angaben

1. Absonderungsgläubiger. Bei den gesondert aufgeführten absonderungsberechtigten InsGl sind das Absonderungsrecht und der mutmaßliche Ausfall anzugeben (Abs 2 S 2). Die exakte Erfassung von Grund und Höhe der Absonderungsrechte dient der Fixierung der dem Vermögen gegenüberstehenden Belastungen und damit Erstellung eines Teils der Vermögensübersicht (§ 153 Abs 1 S 1). 11

Durch die Verweisung auf § 151 Abs 2 S 2 ist klargestellt, dass auch bei der **Bewertung** der Absonderungsrechte zwei Wertansätze zu wählen sind, nämlich einerseits Bewertung zu Zerschlagungswerten und andererseits Bewertung nach **going concern**, sofern eine Fortführungsmöglichkeit gegeben ist (vgl § 151 Rn 6).[5] 12

2. Aufrechnungsmöglichkeiten. Die Angabe der **Aufrechnungsmöglichkeiten** (Abs 3 S 1) dient ebenso wie die Angabe des mutmaßlichen Ausfalls bei den absonderungsberechtigten InsGl der Feststellung, welches bereinigte Vermögen und welche bereinigten Verbindlichkeiten verbleiben. Eine Saldierung unterbleibt aus Gründen der Transparenz.[6] 13

3. Masseverbindlichkeiten. Die Schätzung der Masseverbindlichkeiten (Abs 3 S 2) ist zur Feststellung des rechnerisch für die InsGl verfügbaren Vermögens des Schu erforderlich. Zu schätzen sind die Masseverbindlichkeiten bei der Liquidation. Bei der Fortführung des Unternehmens wird unterstellt, dass die durch die Fortführung des Unternehmens entstehenden Masseverbindlichkeiten durch die Erlöse gedeckt werden. 14

Mit einzubeziehen sind die von einem vorl InsVerw mit Verfügungsbefugnis begründeten Verbindlichkeiten (§ 55 Abs 2). 15

Obgleich nicht aufgeführt, sind auch die Kosten des InsVerf (§ 54) anzugeben. Diese sind mit einem Schätzwert anzugeben, da hierdurch die Befriedigungsaussicht der InsGl beeinflusst wird. 16

§ 153 Vermögensübersicht

(1) [1]Der Insolvenzverwalter hat auf den Zeitpunkt der Eröffnung des Insolvenzverfahrens eine geordnete Übersicht aufzustellen, in der die Gegenstände der Insolvenzmasse und die Verbindlichkeiten des Schuldners aufgeführt und einander gegenübergestellt werden. [2]Für die Bewertung der Gegenstände gilt § 151 Abs. 2 entsprechend, für die Gliederung der Verbindlichkeiten § 152 Abs. 2 Satz 1.

(2) [1]Nach der Aufstellung der Vermögensübersicht kann das Insolvenzgericht auf Antrag des Verwalters oder eines Gläubigers dem Schuldner aufgeben, die Vollständigkeit der Vermögensübersicht eidesstattlich zu versichern. [2]Die §§ 98, 101 Abs. 1 Satz 1, 2 gelten entsprechend.

---

4 MK/*Füchsl/Weishäupl/Jaffé* § 152 Rn 6.
5 *Andres/Leithaus* § 152 Rn 4.
6 MK/*Füchsl/Weishäupl/Jaffé* § 152 Rn 20.

Übersicht

I. Normzweck

1 Die **Vermögensübersicht** zum Zeitpunkt der **InsEröffnung** vermittelt ein komprimiertes Bild der Aktiva und Passiva. Auszugehen ist vom Verzeichnis der Massegegenstände (§ 151) und dem GlVerzeichnis (§ 152). Der Ansatz von Buchwerten ist unzulässig, da aus der Vermögensübersicht die voraussichtliche Quote für die InsGl ersichtlich sein soll.[1] Die Vermögensübersicht dient den Gl als Informationsgrundlage für die Entscheidung über den Fortgang des Verfahrens (§ 157).

II. Aufstellung der Vermögensübersicht

2 **1. Aktiva.** IRd Vermögensübersicht sind zwingend die Aktiva zum einen unter Liquidationswerten und zum anderen unter **going concern** darzustellen (Abs 1 S 2 in Verbindung mit § 151 Abs 2), sofern Wertunterschiede bestehen und eine Fortführungsmöglichkeit gegeben ist (vgl § 151 Rn 6). Die doppelte Bewertung ist regelmäßig durchzuführen, wobei für die Ermittlung der Fortführungswerte eine verlässliche Grdl fehlt.[2]

3 Die Vermögensübersicht ist eine **Prognoserechnung**, deren Inhalt sich an insolvenzrechtlichen Gesichtspunkten orientiert. Bei den Aktiva sind alle Vermögensgegenstände anzuführen, auch wenn Forderungen oder Rechte bestr oder teilweise bestr sind. Dies ist ebenso wie bei Anfechtungsansprüchen, Ansprüchen auf Gesamtschadensausgleich (§ 92) etc nur eine Frage der Bewertung der Aktiva.

4 **2. Passiva.** Bei den Passiva sind trotz der verfehlten Regelung in § 152 Abs 2 S 1 HS 2 nur die InsGl mit Forderungen nach § 38 und nicht auch die nachrangigen InsGl nach den Rangklassen des § 39 aufzuführen. Diese nachrangigen InsGl haben in der Regel im InsVerf mit keiner InsQuote zu rechnen, so dass die Vermögensübersicht sonst verfälscht würde. Auch lassen sich verlässliche Aussagen und Quantifizierungen der nachrangigen Forderungen wegen Interdependenzen zu den zB durch Nachranggläubiger gesicherten InsFord zu diesem Zeitpunkt nicht tätigen.

5 In der Vermögensübersicht sind nicht nur die geschätzten Masseverbindlichkeiten (§ 152 Abs 3) detailliert auszuweisen, sondern auch die Massekosten (§ 54).

6 Gesondert auszuweisen sind die absonderungsberechtigten InsGl (Abs 1 S 2 iVm § 152 Abs 2 S 1).

7 **3. Bewertungsgrundsätze.** Für die Aufstellung der Vermögensübersicht gelten die allg Grundsätze der Richtigkeit, Willkürfreiheit, Vollständigkeit, Klarheit und der neutralen Wertermittlung.[3]

---

1 *Uhlenbruck/Sinz* § 153 Rn 1.
2 *Nickert* ZInsO 2015, 1722; *Höffner* ZIP 1999, 2088.
3 MK/*Füchsl/Weishäupl/Jaffé* § 153 Rn 2 ff.

III. Aufstellungsfrist

Die Vermögensübersicht ist mit dem Verzeichnis der Massegegenstände (§ 151) und dem GlVerzeichnis (§ 152) spätestens eine Woche (§ 154) vor dem Berichtstermin (§ 156) beim InsGer einzureichen. Die Vermögensübersicht, unter gesonderter Ausweisung der Aktivwerte bei **Liquidation** und **Betriebsfortführung**, stellt die wesentlichste EntschGrundlage der GlVersammlung über den weiteren Fortgang des Verf im Berichtstermin (§ 157 S 1) dar. 8

IV. Eidesstattliche Versicherung des Schuldners

Bei der in Abs 2 S 1 vorgesehenen eidesstattlichen Versicherung handelt es sich nicht um eine eidesstattliche Versicherung nach § 802c ZPO,[4] sondern um einen **besonderen Anwendungsfall** der eidesstattlichen Versicherung. Eine Eintragung in das **SchuVerzeichnis** unterbleibt. Antragsberechtigt ist der InsVerw und Gl, auch MasseGl, jedoch nicht Aussonderungsberechtigte.[5] AbsonderungsGl sind antragsberechtigt, wenn sie auch InsGl sind. Die Abgabe der eidesstattlichen Versicherung nach § 807 ZPO kann nicht gefordert werden.[6] 9

1. Abgabe. Die eidesstattliche Versicherung muss nach überwiegender Ansicht vor dem InsGer abgegeben werden.[7] 10

2. Inhalt. Da die Vermögensübersicht die Gegenstände der InsMasse (§ 151 Abs 1 S 1) ebenso wie die Verbindlichkeiten (§ 152) umfasst, hat der Schu die Vollständigkeit sowohl der Aktiva als auch Passiva eidesstattlich zu versichern. Ist das vom InsVerw aufgestellte Vermögensverzeichnis unvollständig, hat der Schu es vor der eidesstattlichen Versicherung zu vervollständigen und zu ergänzen.[8] Bei organschaftlichen Vertretern ist maßgebend für den Umfang der Eidespflicht der jeweilige Kenntnisstand.[9] Die eidesstattliche Versicherung hat sich auch auf AnfTatbestände[10] zu beziehen. Völlig wertlose Gegenstände (§ 151 Abs 2 S 1) sind nicht aufzuführen.[11] 11

3. Zwangsmittel. Verweigert der Schu grundlos die Abgabe der eidesstattlichen Versicherung, ist auf Antrag des InsVerw ein **Haftbefehl** (§ 901 ZPO) zu erlassen. Für den Erlass zuständig ist der Richter (§ 4 Abs 2 Nr 2 RPflG). 12

Nach Abgabe der Versicherung kann im gleichen Verf eine nochmalige Abgabe nur einmal verlangt werden,[12] weshalb der InsVerw mit dem Antrag zuwarten sollte. 13

Verweigert der Schu grundlos nach zwangsweiser Vorführung die Abgabe der eidesstattlichen Versicherung, ist er nach Anhörung durch den Richter in Haft zu nehmen (§ 98 Abs 2, § 4 Abs 2 Nr 2 RPflG). Die Höchstdauer der Haft beträgt sechs Monate (§ 913 ZPO). Gegen die Haftanordnung oder Ablehnung des Antrages auf Aufhebung des Haftbefehls ist das **Rechtsmittel** der sofortigen Beschwerde gegeben (§ 98 Abs 3 S 3). Die Vorführungs- und Haftkosten sind Kosten des InsVerf (§ 54 Nr 1). 14

4. Juristische Personen und Gesellschaften. Ist der Schu keine natürliche Person, so ist die eidesstattliche Versicherung von den organschaftlichen Vertretern (§ 101 Abs 1 S 1) sowie 15

---

4 Vgl dazu *BGH* ZVI 2004, 516.
5 *Uhlenbruck/Sinz* § 153 Rn 4; zu den Folgen einer falschen eidesstattlichen Versicherung *LG Memmingen* ZVI 2004, 627.
6 *BGH* ZIP 2012, 1311.
7 Braun/*Naumann* § 153 Rn 7; *K Schmidt/Jungmann* § 153 Rn 18; *Uhlenbruck/Sinz* § 153 Rn 7.
8 *BGH* NZI 2011, 61, 62.
9 *Uhlenbruck/Sinz* § 153 Rn 5.
10 *BGHSt* 3, 310.
11 *BGH* NJW 1953, 151.
12 *Uhlenbruck/Sinz* § 153 Rn 8.

durch ehemalige organschaftliche Vertreter, die nicht länger als zwei Jahre vor dem InsAntrag ausgeschieden sind (§ 101 Abs 1 S 2), abzugeben. Für Angestellte und frühere Angestellte besteht die eidesstattliche Versicherungspflicht nicht.

§ 154 Niederlegung in der Geschäftsstelle

Das Verzeichnis der Massegegenstände, das Gläubigerverzeichnis und die Vermögensübersicht sind spätestens eine Woche vor dem Berichtstermin in der Geschäftsstelle zur Einsicht der Beteiligten niederzulegen.

Übersicht

I. Einreichung der Verzeichnisse

1 § 154 präzisiert, dass durch den InsVerw die **Verzeichnisse** nach §§ 151, 152 sowie die **Vermögensübersicht** nach § 153 niederzulegen, dh einzureichen, sind.

2 Die Einreichung beim InsGer hat spätestens eine Woche vor dem Berichtstermin (§ 156) zu erfolgen. Die rechtzeitige Niederlegung dient der Vorbereitung der Meinungsbildung der GlVersammlung, ob das schuldnerische Unternehmen stillgelegt oder vorl fortgeführt werden soll. Für diese Entsch sind das Verzeichnis der Massegegenstände mit den Liquidations- und Fortführungswerten, die hierauf aufbauende Vermögensübersicht sowie das GlVerzeichnis notwendig.

II. Einsichtsberechtigte

3 Zur **Einsicht berechtigt** sind die Beteiligten, also ua Schu, InsGl einschl der aus- und absonderungsberechtigten und nachrangigen InsGl sowie die Mitglieder des Gläubigerausschusses.[1] Der Beteiligtenbegriff ist weit zu fassen und entspricht dem Kreis derjenigen, die zum Bericht des Verw in der GlVersammlung Stellung nehmen können (§ 156 Abs 2). Besteht die Gefahr des Missbrauchs oder der Verfolgung verfahrenswidriger Zwecke, kann das InsGer die Einsicht einschränken oder ganz verweigern.

4 Das **Einsichtsrecht** korrespondiert mit der Vorbereitung des Berichtstermins und den von den Beteiligten zu fassenden Beschl über den weiteren Fortgang des Verf (§ 157).

§ 155 Handels- und steuerrechtliche Rechnungslegung

(1) [1]Handels- und steuerrechtliche Pflichten des Schuldners zur Buchführung und zur Rechnungslegung bleiben unberührt. [2]In Bezug auf die Insolvenzmasse hat der Insolvenzverwalter diese Pflichten zu erfüllen.

(2) [1]Mit der Eröffnung des Insolvenzverfahrens beginnt ein neues Geschäftsjahr. [2]Jedoch wird die Zeit bis zum Berichtstermin in gesetzliche Fristen für die Aufstellung oder die Offenlegung eines Jahresabschlusses nicht eingerechnet.

(3) [1]Für die Bestellung des Abschlussprüfers im Insolvenzverfahren gilt § 318 des Handelsgesetzbuchs mit der Maßgabe, dass die Bestellung ausschließlich durch das Registergericht auf Antrag des Verwalters erfolgt. [2]Ist für das Geschäftsjahr vor der Eröffnung des

---

1 *Uhlenbruck/Sinz* § 154 Rn 3. Zu weitgehend *K Schmidt/Jungmann* § 154 Rn 4: Auch potentielle Unternehmenskäufer. Differenzierend HambKomm/*Jarchow* § 154 Rn 6.

Verfahrens bereits ein Abschlussprüfer bestellt, so wird die Wirksamkeit dieser Bestellung durch die Eröffnung nicht berührt.

Übersicht

I. Normzweck

1 Die Vorschrift hat klarstellende Funktion:[1] Die InsEröffnung hat auf die handels- und steuerrechtlichen Pflichten des Schu zur **Buchführung** und zur **Rechnungslegung** keinerlei Einfluss (Abs 1 S 1). Sie besteht neben der Verpflichtung des InsVerw zur insolvenzrechtlichen Buchführung.

II. Buchführungs- und Rechnungslegungspflichten

2 Besteht bei InsEröffnung ein Gewerbebetrieb, den der InsVerw bis zum Berichtstermin fortführen muss (§ 158 Abs 1), hat er **Handelsbücher** nach § 239 HGB zu führen sowie eine **Bilanz** nebst Gewinn- und Verlustrechnung aufzustellen (§ 242 HGB). Der Umfang der Rechnungslegungspflicht ist für Zeiträume vor InsEröffnung jeweils am Einzelfall zu messen.[2]

3 War das schuldnerische Unternehmen bei InsEröffnung eingestellt, so entfällt die Verpflichtung nach Abs 1 S 1 und 2.

4 Beschließt die GlVersammlung im Berichtstermin die **Stilllegung** des Unternehmens, so endet die Buchführung- und Rechnungslegungsfrist nach HGB mit Einstellung der werbenden Tätigkeit.

5 Handelt es sich um eine mittelgroße oder große Kapitalgesellschaft iSv § 267 Abs 2 und 3 HGB, kann sich der InsVerw auf Antrag durch das Registergericht, welches für den Sitz des schuldnerischen Unternehmens zuständig ist, von der Verpflichtung zur Prüfung des Jahresabschlusses und Lageberichts durch einen **Abschlussprüfer** iF der Liquidation des schuldnerischen Unternehmens befreien lassen (§ 71 Abs 3 GmbHG).[3]

III. Steuerliche Pflichten

6 Der **InsVerw** und der **Treuhänder** im VerbrInsVerf (§ 313 aF) haben im Rahmen ihrer Verwaltung die **steuerlichen Pflichten** des Schu zu erfüllen (§ 34 Abs 3 AO),[4] wobei bei Freigabe des Geschäftsbetriebs des Schu nur der zur InsMasse fließende Betrag gem §§ 35 Abs 2, 295 Abs 2 der Besteuerung unterliegt.[5] Hierzu gehört auch die Abgabe von **Steuererklärungen** aus Veranlagungszeiträumen vor InsEröffnung ebenso wie die Berichtigung ein-

---

1 *K Schmidt/Schmittmann* § 155 Rn 1.
2 *K Schmidt/Schmittmann* § 155 Rn 16.
3 *OLG München* 9.1.2008 – 31 Wx 66/07; *Kniebes* ZInsO 2016, 1669; *Hillebrand/Moll* ZInsO 2016, 136, 140. Vgl *Kaiser/Berbuer* ZIP 2017, 161, 166 zur Abberufung eines bereits bestellten Abschlussprüfers iF der Befreiung.
4 Zur steuerlichen Haftung des InsVerw *Skauradszun/Schmidt* ZInsO 2014, 1784, 1786.
5 *FG Köln* 9.12.2016 7 K 1860/16.

gereichter Erklärungen.[6] Sind steuerliche Pflichten trotz Hinweis auf fehlende Massemittel und Aufforderung zur Schätzung der Besteuerungsgrundlagen durch Beauftragung Dritter zu erfüllen,[7] sind diese Aufwendungen bei Kostenstundung als bes Auslagen iSv § 4 InsVV zu erstatten.[8] Die Erstellung einfacher Steuererklärungen ist jedoch mit der Regelvergütung abgegolten.[9] Eine einheitliche und gesonderte Gewinnfeststellung einer insolventen Personengesellschaft hat der InsVerw nicht abzugeben.[10] Nützt die Erstellung des Jahresabschlusses nur den Gesellschaftern der Schu, hat die InsMasse gem §§ 669, 670 BGB einen Aufwendungsersatzanspruch in Höhe der Kosten des Jahresabschlusses, der auch als Vorschuss gefordert werden kann.[11]

IV. Bilanzierung durch den Insolvenzverwalter

7 Der Geschäftsbetrieb des schuldnerischen Unternehmens ist durch den InsVerw bis zum Berichtstermin fortzuführen. Eine Stilllegung kann durch den GlAusschuss durch Verweigerung seiner Zustimmung oder durch das InsGer auf Antrag des Schu untersagt werden (§ 158). Demgemäß hat in der Regel eine Bilanzierung zunächst für die Zeit ab InsEröffnung zwingend zu **Fortführungswerten** zu erfolgen. Die Eröffnungsbilanz gewinnt bei der Fortführung des Unternehmens auch Bedeutung für die Erstellung der betrieblichen Planrechnung.[12] Beschließt die GlVersammlung im Berichtstermin die Stilllegung des schuldnerischen Unternehmens, ist nunmehr zu Liquidationswerten zu bewerten. Die Folge ist, dass der InsVerw ab Betriebsstilllegung eine **Liquidationseröffnungsbilanz** mit Liquidationswerten zu erstellen hat.

8 Handelsrechtlich beginnt mit InsEröffnung ein neues Geschäftsjahr (Abs 2 S 1). Es ist auf den Tag der InsEröffnung eine Eröffnungsbilanz zu erstellen (Abs 2 S 1). Handelsrechtlich ist die Eröffnungsbilanz mit Fortführungswerten zu erstellen (§ 242 Abs 1 S 1 HGB), wenn das schuldnerische Unternehmen über den Prognosezeitraum fortgeführt wird. Ist damit zu rechnen, dass das Unternehmen alsbald nach InsEröffnung stillgelegt wird, ist eine Bilanzierung nach Fortführungswerten nicht zulässig.[13] Der InsVerw kann nach Eröffnung die Rückkehr zum satzungsmäßigen Geschäftsjahr ohne Mitwirkung des Schu oder der SchuOrgane bestimmen, um zB Kosten für die Masse zu sparen. Ist der Schu eine juristische Person, hat die Rückkehr zum satzungsgemäßen Geschäftsjahr keine satzungsändernde Qualität, ist aber ins Handelsregister einzutragen. Hierzu muss die Änderung dem Handelsregister vom InsVerw entsprechend § 181 Abs 3 AktG bzw § 54 Abs 3 GmbHG bis zum Ende des ersten durch Abs 1 S 1 ausgelösten Geschäftsjahres mitgeteilt werden.[14]

9 Geringfügige Erleichterung bietet Abs 2 S 2, wonach die Fristen nach §§ 243, 264 Abs 1 HGB für die Erstellung des Jahresabschlusses sowie für dessen Offenlegung nach § 325 HGB um den Zeitraum zwischen InsEröffnung und Berichtstermin verlängert werden.

---

6 *K Schmidt/Schmittmann* § 155 Rn 75; MK/*Füchsl/Weishäupl/Jaffé* § 155 Rn 4; *OLG München* NZI 2006, 108; *LG Frankfurt/Oder* NZI 2007, 294, 295; *LG Duisburg* ZInsO 2011, 1252, 1253; **aA** *Uhlenbruck/Sinz* § 155 Rn 7.

7 *BFH* 6.11.2012 – VII R 72/11; krit dazu *Skauradszun/Schmidt* ZInsO 2014, 1784, 1786.

8 *BGH* ZIP 2004, 1717, 1720.

9 *BGH* ZIP 2013, 2413 Rn 8.

10 *BGH* ZIP 2010, 2164 Rn 6; *BFH* ZIP 1993, 374.

11 *BGH* ZIP 2010, 2164 Rn 12.

12 *Depré/Dobler* KSI 2010, 53, 56.

13 *BGH* 26.1.2017 – IX ZR 285/14.

14 *BGH* ZIP 2015, 88 Rn 15 ff; *BGH* 21.2.2017 – II ZB 17/15; *BGH* 21.2.2017 – II ZB 16/15.

V. Abgabe von Steuererklärungen

Steuerrechtlich unterbricht die InsEröffnung nicht den **Veranlagungszeitraum**, welcher regelmäßig der Jahreszeitraum ist. Auf das Kalenderjahr bezogene Jahressteuererklärungen (§ 4a Abs 1 S 2 Nr. 2 und 3 EStG) sind durch den InsVerw abzugeben. Das Finanzamt ist InsGl (§ 38), sofern die Steuerforderung vor Eröffnung des InsVerf begründet wurde. War die Steuerforderung nach § 38 AO vor InsEröffnung bereits entstanden und nach § 220 AO fällig, handelt es sich um eine InsFord nach § 38. 10

Auf Antrag (§ 4a Abs 1 S 2 Nr 2 S 2 EStG) kann das **steuerliche Wirtschaftsjahr** abw vom Kalenderjahr gebildet werden, sofern dies im Einvernehmen mit dem Finanzamt erfolgt. Im InsVerf ist regelmäßig mit der Zustimmung des Finanzamtes zu rechnen. Jede andere Entsch ist ermessensfehlerhaft. 11

VI. Jahresabschluss

Im InsVerf beträgt das Geschäftsjahr höchstens zwölf Monate, gerechnet ab dem Tage der InsEröffnung. Der InsVerw hat für die Insolvenzmasse einen **Jahresabschluss** (§§ 242, 264 HGB) zu erstellen und bei Vorliegen der gesetzlichen Voraussetzungen (§ 325 HGB) offen zu legen.[15] 12

1. Offenlegungspflichten. Die Verpflichtung von Kapitalgesellschaften nach §§ 325 ff HGB zur Offenlegung der Jahresabschlüsse trifft für das insolvenzfreie Vermögen die gesetzlichen Vertreter der schuldnerischen Gesellschaft, nicht den InsVerw.[16] 13

2. Abschlussprüfer. Der **Jahresabschluss** der mittleren und großen Kapitalgesellschaft iSv § 267 Abs 2 und 3 HGB ist durch einen Abschlussprüfer zu prüfen (§ 316 Abs 1 S 1 HGB).[17] Die Wahl der Abschlussprüfer obliegt den Gesellschaftern (§ 318 Abs 1 S 1 HGB). Im InsVerf geht das Bestellungsrecht von der Gesellschafterversammlung nicht auf den InsVerw, was nach § 80 Abs 1 nahe läge, sondern auf das Registergericht (Abs 3 S 1) über.[18] Die **Bestellung** des **Abschlussprüfers** durch das Registergericht bedarf eines Antrages des InsVerw. Die Antragstellung ist durch das InsGer erzwingbar (§ 58 Abs 2). 14

Sachgerecht wäre eine Bestellung durch den InsVerw, nachdem auf ihn mit Eröffnung des InsVerf die Verwaltungs- und Verfügungsbefugnis bzgl des schuldnerischen Unternehmens übergegangen ist (§ 80 Abs 1). 15

Die vor InsEröffnung vorgenommene Bestellung des Abschlussprüfers bleibt bestehen. Sein Prüfungsauftrag reduziert sich auf das mit der InsEröffnung endende Rumpfgeschäftsjahr.[19] Die aus der Prüfung resultierenden **Vergütungsansprüche** stellen sonstige Masseverbindlichkeiten iSv § 55 Abs 1 Nr 2 dar. Eine Abberufung des von der Gesellschafterversammlung gewählten Abschlussprüfers durch den InsVerw ist nicht möglich,[20] der InsVerw hat jedoch nach dem Zweck des Abs 3 S 1 das alleinige Recht, eine Abberufung zu beantragen.[21] Die Antragsfrist richtet sich nach § 318 Abs 3 S 3 HGB nach der Kenntnis des InsVerw.[22] 16

---

15 *BGH* ZIP 2015, 88 Rn 20; *K Schmidt/Schmittmann* § 155 Rn 47.
16 *LG Bonn* ZIP 2009, 322; ZIP 2009, 1387; NZI 2009, 781.
17 *Kniebes* ZInsO 2015, 383.
18 *Kaiser/Berbuer* ZIP 2017, 161, 162.
19 *OLG Dresden* NZI 2009, 858; *Kaiser/Berbuer* ZIP 2017, 161, 162.
20 *OLG Frankfurt* ZIP 2004, 1114, 1115. Differenzierend *Kaiser/Berbuer* ZIP 2017, 161, 162.
21 *Kniebes* ZInsO 2015, 383, 389; *Kaiser/Berbuer* ZIP 2017, 161, 165; *Klerx* NZG 2003, 943.
22 *Kniebes* ZInsO 2015, 383, 391.

Zweiter Abschnitt
Entscheidung über die Verwertung

§ 156 Berichtstermin

(1) [1]Im Berichtstermin hat der Insolvenzverwalter über die wirtschaftliche Lage des Schuldners und ihre Ursachen zu berichten. [2]Er hat darzulegen, ob Aussichten bestehen, das Unternehmen des Schuldners im Ganzen oder in Teilen zu erhalten, welche Möglichkeiten für einen Insolvenzplan bestehen und welche Auswirkungen jeweils für die Befriedigung der Gläubiger eintreten würden.

(2) [1]Dem Schuldner, dem Gläubigerausschuss, dem Betriebsrat und dem Sprecherausschuss der leitenden Angestellten ist im Berichtstermin Gelegenheit zu geben, zu dem Bericht des Verwalters Stellung zu nehmen. [2]Ist der Schuldner Handels- oder Gewerbetreibender oder Landwirt, so kann auch der zuständigen amtlichen Berufsvertretung der Industrie, des Handels, des Handwerks oder der Landwirtschaft im Termin Gelegenheit zur Äußerung gegeben werden.

Übersicht

I. Normzweck

1 Eine sachgerechte **GlSelbstverwaltung** bedarf der ausreichenden Tatsachenkenntnis. Von daher dient die Vorschrift den Gl zur Vorbereitung und Verwirklichung ihrer autonomen Entsch, wie sie das InsEreignis abwickeln lassen wollen. In erster Linie sind damit die Gl – nicht das bereits per Eröffnungsgutachten informierte Gericht – die maßgeblichen Adressaten[1] des grds mündlich in einer **GlVersammlung** zu erstattenden Verwalterberichtes. Sie entscheiden **im eröffneten** Verf, wie die InsMasse verwertet und der Erlös verteilt werden soll, und ob dies im RegelVerf oder per InsPlan geschieht. § 156 beschreibt die Formalien zum **Berichtstermin** inkl bestehender Stellungnahme- und Äußerungsrechte; §§ 157, 158 regeln die **Zuständigkeit** der Gl für hierbei anstehende Entsch sowie das zugehörige **Verf**. Die §§ 159–163 befassen sich mit verschiedenen Maßgaben in der **Verwertung**, zT geknüpft an vorgeschaltete bes Voraussetzungen oder an nachfolgende spezielle **Verfahrensweisen**. Zum Abschluss befasst sich § 164 mit Wirksamkeitsfragen bei abw Verwalterhandeln; insofern verschiebt die Norm die Verantwortlichkeit des InsVerw zugunsten der Rechtssicherheit im Außenverhältnis auf die Ebene interner Haftung (s § 60).

2 § 5 Abs 2 (geltend idF InsOVereinfG ab 1.7.2007) gestattet als wichtige Ausnahme von dem Grundprinzip, dass anstehende Gerichtstermine mündlich abzuhalten sind und hierdurch ein unmittelbarer Eindruck rechtl Gehörs vermittelt werden soll (vgl § 4, § 128 Abs 1 ZPO), dass das Gericht in einfacher gelagerten Fällen das **schriftl Verf** anordnet. Dem lag als Praxiserfahrung zugrunde, dass Gl in wirtschaftl unbedeutenden Sachen kaum jemals zu Terminen anreisen,[2] während man dem Transparenzgebot auch dadurch Rechnung tragen kann, dass der InsVerw mit Einreichung der Tabelle, zumindest aber vor dem sog Prüfungsstichtag einen schriftl Sachbericht zur Einsicht für die Gl in die Gerichtsakte übermittelt. Konsequent wird gem § 312 Abs 1 S 2 in **VerbrInsVerf**, auch wenn kein schriftl Verf angeordnet wurde, erst gar kein Berichtstermin bestimmt.

1 *N/R/Balthasar* § 156 Rn 3.
2 *Braun/Baumert* § 5 Rn 3c.

Vor dem Berichtstermin ist **keine Verwertung** von Massegegenständen durch den InsVerw erwünscht (s §§ 157, 159); ebenso müssen sich die Vorbehaltseigentümer zunächst gedulden (s § 107 Abs 2). Die Zugriffsmöglichkeiten der Absonderungsberechtigten sind entweder gerichtlich beschränkbar (s § 21 Abs 2 Nr 5, § 30d Abs 1 Nr 1 ZVG) oder sogar durch Kompetenzverlagerung auf den InsVerw (s § 166) schon suspendiert. Andererseits kann das InsGer gem § 158 Abs 2 S 2 auf SchuAntrag die vorzeitige Betriebsstilllegung untersagen. Vermeintlich kommt es somit – von dringenden Eilfällen iSd § 158 Abs 1 abgesehen – zu einer vorübergehenden **Verwertungssperre**, die den Gl bis zur Versammlung die BeschlGrundlagen erhält. Realiter sind aber auf Druck des Marktes und der Belegschaften die grundlegenden Weichenstellungen mit ihren strategischen Vorentscheidungen oftmals längst getroffen; der Berichtstermin kommt insoweit zu spät und kann die eingeleiteten Maßnahmen allenfalls nachzeichnen.[3] Die Praxis behilft sich von daher nach § 67 mit der frühzeitigen Einrichtung vorläufiger GlAusschüsse.[4] 3

II. Berichtstermin

Der Termin ist schon im **EröffnungsBeschl** anzuberaumen (§ 29 Abs 1 Nr 1); dem ist eine inhaltlich hinreichend bestimmte Tagesordnung beizugeben.[5] Der Beschl ist gem § 30 Abs 1 (iVm § 9) öffentlich bekannt zu machen und zusätzlich auch den in § 30 Abs 2 genannten Beteiligten zuzustellen. Ergänzend sind die allg Regeln über den Ablauf v GlVersammlungen heranziehbar (§§ 74–79). Der Berichtstermin ist idR die **erste GlVersammlung** (falls eine solche nicht ausnahmsweise kraft besonderen Antrages schon im kurzen Zeitfenster v § 75 Abs 2 stattgefunden hat). Er steht unter der **Leitung des InsGer** (§ 76 Abs 1) und ist **vorzubereiten** vom **InsVerw** – bzw bei **Eigenverwaltung** (§ 270) durch den Schu, s § 281 Abs 1 – mittels Aufstellung des Masseverzeichnisses (§ 151), des GlVerzeichnisses (§ 152) und der Vermögensübersicht (§ 153); diese Dokumente sind beim InsGer rechtzeitig niederzulegen (§ 154). 4

Im Termin erstattet der **InsVerw** – bzw bei **Eigenverwaltung** (§ 270) der Schu gem § 281 Abs 2 – seinen **Bericht**, der sich zu **drei Themenkreisen** äußern muss: (1) zur wirtschaftl Lage des Schu und ihren Ursachen (§ 156 Abs 1 S 1); (2) zur Erhaltungsfähigkeit des Unternehmens des Schu; (3) zu den Möglichkeiten für eine InsAbwicklung durch einen InsPlan. Für jeden der erörterten Wege muss angegeben werden, welche **Auswirkungen für die Befriedigung** der Gl er haben würde (§ 156 Abs 1 S 2). Üblicherweise sind diese Themen einzubetten in eine allg Darstellung der rechtlichen und wirtschaftl Unternehmensgrundlagen (bei natürlichen Personen auch des persönlichen und beruflichen Werdeganges) nebst aller maßgeblichen Buchhaltungs- und Bilanzkennzahlen, verknüpft auf der Aktivseite ua mit einer Kategorisierung nach „freier“ Masse gegenüber Sonderrechten Dritter bzw auf der Passivseite nach Masseverbindlichkeiten und InsFord. Anzusprechen sind Fragen bestehender oder drohender Masseunzulänglichkeit (s § 208), erst recht dauerhaft eintretender Massearmut (§ 207). Üblich sind zudem eigene BeschlVorschläge des InsVerw an die GlVersammlung zur künftigen Verfahrensabwicklung bzw Einrichtung oder Beibehaltung von GlAusschüssen. Art und Umfang des Berichtes muss eine fallbezogene Ermessensausübung 5

3 *K/P/B/Onusseit* § 156 Rn 2a.

4 *Uhlenbruck/Zipperer* § 156 Rn 1; s auch *ders/Knof* § 67 Rn 5 f zum Meinungsstreit, ob es schon im Eröffnungsverfahren einen „vor-vorläufigen“ GlAuschuss geben kann. Seit 2012 sieht § 21 Abs 2 Nr 1a die Bestellung eines vorl GlAusschusses vor, gem § 22a in größeren Fällen sogar zwingend.

5 *BGH* ZIP 2008, 1030; vgl auch *Uhlenbruck/Zipperer* § 29 Rn 5 und *Uhlenbruck/Knof* § 74 Rn 16.

zugrunde liegen;[6] die Darstellung muss für die GlVersammlung eine sachgerechte Entscheidungsgrundlage bilden.[7] Die GlVersammlung kann **zusätzliche Auskünfte** verlangen (§ 79). In diesem Rahmen können auch anwesende einzelne Gl Fragen stellen.[8] Mängel in der Berichterstattung können Haftungsfolgen nach sich ziehen; neben der Abwahlmöglichkeit (§ 57) stehen der GlVersammlung aber keine eigenen Zwangsbefugnisse zu.[9]

6 Der Bericht ist im Termin **mündlich** zu erstatten Der InsVerw – bei Eigenverwaltung auch der Schu – muss **persönlich** erscheinen; eine Vertretung kommt nur in wirklichen Ausnahmefällen in Betracht.[10] Analog § 4, § 160 Abs 3 ZPO sind alle Anträge, insb jedoch die hierzu gefassten GlBeschl ihrem konkreten Inhalt nach ins **Prot** aufzunehmen, entweder wörtlich oder durch eindeutige Bezugnahme auf eine bereits vorformuliert (etwa v Antragsteller oder InsVerw) schriftl präsentierte Fassung; sie ist sodann als Anlage zuzuheften (§ 160 Abs 5 ZPO). Ebenfalls sollten wichtige Diskussionsbeiträge zumindest ihrem wesentlichen Inhalt nach im Prot erwähnt werden (vgl § 160 Abs 2 ZPO, ggf gilt auch Abs 4). Der InsO ist dagegen nicht eindeutig zu entnehmen (anders noch § 40 Abs 3 S 2 VerglO), ob auch ein **schriftl Verwalterbericht** zur Gerichtsakte überreicht und den Gl abschriftl überlassen werden muss. § 411 Abs 1 ZPO ist wohl nicht einschlägig; diese Norm kann nur den nach § 5 Abs 1 erteilten Gutachterauftrag des Gerichtes und das – idR bereits vorhandene – Eröffnungsgutachten betreffen. § 58 Abs 1 S 2 – und die ihm innewohnende drittschützende Wirkung – kann aber genutzt werden.[11] In der Praxis hat sich durchgängig die Vorlage eines schriftlichen VerwBerichtes spätestens im Termin eingebürgert, er wird dann gerichtlicher Aktenbestandteil, nicht aber notwendiger ProtAnhang. Wegen bestehender Akteneinsichtsrechte (§ 4 iVm § 299 ZPO) ist es dem InsVerw freigestellt, ob er für Gl freiwillig Berichtsabschriften mitbringt; die unaufgeforderte Aushändigung umfangreicher Anfechtungsbegründungen mag im Einzelfall gar untunlich sein. Angesichts der Nichtöffentlichkeit des Verf (s § 74 Abs 1 S 2 als Ausnahme zu § 169 GVG) kommt eine Veröffentlichung des Verwalterberichtes im Internet nur bei eindeutiger Zugangsbeschränkung für Teilnahmeberechtigte in Frage, etwa durch gesicherte PIN.[12] Über den **Ablauf** des Termins im Einzelnen ausf *Haarmeyer/Wutzke/Förster* Rn 6.73, 91–121.

7 Der Berichtstermin umfasst in der Praxis nicht nur die vorgeschriebenen **BeschlGegenstände nach § 157**, sondern er wird regelmäßig auch für **sonstige BeschlFassungen** als GlVersammlung genutzt, zB in der Frage der Beibehaltung des InsVerw (§ 57) und der Besetzung des GlAusschusses (§ 68), in Rechnungslegungsfragen (§ 66 Abs 3), zur evtl Unterhaltsgewährung (§ 100), zur Bestimmung der Hinterlegungsstelle (§ 149 Abs 2), für Beschl nach §§ 160–163; immer ist zugleich Voraussetzung die vorherige, inhaltlich ausreichend bestimmte Aufnahme des anstehenden BeschlThemas in die Tagesordnung (§ 74 Abs 2).[13] Der Berichtstermin kann mit dem **Prüfungstermin** verbunden werden, § 29 Abs 2. Liegt ein bereits erörterungs- und abstimmungsfähiger **InsPlanentwurf** vor, kommt auch eine Zusam-

---

6 *N/R/Balthasar* § 156 Rn 11.

7 Ein umfangreiches Muster für Bericht des InsVerw ist abgedr bei *B/G/H* BerlKomm/InsO, unter Arbeitshilfen, § 156-1, s außerdem den IDW Rechnungslegungshinweis HFA 1.011 und *Berger/Frege/Nicht* NZI 2010, 321, 329 f.

8 *Braun/Esser* § 156 Rn 4; *Braun/Herzig* § 79 Rn 4; HambKomm/*Decker* § 156 Rn 9.

9 MK/*Görg/Janssen* § 156 Rn 46; *K/P/B/Onusseit* § 156 Rn 8; *N/R/Westphal* § 207 Rn 32.

10 *Uhlenbruck/Zipperer* § 156 Rn 2; *K/P/B/Onusseit* § 156 Rn 7a; *Braun/Esser* § 156 Rn 3; *Graf-Schlicker/Castrup* § 156 Rn 10.

11 *Uhlenbruck/Zipperer* § 156 Rn 4.

12 *Uhlenbruck/Zipperer* § 156 Rn 5 aE; *K/P/B/Onusseit* § 156 Rn 7.

13 *BGH* ZIP 2008, 1030; vgl auch *Uhlenbruck/Zipperer* § 29 Rn 5 und *ders/Knof* § 74 Rn 16.

menlegung mit dem Termin gem § 235 in Frage.[14] Entgegen einer weit verbreiteten Ansicht[15] kann aber idR nicht schon die erste GlVersammlung pauschal auf eine spätere Anhörung zur VerfEinstellung mangels Masse (§ 207 Abs 2) verzichten.[16]

III. Äußerungsrechte, Abs 2

Dem **Schu**, dem **GlAusschuss**, dem **Betriebsrat** und dem **SprA** der leitenden Angestellten ist Gelegenheit zu geben, zum Bericht des InsVerw Stellung zu nehmen (S 1). Das Gericht **kann** diese Gelegenheit auch der zuständigen **amtl Berufsvertretung** geben, wenn der Schu ein Handels- oder Gewerbetreibender oder ein Landwirt ist (S 2). Die Stellungnahme kann schriftlich oder im Termin mündlich abgegeben werden. Insofern erweitert die Vorschrift über § 74 Abs 1 S 2 hinaus das Teilnahme- und Rederecht (nicht hingegen das Stimmrecht) auf Betriebsrat, SprA und amtl Berufsvertretung.[17] **8**

Die Beteiligung der **Arbeitnehmervertreter** an der Beratung über den Bestand des Unternehmens (s auch §§ 218 Abs 3, 232 Abs 1 Nr 1, 235 Abs 3 für den InsPlan) ist eine wesentliche Neuerung gegenüber dem früheren Recht. **9**

Gegen eine **Verweigerung** der Gelegenheit zur Stellungnahme gibt es **kein Rechtsmittel** (§ 6), jedoch die **Erinnerung** nach § 11 RPflG.[18] **10**

---

14 *K/P/B/Onusseit* § 156 Rn 4.
15 HambKomm/*Weitzmann* § 207 Rn 19; *N/R/Westphahl* § 207 Rn 32; *Hess* § 207 Rn 32.
16 Ausf *Uhlenbruck/Ries* § 207 Rn 32.
17 *K/P/B/Onusseit* § 156 Rn 18, 19.
18 *K/P/B/Onusseit* § 156 Rn 26 mwN.

§ 157 Entscheidung über den Fortgang des Verfahrens

[1]Die Gläubigerversammlung beschließt im Berichtstermin, ob das Unternehmen des Schuldners stillgelegt oder vorläufig fortgeführt werden soll. [2]Sie kann den Verwalter beauftragen, einen Insolvenzplan auszuarbeiten, und ihm das Ziel des Plans vorgeben. [3]Sie kann ihre Entscheidungen in späteren Terminen ändern.

Übersicht

I. Normzweck

Die Vorschrift konkretisiert den Grundsatz der Selbstverwaltung und weist der **GlVersammlung** als Herrin des Verf[1] wichtige Grundlagenentscheidungen zu, die die Art und Weise der Optimierung der Verfahrensziele betreffen. Die Gl sollen demnach entscheiden, ob sie eine **Betriebsfortführung** wünschen oder sich eine effektivere Wertschöpfung aus schneller Zerschlagung versprechen. Ferner bestimmt § 157 das einzusetzende Instrumentarium. Die GlVersammlung kann dem InsVerw vorgeben, dass er die Gestaltungsmöglichkeiten des **InsPlans** nutzt, um damit im Verf andere Schwerpunkte zu setzen und bessere **1**

---

1 Vgl *Gottwald/Klopp/Kluth* § 20 Rn 1.

Ergebnisse zu erzielen. Die GlVersammlung soll ihre Entsch jeweils aktuell passend treffen; sie darf dazu jederzeit nachsteuern und schon getroffene Beschl wieder ändern. Die Norm ist keineswegs abschließend zu verstehen; die GlVersammlung kann dem InsVerw in dessen Kompetenzfeld auch sonstige thematische Handlungsanweisungen geben.

II. Schließung oder Fortführung des Unternehmens, S 1

2 Die GlVersammlung beschließt, ob das **Unternehmen** des Schu sofort **stillgelegt** oder vorl **fortgeführt** werden soll.[2] Dem darf der InsVerw jedenfalls solange nicht eigenständig vorgreifen, wie aus der Fortführung kein irreparabler Werteverzehr durch ungedeckte Masseverbindlichkeiten droht.[3] Anderenfalls muss er sich an § 158 halten.

3 Besonderheiten gelten in Verf, bei denen der **Schu eine natürliche Person** ist. Die Arbeitskraft des Schu ist als solche nicht massebefangen; im Hinblick auf Art 12 GG kann er sich dem Verf beruflich entziehen und betriebsnotwendige Arbeitsmittel mitnehmen (§ 811 Abs 1 Nr 5 ZPO).[4] Insoweit steht die Entsch allein dem Schu zu, ob er mit dem InsVerw gemeinsam für die Masse oder außerhalb dessen eigenständig insolvenzfrei tätig sein will; demgegenüber hat die GlVersammlung keine eigene Betriebsstilllegungskompetenz.[5] Will der InsVerw die unrentable Selbstständigkeit des Schu nicht über die Masse verwalten, kann er sie gem § 35 Abs 2 S 1 freigeben; den Einfluss der Gl gewährleistet sodann § 35 Abs 2 S 3 als lex specialis.

4 Kommt keine erhaltende Sanierung durch InsPlanLösung zustande (s dazu Rn 6 und § 217 Rn 18, 19), führt das Verf gem § 199 S 2 zur Vollbeendigung des Rechtsträgers; dritte Betriebsübernehmer kann die GlVersammlung naturgemäß nicht binden. Somit versteht sich von selbst, dass ohne InsPlan immer nur die **vorl** Fortführung des Unternehmens in der Hand des Schu beschlossen werden kann.[6] Sie kommt zur Vorbereitung einer übertragenden Sanierung („asset"-Erwerb), aber abw zu § 159 auch zwecks zeitlich gestreckter (späterer) Liquidation des Unternehmens in Frage. Der Beschl zur vorl Fortführung kann auf einzelne Betriebsteile beschränkt oder vorab zeitlich bis zu einem Stichtag limitiert werden.[7] Über die vorl Fortführung des Unternehmens bei **Freiberuflern** und **erlaubnispflichtigen Gewerben** s § 158 Rn 1.

5 Stimmrecht und Mehrheiten für diese Beschl der GlVersammlung bestimmen sich nach §§ 76, 77. Aus dem Zweck des Gesetzes (s § 1) und § 159 folgt, dass die **Verwertung** der InsMasse der gesetzliche **Regelfall** ist. Kommt ein Beschl über die **Fortführung** des Unternehmens im Berichtstermin nicht zustande, gleichgültig aus welchem Grund (zB ausdr Ablehnung, BeschlUnfähigkeit), darf der InsVerw das Unternehmen daher nur insoweit fortführen, als dies nach seinem sachgerecht auszuübenden Ermessen (s § 159 Rn 8) der Massemehrung dienlich und zur **Verwertung** der InsMasse erforderlich ist.[3]

III. Insolvenzplan, S 2

6 Die GlVersammlung kann den InsVerw **verpflichten**, einen InsPlan auszuarbeiten, und sie kann ihm dafür die wesentlichen Inhalte und das **Ziel** des Plans vorgeben. Dieser Plan kann

---

2 Nach *BAG* 18.7.2013 – 6 AZR 420/12 Rn 34 darf der InsVerw bereits im Vorfeld einzelnen Mitarbeitern kündigen, um überhaupt eine Fortführungsentscheidung zu ermöglichen.
3 BT-Drucks 12/2443, 173 zu § 177 RegE.
4 *Ries* ZVI 2004, 221, 224; *ders* ZInsO 2009, 2030, 2034; PK-HWF/*Schmerbach* § 97 Rn 26 f.
5 *Braun/Esser* § 157 Rn 1a.
6 Im Erg zutr MK/*Görg/Janssen* § 157 Rn 11, § 159 Rn 7 f mwN; FK/*Wegener* § 157 Rn 2.
7 AllgM, s MK/*Görg/Janssen* § 157 Rn 6, § 159 Rn 27; HambKomm/*Decker* § 157 Rn 3; *Andres/Leithaus* § 157 Rn 10.

ggf konkurrieren mit einem vom Schu vorgelegten Plan (s dazu § 218 Rn 6, 10 und § 235 Rn 10). Ebensowenig beeinträchtigt die Norm das persönliche Planinitiativ- und -vorlagerecht des InsVerw mit den spezielleren Abstimmungserfordernissen der §§ 235 ff (str, sa § 218 Rn 14)[8]; im Fall erkennbarer Aussichtslosigkeit kann der Verw aber die Masse nicht zusätzlich mit seinen weiteren Planerstellungskosten belasten (er handelt also ggf auf eigenes Risiko). Hält der InsVerw das Ziel oder überhaupt den Versuch eines Plans für falsch, kann er einen erneuten Beschl der GlVersammlung (s S 3) oder eine Aufhebung des Beschl durch das InsGer (§ 78) anstreben; gelingt dies nicht, bleibt er zur auftragsgemäßen Ausarbeitung des Plans verpflichtet (s § 218 Rn 14).

Die aufgetragene Ausarbeitung des Plans berechtigt den InsVerw zur **Vorlage** des InsPlans beim InsGer (s § 218 Abs 2). Das Gesetz schreibt nicht vor, dass der InsVerw zu dem ausgearbeiteten Plan die Zustimmung der GlVersammlung einzuholen hat. Die GlVersammlung kann vom InsVerw aber jederzeit **Auskunft** über den Sachstand verlangen (§ 79 S 1) und den **Auftrag** auch **widerrufen**, s S 3. Nach dem Widerruf besteht wieder das eigenständige Vorlagerecht des InsVerw nach § 218 Abs 1. 7

IV. Aktive Beschlussfassung

Ist – was in der Praxis leider häufig geschieht – kein Gl in der Versammlung anwesend, kommt auch kein Beschl zustande. Dann verbleibt es bei der Grundregel alsbaldiger Verwertung nach § 159. § 160 Abs 1 S 3 gilt nicht analog; hier steht nicht lediglich eine Ja-/Nein-Entsch der Gl zu Vorschlägen des InsVerw in Rede, sondern umgekehrt sollen die **Gl aktiv handelnd** eigene konkrete Vorgaben tätigen. Das Gericht hat insoweit keine Ersetzungskompetenz,[9] bei BeschlUnfähigkeit (s § 76 Rn 6) bleibt der InsVerw auflagenfrei. Problematisch erscheint, dass das Gesetz für die GlVersammlung nirgendwo deren Haftungsverantwortlichkeit statuiert und dass die von unrentabler Betriebsfortführung in erster Linie betroffenen MasseGl in der Versammlung weder teilnahme- noch stimmberechtigt sind (§§ 74, 77). Der **InsVerw** wird, um die eigene Haftung nach §§ 60, 61 zu vermeiden, nicht Beschl einer GlVersammlung umsetzen dürfen, mit denen er sehenden Auges die Verfahrensbeteiligten schädigt. Er muss vielmehr sofort nach **§ 78 Abs 1** reagieren; bei erst späterer Erkenntnis der Widerrechtlichkeit muss er ergänzend Bericht erstatten und auf Beschl-Abänderung drängen; notfalls muss er sich – entspr dokumentiert – weigern. Weiteren Rechtsmittelschutz gibt es – auch für andere Beteiligte – nicht.[10] 8

V. Änderungen von Entscheidungen, S 3

Die Entsch, welche die GlVersammlung nach §§ 157, 159 getroffen hat, kann sie jederzeit abändern, solange die damit verknüpften Umsetzungsakte des Verw noch nicht unumkehrbar (zB rechtsgestaltend) vollendet sind. Stimmrecht und Mehrheit für die jeweiligen Beschl regeln §§ 76, 77. Gegen eine falsche Stimmrechtsentsch ist die RpflErinnerung gem § 18 Abs 3 RpflG statthaft. Leidet die Entsch der GlVersammlung an einem schwerwiegenden Mangel (etwa unzulänglicher Einladung mangels Tagesordnung), gibt es nach der InsO kein bes BeschlAufhebungsVerf – die Nichtigkeit besteht ipso iure.[11] 9

---

8 Wie hier *Braun/Frank* § 218 Rn 12; *Uhlenbruck/Lüer/Streit* § 218 Rn 7; **aA** *Uhlenbruck* 13. Aufl, § 157 Rn 12.

9 Ausgenommen § 149 Abs 1 S 2: Bestimmung der Hinterlegungsstelle.

10 MK/*Görg*/Janssen § 157 Rn 25; *Braun/Esser* § 157 Rn 6.

11 *BGH* ZIP 2011, 1626 Rn 6.

VI. Delegation und Vorausentscheidung

10 Die GlVersammlung kann nach hA die ihr gesetzlich übertragenen Entsch auf den GlAusschuss oder den InsVerw (jedoch nicht auf das InsGer) delegieren oder vorab sog VorratsBeschl treffen, um eine spätere nochmalige Zusammenkunft entbehrlich zu machen.[12] Auch diese Entsch der GlVersammlung können nach Maßgabe von Rn 9 jederzeit wieder geändert werden.

12 Ausf mwN *N/R/Balthasar* § 157 Rn 15–20; MK/*Görg*/Janssen § 157 Rn 28–30; FK/*Wegener* § 157 Rn 6; *Uhlenbruck* 13. Aufl, § 157 Rn 21–30.

§ 158 Maßnahmen vor der Entscheidung

(1) Will der Insolvenzverwalter vor dem Berichtstermin das Unternehmen des Schuldners stilllegen oder veräußern, so hat er die Zustimmung des Gläubigerausschusses einzuholen, wenn ein solcher bestellt ist.

(2) [1]Vor der Beschlussfassung des Gläubigerausschusses oder, wenn ein solcher nicht bestellt ist, vor der Stilllegung oder Veräußerung des Unternehmens hat der Verwalter den Schuldner zu unterrichten. [2]Das Insolvenzgericht untersagt auf Antrag des Schuldners und nach Anhörung des Verwalters die Stilllegung oder Veräußerung, wenn diese ohne eine erhebliche Verminderung der Insolvenzmasse bis zum Berichtstermin aufgeschoben werden kann.

Übersicht

I. Normzweck

1 Die Vorschrift formt das verfahrenstechnische Prozedere aus, wenn sich die gesetzlich erstrebte **Unternehmensfortführung** auf Rechnung der Masse nicht bis zum Berichtstermin rechtfertigen lässt (s § 156 Rn 3); sie gilt auch, wenn nur ein *Teil* des Unternehmens, zB eine **Betriebsstätte**, stillgelegt werden muss oder äußerst günstig veräußert werden kann.[1] Für eine **vorzeitige Stilllegung** in Betracht kommen vor allem Konstellationen, in denen Personal, Betriebsmittel oder weiterer Kredit nicht zu erlangen sind oder rechtliche Voraussetzungen (Betriebskonzessionen, Berufserlaubnisse) entfallen.[2] Das Letztere kann insb bei Praxen von **Freiberuflern** und bei bes **Erlaubnispflichten in der Betriebsführung** der Fall sein.[3] Hier geht dann allerdings berufsrechtl Sonderrecht vor; über nicht disponible Verbote kann auch der GlAusschuss nicht abw befinden. Die aus einer Fortführung entstehenden Verpflichtungen werden zu Masseverbindlichkeiten nach § 55 Abs 1; daraus erwachsen für den InsVerw beträchtliche Haftungsrisiken gem §§ 60, 61. Sind ihm diese unzumutbar oder würde die Masse voraussichtlich durch die Fortführung anderweitig schwer geschädigt, kann

1 HM, s MK/*Görg/Janssen* § 158 Rn 4 mN; *Uhlenbruck/Zipperer* § 158 Rn 2.
2 S *Marotzke* Unternehmen in der Ins, Rn 17, 41, 56, 122 mwN.
3 Ausf *Uhlenbruck/Hirte* § 35 Rn 270–272 und 290 ff; *K/P/B/Onusseit* § 157 Rn 7–13; *Ries* ZVI 2004, 221, 222; *Tetzlaff* ZInsO 2005, 393, alle mwN.

der InsVerw den Zustand vorzeitig beenden.[4] Ist bereits ein **GlAusschuss** bestellt, so muss dieser **zustimmen** (Abs 1). Der **Schu** ist vom InsVerw vorab zu unterrichten; er kann die Maßnahme **insolvenzgerichtlicher Kontrolle** unterwerfen und bis zum Berichtstermin untersagen lassen (Abs 2).

Ursprünglich regelte das Gesetz nur die vorzeitige Stilllegung; das InsOVereinfG 2007 (s Einl Rn 12) hat nun auch die **vorzeitige Veräußerung** gestattet. Der InsVerw soll frühzeitige, bes günstige Verwertungschancen für die Masse nutzen können, wenn anderenfalls das ernsthafte Risiko bestünde, dass diese sich später zerschlagen.[5] 2

II. Zustimmung, Abs 1

Die Zustimmung muss beim **GlAusschuss** eingeholt werden. Ist kein GlAusschuss bestellt (§§ 67, 68), besteht auch kein Zustimmungsvorbehalt zugunsten der Gl; insb ist nicht etwa stattdessen die GlVersammlung zu befragen. Der GlAusschuss kann nur organschaftlich einheitlich handeln. Ursprünglich hatte der RegE das Widerspruchsrecht auch jedem einzelnen (überstimmten) **Mitglied des GlAusschusses** zugesprochen; dies strich der Rechtsausschuss im BTag als entbehrlich.[6] 3

Die Lit rät zu zurückhaltend vorsichtiger Nutzung der Vorschrift und zu frühzeitiger Bestellung eines (vorl) GlAusschusses.[7] Nicht nur in der Stilllegung (vgl § 157), sondern auch in der Veräußerung (§ 160 Abs 2 Nr 1) liegt eine bes bedeutsame Rechtshandlung, auf die die VerfBeteiligten typischerweise ein spezielles Augenmerk richten. Für die zeitlich vorgezogene Stilllegung oder Veräußerung muss eine sachliche Dringlichkeit sprechen, die das gesetzliche Leitbild der erstmaligen Abstimmung in einer GlVersammlung deutlich überragt. Ein voreiliges, nicht sachangemessenes Handeln des InsVerw kann zu seiner Haftung gem § 60 führen.[8] 4

III. Widerspruch, Abs 2

Will der InsVerw das Unternehmen des Schu vor dem Berichtstermin stilllegen oder veräußern, muss er in jedem Fall den **Schu** vor der Stilllegung **informieren** – wenn ein GlAusschuss bestellt ist, sogar noch vor dessen Beschl. Die Informationsverschaffung ist nicht formgebunden[9] und gibt dem **Schu** Gelegenheit, beim **InsGer zu beantragen**, die Stilllegung oder Veräußerung zu untersagen; der InsVerw ist zu diesem Antrag anzuhören. Das **InsGer untersagt** die Stilllegung oder Veräußerung, wenn sie ohne wesentliche wirtschaftl Nachteile bis zum Berichtstermin aufgeschoben werden kann (S 2); dass der GlAusschuss ihr zugestimmt hat (Abs 1, s Rn 1), hindert die Untersagung nicht. Zu treffen ist eine Prognoseentscheidung, wobei aber die Zweckmäßigkeit der beabsichtigten Stilllegung oder Veräußerung an sich nicht zur gerichtl. Überprüfung steht (s § 161 Rn 4). Kriterium ist eine absehbare negative Auswirkung der eintretenden Verzögerung auf das Gesamtergebnis, also letztlich auf die **Befriedigungsquoten** der InsGl;[10] nur bei unzulänglich bleibender 5

---

4 BT-Drucks 12/2443, 173 zu § 177 RegE.
5 BT-Drucks 16/3227, 20 zu Nr 21.
6 BT-Drucks 12/7302, 175 zu § 177 Abs 2 RegE.
7 MK/*Görg/Janssen* § 158 Rn 11, 18, 19; HambKomm/*Decker* § 158 Rn 7; *Graf-Schlicker/Castrup* § 158 Rn 1; *Meyer-Löwy* ZInsO 2011, 613.
8 Instruktives Fallbeispiel bei *OLG Rostock* NZI 2011, 488. Der dortige Vorschlag kurzzeitiger „Verpachtung" bis zum Berichtstermin ist aber in aller Regel mit Interessenten nicht verhandelbar.
9 *Uhlenbruck/Zipperer* § 158 Rn 14.
10 Ausf *Uhlenbruck/Zipperer* § 158 Rn 17.

Masse entscheiden die Endquoten nach § 209 Abs 1. Eine zwischenzeitliche Kostenunterdeckung bei der Fortführung kann bspw kompensiert werden durch greifbar höhere Veräußerungserlöse im „going-concern“. Entscheidend bleibt eine Gesamtwertung der Umstände des Einzelfalls mit den im Verf selbst gegebenen rechtl und wirtschaftl Handlungsoptionen.[11] Dem **InsVerw** begegnen damit nach §§ 60, 61 vor allem **Haftungsrisiken** in zweierlei Richtung: gegenüber dem Schu bzw den Anteilseignern, falls er nicht rechtzeitig und zutreffend unterrichtet;[12] gegenüber den Gl, falls er nach Stilllegungs- oder Veräußerungsuntersagung masseunzulänglich wird und eigene Verpflichtungen nicht einhält.

IV. Ausschluss von Rechtsmitteln

6 Eine **sof Beschw** gegen die Entsch des Gerichts ist nicht statthaft (§ 6), jedoch die **befristete Erinnerung** gegen die Entsch des Rechtspflegers nach § 11 Abs 2 S 1 RPflG, der damit ggf auch abhelfen kann.[13]

V. Interessen der Arbeitnehmer

7 Die Vorschrift regelt nur, wie die Gl und der Schu bei der EntschFindung einzubinden bleiben. Die kollektivarbeitsrechtl Zustimmungs- und Mitwirkungserfordernisse gem §§ 121 ff, §§ 111 ff BetrVG lässt sie unberührt. *Uhlenbruck/Zipperer*[14] verweisen aber mit Recht darauf, dass solche Erfordernisse erst bei der praktischen Umsetzung der Betriebsänderung beachtet werden müssen und nicht schon Rechtsbedingung für die insolvenzrechtl Wirksamkeit der BeschlFassung nach § 158 sind.

§ 159 Verwertung der Insolvenzmasse

Nach dem Berichtstermin hat der Insolvenzverwalter unverzüglich das zur Insolvenzmasse gehörende Vermögen zu verwerten, soweit die Beschlüsse der Gläubigerversammlung nicht entgegenstehen.

Übersicht

I. Normzweck

1 Die Vorschrift zielt in erster Linie auf sog „freie“ Masse iSv §§ 35, 36, §§ 811, 850 ff ZPO; für die Verwertung von Gegenständen, die mit **Absonderungsrechten** belastet sind, bestehen Sonderregeln (§§ 165 ff). Der Regelungsgehalt ist **in zeitlicher Hinsicht** mit §§ 148, 157 abgestimmt. Zur VerfEröffnung soll der InsVerw zunächst alle Massegegenstände in Besitz und Verwaltung nehmen; abw zum **früheren Recht** (§ 117 Abs 1 KO, § 8 Abs 2 GesO) soll er dagegen mit der Verwertung erst **nach der GlVersammlung** beginnen, sie dann aber auch **zügig** und bestmöglich durchführen. Vorrangig zu beachten sind etwaige BeschlVorgaben der GlVersammlung; die es vor allem dort geben wird, wo mit Verwertungsmaßnahmen **bes bedeutsame Rechtshandlungen** einhergehen (§§ 160–164).

---

11 Ausf *Uhlenbruck/Zipperer* § 158 Rn 17; MK/*Görg/Janssen* § 158 Rn 28.
12 *Uhlenbruck/Sinz* § 60 Rn 60.
13 *Uhlenbruck/Zipperer* § 158 Rn 19 mwN.
14 *Uhlenbruck/Zipperer* § 158 Rn 11 f; vgl dazu MK/*Görg/Janssen* § 157 Rn 34 f.

II. Verwertung

Begrifflich ist wie folgt zu trennen: **„Verwerten"** der Masse meint, dass das Vermögen des Schu veräußert wird; es wandelt sich in Geld (sog Verteilungsmasse gem § 187). Bei Forderungen liegt die Verwertung in deren „Einzug" (vgl § 166 Abs 2). **„Verwalten"** meint dagegen eine weiter andauernde Bestandspflege (dh Nutzung) des vorhandenen Vermögens im laufenden Verf. Begriffliche Überschneidungen sind denkbar, soweit – etwa bei der Zwangsverwaltung nach § 165 – ein bes Schwerpunkt in der hierdurch bewirkten Forderungstilgung liegen soll.[1] Von Fällen einer Sanierung durch erhaltenden InsPlan abgesehen, wird sich selbst an längere Verwaltungs- und Betriebsfortführungsphasen regelmäßig ein entgeltlicher Verkauf anschließen. Soweit der InsVerw zwischenzeitliche Nutzungsverhältnisse (Vermietung, Verpachtung, Nießbrauch und dergl) zulässt und begründet, muss er folglich immer gewährleisten, hierdurch die Endverwertung nicht zu behindern.[2] **„Freigeben"** meint das Herauslösen von Gegenständen oder Rechten aus dem Insolvenzbeschlag, was insb dann stattfinden wird, wenn diese Dinge überschießend belastet sind und keinen freien Restwert zugunsten der Masse versprechen. 2

III. Kompetenzen und Pflichten

Die Verwertung hat **unverzüglich** nach dem Berichtstermin zu beginnen. Die Befugnis und Pflicht zur Verwertung liegt beim **InsVerw**; er handelt dabei kraft gesetzlicher **Verfügungsmacht** (§ 80 Abs 1). Für **Eigenverwaltung** und **VerbrInsVerf** gelten Sonderregeln (§§ 270, 276, 277, 282, 313, 314). Soweit keine zwingenden gesetzlichen Vorgaben existieren oder Sonderrechte Einzelner betroffen sind (s Rn 7), kann die **GlVersammlung abw Beschl** fassen, zB über Aufschub oder Aussetzung der Verwertung oder deren sonstige Art und Weise. Daran ist der InsVerw gebunden; das **InsGer** kann aber diese Beschl gem § 78 aufheben. Für bes bedeutsame Rechtsgeschäfte schreibt das Gesetz von vornherein die Zustimmung des **GlAusschusses** oder der **GlVersammlung** vor (§§ 160, 162). 3

In keinem Fall muss der Verw vorab die **Zustimmung des InsGer** für eine Verwertungshandlung einholen; dort ist er nur iRv § 58 berichtspflichtig. Der **Schu** und eine bestimmte **Mehrzahl von Gl** können uU erreichen, dass das InsGer eine Verwertungshandlung vorl untersagt und von der Zustimmung der GlVersammlung abhängig macht (§§ 161, 163). 4

Die Pflicht zu unverzüglicher Verwertung besteht auch dann fort, wenn bereits ein **InsPlan-Entwurf** vorgelegt (s § 218), aber noch nicht rechtskräftig beschlossen worden ist. Die Verwertung ist dann ggf durch Beschl des InsGer nach § 233 auszusetzen. Da ein Aufschub oder eine Aussetzung allerdings auch von der GlVersammlung beschlossen werden kann (s Rn 3), ist deren Auftrag an den InsVerw zur Ausarbeitung eines InsPlan (§§ 157 S 2, 218 Abs 2) im Zweifel als ein solcher Beschl zu verstehen. 5

Der Verwertungszugriff des InsVerw erfasst die **InsMasse** (zum Begriff s § 35) und erstreckt sich auch auf solche Massegegenstände, an denen **Absonderungsrechte** bestehen (s §§ 165 ff),[3] bei **beweglichen** Massegegenständen allerdings nur, wenn er sie in seinem Besitz hat (§ 166 Abs 1). In dieser Befugnis des InsVerw liegt eine der **wesentlichen Neuerungen** gegenüber dem früheren Recht (vgl §§ 47 ff, 127 Abs 2 KO und RegE S 86 ff). 6

---

1 Ggf ist zu gewichten, ob es im finalen Bezug stärker um Masseerhaltung oder Schuldtilgung geht; s zu damit verknüpften Fragen der USt-Belastung *Ries* ZInsO 2003, 599, 602.

2 Ausf MK/*Görg/Janssen* § 159 Rn 6, 7, 27.

3 S dazu aber *BGH* 30.4.2015 – IX ZR 301/13: Keine Löschungsbewilligung zum freihändigen Verkauf einer Immobilie erzwingbar.

IV. Art und Weise der Verwertung

7 Die Verwertung hat „unverzüglich“ zu geschehen; weitergehende Modalitäten statuiert die Vorschrift nicht. Bei Gegenständen, an denen **Absonderungsrechte** bestehen, sind allerdings die bes Vorschriften zugunsten der Absonderungsberechtigten zu beachten (§§ 167–169, 172).

8 Über die **Art und Weise** der Verwertung entscheidet der **InsVerw** nach seinem **pflichtgebundenen Ermessen**. Er muss die InsMasse so günstig wie möglich verwerten.[4] Bei **beweglichem Vermögen** lässt sich dies am besten „freihändig“ steuern, also durch privates Rechtsgeschäft, das der InsVerw aufgrund seiner Verfügungsmacht (§ 80 Abs 1) schließt. Er darf hierbei aber keine Geschäftschance der Masse für sich persönlich nutzen.[5] Je nach Einzelfall kann sich statt der getrennten Anforderung von Einzelgeboten eine private oder öffentliche **Versteigerung** (s § 383 Abs 3 S 1 BGB), die er in Auftrag gibt, als günstigere Alternative erweisen. Die Verwertung **unbeweglichen Vermögens** kann der InsVerw entweder freihändig (zustimmungsbedürftig nach § 160 Abs 2 Nr 1) oder im Wege der Zwangsversteigerung bzw Zwangsverwaltung (§§ 172 ff ZVG, § 165) betreiben. Sämtliche Verwertungsschritte unterliegen iÜ den allg gesetzlichen Regeln und Beschränkungen, also zB dem sog Enthaftungsverbot bei Grundstückszubehör gem §§ 1121 f BGB, § 23 Abs 1 ZVG (Vorabzustimmung der GrundpfandGl nötig), aber auch des allg **Ordnungs-, Umwelt- oder Wettbewerbsrechts**.[6] Bei der Anwendung des UWG ist der bes Zweck des InsVerf zu beachten.[7] Ferner gilt eine bes Regelung für **Arbeitnehmererfindungen**, soweit sie zur Masse gehören, § 27 ArbNErfG.[8] Bei **Beteiligungen an Gesellschaften** gelten vorrangig die vertraglichen Abreden und gesellschaftsrechtl Sondernormen. Der Anteil an einer GbR ist als solcher, jedenfalls soweit § 719 Abs 1 BGB greift, vor einer Auseinandersetzung nicht für sich verwertbar. Bei den Handelsgesellschaften OHG und KG trifft § 131 Abs 3 Nr 2 HGB die Regelung, dass die Gesellschaft fortgesetzt wird, aber der insolvente Gesellschafter ausscheidet. Hier konzentriert sich die Tätigkeit des InsVerw auf die zutr Ermittlung eines Abfindungsguthabens (§ 738 BGB; §§ 105 Abs 3, 161 Abs 2 HGB). Bei Kapitalgesellschaften sind deren Geschäftsanteile in aller Regel fungibel (§ 15 Abs 1 GmbHG, §§ 67 f AktG); das wird allerdings satzungsgemäß häufig beschränkt sein.

9 Auch für die **zeitliche Dauer** der Verwertung verbleibt dem InsVerw ein pflichtgemäß auszuübendes Ermessen. Er muss denjenigen Verwertungsweg gehen, der „im Einzelfall unter Ausnutzung der zeitlichen und örtlichen Marktlage in vertretbarer Zeit den besten Erlös verspricht“.[9] Soweit das Gesetz vorschreibt, die Verwertung solle **unverzüglich** geschehen, meint es damit im ersten Schritt nur, dass die maßgeblichen Weichenstellungen und Entsch über die Verwertungshandlungen ohne schuldhaftes Zögern (s § 121 Abs 1 S 1 BGB) zu treffen sind.[10] Wo eine schnelle Verwertung bestmögliche Erlöse verspricht, ist sie dementsprechend zügig umzusetzen (s aber Rn 3). Umgekehrt kann es aber geboten sein, den Geschäftsbetrieb zunächst noch fortzusetzen, um hierüber Deckungsbeiträge für unvermeidliche Auslaufverbindlichkeiten (zB aus Arbeits- oder Mietverträgen) zu erwirtschaften.

---

4 Beachte zugleich *BGH* 26.6.2014 – IX ZR 162/13: Verwahrt der InsVerw größere Mengen an Massegeld, gehört zu optimaler „Verwertung“ dessen zinsgünstige Anlage.

5 *BGH* 16.3.2017 – IX ZR 253/15. Zu dem danach geltenden allgemeinen „Wertmehrungsgebot“ *Berger* ZInsO 2017, 2100.

6 Ausf MK/*Görg/Janssen* § 159 Rn 16-19; zur eingeschränkten Verwertbarkeit v Taxikonzessionen s zB *VG Aachen* ZInsO 2010, 147.

7 *BGH* ZIP 2006, 1208.

8 Einzelheiten bei *K/P/B/Onusseit* § 159 Rn 13–18 mwN.

9 *Haarmeyer/Wutzke/Förster* § 159 Rn 5 mit ausf Erl.

10 Ausf dazu HambKomm/*Decker* § 159 Rn 5, 6.

Bei **Veräußerung von Geldforderungen** wirken die speziellen Masseschutzregeln der InsO (zB das Aufrechnungsverbot gem § 96) nur längstens für die Dauer und Zwecke des eröffneten Verf, also nicht über dessen Einstellung bzw Aufhebung hinaus.[11]

Der InsVerw kann die **InsMasse** (oder Teile von ihr) auch **zusammenhängend** als **Gesamtheit** veräußern.[12] Das ist ua der Fall, wenn das **Unternehmen des Schu** oder einzelne seiner **Betriebe als Ganzes** veräußert werden. Solche Veräußerungen sind für Schu und Gl bes bedeutsam und deshalb zustimmungsbedürftig nach § 160 Abs 2 Nr 1 (s dort Rn 4). Immer sind auch **steuerliche Aspekte** zu beachten, zB bei Veräußerung eines Geschäftsbetriebes im Ganzen die Umsatzsteuerfreiheit nach § 1 Abs 1a UStG. Ertragsteuerlich werden Verwertungserlöse oftmals über dem Buchwert liegen und stille Reserven aufdecken, die dann Masseverbindlichkeit sind (§ 55 Abs 1 Nr 1). 10

V. Freigabe

Der InsVerw muss schon zeitnah zur VerfEröffnung prüfen, ob das Beibehalten von Gegenständen und Rechten in der Masse überhaupt wirtschaftlich sinnvoll ist. Dies ist beispw zu verneinen, wenn aus deren Verwertung (einzeln oder in ihrer Gesamtheit) keine überschießend freien Geldbeträge zu erwarten sind, die die Kosten des zwischenzeitlichen Haltens in der Masse und der Verwertungsmaßnahme übersteigen. Wenn der Verw befürchten muss, dass das Verf durch das Halten bestimmter Gegenstände und Rechte in der Masse wirtschaftlich rückwärts läuft, muss er sich in aller Regel von ihnen frühzeitig trennen und deren **Freigabe** erklären; s ausf § 35 Rn 52 ff und 67 ff. 11

§ 160 Besonders bedeutsame Rechtshandlungen

(1) [1]Der Insolvenzverwalter hat die Zustimmung des Gläubigerausschusses einzuholen, wenn er Rechtshandlungen vornehmen will, die für das Insolvenzverfahren von besonderer Bedeutung sind. [2]Ist ein Gläubigerausschuss nicht bestellt, so ist die Zustimmung der Gläubigerversammlung einzuholen. [3]Ist die einberufene Gläubigerversammlung beschlussunfähig, gilt die Zustimmung als erteilt; auf diese Folgen sind die Gläubiger bei der Einladung zur Gläubigerversammlung hinzuweisen.

(2) Die Zustimmung nach Absatz 1 ist insbesondere erforderlich,

1. **wenn das Unternehmen oder ein Betrieb, das Warenlager im Ganzen, ein unbeweglicher Gegenstand aus freier Hand, die Beteiligung des Schuldners an einem anderen Unternehmen, die der Herstellung einer dauernden Verbindung zu diesem Unternehmen dienen soll, oder das Recht auf den Bezug wiederkehrender Einkünfte veräußert werden soll;**
2. **wenn ein Darlehen aufgenommen werden soll, das die Insolvenzmasse erheblich belasten würde;**
3. **wenn ein Rechtsstreit mit erheblichem Streitwert anhängig gemacht oder aufgenommen, die Aufnahme eines solchen Rechtsstreits abgelehnt oder zur Beilegung oder zur Vermeidung eines solchen Rechtsstreits ein Vergleich oder ein Schiedsvertrag geschlossen werden soll.**

11 *BFH* 13.12.2016 – VII R 1/15 (zur Aufrechnung ggü Körperschaftssteuerguthaben).

12 Zutr *LAG Hamm* 6.4.2016 – 2 Sa 1395/15 mit Anm *Juretzek* NZI 2016, 856: Selbst bei Eigenverwaltung keine (Erwerber)Haftung gem § 25 Abs 1 S 1 HGB.

Übersicht

I. Normzweck

1 Auch diese Vorschrift dient in bes Maße der Gewährleistung der GlAutonomie; sie soll das Ermessen des InsVerw für bes bedeutsame Rechtshandlungen an die **Zustimmung der Gl** binden, soweit diese nicht schon iRv §§ 157–159 Beschl gefasst haben. Sie enthält in Abs 1 eine **Generalklausel**, die in Abs 2 durch exemplarische **Einzeltatbestände** ergänzt wird. Die Gl werden primär repräsentiert durch den **GlAusschuss** (Abs 1 S 1) oder, wenn keiner besteht, sekundär durch die **GlVersammlung** (Abs 1 S 2). Demgegenüber steht dem InsGer keine eigene Ersetzungskompetenz zu;[1] umgekehrt kann die Nichtbeachtung durch den InsVerw aber zusammen mit anderen erschwerenden Pflichtverstößen gem § 59 Abs 1 ein Abberufungsgrund sein.[2] Wichtig ist die mit dem InsOÄnderG 2007 neu implementierte Zustimmungsfiktion nach Abs 1 S 3: der InsVerw bleibt handlungsfähig, auch wenn sich kein Gl wirksam beteiligt hat. Die Interessen des **Schu** werden über § 161 berücksichtigt.

II. Generalklausel

2 Generell muss für **bes bedeutsame Rechtshandlungen** immer die Zustimmung der GlOrgane eingeholt werden. Ob Rechtshandlungen bedeutsam sind, beurteilt sich aus der Perspektive des jeweiligen **InsVerf** mit der aus ihm zu generierenden Verteilungsmasse (§§ 187 ff).[3] Angesprochen sind etwa wichtige Geschäfte für den Bestand und die Zusammensetzung der Masse, aber auch für das weitere Verf. Das gilt zB für Verwertungsmaßnahmen, wenn sie die weitere Betriebsfortführung unmöglich machen oder einen ins Auge gefassten rechtsträgererhaltenden InsPlan behindern. Vom InsVerw anzustellen ist eine masseproportionale Kosten-/Nutzen-/Risikoanalyse. Absolute Zahlen bzw Schwellenwerte sind idR unbrauchbar,[4] da es jeweils einzelfallbezogen[5] um das konkrete Verfahren, um dessen Fortentwicklungschancen und um die Belastungsrisiken für die Masse geht. Je unsicherer der Erfolg einer Maßnahme ist und je höher daran hängende Kostenbelastungen ausfallen können, desto eher besteht die Zustimmungspflicht.[6] Für die bes Bedeutsamkeit sollen nach der Formulierung von Abs 2 („insbesondere") die dort genannten Einzeltatbestände als **Beispiele** dienen.

---

1 PK-*H/W/F/Ries/Rook* § 80 Rn 22.
2 *BGH* BeckRS 2011, 00115 Rn 5.
3 Dazu *Wischemeyer* ZInsO 2016, 2460.
4 MK/*Görg/Janssen* § 160 Rn 8; *Uhlenbruck/Zipperer* § 160 Rn 14; abw und **aA** *B/G/H/Undritz/Fiebig* § 160 Rn 19: mindestens 25 000 EUR; Schwellenwert bei mehr als 50 000 EUR: 10 % der Aktivmasse. Sa *N/R/Balthasar* § 160 Rn 8: 5–10 %.
5 S *Braun/Esser* § 160 Rn 7; HambKomm/*Decker* § 160 Rn 2.
6 Ausf MK/*Görg/Janssen* § 160 Rn 9 f mN; *Uhlenbruck/Zipperer* § 160 Rn 14 f; HambKomm/*Decker* § 160 Rn 2.

nach denen nicht der GlAusschuss, sondern die **GlVersammlung** einzuschalten ist, wenn eine den Gl unvorteilhafte Veräußerung des Unternehmens droht.[21] Wegen der Bedeutsamkeit und der Sorgfalt, mit der diese Verwertungsmaßnahme in §§ 160–163 geregelt wurde, bedarf die vorzeitige Veräußerung vor dem Berichtstermin als Ausnahme bes sachlicher Rechtfertigung; s § 158 Rn 4.

Die Veräußerung eines Unternehmens, eines Unternehmensteils und eines Betriebsteils war im RegE in einer bes Vorschrift genannt (§ 185 RegE).[22] Der RAussch des BTag hat diese Vorschrift gestrichen und die Veräußerung des Unternehmens in den Text von § 179 RegE (jetzt § 160) gestellt; damit soll auch die Veräußerung nur von **Teilen** eines Unternehmens erfasst sein.[23] **12**

VII. Zustimmung

Die Zustimmung **berechtigt** den InsVerw zur Vornahme der Rechtshandlung, begründet aber keine dahingehende Verpflichtung. Sie ist primär vom **GlAusschuss** einzuholen, wenn es einen gibt (Abs 1 S 1), sonst von der **GlVersammlung** (Abs 1 S 2). In funktionaler Achtung der GlAutonomie soll die Zustimmung als Einwilligung iSv § 183 S 1 BGB zeitlich vor der betr Rechtshandlung vorliegen, wenngleich auch die nachträgliche Genehmigung für den InsVerw entlastend wirkt.[24] Bis dahin trägt er allerdings ein verstärktes Risiko der eigenen **Haftung** (§ 60); andererseits entbindet allein die Zustimmung der GlVersammlung den InsVerw nicht von der Verpflichtung, offensichtlich drohende Masseschädigungen abzuwenden und diesen möglichst schon im Versammlungstermin gem § 78 Abs 1 entgegenzutreten.[25] Wird die Zustimmung nicht erteilt, hat dies **keine Außenwirkung**; die Handlungen des InsVerw sind wirksam (§ 164). Das InsGer kann eine fehlende Zustimmung nicht selbst ersetzen. Es moderiert die GlVersammlung, ist aber nicht BeschlOrgan.[26] Einberufung und Beschl der GlVersammlung (Abs 1 S 2) geschehen gem §§ 74–77; idR wird der InsVerw die Einberufung beantragen (§ 75 Abs 1 Nr 1). **13**

Die Zustimmungsregeln in § 160 gelten **nicht ausschließlich**. Als oberstes BeschlOrgan kann sich die GlVersammlung gegenüber einem gewählten GlAuschuss bestimmte Entsch selbst vorbehalten oder dort bereits getroffene Entsch abändern.[27] Sie kann iRv §§ 157–159 **weitere Geschäfte** zustimmungsbedürftig machen oder sogar beschließen, dass über alle nach § 160 zustimmungsbedürftigen Geschäfte nicht der GlAusschuss, sondern die **GlVersammlung** zu beschließen hat.[28] Zum Stichwort „VorratsBeschl" s bereits § 157 Rn 8. Die Einwilligung des GlAusschusses oder der GlVersammlung kann für bestimmte **Gruppen von Rechtsgeschäften oder bes Falllagen** auch **abstrakt** im Voraus, **nicht** hingegen schlechthin pauschal für alle künftigen zustimmungsbedürftigen Rechtshandlungen als sog **Generalvorabermächtigung** erteilt werden.[29] **14**

---

21 Rechtspolitisch krit *Müller-Feldhammer* ZIP 2003, 2186.
22 BT-Drucks 12/2443, 38 und 176.
23 BT-Drucks 12/7302, 175.
24 Wie hier *Uhlenbruck/Zipperer* § 160 Rn 6; MK/*Görg/Janssen* § 160 Rn 26; *Andres/Leithaus* § 160 Rn 3 mN; HambKomm/*Decker* § 160 Rn 3; *Braun/Esser* § 160 Rn 2; *Graf-Schlicker/Castrup* § 160 Rn 3.
25 Vgl *BGH* ZIP 2008, 1384 zur möglichen Haftung und zum erfolgr Aufhebungsantrag eines Gl.
26 PK-*H/W/F/Ries/Rook* § 80 Rn 22.
27 Zum Meinungsstand *Uhlenbruck/Zipperer* § 160 Rn 3; **wie hier** MK/*Görg/Janssen* § 160 Rn 32; HambKomm/*Decker* § 160 Rn 4; *Uhlenbruck* ZIP 2002, 1373, 1379; **weitergehend** für zulässige Generalermächtigung *Braun/Esser* § 160 Rn 3; *K/P/B/Onusseit* § 160 Rn 8; FK/*Wegener* § 160 Rn 15; *N/R/Balthasar* § 157 Rn 19.
28 BT-Drucks 12/2443, 174; ausf dazu *K/P/B/Onusseit* § 160 Rn 5 mwN.
29 MK/*Görg/Janssen* § 160 Rn 31; *Uhlenbruck/Zipperer* § 160 Rn 7 mwN.

VIII. Zustimmungsfiktion

15 In der Praxis werden GlVersammlungen bei Weitem nicht so gut besucht, wie der Gesetzgeber ursprünglich annahm. In kleineren Verf erscheint häufig niemand; ohnedies wird hier regelmäßig kein GlAusschuss bestellt. Deshalb hat das InsOVereinfG 2007 für Fälle der **BeschlUnfähigkeit** der GlVersammlung und für die **BeschlGegenstände gem § 160 Abs 1 S 1** und **Abs 2** die Position des InsVerw gestärkt, in dem es bei Nichterscheinen von Gl das Einverständnis der GlGemeinschaft mit seinem geplanten Handeln fingiert (§ 160 Abs 1 S 3). Das soll insb die Sanierungsaussichten steigern, die VerfAbwicklung beschleunigen und den InsVerw von Haftungsrisiken entlasten.[30] Auf die mögliche Fiktionswirkung hat das InsGericht in der Einladung hinzuweisen; insoweit lösen aber Einladungsfehler oder -defizite allenfalls Sekundäransprüche nach § 839 BGB aus.[31]

16 Wurde gem § 5 Abs 2 nur **schriftliche Verfahren** angeordnet (s § 156 Rn 2), können die Gl binnen der Frist zur Forderungsprüfung keine sonstigen Beschl fassen. Damit gilt an dieser Stelle auch nicht die Zustimmungsfiktion des § 160 Abs 1 S 3. Falls BeschlFassungen gewünscht werden, bleibt nur der Weg, dass das InsGer förmlich zu einer GlVersammlung einlädt (in der dann auch § 160 Abs 1 S 3 gilt); ungeachtet der Antragsmöglichkeiten des § 75 Abs 1 hat das InsGer bereits amtswegig entspr Anregungen des InsVerw zur Durchführung einer GlVersammlung ermessensgerecht nachzugehen.[32]

17 Ebenfalls keine Anwendung findet die Zustimmungsfiktion in den Spezialfällen der **Anfechtungsermächtigung des § 313 Abs 2 S 3 aF**[33] sowie beim UnwirksamkeitsBeschl nach **Freigabe der beruflichen Selbstständigkeit** eines natürlichen Schu gem § 35 Abs 2 S 3. § 160 Abs 1 S 3 hat einen klaren Wortlautbezug zum vorgehenden § 160 Abs 1 S 1 („Zustimmung"); das sind Fälle, in denen der InsVerw allg zuständig ist und handeln kann (§ 164), sich aber durch „Zustimmung" rückversichern muss. Dagegen besitzt der Treuhänder bei § 313 Abs 2 aF eigentlich keine Anfechtungskompetenz. Deren „Beschaffung" mit Hilfe der Gl ist nicht nur reine Zustimmung, sondern erstmalig konstitutive Ermächtigung des Verw. Vergleichbares gilt bei § 35 Abs 2 S 3; für den InsVerw ist seine eigene Freigabeerklärung unwiderruflich und nur durch förmliche BeschlFassung umkehrbar. Zur Nichtgeltung der Zustimmungsfiktion bei **BeschlFassung nach § 157** s dort Rn 8.

IX. Eröffnungsverfahren

18 Zum 1.3.2012 trat das Gesetz zu weiteren Erleichterung der Sanierung von Unternehmen (ESUG)[34] in Kraft. Es hat schon im Vorverfahren die Beteiligung der wesentlichen Gl, auch im Kontext der Auswahl und Bestellung des späteren InsVerw gem § 56, deutlich gestärkt.[35] Die Gl sollen frühzeitig auf wichtige Entsch und Sanierungsschritte Einfluss nehmen können. Ein neuer § 21 Abs 2 S 1 Nr 1a sieht hierzu die **Einrichtung eines vorl GlAusschusses** vor, auf den ua die §§ 69–73 analog anwendbar sind. Damit erübrigt sich die bisherige Streitfrage, ob das Gericht bereits im Eröffnungsverfahren einen vorvorläufigen[36] GlAusschuss

---

30 BT-Drucks 16/3227, 20.

31 *K/P/B/Onusseit* § 160 Rn 7; HambKomm/*Decker* § 160 Rn 3a; allerdings erscheint in Anlehnung an *BGH* ZIP 2008, 1030 die Ansicht v *Braun/Esser* § 160 Rn 6 zutr, dass die Fiktionswirkung thematisch auf die benannten Tagesordnungspunkte der Einladung beschränkt bleibt.

32 *Uhlenbruck/Pape* § 5 Rn 28; *K/P/B/Prütting* § 5 Rn 56.

33 *OLG Köln* BeckRS 2011, 26656 sub II 2.

34 BT-Drucks 17/5712. Zur Stellungnahme des BRat s BR-Drucks 127/11 B.

35 Dazu ausf die Kommentierung *K Schmidt/Ries* zu § 56a.

36 „Vorvorläufig" insoweit, als die Praxis bisher schon den mit Eröffnung, aber vor dem Berichtstermin gerichtl bestellten Ausschuss (§ 67) als vorläufigen GlAusschuss bezeichnete.

bestellen kann,[37] und es obliegt dem vorl InsVerw, den vorl GlAusschuss des ESUG mit einzubinden, falls ausnahmsweise[38] grdl Entsch iSd § 160 schon in diesem frühen VerfStadium getroffen werden müssen; sa Erl zu §§ 22a, 56a.

37 Bejahend *AG Köln* ZIP 2000, 1350, *Undritz* EWiR 2000, 1115; ausf zum Diskussionsstand *Uhlenbruck/Knof* § 67 Rn 5 sowie *Uhlenbruck* 13. Aufl, § 67 Rn 4 ff mwN.
38 S vorstehend § 156 Rn 2 und HambKomm/*Decker* § 160 Rn 12.

§ 161 Vorläufige Untersagung der Rechtshandlung

[1]In den Fällen des § 160 hat der Insolvenzverwalter vor der Beschlussfassung des Gläubigerausschusses oder der Gläubigerversammlung den Schuldner zu unterrichten, wenn dies ohne nachteilige Verzögerung möglich ist. [2]Sofern nicht die Gläubigerversammlung ihre Zustimmung erteilt hat, kann das Insolvenzgericht auf Antrag des Schuldners oder einer in § 75 Abs. 1 Nr. 3 bezeichneten Mehrzahl von Gläubigern und nach Anhörung des Verwalters die Vornahme der Rechtshandlung vorläufig untersagen und eine Gläubigerversammlung einberufen, die über die Vornahme beschließt.

Die Vorschrift soll für die bes bedeutsamen Rechtshandlungen die **Interessen des Schu** wahren sowie die **Stellung der GlVersammlung** gegenüber dem GlAusschuss stärken. Sie verpflichtet den InsVerw zur vorherigen **Unterrichtung des Schu** bzw seiner Vertreter (S 1 iVm Rechtsgedanken des § 10), nicht aber der Gl, deren organisierte Beteiligung er schon gem § 160 Abs 1 zu betreiben hat. Sie gibt dem Schu oder einer Mindestzahl von Gl das Recht, vom InsGer die **vorl Untersagung** der Rechtshandlung und die **Einberufung einer GlVersammlung** zu verlangen (S 2). § 158 geht allerdings für den dortigen, zT mit § 160 überschneidenden Anwendungsbereich als Spezialnorm vor. 1

Die **Unterrichtung des Schu** muss geschehen, bevor der GlAusschuss oder die GlVersammlung den v InsVerw nach § 160 erbetenen Beschl gefasst haben bzw die Fiktionswirkung gem § 160 Abs 1 S 3 eintreten kann. Vorausgesetzt wird, dass die Unterrichtung ohne nachteilige Verzögerung der Rechtshandlung möglich ist. Sie muss vollständig und wahrheitsgemäß sein und soll dem Schu Gelegenheit geben, dem InsVerw und den Gl seine Auffassung vorher darzulegen. Hat der InsVerw den Schu nicht rechtzeitig, unzutreffend oder nur unvollständig unterrichtet, hat dies keinen Einfluss auf die Wirksamkeit der Beschl des GlAusschusses oder der GlVersammlung und die Wirksamkeit der vorgenommenen Rechtshandlung. Der InsVerw kann aber nach § 60 haftbar sein. 2

Die **vorl Untersagung der Rechtshandlung** soll verhindern, dass **vor einer GlVersammlung** vollendete Tatsachen geschaffen werden. Deshalb ist an die vorl Untersagung, soweit nicht bereits anderweitig mit entspr Tagesordnung terminiert, zugleich notwendig die **Einberufung einer GlVersammlung** gekoppelt; der InsVerw ist im Innenverhältnis **kraft gerichtichem UntersagungsBeschl** nur bis zu deren Beschl („vorläufig") handlungsbeschränkt. Untersagung und Einberufung sind nur möglich, solange noch keine frühere GlVersammlung die Zustimmung erteilt hat (auch nicht gem § 160 Abs 1 S 3) – entweder weil sie wegen des Vorhandenseins eines GlAusschusses mit der Rechtshandlung bisher **nicht** befasst war (§ 160 Abs 1 S 1) oder weil sie **noch nicht** stattgefunden und beschlossen hat (§ 160 Abs 1 S 2 und 3). Eine neue, die bisherige BeschlLage überholende Entsch kann der Schu dagegen nicht über § 161 S 2 erzwingen und absichern.[1] In Parallele zu § 158 Abs 2 S 2 ist auch hier 3

1 MK/*Görg/Janssen* § 161 Rn 9.

für die Untersagung der Maßnahme und die Einberufung der GlVersammlung zu fordern, dass sie keine unverhältnismäßig nachteilige Verzögerung der Rechtshandlung bewirken. Das **InsGer** beschließt auf **Antrag** des **Schu** oder einer **qualifizierten Zahl von Gl** (§ 75 Abs 1 Nr 3). Der **InsVerw** ist vor der Entsch anzuhören. Nimmt er hierbei verbindlich von der Rechtshandlung Abstand, erledigt sich die Hauptsache.

4 Das **InsGer** hat typischerweise bei Meinungsverschiedenheiten der Beteiligten über die materielle Konstituierung und den Zusammenhalt der InsMasse keine eigene Entscheidungskompetenz (abgesehen von wenigen ausdr Ausnahmen wie zB § 36 Abs 4).[2] Deshalb hat das InsGer auch funktional **nicht** über die **Zweckmäßigkeit** der vom InsVerw beabsichtigten Rechtshandlung zu bestimmen; es hat jedoch – ähnlich wie das ProzessGer vor Erlass einer einstweiligen Verfügung gem §§ 935, 940 ZPO – zu hinterfragen, ob bei Nichtuntersagung **berechtigte Interessen** des Schu oder der antragsstellenden Gl nachhaltig beeinträchtigt wären und tatsächlich schutzbedürftig sind, ohne dass offenkundig der Grundsatz der Verhältnismäßigkeit verletzt wird.[3] Nur dann ist das InsGer antragsgemäß **verpflichtet**, bei Vorliegen der übrigen Tatbestandsmerkmale (s Rn 3) die GlVersammlung einzuberufen und die Vornahme der Rechtshandlung vorl zu untersagen. Entgegen dem Wortlaut des Gesetzes („kann") hat es auch bei einem Antrag des Schu **kein weitergehend offenes Ermessen.**[4] Für den GlAntrag auf Einberufung der GlVersammlung folgt dies aus § 75 Abs 1 Nr 3; dem Zweck von § 161 entspricht es, den Antrag des Schu nicht anders zu behandeln. Die vorl Untersagung der Rechtshandlung ist letztlich nur ein Sicherungsmittel der GlAutonomie und für die Antragsteller wäre **nach** der Vornahme der Rechtshandlung die Abhaltung der GlVersammlung sinnlos.

5 Gegen die Entsch des Gerichts gibt es **keine sof Beschw** (s § 6), jedoch die **befristete Erinnerung** nach § 11 Abs 2 RPflG, wenn der Rechtspfleger entschieden hat.

§ 162 Betriebsveräußerung an besonders Interessierte

(1) Die Veräußerung des Unternehmens oder eines Betriebs ist nur mit Zustimmung der Gläubigerversammlung zulässig, wenn der Erwerber oder eine Person, die an seinem Kapital zu mindestens einem Fünftel beteiligt ist,

1. **zu den Personen gehört, die dem Schuldner nahestehen (§ 138),**
2. **ein absonderungsberechtigter Gläubiger oder ein nicht nachrangiger Insolvenzgläubiger ist, dessen Absonderungsrechte und Forderungen nach der Schätzung des Insolvenzgerichts zusammen ein Fünftel der Summe erreichen, die sich aus dem Wert aller Absonderungsrechte und den Forderungsbeträgen aller nicht nachrangigen Insolvenzgläubiger ergibt.**

(2) Eine Person ist auch insoweit im Sinne des Absatzes 1 am Erwerber beteiligt, als ein von der Person abhängiges Unternehmen oder ein Dritter für Rechnung der Person oder des abhängigen Unternehmens am Erwerber beteiligt ist.

---

2 *BGH* ZIP 2008, 417 (Rn 7) und ZIP 2008, 2135 (Rn 5); vgl auch *Ries* ZInsO 2005, 414, 417 f (bei Fn 35 f).

3 In diese Richtung auch *Braun/Esser* § 161 Rn 7; FK/*Wegener* § 161 Rn 5; *Andres/Leithaus* § 161 Rn 6. Zu weitgehend in der Ermessenausgestaltung noch *Uhlenbruck* 13. Aufl, § 161 Rn 5; wie hier jetzt *Uhlenbruck/Zipperer* § 161 Rn 5: keine Zweckmäßigkeitsüberprüfung; insofern **aA** (auch Zweckmäßigkeitskontrolle) MK/*Görg/Janssen* § 161 Rn 11; *K/P/B/Onusseit* § 161 Rn 5; *Smid* InsO § 161 Rn 6; HambKomm/*Decker* § 161 Rn 5.

4 So für das frühere Recht *K Schmidt* InsG §§ 135 KO Anm 2.

Übersicht

I. Normzweck

Die Vorschrift ist eine Sonderregelung gegenüber § 160 Abs 1 S 1.[1] Sie erklärt ausschließlich die **GlVersammlung** für zuständig, Unternehmens- oder Betriebsveräußerungen an bes Interessierte zuzustimmen, auch wenn ein **GlAusschuss** besteht.[2] Der Grund für eine Beteiligung aller Gl an dieser Entsch liegt darin, dass bei der Veräußerung an eine Person, die dem Schu nahe steht oder ein maßgeblicher Gl ist, deren bes Informations- und Einflussmöglichkeiten dazu führen können, dass die Veräußerungsbedingungen für die InsMasse nicht optimal sind.[3] Zum allg Begriffsverständnis von **„Unternehmen"** und **„Betrieb"** s bereits § 160 Rn 5. 1

Ursprünglich hatte der **RegE** allein den InsPlan als Grundlage solcher Veräußerungen vorgesehen, weil der Plan **alle** Gl über die Einzelheiten der vorgesehenen Veräußerungen zu informieren hat (s §§ 220, 229, 230), den Einfluss von GroßGl durch entspr Gruppenbildung brechen kann (s §§ 222, 223) und die Minderheit durch die Garantie des Liquidationswerts schützt (§ 251).[4] Der **RAussch** hielt dies für ein zu kompliziertes Verf, das zu einer erheblichen Belastung der InsGer führen werde; die Beteiligung der GlVersammlung erschien ihm ausreichend.[5] Die Veräußerung des Unternehmens an bes einflussreiche und informierte Personen kann deshalb sowohl auf der Grundlage eines InsPlans (s § 217 Rn 14) wie auch, mit der Zustimmung der GlVersammlung, als Verwertungshandlung iRv § 159 geschehen.[6] 2

II. Nahe stehende Personen, Abs 1 Nr 1

Die Zustimmung der GlVersammlung ist erforderlich, wenn das Unternehmen oder ein Betrieb an eine **dem Schu nahe stehende Person** veräußert werden soll. Die nahe stehende Person definiert das Gesetz iSd InsAnf (§ 138). Bei einem Schu, der juristische Person oder Gesellschaft ohne Rechtspersönlichkeit ist, sind dies vor allem die Mitglieder der Organe, die maßgeblichen Gesellschafter, die vergleichbar gut Informierten und schließlich die Personen, die den Vorgenannten persönlich nahe stehen (s § 138 Abs 2 Nr 1–3). Entspr wird man den Fall behandeln müssen, dass der Erwerber eine Gesellschaft oder juristische Person ist, bei welcher der **Schu selbst** maßgeblicher Anteilsinhaber oder Organ ist.[7] 3

Als zustimmungsbedürftige Veräußerung wird auch der Fall behandelt, dass zwar nicht der Erwerber selbst, aber eine Person, die an **seinem Kapital** zumindestens einem Fünftel **beteiligt** ist, dem Schu iSv § 138 nahe steht; damit wird verhindert, dass zur Umgehung von § 162 die Gesellschaft als Erwerberin vorgeschoben wird. Bei **Personengesellschaften** soll mit der „Beteiligung zu mindestens einem Fünftel" die Beteiligung am Gesellschaftsvermögen iF einer Liquidation gemeint sein.[8] 4

---

1 Zur Regelungszweck und Bedeutung *Gundlach/Frenzel/Jahn* ZInsO 2008, 360.
2 Ausf und zT krit *Gundlach/Frenzel/Jahn* ZInsO 2008, 360; sa *Köchling* ZInsO 2007, 690.
3 BT-Drucks 12/2443, 174 f.
4 BT-Drucks 12/2443, 174 f (zu § 181 RegE).
5 BT-Drucks 12/7302, 175 f.
6 Dazu auch *Marotzke* KTS 2014, 113, 145 f.
7 *Falk/Schäfer* ZIP 2004, 37; *Bitter/Rauhut* KSI 2007, 259.
8 BT-Drucks 12/2443, 175.

III. Maßgeblicher Gläubiger, Abs 1 Nr 2

5 Zustimmungsbedürftig ist auch die Veräußerung an einen absonderungsberechtigten (§§ 49 ff) oder vollrangigen Gl (§ 38; anders bei Nachrang gem § 39), dessen Absonderungsrechte und Forderungen zusammen **ein Fünftel des Werts** aller Absonderungsrechte und des Betrags aller vollrangigen Forderungen ausmachen. Diese Schwelle ist bewusst parallel der in § 75 Abs 1 Nr 3 genannten Untergrenze gebildet worden.[9] Das Gesetz überlässt die Feststellung dieser Voraussetzungen (notwendigerweise) der **Schätzung des InsGer**. Auch hier wird dem Erwerb durch einen insoweit maßgeblichen Gl der Fall gleichgestellt, dass zwar nicht der Erwerber, aber eine Person, die an seinem Kapital zu mindestens einem Fünftel beteiligt ist, die Voraussetzungen nach Nr 2 erfüllt (sa Rn 4).

IV. Mittelbare Beteiligung, Abs 2

6 Die Vorschrift soll die Unternehmens- und Betriebsveräußerung auch bei mittelbarer Beteiligung am Kapital des Erwerbers zustimmungsbedürftig machen und damit Gestaltungsmissbrauch wie auch Strohmanngeschäfte verhindern, beispielsweise Umgehungen der GlVersammlung durch **Aufspaltung** oder **Verschiebung von Beteiligungen**. Das erfasst zunächst den Fall, dass eine Person am Erwerber beteiligt ist (im Folgenden **Anteilsinhaberin**), aber ihre Beteiligung nicht ein Fünftel des Kapitals des Erwerbers erreicht; ist eine **weitere Person** am Kapital des Erwerbers beteiligt, die ein von der Anteilsinhaberin **abhängiges Unternehmen** ist, so wird der Anteil des abhängigen Unternehmens **der Anteilsinhaberin zugerechnet**. Erreicht die Beteiligung mit dieser Zurechnung ein Fünftel des Kapitals des Erwerbers und erfüllt die Anteilsinhaberin die weiteren Voraussetzungen von Abs 1 Nr 1 oder 2, ist die Veräußerung zustimmungsbedürftig.

7 Dem Fall des abhängigen Unternehmens wird gleichgestellt, dass eine **dritte Person** für Rechnung der Anteilsinhaberin oder für Rechnung des von ihr abhängigen Unternehmens am Kapital des Erwerbers beteiligt ist. Auch deren Anteile werden für die Berechnung des Anteils iSv Abs 1 der **Anteilsinhaberin**, welche die Voraussetzungen von Abs 1 Nr 1 oder 2 erfüllt, **zugerechnet**.

8 Nach Sinn und Zweck der Regelung muss der InsVerw eine Zustimmung immer schon dann einholen, wenn ernsthaft der Verdacht einer Treuhandbeziehung im Raum steht, die die og **Beteiligungsverhältnisse verdeckt**.[10]

V. Verhältnis zu anderen Vorschriften

9 Die Rechtsfolge der Vorschrift besteht nur darin, dass die **Zuständigkeit** für die von § 160 geforderte Zustimmung zur Veräußerung des Unternehmens oder Betriebs auf die **GlVersammlung** verlagert wird, auch wenn ein GlAusschuss besteht (s Rn 1). Zur Möglichkeit der **Delegation** eigener BeschlKompetenz s § 157 Rn 10; zur **Zustimmung** als vorausgehender Einwilligung s § 160 Rn 13. Auch alle übrigen Regeln für die zustimmungsbedürftige Unternehmens- oder Betriebsveräußerung bleiben anwendbar, daher auch die Zustimmungsfiktion von § 160 Abs 1 S 3; die gegenteilige Ansicht[11] verkennt, dass § 162 nicht die Unternehmensveräußerung erschweren, sondern nur die Kompetenz auf die GlVersammlung verlagern soll.[12] Der **InsVerw** muss die **Zustimmung einholen** (s § 160 Rn 13) und er muss den **Schu unterrichten** (§ 161 S 1).

---

9 BT-Drucks 12/2443, 175.

10 Vgl bereits die ersten Überlegungen zu § 181 Abs 2 RegE (BT-Drucks 12/2443, 175) mit umgekehrter Darlegungslast, dass ein „Insider"-Geschäft sicher auszuschließen ist.

11 *Bitter/Rauhut* KSI 2007, 259.

12 So auch HambKomm/*Decker* § 162 Rn 3.

Das **InsGer** muss die **GlVersammlung** auch auf Antrag des Schu oder einer qualifizierten Mehrzahl von Gl **einberufen** und die **Veräußerung vorl untersagen** (§ 161 S 2, s dort Rn 3, 4).

§ 163 Betriebsveräußerungen unter Wert

(1) Auf Antrag des Schuldners oder einer in § 75 Abs. 1 Nr. 3 bezeichneten Mehrzahl von Gläubigern und nach Anhörung des Insolvenzverwalters kann das Insolvenzgericht anordnen, dass die geplante Veräußerung des Unternehmens oder eines Betriebs nur mit Zustimmung der Gläubigerversammlung zulässig ist, wenn der Antragsteller glaubhaft macht, dass eine Veräußerung an einen anderen Erwerber für die Insolvenzmasse günstiger wäre.

(2) Sind dem Antragsteller durch den Antrag Kosten entstanden, so ist er berechtigt, die Erstattung dieser Kosten aus der Insolvenzmasse zu verlangen, sobald die Anordnung des Gerichts ergangen ist.

Übersicht

I. Normzweck

1 Die Vorschrift ist eine weitere Sonderregelung gegenüber § 160 Abs 1 S 1. Ihre Sinnhaftigkeit ist zw, da die Befassung der GlVersammlung für Gl und Schu auch durch Antrag auf vorl Untersagung gem § 161 S 2 erreicht werden kann,[1] für die Gl außerdem über den Weg des § 75.[2] Es bleibt demgegenüber als Besonderheit die Kostenregelung in Abs 2.

2 Eigene Bedeutung erlangt die Vorschrift überhaupt nur, wenn ein GlAusschuss besteht, der eigentlich gem § 160 erstzuständig wäre. Dann bietet sie die Möglichkeit, den **Zustimmungsvorbehalt** auf die **GlVersammlung** zu verlagern, falls die Veräußerung an einen **anderen Erwerber** günstiger erscheint. Anders als bei § 162 wird die GlVersammlung hier nicht kraft Gesetzes, sondern erst durch eine **Anordnung des InsGer** zuständig, wenn von Antragstellerseite die **konkrete Möglichkeit** einer günstigeren Unternehmensveräußerung glaubhaft gemacht ist.

II. Günstigere Veräußerung

3 Die GlVersammlung ist einzuschalten, wenn beantragt und glaubhaft behauptet wird, dass die **Veräußerung an einen anderen Erwerber** für die InsMasse **günstiger** wäre. Es **genügt nicht** die Behauptung, dass **irgendeine** andere Art der Verwertung, etwa die Veräußerung der InsMasse Stück für Stück, günstiger wäre, denn soweit die Interessen der Gl und des Schu dadurch berührt sind, dass überhaupt eine Unternehmens- oder Betriebsveräußerung statt einer Einzelveräußerung stattfinden soll, wird dies schon in § 160 Abs 2 Nr 1 und § 161 berücksichtigt; für § 163 ist vielmehr erforderlich, dass innerhalb desselben einheitlichen Weges der Unternehmens- bzw Betriebsveräußerung die Übertragung auf einen **anderen Erwerber** günstiger erscheint. Dazu **genügt** auch **nicht**, dass antragstellerseits lediglich eine **abstrakt** beschriebene Veräußerungsmöglichkeit dargetan wird. Vielmehr muss für die alternative Veräußerung ein **bestimmter Interessent** als potenzieller Erwerber **konkret benannt**

1 S ausf *K/P/B/Onusseit* § 163 Rn 2, 4. Ebenso MK/*Görg/Janssen* § 163 Rn 3: „weitgehend funktionslos"; HambKomm/*Decker* § 163 Rn 1: „überflüssig".
2 S *N/R/Balthasar* § 163 Rn 8.

werden.[3] Der Preis für ein Unternehmen oder einen Betrieb richtet sich idR nicht nur nach dessen wirtschaftl Verfassung, sondern auch nach dem, was der **individuell** benannte Erwerber mit ihm tatsächlich vorhat.[4]

4 Nach Maßgabe des zu § 160 Rn 11 Gesagten ist die anderweitige Veräußerung des Unternehmens oder Betriebs nicht schon dann **günstiger**, wenn formal ein höherer Kaufpreis ausgewiesen ist. Kompensationsleistungen wie sofortige Masseentlastung von allen Arbeitnehmer- und Mietverpflichtungen (auch nach Freistellung bzw nach Leerziehen von Objekten) sowie sonstige Haftungs- und Gewährleistungserklärungen können bedeutsam sein. Bemessungsrelevant sind schließlich Faktoren wie die Fälligkeit des Erwerbspreises, die dingliche Absicherung eines evtl Stundungsrisikos, Freistellung von anteiligen Kostentragungspflichten (zB Sonderzuwendungen an Arbeitnehmer) für zurückliegende Massezeiträume und dergl mehr.[5] Letztlich entscheidend bleibt eine Gesamtbewertung der Umstände des Einzelfalls mit den im Verf selbst gegebenen rechtl und wirtschaftl Handlungsoptionen. Die Prüfungskompetenz des InsGer beschränkt sich, wie bei § 161 Rn 4, auf die Feststellung eines berechtigten, schutzbedürftigen Interesses der Antragstellerseite in Beachtung des Grundsatzes der Verhältnismäßigkeit; die Verfolgung alternativer Überlegungen darf keine unverhältnismäßige Gefahrenlage heraufbeschwören. Insbes dürfen der InsMasse aus einer bis zur BeschlFassung der Glversammlung (dh etwa zwei bis drei Wochen; s § 75 Abs 2) hinausgezögerten EntschFindung keine schweren, anderweitig nicht mehr kompensierbaren Nachteile drohen. Vor allem zu Letzterem hat sich der **InsVerw** bei seiner **Anhörung** vorrangig zu äußern.

5 Das **schutzbedürftige GlInteresse** an einer Masseoptimierung ist nur **glaubhaft zu machen** und damit durch das Gericht allenfalls **kursorisch** zu prüfen. Es bedarf also nicht der Gewissheit, welche Alternative tatsächlich günstiger ist. Die Anordnung der Kostentragungspflicht in Abs 2 nebst Annahme des Gesetzgebers, es sei häufig durch Einschaltung von SV ein gewisser Aufwand zu betreiben,[6] rechtfertigen allerdings – das Erfordernis einer **überwiegenden** Wahrscheinlichkeit der vorgebrachten Günstigkeitsalternative.[7] Zur Feststellung dessen hat der Antragsteller alle wertbestimmenden Parameter der alternativ besseren Veräußerungsgelegenheit zumindest so vollständig und transparent zu schildern, dass ein kursorischer Vergleich zu der vom InsVerw präferierten (und v ihm ebenfalls bei seiner Anhörung entspr darzustellenden) Veräußerungsmöglichkeit möglich wird. Weitergehende Zweck- oder sonstige Ermessenserwägungen hat das Gericht indes nicht anzustellen, s § 161 Rn 4; insoweit darf es der eigentlichen autonomen Bewertung und Entsch durch die GlVersammlung nicht vorgreifen.[8]

III. Anordnungen und Verfahren

6 Wenn die Möglichkeit einer anderweitigen günstigeren Veräußerung glaubhaft gemacht ist, entscheidet das **InsGer nicht** selbst über die Veräußerung, sondern **ordnet** durch zu begründenden Beschl **an**, dass die **vom InsVerw geplante** Veräußerung der **Zustimmung der GlVersammlung** bedarf. Die Anordnung ergeht nur **auf Antrag** des **Schu** oder der in § 75 Abs 1 Nr 3 bezeichneten **Mindestzahl von Gl** und erst nach **Anhörung des InsVerw**. Ein **Rechts-**

---

3 So auch *Braun/Esser* § 163 Rn 4; *K/P/B/Onusseit* § 163 Rn 6 mwN.
4 S dazu § 160 Rn 11 Fn 20 sowie *Buth/Hermanns* § 17; *Müller-Feldhammer* ZIP 2003, 2186.
5 AllgM, s *K/P/B/Onusseit* § 163 Rn 3a mwN; *Braun/Esser* § 163 Rn 5; HambKomm/*Decker* § 163 Rn 3.
6 S BT-Drucks 12/2443, 175.
7 Zutr MK/*Görg/Janssen* § 163 Rn 12; HambKomm/*Decker* § 163 Rn 6.
8 Ähnlich MK/*Görg/Janssen* § 163 Rn 10: das Gericht muss ohne langwierige Verf vergleichen und entscheiden können.

mittel gegen die Anordnung ist nicht gegeben (s § 6), jedoch die befristete **Erinnerung** (§ 11 Abs 2 RPflG). Hat das InsGer die geplante Veräußerung durch seine Anordnung an die Zustimmung der GlVersammlung gebunden, besteht **dieselbe Lage** wie kraft Gesetzes nach **§ 160 Abs 1 S 2** und **§ 162**. Das Gericht kann nun die GlVersammlung von sich aus einberufen oder einen entspr Antrag abwarten (§§ 74, 75; s auch § 160 Rn 13). Der InsVerw hat, soweit noch nicht geschehen, den Schu zu unterrichten (§ 161 S 1). Das InsGer hat auf Antrag zusammen mit der Einberufung der GlVersammlung die Veräußerung des Unternehmens vorl zu untersagen (§ 161 S 2; sa § 162 Rn 9); **ohne** die Einberufung der GlVersammlung ist die vorl Untersagung nicht zulässig.

IV. Kosten, Abs 2

Die Glaubhaftmachung einer günstigeren Veräußerungsmöglichkeit wird häufig nur mit der Hilfe von **SV** und mit sonstigem **Informationsaufwand** möglich sein. Die Vorschrift billigt dem Antragsteller den Ersatz solcher Kosten aus der InsMasse zu, wenn sein Antrag bei Gericht Erfolg hatte. 7

§ 164 Wirksamkeit der Handlung

Durch einen Verstoß gegen die §§ 160 bis 163 wird die Wirksamkeit der Handlung des Insolvenzverwalters nicht berührt.

Die Vorschrift bestimmt zum **Schutz des Rechtsverkehrs**, dass die §§ 160–163 **keine Außenwirkung** haben. Die Verfügungsmacht des InsVerw nach § 80 bleibt unbeeinträchtigt. Verwertungshandlungen, für die nicht die erforderlichen Zustimmungen des GlAusschusses oder der GlVersammlung nach §§ 160, 162, 163 eingeholt worden sind oder die entgegen einer vorl Untersagung nach § 161 S 2 vorgenommen wurden, sind gleichwohl wirksam.[1] Über den Wortlaut hinaus gilt dasselbe, soweit gegen die BeschlErfordernisse des § 158 verstoßen wurde.[2] Nach allgM gilt dies auch dann, wenn der andere Vertragschließende die Zustimmungsbedürftigkeit und ihre Nichtbeachtung bemerkt hat.[3] Der Verstoß des InsVerw gegen diese Vorschriften kann aber zu seiner persönlichen Haftung (§ 60) und zu Aufsichtsmaßnahmen des Gerichts (§§ 58, 59) führen, wobei dem InsGer allerdings keine eigene Ersetzungsbefugnis zusteht.[4] 1

§ 164 kann ggf überlagert sein durch anderweitige, vorrangige Rechtsfolgeanordnungen, etwa diejenige der Nichtigkeit eines Geschäfts wegen offensichtlicher **Insolvenzzweckwidrigkeit**, s § 80 Rn 34, 35.[5] 2

In den Normenkanon der §§ 160–163 **nicht** mit einbezogen wurde die **Freigabe der beruflichen Selbstständigkeit** eines Schu als natürlicher Person. Hier bestimmt die Spezialnorm des § 35 Abs 2 S 3 ausdrücklich, dass das InsGer die materielle Unwirksamkeit der Erklärung des InsVerw anzuordnen hat, wenn GlAusschuss oder GlVersammlung dies beschließen.[6] 3

---

1 *BGH* ZIP 2011, 132 Rn 4; *LG Saarbrücken* ZInsO 2011, 437.
2 MK/*Görg/Janssen* § 158 Rn 25; HambKomm/*Decker* § 165 Rn 3.
3 *Braun/Esser* § 164 Rn 2; *K/P/B/Onusseit* § 164 Rn 3; *Smid* InsO § 161 Rn 1; MK/*Görg/Janssen* § 161 Rn 3 mwN.
4 PK-HWF/*Ries/Rook* § 80 Rn 22.
5 Sa *Uhlenbruck/Mock* § 80 Rn 82 ff; HambKomm/*Kuleisa* § 80 Rn 21; PK-HWF/*Ries/Rook* § 80 Rn 23.
6 *Smid* DZWiR 2008, 133, 142.

Dritter Abschnitt
Gegenstände mit Absonderungsrechten

Vorbemerkungen zu §§ 165–173

Literatur: *Eckardt* Grundpfandrechte im Insolvenzverfahren, 14. Aufl 2014; *Mitlehner* Mobiliarsicherheiten im Insolvenzverfahren, 4. Aufl 2016.

1 Erg zu den allg Vorschriften über die Verwertung der InsMasse, wie sie sich insb in den §§ 159 und 160 Abs 1, 2 Nr 1 finden, enthält der Dritte Abschn Sonderregeln über die Verwertung von Gegenständen, die mit Pfandrechten und anderen „Absonderungsrechten" (vgl §§ 50–52) belastet sind. Hier muss die Aufgabe des InsVerw, die InsMasse möglichst günstig zu verwerten, mit dem Recht des gesicherten Gl auf gesonderte Befriedigung aus dem Pfandgegenstand in Einklang gebracht werden.

2 Der Verwertung von **Grundstücken** und anderen unbeweglichen Gegenständen wird dabei nur eine kurze Vorschrift gewidmet (§ 165); die nähere Regelung ist im Gesetz über die Zwangsversteigerung und die Zwangsverwaltung zu finden. Ausf geregelt ist die Verwertung von beweglichen Sachen, die der InsVerw trotz bestehender Absonderungsrechte in seinem Besitz hat, und von Forderungen, die der Schu zur Sicherung abgetreten hatte (§§ 166–172). Im Bereich dieser „**besitzlosen Mobiliarsicherheiten**" weicht die InsO mit dem Verwertungsrecht des Verw und den Kostenbeiträgen der gesicherten Gl stark vom früheren Recht ab. Die Schlussbestimmung des Abschn (§ 173) betrifft die Verwertung von sonstigen beweglichen Gegenständen mit Absonderungsrechten durch den Gl.

3 Sondervorschriften sind iF der **Eigenverwaltung** zu beachten: Hat das InsGer die Eigenverwaltung angeordnet, so steht das Recht des InsVerw zur Verwertung von Gegenständen, an denen Absonderungsrechte bestehen, dem Schu zu; er soll dieses Recht im Einvernehmen mit dem Sachwalter ausüben, der iF der Eigenverwaltung anstelle des InsVerw bestellt wird (§ 282 InsO).

4 Im **VerbraucherInsVerf** hatten nach dem früher geltenden Recht grds die Gl, nicht der an die Stelle des Verw tretende Treuhänder ein Verwertungsrecht (§ 313 Abs 3). Diese Sonderregelung ist jedoch durch das Gesetz vom 15.7.2013[1] aufgehoben worden; sie gilt nicht mehr für InsVerf, die ab dem 1.7.2014 beantragt werden (Art 103h EGInsO).

§ 165 Verwertung unbeweglicher Gegenstände

Der Insolvenzverwalter kann beim zuständigen Gericht die Zwangsversteigerung oder die Zwangsverwaltung eines unbeweglichen Gegenstands der Insolvenzmasse betreiben, auch wenn an dem Gegenstand ein Absonderungsrecht besteht.

Übersicht

1 BGBl I, 2379.

I. Normzweck

Das in § 165 geregelte Recht des InsVerw zur Verwertung auch belasteter Immobilien und die damit zusammenhängenden Vorschriften des ZVG ergänzen die allg Regelung in § 159 über die Verwertung der InsMasse. Die nähere Ausgestaltung dieses Verwertungsrechts und das Recht des Verwalters, eine von Gl betriebene Zwangsvollstreckung einstweilen einstellen zu lassen, sind im **ZVG** geregelt (vgl die §§ 30d–30f ZVG). 1

Anstelle der Verwertung durch Zwangsversteigerung oder Zwangsverwaltung kann der Verwalter auch die freihändige Veräußerung wählen (dazu unten Rn 7). Außer dem Verwalter sind auch die **gesicherten Gl** berechtigt, ihre Absonderungsrechte an der Immobilie durch **Zwangsversteigerung** oder Zwangsverwaltung durchzusetzen (vgl § 49). Die von ihnen betriebene Vollstreckung kann jedoch auf Antrag des Verwalters **einstweilen eingestellt** werden, wenn das Ziel der wirtschaftlich effektiven Durchführung des InsVerf es erfordert. 2

II. Einzelheiten

1. Das Verwertungsrecht des Verwalters im Allgemeinen (§ 165). Die „unbeweglichen Gegenstände", zu deren Verwertung der Verwalter nach § 165 berechtigt ist, werden in § 49 definiert als die Gegenstände, „die der Zwangsversteigerung in das unbewegliche Vermögen unterliegen". Neben den Grundstücken werden also insb **eingetragene Schiffe und Luftfahrzeuge** erfasst.[1] 3

Bruchteileigentum gehört ebenso hierher wie Alleineigentum. Das Verwertungsrecht an einem **Miteigentumsanteil** berechtigt den Verwalter allerdings nicht dazu, die Zwangsversteigerung des gesamten Grundstücks zu betreiben; er kann den Anteil als solchen verwerten oder in Ausübung des Anspruchs auf Aufhebung der Gemeinschaft die Teilungsversteigerung durchführen lassen.[2] – Bei **Wohnungseigentum** ist das Vorrecht des § 10 Abs 1 Nr 2 ZVG für Hausgeldansprüche der Eigentümergemeinschaft zu beachten, das im InsVerf auch ohne vorherige Beschlagnahme des Wohnungseigentums durchgesetzt werden kann.[3] – Wenn im InsVerf über das Vermögen eines Grundstückseigentümers eine **Eigentümergrundschuld** zur Masse gehört, kann der Verw aus dieser Grundschuld die Zwangsversteigerung des Grundstücks zum Zweck der Befriedigung der Gl betreiben; § 1197 Abs 1 BGB steht dem nicht entgegen, da diese Vorschrift nur die Vollstreckung durch den Eigentümer selbst zu dessen Befriedigung ausschließt.[4] 4

Erzeugnisse, Bestandteile und Zubehörstücke eines Grundstücks haften mit, können aber auch im InsVerf nach Maßgabe der §§ 1121, 1122 BGB von der Mithaftung frei werden. Wird zB **Zubehör** bei Fortführung des insolventen Unternehmens innerhalb der Grenzen einer ordnungsgemäßen Wirtschaft veräußert, bevor es zugunsten eines gesicherten Gl in Beschlag genommen worden ist (§ 1122 Abs 2 BGB), so fällt der Erlös in die freie Masse.[5] 5

---

1 Vgl im Einzelnen *N/R/Becker* § 165 Rn 3–7; *Gottwald/Adolphsen* § 42 Rn 6–14.
2 *BGH* ZIP 2012, 1426; vgl auch *Wischemeyer* ZInsO 2009, 116.
3 Ausf dazu *BGH* ZIP 2011, 1723; krit zur Aussage des BGH, dass dieses Vorrecht nur die vor Eröffnung des InsVerf fälligen Hausgeldansprüche erfasse: *Becker* ZIP 2013, 1554.– Das Vorrecht ist kein dingliches Recht, so dass es nach einer freihändigen Veräußerung des Wohnungseigentums nicht gegen den Erwerber durchgesetzt werden kann (*BGH* ZIP 2013, 2122 Rn 26 mit Anm *Bales* ZInsO 2014, 182). Offen gelassen hat der BGH die Frage, ob sich in einem solchen Fall das Vorrecht am Veräußerungserlös fortsetzt (dafür die Vorinstanz *LG Landau* NZI 2013, 156, ebenso *Bales* ZInsO 2014, 182; **aA** *P Fischer* ZInsO 2014, 2201 f).
4 *BGH* 24.3.2016 – IX ZR 259/13.
5 Vgl *BGHZ* 60, 267, 273 f (zum früheren Konkursrecht); HambKomm/*Büchler/Scholz* § 49 Rn 4–9; MK/*Tetzlaff* § 165 Rn 231 f.

Ist das Unternehmen dagegen schon stillgelegt, so bedeutet die gesonderte Veräußerung von Zubehörstücken durch den Verwalter einen Eingriff in die Rechte der GrundpfandGl, der bei Verschulden zum Schadenersatz verpflichtet.[6]

6 Verwertet der InsVerw ein Massegrundstück im Wege der Zwangsversteigerung, so ist der **Löschungsanspruch**, der einem **nachrangigen GrundpfandGl** nach § 1179a Abs 1 S 1 BGB zusteht, nach der neuen Rspr des BGH insolvenzfest. Das gilt auch dann, wenn die Vereinigung des vorrangigen Rechts mit dem Eigentum erst nach InsEröffnung eintritt oder wenn der vorrangige GrundPfandGl erst nach der Versteigerung des Grundstücks im VerteilungsVerf auf sein Recht verzichtet. Soweit der nachrangige GrundpfandGl auf diese Weise nachrückt, steht ihm der Versteigerungserlös zu.[7]

7 Der Verwalter hat auch die Möglichkeit, zur InsMasse gehörende unbewegliche Gegenstände durch **freihändigen Verkauf** zu verwerten.[8] Dies gilt sowohl bei Lastenfreiheit des Gegenstands als auch bei Belastung zB eines Grundstücks mit Grundpfandrechten; im letzteren Fall wird der Bestand der Grundpfandrechte durch die Veräußerung nicht berührt.[9] Zweckmäßig ist allerdings, dass Verwalter und GrundpfandGl vor der freihändigen Veräußerung eine Verwertungsvereinbarung schließen, nach der die Gl zur Erleichterung der Veräußerung Löschungsbewilligungen erteilen und der Verwalter ihnen im Gegenzug eine Beteiligung am Erlös zusagt.[10]

8 Dem Gl einer „Schornsteinhypothek", der wegen seines Nachrangs offensichtlich keine Aussichten auf Befriedigung aus dem Grundstück hat, kann der Verwalter die Übernahme der Löschungskosten anbieten. Die Vereinbarung einer darüber hinausgehenden **„Lästigkeitsprämie"** zulasten der InsMasse ist dagegen nach Auffassung des BGH insolvenzzweckwidrig und damit nichtig.[11] Zulässig sind dagegen Vereinbarung und Zahlung einer solchen Lästigkeitsprämie, wenn diese ausschließlich zulasten eines damit einverstandenen vorrangigen GrundpfandGl geht.[12] Daran anknüpfend hat der BGH weiter entschieden, dass ein nachrangiger, durch Zwangsicherungshypothek gesicherter Gl in einem solchen Fall nicht verpflichtet ist, sein Grundpfandrecht ohne Gegenleistung löschen zu lassen; es ist kein Rechtsmissbrauch, wenn er zunächst an einem Grundpfandrecht festhält, das zwar in dem betreffenden Zeitpunkt wertlos erscheint, das aber iF des Wegfalls vorrangiger Rechte oder einer Wertsteigerung des Grundstücks werthaltig werden könnte, und mit einer Löschung nur gegen eine Zahlung zulasten eines vorrangigen Gl einverstanden ist.[13] Offen gelassen

---

6 *OLG Dresden* ZInsO 2003, 472, 473; vgl *BGHZ* 60, 267, 273 f; HambKomm/*Büchler/Scholz* § 49 Rn 4–9; *Tetzlaff* ZInsO 2004, 523 f.

7 *BGH* ZIP 2012, 1140 mit krit Anm *Schwarz/Doms* ZInsO 2013, 1299.

8 *BGH* 9.6.2016 – IX ZR 153/15, Rn 23.

9 Entspr gilt für öffentliche Lasten, vgl *BGH* NZI 2010, 482 und ZInsO 2010, 764.

10 Zu solchen Verwertungsvereinbarungen *Mitlehner* ZIP 2012, 649; *Eckardt* Grundpfandrechte im InsVerf, 14. Aufl, Rn 184–205. – Der BGH ist offenbar der Auff, nach einer solchen einvernehmlichen Verwertung setzten sich die Absonderungsrechte der GrundpfandGl kraft dinglicher Surrogation am Erlös fort, vgl *BGH* ZIP 2008, 2276 und – offen lassend – *Eckardt* Rn 197; dagegen zu Recht *Mitlehner* ZIP 2012, 652, der als Grundlage der zu erbringenden Zahlungen allein die Verwertungsvereinbarung mit den Gl sieht.

11 *BGH* ZIP 2008, 884 = NZI 2008, 365 mit zust Anm *Rein*; zusätzlich erläutert von *Ganter* NZI 2009, 270.

12 *BGH* ZIP 2014, 978 mit Anm *Lange* NZI 2014, 451 und *Weiß/Linsenbarth* EWiR 2014, 593; *OLG Köln* 20.1.2016 – I-2 U 86/15; *Eckardt* Rn 217; *Obermüller* InsR in der Bankpraxis, Rn 6.106–6.108c.

13 *BGH* ZIP 2015, 1131 mit Anm *Eckardt* EWiR 2015, 383, *Lange* NZI 2015, 552 und *Wenzel* DZWIR 2015, 395 gegen *OLG Nürnberg* ZIP 2013, 2471 mit zust Anm *Heublein* EWiR 2014, 123; vgl auch *OLG Schleswig* ZIP 2011, 1254 für die Situation außerhalb eines InsVerf.

hat der BGH, ob diese Aussagen auch für den Fall gelten, dass der nachrangige Gl durch ein rechtsgeschäftlich bestelltes Grundpfandrecht gesichert ist. Jedoch ist die Argumentation übertragbar: Auch hier besteht keine Pflicht des nachrangigen Gl, die wirtschaftlichen Interessen des vorrangigen Gl zu berücksichtigen.[14]

Zur Veräußerung eines unbeweglichen Gegenstands aus freier Hand ist nach § 160 Abs 1, Abs 2 Nr 1 die Zustimmung des GlAusschusses oder der GlVersammlung erforderlich. Die Befugnis des Verwalters zur freihändigen Verwertung erlischt, sobald ein gesicherter Gl die Zwangsvollstreckung in den unbeweglichen Gegenstand betreibt.[15] 9

An die Stelle einer Zwangsverwaltung nach dem ZVG kann eine Vereinbarung der GrundpfandGl mit dem InsVerw treten, nach der dieser die Miet- und Pachtzinsen einzieht, die zum Haftungsverband des Grundpfandrechts gehören, und den Erlös zwischen den Gl und der Masse aufteilt. Eine solche **„kalte" oder auch „stille" Zwangsverwaltung** ist zulässig, „solange sie so gestaltet wird, dass die Masse im Verhältnis zur förmlichen Zwangsverwaltung nicht schlechter gestellt wird".[16] Die Gegenleistung des Gl für das Tätigwerden des InsVerw darf nur in der Form eines Kostenbeitrags für die Masse vorgesehen werden. Ein bes Entgelt für den Verw persönlich wäre mit dessen Unabhängigkeit nicht vereinbar. Vielmehr ist die Durchführung der kalten Zwangsverwaltung bei der Festsetzung der Vergütung des InsVerw zu berücksichtigen.[17] – Für die gesicherten Gl birgt die Vereinbarung einer kalten Zwangsverwaltung das Risiko, dass ihre offenen Zahlungsansprüche aus der Vereinbarung nach Eintritt einer Masseunzulänglichkeit als nachrangige Masseforderungen nur anteilig befriedigt werden (§ 209 Abs 1 Nr 3).[18] Versuche, dieses Erg dadurch zu vermeiden, dass die gesicherten Gl mit dem InsVerw einen Vorrang vor anderen MasseGl vereinbaren[19] oder dass eine Sondermasse für die Einnahmen und Ausgaben der kalten Zwangsverwaltung gebildet wird,[20] dürften nicht zum gewünschten Erfolg führen, da die Rangfolge der MasseGl in § 209 zwingend geregelt ist.[21] 10

Im Einzelfall kann es schließlich sinnvoll sein, dass der Verwalter von der Verwertung eines zur Masse gehörigen unbeweglichen Gegenstands absieht und diesen dem Schu freigibt.[22] 11

14 *Lieder* NZI 2016, 105, 106 f.
15 Vgl *N/R/Becker* § 165 Rn 17–19.
16 *BGH* 14.7.2016 – IX ZB 31/14 mit Anm *Mock* EWiR 2016, 635. – Allg zu den Vor- und Nachteilen einer solchen Vereinbarung und zu ihrer sinnvollen Ausgestaltung *Cranshaw/Welsch* DZWIR 2017, 101-133; *Körner* Die kalte Zwangsverwaltung, 2017, sowie – noch ohne Berücksichtigung der BGH-Entscheidung – *Fleischer* Die kalte Zwangsverwaltung, 2017; MK/*Tetzlaff* § 165 Rn 187–192; *Eckardt* Rn 412–423. – Krit zum Begriff der „kalten Zwangsverwaltung" *Mitlehner* ZIP 2012, 654: Es gehe hier nicht um eine besondere Art der Zwangsverwaltung, sondern um eine Vereinbarung von Leistungen aus der Masse zur Abwendung einer Immobiliarvollstreckung.
17 In die Berechnungsgrundlage für die Vergütung ist nach Auff des BGH nur der Überschuss einzubeziehen, der durch die kalte Zwangsverwaltung für die Masse erzielt worden ist, § 1 Abs 2 Nr 1 S 3, Nr 4 S 2 Buchst b InsVV entspr. Wird die so berechnete Vergütung dem Umfang des zusätzlichen Arbeitsaufwandes nicht gerecht, so ist dies durch einen Zuschlag auszugleichen, § 3 Abs 1 Buchst b InsVV. – Der BGH hat die Sache zurückverwiesen; anschließend ist die Entsch *LG Frankfurt/Oder* 24.5.2017 – 13 T 20/16 ergangen.
18 Vgl *Cranshaw/Welsch* DZWIR 2017, 122, 129 f, 133.
19 *Bork* ZIP 2013, 2133.
20 *Körner* Die kalte Zwangsverwaltung, S 103-105.
21 *Mitlehner* ZIP 2015, 62 und ZIP 2012, 652 Fn 66.
22 Dazu *Eckardt* Rn 492–502; *Pape* ZInsO 2008, 470 – 473. – Aus der Freigabe eines Grundstücks ist nicht zu entnehmen, dass auch Ansprüche auf Rückgewähr nicht valutierter Grundschulden freigegeben sind, *BGH* 27.4.2017 – IX ZB 93/16 mit Anm *Cranshaw* EWiR 2017, 469.

Dies kommt insb in Betracht, wenn ein Grundstück so hoch belastet oder so stark kontaminiert[23] ist, dass kein Erlös für die Masse erwartet werden kann. Ist der Schu keine natürliche Person, so läuft eine **Freigabe** von Massegegenständen allerdings dem Ziel der Vollabwicklung von juristischen Personen und Gesellschaften ohne Rechtspersönlichkeit im InsVerf zuwider; nach Auffassung des BGH ist dieses Ziel aber dem Hauptzweck des InsVerf, der bestmöglichen GlBefriedigung, untergeordnet.[24] Auch nach einer solchen Freigabe gilt das Ausfallprinzip: Der gesicherte Gl ist zur anteilsmäßigen Befriedigung aus der InsMasse nur berechtigt, soweit er auf sein (vormaliges) Absonderungsrecht verzichtet oder bei der Durchsetzung seines dinglichen Rechts an der freigegebenen Sache ausgefallen ist (§ 52 S 2 analog).[25]

12 Das Bedürfnis für eine **Freigabe** von Gegenständen, die zur Insolvenzmasse gehören, aber keinen Ertrag versprechen, ist **bei Eigenverwaltung** in gleicher Weise gegeben wie im RegelIsVerf. Bedenken gegen die Zulässigkeit der Freigabe im Verf mit Eigenverwaltung, wie sie in der Literatur erhoben werden,[26] sind daher nicht anzuerkennen. Zwar hat auch der BGH in einem Urteil, das eine zur Sicherung übereignete Maschine betraf, solche Bedenken erhoben; er hat dann aber offen gelassen, „ob und unter welchen Voraussetzungen eine Freigabe nach Anordnung der Eigenverwaltung überhaupt möglich ist und wie – durch wen und wem gegenüber – sie ggf erklärt werden müsste".[27] Das OLG Frankfurt hatte in der vorangegangenen Entsch für die Freigabe der Maschine ausreichen lassen, dass der Sachwalter mit Zustimmung des Schu dem gesicherten Gl mitteilte, vom Verwertungsrecht des Schu werde kein Gebrauch gemacht.[28]

13 Zu beachten ist allerdings, dass der Masse bei einem Verzicht auf die Zwangsversteigerung von Immobilien die gesetzliche Feststellungskosten-Pauschale in Höhe von 4 % des Zubehörwertes (vgl unten Rn 17) entgeht. Dieser Nachteil kann bei einer freihändigen Verwertung durch eine Vereinbarung vermieden werden, in der sich die gesicherten Gl zu einer entspr **Beteiligung der Masse** am Erlös verpflichten.[29] Für den dadurch entstehenden Ausfall kann der GrundpfandGl einen mithaftenden Bürgen aber nur in Anspruch nehmen, wenn die Verwertungsvereinbarung wirtschaftlich sinnvoll und die Massebeteiligung dafür notwendig war.[30] Die Beteiligung der Masse am Veräußerungserlös ist umsatzsteuerpflichtig, da der Verwalter insoweit eine entgeltliche Leistung zugunsten der GrundpfandGl

---

23 Dazu MK/*Tetzlaff* § 165 Rn 194–220; HambKomm/*Büchler/Scholz* § 165 Rn 16–18; *Eckardt* Rn 578–581. Mit der Freigabe endet die bodenschutzrechtliche Haftung der Masse nach § 4 Abs 3 S 1 BBodSchG, *BVerwGE* 122, 75 = ZIP 2004, 2145 mit zust Anm *Kreft* EWiR 2005, 440; *OVG Sachsen-Anhalt* ZInsO 2015, 1445, 1447 aE. Entspr gilt für die Zustandshaftung nach dem BImSchG (*OVG Berlin-Bbg* ZInsO 2008, 1088; anders für die Haftung als Betreiber, *VGH Mannheim* ZIP 2012, 1819) oder die Zustandshaftung nach dem Kreislaufwirtschafts- und Abfallgesetz (*OVG Lüneburg* ZInsO 2010, 1094). – Krit zu dieser Rspr der VerwGerichte: *K Schmidt* NJW 2010, 1489; gegen diesen wiederum *Fölsing* ZInsO 2010, 2224.

24 *BGHZ* 163, 32 = ZInsO 2005, 594 mit zust Anm *Flitsch* in EWiR 2005, 603; *BGHZ* 148, 252 = NZI 2001, 531; ebenso *BVerwGE* 122, 75 = ZIP 2004, 2145. – Auch dem Ziel der Restschuldbefreiung kann die Freigabe zuwiderlaufen, vgl *Beier* Die Freigabe von Immobiliarvermögen bei der Insolvenz natürlicher Personen, 2013; vgl zur Freigabe auch oben *Ries* § 35 Rn 52–66.

25 *BGH* ZIP 2009, 874.

26 *K/P/B/Pape* § 283 Rn 10 und *Rattunde/Stark* Rn 154 f halten die Freigabe in einem solchen Verf generell für ausgeschlossen.

27 *BGH* 9.3.2017 – IX ZR 177/15, Rn 9.

28 *OLG Frankfurt* 31.8.2015 – 23 U 17/15, Rn 26.

29 Vgl *Eckardt* Rn 203 unter Hinweis auf *BGH* ZIP 2011, 387; *K Schmidt/Sinz* § 165 Rn 32; HambKomm/*Büchler/Scholz* § 165 Rn 12.

30 Vgl *OLG Schleswig* DZWIR 2013, 43 mit Anm *Wessel* DZWIR 2013, 6.

erbringt.[31] Bei einer Freigabe steht dem Nachteil der entgehenden Kostenpauschale der Vorteil der Arbeitsersparnis bei der Verwaltung gegenüber, der sich für die Masse in einer geringeren Verwaltervergütung niederschlagen sollte.[32]

Auch iÜ sind die **umsatzsteuerrechtlichen Auswirkungen** von Veräußerung und Freigabe zu berücksichtigen: Gibt der InsVerw ein hoch belastetes Grundstück frei und veräußert der Schu das Grundstück anschließend unter Option zur Umsatzsteuer, so haftet nach – allerdings unzutreffender – Auff des BFH die Masse für die Umsatzsteuer.[33] Allerdings ist mWv 1.4.2004 **§ 13b UStG** dahin **geändert** worden, dass bei Umsätzen, die unter das Grunderwerbsteuergesetz fallen, der Leistungsempfänger die Umsatzsteuer schuldet, wenn er ein Unternehmer oder eine juristische Person des öffentlichen Rechts ist.[34] Für den Fall der Veräußerung an einen Unternehmer dürfte die Entsch des BFH zur Umsatzsteuerhaftung der Masse trotz Freigabe daher nicht mehr einschlägig sein.[35] 14

Zu beachten ist weiter, dass die Differenz zwischen dem Buchwert und dem Verkehrswert eines veräußerten Grundstücks der **Gewinnbesteuerung** unterliegt. Auch wenn diese **stillen Reserven** in der Zeit vor der Verfahrenseröffnung gebildet worden sind, ist der entspr Steueranspruch nach der Rspr des BFH als Masseforderung einzuordnen; der anspruchsbegründende Tatbestand sei erst mit der Veräußerungshandlung abgeschlossen.[36] Unterliegt der Veräußerungsgewinn der Einkommensteuer, so ist die daraus resultierende Einkommensteuerschuld auch dann in voller Höhe Masseverbindlichkeit, wenn das verwertete Grundstück mit Absonderungsrechten belastet war und der zur Masse gelangende Resterlös nicht ausreicht, um die Steuerforderung zu befriedigen.[37] 15

2. Die Ausgestaltung des Verwertungsrechts im ZVG. – a) Nach §§ 172–174 ZVG sind auf die vom Verwalter betriebene Zwangsversteigerung oder Zwangsverwaltung grds die Vorschriften des ZVG für die Vollstreckung durch einen Gl maßgebend. Die wichtigste Ausnahme besteht darin, dass bei einer vom Verwalter betriebenen Zwangsversteigerung jeder Gl mit einem anerkannten Absonderungsrecht verlangen kann, dass bei der **Feststellung des geringsten Gebots** nur die seinem Anspruch vorgehenden Rechte berücksichtigt werden; verlangt er dies, so wird die Immobilie auch mit dieser Abweichung ausgeboten (§ 174 ZVG). 16

---

31 So jedenfalls der Umsatzsteuer-Anwendungserlass des *BMF* v 1.10.2010, BStBl I 846, Nr 1.2. Abs 3 und das BMF-Schreiben v 30.4.2014 BStBl I 816 = ZInsO 2014, 1000 unter Berufung auf *BFHE* 211, 551 = NZI 2005, 55 und *BFH* ZIP 2011, 1923; krit dazu *Fölsing* ZInsO 2011, 2261, *de Weerth* ZInsO 2017, 149, *K Schmidt/Sinz* § 171 Rn 35 und MK/*Tetzlaff* § 165 Rn 283. Eine entspr Umsatzsteuerpflicht entsteht nach diesen Entsch und den Erlassen des BMF durch die Beteiligung der Masse bei der „kalten Zwangsverwaltung"; krit dazu *Keller* NZI 2013, 268; *Fleischer* Die kalte Zwangsverwaltung, S 76–81, 105-115.

32 Vgl *Ries* ZInsO 2007, 62.

33 *BFHE* 196, 341 = ZIP 2002, 230; zu Recht krit dazu *K/P/B/Flöther* § 171 Rn 18 und *Onusseit* ZIP 2002, 1344: es kann bei einem frei gegebenen Grundstück nur der Schu mit seinem freien Vermögen haften; vgl auch *Zeeck* KTS 2006, 407, 435; iE wie der BFH *Ganter/Brünink* NZI 2006, 260 f.

34 Vgl zu den Auswirkungen für die InsAbwicklung *Maus* ZIP 2004, 1580 ff; *Raab* DZWIR 2006, 234.

35 Ebenso *K Schmidt/Sinz* § 165 Rn 38. – Zur Problematik der Umsatzsteuer-Option bei Zwangsversteigerung, freihändiger Veräußerung und Freigabe vgl MK/*Tetzlaff* § 165 Rn 276–286; weiter *Braun/Dithmar/Schneider* § 165 Rn 33-42; *Kreth* NZI 2004, 353 f.

36 *BFHE* 241, 233 = DStR 2013, 1584 mit Anm *Kahlert*; **aA** zB *Gottwald/Frotscher* § 122 Rn 31 f; *Uhlenbruck/Sinz* § 38 Rn 73.

37 *BFHE* 241, 233 = DStR 2013, 1584 mit Anm *Kahlert*; die abw Rspr in *BFHE* 141, 2 hat der BFH aufgegeben. Vgl dazu *Onusseit* ZInsO 2014, 64–66; krit *Sämisch* ZIP 2016, 2460.

17 **b)** An diese Ausnahme schließt **§ 174a ZVG** an, der im Zusammenhang mit Nr 1a in § 10 Abs 1 ZVG steht: In die Rangordnung der Befriedigungsrechte nach § 10 ZVG ist bei der InsRReform ein zur InsMasse gehörender Anspruch auf Ersatz der Kosten eingefügt worden, die die Feststellung des Zubehörs (genauer: der beweglichen Gegenstände, auf die sich die Versteigerung erstreckt) durch den InsVerw verursacht; diese Kosten sind pauschal mit 4 % des geschätzten Zubehörwertes anzusetzen (parallel zur Höhe der Feststellungskosten bei den „besitzlosen Mobiliarsicherheiten“, § 171 Abs 1).[38] Wenn die Zwangsversteigerung des Grundstücks betrieben wird – ob vom Verwalter selbst oder von einem Gl[39] –, kann der Verwalter verlangen, dass das Grundstück auch in der Weise ausgeboten wird, dass im geringsten Gebot nur die diesem Kostenerstattungsanspruch vorgehenden Rechte berücksichtigt werden, also im Wesentlichen nur die Kosten des VersteigerungsVerf.[40] Dadurch kann der Verwalter erreichen, dass sich auch bei einem hoch belasteten Grundstück Bieter in der Zwangsversteigerung finden und wenigstens die **Feststellungskosten in Höhe von 4 % des Zubehörwertes** für die Masse gewonnen werden. Die Gl können den Verlust ihrer Rechte an dem Grundstück dadurch abwenden, dass sie den Kostenerstattungsanspruch ablösen.[41] Der Anspruch geht dann entspr § 268 Abs 3 BGB auf den Ablösenden über; allerdings ist nicht sicher, dass dieser den Anspruch realisieren kann, da bei freihändiger Veräußerung oder Freigabe des Grundstücks oder bei einer Beendigung des InsVerf ohne Verwertung des Grundstücks der Anspruch erlischt.[42] Gibt der InsVerw das Grundstück nach der Ablösung aus der Masse frei, so entfällt damit nicht etwa der Rechtsgrund für die Zahlung des Ablösungsbetrages.[43]

18 Im Fall der **Eigenverwaltung** (§§ 270–288) werden bei der Verwertung von Sicherheiten Feststellungskosten nicht erhoben. Damit entfällt auch das Recht, nach § 174a ZVG vorzugehen.[44] Die Sonderregelung für das Verwertungsrecht in **VerbraucherInsVerf** (§ 313 Abs 3 S 1) ist durch das Gesetz vom 15.7.2013 mit Wirkung für ab 1.7.2014 beantragte Verf aufgehoben worden.[45]

19 **3. Die einstweilige Einstellung der vom Gläubiger betriebenen Vollstreckung.** Solange ein Grundstück, das zur InsMasse gehört, für die Fortführung des insolventen Unternehmens im InsVerf benötigt wird, soll es nicht durch die von einem Gl betriebene **Zwangsversteigerung** aus dem Unternehmensverbund herausgelöst werden. Auf der anderen Seite sollen die Nachteile ausgeglichen werden, die die gesicherten Gl durch den zeitweiligen Aufschub ihrer Befriedigung erleiden. Diesen Zielen dienen §§ 30d–30f ZVG (eingefügt durch Art 20 EGInsO). Der Verwalter kann die einstweilige Einstellung einer Zwangsversteigerung insb dann erreichen, wenn der „Berichtstermin“, in dem die Gl über die Fortführung des Unternehmens entscheiden (§ 157), noch aussteht oder wenn das Grundstück für eine beschlossene Fortführung benötigt wird. Die Einstellung ist jedoch mit der Auflage zu verbinden, dass dem betreibenden Gl für die Zeit nach dem Berichtstermin laufend die geschuldeten

38 Vgl zur Rechtfertigung und zur AnspruchsGrdl des Kostenbeitrags *Jungmann* GrundpfandGl und UnternehmensIns, Rn 251–254; krit *Eckardt* Rn 242 f. – Zur Wertfestsetzung durch das Vollstreckungsgericht vgl *Stöber* ZVG § 74a Rn 7.8–10.11.

39 Vgl *Tetzlaff* ZInsO 2004, 523.

40 Zu den Gefahren dieser Regelung für die gesicherten Gl *Stöber* NJW 2000, 3600; *Jungmann* GrundpfandGl und UnternehmensIns, Rn 136–138.

41 Begr RegE EGInsO, BT-Drucks 12/3803, 69 f; *N/R/Becker* § 165 Rn 13; *Uhlenbruck/Brinkmann* § 165 Rn 24; **aA** *Hintzen* ZInsO 2004, 718 f; *ders* FS Kirchhof 2003, S 219 ff.

42 *Marotzke* ZZP 1996, 461 f; *Muth* ZIP 1999, 952; MK/*Tetzlaff* § 165 Rn 174.

43 **AA** offenbar *Stöber* NJW 2000, 3605.

44 Vgl § 282 Abs 1 S 2 und *Eckardt* Rn 256.

45 Vgl oben Vor § 165 Rn 4.

Zinsen gezahlt werden; dabei geht es nicht um die „dinglichen" Zinsen, für die das Grundstück haftet, sondern wie in der parallelen Regelung für Mobilien in § 169 S 1 um die nach der vertraglichen Vereinbarung zu zahlenden Zinsen, hilfsweise die gesetzlichen Verzugszinsen.[46] Zusätzlich ist laufend ein etwa entstehender Wertverlust des Grundstücks auszugleichen. Zinsen und Wertersatz können nur beansprucht werden, soweit die Einstellung die Befriedigungsaussichten des Gl beeinträchtigt (§ 30e Abs 3 ZVG; vgl die parallele Regelung in § 169 S 3, § 172 Abs 1 S 2).[47]

Die Einstellung der von einem Gl betriebenen **Zwangsverwaltung** kann der InsVerw erreichen, wenn er glaubhaft macht, dass durch die Fortsetzung der Zwangsverwaltung eine wirtschaftliche Nutzung der InsMasse wesentlich erschwert würde. Auch hier sind aber die Nachteile, die dem betreibenden Gl durch die Einstellung entstehen, durch laufende Zahlungen aus der InsMasse auszugleichen (§ 153b ZVG).[48] 20

§ 166 Verwertung beweglicher Gegenstände

(1) Der Insolvenzverwalter darf eine bewegliche Sache, an der ein Absonderungsrecht besteht, freihändig verwerten, wenn er die Sache in seinem Besitz hat.

(2) Der Verwalter darf eine Forderung, die der Schuldner zur Sicherung eines Anspruchs abgetreten hat, einziehen oder in anderer Weise verwerten.

(3) Die Absätze 1 und 2 finden keine Anwendung

1. **auf Gegenstände, an denen eine Sicherheit zu Gunsten des Betreibers oder des Teilnehmers eines Systems nach § 1 Abs. 16 des Kreditwesengesetzes zur Sicherung seiner Ansprüche aus dem System besteht,**
2. **auf Gegenstände, an denen eine Sicherheit zu Gunsten der Zentralbank eines Mitgliedstaats der Europäischen Union oder Vertragsstaats des Europäischen Wirtschaftsraums oder zu Gunsten der Europäischen Zentralbank besteht, und**
3. **auf eine Finanzsicherheit im Sinne des § 1 Abs. 17 des Kreditwesengesetzes.**

Übersicht

46 *LG Göttingen* NZI 2000, 187; *LG Stade* RPfleger 2002, 472; MK/*Tetzlaff* § 165 Rn 104 f; *Uhlenbruck/Brinkmann* § 165 Rn 9; *Jungmann* GrundpfandGl und UnternehmensIns, Rn 220–229; *Eckardt* Rn 302; *Mönning/Zimmermann* NZI 2008, 134, 136 f; **aA** *Stöber* ZVG, 21. Aufl, § 30e Rn 2 Anm 2.2; *Hintzen* ZInsO 2004, 720 f – Zur Berechnung der Zinsen iFd § 169 vgl *BGHZ* 166, 215 = ZIP 2006, 814 und unten § 169 Rn 15–18.

47 Vgl dazu *Jungmann* GrundpfandGl und UnternehmensIns, Rn 232–240; Eckardt Rn 309–315.

48 Vgl zum Nebeneinander von Zwangsverwaltung und InsVerf auch *BFH* ZInsO 2012, 2250; *K Schmidt/Sinz* § 165 Rn 16–19; MK/*Tetzlaff* § 165 Rn 245–261.

I. Gesetzgebungshinweise

1 Im früheren **Konkursrecht** galt der Grundsatz – der im Wortlaut des § 127 KO allerdings nur sehr unvollkommen zum Ausdruck kam –, dass der Verwalter nicht zur Verwertung von beweglichen Sachen und Rechten berechtigt war, wenn an diesen Gegenständen ein Absonderungsrecht bestand. In aller Regel stand das Verwertungsrecht den gesicherten Gl zu. Die viel kritisierte Folge war, dass diese Gl zB die zur Sicherung übereigneten Sachen ohne Rücksicht auf die Eröffnung eines InsVerf aus dem Verbund des insolventen Unternehmens herausverlangen konnten.

2 Der Vorschlag der **Kommission für InsR**, den durch EV, Sicherungseigentum oder Sicherungsabtretung gesicherten Gl das Aus- oder Absonderungsrecht zu nehmen und sie zu „bevorzugten InsGl" zu erklären,[1] wurde in den Entwürfen des BMJ dahin abgeschwächt, dass diesen Gl ein Absonderungsrecht zustehen, das Verwertungsrecht jedoch auf den Verwalter übergehen sollte (§§ 55, 181 RefE). Der **RegE** näherte sich dem bisherigen Recht weitergehend an, indem er dem (einfachen) EV die Aussonderungskraft beließ und dementspr die Vorbehaltsware nicht dem Verwertungsrecht des Verwalters unterwarf. Das Verwertungsrecht des Verwalters an zur Sicherung abgetretenen Forderungen sollte auf den Fall beschränkt sein, dass die Abtretung dem DrittSchu nicht angezeigt worden war. Bei der angezeigten Abtretung sollte ebenso wie bei der Verpfändung die bisherige Rechtsstellung des Gl erhalten bleiben. Der **RAussch** des BTages hielt die Unterscheidung zwischen angezeigter und nicht angezeigter Forderungsabtretung jedoch für wenig praktikabel, da nicht geklärt sei, bis zu welchem Zeitpunkt die Anzeige nachgeholt werden könne; die Abgrenzung zwischen der angezeigten Sicherungsabtretung und der Forderungsverpfändung, die nicht zu einem Verwertungsrecht des Verwalters führe, könne der Rspr überlassen bleiben.[2]

3 Abs 3 ist durch Art 1 Nr 7 des G v 5.4.2004[3] zur Umsetzung der Richtlinie 2002/47/EG über **Finanzsicherheiten** angefügt worden. Er stellt jedoch nicht nur Finanzsicherheiten iSd Richtlinie vom Verwertungsrecht des Verwalters frei (Nr 3), sondern übernimmt und erweitert auch – in Nr 1 und 2 – die Sonderregelung für Sicherheiten von Teilnehmern eines Abrechnungssystems und für Sicherheiten von Zentralbanken, die bis 2004 in § 166 Abs 2 S 2 enthalten war und folgenden Wortlaut hatte: „Dies gilt nicht, wenn die Forderung an den Teilnehmer eines Systems nach § 96 Abs 2 S 2 oder 3 zur Sicherung seiner Ansprüche aus dem System oder an die Zentralbank eines Mitgliedstaats der Europäischen Union oder Vertragsstaats des Europäischen Wirtschaftsraums oder an die Europäische Zentralbank abgetreten wurde." Diese Regelung wiederum ging auf das G v 8.12.1999[4] zurück, das insoweit zur Umsetzung der Richtlinie 98/26/EG „über die Wirksamkeit von Abrechnungen in Zahlungs- sowie Wertpapierliefer- und -abrechnungssystemen" (sog **Finalitätsrichtlinie**) diente. – Durch G v 19.11.2010[5] ist der Wortlaut der Nr 1 leicht geändert worden (Gleichstellung der Sicherheiten zugunsten des Systembetreibers mit den Sicherheiten zugunsten der Teilnehmer); dies geschah in Umsetzung der Richtlinie 2009/44/EG zur Änderung der beiden genannten Richtlinien.[6]

---

1 EB LS 3.3.1.
2 Ausschussbericht BT-Drucks 12/7302, 176, Nr 106.
3 BGBl I, 502.
4 BGBl I, 2384.
5 Art 2 Nr 3, BGBl I, 1592, 1609.
6 Vgl die Begr des RegE zum G v 19.11.2010, BT-Drucks 17/1720, 47.

II. Normzweck

Die Übertragung des Verwertungsrechts an den „besitzlosen Sicherheiten" auf den Verwalter (Abs 1, 2) wird als **„das unbestrittene Kernstück der Reform der Mobiliarsicherheiten"** bezeichnet.[7] Der Verwalter erhält mit der VerfEröffnung (zum EröffnungsVerf vgl § 21 Abs 2 S 1 Nr 5) kraft Gesetzes eine originäre, dh nicht vom Gl oder vom Schu abgeleitete Rechtsposition, deren wesentlicher Inhalt das Recht zur Verfügung über den Sicherungsgegenstand durch Veräußerung, bei Forderungen auch durch Einziehung, bildet.[8] Auf der anderen Seite trifft den Verwalter auch die Pflicht, Wertverlusten des belasteten Gegenstands entgegenzuwirken.[9] Das Verwertungsrecht des Verwalters hat bei Unternehmensinsolvenzen drei wesentliche Vorteile für die effektive Durchführung des InsVerf: 4

- Da die gesicherten Gl nicht mehr verwertungsberechtigt sind, haben sie nicht mehr die Möglichkeit, die Sicherheiten nach der Eröffnung des InsVerf herauszuverlangen und dadurch das Vermögen des Schu zur Unzeit auseinanderzureißen. **Fortführungs- und Sanierungschancen** werden verbessert. Dieser Gesichtspunkt hat allerdings nur bei Sachen, nicht bei Forderungen Bedeutung. 5
- Die Verwertung einer Sache wird **praktisch erleichtert**, wenn der Verwalter verwertet, der sich bereits im Besitz der Sache befindet. Gesamtverwertungen werden ermöglicht, zB die Veräußerung einer Werkstattseinrichtung, deren Einzelteile verschiedenen Gl zur Sicherheit übereignet sind. Forderungen kann am einfachsten derjenige einziehen, der über die Unterlagen verfügt, in denen die Forderungen dokumentiert sind. 6
- Das Verwertungsrecht des Verwalters ist schließlich ein **technisches Hilfsmittel**, um die **Kostenbeteiligung** der Gl durchzusetzen: Die Kosten der Feststellung der Sicherheiten und ggf die Umsatzsteuer belasten die Masse auch bei einer Verwertung durch den Gl, und es ist aufwendig für den InsVerw, nachträglich vom Gl die Erstattung dieser Kosten zu fordern. Verwertet der Verwalter selbst, so kann er die Kosten vom Erlös abziehen, bevor er diesen an den Gl aushändigt. 7

Aus diesen drei Funktionen des Verwertungsrechts im Interesse der GlGesamtheit folgt, dass es nicht durch eine Vereinbarung zwischen dem Schu und einem einzelnen Gl bei der Sicherheitenbestellung abbedungen werden kann.[10] 8

In **VerbrInsVerf** war das Verwertungsrecht des Verwalters (Treuhänders) ursprünglich durch § 313 Abs 3 aF ausgeschlossen. Hier geht es typischerweise nicht um den Erhalt eines Vermögensverbunds oder die Bewahrung von Fortführungschancen. Auch der zweite genannte Gesichtspunkt, die Erleichterung der Realisierung der Sicherheit, hat nur in relativ wenigen Fällen Gewicht. Praktische Schwierigkeiten, die bei der Verwertung von Grundstücken aufgetreten waren, sind durch die Ergänzung des § 313 Abs 3 S 3 aF zumindest vermindert worden.[11] Soweit es aber an einem Bedürfnis für ein Verwertungsrecht des Verwalters fehlt, entfällt auch die Grundlage für eine Kostenbeteiligung der gesicherten Gl. In den Materialien zum G v 15.7.2013, durch das § 313 Abs 3 aF gestrichen und damit das Verwertungsrecht des Verwalters auf VerbrInsVerf ausgedehnt wurde, heißt es zur Begr 9

7 *Gottwald* in InsR im Umbruch, S 199.
8 *Gundlach/Frenzel/Schmidt* NZI 2001, 120; **aA** *Berger* KTS 2007, 437 f, der das Verwertungsrecht als „eine aus der Rechtsstellung des AbsonderungsGl abgeleitete gesetzliche Verfügungsermächtigung" ansieht.
9 *BGH* ZInsO 2007, 429, 431.
10 *BGH* ZInsO 2009, 766 in Bestätigung von *OLG Rostock* ZIP 2008, 1128 mit zust Anm *Freudenberg* in EWiR 2008, 727.
11 G v 26.10.2001, BGBl I, 2710.

lediglich: „Diese Aufgabenverlagerung auf die Gl hat sich nicht bewährt.“[12] Es fällt schwer, dies als sachgerechte Begr dafür zu akzeptieren, dass den gesicherten Gl das Verwertungsrecht, das ihnen außerhalb des InsVerf zusteht, auch in VerbrInsVerf entzogen wird.[13]

10 Die Ausnahmen vom Verwertungsrecht des Verwalters in Abs 3 beruhen wie die zugrunde liegenden Richtlinien auf dem Grundgedanken, dass der freie Dienstleistungs- und Kapitalverkehr im **europäischen Finanzbinnenmarkt** nicht behindert werden soll. Der Verwertung einer der erfassten Sicherheiten durch den Sicherungsnehmer soll auch im InsFall nichts im Wege stehen. Auf diese Weise soll zur Stabilität des Finanzsystems beigetragen werden.[14] Diese Zielsetzung rechtfertigt nach Auff des EuGH die Abweichung vom Grundsatz der Gläubigergleichbehandlung.[15]

III. Bewegliche Sachen (Abs 1)

11 **1. Erfasste Gegenstände. – a)** „Sachen“ sind nach § 90 BGB alle körperlichen Gegenstände. Als „beweglich“ gelten sie, wenn sie nicht wie Grundstücke sowie eingetragene Schiffe und Luftfahrzeuge den bes Vorschriften für „unbewegliche Gegenstände“ unterliegen.[16] Das Verwertungsrecht des Verwalters erfasst nur solche bewegliche Sachen, die sich „in seinem Besitz“ befinden. Gemeint sind die Sachen, an denen der Schu (oder der vorl InsVerw) bei VerfEröffnung Besitz hatte und die durch die Übernahme der InsMasse gem § 148 Abs 1 in den **Besitz des Verwalters** übergegangen sind.[17] Bei diesen besteht typischerweise die Gefahr, dass der Verbund des schuldnerischen Unternehmens auseinandergerissen wird, wenn die Gl sie herausverlangen dürfen. Anders ist die Situation insb bei **verpfändeten Sachen**. Da die Übergabe und der fortdauernde Besitz des Gl nach §§ 1205, 1253 BGB Voraussetzung für die Wirksamkeit des vertraglichen Pfandrechts sind, bilden die Pfandobjekte regelmäßig keinen Bestandteil der wirtschaftlichen Einheit des Unternehmens.

12 Hat der Schu den Besitz an einer Sache allerdings vor der VerfEröffnung durch **verbotene Eigenmacht** verloren, so wird man dem InsVerw den Anspruch auf Wiedereinräumung des Besitzes (§ 861 Abs 1 BGB) und nach der Besitzerlangung das Verwertungsrecht zugestehen können.[18]

13 Sachen, die gem §§ 1120, 1192 BGB als **Erzeugnisse, Bestandteile oder Zubehör eines Grundstücks** für eine Hypothek oder eine Grundschuld haften, unterliegen nicht dem Verwertungsrecht des § 166 InsO. Sie werden regelmäßig zusammen mit dem Grundstück nach der Regelung für „unbewegliche Gegenstände“ (§ 165) verwertet.[19] Das gilt auch für den Fall, dass ein durch Grundpfandrecht gesicherter Gl sich Zubehörstücke „vorsichtshalber“ zusätzlich zur Sicherung hat übereignen lassen; denn durch die nachträgliche Begr von

---

12 Begr RegE, BT-Drucks 17/11268, S 35.

13 Zur verfassungsrechtlichen Würdigung vgl unten Rn 43.

14 Vgl die Erwägungsgründe 3 und 5 der Finanzsicherheiten-Richtlinie v 6.6.2002, ABlEG Nr L 168/43.

15 *EuGH* 10.11.2016 – C – 156/16 (Private Equity Insurance Group) Rn 49-53. –Vgl aber zur Fragwürdigkeit der internationalen Sonderregelungen für den Finanzsektor *Kodek* KTS 2014, 240–247; *Paulus* ZIP 2014, 2378–283; *N/R/Becker* § 166 Rn 62–64.

16 Vgl oben § 165 Rn 3; MK/*Tetzlaff* § 166 Rn 7–10; zu Windkraftanlagen *Sessig/Fischer* ZInsO 2011, 620.

17 *Uhlenbruck/Brinkmann* § 166 Rn 8; *Gottwald/Adolphsen* § 42 Rn 139.

18 *OLG Frankfurt* ZVI 2009, 498; *Häsemeyer* Rn 13.47; MK/*Tetzlaff* § 166 Rn 26–35; *Uhlenbruck/Brinkmann* § 166 Rn 12; *Gottwald/Adolphsen* § 42 Rn 143; zu der Frage, ob eine Besitzverschiebung vor VerfEröffnung ausnahmsweise **anfechtbar** sein kann, vgl *OLG Frankfurt* ZVI 2009, 498; *Bork* FS Gaul, 1977, S 76; *Eckardt* ZIP 1999, 1738 ff.

19 Vgl *Marotzke* ZZP 1996, 445 ff.

Sicherungseigentum können Sachen, die zum Haftungsverband eines Grundstücks gehören, nicht aus diesem herausgelöst werden.[20] Beachtet der Verwalter schuldhaft den Haftungsverband eines Grundpfandrechts nicht und führt er durch getrennte Veräußerung zB von Zubehör die Enthaftung herbei, so steht dem GrundpfandGl ein Schadenersatzanspruch als Masseforderung zu.[21]

Die wichtigsten Anwendungsfälle des § 166 Abs 1 sind das **Sicherungseigentum**, der erweiterte EV und das gesetzliche **Vermieterpfandrecht**, weiter **das durch Pfändung erlangte Pfandrecht**.[22] Sachen, die unter **einfachem EV** geliefert worden sind, fallen nicht unter die Vorschrift, da an ihnen kein Absonderungsrecht, sondern ein Aussonderungsrecht des Eigentümers besteht (vgl §§ 47, 51 Nr 1). Für sie wird das Bedürfnis, die InsMasse nicht zur Unzeit auseinanderzureißen, durch § 107 Abs 2 verwirklicht. Gegenstände, die dem **Pfändungsschutz des § 811 Abs 1 Nr 7 ZPO** unterliegen – wie die Praxiseinrichtung eines Zahnarztes –, gehören nicht zur InsMasse; auch wenn der Schu sie vor der InsEröffnung zur Sicherheit übereignet hat, kann an ihnen daher weder ein Absonderungsrecht noch ein Verwertungsrecht des Verwalters nach § 166 entstehen.[23] Ist eine zur Sicherung übereignete Sache vor der InsEröffnung nach § 111b StPO zur Sicherung der Einziehung **„beschlagnahmt"** worden, so besteht das daraus folgende Veräußerungsverbot auch im InsVerf fort (§ 111d Abs 1 S 2 StPO); eine Verwertung der Sache nach § 166 Abs 1 InsO ist dann erst möglich, wenn der InsVerw unter Hinweis auf das Sicherungseigentum die Aufhebung der Beschlagnahme erreicht hat.[24] 14

Nicht selten sind an einer Sache oder Sachgesamtheit mehrere, miteinander konkurrierende Sicherheiten bestellt worden. In einem solchen Fall kann ein Teil der Abgrenzungsschwierigkeiten dadurch vermieden werden, dass sich die betroffenen Gl zu einem **Sicherheitenpool** zusammenschließen und ihre Rechte gemeinsam geltend machen.[25] 15

Ist Sicherungseigentum zerstört worden und hatte der Sicherungsgeber zuvor eine **Sachversicherung** zugunsten des Sicherungsnehmers abgeschlossen, so steht die Versicherungsforderung gem § 44 Abs 1 S 1 VVG dem Sicherungsnehmer als Versicherten zu. Im InsVerf über das Vermögen des Sicherungsgebers ist der Versicherungsnehmer jedoch analog § 51 Nr 1 Alt 2 auf ein Absonderungsrecht an der Forderung beschränkt. Der InsVerw ist analog § 166 Abs 2 zur Einziehung berechtigt.[26] 16

b) Mittelbarer Besitz des Verw an der Sache reicht grds aus. Entscheidend ist, dass der Verwalter und nicht der Gl über die Sache verfügen kann („besserer Besitz" von Schu oder Verwalter).[27] Rohstoffe, die der Schu bei Dritten eingelagert hatte, und Fahrzeuge, die vom 17

---

20 Ebenso *K Schmidt/Sinz* § 166 Rn 6; MK/*Tetzlaff* § 166 Rn 10, differenzierter § 165 Rn 238–242.

21 *OLG Dresden* ZInsO 2003, 472.

22 Dazu krit *Häsemeyer* Rn 13.48.

23 *OLG Köln* ZVI 2006, 591 mit Anm *Mai* ZVI 2007, 166 und Anm *Gundlach/Schmidt/Frenzel* EWiR 2006, 625; **aA** MK/*Tetzlaff* § 166 Rn 61; abw auch *K Schmidt/Sinz* § 166 Rn 5: Das Nutzungsrecht an dem unpfändbaren Gegenstand verbleibt dem Schu, der Sachwert kann für die InsMasse realisiert werden.

24 Vgl § 74 Abs 3 StGB und *Obermüller/Obermüller* ZInsO 2017, 2676, 2679, 2682.

25 MK/*Tetzlaff* Vor § 166 Rn 75–89; *Jonek* FS Wellensiek, 2011, S 415–425: *Riggert* NZI 2000, 525; *Mitlehner* Rn 877–922.

26 Vgl *Jaeger/Henckel* § 47 Rn 157; *Hofmann* KTS 2015, 55, der allerdings ein Aussonderungsrecht in dem Fall annimmt, dass die Rechtsstellung des Sicherungsnehmers durch eine Akzessorietätsklausel von vornherein auf den Betrag der gesicherten Forderung beschränkt ist.

27 *Bork* FS Gaul, 1997, S 74, 76; FK/*Wegener* § 166 Rn 6; MK/*Tetzlaff* § 166 Rn 15; *Mitlehner* Rn 728; ähnlich *Braun/Dithmar* § 166 Rn 9 mit der Einschränkung, dass die Einräumung des mittelbaren Besitzes an einen Dritten dem Geschäftskonzept des Schu entsprochen haben muss.

Schu in gemietete Garagen eingestellt worden waren, dürfen vom Verw verwertet werden. Auch in diesen Fällen gehört das Sicherungsgut zum Verbund des Unternehmens, der zusammengehalten werden soll, um Fortführungschancen zu wahren und günstige Gesamtverwertungen zu ermöglichen.[28] Ist dagegen der gesicherte Gl der unmittelbare Besitzer (und ist damit keine „besitzlose Mobiliarsicherheit" gegeben), so führt der mittelbare Besitz des Verw nicht zu einem Verwertungsrecht.[29] Ist das Sicherungsgut einem **Treuhänder** übergeben, der es im Sicherungsfall dem Gl herauszugeben hat, so liegt der „bessere Besitz" ebenfalls beim Gl.[30]

18 Der **BGH** hat sich in zwei Entscheidungen aus dem Jahre 2006 zu der Frage geäußert, ob mittelbarer Besitz für das Verwertungsrecht des Verwalters ausreicht. Er hat sich zunächst nur für bestimmte Fallgestaltungen festgelegt und dabei den Aspekt betont, dass die Sicherungsobjekte mit der Unternehmenstätigkeit des Schu im Zusammenhang standen: Hat der Schu eine von ihm zur Sicherheit übereignete Sache gewerblich vermietet oder verleast, dann besteht an dieser Sache ein Verwertungsrecht des InsVerw; denn ein solcher Gegenstand wird regelmäßig sowohl für eine Unternehmensfortführung als auch für eine geordnete Abwicklung benötigt.[31] Ein Verwertungsrecht des Verwalters besteht aber auch an sicherungsübereigneten Betriebsgegenständen, die der Schu einem Dritten überlassen hat, damit dieser die Gegenstände lagert und für den Schu weitervermietet, weil sie in dessen Betrieb zeitweise nicht benötigt werden; auch diese Überlassung liegt im Rahmen der unternehmerischen Tätigkeit des Schu.[32]

19 Dass der BGH auch **Leasingobjekte** erfasst, ist entgegen der Kritik von *Zahn* berechtigt.[33] Der Grundgedanke des § 166 trifft auch hier zu, da die Fortführung oder geordnete Abwicklung des Leasingunternehmens erschwert würde, wenn die finanzierende Bank ohne Rücksicht auf das laufende InsVerf die Leasingobjekte verwerten dürfte.[34] IdR wird eine Verwertung allerdings wegen des nach § 108 Abs 1 S 2 fortbestehenden Besitzrechts des Leasingnehmers erst nach Beendigung des Leasingvertrages in Betracht kommen.[35]

20 Verwirrend ist allerdings, dass der BGH in beiden Entsch den Grundsatz aufstellt, dass der **Besitzmittlungswille des unmittelbaren Besitzers** bis zur Verwertung fortbestehen muss (wenn er diesen Grundsatz auch in der zweiten Entscheidung einschränkt). Für die Frage, ob ein Verwertungsrecht des Verwalters besteht, kann nur die Situation im Zeitpunkt der Eröffnung des InsVerf maßgeblich sein; das gilt für den Besitz an den belasteten Gegenständen ebenso wie für die sonstigen Voraussetzungen des Verwertungsrechts.[36]

---

28 Vgl *Hirte* FS G Fischer, 2008, S 239, 247 f, für den der „bessere Besitz" danach zu bestimmen ist, ob das Sicherungsgut für die Fortführung des Unternehmens oder für eine vorteilhafte Gesamtveräußerung unverzichtbar ist.

29 *Lwowski/Tetzlaff* FS G Fischer, 2008, S 374–376; *Braun/Dithmar* § 166 Rn 10; vgl *Marotzke* ZZP 1996, 443. Zur Abschwächung dieses Grundsatzes durch den *BGH* vgl die folgenden Rn.

30 Zum Verwertungsrecht bei Treuhandverhältnissen vgl *Bitter* ZIP 2015, 2249, *Undritz* BB 2016, 74, *Berger* ZInsO 2016, 474 und *Weitbrecht* NZI 2017, 553, jeweils in der Besprechung v *BGH* ZIP 2015, 2286.

31 *BGHZ* 166, 215 = ZInsO 2006, 433.

32 *BGH* NZI 2007, 95 mit Anm *Bork* EWiR 2007, 119.

33 *Zahn* ZIP 2007, 365; krit auch MK/*Tetzlaff* § 166 Rn 16 f, 57 f und *Lwowski/Tetzlaff* FS G Fischer, 2008, S 365; vgl dazu auch *Ganter* ZInsO 2007, 846.

34 FK/*Wegener* § 166 Rn 6; **aA** *Uhlenbruck/Brinkmann* § 166 Rn 15; *K Schmidt/Sinz* § 166 Rn 89.

35 Vgl *Marotzke* oben § 108 Rn 39, 43; *Hölzle/Geßner* ZIP 2009, 1646 f.

36 *Bitter/Alles* KTS 2013, 150–152; *Gundlach/Frenzel/Schirrmeister* NZI 2007, 327; *Zahn* ZIP 2007, 365, 370 f.

In einer Entsch aus dem Jahre 2011 hat der BGH die allg Auff bestätigt, dass der mittelbare Besitz des Verwalters für dessen Verwertungsrecht dann nicht ausreicht, wenn der absonderungsberechtigte **Gl selbst unmittelbarer Besitzer** ist.[37] Im Jahre 2015 hat er diese Aussage allerdings entscheidend eingeschränkt, in einem *obiter dictum*, das aber ausführlich begründet ist: Wenn der Schu ein **Aktienpaket verpfändet** habe, das seinem Umfang und seiner Zweckbestimmung nach eine Unternehmensbeteiligung repräsentiere, und wenn er trotz der Verpfändung die Mitgliedschaftsrechte ausüben könne, sei diese Beteiligung der wirtschaftlichen Einheit des SchuVermögens zuzurechnen. Das Verwertungsrecht des Verwalters als mittelbarer Besitzer der Aktien werde unter diesen Umständen nicht dadurch ausgeschlossen, dass der gesicherte Gl unmittelbarer Besitzer (oder mittelbarer Besitzer besseren Rangs) sei. § 166 Abs 1 sei unmittelbar anwendbar.[38] – Es ist bedauerlich, dass der BGH hier die klare Abgrenzung in Frage stellt, dass § 166 Abs 1 Sicherungsrechte im unmittelbaren Besitz des Gl nicht erfasst.[39] Ob eine Unternehmensbeteiligung dem Verwertungsrecht des Verwalters unterliegt, sollte im Zusammenhang mit der Frage einer analogen Anwendung des § 166 diskutiert und entschieden werden.[40] Der mittelbare Besitz des Verwalters kann dabei nicht entscheidend sein: Bei einem Aktienpaket ist er nach der bisherigen rechtlichen Einordnung der Aktien als bewegliche Sachen gegeben, bei der Beteiligung an einer GmbH jedoch nicht. Beide Fälle unterschiedlich zu behandeln, wäre aber sinnwidrig.[41] 21

Etwas mehr Klarheit über die Haltung des BGH bringt eine allg Aussage in einer Entsch von 2016: Grunds reiche der mittelbare Besitz des Verw aus, um iRd § 166 dessen Verwertungsrecht zu begründen. Dies gelte aber nicht für jede Form des mittelbaren Besitzes. Vielmehr sei der Anwendungsbereich des § 166 Abs 1 nach dessen Sinn und Zweck zu begrenzen. Die Vorschrift solle den Gl den Zugriff auf die wirtschaftliche Einheit des Unternehmens des Schu verwehren, um Fortführungschancen zu erhalten und/oder eine gemeinsame Verwertung zusammengehöriger Gegenstände zu ermöglichen. Ein Verwertungsrecht des Verw sei danach dann anzunehmen, „wenn die bewegliche Sache im maßgeblichen Zeitpunkt zur wirtschaftlichen Einheit des Schuldnerunternehmens gehört. Wenn der Absonderungsberechtigte selbst unmittelbarer Besitzer ist, hat der Senat ein Verwertungsrecht des InsVerw trotz mittelbaren Besitzes verneint …“[42] 22

2. Art der Verwertung. – a) Da die Vorschrift die **freihändige Verwertung** gestattet, ist der Verwalter in der Art der Verwertung nicht eingeschränkt. Häufig wird er einen spezialisierten Verwerter einschalten.[43] Wird die Sache vom Verwalter oder in seinem Auftrag veräußert, so erhält der Erwerber lastenfreies Eigentum an dieser. Dies gilt auch für Sachen, bei denen der Schu das Eigentum durch Sicherungsübereignung verloren hatte; insoweit ist der Verwalter zur Veräußerung von Dritteigentum ermächtigt.[44] 23

Vor der Verwertung hat der Verwalter allerdings den gesicherten Gl zu unterrichten (§ 167). Der Gl ist nach Treu und Glauben verpflichtet, die Veräußerung nicht zu erschweren und – 24

37 *BGHZ* 189, 299 Rn 31; vgl oben Rn 17.
38 *BGH* ZIP 2015, 2286 mit zust Anm *Bitter* ZIP 2015, 2249, *Undritz* BB 2016, 74 und *Berger* ZInsO 2016, 474; ebenso schon vor dem BGH *Bitter/Alles* KTS 2013, 113–153.
39 Krit zu diesem Punkt auch *Berger* ZInsO 2016, 476 f, 481 f.
40 S unten Rn 35.
41 Insoweit übereinstimmend *Bitter* ZIP 2015, 2251.
42 *BGH* 14.4.2016 – IX ZR 176/15, Rn 20.
43 Zu den Sorgfaltspflichten bei der Auswahl eines Auktionators *OLG Hamm* DZWIR 2009, 391 mit Anm *Heinze*.
44 *Klasmeyer/Elsner/Ringstmeier* KS-InsO, 2. Aufl, S 1088 Rn 21; *Uhlenbruck/Brinkmann* § 166 Rn 21.

soweit erforderlich – dabei mitzuwirken.[45] Will der Verwalter die Sache **benutzen**, verbinden, vermischen oder verarbeiten, so ist § 172 zu beachten.

25 **b)** Im Einzelfall kann es zweckmäßig sein, dass der Verwalter anstelle einer Verwertung des Sicherungsguts den gesicherten Gl befriedigt. Durch eine solche **Ablösung** der Sicherheit kann erreicht werden, dass das Sicherungsgut zB für den Verbrauch bei der Fortführung des Unternehmens[46] oder für eine Betriebsveräußerung[47] zur Verfügung steht.

26 **c)** Vor einer **Veräußerung gepfändeter Sachen** muss der Verwalter vom GV die Pfandsiegel entfernen lassen, um die öffentlich-rechtliche Verstrickung zu beseitigen.[48] Die Rechte des Gl aus dem PfR sollen dadurch nach dem Willen des Gesetzgebers offensichtlich nicht beeinträchtigt werden; öffentlich-rechtliche Verstrickung und materielle Berechtigung sollen ausnahmsweise auseinanderlaufen.

27 Zur Überwindung der dogmatischen Bedenken gegen diese Lösung hat Bork vorgeschlagen, dem InsVerw die Verwertung der gepfändeten Sache nur aufgrund einer Anordnung des Vollstreckungsgerichts nach § 825 ZPO zu erlauben.[49] Mit einer solchen Anordnung einer „anderen Verwertungsart" würde zwar eine Brücke zwischen InsR und Einzelvollstreckungsrecht geschlagen. Es erscheint aber wenig praxisgerecht zu verlangen, dass dem Verwalter die ihm schon kraft Gesetzes zustehende Verwertungsbefugnis (§ 166 Abs 1) noch einmal durch eine – ihrem Inhalt nach vorgegebene – GerichtsEntsch übertragen wird.[50] Die Auffassung von Smid,[51] die Verstrickung werde schon durch den hoheitlichen Akt der insolvenzrechtlichen Beschlagnahme bei der Eröffnung des InsVerf aufgehoben, führt zu Schwierigkeiten, wenn das InsVerf ohne eine Verwertung der Sache wieder aufgehoben wird. Eher kommt in Betracht, in § 166 Abs 1 eine gesetzlich bestimmte andere Verwertungsart zu sehen, bei der die Verstrickung und das PfR erst durch die Veräußerung erlöschen.[52] Die Entfernung der Pfandsiegel dürfte auch nach diesen Auffassungen Sache des GV sein.

IV. Forderungen (Abs 2) und sonstige Rechte

28 **1. Sicherungsabtretung. – a)** Nach Abs 2 S 1 ist das Verwertungsrecht des Verwalters bei Forderungen von vornherein auf eine bestimmte Sicherungsvereinbarung beschränkt, nämlich die Sicherungsabtretung. Allerdings kann diese auch Teil eines verlängerten EV sein, zB iF der Vereinbarung, dass nach der **Veräußerung von Vorbehaltsware** die Kaufpreisforderung als Sicherheit dienen soll.[53]

29 Erfasst die Sicherungsabtretung von Ansprüchen aus einem **Lebensversicherungsvertrag** auch den Anspruch auf Auszahlung des Rückkaufswertes, so steht dem InsVerw nach der Kündigung des Vertrages gem § 166 Abs 2 das Recht zur Einziehung dieses Anspruchs zu.[54]

---

45 ZB durch Aushändigung des Fahrzeugbriefs eines sicherungsübereigneten Kfz, *OLG Stuttgart* ZIP 2012, 1519 (Revision zurückgenommen).
46 Vgl unten § 172 Rn 19.
47 MK/*Tetzlaff* § 166 Rn 53.
48 Begr zu § 191 RegE, BT-Drucks 12/2443, 178; zust *Adolphsen* KS-InsO S 1356 Rn 101; ebenso FK/*Wegener* § 166 Rn 4; **aA** *Uhlenbruck/Brinkmann* § 166 Rn 22. – Vgl dazu auch *BGH* 21.9.2017 – IX ZR 40/17 (Fortbestand der Verstrickung trotz Unwirksamwerdens einer Zwangsvollstreckung nach § 88).
49 *Bork* FS Gaul, 1997, S 80; vgl auch *K/P/B/Flöther* § 166 Rn 24.
50 Zust *Uhlenbruck/Brinkmann* § 166 Rn 22.
51 *Smid* ZInsO 2001, 444.
52 *Jauernig/Berger* § 45 Rn 21; *Berger* KTS 2007, 438 f; *Gottwald/Adolphsen* § 42 Rn 142.
53 Vgl *OLG Brandenburg* ZInsO 2009, 522.
54 *OLG Hbg* ZIP 2008, 33.

Der **Bereicherungsanspruch** eines Sicherungszessionars gegen einen zweiten Zessionar, an den mit befreiender Wirkung geleistet worden ist, unterliegt dagegen nicht dem Einziehungsrecht des Verwalters.[55] Ebenso wenig besteht ein Verwertungsrecht des Verwalters in dem Fall, dass der DrittSchu eine mehrfach zur Sicherung abgetretene Forderung schon vor der Eröffnung des InsVerf durch Hinterlegung unter Verzicht auf die Rücknahme erfüllt hat und nur noch bereicherungsrechtliche Ausgleichsansprüche zwischen den Prätendenten offen sind.[56] 30

b) Nicht vom Wortlaut erfasst wird die **Verpfändung** einer Forderung. Auch eine analoge Anwendung kommt nicht in Betracht:[57] Da die Wirksamkeit des Vertragspfands an einer Forderung nach § 1280 BGB regelmäßig die Anzeige der Verpfändung an den Schu der verpfändeten Forderung voraussetzt, muss dieser von vornherein damit rechnen, von dem Gl in Anspruch genommen zu werden. Ein Einziehungsrecht des Verwalters würde hier die praktische Abwicklung nicht vereinfachen.[58] Auch wäre wegen dieser Offenlegung der Verpfändung der Abzug von Feststellungskosten nicht berechtigt, der nach § 170 Abs 1 eine Folge des Verwertungsrechts des Verwalters ist. – Ebenso wenig ist der Verwalter zur Verwertung von Forderungen berechtigt, die im Wege der Zwangsvollstreckung **gepfändet** worden sind.[59] 31

Anders ist nach Auff des BGH allerdings der Fall zu beurteilen, dass der Gl, dem eine Forderung zur Sicherheit verpfändet worden ist, wegen fehlender Fälligkeit der gesicherten Forderung und damit **fehlender Pfandreife** noch nicht zur Einziehung der verpfändeten Forderung berechtigt ist. Hier bejaht das Gericht ein alleiniges Einzugsrecht des InsVerw, das er mit der Interessenlage begründet und auf eine entspr Anwendung des § 173 Abs 2 S 2 stützt: Der Schutz des PfandGl durch § 1281 BGB, nach dem vor Fälligkeit der gesicherten Forderung nur an den PfandGl und den Gl gemeinsam geleistet werden darf, sei im InsVerf wegen der Amtspflichten des InsVerw nicht erforderlich, und eine zügige Verwertung liege im Interesse aller Beteiligten.[60] Im gleichen Sinn hatte der BGH schon vorher den Fall entschieden, dass eine **aufschiebend bedingte Forderung** durch Verpfändung einer anderen Forderung gesichert und die Bedingung noch nicht eingetreten ist.[61] Da der Aufwand des Verwalters in einem solchen Fall dem Aufwand beim Einzug einer Forderung nach § 166 Abs 2 vergleichbar ist, kann der Verwalter die Feststellungs- und Verwertungskosten vorab für die Insolvenzmasse entnehmen.[62] 32

c) Anders als der RegE[63] unterscheidet § 166 Abs 2 S 1 nicht mehr danach, ob die Sicherungsabtretung dem Schu der abgetretenen Forderung angezeigt worden ist oder nicht. Die vereinfachte Fassung des Gesetzes ändert aber nichts daran, dass das Verwertungsrecht des Verwalters und der Abzug von Feststellungskosten iF der angezeigten Abtretung ebenso 33

---

55 *BGH* ZIP 2003, 1256, bestätigt in *BGH* NZI 2004, 29.
56 *BGH* NZI 2006, 178 mit Anm *Heublein* EWiR 2006, 375.
57 Vgl *BGH* ZIP 2003, 1256; *Szalai* ZInsO 2009, 1183 f; **aA** *Marotzke* ZZP 1996, 448.
58 Begr zu § 191 RegE, BT-Drucks 12/2443, 178 f; krit zu diesem Argument *Berger* FS G Fischer, 2008, S 1, 4.
59 *BGH* ZIP 2012, 638 (die Entsch erscheint allerdings widersprüchlich insofern, als trotz Ablehnung eines Verwertungsrechtes des Verwalters offenbar Feststellungskosten zugesprochen werden); *OLG Celle* ZIP 2009, 924.
60 *BGH* ZIP 2013, 987 mit zust Anm *Mitlehner* EWiR 2013, 523 und abl Anm *Primozic/Doetsch* NZI 2013, 736.
61 *BGH* ZIP 2005, 909 mit Anm *Balle* in EWiR 2005, 641; vgl dazu *K Schmidt/Sinz* § 166 Rn 23; *Ganter* FS Wellensiek, 2011, S 408.
62 *BGH* ZIP 2013, 987.
63 Vgl oben Rn 2.

wenig sachgerecht sind wie bei der Forderungsverpfändung.[64] Es bleibt der Ausweg, bei einer **angezeigten „Sicherungsabtretung"** die Möglichkeit der Umdeutung in eine Forderungsverpfändung zu prüfen.[65] Regelmäßig wird eine solche Abtretung auch die rechtlichen Voraussetzungen einer Verpfändung erfüllen. Zwar hat der BGH „schon im Hinblick auf die erheblich unterschiedlichen Rechtsfolgen beider Rechtsinstitute" für eine solche Umdeutung keinen Raum gesehen;[66] jedoch werden gerade die Rechtsfolgen der Verpfändung iF der Eröffnung eines InsVerf häufig dem Willen der Parteien eher entsprechen als die einer Sicherungsabtretung. Bei den Formularen von Kreditinstituten wird man allerdings davon ausgehen können, dass die verwendeten Begriffe in Kenntnis der Rechtsfolgen gewählt sind. Ist zw, ob eine einzuziehende Forderung zur Sicherheit abgetreten oder verpfändet ist, so kann es sich empfehlen, dass der gesicherte Gl den InsVerw zur Einziehung ermächtigt; dann ist der Verwalter jedenfalls einziehungsbefugt.[67]

34 Mitlehner[68] will das Verwertungsrecht des Verwalters bei zur Sicherung abgetretenen Forderungen in dem Fall ausschließen, dass **schon vor der VerfEröffnung die Verwertungsreife eingetreten**, die Zession offengelegt und die Einziehungsbefugnis des Schu widerrufen worden ist. In diesem Fall bestehe bei VerfEröffnung keine Sicherungszession mehr, sondern eine Abtretung „zur treuhänderischen Verwertung". Der Verwalter könne keine weitergehenden Rechte geltend machen, als sie dem Schu zugestanden hätten. Die Auffassung berücksichtigt wohl nicht ausreichend, dass der Wille des Gesetzgebers dahin ging, die Sicherungsabtretung vor und nach der Offenlegung gleich zu behandeln, und dass die Einziehungsbefugnis des Verwalters unmittelbar aus § 166 folgt, also nicht vom Schu abgeleitet ist.[69] Nur wenn es dem gesicherten Gl gelingt, die zur Sicherung abgetretene Forderung schon vor der InsEröffnung einzuziehen, kann er dem Verwertungsrecht des InsVerw und damit auch den Kostenbeiträgen der §§ 170, 171 entgehen.[70]

35 **2. Sicherungsübertragung oder Verpfändung eines sonstigen Rechts.** Für eine analoge Anwendung des § 166 Abs 2 auf den Fall eines zur Sicherung übertragenen oder verpfändeten Rechts, das keine Forderung ist, führt Marotzke an, dass sich für solche Rechte schon nach früherem Recht regelmäßig aus § 127 Abs 2 KO ein Verwertungsrecht des Verwalters ergeben habe und dass es den Zielen der Reform widersprechen würde, dieses Recht wegfallen zu lassen.[71] Andere befürworten eine Analogie zu § 166 Abs 1 für Rechte, die entspr dem Grundgedanken dieser Vorschrift zur wirtschaftlichen Einheit des Unternehmens gehören.[72] In der Tat kann zB iF eines verpfändeten **Markenrechts** (vgl § 29 Abs 1 Nr 1 MarkenG) ein Bedürfnis dafür bestehen, die Marke zunächst im Verbund des insolventen Unternehmens zu halten;[73] die Feststellung der Wirksamkeit der Verpfändung kann schwie-

---

64 Vgl *Becker* DZWIR 2010, 134 f und *N/R/Becker* § 166 Rn 39 f; MK/*Tetzlaff* § 166 Rn 45.
65 Vgl den Hinweis des BT-RAussch auf den Spielraum der Rspr bei der Abgrenzung von Sicherungsabtretung und Forderungsverpfändung, oben Rn 2.
66 *BGH* ZIP 2002, 1632; bestätigt in *BGH* ZIP 2005, 909, 911.
67 Vgl *BGH* ZIP 2008, 929.
68 *Mitlehner* ZIP 2001, 679 f.
69 Oben Rn 2, 4; zust *K Schmidt/Sinz* § 166 Rn 20. In seinem Werk Mobiliarsicherheiten im InsVerf, Rn 733–735, führt *Mitlehner* gegen diese Argumente an, das Verwertungsrecht nach § 166 könne nur für Massevermögen iSd § 35 bestehen.
70 Vgl im Einzelnen *Gundlach/Frenzel/Schmidt* NZI 2002, 530–532.
71 *Marotzke* ZZP 1996, 449 f; im gleichen Sinne – zT nur für die Sicherungsübertragung – *Gottwald/Adolphsen* § 42 Rn 162, 189, 192; *N/R/Becker* § 166 Rn 35; *K/P/B/Flöther* § 166 Rn 14; *Adolphsen* KS-InsO S 1355 f Rn 100; HambKomm/*Büchler/Scholz* § 166 Rn 26; *Szalai* ZInsO 2009, 1179–1183.
72 Vgl *Häcker* ZIP 2001, 995; ähnlich *Uhlenbruck/Brinkmann* § 166 Rn 35 f.
73 Vgl *Lwowski/Hoes* WM 1999, 771, 776.

rig sein (nur fakultative Eintragung im Register, § 29 Abs 2 MarkenG), so dass auch ein Abzug von Feststellungskosten gerechtfertigt erscheinen könnte. Ähnlich starke Argumente können dafür angeführt werden, **Lizenzen aus dem Bereich des Immaterialgüterrechts, zB des Urheberrechts**, an denen Absonderungsrechte bestehen, dem Verwertungsrecht des Verwalters zu unterstellen.[74] Der Erhaltung von Sanierungschancen ist es dienlich, wenn Rechte, die zur technisch-organisatorischen Einheit des Unternehmens gehören und zur Fortführung erforderlich sind, dem Verwertungsrecht der Gl entzogen werden.[75] Auch maßgebliche Unternehmensbeteiligungen können unabhängig von einer Verpfändung zum Verbund eines Unternehmens gehören; ihre Verwertung durch den InsVerw – als Gesamt- oder Einzelverwertung – wird typischerweise im Interesse der Gesamtgläubigerschaft liegen.[76] Es erscheint aber doch zweifelhaft, ob diese Gesichtspunkte ausreichen, die vom Gesetzgeber bewusst gezogenen Grenzen von Verwertungsrecht und Kostenbeiträgen zu überspringen.[77]

Der **BGH** hat in einer Entsch aus dem Jahre 2015 offen gelassen, ob eine analoge Anwendung des § 166 zB auf unverbriefte Unternehmensbeteiligungen in Betracht kommt. Er hat für verpfändeten Aktienbesitz die Möglichkeit gesehen, ein Verwertungsrecht des Verw unmittelbar auf § 166 Abs 1 zu stützen, da der Verw immerhin mittelbarer Besitzer der Aktien sei. Der „bessere Besitz" des PfandGl schließe das Verwertungsrecht nicht aus, wenn eine Unternehmensbeteiligung vorliege, die zur wirtschaftlichen Einheit des SchuUnternehmens gehöre.[78] Es ist zu vermuten, dass der BGH das Verwertungsrecht auch dann zubilligen würde, wenn die Beteiligung an einer GmbH bestünde und daher nicht in einer Urkunde verbrieft wäre, an der Besitz bestehen kann.[79] Der BGH hat damit die Tür zu einer analogen Anwendung des § 166 auf Sicherungsrechte an Gegenständen, die ebenso wie das in § 166 Abs 1 erfasste Sicherungsgut zum Verbund des schuldnerischen Unternehmens gehören, einen Spalt breit geöffnet. **36**

3. Art der Verwertung. Die Verwertung einer Forderung wird regelmäßig in der Weise geschehen, dass der Verwalter den geschuldeten Betrag **zur InsMasse einzieht**.[80] Denkbar ist aber auch die Veräußerung der Forderung oder die Erteilung einer Einzugsermächtigung an einen Dritten.[81] Das Verwertungsrecht des Verwalters umfasst die Befugnis, Einwendungen des DrittSchu auszuräumen, zB durch die Vereinbarung eines Abzugs von Gegenansprüchen.[82] Auch iÜ wirken Rechtshandlungen, die der Verwalter iRd § 166 Abs 2 vornimmt, für und gegen den Sicherungsnehmer: Eine wirksame Mahnung durch den Verwalter lässt Verzug eintreten, der auch nach einer Einstellung des Verfahrens zugunsten des Sicherungsneh- **37**

---

74 Vgl *Berger* ZInsO 2013, 569, 578 und FS Wellensiek, 2011, S 373, 379; *Hirte* FS G Fischer, 2008, S 239, 249–254; *Lüke* FS Gero Fischer, S 353, 355 f.

75 *K Schmidt/Sinz* § 166 Rn 34-37.

76 *Bitter/Alles* KTS 2013, 113, insb 129–134; vgl dazu auch *Tetzlaff* ZInsO 2012, 1765; *Primozic/Voll* NZI 2004, 363.

77 § 181 Abs 2 des DiskE von 1988 sprach noch von zur Sicherung übertragenen Rechten; die Verpfändung war stets ausgeklammert. Krit gegenüber der Ausweitung des Verwertungsrechts durch eine Analogie zu § 166 auch MK/*Tetzlaff* § 166 Rn 97–99; *Wallner* ZInsO 1999, 453 ff; *Gundlach/Frenzel/Schmidt* NZI 2001, 123. – Für eine Klärung durch den Gesetzgeber *Ganter* FS Wellensiek, 2011, S 399, 406 f; *Landfermann* FS Wimmer, 2017, 408, 441–443, 445.

78 *BGH* ZIP 2015, 2286; vgl oben Rn 21.

79 Vgl *Bitter* ZIP 2015, 2249; *Undritz* BB 2016, 77.

80 Zu der Frage, ob eine Bank als Schu einer sicherungshalber abgetretenen Forderung verpflichtet sein kann, vor der Zahlung an den InsVerw den gesicherten Gl zu informieren, vgl *OLG Frankfurt* NZI 2013, 86 mit Anm *Saager*.

81 *BGH* ZIP 2013, 35.

82 *BGH* ZInsO 2009, 766

mers fortwirkt.[83] Schließlich kann der Verwalter die zur Sicherung abgetretene Forderung auch im Prozesswege beitreiben. Hatte der Sicherungszessionar bei VerfEröffnung bereits Klage erhoben, so wird der Prozess analog § 240 ZPO unterbrochen.[84] War vom Schu allerdings vor Eröffnung des InsVerf eine Schiedsvereinbarung getroffen worden, so ist auch der InsVerw bei der Beitreibung der zur Sicherung abgetretenen Forderung an sie gebunden.[85]

V. Ausschluss der Verwertung durch den Gläubiger

38 Während bei belasteten Immobilien Gl und Verwalter grds nebeneinander verwertungsberechtigt sind,[86] ist ein wesentliches Ziel des § 166 gerade, dem Gl in dem Bereich dieser Vorschrift das Verwertungsrecht zu nehmen. Nach der VerfEröffnung steht dem **Sicherungseigentümer** der Herausgabeanspruch aus § 985 BGB nicht mehr zu.[87] Soweit der Verwalter verwertungsberechtigt ist, darf auch eine **Zwangsvollstreckung** wegen der gesicherten Forderung in das Sicherungsobjekt **weder begonnen noch fortgesetzt** werden.[88]

39 Eine **zur Sicherung abgetretene Forderung** darf nur noch vom Verwalter eingezogen werden, nicht mehr vom gesicherten Gl.[89] Entgegenstehende Vereinbarungen zwischen Schu und Zessionar ändern daran nichts.[90] Der DrittSchu kann mit befreiender Wirkung nur noch an den InsVerw leisten, nicht mehr an den Sicherungsnehmer.[91] Der **gute Glaube** des DrittSchu ist allerdings zu schützen: Wie der BGH entschieden hat, wird der DrittSchu durch die Leistung an den Sicherungsnehmer entspr § 82 befreit, wenn ihm die Eröffnung des InsVerf trotz der öffentlichen Bekanntmachung nicht bekannt war; hierfür ist der DrittSchu darlegungs- und beweispflichtig. Kennt er die VerfEröffnung, so tritt dennoch entspr §§ 407 Abs 1, 408, 412 BGB die Erfüllungswirkung ein, wenn dem DrittSchu nicht bekannt war, dass die Abtretung der Forderung nur zur Sicherung erfolgt war; für die Kenntnis des DrittSchu von diesem Umstand ist der InsVerw darlegungs- und beweispflichtig. Der Verw kann dafür sorgen, dass der DrittSchu frühzeitig diese Kenntnis erhält, indem er ihn nach der Eröffnung des InsVerf auf die Einziehungs- und Verwertungsbefugnis nach § 166 Abs 2 hinweist.[92]

---

83 *Berger* FS G Fischer, 2008, S 1, 6.
84 *Berger* FS G Fischer, S 10–12; **aA** *Lüke* FS G Fischer, S 353, 358.
85 *BGH* ZIP 2013, 1539 mit Anm *Flöther/Gelbrich* EWiR 2013, 659 und *Dahl/Schmitz* NZI 2013, 1059. Zur Undurchführbarkeit einer Schiedsvereinbarung bei Massearmut vgl *OLG Köln* ZIP 2013, 2024.
86 Vgl oben § 165 Rn 2.
87 *Smid* ZInsO 2001, 436 ff.
88 Begr zu § 191 RegE, BT-Drucks 12/2443, 179.
89 *BGH* NZI 2009, 425 mit Anm *Jahn*.
90 *BGH* ZInsO 2009, 766.
91 *BGH* NZI 2009, 425; *KG* ZIP 2001, 2013; *LAG Düsseldorf* 3.6.2016 – 3 Sa 27/15; *Pape* NZI 2000, 302; FK/*Wegener* § 166 Rn 11; **aA** *Häcker* NZI 2002, 409, nach dessen Auff nur die „Einziehungsbefugnis“ ausschließlich dem Verwalter zusteht, nicht die „Empfangszuständigkeit“; *Schlegel* NZI 2003, 18 f; *Wegmann* ZInsO 2008, 1014.
92 *BGH* NZI 2009, 425; zust *Becker* DZWIR 2010, 135 f, der allerdings – für die vor dem 1.7.2014 beantragten Verf – zutr darauf hinweist, dass dem leistenden DrittSchu nicht nur der Sicherungszweck der Abtretung bekannt sein muss, sondern im Hinblick auf § 313 Abs 3 aF auch die Tatsache, dass es sich bei dem InsVerf um ein RegelVerf, nicht ein Verbraucherverfahren handelt; auch diese Kenntnis muss der InsVerw dem DrittSchu nachweisen. Krit zum Gutglaubensschutz entspr §§ 407 ff BGB dagegen *Gundlach/Frenzel* NJW 2009, 2306 und *Jahn* NZI 2009, 427.

Eine Veräußerung der belasteten Mobilie durch den Gl unter Verstoß gegen § 166 ist als Vollübertragung nur wirksam, wenn der Verwalter sie nach § 185 Abs 2 BGB genehmigt.[93] Möglich bleibt aber nach Auff des BGH, dass ein Sicherungsnehmer über die ihm verbliebene Rechtsposition verfügt, also das Sicherungsrecht, beschränkt durch das Verwertungsrecht des Verwalters, auf einen Dritten überträgt; das InsVerf werde durch eine solche Übertragung nicht beeinträchtigt.[94] 40

Der **gesicherte Gl** ist kraft Gesetzes nur noch in den Fällen **verwertungsberechtigt**, in denen die Voraussetzungen des § 166 nicht gegeben sind (§ 173), also zB bei verpfändeten Sachen oder Forderungen. Darüber hinaus kann der Verwalter mit dem Gl vereinbaren, dass dieser die Verwertung übernimmt; diese Möglichkeit wird in § 170 Abs 2 ausdrücklich angesprochen. Schließlich ist denkbar, dass der Gl das Verwertungsrecht dadurch zurückerlangt, dass der Verwalter das Sicherungsgut aus der InsMasse freigibt.[95] 41

Verfassungsrechtlich ist die Übertragung des Verwertungsrechts vom Gl auf den InsVerw für den Bereich der Unternehmensinsolvenzen unbedenklich, auch soweit diese Übertragung – wie bei den zur Sicherung abgetretenen Forderungen (vgl oben Rn 4–7) – nur auf Zweckmäßigkeits-Gesichtspunkten beruht.[96] Zwar ist die Rechtsstellung des gesicherten Gl durch Art 14 GG geschützt. Diese Position hat jedoch nach der zivilrechtlichen Ausgestaltung von Sicherungsübereignung, Sicherungsabtretung und besitzlosem Pfandrecht von vornherein nicht den Inhalt, dass der Gl frei über den Sicherungsgegenstand verfügen kann. Wesentlicher Inhalt seiner Position ist vielmehr das Recht auf vorrangige Befriedigung aus dem Erlös der Sicherheit. Dem kann Rechnung getragen werden, ohne dass es eines Verwertungsrechts des Gl bedarf. Auch die ungesicherten Gl haben als Inhaber von Forderungsrechten eine durch Art 14 GG geschützte Position.[97] Die gesetzliche Regelung in § 166 beruht für Unternehmensinsolvenzen auf einer Abwägung der Interessen aller Beteiligten mit dem Ziel, die wirtschaftlich sinnvollste Lösung zu ermöglichen.[98] 42

Bedenklich erscheint allerdings die Ausdehnung des Verwertungsrechts des Verwalters auf VerbrInsVerf durch das Gesetz vom 15.7.2013.[99] Hier fällt es schwer, tragfähige Gründe für die Verlagerung des Verwertungsrechts der Gl auf den Verwalter zu finden. Aus den Materialien ist eine Interessenabwägung nicht ersichtlich.[100] Die Regelung scheint hauptsächlich durch das Ziel veranlasst worden zu sein, den InsVerw möglichst einheitliche Handlungsmöglichkeiten in Unternehmens- und VerbrInsVerf einzuräumen. Ob dieser Gesichtspunkt ausreicht, um die verfassungsrechtlich gewährleisteten Eigentumsrechte der gesicherten Gl einzuschränken, erscheint zweifelhaft – auch vor dem Hintergrund, dass die VerbrInsVerf die große Mehrzahl aller InsVerf ausmachen. 43

VI. Sicherheiten des europäischen Finanzbinnenmarkts

Abs 3 entzieht bestimmte Sonderformen von Kreditsicherheiten, die für die Geschäfte der Kreditinstitute im europäischen Finanzbinnenmarkt von Bedeutung sind, dem Verwertungsrecht des Verwalters. 44

---

93 *Uhlenbruck/Brinkmann* § 166 Rn 11; *Berger* KTS 2007, 441. – Zur Schadensersatzpflicht des Gl bei unberechtigter Veräußerung vgl unten § 170 Rn 20.
94 *BGH* ZInsO 2009, 960; dazu *Mitlehner* Rn 718.
95 Vgl zur Problematik der Freigabe oben § 165 Rn 11 sowie unten § 170 Rn 18.
96 **AA** *Gundlach/Frenzel/Schmidt* NZI 2001, 120 ff.
97 Vgl *BVerfGE* 92, 271; *Maunz/Dürig/Papier* Art 14 GG Rn 201.
98 Vgl BVerfG ZIP 2012, 1252 zu § 21 Abs 2 S 1 Nr 5 iVm § 169.
99 BGBl I, 2379.
100 Vgl oben Rn 9.

45 **1. Abrechnungssysteme und Zentralbanken (Nr 1 und 2). – a)** Nr 1 betrifft Sicherheiten von Betreibern und Teilnehmern der Zahlungs-, Wertpapierliefer- und -abrechnungssysteme, die in der sog Finalitätsrichtlinie geregelt sind.[101] Als solche „Systeme" gelten Vereinbarungen, die von der Deutschen Bundesbank oder der zuständigen Stelle eines anderen Staats, der der EU oder dem Europäischen Wirtschaftsraum angehört, der Kommission der Europäischen Gemeinschaften gemeldet worden sind.[102] Erfasst werden nur Sicherheiten, die zur Sicherung von Ansprüchen aus einem solchen System bestellt worden sind. Da Teilnehmer an diesen Systemen nur Kreditinstitute sein können, hat die Vorschrift **nur im Interbankenverkehr** Bedeutung.[103]

46 **b)** Nr 2, die Sicherheiten von Zentralbanken betrifft, dürfte ebenfalls nur für die Ins eines Kreditinstituts relevant werden können. Die Sicherheit muss schon im Zeitpunkt der Eröffnung des InsVerf in den Händen der Zentralbank gewesen sein.[104]

47 **c)** Die Vorgängerregelung zu Nr 1 und 2, die in Abs 2 S 2 enthalten war und durch das G v 5.4.2004 abgelöst wurde,[101] betraf nur zur Sicherung abgetretene Forderungen. Die Neufassung in Nr 1 und 2 gilt dagegen auch für andere Arten von Sicherheiten, zB ein zur Sicherung übereignetes Wertpapierdepot.[105]

48 **2. Finanzsicherheiten (Nr 3).** Finanzsicherheiten, die nach Nr 3 nicht dem Verwertungsrecht des Verwalters unterliegen, sind in § 1 Abs 17 S 1 KWG **definiert** als „Barguthaben, Wertpapiere, Geldmarktinstrumente sowie sonstige Schuldscheindarlehen einschließlich jeglicher damit in Zusammenhang stehender Rechte oder Ansprüche, die als Sicherheit in Form eines beschränkten dinglichen Sicherungsrechts oder im Wege der Vollrechtsübertragung auf Grund einer Vereinbarung zwischen einem Sicherungsnehmer und einem Sicherungsgeber, die einer der in Art 1 Abs 2 Buchstabe a–e der Richtlinie 2002/47/EG … über Finanzsicherheiten … aufgeführten Kategorien angehören, bereitgestellt werden". Erfasst werden damit Sicherheiten einerseits an „Barguthaben" – also an einem auf einem Konto gutgeschriebenen Betrag[106] –, andererseits an bestimmten Arten von Wertpapieren und ähnlichen Finanzinstrumenten.

49 Auch im Hinblick auf den erfassten Kreis von Personen und Gesellschaften ist das Anwendungsfeld von § 166 Abs 3 Nr 3 „äußerst unübersichtlich".[107] Nach § 1 Abs 17 S 2 KWG müssen Sicherungsgeber und Sicherungsnehmer bestimmten Kategorien von Personen oder Gesellschaften angehören, die in Art 1 Abs 2 Buchstabe a–e der Richtlinie über Finanzsicherheiten umschrieben sind. Dies sind in erster Linie **Institute des Finanzsektors**. Jedoch werden über Buchstabe e auch Geschäfte dieser Institute mit **sonstigen Unternehmen** einbezogen, ob juristische Personen, Personengesellschaften oder Einzelkaufleute. Die Richtlinie schreibt nicht zwingend vor, dass auch diese Unternehmen der Regelung unterliegen. Der dt Gesetzgeber hat jedoch von der Möglichkeit, Unternehmen außerhalb des Finanzsektors auszunehmen („opt-out"), entgegen den Forderungen insb der InsVerwalter keinen Gebrauch gemacht, um Wettbewerbsnachteile für den Finanzplatz Deutschland zu vermei-

---

101 Vgl oben Rn 3.
102 Vgl § 1 Abs 16 KWG.
103 Vgl *Obermüller* ZIP 2003, 2339.
104 *N/R/Becker* § 166 Rn 69 f.
105 Begr zum RegE des G v 5.4.2004, BT-Drucks 15/1853, 16; *Wimmer* ZIP 2003, 1565 f.
106 *EuGH* 10.11.2016 – C – 156/15 (Private Equity Insurance Group) Rn 33. – *Wimmer* ZInsO 2004, 2 will auch Termineinlagen unter diesen Begriff fassen.
107 *N/R/Becker* § 166 Rn 71.

den.[108] Immerhin ist der RAussch des Deutschen BTages den Kritikern dadurch entgegengekommen, dass er für die „sonstigen Unternehmen“ den Begriff der Finanzsicherheiten weiter eingeschränkt hat:[109] Von den allg insolvenzrechtlichen Regeln ausgenommen wird eine Sicherheit, die außerhalb des Interbankenverkehrs bestellt worden ist, nur dann, wenn sie „der Besicherung von Verbindlichkeiten aus Verträgen oder aus der Vermittlung von Verträgen über a) die Anschaffung und die Veräußerung von Finanzinstrumenten, b) Pensions-, Darlehens- sowie vergleichbare Geschäfte auf Finanzinstrumente oder c) Darlehen zur Finanzierung des Erwerbs von Finanzinstrumenten dient“.[110] Außerdem ist für diese Unternehmen festgelegt worden, dass als Sicherheit gegebene eigene Anteile oder Anteile an verbundenen Unternehmen nicht als Finanzsicherheiten anzusehen sind.[111]

Daraus folgt **für die Praxis**: Soweit § 166 Abs 3 Nr 3 auch für Unternehmen außerhalb des **50** Finanzsektors gilt, erfasst er weder das Sicherungseigentum an Gegenständen des Anlage- und des Umlaufvermögens des Unternehmens noch Sicherungszessionen von Forderungen des Unternehmens gegen andere Unternehmen noch Sicherheiten an nicht handelbaren Gesellschaftsanteilen, insb GmbH-Anteilen.[112] Auch für Sicherheiten, die der Regelung unterworfen sein können, zB für die Sicherungsübereignung von Wertpapieren, ist die praktische Bedeutung der Vorschrift gering, da bei diesen Sicherheiten schon aus anderen Gründen regelmäßig kein Verwertungsrecht des Verwalters besteht: Die Voraussetzung des Abs 1, dass der Verwalter im Besitz der Sicherheit ist, ist bei zur Sicherung übereigneten Wertpapieren in aller Regel nicht gegeben.[113]

3. Übergangsrecht. Für bereits anhängige InsVerf ist zu beachten, dass Abs 3 nicht in Verf **51** anzuwenden ist, die vor dem 9.4.2004 eröffnet worden sind. Für diese Verf gilt die frühere Fassung des § 166.[114]

§ 167 Unterrichtung des Gläubigers

(1) [1]Ist der Insolvenzverwalter nach § 166 Abs. 1 zur Verwertung einer beweglichen Sache berechtigt, so hat er dem absonderungsberechtigten Gläubiger auf dessen Verlangen Auskunft über den Zustand der Sache zu erteilen. [2]Anstelle der Auskunft kann er dem Gläubiger gestatten, die Sache zu besichtigen.

(2) [1]Ist der Verwalter nach § 166 Abs. 2 zur Einziehung einer Forderung berechtigt, so hat er dem absonderungsberechtigten Gläubiger auf dessen Verlangen Auskunft über die Forderung zu erteilen. [2]Anstelle der Auskunft kann er dem Gläubiger gestatten, Einsicht in die Bücher und Geschäftspapiere des Schuldners zu nehmen.

---

108 Vgl *Zypries* (damalige Bundesministerin der Justiz) ZIP 2004, 51; Bericht BT-RAussch zum G zur Umsetzung der Finanzsicherheiten-Richtlinie, BT-Drucks 15/2485, 29.

109 Solche Einschränkungen des Anwendungsbereichs für Unternehmen außerhalb des Finanzsektors sind nach Art 1 Abs 3 der Finanzsicherheiten-Richtlinie zulässig. In der Entsch des *EuGH* v 10.11.2016 ging es um einen Fall aus der Republik Lettland, die bei der Umsetzung der Richtlinie von Art 1 Abs 3 keinen Gebrauch gemacht hat. Vgl die Schlussanträge des Generalanwalts Szpunar vom 21.7.2016, Nr 34.

110 § 1 Abs 17 S 2 KWG. Der genaue Begriff des „Finanzinstruments“ ergibt sich dabei aus § 1 Abs 11 iVm Abs 17 S 3 KWG.

111 § 1 Abs 17 S 4 KWG.

112 *Wimmer* ZInsO 2004, 2 f; *Obermüller* ZInsO 2004, 188; *Meyer/Rein* NZI 2004, 368.

113 Vgl *Zypries* ZIP 2004, 51; *Wimmer* ZInsO 2004, 4. Zum „besseren Besitz“ des Verw bei mittelbaren Besitzverhältnissen vgl oben Rn 17–21.

114 Art 103b EGInsO, eingefügt durch Art 2 G v 5.4.2004, BGBl I, 502.

Übersicht

I. Normzweck

1 Die Auskunftspflicht des § 167 ist eine spezielle gesetzliche Ausprägung der allg Auskunftspflichten des InsVerw gegenüber den Gl.[1] Dem Gl, der die Verwertung seiner Sicherheit durch den Verwalter hinnehmen muss, werden die Feststellung seiner Rechte und die Überprüfung der Handlungen des Verwalters durch die hier geregelten Rechte auf **Auskunft oder eigene Recherchen** erheblich erleichtert. Beispielsweise kann ihn der Verwalter nicht im Unklaren darüber lassen, ob eine zur Sicherung abgetretene Forderung bereits eingezogen ist und wann dies ggf geschehen ist. Das Recht des Verwalters, anstelle der Erteilung einer Auskunft den Gl auf eigene Nachprüfungen zu verweisen, soll den Verwalter entlasten.[2]

II. Einzelheiten

2 Der Verwalter schuldet nur den Gl Auskünfte, denen ein Absonderungsrecht zusteht, und nur im Bezug auf die Gegenstände, die seinem Verwertungsrecht nach § 166 unterliegen. Der Gl, der eine Auskunft verlangt, muss also konkret darlegen und ggf beweisen, auf welcher Grundlage ihn eine „besitzlose Mobiliarsicherheit" zusteht.[3] Allerdings wird man nicht in jedem Fall verlangen können, dass der Gl auch den belasteten Gegenstand genau bezeichnet.[4] So hat ein Vermieter des Schu das Recht zu erfahren, welche eingebrachten Sachen sich in den vermieteten Räumen befinden und daher dem Pfandrecht des Vermieters unterliegen.[5] Bei einem verlängerten Eigentumsvorbehalt kann der Verwalter verpflichtet sein, dem Gl Auskunft zu erteilen, an wen die gekaufte Ware weiterveräußert worden ist.[6]

3 Zum **„Zustand der Sache"**, über den Auskunft zu erteilen ist, gehört neben dem Grad der Erhaltung die Art, die Qualität und der Ort der Belegenheit der Sache. IF der Sicherungsübereignung eines Warenlagers mit wechselndem Bestand hat der Verwalter über den Bestand bei Eröffnung des InsVerf Auskunft zu geben. Bei **Forderungen** ist vor allem über Höhe und Fälligkeit Auskunft zu erteilen, weiter über evtl Hinweise auf Zahlungswilligkeit und Zahlungsfähigkeit des DrittSchu aus dessen Korrespondenz mit dem Schu.[7]

4 Die erbetene Auskunft ist schriftlich zu erteilen, wenn der Gl es verlangt.[8] Sie muss nach ihrem Umfang **dem Verwalter zumutbar sein**.[9] Dies hat vor allem dann Bedeutung, wenn die Verweisung des Gl auf eigene Nachforschungen zB aus Gründen des Schutzes von Geschäftsgeheimnissen nicht in Betracht kommt.[10]

---

1 Vgl MK/*Tetzlaff* § 167 Rn 6.
2 Begr RegE BT-Drucks 12/2443, 179.
3 Vgl *Smid* DZWIR 2009, 672.
4 **AA** *Mitlehner* Rn 782 unter Hinweis auf § 28 Abs 2 S 2; *Smid* DZWIR 2009, 672.
5 *BGH* ZIP 2004, 326; die Entsch lässt allerdings offen, ob dieses Recht des Gl aus § 167 folgt – so offenbar MK/*Tetzlaff* § 167 Rn 10; wohl auch *Uhlenbruck/Brinkmann* § 167 Rn 7; FK/*Wegener* § 167 Rn 2 – oder, als Nebenrecht des Absonderungsrechts, aus § 50 – dazu MK/*Ganter* Rn 130 Vor §§ 49–52. Vgl auch *OLG Dresden* NZI 2011, 995, das neben § 167 InsO § 242 BGB als mögliche Anspruchsgrundlage sieht.
6 *Gottwald* FS G Fischer, 2008, S 183, 188 f.
7 Vgl *Uhlenbruck/Brinkmann* § 167 Rn 10.
8 *Graf-Schlicker/Castrup* § 167 Rn 2.
9 *Adolphsen* KS-InsO S 1371 Rn 152; *Uhlenbruck/Brinkmann* § 167 Rn 3.
10 Vgl *Lwowski/Heyn* WM 1998, 475 ff.

Auskünfte des Verwalters **und Besichtigung** der Sache werden zur Wahrung der Interessen des Gl häufig **nebeneinander** erforderlich sein, nämlich dann, wenn durch die Besichtigung noch zusätzliche Erkenntnisse gewonnen werden können; die Formulierung des Gesetzes („anstelle“) dürfte dies bei praxisgerechter Auslegung nicht ausschließen.[11] Entsprechendes gilt bei Forderungen für die Einsicht in die Geschäftsbücher (Abs 2 S 2) zusätzlich zu Auskünften des Verwalters. 5

Der Verwalter muss auch Auskünfte über Vorgänge erteilen, die er nicht aus eigener Anschauung kennt, sondern erst von einem früheren InsVerw oder vom Schu in Erfahrung bringen muss.[12] 6

Ergeben sich Meinungsverschiedenheiten über die Rechte nach § 167, so steht die Klage vor dem **ordentlichen Gericht** zur Verfügung.[13] Für Aufsichtsmaßnahmen des InsGer wird regelmäßig kein Anlass sein. 7

Aufwendungsersatz für die Erteilung von Auskünften kann der Verwalter nicht geltend machen; welche Kosten dem gesicherten Gl angelastet werden, ist in §§ 170 f abschließend geregelt.[14] 8

§ 168 Mitteilung der Veräußerungsabsicht

(1) [1]Bevor der Insolvenzverwalter einen Gegenstand, zu dessen Verwertung er nach § 166 berechtigt ist, an einen Dritten veräußert, hat er dem absonderungsberechtigten Gläubiger mitzuteilen, auf welche Weise der Gegenstand veräußert werden soll. [2]Er hat dem Gläubiger Gelegenheit zu geben, binnen einer Woche auf eine andere, für den Gläubiger günstigere Möglichkeit der Verwertung des Gegenstands hinzuweisen.

(2) Erfolgt ein solcher Hinweis innerhalb der Wochenfrist oder rechtzeitig vor der Veräußerung, so hat der Verwalter die vom Gläubiger genannte Verwertungsmöglichkeit wahrzunehmen oder den Gläubiger so zu stellen, wie wenn er sie wahrgenommen hätte.

(3) [1]Die andere Verwertungsmöglichkeit kann auch darin bestehen, dass der Gläubiger den Gegenstand selbst übernimmt. [2]Günstiger ist eine Verwertungsmöglichkeit auch dann, wenn Kosten eingespart werden.

Übersicht

I. Normzweck

In der Reformdiskussion war gegen das Verwertungsrecht des Verwalters zuweilen eingewandt worden, nicht selten verfügten die gesicherten Gl über bessere Verwertungsmöglich- 1

---

11 *N/R/Becker* § 167 Rn 13.
12 *BGH* ZIP 2004, 326.
13 Wird der Verw zur Auskunft verurteilt und kommt es für die Zulässigkeit der Berufung auf den Wert des BeschwGegenstands an (§ 511 Abs 2 ZPO), so ist für die Beschwer des Verw auf den Aufwand an Zeit und Kosten abzustellen, den die sorgfältige Erteilung der Auskunft erfordert, *OLG Saarbrücken* 10.3.2016 – 4 U 130/14.
14 Vgl FK/*Wegener* § 167 Rn 8; *Gundlach/Frenzel/Schmidt* ZInsO 2001, 539.

keiten als der InsVerw.[1] Die Mitteilungspflicht des § 168 soll dazu führen, dass jeweils **die günstigste Verwertungschance** genutzt wird, zumindest aber der Gl keinen Schaden dadurch erleidet, dass der Verwalter eine andere Art der Verwertung vorzieht.[2]

II. Einzelheiten

2 **1. Die Mitteilung durch den Verwalter (Abs 1 S 1).** Die Mitteilungspflicht des InsVerw besteht in Bezug auf alle Gegenstände, zu deren Verwertung der Verwalter nach § 166 berechtigt ist, erfasst also **bewegliche Sachen und Forderungen**.[3] Jedoch geht es nur um den Fall der geplanten Veräußerung, nicht um andere Arten der Verwertung wie die Einziehung einer Forderung.[4]

3 Das Gesetz lässt offen, **wie konkret** die vom Verwalter geplante Veräußerung **bezeichnet** werden muss, und damit auch, wie weit die Verhandlungen zwischen dem Verwalter und dem erwerbswilligen Dritten schon gediehen sein müssen, wenn der Verwalter die Mitteilung macht. Im Interesse der Praktikabilität wird man nicht allzu strenge Anforderungen stellen dürfen. Auf der anderen Seite setzt die Vorschrift voraus, dass festgestellt werden kann, ob die vom Gl angebotene Verwertungsmöglichkeit „günstiger" ist als die vom Verwalter beabsichtigte Verwertung, und dies wird – vom Fall einer öffentlichen Versteigerung abgesehen – nur möglich sein, wenn die wichtigsten Konditionen beider Veräußerungen feststehen.[5] Insofern wird der Verwalter auch auf die Kosten der von ihm geplanten Veräußerung hinweisen müssen, wenn diese Kosten wesentlich über der Pauschale des § 171 Abs 2 S 1 liegen.[6]

4 Die Person des Käufers wird nicht stets genannt werden müssen; so dürfte es bei einer beabsichtigten Veräußerung von **Waren im laufenden Geschäftsbetrieb** ausreichen, wenn der Verwalter angibt, zu welchen Preisen die Waren angeboten werden sollen.[7] Ebenso werden auch allg Mitteilungen über notfalls beabsichtigte Preisabschläge ausreichend sein. Neben dem Hinweis auf die geplante Veräußerung muss die Mitteilung auch die Belehrung des Gl über das Recht enthalten, binnen einer Woche auf eine günstigere Verwertungsmöglichkeit hinzuweisen.[8] Eine Schriftform für die Mitteilung ist nicht vorgeschrieben, aber aus Beweisgründen sehr zu empfehlen.[9]

5 Der Verwalter, der eine beabsichtigte Veräußerung mitgeteilt hat, ist grds nicht erneut zur Mitteilung verpflichtet, wenn er **nachträglich eine andere, günstigere Verwertungsmöglichkeit** entdeckt.[10] Der Zweck der Vorschrift, eine Veräußerung unter Wert zu verhindern, wird im Regelfall durch eine einmalige Unterrichtung des Gl gewahrt. Dies gilt auch dann, wenn der Gl nach § 168 Abs 3 seine Bereitschaft zur Übernahme des Gegenstands erklärt

---

1 Vgl zB *Kübler/Rümker* Neuordnung des InsR, 1989, S 140.
2 Vgl *Uhlenbruck/Brinkmann* § 168 Rn 1 f.
3 *BGH* ZInsO 2012, 2341.
4 MK/*Tetzlaff* § 168 Rn 8–10; im Wesentlichen übereinstimmend *Uhlenbruck/Brinkmann* § 168 Rn 5.
5 Vgl MK/*Tetzlaff* § 168 Rn 14 f; HambKomm/*Büchler/Scholz* § 168 Rn 3, 5b.
6 *AG Duisburg* ZInsO 2013, 190; *K Schmidt/Sinz* § 168 Rn 4.
7 Vgl *Gundlach/Frenzel/Schmidt* ZInsO 2001, 539; *Haas/Scholl* NZI 2002, 643. – *N/R/Becker* § 168 Rn 6, § 172 Rn 10 will die Veräußerung zur Fortsetzung des Betriebs sogar ganz aus § 168 ausnehmen und als Fall der „Benutzung" behandeln.
8 MK/*Tetzlaff* § 168 Rn 17.
9 *Graf-Schlicker/Castrup* § 168 Rn 2.
10 *BGH* ZIP 2010, 1089 = NZI 2010, 525 mit zust Anm *Gundlach/Frenzel*; FK/*Wegener* § 168 Rn 9.

hat;[11] denn diese Erklärung verpflichtet den Verwalter nicht dazu, das Angebot des Gl anzunehmen, sondern nur dazu, den Gl nicht schlechter zu stellen, als wenn er es angenommen hätte. IÜ ist die Verzögerung zu vermeiden, die sich aus einem Wettstreit zwischen dem Gl und dem interessierten Dritten ergeben könnte.[12]

Veräußert der Verwalter das Sicherungsgut, **ohne** zuvor die nach § 168 geschuldete **Mitteilung** zu machen, so entsteht bei Verschulden des Verwalters ein Schadenersatzanspruch gegen diesen persönlich (§ 60).[13] Weitere Sanktionen wird man an diesen Verstoß aber nicht knüpfen dürfen, wenn man unangemessene Erg vermeiden will: Der Verstoß gegen § 168 macht die Veräußerung nicht insgesamt zu einer unberechtigten.[14] Der Verwalter darf auch nach einer Veräußerung von Sicherungsgut, bei der er die Mitteilungspflicht des § 168 verletzt hat, die Kostenabzüge nach §§ 170, 171 vornehmen.[15] Auch wenn der Gl feststellt, dass sein Absonderungsrecht vom Verwalter nicht anerkannt wird, hat er nicht das Recht, die bevorstehende Veräußerung im Wege der einstweiligen Verfügung zu verhindern oder zu verzögern; er kann weder verlangen, dass das Sicherungsgut an einen Sequester herausgegeben wird,[16] noch, dass ihm vor der Veräußerung Gelegenheit zum Selbsteintritt gegeben wird.[17] 6

2. Der Hinweis des Gläubigers (Abs 1 S 2, Abs 3). – a) „Günstiger" wird die vom Gl nachgewiesene andere Verwertungsmöglichkeit idR dann sein, wenn ein höherer Preis erzielt wird oder – so ausdr Abs 3 S 2 – wenn bei gleichem Veräußerungserlös geringere Kosten entstehen. Beim Vergleich der Veräußerungskosten ist allerdings zu beachten, dass geringfügige Abweichungen wegen der Pauschalierung der Verwertungskosten (§ 171 Abs 2) **für den Gl** häufig irrelevant sein werden; auf die Auswirkungen für den Gl kommt es nach Abs 1 S 2 an.[18] IÜ sind auch sonstige Umstände wie Gewährleistungsabreden, der Zeitpunkt der Zahlung und die Zahlungsfähigkeit des Interessenten zu berücksichtigen.[19] 7

b) Der Verwalter muss dem Gl **mindestens eine Woche Zeit** für den Hinweis auf eine andere Verwertungsmöglichkeit geben. Gelingt es dem Gl nicht, innerhalb dieser knappen Frist einen anderen Interessenten zu finden, hält er die vom Verwalter beabsichtigte Verwertung aber für offensichtlich ungünstig, so bleibt ihm die Möglichkeit, den Gegenstand selbst zu übernehmen (Abs 3 S 1) und ihn später weiter zu veräußern. IÜ ist ein Hinweis, der nach Ablauf der Wochenfrist, aber noch „rechtzeitig vor der Veräußerung" erfolgt, in gleicher Weise zu berücksichtigen wie ein fristgemäßer (Abs 2). 8

Bei **verderblichen Waren** wird der Verwalter allerdings zu einem Notverkauf ohne Beachtung der Wochenfrist berechtigt sein.[20] 9

---

11 **AA** *Uhlenbruck/Brinkmann* § 168 Rn 11.
12 *BGH* ZIP 2010, 1089 = NZI 2010, 525; im gleichen Sinne MK/*Tetzlaff* § 168 Rn 20 und HambKomm/*Büchler/Scholz* § 168 Rn 4. Zur Rechtsfolge des Angebots des Gl vgl unten Rn 11.
13 *OLG Celle* ZInsO 2004, 42 mit Anm *Gundlach/Schmidt/Frenzel* in EWiR 2004, 301.
14 *Ganter/Bitter* ZIP 2005, 101 ff; *K Schmidt/Sinz* § 168 Rn 15 f; *Uhlenbruck/Brinkmann* § 168 Rn 3; HambKomm/*Büchler/Scholz* § 168 Rn 11; **aA** *Gundlach/Frenzel/Schmid*t ZInsO 2001, 538.
15 *Ganter/Bitter* ZIP 2005, 101 ff; *Berger* KTS 2007, 445; **aA** MK/*Tetzlaff* § 168 Rn 23; *Gundlach/Frenzel/Schmid*t ZInsO 2001, 538.
16 *OLG Celle* ZInsO 2004, 42.
17 *OLG Oldenburg* ZInsO 2014, 304.
18 *N/R/Becker* § 168 Rn 22; *Haas/Scholl* NZI 2002, 645.
19 Vgl dazu *Mönning* FS Uhlenbruck, 2000, S 244 f; MK/*Tetzlaff* § 168 Rn 25–29; *Uhlenbruck/Brinkmann* § 168 Rn 14.
20 MK/*Tetzlaff* § 168 Rn 11; *N/R/Becker* § 168 Rn 14; *Haas/Scholl* NZI 2002, 646.

10 **c)** Bei **mehreren Absonderungsrechten an einem Gegenstand** hat jeder der gesicherten Gl das Recht, ein günstigeres Angebot für die Veräußerung des Gegenstands nachzuweisen. Wollen mehrere Gl den Gegenstand übernehmen, so setzt sich das günstigste Angebot durch.

11 **3. Rechtsfolgen des Hinweises (Abs 2). – a)** Der Hinweis des Gl auf eine günstigere Verwertungsmöglichkeit begründet **keine Pflicht des Verwalters**, diese Möglichkeit wahrzunehmen.[21] Wenn er sie nicht wahrnimmt, muss er dem Gl allerdings aus der InsMasse[22] den Betrag zahlen, den der Gl bei der günstigeren Veräußerung bekommen hätte. Beabsichtigt der Verwalter beispielsweise, die Einrichtung einer Werkstatt als Gesamtheit zum Preis von 10 000 EUR zu verkaufen, wobei nach den Wertanteilen der einzelnen Gegenstände auf die einem Gl sicherungsübereignete Werkbank 1 000 EUR fielen, und weist dieser Gl jetzt die Möglichkeit nach, diese Werkbank einzeln zu 2 000 EUR zu verkaufen, so kann der Verwalter an der Gesamtveräußerung festhalten, muss dann aber bei der Abrechnung mit dem Gl einen Erlös von 2 000 EUR für die Werkbank unterstellen.[23] Die **Beweislast** dafür, dass die vom Gl angezeigte Verwertungsmöglichkeit tatsächlich bestand und zu einer günstigeren Verwertung geführt hätte, trägt der Gl.[24]

12 **b)** Auch ein **Angebot des gesicherten Gl, den Gegenstand selbst zu übernehmen** (Abs 3 S 1), muss iSd Abs 1 S 2 „günstiger" sein als die vom Verwalter beabsichtigte Veräußerung, um iRd § 168 relevant zu sein.[25] Hat beispielsweise der Verwalter mitgeteilt, dass er die Veräußerung eines Sicherungsgegenstands zu 2 000 EUR beabsichtigt, und bietet der gesicherte Gl an, den Sicherungsgegenstand zu 1 000 EUR zu übernehmen, dann kann der Verwalter dieses Angebot von vornherein außer Betracht lassen – ganz gleich, ob die gesicherte Forderung 500 EUR, 1 000 EUR oder 3 000 EUR beträgt. Auch bei einem „günstigeren" Angebot des Gl besteht aber keine Pflicht des Verwalters, das Angebot anzunehmen; insofern ist es irreführend, von einem „Selbsteintrittsrecht" des Gl zu sprechen.[26] Geht der Verwalter auf ein Angebot des Gl ein, so ist dieser zur Zahlung des von ihm gebotenen Übernahmepreises verpflichtet. Er kann diese Zahlungspflicht durch Aufrechnung tilgen, soweit ihm nach § 170 Abs 1 ein Anspruch auf Auskehrung des Erlöses zusteht.

13 Kündigt der Verwalter an, er werde den Gegenstand durch **öffentliche Versteigerung** verwerten lassen, und gibt der gesicherte Gl daraufhin selbst ein Angebot ab, so obliegt es dem Verwalter, dem Auktionator dieses Angebot zuzüglich der Versteigerungskosten als Mindestgebot aufzugeben.[27] Unterlässt er dies und wird dann bei der Versteigerung ein geringerer Erlös erzielt, so ist der Verwalter dem Gl in Höhe der Differenz zum Nachteilsausgleich verpflichtet.

14 Die **Kosten der Feststellung** des Gegenstands **und** die Kosten, die dem Verwalter durch die **Verwertung** entstanden sind, müssen jedoch nach Maßgabe von § 170 Abs 1, § 171 der Masse

---

21 *Uhlenbruck/Brinkmann* § 168 Rn 22.

22 Vgl *BGH* WM 2013, 1723; *K/P/B/Flöther* § 168 Rn 13 f.

23 Vgl *Klasmeyer/Elsner/Ringstmeier* KS-InsO 2. Aufl, S 1092 Rn 36.

24 Begr zu § 193 RegE, BT-Drucks 12/2443, 179; *Gottwald/Adolphsen* KS-InsO, S 1043, 1081 Rn 143; MK/*Tetzlaff* § 168 Rn 34 aE.

25 Vgl *Ganter* FS Wellensiek, 2011, S 408; **aA** *Uhlenbruck/Brinkmann* § 168 Rn 16 (gleichartiges Angebot des Gl reicht aus); so auch HambKomm/*Büchler/Scholz* § 168 Rn 7; *K/P/B/Flöther* § 168 Rn 16. Bei MK/*Tetzlaff* § 168 Rn 39 wird zutr darauf hingewiesen, dass die Frage keine praktische Bedeutung hat, da bei Nichtannahme eines gleichartigen Angebots ohnehin keine Konsequenzen drohen.

26 Missverständlich *Uhlenbruck/Brinkmann* § 168 Rn 16 und MK/*Tetzlaff* § 168 Rn 37 f.

27 *OLG Celle* ZIP 2004, 725 mit zust Anm *Blank* EWiR 2004, 715.

verbleiben. Denn die Übernahme des Gegenstands durch den Gl iSd § 168 Abs 3 S 1 ist eine Art der Verwertung durch den Verwalter.[28] Dass bei der Übernahme durch einen Sicherungseigentümer keine Veräußerung im eigentlichen Sinne vorliegt, ändert daran nichts.[29] § 170 Abs 2, der einen Fall der Verwertung durch den Gl behandelt und demgemäß keinen Abzug von Verwertungskosten vorsieht, ist nicht einschlägig. Der Gl darf Kosten, die ihm bei der Übernahme entstanden sind, nicht vom Kaufpreis abziehen, ebenso wenig wie ein anderer Erwerber des Sicherungsguts Kostenabzüge vornehmen darf.[30] Auch **umsatzsteuerrechtlich** ist die Übernahme der Veräußerung an einen Dritten gleichzusetzen.[31]

Auf der anderen Seite hat der Gl, der den Gegenstand erst nach Mitteilung einer Veräuße- 15
rungsabsicht durch den Verwalter übernimmt, den Vorteil, dass bereits diese Übernahme die Verwertung darstellt und daher dem Gl ein **Mehrerlös** verbleibt, den er bei eigener Weiterveräußerung erzielt.[32]

c) In § 193 RegE war für das Eintrittsrecht des Gl vorgesehen, dass dem Gl, der das Ein- 16
trittsrecht nicht ausübte, der Einwand abgeschnitten war, der Wert des veräußerten Gegenstands sei zur Zeit der Veräußerung höher gewesen als der Erlös. Aus § 168 kann diese Rechtsfolge nicht entnommen werden.[33] Jedoch kann sich im Einzelfall aus der mangelnden Bereitschaft des Gl, den Gegenstand selbst zu übernehmen, eine **Vermutung** dafür ergeben, dass der vom Verwalter erzielte **Kaufpreis nicht unangemessen** war.[34]

§ 169 Schutz des Gläubigers vor einer Verzögerung der Verwertung

[1]Solange ein Gegenstand, zu dessen Verwertung der Insolvenzverwalter nach § 166 berechtigt ist, nicht verwertet wird, sind dem Gläubiger vom Berichtstermin an laufend die geschuldeten Zinsen aus der Insolvenzmasse zu zahlen. [2]Ist der Gläubiger schon vor der Eröffnung des Insolvenzverfahrens auf Grund einer Anordnung nach § 21 an der Verwertung des Gegenstands gehindert worden, so sind die geschuldeten Zinsen spätestens von dem Zeitpunkt an zu zahlen, der drei Monate nach dieser Anordnung liegt. [3]Die Sätze 1 und 2 gelten nicht, soweit nach der Höhe der Forderung sowie dem Wert und der sonstigen Belastung des Gegenstands nicht mit einer Befriedigung des Gläubigers aus dem Verwertungserlös zu rechnen ist.

Übersicht

---

28 *BGHZ* 165, 28, 32 = ZIP 2005, 2214, 2215 mit Anm *Ganter* ZInsO 2007, 847 und *Gundlach/Frenzel* in DZWIR 2006, 13; *Mitlehner* Rn 1332.

29 Vgl *Gundlach/Frenzel/Schmidt* ZInsO 2001, 541.

30 *Gottwald/Adolphsen* § 42 Rn 168; MK/*Tetzlaff* § 168 Rn 41.

31 *Maus* ZIP 2000, 340.

32 *BGHZ* 165, 28, 32 = ZIP 2005, 2214, 2216; *Ganter* FS Wellensiek, 2011, S 409 f; *Adolphsen* KS-InsO, S 1372 Rn 155; *Mitlehner* Rn 840; **aA** *N/R/Becker* § 168 Rn 28–31. Wie in *BGHZ* 165, 28 weiter ausgeführt wird, ist es allerdings eine andere Frage, ob der Gl sich den Mehrerlös im Verhältnis zu einem Bürgen anrechnen lassen muss; zu dieser Problematik ausf *Foerste* ZBB 2009, 285.

33 **AA** *Andres/Leithaus* § 168 Rn 10; iE auch MK/*Tetzlaff* § 168 Rn 21: Eine spätere Schadenersatzforderung eines solchen Gl sei unzulässige Rechtsausübung.

34 Vgl HambKomm/*Büchler/Scholz* § 168 Rn 10.

I. Normzweck

1 Das Verwertungsrecht des Verwalters und seine Zielsetzung, das Vermögen des Schu so lange zusammenzuhalten, bis über das weitere Schicksal des insolventen Unternehmens entschieden ist, führen dazu, dass der gesicherte Gl häufig geraume Zeit auf den ihm zustehenden Verwertungserlös warten muss. Der Verlust, der ihm dadurch entsteht, soll **durch laufende Zahlungen** aus der InsMasse **ausgeglichen** werden. Für die Höhe dieser Zahlungen ist die Höhe der Zinsen maßgeblich, die der Schu dem Gl bei Zahlungsverzögerungen zu erbringen hat. Durch diese laufenden Zahlungen soll der Gl regelmäßig in der Lage sein, sich die ihm vorenthaltene Liquidität anderweitig – durch ein Darlehen – zu beschaffen. Allerdings sollen diese Zahlungen grds erst einige Zeit nach der Eröffnung des InsVerf beginnen, da auch eine Verwertung des Sicherungsguts durch den Gl, wie sie nach bisherigem Recht möglich wäre, einige Zeit in Anspruch nehmen würde.[1]

2 In seinen Entscheidungen zur **entspr Anwendung des § 169 auf Aussonderungsgut im EröffnungsVerf** (§ 21 Abs 2 S 1 Nr 5) unterscheidet der BGH leider nicht klar zwischen dem Ziel des § 169, den zeitweiligen Liquiditätsentzug auszugleichen, und dem Ziel des § 172, für Wertverluste durch Nutzung zu entschädigen. Er sieht in dem Anspruch aus § 169 einen Anspruch auf „Nutzungsausfallentschädigung in Form von Zinsen", der die „vertragsmäßige Abnutzung" des Aussonderungsguts einschließe.[2] Dem ist nachdrücklich zu widersprechen. Der Ausgleich von Wertverlusten durch Nutzung richtet sich allein nach § 172.[3] Für die unmittelbare Anwendung des § 169 in der Zeit nach der VerfEröffnung passt der Begriff der „vertragsmäßigen Abnutzung" schon deshalb nicht, weil vertragliche Abreden über die Nutzung von Sicherungsgut mit der Eröffnung des InsVerf ihre Wirkungen verlieren.[4]

3 Durch § 169 ist ein **eigenständiger gesetzlicher Anspruch** geschaffen worden, der lediglich für die Höhe der Zinsforderung auf das Schuldverhältnis zwischen Schu und gesichertem Gl Bezug nimmt.[5] Die Regelung ist nicht darauf beschränkt, die schuldrechtliche Zinsforderung des Gl in den Rang einer Masseforderung zu erheben.[6]

II. Einzelheiten

4 **1. Voraussetzungen der Zinszahlungspflicht. – a)** Wie die vorangehenden Vorschriften knüpft § 169 an das Verwertungsrecht des Verwalters nach § 166 an. Die Zinszahlungspflicht besteht also bei Absonderungsrechten entweder an beweglichen Sachen, die sich im Besitz des Verwalters befinden, oder an Forderungen, die der Schu zur Sicherung abgetreten hatte.[7] Auch bei **zur Sicherung abgetretenen Forderungen** ist es sinnvoll, den Gl vor Verzögerungen bei der Verwertung (Einziehung oder Veräußerung) zu schützen.

5 **b)** Weitere Vorausetzung ist grds (S 1), dass der Gegenstand über den Berichtstermin hinaus nicht verwertet wird. Der Berichtstermin muss nach § 29 Abs 1 Nr 1 spätestens drei Monate nach der Eröffnung des InsVerf stattfinden. Bis zu diesem Termin soll das Vermögen des

---

1 Begr zu § 194 Abs 3 und zu § 188 Abs 1 RegE, BT-Drucks 12/2443, 180, 177; *BGH* 17.2.2011 – IX ZR 83/10, Rn 13; *BGH* 16.2.2006 – IX ZR 26/05 Rn 13.

2 *BGH* 8.9.2016 – IX ZR 52/15 Rn 7 f mit Anm *Mitlehner* NZI 2016, 947; im gleichen Sinn *BGH* 8.3.2012 – IX ZR 78/11 Rn 22.

3 *K Schmidt/Sinz* § 169 Rn 11.

4 Vgl unten § 172 Rn 2.

5 Vgl *BGH* ZIP 2008, 1539 Rn 20.

6 *Bork* NZI 2012, 590, 592; **aA** *v Wilmowsky* KTS 2012, 489, 490–492.

7 Zur Situation bei Sicherungsrechten an unpfändbaren Gegenständen vgl *OLG Köln* ZVI 2006, 591 und oben § 166 Rn 14.

Schu im Regelfall noch zusammengehalten werden, um Sanierungschancen nicht zu gefährden (vgl §§ 157, 159).

Ist der Gl jedoch **schon vor der VerfEröffnung** durch **Sicherungsmaßnahmen** des Gerichts an der Verwertung des Sicherungsguts gehindert worden (S 2), so tritt an die Stelle des Berichtstermins der (frühere) Zeitpunkt, in dem nach der Anordnung der Sicherungsmaßnahme drei Monate verstrichen sind.[8] Gemeint ist eine Sicherungsmaßnahme, durch die der gesicherte Gl an der Durchsetzung seines individuellen Sicherungsrechts gehindert wurde.[9] Für Sicherheiten an Sachen kann dies außer einer Anordnung nach § 21 Abs 2 S 1 Nr 5 auch ein Beschl sein, durch den dem gesicherten Gl die Zwangsvollstreckung in den Gegenstand untersagt oder eine bereits begonnene Zwangsvollstreckung einstweilen eingestellt wurde.[10] Die Einziehung einer sicherungshalber abgetretenen Forderung wird aber durch ein solches Vollstreckungsverbot nicht berührt.[11] 6

c) Obwohl in der Überschrift des § 169 von einer **„Verzögerung der Verwertung"** die Rede ist, ist der Zinsanspruch des Gl nicht von der Voraussetzung abhängig, dass der Verwalter die Verwertung bewusst hinausschiebt, also vorhandene Verwertungsmöglichkeiten ungenutzt lässt, oder dass den Verwalter sonst ein Verschulden an der Verspätung der Verwertung trifft.[12] Der Wortlaut des S 1 stellt klar auf den Berichtstermin als Beginn der Zinszahlungspflicht ab, nicht auf den Zeitpunkt, in dem der Verwalter nach diesem Termin die erste günstige Verwertungsmöglichkeit ungenutzt lässt. Eine solche Regelung wäre auch kaum praktikabel. 7

Nach Auff des **BGH** entfällt die Zinszahlungspflicht allerdings, soweit sich die Verwertung **aus Gründen verzögert, die „nicht insolvenzspezifischer Natur"** sind.[13] Der Gl sei nicht schutzbedürftig, soweit er auch im Falle einer eigenen Verwertung seine gesicherten Ansprüche nicht früher hätte realisieren können. Bei unverwertbaren Gegenständen sei eine Zinszahlungspflicht nach § 169 S 3 ganz ausgeschlossen; bei Gegenständen, die nur mit Verzögerung verwertbar seien, müsse die Zinszahlungspflicht für den Zeitraum dieser Verzögerung entfallen. Wenn sich der Verwalter nach dem Berichtstermin ordnungsgemäß um die Einziehung einer zur Sicherung abgetretenen Forderung bemühe und diese Forderung dennoch aus Gründen, die beim DrittSchu lägen, nur mit Verzögerung beitreiben könne, bestehe keine Verpflichtung zur Zahlung der Zinsen nach § 169.[14] Wenn sich bei zur Sicherung übereigneten Sachen die Verwertung durch den Verwalter aus Gründen verzögere, die in der Beschaffenheit des Gutes lägen – zB der nicht marktgängigen Ausstattung von Spezialfahrzeugen –, so seien für den Zeitraum der hierdurch bedingten Verzögerung keine Zinsen geschuldet. Verwerte der Verwalter schwer veräußerliches Sicherungsgut nicht selbst, sondern gebe er es zu einem späteren Zeitpunkt als dem Berichtstermin an den Gl frei, so bestehe kein Zinsanspruch, wenn dem Gl auch bei unverzüglicher Freigabe keine frühere Verwertung möglich gewesen wäre. 8

---

8 Vgl *BGH* NZI 2010, 95.

9 *BGHZ* 154, 72 = ZInsO 2003, 318.

10 Vgl § 21 Abs 1, 2 S 1 Nr 3 und die Begr zu § 25 Abs 2 Nr 3 RegE, BT-Drucks 12/2443, 116.

11 *BGHZ* 154, 72 = ZInsO 2003, 318, 321.

12 *OLG Stuttgart* OLG-Report 2002, 283; FK/*Wegener* § 169 Rn 3; *Hellmich* ZInsO 2005, 680 f; *Gundlach/Frenzel/Schmidt* ZInsO 2001, 542; **aA** *N/R/Becker* § 169 Rn 12–15; *Gottwald/Adolphsen* § 42 Rn 145.

13 *BGHZ* 166, 215 = ZInsO 2006, 433 in Fortführung von *BGHZ* 154, 72 = ZInsO 2003, 318; zust *Uhlenbruck/Brinkmann* § 169 Rn 4; *Mitlehner* Rn 819–824; im gleichen Sinne *N/R/Becker* § 169 Rn 12–16. Zum Begriff „insolvenzspezifischer Grund" vgl *Zipperer* KTS 2008, 167, 179 f.

14 *BGHZ* 154, 72; ähnlich MK/*Tetzlaff* § 169 Rn 25.

9 Die **Beweislast** dafür, dass derartige „nicht insolvenzspezifische Gründe" auch bei einer Verwertung durch den Gl zu einer Verzögerung geführt hätten, trägt nach Auff des BGH grds der InsVerw. Nach einer verzögerten Freigabe soll der Gl allerdings darzulegen haben, ob und mit welchem Ergebnis er Verwertungsbemühungen entfaltet hat, damit auf dieser Grundlage eingeschätzt werden kann, ob eine frühere Freigabe auch zu einer früheren Verwertung geführt hätte. Bei Beweisschwierigkeiten und verbleibenden Unklarheiten habe das Gericht unter Würdigung aller Umstände nach freier Überzeugung zu entscheiden, ob und in welchem Umfang eine Verzögerung auf insolvenzspezifischen oder auf anderen Gründen beruhe.[15]

10 Die Einschränkung der Zinszahlungspflicht durch den BGH findet im Gesetzeswortlaut keine Stütze und **entfernt sich erheblich von den Wertungen des Gesetzgebers**.[16] Der Fall der geringwertigen Sicherheit, der in § 169 S 3 geregelt ist, unterscheidet sich klar vom Fall der verzögerten Verwertung. Dass auch der gesicherte Gl für die Verwertung eine gewisse Zeit benötigt, hat der Gesetzgeber pauschalierend in der Weise berücksichtigt, dass Zinsen erst vom Berichtstermin an zu zahlen sind (§ 169 S 1), ggf nach Ablauf von drei Monaten nach einem vorherigen Verwertungsstopp (§ 169 S 2). Der Beweis, dass die Verwertung auch im Zeitpunkt des danach maßgeblichen Termins noch nicht hätte erfolgen können, muss nach dieser Wertung ebenso ausgeschlossen sein wie der umgekehrte Beweis, dass eine Verwertung durch den Gl schon vor dem Termin möglich gewesen wäre. Dass die Auff des BGH zu einer unklaren Rechtslage und zu großen Beweisschwierigkeiten führt, wird in der Entsch *BGHZ* 166, 215 sehr deutlich.

11 Zuzugeben ist, dass eine uneingeschränkte Zinszahlungspflicht ab dem Berichtstermin zu **praktischen Schwierigkeiten** führt, wenn bei einer zur Sicherheit abgetretenen Forderung die Fälligkeit fehlt oder der DrittSchu nicht zahlungswillig ist, ebenso wenn bei einer zur Sicherung übereigneten Sache abzusehen ist, dass sie nur nach längeren Bemühungen zu einem angemessenen Preis veräußerbar sein wird. Diese Schwierigkeiten lassen sich aber überwinden,[17] zB durch eine Veräußerung der nicht fälligen Forderung, durch eine Freigabe der schwer veräußerlichen Sicherheit oder durch eine Vereinbarung mit dem gesicherten Gl über einen sinnvollen Aufschub der Verwertung. IÜ ist selbstverständlich nicht mehr als der Wert zu verzinsen, den die Sicherheit im Zeitpunkt des Berichtstermins hat; ist bei einer zur Sicherung abgetretenen Forderung der DrittSchu nicht zahlungsfähig oder nicht zahlungswillig, so vermindert sich der Wert der Forderung entspr, ggf bis auf Null.[18] Auch besteht in dem Fall, dass der Schu dem gesicherten Gl nicht persönlich haftet, eine Zinspflicht erst dann, wenn Verwertungsreife eintritt.[19]

12 Als **Beispiele für „insolvenzspezifische Verzögerungsgründe"**, in denen auch nach Auff des BGH die Zinszahlungspflicht eingreift, wird man ansehen müssen:
– Der Verwalter sieht vorläufig von der Verwertung ab, da der Betrieb zunächst fortgeführt werden soll und das Sicherungsgut für diese Fortführung benötigt wird.
– Der Verwalter bemüht sich um eine günstige Gesamtveräußerung der Sicherheiten.

---

15 *BGHZ* 166, 215; grds zust MK/*Tetzlaff* § 169 Rn 25, der jedoch die Verschuldensunabhängigkeit der Zinszahlungspflicht und den Ausnahmecharakter der Fälle betont, in denen der BGH die Zinszahlungspflicht eingeschränkt hat.
16 Krit auch FK/*Wegener* § 169 Rn 4.
17 *OLG Stuttgart* OLG-Report 2002, 283; *Hellmich* ZInsO 2005, 681.
18 *Adolphsen* KS-InsO, S 1363 Rn 124.
19 Vgl *Mitlehner* Rn 820 und unten § 170 Rn 8.

– Das Gericht setzt nach der Vorlage eines InsPlans die Verwertung der InsMasse nach § 233 aus.[20]
– Der Verwalter bleibt wegen Überlastung untätig.[21]

Der InsVerw ist dagegen aus **„nicht insolvenzspezifischen Gründen"** an der Verwertung gehindert und damit nach Auff des BGH von der Pflicht zur Zinszahlung befreit, wenn in der Ins des Leasinggebers das zur Sicherung übereignete Leasinggut wegen des nach § 108 Abs 1 S 2 fortbestehenden Besitzrechts des Leasingnehmers zunächst nicht verwertet werden kann.[22] 13

d) Die Pflicht zur laufenden Zahlung der Zinsen ist nicht gerechtfertigt, wenn das **Absonderungsrecht** wegen anderer, vorrangiger Belastungen **wirtschaftlich wertlos** ist. Wenn wegen solcher Belastungen oder eines zu geringen Wertes der Sicherheit nur mit einer Teilbefriedigung des Gl zu rechnen ist, besteht auch nur insoweit ein Bedürfnis für einen Liquiditätsausgleich. S 3 schließt daher die Zinszahlungspflicht insoweit aus, als nicht mit einer Befriedigung des Gl aus dem Verwertungserlös zu rechnen ist. Ist zB für eine Forderung von 1 000 EUR eine Maschine zur Sicherung übereignet, deren Verwertungserlös abzüglich der Kostenbeiträge voraussichtlich 700 EUR betragen wird, so hat der Verwalter laufende Zinsen lediglich für eine Forderungshöhe von 700 EUR zu zahlen. Vermindert sich der Wert der Maschine während des Verf erheblich – insb durch eine Nutzung, für die der Gl nach § 172 Abs 1 Ausgleichszahlungen erhält –, so ist dies bei der Berechnung der Zinsen ebenfalls zu berücksichtigen.[23] 14

2. Höhe und Fälligkeit der Verzinsung; Durchsetzung. – a) Grundlage der Zinsberechnung ist, wie sich aus § 169 S 3 ergibt, der **voraussichtliche Verwertungserlös** des belasteten Gegenstands. Häufig wird sich bei der anschließenden Verwertung herausstellen, dass der geschätzte Verwertungserlös zu hoch oder zu niedrig war. Das Gesetz nimmt dies in Kauf; es stellt mit den Worten „soweit … nicht mit einer Befriedigung des Gl … zu rechnen ist" allein auf die Prognose ab.[24] Eine nachträgliche Korrektur der Höhe der erbrachten Zahlungen kann allenfalls erfolgen, wenn der Verwalter dies mit dem unzureichend gesicherten Gl vereinbart hat. Zur Vermeidung von Streitigkeiten wird sich dies im Einzelfall empfehlen. Denkbar ist dabei auch die Vereinbarung, dass nur wesentliche Abweichungen des tatsächlichen vom geschätzten Verwertungserlös – zB mehr als 50 % nach oben oder nach unten – berücksichtigt werden sollen. 15

b) Die Höhe der zu zahlenden Zinsen ergibt sich aus dem Rechtsverhältnis zwischen Gl und Schu. Ist eine **Vereinbarung über die Zinshöhe** getroffen, so ist diese maßgebend.[25] Andernfalls sind die nach den einschlägigen gesetzlichen Vorschriften geschuldeten Zinsen zu zahlen. Die Begr des RegE verweist dazu auf die gesetzlichen Regelungen der **Verzugszinsen**, in denen als Zinshöhe damals 4 % (§ 288 BGB aF), für beiderseitige Handelsgeschäfte 5 % 16

---

20 Vgl unten Rn 22.

21 Vgl *N/R/Becker* § 169 Rn 12 f.

22 *Hölzle/Geßner* ZIP 2009, 1646 f – Zum Verwertungsrecht des Verwalters in diesem Fall vgl oben § 166 Rn 19.

23 *Mönning* FS Uhlenbruck, 2000, S 267; zu weitgehend aber *N/R/Becker* § 169 Rn 47 f, der unabhängig von einer Veränderung der Sache eine ständige Anpassung der Schätzung des Wertes verlangt.

24 Zust *Uhlenbruck/Brinkmann* § 169 Rn 12 aE und *Hellmich* ZInsO 2005, 682; **aA** *Mitlehner* Rn 817; FK/*Wegener* § 169 Rn 5.

25 ZB vereinbarte Kreditzinsen, FK/*Wegener* § 169 Rn 5.

(§ 352 HGB) vorgesehen war.[26] Seit dem SchuldRModG v 20.11.2001[27] beträgt dieser gesetzliche Zinssatz bei Verzug grds 5 % über dem Basiszinssatz des § 247 BGB und bei Rechtsgeschäften, an denen ein Verbraucher nicht beteiligt ist, 8 % über diesem Basiszinssatz (§ 288 BGB); für grundpfandrechtlich gesicherte Verbraucherdarlehensverträge gilt nach § 503 Abs 2 BGB ein Verzugszinssatz von 2,5 % über dem Basiszinssatz.

17 Nach Auff des **BGH** passen diese erhöhten Sätze jedoch nicht für den Zinsanspruch des § 169:[28] Sie enthielten jedenfalls auch ein Sanktionselement, während die Zinszahlungspflicht wegen verzögerter Verwertung nicht an eine Verschulden des Verwalters anknüpfe. Der Verwalter dürfe nicht durch übermäßig hohe Zinsbelastungen von Unternehmensfortführungen und Gesamtveräußerungen abgehalten werden. Der BGH will in dem Fall, dass „vertraglich ausnahmsweise keine Zinsen als Hauptleistung (§ 488 Abs 1 S 2 BGB nF) geschuldet" sind, lediglich eine **Verzinsung von 4 %** annehmen, wobei er den gesetzlichen Zinssatz des § 246 BGB heranzieht; dieser Satz soll als Mindestzinssatz auch in dem Fall gelten, dass ein niedrigerer Zinssatz vereinbart worden ist.

18 Das Bemühen des BGH um eine angemessene und zugleich praktikable Lösung des im Gesetz nicht klar geregelten Problems der Zinshöhe verdient Respekt. Zweifelhaft erscheint allerdings, ob ein Zinssatz von 4 % dem Ziel des Gesetzgebers gerecht wird, den Gl in die Lage zu versetzen, sich die ihm vorenthaltene Liquidität anderweitig zu beschaffen.[29] Offenbar will der BGH auch vertragliche Vereinbarungen über die Höhe von Verzugszinsen außer Betracht lassen.[30] Nicht ausdr Stellung genommen hat der BGH allerdings zu der Fallgestaltung, dass der Schu schon vor der Eröffnung des InsVerf in Verzug geraten war und daher schon vor der Eröffnung die aus der Sicht des BGH übermäßig hohen Verzugszinsen zu zahlen hatte; bei dieser Fallgestaltung führt kaum ein Weg daran vorbei, dass es sich bei diesen Verzugszinsen um Zinsen handelt, die iSd § 169 S 1 und 2 aus dem Rechtsverhältnis zwischen Schu und gesichertem Gl zu zahlen sind.[31] Für Zinsen in dieser Höhe haftet dem Gl regelmäßig auch die Sicherheit; da die Zinsen, die nach § 169 zu zahlen sind, auf die Zinsen angerechnet werden, für die der Gl aus der Sicherheit Befriedigung beanspruchen darf,[32] relativiert sich die Frage, ob auch die Zinsen nach § 169 in dieser Höhe zu zahlen sind.

19 **c)** Grds (S 1) **beginnt** die Zinszahlungspflicht mit dem Berichtstermin, in dem die GlVersammlung über Stilllegung oder vorläufige Fortführung zu entscheiden hat (§ 157 S 1). Bis zu dieser Entsch der Gl wird der Verwalter häufig im Unklaren darüber sein, ob das Sicherungsgut im weiteren Verlauf des Verf noch für die Masse benötigt wird. Nach dem Sinn der Regelung, den Gl vor Verzögerungen der Verwertung zu schützen, sind nur die **Zinsen** zu zahlen, die **für die Zeit vom Berichtstermin** an geschuldet werden, nicht etwa zusätzlich rückständige Zinsen für die vorausgehende Zeit.[33]

20 War der gesicherte Gl **schon vor der VerfEröffnung am Zugriff auf die Sicherheit gehindert** (dazu oben Rn 6), so sind die Zinsen „spätestens" von dem Zeitpunkt an zu zahlen, der drei

---

26 BT-Drucks 12/2443, 180 – zu § 194 Abs 3, und S 177 – zu § 188 Abs 1.
27 BGBl I, 3138.
28 *BGHZ* 166, 215, 226 f = ZInsO 2006, 433, 436.
29 Vgl oben Rn 1. Krit zu diesem Punkt auch MK/*Tetzlaff* § 169 Rn 32; *Adolphsen* KS-InsO, S 1362 f Rn 123. Zuzugeben ist, dass dieses Bedenken in Zeiten eines bes niedrigen Zinsniveaus weniger Gewicht hat.
30 Dafür auch *Mitlehner* Rn 818.
31 Insoweit zust *Uhlenbruck/Brinkmann* § 169 Rn 5; vgl auch *Gottwald/Adolphsen* § 42 Rn 147.
32 Vgl unten Rn 26.
33 *Uhlenbruck/Brinkmann* § 169 Rn 6; MK/*Tetzlaff* § 169 Rn 28.

Monate nach der Anordnung der Zugriffssperre liegt (S 2). Durch das Wort „spätestens" soll nicht etwa ein Ermessen des Gerichts oder des Verwalters begründet werden, wann die Zinszahlungen aufgenommen werden,[34] sondern es soll der Fall erfasst werden, dass der Berichtstermin früher als drei Monate nach der Anordnung der Zugriffssperre liegt (Beispiel: Zugriffssperre 1. Februar, VerfEröffnung 1. März, Berichtstermin 1. April: Beginn der Zinszahlung mit dem Berichtstermin am 1. April, nicht etwa erst am 1. Mai mit dem Ablauf von drei Monaten nach der Zugriffssperre).[35] – Ist die Dreimonatsfrist schon vor der Eröffnung des Verf verstrichen, so beginnt die Zinszahlungspflicht schon im EröffnungsVerf (§ 21 Abs 2 S 1 Nr 5 iVm § 169 S 2).

Die Pflicht zur Zinszahlung **endet** nach dem Gesetzeswortlaut mit dem Abschluss der Verwertung. Für den Gl ist jedoch der Zeitpunkt entscheidend, an dem der Verwertungserlös an ihn ausgeschüttet wird. Deshalb ist nach dem Sinn des § 169 eine Verzögerung der Ausschüttung einer Verzögerung der Verwertung gleichzustellen.[36] Die Auffassung des LG Stendal,[37] für Verzögerungen der Ausschüttung hafte der Verwalter nicht nach § 169, sondern – bei Verschulden – nach § 60, kompliziert die Rechtslage unnötig. **21**

Setzt das Gericht nach der **Vorlage eines InsPlans** die Verwertung der InsMasse nach § 233 aus, so hat dies auf die Zinspflicht des § 169 keinen Einfluss.[38] Eine solche Aussetzung hat den einzigen Zweck, Verwertungshandlungen zu unterbinden, die die Durchführung des InsPlans gefährden könnten, und sie wird nur dann ausgesprochen, wenn eine solche Gefahr droht.[39] **22**

Zu der wichtigen Frage, in welchen Zeitabständen die Zinszahlungen erfolgen sollen, findet sich im Gesetz nur das Wort „laufend". Hier wird dem Verwalter ein Ermessensspielraum eingeräumt. Jedoch wird er beachten müssen, dass zu große Zeitabstände dem Ziel nicht gerecht würden, dem Gl die Möglichkeit zu geben, sich die ihm zeitweise entgehende Liquidität anderweitig zu beschaffen. IE sind wohl **monatliche Zahlungen** zu empfehlen, wenn Verwalter und Gl nichts anderes vereinbaren und auch sonst keine Besonderheiten vorliegen.[40] **23**

Erfolgt die **Verwertung unverzüglich nach dem Berichtstermin** (iF des S 2 unverzüglich nach dem dort genannten Termin), so werden die nach § 169 geschuldeten Zinsen häufig in die Abrechnung des Verwertungserlöses einbezogen werden können, ohne dass zwischen dem Termin und dieser Abrechnung noch laufende Zahlungen erfolgen müssen. **24**

d) Verweigert der Verwalter die Erfüllung der Zinszahlungspflicht, so steht dem gesicherten Gl – der insoweit MasseGl ist – die **Klage vor dem ordentlichen Gericht** offen. In Ausnahmefällen werden auch Aufsichtsmaßnahmen des InsGer nach § 58 in Betracht kommen. **25**

---

34 So aber *K/P/B/Flöther* § 169 Rn 12.

35 *Uhlenbruck/Brinkmann* § 169 Rn 8; *Hellmich* ZInsO 2005, 679 Fn 11; *Gundlach/Frenzel/Schmidt* ZInsO 2001, 542; *Gottwald/Adolphsen* § 42 Rn 145; vgl MK/*Tetzlaff* § 269 Rn 26 aE.

36 *BGHZ* 154, 72 = ZInsO 2003, 318; *Uhlenbruck/Brinkmann* § 169 Rn 9; *Hellmich* ZInsO 2005, 681; iE übereinstimmend *N/R/Becker* § 169 Rn 31.

37 *LG Stendal* ZIP 2002, 765; auch das *LG Köln* ZIP 2003, 2313 hat die Anwendung des § 169 auf die verzögerte Auskehrung des Verwertungserlöses abgelehnt.

38 FK/*Wegener* § 169 Rn 4; MK/*Tetzlaff* § 169 Rn 27; **aA** *Uhlenbruck/Brinkmann* § 169 Rn 9; *K Schmidt/Sinz* § 169 Rn 5, 7.

39 Vgl die Begr zu § 277 RegE, BT-Drucks 12/2443, 205, nach der kein Anlass für eine solche Anordnung besteht, wenn der Verwalter selbst den InsPlan vorgelegt hat.

40 Zust MK/*Tetzlaff* § 169 Rn 35; *Uhlenbruck/Brinkmann* § 169 Rn 10; **aA** *Mönning* FS Uhlenbruck, 2000, S 265, der jährliche Zahlungen befürwortet.

26 **3. Verhältnis zu anderen Gläubigerrechten. – a)** Neben dem Anspruch des gesicherten Gl aus § 169 auf laufende Zinszahlungen aus der Masse steht regelmäßig die vereinbarte **Haftung des Sicherungsobjekts auch für die geschuldeten Zinsen**. Diese Haftung betrifft auch die Zinsen für die Zeit nach der VerfEröffnung[41] und damit auch die Zinsen für den von § 169 erfassten Zeitraum. Diese Zinsen sind sogar, ebenso wie sonstige Zinsen und Kosten, nach dem auch auf die abgesonderte Befriedigung anwendbaren § 367 BGB im Zweifel mit Vorrang vor der Hauptforderung zu tilgen; eine abweichende Tilgungsbestimmung, die einseitig durch den InsVerw erfolgt, ist unwirksam.[42] Jedoch realisiert sich diese Haftung erst bei der Abrechnung des Verwertungserlöses. Die Zinsen, die bereits aufgrund von § 169 an den Gl ausbezahlt worden sind, vermindern die Zinsforderung, die für den Gl bei der Abrechnung des Verwertungserlöses zugrunde zu legen ist.[43]

27 **b)** Für den Fall, dass das Sicherungsgut während des InsVerf für die Masse genutzt wird und dadurch zum Nachteil des gesicherten Gl an Wert verliert, ordnet § 172 laufende Ausgleichszahlungen an. Diese Zahlungen sind zusätzlich zu den Zinszahlungen nach § 169 zu erbringen.[44] Dies ist im Bericht des RAussch ausdrücklich festgehalten worden.[45] Für die parallele Regelung im Recht der Immobilien in § 30e Abs 1 und 2 ZVG (idF von Art 20 Nr 5 EGInsO) kommt es im Gesetzeswortlaut deutlicher zum Ausdruck („... so ordnet das Gericht ... *weiter* die Auflage an"). Die Kumulation ist wegen der unterschiedlichen Zwecke der beiden Zahlungspflichten erforderlich: Die Zinszahlungen nach § 169 bewahren den Gl vor dem zeitweiligen Liquiditätsentzug,[46] die **Ausgleichszahlungen** nach § 172 Abs 1 schützen ihn **bei** einer Verminderung des Verwertungserlöses durch **Wertverlust**. Beide Zahlungspflichten lassen sich allerdings aus dem übergeordneten Prinzip ableiten, dass der Gl keine wirtschaftlichen Nachteile dadurch haben soll, dass er durch das Verwertungsrecht des Verwalters daran gehindert wird, unverzüglich nach der VerfEröffnung auf die Sicherheit zuzugreifen.

§ 170 Verteilung des Erlöses

(1) [1]Nach der Verwertung einer beweglichen Sache oder einer Forderung durch den Insolvenzverwalter sind aus dem Verwertungserlös die Kosten der Feststellung und der Verwertung des Gegenstands vorweg für die Insolvenzmasse zu entnehmen. [2]Aus dem verbleibenden Betrag ist unverzüglich der absonderungsberechtigte Gläubiger zu befriedigen.

(2) Überlässt der Insolvenzverwalter einen Gegenstand, zu dessen Verwertung er nach § 166 berechtigt ist, dem Gläubiger zur Verwertung, so hat dieser aus dem von ihm erzielten Verwertungserlös einen Betrag in Höhe der Kosten der Feststellung sowie des Umsatzsteuerbetrages (§ 171 Abs. 2 Satz 3) vorweg an die Masse abzuführen.

---

41 So mit ausf Begr *BGH* ZIP 2008, 1539, bestätigt durch *BGH* ZIP 2008, 2276 und *BGH* ZIP 2011, 579; krit dazu *Gundlach/Müller* DZWIR 2011, 285.

42 *BGH* ZIP 2011, 579; dazu *Obermüller* NZI 2011, 663. – Für Verbraucherkredite gilt allerdings nach § 497 Abs 3 BGB die Reihenfolge Kosten, Hauptschuld, Zinsen.

43 *BGH* ZIP 2008, 1539; *K/P/B/Flöther* § 169 Rn 10a.

44 FK/*Wegener* § 169 Rn 7.

45 BT-Drucks 12/7302, 178, zu §§ 197, 198.

46 Der BGH sieht allerdings in den Entscheidungen zur entspr Anwendung des § 169 im EröffnungsVerf (§ 21 Abs 2 S 1 Nr 5) in den Zinszahlungen nach § 169 auch einen Ausgleich für die „vertragsmäßige Abnutzung" des Gutes, vgl oben Rn 2.

Übersicht

I. Gesetzgebungshinweise

1 Eine Beteiligung der Gl mit „besitzlosen Mobiliarsicherheiten" an den Kosten, die im InsVerf durch diese Sicherheiten entstehen, war im früheren Konkurs-, Vergleichs- und Gesamtvollstreckungsrecht nicht vorgesehen.

2 Die **Kommission für InsR** hatte mehrheitlich einen **„VerfBeitrag" von pauschal 25 %** des Verwertungserlöses vorgeschlagen, durch den einerseits die Kosten der Feststellung und Abwicklung dieser Sicherheiten gedeckt werden sollten, darüber hinaus aber auch den ungesicherten Gl ein gewisser Ausgleich dafür geboten werden sollte, „dass die Anerkennung von Sicherungsübereignung, Sicherungsabtretung sowie verlängertem und erweitertem EV zu einer drastischen Einschränkung ihrer Befriedigungsaussichten geführt hat".[1] Dem gesicherten Gl sollte es nicht ermöglicht werden, den VerfBeitrag durch eine ausreichende Bemessung der Sicherheit aufzufangen; auch iF einer Übersicherung sollte der Gl aus dem Verwertungserlös nur einen Betrag erhalten, der dem um 25 % verminderten Forderungsbetrag entspräche. Dieses Modell der Kommission ist auf erhebliche Kritik gestoßen.[2]

3 In die Entwürfe des BMJ und in den **RegE** wurde nur der Gedanke der Kostenbeteiligung aufgenommen, und zwar in einer differenzierten, zwischen verschiedenen Kostenarten unterscheidenden Form. Für eine Verschiebung von Vermögenswerten von den gesicherten auf die ungesicherten Gl wurde kein Anlass gesehen. Man ließ den allg Grundsatz des Kreditsicherungsrechts unangetastet, dass die entstehenden Kosten zusätzlich zu der gesicherten Forderung aus dem Verwertungserlös der Sicherheit gedeckt werden können.

4 Eine Erstreckung der Kostenbeteiligung der gesicherten Gl ins **Eröffnungsverfahren** enthält § 21 Abs 2 S 1 Nr 5, der im Jahre 2007 ins Gesetz eingefügt worden ist.

II. Normzweck

5 § 170 regelt die Verteilung des Erlöses aus der Verwertung der „besitzlosen Mobiliarsicherheiten" für **zwei verschiedene Fälle**: In Abs 1 geht es um die Verwertung durch den Verwalter aufgrund seines Verwertungsrechts nach § 166; in Abs 2 um die Verwertung durch den Gl aufgrund einer Gestattung des Verwalters. Wesentlicher Inhalt der Regelungen ist die Normierung eines Kostenbeitrags der gesicherten Gl. Die Berechnung des Kostenbeitrags wird erg in § 171 festgelegt.

6 Mit diesem Kostenbeitrag, der vorweg aus dem Verwertungserlös der Sicherheit entnommen wird und in die Masse fließt, soll erreicht werden, dass die Kosten der Feststellung und der Verwertung der Sicherheiten einschließlich der entstehenden Umsatzsteuerschuld **nicht zum Nachteil der ungesicherten Gl die freie Masse belasten**. Nach dem Vergütungsrecht

---

1 EB, S 312, Begr zu LS 3.3.2.
2 Vgl insb *Serick* Mobiliarsicherheiten und InsRReform, 1987, S 90–133.

erhöht sich die Berechnungsgrundlage für die Verwaltervergütung, wenn zur Masse „besitzlose Mobiliarsicherheiten" gehören, die vom Verwalter zu verwerten sind; außerdem kann die Bearbeitung solcher Sicherheiten einen Zuschlag zur Vergütung rechtfertigen (vgl § 1 Abs 2 Nr 1, § 3 Abs 1 Buchst a InsVV). Das erhöhte Honorar wird aus der freien Masse entnommen und vermindert dadurch die Quote der ungesicherten Gl. Weiter ist zu berücksichtigen, dass das Umsatzsteuerrecht bei einer Verwertung von Sicherungsgut regelmäßig zu einer Belastung der Masse führt.[3] Durch den Kostenbeitrag wird ein Ausgleich für diese Belastungen geschaffen.

7 Im Anschluss an die Mehrheitsmeinung in der Kommission für InsR ist vielfach die Auffassung vertreten worden, das Ziel der Entlastung der freien Masse von diesen Kosten könne nur erreicht werden, wenn die Möglichkeit ausgeschlossen werde, durch ausreichende Bemessung der Sicherheit auch den Kostenbeitrag abzusichern.[4] Diese Auffassung verkennt, dass die Zahl der Vermögensgegenstände, die als Sicherheiten in Betracht kommen, trotz der Großzügigkeit der Rspr bei der Zulassung neuer Sicherungsformen begrenzt ist. Vor Eintritt einer Ins hat der Schu tendenziell alle diese Vermögensstücke voll belastet; denn solange er Sicherheiten zur Verfügung stellen kann, wird er neuen Kredit erhalten und der praktisch bedeutsame InsGrund, die Zahlungsunfähigkeit, wird nicht eintreten. Wenn die gesicherten Gl die Kostenbeiträge mit absichern, ist der Vorrat des Schu an Sicherheiten schneller erschöpft. Es ist aber nicht erkennbar, dass es dem Schu oder den Gl gelingen kann, den Anteil des SchuVermögens, der vor Eintritt einer Ins mit Sicherheiten belegt wird, auszuweiten. Die Zulassung der Absicherung des Kostenbeitrags dürfte insofern **regelmäßig nicht zu einer Verringerung der freien Masse** geführt haben, sondern zu einer Verringerung des Volumens der gesicherten Kredite.[5]

III. Verwertung durch den Verwalter (Abs 1)

8 In dem Regelfall, dass der nach § 166 verwertungsberechtigte Verwalter dieses Recht auch ausübt, gilt nach Abs 1 Folgendes: Sobald der Verwalter den Verwertungserlös erhalten hat, sind aus diesem die Kosten der Feststellung der Sicherheit (4 % des Erlöses, § 171 Abs 1) und die Kosten der Verwertung (einschließlich der Umsatzsteuerbelastung der Masse, § 171 Abs 2) zu entnehmen und der Masse zuzuführen. Aus dem verbleibenden Betrag ist der gesicherte Gl zu befriedigen, und zwar **„unverzüglich"**, wie das Gesetz ausdrücklich anordnet, um Verzögerungen zu Lasten der Gl zu vermeiden.[6] Der Verwalter darf die eingezogenen Gelder nicht zur Zwischenfinanzierung der Fortführung des Unternehmens nutzen.[7] In dem Sonderfall allerdings, dass sich die gesicherte Forderung gegen einen Dritten richtet und noch nicht fällig ist, hat der Verwalter den Verwertungserlös entspr § 191 bis zur Verwertungsreife zurückzuhalten.[8] Ist der Gegenstand **mehrfach belastet** – zB mehrfach gepfändet –, ist bei der Befriedigung der Gl deren Rangfolge zu beachten. Steht die zur Sicherung abgetretene Forderung neben dem Schu noch einer anderen Person zu (**Gesamt-**

---

3 Begr zu §§ 195 und 196 RegE, BT-Drucks 12/2443, 180 ff; vgl unten § 171 Rn 10 ff.

4 So zB *Gottwald* InsR im Umbruch, S 205 f; vgl auch den Diskussionsbericht dort S 284.

5 Zust MK/*Lwowski* 1. Aufl § 170 Rn 45 f.

6 Zur Verrechnung des Erlöses auf Kosten, Zinsen und Hauptforderung, grds nach § 367 BGB in dieser Reihenfolge, vgl *BGH* ZIP 2011, 579 und *K Schmidt/Sinz* § 170 Rn 23 f. – Zur Verjährung des Anspruchs auf Auskehr des Erlöses vgl *S H Schmidt* ZInsO 2005, 422, dessen Eintreten für eine 30-jährige Verjährung allerdings nicht überzeugt: Einschlägig ist nicht § 197 Abs 1 Nr 2 (früher Nr 1), sondern § 195 BGB (**aA** *K Schmidt/Sinz* § 170 Rn 25).

7 *Gottwald* FS Gero Fischer, 2008, S 183, 189.

8 *BGH* ZIP 2009, 228 mit zust Anm *Weiß*. In diesem Fall besteht vor der Verwertungsreife auch noch keine Zinszahlungspflicht nach § 169, vgl oben § 169 Rn 11.

gläubigerschaft), so entspricht es nach Auff des AG Köln der Billigkeit, für die Berechnung der Kostenpauschale nicht die Gesamthöhe der Forderung, sondern nur den wirtschaftlichen Wert des Anteils des Schu zugrunde zu legen.[9]

Bis zur Ausschüttung an den Gl ist der **Erlös von der Masse getrennt** zu halten. Solange der Erlös unterscheidbar vorhanden ist, setzt sich das Absonderungsrecht im Wege der Surrogation an ihm fort.[10] Der gesicherte Gl hat auch bei Massearmut einen Anspruch auf Auszahlung des vollen ihm nach § 170 zustehenden Betrages.[11] Die Unterscheidbarkeit sollte dabei nicht anders beurteilt werden, als sie der BGH für den Bereich der Ersatzabsonderung verstanden hat:[12] Auch ein Betrag, der auf einem allg Geschäftskonto gebucht ist, das ausreichende Deckung aufweist, ist noch unterscheidbar vorhanden, da das eingezahlte Geld aufgrund der Buchungen von dem übrigen angesammelten Guthaben unterschieden werden kann.[13] Wird der Erlös ununterscheidbar zur Masse genommen, so steht dem Gl eine Masseforderung nach § 55 Abs 1 Nr 3 zu;[14] bei Masseunzulänglichkeit haftet der Verwalter nach § 60 Abs 1.[15] 9

Schuldet der gesicherte Gl seinerseits einen Geldbetrag zur InsMasse, so darf der InsVerw mit diesem Zahlungsanspruch gegen den Anspruch des gesicherten Gl auf Auskehrung des Verwertungserlöses nur **aufrechnen**, soweit der Gl dadurch nicht schlechter gestellt wird, als er nach einer von ihm selbst betriebenen Verwertung der Sicherheit stünde. Denn die Übertragung des Verwertungsrechts auf den Verwalter durch § 166 soll eine möglichst effektive Verwertung im Interesse der GlGesamtheit sicherstellen, sie soll den gesicherten Gl aber darüber hinaus nicht in seiner Rechtsstellung beeinträchtigen. Könnte ein Gl beispielsweise eine ihm zustehende Forderung von 3 000 EUR im Falle der Selbstverwertung einer Sicherheit in Höhe von 2 000 EUR aus dem Verwertungserlös abdecken und in Höhe der restlichen 1 000 EUR gegen eine zur Insolvenzmasse gehörende Forderung gleicher Höhe aufrechnen, so darf er nach einer vom Verwalter durchgeführten Verwertung nicht dadurch schlechter gestellt werden, dass der Verwalter mit der zur Masse gehörenden Forderung gegen die Forderung auf Auskehrung des Verwertungserlöses aufrechnet.[16] 10

Ebenso wenig darf der InsVerw die Sicherung des absonderungsberechtigten Gl dadurch beeinträchtigen, dass er eine für diesen nachteilige **Tilgungsbestimmung** trifft. Er darf nach 11

---

9 *AG Köln* ZInsO 2011, 1260.

10 MK/*Tetzlaff* § 170 Rn 38; *Uhlenbruck/Brinkmann* § 170 Rn 10; *Berger* KTS 2007, 441–444; iE übereinstimmend *Ganter/Bitter* ZIP 2005, 98 f und *Ganter* NZI 2008, 588, die keine Surrogation, sondern einen Spezialfall der Ersatzabsonderung annehmen (in ZInsO 2016, 2122 f erwägt *Ganter* auch ein Absonderungsrecht durch „spezifische haftungsrechtliche oder insolvenzrechtliche Surrogation"), sowie *BGH* NZI 2008, 558, der die dogmatische Einordnung offen lässt. – Gegen diese Konstruktionen *Mitlehner* Rn 713–716 und ZIP 2015, 63 f, der dem Absonderungsberechtigten nach der Verwertung des Sicherungsguts einen schuldrechtlichen, aus der Masse zu erfüllenden Anspruch zubilligt, der Vorrang vor den Anprüchen nach § 209 hat und daher auch bei Masseunzulänglichkeit voll zu erfüllen ist. Auch *Stamm* KTS 2015, 487–490, sieht keine Grundlage für eine Verdinglichung des Anspruchs auf den Erlös, jedoch mit anderem Ergebnis: Er hält es für ausreichend, dass der Gl durch den Bereicherungsanspruch mit dem Rang des § 209 Abs 1 Nr 3 und ggf durch Schadenersatzansprüche wegen schuldhaften Verhaltens des InsVerw vor unberechtigter Verwendung des Erlöses geschützt ist.

11 *BGH* ZIP 2010, 739 Rn 38; *Ganter/Bitter* ZIP 2005, 98 f; vgl MK/*Tetzlaff* § 170 Rn 40.

12 *Ganter/Bitter* ZIP 2005, 98 f.

13 *BGH* ZIP 1999, 626; zust *Gottwald* FS Gero Fischer, 2008, S 191.

14 Vgl *BGH* ZIP 2009, 228, der „§ 55 Abs 1 Nr 1 oder 3" für einschlägig hält.

15 *LG Berlin* ZInsO 2008, 1027.

16 Vgl *Jungclaus/Keller* KTS 2010, 149 und das Aufrechnungsverbot zum Übererlös iF der Verwertung durch den Gl, unten § 173 Rn 3.

der Verwertung von Sachen, die dem Vermieterpfandrecht unterliegen, nicht nach § 366 Abs 1 BGB bestimmen, dass zunächst die Mietzinsforderungen getilgt werden sollen, die als Masseverbindlichkeiten zu berichtigen sind, und erst danach offene Mietzins-InsForderungen.[17] Einem Vermieter, der zu Beginn des InsVerf vollständig gesichert ist, darf diese Sicherheit nicht nachträglich entzogen werden.[18]

12 Verbleibt nach Abzug des Kostenbeitrags und Befriedigung des Gl ein **Überschuss**, so ist dieser ebenso wie der Kostenbeitrag zur Masse zu nehmen. Daraus ergibt sich, dass die genaue Höhe des Kostenbeitrags offen bleiben kann, wenn offensichtlich ist, dass auch nach der vollen Befriedigung des gesicherten Gl ein Rest verbleibt, der den Kostenbeitrag übersteigt. Bei einem Verwertungserlös von 1 000 EUR und einer gesicherten Forderung von 600 EUR kann ungeklärt bleiben, ob die Verwertungskosten des Verwalters 100 oder 200 EUR betrugen; der Gl wird jedenfalls 600 EUR beanspruchen können, und die restlichen 400 EUR werden jedenfalls in die Masse fließen.

13 Wird die Sicherheit als Teil einer **Sachgesamtheit** zu einem Gesamtpreis veräußert,[19] so hat der InsVerw – notfalls mithilfe eines SV – auf der Grundlage des Verkehrswerts der einzelnen Teile der Gesamtheit festzustellen, welcher Teil des Gesamterlöses auf die Sicherheit entfällt.[20]

14 Ist der **Gl einer Gesellschaft doppelt gesichert**, durch eine Sicherheit am Vermögen der insolventen Gesellschaft und durch eine weitere Sicherheit an dem Privatvermögen eines Gesellschafters, und befriedigt der InsVerw den Gl durch Verwertung der Gesellschaftssicherheit, so ist der Gesellschafter nach Auff des BGH verpflichtet, den an den Gl ausgekehrten Betrag zur InsMasse zu erstatten. Zwar bestehe ein uneingeschränktes Wahlrecht zwischen der Inanspruchnahme der beiden Sicherheiten, im wirtschaftlichen Ergebnis müsse aber die Gesellschaftersicherheit vorrangig verwertet werden (§ 143 Abs 3 S 1 entspr).[21]

IV. Verwertung durch den Gläubiger (Abs 2)

15 **1. Allgemeines. – a)** Aus Abs 2 ergibt sich mittelbar, dass der Verwalter trotz seines Verwertungsrechts nach § 166 grds berechtigt ist, die Verwertung des mit einem Absonderungsrecht belasteten Gegenstands – ob Sache oder Forderung[22] – dem gesicherten Gl zu überlassen. Ob er von dieser Möglichkeit Gebrauch macht, liegt in seinem pflichtgemäßen Ermessen.[23] Dabei muss der Verwalter darauf achten, dass ein solcher Verzicht auf sein Verwertungsrecht nicht zu Nachteilen für die GlGesamtheit führt. In Betracht kommt die Übertragung der Verwertung auf den Gl insb dann, wenn eine Gesamtveräußerung ausscheidet und außerdem abzusehen ist, dass der Gl für den betr Gegenstand über **bessere Verwertungsmöglichkeiten** verfügt als der Verwalter. Durch einen Verzicht des Verwalters auf sein Verwertungsrecht wird nicht ausgeschlossen, dass der Gl ihn später erneut zur Verwertung ermächtigt.[24]

---

17 *BGH* ZIP 2014, 2248 mit Anm *Mordhorst* EWiR 2014, 783, *Lütcke* NZI 2014, 1035 und *Klinck* ZIP 2015, 859 gegen *OLG Dresden* NZI 2011, 995.
18 *Lohmann* FS Pannen, 2017, S 497, 505 f.
19 Vgl auch oben § 168 Rn 11.
20 Vgl *K/P/B/Flöther* § 170 Rn 3.
21 *BGHZ* 192, 9 mit Anm *Müller/Rautmann* DZWIR 2012, 190.
22 Dass der Begriff „Gegenstand" in der InsO ebenso wie im BGB Sachen und Rechte umfasst, verkennt *Eckert* ZInsO 2004, 702.
23 *LG Gera* ZInsO 2009, 2206; *K Schmidt/Sinz* § 170 Rn 12.
24 *BGH* ZIP 2008, 929.

b) Eine **Verpflichtung des Gl**, auf Wunsch des Verwalters die Verwertung zu übernehmen, ergibt sich **nicht** aus dem Gesetz.[25] Der Verwalter wird daher mit dem Gl Einvernehmen herstellen müssen. 16

2. Unterscheidung von Selbsteintritt (§ 168 Abs 3) und Freigabe. Die Übertragung der Verwertung auf den Gl nach § 170 Abs 2 ist zu unterscheiden von dem Fall, dass der Gl nach § 168 Abs 3 den Gegenstand selbst übernimmt, nachdem der Verwalter dessen Veräußerung vorbereitet und die Veräußerungsabsicht mitgeteilt hatte. Im letztgenannten Fall liegt eine Verwertung durch den Verwalter vor, so dass für die Kostenabzüge § 170 Abs 1 maßgebend ist.[26] 17

Wieder anders gelagert ist der Fall, dass der Verwalter durch einseitige Erklärung den Sicherungsgegenstand dem Schu freigibt. Nach einer „echten" **Freigabe**, der vollständigen Überführung des Sicherungsobjekts aus der InsMasse in das freie Vermögen des Schu, kann der gesicherte Gl ungehindert auf die Sicherheit zugreifen und sie verwerten, ohne Kostenbeiträge an die InsMasse abführen zu müssen. Nach richtiger Ansicht löst diese Verwertung auch keine Umsatzsteuerbelastung der Masse aus.[27] 18

3. Kostenabzüge. – a) IF der Verwertung der Sicherheit durch den Gl entstehen die mit dieser Verwertung verbundenen Aufwendungen von vornherein beim Gl. Aus dem Verwertungserlös sind daher nach § 170 Abs 2 nur noch die **Feststellungskosten** (4 % des Erlöses, § 171 Abs 1) und, wenn die Verwertung zu einer **Umsatzsteuerbelastung** der Masse geführt hat,[28] ein dieser Belastung entspr Betrag für die Masse zu entnehmen. Dabei liegt eine Verwertung durch den Gl iSd § 170 Abs 2 auch dann vor, wenn der Gl ein finanziertes Fahrzeug (das Sicherungsobjekt, dessen Verwertung ihm der Verwalter überlassen hat) an den Hersteller zurückgibt und dafür einen Betrag gutgeschrieben erhält, der vom Restwert des Fahrzeugs abhängt. Auch in diesem Fall hat der Gl die Kosten der Feststellung und den Umsatzsteuerbetrag an die Masse abzuführen.[29] 19

Gleiches gilt, wenn bei einer Sicherungsabtretung der Zessionar die Forderung einzieht, ohne dazu vom Verwalter ermächtigt worden zu sein,[30] oder wenn eine zur Sicherheit übereignete Sache vom Gl veräußert wird, obwohl der Verwalter verwertungsberechtigt war.[31] Zwar kann eine Verwertung, die gegen § 166 verstößt, zum Schadensersatz verpflichten; der Schaden besteht aber nur im Verlust eines Übererlöses, der bei einer Verwertung durch den InsVerw erzielt worden wäre, und in den Feststellungskosten, die entspr § 170 Abs 2 zu pauschalieren sind.[32] Verwertungskosten sind nicht zu erstatten, wenn solche der Masse gar nicht entstanden sind.[33] Erfolgt die **Verwertung** von Sicherungsgut noch **vor der Eröffnung des InsVerf** (und auch vor Maßnahmen zur Sicherung der Masse, vgl § 21), so sind die Beschränkungen des Verwertungsrechts des absonderungsberechtigten Gl durch §§ 166 ff von vornherein nicht einschlägig, so dass auch keine Feststellungskosten geschuldet sind. 20

25 *BGHZ* 165, 28, 33 f = ZIP 2005, 2214, 2216; MK/*Tetzlaff* § 170 Rn 22; HambKomm/*Büchler/Scholz* § 170 Rn 9.
26 *BGHZ* 165, 28, 31 f = ZIP 2005, 2214, 2215; MK/*Tetzlaff* § 170 Rn 24; *K/P/B/Flöther* § 168 Rn 15.
27 Vgl oben § 165 Rn 14; **aA** *BFHE* 196, 341 = ZIP 2002, 230 zum früheren Konkursrecht; krit zu dieser Entsch *Onusseit* ZIP 2002, 1344; *Mitlehner* NZI 2002, 536 f; MK/*Tetzlaff* § 170 Rn 25.
28 Dazu unten § 171 Rn 10 ff.
29 *OLG Düsseldorf* ZInsO 2010, 770.
30 *BGH* ZIP 2004, 42 mit Anm *Gundlach/Schmidt/Frenzel* EWiR 2004, 123.
31 *BGH* ZIP 2006, 2390; *K Schmidt/Sinz* § 170 Rn 14.
32 *Lohmann* FS Pannen, 2017, S 506.
33 *BGH* ZIP 2014, 2305.

Eine rechtmäßige Veräußerung von Sicherungsgut durch den Gl vor der VerfEröffnung kann nicht etwa mit der Begr angefochten werden, der Masse sei dadurch die Feststellungskostenpauschale entgangen.[34]

21 **b)** Nicht berücksichtigt werden Kosten, die dadurch entstehen, dass sich der Verwalter zunächst selbst um eine Verwertung bemüht, bevor er dem Gl die Verwertung überlässt. Diese **Kosten vergeblicher Verwertungsversuche** des Verwalters belasten die Masse, ohne dass sie aus dem vom Gl erzielten Verwertungserlös ausgeglichen werden können. Der Verwalter wird daher die Möglichkeit, die Verwertung dem Gl zu überlassen, frühzeitig prüfen müssen.

22 Damit der Verwalter den Fortgang der Verwertung durch den Gl verfolgen und die Berechnung der Feststellungskosten kontrollieren kann, steht ihm ein **Auskunftsanspruch** gegen den Gl zu.[35]

V. Zusätzlicher Abzug von Erhaltungskosten?

23 Die Regelung des RegE, nach der aus dem Verwertungserlös der „besitzlosen Mobiliarsicherheiten" auch die Kosten von notwendigen Erhaltungsmaßnahmen für die Masse zu entnehmen waren, ist vom RAussch gestrichen worden. Im Ausschussbericht wird dazu ausgeführt, dass durch diese Streichung eine Belastung der Gerichte durch Streitigkeiten über die Höhe der Erhaltungskosten vermieden werden solle; Vereinbarungen zwischen Verwalter und Gl über Erhaltungsmaßnahmen und über die Beteiligung des Gl an deren Kosten würden dadurch nicht ausgeschlossen.[36] Dennoch werden erforderliche Erhaltungskosten vom Verwalter nicht nur dann in Ansatz gebracht werden können, wenn eine **Vereinbarung über die Erhaltungsmaßnahme** zwischen Verwalter und Gl zustande gekommen ist. Auch unabhängig von einer solchen Vereinbarung wird der verwertungsberechtigte Verwalter verpflichtet sein, das Sicherungsgut in seinem Wert zu erhalten, um eine günstige Veräußerung zu ermöglichen. Die erforderlichen Aufwendungen werden häufig zu den Verwertungskosten gerechnet werden können.[37]

24 Entscheidet sich der Verwalter zB iF von zur Sicherung übereigneten Hühnern[38] für die wirtschaftlich günstige Gesamtveräußerung der Hühnerfarm und werden dabei höhere Futteraufwendungen erforderlich als bei der sofortigen Veräußerung der Hühner zur Schlachtung, so bilden diese Futterkosten einen Teil der mit der gewählten Verwertungsart verbundenen Kosten; sie können, wenn nicht die Pauschalierung des § 171 Abs 2 S 1 greift, nach S 2 dieser Vorschrift **als Verwertungskosten** angesetzt werden. Es wäre unbillig, dem Gl in diesem Fall den hohen Erlös der Gesamtveräußerung zufließen zu lassen, ohne von diesem Erlös die mit dieser Verwertungsart zwangsläufig verbundenen Aufwendungen abzuziehen.[39]

25 Wer diese Ausweitung des Begriffs der Verwertungskosten ablehnt, kann das geschilderte unbillige Ergebnis vermeiden, indem er dem Verwalter einen Anspruch gegen den gesicherten Gl auf Erstattung solcher Auslagen aus **Geschäftsführung ohne Auftrag** zugesteht.[40] Für

---

34 *BGH* ZIP 2005, 40, bestätigt in *BGH* 26.4.2012 – IX ZR 67/09 Rn 28.
35 *K Schmidt/Sinz* § 170 Rn 29.
36 BT-Drucks 12/7302, 177.
37 Vgl unten § 171 Rn 4.
38 Beispiel von *Uhlenbruck* FS Vieregge, 1995, S 897.
39 Zust HambKomm/*Büchler/Scholz* § 170 Rn 5; offen lassend MK/*Tetzlaff* § 170 Rn 34; **abl** *Uhlenbruck/Brinkmann* § 170 Rn 17.
40 MK/*Tetzlaff* § 170 Rn 34; *Gottwald/Adolphsen* § 42 Rn 184; FK/*Wegener* §§ 170, 171 Rn 8; *K Schmidt/Sinz* § 170 Rn 19 f (der für Sicherungseigentum zusätzlich den Verwendungsersatz im Eigentümer-Besitzer-Verhältnis heranzieht).

die Praxis ist zu empfehlen, dass der Verwalter vor den Erhaltungsaufwendungen eine Vereinbarung mit dem gesicherten Gl über die Kostentragung schließt.[41]

VI. Vertragliche Festlegung der Höhe der Kostenbeiträge

Vereinbarungen, die vor der Eröffnung des InsVerf zwischen Gl und Schu über die Höhe der Kostenbeiträge geschlossen werden, sind unwirksam, da die Regelung über die Kostenbeiträge zwingendes Recht ist. Das schließt aber nicht aus, dass sich im eröffneten Verf, auch schon vor der Verwertung, InsVerw und gesicherter Gl über die Höhe dieser Beiträge einigen, um Streitigkeiten von vornherein zu vermeiden.[42] Gesteht der Gl allerdings Kostenbeiträge zu, die über den in §§ 170, 171 vorgesehenen Sätzen liegen, ist darin im Verhältnis zu einem Bürgen die Aufgabe eines Teils der Sicherheit zu sehen.[43] **26**

VII. Sonderregelung für die Eigenverwaltung

Ist **Eigenverwaltung** angeordnet, so ist der Schu anstelle des InsVerw zur Verwertung der „besitzlosen Mobiliarsicherheiten" berechtigt. In diesem Fall entfällt ein Abzug von Feststellungskosten vom Verwertungserlös; die Verwertungskosten dürfen nicht pauschaliert werden (§ 282 Abs 1 S 2, 3). Die Sonderregelung für das **VerbrInsVerf** (bisheriger § 313 Abs 3) ist durch das Gesetz vom 15.7.2013 mit Wirkung für die ab dem 1.7.2014 beantragten Verf aufgehoben worden.[44] **27**

§ 171 Berechnung des Kostenbeitrags

(1) [1]Die Kosten der Feststellung umfassen die Kosten der tatsächlichen Feststellung des Gegenstands und der Feststellung der Rechte an diesem. [2]Sie sind pauschal mit vier vom Hundert des Verwertungserlöses anzusetzen.

(2) [1]Als Kosten der Verwertung sind pauschal fünf vom Hundert des Verwertungserlöses anzusetzen. [2]Lagen die tatsächlich entstandenen, für die Verwertung erforderlichen Kosten erheblich niedriger oder erheblich höher, so sind diese Kosten anzusetzen. [3]Führt die Verwertung zu einer Belastung der Masse mit Umsatzsteuer, so ist der Umsatzsteuerbetrag zusätzlich zu der Pauschale nach Satz 1 oder den tatsächlich entstandenen Kosten nach Satz 2 anzusetzen.

Übersicht

41 FK/*Wegener* §§ 170, 171 Rn 8; *Gottwald/Adolphsen* § 42 Rn 184.
42 Vgl zB *OLG Koblenz* ZInsO 2004, 929; weiter *K Schmidt/Sinz* § 170 Rn 11.
43 § 776 BGB; *OLG Dresden* WM 2003, 2137 mit krit Anm *Tetzlaff* EWiR 2003, 1259.
44 Vgl oben Vor § 165 Rn 4.

I. Normzweck

1 § 171 ergänzt die Regelung des § 170 über die Kostenbeteiligung der Gl mit „besitzlosen Mobiliarsicherheiten“ durch Vorschriften über die Definition und die Berechnung der einzelnen Posten des Kostenbeitrags.

II. Begriff und Höhe der Feststellungskosten (Abs 1)

2 Die Definition der Feststellungskosten in S 1[1] hat Bedeutung für die Abgrenzung dieser Kosten zu anderen Kostenarten. Wenn im Einzelfall nur mit Schwierigkeiten festgestellt werden kann, wo sich bestimmtes Sicherungsgut befindet und welche Rechte daran bestehen, und der Masse dadurch konkrete Kosten entstehen – zusätzlich zu den Zuschlägen zum Verwalterhonorar –, so sind auch diese zusätzlichen Kosten **mit der Feststellungskosten-Pauschale abgegolten**. Sie können nicht etwa als Verwertungskosten angesetzt werden.[2]

3 Welche tatsächliche Höhe die Feststellungskosten im Einzelfall haben, ist unerheblich. Es ist stets die Pauschale von 4 % anzusetzen.[3] Abw Vereinbarungen zwischen Verwalter und Gl sind allerdings möglich.[4] Wie die Begr zum RegE verdeutlicht, ist der **Prozentsatz vom Brutto-Verwertungserlös** zu berechnen,[5] also vom Erlös einschließlich der Umsatzsteuer.[6] Dass sich daraus je nach der umsatzsteuerlichen Behandlung der Verwertung unterschiedliche Belastungen der Gl und der InsMasse ergeben können, hat der Gesetzgeber im Interesse einer praktikablen Lösung in einer verfassungsrechtlich zulässigen pauschalierenden Weise in Kauf genommen.[7]

III. Begriff und Höhe der Verwertungskosten (Abs 2)

4 **1. Begriff.** Verwertungskosten iSd § 171 sind nur die Kosten, die eindeutig der **Verwertung des bestimmten Sicherungsgutes** zuzurechnen sind. Sie stehen im Gegensatz zu den allg Kosten der Abwicklung des Verf, zB den Kosten von Büroräumen und Büropersonal.[8] IRv Abs 2 S 2 werden diese Kosten weiter auf die „erforderlichen“ Kosten beschränkt. Innerhalb dieser Begrenzungen können zu den Verwertungskosten aber alle Kosten gerechnet werden, die nach kaufmännischen Gesichtspunkten aufgewendet werden, um ein optimales VerwertungsErg zu erzielen, also nicht nur die Kosten eines beauftragten Auktionators oder

---

1 Zu den Einzelheiten vgl *Uhlenbruck/Brinkmann* § 171 Rn 4–7.

2 Vgl *OLG Jena* ZIP 2004, 2107 zu den Kosten der Ermittlung von als Sicherheit abgetretenen Lebensversicherungsverträgen.

3 *BGH* NJW 2002, 3475 = ZInsO 2002, 826.

4 Vgl *Uhlenbruck/Brinkmann* § 171 Rn 2.

5 BT-Drucks 12/2443, 181.

6 *OLG Nürnberg* ZIP 2014, 280; MK/*Tetzlaff* § 171 Rn 18; *Uhlenbruck/Brinkmann* § 171 Rn 5; *Braun/Dithmar/Schneider* § 171 Rn 10; *Gottwald/Adolphsen* § 42 Rn 178; *Mitlehner* Rn 827; vgl auch *N/R/Becker* § 171 Rn 6.

7 *Onusseit* ZInsO 2007, 247 gegen *de Weerth* ZInsO 2007, 70 und NZI 2001, 75 ff, sowie *Obermüller* InsR in der Bankpraxis, Rn 6804, die eine verfassungswidrige Ungleichbehandlung darin sehen, dass der InsMasse nach der hM bei einer umsatzsteuerpflichtigen Veräußerung höhere Pauschalen zustehen als bei einer umsatzsteuerfreien, und die daher grds den Nettoerlös zugrunde legen. Vgl auch *LG Halle/Saale* ZInsO 2001, 270 und *LG Köln* ZIP 2003, 2312, die eine Berechnung des Prozentsatzes vom Brutto-Verwertungserlös dann für ungerechtfertigt halten, wenn die Masse Vorsteuern abziehen kann; gegen diese Argumentation *AG Düsseldorf* und *LG Düsseldorf* ZInsO 2004, 1091.

8 MK/*Tetzlaff* § 171 Rn 23; **aA** *Grau* Realisierung von Absonderungsrechten an Forderungen aus nicht erfüllten Verträgen, 2006, S 75–90, nach dessen Auff zu den Verwertungskosten auch ein Anteil an den Gemeinkosten gehört.

sonstigen Verwerters,[9] sondern je nach Fallgestaltung auch Kosten der Sicherung und Lagerung, Reparatur- und Wartungskosten,[10] ja sogar Kosten der Fertigstellung von Halbzeug.[11] Kosten der Bewertung des Sicherungsguts durch einen Sachverständigen sind den Feststellungskosten zuzurechnen, soweit diese Bewertung im Zusammenhang mit der Erstellung des Verzeichnisses der Massegegenstände nach § 151 erfolgt.[12] Ist bei einer zur Sicherung abgetretenen Forderung der DrittSchu nicht zahlungswillig, so gehören die Kosten der gerichtlichen Durchsetzung zu den Verwertungskosten.[13] Kosten, die durch einen Streit über die Höhe der Kostenansätze des § 171 entstehen, sind dagegen keine Verwertungskosten.[14] Auch eine Erhöhung der Vergütung des Verwalters wegen der Verwertung von Sicherheiten (vgl §§ 1 Abs 2 Nr 1, 3 Abs 1 Buchst a InsVV) ist nicht zu berücksichtigen.[15]

Als Teil der Verwertungskosten ist nach S 3 auch die **Umsatzsteuerbelastung** der Masse anzusehen. Ein dieser Belastung entspr Betrag wird also mit erfasst, wenn § 170 Abs 1 den Verwalter zur Entnahme der (Feststellungs- und) Verwertungskosten aus dem Verwertungserlös ermächtigt. 5

Grau sieht in der Regelung der Verwertungskosten (§ 170 Abs 1 S 1, § 171) auch die Lösung des Falles, dass **bei einem von beiden Seiten nicht erfüllten Vertrag** iSd § 103 Abs 1 der Schu seine Forderung zur Sicherung abgetreten hatte. Wenn der Verwalter in diesem Fall die Erfüllung wähle und die Forderung des Schu dadurch zur Masseforderung werde, bleibe das Sicherungsrecht an dieser Forderung bestehen. Der Verwalter könne aber bei der Einziehung dieser Forderung (§ 166 Abs 2) als Teil der Verwertungskosten die Kosten abziehen, die der Masse durch die Erfüllung der Gegenforderung entstünden.[16] – Folgt man der Rspr des BGH zur Auslegung des § 103, so stellt sich das Problem in dieser Form nicht, da die Forderung des Schu aus dem beiderseitig nicht erfüllten Vertrag durch die Eröffnung des InsVerf ihre Durchsetzbarkeit verliert und bei Erfüllungswahl des Verwalters frei von Sicherungsrechten zur Masseforderung wird.[17] 6

2. Berechnung. Die Pauschale von 5 % für die „reinen" Verwertungskosten (abgesehen von der Umsatzsteuerbelastung der Masse) ist wie die Feststellungskosten-Pauschale[18] **vom Brutto-Verwertungserlös zu berechnen.**[19] Im Unterschied zu dieser ist die Verwertungskosten-Pauschale jedoch nicht stets maßgeblich. Sind die tatsächlich entstandenen **Kosten erheblich höher** und waren diese Kosten auch in dieser Höhe für die Verwertung erforderlich, so kann der Verwalter die tatsächlich entstandenen Kosten vom Verwertungserlös abziehen. In entspr Weise kann der Gl darauf bestehen, dass bei erheblich niedrigeren Ver- 7

---

9 *BGH* ZIP 2005, 1974; zur Erforderlichkeit der Einschaltung eines gewerblichen Verwerters vgl *BGH* ZIP 2007, 2323.

10 Bis hierher übereinstimmend *Gottwald/Adolphsen* § 42 Rn 177; **aA** *K Schmidt/Sinz* § 171 Rn 15; vgl zur Problematik der Erhaltungskosten oben § 170 Rn 23–25.

11 *Mönning* FS Uhlenbruck, 2000, S 251.

12 Vgl *Obermüller* InsR in der Bankpraxis, Rn 6766; FK/*Wegener* §§ 170, 171 Rn 12; *Braun/Dithmar/Schneider* § 171 Rn 10; **aA** offenbar HambKomm/*Büchler/Scholz* § 171 Rn 5.

13 *OLG Oldenburg* InVo 2007, 236.

14 *OLG Jena* ZIP 2004, 2107; *K Schmidt/Sinz* § 171 Rn 15; **aA** *NR/Becker* § 171 Rn 23.

15 *OLG Jena* ZIP 2004, 2107; *LG Flensburg* NZI 2006, 709.

16 *Grau* Realisierung von Absonderungsrechten an Forderungen aus nichterfüllten Verträgen, 2006, S 65–100.

17 *BGHZ* 150, 353, 359 f; vgl dazu oben *Marotzke* § 103 Rn 49.

18 Vgl oben Rn 3.

19 *OLG Nürnberg* ZIP 2014, 280; vgl *BGH* ZIP 2005, 1974; *N/R/Becker* § 171 Rn 8; *Gottwald/Adolphsen* § 42 Rn 178; *Uhlenbruck/Brinkmann* § 171 Rn 12; **aA** *Obermüller* InsR in der Bankpraxis, Rn 6804.

wertungskosten diese Kosten angesetzt werden und nicht die Pauschale (S 2). Nach der Begr zum RegE ist eine „erhebliche" Abweichung jedenfalls dann anzunehmen, „wenn die tatsächlich entstandenen und erforderlichen Verwertungskosten statt fünf vom Hundert die Hälfte oder das Doppelte dieses Vomhundertsatzes betragen".[20] Im Interesse der Praktikabilität der Regelung sollte dieser Hinweis aus der Begr aufgegriffen und zur Leitlinie für die Auslegung gemacht werden;[21] eine Berücksichtigung auch wesentlich geringerer Abweichungen, wie sie Becker[22] und Mönning[23] fordern, würde die VerfVereinfachung, die durch die Pauschale erreicht werden soll, weitgehend zunichte machen.[24] – Selbstverständlich ist es nicht zulässig, für einen Teil der „reinen" Verwertungskosten die Pauschale in Anspruch zu nehmen und zusätzlich einen anderen Teil konkret abzurechnen.[25]

8 Die **Beweislast** trägt jeweils die Partei, die von der Pauschale abweichen will.[26] Ist jedoch unstr (oder bewiesen), dass die tatsächlich entstandenen Verwertungskosten weit niedriger sind als die nach § 171 berechnete Pauschale, so obliegt es dem InsVerw, nähere Angaben zu diesen Kosten zu machen, da nur er in der Lage ist, die genaue Höhe dieser Kosten darzulegen.[27] Fehlt ausreichender Vortrag des Verw zu diesem Punkt, so kann die Höhe der tatsächlich entstandenen Kosten nach § 287 ZPO geschätzt werden.[28]

9 Zahlt der Schu einer zur Sicherung abgetretenen Forderung ohne jedes Zutun des InsVerw an den gesicherten Gl und genehmigt der Verwalter die Zahlung, so hat der Gl zwar die Feststellungskosten-Pauschale zur Masse zu leisten,[29] jedoch keine Verwertungskosten zu erstatten, da solche nicht angefallen sind.[30]

IV. Die Umsatzsteuerbelastung im Einzelnen

10 **1. Hintergrund im Umsatzsteuerrecht.** Nach der Rspr des BFH führt die Veräußerung von Sicherungsgut regelmäßig zu einer Umsatzsteuerbelastung der Masse. Dies gilt unabhängig davon, ob der Verwalter das Sicherungsgut verwertet oder ob er die Verwertung dem Gl überlässt. Für den Fall, dass der Verwalter selbst die Verwertung durchführt, ging man bisher allg davon aus, dass iSd Umsatzsteuerrechts ein einziger Umsatz zw Verwalter und Erwerber stattfindet. Das BMF hat seine Auff aber in einem Schreiben vom 30.4.2014[31] geändert: Es soll ein **Dreifachumsatz** anzunehmen sein, ein Umsatz von der Masse an den gesicherten Gl, ein zweiter vom Gl zurück zur Masse und ein dritter von der Masse zum

---

20 BT-Drucks 12/2443, 181.
21 Vgl *OLG Jena* ZIP 2004, 2107, 2110; *AG Göttingen* ZInsO 2014, 106; *Gottwald/Adolphsen* § 42 Rn 177; FK/*Wegener* §§ 170, 171 Rn 10; HambKomm/*Büchler/Scholz* § 171 Rn 7.
22 *N/R/Becker* § 171 Rn 13 f.
23 *Mönning* FS Uhlenbruck, 2000, S 252; vgl auch MK/*Tetzlaff* § 171 Rn 34.
24 Das räumen *N/R/Becker* § 171 Rn 15 selbst ein.
25 *BGH* NZI 2007, 523.
26 *AG Göttingen* ZInsO 2014, 106; *Klasmeyer/Elsner/Ringstmeier* KS-InsO, 2. Aufl, S 1094 Rn 46; *Mitlehner* Rn 682.
27 *OLG Nürnberg* ZInsO 2005, 380 in Bestätigung von *LG Regensburg* ZInsO 2004, 1321; *AG Leipzig* ZInsO 2014, 850; *AG Wiesbaden* ZInsO 2014, 910.
28 *LG Wiesbaden* 28.1.2015 – 12 O 21/14; *LG Meiningen* DZWIR 2004, 127 mit Anm *Gundlach/Frenzel*; *AG Mainz* ZInsO 2004, 1376; *AG Wuppertal* ZInsO 2006, 386.
29 *BGHZ* 154, 72 = ZInsO 2003, 318.
30 Vgl oben § 170 Rn 20; *BGH* ZIP 2004, 42; *OLG Frankfurt* ZIP 2002, 2140 mit Anm *Gerhardt* EWiR 2003, 27; *LG Marburg* ZIP 2000, 269.
31 BStBl I 316 = ZInsO 2014, 1000.

Erwerber.[32] Eine doppelte Umsatzsteuerbelastung der Masse tritt dabei iE nicht ein, da der Vorsteuerabzug aus dem zweiten Umsatz eine der beiden Belastungen ausgleicht.[33] Verwertet dagegen der Gl, so liegen schon nach der bish Auff zwei steuerbare Umsätze vor, ein Umsatz zwischen Verwalter und Gl und ein Umsatz zwischen Gl und Erwerber (**Doppelumsatz**).[34] Die Umsatzsteuerforderungen des Fiskus aus den dem Verwalter zugerechneten Umsätzen sind als Masseforderungen zu erfüllen.[35]

Keine Umsatzsteuer wird erhoben zB bei Ausfuhrlieferungen iSv § 4 Nr 1, § 6 UStG. Auch durch die **Einziehung einer** zur Sicherung abgetretenen **Forderung** trat nach der bisherigen Rechtslage im Regelfall keine Belastung der Masse mit Umsatzsteuer ein.[36] Die Finanzverwaltung war in anderer Weise abgesichert: Die Einziehung einer solchen Forderung durch den InsVerw führt unter den Voraussetzungen des § 13c Abs 1 UStG[37] zu einer Haftung des gesicherten Gl für die Umsatzsteuerschuld aus der zugrunde liegenden Lieferung: Wenn ein Unternehmer den Anspruch auf die Gegenleistung für einen steuerpflichtigen Umsatz an einen anderen Unternehmer abtritt und die Umsatzsteuer bei Fälligkeit nicht erbringt, haftet der Abtretungsempfänger subsidiär für die Umsatzsteuer, soweit er die abgetretene Gegenleistung vereinnahmt.[38] Als solche Vereinnahmung durch den gesicherten Gl ist auch die Einziehung der Forderung durch den InsVerw gem § 166 Abs 2 InsO anzusehen, die zur Weitergabe des eingezogenen Geldbetrags nach Abzug der Feststellungs- und Verwertungskosten an den gesicherten Gl verpflichtet.[39] Nach neuer Rspr des BFH ist allerdings auch die Umsatzsteuer, die auf vor InsEröffnung begründete Forderungen entfällt, im Falle der Einziehung dieser Forderungen durch den InsVerwalter unabhängig von der Art der Besteuerung als Masseverbindlichkeit einzuordnen.[40] Daraus wird sich dann auch im Fall der Einziehung von zur Sicherung abgetretenen Forderungen eine Belastung der Masse mit Umsatzsteuer iSd § 171 Abs 2 S 3 ergeben können.[41] **11**

Beim freihändigen Verkauf von beweglichem Sicherungsgut durch den InsVerw sind nach der bisher allg vertretenen Auff die von diesem einbehaltenen **Feststellungs- und Verwertungskosten** (bemessen nach der gesetzlichen Regelung in § 170 Abs 1 S 1, § 171) kein Ent- **12**

---

32 Ebenso der Umsatzsteuer-Anwendungserlass nach dem Stand v 13.12.2017, Nr 1.2 Abs 1a, 4. – Vgl *Uhlenbruck/Sinz* § 171 Rn 20; *Onusseit* ZInsO 2014, 1463; *Weber/Hiller* ZInsO 2014, 2555; krit *de Weerth* NZI 2014, 597.

33 Vgl das BMF-Schreiben v 30.4.2014 bei II 2 und *Onusseit* ZInsO 2014, 1466 f.; *de Weerth* NZI 2015, 885 f.

34 Vgl zB *BFHE* 217, 310 = ZIP 2007, 1998; *Gottwald/Frotscher* § 42 Rn 225; *Uhlenbruck/Sinz* § 171 Rn 28; *Herget/Kreuzberg* NZI 2013, 118. Im Umsatzsteuer-Anwendungserlass findet sich die Regelung in Nr 1.2 Abs 1, 4.

35 Vgl *BFH* ZIP 1987, 1134 und die Begr zu § 196 RegE, BT-Drucks 12/2443, 182 f (auf dem Boden der bish Auff vom Einfach- und Doppelumsatz).

36 Vgl Begr RegE, BT-Drucks 12/2443, 182 f; *OLG Oldenburg* InVo 2007, 236.

37 IdF des G v 15.12.2003, BGBl I, 2645.

38 Zur Behandlung der drohenden Ausfallhaftung im InsVerf vgl *de Weerth* NZI 2006, 501.

39 Umsatzsteuer-Anwendungserlass des *BMF* Nr 13c.1 Abs 28; vgl *Maus* ZIP 2004, 1384 f – Die Haftung des gesicherten Gl nach § 13c UStG kann nicht durch eine zivilrechtliche Vereinbarung ausgeschlossen werden, nach der es sich bei dem weitergeleiteten Betrag um einen Nettobetrag handeln soll, *BFHE* 241, 89 = NZI 2013, 657 mit Anm *de Weerth.*

40 *BFHE* 224, 24 = ZIP 2009. 977 (Istbesteuerung) und *BFHE* 232, 301 = ZIP 2011, 782 (Sollbesteuerung); bestätigt durch *BFH* 6.9.2016 – V B 52/16 (mit Anm *Harder* NZI 2017, 41); übernommen im BMF-Schreiben vom 9.12.2011, BStBl I S 1273; krit dazu *K Schmidt/Sinz* § 166 Rn 26; *Krüger* ZInsO 2013, 2200; *Kahlert* DStR 2011, 720; *Dobler* ZInsO 2011, 1775; *Mitlehner* Rn 836.

41 Vgl *BFH* NZI 2013, 657 Rn 54; *de Weerth* NZI 2015, 884 f.

gelt für eine steuerpflichtige Leistung des Verwalters an den Sicherungsgeber. Sie sind daher nicht der Umsatzsteuer zu unterwerfen.[42] Zwar ist der BFH in einem obiter dictum v 28.7.2011 mit einer befremdlichen Begr von dieser Auff abgerückt: Der Verwalter sei zur freihändigen Verwertung nicht verpflichtet, da er die belasteten Gegenstände auch dem Sicherungsnehmer zur Verwertung übergeben könne; er erbringe daher mit der freihändigen Veräußerung im Interesse des Gl eine Leistung an diesen. Das Entgelt für diese Leistung seien allerdings nur die einbehaltenen Verwertungskosten, nicht die Feststellungskosten.[43] – Das BMF ist dieser Auff jedoch nicht gefolgt: In seinem Schreiben v 30.4.2014[44] geht es zwar davon aus, dass bei der Verwertung beweglicher Sachen ebenso wie bei der Grundstücksveräußerung eine entgeltliche Geschäftsbesorgung des InsVerw für den Gl vorliege, wenn der Verwalter einen Teil des Erlöses einbehalten dürfe. Diese Geschäftsbesorgung gehe jedoch in der fiktiven Lieferung des Gl an die Masse auf, die im Rahmen der Lehre vom Dreifachumsatz[45] der Verwertung durch den Verwalter vorausgehe. – Die Abzüge für die Verwertungskosten unterliegen damit ebenso wenig der Umsatzsteuer wie die für die Feststellungskosten.[46]

13 **2. Ausgleich der entstehenden Belastung.** Die InsO erlaubt es dem Verwalter, die Belastung der Masse durch Umsatzsteuer dadurch auszugleichen, dass er aus dem Verwertungserlös der Sicherheit einen Betrag in Höhe der entstandenen Umsatzsteuerbelastung entnimmt (§ 170 Abs 1 S 1 iVm § 171 Abs 2 S 3). **Nur soweit tatsächlich eine Umsatzsteuerbelastung der Masse entstanden** ist, darf dieser Abzug vorgenommen werden. Er tritt zum Abzug der „reinen" Verwertungskosten hinzu, ob diese nun pauschal (mit 5 %) oder konkret abgerechnet werden. Der für die Umsatzsteuer entnommene Betrag ist nicht mit einem Sonderrecht des Fiskus belastet, sondern bis zu seiner Abführung einfacher Massebestandteil.

14 Die Beschränkung des Gl auf den Nettoerlös, die sich aus der Regelung ergibt, bedeutet eine Abweichung von der früheren Rspr des BGH.[47] Sie steht jedoch im Einklang damit, dass seit einer Änderung des Umsatzsteuerrechts im Jahre 1993 der gesicherte Gl bei einer **Verwertung von Sicherungsgut außerhalb des Konkurs/InsVerf** für die Umsatzsteuerschuld aus dem Umsatz zwischen Schu und Gl haftet,[48] so dass dem Gl auch bei solchen Verwertungen nur der Nettoerlös verbleibt.

15 **3. Analoge Anwendung der Regelung auf andere Verwertungsfälle?** Eine Umsatzsteuerbelastung der Masse kann nicht nur bei der Verwertung der „besitzlosen Mobiliarsicherheiten" eintreten, auf die sich § 171 Abs 2 S 3 allein bezieht (vgl § 170 iVm § 166), sondern zB auch bei der **Verwertung einer verpfändeten Sache** durch den Gl oder bei der Verwertung von zur Sicherheit übereigneten Sachen, die der Gl noch kurz vor der Eröffnung des InsVerf an sich genommen hat.[49] Der Grundgedanke der Regelung, dass es unbillig ist, wenn die bei der Verwertung von Sicherheiten entstehende Umsatzsteuerverpflichtung aus der

42 So für die Verwertungskosten *BFHE* 211, 551 = NZI 2006, 55 mit insoweit zust Anm *Beck* ZInsO 2006, 244. Anders ist allerdings nach Auff des BFH der Fall zu beurteilen dass ein GrundpfandGl aufgrund einer vertraglichen Vereinbarung mit dem InsVerw Verwertungskosten an die Masse abführt, vgl oben § 165 Rn 13.
43 *BFH* ZIP 2011, 1923; krit dazu *Fölsing* ZInsO 2011, 2261; *Schmittmann* ZInsO 2011, 1908.
44 BStBl I 316 = ZInsO 2014, 1000.
45 Vgl oben Rn 10.
46 *Onusseit* ZInsO 2014, 1467 f; *K Schmidt/Sinz* § 171 Rn 34. – Zu einem anderen Erg kommt *Reichle* NZI 2016, 473, der das BMF-Schreiben so auslegt, dass nunmehr sowohl der Feststellungs- als auch der Verwertungskostenbeitrag besteuert werden soll.
47 Vgl *BGHZ* 77, 139 und die Begr zum RegE, BT-Drucks 12/2443, 182 f.
48 Jetzt geregelt in § 13b Abs 2 Nr 2, Abs 5 S 1 UStG idF v 2.11.2015, BGBl I, 1834.
49 Vgl *BGH* ZInsO 2007, 605, 606 f; *LG Stuttgart* ZIP 2004, 1117.

freien Masse zulasten der ungesicherten Gl befriedigt wird, trifft auch für diese Fälle zu. Das legt eine analoge Anwendung des § 171 Abs 2 S 3 auf alle Fälle nahe, in denen die Verwertung eines belasteten Gegenstands der InsMasse zu einer Umsatzsteuerbelastung der Masse führt. Es ist ein allg Prinzip, dass Absonderungsrechte nur an einzelnen Gegenständen bestellt werden können und nicht das Gesamtvermögen des Schu belasten dürfen.[50] Aus § 170 Abs 2, § 171 InsO, § 10 Abs 1 Nr 1a ZVG ergibt sich der allg Rechtsgedanke, dass die Kosten der Verwertung einschl der Umsatzsteuerzahllast wirtschaftlich nicht vom Sicherungsgeber, sondern aus dem Erlös des Sicherungsguts zu decken sind.[51] Zwar ist eine entspr Ausweitung des § 171 Abs 2 S 3 im RAussch erörtert und abgelehnt worden. Zur Begr wird im Bericht des Ausschusses jedoch lediglich angeführt, eine weitere Kostenbelastung der gesicherten Gl müsse vermieden werden.[52] Dieser Gesichtspunkt kann eine sachwidrige Ungleichbehandlung der gesicherten Gl nicht rechtfertigen. Es wäre äußerst unbefriedigend, wenn ein Sicherungsnehmer die Erstattung einer Umsatzsteuerbelastung der InsMasse dadurch vermeiden könnte, dass er **das Sicherungsgut kurz vor der Eröffnung des InsVerf an sich nähme** und die Verwertung dann bis zu einem Zeitpunkt nach der Eröffnung hinauszögerte.[53]

Für den letztgenannten Fall hat der **BGH** die analoge Anwendung von § 170 Abs 2, § 171 Abs 2 S 3 akzeptiert.[54] Dass im RAussch eine Ausweitung der Regelung auf alle Fälle der Verwertung von belasteten Gegenständen diskutiert und abgelehnt worden sei, schließe es nicht aus, eine planwidrige Regelungslücke für den Ausnahmefall anzunehmen, dass der Absonderungsberechtigte den Besitz an Sicherungsgut vor der InsEröffnung erlangt, die Verwertung aber erst nach der Eröffnung durchgeführt habe. Es sei nicht erkennbar, dass bei den Beratungen dieser Sonderfall bedacht worden sei. Ihn anders zu behandeln als den Fall der Verwertung durch den InsVerw, sei mit den Zielen der InsO nicht vereinbar. Der zu Lasten der Masse anfallende Umsatzsteuerbetrag sei daher vom Gl zu erstatten. – Im Schrifttum hat die Entsch überwiegend Kritik erfahren, wobei jedoch zahlreiche Autoren versuchen, das Ergebnis der Entlastung der Masse von der Umsatzsteuer auf anderem Wege zu erreichen.[55] 16

V. Zur Gesamtbelastung durch die Kostenbeiträge

1. Ausmaß der Gesamtbelastung. Die nach der Verabschiedung der InsRReform geäußerte Befürchtung, der Kostenbeitrag nach den §§ 170, 171 werde zu einer **Entwertung der betroffenen Mobiliarsicherheiten** „von mindestens 24 %" führen (nämlich 4 % Feststellungskosten, 5 % Verwertungskosten und – damals – 15 % Umsatzsteuer),[56] setzte sich über mehrere Fakten hinweg:[57] 17

---

50 *Häsemeyer* Rn 23.61.
51 Zust *K Schmidt/Sinz* § 171 Rn 21; vgl *Mitlehner* NZI 2002, 536.
52 BT-Drucks 12/7302, 178.
53 Vgl *Maus* in EWiR 2004, 983 (zu *LG Stuttgart* ZIP 2004, 1117).
54 *BGH* ZInsO 2007, 605. – Zusätzlich zu den §§ 170, 171 InsO zieht der BGH § 13b Abs 1 Nr 2 UStG heran, dies verwirrt jedoch eher, vgl *BFHE* 217, 310 = ZIP 2007, 1998 und *BFH* NZI 2010, 451.
55 Wie der BGH schon vor der Entsch *Ganter/Brünink* NZI 2006, 260; **abl** MK/*Tetzlaff* § 170 Rn 25a; die systematische Berechtigung der Analogie anzweifelnd *de Weerth* NZI 2007, 396; krit auch *Ries* ZInsO 2007, 650 und ZInsO 2010, 689, der den Fall als „Verwertung außerhalb des InsVerf" iSd § 13b Abs 1 Nr 2 (jetzt Abs 2 Nr 2) UStG behandeln will mit der Folge, dass die Steuerpflicht unmittelbar den Sicherungsnehmer trifft; diesem Ansatz zust *Flitsch* in EWiR 2007, 537; eine Lösung über die Anfechtung befürwortend *Gundlach/Frenzel* DZWIR 2007, 458.
56 *Uhlenbruck* FS Vieregge, 1995, S 897; anders aber *Uhlenbruck/Brinkmann* § 171 Rn 2.
57 Vgl auch *Eckardt* ZIP 1999, 1734.

- Die tatsächlich entstehenden und erforderlichen Verwertungskosten treffen den Gl auch, wenn er – wie meist nach früherem Recht – selbst verwertet. Insoweit kann allenfalls durch die Maßgeblichkeit des Pauschalsatzes von 5 % bei nicht erheblich niedrigeren Verwertungskosten (zB 4 %) eine geringfügige Mehrbelastung des Gl eintreten.
- Die Umsatzsteuerbelastung aus der Veräußerung von zur Sicherheit übereigneten Sachen wurde schon vor der Reform iF der Veräußerung außerhalb des Konkurses auf den Gl abgewälzt.[58] Auf diesen Fall musste sich der so gesicherte Gl schon bisher einrichten und den Wert seiner Sicherheit entspr kalkulieren. IÜ bezieht sich der Umsatzsteuersatz von jetzt regelmäßig 19 % auf den Nettoerlös; bezogen auf den Bruttoerlös sind es nicht 19 %, sondern rund 16 %.

18 Eine unzweifelhaft neue Belastung sind daher **nur die Feststellungskosten** in Höhe von 4 %.

19 **2. Abdeckung der Kostenbeiträge aus dem Erlös der Sicherheit.** Schon nach der Rechtslage vor Inkrafttreten der InsO konnten die Kosten, die mit der Verwertung von Sicherungsgut verbunden sind, grds bei der Bemessung der Sicherheit mit einkalkuliert und nach der Verwertung zusätzlich zum Forderungsbetrag und zu den Zinsen aus dem Erlös der Sicherheit gedeckt werden. Entgegen dem Vorschlag der Kommission für InsR (vgl oben § 170 Rn 2) hat das Gesetz auch für die in den §§ 170, 171 geregelten Kosten diese Möglichkeit nicht ausgeschlossen. In der Begr zum RegE ist ausdr betont worden, dass trotz des neuen Kostenbeitrags eine **volle Absicherung von Krediten durch Mobiliarsicherheiten** möglich bleiben soll.[59]

20 Nach seiner früheren Rspr hat der BGH zwar nur einen Satz von 10 % des Forderungsbetrages als Marge zur Abdeckung von Bewertungsdifferenzen, Nebenforderungen und Kosten der Rechtsverfolgung zugelassen (neben einem einzelfallbezogenen Zuschlag zum Ausgleich möglicher Werteinbußen der Sicherheit); eine Sicherung über diese Sätze hinaus müsse durch eine Freigabeklausel vermieden werden, um eine unangemessene Benachteiligung des Sicherungsgebers zu vermeiden.[60] In der **Entsch des GSZ** v 27.11.1997[61] wird jedoch ausgeführt, dass diese 10 % die Feststellungs- und Verwertungskosten (iSd § 171) sowie ggf die Rechtsverfolgungskosten abdecken sollen, „während Zinsen in die gesicherte Forderung einzuberechnen sind", und dass ein weiterer Aufschlag gerechtfertigt ist, „soweit … – insb künftig nach §§ 170 Abs 2, 171 Abs 2 S 3 InsO – bei der Verwertung sicherungsübereigneter Waren die Umsatzsteuer auszugleichen" ist. Offensichtlich stimmt der BGH dem Gesetzgeber der InsO darin zu, dass die Absicherung von Kosten, mit denen im InsFall gerechnet werden muss, **nicht als unzulässige Übersicherung** angesehen werden kann. Zusätzlich erlaubt das Gericht, bei der Bestimmung des realisierbaren Wertes einer Sicherheit die Gefahr eines Mindererlöses durch Verwertungsrisiken zu berücksichtigen. Erst bei einer darüber hinausgehenden Sicherung entsteht ein Freigabeanspruch. Diese Grundsätze, die vom BGH für die Fälle der Sicherungsübereignung eines Warenlagers mit wechselndem Bestand und der formularmäßigen Globalzession entwickelt worden sind, sind auch auf den verlängerten EV anzuwenden.[62]

---

58 Vgl oben Rn 14.
59 BT-Drucks 12/2443, 181, zu § 195 RegE.
60 Vgl *BGHZ* 94, 105, 113 ff; 120, 300, 303.
61 *BGHZ* 137, 212, 229 = ZIP 1998, 235, 241; die Entsch betrifft die nachträgliche Übersicherung; zur anfänglichen Übersicherung vgl *Tetzlaff* ZIP 2003, 1826.
62 *LG Verden* ZInsO 2002, 942 mit zust Anm *Heeseler* ZInsO 2002, 924; nicht ohne weiteres übertragbar sind die Grundsätze dagegen auf den erweiterten EV, vgl *Berger* ZIP 2004, 1073; vgl zum Auffangen der Kostenbeiträge durch „Übersicherung" nach der Entsch des GSZ auch *Adolphsen* KS-InsO, S 1366–1370 Rn 137–148; *Dahl* NZI 2004, 615.

3. Auswirkungen auf die Kreditvergabe. Aus dem Vorstehenden folgt, dass die **Auswirkungen** der Neuregelung auf die Kreditvergabe **nicht so groß** sein können, wie dies zT in den Diskussionen vor der Verabschiedung der Reform befürchtet worden ist. Schon vor dem Inkrafttreten der InsO sind häufig pauschale Kostenerstattungen zwischen InsVerw und Gl vereinbart worden.[63] *Obermüller* stellt mittlerweile fest:[64] „Mit diesem zunächst heftig bekämpften Konzept der InsO hat die Kreditwirtschaft inzwischen Frieden geschlossen …“ 21

---

63 *Grub* DZWIR 1999, 135 f nennt Sätze zwischen 15 und 35 %.
64 *Obermüller* NZI 2010, 203.

§ 172 Sonstige Verwendung beweglicher Sachen

(1) [1]Der Insolvenzverwalter darf eine bewegliche Sache, zu deren Verwertung er berechtigt ist, für die Insolvenzmasse benutzen, wenn er den dadurch entstehenden Wertverlust von der Eröffnung des Insolvenzverfahrens an durch laufende Zahlungen an den Gläubiger ausgleicht. [2]Die Verpflichtung zu Ausgleichszahlungen besteht nur, soweit der durch die Nutzung entstehende Wertverlust die Sicherung des absonderungsberechtigten Gläubigers beeinträchtigt.

(2) [1]Der Verwalter darf eine solche Sache verbinden, vermischen und verarbeiten, soweit dadurch die Sicherung des absonderungsberechtigten Gläubigers nicht beeinträchtigt wird. [2]Setzt sich das Recht des Gläubigers an einer anderen Sache fort, so hat der Gläubiger die neue Sicherheit insoweit freizugeben, als sie den Wert der bisherigen Sicherheit übersteigt.

Übersicht

I. Normzweck

1 Das Ziel, dem InsVerw die **Fortführung des insolventen Unternehmens** zu ermöglichen, erfordert regelmäßig, dass der Verwalter auch die vom Schu als Sicherheiten eingesetzten Teile des Betriebsvermögens nicht nur festhalten (vgl § 166), sondern auch weiter nutzen darf. Dies wird unter einer Reihe von Voraussetzungen durch § 172 gewährleistet.

2 Bei der Ausgestaltung der Regelung geht das Gesetz davon aus, dass vertragliche Vereinbarungen, die der Schu vor der Eröffnung des InsVerf über die Nutzung der Sicherheiten getroffen hat, im Verf keine Wirkungen mehr haben.[1] Ob eine sicherungsübereignete Maschine nach der Sicherungsabrede vom Schu genutzt werden durfte oder nicht, ist nach der Eröffnung des InsVerf unerheblich; das Nutzungsrecht des Verwalters richtet sich jetzt

---

1 Begr zu § 197 RegE, BT-Drucks 12/2443, 182; *Ganter* FS Wellensiek, 2011, 399, 401; *Adolphsen* KS-InsO, S 1361 Rn 116.

allein nach § 172. In entspr Weise sind auch **Vertragsklauseln** über die Verarbeitung oder den Verbrauch des Sicherungsguts **jetzt bedeutungslos**.[2]

3 Eine Benutzung „für die InsMasse“ kann auch in der **Vermietung oder Verpachtung** des Sicherungsobjekts liegen, jedenfalls dann, wenn diese Überlassung zum Gegenstand des insolventen Unternehmens – zB eines Leasingunternehmens – gehört. In diesem Fall wird dann auch eine Nutzungsentschädigung nach § 172 geschuldet.[3]

4 Die Nutzung des Sicherungsguts wird dem Verwalter allg gestattet, grds aber nur gegen laufende Zahlungen, die den Wertverlust durch die Abnutzung ausgleichen. Verbinden, vermischen und verarbeiten darf der Verwalter nur, wenn nach den einschlägigen Vorschriften des Sachenrechts (§§ 946–950 BGB) die Sicherung des Gl erhalten bleibt. Einen Wertzuwachs der Sicherheit durch deren Verarbeitung hat der Gl freizugeben. IE wird gewährleistet, dass dem Gl der **wirtschaftliche Wert erhalten** bleibt, den die Sicherheit zur Zeit der VerfEröffnung für ihn hat.

5 Für Wertverluste, die durch die Nutzung von Sicherungsgut im **EröffnungsVerf** eintreten, wird § 172 durch die im Jahre 2007 eingefügte Regelung des § 21 Abs 2 S 1 Nr 5 ergänzt.

II. Einzelheiten

6 **1. Benutzung des Sicherungsguts (Abs 1). – a)** Das Benutzungsrecht bezieht sich (ebenso wie die Regelung in § 172 Abs 2) nur auf solche beweglichen Sachen, zu deren Verwertung der Verwalter nach § 166 Abs 1 berechtigt ist.[4] Unter Eigentumsvorbehalt gelieferte Ware gehört ebenso wenig dazu wie anderes Aussonderungsgut.[5] Das Recht **entsteht mit der VerfEröffnung** und besteht bis zur Verwertung der Sache fort. Die Pflicht, das Sicherungsgut unverzüglich nach dem Berichtstermin zu verwerten, wenn nicht die GlVersammlung einen abw Beschl gefasst hat (vgl § 159), wird durch § 172 nicht berührt.

7 **b)** Voraussetzung für den Fortbestand des Benutzungsrechts ist grds, dass der Verwalter „laufend“ den Wertverlust ausgleicht, der durch die Benutzung entsteht. Wie iF des § 169 S 1 werden regelmäßig **monatliche Zahlungen** geschuldet sein (vgl oben § 169 Rn 23).[6]

---

2 *Uhlenbruck/Brinkmann* § 172 Rn 4; HambKomm/*Büchler/Scholz* § 172 Rn 1; vgl *BGHZ* 165, 28, 32 f = ZIP 2005, 2214, 2216; **aA** *Bork* FS Gaul, 1997, S 88 ff, nach dem es auf die Auslegung der Klausel im Einzelfall ankommt; diesem zust *Gottwald/Adolphsen* § 42 Rn 152; auch *N/R/Becker* § 172 Rn 3, 13, 55 f, nach dem der Verwalter vertragliche Befugnisse ebenfalls nutzen kann und sogar Rechte der Gl aus einer Verarbeitungsklausel fortbestehen.

3 Vgl *K Schmidt/Sinz* § 172 Rn 3; FK/*Wegener* § 172 Rn 4 f; MK/*Tetzlaff* § 172 Rn 14; *Klinck* KTS 2007, 41–43; vgl auch den Fall *BGH* ZIP 2006, 1641, in dem der InsVerw eines Speditionsunternehmens eine Nutzungsentschädigung für sicherungsübereignete Fahrzeuge zahlte, die einer anderen Spedition für die Ausführung von Aufträgen des insolventen Unternehmens überlassen worden waren.

4 Vgl oben § 166 Rn 11–22; *Uhlenbruck/Brinkmann* § 172 Rn 9–11.

5 FK/*Wegener* § 172 Rn 3 und *Andres/Leithaus/Andres* § 172 Rn 2 **gegen** *Wellensiek* KS-InsO, S 219 f, Rn 40 f, der eine entspr Anwendung auf EV-Ware befürwortet; jedoch sind Rechts- und Interessenlage beim EV anders als bei der Sicherungsübereignung. Ob der Schu EV-Ware zu nutzen berechtigt ist, wird sich grds auch im eröffneten Verf nach der Vereinbarung zwischen Eigentümer und Schu richten; insoweit verdrängt keine gesetzliche Regelung die getroffenen Vereinbarungen.

6 MK/*Tetzlaff* § 172 Rn 21.

Die Zahlungspflicht besteht nur unter den Voraussetzungen, dass eine Nutzung erfolgt,[7] dass dadurch ein Wertverlust entsteht – zB bei Benutzung und laufender Wartung einer Maschine ist das nicht selbstverständlich[8] – und dass der entstehende Wertverlust die Sicherung des Gl beeinträchtigt: Wenn sich der Wert einer Maschine durch Benutzung von 10 000 auf 9 000 EUR vermindert, die Forderung des Gl aber nur 5 000 EUR beträgt, ist für Ausgleichszahlungen kein Anlass. Allerdings ist zu berücksichtigen, dass nach der Verwertung einer Sicherheit vom Erlös vorab Kostenbeiträge für die InsMasse entnommen werden (§ 170 Abs 1, § 171). Dem Gl muss eine **Sicherheitsmarge** verbleiben, die diese Abzüge und zB die konkrete Gefahr einer Veränderung des Marktpreises der Sicherheit abdeckt.[9] **8**

Bei der **entspr Anwendung des § 172 auf Aussonderungsgut im EröffnungsVerf** (§ 21 Abs 2 S 1 Nr 5) hat der BGH den Anspruch auf Wertersatz eingeschränkt: Die „vertragsmäßige Abnutzung" sei bereits durch den Zinszahlungsanspruch nach § 169 entspr abgedeckt, den der BGH als „Anspruch auf Nutzungsausfallentschädigung in Form von Zinsen" bezeichnet. Neben diesem Anspruch könne nach § 172 entspr nur der Ausgleich übermäßiger Nutzungen und Beschädigungen verlangt werden.[10] Dem ist nicht zu folgen. Durch § 169 soll lediglich die Vorenthaltung von Liquidität ausgeglichen werden, nicht eine Abnutzung des Sicherungsguts.[11] **9**

Den Eintritt eines Wertverlustes, der die Sicherung des Gl beeinträchtigt, hat der Gl zu **beweisen**. Ihm dürften aber Beweiserleichterungen zugute kommen: Bei einem Nutzungsverhältnis, das kraft Gesetzes ohne sein Zutun entsteht, hat er nicht ohne weiteres die Möglichkeit, den Zustand der Sache bei Beginn des Nutzungsverhältnisses festzustellen.[12] Im Übrigen würden durch die Einholung von Sachverständigengutachten zum Wert der Sicherheit am Beginn und am Ende der Nutzung regelmäßig Kosten entstehen, die höher lägen als der Wertverlust.[13] In erster Linie kommt daher eine Schätzung des Wertverlustes durch das Gericht auf der Grundlage von § 287 ZPO in Betracht. Anhaltspunkte für den Wertverlust einer in üblicher Weise genutzten Sicherheit bieten die vom BMF herausgegebenen AfA-Tabellen[14] zur gewöhnlichen Nutzungsdauer von Wirtschaftsgütern.[15] Bei einem Fahrzeug kann der Wertverlust durch Vergleich der tatsächlichen Laufleistung mit der durchschnittlichen Gesamtlaufleistung geschätzt werden.[10] Um Schwierigkeiten bei der Feststellung des Wertverlustes zu ersparen, empfiehlt es sich, dass der InsVerw bei Beginn der Nutzung mit dem gesicherten Gl eine Vereinbarung über die Höhe der Ausgleichszahlungen trifft. **10**

c) Unterbleiben die Ausgleichszahlungen, so ist der Verwalter nicht mehr zur weiteren Benutzung der Sache berechtigt. Der Gl kann die Rückstände als **Masseforderung** geltend machen.[16] **11**

---

7 Ebenso *K Schmidt/Sinz* § 172 Rn 8; HambKomm/*Büchler/Scholz* § 172 Rn 4; **aA** *N/R/Becker* § 172 Rn 11 und MK/*Tetzlaff* § 172 Rn 12, die auch bloßes Liegenlassen ausreichen lassen, was weder dem Wortlaut des § 172 Abs 1 noch dem Sinn der Vorschrift entspricht.

8 *Mönning* FS Uhlenbruck, 2000, S 262.

9 Vgl MK/*Tetzlaff* § 172 Rn 25.

10 *BGH* 8.9.2016 – IX ZR 52/15.

11 S oben § 169 Rn 2.

12 Vgl *BGH* ZIP 2012, 1566 zu einer Nutzungsermächtigung nach § 21 Abs 2 S 1 Nr 5.

13 *Christoph/Doghonadze* NZI 2016, 809.

14 AfA = Absetzung für Abnutzung.

15 Vgl *LG Erfurt* ZIP 2013, 281, 283 f; FK/*Wegener* § 172 Rn 5.

16 Begr RegE, BT-Drucks 12/2443, 182.

12 **d)** Die Ausgleichszahlungen wegen Wertverlust nach § 172 und die **Zinszahlungen nach § 169** sind vom Verwalter nebeneinander zu erbringen **(Kumulation)**.[17]

13 **e)** Die nach § 172 geleisteten Ausgleichszahlungen sind **auf die gesicherte Forderung anzurechnen**, so dass sich der nach der Verwertung an den Gl auszukehrende Erlös entspr vermindert.[18] Es handelt sich um eine „vorweggenommene Erlösausschüttung",[19] so dass die Ausgleichszahlungen – ebenso wie andere Zahlungen des InsVerw auf die gesicherte Forderung – gem der Tilgungsreihenfolge des § 367 Abs 1 BGB zunächst auf die Kosten, dann auf die Zinsen und schließlich auf die Hauptforderung anzurechnen sind.[20]

14 Bei der Bemessung der Höhe der Ausgleichszahlungen ist zu berücksichtigen, dass jede Zahlung nicht nur die gesicherte Forderung vermindert, sondern auch Einfluss auf die angemessene Höhe der über den Forderungsbetrag hinausgehenden **Sicherheitsmarge** hat, die dem gesicherten Gl im Hinblick auf die Kostenbeiträge (§§ 170, 171) und auf Wertschwankungen zuzubilligen ist.[21] Die Höhe der erforderlichen Ausgleichszahlung wird daher regelmäßig geringer sein als der durch Benutzung eintretende Wertverlust. Namentlich wird die Kostenbeteiligung abzuziehen sein, die als Folge der Zahlung nicht mehr abgesichert zu werden braucht.[22]

15 **f) Umsatzsteuerrechtlich** sind die gesetzlich vorgesehenen Zahlungen zum Ausgleich des Wertverlustes echte Schadenersatzzahlungen, so dass es an einem steuerbaren Leistungsaustausch fehlt.[23]

16 **2. Verbindung, Vermischung, Verarbeitung (Abs 2). – a)** Für die Fälle der Verbindung, Vermischung und Verarbeitung einer beweglichen Sache regeln die **§§ 946–950 BGB**, unter welchen Voraussetzungen und in welchem Umfang die Rechte an der Sache erhalten bleiben. Ist iF der Verbindung oder Vermischung mehrerer beweglicher Sachen eine der Sachen als Hauptsache anzusehen, so erwirbt ihr Eigentümer das Alleineigentum, und die Rechte an den übrigen Sachen gehen unter. Andernfalls entsteht Miteigentum an der einheitlichen Sache, und die Rechte an den bisherigen Sachen setzen sich an den Anteilen fort. Die Verarbeitung lässt den Hersteller zum Eigentümer werden, wenn nicht der Wert der Verarbeitung erheblich geringer ist als der Wert des Stoffes.

17 **b)** Die InsO nimmt diese sachenrechtlichen Regelungen als vorgegeben hin.[24] Anknüpfend an sie erlaubt § 172 Abs 2 dem Verwalter die Verbindung, Vermischung oder Verarbeitung von Sicherungsgut nur dann, wenn **„die Sicherung des absonderungsberechtigten Gl nicht beeinträchtigt wird"**. Nicht zulässig ist damit eine Einwirkung, die – wie die Verbindung des Sicherungsguts mit einer „Hauptsache" – zum Untergang der Rechte am ursprünglichen Sicherungsgut und damit zum Wegfall der Sicherheit führt. Wird dies nicht beachtet, so entsteht ein Ausgleichsanspruch, der aus der Masse zu erfüllen ist (§ 951 Abs 1 BGB, § 55 Abs 1 Nr 1, 3 InsO), ggf außerdem ein Schadenersatzanspruch gegen den Verw (§ 60 Abs 1

---

17 Vgl oben § 169 Rn 27.
18 **AA** *Obermüller* InsRecht in der Bankpraxis, Rn 6.737.
19 *Mönning* FS Uhlenbruck, 2000, S 263; *Uhlenbruck/Brinkmann* § 172 Rn 9, 12.
20 HambKomm/*Büchler/Scholz* § 172 Rn 5; vgl *BGH* 9.10.2014 – IX ZR 69/14 Rn 19.
21 Vgl oben Rn 8.
22 Vgl *N/R/Becker* § 172 Rn 6 und *Mönning* FS Uhlenbruck S 263 f: „... die zu erwartende Erlösminderung ist also um den auf sie entfallenden Kostenanteil zu kürzen."
23 Vfg *OFD Frankfurt* Rundverfügung vom 25.5.2007, ZInsO 2007, 1039, 1041 = DStR 2007, 1910, 1911 mit zust Anm *de Weerth*.
24 Vgl *Bork* FS Gaul, 1977, S 81 ff, 87.

InsO).[25] Es bleiben die Fälle, in denen anteiliges Eigentum entsteht oder das Sicherungsgut die „Hauptsache“ ist, weiter der Fall der geringwertigen Verarbeitung.[26]

c) In diesen verbleibenden Fällen wird das Sicherungsgut regelmäßig an Wert gewinnen. Nach dem Sinn der Regelung[27] darf dieser **Wertzuwachs** iE nicht dem gesicherten Gl zugute kommen. Abs 2 S 2 verpflichtet den Gl daher zu einer entspr **Freigabe**. Diese Verpflichtung, die schuldrechtlicher Natur ist,[28] kann der Gl durch die ausdr Erklärung erfüllen, dass er die neue Sache nur in Höhe des Wertes in Anspruch nehmen wird, den das Sicherungsgut vor der Verbindung, Vermischung oder Verarbeitung hatte.[29] Auf der Grundlage einer solchen Erklärung kann der Verwalter die neue Sache dann zusätzlich belasten. Häufig wird eine ausdr Erklärung des Gl jedoch entbehrlich sein; es wird ausreichen, dass die Freigabeverpflichtung des Gl nach der Veräußerung des Sicherungsguts bei der Abrechnung des Erlöses berücksichtigt wird. **18**

3. Verbrauch. Der Verbrauch des Sicherungsguts durch den InsVerwalter wird vom Gesetz nicht gestattet.[30] Will der Verwalter zB zur Sicherung übereignetes Heizöl für das insolvente Unternehmen verbrauchen, so ist er darauf angewiesen, mit dem Gl eine **Vereinbarung über eine Ersatzsicherheit** zu treffen. Lässt sich der Gl darauf nicht ein, so bleibt die Möglichkeit, die gesicherte Forderung aus der InsMasse zu erfüllen und das Sicherungsrecht auf diese Weise zum Erlöschen zu bringen.[31] **19**

§ 173 Verwertung durch den Gläubiger

(1) Soweit der Insolvenzverwalter nicht zur Verwertung einer beweglichen Sache oder einer Forderung berechtigt ist, an denen ein Absonderungsrecht besteht, bleibt das Recht des Gläubigers zur Verwertung unberührt.

(2) [1]Auf Antrag des Verwalters und nach Anhörung des Gläubigers kann das Insolvenzgericht eine Frist bestimmen, innerhalb welcher der Gläubiger den Gegenstand zu verwerten hat. [2]Nach Ablauf der Frist ist der Verwalter zur Verwertung berechtigt.

Übersicht

25 Zur Berechnung der Höhe des Ersatzanspruchs vgl *BGH* 7.2.2013 – IX ZR 75/12 und *Schultze* ZIP 2016, 1198.

26 Vgl dazu HambKomm/*Büchler/Scholz* § 172 Rn 7 f. Nicht hierher gehört der Fall einer vom Schu vereinbarten Verarbeitungsklausel (so aber *Gottwald/Adolphsen* § 42 Rn 152); denn solche Klauseln verlieren ihre Wirksamkeit mit der Eröffnung des InsVerf (vgl oben Rn 2).

27 Oben Rn 4.

28 *Adolphsen* KS-InsO, S 1361 Rn 19; *K/P/B/Flöther* § 172 Rn 14.

29 Zust MK/*Tetzlaff* § 172 Rn 51.

30 Nach § 197 des RegE zur InsO sollte der Verbrauch des Sicherungsguts – ebenso wie Verbindung, Vermischung und Verarbeitung – auch ohne Zustimmung des Gl gegen Stellung einer Ersatzsicherheit zulässig sein. Der RAussch des BTag hat diese Regelung als unnötige Komplizierung nicht übernommen, vgl den Ausschussbericht BT-Drucks 12/7302, 178 zu §§ 197, 198 RegE.

31 Bericht des BT-RAussch, BT-Drucks 12/7302, 178 zu §§ 197, 198 RegE.

I. Normzweck

1 Die Vorschrift geht davon aus, dass nach allg Kreditsicherungsrecht und den üblicherweise getroffenen Vereinbarungen das Recht zur Verwertung der mit Absonderungsrechten belasteten beweglichen Gegenstände dem gesicherten Gl zusteht. Außerhalb des Bereichs, in dem nach § 166 im Interesse einer möglichst effektiven InsAbwicklung der Verwalter verwertungsberechtigt ist, bleibt dieses Verwertungsrecht des Gl auch im InsVerf erhalten. Auch hier wird allerdings das **Interesse an einer zügigen Durchführung des Verf** berücksichtigt: Der Verwalter kann dem Gl eine gerichtliche Frist für die Verwertung setzen lassen, wenn Verzögerungen drohen.

II. Einzelheiten

2 **1. Bereich des Verwertungsrechts des Gläubigers (Abs 1).** Der Gl bleibt auch nach der Eröffnung eines InsVerf zur Verwertung einer Mobiliarsicherheit berechtigt, wenn die Voraussetzungen des § 166 fehlen, also wenn eine belastete Sache sich nicht im Besitz des Verwalters befindet, eine Forderung in anderer Weise als durch Sicherungsabtretung belastet ist oder ein Absonderungsrecht an einem Recht besteht, das keine Forderung ist.[1] Wichtigste Anwendungsfälle sind das vertragliche **Pfandrecht an beweglichen Sachen** (das durch Rückgabe an den Verpfänder erlischt, § 1253 Abs 1 BGB) und das vertragliche **Pfandrecht an Forderungen**.[2] Die Art und Weise der Verwertung wird durch die getroffenen Vereinbarungen und die auf die Sicherheit anwendbaren gesetzlichen Vorschriften bestimmt.[3] Kostenbeiträge nach §§ 170, 171 fallen bei einer solchen Verwertung nicht an.[4]

3 Erzielt der Gl bei der Verwertung einen Erlös, der den Betrag der gesicherten Forderung übersteigt, so hat er den Mehrerlös an die InsMasse herauszugeben. Er darf nicht mit ungesicherten InsForderungen aufrechnen. Dieses **Aufrechnungsverbot zum Übererlös,** das sich aus dem Zweck der Sicherungsabrede ergibt, muss auch und gerade im InsVerf gelten.[5] Die gegenteilige Auff des BGH zum Konkursrecht kann nicht überzeugen:[6] Ein außerhalb der Krise bestehendes Aufrechnungsverbot kann nicht wegen der Krise zum Nachteil der übrigen Gl entfallen.[7]

4 **2. Fristsetzung durch das Insolvenzgericht (Abs 2 S 1).** Ebenso wie nach dem früheren § 127 Abs 2 KO kann das Gericht auf Antrag des Verwalters und nach Anhörung des Gl diesem eine Frist für die Verwertung setzen. Bei der Festsetzung der **Länge der Frist** sind die Umstände des Einzelfalls zu berücksichtigen, insb die bestehenden Verwertungsmöglichkeiten und die Nachteile, die sich bei einer weiteren Verzögerung für die InsAbwicklung ergeben würden.[8]

5 Das OLG Oldenburg hatte den Standpunkt vertreten, die Fristsetzung durch das InsGer sei entbehrlich, wenn der Gl in einem Rechtsstreit vor dem ordentlichen Gericht das Volleigentum an dem Gegenstand in Anspruch genommen und eine Verwertung zugunsten der Masse abgelehnt habe. Der BGH ist dem nicht gefolgt. Der **Streit um die Massezugehörig-**

---

1 Vgl dazu allerdings oben § 166 Rn 35.
2 Begr RegE, BT-Drucks 12/2443, 183.
3 Vgl im Einzelnen *Uhlenbruck/Brinkmann* § 173 Rn 4.
4 Vgl *K Schmidt/Sinz* § 173 Rn 12.
5 *Jungclaus/Keller* KTS 2010, 149, 163–167; *Mitlehner* Rn 809.
6 *BGH* ZIP 1994, 1347, 1349; ebenso *OLG Stuttgart* ZIP 1988, 1370; *K/P/B/Lüke* § 95 Rn 28.
7 *Mitlehner* Rn 809; vgl *Häsemeyer* KS-InsO S 468 f Rn 31; *Jaeger/Windel* § 95 Rn 16.
8 Vgl *N/R/Becker* § 173 Rn 26 f; *Uhlenbruck/Brinkmann* § 173 Rn 12.

keit eines Gegenstands vor dem ordentlichen Gericht und die Fristsetzung durch das InsGer sind unabhängig voneinander zu sehen.[9]

Gegen die Festsetzung ist, wenn sie vom Rechtspfleger vorgenommen wurde, die **Erinnerung** nach § 11 RPflG gegeben; die Entsch des Richters ist unanfechtbar (vgl § 6 Abs 1 InsO). 6

3. Verwertungsrecht des Verwalters nach Fristablauf (Abs 2 S 2). Lässt der Gl die Frist ungenutzt verstreichen, so ist nur noch der Verwalter verwertungsberechtigt.[10] Der Gl hat die Sache an den Verwalter herauszugeben.[11] Die Schutzvorschriften für den Gl in §§ 167–169 sind nach Wortlaut (Bezugnahme auf § 166) und Sinn auf das Verwertungsrecht nach § 173 Abs 2 S 2 nicht anzuwenden:[12] Wenn der Gl zB eine verpfändete Sache selbst in Händen hatte und verwertungsberechtigt war, besteht kein Bedürfnis, ihm Auskunft über den Zustand der Sache zu erteilen (§ 167), ihm Gelegenheit zu geben, auf eine günstigere Verwertungsmöglichkeit hinzuweisen (§ 168), oder ihn, der selbst nicht fristgemäß verwertet hat, vor einer Verzögerung der Verwertung zu schützen (§ 169). Es gelten aber zugunsten der GlGesamtheit die Kostenerstattungsregeln in § 170 Abs 1, § 171 und das Benutzungsrecht nach § 172.[13] 7

Selbstverständlich kann der Verwalter die Verwertung des Sicherungsguts auch unabhängig von Fristsetzung und Fristablauf durch eine **Vereinbarung mit dem gesicherten Gl** übernehmen In diesem Fall ist für die Rechte beider Parteien allein die getroffene Vereinbarung maßgeblich. Auszahlungsansprüche des Gl haben den Rang des § 55 Abs 1 Nr 1.[14] 8

---

9 *BGH* 14.4.2016 – IX ZR 176/15 mit Anm *Flöther* EWiR 2016, 603.

10 *N/R/Becker* § 173 Rn 32; *Braun/Dithmar/Schneider* § 173 Rn 4 f; **aA** FK/*Wegener* § 173 Rn 7, der Gl und Verwalter nebeneinander für verwertungsberechtigt hält; offen lassend *BGH* ZIP 2005, 909, 911.

11 *Gottwald/Adolphsen* § 42 Rn 196; MK/*Tetzlaff* § 173 Rn 22.

12 *K Schmidt/Sinz* § 173 Rn 19; **aA** *Gottwald/Adolphsen* § 42 Rn 198; MK/*Tetzlaff* § 173 Rn 27; *Mitlehner* Rn 772.

13 Ebenso *K Schmidt/Sinz* § 173 Rn 20–22; *N/R/Becker* § 173 Rn 33 f; insoweit auch *Mitlehner* Rn 772 und – jedenfalls für §§ 170, 171 – *Gottwald/Adolphsen* § 42 Rn 198; HambKomm/*Büchler/Scholz* § 173 Rn 6; **tw abw** MK/*Tetzlaff* § 173 Rn 28; *K/P/B/Flöther* § 173 Rn 16 f und *Uhlenbruck/Brinkmann* § 173 Rn 18 – Abzug nur von Verwertungskosten, nicht von Feststellungskosten; zweifelnd FK/*Wegener* § 173 Rn 10. Für den Sonderfall der Verwertung einer verpfändeten Forderung vor Fälligkeit der gesicherten Hauptforderung – dazu oben bei § 166 Rn 32 – bejaht auch der BGH die entspr Anwendung von § 170 Abs 1, § 171: *BGH* ZIP 2013, 937 mit Anm *Mitlehner* EWiR 2013, 523.

14 *Mitlehner* ZIP 2015, 62.

Fünfter Teil
Befriedigung der Insolvenzgläubiger. Einstellung des Verfahrens

Erster Abschnitt
Feststellung der Forderungen

§ 174 Anmeldung der Forderungen

(1) [1]Die Insolvenzgläubiger haben ihre Forderungen schriftlich beim Insolvenzverwalter anzumelden. [2]Der Anmeldung sollen die Urkunden, aus denen sich die Forderung ergibt, in Abdruck beigefügt werden. [3]Zur Vertretung des Gläubigers im Verfahren nach diesem Abschnitt sind auch Personen befugt, die Inkassodienstleistungen erbringen (registrierte Personen nach § 10 Abs. 1 Satz 1 Nr. 1 des Rechtsdienstleistungsgesetzes).

(2) Bei der Anmeldung sind der Grund und der Betrag der Forderung anzugeben sowie die Tatsachen, aus denen sich nach Einschätzung des Gläubigers ergibt, dass ihr eine vorsätzlich begangene unerlaubte Handlung, eine vorsätzliche pflichtwidrige Verletzung einer gesetzlichen Unterhaltspflicht oder eine Steuerstraftat des Schuldners nach den §§ 370, 373 oder § 374 der Abgabenordnung.

(3) [1]Die Forderungen nachrangiger Gläubiger sind nur anzumelden, soweit das Insolvenzgericht besonders zur Anmeldung dieser Forderungen auffordert. [2]Bei der Anmeldung solcher Forderungen ist auf den Nachrang hinzuweisen und die dem Gläubiger zustehende Rangstelle zu bezeichnen.

(4) [1]Die Anmeldung kann durch Übermittlung eines elektronischen Dokuments erfolgen, wenn der Insolvenzverwalter der Übermittlung elektronischer Dokumente ausdrücklich zugestimmt hat. [2]In diesem Fall sollen die Urkunden, aus denen sich die Forderung ergibt, unverzüglich nachgereicht werden.

Übersicht

I. Ablauf der Forderungsanmeldung

1 Die Forderungsanmeldung hat schriftlich beim InsVerw[1] oder Sachwalter zu erfolgen (§ 28 Abs 1 S 1 iVm Abs 1 S 1). Eine **Vollmacht** ist durch den Vertreter beizufügen. Eine Ausnahme gilt für RA (§ 88 Abs 2 ZPO).[2] Die Anmeldung durch ein Inkassobüro ist bei vorliegender Erlaubnis nach dem RDG möglich (S 3)[3] Das InsGer setzt eine Frist zur Anmeldung (§ 28 Abs 1 S 1 und 2).

2 Jeder Gl, der seinen gewöhnlichen Aufenthalt, Wohnsitz oder Sitz in einem anderen Mitgliedstaat der **Europäischen Union** (Art 2 Nr 12 EuInsVO 2015) hat, kann seine Forderung

1 MWv 1.7.2014 wird im InsVerf nur noch ein InsVerw bestellt; § 313 wurde durch G v 15.7.2013 (BGBl I S 2379) aufgehoben.
2 *Uhlenbruck/Sinz* § 174 Rn 21.
3 *OLG Dresden* ZVI 2004, 29.

in jeder Amtssprache der Organe der EU[4] anmelden (Art 55 Abs 5 EuInsVO 2015), ohne dass eine Vertretung durch einen Rechtsanwalt oder sonstigen Rechtsbeistand erforderlich ist (Art 53 S 2 EuInsVO 2015). Eine Übersetzung kann gefordert werden (Art 55 Abs 5 S 2 EuInsVO 2015).[5] Die Anmeldung kann mithilfe eines Standardformulars[6] erfolgen (Art 55 Abs 1, 2 EuInsVO 2015). Verwendet der Gl nicht das Standardformular, muss die Forderungsanmeldung die in Art 55 Abs 2 EuInsVO 2015 vorgegebenen Angaben enthalten (Art 55 Abs 4 EuInsVO 2015). Anders als gem § 174 Abs 1 S 2 sind von ausländischen Gl etwaige Belege zwingend in Kopie beizufügen (Art 55 Abs 2 S 2 EuInsVO 2015).[7]

Die Vorschriften über die Forderungsanmeldung (§§ 174–186) sind in einem InsPlan nicht 3
disponibel. Das Recht, Forderungen in einem formalisierten Verfahren feststellen zu lassen und ggf anderen Forderungen zu widersprechen, darf Gl nicht durch einen InsPlan entzogen werden.[8]

II. Berechtigung zur Forderungsanmeldung

Zur Anmeldung berechtigt sind InsGl (§ 38), also nicht die **Aussonderungsberechtigten** 4
(§ 47) und die MasseGl (§§ 53, 55). Der **absonderungsberechtigte InsGl** ist zur Anmeldung seiner persönlichen Forderung befugt. Eine Forderungsanmeldung ohne Hinweis auf das Absonderungsrecht beinhaltet keinen konkludenten Verzicht auf dasselbe.[9] Macht der InsVerw eines anderen InsVerf gem § 93 Forderungen gegen den Schu geltend, muss er die Forderung als Prozessstandschafter (§ 93) unter Angabe des materiellen Forderungsinhabers, des Rechtsgrunds und unter Verweis auf die Einzugsberechtigung zur Tabelle anmelden; diese Angaben sind in die Tabelle aufzunehmen (Rn 13).[10]

Nachrangige InsFord (§ 39) sind nur anmeldefähig nach bes Aufforderung durch das InsGer 5
(Abs 3 S 1). Eine ohne entsprechende Aufforderung des Gerichts als nachrangig angemeldete Forderung, kann der InsVerw im Rahmen einer Vorprüfung zurückweisen (§ 175 Rn 4).[11] Wird eine nachrangige Forderung als nichtnachrangige Forderung angemeldet, hat der Insolvenzverwalter sie in die Tabelle aufzunehmen und dem Grunde nach zu bestreiten.[12]

Die InsFord muss vor VerfEröffnung entstanden sein (§ 27 Abs 2 Nr 3, Abs 3).[13] Die 6
Umsatzsteuer auf Entgeltforderungen aus Lieferungen und sonstigen Leistungen an den Schu ist anmeldefähig, da der Gl einen vertraglichen Anspruch auch auf die Umsatzsteuer hat. Die Rspr des BFH zur Uneinbringlichkeit im Insolvenzfall[14] steht dem nicht entgegen, sondern betrifft lediglich umsatzsteuerrechtliche Konsequenzen des Insolvenzereignisses. Dass der vertragliche Anspruch des Gl auf die Umsatzsteuer auch nach Ansicht des BFH

---

4 MK/*Reinhart* VO (EG) 2015/848 Art 55 Rn 8 ff.
5 Mankowski/Müller/Schmidt/*J. Schmidt* Art 55 Rn 33.
6 Vgl Durchführungsverordnung (EU) 2017/1105 der Kommission vom 12.6.2017.
7 *Braun/Josko de Marx* EuInsVO 2017 Art 55 Rn 4.
8 *BGH* ZInsO 2009, 478, 481.
9 *BGH* 9.3.2017 – IX ZR 177/15 (Rn 16); *Gehrlein* BB 2017, 2370 (2372).
10 *LG Bonn* NZI 2014, 831, 832; *OLG Hamm* 10.7.2013 – 31 U 14/13; BeckOK InsO/*Cymutta* § 93 Rn 32.
11 *Uhlenbruck/Sinz* § 174 Rn 54; MK/*Riedel* § 175 Rn 13; *Kortleben* ZInsO 2017, 2726.
12 MK/*Riedel* § 175 Rn 13; *Uhlenbruck/Sinz* § 174 Rn 54; *K Schmidt/Jungmann* § 174 Rn 69. Im Ergebnis auch *BAG* ZIP 2014, 927 (Rn 14); *BGH* ZIP 2014, 1087 (Rn 27).
13 Zu Steuerforderungen *BFH* ZInsO 2009, 920.
14 *BFH* 15.12.2016 – V R 26/16; *BFH* 29.3.2017 – XI R 5/16; *BFH* ZIP 2014, 2451; NJW 2014, 1471; ZInsO 2011, 823; *Dobler* ZInsO 2011, 1098. Vgl auch *BMF*-Schreiben v 20.5.2015, IV A 3 – S 0550/10/10020-05, 2015/0416027; *BMF*-Schreiben 3.7.2017, III C 2 – S 7330/09/10001:004, 2017/0563958.

fortbesteht, ergibt sich bereits aus der BFH-Rspr, nach der im Falle einer Vereinnahmung des vertraglich vereinbarten Entgelts, das die Umsatzsteuer einschließt oder des Wiederauflebens der Forderung nach erfolgreicher Anfechtung, eine erneute Umsatzsteuerberichtigung gem. § 17 Abs 2 Nr 1 S 2 UStG erforderlich ist.[15]

7 Nichtfällige (§ 41) sowie auflösend bedingte Forderungen (§ 42) und aufschiebend bedingte Forderungen[16] sind ebenfalls anmeldefähig. Die Anmeldung hat in Euro zu erfolgen. Fremdwährungen sind umzurechnen (§ 45).

8 Verbindlichkeiten, welche ein vorl InsVerw mit Verwaltungs- und Verfügungsbefugnis (§ 22 Abs 1 S 1) begründet, sind zwar vor VerfEröffnung entstanden, jedoch als sonstige Masseverbindlichkeit (§ 55 Abs 2 S 1) nicht anmeldefähig. Andererseits stellen Forderungen, welche mit Zustimmung eines vorl InsVerf begründet wurden und bei VerfEröffnung nicht ausglichen sind, anmeldefähige InsFord dar.

9 Die Anmeldung eines privilegierten Rechtsgrundes gem § 174 Abs 2 ist nicht zulässig, wenn der Schu keinen Antrag auf Restschuldbefreiung gestellt hat[17] oder der Antrag auf Restschuldbefreiung als unzulässig verworfen wurde. Die qualifizierte Anmeldung soll Schu und Gl schneller Klarheit verschaffen, welche Forderung von der Restschuldbefreiung erfasst ist. Beantragt der Schu nicht die Restschuldbefreiung, ist diese Klärung nicht erforderlich, da die Nachhaftung (§ 201) nicht beschränkt ist. Allein die erweiterte Vollstreckungsmöglichkeit des § 850f Abs 2 ZPO begründet kein Rechtsschutzbedürfnis auf eine qualifizierte Anmeldung, da es sich nicht um eine insolvenzrechtliche Rechtsfolge handelt. Der Gl kann die Vollstreckungsmöglichkeit durch eine titelergänzende Feststellungsklage durchsetzen.[18] Hat der Schu die Restschuldbefreiung beantragt, ist eine erweiterte Vollstreckung gem § 850f Abs 2 ZPO jedoch zulässig (§ 201 Rn 5). Die Interessen des Schu sind durch die Belehrung nach § 175 Abs 2 gewahrt (§ 175 Rn 11).[19]

III. Form und Frist der Anmeldung

10 Die **Anmeldung** der InsFord hat **schriftlich** zu erfolgen.[20] Die Anmeldung durch Übermittlung eines elektronischen Dokuments ist zulässig, wenn der InsVerw dem zugestimmt hat (Abs 4).[21]

11 Für die Anmeldung setzt das InsGer eine Frist von höchstens drei Monaten (§ 28 Abs 1 S 1, 2). Es handelt sich um **keine Ausschlussfrist** Ausgeschlossen ist jedoch die Anmeldung, insb des Rechtsgrunds der unerlaubten Handlung, nach Ablauf der sechsjährigen Abtretungsfrist (§ 287 Abs 2 S 1).[22]

IV. Unterlassene Anmeldung

12 InsGl, welche ihre Forderung nicht anmelden, nehmen am Verf nicht teil. Sie können dennoch während des Verf **keine Einzelzwangsvollstreckung** betreiben (§ 89 Abs 1). Zu Mitgliedern des vorl GlAusschusses (§ 67 Abs 3) können sie ebenso bestellt werden wie sie in der

---

15 *BFH* ZIP 2010, 383 (Rn 41);*BFH* 15.12.2016 – V R 26/16; *BFH* 29.3.2017 – XI R 5/16. Fehlgehend daher *AG Heidelberg* BeckRS 2012, 15484.
16 *OLG Nürnberg* ZInsO 2012, 1626, 1627.
17 *AG Aurich* 3.12.2015 – 9 IN 145/15; *AG Köln* 1.12.2016 – 73 IN 485/15.
18 *Ahrens* NZI 2016, 121; *AG Köln* 1.12.2016 – 73 IN 485/15.
19 **AA** *AG Köln* 1.12.2016 – 73 IN 485/15.
20 Bei ausländischen Gl gelten die Form- und Inhaltsvorschriften des Art 55 EuInsVO 2015.
21 Zu den Signaturanforderungen: *BGH* NJW 2013, 2034.
22 *BGH* ZInsO 2013, 1589, 1590.

GlVersammlung in einen GlAusschuss gewählt werden können (§ 68 Abs 2). Ein Stimmrecht in der GlVersammlung besitzen sie nicht (§ 77 Abs 1 S 2).

V. Inhalt der Anmeldung

In der Anmeldung ist der **Forderungsgrund** zu bezeichnen (Abs 2). Es genügt die Angabe eines Lebenssachverhaltes, welcher eine Prüfung der Forderung auf deren Berechtigung erlaubt.[23] Einer rechtlichen Wertung bedarf es nicht. Stützt der Gl seine Forderung auf mehrere Anspruchsgrundlagen, muss der angegebene Lebenssachverhalt alle Tatbestände ausfüllen.[24] Bei einer **Sammelanmeldung von mehreren Forderungen** ist der jeder einzelnen Forderung zugrunde liegende Lebenssachverhalt substantiiert darzulegen.[25] Meldet ein InsVerw Forderungen gem § 93 als Prozessstandschafter an, muss er jeweils den Forderungsinhaber und den Rechtsgrund nennen; eine pauschale Anmeldung ist unzulässig (Rn 4). Bei einer Anmeldung nicht titulierter USt-Forderungen muss das Finanzamt nicht alle umsatzsteuerrechtlichen Sachverhalte darlegen; ausreichend ist, dass bei einer Zusammenfassung zu einer Steuerzahlungspflicht die angemeldeten Sachverhalte individualisierbar sind, wie zB durch die Bezeichnung der USt-Forderung durch Betrag und Zeitraum.[26] 13

Die Anmeldung einer Zug-um-Zug-Forderung ist unzulässig, da sie sich nicht für die Berechnung der Quote eignet und das Feststellungs- und Verteilungsverfahren gem §§ 174 ff InsO keine den §§ 756, 765 ZPO entsprechende Regelungen kennt.[27] 14

Der InsGl hat bei **Forderungen aus unerlaubten Handlungen** sowie mWv 1.7.2014 Forderungen aus einer **vorsätzlich pflichtwidrig verletzten Unterhaltspflicht** oder aus einer **Steuerstraftat** nach den §§ 370, 373, 374 AO neben Grund[28] und Betrag der Forderung die **Tatsachen** anzugeben, aus denen er die unerlaubte Handlung herleitet. Die alleinige Angabe einer Norm (zB § 266a StGB) genügt nicht. Der Schu muss erkennen können, um welche Forderung es geht und welches Verhalten ihm vorgeworfen wird; eine schlüssige Darlegung des Rechtsgrunds ist nicht erforderlich.[29] Eine pflichtwidrige Unterhaltspflichtverletzung ist unabhängig von § 170 StGB[30] gegeben, wenn der Unterhaltsberechtigte bedürftig und der Unterhaltsschuldner leistungsfähig ist.[31] Unerheblich ist, ob die Gemeinde zunächst mit einem Unterhaltsvorschuss in die Leistungspflicht eingetreten ist.[32]Die Vorlage eines Vollstreckungsbescheids genügt zum Nachweis der vorsätzlich begangenen unerlaubten Handlung nicht (§ 184 Rn 7).[33] 15

Der **Betrag** ist in Euro **beziffert** anzugeben. Erforderlichenfalls ist die Forderung durch den InsGl in inländische Währung umzurechnen (§ 45 S 2). Weder der InsVerw noch das InsGer sind zur Umrechnung verpflichtet. 16

---

23 *BGH* 12.11.2015 – IX ZR 313/14; *BGH* ZInsO 2013, 602, 604 (Rn 15).

24 *BGH* 3.3.2016 – IX ZB 33/14 (Rn 28); *AG Köln* 7.4.2017 – 71 IK 175/15; *Smid* ZInsO 2016, 781.

25 *OLG Jena* ZVI 2013, 403, 405; *BGH* ZInsO 2009, 381, *Smid* ZInsO 2016, 781.

26 *BFH* ZInsO 2012, 228, 230 f.

27 *BGH* 26.1.2017 – IX ZR 315/14 (Rn 36); *BGH* 11.2.2016 – III ZR 383/12; *BGH* ZIP 2015, 1500 (Rn 18); ZIP 2014, 2092 (Rn 14).

28 *OLG Koblenz* ZInsO 2012, 1787 f; *AG Regensburg* ZVI 2014, 454.

29 *BGH* ZIP 2014, 278 (Rn 10). **AA** *Uhlenbruck/Sinz* § 174 Rn 38 f; *AG Köln* ZVI 2013, 150; *AG Köln* 7.4.2017 – 71 IK 175/15.

30 Hierzu *OLG Celle* ZInsO 2013, 610; *OLG Koblenz* NJW 2015, 88.

31 BT-Drucks 17/11268, 32.

32 BT-Drucks 17/11268, 32; *Waltenberger* ZInsO 2013, 1458, 1462.

33 *BGH* ZInsO 2005, 538; *OLG Koblenz* NJW 2015, 88; zu Versäumnisurteilen *BGH* NZI 2008, 117; zu Anerkenntnisurteilen *OLG Brandenburg* NZI 2008, 319; zum Prozessvergleich *OLG Düsseldorf* ZInsO 2013, 1488. Vgl. *BGH* NZI 2014, 127 zur Darlegungstiefe.

17 Zinsen sind gesondert mit dem Prozentsatz und dem Zinsbeginn bis zum Tag vor InsEröffnung anzumelden. Zinsanspruch und Zinshöhe sind darzulegen.

18 **Kosten der Rechtsverfolgung**, Vollstreckungskosten sowie Mahnkosten sind, auch von Behörden, nachzuweisen.

VI. Beizufügende Unterlagen

19 Die Feststellung **titulierter Forderungen** oder solcher, für die ein **Wechsel** oder eine sonstige **Schuldurkunde ausgestellt ist,** setzt die Vorlage des **Originals** weder im Prüfungstermin noch im Feststellungsrechtsstreit voraus.[34] § 178 Abs 2 S 3, wonach auf Wechseln und Schuldurkunden nach Abhaltung des Prüfungstermins die Feststellung vermerkt wird, ändert hieran nichts. Eine Doppeltitulierung kann vermieden werden, indem InsGer die spätere Erteilung des vollstreckbaren Tabellenauszugs von der Vorlage der Originalurkunde zur Entwertung abhängig macht (§ 201 Rn 6). Die **Betreibungslast im Falle des Bestreitens** (§ 179 Abs 2) trifft den Bestreitenden nur, wenn der Titel spätestens im Prüfungstermin im Original vorlag.[35] Hat der Gl lediglich eine Kopie eingereicht, so muss er im Bestreitensfall die Feststellung betreiben (§ 179 Abs 1; § 179 Rn 9); der InsVerw ist jedoch nicht gehindert, die Forderung auf der Grundlage der Kopie festzustellen.

20 **§ 174 Abs 1 S 2** ist eine **Sollvorschrift**. Vor einem Bestreiten ist der InsVerw nicht verpflichtet, für die Prüfung erforderliche Urkunden in Kopie anzufordern. Im Feststellungsprozess trägt der Gl bei Nichtvorlage der Unterlagen die Kostengefahr im Falle eines sofortigen Anerkenntnisses durch den InsVerw.[36] Gl aus anderen EU-Staaten sind verpflichtet, der Forderungsanmeldung Belege beizufügen (Art 55 Abs 2 S 2 EuInsVO 2015).

VII. Rechtsfolgen der Anmeldung

21 Die ordnungsgemäße Anmeldung beim InsVerw hemmt die Verjährung (§ 204 Abs 1 Nr 10 BGB) in Höhe des angemeldeten Betrags.[37] Scheitert die Verjährungshemmung wegen einer Unwirksamkeit der Anmeldung, kann dieser Mangel nur durch eine Neuanmeldung innerhalb der laufenden Verjährungsfrist behoben werden.[38] Werden InsFord vom Gl fälschlicherweise als Masseforderungen eingeordnet und als solche dem InsVerw mitgeteilt, tritt die Hemmung nicht ein.[39] Wegen der verjährungsunterbrechenden Wirkung muss der InsVerw dafür Sorge tragen, dass täglich die **Eingangspost** auf Anmeldungen zur Tabelle überprüft wird.[40] Die Anmeldungen und Anlagen sind mit dem **Tagesstempel** zu versehen. Eine Verpflichtung zur Anbringung eines Nachtbriefkastens besteht nicht.

§ 175 Tabelle

(1) [1]Der Insolvenzverwalter hat jede angemeldete Forderung mit den in § 174 Abs. 2 und 3 genannten Angaben in eine Tabelle einzutragen. [2]Die Tabelle ist mit den Anmeldungen sowie den beigefügten Urkunden innerhalb des ersten Drittels des Zeitraums, der zwischen dem Ablauf der Anmeldefrist und dem Prüfungstermin liegt, in der Geschäftsstelle des Insolvenzgerichts zur Einsicht der Beteiligten niederzulegen.

---

34 *BGH* NZI 2006, 173.
35 *RG* 19.5.1914 – III 84/14.
36 *LG Berlin* ZInsO 2013, 1269; *LG Aurich* ZInsO 2000, 410.
37 *BGH* ZInsO 2013, 602, 605 (Rn 20 ff); *Uhlenbruck/Sinz* § 174 Rn 56; *Werner/Schuster* BB 2006, 2649.
38 *BGH* ZInsO 2013, 602, 605 (Rn 33).
39 *LG Wuppertal* ZInsO 2010, 1281, 1282.
40 *Uhlenbruck/Sinz* § 174 Rn 58.

(2) Hat ein Gläubiger eine Forderung aus einer vorsätzlich begangenen unerlaubten Handlung, aus einer vorsätzlich pflichtwidrig verletzten gesetzlichen Unterhaltspflicht oder aus einer Steuerstraftat nach den §§ 370, 373 oder § 374 der Abgabenordnung angemeldet, so hat das Insolvenzgericht den Schuldner auf die Rechtsfolgen des § 302 und auf die Möglichkeit des Widerspruchs hinzuweisen.

Übersicht

I. Tabellenführung vor dem Prüfungstermin

1 **1. Tabellenführung durch den Insolvenzverwalter.** Da die **Forderungsanmeldung** beim InsVerw vorzunehmen ist (§ 174 Abs 1 S 1), führt bis zum Prüfungstermin der InsVerw die Tabelle.[1] Die **Tabellenführung** kann mittels **EDV** erfolgen (§ 5 Abs 3). Der InsVerw hat die eingehenden Anmeldungen auf Zulässigkeit und Vollständigkeit zu prüfen.[2]

2 In die Tabelle sind die angemeldeten Forderungen nach Grund und Betrag einzutragen (§ 174 Abs 2). Ferner ist der Tag des **Eingangs** der **Anmeldung wegen der verjährungsunterbrechenden Wirkung zu vermerken.**

3 Der **InsVerw** übt mit dem Tabelleneintrag (S 1) **keine beurkundende Tätigkeit** aus.[3] Bei mangelhaften Anmeldungen hat der InsVerw auf Ergänzung hinzuwirken.

4 **2. Ablehnung der Eintragung.** Die Eintragung unzulässiger Anmeldungen hat der InsVerw abzulehnen und den InsGl zu verständigen.[4] Das Prüfungsrecht beschränkt sich allerdings auf rein formale Mängel.[5] Werden nachrangige Forderungen (§§ 39, 327) ohne bes Aufforderung durch das InsGer (§ 174 Abs 3 S 1) unter Bezeichnung des Nachrangs angemeldet, hat der InsVerw diese ebenfalls im Rahmen einer Vorprüfung abzulehnen (§ 174 Rn 5).

5 Gegen die **Ablehnung** der **Eintragung** in die Tabelle steht dem InsGl kein förmliches Rechtsmittel zur Verfügung.[6]

6 Der InsGl kann aber gem § 58 Abs 2 S 1 das InsGer anrufen.[7] Es handelt sich um keinen Antrag, sondern um eine Anregung zum **Einschreiten** des **InsGers** im **Aufsichtswege.**[8] Gegen die Ablehnung von Aufsichtsmaßnahmen ist kein Rechtsmittel gegeben.[9]

7 Das **InsGer** kann aufgrund der Anregung den InsVerw **anweisen**, die angemeldete Forderung in die Tabelle einzutragen. Ist der InsVerw der Auffassung, die Eintragungsverpflichtung nicht erfüllen zu müssen, verbleibt ihm nur gegen einen dann zu erlassenden Zwangs-

1 *AG Leipzig* 27.2.2017 – 404 IN 1437/16.
2 *Uhlenbruck/Sinz* § 175 Rn 10; zu Hinweispflichten *OLG Stuttgart* ZInsO 2008, 627.
3 **AA** *Uhlenbruck/Sinz* § 175 Rn 2.
4 *BGH* ZIP 2015, 1500 (Rn 21); MK/*Riedel* § 175 Rn 11.
5 *BGH* 26.1.2017 – IX ZR 315/14 (Rn 28); MK/*Riedel* § 175 Rn 11; *Uhlenbruck/Sinz* § 175 Rn 10. Zur Prüfungskompetenz des InsGer *AG Münster* 10.8.2017 – 77 IN 24/17; *Kortleben* ZInsO 2017, 2726.
6 *Uhlenbruck/Sinz* § 175 Rn 14; *K Schmidt/Jungmann* § 174 Rn 42.
7 *Uhlenbruck/Sinz* § 175 Rn 14.
8 *BGH* ZIP 1994, 157, 158.
9 Braun/*Blümle* § 58 Rn 13.

geldbeschluss das Rechtsmittel der sofortigen Beschw (§ 58 Abs 2 S 3). **Pragmatisch** wird jedoch in diesen Fällen der InsVerw die angemeldete Forderung spätestens nach Anweisung durch das InsGer in die Tabelle eintragen und im Prüfungstermin mit der Folge des Feststellungsprozesses (§ 179 Abs 1) bestreiten.

8 **3. Niederlegung der Tabelle.** Im ersten Drittel zwischen Ablauf der Anmeldefrist (§ 28 Abs 1 S 1) und dem Prüfungstermin hat der InsVerw die Tabelle sowie geordnet entspr der **Tabelle** die **Anmeldungen**, deren **Anlagen** im **Original** sowie **Originalwechsel**, **Schecks** und **vollstreckbare Ausfertigungen von Titeln** bei der Geschäftsstelle des InsGer zur Einsichtnahme der Beteiligten niederzulegen (S 2).[10] Je nach Umfang des InsVerf ist der Zeitrahmen zwischen dem Ablauf der Anmeldefrist und Prüfungstermin (§ 29 Abs 1 Nr 2 HS 2) auszuschöpfen.

9 Wird die Tabelle durch EDV geführt (§ 5 Abs 3), erfolgt die Niederlegung iSv S 2 durch Diskettenüberlassung oder bei Vorhandensein entspr Schnittstellen online.[11]

II. Tabellenführung nach dem Prüfungstermin

10 Die Tabelle bleibt nach Abhaltung des Prüfungstermins auf der Geschäftsstelle des **InsGer**. Infolge der Beurkundungsfunktion des Gerichts (§ 178 Abs 3) sind nachträgliche **Änderungen** sowohl bei Rücknahme des Widerspruchs von InsVerw, InsGl und Schu als auch nach Obsiegen im Feststellungsprozess (§ 183 Abs 2) durch das **InsGer** vorzunehmen. Eine **Berichtigung** der gerichtlichen Tabelle durch den InsVerw scheidet aus.

III. Hinweispflicht des InsGer (Abs 2)

11 Das InsGer hat den Schu rechtzeitig vor dem Prüfungstermin zu **belehren** (Abs 2), dass er der angemeldeten InsFord insgesamt und auch bzgl der Behauptung, die InsFord beruhe auf einer **unerlaubten Handlung,** einer **vorsätzlich pflichtwidrig verletzten Unterhaltspflicht** oder einer **Steuerstraftat** nach §§ 370, 373, 374 AO (vgl § 174 Rn 15), widersprechen kann. Der Schu ist darüber zu belehren, dass die Forderung ohne seinen Widerspruch nicht von der Restschuldbefreiung erfasst wird. Dem Schu ist erforderlichenfalls ein RA zur Prüfung, ob ein Widerspruch zweckmäßig ist, beizuordnen.[12] Hat der Schu einen Verfahrensbevollmächtigten benannt, ist die Belehrung diesem und dem Schu zuzustellen.[13] Die Belehrung ist nicht erforderlich, wenn der Schu keinen Antrag auf Restschuldbefreiung gestellt hat (§ 174 Rn 9).[14]

12 Unterbleibt die Belehrung durch das InsGer, kann der Schu den Widerspruch nachholen, ohne dass es auf die Voraussetzungen einer Wiedereinsetzung in den vorigen Stand (§ 186) ankommt.[15] Der Widerspruch kann auch nach Aufhebung des InsVerf und nach Erteilung der Restschuldbefreiung zulässig sein.[16]

---

10 Zum Einsichtsrecht: *Uhlenbruck/Sinz* § 175 Rn 22 ff. Ausnahmsweise kann die Niederlegung in den Geschäftsräumen des InsVerw zulässig sein, *AG Leipzig* 27.2.2017 – 404 in 1437/16.

11 **AA** *Uhlenbruck/Sinz* § 175 Rn 22.

12 *BGH* NZI 2004, 39; **aA** *AG Göttingen* NZI 2003, 221.

13 *AG Göttingen* 30.12.2015 – 74 IN 175/14.

14 *AG Aurich* 3.12.2015 – 9 IN 145/15; *Ahrens* NZI 2016, 121.

15 *AG Düsseldorf* ZInsO 2014, 2281. **AA** MK/*Riedel* § 175 Rn 21; *K Schmidt/Jungmann* § 175 Rn 11.

16 *AG Düsseldorf* ZInsO 2014, 2281; *K Schmidt/Jungmann* § 175 Rn 11.

§ 176 Verlauf des Prüfungstermins

[1]Im Prüfungstermin werden die angemeldeten Forderungen ihrem Betrag und ihrem Rang nach geprüft. [2]Die Forderungen, die vom Insolvenzverwalter, vom Schuldner oder von einem Insolvenzgläubiger bestritten werden, sind einzeln zu erörtern.

Übersicht

I. Normzweck

Die Vorschrift soll das InsVerf beschleunigen, indem durch die Erörterung der bestrittenen Forderungen im Prüfungstermin Zivilprozesse vermieden werden.[1] Werden das InsVerf und demzufolge auch der Prüfungstermin schriftlich durchgeführt (§ 5 Abs 2), ist sicherzustellen, dass die Gl die Möglichkeit haben, von den Forderungen Kenntnis zu nehmen, sie zu prüfen und ggf zu bestreiten.[2] 1

II. Ablauf des Prüfungstermins

1. Teilnahme am Prüfungstermin. Der Prüfungstermin findet in nicht öffentlicher Sitzung statt und wird durch den InsRichter (Rechtspfleger) geleitet (§ 76 Abs 1). Das InsGer protokolliert die **Erklärungen** der **Widerspruchsberechtigten** (InsVerw, InsGl, Schu). Das InsGer wird insofern beurkundend tätig. Die Forderungsprüfung gehört zu den originären Verwalterpflichten, die er grds nicht delegieren kann. Eine **Vertretung** des InsVerw im Prüfungstermin ist jedoch zulässig, da der Vertreter kein eigenes Prüfungsrecht ausübt, sondern nur das Prüfungsergebnis des InsVerw als Bote übermittelt.[3] Der Schu, die Mitglieder des GlAusschusses, die InsGl sowie die anmeldenden InsGl können anwesend sein. Der Prüfungstermin ist GlVersammlung (§ 29 Abs 1 Nr 2 HS 1), so dass der **Schu** nach besonderer Aufforderung durch das InsGer (§ 97 Abs 1 S 1) **anwesend** sein **muss**.[4] 2

2. Umfang der Prüfung. Die beim InsVerw angemeldeten (§ 174 Abs 1 S 1) Forderungen und die von ihm in die Tabelle eingetragenen (§ 175 Abs 1 S 1) Forderungen werden auf den angemeldeten Grund, Betrag und Rang (§§ 38, 39) geprüft. Eine gerichtliche Vorprüfung zur formalen Zulässigkeit der Anmeldung erfolgt.[5] Stützt der Gl die Forderungsanmeldung auf verschiedene Anspruchsgrundlagen und erfüllt sie bzgl einer Anspruchsgrundlage nicht die Mindestanforderungen, kann das InsGer die nicht ordnungsgemäße Anmeldung insoweit zurückweisen.[6] 3

3. Erörterung der Forderungen. Der InsVerw ist nur verpflichtet, Forderungen, die ganz oder tw bestritten werden, einzeln zu erörtern (S 2). Eine **Vorerörterung** mit dem Schu führt zur Straffung des Prüfungstermins, da Zweifelsfragen zwischen InsVerw und Schu außerhalb des Prüfungstermins geklärt werden und somit eine Erörterung im Termin unterbleiben kann. 4

---

1 *A/G/R* § 176 Rn 1; HambKomm/*Preß/Henningsmeier* § 176 Rn 1.
2 HambKomm/*Preß/Henningsmeier* § 176 Rn 1a.
3 *Uhlenbruck/Sinz* § 176 Rn 23; HambKomm/*Preß/Henningsmeier* § 176 Rn 5; **aA** *Jaeger/Gerhardt* § 176 Rn 28.
4 *Uhlenbruck/Sinz* § 176 Rn 17.
5 HambKomm/*Preß/Henningsmeier* § 176 Rn 9; *A/G/R* § 176 Rn 3.
6 *AG Köln* 7.4.2017 – 71 IK 175/15.

5 Die Erörterung der Forderung unterbleibt auch dann, wenn InsGl und/oder Schu im Prüfungstermin anwesend sind, jedoch die angemeldete Forderung von InsVerw, InsGl und Schu nicht bestritten ist. Ein Bestreiten ist auch durch nachrangige InsGl möglich (Rn 7).

6 Erörterung iSv S 2 bedeutet nicht, dass mit anwesenden InsGl bzw GlVertretern oder Schu eine **Diskussion** über den Grund des Bestreitens im Prüfungstermin zu führen ist, sondern dass die angemeldete Forderung dem Betrag und dem Forderungsgrund nach durch das InsGer verlesen wird.

III. Bestreiten einer Forderung

7 InsGl können ebenso wie der Schu Einwendungen im Vorfeld des Prüfungstermins schriftlich erheben. **Wirksam** ist der **Widerspruch** jedoch nur, wenn er im Prüfungstermin **mündlich** oder im schriftlichen Verfahren erhoben wird (§ 178 Abs 1 S 1). Berechtigt zur Erhebung des Widerspruchs sind auch Nachranggläubiger.[7] Das Bestreiten des Schu hindert gem § 178 Abs 1 S 2 nicht die Feststellung der Forderung zur Tabelle. Nach **VerfAufhebung** kann jedoch kein **Auszug** aus der Tabelle zum Zwecke der Zwangsvollstreckung (§ 201 Abs 2 S 1) erteilt werden.[8]

§ 177 Nachträgliche Anmeldungen

(1) [1]Im Prüfungstermin sind auch die Forderungen zu prüfen, die nach dem Ablauf der Anmeldefrist angemeldet worden sind. [2]Widerspricht jedoch der Insolvenzverwalter oder ein Insolvenzgläubiger dieser Prüfung oder wird eine Forderung erst nach dem Prüfungstermin angemeldet, so hat das Insolvenzgericht auf Kosten des Säumigen entweder einen besonderen Prüfungstermin zu bestimmen oder die Prüfung im schriftlichen Verfahren anzuordnen. [3]Für nachträgliche Änderungen der Anmeldung gelten die Sätze 1 und 2 entsprechend.

(2) Hat das Gericht nachrangige Gläubiger nach § 174 Abs. 3 zur Anmeldung ihrer Forderungen aufgefordert und läuft die für diese Anmeldung gesetzte Frist später als eine Woche vor dem Prüfungstermin ab, so ist auf Kosten der Insolvenzmasse entweder ein besonderer Prüfungstermin zu bestimmen oder die Prüfung im schriftlichen Verfahren anzuordnen.

(3) [1]Der besondere Prüfungstermin ist öffentlich bekannt zu machen. [2]Zu dem Termin sind die Insolvenzgläubiger, die eine Forderung angemeldet haben, der Verwalter und der Schuldner besonders zu laden. [3]§ 74 Abs. 2 Satz 2 gilt entsprechend.

Übersicht

I. Zulässigkeit verspäteter Anmeldungen

1 Für die Forderungsanmeldung gibt es **keine Ausschlussfrist**. Eine Anmeldung ist bis zum Schlusstermin möglich. Gl, die ihre Forderungen nicht bis zum Abschluss des Schlusster-

---

7 *OLG München* ZInsO 2010, 1603, 1604; *Schröder* ZInsO 2014, 1069, 2072; *Uhlenbruck/Sinz* § 176 Rn 26.

8 Zur Rechtslage bei Widerspruch nur gg den Rechtsgrund der unerlaubt vorsätzlichen Handlung vgl § 184 Rn 2.

mins zur Tabelle angemeldet haben, sind mit ihren Ansprüchen und Rechten allerdings ausgeschlossen.[1] Wird die **Restschuldbefreiung vorzeitig erteilt** (§ 300 Abs 1 S 2), ist eine nachträgliche Forderungsanmeldung nicht mehr möglich, wenn der Schu zulässigerweise zum Ablauf der Verkürzungsfrist den Antrag auf vorzeitige Erteilung der Restschuldbefreiung gestellt hat, auch wenn über den Antrag noch nicht entschieden wurde.[2] Der Gesetzgeber hat bei Einführung der vorzeitigen Restschuldbefreiung keine Ausschlussfrist für Nachmeldungen gesetzt;[3] die Regelung des § 300 Abs 1 S 4, 5 lässt dies offen. Um dem redlichen Schu (§ 1 S 2) Rechtssicherheit über seinen Antrag gem § 300 Abs 1 S 2 zu geben, ist jedoch geboten, dass ein zulässiger Antrag nicht nachträglich durch einen nachmeldenden Gl unzulässig gemacht werden kann, sofern der Gl vom Schu im InsAntrag benannt worden war. Entspr gilt für den Nachweis gem § 189 Abs 1 (§ 189 Rn 7). War der Gl nicht vom Schu benannt und ihm daher der Eröffnungsbeschluss nicht zugestellt worden, so kann der Gl seine Forderung bis zur Entscheidung über die vorzeitige Restschuldbefreiung anmelden; der Schu verdient insofern keinen Schutz vor einer nachträglichen Unzulässigkeit seines Antrags.

Wird die Forderung erst nach Veröffentlichung und Niederlegung des Schlussverzeichnisses angemeldet und erst im Schlusstermin geprüft, ist sie nicht in das Schlussverzeichnis aufzunehmen und nimmt an einer Schlussverteilung nicht teil. Sie wird nur in die Tabelle aufgenommen.[4] Eine nach Ablauf der Frist von § 189 Abs 1 vorgenommene Anmeldung ist zulässig. Das InsGer hat entweder einen besonderen Prüfungstermin zu bestimmen oder das schriftliche Verf anzuordnen, um dem Gl die Aufnahme in das Schlussverzeichnis zu ermöglichen.[5] Der Gl hat ein Interesse an einer einfachen Erlangung eines Vollstreckungstitels (§§ 178 Abs 3, 201 Abs 2 S 1) und der Teilnahme im RestschuldbefreiungsVerf (§ 292 Abs 1 S 2). 2

Zuzulassen zur Prüfung sind auch Forderungen, deren Anmeldung nach Ablauf der allgemeinen Anmeldefrist erfolgt (Abs 1 S 1), sofern die Forderung in die Tabelle aufgenommen werden konnte, die zur Einsicht auslag.[6] Bei Forderungen aus Vorsatzdelikt kann eine Prüfung nur erfolgen, wenn der Hinweis nach § 175 Abs 2 rechtzeitig ergehen konnte.[7] Widerspricht der InsVerw oder ein InsGl der Prüfung dieser InsFord, so kann **alternativ** das InsGer einen **bes Prüfungstermin** bestimmen oder das **schriftliche PrüfungsVerf** anordnen (Abs 1 S 2). 3

Ein Widerspruch des Schu hindert eine Prüfung der nachträglich angemeldeten Forderung nicht. 4

II. Prüfung verspäteter Anmeldungen

Liegen eine Vielzahl nachträglicher Forderungsanmeldungen bis zum Prüfungstermin vor, kann das InsGer trotz der durch die Einführung des **schriftlichen PrüfungsVerf** beabsichtigten Entlastung der Gerichte[8] wegen der **Rechtsunsicherheit** für InsGl und Schu einen **bes Prüfungstermin** anberaumen.[9] 5

---

1 *AG Potsdam* ZIP 2006, 2230.

2 *Waltenberger* ZInsO 2014, 808, 811; **aA** *Vogel* NJ 2013, 447, 449. Vgl zu Nachmeldungen nach Ablauf der Abtretungsfrist auch *BGH* ZIP 2013, 1677 (Rn 14); ZInsO 2011, 244 (Rn 19f).

3 *Pape/Grote* ZInsO 2013, 1433 Fn 13.

4 *BGH* NZI 2007, 401; *Uhlenbruck/Sinz* § 177 Rn 10; *AG Düsseldorf* Rpfleger 2003, 144.

5 *Uhlenbruck/Sinz* § 177 Rn 10.

6 *Uhlenbruck/Sinz* § 177 Rn 3; MK/*Riedel* § 177 Rn 2, § 175 Rn 17.

7 MK/*Nowak* 2. Aufl § 175 Rn 17.

8 BT-Drucks 12/7302, 178.

9 *Braun/Specovius* § 177 Rn 7.

6 Anstelle eines besonderen Prüfungstermins mit den Kostenfolgen für die InsGl (S 2), kann das InsGer den **Prüfungstermin vertagen.**[10]

7 Der InsVerw hat für die **nach Ablauf der Anmeldefrist** eingehenden Forderungsanmeldungen einen **Nachtrag** zur **Tabelle** zu fertigen. Er hat diesen analog § 175 S 2 vor dem besonderen Prüfungstermin auf der Geschäftsstelle des InsGer niederlegen, so dass die Einsichtsmöglichkeit der Beteiligten besteht. Lediglich die Drittelfrist ist mangels Ablauf einer Anmeldefrist unanwendbar. §§ 174, 175 gelten für nachträgliche Anmeldungen entspr. Der InsVerw hat die Anmeldungen und beigefügte Urkunden nach Tabelleneintrag dem InsGer überlassen.

III. Schriftliches Prüfungsverfahren

8 Wird eine Prüfung im **schriftlichen Verf** angeordnet, entfällt die **öffentliche Bekanntmachung** eines besonderen Prüfungstermins nach Abs 3. Die **Anordnung** der **schriftlichen Prüfung im Verf** ist analog Abs 3 S 1 öffentlich bekannt zu machen. Nur hierdurch erhalten die InsGl Kenntnis von nachträglichen Forderungsanmeldungen und können ihr Widerspruchsrecht (§ 176 S 2) ausüben.

9 Das InsGer hat in der **Veröffentlichung** eine **Ausschlussfrist** zu setzen, innerhalb derer die InsGl der Feststellung der Forderung im schriftlichen Verf widersprechen können. Der Widerspruch hat schriftlich beim InsGer, nicht beim InsVerw zu erfolgen, da die Tabelleneintragungen durch das InsGer vorgenommen werden. Gegen die Versäumung der Widerspruchsfrist als Ausschlussfrist ist, wie bei Versäumung des Prüfungstermins, eine **Wiedereinsetzung in den vorherigen Stand nicht möglich** (§ 186 Rn 2).[11]

10 Zum besonderen Prüfungstermin sind unbeschadet der Veröffentlichung InsGl, welche eine Forderung angemeldet haben, InsVerw und Schu besonders zu laden (Abs 3 S 2). In Analogie hierzu sind die anmeldenden InsGl, Schu und InsVerw bei einer Prüfung im **schriftlichen Verf** gleichfalls von den Forderungsanmeldungen und der Ausschlussfrist **gesondert** zu **unterrichten**. Ein **Vorteil** des schriftlichen PrüfungsVerf, mit Ausnahme der Terminsersparnis, für das InsGer **besteht nicht**; die **Nachteile** für InsGl und Schu **überwiegen**.

IV. Nachträgliche Änderung der Anmeldung

11 **Nachträgliche Änderungen** der angemeldeten Forderung (Abs 1 S 3) sind alle wesentlichen Änderungen der Anmeldung, insb Auswechslung des Forderungsgrundes,[12] Umqualifizierung einer als nachrangig angemeldeten Forderung als nichtnachrangig oder Erhöhung des Betrags.[13] Sie sind nach Ablauf der Anmeldefrist wie Neuanmeldungen zu behandeln,[14] wobei der InsVerw Forderungen, die nach der ursprünglichen Forderungsanmeldung bereits festgestellt waren, iRd Neuanmeldung in Abzug bringen und bestreiten muss, sofern der anmeldende Gl die ursprüngliche Anmeldung nicht zurück nimmt.

12 Hat ein Gl nach Ablauf der Anmeldefrist zulässigerweise eine Forderung nachgemeldet, ist ein nachträglicher Prüfungstermin vor Ablauf der jeweiligen verkürzten Laufzeit durchzuführen oder die Forderung im schriftlichen Verfahren zu prüfen.[15]

---

10 *Uhlenbruck/Sinz* § 177 Rn 29.
11 Umkehrschluss zu § 186. Ebenso *Uhlenbruck/Sinz* § 177 Rn 38; *Braun/Specovius* § 177 Rn 15; **aA** *K Schmidt/Jungmann* § 177 Rn 5, allerdings mit Beschränkung der Wiedereinsetzung auf den Schu allein in § 186 Rn 1.
12 Nicht die bloße Änderung der Schadensberechnung, *BGH* 18.5.2017 – VII ZR 122/14 (Rn 23).
13 *K Schmidt/Jungmann* § 177 Rn 6.
14 *Uhlenbruck/Sinz* § 177 Rn 12.
15 *Waltenberger* ZInsO 2014, 808, 811 aE.

Der Gl kann im Nachhinein Tatsachen darlegen, wonach eine **vorsätzlich begangene unerlaubte Handlung** vorliegt.[16] Das InsGer hat den Schu nach § 175 Abs 2 zu belehren und besonderen Prüfungstermin zu bestimmen oder das schriftliche Verf anzuordnen.[17] Nach Ablauf der Abtretungsfrist[18] und nach Erteilung der Restschuldbefreiung[19] ist eine Anmeldung des Rechtsgrunds der vorsätzlich unerlaubten Handlung nicht mehr möglich. 13

V. Aufforderung an Nachranggläubiger

Fordert das InsGer **InsGl** mit **nachrangigen Forderungen** kurzfristig zur Anmeldung auf (Abs 2), ist entweder ein besonderer Prüfungstermin durch öffentliche Bekanntmachung zu bestimmen oder die Prüfung im schriftlichen Verf anzuordnen. Da mit Widersprüchen der InsGl zu rechnen ist, genießt ein besonderer Prüfungstermin den Vorzug. 14

VI. Kosten

Durch die Prüfung im schriftlichen Verf oder die Anordnung des bes Prüfungstermins entstehende bes Kosten haben alle säumigen InsGl gem § 31 Abs 1 GKG zu tragen.[20] Dies gilt insb für die Gerichtskosten (KV-GKG 2340) sowie für die Kosten einer gesonderten Ladung (Abs 3 S 2), nicht jedoch für die Kosten der Veröffentlichung (KV-GKG 9004).[21] Die Kosten sind vom Gl auch dann zu tragen, wenn die Verspätung vom InsVerw verursacht wurde,[22] der InsVerw kann dem Gl jedoch nach § 60 Abs 1 haften. 15

§ 178 Voraussetzungen und Wirkungen der Feststellung

(1) [1]Eine Forderung gilt als festgestellt, soweit gegen sie im Prüfungstermin oder im schriftlichen Verfahren (§ 177) ein Widerspruch weder vom Insolvenzverwalter noch von einem Insolvenzgläubiger erhoben wird oder soweit ein erhobener Widerspruch beseitigt ist. [2]Ein Widerspruch des Schuldners steht der Feststellung der Forderung nicht entgegen.

(2) [1]Das Insolvenzgericht trägt für jede angemeldete Forderung in die Tabelle ein, inwieweit die Forderung ihrem Betrag und ihrem Rang nach festgestellt ist oder wer der Feststellung widersprochen hat. [2]Auch ein Widerspruch des Schuldners ist einzutragen. [3]Auf Wechseln und sonstigen Schuldurkunden ist vom Urkundsbeamten der Geschäftsstelle die Feststellung zu vermerken.

(3) Die Eintragung in die Tabelle wirkt für die festgestellten Forderungen ihrem Betrag und ihrem Rang nach wie ein rechtskräftiges Urteil gegenüber dem Insolvenzverwalter und allen Insolvenzgläubigern.

Übersicht

---

16 *AG Hamburg* ZIP 2005, 317.
17 Zur Feststellungsklage bei fehlender Eintragung und Belehrung *BGH* NZI 2008, 250.
18 *BGH* ZIP 2013, 1677 (Rn 14).
19 *BGH* ZInsO 2011, 244 (Rn 19f).
20 *AG Norderstedt* 11.4.2016 – 66 IN 270/08; *Uhlenbruck/Sinz* § 177 Rn 30ff; *Jaeger/Gerhardt* § 177 Rn 18.
21 HambKomm/*Preß/Henningsmeier* § 177 Rn 14.
22 *LG Krefeld* 9.2.2017 – 7 T 156/16; *LG Krefeld* 21.12.2016 – 7 T 152/16; **aA** *AG Leipzig* 26.5.2008 – 406 IK 1219/07; *Siebert* VIA 2017, 52.

I. Tabelleneintrag

1 Das **PrüfungsErg** wird durch das InsGer in die Tabelle eingetragen. Dieses gilt auch bei einer EDV-geführten Tabelle, selbst wenn eine vorbereitende Eintragung bereits vorab durch den InsVerw vorgenommen wird.[1] Das InsGer hat rein beurkundende Funktion.[2]

2 **1. Eintrag eines Widerspruchs.** In der Tabelle ist einzutragen, wer der Feststellung widersprochen hat (InsVerw und/oder InsGl). Der Widerspruch des Schu ist wegen der Folgen nach VerfAufhebung (§ 201 Abs 2) ausdrücklich in die Tabelle einzutragen (Abs 2), steht der Feststellung jedoch außer im Falle der Eigenverwaltung (§ 283 Abs 1) nicht entgegen.[3] Der Schu kann sich gegen eine Forderungsanmeldung nicht mit einer negativen Feststellungsklage wenden,[4] sondern nur im Prüfungstermin Widerspruch erheben (zu § 184 Abs 2 vgl § 184 Rn 5).

3 **2. Feststellung der Forderung.** Der unterbliebene Widerspruch im Prüfungstermin führt noch nicht zur Feststellung der Forderung, sondern erst die Eintragung in die InsTabelle.[5]

4 Die Feststellung ist auf Schuldurkunden, auch Titeln, zu vermerken (Abs 2 S 3), allerdings nicht zwingend bereits im Anschluss an den Prüfungstermin. Die Anbringung des Vermerks ist auch bei der späteren Erteilung des vollstreckbaren Tabellenauszugs noch möglich. Der Titel, bei Urteilen, Kostenfestsetzungsbeschlüssen etc die vollstreckbare Ausfertigung, muss bei der Forderungsanmeldung oder der Feststellung nämlich nicht im Original vorliegen (vgl § 174 Rn 19).

5 **3. Bestreiten der Forderung.** Ein **vorl Bestreiten** ist ein Bestreiten iSv Abs 1 S 1.[6] Der Gl kann auch in diesem Falle Feststellungsklage erheben. Klärt der Gl vor der Klageerhebung nicht, ob der InsVerw endgültig bestreitet, und erkennt der InsVerw im Termin sofort an, gab er zur Klageerhebung keinen Anlass (§ 93 ZPO), so dass der Gl die VerfKosten zu tragen hat (vgl § 179 Rn 5).[7]

6 Auch wenn erkennbar auf die angemeldete Forderung keine Quote entfällt, kann der InsVerw die angemeldete Forderung bestreiten.[8]

II. Wirkung der Eintragung

7 Die **Eintragung** in die Tabelle (Abs 3) wirkt hinsichtlich des festgestellten Anspruchs nicht nur gegenüber den InsGl, sondern auch gegenüber dem InsVerw wie ein **rechtskräftiges Urt**.[9] Die Rücknahme einer festgestellten Forderung ist nicht möglich.[10] Ein Widerspruch ist gegenüber dem InsGer und nicht gegenüber dem Anmelder zurückzunehmen.[11] Die Rück-

---

1 *Uhlenbruck/Sinz* § 178 Rn 2.
2 MK/*Schumacher* § 178 Rn 47.
3 *BGH* NZI 2014, 507 (Rn 17). Zur Widerspruchsbefugnis in der Nachlassinsolvenz durch den Testamentsvollstrecker *OLG Frankfurt* ZInsO 2014, 1761; durch Miterben *BGH* ZIP 2014, 134 (Rn 18).
4 *OLG Hamm* ZIP 2003, 2311.
5 *Uhlenbruck/Sinz* § 178 Rn 27.
6 MK/*Schumacher* § 178 Rn 37; *BGH* NJW-RR 2006, 773.
7 *BGH* NJW-RR 2006, 773; *Uhlenbruck/Sinz* § 178 Rn 20.
8 *BFH* ZIP 2005, 954.
9 *BGH* ZInsO 2012, 196 (Rn 6). Zur Bindung des GmbH-Geschäftsführers *FG München* 10.3.2016 – 14 K 2710/13.
10 *Willmer/Berner* NZI 2015, 877; *Willmer* NZI 2016, 170; *Schmerbach* ZInsO 2016, 375; **aA** *AG Köln* 8.1.2016 – 71 IN 20/13.
11 *AG Bremen* NZI 2005, 399; **aA** *Uhlenbruck/Sinz* § 178 Rn 23.

nahme des Widerspruchs ist in der Tabelle zu vermerken. Unter den Voraussetzungen des § 201 Abs 2 hat die Eintragung Rechtskraftwirkung **zu Lasten des Schuldners**.[12] Wurde eine Teilforderung zur Tabelle angemeldet, erstreckt sich die Rechtskraftwirkung nur darauf, dass die Forderung in festgestellter Höhe besteht. Eine negative Feststellung, dass eine weitergehende Forderung des Gl[13] oder Gegenansprüche des Schu[14] nicht bestehen, enthält Abs 3 nicht.

Die Rechtskraftwirkung der Eintragung erstreckt sich gem § 129 HGB (analog) grds auch auf die gem § 128 HGB (analog) haftenden Personengesellschafter der Schu bzw deren aus Durchgriffshaftung in Anspruch genommene GmbH-Gesellschafter, es sei denn, diese hatten keine Gelegenheit zum Widerspruch.[15] 8

Der InsVerw kann die anerkannte InsFord nur mit den Mitteln des § 767 ZPO bekämpfen. Er ist nach § 767 Abs 2 ZPO mit allen Einwendungen ausgeschlossen, welche er im Prüfungstermin hätte vorbringen können.[16] Offen bleibt, ob und wie die Feststellungswirkungen (Abs 2) iF der **irrtümlichen Feststellung** einer Forderung beseitigt werden können. Zw bleibt, ob ein solches Anerkenntnis gegen § 80 Abs 1 verstößt und somit die InsMasse wegen Überschreitens der Verwaltungs- und Verfügungsbefugnis nicht bindet.[17] Hat der InsVerw eine Steuerforderung nicht bestritten, die auf einer Schätzung beruhte, so hat das FinA gem § 130 AO nach pflichtgemäßem Ermessen über eine Rücknahme der fehlerhaft angemeldeten Forderung zu entscheiden.[18] Haftet neben dem Schu noch ein Dritter als GesamtSchu für Steuerverbindlichkeiten, denen der InsVerw nicht widersprochen hat, wirkt der Feststellungsvermerk in der Tabelle zwar wie ein rechtskräftiges Urteil, aber nur gegenüber dem InsVerw und den InsGl, nicht dagegen gegenüber dem Dritten. Wird zB der Ehegatte des Schu mit diesem zusammen zur ESt veranlagt und wurde die ESt-Verbindlichkeit in der Tabelle festgestellt, ist der Ehegatte nicht gehindert, gegenüber dem FinA eine Reduzierung der Steuerschuld geltend zu machen.[19] 9

Die Tabelleneintragung nach Abs 3 erfasst auch den Rechtsgrund des **Vorsatzdelikts**. Ein Widerspruch des Schu kann sich auch isoliert auf die Privilegierung als Vorsatztat beschränken (vgl auch § 184 Rn 5).[20] 10

Die Gl und/oder der InsVerw sind zum Widerspruch des Rechtsgrunds der vorsätzlich begangenen unerlaubten Handlung (§ 174 Abs 2) nicht befugt,[21] da der Widerspruch nur bezüglich Betrag und Rang möglich ist (Abs 2 S 1). 11

III. Berichtigung der Eintragung

Ist der **Tabelleneintrag unrichtig**, liegt also eine Abweichung zwischen Willensbildung und Willenserklärung vor,[22] kann er nach § 4 iVm § 164 Abs 1 ZPO analog von Amts wegen oder 12

12 *BGH* ZIP 2014, 134 (Rn 18, 23); *Uhlenbruck/Sinz* § 178 Rn 32.
13 *BGH* ZInsO 2012, 488.
14 *BGH* ZInsO 2013, 196.
15 Vgl zum Personengesellschafter *BGH* NJW 1961, 1066; zum GmbH-Gesellschafter bei Ansprüchen aus Durchgriffshaftung *BGH* NZI 2006, 365; zum GmbH-Geschäftsführerhaftung nach § 69 AO *BFH* 16.5.2017 – VII R 25/16; *BFH* 27.9.2017 – XI R 9/16.
16 *BGH* ZIP 1991, 456, 457. Zur Aufrechnung: *BGH* ZIP 2014, 1181 Rn 16.
17 *BGH* WM 1968, 242, 246 ff.
18 *BFH* ZInsO 2013, 880, 881.
19 *FG München* 16.12.2013 – 5 V 2000/13.
20 *BGH* NZI 2007, 416.
21 *BGH* NZI 2008, 186; *OLG Düsseldorf* ZInsO 2013, 1488; *LG Trier* NZI 2006, 243.
22 *AG Köln* NZI 2005, 171.

auf Antrag berichtigt werden.[23] Wird irrtümlich eine Masseforderung angemeldet und anerkannt, so entfaltet dieses keinerlei Wirkung.[24] Die Forderung wird nicht zur InsFord nach §§ 38, 39.[25] Dies gilt auch, wenn die unrichtige Tabelleneintragung aufgrund eines rechtskräftigen FeststellungsUrt nach § 183 Abs 2 erfolgte. Das FeststellungsUrt hat für einen Rechtsstreit über die Berechtigung der Masseforderung keine Rechtskraftwirkung.[26] Der Feststellungsvermerk ist gegenstandslos und ist von Amts wegen zu berichtigen. Gegen die Ablehnung der Berichtigung oder deren Vornahme ist lediglich die Erinnerung statthaft (§ 11 Abs 2 S 1 RPflG).[27]

23 *BGH* 24.11.2016 – IX ZB 4/15 (Rn 8).
24 *BGH* ZIP 1991, 456; *BGH* NJW 2006, 3068, 3069.
25 *BAG* ZIP 1989, 1205; *BGH* NJW 2006, 3068.
26 *BGH* NJW 2006, 3068, 3069, 3071.
27 *BGH* 24.11.2016 – IX ZB 4/15 (Rn 10).

§ 179 Streitige Forderungen

(1) Ist eine Forderung vom Insolvenzverwalter oder von einem Insolvenzgläubiger bestritten worden, so bleibt es dem Gläubiger überlassen, die Feststellung gegen den Bestreitenden zu betreiben.

(2) Liegt für eine solche Forderung ein vollstreckbarer Schuldtitel oder ein Endurteil vor, so obliegt es dem Bestreitenden, den Widerspruch zu verfolgen.

(3) [1]Das Insolvenzgericht erteilt dem Gläubiger, dessen Forderung bestritten worden ist, einen beglaubigten Auszug aus der Tabelle. [2]Im Falle des Absatzes 2 erhält auch der Bestreitende einen solchen Auszug. [3]Die Gläubiger, deren Forderungen festgestellt worden sind, werden nicht benachrichtigt; hierauf sollen die Gläubiger vor dem Prüfungstermin hingewiesen werden.

Übersicht

I. Normzweck

1 Die Norm regelt die Durchsetzung von im PrüfungsVerf bestr Forderungen. Deren Teilnahmeberechtigung im insolvenzrechtlichen VerteilungsVerf ist im Klageweg vor den ordentlichen Gerichten oder den für die Forderungsstreitigkeiten zuständigen Fachgerichten (§ 185), also außerhalb des InsVerf, zu klären. § 179 regelt, wer die gerichtliche Feststellung bestr Forderungen zu betreiben hat.[1]

II. Feststellungsprozess

2 **1. Benachrichtigung des anmeldenden Gläubigers.** Dem InsGl mit einer ganz oder tw bestr Forderung ist durch das InsGer ein beglaubigter Auszug aus der Tabelle zu erteilen (Abs 3 S 1). Hieraus folgt, dass nach dem Prüfungstermin die **Tabelle** beim **InsGer** verbleibt und nicht an den InsVerw zurückgegeben wird.

1 MK/*Schumacher* § 179 Rn 1.

Übersendet das Gericht keinen Tabellenauszug, kann der InsGl von dem Anerkenntnis seiner angemeldeten Forderung ausgehen (Abs 3 S 3 HS 1). Den Hinweis nach Abs 3 S 3 HS 2 sollte das InsGer bereits mit der Aufforderung zur Anmeldung (§ 28 Abs 1 S 1) verbinden. 3

2. Zulässigkeit der Feststellungsklage. Die Feststellungsklage (§ 256 ZPO) ist nur bezüglich einer angemeldeten,[2] geprüften[3] und bestr Forderung[4] zulässig. War die Forderungsanmeldung unwirksam, sind während des InsVerf sowohl eine Klage gegen den Schu mangels Rechtsschutzbedürfnisses (§ 87) als auch gegen die Masse wegen fehlender Anmeldung der Forderung unzulässig (§ 181 Rn 4).[5] Der Anspruchsgrund der Forderungsanmeldung und des Feststellungsprozesses müssen identisch sein.[6] Wird im Feststellungsprozess eine Klageänderung vorgenommen und ist der geänderte Anspruchsgrund nicht zur Tabelle angemeldet und geprüft gewesen, ist die Klage nunmehr unzulässig.[7] Die Forderung muss neu zur Tabelle angemeldet und geprüft werden. 4

Str gebliebene Forderungen sind im **kontradiktorischen Prozess** zu klären. Unerheblich ist, ob der Widerspruch auf materiell-rechtliche oder insolvenzrechtliche Einwendungen gestützt ist.[8] Ist der Zivilrechtsweg nicht gegeben, ist das ProzessVerf bei dem sachlich zuständigen Gericht zu führen (§ 185).[9] Auch eine vorl bestr Forderung ist iSv Abs 1 bestr, so dass die Feststellungsklage zulässig ist.[10] Ist die Forderung durch den InsVerw vorl bestr, muss sich der Gl vor der Prozessaufnahme vergewissern, ob der InsVerw seinen Widerspruch aufrecht erhält, etwa durch Setzen einer angemessenen Frist zur abschließenden Entsch.[11] Erhebt der Gl ohne Rückfrage beim InsVerw Feststellungsklage oder nimmt er den unterbrochenen Rechtsstreit auf, hat der InsVerw keinen Anlass zur Klageerhebung gegeben, so dass beim sofortigen Anerkenntnis der Gl die Kosten gem §§ 93, 91a ZPO trägt (vgl § 178 Rn 5).[12] Gleiches gilt, wenn der Gl im Feststellungsprozess erstmals prüffähige Unterlagen vorlegt (vgl § 174 Rn 20). 5

Durch die InsEröffnung gem § 240 ZPO unterbrochene Rechtsstreite sind aufzunehmen (§ 180 Abs 2). Der Klageantrag ist anzupassen und auf Feststellung der Forderung zur Tabelle zu richten (vgl § 180 Abs 2). 6

Das Gericht hat die Sachurteilsvoraussetzungen von Amts wegen zu prüfen.[13] Die Darlegungs- und Beweislast liegt beim Kl.[14] 7

3. Beteiligte im Feststellungsprozess. Parteien des Feststellungsprozesses sind der InsGl und der Widersprechende. Bei Aufnahme eines unterbrochenen Rechtsstreits tritt der Widersprechende anstelle des Schu in den Rechtsstreit ein; die bisherigen Prozessergebnisse 8

---

2 *BGH* ZIP 2001, 2099, 2100.
3 *BGH* ZInsO 2009, 381, 382; ZInsO 2013, 602, 605 (Rn 21, 28).
4 *BAG* ZIP 2004, 1867.
5 *BGH* ZInsO 2013, 602, 605 (Rn 21, 28).
6 *BGH* ZIP 2003, 2379, 2382.
7 *BGH* ZInsO 2009, 381, 382; *BGH* ZIP 2003, 2379.
8 *BGH* 26.1.2017 – IX ZR 315/14 (Rn 13).
9 Zur Geltung eines Schiedvertrags § 180 Rn 2.
10 *BGH* NJW-RR 2006, 773; *LAG Nds* NZA-RR 2004, 317; *LG Berlin* ZVI 2007, 383; *BGH* NJW-RR 2007, 1693, 1694.
11 *BGH* NJW-RR 2006, 773; *OLG Karlsruhe* ZIP 1989, 791.
12 *BGH* NJW-RR 2006, 773; *LG Bonn* ZIP 2000, 1310; *BGH* NJW-RR 2007, 397.
13 *BAGE* 50, 221, 224.
14 *BGH* ZIP 2000, 705, 706.

bleiben bestehen.[15] War bei Verfahrenseröffnung ein Rechtsstreit mit mehreren Beteiligten anhängig, muss der Rechtsstreit gegenüber allen Bestreitenden aufgenommen werden.[16] Der Schu kann auch bei seinem Widerspruch nicht Partei eines Feststellungsprozesses nach §§ 179 ff sein.[17] Er kann jedoch dem Rechtsstreit als Nebenintervenient beitreten.[18] Der Schu kann vom Gl gesondert nach § 184 auf Feststellung verklagt werden.

9 **4. Titulierte Forderungen.** Ist die bestr Forderung tituliert (Abs 2), ist der Widerspruch durch den Bestreitenden zu verfolgen. Der Antrag lautet, den Widerspruch für begründet zu erklären.[19] Der Widerspruch wird mit den Mitteln, die gegen den titulierten Anspruch in Betracht kommen, verfolgt.[20] Voraussetzung für den Übergang der Betreibenslast ist, dass der Titel spätestens im Prüfungstermin im Original vorliegt, da der Ausnahmetatbestand des § 179 Abs 2 andernfalls zu Lasten des Bestreitenden greifen würde, ohne dass seine Voraussetzungen geprüft werden konnten (§ 174 Rn 19).[21]

---

15 *BGH* ZInsO 2013, 251, 252 (Rn 11 f). Zur Aufnahme in der Revisionsinstanz *BGH* ZIP 2015, 1500 (Rn 14).
16 *BGH* ZInsO 2013, 950 (Rn 9); krit MK/*Schumacher* § 179 Rn 18.
17 *BGH* ZInsO 2009, 432, 433.
18 *Uhlenbruck/Sinz* § 179 Rn 16.
19 *BGH* ZIP 1994, 1193.
20 *Uhlenbruck/Sinz* § 179 Rn 33.
21 *RG* 19.5.1914 – III 84/14.

§ 180 Zuständigkeit für die Feststellung

(1) [1]Auf die Feststellung ist im ordentlichen Verfahren Klage zu erheben. [2]Für die Klage ist das Amtsgericht ausschließlich zuständig, bei dem das Insolvenzverfahren anhängig ist oder anhängig war. [3]Gehört der Streitgegenstand nicht zur Zuständigkeit der Amtsgerichte, so ist das Landgericht ausschließlich zuständig, zu dessen Bezirk das Insolvenzgericht gehört.

(2) War zur Zeit der Eröffnung des Insolvenzverfahrens ein Rechtsstreit über die Forderung anhängig, so ist die Feststellung durch Aufnahme des Rechtsstreits zu betreiben.

Übersicht

I. Zuständigkeit im Feststellungsprozess

1 Die Feststellung bestr Forderungen geschieht im Klageverfahren außerhalb des InsVerf. Die Norm konzentriert grds die örtliche und sachliche Zuständigkeit als ausschließliche Zuständigkeit auf das Amts- und Landgericht am Sitz des InsGer.

II. Verfahrensfragen

2 Das ordentliche Verf ist das ProzessVerf, so dass **bes VerfArten** wie Urkunden-, Wechsel- und Scheckprozesse **nicht ausgeschlossen** sind.[1] Handelt es sich um eine Handelssache iSv

---

1 *Uhlenbruck/Sinz* § 180 Rn 11; MK/*Schumacher* § 180 Rn 7. Abl *K Schmidt/Jungmann* § 180 Rn 2; HambKomm/*Herchen* § 180 Rn 10.

§ 95 GVG, ist die Kammer für Handelssachen funktional zuständig.[2] Ein vereinbartes SchiedsGer in einem **Schiedsvertrag** ist für den InsVerw bindend.[3] InsGl sind an die Schiedsabrede nur gebunden, wenn sie Partei des Schiedsvertrags waren.[4] Haben mehrere der Forderung widersprochen, kann die Forderung nur festgestellt werden, wenn sämtliche Widersprüche überwunden werden.[5] Divergierende Zuständigkeiten aufgrund unterschiedlicher Streitwerte oder der Geltung von Schiedsverträgen sind möglich und zulässig.[6]

Der ausschließliche Gerichtsstand des Abs 1 S 2 ist für eine Klage auf Aussonderung nicht anwendbar.[7] **Gerichtsstandsvereinbarungen** und rügeloses Verhandeln entfalten keine Wirkung.[8] 3

Ein landesrechtlich vorgeschriebenes **außergerichtliches SchlichtungsVerf** ist nicht durchzuführen, da das Schlichtungsverfahren nicht die InsGläubigerschaft mit den ihr innewohnenden Beteiligungsrechten herbeiführen kann.[9]

III. Aufnahme unterbrochener Rechtsstreite

Die **Aufnahme** des **Rechtsstreits** (Abs 2) ist zwingend, wenn zum Zeitpunkt der InsEröffnung ein Rechtsstreit anhängig war[10], der Klageanspruch zur Tabelle angemeldet und die Forderung im Prüfungstermin bestritten wurde.[11] Der Rechtsstreit kann auch aufgenommen werden, wenn nur insolvenzrechtliche Einwendungen erhoben wurden.[12] Haben mehrere Gl und/oder der InsVerw der Forderung widersprochen, muss der Rechtsstreit aus Gründen der Prozessökonomie gegenüber allen Widersprechenden aufgenommen werden.[13] Die Aufnahme kann auch in der Revisionsinstanz oder im Verfahren der Nichtzulassungsbeschwerde erfolgen.[14] Zwischen der angemeldeten und geprüften Forderung muss Identität bestehen.[15] Die Aufnahme eines unterbrochenen KostenfestsetzungsVerf ist zulässig.[16] 4

Der InsVerw kann den Anspruch auch nach Aufnahme des Rechtsstreits durch den Gl anerkennen. War allerdings dem Schu im Zeitpunkt der InsEröffnung ein sofortiges Anerkenntnis bereits versagt, kann auch der InsVerw durch ein sofortiges Anerkenntnis der Kostentragungspflicht nicht mehr entgehen.[17] Die Kosten sind dem InsVerw für die laufende Instanz als Masseverbindlichkeiten aufzuerlegen (§ 182 Rn 4).[18] 5

---

2 *Uhlenbruck/Sinz* § 180 Rn 9; MK/*Schumacher* § 180 Rn 14.
3 *BGHZ* 24, 18; *BGH* ZInsO 2004, 88; *K Schmidt/Jungmann* § 180 Rn 4; *Ehricke* ZIP 2006, 1847; *Longrée/Gantenbrink* SchiedsVZ 2014, 21, 23. **AA** HambKomm/*Herchen* § 180 Rn 12.
4 *Longrée/Gantenbrink* SchiedsVZ 2014, 21, 23; *Uhlenbruck/Sinz* § 180 Rn 16; **aA** MK/*Schumacher* § 180 Rn 11.
5 *BGH* ZInsO 2013, 950 (Rn 10 ff); *Uhlenbruck/Sinz* § 180 Rn 17.
6 *Longrée/Gantenbrink* SchiedsVZ 2014, 21, 23; *Uhlenbruck/Sinz* § 180 Rn 17.
7 *BayObLG* ZIP 2003, 541.
8 *Uhlenbruck/Sinz* § 180 Rn 3; *Jaeger/Gerhardt* § 180 Rn 38.
9 *BGH* ZInsO 2011, 1551 (Rn 12); **aA** *AG Wuppertal* ZInsO 2002, 91.
10 *BGH* 26.1.2017 – IX ZR 315/14 (Rn 8); MK/*Schumacher* § 180 Rn 15: Entspricht der Rechtshängigkeit gem § 261 Abs 1, § 253 Abs 1 ZPO. Zu Zweifelsfällen *Stangl* NZI 2016, 429.
11 *BGH* ZIP 2014, 1503 (Rn 9).
12 *BGH* 26.1.2017 – IX ZR 315/14 (Rn 16 ff).
13 *BGH* ZInsO 2013, 1102 (Rn 9); ZInsO 2013, 950 (Rn 10); ZInsO 2013, 251 (Rn 24).
14 *BGH* 28.6.2016 – II ZR 364/13 (Rn 4); *BGH* ZIP 2015, 1500 (Rn 14); ZIP 2014, 2092 (Rn 14); ZInsO 2013, 1102 (Rn 8); ZInsO 2013, 251 (Rn 8).
15 *BGH* WM 2001, 2180.
16 *OLG München* ZIP 2003, 2318; *OLG Brandenburg* ZInsO 2007, 105; **aA** HambKomm/*Herchen* § 180 Rn 13. Offen gelassen in *BGH* NZI 2006, 128.
17 *BGH* 28.6.2016, II ZR 364/13 (Rn 7); *BGH* NJW-RR 2007, 397.
18 BGH 28.6.2016 – II ZR 364/13 (Rn 10).

6 Nach Aufnahme des Verf bleibt der Rechtsstreit beim bisherigen Ger anhängig; Abs 1 ist nicht einschlägig. Soweit die Parteien an eine Schiedsabrede gebunden sind (Rn 2), ist das Verf vor dem SchiedsGer aufzunehmen.[19] Ein Verf auf Vollstreckbarerklärung eines Schiedsspruchs kann nicht mit dem Ziel der Forderungsfeststellung aufgenommen werden, da in dem Verf nach §§ 1060 Abs 2, 1059 Abs 2 ZPO nur das Vorliegen von Aufhebungsgründen, nicht aber Bestand und Rang einer InsFord geprüft werden können.[20]

7 Der Antrag ist nach Prozessaufnahme der prozessualen Situation anzupassen und auf Feststellung umzustellen.[21] Es handelt sich um keine Klageänderung iSv § 263 ZPO.[22] Eine Teilaufnahme ist nur zulässig, wenn die Gefahr einander widersprechender Entscheidungen ausgeschlossen ist.[23]

8 Besonderheiten bestehen im **Steuerstreitverfahren**. Wenn Besteuerungsgrundlagen gesondert festgestellt werden (Grundlagenbescheid), auf deren Grundlage gesondert Steuern festgesetzt werden (Folgebescheid), kann ein Passivprozess gem § 180 Abs 2 (zB Klage des Schu gegen die Feststellung der Besteuerungsgrundlagen) auch vom Finanzamt aufgenommen werden mit der Maßgabe, dass das für den Grundlagenbescheid zuständige Finanzamt beteiligt bleibt.[24] In dem aufgenommenen Rechtsstreit ist der InsVerw auch ohne Prozesserklärung kraft Amtes beteiligt und tritt im Bestreitensfall in die Rolle des klagenden Schu ein. Etwaige Fristen hat er zu beachten. War durch die InsEröffnung ein Beschwerdeverfahren wegen der Nichtzulassung der Revision unterbrochen worden und bleibt die Beschwerde nach der Aufnahme des Verfahrens durch das Finanzamt erfolglos, dann kann der BFH als Beschwerdegericht feststellen, dass ein InsGlRecht des Finanzamts besteht bzw dass der Grundlagenbescheid in der Fassung des FG-Urteils rechtmäßig ist. Ist die Beschwerde dagegen erfolgreich, setzt sich das Beschwerdeverfahren im Revisionsverfahren fort (§ 116 Abs 7 FGO), so dass eine Feststellung über die Steuerforderung oder die Besteuerungsgrundlagen erst im Revisionsverfahren getroffen werden kann.[25]

§ 181 Umfang der Feststellung

Die Feststellung kann nach Grund, Betrag und Rang der Forderung nur in der Weise begehrt werden, wie die Forderung in der Anmeldung oder im Prüfungstermin bezeichnet worden ist.

Übersicht

I. Erheben der Feststellungsklage

1 Die **Feststellungsklage** ist auch dann **zulässig**, wenn der Rang, zB als InsFord anstelle einer nachrangigen InsFord, bestritten wird. Die Privilegierung der Forderungen aus **Vorsatztat** (§ 302 Nr 1) gestattet einen isolierten Feststellungsprozess über den Rechtsgrund des Vorsatzdelikts.

---

19 *Longrée/Gantenbrink* SchiedsVZ 2014, 21, 22; *Flecke-Giammarco/Keller* NZI 2012, 529, 532.
20 *BGH* 26.4.2017 – I ZB 119/15 (Rn 19); vgl auch *Stangl* NZI 2016, 429, 430.
21 *BGH* ZIP 2014, 2092 (Rn 15); *BGH* ZIP 1994, 1193.
22 *BGH* ZInsO 2013, 251 (Rn 22); *BGH* NJW 1962, 153; *Uhlenbruck/Sinz* § 180 Rn 29.
23 *BGH* ZInsO 2013, 1102 (Rn 12 ff).
24 *BFH* 18.8.2015 – V R 39/14 (Rn 17).
25 *BFH* 5.11.2013 – IV B 108/13.

Es handelt sich um eine Feststellungsklage iSv § 256 ZPO, welche sich von der zivilprozessualen Feststellungsklage nur durch das insolvenzspezifische Feststellungsinteresse unterscheidet. Streitgegenstand ist nur die in der Anmeldung zur Tabelle nach Grund, Höhe und Rang bestimmte Forderung.[1] 2

II. Feststellungsinteresse

Das **insolvenzspezifische Feststellungsinteresse** setzt die ordnungsgemäße Anmeldung und Prüfung der Forderung voraus. Im Feststellungsprozess kann nichts anderes begehrt und zugesprochen werden als Gegenstand der Anmeldung und Prüfung war.[2] Der Anspruchsgrund ist bei der Anmeldung zur InsTabelle anzugeben (§ 174 Abs 2), da hierdurch der Umfang der Rechtskraft des FeststellungsUrt bestimmt wird. **Prozessvoraussetzung**[3] ist die Forderungsprüfung und der Widerspruch durch den InsVerw und/oder InsGl im Prüfungstermin, weshalb im Feststellungsprozess durch den InsGl der beglaubigte **Tabellenauszug** (§ 179 Abs 3 S 1), aus dem sich Grund und Höhe der Forderung (§§ 174 Abs 2, 175 S 1) ergibt, vorzulegen ist. War die Forderung nicht angemeldet, geprüft und bestr, ist die dennoch erhobene Feststellungsklage unzulässig (§ 179 Rn 4).[4] 3

Eine **Änderung** des **Anspruchsgrunds** ist nicht möglich, jedoch eine Beschränkung des Betrags.[5] Eine auf einen anderen Anspruchsgrund gestützte Feststellungsklage ist unzulässig.[6] Der Mangel kann nicht durch Verzicht auf eine Rüge in der mündlichen Verhandlung (§ 295 ZPO) geheilt werden.[7] Es muss eine neuerliche Forderungsanmeldung und Forderungsprüfung erfolgen. 4

§ 182 Streitwert

Der Wert des Streitgegenstands einer Klage auf Feststellung einer Forderung, deren Bestand vom Insolvenzverwalter oder von einem Insolvenzgläubiger bestritten worden ist, bestimmt sich nach dem Betrag, der bei der Verteilung der Insolvenzmasse für die Forderung zu erwarten ist.

Übersicht

1 *BGH* ZIP 2013, 680 (Rn 32); *OLG Karlsruhe* ZInsO 2012, 1229, 1230; *Uhlenbruck/Sinz* § 181 Rn 3.
2 *BGH* 12.11.2015 – IX ZR 313/14; *KG* 19.10.2015 – 20 U 203/13; *BGH* ZIP 2013, 680 (Rn 32); *Uhlenbruck/Sinz* § 181 Rn 3.
3 *BGH* NZI 2002, 37; *BGH* NJW-RR 2007, 1693, 1694.
4 *BGH* ZIP 2013, 680 (Rn 21); *BGH* ZInsO 2009, 142.
5 *LAG Nds* NZA-RR 2004, 317; *Uhlenbruck/Sinz* § 181 Rn 11; MK/*Schumacher* § 181 Rn 10.
6 *BGH* ZIP 2001, 2099; *BGH* NJW-RR 2007, 1693, 1694; *Jaeger/Gerhardt* § 181 Rn 5 ff.
7 MK/*Schumacher* § 181 Rn 3.

I. Streitwertbemessung

1 Maßgebend ist für den Zuständigkeits-, Rechtsmittel- und Gebührenstreitwert ausschließlich der Prozentsatz der für den InsGl **zu erwartenden Quote**.[1] Diese Quote ist zum Zeitpunkt der Klageerhebung unter Hinzurechnung der bestr Forderungen zu den übrigen anerkannten oder im Feststellungsstreit befindlichen InsFord im Verhältnis zur InsMasse zu ermitteln. War vor InsEröff bereits ein Rechtsstreit anhängig, richtet sich die Streitwertbemessung ab der Aufnahme nach § 182, während es für den Zeitraum vor der Aufnahme bei der Berechnung nach § 40 GKG bleibt.[2] Für die Bestimmung des Streitwertes hat das Instanzgericht sämtliche Erkenntnismöglichkeiten auszuschöpfen. Insb sind die Akten des InsVerf durch das Gericht beizuziehen und auszuwerten. Bietet der Akteninhalt keine verlässliche **Schätzungsgrundlage**, ist eine Auskunft beim InsVerw einzuholen.[3] Erforderlichenfalls ist die Quote und damit der Streitwert nach § 287 ZPO zu schätzen;[4] ein darüber hinausgehendes **Ermessen** (§ 3 ZPO) hat das Gericht nicht.[5] Gegen den Beschl der Streitwertfestsetzung findet nach § 68 Abs 1 S 1 GKG die einfache Beschw statt.[6]

2 Der Streitwert einer Feststellungsklage richtet sich bei einem auf den deliktischen Schuldgrund beschränktem Widerspruch des Schu nach den Vollstreckungsmöglichkeiten nach Abschluss des InsVerf[7] und ist daher in der Regel auf ein Fünftel[8] bis ein Viertel[9] des Nennwerts der festgestellten Forderung festzusetzen.[10]

II. Berechnung der Quote

3 § 182 findet sowohl auf Neuklagen gem § 180 Abs 1 als auch auf Prozessaufnahmen nach § 180 Abs 2 Anwendung. **Maßgebend** für die Höhe der Insolvenzmasse ist iF der Aufnahme der **Zeitpunkt der Aufnahme**;[11] für die Beschwer der Nichtzulassungsbeschwerde ist maßgeblich die letzte mündliche Verhandlung vor dem Berufungsgericht.[12] Von den Gl behauptete Forderungen der InsM, die der InsVerw nicht beizutreiben bereit ist, erhöhen die Masse nicht.[13] Die während des Rechtsstreits eintretenden Veränderungen bleiben unberücksichtigt.[14] Durch eine Veränderung des Streitwerts ändert sich die ursprüngliche funktionale Zuständigkeit nicht.[15]

4 Trotz der Möglichkeit gestufter Streitwerte, ist nach neuer Rechtsprechung des BGH eine einheitliche Kostenentscheidung zu treffen, wonach dem InsVerw bei Unterliegen die Kosten der laufenden Instanz als Masseverbindlichkeit auferlegt werden sollen.[16] Kosten der

1 *BAG* 7.12.2016 – 4 AZR 414/14; *BGH* 12.5.2016 – IX ZA 32/15; *LAG Nürnberg* BeckRS 2013, 66727.
2 *LAG Baden-Württemberg* NZI 2012, 420; *LAG Nürnberg* BeckRS 2013, 66727.
3 *BGH* NZI 2007, 175; *BGH* ZIP 1999, 1811, 1812.
4 *FG Köln* 17.8.2016 – 10 Ko 781/16; *Uhlenbruck/Sinz* § 182 Rn 8.
5 *Uhlenbruck*/Sinz § 182 Rn 1.
6 *KG* ZInsO 2009, 1925.
7 *BGH* ZInsO 2009, 398.
8 *LG Hanau* ZInsO 2011, 292; *LG Kempten* ZInsO 2006, 888.
9 *OLG Celle* ZIP 2007, 42.
10 *OLG Koblenz* ZInsO 2015, 475 mwN.
11 *BGH* ZIP 1993, 50, 51; *BFH* DStRE 2007, 251; *OVG Greifswald* NVwZ-RR 2004, 798.
12 *BGH* NZI 2014, 357 (Rn 9).
13 *BGH* NZI 2014, 357 (Rn 4); *BGH* NZI 2007, 175.
14 *Uhlenbruck/Sinz* § 182 Rn 15.
15 *OLG Rostock* ZIP 2003, 1411, 1412.
16 *BGH* 28.6.2016 – II ZR 364/13 (Rn 10); *BGH* NZI 2008, 565 Rn 29; *Froehner* NZI 2016, 830.

Vorinstanzen sind dagegen nur InsFord, wenn die Aufnahme erst in der 2. Instanz geschah.[17] Die Klarstellung des BGH zu den Kosten der Vorinstanzen enspricht dem Rechtsgedanken des § 105.

Auch wenn die bestr Forderung von einer späteren **Restschuldbefreiung** nicht erfasst würde (§ 302 Nr 1), bestimmt sich der Streitwert nach § 182.[18] Die **Beschw** für das Berufungsverfahren ergibt sich auch aus der zu erwartenden InsQuote.[19] 5

Ist **keine Quote** zu erwarten, ist der Streitwert idR gem § 3 ZPO in Höhe der niedrigsten Wertstufe festzusetzen.[20] Eine **Gegenforderung** der InsMasse führt zur Streitwerterhöhung, wenn sich durch Erhöhung der Teilungsmasse die Klageforderung des InsGl erhöht.[21] Es kann beim Streitwert auch berücksichtigt werden, ob und in welcher Höhe weitere Forderungen von dem Bestand der str Forderung abhängig sind.[22] Das Bestehen von Sicherheiten und Absonderungsrechten erhöht den Streitwert nicht.[23] Verhandeln InsVerw und Gl rügelos vor dem LG, ist dieses als Prozessgericht aufgrund des Schutzzwecks von § 182, Kosten zu vermeiden, gleichwohl nicht gehindert, den Streitwert auf einen Wert festzusetzen, der seine Zuständigkeit nicht begründen würde.[24] 6

Eine Streitwertüberprüfung durch den BGH erfolgt nicht; eine außerordentliche Beschw wegen „greifbarer Gesetzwidrigkeit" ist nicht gegeben.[25] 7

III. Anwendungsbereich

Nach § 182 bemisst sich der Zuständigkeits-, Rechtsmittel- und Gebührenstreitwert.[26] § 182 gilt nach § 185 S 3 auch für nicht bei den ordentlichen Gerichten anhängige Verf (§ 185 Rn 5).[27] Nach Aufhebung des InsVerf wird der Prozess aufgrund eines gesetzlichen Parteiwechsels mit dem Schu fortgesetzt; § 182 greift dann nicht mehr.[28] 8

§ 183 Wirkung der Entscheidung

(1) Eine rechtskräftige Entscheidung, durch die eine Forderung festgestellt oder ein Widerspruch für begründet erklärt wird, wirkt gegenüber dem Insolvenzverwalter und allen Insolvenzgläubigern.

(2) Der obsiegenden Partei obliegt es, beim Insolvenzgericht die Berichtigung der Tabelle zu beantragen.

(3) Haben nur einzelne Gläubiger, nicht der Verwalter, den Rechtsstreit geführt, so können diese Gläubiger die Erstattung ihrer Kosten aus der Insolvenzmasse insoweit verlangen, als der Masse durch die Entscheidung ein Vorteil erwachsen ist.

---

17 *BGH* 28.6.2016 – II ZR 364/13 (Rn 11).
18 *BGH* 12.5.2016 – IX ZA 32/15; *OLG München* ZInsO 2004, 1318; *OLG Celle* ZInsO 2005, 776; **aA** *LG Mühlhausen* ZInsO 2004, 1046; *SG Itzehoe* 10.8.2017 – S 20 KR 121/14.
19 *BGH* 22.3.2016 – IX ZB 78/15; *BGH* 14.1.2016 – IX ZB 57/15; *OLG Celle* ZInsO 2005, 776.
20 *BGH* ZIP 1993, 50, 51; ZIP 1999, 1811.
21 *BGH* ZIP 2000, 237, 238.
22 *LAG Berlin* NZA-RR 2002, 157.
23 *BGH* 12.5.2016 – IX ZA 32/15..
24 *OLG Rostock* NZI 2004, 320, 321; **aA** MK/*Schumacher* § 182 Rn 8.
25 *BGH* ZInsO 2002, 432.
26 *BGH* NZI 2014, 357 (Rn 4); *BGH* ZInsO 2007, 149.
27 *LSG NRW* BeckRS 2014, 67977.
28 *BGH* 23.4.2015 – IX ZB 76/12 (Rn 9).

Übersicht

I. Rechtskrafterstreckung

1 § 183 stellt klar, dass das **rechtskräftige Urteil** nicht nur gegen den InsGl, sondern auch gegen den InsVerw wirkt (vgl § 178 Rn 7).

2 **Missverständlich** ist der Wortlaut von Abs 1, wonach die rechtskräftige Entsch allen InsGl gegenüber wirkt. Eine **Rechtskrafterstreckung** auf andere InsGl, deren Feststellungsrechtsstreit noch nicht entschieden ist, **scheidet aus**. Haben mehrere der Forderung widersprochen, kann die Forderung nur festgestellt werden, wenn sämtliche Widersprüche überwunden werden.[1] Wird jedoch (nur) ein Widerspruch für begründet erklärt oder die positive Feststellungsklage eines anmeldenden Gl abgewiesen, schließt die Rechtskraft des Urteils die Feststellung der Ford endgültig aus.[2] Weitere Feststellungsrechtsstreite über diese Ford werden unzulässig, da das Rechtsschutzinteresse entfällt.[3]

3 Gegenüber dem Schu tritt **Rechtskraft** nach § 201 Abs 2 S 1 ein. Eine Verschlechterung der Rechtsposition des Schu erfolgt nicht; die Rechtsfolge bezieht sich nur auf Forderungen, deren Feststellung zur Tabelle der Schu nicht widersprochen hat.

II. Tabellenberichtigung

4 Die **obsiegende Partei** hat die Berichtigung der Tabelle (Abs 2) beim InsGer zu beantragen,[4] da die Tabelle beim InsGer verbleibt und die **Tabellenführung** nach dem Prüfungstermin dem **InsGer** und nicht dem InsVerw obliegt (§ 179 Abs 3).

III. Kostenerstattung

5 Die Regelung in Abs 3 gilt, wenn InsGl (§ 178 Abs 1 S 1) Widerspruch erhoben und InsGl gegen den bestreitenden InsGl Feststellungsklage erhoben haben (§ 179 Abs 1). Sind bei dem bestreitenden InsGl durch obsiegende InsGl die **Kostenerstattungsansprüche nicht realisierbar**, so sind diese Kosten dem InsGl als Kosten des InsVerf (§ 54 Nr 1) zu erstatten. Die Höhe der Kostenerstattung für den obsiegenden InsGl ist der prozentualen Höhe nach durch den Quoten-Vorteil der InsGl begrenzt.[5] Abs 3 regelt nicht, wer die Kosten eines Feststellungsprozesses zu tragen hat. Dieses ergibt sich aus §§ 91 ff ZPO.[6]

§ 184 Klage gegen einen Widerspruch des Schuldners

(1) [1]Hat der Schuldner im Prüfungstermin oder im schriftlichen Verfahren (§ 177) eine Forderung bestritten, so kann der Gläubiger Klage auf Feststellung der Forderung gegen den Schuldner erheben. [2]War zur Zeit der Eröffnung des Insolvenzverfahrens ein Rechtsstreit über die Forderung anhängig, so kann der Gläubiger diesen Rechtsstreit gegen den Schuldner aufnehmen.

---

1 *BGH* ZInsO 2013, 950 (Rn 10 ff); *Uhlenbruck/Sinz* § 183 Rn 2.
2 *Uhlenbruck/Sinz* § 183 Rn 4; MK/*Schumacher* § 183 Rn 3.
3 *Uhlenbruck/Sinz* § 183 Rn 5; HambKomm/*Herchen* § 183 Rn 2.
4 *BGH* ZInsO 2009, 142; *AG Göttingen* NZI 2011, 546, 547.
5 *Jaeger/Gerhardt* § 183 Rn 33.
6 *Uhlenbruck/Sinz* § 183 Rn 15; HambKomm/*Herchen* § 183 Rn 11.

(2) [1]Liegt für eine solche Forderung ein vollstreckbarer Schuldtitel oder ein Endurteil vor, so obliegt es dem Schuldner binnen einer Frist von einem Monat, die mit dem Prüfungstermin oder im schriftlichen Verfahren mit dem Bestreiten der Forderung beginnt, den Widerspruch zu verfolgen. [2]Nach fruchtlosem Ablauf dieser Frist gilt ein Widerspruch als nicht erhoben. [3]Das Insolvenzgericht erteilt dem Schuldner und dem Gläubiger, dessen Forderung bestritten worden ist, einen beglaubigten Auszug aus der Tabelle und weist den Schuldner auf die Folgen einer Fristversäumung hin. [4]Der Schuldner hat dem Gericht die Verfolgung des Anspruchs nachzuweisen.

Übersicht

I. Widerspruch des Schuldners

1 Bei **Widerspruch** des Schu gegen die Forderung kann dem InsGl nach Aufhebung des InsVerf ein **Auszug** aus der **Tabelle** zum Zwecke der **Zwangsvollstreckung** (§ 201 Abs 2) nicht erteilt werden.[1] Der InsGl kann bereits während des InsVerf Klage auf Feststellung der Forderung **gem § 184 Abs 1** erheben.[2] Der Schu hat im Feststellungsprozess alle Einwendungen vorzubringen, da er sonst bei einer Vollstreckung aus der Tabelle (§ 201 Abs 2 S 1) gem § 767 Abs 2 ZPO ausgeschlossen ist.[3] Ein formularmäßiges Schuldanerkenntnis, dass die Forderung auf einer vorsätzlichen unerlaubten Handlung des Schu beruht und von der Restschuldbefreiung nicht erfasst ist, bindet den Schu nicht.[4]

2 Hat der InsGl die Forderung aus vorsätzlich unerlaubter Handlung angemeldet und der Schu lediglich gegen den deliktischen Schuldgrund Widerspruch erhoben, so ist die Forderung iÜ nicht im Streit[5] und dem Gl ist die vollstreckbare Ausfertigung aus der Tabelle (§ 201 Abs 2) zu erteilen.[6] Der Gl muss keine Feststellungsklage gem § 184 erheben. Der Schu kann sich gegen die Zwangsvollstreckung durch Vollstreckungsgegenklage (§ 767 ZPO) wehren.[7]

3 Der Schu kann seinen Widerspruch gegen den angemeldeten, aber nicht titulierten Rechtsgrund der vorsätzlich begangenen unerlaubten Handlung auch bereits vor Aufhebung des InsVerf mit der negativen Feststellungsklage gegen den Gl weiter verfolgen.[8]

4 Der Streitwert einer neg Feststellungsklage des Schu bzgl einer vorsätzlichen unerlaubten Handlung bemisst sich nach den späteren Vollstreckungsaussichten des InsGl nach Erteilung der Restschuldbefreiung (vgl § 182 Rn 1).[9]

II. Titulierte Forderungen

5 **§ 184 Abs 2** enthält insb bei **Bestreiten des Schuldgrunds der vorsätzlich begangenen unerlaubten Handlung in titulierten Forderungen durch den Schu** eine für die Praxis wichtige

1 *BGH* NZI 2014, 507 (Rn 13).
2 *OLG Koblenz* ZInsO 2011, 335, 337.
3 *OLG Naumburg* NZI 2004, 630 LS.
4 *BGH* 25.6.2015 – IX ZR 199/14.
5 *BGH* NZI 2014, 507 (Rn 14); HambKomm/*Herchen* § 184 Rn 13b.
6 *BGH* NZI 2014, 507 (Rn 14); BeckRS 2013, 17289 (Rn 4); *Uhlenbruck/Wegener* § 201 Rn 20. **AA** noch *BGH* ZInsO 2006, 704 (Rn 9); ZInsO 2007, 265 (Rn 8).
7 *BGH* NZI 2014, 507 (Rn 19).
8 *BGH* ZIP 2013, 2265 (Rn 7).
9 *BGH* ZInsO 2009, 398. Zuletzt *OLG Koblenz* ZInsO 2015, 475 mwN.

Ausnahme von § 184 Abs 1.[10] In sonstigen Fällen wird ein Schu titulierte Forderungen kaum bestreiten.[11]

6 § 184 Abs 2 legt in Anlehnung an § 179 Abs 2 bei titulierten Forderungen dem Schu als Bestreitendem die **Last zur Verfolgung des Widerspruchs** auf. Ist nach den einschlägigen Vorschriften vor Klageerhebung ein **Vorverfahren** durchzuführen, so hat der Schu dieses zunächst zu betreiben bzw aufzunehmen, bevor eine Klageerhebung zulässig ist.[12] In der Feststellungsklage lautet der schuldnerische Antrag, den Widerspruch für begründet zu erklären. Verfolgt der Schu den Widerspruch nicht innerhalb einer Frist von einem Monat nach dem Prüfungstermin oder im schriftlichen Verf nach dem Bestreiten der Forderung mit dem zulässigen Rechtsmittel oder Rechtsbehelf, so gilt der Widerspruch als nicht erhoben.[13] Ferner muss der Schu dem InsGer die Verfolgung des Widerspruchs in geeigneter Weise, etwa durch Abschrift einer gerichtlichen Verfügung, nachweisen.[14] Der Gl kann sonst nach VerfAufhebung gegen den Schu gem § 201 Abs 2 S 1 die Vollstreckung aus dem Tabellenauszug betreiben.[15] Wegen dieser für den Schu erheblichen Rechtsfolgen muss das Ger diesen gem § 184 Abs 2 S 3 auf die Folgen der Fristversäumnis hinweisen.

7 § 184 Abs 2 gilt nicht, wenn nur die Forderung an sich, nicht aber die Einordnung als Forderung aus **vorsätzlicher unerlaubter Handlung** bzw die Einordnung als **vorsätzliche pflichtwidrige Unterhaltspflichtverletzung**[16] oder **Steuerstraftat gem §§ 370, 373, 374 AO** (vgl § 174 Rn 13; § 185 Rn 2) tituliert ist.[17] Dem Gl ist zuzumuten, iRd Titulierung gerade mit Blick auf § 850f Abs 2 ZPO, § 302 Nr 1 den Rechtsgrund der vorsätzlichen unerlaubten Handlung gesondert titulieren zu lassen. Ein **Rechtsschutzbedürfnis** für einen gesonderten Feststellungsantrag zur Titulierung des Deliktsgrunds besteht.[18] Eine Titulierung lediglich durch **Vollstreckungsbescheid** reicht nicht aus,[19] weil sie nicht auf einer richterlichen Schlüssigkeitsprüfung beruht. Ausreichen kann jedoch ein **rechtskräftiger Vergleich**, in dem die Parteien den Rechtsgrund unstreitig gestellt haben.[20] Dem Vergleich entspricht wertungsmäßig ein notarielles abstraktes Schuldanerkenntnis mit ausdrücklicher Bezugnahme auf Tatbestände, die eine unerlaubte Handlung betreffen.

8 Ein Rechtsschutzbedürfnis für eine Feststellungsklage des Gl[21] oder eine negative Feststellungsklage des Schu[22] besteht bereits vor Aufhebung des InsVerf,[23] um Klarheit über die Restschuldbefreiung zu schaffen. Das Rechtsschutzbedürfnis fehlt, solange ein Titel nur möglich, aber noch nicht existent ist.[24]

---

10 *Sternal* NJW 2007, 1909, 1913; *Riedel/Vogelmair* Rpfleger 2008, 339.
11 Vgl jedoch *BGH* ZInsO 2013, 1714 zum Rechtsschutzbedürfnis für die negative Feststellungsklage einer GmbH.
12 *BFH* ZInsO 2013, 1541.
13 Ausf zum Anwendungsbereich des § 184 Abs 2 *Riedel/Vogelmair* Rpfleger 2008, 339.
14 *Sternal* NJW 2007, 1909, 1913.
15 *BGH* BB 2013, 1985.
16 Zum Anspruch aus § 823 Abs 2 BGB iVm § 170 StGB *OLG Brandenburg* BeckRS 2015, 11829; *KG* ZInsO 2011, 1843.
17 *BGH* ZInsO 2012, 1614 (Rn 10).
18 *BGH* NZI 2008, 250.
19 *BGH* ZInsO 2012, 1614; *K Schmidt/Jungmann* § 184 Rn 16.
20 *BGH* ZInsO 2009, 1494; zu einem außergerichtlich Vergleich *OLG Düsseldorf* ZInsO 2013, 1488; *Stephan* NZI 2015, 860, 861.
21 *BGH* ZIP 2013, 1677 (Rn 9); ZInsO 2011, 39, 40; *OLG Koblenz* ZInsO 2015, 966.
22 *BGH* ZIP 2013, 2265 (Rn 7); NZI 2013, 801; *OLG Saarbrücken* ZInsO 2015, 469.
23 *BGH* ZInsO 2013, 2206 Rn 8.
24 *SG Itzehoe* 10.8.2017 – 12 R 16/13.

§ 185 Besondere Zuständigkeiten

[1]Ist für die Feststellung einer Forderung der Rechtsweg zum ordentlichen Gericht nicht gegeben, so ist die Feststellung bei dem zuständigen anderen Gericht zu betreiben oder von der zuständigen Verwaltungsbehörde vorzunehmen. [2]§ 180 Abs. 2 und die §§ 181, 183 und 184 gelten entsprechend. [3]Ist die Feststellung bei einem anderen Gericht zu betreiben, so gilt auch § 182 entsprechend.

Übersicht

I. Besondere Zuständigkeiten

Für die Feststellungsprozesse bleiben **Zuständigkeiten**, die außerhalb des InsVerf gegeben wären, erhalten. Ein Feststellungsstreit wegen Forderungen aus dem **Arbeitsverhältnis** ist bei den ArbG zu führen. Betrifft eine Bestandsschutzstreitigkeit lediglich einen Zeitraum vor InsEröffnung, kann der Rechtsstreit gem §§ 185 S 2, 180 Abs 2 nach Durchführung des insolvenzrechtlichen FeststellungsVerf durch den Arbeitnehmer wieder aufgenommen werden.[1] 1

Bei **Steuerforderungen** wird anstelle einer Klage durch das Finanzamt ein Feststellungsbescheid nach § 251 Abs 3 AO erlassen, welcher nach Durchführung des RechtsbehelfsVerf (§ 367 Abs 1 S 1 AO) durch den InsVerw mit Klage zum FinanzGer angegriffen werden muss.[2] Gegenstand des Feststellungsbescheids kann nur die nach § 174 angemeldete Forderung sein.[3] Ist durch die InsEröffnung ein EinspruchsVerf unterbrochen, ist dieses aufzunehmen.[4] Erhebt der Schu gegen die angemeldete Forderung des Finanzamtes für den deliktischen Schuldgrund isolierten Widerspruch, kann das Finanzamt gegen diesen durch Feststellungsbescheid öffentlich-rechtlich vorgehen.[5] Dieser wirkt wie eine rechtskräftige Entsch nach § 183.[6] 2

Die **Verwaltungsbehörde** kann bzgl einer str gebliebenen, noch nicht durch Bescheid titulierten InsFord die Feststellung wahlweise durch VA oder durch Erhebung der Feststellungsklage betreiben.[7] Wird eine bereits vor Anmeldung durch Bescheid festgesetzte Forderung bestr, ist nur für die Prüfung des zugrundeliegenden Bescheids der Verwaltungsrechtsweg,[8] für die Feststellungsklage dagegen der Rechtsweg zu den ordentlichen Gerichten eröffnet.[9] Entspr sind **Sozialversicherungsträger** nur berechtigt, Grund und Höhe der Beitragspflicht durch Verwaltungsakt festzusetzen, so dass nur insoweit der Rechtsweg zu den Sozialgerichten eröffnet ist.[10] 3

1 *BAG* NZA 2007, 765. Zu Unterhaltsansprüchen *OLG Rostock* InsbürO 2011, 193.
2 *BFH* ZInsO 2010, 859, 860; *Uhlenbruck/Sinz* § 185 Rn 7. Zur Rechtslage nach InsPlan *BFH* ZIP 2015, 141.
3 *BFH* ZInsO 2012, 228, 230.
4 *BFH* ZIP 2005, 1184.
5 *AG Hbg* NZI 2007, 123.
6 *AG Hbg* ZIP 2006, 1915.
7 *BVerwGE* 89, 270. Zur Rückforderung von Beihilfen durch Leistungsbescheid *BVerwG* ZIP 2015, 1182; *Birkemeyer/Meyer* NJW 2015, 2300.
8 *OVG Magdeburg* BeckRS 2014, 55161.
9 *OVG Thüringen* ZInsO 2010, 1144; *OVG Thüringen* ZInsO 2009, 1067.
10 *Uhlenbruck/Sinz* § 185 Rn 5. Vgl *LSG NRW* BeckRS 2014, 67977.

4 Bei der Frage, ob die Forderung durch eine vorsätzliche unerlaubte Handlung begründet wurde, ist die Rechtswegzuständigkeit dagegen anhand des zugrunde liegenden Lebenssachverhalts zu prüfen. Stützt sich die **Deliktseigenschaft** auf eine Norm des bürgerlichen Rechts, wie zB § 823 Abs 2 BGB iVm einem Schutzgesetz, ist für die Feststellung der vorsätzlichen unerlaubten Handlung der Rechtsweg zu den ordentlichen Gerichten, nicht aber zu den bes Gerichtsbarkeiten eröffnet.[11] Gleiches gilt, wenn sowohl die Deliktseigenschaft als auch die Feststellung von Grund und Höhe streitig sind.[12]

II. Streitwert

5 S 3 soll klarstellen, dass auch bei anderen als bei den ordentlichen Gerichten anhängige und durch die InsEröffnung unterbrochene Rechtsstreitigkeiten nach deren Aufnahme die Streitwertregelung des § 182 gilt.[13] Es wird keinesfalls § 182 auf das gerichtliche Verf reduziert.[14]

---

11 *BSG* NZI 2014, 872 (Rn 7); *BVerwG* ZInsO 2013, 1043, 1044; *Jaeger/Gerhardt* § 185 Rn 8; **aA** *Uhlenbruck/Sinz* § 185 Rn 1.
12 *LG Itzehoe* ZInsO 2012, 505.
13 *BFH* BB 2006, 2682.
14 *LSG NRW* BeckRS 2014, 67977.

§ 186 Wiedereinsetzung in den vorigen Stand

(1) [1]Hat der Schuldner den Prüfungstermin versäumt, so hat ihm das Insolvenzgericht auf Antrag die Wiedereinsetzung in den vorigen Stand zu gewähren. [2]§ 51 Abs. 2, § 85 Abs. 2, §§ 233 bis 236 der Zivilprozessordnung gelten entsprechend.

(2) [1]Die den Antrag auf Wiedereinsetzung betreffenden Schriftsätze sind dem Gläubiger zuzustellen, dessen Forderung nachträglich bestritten werden soll. [2]Das Bestreiten in diesen Schriftsätzen steht, wenn die Wiedereinsetzung erteilt wird, dem Bestreiten im Prüfungstermin gleich.

Übersicht

I. Anwendungsbereich

1 Wegen der für den Schu bedeutsamen Folgen des § 201 Abs 2 räumt § 186 dem Schu die Möglichkeit der Wiedereinsetzung in den vorigen Stand ein. Voraussetzung für die Wiedereinsetzung ist, dass der Schu unverschuldet den Prüfungstermin versäumt hat.[1] Im schriftlichen Verf ist § 186 analog anzuwenden, wenn der Schu unverschuldet die vom InsGer gesetzte Ausschlussfrist nicht beachtet hat.[2] Das schriftliche Verf dient der Verfahrensökonomie und soll die Rechte des Schu nicht einschränken. Ist die Belehrung durch das InsGer (§ 175 Abs 2) unterblieben, kann der Schu den Widerspruch nachholen, ohne dass es auf die Voraussetzungen einer Wiedereinsetzung in den vorigen Stand ankommt (§ 175 Rn 12).[3]

---

1 *AG Göttingen* ZInsO 2004, 516.
2 *AG Düsseldorf* ZInsO 2010, 1707; *Jaeger/Gerhardt* § 186 Rn 5.
3 *AG Düsseldorf* ZInsO 2014, 2281. AA HambKomm/*Preß/Henningsmeier* § 175 Rn 9.

InsGl kann keine Wiedereinsetzung in den vorigen Stand gewährt werden, wenn sie den Prüfungstermin oder im schriftlichen Verf Widerspruchsfrist als Ausschlussfrist versäumt haben (§ 177 Rn 9).[4] 2

II. Verfahrensfragen

Die **Wiedereinsetzungsfrist** bestimmt sich nach § 234 ZPO, also zwei Wochen nach Beheben des Hindernisses. Nach Ablauf der Ausschlussfrist des § 234 Abs 3 ZPO ist der Wiedereinsetzungsantrag unzulässig.[5] 3

In dem **Wiedereinsetzungsantrag** sind die den Antrag begründenden Tatsachen glaubhaft zu machen (§ 294 ZPO) und die Prozesshandlung, also das Bestreiten der Forderung, nachzuholen. 4

Wird die Wiedereinsetzung bewilligt, ist der **Widerspruch** (§ 178 Abs 1 S 2) wegen der Folgewirkungen (§ 201 Abs 2) **in der Tabelle einzutragen**. Gegen die Entscheidung des InsGer findet keine sofortige Beschwerde statt.[6] Hat das InsGer durch den Rechtspfleger entschieden, kann der Ablehnungsbeschluss durch den Schu bzw die Zulassung vom Gl mit der Rechtspflegererinnerung (§ 11 Abs 2 S 1 RPflG) angefochten werden.[7] 5

Die Kosten des Verf trägt der Schu mit seinem insolvenzfreien Vermögen (§ 238 Abs 4 ZPO).[8] 6

Zweiter Abschnitt
Verteilung

§ 187 Befriedigung der Insolvenzgläubiger

(1) Mit der Befriedigung der Insolvenzgläubiger kann erst nach dem allgemeinen Prüfungstermin begonnen werden.

(2) [1]Verteilungen an die Insolvenzgläubiger können stattfinden, sooft hinreichende Barmittel in der Insolvenzmasse vorhanden sind. [2]Nachrangige Insolvenzgläubiger sollen bei Abschlagsverteilungen nicht berücksichtigt werden.

(3) [1]Die Verteilungen werden vom Insolvenzverwalter vorgenommen. [2]Vor jeder Verteilung hat er die Zustimmung des Gläubigerausschusses einzuholen, wenn ein solcher bestellt ist.

Übersicht

---

4 *Braun/Specovius* § 177 Rn 15; *Uhlenbruck/Sinz* § 177 Rn 38; **aA** *K Schmidt/Jungmann* § 177 Rn 5, allerdings mit Beschränkung der Wiedereinsetzung allein auf den Schu in § 186 Rn 1.
5 *BGH* 21.1.2016 – IX ZA 24/15.
6 *BGH* NZI 2014, 724; ZIP 2011, 1170; *K Schmidt/Jungmann* § 186 Rn 5.
7 *BGH* NZI 2014, 724; ZIP 2011, 1170; *K Schmidt/Jungmann* § 186 Rn 5.
8 *Jaeger/Gerhardt* § 186 Rn 16.

I. Verteilungsarten

1 Es ist zwischen **Abschlagsverteilung** (§ 187 Abs 2 S 1), **Schlussverteilung** (§ 196 Abs 1) und **Nachtragsverteilung** (§ 203) zu unterscheiden. Hierbei werden nur die Verteilungen an InsGl geregelt.

2 Die Forderungen der MasseGl sind unabhängig v einer Verteilung nach §§ 187, 196 bei Fälligkeit und ausreichend freien Barmittel vorweg zu befriedigen (§ 53). Stellt sich heraus, dass die InsMasse zur Befriedigung der MasseGl nicht ausreicht, hat der InsVerw dem InsGer die **Masseunzulänglichkeit** anzuzeigen (§ 208 Abs 1 S 1). Gleiches gilt für die drohende Masseunzulänglichkeit (§ 208 Abs 1 S 2). Nach der Masseunzulänglichkeitsanzeige erfolgt die Befriedigung der MasseGl nach den Rangordnungen des § 209.

3 Waren vom InsVerw Sondermassen zu bilden, so erfolgt die Verteilung der Sondermassen vorab nach den Grundsätzen der §§ 187 ff. Eine Sondermasse ist zB zu bilden, wenn ein persönlich haftender Gesellschafter auf die Inanspruchnahme durch den InsVerw nach § 93 zahlt.[1] Haften bei mehreren Gesellschaftern nicht alle in gleichem Umfang, etwa wegen der Haftungsbeschränkungen im Falle einer PartG oder wegen des früheren Ausscheidens eines Gesellschafters (§ 160 Abs 1 HGB), sind ggf mehrere Sondermassen zu bilden.[2]

II. Abschlagsverteilung

4 **1. Zeitpunkt der Abschlagsverteilung.** Eine **Abschlagsverteilung** kann erst nach dem allg Prüfungstermin (§§ 29 Abs 1 Nr 2, 176) vorgenommen werden. Die Vornahme einer Abschlagsverteilung steht im Ermessen des InsVerw (Abs 2 S 1). Der InsVerw kann auf die Vornahme einer Abschlagsverteilung einstweilen verzichten, wenn er die liquiden Mittel zur Betriebsfortführung benötigt.[3]

5 Eine Abschlagsverteilung kann unterbleiben, wenn die Kosten der Verteilung in keinem vernünftigen Verhältnis zu den auszahlbaren Beträgen stehen.[4]

6 Die InsGl haben keinen klagbaren Anspruch auf Vornahme der Abschlagsverteilung;[5] der GlAusschuss kann den InsVerw nicht zur Abschlagsverteilung verpflichten.[6] Sie können jedoch das InsGer anrufen (§ 58). In Extremfällen haftet der InsVerw trotz des ihm eingeräumten Ermessens den InsGl, zB bei Zinsnachteilen, auf Schadensersatz (§ 60 Abs 1 S 1).

7 **2. Abschlagszahlung an nachrangige Gläubiger.** Eine Abschlagszahlung an nachrangige InsGl (§ 39) soll nicht vorgenommen werden (Abs 2 S 2). Es handelt sich insoweit um ein **Redaktionsversehen** des Gesetzgebers. Voraussetzung der Befriedigung nachrangiger InsGl ist die vollständige Befriedigung der Forderungen der InsGl (§ 38), so dass nach der Gesetzessystematik eine Abschlagszahlung an InsGl mit nachrangigen Forderungen ausscheidet.

8 **3. Hinterlegung einer Abschlagsquote.** Jede Verteilung, nicht nur die Abschlagsverteilung, obliegt dem InsVerw (Abs 3 S 1). Sind InsGl unbekannt oder die Person der InsGl ungewiss, zB bei Erbfolge,[7] ist die Abschlagsquote, ebenso wie eine Zahlung iF der Schlussverteilung, zu hinterlegen (§ 372 BGB; § 198). Zur **Hinterlegung** geeignet ist nicht nur die amtliche Hinterlegungsstelle (§ 372 BGB), sondern auch eine Bank, so dass die Hinterlegung auch auf einem gesonderten Anderkonto des InsVerw erfolgen kann.

---

1 *BGH* 17.12.2015 – IX ZR 143/13 Rn. 11; FK/*Wimmer-Amend* § 93 Rn 42.
2 *BGH* 17.12.2015 – IX ZR 143/13 Rn. 11; *Cymutta/Schädlich* NWB 2017, 2125, 2134.
3 MK/*Füchsl/Weishäupl/Kebekus/Schwarzer* § 187 Rn 6.
4 *Uhlenbruck/Wegener* § 187 Rn 7; *K Schmidt/Jungmann* § 187 Rn 3.
5 HambKomm/*Preß* § 187 Rn 7; *Uhlenbruck/Wegener* § 187 Rn 9.
6 *K Schmidt/Jungmann* § 187 Rn 4.
7 Zu Nachforschungspflichten des InsVerw bei Tod des Gl vgl § 188 Rn 1, § 196 Rn 14.

4. Zustimmung des Gläubigerausschusses. Ist ein **GlAusschuss** vorhanden, hat dieser vor jeder Verteilung – auch einer Abschlagsverteilung – die Zustimmung zu erteilen (Abs 3 S 2). 9

Besteht ein GlAusschuss und stimmt dieser einer Verteilung nicht zu, kann dessen **Weigerung** weder durch Beschl des InsGer noch einer GlVersammlung **ersetzt** werden.[8] Eine dennoch durch den InsVerw vorgenommene Verteilung geschieht auf dessen persönliches Risiko (§ 60 Abs 1).

8 *K Schmidt/Jungmann* § 187 Rn 8; *Braun/Pehl* § 187 Rn 12.

§ 188 Verteilungsverzeichnis

[1]Vor einer Verteilung hat der Insolvenzverwalter ein Verzeichnis der Forderungen aufzustellen, die bei der Verteilung zu berücksichtigen sind. [2]Das Verzeichnis ist auf der Geschäftsstelle zur Einsicht der Beteiligten niederzulegen. [3]Der Verwalter zeigt dem Gericht die Summe der Forderungen und den für die Verteilung verfügbaren Betrag aus der Insolvenzmasse an; das Gericht hat die angezeigte Summe der Forderungen und den für die Verteilung verfügbaren Betrag öffentlich bekannt zu machen.

Übersicht

I. Verteilungsverzeichnis

1 **1. Inhalt.** Das **Verzeichnis** ist **identisch** mit der **Tabelle** (§ 178 Abs 2 S 1) unter Berücksichtigung von Berichtigungen aufgrund rechtskräftiger Entsch in Feststellungsprozessen (§ 183 Abs 1 und 2) sowie der durch den InsVerw (§ 178 Abs 1 S 1) nachträglich zur Tabelle anerkannten InsFord. War die Forderung gem § 93 von einem einzugsberechtigten InsVerw angemeldet worden (§ 174 Rn 4, 13), der die Einzugsberechtigung wegen Aufhebung des betr InsVerf verloren hat, ist im Verteilungsverzeichnis der materielle Forderungsinhaber zu nennen, wenn der Verlust der Einzugsberechtigung dem InsVerw vor Erstellung des Verzeichnisses bekannt war.[1] Ist der Gl vor Erstellung des Verteilungsverzeichnisses verstorben, ist der InsVerw verpflichtet, vor Erstellung des Verzeichnisses beim Nachlassgericht Auskunft über mögliche Erben einzuholen (§ 196 Rn 14; § 198 Rn 4).[2]

2 Zu berücksichtigen sind auch die Forderungen, bzgl derer innerhalb der Ausschlussfrist der Nachweis der Erhebung der Feststellungsklage oder der Prozessaufnahme geführt wird (§ 189 Rn 2). Die Aufnahme in das Verteilungsverzeichnis bewirkt keine Anerkennung der Forderung durch den InsVerw, sondern rechtfertigt die Zurückbehaltung gem § 189 Abs 2, solange der Rechtsstreit anhängig ist.[3]

3 Die **absonderungsberechtigten InsGl** sind mit dem Ausfall (§ 52 S 2) in das Verteilungsverzeichnis aufzunehmen (§ 190 Abs 1). Gleiches gilt für InsGl mit aufschiebend bedingten Forderungen (§ 191 Abs 1).

1 *LG Bonn* NZI 2014, 831.
2 *KG* ZInsO 2015, 693, 694.
3 *Uhlenbruck/Wegener* § 188 Rn 10.

4 Der InsVerw kann eine zur InsTabelle festgestellte Forderung auch dann nicht von der Aufnahme in das Verteilungsverzeichnis ausschließen, wenn diese Forderung getilgt ist. Er hat in diesem Falle Vollstreckungsabwehrklage (§ 767 ZPO) zu erheben und die Voraussetzung des § 767 Abs 2 ZPO darzulegen (vgl § 178 Rn 9). Nach Klageerhebung kann er die Auszahlung der Quote zurückhalten und analog § 198 hinterlegen.[4]

5 **2. Niederlegung.** Das Verteilungsverzeichnis ist auf der Geschäftsstelle des InsGer zur Einsicht der Beteiligten niederzulegen (S 2).

6 **3. Öffentliche Bekanntmachung.** Der InsVerw hat dem InsGer die Summe der bei der Verteilung zu berücksichtigenden Forderungen und den für die Verteilung verfügbaren Betrag anzuzeigen. Dieses hat die angezeigte Summe und den verfügbaren Betrag öffentlich bekannt zu machen (S 3).[5] Dies erfolgt gem § 9 Abs 1 durch Veröffentlichung im Internet (www.insolvenzbekanntmachungen.de).[6] In der öffentlichen Bekanntmachung ist anzugeben, ob es sich um eine **Abschlags-, Schluss- oder Nachtragsverteilung** handelt.[7] Die öffentliche Bekanntmachung (§ 9) erlaubt jedem InsGl die Wahrung seiner Rechte nach § 189 Abs 1. Fehlen die Niederlegung oder die öffentliche Bekanntmachung oder war die Bekanntmachung unwirksam,[8] so ist eine dennoch durchgeführte Verteilung unwirksam.[9] Der InsVerw hat einen Anspruch auf Rückzahlung der ausgeschütteten Quoten, der nach Treu und Glauben nur ausgeübt werden kann, wenn die Quoten nicht anschließend in einem ordnungsgemäß durchgeführten VerteilungsVerf erneut ausgeschüttet werden müssten.[10]

II. Haftung des Verwalters

7 Nimmt der InsVerw eine zur Tabelle festgestellte Forderung ganz oder tw in das Verteilungsverzeichnis nicht auf, haftet er dem InsGl für hieraus resultierende Schäden (§ 60 Abs 1). Erkennt der InsGl schuldhaft nicht, dass die Aufnahme der Forderung ganz oder tw trotz Feststellung in das Verteilungsverzeichnis unterblieb und erhebt dieser InsGl gegen das Verteilungsverzeichnis fristgerecht keine Einwendungen, so sind bei der Haftung des InsVerw die Grundsätze von § 254 BGB anzuwenden.[11] Wird ein InsGl zu Unrecht im Verteilungsverzeichnis berücksichtigt, kann die entspr ausgezahlte Quote weder vom InsVerw (§ 812 Abs 2 S 1 Alt 1 BGB) noch von den benachteiligten InsGl (§ 812 Abs 2 S 1 Alt 2 BGB) herausverlangt werden, da das Verteilungsverzeichnis der Rechtsgrund für die Ausschüttung ist. Der InsVerw kann gem § 60 haften (§ 194 Rn 12).[12]

§ 189 Berücksichtigung bestrittener Forderungen

(1) Ein Insolvenzgläubiger, dessen Forderung nicht festgestellt ist und für dessen Forderung ein vollstreckbarer Titel oder ein Endurteil nicht vorliegt, hat spätestens innerhalb einer Ausschlussfrist von zwei Wochen nach der öffentlichen Bekanntmachung dem Insolvenzverwalter nachzuweisen, dass und für welchen Betrag die Feststellungsklage erhoben oder das Verfahren in dem früher anhängigen Rechtsstreit aufgenommen ist.

---

4 *BGH* ZInsO 2009, 142; HambKomm/*Preß* § 188 Rn 8.
5 *BGH* ZInsO 2013, 496 (Rn 4); *Willmer/Berner* NZI 2015, 877, 883.
6 Zur Rechtlage bis 30.6.2007 vgl 7. Aufl.
7 MK/*Füchsl/Weishäupl/Kebekus/Schwarzer* § 188 Rn 15.
8 Vgl *BGH* ZInsO 2013, 496 (Rn 6).
9 MK/*Füchsl/Weishäupl/Kebekus/Schwarzer* § 188 Rn 13.
10 *Uhlenbruck/Wegener* § 188 Rn 32.
11 *Uhlenbruck/Wegener* § 188 Rn 30.
12 MK/*Füchsl/Weishäupl/Kebekus/Schwarzer* § 188 Rn 23.

(2) Wird der Nachweis rechtzeitig geführt, so wird der auf die Forderung entfallende Anteil bei der Verteilung zurückbehalten, solange der Rechtsstreit anhängig ist.

(3) Wird der Nachweis nicht rechtzeitig geführt, so wird die Forderung bei der Verteilung nicht berücksichtigt.

Übersicht

I. Festgestellte und titulierte Forderungen

Festgestellte Forderungen sind bei der Verteilung zu berücksichtigen (§§ 178 Abs 1 S 1, 188 S 1). Sind **titulierte Forderungen** bestr, so hindert dies die Berücksichtigung bei der Verteilung nicht, da bei vollstreckbarem Schuldtitel oder vollstreckbarem Urteil der Widerspruch durch den Widersprechenden, also in der Regel durch den InsVerw, zu verfolgen ist (§ 179 Abs 2; § 179 Rn 9). 1

II. Bestrittene, nicht titulierte Forderungen

Ist die **Forderung bestr** und **nicht tituliert**, so ist Voraussetzung einer Berücksichtigung bei der Verteilung, dass die Erhebung der Feststellungsklage oder die Aufnahme des Rechtsstreites dem InsVerw innerhalb der Ausschlussfrist nachgewiesen ist (Abs 1; § 188 Rn 2). In diesem Falle ist die auf die Forderung entfallende Quote nicht auszubezahlen, sondern zurückzubehalten (Abs 2). Für die Berücksichtigung reicht nicht, dass der InsVerw die Forderung nachträglich anerkennt.[1] 2

III. Nachweis des Betreibens der Feststellung

Führt der InsGl den Nachweis nach Abs 1, so ist das Verteilungsverzeichnis (§ 188) durch den InsVerw zu ergänzen (§ 193). Eine Vorlage des Vollstreckungstitels innerhalb der Frist von § 189 Abs 1 ist als Nachweis nicht ausreichend,[2] erforderlich ist die Rechtshängigkeit der Feststellungsklage oder des Aufnahmeschriftsatzes.[3] 3

Die Zweiwochenfrist nach Abs 1 ist eine Ausschlussfrist, so dass durch Parteivereinbarung weder eine **Fristverlängerung** noch **Fristverkürzung** erfolgen kann. Eine **Wiedereinsetzung** in den vorherigen Stand ist nicht möglich, da es sich um keine **Notfrist** (§ 233 ZPO) handelt. Eine Modifizierung im InsPlan ist jedoch zulässig.[4] 4

Die **Ausschlussfrist** beginnt mit Ablauf des zweiten Tages nach der Veröffentlichung (§ 9 Abs 1 S 3), also mit Beginn des dritten Tages (§ 187 Abs 2 BGB). Da eine Wiedereinsetzung in den vorherigen Stand unzulässig ist, kommt es auf eine Kenntnisnahme oder Kenntnisnahmemöglichkeit des InsGl von der Veröffentlichung nicht an. Nach Ablauf der Ausschlussfrist (Abs 1) ist die Forderung bei der Verteilung, bzgl derer die Veröffentlichung vorgenommen wurde, nicht zu berücksichtigen (Abs 3). War die öffentliche Bekanntmachung unwirksam, beginnt die Frist des Abs 3 nicht zu laufen.[5] 5

1 *LG Krefeld* ZInsO 2011, 870.
2 *AG Düsseldorf* NZI 2006, 411, 412 f; zur Vorlage eines Steuerbescheides *AG Paderborn* NZI 2004, 389 LS.
3 *Uhlenbruck/Wegener* § 189 Rn 11.
4 *BGH* NZI 2010, 734, 735 Rn 9.
5 *BGH* ZInsO 2013, 496 (Rn 6).

6 Der Nachweis iSv Abs 1 ist gegenüber dem InsVerw zu führen, wobei dem InsVerw nachzuweisen ist, dass die Klage innerhalb der Ausschlussfrist erhoben wurde. Allein die Übersendung der Klageschrift an den InsVerw reicht nicht aus, sondern es muss der Nachweis geführt werden, dass die Klage bei dem Prozessgericht eingegangen ist[6] und der Gerichtskostenvorschuss gezahlt wurde.[7] Die Ausschlussfrist nach Abs 1 wird durch Nachweis gegenüber dem InsGer nicht gewahrt. Erst mit Eingang eines weitergeleiteten **Nachweises beim InsVerw** tritt Fristwahrung ein.

7 Im Falle der vorzeitigen Restschuldbefreiung (§ 177 Rn 1) ist der Nachweis bis zum Antrag des Schu gem § 300 Abs 1 S 2 zu erbringen.

IV. Rechtsfolgen

8 Bei rechtzeitigem Nachweis (Abs 2) wird die Quote bei der Verteilung zurückbehalten. Obsiegt in dem Feststellungsprozess der InsVerw, werden die zurückbehaltenen Beträge für eine weitere Verteilung oder eine Nachtragsverteilung frei; obsiegt der InsGl, ist mit Rechtskraft des Urteil der zurückbehaltene Betrag an ihn auszubezahlen (§ 203 Rn 3).[8]

9 Offensichtliche Schreibfehler und Unrichtigkeiten des Verteilungsverzeichnisses können gem § 319 ZPO analog iVm § 4 berichtigt werden.[9]

§ 190 Berücksichtigung absonderungsberechtigter Gläubiger

(1) [1]Ein Gläubiger, der zur abgesonderten Befriedigung berechtigt ist, hat spätestens innerhalb der in § 189 Abs. 1 vorgesehenen Ausschlussfrist dem Insolvenzverwalter nachzuweisen, dass und für welchen Betrag er auf abgesonderte Befriedigung verzichtet hat oder bei ihr ausgefallen ist. [2]Wird der Nachweis nicht rechtzeitig geführt, so wird die Forderung bei der Verteilung nicht berücksichtigt.

(2) [1]Zur Berücksichtigung bei einer Abschlagsverteilung genügt es, wenn der Gläubiger spätestens innerhalb der Ausschlussfrist dem Verwalter nachweist, dass die Verwertung des Gegenstands betrieben wird, an dem das Absonderungsrecht besteht, und den Betrag des mutmaßlichen Ausfalls glaubhaft macht. [2]In diesem Fall wird der auf die Forderung entfallende Anteil bei der Verteilung zurückbehalten. [3]Sind die Voraussetzungen des Absatzes 1 bei der Schlussverteilung nicht erfüllt, so wird der zurückbehaltene Anteil für die Schlussverteilung frei.

(3) [1]Ist nur der Verwalter zur Verwertung des Gegenstands berechtigt, an dem das Absonderungsrecht besteht, so sind die Absätze 1 und 2 nicht anzuwenden. [2]Bei einer Abschlagsverteilung hat der Verwalter, wenn er den Gegenstand noch nicht verwertet hat, den Ausfall des Gläubigers zu schätzen und den auf die Forderung entfallenden Anteil zurückzubehalten.

Übersicht

6 *BGH* NJW-RR 2012, 1397.
7 *LG Dessau-Roßlau* 18.12.2015 – 8 T 254/15.
8 Zur Zurückhaltung aus anderen Gründen *LG Kleve* ZInsO 2006, 1002; *AG Duisburg* NZI 2003, 508.
9 *LG Bonn* NZI 2014, 831, 832.

I. Verteilung an absonderungsberechtigte Gläubiger

1 Absonderungsberechtigte InsGl (§§ 49–51), welche selbst zur Verwertung berechtigt sind (§ 173 Abs 1), haben iF der persönlichen Haftung des Schu innerhalb der **Ausschlussfrist** (§ 189 Abs 1) nachzuweisen, dass sie auf ihr Absonderungsrecht verzichten oder in welcher Höhe ein Ausfall besteht (Abs 1 S 1 iVm § 52 S 2). Der **Verzicht** ist unwiderruflich[1] und gegenüber dem InsVerw als dem für die Verteilung Zuständigen zu erklären. In der Eigenverwaltung ist nur der Schu, nicht der Sachwalter tauglicher Adressat.[2] Der Verzicht bedarf nur dann öffentlich beglaubigter Form, wenn auf das Grundpfandrecht dinglich verzichtet wird; ausreichend ist jedoch auch ein nur schuldrechtlicher Verzicht auf den Sicherungsanspruch aus der Zweckvereinbarung mit dem Sicherungsgeber.[3]

2 Auf die **Ausfallforderung** des absonderungsberechtigten InsGl ist, solange wie der Gegenstand nicht verwertet ist, keine Abschlagszahlung vorzunehmen (Abs 2 S 2). Dies gilt auch dann, wenn ausschließlich der InsVerw zur Verwertung berechtigt ist (Abs 3 S 2). Solange der tatsächliche Ausfall nicht fest steht, ist keine Quote auszuzahlen, sondern generell der **Quotenanteil zurückzubehalten** (§ 192 Rn 2).[4]

II. Nachweis des Ausfalls

3 Für die **Schlussverteilung** muss der **Nachweis** des **Ausfalls** innerhalb der Ausschlussfrist des § 189 Abs 1 geführt sein (Abs 1 S 1). Eines Nachweises bedarf es nicht, wenn ein Absonderungsrecht nicht besteht; ein insoweit falsches Schlussverzeichnis ist auch noch in der Frist des § 197 zu ändern.[5] Eine Schätzung des Ausfalls ist nur **bei Abschlagsverteilungen** möglich. Wird der Ausfall bis zum **Schlusstermin** nachgewiesen (Abs 1 S 1) oder der Verzicht auf abgesonderte Befriedigung erklärt, wird der InsGl bei der Verteilung der restlichen Ins-Masse den übrigen Gl gleichgestellt (§ 192). Wird der Nachweis bis zum Schlusstermin nicht geführt, wird der zurückbehaltene Betrag für die übrigen InsGl frei (Abs 2 S 3).[6]

III. Verwertungsrecht des Verwalters

4 Ist der **InsVerw** zur **Verwertung** des Absonderungsgegenstandes oder der Forderung **berechtigt** (§ 166), muss er spätestens **vor Schlussverteilung** (§ 196 Abs 1) den Gegenstand oder die Forderung, bezüglich derer ein Absonderungsrecht besteht, verwerten bzw einziehen. Ist der Gegenstand oder die Forderung nicht verwertbar, hat der InsVerw den Gegenstand dem InsGl zur Verwertung zu überlassen (§ 170 Abs 2). Mit der Schlussverteilung hat der InsVerw nach **Freigabe** des Gegenstandes eine angemessene Zeit zuzuwarten, damit der InsGl zur Verwertung angemessene Gelegenheit besitzt und den Nachweis des Ausfalls innerhalb der Fristen nach §§ 189 Abs 1, 190 Abs 2 S 3 führen kann oder um dem InsGl die Möglichkeit zum Verzicht auf abgesonderte Befriedigung (Abs 1 S 1) und damit die Möglichkeit zur Teilnahme an der Schlussverteilung zu geben. Unterlässt der InsVerw diese Gelegenheit, haftet er dem InsGl auf Schadensersatz (§ 60 Abs 1). Verzichtet der InsGl auf das Absonderungsrecht, ist eine spätere Verwertung nach VerfAbschluss ausgeschlossen.[7]

---

1 Braun/Pehl § 190 Rn 6.
2 *BGH* 9.3.2017 – IX ZR 177/15.
3 *BGH* DZWIR 2011, 118, 119; *K Schmidt/Jungmann* § 190 Rn 3; *Uhlenbruck/Wegener* § 190 Rn 15; **aA** *Jaeger/Meller-Hannich* § 190 Rn 13.
4 *Uhlenbruck/Wegener* § 190 Rn 27; *Braun/Pehl* § 190 Rn 11.
5 *BGH* ZInsO 2009, 2243, 2244.
6 *Uhlenbruck/Wegener* § 190 Rn 27.
7 MK/*Füchsl/Weishäupl/Kebekus/Schwarzer* § 190 Rn 13.

IV. Abschlagsverteilung

5 Ist zum Zeitpunkt der Vornahme der Abschlagsverteilung der dem Absonderungsrecht unterliegende Gegenstand noch nicht verwertet, ist die auf die Forderung des InsGl entfallende Quote bei einer **Abschlagsverteilung** bei Glaubhaftmachung (§ 294 ZPO) des mutmaßlichen Ausfalls zurückzuhalten (Abs 2 S 1 und 2). Sobald die endgültige Höhe des Ausfalls feststeht und dem InsVerw nachgewiesen ist, erfolgt die Ausschüttung der Abschlagsquote. Der Höhe nach begrenzt ist die Zahlung auf den zurückbehaltenen Betrag (§ 192 Rn 2).

6 Für den Regelfall der Verwertung des Absonderungsrechtes durch den InsVerw (§ 166) bedarf es dieses Nachweises nicht (Abs 3), so dass der InsVerw nach pflichtmäßigem Ermessen den Ausfall zu schätzen und bei der Abschlagsverteilung die Quote zurückzubehalten hat (Abs 3 S 2).

§ 191 Berücksichtigung aufschiebend bedingter Forderungen

(1) [1]Eine aufschiebend bedingte Forderung wird bei einer Abschlagsverteilung mit ihrem vollen Betrag berücksichtigt. [2]Der auf die Forderung entfallende Anteil wird bei der Verteilung zurückbehalten.

(2) [1]Bei der Schlussverteilung wird eine aufschiebend bedingte Forderung nicht berücksichtigt, wenn die Möglichkeit des Eintritts der Bedingung so fern liegt, dass die Forderung zur Zeit der Verteilung keinen Vermögenswert hat. [2]In diesem Fall wird ein gemäß Absatz 1 Satz 2 zurückbehaltener Anteil für die Schlussverteilung frei.

Übersicht

I. Aufschiebend bedingte Forderungen

1 Aufschiebend bedingte Forderungen berechtigen sowohl bei einer Abschlags- wie auch Schlussverteilung nur zur Sicherstellung **(Zurückbehaltung)**.[1] Besitzt die Forderung bei Schlussverteilung einen Vermögenswert, so ist zu hinterlegen (§ 198).[2] Fehlt ein solcher Vermögenswert, ist der zurückbehaltene Anteil bei der Schlussverteilung an die InsGl auszuschütten (Abs 2 S 2).

2 Ist der InsGl mit der aufschiebend bedingten Forderung im Schlussverzeichnis nicht aufgeführt (§ 188 S 2), so dass indirekt durch den InsVerw der Forderung kein Vermögenswert beigemessen wird (Abs 2 S 1), kann der InsGl gegen das Schlussverzeichnis Einwendungen erheben (§ 197 Abs 3 iVm § 194 Abs 2).[3] Lehnt das InsGer die Erg des Schlussverzeichnisses ab, steht dem InsGl das Recht zur **sofortigen Beschw** zu (§§ 197 Abs 3, 194 Abs 2 S 2).

3 Wird die auf die aufschiebend bedingte Forderung entfallende Quote hinterlegt (§ 198) und fällt die Bedingung aus, ist bezüglich des hinterlegten und frei werdenden Betrages eine **Nachtragsverteilung** (§ 203) anzuordnen.

---

1 Zur Anmeldung aufschiebend bedingter Forderungen *OLG Nürnberg* ZInsO 2012, 1626.
2 Zur analogen Anwendung auf die Umsatzsteuerhaftung nach § 13c UStG *de Weerth* NZI 2006, 501, 503; zum Erlös verpfändeter Rückdeckungsversicherungen *BGH* NJW 2005, 2231; *Rheni/Lasser* NZI 2007, 153.
3 *Dahl* NJW-Spezial 2007, 549, 550.

II. Auflösend bedingte Forderungen

Die Vorschrift ist auf auflösend bedingte Forderungen nicht anwendbar.[4] Sie werden wie unbedingte Forderungen im InsVerf berücksichtigt (§ 42).[5] Tritt die Bedingung im Laufe des Verf ein, kann nach Feststellung im Prüfungstermin durch den InsVerw **Vollstreckungsabwehrklage** (§ 767 ZPO) erhoben werden. § 769 ZPO ist unanwendbar, da es sich um keinen Akt der Einzelzwangsvollstreckung handelt. Geleistete Abschlagszahlungen sind zurückzugewähren. Tritt die Bedingung nach Schlussverteilung und Aufhebung des InsVerf ein, hat der Schu das Recht der Vollstreckungsabwehrklage. Das Rückforderungsrecht steht jedoch dem ehemaligen InsVerw zu. Diese Beträge unterliegen einer Nachtragsverteilung (§ 203 Abs 1 Nr 2).[6] 4

4 *Jaeger/Meller-Hannich* § 191 Rn 6.
5 *Uhlenbruck/Wegener* § 191 Rn 13.
6 MK/*Füchsl/Weishäupl/Kebekus/Schwarzer* § 191 Rn 13.

§ 192 Nachträgliche Berücksichtigung

Gläubiger, die bei einer Abschlagsverteilung nicht berücksichtigt worden sind und die Voraussetzungen der §§ 189, 190 nachträglich erfüllen, erhalten bei der folgenden Verteilung aus der restlichen Insolvenzmasse vorab einen Betrag, der sie mit den übrigen Gläubigern gleichstellt.

Übersicht

I. Anwendungsbereich

1 InsGl, welche bei einer Abschlagsverteilung nicht berücksichtigt wurden (§§ 189, 190), können nicht sofort, sondern erst bei der folgenden Abschlagsverteilung oder der Schlussverteilung nachträglich die auf ihre Forderung entfallende Quote verlangen.[1] Die Vorschrift schließt eine **vorzeitige Auszahlung** aus. Wartet der InsVerw mit der Auszahlung nicht bis zur nächsten Verteilung und entsteht der InsMasse durch die vorzeitige Befriedigung ein Zinsnachteil, haftet der InsVerw (§ 60 Abs 1 S 1).

II. Verteilungsmasse

2 Die restliche InsMasse iSv § 192 setzt sich zusammen aus den bei der Abschlagsverteilung zurückbehaltenen Anteilen (§§ 189 Abs 2, 190 Abs 2 S 2), soweit diese für die InsMasse frei wurden und weiteren Zuflüssen aus der Verwertung der InsMasse. Vor einer Verteilung sind zwischenzeitlich entstandene Forderungen von MasseGl (§ 53) zu befriedigen.

3 Gestattet die restliche InsMasse, nach Abzug eventueller Forderungen von MasseGl, nicht die volle, nachträgliche Erfüllung der InsFord, sind die Forderungen der InsGl, welche die Voraussetzungen nach §§ 189, 190 erfüllen, quotal zu erfüllen.

1 *Uhlenbruck/Wegener* § 190 Rn 27, § 192 Rn 13.

4 Eine **Rückforderung** von Quoten bei den InsGl, welche in der Regel-Abschlagsverteilung berücksichtigt wurden, erfolgt nicht.[2]

III. Zustimmung des Gläubigerausschusses

5 Auch für die nachträgliche Berücksichtigung ist die **Zustimmung** des **GlAusschusses** erforderlich (§ 187 Abs 3 S 2). Das Verteilungsverzeichnis ist auf der Geschäftsstelle des InsGer niederzulegen und die öffentliche Bekanntmachung vorzunehmen (§ 188 S 2 und 3). Nur hierdurch sind den InsGl Einwendungen (§§ 194 Abs 1, 197 Abs 3) möglich.

2 *BGHZ* 91, 198; *Braun/Pehl* § 192 Rn 7.

§ 193 Änderung des Verteilungsverzeichnisses

Der Insolvenzverwalter hat die Änderungen des Verzeichnisses, die auf Grund der §§ 189 bis 192 erforderlich werden, binnen drei Tagen nach Ablauf der in § 189 Abs. 1 vorgesehenen Ausschlussfrist vorzunehmen.

Übersicht

I. Änderungsfrist

1 Binnen 3 Tagen nach Ablauf der Ausschlussfrist (§ 189 Abs 1) sind durch den InsVerw die Änderungen des Verzeichnisses (§ 188) vorzunehmen.[1] Die **Frist** ist wesentlich zu **kurz** bestimmt. Es ist Aufgabe des Gl, sich zu vergewissern, ob eine erforderliche Änderung tatsächlich erfolgt ist.[2]

2 Offensichtliche Schreibfehler und Unrichtigkeiten sind gem § 319 ZPO analog iVm § 4 zu korrigieren.[3]

II. Verfahren nach der Änderung

3 Das **berichtigte Verzeichnis** ist wiederum auf der Geschäftsstelle des InsGer niederzulegen (§ 188 S 2). Eine völlige Neuerstellung des Verzeichnisses ist entbehrlich. Es genügt, dass in einem Nachtrag die Änderungen zu dem ursprünglichen Verzeichnis (§ 188 S 1) vorgenommen und diese Änderungen zur Einsichtnahme niedergelegt werden. Erfolgt die Berichtigung durch Entsch des BeschwGerichts, ist diese Entsch durch das BeschwGericht auf der Geschäftsstelle des InsGer niederzulegen. Da die kurze Berichtigungsfrist den InsGl ermöglichen soll, in dem verbleibenden Teil der Wochenfrist des § 194 Einwendungen auch gegen das geänderte Verzeichnis zu erheben (§ 194 Rn 4), ist das Verzeichnis auch dann erneut niederzulegen, wenn (nur) offensichtliche Schreibfehler und Unrichtigkeiten korrigiert wurden (Rn 2).

1 *Willmer/Berner* NZI 2015, 877, 882.
2 *AG Göttingen* ZInsO 2009, 1974, 1976.
3 *LG Bonn* NZI 2014, 831, 832; *Uhlenbruck/Wegener* § 193 Rn 8.

§ 194 Einwendungen gegen das Verteilungsverzeichnis

(1) Bei einer Abschlagsverteilung sind Einwendungen eines Gläubiger gegen das Verzeichnis bis zum Ablauf einer Woche nach dem Ende der in § 189 Abs. 1 vorgesehenen Ausschlussfrist bei dem Insolvenzgericht zu erheben.

(2) [1]Eine Entscheidung des Gerichts, durch die Einwendungen zurückgewiesen werden, ist dem Gläubiger und dem Insolvenzverwalter zuzustellen. [2]Dem Gläubiger steht gegen den Beschluss die sofortige Beschwerde zu.

(3) [1]Eine Entscheidung des Gerichts, durch die eine Berichtigung des Verzeichnisses angeordnet wird, ist dem Gläubiger und dem Verwalter zuzustellen und in der Geschäftsstelle zur Einsicht der Beteiligten niederzulegen. [2]Dem Verwalter und den Insolvenzgläubigern steht gegen den Beschluss die sofortige Beschwerde zu. [3]Die Beschwerdefrist beginnt mit dem Tag, an dem die Entscheidung niedergelegt worden ist.

Übersicht

I. Anwendungsbereich

Die Vorschrift bezieht sich **ausschließlich** auf **Abschlagsverteilungen**. Für die Schlussverteilung gelten §§ 196 Abs 1, 197. 1

II. Einwendungen

1. Einwendungsberechtigte. Einwendungsberechtigt sind InsGl (§ 38), nicht jedoch MasseGl iSv § 53, da deren Forderungen vorab aus der InsMasse zu befriedigen sind. 2

Die Forderungen der einwendungsberechtigten InsGl müssen noch nicht geprüft sein.[1] Es ist ausreichend, dass die **Anmeldung** der Forderung beim InsVerw erfolgt ist (§ 174 Abs 1 S 1). Von einer Einwendungsmöglichkeit ausgeschlossen sind die nachrangigen InsGl iSv § 39, sofern das InsGer nicht zur Anmeldung aufgefordert hat (§ 174 Abs 3), da deren Forderungen nur zu berücksichtigen sind, wenn die InsGl in voller Höhe befriedigt werden (§ 187 Abs 2 S 2).[2] Ebenfalls nicht einwendungsberechtigt sind Aussonderungsgläubiger und der Schu.[3] 3

Einwendungen sind nur gegen das ursprüngliche Verzeichnis (§ 188 S 1) und das berichtigte Verzeichnis (§ 193) möglich.[4] Soweit Grund und Höhe einer angemeldeten Forderung strittig sind, werden die Einwendungen im FeststellungsVerf (§ 179 Abs 1) vor dem Prozessgericht (§ 180) weiter verfolgt. 4

2. Einwendungsfrist. Die **Einwendungsfrist** beträgt eine Woche und schließt sich an die Ausschlussfrist nach § 189 Abs 1 an. Die **Wochenfrist** ihrerseits ist ebenfalls **Ausschlussfrist** mit der Folge, dass nach Ablauf die InsGl mit Einwendungen ausgeschlossen sind.[5] 5

---

1 *Uhlenbruck/Wegener* § 194 Rn 3.
2 *K Schmidt/Jungmann* § 194 Rn 3; differenzierend *Uhlenbruck/Wegener* § 194 Rn 4.
3 *K Schmidt/Jungmann* § 194 Rn 3; *Braun/Pehl* § 194 Rn 2; *Uhlenbruck/Wegener* § 194 Rn 4.
4 *Uhlenbruck/Wegener* § 194 Rn 5.
5 *Braun/Pehl* § 194 Rn 5; *Uhlenbruck/Wegener* § 194 Rn 6.

6 **3. Verfahren.** Die Einwendungen sind beim InsGer und nicht bei dem InsVerw zu erheben. Die Einwendungen können schriftlich oder zu Protokoll der Geschäftsstelle (§ 4 in Verbindung mit § 496 ZPO) erhoben werden.

7 Über die Einwendungen entscheidet das InsGer durch Beschl (Abs 2 S 2).

Der **abweisende Beschl** ist von Amts wegen dem InsVerw und dem einwendenden InsGl zuzustellen. Das Recht der sofortigen Beschw steht bei Zurückweisung der Einwendungen nur den an den Einwendungen beteiligten InsGl zu. Der **InsVerw** ist mangels Beschw **nicht beschwerdeberechtigt.**[6] Die sofortige Beschw ist auch statthaft gegen Entscheidungen des Rechtspflegers, da sie ein „Rechtsmittel nach den allgemeinen verfahrensrechtlichen Vorschriften" gem § 11 Abs 1 RPflG ist und der Rechtspflegererinnerung (§ 11 Abs 2 RPflG) vorgeht.[7]

Die **sofortige Beschw** ist binnen zwei Wochen nach Zustellung einzulegen (§ 569 Abs 1 S 1 ZPO). Das InsGer kann der Beschw abhelfen (§ 572 Abs 1 S 1 ZPO).

8 **4. Berichtigung des Verteilungsverzeichnisses.** Bei Anordnung der Berichtigung des Verteilungsverzeichnisses sind sämtliche InsGl beeinträchtigt, so dass allen InsGl die sofortige Beschw zusteht (Abs 3 S 2). Die Beeinträchtigung liegt in der Minderung der auszuzahlenden InsQuote. Auch dem InsVerw steht die sofortige Beschw zu.

9 Während bei einem Beschl, mit welchem Einwendungen zurückgewiesen werden, die Beschwerdefrist mit Zustellung in Lauf gesetzt wird (Abs 2), beginnt bei einem das Abschlagsverzeichnis berichtigenden Beschl die **BeschwFrist** mit dem Tag der Niederlegung auf der Geschäftsstelle des InsGer (Abs 3 S 3).

10 Da sämtliche InsGl iF der Berichtigung des Abschlagsverzeichnisses beschwert sind, führt der **Mangel der Zustellung** der Entsch und die Niederlegung als Beginn der Beschwerdefrist zu einer Verkürzung der Rechte der InsGl, da die nicht beteiligten InsGl von dem Beschl und seiner Niederlegung in der Regel keine Kenntnis erlangen. Aus diesem Grunde ist der InsVerw zur Meidung seiner Haftung (§ 60 Abs 1) verpflichtet, von dem Tage und der Tatsache der Niederlegung alle InsGl zu unterrichten.

11 Der Schu ist weder bei der Zurückweisung von Einwendungen noch bei der Anordnung der Berichtigung des Verzeichnisses beschwerdeberechtigt (§ 6 Abs 1).

III. Berücksichtigung der Gläubiger

12 InsGl, welche irrtümlich bei der Verteilung nicht berücksichtigt wurden, obgleich sie in der Liste aufgenommen oder nach Aufnahme irrtümlich gestrichen wurden, haben gegen die begünstigten InsGl keine Ansprüche aus **ungerechtfertigter Bereicherung** (§ 188 Rn 7).[8]

13 Besitzt ein InsGl mehrere InsFord, so sind bei Ausschüttungen des InsVerw §§ 366, 367 BGB nicht anzuwenden.[9]

---

6 *Uhlenbruck/Wegener* § 194 Rn 14.

7 *K Schmidt/Jungmann* § 194 Rn 7; MK/*Füchsl/Weishäupl/Kebekus/Schwarzer* § 194 Rn 16; *Uhlenbruck/Wegener* § 194 Rn 14.

8 *BGHZ* 91, 198, 205; MK/*Füchsl/Weishäupl/Kebekus/Schwarzer* § 188 Rn 23.

9 *BGH* ZIP 1985, 487, 490.

§ 195 Festsetzung des Bruchteils

(1) [1]Für eine Abschlagsverteilung bestimmt der Gläubigerausschuss auf Vorschlag des Insolvenzverwalters den zu zahlenden Bruchteil. [2]Ist kein Gläubigerausschuss bestellt, so bestimmt der Verwalter den Bruchteil.

(2) Der Verwalter hat den Bruchteil den berücksichtigten Gläubigern mitzuteilen.

Übersicht

I. Festsetzung des Bruchteils

1 Der **Prozentsatz** wird bestimmt, sobald alle Einwendungen gegen das Verteilungsverzeichnis erledigt sind, da erst danach feststeht, in welcher Höhe bei der **Abschlagsverteilung** InsFord zu berücksichtigen sind. Maßgeblich ist der in der **öffentlichen Bekanntmachung** (§ 188 S 3) als verfügbar genannte Betrag, da sich nur hierauf das EinwendungsVerf nach § 194 bezieht.

Der als verfügbar benannte Betrag muss bei Errechnung des Bruchteils nicht vollständig in der Regel-Abschlagsverteilung an die InsGl ausgeschüttet werden.[1]

2 **1. Bestimmung durch den Verwalter.** Ist **kein GlAusschuss** bestellt, wird der Bruchteil durch den InsVerw bestimmt (Abs 1 S 2).[2] Verzögert der InsVerw pflichtwidrig eine Abschlagsverteilung, kann das InsGer im Aufsichtswege (§ 58), notfalls durch Androhung von Zwangsgeldern, die Vornahme einer **gebotenen Abschlagsverteilung erzwingen** (vgl § 187 Rn 6).

3 **2. Rechte der Gläubiger.** Die InsGl können weder auf Auszahlung eines mitgeteilten Bruchteils,[3] Festsetzung des Bruchteils noch auf Bestimmung eines anderen Bruchteils klagen.

4 **3. Bestimmung durch den Gläubigerausschuss.** Besteht ein **GlAusschuss**, so bestimmt dieser auf Vorschlag des InsVerw die Abschlagsquote (Abs 1 S 1). Der GlAusschuss ist an den Vorschlag des InsVerw nicht gebunden,[4] wobei auch der GlAusschuss die öffentliche Bekanntmachung über den zur Verteilung verfügbaren Betrag (§ 188 S 3) zu berücksichtigen hat. Weicht der GlAusschuss vom Vorschlag des InsVerw ab und setzt einen höheren Bruchteil fest, für dessen Erfüllung nicht ausreichend Mittel zur Verfügung stehen, ist der InsVerw nicht verpflichtet, diesen Beschluss umzusetzen.[5]

5 **4. Änderung des Bruchteils.** Änderungen des Bruchteils sind aus wichtigen Gründen möglich. Einen wichtigen Grund stellt es nicht dar, dass nach Festsetzung des Bruchteils MasseGl Ansprüche geltend gemacht haben, da deren Befriedigung nur aus den Mitteln erfolgt, die nach Abschlagsverteilung verbleiben oder zusätzlich zur InsMasse realisiert werden (§ 206 Nr 1).

---

1 *Uhlenbruck/Wegener* § 195 Rn 6.
2 *K Schmidt/Jungmann* § 195 Rn 2.
3 MK/*Füchsl/Weishäupl/Kebekus/Schwarzer* § 195 Rn 9.
4 *Uhlenbruck/Wegener* § 195 Rn 3.
5 *Braun/Pehl* § 195 Rn 5.

II. Mitteilung an die Gläubiger

6 Die **Mitteilung** des **Bruchteils** an die InsGl kann mündlich, schriftlich zB auf dem Überweisungsbeleg oder durch öffentliche Bekanntmachung erfolgen.[6] Die Festsetzung wird wirksam, wenn wenigstens einem zu berücksichtigenden InsGl der Bruchteil mitgeteilt ist. Mit Wirksamwerden der Festsetzung des Bruchteils tritt der Ausschluss von MasseGl nach § 206 Nr 1 ein.

---

6 *Uhlenbruck/Wegener* § 195 Rn 9.

§ 196 Schlussverteilung

(1) Die Schlussverteilung erfolgt, sobald die Verwertung der Insolvenzmasse mit Ausnahme eines laufenden Einkommens beendet ist.

(2) Die Schlussverteilung darf nur mit Zustimmung des Insolvenzgerichts vorgenommen werden.

Übersicht

I. Voraussetzungen der Schlussverteilung

1 **Schlussverteilung** bedeutet die Ausschüttung der **gesamten** noch verfügbaren **Teilungsmasse.**[1]

Ein anhängiger Feststellungsprozess (§ 179 Abs 1) hindert ebensowenig wie ein noch nicht beendeter Aktivprozess die Schlussverteilung,[2] da die Anordnung einer Nachtragsverteilung (§ 203 Abs 1 und 2) möglich ist. Die Prozesskosten, einschl möglicher gegnerischer Kostenerstattungsansprüche, also das gesamte Prozesskostenrisiko, sind vor Schlussverteilung sicherzustellen und zurückzubehalten (§ 189 Abs 2).

2 **1. Zustimmung des Gläubigerausschusses.** Der InsVerw hat die **Zustimmung** des **GlAusschusses** (§ 187 Abs 3 S 2) einzuholen. Die Zustimmung des GlAusschusses ersetzt nicht dessen Bemerkungen zur Schlussrechnung iSv § 66 Abs 2 S 2.

3 **2. Öffentliche Bekanntmachung.** Die Schlussverteilung erfolgt aufgrund des Verteilungsverzeichnisses (§ 188). Auch hier ist die Summe der zu berücksichtigenden Forderungen und der für die Schlussverteilung verfügbare Betrag **öffentlich bekannt** zu machen (§ 188 S 3).

4 **3. Zu berücksichtigende Forderungen.** Absonderungsberechtigte InsGl haben ihren Ausfall binnen zwei Wochen nach öffentlicher Bekanntmachung nachzuweisen (§§ 189 Abs 1, 190 Abs 1). Erfolgt der Nachweis des Ausfalles nicht rechtzeitig, wird die Forderung des absonderungsberechtigten InsGl bei der Schlussverteilung nicht berücksichtigt (§ 190 Abs 2 S 3).

---

1 *Uhlenbruck/Wegener* § 196 Rn 2; zur Verwertung von laufendem Einkommen *AG Duisburg* NZI 2001, 106, 107.
2 *BAG* KTS 1973, 269, 270.

Aufschiebend bedingte Forderungen werden bei der Schlussverteilung nur dann berücksichtigt, wenn ihnen ein Vermögenswert beizumessen ist (§ 191 Abs 2). 5

IRd Schlussverteilung werden InsGl, welche bei Abschlagsverteilungen nicht berücksichtigt wurden, bei Vorliegen der Voraussetzungen (§§ 189, 190) nachträglich berücksichtigt (§ 192). Eine Änderung des Schlussverzeichnisses ist möglich (§ 193). 6

Zu berücksichtigen, aber nicht auszuschütten sind Quotenanteile, die auf bestr Forderungen entfallen, wenn der Nachweis nach § 189 Abs 1 rechtzeitig geführt wird, oder die auf festgestellte Forderungen entfallen, gegen die der InsVerw gem § 767 ZPO vorgeht (§ 188 Rn 4). Der BGH fordert zudem Rückstellungen für VerfKosten der Wohlverhaltensperiode, wenn mit keinen weiteren Massezuflüssen zu rechnen ist.[3] 7

4. Zustimmung des Insolvenzgerichts. Die Vornahme der Schlussverteilung bedarf der **Zustimmung** des **InsGer** (Abs 2). 8

Die Zustimmung zur Schlussverteilung ist vom InsVerw spätestens bei Vorlage des Schlussverzeichnisses und der Schlussrechnung zu beantragen. Ist ein GlAusschuss bestellt, ist mit der Schlussrechnung auch dessen Stellungnahme (§ 66 Abs 2 S 2) einzureichen.

Dem **InsGer** obliegt eine **Prüfungspflicht**.[4] Das InsGer hat zu prüfen, ob die Voraussetzung nach Abs 1 und, sofern ein GlAusschuss bestellt ist, dessen Zustimmung vorliegen. Wegen der Rechnungsprüfungspflicht des InsGer vgl § 66 Abs 1 S 1. 9

Die Zustimmung erteilt das InsGer durch Beschl, welcher dem InsVerw zuzustellen ist. 10

Der Beschl über die Genehmigung oder Versagung der Schlussverteilung ist bei Entsch durch den Rechtspfleger mit der **sofortigen Erinnerung** (§ 11 Abs 2 S 1 RPflG) anfechtbar. Eine Entsch des Richters ist, gleichgültig ob er die Genehmigung erteilt oder versagt, durch keinen VerfBeteiligten, also auch nicht durch den InsVerw, anfechtbar. Die **sofortige Beschw** gegen die Entsch des Richters ist nicht gegeben (§ 6 Abs 1). 11

5. Widerruf der Zustimmung. Nur in Ausnahmefällen aus zwingenden, im Interesse der GlVersammlung liegenden Gründen ist der **Widerruf** der **Zustimmung** zur Schlussverteilung möglich,[5] zB, wenn noch in erheblichem Umfange Massegegenstände ermittelt wurden. 12

Nimmt der InsVerw die Schlussverteilung ohne Zustimmung des InsGer vor, ist die erfolgte Schlussverteilung den InsGl gegenüber wirksam. Für Nachteile der Beteiligten haftet der InsVerw persönlich (§ 60 Abs 1). 13

II. Durchführung der Schlussverteilung

Nach Zustimmung des InsGer zur Schlussverteilung und Abhaltung des Schlusstermins, wird die Schlussverteilung durch den InsVerw vorgenommen. Er errechnet die Quote und zahlt an die Gl aus. Die Auszahlung erfolgt auf der Grdl des Schlussverzeichnisses. IdR zahlt der InsVerw durch Überweisung aus, obgleich es sich um eine Holschuld des Gl handelt.[6] Das auch im Falle der Holschuld erforderliche Angebot der Leistung kann aufgr des Schlussverzeichnisses nur ggü dem Forderungsinhaber erfolgen. Ist der Gl verstorben, so ist der InsVerw verpflichtet, vor einer Hinterlegung der Quote beim Nachlassgericht Auskunft über mögliche Erben einzuholen (vgl § 188 Rn 1; 198 Rn 4).[7] 14

---

3 *BGH* ZIP 2015, 85 (Rn 15); *Lissner* ZInsO 2015, 489; *Holzer/Semmelbeck* NZI 2015, 354; abl *Hingerl/Rätzke* ZInsO 2015, 1309; *Reck* ZVI 2015, 161.
4 *Uhlenbruck/Wegener* § 196 Rn 23.
5 *AG Düsseldorf* ZIP 2006, 1107.
6 *Uhlenbruck/Wegener* § 196 Rn 29.
7 *KG* ZInsO 2015, 693, 694.

15 Bei Quoten im Cent-Bereich sind die Kosten der Überweisung oder der Scheckeinreichung höher als die Quote. In diesen Fällen kann auf eine Ausschüttung verzichtet und dem InsVerw auf Antrag diese Kleinbeträge als weiterer Auslagenersatz zugebilligt oder dem Schu überlassen (§ 203 Abs 3) werden.[8]

8 *Uhlenbruck/Wegener* § 196 Rn 29, § 198 Rn 12. **AA** MK/*Füchsl/Weishäupl/Kebekus/Schwarzer* § 196 Rn 15.

§ 197 Schlusstermin

(1) [1]Bei der Zustimmung zur Schlussverteilung bestimmt das Insolvenzgericht den Termin für eine abschließende Gläubigerversammlung. [2]Dieser Termin dient

1. zur Erörterung der Schlussrechnung des Insolvenzverwalters,

2. zur Erhebung von Einwendungen gegen das Schlussverzeichnis und

3. zur Entscheidung der Gläubiger über die nicht verwertbaren Gegenstände der Insolvenzmasse.

(2) Zwischen der öffentlichen Bekanntmachung des Termins und dem Termin soll eine Frist von mindestens einem Monat und höchstens zwei Monaten liegen.

(3) Für die Entscheidung des Gerichts über Einwendungen eines Gläubigers gilt § 194 Abs. 2 und 3 entsprechend.

Übersicht

I. Voraussetzungen des Schlusstermins

1 Nur bei Zustimmung des InsGer zur **Schlussverteilung** wird ein Termin zur abschließenden GlVersammlung – **Schlusstermin** – bestimmt.

II. Erörterung der Schlussrechnung

2 Die **Schlussrechnung** (§ 66) des InsVerw wird im Schlusstermin erörtert, nachdem das InsGer zuvor die Schlussrechnung geprüft und mit dem Prüfungsvermerk zur Einsicht der Beteiligten auf der Geschäftsstelle niedergelegt hat (§ 66 Abs 2 S 1 und 2). Auch wenn die Erörterungen ohne Einwendungen verbleiben, können die InsGl und der Schu nach dem Schlusstermin gegen die Schlussrechnung Einwendungen geltend machen und bis zum Ablauf der 3-jährigen Verjährungsfrist (§ 62 iVm § 195 BGB) Schadensersatzforderungen gegenüber dem InsVerw erheben.[1]

1 *Weitzmann* ZInsO 2007, 449.

1. Inhalt der Schlussrechnung. Die **Schlussrechnung** besteht aus dem **Schlussverzeichnis**, einer **Einnahmen- und Ausgabenrechnung** iVm einer **Schlussbilanz** sowie einem **Tätigkeitsbericht**. Eine reine Einnahmen- und Ausgabenrechnung oder eine Handels- oder Steuerbilanz stellen keine ordnungsgemäße Schlussrechnung dar. Die Schlussrechnung, insb der **Tätigkeitsbericht**, soll den InsGl einen Überblick über die entfaltete Tätigkeit des InsVerw geben. Es sind somit in dem Tätigkeitsbericht alle wesentlichen Ereignisse während des Abwicklungszeitraumes, also zB Behandlung der Aus- und Absonderungsrechte, geführte Aktiv- und Passivprozesse mit deren jeweiligen Erg, Anf und deren Erg für die InsMasse darzustellen. 3

2. Wechsel des Verwalters. Bei einem **Verwalterwechsel** zB nach §§ 57, 59 ist durch den **abgelösten InsVerw** für seinen Tätigkeitszeitraum Teil-Schlussrechnung zu legen.[2] Ist der InsVerw verstorben, sind dessen **Erben** im Rahmen ihrer Möglichkeiten zur Rechnungslegung verpflichtet.[3] 4

Der **neue InsVerw** ist zur Rechnungslegung aus der Zeit vor seiner Bestellung nicht verpflichtet. Gegen die Erben des verstorbenen InsVerw sind **Zwangsmaßnahmen** nach § 58 Abs 2 nicht möglich, wohl aber gegen den abgewählten oder entlassenen InsVerw.[4] Lediglich gegenüber dem entlassenen InsVerw lässt sich die Herausgabepflicht nach § 58 Abs 3 iVm Abs 2 erzwingen.[5] Gegen Erben eines verstorbenen InsVerw ist die Durchsetzung des Herausgabeverlangens nur durch Klage vor dem ordentlichen Gericht durch den neu bestellten InsVerw möglich. 5

III. Einwendungen gegen das Schlussverzeichnis

1. Einwendungen im Schlusstermin. Einwendungen gegen das Schlussverzeichnis sind im **Schlusstermin** geltend zu machen. Die **Einwendungen** müssen **mündlich** gegenüber dem InsGer erhoben werden,[6] auch wenn diese zuvor schriftsätzlich erhoben wurden. Die Einwendungen sind zu protokollieren.[7] Der Schu ist nicht einwendeberechtigt. InsGl, welche im Schlussverzeichnis übergangen sind und nicht spätestens im Schlusstermin Einwendungen gegen das Schlussverzeichnis erheben, sind mit ihren Forderungen im InsVerf, ebenso im Verf der **Restschuldbefreiung** (§ 292 Abs 1 S 2), **endgültig ausgeschlossen** und werden nicht berücksichtigt.[8] 6

Einwendungsberechtigt sind InsGl, welche Forderungen zur InsTabelle angemeldet haben, gleichgültig, ob die Forderungen bereits geprüft und/oder anerkannt sind. 7

Hat der InsVerw die Forderung des Gl schuldhaft in das Schlussverzeichnis nicht aufgenommen, haftet er dem Gl (§ 60). Ein evtl **Mitverschulden** des Gl ist gem § 254 BGB zu berücksichtigen.[9]

§ 194 Abs 2 und 3 gelten auch für die Schlussverteilung (Abs 3). Ordnet das Gericht die Berichtigung des Verzeichnisses an (§ 194 Abs 3 S 1), muss der InsVerw den Ablauf der 8

2 *Uhlenbruck/Mock* § 66 Rn 32.
3 MK/*Riedel* § 66 Rn 12; einschränkend *K Schmidt/Rigol* § 66 Rn 33; *Braun/Blümle* § 66 Rn 4.
4 MK/*Riedel* § 66 Rn 11; *Uhlenbruck/Mock* § 66 Rn 34.
5 *Uhlenbruck/Mock* § 66 Rn 34.
6 *Uhlenbruck/Wegener* § 197 Rn 9; *AG Krefeld* NZI 2001, 45; zu Einwendungen bei Eigenverwaltung *AG Duisburg* NZI 2006, 112.
7 MK/*Füchsl/Weishäupl/Kebekus/Schwarzer* § 197 Rn 7.
8 *BGHZ* 91, 198; *Gerbers/Pape* ZInsO 2006, 685; MK/*Füchsl/Weishäupl/Kebekus/Schwarzer* § 197 Rn 8; *Uhlenbruck/Wegener* § 197 Rn 12.
9 *Uhlenbruck/Wegener* § 197 Rn 12; zur fehlerhaften Aufnahme *Hahn* ZInsO 2010, 1056.

BeschwFrist (§ 194 Abs 3 S 2) vor Vornahme der Schlussverteilung abwarten oder den auf die Forderung des einwendenden InsGl entfallenden Bruchteil zurückhalten (§ 198).

9 **2. Versäumte Einwendungen.** **Versäumt** der InsGl die **Teilnahme** am Schlusstermin oder im Schlusstermin die Erhebung von Einwendungen, ist eine **Wiedereinsetzung** in den vorherigen Stand **unzulässig.**[10]

10 Der Schlusstermin hat **Präklusionswirkung**. Bei einer Nachtragsverteilung ist die InsFord des ausgeschlossenen InsGl nicht zu berücksichtigen. Die Präklusion ist **verfassungskonform** und verstößt nicht gegen Art 103 Abs 1 GG.[11] Der Gl kann nach VerfBeendigung seine Forderung gegen den Schu weiterverfolgen (§ 201), wobei allerdings die Einschränkung des § 294 zu beachten ist, sofern der Schu als natürliche Person die Restschuldbefreiung beantragt hat.

11 **3. Nachträglich angemeldete Forderungen.** Die **Verbindung** des **Schlusstermins** mit einem besonderen **Prüfungstermin** (§ 177 Abs 3 S 1) ist zulässig. Anerkennt der InsVerw im Schlusstermin die angemeldete Forderung, kann diese jedoch nicht in das Schlussverzeichnis aufgenommen werden.[12] In das auf der Geschäftsstelle niederzulegende Verteilungsverzeichnis nach § 188 dürfen nur festgestellte Forderungen aufgenommen werden. Erst im Schlusstermin oder nach Ablauf der Ausschlussfrist des § 189 Abs 1 festgestellte Forderungen sind von der Schlussverteilung und einer eventuellen Nachtragsverteilung ausgeschlossen.[13]

12 **Nachträglich angemeldete InsFord** sind vor Ablauf der Ausschlussfrist des § 189 Abs 1 entweder in einem besonderen Prüfungstermin oder im schriftlichen Verf zu prüfen. Der InsVerw ist gehalten, rechtzeitig auf die Anberaumung eines besonderen Prüfungstermins oder die Anordnung der Prüfung im schriftlichen Verf (§ 177 Abs 1 S 2) beim InsGer hinzuwirken.

IV. Entscheidung über nicht verwertbare Gegenstände

13 Die **BeschlFassung** über die **nicht verwertbaren Gegenstände** der InsMasse bei Abschluss des InsVerf hat den Zweck, den InsVerw von den Folgen einer aus GlSicht ungerechtfertigten Freigabe zu entlasten.[14] Die Unverwertbarkeit kann auf tatsächlichen oder auch rechtlichen Gründen beruhen. Fasst die GlVersammlung keinen Beschl für eine bestimmte Verwertungsart, gilt der Gegenstand als zugunsten des Schu freigegeben.[15]

14 Die GlVersammlung kann auch die **Übernahme** des Gegenstandes durch einen hierzu sich bereit erklärenden InsGl beschließen. Die Übernahme durch diesen InsGl kann gegen Entgelt, welches der InsMasse zusteht, oder bei entspr Beschl der GlVersammlung unentgeltlich erfolgen.

15 Hat der InsVerw während des Verf **einzelne Gegenstände** aus der InsMasse (§ 35) freigegeben, ist eine neuerliche BeschlFassung der GlVersammlung im Schlusstermin entbehrlich.

V. Bestimmung des Schlusstermins

16 Bei der **Bestimmung des Schlusstermins** ist zu berücksichtigen, dass bei Abhaltung des Schlusstermins sowohl die Ausschlussfrist nach § 189 Abs 1 als auch die Einwendungsfrist nach § 194 abgelaufen sein müssen.

---

10 *Uhlenbruck/Wegener* § 197 Rn 12.
11 *OLG Köln* KTS 1989, 447.
12 *Uhlenbruck/Wegener* § 197 Rn 17.
13 *BGH* NZI 2007, 401; *LG Frankfurt/Oder* ZInsO 2006, 1111.
14 *Uhlenbruck/Wegener* § 197 Rn 13.
15 MK/*Füchsl/Weishäupl/Kebekus/Schwarzer* § 197 Rn 10.

Eine **Vertagung** des Schlusstermins durch Beschl in der GlVersammlung ist **möglich**. Eine erneute öffentliche Bekanntmachung des Schlusstermins ist entbehrlich (§ 4 iVm § 218 ZPO). Obgleich die öffentliche Bekanntmachung ausreichend ist (§ 9 Abs 3), kann bei bes Bedeutung des Schlusstermins für alle VerfBeteiligten eine **gesonderte Ladung** der **InsGl** und des **Schu** erfolgen. Diese Ladung kann dem InsVerw übertragen werden (§ 8 Abs 3). **17**

VI. Entscheidung über Einwendungen

Über **Einwendungen** gegen Schlussrechnung und/oder Schlussverzeichnis entscheidet das InsGer durch im Termin verkündeten und begründeten Beschl. Dieser ist durch InsGl iF der Beschw mit der **sofortigen Beschw** anfechtbar (Abs 3).[16] Die BeschwFrist beträgt zwei Wochen (§ 569 Abs 1 S 1 ZPO). **18**

Erhebt der **Schu** Einwendungen, ist ihm ein **Rechtsmittel** nicht eröffnet (§ 6 Abs 1), da die Verweisung auf § 194 Abs 2 und 3 kraft gesetzlicher Definition nur für InsGl gilt. **19**

Wird im Schlusstermin die Berichtigung des Schlussverzeichnisses angeordnet, ist diese Entsch auf der Geschäftsstelle des InsGer niederzulegen. **Beschwerdeberechtigt** sind alle InsGl und der InsVerw (§ 194 Abs 3 S 2). **20**

VII. Besonderheiten bei Restschuldbefreiungsantrag

Hat der Schu **Antrag auf Restschuldbefreiung** gestellt (§ 287 Abs 1 S 1), können InsGl die Versagung der Restschuldbefreiung bis zum Schlusstermin oder bis zur Einstellung des InsVerf wegen Masseunzulänglichkeit (§ 211 S 1) schriftlich beantragen (§ 290 Abs 2 S 1 HS 1). Der Versagungsgrund ist glaubhaft zu machen (§ 290 Abs 2 S 1 HS 2). Antragsberechtigt sind alle InsGl, die ihre Forderung zur InsTabelle angemeldet haben (§ 290 Abs 2 S 1), auch wenn die Forderung bestr wurde. Die Erbringung des Nachweises gem § 189 Abs 1 ist nicht erforderlich.[17] Absonderungsberechtigte Gl sind antragsberechtigt, wenn sie ihren Ausfall glaubhaft gemacht haben.[18] **21**

Über die gestellten Versagungsanträge ist grundsätzlich **nach dem Schlusstermin** zu entscheiden.[19] Da das InsVerf kein Selbstzweck ist, soll im Interesse der Verfahrensbeteiligten bereits vor dem Schlusstermin über Versagungsanträge entschieden werden, die entweder offensichtlich unzulässig oder offensichtlich zulässig und begründet sind.[20] Ist das Vorliegen oder Nichtvorliegen eines Versagungsgrundes offensichtlich, so dient es der Rechtssicherheit und Rechtsklarheit, dass über den Versagungsantrag in angemessener Zeit entschieden wird. **22**

§ 198 Hinterlegung zurückbehaltener Beträge

Beträge, die bei der Schlussverteilung zurückzubehalten sind, hat der Insolvenzverwalter für Rechnung der Beteiligten bei einer geeigneten Stelle zu hinterlegen.

Übersicht

---

16 *AG Krefeld* NZI 2001, 45; *Uhlenbruck/Wegener* § 197 Rn 11; **aA** *AG Düsseldorf* NZI 2006, 113.
17 *BGH* 12.3.2015 – IX ZB 85/13 (Rn 10); *K Schmidt/Henning* § 290 Rn 18; **aA** noch 8. Aufl.
18 *BGH* 11.10.2012 – IX ZB 230/09 (Rn 14).
19 *Uhlenbruck/Sternal* § 290 Rn 127.
20 *AG Göttingen* NZI 2014, 1054; *Laroche/Siebert* NZI 2014, 541, 543; *Schmerbach/Semmelbeck* NZI 2014, 547, 550; HambKomm/Streck § 290 Rn 6 (bei „offensichtlicher" Unzulässigkeit). **AA** *Uhlenbruck/Sternal* § 290 Rn 127.

I. Insolvenzrechtliche Hinterlegung

1 Beträge, welche bei Vornahme der Schlussverteilung zurückzubehalten sind (§§ 189 Abs 2, 191), hat der InsVerw zu hinterlegen. Einer Zustimmung des InsGer bedarf es nicht. Die **Hinterlegung** muss nicht bei einer amtlichen Stelle iSv § 372 BGB erfolgen. Geeignet zur Hinterlegung iSv § 198 ist zB auch ein Sonderkonto des InsVerw. Hierdurch wird auch besser als bei einer amtlichen Hinterlegung dokumentiert, dass die zurückbehaltenen Beträge nach wie vor zur InsMasse (§ 35) gehören[1] und eventuell für eine **Nachtragsverteilung** (§ 203 Abs 1 Nr 1) zur Verfügung stehen.[2] Kann ein InsVerw eine Nachtragsverteilung oder Auszahlung nicht durchführen, weil er die Beträge nach §§ 362 ff BGB hinterlegt und auf sein Rücknahmerecht verzichtet hat, macht er sich schadensersatzpflichtig.[3]

2 Soweit Rückstellungen für VerfKosten der Wohlverhaltensperiode gebildet werden (§ 196 Rn 7),[4] sind diese ebenfalls iSv § 198 zu hinterlegen.

II. Hinterlegung nach § 372 BGB

3 Sind **Empfangsberechtigte** von Abschlags- oder Schlussverteilungsquoten **unbekannt**, sind diese Beträge nicht nach § 198 zu behandeln, sondern nach § 372 BGB zu hinterlegen.[5] Die Hinterlegung muss, damit die InsMasse befreit wird, unter **Verzicht** auf das **Recht** der **Rücknahme** (§§ 376, 378 BGB), erfolgen.

4 Ist der Gl verstorben, so ist der InsVerw verpflichtet, vor einer Hinterlegung der Quote beim Nachlassgericht Auskunft über mögliche Erben einzuholen (vgl § 188 Rn 1, § 196 Rn 14).[6]

§ 199 Überschuss bei der Schlussverteilung

[1]Können bei der Schlussverteilung die Forderungen aller Insolvenzgläubiger in voller Höhe berichtigt werden, so hat der Insolvenzverwalter einen verbleibenden Überschuss dem Schuldner herauszugeben. [2]Ist der Schuldner keine natürliche Person, so hat der Verwalter jeder am Schuldner beteiligten Person den Teil des Überschusses herauszugeben, der ihr bei einer Abwicklung außerhalb des Insolvenzverfahrens zustünde.

Übersicht

I. Voraussetzung einer Auskehrung des Überschusses

1 Voraussetzung der Auskehrung eines Überschusses an den Schu ist, dass zuvor InsGl mit nachrangigen Forderungen (§ 39) durch das InsGer zur Forderungsanmeldung aufgefordert waren (§ 174 Abs 3), diese geprüft (§ 177 Abs 2) und iRd Schlussverteilung getilgt wurden.

---

1 Vgl *BGH* 23.4.2015 – IX ZB 76/12 (Rn 6).
2 *BGH* ZIP 2015, 1311 (Rn 6).
3 *Jaeger/Meller-Hannich* § 198 Rn 9; *Uhlenbruck/Wegener* § 198 Rn 11.
4 *BGH* ZIP 2015, 85 (Rn 15); *Lissner* ZInsO 2015, 489; *Holzer/Semmelbeck* NZI 2015, 354; abl *Hingerl/Rätzke* ZInsO 2015, 1309; *Reck* ZVI 2015, 161.
5 *OLG Hamm* 10.3.2016 – 15 VA 4/16.
6 *KG* ZInsO 2015, 693, 694.

II. Juristische Personen oder Gesellschaften

Durch S 2 wird dem InsVerw bei einer juristischen Person oder einer Gesellschaft die Vornahme der **Liquidation** überbürdet. Er hat entspr der gesetzlichen oder hiervon abweichenden vertraglichen Regelungen den Liquidationserlös an die Gesellschafter auszuschütten. Eine gesonderte Liquidation nach Aufhebung des InsVerf wird hierdurch vermieden. 2

Wird der Anteil der Gesellschafter am Überschuss durch die möglicherweise überhöhte Verwaltervergütung gemindert, können die Gesellschafter selbst gem § 64 Abs 3 S 1 analog Beschw gegen die Vergütungsfestsetzung einlegen.[1] 3

---

1 *BGH* ZIP 2014, 587 (Rn 6).

§ 200 Aufhebung des Insolvenzverfahrens

(1) Sobald die Schlussverteilung vollzogen ist, beschließt das Insolvenzgericht die Aufhebung des Insolvenzverfahrens.

(2) [1]Der Beschluss und der Grund der Aufhebung sind öffentlich bekannt zu machen. [2]Die §§ 31 bis 33 gelten entsprechend.

Übersicht

I. Voraussetzung der Aufhebung

Die Aufhebung des InsVerf erfolgt erst nach Vornahme der **Schlussverteilung** (Abs 1) und deren Nachweis durch den InsVerw gegenüber dem InsGer. 1

IRd Nachweises der Schlussverteilung hat der InsVerw auch nachzuweisen, welche Beträge er gem § 198 iVm § 372 BGB hinterlegt hat. 2

II. Aufhebungsbeschluss

Der AufhebungsBeschl ist gem § 200 Abs 2 S 1 unter **Angabe** des **Grundes** „nach Vornahme der Schlussverteilung" öffentlich bekannt zu machen.[1] 3

III. Benachrichtigung von Behörden und Registern

Die Geschäftsstelle des InsGer hat denjenigen Behörden, welche von der InsEröffnung benachrichtigt wurden, von der Aufhebung des Verf Kenntnis zu geben (Abs 2 S 3 iVm § 31 Nr 1). 4

Soweit während des Verf keine Löschung erfolgt ist, hat auf **Antrag** des **InsVerw** durch das InsGer ein **Löschungsersuchen** bezüglich der Eintragung des InsEröffnungsBeschl im Grundbuch und im Register für Schiffe und Luftfahrzeuge zu erfolgen (Abs 2 S 3 iVm §§ 32 5

---

1 Zur Rechtslage bis 30.6.2007 vgl die 7. Aufl dieses Komm.

Abs 3 S 1, 33). Der InsVerw kann anstelle des InsGer selbst das Löschungsersuchen stellen (§ 32 Abs 3 S 2). Hierzu bleibt er auch nach Aufhebung des Verf legitimiert. Nach VerfAufhebung ist auch der Schu befugt, den Löschungsantrag zu stellen.[2]

IV. Rechtsfolge der Aufhebung

6 **1. Verwaltungs- und Verfügungsbefugnis.** Mit Aufhebung des Verf erlangt der Schu das **Verwaltungs- und Verfügungsrecht** zurück. Auch der Neuerwerb nach InsEröffnung gehört zur InsMasse (§ 35), so dass mit Ausnahme von Fällen der Restschuldbefreiung (§ 286), eine VerfBeendigung solange ausgeschlossen ist, wie Neuerwerb erfolgt und zur InsMasse fließt. Laufendes Einkommen aus selbstständiger oder unselbstständiger Tätigkeit hindert die Schlussverteilung und Aufhebung des Verf nicht (§ 196 Abs 1). Eine Anordnung der Nachtragverteilung (§ 203) scheidet aus, da mit Aufhebung des InsVerf der InsBeschlag (§ 35) endet.

7 **2. Prozessführungsbefugnis.** Der InsVerw bleibt hinsichtlich der Vermögensgegenstände, bezüglich derer Nachtragsverteilung angeordnet ist (§ 203 Abs 2), verwaltungs- und verfügungsberechtigt. Hierauf erstreckt sich auch die **fortdauernde Prozessführungsbefugnis,**[3] einschl der Fortführung von AnfKlagen, da der Rückgewähranspruch zur InsMasse gehört (§ 143 Abs 1 S 1).

8 Bei **sonstigen Prozessverfahren**, welche durch Eröffnung des InsVerf gem § 240 ZPO unterbrochen und vom InsVerw nicht aufgenommen wurden, erlangt der Schu mit Aufhebung des InsVerf die Prozessführungsbefugnis zurück.[4] Dies gilt auch für anhängige ProzessVerf, bezüglich derer keine Nachtragsverteilung angeordnet ist. Diese Verf werden wegen Verlustes der Prozessführungsbefugnis des InsVerw gem § 239 ZPO **unterbrochen,**[5] es sei denn, der InsVerw wurde anwaltlich vertreten; die Prozessvollmacht bleibt gem § 86 ZPO wirksam.[6]

9 **3. Geschäftsunterlagen.** Durch den InsVerw sind nach Aufhebung des Verf sämtliche **Geschäftsunterlagen**, welche zur InsMasse gehörten (§ 36 Abs 2 Nr 1), zurückzugeben.[7] Der Schu ist zur Rücknahme verpflichtet.[8] Ist der Schu dazu nicht bereit oder ist bei Kapitalgesellschaften nach der Löschung im Handelsregister kein organschaftlicher Vertreter vorhanden, leitet in der Praxis der InsVerw die Aufbewahrung in die Wege. Für die Verwahrungskosten und die späteren Vernichtungskosten sind in der Insolvenzschlussbilanz Rückstellungen zu bilden.[9]

V. Rechtskraft des Aufhebungsbeschlusses

10 Der **AufhebungsBeschl** ist für InsGl, Schu und InsVerw **unanfechtbar** (§ 6 Abs 1).

11 Ist bei Erlass des Aufhebungsbeschlusses über Einwendungen (§ 197 Abs 3 iVm § 194 Abs 2 und 3) noch nicht rechtskräftig entschieden, so werden die Einwendungen und das hiergegen gerichtete Rechtsmittel gegenstandslos,[10] da der AufhebungsBeschl mit Verkündung in **Rechtskraft** erwächst (§ 6 Abs 1). Die **Aufhebung** des Verf ist deshalb trotz vollzogener Schlussverteilung bis zur rechtskräftigen Erledigung von Einwendungen **aufzuschieben.**

---

2 *Uhlenbruck/Wegener* § 200 Rn 11.
3 *BGHZ* 83, 102, 103.
4 *BGH* 23.4.2015 – IX ZB 76/12 (Rn 7); *BFH* ZInsO 2012, 232.
5 *Uhlenbruck/Wegener* § 200 Rn 21.
6 *BGH* ZIP 23.4.2015 – IX ZB 76/12 (Rn 8); *Uhlenbruck/Wegener* § 200 Rn 22.
7 *OLG Stuttgart* ZIP 1998, 1880.
8 *Uhlenbruck/Wegener* § 200 Rn 30.
9 MK/*Hintzen* § 200 Rn 42 f; *Uhlenbruck/Wegener* § 200 Rn 30.
10 *OLG Frankfurt* ZIP 1991, 1365.

§ 201 Rechte der Insolvenzgläubiger nach Verfahrensaufhebung

(1) Die Insolvenzgläubiger können nach der Aufhebung des Insolvenzverfahrens ihre restlichen Forderungen gegen den Schuldner unbeschränkt geltend machen.

(2) [1]Die Insolvenzgläubiger, deren Forderungen festgestellt und nicht vom Schuldner im Prüfungstermin bestritten worden sind, können aus der Eintragung in die Tabelle wie aus einem vollstreckbaren Urteil die Zwangsvollstreckung gegen den Schuldner betreiben. [2]Einer nicht bestrittenen Forderung steht eine Forderung gleich, bei der ein erhobener Widerspruch beseitigt ist. [3]Der Antrag auf Erteilung einer vollstreckbaren Ausfertigung aus der Tabelle kann erst nach Aufhebung des Insolvenzverfahrens gestellt werden.

(3) Die Vorschriften über die Restschuldbefreiung bleiben unberührt.

Übersicht

I. Nachhaftung des Schuldners

1. Insolvenzforderungen. Das **freie Nachforderungsrecht** iSv § 164 Abs 1 KO bei natürlichen Personen bleibt trotz der Intensionen des Gesetzgebers bei der Restschuldbefreiung (§ 286) beibehalten. 1

2. Neuforderungen. Kein Fall der Nachhaftung ist es, dass der Schu für nach Eröffnung des InsVerf neu begründete Verbindlichkeiten haftet. Hier haftet er dem Gl mit seinem Neuvermögen.[1] 2

3. Masseverbindlichkeiten. Die Haftung des Schu für während des Verf begründete und nicht getilgte Masseverbindlichkeiten (§§ 53, 55) beschränkt sich grds auf die nach Aufhebung des Verf zurückerhaltenen Massegegenstände,[2] da sich das Verwaltungs- und Verfügungsrecht und somit auch die Verpflichtungsmöglichkeit des InsVerw nur auf das Massevermögen bezieht.[3] Für oktroyierte, nicht getilgte Masseverbindlichkeiten haftet der Schu auch nach Aufhebung des InsVerf unbeschränkt, da diese wie InsFord auf dem Handeln des Schu vor der InsEröffnung beruhen und eine Lösungsmöglichkeit des InsVerw nicht bestand.[4] 3

4. Fälligkeit von Insolvenzforderungen. Für die **Nachhaftung** ist maßgeblich der Eintrag in der InsTabelle, so dass verfahrensbedingte Forderungsumwandlungen (§§ 41 Abs 1, 46) bestehen bleiben.[5] Die Leistungsverpflichtung des Schu bestimmt sich nicht nach den ursprünglichen Vereinbarungen. Mit Beendigung des Verf entfällt nicht die Geltung der Abwicklungsregelungen für schwebende Geschäfte (§§ 103 ff). Dem stehen §§ 178 Abs 3, 4

---

1 *Uhlenbruck/Wegener* § 201 Rn 16.
2 *Uhlenbruck/Wegener* § 201 Rn 17.
3 *BGH* WM 1964, 1125.
4 *BGH* NZI 2007, 670; *OLG Stuttgart* NZI 2007, 527.
5 Ausf *Uhlenbruck/Wegener* § 201 Rn 8 ff; **aA** HambKomm/*Herchen* § 201 Rn 10 ff.

201 Abs 2 S 1 entgegen. Werden nicht fällige Forderungen (§ 41 Abs 1) und wiederkehrende Leistungen (§ 46) zur InsTabelle angemeldet und festgestellt, **haftet** wegen der Feststellung zur InsTabelle (§ 178 Abs 3) der Schu nach Aufhebung des Verf **unabhängig** von der ursprünglich **vereinbarten Fälligkeit**.[6]

II. Nachhaftung bei Schuldnerwiderspruch

5 Die Feststellung der InsFord zur Tabelle begründet nicht nur die Haftung der InsMasse, sondern auch den **Umfang** der **Nachhaftung**, da die Feststellung zur Tabelle wie ein vollstreckbarer Titel wirkt (§ 178 Abs 3). Die Rechtskraft der Feststellung zur Tabelle erstreckt sich auch auf den Rechtsgrund des Vorsatzdelikts,[7] so dass die Vollstreckung gem § 850f Abs 2 ZPO aufgrund des Tabellenauszugs zulässig ist (§ 174 Rn 9).[8] Hat der Schu im Prüfungstermin der angemeldeten Forderung dem Grunde oder der Höhe nach widersprochen (§ 178 Abs 2 S 2), so kann weder ein Auszug aus der Tabelle erteilt noch die Zwangsvollstreckung aufgrund eines Tabellenauszuges gegen den nachhaftenden Schu betrieben werden (Abs 2 S 1).[9] Der InsGl muss entweder nach Abschluss des Verfahrens gegen den Schu einen Titel erwirken oder während des InsVerf Feststellungsklage gegen den Schu erheben (§ 184). Hat der Schu lediglich dem Schuldgrund der **vorsätzlichen unerlaubten Handlung widersprochen**, steht dieser Widerspruch der Erteilung eines Tabellenauszugs nicht entgegen (§ 184 Rn 2).[10]

III. Vollstreckbarer Tabellenauszug

6 Wird der Widerspruch des Schu entweder durch Rücknahme des Widerspruchs (§ 178 Abs 2) oder durch Rechtskraft der Feststellungsklage (§ 184) beseitigt, hat auf Antrag des InsGl das InsGer einen **Tabellenauszug** zu erteilen. Auch nach Aufhebung des InsVerf kann in der Wohlverhaltensphase ein vollstreckbarer Tabellenauszug erteilt werden.[11]

7 **1. Früherer Vollstreckungstitel.** Für die **Vollstreckung** aus dem **Tabelleneintrag** und die **Erteilung** der **Vollstreckungsklausel** nach §§ 724, 750 ZPO gelten die allg Vorschriften.[12] Durch die Feststellung wird der frühere Vollstreckungstitel aufgebraucht.[13] Die Erteilung der vollstreckbaren Ausfertigung sollte jedoch von der Vorlage des Originaltitels abhängig gemacht werden, um zu verhindern, dass zusätzlich aus dem Originaltitel vollstreckt wird.[14] Einer **Vollstreckung** aus dem **Ursprungstitel** muss der Schu mit der **Vollstreckungsabwehrklage** gem § 767 ZPO begegnen.[15]

8 **2. Berücksichtigung von Ausschüttungen.** Bei dem Auszug aus der Tabelle sind **Quoten**, welche aufgrund Abschlags- und Schlussverteilung ausgeschüttet wurden, **abzusetzen**. Aus diesem Grunde ist der Antrag auf die Erteilung einer vollstreckbaren Ausfertigung aus der Tabelle erst nach Aufhebung des InsVerf möglich.[16] Ist die ausgeschüttete Quote nicht abgesetzt, so kann der Schu Vollstreckungsabwehrklage nach § 767 ZPO erheben.

---

6 IE auch MK/*Hintzen* § 201 Rn 13.
7 *LG Düsseldorf* ZInsO 2009, 1542; *LG Essen* 7.4.2017 – 10 T 103/17.
8 *LG Essen* 7.4.2017 – 10 T 103/18; **aA** *AG Köln* 1.12.2016 – 73 IN 485/15.
9 Zur Nachlassinsolvenz *OLG Frankfurt* ZInsO 2014, 1761; *BGH* ZIP 2014, 134 (Rn 18).
10 *BGH* ZIP 2014, 1185; NZI 2014, 507 (Rn 13); BeckRS 2013, 17289; *LG Köln* NZI 2012, 682, 683; *K Schmidt/Jungmann* § 201 Rn 4. Krit *Lissner* ZVI 2014, 368.
11 *LG Tübingen* NZI 2006, 647; *LG Leipzig* NZI 2006, 603; *LG Göttingen* NZI 2005, 689.
12 MK/*Hintzen* § 201 Rn 29.
13 *K Schmidt/Jungmann* § 201 Rn 5; *Uhlenbruck/Wegener* § 201 Rn 22.
14 *Uhlenbruck/Wegener* § 201 Rn 22.
15 *BGH* NZI 2006, 173, 174. AA MK/*Hintzen* § 201 Rn 38: Vollstreckungserinnerung, § 766 ZPO.
16 *Uhlenbruck/Wegener* § 201 Rn 29; MK/*Hintzen* § 201 Rn 33.

IV. Nicht angemeldete Forderungen

Sind Forderungen zur Tabelle nicht angemeldet oder festgestellt worden, so werden diese durch das InsVerf nicht berührt. Die Forderungen behalten ihren ursprünglichen Inhalt bei.[17] Dies gilt insb auch für titulierte Forderungen. Aus einem Vollstreckungstitel kann, solange kein „neuer“ Titel durch Anerkenntnis zur Tabelle entstanden ist, nach Aufhebung des Verf gegen den Schu vollstreckt werden. 9

Nicht angemeldete und nicht titulierte Forderungen können nach Aufhebung des InsVerf erneut klageweise gegen den Schu geltend gemacht werden.[18] Ein Rechtsschutzbedürfnis besteht zumindest für die Hemmung der Verjährung. Das Erkenntnisverfahren ist nicht durch das Vollstreckungsverbot des § 294 Abs 1 ausgeschlossen. 10

V. Besonderheiten bei Restschuldbefreiungsantrag

Die **Nachhaftung** nach Abs 1 tritt nicht ein, wenn die Restschuldbefreiung beantragt war (§ 287 Abs 1 S 1), die Restschuldbefreiung erteilt (§ 300 Abs 1) und nicht widerrufen wird (§ 303 Abs 1). Die **erteilte** und nicht widerrufene **Restschuldbefreiung wirkt gegenüber allen InsGl**, gleichgültig, ob sie ihre Forderung zur Tabelle angemeldet haben (§ 301 Abs 1) oder passiv blieben. Die Vollstreckbarkeit von Titeln auch aus der Zeit vor InsEröffnung ist in diesen Fällen ausgeschlossen. Eine **Nachhaftung** für InsFord und **nicht getilgte Masseverbindlichkeiten** scheidet aus. 11

17 *Uhlenbruck/Wegener* § 201 Rn 15.
18 *BGH* NJW 2008, 1440; *LSG Baden-Württemberg* 27.4.2016 – L 5 R 2004/14..

§ 202 Zuständigkeit bei der Vollstreckung

(1) Im Falle des § 201 ist das Amtsgericht, bei dem das Insolvenzverfahren anhängig ist oder anhängig war, ausschließlich zuständig für Klagen:

1. auf Erteilung der Vollstreckungsklausel;
2. durch die nach der Erteilung der Vollstreckungsklausel bestritten wird, dass die Voraussetzungen für die Erteilung eingetreten waren;
3. durch die Einwendungen geltend gemacht werden, die den Anspruch selbst betreffen.

(2) Gehört der Streitgegenstand nicht zur Zuständigkeit der Amtsgerichte, so ist das Landgericht ausschließlich zuständig, zu dessen Bezirk das Insolvenzgericht gehört.

Übersicht

I. Erteilung der vollstreckbaren Ausfertigung

Die Erteilung der vollstreckbaren Ausfertigung aus der Tabelle ist erst nach **Aufhebung** des **Verf** zulässig (§ 201 Rn 8). Ein früherer Antrag ist unzulässig.[1] 1

1 *Uhlenbruck/Wegener* § 201 Rn 29; MK/*Hintzen* § 201 Rn 33.

II. Klauselerteilung

2 Die Vollstreckungsklausel erteilt der Urkundsbeamte der Geschäftsstelle (§ 724 Abs 2 ZPO iVm § 4). Die Erteilung der Klausel für und gegen den **Rechtsnachfolger** ist zulässig (§§ 727, 730 ZPO).

3 Klagen auf Erteilung der Vollstreckungsklausel (§ 731 ZPO) und Vollstreckungsabwehrklagen (§§ 768, 767 ZPO) sind bei dem ausschließlichen Gerichtsstand des AG des InsVerf oder dem übergeordneten LG zu erheben (Abs 2).[2]

2 *Jaeger/Meller-Hannich* § 202 Rn 10.

§ 203 Anordnung der Nachtragsverteilung

(1) Auf Antrag des Insolvenzverwalters oder eines Insolvenzgläubigers oder von Amts wegen ordnet das Insolvenzgericht eine Nachtragsverteilung an, wenn nach dem Schlusstermin

1. zurückbehaltene Beträge für die Verteilung frei werden,
2. Beträge, die aus der Insolvenzmasse gezahlt sind, zurückfließen oder
3. Gegenstände der Masse ermittelt werden.

(2) Die Aufhebung des Verfahrens steht der Anordnung einer Nachtragsverteilung nicht entgegen.

(3) [1]Das Gericht kann von der Anordnung absehen und den zur Verfügung stehenden Betrag oder den ermittelten Gegenstand dem Schuldner überlassen, wenn dies mit Rücksicht auf die Geringfügigkeit des Betrags oder den geringen Wert des Gegenstands und die Kosten einer Nachtragsverteilung angemessen erscheint. [2]Es kann die Anordnung davon abhängig machen, dass ein Geldbetrag vorgeschossen wird, der die Kosten der Nachtragsverteilung deckt.

Übersicht

I. Zulässigkeit der Nachtragsverteilung

1 Die Nachtragsverteilung erfolgt nur aufgrund einer Anordnung des InsGer. Eines **förmlichen Antrags** bedarf es **nicht**. Antragsberechtigt – besser anregungsberechtigt – sind InsVerw und jeder InsGl (Abs 1). Die Anordnung kann bereits vor Aufhebung des Verf iSv § 201 Abs 1 erfolgen (Abs 2) und ist von der Beendigung des Schlusstermins an möglich.[1] Die Anordnung einer Nachtragsverteilung ist auch im VerbrInsVerf zulässig.[2]

2 Die **Anordnung** der **Nachtragsverteilung** bewirkt, dass die **Verwaltungs- und Verfügungsbefugnis** des InsVerw bezüglich der der Anordnung zugrunde liegenden Vermögensgegenstände erhalten bleibt.

1 *BGH* NZI 2005, 395.
2 *BGH* NJW-RR 2006, 262.

II. Massezuflüsse für Nachtragsverteilungen

Frei werdende Beträge (Abs 1 Nr 1) sind diejenigen, welche zurückbehalten wurden (§ 198). Wird rechtskräftig ein Feststellungsprozess (§§ 180 Abs 1 S 1, 189 Abs 1) zugunsten der Ins-Masse entschieden, wird der zurückbehaltene Anteil für eine Nachtragsverteilung frei (§ 189 Rn 8). Gleiches gilt, wenn ein InsGl, für dessen Forderung die Quote hinterlegt wurde, auf seine Forderung verzichtet sowie für hinterlegte oder zurückgestellte streitige Masseansprüche, sofern sich der Masseanspruch als unbegründet erweist. 3

Zur Verteilung zu bringen sind auch solche Beträge, welche nach Auszahlung zur Masse zurückfließen (Abs 1 Nr 2). Dies gilt insb für Fälle, in denen irrtümlich auf eine Forderung eine Quote oder eine zu hohe Quote ausbezahlt wurde.[3] 4

Wird die durch das InsGer dem InsVerw festgesetzte Vergütung (§ 64 Abs 1) durch das Rechtsmittelgericht (§ 64 Abs 3) auf Beschw hin abgeändert und hat infolge dessen der InsVerw bereits entnommene Vergütungsteile und Zinsen ab Entnahme[4] der InsMasse zu erstatten, so unterliegen auch diese Beträge einer Nachtragsverteilung. 5

Für eine Nachtragsverteilung kommen auch solche Vermögensverwerte in Betracht, die erst nach Schlussverteilung und/oder Aufhebung des InsVerf ermittelt wurden (Abs 1 Nr 3, Abs 2). Hierunter fallen etwa Vermögenswerte, die dem InsVerw unbekannt geblieben waren und von denen er nachträglich Kenntnis erhielt,[5] obgleich sie zur InsMasse gehörten (§ 35).[6] In der Praxis handelt es sich meist um unbekanntes **Auslandsvermögen**, welches aufgrund des **Universalitätsprinzips** zur inländischen InsMasse gehört. Gegenstände werden aber auch dann nachträglich ermittelt, wenn der InsVerw sie zunächst nicht für verwertbar hielt und deswegen nicht zur Masse gezogen hat,[7] etwa bei Eintritt des Versicherungsfalls bei einer Risikolebensversicherung[8] oder Freiwerden der Mietkaution[9] während der Wohlverhaltensphase. Hat der InsVerw einen Gegenstand, etwa wegen wertausschöpfender Belastung, aus der InsMasse freigegeben, kommt eine Nachtragsverteilung nicht in Betracht,[10] wobei die Freigabe eines Grundstücks nicht per se auch die Freigabe etwaiger Eigentümerpfandrechte umfasst.[11] Höchstpersönliche Anspr unterliegen nicht der Nachtragsverteilung.[12] Die Massezugehörigkeit ist vom InsGer, ggf durch Beweiserhebung (§ 5 Abs 1), zu ermitteln.[13] 6

---

3 *Uhlenbruck/Wegener* § 203 Rn 10.
4 MK-ZPO/*Gätz* § 717 Rn 31.
5 *Uhlenbruck/Wegener* § 203 Rn 11a.
6 *LG Münster* 25.8.2016 – 5 T 458/16 zum Abfindungsanspruch gem § 5 Abs 1 S 3 VersAusglKassG.
7 *BGH* ZIP 2015, 281 (Rn 17); NZI 2014, 1064 (Rn 8); ZIP 2014, 2305; NJW-RR 2006, 262; NZI 2008, 177. Zur privaten Altersvorsorge *Engelmann* ZInsO 2015, 1133.
8 *BGH* ZIP 2015, 281 (Rn 17).
9 *BGH* NZI 2014, 1064 (Rn 8). Vgl hierzu aber *BGH* 16.3.2017 – IX ZB 45/15 iFd Abgabe der Enthaftungserklärung durch den InsVerw.
10 *LG Dortmund* ZInsO 2010, 1615, 1616.
11 *BGH* 27.4.2017 – IX ZB 93/16.
12 *BGH* ZIP 2014, 1235 zu Entschädigungszahlungen wg sexuellen Missbrauchs. Zust *Hergenröder* VuR 2015, 301.
13 *BGH* ZInsO 2013, 1409.

III. Beschlagnahmewirkung der Anordnung

7 Soweit die Nachtragsverteilung vorbehalten blieb, besteht die Verwaltungs- und Verfügungsbefugnis einschl der **Prozessführungsbefugnis** für den InsVerw weiter.[14]

8 Ist die **Nachtragsverteilung nicht vorbehalten**, sind zurückfließende Beträge und nachträglich ermittelte Gegenstände (Abs 1 Nr 2 und 3) zunächst mit Aufhebung des InsVerf (§ 201 Abs 1) frei geworden mit der Folge, dass hierein jegliche InsGl des Schu Zwangsvollstreckungsmaßnahmen ausbringen können. Erst mit Anordnung der Nachtragsverteilung greift wiederum das alleinige **Verwaltungs- und Verfügungsrecht** des InsVerw ein.[15] Die **Beschlagnahmewirkung** setzt die Zustellung des Anordnungsbeschluss (§ 204 Abs 1 S 1) voraus. Die Wirkung tritt **ex nunc** ein.

IV. Anordnung der Nachtragsverteilung

9 Bei **Anordnung** der Nachtragsverteilung besitzt das InsGer ein **Ermessen** (Abs 3 S 1). Ist die Nachtragsverteilung angesichts einer minimalen Nachtragsverteilungsquote unwirtschaftlich, so ist der Betrag oder Gegenstand dem Schu zu überlassen, was gleichbedeutend mit einer Freigabe nach § 197 Abs 1 Nr 3 ist.[16] Es ist eine auf den Einzelfall bezogene wirtschaftliche Betrachtung erforderlich. Die frühere Praxis, nachträglich zur Masse gelangte Beträge bei unwirtschaftlicher Verteilung dem InsVerw als **weitere Vergütung** zuzubilligen, ist unzulässig.[17] Entweder ist zugunsten der InsGl die Nachtragsverteilung vorzunehmen oder der Betrag oder Gegenstand dem Schu zu überlassen.

10 Sind die Kosten der Nachtragsverteilung so hoch, dass sie durch die frei werdenden Beträge, Rückfluss oder Ermittlung von Gegenständen nicht gedeckt oder nach Abzug der Kosten der verbleibende Restbetrag oder die ermittelten Gegenstände wertmäßig so gering sind, dass sich eine Nachtragsverteilung wirtschaftlich nicht lohnt, kann dem antragstellenden **InsGl** die Leistung eines die Kosten der Nachtragsverteilung deckenden Betrages (**Vorschusses**) auferlegt werden (Abs 3 S 2). Praktische Bedeutung wird diese Norm nicht entfalten, da nicht vorstellbar ist, dass InsGl die Kosten einer Nachtragsverteilung im Interesse aller InsGl bevorschussen. Er wird in diesem Falle eine **Nachtragsverteilung vermeiden** und in die ermittelten oder frei gewordenen Gegenstände aus dem Tabellenauszug (§ 201 Abs 2 S 1) die Einzelzwangsvollstreckung vornehmen.

11 Der **AnordnungsBeschl** ist nach § 9 Abs 1 **öffentlich bekannt zu machen** (§ 206 Nr 3).

12 Die Nachtragsverteilung wird nach Einstellung (§ 211) angeordnet, wenn Gegenstände der InsMasse ermittelt werden (§ 211 Abs 3).[18]

§ 204 Rechtsmittel

(1) [1]Der Beschluss, durch den der Antrag auf Nachtragsverteilung abgelehnt wird, ist dem Antragsteller zuzustellen. [2]Gegen den Beschluss steht dem Antragsteller die sofortige Beschwerde zu.

14 *BGH* ZInsO 2015, 1396; *BFH* ZInsO 2012, 883 (Rn 13); *BGHZ* 83, 102. Zu Steuererstattungsansprüchen *Nayel* ZInsO 2011, 153.

15 *BGH* ZInsO 2015, 634; *Uhlenbruck/Wegener* § 203 Rn 18.

16 *LG München I* 22.8.2017 – 14 T 11732/17.

17 *Uhlenbruck/Wegener* § 203 Rn 30.

18 *BGH* ZInsO 2014, 340; ZInsO 2006, 1105; **aA** zur Einstellung mangels Masse *LG Marburg* ZIP 2003, 729. Keine Nachtragsverteilung nach InsPlan, *OLG Celle* ZVI 2007, 321; vgl auch *Hingerl* ZInsO 2007, 870.

(2) [1]Der Beschluss, durch den eine Nachtragsverteilung angeordnet wird, ist dem Insolvenzverwalter, dem Schuldner und, wenn ein Gläubiger die Verteilung beantragt hatte, diesem Gläubiger zuzustellen. [2]Gegen den Beschluss steht dem Schuldner die sofortige Beschwerde zu.

Übersicht

I. Ablehnungsbeschluss

Die Zustellung eines Beschl, mit welchem die Anordnung der beantragten Nachtragsverteilung abgelehnt wird, an den ASt ist eine Selbstverständlichkeit (Abs 1 S 1). 1

Gegen den ablehnenden Beschl ist das Rechtsmittel der **sofortigen Beschw** (Abs 1 S 2 iVm § 6 Abs 1)[1] zugelassen. Hat der InsVerw oder InsGl nur die Anordnung vAw angeregt, ist die sofortige Beschw unzulässig.[2] 2

II. Anordnungsbeschluss

Der AnordnungsBeschl ist dem antragstellenden InsGl, dem InsVerw und dem Schu zuzustellen (Abs 2 S 1) und öffentlich bekannt zu machen (§ 206 Nr 3). Eine gesonderte Zustellung nach Abs 2 S 1 an die Beteiligten ist entbehrlich (§ 9 Abs 3). Lediglich dem Schu, jedoch nicht dem InsVerw oder den InsGl, steht das Recht der **sofortigen Beschw** zu (Abs 2 S 2 iVm § 6 Abs 1).[1] Das Beschwerderecht für den Schu ist konsequent, da er an einer Anordnung der Nachtragsverteilung kein Interesse besitzt, sondern im Gegenteil interessiert ist, dass möglichst viele Vermögenswerte nicht der allgemeinen GlBefriedigung zugeführt werden. 3

§ 205 Vollzug der Nachtragsverteilung

[1]Nach der Anordnung der Nachtragsverteilung hat der Insolvenzverwalter den zur Verfügung stehenden Betrag oder den Erlös aus der Verwertung des ermittelten Gegenstands auf Grund des Schlussverzeichnisses zu verteilen. [2]Er hat dem Insolvenzgericht Rechnung zu legen.

Übersicht

I. Zuständigkeit

Die **Nachtragsverteilung obliegt** nach Anordnung dem **bisherigen InsVerw.** Nach Aufhebung des Verf (§ 201 Abs 1) kann jedoch das InsGer zur Vornahme der Nachtragsverteilung einen **neuen InsVerw** bestellen, insb, wenn ein von dem früheren InsVerw zu leistender Schadensersatz an die InsGl zu verteilen ist. 1

1 *BGH* BeckRS 2011, 02579.
2 *BGH* ZIP 2015, 281.

II. Grundlage für die Nachtragsverteilung

2 Die Verteilung erfolgt aufgrund des **Schlussverzeichnisses** (§§ 188, 197 Abs 1 Nr 2). Eine mit dem Schlussverzeichnis verbundene **Präklusion** ist nicht mehr zu korrigieren. Es findet kein Verf statt, in dem über die Berücksichtigung oder nachträgliche Berücksichtigung von InsFord verhandelt wird.[1] Verspätet bekannt gewordene Masseforderungen (§ 206 Nr 3) sind iRd angeordneten Nachtragsverteilung zu berücksichtigen.

3 Die Nachtragsverteilung erfolgt aufgrund des ggf nach §§ 189 Abs 1, 194 Abs 3 berichtigten Schlussverzeichnisses. Obgleich es sich um eine Verteilung handelt, ist eine gesonderte Niederlegung des Verzeichnisses auf der Geschäftsstelle entbehrlich (§ 188 S 2), da Änderungen des Schlussverzeichnisses nach Berücksichtigung von Einwendungen nicht mehr möglich sind. Andererseits ist die öffentliche Bekanntmachung (§ 188 S 3) durch den InsVerw vorzunehmen.

III. Vergütung des Verwalters

4 Für die Durchführung der **Nachtragsverteilung** sind dem **InsVerw gesondert Vergütung** und Auslagen **zu bewilligen**, sofern iRd Vergütungsfestsetzung bei dem Wert der InsMasse (§ 63 S 2) der Wert der einer Nachtragsverteilung unterliegenden Vermögenswerte nicht berücksichtigt wurde.[2] Die Auslagen sind dem InsVerw auf jeden Fall gesondert festzusetzen (§ 6 Abs 1 S 2 InsVV).

IV. Rechnungslegung

5 Nach **Vollzug** der **Nachtragsverteilung** hat der InsVerw gegenüber dem InsGer Rechnung zu legen (S 2). Die **Prüfungspflicht** obliegt allein dem InsGer, auch wenn ein GlAusschuss bestand, da dessen Amt und seine Befugnisse mit Aufhebung des InsVerf beendet sind; eine Zustimmung ist jedoch erforderlich, wenn der GlAusschuss ausnahmsweise noch im Amt ist.[3] Auch die Zuständigkeit einer GlVersammlung zur Abnahme der Rechnung über die Nachtragsverteilung ist nicht gegeben.

6 Der InsVerw haftet iRd Tätigkeit anlässlich der Nachtragsverteilung gegenüber allen Beteiligten (§ 60 Abs 1 S 1) iF mangelnder Sorgfalt.[4]

V. Durchführung der Nachtragsverteilung

7 Die **Vornahme** der **Nachtragsverteilung** erfolgt durch Auszahlung der Nachtragsverteilungsquote an die aus dem Schlussverzeichnis, mit Berücksichtigung eventueller Änderungen auf Grund rechtskräftig entschiedener Einwendungen, ersichtlichen InsGl. Nach wie vor auch bei der Nachtragsverteilung zurückzubehaltende Beträge sind bei einer geeigneten Stelle zu hinterlegen (§ 198). Für **unbekannte Berechtigte** ist die amtl Hinterlegung (§ 372 BGB) unter Verzicht auf das Recht der Rücknahme (§§ 376, 378 BGB) vorzunehmen (vgl § 198 Rn 4). IRd Rechnungslegung sind die hinterlegten Beträge dem InsGer nachzuweisen.

---

1 *OLG Frankfurt* ZIP 1991, 1365.
2 *BGH* NZI 2011, 906; *Uhlenbruck/Wegener* § 205 Rn 6.
3 *K Schmidt/Jungmann* § 205 Rn 2.
4 *Uhlenbruck/Wegener* § 205 Rn 8.

§ 206 Ausschluss von Massegläubigern

Massegläubiger, deren Ansprüche dem Insolvenzverwalter
1. bei einer Abschlagsverteilung erst nach der Festsetzung des Bruchteils,
2. bei der Schlussverteilung erst nach der Beendigung des Schlusstermins oder
3. bei einer Nachtragsverteilung erst nach der öffentlichen Bekanntmachung

bekannt geworden sind, können Befriedigung nur aus den Mitteln verlangen, die nach der Verteilung in der Insolvenzmasse verbleiben.

Übersicht

I. Ausschluss von Massegläubigern

§ 206 bezieht sich ausschließlich auf Ansprüche von MasseGl, deren Ansprüche grds unabhängig vom VerteilungsVerf vorweg zu berichtigen sind (§ 53). 1

Forderungen von MasseGl, die dem InsVerw erst nach einer Verteilung bekannt werden, können nur aus dem nach erfolgter Verteilung (**Abschlags-, Schluss-, Nachtragsverteilung**) vorhandenen Massebestand Befriedigung verlangen. 2

Bei **zweifelhaften Ansprüchen** hat der InsVerw vor der jeweiligen Verteilung den zur Erfüllung erforderlichen Betrag zurückzuhalten und von der Verteilung auszunehmen. Da die Forderung des jeweiligen MasseGl dem InsVerw bekannt ist, haftet er (§ 60 Abs 1 S 1) dem MasseGl gegenüber, wenn dieser wegen der Befriedigungsbeschränkung des § 206 einen Nachteil (**Forderungsausfall**) erleidet. 3

II. Wirkung des Ausschlusses

Der **Ausschluss** wirkt zugunsten der InsMasse und der InsGl. Gegen den Schu kann der MasseGl seinen Anspruch weiterhin geltend machen. Die Haftung ist jedoch beschränkt auf die nach Aufhebung des InsVerf dem Schu zurückgegebene InsMasse, es sei denn, es handelt sich um oktroyierte Masseverbindlichkeiten (vgl § 201 Rn 3).[1] 4

Da der Ausschluss von der Teilnahme an der Verteilung jeweils nach den einzelnen **Verteilungsschritten differenziert**, wird ein MasseGl durch die Schlussverteilung nicht ausgeschlossen, wenn anschließend noch eine Nachtragsverteilung erfolgt. Vor Ausschüttung in der Regel Nachtragsverteilung an die InsGl (§ 205) sind die bis dahin bekannt gewordenen Ansprüche der MasseGl vorab (§ 53) zu befriedigen. 5

Dritter Abschnitt
Einstellung des Verfahrens

Vorbemerkung zu §§ 207–216

Literatur: *D Busch* Der Insolvenzverwalter und die Überwindung der Massearmut, 2005; *Kögel* Die Rechtsfolgen der Masseunzulänglichkeitsanzeige auf beiderseitig nicht oder nicht vollständig erfüllte Verträge – die analoge Anwendbarkeit der §§ 103 ff InsO, 2007; *Kröpelin* Die massearme Insolvenz, 2003; *Schröder* Die Abwicklung der masseunzulänglichen Insolvenzverfahren, 2010.

---

1 *BGH* NZI 2007, 670; *OLG Stuttgart* NZI 2007, 527.

1 In der InsO wird von der **„Einstellung des Verfahrens“** gesprochen, wenn ein eröffnetes InsVerf vorzeitig beendet wird, weil sein Hauptzweck – die gemeinschaftliche Befriedigung der InsGl – nicht erreicht werden kann. Der wichtigste Einstellungsgrund ist die Massearmut; dabei unterscheidet die InsO – anders als das frühere Recht – zwischen der „Einstellung mangels Masse“ (§ 207), bei der das Verf wegen Masselosigkeit abgebrochen wird, und der „Einstellung nach Anzeige der Masseunzulänglichkeit“ (§ 211), bei der das Vermögen des Schu vor der Einstellung verwertet und unter den MasseGl verteilt wird.[1] Etwa 10–20 % der eröffneten UnternehmensInsVerf werden aus diesen Gründen eingestellt.[2] Andere Einstellungsgründe sind der Wegfall des Eröffnungsgrundes (§ 212) und die Zustimmung der Gl (§ 213).

2 Der Terminus **„Aufhebung des Verfahrens“** bezeichnet dagegen die ordnungsgemäße Beendigung nach der Schlussverteilung (§ 200) oder nach der Bestätigung eines InsPlans (§ 258). Allerdings wird auch die VerfBeendigung nach Aufhebung des EröffnungsBeschl durch ein übergeordnetes Gericht so genannt (§ 34 Abs 3).

§ 207 Einstellung mangels Masse

(1) [1]Stellt sich nach der Eröffnung des Insolvenzverfahrens heraus, dass die Insolvenzmasse nicht ausreicht, um die Kosten des Verfahrens zu decken, so stellt das Insolvenzgericht das Verfahren ein. [2]Die Einstellung unterbleibt, wenn ein ausreichender Geldbetrag vorgeschossen wird oder die Kosten nach § 4a gestundet werden; § 26 Abs. 3 gilt entsprechend.

(2) Vor der Einstellung sind die Gläubigerversammlung, der Insolvenzverwalter und die Massegläubiger zu hören.

(3) [1]Soweit Barmittel in der Masse vorhanden sind, hat der Verwalter vor der Einstellung die Kosten des Verfahren, von diesen zuerst die Auslagen, nach dem Verhältnis ihrer Beträge zu berichtigen. [2]Zur Verwertung von Massegegenständen ist er nicht mehr verpflichtet.

Übersicht

I. Gesetzgebungshinweise

1 Die KO enthielt in § 204 nur eine sehr unvollkommene Regelung der Einstellung bei Massearmut. Insb war misslich, das nach der herrschenden Auslegung der Vorschrift eine geordnete Durchführung des Verf nur erfolgen konnte, wenn die Konkursmasse ausreichte, um

---

1 Vgl zu dieser Unterscheidung *K/P/B/Pape* § 207 Rn 7 f. Krit zur Konzeption des Gesetzes *Jaeger/Windel* § 207 Rn 9 f.

2 So das Ergebnis einer Untersuchung für die Eröffnungsjahre 2002-2007 in NRW, *Kranzusch* ZInsO 2009, 1513.

neben den VerfKosten noch zahlreiche weitere Masseverbindlichkeiten abzudecken.[1] § 207 InsO ist dagegen, auch wenn er in Abs 1 und 2 äußerlich weitgehend mit § 204 KO übereinstimmt, **Teil einer umfassenderen Regelung**, die im Zusammenhang betrachtet werden muss. Neben der (unverzüglichen) Einstellung eines Verf, bei dem nicht einmal die Kosten gedeckt sind, nach § 207 steht die geordnete Abwicklung eines „masseunzulänglichen" Verf nach den §§ 208–211.

Der Hinweis in Abs 1 S 2 auf die Möglichkeit einer **Stundung nach § 4a** ist durch das entspr Änderungsgesetz v 26.10.2001[2] eingefügt worden. 2

II. Normzweck

Ist das pfändbare Vermögen des Schu so gering, dass nicht einmal die Kosten eines InsVerf gedeckt werden können, und wird auch nicht durch einen Kostenvorschuss oder durch eine Stundung der VerfKosten Abhilfe geschaffen, so ist die Durchführung des Verf nicht sinnvoll. Wird die **mangelnde Kostendeckung** schon im EröffnungsVerf erkannt, so ist der Eröffnungsantrag abzuweisen (§ 26 Abs 1). Stellt sie sich erst im eröffneten Verf heraus, so erfolgt unverzüglich die Einstellung des Verf. Es wird in dieser Situation in Kauf genommen, dass dem Schu sein unverwertetes Vermögen zurückgegeben werden muss. 3

Zu unterscheiden von der „Einstellung mangels Masse" nach § 207 ist die **„Einstellung nach Anzeige der Masseunzulänglichkeit" nach § 211**, die voraussetzt, dass aus der InsMasse zwar die Kosten des InsVerf (§ 54), nicht jedoch die sonstigen Masseverbindlichkeiten (§ 55) gedeckt werden können. In diesem Fall wird die InsMasse vor der Einstellung verwertet und verteilt. 4

III. Voraussetzungen der Einstellung (Abs 1)

1. Verfahrenskosten und „unausweichliche Verwaltungskosten". – a) Bei der Prüfung der Kostendeckung sind nach dem Gesetz – iRd § 207 ebenso wie iRd § 26 – nur die in § 54 definierten VerfKosten zu berücksichtigen, also die Gerichtskosten und die Vergütungen von Verwalter und GlAussch. Diese haben nach § 209 Abs 1 Nr 1 den ersten Rang unter den Masseverbindlichkeiten, können also durch die Eingehung sonstiger Verbindlichkeiten theoretisch nicht beeinträchtigt werden. In der Praxis wird der Verwalter allerdings häufig gezwungen sein, nach der VerfEröffnung zunächst ohne Rücksicht auf diese Rangfolge **unausweichliche Verwaltungskosten** wie Beleuchtungs-, Beheizungs- und Bewachungskosten zu bestreiten, so dass die Deckung der VerfKosten (§ 54) iE nur gewährleistet ist, wenn die vorhandene Masse über den Betrag dieser Kosten hinausreicht. Hinzu kommen im Verlauf des Verf die Kosten der Erfüllung handelsrechtlicher, steuerrechtlicher und arbeitsrechtlicher Pflichten, denen sich der Verwalter auch bei unzureichender Masse nicht vollständig entziehen kann. Dies sollte bei der Auslegung der §§ 26 und 207 berücksichtigt werden, auch wenn der Gesetzeswortlaut entgegen den Forderungen von Henckel[3] und Häsemeyer[4] die Kosten notwendiger Verwaltungsmaßnahmen nicht nennt.[5] Der BGH hat sich in dieser Frage bisher nicht festgelegt, aber das Problem 5

---

1 Vgl zu den Schwierigkeiten der früheren Rechtslage als Hintergrund des neuen Rechts MK/*Hefermehl* § 207 Rn 6; *K/P/B/Pape* § 207 Rn 2–4; *Runkel/Schnurbusch* NZI 2000, 49–57.

2 BGBl I, 2710.

3 *Henckel* in FS 100 Jahre KO, 1977, S 178.

4 *Häsemeyer* in InsR im Umbruch, 1991, S 106.

5 Ebenso *Kießner* bei *Braun* § 207 Rn 8–12 und in FK § 207 Rn 7–15; *Graf-Schlicker/Riedel* § 207 Rn 13; ausf *Voigt* ZIP 2004, 1531–1541; *Kröpelin* Die massearme Ins, S 34–50; *Rattunde/Röder* DZWIR 1999, 309–317; vgl auch *Kübler* KS-InsO, S 575–578, Rn 6–10 und *Dinstühler* ZIP 1998, 1699 f, 1707; **aA** *Jaeger/Windel* § 207 Rn 35–39; *K/P/B/Pape* § 207 Rn 16; *Uhlenbruck/Ries* § 207 Rn 11.

wie folgt eingegrenzt: „Unter dem Begriff der unausweichlichen Verwaltungskosten sind die Aufwendungen zu verstehen, die der InsVerw im Rahmen seiner Aufgabenerfüllung nicht vermeiden kann, weil sie aus tatsächlichen oder rechtlichen Gründen zwingend aufgebracht werden müssen."[6]

6 **b)** Kristallisationspunkt für den Meinungsstreit in diesem Zusammenhang ist das Problem der **Steuererklärungspflicht** des InsVerw.[7] Nach der Rspr des BFH hat der Verwalter die Steuererklärungspflichten des Schu grds unabhängig davon zu erfüllen, ob die Kosten für die erforderliche Beauftragung eines Steuerberaters aus der Masse gedeckt werden können.[8] Etwas anderes soll allenfalls in dem Fall gelten, dass für die Steuererklärungen umfangreiche Vorarbeiten nötig sind, zu denen der Verwalter selbst nicht in der Lage ist, und dass ein beauftragter Steuerberater es im Hinblick auf eine bereits angezeigte Masseunzulänglichkeit abgelehnt hat, tätig zu werden. Grds soll der Verwalter erst mit der Einstellung des Verf mangels Masse von der Pflicht zur Abgabe der Steuererklärung frei werden.[9]

7 Es kann unter verfassungsrechtlichen Gesichtspunkten bezweifelt werden, ob einem Verwalter dafür Sanktionen auferlegt werden können, dass er sich weigert, Verbindlichkeiten einzugehen, die er voraussichtlich aus der Masse nicht wird erfüllen können.[10] Faktisch steht der Verwalter jedoch auch in massearmen Verf häufig unter dem Druck der Finanzverwaltung, die von ihm die Abgabe einer Steuererklärung verlangt.[11] Beauftragt er einen Steuerberater mit der Anfertigung der Steuererklärung, so geht er das Risiko ein, dass er das Honorar des Steuerberaters später nicht aus der InsMasse decken kann und persönlich dafür einstehen muss. Die Anzeige der Masseunzulänglichkeit, die Stephan für diesen Fall empfiehlt,[12] dürfte nicht weiterhelfen, da die Pflicht des InsVerw zur Abgabe von Steuererklärungen durch die Anzeige der Masseunzulänglichkeit nicht zur nachrangigen Altmasseverbindlichkeit (§ 209 Abs 1 Nr 3) werden, sondern als Amtspflicht des Verwalters fortbestehen dürfte.[13] Als Ausweg bleibt in einem Fall, in dem die für die Abgabe einer Steuererklärung erforderlichen Mittel nicht aus der Masse aufgebracht werden können, die sof Einstellung mangels Masse nach § 207 – wenn das Finanzamt nicht bereit ist, unter diesen Umständen auf die Abgabe einer Steuererklärung zu verzichten und statt dessen eine Schätzung der Besteuerungsgrundlagen vorzunehmen. Der Weg zur Einstellung nach § 207 steht offen, wenn man die Steuerklä-

---

6 *BGH* ZInsO 2014, 951.

7 Die Pflicht zur Offenlegung von Jahresabschlüssen warf in früheren Jahren ähnliche Probleme auf. Dies hat sich jedoch durch eine Änderung der Praxis des Bundesamts für Justiz erledigt. Unter Bezugnahme auf die Rspr des *LG Bonn* (insb ZIP 2009, 332 mit Anm *Holzer* EWiR 2009, 319) hat das Amt mitgeteilt, dass es im Fall von insolventen Gesellschaften keine OrdnungsVerf nach § 335 HGB mehr durchführt, weder im Bezug auf die InsMasse noch im Bezug auf das insolvenzfreie Vermögen (vgl *Blank* ZInsO 2009, 2186; ZInsO aktuell 4/2010, S III).

8 Zu der Frage, in welchen Fällen die Beauftragung eines Steuerberaters erforderlich ist, hat der BGH entschieden, dass die Erstellung einer Steuererklärung, die weder besondere Kenntnisse erfordere noch mit besonderem Arbeitsaufwand verbunden sei, dem Verwalter selbst obliege; wenn er damit einen Steuerberater beauftrage, seien die entstehenden Kosten nicht „unausweichlich" (*BGH* ZInsO 2014, 951 mwN).

9 So zum Recht der KO *BFHE* 175, 309 = ZIP 1994, 1972 und *BFH* ZIP 1996, 431; bestätigt für das Recht der InsO durch *BFHE* 239, 15 = ZIP 2013, 83 mit Anm *Harder* ZInsO 2013, 227.

10 Vgl *Kaufmann* Die Berücksichtigung sonstiger Masseverbindlichkeiten des § 55 InsO bei der Kostendeckungsprüfung des § 26 Abs 1 S 1 InsO, 2004, S 87–121; *Schröder* Die Abwicklung der massearmen InsVerf, 2010, S 70 f; *AG Duisburg* ZVI 2003, 305.

11 Sehr krit dazu *Pape* ZInsO 2004, 1049.

12 *Stephan* ZVI 2002, 189.

13 Ebenso *Keller* ZVI 2002, 444; **aA** *AG Duisburg* ZVI 2003, 305.

rungskosten als „unausweichliche Verwaltungskosten“ bei der Frage der Kostendeckung mit berücksichtigt.[14]

Wenn auf diese Weise die „unausweichlichen Verwaltungskosten“ bei der Prüfung der Deckung der VerfKosten in die Berechnung einbezogen werden, lässt sich auch ohne eine Gesetzesänderung (wie sie die Bund-Länder-Arbeitsgruppe „InsR“ erwogen, aber vorl abgelehnt hat)[15] das Erg vermeiden, dass InsVerf eröffnet oder weitergeführt werden müssen, die offensichtlich ihren Zweck nicht erfüllen können.[16] Der Verwalter wird davor bewahrt, nach einer VerfEröffnung zur Sicherung der InsMasse Verträge abschließen zu müssen, zu deren Erfüllung in der Masse keine Mittel vorhanden sind.[17] 8

c) Eine bes Situation ergibt sich allerdings iF der **Kostenstundung (§ 4a)**. Hier ist der Zweck des Verf die Restschuldbefreiung. Damit das Verf trotz fehlender Deckung der VerfKosten durchgeführt werden kann, werden die Gerichtskosten gestundet (§ 4a Abs 1 S 1) und die Vergütung des Verwalters sowie seine Auslagen aus der Staatskasse bezahlt (§ 63 Abs 2). Nicht im Gesetz geregelt ist die Frage, wie die unausweichlichen Verwaltungskosten gedeckt werden sollen. Ein Abbruch des Verf mangels Kostendeckung widerspräche hier dem Ziel des Gesetzgebers, durch die Stundungsregelung dem redlichen mittellosen Schu den Weg zur Restschuldbefreiung zu eröffnen. Dem Verwalter kann schon aus verfassungsrechtlichen Gründen nicht zugemutet werden, die Kosten aus eigener Tasche zu begleichen.[18] Es bleibt die Lösung, die Staatskasse zu verpflichten, diese Kosten zusätzlich zu tragen. Eine rechtliche Grdl dafür ist allerdings nicht leicht zu finden. 9

Der **BGH** hat iF von unvermeidbaren Steuerberatungskosten die Konstruktion gewählt, solche Kosten als **„Auslagen“** des Verwalters einzuordnen, die im Verf mit Kostenstundung nach § 63 Abs 2 von der Staatskasse zu erstatten sind.[19] Er hat offen gelassen, ob die Finanzverwaltung die Erfüllung der Pflichten des InsVerw zur Abgabe von Steuererklärungen trotz unzureichender Masse zwangsweise durchsetzen kann. Unabhängig davon hat er die tatsächlichen Schwierigkeiten des Verwalters anerkannt, sich gegen eine Anordnung der Finanzverwaltung zu wehren, die auf eine Rspr des BFH gestützt ist. Dem Verwalter sei zwar zuzumuten zu versuchen, im Verhandlungswege zu erreichen, dass er von der Pflicht zur Abgabe einer Steuerklärung befreit werde und das Finanzamt sich mit einer Schätzung der BesteuerungsGrdl begnüge. Gelinge ihm das aber nicht, dann sei er im InsVerf mit Kostenstundung (§ 4a) berechtigt, die Steuerberatungskosten als Auslagen anzusetzen, die ihm 10

---

14 Vgl auch *Mäusezahl* ZVI 2003, 52 f. Eine andere denkbare Lösung ist die Einordnung unausweichlicher Verwaltungskosten als „Auslagen“ des Verwalters, vgl unten Rn 10–12. Gegen beide Wege *Kaufmann* ZInsO 2006, 961 und *D Busch* Der InsVerw und die Überwindung der Massearmut, S 44–62, 91 f.

15 Vgl *Graf-Schlicker* ZIP 2002, 1174 f – In der Begr zum RegE des Gesetzes zur Vereinfachung des InsVerf v 2.11.2006, BT-Drucks 16/3227, 12, wird ausgeführt, dass der Gesetzentwurf den in der Literatur wiederholt geäußerten Vorschlag, eine VerfEröffnung nur dort vorzusehen, wo die „unausweichlichen Verwaltungskosten“ gedeckt seien, nicht aufgreife, weil Zweifel bestünden, ob es mit praxistauglichen Mitteln gelingen könne, diese Kosten von den sonstigen Kosten abzugrenzen, die in jedem InsVerf anfielen.

16 *Voigt* ZIP 2004, 1541; **aA** MK/*Hefermehl* § 207 Rn 29, der dieses Ziel nur *de lege ferenda* für erreichbar hält.

17 *D Busch* (S 68–72) empfiehlt, den InsVerw für die Erfüllung solcher Verträge nicht persönlich haften zu lassen. Bei dieser Lösung würde der InsVerw jedoch seine Glaubwürdigkeit im Geschäftsverkehr verlieren.

18 Zur verfassungsrechtlichen Absicherung des Anspruchs auf eine angemessene Vergütung vgl *BGHZ* 160, 176, 182 f = ZIP 2004, 1717, 1720 mwN.

19 *BGHZ* 160, 176 = ZIP 2004, 1717 mit Anm *Schäferhoff* EWiR 2004, 1037.

gem § 63 Abs 2 aus der Staatskasse zu erstatten seien. Das gebiete eine verfassungskonforme Auslegung der Vergütungsvorschriften des InsR. Dass § 4 Abs 1 S 3 InsVV das Recht des Verwalters anerkenne, für die InsMasse Verträge mit Dritten zur Erledigung bes Aufgaben abzuschließen, schließe nicht zwangsläufig aus, Aufwendungen aus eigenen Verträgen des InsVerw mit einem Steuerberater als Auslagen geltend zu machen.[20]

11 Die Entsch löst das praktische Problem. Sie lässt allerdings die Systematik des Vergütungsrechts außer Acht.[21] Dogmatisch sauberer und zugleich ehrlicher wäre wohl die Begr, dass die Steuerberatungskosten zwar nicht als Auslagen anzusehen sind, aber aus verfassungsrechtlichen Gründen wie Auslagen behandelt werden müssen. Damit entfiele auch das Erfordernis, dass der Verwalter den Vertrag mit dem Steuerberater im eigenen Namen, nicht für die InsMasse, schließt.[22] Sieht man von diesen Bedenken ab, so kann die Entsch dahin **verallgemeinert** werden, dass der Verwalter in einem Verf, in dem die Kosten nach § 4a gestundet sind, die drohende Inanspruchnahme wegen der Nichterfüllung öffentlichrechtlicher Pflichten notfalls, wenn die Behörde auf der Erfüllung besteht, dadurch vermeiden kann, dass er im eigenen Namen Verträge zur Erfüllung dieser Pflichten schließt und die gezahlte Vergütung gegenüber der Staatskasse als Auslagen geltend macht.[23] Nach einer weiteren Entsch des BGH gilt dies zB auch für die Erstellung von Verdienstbescheinigungen, die von der Bundesagentur für Arbeit zur Bearbeitung der InsGeld-Anträge benötigt werden. Der InsVerw kann die Erstattung der entspr Kosten sogar dann verlangen, wenn er eigene Hilfskräfte für diese Tätigkeiten einsetzt, allerdings nur unter der Voraussetzung, dass er bes Dienst- oder Werkverträge über diese Tätigkeiten abschließt.[24] Entsprechendes dürfte für andere Arten unausweichlicher Verwaltungskosten gelten, zB für die Kosten einer notwendigen Verkehrssicherung.

12 Der BGH behandelt in der zitierten Entsch ausdrücklich nur die InsVerf, in denen die Kosten des Verf gem § 4a gestundet worden sind. Seine Ausführungen zur Auslegung der InsVV können jedoch kaum auf diese Verf beschränkt werden. Insofern ist anzunehmen, dass der BGH den Verwaltern **auch in den Verf ohne Kostenstundung** den Ansatz von Steuerberatungskosten als Auslagen gestatten wird.[25] Das führt in diesen Verf bei unzureichender Masse allerdings zu dem Erg, dass das Verf ohne die Beauftragung eines Steuerberaters nach § 207 eingestellt werden kann, da die Auslagen als Teil der VerfKosten nicht aus der Masse gedeckt werden können.[26] Einfacher ist der oben empfohlene Weg,[27] in den Fällen, in

20 Im gleichen Sinne schon vor der Entsch des BGH *LG Dresden* ZVI 2004, 141 und 143; **aA** *AG Duisburg* ZVI 2003, 305.
21 Vgl *D Busch* S 44–50.
22 *Kießner* (*Braun/Kießner* § 207 Rn 12) weist zutr darauf hin, dass zB bei dringend benötigter Energie der Abschluss eines Vertrages im eigenen Namen des InsVerw kaum möglich ist. Das *AG Dresden* (ZIP 2006, 1686) hat unter Berufung auf die Entsch des BGH gebilligt, dass die Kosten einer externen Lohnbuchhaltung, die mit Arbeiten zur Erfüllung öffentlich-rechtlicher Pflichten beauftragt worden war, als Auslagen erstattet wurden, und dabei dem Umstand keine Bedeutung zugemessen, dass der Vertrag für die Masse geschlossen worden war.
23 Vgl § 26 Fn 17; *Voigt* ZIP 2004, 1541 f befürwortet diese Lösung *de lege ferenda* als zweitbeste Lösung; in erster Linie schlägt er vor, die Erfüllung der öffentlich-rechtlichen Pflichten im Verf mit Kostenstundung auf den Schu persönlich zu verlagern.
24 *BGH* ZIP 2006, 1501 mit Anm *Prasser* in EWiR 2006, 569.
25 Ebenso *Pape* ZInsO 2004, 1051; zust *Prasser* FS Kübler, 2015, S 554 f. Für die generelle Einordnung unausweichlicher Verwaltungskosten als Auslagen *Schröder* Die Abwicklung der masseunzulänglichen Insolvenzverfahren, S 68–72.
26 *Graf-Schlicker/Breitenbücher* § 155 Rn 44 f; *Uhlenbruck/Ries* § 207 Rn 13; *Pape* ZInsO 2004, 1051.
27 Vgl oben bei Rn 8.

denen keine Kostenstundung erfolgt ist, die unausweichlichen Verwaltungskosten unmittelbar, ohne den dogmatisch zw Umweg über ihre Qualifikation aus Auslagen, bei der Prüfung der VerfKostendeckung zu berücksichtigen und auf diesem Wege zu dem gleichen Erg zu gelangen, zu dem Erg nämlich, dass ein Verf nicht eröffnet bzw nicht weitergeführt werden kann, wenn diese Kosten nicht gedeckt sind.

2. Vorschussleistung. Ebenso wie die Abweisung mangels Masse (§ 26) kann auch die Einstellung nach § 207 dadurch abgewendet werden, dass ein Beteiligter den fehlenden Betrag vorschießt. Abs 1 S 2 verweist dabei auch auf die Regelung des § 26 Abs 3, nach der die Leistung eines Vorschusses zu einem **Rückgriffsanspruch gegen die Gesellschaftsorgane** führt, die den Antrag auf Eröffnung des InsVerf nicht rechtzeitig gestellt haben. 13

Auf die **unmittelbare Vorschusspflicht** dieses Personenkreises nach dem im Jahre 2011 eingefügten § 26 Abs 4 verweist § 207 Abs 1 S 2 nicht. Dabei scheint es sich nicht um eine bewusste Entscheidung des Gesetzgebers gehandelt zu haben.[28] Das könnte dafür sprechen, die fehlende Erwähnung des § 26 Abs 4 als Redaktionsversehen zu betrachten.[29] Jedoch wäre eine Erstreckung der neuen, nicht zwangsläufig verschuldensabhängigen Kostenvorschusspflicht der Gesellschaftsorgane auf den Fall der Massearmut nach der VerfEröffnung mehr als eine logische Konsequenz aus der Regelung des § 26 Abs 4. Sie würde eine beträchtliche inhaltliche Ausweitung dieser Regelung und zugleich einen erheblichen Eingriff in die Rechtsstellung der Gesellschaftsorgane bedeuten. Der Fall der Massearmut vor der VerfEröffnung und der Fall, dass während des Verf, vielleicht erst Jahre nach der Eröffnung, Massearmut eintritt, lassen sich mit guten Gründen unterschiedlich behandeln. § 26 Abs 4 dürfte daher iRd § 207 nicht entspr anwendbar sein.[30] 14

Nicht zur Vorschussleistung befugt ist der **InsVerw**. Eine solche wirtschaftliche Beteiligung und der daraus ggf folgende Rückgriffsanspruch könnten die Neutralität seiner Amtsführung beeinträchtigen.[31] 15

3. Nachträgliche Stundung der Verfahrenskosten. Sind einem Schu, der eine natürliche Person ist und einen Antrag auf Restschuldbefreiung gestellt hat, bereits bei der Eröffnung des InsVerf die **VerfKosten nach § 4a gestundet** worden, scheidet eine Einstellung dieses Verf mangels Deckung dieser Kosten aus. Ist eine solche Stundung noch nicht erfolgt, so kann sie bei einem Schu, der die Voraussetzungen des § 4a erfüllt, während des Verf nachgeholt werden, wenn sich herausstellt, dass die Kosten des Verf nicht mehr gedeckt sind.[32] 16

IV. Verfahren (Abs 2, 3)

1. Prüfung der Kostendeckung, Anhörung der Gläubiger. Die Einstellung erfolgt **von Amts wegen**; jedoch wird das Gericht in aller Regel vom Verwalter auf die fehlende Kostendeckung hingewiesen worden sein.[33] Das Gericht hat mit Unterstützung des Verwalters sorgfältig und umfassend zu klären, mit welchen VerfKosten zu rechnen ist und welche liquiden Mittel voraussichtlich aus einer Verwertung der InsMasse erzielt werden können – auch 17

---

28 In den Materialien zum G v 7.12.2011 – ESUG – wird das Problem nicht angesprochen.

29 So *Hirte/Knof/Mock* DB 2011, 632, 635 Fn 24.

30 *Marotzke* FS Haarmeyer, 2013, S 149, 155; iE ähnlich *K Schmidt/Jungmann* § 207 Rn 29 f: Auf der Grundlage einer analogen Anwendung von § 26 Abs 4 im eröffneten Verf könne nur der Betrag verlangt werden, der schon im EröffnungsVerf hätte verlangt werden können; der Regelfall des § 207, die nachträglich eingetretene Massearmut, ist damit nicht erfasst.

31 Vgl *Kübler* KS-InsO, S 580 Rn 15; MK/*Hefermehl* § 207 Rn 33; *Uhlenbruck/Ries* § 207 Rn 19; **aA** FK/*Kießner* § 207 Rn 27 und bei *Braun* § 207 Rn 16; *K Schmidt/Jungmann* § 207 Rn 28.

32 Vgl *K/P/B/Pape* § 207 Rn 8a.

33 *K/P/B/Pape* § 207 Rn 9; *N/R/Westphal* § 207 Rn 19.

unter Berücksichtigung von Neuerwerb während des Verf (§ 35) und realisierbaren Haftungs- und AnfAnsprüchen. Eine InsAnf ist nicht dadurch ausgeschlossen, dass sie nur MasseGl zugute kommt.[34] Notfalls ist ein SV-Gutachten einzuholen.[35]

18 Nach Abs 2 ist vor der Einstellung eine **GlVersammlung** einzuberufen. Zusätzlich sind der Verwalter und die MasseGl zu hören. Damit ist zum einen beabsichtigt, eine vollständige Information des Gerichts über die Kostendeckung zu gewährleisten, zum andern, allen Beteiligten Gelegenheit zur Leistung eines Kostenvorschusses zu geben.[36] Bei der Ladung zur GlVersammlung und bei der Unterrichtung der MasseGl ist darauf hinzuweisen, dass die Einstellung durch einen Kostenvorschuss abgewendet werden kann und welche Höhe der Vorschuss nach dem Kenntnisstand des Gerichts haben muss.[37]

19 Im Interesse eines zügigen VerfAblaufs kann mit dieser GlVersammlung der Termin zur Abnahme der **Schlussrechnung** des Verwalters (§ 66) verbunden werden,[38] auch wenn erst nach dem Termin förmlich über die Beendigung des Verf entschieden wird.[39]

20 **2. Verbleibende Aufgaben des Verwalters.** Bevor das Gericht die Einstellung des Verf beschließt und durch Veröffentlichung wirksam werden lässt (vgl § 215 Abs 1 S 2 iVm § 9 Abs 1 S 3), hat es dem Verwalter Gelegenheit zur **Verteilung der vorhandenen Barmittel** zu geben (Abs 3). In erster Linie sind die bereits getätigten Auslagen abzugelten, wobei es sich sowohl um Auslagen des Gerichts als auch um Auslagen des Verwalters handeln kann; beide Arten von Auslagen sind gleichrangig. Mit Nachrang zu den Auslagen sind anteilig die Gerichtsgebühren und die Vergütungsansprüche abzugelten.[40] Kann die Vergütung des InsVerw nicht vollständig aus der Masse gedeckt werden, so greift eine Ausfallhaftung des Staates nur in dem Fall ein, dass die Kosten des Verf nach § 4a gestundet worden sind (§ 63 Abs 2).[41] Einen Vergütungsvorschuss, den der Verwalter mit Zustimmung des Gerichts der InsMasse entnommen hatte und der durch seinen Vergütungsanspruch gedeckt ist, braucht er nicht zurückzuerstatten, ebensowenig wie andere MasseGl die ihnen vor Eintritt der Massearmut gewährte Befriedigung.[42]

21 Die Rangfolge des § 207 Abs 3 ist auch dann zu beachten, wenn die Kosten des Verf nach § 4a gestundet worden sind und während des Verf ein **unerwarteter Massezufluss** erfolgt. Das Gericht kann nicht verlangen, dass die zusätzlichen Mittel unabhängig von einer Verteilung und ohne Rücksicht auf vor- oder gleichrangige Ansprüche ausschließlich zur Begleichung der gestundeten Gerichtskosten verwendet werden.[43]

---

34 *BGH* ZIP 2012, 2526; *Foerste* ZInsO 2013, 659 – zur Durchsetzung bestr Ansprüche und zur PKH für den Verwalter bei Massearmut vgl unten Rn 22 und § 208 Rn 22.

35 MK/*Hefermehl* § 207 Rn 16.

36 Begr zu § 317 RegE der InsO, BT-Drucks 12/2443, 218.

37 Vgl MK/*Hefermehl* § 207 Rn 42 f; *Uhlenbruck/Ries* § 207 Rn 10.

38 Begr zu § 317 RegE, BT-Drucks 12/2443, 218; *Graf-Schlicker/Riedel* § 207 Rn 16; FK/*Kießner* § 207 Rn 21; *Uhlenbruck/Ries* § 207 Rn 9.

39 Bedenken bei *N/R/Westphal* § 207 Rn 32.

40 Vgl *BGH* NZI 2013, 350 – Die Gerichtsgebühr für die Durchführung des Verf reduziert sich iFd Einstellung mangels Masse, vgl Kostenverzeichnis (Anl 1 zum GKG) Nr 2320–2322 und 2330–2332, so dass im Fall einer nur anteiligen Befriedigung der Gerichtsgebühren eine doppelte Kürzung eintritt. Dazu *Zimmer* RPfleger 2009, 16.

41 Vgl *BGHZ* 157, 370 = NZI 2004, 245 mit Anm *Bernau*.

42 *LG Göttingen* NZI 2014, 713 mit Anm *Keller*; MK/*Hefermehl* § 207 Rn 59 f; *K/P/B/Pape* § 207 Rn 23; zum früheren Recht *BVerfG* ZIP 1993, 838, 842; *BGHZ* 116, 233, 242; *Kuhn/Uhlenbruck* KO § 60 Rn 30.

43 *LG Chemnitz* ZIP 2004, 1860 – Zur entspr Situation nach Anzeige der Masseunzulänglichkeit vgl unten § 209 Rn 7.

Noch **unverwertetes Vermögen** ist dem Schu zurückzugeben; Verwertungshandlungen werden dem Verwalter, dessen Vergütung nicht voll gedeckt ist, nicht mehr zugemutet.[44] Ebenso wenig ist der Verwalter jetzt noch verpflichtet, anhängige Prozesse weiterzuführen;[45] mit der Einstellung endet seine Prozessführungsbefugnis (vgl § 215 Abs 2 S 1), und der Schu erlangt die Parteistellung.[46] Bis zur Einstellung hat der Verwalter allerdings noch die Befugnis, Verwertungen vorzunehmen.[47] Insb kann er naheliegende Verwertungsmöglichkeiten nutzen, bei denen nicht das Risiko besteht, dass die Masse mit zusätzlichen Kosten belastet oder die VerfEinstellung verzögert wird.[48] Eine Klageerhebung zur Durchsetzung einer Zahlung an die Masse ist typischerweise keine derart naheliegende und risikolose Verwertungsmöglichkeit; folglich kann dem Verwalter Prozesskostenhilfe für eine solche Klage regelmäßig nicht gewährt werden.[49] Einen Anfechtungsprozess, der riskant und langwierig ist, darf er auch dann nicht mehr beginnen, wenn durch den Prozess der Ausfall des Verwalters mit seiner Vergütungsforderung verringert werden könnte.[50] Anders ist die Lage aber, wenn die Massearmut bei Durchsetzung einer bestrittenen Forderung beseitigt wäre und wenn dafür eine hinreichende Erfolgsaussicht besteht. In einem solchen Fall liegt eine Massearmut iSd § 207 gar nicht vor, da auch bestr Forderungen mit guten Realisierungschancen bei der Prüfung der VerfKostendeckung als Vermögenswerte zu berücksichtigen sind.[51] Dem entspricht es, dass zur Durchsetzung der Forderung PKH bewilligt werden kann. Wollte man auch hier die PKH wegen des allg Prozessrisikos und der eintretenden Verzögerung ablehnen, so hätte dies die Konsequenz, dass DrittSchu durch einfaches Bestreiten einer berechtigten Forderung erreichen könnten, dass das InsVerf mangels Masse eingestellt wird.[52] 22

Vollstreckt ein MasseGl in die InsMasse, obwohl er nach § 207 Abs 3 S 1 keine Befriedigung zu erwarten hat, so liegt es nahe, den Verwalter wie nach früherem Recht[53] auf die Vollstreckungsgegenklage zu verweisen,[54] die mit einem Antrag auf einstweilige Einstellung der Zwangsvollstreckung verbunden werden kann. Der BGH hat dagegen auf einen solchen Fall § 210 InsO entspr angewendet, also die Vollstreckungserinnerung nach § 766 ZPO für statthaft erklärt. Wenn sich der Verw auf Massearmut berufe, erhebe er einen Einwand gegen die Zulässigkeit der Zwangsvollstreckung, keinen materiellen Einwand gegen den Anspruch. Dies gelte jedenfalls dann, wenn die Massearmut feststehe und der Verw die Einstellung des Verf mangels Masse angeregt habe. Dem Einwand, dass iRd § 207 – anders als bei § 208 – eine förmliche Anzeige der Massearmut durch den InsVerw nicht vorgesehen sei, hat er entgegengehalten, Anknüpfungspunkt für das Vollstreckungsverbot könne „jedenfalls die sachlich zutreffende Mitteilung des InsVerw an das InsGericht von der fehlenden Masse" sein.[55] 23

---

44 Begr zu § 317 RegE, BT-Drucks 12/2443, 218.
45 *Gottwald/Klopp/Kluth/Wimmer* § 74 Rn 12.
46 *OLG Karlsruhe* OLG-Report 2005, 680.
47 *K/P/B/Pape* § 207 Rn 25; *Uhlenbruck/Ries* § 207 Rn 34.
48 Vgl *BGH* ZIP 2009, 1591 = DZWIR 2009, 433 mit Anm *Böcker*; *OLG Celle* NZI 2010, 688.
49 *BGH* ZIP 2012, 2526.
50 *BGH* ZIP 2009, 1591; vgl *OLG Dresden* ZVI 2010, 188 mit Anm *Heinze.*
51 Vgl oben Rn 17.
52 *BGH* ZIP 2012, 2526 = NZI 2013, 79 mit Anm *Contius/Froehner*; *K Schmidt/Jungmann* § 207 Rn 18; anders noch *OLG Frankfurt* ZInsO 2012, 2394; die ebenfalls entgegenstehenden Entsch *OLG Celle* ZInsO 2012, 1989 und *OLG München* ZInsO 2012, 1994 sind vom BGH aufgehoben worden (*BGH* 7.2.2013, IX ZB 73/12 und 17.4.2013, IX ZB 63/12 – juris).
53 *OLG Hamm* ZIP 1993, 523.
54 *Gottwald/Klopp/Kluth/Wimmer* § 74 Rn 44.
55 *BGH* ZInsO 2006, 1049 mit Anm *Heinze* DZWIR 2007, 37; im gleichen Sinne MK/*Hefermehl* § 207 Rn 68 f; *K/P/B/Pape* § 207 Rn 32 f.

24 **3. Bekanntmachung, Rechtsmittel.** Die öffentliche Bekanntmachung des EinstellungsBeschl und die Rechtsmittel gegen diesen sind in §§ 215, 216 geregelt. Eine Eintragung der Einstellung mangels Masse ins Schuldnerverzeichnis ist nicht vorgesehen.[56] Lehnt das Gericht die Einstellung ab, obwohl der Verwalter die Kosten nicht für gedeckt hält, so bleibt diesem die Möglichkeit, nach § 208 die Masseunzulänglichkeit anzuzeigen.[57]

25 Stellt sich im BeschwVerf gegen den EinstellungsBeschl heraus, dass die fehlende Kostendeckung nachträglich weggefallen ist – zB durch einen nach dem Beschl geleisteten Kostenvorschuss –, so ist der EinstellungsBeschl aufzuheben.[58] Der BGH hat zwar für die Beschw gegen die Eröffnung des Verf entschieden, dass es wegen der bes einschneidenden Wirkungen dieses Beschl für das Vorliegen der Eröffnungsvoraussetzungen auf den Zeitpunkt der Entsch des InsGer ankommt.[59] Er hat aber für die Beschw gegen die Abweisung eines Eröffnungsantrags den allg Grundsatz des § 571 Abs 2 ZPO gelten lassen, dass die Sach- und Rechtslage im Zeitpunkt der Entsch des BeschwGerichts maßgeblich ist.[60] Auch für die Beschw gegen die Einstellung nach § 207 InsO fehlen bes Gründe, die eine Abweichung von der Regel des § 571 Abs 2 ZPO rechtfertigen könnten.

26 **4. Nachtragsverteilung?** Die Möglichkeit der nachträglichen Verteilung **neu aufgefundenen Vermögens** ist im Gesetz nur für den Fall der Einstellung nach Feststellung der Masseunzulänglichkeit vorgesehen (§ 211 Abs 3), nicht bei der Einstellung mangels Masse nach § 207. Das ist konsequent, da bei der Einstellung nach § 207 in Kauf genommen wird, dass der Schu Teile der InsMasse unverwertet zurückerhält. Eine analoge Anwendung des § 211 Abs 3 auf den Fall der Einstellung nach § 207 ist daher nach der hier vertretenen Auff abzulehnen.[61] Ggf kann ein neues InsVerf beantragt und eröffnet werden, das dann auch das Vermögen erfasst, das dem Schu bei der Einstellung zurückgegeben worden ist.

27 Auch für eine Nachtragsverteilung von **zunächst zurückbehaltenen oder zurückfließenden Beträgen** iSv § 203 Abs 1 Nr 1 und 2 ist bei einer Einstellung wegen mangelnder Kostendeckung kein Raum. Bei dieser Art der Einstellung wird, anders als iF der Masseunzulänglichkeit, das Verf abgebrochen. Zurückbehaltene Beträge sind dem Schu auszuzahlen, zurückfließende stehen dem Schu zu. Da schon die Verwertung der vorhandenen Masse nicht fortgesetzt werden kann, ist es folgerichtig, dass auch Rechtsstreitigkeiten mit dem Ziel der Massemehrung, zB Anfechtungsprozesse, nach der Einstellung nicht mehr weitergeführt werden können; der Verwalter hat sie für erledigt zu erklären.[62] Sind MasseGl an der Fortführung eines anhängigen AnfProzesses interessiert, so können sie durch einen Kostenvorschuss die Einstellung abwenden.

---

56 Für die Abweisung mangels Masse hat der Gesetzgeber dagegen Eintragung im Schuldnerverzeichnis und öffentliche Bekanntmachung nebeneinander für erforderlich gehalten, vgl § 26 Abs 1 S 3, Abs 2. Zu dieser Diskrepanz *K Schmidt/Jungmann* § 207 Rn 41.

57 Vgl *BGH* ZInsO 2007, 541.

58 *LG Neuruppin* 18.1.2016 – 2 T 3/16.

59 *BGH* 27.7.2006 – IX ZB 204/04 Rn 20-28.

60 *BGH* 27.3.2008 – IX ZB 144/07.

61 Ebenso *LG Kassel* ZInsO 2013, 2565; *LG Marburg* NJW-RR 2003, 266; *Jaeger/Windel* § 207 Rn 114–120; MK/*Hefermehl* § 207 Rn 85, 87; *Uhlenbruck/Ries* § 207 Rn 37–42; *Dinstühler* ZIP 1998, 1707; **aA** *K/P/B/Pape* § 207 Rn 39; *Kübler* KS-InsO, S 595 f Rn 53; *Gottwald/Klopp/Kluth/Wimmer* § 74 Rn 49; *Zimmer* KTS 2009, 199, 216 f; differenzierend *Kröpelin* S 73–76.

62 Vgl FK/*Kießner* § 207 Rn 46 (der allerdings die Anordnung einer Nachtragsverteilung für möglich hält); ähnlich *N/R/Westphal* § 207 Rn 44 (Erledigungserklärung durch den Schu); **aA** *K/P/B/Pape* § 207 Rn 44 f.

Der **BGH** hat am 10.10.2013 gegenteilig entschieden.[63] Er sieht iFd Einstellung mangels Masse das gleiche Bedürfnis, nachträglich aufgefundene oder frei gewordene Gegenstände der InsMasse zur Befriedigung der Gl zu verwenden, wie iFd Einstellung nach der Anzeige der Masseunzulänglichkeit. In beiden Fällen werde durch die Nachtragsverteilung die Eröffnung eines neuen InsVerf vermieden. Die gegenteilige Auff führe zu Schwierigkeiten in den Fällen, in denen – wie in dem vom BGH entschiedenen Fall – schon während des laufenden Verf die Nachtragsverteilung vorbehalten worden sei. Mit der bes Problematik, die sich daraus ergibt, dass iFd Einstellung nach § 207 das Honorar des InsVerw nicht voll gedeckt ist, setzt sich der BGH nicht auseinander. Windel weist zu Recht darauf hin, dass dem Verwalter eine Nachtragsverteilung nicht zumutbar ist, wenn es um mehr geht als um die Verteilung von Bargeld und wenn das nachträglich zu verteilende Vermögen nicht einmal ausreicht, um sein Honorar voll zu decken.[64] Offenbar hat der BGH nur den Fall im Auge, dass der InsVerw selbst die Nachtragsverteilung beantragt oder jedenfalls mit ihr einverstanden ist. Nach Meinung von Kohler setzt der BGH implizit voraus, dass die nachträglich ermittelten oder verfügbar gewordenen Vermögenswerte die VerfKosten decken.[65] Die Auff des BGH kann im Übrigen zu dem Widerspruch führen, dass der Schu zunächst Vermögen zurückerhält, ihm später aber neu aufgefundenes Vermögen entzogen wird. Schließlich wird eine Nachtragsverteilung häufig auf die Schwierigkeit stoßen, dass in dem nach § 207 abgebrochenen Verf noch keine Klarheit über die beteiligten Gl erreicht worden ist.[66] 28

§ 208 Anzeige der Masseunzulänglichkeit

(1) [1]Sind die Kosten des Insolvenzverfahrens gedeckt, reicht die Insolvenzmasse jedoch nicht aus, um die fälligen sonstigen Masseverbindlichkeiten zu erfüllen, so hat der Insolvenzverwalter dem Insolvenzgericht anzuzeigen, dass Masseunzulänglichkeit vorliegt. [2]Gleiches gilt, wenn die Masse voraussichtlich nicht ausreichen wird, um die bestehenden sonstigen Masseverbindlichkeiten im Zeitpunkt der Fälligkeit zu erfüllen.

(2) [1]Das Gericht hat die Anzeige der Masseunzulänglichkeit öffentlich bekannt zu machen. [2]Den Massegläubigern ist sie besonders zuzustellen.

(3) Die Pflicht des Verwalters zur Verwaltung und zur Verwertung der Masse besteht auch nach der Anzeige der Masseunzulänglichkeit fort.

Übersicht

63 *BGH* ZIP 2013, 2320 mit zust Anm *Zimmer* EWiR 2013,19 und *Kohler* KTS 2014, 188; bestätigt durch *BGH* ZInsO 2014, 340.

64 *Jaeger/Windel* § 207 Rn 117.

65 KTS 2014, 190 Fn 6.

66 *Uhlenbruck/Ries* § 207 Rn 39, 41.

I. Gesetzgebungshinweise

1 Die §§ 318–320 RegE der InsO enthielten eine detaillierte Regelung der Feststellung der Masseunzulänglichkeit und ihrer Wirkungen. Die Masseunzulänglichkeit sollte auf Antrag des Verwalters durch das InsGer festgestellt werden. Für die Wirkungen dieser Feststellung auf die Erfüllung gegenseitiger Verträge, auf die Aufrechnung und auf Zwangssicherungen wurden die Vorschriften über die Wirkungen der Eröffnung des InsVerf für entspr anwendbar erklärt; erg regelte § 323 RegE Auswirkungen für GlVersammlung und InsPlan.

2 Der BT-RAussch hat zur **Vermeidung einer neuen Belastung des InsGer** auf die Feststellung durch das Gericht verzichtet. Die Anzeige der Masseunzulänglichkeit durch den Verwalter soll ausreichen.[1] Dabei konnte der RAussch an eine Praxis anknüpfen, die sich ohne gesetzliche Grundlage schon unter der Geltung der KO herausgebildet hatte.[2] Die nähere Festlegung der Wirkungen dieser Anzeige soll der Rspr überlassen bleiben.[3]

3 Im Hinblick auf die Kritik am Fehlen einer gerichtlichen Überprüfung der Anzeige der Masseunzulänglichkeit durch den Verwalter[4] hat die Bund-Länder-Arbeitsgruppe „InsR" vorgeschlagen, auf Antrag eine solche Überprüfung zu ermöglichen.[5] Eine entspr Gesetzesänderung war geplant, ist von der BReg jedoch verworfen worden, nachdem in zahlreichen Stellungnahmen die Vermutung geäußert worden war, eine gerichtliche Kontrolle werde zu erheblichen VerfVerzögerungen führen.[6]

II. Normzweck

4 Der InsVerw muss nach § 61 persönlich dafür einstehen, dass die von ihm begründeten Masseverbindlichkeiten aus der Masse erfüllt werden können. Wenn er während des Verf erkennt, dass die Masse nicht einmal zur vollständigen Erfüllung der schon vorhandenen Masseverbindlichkeiten ausreicht, wäre er bei Gleichrang aller Masseverbindlichkeiten nicht mehr in der Lage, ohne persönliche Haftung neue Verbindlichkeiten einzugehen. Die Anzeige der Masseunzulänglichkeit und der daran anknüpfende **Vorrang der** nach dieser Anzeige begründeten **„Neumasseverbindlichkeiten"** (§ 209) geben dem Verwalter in dieser Lage die zur Fortsetzung seiner Tätigkeit unerlässliche Handlungsfreiheit zurück. Sie ermöglichen es ihm, neue Masseverbindlichkeiten einzugehen und diese voll zu erfüllen, obwohl die alten MasseGl nur eine Quote erhalten.

III. Voraussetzungen der Anzeige der Masseunzulänglichkeit (Abs 1)

5 Während § 207 den Fall regelt, dass nicht einmal die VerfKosten gedeckt sind, betrifft § 208 den weniger krassen Fall der Massearmut: Die Erfüllung der **„sonstigen Masseverbindlichkeiten"** ist nicht mehr gewährleistet. „Sonstige Masseverbindlichkeiten" in diesem Sinn sind nicht nur die in § 55 so bezeichneten Verbindlichkeiten, sondern auch Unterhaltszusagen nach §§ 100, 101 Abs 1 S 3 (vgl § 209 Abs 1 Nr 3) und, im NachlassInsVerf, die in § 324 aufgezählten Verbindlichkeiten. Nicht zu berücksichtigen sind dagegen Ansprüche aus einem

---

1 Ausschussbericht zu § 234b, BT-Drucks 12/7302, 179 f.

2 Vgl Begr zu § 318 RegE, BT-Drucks 12/2443, 319; *Pape* KTS 1995, 189, 204 ff.

3 Ausschussbericht BT-Drucks 12/7302, 179 f, zu § 234b Abs 3 und zu § 234d.

4 Vgl unten Rn 9, 14.

5 Vgl NZI 2002, 418 und *Graf-Schlicker* ZIP 2002, 1174.

6 BT-Drucks 16/3227, 11 f; vgl dazu die Kritik von *Förster* ZInsO 2005, 29; *Ehricke* ZIP 2004, 2268; ebenfalls gegen eine gerichtliche Kontrolle *K Schmidt/Jungmann* § 208 Rn 20; für die früher geplante Regelung dagegen *Pape* ZInsO 2004, 1223; *Landfermann* FS Wimmer, 2017, S 421.

Sozialplan, da diese nach § 123 Abs 2 S 2, 3 bei Fehlen einer an die InsGl zu verteilenden Masse auf Null zu kürzen sind.[7]

„Masseunzulänglichkeit“ iSd § 208 liegt sowohl dann vor, wenn die fälligen Verbindlichkeiten nicht erfüllt werden können (Abs 1 S 1), als auch dann, wenn künftig fällig werdende Verbindlichkeiten voraussichtlich nicht zu erfüllen sein werden (Abs 1 S 2). In beiden Fällen ist der Verwalter in gleicher Weise zur Anzeige der Masseunzulänglichkeit verpflichtet.[8] Hat der Verwalter bereits die voraussichtlich eintretende Masseunzulänglichkeit (Abs 1 S 2) angezeigt, so ist für eine erneute Anzeige wegen eingetretener Masseunzulänglichkeit kein Raum.[9] 6

Der in Abs 1 S 2 geregelte Fall wird in der Begr zum RegE als **„drohende Masseunzulänglichkeit“** bezeichnet, wobei die Parallele zur „drohenden Zahlungsunfähigkeit“ iSd § 18 gezogen wird.[10] Daraus kann gefolgert werden, dass der Gesetzgeber auch hier eine mehr als 50 %ige Wahrscheinlichkeit für den Eintritt des Ereignisses genügen lassen wollte.[11] Die Prognose ist nach dem klaren Wortlaut des Gesetzes für den Zeitraum anzustellen, in dem bestehende Masseverbindlichkeiten fällig werden.[12] Da auf die Erfüllbarkeit der Verbindlichkeiten im Zeitpunkt ihrer Fälligkeit abgestellt wird, kommt es für die Masseunzulänglichkeit weniger auf den Wert der InsMasse an als darauf, welche liquiden Mittel zu welchem Zeitpunkt zur Verfügung stehen können.[13] Denkbar ist insofern auch eine „temporäre Masseunzulänglichkeit“, die jedoch häufig durch eine Vorfinanzierung vermieden werden kann.[14] 7

Ob Masseunzulänglichkeit droht oder bereits eingetreten ist, hat der InsVerw anhand der verfügbaren Tatsachen und Erkenntnisse sorgfältig zu ermitteln und dabei die voraussichtliche weitere Geschäftsentwicklung einzubeziehen. „Bewertungsschwierigkeiten und Schätzungsungenauigkeiten sind einer solchen Prognoseberechnung immanent und hinzunehmen.“[15] So kann die Höhe der noch festzusetzenden Vergütung des InsVerw nur geschätzt werden. Auf der anderen Seite überschreitet der Verwalter seinen Beurteilungsspielraum, wenn er in bewusster Abkehr von der höchstrichterlichen Rspr Zahlungen an einen Angestellten für Tätigkeiten, die zu den allg Geschäften des InsVerw gehören, nicht auf seinen Vergütungsanspruch anrechnet.[16] 8

---

7 MK/*Hefermehl* § 208 Rn 27; HambKomm/*Weitzmann* § 208 Rn 2.

8 **AA** *Braun/Kießner* § 208 Rn 24 und in FK § 208 Rn 11, nach dessen Meinung bei nur drohender Masseunzulänglichkeit noch keine Pflicht, sondern nur ein Recht zur Anzeige bestehen soll (dem zust *Schröder* Die Abwicklung der masseunzulänglichen Insolvenzverfahren, S 94). Für diese Differenzierung fehlt jedoch eine Grdl im Gesetz.

9 *OLG Frankfurt* NZI 2005, 40.

10 BT-Drucks 12/2443, 219.

11 *Kübler* KS-InsO, S 583 Rn 24.

12 Nach *Jaeger/Windel* § 208 Rn 19 sollte die Prognose dagegen grds die gesamte voraussichtliche VerfDauer abdecken; dies sei aus dem Zweck des § 208 Abs 1 zu entnehmen, weiteren Masseverlust zu verhindern. Nach *OLG Düsseldorf* NZI 2012, 675 wird im geschäftlichen Verkehr sinnvollerweise auf das nächste Geschäftsjahr abzustellen sein.

13 MK/*Hefermehl* § 208 Rn 24–26.

14 Vgl HambKomm/*Weitzmann* § 208 Rn 10; *K Schmidt/Jungmann* § 208 Rn 23; *Kröpelin* Die massearme Ins, S 77–84; *Schröder* Die Abwicklung der masseunzulänglichen Insolvenzverfahren, S 96–99.

15 *BGH* 20.7.2017 – IX ZR 310/14 Rn 25.

16 *BGH* 20.7.2017 aaO Rn 28 f.

IV. Verfahrensfragen (Abs 1, 2)

9 **1. Keine gerichtliche Feststellung.** Für die Anzeige der – eingetretenen oder drohenden – Masseunzulänglichkeit ist keine bes Form vorgeschrieben.[17] Der Verw hat jedoch mit der Anzeige ein Verzeichnis der MasseGl, ihrer Anschriften und ihrer Forderungen vorzulegen, um dem Gericht zu ermöglichen, die Anzeige an diese Gl zuzustellen oder, im Falle der Zustellung durch den Verw (§ 8 Abs 3), diese Zustellung zu überprüfen.[18] Sinnvoll ist, dass der Verw darüber hinaus auch den Massebestand und die prognostizierte Liquiditätsentwicklung in einer **Masseunzulänglichkeits-Rechnung** darstellt, um dem Gericht die Masseunzulänglichkeit plausibel zu machen.[19] Unterlässt der Verw dies, so wird man dem Gericht wegen der weitreichenden Wirkungen der Anzeige das Recht zubilligen müssen, eine hinreichende Substantiierung der Anzeige zu verlangen.[20]

10 Die **Rechtzeitigkeit der Anzeige** liegt allein in der Verantwortung des InsVerw.[21] Dieser wird bestrebt sein, die Anzeige eher zu früh als zu spät abzugeben;[22] denn für die Erfüllung neu begründeter Masseverbindlichkeiten haftet er nach § 61 persönlich, und eine Haftung nach § 60 Abs 1 kann gegeben sein, wenn er trotz drohender oder eingetretener Masseunzulänglichkeit noch einzelne MasseGl voll befriedigt und andere unberücksichtigt lässt.[23] Das InsGer, dem er die Masseunzulänglichkeit anzeigt, hat diese öffentlich bekanntzumachen; die MasseGl werden bes benachrichtigt.[24] Die Anzeige wird schon mit dem Eingang beim InsGer wirksam; die öffentliche Bekanntmachung hat nur deklaratorische Wirkung.[25]

11 Auch für ein später mit der Frage der Masseunzulänglichkeit befasstes Prozessgericht ist die Anzeige des Verwalters bindend.[26] Die Entsch des Gesetzgebers, das Gericht nicht mit der Feststellung der Masseunzulänglichkeit zu belasten,[27] muss respektiert werden.[28] Im Jahre 2006 hat der BGH diese Aussage allerdings eingeschränkt: Ausnahmen von der **Bindungswirkung** lägen nahe, wenn „dem InsVerw unredliches Verhalten vorzuwerfen ist, er arglistig handelt oder ausreichender Massebestand gerichtskundig ist".[29] Im Übrigen betont der BGH, dass in einem Haftungsprozess gegen den InsVerw umfassend nachgeprüft werden

17 MK/*Hefermehl* § 208 Rn 36.
18 Vgl *Dinstühler* ZIP 1998, 1701; *Graf-Schlicker/Riedel* § 208 Rn 13.
19 *K Schmidt/Jungmann* § 208 Rn 18; *Uhlenbruck/Ries* § 208 Rn 15; K/P/B/*Pape* § 208 Rn 16a, 16b; *Staufenbiel/Karlstedt* ZInsO 2010, 2059, 2061; vgl auch *OLG Karlsruhe* ZIP 2003, 267 zur Haftung des Verwalters für Masseverbindlichkeiten bei fehlender eigener Liquiditätsrechnung. – Für einen ständig fortzuschreibenden Liquiditätsplan, der eine separate Berechnung der Massezulänglichkeit überflüssig macht, *Schröder* Die Abwicklung der masseunzulänglichen Insolvenzverfahren, S 93.
20 *Dinstühler* ZIP 1998, 1702; *Kübler* KS-InsO, S 584 Rn 27; **aA** *K Schmidt/Jungmann* § 208 Rn 18.
21 Nach Auff des *BGH* (20.7.2017 – IX ZR 310/14) steht ihm insoweit ein „weiter Handlungs- und Entscheidungsspielraum" zu.
22 Vgl *K/P/B/Pape* § 208 Rn 15; *Klaas/Zimmer* ZInsO 2011, 666; *Schröder* S 95.
23 Vgl *BGH* ZIP 2010, 2356; *BAG* ZIP 2007, 1169; *Büchler* ZInsO 2011, 1240. – Zur Haftung des Verwalters bei Masseunzulänglichkeit vgl außerdem unten Rn 15 f.
24 Dazu *Uhlenbruck/Ries* § 208 Rn 20, 31–33; *K/P/B/Pape* § 208 Rn 8; *v Websky* ZInsO 2014, 1470.
25 *K/P/B/Pape* § 208 Rn 7b, 8; *N/R/Westphal* § 208 Rn 23 f.
26 *BGHZ* 154, 358, 360 f = ZIP 2003, 914, 915; *BGH* ZInsO 2004, 674; *OLG Köln* NZI 2011, 812; anders zum früheren Konkursrecht *BGH* DZWIR 2006, 35.
27 Vgl oben Rn 2.
28 *Kübler* KS-InsO, S 583 Rn 23, S 585 Rn 28; *Dinstühler* ZIP 1998, 1701.
29 *BGHZ* 167, 178, 189 = ZIP 2006, 1004, 1008, bestätigt durch *BGH* ZIP 2010, 63 Nr 13; dazu *K Schmidt/Jungmann* § 208 Rn 28.

könne, ob dieser zu Recht von Masseunzulänglichkeit ausgegangen sei oder ob er seinen Bewertungsspielraum überschritten habe.[30]

Ist **Eigenverwaltung** angeordnet, so ist die Anzeige der Masseunzulänglichkeit Aufgabe des Sachwalters, nicht des Schu (§ 285). 12

2. Masseunzulänglichkeit schon bei Verfahrenseröffnung. § 208 erfasst nicht nur den Fall, dass sich die Masseunzulänglichkeit im Laufe des Verf herausstellt. Häufig wird schon bei der VerfEröffnung klar sein, dass nicht alle Masseverbindlichkeiten gedeckt werden können. In Verf, in denen die VerfKosten nach § 4a gestundet worden sind, wird dies regelmäßig gegeben sein.[31] In diesem Fall wird es eine der ersten Amtshandlungen des Verwalters sein, dem Gericht die Masseunzulänglichkeit anzuzeigen; er kann damit erreichen, dass die Ansprüche aus fortbestehenden Dauerschuldverhältnissen für die Zeit nach dieser Anzeige bis zum Wirksamwerden einer sofort ausgesprochenen Kündigung nur anteilig zu erfüllen sind (vgl § 209 Abs 2 Nr 2).[32] Zulässig ist auch, die Anzeige der Masseunzulänglichkeit schon zusammen mit der Eröffnung des Verf öffentlich bekannt zu machen. Dies kommt insb in Betracht, wenn ein vorl InsVerw bestellt war, dieser das Gericht in einem Gutachten auf die Masseunzulänglichkeit hingewiesen hat und dann bei der VerfEröffnung zum InsVerw bestellt wird. Es kann dann unterstellt werden, dass der Verwalter an der Anzeige der Masseunzulänglichkeit auch nach der Eröffnung festhält.[33] 13

3. Ausschluss eines Rechtsmittels, Haftung. Die „AltmasseGl", die durch die Anzeige der Masseunzulänglichkeit nachrangig werden (vgl § 209 Abs 1 Nr 3), können sich gegen diese Anzeige nicht zur Wehr setzen. Dies ist nicht ganz unbedenklich.[34] Zwar entsteht diesen Gl durch den Nachrang allein kein Schaden, da sie voll befriedigt werden, wenn der Verwalter **zu Unrecht Masseunzulänglichkeit angezeigt** hat. Es bleibt jedoch der Nachteil, dass nach der Anzeige der Masseunzulänglichkeit die Befriedigung der „AltmasseGl" zunächst zurückgestellt wird und vorläufig nicht erzwungen werden kann (vgl § 210).[35] Auch kann sich der Verwalter durch die Anzeige der Masseunzulänglichkeit der Kontrolle durch die Versammlung der InsGl entziehen.[36] 14

Eine **Haftung des Verwalters**, die einen Ausgleich dieses Nachteils ermöglichen würde, kann nicht aus § 61 abgeleitet werden, da dort nur der Fall der Nichterfüllung wegen Masseunzulänglichkeit geregelt ist, nicht der Fall der verspäteten Erfüllung wegen **unberechtigter Anzeige** der Masseunzulänglichkeit. Einschlägig ist jedoch § 60. § 209 begründet eine bes insolvenzspezifische Handlungspflicht des Verwalters. Die Verletzung dieser Pflicht durch eine unberechtigte Anzeige führt typischerweise zu Schäden bei den AltmasseGl.[37] 15

Eine **verspätete oder ganz unterlassene Anzeige** der Masseunzulänglichkeit verpflichtet den InsVerw dagegen als solche nicht zum Schadenersatz gegenüber den MasseGl. Es besteht keine insolvenzspezifische Pflicht des Verwalters, die Masseunzulänglichkeit im Interesse 16

---

30 *BGH* 20.7.2017 – IX ZR 310/14 Rn 24–27 mit Anm *Ries* EWiR 2017, 631.
31 K/P/B/*Pape* § 208 Rn 2d, 2e.
32 *Uhlenbruck/Ries* § 208 Rn 18.
33 *BAGE* 114, 13, 17 = ZIP 2005, 873, 874 f; *BAG* ZIP 2007, 834, 835; zust *Uhlenbruck/Ries* § 208 Rn 18; im gleichen Sinne *LSG BW* ZIP 2015, 396; *Mäusezahl* ZVI 2003, 618; **abl** *K Schmidt/Jungmann* § 208 Rn 6.
34 Vgl *K/P/B/Pape* § 208 Rn 3 f; *Dinstühler* ZIP 1998, 1701 f; bes krit *Gottwald/Klopp/Kluth/Wimmer* § 74 Rn 25, die „massive verfassungsrechtliche Bedenken" sehen.
35 *BGH* ZIP 2004, 326, 329; MK/*Hefermehl* § 208 Rn 40, 78; *Uhlenbruck/Ries* § 208 Rn 21.
36 Vgl unten Rn 33 und *Mäusezahl* ZVI 2003, 620.
37 Vgl *BGH* ZIP 2010, 2356 Rn 12; *BAG* ZIP 2013, 638 Rn 65; *OLG Düsseldorf* 14.12.2015 – I-26 W 17/14 bei B II 2.

einzelner Gl zu einem bestimmten Zeitpunkt anzuzeigen. So ist der Verwalter nicht verpflichtet, die Anzeige im Interesse von Gl mit Ansprüchen aus Dauerschuldverhältnissen frühzeitig abzugeben, um diesen – auf Kosten anderer Gl – bevorrechtigte Masseansprüche nach § 209 Abs 1 Nr 2 zu verschaffen.[38] Er haftet auch nicht gegenüber einem Arbeitnehmer, dem durch eine verspätete Anzeige der Masseunzulänglichkeit Arbeitslosengeld entgeht.[39]

17 Befriedigt der InsVerw aber einen MasseGl noch voll, obwohl bereits Masseunzulänglichkeit droht oder eingetreten ist (**faktische Masseunzulänglichkeit**) und obwohl dieser Gl nach der Rangordnung des § 209 nur anteilig zu befriedigen wäre, so macht er sich schadenersatzpflichtig.[40] Der Verwalter dürfte verpflichtet sein, den zu viel ausgezahlten Betrag in die Ins-Masse zu erstatten.[41] Das Hinauszögern der Anzeige der Masseunzulänglichkeit ist also kein taugliches Mittel, um einzelne MasseGl, die nachrangig zu werden drohen, noch voll befriedigen zu können.[42]

18 Noch nicht geklärt ist die Frage, ob der InsVerw berechtigt ist, bei „faktischer Masseunzulänglichkeit“ diejenigen Gl bevorzugt zu befriedigen, die nach einer Anzeige der Masseunzulänglichkeit Vorrang hätten. Nach einer Entsch des OLG Düsseldorf hat der Verwalter bei drohender Masseunzulänglichkeit das Recht und die Pflicht, weiterbeschäftigten Arbeitnehmern bei der Zahlung ihrer Vergütung Vorrang vor freigestellten Arbeitnehmern zu geben. Der Verwalter könne den in § 209 Abs 2 Nr 3 niedergelegten Vorrang der Weiterbeschäftigten nicht dadurch außer Kraft setzen, dass er die Anzeige der Masseunzulänglichkeit unterlasse.[43] Der Vorrang sei unabhängig davon, wann der Verwalter die Anzeige abgebe. Noch weitergehend will *Büchler* dem Verwalter gestatten, im Stadium der faktischen Masseunzulänglichkeit neue Verträge abzuschließen und als „faktische Neumasseverbindlichkeiten“ mit Vorrang zu befriedigen. Er macht allerdings die Einschränkung, dass dieser Vorrang ende, sobald die Anzeige erfolgt sei; wenn die neue Verbindlichkeit dann noch nicht erfüllt sei, sei sie gleichrangig mit den anderen Altmasseverbindlichkeiten zu erfüllen.[44]

19 Beide Auff sind abzulehnen. Zwar hat der Verwalter auch ohne eine Anzeige der Masseunzulänglichkeit zu beachten, dass die Kosten des InsVerf nach § 209 Abs 1 Nr 1 stets Vorrang haben und dass die „übrigen Masseverbindlichkeiten“ nach Maßgabe des § 209 Abs 1 Nr 3 grds gleichrangig zu befriedigen sind. Nur insoweit ist der Aussage des BGH zu folgen, dass der Verwalter die Rangfolge des § 209 Abs 1 auch dann zu beachten habe, wenn er die Anzeige der Masseunzulänglichkeit unterlasse.[45] Der Vorrang nach § 209 Abs 1 Nr 2 und Abs 2 für neu begründete Verbindlichkeiten, für Verträge, deren Erfüllung der Verwalter gewählt hat, für Dauerschuldverhältnisse, die er nicht zum ersten möglichen Termin gekün-

---

38 *BGH* ZIP 2010, 2356; dazu *Gundlach/Frenzel/Jahn* DZWIR 2011, 177.

39 *BAG* ZIP 2013, 638; *Gundlach/Frenzel/Jahn* DZWIR 2011, 180; abw *LAG Hamm* ZInsO 2009, 1457; *LAG Sachsen-Anhalt* ZInsO 2007, 1007; *LG Hbg* ZInsO 2005, 1279 – in allen drei Fällen wurde die Haftung allerdings iE abgelehnt. Vgl weiter *Richter/Völksen* ZIP 2011, 1800, 1801.

40 *BGH* ZIP 2010, 2356 Rn 12.

41 *Büchler* ZInsO 2011, 1240, 1242.

42 *Büchler* ZInsO 2011, 1243; *Klaas/Zimmer* ZInsO 2011, 666, 671; **aA** *v Websky* ZInsO 2014, 1471, der aber auch auf das Haftungsrisiko hinweist, dass mit einer solchen Taktik verbunden ist.

43 *OLG Düsseldorf* ZIP 2012, 2115; der Entsch zust *Möckl/Herrnstadt* in EWiR 2013, 212 (Anm zu *BAG* ZIP 2013, 638).

44 *Büchler* ZInsO 2011, 1242.

45 *BGH* ZIP 2010, 145 Rn 14, bekräftigt in ZIP 2010, 2356 Rn 12, ZIP 2013, 634 Rn 3 und ZIP 2015, 85 Rn 20.

digt hat, und für Dauerschuldverhältnisse, bei denen er die Gegenleistung in Anspruch genommen hat, setzt jedoch nach Wortlaut und Sinn der Vorschrift voraus, dass zuvor die Anzeige der Masseunzulänglichkeit abgegeben worden ist. Den Vorrang auch ohne diese Voraussetzung zu gewähren, wenn nur Masseunzulänglichkeit drohte, müsste zu großer Rechtsunsicherheit führen. Beispielsweise wäre es kaum möglich, den Termin zu bestimmen, zu dem der Verwalter nach einer Entwicklung zur Masseunzulänglichkeit frühestens hätte kündigen können (Abs 2 Nr 2).

V. Wirkungen der Anzeige (Abs 3)

1. Fortsetzung von Verwertung und Verteilung. Die Wirkungen der Anzeige der Masseunzulänglichkeit sind die gleichen, unabhängig davon, ob diese Anzeige wegen drohender oder wegen eingetretener Masseunzulänglichkeit erfolgt.[46] Das Gesetz begnügt sich damit festzustellen, dass die Anzeige der Masseunzulänglichkeit nichts daran ändert, dass der Verwalter die InsMasse zu verwerten und zu verteilen hat. Die Handlungsfreiheit, die er durch den Vorrang der Neumasseverbindlichkeiten gewinnt, soll ihn dazu in die Lage versetzen. 20

Es ist nicht erkennbar, dass der Verwalter sich bei Masseunzulänglichkeit stärker als sonst um eine unverzügliche Liquidation der InsMasse bemühen müsste.[47] Zwar ist richtig, dass er eine zügige Abwicklung betreiben und dass er vermeiden muss, dass durch die Fortsetzung des Verf neue Verluste entstehen. Dies gilt jedoch auch für InsVerf, bei denen keine Masseunzulänglichkeit vorliegt. Auch nach der Anzeige der Masseunzulänglichkeit stehen dem Verwalter alle Möglichkeiten der VerfGestaltung weiterhin offen. Dazu gehört auch die Vorbereitung eines **InsPlans**; dies ist im Jahr 2011 durch die Einfügung des § 210a klargestellt worden. Seine handelsrechtlichen Rechnungslegungspflichten bestehen fort.[48] Einer **InsAnfechtung** bei Masseunzulänglichkeit steht nicht entgegen, dass Vorteile nur für MasseGl, nicht für die InsGl zu erwarten sind.[49] Gegenstände, die mit Absonderungsrechten belastet sind, aber dem Verwertungsrecht des Verwalters unterliegen (§ 166), hat dieser zu verwerten und den Erlös nach Abzug der Kostenbeiträge (§§ 170, 171) an die gesicherten Gl herauszugeben; auch insofern ändert die Masseunzulänglichkeit nichts am Ablauf des Verf.[50] 21

Bei hinreichender Erfolgsaussicht hat der InsVerw auch bei Masseunzulänglichkeit Aktivprozesse zur Massemehrung zu führen.[51] Beantragt er **Prozesskostenhilfe** für einen solchen Prozess, so ist wegen der Masseunzulänglichkeit davon auszugehen, dass die Kosten des 22

46 *OLG Frankfurt* NZI 2005, 40.

47 Zust *Kögel* Die Rechtsfolgen der Masseunzulänglichkeitsanzeige, S 84; im gleichen Sinne HambKomm/*Weitzmann* § 208 Rn 15; mit gewissen Einschränkungen *v Websky* ZInsO 2014, 1472 f; *Schröder* Die Abwicklung der masseunzulänglichen Insolvenzverfahren, S 109–116, 139–154: **aA** *BGHZ* 151, 236, 242 = ZInsO 2002, 879, 881; *OLG Stuttgart* ZInsO 2012, 659; MK/*Hefermehl* § 208 Rn 46; *K/P/B/Pape* § 208 Rn 20 ff, § 209 Rn 11; *Uhlenbruck/Ries* § 208 Rn 40; *Häsemeyer* FS Gerhardt, 2004, S 344 ff.

48 Vgl *Frystatzki* NZI 2009, 584 und die dort zitierte Auff des Instituts der Wirtschaftsprüfer. Dies gilt jedenfalls dann, wenn noch ausreichende Masse für die Erfüllung dieser Pflichten zur Verfügung steht, vgl *K/P/B/Kübler* § 155 Rn 87–98.

49 Vgl oben *Thole* § 129 Rn 45; *OLG Bbg* ZIP 2002, 1698; *LG Hbg* ZIP 2001, 711; *Uhlenbruck/Ries* § 208 Rn 35; *Gundlach/Frenzel/Schmidt* NZI 2004, 184; *Biehl/Bograkos* DZWIR 2002, 139; zum früheren Recht *BGH* ZIP 2001, 1641 mit Anm *Pape* EWiR 2001, 959; **aA** MK/*Hefermehl* § 208 Rn 51; *Häsemeyer* Rn 21.25.

50 Vgl *Ganter/Bitter* ZIP 2005, 93, 100, 105.

51 *BGH* ZIP 2013, 1332 Rn 9; *OLG Celle* ZIP 2012, 1881.

Rechtsstreits nicht aus der verwalteten Vermögensmasse aufgebracht werden können;[52] jedoch kann den AltmasseGl, die bei Masseunzulänglichkeit von dem Erfolg eines Aktivprozesses profitieren, eine Finanzierung des Prozesses zuzumuten sein.[53] Auch darf die Rechtsverfolgung nicht mutwillig sein; wenn eine vermögende Partei trotz guter Erfolgsaussichten vernünftigerweise auf eine Klageerhebung verzichten würde, ist auch dem InsVerw Prozesskostenhilfe zu versagen.[54] Fällt der obsiegende Prozessgegner mit einem Kostenerstattungsanspruch aus, so scheidet eine persönliche Haftung des InsVerw nach § 60 schon deshalb aus, weil diesen keine insolvenzspezifischen Pflichten zur Wahrung der Interessen des Prozessgegners treffen.[55]

23 In Einzelfällen mag die Pflicht zur Fortsetzung der Verwertung bei drohenden Verlusten zu **praktischen Schwierigkeiten** für den Verwalter führen, der stets seine persönliche Haftung für die Erfüllbarkeit von ihm begründeter Verbindlichkeiten im Auge haben muss.[56] Bevor jedoch als Ausweg der Abbruch des Verf auf der Grdl einer „großzügigen" Anwendung des § 207 erwogen wird,[57] sollten alle anderen Möglichkeiten ausgeschöpft werden, zB das Absehen von der Verwertung nur mit Verlust verwertbarer Gegenstände.[58] Steht vor der Veräußerung eines Massebestandteils fest, dass auch die NeumasseGl nur anteilig befriedigt werden können und dass daher auch die Umsatzsteuer aus dieser Veräußerung nicht vollständig wird beglichen werden können,[59] so kann eine erneute Anzeige der Masseunzulänglichkeit[60] vor der Veräußerung Abhilfe schaffen; denn dann erhält die Umsatzsteuerforderung Vorrang vor den bisherigen Neumasseforderungen.[61]

24 **2. Sonstige Wirkungen.** Weitere Regelungen zu den Wirkungen der Anzeige sind in § 209 (Vorrang der NeumasseGl bei der Verteilung) und § 210 (Vollstreckungsverbot für AltmasseGl) enthalten. Damit sind allerdings bei weitem nicht alle Fragen geklärt. Ein Grundproblem ist, ob es gerechtfertigt ist, den Eintritt der Masseunzulänglichkeit der Eröffnung eines

52 *BGH* ZIP 2007, 2187 (= DZWIR 2008, 80 mit iE zust Anm *Gundlach/Frenzel*; krit zur Begr der Entsch auch *Frind* EWiR 2008, 95; dem BGH zust *Sterzinger* NZI 2008, 525, 526) gegen *Ringstmeier/Homann* ZIP 2005, 284, die dafür plädieren, dass wegen des Vorrangs der Prozesskosten als Neumasseverbindlichkeiten die Bedürftigkeit der Masse fehle. – Wie der *BGH BAG* 22.8.2017 – 1 AZR 546/15 Rn 15.

53 *OLG Celle* ZIP 2013, 903; vgl *Ringstmeier/Homann* ZIP 2005, 284. Nicht gefolgt werden kann der Auff des *BGH* (ZIP 2007, 2187 Rn 8 f), „dass das nach der Erklärung der Masseunzulänglichkeit fortgesetzte Verfahren nunmehr in erster Linie der Befriedigung der Neumassegläubiger dient" und dass daher den AltmasseGl nicht zuzumuten sei, die Prozesskosten aufzubringen. Denn in entspr Weise wie das InsVerf mit zulänglicher Masse in erster Linie der Befriedigung der InsGl dient, dient das Verf nach Anzeige der Masseunzulänglichkeit in erster Linie der Befriedigung der AltmasseGl; vgl *Jaeger/Windel* § 208 Rn 114.

54 *BGH* 12.11.2015 – IX ZB 82/14 Rn 4.

55 *BGHZ* 161, 236 = ZInsO 2005, 146 im Anschluss an *BGHZ* 148, 175 = ZIP 2001, 1376 zum früheren Recht; MK/*Hefermehl* § 208 Rn 50.

56 Vgl allg zu den Problemen der Erfüllung von Masseverbindlichkeiten bei Masseunzulänglichkeit *Keller* Rechtspfleger 2008, 1–9.

57 So *Kübler* KS-InsO, S 586 Rn 32.

58 Vgl § 197 Abs 1 S 2 Nr 3, der von der Möglichkeit der Freigabe nicht verwertbarer Gegenstände ausgeht; FK/*Kießner* § 208 Rn 24; *K/P/B/Pape* § 208 Rn 19a; *Schröder* Die Abwicklung der masseunzulänglichen Insolvenzverfahren, S 142 f.

59 Fall von *Onusseit* ZInsO 2002, 1009.

60 Dazu unten bei Rn 36.

61 Man kann allerdings auch die Auff vertreten, dass der Umsatzsteueranteil des Veräußerungserlöses unabhängig von der Rangfolge bei einer Masseunzulänglichkeit in voller Höhe an den Fiskus abzuführen ist, vgl unten § 209 Rn 8.

neuen InsVerf innerhalb des InsVerf gleichzustellen mit der Konsequenz, dass das Verf von diesem Zeitpunkt an der gleichmäßigen Befriedigung nicht mehr der InsGl, sondern der AltmasseGl dient **(Konzeption des „Konkurses im Konkurs“)**.[62] Dann gelten nunmehr die Vorschriften über die Befriedigung der InsGl entspr für die – notgedrungen nur noch anteilige – Befriedigung der AltmasseGl; die gesetzlichen Vorzugsstellung der MasseGl ist jetzt auf die NeumasseGl beschränkt.

Der RegE der InsO folgte dieser Sicht, indem er in seinem § 320 Abs 2 ausdrücklich für die Altmasseverbindlichkeiten die entspr Anwendung der Vorschriften über die Erfüllung gegenseitiger Verträge, über die Aufrechnung und über die Unwirksamkeit von vor VerfEröffnung erlangten Zwangssicherungen festlegte und in seinem § 323 vorsah, dass in der GlVersammlung und für die Zwecke eines InsPlans die AltmasseGl an die Stelle der nicht nachrangigen InsGl träten.[63] Die Streichung dieser Vorschriften durch den RAussch beruhte nicht auf Zweifeln an dieser Konzeption, sondern geschah schlicht zur Kürzung des Gesetzes. Die gestrichenen Regelungen können daher noch Anhaltspunkte für die Auslegung des Gesetzes bieten. Sie waren auch für den Gesetzgeber weiterhin Leitbild: Die Regelung über den InsPlan bei Masseunzulänglichkeit ist im Jahre 2011 als § 210a nachträglich in die InsO eingefügt worden. **25**

Für die **Aufrechnung** wird iE allg anerkannt, dass die Beschränkungen, denen nach §§ 94–96 die InsGl unterliegen, nach der Anzeige der Masseunzulänglichkeit entspr für die AltmasseGl gelten.[64] Dem entspricht es, dass zur Durchsetzung offener Altmasseverbindlichkeiten auch das **Zurückbehaltungsrecht** nach § 273 Abs 1 BGB nicht zur Verfügung steht: Ein Arbeitnehmer, dem Lohn für eine Zeit vor der Anzeige der Masseunzulänglichkeit geschuldet wird, kann seine der Masse geschuldete Arbeitsleistung für die Zeit nach der Anzeige nicht gestützt auf das allg Zurückbehaltungsrecht verweigern.[65] **26**

Die entspr Anwendung des **§ 88** – Unwirksamkeit von Zwangssicherungen – und der **§§ 103 ff** – Erfüllung gegenseitiger Verträge – wird allerdings von vielen abgelehnt.[66] **27**

Jedoch führt die Auffassung, die ein **erneutes Wahlrecht des Verwalters** zwischen Erfüllung und Ablehnung der Erfüllung eines gegenseitigen Vertrages verneint, zu der wenig praxisdienlichen Konsequenz, dass der Verwalter einen von ihm selbst geschlossenen Vertrag, auf dessen Erfüllung durch den Vertragspartner er angewiesen ist, nach der Erklärung der Masseunzulänglichkeit erneut abschließen muss, um die Forderung des Vertragspartners zur Neumasseforderung zu erheben.[67] Die Situation, in der sich Personen, die aus einem gegen- **28**

---

62 Krit zu dieser Konzeption *Häsemeyer* InsR im Umbruch, S 108, der weniger zeitbezogen als inhaltlich differenzieren will. In FS Gerhardt, 2004, S 341, betont *Häsemeyer*, dass ein grdl Unterschied bestehe zwischen einem Verf, das der Befriedigung der InsGl dient, und einem Verf, das wegen Masseunzulänglichkeit nur noch die Funktion einer Notordnung für die Masseverwertung und die Erfüllung der Masseverbindlichkeiten hat. *Smid* stellt fest, dass die Einfügung des § 210a „der Tendenz, das NotabwicklungsVerf der §§ 208–211 InsO zu einem SonderInsVerf auszugestalten, einen kräftigen Schub gegeben“ habe (ZInsO 2017, 2086).

63 Vgl auch die Begr zu diesen Vorschriften, BT-Drucks 12/2443, 219, 220 f.

64 *BFHE* 220, 295 = ZIP 2008, 886; *OLG Celle* ZIP 2011, 1164; *OLG Karlsruhe* ZIP 2003, 2082; MK/*Hefermehl* § 208 Rn 70; *K/P/B/Pape* § 210 Rn 10 f; *Uhlenbruck/Ries* § 208 Rn 44; FK/*Kießner* § 209 Rn 52; *Adam* DZWIR 2011, 488 f.

65 *BAG* ZIP 2014, 1498 mit Anm *Zimmer* EWiR 2014, 655.

66 Vgl FK/*Kießner* § 209 Rn 29 f; *K Schmidt/Jungmann* § 210 Rn 30; für die entspr Anwendung von § 88 dagegen *Graf-Schlicker/Riedel* § 208 Rn 12; für die entspr Anwendung von § 103 *Jaeger/Windel* § 208 Rn 91; *K/P/B/Pape* § 209 Rn 12–12b; *Uhlenbruck/Ries* § 208 Rn 46–48; *v Websky* ZinsO 2014, 1473.

67 Vgl *K Schmidt/Jungmann* § 209 Rn 18–20.

seitigen Vertrag mit dem Verwalter einen Masseanspruch haben, nach der Erklärung der Masseunzulänglichkeit befinden, ist vergleichbar der Situation von Personen, die vor der Eröffnung des InsVerf einen gegenseitigen Vertrag mit dem Schu geschlossen haben. Die Parallelität der Interessenlage verlangt nach parallelen Lösungen. Dass der Gesetzgeber die Rechtsfolgen der Masseunzulänglichkeit für gegenseitige Verträge bewusst nicht geregelt hat, schließt eine Analogie nicht aus; denn aus der Entstehungsgeschichte ergibt sich eindeutig, dass keine abschließende Regelung beabsichtigt war, sondern eine Entwicklung von ergänzenden Regeln durch die Rspr.[68] Kögel kommt bei einer Einzelbetrachtung der §§ 103–119 zu dem Ergebnis, dass eine analoge Anwendung auf den Fall der Masseunzulänglichkeit bei den Grundnormen und bei vielen Einzelbestimmungen von der Interessenlage her sinnvoll ist und keine praktischen Schwierigkeiten bereitet. Keine entspr Anwendung sollen allerdings Normen finden, die inhaltlich auf das Verf nach der Anzeige der Masseunzulänglichkeit nicht passen (wie § 118, Auflösung von Gesellschaften) oder bei denen das Vertrauen des Rechtsverkehrs auf Handlungen des Verwalters schutzwürdig erscheint (zB §§ 115–117, Erlöschen von Aufträgen, Geschäftsbesorgungsverträgen und Vollmachten).[69] Ausdrücklich bejaht wird von Kögel auch ein „erneutes" Erfüllungswahlrecht des Verwalters bei gegenseitigen Verträgen, die der Schu vor der InsEröffnung abgeschlossen hatte und bei denen der Verwalter schon einmal die Erfüllung gewählt hatte.[70] Die Interessenkonflikte, die sich bei der Ausübung des Wahlrechts in einem solchen Fall ergeben – ebenso wie in dem Fall, dass der Verwalter den Vertrag selbst geschlossen hatte –, dürfen den Verwalter nicht davon abhalten, die für die Masse günstigere Alternative zu wählen.[71]

29 Über die Regelungen hinaus, die im RegE der InsO für den Fall der Masseunzulänglichkeit vorgesehen waren, wird zum Teil eine analoge Anwendung der Vorschriften über die **Insolvenzanfechtung** für möglich gehalten, mit der Folge, dass der InsVerw eigene Handlungen anfechten kann, mit denen er vor der Anzeige der Masseunzulänglichkeit MasseGl Sicherung oder Befriedigung verschafft hat.[72] Auch die entspr Anwendung des § 166 wird vertreten: Hat der Verwalter vor der Erklärung der Masseunzulänglichkeit „besitzlose Mobiliarsicherheiten" für Massekredite bestellt, so steht nach Auff von Mitlehner nach der Erklärung das **Verwertungsrecht an** diesen **Sicherheiten** dem Verwalter zu.[73]

30 Ein **Prüfungstermin kann verzichtbar sein,** nachdem Masseunzulänglichkeit angezeigt worden ist; denn das Verf dient jetzt nur noch der Befriedigung der MasseGl, und diese Forderungen sind dem InsVerw idR genau bekannt.[74] Das Interesse der InsGl, einen vollstreckbaren Auszug aus der Tabelle zu erhalten, dürfte für sich allein den Aufwand einer Prüfung der InsForderungen nicht rechtfertigen.[75] Wenn die Masseunzulänglichkeit schon bei der

---

68 Vgl oben Rn 2; *K/P/B/Pape* § 209 Rn 12a; *Uhlenbruck/Ries* § 208 Rn 46; *Kögel* Die Rechtsfolgen der Masseunzulänglichkeitsanzeige, insb S 92–96.

69 *Kögel* S 97–131.

70 *Kögel* S 132 f ; ebenso *v Websky* ZInsO 2014, 1473.– Bei Ablehnung der Erfüllung wird der Vertragspartner AltmasseGl.

71 Vgl *Adam* DZWIR 2011, 489.

72 Vgl oben *Thole* § 129 Rn 43; *Kögel* S 89; **abl** *Uhlenbruck/Ries* § 208 Rn 57; *Adam* DZWIR 2011, 490.

73 *Mitlehner* Mobiliarsicherheiten im InsVerf, 4. Aufl, Rn 606, 742-744; ebenso *Graf-Schlicker/Riedel* § 208 Rn 12; **aA** *Jaeger/Windel* § 208 Rn 108.

74 Vgl *Uhlenbruck/Ries* § 208 Rn 40 f; *Mäusezahl* ZVI 2003, 618 ff, der allerdings auch den Berichtstermin für entbehrlich hält; für die Prüfung der Forderungen der InsGl trotz Masseunzulänglichkeit dagegen *Kröpelin* Die massearme Ins, S 95–99; *Graf-Schlicker/Riedel* § 208 Rn 18.

75 HambKomm/*Weitzmann* § 211 Rn 3; **aA** *Graf-Schlicker/Riedel* § 208 Rn 19.

Eröffnung des InsVerf feststeht,[76] brauchen die InsGl auch nicht zur Anmeldung ihrer Forderungen aufgefordert zu werden. Falls die Masseunzulänglichkeit während des Verf beseitigt werden kann und damit doch eine anteilige Befriedigung der InsGl möglich wird, kann die Anmeldung der Forderungen nachgeholt werden, so wie sich im RegelVerf nachträglich ein Bedürfnis für die Anmeldung der nachrangigen Forderungen ergeben kann (vgl § 174 Abs 3).

Anmeldung der Forderungen und Prüfungstermin sind dagegen sinnvoll, wenn das Verf mit dem Ziel der **Restschuldbefreiung** durchgeführt wird (vgl § 289). Dies gilt einmal im Hinblick darauf, dass die Möglichkeit besteht, dass während der Wohlverhaltensperiode nicht nur die Ansprüche der MasseGl, sondern auch die Forderungen der InsGl anteilig befriedigt werden können.[77] Auch unabhängig davon sollte aber den Gl, deren Forderungen nach § 302 Nr 1 bei entspr Anmeldung nicht von der Restschuldbefreiung erfasst werden, Gelegenheit zur Wahrung ihrer Rechte gegeben werden. 31

Hat ein **Prüfungstermin bereits stattgefunden**, so haben die Gl, deren Forderungen bestr worden sind, trotz der Masseunzulänglichkeit ein berechtigtes Interesse an der Feststellung ihrer Forderungen und damit auch das Rechtsschutzinteresse für eine entspr Feststellungsklage. Auf der anderen Seite kann in diesem Fall dem Verwalter nicht das Interesse an einem Unterbleiben dieser Feststellung abgesprochen werden. Es geht bei dieser Feststellung auch um das Recht zur Teilnahme am Verf, zB um das Recht, einen Antrag auf Versagung der Restschuldbefreiung zu stellen.[78] 32

Nimmt der InsVerw nach Anzeige der Masseunzulänglichkeit bes bedeutsame Rechtshandlungen vor, für die er nach § 160 die Zustimmung der **GlVersammlung** benötigt, so sind nicht mehr die InsGl, sondern die AltmasseGl in dieser Versammlung stimmberechtigt. Es wäre nicht sinnvoll, in dieser Situation die InsGl entscheiden zu lassen, die von den wirtschaftlichen Folgen der Entsch gar nicht betroffen sind.[79] Gleiches gilt für das Stimmrecht im Berichtstermin und in einer GlVersammlung, in der nach der Anzeige der Masseunzulänglichkeit über die Abwahl des InsVerw abgestimmt wird.[80] Ist ein GlAusschuss bestellt, so sollte dieser für diese Phase des Verf neu zusammengesetzt werden. 33

Gegen die **Festsetzung der Vergütung** des InsVerw steht bei Masseunzulänglichkeit den MasseGl die **Beschwerdebefugnis** zu. In dieser Situation sind nicht mehr die in § 64 Abs 3 genannten InsGl, sondern die MasseGl von dieser Entsch unmittelbar betroffen.[81] 34

VI. Spätere Änderungen der Vermögenslage

1. Wegfall der Masseunzulänglichkeit. Entwickelt sich das InsVerf nach der Anzeige der Masseunzulänglichkeit so positiv, dass voraussichtlich sämtliche MasseGl voll befriedigt werden können, so hat der InsVerw dem InsGer den Wegfall der Masseunzulänglichkeit anzuzeigen. Das Gericht hat die Anzeige öffentlich bekannt zu machen und den MasseGl 35

---

76 Vgl oben bei Rn 13.
77 Vgl unten *Waltenberger* § 289 Rn 4.
78 Vgl *BGH* NZI 2008, 611; *LG Stuttgart* NZI 2010, 573 mit Anm *Storz*.
79 *Mäusezahl* ZVI 2003, 620; **aA** *Gottwald/Klopp/Kluth/Wimmer* § 74 Rn 34–37; *Kröpelin* Die massearme Ins, S 93–95.
80 Offen lassend *BGH* NZI 2005, 32 mit Anm *Kayser/Heck* NZI 2005, 65; **aA** *BVerfG* ZInsO 2005, 368 (NichtannahmeBeschl); *K Schmidt/Jungmann* § 208 Rn 32; *K/P/B/Pape* § 210a Rn 21 (der aber einräumt, dass die InsGl am Fortgang des Verf gar kein Interesse mehr haben); vgl dazu *Jaeger/Windel* § 208 Rn 41, 43.
81 *BGH* ZIP 2013, 226 mit krit Anm *Blersch* EWiR 2013, 245.

zuzustellen (§ 208 Abs 1, 2 entspr).[82] Ein Beschl des Gerichts ist zur Rückkehr in das RegelInsVerf nicht erforderlich.[83] Die Anmeldung der Forderungen und der Prüfungstermin sind ggf nachzuholen.

36 **2. Erneute Masseunzulänglichkeit.** Stellt sich nach der Anzeige der Masseunzulänglichkeit im weiteren Verf heraus, dass nicht einmal die NeumasseGl voll befriedigt werden können, sind die VerfKosten aber weiterhin gedeckt,[84] so kann der Verwalter nochmals die Masseunzulänglichkeit anzeigen, um das Verf ordnungsgemäß abschließen zu können.[85] Der BGH hat allerdings die Auff abgelehnt, dass in einem solchen Fall die erneute Anzeige der Masseunzulänglichkeit ebenso rechtsverbindliche Wirkungen wie die Anzeige nach § 208 habe.[86] Er gibt den NeumasseGl auch ohne eine solche Anzeige nur einen Anspruch auf quotale Befriedigung, wenn der Verwalter ihnen die erneute Masseunzulänglichkeit nachweist.[87] Damit wird der Verwalter allerdings noch nicht in die Lage versetzt, bei Eintritt erneuter Masseunzulänglichkeit das insolvente Unternehmen weiterzuführen: Um neue Verträge abschließen zu können, ist er darauf angewiesen, dass die Ansprüche seiner Vertragspartner aus diesen Verträgen Vorrang vor den Ansprüchen der bisherigen NeumasseGl haben. Dieser Vorrang ergibt sich, wenn man der Anzeige einer erneuten Masseunzulänglichkeit die vollen Wirkungen des § 208 zuerkennt.[88]

37 **3. Fehlende Deckung der Verfahrenskosten.** Entfällt im weiteren Verf auch die Deckung der VerfKosten, so ist das Verf unverzüglich nach § 207 einzustellen.[89]

§ 209 Befriedigung der Massegläubiger

(1) Der Insolvenzverwalter hat die Masseverbindlichkeiten nach folgender Rangordnung zu berichtigen, bei gleichem Rang nach dem Verhältnis ihrer Beträge:

1. die Kosten des Insolvenzverfahrens;

2. die Masseverbindlichkeiten, die nach der Anzeige der Masseunzulänglichkeit begründet worden sind, ohne zu den Kosten des Verfahrens zu gehören;

3. die übrigen Masseverbindlichkeiten, unter diesen zuletzt der nach §§ 100, 101 Abs. 1 Satz 3 bewilligte Unterhalt.

---

82 **AA** FK/*Kießner* § 208 Rn 27–30, nach dem die Rückkehr ins reguläre Verf ohne diese förmlichen Voraussetzungen möglich ist. Die Unzuträglichkeiten einer solchen VerfWeise schildert überzeugend *M/R/Pape* Kap 12 Rn 104–109.

83 Ebenso *ArbG Kiel* ZInsO 2002, 893; *Kübler* in KS-InsO, S 587 Rn 34; *K/P/B/Pape* § 208 Rn 24; *Schröder* Die Abwicklung der masseunzulänglichen InsVerf, S 99–105; *Kröpelin* Die massearme Ins, S 235–245, die allerdings verlangt, dass vor der Anzeige des Verwalters alle NeumasseGl entweder befriedigt werden oder der Rückkehr ins RegelVerf zustimmen; **aA** (GerichtsBeschl erforderlich) *Jaeger/Windel* § 208 Rn 46; *K Schmidt/Jungmann* § 208 Rn 34–41.

84 Vgl den Beispielsfall oben Rn 23.

85 *BAGE* 110, 135, 141 = ZIP 2004, 1323, 1325; *OLG Koblenz* OLGR 2007, 683; *ArbG Kiel* ZInsO 2002, 893; *Adam* DZWIR 2010, 181, 185 f; *Braun/Kießner* § 208 Rn 37 und in FK § 208 Rn 25; *K Schmidt/Jungmann* § 208 Rn 42, § 210 Rn 17; ausf *Schröder* Die Abwicklung der masseunzulänglichen InsVerf, S 126–138; **aA** *Jaeger/Windel* § 208 Rn 27.

86 *BGH* ZIP 2008, 2284 (bei Nr 7); ebenso MK/*Hefermehl* § 208 Rn 60.

87 Vgl unten § 210 Rn 16.

88 *Jaeger/Windel* § 209 Rn 19 lehnt diese Lösung ab, kommt aber zu einem ähnlichen Ergebnis, indem er dem Verwalter erlaubt, „zwischen Verbindlichkeiten aus Verwertungshandlungen, die voll erfüllt werden müssen, und ‚sonstigen' Neumasseverbindlichkeiten, die nur quotal zu berichtigten sind", zu differenzieren.

89 *K/P/B/Pape* § 207 Rn 12; **abl** *Gottwald/Klopp/Kluth/Wimmer* § 74 Rn 29.

(2) Als Masseverbindlichkeiten im Sinne des Absatzes 1 Nr. 2 gelten auch die Verbindlichkeiten

1. aus einem gegenseitigen Vertrag, dessen Erfüllung der Verwalter gewählt hat, nachdem er die Masseunzulänglichkeit angezeigt hatte;

2. aus einem Dauerschuldverhältnis für die Zeit nach dem ersten Termin, zu dem der Verwalter nach der Anzeige der Masseunzulänglichkeit kündigen konnte;

3. aus einem Dauerschuldverhältnis, soweit der Verwalter nach der Anzeige der Masseunzulänglichkeit für die Insolvenzmasse die Gegenleistung in Anspruch genommen hat.

Übersicht

I. Gesetzgebungshinweise

Die KO regelte in ihrem 1. Buch im Zusammenhang mit den GlKategorien auch die Rangfolge der Masseansprüche. Sie gab in § 60 den ersten Rang den Ansprüchen, die vom Verwalter begründet worden sind oder aus fortbestehenden gegenseitigen Verträgen stammen. Erst danach folgten die VerfKosten, weiter die (von der Reform beseitigten) „unechten" Masseforderungen der Arbeitnehmer für rückständigen Lohn sowie Bereicherungsansprüche und schließlich der Unterhalt des Schu. Diese Rangfolge war allerdings vom *BGH*[1] und vom *BVerfG*[2] dahin korrigiert worden, dass es aus verfassungsrechtlichen Gründen geboten sei, § 60 KO einschr dahin auszulegen, dass **Vergütungsansprüche des Verwalters**, die auf den Zeitraum nach Eintritt der Masseunzulänglichkeit entfielen, vor allen anderen Masseansprüchen zu befriedigen seien.[3] 1

Die InsO behandelt die Rangfolge der Masseansprüche dagegen bei der Einstellung des Verf unter dem Gesichtspunkt, dass sich diese Frage nur bei Masseunzulänglichkeit stellt. § 209 InsO, der weitgehend § 321 RegE entspricht, ändert die Rangfolge der KO grundlegend: Die **VerfKosten** erhalten generell den ersten Rang. Für die übrigen Masseansprüche wird danach unterschieden, ob sie vor oder nach der Anzeige der Masseunzulänglichkeit begründet worden sind; die **„Neumasseverbindlichkeiten"** erhalten den zweiten, die **„Altmasseverbindlichkeiten"** den dritten Rang. Der Unterhalt des Schu bleibt letztrangig. 2

II. Normzweck

Der Vorrang der VerfKosten insb vor den Ansprüchen aus fortbestehenden Dauerschuldverhältnissen und der Nachrang der Altmasseverbindlichkeiten gegenüber den Neumasseverbindlichkeiten dienen dem Reformziel, auch bei geringem Vermögen des Schu die Eröffnung und Durchführung eines InsVerf zu ermöglichen. Wenn Mietzinsforderungen oder Lohnansprüche für die Zeit nach der VerfEröffnung aus der Masse nicht voll gedeckt werden können, gefährdet dies die Deckung der VerfKosten nicht und führt daher auch nicht zur Abweisung des Eröffnungsantrages mangels Masse (§ 26). **„Aufgezwungene" Ansprüche aus Dauerschuldverhältnissen** gelten als Altmasseverbindlichkeiten, die bei Masseunzu- 3

1 *BGHZ* 116, 233.
2 *BVerfGE* 88, 145.
3 Zur Entwicklung der Rspr vor Inkrafttreten der InsO *Uhlenbruck* FS 50 Jahre BGH, Bd III, S 803–817; *K/P/B/Pape* § 209 Rn 1 f.

länglichkeit nur anteilig zu erfüllen sind. In entspr Weise bleibt die Fortführung der Tätigkeit des Verwalters möglich, wenn während des Verf Masseunzulänglichkeit erkannt wird oder neu entsteht.

III. Die Rangfolge des § 209 im Einzelnen

4 **1. Grundsätze. – a)** Sobald der Verwalter, dem Gebot des § 208 Abs 3 entspr, die Masse verwertet hat, hat er die MasseGl in der von § 209 Abs 1 festgelegten Rangfolge zu befriedigen. Masseansprüche, die nicht auf Geld gerichtet sind, werden entspr § 45 S 1 in Geld umgerechnet, soweit dies zur gleichmäßigen Befriedigung innerhalb eines Rangs erforderlich ist.[4] Die Rangfolge ist **zwingend** zu beachten; das InsGer hat nicht etwa die Möglichkeit, den InsVerw oder gar den vorl Verwalter zu ermächtigen, Masseverbindlichkeiten zu begründen, die iF einer später eintretenden Masseunzulänglichkeit den Rang von Neumasseverbindlichkeiten hätten.[5]

5 Die Rangfolge des § 209 Abs 1 gilt allerdings nur für Ansprüche, die sich auf die Masse beziehen. Wird ein Geldbetrag versehentlich auf ein **Anderkonto** überwiesen, das der Verwalter für die Abwicklung des InsVerf eingerichtet hat, so richtet sich der entstandene Bereicherungsanspruch gegen den Verwalter persönlich. Denn ein solches Konto ist als Treuhandkonto anzusehen, bei dem ausschließlich die das Konto eröffnende Person der Bank gegenüber berechtigt und verpflichtet ist.[6] Der Bereicherungsanspruch kann also auch bei Masseunzulänglichkeit in voller Höhe gegen den InsVerw persönlich durchgesetzt werden. Anders ist die Situation allerdings, wenn die Überweisung auf ein **Sonderkonto** erfolgt, das der InsVerw in dieser Eigenschaft für den Schu als Kontoinhaber eingerichtet hat.[7]

6 **b)** Den ersten Rang haben gem Nr 1 die **Kosten** des InsVerf; das sind nach der Definition des § 54 die Gerichtskosten sowie die Vergütung und die Auslagen des InsVerw (auch eines vorl InsVerw[8]) und der Mitglieder des GlAusschusses.[9] Für diese Kosten wird nicht danach unterschieden, ob sie sich auf die Zeit vor oder nach der Anzeige der Masseunzulänglichkeit beziehen.[10] Ist nach § 26 Abs 1 S 2 oder § 207 Abs 1 S 2 ein **Vorschuss** auf die VerfKosten geleistet worden, so hat der Rückzahlungsanspruch des Vorschussleistenden ebenfalls den Rang des § 209 Abs 1 Nr 1.[11] Er ist jedoch – entspr seiner Zweckbestimmung, die Lücke in der Deckung der Kosten zu schließen – erst nach der Berichtigung der übrigen Kostenforderungen zu erfüllen.[12]

---

4 *Adam* DZWIR 2011, 487; *K Schmidt/Jungmann* § 209 Rn 1.

5 *Marotzke* ZInsO 2005, 561 und *Mönning/Hage* ZInsO 2005, 1185 gegen *AG Hbg* ZInsO 2004, 1270. Die Autoren sehen allerdings die Möglichkeit, mit der Errichtung von Treuhandkonten die Erfüllung von Masseverbindlichkeiten auch für den Fall späterer Masseunzulänglichkeit zu gewährleisten.

6 *BGH* ZIP 2009, 531.

7 Vgl *Mohrbutter/Ringstmeier/Voigt-Salus/Pape* Kap 21 Rn 155–167; *Uhlenbruck/Sinz* § 149 Rn 12–15; *Stahlschmidt* NZI 2011, 272.

8 Vgl § 21 Abs 2 Nr 1. Die Vergütung eines vorl InsVerw darf nicht etwa deshalb niedriger festgesetzt werden, weil nach VerfEröffnung Masseunzulänglichkeit angezeigt worden ist, *BGH* ZIP 2004, 518. Den Anspruch gegen die Staatskasse bei Stundung der VerfKosten (§ 63 Abs 2) hat der BGH allerdings iF unzureichender Masse auf die Mindestvergütung beschränkt, *BGH* NZI 2013, 351 mit krit Anm *Keller*.

9 Teil der VerfKosten sind auch iRd § 209 die „unausweichlichen Verwaltungskosten", vgl oben § 207 Rn 5–12 und FK/*Kießner* § 209 Rn 7; HambKomm/*Weitzmann* § 209 Rn 3.

10 *BGHZ* 167, 178 = ZIP 2006,1004; *K/P/B/Pape* § 209 Rn 5.

11 *Uhlenbruck/Vallender* § 26 Rn 26.

12 *Rüntz/Laroche* oben § 26 Rn 33.

Dieser absolute Vorrang der VerfKosten soll nach Auff des **BGH** auch in dem Fall gelten, dass die VerfKosten nach § 4a Abs 1 S 1 „bis zur Erteilung der Restschuldbefreiung" **gestundet** worden sind, um einem mittellosen Schu den Weg zur Restschuldbefreiung zu öffnen.[13] Weder aus dem Gesetzestext noch aus dem Sinn der Vorschrift sei etwas anderes zu entnehmen: Der Regelung der Kostenstundung liege das gesetzgeberische Konzept zugrunde, dass ein Einsatz öffentlicher Mittel nur erfolgen solle, wenn der Schu auch unter Heranziehung des während des Verf erlangten Neuerwerbs nicht in der Lage sei, die VerfKosten abzudecken. – Diese Auff kann jedoch nicht überzeugen. Wenn der Verwalter alle Einnahmen, die er im Rahmen seiner Geschäftsführung erzielt, zunächst zur Berichtigung der gestundeten VerfKosten verwenden müsste, wäre ihm weder eine Unternehmensfortführung – die auch bei Masseunzulänglichkeit nicht ausgeschlossen ist – noch eine geordnete Abwicklung möglich; denn es wäre nicht gesichert, dass er die von ihm begründeten Neumasseverbindlichkeiten bedienen könnte.[14] Vielmehr müssen die gestundeten VerfKosten bei Verteilungen nach § 209 grds unberücksichtigt bleiben.[15] Diese Kosten haben lediglich Vorrang vor den Forderungen der InsGl. Das kann aus § 292 Abs 1 S 2 entnommen werden, der ausdrücklich vorschreibt, dass der Treuhänder während der „Wohlverhaltensperiode" Ausschüttungen an die InsGl erst vornehmen darf, wenn die gestundeten VerfKosten beglichen sind.[16] Wird die Stundung allerdings widerrufen, weil sich die Vermögensverhältnisse des Schu gebessert haben (vgl § 4b Abs 2 S 1), so lebt der Vorrang der VerfKosten wieder auf. 7

Der BGH hat jedoch in einer späteren Entscheidung an seiner Linie festgehalten. Er hat den gestundeten VerfKosten Vorrang auch vor der Umsatzsteuerforderung gegeben, die aus der Veräußerung von Massegegenständen nach Eintritt der Masseunzulänglichkeit entsteht.[17] Es ist ein seltsames Erg, dass der InsVerw dem Käufer eines Massegegenstands einen Betrag als Umsatzsteuer in Rechnung stellt, den er anschließend aber nicht an das Finanzamt abführt, sondern für seine eigene Vergütung verwendet.[18] Ein solches Verhalten führt nach Auff des BGH auch nicht zu einer Haftung des Verwalters gegenüber dem Finanzamt. 8

Keinen Vorrang vor den Kosten des InsVerf hat der Kostenerstattungsanspruch der Staatskasse nach der Gewährung von **Prozesskostenhilfe** für den InsVerw. Wird dem InsVerw nach der Anzeige der Masseunzulänglichkeit Prozesskostenhilfe für einen Aktivprozess der Masse gewährt und gewinnt der Verwalter anschließend diesen Prozess, so ist er nach einer Entsch des BGH nicht verpflichtet, den Ertrag des Prozesses zunächst zur Deckung der Prozesskosten zu verwenden. Vielmehr stellt der Anspruch des Staates aus § 120 Abs 4 ZPO 9

13 *BGH* ZIP 2010, 145, bestätigt in *BGH* ZInsO 2014, 951; ebenso *K/P/B/Pape* § 209 Rn 5a; *Jaeger/Windel* § 207 Rn 63 f; *Huep/Webel* NZI 2011, 389.

14 FK/*Kießner* § 209 Rn 9; vgl *Weitzmann* in EWiR 2010, 127, der zur Vermeidung solcher Konsequenzen die Abwicklung über ein Drittrechtskonto oder die Festsetzung unausweichlicher Ausgaben als Auslagen nach § 4 Abs 1 InsVV empfiehlt; krit zu den Auswirkungen in der Praxis auch *Zimmer* Rpfleger 2010, 401; differenzierend *Uhlenbruck/Ries* § 207 Rn 26 f und § 209 Rn 2.

15 HambKomm/*Weitzmann* § 209 Rn 3.

16 *Kießner* FS Braun, 2007, S 205–217.

17 *BGH* ZInsO 2010, 2188 mit zust Anm *Ries* in EWiR 2011, 59.

18 *Huep/Webel* NZI 2011, S 391 erwägen, dieses Erg dadurch zu vermeiden, dass die Umsatzsteuer als Teil der VerfKosten (unausweichliche Verwaltungskosten, vgl oben § 207 Rn 5) anerkannt wird. Abw vom BGH auch *Häsemeyer* FS Stürner, 2013, S 769, 778 ff: Der InsVerw ziehe die im Kaufpreis enthaltene Umsatzsteuer für den Fiskus ein, er dürfe sie daher nicht zur Finanzierung des InsVerf einbehalten. Das entspricht der Sicht der Steuerrechtler in *Seer* Abschlussbericht der Kommission zur Harmonisierung von Insolvenz- und Steuerrecht, Beil 2 zu ZIP 42/2014, S 8.

eine Neumasseverbindlichkeit dar (§ 209 Abs 1 Nr 1 InsO), die erst nach den Kosten des InsVerf zu erfüllen ist.[19]

10 **c)** Es folgen in Abs 1 Nr 2 die Verbindlichkeiten, die nach der Anzeige der Masseunzulänglichkeit begründet worden sind, also die sog **Neumasseverbindlichkeiten**.

11 **d)** Alle übrigen Masseverbindlichkeiten haben als **„Altmasseverbindlichkeiten"** den dritten Rang, unabhängig von ihrer Einstufung iRd § 55.[20] Jedoch ist der dem Schu und seiner Familie nach §§ 100, 101 Abs 1 S 3 bewilligte **Unterhalt** letztrangig (Abs 1 Nr 3).[21] Das Recht des Schu bei der Eigenverwaltung, Mittel zur Lebensführung aus der Masse zu entnehmen (§ 278), hat nicht diesen Nachrang. Es wird vom Wortlaut nicht erfasst und hat auch inhaltlich einen anderen Stellenwert, da es in erster Linie ein Entgelt für die Tätigkeit des Schu darstellt. Soweit es die Zeit nach der Anzeige der Masseunzulänglichkeit betrifft, hat es den Rang des § 209 Abs 1 Nr 2.[22] **Sozialplanansprüche** sind bei Masseunzulänglichkeit nicht gegeben.[23]

12 **e)** Es gelten die allg Verteilungsgrundsätze des InsR: Schlechterrangige Gl erhalten nur eine Zahlung, wenn die besserrangigen voll befriedigt werden können. Gleichrangige Gl erhalten gleiche Quoten, also gleiche Bruchteile ihrer Forderungsbeträge. Masseansprüche, die nicht auf Geld gerichtet sind, werden entspr § 45 in eine Geldforderung umgerechnet.[24] Die Erfüllung von Forderungen, die Gegenstand eines Rechtsstreits sind, kann entspr § 189 Abs 2 durch Zurückbehalten eines Anteils sichergestellt werden.[25] Leistungen, die vor der Anzeige der Masseunzulänglichkeit an MasseGl erbracht worden sind, können nicht zurückgefordert werden.[26] Wer nach der Anzeige eine Leistung erhält, die er nach der Rangfolge des § 209 nicht zu beanspruchen hätte, hat diese Leistung als ungerechtfertigte Bereicherung zur InsMasse zurückzugewähren.[27]

13 **2. Neu- und Altmasseverbindlichkeiten. – a)** Näherer Erläuterung bedarf die Abgrenzung der „Neumasseverbindlichkeiten" iSd Abs 1 Nr 2 von den Verbindlichkeiten im dritten Rang. Im Grundsatz ist entscheidend, ob der Zeitpunkt der „Begründung" der Verbindlichkeit vor oder nach dem Zeitpunkt der Anzeige der Masseunzulänglichkeit liegt. Als Zeitpunkt der Anzeige wird der Zeitpunkt ihres Zugangs beim InsGer zu verstehen sein (vgl § 208 Abs 1).[28] Mit dem Begriff der „Begründung" wird an die Definition der InsGl in § 38 angeknüpft.[29] Wie dort für die Unterscheidung zwischen InsGl und MasseGl maßgeblich ist, ob ein Anspruch zur Zeit der VerfEröffnung bereits begründet war, so entscheidet hier der **Zeitpunkt der Begründung eines Anspruchs** über die Einordnung in die Rangfolge. Beispielsweise ist der Kostenerstattungsanspruch eines Prozessgegners des InsVerw Neumasseverbindlichkeit, wenn die Klage nach der Anzeige der Masseunzulänglichkeit erhoben oder

19 *BGH* ZInsO 2006, 1165.
20 *K/P/B/Pape* § 209 Rn 18.
21 Dazu *K Schmidt/Jungmann* § 209 Rn 31.
22 Vgl *Uhlenbruck/Zipperer* § 278 Rn 7; ähnlich FK/*Foltis* § 278 Rn 10, der dem Anspruch aus § 278 sogar den Rang des § 209 Abs 1 Nr 1 einräumt; **aA** HambKomm/*Fiebig* § 278 Rn 10: letzter Rang wie Unterhalt nach § 100.
23 Vgl unten Rn 26.
24 Begr zu § 321 RegE, BT-Drucks 12/2443, 220; *K/P/B/Pape* § 209 Rn 4.
25 Zur Möglichkeit einer Nachtragsverteilung zurückbehaltener Beträge vgl unten § 211 Rn 9.
26 MK/*Hefermehl* § 208 Rn 63, § 210 Rn 16; FK/*Kießner* § 209 Rn 50. Zur Möglichkeit einer Anf entspr §§ 129 ff vgl oben *Thole* § 129 Rn 43.
27 MK/*Hefermehl* § 208 Rn 63, § 210 Rn 17; vgl FK/*Kießner* § 209 Rn 51.
28 Ebenso MK/*Hefermehl* § 208 Rn 37; *K/P/B/Pape* § 208 Rn 7b, § 209 Rn 10.
29 MK/*Hefermehl* § 209 Rn 24.

der Rechtsstreit nach dieser Anzeige aufgenommen worden ist.[30] Er ist dagegen Altmasseverbindlichkeit, wenn die Klage schon vor dieser Erklärung zugestellt worden ist; denn der Erstattungsanspruch ist bereits im Augenblick der Klageerhebung als aufschiebend bedingte Forderung entstanden.[31] Verwertet der Verwalter Sicherungsgut und zeigt er vor der Begleichung der daraus resultierenden Umsatzsteuerschuld Masseunzulänglichkeit an, so ist die Umsatzsteuerschuld als Altmasseverbindlichkeit einzuordnen, auch wenn der Verwalter vom Verwertungserlös der Sicherheit nach § 171 Abs 2 S 3 die Umsatzsteuer einbehalten hat.[32] Werden Säumniszuschläge auf öffentlich-rechtliche Erstattungsansprüche erhoben, die vor der Erklärung der Masseunzulänglichkeit begründet worden sind, so gehören diese Zuschläge unabhängig vom Zeitpunkt ihrer Verwirkung ebenfalls zu den Altmasseverbindlichkeiten.[33] **Zinsen**, insb Verzugszinsen,[34] auf Altmasseverbindlichkeiten teilen deren Rang, auch soweit sie auf die Zeit nach der Anzeige der Masseunzulänglichkeit entfallen.[35] Ansprüche auf Nachteilsausgleich (§ 113 Abs 3 BetrVG), die durch ein betriebsverfassungswidriges Verhalten des InsVerw nach der Anzeige der Masseunzulänglichkeit entstehen, sind Neumasseverbindlichkeiten.[36] Erg kann auf die Erl zu § 38 verwiesen werden.

b) Für Ansprüche aus **gegenseitigen Verträgen und Dauerschuldverhältnissen** enthält Abs 2 14
allerdings einige Sonderregeln, die nur zT eine Parallele bei der Abgrenzung zwischen Ins-Forderungen und Masseforderungen haben.

Wählt der Verwalter nach der Anzeige der Masseunzulänglichkeit die Erfüllung eines gegen- 15
seitigen Vertrages – gemeint ist die **Erfüllungswahl** iSd § 103 –, so erlangen die Ansprüche des Vertragspartners den Rang der „Neumasseansprüche" (Abs 2 Nr 1). Die Erfüllungswahl wird – wie in § 103 – in ihren Rechtsfolgen einem Neuabschluss gleichgestellt. Dabei ist unerheblich, ob der gegenseitige Vertrag schon vor der Eröffnung des InsVerf abgeschlossen worden war oder zwischen der Eröffnung und dem Zeitpunkt der Anzeige der Masseunzulänglichkeit vom Verwalter;[37] im letzteren Fall steht dem Verwalter nach der Konzeption des „Konkurses im Konkurs" ebenfalls ein Wahlrecht zu.[38] IF der Ablehnung der Erfüllung eines gegenseitigen Vertrages nach der Anzeige der Masseunzulänglichkeit ist allerdings zu unterscheiden: Der Schadenersatzanspruch des anderen Teils hat nur dann den Rang einer Altmasseforderung, wenn der Vertrag nach der Eröffnung des InsVerf (oder vom vorl Verwalter) geschlossen worden war; andernfalls ist er InsFord.[39]

---

30 *BGH* ZIP 2008, 2284 und ZIP 2005, 1983, 1984.

31 *BGH* ZIP 2005, 817; *OLG München* ZIP 2004, 138; *N/R/Westphal* § 209 Rn 23 f.

32 *Weber/Hiller* ZInsO 2014, 2558. – Vgl dazu die oben in Rn 8 geäußerten Bedenken gegen die Zweckentfremdung eingezogener Umsatzsteuer.

33 *OVG Berlin-Brandenburg* ZIP 2012, 485.

34 Verzugszinsen, die durch die Nichterfüllung von Altmasseverbindlichkeiten entstehen, laufen auch nach der Anzeige der Masseunzulänglichkeit weiter, vgl unten § 210 Rn 6.

35 Allerdings wird für Säumniszuschläge und Zinsen die Auff vertreten, dass sie innerhalb des Rangs des § 209 Abs 1 Nr 3 analog § 39 Abs 1 Nr 1 erst nach der Hauptforderung zu befriedigen sind: *Adam* DZWIR 2011, 485, 486; *Graf-Schlicker/Riedel* § 209 Rn 14; vgl auch *Jansen* NZI 2013, 781 f.

36 *BAG* ZIP 2006, 1510 mit Anm *A Henkel* EWiR 2007, 213; **aA** *Jaeger/Windel* § 209 Rn 43–45.

37 Ebenso *Kübler* KS-InsO, S 590 Rn 39; iE auch *Uhlenbruck/Ries* § 208 Rn 24. *K/P/B/Pape* § 209 Rn 12a, 12b (mit der Einschränkung, dass kein Wahlrecht besteht, wenn der Verwalter vor der Anzeige der Masseunzulänglichkeit bereits Erfüllung gewählt hatte); **aA** FK/*Kießner* § 209 Rn 29 f; *K Schmidt/Jungmann* § 209 Rn 18.

38 Vgl oben § 208 Rn 27 f und MK/*Hefermehl* § 209 Rn 25–29; *Ringstmeier* ZInsO 2004, 170 f.

39 *Uhlenbruck/Ries* § 209 Rn 21; vgl *Marotzke* oben § 103 Rn 15 f.

16 Für die Einordnung von Ansprüchen aus **Dauerschuldverhältnissen** – bedeutsam sind insb Miet- und Arbeitsverhältnisse – sind zwei verschiedene Kriterien maßgeblich (Abs 2 Nr 2 und 3). Auch diese lassen sich jedoch auf den Gesichtspunkt zurückführen, dass nur solche Masseverbindlichkeiten nachrangig sein sollen, deren Entstehung der Verwalter nach der Anzeige der Masseunzulänglichkeit nicht verhindern kann, nicht solche, zu denen er sich nach dieser Anzeige „bekannt" hat.[40]

17 Unterlässt der Verwalter nach der Anzeige der Masseunzulänglichkeit die **Kündigung des Dauerschuldverhältnisses zum frühest möglichen Termin**, so gelten die Ansprüche, die für die Zeit nach diesem Termin entstehen, als Neumasseansprüche; der Verwalter hätte die Entstehung dieser Ansprüche vermeiden können (Nr 2). Bei einem Arbeitsverhältnis bestimmt sich dabei der maßgebliche Kündigungstermin nach dem ersten Zeitpunkt, zu dem eine Kündigung durch den InsVerw arbeitsrechtlich zulässig ist. Wenn iF eines schwerbehinderten Arbeitnehmers die Zustimmung des Integrationsamts (früher: der Hauptfürsorgestelle) erforderlich ist, kann der InsVerw nicht vor der Erteilung der Zustimmung kündigen. Ebenso scheidet eine Kündigung aus, solange im Hinblick auf eine geplante Betriebsstilllegung Interessenausgleichsverhandlungen mit dem Betriebsrat laufen.[41] Der erste mögliche Kündigungstermin ist objektiv zu bestimmen; auf die Beurteilung der Rechtslage durch den Verw kommt es nicht an.[42] So kann sich der Verw nicht mit Erfolg darauf berufen, er habe eine früher ausgesprochene Kündigung für wirksam und die erneute Kündigung daher für entbehrlich gehalten.[43]

18 Versäumt der InsVerw die Kündigung zum ersten möglichen Termin, so ist der Vergütungsanspruch des Arbeitnehmers für die nach diesem Termin geleistete Arbeit auch dann Neumasseanspruch, wenn der Arbeitnehmer von der Arbeitsleistung freigestellt wird.[44] Eine neue unternehmerische Entsch des InsVerw und die damit verbundene Freistellung jetzt nicht mehr benötigter Arbeitnehmer führen also nicht dazu, dass die Vergütungsforderungen der Freigestellten einen schlechteren Rang hätten als die der Weiterbeschäftigten.[45]

19 Für die Zeit bis zum ersten Kündigungstermin ist entscheidend, ob der Verwalter die **Gegenleistung des Vertragspartners in Anspruch nimmt (Nr 3)**. Setzt der InsVerw die Arbeitskraft der Beschäftigten für die Masse ein, so haben die Lohnansprüche den Rang von Neumasseansprüchen.[46] Stellt er Arbeitnehmer frei, so braucht er ihre Lohnansprüche für die Zeit der Freistellung nur nachrangig zu befriedigen.[47] Die **Freistellung** setzt hier keine förmliche Erklärung voraus; entscheidend ist, dass die Arbeitsleistung nicht in Anspruch genommen wird.[48] Durch den arbeitsrechtlichen Beschäftigungsanspruch ist der

---

40 *Bork* Einf in das InsR, 8. Aufl, Rn 328 Fn 18.

41 *BAGE* 110, 135, 144 mit Anm *Oetker* DZWIR 2005, 108; *BAG* ZIP 2003, 1850; *ArbG Herford* ZInsO 2012, 1325 mit Anm *Ries* ZInsO 2012, 1362.

42 Vgl *BAG* 4.6.2003 – 10 AZR 586/02 Rn 34, das ganz allg den „subjektiven Kenntnis- und Erkenntnisstand" des Verw für unerheblich hält.

43 *LAG Rheinland-Pfalz* 20.10.2016 – 7 Sa 76/16 Rn 52.

44 *BAGE* 110, 135; *BAGE* 114, 13, 19 = ZIP 2005, 873, 876; *LAG Rheinland-Pfalz* 20.10.2016 – 7 Sa 76/16 Rn 53.

45 *LAG Düsseldorf* 1.10.2015 – 13 Sa 547/15 Rn 26-33; **aA** *Uhlenbruck/Ries* § 209 Rn 23.

46 Verweigert der Arbeitnehmer allerdings die Aufnahme der Arbeit unter Berufung auf ein Zurückbehaltungsrecht, so geht der Vorrang verloren, *BAG* ZIP 2014, 1498 mit Anm *Zimmer* EWiR 2014, 655.

47 *BAGE* 111, 80 = ZIP 2004, 1660; *LAG Hamm* ZIP 2007, 51, 55; vgl Begr zu § 321 RegE, BT-Drucks 12/2443, 220 und, im Vorgriff auf die InsRReform, § 18 Abs 1 Nr 3 Buchst a GesO.

48 *LAG Nürnberg* ZIP 2012, 1476 mit Anm *Mückl* EWiR 2012, 1476.

Verwalter nicht an der Freistellung gehindert.[49] Diese ist allerdings ermessensfehlerhaft, wenn der Verwalter nicht gleichzeitig alles tut, um das Arbeitsverhältnis zum schnellstmöglichen Zeitpunkt zu beenden.[50] Bei der Auswahl der freizustellenden Arbeitnehmer ist der Verwalter nicht an die Grundsätze der Sozialauswahl (§ 1 Abs 3 KSchG) gebunden; insb die Pflicht zur Schonung der Masse führt zu einer bes Interessenlage. Er hat die Auswahl ohne Verstoß gegen gesetzliche Diskriminierungsverbote nach billigem Ermessen (§ 315 BGB) zu treffen.[51]

Eine Freistellung hat auch dann die geschilderte Rechtswirkung, wenn der Verwalter die Freistellung „unter Anrechnung auf den Urlaubsanspruch" ausspricht; denn die Gewährung von **Urlaub** bedeutet nicht die Inanspruchnahme einer Leistung des Arbeitnehmers, sondern umgekehrt die Erfüllung von dessen Anspruch, zeitweilig von der Arbeit freigestellt zu werden.[52] Der Anspruch auf Urlaubsgeld – zusätzliches Urlaubsentgelt – für die Zeit des so gewährten Urlaubs ist folglich Altmasseforderung.[53] Wird der Arbeitnehmer dagegen nach der Anzeige der Masseunzulänglichkeit weiterbeschäftigt, so ist nach Auff des BAG für die Einordnung der Urlaubsansprüche zu differenzieren: Der eigentliche Urlaubsanspruch als Anspruch auf Freistellung von der Arbeitspflicht bleibt unberührt erhalten. Die mit dem Urlaub verbundenen Geldansprüche – Urlaubsvergütung, Urlaubsabgeltung und entspr Ersatzansprüche – sind in dem Umfang als Neumasseansprüche zu berücksichtigen, „der rechnerisch auf den Zeitraum des aktiven Beschäftigungsverhältnisses nach Anzeige der Masseunzulänglichkeit im Verhältnis zum Urlaubsjahr entfällt". Zwar könne man aus arbeitsrechtlicher Sicht zu einem anderen Ergebnis kommen – nämlich zur Einordnung aller offenen Urlaubsansprüche als Neumasseansprüche –, jedoch sei nach Sinn und Systematik des § 209 der Vorrang der Neumasseansprüche dadurch gerechtfertigt, dass sie regelmäßig vom InsVerw freiwillig begründet würden und dass eine entspr Gegenleistung in die Masse gelange. Durch ein „Nachziehen" des gesamten Resturlaubs auch bei nur kurzer Weiterbeschäftigung würde die Masse nicht angereichert, sondern mit zusätzlichen, dem Verwalter aufgezwungenen Kosten belastet.[54] Die sorgfältig begründete Entsch überzeugt. Allenfalls kann man einen Widerspruch darin sehen, dass das BAG ausdrücklich an seiner Rspr festhält, dass alle Urlaubs- und Urlaubsabgeltungsansprüche, die bei Eröffnung des InsVerf bestehen, Masseansprüche iSd § 55 Abs 1 Nr 2 HS 2 sind. 20

Den Grundsatz, dass die Einordnung als Neumasseansprüche nur für Ansprüche gerechtfertigt ist, die vom Verw durch eigene Entsch begründet werden und für die eine Gegenleistung in die Masse gelangt, hat das BAG auch für andere arbeitsrechtliche Sonderzahlungen übernommen.[55] Dabei kommt es nach Auff des Gerichts nicht darauf an, ob es sich um zusätzliche Zahlungen für erbrachte Leistungen handelt oder ob stichtagsbezogen andere Zwecke verfolgt werden, zB mit einer Prämie die Betriebstreue belohnt oder erhöhte Aufwendungen zum Weihnachtsfest berücksichtigt werden sollen. Zwar werde daran festgehalten, dass für die Abgrenzung von InsFord und Masseforderungen stichtagsbezogene Forde- 21

49 Dazu *Marotzke* InVo 2004, 308 – 311; *Bezani* FS Görg, 2010, S 53, 56 f; *Fuchs* NZI 2017, 905 id Anm zu *LAG Hessen* 10.4.2017 – 7 Sa 650/16.

50 *LAG Nürnberg* NZA-RR 2006, 151.

51 *Bezani* FS Görg, 2010, S 60–69; vgl *LAG Hamm* ZInsO 2007, 51 Rn 45.

52 *BAGE* 111, 80 = ZIP 2004, 1660 mit Anm *Hinkel* in DZWIR 2004, 463; *LAG Chemnitz* ZInsO 2004, 223; *LAG Köln* ZInsO 2004, 405; *K/P/B/Pape* § 209 Rn 17c; **aA** *LAG Erfurt* ZInsO 2004, 56 – LS, Volltext in Juris, das die Gegenleistung des Arbeitnehmers in der „Hinnahme der Tilgung seines Anspruchs auf bezahlte Freizeit" sieht.

53 *BAG BAGE* 111, 80 = ZIP 2004, 1660; bestätigt in *BAG* AP Nr 12 zu § 55 InsO.

54 *BAG* ZIP 2007, 834, 835–837.

55 *BAG* 23.3.2017 – 6 AZR 264/16.

rungen in voller Höhe dem Zeitraum zuzurechnen seien, in den der Stichtag fällt.[56] Für die Einordnung als Neumasseansprüche seien stichtagsbezogene Ansprüche, bei denen der Stichtag nach der Anzeige der Masseunzulänglichkeit liege, aber ebenso zu behandeln wie zeitraumbezogene Ansprüche auf Sonderzahlungen: Sie seien nur anteilig für den Zeitraum, in dem nach der Anzeige der Masseunzulänglichkeit Arbeit geleistet worden sei, im Rang des § 209 Abs 1 Nr 2 zu erfüllen.

22 Bei **Altersteilzeitverträgen nach dem Blockmodell** (in der ersten Hälfte der Altersteilzeit wird Vollzeitarbeit geleistet, in der zweiten Hälfte ist der Arbeitnehmer von der Arbeitsleistung ganz freigestellt), die im InsVerf weiterlaufen, kommt es für die Einordnung der Entgeltansprüche der Arbeitnehmer in die insolvenzrechtliche Rangordnung nach der Rspr des BAG darauf an, wann die Arbeitsleistung erbracht worden ist, die diesen Ansprüchen zugrunde liegt. Nicht entscheidend ist, wann der Arbeitnehmer die Zahlungen verlangen kann. Dies gilt nicht nur für das während der Altersteilzeit halbierte Arbeitsentgelt, sondern auch für die zusätzlich gezahlten Aufstockungsbeträge.[57] Daher sind die Ansprüche eines Arbeitnehmers, der sich bei Eröffnung des InsVerf in der Freistellungsphase befindet, auf das Arbeitsentgelt, das während des InsVerf zu zahlen wäre, InsFord.[58] Beginnt die Freistellungsphase einige Monate nach der InsEröffnung, so sind das Arbeitsentgelt, das während der restlichen Arbeitsphase zu zahlen ist, und das Arbeitsentgelt für einen Zeitraum gleicher Länge während der Freistellungsphase Masseverbindlichkeiten.[59] Nach entspr Regeln ist iF der Masseunzulänglichkeit die Aufteilung zwischen Altmasseverbindlichkeiten und Neumasseverbindlichkeiten vorzunehmen: Ansprüche auf Arbeitsentgelt von Beschäftigten in Altersteilzeit können nur insoweit Neumasseverbindlichkeiten sein, als die zugrunde liegende Arbeitsleistung in der Zeit nach der Erklärung der Masseunzulänglichkeit erbracht worden ist oder zu erbringen war. Für die Zeit bis zum ersten möglichen Beendigungstermin ist zusätzlich erforderlich, dass die Leistung des Arbeitnehmers auch tatsächlich für die Masse in Anspruch genommen worden ist (§ 209 Abs 2 Nr 3), dass also keine Freistellung erfolgte.[60]

23 Werden gemietete Räume nach der Anzeige der Masseunzulänglichkeit weiter für die InsMasse genutzt, so ist der Mietzins für diese Zeit Neumasseverbindlichkeit. Dazu hat der BGH klargestellt, dass die **Nutzung einer Mietsache** nicht nur dann als Inanspruchnahme der Gegenleistung für die InsMasse gilt, wenn der InsVerw die Sache durch erklärten eigenen Willensakt in Anspruch nimmt. Ausreichend ist vielmehr, dass die Gegenleistung für die InsMasse genutzt wird, obwohl der InsVerw dies pflichtgemäß hätte verhindern können.[61] Um die Entstehung von Neumasseverbindlichkeiten nach § 209 Abs 2 Nr 3 zu vermeiden, muss der Verwalter also aktiv dem Vermieter die weitere Nutzung der Mietsache anbieten. Ist das Angebot auf Rückgewähr des unmittelbaren Besitzes nicht möglich, weil eine fortbestehende Untervermietung entgegensteht, so ist die Übergabe des mittelbaren

56 *BAG* 14.11.2012 – 10 AZR 793/11 Rn 15.
57 *BAGE* 112, 214 = DZWIR 2005, 243 mit Anm *Fletsch/Hinkel*.
58 *BAG* ZIP 2013, 900.
59 *BAGE* 112, 214 = DZWIR 2005, 243; sehr krit zu dieser Rspr *Oberhofer/Wroblewski* ZInsO 2005, 695; krit auch *Hollich* DZWIR 205, 379 und 429 – Die Kontroverse hat sich durch die Einführung der InsSicherung gem § 8a ATG entschärft. *Jaeger/Windel* § 209 Rn 58.
60 Vgl *BAGE* 114, 13, 17 = ZIP 2005, 873, 875.
61 *BGHZ* 154, 358 = ZIP 2003, 914 – dazu *Tetzlaff* NZI 2006, 90 f – und *BGH* ZIP 2004, 326; *OLG Stuttgart* ZInsO 2011, 1355; vgl *K/P/B/Pape* § 209 Rn 17a f.

Besitzes anzubieten, einschl der Übertragung des Rechts, den Untermietzins einzuziehen.[62] – Unerheblich ist, ob der Verwalter im InsVerf eines Vermieters vor der Anzeige der Masseunzulänglichkeit eine im Voraus fällige Mietzinszahlung entgegengenommen hat, die auch einen Zeitraum nach der Anzeige mit abdeckt; diese **Entgegennahme des Mietzinses** ist nicht als „Inanspruchnahme der Gegenleistung" für den gesamten Vorauszahlungszeitraum iSd § 209 Abs 2 Nr 3 anzusehen.[63]

Hat der Schu **Wohnungseigentum,** so gelten entspr Grundsätze für die Wohngeldansprüche der Wohungseigentümergemeinschaft. Als Inanspruchnahme der Gegenleistung hat das OLG Düsseldorf[64] hier die weitere Nutzung der (vermieteten) Eigentumswohnung des Schu durch den Verwalter angesehen. Dieser hatte nach der Anzeige der Masseunzulänglichkeit Mietzins eingezogen und von einer Freigabe der Wohnung abgesehen. 24

3. Bereicherungsansprüche. Für Ansprüche aus ungerechtfertigter Bereicherung der Ins-Masse ist **keine Sonderregelung** vorgesehen. Über ihre Einordnung als Neu- oder Altmasseansprüche und damit über ihren Rang entscheidet der Zeitpunkt ihrer Entstehung.[65] *Häsemeyer* sieht in der Nachordnung dieser Ansprüche hinter die VerfKosten eine verfassungswidrige Eigentumsverletzung;[66] dem Bedenken, dass die Kosten der Herausgabe einer ungerechtfertigten Bereicherung gerade aus verfassungsrechtlichen Gründen den Vorrang vor dem Bereicherungsanspruch selbst haben müssen,[67] begegnet er mit dem Hinweis, dass Bereicherungsansprüche auf die reale Wertvermehrung (§ 818 Abs 3 BGB) beschränkt seien.[68] Nach Auff des BGH ist jedoch der Vorrang der VerfKosten vor den Ansprüchen aus ungerechtfertigter Bereicherung aus Gründen der geordneten VerfAbwicklung nicht zu beanstanden.[69] 25

IV. Der Rang der Sozialplanansprüche

Eine Sonderregelung zum Rang von Masseansprüchen verbirgt sich in § 123 Abs 2: Ansprüche aus einem Sozialplan, der nach der Eröffnung des Verf aufgestellt wird, sind Masseansprüche (S 1 dieses Abs). Zu ihrer Berichtigung darf jedoch nur ein Drittel der Masse verwendet werden, die ohne den **Sozialplan** für die Verteilung an die InsGl zur Verfügung stünde (S 2). Fehlt eine solche Teilungsmasse ganz – wie **bei Masseunzulänglichkeit** –, so gehen die SozialplanGl leer aus.[70] Dies gilt auch dann, wenn der Sozialplan erst nach der Anzeige der Masseunzulänglichkeit vereinbart worden ist; § 209 Abs 1 Nr 2 hat für Sozialplanansprüche wegen der in § 123 Abs 2 S 2 und 3 geregelten Berechnungsweise keine Bedeutung.[71] IE folgt aus § 123 Abs 2, dass die Sozialplanforderungen noch nach dem Unterhalt des Schu (§ 209 Abs 1 Nr 3) rangieren.[72] 26

---

62 *BGH* ZInsO 2004, 674 (mit krit Anm *Eckert* EWiR 2004, 871 und *Ringstmeier* ZInsO 2004, 169) gegen *OLG Düsseldorf* ZIP 2003, 2125; wie BGH: *OLG Rostock* ZInsO 2007, 96, 997; FK/*Kießner* § 209 Rn 42.
63 *BGH* ZIP 2003, 914.
64 *OLG Düsseldorf* ZIP 2007, 687 = NZI 2007, 50 Anm *Drasdo.*
65 *OLG Rostock* ZInsO 2005, 382 mit Anm *Knoche* EWiR 2005, 361; MK/*Hefermehl* § 209 Rn 17.
66 *Häsemeyer* Rn 14.24; ihm zust *Smid* WM 1998, 1321; krit auch *N/R/Westphal* § 209 Rn 14; *Dinstühler* ZIP 1998, 1699.
67 Vgl die Rspr des *BVerfG* zu § 60 KO, oben Rn 1; *K/P/B/Pape* § 209 Rn 6; *Uhlenbruck/Ries* § 209 Rn 39; *Landfermann* ZZP 1994, 132.
68 *Häsemeyer* FS Gerhardt, 2004, S 356.
69 *BGHZ* 167, 178, 183 f = ZIP 2006, 1004, 1005 f.
70 Begr zu § 141 RegE, BT-Drucks 12/2443, 154.
71 *BAG* NZI 2010, 317 unter Berufung auf die Begr zu § 321 RegE InsO, BT-Drucks 12/2443, 220; bestätigt durch *BAG* ZInsO 2010, 2193; zust *Sessig/Fischer* ZInsO 2010, 561, 563 f; vgl auch *LAG Düsseldorf* ZIP 2014, 592 zur Verjährung von Sozialplanansprüchen, die nach einem Wegfall der Masseunzulänglichkeit werthaltig werden.
72 *Uhlenbruck/Ries* § 209 Rn 43.

V. Die Ansprüche gesicherter Gläubiger

27 Nicht bes erwähnt wird in § 209, dass aus dem Verwertungserlös der Sicherheiten mit Vorrang vor den MasseGl die gesicherten Gl zu befriedigen sind.[73] Dies gilt in erster Linie für die Gl, deren vor InsEröffnung begründete Forderungen durch ein Absonderungsrecht (§§ 49–51) gesichert sind. Aber auch die MasseGl, für deren Ansprüche Sicherheiten bestellt oder auf andere Weise erlangt worden sind, genießen diesen Vorrang vor den übrigen MasseGl.[74] Der Vorrang besteht auch dann noch, wenn der Verwalter versehentlich einen Betrag, der einem gesicherten Gl zusteht, der Masse zuführt, wenn der Betrag aber in der Masse noch unterscheidbar vorhanden ist.[75] Erst wenn diese Unterscheidbarkeit nicht mehr gegeben ist, ist der gesicherte Gl auf einen Bereicherungsanspruch beschränkt; er muss sich dann in die Rangfolge der MasseGl einordnen.[76] Unberührt bleibt ein Schadenersatzanspruch gegen den Verwalter (§ 60 Abs 1).

§ 210 Vollstreckungsverbot

Sobald der Insolvenzverwalter die Masseunzulänglichkeit angezeigt hat, ist die Vollstreckung wegen einer Masseverbindlichkeit im Sinne des § 209 Abs. 1 Nr. 3 unzulässig.

Übersicht

I. Normzweck

1 Die Vorschrift dient der Absicherung des Vorrangs der Neumasseverbindlichkeiten (§ 209 Abs 1 Nr 2). Das allg Vollstreckungsverbot des § 89 betrifft nur die InsGl. MasseGl sind nach § 90 lediglich während der ersten sechs Monate nach der VerfEröffnung an der Vollstreckung gehindert, und dieses Vollstreckungsverbot bezieht sich auch nur auf die Verbindlichkeiten, die nicht durch Rechtshandlungen des Verwalters begründet worden sind. Die erg Regelung in § 123 Abs 3 S 2 betrifft nur die SozialplanGl. Ohne eine Regelung, wie sie § 210 enthält, bestünde die **Gefahr, dass die Rangfolge der Masseverbindlichkeiten** (§ 209) durch Vollstreckungsmaßnahmen einzelner MasseGl vor der Verteilung der Masse **wirkungslos gemacht würde**.

---

73 Vgl für die „besitzlosen Mobiliarsicherheiten", die vom Verwalter verwertet werden, § 170 Abs 1 S 2.

74 Vgl unten § 210 Rn 4 – Zu der Frage, inwieweit vor der VerfEröffnung entstandene dingliche Rechte auch Forderungen sichern können, die während des InsVerf als Masseforderungen begründet werden, vgl *Becker* ZIP 2013, 1554 in Auseinandersetzung mit *BGH* ZIP 2011, 1723, der das Vorrecht des § 10 Abs 1 Nr 2 ZVG für Hausgeldansprüche der Wohnungseigentümergemeinschaft auf InsForderungen beschränkt.

75 S oben § 170 Rn 9.

76 **AA** *Mitlehner* Mobiliarsicherheiten im InsVerf, 4. Aufl 2016, Rn 713–716 und ZIP 2015, 63 f, der dem Absonderungsberechtigten nach der Verwertung des Sicherungsguts einen aus der Masse zu erfüllenden Anspruch zubilligt, der auch dann Vorrang vor den in § 209 genannten Ansprüchen haben soll, wenn der Erlös nicht mehr unterscheidbar vorhanden ist.

II. Voraussetzungen und Reichweite des Vollstreckungsverbots

2 Das Vollstreckungsverbot setzt nur voraus, dass die Anzeige der Masseunzulänglichkeit abgegeben worden ist. Ob wirklich Masseunzulänglichkeit eingetreten ist oder droht, ist unerheblich. Insofern hängt das Verbot nicht von den materiell-rechtlichen Voraussetzungen der Masseunzulänglichkeit ab (**Bindungswirkung** der Anzeige).[1]

3 Die Vollstreckung ist nur den AltmasseGl (§ 209 Abs 1 Nr 3) verboten. Sollte im Einzelfall ein Bedürfnis dafür bestehen, auch **Neumassegläubiger** (§ 209 Abs 1 Nr 2) an der Vollstreckung zu hindern (um den Vorrang der VerfKosten und die gleichmäßige Befriedigung der NeumasseGl durchzusetzen), so kann das allg Rechtsinstitut der Vollstreckungsgegenklage herangezogen werden (§ 767 ZPO),[2] jedenfalls dann, wenn die Situation, dass die NeumasseGl nicht mehr vollständig befriedigt werden können, nach der letzten mündlichen Verhandlung über die Klage des MasseGl eingetreten ist (§ 767 Abs 2 ZPO) und daher im ErkenntnisVerf noch nicht berücksichtigt werden konnte.[3] Denn durch die Massearmut iVm der Rangfolge des § 209 wird eine materiellrechtliche Einwendung gegen die Forderungen der MasseGl begründet. Die Vollstreckungsgegenklage kann mit einem Antrag auf einstweilige Einstellung der Zwangsvollstreckung nach § 769 ZPO verbunden werden.[4] Der **BGH** will dagegen auf diesen Fall – wie iF des § 207[5] – das Vollstreckungsverbot des § 210 entspr anwenden; ein „materieller Einwand gegen den Anspruch an sich" werde nicht erhoben.[6] Dies kann in der Praxis allerdings Schwierigkeiten bereiten, zumindest zu einem stark aufgeblähten ErinnerungsVerf führen: Wenn gegen die Vollstreckung durch einen NeumasseGl bei erneuter Masseunzulänglichkeit die Erinnerung des § 766 ZPO der statthafte Rechtsbehelf ist, muss der InsVerw im ErinnerungsVerf im einzelnen darlegen und beweisen, dass die eingeleitete Vollstreckung wegen der erneuten Unzulänglichkeit der Masse die Rangfolge des § 209 gefährden würde. – Nach der hier vertretenen Auff kann der InsVerw diese Schwierigkeiten vermeiden, indem er rechtzeitig die erneute Masseunzulänglichkeit anzeigt;[7] damit wird der NeumasseGl zum AltmasseGl, für den das Vollstreckungsverbot des § 210 unmittelbar gilt, und durch die Bindungswirkung der Anzeige braucht das Vorliegen der erneuten Masseunzulänglichkeit nicht nachgeprüft zu werden.

4 MasseGl, die vor der Anzeige der Masseunzulänglichkeit bereits durch **Pfändung** ein Pfandrecht erlangt hatten, werden im weiteren Verf grds wie absonderungsberechtigte Gl behandelt.[8] Erfolgte die Pfändung jedoch innerhalb des letzten Monats vor der Anzeige, so ist das Pfandrecht nach der Konzeption des „Konkurses im Konkurs" entspr § 88 unwirksam.[9]

5 Ist der InsVerw durch ein Urteil, das ohne Sicherheitsleistung vorläufig vollstreckbar ist, zur Zahlung einer Masseverbindlichkeit verurteilt worden und hat er **zur Abwendung der Zwangsvollstreckung** nach § 711 ZPO Geld hinterlegt, so steht eine Anzeige der Masseunzulänglichkeit, die nach der Rechtskraft des Urteils erfolgt, der Auszahlung des hinterlegten

1 *K Schmidt/Jungmann* § 210 Rn 9; *Runkel/Schnurbusch* NZI 2000, 51 f – Zu möglichen Ausnahmen von der Bindungswirkung vgl *BGHZ* 167, 178, 189 und oben § 208 Rn 11.
2 So *Kübler* KS-InsO, S 593 f Rn 46, 48; *K/P/B/Pape* § 210 Rn 6; MK/*Hefermehl* § 210 Rn 21; zum alten Recht *OLG Hamm* ZIP 1993, 523.
3 Vgl unten Rn 10.
4 Vgl *OLG Hamm* ZIP 1993, 523.
5 Vgl oben § 207 Rn 23.
6 Vgl *BGH* ZIP 2006, 1999; ZIP 2006, 1004. Im gleichen Sinne *Uhlenbruck/Ries* § 210 Rn 15; *K Schmidt/Jungmann* § 210 Rn 18; vgl auch *Jaeger/Windel* § 210 Rn 5.
7 Vgl oben § 208 Rn 36.
8 *LG Berlin* NZI 2008, 108; iE ebenso MK/*Hefermehl* § 210 Rn 11.
9 Vgl oben § 208 Rn 25 f; **aA** *K/P/B/Pape* § 210 Rn 3; *Uhlenbruck/Ries* § 210 Rn 6.

Geldes an den Gl nicht entgegen. Denn mit der **Hinterlegung** hat der Gl entspr § 233 BGB ein gesetzliches Pfandrecht an dem Rückzahlungsanspruch des Hinterlegers gegen die Landeskasse erworben,[10] so dass gegenüber ihm als gesichertem Gl das Vollstreckungsverbot des § 210 InsO nicht eingreift. Im Übrigen genügt nach dem Hinterlegungsrecht der Länder die nachgewiesene Rechtskraft des Urteils als Nachweis der Empfangsberechtigung des vollstreckungsberechtigten Gl.[11]

6 Das Vollstreckungsverbot für Altmasseverbindlichkeiten lässt den Bestand des Anspruchs unberührt[12] Es verhindert nicht, dass der Schu mit der Nichterfüllung einer solchen Verbindlichkeit in Verzug gerät. Auch für die Zeit nach der Anzeige der Masseunzulänglichkeit fallen Verzugszinsen an.[13] Für öffentlich-rechtliche Forderungen können Säumniszuschläge erhoben werden.[14] Nach einer Beseitigung der Massearmut und der Rückkehr ins reguläre Verf kann der MasseGl seinen Anspruch wieder ohne die Beschränkung des § 210 geltend machen.[15]

7 Masseansprüche **verjähren** auch bei Masseunzulänglichkeit. Die Anzeige der Masseunzulänglichkeit und das Vollstreckungsverbot des § 210 führen nicht zu einer Hemmung der Verjährung.[16] Auch die Aufnahme einer geltend gemachten Masseforderung in ein Verzeichnis der Masseschulden ändert daran nichts; sie kann nicht als Willenserklärung des Verw gewertet werden, dass er die Forderung anerkennt.[17] In Ausnahmefällen kann die Erhebung der Verjährungseinrede allerdings missbräuchlich sein, zB dann, wenn der Verw durch sein Verhalten den Gl von einer Klage abgehalten und den Eindruck erweckt hat, er werde die Forderung des Gl erfüllen.[18] Droht Verjährung und gelingt es dem Gl nicht, eine Vereinbarung mit dem InsVerw über die Hemmung zu erreichen, so bleibt der Klageweg.

III. Verfahren

8 Bei Verletzungen des Vollstreckungsverbots steht die **Erinnerung (§ 766 ZPO)** zur Verfügung.[19] Für die Entsch über die Erinnerung ist hier – anders als in § 89 Abs 3 zum Vollstreckungsverbot für die InsGl – nicht ausdr die Zuständigkeit des InsGer vorgesehen. Sachgerecht erscheint es jedoch, die Vollstreckungsverbote, die in der InsO für die Dauer des InsVerf vorgesehen sind, einheitlich zu behandeln und § 89 Abs 3 nicht nur auf den Fall des § 90, sondern auch auf den des § 210 entspr anzuwenden.[20] Auch für die Vollstreckungseinstellung, die in § 322 RegE der InsO anstelle des Vollstreckungsverbots des § 210 vorgesehen

---

10 Die Verweisung des § 108 Abs 2 ZPO auf § 234 Abs 2, § 235 BGB ist sinnvollerweise auch auf § 233 BGB zu erstrecken, *Zöller/Herget* ZPO § 108 Rn 1, 15a.

11 *OLG Frankfurt* 3.1.2017 – 20 VA 3/16 mit Anm *Ruland* NZI 2017, 736.

12 Vgl *OLG Düsseldorf* 5.4.2016 – I – 23 W 45/15 Rn 11.

13 *Hees/Stange* ZIP 2013, 1206; **aA** *Jaeger/Windel* § 208 Rn 51; MK/*Hefermehl* § 208 Rn 62; *Jansen* ZInsO 2013, 774; zum Rang dieser Zinsansprüche vgl oben § 209 Rn 13.

14 *Sächsisches FG* 18.1.2017 – 8 K 1208/16; **aA** *LSG BW* ZIP 2015, 396 Rn 30; *SG Düsseldorf* ZIP 2015, 2139.

15 *OLG Düsseldorf* 5.4.2016 – I – 23 W 45/15 Rn 12.

16 *ArbG Oberhausen* 19.4.2012, 4 Ca 2167/11; *Wenner/Jauch* ZIP 2009, 1894.

17 *Hahn* ZInsO 2016, 616; **aA** *OLG Düsseldorf* 25.4.2017 – I 24 U 104/16 Rn 38 f; *Uhlenbruck/Ries* § 210 Rn 20.

18 *LAG Düsseldorf* 10.10.2013 – 5 Sa 747/13 Rn 45-47; *Hahn* ZInsO 2016, 617.

19 *BGH* ZIP 2006, 1999; *OLG München* ZIP 2004, 138; *LG Trier* ZInsO 2005, 221; *K/P/B/Pape* § 210 Rn 4; *Uhlenbruck/Ries* § 210 Rn 7; **aA** offenbar *LG Heilbronn* ZIP 2002, 1214, das gegen die Vollstreckung aus einem KostenfestsetzungsBeschl nach Anzeige der Masseunzulänglichkeit die Vollstreckungsgegenklage für zulässig hält.

20 *BGH* ZIP 2006, 1999; *LG Trier* ZInsO 2005, 221; *K/P/B/Pape* § 210 Rn 4a; MK/*Hefermehl* § 210 Rn 15; FK/*Kießner* § 210 Rn 7; **aA** *Runkel/Schnurbusch* NZI 2000, 51 f.

war, war die **Zuständigkeit des InsGer** vorgesehen, nicht die des Vollstreckungsgerichts. Anders zu behandeln ist der Fall des § 294 Abs 1, der die Zeit nach der Beendigung des Ins-Verf betrifft.

Gegenüber Vollstreckungsmaßnahmen der öffentlichen Hand, zB der **Finanzverwaltung**, dürfte das Vollstreckungsverbot des § 210 im Wege der Anfechtungsklage durchzusetzen sein.[21] 9

IV. Ergänzung des Vollstreckungsverbots durch Einschränkungen im Erkenntnisverfahren?

Die InsO schweigt zu der Frage, ob die Anzeige der Masseunzulänglichkeit auch das Recht der AltmasseGl (§ 209 Abs 1 Nr 3) einschränkt, auf Erfüllung ihrer Masseverbindlichkeiten zu klagen. Die Frage ist schon zum Recht der KO gründlich diskutiert worden.[22] Die einfachste und daher praktisch brauchbarste Lösung besteht darin, nach der Anzeige der Masseunzulänglichkeit den AltmasseGl das Rechtsschutzbedürfnis für eine Klage auf Leistung aus der InsMasse abzusprechen, da ein Leistungsurteil ohnehin wegen § 210 nicht vollstreckt werden könnte, und sie statt dessen auf die **Feststellungsklage** zu verweisen.[23] Dabei ist die vom InsVerw formgerecht angezeigte Masseunzulänglichkeit für das Prozessgericht bindend.[24] Diese Auff hat sich in der Rspr durchgesetzt.[25] 10

In entspr Weise ist die Masseunzulänglichkeit auch im **KostenfestsetzungsVerf** zu berücksichtigen: Nach Anzeige der Masseunzulänglichkeit ist der Erlass eines Kostenfestsetzungs-Beschl zugunsten eines AltmasseGl unzulässig, da einer Vollstreckung § 210 entgegensteht und dem Gl daher das Rechtsschutzinteresse dafür fehlt, einen Vollstreckungstitel zu erlangen.[26] Ist ein solcher KostenfestsetzungsBeschl bereits ergangen, ist aber noch das BeschwVerf anhängig, so ist er aufzuheben.[27] Möglich ist aber, den Erstattungsanspruch im KostenfestsetzungsVerf der Höhe nach festzustellen, wenn ein Rechtsschutzinteresse des Kl für diese Feststellung gegeben ist.[28] Zwar ist eine bloße Feststellung der Höhe der Kosten in §§ 103, 104 ZPO nicht ausdrücklich vorgesehen, es widerspräche aber dem Grundsatz der VerfÖkonomie, den Kl hier auf eine gesonderte Feststellungsklage zu verweisen. 11

Für die **Gerichtskosten** ist zwischen dem Kostenansatz gem § 19 GKG einerseits und der Beitreibung der Kosten nach der Justizbeitreibungsordnung andererseits zu unterscheiden. Wie der BFH entschieden hat, steht der Kostenansatz nicht in Widerspruch zum Vollstrek- 12

---

21 Vgl *Jaeger/Windel* § 210 Rn 14; *K Schmidt/Jungmann* § 210 Rn 24.

22 Vgl die Anm *Henckel* zu *BAGE* 21, 288 in AP Nr 1 zu § 60 KO; *Pape* KTS 1995, 210 ff.

23 *K/P/B/Pape* § 208 Rn 33f, § 210 Rn 7; *N/R/Westphal* § 209 Rn 18; FK/*Kießner* § 210 Rn 8; MK/*Hefermehl* § 208 Rn 65 f; *Uhlenbruck/Ries* § 210 Rn 13; **aA** *Jaeger/Windel* § 208 Rn 57; *Adam* DZWIR 2010, 181; *Kröpelin* ZIP 2003, 2341; *Runkel/Schnurbusch* NZI 2000, 52 f – dazu krit *Pape* ZInsO 2001, 60; abw auch *Roth* FS Gaul, 1977, S 577 ff.

24 Zu möglichen Ausnahmen von der Bindungswirkung vgl oben § 208 Rn 11.

25 *BAG* ZIP 2002, 628 (m ausf Begr); zust *BGHZ* 154, 358 = NZI 2003, 369 mit Anm *Uhlenbruck*; weiter *BGH* ZIP 2008, 2284; *BAGE* 110, 135 = ZIP 2004, 1323; *BAG* 27.7.2017 – 6 AZR 801/16 Rn 18; *OLG Brandenburg* NZI 2003, 324; *OLG Celle* OLG-Report 2001, 61; *OLG Köln* NZI 2011, 812; *LAG Rheinland-Pfalz* 1.9.2016 – 7 Sa 36/16 Rn 81.

26 *BGH* ZIP 2008, 2284 sowie ZIP 2005, 817 und 1983; *LG Aachen* ZInsO 2013, 1694.

27 *OLG Naumburg* ZInsO 2014, 303; *OLG Düsseldorf* NJW-RR 2006, 1557 LS, Volltext in Juris.

28 *OLG Düsseldorf* ZInsO 2003, 713; *OLG Karlsruhe* OLG-Report 2005, 597; *OLG Koblenz* MDR 2005, 416; *OLG München* ZIP 2004, 138 und 2248; *LAG Stuttgart* ZIP 2001, 657; FK/*Kießner* § 210 Rn 8; *K Schmidt/Jungmann* § 210 Rn 7; **aA** *LAG Düsseldorf* NZI 2003, 622; *LG Kassel* ZInsO 2004, 400; *Urban* ZVI 2004, 233; offen gelassen in *BGH* ZInsO 2005, 430; vgl aber auch *BGH* NZI 2007, 721; zw *Pape* ZInsO 2004, 331.

kungsverbot des § 210 InsO; er hat die Bedeutung einer Feststellung der Kostenschuld. Eine Zahlungsaufforderung gem § 5 Abs 2 Justizbeitreibungsordnung ist dagegen ein Leistungsgebot, das nach der Anzeige der Masseunzulänglichkeit nicht mehr ergehen darf.[29]

13 Die **Festsetzung der Kraftfahrzeugsteuer** soll allerdings nach Auff des BFH durch die Anzeige der Masseunzulänglichkeit nicht beeinträchtigt werden.[30] Auch soweit diese Steuer durch die Anzeige Altmasseverbindlichkeit werde, sei das Finanzamt nach § 12 KfzStG, § 155 Abs 1 AO berechtigt und verpflichtet, die Steuerschuld durch Steuerbescheid festzusetzen. Das Vollstreckungsverbot des § 210 schränke nur die Befugnis des Finanzamts ein, den Verwaltungsakt zu vollstrecken, nicht aber die Befugnis, ihn zu erlassen. Durch die in der Abgabenordnung angelegte Trennung zwischen Festsetzungs- und ErhebungsVerf sei die Situation anders als im Zivilprozess.

14 Dem entspricht ein Beschl des VGH Mannheim zum **Bundesimmissionsschutzgesetz**: Das Vollstreckungsverbot des § 210 berühre nicht die Befugnis der Ordnungsbehörde, den InsVerw als letzten Betreiber einer genehmigungsbedürftigen Anlage durch Verwaltungsakt zur Erfüllung seiner Nachsorgepflichten in Anspruch zu nehmen. Ohne diese Grundverfügung könne die Behörde die Gefahr nicht im Wege der Ersatzvornahme beseitigen. Die Anzeige der Masseunzulänglichkeit habe nur Bedeutung für den Rang, mit dem die Kosten dieser Ersatzvornahme im InsVerf durchgesetzt werden könnten.[31]

15 Das BSG hat sich der finanzgerichtlichen und verwaltungsgerichtlichen Rspr angeschlossen und entschieden, dass ein Rentenversicherungsträger trotz des Vollstreckungsverbots nach § 210 **Sozialversicherungsbeiträge** durch Leistungs- bzw Zahlungsbescheide festsetzen darf und sich nicht auf eine bloße Feststellung der Forderungen beschränken muss.[32]

16 Will ein **NeumasseGl** seinen Anspruch klageweise durchsetzen, obwohl im konkreten Fall nur mit einer quotalen Befriedigung dieser Gl zu rechnen ist, so ist in dem Regelfall, dass die Höhe der Quote noch nicht feststeht, ebenfalls nur eine Feststellungsklage zulässig.[33] In diesem Fall hat der Verwalter allerdings, wenn er sich im Prozess gegen eine Leistungsklage wehrt, im Einzelnen darzulegen und nachzuweisen, dass eine vollständige Befriedigung der NeumasseGl nicht möglich ist.[34] Im KostenfestsetzungsVerf tritt an die Stelle des vollen

---

29 *BFH* 29.3.2016 – VII E 10/15 Rn 14 mit Anm *Schmittmann* NZI 2016, 656.

30 *BFHE* 218, 432 = ZIP 2007, 2083; zust *Roth* ZInsO 2008, 307 f – Die Kfz-Steuer entsteht zeitanteilig und ist daher auf die Zeit vor der Eröffnung der InsVerf (grds InsForderung) und die Zeit danach (grds Masseforderung) aufzuteilen (vgl *BFH* ZIP 2014, 979 mit Anm *Kahlert* und *BFH* NZI 2015, 41 mit Anm *de Weerth*). Allerdings wird sie nicht als Masseverbindlichkeit geschuldet, wenn das Fahrzeug unpfändbar und damit nicht Teil der InsMasse ist (*BFHE* 234, 97 = ZIP 2011, 1728), wenn es aus der Masse freigegeben ist (*BFHE* 235, 1 = ZIP 2012, 42 – die Freigabe einer selbstständigen Tätigkeit nach § 35 Abs 2 reicht dazu allerdings nicht aus) oder wenn es von einer Zwangsverwaltung erfasst wird (*BFHE* 238, 319 = ZIP 2012, 2306). Krit zu dieser Rspr: *Hartmann* NZI 2012, 168.

31 *VGH Mannheim* ZIP 2012, 1819 im Anschluss an *BVerwGE* 107, 299 = ZIP 1998, 2167 zum Konkursrecht; ebenso *OVG Münster* NZI 2013, 945; vgl auch *OVG Bautzen* ZIP 2013, 424 zur Festsetzung von Abfallgebühren trotz Masseunzulänglichkeit.

32 *BSG* 28.5.2015 – B 12 R 16/13 R mit Anm *Hess* EWiR 2016, 55, bestätigt durch *BSG* 15.9.2016 – B 12 R 2/15 R Rn 24.

33 *BGH* ZIP 2006, 1004; NZI 2004, 209; *BGHZ* 154, 358 = NZI 2003, 369; *BAGE* 110, 135 = ZIP 2004, 1323 mit Anm *Oetker* DZWIR 2004, 108; *BAG* ZIP 2003, 1850; *OLG Frankfurt* NZI 2005, 40; vgl zu der Problematik *K/P/B/Pape* § 208 Rn 35 – 37 und § 210 Rn 8. Zu dem Sonderfall, dass nur ein Neumasse Gl vorhanden ist, vgl *KG* ZIP 2008, 610 und *OLG Stuttgart* ZInsO 2011, 1355.

34 *BGH* ZIP 2008, 2284; *BGHZ* 154, 358 = NZI 2003, 369; zust *BAG* ZIP 2003, 1850.

Beweises die Glaubhaftmachung mit den in diesem Verf zulässigen Mitteln (§ 104 Abs 2 ZPO); gelingt die Glaubhaftmachung nicht, ist der Titel zu erlassen, er kann aber mit der Vollstreckungsgegenklage angegriffen werden.[35] Nach der hier vertretenen Meinung kann der InsVerw diese Schwierigkeiten vermeiden, indem er erneut Masseunzulänglichkeit anzeigt.[36]

35 *BGH* 27.9.2007 – IX ZB 172/05; *BGH* 22.9.2005 – IX ZB 91/05; *OLG Koblenz* OLGR Koblenz 2008, 702.
36 Vgl oben § 208 Rn 36.

§ 210a Insolvenzplan bei Masseunzulänglichkeit

Bei Anzeige der Masseunzulänglichkeit gelten die Vorschriften über den Insolvenzplan mit der Maßgabe, dass

1. an die Stelle der nicht nachrangigen Insolvenzgläubiger die Massegläubiger mit dem Rang des § 209 Absatz 1 Nummer 3 treten und
2. für die nicht nachrangigen Insolvenzgläubiger § 246 Nummer 2 entsprechend gilt.

Übersicht

I. Normzweck, Gesetzgebungshinweise

Die Vorschrift ist durch das Gesetz v 7.12.2011 (ESUG) eingefügt worden.[1] Dabei ist inhaltlich, wenn auch nicht wörtlich, § 323 Abs 2 des RegE der InsO von 1992 übernommen worden.[2] Seinerzeit war die Regelung der Kürzung des Entwurfs durch den Rechtsausschuss des Bundestages zum Opfer gefallen.[3] Nach der Übergangsvorschrift des Art 103g S 1 EGInsO kommt § 210a in den InsVerf zur Anwendung, die nach den Inkrafttreten des ESUG am 1.3.2012 beantragt worden sind. 1

Durch die Vorschrift wird zunächst klargestellt, dass es auch nach der Anzeige der Masseunzulänglichkeit noch zulässig ist, einen InsPlan vorzulegen.[4] Auch bei Masseunzulänglichkeit kann der Fortführungswert des insolventen Unternehmens höher liegen als der Zerschlagungswert; die Sanierung des Unternehmens auf der Grundlage eines InsPlans ist dann sinnvoll.[5] Der InsPlan bei Masseunzulänglichkeit ist aber nicht auf Fortführungsfälle beschränkt; ebenso wie im Verf mit ausreichender Masse kann ein Plan auch dazu dienen, die Veräußerung und Verteilung des Vermögens des Schu abw von der vorgegebenen Ordnung zu regeln.[6] 2

1 BGBl I, 2582.
2 Vgl BT-Drucks 12/2443 S 60, 220 f.
3 Vgl oben § 208 Rn 25.
4 Vor der Einfügung des § 210a war die Frage streitig, vgl die Übersichten über den Meinungsstand bei *K Schmidt/Jungmann* § 210a Rn 2; *Westpfahl/Janjuah* Beilage zu ZIP 3/2008, 1, 17–19.
5 Begr RegE ESUG, BT-Drucks 17/5712 S 1929.
6 *Braun/Kießner* § 210a Rn 6 f; *Smid* ZInsO 2017, 2090; **aA** *K/P/B/Pape* § 210a Rn 19 f; *Zimmer* ZInsO 2012, 390.

3 Das Verf über einen solchen InsPlan wird dann nach der **Konzeption des „Konkurses im Konkurs"** geregelt:[7] Da die InsGl bei Masseunzulänglichkeit keine Befriedigung mehr erwarten können, geht es bei einem solchen Plan in erster Linie darum, die Rechte der „AltmasseGl" iSd § 209 Abs 1 Nr 3 zu regeln. In § 210a Nr 1 ist daher vorgesehen, dass diese Gl an die Stelle der nicht nachrangigen InsGl treten. Sie stimmen als Hauptbetroffene über den Plan ab. Für die nicht nachrangigen InsGl, die regelmäßig an einem solchen Plan nicht mehr interessiert sein werden, ist nach Nr 2 eine sonst für nachrangige InsGl geltende Regelung anzuwenden: Die Zustimmung ihrer Gruppe gilt als erteilt, wenn sich kein Gl dieser Gruppe an der Abstimmung beteiligt (§ 246 Nr 2, früherer § 246 Nr 3).[8]

4 Die **praktische Bedeutung** des InsPlans bei Masseunzulänglichkeit wird auch nach der Neuregelung im Bereich der Unternehmensinsolvenz nicht groß sein. Immerhin ist damit zu rechnen, dass sich die äußerst geringe Zahl der bisherigen Anwendungsfälle nach der ausdrücklichen Zulassung dieser VerfVariante vermehren wird.[9] Eine größere Bedeutung könnte der InsPlan bei Masseunzulänglichkeit im Bereich der Verbraucherinsolvenzen gewinnen; hier hat das Gesetz v 15.7.2013[10] dem InsPlan ein neues Anwendungsgebiet eröffnet.[11]

II. Einzelheiten

5 Die Anzeige der Masseunzulänglichkeit, die Voraussetzung für die Anwendung des § 210a ist, kann auch wegen nur **drohender Masseunzulänglichkeit** abgegeben worden sein.[12] Das Gesetz macht hier keinen Unterschied.

6 In einem InsPlan, der nach der Anzeige der Masseunzulänglichkeit vorgelegt wird, sind zwingend folgende **Gruppen** zu bilden (vgl § 210a Nr 1 iVm § 222):

- die Gruppe der absonderungsberechtigten Gl, wenn durch den Plan in deren Rechte eingegriffen wird;
- die Gruppe der „AltmasseGl" (Gl im Rang des § 209 Abs 1 Nr 3);
- die Gruppe der nicht nachrangigen InsGl;
- die Gruppe der am Schu beteiligten Personen, wenn in deren Rechte eingegriffen wird.[13]

7 Für die absonderungsberechtigten Gl, die AltmasseGl und die am Schu beteiligten Personen können nach allgemeinen Regeln (§ 222 Abs 2) jeweils mehrere Gruppen gebildet werden, wenn unterschiedliche wirtschaftliche Interessen festzustellen sind. Ist nach §§ 100, 101 Abs 1 S 3 dem Schu oder anderen Personen Unterhalt aus der InsMasse bewilligt worden, so ist eine weitere Gruppe für diese Personen zu bilden, da die Unterhaltsforderungen nach § 209 Abs 1 Nr 3 innerhalb der AltmasseGl nachrangig sind.

8 Für die Gruppe der nicht nachrangigen InsGl wird in der Regel nur klarzustellen sein, dass sie wegen der Masseunzulänglichkeit keine Befriedigung zu erwarten haben. Die Bildung

---

7 Vgl oben § 208 Rn 24.

8 Es wird befürchtet, dass die Regelung missbräuchlich zum Nachteil der InsGl ausgenutzt werden könnte (vgl FK/*Foltis* § 210a Rn 10; HambKomm/*Weitzmann* § 210a Rn 4). Die Rückstufung der InsGl tritt jedoch bereits durch die Anzeige der Masseunzulänglichkeit ein, nicht erst dadurch, dass im masseunzulänglichen Verf ein InsPlan vorgelegt wird. Trotz der Rückstufung können den InsGl durch einen InsPlan gegen ihren Willen keine Vermögenswerte entzogen werden.

9 Bisher sind aus der Rspr bekannt die Fälle *LG Dresden* ZInsO 2005, 831; *LG Mühlhausen* NZI 2007, 724; *FG Düsseldorf* 8.4.2014 – 13 K 2216/12 F und *BGH* 16.2.2017 – IX ZB 103/15.

10 BGBl I, 2379.

11 Vgl *K/P/B/Pape* § 210a Rn 12–14.

12 *K/P/B/Pape* § 210a Rn 4.

13 Dazu *K/P/B/Pape* § 210a Rn 39–44.

dieser Gruppe dürfte dennoch nicht verzichtbar sein.[14] Eine bes Gruppe der Arbeitnehmer sollte gebildet werden, wenn diesen nicht unerhebliche InsFord zustehen (§ 222 Abs 3 S 1 entspr).[15] Eine Gruppe der nachrangigen InsGl erübrigt sich, da deren Forderungen nach § 225 Abs 1 bei Nichterwähnung als erlassen gelten.

Die **Abstimmung** über den Plan erfolgt nach den allg Regeln, mit zwei Besonderheiten: 9

- Auch die AltmasseGl stimmen über den Plan ab. Ihr Stimmrecht wird ebenso wie das Stimmrecht der absonderungsberechtigten Gl im Erörterungstermin festzulegen sein: Kommt es nicht zu einer Einigung, so entscheidet das InsGer.[16]
- Die Zustimmung der nicht nachrangigen InsGl gilt auch dann als erteilt, wenn sich keiner von ihnen an der Abstimmung beteiligt (§ 210a Nr 2 iVm § 246 Nr 2).[17]

Bei der Anwendung des **Obstruktionsverbots** ist der Vorrang der AltmasseGl vor den Anteilseignern zu beachten: Eine Ablehnung des Plans in der Gruppe der AltmasseGl kann nur dann nach § 245 unerheblich sein, wenn die Anteilseigner keinen wirtschaftlichen Wert erhalten. Ist im InsPlan vorgesehen, dass die Anteilseigner am Schu beteiligt bleiben, so ist diese Voraussetzung nur dann gegeben, wenn entweder das insolvente Unternehmen auch nach dem Wirksamwerden des Plans wertlos ist oder die Anteilseigner eine Gegenleistung in die InsMasse erbringen.[18] 10

Das Recht zur **Beschwerde** gegen die Bestätigung des Plans steht auch den AltmasseGl zu.[19] 11

Vor der **Aufhebung** des InsVerf nach der Bestätigung eines InsPlans ist der Verwalter im RegelVerf zur Erfüllung (oder Sicherstellung der Erfüllung) sämtlicher Masseverbindlichkeiten verpflichtet (§ 258 Abs 2). IF eines InsPlans bei Masseunzulänglichkeit trifft den Verwalter diese Pflicht nur für die vorrangigen VerfKosten und Neumasseverbindlichkeiten (§ 209 Abs 1 Nr 1, 2). Die Altmasseverbindlichkeiten sind in diesem Fall Gegenstand des InsPlans; ihre (Teil-)Erfüllung, die zeitlich gestreckt werden kann, braucht für die Aufhebung des Verf nicht abgewartet zu werden.[20] 12

Ein **Planintitiativrecht** der AltmasseGl ergibt sich nach der hier vertretenen Auff daraus, dass im masseunzulänglichen Verf diese Gl auch in der allg GlVersammlung, die über den Fortgang des Verf beschließt, an die Stelle der nicht nachrangigen InsGl treten.[21] Das Recht der GlVersammlung, den InsVerw mit der Ausarbeitung eines InsPlans zu beauftragen, wird nach der Anzeige der Masseunzulänglichkeit durch einen Beschl ausgeübt, für den neben den absonderungsberechtigten Gl die AltmasseGl (§ 209 Abs 1 Nr 3) stimmberechtigt sind. Den InsGl hier ein Stimmrecht zu gewähren, wäre nicht sachgerecht, da diese Gl mit oder ohne InsPlan keine Befriedigung mehr erwarten können.[22] 13

---

14 § 225 Abs 1 wird nicht für entspr anwendbar erklärt, iE übereinstimmend *Brünkmans/Thole* Hdb InsPlan, 2016, § 12 Rn 10 f; *Smid* ZInsO 2017, 2096–2098; *NR/Westphal* § 210a Rn 15; **aA** *Braun/Kießner* § 210a Rn 14; *Uhlenbruck/Ries* § 210a Rn 13 f; zw und differenzierend *K/P/B/Pape* § 210a Rn 29 f.

15 *Smid* ZInsO 2017, 2098.

16 Vgl § 238 Abs 1 S 2, 3 iVm § 77 Abs 2; *K/P/B/Pape* § 210a Rn 26; *Smid* ZInsO 2017, 2096.

17 Gleiches gilt für die Gruppe der am Schu beteiligten Personen nach § 246a.

18 MK/*Madaus* § 210a Rn 21; abw *Uhlenbruck/Ries* § 210a Rn 16.

19 Vgl im Einzelnen *K/P/B/Pape* § 210a Rn 53–55.

20 *K/P/B/Pape* § 210a Rn 57 f; vgl Begr RegE ESUG, BT-Drucks 17/5712 S 37, zu § 258; **aA** *N/R/Westphal* § 210a Rn 23.

21 Vgl oben § 208 Rn 33.

22 **AA** *Zimmer* ZInsO 2012, 390, 391 f: Stimmrecht der nicht nachrangigen InsGl, kein Stimmrecht der MasseGl; *N/R/Westphal* § 210a Rn 14: Mittelbares Planinitiativrecht der MasseGl durch Recht zur Teilnahme an der GlVersammlung.

14 Stellt sich nach der Erklärung der Masseunzulänglichkeit heraus, dass auch die NeumasseGl nur anteilig befriedigt werden können (**erneute Masseunzulänglichkeit**),[23] so wird auch dies die Vorlage eines InsPlans nicht ausschließen. Dies gilt jedenfalls dann, wenn man in diesem Fall eine erneute Erklärung der Masseunzulänglichkeit zulässt mit der Rechtsfolge, dass die nicht mehr voll erfüllbaren Neumasseverbindlichkeiten Nachrang erhalten gegenüber den Verbindlichkeiten, die der Verwalter nach der erneuten Erklärung der Masseunzulänglichkeit neu begründet. Dieser Nachrang ist dann bei der Gruppenbildung zu berücksichtigen.[24]

15 Die **Kosten des InsVerf** als stets vorrangige Masseverbindlichkeiten können dagegen nicht Gegenstand eines InsPlans sein. Wenn sie nicht voll gedeckt werden können, ist das Verf nach § 207 einzustellen.[25] § 210a ändert damit auch nichts daran, dass die Vergütungsansprüche des InsVerw nicht wirksam in einem InsPlan geregelt werden können.[26]

23 Vgl oben § 208 Rn 36.
24 Vgl zum InsPlan bei ungedeckten Neumasseverbindlichkeiten *N/R/Westphal* § 210a Rn 7; *Brünkmans/Thole* Hdb InsPlan § 12 Rn 7 f; **abl** *K/P/B/Pape* § 210a Rn 15, 18.
25 *Smid* ZInsO 2017, 2089.
26 *BGH* 16.2.2017 – IX ZB 103/15 Rn 17, 23.

§ 211 Einstellung nach Anzeige der Masseunzulänglichkeit

(1) Sobald der Insolvenzverwalter die Insolvenzmasse nach Maßgabe des § 209 verteilt hat, stellt das Insolvenzgericht das Insolvenzverfahren ein.

(2) Der Verwalter hat für seine Tätigkeit nach der Anzeige der Masseunzulänglichkeit gesondert Rechnung zu legen.

(3) [1]Werden nach der Einstellung des Verfahrens Gegenstände der Insolvenzmasse ermittelt, so ordnet das Gericht auf Antrag des Verwalters oder eines Massegläubigers oder von Amts wegen eine Nachtragsverteilung an. [2]§ 203 Abs. 3 und die §§ 204 und 205 gelten entsprechend.

Übersicht

I. Normzweck

1 Geregelt wird die Beendigung des Verf nach der Verteilung der Masse iF der Masseunzulänglichkeit.

II. Einzelheiten

2 **1. Verfahrensfragen.** Wie iF des § 207 erfolgt die Einstellung durch **Beschl des InsGer**, der von Amts wegen ergeht (Abs 1). Vorausgehen wird idR eine Mitteilung des Verwalters, dass die Verteilung abgeschlossen ist.[1]

3 Für diese **Verteilung** ist im Gesetz kein bes Verf vorgeschrieben; zumindest zweckmäßig ist es allerdings, für die Verteilung und die anschließende Rechnungslegung eine Liste der

1 *K/P/B/Pape* § 211 Rn 4; *Graf-Schlicker/Riedel* § 211 Rn 10.

MasseGl und ein Verteilungsverzeichnis zu erstellen.[2] Schließt an die Einstellung die „Wohlverhaltensperiode“ für die Restschuldbefreiung an und besteht Aussicht, dass auch die InsGl werden Zahlungen erhalten können, so sollte das Gericht dafür sorgen, dass vor der Einstellung ein Verteilungsverzeichnis als Grdl für die Verteilungen nach § 292 Abs 1 S 2 vorliegt; zu diesem Zweck ist ggf noch der Prüfungstermin durchzuführen.[3]

Ausnahmen von dem Grundsatz, dass die Einstellung iF der Masseunzulänglichkeit erst nach vollständiger Verwertung und Verteilung der InsMasse erfolgt, sind für die Fälle anzuerkennen, in denen die Klärung einzelner Vermögenspositionen den Abschluss des Verf übermäßig verzögern würde.[4] So braucht das Erg eines schwierigen AnfProzesses nicht abgewartet zu werden; es kann einer Nachtragsverteilung vorbehalten werden.[5] 4

Die Veröffentlichung des EinstellungsBeschl ist in § 215 geregelt. Ein **Rechtsmittel** ist nicht vorgesehen (vgl § 216), ebenso wenig wie iF der Aufhebung eines InsVerf nach der Schlussverteilung (§ 200).[6] Das ist verfassungsrechtlich nicht zu beanstanden, da dem Gebot effektiven Rechtsschutzes auch mit nur einer gerichtlichen Instanz entsprochen werden kann.[7] Hat der Rechtspfleger entschieden, so ist die befristete Erinnerung statthaft (§ 11 Abs 2 RPflG). 5

2. Rechnungslegung, Schlusstermin. Für die Rechnungslegung des Verwalters ist in Abs 2 erg zu der allg Regelung des § 66 vorgesehen, dass zwischen der Zeit vor der Anzeige der Masseunzulänglichkeit und der Zeit danach zu unterscheiden ist. Grund dafür ist der unterschiedliche Rang der vor und nach diesem Ereignis begründeten Verbindlichkeiten.[8] 6

Die Einberufung einer **GlVersammlung** zur Entgegennahme der Schlussrechnung dürfte hier entgegen § 66 grds nicht erforderlich sein; Adressat der Schlussrechnung ist stattdessen das Gericht.[9] Jedenfalls ist zu beachten, dass diese Rechnungslegung in erster Linie die AltmasseGl betrifft, in deren Interesse das Verf nach der Anzeige der Masseunzulänglichkeit durchgeführt wird; wird eine GlVersammlung zu diesem Zweck abgehalten, so treten die AltmasseGl an die Stelle der nicht nachrangigen InsGl.[10] Hat der Schu einen Antrag auf **Restschuldbefreiung** gestellt und wird das Verf nicht schriftlich durchgeführt, so ist ein Schlusstermin schon deshalb erforderlich, weil die Beteiligten in diesem Termin, nach neuem Recht bis zu diesem Termin zu dem Antrag auf Restschuldbefreiung zu hören sind.[11] 7

3. Nachtragsverteilung. Da auch bei Masseunzulänglichkeit grds die InsMasse vollständig verwertet und verteilt werden soll, kann sich auch hier das Bedürfnis für eine Nachtragsverteilung ergeben. Abs 3 trägt diesem Bedürfnis Rechnung, indem er eine entspr Anordnung des Gerichts ermöglicht, wenn **nachträglich Massegegenstände festgestellt** werden, und erg auf die allg Vorschriften über die Nachtragsverteilung verweist. Wird mehr Masse aufgefun- 8

---

2 Vgl MK/*Hefermehl* § 211 Rn 5; *K Schmidt/Jungmann* § 211 Rn 4; *Gottwald/Klopp/Kluth/Wimmer* § 74 Rn 39–42.
3 Vgl oben § 208 Rn 30; *Uhlenbruck/Ries* § 208 Rn 42.
4 *K Schmidt/Jungmann* § 211 Rn 14–16.
5 Vgl unten Rn 9.
6 Vgl Begr zu § 330 RegE, BT-Drucks 12/2443, 222; krit dazu MK/*Hefermehl* § 211 Rn 13; *N/R/Westphal* § 211 Rn 9.
7 *BGH* ZIP 2007, 603.
8 Begr zu § 324 RegE, BT-Drucks 12/2443, 221; vgl FK/*Kießner* § 211 Rn 7.
9 *K/P/B/Pape* § 208 Rn 10, § 211 Rn 14 f; MK/*Hefermehl* § 211 Rn 17; *Uhlenbruck/Ries* § 211 Rn 7.
10 Vgl oben § 208 Rn 24–33; **abl** MK/*Hefermehl* § 211 Rn 17.
11 Vgl § 289 Abs 1, 3 in der bisher geltenden Fassung und § 287 Abs 4 idF des G v 15.7.2013, das für InsVerf maßgeblich ist, die ab dem 1.7.2014 beantragt werden (Art 103h EGInsO). Vgl weiter FK/*Kießner* § 211 Rn 15; *K Schmidt/Jungmann* § 211 Rn 7.

den, als zur Befriedigung der MasseGl erforderlich ist, und hatte im vorausgegangenen InsVerf wegen der Masseunzulänglichkeit noch keine Prüfung der InsFord stattgefunden, so ist der Überschuss dem Schu zu belassen; die Rückkehr in ein RegelInsVerf ist nach der Einstellung mangels Masse nicht mehr möglich. Ggf kann ein neues InsVerf eröffnet werden.[12]

9 Nicht angesprochen werden in Abs 3 die in § 203 Abs 1 Nr 1 und 2 geregelten **weiteren Fälle einer Nachtragsverteilung.** Daraus sollte aber nicht geschlossen werden, dass eine nachträgliche Verteilung zB von Beträgen, die wegen eines anhängigen Rechtsstreits über eine Masseforderung zunächst zurückbehalten wurden[13] oder die in die Masse zurückfließen, *de lege lata* unzulässig wäre.[14] Das praktische Bedürfnis für die Zulässigkeit solcher Nachtragsverteilungen ist bei der Einstellung nach Anzeige der Masseunzulänglichkeit ebenso groß wie bei dem Regelfall der Aufhebung eines InsVerf. Durch die entspr Anwendung des § 203 Abs 1 Nr 1 und 2 kann vermieden werden, dass die Anhängigkeit von Prozessen um das Bestehen von Masseverbindlichkeiten oder von AnfProzessen die Einstellung eines masseunzulänglichen Verf um Jahre verzögert.[15]

12 Vgl *Mäusezahl* ZVI 2003, 622.
13 Vgl oben § 209 Rn 12.
14 So offenbar *Kluth* ZInsO 2000, 183; wie hier *BGH* ZIP 2013, 2320 Rn 8; *BAG* ZIP 2014, 1498 Rn 11; MK/*Hefermehl* § 211 Rn 20; FK/*Kießner* § 211 Rn 18, 24; *Jaeger/Windel* § 211 Rn 17; *K Schmidt/Jungmann* § 211 Rn 19; *Bork* ZIP 2009, 2080 f.
15 *BGH* ZIP 2013, 2320 Rn 8; *K/P/B/Pape* § 211 Rn 5–8; *Uhlenbruck/Ries* § 211 Rn 15 f; *Uhlenbruck* NZI 2001, 409.

§ 212 Einstellung wegen Wegfalls des Eröffnungsgrunds

[1]Das Insolvenzverfahren ist auf Antrag des Schuldners einzustellen, wenn gewährleistet ist, dass nach der Einstellung beim Schuldner weder Zahlungsunfähigkeit noch drohende Zahlungsunfähigkeit noch, soweit die Überschuldung Grund für die Eröffnung des Insolvenzverfahrens ist, Überschuldung vorliegt. [2]Der Antrag ist nur zulässig, wenn das Fehlen der Eröffnungsgründe glaubhaft gemacht wird.

Übersicht

I. Normzweck

1 Wenn sich während des InsVerf herausstellt, dass ein Eröffnungsgrund nicht besteht, sind die Einschränkungen, die das Verf für den Schu mit sich bringt, nicht mehr zu rechtfertigen. Der Schu kann dann die Einstellung des Verf erreichen.[1]

II. Einzelheiten

2 Die Einstellung des Verf ist unabhängig davon möglich, **ob von vornherein ein Eröffnungsgrund fehlte** oder ob der Eröffnungsgrund nachträglich weggefallen ist;[2] insofern erfasst die Formulierung „Wegfall des Eröffnungsgrunds" in der Überschrift nur einen Teil der Rege-

1 Begr zu § 325 RegE, BT-Drucks 12/2443, 221.
2 Begr zu § 325 RegE, BT-Drucks 12/2443, 221; *Uhlenbruck/Ries* § 212 Rn 2; *N/R/Westphal* § 212 Rn 3; *Fölsing* ZInsO 2016, 1509; offen gelassen in *BGH* NZI 2011, 20.

lung. Fehlte der Eröffnungsgrund von Anfang an, so wird dies der Schu in erster Linie mit der Beschw gegen den EröffnungsBeschl rügen; ist die Frist für dieses Rechtsmittel abgelaufen, so ist ein Antrag nach § 212 möglich. Wird in einem BeschwVerf gegen den EröffnungsBeschl festgestellt, dass die Eröffnungsvoraussetzungen im Zeitpunkt der Eröffnung erfüllt waren, dass sie aber später weggefallen sind, so bleibt es bei der Eröffnung; der Wegfall kann nur im Verf nach § 212 geltend gemacht werden.[3]

Ist der Schu eine **juristische Person** oder eine Gesellschaft ohne Rechtspersönlichkeit, so kann der Antrag nach § 212 von jeder Person oder Mehrheit von Personen gestellt werden, die nach Gesetz oder Satzung zur Vertretung der juristischen Person oder der Gesellschaft berechtigt ist.[4] Die Sonderregelung des § 15 Abs 1 gilt nur für den Antrag auf Eröffnung des InsVerf, nicht für den Einstellungsantrag nach § 212.[5] Für die Auffassung, der Antrag könne nur von allen vertretungsberechtigten Personen gemeinsam gestellt werden,[6] gibt es weder eine Grundlage im Gesetz noch eine einleuchtende Begr.[7] 3

Auch nicht vertretungsberechtigte Anteilsinhaber können ein Interesse daran haben, dass das InsVerf vorzeitig beendet wird, und bereit sein, Mittel zur Beseitigung der Eröffnungsgründe zur Verfügung zu stellen. Zu denken ist insb an den Fall, dass sie durch einen InsPlan ihre Anteile verlieren sollen. Häsemeyer plädiert dafür, ihnen analog § 212 einen Antrag auf Einstellung des Verf zu gestatten.[8] 4

Voraussetzung für die Einstellung ist, dass gewährleistet ist, dass nach der Einstellung keiner der für den Schuldner einschlägigen Eröffnungsgründe, auch nicht der fakultative Eröffnungsgrund der drohenden Zahlungsunfähigkeit (§ 18), gegeben ist.[9] Bei einer juristischen Person darf also **weder Zahlungsunfähigkeit noch drohende Zahlungsunfähigkeit noch Überschuldung** vorliegen. Für die Beantwortung der Frage, ob Überschuldung vorliegt, ist die bei der Entsch geltende Fassung des § 19 anzuwenden: Die durch das Finanzmarktstabilisierungsgesetz vom 17.10.2008[10] eingeführte Fassung ist nunmehr unbefristet in Kraft.[11] Über den Wortlaut des Gesetzes hinaus verlangt der BGH für die Einstellung nach § 212 nicht nur, dass kein Eröffnungsgrund vorliegt, sondern zusätzlich, dass ein solcher auch in absehbarer Zeit nicht eintreten wird.[12] 5

Das InsGer hat das Fehlen der Eröffnungsgründe von Amts wegen zu prüfen. Um das Gericht vor leichtfertigen Anträgen zu bewahren, ist jedoch in S 2 vorgesehen, dass ein Einstellungsantrag nur zulässig ist, wenn der Schu diese Voraussetzung **glaubhaft macht**. 6

Der Antrag auf Einstellung des InsVerf nach § 212 kann **nur bis zur Aufhebung des Verfahrens** gestellt werden. Beantragt ein Gl jedoch nach der Aufhebung die Anordnung einer **Nachtragsverteilung**, so kann der Schu dem entgegentreten, indem er glaubhaft macht, dass vor der Aufhebung des Verf die Voraussetzungen für eine Einstellung nach § 212 vorlagen. 7

---

3 *BGHZ* 169, 17 = ZInsO 2006, 1051 mit krit Anm *Nöll* in ZInsO 2007, 249; zust dagegen *Gruber* DZWIR 2007, 157.

4 Vgl *OLG Naumburg* ZInsO 2001, 810: Antrag ist vom Schu zu stellen.

5 *BGH* 24.3.2016 – IX ZB 32/15 Rn 11-14 mit Anm *Fölsing* ZInsO 2016, 1506.

6 MK/*Hefermehl* § 212 Rn 7; *K/P/B/Pape* § 212 Rn 3; *Uhlenbruck/Ries* § 212 Rn 5.

7 Ebenso *Jaeger/Windel* § 212 Rn 19; *Fölsing* ZInsO 2016, 1508.

8 *Häsemeyer* FS Schilken, 2015, S 693, 700.

9 *BGH* NZI 2010, 741; FK/*Kießner* § 212 Rn 7; *K Schmidt/Jungmann* § 212 Rn 14.

10 BGBl I, 1982.

11 Vgl Art 18 G v 5.12.2012, BGBl I, 2418, 2424, und die Begr im Bericht des RAussch, BT-Drucks 17/11385 S 19 f.

12 *BGH* NZI 2011, 20; ebenso *OLG Celle* NZI 2001, 28; *LG Göttingen* NZI 2008, 751; *K Schmidt/Jungmann* § 212 Rn 11; *Uhlenbruck/Ries* § 212 Rn 2.

Beruft sich der Schu in dieser Weise auf das Fehlen eines Eröffnungsgrunds, so liegt darin zugleich die Rücknahme eines Antrags auf Restschuldbefreiung. Dies hat der BGH zu einem Fall entschieden, in dem dem Schu am Tag der Aufhebung des InsVerf und der Ankündigung der Restschuldbefreiung eine Erbschaft zugefallen war, die seine Zahlungsunfähigkeit beseitigte.[13]

8 Die Voraussetzungen für eine Einstellung nach § 212 sind nicht gegeben, wenn in einem noch laufenden InsVerf dem Schu die **Restschuldbefreiung** erteilt wird („asymmetrisches Verf").[14] Zwar bestehen gegenüber den InsGl dann nur noch unvollkommene Verbindlichkeiten, und der InsBeschlag für den Neuerwerb ab dem Zeitpunkt des Ablaufs der Abtretungsfrist entfällt. Im Hinblick auf das zuvor in die Masse gefallene Vermögen ist das Verf jedoch zu Ende zu führen; aus diesem Vermögen sind noch die InsGl zu befriedigen.[15]

9 Erg VerfRegeln enthalten §§ 214–216.

---

13 *BGH* NZI 2010, 741.
14 Für die ab 1.7.2014 beantragten Verf in § 300a geregelt.
15 *BGH* NZI 2014, 229.

§ 213 Einstellung mit Zustimmung der Gläubiger

(1) [1]Das Insolvenzverfahren ist auf Antrag des Schuldners einzustellen, wenn er nach Ablauf der Anmeldefrist die Zustimmung aller Insolvenzgläubiger beibringt, die Forderungen angemeldet haben. [2]Bei Gläubigern, deren Forderungen vom Schuldner oder vom Insolvenzverwalter bestritten werden, und bei absonderungsberechtigten Gläubigern entscheidet das Insolvenzgericht nach freiem Ermessen, inwieweit es einer Zustimmung dieser Gläubiger oder einer Sicherheitsleistung gegenüber ihnen bedarf.

(2) Das Verfahren kann auf Antrag des Schuldners vor dem Ablauf der Anmeldefrist eingestellt werden, wenn außer den Gläubigern, deren Zustimmung der Schuldner beibringt, andere Gläubiger nicht bekannt sind.

Übersicht

I. Normzweck

1 Das InsVerf wird **im Interesse der VerfBeteiligten** durchgeführt, nicht im öffentlichen Interesse. Es braucht daher nicht fortgeführt zu werden, wenn der Schu und alle Gl, die sich am Verf beteiligt haben, mit der Beendigung einverstanden sind.[1]

2 § 213 sieht die Einstellung **grds nur nach Ablauf der Anmeldefrist** vor (Abs 1), ausnahmsweise erfolgt sie – unter verschärften Voraussetzungen – auch vor diesem Zeitpunkt (Abs 2). Im ersten Fall ist das Erfordernis der Zustimmung der Gl insofern aufgelockert, als das Gericht nach seinem Ermessen die Zustimmung solcher Gl für entbehrlich halten

---

1 Über einen Fall, in dem das InsGericht diese Sicht nicht geteilt und die Einstellung immer weiter hinausgezögert hat, berichtet *Haarmeyer* in ZInsO 2010, 324.

kann, deren Forderungen dinglich gesichert sind oder vom Schu oder vom Verwalter bestritten werden.

II. Allgemeines

Bei Gesellschaften und juristischen Personen ist – ebenso wie iF des § 212[2] – jede vertretungsberechtigte Person oder Mehrheit von Personen befugt, den **Antrag des Schu** auf Einstellung des Verf nach § 213 zu stellen.[3] Gegen die Auffassung, nur alle Gesellschafter gemeinsam könnten die Einstellung beantragen, hat sich schon zum früheren Recht das OLG Dresden ausgesprochen.[4] 3

Die **Zustimmungserklärungen** der Gl, die der Schu beizubringen hat, sind als Prozesshandlungen bedingungsfeindlich und nicht wegen Willensmängeln anfechtbar.[5] 4

III. Einstellung nach Ablauf der Anmeldefrist (Abs 1)

Erforderlich ist auch die Zustimmung der Gl, die ihre Forderungen erst **nach Ablauf der Anmeldefrist** angemeldet haben.[6] 5

Anders als in der Situation des § 212, in der der Schu das Fehlen oder den Wegfall des Eröffnungsgrundes geltend macht, kann iRd § 213 regelmäßig nicht davon ausgegangen werden, dass eine vollständige Befriedigung aller InsGl in Aussicht steht. Grundlage der Zustimmungserklärungen der Gl, die Forderungen angemeldet haben, kann zB ein außergerichtlicher Vergleich sein, nach dem diese Forderungen nur zu einem Bruchteil berichtigt werden sollen. Denkbar ist auch, dass ein potentieller Investor die InsGl in Einzelverhandlungen durch Zahlung von Geldbeträgen zur Zustimmung (oder zur Abtretung ihrer Forderungen an ihn) bewogen hat.[7] Ob auch die **nachrangigen InsGl** an einer Fortsetzung des Verf interessiert sein können, hängt daher von den Umständen ab. Kommt ernstlich in Betracht, dass sie ohne die Einstellung Aussicht auf Befriedigung hätten, hat das Gericht sie vor der Entsch über den Einstellungsantrag nach § 174 Abs 3 zur Anmeldung ihrer Forderungen aufzufordern.[8] Soweit sie dieser Aufforderung nachkommen, hat der Schu ihre Zustimmung beizubringen. 6

Bei Forderungen, die vom Schu oder vom InsVerw **bestr** werden, kann das Gericht nach seinem Ermessen die Zustimmung der Gl für entbehrlich halten, ggf gegen Sicherheitsleistung. Leitlinie für die Ausübung des Ermessens sollte zunächst sein, welche Erfolgsaussichten der einzelne Gl nach der Einschätzung des Gerichts bei der Durchsetzung seiner Forderung hat;[9] ist eine Forderung offensichtlich verjährt, so sind weder die Zustimmung des Gl noch 7

---

2 Vgl oben § 212 Rn 3.

3 Im Grundsatz übereinstimmend *Jaeger/Windel* § 213 Rn 11, der aber iFv persönlich haftenden Gesellschaftern zusätzlich deren Antrag verlangt; **aA** MK/*Hefermehl* § 213 Rn 5; *Gottwald/Klopp/Kluth/Wimmer* § 74 Rn 66.

4 *OLG Dresden* LZ 1925, 495; vgl auch *K Schmidt* InsG § 202 KO Anm 2a cc.

5 MK/*Hefermehl* § 213 Rn 8; *Uhlenbruck/Ries* § 213 Rn 7; *Gottwald/Klopp/Kluth/Wimmer* § 74 Rn 67.

6 Ebenso *Graf-Schlicker/Riedel* § 213 Rn 4.

7 Zur Gleichbehandlung aller Gl ist er dabei nicht verpflichtet, da es sich um einen Vorgang außerhalb des InsVerf handelt, vgl *Schwarz/Brockmann* ZInsO 2014, 1368.

8 So *Uhlenbruck/Ries* § 213 Rn 5; ähnlich *K Schmidt/Jungmann* § 213 Rn 9 f; weitergehend – die nachrangigen Gl sind stets zur Anmeldung aufzufordern – *Graf-Schlicker/Riedel* § 213 Rn 4.

9 *Gottwald/Klopp/Kluth/Wimmer* § 74 Rn 70.

eine Sicherheitsleistung erforderlich. IÜ sollte maßgeblich sein, ob sich die Stellung des Gl durch die Einstellung rechtlich oder wirtschaftlich verschlechtert.[10]

8 § 213 bezieht auch die **Absonderungsberechtigten** in die Betrachtung ein, und zwar unabhängig davon, ob sie zugleich InsGl sind oder nicht.[11] Insb wegen des Verwertungsrechts, das dem Verwalter bei „besitzlosen Mobiliarsicherheiten" zusteht (§ 166), kann ein absonderungsberechtigter Gl an einer zeitweiligen Fortführung des Verf interessiert sein, zB um es dem Verwalter zu ermöglichen, eine begonnene Verwertung zu Ende zu führen. Auch für die absonderungsberechtigten Gl ist vorgesehen, dass das Gericht nach seinem Ermessen entscheidet, ob es ihrer Zustimmung zur Einstellung des Verf bedarf. Kriterium für diese Entsch sollte sein, ob sich ein berechtigtes Interesse des Absonderungsberechtigten an der Fortführung des Verf feststellen lässt.[12]

9 Die Zustimmung der **MasseGl** zur Einstellung ist nicht erforderlich. Ihre Ansprüche sind vor der Einstellung zu befriedigen oder zu sichern (§ 214 Abs 3). Reicht die Masse dafür nicht aus, so scheidet eine Einstellung nach § 213 aus;[13] je nach Fallgestaltung kommt eine Einstellung nach § 207 oder die Anzeige der Masseunzulänglichkeit nach § 208 in Betracht.

IV. Einstellung vor Ablauf der Anmeldefrist (Abs 2)

10 Eine Einstellung vor Ablauf der Anmeldefrist kann nur in Ausnahmefällen in Betracht kommen. In diesem Fall hat der Schu die **Zustimmung aller bekannten Gl** beizubringen, auch die Zustimmung der Absonderungsberechtigten, der Gl streitiger Forderungen und der nachrangigen Gl. Ob die Gl vollständig erfasst sind, hat das Gericht von Amts wegen nachzuprüfen, wobei das vom InsVerw erstellte GlVerzeichnis (§ 152) und erg Auskünfte des Schu und des Verwalters wichtige Grundlagen darstellen.[14]

11 Auch wenn die Zustimmungen aller bekannten Gl vorliegen, bleibt die Einstellung nach Abs 2 eine **ErmessensEntsch** des Gerichts. Dieses kann auch dann noch Veranlassung sehen, den Ablauf der Anmeldefrist abzuwarten.[15]

§ 214 Verfahren bei der Einstellung

(1) [1]Der Antrag auf Einstellung des Insolvenzverfahrens nach § 212 oder § 213 ist öffentlich bekannt zu machen. [2]Er ist in der Geschäftsstelle zur Einsicht der Beteiligten niederzulegen; im Falle des § 213 sind die zustimmenden Erklärungen der Gläubiger beizufügen. [3]Die Insolvenzgläubiger können binnen einer Woche nach der öffentlichen Bekanntmachung schriftlich Widerspruch gegen den Antrag erheben.

(2) [1]Das Insolvenzgericht beschließt über die Einstellung nach Anhörung des Antragstellers, des Insolvenzverwalters und des Gläubigerausschusses, wenn ein solcher bestellt ist. [2]Im Falle eines Widerspruchs ist auch der widersprechende Gläubiger zu hören.

---

10 *LG Wuppertal* ZInsO 2009, 1113 und die vorangehenden Entscheidungen des *AG Wuppertal* ZInsO 2009, 484 und 485; *Haarmeyer* ZInsO 2009, 556, 559–563. – Nach *Jaeger/Windel* § 213 Rn 26 f und *K Schmidt/Jungmann* § 213 Rn 18–20 dagegen ist die Zustimmung eines Gl, dessen Forderung nach der kursorischen Prüfung besteht, nur ausnahmsweise verzichtbar (Rechtsmissbrauch oder Obstruktion).

11 Begr zu § 326 RegE, BT-Drucks 12/2443, 221 f.

12 Begr zu § 326 RegE, BT-Drucks 12/2443, 221 f; *K Schmidt/Jungmann* § 213 Rn 15 f.

13 Vgl *Uhlenbruck/Ries* § 214 Rn 10.

14 Vgl FK/*Kießner* § 213 Rn 15; HambKomm/*Weitzmann* § 213 Rn 6.

15 Vgl MK/*Hefermehl* § 213 Rn 19; FK/*Kießner* § 213 Rn 18.

(3) Vor der Einstellung hat der Verwalter die unstreitigen Masseansprüche zu berichtigen und für die streitigen Sicherheit zu leisten.

Übersicht

I. Normzweck, Gesetzgebungshinweise

Die Vorschrift stellt insb sicher, dass vor der Entsch des Gerichts über einen Einstellungsantrag des Schu **die Gl angehört** werden und die Rechte der MasseGl gewahrt werden. 1

In Abs 1 S 3 war ursprünglich auch die Möglichkeit vorgesehen, dem Antrag auf Einstellung zu Protokoll der Geschäftsstelle zu widersprechen. Diese Möglichkeit ist durch das Gesetz v 7.12.2011 beseitigt worden.[1] 2

II. Einzelheiten

1. Bekanntmachung des Antrags, Widerspruchsrechte (Abs 1). § 214 enthält VerfRegelungen für **zwei Fälle der Einstellung**, den Fall des fehlenden Eröffnungsgrunds (§ 212) und den der Zustimmung der Gl (§ 213). Der Antrag des Schu, der in beiden Fällen erforderlich ist, ist iF seiner Zulässigkeit[2] öffentlich bekanntzumachen und in der Geschäftsstelle niederzulegen, um den Gl Gelegenheit zur Wahrung ihrer Rechte zu geben (Abs 1). Das Recht zum Widerspruch steht jedem InsGl zu, auch dem, der bis zum Ablauf der Anmeldefrist seine Forderung noch nicht angemeldet hatte.[3] Widerspruchsberechtigt sind damit auch die nach § 39 nachrangigen Gl, allerdings nur, wenn sie nach § 174 Abs 3 zur Anmeldung ihrer Forderungen aufgefordert worden und damit in das InsVerf einbezogen sind.[4] Widersprechende Gl können, soweit sie ihre Forderungen noch nicht angemeldet haben, die Anmeldung zusammen mit dem Widerspruch nachholen. Der Beginn der Widerspruchsfrist ergibt sich aus § 9 Abs 1 S 3. 3

2. Anhörung (Abs 2). Die Vorschrift über die Anhörung der Beteiligten ist im Vergleich zu § 203 Abs 2 KO dahin ergänzt, dass auch der **GlAusschuss** zu hören ist. Zusätzlich sind die Beteiligten nach § 215 Abs 1 S 2 über den Zeitpunkt des Wirksamwerdens der Einstellung zu unterrichten. Die Einberufung einer GlVersammlung ist nicht erforderlich.[5] Die Schlussrechnung des Verwalters ist – wie iF des § 211[6] – gegenüber dem InsGer abzugeben. 4

3. Befriedigung oder Sicherung der Massegläubiger (Abs 3). Dass der Verwalter vor der VerfBeendigung die Masseverbindlichkeiten zu erfüllen oder ihre Erfüllung sicherzustellen hat, entspricht der Regelung in § 258 Abs 2 für die Aufhebung des Verf nach der Bestätigung eines InsPlans. Zu diesen Verbindlichkeiten gehört auch der Anspruch des Verwalters 5

---

1 BGBl I, 2582, Art 1 Nr 14.
2 Dazu oben § 212 Rn 6 und *K/P/B/Pape* § 214 Rn 2; *K Schmidt/Jungmann* § 214 Rn 3.
3 Die Begr zu § 327 RegE InsO bemerkt dazu, dass kein Anlass für eine Einschränkung des Widerspruchsrechts bestehe, da die Voraussetzungen der Einstellung ohnehin von Amts wegen zu prüfen seien (BT-Drucks 12/2443, 222).
4 Vgl MK/*Hefermehl* § 214 Rn 7 und oben § 213 Rn 6; abw *Graf-Schlicker/Riedel* § 214 Rn 5.
5 MK/*Hefermehl* § 214 Rn 13.
6 Vgl oben § 211 Rn 7.

selbst auf Vergütung und Auslagenerstattung.[7] Der Einstellung vorangehen muss daher ein Beschluss über Vergütung und Auslagen des Verwalters und der Mitglieder des GlAusschusses.

6 Sind allerdings die erforderlichen Mittel zur Erfüllung aller Masseverbindlichkeiten nicht in der Masse vorhanden und werden sie auch nicht vom Schu zur Verfügung gestellt, so kann die vorzeitige Einstellung nach § 212 oder § 213 nicht erfolgen und daher auch die Verwaltervergütung noch nicht festgesetzt werden. Vielmehr muss dem Verwalter Gelegenheit gegeben werden, durch Fortsetzung der Verwertungshandlungen oder in anderer Weise Deckung für die Masseverbindlichkeiten zu schaffen.[8]

7 Die Vergütung ist nach dem Schätzwert der Masse zur Zeit der vorzeitigen Beendigung des Verf zu berechnen, § 1 Abs 1 S 2 InsVV. Vgl dazu *BGH* 20.7.2017 – IX ZB 69/16: Es kann nicht nur der Wert der verwalteten Masse geschätzt werden, sondern es genügt auch für die Feststellung, ob ein Gegenstand zur InsMasse gehört und damit die Berechnungsgrundlage erhöht, dass die Zugehörigkeit zur Masse aus nachvollziehbaren und objektiven Gründen überwiegend wahrscheinlich ist.

8 *BGH* ZInsO 2011, 777; *LG Freiburg* ZInsO 2015, 856.

§ 215 Bekanntmachung und Wirkungen der Einstellung

(1) [1]Der Beschluss, durch den das Insolvenzverfahren nach § 207, 211, 212 oder 213 eingestellt wird, und der Grund der Einstellung sind öffentlich bekannt zu machen. [2]Der Schuldner, der Insolvenzverwalter und die Mitglieder des Gläubigerausschusses sind vorab über den Zeitpunkt des Wirksamwerdens der Einstellung (§ 9 Abs. 1 Satz 3) zu unterrichten. [3]§ 200 Abs. 2 Satz 2 gilt entsprechend.

(2) [1]Mit der Einstellung des Insolvenzverfahrens erhält der Schuldner das Recht zurück, über die Insolvenzmasse frei zu verfügen. [2]Die §§ 201, 202 gelten entsprechend.

Übersicht

I. Normzweck, Gesetzgebungshinweis

1 Die Einstellung des InsVerf, einerlei aus welchem Grund sie erfolgt, muss im Interesse des Geschäftsverkehrs öffentlich bekannt gemacht werden (§ 215). Die Veröffentlichung ist Voraussetzung für das Wirksamwerden des EinstellungsBeschl. Die verfahrensbedingten Beschränkungen der Rechte der Gl und des Schu entfallen.

2 Die Verweisung in Abs 1 S 3 ist im Jahre 2007 an die Änderung des § 200 angepasst worden.[1]

II. Einzelheiten

3 **1. Bekanntmachung.** Die öffentliche Bek ist in § 215 Abs 1 S 1 und 3 parallel zur Bekanntmachung der Aufhebung des Verf nach der Schlussverteilung (§ 200) und nach der Bestätigung eines InsPlans (§ 258 Abs 3) geregelt. Sie geschieht durch zentrale Veröffentlichung im Internet. Die Veröffentlichung im BAnz, die früher zwingend zusätzlich zur regelmäßigen

1 Dazu bei Rn 3.

Form der öffentlichen Bek erforderlich war, ist für alle drei genannten Fälle durch das G v 13.4.2007 weggefallen.[2] An die Veröffentlichung schließt sich die Verlautbarung in den öffentlichen Registern an (§ 215 Abs 1 S 3 iVm § 200 Abs 2 S 2, §§ 31–33). Die Einstellung **wird wirksam**, sobald nach dem Tag der Veröffentlichung im Internet zwei weitere Tage verstrichen sind (§ 215 Abs 1 S 2 iVm § 9 Abs 1 S 3).[3] Darauf hat das Gericht den Schu, den InsVerw und die Mitglieder des GlAusschusses rechtzeitig hinzuweisen; zweckmäßig ist es, diesen Hinweis einige Tage vor dem Zeitpunkt zu geben, in dem die öffentliche Bek ins Netz gestellt wird.[4]

2. Wirkungen. Auch die Regelungen des § 215 Abs 2 zu den materiell-rechtlichen Folgen der Einstellung haben ihre **Parallelen im Recht der Aufhebung des Verf**.[5] Der Schu erlangt das Recht zurück, über die Gegenstände der InsMasse zu verfügen. Für die InsGl entfallen die Beschränkungen bei der Geltendmachung ihrer Rechte. Nur wenn die Einstellung nach § 211 erfolgt, kann sich an sie noch die „Wohlverhaltensperiode" zur Erlangung der **Restschuldbefreiung** anschließen (vgl § 289). 4

Sind noch **Prozesse anhängig**, die der InsVerw für die Masse geführt hat, so werden sie entspr § 239 ZPO unterbrochen; sie können vom Schu oder gegen ihn aufgenommen werden.[6] Besonderheiten gelten allerdings für Anfechtungsprozesse.[7] Die **Zwangsvollstreckung eines dinglich gesicherten Gl** in einen Gegenstand der InsMasse kann gegen den Schu fortgesetzt werden; die Umschreibung des Titels gegen den InsVerw auf den Schu ist dabei nicht erforderlich.[8] 5

Für **Masseverbindlichkeiten**, die iF einer Einstellung nach § 207 oder § 211 im Verf nicht voll befriedigt worden sind, **haftet der Schu persönlich**, jedoch – wieder wie iF der Aufhebung des Verf – nur insoweit, als ihm Massebestandteile ausgehändigt worden sind oder soweit der Schu selbst den Rechtsgrund für die Masseverbindlichkeit geschaffen hat.[9] Die Befugnisse des InsVerw reichen nicht so weit, dass er den Schu persönlich mit seinem insolvenzfreien Vermögen verpflichten könnte.[10] Bei einem InsVerf, das in Eigenverwaltung durchgeführt worden 6

---

2 BGBl I, 509: Streichung des § 200 Abs 2 S 2 – alt – und der Verweisung auf ihn in § 215 Abs 1 S 3 und in § 258 Abs 3 S 3. Vgl dazu *K/P/B/Pape* § 215 Rn 4.

3 Nicht schon mit dem Beschl des Gerichts, *Jaeger/Windel* § 215 Rn 8; *Uhlenbruck/Ries* § 215 Rn 2. Die abw Entsch des BGH für die Aufhebung des Verf (*BGH* 15.7.2010 – IX ZB 229/07) lässt sich nicht auf den Fall der VerfEinstellung übertragen, da in § 215 Abs 1 S 2 der Zeitpunkt des Wirksamwerdens durch die Verweisung auf § 9 Abs 1 S 3 ausdrücklich geregelt ist, *Graf-Schlicker/Riedel* § 215 Rn 2; **aA** offenbar *K Schmidt/Jungmann* § 215 Rn 5.

4 Vgl *Uhlenbruck/Ries* § 215 Rn 3.

5 Vgl außer den §§ 201, 202, auf die verwiesen wird, auch § 259 Abs 1 S 2, der § 215 Abs 2 S 1 entspricht.

6 Vgl *OLG München* ZInsO 2014, 1772; *N/R/Westphal* § 207 Rn 44.

7 Zum Schicksal von Anfechtungsprozessen bei Einstellung mangels Masse vgl § 207 Rn 27, zur Fortführung von Anfechtungsprozessen trotz Einstellung wegen Masseunzulänglichkeit auf der Grundlage der Anordnung einer Nachtragsverteilung vgl § 211 Rn 9.

8 *BGH* WM 2005, 1324; vgl dazu *Jaeger/Windel* § 215 Rn 20.

9 Vgl *OLG Stuttgart* NZI 2007, 527 mit Anm Eckert EWiR 2007, 503 und *K/P/B/Pape* § 207 Rn 37 f in Übernahme der zum früheren Recht entwickelten Grundsätze, vgl zB *BGH* NJW 1955, 339 und WM 1964, 1125; ebenso *FG Nds* 7.3.2017 – 13 K 178/15 Rn 58-61; *FG Sachsen* 9.12.2015 – 8 K 1112/15 Rn 13; MK/*Hefermehl* § 207 Rn 77; *Wischemeyer* KTS 2008, 495–501; gegen diese Einschränkung der Haftung *Häsemeyer* Rn 25.28–25.31; *Runkel/Schnurbusch* NZI 2000, 56 f; *Uhlenbruck/Ries* § 207 Rn 49; offenbar auch *FG BW* ZInsO 2015, 2038; krit zur Übernahme der hM zum früheren Recht auch *Voigt* ZInsO 2002, 571 f.

10 Vgl *BGH* ZInsO 2009, 2198, 2199 f und *Lohmann* oben § 53 Rn 9.

ist, wird allerdings für alle Masseverbindlichkeiten die Voraussetzung zutreffen, dass der Schu ihren Rechtsgrund geschaffen hat.[11] Die Nachhaftung des Schu für **VerfKosten**, die ihm nach § 4a **gestundet** worden sind, ist in §§ 4b und 4c bes geregelt.

11 *K/P/B/Pape* § 285 Rn 30.

§ 216 Rechtsmittel

(1) Wird das Insolvenzverfahren nach § 207, 212 oder 213 eingestellt, so steht jedem Insolvenzgläubiger und, wenn die Einstellung nach § 207 erfolgt, dem Schuldner die sofortige Beschwerde zu.

(2) Wird ein Antrag nach § 212 oder § 213 abgelehnt, so steht dem Schuldner die sofortige Beschwerde zu.

Übersicht

I. Normzweck

1 Soweit es zur Wahrung der Rechte der Beteiligten erforderlich ist, sind Rechtsmittel gegen die Einstellung vorgesehen (§ 216).

II. Einzelheiten

2 Rechtsmittel sind in § 216 nur für den Fall der Einstellung nach Anzeige der Masseunzulänglichkeit nicht vorgesehen.[1] IÜ sind gegen einen EinstellungsBeschl stets die **InsolvenzGl** beschwerdeberechtigt. Für die nach § 39 nachrangigen Gl gilt dies ebenfalls, allerdings nur unter der Voraussetzung, dass sie zur Anmeldung ihrer Forderungen aufgefordert worden sind.[2] Nicht nur iF der Zurückweisung eines Einstellungsantrags des Schu, sondern auch iF der Einstellung mangels Masse steht dem **Schu** die sof Beschw zu. Er kann aus vielen Gründen durch diese Einstellung beschwert sein, ob es ihm um die Sanierung eines Unternehmens durch einen InsPlan oder um die Restschuldbefreiung geht oder ob er nur die Auflösung der insolventen juristischen Person durch den EinstellungsBeschl vermeiden will.[3] Der InsVerw hat kein BeschwRecht.[4]

3 Für das **BeschwVerf** gilt § 6. Hat der Rechtspfleger entschieden, so ist § 11 RPflG maßgeblich.[5] Die BeschwFrist von zwei Wochen beginnt mit dem Tag des Wirksamwerdens der Veröffentlichung, also zwei Tage nach der Veröffentlichung im Internet.[6] Dies gilt auch dann, wenn der EinstellungsBeschl dem BeschwBerechtigten nach der Veröffentlichung im Internet noch einmal bes durch Aufgabe zur Post zugestellt wird.[7]

1 Dazu oben § 211 Rn 5.
2 Vgl oben § 214 Rn 3 zum Widerspruchsrecht dieser Gl und MK/*Hefermehl* § 216 Rn 6; abw *Graf-Schlicker/Riedel* § 214 Rn 5.
3 Vgl zB § 60 Abs 1 Nr 5 GmbHG.
4 *BGH* ZIP 2007, 1134.
5 Vgl *Uhlenbruck/Ries* § 216 Rn 7 f.
6 Vgl oben § 215 Rn 3.
7 *LG Göttingen* ZInsO 2007, 1160.

Sechster Teil
Insolvenzplan

Vorbemerkung zu §§ 217–269

Übersicht

I. Stellung im System

Nach § 1 InsO dient das InsVerf dazu, die Gl eines Schu gemeinschaftlich zu befriedigen, indem das Vermögen des Schu verwertet *oder* in einem InsPlan eine abw Regelung, insb zum Erhalt des Unternehmens, getroffen wird. Der Sechste Teil des Gesetzes (§§ 217–269) enthält die Regelung des zweitgenannten Weges zur gemeinschaftlichen Befriedigung. Was damit gemeint ist, wird in der Eingangsvorschrift (§ 217) näher bezeichnet. Der InsPlan ist kein selbstständiges InsVerf, sondern nur im Rahmen eines eröffneten Verf zulässig. Auch im InsPlanVerf steht aber das Befriedigungsinteresse der Gl im Vordergrund;[1] denn statthaft ist das Verfahren nur dann, wenn ein Eröffnungsgrund (tatsächlich) vorliegt. 1

II. Grundgedanken

Das Institut des InsPlans gehörte zu den bes wichtigen Neuerungen im InsR. Es führt die Möglichkeiten zusammen, die früher die §§ 173–201 KO, die VerglO und die GesO boten, die Ins durch einen Vergleich anders als mit der vollständigen Liquidation des SchuVermögens zu bereinigen. Die InsO geht darüber hinaus, indem sie *jegliche* Abweichung von ihren Regelungen über die Verwertung des SchuVermögens, über die Verteilung eines Erlöses und über die Haftung des Schu durch einen InsPlan zulässt.[2] Die Vorschriften der InsO werden verdrängt, soweit die Beteiligten im vorgesehenen Verf kollektiv die in einem InsPlan zulässigen Beschl fassen. 2

Der Zweck der Regelung ist es, den Beteiligten eine weitgehende **Autonomie** für die Bereinigung der Ins zu geben; sie sollen die für sie beste Lösung möglichst ungehindert durch inhaltliche gesetzliche Vorgaben aushandeln und in einem geordneten Verf verbindlich machen können (RegE S 78, 90 f). Diesen privatautonomen, mit VerfGarantien abgesicherten Weg eröffnet das Gesetz gleichrangig neben seiner eigenen Regelung der Verwertung und Erlösverteilung. Der InsPlan soll den Wettbewerb um die bestmögliche Verwertung des SchuVermögens fördern.[3] Diese kann auch in einer Eigensanierung des Rechtsträgers liegen. 3

Der InsPlan wird, namentlich zur Unternehmenserhaltung, idR Bestimmungen zur Minderung der Schuldenlast enthalten. Mit der Anerkennung dieses Mittels der InsBereinigung als gleichrangige Lösung steht die InsO im Einklang mit der **europ Rechtsentwicklung**.[4] Ver- 4

---

1 *BGH* NZI 2013, 84 Rn 22.
2 *BGH* NZI 2010, 603, Rn 21; NZI 2013, 84 Rn 21.
3 *K Schmidt/Spliedt* Einleitung § 217 Rn 2.
4 S die „Grundsätze des Europäischen Insolvenzrechts", ZEuP 2004, 1068; dazu *Flessner* ZEuP 2004, 887; sa *K Schmidt/Spliedt* Einl § 217 Rn 7 ff.

wertung des SchuVermögens (**Liquidation**) und Umgestaltung der Verbindlichkeiten (**Reorganisation**) sind – alternativ oder kombiniert – die Ziele des Verf auch nach der InsO.

III. Gesetzgebungsgeschichte

5 Für die Verfasser des **RegE** war die „Marktkonformität" und die „Deregulierung" der Ins-Bereinigung der vorrangige rechtspolitische Leitgedanke. Auf die Regelung des InsPlans (§§ 253–316 RegE), eines Kernstücks der Reform, wurde viel grds Überlegung und Sorgfalt verwendet.[5] Im **BTag** fand dieser Leitgedanke prinzipielle Zustimmung.[6] Um das Verf „praktikabler" zu gestalten, wurden jedoch manche Regelungen gekürzt, gestrichen oder „vereinfacht".[7] Das Wesentliche des RegE blieb erhalten und wurde §§ 217–269. Eine wichtige Ergänzung hat das InsPlanVerf durch das am 1.3.2012 in Kraft getretene Gesetz zur weiteren Erleichterung der Sanierung von Unternehmen (ESUG) erfahren.[8] Das Gesetz hat die bisherige gesellschaftsrechtliche Neutralität des InsPlanVerf aufgehoben.[9] Fortan können Inhaber von Anteilsrechten in das Verfahren (auch gegen ihren Willen) einbezogen werden. Damit ist ein ärgerliches Blockadepotential für die Sanierung von Unternehmensträgern entfallen.[10] Darüber hinaus hat der Gesetzgeber durch das ESUG die „Rechtsmittellastigkeit" des Verfahrens gemindert, um eine übermäßige Verzögerung der Wirksamkeit des InsPlans zu vermeiden und den Beteiligten eine zuverlässigere Einschätzung des zeitlichen Rahmens zu ermöglichen.[11] Für ein erstes Evaluat der Planvorschriften im ESUG, siehe *Brinkmann/Denkhaus/Horstkotte/Schmidt/Westphal/Wierzbinski/Ziegenhagen* Sanierungskultur im Jahr 2017 – Zwischenbilanz und Ausblick, ZInsO 2018, 18, 19 ff.

IV. Anwendungsbereich

6 Der InsPlan ist eine der Möglichkeiten, das als **einheitliches Verf** konzipierte InsVerf zum Abschluss zu bringen. Sämtliche Vorschriften der InsO, die nicht ihrerseits der insplanmäßigen Disposition der Beteiligten unterliegen, sind deshalb auch dann anwendbar, wenn ein InsPlan vorgelegt wurde und über ihn beraten wird; das gilt namentlich für die Vorschriften des Ersten bis Dritten Teils, §§ 1–147. Einzelheiten bei § 217 Rn 2–9. In allen Fällen, in denen nach § 11 f ein InsVerf möglich ist, ist auch ein InsPlanVerf zulässig.

7 Das InsPlanverf ist auch im InsVerf über das Vermögen natürl Personen möglich. Ursprünglich waren allerdings die Vorschriften über den InsPlan *nicht* anwendbar in den **VerbrInsVerf** und sonstigen **KleinInsVerf** (§ 312 Abs 2 aF), also nicht für die Ins von natürlichen Personen, wenn diese keine selbstständige wirtschaftliche Tätigkeit ausüben oder wenn ihre Vermögensverhältnisse überschaubar sind und keine Verbindlichkeiten aus Arbeitsverhältnissen bestehen (§ 304). Diese Personen konnten eine einvernehmliche Regelung mit den Gl nur durch den **Schuldenbereinigungsplan** nach §§ 305–310 erreichen. Diese Rechtslage hat sich durch das Gesetz zur Verkürzung des Restschuldbefreiungsverfahrens und zur Stärkung der GlRechte v 15.7.2013 (BGBl I 2013, 2379) geändert, das zum

---

5 RegE S 77 f, 90–95; vgl auch Balz/Landfermann/*Balz* Einl S XXIX und in KS-InsO, 2. Aufl, S 3–5.
6 Bericht des RAussch, BT-Drucks 12/7302, 153.
7 Bericht des RAussch, BT-Drucks 12/7302, 153, 181–183.
8 *Uhlenbruck* NZI 2008, 201; *Westpfahl/Janjuah* ZIP 2008, Beil zu Heft 3; *Jaffé/Friedrich* ZIP 2008, 1853; *Smid* DZWIR 2009, 399; 2010, 401; *Hingerl* ZInsO 2009, 759; *Bork* ZIP 2010, 397; *Eidenmüller* ZIP 2010, 649; *Hirte* ZGR 2010, 224=ZInsO 2010, 1297; *Jaffé* ZGR 2010, 248; *Verse* ZGR 2010, 300.
9 S hierzu *Haas* FS Konzen, 2006, S 157, 173 f.
10 HambKomm/*Thies* Vorb zu §§ 217 ff Rn 2b.
11 FK/*Jaffé* Vor §§ 217 ff Rn 23.

1.7.2014 in Kraft getreten ist[12] und den § 312 abgeschafft hat. Mithin sind auch InsPläne im VerbrInsVerf zugelassen.[13] Nach § 5 Abs 2 kann das gesamte InsPlanVerf schriftlich durchgeführt werden.[14]

In Rspr und Lit ist streitig, ob **für natürl Personen im RegelInsVerf** das InsPlanVerf nur eröffnet, dh zulässig ist, wenn der Schu zuvor einen Restschuldbefreiungsantrag gestellt hat. Das AG Hamburg hat dies in einem aktuellen Fall abgelehnt, in dem in einem GläubigerantragsVerf der Schu (trotz gerichtl Hinweis) keinen Eigenantrag nebst Restschuldbefreiungsantrag gestellt hat.[15] Im RegelInsVerf kann ein solcher Antrag auf Restschuldbefreiung nicht isoliert nachgeholt werden.[16] Sinn hiervon ist es einerseits, dass der Schu, der Restschuldbefreiung erstrebt, sich auch zum InsVerf und zum Vorliegen des Insolvenzgrunds bekennen soll, und anderseits, dass die Gl möglichst rechtzeitig davon Kenntnis erlangen können sollen, dass es sich um ein Verfahren mit Restschuldbefreiungsperspektive handelt. Ein Schu, der im RegelInsVerf diesen Weg nicht beschreite, dürfe – so das AG Hamburg – nicht über die Hintertür des InsPlans, der ja bis zum Schlusstermin noch vorgelegt werden kann (§ 218 Rn 3), unter „Umgehung" aller Schutzmechanismen, die die Redlichkeit des Schu sicherstellen sollen,[17] eine Art Restschuldbefreiung (§ 227) erlangen.[18] 8

Das InsPlanVerf ist nicht auf juristische Personen oder Gesellschaften beschränkt. Auch sind InsPläne mit einem anderen Ziel als jenem der Unternehmenssanierung (s § 1 „insbesondere") möglich. Das stellt auch § 217 Abs 1 klar, wonach das PlanVerf etwa auch zum Zweck durchgeführt werden kann, die Haftung des Schu nach Beendigung des InsVerf oder auch nur die VerfAbwicklung abweichend vom Gesetz zu regeln. Im Grds wird man daher nicht für dem RegelInsVerf unterliegende natürl Schu (quasi als Zulässigkeitsvoraussetzung) verlangen können, dass dieser einen Restschuldbefreiungsantrag gestellt hat. Vielmehr stehen insoweit **gesetzlicher Entschuldungsmechanismus (§§ 286 ff InsO) und die private Planlösung selbstständig nebeneinander**.[19] Selbstverständlich findet aber die Frage, ob der Schu, der dem RegelInsVerf unterliegt, rechtzeitig einen Restschuldbefreiungsantrag gestellt hat, Eingang in die Vergleichsrechnung (§ 220 Rn 3), die Prüfung nach § 247 und damit auch in die Prüfung durch das Gericht nach § 231, §§ 248 ff. 9

Für **Verbraucher** hat das InsPlanVerf keine große Bedeutung. In aller Regel setzt ein solcher Plan nämlich die Bereitstellung finanzieller Mittel von dritter Seite (jenseits des massebefangenen Schuldnervermögens) voraus; denn ohne eine Besserstellung der Gl gegenüber der regulären Abwicklung ist in der Praxis die Zustimmung der Gl zum Plan kaum zu erhalten.[20] 10

12 S zum Übergangsrecht *Frind* BB 2013, 1674; MK/*Eidenmüller* Vorb zu §§ 217 ff Rn 35.

13 S hierzu kontrovers *Heyer* ZVI 2012, 321 ff; *Hingerl* ZVI 2012, 258 ff; *Harder* NZI 2013, 70, 75 f; MK/*Eidenmüller* Vorb zu §§ 217 ff Rn 31; für die ersten Praxiserfahrungen s *Blankenburg* ZinsO 2015, 1293 f.

14 *Ahrens* NJW 2014, 1841, 1842 f.

15 *AG Hamburg* NZI 2017, 567, 568; kritisch hierzu *Madaus* NZI 2017, 697 ff.; *Foerste* ZInsO 2017, 2600 ff.

16 *BGH* NZI 2004, 511; NZI 2008, 609; 2015, 899; NZI 2016, 38; *Madaus* NZI 2017, 697.

17 Mitwirkungsgebote im InsVerf (§§ 20 Abs 1, 97 Abs 1 iVm §§ 20 Abs 2, 287 Abs 1), Erwerbsobliegenheit (§ 287b und § 290), Schutz der Glinteressen (§ 290).

18 *AG Hamburg* NZI 2017, 567, 568; s auch *Frind* ZInsO 2017, 2601 ff.; *ders* NZI 2017, 842, 844.

19 *Madaus* NZI 2017, 697 f; *Foerste* ZInsO 2017, 2600 f; **aA** *Frind* NZI 2017, 843, 844; *ders* ZInsO 2017, 2601 f.

20 *Lüdtke* ZVI 2016, 297.

11 Das Gesetz sieht für den Plan keine Mindestquote vor. Daher ist – theoretisch – auch ein „Null-Plan“ oder eine nur geringe Schuldentilgung zulässig.[21] In InsVerf, die auf das **inländische Vermögen** des Schu beschränkt sind (§ 354, Art 3 Abs 2 und Art 27 EuInsVO – künftig Art 34 EuInsVO), gelten einzelne Sonderregeln (§§ 355 Abs 2, 357 Abs 3; Art 47 f. EuInsVO, Art 102 §§ 9, 10 EGInsO). S dazu die Erl in Kap II und Kap VI.

V. Rechtsnatur

12 Die Rspr sieht in dem InsPlan zu Recht ein **spezifisch verfahrensrechtliches Instrument** und keinen (Vergleichs-)Vertrag.[22] Am vertraglichen Charakter fehlt es schon deshalb, weil die Gl vorliegend nicht aus freien Stücken zusammengefunden haben, sondern eine Schicksalsgemeinschaft infolge der InsEröffnung über das Vermögen des Schu bilden und der Wille des einzelnen Beteiligten durch Mehrheitsentscheidungen überwunden werden kann (§§ 244 ff).[23] Hierfür spricht auch, dass der InsPlan, um Rechtswirkungen zu entfalten, der gerichtlichen Bestätigung bedarf. Die Lit sieht das tw anders und ordnet den Plan entweder als Vertrag[24] oder gemischt-materiellrechtlichen[25] Vertrag ein. Die Frage nach der Rechtsnatur kann insb von Bedeutung sein, wenn es um die Frage der Bindungswirkung von Erklärungen der Beteiligten geht. In Bezug auf die Auslegung des Planinhalts gelten – unabhängig von der rechtlichen Einordnung – weitgehend identische Grundsätze (nämlich Anlehnung an §§ 133, 157 BGB.[26] Für § 139 BGB ist hingegen kein Raum. Deshalb kann die Vorschrift auch nicht durch darauf bezogene **salvatorische Klauseln** modifiziert werden.[27] Im InsPlanVerf und für den bestätigten InsPlan gelten insoweit allein die Regelungen der InsO §§ 231, 248, 250, 254 ff. Danach kann der Plan nur insgesamt zurückgewiesen bzw insgesamt versagt werden.[28] Von der salvatorischen Klausel ist die Befugnis des InsVerw nach § 221 S 2 zu unterscheiden, wonach der InsVerw durch den Plan ermächtigt werden kann, die zur Umsetzung erforderl Maßnahmen zu ergreifen und offensichtl Fehler des Plans zu berichtigen (s ebenda).

VI. Mögliche Inhalte

13 Inhalt des Plans kann jede Regelung sein, die individualvertraglich auch außerhalb des InsVerf getroffen werden könnte. Der InsPlan kann insb zur Erhaltung des Unternehmens des Schu oder von Teilen des Unternehmens eingesetzt werden (so ausdrücklich § 1 Abs 1). Zu diesem Zweck können zB **Kürzungen** und **Stundungen** von InsFord sowie **Eingriffe in Absonderungsrechte** (Sicherungsrechte) vorgesehen werden, die weitere **Haftung des Schu** festgelegt und auch **Verpflichtungserklärungen** von Dritten, von InsGl und des Schu aufgenommen werden (§§ 220–230). Der Plan kann aber auch die **Veräußerung** des zu erhaltenden Unternehmens (oder eines Unternehmensteils) an einen Dritten vorsehen und die dafür notwendigen Entsch enthalten. Ist die Erhaltung des Unternehmens nicht beabsichtigt, kann der InsPlan benutzt werden, um die Liquidation abw vom Gesetz zeitlich zu strecken oder in den Modalitäten zu erleichtern und den **Erlös** anders als nach der gesetzlichen Ordnung zu verteilen. Auch jede **Kombination** von unternehmenserhaltenden und vermö-

---

21 *AG Berlin-Lichtenberg* NZI 2016, 41, 42.
22 *BGH* ZIP 2014, 330 Rn 25; ZIP 2015, 1346 Rn 26.
23 *BGH* NZI 2006, 100 Rn 15; ZIP 2014, 330 Rn 25; ZIP 2015, 1346 Rn 26; iE auch *Uhlenbruck/Lüer/Streit* § 221 Rn 1; HambKomm/*Thies* Vorbemerkung zu §§ 217 ff Rn 3.
24 FK/*Jaffé* § 217 Rn 45; *B/G/H/Flöther/Wehner* § 217 Rn 15.
25 So MK/*Eidenmüller* 217 Rn 31 ff.
26 *BGH* ZIP 2015, 1346 Rn 26; sa § 254 Rn 3; s hierzu auch *K Schmidt/Spliedt* Einleitung § 217 Rn 5; *Uhlenbruck/Lüer/Streit* § 221 Rn 1; *Rendels/Zabel* Insolvenzplan, Rn 14, 16.
27 *BGH* ZIP 2015, 1346 Rn 27; krit insoweit *Madaus* NZI 2015, 697, 703.
28 *BGH* ZIP 2015, 1346 Rn 27.

gensverteilenden Regelungen ist zugelassen. Eine durch das ESUG eingeführte wesentliche Neuerung besteht darin, dass fortan auch Inhaber von Anteilsrechten gegen ihren Willen in das InsPlanVerf einbezogen werden können (§§ 217 S 2, 225a). Inhaltlich kann in Bezug auf die Anteilsrechte jede Regelung getroffen werden, die gesellschaftsrechtlich zulässig ist (§ 225a Abs 3). Wird in das Recht der Anteilsinhaber eingegriffen, bilden sie eine eigene Abstimmungsgruppe (§§ 222 Abs 1 Nr 4, 225a).

VII. Gang des Verfahrens

Ein InsPlan kann beim **InsGer** sowohl vom Schu wie vom InsVerw vorgelegt werden (§ 218). Das InsGer muss den Plan zurückweisen, wenn wesentliche Vorschriften nicht eingehalten sind oder keine Aussicht auf Zustimmung oder wirkliche Durchführung besteht (§ 231). Wird er nicht zurückgewiesen, leitet das InsGer ihn den Beteiligten zu (§ 232) und hält einen Erörterungs- und Abstimmungstermin der **GlVersammlung** ab (§§ 235, 241). Für die Abstimmung sind **Gruppen** zu bilden, soweit Gl mit unterschiedlicher Rechtsstellung betroffen sind oder in Rechte der Anteilsinhaber eingegriffen wird; für Gl mit gleicher Rechtsstellung *können* Gruppen gebildet werden (§§ 222, 243). Erforderlich ist grundsätzlich die Zustimmung sämtlicher Gruppen zum InsPlan (§ 244). Allerdings ist die **Ablehnung** einer Gruppe unbeachtlich, wenn ihre schützenswerten Interessen durch den Plan gewahrt werden. Ob dies der Fall ist, richtet sich nach § 245. Nicht gewahrt sind die schützenswerten Interessen immer dann, wenn Beteiligte oder der Schu durch den Plan schlechter gestellt werden als sie ohne den Plan stünden. Damit ist jedem letztlich der Liquidationswert garantiert; denn der Mehrheitsentscheid ist niemals eine ausreichende Legitimation dafür, einem einzelnen Beteiligten oder dem Schu gegen seinen Willen Vermögenswerte zu entziehen.[29] Ist der Plan in der **Abstimmung** angenommen worden (§§ 244, 245), bedarf er der **Bestätigung** durch das InsGer (§ 248). Die Bestätigung ist zu versagen, wenn VerfVorschriften nicht eingehalten wurden, wenn die Annahme des Plans unlauter herbeigeführt wurde oder wenn ein Gl geltend machen kann, dass er durch den Plan schlechter gestellt wird als bei einer Verwertung und Erlösverteilung ohne InsPlan (§§ 250, 251). Gegen die Bestätigung können Beteiligte oder der Schu Beschwerde einlegen (§ 253). Mit der Rechtskraft der Bestätigung des InsPlans wird die Rechtslage mit **Wirkung für und gegen alle Beteiligten** umgestaltet und der Plan wird zum **Vollstreckungstitel** (§§ 254, 257). Eine Überwachung der Planerfüllung kann sich anschließen (§§ 260–269). 14

VIII. Praktische Relevanz

Bis zum Inkrafttreten des ESUG wurde von der Möglichkeit des InsPlanVerf **in der Praxis nur wenig Gebrauch gemacht**. Das hängt sicherlich auch damit zusammen, dass zu Beginn in Praxis und Wissenschaft kritische Stimmen dominierten. Das hat sich zwischenzeitlich – nicht zuletzt durch eine Reihe prominenter Verfahren (Suhrkamp, Arcandor, Quimonda, Schlecker, Herlitz, Dornier, Holzmann, etc.) – geändert.[30] Über die Zahl der pro Jahr bestätigten InsPläne gab es in der Vergangenheit nur wenig gesicherte Zahlen. Im Zeitraum zwischen 2005 und 2010 lag jedoch der Anteil der InsPläne bei Unternehmensins zwischen 1 und 2,4 %, allerdings mit über die Jahre steigender Tendenz.[31] Dabei haben insb mittlere bzw größere und insb ältere Unternehmen von der Möglichkeit Gebrauch gemacht.[32] Als geeignet hat sich der InsPlan auch bei der Sanierung von Filialnetzen, Vereinen oder in 15

29 *BGH* NZI 2007, 409 Rn 7.
30 FK/*Jaffé* Vor §§ 217 ff Rn 8.
31 *Gude* ZInsO 2012, 320, 321 f; sa *Rattunde* GmbHR 2012, 455; FK/*Jaffé* Vor §§ 217 ff Rn 15; sa *Flöther* ZIP 2012, 1833, 1834.
32 *Gude* ZInsO 2012, 320, 321 f.

Konzernlagen erwiesen.[33] Der Grund für den teilweise empfundenen „Misserfolg" des InsPlans wird – für die Zeit vor dem ESUG – darin gesehen, dass die Vorschriften die wichtigste Krisenursache, nämlich die Gesellschafter, aus dem Verf ausgeklammert haben und überdies das Verf störanfällig war, weil Gl durch Rechtsbehelfe das Verf jahrelang aufhalten konnten.[34] Ob und inwieweit sich diese Zahlen durch das ESUG verändern werden, bleibt abzuwarten. Überzogene Erwartungen sind aber fehl am Platz. Letztlich ist darauf hinzuweisen, dass eine Sanierung – egal ob im oder außerhalb des PlanVerf – umso schwieriger ist, je länger und tiefer die wirtschaftliche Krise ist, in der sich das Unternehmen befindet. Diese Erkenntnis wird durch ein verändertes PlanVerf nicht auf den Kopf gestellt.[35] Darüber hinaus ist zu beachten, dass die durch das ESUG ermöglichten Eingriffe in die Anteils- und MitgliedschaftsR die Gesellschafter mitunter davon abhalten könnten, auf eine frühzeitige InsAuslösung hinzuwirken.[36]

IX. Literatur

16 **Ausf:** *Braun/Uhlenbruck* Unternehmensinsolvenz, S 423–689; *Hess/Obermüller* Insolvenzplan; *Schiessler* Insolvenzplan; *Smid/Rattunde* Insolvenzplan. **Praxis:** *Jacobi* ZInsO 2010, 2316; *Smid/Rattunde* InsPlan Rn 2.127–147; *Fritze* DZWIR 2007, 89; *Spies* ZInsO 2005, 1254; *Hingerl* ZInsO 2004, 232; *Rattunde* ZIP 2003, 596. Weitere Nachweise bei *Häsemeyer* Rn 28.06a Fn 20. **Statistik:** *Kranzusch* Die Quoten der Insolvenzgläubiger im Regel- und Insolvenzplanverfahren, 2008; *Paffenholz/Kranzusch* Insolvenzplanverfahren – Sanierungsoption für mittelständische Unternehmen (Schriften zur Mittelstandsforschung, Nr 114 NF), 2007; *Frank* FS Eberhard Braun, 2007, S 226 f; *Rattunde* Das neue Insolvenzplanverfahren nach dem ESUG, GmbHR 2012, 455; *Gude* Neu gestärkt durch das ESUG? – Neue Erkenntnisse zur Nutzung des Insolvenzplanverfahrens, ZInsO 2012, 320; **Rechtsprechungsberichte:** *Kayser* Höchstrichterliche Rechtsprechung zum Insolvenzrecht, 4. Aufl 2010, S 364 ff; *Fritze/Rattunde* Insolvenzplanverfahren und Eigenverwaltung, 2010, S 143; *Paul* Rechtsprechungsübersicht zum Insolvenzplanverfahren 2012, ZInsO 2013, 1505; *ders* Rechtsprechungsübersicht zum Insolvenzplanverfahren, ZInsO 2011, 610; *Smid* DZWIR 2009, 144; 2010, 57. Über **spezielle Anwendungsbereiche:** *Bange* ZInsO 2007, 362; *Beuthien/Titze* ZIP 2002, 1122 (Genossenschaften); *Bornheimer/Krumm* KTS 2008, 160 (Rückforderung von Subventionen); *Ebbinghaus/Neu/Hinz* NZI 2014, 729 (Debt-Equity-Swap und Forderungsverzicht); *Geißler* ZInsO 2015, 787 (Debt-to-Equity Swap im Insolvenzplanverfahren); *Graf/Wunsch* ZIP 2001, 1029; *dies* ZVI 2005, 105; *Rose/Tetzlaff/Wollstadt* ZInsO 2005, 673 (Produkthaftung); *Runkel/Schulte* ZIP 2008, 852 (Krankenhäuser); *Terbrack* ZInsO 2001, 1027; *Tetzlaff* ZInsO 2005, 402 (Freiberufler und Handwerk); *Thole* ZIP 2015, 2365 (Debt-to-Equity Swap bei Anleihen); *Mai* Insolvenzplanverfahren, 2008, S 150ff (Arztpraxen). **Betriebswirtschaftlich:** *Burger/Schellberg* DB 1994, 1833; *Hermanns/Buth* DStR 1997, 1178; *Maus* KS-InsO, 2. Aufl, S 931. **Wirtschaftstheoretisch:** *Bigus/Eger* ZInsO 2003, 1; *Huelsdunk* ZInsO 1999, 291; *Eidenmüller* Jahrbuch für Neue Politische Ökonomie, Band 15, 1996, S 164. **Rechtspolitisch:** *Eidenmüller* Unternehmenssanierung; *Flessner* Sanierung und Reorganisation, 1982. **Rechtsdogmatisch:** *Leipold* KTS 2006, 109; *Gaul* FS Ulrich Huber, 2006, S 1187; MK/*Eidenmüller* § 217 Rn 4–33 mwN. Aus der **Rechtsberatungsperspektive:** *Beck/Depré/Dobler* § 43 Rn 109–254; *Runkel/Frank* § 13 I. Aus **Arbeitnehmersicht:** *Bichlmeier/Engberding/Oberhofer* Insolvenzhandbuch, 2. Aufl 2003, S 342–382; aus der Sicht des **Gerichts**: *Horstkotte* ZInsO 2014, 1297; *Stapper/Jacobi* ZinsO 2014, 1821.

---

33 *Rendels/Zabel* Insolvenzplan, Rn 46 ff.

34 *Rattunde* GmbHR 2012, 455.

35 S auch *Flöther* ZIP 2012, 1833, 1835; *Rendels/Zabel* Insolvenzplan, Rn 2.

36 *H F Müller* KTS 2012, 419, 433.

X. Reform

Schon seit einiger Zeit wurde erörtert, wie das InsR für die **Sanierung von Unternehmen** verbessert werden kann (s auch Einl Rn 17).[37] Die Überlegungen richteten sich auch auf die Regelung des **InsPlans**.[38] Das ESUG **2011** (s Einl Rn 17) hat vieles davon aufgegriffen.[39] Im Mittelpunkt der durch das ESUG eingeführten Änderungen stehen die nunmehr möglichen Eingriffe durch den InsPlan in Anteils- und MitgliedschaftsR (§§ 217 S 2, 225a), die Beseitigung der Rechtsmittellastigkeit des Planverf (§§ 215 Abs 2, 253 Abs 2 und 4), die Zulassung sog verfbegleitender Pläne (§ 217 S 1, s Rn 7), die Pflicht zur wirklichkeitsgetreuen Quotenberechnung (§§ 229 S 3, 259a, 259b) und die Richterzuständigkeit nach Art 103 S 2 EGInsO. § 18 Abs 1 Nr 2 RPflG sieht – im Gegensatz zum bisherigen Recht – einen gesetzlichen Richtervorbehalt für das Planverfahren vor. Der Gesetzgeber hat diesen mit der wirtschaftlichen Bedeutung und den rechtl Implikationen (Einbezug gesellschaftsrechtl Maßnahmen in das neue Planverf) begründet.[40] In der Lit ist dies vielfach auf Kritik gestoßen.[41] Teilweise wird vorgeschlagen, dass zumindest für InsPläne in VerbrVerf der Richtervorbehalt überdacht werden sollte.[42] Nicht explizit geregelt ist, was das dem Richter in § 18 Abs 1 Nr 2 RPflG vorbehaltene „Verfahren über einen Insolvenzplan" alles umfasst.[43] Die Formulierung verweist auf die §§ 217 ff. In die Zuständigkeit des Richters fällt daher das gesamte Verf mit Einreichung des Plans.[44] Sie endet folglich nicht mit Rechtskraft der Planbestätigung, sondern umfasst auch die Entscheidung in Bezug auf §§ 248a, 256, 258, 259a, 268.[45] Außerhalb dieses Bereichs bleibt es bei der Zuständigkeit des Rechtspflegers nach § 3 Nr 2 Buchst e RPflG (zB Durchführung der Berichts- und Prüfungstermine, Ladungen, Pflege der Tabelle oder Schlussbericht einschließlich Schlussrechnungsprüfung und Vergütungsantrag).[46] 17

Erster Abschnitt
Aufstellung des Plans

§ 217 Grundsatz

[1]Die Befriedigung der absonderungsberechtigten Gläubiger und der Insolvenzgläubiger, die Verwertung der Insolvenzmasse und deren Verteilung an die Beteiligten sowie die Verfahrensabwicklung und die Haftung des Schuldners nach der Beendigung des Insolvenzverfahrens können in einem Insolvenzplan abweichend von den Vorschriften dieses Gesetzes

37 Übersicht bei *Frind* ZInsO 2010, 511; Praxisbefragung bei *Eidenmüller/Frobenius/Prusko* NZI 2010, 545, 549 f.
38 *Uhlenbruck* NZI 2008, 201; *Westpfahl/Janjuah* ZIP 2008, Beil zu Heft 3; *Jaffé/Friedrich* ZIP 2008, 1853; *Smid* DZWIR 2009, 399; 2010, 401; *Hingerl* ZInsO 2009, 759; *Bork* ZIP 2010, 397; *Eidenmüller* ZIP 2010, 649; *Hirte* ZGR 2010, 224 = ZInsO 2010, 1297; *Jaffé* ZGR 2010, 248; *Verse* ZGR 2010, 300.
39 Einführungen: *Hirte/Knof/Mock* DB 2011, 632, 693; *K Schmidt* BB 2011, 1603, 1607 ff; *Braun/Heinrich* NZI 2011, 505; *Frind* ZInsO 2011, 656.
40 BT-Drucks 17/5712, S 44.
41 *Frind* ZInsO 2010, 1524, 1526; *Pape* ZInsO 2011, 656, 659; *ders* ZInsO 2010, 2155, 2162.
42 *Hingerl* ZInsO 2016, 2238, 2239 f.
43 *Stapper/Jacobi* ZInsO 2014, 1821.
44 *C Schmidt/Stahlschmidt* HRI § 35 Rn 2. Das gilt auch für verfahrensleitende Pläne, § 217 Rn 7.
45 HambKomm/*Thies* Vorb zu §§ 217 ff Rn 14c.
46 *AG Ludwigshafen* ZIP 2015, 991 f; HambKomm/*Thies* Vorb zu §§ 217 ff Rn 14d; *Stapper/Jacobi* ZInsO 2014, 1821, 1822 f.

geregelt werden. [2]Ist der Schuldner keine natürliche Person, so können auch die Anteils- oder Mitgliedschaftsrechte der am Schuldner beteiligten Personen in den Plan einbezogen werden.

Übersicht

I. Normzweck

1 Die Vorschrift spezifiziert den Inhalt von § 1; sie beschreibt den Bereich, der für Regelungen in InsPlänen offen steht, und damit diejenigen Vorschriften der InsO, von denen abgewichen werden kann. Indirekt werden damit auch die Vorschriften bezeichnet, die nicht disponibel sind. In dem so gesetzten Rahmen sollen die Beteiligten wirtschaftliche Lösungen finden können, die mit den Regeln der InsO sonst nicht oder nur anders zu erreichen wären (s Vorb zu §§ 217 ff Rn 2, 3, 13). Das **ESUG** hat den S 1 um die Worte „die Verfahrensabwicklung" erweitert. Damit sind nunmehr auch verfahrensleitende bzw verfahrensbegleitende InsPläne möglich (su Rn 7). Darüber hinaus hat es den Kreis der Beteiligten auf die Inhaber von Anteils- und Mitgliedschaftsrechten erweitert (§ 217 S 2) s Rn 13.

II. Abweichende Regelungen im Insolvenzplan

2 Im PlanVerf dürfen nur **plandispositive Gegenstände** geregelt werden.[1] Die Vorschriften der InsO, von denen der InsPlan abweichen kann, bezeichnet das Gesetz allerdings nur **pauschal nach den Bereichen,** nämlich: Befriedigung der Gl, Verwertung der InsMasse, Verteilung an die Beteiligten, Haftung des Schu nach VerfBeendigung, VerfAbwicklung sowie Anteils- oder Mitgliedschaftsrechte. Im InsPlan kann auch von solchen Vorschriften der InsO abgewichen werden, die nicht mit diesen spezielleren Fragen zu tun haben; andererseits können nicht *alle* Vorschriften der InsO zur plangemäßen Disposition stehen. Nicht disponibel sind im Zweifel solche Vorschriften, die das PlanVerf selbst regeln, wesentliche Schutzgarantien enthalten (zB Rechtsmittelbefugnisse regeln) oder für das InsVerf als solches von konstitutiver Bedeutung sind. Ob von einer Vorschrift der InsO durch InsPlan abgewichen werden kann, lässt sich deshalb nur nach Sinn und Zweck dieser Vorschrift selbst und nach Sinn und Zweck der Vorschriften über den InsPlan beurteilen (s auch Rn 9).[2]

3 Den Begriff der **Befriedigung der Gl** verwendet die InsO in unterschiedlich umfassender Bedeutung. In § 1 bedeutet er jegliches rechtliche Erg, das mit dem InsVerf, auch auf dem Wege eines InsPlans, für die Gl erreicht werden kann, ebenso wohl in § 38 (s § 1 Rn 3, 5). In der Überschrift des Fünften Teils (§§ 174 ff) umfasst er jedenfalls nicht auch die Beendigung des Verf durch einen InsPlan, und auch nicht die in diesem Teil geregelte Feststellung der Forderungen (§§ 174–186),[3] sondern nur die Verteilung der Verwertungserlöse (s bes § 187 Abs 1). In den Vorschriften über die Absonderungsrechte (§§ 49, 52, 165–173) umfasst er wenigstens auch die **Verwertung**, in § 217 wird er aber **neben** die Verwertung gestellt. Bei dieser Uneinheitlichkeit der Verwendung muss der Begriff der Befriedigung der Gl in § 217

---

1 *BGH* ZIP 2017, 482 Rn 18; NZI 2010 Rn 21; NJW-RR 2009, 839 Rn 25.

2 HambKomm/*Thies* § 217 Rn 2.

3 *BGH* NJW-RR 2009, 839 Rn 26; NZI 2010, 734 Rn 9; *LG Frankfurt* NZI 2008, 110, 111; **aA** tw *K Schmidt/Spliedt* § 217 Rn 13.

selbstständig ausgelegt werden. Er ist zunächst ein Auffangbegriff neben den dort ausdrücklich genannten Begriffen der „Verwertung der InsMasse", der „Verteilung an die Beteiligten" und der „Haftung des Schu nach der Beendigung des InsVerf".[4]

Die **Verwertung** der InsMasse regelt die InsO in den §§ 156–173. Von diesen Vorschriften sind diejenigen über den Berichtstermin (§§ 156–158) zwingend; denn erst der Berichtstermin informiert die Beteiligten ausreichend darüber, ob ein InsPlan und damit ein Abweichen von den Verwertungsvorschriften sinnvoll sein könnte.[5] Abgewichen werden kann deshalb nur von den §§ 159–173. Zur Verwertung gehört auch die Geltendmachung von AnfAnsprüchen (§ 143) oder sonstiger Haftungsansprüche. Auch diese können deshalb, allerdings nicht zu Lasten des Anspruchsgegners, im InsPlan geregelt werden.[6] 4

Die **Verteilung** ist unter diesem Namen ausdrücklich geregelt in den §§ 187–206. Fraglich ist, ob von diesen Vorschriften insoweit nicht durch InsPlan abgewichen werden kann, als sie wesentliche VerfGarantien enthalten, so etwa die Vorschrift über Einwendungen gegen das Verteilungsverzeichnis (§ 194). Richtiger Ansicht nach ist dies zu bejahen; denn die Gl werden hinreichend durch die §§ 234, 251, 253 geschützt.[7] Abgewichen werden kann darüber hinaus von den §§ 187–196, 198, 199;[8] zu § 201 s Rn 6. Eine Nachtragsverteilung (§§ 203 ff) ist im InsPlanVerf nicht vorgesehen.[9] Im InsPlan kann daher von diesen Vorschriften nur abgewichen werden, wenn ein verfbegleitender InsPlan in Frage steht (Rn 7). 5

Die **Haftung des Schu** nach der Beendigung des Verf regelt das Gesetz in §§ 201, 202 und in den Vorschriften über die Restschuldbefreiung, §§ 286–303. Die Sperrfristen in § 287a Abs 2 gelten für eine Schuldenbereinigung mittels InsPlan nicht. Daher steht dem InsPlan nicht entgegen, dass dem Schu das RestschuldbefreiungsVerf wegen laufender Sperrfristen versperrt ist.[10] Darüber hinaus kann im InsPlan von den §§ 286 ff abgewichen werden, soweit sie die Forderungen und ihre Geltendmachung betreffen, also §§ 201, 286, 301. Der InsPlan kann die Weiterhaftung des Schu anders regeln als § 201, er kann andererseits auch, wenn der Schu nicht widerspricht, die Möglichkeit der Restschuldbefreiung ausschließen oder ihre materiellen Wirkungen modifizieren (§§ 286, 301, 302; s auch § 227 Rn 6).[11] 6

Mit dem Begriff „**Verfahrensabwicklung**" gestattet § 217 S 1 nun auch verfahrensleitende[12] bzw verfahrensbegleitende[13] InsPläne. Derartige Pläne, die das Verf nicht beenden, sind nunmehr in den oben (Rn 2 ff, 9) bezeichneten Grenzen zulässig.[14] Verfahrensleitende Pläne sind nicht auf eine vom RegelVerf abweichende Gesamtregelung zur Überwindung der Insolvenz gerichtet, sondern „begleiten" lediglich das RegelInsVerf. Die Pläne betreffen daher nur einzelne Bereiche bzw Abschnitte (zB nur die Verwertung oder die Verteilung) innerhalb der Regelabwicklung. Im Übrigen aber richtet sich das Verf (insb was dessen Aufhebung anbelangt) nach den Vorschriften über das RegelVerf. Nach Ansicht des BGH folgt 7

4 HambKomm/*Thies* § 217 Rn 3.
5 *K Schmidt/Spliedt* § 217 Rn 2.
6 MK/*Eidenmüller* § 217 Rn 122; *Schmidt/Spliedt* § 217 Rn 10.
7 HambKomm/*Thies* § 217 Rn 5.
8 Für §§ 188, 189 ausdrücklich *BGH* NZI 2010, 734 Rn 9.
9 *BGH* NZI 2010, 99 Rn 9.
10 *Lüdtke* ZVI 2016, 297, 298.
11 Die noch in früheren Aufl dazu gemachten Einschränkungen erscheinen unbegründet; s MK/*Eidenmüller* § 217 Rn 128; HambKomm/*Thies* § 217 Rn 6.
12 So Terminologie bei *LG Frankfurt* NZI 2009, 110.
13 So Terminologie bei *Heinrich* NZI 2008, 74 ff.
14 *Rendels/Zabel* Insolvenzplan, Rn 24; ob dies bereits unter dem bisherigen Recht galt, hatte *BGH* NZI 2009, 230 Rn 27 offen gelassen; ablehnend hingegen *LG Frankfurt* NZI 2008, 110.

aus dem Begriff „Verfahrensabwicklung“ nicht, dass der InsPlan auch Regelungen zur InsVerwVergütung enthalten kann.[15] Die Autonomie besteht nämlich nur jenseits der planfesten Bestimmungen. Hierzu zählen aber – so der BGH – die Regelungen über die Vergütung nicht. Vielmehr sind diese planfest.[16] Zulässig ist es aber, wenn der InsVerw eine Erklärung iSd § 230 Abs 3 abgibt, wonach er sich verpflichtet, keine einen bestimmten Betrag übersteigende Vergütung zu beantragen.[17]

8 Soweit es sich bei dem Schu um keine natürliche Person handelt, kann der InsPlan auch den Bereich „**Anteils- und Mitgliedschaftsrechte**“ betreffen (§ 217 S 2). Möglich sind insoweit alle Regelungen, die „gesellschaftsrechtlich zulässig“ sind (§ 225a).

III. Planfeste Vorschriften

9 Aus der Beschreibung der für den InsPlan offenen Bereiche in § 217 ergibt sich auch, von welchen Vorschriften der InsO *nicht* abgewichen werden kann. Es sind dies alle Vorschriften, die das InsVerf mit seinen Voraussetzungen, Organen, Beteiligten und allg Wirkungen konstituieren (§§ 1–147),[18] und alle Vorschriften über den *Ablauf* des InsVerf, soweit sie in der Zeit *vor* dem Wirksamwerden des InsPlans anzuwenden sind (§§ 148–186, 207–216, 217–269, 270–285, 315–334).[19] Auch kann der Plan keine weitergehenden Rechte des bei der Planüberwachung tätigen InsVerw begründen.[20] Wohl aber kann der Plan vorsehen, dass nach rechtskräftig bestätigtem InsPlan das InsVerf nicht unmittelbar aufgehoben werden soll (§ 258 Abs 1). Hinzu kommen einzelne Vorschriften in Bereichen, die an sich einer InsPlanregelung offen stehen (s Rn 4–6), und diejenigen, die dem InsPlan ausdrücklich vorenthalten werden (s § 312 Abs 3; s auch oben Vorb zu §§ 217–269 Rn 7). Auch der InsPlan selbst ist nicht dispositiv (Rn 2). Ob im InsPlan eine bindende Bestimmung der Vergütungshöhe (als Bestandteil der „Verfahrensabwicklung“) erfolgen kann, ist umstr.[21] Der BGH hat nunmehr die Bestimmugen über die Vergütung als planfest bezeichnet.[22] Danach weisen die §§ 64, 65 InsO, §§ 1 ff InsVV dem InsGer die Aufgabe zu, die Vergütung festzusetzen, um die Unabhängigkeit des InsVerw gegenüber den VerfBeteiligten sicherzustellen.[23] Mit diesem Zweck der Vergütungsregelungen ist – so der BGH – eine Regelung der Vergütung im InsPlan unvereinbar.[24]

IV. Planbetroffene

10 Die Personen, die gegen ihren Willen in den Plan einbezogen werden können, ergeben sich aus § 217. Das sind (s auch § 221 Rn 2) die absonderungsberechtigten Gl (§§ 49–51, 223), die (nachrangigen) InsGl (§§ 38, 39, 224, 225), der Schu und – seit Inkrafttreten des ESUG – auch die Anteilsinhaber (§§ 217 S 2, 225a).[25]

---

15 *BGH* ZIP 2017, 482 Rn 25 ff; *Madaus* ZIP 2016, 1141, 1150; **aA** *LG München I* NZI 2013, 972, 973; *AG Hannover* ZIP 2015, 2385; K/P/B/*Pleister* § 249 Rn 7; Voraufl.
16 *BGH* ZIP 2017, 482 Rn 27.
17 *BGH* ZIP 2017, 482 Rn 40 f.
18 Über § 143 s aber Rn 4 aE.
19 Zu §§ 179–186 s *BGH* ZIP 2009, 480 Rn 24–27; NZI 2010, 734 Rn 9; *Graf-Schlicker/Kebekus/Wehler* § 217 Rn 6; *Madaus* ZIP 2016, 1141, 1145 f; *K.Schmidt/Uhlenbruck/Spliedt* Die GmbH in Krise, Sanierung und Insolvenz, Rn 8.4.
20 S auch *BAG* ZIP 2013, 2268 Rn 17 ff.
21 Dagegen *AG Köln* NZI 2016, 537, 539; HambKomm/*Thies* § 254 Rn 4; *Madaus/Heßel* ZIP 2013, 2088, 2089 f; *Ganter* ZIP 2014, 2323, 2333.
22 *BGH* ZIP 2017, 482 Rn 27 ff.
23 *BGH* ZIP 2017, 482 Rn 31.
24 *BGH* ZIP 2017, 482 Rn 33.
25 *BGH* ZIP 2017, 482 Rn 21. S auch FK/*Jaffé* § 217 Rn 63 ff.

MasseGl (§§ 53, 55) können nicht gegen ihren Willen an einen InsPlan gebunden werden, da das InsVerf sie nicht zu einer GlGemeinschaft zusammenfasst, vielmehr ihre individuelle Vorwegbefriedigung verlangt (§ 53).[26] Das gilt auch für Sozialplanansprüche iF von § 123 Abs 1 (s § 123 Abs 2 S 1).[27] Die abw Ansicht[28] verkehrt die Begünstigungsabsicht des Gesetzgebers in ihr Gegenteil. 11

Anders ist es, wenn nach § 208 die **Masseunzulänglichkeit** angezeigt wird. Die MasseGl werden hier – vergleichbar einem InsVerf – gemeinschaftlich befriedigt (§§ 209, 211). Daher ist es nur sachgerecht, den InsPlan insoweit zuzulassen.[29] Das stellt nunmehr (der durch das ESUG eingefügte) § 210a klar.[30] Die Vorschrift sieht vor, dass an die Stelle der nachrangigen InsGl die AltmasseGl treten. Damit stellt das Gesetz klar, dass in deren Rechte eingegriffen werden kann und sie eine eigene Gruppe bilden. Ein Eingriff in die Rechte der NeumasseGl ist durch den Plan hingegen nicht möglich.[31] Bei Massearmut (§ 207) ist das PlanVerf ausgeschlossen.[32] 12

Auch Gesellschafter und Anteilsinhaber des Schu können – seit dem ESUG – gegen ihren Willen in den InsPlan einbezogen werden. Die gegenteilige vorherige Rechtslage wurde als schweres Versäumnis und Sanierungshindernis empfunden. Das **ESUG** sieht nunmehr für den Schu, der keine natürliche Person ist, vor, dass auch die Anteils- und Mitgliedschaftsrechte der an ihm beteiligten Personen in den Plan einbezogen werden können, § 217 S 2. Daraus ergeben sich Folgeänderungen in vielen Vorschriften, in denen die Rechtsstellung der Gl geregelt ist; der Begriff „Gläubiger" wird dort idR durch „Beteiligte" ersetzt. 13

Nicht einbezogen werden können gegen ihren Willen Absonderungsberechtigte (§§ 47 f)[33] oder der InsVerw.[34] Jedoch können dem InsVerw Rechte und Befugnisse im InsPlan entspr §§ 328, 334 BGB eingeräumt werden.[35] Allerdings können diese Personen – wie jeder Dritte auch – freiwillig in den InsPlan einbezogen werden.[35] Ebenfalls kann nicht in die Rechte der NeuGl eingegriffen werden.[36] Gleiches gilt für die Inhaber von Anteils- und Mitgliedschaftsrechten an einem Gl des Schu. Ist daher beispielsweise – wie in § 302 Abs 3 S 2 AktG – ein (Sonder-)Beschl der außenstehenden Aktionäre der ausgleichsberechtigten Gesellschaft notwendig, kann dieser nicht durch den InsPlan ersetzt werden (sa § 243 Rn 2, § 248 Rn 6).[37] 14

V. Wirtschaftliche und rechtliche Gestaltungen

Der InsPlan kann für jegliche wirtschaftliche Gestaltung genutzt werden, die in dem vorstehend unter II–IV beschriebenen Rahmen (Rn 2–13) zulässig ist. Die Motivation für einen 15

---

26 *BGH* ZIP 2017, 482 Rn 22.

27 S § 123 Rn 9, 21; ebenso MK/*Eidenmüller* § 217 Rn 81 mwN; *Uhlenbruck/Berscheid/Ries* § 123 Rn 32; *Andres/Leithaus* § 217 Rn 9; FK/*Jaffé* § 217 Rn 66; *N/R/Hamacher* § 123 Rn 37; *K Schmidt/Spliedt* § 217 Rn 4; HambKomm/*Thies* Rn 3.

28 *Braun/Frank* § 217 Rn 7; *Graf-Schlicker/Kebekus/Wehler* § 217 Rn 6; ausf *N/R/Braun* § 217 Rn 32–34.

29 So schon die bisherige hM, s HambKomm/*Thies* Vorb zu § 217 ff Rn 11; MK/*Eidenmüller* Vor §§ 217–269 Rn 36 mwN; *Smid/Rattunde* InsPlan Rn 2.121.

30 *K Schmidt/Spliedt* § 217 Rn 4.

31 *K Schmidt/Spliedt* § 217 Rn 5; s auch *Zimmer* ZInsO 2012, 390, 391.

32 *LG Neubrandenburg* ZInsO 2002, 296; HambKomm/*Thies* Vorb zu § 217 ff Rn 13.

33 *LG Frankfurt* NZI 2008, 110, 112; *K Schmidt/Spliedt* § 217 Rn 6; HambKomm/*Thies* § 217 Rn 3; FK/*Jaffé* § 217 Rn 61.

34 *BGH* ZIP 2017, 482 Rn 21; NZI 2007, 341 Rn 7; *Madaus* ZIP 2016, 1141, 1147.

35 *Madaus* ZIP 2016, 1141, 1147.

36 *K Schmidt/Spliedt* § 217 Rn 7.

37 *Steiger/Schulz* NZI 2016, 335 f.

InsPlan kann ua (abweichend von § 199 InsO) in der Erhaltung des Unternehmens (Rn 5), der Restschuldbefreiung (Rn 6) bzw der Neujustierung der gesellschaftsrechtl (Rn 8) oder insverfahrensrechtl (Rn 7) Rahmenbedingungen liegen. All diese Motive sind aber dem Verfahrenszweck des § 1 InsO untergeordnet, verlangen also, dass die Voraussetzungen für ein InsVerf tatsächlich vorliegen. Die betriebswirtschaftliche Lit unterscheidet zwischen dem **Liquidationsplan**, dem **Übertragungsplan**, dem **Sanierungsplan** und **sonstigen Plänen**, ohne damit Überschneidungen dieser Plantypen und Mischformen auszuschließen.[38] In der Praxis dürfte selten ein InsPlan vorkommen, der vollkommen nur einem dieser Typen entspricht; selbst ein *Sanierungsplan* (s Rn 18, 19) wird praktisch immer auch die *Verwertung* einzelner Vermögensgegenstände voraussetzen oder regeln.[39]

16 Im **Liquidationsplan**[40] wird die **Verwertung** des Vermögens geregelt. Der Plan ist folglich nicht auf Erhaltung bzw Sanierung des Unternehmensträgers gerichtet. Die Abweichungen vom Gesetz (bes von §§ 159–173) können darin bestehen, dass der InsVerw die InsMasse nicht „unverzüglich" (§ 159), sondern allmählich, über einen längeren Zeitraum, vielleicht gar erst nach einer zeitweiligen Betriebsfortführung verwertet; auch kann die Verwertung von Vermögensgegenständen, an denen Absonderungsrechte bestehen, anders als im Gesetz geregelt werden.

17 Ein **Übertragungsplan** sieht vor, dass das Unternehmen des Schu (oder ein Unternehmensteil, ein Betrieb) als Ganzes gegen ein Entgelt auf eine dritte Person übertragen wird. Es kann sich handeln um den **Verkauf** des Unternehmens an einen **Dritten** oder auch um die Übertragung auf eine neu gegründete **Auffanggesellschaft**, die den Erwerb mit der Ausgabe von Anteilsrechten oder mit der Abgabe von Verpflichtungserklärungen an die Gl bezahlt.[41] *Rechtlich* ist auch dies eine *Verwertung* und beim Verkauf auch eine *Liquidation* des Schu-Vermögens, da eine Veräußerung durch den InsVerw gegen einen Erlös in Geld oder Anteilstiteln stattfindet, der an die InsGl verteilt werden kann; die Befriedigung eines Gl mit Anteilsrechten bedarf allerdings dessen Zustimmung, § 230 Abs 2. Die Regelung in einem InsPlan tritt insofern an die Stelle der Vorschriften über Verwertung, vor allem der §§ 160 Abs 2 Nr 1, 161–163 und der Regelungen über die Verteilung, soweit sie einen Gelderlös voraussetzen, §§ 187–206. Der RegE hatte vorgesehen, dass die Veräußerung des Unternehmens oder eines Betriebes *nur* mit einem InsPlan zulässig sein sollte, wenn der Erwerber eine dem Schu bes nahe stehende oder ihn beherrschende Person sei oder wenn von einem Beteiligten glaubhaft gemacht würde, dass eine Veräußerung an einen anderen Erwerber für die InsMasse günstiger wäre, §§ 181, 182 RegE. Durch die stärkeren Mitwirkungsrechte im InsPlanVerf sollte ein besserer Schutz der InsGl gegen Unternehmensveräußerungen unter dem Marktwert gewährleistet werden. Der RAussch hat diese Schutzregeln gestrichen.[42] Die Unternehmensveräußerung kann deshalb in diesen Fällen entweder als Verwertungsform von der GlVersammlung nach § 162 oder als Bestandteil eines InsPlans beschlossen werden.[43]

18 Mit einem **Sanierungs- oder Fortführungsplan** wird der Versuch gemacht, das Unternehmen des Schu zu erhalten und aus seinem Gegenwert die Gl zu befriedigen. Ein Sanierungsplan

38 *Burger/Schellberg* DB 1994, 1833; *Hermanns/Buth* DStR 1997, 1187; *Maus* KS-InsO, 2. Aufl, Rn 10–26.

39 Zu den Plantypen s auch *Becker* InsR Rn 180-186, 1602; FK/*Jaffé* § 217 Rn 71 ff; HambKomm/*Thies* Vorb zu § 217 ff Rn 4 ff; *K Schmidt/Spliedt* § 217 Rn 8 ff.

40 Für Fälle, in denen dieser sinnvoll sein kann, s *Smid* ZInsO 2016, 61, 64.

41 Dazu übersichtlich *Becker* InsR Rn 1603–1608.

42 BT-Drucks 12/7302, 68, 175 f.

43 Über die möglichen Varianten übersichtlich *Noack/Bunke* KTS 2005, 132–136; *Bitter/Rauhut* KSI 2007, 197.

kann rechtlich und wirtschaftlich gleichbedeutend mit einem Übertragungsplan sein (dazu Rn 17). Die Erhaltung des Unternehmens soll dann durch den fortführungswilligen Erwerber geschehen, auf den das Unternehmen übertragen wird. Um ihm dies zu ermöglichen, kann der Plan auch vorsehen, dass kein Erwerbspreis in die InsMasse gezahlt wird, sondern die Gl Forderungsrechte gegen den Erwerber erhalten, also nach und nach aus den Erträgen des Unternehmens befriedigt werden. Für die Gl besteht hier insb die Gefahr einer Folgeinsolvenz, wenn die leistungswirtschaftl Sanierung nicht gelingt. Für die Unternehmenserhaltung durch sanierende Übertragung hat sich der grammatisch schiefe Ausdruck „übertragende Sanierung" verbreitet.

Ein Sanierungsplan kann aber auch vorsehen, dass das Unternehmen **in der Hand des Schu** 19
erhalten wird. Diese Sanierungsform ist bes dann angezeigt, wenn das Unternehmen von Berechtigungen abhängt (zB Lizenzen, Konzessionen), die an die Person des Schu gebunden sind.[44] Sie wird idR nur möglich sein, wenn der InsPlan (neben der Zuführung neuer Mittel) die Schuldenlast vermindert (zB durch einen Debt-to-Equity Swap). Abgewichen wird dann von den Vorschriften der InsO über die Verwertung (sie entfällt weitgehend), über die Verteilung eines Gelderlöses (diese wird uU ersetzt durch die Begr von neuen Ansprüchen und von Anteilsrechten für die Gl) und über die Weiterhaftung des Schu (diese entfällt, soweit der Plan eine Kürzung oder Streichung der InsFord bewirken soll). Ein InsPlan dieser Art entspricht dem gerichtlichen Vergleich (Zwangsvergleich) früheren Rechts nach KO, VerglO und GesO. Die Vorschriften der InsO sollen für solche Vergleiche einen flexibleren Rahmen bilden als das frühere Recht.[45]

Sonstige Pläne sind solche, die nicht auf die Verwertung des Vermögens und nicht auf das 20
Unternehmen bezogen sind, sondern etwa die Aufteilung und Auszahlung eines Gelderlöses anders als das Gesetz regeln, die Auszahlung durch Einräumung von anderen Vorteilen ersetzen, dem Schu eine Befreiung von Restverbindlichkeiten ohne das Verf nach § 286 gewähren. Das Gesetz beruht auf dem Gedanken, dass innerhalb des gesetzlichen Rahmens (dazu Rn 1) im InsPlan jede Regelung getroffen werden kann, die auch durch individuellen, privatautonomen Vertrag zur Bereinigung der Ins getroffen werden könnte.[46] Der Plan kann – wie das nunmehr § 217 S 1 durch das Worte „Verfahrensabwicklung" klarstellt – sich deshalb auch auf **Teile der Masse** beschränken und die übrigen dem Verf nach den gesetzlichen Vorschriften überlassen (verfahrensbegleitender Plan; s Rn 7).[47]

§ 218 Vorlage des Insolvenzplans

(1) [1]Zur Vorlage eines Insolvenzplans an das Insolvenzgericht sind der Insolvenzverwalter und der Schuldner berechtigt. [2]Die Vorlage durch den Schuldner kann mit dem Antrag auf Eröffnung des Insolvenzverfahrens verbunden werden. [3]Ein Plan, der erst nach dem Schlusstermin beim Gericht eingeht, wird nicht berücksichtigt.

(2) Hat die Gläubigerversammlung den Verwalter beauftragt, einen Insolvenzplan auszuarbeiten, so hat der Verwalter den Plan binnen angemessener Frist dem Gericht vorzulegen.

(3) Bei der Aufstellung des Plans durch den Verwalter wirken der Gläubigerausschuss, wenn ein solcher bestellt ist, der Betriebsrat, der Sprecherausschuss der leitenden Angestellten und der Schuldner beratend mit.

---

44 Ausf und übersichtlich dazu *Bitter/Laspeyres* ZIP 2010, 1157.

45 RegE S 194 f; RAussch BT-Drucks 12/7302, 181.

46 RegE S 90 f. Über die rechtliche Vielfalt der möglichen Planinhalte ausf *Frank* FS Eberhard Braun, 2007, S 220–226.

47 *Frank/Heinrich* ZInsO 2011, 858 mwN; *Pape* ZInsO 2011, 1040; Gestaltungsbeispiele auch bei *Braun/Frank* Vor § 217 Rn 10-18; FK/*Jaffé* § 217 Rn 71–80; MK/*Eidenmüller* § 217 Rn 94–181.

Übersicht

I. Normzweck

1 Die Vorschrift regelt, wie das PlanVerf beginnt und wer das Recht hat, es in Gang zu setzen (PlaninitiativR). Vom früheren Recht (§ 2 VerglO, § 173 KO, § 16 GesO) unterscheidet die Regelung sich vor allem dadurch, dass nicht nur der Schu einen Planvorschlag (Vergleichsvorschlag) machen kann. Dahinter steht der Gedanke, einen Wettbewerb der InsPläne um die bestmögliche Glbefriedigung zu ermöglichen.[1] Wer frühzeitig die wirtschaftlichenVerhältnisse des Schu analysiert und das PlaninitiativR ergreift, hat einen Vorsprung, der sich auch für eine best Interessenverfolgung einsetzen lässt, auch wenn im weiteren Verfahren die anderen Beteiligten „aufholen" können.[2] Wird ein Plan fristgerecht vorgelegt, muss das Gericht ein InsPlanVerf einleiten. Die weiteren Stationen des Verf sind in §§ 231–236, 241, 248, 252, 253 bezeichnet. Werden konkurrierende Pläne vorgelegt, ist für jeden das Verf durchzuführen. Ein bestätigter Plan schließt allerdings einen weiteren aus (§ 235 Rn 10 f).

II. Vorlage

2 Das Verf beginnt mit der Vorlage eines InsPlans an das InsGer. Die **Form** und den **Inhalt** des Plans bestimmen die §§ 219–230. Handelt es sich bei dem Schu um eine natürliche Person, die dem RegelinsVerf unterliegt, ist die rechtzeitige Stellung des Restschuldbefreiungsantrags keine Zulässigkeitsvoraussetzung für die Vorlage eines InsPlans (Vorb zu §§ 217–269 Rn 9). Nach bisherigem Recht war beim **InsGer** nach der Eröffnung des InsVerf der **Rechtspfleger** auch für die Behandlung eines InsPlans zuständig (§ 3 Nr 2e RPflG).[3] Das **ESUG** hat diese Zuständigkeit auf den Richter übertragen, § 18 Abs 1 Nr 2 RpflG.

3 Ein InsPlan kann **frühestens** zugleich mit dem Antrag auf Eröffnung des InsVerf (§ 13) durch den Schu (Abs 1 S 2) und **spätestens** im Schlusstermin (§ 197) vorgelegt werden (Abs 1 S 3). Da der Eröffnungsantrag vom Schu auch bei nur *drohender* Zahlungsunfähigkeit gestellt werden kann (§ 18), hat der Schu die Möglichkeit, das InsVerf für die Durchführung eines vorbereiteten Sanierungskonzepts zu nutzen.[4] Wenn er gleichzeitig die **Eigenverwaltung** beantragt (§ 270), behält er die Durchführung der Sanierung uU selbst in der Hand.[5] Durch die Möglichkeit, **bis zum Schlusstermin** einen Plan vorzulegen, sollen die Beteiligten möglichst lange in der Lage sein, neuen Erkenntnissen und Entwicklungen Rechnung zu tragen, die sich im Verf ergeben. Eine Sonderregelung gilt für **Genossenschaften**, § 116 Nr 1 GenG.

4 Die Vorlage der erforderlichen Anzahl von Exemplaren[6] erfolgt **an das InsGer**. Fehlen Exemplare, kann das Gericht diese vom Vorlegenden nachfordern. Am InsGer findet eine

1 *K Schmidt/Spliedt* § 218 Rn 1; sa *B/G/H/Flöther/Wehner* § 218 Rn 20 f.
2 *Rendels/Zabel* Insolvenzplan, Rn 31.
3 Krit hierzu *Hingerl* ZInsO 2009, 760.
4 Einzelheiten bei *Maus* KS-InsO, 2. Aufl, Rn 39; *Runkel/Frank* § 13 Rn 24–28, 61–66.
5 Zu dieser Kombination ausf *Runkel/Frank* § 13 Rn 24–28, 61, 62; s auch *Rattunde* ZIP 2003, 2106 ff; *Paulus* DStR 2004, 1574 f; *ders* ZGR 2005, 316–322; *Spies* ZInsO 2005, 1254; *Fröhlich/Bächstädt* ZInsO 2011, 985.
6 Siehe hierzu *Uhlenbruck/Lüer/Streit* § 218 Rn 31.

Vorprüfung statt (vgl § 231). Bei positivem Erg gibt das InsGer den Plan in das weitere Verf nach §§ 232 ff.

III. Recht zur Vorlage

Der **RegE** hatte das Vorlagerecht auch **GlGruppen** einer bestimmten Größe, bei Gesellschaften den persönlich haftenden **Gesellschaftern** und bei Kapitalgesellschaften den **Anteilseignern** ab einer bestimmten Größe ihrer Beteiligung geben wollen; der InsVerw sollte dagegen einen Plan nur im Auftrag der GlVersammlung vorlegen können (§§ 254, 255 RegE). Der **RAussch** hat im Interesse der Vereinfachung des Verf und der Bündelung der Vorschläge die Vorlagerechte der Gesellschafter und der Gl gestrichen und allein den Schu und den InsVerw für vorlageberechtigt erklärt.[7] Aus Gründen des Gesellschafter-Minderheitenschutzes ist diese Entscheidung des Gesetzgebers zu bedauern. In Großverfahren finden sich immer wieder Versuche Dritter, konkurrierende Pläne in das Verf „einzuführen".[8] Zur Rücknahme des Plans, s § 240 Rn 12, zur Planänderung, s § 221. 5

1. Der Schuldner. Das Vorlagerecht hat der **Schu** (Abs 1 S 1). Er kann einen Plan bereits mit seinem eigenen Eröffnungsantrag vorlegen (Abs 1 S 2). Ein Anspruch auf Anwaltsbeiordnung nach § 4a Abs 2 besteht grundsätzlich nicht.[9] Der Schu hat auch keinen Kostenerstattungsanspruch gegen die Masse.[10] Im Plan kann aber ein Kostenersatz zu seinen Gunsten geregelt werden, der aber nur bei Planbestätigung durchsetzbar ist.[11] Solange noch kein (vorl) InsVerw bestellt ist, kann der Schu (bzw dessen Organ) grds einen Dritten mit der Ausarbeitung des Plans beauftragen. Eine Pflichtwidrigkeit (zB iS des § 43 Abs 2 GmbHG) liegt hierin nicht, wenn der InsPlan nicht von vornherein erkennbar aussichtslos ist.[12] UU – insb wenn die Voraussetzungen eines Bargeschäfts nicht vorliegen – kann aber die Zahlung der Vergütung an den Dritten anfechtbar sein. Der vorl InsVerw kann der Zahlung angemessener Kosten bzw eines entspr Kostenvorschusses für die Ausarbeitung eines Schuldnerplans zustimmen.[13] Ist Eigenverw angeordnet, ist die Erarbeitung des InsPlans allein Aufgabe des Schu.[14] Die Aufgabe des (vorl) Sachwalters beschränkt sich auf eine Überwachung, Kontrolle und begleitende Beratung.[15] Nach § 284 Abs 1 kann die Glversammlung den Sachwalter beauftragen, den InsPlan auszuarbeiten. Das eigene InitiativR des Schu entfällt hierdurch nicht. Obwohl nicht zu §§ 270a, 270b vorgesehen, findet § 284 Abs 1 auch auf den vorl Sachwalter entspr Anwendung.[15] An die Stelle der Glversammlung tritt der vorl Glausschuss. Darpber hinaus bedarf es der Zustimmung des Schu. Der Schu kann die Kosten für die Beauftragung des Dritten mit der Ausarbeitung des InsPlans der Masse entnehmen.[16] § 218 lässt sich keine Annexkompetenz des Schu für weitere Maßnahmen entnehmen, die ansonsten in den Kompetenzbereich des InsVerw fallen. Insb ist der Schu nicht zur Einladung einer AnleiheGlVersammlung berechtigt, um dort (auch) für einen InsPlan zu werben.[17] 6

---

7 BT-Drucks 12/7302, 94, 95, 181.
8 S hierzu und den Folgen, *Martini/Horstkotte* ZInsO 2017, 1913 f.
9 *LG Bochum* NZI 2003, 167, 168.
10 *BGH* NZI 2008, 173 Rn 21.
11 *K Schmidt/Spliedt* § 218 Rn 4.
12 Siehe auch *Uhlenbruck/Lüer/Streit* § 218 Rn 44.
13 *Uhlenbruck/Lüer/Streit* § 218 Rn 46.
14 *BGH* NZI 2016, 963 Rn 75.
15 *BGH* NZI 2016, 963 Rn 76 f.
16 *Uhlenbruck/Lüer/Streit* § 218 Rn 47.
17 *OLG Stuttgart* BeckRS 2016, 111325.

7 **a) AG, GmbH.** Ist der Schu eine **juristische Person**, bei der kein Mitglied persönlich haftet (zB AG, GmbH, eG, eV), wird das Vorlagerecht vom Vertretungsorgan ausgeübt. Die Regelung in § 15 für die Eröffnung des Verf ist auf den InsPlan nicht übertragbar.[18] Namentlich fehlt es für den InsPlan an der Eilbedürftigkeit und dem Interesse an Haftungsvermeidung, die beide das Antragsrecht des einzelnen Organmitglieds nach § 15 rechtfertigen. Vielmehr passt **§ 18 Abs 3** auf die vorliegende Fallgestaltung besser, der insoweit auf die gesellschaftsrechtlichen Vertretungsregeln verweist.[19] Fraglich ist jedoch, wie die Vertretungsbefugnis ausgestaltet ist, wenn den gesellschaftsrechtlichen Vertretungsregeln zufolge in einem mehrköpfigen Vertretungsorgan Einzelvertretungsbefugnis angeordnet ist. Vielfach wird die Ansicht vertreten, dass dann dennoch Gesamtvertretungsbefugnis besteht.[20] Dem ist jedoch nicht zu folgen;[21] denn es fehlt insoweit eine dem § 78 2. HS GmbHG vergleichbare Vorschrift. Vielmehr bleiben die gesellschaftsrechtlichen Vertretungsregeln uneingeschränkt anwendbar. Von der Frage der Vertretungsbefugnis ist diejenige der **Geschäftsführungsbefugnis** zu unterscheiden.[22] Auch hier sind die gesellschaftsrechtlichen Bestimmungen maßgebend. Das gilt selbst dann, wenn vom Vorlagerecht bei bereits angeordneter Eigenverwaltung Gebrauch gemacht wird. § 276a findet hier keine Anwendung, da die Vorschrift richtiger Ansicht nach mit dem Begriff „Geschäftsführung des Schuldners" nur den massebezogenen, nicht aber – wie im vorliegenden Fall – den massefreien Tätigkeitsbereich erfasst.[23] Im GmbH-Recht ist streitig, ob für sämtliche „außergewöhnlichen Geschäfte" eine Geschäftsführungszuständigkeit der Geschäftsführer besteht.[24] Vielfach wird die Ansicht vertreten, dass die Geschäftsführer in Bezug auf „ungewöhnliche Geschäfte" überhaupt keine eigenverantwortlichen Beschlüsse treffen können.[25] Selbst wenn man dies bejaht, ist jedoch zu beachten, dass sich das InsPlan-Verf im Rahmen der Zielsetzung des § 1 bewegt, die außergewöhnliche Maßnahme also die InsAntragstellung ist, da diese die Zweckänderung der Gesellschaft bewirkt. Andere im Zusammenhang mit dem InsVerf stehende Entscheidungen liegen dagegen nicht notwendig in der Zuständigkeit der Gesellschaftsversammlung. Das gilt insbesondere für die nähere Ausgestaltung des durch den Eröffnungsantrag ausgelösten Verf im Wege des InsPlans. Richtiger Ansicht nach liegt daher im GmbH-Recht die Geschäftsführungsbefugnis in Bezug auf das Planinitiativrecht bei den Geschäftsführern.[26] Soweit keine Ressortverteilung besteht, gilt insoweit kraft Gesetzes bereits Gesamtgeschäftsführung.[27] Auch bei einer Ressortverteilung ist die Rechtslage nicht anders, da das PlaninitiativR zum (unveräußerlichen) Kernbereich der Leitungsaufgaben gehört.[28]

---

18 HM, ausf MK/*Eidenmüller* § 218 Rn 70–81 mN; *K Schmidt/Spliedt* § 218 Rn 5 f; *Braun/Frank* § 218 Rn 2; *Uhlenbruck/Lüer* § 218 Rn 11; **aA** ohne ausreichende Begr *Vogl* DZWIR 2004, 490.

19 HambKomm/*Thies* § 218 Rn 4; *Graf-Schlicker/Kebekus/Wehler* § 218 Rn 4; *Graf Brockdorf/Heintze/Rolle* BB 2014, 1859, 1863.

20 *K Schmidt/Spliedt* § 218 Rn 6; HambKomm/*Thies* § 218 Rn 4; *Graf-Schlicker/Kebekus/Wehler* § 218 Rn 4.

21 *B/G/H/Flöther/Wehner* § 218 Rn 5.

22 Zutreffend *Uhlenbruck/Lüer* § 218 Rn 12.

23 *Haas* FS Stürner, 2013, 749, 758 f; **aA** *Meyer* ZInsO 2013, 2361, 2363, 2367.

24 S *Roth/Altmeppen* 37 GmbHG Rn 22; *B/H/Noack* § 37 GmbHG Rn 7.

25 In diesem Sinne *Roth/Altmeppen* § 37 GmbHG Rn 22; *Scholz/Schneider/Schneider* § 37 GmbHG Rn 15; *Lutter/Hommelhoff/Kleindiek* § 37 GmbHG Rn 10; wohl auch *BGH* NJW 1984, 1461, 1462; **aA** *B/H/Noack* § 37 GmbHG Rn 7.

26 IE auch MK/*Eidenmüller* § 218 Rn 71; **aA** *Graf Brockdorf/Heintze/Rolle* BB 2014, 1859, 1863; *Uhlenbruck/Lüer* § 218 Rn 12 und *Graf-Schlicker/Kebekus/Wehler* § 218 Rn 4 für den Fall, dass der Plan auf Fortführung des Unternehmens gerichtet ist.

27 *Michalski/Haas/Ziemons* § 43 Rn 153.

28 S auch *Michalski/Haas/Ziemons* § 43 Rn 156.

Die Zuständigkeit der Geschäftsführer hindert die GesVers freilich nicht, durch entspr **Weisung** (§ 37 GmbHG) auf die Geschäftsführer einzuwirken (einen InsPlan zu erstellen, zu unterlassen oder in bestimmter Weise auszugestalten). Das in § 50 GmbHG genannte Quorum von Gesellschaftern kann zu diesem Zweck auch eine Gesellschafterversammlung einberufen. Das gilt auch dort, wo Eigenverwaltung angeordnet ist; denn der Ausschluss, „Einfluss auf die Geschäftsführung des Schu" auszuüben iSd § 276a, findet nur auf den Ins-Bereich Anwendung.[29] Der Einfluss des **Minderheitsgesellschafters** auf die Ausgestaltung des InsPlans ist jedoch beschränkt. Ein eigenes PlaninitiativR steht ihnen nicht zu (Rn 5), auch wenn das Gesetz die Konkurrenz von InsPlänen ausdrücklich gestattet. Der Gesellschafter kann allerdings den Beschluss der Gesellschaftsversammlung (entspr § 246 AktG) anfechten, mit dem Ziel, die Rücknahme des Plans zu erwirken. Außerhalb des InsVerf bildet insb die Verletzung von Treuebindungen einen Aufhebungsgrund.[30] Die Treuepflicht besteht grundsätzlich auch in der Liquidationsphase der Ges[31] und im eröffneten InsVerf über das Vermögen der Gesellschaft fort[32]. Allerdings ist dabei zu beachten, dass Umfang und Intensität der Treuepflicht nicht abstrakt, sondern nach den Umständen des Einzelfalles (insb Realstruktur der Ges) zu beurteilen sind.[33] Ist das InsVerf eröffnet, reduziert sich das (schützenswerte) Interesse der Mitgesellschafter auf den durch § 199 modifizierten Ausschüttungsanspruch und den Anspruch auf Gleichbehandlung mit den Mitgesellschaftern.[34] Die durch die Mitgliedschaft verbundenen Teilhabe- und MitwirkungsR des Gesellschafters werden hingegen – nimmt man den insfreien Bereich aus – durch §§ 80 ff verdrängt. Letztlich reicht damit der durch die gesellschaftsrechtliche Treuepflicht vermittelte Interessenschutz nicht weiter als die §§ 245 Abs 3, 251.[35] Kann der Plan nicht mehr zurückgenommen werden (§ 240 Rn 12), entfällt das Rechtsschutzbedürfnis/Feststellungsbedürfnis für eine Anfechtungsklage/Nichtigkeitsklage gegen den Gesellschaftsbeschluss oder sonstige Klage gestützt auf die gesellschaftsrechtliche Treuepflicht.[36] RSchutz kann der Gesellschafter dann nur noch über die Vorschriften zum InsPlan erreichen. Insoweit kommt es zu einer Zuständigkeitskonzentration vor dem InsGericht (§ 225a Rn 8). Die Rechtslage bei der AG entspricht derjenigen bei der GmbH. Insb findet § 119 Abs 2 AktG keine Anwendung.[37] 8

b) OHG, KG. Beim Schu, der eine **Gesellschaft ohne Rechtspersönlichkeit** ist (zB OHG, KG, GbR, EWIV, vgl § 11 Abs 2 Nr 1), liegt die Gemeinschuldnerrolle richtiger Ansicht nach bei der Personengesellschaft als solche (und nicht bei deren Gesellschafter).[38] Wer also das Initiativrecht nach außen ausüben kann, richtet sich nach den gesellschaftsrechtlichen Vertretungsregeln (entspr **§ 18 Abs 3**). Grundsätzlich entfällt durch die Eröffnung des InsVerf und die damit verbundene Auflösung der Gesellschaft die bisherige Vertretungsmacht 9

---

29 Das wird von *C Schäfer* übersehen, ZIP 2013, 2237.

30 S zur Abwendung der Treuepflicht bei der Planerstellung *Andrianesis* WM 2017, 362, 364. S allgemein *B/H/Zöllner* Anh nach § 47 GmbHG Rn 98 ff. Den Treuebindungen unterliegt nicht nur der Mehrheits-, sondern auch der MinderheitsGesellschafter, w auch MK/*Merkt* § 13 GmbHG Rn 101 ff.

31 *BGH* DStR 2007, 2021 f; WM 1971, 412, 414.

32 *OLG Dresden* DStR 2005, 615; *Gottwald/Haas/Kolmann/Pauw* InsOHdb, § 92 Rn 257; *Zipperer* ZIP 2005, 2002, 2009; sa *H F Müller* DB 2014, 41, 45; gegen eine Fortgeltung der Treuepficht im PlanVerf *Thole* ZIP 2013, 1937, 1942.

33 *BGHZ* 85, 350, 360 f; *BGH* DStR 2007, 1313, 1314; s auch *H F Müller* DB 2014, 41, 45.

34 *OLG Frankfurt* NZI 2013, 978 Rn 14 ff; **aA** *C Schäfer* ZIP 2013, 2237, 2240 f.

35 *H F Müller* DB 2014, 41, 45; **aA** anscheinend *Stöber* ZInsO 2013, 2457, 2463 f.

36 **AA** *C Schäfer* ZIP 2013, 2237, 2240 ff.

37 **AA** *Uhlenbruck/Lüer/Streit* § 218 Rn 12.

38 *Gottwald/Haas/Mock* InsOHdb § 94 Rn 23 f; *Uhlenbruck/Lüer* § 218 Rn 14; *Uhlenbruck/Hirte* § 11 Rn 236.

der geschäftsführenden Gesellschafter (vgl §§ 146 Abs 1 HGB, 730 Abs 2 S 2 BGB). Für die Gesellschaft können daher im Zweifel nur alle Gesellschafter gemeinschaftlich (einschließlich der Kommanditisten) einen Plan vorlegen; das entspricht der Regelung des Zwangsvergleichs im früheren § 211 Abs 1 KO.[39] In Bezug auf die Geschäftsführungsbefugnis gilt in jedem Fall § 116 Abs 2 HGB, mit der Folge, dass Gesamtgeschäftsführungsbefugnis besteht.

10 **2. Der InsVerwalter.** Das Vorlagerecht hat andererseits der **InsVerw** (Abs 1 S 1). Er kann einen Plan vorlegen, sobald er bestellt ist (vgl §§ 27, 56, 57), und braucht mit der Vorlage nicht bis zur ersten GlVersammlung (§§ 57, 74, 75) oder gar bis zum Berichtstermin (§ 156) zu warten. Sein Planinitiativrecht besteht also auch dann, wenn er hierzu nicht von der GlVers beauftragt wurde oder sogar gegen deren Willen.[40] § 231 Abs 1 Nr 2 findet keine entspr Anwendung (§ 231 Rn 6). Ist er schon zum vorl InsVerw bestellt worden (§§ 21, 22), hat er uU bereits vor dem Berichtstermin ausreichenden Einblick für einen Planvorschlag gewonnen.[41]

11 Das PlaninitiativR kann dem InsVerw durch einen bloßen VerbotsBeschl („Negativauftrag") nicht genommen werden.[42] Der Sachwalter in der Eigenverwaltung hat kein vergleichbares InitiativR aus eigener Zuständigkeit (§ 284 Abs 1).[43] Die Ausarbeitung des Plans wird idR von der Verwaltervergütung mitumfasst. Der Verw kann aber auch Dritte mit der Ausarbeitung des Plans beauftragen und die angemessene Vergütung hierfür aus der Masse bezahlen (§ 4 Abs 1 S 2 InsVV).[44]

IV. Pflicht zur Vorlage

12 Die GlVersammlung kann den InsVerw **verpflichten**, einen InsPlan vorzulegen (Abs 2, § 157 S 2). UU konkurriert dann der im Auftrag der GlVersammlung erstellte Plan mit dem „eigenen" Plan des InsVerw. Bei der **Eigenverwaltung** (§ 270) kann ein solcher Auftrag an den **Sachwalter** oder den **Schu** gerichtet werden (§ 284 Abs 1). Der InsPlan ist binnen angemessener Frist vorzulegen. Was angemessen ist, ergibt sich aus den Umständen, insb aus dem Inhalt, den der InsPlan haben soll (zu den möglichen Inhalten s Vorb zu §§ 217 ff Rn 13, § 217 Rn 15 ff), und – bei Sanierungsplänen – aus der wirtschaftlichen Verfassung und Position, in der sich das Unternehmen befindet. In der Lit werden zwei bis drei Monate als äußere Grenze bzw eine Orientierung an der Frist des § 270b genannt.[45] Für die Ausarbeitung des InsPlans erhält der InsVerw einen **Vergütungszuschlag**, § 3 Abs 1e InsVV.

13 Hat der InsVerw nicht innerhalb angemessener Frist vorgelegt, kann das InsGer **Aufsichtsmaßnahmen** ergreifen, §§ 58, 59. Eine **Haftung** des InsVerw nach § 60 kommt in Betracht, etwa wenn er Sanierungschancen durch Untätigkeit verstreichen lässt.[46]

14 Das **Ziel** des InsPlans kann dem InsVerw von der GlVersammlung vorgegeben werden, § 157 S 2. Wenn der InsVerw die Zielsetzung nicht als optimal oder gar als schädlich für die

39 *Andres/Leithaus* § 218 Rn 11; *B/G/H/Flöther/Wehner* § 218 Rn 5; *K Schmidt/Spliedt* § 218 Rn 5; abw MK/*Eidenmüller* § 218 Rn 78; *Uhlenbruck/Lüer* § 218 Rn 14; **aA** *Graf-Schlicker/Kebekus/Wehler* § 218 Rn 4.

40 *Uhlenbruck/Lüer/Streit* § 218 Rn 4; *K/P/B/Otte* § 218 Rn 11 f.

41 HM, s *K/P/B/Spahlinger* § 218 Rn 8 mwN; *B/G/H/Flöther/Wehner* § 218 Rn 11.

42 *Uhlenbruck/Lüer* § 218 Rn 5; *K Schmidt/Spliedt* § 218Rn 7; **aA** MK/*Eidenmüller* § 218 Rn 31.

43 *BGH* NZI 2016, 963 Rn 62; **aA** *Uhlenbruck/Lüer/Streit* § 218 Rn 2; s aber auch oben Rn 6.

44 *Uhlenbruck/Lüer/Streit* § 218 Rn 49.

45 MK/*Eidenmüller* § 218 Rn 22 mwN; FK/*Jaffé* § 218 Rn 52; *K Schmidt/Spliedt* § 218 Rn 9; *Uhlenbruck/Lüer* § 218 Rn 34; abw *Hess* InsO § 218 Rn 11: uU 6 Monate; krit *Maus* KS-InsO, 2. Aufl, Rn 33.

46 *Lüke* FS Uhlenbruck, 2000, S 523 f, 527.

Beteiligten ansieht, kann er eine **Änderung** der Zielsetzung durch erneuten Beschl der GlVersammlung (§§ 75, 157 S 3) oder eine **Aufhebung** des Beschl durch das InsGer (§ 78) anstreben. Er kann jedoch **nicht** neben dem InsPlan, den er im Auftrag der GlVersammlung auszuarbeiten hat, kraft eigenen Vorlagerechts einen **Alternativplan** vorlegen, da er sich damit gegen seine Verpflichtung aus §§ 157 S 2 und 218 Abs 2 stellen würde; einen eigenen InsPlan mit anderer Zielrichtung, den er bereits vorher vorgelegt hatte (s Rn 10), muss er aufgeben. Die gegenteilige Ansicht[47] verwässert das Recht der GlVersammlung aus § 157 S 2 und widerspricht der gesetzgeberischen Absicht, die Zahl konkurrierender InsPläne zu beschränken (s Rn 11).[48]

Eine **Verpflichtung** zur Vorlage eines InsPlans kann für den InsVerw auch **ohne einen Auftrag** der GlVersammlung aus seiner allg Pflicht zur Wahrung der Interessen der Beteiligten entstehen (vgl § 60 Abs 1), etwa wenn zu erkennen ist, dass von einer Planlösung bessere Erg zu erwarten sind als von einer Verwertung und Verteilung nach dem Gesetz.[49] 15

V. Mitwirkungsrechte, Abs 3

Wenn der InsVerw einen Plan aufstellt, wird er tunlich von sich aus Verbindung aufnehmen mit den Gl, den Arbeitnehmern, den Führungskräften des Unternehmens und mit dem Schu selbst, bei Gesellschaften mit den geschäftsführenden Personen und den maßgebenden Gesellschaftern, namentlich wenn ein Sanierungsplan in Aussicht genommen wird. Das Gesetz schreibt ihm die **Konsultation** vor mit dem **Schu** sowie mit den gesetzlich vorgesehenen **Vertretungsgremien** der Gl (GlAusschuss) und der Arbeitnehmer (Betriebsrat, SprA). Das gilt unabhängig davon, ob der Plan auf eigene Initiative des InsVerw oder aber im Auftrag der GlVers erstellt wird. Das Recht zur Mitberatung erhalten diese Gremien zusätzlich zu den Mitwirkungsbefugnissen, die ihnen nach den einschlägigen Gesetzen (InsO, BetrVG, SprAG) zustehen; diese Befugnisse bleiben unberührt. Beim Schu, der juristische Person ist (zB AG, GmbH), geschieht die Mitwirkung durch das Vertretungsorgan (zB Vorstand, Geschäftsführer), bei den Personengesellschaften durch alle Gesellschafter gemeinsam (s auch Rn 6). Der **RegE** hatte auch **Anteilsinhabern** einer **juristischen Person** das Mitberatungsrecht gegeben (§ 254 Abs 2 S 2 RegE). Dies wurde vom RAussch zur VerfVereinfachung gestrichen.[50] Die Nichtbeachtung der MitwirkungsR kann zur Zurückweisung des Plans nach § 250 Abs 1 Nr 1 (nicht aber nach § 231 Abs 1 Nr 1, s dort Rn 2) führen. Abs 3 ist auf einen vom Schu erstellten Plan nicht entspr anzuwenden. Ist Eigenverwaltung angeordnet, ist Abs 3 (nur) anwendbar, wenn der Sachwalter den Plan ausarbeitet.[51] 16

Beratende Mitwirkung bedeutet, dass den entspr Personen und Gremien nur das Recht auf Unterrichtung sowie auf beratende Meinungsäußerung zukommt. Der InsVerw darf sich aber auch nicht nur auf einmalige Anhörung beschränken. Insb die Aufstellung eines Sanierungsplans erfordert idR Untersuchungen und Verhandlungen, und sie braucht Zeit. Auch der Rat der genannten Gremien und des Schu muss deshalb wieder und wieder eingeholt 17

---

47 *K Schmidt/Spliedt* § 218 Rn 7; *Warrikoff* KTS 1997, 530 f; *Lüke* (Fn 10) 524 ff; *Braun/Frank* § 218 Rn 12; *Uhlenbruck/Lüer/Streit* § 218 Rn 7; *Hess* InsO § 218 Rn 49, 52; *M/R/Bähr/Landry* § 14 Rn 97; HambKomm/*Thies* § 218 Rn 11.

48 Wie hier ausf FK/*Jaffé* § 218 Rn 37–43; MK/*Eidenmüller* § 218 Rn 29 mwN; *Andres/Leithaus* § 218 Rn 4 aE.

49 So auch *Lüke* FS Uhlenbruck, 2000, S 523 f, 527; *K Schmidt/Spliedt* § 218 Rn 8; *K Schmidt/Uhlenbruck/Spliedt* Die GmbH in Krise, Sanierung und Insolvenz, Rn 8.47; *N/R/Braun* Vor § 217 Rn 88 Fn 2; **aA** HambKomm/*Thies* § 218 Rn 3.

50 BT-Drucks 12/7302, 181, 182.

51 *Uhlenbruck/Lüer/Streit* § 218 Rn 34.

werden, wenn neue Erkenntnisse für die Planaufstellung zu berücksichtigen sind. Der InsVerw ist inhaltl nicht an die Stellungnahmen gebunden.[52]

18 Die Mitberatung ist für die genannten Personen und Gremien **freiwillig**, eine Verpflichtung zur Mitberatung besteht nicht;[53] für den Schu (und seine Gesellschafter bzw Organe) kann sich eine Verpflichtung zur Mitwirkung allerdings aus §§ 97, 101 ergeben. Das Gesetz sieht für die Mitberatung **keine** gesonderte **Vergütung** vor. Für die Mitglieder des GlAusschusses, des Betriebsrats und des SprA der leitenden Angestellten gelten die Regelungen der betr Gesetze (§ 73 InsO, §§ 37, 40 BetrVG, § 14 SprAG), für den Schu ist nach der InsO keine Vergütung vorgesehen.

VI. Wirkungen der Vorlage

19 Die Vorlage des InsPlans setzt das **Prüfungs- und BeschlVerf** in Gang (§§ 231, 232, 234, 235–253); denn dieser beinhaltet den entspr Antrag auf Durchführung des Verfahrens. Die Vorlage hat aber vorerst keine Auswirkungen auf den sonstigen Verlauf des InsVerf, namentlich nicht auf die Feststellung der Forderungen, die Verwaltung und Verwertung der InsMasse und die Verteilung. Nach **§ 233** können jedoch **Verwertung** und **Verteilung** im Hinblick auf einen vorgelegten InsPlan **ausgesetzt** werden. Darüber hinaus muss der InsVerw beachten, dass er die Entsch über einen vorgelegten InsPlan nicht durch die Art und Weise der Verwaltung und Verwertung zum Schaden von InsBeteiligten präjudiziert. Im Lichte eines vorgelegten InsPlans können Rechtshandlungen außerdem „bes Bedeutung" für das InsVerf iSv § 160 erlangen. Die GlVersammlung kann auch im Hinblick auf einen bloß erwarteten InsPlan die Verwaltung und Verwertung des Unternehmens des Schu regeln, § 157 S 1. Zur Frage bei Konkurrenz von Plänen, s § 235 Rn 10 ff; die Vorlage eines Plans hindert jedenfalls die Vorlage eines weiteren durch einen anderen Vorlageberechtigten nicht.

52 *Graf-Schlicker/Kebekus/Wehler* § 218 Rn 5; *Uhlenbruck/Lüer/Streit* § 218 Rn 36.
53 *Uhlenbruck/Lüer/Streit* § 218 Rn 36; *K Schmidt/Spliedt* § 218 Rn 11; abw MK/*Eidenmüller* § 218 Rn 48; HambKomm/*Thies* § 218 Rn 14.

§ 219 Gliederung des Plans

[1]Der Insolvenzplan besteht aus dem darstellenden Teil und dem gestaltenden Teil. [2]Ihm sind die in den §§ 229 und 230 genannten Anlagen beizufügen.

1 Die Vorschrift legt für den InsPlan eine bestimmte **Form** fest und verlangt zusätzlich die Beifügung bestimmter **Unterlagen**. Aus der Bestimmung folgt, dass der Plan schriftlich abzufassen und von dem Antragsberechtigten grds zu unterschreiben ist (§ 4 InsO iVm § 130 Nr 6 ZPO).[1] Dem Erfordernis der notariellen Form für bestimmte Rechtsgeschäfte wird durch § 254a Abs 1 Genüge getan.

2 Die Trennung in einen darstellenden und einen gestaltenden Teil ist durch deren **unterschiedliche Funktionen** begründet. Mit dem **darstellenden Teil** und den **Unterlagen** sollen die Beteiligten und das InsGer diejenigen Informationen erhalten, die sie für ihre Entsch über den InsPlan benötigen; die Einzelheiten sind geregelt in §§ 220, 229, 230. Im **gestaltenden Teil** erfahren die Beteiligten und das InsGer, wie die Rechtsstellung der Beteiligten durch den Plan geändert werden soll (§§ 221–228). Wird der Plan angenommen und bestätigt, so hat dieser Teil unmittelbar **rechtsgestaltende Wirkung** (§ 254) und ist **vollstreckbarer Titel** (§ 257).

1 *Uhlenbruck/Lüer/Streit* § 218 Rn 30; *Smid* ZInsO 2016, 61, 65.

Der darstellende Teil mit den Unterlagen erläutert dann die eingetretene Gestaltung der Rechte der Beteiligten. Wegen seiner unmittelbaren Rechtswirkungen und der Vollstreckbarkeit muss der gestaltende Teil vom darstellenden Teil **klar getrennt** werden.

Musterbeispiele von InsPlänen bei *Braun/Uhlenbruck* Muster eines InsPlans, 1998; *Breuer* S 457; *Buth/Hermanns* Restrukturierung, Sanierung, Insolvenz, 2. Aufl 2003, § 27; *Frege/Keller/Riedel* Rn 2015; *Fritze/Rattunde* (Vor §§ 217 ff Rn 11) 119, 126; *Haarmeyer/Wutzke/Förster* Rn 9.56; *Haarmeyer/Pape* S 714; *Hess/Obermüller* Insolvenzplan, S 283; *Lauscher/Weßling/Bange* ZInsO 1999, 5; *Smid/Rattunde* Insolvenzplan, Anhang 1–3; **Prüfliste** und **Mustergliederung** in: IDW Standard-Anforderungen an Insolvenzpläne, WPg 2000, 285; *Beck/Depré/Dobler* § 43 Rn 253; *Runkel/Frank* § 13 Rn 184; *Braun/Frank* §§ 219–221 Rn 10; *N/R/Braun* § 219 Rn 19–21; *Hess* InsO § 219 Rn 2; *Breuer* S 447. 3

§ 220 Darstellender Teil

(1) Im darstellenden Teil des Insolvenzplans wird beschrieben, welche Maßnahmen nach der Eröffnung des Insolvenzverfahrens getroffen worden sind oder noch getroffen werden sollen, um die Grundlagen für die geplante Gestaltung der Rechte der Beteiligten zu schaffen.

(2) Der darstellende Teil soll alle sonstigen Angaben zu den Grundlagen und den Auswirkungen des Plans enthalten, die für die Entscheidung der Beteiligten über die Zustimmung zum Plan und für dessen gerichtliche Bestätigung erheblich sind.

Übersicht

I. Normzweck

1 Das ESUG hat in Abs 2 das Wort „Gläubiger“ durch den Begriff „Beteiligte“ ersetzt, um der Einbeziehung der Inhaber von Anteils- und Mitgliedschaftsrechten in das InsVerf Rechnung zu tragen. Der Grundgedanke der Vorschrift steht in Abs 2. Der darstellende Teil muss (im Gegensatz zum Wortlaut „soll“) die Beteiligten und das Gericht in die Lage versetzen, eine Entsch zwischen dem vorgelegten Plan, einem etwa konkurrierenden anderen Plan und einer Verwertung nach den Vorschriften des Gesetzes zu treffen. Abs 1 verlangt als speziellen Bestandteil der Darstellung die Information über die *im Verf* bereits getroffenen und die *noch* zu treffenden Maßnahmen, auf denen der Plan aufbaut. Ob die Darstellung den Zweck erfüllen kann, hat das InsGer nach § 231 Abs 1 Nr 1 zu prüfen. Erg Unterlagen können nach §§ 229, 230 beizufügen sein. Zur Frage, ob zwischen Planerstellung und Abstimmungstermin gewonnene Erkenntnisse zu offenbaren sind, s § 250 Rn 6.

II. Inhalt der Darstellung

2 **1. Allgemeine Anforderungen.** Beteiligte und InsGer sind über die gegenwärtige **wirtschaftliche Lage** (Rahmendaten, Betriebsergebnisse, Verschuldenssituation, ausreichende Sicherheiten) des Schu sowie über ihre **Ursachen** zu informieren,[1] und die geplanten, in den gestaltenden Teil des Plans aufzunehmenden (Sanierungs-)**Maßnahmen**[1] sind ihnen zu erklären. Der Inhalt des Plans ist nicht ins Belieben des Planverfassers gestellt.[2] Der darstel-

1 *Horstkotte* ZInsO 2014, 1297, 1302; *Martini/Horstkotte* ZInsO 2017, 1913, 1916.
2 *BGH* NZI 2012, 139 Rn 8.

lende Teil muss (im Gegensatz zum Wortlaut „soll“) sämtliche Angaben (Chancen und Risiken) enthalten, die die Beteiligten für ein sachgerechtes Urteil über den InsPlan unter Berücksichtigung ihrer eigenen Interessen benötigen (zB rechtl und wirtschaftl Verh des Schu, Planziele, wirtschaftl Entwicklung, Vermögensübersicht, Masseverbindlichkeiten, zu berücksichtigende Forderungen, Kriterien für die Gruppenbildung,[3] Quotenquelle, -höhe, Ausschnüttungssicherheit, Haftungs- und InsAnfechtungsansprüche, etc).[4] Die Informationen müssen für die Beteiligten verständlich und darüber hinaus vollständig und klar sein.[5] Der Umfang der Informationen richtet sich nach dem Umfang und der jeweiligen wirtschaftlichen Bedeutung des Unternehmens.[6] Aus dem Begriff „soll“ im Abs 2 kann nicht gefolgert werden, dass die geforderten Angaben fakultativ sind.[7] Die Unterlassung wesentlicher Tatsachen stellt einen erheblichen Verstoß iSv § 250 Nr 1 dar.[8] Einen einklagbaren Auskunftsanspruch nach § 220 haben die Beteiligten hingegen nicht.[9] Nicht erläutert werden müssen solche Informationen, die „auf der Hand liegen“. So muss etwa die Bildung einer gemeinsamen Gruppe für ArbN oder die Bundesagentur für Arbeit (s § 222) ebenso wenig erläutert werden wie die Bildung einer Gruppe der öffentl-rechtl Forderungen.[10]

3 Im RegE waren bestimmte **Angaben und Erläuterungen** ausdrücklich vorgeschrieben. Diese Vorschriften sind zur redaktionellen Straffung gestrichen worden,[11] können aber als Anhaltspunkte für den Mindestinhalt des InsPlans genommen werden. Von den während des Verf getroffenen oder noch zu treffenden Maßnahmen sind **anzugeben**: **Betriebsänderungen** und andere organisatorische und personelle Maßnahmen innerhalb des Unternehmens; die **Sozialplanforderungen** und eine für künftige Sozialpläne etwa getroffene Vereinbarung; Höhe und Bedingungen der **Darlehen**, die während des Verf aufgenommen wurden oder noch werden sollen (§ 258 Abs 2 RegE). IÜ ist eine Vergleichsbetrachtung bzw **Vergleichsrechnung** (oft auch als „Herzstück“ des Plans bezeichnet) vorzulegen,[12] aus der zu ersehen ist, in welchem Umfang die Gl ohne InsPlan befriedigt werden könnten (§ 259 RegE) bzw. welche Folgen im RegelInsVerf eintreten.[13] Die Notwendigkeit hierfür ergibt sich bereits daraus, dass die InsO verschiedentl (§§ 245 Abs 1 Nr 1, 251 Abs 2 Nr 1, 247 Abs 2 Nr 1) darauf abstellt, ob ein Beteiligter durch den InsPlan (unfreiwillig) schlechter gestellt wird als er im RegelInsVerf stünde.[14] IRd Vergleichsrechnung ist auch auf das Durchsetzungsrisiko des Plans einzugehen.[15] Ist der Schuldner eine natürliche Person, ist in die Vergleichsrechnung eine Prognose darüber aufzunehmen, ob der dem RegelInsVerf unterliegende Schu Restschuldbefreiung erlangen würde oder nicht.[16] Ist die Prognose nicht

3 *AG Köln* NZI 2016, 537; s auch *Martini/Horstkotte* ZInsO 2017, 1913, 1916.

4 *BGH* NZI 2012, 139 Rn 9; WM 1012, 1640 Rn 8; NZI 2010, 101 Rn 3; sa *BGH* ZIP 2015, 1346 Rn 29; *AG Hamburg* ZInsO 2016, 2209; *B/G/H/Flöther/Wehner* § 220 Rn 3 ff; *Rendels/Zabel* Insolvenzplan, Rn 122 ff; *Uhlenbruck/Lüer/Streit* § 220 Rn 1; sa *Skauradszun* DZWiR 2015, 539, 543.

5 *BGH* ZIP 2015, 1348 Rn 30; *Uhlenbruck/Lüer/Streit* § 220 Rn 1.

6 *BGH* NZI 2010, 101 Rn 3.

7 *BGH* NZI 2012, 139 Rn 10; ZIP 2015, 1348 Rn 29; *Uhlenbruck/Lüer/Streit* § 220 Rn 1.

8 *BGH* NZI 2012, 139 Rn 11; *AG Köln* NZI 2017, 664, 665.

9 *Uhlenbruck/Lüer/Streit* § 220 Rn 1.

10 *BGH* ZIP 2015, 1348 Rn 20 ff.

11 BT-Drucks 12/7302, 182.

12 *Horstkotte* ZInsO 2014, 1297, 1299; *Smid* ZInsO 2016, 61, 73; HambKomm/*Thies* § 220 Rn 7; *K Schmidt/Uhlenbruck/Spliedt* Die GmbH in Krise, Sanierung und Insolvenz, Rn 8.9.

13 *BGH* ZIP 2015, 1348 Rn 30.

14 *Horstkotte* ZInsO 2014, 1297, 1299.

15 *AG Hamburg* NZI 2017, 567, 569 f.

16 *Madaus* NZI 2017, 697, 699.

erfolgversprechend, unterliegt der Schu im RegelInsVerf der Nachhaftung (§ 201 InsO), mit der Folge, dass eine Besserstellung der Gl durch den InsPlan kaum möglich erscheint.[17] Anders ist die Rechtslage allenfalls dann, wenn von dritter Seite (bedeutende) Beträge zugeschossen werden oder damit zu rechnen ist, dass der Schu dauerhaft keine pfändbaren Einkünfte mehr erwirtschaften wird.[18] All dies muss vollst und realistisch im InsPlan dargestellt werden, um den Gl eine entsprechend zuverlässige Prognose zu ermöglichen. Um die Prognose zu rechtfertigen, dass ein junger Mensch für die gesamte Zeit der Nachhaftung erwerbslos bleibt, braucht es mehr als rudimentäre Angaben.[19] Ist der Schu keine natürliche Person, ist anzugeben, ob **Gl an der Schu beteiligt** sind (§ 261 RegE), und es ist über **behördliche Genehmigungen** (zB auf der Grundlage des Kartellrechts) und **Erklärungen dritter Personen** zu informieren, die für die Realisierung des vorgelegten Plans erforderlich sind (§ 272 RegE). Letztlich sind die Erfordernisse nach dem Einzelfall zu beurteilen.[20] Für **Genossenschaften** gilt zusätzlich § 116 Nr 2 GenG.

Ist der Schu eine natürl Person, sind aussagekräftige Angaben zur berufl Tätigkeit dessel- 4
ben erforderl, etwa ob dieser einzelunternehmerisch tätig ist oder mit anderen eine Personengesellschaft bildet.[21] Der Plan braucht grundsätzlich nicht anzugeben, ob Tatsachen iSv § 290 Abs 1 Nr 2 vorliegen.[22] Ob das auch mit Blick auf die **InsStraftaten** iSv § 290 Abs 1 Nr 1 gilt, hat der BGH zunächst offen gelassen.[23] Zwischenzeitlich hat er sich der in der Lit herrschenden Ansicht angeschlossen, wonach eine Offenbarungspflicht von strafrechtlichen Verurteilungen nach den §§ 283–283c StGB besteht, wenn eine **Unternehmensfortführung** durch bisherigen Unternehmensleiter in Frage steht; denn hier komme es auf die Eignung und Zuverlässigkeit des Schu in besonderem Masse an.[24] Für die Vergleichsrechnung besteht jedoch – abseits klarer Fälle – keine Pflicht, zu prognostizieren, ob eine Restschuldbefreiung nach § 290 versagt würde oder nicht.[25]

2. Sanierungspläne. Sollen mit dem InsPlan das Unternehmen des Schu saniert (s § 217 5
Rn 18, 19) und die Gl nicht sogleich mit einem Gelderlös befriedigt werden, steigen die Anforderungen an den darstellenden Teil. Er muss die **Sanierungsfähigkeit** des Unternehmens sowie das finanzwirtschaftliche und leistungswirtschaftliche **Sanierungskonzept** begründen. Eine Orientierung gibt insoweit der sog Standard IDW S 6, der die in Rechtsprechung, Praxis und Literatur vorherrschende Auffassung zusammen fasst.[26] Dazu gehört auch die Darstellung von **anderen** möglichen **VerfZielen** (zB asset deal) und insb die **Vergleichsrechnung**, die den Nutzen der Beteiligten aus dem Plan mit dem Ergebnis einer Verwertung der InsMasse ohne Plan vergleicht. Für die Prognose der Regelabwicklung ist dabei das wahrscheinlichste Szenario zugrunde zu legen, bei mehreren annähernd gleich wahrscheinlichen Szenarien sind Alternativrechnungen durchzuführen.[27] Dies wird häufig nicht ohne die Einschaltung von Sachverständigen (Wirtschaftsprüfer, Unternehmensberater) möglich sein; Einzelheiten über die aus betriebswirtschaftlicher Sicht uU notwendigen

---

17 *AG Hamburg* NZI 2017, 567,569; s auch *Madaus* NZI 2017, 697, 699; *Frind* NZI 2017, 842, 845.
18 *Madaus* NZI 2017, 697, 699 f.
19 So zu Recht *Frind* NZI 2017, 842, 845; aA wohl *Madaus* NZI 2017, 697, 699.
20 *BGH* NZI 2010, 101 Rn 3; *BGH* NZI 2010, 734 Rn 43.
21 *AG Köln* NZI 2017, 664, 665 f.
22 *BGH* NZI 2010, 101 Rn 3; NZI 2012, 139 Rn 11 f.
23 *BGH* NZI 2009, 515 Rn 26.
24 *BGH* NZI 2012, 139 Rn 13 f; *LG Berlin* ZIP 2008, 324; *Uhlenbruck/Lüer/Streit* § 220 Rn 7.
25 *Lüdtke* ZVI 2016, 297, 298.
26 *Rendels/Zabel* Insolvenzplan, Rn 123; *Uhlenbruck/Lüer/Streit* § 220 Rn 3; abgeschwächt *K Schmidt/Uhlenbruck/Spliedt* Die GmbH in Krise, Sanierung und Insolvenz, Rn 8.9.
27 *K Schmidt/Spliedt* § 220 Rn 6.

Prüfungen und Darlegungen bes übersichtlich bei *Maus* KS-InsO, 2. Aufl, Rn 42–49; *Beck/Depré/Exner/Beck* § 43 Rn 40–53, *Beck/Depré/Dobler* § 43 Rn 109–254; *Herrmanns/Buth* DStR 1997, 1178; ausf *Braun/Uhlenbruck* UnternehmensIns, S 528 ff; *Runkel/Frank* § 13 Rn 81–98; *Smid/Rattunde* InsPlan Rn 5.1–5.62; MK/*Eilenberger* § 220 Rn 26–72; IDW Standard-Anforderungen (s § 219 Rn 3).

6 Wenn das sanierte Unternehmen vom Schu, der keine natürliche Person ist, selbst fortgeführt werden soll (s § 217 Rn 19), muss auch angegeben werden, welche **Änderungen der Rechtsform** des Schu, des **Gesellschaftsvertrags**, der **Satzung** und der **Beteiligungsverhältnisse** dafür schon vorgenommen wurden oder noch werden sollen; so ausdrücklich § 262 RegE.

7 **3. Allgemeine Informationen.** Erheblich für die Entsch der Gl und für die gerichtliche Bestätigung sind auch diejenigen Informationen und Erklärungen, die den Beteiligten in *jedem* InsVerf gegeben werden müssen:[28] Verzeichnis der Massegegenstände (§ 151), GlVerzeichnis (§ 152), Vermögensübersicht (§ 153), Bericht des InsVerw (§ 156) und Auskünfte des Schu oder seiner Organe und Angestellten nach §§ 97, 101. Da der InsPlan auch solchen Personen und Gremien zuzuleiten ist, die in der GlVersammlung nicht vertreten oder anwesend sind (Berufsvertretung, Betriebsrat, SprA; § 232), müssen diese Grundinformationen auch in den darstellenden Teil aufgenommen werden. Für den InsPlan, den der Schu selbst, uU zusammen mit seinem Eröffnungsantrag, vorlegt, ist dies oft noch nicht möglich. Das InsGer muss daher für den Plan des Schu eine entspr Erg zulassen, bevor es ihn gem § 232 zur Stellungnahme weiterleitet.

---

28 *BGH* WM 2012, 1640 Rn 9.

§ 221 Gestaltender Teil

[1]Im gestaltenden Teil des Insolvenzplans wird festgelegt, wie die Rechtsstellung der Beteiligten durch den Plan geändert werden soll. [2]Der Insolvenzverwalter kann durch den Plan bevollmächtigt werden, die zur Umsetzung notwendigen Maßnahmen zu ergreifen und offensichtliche Fehler des Plans zu berichtigen.

Übersicht

I. Normzweck

1 Die Vorschrift beschreibt den Teil des InsPlans, der die Änderung der Rechtsstellung der Beteiligten betrifft (§§ 222–228) und über den im PlanVerf von den Beteiligten abgestimmt und vom InsGer beschlossen wird (§§ 235–253). Die Vorschrift ist auszulegen im Hinblick darauf, dass der rechtskräftig bestätigte InsPlan unmittelbare **Gestaltungswirkung** haben (§ 254) und **vollstreckbarer Titel** sein soll (§ 257). Das ESUG hat in S 2 eine „Verwaltervollmacht" eingeführt, um in Anlehnung an die in Notarverträgen üblichen Abwicklungsvollmachten etwaige Unzulänglichkeiten im Plan korrigieren zu können, ohne zuvor eine GlVers einberufen zu müssen.[1]

---

1 *K Schmidt/Spliedt* § 221 Rn 1.

II. Änderung der Rechtsstellung

1. Beteiligte. Beteiligte sind diejenigen, deren Rechte und Pflichten nach § 217 durch einen InsPlan abw von den Vorschriften der InsO geregelt werden können:[2] die **InsGl** (§§ 38, 39, 52), die **Absonderungsberechtigten** (§§ 49–51), der **Schu** (§ 11) und die **am Schu beteiligten Personen** (§§ 217 S 2; 225a). Beteiligte sind *nicht* der InsVerw, die **MasseGl** (§§ 53–55, ausgenommen bei Masseunzulänglichkeit, s § 210a und § 217 Rn 12), daher auch *nicht* die SozialplanGl (§ 123 Abs 2 S 1; s auch § 217 Rn 11) und *nicht* die **Aussonderungsberechtigten** (§§ 47, 48) oder NeuGl.[3] Personen, die keine Beteiligte sind, können aber mit ihrer Zustimmung in den Plan einbezogen werden (§ 230). 2

2. Änderung durch Planregelung. In den gestaltenden Teil sind *alle* Änderungen, aber auch *nur* die Änderungen aufzunehmen, die der InsPlan bewirken soll. Berichte, Einschätzungen, Prognosen, wirtschaftliche Zielvorstellungen gehören ausschließlich in den darstellenden Teil (§ 220). Die beabsichtigten Änderungen müssen so konkret formuliert sein, dass ein klagbarer Anspruch auf Durchführung der Rechtsänderung besteht (§ 254a Abs 3).[4] Bestimmbarkeit reicht aus. Eine Planklausel, wonach der „Schu berechtigt ist, bei wirtschaftlichen Schwierigkeiten bis zu drei Monatsraten auszusetzen, sofern er anschließend seine Monatsrate hinreichend erhöht, damit zum Ablauf der Ratenzahlung am 31.7.2019 der Rückstand aufgeholt wird", erfüllt diese Anforderungen nicht.[5] Ob Gesamtabgeltungsklauseln (wonach den Gl einschl Nachzüglern ein fester Betrag gesamthaft zugewiesen wird) mit dem Bestimmbarkeitserfordernis vereinbar sind, ist umstr.[6] Die hM lässt derartige Gesamtabgeltungsklauseln zu.[7] Zum Vollstreckbarkeitserfordernis, s § 257. **Änderung** der Rechtsstellung ist jede Regelung der Rechte oder Pflichten eines Beteiligten, die abweicht von dem, was sonst nach materiellem Recht und InsO für ihn gelten würde. Das Gesetz macht keine Vorschriften über die Art der Änderungen; jede Regelung, die auch außerhalb des Verf getroffen werden könnte, ist zugelassen. Gewisse Hinweise geben die bes Regeln in §§ 223–228.[8] Die Rechte der Beteiligten werden nur geändert, wenn dies ausdrücklich so bestimmt ist. Eine Ausnahme gilt für nachrangige InsForderungen, die im Zweifel als kraft Gesetz erlassen gelten (Rn 5). Die Änderungen treten mit Rechtskraft der Bestätigung des Plans ein (§ 254). Um durch Planänderungen auftretende Widersprüche zwischen gestaltendem und darstellendem Teil auszuschließen,[9] wird mitunter die Aufnahme von Auslegungsklauseln empfohlen.[10] 3

Bei den **InsGl** kann die Änderung in einem Erlass, einer Kürzung, einer Stundung, einer Ausschlussfrist (für die Geltendmachung des Anspruchs)[11] oder jeder sonstigen Regelung liegen, zB einem Ausgleich der Stundung durch zusätzliche Verzinsung oder Besicherung (§§ 224, 225). Dasselbe gilt für die **absonderungsberechtigten Gl** und solche **Absonderungsberechtigten**, die nicht Gl des Schu sind; bei ihnen kann auch unmittelbar das Absonderungsrecht verändert werden (§§ 223, 238). Für alle Gl und Absonderungsberechtigten ist 4

---

2 Abw, aber iE nicht anders HambKomm/*Thies* § 221 Rn 3: auch Dritte (s hier Rn 11), die sich am Plan freiwillig beteiligen.
3 *LG Düsseldorf* ZinsO 2015, 2186 f.
4 *K Schmidt/Spliedt* § 221 Rn 4.
5 *AG Hamburg* ZInsO 2016, 2209.
6 S zum Ganzen *Weber* ZInsO 2017, 255 f.
7 *K Schmidt/Spliedt* § 224 Rn 3; *K/P/B/Spahlinger* § 224 Rn 14; eingeschränkt *Uhlenbruck/Lüer/Streit* § 224 Rn 6; **aA** HambKomm/*Thies* § 224 Rn 4.
8 Beispiele ausf bei FK/*Jaffé* § 221 Rn 10–15; MK/*Eidenmüller* § 221 Rn 78–115.
9 ZB *LG Berlin* ZInsO 2011, 326.
10 *Rendels/Zabel* Insolvenzplan, Rn 283.
11 *LAG Düsseldorf* ZInsO 2014, 2119, 2121.

auch schon die Einteilung in Gruppen nach § 222 eine Veränderung. Dadurch werden die Mehrheitsverhältnisse für die Abstimmung über den InsPlan abw von der Mehrheitsregelung für die GlVersammlung bestimmt (§§ 243, 244; §§ 76, 77) und der Gleichheitssatz gilt nur noch innerhalb der Gruppen (§ 226). Für den Schu können Regelungen getroffen werden, die abweichen sowohl vom Verf ohne InsPlan (Weiterhaftung mit Möglichkeit der Restschuldbefreiung, §§ 201, 286) wie auch von der vollständigen und automatischen Befreiung nach § 227.

5 **3. Änderung kraft Gesetzes.** Für manche Beteiligten treten Änderungen durch den bestätigten InsPlan als solchen, ohne ausdrückliche Regelung ein, für die nachrangigen InsGl nach § 225 Abs 1, für den Schu nach § 227.

III. Zusätzliche Regelungen

6 Im gestaltenden Teil können zusätzlich die **Überwachung der Planerfüllung** (§§ 260 ff) und ein vorrangiger **Kreditrahmen** (§ 264) vorgesehen werden. Soweit damit ein Nachrang von InsFord begründet wird (§ 264) oder Rechtsgeschäfte des Schu nach der Planbestätigung an die Zustimmung des InsVerw gebunden werden (§ 263), liegt darin auch eine Änderung der Rechtsstellung von Beteiligten iSv § 221. Überwachung und Kreditrahmen betreffen uU jedoch auch einen Rechtsnachfolger des Schu (§§ 260 Abs 3, 263, 264) und NeuGl (§ 265). Insofern wirkt der InsPlan auch gegenüber Nicht-Beteiligten.

IV. Zusätzliche Erklärungen

7 Keine Änderung der Rechtsstellung liegt vor, wenn einzelne Beteiligte oder Dritte zur Unterstützung des Plankonzepts rechtsgeschäftliche Erklärungen abgeben, die mit dem InsPlan wirksam werden sollen, die aber nicht die InsFord oder die vorhandene InsMasse betreffen, zB Verpflichtungserklärungen, Verfügungen über massefremde Gegenstände, Zustimmungen. Solche Erklärungen können aber gem § 228 in den gestaltenden Teil aufgenommen werden (s insb dort Rn 4) oder sie sind dem Plan beizufügen (zB §§ 226 Abs 2 S 2, 230); sie können auch zur Voraussetzung der Planbestätigung gem § 249 gemacht werden; s auch § 228 Rn 1, § 249 Rn 7, § 254 Rn 11.

V. Verwaltervollmacht

8 Aufgrund des durch das ESUG eingefügten S 2 kann dem Verw eine Vollmacht für zwei Fälle erteilt werden, nämlich (Alt 1) zur Ergreifung von Maßnahmen, die für die **Planrealisierung** notwendig sind, und (Alt 2) zur **Berichtigung offensichtlicher Fehler**. Bei der Alt 1 handelt es sich um eine Klarstellung der bisherigen Rechtslage (zB Entgegennahme, treuhänderische Verwahrung oder planmäßige Ausschüttungen von Geldern).[12] Nicht von der Alt 1 erfasst sind die notwendigen Registeranmeldungen. Hierfür ergibt sich die Ermächtigung des Verw kraft Gesetzes (§ 254a Abs 2). Ob eine Maßnahme nach Alt 1 oder Alt 2 vorliegt, ist im Einzelfall nicht immer leicht abzugrenzen. Eine Pauschalermächtigung für bei der Planerstellung nicht bedachte, aber zur Umsetzung notwendige Maßnahmen unterfällt jedenfalls nicht der Alt 1.[13] Vielmehr ist hier nur der Weg über Alt 2 gangbar.[14] Alt 2 betrifft Berichtigungen, ohne die GlVersammlung erneut einberufen zu müssen. Es geht also um die Korrektur eines nach dem Willen der Parteien umsetzungsfähigen Plans, nicht aber darum, einen nicht umsetzungsfähigen Plan nachträglich umzusetzen.[15] Nicht eindeutig ist

12 HambKomm/*Thies* § 221 Rn 12; *Uhlenbruck/Lüer/Streit* § 221 Rn 14.
13 **AA** *Madaus* ZIP 2016, 1141, 1147 f.
14 HambKomm/*Thies* § 221 Rn 12.
15 FK/*Jaffé* § 221 Rn 14.

der sachliche Anwendungsbereich der Vorschrift. Richtiger Ansicht nach kann es sich um formelle oder materielle Fehler handeln.[16] Entscheidend ist, ob der Fehler – wie der Gesetzeswortlaut klarstellt – „offensichtlich" ist. Im Fall der Alt 2 hat der InsVerw – anders als nach der Alt 1 – die Berichtigung durch das InsGericht besonders bestätigen zu lassen (§ 248a Abs 1). Zur Abgrenzung des S 2 von unzulässigen salvatorischen Klauseln, s Vor § 217 Rn 12.

§ 222 Bildung von Gruppen

(1) [1]Bei der Festlegung der Rechte der Beteiligten im Insolvenzplan sind Gruppen zu bilden, soweit Beteiligte mit unterschiedlicher Rechtsstellung betroffen sind. [2]Es ist zu unterscheiden zwischen
1. den absonderungsberechtigten Gläubigern, wenn durch den Plan in deren Rechte eingegriffen wird;
2. den nicht nachrangigen Insolvenzgläubigern;
3. den einzelnen Rangklassen der nachrangigen Insolvenzgläubiger, soweit deren Forderungen nicht nach § 225 als erlassen gelten sollen;
4. den am Schuldner beteiligten Personen, wenn deren Anteils- oder Mitgliedschaftsrechte in den Plan einbezogen werden.

(2) [1]Aus den Beteiligten mit gleicher Rechtsstellung können Gruppen gebildet werden, in denen Beteiligte mit gleichartigen wirtschaftlichen Interessen zusammengefasst werden. [2]Die Gruppen müssen sachgerecht voneinander abgegrenzt werden. [3]Die Kriterien für die Abgrenzung sind im Plan anzugeben.

(3) [1]Die Arbeitnehmer sollen eine besondere Gruppe bilden, wenn sie als Insolvenzgläubiger mit nicht unerheblichen Forderungen beteiligt sind. [2]Für Kleingläubiger und geringfügig beteiligte Anteilsinhaber mit einer Beteiligung am Haftkapital von weniger als 1 Prozent oder weniger als 1 000 Euro können besondere Gruppen gebildet werden.

Übersicht

I. Normzweck

Die Vorschrift soll mit **Abs 1** die **unterschiedliche rechtliche Stellung** der Beteiligten berücksichtigen. Im früheren Recht bestand dazu kein Anlass, da der Vergleich nach VerglO, KO und GesO überhaupt nur die nicht bevorrechtigten und nicht gesicherten InsGl erfasste. Der InsPlan kann dagegen auch die **absonderungsberechtigten Gl** und **– infolge des ESUG – die Inhaber von Anteils- und Mitgliedschaftsrechten** erfassen (§§ 217, 225a). Zudem unterscheidet die InsO zwischen den **nachrangigen** und den **nicht nachrangigen** (maW: **vollrangigen) InsGl** (§§ 38, 39). Um Fremdbestimmung mit Hilfe eines InsPlans zu Lasten jedenfalls einer ganzen solchen Gruppe auszuschließen und damit die Legitimation für die MehrheitsEntsch zu begründen, müssen die Regelung im Plan und der Beschl über 1

16 FK/*Jaffé* § 221 Rn 15.

den Plan für jede Gruppe getrennt erfolgen, wenn der Plan auch für andere als die vollrangigen Gl eine eigene Regelung vorsieht.[1]

2 **Abs 2** gibt die Möglichkeit, auch innerhalb der nach Abs 1 zu bildenden Gruppen noch zu differenzieren. Durch das Eingehen auf **unterschiedliche wirtschaftliche Interessen** soll die wirtschaftliche Brauchbarkeit des InsPlans gestärkt werden, RegE S 199. **Abs 3** beruht auf der Vermutung, dass **Arbeitnehmer** bes wirtschaftliche Interessen haben, und soll klarstellen, dass auch **KleinGl** sie haben können.[2]

3 Die Bildung von Gruppen hat zur **Folge**, dass **Gleichbehandlung** nur innerhalb der einzelnen Gruppe erforderlich ist (§ 226 Abs 1) und dass die **Abstimmung** über den InsPlan getrennt nach Gruppen erfolgt (§ 243). Damit kann sich auch eine „Mehrheits-Mehrheit" durchsetzen (§ 245).[3] Teilweise wird hierin ein Konflikt mit dem Grundsatz par conditio creditorum gesehen und eine korrigierende, dh einschränkende Auslegung des § 222 befürwortet.[4] Weder aber gilt der Grundsatz par conditio creditorum uneingeschränkt, noch ergeben sich aus den Gesetzesmaterialien irgendwelche Anhaltspunkte für eine solche restriktive Auslegung (su Rn 15).

II. Verfahren der Gruppenbildung

4 Die **Gruppenbildung** liegt in der Hand des vorlegenden **Planverfassers** (Schu, InsVerw, vgl § 218).[5] Sie ist in den darstellenden Teil des InsPlans aufzunehmen (§ 220).[6] Das InsGer hat die Gruppeneinteilung dann iRd Vorprüfung nach § 231 und später für die Bestätigung iRv § 250 zu prüfen. Die Beteiligten sind zur Gruppenbildung erst im Erörterungstermin zu hören (§ 235). Einzelne Beteiligte können Einwände gegen die Gruppenbildung und gegen ihre eigene Gruppenzuordnung dort erheben und in der Abstimmung über den InsPlan wirksam werden lassen. Das Gesetz schließt aber nicht aus, dass der Planverfasser schon bei der Aufstellung des Plans die Beteiligten auch über die Gruppenbildung konsultiert und diese untereinander Verbindung aufnehmen. Auch dies ist Teil des Verhandlungsprozesses, der mit der Institution des InsPlans den Beteiligten eröffnet werden soll.[7]

III. Zwingende Gruppenbildung, Abs 1

5 Die Bildung von Gruppen ist zwingend vorgeschrieben, soweit Beteiligte mit **unterschiedlicher Rechtsstellung** betroffen sind (S 1). Was damit gemeint ist, beschreibt S 2. Er verlangt eine Unterscheidung nur zwischen den **absonderungsberechtigten Gl** (Nr 1), den **nicht nachrangigen (vollrangigen) Gl** (Nr 2), den **nachrangigen Gl** (Nr 3) und den Inhabern von Anteils- und Mitgliedschaftsrechten (Nr 4). Diese Beteiligten dürfen nicht in einer **Mischgruppe** zusammengefasst werden.[8] Innerhalb der in Nr 1 und Nr 2 genannten Kategorien wird freilich keine weitere Gruppenbildung gefordert, auch wenn sie jeweils Gl mit unterschiedlichen Rechten umfassen, wie etwa (Nr 1) GrundpfandGl, PfandGl, Sicherungseigentümer, Sicherungszessionare, Zurückbehaltungsberechtigte (als Absonderungsberechtigte

---

1 Dazu RegE S 199.
2 RegE S 200.
3 *K Schmidt/Spliedt* § 222 Rn 2.
4 Siehe *Smid* BB 1992, 501, 509; sa *Häsemeyer* Rn 28.24 ff.
5 *LG Mühlhausen* NZI 2007, 724, 725 = KTS 2008, 210 (*Jungmann*).
6 *Rendels/Zabel* Insolvenzplan, Rn 119.
7 Vgl RegE S 75–80, 92 f.
8 *BGHZ* 163, 344, 348 = NZI 2005, 619, 621 = ZIP 2005, 1648, 1649 f; *LG Berlin* NZI 2005, 335, 337; *Uhlenbruck/Lüer* § 222 Rn 20; HambKomm/*Thies* § 222 Rn 14; **aA** *K Schmidt/Spliedt* § 222 Rn 23.

nach §§ 49–51) oder (Nr 2) Gl mit Ansprüchen aus verschiedenartigen unerfüllten gegenseitigen Verträgen (vgl §§ 103 ff), mit einseitigen Erfüllungsansprüchen oder mit Schadensersatzansprüchen. Wegen Art 3 und Art 14 GG kann aber je nach dem Planinhalt uU eine differenzierte Behandlung erforderlich werden. So kann zB für die **GrundpfandGl** eine eigene Gruppe vorzusehen sein, uU sogar mehrere Gruppen je nach Rang und Werthaltigkeit des Grundpfandrechts.[9] Eine weitere Unterteilung kommt nach Abs 2 in Betracht (s Rn 2, 12–15). Sie kann wegen des Gleichbehandlungsgebots (§ 226 Abs 1) sogar notwendig werden, wenn der InsPlan innerhalb der nach Abs 1 zu bildenden Gruppen unterschiedliche Regelungen vorsieht, zB eine Stundung der durch Grundvermögen gesicherten, nicht aber der durch bewegliche Sachen gesicherten Forderungen, eine Kürzung der Erfüllungs-, nicht aber der Schadensersatzansprüche, der Hauptforderungen, nicht aber der Zinsansprüche.

Absonderungsberechtigte Gl (S 2 Nr 1) sind die in §§ 49–51 genannten Beteiligten. Sie müssen nicht auch InsGl, also persönliche Gl des insolventen Schu sein (vgl § 52 S 1); es genügt, dass ihnen an dessen Vermögen ein Absonderungsrecht zusteht. In die Gruppe nach Nr 1 ist nur der (tatsächliche) Wert des AbsonderungsR einzubeziehen.[10] Ist bspw – aufgrund des Rangs – davon auszugehen, dass der Gl aus dem AbsonderungsR nichts erhält, ist das SicherungsR nicht in die Nr 1 aufzunehmen.[11] Ist der Absonderungsberechtigte auch InsGl, gehört er nach überw Auff in die Gruppe der Absonderungsberechtigten, soweit die Forderung durch den Wert des Absonderungsgegenstandes (s §§ 237, 238) und den Betrag des Absonderungsrechts gedeckt ist,[12] und (nur) mit dem ungedeckten Teil der Forderung – da anderenfalls eine unzulässige Mischgruppe vorliegen würde (so Rn 5) – zu den Gl nach Abs 1 S 2 Nr 2[13] (wobei allerdings zum Betrag des Grundpfandrechts auch der weiterlaufende dingliche Zinsanspruch gehört (§§ 1118, 1191 Abs 2, 1192 Abs 2 BGB), wenn das belastete Grundstück der Fortführung des SchuUnternehmens dienen soll).[14] Bei der Bewertung der Sicherheit ist der Fortführungswert zugrunde zu legen, wenn der InsPlan auf Fortführung des Schu gerichtet ist.[15] Diese Auff belastet schon die Planerarbeitung (§ 218) und die gerichtliche Vorprüfung (§ 231) mit der Bestimmung der Werthaltigkeit des Absonderungsrechts. Klarer und praktikabler ist es, die gesicherte Forderung mit ihrem vollen Betrag bei den Gl nach Abs 1 S 2 Nr 2 einzuordnen und die Werthaltigkeit des Absonderungsrechts erst beim Stimmrecht in seiner Gruppe (§§ 237, 238) zu berücksichtigen.[16] 6

Ein **Eingriff** in das **Absonderungsrecht** ist jede Regelung, die das Recht verändert, zB das Recht selbst oder das eigene Verwertungsrecht des Inhabers (§ 173) hemmt, verzögert, vermindert oder aufhebt, den Vorrang bei der Erlösverteilung (§ 170 S 1) nimmt, die Kosten der Feststellung und Verwertung höher als nach § 171 ansetzt, Verzinsung und Nutzungsvergütung (§§ 169, 172) ausschließt. Ein Eingriff ist auch die Veränderung nur der persönlichen 7

---

9 Ausf *Jungmann* Grundpfandgläubiger und Unternehmensinsolvenz, 2004, S 98–101; *Bruns* KTS 2004, 10–12 mwN; dazu auch *Smid* FS Gerhardt, 2004, S 948–952; krit *Rink* Die Sicherheit von Grundpfandrechten in Deutschland und England, 2006, S 258–262.

10 *BGHZ* 163, 344, 349 f = NZI 2005, 619, 621.

11 *Uhlenbruck/Lüer/Streit* § 222 Rn 15, sa *LG Berlin* NZI 2005, 335, 337.

12 So bei einem Grundpfandrecht, s *LG Berlin* NZI 2005, 335, 337 mit Anm *Smid* S 296; sa *Uhlenbruck/Lüer/Streit* § 222 Rn 15.

13 *BGHZ* 163, 344, 348 = NZI 2005, 619, 621 (allerdings nicht entscheidungserheblich) mwN; HambKomm/*Thies* § 222 Rn 9; *K Schmidt/Uhlenbruck/Spliedt* Die GmbH in Krise, Sanierung und Insolvenz, Rn 8.20.

14 *BGH* NZI 2005, 619, 621.

15 *BGH* NZI 2005, 619, 621; *K Schmidt/Uhlenbruck/Spliedt* Die GmbH in Krise, Sanierung und Insolvenz, Rn 8.22.

16 Ausf MK/*Eidenmüller* § 222 Rn 27, 28, 56–59; zust *Andres/Leithaus* § 222 Rn 3.

Forderung, zB durch Stundung oder Erlass, soweit dadurch kraft Gesetzes (zB §§ 1137, 1163, 1211, 1252 BGB) oder kraft eines Sicherungsvertrags mittelbar auch der Bestand oder die Ausübung des Absonderungsrechts gegenüber dem Schu betroffen wird.[17] Greift der Plan also nicht in die Rechte ein (sondern lässt diese unberührt), muss keine Gruppe gebildet werden. Greift der Plan nur in eine bestimmte Art von Absonderungsrechten ein, sind nur diese in die Gruppe nach Nr 1 aufzunehmen.[18]

8 Die **nicht nachrangigen (vollrangigen) InsGl** (Abs 1 S 2 Nr 2) müssen eine Gruppe nur dann bilden, wenn mindestens eine Gruppe für die Gl nach Nr 1 und Nr 3 gebildet werden muss. Das ist nicht der Fall, wenn in die Rechte absonderungsberechtigter Gl nicht eingegriffen wird und es auch für die nachrangigen Forderungen bei der gesetzlichen Regelung (§ 225) bleiben soll (vgl S 2 Nr 3); dann sind durch den Plan nur die vollrangigen Gl und damit iSv S 1 keine Gl mit unterschiedlicher Rechtsstellung betroffen. Ist allerdings nach Nr 1 oder Nr 3 eine Gruppe zu bilden, dann muss eine solche auch nach Nr 2 gebildet werden und zwar unabhängig davon, ob der Plan in deren Rechte eingreift.

9 Die **nachrangigen InsGl** müssen nach ihren einzelnen Rangklassen (§ 39) in Gruppen eingeteilt werden, soweit ihre Forderungen entgegen § 225 nicht erlöschen sollen (S 2 Nr 3).

10 Mit Inkrafttreten des ESUG verlangt das Gesetz nunmehr auch eine Gruppe der **Anteilsinhaber**, wenn ihre Rechte in den Plan „einbezogen" werden (Abs 1 S 2 Nr 4). Diese Schwelle ist bereits dann überschritten, wenn der Rechtsträger durch den Plan erhalten werden soll; denn in einem solchen Fall ist die Fortsetzung zu beschließen (s zB § 60 Abs 1 Nr 4) bzw im InsPlan zu regeln (§ 225a Abs 3), die wiederum – aufgrund des damit einhergehenden gewandelten Gesellschaftszwecks – das Mitgliedschaftsrecht tangiert.[19]

11 Nach § 210a gelten bei Anzeige der Masseunzulänglichkeit die Vorschriften über den InsPlan mit der Maßgabe, dass an die Stelle der nicht nachrangigen InsGl die AltmasseGl (§ 209 Abs 1 Nr 3) treten (§ 217 Rn 12). Für diese ist dann entspr Abs 1 S 2 Nr 2 eine Gruppe zu bilden). Fraglich ist, ob für die nicht nachrangigen Gl, die nach § 210a Nr 2 in die Position der nachrangigen Gl aufrücken, stets eine Gruppe zu bilden ist.[20] Dies ist jedoch abzulehnen; denn für diese gilt dann analog § 225. Wenn aber auf diese Gruppe keine Quote entfällt, ist für diesen Personenkreis auch keine Gruppe zu bilden.[21]

IV. Fakultative Gruppenbildung, Abs 2

12 Das Gesetz **erlaubt** die Bildung von Gruppen auch unter Gl mit gleicher Rechtsstellung iSd Gruppen nach Abs 1 S 2 Nr 1–3, wenn in der jeweiligen Gruppe Gl mit **gleichartigen wirtschaftlichen Interessen** zusammengefasst werden, oder anders ausgedrückt: wenn Gl mit gleicher Rechtsstellung unterschiedliche *wirtschaftliche* Interessen haben und deshalb unterschiedlich behandelt werden dürfen. Die unterschiedlichen Interessen können sich dabei auch aus den Planwirkungen ergeben.[22] Die Gruppenbildung nach wirtschaftlichen Interessen soll es den Beteiligten erleichtern, ihre Interessen in den Verhandlungen zu koordinie-

17 Abw *Becker* InsR Rn 1630–1632: kein mittelbares „Durchschlagen" auf das Absonderungsrecht.
18 *Uhlenbruck/Lüer/Streit* § 222 Rn 14.
19 HambKomm/*Thies* § 222 Rn 13; *K Schmidt/Spliedt* § 222 Rn 10; *Uhlenbruck/Lüer/Streit* § 222 Rn 18; auch *Martini/Horstkotte* ZInsO 2017, 1913, 1919.
20 So HambKomm/*Thies* Vorb zu §§ 217 ff Rn 12.
21 *K Schmidt/Spliedt* § 222 Rn 13; *Braun/Kießner* § 210a Rn 14.
22 *BGH* ZIP 2015, 1348 Rn 15; *K Schmidt/Uhlenbruck/Spliedt* Die GmbH in Krise, Sanierung und Insolvenz, Rn 8.19.

ren und dadurch die einvernehmliche Ausarbeitung eines Plans zu beschleunigen.[23] Bei entspr Interessenlage kann die Gruppe auch nur aus einer Person bestehen (Rn 18).[24]

Beispiele[25] für **vollrangige InsGl** mit denkbaren jeweils gleichartigen (und damit gegenüber anderen unterschiedlichen) Interessen sind: BankkreditGl, AnleiheGl, Lieferanten als Gl, Gl mit gesellschaftsrechtlicher Beteiligung am Schu, Familienangehörige als Gl, Gl aus Produkthaftung, Gl mit öffentlich-rechtlichen Ansprüchen, Versorgungsunternehmen als Gl, Gl, deren Forderungen in Anteil nach § 225a Abs 2 umgewandelt werden oder Gl, die einen besonderen in eigenständigen Sanierungsbeitrag leisten.[26] Differenziert werden kann auch zwischen Gl, deren Forderung mit der Restschuldbefreiung wegfällt bzw deren Forderung bestehen bleiben[27] oder zwischen Lieferanten mit denen die Geschäftsverbindung fortgesetzt werden soll oder nicht. **Keine unterschiedlichen wirtschaftlichen Interessen** haben dagegen aktive bzw passive Gl, dh solche, die ihre Forderung im InsVerf angemeldet bzw nicht angemeldet haben (Nachzügler), s hierzu § 254b Rn 1 f. Gleiches gilt, wenn der InsPlan danach differenziert, bis wann die Gl ihre Forderung angemeldet haben.[28] Beispiele bei den **absonderungsberechtigten Gl** sind: Gl mit Absonderungsrechten am Warenlager; mit Rechten an der Betriebsausrüstung; mit Rechten an den Außenständen des Schu; mit Rechten am Privatvermögen des Schu; mit Grundpfandrechten; mit Rechten an Betriebsgegenständen, deren Wert von der Betriebsfortführung abhängig ist, und andererseits mit Rechten an Gegenständen, die so oder so werthaltig sind. Zu den Gl, die nach ihren gleichen wirtschaftlichen Interessen in Gruppen zusammengefasst werden können, zählen auch diejenigen, die zwar ungleiche Rechte haben, jedoch noch nicht nach Abs 1 unterschieden werden müssen, s Rn 5, 6. Eine Gruppe kann uU auch aus nur einem Gl bestehen.[29] Für die Rückgriffsansprüche des **PSVaG** ist dies ausdrücklich vorgesehen, § 9 Abs 4 S 1 BetrAVG.[30] Für **AnleiheGl** verlangt § 19 SchVG gleiche Bedingungen für alle Inhaber der jeweiligen Anleihe. Wenn diese Bedingungen abweichen sollen von der Behandlung der anderen Gl der Gruppe nach Abs 1 oder 2, in welche die AnleiheGl sonst einzuordnen wären, muss für sie wegen § 226 Abs 1 eine eigene Gruppe gebildet werden (s auch Rn 5).[31] Für **Inhaber von Mitgliedschaft- oder Anteilsrechten** kann differenziert werden nach der Höhe der Beteiligung, zwischen sanierungswilligen und -unwilligen Gesellschaftern oder nach Art des Sanierungsbeitrags.[32] 13

Das Gesetz nennt als mögliche Gruppe schließlich eigens die **KleinGl**, Abs 3 S 2, um klarzustellen, dass auch die geringfügige Höhe von Forderungen ein gleichartiges wirtschaftliches Interesse solcher Gl begründen kann.[33] Zwingend ist das Regelbeispiel insoweit nicht.[34] Bis zu welchem Betrag eine Forderung als geringfügig einzuordnen ist, ist umstritten. Mitunter 14

23 So RegE S 99, 199.

24 *K Schmidt/Uhlenbruck/Spliedt* Die GmbH in Krise, Sanierung und Insolvenz, Rn 8.18; s für einen solchen Fall *AG Cuxhaven* ZInsO 2017, 2128, 2129.

25 S auch *B/G/H/Flöther/Wehner* § 222 Rn 21 ff.

26 *AG Cuxhaven* ZInsO 2017, 2128, 2129.

27 *AG Hannover* ZInsO 2015, 2385, 2387.

28 *BGH* ZIP 2015, 1348 Rn 15.

29 RegE S 199. Beispiel: *LG Mühlhausen* NZI 2007, 724, 725 = KTS 2008, 210 (*Jungmann*).

30 Dazu ausf FK/*Jaffé* § 222 Rn 37–40; MK/*Eidenmüller* § 222 Rn 157–161; *Flitsch/Chardon* DZWIR 2004, 485.

31 Dazu *Hess* InsO § 222 Rn 7–24; MK/*Eidenmüller* § 222 Rn 162, 163; *Penzlin/Klerx* ZInsO 2004, 313.

32 *Müller* KTS 2012, 419, 422; *Simon/Merkelbach* NZG 2012, 121, 127; sa *Wertenbruch* ZIP 2013, 1693, 1701.

33 RegE S 200. Ausf HambKomm/*Thies* § 222 Rn 26, 27.

34 *K Schmidt/Spliedt* § 222 Rn 18; **aA** HambKomm/*Thies* § 222 Rn 27.

werden insoweit fixe Grenzen (bis zu 500 EUR bzw 600)[35] bzw eine Orientierung an §§ 511 Abs 2 Nr 1, 495a ZPO[36] befürwortet. Andere wollen zu Recht allein auf die Umstände des Einzelfalles abstellen.[37] Aus der Gesetzesbegründung geht auch hervor, dass die Vorschrift zur Verfahrensvereinfachung eingesetzt werden kann, indem durch die volle Bedienung von (bzw eine Quotenerhöhung bzgl) Forderungen bis zu einer bestimmten Höhe Gl aus dem Abstimmungsverfahren ausgeschieden werden.[38] Das **ESUG** ergänzt dies um „geringfügig beteiligte **Anteilsinhaber**" als Folgeänderung und spezifiziert für sie – anders als für die KleinGl – die Geringfügigkeit zahlenmäßig in Anlehnung an das Aktienrecht. Maßgebend ist der Zeitpunkt der Planerstellung.[39] Beide Kriterien stehen wahlweise nebeneinander Die praktische Relevanz dieser Bestimmung ist allerdings gering.[39] Eine Sonderregelung für **Genossenschaften** gibt § 116 Nr 3 GenG.[40]

15 Die **Entsch**, ob, in welcher Zahl und in welcher Abgrenzung Gruppen nach Abs 2 zu bilden sind, trifft der Planverfasser (Schu; InsVerw).[41] Das Gesetz schreibt vor, dass die **Zusammenfassung** auf **wirtschaftlich gleichartige Interessen** gestützt (S 1), die **Abgrenzung** gegen andere Gruppen **sachgerecht** sein (S 2) und dies im Plan (im darstellenden Teil) begründet bzw erläutert werden muss (S 3).[42] Anders ist die Rechtslage allenfalls dann, wenn die Begründung für die Gruppenbildung „auf der Hand liegt" (§ 220 Rn 2). Die Sache, um die es geht, ist der Plan, die **Sachgerechtigkeit** ist deshalb zu beurteilen mit Blick auf das **Planziel** und den **Planinhalt.**[43] Es geht folglich um die Tragfähigkeit der im Plan angegebenen Kriterien.[44] Wird beispielsweise eine Gruppe gebildet, um alle „öffentl. Kassen" zusammenzufassen, deckt dieses Kriterium nicht auch den Einbezug der Forderungen einer privaten Krankenversicherung.[45] Soll die Gruppe sämtliche FinanzkreditGl zusammenfassen, deckt das Kriterium nicht (auch) die von einer Privatperson gehaltene Forderung.[45] Mit dem Differenzierungsgebot nicht ohne weiteres vereinbar ist es, wenn eine GlGruppe der nahestehenden Personen gebildet wird; denn allein der Umstand, dass die Forderungen gegen den Schu aus einer Darlehensvergabe durch Personen aus dem Familienkreis stammen, begründet für sich genommen noch keine sachliche Rechtfertigung, für eine Abgrenzung zu den Forderungen anderer Gl.[45] Überdies ist die Bildung einer eigenen Gruppe nur dann gerechtfertigt, wenn die Interessen der Gruppe nicht bereits durch die Interessen einer anderen Gruppe abgedeckt sind. Werden also den GlGruppen nicht unterschiedliche Rechte zugewiesen, ist dies ein Indiz dafür, dass es uU an einer sachlichen Rechtfertigung für die Differenzierung fehlt.[45]

16 Da der Planverfasser auch den Planinhalt bestimmt (vgl § 218), hat es dieser daher idR weitgehend in der Hand, Planinhalt und Gruppenbildung durch die Wahl entspr Kriterien stra-

---

35 Siehe *N/R/Braun* § 222 Rn 85, 87.
36 *Smid* § 222 Rn 23; *Hess/Obermüller* Rn 204.
37 *Andres/Leithaus* § 222 Rn 10; *Uhlenbruck/Lüer/Streit* § 222 Rn 30.
38 *Uhlenbruck/Lüer/Streit* § 222 Rn 30.
39 HambKomm/*Thies* § 222 Rn 28.
40 Einzelheiten bei MK/*Eidenmüller* § 222 Rn 152–156.
41 Zu den Einteilungsmöglichkeiten HambKomm/*Thies* § 222 Rn 15–19; *Braun/Uhlenbruck* UnternehmensIns, S 595–597; *N/R/Braun* § 222 Rn 55–75; *Hess* InsO § 222 Rn 37–89.
42 *BGH* ZIP 2015, 1346 Rn 10; *LG Mühlhausen* NZI 2007, 724, 725 = KTS 2008, 210 (*Jungmann*). Beispiele zu den Kriterien ausf bei FK/*Jaffé* § 222 Rn 21–31; *Uhlenbruck/Lüer* § 222 Rn 32, 33; MK/*Eidenmüller* § 222 Rn 80–101; *B/G/H/Fläther/Wehner* § 222 Rn 45.
43 So ausdrücklich RegE S 93, 199; sa *Uhlenbruck/Lüer/Streit* § 222 Rn 28 f; **aA** wohl MK/*Eidenmüller* § 222 Rn 85.
44 *AG Köln* NZI 2016, 537.
45 *AG Köln* NZI 2016, 537, 538.

tegisch aufeinander abzustimmen. Dies entspricht jedoch der gesetzgeberischen Absicht.[46] Das verfahrensrechtliche Gegengewicht zu dieser Gestaltungsmacht bildet die Notwendigkeit, die Zustimmung mindestens der Mehrheit der GlGruppen (§§ 244, 245) und die Bestätigung durch das InsGer (§§ 248–252) zu erhalten. Das inhaltliche Gegengewicht folgt aus der Obstruktionsprüfung (§ 245) und dem Gleichbehandlungsgebot (§ 226). Zur Kontrolle durch das InsGer s Rn 18. Die Rspr unterbindet in aller Regel einen Missbrauch des Gestaltungsspielraums, wenn künstlich Gruppen augenscheinlich zu dem Zweck geschaffen werden, um eine Mehrheit der abstimmenden Gruppen nach § 245 Abs 1 Nr 3 zu erreichen, indem eine nicht sachgerechte Aufteilung der Beteiligten mit wesentlich gleichartigen wirtschaftlichen Interessen auf verschiedene Gruppen erfolgt.[47]

V. Arbeitnehmer, Abs 3 S 1

Arbeitnehmer sollen mit ihren Forderungen zu einer Gruppe gemacht werden, weil ihr wirt- 17
schaftliches Interesse vornehmlich auf den Arbeitsplatz gerichtet ist, über dessen Erhaltung erst im InsVerf selbst entschieden wird.[48] Die Forderungen, um die es geht, können allerdings nur solche sein, die nicht durch das InsGeld abgedeckt sind (§§ 183 ff SGB III) und nicht Masseforderungen nach § 55 Abs 1 Nr 2 und § 123 Abs 2 S 1 sind; im Wesentlichen geht es um Entgeltrückstände aus einer Zeit von mehr als drei Monaten vor der Eröffnung des InsVerf. Sind diese Rückstände nicht unerheblich (gemessen an den Einkommensverhältnissen der Arbeitnehmer und am Anteil der Arbeitnehmer des Unternehmens, die InsGl sind),[49] entfällt das Ermessen des Planverfassers, s Rn 15; er ist dann *verpflichtet*, eine eigene Gruppe der Arbeitnehmer als Gl zu bilden.[50] UU kann auch angezeigt sein, nach Abs 2 weitere Untergruppen zu bilden und zwischen den verschiedenen Arbeitnehmern zu differenzieren.[51] Der Begriff Arbeitnehmer kann nicht auf arbeitnehmerähnliche Mitarbeiter oder freiberufliche Mitarbeiter ausgedehnt werden.[52] Für sie kann aber im Rahmen der Nr 2 eine Untergruppe nach Abs 2 gebildet werden.

VI. Wirkungen und Kontrolle der Gruppenbildung

Die Bildung von Gruppen hat zur Folge, dass **Gleichbehandlung** nur noch *innerhalb* einer 18
Gruppe geboten ist (§ 226 Abs 1) und dass die **Mehrheiten** für die **Zustimmung zum Plan** sich auch nach der Zahl und dem Zuschnitt der gebildeten Gruppen richten (§§ 244, 245).[53] Je mehr Gruppen gebildet werden, um so höher steigt die Zahl der Gruppen, die für eine Mehrheit erforderlich ist; umgekehrt wird es leichter, innerhalb der einzelnen Gruppe eine Mehrheit zu erreichen, je mehr Gruppen mit entspr kleinerer Zahl von Beteiligten und des-

46 RegE S 200; positiv dazu, mit Ratschlägen *Braun/Uhlenbruck* UnternehmensIns, S 602–605; *K/P/B/Spahlinger* § 222 Rn 27 ff; *K Schmidt/Spliedt* § 222 Rn 4; *Uhlenbruck/Lüer/Streit* § 222 Rn 5; *Braun/Frank* § 222 Rn 7, 8, 11–15; *Bichlmeier/Engberding/Oberhofer* (Vorb zu §§ 217–269 Rn 11) S 351 f, 359 f; *Runkel/Frank* § 13 Rn 37–42, 115–126; HambKomm/*Thies* § 222 Rn 3. Beispiel: *LG Mühlhausen* NZI 2007, 724, 725 mit zust Anm *Jungmann* KTS 2008, 218; krit, mit hypothetischen Beispielen, *Smid/Rattunde* InsPlan Rn 7.1–7.35.

47 *AG Köln* NZI 2016, 537, 539.

48 RegE S 200.

49 Dazu ausf *Uhlenbruck/Lüer/Streit* § 222 Rn 22 f mwN; *Jungmann* KTS 2008, 219–222 mwN; *K Schmidt/Spliedt* § 222 Rn 19; sa *BGH* ZIP 2015, 1346, 1347 f, wonach die Voraussetzungen nicht gegeben sind, wenn „allenfalls einer von zwölf Arbeitnehmern erhebliche Forderungen angemeldet hat".

50 Ausf *Jungmann* KTS 2008, 219 ff mwN.

51 *Uhlenbruck/Lüer/Streit* § 222 Rn 25.

52 *Uhlenbruck/Lüer/Streit* § 222 Rn 21.

53 *BGH* ZIP 2015, 1346, 1347.

halb vermutlich größerer Homogenität der Interessen es gibt. Zahl und Zuschnitt der Gruppen richten sich wiederum nach dem Inhalt des vorgelegten InsPlans, über den der Vorlageberechtigte entscheidet (s schon Rn 15). Im Extremfall ist auch die Bildung einer Gruppe mit nur einem Beteiligten möglich.[54] Das InsGer hat aber sowohl bei der Zulassung des Plans (§§ 231, 232) wie auch bei der Entsch über die Bestätigung (§§ 248–252) sorgsam zu prüfen, ob der Vorlegende die Kriterien für die Bildung und Abgrenzung der Gruppen beachtet hat;[55] Ziel der Gruppenbildung darf nicht allein sein, die gerichtliche Prüfung der Voraussetzungen des Obstruktionsverbots auszuschalten.[56]

§ 223 Rechte der Absonderungsberechtigten

(1) [1]Ist im Insolvenzplan nichts anderes bestimmt, so wird das Recht der absonderungsberechtigten Gläubiger zur Befriedigung aus den Gegenständen, an denen Absonderungsrechte bestehen, vom Plan nicht berührt. [2]Eine abweichende Bestimmung ist hinsichtlich der Finanzsicherheiten im Sinne von § 1 Abs. 17 des Kreditwesengesetzes sowie der Sicherheiten ausgeschlossen, die

1. dem Betreiber oder dem Teilnehmer eines Systems nach § 1 Abs. 16 des Kreditwesengesetzes zur Sicherung seiner Ansprüche aus dem System oder

2. der Zentralbank eines Mitgliedstaats der Europäischen Union oder der Europäischen Zentralbank

gestellt wurden.

(2) Soweit im Plan eine abweichende Regelung getroffen wird, ist im gestaltenden Teil für die absonderungsberechtigten Gläubiger anzugeben, um welchen Bruchteil die Rechte gekürzt, für welchen Zeitraum sie gestundet oder welchen sonstigen Regelungen sie unterworfen werden sollen.

Übersicht

I. Normzweck

1 Eine der wichtigsten Neuerungen gegenüber dem früheren Recht ist die mögliche **Einbeziehung** der **Absonderungsberechtigten** in den InsPlan, s § 217. Durch § 223 wird klargestellt, dass eine vom Gesetz abw Regelung der Absonderungsrechte im InsPlan ausdrücklich und spezifiziert für die einzelnen Absonderungsrechte getroffen werden muss. Dies versteht sich eigentlich für *alle* vom InsPlan geregelten Rechte von selbst. Die **Klarstellung** für die Absonderungsrechte ist nützlich wegen der Neuheit der Regelung und wegen des Unterschieds zwischen Absonderungsrecht und InsFord (dazu Rn 2).

---

54 HambKomm/*Thies* § 222 Rn 4; *Schluck-Amend* Gesellschaftsrecht in der Diskussion 2014, S 151, 174.

55 *LG Mühlhausen* NZI 2007, 724, 725 = KTS 2008, 210 (*Jungmann*); *AG Cuxhaven* ZInsO 2017, 2128, 2129; *AG Köln* NZI 2016, 537 f; *Martini/Horstkotte* ZInsO 2017, 1913, 1917.

56 *Wertenbruch* ZIP 2013, 1693, 1701 f; sa FK/*Jaffé* § 231 Rn 10.

II. Absonderungsberechtigte Gläubiger

Die Inhaber von Absonderungsrechten nennt das Gesetz „absonderungsberechtigte Gl“ (§§ 49–52). Sie sind nicht notwendig InsGl und auch nicht notwendig Inhaber einer Forderung. Es ist zu unterscheiden: Absonderungsberechtigte sind InsGl, wenn ihnen der Schu auch persönlich haftet (§ 52 S 1). Sie sind nicht InsGl, wenn das Absonderungsrecht an einem Massegegenstand für eine Forderung gegen einen Dritten besteht, und auch nicht, wenn neben dem Absonderungsrecht keine Forderung besteht, so bei einer Grundschuld zu anderen als Sicherungszwecken. Die InsO behandelt das Absonderungsrecht grds unabhängig von der sonstigen GlEigenschaft des Absonderungsberechtigten (s dazu §§ 49–52, 165–173, 217). Für die Regelung in einem InsPlan kann es aber von Bedeutung sein, ob der absonderungsberechtigte Gl auch InsGl ist (s Rn 3–5). 2

III. Befriedigungsrecht

Das Recht zur **abgesonderten Befriedigung** setzt den Bestand eines der in §§ 49–51 genannten Rechte voraus. **Inhalt** und **Ausübung** des Absonderungsrechts regeln die §§ 165–173. Der InsPlan kann Regelungen enthalten, die von diesen Vorschriften abweichen, zB zum Kostenbeitrag (§§ 170, 171), zur Verwertungsbefugnis (§§ 165–169, 173), zur Nutzung des Absonderungsgegenstandes für die InsMasse (§ 172), zur Verteilung des Erlöses (§ 173). Der InsPlan kann auch in das zugrunde liegende Recht selbst eingreifen, etwa ein Grundpfandrecht im Betrag herabsetzen, eine Sache freigeben, eine Sicherheit durch eine andere ersetzen oder auch freigeben. Der InsPlan kann schließlich auch die Forderung, für die das Absonderungsrecht besteht, stunden, herabsetzen und streichen, wenn der Absonderungsberechtigte gleichzeitig InsGl ist (s Rn 2), und dadurch auch das Sicherungs- und Absonderungsrecht beeinflussen, zB über §§ 1163, 1252 BGB oder die aus dem Sicherungsvertrag erwachsenden Einreden. Auch solche mittelbaren Wirkungen berühren das Befriedigungsrecht des Absonderungsberechtigten (s auch § 222 Rn 7).[1] Über die möglichen Regelungen ausf MK/*Breuer* § 223 Rn 11–28. Gegen MehrheitsEntsch zu seinen Lasten kann der AbsonderungsGl sich mit § 251 wehren. 3

IV. Erhaltung, Abs 1

Abs 1 erklärt, dass das Befriedigungsrecht des Absonderungsberechtigten unberührt bleibt, wenn der InsPlan es nicht anders bestimmt. Das ist eine *Selbstverständlichkeit*: ein Recht wird vom Plan nur berührt, wenn er es regelt. Für InsFord, die *nicht* mit einem Absonderungsrecht verbunden sind, gilt jedoch die umgekehrte Auslegungsregel (s § 227 Abs 1). Eine andere Bestimmung iSd Vorschrift enthält der InsPlan auch dann, wenn er allein die dem Absonderungsrecht zugrunde liegende InsFord regelt und damit nur mittelbar auch das Absonderungsrecht, etwa über §§ 1163, 1252 BGB oder den Sicherungsvertrag, abw regelt. Die Vorschrift hat nur **klarstellende Funktion**. Sie darf nicht missverstanden werden in dem Sinne, dass sie für den InsPlan die genannten Folgewirkungen auf das Sicherungs- und Absonderungsrecht ausschließen soll. 4

V. Veränderung, Abs 2

Die abw Regelung im InsPlan kann sich beziehen auf das Befriedigungsrecht, auf das zugrunde liegende materielle Sicherungs- oder Verwertungsrecht oder auf die gesicherte InsFord (s Rn 2–4). Dass solche Regelung genau sein muss, folgt bereits aus § 221, s dort Rn 3, 4. Insofern dient auch Abs 2 nur der **Klarstellung**. Angegeben werden müssen auch die Auswirkungen auf das Absonderungsrecht, die nach Gesetz oder Sicherungsvertrag aus 5

1 Anders *Becker* InsR Rn 1630–1632.

einer Stundung, Kürzung oder Streichung der gesicherten InsFord von selbst folgen, denn auch sie sind ein „Eingriff" iSv § 222 Abs 1 S 2 Nr 1, eine „Bestimmung" und „Regelung" durch den Plan iSv § 223, s Rn 3, 4 und § 222 Rn 7.

6 Eine Regelung, die das Absonderungsrecht „berührt", liegt auch dann vor, wenn der InsPlan den **Absonderungsgegenstand** gegen einen anderen **auswechselt**, der gleichwertig sein soll.[2] Die abw Ansicht[3] würde das Absonderungsrecht bedenklich aufweichen. Auch den als gleichwertig gemeinten Austausch braucht sich der Absonderungsberechtigte nur mit den Garantien von §§ 245, 251 gefallen zu lassen.

VI. Finanzsicherheiten, Zahlungssysteme, Zentralbanken, Abs 1 S 2

7 Absonderungsrechte aus Finanzsicherheiten iSv § 1 Abs 17 KWG sowie der Betreiber und Teilnehmer eines Zahlungs- und Abrechnungssystems der Europ Zentralbank und der nationalen Zentralbanken in der EU iSv § 1 Abs 16 KWG für die aus dem System begründeten Ansprüche können von einem InsPlan nicht berührt werden. Diese Ausnahmen beruhen auf **europ Richtlinien**[4] und der **Umsetzung** durch die Gesetze v 5.4.2004, Art 1 Nr 8 und Art 5 Nr 1, und v 19.11.2010, Art 2 Nr 4.[5] Mit **Finanzsicherheiten** sind solche gemeint, die einem Unternehmen des Finanzsektors zur Sicherung von Forderungen aus dem Erwerb von Finanztiteln gestellt werden, die im KWG und in den Richtlinien (aaO) näher bezeichnet sind.[6]

§ 224 Rechte der Insolvenzgläubiger

Für die nicht nachrangigen Gläubiger ist im gestaltenden Teil des Insolvenzplans anzugeben, um welchen Bruchteil die Forderungen gekürzt, für welchen Zeitraum sie gestundet, wie sie gesichert oder welchen sonstigen Regelungen sie unterworfen werden sollen.

Übersicht

I. Normzweck

1 Eine Neuregelung der Verbindlichkeiten in der beschriebenen Art ist idR ohnehin der Kern des InsPlans. Die Vorschrift hat insoweit **deklaratorische Funktion**. Notwendig ist eine ausdrückliche Regelung im Plan nur für die nicht nachrangigen (maW: vollrangigen) InsGl. Für die nachrangigen Gl gilt die Vereinfachung durch § 225 Abs 1.

II. Regelungen im Plan

2 Die Vorschrift nennt die **typischen Formen** der Forderungsbehandlung (**Kürzung**, **Stundung**). Die Kürzung kann auch in einer vollkommenen **Streichung** (einem vollständigen **Erlass**) der

2 MK/*Breuer* § 223 Rn 14 f; HambKomm/*Thies* § 223 Rn 5.

3 *Braun/Frank* § 223 Rn 6.

4 Richtlinie 1998/26/EG v 19.5.1998, ABlEG Nr L 166/45, und Richtlinie 2002/47/EG v 6.6.2002, ABlEG Nr L 168/43.

5 Gesetz zur Umsetzung der Richtlinie 2002/47/EG v 6.6.2002 über Finanzsicherheiten und zur Änderung des HypothekenbankG und anderer Gesetze, BGBl I, 50, auszugsweise abgedr auch in NZI 2004, 309; Gesetz vom 19.11.2010 zur Umsetzung der geänderten Bankenrichtlinie und der geänderten Kapitaladäquanzrichtlinie, BGBl I, 1592.

6 Über die kontroverse Entstehung der Richtlinien-Umsetzung und die Einzelheiten der Regelung ausf *Obermüller* ZInsO 2004, 187; *Meyer/Rein* NZI 2004, 367 mwN.

Forderungen liegen, uU gegen Gewährung von Ersatzvorteilen. Eine ausdrückliche Regelung ist aber auch für diejenigen Forderungen notwendig, die sogleich nach der Bestätigung des InsPlans **vollständig erfüllt** werden sollen (etwa die Forderungen von KleinGl), da eine solche Regelung nur Teil eines Gesamtplans sein kann und sonst die Rechtswirkung von § 227 Abs 1 eintreten könnte. Für die Frage, ob neben dem Bestimmtheitserfordernis (§ 221 Rn 3) die Regelung einen vollstreckungsfähigen Inhalt haben muss, s § 257.

Soll für die gestundete oder Restforderung eine **Sicherung** gegeben werden, kann das Sicherungsgeschäft zum Teil des InsPlans gemacht (§ 228), sogar zur Voraussetzung seiner Bestätigung erklärt (§ 249) oder auch nur schuldrechtlich versprochen werden (§§ 230 Abs 3, 257 Abs 2). 3

Sonstige Regelungen im InsPlan können grds jeden Inhalt haben, der zwischen Gl und Schu auch individuell vereinbart werden kann, zB die Abgeltung der Forderung mit einer andersartigen Ersatzleistung oder eine Verzinsung. Eine **Besonderheit** gilt für Regelungen, die das Forderungsrecht durch ein **Anteils- oder Mitgliedschaftsrecht** an einer juristischen Person oder einer Gesellschaft ohne Rechtspersönlichkeit ersetzen; sie können nur mit beizufügender Zustimmung jedes Einzelnen der betr Gl verbindlich in den Plan aufgenommen werden, s § 230 Abs 2. 4

§ 225 Rechte der nachrangigen Insolvenzgläubiger

(1) Die Forderungen nachrangiger Insolvenzgläubiger gelten, wenn im Insolvenzplan nichts anderes bestimmt ist, als erlassen.

(2) Soweit im Plan eine abweichende Regelung getroffen wird, sind im gestaltenden Teil für jede Gruppe der nachrangigen Gläubiger die in § 224 vorgeschriebenen Angaben zu machen.

(3) Die Haftung des Schuldners nach der Beendigung des Insolvenzverfahrens für Geldstrafen und die diesen in § 39 Abs. 1 Nr. 3 gleichgestellten Verbindlichkeiten kann durch einen Plan weder ausgeschlossen noch eingeschränkt werden.

Übersicht

I. Normzweck

Die nachrangigen InsFord (§ 39) wurden im früheren Vergleichsrecht uneinheitlich behandelt, teils nach der Art der Forderung, teils nach der Anwendbarkeit von entweder der KO oder der VerglO (s §§ 63, 173 KO, §§ 29, 83 VerglO, § 32a Abs 1 S 2 GmbHG aF). Für den InsPlan ist nun eine einheitliche Regelung getroffen. Sie beruht auf dem Gedanken, dass bei der Verteilung eines Verwertungserlöses idR schon die nicht nachrangigen (vollrangigen) InsGl nicht voll befriedigt werden und deswegen die nachrangigen Gl leer ausgehen. Dasselbe muss dann gelten, wenn die vollrangigen Gl im InsPlan Minderungen ihrer Rechte hinnehmen; ein InsPlan, der gleichwohl die Rechtspositionen auch der nachrangigen Gl aufrechterhalten soll, könnte am Widerspruch vollrangiger Gl nach § 251 Abs 1 Nr 2 scheitern. Zur **Vereinfachung** des InsVerf sieht das Gesetz daher vor, dass die nachrangigen InsFord im Zweifel als erlassen gelten. Dies bedeutet, dass bei der späteren Abstimmung über den Plan die Zustimmung der nachrangigen Gl unter den Voraussetzungen von § 246 Nr 1 als erteilt gilt. Der Erlass gilt wg § 39 Abs 1 Nr 5 auch für **Gewinnansprüche**, zB von **Vorzugsak-** 1

tionären, die nur deshalb noch nicht InsFord (§ 38) geworden sind, weil der Beschl über die Gewinnverwendung erst nach der Eröffnung des InsVerf gefasst wurde.[1]

II. Regelung im Plan

2 Die Forderungen der nachrangigen InsGl gelten als **erlassen**, wenn im Plan nichts anderes bestimmt ist (Abs 1). Eine **abw Regelung** im Plan wäre in dem seltenen Fall geboten, dass alle vollrangigen Gl durch einen Gelderlös voll befriedigt werden können und doch noch ein Überschuss bleibt. Sie kommt auch in Betracht, wenn die vollrangigen Gl durch den Plan zwar nicht voll befriedigt werden, aber im Wert jedenfalls soviel erhalten wie ohne einen Plan (vgl § 251 Abs 1 Nr 2). Sie kann auch erforderlich werden, wenn ein nachrangiger Anspruch (etwa gem § 39 Abs 1 Nr 1, Nr 4) durch ein Absonderungsrecht gedeckt ist.[2] Für die Annahme und Durchführbarkeit des Plans mag es uU tunlich sein, auch die nachrangigen Gl an dem Mehrwert zu beteiligen, der durch den Plan erzielt werden soll.

3 Voraussetzung für die Beteiligung ist, dass die nachrangige Forderung überhaupt angemeldet worden ist, vgl § 174 Abs 3, § 177 Abs 2. Für den **Inhalt der Regelung** im Plan verweist das Gesetz ausdrücklich auf § 224. Über die **Gruppenbildung** s § 222 Abs 1 S 2 Nr 3. Danach ist für jede Rangklasse (für die eine abweichende Regelung getroffen wird) eine gesonderte Gruppe zu bilden. Ist eine solche bspw nur für Rangklasse des § 39 Abs 1 Nr 2 vorgesehen, muss für die Rangklasse der Nr 1 (aber auch für die sonstigen Rangklassen) keine Gruppe gebildet werden.[3]

III. Geldstrafen und ähnliche Verbindlichkeiten

4 Die Forderungen nach § 39 Abs 1 Nr 3 können im InsPlan geregelt werden, da sie InsFord sind; insofern weicht das Gesetz vom früheren Recht ab (s § 63 Nr 3 KO, § 29 Nr 3 VerglO). Weder die Regelung noch die Nicht-Regelung im Plan kann aber zu einer Einschränkung der Haftung des Schu führen; **Abs 3** ist eine **Ausnahme** sowohl von Abs 1 wie von § 227. Dies stimmt iE mit dem früheren Recht überein.

§ 225a Rechte der Anteilsinhaber

(1) Die Anteils- oder Mitgliedschaftsrechte der am Schuldner beteiligten Personen bleiben vom Insolvenzplan unberührt, es sei denn, dass der Plan etwas anderes bestimmt.

(2) [1]Im gestaltenden Teil des Plans kann vorgesehen werden, dass Forderungen von Gläubigern in Anteils- oder Mitgliedschaftsrechte am Schuldner umgewandelt werden. [2]Eine Umwandlung gegen den Willen der betroffenen Gläubiger ist ausgeschlossen. [3]Insbesondere kann der Plan eine Kapitalherabsetzung oder -erhöhung, die Leistung von Sacheinlagen, den Ausschluss von Bezugsrechten oder die Zahlung von Abfindungen an ausscheidende Anteilsinhaber vorsehen.

(3) Im Plan kann jede Regelung getroffen werden, die gesellschaftsrechtlich zulässig ist, insbesondere die Fortsetzung einer aufgelösten Gesellschaft oder die Übertragung von Anteils- oder Mitgliedschaftsrechten.

(4) [1]Maßnahmen nach Absatz 2 oder 3 berechtigen nicht zum Rücktritt oder zur Kündigung von Verträgen, an denen der Schuldner beteiligt ist. [2]Sie führen auch nicht zu einer

---

1 *BGH* ZIP 2010, 1039; zust *Bitter/Laspeyres* WuB 2010, 770; sa *Hirte/Mock* ZInsO 2009, 1129; krit *Madaus* ZIP 2010, 1214, aber ohne Beachtung von § 245 Abs 2 Nr 2.
2 *Braun/Frank* § 225 Rn 5.
3 *Uhlenbruck/Lüer/Streit* § 225 Rn 7.

anderweitigen Beendigung der Verträge. [3]Entgegenstehende vertragliche Vereinbarungen sind unwirksam. [4]Von den Sätzen 1 und 2 bleiben Vereinbarungen unberührt, welche an eine Pflichtverletzung des Schuldners anknüpfen, sofern sich diese nicht darin erschöpft, dass eine Maßnahme nach Absatz 2 oder 3 in Aussicht genommen oder durchgeführt wird.

(5) [1]Stellt eine Maßnahme nach Absatz 2 oder 3 für eine am Schuldner beteiligte Person einen wichtigen Grund zum Austritt aus der juristischen Person oder Gesellschaft ohne Rechtspersönlichkeit dar und wird von diesem Austrittsrecht Gebrauch gemacht, so ist für die Bestimmung der Höhe eines etwaigen Abfindungsanspruches die Vermögenslage maßgeblich, die sich bei einer Abwicklung des Schuldners eingestellt hätte. [2]Die Auszahlung des Abfindungsanspruches kann zur Vermeidung einer unangemessenen Belastung der Finanzlage des Schuldners über einen Zeitraum von bis zu drei Jahren gestundet werden. [3]Nicht ausgezahlte Abfindungsguthaben sind zu verzinsen.

Übersicht

I. Normzweck

1 Das InsVerf über das Vermögen einer Gesellschaft hat seit jeher Auswirkungen auch auf die Stellung des Gesellschafters gezeitigt. Die Mitgliedschaft blieb (und bleibt) zwar im eröffneten Verf erhalten. Auch fiel (und fällt) die Mitgliedschaft zutreffender Ansicht nach nicht in die InsMasse.[1] Jedoch werden die aus der Mitgliedschaft fließenden (Rechts-)Beziehungen zwischen Gesellschaft und Gesellschafter infolge der VerfEröffnung in vielfältiger Weise

1 *Madaus* ZGR 2011, 749, 752; *Thole* ZIP 2013, 1937, 1940; *Haas* NZG 2012, 961, 963; *Schulz* Der Debt Equity Swap in der Insolvenz, S 113; **aA** *Braun* FS Fischer, 2008, S 53, 70; ähnlich auch *Bitter* ZGR 2010, 147, 186 ff, wonach mit InsEröffnung die Gesellschafter lediglich Treuhänder des Gesellschaftsanteils sind, die Mitgliedschaft daher letztlich der InsMasse zugewiesen ist.

tangiert.[2] Das gilt etwa für die aus der Mitgliedschaft fließenden **Teilhabe- (Stimmrecht, Auskunfts- und Informationsrecht sowie die actio pro socio)**, Schutzrechte sowie für die mit der Mitgliedschaft verbundenen Vermögensrechte.[3] Auch der **Bestand der Mitgliedschaft** wird durch das InsVerf berührt, wenn – wie im Regelfall – das Verf mit der Vollabwicklung des Unternehmensträgers endete; denn hiermit geht auch die Mitgliedschaft in derselben unter.[4]

2 Von diesem „Betroffensein" ist es ein kleiner Schritt zu der Frage, ob Anteils- und MitgliedschaftsR des Gesellschafters von dem InsVerf nicht nur reflexartig berührt, sondern auch direkt erfasst werden können; denn Bestimmungen, wonach betroffene „Dritte" in das InsVerf einbezogen werden, sind der InsO durchaus nicht fremd.[5] In den **Beratungen und Diskussionen im Vorfeld der InsO** ist über die Vor- und Nachteile einer solchen Regelung intensiv gestritten worden.[6] Dass eine solche insrechtl Verfügungsbefugnis **ökonomisch sinnvoll** ist, ist unbestritten;[7] denn bei einer übertragenden Sanierung gehen immaterielle Vermögensgegenstände (etwa Dauerschuldverhältnisse, Lizenzen, Genehmigungen, Börsenzulassung[8] etc) verloren, weil diese an den Unternehmensträger gebunden und damit nicht übertragbar sind. Diese Vermögenswerte können nur für die Gl „gehoben" werden, wenn der Unternehmensträger erhalten bleibt. Der InsO-Gesetzgeber hatte sich seinerzeit noch gegen eine Einbeziehung der Anteilsrechte in das InsVerf entschieden und die Verfügungsbefugnis über Bestand und Inhalt der Mitgliedschaft allein den Gesellschaftern und damit dem GesellschaftsR belassen. Das ESUG hat diese Rechtslage nunmehr geändert. Fortan können Verfügungen über das Mitgliedschaftsrecht auch kraft InsRecht erfolgen.[9] Zu den steuerrechtlichen Implikationen, s *Schmidt/Seibt/Westphal* SanierungsR, § 225a Rn 70 ff.

II. Wertungsgrundlagen

3 Worin die Wertungsgrundlage für die Einbeziehung der Gesellschafter in das InsVerf liegt, wird unterschiedlich beurteilt. Mitunter wird diese auf die **gesellschaftsrechtliche Treuepflicht,**[10] **einen Aufopferungsgedanken** oder darauf zurückgeführt, dass die Anteilsinhaber ihre Anteile treuhänderisch für die Gl halten würden.[11] In der Gesetzesbegründung zum ESUG klingt an, dass der Grund darin liege, dass der Gesellschafter als Eigenkapitalgeber letztlich einem letztrangigen Gl vergleichbar sei.[12] Damit wird aber nur die Wirkung, nicht

2 *Haas* FS Konzen, 2006, S 157, 160 ff; *ders* NZG 2012, 961, 963; *Thole* ZIP 2013, 1937, 1940; vgl auch *Kübler/Hölzle* Handbuch Restrukturierung in der Insolvenz, 2012, § 31, Rn 7 f.

3 Siehe *Haas* FS Konzen, 2006, S 157, 160 ff.

4 *Verse* ZGR 2010, 299, 307.

5 So auch *Thole* Gesellschaftsrechtl Maßnahmen, Rn 220.

6 Vgl *Bitter* ZGR 2010, 147, 157 ff; *K Schmidt* BB 2011, 1603, 1607 f.

7 *Eidenmüller* ZIP 2010, 649, 652; *Eidenmüller/Engert* ZIP 2009, 541; *H F Müller* KTS 2012, 419, 420; *Wertenbruch* ZIP 2013, 1693, 1694; *Hirte/Knof/Mock* Das neue Insolvenzrecht nach dem ESUG, 2012, S 25 ff; *Brinkmann* WM 2011, 97 f; *Hölzle* NZI 2011, 124, 127; *Bitter* ZGR 2010, 147, 150 ff, 157 ff; *Verse* ZGR 2010, 299, 301 ff; *Haas* FS Konzen, 2006, S 157, 172 ff.

8 Siehe hierzu *Ebeling/Knigge* ZInsO 2015, 231 ff.

9 Für einen Überblick über bisherige Praxisfälle, s *Schluck-Amend* Gesellschaftsrecht in der Diskussion 2014, S 151, 154 ff.

10 Hieraus könne sich ausnahmsweise Sanierungspflichten ergeben, *BGH* NJW 1995, 1739; DStR 2011, 823; NZG 2015, 995; DStR 2016, 1693; BGHZ 183, 1; sa auch *OLG Stuttgart* ZIP 2013, 1661; BeckRS 2014, 12977.

11 *K Schmidt/Spliedt* § 225a Rn 12; *Bitter* ZGR 2010, 147, 150 ff; *Seibt/Bulgrin* ZIP 2017, 353, 355; *Schmidt/Seibt/Westphal* SanierungsR, § 225a Rn 4; **aA** zu Recht *Schluck-Amend* Gesellschaftsrecht in der Diskussion 2014, S 151, 182.

12 Nachw bei *K Schmidt/Spliedt* § 225a Rn 4.

aber die Ursache beschrieben. Richtiger Ansicht nach liegt der Grund für die Einbeziehung der Gesellschafter darin, dass für die **Verwertung des Schuldnervermögens im Ganzen möglichst günstige Bedingungen** geschaffen werden sollen. Die Interessen der durch das InsVerf Betroffenen sollen – in den verfassungsrechtlichen Grenzen – so **koordiniert** werden, dass der **Wert des Schuldnervermögens maximiert** wird. Dies rechtfertigt nicht nur Eingriffe jenseits der zivilrechtlichen Zuordnung von Rechten (s zB § 51 Nr 1, § 254 Abs 2 S 2), sondern auch in die Mitgliedschaftsrechte der Gesellschafter.[13] Mitunter werden gegen diese Wertungsgrundlage genuin insrechtl Bedenken erhoben. Eingriffe in das Mitgliedschaftsrecht seien – so die Behauptung – keine Aufgabe des InsR;[14] denn Letzteres sei in erster Linie Vollstreckungsrecht und damit auf das Schuldnervermögen bezogen, mit der Folge, dass die Befugnisse der InsOrgane notwendig auf das Schuldnervermögen begrenzt seien. Dies ist aber in mehrfacher Hinsicht nicht richtig. Vermögen des Schu (dh das „Gesellschaftsvermögen“) und die InsMasse sind nämlich, wie ein Blick auf die §§ 129 ff, §§ 92, 93 oder auf § 51 Nr 1 zeigt, nicht deckungsgleich. Darüber hinaus zeigen auch die §§ 131, 145 ff HGB, §§ 242, 264 ff AktG, §§ 60, 66 ff GmbHG, dass das InsVerf nicht nur vermögensrechtliche, sondern durchaus auch organisationsrechtliche Implikationen hat, um das in § 1 vorgegebene Ziel zu verwirklichen (Rn 15).

III. Anwendungsbereich

1. Adressat. Abs 1 sieht vor, dass ohne spezifische Regelung im InsPlan kein Eingriff in die 4
Rechte des Gesellschafters erfolgt. Ohne Regelung bleibt mithin die Rechtsstellung der am Schu beteiligten Personen durch das InsVerf unberührt. Erfasst von dem Begriff „am Schuldner beteiligte Personen“ sind sowohl **Beteiligungen an einer Kapital- wie auch an einer Personengesellschaft oder die Mitgliedschaft in einem Verein**. Bei einer Kapitalgesellschaft kann sich der Eingriff gegen alle diejenigen richten, die einen Anteil am gezeichneten Kapital halten (s § 238a). Daher sind auch Vorzugsaktionäre ohne Stimmecht Adressat der Norm.[15] Bei Personengesellschaft sind Adressat die persönlich haftenden Gesellschafter oder die Kommanditisten, auch der Komplementär ohne Kapitalanteil.[16] Ob und inwieweit diese eine Beteiligung am Gesellschaftsvermögen halten, ist gleichgültig. Beim Verein ist Adressat das Vereinsmitglied. Nicht Adressat des § 225a sind hingegen **Inhaber von Genussrechten** oder aber der **stille Gesellschafter**, weil es sich hierbei nicht um eine gesellschaftsrechtliche, sondern um eine schuldrechtliche Rbeziehung handelt.[17] Gleiches gilt – auch wenn mitunter im Verhältnis zwischen Gesellschaft und Treugeber gesellschaftsrechtliche Vorschriften entspr angewandt werden –[18] für den **Treugeber** eines Gesellschaftsanteils;[19] denn dieser ist hM nach kein Gesellschafter.[20]

---

13 *Haas* NZG 2012, 961, 963 f; *Hölzle* ZIP 2013, 1846, 1849; *ders* ZIP 2016, 1461, 1462; *Schulz* (Fn 1) S 116 f.

14 *Stöber* ZInsO 2013, 2457, 2460; *Madaus* ZGR 2011, 749, 755 ff; *H F Müller* KTS 2012, 419, 425 ff; sa Nachweise bei *Verse* ZGR 2010, 299, 307.

15 *K/P/B/Spahlinger* § 225a Rn 6.

16 *Uhlenbuck/Hirte* § 225a Rn 8; K/P/B/*Spahlinger* § 225a Rn 6.

17 K/P/B/*Spahlinger* § 225a Rn 6; *K Schmidt/Spliedt* § 225a Rn 16; sa *Uhlenbuck/Hirte* § 225a Rn 7; **aA** *Schmidt/Seibt/Westphal* SanierungsR, § 225a Rn 9.

18 *Röhricht/Graf v Westphalen/Haas* § 105 HGB Rn 65a.

19 *LG Wuppertal* ZInsO 2016, 1164 f; *K Schmidt/Spliedt* § 225a Rn 16; K/P/B/*Spahlinger* § 225a Rn 6; **aA** *Schmidt/Seibt/Westphal* SanierungsR, § 225a Rn 9.

20 *Uhlenbuck/Hirte* § 225a Rn 6; s allgemein *Röhricht/Graf v Westphalen/Haas* § 105 HGB Rn 65a; *Koller/Roth/Morck* § 105 HGb Rn 20 f; *Armbrüster* ZIP 2009, 1885 ff; **aA** *Kindler* FS K Schmidt, 2009, S 871, 874 ff.

5 **2. Eingriff in Anteils- und MitgliedschaftsR.** § 225a gestattet Eingriffe in die Anteils- und MitgliedschaftsR. **Abzugrenzen sind diese von sonstigen Rechtspositionen**, die ein Gesellschafter als Gl hält; denn ein Gesellschafter kann in mehreren Gruppen vertreten sein. Ob die Rechtsstellung *causa societatis* begründet wurde, ist für die Abgrenzung nicht entscheidend.[21] Ein Gesellschafter, der einen Aufwendungsersatzanspruch nach § 110 HGB gegen die Gesellschaft hat, fällt in die Gruppe der InsGl. Eingriffe in diesen Anspruch unterliegen daher nicht § 225a. Unter § 225a fallen nur solche Eingriffe in Rechtspositionen, die nicht von der Mitgliedschaft abgespalten werden können.[22] Das sind alle solchen Teile bzw Elemente der Mitgliedschaft, die weder an Dritte noch an den Gesellschafter isoliert übertragen werden können, insbesondere MitverwaltungsR, BezugsR, SonderR oder VermögensstammR (im Gegensatz zu einem aus dem Stammrecht resultierten einzelnen Anspruch).[23] Kennzeichnend für diese Rechte ist, dass außerhalb des InsVerf allein die Versammlung der Gesellschafter zu Eingriffen befugt ist. Daher sind von § 225a auch nicht erfasst schuldrechtliche Gesellschaftervereinbarungen sowie nichtkorporative, dh lediglich formelle Satzungsbestandteile.[24] Ob und inwieweit ein Dritter Rechte an dem AnteilsR hat ist für § 225a nicht maßgebend. Daher kann auch in einen belasteten Gesellschaftsanteil nach § 225a eingegriffen werden.[25] Keine Wirkungen hat § 225a jedoch auf Rechtspositionen Dritter jenseits des MitgliedschaftsR. Erlischt daher etwa infolge eines Debt-to-Equity Swap (su Rn 23 ff) die Forderung des (ehemaligen) Gl gegen die Gesellschaft, bleiben hiervon dessen Rechte gegen Mitschuldner und Bürgen der (schuldnerischen) Gesellschaft unberührt.[26]

IV. Funktionsweise

6 § 225a führt dazu, dass das – außerhalb des InsVerf geltende – **GesellschaftsR weitgehend durch das InsR verdrängt** wird.[27]

7 **1. Formelle Anforderungen.** Während außerhalb des InsVerf jeder Eingriff in das Mitgliedschafts- bzw AnteilsR in der Zuständigkeit der Gesellschafter liegt, ist hierfür nunmehr die (um die in § 235 Abs 3 genannten Personen verstärkte) GlVers (nicht aber der InsVerw) zuständig. Die **Zuständigkeit der GesVers wird mithin ersetzt und der BeteiligtenVers iSd § 235 zugewiesen.**[28] Hinsichtlich der sonstigen formellen Anforderungen, die an einen über das Mitgliedschaftsrecht verfügenden Beschl anzulegen sind, wird das GesellschaftsR von den Vorschriften der InsO ebenso nahezu vollständig verdrängt. Das gilt etwa für den „Ort" der Beschlussfassung, die Einberufung, Stimmabgabe un Abstimmung (§ 238a), Mehrheitserfordernisse, Rederechte, Beschlussfeststellung bzw für das Erfordernis der notariellen Beurkundung (s § 254a). All diese Fragen unterliegen nicht dem Gesellschafts-, sondern allein dem InsR.[29] Verdrängt wird auch die Frist in § 58 Abs 4 S 2 GmbHG. Die Vorschrift

21 *K Schmidt/Spliedt* § 225a Rn 19; **aA** *Madaus* ZIP 2010, 1214, 1216.
22 K/P/B/*Spahlinger* § 225a Rn 7a; *K Schmidt/Spliedt* § 225a Rn 19; HambKomm/*Thies* § 225a Rn 6; wohl auch MK/*Eidenmüller* § 225a Rn 21.
23 S hierzu etwa *Röhricht/Graf v Westphalen/Haas* § 109 HGB Rn 7; *Lutter/Hommelhoff/Bayer* § 14 GmbHG Rn 15 f.
24 *K/P/B/Spahlinger* § 225a Rn 88; MK/*Eidenmüller* § 225a Rn 21; **aA** *Uhlenbruck/Hirte* § 225a Rn 11.
25 *Hölzle* ZIP 2016, 1461, 1463 f.
26 *Uhlenbruck/Hirte* § 225a Rn 22.
27 *Haas* NZG 2012, 961, 964 ff; *K Schmidt/Spliedt* § 225a Rn 6; s auch *Brünkmans/Greif-Werner* ZInsO 2015, 1585, 1587 ff.
28 *Hölzle* ZIP 2014, 1819, 1821.
29 *Haas* NZG 2012, 961, 964; *Thole* ZIP 2013, 1937, 1940; *Uhlenbuck/Hirte* § 225a Rn 13 ff; *Schmidt/Seibt/Westphal* SanierungsR, § 225a Rn 84; *Brünkmans/Greif-Werner* ZInsO 2015, 1585, 1587 f; *Wertenbruch* ZIP 2013, 1693, 1694; *Hirte/Knof/Mock* Das neue Insolvenzrecht nach dem ESUG, 2012, S 30 f; *Meyer* ZInsO 2013, 2361, 2363; *Stöber* ZInsO 2013, 2457, 2458 f.

dient dem Beschleunigungsgebot der (außerinsrechtl) Sanierung,[30] für das in dem strukturierten Verf nach §§ 218 ff keinerlei Notwendigkeit besteht (s etwa § 231 Abs 1 S 2, § 235 Abs 1 S 2, § 236).[31] Lediglich hinsichtlich der Publizitätsanforderungen (zB §§ 54, 57 Abs 1, 57a GmbHG) bleibt das (gesellschaftsrechtliche) Erfordernis der Anmeldung und Eintragung in das Handelsregister erhalten.[32] Allerdings ist nach § 254a Abs 2 S 3 der InsVerw (neben den zuständigen Gesellschaftsorganen) „berechtigt", die Anmeldungen beim Registergericht vorzunehmen.

2. Inhaltliche Anforderungen. In inhaltlicher Hinsicht hält § 225a Abs 3 fest, dass jede Regelung getroffen werden kann, die gesellschaftsrechtl zulässig ist. Zutreffend spricht das LG Berlin davon, dass das gesellschaftsrechtliche Gestaltungspotential im InsVerf uneingeschränkt zur Verfügung stehen soll.[33] Beispiele für zulässige gesellschaftsrechtliche Regelungen werden in Abs 2 und 3 genannt. Diese Liste ist aber **nicht abschließend** (Rn 36). Ob und inwieweit die gesellschaftsrechtliche Maßnahme masserelevant ist, ist gleichgültig.[34] 8

a) Bedeutung des Verweises auf das Gesellschaftsrecht. Soweit § 225a Abs 3 Eingriffe gestattet, die „gesellschaftsrechtlich zulässig" sind, stellt sich die Frage, ob hierin ein umfassender Verweis auf den **gesellschaftsrechtlichen Prüfungsmaßstab** liegt. Dies wird teilweise angenommen.[35] Teilweise wird darunter nur ein Verweis auf das „zwingende Gesellschaftsrecht" oder das „technische Gesellschaftsrecht" verstanden.[36] Richtiger Ansicht nach ist zu differenzieren. Maßgebend ist der Verweis auf das GesellschaftsR nur insoweit, als es um den **gesellschaftsrechtlichen Typenzwang** (dh den numerus clausus gesellschaftsrechtlicher Regelungen) geht. § 225a Abs 3 will verhindern, dass durch den InsPlan Eingriffe in das Mitgliedschafts- oder AnteilsR vorgenommen werden, die dem GesellschaftsR fremd sind.[37] Dabei kann man sich an der Rspr zu § 241 Nr 3 AktG („mit dem Wesen der Aktiengesellschaft nicht zu vereinbaren") orientieren.[38] Im Übrigen wird aber – wie durchweg im UnternehmensInsR – auch hier das **GesellschaftsR durch funktional entspr Rechtsinstitute des InsR verdrängt**.[39] 9

b) Beispiele für(Nicht-)Überlagerung durch das Insolvenzrecht. Nicht abgewichen werden kann daher beispielsweise vom gesellschaftsrechtlichen Abspaltungsverbot, dem bei Personengesellschaften geltenden Prinzip der Selbstorganschaft, dem numerus clausus der Gesellschaftsformen oder der durch das zwingende Recht vorgegebenen Haftungs- oder 10

30 U/H/L/*Casper* § 58a Rn 61.
31 *Hölzle* ZIP 2016, 1461, 1467.
32 *Kleindiek* FS Hommelhoff, 2012, S 543, 546; *Schulz* (Fn 1) S 280 f.
33 *LG Berlin* ZIP 2014, 2197, 2203.
34 *Kübler/Hölzle* Handbuch Restrukturierung in der Insolvenz, 2012 § 31, Rn 19 ff; *Thole* Gesellschaftsrechtl Maßnahmen, 2. Aufl 2015, Rn 237 f.
35 In diesem Sinne *Simon/Merkelbach* NZG 2012, 121, 125; sa *C Schäfer* ZIP 2013, 2237, 2242; *ders* ZIP 2015, 1208, 1210; *Meyer* ZInsO 2013, 2361, 2364 ff; *Wertenbruch* ZIP 2013, 1693, 1696; *Uhlenbuck/Hirte* § 225a Rn 41.
36 MK/*Eidenmüller* § 225a Rn 76; *Andranesis* WM 2017, 362, 363; *Spliedt* GmbHR 2012, 462, 466; *Thole* Gesellschaftsrechtliche Maßnahmen, 2. Aufl 2015, Rn 232; *Klausmann* NZG 2015, 1300, 1304.
37 *Spliedt* GmbHR 2012, 462, 466; *Haas* NZG 2012, 961, 965; *K/P/B/Spahlinger* § 225a Rn 63; *Thole* Gesellschaftsrechtl Maßnahmen, 2. Aufl 2015, Rn 232; *ders* ZIP 2013, 1937, 1940; sa *Schmidt/Seibt/Westphal* SanierungsR § 225a Rn 83; *Hölzle* ZIP 2014, 1819, 1821.
38 *Noack/Schneiders* DB 206, 1619, 1620 ff.
39 So auch *Andranesis* WM 2017, 362, 363 f; *Schulz* (Fn 1) S 199 ff; *Noack/Schneiders* DB 206, 1619, 1620 ff; MK/*Eidenmüller* § 225a Rn 77. IE auch *Seibt/Bulgrin* ZIP 2017, 353, 357.

Organisationsverfassung.[40] Keine Anwendung finden hingegen die **gesellschaftsrechtlichen MinderheitsR** oder der **gesellschaftsrechtliche Gleichbehandlungsgrds**; denn diese Rechtsinstitute werden für den InsPlan von §§ 245 Abs 3, 251, 253 verdrängt.[41] In Bezug auf die **gesellschaftsrechtliche Treuepflicht** ist zu beachten, dass Inhalt und Reichweite derselben durch die Realverfassung der Gesellschaft diktiert werden (§ 218 Rn 8). Da im InsVerf die (gesellschaftsrechtlichen) Mitwirkungs- und Teilhabebefugnisse – sieht man vom insfreien Bereich ab – verdrängt werden, reduziert sich das durch die Treuepflicht geschützte GesellschafterInteresse auf den durch § 199 modifizierten Ausschüttungsanspruch und den Anspruch auf Gleichbehandlung mit den übrigen Mitgesellschaftern. Der durch die Treuepflicht vermittelte Schutz reicht damit im Regelfall nicht weiter als § 245 Abs 3, § 251 (§ 218 Rn 8). Die gesellschaftsrechtliche Treuepflicht kann bei der Planerstellung eine Rolle spielen, denn diese fällt in den insfreien (dh gesellschaftsrechtlichen Restkompetenz-)Bereich (§ 217 Rn 7 f.). Kann der Plan nicht mehr zurückgenommen werden (§ 240 Rn 12), fehlt für die **Durchsetzung der Treuepflicht außerhalb des InsPlanVerf allerdings das Rschutzbedürfnis**; denn ab diesem Zeitpunkt ist von einer Zuständigkeitskonzentration für alle Frage betreffend den InsPlan beim InsGericht auszugehen (§ 218 Rn 8).[42] Soweit die Gesellschafter an der Abstimmung über den InsPlan teilnehmen, sind sie ohnehin nicht an die gesellschaftsrechtliche Treuepflicht gebunden; denn diese (insrechtl) Mitwirkungsbefugnisse sind Folge einer gesetzlichen Einbindung in eine Zwangsgemeinschaft (§ 222 Abs 1 Nr 4), nicht aber Ausdruck der Verbandsautonomie, die allein Quelle gesellschaftsrechtlicher Treuepflichten sein kann.[43] Die erweiterte GlVersammlung ist keine Abwandlung der Gesellschaftsversammlung, sondern ein von der gesellschaftsrechtlichen Organisationsstruktur verschiedenes InsOrgan. In die durch die InsO vorgesehenen Teilnahmeformen der Entscheidungsfindung kann daher durch gesellschaftsrechtliche Treuepflichten von außen nicht eingegriffen werden. Eine **Klage gestützt auf die gesellschaftsrechtliche Treuepflicht** auf Zustimmung oder Verweigerung der Zustimmung zum Plan ist daher **unzulässig**.[44]

11 Gesellschaftsrechtl Vorschriften, die die Mehrheitsherrschaft begrenzen, indem sie eine **Schutz- und Warnfunktion** zugunsten des Mitglieds vor Eingriffen in dessen Mitgliedschaftsrecht ausüben, finden ebenfalls keine Anwendung; denn deren Zweck ist auf Eingriffe außerhalb des InsVerf beschränkt. So sieht bspw § 237 Abs 1 S 2 AktG für eine Kapitalherabsetzung durch Einziehung von Aktien vor, dass diese nur zulässig ist, wenn sie in der ursprünglichen Satzung oder durch eine Satzungsänderung vor Übernahme oder Zeichnung der von der Einziehung betroffenen Aktien angeordnet oder gestattet ist. Sinn und Zweck der Vorschrift ist der Aktionärsschutz. Einziehungen gegen den Willen des Aktionärs sind – aufgrund der belastenden Reichweite für den Aktionär – nur möglich, wenn sie für

---

40 Sa *Andranesis* WM 2017, 362, 364.

41 *Haas* NZG 2012, 961, 965; sa *Schmidt/Seibt/Westphal* SanierungsR § 225a Rn 84; *Noack/Schneiders* DB 206, 1619, 1622 f.; *K/P/B/Spahlinger* § 225a Rn 63; *Schluck-Amend* Gesellschaftsrecht in der Diskussion 2014, S 151, 167; MK/*Eidenmüller* § 225a Rn 78; *Brünkmans/Greif-Werner* ZInsO 2015, 1585, 1588; *Thole* Gesellschaftsrechtl Maßnahmen, 2. Aufl 2015, Rn 275.

42 *Thole* ZIP 2013, 1937, 1941; *H F Müller* DB 2014, 41, 45; **aA** *LG Frankfurt* ZIP 2013, 1381; *C Schäfer* ZIP 2013, 2237, 3343; *Stöber* ZInsO 2013, 2457, 2463 f.

43 Im Erg auch *K/P/B/Spahlinger* § 225a Rn 63; *Thole* Gesellschaftsrechtl Maßnahmen, 2. Aufl 2015, Rn 280 ff; *ders* ZIP 2013, 1937, 19423; *Andrianesis* WM 2017, 362, 365; *K Schmidt/Uhlenbruck/Spliedt* Die GmbH in Krise, Sanierung und Insolvenz, Rn 8.29; *Hölzle* ZIP 2013, 1846, 1847.

44 *OLG Frankfurt* NZI 2013, 978 Rn 20 f; *Thole* ZIP 2013, 1937, 1941 f; *Lang/Muschalle* NZI 2013, 953, 956; iE auch *Meyer* ZInsO 2013, 2361, 2363, 2368; **aA** *LG Frankfurt* ZIP 2013, 1381; *C Schäfer* ZIP 2013, 2237, 2242 f; *Stöber* ZInsO 2013, 2457, 2463 ff.

diesen vorhersehbar waren.[45] Für einen solchen Schutz ist aber im InsVerf – entgegen der Ansicht des AG Charlottenburg –[46] kein Raum; denn anders als im Fall des § 237 Abs 1 AktG geht es hier ja nicht um die Begrenzung der gesellschaftsrechtlichen Mehrheitsherrschaft.[47]

3. AbwehrR, AustrittsR und AbfindungsR. Außerhalb des InsR sieht das GesellschaftsR insb zwei Schutzmechanismen zugunsten des Gesellschafters im Fall von Strukturänderungen vor, nämlich die **Beschlussanfechtung** (analog) §§ 241 ff AktG oder aber – je nach Art und Schwere des Eingriffs – das **Austrittsrecht** verbunden mit einem Recht auf **Abfindung**[48]. An die Stelle des genuin gesellschaftsrechtlichen Rechtsschutzes (§§ 241 ff AktG) tritt im InsPlan die Möglichkeit, im Abstimmungstermin zu beantragen, dass die Bestätigung des Plans versagt wird (§ 251) sowie die sofortige Beschwerde (§ 253).[49] Das hiervon zugunsten des Gesellschafters ausgehende Schutzniveau ist im Vergleich zum (Beschluss-)Anfechtungsrecht deutlich reduziert[50] und trägt dem Umstand Rechnung, dass – wirtschaftlich gesehen – dem Anteilsrecht des Gesellschafters in der Ins allenfalls ein Substanzwert zukommt.[51] Ein Rückgriff auf die Grundsätze zum gesellschaftsrechtlichen Austrittsrecht ist im Rahmen eines insrechtlichen Eingriffs in das Mitgliedschaftsrecht nicht möglich; denn das ESUG hat auch hier die Problematik eigenständig (auch unter Einschluss des Abfindungsanspruchs) und abschließend in § 225a Abs 5 gelöst.[52] 12

4. Gläubigerschutz. Strukturmaßnahmen berühren insb auch die Interessen der Gl. Das GesellschaftsR sieht – im Grundsatz – drei unterschiedliche Ansätze vor, um (vorhandene und künftige) Gl zu schützen, nämlich durch **Publizität** im Handelsregister (zB § 54 GmbHG), **gerichtliche Kontrolle** (zB §§ 57a, 9c GmbHG) oder durch **Haftung** (zB §§ 57 Abs 4, 9a GmbHG; §§ 56 Abs 2, 9, 19 GmbHG). Diese Schutzmechanismen wirken grds fort, soweit sie nicht nur dem Schutz der vorhandenen Gl (und uU der Altgesellschafter), sondern auch dem Schutz künftiger Gl dienen. Letzteres trifft beispielsweise für den durch **Registerpublizität** vermittelten GlSchutz zu. Zu Recht hält daher auch der InsPlan hieran fest.[53] Freilich dient auch die Kontrolle durch das RegGericht dem Schutz der NeuGl. Dennoch ist fraglich, ob hierfür im Rahmen des InsPlanVerf Raum ist, da bereits dem InsGericht nach §§ 231 Abs 1 Nr 1, 250 Nr 1 die gerichtliche Kontrolle des Plans unterliegt, zu der auch die Eintragungsfähigkeit der im Plan enthaltenen gesellschaftsrechtlichen Maßnahmen zählt (su Rn 28).[54] Zudem dürften die Registergerichte in der Auslegung und Prüfung von InsPlänen wenig geschult sein, was bei doppelter Prüfungskompetenz zu erheblichen Schwierigkeiten führen kann.[55] 13

---

45 MK/*Oechsler* § 237 AktG Rn 3, 16; *Grigoleit* § 237 AktG Rn 3.
46 *AG Charlottenburg* ZIP 2015, 394.
47 IE auch *Brünkmans/Greif-Werner* ZInsO 2015, 1585, 1589; *Klausmann* NZG 2015, 1300, 1303 f.
48 *BGH* NJW 1992, 892, 895; *B/H/Fastrich* § 34 Anh 18; *Lutter/Hommelhoff* § 34 Rn 70; *Scholz/Winter/Seibt* Anhang § 34 Rn 3.
49 *Landfermann* WM 2012, 821, 827; *Haas* NZG 2012, 961, 965; *Noack/Schneiders* DB 206, 1619, 1620 f; *Meyer* ZInsO 2013, 2361, 2363; *Thole* Gesellschaftsrechtl Maßnahmen, 2. Aufl 2015, Rn 284; *ders* ZIP 2013, 1937, 1940.
50 S auch *H F Müller* KTS 2012, 419, 436.
51 *K Schmidt* BB 2011, 1603, 1609.
52 *Haas* NZG 2012, 961, 965 f.; tw anders *Thole* Gesellschaftsrechtl Maßnahmen, 2. Aufl 2015, Rn 289.
53 *Haas* NZG 2012, 961, 966; *Thole* ZIP 2013, 1937, 1940.
54 *K Schmidt/Spliedt* § 254a Rn 7; *Madaus* ZIP 2012, 2133, 2318; s zum Ganzen auch *Brünkmans/Greif-Werner* ZInsO 2015, 1585, 1587.
55 HambKomm/*Thies* 254a Rn 13.

14 Ein wesentliches Element zum Schutz (auch) künftiger Gl geht bei Kapitalgesellschaften – so die allg Ansicht – von dem **System der Kapitalaufbringung und -erhaltung** aus. Dieses wird daher durch die Vorschriften des InsPlanVerf nicht verdrängt.[56] Das gilt auch für den Grds der effektiven Kapitalaufbringung, wonach das gezeichnete Kapital tatsächlich vollwertig von den Gesellschaftern aufgebracht werden muss.[57] Gefahren drohen diesem Grds insbesondere durch Überbewertung einer Sacheinlage. Da eine (registerrechtliche oder gerichtliche) Prüfung niemals in der Lage ist, sämtliche Verstöße gegen diesen Grds zu verhindern, verlängert das KapitalgesellschaftsR den durch gerichtliche Kontrolle vermittelten Schutz der Gl im Wege der Haftung. Diesem Grds folgt auch der ESUG-Gesetzgeber für das PlanVerf (su Rn 29 f).[58]

V. Verfassungsmäßigkeit

15 **1. Keine grundsätzliche Zustimmungspflicht der Gesellschafter.** Von Art 14 GG erfasst ist sowohl der organisationsrechtliche als auch der vermögensrechtliche Aspekt der Mitgliedschaft.[59] Ob die in § 225a vorgesehenen Eingriffe in das MitgliedschaftsR **verfassungsgemäß** sind, wird in der Lit mitunter bezweifelt. So wird insb vertreten, dass Eingriffe in das MitgliedschaftsR ohne Zustimmung der Gesellschafter generell verfassungswidrig sind.[60] Die überwiegende Ansicht lehnt dies zu Recht ab und sieht in § 225a eine zulässige Inhalts- und Schrankenbestimmung des Eigentums.[61] Für letztere Ansicht spricht, dass die MitverwaltungsR der Gesellschafter im InsVerf weitgehend verdrängt werden, die Gesellschafter mithin die Geschicke der Gesellschaft nicht mehr lenken können und daher mit dem InsPlan gegenüber dem RegelInsVerf eine Verkürzung der MitwirkungsR nicht einhergeht.[62] Auch aus einem **angeblichen Unternehmenswert** (und abgeleitet hieraus einem Anteilswert) lässt sich ein derartiger zwingender Zustimmungsvorbehalt nicht ableiten.[63] Aus der privatrechtlichen Zuordnung von Vermögenswerten folgt nämlich nicht, in welcher Weise der Gesetzgeber im InsVerf den Schutz der verschiedenen Beteiligten auszutarieren hat. Vielmehr ist der Gesetzgeber durchaus zu **Umgestaltungen zivilrechtlicher Zuordnungen** mit Blick auf die in § 1 genannten Ziele befugt.[64] Auch wenn also die Inhaberschaft bestimmter Vermögenswerte zivilrechtlich einem Dritten zugewiesen sind, kann das InsRecht dieselben (etwa nach §§ 129 ff) haftungsrechtlich der Masse zuordnen. Die entscheidende Frage ist mithin nicht, ob dem Anteil ein Wert zukommt oder nicht,[65] sondern wem derselbe – im Lichte der in § 1 genannten Ziele – haftungsrechtlich zuzuweisen ist. Richtiger Ansicht nach steht die-

---

56 S auch HambKomm/*Thies* § 254 Rn 15; *Brünkmans/Greif-Werner* ZInsO 2015, 1585, 1590.

57 *Kleindiek* FS Hommelhoff, 2012, S 543, 548; Beck,sches Handbuch der GmbH/*Schwaiger* 4. Aufl 2009, § 2 Rn 116. Der Grundsatz dient freilich auch dem Schutz der Gesellschafter und der AltGl. Letztere aber bedürfen mit Blick auf die Schutzmechanismen im PlanVerf keinen Schutz.

58 *Spliedt* GmbHR 2012, 462, 467.

59 *BVerfG* NZG 2011, 1379, Rn 16; NZG 1999, 931; *H F Müller* KTS 2012, 419, 425; *Stöber* ZInsO 2013, 2457, 2459; *Hölzle* HRI § 31 Rn 7.

60 *Madaus* ZGR 2011, 749, 761; *Stöber* ZInsO 2012, 1811, 1819; *ders* ZInsO 2013, 2457, 2560 sa *Uhlenbruck/Hirte* § 225a Rn 4.

61 *Geißler* ZInsO 2015, 787, 788; *Bitter* ZGR 2010, 147, 191 f; *Schulz* (Fn 1) S 164; *Verse* ZGR 2010, 299, 309; *Gehrlein* NZI 2012, 257, 261; *Hölzle* KTS 2011, 291, 319; *ders* HRI § 31 Rn 7 ff; *Thole* Gesellschaftsrechtl Maßnahmen, 2. Aufl 2015, Rn 222, 224 ff.

62 *Hölzle* HRI § 31 Rn 8: „wirkungsentkleidete Mitglieds- und Teilhaberechte"; sa *BVerfG* NZG 2011, 1379 Rn 19; *Schulz* (Fn 1) S 119 ff.

63 Anders *H F Müller* KTS 2012, 419, 426 f; *Schäfer* ZIP 2016, 1911, 1913.

64 *BVerfG* NZI 2004, 222, 223; sa *Hölzle* ZIP 2016, 1461, 1462.

65 So aber *C Schäfer* ZIP 2013, 2237, 2239 ff; *ders* ZIP 2015, 1208, 1211.

ser Wert – auch wenn er ausnahmsweise rechtsträgergebunden ist – der Glgesamtheit zu.[66] Ebenso wie dem Sicherungseigentümer iS des § 51 Nr 1 (aufgrund seiner zivilrechtlichen Rechtsposition) kein Blockadepotential zukommt, um einen Unternehmensmehrwert für die Masse zu realisieren, soll auch der Gesellschafter mit Blick auf die von ihm (freiwillig) übernommene Risikoverteilung und die in § 73 GmbHG bzw in § 199 zum Ausdruck kommende Wertung des **Vorrangs der Gl – gegenüber den Gesellschafterinteressen**[67] die bestmögliche Verwertung der Masse nicht verhindern dürfen. § 199 gilt nicht nur für das Liquidationsszenario, sondern ist eine allgemeine Wertung, die für sämtliche Formen der Verwertung des Schuldnervermögens (auch durch InsPlan) greift.[68] Der Gesellschafter kann damit auf den im Anteil verkörperten (Fortführungs-)Wert grundsätzlich nur dann zugreifen, wenn er den InsGrund beseitigt.[69] Die Verkürzung des MitgliedschaftsR auf das von dem Gesellschafter übernommene Risiko, nämlich auf eine (einem letztrangigen Gl vergleichbare) vermögensrechtliche Teilhabe ist daher grds **verfassungsrechtlich zulässig**.

2. Bewertung der Vermögenskomponente. Ist die Reduzierung der gesrechtl Teilhabe auf die 16
Vermögenskomponente verfassungsrechtl zulässig, stellt sich die Frage nach deren Bewertung. Massstab (und Untergrenze) im Rahmen des InsPlanVerf ist danach, was der Gesellschafter im Fall der Abwicklung des Rechtsträgers im RegelInsVerf erhalten würde. Da Letzerer im Regelfall bei einer Verwertung des GesVermögens aufgrund seiner Rangstellung (§ 199 S 2) nichts zu erwarten hat, ist der Anteilswert iRd § 225a grds mit Null zu bemessen.[70] Eine Ausnahme gilt allenfalls dort, wo das Schuldnervermögen im Wege eines asset deal verwertet und dadurch auch ein Firmenwert durch Liquidation erzielt werden kann. Hier darf vermögensrechtlicher Schutz des Anteilsinhabers iRd InsPlanVerf dem gesetzlichen Leitbild folgend nicht hinter der Abwicklung des Rechtsträgers zurückbleiben.[71]

3. Schutz vor Missbrauch. Grds muss – aus verfassungsrechtlicher Sicht – die Verkürzung 17
der Mitgliedschaft auf eine vermögensrechtliche Teilhabe durch wirksame Instrumente gegen den **Missbrauch wirtschaftlicher Macht** flankiert werden.[72] Im InsPlanVerf wird dies insb durch den Erörterungs- und Abstimmungstermin (§ 235), die gerichtliche Vorprüfung (§ 231), das Erfordernis der gerichtlichen Bestätigung (§§ 246, 251) sowie durch das in § 253 geregelte Rechtsmittel gewährleistet.[73] Einen inhaltlichen Schutz vor Missbrauch der Macht des Mehrheitsgesellschafters bietet vor allem das in § 226 geregelte **Gleichbehandlungsgebot** innerhalb der Gruppe sowie das in § 245 Abs 3 Nr 2 enthaltene Gleichbehandlungsgebot zwischen verschiedenen Gruppen von Anteilsinhabern (§ 245 Rn 26).[74] Gefahren drohen diesem System vor allem von zwei Seiten.

---

66 *Bitter* ZGR 2010, 147, 194; *K Schmidt/Spliedt* § 225a Rn 13: sa auch *Andrianesis* WM 2017, 362, 369; **aA** *Schäfer* ZIP 2016, 1911, 1913.

67 *B/H/Haas* § 64 GmbHG Rn 2; *Thole* ZIP 2013, 1937, 1940; *Hölzle* ZIP 2013, 1846, 1847 f; *Saenger/Inhester/Kolmann* § 64 GmbHG Rn 71.

68 **AA** *Madaus* ZGR 2011, 749, 755 f; *Schäfer* ZIP 2015, 1208, 1211.

69 So zu Recht *K Schmidt/Spliedt* § 225a Rn 8; ihm folgend auch *Thole* Gesellschaftsrechtl Maßnahmen, 2. Aufl 2015, Rn 222; *Seibt/Bulgrin* ZIP 2017, 353, 360.

70 *Seibt/Bulgrin* ZIP 2017, 353, 356; *Decher/Volland* ZIP 2013, 103, 107 f.

71 S auch *Schulz* (Fn 1) S 120 ff.

72 S auch *BVerfG* 1999, 931; s zur Bewältigung der Missbrauchsgefahren auch *Schulz* (Fn 1) S 132 ff.

73 S hierzu auch *BVerfG* ZIP 2013, 2163 f; s hierzu auch *Skauradszun* DZWiR 2015, 539 ff: „ein Insolvenzplan steht etliche Male auf dem Prüfstand".

74 Kritisch hierzu *K Schmidt/Uhlenbruck/Spliedt* Die GmbH in Krise, Sanierung und Insolvenz, Rn 8.833.

18 Problematisch kann die durch die erw GlVers ausgeübte Mehrheitsmacht in den seltenen Fällen sein, in denen nicht nur im Wege eines Eingriffs in die Mitgliedschaftsrechte die vollständige Befriedigung der Gl, sondern auch im RegelInsVerf oder durch einen Plan ohne (oder mit geringerem) Eingriff in die Mitgliedschaftsrechte möglich erscheint.[75] Hier besteht – auf den ersten Blick – die Gefahr, dass es im PlanVerf zu einer (unfreiwilligen) Verlagerung des Unternehmenswertes weg von allen oder einigen (bisherigen) Anteilseignern kommt. Eine Ausrichtung an dem auch für die Anteilsinhaber besten „Verwertungs- bzw Fortführungsszenario" sichert jedenfalls der § 251 Abs 1 nur bedingt; denn dieser verlangt lediglich einen Vergleich zwischen dem konkreten Plan und dem RegelInsVerf. Planalternativen werden demgegenüber in den dem Minderheitenschutz dienenden Vergleich nicht miteinbezogen (s § 251 Rn 7). In diesen (seltenen) Fällen stellt sich schon die Frage, ob es nicht eines ergänzenden Schutzes zugunsten der überstimmten Anteilsinhaber bedarf.[76]

19 Der Missbrauch kann uU auch schon im Gang zum InsGer gesehen werden, wenn das InsVerf nämlich dazu missbraucht wird, um (unliebsame) Mitgesellschafter aus der Gesellschaft zu drängen.[77] Das Gesetz bedarf einer und kennt auch eine effektive **InsEingangskontrolle**, um solchen Missbräuchen zu begegnen.[78] So kann das InsVerf nur eröffnet werden, wenn ein InsGrund, dh eine (massive) GlGefährdung vorliegt. Liegt lediglich drohende Zahlungsunfähigkeit (§ 18) vor, ist zudem die Antragstellung ein gesellschaftsrechtliches Grundlagengeschäft, das intern[79] – grds – der Mitwirkung aller Gesellschafter bedarf.[80] Freilich eröffnen die verschiedenen InsGründe mitunter einen weiten Beurteilungsspielraum. **Das Gesetz steht jedoch missbräuchlichen Anträgen nicht gleichgültig gegenüber**. Präventiven Schutz vermitteln etwa § 15 Abs 2 S 1, der – unter bestimmten Voraussetzungen – die Glaubhaftmachung des InsGrundes vorsieht, sowie § 15 Abs 2 S 3, der die Anhörung der übrigen (für den Schu) antragsberechtigten Personen durch das InsGer vorschreibt.[81] Darüber hinaus hat das InsGer das Vorliegen des InsGrundes von Amts wegen zu prüfen (§ 5). Ist das InsVerf von einem Gesellschafter treuwidrig herbeigeführt worden, ist bei der Prüfung der InsGründe ein entspr Haftungsanspruch der Gesellschaft gegen den Gesellschafter zu berücksichtigen. Hängt der Eröffnungsgrund vom Vorliegen einer bestimmten Forderung ab, berücksichtigt das InsGer die Forderung – etwa bei der Prüfung der Zahlungsunfähigkeit bzw Überschuldung – nicht, wenn diese ernstlich streitbefangen ist.[82] Werden mit dem Eröffnungsantrag insfremde Zwecke verfolgt, fehlt das Rechtsschutzbedürfnis, mit der Folge, dass der Antrag als unzulässig zurückzuweisen ist (§ 13 Rn 25). Repressiven Schutz gegen Missbrauch vermitteln Haftungstatbestände. Hat der Antragsteller beispielsweise verfrüht Antrag gestellt (zB im Fall des § 18 ohne den Beschluss des für Grundlagengeschäfte

---

75 S insoweit *BGH* NZI 2014, 751 Rn 41 ff.

76 S auch *Brünkmans/Greif-Werner* ZInsO 2015, 1585, 1592.

77 *Uhlenbruck/Hirte* § 225a Rn 4.

78 Vgl auch *Schmidt/Seibt/Westphal* SanierungsR, § 225a Rn 85: sa *Madaus* ZIP 2016, 1141, 1144.

79 Das Außenverhältnis (die Vertretungsbefugnis) bleibt allerdings hiervon – sieht man einmal von den Grds über den Missbrauch der Vertretungsmacht ab (*H F Müller* DB 2014, 41, 44; *Meyer* ZInsO 2013, 2361, 2363, 2365) – unberührt, *OLG München* NZG 2013, 742, 744; *Thole* ZIP 2013, 1937, 1944.

80 *OLG München* NZG 2013, 742, 744; *LG Frankfurt* ZIP 2013, 17120; *H F Müller* DB 2014, 41, 44; *Lang/Muschalle* NZI 2013, 953, 955; *Wertenbruch* DB 2013, 1592, 1595; *Thole* ZIP 2013, 1937, 1944; *B/H/Haas* § 60 GmbHG, Rn 29; *Röhrich/Graf v Westphalen/Haas* § 114 HGB Rn 5a; *Meyer* ZInsO 2013, 2361, 2363, 2364.

81 Zur entspr Anwendung der Vorschrift auch im Fall der drohenden Zahlungsunfähigkeit, s § 18 Rn 18.

82 S hierzu *B/H/Haas* § 64 Rn 34, 52.

zuständigen Organs einzuholen), so haftet er nicht nur gegenüber der Gesellschaft, sondern auch unmittelbar gegenüber den Gesellschaftern; denn in dieser verfrühten Antragstellung liegt ein Eingriff in das nach § 823 Abs 1 BGB geschützte MitgliedschaftsR,[83] der nicht nur Schadensersatz-, sondern auch Unterlassungs- bzw Beseitigungsansprüche[84] auslösen kann. Wird der Antrag gar zu insfremden Zwecken gestellt, kommt auch eine Haftung gegenüber den Gesellschaftern aus § 826 BGB in Betracht.[85] UU können sich auch Haftungsansprüche aus einer Verletzung der gesellschaftsrechtlichen Treuepflicht ergeben, wenn bei der Planerstellung nicht hinreichend auf die Interessen des Minderheitsgesellschafters Rücksicht genommen wurde (§ 218 Rn 7 f).[86]

Mitunter wird der vorgenannte **Schutz mit Blick auf Minderheitsgesellschafter** ganz generell **20** für unzureichend empfunden.[87] Diese müssten nämlich im InsEröffnungsverf grds nicht angehört werden, könnten daher leicht „überrumpelt" und damit Opfer der Auswirkungen des PlanVerf werden. Die Befugnis zur Einreichung einer Schutzschrift gegen einen möglichen Eigenantrag der Ges bestehe grds nicht.[88] Problematisch sei zudem, dass ihnen trotz drohenden Rechtsverlustes grds kein BeschwerdeR gegen den Eröffnungsentscheid zustehe.[89] Gegen diese Bedenken spricht, dass nicht jeder, dem durch das InsVerf ein Eingriff in sein Recht droht, ein BeschwerdeR gegen den Eröffnungsentscheid zusteht. Auch der Gl einer OHG, dem durch die Eröffnung des InsVerf über das Vermögen der OHG der Haftungsanspruch gegen den Gesellschafter nach § 128 HGB (aufgrund des § 93) genommen wird, hat – trotz massiver Verschlechterung seiner Rechtsposition im InsVerf – kein BeschwerdeR. Der Gesetzgeber hat insoweit bewusst den Kreis der Beschwerdeberechtigten beschränkt, um eine zügige Abwicklung des EröffnungsVerf zu gewährleisten. All dies kann nicht rechtfertigen, dass die Rechtmäßigkeitsprüfung des InsPlans und die Prüfung der Eröffnungsentscheidung miteinander vermengt werden. Dies gilt umso mehr als im Zeitpunkt der Eingangskontrolle ein Eingriff in das Mitgliedschaftsrecht noch gar nicht feststeht. Daher ist zwischen den InsEingangs– und der Ausübungskontrolle (in Bezug auf den InsPlan) streng zu unterscheiden.[90] Auch kann dies nicht rechtfertigen, gesellschaftsrechtliche Schutzmechanismen zugunsten des Minderheitsgesellschafters generell oder für den Fall, dass das InsVerf bei drohender Zahlungsunfähigkeit eingeleitet wurde, weiterhin anzuwenden.[91] Schließlich ist darauf hinzuweisen, dass durch ein BeschwerdeR kein effektiver

83 *B/H/Haas* § 64 GmbHG Rn 162; *Stöber* ZInsO 2013, 2457, 2465.

84 *Meyer* ZInsO 2013, 2361, 2363, 2365; Hierfür ist freilich nur so lange Raum, als der Eröffnungsantrag noch zurückgenommen werden kann. Ist das Verf einmal eröffnet, fehlt für eine Klage außerhalb des InsVerf mit dem Ziel, die Entscheidung des InsGericht zu korrigieren, das RSchutzbedürfnis, iE auch *Thole* ZIP 2013, 1937, 1944. Wohl aber kann die Klage darauf gerichtet werden, den InsGrund zu beseitigen, *Stöber* ZInsO 2013, 2457, 2465; siehe zum Ganzen auch *Zipperer* ZIP 2015, 2002, 2006.

85 *OLG Frankfurt* NZI 2013, 978 Rn 33; *B/H/Haas* § 64 GmbHG Rn 162; *Thole* ZIP 2013, 1937, 1944. Zur Frage, wann Rechtsmissbrauch vorliegt, s § 14 Rn 31 ff; vgl auch *Brünkmans/Uebele* ZInsO 2014, 265, 268.

86 *Andrianesis* WM 2017, 362, 365.

87 S den Sachverhalt in *BVerfG* ZIP 2013, 2163.

88 *Zipperer* ZIP 2015, 2002, 2004; **aA** *Brinkmann* FS Kübler 2015, S 631, 641.

89 *C Schäfer* ZIP 2013, 2237, 2238 und 2241; *H F Müller* DB 2014, 41, 43; sa *Böcker* ZInsO 2015, 773, 782.

90 Siehe auch *LG Berlin* ZIP 2014, 2197, 2203; wohl auch *Madaus* ZIP 2016, 1141, 1144; anders *Zipperer* ZIP 2015, 2002, 2009 wonach Treupflichtverletzungen bei Antragstellung etwa durch Gewährung von Bezugsrechten aufgefangen werde können und müssen.

91 *Andrianesis* WM 2017, 362, 365; **aA** aber *Uhlenbruck/Hirte* § 225a Rn 4.

Schutz für den Gfter zu erlangen ist; denn das BeschwerdeR gegen die Eröffnungsentscheidung kommt zu spät.[92]

21 **4. Verfahrensrechtliche Partizipation versus Verhältnismäßigkeitsgrundsatz.** Der Gesetzgeber hat den Interessen der GlGesamtheit im InsPlanVerf nicht stets den Vorrang eingeräumt. Verfassungsrechtliche Grenzen einer Umgestaltung der zivilrechtlichen Rechtspositionen ergeben sich etwa aus der **negativen Vereinigungsfreiheit** (Art 9 GG). Diese schützt das Recht, sich nicht zu Vereinigungen zusammenzuschließen, bestehenden Vereinigungen fernzubleiben, solche aufzulösen sowie aus solchen auszutreten.[93] Ausprägung der negativen Vereinigungsfreiheit sind etwa Abs 2 S 2, wonach ein Debt-to-Equity Swap gegen den Willen eines Gl nicht möglich ist oder das in Abs 5 geregelte AustrittsR für eine am Schu beteiligte Person bei Vorliegen eines wichtigen Grundes. Umstritten ist, ob und inwieweit der verfassungsrechtliche Verhältnismäßigkeitsgrds der Umgestaltung der zivilrechtlichen Rechtspositionen der Altgesellschafter im konkreten Fall Grenzen zieht. Eine Ansicht bejaht dies und leitet daraus die **Notwendigkeit einer Interessenabwägung im konkreten Fall** ab.[94] Der konkrete Eingriff in die Gesellschafterstellung ist danach nur dann verfassungsgemäß, wenn er geeignet, erforderlich und angemessen ist. Insb dort, wo durch den InsPlan ein Altgesellschafter aus der Gesellschaft ausgeschlossen wird oder ein Bezugs-Rausschluss vorgesehen ist, ist dieser Ansicht zufolge besonders zu prüfen, ob im Befriedigungsinteresse der Gl nicht ein milderes Mittel besteht.[95] Je weitergehender der Eingriff in die Rechte der Altgesellschafter ist, desto höher sind – dieser Ansicht zufolge – die Anforderungen an eine sachliche Rechtfertigung des Eingriffs. Diese Ansicht ist abzulehnen. Sie ist nicht nur **impraktikabel**,[96] sondern geht von der **falschen Prämisse** aus, dass der verfassungsrechtliche Schutz der Mitgliedschaft besser oder höherwertig ausgestaltet ist als zB die – ebenfalls durch Art 14 GG geschützten[97] – Forderungen der Gl.[98] In Bezug auf Letztere ist keine inhaltliche Vorgabe iS einer Verhältnismäßigkeitsprüfung zum Schutz vor Eingriffen kraft InsPlan vorgesehen. Vielmehr wird hier der Eingriff – neben bestimmten inhaltlichen Mindeststandards – vor allem durch **sachgerechte Gruppenbildung und interessenausgleichende Mehrheitsbildung** (in und zwischen den Gruppen) gewahrt. Warum für (zwangsweise) Eingriffe in die Rechtsposition von Gesellschaftern eine andere bzw höhere (Legitimations-)Schwelle gelten soll, ist unerfindlich. Vielmehr müssen in beiden Fällen Typisierungen zulässig sein. Dies gilt insb im VerfahrensR, da andernfalls Planungssicherheit nicht zu erlangen ist.

VI. Vereinbarkeit mit Art 25 bzw 29 KapRL

22 Art 29 Abs 1 RL 2012/30/EU v. 25.10.2012, Abl L 315 v. 14.12.2012, S 74, der mit Wirkung vom 4.12.2012 inhaltlich unverändert Art 25 Abs 1 RL 77/91/EWG, Abl L 26 v. 31.1.1977, S 1 ff übernommen hat, sieht vor, dass bei der AG eine (Bar-)Kapitalerhöhung, ein Bezugsrechtsausschluss und eine Kapitalherabsetzung grundsätzlich von der **Hauptversammlung** beschlossen werden. Hiermit scheint § 225a auf den ersten Blick im Konflikt zu stehen. Allerdings ist Art 29 bzw 25 KapRL nach der Rspr des EuGH dann nicht anwendbar, wenn

---

92 *Zipperer* ZIP 2015, 2002, 2003.
93 *BVerfG* NJW 2001, 2617; NJW 1992, 1373; NJW 1975, 1265.
94 *H F Müller* DB 2014, 41, 42; *Wertenbruch* ZIP 2013, 1693, 1696 f.
95 *Wertenbruch* ZIP 2013, 1693, 1697; wohl auch *C Schäfer* ZIP 2013, 2237, 2242 f; *K Schmidt* ZGR 2012, 566, 580.
96 S etwa für die Kriterien der Einzelfallprüfung, *Wertenbruch* ZIP 2013, 1693, 1697 und 1698 f. Wie hier *K/P/B/Spahlinger* § 225a Rn 100.
97 *BVerfG* NZI 2004, 222 f.
98 Im Erg wie hier *K/P/B/Spahlinger* § 225a Rn 104.

die Gesellschaft zum Schutz der Rechte ihrer Gl Zwangsvollstreckungsmaßnahmen und Abwicklungsregelungen unterworfen wird, die die Gesellschaft einer Zwangsverwaltungsregelung unterstellen, die die Gesellschaftsorgane nicht nur vorübergehend ihrer Rechte enthebt und zum Erlöschen der Gesellschaft führt.[99] Ganz überwiegend wird diese Rspr im Lichte des Normzwecks der KapRL (zu Recht) dahingehend gedeutet, dass eine **„Entmachtung“ der Hauptversammlung im InsPlanVerf mit den europarechtlichen Vorgaben vereinbar** ist.[100]

VII. Debt-to-Equity Swap (Abs 2)

Abs 2 sieht ausdr vor, dass Forderungen von Gl in Anteils- und MitgliedschaftsR umgewandelt werden können.[101] **Gegen den Willen des Gl** ist ein Debt-to-Equity Swap nicht möglich (Rn 21).[102] Die Zustimmung ist nach § 230 Abs 2 schon in der Anlage zum Plan zu erklären. Der Gl ist in seiner Entscheidung frei. Aus allgemeinen Rechtsgrundsätzen folgt jedenfalls keine Pflicht des Gl – etwa gegenüber der Glgesamtheit –, seine Zustimmung zu erteilen.[103] Das Erfordernis der Zustimmung des Gl wird lediglich durchbrochen für Anleihen, die dem SchVG unterliegen; denn nach § 5 Abs 3 Nr 3 SchVG können AnleiheGl mehrheitlich die Umwandlung von Schuldverschreibungen in Gesellschaftsanteile beschließen.[104] Folglich ist bei einem entspr Beschluss nicht die Zustimmung des einzelnen AnleiheGl, sondern der Mehrheitsbeschluss nach dem SchVG dem Plan nach § 230 Abs 2 beizufügen.[105] **23**

Wird die Forderung in Eigenkapital umgewandelt, kommt ein Wiederaufleben derselben in einer Folgeinsolvenz nach § 255 Abs 2 nicht in Betracht. Die Umwandlung von Forderungen in AnteilsR kann bei Kapitalgesellschaften auf zwei Wegen erfolgen, nämlich entweder durch eine Sachkapitalerhöhung (der in aller Regel eine Kapitalerhabsetzung vorausgeht)[106] oder durch einen share deal, bei dem Altgesellschafter ihre Gesellschaftsanteile auf den Forderungsinhaber übertragen, der im Gegenzug seine Forderung gegen die Gesellschaft durch Vertrag „erlässt“.[107] Erfolgt die Umwandlung in Gestalt einer Sachkapitalerhöhung (der grds eine vereinfachte Kapitalherabsetzung nach §§ 229 ff AktG bzw §§ 58a ff GmbHG vorausgeht[108]), bringt der Gl die Forderung entweder durch **Abtretung** (mit der Folge, dass **24**

---

99 *EuGH* v 30.5.1991 – Rs C-19/90, C-20/90, Slg 1991, I-2691 Rn 30 (Karella); v 12.3.1996 – Rs 441/93, Slg 1996, I-14347 Rn 57 ff (Pafitis).

100 *Spliedt* GmbHR 2012, 462, 465 f; *K Schmidt/Spliedt* § 225a Rn 15; *Schulz* (Fn 1) S 137 ff; HambKomm/*Thies* § 225a Rn 10; *Verse* ZGR 2010, 288, 312 ff; *K Schmidt* BB 2011, 1603, 1609; *Wertenbruch* ZIP 2013, 1693, 1698; *Maier-Reimer* Gesellschaftsrecht in der Diskussion 2011, 2012, S 107, 111 f; *Schön* ZHR 174 (2010) 155, 157 ff; *Uhlenbruck/Hirte* § 225a Rn 15; **aA** *Madaus* ZGR 2011, 749, 767 ff; *H F Müller* KTS 2011, 1, 13 ff; *ders* KTS 2012, 419, 427 ff; *Stöber* ZInsO 2013, 2457, 2561.

101 Zu den steuerrechtl Konsequenzen, *Ebbinghaus/Neu/Hinz* NZI 2014, 729 ff. Zu dem wirtschaftlichen Hintergrund, *K/P/B/Spahlinger* § 225a Rn 8 ff.

102 *K/P/B/Spahlinger* § 225a Rn 31; *Schmidt/Seibt/Westphal* SanierungsR, § 225a Rn 15. Kritisch hierzu HambKomm/*Thies* § 225a Rn 33; *Maier-Reimer* Gesellschaftsrecht in der Diskussion 2011, 2012, S 107, 117.

103 **AA** im Grds MK/*Eidenmüller* § 225a Rn 36.

104 Siehe hierzu *Thole* ZIP 2014, 2365 ff.

105 MK/*Eidenmüller* § 225a Rn 34; *K/P/B/Spahlinger* § 225a Rn 32.

106 *K/P/B/Spahlinger* § 225a Rn 13.

107 *Maier-Reimer* Gesellschaftsrecht in der Diskussion 2011, 2012, S 107, 108; *Braun/Frank* § 225a Rn 5 ff.

108 MK/*Eidenmüller* § 225a Rn 40; *Uhlenbruck/Hirte* § 225a Rn 20; *Kleindiek* FS Hommelhoff, 2012, S 543, 544.

diese durch Konfusion erlischt) oder aber durch einen **Erlassvertrag** ein.[109] Ein **Anspruch auf Beteiligung** am Debt-to-Equity Swap besteht nicht.[110] Gruppenintern gilt allerdings das Gleichbehandlungsgebot (§ 226 Abs 1). Ob der Planverfasser alle investitionswilligen Gl in einer Gruppe zusammenfassen will, steht in den durch Gesetz gezogenen Grenzen in seinem Ermessen (§ 222 Rn 4 ff). Einlagefähig sind alle InsFord (auch nachrangige), Masseforderungen und auch Rechtspositionen von Absonderungsberechtigten.[111]

25 **1. Fortgeltung des Grds der realen Kapitalaufbringung.** Zum Schutz (vor allem)[112] der NeuGl von Kapitalgesellschaften (so Rn 13 f) geht das Gesetz – trotz Kritik im Gesetzgebungsverfahren – beim Debt-to-Equity Swap davon aus, dass der gesellschaftsrechtliche Grds der realen Kapitalaufbringung[113] (wenn auch in abgeschwächter Form)[114] fortgilt.

26 **a) Grds der Bewertung.** Dass gegen die Gesellschaft gerichtete Forderungen bei einer Kapitalerhöhung Gegenstand einer Sacheinlage sein können, ist unbestritten.[115] Theoretisch nicht ausgeschlossen ist, dass auch nachrangige Forderungen umgewandelt werden.[116] Fraglich ist aber, mit welchem **Wert die Forderung** auf die Einlageschuld anzurechnen ist. Außerhalb des InsVerf gilt herrschender – aber nicht unbestrittener – Meinung zufolge das **Vollwertprinzip**. Danach ist die Forderung mit dem Wert anzusetzen, mit dem sie durch das Gesellschaftsvermögen gedeckt ist.[117] Fraglich ist, ob diese Grds auch im InsPlanVerf gelten. Dies wird mitunter bestritten. Das Vollwertprinzip sei – so diese Ansicht – weder im Gl- noch im Gesellschafterinteresse. Daher seien die Sacheinlagebestimmungen vorliegend im Wege der teleologischen Reduktion auf die Publizitätsregeln zu beschränken.[118] Die überwiegende Ansicht folgt dem nicht.[119] Hinter dem Streit, zu welchem Wert Forderungen eingebracht werden können, steht kein insrechtliches, sondern ein genuin gesellschaftsrechtliches Problem. Letztlich geht es um die Frage, ob durch eine Bewertung von Forderungen

109 *Kleindiek* FS Hommelhoff, 2012, S 543, 544; *Geißler* ZInsO 2015, 787, 790; *Uhlenbruck/Hirte* § 225a Rn 20.

110 *Uhlenbruck/Hirte* § 225a Rn 23; *Geißler* ZInsO 2015, 787, 790; *K/P/B/Spahlinger* § 225a Rn 56 ff; *Simon/Merkelbach* NZG 2012, 121, 126.

111 MK/*Eidenmüller* § 225a Rn 30; *Geißler* ZInsO 2015, 787, 790.

112 Der Grundsatz der realen Kapitalaufbringung schützt auch (Alt-)Gesellschafter und AltGl. Letztere werden aber durch die entspr MitwirkungsR im InsPlanVerf bereits hinreichend geschützt, sa *Gehrlein* NZI 2012, 257, 260. Zum Schutz der Neugesellschafter spielt der Grds aber durchaus dann eine Rolle, wenn einige der Neugesellschafter ihre Stellung durch einen Debt-to-Equity Swap erwerben, andere aber eine hiervon verschiedene Bar- oder Sacheinlage zu erbringen haben, s *Maier-Reimer* Gesellschaftsrecht in der Diskussion 2011, 2012, S 107, 113.

113 Für das GmbHG §§ 9, 56 Abs 2 GmbHG; für das AktienR wird dieser Grds aus § 36 Abs 2 S 3, § 188 Abs 2 abgeleitet, *BGH* NZG 2007, 513 Rn 5.

114 *Uhlenbruck/Hirte* § 225a Rn 32; krit hierzu *Simon/Merkelbach* NZG 2012, 121, 124 wonach die Modifikation den Grds der realen Kapitalaufbringung „ad absurdum" führt.

115 *BGHZ* 110, 47, 71; 113, 335, 341; *Gehrlein* NZI 2012, 257, 260.

116 *K/P/B/Spahlinger* § 225a Rn 55; *Brünkmanns* ZInsO 2017, 1401, 1408 f.

117 *BGH* NJW 1994, 1477, 1478; *BGHZ* 90, 370, 373; *Hüffer/Koch* § 27 AktG Rn 18; GroßKomm GmbHG/*Ulmer* § 5 Rn 57; *Kleindiek* FS Hommelhoff, 2012, S 543, 549; *H F Müller* KTS 2012, 419, 445.

118 *Cahn/Simon/Theiselmann* CFL 2010, 238, 242 ff; HambKomm/*Thies* § 225a Rn 24; *Hölzle* HRI § 31 Rn 51 ff; s weitere Nachweise auch bei *Kleindiek* FS Hommelhoff, 2012, S 543, 548.

119 FK/*Jaffé* § 225a Rn 16; *Noack/Schneiders* DB 206, 1619, 1623 f.; *Schmidt/Seibt/Westphal* SanierungsR, § 225a Rn 34; *Wertenbruch* ZIP 2013, 1693, 1699; *Kleindiek* FS Hommelhoff, 2012, S 543, 560; *H F Müller* KTS 2012, 419, 445 f; *K Schmidt* ZGR 2012, 566, 573; *Haas* NZG 2012, 961, 967; *Uhlenbruck/Hirte* § 225a Rn *Uhlenbruck/Hirte* § 225a Rn 34 ff; *Thole* Gesellschaftsrechtl Maßnahmen, 2. Aufl 2015, Rn 333.

zum Nennwert bei einer Sachkapitalerhöhung der Anschein erweckt wird, die Gesellschaft habe zusätzliche Vermögenswerte erhalten und ob gegebenenfalls diesem Anschein durch die Offenlegung des Einlagegegenstands zureichend Rechnung getragen wird.[120] Solange jedenfalls die hM im GesellschaftsR dies verneint und weil insoweit keine insrechtliche Sondernorm besteht, ist im InsPlan von der **Fortgeltung des Vollwertprinzips** auszugehen.[121] Dies entspricht auch der Ansicht des ESUG-Gesetzgebers; denn unter der Prämisse des Nennwertprinzips würde der Ausschluss der Differenzhaftung in § 254 Abs 4 (su Rn 29) wenig Sinn machen. Bei einer Nennwertberechnung ist nämlich die Gefahr einer Überbewertung – ganz anders als beim Vollwertprinzip – ausgeschlossen.[122]

Fraglich ist allerdings, **welches „Verwertungsszenario"** dem Vollwertprinzip zugrunde zu legen ist. Richtiger Ansicht nach ist für die Forderung als Wert die Deckungsquote im RegelInsVerf (Liquidation) maßgebend.[123] Dagegen kommt es nicht darauf an, was der Gl auf seine Forderung bei unterstellt erfolgreichen Sanierungsmaßnahmen erhalten hätte (wäre diese nicht in Eigenkapital umgewandelt worden). Dies folgt nicht zuletzt aus einem Blick auf § 225a Abs 5, wonach der ausscheidende Gesellschafter nach dem **Liquidationswert** abzufinden ist. Wenn aber für die Bewertung des Anteilswertes das Liquidationsszenario zugrunde zu legen ist, kann für die Bewertung der Forderung nichts anderes gelten.[124] Zu unterstellen ist eine optimale Verwertung iRd Liquidationsszenarios. Daher kann auch ein Gesamtverkauf – bei entsprechender Wahrscheinlichkeit – unterstellt werden.[125] Ist die Forderung besichert, bildet grds der Wert der Sicherheit den Mindestwert. Richtiger Ansicht nach sind dabei Feststellungs- und Verwertungspauschale nicht abzuziehen.[126] Nach Durchführung des Debt-to-Equity Swap ist die Sicherheit von dem (ehemaligen) Gl freizugeben.[127] Zu berücksichtigen bei der Bewertung ist allerdings auch, welcher Regelung die Sicherheit im InsPlan unterzogen wird.[128] Bewertungsstichtag ist – den gesellschaftsrechtlichen Grundsätzen folgend –[129] der Zeitpunkt der Anmeldung der Sachkapitalerhöhung zur Eintragung im Handelsregister.[130] 27

---

120 *Kleindiek* FS Hommelhoff, 2012, S 543, 551 ff; sa *Kanzler/Mader* GmbHR 2012, 992, 993; *Brünkmanns* ZInsO 2017, 1401, 1406; MK/*Eidenmüller* § 225a Rn 53; **aA** *K Schmid/Spliedt* § 225a Rn 24.

121 Für eine teleologische Reduktion der gesellschaftsrechtlichen Prämisse, *Schulz* (Fn 1) S 240.

122 *Geißler* ZInsO 2015, 787, 790; *Noack/Schneiders* DB 206, 1619, 1623 f.; *Wertenbruch* ZIP 2013, 1693, 1699; *Kleindiek* FS Hommelhoff, 2012, S 543, 553 f; *Haas* NZG 2012, 961, 967; *Hirte/Knof/Mock* DB 2011, 632, 642; *Simon/Merkelbach* NZG 2012, 121, 123 f; *H F Müller* KTS 2012, 419, 448; *Gehrlein* NZI 2012, 257, 260.

123 *Kleindiek* FS Hommelhoff, 2012, S 543, 555 ff, 560; *Wertenbruch* ZIP 2013, 1693, 1699; *Geißler* ZInsO 2015, 787, 790; *Graf-Schlicker/Kebekus/Wehler* § 225a Rn 6; *Hirte/Knof/Mock* DB 2011, 632, 642; *Uhlenbruck/Hirte* § 225a Rn 35 f; *Simon/Merkelbach* NZG 2012, 121, 124; *Ekkenga* DB 2012, 331, 336; *Pleister/Kindler* ZIP 2010, 503, 507; **aA** *Brünkmanns* ZInsO 2017, 1401, 1407; *K/P/B/Spahlinger* § 225a Rn 22; *K Schmidt* ZIP 2012, 2085, 2087; *Weber/Schneider* ZInsO 2012, 374, 379; *Rendels/Zabel* Insolvenzplan, Rn 254; MK/*Eidenmüller* § 225a Rn 52.

124 *Simon/Merkelbach* NZG 2012, 121, 124.

125 *K Schmid/Spliedt* § 225a Rn 25; *Uhlenbruck/Hirte* § 225a Rn 36; *Schmidt/Seibt/Westphal* SanierungsR, § 225a Rn 35, die dies allerdings zu Unrecht als Regelfall bezeichnen.

126 *Uhlenbruck/Hirte* § 225a Rn 21; *K/P/B/Spahlinger* § 225a Rn 54; *K Schmid/Spliedt* § 225a Rn 26; **aA** *Eckert/Harig* ZInsO 2012, 2318, 2323.

127 *Uhlenbruck/Hirte* § 225a Rn 21.

128 HambKomm/*Thies* § 225a Rn 23; *Uhlenbruck/Hirte* § 225a Rn 21.

129 *Lutter/Hommelhoff/Bayer* § 9 GmbHG Rn 5; *B/H/Fastrich* § 9 GmbHG Rn 4; *Hüffer/Koch* § 27 AktG Rn 20; MK/*Pentz* § 27 AktG Rn 38.

130 *Kleindiek* FS Hommelhoff, 2012, S 543, 555; *K Schmid/Spliedt* § 225a Rn 25; HambKomm/*Thies* § 225a Rn 22.

28 **b) Absicherung durch gerichtliche Kontrolle.** Abgesichert werden die vorstehenden Grundsätze zunächst durch die Prüfung des für die Bestätigung des InsPlans zuständigen InsGerichts. Dieses hat den InsPlan von Amts wegen zurückzuweisen (§ 231 Abs 1 Nr 1) bzw die Bestätigung zu versagen (§ 250 Nr 1), wenn die im Wege des Debt-to-Equity Swap eingelegten Forderungen – enspr § 9c Abs 1 S 2 GmbHG – „nicht unwesentlich überbewertet" wurden.[131] Fraglich ist, ob im Fall einer Bestätigung des InsPlans das Registergericht insoweit gebunden ist oder die Eintragung wegen fehlender Werthaltigkeit verweigern kann. Eine Bindung wird teilweise abgelehnt.[132] Richtiger Ansicht nach ist aber von einer grds Zuständigkeitskonzentration für alle Fragen des InsPlans in der Hand des InsGer auszugehen (sa § 254a Rn 6).[133] Damit verträgt sich eine eigenständige Prüfungskompetenz durch das Registergericht nicht. Darüber hinaus spricht auch die Gesetzesbegründung für eine solche Zuständigkeitskonzentration.[134] Lücken zu Lasten des GlSchutzes entstehen hierdurch nicht; denn das Risiko von Fehlbewertungen wird zumindest teilweise durch Haftung (Rn 29) ausgeglichen.

29 **c) Absicherung durch Haftung.** § 254 Abs 4 ordnet an, dass die – außerhalb des InsVerf geltende – Verlängerung des registerrechtlichen Schutzes durch Haftung zur **Absicherung der Grds der realen Kapitalaufbringung** im Fall des Debt-to-Equity Swap nur eingeschränkt gilt.[135] Die Gesellschaft kann wegen Forderungen, die von Gl in Anteils- oder MitgliedschaftsR am Schu umgewandelt wurden, nach der gerichtlichen Bestätigung keine Ansprüche wegen Überbewertung „geltend machen". Ausgeschlossen ist damit vor allem die (verschuldensunabhängige) **Differenzhaftung** dieser Gl-Gesellschafter nach §§ 9, 56 Abs 2 GmbHG (die im AktienR ebenso anerkannt ist[136]). Dies gilt unabhängig von dem Ausmaß der Überbewertung.[137] Der Gesetzgeber begründet diese punktuelle Abweichung vom Gesellschaftsrecht mit dem Wunsch nach **Planungssicherheit für den Sanierer**.[138] Daher wird man den gesetzgeberischen Gedanken nicht durch eine (extensive) Durchgriffshaftung nach § 826 BGB konterkarieren dürfen.[139] Angreifbar ist die Bewertung der Sacheinlage nur innerhalb des Planverfahrens. Insoweit findet eine Zuständigkeitskonzentration statt.

---

131 *Haas* NZG 2012, 961, 967, *Uhlenbruck/Hirte* § 225a Rn 32; MK/*Eidenmüller* § 225a Rn 57; *Spliedt* GmbHR 2012, 462, 467; *K Schmidt/Spliedt* § 225a Rn 22; *Kleindiek* FS Hommelhoff, 2012, S 543, 560; sa *Brünkmans/Greif-Werner* ZInsO 2015, 1585, 1590 f; *Klausmann* NZG 2015, 1300, 1305; für eine nur eingeschr Prüfungspflicht des InsGerichts *K/P/B/Spahlinger* § 225a Rn 46 f; **aA** *Maier-Reimer* in Gesellschaftsrecht in der Diskussion 2011, 2012, S 107, 114.

132 *Kleindiek* FS Hommelhoff, 2012, S 543, 561; *Horstkotte/Martini* ZInsO 2012, 557, 567.

133 *Haas* NZG 2012, 961, 966; *Maier-Reimer* in Gesellschaftsrechtliche Vereinigung (Hrsg) Gesellschaftsrecht in der Diskussion 2011, 2012, S 107, 115; sa MK/*Eidenmüller* § 225a Rn 103; *Thole* Gesellschaftsrechtl Maßnahmen, 2. Aufl 2015, Rn 266; für eine Prüfungskompetenz beschränkt auf „offensichtliche" Fehler *Klausmann* NZG 2015, 1300, 1305; sa *Schmidt/Seibt/Westphal* SanierungsR, § 225a Rn 37 f.

134 BT-Drucks 17/5712, S 37.

135 Kritisch hierzu *Kleindiek* FS Hommelhoff, 2012, S 543, 562.

136 *BGH* AG 2012, 87 Rn 16 ff; *Kleindiek* FS Hommelhoff, 2012, S 543, 545.

137 Für eine teleologische Reduktion der Vorschrift, *Kleindiek* FS Hommelhoff, 2012, S 543, 562; *Kanzler/Mader* GmbHR 2012, 992, 997.

138 BT-Drucks 17/5712, S 36; s auch *Gehrlein* NZI 2012, 257, 260; *Kleindiek* FS Hommelhoff, 2012, S 543, 547.

139 **AA** anscheinend *Gehrlein* NZI 2012, 257, 261; *Rendels/Zabel* Insolvenzplan, Rn 257.

Die **NeuGl werden hierdurch nicht schutzlos** gestellt.[140] (Beschränkten) Schutz gewährt zum einen die Haftung wegen **InsVerschleppung** § 823 Abs 2 BGB iVm § 15a.[141] Zum anderen ist der in § 254 Abs 4 angeordnete Eingriff in den Grundsatz der realen Kapitalaufbringung nur punktuell. Er gilt nur für die Sacheinlage in Form von Einbringung von Altforderungen, nicht aber für **andere Formen der Sachkapitalerhöhung**. Darüber hinaus schließt die Vorschrift nur die Differenzhaftung zugunsten des Gl-Gesellschafters aus. Andere gesellschaftsrechtliche Haftungsnormen bleiben hingegen unberührt. So verweist zB § 57 Abs 4 GmbHG hinsichtlich der Verantwortlichkeit der Geschäftsführer, welche die Kapitalerhöhung zur Eintragung in das Handelsregister eingetragen haben, auf § 9a Abs 1, 3 GmbHG. Insbesondere in der Überbewertung der Sacheinlage liegt eine falsche Angabe iSd §§ 57 Abs 4, 9a GmbHG, die eine Haftung auslösen kann.[142] Darüber hinaus kommt auch eine Haftung des Geschäftsführers[143] gegenüber den Gl nach § 82 Abs 2 GmbHG iVm § 82 Abs 1 Nr 3 GmbHG in Betracht.[144] Für eine entspr Anwendung der Vorschrift, wenn der InsVerw nach § 254a Abs 2 S 3 die Anmeldung zum Handelsregister vornimmt, sprechen gute Gründe.[145] Zumindest insoweit scheint die Empfehlung des Gesetzgebers an den InsVerw daher sinnvoll, zur Vermeidung der eigenen Haftung auch im Fall des Debt-to-Equity Swap ein entsprechendes Sachverständigengutachten über den Wert der eingelegten Forderungen einzuholen.[146] Zu beachten ist, dass zumindest dem Wortlaut nach nur die „Geltendmachung" der Differenzhaftung durch den Schu ausgeschlossen ist. Der der Gesellschaft zustehende Differenzhaftungsanspruch kann aber – unter best Voraussetzungen – auch **im Wege der actio pro socio** von einem Mitgesellschafter geltend gemacht werden. Auch dies muss richtiger Ansicht nach ausgeschlossen sein, soll das Ziel der Regelung (Planungssicherheit zugunsten des Sanierers) verwirklicht werden.[147] NeuGl können in einem nachfolgenden InsVerf den Debt-to-Equity Swap (zB wegen angeblicher Überbewertung) nicht nach §§ 129 ff (insb nicht nach § 135 Abs 1 Nr 2) **anfechten**; denn insoweit fehlt es an einer GlBenachteiligung.[148] Geschützt werden die NeuGl aber auch durch den **Grds der Publizität** (Rn 12). 30

Fraglich ist, ob die Grundsätze der verdeckten (oder verschleierten) SacheinlG Anwendung finden. Die Frage stellt sich insb dann, wenn sich ein Gl mit einer Forderung an einem Debt-to-Equity Swap beteiligt und sodann aufgrund des InsPlan (wegen einer anderen Forderung gegen die Gesellschaft) eine Quote erhält.[149] Ob und inwieweit hier auf die gesellschaftsrechtlichen, die reale Kapitalaufbringung absichernden Grundsätze über die verdeckte Sacheinlage (§ 19 Abs 4 GmbHG) zurückzugreifen ist,[150] ist fraglich.[151] Richtiger Ansicht nach ist dies zu verneinen; denn gesellschaftsrechtliche Glschutzvorschriften werden hier nicht unterlaufen. 31

---

140 HambKomm/*Thies* § 254 Rn 15; Bedenken insoweit bei *Brinkmann* WM 2011, 97, 101; *Hölzle* NZI 2011, 97, 101.

141 *Gehrlein* NZI 2012, 257, 261; *K Schmidt* BB 2011, 1603, 1609.

142 *B/H/Zöllner* § 57 GmbHG Rn 32; sa *Thole* Gesellschaftsrechtl Maßnahmen, 2. Aufl 2015, Rn 335.

143 Eine Haftung des Gesellschafters hingegen scheidet aus, *Haas* NZG 2012, 961, 967.

144 *B/H/Haas* § 82 GmbHG Rn 34, 38; *Schulz* (Fn 1) S 226.

145 *Spliedt* GmbHR 2012, 462, 470; *Haas* NZG 2012, 961, 967; krit insoweit *Braun/Frank* § 225a Rn 10; *Thole* Gesellschaftsrechtl Maßnahmen, Rn 336. Für eine Haftung nach § 60 *Schmidt/Seibt/Westphal* SanierungsR, § 225a Rn 41.

146 BT-Drucks 17/5712, S 36; sa *Gehrlein* NZI 2012, 257, 261; *K/P/B/Spahlinger* § 225a Rn 42.

147 *Braun/Frank* § 225a Rn 12.

148 *Gehrlein* NZI 2012, 257, 261; krit insoweit *H F Müller* KTS 2012, 419, 449.

149 Siehe auch *Uhlenbruck/Hirte* § 225a Rn 25, 32.

150 Siehe hierzu *B/H/Fastrich* § 19 GmbHG Rn 45 ff.

151 Offen gelassen *Uhlenbruck/Hirte* § 225a Rn 25; befürwortend *K Schmidt/Spliedt* § 225a Rn 33.

32 **2. Subordination von Gesellschafterdarlehen.** Wird ein Gl zum Gfter, kann er (soweit das Kleinbeteiligungsprivileg nicht bereits greift, § 39 Abs 4 S 2), mit Altforderungen (die nicht eingelegt wurden) und/oder neu begründeten Forderungen gegen die Ges in einem späteren InsVerf Adressat der **Regeln über den gesetzlichen Nachrang von Gfterdarlehen** (§ 39 Abs 1 Nr 5) werden. Allerdings greift zugunsten des Gfters – in bestimmten Grenzen – das **Sanierungsprivileg** in § 39 Abs 4.[152] Die durch die Vorschrift gewährte Vergünstigung bewirkt, dass die bestehenden und neu gewährten Darlehen bis zur nachhaltigen Sanierung nicht den gesetzlichen Nachrang erleiden. Das Privileg erfordert allerdings, dass der Anteilserwerb und die für die Sanierung konkret in Angriff genommenen Maßnahmen objektiv geeignet sind, die Ges in überschaubarer Zeit durchgreifend zu sanieren. Das ist bei Bestätigung des InsPlans durch das InsGericht grds der Fall.[153] Die Abstimmung über den InsPlan und dessen Bestätigung durch das InsGer ersetzen in aller Regel die Einschätzung aus der Sicht des objektiven Dritten, ob die ergriffene Maßnahme für eine nachhaltige Sanierung objektiv geeignet ist.[154] Eine hiervon zu unterscheidende Frage ist, wann von einem Eintritt einer **nachhaltigen Sanierung** und damit vom Wegfall der Privilegierung auszugehen ist.[155] Der Gesetzgeber hat dies offen gelassen. Nachhaltige Sanierung tritt jedenfalls nicht schon mit Bestätigung des InsPlans ein.[156] Vielmehr sollte der Begriff „nachhaltige Sanierung" weit interpretiert werden.[157] Äußerste Grenze ist allerdings die Dreijahresfrist für die Planüberwachung in § 268 Abs 1 Nr 2.[158]

33 **3. Pflichtangebot.** Ist die Schu eine **börsennotierte AG**, sind grds die §§ 29, 31 iVm 35 WpÜG zu beachten.[159] Erwirbt ein Gl mindestens **30 % der Stimmrechte**, hat er daher grds den übrigen Aktionären ein **Übernahmeangebot** zum Erwerb ihrer Aktien zu machen (oder sich eine behördliche Befreiung erteilen zu lassen). Die Bestimmung dient dem Schutz der Kleinaktionäre. Ob für diesen Schutz im InsPlanVerf ein Bedürfnis besteht, erscheint fraglich; denn der Minderheitenschutz wird bereits über § 251 gewährleistet. Die besseren Gründe sprechen daher für eine **Verdrängung des kapitalmarktrechtl Minderheitenschutzes** durch § 251.[160] Um die Unsicherheiten zu vermeiden, wird auf die Möglichkeit einer Kapitalherabsetzung auf Null[161] hingewiesen. Mit dieser erlischt nämlich die Börsenzulassung, mit der Folge, dass § 35 WpÜG keine Anwendung findet.[162]

34 **4. Besonderheiten bei PersonenGes.** Der Debt-to-Equity Swap gilt grds für die Kapitalgesellschaft, ist aber auch bei **Personengesellschaft, insb der KG** denkbar.[163] Übernimmt ein Gl die Stellung eines Kommanditisten, so trifft ihn gegenüber den Gl eine Außenhaftung in

---

152 MK/*Eidenmüller* § 225a Rn 59.

153 So die Ansicht des Gesetzgebers, BT-Drucks 17/5712, S 32; in diesem Sinne auch HambKomm/*Thies* § 225a Rn 44; restriktiver wohl *Gehrlein* NZI 2012, 257, 261; *Obermüller* ZinsO 2011, 1809, 1820.

154 *K/P/B/Spahlinger* § 225a Rn 48;wohl auch *Schmidt/Seibt/Westphal* SanierungsR, § 225a Rn 44; **aA** *Scholz/Bitter* Anh, § 64 Rn 103.

155 S hierzu *Schmidt/Seibt/Westphal* SanierungsR, § 225a Rn 45; *K/P/B/Spahlinger* § 225a Rn 50 f.

156 *Schmidt/Seibt/Westphal* SanierungsR, § 225a Rn 45; *Schulz* (Fn 1) S 291. **AA** *Meyer/Degener* BB 2011, 846, 848; sa *Wittig* FS Uhlenbruck, 2002, S 685, 694 f.

157 HambKomm/*Thies* § 225a Rn 44; *Uhlenbruck/Hirte* § 225a Rn 47; MK/*Eidenmüller* § 225a Rn 60.

158 *K Schmidt/Spliedt* § 225a Rn 32.

159 S hierzu *K/P/B/Spahlinger* § 225a Rn 59 f.

160 HambKomm/*Thies* § 225a Rn 45; sa *Bauer/Dimmling* NZI 2011, 517, 519, **aA** *K Schmidt/Spliedt* § 225a Rn 48; *Uhlenbruck/Hirte* § 225a Rn 24; MK/*Eidenmüller* § 225a Rn 61 f.

161 S zu den Voraussetzungen aber auch § 228 Abs 1 AktG.

162 *Braun/Frank* § 225a Rn 17.

163 MK/*Eidenmüller* § 225a Rn 70 f.; sa *K/P/B/Spahlinger* § 225a Rn 38 ff.

Höhe der Haftsumme. Im Innenverhältnis hat er die im Gesellschaftsvertrag vereinbarte Pflichteinlage zu erbringen. Diese kann auch in einer Sacheinlage bestehen.[164] In der Bewertung der Sacheinlage sind die Gesellschafter grds frei.[165] Zwar sieht § 171 Abs 1 HGB vor, dass sich der Kommanditist mit Leistung der Pflichteinlage gleichzeitig von der Außenhaftung befreit. Eine Gefahr der Überbewertung der Sacheinlage zu Lasten der Gl besteht – außerhalb des InsVerf – dennoch nicht, da eine Haftungsbefreiung nur im Umfang der Werthaltigkeit der geleisteten Einlage eintritt.[166] Maßgebend ist insoweit allein der wahre wirtschaftliche Wert der erbrachten Einlage.[167] Da es sich bei der Außenhaftung nicht um einen Anspruch des Schu gegen den Neugesellschafter wegen Überbewertung einer Forderung handelt, greift § 254 Abs 4 dem Wortlaut nach nicht. Allerdings ist die **Interessenlage des Neukommanditisten** mit derjenigen des Neugesellschafters einer Kapitalgesellschaft vergleichbar. Die mit der Bewertung von Sacheinlagen einhergehenden Unsicherheiten sind in beiden Fällen identisch.[168] Auch besteht in beiden Fällen für die Investoren das Bedürfnis nach Rechtssicherheit und Planbarkeit in gleichem Maße. Bleibt auf den ersten Blick der Unterschied, dass die Differenzhaftung dazu dient, den durch gerichtliche Kontrolle ausgehenden präventiven GlSchutz zu verlängern.[169] Eine gerichtliche Kontrolle der Sacheinlage durch den Kommanditisten besteht außerhalb des InsVerf hingegen nicht. Da aber richtiger Ansicht nach im InsPlanVerf die Einbringung der Forderung – unabhängig von der Rechtsform – dem Vollwertprinzip sowie der gerichtlichen **Kontrolle durch das InsGericht** unterliegt,[170] sprechen die besseren Gründe dafür, **§ 254 Abs 4 auf die Kommanditistenhaftung nach § 171 HGB entspr anzuwenden.**[168]

VIII. Bezugsrechtsausschluss (Abs 2)

35 Das BezugsR in § 186 AktG gewährt jedem Aktionär einen Anspruch auf den Bezug neuer Aktien aus einer Kapitalerhöhung im Verhältnis zu seiner bisherigen Beteiligung am Grundkapital. Es ist **Ausdruck des gesrechtl Gleichbehandlungsgebots** und dient dem Gfter als Schutz, damit er seine mitgliedschaftliche Stellung einschließlich ihrer vermögensrechtl Bezüge pro rata halten kann.[171] Im GmbHG gelten entspr Grds im Rahmen der Kapitalerhöhung.[172] Ist im InsPlan nichts anderes geregelt, steht den AltGftern ein BezugsR zu.[173] Dieses kann aber nach Abs 2 ausgeschlossen werden. Für den Ausschluss nach Abs 2 gelten insoweit nicht die gesrechtl Voraussetzungen für den BezugsRausschluss, insb die **materiellrechtl Schranken des GesR**[174] finden keine Anwendung, sondern werden vom InsR verdrängt (Rn 8).[175] Der Bezugs-

---

164 *Röhrich/Graf von Westphalen/Haas/Mock* § 171 HGB Rn 34.
165 *BGH* WM 1982, 5, 7; *Röhrich/Graf von Westphalen/Haas/Mock* § 171 HGB Rn 45.
166 *BGHZ* 95, 188, 195, 197; MK/*K Schmidt* §§ 171, 172 HGB Rn 54; *Röhrich/Graf von Westphalen/Haas/Mock* § 171 HGB Rn 45.
167 *BGHZ* 101, 123, 127; *Röhrich/Graf von Westphalen/Haas/Mock* § 171 HGB Rn 46.
168 *Wertenbruch* ZIP 2013, 1693, 1700.
169 *Wertenbruch* ZIP 2013, 1693, 1700 spricht insoweit zu Recht von einem untrennbaren Zusammenhang zwischen Differenzhaftung und Prüfung durch das Registergericht.
170 *Wertenbruch* ZIP 2013, 1693, 1700; sa *K Schmidt* ZGR 2012 566, 583.
171 *Hüffer/Koch* § 186 AktG Rn 2; *Schulz* (Fn 1) S 208 f.
172 *B/H/Zöllner/Fastrich* § 55 Rn 20; *Henssler/Strohn/Gummert* § 55 GmbHG Rn 16.
173 *Simon/Merkelbach* NZG 2012, 121, 125; *Schulz* (Fn 1) S 203.
174 S hierzu *Baumbach/Hueck/Zöllner/Fastrich* § 55 Rn 26 ff; *Hüffer/Koch* § 186 Rn 25 ff.
175 MK/*Eidenmüller* § 225a Rn 50; *Noack/Schneiders* DB 206, 1619, 1624; *Schmidt/Seibt/Westphal* SanierungsR, § 225a Rn 27 f.; *Geißler* ZInsO 2015, 787, 791; *Brünkmans/Greif-Werner* ZInsO 2015, 1585, 1589 f.; *Thole* Gesellschaftsrechtl Maßnahmen, 2. Aufl 2015, Rn 322; *K/P/B/Spahlinger* § 225a Rn 24; *Schulz* (Fn 1) S 207 f, 215; **aA** *Simon/Merkelbach* NZG 2012, 121, 125; *H F Müller* KTS 2012, 419, 441 f; *Wertenbruch* ZIP 2013, 1693, 1696; krit auch *Brinkmann* WM 2011, 97, 101.

rechtsausschluss steht auch nicht unter dem Vorbehalt, dass den Alt-Gesellschaftern die Möglichkeit eingeräumt werden muss, an der Schuldnergesellschaft beteiligt zu bleiben (KompensationsbezugsR).[176] Die formellen Vorgaben werden insoweit verdrängt, als das InsR nichts Abweichendes regelt (Rn 7). Erforderlich ist daher beispielsweise – mangels anderweitiger Regelung im InsPlanVerf – dass im Plan unter Angabe genauer Beträge bzw Anteile geregelt wird, wer das BezugsR verliert und wem es zusteht. Aus dem **VerfassungsR** folgt keine andere Wertung (Rn 15).

IX. Sonstige Maßnahmen (Abs 3)

36 Abs 3 gestattet alle Maßnahmen, die „gesrechtl zulässig" (s hierzu oben Rn 8) sind.[177] Ausdrücklich genannt wird die **Übertragung von Anteils- und MitgliedschaftsR** am Schu etwa auf einen Dritten oder einen Gl auch entgegen dem Willen der betroffenen Gfter („insolvenzrechtl Squeeze-out").[178] Wird der Anteil übertragen, muss grds eine Kompensation erfolgen. Auch hier ist aber (entspr § 225a Abs 5, Rn 42) der Anteilswert nach dem Liquidationsszenario, dh danach zu bewerten, was im RegelInsVerf erzielbar ist.[179] Werden die Anteile nur einzelner Gfter übertragen, ist das Gleichbehandlungsgebot des § 226 zu beachten.[180] Allerdings ist eine differenzierte Gruppenbildung auch unter den Anteilsinhabern möglich (§ 222 Rn 9). Eine **Übertragung an einen Dritten gegen dessen Willen ist nicht möglich**. Dessen ausdrückliche Erklärung muss daher nach § 230 Abs 2 schon in die Anlage zum Plan aufgenommen werden. War der Gesellschaftsanteil urspr belastet, kann er lastenfrei auf den Dritten übertragen werden; denn dem Dritten kommt ebensowenig wie dem Gesellschafter Blockadepotential zu. Ebenso wie der InsVerw über belastete R nach § 166 (lastenfrei) verfügen kann, kann er dies auch iRd § 225a; denn insoweit liegen beiden Vorschriften vergleichbare Wertungen zugrunde (Rn 18).[181] Ausdrücklich genannt in Abs 3 ist auch die **Fortsetzung der aufgelösten Ges**. Soll der Unternehmensträger mit Beendigung des InsVerf als werbende Ges am Rechtsverkehr fortgeführt werden, bedarf es eines solchen Fortsetzungsbeschlusses (zB § 274 Abs 2 Nr 1 AktG, § 60 Abs 1 Nr 4 GmbHG, § 117 Abs 1 GenG). Das ESUG erklärt hierfür die erweiterte GlVers für zuständig. Damit kann diese Maßnahme – anders als nach altem Recht – in den InsPlan aufgenommen werden, mit der Folge, dass diese Maßnahme, die einen Eingriff in die Anteils- und Mitgliedschaftsrechte darstellt,[182] mit Rechtskraft der Planbestätigung wirksam wird.

37 Ob und welche weiteren (nicht in § 225a aufgeführten) gesellschaftsrechtlichen Maßnahmen zulässig sind, ist umstr. Teilweise wird versucht, den Kreis der zulässigen Maßnahmen mit Blick auf § 217 S 2 zu beschränken. Danach „begleitet [Abs 3] lediglich den Zugriffsbereich, der durch die §§ 217 S 2, 225a Abs 1 gegenständlich vorgegeben ist."[183] Regelungsgegenstand sei lediglich die Regelung der Gesellschafterrechte; folglich sei der InsPlan „kein gesellschaftsrechtliches Universalwerkzeug".[184] Diese Ansicht ist abzulehnen. Der Versuch, zwischen § 217 S 2 (Einbeziehung der Anteils- und Mitgliedschaftsrechte) und Abs 3 (jede

176 *Schmidt/Seibt/Westphal* SanierungsR, § 225a Rn 31.
177 Siehe hierzu MK/*Eidenmüller* § 225a Rn 82 ff.
178 *Noack/Schneiders* DB 206, 1619, 1624; *Uhlenbruck/Hirte* § 225a Rn 43; *Simon/Merkelbach* NZG 2012, 121, 127; sa das Beispiel bei *Graf Brockdorf/Heintze/Rolle* BB 2014, 1859, 1868.
179 Kritisch *Brünkmanns* ZInsO 2017, 1401, 1402 f.
180 *Simon/Merkelbach* NZG 2012, 121, 127; *K/P/B/Spahlinger* § 225a Rn 71; *Schluck-Amend* Gesellschaftsrecht in der Diskussion 2014, S. 151, 173.
181 *Hölzle* ZIP 2016, 1461,1464 f.
182 *Horstkotte* ZInsO 2014, 1297, 1305.
183 *Madaus* ZIP 2016, 1141, 1143.
184 *Madaus* ZIP 2016, 1141, 1143 f.

gesellschaftsrechtlich zulässige Regelung) einen Anwendungsunterschied zu konstruieren, ist reine Begriffsjurisprudenz. Mit dem Hinweis auf die Anteils- und MitgliedschaftsR ist der gesellschaftsinterne Bereich umschrieben, der im RegelInsVerf von § 80 nicht erfasst ist und daher den Gesellschaftern ein Blockadepotential eröffnet. Dieses wollte der ESUG-Gesetzgeber im Interesse der GlGesamtheit beseitigen Eine Begründung dafür, warum dieser Bereich nun restriktiv auszulegen ist und nur solche Maßnahmen erfassen soll, die eine Verfügung über die (nicht aber die Ausübung der) Mitgliedschafts- und AnteilsR beinhaltet, ist nicht (weder dogmatisch noch vom Sinn und Zweck der Regelung her besehen) ersichtlich, zumal das Gesetz ausdrücklich vorsieht, dass auch ein Fortsetzungsbeschluss im InsPlan getroffen werden kann und der Begriff „Eingriff" beide Arten von Massnahmen deckt. Nicht ausdrücklich in Abs 3 genannt, aber möglich ist etwa der **Ausschluss von Gesellschaftern**. Das folgt nicht zuletzt aus der Befugnis, über das Anteils- und MitgliedschaftsR zu verfügen bzw das BezugsR auszuschließen.[185] Möglich ist darüber hinaus auch die **(vereinfachte) Kapitalherabsetzung, die Kapitalerhöhung, die Modifizierung des Gesellschaftszwecks**, die Abschaffung oder Einführung von **Sonderrechten der Gesellschafter**, die Einziehung von Gesellschaftsanteilen,[186] die Schaffung **fakultativer Gesellschaftsorgane** oder die **Abberufung oder Neubestellung von Organmitgliedern**.[187] Abs 3 lässt auch **Strukturmaßnahmen nach dem UmwG** zu.[188] § 152 S. 2 UmwG findet im InsPlanVerf keine Anwendung.[189] Der übernehmende Rechtsträger bedarf hier keines Schutzes, da die Verbindlichkeiten des Einzelkaufmanns ausgewiesen sind. Ob nach UmwG die Verschmelzung auf einen aufgelösten Rechtsträger gesellschaftsrechtlich möglich ist, ist umstritten.[190] Die hM lehnt dies wohl ab.[191] Die Auferlegung neuer Pflichten kann den Gesellschaftern hingegen gegen ihren Willen nicht auferlegt werden. Dies folgt nicht aus § 53 Abs 3 GmbHG, wohl aber aus dem Schlechterstellungsberbot nach § 251 Abs 1 Nr 2.[192]

X. Change-of-Control Klauseln (Abs 4)

Durch sog Change-of-Control Klauseln behalten sich Vertragspartner ein **SonderkündigungsR** für den Fall erheblicher Änderungen in der Gesellschafter- oder Kontrollstruktur des Schu vor. Derartige Klauseln finden sich in der Praxis etwa im Miet-,[193] Dienst- und Arbeits-, LizenzR, in Know-how-Verträgen, etc.[194] Abs 4 erklärt derartige SonderkündigungsR der Vertragspartner bei Maßnahmen gestützt auf Abs 2, Abs 3 für nicht anwendbar. 38

185 *Haas* NZG 2012, 961, 965; *K Schmidt/Spliedt* § 225a Rn 39.
186 *Noack/Schneiders* DB 206, 1619, 1620, 1624.
187 *Hölzle* HRI § 31 Rn 13, 22 ff; *Spliedt* GmbHR 2012, 462, 466; *Haas* NZG 2012, 961, 965; *Schröder/Berner* NZI 2017, 837 ff; *K/P/B/Spahlinger* § 225a Rn 67 ff; *Schmidt/Seibt/Westphal* SanierungsR, § 225a Rn 20 ff und 89 ff; *H F Müller* KTS 2012, 419, 422; *Horstkotte/Martini* ZInsO 2012, 557; *K Schmidt/Spliedt* § 225a Rn 36; **aA** *Madaus* ZIP 2012, 2133, 2137 für die Eingriffe und Umgestaltung in die Stellung von Gesellschaftsorganen (zB Bestellung/Abberufung von Geschäftsführern, Aufsichtsrat, etc); *Rendels/Zabel* Insolvenzplan, Rn 241: Eingriff nur legitimiert, wenn intensiver Bezug zu Anteils- und MitgliedschaftsR der Alt-Eigentümer gegeben ist.
188 *BGH* ZIP 2014, 1442; *AG Norderstedt* ZIP 2017, 586; *Noack/Schneiders* DB 206, 1619, 1624; *K/P/B/Spahlinger* § 225a Rn 74 ff; *Uhlenbruck/Hirte* § 225a Rn 44; *Priester* FS Kübler 2015, S 557, 559 ff; *Schluck-Amend* Gesellschaftsrecht in der Diskussion 2014, S 151, 175 f.; *Thole* Gesellschaftsrechtl Maßnahmen, Rn 342 ff.
189 *AG Norderstedt* ZIP 2017, 586; **aA** *Semler/Stengel* § 152 UmwG, Rn 74a.
190 S hierzu *Wachter* NZG 2015, 858 ff.
191 S *OLG Brandenburg* NZG 2015, 884 ff mwN.
192 *Noack/Schneiders* DB 206, 1619, 1624.
193 S zB *Disput* NZM 2008, 305.
194 S auch *Brinkmann* WM 2011, 97, 101 f.

Damit sollen die durch eine Restrukturierung des Unternehmensträgers verbundenen Vorteile nicht durch Beendigung der Vertragsverhältnisse konterkariert werden. Zulässig bleiben **Vertragsbeendigungen gestützt auf einer Pflichtverletzung** des Schu, die nicht mit Maßnahmen nach Abs 2, 3 im Zusammenhang stehen. Fraglich ist, ob eine Kündigungsmöglichkeit wegen Vermögensverfall bestehen bleibt; denn diese hat ebensolche Auswirkungen wie eine Kündigung gestützt auf einen Leitungswechsel. Die Vorschrift in Abs 4 ist insgesamt **problematisch.**[195] Zum einen stellt sie einen Eingriff in Rechte solcher Personen dar, die nicht notwendigerweise am Plan beteiligt sind.[196] Zum anderen verwundert die Ungleichbehandlung mit Altgesellschaftern. Diesen steht nämlich bei Unzumutbarkeit der Fortführung des Mitgliedschaftsverhältnisses ein AustrittsR zu.[197] Den Vertragspartnern wird hingegen die Fortführung der Vertragsbeziehung ohne Kündigungsmöglichkeit aufoktroyiert, obwohl derartige Change-of-Control Klauseln keineswegs nur ein Missbrauchspotential bergen, sondern berechtigten Interessen, etwa Geheimhaltungsinteressen dienen können. Auf verfassungsrechtlichen Erwägungen lässt sich diese unterschiedlichen Behandlung kaum stützen; denn nicht nur die negative Vereinigungsfreiheit (Art 9 Abs 1 GG), sondern auch die Freiheit, den Vertragspartner frei wählen zu können, ist in Gestalt der allgemeinen Handlungsfreiheit (Art 2 Abs 1 GG) verfassungsrechtlich geschützt.[198] Das gilt umso mehr, als die verschiedenen Formen der rechtlichen Bindung (vertraglich, gesellschaftsrechtlich) sich von ihrer Wirkungsweise nicht unterscheiden. Richtiger Ansicht nach sollte die Vorschrift **teleologisch reduziert** werden auf die Fälle, in denen der Fortbestand des Vertragsverhältnisses für die Fortführung des Unternehmens von erheblicher Bedeutung ist (s Rechtsgedanke des § 135 Abs 3 S 1).[199] Darüber hinaus sollte Abs 4 nur dort zur Anwendung kommen, wo die Kündigung ausschließlich auf einem „change-of-control" und nicht auch auf anderen Erwägungen (zB Geheimhaltungsinteresse) beruht.

XI. Austritt und Abfindungsanspruch (Abs 5)

39 Die Zulässigkeit eines Austritts des Gesellschafters aus wichtigem Grund, und zwar auch ohne entsprechende Regelung im Gesellschaftsvertrag, ist Ausprägung der **negativen Vereinigungsfreiheit** (Art 9 Abs 1 GG) und im GesellschaftsR allgemein anerkannt.[200] Dieses Recht gehört als Grundprinzip des Verbandsrechts zu den zwingenden, unverzichtbaren Mitgliedschaftsrechten. Es kann dann geltend gemacht werden, wenn Umstände vorliegen, die dem austrittswilligen Gesellschafter den weiteren Verbleib in der Gesellschaft unzumutbar machen.[201] Ein derartiger wichtiger Grund kann auch in der Änderung der rechtlichen oder wirtschaftlichen Verhältnisse der Gesellschaft liegen.[202] Ob ein wichtiger Grund vorliegt, ist durch **Gesamtabwägung aller beteiligten Interessen** (auch derjenigen der Ges) festzustellen. Dabei ist der Austritt aber nur als äußerstes Mittel zulässig, dh wenn auf andere Art und Weise zumutbare Verhältnisse nicht geschaffen werden können.[203]

---

195 HambKomm/*Thies* § 225a Rn 56 f.
196 HambKomm/*Thies* § 225a Rn 56.
197 *Haas* NZG 2012, 961, 966; sa HambKomm/*Thies* § 225a Rn 58.
198 **AA** anscheinend HambKomm/*Thies* § 225a Rn 56.
199 *Schulz* (Fn 1) S 276; **aA** *K/P/B/Spahlinger* § 225a Rn 94.
200 *BGH* NJW 1992, 892, 895; *B/H/Fastrich* § 34 GmbHG Anh 18; *Lutter/Hommelhoff* § 34 GmbHG Rn 70; *Scholz/Winter/Seibt* Anhang § 34 GmbHG Rn 6.
201 *BGH* NJW 1992, 892, 895 mwN.
202 *Scholz/Winter/Seibt* Anh § 34 GmbHG Rn 13; *B/H/Fastrich* § 34 GmbHG Anh 19; *Roth/Altmeppen* § 60 GmbHG Rn 108; *Lutter/Hommelhoff* § 34 GmbHG Rn 71, 73.
203 *KG* NZG 2008, 790; *B/H/Fastrich* § 34 GmbHG Anh Rn 22; *Scholz/Winter/Seibt* Anhang § 34 GmbHG Rn 14; *Lutter/Hommelhoff* § 34 GmbHG Rn 70; *Roth/Altmeppen* § 60 GmbHG Rn 111.

Scheidet der Gesellschafter aus wichtigem Grund durch Austritt aus, hat er nach ganz hM **Anspruch auf Abfindung** und zwar grundsätzlich in Höhe des vollen wirtschaftlichen Werts des Gesellschaftsanteils.[204] Ein Rückgriff auf die vorstehenden gesellschaftsrechtlichen Grundsätze ist im Rahmen des InsPlanVerf nicht möglich; denn das ESUG hat auch hier die Problematik eigenständig und abschließend in Abs 5 geregelt.[205] Danach kann eine am Schu beteiligte Person aus der Ges aus wichtigem Grund austreten. Der Begriff „wichtiger Grund" sollte **eng ausgelegt** werden;[206] denn auch im Anwendungsbereich des Abs 5 ist das AustrittsR nur das äußerste Mittel zur Beseitigung der Unzumutbarkeit. Als unzumutbar dürften alle solche Fälle gelten, in denen der Plan einen Gfter zu Leistungen über das Halten seiner gegebenenfalls fortbestehenden Mitgliedschaftsrechte verpflichtet.[207] Die Bestimmung gilt **nur für AltGfter**. Einen **Anspruch auf Aufnahme des Austritts in den Plan** hat der AltGfter nicht. Wohl aber kann der Austritt im InsPlan geregelt werden. Ist das nicht der Fall, kann der Gfter das AustrittsR erst nach der Planbestätigung ausüben; denn erst mit diesem Zeitpunkt liegt der wichtige Grund vor.[208] Folge des Austritts ist, dass der Gesellschaftsanteil entweder eingezogen oder an die Gesellschaft, deren Gfter oder Dritte abgetreten wird. 40

Fraglich ist, ob Bestimmungen im GesVertrag, die das Austrittsrecht unterhalb der Schwelle des wichtigen Grundes erlauben, bestehen bleiben. Das wird man wohl annehmen müssen.[209] Erfolgt ein Austritt nach diesen Bestimmungen, findet Abs 5 keine Anwendung. 41

Weitere Folge des Austritts nach Abs 5 ist der **Abfindungsanspruch** des Ausscheidenden gegen die Ges. Bei der Berechnung des Abfindungsanspruchs ist – ebenso wie bei der Bewertung der Forderungen im Rahmen des Debt-to-Equity Swap (Rn 26) – das **Liquidationsszenario** (also der im RegelInsVerf erzielbare Wert), nicht aber der Anteilswert auf der Basis des prognostischen Sanierungserfolges zugrunde zu legen.[210] Das folgt unmittelbar aus Abs 5 S 2, in dem es heißt, dass für die Berechnung des Abfindungsanspruchs „die Vermögenslage maßgeblich (ist), die sich bei einer Abwicklung des Schu eingestellt hätte". Darüber hinaus ergibt sich dies auch aus § 251 und daraus, dass die Altgesellschafter keinen Anspruch auf Sanierungsbeiträge Dritter haben und daher auch nicht mittelbar, dh über den Abfindungsanspruch hiervon profitieren sollen.[211] Diese Berechnung ist überdies mit den verfassungsrechtlichen Vorgaben vereinbar,[212] dass nämlich die Entschädigung nicht unter dem Verkehrswert liegen darf. Schließlich wird dieser Ansatz auch durch die Erwägung gestützt, dass die Gesellschafter ja die Chance hatten, den Mehrwert der Unternehmenssanierung im Wege einer außerinsolvenzrechtl Sanierung zu heben.[213] 42

---

204 *B/H/Fastrich* § 34 GmbHG Anh Rn 25; *Scholz/Winter/Seibt* Anhang § 34 GmbHG Rn 22, 24; *Roth/Altmeppen* § 60 GmbHG Rn 115.

205 *Haas* NZG 2012, 961, 966; *Schulz* (Fn 1) S 278; **aA** *K/P/B/Spahlinger* § 225a Rn 95; *K Schmidt/Spliedt* § 225a Rn 40; *Uhlenbruck/Hirte* § 225a Rn 51; *Thole* Gesellschaftsrechtl Maßnahmen, 2. Aufl 2015, Rn 289: das AustrittsR entsteht an sich nach außer-insrechtlichen Maßstäben. Ein inhaltlicher Unterschied ergibt sich hieraus zu der hier vertretenen Ansicht nicht.

206 *Haas* NZG 2012, 961, 966; sa *Schulz* (Fn 1) S 278.

207 *Braun/Frank* § 225a Rn 27.

208 **AA** wohl *Thole* Gesellschaftsrechtl Maßnahmen, 2. Aufl 2015, Rn 289.

209 *Thole* Gesellschaftsrechtl Maßnahmen, 2. Aufl 2015, Rn 289.

210 *Simon/Merkelbach* NZG 2012, 121, 124 f; *Brünkmanns* ZInsO 2017, 1401, 1404; *Kleindiek* FS Hommelhoff, 2012, S 543, 558; *Gehrlein* NZI 2012, 257, 261; *H F Müller* KTS 2012, 419, 432; *Uhlenbruck/Hirte* § 225a Rn 52; *Schmidt/Seibt/Westphal* SanierungsR, § 225a Rn 32.

211 *H F Müller* KTS 2012, 419, 433.

212 *BVerfG* 1999, 931, 932.

213 *Schmidt/Seibt/Westphal* SanierungsR, § 225a Rn 32.

43 Schließlich sieht Abs 5 S 2 vor, dass die Auszahlung des Abfindungsanspruchs zur Vermeidung unangemessener Belastungen der Finanzlage des Schu über einen Zeitraum von bis zu drei Jahren im Plan **gestundet** werden kann. Der Zinssatz ist allerdings nicht geregelt. Da es in Anwendung der Kriterien des Abs 5 S 1 nur sehr selten zu einem Abfindungsanspruch kommt, läuft die Vorschrift in aller Regel leer.[214] Kommt es ausnahmsweise einmal zu einem Abfindungsanspruch, stellt sich die Frage, ob bei Kapitalgesellschaft die **Vorschriften zur Kapitalerhaltung** (§ 30 GmbHG, § 57 AktG) zu beachten sind. Denkbar wäre auch, in Abs 5 S 2 eine abschließende Regelung zum Schutz der Gesellschaftsinteressen zu sehen. Dieses Schutzniveau bleibt aber deutlich hinter der Kapitalerhaltung zurück. Bedenkt man, dass das Kapitalerhaltungsgebot nicht nur die vorhandenen Gl, sondern auch die künftigen Gl schützt (oben Rn 13), sprechen die besseren Gründe dafür, von der Anwendbarkeit der Kapitalerhaltungsvorschriften auszugehen.[215] Hieraus folgt, dass eine Auszahlungssperre in Bezug auf den Abfindungsanspruch besteht, soweit die Zahlung nicht aus dem ungebundenen Gesellschaftsvermögen erfolgt. Fraglich ist, ob sich hierdurch der Altgesellschafter schlechter stellt als bei der Regelins, mit der Folge, dass ein Verstoß gegen den Minderheitenschutz nach § 251 Abs 1 vorliegt. Würde man dem folgen, wäre die Folge des § 251 Abs 3 ausgelöst. Letztlich müsste dann sichergestellt werden, dass der Abfindungsanspruch (zwar nicht aus dem Gesellschaftsvermögen, wohl aber) von dritter Seite beglichen wird.[216] Hiergegen spricht allerdings, dass auch die Möglichkeit der Stundung in Abs 5 S 2 offensichtlich nicht in den Vergleich mit dem RegelInsVerf einzubeziehen ist, da ansonsten die Bestimmung sinnlos ist. Nichts anderes kann dann aber für die Fortsetzung des Schutzes der Gesinteressen mit anderen Mitteln (nämlich mit denen des GesR) gelten.[217]

---

214 *Simon/Merkelbach* NZG 2012, 121, 125, 128.
215 *K Schmidt/Spliedt* § 225a Rn 58; *H F Müller* KTS 2012, 419, 434 ff; sa *Schulz* (Fn 1) S 299; *Thole* Gesellschaftsrechtl Maßnahmen, Rn 291.
216 *H F Müller* KTS 2012, 419, 435; *K Schmidt/Spliedt* § 225a Rn 58.
217 IE ebenso *Thole* Gesellschaftsrechtl Maßnahmen, 2. Aufl 2015, Rn 292.

§ 226 Gleichbehandlung der Beteiligten

(1) Innerhalb jeder Gruppe sind allen Beteiligten gleiche Rechte anzubieten.

(2) [1]Eine unterschiedliche Behandlung der Beteiligten einer Gruppe ist nur mit Zustimmung aller betroffenen Beteiligten zulässig. [2]In diesem Fall ist dem Insolvenzplan die zustimmende Erklärung eines jeden betroffenen Beteiligten beizufügen.

(3) Jedes Abkommen des Insolvenzverwalters, des Schuldners oder anderer Personen mit einzelnen Beteiligten, durch das diesen für ihr Verhalten bei Abstimmungen oder sonst im Zusammenhang mit dem Insolvenzverfahren ein nicht im Plan vorgesehener Vorteil gewährt wird, ist nichtig.

Übersicht

I. Normzweck

1 Die Vorschrift wiederholt für den Bereich des InsPlans den Gleichbehandlungsgrundsatz, der das InsVerf beherrschen soll (s § 1 Rn 3f). Sie **beschränkt** ihn auf die jeweilige **Gruppe**,

wenn Gruppen nach §§ 222–225 gebildet worden sind.[1] Außerdem nennt sie die Bedingungen, unter denen doch eine Ungleichbehandlung zulässig ist.

II. Gleichbehandlung, Abs 1

Gleichbehandlung ist gegeben, wenn für alle in der Gruppe **dieselbe Regelung** getroffen wird,[2] zB die Kürzung der InsFord um einen Prozentsatz oder die Stundung für einen Zeitraum. Das Gleichbehandlungsgebot findet auch auf Gl Anwendung, die sich nicht am InsVerf beteiligt haben (s § 254b Rn 1 f). Ob eine unterschiedliche Behandlung vorliegt oder nicht, muss sich unmittelbar aus dem InsPlan ergeben. Unterschiedliche Auswirkungen des Planvollzugs auf einzelne Gruppenmitglieder (zB durch Planvollzug ausgelöste steuerrechtl Folgen) stellen keine Ungleichbehandlung iSd Vorschrift dar.[3] Wird eine GmbH in eine AG umgewandelt, liegt daher auch in dem Umstand, dass der Willensbildungsprozess in der AG anders läuft und ein Gfter evtl. dadurch an Einfluss verliert (obwohl er in Bezug auf seine Beteiligungsquote gleich behandelt wird), kein Verstoß gegen § 226 Abs 1. Maßgebend ist mithin allein der Planinhalt, nicht die Planwirkungen; denn Unterschiede in Bezug auf die Planwirkungen könnten ohnehin durch entsprechende Gruppenbildung (s § 222 Rn 12) umgangen werden.[4] Zum entspr früheren Recht (§ 181 S 1 KO, § 8 Abs 1 VerglO, § 16 Abs 3 S 2 GesO) bestand die Auff, dass eine **wirtschaftliche Gleichwertigkeit** verschiedener Regelungen ausreiche.[5] Dem ist auch für das neue Recht zu folgen.[6] Dem Bedürfnis nach unterschiedlichen Regelungen kann schon bei der Gruppenbildung Rechnung getragen werden, s § 222 Abs 2; diese war im bisherigen Recht nicht möglich. Das InsGer muss nach dem neuen Recht auch bereits bei der Vorprüfung (§ 231) auf die Einhaltung von § 226 achten.[7] In diesem Stadium wird es ihm allerdings kaum möglich sein, die wirtschaftliche Gleichwertigkeit von unterschiedlichen Regelungen zu prüfen. Es muss deshalb darauf bestehen, dass bei unterschiedlicher Regelung entspr unterschiedliche Gruppen gebildet werden, solange nicht alle Beteiligten nach Abs 2 zugestimmt haben, s Rn 3. 2

III. Unterschiedliche Behandlung, Abs 2

Sie ist zulässig, bedarf aber der Zustimmung aller betr Beteiligten. **Betroffen** ist jeder Beteiligte, der innerhalb der Gruppe ungünstiger als andere behandelt wird, zB eine höhere Kürzung, längere Stundung, niedrigere Verzinsung, geringere Sicherheit hinnehmen soll. Wenn die vorgesehenen Regelungen unterschiedlich, aber nicht eindeutig ungleichwertig sind, müssen alle Beteiligten in der Gruppe als Betroffene angesehen werden, so uU, wenn die Forderungen eines Teils der Gl gekürzt, die eines anderen Teils gestundet werden sollen. Es kann nicht dem InsGer aufgegeben werden, einen rechtlichen Günstigkeitsvergleich vorzunehmen, wenn es nicht einfach um „mehr oder weniger" geht (zum wirtschaftlichen Vergleich s Rn 2). In diesem Fall müssen dem InsPlan die Zustimmungen aller Beteiligten bei- 3

1 *LG Berlin* ZIP 2014, 2197, 2204.
2 *AG Hannover* ZInsO 2015, 2385, 2387.
3 *LG Berlin* ZIP 2014, 2197, 2204; sa *Wimmer/Jaffé* § 226 Rn 6; *K/P/B/Spahlinger* § 226 Rn 5.
4 *K Schmidt/Uhlenbruck/Spliedt* Die GmbH in Krise, Sanierung und Insolvenz, Rn 8.32.
5 S *K Schmidt* InsG § 181 KO Anm 1 mwN.
6 *N/R/Braun* § 226 Rn 5, 6; *Hess* InsO § 226 Rn 10; *Graf-Schlicker/Kebekus/Wehler* § 226 Rn 2; *B/G/H/Flöther/Wehner* § 226 Rn 5 f; MK/*Breuer* § 226 Rn 8; jedenfalls, wenn Gleichwertigkeit „rechnerisch zu ermitteln" ist, *Braun/Frank* § 226 Rn 6; wie hier FK/*Jaffé* § 226 Rn 6, 8; *Andres/Leithaus* § 226 Rn 2; HambKomm/*Thies* § 226 Rn 2.
7 *K/P/B/Spahlinger* § 226 Rn 3; MK/*Breuer* § 226 Rn 12; HambKomm/*Thies* § 226 Rn 3; **aA** *K Schmidt/Spliedt* § 226 Rn 2.

gefügt werden. Der Planverfasser kann dem ausweichen, indem er von vornherein die Gruppen entspr den unterschiedlichen Planregelungen bildet, s § 222 Rn 5, 15.[8]

IV. Vorteilsabkommen, Abs 3

4 Das Verbot von Vorzugsabkommen entspricht im Wesentlichen dem früheren Recht (§ 181 S 2 KO, § 8 Abs 3 VerglO). Die Vorschrift ist Verbotsgesetz iSd § 134 BGB. Gleichgültig ist, ob die Sondervorteile aus der Masse oder außerhalb der Masse gewährt werden.[9] Die Vorschrift soll verdeutlichen, dass **Sonderabkommen** solche sind, die nicht im InsPlan offen gelegt werden, aber auf sein Zustandekommen und seinen Inhalt Einfluss haben sollen. Zulässig sind daher im Vorfeld des InsPlan getroffene Vereinbarungen mit den Beteiligten, die offengelegt werden.[10] Der Tatbestand und seine **Rechtsfolge** sind ebenso zu beurteilen wie nach bisherigem Recht.[11] Das Vorteilsabkommen kann für das InsGer ein Grund sein, die Bestätigung nach § 250 Nr 2 zu versagen. Überwiegender Ansicht nach findet Abs 3 auch dann Anwendung, wenn das Vorzugsabkommen zwischen einem Dritten und den Gl geschlossen wird, um deren Verhalten bei der Abstimmung zu beeinflussen.[12]

5 Str war bisher, wie ein **Aufkauf von Forderungen** zu behandeln ist.[13] Sehr weit geht die Auff des BGH, dass auch der Aufkauf der InsFord durch einen *Dritten* ein Abkommen mit einem Beteiligten iSd Vorschrift ist, wenn er nicht allen Gl angeboten wird, und dass er einen unzulässigen Vorteil gewährt, wenn der Kaufpreis die im InsPlan vorgesehene Quote übersteigt.[14] Damit dürfte insb der nicht unübliche Ankauf von notleidenden Anleiheforderungen am Kapitalmarkt erschwert werden.[15]

§ 227 Haftung des Schuldners

(1) Ist im Insolvenzplan nichts anderes bestimmt, so wird der Schuldner mit der im gestaltenden Teil vorgesehenen Befriedigung der Insolvenzgläubiger von seinen restlichen Verbindlichkeiten gegenüber diesen Gläubigern befreit.

(2) Ist der Schuldner eine Gesellschaft ohne Rechtspersönlichkeit oder eine Kommanditgesellschaft auf Aktien, so gilt Absatz 1 entsprechend für die persönliche Haftung der Gesellschafter.

Übersicht

8 Zust MK/*Breuer* § 226 Rn 10.
9 *Uhlenbruck/Hirte/Lüer/Streit* § 226 Rn 6.
10 *Uhlenbruck/Hirte/Lüer/Streit* § 226 Rn 7.
11 Einzelheiten bei FK/*Jaffé* § 226 Rn 11–15; Beispiele bei *Hess* InsO § 226 Rn 13–35.
12 *K/P/B/Spahlinger* § 226 Rn 10.
13 Nachweise in *BGHZ* 162, 283 = ZIP 2005, 719; MK/*Breuer* § 226 Rn 14; *Hess* InsO § 226 Rn 22–24; *B/G/H/Flöther/Wehner* § 226 Rn 11.
14 *BGH* (Fn 13); zust *Smid* DZWIR 2005, 234; MK/*Breuer* § 226 Rn 14; HambKomm/*Thies* § 226 Rn 10; *Hess* InsO § 226 Rn 25, 26; ablehnend *Uhlenbruck/Hirte/Lüer/Streit* § 226 Rn 7.
15 Dazu *Penzlin/Klerx* ZInsO 2004, 314.

I. Normzweck

1 Vergleiche zwischen Schu und Gl sollen idR die Schuldenlast erleichtern. Das Gesetz bestimmt deshalb als **Regelfolge**, dass der Schu nicht mehr und nicht anders haften muss, als der Plan vorsieht; iÜ ist er befreit (Abs 1). Die Vorschrift dient damit wie § 225 Abs 1 der Erleichterung der Planaufstellung und BeschlFassung, überlässt es aber den Beteiligten, im Plan andere Regelungen zu treffen. Abs 2 erstreckt die Regelfolge – anders als bei anderen akzessorischen Sicherheiten (§ 254 Abs 2) – auch auf die persönliche Haftung von Gesellschaftern. Abs 2 ist allerdings nicht verallgemeinerungsfähig und hat seinen Grund allein im gesellschaftsrechtl HaftungsR.[1]

II. Plangemäße Befriedigung

2 Voraussetzung für die Befreiung ist die **Regelung** der Befriedigung durch den InsPlan. Da die **vollrangigen InsFord** im InsPlan ausdrücklich zu regeln sind (§ 224), tritt die Befreiung des Schu in dem Maße ein, wie der InsPlan ausdrücklich oder im Gegenschluss *keine* Befriedigung für sie vorsieht. Dasselbe gilt für die **nachrangigen Forderungen**, soweit sie im Plan ausdrücklich geregelt werden; wenn sie *nicht* geregelt werden, gelten sie schon gem § 225 Abs 1 als erlassen. Für **Masseverbindlichkeiten** hat der InsPlan keine Bedeutung (s § 217 Rn 11).

3 Die Befreiung tritt ein mit der **Rechtskraft des BestätigungsBeschl** (§ 254 Abs 1 S 1), nicht erst mit der tatsächlichen Erfüllung der im Plan vorgesehenen Verpflichtungen des Schu.[2] Der Wortlaut von § 227 („mit der Befriedigung") ist missverständlich. Erfüllt der Schu die im Plan vorgesehenen Verpflichtungen nicht, entfällt die Befreiung erst unter den Voraussetzungen von § 255.

4 Die Befreiung (s § 254 Rn 4) bezieht sich auf die **restlichen Verbindlichkeiten**. Sie setzt aber nicht etwa eine *Rest*verbindlichkeit, dh einen *Teil*erlass von InsFord voraus, sondern verlangt nur, anknüpfend an § 224, dass die Forderung überhaupt durch eine Regelung irgendeiner Art im InsPlan verändert wird. Die Befreiung tritt deshalb auch ein, wenn InsFord etwa durch Forderungen gegen Dritte (zB gegen eine Auffanggesellschaft) oder durch Anteilsrechte ersetzt werden; s auch § 224 Rn 4.

5 Die Befreiung kann beim Schu zu einem Buchgewinn, dem sog **Sanierungsgewinn**, führen, der eine Ertragssteuerpflicht auslöst, die einer Sanierung im Wege stehen kann. Das *BMF* hat den Finanzbehörden deshalb durch Schreiben v 27.3.2003 ein **Stundungs- und ErlassVerf** für diese Fälle vorgegeben.[3] Dessen **Verfassungsmäßigkeit** war bestr.[4] Es war jedenfalls nur für die Sanierung des SchuUnternehmens selbst einsetzbar, nicht aber für die bloße Schuldbefreiung des Schu als Inhaber des Unternehmens.[5] Auch nach dem **Beihilferecht der EU** war dieses Verf nicht unbedenklich; im Einzelfall konnte es zur Rückforderung des Steuer-

1 *OLG Dresden* BeckRS 2013, 01610.

2 *OLG Frankfurt* ZIP 2015, 888; *Braun/Frank* § 227 Rn 4; FK/*Jaffé* § 227 Rn 9; HambKomm/*Thies* § 227 Rn 2; *Uhlenbruck/Lüer/Streit* § 227 Rn 3; **aA** anscheinend und ohne Begr *K/P/B/Spahlinger* § 227 Rn 3.

3 BStBl I 2003, 240; abgedr auch in ZIP 2003, 690, ZInsO 2003, 363; bestätigt durch Schreiben v 22.12.2009, ZIP 2010, 104; DZWIR 2010, 402. Dazu HambKomm/*Thies* § 227 Rn 8; *Andres/Leithaus* Vor §§ 217–269 Rn 17; *Becker* ZVI 2003, 320; *Herrmann* ZInsO 2003, 1069 mwN; *Westpfahl/Janjuah* ZIP 2008 Beil zu Heft 3, S 19–21; *Fest* NZI 2011, 345.

4 *FG München* ZIP 2008, 1784 (nicht rechtskräftig); **aA** (ohne Entscheidungserheblichkeit) *BFH* ZIP 2010, 1807 Rn 29.

5 *BFH* ZIP 2010, 1807 Rn 31 f.

vorteils führen.[6] Ebenso konnte der FordErlass selbst, den das FinA gem § 227 hinnehmen muss, uU als staatliche Beihilfe zu werten sein.[7] Zum **ESUG** hat der **BR** empfohlen, für die Behandlung von Sanierungsgewinnen im InsPlanVerf selbst größere Rechtssicherheit zu schaffen.[8] Nunmehr hat der BFH den sog Sanierungserlass gekippt und dem Gesetzgeber den Ball zur Schaffung entsprechender gesetzlicher Rahmenbedingungen zurückgespielt.[9] Auch auf Altfälle ist er nicht mehr anwendbar.[10] Mit Wirkung zum 5.7.2017 hat der Gesetzgeber mit dem Gesetz gegen schädliche Steuerpraktiken im Zusammenhang mit Rechteübertragungen Abhilfe geschaffen, die im Wesentlichen der bisherigen Rechtslage entspricht.[11]

III. Abweichende Regelung

6 Der InsPlan kann die Befreiung des Schu anders regeln, insb eine **Weiterhaftung** vorsehen. Solche Regelungen finden ihre Grenze an dem Recht des Schu, dem InsPlan zu widersprechen (§§ 247, 248), das nur unter den Voraussetzungen von § 247 Abs 2 überwunden werden kann.[12] Dadurch ist dem Schu gesichert, dass er gegen seinen Willen nicht schlechter gestellt wird als durch eine Restschuldbefreiung, die er ohne InsPlan nach §§ 286 ff erlangen könnte; s § 247 Rn 5. Erheblich ist dies nur für den Schu, der eine **natürliche Person** ist; ihr bietet der InsPlan gegenüber der Restschuldbefreiung gewisse Vorteile, s § 286 (sa Vorb §§ 217 ff Rn 7).[13] § 227 setzt ua keine Wohlverhaltensperiode und auch keinen redlichen Schu voraus. Mitunter wird gar von einer „Flucht in den Insolvenzplan" gesprochen.[14] Für **Gesellschaften** und **Vereine** kommt eine Weiterhaftung ohnehin nur in Betracht, wenn der InsPlan ihren Fortbestand vorsieht und die zuständigen Organe die Fortsetzung der Gesellschaft beschlossen haben; s § 144 HGB, § 274 AktG, § 60 GmbHG, § 117 Abs 1 GenG. Für sie bedarf es nicht des Schutzes nach § 247 InsO.

IV. Haftung der Gesellschafter

7 Ist die Schu eine Gesellschaft, so erstreckt Abs 2 die Befreiung auf die persönliche Haftung der Gesellschafter. Dies entspricht dem früheren Recht (§ 211 Abs 2 KO, § 109 Abs 1 Nr 3 VerglO) und § 129 HGB. Die Befreiung gilt nur für die **Gesellschafterhaftung**, nicht auch für die Haftung von Gesellschaftern aus anderen Rechtsgründen, zB einer Bürgschaft, oder mit eigenem Vermögen als Realsicherheit. Sie galt nach bisheriger Rspr und Lehre *nicht* für die Weiterhaftung der bereits ausgeschiedenen Gesellschafter.[15] Inzwischen ist sie aber umstr.[16] In einem InsVerf über das Gesamtgut einer **Gütergemeinschaft** (§ 333) gilt die insplangemäße Befreiung entspr für die persönliche Haftung der Ehegatten, § 334 Abs 2.

---

6 Ausf *Herrmann* ZInsO 2003, 1069 mwN; s aber auch HambKomm/*Thies* § 227 Rn 6.
7 Ausf *Fritze/Heithecker* EuZW 2010, 817.
8 BT-Drucks 17/5712, 65 f; sa *Fest* NZI 2011, 345 (zur Gewerbesteuer).
9 *BFH* DStR 2017, 305; s zu den Folgen *Geerling/Hartmann* DStr 2017, 752 ff; *Crezelius* NZI 2017, 923; *Sistermann/Beutel* DStr 2017, 1065 ff.
10 *BFH* DStR 2017, 2322 ff.
11 BT-Drucks 18/12128.
12 *K/P/B/Spahlinger* § 227 Rn 4.
13 S *Braun/Frank* § 227 Rn 6 Fn 4 mwN.
14 *Lüdtke* ZVI 2016, 297, 299.
15 *BGH* NJW 1970, 1921; *Uhlenbruck/Lüer/Streit* § 227 Rn 10.
16 Ausf mit Überblick zum Meinungsstand *Brand* KTS 2009, 431; *Uhlenbruck/Lüer/Streit* § 227 Rn 9, 10.

Die Befreiung der Gesellschafter ist zwingend. Sie kann nicht durch den InsPlan ausgeschlossen werden.[17] 8

§ 228 Änderung sachenrechtlicher Verhältnisse

[1]Sollen Rechte an Gegenständen begründet, geändert, übertragen oder aufgehoben werden, so können die erforderlichen Willenserklärungen der Beteiligten in den gestaltenden Teil des Insolvenzplans aufgenommen werden. [2]Sind im Grundbuch eingetragene Rechte an einem Grundstück oder an eingetragenen Rechten betroffen, so sind diese Rechte unter Beachtung des § 28 der Grundbuchordnung genau zu bezeichnen. [3]Für Rechte, die im Schiffsregister, im Schiffsbauregister oder im Register für Pfandrechte an Luftfahrzeugen eingetragen sind, gilt Satz 2 entsprechend.

Übersicht

I. Normzweck

1 Die Vorschrift erlaubt es, auch solche Rechtsänderungen für einzelne Gegenstände in den gestaltenden Teil des InsPlans aufzunehmen, die an sich eines bes Rechtsgeschäfts bedürfen, das allein durch die Planbeschlüsse nicht zustande kommen könnte, zB der Erwerb eines Gegenstandes aus der InsMasse oder zur InsMasse oder die Einräumung eines Rechts an einen Gl aus dem Vermögen eines Dritten, der dadurch den InsPlan unterstützen will. In diesen Fällen könnten der Erwerber, der Veräußerer, der Gl und der Dritte durch den Plan selbst nicht gebunden werden. Die Rechtsgeschäfte müssten entweder *vor* seiner Bestätigung (als Voraussetzung für die Bestätigung, s § 249) oder *nach* seiner Bestätigung (zu seiner Erfüllung) vorgenommen werden. Mit § 228 können solche Rechtsgeschäfte zum **Bestandteil des InsPlans** gemacht werden und damit *gleichzeitig* mit den anderen Planbestimmungen wirksam werden (s § 254 Abs 1 S 2). Mit Blick auf § 254a gilt die (ansonsten evtl erforderliche) notarielle Form als erfüllt. Die Vorschrift dient damit der Konzentration und der Beschleunigung der plangemäßen InsBereinigung. Auch verhindert sie, dass der Schu durch die Aufhebung des Verf nach der Planbestätigung (§ 258) sein Vermögen wieder in die Hand bekommt (§ 259 S 2), bevor die im Plan beschlossenen Verfügungen über sein Vermögen ausgeführt sind. Sie hat *nicht* den Zweck, Inhaber von Rechten an **massefremden Gegenständen** ohne deren Zustimmung an den InsPlan zu binden.

II. Rechte an Gegenständen

2 Der InsPlan kann Rechtsgeschäfte über körperliche und unkörperliche **Gegenstände** enthalten, also die Übereignung von Sachen, aber auch die Übertragung oder Verpfändung von Gesellschaftsanteilen, Immaterialgüterrechten und Forderungen. Der engere Wortlaut der Überschrift und mehrerer Hinweise im RegE „sachenrechtliche (dingliche) Rechtsverhältnisse (Rechte)" entspricht nicht dem Normzweck und ist gegenüber dem umfassenderen Wortlaut der Vorschrift selbst unbeachtlich.

---

17 Str, wie hier *H-F Müller* KTS 2002, 249–253 mwN; *Uhlenbruck/Lüer/Streit* § 227 Rn 11; MK/*Breuer* § 227 Rn 13; *K/P/B/Spahlinger* § 227 Rn 2; **aA** *K/P/B/Spahlinger* § 227 Rn 8; *Eidenmüller* ZGR 2001, 685–687 mwN; *Braun/Frank* § 227 Rn 7; *Graf-Schlicker/Kebekus/Wehler* § 227 Rn 2.

3 Die Rechtsgeschäfte können sich auf **Gegenstände der InsMasse** beziehen; wenn zB für InsGl oder NeuGl Sicherungsrechte bestellt werden sollen oder die InsMasse als Ganzes oder in Teilen durch Veräußerung verwertet wird, kann die Einigung zwischen dem InsVerw und dem InsGl oder dem Dritten über den Rechtserwerb aus der InsMasse in den InsPlan aufgenommen werden.

4 Die Rechtsgeschäfte können sich auch auf **massefremde Gegenstände** beziehen; wenn zB ein InsGl für den verbleibenden Teil seiner Forderung durch Rechte am Vermögen eines Dritten gesichert werden soll, kann die Einigung zwischen ihm und dem Dritten über den Rechtserwerb in den Plan aufgenommen werden. Dasselbe gilt, wenn der InsVerw oder (nach Aufhebung des InsVerf, § 258) der Schu entspr dem InsPlan etwas von einem Dritten zur InsMasse erwerben soll.

III. Willenserklärungen

5 In den InsPlan können Willenserklärungen aufgenommen werden, die für die Entstehung, Änderung, Übertragung oder Aufhebung von Rechten an Gegenständen **nach materiellem Recht erforderlich** sind und nicht schon durch den notwendigen Inhalt des InsPlans nach §§ 223–227 als abgegeben gelten. Dazu gehören zB die Einigung über Übereignung und Verpfändung nach §§ 929, 873, 1205 BGB, über die Aufhebung von Grundstücksrechten (§ 875 BGB), über die Abtretung von Forderungen und die Übertragung von anderen Rechten (§§ 398, 413 BGB). Soweit es sich um Verfügungen über Gegenstände der InsMasse oder um einen Erwerb zur InsMasse handelt, müssen für die InsMasse die Erklärungen des InsVerw in den InsPlan aufgenommen werden.

6 Soweit für ein Rechtsgeschäft die Eintragung in ein **Register** erforderlich ist, können auch die dafür erforderlichen **VerfErklärungen** in den InsPlan aufgenommen werden, zB bei Grundstücken die Eintragungsbewilligung nach § 19 GBO und der Eintragungsantrag nach § 13 GBO. Es besteht kein Grund, in dieser Frage einen Unterschied zwischen Eintragungsbewilligung und Eintragungsantrag zu machen.[1] Von der Aufnahme des Eintragungsantrags in den InsPlan ist zu unterscheiden seine *Übermittlung* an das GBA, s Rn 11.

IV. Aufnahme in den Plan

7 Die nach materiellem Recht erforderlichen **Willenserklärungen** werden in den Plan vom **Planverfasser** (Schu oder InsVerw) aufgenommen. Nach § 254 Abs 1 S 2 „gelten" sie dann „als abgegeben", wenn der InsPlan rechtskräftig bestätigt ist.

8 Die Ausdrucksweise des Gesetzes ist missverständlich. Der InsPlan soll und kann nicht die erforderlichen rechtsgeschäftlichen Erklärungen von Personen ersetzen, die am PlanVerf nicht beteiligt sind oder jedenfalls zu dem fraglichen Rechtsgeschäft nicht durch den InsPlan allein gezwungen werden können.[2] Wenn der Planverfasser solche Erklärungen (außer den etwa erforderlichen eigenen) in den Plan aufnimmt, handelt er im Namen (oder unter dem Namen) des an dem Rechtsgeschäft beteiligten Dritten oder zwar im eigenen Namen, aber abhängig von der Zustimmung des Dritten. Für diesen kann die Erklärung nur dann wirksam sein, wenn er vorher oder nachher sein Einverständnis tatsächlich erklärt hat (§§ 164, 166, 177, 183, 185 BGB).[3]

1 So aber RegE S 202; *Schiessler* S 112; *N/R/Braun* § 228 Rn 7, 8; wie hier MK/*Breuer* § 228 Rn 7; *K/P/B/Spahlinger* § 228 Rn 3; *K Schmidt/Spliedt* § 228 Rn 7; HambKomm/*Thies* § 228 Rn 4.

2 So aber *Bork* Rn 325; *L/S/Z/Rattunde* InsO § 228 Rn 2.

3 Zust HambKomm/*Thies* § 228 Rn 5; MK/*Breuer* § 228 Rn 6; *Andres/Leithaus* § 228 Rn 4; FK/*Jaffé* § 228 Rn 11.

Soweit der InsPlan nach § 228 **Willenserklärungen anderer Personen** als des Planverfassers ausweist, kann deshalb selbst die rechtskräftige Bestätigung des InsPlans nicht bewirken, dass solche Willenserklärungen als abgegeben gelten, wenn diese Person sie nicht abgegeben hat und mit ihrer Aufnahme in den InsPlan nicht einverstanden ist. Vielmehr ist dieses Einverständnis idR ersichtlich eine Voraussetzung für die Planbestätigung iSv § 249, auf die das InsGer zu achten hat (s § 249 Rn 4, 5). Andererseits zeigt die Aufnahme der Willenserklärung eines Dritten oder für einen Dritten in den Plan, dass die rechtskräftige Bestätigung des InsPlans die aufschiebende Bedingung (§ 158 Abs 1 BGB) für die Wirksamkeit dieser Erklärung sein soll. Eine endgültige Bindung der am Rechtsgeschäft beteiligten Personen an die in den Plan aufgenommenen Erklärungen tritt deshalb *nur* mit ihrer Zustimmung, aber auch *erst* mit der rechtskräftigen Planbestätigung ein. 9

V. Wirkungen

Die Aufnahme in den InsPlan und dessen rechtskräftige Bestätigung haben die **Rechtswirkungen**, die der Willenserklärung **nach bürgerlichem Recht** und **nach VerfRecht** zukommen. Ist für die Wirksamkeit des Rechtsgeschäfts ein weiterer Akt erforderlich, zB die Übergabe nach § 929 BGB oder die Eintragung nach § 873 BGB, so wird dieser durch den Plan nicht ersetzt, sondern bleibt auszuführen. Für die Auflassung ersetzt der InsPlan die nach § 925 BGB vorgeschriebenen Erklärungen vor dem Notar, § 925 Abs 1 S 3. Für sonstige Formvorschriften wird dasselbe durch § 254a Abs 1 erreicht. 10

VI. Grundbuch und andere Register

Für **eintragungsbedürftige Rechtsvorgänge** schreiben S 2 und 3 die genaue Bezeichnung des Gegenstandes iSd VerfVorschriften vor. Ist der Antrag auf Eintragung bereits im InsPlan erklärt (s Rn 6), so hat ihn der Antragsteller, der Planverfasser oder der InsVerw dem GBA zu übermitteln. 11

§ 229 Vermögensübersicht. Ergebnis- und Finanzplan

[1]Sollen die Gläubiger aus den Erträgen des vom Schuldner oder von einem Dritten fortgeführten Unternehmens befriedigt werden, so ist dem Insolvenzplan eine Vermögensübersicht beizufügen, in der die Vermögensgegenstände und die Verbindlichkeiten, die sich bei einem Wirksamwerden des Plans gegenüberstünden, mit ihren Werten aufgeführt werden. [2]Ergänzend ist darzustellen, welche Aufwendungen und Erträge für den Zeitraum, während dessen die Gläubiger befriedigt werden sollen, zu erwarten sind und durch welche Abfolge von Einnahmen und Ausgaben die Zahlungsfähigkeit des Unternehmens während dieses Zeitraums gewährleistet werden soll. [3]Dabei sind auch die Gläubiger zu berücksichtigen, die zwar ihre Forderungen nicht angemeldet haben, jedoch bei der Ausarbeitung des Plans bekannt sind.

Übersicht

I. Normzweck

1 Die Vorschrift ergänzt § 220. § 229 soll den Beteiligten Hilfestellung für die Entscheidung geben, ob sie dem Plan zustimmen wollen oder nicht.[1] Die Vorschrift nennt zusätzlich bestimmte **Informationen**, die gegeben werden müssen, wenn die Gl – was bei Kleinverf regelm nicht der Fall ist –[2] aus den Erträgen eines fortzuführenden Unternehmens befriedigt werden sollen. Weil sie uU aufwendig zu erstellen und für die Beteiligten schwer zu verstehen sind, herrscht in der Praxis eine gewisse Skepsis gegenüber dem Tatbestand („Befriedigung aus den Erträgen") und es wird von manchen empfohlen, ihn eher zu vermeiden.[3] Durch das **ESUG** ist S 3 angefügt worden, wonach bei der Information über die Verbindlichkeiten auch diejenigen Gl berücksichtigt werden sollen, die ihre Ford nicht angemeldet haben, jedoch bei der Ausarbeitung des InsPlans bekannt sind. Sinn und Zweck der Bestimmung ist es, (zusammen mit §§ 259a, 259b) zu verhindern, dass ein rechtskräftig bestätigter InsPlan durch nachträglich angemeldete Forderungen nicht mehr umsetzbar ist, weil keine entspr Vorkehrungen in der Finanz- und Liquiditätsplanung getroffen worden sind.[4] S 3 stellt mithin klar, dass (bekannte, aber) nicht angemeldete Forderungen in den Rechenwerken abgebildet werden müssen. Ein Verstoß hiergegen kann zur Zurückweisung des Plans nach § 231 Abs 1 Nr 1 führen. Vielfach wird dem InsGer der Mangel in diesem Zeitpunkt aber nicht auffallen.

II. Befriedigung aus den Erträgen

2 Die Erträge, aus denen die Gl befriedigt werden sollen, müssen aus der vom InsPlan vorgesehenen **Fortführung des Unternehmens** des Schu erwartet werden. Die Fortführung wird idR als Erg eines **Sanierungsplans** angestrebt werden (s dazu § 217 Rn 18, 19). Das Gesetz macht ausdrücklich keinen Unterschied zwischen der Fortführung durch den Schu und der Fortführung durch einen Dritten (nach einer „übertragenden Sanierung", s § 217 Rn 18).[5] Die gemeinte Fortführung des Unternehmens kann aber auch ohne angestrebte dauerhafte Sanierung bei nur **vorübergehender Erhaltung** des Unternehmens geschehen, wenn zB nur noch eine umfänglichere Produktion zu Ende geführt werden soll. Entscheidend ist, dass die Gl nicht durch einen Erlös aus der Verwertung vorhandener Masse, sondern aus **Betriebseinnahmen** befriedigt werden sollen.[6] Ihre Forderungen sollen dann notwendigerweise durch den InsPlan gestundet, in längerfristige Schuldtitel umgewandelt oder durch Anteilstitel mit Gewinnanspruch ersetzt werden. Eine Befriedigung aus künftigen Erträgen iSd Vorschrift ist auch dann vorgesehen, wenn nur ein **Teil des Unternehmens** fortgeführt werden und die Befriedigung aus den anfallenden Erträgen auch nur für einen **Teil der Forderungen** geschehen soll. Die Vorschrift ist nicht anwendbar, wenn das Unternehmen nicht gem einem InsPlan, sondern gem § 157 S 1 bis zur Verwertung fortgeführt werden soll.

III. Vermögensübersicht

3 Die Vermögensübersicht, die gefordert wird, unterscheidet sich von der gem § 153 vorgelegten Übersicht dadurch, dass sie auf den voraussichtlichen **Zeitpunkt des Wirksamwerdens** des InsPlan (§ 254) abstellt und gem dem **Inhalt des Plans** aufgestellt werden muss. Sie ist deshalb **prognostisch** und muss einerseits die Verbindlichkeiten in ihrem durch den Plan verminderten Bestand und andererseits die Vermögensgegenstände, wenn die dauerhafte

1 *K/P/B/Spahlinger* § 229 Rn 5.
2 Die Mittel kommen hier in aller Regel von Dritten, *Blankenburg* ZInsO 2015, 1293, 1294.
3 *M/R/Bähr/Landry* § 14 Rn 69, 70; *Graf-Schlicker/Kebekus/Wehler* § 229 Rn 1.
4 BT-Drucks 17/5712, S 48.
5 *Braun/Frank* § 229 Rn 1.
6 *K/P/B/Spahlinger* § 228 Rn 2: jede Fortführung.

Fortführung des Unternehmens geplant ist, mit ihrem **Fortführungswert** angeben.[7] Die Vermögensübersicht dient in erster Linie dazu, die Bilanzsanierung durch den Plan nachzuweisen.[8] Aus § 220 (aber auch aus §§ 245 Abs 1 Nr 1, 247 Abs 2 Nr 1, 251 Abs 1 Nr 2, 248) folgt, dass für den prognostizierten Zeitpunkt auch eine **Alternativrechnung** mit **Liquidationswerten** geboten werden muss (s § 220 Rn 5).

IV. Weitere Rechnungen

Das Gesetz verlangt weiterhin (S 2 1. HS) die Aufstellung einer **Aufwands- und Ertragsrechnung** und einer **Liquiditätsrechnung**. Diese müssen sich auf den gesamten Zeitraum beziehen, der für die Befriedigung aus den Erträgen vorgesehen ist. 4

V. Form

Die Informationen, die § 229 verlangt, sind dem InsPlan **beizufügen**. In der Sache gehören sie zum darstellenden Teil (§ 220).[9] Für Praxishinweise bei der Darstellung, s *Braun/Frank* § 229 Rn 9 ff. 5

§ 230 Weitere Anlagen

(1) [1]Ist im Insolvenzplan vorgesehen, dass der Schuldner sein Unternehmen fortführt, und ist der Schuldner eine natürliche Person, so ist dem Plan die Erklärung des Schuldners beizufügen, dass er zur Fortführung des Unternehmens auf der Grundlage des Plans bereit ist. [2]Ist der Schuldner eine Gesellschaft ohne Rechtspersönlichkeit oder eine Kommanditgesellschaft auf Aktien, so ist dem Plan eine entsprechende Erklärung der Personen beizufügen, die nach dem Plan persönlich haftende Gesellschafter des Unternehmens sein sollen. [3]Die Erklärung des Schuldners nach Satz 1 ist nicht erforderlich, wenn dieser selbst den Plan vorlegt.

(2) Sollen Gläubiger Anteils- oder Mitgliedschaftsrechte oder Beteiligungen an einer juristischen Person, einem nicht rechtsfähigen Verein oder einer Gesellschaft ohne Rechtspersönlichkeit übernehmen, so ist dem Plan die zustimmende Erklärung eines jeden dieser Gläubiger beizufügen.

(3) Hat ein Dritter für den Fall der Bestätigung des Plans Verpflichtungen gegenüber den Gläubigern übernommen, so ist dem Plan die Erklärung des Dritten beizufügen.

Übersicht

I. Normzweck

Die Vorschrift verfolgt mehrere Anliegen. Für den InsPlan, der die Fortführung des Unternehmens durch den Schu vorsieht, soll sie die **Fortführungs-** und **Haftungsbereitschaft** des Schu (wenn dieser eine natürliche Person ist) oder der persönlich haftenden Gesellschafter einer SchuGesellschaft klarstellen (Abs 1). Sie soll ferner die Gl davor bewahren, gegen 1

7 *K/P/B/Spahlinger* § 229 Rn 3.
8 *Braun/Frank* § 229 Rn 3; *B/G/H/Flöther/Wehner* § 229 Rn 4.
9 Einzelheiten mwN bei *Braun/Frank* § 229; *Uhlenbruck/Sinz* § 229; MK/*Eilenberger* § 229 Rn 5–31; *Hess/Obermüller* InsPlan, Rn 95–116 (mit Mustern); *Hess* InsO § 229 Rn 2–22; *Runkel/Frank* § 13 Rn 87–105; *Westrick* DStR 1998, 1879; sa § 219 Rn 3.

ihren Willen mit **Anteils-** oder **Mitgliedsrechten** abgefunden zu werden (Abs 2). Sie soll schließlich **Verpflichtungen** festhalten, die von Dritten zur Unterstützung des InsPlans übernommen werden (Abs 3). Diese Zustimmungserklärungen (notwendig ist die sämtlicher Betroffenen) sind erforderlich, bevor über den Plan abgestimmt wird. Wird der geänderte Plan rechtskräftig bestätigt, ist durch Auslegung zu klären, ob er noch von der Erklärung nach § 230 gedeckt ist.[1] Es bietet sich daher an, die Erklärung – mit Blick auf mögliche Planänderungen (§ 240) – nicht zu eng zu formulieren.[2] Die Wirksamkeit der Erklärungrichtet sich nach den allg Regeln des BGB. Zulässig ist es, wenn der Schu seine Zustimmung von der Planbestätigung abhängig macht.[3] Auch die Frage des Widerrufs richtet sich nach dem BGB. Danach ist bis zum Eintritt der Bindungswirkung der Widerruf jederzeit möglich. Vorbehaltlich gegenstehender Erklärungen/Vereinbarungen des Betroffenen tritt diese erst mit dem Beginn der Abstimmung ein.[4] Danach kann die Bindungswirkung grds nur unter den engen Voraussetzungen der §§ 119 ff BGB aufgehoben werden.[2]

II. Fortführungsbereitschaft, Abs 1

2 Wenn der InsPlan die Fortführung des Unternehmens durch den Schu vorsieht, kann er nur durchgeführt werden, wenn der Schu zur Fortführung auf der Grundlage des Plans bereit ist. Ist der Schu eine **natürliche Person**, muss seine Erklärung über die Fortführungsbereitschaft dem Plan beigefügt werden. Die Erklärung ist entbehrlich, wenn der Schu selbst den InsPlan vorlegt (S 3). Die Erklärung ist auch **nicht** erforderlich, wenn der Schu ein rechtsfähiger (oder nichtrechtsfähiger) **Idealverein**, eine **Gesellschaft** oder eine **Genossenschaft** ist.[5] Der gesellschaftsrechtliche Fortsetzungsbeschluss nach § 225a Abs 3 (s dort Rn 36) ist von der Zustimmung nach § 230 Abs 1 S 1 und 2 streng zu unterscheiden. Soweit die Zustimmung nach Abs 1 erforderlich ist, kann diese nicht nach (§ 247 Abs 2) fingiert werden.

3 Ist der Schu eine Gesellschaft mit **persönlicher Haftung der Gesellschafter**, so ist eine „entspr" Erklärung dieser Gesellschafter erforderlich (S 2). Die Vorschrift ist auf Vorgründungsgesellschaften anwendbar, aber entsprechend auch für Vor-Gesellschaften; denn auch bei Letzteren besteht – wenn auch im Innenverhältnis – eine weitgehende Haftung der Gesellschafter für die Schulden der Gesellschaft.[6] Diese Erklärung ist nicht gleichbedeutend mit dem FortsetzungsBeschl (s Rn 2), und sie kann auch nicht wirklich eine Erklärung über die Bereitschaft zur Fortführung des Unternehmens sein, da das Unternehmen vom Rechtsträger, nicht von den persönlich haftenden Gesellschaftern fortgeführt wird. Die Verpflichtung zur Beibringung der Erklärung stellt vielmehr sicher, dass die **persönliche Haftung** aus der plangemäßen Fortführung des Unternehmens **nur mit** dem **Einverständnis** jedes einzelnen betr Gesellschafters entstehen kann.[7] Die Zustimmung ist nicht nur für solche Altgesellschafter erforderl, die in der Gesellschaft verbleiben, sondern auch für solche Personen, die durch eine Strukturmaßnahme nach § 225a persönlich haftende Gesellschafter werden. Der Zustimmung von Altgesellschafter, die nach dem InsPlan aus der Gesellschaft ausscheiden, bedarf es hingegen nicht.

---

1 MK/*Eidenmüller* § 230 Rn 88; *Uhlenbruck/Sinz* § 230 Rn 1.
2 *Uhlenbruck/Sinz* § 230 Rn 1.
3 HambKomm/*Thies* § 230 Rn 2.
4 *Uhlenbruck/Sinz* § 230 Rn 1; MK/*Eidenmüller* § 230 Rn 89 f; **aA** *Schmidt/Spliedt* § 230 Rn 9.
5 MK/*Eidenmüller* § 230 Rn 23.
6 S zur Haftungsverfassung *B/H/Fastrich* § 1 GmbHG Rn 24 f.; für die Anwendbarkeit des § 230 Abs 1 wie hier MK/*Eidenmüller* § 230 Rn 25.
7 Ebenso *Andres/Leithaus* § 230 Rn 5; HambKomm/*Thies* § 230 Rn 3; abw MK/*Eidenmüller* § 230 Rn 29, 30.

Das Einverständnis muss auch dann vorliegen, wenn der betr Gesellschafter eine **juristische Person** ohne persönliche Haftung ihrer Mitglieder oder Gesellschafter ist.[8] Die juristische Person verdient nicht weniger Schutz gegen eine Haftung, die uU ihr Vermögen aufzehrt, als die natürliche Person. Zw ist, ob das Einverständnis jedes einzelnen Gesellschafters auch dann erforderlich ist, wenn der nach §§ 728 BGB, 144 HGB ohnehin notwendige FortsetzungsBeschl (s Rn 2) kraft des Gesellschaftsvertrags mit Mehrheit gefasst werden könnte.[9] 4

III. Anteils- und Mitgliedschaftsrechte, Abs 2

Die Vorschrift entspricht der **rechtspolitischen Linie**, mit dem InsPlan vor der negativen Vereinigungsfreiheit halt zu machen (s auch § 225a Rn 21, 23). Für eine Abfindung von Gl mit Anteilen oder Mitgliedsrechten an Vereinen oder Gesellschaften ist auch dann die Zustimmung jedes einzelnen Gl erforderlich, wenn die zugeteilte Stellung nicht zu persönlicher Haftung führen kann. Die Vorschrift entzieht damit die Beteiligung der InsGl an der schuldnerischen Gesellschaft wie auch an einer Auffanggesellschaft dem MehrheitsBeschl über einen InsPlan. Für die Besonderheiten nach § 5 Abs 3 SchVG, s § 225a Rn 23. Die Vorschrift wird mitunter als rechtspolitisch fragwürdig bezeichnet (s § 225a Rn 23).[10] 5

Das Wort **„Übernahme"** ist in einem weiten Sinne zu verstehen; es meint nicht nur den Erwerb bereits bestehender Gesellschaftsanteile aus der Hand bisheriger Gesellschafter, sondern auch den Ersterwerb solcher Anteils- oder Mitgliedsrechte im Zuge der Neugründung eines Personenverbandes oder des Zutritts zu einem bestehenden Personenverband. 6

IV. Verpflichtungserklärungen, Abs 3

Wenn der InsPlan Leistungen vorsieht, zu denen sich ein Dritter verpflichtet, ist die Verpflichtungserklärung des Dritten dem Plan **beizufügen**, wenn sie nur für den Fall der Bestätigung des Plans gelten soll; denn für Dritte wird die Erkl nicht nach § 254a Abs 1 fingiert.[11] Werden die Erkl Dritter aufgenommen, gilt für sie die Formfiktion des § 254a Abs 3. Dritter ist nicht nur, wer kein Beteiligter des InsPlan ist (zB NeuGl),[12] sondern auch ein Gl oder Gesellschafter, der eine Erkl abgeben soll, die eine andere Maßnahme als die Gruppenregelung betrifft. Abs 3 setzt voraus, dass die Erklärung des Dritten bei der Einreichung des Plans bereits vorliegt. Sie soll nicht ausschließen, dass ein Dritter noch nach der Einreichung des Plans, bis zum Ende des Erörterungstermins (§ 235) eine solche Erklärung abgibt und sie dem Plan dann beigefügt wird.[13] Sie betrifft auch nicht den Fall, dass die Übernahme einer unbedingten Verpflichtung oder sogar deren Erfüllung noch vor der Bestätigung des InsPlans geschehen soll; in diesen Fällen wäre § 249 anwendbar, s Rn 2. Zw ist, inwieweit Nichtigkeit und Anfechtbarkeit solcher Willenserklärungen nach der Bestätigung des InsPlans noch geltend gemacht werden können.[14] 7

8 *Uhlenbruck/Sinz* § 230 Rn 2; HambKomm/*Thies* § 230 Rn 3; **aA** MK/*Eidenmüller* § 230 Rn 24; *Braun/Frank* § 230 Rn 6; FK/*Jaffé* § 230 Rn 5; *K/P/B/Spahlinger* § 230 Rn 6.
9 Ausf MK/*Eidenmüller* § 230 Rn 29, 30.
10 So MK/*Eidenmüller* § 230 Rn 45.
11 Siehe auch für inhaltl Voraussetzungen *LG Hamburg* BeckRS 2015, 20377.
12 ZB die Finanzverwaltung, die im InsPlan auf die Besteuerung eines evtl Sanierungsgewinns verzichtet, *LG Düsseldorf* ZInsO 2015, 2186 f.
13 S RegE S 204.
14 Ausf MK/*Eidenmüller* § 230 Rn 92 f.

§ 231 Zurückweisung des Plans

(1) [1]Das Insolvenzgericht weist den Insolvenzplan von Amts wegen zurück,

1. **wenn die Vorschriften über das Recht zur Vorlage und den Inhalt des Plans, insbesondere zur Bildung von Gruppen, nicht beachtet sind und der Vorlegende den Mangel nicht beheben kann oder innerhalb einer angemessenen, vom Gericht gesetzten Frist nicht behebt,**
2. **wenn ein vom Schuldner vorgelegter Plan offensichtlich keine Aussicht auf Annahme durch die Beteiligten oder auf Bestätigung durch das Gericht hat oder**
3. **wenn die Ansprüche, die den Beteiligten nach dem gestaltenden Teil eines vom Schuldner vorgelegten Plans zustehen, offensichtlich nicht erfüllt werden können.**

[2]Die Entscheidung des Gerichts soll innerhalb von zwei Wochen nach Vorlage des Plans erfolgen.

(2) Hatte der Schuldner in dem Insolvenzverfahren bereits einen Plan vorgelegt, der von den Beteiligten abgelehnt, vom Gericht nicht bestätigt oder vom Schuldner nach der öffentlichen Bekanntmachung des Erörterungstermins zurückgezogen worden ist, so hat das Gericht einen neuen Plan des Schuldners zurückzuweisen, wenn der Insolvenzverwalter mit Zustimmung des Gläubigerausschusses, wenn ein solcher bestellt ist, die Zurückweisung beantragt.

(3) [1]Gegen den Beschluss, durch den der Plan zurückgewiesen wird, steht dem Vorlegenden die sofortige Beschwerde zu. [2]Die Frist soll zwei Wochen nicht überschreiten.

Übersicht

I. Normzweck

1 Die Vorschrift verlangt eine **Vorprüfung** des eingereichten InsPlans durch das InsGer. Das Gericht muss ihn von Amts wegen zurückweisen, wenn er den Vorschriften nicht entspricht oder keine Aussicht auf Annahme durch die Beteiligten, auf Bestätigung durch das Gericht oder auf Erfüllbarkeit hat. Den Beteiligten soll die (aufwendige) Beschäftigung mit einem gesetzwidrigen oder aussichtslosen InsPlan und eine damit verbundene Verzögerung des InsVerf erspart werden.[1] Aufgabe der Vorprüfung ist es aber nicht, die (voraussichtliche) Annahmefähigkeit eines Plans sicherzustellen.[2] Auch geht es nicht darum, den Plan zu optimieren.[3] Das Gericht darf nämlich der Autonomie der Beteiligten nicht vorgreifen. Die Vorprüfung selbst muss – ihrem Sinn und Zweck entspr – zügig durchgeführt werden: das InsGer prüft von Amts wegen (s Rn 11), die Prüfung beschränkt sich auf offensichtliche Hinderungsgründe (s Rn 12), die Beteiligten werden nicht angehört (s Rn 11) und – eingefügt durch das ESUG – das Gericht soll innerhalb von zwei Wochen nach Vorlage des Plans entscheiden, § 231 Abs 1 S 2. Die endgültige Überprüfung des Plans erfolgt erst nach deren

1 *Horstkotte* ZInsO 2014, 1297, 1298; *K Schmidt/Spliedt* § 231 Rn 1; HambKomm/*Thies* § 231 Rn 17 f; sa *Smid* ZInsO 2016, 61, 62.
2 *BGH* ZIP 2015, 1346, 1347; *BGH* ZIP 2017, 482 Rn 16.
3 *BGH* ZIP 2017, 482 Rn 16; *UhlenbruckLüer/Streit* § 231 Rn 1.

Annahme (§§ 248 ff). Um frühestmögl Plansicherheit zu erhalten, hat sich in der Praxis durchgesetzt, bereits den Entwurf des InsPlans mit dem Gericht abzustimmen, auch wenn die Bereitschaft der Gerichte hierzu unterschiedlich ausgeprägt ist.[4] Besser wäre es auch, wenn die Stellungnahmen nach § 232 bereits dem Gericht vorlägen. Das Gesetz sieht jedoch die umgekehrte Reihenfolge vor.[5]

II. Zurückweisungsgründe

1. Vorlagerecht und Planinhalt, Abs 1 Nr 1. Das InsGer hat zu prüfen, ob § 218 (Vorlagerecht) „und" die §§ 217, 219–230 (Planinhalt) beachtet sind.[6] Das „und" ist dabei als „oder" zu lesen.[7] Einbezogen sind damit auch die gesrechtl Vorgaben des § 225a (s auch § 225a Rn 13).[8] Ob die gesetzlichen Vorgaben eingehalten sind, kann für die meisten dieser Vorschriften durch einen Blick auf das Gesetz und den Plan festgestellt werden. **Zweifelsfragen** können iRv **§§ 219–230** dazu entstehen, ob der gestaltende Teil (§ 221) für die unmittelbare Gestaltungswirkung (§ 254) und die Vollstreckbarkeit (§ 257) klar und bestimmt genug ist oder ob die Gruppenbildung, namentlich nach § 222, sachgerecht und dem Gleichbehandlungsgrundsatz entspr vorgenommen wurde (s dort Rn 4, 12–15).[9] Ob die Gruppenbildung sinnvoll ist, unterliegt hingegen nicht der gerichtlichen Vorprüfung. Dagegen ist von der Prüfungspflicht gedeckt, ob die Information im darstellenden Teil (§§ 220, 229) für die Entsch der Beteiligten (§§ 237–247) und dann des Gerichts (§§ 248–252) über den Plan ausreicht (dazu § 220 Rn 2–7, § 229 Rn 3–5). Dies ist nicht der Fall, wenn notwendige Anlagen nach § 230 fehlen.[10] Fraglich ist, ob auch die Einhaltung von § 218 Abs 2 und 3 geprüft werden muss. Richtiger Ansicht nach ist in Abs 1 Nr 1 nur auf das PlaninitiativR und damit auf § 218 Abs 1 verwiesen.[11] Umstritten ist auch die Detailtiefe der in § 220 zu machenden Angaben, wenn es sich bei dem Schu um eine natürl Person handelt (s auch § 220 Rn 3 f).[12] 2

Für die Vorprüfung nach § 231 ergibt sich aus dem gesetzlichen **Aufbau des BeschlVerf** die folgende **Leitlinie:** Das InsGer hat die Beachtung der Vorschriften über den Inhalt und die verfahrensmäßige Behandlung des InsPlans noch einmal und erst dann endgültig zu überprüfen, wenn der Plan von den Beteiligten angenommen worden ist und nun bestätigt werden soll (§ 250 Nr 1). Die **Vorprüfung** iRv § 231 Abs 1 Nr 1 muss nur verhindern, dass Pläne zugelassen werden, die für die Erörterung und BeschlFassung durch die Beteiligten (§ 235) ungeeignet sind. Das ist – anders als nach § 231 Abs 1 Nr 2 und 3 – nicht erst bei einem offensichtlichen Rechtsfehler der Fall.[13] Vielmehr hat das Gericht grds jeden Rechtsfehler zu beanstanden.[14] Im Gegensatz zu der umfassenden Rechtsprüfung, ist die Überprüfung 3

4 *Martini/Horstkotte* ZInsO 2017, 1913, 1914 f; *Hermann/Zistler* ZInsO 2017, 10, 11 f.

5 *Brinkmann/Denkhaus/Horstkotte/Schmidt/Westphal/Wierzbinski/Ziegenhagen* ZInsO 2018, 18, 19.

6 S zum Ganzen auch *Stapper/Jacobi* ZInsO 2014, 1821, 1824 ff; s auch *Martini/Horstkotte* ZInsO 2017, 1913, 1915.

7 *Hermann/Zistler* ZInsO 2017, 10, 13.

8 *Brünkmans/Greif-Werner* ZInsO 2015, 1585, 1587; **aA** anscheinend *AG Charlottenburg* ZIP 2015, 394, 395.

9 S auch *BGH* ZIP 2015, 1346, 1347; *AG Köln* NZI 2016, 537.

10 *LG Hamburg* BeckRS 2015, 20377 = NZI 2016, 34.

11 So auch *Uhlenbruck/Lüer/Streit* § 231 Rn 9 mwN; zust *Graf-Schlicker/Kebekus/Wehler* § 231 Rn 2; *K Schmidt/Spliedt* § 231 Rn 3; **aA** *N/R/Braun* § 231 Rn 10; HambKomm/*Thies* § 231 Rn 5; (bzgl Abs 3) MK/*Breuer* § 231 Rn 9 mwN.

12 S *Frind* NZI 2017, 842, 845; *LG Hamburg* NZI 2017, 567, 569 f einerseits und *Madaus* NZI 2017, 697, 699 andererseits.

13 *BGH* ZIP 2015, 1346 Rn 8; **aA** *K Schmidt/Spliedt* § 231 Rn 3.

14 *Horstkotte* ZInsO 2014, 1297, 1300.

der tatsächlichen Planungsgrundlagen (Vergleichsrechnung, Vermögensübersicht, Plananlagen bei Zahlung der Quote aus Fortführungsverträgen, etc) – bereits mit Blick auf das Beschleunigungsgebot in § 231 Abs 1 S 2 – beschränkt.[15] Gleiches gilt in Bezug auf die wirtschaftliche Angemessenheit des Plans. Das Gericht hat nämlich insoweit bei seiner Prüfung in Rechnung zu stellen, dass der Plan aufgrund der Erörterung im Termin vom Vorlegenden inhaltlich geändert werden kann, bevor über ihn abgestimmt wird (§ 240). Es kann also erwartet werden, dass der Vorlegende selbst einen sich abzeichnenden Widerstand noch berücksichtigen wird, wenn er eine Niederlage bei der Abstimmung befürchten muss. Entscheidend für die Prüfung iRv von Abs 1 Nr 1 ist also nur, dass die Beteiligten sich im Termin ein verständiges Urt über den vorgelegten Plan bilden können und damit letztlich ein schlüssiger InsPlan vorgelegt wird.[16] § 231 Abs 1 kommt insoweit nur eine „Vorfilterfunktion" zu.[17] Die Bewertung von Massegegenständen durch den Planersteller im darstellenden Teil des Plans (§ 220 Abs 2) kann bspw das InsGer in der Kürze der Zeit (su Rn 11) regelmäßig nicht überprüfen. Nimmt daher der Planersteller bei komplexen Vermögenswerten einen höheren Abschlag vor als der InsVerw, ist dies rechtlich nicht zu beanstanden.[18]

4 **In Bezug auf die Gruppenbildung** nach § 222 hat das Gericht zu prüfen, ob im InsPlan die Pflichtgruppen nach der unterschiedlichen Stellung der Gl gebildet sind (§ 222 Abs 1), insb keine unzulässigen „Mischgruppen vorliegen (§ 222 Rn 5), ob die fakultative Gruppenbildung nach § 222 Abs 2 Gl mit gleicher Rechtsstellung und mit gleichartigen wirtschaftlichen Interessen zusammenfasst und die Gruppen sachgerecht voneinander abgegrenzt sind und ob die Voraussetzungen der Gruppenbildung nach § 222 Abs 3 eingehalten wurden.[19] Prüfungsgrundlage ist allein die Tragfähigkeit der im Plan angegebenen Kriterien.[20] Um diese Prüfung zu ermöglichen, muss sich aus dem Plan ergeben, nach welchen Vorschriften und welchen Kriterien die Gruppen gebildet wurden.[21] Es muss aus dem (darstellenden oder gestaltenden) Plan erkennbar sein, ob alle Beteiligten, deren wichtigste insbezogene wirtschaftliche Interessen übereinstimmen, derselben Gruppe zugeordnet wurden.[22] Fehlen derartige Erläuterungen, ist der Plan wegen eines Verstoßes gegen § 222 Abs 2 S 3 zurückzuweisen.[23] Eine Ausnahme ist nur dann zuzulassen, wenn die Gruppenbildung „auf der Hand" liegt (§ 222 Rn 15). Ist die Gruppenbildung sachgerecht, schadet es nicht, dass sie auch die Erlangung einer Abstimmungsmehrheit für den Plan begünstigt, s § 222 Rn 15, 18.[24]

5 Hält das Gericht einen Hinderungsgrund nach Abs 1 Nr 1 für gegeben, muss es den Plan **sofort zurückweisen**, wenn der Vorlegende den Mangel nicht beheben kann, anderenfalls muss es abwarten, ob der Vorlegende innerhalb einer ihm gesetzten **angemessenen Frist** den bezeichneten Mangel behebt. Der Plan kann nur insgesamt zurückgewiesen werden. Für salvatorische Klauseln im Plan ist kein Raum (vor § 217 Rn 9).

---

15 *Stapper/Jacobi* ZInsO 2014, 1821, 1824; für eine Unterscheidung danach, ob es sich um einen Verwalter- oder Schuldnerplan handelt, *Smid* ZInsO 2016, 61, 74.
16 *Stapper/Jacobi* ZInsO 2014, 1821, 1824.
17 *Horstkotte* ZInsO 2014, 1297, 1300; HambKomm/*Thies* § 231 Rn 26.
18 *BGH* ZIP 2015, 1348 Rn 38.
19 *BGH* ZIP 2015, 1346 Rn 9; sa *Smid* ZInsO 2016, 61, 70 f.
20 *BGH* ZIP 2015, 1346 Rn 9; *AG Köln* NZI 2016, 537.
21 *BGH* ZIP 2015, 1346 Rn 9.
22 *BGH* ZIP 2015, 1346 Rn 9 f.
23 *BGH* ZIP 2015, 1346 Rn 9 f.
24 Str; wie hier *Uhlenbruck/Lüer/Streit* § 231 Rn 24; MK/*Breuer* § 231 Rn 12; *K Schmit/Spliedt* § 213 Rn 4; HambKomm/*Thies* § 231 Rn 10; *M/R/Bähr/Landry* § 14 Rn 99, alle mwN; **aA** ausf *L/S/Z/Rattunde* InsO § 231 Rn 7–10; FK/*Jaffé* § 231 Rn 7–10; sa *Graf-Schlicker/Kebekus/Wehler* § 231 Rn 3.

2. Annahme und Bestätigung, Abs 1 Nr 2. Für einen InsPlan, der **vom Schu vorgelegt** wird, muss das InsGer zusätzlich dessen **Erfolgsaussichten** prüfen. Ist keine Aussicht auf Annahme durch die Beteiligten (§§ 243–246a) oder Bestätigung durch das Gericht (§§ 248–251) gegeben,[25] weist das Gericht den InsPlan zurück. Für einen vom **InsVerw** vorgelegten Plan ist diese Prüfung nicht notwendig, da man vom InsVerw als einer neutralen Person eher annehmen kann, dass er die Erfolgsaussichten seines Plans vorher ausreichend geklärt hat.[26] 6

Zurückweisen darf das InsGer den Plan des Schu, wenn die Erfolgsaussicht **offensichtlich** dh, eindeutig fehlt.[27] Das Merkmal ist restriktiv auszulegen, um zu verhindern, dass die Auffassung der Gl durch die Einschätzung des Gerichts ersetzt wird.[28] Das Gericht muss sich an das halten, was es einerseits dem vorgelegten Plan (§§ 219, 220) und seinen Anlagen (§§ 229, 230) entnimmt und andererseits aus dem bisherigen Verlauf des Verf weiß. Bereits erfolgte Stellungnahmen der Beteiligten können daher einbezogen werden. Kritik des Planvorhabens in einer früheren GlVersammlung darf berücksichtigt werden, aber nur mit Vorsicht.[29] Sogar eine sich dort abzeichnende Ablehnung des Plans muss nicht aussagekräftig sein, da die Fakten und Meinungen sich inzwischen geändert haben können und die Mehrheitserfordernisse für die Abstimmung über den Plan durch eine legitime Gruppenbildung andere sein können (s § 244) als in der GlVersammlung (s § 76 Abs 2).[30] Wenn allerdings der GlAusschuss schon die Veräußerung des Unternehmens durch den InsVerw genehmigt hat, liegt es nahe, dass ein auf Fortführung beruhender Plan keine Aussicht auf Annahme hat.[31] Das Gericht darf für die Vorprüfung eigene Nachforschungen bei den Beteiligten über ihre Einstellung zu dem Plan nicht anstellen. Eine Nachbesserungsmöglichkeit ist hier nicht vorgesehen. Das Ger darf aber § 245 Abs. 1 im Rahmen seiner Vorprüfung berücksichtigen.[32] 7

3. Erfüllbarkeit, Abs 1 Nr 3. Die Vorprüfung eines Plans, der **vom Schu vorgelegt** wurde, erstreckt sich auch auf die Erfüllbarkeit der Ansprüche, die den Beteiligten nach dem Plan zustehen sollen. Für einen vom **InsVerw** vorgelegten Plan ist diese Prüfung nicht notwendig, da vom InsVerw als einer neutralen Person angenommen werden kann, dass er auch insoweit die Erfolgsaussichten seines Plans vorher ausreichend geklärt hat.[33] Auch unter diesem Blickwinkel darf der Plan nur zurückgewiesen werden, wenn die Ansprüche **offensichtlich** nicht erfüllt werden können.[34] Da es insofern um wirtschaftliche Prognosen geht, muss das Gericht mit seiner Entsch hier noch zurückhaltender sein als zu Nr 2 (oben Rn 7).[35] Eigene Ermittlungen, etwa mit Hilfe von SV, sind ihm nicht erlaubt (siehe auch unten Rn 11).[36] Die gegenteilige Ansicht[37] verkennt den begrenzten Schutzzweck der Vorprüfung. „Offensicht- 8

---

25 *BGH* NZG 2017, 1316 Rn 9.
26 So ausdrücklich der RAussch, BT-Drucks 12/7302, 182.
27 *BGH* ZIP 2017, 1316 Rn 10; *LG Hamburg* BeckRS 2015, 20377 = NZI 2016, 34 f; *Braun/Frank* § 231 Rn 5; HambKomm/*Thies* § 231 Rn 18.
28 *B/G/H/Flöther/Wehner* § 231 Rn 28; sa *Uhlenbruck/Lüer/Streit* § 231 Rn 29; *Smid* ZInsO 2016, 128.
29 *BGH* BeckRS 2011, 0115b, zit auch bei *Pape* ZInsO 2011, 611.
30 *BGH* BeckRS 2011, 01156.
31 *BGH* ZInsO 2011, 1550 Rn 3.
32 *AG Hamburg* ZInsO 2016, 2209.
33 *OLG Dresden* NZI 2000, 436, 437.
34 *OLG Dresden* NZI 2000, 436, 437: „nur bei extremen Ausnahmefällen"; *K Schmidt/Spliedt* § 231 n 7; *B/G/H/Flöther/Wehner* § 231 Rn 32.
35 S auch *Horstkotte* ZInsO 2014, 1297, 1299.
36 Wie hier *Uhlenbruck/Lüer/Streit* § 231 Rn 31; MK/*Breuer* § 231 Rn 6; FK/*Jaffé* Rn 15; *Andres/Leithaus* § 231 Rn 10.
37 *Hess/Obermüller* InsPlan Rn 62.

lich" fehlt die Erfüllbarkeit nur, wenn sich dies bei einem Vergleich der Planregelung mit den Angaben über die wirtschaftliche Lage des Schu im darstellenden Teil und in den Anlagen (§§ 220, 229) *aufdrängt*.[38] Weder zur Erfüllbarkeit noch zu den Erfolgsaussichten des Plans (s Rn 6, 7) gehört die Aussicht auf Deckung der Massekosten.[39] Diese sind nicht Gegenstand der Planregelung (s § 217 Rn 11) und müssen ohnehin vor der Aufhebung des Verf berichtigt werden (§ 258 Abs 2). Ihre voraussichtliche Deckung zu prüfen, würde die Vorprüfung zu zeitraubenden Ermittlungen über den gegenwärtigen und künftigen Bestand der InsMasse zwingen und sie damit zweckwidrig verzögern.

9 **4. Erneute Planvorlage, Abs 2.** Ein weiterer Zurückweisungsgrund ist gegeben, wenn der Schu einen Plan vorlegt, nachdem ein von ihm früher vorgelegter Plan im Verf gescheitert (dh abgelehnt oder vom Gericht nicht bestätigt worden) oder von ihm (nach öffentl Bekanntmachung) zurückgezogen worden ist. Das InsGer **muss** den Plan des Schu **zurückweisen**, wenn der InsVerw es beantragt und er dafür die Zustimmung des GlAusschusses erhalten hat, falls ein solcher bestellt ist. Eine weitere Vorprüfung des Plans nach Abs 1 findet in diesem Fall nicht statt (s Rn 1, 14).

10 Die Regelung soll vermeiden, dass der Schu das Vorlagerecht zur VerfVerschleppung missbraucht.[40] Sie ist außerdem ein Ansporn für den Schu, keine unrealistischen InsPläne vorzulegen; das Scheitern eines Plans nach der Ansetzung des Erörterungstermins kann dazu führen, dass ein zweiter Planvorschlag nach Abs 2 ohne sachliche Prüfung zurückgewiesen wird. Das Scheitern eines Plans *vor* der Bekanntmachung des Erörterungstermins, namentlich durch Zurückweisung nach § 231 Abs 1, hat *nicht* diese Wirkung.[41]

III. Verfahren

11 Die Vorprüfung nach Abs 1 geschieht **von Amts wegen**;[42] sie muss alsbald nach der Einreichung des InsPlans stattfinden. Für die Prüfung ist eine Frist von (max) zwei Wochen vorgesehen. Die Soll-Vorschrift schließt freilich nicht aus, dass bei besonderen Fallgestaltungen die Prüfung auch länger dauert.[43] Mitunter werden dem Gericht auch ausdr als Entwürfe bezeichnete Pläne eingereicht, um eine „stressfreie" Prüfung ohne Ingangsetzung der Frist (Abs 1 S 2) zu ermöglichen (Rn 1).[44] Hat der Schu den Plan mit dem Eröffnungsantrag vorgelegt (§ 218 Abs 1 S 2), muss die Vorprüfung alsbald nach der Eröffnung des Verf (§§ 27–29) stattfinden.[45] Das Gericht darf aber für die Prüfung nach Abs 1 den Vorlegenden zu erg Angaben auffordern (§ 4 InsO iVm § 139 ZPO).[46] Fraglich ist, ob gleiches auch für die Nr 2 und 3 gilt, auch wenn die Beseitigung eines behebbaren Mangels dort nicht erwähnt ist. Richtiger Ansicht nach ist dies zu bejahen;[47] denn eine unterschiedl Behandlung des Schu-

---

38 S auch *LG Bielefeld* ZIP 2002, 952.

39 So aber anscheinend *LG Neubrandenburg* ZInsO 2000, 628 (LS); zust HambKomm/*Thies* § 231 Rn 21; wie hier *Uhlenbruck /Lüer/Streit* § 231 Rn 31; *Blankenburg* ZInsO 2015, 1293, 1297; *Hess* InsO § 231 Rn 23.

40 RegE S 204; sa *BGH* ZIP 2015, 1348 Rn 42.

41 *BGH* ZIP 2015, 1348 Rn 42; sa *K Schmidt/Spliedt* § 231 Rn 11.

42 *BGH* ZIP 2015, 1346 Rn 8.

43 *Uhlenbruck /Lüer/Streit* § 231 Rn 34.

44 *Smid* ZInsO 2016, 61, 65. Ob ein „Entwurf" in einen Plan umgedeutet werden kann (so *AG Hamburg* ZIP 2014, 1601), erscheint fraglich.

45 Zur Frage, ob das Gericht bereits zuvor mit der Prüfung beginnen kann, s *Uhlenbruck/Lüer/Streit* § 231 Rn 35.

46 So auch *Smid/Rattunde* InsPlan Rn 9.41–42; *K Schmidt/Uhlenbruck/Spliedt* Die GmbH in Krise, Sanierung und Insolvenz, Rn.8.52.

47 MK/*Breuer* § 231 Rn 7; *K Schmidt/Spliedt* § 231 Rn 11; HambKomm/*Thies* § 231 Rn 27.

und VerwPlans ist nicht angebracht. Allerdings muss das Ger bei Planfehlern gem Nr 2 und 3 nicht zwingend hierauf hinweisen, bevor es den Plan zurückweist.[48] Das Gericht darf **nicht eigene Ermittlungen** anstellen und auch **nicht die anderen Beteiligten anhören.**[49] Die Information und Anhörung der anderen Beteiligten sieht das Gesetz vielmehr erst für den Fall des positiven Ausgangs der Vorprüfung vor (§§ 232, 234). Ohne Anhörung der anderen Beteiligten kann das Gericht aber auch eigene Ermittlungen nicht sachdienlich anstellen. Insoweit sind die aus §§ 4 und 5 folgenden VerfGrundsätze verdrängt. Eine Hinzuziehung von Sachverständigen durch das Gericht kommt daher in dieser Phase des Verf nicht in Betracht (sa Rn 8).[50] Lediglich iF von Abs 2 wird eine vorherige Information des InsVerw und uU auch des GlAusschusses über die Vorlage des InsPlans vorausgesetzt.

Der **Prüfungsmaßstab** ist größtenteils ein negativer (s Rn 3, 7, 8). Das InsGer braucht sich 12 in der Vorprüfung insb nicht positiv von den Erfolgsaussichten des InsPlans zu überzeugen, sondern soll dies der Prüfung durch die Beteiligten überlassen (§§ 232, 234, 235).[51] Nur wenn die Erfolgsaussichten **offensichtlich fehlen**, darf aus diesem Grund der Plan schon vor seiner Prüfung durch die anderen Beteiligten zurückgewiesen werden. Ob der Plan wirtschaftlich zweckmäßig ist, ist der Prüfung des InsGer entzogen.[52] Der Gesetzgeber trägt mit diesem Prüfungsmaßstab dem Umstand Rechnung, dass die Prüfung unter erheblichem Zeitdruck erfolgt und große Risiken birgt. Aufgrund des beschriebenen Prüfungsmaßstabs entfaltet die Entscheidung keine Bindungswirkung und schließt insb eine Versagung der Bestätigung wegen zuvor übersehener Mängel nicht aus.

IV. Rechtswirkung der Vorprüfung

Nur die **Zurückweisung** geschieht durch **Beschl**, der dem Vorlegenden (Antragsteller) **zuzustellen** ist (§ 4 InsO, § 329 Abs 3 ZPO).[53] Sie hat keine endgültige Ausschlusswirkung; der 13 Vorlegende kann bis zum Schlusstermin denselben Plan erneut oder einen anderen vorlegen, der dann unter den inzwischen gegebenen Umständen vorzuprüfen ist; Abs 2 ist nur auf den *nach* der Vorprüfung gescheiterten Plan des Schu anwendbar. Weist der Plan – wie im Regelfall – nur behebbare Mängel auf, setzt das InsGer eine (angemessene) Nachbesserungsfrist.[54] Dies folgt bereits aus dem Wortlaut des § 231 Abs 1 Nr 1. Anderenfalls liegt ein VerfVerstoß vor.[55] Anders ist die Rechtslage aber dann (bzw der VerfVerstoss ist ohne Bedeutung iSd § 250 Abs 1 Nr 1), wenn der Antragsteller die Nachbesserung verweigert[56] oder diese schlechterdings nicht möglich ist, weil aufgrund des Fehlers das Vertrauen in den Planvorlegenden (ausnahmsweise) zerstört ist.[57] Ergeht eine NachbesserungsVfg, enthält diese idR auch den Hinweis, dass nach fruchtlosem Ablauf der Frist der Plan zurückgewiesen wird.

---

48 AGHamburg ZInsO 2016, 2209.

49 So auch *Braun/Frank* § 231 Rn 1; *Uhlenbruck/Lüer/Streit* § 231 Rn 3; *C Schmidt/Stahlschmidt* HRI § 35 Rn 10; MK/*Breuer* § 231 Rn 6; HambKomm/*Thies* § 231 Rn 26; anders für Verdachtsmomente nach § 226 Abs 3, *B/G/H/Flöther/Wehner* § 231 Rn 11. **AM** K.*Schmidt/Uhlenbruck/Spliedt* Die GmbH in Krise, Sanierung und Insolvenz, Rn.8.52; *Smid* ZInsO 2016, 61, 69.

50 *Uhlenbruck/Lüer/Streit* § 231 Rn 3, *K.Schmid/Spliedt* § 231 Rn 7, 10; *Stapper/Jacobi* ZInsO 2014, 1821, 1824; **aA** *Smid* ZInsO 2016, 61, 69; *ders* ZInsO 2016, 61, 69.

51 *BGH* ZIP 2015, 1346, 1347; *Martini/Horstkotte* ZInsO 2017, 1913, 1915.

52 *BGH* ZIP 2015, 1346, 1347.

53 Muster bei *Hess/Binz* Formulare und Muster, E 61–66.

54 *Uhlenbruck /Lüer/Streit* § 231 Rn 37.

55 *BGH* ZIP 2015, 1348 Rn 6.

56 *BGH* ZIP 2015, 1348 Rn 6; sa MK/*Breuer* § 231 Rn 15.

57 *AG Köln* NZI 2016, 537, 539 (*Madaus*).

14 Gegen die Zurückweisung des Plans kann der Vorlegende (und nur dieser) **sof Beschw** einlegen (Abs 3 iVm § 6), für die erg §§ 567–577 ZPO gelten (s § 4). Wird der Plan **nicht zurückgewiesen**, ist **kein positiver ZulassungsBeschl** erforderlich (hM).[58] Das Gericht gibt den Plan gem § 232 dann zur Erörterung und Abstimmung. Hat das InsGer gleichwohl einen solchen Beschl gefasst, ist gegen ihn kein Rechtsmittel zugelassen.[59] Das gilt auch gegenüber einem Beschl, durch den der Antrag des InsVerw gem Abs 2 auf Zurückweisung eines erneuten Antrags des Schu abgelehnt worden, der Plan also doch zugelassen worden ist; die gegenteilige Regelung in § 275 Abs 3 S 2 RegE ist vom RAussch gestrichen worden.[60] Die Nichtzurückweisung des Plans bindet das InsGer im Rahmen seiner (späteren) Prüfung nach § 250 nicht (§ 250 Rn 2).[61]

§ 232 Stellungnahmen zum Plan

(1) Wird der Insolvenzplan nicht zurückgewiesen, so leitet das Insolvenzgericht ihn zur Stellungnahme zu:

1. dem Gläubigerausschuss, wenn ein solcher bestellt ist, dem Betriebsrat und dem Sprecherausschuss der leitenden Angestellten;
2. dem Schuldner, wenn der Insolvenzverwalter den Plan vorgelegt hat;
3. dem Verwalter, wenn der Schuldner den Plan vorgelegt hat.

(2) Das Gericht kann auch der für den Schuldner zuständigen amtlichen Berufsvertretung der Industrie, des Handels, des Handwerks oder der Landwirtschaft oder anderen sachkundigen Stellen Gelegenheit zur Äußerung geben.

(3) Das Gericht bestimmt eine Frist für die Abgabe der Stellungnahmen.

Übersicht

I. Normzweck

1 Die §§ 232, 234, 235 regeln, was das InsGer tun muss, um das BeschlVerf einzuleiten, nachdem es festgestellt hat, dass keine Zurückweisung des vorgelegten Plans nach § 231 notwendig ist. Es muss den Plan bestimmten Gremien sowie dem Schu oder dem InsVerw zur Stellungnahme vorlegen (§ 232), den Plan mit den Stellungnahmen zur Einsicht aller Beteiligten auflegen (§ 234) und einen Termin zur Erörterung und Abstimmung festsetzen (§ 235 Abs 1). Die Stellungnahmen, die eingeholt wurden, sollen die Entsch der Beteiligten über den Plan vorbereiten und erleichtern.

II. Stellungnahmen

2 Das InsGer **muss** den InsPlan dem **GlAusschuss**, wenn ein solcher bestellt ist, dem **Betriebsrat** und dem **SprA** der leitenden Angestellten zuleiten (Abs 1 Nr 1). Die obligatorische Einschaltung von Betriebsrat und SprA ist neu; sie erweitert die Mitwirkungsmöglichkeiten, die den Arbeitnehmervertretern nach BetrVG und SprAG zustehen; s auch § 218 Rn 16. Außerdem muss der Plan dem Schu oder dem InsVerw zugeleitet werden, wenn der jeweils andere

58 *Uhlenbruck/Lüer/Streit* § 218 Rn 40; sa *Smid* ZInsO 2016, 61, 70; **aA** offenbar *L/S/Z/Rattunde* InsO § 231 Rn 39, 40.
59 *Uhlenbruck /Lüer/Streit* § 231 Rn 41.
60 BT-Drucks 12/7302, 183.
61 *BGH* ZIP 2017, 482 Rn 16.

ihn vorgelegt hat (Abs 1 Nr 2 und 3). Aus der Pflicht zur Zuleitung an den InsVerw folgt, dass über die Zulassung eines vom Schu vorgelegten Plans erst nach der Eröffnung des InsVerf und der Ernennung des InsVerw (§ 27) entschieden werden kann; s auch § 231 Rn 11.

Das InsGer kann außerdem Stellungnahmen der **Berufsvertretung** oder anderer **sachkundiger Stellen** einholen (Abs 2). Die Einholung liegt im **Ermessen** des Gerichts. Bei **Genossenschaften** muss es den Prüfungsverband hören, § 116 Nr 4 GenG. 3

Für die Abgabe der Stellungnahmen muss das Gericht eine **Frist** setzen. Diese muss es mit der Frist für den Erörterungstermin abstimmen[1] und es muss berücksichtigen, dass bei Sanierungen oft die Zeit drängt. Das **ESUG** bestimmt nunmehr, dass die Frist zwei Wochen nicht überschreiten soll, § 232 Abs 3 S 2. Überw wird im Interesse der Beschleunigung auch angenommen, dass der Planverfasser die Stellungnahmen schon vorher selbst einholen und dem Plan beilegen kann; das Gericht müsse sie nur dann (erneut) einholen, wenn der Plan später geändert wird (zB gem § 231 Abs 1 Nr 1).[2] Ein **Verstoß** gegen die **Verpflichtung** zur Einholung der Stellungnahmen (Abs 1) kann ein Grund zur Versagung der Bestätigung (§ 250 Nr 1) oder zur Anf der Bestätigung (§ 253) sein.[3] Ob und wann Stellungnahmen tatsächlich abgegeben werden, ist dagegen ohne Einfluss auf das weitere Verf und die Bestätigung. Der Planverfasser kann etwa – zur Beschleunigung des Verf – die Stellungnahmen bereits vor der Einreichung des Plans einholen. Die separate Zuleitung durch das Gericht ist dann entbehrlich.[4] Voraussetzung ist freilich, dass sich die Stellungnahme auf den konkreten Plan bezieht, der dann auch formell bei Gericht eingereicht wurde. 4

§ 233 Aussetzung von Verwertung und Verteilung

[1]Soweit die Durchführung eines vorgelegten Insolvenzplans durch die Fortsetzung der Verwertung und Verteilung der Insolvenzmasse gefährdet würde, ordnet das Insolvenzgericht auf Antrag des Schuldners oder des Insolvenzverwalters die Aussetzung der Verwertung und Verteilung an. [2]Das Gericht sieht von der Aussetzung ab oder hebt sie auf, soweit mit ihr die Gefahr erheblicher Nachteile für die Masse verbunden ist oder soweit der Verwalter mit Zustimmung des Gläubigerausschusses oder der Gläubigerversammlung die Fortsetzung der Verwertung und Verteilung beantragt.

Übersicht

I. Normzweck

Die Vorschrift erlaubt die **Aussetzung** der Verwertung und Verteilung der InsMasse, sobald der InsPlan sich im BeschlVerf befindet. Sie soll verhindern, dass durch die weiterlaufende Verwertung dem vorgelegten InsPlan die wirtschaftlichen Grundlagen entzogen werden, 1

1 S § 235 Rn 5–7 und ausf *Uhlenbruck/Lüer/Streit* § 232 Rn 7.
2 HambKomm/*Thies* § 232 Rn 2; *Braun/Frank* § 232 Rn 4 aE; beide mwN.
3 **AA** HambKomm/*Thies* § 232 Rn 4; *Braun/Frank* § 232 Rn 2: „sanktionslos"; anscheinend auch MK/*Breuer* § 232 Rn 9.
4 *Martini/Horstkotte* ZInsO 2017, 1913, 1921.

bevor die Beteiligten über den Plan entscheiden konnten. Sie ist **Ergänzung von §§ 157, 159**, die dem InsVerw die Verwertung uU schon dann verbieten, wenn die GlVersammlung ihm den Auftrag zur Ausarbeitung eines InsPlans erteilt hat (§ 157 S 2) oder aus anderem Grund die vorläufige Unternehmensfortführung (§ 157 S 1) beschlossen hat. Gegen die Gefahr, dass die Möglichkeit der Aussetzung zu einer **schädlichen Verzögerung** der Masseverwertung führt, soll S 2 schützen.

II. Aussetzung

2 **1. Antrag.** Die Aussetzung geschieht nur auf Antrag. Ein **Antrag des InsVerw** ist nicht notwendig, wenn der InsVerw einen InsPlan im Auftrag der GlVersammlung (§ 157 S 2) vorgelegt hat; in diesem Fall wäre ihm die Vorlage eines eigenen Plans verboten (s § 218 Rn 14) und er müsste auch ohne Anordnung des InsGer vermeiden, die Durchführbarkeit des in Auftrag gegebenen Plans durch Verwertungshandlungen zu gefährden (vgl § 159). Ein Antrag des InsVerw kommt also nur in Betracht zur Unterstützung eines eigenen, ohne Auftrag vorgelegten oder eines vom Schu vorgelegten InsPlans.

3 Für den vom Schu vorgelegten InsPlan wird idR der **Schu** selbst den **Antrag** stellen. Dieser Antrag ist allerdings ohne Sachprüfung abzulehnen, wenn der InsVerw im Einverständnis mit GlAusschuss oder GlVersammlung die Fortsetzung der Verwertung und Verteilung beantragt (S 2; s Rn 11).

4 **2. Plangefährdung.** Die Aussetzung wird angeordnet, wenn Verwertung und Verteilung der InsMasse die Durchführung des InsPlans gefährden würden. Inwieweit eine Gefahr besteht, hängt vom Inhalt des vorgelegten InsPlans ab. Bei einem **Übertragungs-** oder **Sanierungsplan** (s § 217 Rn 17–19) wird es darauf ankommen, das Unternehmen des Schu und seine Ausrüstung einstweilen zusammenzuhalten, bei einem reinen **Verteilungsplan** (s § 217 Rn 20) kommt es vielleicht nur darauf an, Auszahlungen zu verhindern, die nach dem Plan nicht vorgesehen sind. Entgegen dem Gesetzeswortlaut ist eine **Gefährdung** auch schon dann gegeben, wenn nicht erst die Durchführung, sondern schon die **Annahme des Plans** in der Abstimmung in Frage gestellt wird, etwa dadurch, dass Gl, deren Zustimmung der Planverfasser erreichen wollte, durch zwischenzeitliche Verwertungen und Verteilungen ihr Interesse an dem Plan verlieren könnten.[1]

5 Die Aussetzung gilt grds für sämtlich Vermögensgegenstände, kann aber auf **Teile der Ins-Masse** beschränkt werden („soweit …"), wenn nur sie für den vorgelegten InsPlan benötigt werden, andere Teile (Ausrüstungen, Grundstücke, einzelne Betriebe) dagegen entbehrlich erscheinen und abgestoßen werden sollen.[2] Gegenstände, die sich im Besitz von Gl befinden, werden von § 233 nicht erfasst.[3]

6 Entgegen dem Gesetzeswortlaut („durch die *Fortsetzung*") kommt es auch nicht darauf an, ob bereits Verwertungs- oder Verteilungshandlungen vorgenommen wurden. Entscheidend ist allein, dass eine Verwertung oder Verteilung **bevorsteht**, die ohne die Aussetzung zulässig wäre.[4]

7 **3. Zeitpunkt.** Die Aussetzung kann angeordnet werden, sobald ein **InsPlan vorgelegt** worden ist. Hinzukommen muss aber, dass der Plan auch die **Vorprüfung** nach § 231 **bestanden**

1 *N/R/Braun* § 233 Rn 1 mwN; *Braun/Frank* § 233 Rn 5; *Andres/Leithaus* § 233 Rn 3; **aA** HambKomm/*Thies* § 233 Rn 5.
2 MK/*Breuer* § 233 Rn 9.
3 *Uhlenbruck/Lüer/Streit* § 233 Rn 10; *K/P/B/Spahlinger* § 233 Rn 13.
4 Zust MK/*Breuer* § 233 Rn 8; *Braun/Frank* § 233 Rn 6; HambKomm/*Thies* § 233 Rn3; *Andres/Leithaus* § 233 Rn 4; *Uhlenbruck/Lüer/Streit* § 233 Rn 10; *K Schmidt/Spliedt* § 233 Rn 4.

hat.[5] Dies folgt aus der systematischen Stellung von § 233 und aus seinem Sinn (s Rn 1): Ein InsPlan verdient den vorsorglichen Schutz des InsGer gegen faktische Aushöhlung erst dann, wenn das InsGer ihm wenigstens die Chance auch der Annahme und Bestätigung zugesprochen hat.[6] Der Schu kann allerdings den Aussetzungsantrag bereits bei der Vorlage seines InsPlans (oder aber auch zu einem späteren Zeitpunkt, nämlich bis zur Rechtskraft der Bestätigung des Plans) stellen.[5]

III. Massenachteile

Das Gesetz sieht vor, dass das InsGer die **Aussetzung abzulehnen** oder **aufzuheben** hat, wenn mit ihr die Gefahr **erheblicher Nachteile** für die Masse verbunden ist (S 2). Gemeint sind Nachteile für die *Beteiligten*, wenn wegen der Aussetzung günstige Verwertungsgelegenheiten, zB eine Unternehmensveräußerung, nicht genutzt werden können.[7] Ein ausdrücklicher (Gegen-)Antrag eines Beteiligten wird für die ablehnende Entsch nicht verlangt. 8

Das **Verhältnis von S 2 zu S 1** ist problematisch. Eine wörtliche Auslegung von S 2 droht die Möglichkeit der Aussetzung nach S 1 illusorisch zu machen, da jede Aussetzung der Verwertung, wenn der InsPlan später scheitert, mindestens den Nachteil der Verzögerung von Verwertung und Verteilung zur Folge hat und da die Vorschrift nicht ausdrücklich eine Abwägung der erheblichen Nachteile gegen den erwarteten Nutzen eines erfolgreichen InsPlans erlaubt oder verlangt. 9

Für die **Auslegung** ist zu berücksichtigen, dass § 233 eine **einstweilige Regelung** vorsieht und dass die an der baldigen Verwertung interessierten Beteiligten nach S 2 eine **weitere Möglichkeit** haben, die Aussetzung abzuwehren oder zu beenden, s Rn 11. Deshalb darf nicht schon die bloße Verzögerung der Verwertung als erheblicher Nachteil angesehen werden, und es müssen (wie generell bei einstweiligem Rechtsschutz) selbst erhebliche Nachteile **abgewogen** werden gegen die Vorteile, die der InsPlan iF der Annahme und Bestätigung für die Beteiligten haben würde.[8] 10

IV. Ablehnung oder Aufhebung auf Antrag

Die Aussetzung ist **ohne Sachprüfung und Abwägung** abzulehnen oder aufzuheben, wenn der InsVerw im Einverständnis mit GlAusschuss oder GlVersammlung die Fortsetzung der Verwertung und Verteilung beantragt (S 2). Diese Regelung verhindert, dass der Schu seine Planvorlage und den Aussetzungsantrag benutzt, um eine aussichtsreiche, von InsVerw und GlOrgan gewollte Masseverwertung zu unterbinden. Sie erlaubt andererseits dem GlOrgan, schon durch die Blockierung der Aussetzung einen Plan des Schu praktisch zum Scheitern zu bringen, der im späteren AbstimmungsVerf vielleicht die notwendigen Mehrheiten bei den Gl selbst gefunden hätte. Die Gefahr des Missbrauchs wird dadurch vermindert, dass das GlOrgan den Aussetzungsantrag des Schu nicht selbst zu Fall bringen kann, sondern nur im Einverständnis mit dem antragsberechtigten InsVerw, der *allen* Beteiligten verantwortlich ist (s § 60). 11

Der Antrag auf Ablehnung richtet sich gegen den Antrag des Schu auf *Aussetzung*. Ein Antrag auf *Aufhebung* kann sich auch gegen eine Aussetzung richten, die vom InsVerw selbst beantragt worden war. Der Antrag des InsVerw muss **nicht begründet** werden, insb müssen 12

---

5 *Uhlenbruck/Lüer/Streit* § 233 Rn 9.

6 Ebenso MK/*Breuer* § 233 Rn 7; HambKomm/*Thies* § 233 Rn 2; *Andres/Leithaus* § 233 Rn 2; **aA** anscheinend *N/R/Braun* § 233 Rn 9.

7 RegE S 204.

8 Ebenso *N/R/Braun* § 233 Rn 11–13; s auch *B/G/H/Flöther/Wehner* § 233 Rn 15 ff.

keine Tatsachen über Nachteile für die InsMasse vorgetragen werden. Wenn der InsVerw und das Organ der Gl übereinstimmend der Auff sind, dass die Verwertung und die Verteilung nicht länger aufgeschoben werden sollten, hat das Gericht dieser Auff zu folgen.[9]

V. Zwangsversteigerung von Grundstücken

13 Im RegE (§ 277 Abs 2) war die Aussetzung unter denselben Voraussetzungen vorgesehen für die von einem **absonderungsberechtigten Gl** betriebene Zwangsversteigerung unbeweglichen Vermögens (s § 49). Diese Regelung wurde vom RAussch aus dem RegE gestrichen und in der Sache unverändert in das ZVG eingefügt (§ 30d Abs 1 S 1 Nr 3 idF v Art 20 Nr 4 EGInsO). Den Antrag auf einstweilige Einstellung der Zwangsversteigerung kann der InsVerw stellen und auch der Schu, wenn er selbst einen InsPlan vorgelegt hat (§ 30d Abs 2 ZVG). Er ist abzulehnen, wenn die einstweilige Einstellung dem Gl unter Berücksichtigung seiner wirtschaftlichen Verhältnisse nicht zuzumuten ist (§ 30d Abs 1 S 2 ZVG).

VI. Rechtsbehelfe

14 Gegen die Entsch des InsGer über die Aussetzung ist ein **Rechtsmittel** nicht vorgesehen und deshalb nicht zulässig (§ 6 Abs 1). Die Entsch des Vollstreckungsgerichts über die Einstellung der Zwangsversteigerung eines unbeweglichen Gegenstandes unterliegt dagegen der **sof Beschw** nach §§ 95 ff ZVG. Gegen die Entsch des Rechtspflegers beim InsGer ist die **Erinnerung** möglich (§ 11 Abs 2 RPflG).

---

9 So RegE S 205.

§ 234 Niederlegung des Plans

Der Insolvenzplan ist mit seinen Anlagen und den eingegangenen Stellungnahmen in der Geschäftsstelle zur Einsicht der Beteiligten niederzulegen.

Übersicht

I. Normzweck

1 Die Vorschrift regelt, wie der vorgeprüfte InsPlan den Beteiligten zur Kenntnis gebracht wird, damit sie über ihn Beschl fassen können. Sie markiert damit auch den Zeitpunkt, an dem das InsGer spätestens den Erörterungs- und Abstimmungstermin ansetzen muss (s § 235 Rn 5).

II. Niederlegung

2 Die **Information der Beteiligten** geschieht dadurch, dass der Plan in der Geschäftsstelle des InsGer zur Einsicht der Beteiligten niedergelegt wird. Eine Übersendung des Plans an alle Beteiligten ist nicht erforderlich. Den InsGl, die Forderungen angemeldet haben, den Absonderungsberechtigten und dem Schu ist der Plan oder eine wesentliche Zusammenfassung seines Inhalts aber mit der Ladung zum Erörterungs- und Abstimmungstermin zu übersenden, die nach der Niederlegung zu erfolgen hat (§ 235 Abs 3 S 2). Das InsGer kann ihn auch weiteren Beteiligten übersenden, von denen es weiß.[1]

---

1 RegE S 205.

3 **Beteiligte** sind die **InsGl**, die **Absonderungsberechtigten**, der **Schu** und der **InsVerw**, wenn er selbst einen Plan vorgelegt hat. Eine abw Auff, die generell als Beteiligte nur diejenigen Gl anerkennen will, die in ihren Rechten vom Plan berührt sind und deshalb das Stimmrecht haben,[2] oder auch die Aussonderungsberechtigten,[3] ist impraktikabel, weil das InsGer und seine Geschäftsstelle die Einsichtsbefugnis dann nur nach dem Inhalt des Plans und weiterer gesetzlicher Bestimmungen (s §§ 237, 238) sowie der Massezugehörigkeit (§ 35) beurteilen könnten.[4] Nach dem **ESUG** sind „Beteiligte" mit Einsichtsrecht auch die Inhaber von Anteils- und Mitgliedschaftsrechten, wenn der Plan ihre Stellung berührt (s §§ 225a). **Andere Personen** haben ein Einsichtsrecht nur, wenn ein rechtliches Interesse glaubhaft gemacht wird (§ 4 InsO, § 299 Abs 2 ZPO). Dieses muss sorgsam geprüft werden, da der InsPlan wertvolle Informationen enthalten kann, die nicht für Dritte bestimmt sind.[5]

4 Die Niederlegung des Plans mit seinen Anlagen und den Stellungnahmen erfolgt, wenn die **Frist** zur Abgabe von Stellungnahmen (§ 232 Abs 3) abgelaufen ist. Wird der nachfolgende Erörterungs- und Abstimmungstermin schon vorher bestimmt (s § 235 Rn 5), muss wegen § 235 Abs 2 S 2 dann auch schon die Niederlegung erfolgen. Stellungnahmen, die nach Ablauf der Frist bis zur Erörterung eingehen, muss das Gericht nachträglich beifügen.

5 Die Niederlegung wird zusammen mit dem Erörterungs- und Abstimmungstermin **öffentlich bekannt gemacht** (§ 235 Abs 2).

Zweiter Abschnitt
Annahme und Bestätigung des Plans

§ 235 Erörterungs- und Abstimmungstermin

(1) [1]Das Insolvenzgericht bestimmt einen Termin, in dem der Insolvenzplan und das Stimmrecht der Beteiligten erörtert werden und anschließend über den Plan abgestimmt wird (Erörterungs- und Abstimmungstermin). [2]Der Termin soll nicht über einen Monat hinaus angesetzt werden. [3]Er kann gleichzeitig mit der Einholung der Stellungnahmen nach § 232 anberaumt werden.

(2) [1]Der Erörterungs- und Abstimmungstermin ist öffentlich bekannt zu machen. [2]Dabei ist darauf hinzuweisen, dass der Plan und die eingegangenen Stellungnahmen in der Geschäftsstelle eingesehen werden können. [3]§ 74 Abs. 2 Satz 2 gilt entsprechend.

(3) [1]Die Insolvenzgläubiger, die Forderungen angemeldet haben, die absonderungsberechtigten Gläubiger, der Insolvenzverwalter, der Schuldner, der Betriebsrat und der Sprecherausschuss der leitenden Angestellten sind besonders zu laden. [2]Mit der Ladung ist ein Abdruck des Plans oder eine Zusammenfassung seines wesentlichen Inhalts, die der Vorlegende auf Aufforderung einzureichen hat, zu übersenden. [3]Sind die Anteils- oder Mitgliedschaftsrechte der am Schuldner beteiligten Personen in den Plan einbezogen, so sind auch diese Personen gemäß den Sätzen 1 und 2 zu laden; dies gilt nicht für Aktionäre oder Kommanditaktionäre. [4]Für börsennotierte Gesellschaften findet § 121 Absatz 4a des Aktiengesetzes entsprechende Anwendung; sie haben eine Zusammenfassung des wesentlichen Inhalts des Plans über ihre Internetseite zugänglich zu machen.

---

2 So *Braun/Frank* § 234 Rn 4; *L/S/Z/Rattunde* InsO § 234 Rn 2.
3 *Uhlenbruck/Lüer/Streit* § 234 Rn 4.
4 S auch MK/*Breuer* § 234 Rn 10.
5 Ausf *Braun/Frank* § 234 Rn 5 und *N/R/Braun* § 234 Rn 12 mit Kritik an der „unreflektierten Informationsbereitschaft" der InsGer.

Übersicht

I. Normzweck

1 Die §§ 235–247 regeln die Erörterung und die BeschlFassung der Beteiligten über den InsPlan. Das Verf beginnt mit der Festsetzung des Erörterungs- und Abstimmungstermins durch das InsGer (Abs 1), seiner Bekanntmachung (Abs 2) und der Ladung der Beteiligten (Abs 3). Das **ESUG** hat Folgeänderungen aus der Einbeziehung der Anteilsinhaber (s § 217 Rn 13) und eine Änderung zur VerfBeschleunigung, § 235 Abs 1 S 1, Abs 1 S 3, Abs 3 notwendig gemacht.

II. Erörterung und Abstimmung

2 Der Termin der Erörterung und Abstimmung ist einer der **GlVersammlung**, zu welcher zusätzlich die in Abs 3 S 1 und gegebenenfalls die in Abs 3 S 3 Genannten zu laden sind. Der RegE hatte für Erörterung und Abstimmung je einen eigenen Termin vorgesehen (§§ 279, 285), die das InsGer uU sollte verbinden können (§ 286 RegE). Der RAussch hat „zur Straffung des Verf" das Verhältnis umgekehrt; das InsGer *kann* einen gesonderten Termin für die Abstimmung bestimmen (§ 241).[1] Empfehlenswert ist ein gesonderter Abstimmungstermin idR nicht.[2] Der Erörterungs- und Abstimmungstermin darf nicht vor dem Prüfungstermin stattfinden, kann aber auch mit diesem verbunden werden (§ 236).

3 Nach Eröffnung des Termins sowie der Feststellung der Ordnungsgemäßheit der Bekanntmachung und der Ladung wird zunächst der **InsPlan** erörtert. Die Erörterung wird tunlich damit beginnen, dass der Planverfasser die vorgeschlagenen Planregelungen zusammenfassend beschreibt und begründet. Eine Verlesung des Plans ist nicht erforderlich; sie würde zeitlich zulasten der Erörterung des Plans gehen.[3] Es folgt anschließend die Erörterung und Feststellung des **Stimmrechts** der Beteiligten auf der Grdl der §§ 237–239 und sodann die **Abstimmung** nach den §§ 243–246a. Abschließend ist das **Erg der Abstimmung** und das Vorliegen der **Zustimmung des Schu** gem § 247 festzustellen.[4] Insgesamt ist dafür zu sorgen, dass eine geordnete Willensbildung und Abstimmung möglich ist.[5] Konsequenz einer – aus der Sicht eines Teilnahmeberechtigten (Rn 9) – unzureichenden Beantwortung einer Frage ist nicht die Verschiebung der durchzuführenden Abstimmung, sondern die Möglichkeit, gegen den Plan zu stimmen. Anderenfalls könnten einzelne Teilnahmeberechtigte den Fortgang des Verfahrens verhindern.

---

1 S § 241; BT-Drucks 12/7302, 183.

2 *Martini/Horstkotte* ZInsO, 1913, 1922.

3 Wie hier *Uhlenbruck/Lüer/Streit* § 235 Rn 26 mwN; *M/R/Bähr/Landry* § 14 Rn 126; *Hess* InsO § 235 Rn 25; **aA** MK/*Hintzen* § 235 Rn 26 mwN; FK/*Jaffé* § 235 Rn 21. Praktische Hinweise für die Zusammenfassung bei *Smid/Rattunde* InsPlan Rn 11.7, 11.15–19.

4 Über den Ablauf ausf *N/R/Braun* § 243 Rn 2 ff; *Uhlenbruck/Lüer/Streit* § 235 Rn 26; MK/*Hintzen* § 235 Rn 24–29; Muster eines Prot bei *Frege/Keller/Riedel* Rn 1987; *Smid/Rattunde* InsPlan Rn 11.20–22.

5 *BGH* NZI 2010, 734 Rn 33–40, mit Einzelheiten.

III. Festsetzung und Bekanntmachung

Die Niederlegung des InsPlans (§ 234) ist Voraussetzung für die Bestimmung des Erörterungs- und Abstimmungstermins. Der Termin ist mit Zeit, Ort[6] und Tagesordnung[7] vom InsGer festzusetzen (Abs 1 S 1) und öffentlich bekannt zu machen (Abs 2). IÜ gilt § 74, für die öffentliche Bekanntmachung gilt § 9. Dabei ist darauf hinzuweisen, dass der Plan in der Geschäftsstelle eingesehen werden kann. 4

Das Gesetz schreibt nicht vor, zu welchem **Zeitpunkt** der Termin festzusetzen ist. Aus dem Zusammenhang von § 234 und § 235 Abs 2 S 2 sowie der Verpflichtung zur zügigen Behandlung des Verf ergibt sich, dass der Termin **spätestens** bei der Niederlegung des InsPlans zur Einsicht der Beteiligten bestimmt werden muss. Das Gericht kann ihn aber auch bereits bei der Weiterleitung des InsPlans nach § 232 bestimmen und öffentlich bekannt machen, wobei es die Frist nach § 232 Abs 3 zu berücksichtigen und auf sie in der öffentlichen Bekanntmachung nach § 235 Abs 2 S 2 hinzuweisen hat. 5

Der Termin soll nicht über einen Monat hinaus angesetzt werden. Liegen besondere Umstände vor, kann von der Soll-Vorschrift abgewichen werden. In jedem Fall aber steht die Nichteinhaltung der Terminierungsfrist der Bestätigung des InsPlans nicht entgegen.[8] Der Termin darf nicht vor dem Prüfungstermin stattfinden (§ 236). Die **Monatsfrist** rechnet ab der öffentlichen Bekanntmachung (§ 9 Abs 1 S 3), iF der Terminbestimmung schon bei der Weiterleitung nach § 232 (s Rn 5) ab dem Ende der Frist für die Stellungnahmen.[9] Ordnet das Gericht einen gesonderten Abstimmungstermin an, bleibt es für den Erörterungstermin bei der Monatsfrist. Für den gesonderten Abstimmungstermin gilt dann § 241 Abs 1 S 2. 6

Zusätzlich zur öffentlichen Bekanntmachung müssen die in Abs 3 Genannten – vorbehaltlich der Aktionäre und Kommanditaktionäre – zum Termin bes **geladen** werden (über die Zustellungen s § 8, insb kann dem InsVerw nach § 8 Abs 3 das Zustellungswesen übertragen werden[10]). Fraglich ist, wie mit Gl zu verfahren ist, die erst nach Ablauf der Anmeldefrist, aber kurz vor dem Erörterungs- und Abstimmungstermin ihre Forderung nachmelden. Nach Ansicht des LG Hannover müssen Gl, die ihre Forderung nicht rechtzeitig angemeldet haben, nicht nachgeladen werden.[11] Sind Gesellschafter zu laden, kann es mitunter Schwierigkeiten geben, deren ladungsfähige Anschrift herauszufinden. Das gilt zwar nicht für die GmbH. Hier ergeben sich die zu ladenden Personen aus der beim Handelsregister geführten Liste (§§ 16, 40 GmbHG). Schwierigkeiten kann es aber für die Inhaber von MitgliedschaftsR eines Vereins geben, deren Anschrift nicht aus dem Vereinsregister ersichtlich ist. An Aktionäre und Kommanditaktionäre erfolgt hingegen keine bes Landung. Für diese Beteiligten reicht die öffentliche Bekanntmachung nach Abs 2 aus. Für börsennotierte Aktiengesellschaften verweist Abs 3 S 4 auf § 121 Abs 4a AktG über die Ladung zur Hauptversammlung. Danach ist für börsennotierte Gesellschaften, die nicht ausschließlich Namensaktien ausgegeben haben und die Einberufung den Aktionären nicht unmittelbar übersenden, die Bekanntmachung in Medien zu veröffentlichen, von denen davon ausgegangen werden kann, dass sie Informationen in der gesamten EU verbreiten. Diese Voraussetzung ist bei einer Veröffentlichung im (elektronischen) Bundesanzeiger erfüllt. Die nach Abs 3 zu ladenden Beteiligten erhalten auch einen **Abdruck des Plans** oder eine **Zusam-** 7

6 Mit den damit verbundenen Schwierigkeiten, *Martini/Horstkotte* ZInsO, 1913, 1923.
7 *BGH* NZI 2010, 734 Rn 27–32.
8 *K Schmidt/Spliedt* § 235 Rn 2, *Uhlenbruck/Lüer/Streit* § 235 Rn 5; FK/*Jaffé* § 235 Rn 24.
9 MK/*Hintzen* § 235 Rn 8; *Braun/Frank* § 235 Rn 3 mwN; *Uhlenbruck/Lüer/Streit* § 235 Rn 4; **aA** *K Schmidt/Spliedt* § 235 Rn 2.
10 *AG Berlin-Lichtenberg* NZI 2016, 41.
11 *LG Hannover* ZInsO 2003, 719; krit hierzu *Rendels/Zabel* Insolvenzplan, Rn 334 f.

menfassung seines wesentlichen Inhalts, die das InsGer von dem Vorlegenden verlangen kann. Fraglich ist, ob die Bestätigung des Plans zu versagen ist, wenn die Zusammenfassung nicht mit dem in der Geschäftsstelle ausliegenden (Abs 2) Plan übereinstimmt.[12] Die **Kosten** der Vervielfältigung und Versendung sind *Gerichts*kosten (§ 54 Nr 1).[13] Ein Verstoß gegen die Vorschriften zieht grds die Versagung des Plans nach sich gem § 250.[14] Eine Heilung ist möglich, wenn der nicht oder fehlerhaft Geladene zum Termin erscheint und die fehlerhafte Ladung nicht rügt.[15]

IV. Befugnisse

8 Über das Verf im Termin selbst enthält das Gesetz nur wenige **bes Vorschriften** (§§ 236, 239, 240, 243, 247 Abs 1). Erg gelten in erster Linie die **Vorschriften über die GlVersammlung** (§§ 74–77), in zweiter Linie die **§§ 5–10**, in letzter Linie die Vorschriften der **ZPO** (s § 4) und des **GVG**. Über den Ablauf s Rn 3.

9 Erörterung und Abstimmung werden vom **InsGer** geleitet (§ 76 Abs 1). Der Termin ist **nicht öffentlich** (s § 74 Abs 1 S 2). **Teilnahmeberechtigt**[16] sind die InsGl, die Absonderungsberechtigten, der Schu, der InsVerw (s § 74 Abs 1 S 2), der Betriebsrat und der SprA der leitenden Angestellten (s § 235 Abs 3 S 1), die Inhaber von Anteils- und MitgliedschaftsR, soweit der Plan in deren Rechte eingreift (s § 235 Abs 3 S 3), die persönlich haftenden Gesellschafter einer Gesellschaft unabhängig davon, ob der Plan in deren Anteils- und MitgliedschaftsR eingreift (da deren Haftung im Planverf nach § 227 Abs 2 berührt wird) sowie andere Personen, die das Gericht bes zulässt (§ 175 Abs 2 GVG).

V. Mehrere Pläne

10 **1. Terminierung und Erörterung.** Wenn sowohl der Schu wie auch der InsVerw einen InsPlan vorgelegt hat oder zwei Pläne durch den InsVerw (§ 218 Rn 12) vorliegen und beide Pläne zugelassen und niedergelegt worden sind (§§ 231, 234), muss eine Erörterung und Abstimmung für jeden der Pläne stattfinden. Der RegE sah für diesen Fall einen **einheitlichen Termin** für alle vorgelegten Pläne vor (§ 294 RegE). Der RAussch hat diese Vorschrift zur „redaktionellen Straffung" gestrichen.[17] Das InsGer ist aber auch ohne ausdrückliche Vorschrift zur Behandlung in demselben Termin verpflichtet,[18] da es wegen §§ 254, 257 nur einen Plan bestätigen kann (s Rn 15), das Verf aber für beide Pläne die gleiche Aussicht auf Erörterung und Annahme durch die Beteiligten bieten muss.[19] Um den einheitlichen Termin zu ermöglichen, kann das InsGer einen bereits angesetzten Termin verlegen, wenn inzwischen bei ihm ein zweiter InsPlan eingereicht und nicht zurückgewiesen worden ist (§ 227 ZPO).

11 Im einheitlichen Termin sind beide Pläne mit den für sie geltenden Stimmrechten (§§ 237–239) **zunächst einzeln zu erörtern**, bevor anschließend abgestimmt wird. Nur so ist gewährleistet, dass die Beteiligten in Kenntnis der Möglichkeiten (Plan A, Plan B, keiner dieser Pläne) abstimmen.

---

12 Offen gelassen in *BGH* ZIP 2014, 330 Rn 18.
13 *Uhlenbruck/Lüer/Streit* § 235 Rn 19 mwN; MK/*Hintzen* § 235 Rn 18; *K/P/B/Pleister* § 235 Rn 31.
14 *BGH* BeckRS 2011, 02331 Rn 5; HambKomm/*Thies* § 235 Rn 12.
15 *Uhlenbruck/Lüer/Streit* § 235 Rn 21; HambKomm/*Thies* § 235 Rn 12.
16 Siehe hierzu *Uhlenbruck/Lüer/Streit* § 235 Rn 22.
17 BT-Drucks 12/7302, 184.
18 So auch HambKomm/*Thies* § 235 Rn 5; *Uhlenbruck/Lüer/Streit* § 235 Rn 7.
19 FK/*Jaffé* § 235 Rn 38; MK/*Hintzen* § 235 Rn 30; HambKomm/*Thies* § 235 Rn 5; **aA** *N/R/Braun* § 235 Rn 13: gemeinsamer Termin nur, wenn dadurch keine Verzögerung für den zuerst eingereichten Plan eintritt; ebenso *Uhlenbruck/Lüer/Streit* § 235 Rn 7.

2. Abstimmung. Fraglich ist, wie bei mehreren Plänen die abschließende Abstimmung durchzuführen und ihr Erg zu behandeln ist. Hierüber enthielt auch der RegE keine Regelung. Es empfiehlt sich daher, auf die allg Grundsätze zurückzugreifen, nach denen die InsO die Stellung des InsGer, der Beteiligten und der GlVersammlung (§§ 74–78) regelt, sowie auf die allg VerfGrundsätze, auf die sie Bezug nimmt (§ 4). 12

Die Einreichung des InsPlans ist ein Antrag an das InsGer, über den Plan im vorgesehenen Verf eine Entsch herbeizuführen. Der zur Vorlage berechtigte Planverfasser (§ 218) hat einen Anspruch auf diese Entsch. Das InsGer muss deshalb jeden der Pläne gesondert zur Abstimmung stellen. **Gesonderte Abstimmung** ist auch erforderlich, um die Beteiligten nicht auf die Wahl zwischen diesen Plänen zu beschränken, sondern ihnen die Möglichkeit zu erhalten, beide Pläne *abzulehnen*. 13

Die **Reihenfolge** der Abstimmung bestimmt das **InsGer** als Leiter der GlVersammlung nach seinem Ermessen (§ 76 Abs 1).[20] Die **GlVersammlung** kann jedoch kraft ihrer Autonomie eine andere Reihenfolge beschließen.[21] Für diesen Beschl gilt die Mehrheitsregelung nach § 76 Abs 2. 14

Das **Erg der Abstimmungen** kann sein: a) Plan A ist angenommen, Plan B ist abgelehnt; b) Plan B ist angenommen, Plan A ist abgelehnt; c) beide Pläne sind abgelehnt; d) beide Pläne sind angenommen. Zu dem Erg d) kann es kommen, wenn (1) die beschließenden Mehrheiten die Bereinigung der Ins mit jedenfalls einem der Pläne für besser halten als ohne Plan oder wenn (2) für die Abstimmungen über Plan A und Plan B unterschiedliche Stimmrechte und Mehrheitserfordernisse aufgrund unterschiedlicher Planinhalte und Gruppenbildungen galten (s §§ 222–225, 237, 238, 244). Über die Auflösung dieser Situation s § 248 Rn 4, 5. 15

§ 236 Verbindung mit dem Prüfungstermin

[1]Der Erörterungs- und Abstimmungstermin darf nicht vor dem Prüfungstermin stattfinden. [2]Beide Termine können jedoch verbunden werden.

Übersicht

I. Normzweck

Die Vorschrift verknüpft die Ansetzung des Erörterungs- und Abstimmungstermins mit dem Prüfungstermin (§ 29 Abs 1 Nr 2). Durch die obligatorische vorherige Prüfung der InsFord wird die Festlegung des Stimmrechts (§§ 237–239) erleichtert (s §§ 176, 178, 179). Außerdem erhalten die Beteiligten für die Erörterung und Abstimmung eine geprüfte Information über die Gesamtverbindlichkeiten des Schu, die für die Einschätzung des Planvorschlags wichtig ist. 1

II. Termine

Der **zeitliche Vorrang** des Prüfungstermins (S 1) bedeutet *nicht*, dass für den Erörterungs- und Abstimmungstermin auch auf **nachträgliche Anmeldungen** (§ 177) Rücksicht zu nehmen ist. Wenn eine solche Forderung wegen § 177 Abs 1 S 2 nicht im allg Prüfungstermin 2

---

20 **AA** HambKomm/*Thies* § 235 Rn 5.
21 Zust FK/*Jaffé* § 235 Rn 23; MK/*Hintzen* § 235 Rn 31.

behandelt werden durfte, kann der InsPlan gleichwohl zur Erörterung und Abstimmung gestellt werden.[1] Das Stimmrecht für die Forderung kann wie für eine bestr Forderung geregelt werden (§ 237 Abs 1 S 1 iVm § 177 Abs 2).

3 Die **Verbindung der Termine** (S 2) kann das Gericht ohne Antrag anordnen. In der bisherigen Praxis wird die Möglichkeit anscheinend zufriedenstellend genutzt.[2] In dem einheitlichen Termin müssen zunächst die Forderungen geprüft werden. **Nachträgliche Anmeldungen** sind nach § 177 zu behandeln; sie verhindern nicht die anschließende Planerörterung und Abstimmung, s Rn 2; über Anmeldungen nach dem Erörterungstermin s § 237 Rn 2, 3 und § 239 Rn 1.

4 Der einheitliche Termin kann zusätzlich mit dem **Berichtstermin** verbunden werden (§ 29 Abs 2). Eine solche Verbindung ist zugleich mit dem EröffnungsBeschl aber nur für einen InsPlan möglich, der vom Schu zusammen mit dem Eröffnungsantrag vorgelegt worden ist (§ 218 Abs 1 S 2). Das InsGer kann eine Verbindung nach § 29 Abs 2 und § 236 S 2 auch **nachträglich** noch vornehmen, wenn für die **Verlegung** eines bereits gesondert angesetzten Termins **erhebliche Gründe** bestehen (§ 4 InsO, § 227 ZPO).

§ 237 Stimmrecht der Insolvenzgläubiger

(1) [1]Für das Stimmrecht der Insolvenzgläubiger bei der Abstimmung über den Insolvenzplan gilt § 77 Abs. 1 Satz 1, Abs. 2 und 3 Nr. 1 entsprechend. [2]Absonderungsberechtigte Gläubiger sind nur insoweit zur Abstimmung als Insolvenzgläubiger berechtigt, als ihnen der Schuldner auch persönlich haftet und sie auf die abgesonderte Befriedigung verzichten oder bei ihr ausfallen; solange der Ausfall nicht feststeht, sind sie mit dem mutmaßlichen Ausfall zu berücksichtigen.

(2) Gläubiger, deren Forderungen durch den Plan nicht beeinträchtigt werden, haben kein Stimmrecht.

Übersicht

I. Normzweck

1 Die §§ 237–239 regeln die Erörterung und Festsetzung des Stimmrechts der Beteiligten. Sie unterscheiden zwischen den InsGl (§ 237) und den absonderungsberechtigten Gl (§ 238). Die Regelung für die **InsGl** entspricht im Wesentlichen dem früheren Recht. Die Regelung für die **Absonderungsberechtigten** ist neu; diese waren bisher als solche nicht am VergleichsVerf beteiligt. Das **Regelungsprinzip** ist, dass diejenigen Beteiligten das Stimmrecht haben, deren Rechte vom InsPlan **beeinträchtigt** werden (§§ 237 Abs 2, 238 Abs 2). Da das **ESUG** die Anteilsinhaber einbezieht (s § 217 Rn 13), regelt er gesondert auch für sie das Stimmrecht, § 238a (Art 1 Nr 23).

2 Die Erörterung und Festsetzung der Stimmrechte ist **Teil des Erörterungstermins** oder des entspr Teils des einheitlichen Erörterungs- und Abstimmungstermins. Sie geht aus von den

---

1 *Braun/Frank* § 236 Rn 4, 5; HambKomm/*Thies* § 236 Rn 2; **aA** *Hess* InsO § 237 Rn 4.
2 *Braun/Frank* § 236 Rn 7; befürwortend auch *Smid/Rattunde* InsPlan Rn 11.50; HambKomm/*Thies* § 236 Rn 3.

Erg des Prüfungstermins (s § 236). Sie muss abgeschlossen sein, wenn der Abstimmungstermin (§ 241) oder der Abstimmungsteil des einheitlichen Termins (§ 235) beginnt. Das Erg der Erörterung und Festsetzung wird in einem Verzeichnis, der „Stimmliste", festgehalten (§ 239).

II. Insolvenzgläubiger

Für das Stimmrecht der InsGl (§ 38) gilt gem Abs 1 S 1 die allg Regelung des Stimmrechts in der GlVersammlung (§ 77). Das bedeutet zunächst, dass die **Forderungen** gem §§ 174–177 **angemeldet und geprüft** worden sein müssen. Der InsGl hat das **Stimmrecht** mit dem angemeldeten Betrag, soweit seine Forderung weder vom InsVerw noch von einem stimmberechtigten InsGl bestritten worden ist (§ 77 Abs 1 S 1) *oder*, iF des Bestreitens, soweit der InsVerw und die erschienenen stimmberechtigten Gl sich über das Stimmrecht geeinigt haben (§ 77 Abs 2 S 1) *oder* soweit das InsGer das Stimmrecht zugesprochen hat (§ 77 Abs 2 S 2). Unerheblich ist es, wenn der **Schu** die Forderung bestreitet (vgl § 77 Abs 1 S 1 und § 178 Abs 1 S 2). 3

InsGl iSv § 237 sind auch die **nachrangigen InsGl** (§ 39); § 77 Abs 1 S 2, der das Stimmrecht für diese Gl ausschließt, wird von § 237 Abs 1 S 1 nicht in Bezug genommen. Über das Stimmrecht der nachrangigen InsGl s Rn 10–12. 4

Das Stimmrecht als InsGl haben auch diejenigen Gl, die zusätzlich ein **Absonderungsrecht** (§§ 49–51) haben, jedoch nur für den Teil der Forderung, der nicht oder nicht mehr durch das Absonderungsrecht gedeckt ist (Abs 1 S 2). Die Regelung entspricht der Befriedigungsregel von § 52 S 2. 5

Die Höhe eines mutmaßlichen Ausfalls muss der Gl, der das Stimmrecht reklamiert, selbst angeben (§§ 174 Abs 2, 190). Wird **kein Widerspruch** erhoben, hat der Gl das Stimmrecht in Höhe des angegebenen Ausfalls (§ 77 Abs 1 S 1). Das Gleiche gilt, wenn nach erhobenem Widerspruch eine **Einigung** nach § 77 Abs 2 S 1 erfolgt. Sonst muss das **InsGer** die Höhe des mutmaßlichen Ausfalls bestimmen; s auch Rn 13 und § 238 Rn 9. Es hat dabei ein **Schätzungsermessen,** § 4 InsO, § 287 ZPO.[1] Soweit die Forderung durch das Absonderungsrecht gedeckt ist, kann der Gl das Stimmrecht als Absonderungsberechtigter nach § 238 haben. 6

III. Gläubiger ohne Stimmrecht, Abs 2

Das Stimmrecht steht denen nicht zu, deren Rechte durch den Plan nicht beeinträchtigt werden. **Beeinträchtigung** ist jede im Plan vorgesehene oder durch den Plan zu bewirkende Verminderung des rechtlichen Gehalts einer Forderung, zB der Erlass, die Kürzung, die Stundung,[2] die Herabsetzung der Verzinsung. Auch die Umwandlung einer Forderung in einen zwar wirtschaftlich gleichwertigen, aber mit anderen rechtlichen Bedingungen versehenen Schuldtitel oder in ein Anteilsrecht ist eine Beeinträchtigung, da jedenfalls in den rechtlichen Bestand der ursprünglichen InsFord eingegriffen wird; auf die wirtschaftliche Gleichwertigkeit des Ersatzes kommt es für das Stimmrecht nicht an.[3] 7

Eine Beeinträchtigung ist deshalb auch dann gegeben, wenn sie nicht im Plan ausdrücklich vorgesehen ist, aber durch den Plan **kraft Gesetzes** eintritt, zB der Erlass nachrangiger Forderungen nach § 225 Abs 1. Dass diese gesetzliche Wirkung auf der Vermutung der Wertlosigkeit des betr Rechts aufbaut (s zB § 225 Rn 1), spielt auch hier keine Rolle. 8

---

1 Krit dazu *N/R/Braun* § 237 Rn 19–21.
2 *LG Berlin* ZIP 2014, 2197, 2204.
3 Ebenso *Braun/Frank* § 237 Rn 9; *Andres/Leithaus* §§ 237–239 Rn 15.

9 Keine Beeinträchtigung „durch den InsPlan" liegt darin, dass die Befriedigung des Gl durch das PlanVerf und die mit ihm vielleicht verbundene Aussetzung der Verwertung (§ 233) uU verzögert wird.[4] Das Stimmrecht ist deshalb gem Abs 2 idR dann, aber auch *nur* dann ausgeschlossen, wenn der Plan ausdrücklich oder implizit die **volle Befriedigung** des Gl noch vor oder spätestens alsbald nach der Aufhebung des InsVerf (§§ 258, 259) vorsieht.

IV. Nachrangige Gläubiger

10 Für das Stimmrecht der nachrangigen Gl (§ 39) ist die **Regelung unklar**. Die Verweisung in Abs 1 S 1 auf § 77 umfasst *nicht* auch dessen Abs 1 S 2, der den nachrangigen Gl das Stimmrecht abspricht. Auch geht § 246 von einer „Annahme" des Plans durch die nachrangigen Gl aus, die er nur unter bestimmten Voraussetzungen fingiert. Aus diesen Regelungen lässt sich schließen, dass die nachrangigen Gl grds das Stimmrecht haben sollen. Andererseits erklärt § 174 Abs 3 S 1 die Anmeldung nachrangiger Forderungen für entbehrlich, wenn das InsGer nicht eigens dazu aufgefordert hat; das InsVerf soll mit der Prüfung dieser Forderungen nur belastet werden, wenn entgegen der faktischen Regel auch für ihre Bedienung noch Aussichten bestehen; RegE S 184. Auch geht die Begr des RegE davon aus, dass ein Stimmrecht der nachrangigen Gl nur in dem seltenen Fall in Betracht kommt, dass der Tatbestand des § 246 nicht gegeben ist.[5]

11 Die Auff der Gesetzesverfasser ist problematisch. Sie scheint davon auszugehen, dass die wirtschaftlichen Werte, die durch die Regelung im InsPlan zugewiesen werden, sich idR im Verhältnis der vollrangigen zu den nachrangigen Gl genau bestimmen lassen. Es kann aber auch zwischen den GlKlassen darüber unterschiedliche Auffassungen geben. Die nachrangigen Gl haben ein legitimes Interesse, an einer solchen Auseinandersetzung durch Abstimmung teilzunehmen.

12 Es ist gleichwohl vertretbar, der Auff der Gesetzesverfasser zu folgen. Nachrangige Gl können ihre abw Auff nach der Annahme des Plans iRd BestätigungsVerf nach §§ 250, 251 vorbringen. Angesichts der idR geringeren Bedeutung der nachrangigen Forderungen für die Gestaltung des InsPlans erscheint es hinnehmbar, die nachrangigen Gl auf diese nachträgliche Kontrolle des Planinhalts zu verweisen.

V. Entscheidung und Rechtsmittel

13 Das Stimmrecht wird durch das InsGer geregelt, wenn der InsVerw oder ein stimmberechtigter Gl die Forderung **bestreitet** und keine Einigung erfolgt (§ 237 Abs 1 S 1, § 77 Abs 2). Eine Entsch des InsGer kann auch notwendig werden über den **mutmaßlichen Ausfall** eines absonderungsberechtigten Gl (Abs 1 S 2); das Gericht bestimmt dann den Betrag der Ausfallforderung und damit das Stimmgewicht, mit welchem der Gl an der Abstimmung teilnimmt (s § 244 Abs 1 Nr 2). Die Entsch ergeht nur über das Stimmrecht (nicht über die Forderung selbst!). Sie enthält aber notwendig auch die Entsch, ob eine Person überhaupt an der Abstimmung teilnehmen darf, etwa als Bevollmächtigte eines Gl, und diese ist wie jene nur beschränkt überprüfbar (s Rn 14).[6]

14 Ein **Rechtsmittel** gegen die Entsch des InsGer ist nicht vorgesehen und damit **unzulässig** (§ 6 Abs 1). Die Entscheidung ist mithin abschließend, mit der Folge, dass das Stimmrecht dieses Gl in einem anschließenden Verf über die Bestätigung des InsPlans nicht mehr überprüft wird.[7]

---

4 Ebenso *Braun/Frank* § 237 Rn 10; HambKomm/*Thies* §§ 237, 238 Rn 3a; *Andres/Leithaus* §§ 237–239 Rn 15; **aA** *Hess* InsO § 237 Rn 11.

5 RegE S 206.

6 *BGH* DZWIR 2009, 165 = NJW-RR 2009, 277.

7 *BGH* BeckRS 2011, 02331 Rn 7; NZI 2009, 106 Rn 8 ff; sa *Uhlenbruck/Lüer/Streit* § 236 Rn 12.

§ 238 Stimmrecht der absonderungsberechtigten Gläubiger

(1) [1]Soweit im Insolvenzplan auch die Rechtsstellung absonderungsberechtigter Gläubiger geregelt wird, sind im Termin die Rechte dieser Gläubiger einzeln zu erörtern. [2]Ein Stimmrecht gewähren die Absonderungsrechte, die weder vom Insolvenzverwalter noch von einem absonderungsberechtigten Gläubiger noch von einem Insolvenzgläubiger bestritten werden. [3]Für das Stimmrecht bei streitigen, aufschiebend bedingten oder nicht fälligen Rechten gelten die §§ 41, 77, Abs. 2, 3 Nr. 1 entsprechend.

(2) § 237 Abs. 2 gilt entsprechend.

Übersicht

I. Normzweck

1 Da der InsPlan die Absonderungsrechte regeln kann (s §§ 222, 223), müssen für diesen Fall die absonderungsberechtigten Gl auch das Mitbestimmungsrecht über den InsPlan haben; § 238 regelt das Stimmrecht in Anlehnung an § 237. Das **ESUG** ergänzt diese Regelung durch eine entspr für die Anteilsinhaber, § 238a (Art 1 Nr 23 RegE).

2 Das **Regelungsprinzip** ist, dass die absonderungsberechtigten Gl nur in dieser Eigenschaft an der Abstimmung teilnehmen, auch wenn dem Absonderungsrecht eine Forderung gegen den Schu zugrunde liegt. In diesem Fall kann eine **Spaltung** des Stimmrechts eintreten. Soweit das Absonderungsrecht besteht und sein Wert die InsFord deckt, kann der Gl das Stimmrecht nur für das *Absonderungsrecht* in der nach § 222 gebildeten Gruppe ausüben; soweit die InsFord ungedeckt bleibt, besteht das Stimmrecht für die Forderung (den „Ausfall") in der Gruppe der InsGl, § 237 Abs 1 S 2 (s dort Rn 5, 6, 13).

II. Regelung

3 Die Absonderungsrechte sind einzeln zu erörtern und gewähren das Stimmrecht, soweit die Rechtsstellung von Absonderungsberechtigten im InsPlan geregelt wird. **Absonderungsberechtigte Gl** sind die Inhaber der in §§ 49–51 genannten Rechte, auch wenn ihnen keine Forderung gegen den Schu oder einen Dritten zusteht (s auch § 223 Rn 2). Die Teilnahme der Absonderungsberechtigten an der Abstimmung setzt die Bildung einer entspr Gruppe voraus (s §§ 243, 244 Abs 1). Eine **Regelung** ihrer Rechtsstellung enthält der Plan dann, wenn die Absonderungsberechtigten gem § 222 Abs 1 S 2 Nr 1 in einer Gruppe oder gem § 222 Abs 2 in mehreren Gruppen zusammengefasst worden sind oder werden müssten. Da die Absonderungsrechte vom InsPlan nur berührt werden, wenn dieser es ausdrücklich bestimmt (s § 223 Abs 1), haben die absonderungsberechtigten Gl auch nur in diesem Fall das Stimmrecht.

4 Nach **Abs 2 iVm § 237 Abs 2** haben Absonderungsberechtigte, deren Rechte durch den Plan nicht beeinträchtigt werden, kein Stimmrecht. Die Vorschrift dient nur der Klarstellung, sie hat keine selbstständige Bedeutung. Wenn der InsPlan keine Regelung der Absonderungsrechte enthält, beeinträchtigt er die Absonderungsrechte nicht (§ 223). Enthält er dagegen eine Regelung (mit dem Zwang zur entspr Gruppenbildung), ist dies auch eine Beeinträchtigung.[1] Ob die Regelung dem absonderungsberechtigten Gl uU wirtschaftlich vorteilhaft

1 **AA** *Braun/Frank* § 238 Rn 9, aber ohne Beachtung von §§ 244, 245.

ist, ist für das Stimmrecht ohne Belang (s auch § 237 Rn 7). Über den Nutzen der Veränderung ihrer Rechte durch den Plan entscheiden die Beteiligten selbst in der Abstimmung.

III. Erörterung und Festsetzung

5 Das Stimmrecht ist für jedes Absonderungsrecht einzeln zu erörtern und festzusetzen. Ein förmliches **Anmeldungs- und PrüfungsVerf** wie für die InsFord nach §§ 174 ff sieht das Gesetz für Absonderungsrechte nicht vor. Der InsVerw hat deshalb dem InsGer diejenigen Absonderungsrechte zu bezeichnen, die ihm gegenüber geltend gemacht wurden oder ihm sonstwie bekannt sind. Über Zweck und Umfang der Einzelerörterung ausf FK/*Jaffé* § 238 Rn 4–7.

6 Die Prüfung des Stimmrechts für die einzelnen Absonderungsrechte erstreckt sich gem § 76 Abs 2 HS 2 auch darauf, mit welchem **Geldwert** das Absonderungsrecht anzusetzen ist. Die Wertbestimmung ist (insofern abw von § 76) auch bei denjenigen absonderungsberechtigten Gl erforderlich, denen der Schu persönlich haftet, da für das Stimmrecht der mutmaßliche Ausfall gem § 237 Abs 1 S 2 zu bestimmen ist. Deshalb muss ferner der Wert auch für diejenigen Absonderungsrechte bestimmt werden, die von sich aus auf einen bestimmten Geldbetrag lauten, wie zB die Grundpfandrechte (§§ 1113, 1191 BGB). Die Bestimmung eines Geldbetrags nach dem Wert des Absonderungsrechts ist schließlich unerlässlich, wenn mehrere absonderungsberechtigte Gl in einer Gruppe zusammengefasst sind; dann muss das Gewicht der einzelnen Stimme in der Gruppe für die Mehrheit nach § 244 Abs 1 Nr 2 festgelegt werden.

7 Die **Wertbestimmung** kann unterschiedlich ausfallen je nach dem Schicksal, das dem Gegenstand des Absonderungsrechts im InsVerf zugedacht ist. Für die Festsetzung des Stimmrechts ist auszugehen von den Absichten, die mit dem vorgelegten Plan verfolgt werden. Ist es ein Plan, der die Abstoßung des Gegenstandes vorsieht, so ist er mit dem geschätzten Verkaufserlös anzusetzen; ist es ein Plan, der die Fortführung des Unternehmens unter Verwendung des Gegenstandes vorsieht, ist er mit dem „Fortführungswert" anzusetzen.[2] Wenn mehrere Pläne vorgelegt sind, muss der Wert des Absonderungsrechts deshalb selbstständig für jeden der Pläne bestimmt werden.

8 Das Stimmrecht für ein **bestrittenes Absonderungsrecht** regelt das Gesetz in Abs 1 S 3 nach dem Muster von § 237 Abs 1; dazu gehört auch der Fall, dass nur der **Wert** des Absonderungsrechts bestritten wird. Die Regelung gilt ausdrücklich auch für das Bestreiten durch einen anderen Absonderungsberechtigten, Abs 1 S 2. Andere Absonderungsberechtigte haben idR ein berechtigtes Interesse am Bestreiten, zB weil sie den Gegenstand des Absonderungsrechts für sich reklamieren oder weil sie mit ihrem Absonderungsrecht an einem anderen Gegenstand in derselben Gruppe abstimmen müssten oder weil für das bestr Absonderungsrecht eine eigene Gruppe, mit Rückwirkung auf die Abstimmungsmehrheiten (§§ 244, 245), gebildet wurde.[3] Das Bestreiten eines Absonderungsrechts ohne jegliche positive Rückwirkung auf das Absonderungsrecht und Stimmrecht des Bestreitenden sollte jedoch unerheblich sein. Das erhebliche Bestreiten führt wie nach § 237 Abs 1 S 1 zur entspr Anwendung von § 77; auf dessen Abs 1 wird hier nicht verwiesen, weil es für die Absonderungsrechte kein AnmeldungsVerf gibt und das Bestreiten schon in § 238 selbst (Abs 1 S 2) geregelt ist.

---

2 So RegE S 206; *Braun/Uhlenbruck* UnternehmensIns, S 598; *BGHZ* 163, 348 = ZIP 2005, 1649.
3 *Braun/Frank* § 238 Rn 7.

IV. Entscheidungen und Rechtsmittel

Wird das Absonderungsrecht gem Abs 1 S 2 bestritten und kommt es zu keiner Einigung über das Stimmrecht, so entscheidet gem § 77 Abs 2 das **InsGer** über das **Stimmrecht** (nicht über das Absonderungsrecht!). Unter denselben Voraussetzungen entscheidet das InsGer auch über den **Geldbetrag**, mit dem das Absonderungsrecht für die Abstimmung anzusetzen ist (s Rn 6 f). Für die **Rechtsmittel** gilt dasselbe wie zu § 237 (s dort Rn 14). 9

§ 238a Stimmrecht der Anteilsinhaber

(1) [1]Das Stimmrecht der Anteilsinhaber des Schuldners bestimmt sich allein nach deren Beteiligung am gezeichneten Kapital oder Vermögen des Schuldners. [2]Stimmrechtsbeschränkungen, Sonder- oder Mehrstimmrechte bleiben außer Betracht.

(2) § 237 Absatz 2 gilt entsprechend.

Übersicht

I. Normzweck

1 Da auch die Inhaber von Mitgliedschafts- und AnteilsR in den Plan einbezogen werden können (§ 217 S 2, § 225a), müssen diese für diesen Fall auch als „Beteiligte" (s § 221) zur Abstimmung zugelassen werden. Sie haben das Stimmrecht in ihrer Gruppe aber nur, wenn ihre Rechtsstellung durch den InsPlan beeinträchtigt wird (Abs 2 iVm § 237 Abs 2). Als **Beeinträchtigung** gilt auch hier schon die *rechtliche* Veränderung ihrer Rechtsstellung. Wenn diese Rechtsstellung keinen *wirtschaftlichen* Wert hat, weil die Gesellschaft überschuldet ist und die Anteilsinhaber deshalb im RegelVerf keinen Verwertungserlös beanspruchen könnten, haben die einbezogenen Anteilsinhaber gleichwohl das Stimmrecht. Eine Ablehnung des InsPlan in ihrer Gruppe kann nach § 245 überwunden werden. Die Bestimmung wird mitunter als verfassungsrechtlich bedenklich bezeichnet.[1] Dem ist jedoch nicht so, geht es doch bei dem Stimmrecht nicht um eine Fortsetzung der gesellschaftsrechtlichen Willensbildung, sondern um die optimale Koordination aller Beteiligten des InsVerf (§ 225a Rn 8). Insoweit macht es aber durchaus Sinn, die Stimmkraft allein an der vermögensrechtlichen Beteiligung am Gesellschaftsvermögen auszurichten. Abs 1 ist zwingend und kann von den Gesellschaftern nicht abgeändert werden.[2]

II. Stimmrecht (Abs 1)

2 Für die **Stimmkraft** des einzelnen Anteilsinhabers ist allein die Höhe seiner Beteiligung am Kapital (soweit es um eine Kapitalgesellschaft geht) oder Vermögen (soweit eine Personengesellschaft betroffen ist)[3] des Schu maßgebend. Für ausl Gesellschaften, über die das InsVerf in Deutschland eröffnet wird, weil hier eine int Zuständigkeit gegeben ist, gilt die Bestimmung entspr.[4] Damit entsprechen die StimmR im PlanVerf nicht unbedingt dem Gewicht der gesellschaftsrechtlichen StimmR; denn Sonder- und Vorzugsrechte oder

---

1 *K Schmidt/Spliedt* § 238a Rn 2; s hierzu auch *Uhlenbruck/Hirte* § 238a Rn 3; für deren Abschaffung *Schäfer* ZIP 2015, 1208, 1213.

2 *K Schmidt/Spliedt* § 238a Rn 13; *Uhlenbruck/Hirte* § 238a Rn 4.

3 S für die Stimmrechtsfeststellung im Einzelnen HambKomm/*Thies* § 238a Rn 19 ff.

4 *K Schmidt/Spliedt* § 238a Rn 12; *Uhlenbruck/Hirte* § 238a Rn 4.

Beschränkungen des Stimmrechts nach dem Gesellschaftsvertrag oder der Satzung bleiben für das Stimmrecht im InsPlanVerf außer Betracht (Abs 1 S 2). Der Gesetzgeber begründet dies damit, dass es in der Ins – mit Blick auf § 199 – nur noch auf die Beteiligung am Kapital bzw Vermögen ankommen kann (Abs 1 S 1). Die Kopfmehrheit (s § 244 Abs 1 Nr 1) wird für die Anteilsinhaber nicht gefordert.

3 **Bei der GmbH** ist auf den Anteil am eingetragenen Stammkapital abzustellen. Maßgebend ist der jeweilige Nennbetrag der gehaltenen Anteile. Wer stimmberechtigt ist, folgt aus der Gesellschafterliste (§ 16 Abs 1 S 1 GmbHG). Erst mit erfolgter Aufnahme in die neue Gesellschafterliste und Einreichung zum Handelsreg tritt der Erwerber als Gesellschafter gegenüber der Gesellschaft an die Stelle des Veräußerers.[5] Mithin geht erst in diesem Moment das StimmR über. § 16 Abs 1 S 2 GmbHG lässt hiervon allerdings eine Ausnahme zu. Ob diese allerdings auch im Rahmen des § 238a zu berücksichtigen ist, ist fraglich;[6] denn die Bestimmung ist nur für „auf das Gesellschaftsvermögen vorgenommene RHandlungen" anwendbar. Das ist aber hier nicht der Fall mit der Folge, dass die Bestimmung im Rahmen des PlanVerf nicht zu berücksichtigen ist.[7] Ob und inwieweit die Einlage erbracht ist, spielt für das StimmR ebenfalls keine Rolle. Eigenbeteiligungen gewähren keine StimmR, vielmehr ruht Letzteres.[8] In der Satzung geregelte **Modifikationen der Stimmkraft**[9] (zB Mehrstimm R, HöchststimmR oder stimmrechtslose Gesellschaftsanteile) sind nach Abs 1 S 2 unbeachtlich.

4 **Bei der AG** kommt es für die Stimmkraft auf den Anteil am gezeichneten Kapital an. Ausgeübt wird das StimmR bei Nennbetragsaktien (§ 8 Abs 2 AktG) nach Aktiennennbeträgen, bei Stückaktien (§ 8 Abs 3 AktG) nach deren Zahl (§ 134 Abs 1 S 2 AktG). Wer Aktionär ist, richtet sich bei Inhaberaktien danach, wer Inhaber der Urkunde ist (s auch § 123 Abs 3 AktG) und bei Namensaktien nach dem Eintrag im Aktienregister (§ 67 Abs 2 AktG). Ebenso wie bei der GmbH gewähren vom Schu selbst gehaltene Aktien kein StimmR.[10] Zwar sieht § 134 Abs 2 AktG vor, dass das „Stimmrecht (…) mit der vollständigen Leistung der Einlage" beginnt. Diese Beschränkung des Stimmrechts ist aber nach Abs 1 S 2 – ebenso wie sonstige satzungsmäßige Beschränkungen und Modifizierungen –[11] nicht zu berücksichtigen.[12]

5 **Bei den Personengesellschaften** kommt es auf die Beteiligung an Gesellschaftsvermögen an (Rn 2). Maßgebend ist danach der Kapitalanteil. Letzterer gibt als Bewertungsziffer das jeweilige Maß der Beteiligung des Gesellschafters am Gesellschaftsvermögen wieder.[13] Sein Ausgangswert ist die vom Gesellschafter erbrachte Einlage. Hinzuzurechnen sind die späteren Gewinne, Verluste und Entnahmen. Die für die Höhe des Kapitalanteils maßgeblichen Vorgänge werden auf dem für den Gesellschafter geführten Kapitalkonto verbucht und transparent gemacht.[14] Möglich ist auch eine Beteiligung ohne Kapitalanteil (wenn also der

---

5 *B/H/Fastrich* § 16 GmbHG Rn 14.
6 Dafür HambKomm/*Thies* § 238a Rn 8.
7 So zu Recht *K Schmidt/Spliedt* § 238a Rn 5.
8 *BGH* NJW 1995, 1027, 1028; *B/H/Fastrich* § 33 GmbHG Rn 23; *Uhlenbruck/Hirte* § 238a Rn 9.
9 S hierzu *Baumbach/Hueck/Zöllner* § 47 GmbHG Rn 67.
10 MK/*Oechsler* § 71b AktG Rn 10; *Uhlenbruck/Hirte* § 238a Rn 9.
11 S hierzu *Hüffer/Koch* § 134 AktG Rn 3, 6 ff; MK/*Schoer* § 134 AktG Rn 8 ff.
12 So auch *Uhlenbruck/Hirte* § 238a Rn 9; HambKomm/*Thies* § 238a Rn 14; *K Schmidt/Spliedt* § 238a Rn 7.
13 *Röhricht/Graf von Westphalen/Haas* § 120 HGB Rn 113. Für eine Berücksichtigung nur der Einlagepflicht, dem sog Kapitalkonto I, *K Schmidt/Spliedt* § 238a Rn 8; **aA** zu Recht *Uhlenbruck/Hirte* § 238a Rn 22.
14 *Röhricht/Graf von Westphalen/Haas* § 120 HGB Rn 114.

Gesellschafter ohne Einlagepflicht, ohne Ergebnisbeteiligung und ohne Anspruch auf Abfindung oder auf den Liquidationserlös beteiligt ist).[15] In einem solchen Fall kommt dem Gesellschafter nach § 238a Abs 1 S 1 kein Stimmrecht zu.

Bei der Genossenschaft ist für die Festsetzung des Stimmrechts von Mitgliedern auf den Nennbetrag des Genossenschaftsanteils abzustellen. **Im Verein** haben Vereinsmitglieder keine Kapitalbeteiligung und grds keine Beteiligung am Vermögen. Wie daher die Stimmkraft der Mitglieder festzustellen ist, ist fraglich. Teilweise wird die Lücke dadurch geschlossen, dass in Anlehnung an § 32 BGB jedem Mitglied eine Stimme gewährt wird.[16] Richtiger Ansicht nach steht das Stimmrecht jedoch den Anfallberechtigten iSd § 45 BGB zu, an die im Fall der Auflösung des Vereins der Liquidationsüberschuss nach § 49 BGB (und im Fall des § 199 S 2 ein evtl Überschuss)[17] auszuantworten ist.[18] 6

Nicht unter Abs 1 S 2 fallen **Beschränkungen des Stimmrechts**, die nicht allgemein, sondern nur für den konkreten Fall gelten, etwa wegen Vorliegen eines Interessenkonfliktes (§ 47 Abs 4 GmbHG, § 136 Abs 1 AktG oder § 43 Abs 6 GenG).[19] Für die Anwendung dieser gesellschaftsrechtlichen Grundsätze ist im Rahmen des PlanVerf von vornherein kein Raum;[20] denn die Abstimmung innerhalb der Gruppe der Inhaber von Anteils- und MitgliedschaftsR (§ 222 Abs 1 Nr 4) ist keine modifizierte Gesellschafterversammlung (§ 225a Rn 8). Aus dem gleichen Grund haben auch Stimmbindungsverträge, mögen sie auch gesellschaftsvertraglich wirksam sein,[21] für die Abstimmung im PlanVerf keine Bedeutung.[22] 7

Das StimmR steht den jeweiligen Stimmberechtigten zu. **Stimmvollmachten** können erteilt werden. Hierauf finden aber nicht die gesellschaftsrechtlichen, sondern die allgemeinen Vorschriften Anwendung; denn es geht vorliegend nicht um eine gesellschaftsrechtliche Willensbildung (Rn 1).[23] 8

III. Stimmrechtsausschluss (Abs 2)

Nach Abs 2 (iVm § 237 Abs 2) haben Inhaber von Anteils- und MitgliedschaftsR, deren Rechte durch den Plan nicht beeinträchtigt werden, kein StimmR. Als Eingriff gilt jede rechtliche Veränderung. Diese kann darin bestehen, dass direkt (zB Verfügung, Ausschluss, Umwandlung) oder mittelbar (zB Debt-to Equity Swap) in Anteils- und MitgliedschaftsR eingegriffen wird. Die Bedeutung der Vorschrift ist eher deklaratorisch; denn nach § 222 Abs 1 Nr 4 ist für die Inhaber von Anteils- und MitgliedschaftsR ohnehin nur eine Gruppe zu bilden, wenn in deren Rechte eingegriffen wird.[24] 9

---

15 *Röhricht/Graf von Westphalen/Haas* § 120 HGB Rn 114.
16 HambKomm/*Thies* § 238a Rn 27; *Uhlenbruck/Hirte* § 238a Rn 17.
17 MHdB-GesR/*Haas/Goetsch* Bd 5, § 60 Rn 124.
18 Darüber hinaus will *K Schmidt/Spliedt* § 238a Rn 11 auch jedem Vereinsmitglied, der nicht Anfallberechtigter ist, eine Stimme entspr § 32 BGB zubilligen. Dies ist aber abzulehnen, da etwa auch ein Gesellschafter einer Personengesellschaft ohne Kapitalanteil ebenfalls kein StimmR hat, Rn 5.
19 *K Schmidt/Spliedt* § 238a Rn 14.
20 Anders zumindest im Grds HambKomm/*Thies* § 238a Rn 29; *Uhlenbruck/Hirte* § 238a Rn 10.
21 S zu den Zulässsigkeitsvorauss *Baumbach/Hueck/Zöllner* § 47 GmbHG Rn 113 ff.; *Roth/Altmeppen* § 47 GmbHG Rn 38 ff; *Hüffer/Koch* § 133 AktG Rn 27 f; *Spindler/Stilz/Rieckers* § 136 AktG Rn 48 ff.
22 IE auch HambKomm/*Thies* § 238a Rn 30; *K Schmidt/Spliedt* § 238a Rn 14.
23 **AA** *K Schmidt/Spliedt* § 238a Rn 15; wohl auch HambKomm/*Thies* § 238a Rn 31.
24 HambKomm/*Thies* § 238a Rn 33; *K Schmidt/Spliedt* § 238a Rn 17.

IV. Stimmrechtsstreitigkeiten

10 Wie bei Streitigkeiten in Bezug auf die Festsetzung von Stimmrechten zu verfahren ist, regelt das Gesetz nicht. Eine vergleichbare Regelung wie für die Gl (§§ 237 Abs 1, 238 Abs 1 mit einem Verweis auf § 77 Abs 2) sieht § 238a nicht vor. Anscheinend ging der Gesetzgeber davon aus, dass die Festlegung der StimmR unproblematisch ist. Das ist aber nicht notwendig der Fall. Wie derartige Streitigkeiten dann aufzulösen sind, ist streitig. Einigkeit besteht darüber, dass eine analoge Anwendung des § 77 Abs 2 nicht in Betracht kommt, da Gesellschafter und Gl in Bezug auf ihre Teilhabe an der Masse nicht miteinander konkurrieren.[25] Richtiger Ansicht nach ist das InsGericht für die Festsetzung der StimmR zuständig. Entspr § 77 Abs 2 ist hiergegen kein RMittel zulässig (§ 6).

---

25 HambKomm/*Thies* § 238a Rn 32 ; *K Schmidt/Spliedt* § 238a Rn 16.

§ 239 Stimmliste

Der Urkundsbeamte der Geschäftsstelle hält in einem Verzeichnis fest, welche Stimmrechte den Beteiligten nach dem Ergebnis der Erörterung im Termin zustehen.

1 Mit der Aufstellung einer eigenen Stimmliste neben dem GlVerzeichnis wird die Erörterung der Stimmrechte abgeschlossen.[1] Sie ist **Voraussetzung** für den Beginn der **Abstimmung**. Nachträgliche Anmeldungen können jetzt für die Abstimmung nicht mehr berücksichtigt werden.[2] Das **ESUG** hat die Liste auch auf die Anteilsinhaber erstreckt.

§ 240 Änderung des Plans

[1]Der Vorlegende ist berechtigt, einzelne Regelungen des Insolvenzplans auf Grund der Erörterung im Termin inhaltlich zu ändern. [2]Über den geänderten Plan kann noch in demselben Termin abgestimmt werden.

Übersicht

I. Normzweck

1 Die Vorschrift soll dem Planverfasser die Möglichkeit geben, den Plan noch rechtzeitig dem Wissens- und Meinungsstand anzupassen, der sich aus der Erörterung im Termin ergibt; namentlich soll er einem drohenden Scheitern in der Abstimmung oder bei der gerichtlichen Bestätigung durch Änderungen des Planinhalts vorbeugen können. Im RegE war dafür ein mehrstufiges Verf vorgesehen: Ankündigung der Änderung im Termin, Fristsetzung für die Änderung durch das InsGer, Erörterung des geänderten Plans in einem gesonderten Termin mit anschl Abstimmung; zusätzlich sollte das InsGer den Plan – geändert oder nicht geändert – bei offensichtlicher Aussichtslosigkeit zurückweisen können (§ 284 RegE).

---

1 Muster bei *B/G/H/Breutigam* § 239–1.
2 Ausf *Otte/Wiester* NZI 2005, 70.

Die vom RAussch beschlossene jetzige Fassung ermöglicht die Änderung und Abstimmung noch im ursprünglichen Erörterungs- und Abstimmungstermin (s § 235), beschränkt das Änderungsrecht aber auf „einzelne Regelungen". Die erneute Prüfung der Planaussichten durch das Gericht ist entfallen. 2

Die Anwendung der Vorschrift steht in einem **Zielkonflikt**. Einerseits soll das InsVerf zügig durchgeführt werden; dem widerspräche es, wenn der Vorlegende nur wegen der gewünschten Änderungen genötigt wäre, mit einem neuen Plan erneut das Verf der Vorlage und Vorprüfung (§ 231) zu durchlaufen. Andererseits müssen die Beteiligten den geänderten Planvorschlag ausreichend prüfen können (Rn 11); auch darf ihnen nicht der Schutz genommen werden, den die gerichtliche Vorprüfung gem § 231 bietet. Ob daher die Abstimmung über den geänderten Plan im selben Termin erfolgt (eine Terminsänderung nach § 227 anzusetzen, ein gesonderter Abstimmungstermin nach § 241 anzuberaumen oder der Erörterungs- und Abstimmungstermin zu unterbrechen ist), hat das InsGer nach pflichtgemäßem Ermessen zu entscheiden (§ 241 Rn 4). 3

II. Änderungen

Das Recht zu Änderungen des Plans bezieht sich auf dessen **Regelungen**, also auf den **gestaltenden Teil** (s § 221). Soweit es für die Entsch der Beteiligten erforderlich ist, die Änderung zu **erläutern**, muss auch der **darstellende Teil** (s § 220 Abs 2) verändert oder ergänzt werden; auch sonstige Erg des darstellenden Teils müssen dann erlaubt sein. Im Übrigen aber können Angaben im darstellenden Teil nicht „jederzeit" geändert werden.[1] Änderungsberechtigt ist nur der Planverfasser (Rn 1). 4

Die Änderung darf sich nur auf **einzelne Regelungen** beziehen, „der Kern muss erhalten bleiben".[2] Wann dies der Fall ist, bestimmt das Gesetz nicht.[3] Letztlich kommt es auf die Umstände im Einzelfall an.[4] Entscheidend ist dabei aber nicht, wie weit die Änderungen in die *Substanz* des vorgelegten Plans eingreifen,[5] sondern inwieweit sie mit der *verfahrensrechtlichen Stellung* der Beteiligten vereinbar sind. Sie ist gewahrt, wenn die Zahl der Änderungen beschränkt und ihr Inhalt so klar und gut begründet ist, dass der Planvorschlag auch mit diesem Inhalt und in dieser Form die Vorprüfung nach § 231 Abs 1 Nr 1 bestehen könnte, maW: wenn der Plan den Beteiligten auch ohne Vorprüfung und die sich daran anschließenden Stellungnahmen (§ 232) über seinen Wert ein verständiges Urteil erlaubt (s § 231 Rn 3, 4). Das bedeutet, dass auch Änderungen, die den Plan in einem Kernpunkt betreffen (zB eine Herabsetzung der Forderungen nicht nur auf 60 %, sondern auf 30 %), zulässig sein können, wenn sie hinreichend verständlich begründet sind, und dass Änderungen, die den Plan an mehreren einzelnen Punkten jeweils geringfügig berühren, unzulässig sein können, wenn ihr Gesamteffekt unklar bleibt oder ihre Vielzahl den Plan undurchsichtig werden lässt.[6] Ob die Änderung auf der Erörterung am Termin beruht oder nicht, ist gleichgültig; denn in jedem Fall hat der Planvorlegende in die Änderungen einzuführen, diese zu erklären und den Beteiligten Gelegenheit zur Stellungnahme zu geben (Rn 11).[7] Bes krit sind Änderungen zu betrachten, durch welche die Abstimmungsgruppen (s §§ 222, 5

1 *AGHamburg* ZInsO 2016, 2209.
2 Bericht des RAussch, BT-Drucks 12/7302, 183.
3 S auch *Hiebert* ZInsO 2015, 113, 114.
4 *Hiebert* ZInsO 2015, 113, 114; MK/*Hintzen* § 240 Rn 8; FK/*Jaffé* § 240 Rn 8; *Martini/Horstkotte* ZInsO 2017, 1913, 1923.
5 S auch *Hiebert* ZInsO 2015, 113, 115.
6 Ausf *Braun/Uhlenbruck* UnternehmensIns, S 633 f; MK/*Hintzen* § 240 Rn 8–10; *Uhlenbruck/Lüer/Streit* § 240 Rn 5, 6; FK/*Jaffé* § 240 Rn 5–13; *L/S/Z/Rattunde* InsO § 240 Rn 12–14.
7 *Hiebert* ZInsO 2015, 113, 115; *Martini/Horstkotte* ZInsO 2017, 1913, 1923.

243) verändert werden.[8] Sie dürften nur zulässig sein, wenn die neuen Kriterien für die Abgrenzung der Gruppen (s § 223 Abs 2) und die Auswirkungen auf die Mehrheitserfordernisse (s §§ 243, 244), die die neue Gruppenbildung zur Folge hat, in dem Änderungsvorschlag klar benannt werden.

6 Noch problematischer sind Änderungen, welche die Rechte von Beteiligten dem Plan unterwerfen, die durch den *ursprünglichen* Plan *nicht* beeinträchtigt wurden. Diese Beteiligten hatten danach kein Stimmrecht (§§ 237 Abs 2, 238 Abs 2) und deshalb keinen bes Anlass, an der Erörterung des Plans überhaupt teilzunehmen. Änderungen, die sie nun einbeziehen, dürften nur zulässig sein, wenn diese Beteiligten erneut mit einem Abdruck des Änderungsvorschlags analog § 235 Abs 3 S 2 zum Erörterungstermin **geladen** worden sind.[9] In diesem Fall muss das Gericht den Erörterungstermin **vertagen**, § 227 ZPO (s auch Rn 7 f).

III. Verfahren

7 Änderungen des Plans sind ohne Weiteres **zulässig**, wenn alle im Termin anwesenden Stimmberechtigten in die Abstimmung über den geänderten Plan **einwilligen** (§ 4 InsO, § 263 ZPO). Die Einwilligung der Anwesenden reicht aber nicht aus, wenn der geänderte Plan **erstmalig** Beteiligte erfasst, die im Termin nicht anwesend sind; in diesem Fall muss der Termin ohnehin **vertagt** werden (s Rn 6). **Widerspricht** ein Beteiligter der Änderung, weil sie zu weit gehe (s Rn 5, 6), entscheidet über die Zulassung der Änderung das **InsGer** nach den zu Rn 5 genannten Kriterien.

8 Bei **Zulassung** der Änderung stellt das InsGer den geänderten Plan zur Erörterung und Abstimmung. Die Änderungen des Plans müssen den Beteiligten bei der Erörterung und Abstimmung **schriftlich vorliegen**. In einfacheren Fällen mag ein Auszug aus dem Prot genügen, in schwierigeren Fällen kann das Gericht die Herstellung der schriftlichen Fassung, uU des gesamten veränderten Plans, durch den Planverfasser verlangen; uU kann dafür eine **Vertagung** des Termins notwendig werden (§ 227 ZPO).

9 Bei **Nicht-Zulassung** stellt das Gericht den *unveränderten* Plan zur Abstimmung, wenn der Planverfasser ihn nicht zurücknimmt (dazu Rn 12). Ein selbstständiges **Rechtsmittel** gegen die Entsch des InsGer ist nicht gegeben (vgl § 6), jedoch die **Erinnerung** nach § 11 RPflG. Rechtsfehler bei der Zulassung können darüber hinaus nur unselbstständig mit der sof Beschw gegen den BestätigungsBeschl (§ 253) gerügt werden.

IV. Terminierung

10 Über den zulässig geänderten Plan kann noch **in demselben Termin abgestimmt** werden, S 2. Da der angenommene und bestätigte Plan Gestaltungswirkung hat (§ 254) und Vollstreckungstitel ist (§ 257), empfiehlt es sich, der Abstimmung den Plan als einheitliches Dokument mit den **eingearbeiteten Änderungen** zugrunde zu legen.

11 Das Gesetz erweckt durch § 240 S 2 und § 241 Abs 2 S 2 den Eindruck, als könne nach der zugelassenen Änderung des Plans ohne weiteres die Abstimmung stattfinden. Zu dem nunmehr geänderten Plan müssen jedoch alle Beteiligten sich äußern können. Vor der Abstimmung muss deshalb im festgesetzten oder einem neu angesetzten Erörterungstermin eine

8 *AG Hamburg* ZInsO 2016, 2209.

9 Ähnlich *Smid/Rattunde* InsPlan, Rn 11.42; HambKomm/*Thies* § 240 Rn 5; *Hess* InsO § 240 Rn 8; *Andres/Leithaus* § 240 Rn 3; **aA** *Braun/Frank* § 240 Rn 4: jeder Beteiligte muss mit § 240 rechnen; MK/*Hintzen* § 240 Rn 14. Zu Vorsicht aus „VerfPsychologie" und in Zweifelsfällen rät FK/*Jaffé* § 240 Rn 13.

Erörterung des veränderten Planvorschlags stattfinden.[10] Sollte die Herstellung der dafür notwendigen Unterlagen (s Rn 8) im angesetzten Termin nicht mehr möglich sein, muss der Erörterungs- und damit auch der Abstimmungstermin **vertagt** werden (§ 227 ZPO).

V. Rücknahme des Plans

Aus §§ 240, 231 Abs 2 und allg VerfGrundsätzen folgt, dass auch eine Rücknahme des Ins-Plans möglich ist.[11] Unsicherheit besteht darüber, bis zu welchem **Zeitpunkt** die Rücknahmebefugnis besteht.[12] Teilweise wird eine Planrücknahme bis zur (rechtskräftigen) Bestätigung des Plans gestattet,[13] teilweise nur bis zum Abstimmungsbeginn[14] oder Ende der Abstimmung,[15] wieder anderer Ansicht nach ist zwischen den verschiedenen Planinitiatoren zu unterscheiden.[16] Richtig dürfte sein, auf den Beginn der Abstimmung abzustellen. 12

§ 241 Gesonderter Abstimmungstermin

(1) [1]Das Insolvenzgericht kann einen gesonderten Termin zur Abstimmung über den Insolvenzplan bestimmen. [2]In diesem Fall soll der Zeitraum zwischen dem Erörterungstermin und dem Abstimmungstermin nicht mehr als einen Monat betragen.

(2) [1]Zum Abstimmungstermin sind die stimmberechtigten Beteiligten und der Schuldner zu laden. [2]Dies gilt nicht für Aktionäre oder Kommanditaktionäre. [3]Für diese reicht es aus, den Termin öffentlich bekannt zu machen. [4]Für börsennotierte Gesellschaften findet § 121 Absatz 4a des Aktiengesetzes entsprechende Anwendung. [5]Im Fall einer Änderung des Plans ist auf die Änderung besonders hinzuweisen.

Übersicht

I. Normzweck

Die Vorschrift ist Ausnahme von § 235 Abs 1 S 1. Sie soll es ermöglichen, die Abstimmung in einem gesonderten Termin durchzuführen. Dies kann bei Plänen angebracht sein, die von sich aus bes komplex sind oder in der Erörterung so kontrovers wurden, dass für ruhige Überlegungen und evtl für weitere außergerichtliche Verhandlungen Zeit gegeben werden soll. Die Vorschrift und § 242 regeln das Verf für diesen Fall. 1

II. Gesonderter Termin

Der Termin ist ein gesonderter, wenn er **allein der Abstimmung** dient. *Kein* gesonderter Abstimmungstermin ist gegeben, wenn Erörterung und Abstimmung im einheitlichen Termin **vertagt** wurden, etwa wegen einer Planänderung (s § 240 Rn 7, 8, 11), oder wenn der 2

10 So auch die Auff des RAussch, BT-Drucks 12/7302, 183.
11 HM ausf MK/*Eidenmüller* § 218 Rn 144–148 mwN; *Uhlenbruck/Lüer/Streit* § 218 Rn 41; *Braun/Frank* § 240 Rn 6.
12 S zum Meinungsstand *K Schmidt/Spliedt* § 218 Rn 13.
13 *Uhlenbruck/Lüer/Streit* § 218 Rn 41; HambKomm/*Thies* § 218 Rn 15; *Rendels/Zabel* Insolvenzplan, Rn 395; *Rendels* HRI § 24 Rn 40.
14 MK/*Eidenmüller* § 218 Rn 150–153 mwN; *Andres/Leithaus* § 240 Rn 10.
15 *Hess* InsO § 237 Rn 13 und *K/P/B/Spahlinger* § 218 Rn 49.
16 *K Schmidt/Spliedt* § 240 Rn 13.

einheitliche Termin nach der Erörterung **unterbrochen** und später mit der Abstimmung **fortgesetzt** wird.[1]

3 Gesonderte Termine für Erörterung und Abstimmung kann das InsGer in Abweichung von § 235 Abs 1 S 1 schon bei der **Niederlegung des InsPlans** (§ 234) bestimmen. Möglich ist aber auch die Verlegung des Abstimmungstermins nach § 227 ZPO aus dem zunächst einheitlich angesetzten Erörterungs- und Abstimmungstermin, uU erst nach Abschluss der Erörterung. Auch für diesen Fall sind die Verfahrensweisen nach Abs 1 S 2, Abs 2 und § 242 zu beachten.

4 Über die Bestimmung des gesonderten Termins entscheidet das Gericht nach seinem **Ermessen**; dabei ist zu beachten, dass nach dem Gesetz die gesonderte Abstimmung die **Ausnahme** sein soll;[2] s auch § 235 Rn 2. Dasselbe gilt für die Beachtung der Monatsfrist nach Abs 1 S 2. Wird der Abstimmungstermin aus dem zunächst einheitlichen Erörterungs- und Abstimmungstermin **verlegt** (s Rn 3), ist das Ermessen zusätzlich beschränkt durch § 227 ZPO („erhebliche Gründe").

5 Ein **Rechtsmittel** gegen die Bestimmung des Termins ist nicht vorgesehen und deshalb nicht zulässig (§ 6), jedoch gibt es die **Erinnerung**, § 11 Abs 2 RPflG.[3]

III. Ladungen

6 Zum gesonderten Abstimmungstermin sind die **stimmberechtigten Beteiligten** und der **Schu** zu laden. Da in diesem Termin keine Erörterung mehr stattfindet,[4] ist die Anwesenheit der anderen in § 235 Abs 3 S 1 genannten Gremien und Personen nicht erforderlich.[5] Die Ladung des Schu ist erforderlich wegen seines Widerspruchsrechts nach § 247. Ist der Schu eine juristische Person oder eine nicht rechtsfähige Vereinigung (Verein, GbR, OHG, KG), sind diejenigen Personen zu laden, die für den Schu das Stimmrecht ausüben, s § 218 Rn 6. Nach dem **ESUG** sind entspr der Neukonzeption (§ 225a; § 217 Rn 13; § 221 Rn 2) grds auch die Anteilsinhaber zu laden, mit Sonderregeln für Aktionäre und Kommanditaktionäre (Abs 2 S 4). Insoweit wird auf die Kommentierung zu § 235 Abs 3 S 3, 4 verwiesen.

IV. Änderungen des Plans

7 Zum gesonderten Abstimmungstermin werden auch diejenigen geladen, die im Erörterungstermin nicht anwesend waren. Deshalb müssen sie über zwischenzeitliche Änderungen des Plans (§ 240) durch einen Hinweis informiert werden. Soll der Termin auch der **Fortsetzung der Erörterung** dienen (der Erörterung des nach der anfänglichen Verhandlung über ihn zulässig geänderten Plans, s § 240 Rn 8, 11) ist der Abstimmungstermin kein gesonderter mehr. Gleichwohl sind (erneut) diejenigen Gl mit Abdruck des Plans zu laden, die erst durch die Änderung des Plans zu Stimmberechtigten geworden sind, s § 240 Rn 6.

---

1 Zur Unterbrechung und Vertagung ausf und mit praktischen Hinweisen MK/*Hintzen* § 241 Rn 4–6; HambKomm/*Thies* § 241 Rn 4; *Braun/Frank* § 241 Rn 3; sa *Hiebert* ZInsO 2015, 113, 115.

2 So der RAussch, BT-Drucks 12/7302, 183.

3 **AA** MK/*Hintzen* § 241 Rn 9 aE: keine Erinnerung gegen bloße VerfLeitung; ebenso HambKomm/*Thies* § 241 Rn 10; wie hier *Andres/Leithaus* § 241 Rn 3.

4 MK/*Hintzen* § 241 Rn 14; FK/*Jaffé* § 241 Rn 12; *Hess* InsO § 241 Rn 1; abw HambKomm/*Thies* § 241 Rn 7; *K/P/B/Pleister* § 241 Rn 9, 16.

5 *Uhlenbruck/Lüer/Streit* § 241 Rn 10.

§ 242 Schriftliche Abstimmung

(1) Ist ein gesonderter Abstimmungstermin bestimmt, so kann das Stimmrecht schriftlich ausgeübt werden.

(2) [1]Das Insolvenzgericht übersendet den stimmberechtigten Beteiligten nach dem Erörterungstermin den Stimmzettel und teilt ihnen dabei ihr Stimmrecht mit. [2]Die schriftliche Stimmabgabe wird nur berücksichtigt, wenn sie dem Gericht spätestens am Tag vor dem Abstimmungstermin zugegangen ist; darauf ist bei der Übersendung des Stimmzettels hinzuweisen.

Übersicht

I. Art der Abstimmung

Die Abstimmung im Termin geschieht grds **mündlich**, s § 243 Rn 2. Da aber im **gesonderten Abstimmungstermin** eine Erörterung nicht mehr stattfindet, ist die Anwesenheit der Stimmberechtigten entbehrlich; das Gesetz erlaubt daher die **schriftliche Abstimmung**. Der Wortlaut der Vorschrift ist missverständlich; das Gericht hat **kein Ermessen**, sondern ist verpflichtet, schriftliche Abstimmung zuzulassen und diese zu organisieren, s Abs 2. 1

II. Verfahren

Abs 2 regelt das Verf der schriftlichen Abstimmung. Stimmzettel und Mitteilung über das Stimmrecht werden mit der Ladung (§ 241) übersandt, wenn der Erörterungstermin bereits vor der Ladung stattgefunden hat; anderenfalls ist eine gesonderte Zusendung durch einfache Post[1] nötig.[2] Eine Vollmachtserteilung durch den Stimmberechtigten ist möglich. Handelt es sich bei dem Bevollmächtigten um einen Anwalt, findet §§ 4, 88 Abs 2 ZPO Anwendung. Fehlt es an der Vollmacht, ist die Stimmabgabe unwirksam.[3] 2

Die schriftliche Abgabe der Stimme regelt Abs 2 S 2. Der zweite HS wurde vom RAussch hinzugefügt.[4] Ist der Hinweis unterblieben, muss das Gericht auch die nachträglich, bis zum Abschluss der Abstimmung eingegangenen Stimmen noch berücksichtigen.[5] Ist der Beteiligte aber ordnungsgemäß geladen und der Hinweis nach Abs 2 S 2 erfolgt, so ist bei nicht fristgerecht eingereichtem Stimmzettel der stimmberechtigte Beteiligte von der schriftlichen Stimmabgabe ausgeschlossen. Die Nichtberücksichtigung eines fristgerecht (oder verspätet, aber ohne Hinweis nach Abs 2 S 2) eingegangenen Stimmzettels stellt einen VerfVerstoß nach § 250 Nr 1 dar, wenn er das Abstimmungsergebnis hätte beeinflussen können.[6] Für die Frage, bis zu welchem Zeitpunkt die schriftl Stimmabgabe zurückgenommen werden kann, s § 243 Rn 5. 3

§ 243 Abstimmung in Gruppen

Jede Gruppe der stimmberechtigten Beteiligten stimmt gesondert über den Insolvenzplan ab.

1 HambKomm/*Thies* § 242 Rn 3a.
2 Muster bei *Hess/Binz* Formulare und Muster, E 69, 70.
3 *Martini/Horstkotte* ZInsO 2017, 1913, 1925
4 S BT-Drucks 12/7302, 183.
5 *Braun/Frank* § 242 Rn 2.
6 HambKomm/*Thies* § 242 Rn 4; FK/*Jaffé* § 242 Rn 4.

Übersicht

I. Normzweck

1 Die Vorschrift ist eine Konsequenz aus der Gruppenbildung nach § 222, die ihrerseits die Mehrheitserfordernisse nach § 244 bestimmt. Die **gesonderte Abstimmung** in Gruppen bedeutet, dass die Gruppenbildung nicht nur für die Zählung und Gewichtung der abgegebenen Stimmen maßgebend ist, sondern auch im äußeren **Vorgang der Abstimmung** sichtbar wird.

II. Abstimmung

2 Das Abstimmungsverf findet unter der Leitung des InsGer statt. Entspr §§ 156, 169 ZPO ist über den Gang der Verh, die mündliche und schriftliche Stimmabgabe sowie das Erg der Abstimmung ein Protokoll zu führen.[1] Zunächst wird der Termin eröffnet, die Anwesenheit der Beteiligten festgestellt und die Vollmacht der Vertreter geprüft.[2] Die Abstimmung, die nicht öffentlich stattfindet, ist im Interesse der Klarheit **Gruppe für Gruppe** durchzuführen; eine Gesamtabstimmung findet nicht statt. Die **Stimmen** werden **mündlich** dadurch abgegeben, dass der einzelne Stimmberechtigte (oder sein Vertreter, s § 4 InsO, §§ 79, 85 ZPO) nach Aufruf aus der Stimmliste (s § 239) erklärt, ob er für oder gegen den InsPlan stimmt. Auch Enthaltung ist möglich; sie zählt allerdings nicht bei der Feststellung der Mehrheiten (s § 244 Rn 5). Soweit **schriftliche Stimmabgabe** zulässig ist (§ 242), ist das Verf in § 242 Abs 2 geregelt. Soweit § 302 Abs 3 S 3 AktG bestimmt, dass ein Verzicht oder Vergleich (über den Verlustausgleichsanspruch im InsPlan) nur wirksam wird, wenn die außenstehenden Aktionäre der ausgleichsberechtigten Ges durch Sonderbeschluss zustimmen und nicht eine Minderheit Widerspruch erhebt, handelt es sich hierbei nicht um ein besonderes Wirksamkeitserfordernis für den InsPlan. Vielmehr beschränkt das Erfordernis eines solchen Sonderbeschlusses lediglich die Vertretungsmacht des Vorstands (der ausgleichberechtigten Gesellschaft).[3] Fehlt es an einem solchen Sonderbeschluss kann die (nach § 302 Abs 1 AktG) ausgleichsberechtigte Ges dem InsPlan im Abstimmungstermin nicht (wirksam) zustimmen.[4] Eine Vollmachtserteilung durch den Stimmberechtigten ist möglich. Handelt es sich bei dem Bevollmächtigten um einen Anwalt, finden §§ 4 InsO, 88 Abs 2 ZPO Anwendung. Fehlt es an der Vollmacht, ist die Stimmabgabe unwirksam.[5]

3 Über die **Reihenfolge** der Stimmabgabe macht das Gesetz keine Vorschrift. Sie steht deshalb im **Ermessen des InsGer** (§ 76 Abs 1). Das Gericht entscheidet über die Reihenfolge der Stimmabgabe *durch* die Gruppen und *innerhalb* der Gruppen. Die **GlVersammlung** kann über die Reihenfolge anders bestimmen;[6] für die dafür erforderliche Mehrheit gilt § 76 Abs 2 (s auch § 235 Rn 14).

1 FK/*Jaffé* § 244 Rn 1; Muster bei *Frege/Keller/Riedel* Rn 1987.
2 FK/*Jaffé* § 244 Rn 2.
3 *Spindler/Stilz/Veil* § 302 AktG Rn 45.
4 *Steiger/Schulz* NZI 2016, 335, 338.
5 *Martini/Horstkotte* ZInsO 2017, 1913, 1925.
6 FK/*Jaffé* § 243 Rn 5.

III. Änderung der Stimmabgabe

Wie zum früheren Recht gibt es die Auff, dass die einzelne **Stimme** bis zum Ende der Abstimmung **widerrufen** werden und der Berechtigte (erneut) **anders abstimmen** kann.[7] Damit würde aber *jedem* im Termin anwesenden Stimmberechtigten erlaubt, je nach dem Verlauf der nicht selten länger währenden Abstimmung für sich erneut das Stimmrecht zu reklamieren. Dies könnte sogar noch geschehen, nachdem der **Schu** vor dem Ende der Abstimmung **Widerspruch** gem § 247 erhoben hat. In der Sache wäre es eine *Wiederholung der Abstimmung*; diese soll aber entgegen dem früheren Recht (§ 182 Abs 2 KO, § 77 VerglO) nicht möglich sein; § 292 RegE, der sie vorsah, ist im BTag gestrichen worden.[8] 4

Im Interesse zügiger BeschlFassung sollte das Stimmrecht besser mit der endgültigen Stimmabgabe als **verbraucht**, die wirksam abgegebene Stimme als **unwiderruflich** angesehen werden. Dies entspricht § 130 BGB und der verfahrensrechtlichen Funktion der Abstimmung.[9] Die *schriftlich* abgegebene Stimme (s § 242) ist dann endgültig, wenn sie im Termin verlesen worden ist.[10] 5

§ 244 Erforderliche Mehrheiten

(1) Zur Annahme des Insolvenzplans durch die Gläubiger ist erforderlich, dass in jeder Gruppe

1. die Mehrheit der abstimmenden Gläubiger dem Plan zustimmt und

2. die Summe der Ansprüche der zustimmenden Gläubiger mehr als die Hälfte der Summe der Ansprüche der abstimmenden Gläubiger beträgt.

(2) [1]Gläubiger, denen ein Recht gemeinschaftlich zusteht oder deren Rechte bis zum Eintritt des Eröffnungsgrunds ein einheitliches Recht gebildet haben, werden bei der Abstimmung als ein Gläubiger gerechnet. [2]Entsprechendes gilt, wenn an einem Recht ein Pfandrecht oder ein Nießbrauch besteht.

(3) Für die am Schuldner beteiligten Personen gilt Absatz 1 Nummer 2 entsprechend mit der Maßgabe, dass an die Stelle der Summe der Ansprüche die Summe der Beteiligungen tritt.

Übersicht

I. Normzweck

Die Vorschrift legt fest, bei welchem **AbstimmungsErg** der InsPlan von den Gl angenommen worden ist. Sie wird ergänzt durch § 245 und § 246, die unter bestimmten Voraussetzungen auch bei nicht ausreichendem Abstimmungsergebnis eine Annahme eintreten lassen. Die Mehrheitserfordernisse für den InsPlan unterscheiden sich wesentlich vom früheren 1

7 *Hess* InsO § 242 Rn 4; wie hier nur *Uhlenbruck/Lüer/Streit* § 243 Rn 6.

8 BT-Drucks 12/7302, 184.

9 Wie hier *Braun/Frank* § 243 Rn 5; FK/*Jaffé* § 243 Rn 5; MK/*Hintzen* § 243 Rn 6; *Andres/Leithaus* § 243 Rn 3; HambKomm/*Thies* § 243 Rn 6.

10 S *N/R/Braun* § 243 Rn 11; HambKomm/*Thies* § 242 Rn 3.

Recht (§ 182 KO, § 74 VerglO, § 16 GesO; s Rn 5) und auch von dem Mehrheitserfordernis in der GlVersammlung bei anderen Angelegenheiten (§ 76 Abs 2).

2 Die Vorschrift setzt voraus, dass eine Abstimmung in dem Termin überhaupt zustande kommt. Beteiligt sich niemand an der Abstimmung, kann das Gericht einen **neuen Abstimmungstermin** anberaumen, wenn dafür erhebliche Gründe bestehen (§ 4 InsO, § 227 ZPO), oder es muss feststellen, dass der InsPlan nicht angenommen worden ist, und deshalb die erbetene **Bestätigung versagen** (s § 248 Rn 3).

II. Einstimmigkeit der Gruppen

3 Ist in Gruppen abgestimmt worden, müssen die erforderlichen Mehrheiten (s Rn 4) **in jeder Gruppe** erreicht worden sein; hierbei sind nur die Gruppen zu berücksichtigen, in denen überhaupt jemand abgestimmt hat (s Rn 5). Das Einstimmigkeitserfordernis gilt auch, wenn ausnahmsweise die **nachrangigen Gl** mitgestimmt haben (s dazu § 237 Rn 10–12), und auch, wenn eine Gruppe nur aus **einem Stimmberechtigten** besteht (s § 222 Rn 13). Das Vetorecht, das einer Gruppe, uU sogar einem einzelnen Beteiligten dadurch entsteht, kann aber nach §§ 245–246a überwunden werden. Nimmt aus einer zur Abstimmung aufgerufenen Gruppe keiner der Stimmberechtigten an der Abstimmung teil, so zählt diese Gruppe auch nicht bei der geforderten Einstimmigkeit der Gruppen (s auch Rn 2), denn „passives Verhalten von Gl soll bei der Abstimmung über den Plan nicht den Ausschlag geben“.[1] Anderes gilt allerdings für die **Anteilsinhaber** (§ 246a).

III. Mehrheiten in den Gruppen

4 **1. Insolvenzgläubiger.** Für jede Gruppe findet *eine* Abstimmung statt, in der jeder Gl *eine*[2] Stimme hat,[3] die aber *zweimal* gewertet wird. Es ist erforderlich, dass innerhalb der einzelnen Gruppen (1) die **Mehrheit der Abstimmenden** dem InsPlan zustimmt (Nr 1; sog Kopfmehrheit) und (2) dass die **Summe der Ansprüche** der Zustimmenden höher ist als die entspr Summe bei denjenigen, die mit Nein gestimmt haben (Nr 2; sog Summenmehrheit); mit „Summe der Ansprüche“ ist wie nach bisherigem Recht die Summe der Anspruchs*beträge* gemeint. Eine je eigene Abstimmung zur Feststellung von Kopf- und Summenmehrheit ist nicht vorgesehen, daher auch nicht eine gespaltene Stimmabgabe des Gl für die Berechnung der einen und der anderen Mehrheit.[4] Sind **keine Gruppen** gebildet worden, so gilt das Mehrheitserfordernis für die Gesamtheit der abstimmenden Gl. Ein Gl, der **mehreren Gruppen** angehört, kann in jeder Gruppe selbstständig, dh unabhängig von seinem Votum in einer anderen Gruppe abstimmen.[5]

5 Gegenüber dem früheren Recht sollte die InsBereinigung durch einen InsPlan **bewusst erleichtert** werden, RegE S 208. Für die **Kopfmehrheit** ist *nicht mehr* erforderlich die Mehrheit der im Termin *anwesenden* oder gar *aller* Stimmberechtigten; auch ausdrückliche „Enthaltung“ gilt nicht als Teilnahme an der Abstimmung. Für die Berechnung der Kopfmehrheit zählt auch derjenige Gl nur mit einer Stimme, der gegen den Schu **mehrere Forderungen**, uU aus unterschiedlichen Rechtsgründen hat; dazu gehört auch der RückgriffsGl (zB der PSVaG) mit mehreren Forderungen, die kraft Gesetzes auf ihn übergegangen sind.[6]

---

1 RegE S 208; **aA** *Martini/Horstkotte* ZInsO 2017, 1913, 1925.
2 Das gilt auch bei mehreren Forderungen eines Gl innerhalb einer Gruppe.
3 MK/*Hintzen* § 244 Rn 10; *Braun/Frank* § 244 Rn 6; HambKomm/*Thies* § 244 Rn 5.
4 Über den Ablauf der Abstimmung ausf MK/*Hintzen* § 244 Rn 21.
5 HA, s ausf *Uhlenbruck/Lüer/Streit* § 244 Rn 5; MK/*Hintzen* § 244 Rn 10.
6 *OLG Köln* ZInsO 2001, 85, 86; ausf HambKomm/*Thies* § 244 Rn 6; *B/G/H/Flöther/Wehner* § 244 Rn 9.

Für die **Summenmehrheit** werden *nicht mehr* drei Viertel, sondern nur noch mehr als die Hälfte der Gesamtsumme gefordert.

2. Am Schuldner beteiligte Personen (Abs 3). Für die betroffenen **Anteilsinhaber** (s § 217 S 2, § 225a) richtet sich die erforderliche Mehrheit allein nach der Kapitalmehrheit (Abs 1 Nr 2), nicht auch auf die Kopfmehrheit (Abs 1 Nr 1).[7] Für die Frage, wie der Kapitalanteil zu bestimmen ist, siehe die Kommentierung zu § 238a. 6

IV. Gemeinschaftliche Rechte, Abs 2

Wenn ein Recht oder seine Ausübung mehreren Personen gemeinschaftlich zusteht, werden sie für die **Berechnung** der **erforderlichen** und der **erreichten Mehrheit** nur als **eine Person** angesehen. Dasselbe gilt für Gl, deren Rechte bis zum Eintritt des Eröffnungsgrundes ein einheitliches Recht gebildet haben; es soll vermieden werden, dass durch Teilungen im Angesicht der Ins die Mehrheitsverhältnisse verändert werden. 7

Gemeinschaftliche Berechtigte sind ua GesamtGl (§ 428 BGB), GesamthandsGl (§ 432 BGB), GbR-Gesellschafter (§§ 718, 719 BGB), Miterben (§ 2032 BGB). Das Gesetz nennt außerdem Rechte, an denen ein Pfandrecht oder ein Nießbrauch besteht; dort erfordert die *Ausübung* des Rechts ein Zusammenwirken der Berechtigten (s §§ 1071, 1077, 1276, 1281 BGB). *Keine* gemeinschaftlichen Gl sind TeilGl (§ 421 BGB). Gemeinschaftlich können auch Rechte sein, die ein **Absonderungsrecht** (§§ 49–51) gewähren, zB das Sicherungsmiteigentum. Fraglich ist, ob ein Fall von Abs 2 auch dann gegeben ist, wenn Absonderungsberechtigte ihre Rechte zur wirksameren Ausübung zusammenlegen oder jedenfalls gemeinschaftlich geltend machen wollen (**Verwertungsgemeinschaft**, **Sicherheiten-Pool**).[8] Auch für die Absonderungsberechtigten gilt die Regelung bei einer Rechtsteilung nach Eintritt der Ins (s Rn 7). 8

Die **Einrechnung** der gemeinschaftlichen Rechte bei der Feststellung der Mehrheiten entspricht sachlich dem **früheren Recht** nach § 72 Abs 2 VerglO. Anders als jene Vorschrift setzt sie aber nicht schon beim Stimmrecht, sondern wirklich erst bei der **Berechnung der Mehrheit** an. Ob die Rechtsinhaber allein oder nur gemeinschaftlich, für das ganze Recht oder nur für einen Teil desselben das Stimmrecht ausüben können, bestimmt deshalb das materielle Recht; § 244 Abs 2 sorgt nur dafür, dass die Stimmabgabe durch oder für mehrere Berechtigte keine Vermehrung der Abstimmenden iSv Abs 1 Nr 1 bewirkt. 9

Wenn mehrere Berechtigte, die nach materiellem Recht nur gemeinschaftlich handeln können (zB § 2040 BGB), sich nicht einigen, kommt eine wirksame Stimmabgabe nicht zustande. Wenn nach materiellem Recht jeder Berechtigte für alle Mitberechtigten handeln kann (zB §§ 428, 432, 1011 BGB) und **mehrere** so Mitberechtigte **gegensätzlich** stimmen, muss dies ebenfalls als Stimmenthaltung gelten;[9] ebenso, wenn wegen Teilung des Rechts nach Eintritt der Ins die mehreren selbstständigen Rechtsinhaber je für sich, aber gegensätzlich abstimmen. Denkbar ist aber, dass bei selbstständiger Handlungsbefugnis nur einer der Berechtigten abstimmt. Dann bestehen keine Bedenken, diese eine Stimme bei der Berechnung der Mehrheit zu berücksichtigen. 10

7 BT-Drucks 17/5712, 34.

8 Darüber ausf *Hess* InsO § 244 Rn 9–24; sa *Uhlenbruck/Lüer/Streit* § 244 Rn 6; *N/R/Braun* § 244 Rn 16, 17; *Andres/Leithaus* § 244 Rn 3; HambKomm/*Thies* § 244 Rn 8; für Anwendung von Abs 2 *Braun/Frank* § 244 Rn 9.

9 HM, s MK/*Hintzen* § 244 Rn 18; *Braun/Frank* § 244 Rn 11; HambKomm/*Thies* § 244 Rn 9; *B/G/H/Flöther/Wehner* § 244 Rn 13.

V. Verfahren

11 Das AbstimmungsVerf über den Plan ist nicht öffentlich (s § 243 Rn 2). Das **Erg der Abstimmung** ist vom Gericht im Termin festzustellen, ins Prot aufzunehmen und bekannt zu geben. Ist in Gruppen abgestimmt worden, muss am Ende auch das **GesamtErg** der Abstimmung festgehalten und bekannt gegeben werden. Ist die Feststellung des Erg nicht sogleich nach der Abstimmung möglich, muss sogleich die Sitzung zur Fortsetzung der Abstimmungsverhandlung bestimmt werden (§ 4, § 136 Abs 3 HS 2 ZPO).

12 Das **weitere Verf** hängt vom Erg der Abstimmung ab:

13 Haben **alle** Abstimmungsgruppen dem Plan mit den erforderlichen Mehrheiten **zugestimmt**, muss das Gericht prüfen, ob der Schu dem Plan zugestimmt hat (§ 247) und ob der Plan zu bestätigen ist (§ 248).

14 Haben **alle** Abstimmungsgruppen den Plan **abgelehnt**, ist das Verf für den abgelehnten Plan beendet; das Gericht muss die Bestätigung ablehnen (s § 248 Rn 3). Ist kein weiterer Planvorschlag anhängig, so ist das RegelVerf mit Verwertung und Verteilung durchzuführen. Bis zum Ende des Schlusstermins kann erneut ein Plan vorgelegt werden (§ 218 Abs 1 S 3).

15 Haben die Gruppen **nicht einheitlich** abgestimmt, jedoch **mehrheitlich** dem Plan **zugestimmt**, muss das Gericht prüfen, ob die Zustimmung der anderen Gruppen nach § 245 als erteilt gilt.

16 Haben die Gruppen **nicht einheitlich** abgestimmt und **nicht mehrheitlich zugestimmt,** ist der Plan wie bei Rn 13 endgültig abgelehnt; eine Ersetzung der Zustimmung nach § 245 ist in diesem Fall nicht möglich, s § 245 Rn 4.

§ 245 Obstruktionsverbot

(1) Auch wenn die erforderlichen Mehrheiten nicht erreicht worden sind, gilt die Zustimmung einer Abstimmungsgruppe als erteilt, wenn

1. die Angehörigen dieser Gruppe durch den Insolvenzplan voraussichtlich nicht schlechter gestellt werden, als sie ohne einen Plan stünden,

2. die Angehörigen dieser Gruppe angemessen an dem wirtschaftlichen Wert beteiligt werden, der auf der Grundlage des Plans den Beteiligten zufließen soll, und

3. die Mehrheit der abstimmenden Gruppen dem Plan mit den erforderlichen Mehrheiten zugestimmt hat.

(2) Für eine Gruppe der Gläubiger liegt eine angemessene Beteiligung im Sinne des Absatzes 1 Nummer 2 vor, wenn nach dem Plan

1. kein anderer Gläubiger wirtschaftliche Werte erhält, die den vollen Betrag seines Anspruchs übersteigen,

2. weder ein Gläubiger, der ohne einen Plan mit Nachrang gegenüber den Gläubigern der Gruppe zu befriedigen wäre, noch der Schuldner oder eine an ihm beteiligte Person einen wirtschaftlichen Wert erhält und

3. kein Gläubiger, der ohne einen Plan gleichrangig mit den Gläubigern der Gruppe zu befriedigen wäre, bessergestellt wird als diese Gläubiger.

(3) Für eine Gruppe der Anteilsinhaber liegt eine angemessene Beteiligung im Sinne des Absatzes 1 Nummer 2 vor, wenn nach dem Plan

1. kein Gläubiger wirtschaftliche Werte erhält, die den vollen Betrag seines Anspruchs übersteigen, und

2. kein Anteilsinhaber, der ohne einen Plan den Anteilsinhabern der Gruppe gleichgestellt wäre, bessergestellt wird als diese.

Übersicht

I. Normzweck

Die Vorschrift soll einen Ausgleich schaffen für die Regelung in § 244, die für die Annahme des Plans die Einstimmigkeit unter den Abstimmungsgruppen verlangt (s dort Rn 3). Dadurch könnte jede einzelne Gruppe, uU sogar ein einzelner Gl gegen eine große Zahl von anderen Gl den InsPlan blockieren. Diesen **Widerstand** soll das InsGer **überwinden**, wenn bestimmte Mindestvoraussetzungen vorliegen, die das Gesetz in Abs 1 Nr 1–3 kumulativ[1] aufstellt. Die **Zustimmung** einer Gruppe, die den Plan mehrheitlich abgelehnt hat, gilt **gleichwohl** als **erteilt**, wenn sämtliche der genannten Voraussetzungen vorliegen. 1

Im Gesetz heißt die Regelung **Obstruktionsverbot**, weil sie die **missbräuchliche Verweigerung** der Zustimmung zum Plan vereiteln soll.[2] Diese Abwertung von AbstimmungsErg in einzelnen Gruppen schon durch den Gesetzgeber ist **unangemessen**, weil sie bei der Rechtsanwendung Voreingenommenheit erzeugen kann, und sie ist **widersprüchlich**. Die Ablehnung eines InsPlans durch eine Gruppe ist nicht schon deshalb missbräuchlich, weil die Mehrheit der Gruppe in ihrer Autonomie, die sie nach dem Gesetz eigentlich haben soll,[3] ihre wirtschaftlichen Interessen anders einschätzt als die Minderheit in der eigenen Gruppe und die Mehrheiten in anderen Gruppen.[4] Der Gesetzgeber beschreibt zudem in Abs 1 Nr 1 und 2 nur einen Mindestschutz, dessen Wirksamkeit im Einzelfall von leicht angreifbaren Schätzungen, Prognosen und Werturteilen abhängen kann (s Rn 9–16). 2

Der **legitime Zweck** der Vorschrift liegt vielmehr darin, auch auf der Ebene der Gruppen untereinander in gewissem Maße das im InsR notwendige **Mehrheitsprinzip** zu wahren. Der zentrale Gedanke der Regelung steht deshalb in Abs 1 Nr 3; die in Nr 1 und 2 genannten Voraussetzungen haben demgegenüber die Funktion, der in der Minderheit gebliebenen Gruppe einen Mindestschutz gegen die Mehrheit der Gruppen zu garantieren.[5] 3

II. Mehrheiten, Abs 1 Nr 3

Die Vorschrift setzt voraus, dass in mindestens einer der Gruppen die erforderlichen **Stimmenmehrheiten nicht erreicht** worden sind (s § 244). Das **Gesetz** ersetzt die Zustimmung dieser Gruppe aber nur dann, wenn die **Mehrheit der abstimmenden Gruppen** dem Plan zugestimmt hat (Abs 1 Nr 3). Dieses Erfordernis ist erst vom BTag eingefügt worden;[6] nach 4

---

1 S zB *OLG Köln* NZI 2001, 660.
2 So RegE S 208.
3 S RegE S 92 ff.
4 **AA** HambKomm/*Thies* § 245 Rn 1.
5 **AA** *Braun/Frank* § 245 Rn 17.
6 S Bericht des RAussch, BT-Drucks 12/7302, 105, 184.

dem RegE (§ 290 Abs 1 Nr 1) sollte für die Fingierung der Zustimmung genügen, dass wenigstens eine andere Gruppe dem Plan zugestimmt hat.

5 **Abl Gruppen** sind nur solche, die im InsPlan als Gruppe gebildet wurden und in denen tatsächlich abgestimmt worden ist. Dazu gehören also *nicht* diejenigen Gl, für die **keine Gruppen** zu bilden waren und die deshalb auch **kein Stimmrecht** hatten (s §§ 222 Abs 1 Nr 1 und 3, 225 Abs 1, 237 Abs 2, 238 Abs 2), auch *nicht* die **nachrangigen Gl**, deren Zustimmung (wenn überhaupt erforderlich, s § 237 Rn 10 ff) nach § 246 fingiert wird, und *nicht* diejenigen Gruppen, die zwar zur Abstimmung aufgerufen waren, in denen aber tatsächlich **niemand abgestimmt** hat (s § 244 Rn 3). Die Einbeziehung der **Anteilsinhaber** durch das **ESUG** bedeutet, dass diese Gruppe als *zust* Gruppe auch dann gezählt werden muss, wenn tatsächlich niemand in der Gruppe abgestimmt hat (s § 246a Rn 1).

6 Eine **Mehrheit** nach Abs 1 Nr 3 kann nur dann gegeben sein, wenn überhaupt **in Gruppen** abgestimmt wurde, und dann auch nur, wenn wenigstens **drei Gruppen** abgestimmt haben, weil nur dann eine Mehrheit von Gruppen sich bilden konnte. Ein InsPlan, der nur die zwei gesetzlich vorgeschriebenen Gruppen nach § 222 Abs 1 gebildet und dabei keine Regelung für die nachrangigen Gl getroffen hat (s § 225 iVm § 222 Abs 1 Nr 3), kann deshalb nicht gegen den Mehrheitswillen der InsGl oder der Absonderungsberechtigten durchgesetzt werden. Die Regelung in § 245 ist vor allem dann interessant, wenn Gruppen **fakultativ** (nach § 222 Abs 2) gebildet werden. Weil der Planverfasser sich durch solche Gruppenbildung Mehrheiten verschaffen kann, muss das InsGer bes die Kriterien dieser Gruppenbildung (Gleichartigkeit der Interessen, Sachgerechtigkeit) schon iRv § 231 sorgsam prüfen (s auch § 222 Rn 15, 18, § 231 Rn 4).[7]

III. Vergleichsrechnung, Abs 1 Nr 1

7 **1. Gegenstand des Vergleichs.** Auch wenn das Mehrheitserfordernis nach Abs 1 Nr 3 erfüllt ist, gilt die **Zustimmung** der abl Gruppe nur dann als **erteilt**, wenn die Gl dieser Gruppe durch den Plan **nicht schlechter gestellt** werden als **ohne** einen Plan, oder umgekehrt: wenn sie mit dem Plan **mindestens so gut** gestellt werden **wie ohne** einen Plan (RegelInsVerf).[8] Der gedachte Vergleichssachverhalt („ohne einen Plan") ist die zügige Verwertung und Verteilung der InsMasse nach §§ 156–173, 187–216 ab dem nächstmöglichen Zeitpunkt. Eine auch nur vorübergehende Betriebsfortführung durch den InsVerw ist nur zu berücksichtigen falls diese rechtlich zulässig ist.[9] Die nachträgliche Einfügung des Wortes „voraussichtlich"[10] soll überdies klarstellen, dass das Gericht hierbei eine **Prognose** vorzunehmen und dabei nur einzuschätzen hat, ob eine Gleichstellung (Nicht-Schlechterstellung) der Gl dieser Gruppe wahrscheinlicher ist als eine Schlechterstellung; namentlich soll das InsGer nicht gehalten sein, für diese Prognose einen SV hinzuzuziehen.[11]

8 Die Vorschrift soll den Gl in der Gruppe, die dem Plan nicht zugestimmt hat, die Planbefriedigung ihrer Ansprüche, die sie hinnehmen müssen, wenigstens mit dem Wert sichern, der bei einer Liquidation der InsMasse auf ihre Ansprüche entfallen würde. Ist ein **weiterer Plan** vorgelegt worden und noch anhängig, so darf nicht mit diesem verglichen werden.[12]

---

7 Über Strategien der Gruppenbildung sa *Braun/Frank* § 245 Rn 20, 21.

8 *AG Osnabrück* BeckRS 2017, 118498; *LG Osnabrück* ZInsO 2017, 1791, 1792; *Martini/Horstkotte* ZInsO 2017, 1913, 1920. Abw anscheinend *Jungmann* KTS 2006, 135, der die voraussichtlichen Chancen einer *Besserstellung* verlangt (140).

9 *AG Osnabrück* BeckRS 2017, 118498; siehe auch *Martini/Horstkotte* ZInsO 2017, 1913, 1920.

10 Gesetz v 19.12.1998, BGBl I, 3836, 3838; s Einl Rn 11.

11 So ausdrücklich der RAussch, BT-Drucks 14/120, 14, abgedr bei *Balz/Landfermann* S 500 f.

12 *Andrianesis* WM 2017, 362, 366; *Noack/Schneiders* DB 206, 1619, 1623.

Die gegenteilige Ansicht[13] ist nicht vereinbar mit dem Wortlaut der Vorschrift (ohne einen Plan) und mit der Ungewissheit, ob denn der Alternativplan angenommen und bestätigt wird (s auch § 248 Rn 4, 5). Ob daher dasselbe Ziel auch durch eine weniger intensive Massnahme erreicht werden kann, ist irrelevant.[14] Möglich ist es allenfalls, als Vergleichssachverhalt einen Verkauf des Unternehmens (der InsMasse) im Ganzen durch den InsVerw nach §§ 160–164 anzunehmen („übertragende Sanierung"), wenn dafür ausreichende Gewissheit besteht (s Rn 15).[15] Das ist allerdings nur der Fall, wenn ein ernsthaftes Angebot für eine übertragende Sanierung vorliegt.[16] Mitunter wird vorgetragen, dass sich der Vergleichsmaßstab auch dann am Unternehmenswert zu orientieren hat, wenn der im Regelverfahren erzielbare Wert „unbillig" ist, weil der im Unternehmen steckende Fortführungswert durch übertragende Sanierung nicht „gehoben" werden kann.[17] Dem ist jedoch nicht zu folgen.

2. Anwendungsprobleme. Den Vergleich der im Plan vorgesehenen mit der ohne Plan zu erwartenden Befriedigung muss das **InsGer** vornehmen, wenn es prüft, ob der Plan von den Gl **angenommen** worden ist (s § 248). Der Vergleich erfordert eine **wirtschaftliche Bewertung** der Befriedigungswege, die selten eindeutig ist.[18] Das ist mehr als die bloße VerfLeitung und die Rechtsaufsicht, die man als eigentliche Aufgaben des InsGer betrachtet. Verbreitet besteht deshalb die **Befürchtung**, dass die wirtschaftliche Beurteilung das InsGer überfordern und das Verf mit dem Streit der Beteiligten über wirtschaftliche Prognosen, Einschätzungen und Bewertungen belasten wird.[19] Eine (offensichtliche) Schlechterstellung liegt vor, wenn bei einem InsPlan mit Restschuldbefreiung eine Gläubigergruppe auf „Null" gesetzt wird, wenn sie ohne InsPlan aufgrund des § 302 noch Vollstreckungsaussichten hätte.[20] 9

Das Gesetz selbst enthält Ansatzpunkte für eine **Problembegrenzung**: 10

(1) Es ist nicht der Wert des gesamten InsPlans und einer Gesamtverwertung der InsMasse für alle Beteiligten zu vergleichen, sondern nur der Wert der Planbefriedigung für die *Gl*, und zwar derjenigen Gruppe, um deren Zustimmung es geht, mit dem Wert, der diesen Gl aus einer Regelverwertung zufließen würde. Besondere Schwierigkeiten ergeben sich bei den absonderungsber Gl innerh einer Gruppe; denn der Realisationswert der einzelnen Sicherheiten ist zumeist höchst unterschiedl. Hier ist im Rahmen des Schlechterstellungsverbots nicht auf den einzelnen Gl abzustellen, sondern eine Durchschnittsbetrachtung vorzunehmen.[21] 11

(2) Planbefriedigung und Regelbefriedigung müssen in *Zahlen* verglichen werden können. Mit dem Prüfungstermin und der Festlegung des Stimmrechts sind die *Geld*beträge bekannt, für welche die InsGl und die Absonderungsberechtigten Befriedigung verlangen können. Mit einem Geldbetrag soll auch die Regelverwertung enden, und mit einem Geldwert muss auch die Befriedigung versehen werden können, die den Gl der Gruppe im InsPlan zugedacht ist; nur so ist überhaupt ein Vergleichsmaßstab hergestellt.[22] Die betriebswirtschaftli- 12

13 *Warrikoff* KTS 1997, 549 f.
14 *Noack/Schneiders* DB 206, 1619, 1623.
15 *Andrianesis* WM 2017, 362, 366. Zu den Problemen bei einem „Dual-Track-Verfahren" s *K Schmidt/Uhlenbruck/Spliedt* Die GmbH in Krise, Sanierung und Insolvenz, Rn 8.76.
16 *AG Cuxhaven* ZInsO 2017, 2128, 2129.
17 *Brünkmanns* ZInsO 2017, 1401, 1402 f.
18 *Uhlenbruck/Lüer/Streit* § 245 Rn 5, 7.
19 Darüber ausf *Schiessler* S 165–175.
20 *AG Hamburg* ZInsO 2016, 2209; s. auch *Lüdtke* ZVI 2016, 297, 299 f.
21 *K Schmidt/Uhlenbruck/Spliedt* Die GmbH in Krise, Sanierung und Insolvenz, Rn 8.66.
22 Beispiele von Vergleichsrechnungen bei *Braun/Frank* § 245 Rn 3.

chen **Bewertungsmethoden** erlauben die Rückführung jedes künftigen wirtschaftlichen Erg auf einen gegenwärtigen Geldwert.[23] Das InsGer kann verlangen, dass jede Äußerung von Beteiligten zu diesem Punkt auf solche Vergleichszahlen hinausläuft, die zu begründen und auf einen gemeinsamen Zeitpunkt (durch Abzinsung und Schätzungen) zurückzurechnen sind. Als dieser Zeitpunkt dürfte der voraussichtliche Eintritt der Rechtskraft des BestätigungsBeschl (falls einer erginge) anzunehmen sein. Die Aufstellung solcher Rechnungen erlaubt dem Gericht eine Schlüssigkeitskontrolle und die Konzentration auf diejenigen BegrSchritte, mit denen konkurrierende Rechnungen voneinander abweichen. Mit den betriebswirtschaftlichen Bewertungsmethoden ist auch das **Risiko** des **wirtschaftlichen Scheiterns** des InsPlans zu berücksichtigen.[24] Eine gesonderte Berücksichtigung dieses Risikos durch das InsGer erscheint deshalb nicht erforderlich.[25]

13 (3) Für die meisten Elemente der Vergleichsrechnung kann das Gericht auf bereits im Verf **vorliegende Dokumente** zugreifen: das Verzeichnis der Massegegenstände und die Vermögensübersicht nach §§ 151, 153, den darstellenden Teil des InsPlans nach §§ 220, 229, die InsTabelle (§§ 175, 178), die Erg der Stimmrechtsfestlegung für die absonderungsberechtigten Gl (s § 238 Rn 6, 7). Diese Informationen brauchen nur aktualisiert und auf den Vergleichszeitpunkt bezogen zu werden.

14 (4) Das Gericht kann von Amts wegen eigene Ermittlungen anstellen, insb SV bestellen (§ 5 Abs 1). Da es jedoch um die Ersetzung der fehlenden Zustimmung einer Abstimmungsgruppe zugunsten der Mehrheit von anderen Abstimmungsgruppen geht, braucht das Gericht **keine zusätzlichen Tatsachen** zu ermitteln; es kann sich (und die uU bestellten Sachverständigen) auf die Deutung und Bewertung derjenigen Daten beschränken, die auf Grund des bisherigen Verf bei der Abstimmung vorlagen.

15 (5) Auch in Verf mit Amtsermittlung gibt es eine **Begründungs- und Beweislast**. Das Gesetz macht zur **Voraussetzung** der Zustimmungsersetzung, dass die Gl der betr Gruppe mindestens so gut wie ohne einen Plan gestellt werden (s Rn 7). Wenn das Gericht sich hiervon nicht überzeugen kann, darf es die Zustimmung nicht als erteilt ansehen; Zweifel gehen zu Lasten des (nicht einstimmig angenommenen) InsPlans.[26] Dies kann zB der Fall sein, wenn das Gericht divergierende gutachterliche Äußerungen vor sich hat, die alle in sich schlüssig erscheinen, aber in den wirtschaftlichen Prognosen voneinander abweichen. Es ist nicht Aufgabe des InsGer, sich zur Übernahme einer der Prognosen durchzuringen.

16 In der Lit wird weiterhin vorgeschlagen, die Bewertungsprobleme durch **Nachbesserungsklauseln** („salvatorische Klauseln") zu umgehen. Darüber näher bei § 251 Rn 11, 12.

IV. Angemessene Beteiligung, Abs 1 Nr 2

17 **1. Der Gläubiger. – a) Beteiligung.** Zum Schutz der Minderheitsgruppe gegen die Mehrheitsgruppen gehört nach dem Gesetz auch, dass die Gl der Minderheitsgruppe an dem **wirtschaftlichen Wert** beteiligt werden, der durch den Plan erzielt werden soll. Mit dem wirtschaftlichen Wert, den das Gesetz nennt, ist der **Mehrwert** gemeint, der **im Vergleich zur Regelverwertung** (Liquidation; s Rn 7, 8) von dem Plan erwartet wird. Die Garantie des Liquidationswerts erhält die Minderheitsgruppe bereits durch Abs 1 Nr 1.

---

23 Sehr klares Muster für den hier geforderten Vergleich bei *Maus* KS-InsO, 2. Aufl, Rn 97–104; ausf *N/R/Braun* § 245 Rn 3–12a; MK/*Drukarczyk* § 245 Rn 40–63; Heintzen/Kruschwitz/*Drukarczyk* Unternehmen in der Krise, 2004, S 148 ff.

24 S ausf *N/R/Braun* § 245 Rn 11, 12; **aA** aber *Uhlenbruck/Lüer/Streit* § 245 Rn 19.

25 *N/R/Braun* § 245 Rn 15.

26 Ebenso *Braun/Frank* § 245 Rn 4, 18.

b) Angemessenheit. Die Beteiligung muss **angemessen** sein. Die Angemessenheit wird **in Abs 2 definiert**. Die genannten Bedingungen sind vom Gesetzgeber als notwendige gemeint; die Beteiligung ist nur dann angemessen, wenn sie erfüllt sind; RegE S 209. Sie sind aber auch hinreichend; eine Beteiligung kann, wenn die genannten Bedingungen erfüllt sind, nicht aus anderen Gründen unangemessen sein.[27] Das Gericht hat insofern kein Ermessen; beurteilen muss es nur, ob ein Gl einen „wirtschaftlichen Wert" erhält (Nr 1 und 2) und ob ein Gl „besser gestellt ist" als die Gl der Minderheitsgruppe (Nr 3). 18

aa) Abs 2 Nr 1. Die Bedingung nach **Nr 1** findet nur dann Anwendung, wenn es um die Verteilung eines durch den Plan (gegenüber der Regelabwicklung) erzielbaren Mehrwerts geht. Anderenfalls scheitert der Plan bereits an Abs 1 Nr 1. Abs 2 Nr 1 bestimmt nun, dass dieser Mehrwert nicht dazu verwendet werden darf, einem Gl mehr an wirtschaftlichen Werten zuzuweisen als dem vollen Betrag seines Anspruchs entspricht. 19

bb) Abs 2 Nr 2. Die Bedingung nach **Nr 2** findet ebenfalls nur Anwendung, wenn es um die Verteilung eines durch den Plan realisierbaren Mehrwerts geht; denn anderenfalls kommt bereits das Schlechterstellungsverbot in Abs 1 Nr 1 zum Tragen. Entspricht der durch den Plan erzielbare Erlös dem Liquidationserlös, führt nämlich jeder an einen nachrangigen Gl (oder Schu bzw an den Anteilinhaber) ausgekehrte Wert automatisch zu einer Schlechterstellung des Gl im Vergleich zu dem Liquidationsszenario. Abs 2 Nr 2 verlangt nun, dass an dem durch den Plan realisierbaren Mehrwert weder ein Gl mit Nachrang noch der Schu oder eine an dem Schu beteiligte Person partizipiert, solange der Gl nicht vollbefriedigt ist. Die Regelung scheint auf den ersten Blick fragwürdig; denn scheitert der Plan, könnten die (vorrangigen) Gl den durch den Plan erzielbaren Mehrwert auch nicht realisieren. Im Vergleich zum Liquidationsszenario werden sie daher nicht schlechter gestellt. Dennoch wäre dies nicht angemessen; denn letztlich würde – käme Abs 2 Nr 2 nicht zur Anwendung – die Zustimmung zum Plan durch einen Stimmenkauf der nachrangigen Gl realisiert.[28] 20

Fraglich ist, was unter dem Begriff Gl mit Nachrang iSv Nr 2 zu verstehen ist. **Richtiger Ansicht nach** sind dies nicht nur die nachrangigen InsGl iSv § 39, sondern auch die **ungesicherten Gl** im Verhältnis zu **Absonderungsberechtigten**.[29] Die abw Auff[30] verkennt, dass die Absonderungsberechtigten, wenn auch sie dem InsPlan unterworfen werden (§§ 217, 222, 223), denselben Schutz gegen unfreiwillige Schlechterstellung haben müssen wie die anderen Beteiligten. Allerdings bezieht sich ihr Vorrang nach Nr 2 nur auf den Mehrwert, den der *Gegenstand des Absonderungsrechts* durch den InsPlan erfährt.[31] Den gesicherten Gl, deren Gruppe den Plan abgelehnt hat, ist deshalb nach Abs 2 Nr 2 bis zur Höhe ihrer Forderung der Plan-Mehrwert des Sicherungsgegenstandes vorzubehalten. 21

Fraglich ist schließlich, wann einem Schu (bzw hieran beteiligten Personen) ein Mehrwert ausgekehrt wird. Die Frage stellt sich nicht, wenn die InsGl voll befriedigt werden. Dann darf nämlich der Sanierungsüberschuss an die Gesellschafter verteilt werden.[32] Anders ist die Rechtslage dann, wenn der InsPlan – wie im Regelfall – eine volle Befriedigung der Gl nicht vorsieht. Dann kann es zur Auskehr eines „wirtschaftlichen Wertes" kommen, wenn 22

---

27 So zutr *Braun/Uhlenbruck* UnternehmensIns, S 617.

28 So zu Recht *K Schmidt/Spliedt* § 245 Rn 20.

29 *Eidenmüller* Unternehmenssanierung, S 80 und FS Drukarczyk, 2003, S 194–201; *K/P/B/Pleister* § 245 Rn 23; *Smid* FS Gerhardt, 2004, S 957 f; **aA** *Braun/Frank* § 245 Rn 9 mwN; HambKomm/*Thies* § 245 Rn 12; *B/G/H/Flöther/Wehner* § 245 Rn 17.

30 *Uhlenbruck/Lüer/Streit* § 245 Rn 24; *K Schmidt/Spliedt* § 245 Rn 21; *Grub* FS Uhlenbruck, 2000, S 515; *Braun/Frank* § 245 Rn 9 mwN.

31 Ausf *Eidenmüller* FS Drukarczyk, 2003, S 194–201; *Smid* FS Gerhardt, 2004, S 956 ff mwN.

32 *Andrianesis* WM 2017, 362, 367.

der **Schu** das **Unternehmen fortführen** darf. Der InsPlan, der die Fortführung vorsieht, beruht notwendig auf der Annahme, dass das Unternehmen einen Fortführungswert hat. An diesem hat der Schu (bzw die an dem Schu beteiligten Personen) grds dann teil, wenn es möglich erscheint, dass die Erträge des fortgeführten Unternehmens mehr als nur die Bedienung der im Plan aufrechterhaltenen GlRechte erlauben oder dass der Schu bei einer späteren Veräußerung des Unternehmens oder einer erneuten Ins am Erlös oder am (wiederum fortgeführten) Unternehmen beteiligt sein wird.[33]

23 Dieser dem Schu (bzw den am Schu beteiligten Altgesellschaftern) zufließende wirtschaftliche Wert, kann auf verschiedene Weise neutralisiert werden, nämlich durch Leistung gleichwertiger **Eigenbeiträge** (etwa Übernahme von Verbindlichkeiten), zu denen ohne den Plan keine Verpflichtung besteht.[34] Die Bereitschaft des Schu zur Fortführung des Unternehmens mag ein solcher Beitrag sein, wenn sie mit persönlicher Haftung des Schu (oder seiner Gesellschafter) für die Fortführungsverbindlichkeiten verknüpft ist.[35] Der wirtschaftliche Wert kann auch dadurch neutralisiert werden, dass in die Gesellschafterstruktur eingegriffen wird (§ 225a), etwa die Gl die Geschäftsanteile übernehmen oder durch Dritte übernehmen lassen.[36] Die Fortsetzungsbeschlüsse (s dazu § 230 Rn 2) dagegen dürften für sich genommen im Zweifel kein solcher Eigenbeitrag sein. Mitunter wird eine „Gegenleistung" der Anteilseigner nicht für ausreichend erachtet. Vielmehr sei erforderlich, dass darüber hinaus gleich- oder höherrangige InsBeteiligte die Möglichkeit gehabt haben müssen, die gleichen Vorteile bzw Wertzuführungen zu erhalten.[37] Dem ist aber nicht zu folgen. Fraglich ist auch, wie zu verfahren ist, wenn kein Dritter bereit ist, das Unternehmen unter den im Plan vorgesehenen Fortführungsbedingungen zu übernehmen oder sich an dem Schu zu beteiligen. Nach RegE S 209 fließt in diesem Fall dem Schu kein wirtschaftlicher Wert zu.[38] In der Lit wird diese Ansicht mitunter als fragwürdig bezeichnet.[39] Andere wollen in diesen Fällen Abs 2 Nr 2 teleologisch reduzieren, da hier die Verteilung der Vermögenswerte nicht unfair bzw missbräuchlich ist und die Mitglieder der obstruierenden Gruppe von dem Scheitern des Plans keine Vorteile haben.[40] Für letztgenannte Ansicht sprechen die besseren Gründe.

24 **cc) Abs 2 Nr 3.** Abs 2 Nr 3 stellt für die Angemessenheit – anders als Abs 2 Nr 2 – auf die Gl gleichen Ranges ab und durchbricht damit die Gruppenbetrachtung. Die Bestimmung ist damit auch ein Korrektiv für die Gefahr missbräuchlicher Gruppenbildung (§ 222 Rn 15 und § 231 Rn 4).[41] Mitunter wird von Abs 2 Nr 3 eine Ausnahme für Kleingruppen gemacht, die

---

33 Krit auch *N/R/Braun* § 245 Rn 26–29; *Bork* ZIP 1999, 1991; *Grub* FS Uhlenbruck, 2000, S 515 f; *Uhlenbruck/Lüer/Streit* § 245 Rn 29–31; MK/*Drukarczyk* § 245 Rn 74–87; *Jungmann* 218, 223; ausf *Eidenmüller* ZGR 2001, 698–709.

34 *AG Osnabrück* BeckRS 2017, 118498.

35 **AA** *Eidenmüller* ZGR 2001, 706.

36 *AG Osnabrück* BeckRS 2017, 118498: gesetzlich nicht geschuldete und nicht erzwingbare Fortführung einer Apotheke bis zur Veräußerung an Dritte.

37 *Andrianesis* WM 2017, 36368.

38 Zust *LG Traunstein* DZWIR 1999, 464 = NZI 1999, 461 = ZInsO 1999, 577; *LG Mühlhausen* KTS 2008, 210, 214, mit krit Anm *Jungmann* 218, 223; *B/G/H/Flöther/Wehner* § 245 Rn 18; FK/*Jaffé* § 245 Rn 26; HambKomm/*Thies* § 245 Rn 13.

39 S auch *Braun/Frank* § 245 Rn 11.

40 *K Schmidt/Spliedt* § 245 Rn 23 f; *K.Schmidt/Uhlenbruck/Spliedt* Die GmbH in Krise, Sanierung und Insolvenz, Rn 8.72; s auch *Graf-Schlicker/Kebekus/Wehler* § 245 Rn 4; *AG Cuxhaven* ZinsO 2017, 2128, 2129; s auch *Schröder/Rabenhorst* ZInsO 2017, 1769, 1771.

41 FK/*Jaffé* § 245 Rn 27.

II. Zustimmungsfiktion, Nr 1

Für die Forderungen nach § **39 Abs 1 Nr 4 und 5** und **Abs 2** ist keine Gruppe zu bilden, wenn sie nach dem Plan als erlassen gelten; auch für sie kann die Vorschrift daher nur relevant werden, wenn sie fakultativ in einer Gruppe zusammengefasst worden sind. Die Zustimmung dieser Gruppe gilt nur dann als erteilt, wenn sie mit den vollrangigen Gl (§ 38) gleichbehandelt wird. Das ist nur dann der Fall, wenn entweder die Masse groß ist oder die vollrangigen Gl mit einer Kürzung ihrer Ansprüche einverstanden sind.[4] Wird die Gruppe schlechter behandelt als die vollrangigen Gl, ist für diese Gruppe Nr 1 nicht anwendbar, jedoch uU § 245. 3

III. Nichtabstimmung, Nr 2

Die Zustimmung einer Gruppe von nachrangigen Gl gilt auch dann als erteilt, wenn sich kein Gl dieser Gruppe an der Abstimmung beteiligt. Die Vorschrift entspricht der allg Regelung, dass Passivität bei der Abstimmung keinen Einfluss auf die Mehrheitsverhältnisse haben soll (s § 244 Rn 3 f). Sie hat aber kaum praktische Bedeutung, da die nachrangigen Gl idR kein Stimmrecht in einer eigenen Gruppe haben und deshalb nicht als solche zur Abstimmung aufgerufen sind (s Rn 1–4). 4

4 *K Schmidt/Spliedt* § 246 Rn 3.

§ 246a Zustimmung der Anteilsinhaber

Beteiligt sich keines der Mitglieder einer Gruppe der Anteilsinhaber an der Abstimmung, so gilt die Zustimmung der Gruppe als erteilt.

Die Vorschrift überträgt die Regelung von § 246 Nr 2 auf die Anteilsinhaber. Wie bei den nachrangigen Gl wird auch bei ihnen wegen der idR insbedingten Wertlosigkeit der Anteile mit Desinteresse an der Abstimmung gerechnet, woran aber der InsPlan nicht scheitern soll (s § 244 Rn 3, 5). Die Vorschrift hat hier aber eine **andere Bedeutung** als bei den nachrangigen Gl. Da der InsPlan die Anteilsinhaber überhaupt nur berühren soll, wenn er es ausdrücklich bestimmt (§ 225a Abs 1), muss in diesem Fall immer eine eigene Gruppe für sie gebildet werden (§ 222 Abs 1 S 1 Nr 4). Die mögliche Einbeziehung der Anteilsinhaber gilt als entscheidende Voraussetzung für die Sanierung durch InsPläne und als die wichtigste Neuerung im InsPlanVerf durch das ESUG. Dies darf nicht scheitern am oft naheliegenden Desinteresse der Anteilsinhaber, im PlanVerf an eigenen Rechtsverlusten mitzuwirken. Mit der Zustimmungsfiktion nach § 246a muss ihre Gruppe deshalb auch als „abstimmende Gruppe" iSv § 245 Abs 1 Nr 3 mitgezählt werden (s dort Rn 4–6).[1] 1

§ 247 Zustimmung des Schuldners

(1) Die Zustimmung des Schuldners zum Plan gilt als erteilt, wenn der Schuldner dem Plan nicht spätestens im Abstimmungstermin schriftlich widerspricht.

(2) Ein Widerspruch ist im Rahmen des Absatzes 1 unbeachtlich, wenn

1. **der Schuldner durch den Plan voraussichtlich nicht schlechter gestellt wird, als er ohne einen Plan stünde, und**

1 **AA** *Uhlenbruck/Hirte/Lüer/Streit* § 246a Rn 4; sa HambKomm/*Thies* § 246a Rn 3.

2. **kein Gläubiger einen wirtschaftlichen Wert erhält, der den vollen Betrag seines Anspruchs übersteigt.**

Übersicht

I. Normzweck

1 Das Gesetz verlangt für den InsPlan auch die Zustimmung des Schu. Bedeutung hat dies aber nur für einen Plan, den der *InsVerw* vorgelegt hat (§ 218; s Rn 4). Die Regelung geht davon aus, dass in den meisten InsFällen der Schu nichts mehr zu verlieren hat und deshalb seine Zustimmung auch zu einem nicht von ihm selbst vorgelegten InsPlan vermutet werden kann. Er muss daher ausdrücklich widersprechen, wenn er mit dem InsPlan nicht einverstanden ist (Abs 1), und sein Widerspruch kann unter ähnlichen Bedingungen wie bei den anderen Beteiligten (§ 245) überwunden werden (Abs 2).

II. Zustimmung und Widerspruch, Abs 1

2 Das Gesetz fingiert die Zustimmung, wenn der Schu nicht ausdrücklich widerspricht. Der Widerspruch muss **schriftlich spätestens im Abstimmungstermin** erhoben werden. Er kann also sogleich mit der Stellungnahme des Schu zum niedergelegten Plan (§ 232) und noch nach der Abstimmung, uU bis unmittelbar vor der BestätigungsEntsch erklärt werden, solange der Abstimmungstermin noch nicht geschlossen ist (s § 252 Abs 1). Das **ESUG** hat zur VerfVereinfachung die Möglichkeit, den Widerspruch zu Prot der Geschäftsstelle zu erklären, gestrichen (Art 1 Nr 32).

3 Der RegE hatte auch der Kapitalmehrheit an einer juristischen Person das Widerspruchsrecht gegeben (§ 293 Abs 1 S 2). Diese Regelung wurde vom BTag nicht übernommen.[1]

4 Sinnvoll und zulässig ist der Widerspruch des Schu nur gegen einen **Plan des InsVerw**. Ist der Schu mit seinem **eigenen** Plan nicht mehr einverstanden, kann er den Plan bis zum Beginn der Abstimmung ändern oder zurücknehmen (s § 240). Der Möglichkeit eines Widerspruchs bedarf es insoweit nicht.[2] Sobald Änderung und Rücknahme des InsPlans selbst durch den Schu nicht mehr zulässig sind (s § 240 Rn 7–9, 12), kann auch sein Widerspruch nicht mehr zulässig sein.[3]

III. Unbeachtlichkeit des Widerspruchs, Abs 2

5 Die Bedingungen für die Überwindung des Widerspruchs sind nach dem Muster von § 245 gestaltet,[4] jedoch sind die **Anwendungsprobleme** hier geringer, da die Voraussetzungen für die Überwindung des Widerspruchs in den allermeisten Fällen leicht erkennbar gegeben sein werden. Der **Vergleich der Stellung** des Schu mit und ohne Plan (Nr 1) kann sich auf die **Haftung des Schu** beziehen. Eine Regelung im Plan, die ungünstiger ist als die regelmäßige Weiterhaftung nach § 201, kann es schwerlich geben. Ungünstiger kann sie allerdings sein, wenn sie an die Stelle der möglichen Restschuldbefreiung (§ 286) treten soll. Die Abweichungen des

1 BT-Drucks 12/7302, 184.

2 *K Schmidt/Spliedt* § 247 Rn 3 will den Widerspruch im Grds zulassen, lässt ihn dann aber am Verbot des Rechtsmissbrauchs scheitern.

3 Zust *Braun/Frank* § 247 Rn 5; *Hess* InsO § 247 Rn 7; HambKomm/*Thies* § 247 Rn 4 mwN.

4 FK/*Jaffé* § 247 Rn 5.

Plans von dem, was die Restschuldbefreiung erfordern würde, sind im konkreten Fall leicht erkennbar (s auch § 220 Rn 3 f). Die Vergleichsrechnung kann sich andererseits auch auf den **Überschuss** beziehen, der ohne Plan dem Schu nach § 199 herauszugeben wäre. Zu einem solchen Überschuss kommt es aber erfahrungsgemäß nur ganz ausnahmsweise; idR erhält der Schu von dem Verwertungserlös nichts, weil schon die Gl aus ihm nicht voll befriedigt werden können. Auch die **überbetragsmäßige Befriedigung** (auch nur) eines Gl (Nr 2) ist im InsVerf ein solcher Ausnahmefall. Es gilt insoweit eine wirtschaftliche Betrachtungsweise.[5] Sieht der Plan die Unternehmensfortführung vor, bedarf es nach § 230 Abs 1 der gesonderten Zustimmung des persönlich haftenden Schu (bzw der persönlich haftenden Gesellschafter). Diese Zustimmung kann nicht nach Abs 2 fingiert werden.

IV. Verfahren

Wenn der Schu dem Plan **nicht widersprochen** hat, ist seine **Zustimmung** (Abs 1) festzustellen, ins Prot aufzunehmen und noch im Termin bekannt zu geben. Dasselbe gilt, wenn das Gericht den erhobenen **Widerspruch** für **unbeachtlich** hält (Abs 2). Die Feststellungen sind nicht selbstständig anfechtbar, sondern nur iRv §§ 250, 253. 6

---

5 FK/*Jaffé* § 247 Rn 7.

§ 248 Gerichtliche Bestätigung

(1) Nach der Annahme des Insolvenzplans durch die Beteiligten (§§ 244 bis 246a) und der Zustimmung des Schuldners bedarf der Plan der Bestätigung durch das Insolvenzgericht.

(2) Das Gericht soll vor der Entscheidung über die Bestätigung den Insolvenzverwalter, den Gläubigerausschuss, wenn ein solcher bestellt ist, und den Schuldner hören.

Übersicht

I. Normzweck

Die Vorschrift nennt in Abs 1 die **Voraussetzungen für das Wirksamwerden** des InsPlans und leitet die Vorschriften ein, nach denen über die letzte dieser Voraussetzungen, die **Bestätigung des InsPlans**, entschieden wird (§§ 248–253); Abs 2 enthält eine Regelung für das **Verf**. 1

II. Annahme des Plans

Der InsPlan bedarf der gerichtlichen Bestätigung nach seiner **Annahme** durch die InsGl und nach der **Zustimmung** des Schu. Als Annahme und Zustimmung zählen auch die fingierten und vermuteten Zustimmungen nach §§ 245–247; dies soll durch den Hinweis auf jene Vorschriften ausdrücklich klargestellt werden.[1] Annahme und Zustimmung sind durch das Gericht ausdrücklich festzustellen und bekannt zu geben, s § 244 Rn 11, § 245 Rn 27, § 247 Rn 6. Das Gericht *muss* die **Bestätigung** aussprechen, wenn keine Gründe nach §§ 249–251 entgegenstehen. Ein zusätzliches eigenes Ermessen hat es nicht; namentlich ist es 2

---

1 RAussch, BT-Drucks 12/7302, 184.

nicht befugt, von sich aus noch einmal die wirtschaftliche Zweckmäßigkeit und Erfolgsaussicht des InsPlans zu überprüfen, Veränderungen an dem Plan vorzunehmen oder Auflagen zu machen (s auch § 250 Rn 1).[2]

III. Nichtannahme und Widerspruch

3 Das Gesetz enthält **keine Regelung** für den Fall, dass der Plan von den Gl **nicht angenommen** worden ist oder dass der Schu ihm **nicht zugestimmt** hat und diese Ablehnungen auch gem §§ 245–247 **nicht überwunden** werden können. Nach dem Wortlaut von § 248 („*nach* der Annahme …") ist eine ausdrückliche Entsch des Gerichts über den Plan für diesen Fall nicht vorgesehen.[3] Jedoch sprechen §§ 252, 253 von dem Beschl, durch den die Bestätigung „versagt wird". Im Interesse der **Klarheit** und der **Rechtsmittelfähigkeit** (s § 253) ist deshalb auch dann, wenn Annahme und Zustimmung selbst nach §§ 245–247 *nicht* festgestellt werden können, eine eigene Entsch des InsGer über die Bestätigung, nämlich die **Versagung der Bestätigung**, erforderlich.[4]

IV. Mehrere Pläne

4 Das Gesetz regelt nicht den möglichen Fall (s § 235 Rn 15), dass sowohl ein Plan des Schu wie auch ein Plan des InsVerw angenommen sind und zur Bestätigung vorliegen. In der Lit werden unterschiedliche Lösungen erwogen, die die **Auswahl des Plans** teils dem InsGer überlassen, teils nach den Mehrheiten treffen, die jeder der Pläne in der Abstimmung gefunden hat, teils nach der Schnelligkeit, mit der das Gericht über den einen oder den anderen Plan entscheiden kann.[5]

5 Den Grundgedanken der InsO am nächsten dürfte eine **Lösung** sein, die das InsGer aus wirtschaftlichen Entsch möglichst heraushält und den Beteiligten das Dissensrisiko ihrer Autonomie belässt.[6] Auch dürfte es mit der Neutralität des Gerichts nicht vereinbar sein, die Entsch zwischen den Plänen vom Terminkalender und der Geschäftsbelastung des Gerichts abhängen zu lassen. Nur *ein* Plan kann bestätigt werden (sa § 235 Rn 10). Wenn *zwei* Pläne zur Bestätigung vorliegen, ist der Zweck des InsPlanVerf (s § 254 Rn 1, Vor §§ 217–269 Rn 1–3, 6–11) nicht erreicht und der Tatbestand von § 248 (Annahme *des* InsPlans) in Wahrheit noch nicht gegeben. Das Gericht muss dann feststellen, dass kein Plan iSv § 248 angenommen worden ist, und kann deshalb jedem der Pläne die **Bestätigung versagen** (s Rn 3). Es kann auch die **Erörterung** der Pläne **wiedereröffnen** (§ 156 ZPO), in der die Beteiligten neu verhandeln und sich durch Rücknahme oder Änderung eines Plans oder beider Pläne auf die zugespitzte Lage einstellen können. Wenn die GlVersammlung mit der Mehrheit von § 76 Abs 2 es verlangt, *muss* die erneute Erörterung und Abstimmung anberaumt werden. Wenn es dann wieder zu zwei Abstimmungen mit dem Erg der jeweiligen Annahme kommen sollte, muss das Gericht analog dem früheren Recht (§ 182 Abs 2 KO, § 77 Abs 1 VerglO) eine nochmalige Wiedereröffnung der Erörterung und Abstimmung ablehnen und beiden Plänen wegen Nichterreichens der Qualifikation iSv § 248 die **Bestätigung versagen**.[7] Mit den genannten Grundgedanken vereinbar wäre es auch, die Wahl zwischen den angenommenen Plänen von vornherein einem erneuten Beschl der GlVersammlung mit der Mehrheit von § 76 Abs 2 zu überlassen.[8]

2 Muster eines BestätigungsBeschl bei *Frege/Keller/Riedel* Rn 2000.
3 So anscheinend auch RegE S 210 f.
4 HM, s *Uhlenbruck/Lüer/Streit* § 248 Rn 1; *Braun/Frank* § 248 Rn 6.
5 *Braun/Frank* § 218 Rn 12 aE, § 248 Rn 7; bes ausf MK/*Eidenmüller* § 218 Rn 194–197 mwN.
6 Prinzipiell ebenso *M/R/Bähr/Landry* § 14 Rn 184; MK/*Sinz* § 248 Rn 9.
7 Zust *Häsemeyer* Rn 28.46 Fn 133; *Andres/Leithaus* § 248 Rn 2; abl *N/R/Braun* § 218 Rn 49.
8 So der Vorschlag von *M/R/Bähr/Landry* § 14 Rn 184; zust MK/*Sinz* § 248 Rn 9.

V. Bestätigungsverfahren

Nach der **Annahme** des Plans muss das Gericht prüfen, ob es Gründe für die **Versagung der Bestätigung** gibt (§§ 249–252). Das Gericht ist nicht an das Ergebnis seiner Vorprüfung nach § 231 gebunden.[9] Dazu sind **alle Beteiligten**, die es möchten, zu **hören**; Abs 2 schreibt zusätzlich die Anhörung des GlAusschusses und des InsVerw vor; dass auch der Schu zu hören ist, ergibt sich schon aus seiner Stellung als Beteiligter. Die Verhandlung findet noch im Abstimmungstermin oder in einem neu anzuberaumenden Termin statt (s § 252). Keine Wirksamkeitsvoraussetzung für den InsPlan ist der in § 302 Abs 3 S 3 AktG erwähnete Sonderbeschluss der außenstehenden Aktionäre. Die Bestimmung beschränkt lediglich die Vertretungsmacht des Leitungsorgans der ausgleichsberechtigten Ges im Abstimmungstermin (§ 243 Rn 2). Die fehlende Zustimmung kann ohne weiteres über § 245 ersetzt werden. 6

Ist der Plan **nicht angenommen** worden, müssen die Beteiligten über dieses Erg ebenfalls gehört werden; jedoch braucht das Gericht nicht mehr zu prüfen, ob die Versagungsgründe nach §§ 249–251 vorliegen, wenn es bei seiner Feststellung der Nichtannahme auch nach dieser Anhörung bleiben will. Die Versagung der Bestätigung (s Rn 3) ist dann unverzüglich auszusprechen. 7

9 *BGH* ZIP 2017, 482 Rn 14.

§ 248a Gerichtliche Bestätigung einer Planberichtigung

(1) Eine Berichtigung des Insolvenzplans durch den Insolvenzverwalter nach § 221 Satz 2 bedarf der Bestätigung durch das Insolvenzgericht.

(2) Das Gericht soll vor der Entscheidung über die Bestätigung den Insolvenzverwalter, den Gläubigerausschuss, wenn ein solcher bestellt ist, die Gläubiger und die Anteilsinhaber, sofern ihre Rechte betroffen sind, sowie den Schuldner hören.

(3) Die Bestätigung ist auf Antrag zu versagen, wenn ein Beteiligter durch die mit der Berichtigung einhergehende Planänderung voraussichtlich schlechtergestellt wird, als er nach den mit dem Plan beabsichtigten Wirkungen stünde.

(4) [1]Gegen den Beschluss, durch den die Berichtigung bestätigt oder versagt wird, steht den in Absatz 2 genannten Gläubigern und Anteilsinhabern sowie dem Verwalter die sofortige Beschwerde zu. [2]§ 253 Absatz 4 gilt entsprechend.

Übersicht

I. Normzweck

§ 248a ergänzt § 221 S 2, wonach der InsVerw nach dem Plan bevollmächtigt werden kann, offensichtliche Fehler des Plans zu berichtigen (§ 221 Rn 8). In diesem Fall bedarf die Planänderung einer gerichtlichen Bestätigung. Das gilt hingegen nicht für notwendige Maßnahmen zur Umsetzung des Plans, zu denen der InsVerw ebenfalls ermächtigt werden kann (§ 221 Rn 8). Warum das BestätigungsVerf im Fall von Plankorrekturen **nicht als allgemeines BerichtigungsVerf ausgestaltet** wurde, sondern an einer entspr Bevollmächtigung des InsVerw nach § 221 S 2 anknüpft, ist nicht ohne Weiteres verständlich.[1] 1

1 HambKomm/*Thies* § 248a Rn 1.

II. Bestätigung

2 Die Planberichtigung erlangt **Wirksamkeit erst durch die Zustimmung des InsGer** (Abs 1). Damit soll sichergestellt werden, dass der InsVerw bei der Ausübung seiner Planberichtigungsvollmacht die gesetzlichen Grenzen (§ 221 Rn 8) eingehalten hat.[2] Bedeutung kommt der Vorschrift nur zu, wenn der InsVerw die **Planberichtigung nach bereits erfolgter gerichtlicher Bestätigung** nach § 248 vornimmt. Möglich ist dies bis zur Rechtskraft des bestätigten Plans. Berichtigt der InsVerw den Plan nach Annahme desselben durch die Beteiligten, aber vor der gerichtlichen Bestätigung nach § 248, erweitert sich die Prüfungskompetenz des Gerichts nach § 248 um die in § 248a genannten Punkte.

3 Der Umfang der Prüfung des InsGer beschränkt sich auf die vom InsVerw vorgenommene Berichtigung des Plans. Andere Mängel können vom InsGer nicht berücksichtigt werden.[3] Auf Antrag[4] ist – in Anlehnung an § 251 Abs 1 Nr 2 – die Bestätigung der Planberichtigung nach Abs 3 zu versagen, wenn ein Beteiligter durch den berichtigten Plan **voraussichtlich schlechter** gestellt wird, als er nach dem Plan gestanden hätte. Der Vergleich bezieht sich hier also nicht auf die Regelabwicklung, sondern auf den unveränderten Plan. § 221 S 2 und § 248a Abs 3 sind auf den ersten Blick nicht leicht miteinander zu vereinbaren. Während nach § 221 S 2 der InsVerw nur zur Berichtigung „offensichtlicher Fehler" bevollmächtigt werden kann, geht Abs 3 davon aus, dass durch die Änderung des Plans auch die Rechtsstellung der Beteiligten verändert werden kann. Fälle, in denen durch die Plankorrektur eine Schlechterstellung eines Planbeteiligten erfolgt, ohne dass hierdurch der Wille der Beteiligten verändert wird (§ 221 Rn 8), sind nur schwer vorstellbar.[5]

III. Bestätigungsverfahren

4 Abs 2 sieht vor, dass das InsGer vor der Bestätigung einen etwaigen GlAusschuss und den Schu hören „soll", sowie die Gl und Anteilsinhaber, wenn deren Rechte betroffen sind. Aus der Gesetzesbegründung folgt, dass nur die Gl und Anteilsinhaber gehört werden sollen, deren Rechte durch Rechte durch die Berichtigung betroffen sind.[6] Eine umfassende **Anhörung** sämtlicher Gl und Anteilsinhaber ist mithin nicht vorgesehen.[7]

5 Gegen die Entscheidung über die Berichtigung ist die **sofortige Beschwerde** möglich (Abs 4). Beschwerdeberechtigt sind die in Abs 2 genannten Gl und Anteilsinhaber, deren Rechte von der Berichtigung betroffen sind. Daneben ist auch der InsVerw beschwerdeberechtigt. Der Schu kann die Bestätigung der Planberichtigung nicht anfechten. Abs 4 S 2 verweist auf § 253 Abs 4, wonach die Beschwerde zurückgewiesen werden kann, wenn der InsVerw dies beim LG beantragt, um mit einer Verzögerung einhergehende überwiegende Nachteile zu vermeiden (sog **„Freigabeverfahren"**).

§ 249 Bedingter Plan

[1]Ist im Insolvenzplan vorgesehen, dass vor der Bestätigung bestimmte Leistungen erbracht oder andere Maßnahmen verwirklicht werden sollen, so darf der Plan nur bestätigt werden, wenn diese Voraussetzungen erfüllt sind. [2]Die Bestätigung ist von Amts wegen zu versagen, wenn die Voraussetzungen auch nach Ablauf einer angemessenen, vom Insolvenzgericht gesetzten Frist nicht erfüllt sind.

---

2 BT-Drucks 17/7511, S 36.
3 FK-*Jaffé* § 248a Rn 6.
4 *Uhlenbruck/Lüer/Streit* § 248a Rn 7.
5 HambKomm/*Thies* § 248a Rn 6.
6 BT-Drucks 17/7511, S 48.
7 *K Schmidt/Spliedt* § 248a Rn 4; HambKomm/*Thies* § 248a Rn 4.

Übersicht

I. Normzweck

1 Die Vorschrift soll sicherstellen, dass die **Voraussetzungen** für die Planbestätigung geschaffen werden, die im Plan selbst genannt werden und nur durch **zusätzliche Beiträge** der Beteiligten oder dritter Personen erfüllt werden können. Dies soll dadurch erreicht werden, dass die Bestätigung des Plans von der Erfüllung der Voraussetzungen abhängig gemacht wird (S 1). Um Verzögerungen zu vermeiden, soll das Gericht Ausschlussfristen setzen dürfen (S 2). Planbedingungen iSd Vorschrift können nur solche Umstände sein, die auch vor Bestätigung des InsPlans eintreten können.[1]

2 Die Vorschrift bietet die Möglichkeit, die Annahme des Plans in der Abstimmung und die erwarteten zusätzlichen Beiträge einzelner Beteiligter oder Dritter miteinander zu verbinden: der zusätzliche Beitrag braucht erst geleistet zu werden, wenn der Plan in der Abstimmung angenommen wurde; die Abstimmenden können ihrerseits erwarten, dass der angenommene Plan für sie nicht ohne den Beitrag verbindlich werden wird.

II. Regelung im Insolvenzplan

3 Die **Leistungen**, von denen die Bestätigung abhängig sein soll, können in allem bestehen, was nicht schon aus der InsMasse oder sonstwie auf Grund des InsPlans zu leisten ist, zB in der Bestellung von neuen Sicherheiten, der Gewährung von Kredit, der Zusage von Belieferungen, der Ausführung von Arbeiten, der Gewinnung von staatlichen Beihilfen, gleichgültig ob diese Leistungen von Dritten oder von InsBeteiligten selbst erbracht werden sollen. Mit **anderen Maßnahmen** waren vor Inkrafttreten des ESUG vor allem gesellschaftsrechtliche Beschl gemeint, die für den Plan vorausgesetzt werden, zB Ausschluss und Aufnahme von Gesellschaftern, die Auswechslung von Organen, die Herabsetzung und Erhöhung von Kapitalbeiträgen. Nach Inkrafttreten des **ESUG** ist die Verzahnung des Plans mit den erforderlichen gesellschaftsrechtlichen Maßnahmen über § 249 nicht mehr nötig, da nun der Plan selber alle zulässigen gesellschaftsrechtlichen Maßnahmen vorsehen kann (§§ 217 S 2, 225a).

4 Die gerichtliche Bestätigung darf vor solchen Leistungen und Maßnahmen nicht erteilt werden, wenn **im InsPlan vorgesehen** ist, dass sie **vor der Bestätigung** erfolgen sollen. Wenn der InsPlan für die genannten Leistungen und Maßnahmen diese zeitliche Voraussetzung nicht aufstellt, ist § 249 *nicht* anwendbar, so etwa, wenn der InsPlan nur eine *Verpflichtung* begründen soll, die *nach* seinem Wirksamwerden erfüllt werden und durch ihn erzwingbar sein soll (§§ 254, 257); wenn der InsPlan zwar bestätigt werden, aber seine *Wirkung* durch die genannten Leistungen oder Maßnahmen *bedingt* sein soll; wenn der InsPlan im gestaltenden Teil Willenserklärungen enthält, die *mit seiner Rechtskraft wirksam* werden sollen (s § 228 und unten Rn 7). Die gesetzliche Überschrift bei § 249 („Bedingter Plan") ist deshalb missverständlich; der Plan und seine Wirkungen sind nicht bedingt, sondern der Plan selbst stellt eine **zusätzliche Voraussetzung** für seine **Bestätigung** auf.

III. Bestätigung

5 Das Gericht darf den Plan nicht bestätigen, solange die genannten Voraussetzungen nicht erfüllt sind, S 1. Da andererseits nach der Annahme des Plans über seine Bestätigung ent-

1 *BGH* ZIP 2017, 482 Rn 43.

schieden werden muss, ist es **verpflichtet**, für die Erfüllung der Voraussetzungen eine **Frist** zu setzen. Eine planeigene Frist macht die Fristsetzung durch das Gericht nicht entbehrlich.[2] Nach Ablauf der Frist ohne Erg **muss** es die **Bestätigung versagen**, S 2, ohne dass es auf weitere Versagungsgründe noch ankommt.

6 Die vom Gericht zu setzende Frist muss **angemessen** sein, s S 2. Die Angemessenheit kann nicht nach dem Planinhalt, sondern muss nach § 252 Abs 1 beurteilt werden, über den der Plan nicht verfügen kann (s § 217 Rn 9). Die Frist muss deshalb noch im Abstimmungstermin gesetzt und so bemessen werden, dass die Entsch über die Bestätigung innerhalb des durch § 252 Abs 1 gesetzten Zeitrahmens verkündet werden kann. Bei der Fristsetzung kann aber auf die noch ausstehenden Voraussetzungen Rücksicht genommen werden, s § 252 Rn 2.

IV. Verhältnis zu anderen Vorschriften

7 Die Vorschrift berührt sich mit **§ 228**, wenn die Leistungen und Maßnahmen, die der Plan voraussetzt, **Willenserklärungen** iS jener Vorschrift sind oder wenn für die dort genannten Rechtsgeschäfte **weitere Realakte** (Registereintragungen, Besitzübergaben, Ausstellung zB von Urkunden) erforderlich sind. Es ist zu **unterscheiden**: (1) Willenserklärungen, die noch *vor der Bestätigung* des Plans abgegeben und sofort wirksam werden sollen, sind ein Fall von § 249; (2) Willenserklärungen, die in den Plan aufgenommen sind und mit der *Rechtskraft* des *bestätigten Plans* wirksam werden sollen, fallen (als bedingte Erklärungen) unter § 228. (3) Willenserklärungen, die im Plan als Bedingung für seine Wirksamkeit nach § 254 erscheinen, fallen weder unter § 249 noch unter § 228; sie machen – wenn zulässig in den Plan aufgenommen – die Wirksamkeit des bestätigten Plans abhängig davon, dass sie tatsächlich abgegeben werden. **Realakte** können entweder Voraussetzungen nach § 249 (Variante 1) oder Wirksamkeitsbedingungen für den Plan (Variante 3) sein.

8 Sollen nach dem Plan **Verpflichtungserklärungen** abgegeben werden (die sich nicht auf die Ins-Masse beziehen), berührt sich § 249 mit **§ 230 Abs 3**. Diese Vorschrift betrifft den Fall, dass eine Verpflichtung **bedingt durch die Planbestätigung** übernommen wird, aber (wegen der Bedingtheit) noch **nicht erfüllt** ist; § 249 betrifft dagegen den Fall, dass eine Verpflichtung als **Voraussetzung für die Planbestätigung** übernommen werden soll, und den Fall, dass eine Verpflichtung übernommen worden ist und noch vor der Bestätigung **erfüllt werden** soll (sa § 230 Rn 7).

§ 250 Verstoß gegen Verfahrensvorschriften

Die Bestätigung ist von Amts wegen zu versagen,

1. **wenn die Vorschriften über den Inhalt und die verfahrensmäßige Behandlung des Insolvenzplans sowie über die Annahme durch die Beteiligten und die Zustimmung des Schuldners in einem wesentlichen Punkt nicht beachtet worden sind und der Mangel nicht behoben werden kann oder**
2. **wenn die Annahme des Plans unlauter, insbesondere durch Begünstigung eines Beteiligten, herbeigeführt worden ist.**

Übersicht

2 *Skauradszun* DWIR 2015, 539, 547.

I. Normzweck

Die Vorschrift enthält die **Versagungsgründe**, auf die das InsGer von Amts wegen und unabhängig von der Planregelung achten muss. Zu prüfen ist, ob **rechtliche** Vorschriften und Grundsätze, vor allem die über das **Verf**, verletzt worden sind. Das Gericht hat nicht die Aufgabe, den **wirtschaftlichen Wert** des InsPlans für die Beteiligten zu prüfen, und braucht, anders als bei der Vorprüfung (§ 231 Abs 1 Nr 3), auch nicht mehr auf seine **Durchführbarkeit** zu achten.[1] Das **wirtschaftliche Urt** über den Plan wird nach der Konzeption der InsO vielmehr von den Beteiligten in der Abstimmung getroffen. Die Vorschrift dient – neben den §§ 245, 248, 249, 251 – dem Schutz des Schu und der den Plan ablehnenden Minderheit.[2] 1

II. Vorschriften über den Inhalt

Die inhaltliche Prüfung nach Nr 1 stimmt mit der Eingangskontrolle nach § 231 Abs 1 Nr 1 überein. Den Inhalt des InsPlans regelt das Gesetz in §§ **217**, **219–230**; bes wichtig ist die Bestimmtheit und Klarheit des **gestaltenden Teils** (§ 221), die Korrektheit und Angemessenheit der **Gruppenbildung** (§§ 222–225)[3], die Beachtung der gesellschaftsrechtl Vorgaben in § 225a (s dort Rn 9 ff)[4] und die Wahrung des **Gleichbehandlungsgrundsatzes** (§ 226). Auch der **darstellende Teil** (§ 220) kann zu Grundlagen und Auswirkungen des Plans (§ 220 Abs 2) fehlerhaft sein.[5] Die Vorprüfung des Plans nach § 231 Abs 1 Nr 1 macht die erneute Prüfung nicht entbehrlich, da mögliche Änderungen des Plans (§ 240), die Erörterung mit den Beteiligten (§ 235) und die eingeholten Stellungnahmen (§§ 232, 248 Abs 2) eine erneute Würdigung erfordern.[6] Nach Ansicht des BGH ist das InsGer bei der Entscheidung über die Bestätigung eines InsPlans nicht an das Ergebnis seiner Vorprüfung gebunden.[7] Mithin kommt es nicht darauf an, ob ein neuer Vortrag der Beteiligten gegenüber der Vorprüfung nach § 231 vorliegt oder nicht.[8] 2

III. Vorschriften über das Verfahren

Das InsPlanVerf regeln die §§ **218, 231, 232, 234–236, 239–243**. Das Gericht wird hier vor allem darauf zu achten haben, dass die Beteiligen über den Inhalt des Plans und den Stand des Verf unterrichtet sein konnten.[9] 3

IV. Vorschriften über Annahme und Zustimmung

Die erforderlichen Mehrheiten bei den Gl, die Zustimmung des Schu und die Fiktion von Annahme und Zustimmung sind in §§ **244–247** geregelt. Das Gericht wird für die Bestätigung nur selten die Feststellungen bezweifeln, die es gerade zuvor zum Erg der Abstimmung getroffen hat. Wird über die Bestätigung noch im Abstimmungstermin verhandelt (s § 252 und § 248 Rn 6), dürften diese Fragen und die Prüfung nach § 250 ohnehin ineinander übergehen. *Nicht* überprüfen darf das Gericht die von ihm vorgenommene **Regelung** des **Stimmrechts**; dazu gehören auch Entsch über die *Wirksamkeit* der *Ausübung* des Stimmrechts, etwa über die Wirksamkeit einer Stimmrechtsvollmacht.[10] 4

---

1 Zust *LG Berlin* NZI 2005, 338; *K Schmidt/Spliedt* § 250 Rn 4; *Smid* NZI 2005, 298 f.
2 *K Schmidt/Spliedt* § 250 Rn 1.
3 *BGH* NZI 2005, 619, 620; *B/G/H/Flöther/Wehner* § 250 Rn 6.
4 *Brünkmans/Greif-Werner* ZInsO 2015, 1585, 1587.
5 Beispiel: *BGH* NZI 2012, 139 Rn 10 oder *LG Berlin* ZIP 2008, 324.
6 *Uhlenbruck/Lüer/Streit* § 250 Rn 9.
7 *BGH* ZIP 2017, 482 Rn 14 f.; so bereits vorher *K/P/B/Pleister* § 250 Rn 7; *M/R/Bähr/Landry* § 14 Rn 173
8 *BGH* ZIP 2017, 482 Rn 16; aA Voraufl.
9 Siehe hierzu im Einzelnen *Uhlenbruck/Lüer/Streit* § 250 Rn 12 f; MK/*Sinz* § 250 Rn 18–27.
10 *BGH* ZIP 2008, 2428 Rn 9.

V. Wesentlichkeit und Behebbarkeit

5 Zur Versagung der Bestätigung soll ein Mangel der in II –IV genannten Art nur führen, wenn er **wesentlich** ist. Wesentlich sind Verstöße, die geeignet waren, die Abstimmung zu beeinflussen.[11] Als nicht wesentlich ist von der Rspr etwa bezeichnet worden, wenn die nach § 229 S 1 erforderliche Liquiditätsrechnung nicht in tabellarischer, sondern in sonstiger schriftlicher Form abgefasst (im Übrigen aber inhaltlich richtig) ist,[12] wenn Gründe verschwiegen werden, die im RegelInsVerf eine Versagung der Restschuldbefreiung begründen würden (s aber auch § 220 Rn 4),[13] oder die Verlegung des Erörterungs- und Abstimmungstermins von einem großen in einen kleinen Saal, dieser aber ordnungsgemäß nach § 235 Abs 2 bekannt gemacht wurde[14]. Auch Verfahrensmängel, die allein vom Gericht verursacht wurden, können wesentlich sein und daher der Bestätigung nach § 250 Nr 1 entgegenstehen.[15] **Behebbar** sind solche Mängel des Verf, die eine mangelfreie Nachholung des Vorgangs zulassen; dies ist nicht der Fall, wenn ein früherer VerfAbschn, hier also die Erörterung des InsPlans, wieder eröffnet werden müsste.[16] Auch aus diesem Grund kann die Regelung des **Stimmrechts** nicht schon iRv § 250 überprüft werden (s Rn 4). Ist ein Mangel behebbar, so muss das InsGer für die Behebung eine **Frist** setzen; nach Ablauf der Frist ohne Erg muss es die Bestätigung versagen.

VI. Unlauterkeit, Nr 2

6 Unlauter ist ein gegen Treu und Glauben verstoßendes Verhalten (des Schuldners oder eines am Verfahren Beteiligten). Das kommt grundsätzlich bei einer Begünstigung eines Beteiligten in Betracht. Als Fall nennt der RegE S 211 den **Stimmenkauf**.[17] In Betracht kommt auch ein selektiver **Ankauf von InsFord** mit dem Ziel, eine Mehrheit bei der Abstimmung zu erlangen.[18] Entspr gilt bei Anerkennen erdichteter Forderungen oder bei Verheimlichen von Vermögen.[19] Das unlautere Verhalten muss für die Annahme des Plans kausal sein.[20] Werden bedeutsame Erkenntnisse zwischen Planerstellung und Abstimmungstermin gewonnen oder Tatsachen von wesentl Bedeutung bekannt, ist es unlauter, wenn die Beteiligten hierauf im Erörterungstermin nicht hingewiesen werden.[21]

§ 251 Minderheitenschutz

(1) Auf Antrag eines Gläubigers oder, wenn der Schuldner keine natürliche Person ist, einer am Schuldner beteiligten Person ist die Bestätigung des Insolvenzplans zu versagen, wenn

---

11 *BGH* NZI 2010, 101 Rn 3; sa *LG Berlin* NZI 2005, 335, 337; *LG Berlin* ZIP 2014, 2197, 2203; *B/G/H/Flöther/Wehner* § 250 Rn 16; *Uhlenbruck/Lüer/Streit* § 250 Rn 5; HambKomm/*Thies* § 250 Rn 7; *K Schmidt/Spliedt* § 250 Rn 6.

12 *BGH* NZI 2010, 101 Rn 3.

13 *BGH* NZI 2009, 515 Rn 27.

14 *BGH* NZI 2010, 734 Rn 27 ff.

15 *Uhlenbruck/Lüer/Streit* § 250 Rn 7.

16 MK/*Sinz* § 250 Rn 39; HambKomm/*Thies* § 250 Rn 10.

17 Für weitere Fälle s zB *N/R/Braun* § 250 Rn 12, 13; *B/G/H/Flöther/Wehner* § 250 Rn 20–30; *Uhlenbruck/Lüer/Streit* § 250 Rn 30, 31; HambKomm/*Thies* § 250 Rn 13.

18 So *BGHZ* 162, 283 = ZIP 2005, 719; s krit dazu § 226 Rn 5 und *M/R/Bähr/Landry* § 14 Rn 176; *Braun/Frank* § 250 Rn 9 Fn 3; ausf zum Meinungsstand MK/*Sinz* § 250 Rn 49–53.

19 *Uhlenbruck/Lüer/Streit* § 250 Rn 30.

20 FK/*Jaffé* § 250 Rn 13; *Uhlenbruck/Lüer/Streit* § 250 Rn 31.

21 *K Schmidt/Spliedt* § 250 Rn 11; *Hiebert* ZInsO 2015, 113, 114.

1. der Antragsteller dem Plan spätestens im Abstimmungstermin schriftlich oder zu Protokoll widersprochen hat und
2. der Antragsteller durch den Plan voraussichtlich schlechtergestellt wird, als er ohne einen Plan stünde.

(2) Der Antrag ist nur zulässig, wenn der Antragsteller spätestens im Abstimmungstermin glaubhaft macht, dass er durch den Plan voraussichtlich schlechtergestellt wird.

(3) [1]Der Antrag ist abzuweisen, wenn im gestaltenden Teil des Plans Mittel für den Fall bereitgestellt werden, dass ein Beteiligter eine Schlechterstellung nachweist. [2]Ob der Beteiligte einen Ausgleich aus diesen Mitteln erhält, ist außerhalb des Insolvenzverfahrens zu klären.

Übersicht

I. Normzweck

Die Vorschrift soll jedem Gl den **Wert garantieren**, den seine Rechtsposition noch hat und den er durch das InsVerf auch **ohne InsPlan** zugewiesen erhielte. Sie erfordert deshalb einen Vergleich jenes Werts (**Liquidationswert**) mit dem Wert, der dem Beteiligten durch den Plan (**Planwert**) zugedacht ist. Der Liquidationswert soll dem Beteiligten auch gegen die Abstimmungsmehrheit in seiner eigenen Gruppe dadurch gesichert sein, dass der in der Minderheit gebliebene Gl sich beim InsGer gegen die Bestätigung des Plans wenden kann. Das ist schon deshalb notwendig, weil die Gruppenbildung nicht stets den unterschiedlichen Interessen der verschiedenen Gl angemessen Rechnung kann. Das **ESUG** hat die ursprüngl nur für Gl geltende Garantie auf die Anteilsinhaber erstreckt. Für diese kann dabei ein *steuerlicher* Vergleich von PlanVerf und RegelVerf zu berücksichtigen sein.[1] 1

Das **zentrale Anliegen** hinter der Regelung ist, die zivilrechtliche Haftungsordnung zu wahren und „Vermögensverlagerungen" durch Fremdbestimmung abzuwehren, indem bei *jedweder* Art von InsBereinigung dem einzelnen Beteiligten der Liquidationswert garantiert wird.[2] 2

Der **Minderheitsschutz** für den **einzelnen Beteiligten** in dieser Vorschrift ist **vergleichbar** dem Schutz von **Gruppen**, die in der Minderheit geblieben sind, nach § 245. Die Regelung **unterscheidet** sich von jener aber in folgenden Punkten:[3] (1) § 245 schützt eine Gruppe von Gl (auch von absonderungsberechtigten Gl, s § 223 Rn 2) oder Anteilsinhabern gegen die Mehrheit der anderen Gruppen. § 251 hingegen schützt den einzelnen Beteiligten gegen die Mehrheit in der eigenen Gruppe; (2) es ist **nicht** erforderlich, dass der betr Beteiligte abgestimmt hat oder überhaupt das Stimmrecht hatte (s § 245 Rn 5); auch nachrangige Gl stehen deshalb unter dem Schutz der Vorschrift[4] sowie Gl, die aus anderen Gründen (zB § 44) kein Stimmrecht hatten[5] oder wegen verspäteter Anmeldung nicht abstimmen durften;[6] (3) es ist **nicht** erforderlich, dass der einzelne Beteiligte auch an dem **Mehrwert**, der durch den Ins- 3

1 *Zimmer* ZInsO 2011, 950, 952 f.
2 S RegE S 77–79, 83 f, 92 f.
3 Ausf dazu *Jungmann* KTS 2006, 135.
4 *Uhlenbruck/Lüer* § 251 Rn 11.
5 Zu § 44 *Noack/Bunke* FS Uhlenbruck, 2000, S 355 ff; sa *Uhlenbruck/Lüer/Streit* § 251 Rn 11.
6 Zur verspäteten Anmeldung *Otte/Wiester* NZI 2005, 72.

Plan über den Liquidationswert hinaus erzielt werden kann, angemessen beteiligt wird (s § 245 Rn 17); (4) es muss die **Schlechterstellung** des einzelnen Beteiligten, nicht (wie bei § 245) die **Vermeidung** der Schlechterstellung der Minderheitsgruppe begründet und bewiesen werden (s § 245 Rn 7, 15).[7] (5) Der Schutz nach § 251 wird nur auf entsprechenden Antrag hin und nicht von Amts wegen gewährt wie in § 245. Das hat auch Auswirkungen auf die Darlegungs- und Beweislast.

II. Verfahren

4 Das Gericht prüft nicht von Amts wegen, sondern nur auf **Antrag**. Der Antrag ist nur **zulässig**, wenn der Gl glaubhaft macht, dass er durch den Plan schlechter gestellt wird (Abs 2). Die vielfach geäußerte Auff,[8] der Antrag könne bis zur Rechtskraft der Entsch, also bis zum Ablauf der BeschwFrist und noch während des BeschwVerf, gestellt werden, widerspricht Wortlaut und Sinn der Vorschrift („die Bestätigung ist zu versagen").[9] Das **ESUG** verlangt im Interesse einer zügigeren VerfFührung, dass der Widersprechende schon im Abstimmungstermin seine Schlechterstellung glaubhaft macht (Abs 2) und damit den entspr Antrag stellt. Dem Antragsteller kann daher keine weitere Frist zur Glaubhaftmachung seiner wirtschaftlichen Schlechterstellung zugebilligt werden.[10] Antragsbefugt ist jeder Gl, der von den Rechtswirkungen des Plans erfasst ist und – wenn der Schu keine natürl Person ist – jede am Schu beteiligte Person. Letzteres setzt aber ebenfalls voraus, dass der InsPlan deren Anteils- und MitgliedschaftsR berührt.

5 Zulässigkeitsvoraussetzung ist, dass der Beteiligte seine Schlechterstellung **glaubhaft macht**, Abs 2. Das Gericht soll sich nicht (zeitaufwendig) mit der bloßen Behauptung einer Schlechterstellung beschäftigen und damit uU den Abschluss des Verf aufschieben müssen;[11] RegE S 212. Erforderlich ist in einem ersten Schritt eine ausreichende Darlegung der Schlechterstellung. Letztere muss konkret begründet werden und darf nicht auf Vermutungen oder allgemeinen Prognosen beruhen.[12] Der widersprechende Beteiligte muss also auf Angaben in den bisher vorgelegten schriftlichen Unterlagen oder in der mündlichen Erörterung hinweisen können, nach denen die Richtigkeit seiner Behauptungen **mindestens möglich** erscheint, oder er muss zur Unterstützung seiner Behauptung solche zusätzlichen Tatsachen vorbringen.[13] Soweit auf Unterlagen vor InsEröffnung Bezug genommen wird (zB Quartalsberichte), ist die darin enthaltene, von der Vergleichsrechnung (§ 220 Rn 3) abweichende Bewertung zu begründen. Ob der Antragsteller eine eigene Vergleichsrechnung durchführen muss, ist fraglich.[14] In jedem Fall muss er sich aber mit der vom Planersteller aufgestellten Vergleichsrechnung und den darin enthaltenen Angaben auseinandersetzen und eigene Berechnungen anstellen.[12] Neben der genügenden Darlegung muss der Antragsteller diese auch glaubhaft machen. Das Gericht kann sich zur Abwehr leichtfertiger Behauptungen auch auf die über den Wortsinn hinausgehende Auslegung des Begriffs durch die hM zu § 294 ZPO beziehen; danach ist eine Behauptung erst dann glaubhaft gemacht, wenn ihre Richtigkeit **überwiegend wahrscheinlich** ist.[15] Das Gericht muss den

7 *Braun/Frank* § 251 Rn 6 mwN.
8 RegE S 212; so wohl auch *Braun/Frank* § 251 Rn 5.
9 Ausf *Uhlenbruck/Lüer/Streit* § 251 Rn 7, 8; MK/*Sinz* § 251 Rn 9–11; HambKomm/*Thies* § 251 Rn 5.
10 *AG Osnabrück* BeckRS 2017, 118498.
11 *AG Bonn* ZInsO 2015, 353, 354; s auch *LG Osnabrück* ZInsO 2017, 1791, 1792 f.
12 *AG Bonn* ZInsO 2015, 353, 354.
13 S zB *OLG Dresden* ZIP 2000, 1305.
14 So HambKomm/*Thies* § 251 Rn 9; offengelassen in *AG Bonn* ZInsO 2015, 353, 354.
15 S *BGH* NZI 2014, 752 Rn 23 (*H-F Müller*); ZIP 2007, 923; 2010, 292 Rn 6.

Antrag danach als unzulässig zurückweisen, wenn nach den gegensätzlichen Behauptungen der Beteiligten eine Schlechterstellung wie auch eine Gleich- oder Besserstellung des Gl *gleichermaßen möglich* erscheinen.

Der Beteiligte muss spätestens **im Abstimmungstermin** schriftlich oder zu Protokoll der Geschäftsstelle Widerspruch gegen den Plan erhoben haben. Dass er bei der Abstimmung gegen ihn gestimmt hat, ersetzt den *förmlichen* Widerspruch nicht.[16] Die Teilnahme an der Abstimmung ist aber auch keine Voraussetzung für den Widerspruch.[17] Auch ist der Widerspruch vom Antrag (Rn 4) zu unterscheiden.[18] 6

III. Schlechterstellung

Der Grund für die Versagung der Bestätigung ist die Schlechterstellung des Beteiligten im **Vergleich** mit dem Erg der **Regelverwertung**, dh **ohne Plan.**[19] Da die Regelverwertung nach der angestrebten Versagung der Planbestätigung noch stattfinden müsste, kann ihr Erg nur vorausgeschätzt und müsste auf den Vergleichszeitpunkt zurückgerechnet werden. Ähnlich hypothetisch ist der Wert der im Plan vorgesehenen Befriedigung, wenn sie nicht nur in einer sofortigen Zahlung nach Planbestätigung besteht, sondern durch gestreckte Zahlung oder durch Zuteilung von Ersatzrechten (Anteilsrechte, neue Sicherheiten, neue Schuldtitel) geschehen soll. Zu § 251 sind deshalb dieselben **Befürchtungen** der Überforderung des InsGer und der Streitbelastung des Verf verbreitet wie zu § 245 (s dort Rn 9). Auch hier bietet das Gesetz aber viele Möglichkeiten der **Problemeingrenzung**: 7

- Schon für die **Zulassung** des Antrags ist die **Glaubhaftmachung** der Schlechterstellung erforderlich (s Rn 5). Dadurch wird verhindert, dass das Verf durch umfangreiche Ermittlungen des Gerichts in die Länge gezogen wird.
- Die Schlechterstellung muss in einem **Zahlenverhältnis** auszudrücken sein.[20]
- Die meisten Zahlen sind im **darstellenden Teil** und anderen **Unterlagen** seit der Vorlage des Plans **dokumentiert**.
- Die **Begr-** und **Beweislast** trifft den Ast; verbleibende Ungewissheit geht zu seinen Lasten.[21] Die nachträgliche Einfügung des Wortes „voraussichtlich" in Abs 1 Nr 2 hat die Begr- und Beweislast als solche nicht geändert, sie aber erleichtert.[22] An der Notwendigkeit einer möglichst exakten **Vergleichsrechnung** (s § 245 Rn 12, 13) soll die Einfügung ebenfalls nichts ändern.[23]

Nicht als Schlechterstellung gilt es, wenn die Gruppe, welcher der widersprechende Ast angehört, an dem **Mehrwert**, den der Plan erzielen soll, nicht oder nicht ausreichend beteiligt wird; das Erfordernis der **angemessenen Beteiligung** (§ 245 Abs 1 Nr 2) ist für den einzelnen Beteiligten bewusst nicht übernommen worden; RegE S 211. **Keine** Schlechterstellung liegt auch darin, dass der Beteiligte uU im **PlanVerf** benachteiligt worden ist, zB bei der Regelung des Stimmrechts. Die gegenteilige Auff von *Smid/Rattunde*[24] hält sich nicht an 8

16 *LG Neubrandenburg* ZInsO 2000, 628 (LS); *Braun/Frank* § 251 Rn 3.
17 *Braun/Frank* § 251 Rn 3.
18 *K Schmidt/Uhlenbruck/Vallender* Die GmbH in Krise, Sanierung und Insolvenz, Rn 8.118.
19 *LG Osnabrück* ZInsO 2017, 1791, 1792; ablehnend *Schäfer* ZIP 2015, 1208, 1211; *ders* ZIP 2016, 1911, 1913.
20 *AG Osnabrück* BeckRS 2017, 118498; *Uhlenbruck/Lüer/Streit* § 251 Rn 22; *K Schmidt/Uhlenbruck/Vallender* Die GmbH in Krise, Sanierung und Insolvenz, Rn 8.120.
21 *Uhlenbruck/Lüer/Streit* § 251 Rn 22.
22 S § 245 Rn 15 und ausf *N/R/Braun* § 251 Rn 8.
23 S auch *K/P/B/Pleister* § 251 Rn 9; HambKomm/*Thies* § 251 Rn 9, 11.
24 InsPlan, Rn 15.3.

den Wortlaut des Gesetzes (Schlechterstellung durch den Plan) und nicht an seinen Sinn; es müssen gerade **wirtschaftliche Erg** miteinander verglichen werden.

9 Schwierig ist auch hier der Fall zu beurteilen, dass der **Schu** das **Unternehmen fortführen** soll (s § 245 Rn 20). Wenn der Schu (oder eine an ihm beteiligte Person) dadurch einen wirtschaftlichen Wert erhält, den er bei unverzüglicher Regelverwertung (s § 159) nicht erhalten würde, können dadurch in erster Linie die nachrangigen Gl, in zweiter Linie auch die vollrangigen Gl schlechter gestellt sein. Die Schlechterstellung wäre nur dann nicht gegeben, wenn der den Gl zufallende Fortführungswert auch bei einer Weiterbeteiligung des Schu durch den InsPlan noch höher einzuschätzen wäre als der für sie zu erwartende Erlösanteil bei der Regelverwertung. Problematisch ist auch der Fall, dass die Alt-Gesellschafter nach § 225a aus der Ges gedrängt werden, wenn in der Regelins mit einer Spekulation der Aktien der Schu (durch Spekulanten) zu rechnen gewesen wäre. Hier stellt sich die Frage, ob nach § 251 Abs 3 Vorsorge zu treffen ist.[25]

IV. Versagung der Bestätigung

10 Hat der Antragsteller der Glaubhaftmachung genügt, ist der Antrag zulässig und das Ger trifft dann eine Amtsermittlungspflicht (§ 5), ob eine Schlechterstellung tatsächlich vorliegt.[26] Diese Prüfung ist ausschließlich auf der Grundlage des glaubhaft gemachten Vorbringens vorzunehmen.[27] Fehlt es an der Zulässigkeit oder Begründetheit des Antrags, ist dieser durch gesonderten Beschluss zurückzuweisen. Dieser ist insb nicht Bestandteil des Bestätigungsbeschlusses (§ 252).[28] Wenn das Gericht eine (auch nur unwesentliche) Schlechterstellung des widersprechenden Ast feststellt, **muss** es die Bestätigung **versagen**, soweit nicht Ausgleichsmittel nach Abs 3 bereitgestellt wurden.[29] Anders als bei den *Verf*Mängeln nach § 250 Nr 1 kann es nicht den Planverfasser oder etwa die GlVersammlung zur Behebung des Mangels auffordern. Dies würde hier eine inhaltliche Änderung (mit erneuter Erörterung) erfordern; die Beteiligten haben aber Anspruch darauf, dass das Gericht über den angenommenen InsPlan entscheidet.

V. Nachbesserungsklauseln

11 Dass ein Beteiligter dem Plan begründet widersprechen und ihn gerade am Ende des Verf scheitern lassen kann, schafft **Unsicherheit**. In der Begr des RegE wurde ein Ausweg vorgestellt, der als **„salvatorische Klausel"** (Rettungsklausel; Heilungsklausel) diskutiert wird:[30] Im Plan werden zusätzliche Leistungen an solche Beteiligte vorgesehen, die dem Plan widersprechen und nach der Planbestätigung den Nachweis führen, dass sie ohne solche Zusatzleistungen durch den Plan schlechter gestellt werden als ohne einen Plan. Die Hoffnung ist, dass solche Klauseln die Schlechterstellung schon zur Zeit der Planbestätigung vermeiden, soweit sie werthaltig sind.

12 Ob solche Nachbesserungsversprechen den gewünschten Effekt haben können, ist zw. Eine Klausel, die **nur den Widersprechenden** aus einer Gruppe die Zusatzleistungen verspricht,[31] verstößt gegen den **Gleichbehandlungsgrundsatz** (§ 226) und kann schon nach § 250 Nr 1 zur

---

25 *Rendels/Zabel* Insolvenzplan, Rn 278.
26 *BGH* NZI 2014, 752 Rn 23; MK/*Sinz* § 251 Rn 50; *K Schmidt/Spliedt* § 251 Rn 28.
27 *BGH* NZI 2014, 752 Rn 23; sa *Uhlenbruck/Lüer/Streit* § 251 Rn 21.
28 *Uhlenbruck/Lüer/Streit* § 251 Rn 24.
29 *BGH* NZI 2014, 752 Rn 23.
30 Ausf mwN MK/*Eidenmüller* § 221 Rn 44–53; MK/*Sinz* § 251 Rn 35; krit hierzu *B/G/H/Flöther/Wehner* § 251 Rn 10.
31 So der RegE S 212.

Versagung der Bestätigung führen. Eine Klausel, die iF des erfolgreichen Nachweises der Schlechterstellung die zusätzliche Leistung *aus der InsMasse* (die sich dann wieder in der Hand des Schu befindet) **der ganzen Gruppe** verspricht, kann die Werthaltigkeit der Planpositionen der **anderen Gruppen** berühren und dort ebenfalls Widersprüche nach § 251 auslösen. Außerdem wäre schon bei der Vorprüfung eines vom Schu vorgelegten Plans nach § 231 Abs 1 Nr 3 die **Erfüllbarkeit** in Frage zu stellen. Soweit die Klausel zusätzliche Leistungen des Schu aus dessen *Neuvermögen* vorsieht, muss sie wegen § 247 Abs 2 Nr 1 die Möglichkeit der **Restschuldbefreiung** achten. Schließlich ist zu berücksichtigen, dass der **gegenwärtige Wert** einer versprochenen künftigen Zahlung, die vielleicht erst in einem Prozess gegen den Zahlungspflichtigen nach Grund und Höhe erstritten werden müsste, für den Ausgleich der Schlechterstellung nur schwer zu erfassen ist.[32] Das **ESUG** erlaubt nun nicht nur ausdrücklich derartige Klauseln. Vielmehr ist der Antrag auf Minderheitenschutz abzuweisen, wenn solche Mittel ausgewiesen werden und ausreichen, die etwaige Schlechterstellung abzudecken (Abs 3 S 1). Voraussetzung ist, dass die Mittel zu ihrer Erfüllung im InsPlan „bereitgestellt" werden. Gedacht ist dabei an Rücklagen, Bankbürgschaften und ähnliche Sicherungen.[33] Die Mittel müssen „gesichert sein" und für einen vollständigen Ausgleich der Schlechterstellung ausreichen.[34] Die Leistungen, die solche Klauseln versprechen, sollen dann nur außerhalb des InsVerf einklagbar sein, Abs 3 S 2.

§ 252 Bekanntgabe der Entscheidung

(1) [1]Der Beschluss, durch den der Insolvenzplan bestätigt oder seine Bestätigung versagt wird, ist im Abstimmungstermin oder in einem alsbald zu bestimmenden besonderen Termin zu verkünden. [2]§ 74 Abs. 2 Satz 2 gilt entsprechend.

(2) [1]Wird der Plan bestätigt, so ist den Insolvenzgläubigern, die Forderungen angemeldet haben, und den absonderungsberechtigten Gläubigern unter Hinweis auf die Bestätigung ein Abdruck des Plans oder eine Zusammenfassung seines wesentlichen Inhalts zu übersenden. [2]Sind die Anteils- oder Mitgliedschaftsrechte der am Schuldner beteiligten Personen in den Plan einbezogen, so sind auch diesen die Unterlagen zu übersenden; dies gilt nicht für Aktionäre oder Kommanditaktionäre. [3]Börsennotierte Gesellschaften haben eine Zusammenfassung des wesentlichen Inhalts des Plans über ihre Internetseite zugänglich zu machen.

Übersicht

I. Normzweck

Die Vorschrift regelt den **Termin** und die **Form** für die Bekanntgabe der Entsch (Abs 1) 1
und, im Falle der Bestätigung des InsPlans, für die Bekanntgabe seines Inhalts (Abs 2). Durch das G v 19.12.1998 wurde Abs 1 S 2 angefügt (s Einl Rn 11). Das ESUG hat die Vorschrift wegen der Einbeziehung der Anteilsinhaber in das Verf angepasst (§ 252 Abs 2 S 2 und 3).

---

32 Ausf krit auch *L/S/Z/Rattunde* InsO § 226 Rn 4–7, § 251 Rn 10–13; *Smid/Rattunde* InsPlan Rn 8.1, 8.4–8; *Häsemeyer* Rn 28.49; HambKomm/*Thies* § 251 Rn 18; MK/*Sinz* (Fn 16), mit Klauselvorschlag; FK/*Jaffé* § 245 Rn 31–34, § 247 Rn 13–17; *Grub* FS Uhlenbruck, 2000, S 512 f.

33 BT-Drucks 17/5712, 35: sa *Braun/Frank* § 251 Rn 8.

34 *BGH* NZG 2017, 1316 Rn 14 f.

II. Entscheidung

2 Das Gericht entscheidet durch **Beschl**. Er muss im **Abstimmungstermin** (§ 235 Abs 1, § 241) oder in einem gesondert anberaumten **Verkündungstermin** bekannt gegeben werden. Der bes Verkündungstermin muss **alsbald** nach dem Abstimmungstermin bestimmt werden; die Wochenfrist des § 78 Abs 3 VerglO wurde nicht übernommen. Wird er noch im Abstimmungstermin bestimmt, bedarf es keiner erneuten öffentlichen Bekanntmachung; nach Abs 1 S 2 iVm § 74 Abs 2 S 2 soll dieser Fall vielmehr wie eine Vertagung der GlVersammlung behandelt werden. Wird er dagegen erst nach dem Abstimmungstermin bestimmt, ist die Regelung zw. Nach RegE S 212 sollten entspr § 241 Abs 2 die stimmberechtigten Gl und der Schu wieder zu laden sein. Der Neuregelung in Abs 1 S 2 entspricht es aber eher, auch § 74 Abs 2 S 1 anzuwenden, dh den Termin öffentlich bekannt zu machen.[1]

3 **Verkündung** bedeutet, dass der Beschl über den InsPlan im Termin **mündlich** bekannt gegeben wird; § 4 InsO, § 329 ZPO. Öffentliche Bekanntmachung oder Zustellung an die Beteiligten ist nicht erforderlich. Der Beschl braucht bei der Verkündung noch nicht schriftlich abgefasst zu sein; die §§ 310 Abs 2, 311 Abs 2 und 3 ZPO sind nicht anwendbar, s § 329 Abs 1 ZPO. Der Beschl muss dann aber inhaltlich ins Prot aufgenommen werden (§ 160 Abs 3 Nr 6 ZPO). Grds muss er auch begründet werden.[2] Mit der Verkündung beginnt der Lauf der BeschwFrist, s § 253 Rn 9.

III. Inhalt des Plans

4 Der Beschl, der den InsPlan bestätigt, nennt diesen, gibt aber seinen Inhalt nicht wieder. Das Gesetz verlangt deshalb zusätzlich eine **schriftliche Unterrichtung** der Gl, die Forderungen angemeldet haben, und der Absonderungsberechtigten über den Planinhalt. Der RegE (§ 299) hatte eine Mitteilung des **wesentlichen Inhalts** des Plans gefordert. Im BTag wurde hinzugefügt, dass stattdessen auch ein **Abdruck des Plans** übersandt werden kann.[3] Dass nach dem jetzigen Wortlaut nur noch eine „Zusammenfassung" des wesentlichen Inhalts gefordert wird, dürfte ohne Bedeutung sein. Die Übersendung ist Aufgabe des Gerichts;[4] Kosten dürfen nicht berechnet werden.[5] Von der Übersendung kann abgesehen werden, wenn alle Gl, die Forderungen angemeldet haben, eine Zusammenfassung bereits mit der Ladung zum Erörterungs- und Abstimmungstermin erhalten haben und der Plan nicht mehr geändert wurde. Hier wäre nämlich die nochmalige Übersendung eine bloße Förmelei.[6]

§ 253 Rechtsmittel

(1) Gegen den Beschluss, durch den der Insolvenzplan bestätigt oder durch den die Bestätigung versagt wird, steht den Gläubigern, dem Schuldner und, wenn dieser keine natürliche Person ist, den am Schuldner beteiligten Personen die sofortige Beschwerde zu.

---

1 So wohl die Begr des RAussch, BT-Drucks 14/120, 115, abgedr bei *Balz/Landfermann* S 509. Ebenso *Braun/Frank* § 252 Rn 3; *Andres/Leithaus* § 252 Rn 1; *Graf-Schlicker/Kebekus/Wehler* § 252 Rn 1; *M/R/Bähr/Landry* § 14 Rn 185; **aA** HambKomm/*Thies* § 252 Rn 3.
2 S *Baumbach/Hartmann* § 329 Rn 1, 4; *Musielak* ZPO § 329 Rn 5.
3 BT-Drucks 12/7302, 184.
4 Einzelheiten bei MK/*Sinz* § 252 Rn 21–26.
5 MK/*Sinz* § 252 Rn 27.
6 *AG Ludwigshafen* ZIP 2017, 350.

(2) Die sofortige Beschwerde gegen die Bestätigung ist nur zulässig, wenn der Beschwerdeführer

1. **dem Plan spätestens im Abstimmungstermin schriftlich oder zu Protokoll widersprochen hat,**
2. **gegen den Plan gestimmt hat und**
3. **glaubhaft macht, dass er durch den Plan wesentlich schlechtergestellt wird, als er ohne einen Plan stünde, und dass dieser Nachteil nicht durch eine Zahlung aus den in § 251 Absatz 3 genannten Mitteln ausgeglichen werden kann.**

(3) Absatz 2 Nummer 1 und 2 gilt nur, wenn in der öffentlichen Bekanntmachung des Termins (§ 235 Absatz 2) und in den Ladungen zum Termin (§ 235 Absatz 3) auf die Notwendigkeit des Widerspruchs und der Ablehnung des Plans besonders hingewiesen wurde.

(4) [1]Auf Antrag des Insolvenzverwalters weist das Landgericht die Beschwerde unverzüglich zurück, wenn das alsbaldige Wirksamwerden des Insolvenzplans vorrangig erscheint, weil die Nachteile einer Verzögerung des Planvollzugs nach freier Überzeugung des Gerichts die Nachteile für den Beschwerdeführer überwiegen; ein Abhilfeverfahren nach § 572 Absatz 1 Satz 1 der Zivilprozessordnung findet nicht statt. [2]Dies gilt nicht, wenn ein besonders schwerer Rechtsverstoß vorliegt. [3]Weist das Gericht die Beschwerde nach Satz 1 zurück, ist dem Beschwerdeführer aus der Masse der Schaden zu ersetzen, der ihm durch den Planvollzug entsteht; die Rückgängigmachung der Wirkungen des Insolvenzplans kann nicht als Schadensersatz verlangt werden. [4]Für Klagen, mit denen Schadensersatzansprüche nach Satz 3 geltend gemacht werden, ist das Landgericht ausschließlich zuständig, das die sofortige Beschwerde zurückgewiesen hat.

Übersicht

I. Normzweck

Die Vorschrift ermöglicht die Anf der Entsch über die Bestätigung des InsPlans (Bestätigung oder Versagung der Bestätigung). Das Rechtsmittel ist die **sof Beschw.** Anwendbar sind damit die §§ 567–572 ZPO, diese modifiziert durch § 6 InsO. § 253 ist abschließend. Daneben gibt es keine Möglichkeit – etwa nach § 32 Abs 1 BVerfGG – durch einstweilige Anordnung des BVerfG, vor dem Abstimmungstermin die Planbestätigung zur Abwehr schwerer Nachteile zu verhindern.[1] Das **ESUG** hat die Vorschrift wegen der Einbeziehung der Anteilsinhaber in das PlanVerf angepasst und die Zulässigkeit des Rechtsmittels gegen die Bestätigung im Interesse zügiger VerfBeendigung beschränkt (Abs 1 und 2). Vor Inkrafttreten des ESUG war für eine sofortige Beschwerde eine formelle Beschwer nicht erforderlich. Damit konnte auch ein Gl, der durch den Plan eine bessere Quote als im Fall der Liquidation erwarten konnte, sofortige Beschwerde gegen den Bestätigungsbeschluss einlegen. Die hierdurch geschaffenen erheblichen Möglichkeiten, das Wirksamwerden von InsPlänen auch gegen den Willen einer weit überwiegenden GlMehrheit zu verhindern, hat 1

1 *BVerfG* ZIP 2015, 80 ff (*Hölzle*); sa *Fölsing* ZInsO 2015, 773, 775.

das ESUG mit dem neuen Abs 2 deutlich beschränkt.[2] Die sofortige Beschwerde hat Suspensiveffekt. Das **ESUG** hat diesen nicht beseitigt, sondern stattdessen in Abs 4 auf Antrag des InsVerw eine am aktienrechtlichen Freigabeverfahren (§ 246a AktG) angelehnte Zurückweisung der sofortigen Beschwerde vorgesehen mit dem Ziel, den Eintritt der Planwirkungen zu beschleunigen.[3] Verfassungsrechtl Bedenken bestehen hiergegen nicht. Insbesondere verstößt Abs 4 nicht gegen den Grundsatz des fairen Verfahrens (Art 2 GG iVm dem Rechtsstaatsprinzip).[4]

II. Beschwerderecht

2 Die Beschw kann eingelegt werden von **jedem Gl** und dem **Schu,** auch von **Anteilsinhabern**. Zu den Gl in diesem Sinn gehören auch die **Absonderungsberechtigten**, selbst wenn sie nicht InsGl sind (s §§ 222 Rn 6, 238 Rn 3), falls auch ihre Rechtsstellung vom InsPlan geregelt wird (s §§ 222, 223). Kein Beschwerderecht hat der Treugeber eines Anteilsrechts am schuldn Rechtsträger; denn dieser ist kein Planbetroffener (§ 225a Rn 4).[5] Auch wenn der Treuhänder sich weisungswidrig verhält, begründet dies keine Beschwerdebefugnis. Die Vorschrift gibt das BeschwRecht **nicht dem InsVerw.**[6] Dies weicht ab von § 231 Abs 3. Ein Anfechtungsinteresse des InsVerw wäre denkbar, wenn die Bestätigung eines von ihm vorgelegten Plans abgelehnt oder ein Plan des Schu gegen seinen Willen bestätigt wird. Der RegE enthielt keine Begr für die unterschiedliche Regelung. In der Praxis wird es dem InsVerw gelingen, einen Gl, der mit seinen Vorstellungen übereinstimmt, zur Einlegung der Beschw zu veranlassen.[7] Eine Erweiterung des BeschwRechts *de iure* auf den InsVerw wird nach gegenwärtigem Recht vom BGH abgelehnt.[8]

III. Beschwerde

3 Die sof Beschw richtet sich gegen den **Beschl des InsGer** über den InsPlan. Angefochten werden kann die **Bestätigung** des InsPlans wie auch die **Versagung der Bestätigung**.

4 **1. Beschwerde gegen Planbestätigung.** Die Beschwerde gegen die Planbestätigung setzt **formelle und materielle Beschwer** voraus.

5 **a) Formelle Beschwer.** Die **formelle Beschwer** ist in Abs 2 Nr 1 und 2 geregelt. Der Beteiligte muss gegen den Plan gestimmt und im Abstimmungstermin schriftlich oder zu Protokoll widersprochen haben. Die beiden Voraussetzungen entfallen aber, wenn in der öffentlichen Bekanntmachung des Termins (§ 235 Abs 2) oder in den Ladungen zum Termin (§ 235 Abs 3) auf die Notwendigkeit des Widerspruchs und der Ablehnung des Plans nicht besonders hingewiesen wurde. Wurde allerdings Abs 3 eingehalten, ist das Gericht nicht – auch nicht aus dem Gebot des fairen Verfahrens – angehalten, nochmals auf die kumulativen Voraussetzung hinzuweisen.[9] Der Wortlaut des Abs 2 Nr 2 setzt voraus, dass der Betroffene gegen den Plan gestimmt hat. Fraglich ist daher, ob ein Beteiligter formell beschwert ist, dem kein Stimmrecht gewährt wurde oder von Gesetzes wegen kein StimmR hat (zB Schu). Ein solcher stimmloser Beteiligter muss aber richtiger Ansicht nach – ebenso wie er sich auf das MinderheitenschutzR in § 251 (s dort Rn 6) berufen kann – beschwerdebefugt sein. Dies

---

2 S *Fischer* NZI 2013, 513.
3 S *BGH* NZI 2014, 904 Rn 9.
4 *BGH* NZI 2014, 904 Rn 22; s auch *LG Berlin* ZIP 2014, 2197, 2199.
5 *LG Wuppertal* ZInsO 2016, 1164, 1165.
6 *Uhlenbruck/Lüer/Streit* § 253 Rn 1.
7 FK/*Jaffé* § 253 Rn 3i.
8 *BGH* ZIP 2009, 480 Rn 7; krit dazu *Heinrich* NZI 2009, 546, 547; *Smid* DZWIR 2010, 558 f.
9 *LG Köln* ZInsO 2017, 2563, 2564.

gilt jedenfalls dann, wenn ihm das StimmR zu Unrecht aberkannt wurde.[10] Der stimmlose Beschwerdeführer muss aber dennoch dem Plan widersprochen haben (Nr 1). Letzteres setzt nämlich kein StimmR voraus. Das Erfordernis des Widerspruchs entfällt nur dann, wenn er entgegen § 235 Abs 3 nicht zum Abstimmungstermin geladen wurde.[11]

Fraglich ist, ob zusätzliche Voraussetzung für die formelle Beschwer ist, dass der Gl oder Anteilsinhaber einen **erfolglosen Antrag nach § 251** gestellt hat.[12] Obwohl dies verfökonomisch sinnvoll und die Gesetzesmaterialien einen Hinweis enthalten, der entspr gedeutet werden kann,[13] ist der BGH dem nicht gefolgt.[14] Eine über die Nr 1 und Nr 2 hinausgehende (Zulässigkeits-)Beschränkung der Rechtsschutzmöglichkeit ergebe sich – so der BGH – weder aus dem Wortlaut des § 253 Abs 2[15] noch aus der Systematik der Vorschrift.[16] Zudem sei das Hineinlesen der Notwendigkeit des Minderheitenschutzantrages in den § 253 Abs 2 mit den verfassungsrechtlichen Vorgaben in Bezug auf Gleichheit, Klarheit und innerer Logik des Rechtsmittelrechts unvereinbar.[17] 6

b) Materielle Beschwer. Der Beschwerdeführer muss nach Abs 2 Nr 3 glaubhaft machen, dass er durch den bestätigten Plan **wesentlich schlechter** gestellt wird, als er **ohne Plan** stünde.[18] Auf einen etwaigen anderweitigen InsPlan kommt es nicht an,[19], und dass dieser Nachteil nicht durch eine Zahlung aus den in § 251 Abs 3 genannten Mitteln ausgeglichen werden kann. Im Unterschied zu § 251 Abs 1 Nr 2 begnügt sich Abs 3 nicht mit jeder Schlechterstellung. Vielmehr setzt eine solche als Zulässigkeitsvoraussetzung die Glaubhaftmachung einer wesentlichen Schlechterstellung (Erheblichkeitsschwelle) voraus.[20] Im Gegenzug ist die sofortige Beschwerde unzulässig bei einer nur unwesentlichen Beeinträchtigung.[21] Das ist verfassungsrechtlich nicht zu beanstanden.[22] Wann die Beeinträchtigung wesentlich ist, definiert das Gesetz nicht. Aus der Gesetzesbegründung geht aber hervor, dass eine wesentliche Schlechterstellung nicht anzunehmen ist, wenn die Abweichung von dem Wert, den der Gl bei einer Verwertung ohne InsPlan im RegelInsVerf erhielte, weniger als 10 % beträgt.[23] Ein Vergleich mit anderen Sanierungsszenarien (zB für den Betroffenen günstigeren – weil den fraglichen Eingriff nicht vorsehenden – InsPlan) kommt hingegen nicht in Betracht.[24] Ganz überwiegend wird dies als eine Richtschnur akzeptiert, jedoch sollen auch andere Kriterien – je nach den Umständen des Falles – maßgebend sein. So wird etwa eine Erhöhung der **10%-Schwelle** befürwortet, wenn eine verhältnismäßig geringe For- 7

---

10 *Fischer* NZI 2013, 513, 514; FK/*Jaffé* § 253 Rn 1a; *K Schmidt/Uhlenbruck/Vallender* Die GmbH in Krise, Sanierung und Insolvenz, Rn 8.133; HambKomm/*Thies* § 253 Rn 12: für den Schu, iÜ sa Rn 17; s auch *K Schmidt/Spliedt* § 253 Rn 7.

11 *K Schmidt/Spliedt* § 253 Rn 7; *Fischer* NZI 2013, 513, 514.

12 In diesem Sinne *Fischer* NZI 2013, 513, 515; *Braun/Frank* § 253 Rn 11; sa Voraufl Rn 6.

13 BT-Drucks 17/5712, S 35, 37.

14 *BGH* NZI 2014, 751 Rn 6 ff.; sa *LG Berlin* ZIP 2014, 2197, 2198; krit hierzu mit beachtlichen Argumenten *Smid* ZInsO 2014, 1873 ff.

15 *BGH* NZI 2014, 751 Rn 11.

16 *BGH* NZI 2014, 751 Rn 22.

17 *BGH* NZI 2014, 751 Rn 14 f.

18 *AG Berlin-Lichtenberg* NZI 2016, 41.

19 *LG Wuppertal* ZInsO 2016, 1164, 1165; MK/*Sinz* § 253 Rn 32.

20 *BGH* NZI 2014, 751 Rn 24; sa *Uhlenbruck/Lüer/Streit* § 253 Rn 8; *Fölsing* ZInsO 2015, 773, 776.

21 S *LG Hamburg* ZInsO 2015, 159, 161.

22 *BVerfG* NZI 2010, 57; *Fischer* NZI 2013, 513, 514; FK/*Jaffé* § 253 Rn 3e.

23 *LG Wuppertal* ZInsO 2016, 1164, 1165; *LG Hamburg* ZInsO 2015, 159, 161; *Uhlenbruck/Lüer/Streit* § 253 Rn 8; *Hölzle* ZIP 2014, 1819, 1822; *Fölsing* ZInsO 2015, 773, 776.

24 *LG Bonn* ZInsO 2915, 43, 44; *LG Berlin* ZIP 2014, 2197, 2200; *Hölzle* ZIP 2014, 1819, 1821.

derung zu dem Zweck erworben wurde, gegen den Plan zu opponieren.[25] Auch die Berücksichtigung von anderen Missbrauchsindizien (zB vorausgegangene Verhaltensweisen) sollen bei der Bestimmung der Wesentlichkeit Berücksichtigung finden.[26] Mitunter werden auch absolute Unterschwellen für den behaupteten Nachteil ua in Anlehnung an § 511 Abs 2 Nr 1 ZPO befürwortet.[27] Beträge im vierstelligen Eurobereich sollen danach allenfalls in KleinVerf genügen.[28]

8 Ausgeschlossen ist die materielle Beschwer auch, wenn ein Nachteil durch die **Aufnahme von Vorsorgemaßnahmen** in den Plan nach § 253 Abs 2 Nr 3 iVm § 251 Abs 3 ausgeglichen wird. Das Volumen muss lediglich die „wesentliche" Schlechterstellung ausgleichen.[29]

9 Der Beschwerdeführer hat die wesentliche Schlechterstellung innerhalb der Beschwerdefrist **glaubhaft** zu machen. Pauschale Behauptungen reichen hierfür nicht aus.[30] Erforderlich ist ein deutliche und leicht feststellbare Diskrepanz zwischen dem Wert bei Regelabwicklung und dem Planergebnis.[31] Dies ist exakt und substantiiert vom Beschwerdeführer darzulegen.[32] Das gilt auch in Bezug auf prognostische Schlussfolgerungen.[32]Auf die Zulässigkeitsvoraussetzung der Glaubhaftmachung einer wesentlichen Verschlechterung kann nicht verzichtet werden, wenn das Rechtsmittel die Rüge einer Verletzung des § 251 enthält.[33] Vielmehr ist die sofortige Beschwerde ohne Rücksicht auf die gerügte Gesetzesverletzung gem § 253 Abs 2 Nr 3 unzulässig, wenn es an der Glaubhaftmachung der wesentlichen Verschlechterung fehlt.[33] Sind seine Ansprüche bestritten, muss er Umstände dartun oder Beweismittel glaubhaft machen, aus denen sich die überwiegende Wahrscheinlichkeit für die Berechtigung seiner Forderung ergibt.[34] Darüber hinaus hat er glaubhaft darzustellen, aus welchen Gründen die Nachteile nicht durch die im Plan vorgesehenen Mittel ausgeglichen werden können.[35] Anders aber als iRd § 251 muss die Schlechterstellung im weiteren Verlauf des Verf nicht kraft einer Amtsermittlung (§ 5) erhärtet werden.[36]

10 **c) Kognition des Gerichts.** Die sofortige Beschwerde ist begründet, wenn ein Verstoß gegen die Vorschriften über die Planbestätigung vorliegt. § 253 Abs 2 Nr 3 ist lediglich Zulässigkeitsvoraussetzung für die sofortige Beschwerde gegen die Bestätigung des InsPlans und hat keine Ausstrahlungswirkung auf die Kognition des Ger, lässt also dessen Umfang der Begründetheitsprüfung unberührt.[37] Dieser entspricht im BeschwerdeVerf demjenigen der Rechtsmäßigkeitsprüfung des InsGer im BestätigungsVerf.[38] Der Beschwerdeführer kann also umfassend eine Verletzung der §§ 248–252 geltend machen.[39] Allerdings kann er sich nicht auf § 251 berufen, wenn er es gegenüber dem InsGer versäumt hat, die behaup-

---

25 *Fischer* NZI 2013, 513, 514.
26 *K Schmidt/Spliedt* § 253 Rn 11.
27 *LG Wuppertal* ZInsO 2016, 1164, 1165; *Fischer* NZI 2013, 513, 514; sa HambKomm/*Thies* § 253 Rn 19.
28 *LG Wuppertal* ZInsO 2016, 1164, 1165 mit Verweis auf *Uhlenbruck/Lüer/Streit* § 253 Rn 8.
29 *BGH* NZI 2014, 751 Rn 27; sa *K Schmidt/Spliedt* § 253 Rn 12.
30 *LG Wuppertal* ZInsO 2016, 1164, 1165; *AG Berlin-Lichtenberg* NZI 2016, 41; NZI 2014, 41 f.
31 *LG Wuppertal* ZInsO 2016, 1164, 1165; MK/*Sinz* § 253 Rn 33.
32 *LG Wuppertal* ZInsO 2016, 1164, 1165.
33 *BGH* NZI 2014, 751 Rn 27; *LG Köln* ZinsO 2017, 2563, 2565.
34 *BGH* NZI 2010, 734 Rn 20; *Fischer* NZI 2013, 513, 514.
35 *Fischer* NZI 2013, 513, 514; HambKomm/*Thies* § 253 Rn 20.
36 *BGH* NZI 2014, 751 Rn 39; sa *Fölsing* ZInsO 2015, 771, 776.
37 *BGH* NZI 2014, 751 Rn 34; *Fölsing* ZInsO 2015, 771, 777; MK/*Sinz* § 253 Rn 55.
38 *BGH* NZI 2014, 751 Rn 35; sa *Fölsing* ZInsO 2015, 771, 776.
39 *Brünkmans* ZInsO 2014, 993, 996.

tete Schlechterstellung durch den InsPlan gem § 251 Abs 2 glaubhaft zu machen.[40] Wohl aber kann der Beschwerdeführer eine Verletzung des § 250 Nr 1 (insb der Vorschriften über den Inhalt des Plans) rügen. Hat der Beschwerdeführer eine wesentliche Verschlechterung glaubhaft gemacht, sieht das Gesetz keine Beschränkung der Begründetheitsprüfung vor.[41] Damit können auch Verstöße zur Begründetheit der sof Beschwerde führen, die – für sich betrachtet – nicht zu einer wesentlichen Verschlechterung des Betroffenen geführt haben, soweit keine Kompensation hierfür nach § 251 Abs 3 vorgesehen ist.

11 **2. Beschwerde gegen Versagung der Bestätigung.** Wird die **Bestätigung** des Plans **versagt**, so ist auf jeden Fall der Schu beschwert, wenn er den Plan vorgelegt hatte („formelle" Beschwer),[42] und diejenigen Gl sind beschwert, denen nach dem Plan Leistungen zugedacht waren; der Schu ist zudem beschwert, wenn ihm durch die Versagung der Bestätigung die nach § 227 Abs 1 eintretende Schuldbefreiung entgehen würde. **Nicht beschwert** sind in diesem Fall zB die Absonderungsberechtigten, in deren Rechte der Plan eingreifen sollte (s § 222 Abs 1 S 2 Nr 1), und die nachrangigen Gl, deren Forderungen infolge des Plans erlöschen würden (s § 225 Abs 1).[43] Für den InsVerw, so Rn 2. Die Beschwerde ist begründet, wenn das InsGer den Plan fehlerhaft nach § 250 zurückgewiesen hat oder die Annahme des Plans – mit Blick auf das Obstruktionsverbot (§§ 244–246a) – zu Unrecht verneint hat. Da gegen die Stimmrechtsentscheidung des InsGerichts kein Rechtsbehelf gegeben ist (§ 237 Rn 14), kann die Stimmrechtsentscheidung auch nicht mit der Versagungsbeschwerde angegriffen werden.[44]

IV. Verfahren

12 Die sof Beschw ist – in Abweichung von § 569 Abs 1 ZPO – allein beim **InsGer** (und nicht beim **BeschwGer**) einzulegen (§ 6 Abs 1 S 2). Hinsichtl der **Form** gilt § 569 Abs 3 ZPO; die sof Beschwerde kann also in schriftl Form oder zu Protokoll der Geschäftsstelle erhoben werden. Die **Frist** für die Einlegung (§ 569 Abs 1 S 1 ZPO) beginnt mit der Verkündung der Entsch, §§ 6 Abs 2, 252 Abs 1. Sie verlängert sich auch nicht dadurch, dass das InsGer dem Beschl eine rechtlich nicht geforderte und falsche Belehrung über die BeschwFrist beifügt; in Betracht kommt dann nur eine Wiedereinsetzung (§ 233 ZPO).[45] Das InsGer muss der Beschw **abhelfen**, wenn es sie für begründet hält, § 572 Abs 1 ZPO; Einzelheiten bei § 6 Rn 31. Wird nicht abgeholfen, entscheidet das **LG** als **BeschwGer** (s § 6 Rn 23, 33). Die Möglichkeit einer Rechtsbeschw hiergegen ist gegeben, wenn das Beschwerdegericht diese nach § 574 Abs 1 Nr 2 ZPO zugelassen hat. Ist dies nicht der Fall, gibt es weder eine „Nichtzulassungsbeschwerde", noch kann diese – sieht man einmal von einer Berichtigung ab – nachgeholt werden.[46]

13 Die Beschw gegen die **Bestätigung** des InsPlans hat entgegen § 570 ZPO **aufschiebende Wirkung**, weil § 254 die Gestaltungswirkung und die Verbindlichkeit des InsPlans erst mit der **Rechtskraft** des BestätigungsBeschl eintreten lässt. Wenn der InsPlan die Fortführung des Unternehmens des Schu vorsieht, kann schon die für das BeschwVerf erforderliche zusätzli-

40 *BGH* NZI 2014, 751 Rn 35; *Hölzle* ZIP 2014, 1819, 1829; **aA** *Fölsing* ZInsO 2014, 1591, 1592 f.
41 *BGH* NZI 2014, 751 Rn 34 ff; HambKomm/*Thies* § 253 Rn 21; **aA** *K Schmidt/Spliedt* § 253 Rn 14.
42 S *Baumbach/Hartmann* Grundz § 511 Rn 15; *Musielak* ZPO Vor § 511 Rn 20; sa HambKomm/*Thies* § 253 Rn 10.
43 Einzelheiten zur Beschwer auch bei HambKomm/*Thies* § 253 Rn 7; **aA** *K Schmidt/Uhlenbruck/Vallender* Die GmbH in Krise, Sanierung und Insolvenz, Rn 8.137.
44 *K Schmidt/Spliedt* § 253 Rn 23.
45 *BGH* ZIP 2003, 2382 = KTS 2004, 124.
46 MK/*Sinz* § 253 Rn 103.

che Zeit das wirtschaftliche Gelingen des Plans gefährden. InsGer und BeschwGer müssen deshalb um schnellstmögliche Entsch bemüht sein.[47] Zusätzlich hat das **ESUG** im Interesse eines zügigen VerfAbschlusses die Zulässigkeitsschwelle für das Rechtsmittel erhöht (s Rn 1) und ein **Freigabeverf** in Abs 4 eingeführt (su Rn 15).

V. Entscheidung

14 Wenn die **Beschw begründet** ist und das InsGer nicht abhilft, hebt das BeschwGer die Entsch des InsGer auf. Das InsPlanVerf befindet sich dann sachlich wieder auf dem **Stand von § 248**; nicht etwa ist schon mit der Aufhebung des BestätigungsBeschl auch die Abstimmung über den InsPlan hinfällig.[48] Das BeschwGer hat nach § 572 Abs 3 ZPO zu befinden, ob es die Sache **zurückverweist** oder über den InsPlan **selbst entscheidet**. Die erneute Entsch über den Plan (durch das BeschwGer selbst oder – nach Zurückverweisung – durch das InsGer) ist wieder eine nach §§ 248–251. Liegt der Gesetzesverstoß schon im Inhalt des InsPlans oder im Verf vor der Bestätigung durch das InsGer, zB in einer falschen Festsetzung des Stimmrechts, kann das BeschwGer auch das **Verf** des InsGer **aufheben** (entspr § 538 Abs 2 ZPO) und damit die Sache auf einen Stand vor der Erörterung und Abstimmung zurückverweisen.[49] Erörterung und Abstimmung sind dann erneut durchzuführen, wenn der Plan, uU verändert (s § 240), vom Planverfasser aufrechterhalten wird.

VI. Freigabeverfahren und Schadensersatz (Abs 4)

Abs 4 gewährt dem InsVerw (im EigenverwaltungsVerf dem Schu)[50] die Möglichkeit, **in den Ablauf eines BeschwerdeVerf einzugreifen**, das ein Beschwerdeführer gegen die Bestätigung des Plans anhängig gemacht hat. Diese Möglichkeit hat der InsVerw bzw der eigenverwaltende Schu im Interesse der Glgesamtheit auszuüben, was stets dann der Fall ist, wenn der Bestand des InsPlans von der überwiegenden Zahl der Beteiligten getragen wird.[51]

16 Die Eingriffsmöglichkeit, die auf beschleunigte Zurückweisung der sof Beschwerde abzielt, wird durch Antrag eingeleitet. Dieser kann ab Anhängigkeit der sof Beschwerde gestellt werden bis zur Entscheidung des LG über die sof Beschwerde.[52] Der **Antrag** ist (nur) an das LG zu richten.[53]

17 Begründet ist der Antrag, wenn das **Vollzugsinteresse** am Plan vorrangig erscheint. Die Begründetheit der gegen den Plan im Wege der sofortigen Beschw vorgebrachten Einwände wird dann – vorbehaltlich des Vorliegens eines besonders schweren Rechtsverstoßes (Abs 4 S 2) – nicht geprüft.[54] Ein vorrangiges Vollzugsinteresse liegt vor, wenn die Nachteile einer Verzögerung des Planvollzugs (zB Gefährdung des Verwertungserlöses oder des Fortführungswertes) nach freier Überzeugung des Gerichts die Nachteile des Beschwerdeführers überwiegen. Maßgebend ist mithin eine Interessenabwägung,[55] bei der eine wirtschaftl Betrachtungsweise anzulegen ist. Bei einer Mehrheit von Beschwerdeführern (deren sof

47 Ausf FK/*Jaffé* § 253 Rn 14; MK/*Sinz* § 253 Rn 1.
48 **AA** ohne Begr *K/P/B/Pleister* § 253 Rn 41; wie hier *Braun/Frank* § 253 Rn 9; FK/*Jaffé* § 253 Rn 14; HambKomm/*Thies* § 253 Rn 24; *Andres/Leithaus* § 253 Rn 9.
49 MK/*Sinz* § 253 Rn 94; **aA** *Smid* NZI 2005, 296 und DZWIR 2005, 365.
50 *LG Berlin* ZIP 2014, 2197, 2199; *Fischer* NZI 2013, 513, 516 f.
51 *LG Berlin* ZIP 2014, 2197, 2199.
52 *Fischer* NZI 2013, 513, 515.
53 *Fischer* NZI 2013, 513, 517; *K Schmidt/Spliedt* § 253 Rn 16; **aA** HambKomm/*Thies* § 253 Rn 25; *Hölzle* Praxisleitfaden ESUG, §§ 251, 253 Rn 18.
54 *LG Berlin* ZIP 2014, 2197, 2199
55 S hierzu *Fischer* NZI 2013, 513, 516.

Beschwerde die Zulässigkeitsvoraussetzungen erfüllen), sind die Nachteile zu addieren.[56] Bei der **Interessenabwägung** ist auch der dem Beschwerdeführer uU zustehende Schadensersatzanspruch zu berücksichtigen; denn den Interessenten am Planvollzug steht ein vergleichbarer Anspruch bei Ablehnung der Bestätigung nicht zu.[57] Der Plan muss nicht Mittel zur Befriedigung des Anspruchs zur Verfügung stellen.[58] Auch wäre der Schadensersatzanspruch nicht auf die planmäßig zur Verfügung gestellten Mittel beschränkt.[58] Die Interessenabwägung geht idR zugunsten des Planvollzugs aus, wenn ein fortzuführender Geschäftsbetrieb mit einer gewissen Anzahl von Arbeitsplätzen betroffen ist.[59] Bei der Interessenabwägung kommt es nur auf einen Vergleich des Planvollzugs mit der Abwicklung im RegelInsVerf, nicht aber auch einen Vergleich mit alternativen Sanierungsszenarien an.[60] Einzustellen in den Vergleich und den den Beschwerdeführer treffenden Nachteilen gegenüberzustellen ist ua, ob und inwieweit der Planvollzug notwendigen operativen Handlungsspielraum für den Schu eröffnet oder die Grundlage für erforderliche Unternehmensentscheidungen sowie für eine Gesundung der finanziellen Verhältnisse schafft.[61] Bei der Abwägung dürfen die – insb von Anteilsinhabern – durch den InsPlan hinzunehmenden Nachteile ihrer Rechtspositionen nicht überhöht werden; denn insoweit ist die grundsätzliche gesetzgeberische Wertung in § 225a zu achten, wonach Eingriffe in die Anteilsrechte bis hin zu deren vollständigem Entzug grundsätzlich möglich und zulässig sind und den Eintritt der Planwirkungen nicht blockieren oder verhindern.[62]

Bei einem **bes schweren Rechtsverstoß** hat die Interessenabwägung zu unterbleiben (Abs 4 S 2). Der Antrag des InsVerw ist dann zurückzuweisen. Die Rechtsbeschwerde ist hiergegen nicht eröffnet.[63] Die Anforderungen an einen schweren Rechtsverstoß sind allerdings hoch. Der Makel der Unwirksamkeit muss dem Plan quasi auf der Stirn geschrieben stehen.[58] Entscheidend sind dabei nicht nur die Bedeutung der verletzten Norm, sondern auch das konkrete Ausmaß und die konkreten Auswirkungen der Verletzung.[64] Nicht jeder Verstoß iS des § 250 Nr 1, der zu einer Versagung der Planbestätigung geführt hätte, ist besonders schwer iS des Abs 4 S 2.[65] Erscheint das alsbaldige Wirksamwerden des InsPlans als vorrangig, hat das LG die sof Beschw **unverzüglich** (dh ohne schuldhafte Verzögerung, § 121 Abs 1 BGB)[66] zurückzuweisen. Verzögert das Beschwerdegericht schuldhaft die Sachbearbeitung, ist ihm die Zurückweisung nach Abs 4 durch Zeitablauf aus der Hand genommen. Wird die Entscheidung über die sofortige Beschw im Wege der Rechtsbeschwerde aufgehoben (s Rn 12), stellt sich die Frage, ob das neuerlich befasste LG noch eine Eilentscheidung nach Abs 4 treffen kann. Die besseren Gründe sprechen dafür.[67] 18

Eine Interessenabwägung (und damit auch eine Entscheidung nach Abs 4) unterbleibt, wenn die sof Beschw gegen die Planbestätigung nicht die Zulässigkeitsvoraussetzungen 19

56 *Fischer* NZI 2013, 513, 518.
57 *LG Berlin* ZIP 2014, 2197, 2199; *K Schmidt/Spliedt* § 253 Rn 17.
58 *LG Berlin* ZIP 2014, 2197, 2203.
59 *LG Berlin* ZIP 2014, 2197, 2199 f.
60 *LG Berlin* ZIP 2014, 2197, 2200.
61 *LG Berlin* ZIP 2014, 2197, 2200 f.
62 S insoweit auch *LG Berlin* ZIP 2014, 2197, 2201 ff.
63 *BGH* NZI 2014, 904 Rn 18.
64 *Fischer* NZI 2013, 513, 516 und 518; tendenziell auch *K Schmidt/Spliedt* § 253 Rn 18; s in diesem Sinne auch die Analyse verschiedener (möglicher) Verletzungen bei *LG Berlin* ZIP 2014, 2197, 2203 f.
65 *LG Berlin* ZIP 2014, 2197, 2204; *Fischer* NZI 2013, 513, 518; **aA** HambKomm/*Thies* § 253 Rn 27.
66 *LG Berlin* ZIP 2014, 2197, 1298.
67 *LG Berlin* ZIP 2014, 2197, 1298; **aA** *Böcker* ZInsO 2015, 773, 778.

(s oben Rn 5–9) erfüllt.[68] Hier ist die sofortige Beschw unverzüglich zurückzuweisen. Ist sie bereits als unzulässig verworfen worden, kann über den Eilantrag nach Abs 4 nicht mehr entschieden werden, da anderenfalls eine unzulässige Änderung des bereits gefällten Beschlusses vorliegt.[69]

20 Wird die sof Beschwerde nach § 253 Abs 4 S 1 aufgrund der Interessenabwägung zurückgewiesen, hat der Beschwerdeführer hiergegen nicht die Möglichkeit der Rechtsbeschwerde.[70] Der Beschwerdeführer hat einzig nach Abs 4 S 3 einen Anspruch auf **„Ersatz seines Schadens aus der Masse“**, der ihm durch den Planvollzug entsteht.[71] Liquidierbar ist insoweit aber nur der dem Mitglied durch den Eingriff in seine Rechte entstehende Individualschaden, nicht aber ein Reflexschaden. Das gilt aber nur dann, wenn die sof Beschwerde Erfolg – ohne das FreigabeVerf – gehabt hätte (dh zulässig und begründet war). Auf ein Verschulden kommt es aber nicht an. Es kann nur Geldersatz, nicht aber Naturalrestitution verlangt werden. Der Anspruch ist außerhalb des InsVerf geltend zu machen. **Ausschließlich zuständig** für die Geltendmachung des Anspruchs ist das LG, das die sof Beschwerde zurückgewiesen hat.[72] Anspruchsgegner ist – auch wenn der Wortlaut in Abs 4 S 3 missverständlich ist („aus der Masse“) – der Schu.[73] Letzterer haftet daher nicht beschränkt auf die Masse, sondern mit dem gesamten Vermögen.

Dritter Abschnitt
Wirkungen des bestätigten Plans. Überwachung der Planerfüllung

§ 254 Allgemeine Wirkungen des Plans

(1) Mit der Rechtskraft der Bestätigung des Insolvenzplans treten die im gestaltenden Teil festgelegten Wirkungen für und gegen alle Beteiligten ein.

(2) [1]Die Rechte der Insolvenzgläubiger gegen Mitschuldner und Bürgen des Schuldners sowie die Rechte dieser Gläubiger an Gegenständen, die nicht zur Insolvenzmasse gehören, oder aus einer Vormerkung, die sich auf solche Gegenstände bezieht, werden durch den Plan nicht berührt. [2]Der Schuldner wird jedoch durch den Plan gegenüber dem Mitschuldner, dem Bürgen oder anderen Rückgriffsberechtigten in gleicher Weise befreit wie gegenüber dem Gläubiger.

(3) Ist ein Gläubiger weitergehend befriedigt worden, als er nach dem Plan zu beanspruchen hat, so begründet dies keine Pflicht zur Rückgewähr des Erlangten.

(4) Werden Forderungen von Gläubigern in Anteils- oder Mitgliedschaftsrechte am Schuldner umgewandelt, kann der Schuldner nach der gerichtlichen Bestätigung keine Ansprüche wegen einer Überbewertung der Forderungen im Plan gegen die bisherigen Gläubiger geltend machen.

68 *LG Berlin* ZIP 2014, 2197, 2198.
69 *BGH* NZI 2014, 751 Rn 30 ff.
70 *BGH* NZI 2014, 904 Rn 10 ff; *LG Berlin* ZIP 2014, 2197, 2204; *Böcker* ZInsO 2015, 773, 777.
71 *Böcker* ZInsO 2015, 773, 779: „schwache Kompensation“.
72 Zum Verhältnis der Klage aus Abs 4 S 3 zu § 251 Abs 3, vgl *Madaus* NZI 2012, 597, 599.
73 HambKomm/*Thies* § 253 Rn 28; *Böcker* ZInsO 2015, 773, 779 f.

Übersicht

I. Normzweck

Das Ziel des InsPlans ist die Bereinigung der Ins durch eine kollektiv beschlossene **Umgestaltung** der Haftungs- und Vermögensbeziehungen zwischen den Beteiligten. Es ist zur Hauptsache erreicht mit der rechtskräftigen Bestätigung des InsPlans; § 254 beschreibt die dadurch eintretenden **materiellen Rechtswirkungen**. Er wird ergänzt durch § 257, der den Plan für die Erfüllung der in ihn aufgenommenen Verpflichtungen zum **Vollstreckungstitel** erklärt. Die Regelung wird abgeschlossen durch §§ 258, 259, die nach der rechtskräftigen Planbestätigung die **Aufhebung des InsVerf** (vorbehaltlich einer weiteren Überwachung, §§ 259 Abs 2, 260) vorsehen. 1

§ 254 entspricht im Wesentlichen dem **früheren Recht** (§ 193 KO, § 82 VerglO, § 16 Abs 5 S 2 GesO). Das ESUG hat Abs 4 angefügt, der den Debt-to-Equity Swap (§ 225a Rn 23 ff) erleichtern soll. 2

II. Gestaltungswirkung, Abs 1

Der rechtskräftig bestätigte InsPlan hat die Wirkungen, die in seinem **gestaltenden Teil** vorgesehen wurden (s dazu § 221, bes Rn 3–7). Die Ausführungen im darstellenden Teil haben dagegen nur unterrichtenden Charakter.[1] Er ist **auszulegen** nach den für individuelle **Willenserklärungen** geltenden Grundsätzen (§§ 133, 157 BGB) und nicht objektiv, wie etwa AGB.[2] Seine Wirkungen treten ein mit der **Rechtskraft** des BestätigungsBeschl, dh wenn innerhalb der Rechtsmittelfrist kein Rechtsmittel gegen den BestätigungsBeschl eingelegt wurde oder wenn über ein eingelegtes Rechtsmittel unanfechtbar entschieden worden ist (s § 253, bes Rn 11). Die Rechtswirkungen treten ein für die Rechte und Pflichten der **Beteiligten**, dh für den Schu, die InsGl, die Absonderungsberechtigten und – wenn der Schuldner keine natürliche Person ist – die am Schu beteiligten Personen (§ 221 Rn 2), und zwar für alle Beteiligten, gleichgültig ob sie am Verf teilgenommen (s § 254b) und wie sie abgestimmt haben.[3] Die Wirkung für Dritte, die nach dem Plan Verpflichtungen übernommen haben, ist in § 254a Abs 3 geregelt. Kein Beteiligter ist der InsVerw (§ 221 Rn 2 und § 217 Rn 14). Ihm gegenüber entfaltet der Plan daher grds keine Rechtskraft. Handelt der InsVerw aber der Bestätigung des Plans zuwider, kann dies eine Pflichtverletzung iSd § 60 darstellen.[4] 3

InsFord können nur noch in Höhe der vereinbarten Quoten durchgesetzt werden. Soweit sie als erlassen gelten,[5] sind sie zwar nicht erloschen, bestehen indes nur noch als natürliche, unvollkommene Verbindlichkeiten fort, deren Erfüllung möglich ist, aber nicht erzwungen werden kann.[6] Der InsPlan kann allerdings auch (ausdr) vorsehen, dass die (Rest-)Forderung iSv § 362 BGB erlischt.[7] 4

---

1 *LG Berlin* BeckRS 2012, 04832.
2 *BGH* ZIP 2006, 41; *BAG* ZIP 2013, 2268 Rn 19; *Uhlenbruck/Lüer/Streit* § 221 Rn 1.
3 *BGH* ZIP 2015, 1348 Rn 12.
4 *LG Berlin* BeckRS 2012, 04832; HambKomm/*Thies* § 254 Rn 4.
5 Spricht der InsPlan von „Verzicht" auf einen Teil der Forderung, ist dies als (Teil-)Erlass der Forderung iSv §§ 387 ff BGB zu verstehen, *VG Stuttgart* ZInsO 2017, 2621, 2623.
6 *BGH* NZI 2011, 538 Rn 8; NZI 2013, 84 Rn 9; *VG Stuttgart* ZInsO 2017, 2621, 2623.
7 *Martini/Horstkotte* ZInsO 2017, 1913, 1918.

5 Die Gestaltungswirkung war umstr für vom InsPlan betr Ford, die vom InsGl vorher gem **§ 94** hätten **aufgerechnet** werden können, aber erst nach der Planbestätigung zum vollen, unverminderten Betrag aufgerechnet werden.[8] Der **BGH** hat sich jetzt für die Aufrechnungsbefugnis auch nach Planbestätigung entschieden.[9] Die Erlasswirkung des InsPlans wegen § 94 für eine Aufrechnung nicht anzuerkennen, den Gl aber in seiner Gruppe mitstimmen zu lassen, führt freilich in Widersprüche zu § 226 (der Gl wird in seiner Gruppe wg § 94 iE anders behandelt als die anderen Gl) und zu § 237 Abs 2 (der Gl hat das Stimmrecht, obwohl er für die Aufrechnung der Erlasswirkung nicht unterworfen wird). Dem könnte nur dadurch begegnet werden, dass der aufrechnungsbefugte Gl eine eigene Gruppe bilden muss (§ 222) oder ihm entspr § 237 Abs 2 und § 238 Abs 2 das Stimmrecht abgesprochen wird. Das Problem besteht nicht, wenn der Gl noch vor der Abstimmung aufrechnet, weil insoweit seine Ford erlischt (§ 389 BGB) und damit auch das Stimmrecht entfällt. Eine Aufrechnungslage nach § 95 wird – anders als die nach § 94 – mit Eintritt der Rechtskraft des Plans verdrängt mit der Folge, dass für den erlassenen Teil der Forderung § 390 BGB gilt.[10]

6 Wird eine unzulässige Regelung in den gestaltenden Teil aufgenommen, so wird auch diese – grds – mit Unanfechtbarkeit des Bestätigungsbeschlusses rechtskräftig. Nur ganz ausnahmsweise, nämlich wenn die Regelung offenkundig schwerwiegend fehlerhaft ist, ist diese nichtig.[11]

III. Mithaftung, Abs 2

7 Der InsPlan berührt nicht die Haftung von Mitschuldnern und Bürgen und nicht die Rechte an Gegenständen, die nicht zur InsMasse gehören, auch wenn diese Rechte nach materiellem Recht die Existenz einer Forderung voraussetzen (S 1). Ein Erlass der Forderung gegen den Schu durch den InsPlan verändert diese Haftungen und Rechte nicht; die Akzessorietät ist insofern aufgehoben. Dies gilt aber nicht für die persönliche Haftung von Gesellschaftern bei der Ins der Gesellschaft, s § 227 Abs 2. Abs 2 kann nicht durch InsPlan abbedungen werden, da der Dritte keine Beteiligter des InsPlanVerf ist.[12]

8 Die Vorschrift entspricht dem **früheren Recht** (§ 193 S 2 KO, § 82 Abs 2 S 1 VerglO, § 211 Abs 2 KO, § 109 Abs 1 Nr 3 VerglO). Im Unterschied zu jenen Vorschriften werden allerdings nur Sicherungsrechte an schuldner*fremden* Gegenständen von den Wirkungen des InsPlans freigestellt, denn im Gegensatz zum früheren Recht unterwirft die InsO auch die Absonderungsrechte dem InsPlan, wenn sie an Gegenständen der InsMasse bestehen, s § 217.

9 Die **Rückgriffsrechte** der MitSchu, Bürgen oder Sicherungsgeber gegen den Schu werden durch den Plan in gleicher Höhe wie die Primärforderung gegen den Schu vermindert (S 2). Die Vorschrift dient nur der **Klarstellung**, soweit die (zunächst aufschiebend bedingten) Rückgriffsforderungen vom InsPlan ohnehin in gleicher Weise erfasst werden sollten wie die Ausgangsforderung. Die Verminderung auch der Rückgriffsrechte lässt sich gegenüber den betr Dritten damit rechtfertigen, dass man ihnen entgegen § 44 doch das Stimmrecht

8 S einerseits *OLG Celle* (16. ZS) ZIP 2008, 2372=NZI 2009, 59, andererseits *OLG Celle* (14. ZS) ZIP 2009, 140=NZI 2009, 183, sowie *Braun* NZI 2009, 409 mwN; FK/*Jaffé* § 254 Rn 3 mwN; *Smid* DZWIR 2010, 57.

9 *BGH* NZI 2011, 538 Rn 9 ff; s auch *VG Stuttgart* ZInsO 2017, 2621, 2623.

10 *VG Stuttgart* ZInsO 2017, 2621, 2625.

11 *BGH* ZIP 2010, 102; s auch *LAG Niedersachsen* NZI 2011, 156, 157; *Rendels/Zabel* Insolvenzplan, Rn 297 ff.

12 *OLG Dresden* BeckRS 2013, 01610.

(§ 237) für ihre (bedingte Teil-)Rückgriffsforderung zubilligt[13] und dass sie jedenfalls am Erörterungstermin teilnehmen und sich außerdem auf § 251 berufen können (s dort Rn 4, 9),[14] sowie damit, dass, wenn sie den Gl *vor* der Planbestätigung *voll* befriedigt hätten, ihre dadurch unbedingt gewordene Rückgriffsforderung ebenfalls nicht über die Planquote hinaus bestehen geblieben wäre (s § 227 Abs 1).

IV. Mehrbefriedigung, Abs 3

Erhält ein Gl, gleichgültig ob vor oder nach der Bestätigung des Plans, vom InsVerw oder **10**
dem Schu mehr, als er nach dem Plan zu beanspruchen hat, so ist er nicht zur Rückgewähr verpflichtet. Der durch den Plan erlassene Teil einer Forderung wird als **unvollkommene Verbindlichkeit** (Naturalobligation, Schuld ohne Haftung) angesehen, die nicht erzwingbar, aber erfüllbar, und deren Erfüllung deshalb nicht rückholbar ist.[15]

V. Keine Differenzhaftung bei Überbewertung

Abs 4 ist im Zusammenhang mit § 225a Abs 2 genannten **Debt-to-Equity Swap** zu sehen. **11**
Abs 4 schließt die Differenzhaftung zu Lasten des Gl-Gesellschafters für den Fall aus, dass die im Rahmen der Sacheinlage eingebrachten Forderungen gegen die Gesellschaft überbewertet wurden. Die Gefahr einer solchen Haftung (insb in einer FolgeIns des restrukturierten Unternehmensträgers) wurde als Hindernis für eine Übernahme von Gesellschaftsanteilen durch Gl und damit als **Sanierungshindernis** gesehen. Um **Planungssicherheit** für diese Gl zu schaffen, schließt Abs 4 die Differenzhaftung aus (s hierzu § 225a Rn 25–30). Der **Haftungsausschluss** gilt nicht für andere Sacheinlagen.

§ 254a Rechte an Gegenständen. Sonstige Wirkungen des Plans

(1) Wenn Rechte an Gegenständen begründet, geändert, übertragen oder aufgehoben oder Geschäftsanteile an einer Gesellschaft mit beschränkter Haftung abgetreten werden sollen, gelten die in den Insolvenzplan aufgenommenen Willenserklärungen der Beteiligten als in der vorgeschriebenen Form abgegeben.

(2) [1]Wenn die Anteils- oder Mitgliedschaftsrechte der am Schuldner beteiligten Personen in den Plan einbezogen sind (§ 225a), gelten die in den Plan aufgenommenen Beschlüsse der Anteilsinhaber oder sonstigen Willenserklärungen der Beteiligten als in der vorgeschriebenen Form abgegeben. [2]Gesellschaftsrechtlich erforderliche Ladungen, Bekanntmachungen und sonstige Maßnahmen zur Vorbereitung von Beschlüssen der Anteilsinhaber gelten als in der vorgeschriebenen Form bewirkt. [3]Der Insolvenzverwalter ist berechtigt, die erforderlichen Anmeldungen beim jeweiligen Registergericht vorzunehmen.

(3) Entsprechendes gilt für die in den Plan aufgenommenen Verpflichtungserklärungen, die einer Maßnahme nach Absatz 1 oder 2 zugrunde liegen.

Übersicht

---

13 So *B/G/H/Flöther/Wehner* § 254 Rn 5; ähnlich MK/*Huber* § 254 Rn 32.
14 So *Noack/Bunke* FS Uhlenbruck, 2000, S 362 f.
15 *Braun/Frank* § 254 Rn 8, 9; *Uhlenbruck/Lüer/Streit* § 254 Rn 19; MK/*Huber* § 254 Rn 33.

I. Normzweck

1 **§ 254a ergänzt § 254.** Abs 1 und Abs 3 übernehmen aus dem bisherigen § 254 den Abs 1 S 2. **Abs 2** trifft entspr Regelungen für den Fall, dass gem der Neukonzeption des **ESUG** (s §§ 217 S 2, 225a) der InsPlan auch die Anteils- und Mitgliedschaftsrechte regelt.

II. Unterstützende Rechtsgeschäfte, Abs 1

2 Nach § 228 können in den Plan ihn unterstützende oder ausführende Rechtsgeschäfte aufgenommen werden, die sonst vor der Bestätigung vorgenommen werden müssten oder erst nach seinem Wirksamwerden vorgenommen werden könnten (s dort Rn 2). § 254 Abs 1 S 2 ergänzt jene Regelung. Wenn der gestaltende Teil des Plans die Willenserklärungen für solche Rechtsgeschäfte aufführt, „gelten" sie mit dem Wirksamwerden des Plans „als formgerecht abgegeben". Die Vorschrift hat eine **zweifache Funktion**: (1) Die Aufführung im rechtskräftig bestätigten Plan verdrängt die Formvorschriften, die sonst für die Willenserklärungen an sich anwendbar sind; (2) sie markiert den Eintritt der aufschiebenden Bedingung, unter welcher die Willenserklärung durch die Aufnahme in den Plan abgegeben worden ist (s dazu § 228 Rn 9). Die Vorschrift hat nicht die Funktion, die Zustimmung anderer Personen zu den Willenserklärungen, die der Planverfasser für sie in den Plan aufgenommen hat, zu **ersetzen** (s § 228 Rn 8 f).[1] Das Gericht musste vielmehr iRv § 249 die Bestätigung des InsPlans von der Beibringung der Zustimmung abhängig machen (s § 228 Rn 9, § 249 Rn 5). Hat es dies versäumt und wird die Zustimmung nicht nachträglich erteilt, so ist zwar mit der rechtskräftigen Bestätigung die aufschiebende Bedingung (§ 158 Abs 1 BGB), nicht aber die Wirksamkeit der Erklärung nach § 177 BGB eingetreten. Liegt dagegen die Zustimmung bei der Bestätigung des InsPlans vor, so wird auch die Willenserklärung wirksam, weil der Planverfasser von vornherein mit Vollmacht (§ 164 BGB) oder Einwilligung (§ 185 Abs 1 BGB) oder zunächst ohne Vollmacht und Einwilligung, aber dann mit Genehmigung (§§ 177, 185 Abs 2 BGB) gehandelt hat.

3 Gegenüber § 228 erfasst der Wortlaut der Vorschrift zusätzlich die **Abtretung von GmbH-Anteilen**. Diese Erweiterung ist im parlamentarischen Verf vorgenommen worden.[2] Sie hat Zweifel darüber ausgeräumt, ob man bei Geschäftsanteilen von „Rechten an Gegenständen" sprechen kann; sie muss auch für § 228 gelten (s auch § 228 Rn 2).

III. Gesellschaftsrechtliche Änderungen, Abs 2

4 Eingriffe in die Anteils- und MitgliedschaftsR müssen nach dem GesR bestimmten **formellen Anforderungen** genügen. Während § 225a die Zuständigkeit für derartige Beschlüsse von der Gesellschafterversammlung auf die erweiterte GlVersammlung transferiert, stellt § 254a Abs 2 klar, dass die in den Plan aufgenommenen Beschlüsse oder sonstigen Erklärungen der durch das GesR vorgeschriebenen Form (zB §§ 183 Abs 1, 185 Abs 1, 27 Abs 1 S 1 AktG; § 56 Abs 1, 55 Abs 1 GmbHG: notarielle Form) genügen. Abs 2 S 2 stellt darüber hinaus klar, dass die gesellschaftsrechtlichen Regelungen in Bezug auf die zur Vorbereitung der Beschlüsse erforderlichen Bekanntmachungen und Ladungen ebenfalls durch die Bestimmungen des PlanVerfR verdrängt werden. Bei in den Plan aufgenommenen Erklärungen wird dem Wortlaut des § 254a Abs 2 S 1 zufolge nur die Abgabe der Willenserklärung fingiert. Für den Zugang ist auf die allgemeinen Vorschriften abzustellen.[3]

---

1 Zust *Braun/Frank* § 254 Rn 6; *Andres/Leithaus* § 254 Rn 10; *Becker* InsR Rn 1642; **aA** ohne Begr *Bork* Rn 325.

2 S BT-Drucks 12/7302, 185; 12/3803, 135 f.

3 *Madaus* ZIP 2012, 2133, 2138.

Nicht verdrängt und damit weiterhin anwendbar bleiben die **gesellschaftsrechtlichen Publizitätsvorschriften** (§ 225a Rn 13).[4] Soweit daher das GesR die Anmeldung zum Handelsreg oder Genossenschaftsreg vorschreibt, sind diese Vorschriften zu befolgen. Zur Vereinfachung des Verf ist der InsVerw (nicht aber der Sachwalter)[5] nach Abs 2 S 3 berechtigt, Anmeldungen bei den zuständigen Registern zu stellen. Zu der Frage, ob in diesen Fällen den InsVerw auch eine an der Anmeldung anknüpfende gesellschaftsrechtliche Haftung trifft, s **§ 225a Rn 30**. Diese Berechtigung gilt kraft Gesetzes und muss daher – anders als die Bevollmächtigungen nach § 221 S 2 – nicht im Plan vorgesehen werden. Nach § 221 S 2 kann aber der InsVerw zu Durchführungshandlungen ermächtigt werden, die von Abs 2 S 3 nicht gedeckt sind (zB Beauftragung eines Prüfers für die Sacheinlageprüfung nach § 183 AktG).[6] Nach dem Gesetzeswortlaut wird der InsVerw lediglich „**ermächtigt**". Damit wird die Zuständigkeit der Leitungsorgane des Schu für die Anmeldungen nicht verdrängt. Vielmehr besteht die Berechtigung des InsVerw nur **neben der Anmeldepflicht der Leitungsorgane**.[7] Fraglich ist, ob mit der Berechtigung eine korrespondierende Pflicht des InsVerw zur Anmeldung einhergeht, wenn die Organe ihrer Pflicht zur Anmeldung nicht (unverzüglich) nachkommen (wollen oder können). Mit Blick auf die Gesetzesmaterialien[8] ist dies wohl zu bejahen[9] und die Pflicht auch als insspezifisch iSd § 60 einzuordnen. Abs 2 S 3 erteilt dem InsVerw nur die Ermächtigung zur Anmeldung. Die abzugebenden Erklärungen werden dadurch nicht fingiert, sondern müssen tatsächlich abgegeben werden.[10] 5

§ 254a lässt offen, von wem die Eintragungsfähigkeit ins Handels- bzw Genossenschaftsreg zu prüfen ist. Richtiger Ansicht nach bezieht sich der **Prüfungsumfang** des InsGer bei §§ 231 Abs 1 Nr 1, 250 Nr 1 auch auf die registerrechtliche Eintragungsfähigkeit der im Plan enthaltenen gesellschaftsrechtlichen Maßnahmen (§ 225a Rn 13, 28).[11] Dann aber stellt sich die Frage, ob, nachdem die Eintragungsfähigkeit durch das InsGer durch Planbestätigung bejaht wurde, das RegGericht die Eintragung – wegen angeblicher Mängel – ablehnen kann. Eine doppelte Prüfzuständigkeit wäre in mehrfacher Hinsicht problematisch, insbesondere bliebe die Durchführung des InsPlans in der Schwebe. Dies würde aber den Sinn und Zweck des § 253 (insb auch das darin enthaltene FreigabeVerf) ad absurdum führen. Auch wenn daher § 254a keine dem § 246a Abs 3 S 5 AktG vergleichbare Regelung enthält, wonach die Planbestätigung für das RegGericht bindend ist, ist von einer Bindungswirkung der Entscheidung des InsGer für das RegGericht und damit von einer Zuständigkeitskonzentration bzgl aller den InsPlan betreffenden Fragen beim InsGericht auszugehen (§ 225a Rn 28).[12] Das BerichtigungsR des InsVerw nach § 221 S 2 ist allemal besser als ein Vetorecht des RegGerichts. Mitunter wird dem Registergericht eine beschränkte Prüfungskompetenz in Bezug auf schwerwiegende und offensichtliche Fehler zugebilligt.[13] Zu beachten ist allerdings, dass die verfahrensrechtl Wirkungen einer existierenden und rechtskräftigen Ent- 6

4 FK/*Jaffé* § 254a Rn 7.
5 *K Schmidt/Spliedt* § 254a Rn 5; *Uhlenbruck/Lüer/Streit* § 225a Rn 13; *Andres/Leithaus* § 254a Rn 6.
6 *Madaus* ZIP 2012, 2133, 2138.
7 HambKomm/*Thies* § 254a Rn 9; *K Schmidt/Spliedt* § 254a Rn 5.
8 BT-Drucks 17/5712, S 37.
9 *K Schmidt/Spliedt* § 254a Rn 6; HambKomm/*Thies* § 254a Rn 10.
10 HambKomm/*Thies* § 254a Rn 11.
11 *Brünkmans/Greif-Werner* ZInsO 2015, 1585, 1593; **aA** *AG Charlottenburg* ZIP 2015, 394, 395.
12 *Rendels/Zabel* Insolvenzplan, Rn 272 ff; *Brünkmans/Greif-Werner* ZInsO 2015, 1585, 1593; wohl auch FK/*Jaffé* § 254a Rn 7; *Madaus* ZIP 2012, 2133, 2138 f; **aA** *AG Charlottenburg* ZIP 2015, 395, 396 (Prüfungspflicht, ob Maßnahme iSd § 241 Nr 3 oder Nr 4 AktG nichtig ist oder nicht); *K Schmidt/Spliedt* § 254a Rn 7; *Horstkotte/Martini* ZInsO 2012, 557, 567 Fn 67.
13 *Brünkmans/Greif-Werner* ZInsO 2015, 1585, 1594; MK/*Madaus* § 254a Rn 24.

scheidung (hier die Bestätigung des InsPlans) nur ganz ausnahmsweise aufgehoben oder gemindert sind. Das gilt etwa dann, wenn die Entscheidung eine dem deutschen Recht nicht bekannte oder verbotene Rechtsfolge ausspricht.[14] Ist die Entscheidung also selbst unmittelbar gesetzes- oder sittenwidrig, so ist sie wirkungslos und kann nicht eingetragen werden.[15] Nur dort also, wo die Maßnahme „mit dem Wesen der Gesellschaft“ unvereinbar ist (§ 241 Nr 3 AktG), fehlt es an der Eintragungsfähigkeit.[16] Das wird man etwa bei einem Formwechsel in eine Ein-Mann-Personengesellschaft oder in eine Personengesellschaft ohne persönlich haftenden Gesellschafter annehmen können.[17] Gleiches gilt für eine Stückelung von Geschäftsanteilen an einer GmbH, die nicht durch volle Euro teilbar sind.[18]

IV. Verpflichtungserklärungen, Abs 3

7 Weiterhin erfasst Abs 3 ausdrücklich auch die **Verpflichtungserklärungen**, die den in Abs 1 und § 228 genannten „dinglichen“ Rechtsgeschäften zugrunde liegen. Die Vorschrift meint ua die Verpflichtungserklärungen dritter Personen, die nach § 230 Abs 3 dem InsPlan beizufügen sind. Sie gilt aber auch für Verpflichtungserklärungen, die der InsVerw für die InsMasse abgibt, oder für Verpflichtungserklärungen von Gl gegenüber der InsMasse. Werden sie in den Plan aufgenommen (oder ihm beigefügt, § 230 Abs 3), so ersetzt der rechtskräftig bestätigte Plan zB die notarielle Beurkundung bei einem Vertrag zur Grundstücksveräußerung (§ 311b Abs 1 BGB) oder zur Abtretung von GmbH-Anteilen (§ 15 Abs 4 GmbHG).

14 *Musielak* § 300 ZPO Rn 5; MK/*Braun* § 578 ZPO Rn 12.
15 S auch MK/*Braun* § 578 ZPO Rn 12.
16 *Noack/Schneiders* DB 206, 1619, 1624; deutlich weiter *K/P/B/Spahlinger* § 225a Rn 64.
17 *Brünkmans/Greif-Werner* ZInsO 2015, 1585, 1594.
18 *Horstkotte* ZInsO 2015, 416; *Brünkmans/Greif-Werner* ZInsO 2015, 1585, 1594.

§ 254b Wirkung für alle Beteiligten

Die §§ 254 und 254a gelten auch für Insolvenzgläubiger, die ihre Forderungen nicht angemeldet haben, und für Beteiligte, die dem Insolvenzplan widersprochen haben.

1 Die Vorschrift übernimmt aus der vor Inkrafttreten des ESUG geltenden Fassung des § 254 dessen Abs 1 S 3 mit einer nur geringfügigen sprachlichen Korrektur und einer Anpassung an die Neukonzeption des ESUG (s § 254a). Die Geltung der Planregelung auch „für“ InsGl, die ihre Forderung nicht oder nicht rechtzeitig angemeldet haben (und damit zum Zeitpunkt des Abschlusses des InsPlans bzw dessen Bestätigung unbekannt waren), sog **Nachzügler**,[1] wirkt zu deren Lasten und Gunsten.[2] Soweit Rechte durch den Plan unberührt gelassen (s § 223 Abs 1 S 1), ausdrücklich aufrechterhalten (§§ 224, 227) oder neu begründet (§ 230 Abs 3) werden, können deshalb auch die Nachzügler die rechtskräftige Planregelung für ihre Forderung oder ihr Absonderungsrecht gegen den Schu geltend machen.[3] Voraussetzung hierfür ist aber, dass sie zuvor ihre Forderungen rechtskräftig feststellen lassen.[4] Das unerwartete Auftreten dieser Planbegünstigten kann die Erfüllbarkeit des InsPlans, aber rückblickend auch die Motive der Beteiligten in Frage stellen, die am PlanVerf und der

1 S hierzu *BAG* ZIP 2013, 2268 Rn 26; *LAG Düsseldorf* ZInsO 2014, 2119, 2122.
2 *BAG* ZIP 2013, 2268 Rn 26; *BGH* ZIP 2015, 1348 Rn 12.
3 *BGH* ZIP 2011, 1271 Rn 8; NZI 2013, 84 Rn 10; *BAG* ZIP 2013, 2268 Rn 29.
4 *BAG* ZIP 2013, 2268 Rn 25.

Abstimmung teilgenommen haben.[5] In Lit und Praxis gibt es deshalb Vorschläge und Versuche, dieser Situation durch Regelungen im InsPlan zu begegnen, welche die Berufung auf Rechte ausschließen, mit denen im PlanVerf nicht gerechnet werden konnte (sog **Präklusionsklauseln**).[6] Letztere sind abzugrenzen von (in jedem Fall zulässigen) Ausschlussklauseln,[7] die für alle Gl einer (zulässig gebildeten) Gruppe gelten (§ 221 Rn 4) und die daher gegenüber allen Gl dieser Gruppe (einschließlich der Nachzügler bzw unbekannten InsGl) die identischen Wirkungen entfalten.

Ob eine **Ausschlusswirkung** zu Lasten der Nachzügler vom geltenden Gesetz gedeckt ist, ist umstritten.[8] Ursprünglich stand der BGH derartigen Klauseln aufgeschlossen gegenüber.[9] In einer aktuellen Entscheidung hat der BGH entschieden, das gewillkürte Präklusionsvorschriften im InsPlan nicht zulässig sind. Sie verstoßen gegen den Grundsatz, dass innerhalb jeder Gruppe allen Beteiligten gleiche Rechte anzubieten sind (§ 226 Abs 1); denn sie bewirken eine Ungleichbehandlung von InsGl derselben Rechtsstellung allein aus dem Umstand der rechtzeitigen Forderungsanmeldung.[10] Die Diskriminierung von Nachzüglern kann auch nicht dadurch umgangen werden, dass diese zu einer eigenen Gruppe nach § 222 Abs 2 zusammengefasst werden; denn das Versäumen einer im Plan gesetzten Anmeldefrist ist zwar ein objektives, aber kein dem § 222 zugängliches Abgrenzungskriterium (§ 222 Rn 15).[11] Der vollständige Verlust einer Forderung als Folge einer Ausschlussfrist stellt zudem einen erheblichen Eingriff in das Eigentumsrecht des Gl dar, der einer ausdrücklichen gesetzlichen Grundlage bedarf.[12] Auch **rechtspolitisch** ist der Ausschluss der Nachzügler fragwürdig. Sie müssen ohnehin schon – selbst ohne reale Einflussmöglichkeit, etwa bei unverschuldeter Unkenntnis von ihren Ansprüchen oder dem Verf – die Lasten aus dem InsPlan hinnehmen. Ihnen zusätzlich den verbliebenen Nutzen zu verwehren, würde die gesetzgeberische Interessenwertung entscheidend verändern. Es würde auch hinausgehen über das, was Nachzügler als Folge des Regelverfahrens (selbst bei Restschuldbefreiung, §§ 286–311) hinnehmen müssen. Das Problem der latenten Verbindlichkeiten, die getroffene Dispositionen in Frage stellen, wenn sie offenbar werden, ist kein besonderes des InsVerf, sondern ein allgemeines, dem allg mit Verjährung und Versicherung begegnet wird.[13] Das **ESUG hat dies erkannt und** gegen Nachzügler eine Abkürzung der Verjährung und des Vollstreckungsschutzes vorgesehen, §§ 259a und b. Der durch diese Vorschriften vermittelte Schutz ist zwar unzureichend. Mit Blick auf diese vom Gesetzgeber getroffenen Sonderregelungen sind aber weitergehende Präklusionsklauseln nicht möglich.[12] Enthält der InsPlan eine unzulässige Prüklusionsklausel ist der Plan nach § 231 zurückzuweisen bzw die Bestätigung nach § 250 zu versagen. Ist der InsPlan rechtskräftig, ändert dies nichts daran, dass die 2

5 *BAG* ZIP 2013, 2268 Rn 30; sa *BGH* ZIP 2015, 1348 Rn 13.
6 Siehe das Beispiel in *BAG* ZIP 2013, 2268; Ausf *Otte/Wiester* NZI 2005, 70; *Rose/Tetzlaff/Wollstadt* ZInsO 2005, 673; HambKomm/*Thies* § 254b Rn 6, § 227 Rn 4–6; *M/R/Bähr/Landry* § 14 Rn 203 mN über unveröffentlichte Entsch von InsGer; s auch *Hess* InsO § 254 Rn 4; *Andres/Leithaus* § 254 Rn 6; *Braun/Frank* § 254 Rn 7; FK/*Jaffé* § 254 Rn 15.
7 *LAG Düsseldorf* ZInsO 2014, 2119, 2121; sa *Blankenburg* ZInsO 2015, 1293, 1295.
8 Dagegen *BAG* ZIP 2013, 2268 Rn 32 ff; so auch (ausf) *Schreiber/Flitsch* BB 2005, 1176–1178; vorsichtig auch MK/*Madaus* § 254b Rn 6 ff: zZ kein Handlungsbedarf; wenn, dann gesetzgeberische Aufgabe; dafür *Uhlenbruck/Lüer/Streit* § 254b Rn 12 ff.
9 *BGH* NZI 2010, 734 Rn 9; „keine grundsätzlichen Bedenken".
10 *BGH* ZIP 2015, 1348 Rn 15; zustimmend *Skauradszun* DZWiR 2015, 539, 548 f.
11 *BGH* ZIP 2015, 1348 Rn 15; sa MK/*Madaus* § 254b Rn 8; *Blankenburg* ZInsO 2015, 1293, 1296.
12 *BGH* ZIP 2015, 1348 Rn 16.
13 *Schreiber/Flitsch* BB 2005, 1179: allgemeines wirtschaftliches Risiko, „das jeder Unternehmung innewohnt".

Präklusionsklausel keine Anwendung findet. Vielmehr gelten dann die gesetzlichen Vorschriften.[14]

3 Die Gestaltungswirkung des Plans gilt auch für Nachzügler mit **Erfüllungsansprüchen aus gegenseitigen Verträgen**, deren volle Erfüllung aus der InsMasse nach §§ 103 ff nicht verlangt wurde, die aber auch nicht als InsFord angemeldet wurden. Nach der in diesem Kommentar vertretenen Auff sind auch Erfüllungsansprüche aus gegenseitigen Verträgen **InsFord** und deshalb ebenfalls von Abs 1 S 3 erfasst. Da sie aber nur als *Geldansprüche* hätten angemeldet werden können (§ 45), können sie nur in dieser Eigenschaft vom InsPlan verändert worden sein und kann der Gl aus dem InsPlan auch nur einen Geldanspruch für sich herleiten (s § 103 Rn 155, 156).[15] Der Nachzügler kann dem InsPlan auch nicht dadurch ausweichen, dass er nach der Aufhebung des InsVerf (§ 258) die Planquote nicht in Anspruch nimmt, s § 259 Rn 4. Von vornherein unberührt vom InsPlan bleiben dagegen die Vertragsansprüche, die gem § 55 Abs 1 und 2 **Masseverbindlichkeiten** geworden sind, s § 217 Rn 11.

§ 255 Wiederauflebensklausel

(1) [1]Sind auf Grund des gestaltenden Teils des Insolvenzplans Forderungen von Insolvenzgläubigern gestundet oder teilweise erlassen worden, so wird die Stundung oder der Erlass für den Gläubiger hinfällig, gegenüber dem der Schuldner mit der Erfüllung des Plans erheblich in Rückstand gerät. [2]Ein erheblicher Rückstand ist erst anzunehmen, wenn der Schuldner eine fällige Verbindlichkeit nicht bezahlt hat, obwohl der Gläubiger ihn schriftlich gemahnt und ihm dabei eine mindestens zweiwöchige Nachfrist gesetzt hat.

(2) Wird vor vollständiger Erfüllung des Plans über das Vermögen des Schuldners ein neues Insolvenzverfahren eröffnet, so ist die Stundung oder der Erlass für alle Insolvenzgläubiger hinfällig.

(3) [1]Im Plan kann etwas anderes vorgesehen werden. [2]Jedoch kann von Absatz 1 nicht zum Nachteil des Schuldners abgewichen werden.

Übersicht

I. Normzweck

1 Die §§ 255–257 regeln die Rechtsfolgen einer **Nichterfüllung** der im InsPlan festgelegten Verpflichtungen. Planregelungen von InsFord können **hinfällig** werden (§§ 255, 256) oder zur **Zwangsvollstreckung** gegen den Schu führen (§ 257). Der Regelung liegt der Gedanke zugrunde, dass die Nichterfüllung nur in den vom Gesetz ausdrücklich genannten Fällen und nur im dort genannten Ausmaß die Verbindlichkeit des Plans aufheben kann.

2 Die **Grundregelung** für den **Wegfall der Planverbindlichkeit** enthält § 255. Die Planregelung wird insoweit hinfällig, als der Plan Stundungen und Teilerlasse von InsFord enthält, und zwar gegenüber denjenigen InsGl, deren Forderungen nicht erfüllt worden sind (Abs 1 S 1). Die Vorschrift regelt nur die Wirkung der Nichterfüllung auf die Planbestimmungen über

14 *Takjas* ZInsO 2017, 1196, 1197 f; *LG Düsseldorf* ZIP 2017, 1870, 1873; *Madaus* ZIP 2016, 1141, 1145.

15 S § 103 Rn 2, 91, 92 mN über den Meinungsstand; sa § 259 Rn 4.

die InsFord. Andere Folgen der Nichterfüllung, zB der Ersatz des Schadens nach §§ 280–292 BGB, bleiben unberührt.

II. Anwendungsbereich

3 Die Vorschrift setzt einen InsPlan voraus, der **Stundungen** oder **Teilerlasse** von **InsFord** enthält. Nur diese Regelungen können durch Nichterfüllung der InsFord hinfällig werden (s Rn 2, 4). Die Vorschrift ist **nicht anwendbar** auf Planregelungen, mit denen **neue Rechte** gegen den **Schu** oder **Dritte** eingeräumt werden oder über Massegegenstände verfügt wird. Solche Regelungen bleiben auch dann bestehen, wenn einzelne Teilerlasse oder Stundungen, die der Plan daneben enthält, wegen Nichterfüllung hinfällig werden. Die Vorschrift ist auch nicht anwendbar, soweit der Plan *vollständige* Forderungserlasse enthält, uU gegen Einräumung von Ersatzrechten, zB Anteilstiteln oder Ansprüchen gegen dritte Personen; in diesem Fall kann es nicht mehr zur Nichterfüllung der (erlassenen) InsFord kommen.[1]

4 Die Teilerlasse oder Stundungen müssen sich auf **Forderungen von InsGl** (§ 38) beziehen. **Nicht anwendbar** ist die Vorschrift deshalb auf Regelungen, die unmittelbar in **Absonderungsrechte** eingreifen, zB durch Aufhebung, Hemmung der Rechtsausübung, Austausch gegen andere Sicherheiten; wegen des Verfügungscharakters solcher Regelungen kann hier schon der Tatbestand der Nichterfüllung (des „Rückstands") nicht gegeben sein. Soweit dagegen nur die Forderung selbst durch den InsPlan tw erlassen oder gestundet wurde und nun in ihrem (Rest-)Bestand nicht erfüllt wird, kann sie wieder voll aufleben, auch wenn sie durch ein (vom InsPlan nicht unmittelbar angetastetes) Sicherungsrecht gedeckt war. Die gegenteilige Ansicht im RegE S 213 f, wonach ein Wiederaufleben von vornherein nur für die mögliche Ausfallforderung (§ 52) in Frage käme, wird durch den Wortlaut des Gesetzes und den Sinn des Absonderungsrechts nicht gestützt.[2] Die Vorschrift gilt auch für die InsGl, die am Verf nicht teilgenommen haben; denn der Plan wirkt ja zugunsten und auch zu Lasten derselben (§ 254b). Allerdings kann sich ein solcher InsGl nur dann auf § 255 berufen, wenn er zuvor seine Forderung rechtskräftig feststellen oder aber eine vorl Entscheidung des InsGerichts über die Berücksichtigung der Forderung herbeiführen lässt.[3]

III. Rückstand

5 Die Nichterfüllung der (verbliebenen) InsFord bezeichnet das Gesetz als „Rückstand", um die Regelung von denen des Zivilrechts über den „Verzug" abzugrenzen (RegE S 213). Da es um die Nichterfüllung der im Plan aufrechterhaltenen **InsFord** geht, kommt nur ein **Zahlungsrückstand** in Betracht (s § 45); auf **Verschulden** kommt es nicht an. Auch die Verletzung von **Nebenpflichten** ist für § 255 unerheblich.[4]

6 Der Rückstand muss **erheblich** sein. Dies ist nach dem Gesetz erst der Fall, wenn der Gl den Schu nach der Fälligkeit **schriftlich gemahnt** und eine mindestens **zweiwöchige Nachfrist** gesetzt hat (S 2). Das Gesetz sagt nicht klar („ist *erst* anzunehmen"), ob Mahnung und Nachfrist *ausreichen*, um die Erheblichkeit des Rückstands zu begründen. Da die Regelung der Nachfristsetzung auf Herstellung von Rechtsklarheit angelegt ist, muss dies aber angenommen werden; auch ein nach Zeit oder Betrag geringfügiger Rückstand begründet nach Ablauf der Nachfrist den Wegfall der Planregelung. Wenn der Schu sogar geringfügige Zah-

1 MK/*Huber* § 255 Rn 33; *Andres/Leithaus* § 255 Rn 2 mwN; *Graf-Schlicker/Kebekus/Wehler* § 255 Rn 3; abw HambKomm/*Thies* § 255 Rn 12 mwN.
2 Wie hier HambKomm/*Thies* § 255 Rn 5; krit dazu auch *Braun/Uhlenbruck* UnternehmensIns, S 490; *Häsemeyer* Rn 28.77a; **aA** MK/*Huber* Rn 255 Rn 15, 36.
3 *BGH* NZI 2013, 84 Rn 23; *BAG* ZIP 2013, 2268 Rn 36.
4 Ausf *Uhlenbruck/Lüer/Streit* § 255 Rn 16, 17.

lungsrückstände innerhalb der Nachfrist nicht beseitigen kann, besteht ausreichender Anlass, die betroffenen Gl von der Bindung an den Plan zu befreien.[5]

IV. Wiederaufleben

7 Der Erfüllungsrückstand, der bis zum Ablauf der gesetzten Nachfrist nicht behoben wird, hat zur Folge, dass die Stundung oder der Teilerlass der Forderung **hinfällig** wird (Abs 1 S 1). Die betroffene Forderung besteht wieder in dem Umfang und mit der Fälligkeit, die sie vor der Planbestätigung hatte. IÜ bleibt der bestätigte InsPlan unverändert. Sobald er zur Aufhebung des InsVerf geführt hat (§ 258), ist die so wiederhergestellte Forderung **gegen den Schu** geltend zu machen.

8 Die Stundung oder der Teilerlass **entfallen von selbst**, wenn innerhalb der gesetzten Nachfrist nicht vollständig erfüllt wurde; einer erneuten Erklärung des Gl bedarf es nicht. Das Gesetz bezeichnet die Vorschrift als *Wiederauflebens*klausel. Das ist für den Wegfall der Stundungswirkung ungenau, da die Forderung bei Stundung nach dem Plan im Betrag unvermindert weiterbestand. Der Ausdruck *Klausel* ist missverständlich. Der Wegfall der Planwirkung geschieht nicht aufgrund einer Planbestimmung oder einer Vertragsklausel, sondern **kraft Gesetzes** *entgegen* der Planregelung. Struktur und Begriffe der Vorschrift wurden aus § 9 VerglO übernommen.

9 Der Wegfall der Planwirkung gilt **nur für denjenigen Gl**, gegenüber dem der Schu sich im Rückstand befindet und der nach S 2 gemahnt und Nachfrist gesetzt hat. Die Planregelung für andere Gl und für andere planbetroffene Forderungen desselben Gl bleibt bestehen, selbst wenn auch insoweit Zahlungen ausstehen; mahnen und Nachfrist setzen muss jeder Gl für jede einzelne seiner Forderungen selbst.[6]

V. Neues Insolvenzverfahren, Abs 2

10 Die Begrenzung des Wiederauflebens auf nur einzelne nicht erfüllte InsFord ist nicht mehr gerechtfertigt, wenn (nach der Aufhebung des InsVerf, § 258) über das Vermögen des Schu ein neues InsVerf eröffnet wird; in diesem Fall werden vermutlich **alle** nach dem Plan noch bestehenden **Forderungen nicht erfüllt** werden. Das Gesetz lässt daher bei neuem InsVerf die Stundungen und Erlasse für **alle InsGl** des alten Verf wegfallen, damit diese gegenüber neuen Gl nicht schlechter gestellt werden. Die Vorschrift soll den beteiligten Gl ermöglichen, ihre Forderung auch im neuen InsVerf mit dem vollen Betrag, nicht nur mit der Planquote aus dem alten Verf, anzumelden. Im Übrigen aber bleibt der Plan im Grds bestehen.[7]

11 Aus dem Grundgedanken der Regelung folgt, dass die Planwirkungen nur für diejenigen Gl entfallen, die InsGl auch **im neuen Verf** sind, deren Planforderungen also bei dessen Eröffnung noch nicht vollständig erfüllt waren.[8] Auch ist mit „vollständiger Erfüllung des Plans" (Abs 2) nur die Erfüllung der im Plan geregelten InsFord gemeint. Wird das neue InsVerf eröffnet, nachdem zwar alle InsFord, aber noch nicht alle sonstigen im Plan festgelegten (Neu-)Verpflichtungen erfüllt wurden, ist der Tatbestand der Vorschrift nicht gegeben.[9]

---

5 Wie hier *Uhlenbruck/Lüer/Streit* § 255 Rn 8; MK/*Huber* § 255 Rn 17, 19; *B/G/H/Flöther/Wehner* § 255 Rn 5, 7; *Andres/Leithaus* § 255 Rn 3.

6 *B/G/H/Flöther/Wehner* § 255 Rn 9; tw **aA** MK/*Huber* § 255 Rn 29.

7 *BGH* ZIP 2014, 330 Rn 26.

8 Ausf MK/*Huber* § 255 Rn 32, 33; zust auch *Braun/Frank* § 255 Rn 8; *Graf-Schlicker/Kebekus/Wehler* § 255 Rn 3.

9 Zust MK/*Huber* § 255 Rn 18 mwN; *Andres/Leithaus* § 255 Rn 5.

Dasselbe gilt für **Verfügungsgeschäfte** im InsPlan, zB den Verzicht auf Sicherheiten (Absonderungsrechte) und die Neubegründung von Sicherheiten. Hat der InsPlan ein Absonderungsrecht beseitigt, so bleibt es dabei, auch wenn die gesicherte Forderung noch nicht erfüllt ist (s auch Rn 14); sie kann im neuen InsVerf nur als *ungesicherte* Forderung geltend gemacht werden.[10] Ist ein Sicherungsrecht durch den InsPlan oder im Zusammenhang mit ihm neu begründet worden, hängt es von der Planregelung oder dem danach vereinbarten Sicherungsgeschäft ab, ob das Sicherungsrecht auch den wiederbelebten Teil der Forderung decken soll.[11] Gegen unerwünschte Folgen des Wiederauflebens für die Sicherungsrechte können die Beteiligten sich durch **abw Regelungen** im InsPlan schützen, s Rn 14. Für den **Rückgriff des PSVaG** gilt die bes Regelung nach § 9 Abs 4 S 2 BetrAVG.[12] 12

VI. Abweichende Regelung, Abs 3

Die Beteiligten können **schon im InsPlan** abw Regelungen treffen (S 1). Diese dürfen jedoch von Abs 1 nicht zum Nachteil des Schu abweichen (S 2). Der InsPlan kann also bestimmen, dass Stundungen und Erlasse erst bei erneuter Ins des Schu entfallen sollen; dass die Nachfrist (Abs 1 S 2) länger, *nicht* aber, dass sie kürzer sein soll; dass der Rückstand eine bestimmte Höhe oder Dauer haben muss, *nicht* aber, dass auch andere Forderungen, fällige oder nicht fällige oder gar plangemäß erfüllte, des betr InsGl oder auch anderer Gl, wiederaufleben sollen oder dass auch andere Regelungen als Erlasse und Stundungen (s Rn 4 f) hinfällig sein sollen. Im Zweifel ist anzunehmen, dass der **InsPlan** ein **Gesamtgefüge** zum Nutzen auch des Schu ist (s auch § 247), so dass jede ändernde Regelung, die dessen Rechtsstellung gegenüber Abs 1 nicht eindeutig verbessert, eine zu seinem Nachteil sein wird. 13

Wird ein **neues InsVerf** eröffnet, gilt die Bestimmung nach Abs 3 S 2 nicht; Abs 2 ist gegenüber Planregelungen vollständig disponibel. Die Eröffnung eines neuen InsVerf kann zB zur auflösenden Bedingung für den ganzen Plan oder einzelne seiner Regelungen gemacht werden, soweit er nicht Rechtsgeschäfte enthält, die nach materiellem Recht bedingungsfeindlich sind, wie zB § 925 Abs 2 BGB. Dies wird namentlich für SicherungsGl in Frage kommen, deren Absonderungsrecht nach dem Plan untergehen sollte.[13] 14

§ 256 Streitige Forderungen. Ausfallforderungen

(1) [1]Ist eine Forderung im Prüfungstermin bestritten worden oder steht die Höhe der Ausfallforderung eines absonderungsberechtigten Gläubigers noch nicht fest, so ist ein Rückstand mit der Erfüllung des Insolvenzplans im Sinne des § 255 Abs. 1 nicht anzunehmen, wenn der Schuldner die Forderung bis zur endgültigen Feststellung ihrer Höhe in dem Ausmaß berücksichtigt, das der Entscheidung des Insolvenzgerichts über das Stimmrecht des Gläubigers bei der Abstimmung über den Plan entspricht. [2]Ist keine Entscheidung über das Stimmrecht getroffen worden, so hat das Gericht auf Antrag des Schuldners oder des Gläubigers nachträglich festzustellen, in welchem Ausmaß der Schuldner vorläufig die Forderung zu berücksichtigen hat.

---

10 Krit dazu *Häsemeyer* Rn 28.78; *Braun/Uhlenbruck* UnternehmensIns, S 490 f; *Braun/Frank* § 255 Rn 5.

11 S *Uhlenbruck/Lüer/Streit* § 255 Rn 14; MK/*Huber* § 255 Rn 27.

12 Ausf dazu *B/G/H/Flöther/Wehner* § 255 Rn 13; *Uhlenbruck/Lüer/Streit* § 255 Rn 13; *Flitsch/Chardon* DZWIR 2004, 489 f.

13 S auch Rn 12 und *Braun/Uhlenbruck* UnternehmensIns, S 490 f; *Braun/Frank* § 255 Rn 5; MK/*Huber* § 255 Rn 27; HambKomm/*Thies* § 255 Rn 14; *M/R/Bähr/Landry* § 14 Rn 209.

(2) [1]Ergibt die endgültige Feststellung, dass der Schuldner zu wenig gezahlt hat, so hat er das Fehlende nachzuzahlen. [2]Ein erheblicher Rückstand mit der Erfüllung des Plans ist erst anzunehmen, wenn der Schuldner das Fehlende nicht nachzahlt, obwohl der Gläubiger ihn schriftlich gemahnt und ihm dabei eine mindestens zweiwöchige Nachfrist gesetzt hat.

(3) Ergibt die endgültige Feststellung, dass der Schuldner zu viel gezahlt hat, so kann er den Mehrbetrag nur insoweit zurückfordern, als dieser auch den nicht fälligen Teil der Forderung übersteigt, die dem Gläubiger nach dem Insolvenzplan zusteht.

Übersicht

I. Normzweck

1 Die Vorschrift trifft eine **Zwischenregelung** für den Fall, dass eine im bestätigten InsPlan aufrechterhaltene InsFord im Prüfungstermin bestritten wurde oder dass ihre Höhe als Ausfallforderung (§ 52) noch ungewiss ist. Der Schu, der deswegen solche Forderungen nicht erfüllt, läuft Gefahr, dass er nach § 255 auch die im Plan enthaltenen Teilerlasse und Stundungen verliert, wenn die Forderung später entgegen seiner Auff gerichtlich festgestellt wird; § 256 schützt ihn vor diesem Verlust, wenn er die Forderungen vorläufig wenigstens zu dem Betrag erfüllt, welcher der **Festsetzung des Stimmrechts** nach § 237 zugrunde gelegt wurde (Abs 1 S 1). Ergibt die endgültige Feststellung, dass die Forderung bestand und noch höher als die vorläufige Zahlung ist, gilt dies allein noch nicht als Rückstand iSv § 255; der Schu braucht dann nur **nachzuzahlen** (Abs 2); ergibt sie, dass die Forderung nicht oder in geringerer Höhe bestand, erhält er eine **Rückzahlung** (Abs 3).

II. Ungewissheit über die Forderung

2 Die Ungewissheit kann wegen des **Bestreitens im Prüfungstermin** oder durch den Charakter als **Ausfallforderung** (§ 52) entstehen. Dem Bestreiten im Prüfungstermin steht gleich der Widerspruch gegen eine verspätete Anmeldung und die noch andauernde Prüfung nachträglich angemeldeter Forderungen (s § 177 Abs 1 S 2).[1] Die Ungewissheit wird beseitigt durch die endgültige Feststellung. Beim Bestreiten ist dies die **rechtskräftige Entsch** des Gerichts gem §§ 180 ff. Bei Ausfallforderungen ist es auch die **Verwertung des Absonderungsgegenstandes**, nach der die Höhe des Ausfalls ohne weiteres feststeht. Entspr Anwendung findet die Vorschrift auf erst nach Annahme oder Bestätigung des InsPlans erhobene Forderungen; denn hier ist die Forderungshöhe ungewiss, da eine Prüfung und Feststellung der Forderung überhaupt nicht mehr möglich ist.[2]

3 Die Rechtsfolgen von § 255 betreffen den Schu nicht, wenn er die Forderungen bis zu der Höhe, die für das Stimmrecht angenommen wurde, „berücksichtigt"; gemeint ist damit die **Erfüllung** (unter Vorbehalt) iSv § 362 BGB. Die Erfüllung verhindert nur, dass wegen des *darüber hinausgehenden*, noch nicht erfüllten Teils der festgestellten Forderung ein Rückstand angenommen werden kann. Ein Rückstand in der Planerfüllung, der bereits vorher eingetreten war und das Wiederaufleben nach § 255 ausgelöst hatte, wird durch die nachträgliche Erfüllung gem § 256 *nicht* geheilt.

1 MK/*Huber* § 256 Rn 7 mwN.
2 *BGH* NZI 2013, 84 Rn 15; *BAG* ZIP 2013, 2268 Rn 39.

III. Entscheidung über das Stimmrecht

Der Schu kann sich durch vorläufige Erfüllung dem Wiederaufleben der InsFord entziehen, wenn jedenfalls eine **vorl Entsch** über die Forderung und ihre Höhe vorliegt. Nach Abs 1 S 1 ist dies die **Entsch des InsGer** über das Stimmrecht nach §§ 237, 238. Funktional zuständig ist der **Richter** nach § 18 Abs 1 Nr 2 RPflG.[3] Eine Entsch des InsGer mit der Wirkung von § 256 kann dann nur nach Abs 1 S 2 erreicht werden; s Rn 6 ff. 4

Fraglich ist, ob eine **Einigung** unter den stimmberechtigten Gl nach § 77 Abs 2 S 2 über das Stimmrecht der Entsch des InsGer gleichzuachten ist. Dies wurde nach früherem Recht verneint.[4] Da aber die Anerkennung der Forderung iRd Stimmrechtsfestsetzung nur vorl ist und auch § 256 nur eine vorl Festlegung voraussetzt, erscheint die Gleichsetzung vorzugswürdig.[5] Sonst kann der Schu den Schutz von § 256 nur über die nachträgliche Entsch nach Abs 1 S 2 erreichen, s Rn 6 ff. 5

IV. Nachträgliche Entscheidung, Abs 1 S 2

Eine Entsch über das Stimmrecht iSv § 256 ist **nicht getroffen** worden, wenn die Beteiligten nach § 237 Abs 2 und § 238 Abs 2 von vornherein kein Stimmrecht hatten; zu den nachrangigen Gl, s § 246 Rn 1, 3 f. Eine Entsch über das Stimmrecht kann auch deshalb ausgeblieben sein, weil Forderungen gar nicht (s Rn 2) oder erst nachträglich angemeldet wurden (s § 177). 6

In einem solchen Fall kann der Schu oder der Gl eine **Entsch des Gerichts** darüber herbeiführen, zu welchem Betrag der Schu die Forderung vorläufig zu erfüllen hat, wenn er das Wiederaufleben der Forderung nach § 255 vermeiden will. Der **Antrag** kann sogleich nach Festsetzung des Stimmrechts oder auch noch nach der Aufhebung des Verf (§ 258) gestellt werden. Ist er gestellt und noch nicht beschieden worden, können nicht durch Mahnung und Nachfristsetzung die Folgen von § 255 herbeigeführt werden, weil sonst das Recht des Schu zur Vergewisserung nach § 256 unterlaufen würde.[6] 7

Folgt man nicht der Auff, dass die Einigung der Beteiligten über das Stimmrecht einer Entsch des Gerichts gleichzuachten ist (s Rn 5), kann die nachträgliche Entsch des Gerichts auch in diesem Fall beantragt werden. 8

Gegen die nachträgliche Entsch des Gerichts nach S 2 gibt es **kein Rechtsmittel** (s § 6 Abs 1). 9

V. Nachzahlung, Abs 2

Die Pflicht zur Nachzahlung ergibt sich schon aus dem InsPlan. Ihre Erwähnung in Abs 2 S 1 soll **klarstellen**, dass die endgültige Feststellung der Forderung keine sonstigen insrechtlichen Nachteile für den Schu hat. Erst wenn auch die Restforderung *nach* ihrer endgültigen Feststellung nicht erfüllt wird, kann es (entspr § 255 Abs 1 S 2) zum Wegfall eines Teilerlasses oder einer Stundung kommen, S 2. 10

---

3 *Uhlenbruck/Lüer/Streit* § 256 Rn 6.

4 *BGH* NJW 1996, 1058.

5 Ausf *Schiessler* S 199; *Uhlenbruck/Lüer/Streit* § 256 Rn 7; *Hess* InsO § 256 Rn 3; *Andres/Leithaus* § 256 Rn 5; dagegen *Braun/Frank* § 256 Rn 5; MK/*Huber* § 256 Rn 11; HambKomm/*Thies* § 256 Rn 6.

6 MK/*Huber* § 256 Rn 19; noch weitergehend *L/S/Z/Rattunde* InsO § 256 Rn 6; *Uhlenbruck/Lüer/Streit* § 256 Rn 9: § 255 greift auch dann nicht, wenn der Antrag gestellt werden könnte, aber noch nicht gestellt worden ist.

VI. Rückzahlung, Abs 3

11 Hat der Schu mehr als den endgültig festgestellten Forderungsbetrag gezahlt, kann er den Mehrbetrag als **rechtsgrundlose Leistung** zurückfordern (§ 812 BGB). Durch Abs 3 wird **weiter klargestellt**, dass eine (nach dem Plan) lediglich *vorzeitige* Zahlung nicht zurückgefordert werden kann (vgl § 813 Abs 2 BGB).

§ 257 Vollstreckung aus dem Plan

(1) [1]Aus dem rechtskräftig bestätigten Insolvenzplan in Verbindung mit der Eintragung in die Tabelle können die Insolvenzgläubiger, deren Forderungen festgestellt und nicht vom Schuldner im Prüfungstermin bestritten worden sind, wie aus einem vollstreckbaren Urteil die Zwangsvollstreckung gegen den Schuldner betreiben. [2]Einer nicht bestrittenen Forderung steht eine Forderung gleich, bei der ein erhobener Widerspruch beseitigt ist. [3]§ 202 gilt entsprechend.

(2) Gleiches gilt für die Zwangsvollstreckung gegen einen Dritten, der durch eine dem Insolvenzgericht eingereichte schriftliche Erklärung für die Erfüllung des Plans neben dem Schuldner ohne Vorbehalt der Einrede der Vorausklage Verpflichtungen übernommen hat.

(3) Macht ein Gläubiger die Rechte geltend, die ihm im Falle eines erheblichen Rückstands des Schuldners mit der Erfüllung des Plans zustehen, so hat er zur Erteilung der Vollstreckungsklausel für diese Rechte und zur Durchführung der Vollstreckung die Mahnung und den Ablauf der Nachfrist glaubhaft zu machen, jedoch keinen weiteren Beweis für den Rückstand des Schuldners zu führen.

Übersicht

I. Normzweck

1 Die Vorschrift eröffnet die **Zwangsvollstreckung** für diejenigen **InsFord**, die im Plan aufrechterhalten wurden (wenn auch mit Veränderungen) und nach entspr Prüfung (§§ 176 ff) von keinem Beteiligten (Gl, Schu, InsVerw) noch bestritten werden (Abs 1). Die Regelung entspricht § 201 Abs 2, soweit sie die Vollstreckbarkeit gegen den Schu begründet; diese setzt auch hier die Aufhebung des Verf voraus, s § 259 Rn 2. Die Regelung wird durch Abs 2 auf **Forderungen gegen Dritte** erstreckt, die sich verpflichtet haben, für die Erfüllung des Plans einzustehen; Abs 3 regelt die Vollstreckbarkeit für den Fall, dass das **Wiederaufleben** einer InsFord nach § 255 geltend gemacht wird.

II. Vollstreckungstitel

2 Die Zwangsvollstreckung kann betrieben werden aus dem **rechtskräftig bestätigten InsPlan** iVm der **Tabelle** (§ 175). Der Vollstreckungstitel besteht demnach aus drei Teilen: (1) dem rechtskräftigen BestätigungsBeschl – dieser allein kann nicht Vollstreckungstitel sein, da er nur den bestätigten Plan im Ganzen bezeichnet (s § 252 Rn 4); (2) dem gestaltenden Teil des InsPlans – dieser allein kann nicht Vollstreckungstitel sein, da er die geregelten InsFord und die Gl nicht einzeln, sondern nur gattungsmäßig bezeichnen muss (§§ 222–225); (3) der Eintragung in die Tabelle (§§ 175, 178 Abs 2 und 3, 183 Abs 2) – diese allein kann nicht Voll-

streckungstitel sein, da sie nicht erklärt, ob überhaupt und mit welcher Regelung die festgestellte Forderung im InsPlan berücksichtigt worden ist. Nach **aA** ist der Tabelleneintrag zusammen mit dem InsPlan der Vollstreckungstitel.[1] Wegen des unvollständigen Aussagegehalts des Tabelleneintrags dürfte es aber korrekter sein, Eintragung, Plan und Bestätigungs-Beschl zusammen als Vollstreckungstitel anzusehen;[2] wegen der urkundlichen Erscheinungsform s Rn 6.

III. Voraussetzungen

Die Zwangsvollstreckung wird denjenigen InsGl ermöglicht, deren Forderungen **im Plan** aufrechterhalten und in irgendeiner Weise (zB Teilerlass, Stundung, Verzinsung; s § 224) geregelt worden sind. Für Forderungen, die im Plan vollständig erlassen wurden oder durch den Plan als erlassen gelten (s §§ 225 Abs 1, 227), kommt eine Vollstreckung nicht mehr in Betracht; für die Forderungen, die erhalten geblieben sind, ist sie nur für den vom Plan gelassenen Gehalt möglich. 3

Ob die Vollstreckbarkeit zwingende Voraussetzung für einen Plan ist, ist umstr.[3] Unstreitig muss der Plan so bestimmt sein, dass die Gl hierüber sinnvoll abstimmen können, dh ersehen können, ob und inwieweit eine Schlechterstellung vorliegt oder nicht (§ 221 Rn 3). Dies kann aber auch durch eine Darstellung der Quotenbandbreiten geschehen. Darüber hinaus wird teilweise verlangt, dass die inhaltl Regelungen so ausreichend bestimmt sind, dass die Vollstreckung aus dem Plan möglich ist. Das soll nicht der Fall sein, wenn etwa Rückstellungen nicht beziffert sind oder nicht geregelt ist, wann nicht verbrauchte Rückstellungen an die Gl auszukehren sind.[4] Soweit allerdings gefordert wird, dass bereits im Erörterungs- und Abstimmungstermin feststeht, was jeder Gl insgesamt zu erhalten hat,[5] geht diese zu weit.[6] Bestimmbarkeit reicht aus. Insgesamt sollte kein allzu strenger Maßstab angelegt werden. Insbesondere sollten auch „flexible Quoten" zugelassen werden, die den auszuschüttenden Betrag an künftige (Geschäfts-)Entwicklungen oder Ereignisse koppeln.[7] In diesem Fall ist dann eine qualifizierte Vollstreckungsklausel zu erteilen.

Die Vollstreckung kann aus dem InsPlan nur für diejenigen Forderungen betrieben werden, die **festgestellt** und **nicht vom Schu** im Prüfungstermin **bestr** worden sind. Mit der Feststellung der Forderung ist das **Nichtbestreiten** durch InsVerw und andere InsGl iSv § 178 Abs 1 gemeint. Ist Widerspruch von einem der Beteiligten (Schu, InsGl, InsVerw) erhoben worden, so ist die Zwangsvollstreckung gleichwohl möglich, wenn der **Widerspruch** beseitigt ist, Abs 1 S 2 – entweder durch ausdrückliche **Rücknahme des Widerspruchs** oder durch **rechtskräftiges Urt** nach §§ 179 ff, 184, das den Bestand der Forderung feststellt. Auf den Zeitpunkt der Klageerhebung und des FeststellungsUrt kommt es nicht an. Der Vorschlag, entspr § 189 eine Ausschlussfrist zu konstruieren,[8] beachtet nicht, dass die rechtliche Ungewissheit über die bestrittene Forderung bereits im InsPlan und seiner Erörterung ausreichend berücksichtigt werden kann. Wird eine Forderung dagegen erst **nach der Bestätigung** 4

---

1 S *Häsemeyer* Rn 28.84; MK/*Huber* § 257 Rn 21, anders aber Rn 22; *Gaul* FS Ulrich Huber, 2006, S 1217 f.

2 So auch *K/P/B/Spahlinger* § 257 Rn 6; MK/*Huber* § 257 Rn 22; HambKomm/*Thies* § 257 Rn 5; *Hess* InsO § 257 Rn 9; *Andres/Leithaus* § 257 Rn 4; *Graf-Schlicker/Kebekus/Wehler* § 257 Rn 2.

3 Dafür *LG Hannover* ZIP 2016, 2081; *Uhlenbruck/Lüer/Streit* § 224 Rn 5; *Blankenburg* ZInsO 2015, 1293, 1298 f; **aA** *K/P/B/Spahlinger* § 224 Rn 14; *K.Schmidt/Spliedt* § 224 Rn 3.

4 *AG Hamburg* ZIP 2017, 1920, 1921.

5 *Körner/Rendels* EWiR 2017, 23 f.

6 *Martini/Horstkotte* ZInsO 2017, 1913, 1921.

7 S auch *Weber* ZInsO 2017, 255, 259 f.

8 *Breutigam/Kahlert* ZInsO 2002, 469.

des InsPlans angemeldet, besteht kein Grund, bis zur Aufhebung des Verf (§ 258) entspr § 177 weiterhin eine Prüfung und Feststellung der Forderung allein zur Erlangung des Vollstreckungstitels zuzulassen.[9] Dies widerspräche dem auf Restaufgaben beschränkten Zweck des Verf bis zur Aufhebung, s § 258 Rn 3, 6; für den Titel steht dem Nachzügler der Klageweg offen, s § 259 Rn 3.[10]

5 Die Vollstreckungsmöglichkeit aus dem InsPlan hat **jeder einzelne InsGl**, für dessen Forderung die Voraussetzungen nach S 1 und 2 gegeben sind. Sie besteht **nicht** für **Absonderungsrechte**, die im Plan geregelt worden sind. Im RegE (S 214) wird dies damit begründet, dass für die Absonderungsrechte kein eigenes PrüfungsVerf stattfindet, welches die Vollstreckbarkeit rechtfertigen würde (s auch § 238 Rn 5); ohnehin haben aber die Absonderungsrechte (§§ 49–51) idR keinen vollstreckungsfähigen Inhalt, da sie nicht auf eine *Leistung* des Schu an den Gl gerichtet sind.

IV. Verfahren

6 Die Vollstreckung aus dem InsPlan geschieht **wie aus einem vollstreckbaren Urt**, Abs 1 S 1, dh nach §§ 704 ff ZPO. Die **vollstreckbare Ausfertigung** (§ 724 ZPO) besteht aus der Ausfertigung des BestätigungsBeschl mit Rechtskraftzeugnis, einer Ausfertigung der die Forderung betr Stelle im gestaltenden Teil des InsPlans (s § 317 Abs 2 S 2 ZPO) und einer Ausfertigung des betr Eintrags in der Tabelle (s Rn 2). War gegen die Forderung **Widerspruch** erhoben, aber durch rechtskräftiges Urt beseitigt worden, zeigt der Tabellenauszug auch die entspr **Berichtigung**, wenn der **Widerspruch vom InsVerw** oder einem **InsGl** ausging (§ 183 Abs 2). Für das entspr FeststellungsUrt gegen einen **Widerspruch des Schu** sieht das Gesetz eine Berichtigung der Tabelle nicht vor (s § 184). In diesem Fall müsste eine mit Rechtskraftzeugnis versehene **Ausfertigung des FeststellungsUrt** beigefügt werden. Die **Vollstreckungsklausel** (§ 725 ZPO) ist tunlich auf den Tabellenauszug zu setzen; sie muss darauf hinweisen, dass die Vollstreckbarkeit nur mit den Einschränkungen der Forderung, die der InsPlan enthält, gegeben ist.[11]

7 **Zuständig** für die vollstreckbare Ausfertigung ist das **InsGer** (s §§ 706, 724 Abs 2 ZPO). Für Klagen im Zusammenhang mit der Vollstreckungsklausel ist es ebenfalls zuständig, Abs 1 S 3, § 202.

V. Vollstreckbarkeit gegen Plangaranten, Abs 2

8 Die Vorschrift erstreckt die Vollstreckbarkeit des bestätigten InsPlans auf **dritte Personen**, die erklärt haben, für die Erfüllung des Plans einzustehen. Die **Verpflichtungserklärung** kann eine sein, die nach § 230 Abs 3 dem Plan beigefügt wurde; sie kann aber auch dem InsGer selbstständig eingereicht, sogar mündlich im Erörterungstermin abgegeben worden sein.[12] Die Vollstreckbarkeit gegen den Dritten entfällt nur dann, wenn dieser sich ausdrücklich die Einrede der Vorausklage (s § 771 BGB) vorbehalten hat.

9 Die Vollstreckbarkeit gegen den Garanten setzt voraus, dass alle Voraussetzungen der **Vollstreckbarkeit gegen den Schu** nach Abs 1 gegeben sind, insb die gesicherten InsFord festgestellt und etwaige Widersprüche beseitigt sind (s Rn 4). Sie besteht nur insoweit, wie die Verpflichtungserklärung es angibt; nach dieser kann das Einstehen zB auf die Erfüllung einzelner InsFord beschränkt sein.

---

9 So aber *Otte/Wiester* NZI 2005, 73 f.
10 So auch *Grub* DZWIR 2004, 318.
11 Einzelheiten und Beispiele bei MK/*Huber* § 257 Rn 29, 30.
12 MK/*Huber* § 257 Rn 47; *L/S/Z/Rattunde* InsO § 257 Rn 8; abw zur Mündlichkeit *Uhlenbruck/Lüer/Streit* § 257 Rn 23; FK/*Jaffé* § 257 Rn 16; *Häsemeyer* Rn 28.83.

Zur **vollstreckbaren Ausfertigung** (s Rn 6) muss auch eine Ausfertigung der Verpflichtungserklärung gegeben werden; wird die **Vollstreckungsklausel** auf die Verpflichtungserklärung gesetzt, muss sie angeben, für welche der in der Tabellenausfertigung genannten Forderungen die Verpflichtung gelten soll, da von der Vollstreckbarkeit gegen den Schu die Vollstreckbarkeit gegen den Garanten abhängt (s Rn 9).[13] 10

VI. Vollstreckung nach Wiederaufleben der Forderung, Abs 3

Der Gl kann auch dann gem Abs 1 die Vollstreckung betreiben, wenn die Planwirkungen gem § 255 für seine Forderung wegen Nichterfüllung weggefallen sind. Höhe und Fälligkeit der Forderung ergeben sich dann unmittelbar aus dem Tabelleneintrag. Abs 3 **erleichtert** ihm die **Geltendmachung** dieser Rechtsfolge. 11

Die Erleichterung besteht darin, dass der Gl, um die vollstreckbare Ausfertigung zu erhalten, nur **glaubhaft machen** muss, dass er **schriftlich** gemahnt hat und die von ihm gesetzte **Nachfrist** abgelaufen ist (s § 255 Abs 1 S 2). Der Rückstand selbst braucht nicht bewiesen oder glaubhaft gemacht zu werden. Will der Schu ihn bestreiten, muss er gegen die Klauselerteilung nach **§ 732 ZPO** oder nach **§ 768 ZPO** selbst vorgehen.[14] 12

§ 258 Aufhebung des Insolvenzverfahrens

(1) Sobald die Bestätigung des Insolvenzplans rechtskräftig ist und der Insolvenzplan nicht etwas anderes vorsieht, beschließt das Insolvenzgericht die Aufhebung des Insolvenzverfahrens.

(2) [1]Vor der Aufhebung hat der Verwalter die unstreitigen fälligen Masseansprüche zu berichtigen und für die streitigen oder nicht fälligen Sicherheit zu leisten. [2]Für die nicht fälligen Masseansprüche kann auch ein Finanzplan vorgelegt werden, aus dem sich ergibt, dass ihre Erfüllung gewährleistet ist.

(3) [1]Der Beschluss und der Grund der Aufhebung sind öffentlich bekannt zu machen. [2]Der Schuldner, der Insolvenzverwalter und die Mitglieder des Gläubigerausschusses sind vorab über den Zeitpunkt des Wirksamwerdens der Aufhebung (§ 9 Abs. 1 Satz 3) zu unterrichten. [3]§ 200 Abs. 2 Satz 2 gilt entsprechend.

Übersicht

I. Normzweck

Die Rechtskraft des BestätigungsBeschl beendet das Verf zur Schaffung des InsPlans, aber noch nicht das InsVerf. Dieses endet erst, wenn **verbliebene Aufgaben** des InsVerw und des GlAusschusses erledigt sind. Im Interesse der Rechtsklarheit verlangt das Gesetz für die Beendigung einen eigenen **AufhebungsBeschl** des InsGer. Dieser ist für das RegelVerf in § 200, iF eines InsPlans in § 258 vorgesehen. Auch die **Wirkungen** der Aufhebung sind in §§ 201 und 259 getrennt, aber für den jeweiligen Tatbestand unvollständig geregelt. Erst aus beiden Vorschriften zusammen ist die Wirkung der Aufhebung des InsVerf zu ersehen. 1

---

13 Zust *Andres/Leithaus* § 257 Rn 8; *Graf-Schlicker/Kebekus/Wehler* § 257 Rn 3; Beispiel bei MK/*Huber* § 257 Rn 54.

14 *Andres/Leithaus* § 257 Rn 9; *Graf-Schlicker/Kebekus/Wehler* § 257 Rn 4; *Häsemeyer* Rn 28.89.

II. Bestätigung und Aufhebung

2 Das InsVerf ist aufzuheben, wenn der InsPlan **rechtskräftig bestätigt** ist, soweit der Plan nichts anderes vorsieht. Dass der Plan etwas anderes vorsehen kann, ist eine Folgeänderung des § 217 S 1, der nunmehr verfahrensleitende bzw -begleitende Pläne zulässt (§ 217 Rn 8). Die Aufhebung setzt **nicht** voraus, dass der **InsPlan erfüllt** worden ist. Die Erfüllung der im InsPlan festgelegten Ansprüche ist nicht mehr Teil des InsVerf; die Gl müssen die Ansprüche vielmehr selbstständig geltend machen (s §§ 255, 257). Insofern unterscheidet sich die InsO von der früheren VerglO (s §§ 90, 91, 96), jedoch kann eine **Überwachung** der Erfüllung ausdrücklich vorgesehen werden, §§ 259 Abs 2, 260 ff.

3 Eine Aufhebung gleichzeitig mit oder unmittelbar nach der Rechtskraft des BestätigungsBeschl kommt grds nicht in Betracht. Der InsVerw hat noch **Schlussrechnung** zu legen, die von GlVersammlung und GlAusschuss zu **prüfen** ist (§ 66); die **Vergütungen** von InsVerw und GlAusschuss sind festzusetzen (§§ 63, 64, 73); der InsVerw muss noch die **Masseansprüche** befriedigen oder sicherstellen (§ 258 Abs 2, su Rn 7). Regelt der InsPlan auch die **Verwertung** der InsMasse und die **Verteilung** des Erlöses (s § 217 Rn 4 f), müssen uU deren im InsPlan genannte Voraussetzungen[1] und endlich die **Schlussverteilung** und der **Schlusstermin** (§§ 196, 197) abgewartet werden. Hinsichtlich des Erfordernisses der Schlussrechnung hat allerdings das ESUG in § 66 Abs 1 S 2 eine Klarstellung gemacht. Danach kann im InsPlan in Bezug auf die Schlussrechnung eine von § 66 Abs 1 S 1 abweichende Bestimmung getroffen werden.

4 Die Regelung in Abs 1 und 2 ist **unvollständig**. Regelt der InsPlan in zulässiger Weise nur *Teile* des gesamten VerfProgramms (s § 1) und überlässt damit die Insbereinigung iÜ dem RegelVerf nach den gesetzlichen Vorschriften, darf die Aufhebung erst nach dieser Vollerledigung beschlossen werden. Die gegenteilige frühere Auff, die in § 258 Abs 1 ein Verbot solcher Teilpläne sah,[2] verkannte das gesetzgeberische Anliegen, den Beteiligten weitestmögliche Regelungsfreiheit und Flexibilität einzuräumen (dazu Vorb zu §§ 217–269 Rn 3, 13, § 217 Rn 15–20), sowie den einheitlichen Gehalt der VerfAufhebung nach §§ 200, 258 (s Rn 1); diese soll nur für Rechtsklarheit und Handlungsfreiheit nach Abschluss des InsVerf sorgen, nicht auch – etwa im Interesse der VerfBeschleunigung und der Entlastung der InsGer[3]– bestimmte InsPlaninhalte verhindern oder vorschreiben.[4] Das **ESUG hat dies nun** in Abs 1 ausdrücklich klargestellt.

5 Die **Verpflichtung** des InsVerw zur **Rechnungslegung** (§ 66) besteht auch bei einem InsPlan, der keine Masseverwertung, sondern ausschließlich die Unternehmensfortführung vorsieht. Die Ansicht, dass sie in § 258 nicht vorgesehen und außerdem wirtschaftlich sinnlos sei,[5] berücksichtigt nicht, dass die Rechnungslegung nicht nur den erreichten Stand der InsMasse und des SchuUnternehmens darstellen (sog **rechnerischer Teil**), sondern auch über die Amtsführung des InsVerw berichten muss (sog **beschreibender Teil**), s § 66 Rn 6–8. Die Verpflichtung zur Rechnungslegung besteht wegen der Beendigung des Verwalteramtes, nicht wegen eines bestimmten VerfErg.[6] Nach dem **ESUG** soll der InsPlan die Rechnungslegung abw regeln können (§ 66 Abs 1 S 2 nF).

---

1 S etwa *BGH* NZI 2010, 734 Rn 9.

2 *LG Frankfurt/Main* ZIP 2007, 2229, 2231; offengelassen in der RBeschwEntsch, *BGH* ZIP 2009, 480 Rn 27; krit dazu *Heinrich* NZI 2009, 549.

3 So das *LG Frankfurt* ZIP 2007, 2229, 2231.

4 Ebenso *Heinrich* NZI 2008, 74; *Frank* FS Eberhard Braun, 2007, S 232–235; *Frank/Heinrich* ZInsO 2011, 858 mwN; *Pape* ZInsO 2011, 1040.

5 *Grub* DZWIR 2004, 317; zust mit ausf Begr FK/*Jaffé* § 258 Rn 10–14.

6 *AG Ludwigshafen* ZIP 2015, 991, 992; sa *Hess* InsO § 258 Rn 3; MK/*Huber* § 258 Rn 16; *Andres/Leithaus* § 258 Rn 10; ausf, mit Vorschlägen zur praktischen Handhabung HambKomm/*Thies* § 258 Rn 7; *Braun/Frank* § 258 Rn 12; aA *Wimmer/Jaffé* § 258 Rn 9 f.

Wenn nur noch die Bedienung der Masseansprüche aussteht (s Abs 2), ist es nicht zulässig, das Verf nach der Bestätigung des InsPlans noch zur **Prüfung von Forderungen** zu benutzen, die erst nach dem Prüfungstermin angemeldet wurden.[7] Das InsVerf hat in diesem Stadium dem Schu die InsMasse und den Gl die individuelle Rechtsverfolgung möglichst rasch freizugeben.[8] Damit ist eine weitere Forderungsprüfung nicht verträglich. 6

III. Masseansprüche

Vor dem ESUG hat das Gesetz in Abs 2 vorgesehen, dass alle Masseansprüche vor Aufhebung des Verf erfüllt werden müssen. Diese Vorabbefriedigungspflicht vor der Aufhebung des InsVerf wurde als zweckwidrig empfunden, wenn die Ansprüche zur **plangemäßen Fortführung** des Unternehmens begründet worden sind.[9] Das **ESUG** hat diesem Problem der Praxis nur tw Rechnung getragen. Fortan ist zwischen drei Arten von Masseansprüchen zu differenzieren:[10] unstreitige und fällig Masseansprüche (die dem InsVerw bekannt sind), müssen erfüllt werden (Abs 2 S 1; in Bezug auf streitige oder nicht fällige Masseansprüche ist im Grds Sicherheit zu leisten (Abs 2 S 1); für nicht fällige Verbindlichkeiten kann anstatt der Sicherheit aber auch ein (belastbarer)[11] Finanzplan vorgelegt werden, aus dem sich ergibt, dass ihre Erfüllung gewährleistet ist (Abs 2 S 2). Nach Verfahrensende haftet für diese ehemals Masseverbindlichkeiten der Schu nicht nur begrenzt auf die Masse, sondern mit seinem ganzen, also auch mit dem nach Verfahrensende hinzuerworbenen Vermögen. Warum Abs 2 S 2 die Ersetzungsbefugnis nicht auch auf streitige Masseforderungen erweitert, ist unerfindlich. Hierbei handelt es sich wohl um ein Redaktionsversehen.[12] 7

IV. Zeitpunkt der Aufhebung

Das Ger kann je nach dem Umfang der noch zu erledigenden Aufgaben einen Termin für den AufhebungsBeschl ansetzen, den es tunlich mit dem InsVerw vorher abstimmt. Abs 3 S 2 sieht eine Benachrichtigungsfrist vor. Umstr ist, ob sich diese auf die Aufhebung oder das Wirksamwerden der Aufhebung bezieht. Wirksam wird die Aufhebung erst mit der öffentlichen Bekanntmachung.[13] Eine Unterrichtung über die Wirksamkeit der Aufhebung ist aber erst sinnvoll, wenn feststeht, wann diese eintritt. 8

V. Verfahren

Die Aufhebung geschieht durch **Beschl**, der **nicht anfechtbar** ist (§ 6 Abs 1). Funktional zuständig ist grds der Richter. Ausnahmsweise kann der Rpfl zuständig sein, wenn der Plan von § 258 abweichende Regelungen vorsieht, die den Zushang zwischen Planbestätigung und Aufhebung des InsVerf beseitigen.[14] Hat der Rechtspfleger entschieden, ist die **befristete Erinnerung** nach § 11 Abs 2 RPflG gegeben. Dieser kommt keine aufschiebende Wirkung zu. 9

Der Beschl und der Grund der Aufhebung sind **öffentlich bekannt zu machen**, Abs 3 S 1. 10
Die Bekanntmachung geschieht gem § 9 Abs 1 und 2; sie gilt als bewirkt und damit die Auf-

---

7 So aber *Otte/Wiester* NZI 2005, 72 f; HambKomm/*Thies* § 255 Rn 9.
8 So auch *Grub* DZWIR 2004, 318.
9 Ausf *Schreiber/Flitsch* BB 2005, 1174–1176; *Westpfahl/Janjuah* ZIP 2008 Beil zu Heft 3, S 23 f; sa HambKomm/*Thies* § 258 Rn 12.
10 *Braun/Frank* § 258 Rn 5 ff.
11 BT-Drucks 17/5712, S 37.
12 *Brain/Heinrich* NZI 2011, 505, 514; *K Schmidt/Spliedt* § 258 Rn 15.
13 *Beth* ZinsO 2015, 2017, 2019.
14 *Beth* ZinsO 2015, 2017, 2018.

hebung als wirksam am dritten Tag nach der Veröffentlichung (§ 9 Abs 1 S 3). Die Verpflichtung, außerdem im BAnz zu veröffentlichen, wurde durch das InsOVereinfG (s Einl Rn 12) aufgehoben. Die Neuregelung gilt auch für bereits eröffnete Verf, Art 103c Abs 1 EGInsO.

§ 259 Wirkungen der Aufhebung

(1) [1]Mit der Aufhebung des Insolvenzverfahrens erlöschen die Ämter des Insolvenzverwalters und der Mitglieder des Gläubigerausschusses. [2]Der Schuldner erhält das Recht zurück, über die Insolvenzmasse frei zu verfügen.

(2) Die Vorschriften über die Überwachung der Planerfüllung bleiben unberührt.

(3) [1]Einen anhängigen Rechtsstreit, der die Insolvenzanfechtung zum Gegenstand hat, kann der Verwalter auch nach der Aufhebung des Verfahrens fortführen, wenn dies im gestaltenden Teil des Plans vorgesehen ist. [2]In diesem Fall wird der Rechtsstreit für Rechnung des Schuldners geführt, wenn im Plan keine abweichende Regelung getroffen wird.

Übersicht

I. Normzweck

1 Die Vorschrift regelt die Wirkungen des AufhebungsBeschl (§ 258). Abs 1 enthält die **Grundregelung** (die allerdings unvollständig ist, s § 258 Rn 1), Abs 2 macht den Vorbehalt einer weiteren **Überwachung**, Abs 3 regelt den Fall eines noch anhängigen **AnfProzesses**.

II. Ämter und Befugnisse

2 Die Aufhebung bewirkt, dass die **Ämter** des InsVerw und der Mitglieder des GlAusschusses (kraft Gesetzes) erlöschen (S 1) und dass der Schu die Befugnis zur **Verfügung** über die **InsMasse** zurückerhält (S 2). War Eigenverw angeordnet, endet mit Aufhebung des Planverf auch das Amt des Sachwalters.[1] Eine abw Regelung gilt, wenn der Plan eine Überwachung der Planerfüllung vorsieht, Abs 2, §§ 260 f. Einschränkungen der Verfügungsbefugnis des Schu, die darüber hinausgehen, können im InsPlan nicht beschlossen werden, auch keine Nachtragsverteilung; § 259 ist insofern zwingend.[2] In Betracht kommt jedoch, die Aufhebung selbst von noch zu erledigenden Verwertungs- und Verteilungshandlungen abhängig zu machen, etwa der Fortsetzung von Aktivprozessen des InsVerw für die InsMasse (s § 258 Rn 3). Die Aufhebung bedeutet, dass dem Schu das Recht zum Besitz an den Massegegenständen zukommt und er gegen den InsVerw einen einwendungsfr Herausgabeanspruch (sowohl aus Eigentum als auch aus Besitz) hat.[3] Auch folgt aus der Aufhebung, dass die **individuelle Rechtsverfolgung** nicht mehr nach §§ 87 ff beschränkt ist. InsFord (soweit im Plan aufrechterhalten, § 227) können wieder gegen den Schu geltend gemacht werden (vgl § 201 Abs 1) und die bisherige InsMasse, soweit noch vorhanden, steht für die Befriedigung

---

1 *LG Düsseldorf* ZIP 2017, 1870, 1872; *Uhlenbruck/Lüer/Streit* § 259 Rn 3; MK/*Huber* § 259 Rn 10.

2 *BGHZ* 175, 86 Rn 10 = ZIP 2008, 546 Rn 8, 9; *BGH* ZIP 2010, 102 Rn 10, 11 = ZInsO 2010, 82, mit krit Anm *Hingerl* ZInsO 2010, 1876; *Uhlenbruck/Lüer/Streit* § 259 Rn 4; MK/*Huber* § 259 Rn 12 mN; HambKomm/*Thies* § 259 Rn 2; offen gelassen *AG Hamburg* ZIP 2017, 1920, 1921.

3 *Uhlenbruck/Lüer/Streit* § 259 Rn 5.

auch der NeuGl zur Verfügung. Die Aufhebung bewirkt nicht, dass aus (infolge der InsEröffnung) in das Liquidationsstadium überführten Gesellschaften wieder automatisch zu werbenden Gesellschaften werden. Vielmehr bedarf es hierzu eines Gesellschafterbeschlusses (zB nach § 60 Abs 1 Nr 4 GmbHG, § 274 Abs 1 und Abs 2 Nr 1 AktG), der aber nach § 225a Abs 3 bereits in den InsPlan aufgenommen werden kann (s dort Rn 36).

Die Aufhebung der insrechtlichen Beschränkungen gilt auch für die InsFord, die im Verf **nicht** oder **verspätet angemeldet** worden sind.[4] Sie können mit dem Inhalt, der ihnen nach dem InsPlan verblieben ist (s § 227 und § 254b), frei geltend gemacht werden, allerdings ohne die Hilfe von § 257 (s dort Rn 4). Das Gesetz enthält für diese Forderungen **keine Ausschlussregelung**.[5] Eine solche kann auch nicht in den InsPlan aufgenommen werden.[6] Eine Gruppe der Gl, die nicht oder verspätet anmelden, nach § 222 zu bilden, ist nicht möglich (§ 222 Rn 13).[7] Das **ESUG** hat zwei Vorschriften, welche die Verjährung solcher Ansprüche verkürzen und Vollstreckungsschutz eröffnen, §§ 259a und b. 3

Der AnfAnspruch erlischt – vorbehaltlichdes Abs 3 (sa Rn 7) – durch (rechtskräftige) Beendigung des InsVerf durch Aufhebung nach § 258 (sa Rn 7).[8] Ob das auch – mit Blick auf die inkonsistente Rspr des BGH[9] – für § 64 GmbHG zutrifft, ist fraglich.[10] Der BGH scheint von der gegenteiligen Ansicht auszugehen, wonach der Haftungsanspruch aus § 64 GmbHG auch nach Aufhebung erhalten bleibt und dem Zugriff der Gl offensteht.[11] Diese Ansicht ist aber abzulehnen; denn nimmt die Gesellschaft (entweder als werbende oder als Liquidationsgesellschaft) als wirtschaftliche Einheit von Sach- und Personalmitteln (in zulässigerweise) wieder am Markt und am Rechtsverkehr teil, laufen die mit § 64 S 1 GmbHG verfolgten Zwecke (Druckfunktion und Erhaltung des Vollstreckungssubstrats) leer.[12] Weder der Haftungsanspruch aus § 64 GmbHG noch der InsAnfechtungsanspruch erlöschen aber, wenn diese vom InsVerw vor Beendigung des Verf abgetreten wurden.[13] § 94 setzt sich insoweit gegenüber § 254 durch (s § 94 Rn 71). Für **Erfüllungsansprüche** aus **gegenseitigen Verträgen** iSv §§ 103 ff, die nicht Masseansprüche geworden sind (s § 55), auch nicht als InsFord angemeldet wurden und für die der Gl auch nicht die ihm zustehende Planquote (s § 254 Rn 7–9) in Anspruch nehmen will, ist die Aufhebungswirkung umstr, da das Bestehen des gesamten Vertrages, also auch der Erfüllungs(gegen)ansprüche des Schu in Frage steht.[14] Stillschw Einigkeit besteht in der Lit, dass der Gl an der Planwirkung auf seinen Anspruch (s § 254 Rn 9) einseitig nichts ändern kann, wenn der Schu seinerseits keine Vertragserfüllung mehr verlangt.[15] Es bleibt dann auch für den Gl bei der Inanspruchnahme der Planquote. Dies ist gerechtfertigt, weil die Nichtteilnahme am InsVerf mit vertraglichen Erfüllungsansprüchen idR eine bewusste Entsch des Gl ist, um den nachteiligen Wirkungen des Verf zu entgehen. Solche Gl dürfen nicht besser behandelt werden als Gl 4

4 *LAG Düsseldorf* ZInsO 2014, 2119, 2120.
5 Ausf dazu *Otte/Wiester* NZI 2005, 70 ff.
6 S § 254b Rn 1, 2.
7 *Otte/Wiester* NZI 2005, 73 f.
8 *Uhlenbruck/Ede/Hirte* § 129 Rn 98.
9 Siehe einerseits *BGH* NZG 2000, 1222; ZIP 2015, 68: Entstehung mit InsEröffnung oder Abweisung mangels Masse; und andererseits *BGH* ZinsO 2009, 917, 918; NZG 2015, 998: Entstehung mit „Zahlung".
10 *K Schmidt/Uhlenbruck/Spliedt* Die GmbH in Krise, Sanierung und Insolvenz, Rn 8.192.
11 *BGH* NZI 2015, 85 Rn 8.
12 S zum Ganzen *Haas* FS Wimmer, 2017, S 243, 259 f.
13 *Haas* FS Wimmer, 2017, S 243, 260 f.
14 Ausf *Marotzke* Gegenseitige Verträge, Rn 12.7–12.25; *Thomas Rühle* Gegenseitige Verträge nach Aufhebung des InsVerf, 2006, S 122 ff.
15 Umstr ist nur, ob der *Schu* dieses Wahlrecht noch hat, s die Lit vorstehende Fn.

mit einseitigen Ansprüchen, denen die Planwirkung nach § 254 Abs 1 S 3 auch dann zugemutet wird, wenn sie keine Kenntnis von ihren Ansprüchen oder dem Verf hatten. Die Durchsetzbarkeit der gegenseitigen Vertragsansprüche im alten Bestand ohne erneute Einigung der Vertragsparteien wäre auch unverträglich mit der umfassenden Haftungsbereinigung, die mit dem InsVerf angestrebt wird.[16] Es empfiehlt sich vielmehr eine sorgsame Berücksichtigung der gegenseitigen Verträge schon bei der Aufstellung des InsPlans.[17]

5 **Vorausabtretungen künftiger Forderungen** steht im InsVerf § 91 Abs 1 entgegen (§ 91 Rn 9); denn der Rechtsübergang erfolgt erst mit dem Entstehen der Forderung. Fraglich ist, ob diese Vorausabtretungen wiederaufleben, wenn die Verwaltungs- und Verfügungsbef wieder an den Schu zurückfällt.[18] § 91, der die Forderungen entgegen der Vorwegabtretung der Masse zuschlägt, greift dann zwar formal nicht, ist aber richtiger Ansicht dahin auszulegen, dass solche Abtretungen nach Eröffnung des InsVerf zeitlich unbefristet unwirksam bleiben, um das Sanierungskonzept nicht zu gefährden.

6 War der Schu eine **Gesellschaft** oder **Genossenschaft**, so verbleibt diese im Auflösungs- oder Abwicklungsstadium; der Plan kann aber die **Fortsetzung** als werbende Gesellschaft vorsehen (§ 225a Abs 2).[19]

III. Prozesse

7 Mit dem Verlust des Amtes aufgrund Aufhebens verliert der InsVerw die Prozessführungsbefugnis.[20] Ist ein vom InsVerw geführter Prozess anhängig, der die InsMasse betrifft, so geht die **Prozessführungsbefugnis** mit der Aufhebung des InsVerf auf den **Schu** über; zu der Frage, ob dadurch auch eine **Unterbrechung** des Prozesses eintritt, s die Erläuterungen zu §§ 85, 86, 200, 201. Für **AnfProzesse** (§§ 129 ff) enthält Abs 3 eine Ausnahmeregelung. Der InsVerw kann den Rechtsstreit **fortführen**, wenn der InsPlan es vorsieht. Streitig ist die prozessuale Einordnung der Vorschrift.[21] Richtiger Ansicht nach handelt es sich hier um einen Fall der gesetzlichen Prozessstandschaft. Die Vorschrift ist im Fall der Eigenverw entspr für den Sachwalter anzuwenden.[22] Eine Klausel iSd Abs 3 bedarf im darstellenden Teil des Plans (§ 220 Abs 2) keiner Erläuterung, welche AnfProzess der InsVerw plant, damit die Beteiligten eine sachgerechte Entscheidung über den vorgelegten Plan fällen können;[23] denn zu einer Abweichung gegenüber dem RegelInsVerf kommt es hier nicht. Für die Ermächtigung genügt ein allg Hinweis im Plan auf die Gesetzeslage.[24] Eine konkrete oder individualisierte, auf bestimmte Anfechtungsansprüche bezogene Ausgestaltung der Ermächtigung ist nicht erforderlich.[25] Die abstrakte Ermächtigung erfasst daher alle „anhängigen“ AnfKlagen.[26] Die Regelung soll verhindern, dass der AnfGegner den Prozess in der Hoffnung auf Erledigung durch die Aufhebung verschleppt, s RegE S 214. Außerdem ermöglicht sie die Anf noch bis zur rechtskräftigen Bestätigung des InsPlans ohne das

---

16 So iE auch *Marotzke* (Fn 6) Rn 12.35, 12.36.
17 So HambKomm/*Thies* § 259 Rn 19, § 221 Rn 10.
18 Siehe hierzu *Münzel* ZinsO 2014, 761, 765 ff.
19 *Andres/Leithaus* § 259 Rn 5 mwN; *Graf-Schlicker/Kebekus/Wehler* § 259 Rn 1; abw *Braun/Frank* § 259 Rn 4 Fn 5.
20 *LG Düsseldorf* ZIP 2017, 1780, 1782.
21 S hierzu *Uhlenbruck/Lüer/Streit* § 259 Rn 17.
22 *Madaus* ZIP 2016, 1141, 1147.
23 *BGH* ZIP 2015, 1348 Rn 35.
24 *BGH* ZIP 2015, 1348 Rn 33; ZIP 2006, 39.
25 *BGH* ZIP 2015, 1348 Rn 33 f.
26 *BGH* ZIP 2015, 1348 Rn 34.

Risiko einer vorzeitigen Beendigung des AnfProzesses.[27] Der InsPlan kann die Befugnis des InsVerw, Prozesse fortzuführen, auch auf bestimmte Verf **beschränken** (entweder durch konkrete Bezeichnung oder durch Aufstellen abstrakter Kriterien), um etwa eine zielgerichtete Fortsetzung von AnfKlagen unter Gewichtung der jeweiligen Prozessrisiken und Erfolgsaussichten zu ermöglichen.[28] Maßgebend ist insoweit die Formulierung im InsPlan und nicht in der inhaltl Zusammenfassung gem § 235 Abs 3 S 2.[29] Soweit das Gesetz in Abs 3 von einem anhängigen RStreit spricht, ist damit dem BGH zufolge eine **rechtshängige** Klage iSd § 261 Abs 1 ZPO gemeint. Ist die Klage lediglich eingereicht (aber noch nicht zugestellt), findet daher – so der BGH – § 259 Abs 3 keine Anwendung.[30] Die Vorschrift ist grds. *nicht* entspr anwendbar auf andere anhängige Prozesse; dem InsVerw kann deren Fortführung durch den InsPlan nicht erlaubt werden.[31] *Nach* der Aufhebung kann auch die AnfKlage nicht mehr erhoben werden.[32] Der InsPlan kann zur Einleitung neuer Anklagen nach Aufhebung des InsVerf auch nicht ermächtigen.[33] Entspr Anwendung findet Abs 3 aber richtiger Ansicht nach auf den Haftungsanspruch nach § 64 GmbHG, der vergleichbare Zweck dient wie der InsAnfechtungsanspruch.[34]

Wird der Prozess vom InsVerw fortgeführt, trägt iF des **Unterliegens** der Schu gegenüber dem InsVerw die Prozesskosten, wenn der Plan es nicht anders bestimmt (Abs 3 S 2). 8
Umgekehrt steht mit der Aufhebung iF des **Obsiegens** das Erlangte dem Schu zu; auch dies kann aber im Plan anders geregelt werden.[35] Wird der „anhängige" Anfechtungsprozess nach Aufhebung des InsVerf fortgeführt und wird ein neues InsVerf eröffnet, so wird der Anfprozess nach § 240 ZPO unterbrochen und der Verw in dem neuen InsVerf kann den Rstreit aufnehmen.[36]

§ 259a Vollstreckungsschutz

(1) [1]Gefährden nach der Aufhebung des Verfahrens Zwangsvollstreckungen einzelner Insolvenzgläubiger, die ihre Forderungen bis zum Abstimmungstermin nicht angemeldet haben, die Durchführung des Insolvenzplans, kann das Insolvenzgericht auf Antrag des Schuldners eine Maßnahme der Zwangsvollstreckung ganz oder teilweise aufheben oder längstens für drei Jahre untersagen. [2]Der Antrag ist nur zulässig, wenn der Schuldner die tatsächlichen Behauptungen, die die Gefährdung begründen, glaubhaft macht.

(2) Ist die Gefährdung glaubhaft gemacht, kann das Gericht die Zwangsvollstreckung auch einstweilen einstellen.

(3) Das Gericht hebt seinen Beschluss auf Antrag auf oder ändert ihn ab, wenn dies mit Rücksicht auf eine Änderung der Sachlage geboten ist.

27 S ausf FK/*Jaffé* § 259 Rn 15-21.
28 *BGH* NZI 2013, 491 (zust *J Schmidt* 492); ZIP 2014, 330 Rn 17; sa HambKomm/*Thies* § 259 Rn 14.
29 *BGH* ZIP 2014, 330 Rn 18.
30 *BGH* NZI 2013, 489 Rn 11; ZIP 2014, 330 Rn 15; ZIP 2015, 1348 Rn 33; krit hierzu mit beachtlichen Gründen *Kreft* § 129 Rn 86.
31 *BGH* ZIP 2010, 102 Rn 10, mit krit Anm *Hingerl* ZInsO 2010, 1876.
32 *BGH* ZIP 2010, 102 Rn 10; *BGH* NZI 2013, 489 Rn 7 (zustimmend *J Schmidt* NZI 2913, 492).
33 *AG Hamburg* ZIP 2017, 1920, 1921.
34 *K Schmidt/Uhlenbruck/Spliedt* Die GmbH in Krise, Sanierung und Insolvenz, Rn 8.192; *Haas* FS Wimmer, 2017, 243, 260.
35 *Uhlenbruck/Lüer/Streit* § 259 Rn 19; s auch RegE S 214.
36 *BGH* ZIP 2014, 330 Rn 28 ff.

Übersicht

I. Normzweck

1 Die Vorschrift will – zusammen mit § 259b – dem Problem begegnen, das durch das unerwartete Auftreten von **Nachzüglern** entstehen kann (s § 254b Rn 1). Nur auf diese sind die §§ 259a, b anwendbar. Auch das **ESUG** erlaubt keinen totalen Ausschluss der nachträglich geltend gemachten Ansprüche (in ihrer durch den InsPlan meistens ohnehin reduzierten Höhe und Gestalt), sondern löst das Problem durch eine Kombination von **Vollstreckungsschutz** (§ 259a) und verkürzter **Verjährung** (§ 259b). Es greift damit Vorschläge auf, die schon die Kommission für InsR gemacht hatte.[1]

II. Anwendungsbereich

2 Die Vorschrift ist nur bei Zwangsvollstreckungsmaßnahmen von InsGl anwendbar, also nicht gegenüber MasseGl (anders aber bei InsPlan bei Masseunzulänglichkeit, § 217 Rn 12) und nicht gegenüber Gl, die ihre Forderung erst nach Aufhebung des InsVerf erworben haben. Der Schutz nach § 259a greift überdies nur gegenüber Forderungen, die nicht „bis zum", dh bis zum Beginn des Abstimmungstermins angemeldet wurden.[2]

III. Gefährdung

3 Voraussetzung für den Vollstreckungsschutz nach § 259a ist die Gefährdung der Durchführung des InsPlans durch die Zwangsvollstreckung. Bezugspunkt der Gefährdung kann dabei sowohl die planmäßige Befriedigung[3] als auch die Erreichung des Planziels[4] (zB nachhaltige Sanierung des Unternehmensträgers) sein. Ob das Schutzgut gefährdet ist, hängt insb von der Höhe der Forderung ab. Wenn beträchtliche Forderungen nach Abschluss des Verf durchgesetzt werden sollen, liegt eine Gefährdung besonders nahe. Allerdings kommt es nicht allein auf die absolute Höhe der Forderung, sondern auf eine Gesamtschau der Umstände im Einzelfall an; denn auch (eine Reihe von) kleinere(n) Forderungen (die per se nicht schützenswerter sind als andere Forderungen) können das Fass zum Überlaufen bringen, dh die Liquiditätsplanung kippen lassen.[5]

IV. Aussicht auf Erfüllung

4 Vollstreckungsschutz nach § 259a soll – nach den Gesetzesmaterialien – nur gewährt werden, wenn begründete Aussicht besteht, dass der Schu die nachträglich geltend gemachten Forderungen nach Erfüllen des Plans (zumindest) in Raten auch erfüllen kann.[6] Das InsGer hat damit eine Prognoseentscheidung zu treffen. Als Grundlage hierfür können die Angaben aus dem Plan dienen (§ 229). Ist die Aussicht auf Erfüllung nicht gegeben, ist zumeist das Planziel bereits aufgrund anderer Umstände ernsthaft gefährdet.[7]

---

1 BT-Drucks 17/5712, 37.
2 HambKomm/*Thies* § 259a Rn 3.
3 So *Braun/Heinrich* NZI 2011, 505, 512.
4 So zu Recht HambKomm/*Thies* § 259a Rn 4; *Braun/Frank* § 259a Rn 5; *K Schmidt/Spliedt* § 259a Rn 4. Hierfür sprechen auch die Gesetzesmaterialien, BT-Drucks 17/5712, 37.
5 HambKomm/*Thies* § 259a Rn 5; sa *Uhlenbruck/Lüer/Streit* § 259a Rn 6.
6 BT-Drucks 17/5712, 37; sa HambKomm/*Thies* § 259a Rn 7.
7 *K Schmidt/Spliedt* § 259a Rn 4.

V. Verfahren

Vollstreckungsschutz wird vom **InsGer** auf **Antrag des Schu** gewährt und richtet sich gegen den einzelnen InsGl. Der Vollstreckungsschutz kann in der einstweiligen Einstellung der Zwangsvollstreckung, der Aufhebung bereits erfolgter oder in der Untersagung künftiger Vollstreckungsmaßnahmen (längstens bis zu drei Jahren) liegen.[8] Das Gericht kann den Schutz auch dem Umfang nach beschränken.[9] Der Antrag ist nur zulässig, wenn die tatsächlichen Behauptungen, die die Gefährdung begründen, iSd § 294 ZPO glaubhaft gemacht werden (Abs 1 S 2). Besteht sofortiger Handlungsbedarf, weil bspw der Gl bereits die Vollstreckung betreibt, kann das InsGer – ohne die Entscheidung nach Abs 1 abzuwarten – die einstweilige Einstellung der Zwangsvollstreckungsmaßnahme anordnen (Abs 2). Voraussetzung hierfür ist, dass die Gefährdung der Durchführung des InsPlans glaubhaft gemacht wird. Nach Abs 3 hebt das Ger seinen Beschluss auf Antrag auf oder ändert ihn ab, wenn dies mit Rücksicht auf eine Änderung der Sachlage geboten ist. Der Vollstreckungsschutz nach § 765a ZPO bleibt unberührt. 5

8 BT-Drucks 17/5712, S 37.
9 *Braun/Frank* § 259a Rn 4.

§ 259b Besondere Verjährungsfrist

(1) Die Forderung eines Insolvenzgläubigers, die nicht bis zum Abstimmungstermin angemeldet worden ist, verjährt in einem Jahr.

(2) Die Verjährungsfrist beginnt, wenn die Forderung fällig und der Beschluss rechtskräftig ist, durch den der Insolvenzplan bestätigt wurde.

(3) Die Absätze 1 und 2 sind nur anzuwenden, wenn dadurch die Verjährung einer Forderung früher vollendet wird als bei Anwendung der ansonsten geltenden Verjährungsvorschriften.

(4) [1]Die Verjährung einer Forderung eines Insolvenzgläubigers ist gehemmt, solange wegen Vollstreckungsschutzes nach § 259a nicht vollstreckt werden darf. [2]Die Hemmung endet drei Monate nach Beendigung des Vollstreckungsschutzes.

Die Vorschrift verkürzt auf ein Jahr die **Verjährung** von Ansprüchen, die wegen der verspäteten Geltendmachung in der Finanzplanung für den InsPlan nicht berücksichtigt werden konnten. Der maßgebende Zeitpunkt ist ebenso wie in § 259a zu bestimmen (§ 259a Rn 2). Sie dient allein der Verkürzung, nicht der Verlängerung von Verjährungsfristen. § 259b ist daher nur anzuwenden, wenn dadurch die Verjährung einer Forderung früher vollendet wird als bei Anwendung der ansonsten geltenden Verjährungsvorschriften. Die Verkürzung betrifft Ansprüche jeglicher Art, auch titulierte Ansprüche.[1] Die Verjährungsfrist knüpft für den Beginn an der Fälligkeit und der Rechtskraft des Bestätigungsbeschlusses an. Die Verjährung ist allerdings **gehemmt**, solange Vollstreckungsschutz nach § 259a besteht, s Abs 4. 1

1 BT-Drucks 17/5712, 38.

§ 260 Überwachung der Planerfüllung

(1) Im gestaltenden Teil des Insolvenzplans kann vorgesehen werden, dass die Erfüllung des Plans überwacht wird.

(2) Im Falle des Absatzes 1 wird nach der Aufhebung des Insolvenzverfahrens überwacht, ob die Ansprüche erfüllt werden, die den Gläubigern nach dem gestaltenden Teil gegen den Schuldner zustehen.

(3) Wenn dies im gestaltenden Teil vorgesehen ist, erstreckt sich die Überwachung auf die Erfüllung der Ansprüche, die den Gläubigern nach dem gestaltenden Teil gegen eine juristische Person oder Gesellschaft ohne Rechtspersönlichkeit zustehen, die nach der Eröffnung des Insolvenzverfahrens gegründet worden ist, um das Unternehmen oder einen Betrieb des Schuldners zu übernehmen und weiterzuführen (Übernahmegesellschaft).

Übersicht

I. Normzweck

1 Die §§ 260–269 ermöglichen eine Planregelung, die während einer begrenzten Zeit der „Überwachung" bestimmte Wirkungen des InsVerf auch nach seiner rechtskräftigen Aufhebung (§ 259) beibehält. Die Anordnung der Überwachung setzt nicht voraus, dass der InsPlan die Fortführung des Unternehmens durch den Schu vorsieht. Vielmehr kann die Überwachung auch bei Liquidationsplänen angeordnet werden.[1] Die Erfüllung des Plans kann durch **Informationsbeschaffung** kontrolliert werden (§§ 260 Abs 2 und 3, 261, 262), bestimmte Geschäfte des Schu oder einer „Übernahmegesellschaft" können **zustimmungsbedürftig** gemacht werden (§ 263), und die **Kreditaufnahme** kann erleichtert werden (§§ 264–266). Die Überwachung nach diesen Bestimmungen verlangt als Rechtsgrundlage eine entspr Planregelung, § 260 Abs 1. Auch wichtige Einzelheiten der Überwachung sind deshalb der Regelung im Plan überlassen.

II. Zeitpunkt und Gegenstand

2 Die Überwachung wird im **gestaltenden Teil** des Plans geregelt (Abs 1). Sie setzt unmittelbar mit der rechtskräftigen Aufhebung des InsVerf ein (Abs 2);[2] eines Beschl des InsGer bedarf es dafür nicht.

3 Wenn die Überwachung nur als solche, ohne die zusätzlichen Regelungen nach §§ 263, 264, vorgesehen wird, bezieht sie sich auf die **Erfüllung der Ansprüche**, die den Gl nach dem gestaltenden Teil **gegen den Schu** zustehen. Ansprüche in diesem Sinne sind alle **InsFord**, die im InsPlan (ganz oder tw, verändert oder unverändert) aufrechterhalten worden sind (s §§ 221, 227 Abs 1), sowie **sonstige Ansprüche**, die aus zusätzlichen Verpflichtungserklärungen des Schu im gestaltenden Teil entstanden sind.[3] Die Überwachung setzt voraus, dass der Schu seine Verfügungsmacht durch die Aufhebung des InsVerf wiedererlangt hat (s § 259 S 1). Sie erstreckt sich *nicht* auf das allg (private oder unternehmerische) **Verhalten des Schu**, soweit es auf die Erfüllung oder Erfüllbarkeit keinen Einfluss hat (s auch § 262);

1 *Uhlenbruck/Lüer/Streit* § 260 Rn 4.
2 *Uhlenbruck/Lüer/Streit* § 259 Rn 5; FK/*Jaffé* § 260 Rn 7.
3 *Uhlenbruck/Lüer/Streit* § 260 Rn 6 f.

sie erstreckt sich auch *nicht* auf die Erfüllung von **Ansprüchen gegen Dritte**, die durch den Plan begründet wurden (s zB §§ 230 Abs 3, 257 Abs 2); eine Ausnahme ist Abs 3.

Die **Zuständigkeit** für die Überwachung sowie **Form** und **Ausmaß** regelt § 261; was zu tun ist, wenn bei der Überwachung die **Nichterfüllung von Ansprüchen** festgestellt wird, regelt § 262. 4

III. Übernahmegesellschaften, Abs 3

Die Überwachung erstreckt sich auf die Erfüllung von Ansprüchen, die den Gl nach dem gestaltenden Teil gegen eine Übernahmegesellschaft zustehen, wenn dies im Plan so vorgesehen ist; Abs 3 ist insofern eine Ausnahme von Abs 2, als er die Erfüllung von Ansprüchen gegen eine dritte Person in die Überwachung einbezieht. 5

Übernahmegesellschaften sind juristische Personen (zB AG, GmbH) oder Gesellschaften ohne Rechtspersönlichkeit (GbR, OHG, KG), die zu dem **Zweck der Weiterführung** des Unternehmens oder eines Betriebs des Schu gegründet worden sind. *Nicht* entscheidend ist, wer die Gesellschafter der Übernahmegesellschaft sind (Gl, Schu, dritte Personen) und ob die Weiterführung des Unternehmens der einzige Zweck dieser Gesellschaft ist. Die Überwachung trifft aber nur solche Übernahmegesellschaften, die grds **nach der Eröffnung des InsVerf** gegründet worden sind; die Einschränkungen, die mit der Überwachung verbunden sind, sollen nur den Personen zugemutet werden, die sich angesichts des InsVerf auf die mögliche spätere Überwachung einstellen konnten.[4] Da die Übernahme des Unternehmens oder eines Betriebs des Schu aber ohnehin einen **Vertrag mit dem Übernehmer** voraussetzt (der auch Bestandteil des InsPlans sein kann, § 228), kann einerseits auch eine vor der Eröffnung des Verf gegründete Gesellschaft einer in den Plan aufgenommenen Überwachung wirksam zustimmen und andererseits die gesetzliche Regelung auch für die Übernahmegesellschaft nach Abs 3 gar nicht ohne deren Einverständnis wirksam werden.[5] 6

IV. Abweichende Regelungen

Einzelheiten der Überwachung können im Plan abw vom Gesetz geregelt werden, jedoch nicht zulasten des Schu und dritter Personen.[6] Dispositiv ist die Dauer der Planüberwachung (bis zur Grenze des § 268) oder auch die „gesetzlichen Aufgaben" (§§ 261 ff) des InsVerw. Die Lit befürwortet mitunter, eine „gewillkürte" **Überwachung** durch einen **Sachwalter** zuzulassen, die der InsPlan *anstelle* der in §§ 260–269 geregelten Überwachung vorsieht.[7] Dies erscheint jedenfalls nicht ohne das tatsächliche Einverständnis des Schu (s § 247, bes Abs 2 Nr 1) und des beauftragten Sachwalters möglich, sowie nur zugunsten aller Gl (s § 328 BGB) und nicht zulasten des Rechtsverkehrs. Der institutionelle Rahmen der §§ 260–269 und insb das InsGer und das Amt des InsVerw stehen für solche Überwachung nicht zur Verfügung (§ 217 Rn 9).[8] Ihr Nutzen ist deshalb zw.[9] 7

4 So RegE S 215.
5 Ausf und krit *Kluth* NZI 2003, 361; dagegen aber MK/*Stephan* § 260 Rn 18.
6 *Uhlenbruck/Lüer/Streit* § 260 Rn 8.
7 *K/P/B/Pleister* § 260 Rn 15; *Uhlenbruck/Lüer/Streit* § 260 Rn 17; *L/S/Z/Rattunde* InsO § 260 Rn 4; MK/*Stephan* § 260 Rn 3, 13; *Hess* InsO § 261 Rn 8, 9.
8 *Braun/Frank* § 261 Rn 1, 8 mwN; *Hess* InsO § 261 Rn 7; *Andres/Leithaus* § 261 Rn 2; HambKomm/*Thies* § 261 Rn 5.
9 *M/R/Bähr/Landry* § 14 Rn 222; sa *Smid/Rattunde* InsPlan Rn 18.9, 18.36.

§ 261 Aufgaben und Befugnisse des Insolvenzverwalters

(1) [1]Die Überwachung ist Aufgabe des Insolvenzverwalters. [2]Die Ämter des Verwalters und der Mitglieder des Gläubigerausschusses und die Aufsicht des Insolvenzgerichts bestehen insoweit fort. [3]§ 22 Abs. 3 gilt entsprechend.

(2) [1]Während der Zeit der Überwachung hat der Verwalter dem Gläubigerausschuss, wenn ein solcher bestellt ist, und dem Gericht jährlich über den jeweiligen Stand und die weiteren Aussichten der Erfüllung des Insolvenzplans zu berichten. [2]Unberührt bleibt das Recht des Gläubigerausschusses und des Gerichts, jederzeit einzelne Auskünfte oder einen Zwischenbericht zu verlangen.

1 Die Vorschrift regelt die **Zuständigkeit** und die **Befugnisse** der VerfOrgane, die an der Überwachung beteiligt sind, und die **Pflichten des Schu** während der Überwachung.

2 Zuständig für die Überwachung ist in erster Linie der **InsVerw** (Abs 1 S 1). Er hat dem **GlAusschuss**, wenn ein solcher bestellt ist, und dem **InsGer** jährlich oder jederzeit auf Anforderung über den Stand der Erfüllung des InsPlans (einschl der künftigen Erfüllbarkeit)[1] der GlAnsprüche zu berichten (Abs 2). Die Überwachung bezieht sich nur auf die Erfüllung des InsPlans, nicht aber auf die Geschäftsführung durch den Schu im Allgemeinen. Muster eines Jahresberichts bei *Haarmeyer/Pape* S 237.

3 Die **Ämter** des InsVerw und des GlAusschusses sowie die Aufsicht des InsGer bestehen trotz der Aufhebung des InsVerf fort,[2] aber nur zu dem Zweck der Überwachung (Abs 1 S 2). Der **Schu** verliert durch die Überwachung nicht seine Verfügungsbefugnis; sie kann jedoch nach § 263 eingeschränkt werden.

4 Die **Befugnisse** des **InsVerw** regelt das Gesetz entspr denen des vorläufigen InsVerw, dem nicht auch die Verwaltungs- und Verfügungsbefugnis über das Vermögen des Schu übertragen worden ist (Abs 1 S 3; s § 22 Abs 3). Daraus ergeben sich mittelbar auch die Befugnisse von **GlAusschuss** und **InsGer**, § 22 Abs 3 iVm §§ 97, 98, 101. Die Informationen, die nach diesen Vorschriften einzuholen sind, müssen den InsVerw auch in die Lage versetzen, über die Aussichten der Erfüllung des InsPlans zu berichten (s Abs 2 S 1). Stellt der InsVerw fest, dass Ansprüche, deren Erfüllung überwacht wird, nicht erfüllt werden (können), gilt § 262. Seine Befugnisse bestehen auch gegenüber der **Übernahmegesellschaft** nach § 260 Abs 3.[3]

5 Die **Pflichten** des **Schu** und der **Übernahmegesellschaft** (s Rn 4) ergeben sich aus der Verweisung auf § 22 Abs 3. Sie müssen Büchereinsicht gewähren, Auskunft geben und den InsVerw unterstützen.

§ 262 Anzeigepflicht des Insolvenzverwalters

[1]Stellt der Insolvenzverwalter fest, dass Ansprüche, deren Erfüllung überwacht wird, nicht erfüllt werden oder nicht erfüllt werden können, so hat er dies unverzüglich dem Gläubigerausschuss und dem Insolvenzgericht anzuzeigen. [2]Ist ein Gläubigerausschuss nicht bestellt, so hat der Verwalter an dessen Stelle alle Gläubiger zu unterrichten, denen nach dem gestaltenden Teil des Insolvenzplans Ansprüche gegen den Schuldner oder die Übernahmegesellschaft zustehen.

---

1 *Uhlenbruck/Lüer/Streit* § 261 Rn 3.
2 S im Einzelnen *Lissner* ZInsO 2012, 1452 ff.
3 *Uhlenbruck/Lüer* § 261 Rn 15; *Braun/Frank* § 261 Rn 6.

1 Die Vorschrift erklärt den **InsVerw** zur unverzüglichen Anzeige verpflichtet, wenn die Überwachung ergibt, dass die im Plan geregelten Ansprüche nicht erfüllt werden oder nicht erfüllt werden können. Aus dem Wortlaut ergibt sich, dass der InsVerw bei der Überwachung auch die *Fähigkeit*, die im Plan geregelten Ansprüche zu erfüllen, kontinuierlich prüfen muss; er darf mit der Anzeige nicht abwarten, bis (bei Fälligkeit) tatsächlich nicht erfüllt worden ist. Dieser **prognostischen Überwachung** müssen auch die Informationsrechte entsprechen, die nach § 261 dem InsVerw zuzusprechen sind (s auch § 261 Rn 4). Die Einzelheiten der Überwachung können im InsPlan vorgegeben werden.[1]

2 Die Anzeige der Nichterfüllung (oder des Unvermögens zur Erfüllung) hat keine **unmittelbaren Rechtsfolgen**, insb nicht die Wiedereröffnung des aufgehobenen oder die Neueröffnung eines zweiten InsVerf. Auch sieht § 262 nicht vor, dass das InsGer bei Erhalt der Anzeige anderweitig tätig werden muss. Vielmehr bleibt es den Gl überlassen, ihre Rechte gegen den Schu oder die Übernahmegesellschaft, die sich aus der mangelnden Erfüllung oder Erfüllbarkeit nach anderen Vorschriften ergeben, selbst geltend zu machen, zB die Zwangsvollstreckung aus dem InsPlan (§ 257), das Wiederaufleben der Forderungen (§ 255), den Antrag auf Eröffnung eines (erneuten) InsVerf (§§ 11, 13). Verstößt der InsVerw gegen die Pflicht aus § 262, kann er uU gegenüber den Gl nach § 60 haften.[2]

---

1 Ausf FK/*Jaffé* § 262 Rn 6–12.

2 S hierzu und den damit verbundenen Risiken auch *Uhlenbruck/Lüer/Streit* § 262 Rn 6.

§ 263 Zustimmungsbedürftige Geschäfte

[1]Im gestaltenden Teil des Insolvenzplans kann vorgesehen werden, dass bestimmte Rechtsgeschäfte des Schuldners oder der Übernahmegesellschaft während der Zeit der Überwachung nur wirksam sind, wenn der Insolvenzverwalter ihnen zustimmt. [2]§ 81 Abs. 1 und § 82 gelten entsprechend.

Übersicht

I. Normzweck

1 Die Vorschrift ermöglicht eine **Intensivierung der Überwachung** dadurch, dass Rechtsgeschäfte des Schu oder der Übernahmegesellschaft an die Zustimmung des InsVerw gebunden werden können.

II. Rechtsgeschäfte

2 Die Vorschrift setzt voraus, dass der Schu mit der Aufhebung des InsVerf seine Befugnis wiedererlangt, über die (bisherige) InsMasse frei zu verfügen. Deshalb dürfen nur „bestimmte" Rechtsgeschäfte für zustimmungsbedürftig erklärt werden – gedacht ist an wirtschaftlich bes bedeutsame oder risikoreiche Rechtsgeschäfte.[1] Eine Bestimmung, die eine Zustimmungsbedürftigkeit für alle Rechtsgeschäfte des Schu oder der Übernahmegesellschaft begründen sollte, wäre unzulässig.[2]

---

1 S RegE S 216.

2 HM, *Braun/Frank* § 263 Rn 3 mwN; *Uhlenbruck/Lüer* § 263 Rn 2 mwN; MK/*Stephan* § 263 Rn 2, 5; *Andres/Leithaus* § 263 Rn 5 mwN.

3 Die zustimmungsbedürftigen Rechtsgeschäfte müssen im **gestaltenden Teil** des InsPlans so klar bezeichnet sein, dass sie für Dritte durch einen Blick in den InsPlan **bestimmbar** sind. Der Vorbehalt darf nicht iS eines Generalvorbehalts formuliert sein, sondern muss sich auf konkrete Geschäfte beziehen.[3] Bezugspunkt können aber **Rechtsgeschäfte aller Art sein**, auch Verpflichtungsgeschäfte.

III. Wirksamkeit

4 Für die Zustimmung des InsVerw gelten §§ 182 ff BGB. Fehlt die Zustimmung, ist das einseitige Rechtsgeschäft stets, das zweiseitige Rechtsgeschäft zunächst schwebend unwirksam, S 2 iVm § 81 Abs 1 S 1. **Guter Glaube** an die Zustimmungsfreiheit wird nur iRv § 81 Abs 1 S 2 und § 82 geschützt. Das ist gerechtfertigt, da die Überwachung und die Zustimmungsbedürftigkeit öffentlich bekannt zu machen und in den zuständigen Registern zu vermerken sind, s § 267.

3 *Lissner* ZInsO 2012, 1452, 1453.

§ 264 Kreditrahmen

(1) [1]Im gestaltenden Teil des Insolvenzplans kann vorgesehen werden, dass die Insolvenzgläubiger nachrangig sind gegenüber Gläubigern mit Forderungen aus Darlehen und sonstigen Krediten, die der Schuldner oder die Übernahmegesellschaft während der Zeit der Überwachung aufnimmt oder die ein Massegläubiger in die Zeit der Überwachung hinein stehen lässt. [2]In diesem Fall ist zugleich ein Gesamtbetrag für derartige Kredite festzulegen (Kreditrahmen). [3]Dieser darf den Wert der Vermögensgegenstände nicht übersteigen, die in der Vermögensübersicht des Plans (§ 229 Satz 1) aufgeführt sind.

(2) Der Nachrang der Insolvenzgläubiger gemäß Absatz 1 besteht nur gegenüber Gläubigern, mit denen vereinbart wird, dass und in welcher Höhe der von ihnen gewährte Kredit nach Hauptforderung, Zinsen und Kosten innerhalb des Kreditrahmens liegt, und gegenüber denen der Insolvenzverwalter diese Vereinbarung schriftlich bestätigt.

(3) § 39 Abs. 1 Nr. 5 bleibt unberührt.

Übersicht

I. Normzweck

1 Die §§ 264–266 sollen die **Finanzierung von Sanierungsplänen** erleichtern. Sie erlauben die Aufnahme von Kredit in der Überwachungszeit, dem für eine erneute Ins des Schu innerhalb des Sanierungszeitraums die **vorrangige Befriedigung** zugesichert wird. In § 264 werden die Voraussetzungen solcher Kreditaufnahme und die Rechtswirkung gegenüber den bisherigen InsGl (AltGl) geregelt; § 265 regelt die Rangwirkung gegenüber Forderungen, die während der Überwachungszeit entstehen (NeuGl); § 266 bestimmt die zeitliche Dauer des Vorrangs (Abs 1) und regelt sein Verhältnis zu der sonstigen Rangordnung nach § 39.

2 Die Regelung hat einen **Vorläufer** in § 106 VerglO. Sie ist aber im Anwendungsbereich weiter, indem sie **jede Art von Kredit** (zB Darlehen, Kontokorrentkredit, Lieferantenkredit,

Stehenlassen von Forderungen, etc) für vorrangfähig erklärt.[1] Hierzu gehören freilich nicht die Zuführung von Eigenkapital oder Nutzungsüberlassungen. Darüber hinaus konstruiert die Regelung den Vorrang anders als § 106 VerglO, indem sie die bevorrechtigten Kreditforderungen im neuen InsVerf nicht als Masseforderungen, sondern als **InsFord** einstuft, gegenüber denen andere InsFord **nachrangig** sind (s Rn 9). Die Nutzung der Regelung in der Praxis scheint gering zu sein.[2]

II. Planregelung, Abs 1

Die **Grundlage** des Vorrangs ist eine ausdrückliche Regelung im **InsPlan**. Dieser muss vorsehen, dass die im Plan ausgewiesenen Gl (in einem späteren InsVerf) **nachrangig** sein sollen gegenüber Gl mit Kreditforderungen, die während der Überwachungszeit begründet worden sind (S 1). Den Kreditforderungen werden **Masseforderungen** gleichgestellt, die der Gl in die Überwachungszeit hinein „stehen lässt". Die Gleichbehandlung ist gerechtfertigt, weil der Verzicht des Gl auf Befriedigung spätestens vor der Aufhebung des InsVerf (s §§ 53, 258 Abs 2) wirtschaftlich ebenfalls eine neue Kreditgewährung außerhalb des InsPlans darstellt. 3

Der vorgesehene Nachrang betrifft die **InsGl**. Dieser Begriff ist hier weiter zu verstehen als in § 38.[3] Die Regelung gilt ausdrücklich auch für **Übernahmegesellschaften** (zum Begriff s § 260 Abs 3). Für diese gibt es zur Zeit der Planbestätigung noch keine Gl. Hat der Schu im InsPlan zusätzliche Verpflichtungen (gegenüber InsGl oder Dritten) übernommen (s § 254a Rn 7), so sind auch die so begründeten Ansprüche keine InsFord iSv § 38. Solche Forderungen müssen aber ebenfalls gegenüber späteren Neukrediten zurückgesetzt werden können. Gemeint ist mit „InsGl" hier offenbar jeder Gl, dem nach dem Plan ein Anspruch gegen den Schu oder eine Übernahmegesellschaft zusteht. Der InsPlan kann iRd **Privatautonomie** den Nachrang aber auf einzelne Arten von Gl beschränken, also etwa die durch den Plan begründeten Ansprüche dritter Personen von der Zurücksetzung ausnehmen (s auch Rn 5). 4

Der Nachrang kann vorgesehen werden zugunsten von **Darlehen** und **sonstigen Krediten**. Jede Art von vereinbarter Kreditgewährung während der Überwachungszeit ist vorrangfähig, also auch der Lieferanten- und sonstige Vorleistungskredit; das Gesetz nennt ausdrücklich auch die **Stundung** von Masseforderungen.[4] Die Beteiligten können den Vorrang im Plan aber auf bestimmte Kreditgeschäfte beschränken.[5] 5

Das Gesetz schreibt lediglich vor, dass der Plan eine **Betragsgrenze (Kreditrahmen)** für die Gesamtheit solcher Vorrangkredite festlegen muss, Abs 1 S 2. Diese darf nicht höher sein als das nach § 229 S 1 ausgewiesene Vermögen des Schu. Das **InsGer** hat dies iRv § 231 Abs 1 Nr 1 und § 250 Nr 1 zu prüfen; es muss sich dabei an die Werte halten, die in der Vermögensübersicht angegeben sind.[6] Hält der InsPlan sich nicht an diese Grenze und ist er gleichwohl vom InsGer rechtskräftig bestätigt worden, dürfte der Verstoß nach den allg Regeln geheilt sein (§ 254 Abs 1).[7] 6

1 Für eine extensive Auslegung auch *Obermüller* Rn 5.293; *Uhlenbruck/Lüer/Streit* § 264 Rn 3 f.
2 MK/*Tetzlaff/Kern* § 266 Rn 5: „geringe praktische Bedeutung"; HambKomm/*Thies* § 264 Rn 1: „... finden selten ... Anwendung".
3 *Uhlenbruck/Lüer/Streit* § 264 Rn 26.
4 Über die einzelnen Kreditarten ausf *Uhlenbruck/Lüer* § 264 Rn 3–11.
5 *Uhlenbruck/Lüer/Streit* § 264 Rn 12.
6 *Uhlenbruck/Lüer/Streit* § 264 Rn 14.
7 S allg MK/*Eidenmüller* § 217 Rn 198–201; **aA** offenbar, im Einzelnen str, *Graf-Schlicker/Kebekus/Wehler* § 264 Rn 2 mwN.

III. Rangvereinbarung

7 Der Vorrang muss vom Kreditnehmer (Schu oder Übernahmegesellschaft) mit dem Kreditgeber vereinbart werden. Die **Vereinbarung** legt fest, mit welchen Bestandteilen und welchem Betrag der gewährte Kredit **innerhalb des Kreditrahmens** (s Rn 6) liegt. Zulässig ist auch eine Vereinbarung eines Rangrücktritts in Bezug auf andere Plafondskredite.[8] Zusätzlich muss der **InsVerw** dem Gl „die Vereinbarung" schriftlich bestätigen, dh dass der Kreditrahmen für den neuen Kredit ausreicht. Stellt sich die Bestätigung als falsch heraus, ist zw, ob der Kredit gleichwohl voll oder nur bis zum angegebenen Kreditrahmen privilegiert wird (eventuell mit einer Haftung des InsVerw nach § 60).[9] Der InsVerw hat nicht die Bedingungen und die Zweckmäßigkeit des Kredits zu prüfen; dies kann er nur, wenn die Kreditaufnahme gem § 263 zustimmungsbedürftig ist.[10] Soll nach dem InsPlan der Vorrang nur für bestimmte Kreditgeschäfte bestehen (s Rn 5), wird der InsVerw aber auch zu prüfen (und zu bestätigen) haben, ob der Kredit unter diese Planregelung fällt.

IV. Rangwirkung

8 Sind die Voraussetzungen nach Abs 1 und 2 erfüllt, tritt die Rangwirkung erst und nur in einem **späteren InsVerf** ein; das aufgehobene InsVerf, dem die Überwachung nachfolgt, wird nicht mehr berührt. Für den Schu wäre das spätere Verf ein neues, für die Übernahmegesellschaft das erste InsVerf.

9 Die Wirkung besteht darin, dass die genannten Kreditforderungen im späteren InsVerf **InsFord** mit **Vorrang** vor anderen InsFord sind. Das Gesetz drückt dies umgekehrt aus, indem es den Inhabern der anderen Forderungen einen **Nachrang** zuweist. In § 264 tut es dies für die InsGl des abgeschlossenen InsVerf (AltGl; zum Begriff s Rn 1, 4), in § 265 für NeuGl. Der InsPlan iVm der Rangvereinbarung bewirkt also für das spätere InsVerf eine Rangregelung außerhalb von §§ 1, 38, 39.

V. Absonderungsrechte

10 Die Rangfolge nach §§ 264, 265 berührt nicht die Absonderungsrechte, die nach dem Plan bestehen geblieben sind (s § 223) oder durch ihn neu begründet wurden. Im späteren InsVerf gelten für sie unverändert die §§ 49–52, 165 ff. Der Nachrang kann nur den sich in jenem Verf ergebenden Verzichts- oder Ausfallteil der Forderung (§ 52 S 2) treffen.[11]

VI. Kapitalersatz, Abs 3

11 Durch die Verweisung auf § 39 Abs 1 Nr 5 soll verhindert werden, dass kapitalersetzende Darlehen von Gesellschaftern und gleichgestellte Geschäfte während der Überwachungszeit zu einem Vorrang nach § 264 in einem späteren InsVerf führen können; § 39 Abs 1 Nr 5 ist auch insofern planresistent.

§ 265 Nachrang von Neugläubigern

[1]Gegenüber den Gläubigern mit Forderungen aus Krediten, die nach Maßgabe des § 264 aufgenommen oder stehen gelassen werden, sind nachrangig auch die Gläubiger mit sonstigen vertraglichen Ansprüchen, die während der Zeit der Überwachung begründet werden.

8 *Uhlenbruck/Lüer/Streit* § 264 Rn 20
9 Str, *Andres/Leithaus* §§ 264–266 Rn 11 mwN; MK/*Drukarczyk* § 264 Rn 8 mwN.
10 *Uhlenbruck/Lüer/Streit* § 264 Rn 22.
11 Ausf *Braun/Frank* KS-InsO, 3. Aufl, S 809, 818–823, mwN Fn 51.

[2]**Als solche Ansprüche gelten auch die Ansprüche aus einem vor der Überwachung vertraglich begründeten Dauerschuldverhältnis für die Zeit nach dem ersten Termin, zu dem der Gläubiger nach Beginn der Überwachung kündigen konnte.**

Die Vorschrift erstreckt den Nachrang auf Gl, deren Forderungen während der Überwachungszeit begründet wurden (NeuGl). Die Rangregelung geht zu ihren Lasten, obwohl sie *keine* Rangvereinbarung mit dem Schu oder der Übernahmegesellschaft getroffen haben und (als NeuGl) auch nicht an der BeschlFassung über den Kreditrahmen nach dem InsPlan beteiligt waren. Die Zurücksetzung gegenüber den nach § 264 privilegierten KreditGl wird damit **gerechtfertigt**, dass die Überwachung und der Kreditrahmen öffentlich bekannt gemacht und ins Handelsregister eingetragen werden (§ 267); potentielle NeuGl könnten deshalb wählen, ob sie Kredit mit Nachrang, nur mit Vorrang nach § 264 oder gar nicht gewähren wollten.[1] 1

Folgerichtig sieht das Gesetz den Nachrang nur für **vertragliche Ansprüche** vor. Als solche Ansprüche gelten auch die Ansprüche aus einem vor der Überwachung vertraglich begründeten **Dauerschuldverhältnis** für die Zeit nach dem ersten Termin, zu dem der Gl nach Beginn der Überwachung kündigen konnte (S 2). Ansprüche aus **gesetzlichen Schuldverhältnissen,**[2] die während der Überwachung entstanden sind, werden dagegen nicht zurückgesetzt; in einem späteren InsVerf stehen sie im gleichen Rang wie die Ansprüche aus Kreditgewährungen gem § 264. 2

1 So RegE S 216f.
2 Bes ausf MK/*Tetzlaff/Kern* § 265 Rn 22–31.

§ 266 Berücksichtigung des Nachrangs

(1) Der Nachrang der Insolvenzgläubiger und der in § 265 bezeichneten Gläubiger wird nur in einem Insolvenzverfahren berücksichtigt, das vor der Aufhebung der Überwachung eröffnet wird.

(2) In diesem neuen Insolvenzverfahren gehen diese Gläubiger den übrigen nachrangigen Gläubigern im Range vor.

Die Vorschrift regelt die **Dauer** des Nachrangs (Abs 1) und das **Verhältnis** des Nachrangs zu der **allg Rangregelung** (Abs 2). 1

Der Nachrang wird nur in einem späteren InsVerf wirksam (s § 264 Rn 8), das vor der **Aufhebung der Überwachung**, also spätestens drei Jahre nach der Aufhebung des alten InsVerf (s § 268) beantragt wird, Abs 1. Die Befristung soll verhindern, dass die bes Rangregelung für Sanierungsunternehmen und ihre KreditGl zur Dauersubvention wird.[1] 2

In dem späteren InsVerf gilt eine mindestens **dreistufige Rangordnung** der InsGl: den *ersten* Rang haben die nach § 264 begünstigten KreditGl und die NeuGl aus gesetzlichen Schuldverhältnissen (s § 265 Rn 2), den *zweiten* Rang haben die nach §§ 264, 265 zurückgesetzten AltGl und NeuGl; diese Gl stehen vor den übrigen nachrangigen Gl (Abs 2), dh vor den in § 39 genannten Gl; idR werden sich auf dieser dritten Stufe nur NeuGl befinden (s § 225 Abs 1). 3

1 RegE S 217.

4 Der Kreditrahmen mit Vorrangwirkung führt dazu, dass die **NeuGl** aus **gesetzlichen Schuldverhältnissen** unversehens einen **Rangvorteil** gegenüber den Gl auf dem zweiten Rang erlangen, den sie ohne den Kreditrahmen und seine Auswirkung für eine Kreditaufnahme nicht hätten; für eine korrigierende Auslegung mit beachtlichen Gründen MK/*Wittig* § 266 Rn 15–18.[2]

2 Mit Nachweisen über Zust und Abl in der Lit, Rn 17.

§ 267 Bekanntmachung der Überwachung

(1) Wird die Erfüllung des Insolvenzplans überwacht, so ist dies zusammen mit dem Beschluss über die Aufhebung des Insolvenzverfahrens öffentlich bekannt zu machen.

(2) Ebenso ist bekannt zu machen:

1. **im Falle des § 260 Abs. 3 die Erstreckung der Überwachung auf die Übernahmegesellschaft;**
2. **im Falle des § 263, welche Rechtsgeschäfte an die Zustimmung des Insolvenzverwalters gebunden werden;**
3. **im Falle des § 264, in welcher Höhe ein Kreditrahmen vorgesehen ist.**

(3) [1]§ 31 gilt entsprechend. [2]Soweit im Falle des § 263 das Recht zur Verfügung über ein Grundstück, ein eingetragenes Schiff, Schiffsbauwerk oder Luftfahrzeug, ein Recht an einem solchen Gegenstand oder ein Recht an einem solchen Recht beschränkt wird, gelten die §§ 32 und 33 entsprechend.

1 Das Gesetz schreibt vor, dass die im Plan beschlossene **Überwachung** zusammen mit dem AufhebungsBeschl (§ 258 Abs 3 S 1) **öffentlich bekannt gemacht** wird (Abs 1). Ebenso sind bekannt zu machen die Erstreckung der Überwachung auf eine Übernahmegesellschaft (§ 260 Abs 3), der Zustimmungsvorbehalt für Rechtsgeschäfte (§ 263) sowie die Existenz und der Betrag eines Kreditrahmens (§ 264), Abs 2. Schließlich sind die zuständigen Registerbehörden (§§ 31–33) zu informieren, Abs 3.

2 Mit der so hergestellten **Publizität** wird gerechtfertigt, dass im Rechtsverkehr Personen auftreten können, die, obwohl nicht insolvent (Übernahmegesellschaften) oder nicht mehr insolvent (Schu), unter bes insrechtlicher Überwachung stehen (§ 260), dass Rechtsgeschäfte dieser Personen an die Zustimmung des InsVerw gebunden sind (§ 263) und dass bestimmte NeuGl in einer späteren Ins eine Vorrangposition haben können (§ 264).[1]

3 Die öffentliche Bekanntmachung erfolgt elektronisch (§ 9). Ein Auszug kann genügen.[2] Die früher angenommene Pflicht zur Veröffentlichung auch im **BAnz** ist mit der Neufassung von § 9 durch das InsOVereinfG (s Einl Rn 12) entfallen.

§ 268 Aufhebung der Überwachung

(1) Das Insolvenzgericht beschließt die Aufhebung der Überwachung,

1. **wenn die Ansprüche, deren Erfüllung überwacht wird, erfüllt sind oder die Erfüllung dieser Ansprüche gewährleistet ist oder**

1 S RegE S 217 und §§ 263 Rn 4, 265 Rn 1.
2 MK/*Stephan* § 267 Rn 8.

2. **wenn seit der Aufhebung des Insolvenzverfahrens drei Jahre verstrichen sind und kein Antrag auf Eröffnung eines neuen Insolvenzverfahrens vorliegt.**

(2) [1]Der Beschluss ist öffentlich bekannt zu machen. [2]§ 267 Abs. 3 gilt entsprechend.

Das Gesetz sieht im Interesse der Rechtsklarheit vor, dass die Überwachung durch **Beschl des InsGer** aufgehoben wird. Die Aufhebung hat zu geschehen nach der Erfüllung der Ansprüche, die überwacht wurde, oder der Sicherstellung der Ansprüche (Abs 1 Nr 1) oder spätestens drei Jahre nach der Aufhebung des InsVerf (und dem damit verbundenen Beginn der Überwachung), wenn bis dahin kein Antrag auf Eröffnung eines InsVerf gestellt wurde (Abs 1 Nr 2). Wurde ein Antrag auf Eröffnung eines InsVerf gestellt, endet die Überwachung von selbst mit der Eröffnung des Verf und ist aufzuheben;[1] bei rechtskräftiger Ablehnung der Eröffnung gelten wieder die Aufhebungsgründe nach Abs 1 Nr 1 und 2. Liegt der Antrag noch vor und ist über ihn noch nicht entschieden, verlängert sich die Überwachungszeit über die drei Jahre hinaus bis zu der Entsch. Der AufhebungsBeschl ist **öffentlich bekannt zu machen** und den **Registerbehörden** mitzuteilen, Abs 2. Zu Form und Ort der Bek s § 267 Rn 3. 1

Im **InsPlan** kann die Dauer der Überwachung **abw geregelt** werden (s § 217 Rn 3–6), jedoch ist nur eine **Verkürzung** zulässig. Bei einer Verlängerung auf die Zeit nach der Erfüllung der Ansprüche (Abs 1 Nr 1) wäre die Überwachung gegenstandslos; eine Verlängerung der Höchstfrist von drei Jahren (Abs 1 Nr 2) wäre eine unzulässige Regelung zulasten Dritter, des Rechtsverkehrs und der Wettbewerbsordnung.[2] Auch bei einer durch den InsPlan kürzer befristeten Überwachung muss im Interesse des Rechtsverkehrs das **InsGer** die Überwachung durch **Beschl** aufheben.[3] 2

---

1 *BGH* ZIP 2014, 330 Rn 28.

2 So auch *Braun/Frank* § 268 Rn 1 Fn 2, 6; *Hess* InsO § 268 Rn 1; MK/*Stephan* § 268 Rn 4; *Uhlenbruck/Lüer/Streit* § 268 Rn 4; **aA** HambKomm/*Thies* § 268 Rn 5; einschr *AG Duisburg* NZI 2003, 448: zwingend, im Interesse der Wettbewerbsordnung, ist die zeitliche Begrenzung nur für die §§ 264–266.

3 *Andres/Leithaus* § 268 Rn 4.

§ 269 Kosten der Überwachung

[1]Die Kosten der Überwachung trägt der Schuldner. [2]Im Falle des § 260 Abs. 3 trägt die Übernahmegesellschaft die durch ihre Überwachung entstehenden Kosten.

Die Kosten der Überwachung, namentlich die **Vergütungen** des InsVerw und des GlAusschusses und die **Gerichtskosten**, können nicht der InsMasse angelastet werden, da es diese nach der Aufhebung des InsVerf als gebundenes Vermögen nicht mehr gibt (s § 259 Abs 1 S 2). Das Gesetz erklärt deshalb den **Schu** (und iFd § 260 Abs 3 die **Übernahmegesellschaft**) für kostenpflichtig. Das Durchsetzungsrisiko lässt sich uU durch Regelungen im InsPlan und durch Vorschuss noch während der Überwachung vermindern.[1] Die Kosten werden vom **InsGer** gem §§ 64, 73 nach Maßgabe von § 6 Abs 2 InsVV festgesetzt. Der **FestsetzungsBeschl** ist Vollstreckungstitel, § 794 Abs 1 Nr 2 und 3 ZPO.[2] 1

---

1 S im Einzelnen MK/*Stephan* § 269 Rn 12.

2 *Braun/Frank* § 269 Rn 3, § 268 Rn 7; *Uhlenbruck/Lüer* § 269 Rn 3; FK/*Jaffé* § 269 Rn 2; *Andres/Leithaus* § 269 Rn 1; aA MK/*Stephan* § 269 Rn 12; HambKomm/*Thies* § 269 Rn 3.

Siebter Teil
Koordinierung der Verfahren von Schuldnern, die derselben Unternehmensgruppe angehören

Erster Abschnitt
Allgemeine Bestimmungen

§ 269a Zusammenarbeit der Insolvenzverwalter

[1]Die Insolvenzverwalter gruppenangehöriger Schuldner sind untereinander zur Unterrichtung und Zusammenarbeit verpflichtet, soweit hierdurch nicht die Interessen der Beteiligten des Verfahrens beeinträchtigt werden, für das sie bestellt sind. [2]Insbesondere haben sie auf Anforderung unverzüglich alle Informationen mitzuteilen, die für das andere Verfahren von Bedeutung sein können.

Übersicht

I. Allgemeines

1 Mit dem durch das Gesetz zur Erleichterung der Bewältigung von Konzerninsolvenzen[1] eingeführten § 269a InsO wurde eine ausdrückliche Rechtsgrundlage für eine Kooperation zwischen InsVerw in Konzerninsolvenzen geschaffen. § 269a stellt dabei keine bloße Kodifizierung der bisher anerkannten und aus den Zielbestimmungen abgeleiteten Kooperationspflichten dar, sondern eine Erweiterung. Die Pflicht besteht nun schon bei einem lediglich neutralen Effekt für die eigene Masse, weil der Gesetzgeber davon ausgeht, dass eine Kooperation zwischen den Verw regelmäßig für sämtliche beteiligten Verf des Konzerns von Nutzen sein wird.[1] Durch die Pflicht zur Kooperation soll eine möglichst gute Zusammenarbeit zwischen den in eine Konzerninsolvenz involvierten Verw als zentralen Figuren der Verf herbeigeführt werden, um den wirtschaftlichen Mehrwert des Konzerns gegenüber den einzelnen den Konzern bildenden Rechtsträgern auch in der Insolvenzsituation zu bewahren.[2] Insbesondere eine Sanierung soll so erleichtert werden.

2 § 269a kommt zur Anwendung, wenn über die Vermögen von mindestens zwei Schu, die einer Unternehmensgruppe iSv § 3e angehören, InsVerf eröffnet wurden bzw zumindest anhängig sind und in diesen kein einheitlicher (vorläufiger) Verw bestellt wurde.[3] Eine weitere dem § 269a InsO ähnelnde Kooperationspflicht der (vorläufigen) InsVerw mit dem Verfahrenskoordinator findet sich zudem in § 269f Abs 2 für den Fall, dass ein Koordinationsverfahren nach §§ 269d ff eingeleitet und ein Verfahrenskoordinator bestellt worden ist. Im Übrigen sind in Verf mit Auslandsbezug ggf die Kooperationspflichten nach § 357, Art 41 EuInsVO (Haupt- und Sekundärinsolvenzverfahren) sowie Art 56 EuInsVO (parallele

1 BT-Drucks 18/407 S 21.
2 BT-Drucks 18/407 S 32.
3 Zu einer einheitlichen Verwalterbestellung kann es infolge einer konzentrierten Gerichtsstandsbegründung insb. nach § 3 Abs 1 S 2 InsO oder nach § 3a Abs 1 kommen. Im Übrigen enthält § 56b eine zwischengerichtliche Pflicht zur Abstimmung über das Erfordernis der Bestellung eines einheitlichen Verw.

Hauptinsolvenzverfahren) zu beachten. In der Praxis wird eine Koordination auch durch Insolvenzverwaltungsverträge bzw *international protocols* sichergestellt; deren Zulässigkeit wurde durch § 269h Abs 2 S 2 Ziff 3 vom deutschen Gesetzgeber ausdrücklich anerkannt.[4]

II. Erläuterungen

1. Adressaten. Die Kooperationsrechte und -pflichten nach § 269a richten sich an die InsVerw und über § 21 Abs 2 S 1 Nr 1 an die vorläufigen InsVerw. In Fällen der (vorläufigen) Eigenverwaltung sind die gruppenangehörigen Schu über die Verweisung des § 270d S 1 zur Zusammenarbeit verpflichtet. Die Kooperationspflichten dürften sich aber aufgrund des Normzwecks auch auf die Sachwalter erstrecken, wenngleich dies weder in § 270d noch etwa durch Verweis in § 274 Abs 1 auf § 269a geregelt ist.[5] 3

2. Inhalt und Umfang der Pflichten. Der Begriff Kooperation wird durch § 269a als Pflicht zur Unterrichtung, zur Mitteilung von Informationen und zur Zusammenarbeit ausformuliert. Die Pflicht zur Zusammenarbeit erfasst alle denkbaren Unterstützungshandlungen. Die Unterrichtung und die Mitteilung von Informationen stellen beispielhaft genannte Unterfälle der Zusammenarbeit dar. Eingeschränkt wird dieser weit gezogene Pflichtenkreis für die Verw nach § 269a S 1 nur, soweit hierdurch die Interessen der Beteiligten des Verfahrens beeinträchtigt werden, für das sie bestellt sind. Diese Formulierung ist damit sehr allgemein und insbesondere aufgrund der Reichweite des Pflichtenkreises für die Praxis wenig hilfreich. Hinzu kommt, dass nach dem Willen des Gesetzgebers eine Pflicht ausdrücklich nicht erst dann bestehen soll, wenn sich dies für die eigene Masse positiv auswirkt, sondern schon bei einem lediglich neutralen Effekt.[6] Hieraus ergibt sich eine deutliche Erweiterung gegenüber der aus § 1 S 1 InsO abgeleiteten Kooperationspflicht. Die Kooperation nach § 269a kann im Umkehrschluss danach nur verweigert werden, wenn sich dies für die eigene Masse nachteilig auswirkt; dies ergibt sich schon aus Haftungsgründen. 4

Bei der Bestimmung der konkreten Pflichten ist der Normzweck zu beachten. Die Pflicht zur Unterrichtung beinhaltet zunächst den ohnehin in der Praxis schon gepflegten Brauch der gegenseitigen Kontaktaufnahme der (vorläufigen) InsVerw nach ihrer Bestellung.[7] Auszutauschen ist sich dann darüber, ob die jeweilige gruppenangehörige Schu saniert oder liquidiert werden soll. Für den InsVerw, der eine Sanierung anstrebt, wird von besonderem Interesse sein, ob leistungswirtschaftliche Beziehungen zu anderen gruppenangehörigen Schu aufrechterhalten werden können oder ob diese wegbrechen, wenn sich dies auf die eigene Sanierungsstrategie auswirken kann. Auch dürfte von den InsVerw regelmäßig zu erörtern sein, ob eine gemeinsame Sanierungs- oder Verwertungsstrategie in Betracht kommt. Im Übrigen sind sonstige Informationen, die nicht schon von selbst mitzuteilen sind, nur auf Anforderung herauszugeben. Aus der zu vermeidenden Beeinträchtigung der Gl des eigenen Verf ergibt sich, dass anfechtungsbegründende Tatsachen nicht mitzuteilen sind.[8] Eine (sonstige) Beeinträchtigung ist gegeben, wenn Nachteile für die eigene Masse drohen oder solche Nachteile nicht kompensiert werden.[8] Mit der Einschränkung wird berücksichtigt, dass die InsVerw primär ihren eigenen Verf verpflichtet sind. Des weiteren sind vertragliche Vereinbarungen zwischen den involvierten InsVerw, die die Zusammenarbeit konkret regeln, weiterhin möglich. 5

---

4 BT-Drucks 18/407 S 18.
5 MK/*Brünkmans* Konzerninsolvenzrecht Rn 83; *Flöther* HdB KonzerninsolvenzR/*Pleister* § 5 Rn38.
6 BT-Drucks 18/407 S 21.
7 MK/*Brünkmans* Konzerninsolvenzrecht Rn 76.
8 Vgl BT-Drucks 18/407 S 32.

6 **3. Verbindlichkeit.** § 269a enthält keine Regelung zur Durchsetzung der Kooperationspflichten. Eine Durchsetzung kommt daher lediglich über die Rechtsaufsicht der InsGer gem § 58 und die Haftungsandrohung gem § 60 in Betracht.[9]

---

9 MK/*Brünkmans* Konzerninsolvenzrecht, Rn 80.

§ 269b Zusammenarbeit der Gerichte

[1]Werden die Insolvenzverfahren über das Vermögen von gruppenangehörigen Schuldnern bei verschiedenen Insolvenzgerichten geführt, sind die Gerichte zur Zusammenarbeit und insbesondere zum Austausch der Informationen verpflichtet, die für das andere Verfahren von Bedeutung sein können. [2]Dies gilt insbesondere für:

1. die Anordnung von Sicherungsmaßnahmen,
2. die Eröffnung des Verfahrens,
3. die Bestellung eines Insolvenzverwalters,
4. wesentliche verfahrensleitende Entscheidungen,
5. den Umfang der Insolvenzmasse und
6. die Vorlage von Insolvenzplänen sowie sonstige Maßnahmen zur Beendigung des Insolvenzverfahrens.

Übersicht

I. Allgemeines

1 Mit dem durch das Gesetz zur Erleichterung der Bewältigung von Konzerninsolvenzen[1] eingeführten § 269b findet eine ausdrückliche Rechtsgrundlage für eine zwischengerichtliche Kooperation Eingang in die InsO. Zuvor wurde die Pflicht zur Zusammenarbeit aus den Zielbestimmungen nach § 1 S 1 abgeleitet. Die Pflicht zur Kooperation nach § 269b kommt zur Anwendung, wenn über die Vermögen von mindestens zwei Schun, die einer Unternehmensgruppe iSv § 3e angehören, InsVerf an verschiedenen Gerichten eröffnet bzw anhängig gemacht wurden.[2] Mit der Vorschrift wird eine Harmonisierung der Einzelverfahren auch auf gerichtlicher Ebene bezweckt. Die involvierten InsGer sollen Entscheidungen, die konzernbezogene Sanierungs- oder Liquidationsstrategien betreffen, sowie entsprechende organisatorische Entscheidungen, zB Terminsbestimmungen, untereinander abstimmen.[3] Damit soll dem in einem Konzern angelegten wirtschaftlichen Mehrwert Rechnung getragen werden; dieser droht idR bei völlig isoliert durchgeführten Verf verloren zu gehen.

2 Eine weitere zwischengerichtliche Kooperationspflicht ergibt sich für Verf mit Auslandsbezug aus Art 56 EuInsVO. Eine Ermächtigung enthält zudem § 348 Abs 2.

---

1 BT-Drucks 18/11436.
2 Eine konzentrierte Gerichtsstandsbegründung ist möglich insb nach § 3 Abs 1 S 2 oder nach § 3a Abs 1.
3 BT-Drucks 18/407 S 33.

II. Erläuterungen

1. Adressaten. Die zwischengerichtliche Kooperationspflicht gilt unabhängig von der funktionellen Zuständigkeitsverteilung.[4] Die Vorschrift richtet sich daher sowohl an Richter als auch an Rechtspfleger. Die Pflicht gilt nicht nur zwischen verschiedenen Gerichten, sondern **auch innerhalb eines Gerichts**.[5] 3

2. Inhalt und Umfang der Pflichten. Die Gerichte sind gem § 269b zur Zusammenarbeit verpflichtet. Dies umfasst auch – aber nicht nur – den Austausch von Informationen, die für das andere Verf von Bedeutung sein können. Bei der Bestimmung der konkreten Pflichten ist der Regelungszweck zu beachten. In dem nicht abschließenden Katalog des § 269b S 2 hat der Gesetzgeber besonders bedeutsame gerichtliche Entscheidungen und Tatsachen, auf die sich die Zusammenarbeit und insbesondere der Informationsaustausch erstrecken sollen, aufgezählt. Es handelt sich hierbei um die praktisch relevantesten Fälle. § 269b S 2 Nr 1–4 nennt besonders bedeutsame gerichtliche Entscheidungen. Hier soll der Informationsaustausch zwischen den gerichtlichen Entscheidungsträgern eine wechselseitige Orientierung ermöglichen. Die Gerichte sollen sich auch über bedeutsame Tatsachen, wie etwa solche nach § 269b S 2 Nr 5 und 6, austauschen. Dahinter steckt die Erwägung, dass das Vorliegen bestimmter Tatsachen es erforderlich machen kann, weitere Verfahrensschritte aufeinander abzustimmen.[4] Die Gerichte haben die gem § 269b relevanten Informationen **von sich aus** den anderen Gerichten mitzuteilen, um zu vermeiden, dass durch Nachfragen und Informationsdefizite zusätzlicher Aufwand und Aktenumlauf entsteht.[4] Die Koordinationspflicht umfasst auch die Abstimmung darüber, wie die Zusammenarbeit am besten organisiert werden kann.[4] 4

Nach § 269b S 2 Nr 1 sind die Gerichte verpflichtet, Informationen, die die **Anordnung von Sicherungsmaßnahmen** (§§ 21, 22, 22a) betreffen, auszutauschen. Dies betrifft sowohl die Mitteilung, welche Maßnahmen bereits angeordnet wurden als auch den Austausch darüber, ob und welche weiteren Maßnahmen in Betracht kommen. Wegen der Abstimmungspflicht nach § 56b Abs 1, auf den § 21 Abs 2 S 1 Nr 1 verweist, ist hier zumindest der Austausch über die Notwendigkeit bzw den Nutzen der Bestellung eines einheitlichen vorläufigen InsVerw nach § 21 Abs 2 S 1 Nr 1 geboten. Im Hinblick auf einen ggf nach §§ 21 Abs 2 S 1 Nr 1a, 22a einzusetzenden vorläufigen Gläubigerausschuss könnte es sich zudem anbieten, untereinander mitzuteilen, wie und mit welchen Personen diese besetzt werden sollen, weil so auch konzernübergreifend für eine ausgewogene Berücksichtigung der Gläubigerinteressen gesorgt werden kann. Soweit eine Konzernsanierung in Eigenverwaltung in Betracht kommt, sollte auch mitgeteilt werden, ob gem § 270a Abs 1 S 1 davon abgesehen wurde, ein Verfügungsverbot gegen den Schu oder einen Zustimmungsvorbehalt nach § 21 Abs 2 S 1 Nr 2 anzuordnen.[6] 5

Des Weiteren haben die Gerichte Informationen über die **Eröffnung des Verf** (§§ 26, 27 ff) auszutauschen, § 269b S 2 Nr 2. Hierunter fallen zunächst Informationen dahingehend, ob ein Verf eröffnet wird oder der Eröffnungsantrag abzuweisen ist. Soweit Anträge auf Anordnung der Eigenverwaltung gestellt wurden, dürfte mit Blick auf eine konzernweite Sanierung auch mitzuteilen sein, inwiefern diesen entsprochen werden kann. 6

Nach § 269b S 2 Nr 3 sind die Gerichte zum Informationsaustausch hinsichtlich der **Bestellung eines InsVerw** (§§ 56 ff) verpflichtet. Insbesondere haben sich die Gerichte nach § 56b Abs 1 darüber abzustimmen, ob es im Interesse der Gl liegt, lediglich eine Person zum InsVerw zu bestellen. 7

---

4 BT-Drucks 18/407 S 33.
5 *Gottwald/Specovius/Kuske* § 95 Rn 55.
6 Vgl *Flöther/Frege/Nicht* HdB KonzerninsolvenzR, § 4 Rn 289.

8 § 269b S 2 Nr 4 bestimmt, dass die Gerichte untereinander auch Informationen über **wesentliche verfahrensleitende Entscheidungen** auszutauschen haben. Hierunter fallen zB Terminsbestimmungen. Insbesondere Termine für die Gläubigerversammlungen sollten untereinander abgestimmt werden. Es sollte Gl, die Gl mehrerer gruppenangehöriger Schu sind, ermöglicht werden, an allen Terminen teilzunehmen. Empfehlenswert ist daher zwar eine zeitnahe, jedoch keine zeitgleiche Terminierung.

9 Die Gerichte sind zudem nach § 269b S 2 Nr 5 zum Informationsaustausch über den Umfang der Insolvenzmasse (§§ 35, 36) und nach § 269b S 2 Nr 6 zum Austausch über die Vorlage von Insolvenzplänen (§§ 217 ff) sowie sonstigen Maßnahmen zur Beendigung des InsVerf (§§ 207 ff) verpflichtet.

10 Die zwischengerichtliche Zusammenarbeit darf nicht dazu führen, dass die eigenen Gl Nachteile erleiden; insofern ist die **Kooperationspflicht** nach § 269b **begrenzt**.[7]

11 **3. Verbindlichkeit.** Die Pflicht zur Kooperation soll von Amts wegen bestehen, deshalb hat der Gesetzgeber auf eine Regelung zur Sicherstellung der Zusammenarbeit verzichtet.[7]

§ 269c Zusammenarbeit der Gläubigerausschüsse

(1) [1]Auf Antrag eines Gläubigerausschusses, der in einem Verfahren über das Vermögen eines gruppenangehörigen Schuldners bestellt ist, kann das Gericht des Gruppen-Gerichtsstands nach Anhörung der anderen Gläubigerausschüsse einen Gruppen-Gläubigerausschuss einsetzen. [2]Jeder Gläubigerausschuss oder vorläufige Gläubigerausschuss eines gruppenangehörigen Schuldners, der nicht von offensichtlich untergeordneter Bedeutung für die gesamte Unternehmensgruppe ist, stellt ein Mitglied des Gruppen-Gläubigerausschusses. [3]Ein weiteres Mitglied dieses Ausschusses wird aus dem Kreis der Vertreter der Arbeitnehmer bestimmt.

(2) [1]Der Gruppen-Gläubigerausschuss unterstützt die Insolvenzverwalter und die Gläubigerausschüsse in den einzelnen Verfahren, um eine abgestimmte Abwicklung dieser Verfahren zu erleichtern. [2]Die §§ 70 bis 73 gelten entsprechend. [3]Hinsichtlich der Vergütung gilt die Tätigkeit als Mitglied im Gruppen-Gläubigerausschuss als Tätigkeit in dem Gläubigerausschuss, den das Mitglied im Gruppen-Gläubigerausschuss vertritt.

(3) Dem Gläubigerausschuss steht in den Fällen der Absätze 1 und 2 ein vorläufiger Gläubigerausschuss gleich.

Übersicht

I. Allgemeines

1 Mit dieser Norm wird die gesetzliche Grundlage für eine Kooperation zwischen den (vorläufigen) Gläubigerausschüssen von Schu, die einer Unternehmensgruppe iSv § 3e angehören, geschaffen. Vorgesehen ist dies über die Möglichkeit der Einsetzung eines Gruppen-

7 BT-Drucks 18/407 S 33.

Gläubigerausschusses; in diesen wird jeweils ein Mitglied eines (vorläufigen) Gläubigerausschusses eines jeden Schu, der für die Unternehmensgruppe nicht von offensichtlich untergeordneter Bedeutung ist, als Vertreter entsendet. Zusätzlich muss ein Vertreter der Arbeitnehmer Mitglied dieses Organs sein, § 269c Abs 1 S 3. Ein solches Organ war der InsO bislang noch nicht bekannt. Die Praxis neigte in Parallelverfahren von konzernzugehörigen Schun einer personenidentischen Besetzung der Einzelausschüsse zu, um durch einen vereinheitlichten Kenntnisstand die Arbeit zu erleichtern. Diese Praxis ist vom BGH auch nicht beanstandet worden.[1] Eine Kooperation kann nun in institutionalisierter Form erfolgen. Damit soll wegen des in Konzerninsolvenzen regelmäßig anfallenden Abstimmungsaufwands nicht nur auf der Ebene der Gerichte und Verw, sondern auch auf Ebene der Gl die Möglichkeit einer harmonisierten Verfahrensabwicklung eröffnet werden.[2] Während allerdings die Verw und Gerichte mit §§ 269a f ausdrücklich zur Kooperation verpflichtet werden, stellte der Gesetzgeber für die Gl mit dem Gruppen-Gläubigerausschuss lediglich ein weiteres Organ bereit, um eine Abstimmung zu ermöglichen. Im Übrigen hält sich der Gesetzgeber aus der Diskussion, ob Gl oder Gläubigerorgane unterschiedlicher Konzerngesellschaften zur Kooperation verpflichtet sind, ausdrücklich heraus.[3]

§ 269c sieht in Abs 1 die Voraussetzungen für die Einsetzung des Gruppen-Gläubigerausschusses und dessen Zusammensetzung vor. In Abs 2 (iVm §§ 70–73) finden sich Regelungen zu den Aufgaben des Ausschusses und zur Beschlussfassung sowie zur Entlassung, Haftung und Vergütung von Ausschussmitgliedern. Abs 3 bestimmt, dass in den Fällen der Abs 1 und 2 ein vorläufiger Gläubigerausschuss dem Gläubigerausschuss gleichsteht. Terminologisch verbleibt es allerdings auch dann bei dem Begriff Gruppen-Gläubigerausschuss, wenn die Einzelausschüsse vorläufiger Natur sind.[4] 2

II. Erläuterungen

1. Einsetzungsverfahren. Die Einsetzung eines Gruppen-Gläubigerausschusses richtet sich nach § 269c Abs 1. Erforderlich ist zunächst der **Antrag eines Gläubigerausschusses**, der in einem Verf über das Vermögen eines gruppenangehörigen Schu eingesetzt wurde. Das angegangene Gericht kann einen solchen Ausschuss nicht von Amts wegen einsetzen.[5] Antragsberechtigt ist nach dem Wortlaut des § 269c Abs 1 und 3 jeder in einem Verf über das Vermögen eines gruppenangehörigen Schu eingesetzte (vorläufige) Gläubigerausschuss. Dies kann auch ein Gläubigerausschuss eines gruppenangehörigen Schu sein, dessen Bedeutung für die Unternehmensgruppe offensichtlich untergeordneter Natur ist.[6] Die Einschränkung des § 3a Abs 1 S 1 aE gilt hier nicht. Ein Antragsrecht für den Schu, den vorläufigen InsVerw oder die Gläubigerversammlung ist nicht vorgesehen. 3

Das **Antragsrecht** steht dem (vorläufigen) Gläubigerausschuss **als Kollegium** zu.[7] Die dem Antrag zugrunde liegende Beschlussfassung erfordert die Mehrheit nach § 72; dies ist dem Gericht ggü nachzuweisen.[8] 4

---

1 *BGH* ZIP 2008, 655; ZIP 2008, 652.
2 *Flöther/Hoffmann* HdB KonzerinsolvenzR, § 4 Rn 77.
3 BT-Drucks 18/407 S 22.
4 BT-Drucks 18/407 S 34.
5 *Flöther/Hoffmann* HdB KonzerninsolvenzR, § 4 Rn 80.
6 Vgl *Flöther/Hoffmann* HdB KonzerninsolvenzR, § 4 Rn 79.
7 Vgl *Braun/Hirte* § 69 Rn 13.
8 Vgl *Flöther/Hoffmann* HdB KonzerninsolvenzR, § 4 Rn 81.

5 Der Antrag ist weder an eine Frist oder an eine bestimmte Form gebunden, noch ist er zu begründen.[9] Es empfiehlt sich, schon im Vorfeld nach geeigneten und teilnahmebereiten Mitgliedern Ausschau zu halten und diese dem Gericht mit Antragstellung als Vertreter vorzuschlagen, um zu einer zügigen Einsetzung beizutragen.

6 Der Antrag ist bei dem **Gericht des Gruppen-Gerichtsstands** zu stellen. Damit ist das nach § 3a Abs 1 zuständige Gericht gemeint. Diese Voraussetzung dürfte in der Praxis nicht ganz unproblematisch sein. Möglich ist, dass das zur Eröffnung des InsVerf angegangene Gericht nicht als ein nach §§ 269c Abs 1 iVm 3a Abs 1 zuständiges Gericht zu qualifizieren ist, weil die Schu ganz ersichtlich nur eine untergeordnete Bedeutung für die Unternehmensgruppe nach § 3a Abs 1 S 1 und 2[10] haben. Hier kann der (vorläufige) Gläubigerausschuss wohl noch zur Beurteilung kommen, dass „sein" Gericht unzuständig ist. Schwieriger dürfte dagegen dann die Ermittlung einer zutreffenden Zuständigkeit sein, weil dem Gläubigerausschuss die dafür erforderlichen Informationen über andere gruppenangehörige Schu sowie solche über die als Vergleichsmaßstab zugrunde zu legende Gesamtgruppe idR fehlen dürften. Hier könnten andere Gläubigerausschüsse um die Information oder Einschätzung dahingehend ersucht werden, ob die Schwellenwerte des § 3a Abs 1 S 2 bei ihren Schu erreicht sind. In Zweifelsfällen ist vorsorglich hilfsweise ein (bestimmter) Verweisungsantrag zu stellen, § 4 iVm § 281 ZPO.[11] Entsprechenden Schwierigkeiten durch Antragstellung bei einem nicht vorbefassten Gericht für dieses dürfte durch die Pflicht des eröffnenden Gerichts sowie weiteren von gruppenangehörigen Schu angegangenen Gerichten zum Informationsaustausch nach § 269b begegnet werden können.

7 Für einen Antrag nach § 269c Abs 1 ist es nicht erforderlich, dass zuvor der Gruppen-Gerichtsstand nach § 3a begründet oder beantragt wurde. Denn die Kooperationsregelungen, zu denen § 269c zählt, sollen dann eine Harmonisierung der Einzelverfahren ermöglichen, wenn es nicht zu einer einheitlichen Gerichtsstandsbegründung (und/oder Verwalterbestellung) gekommen ist. Umgekehrt wird durch einen Antrag nach § 269c Abs 1 auch nicht zugleich der Gruppen-Gerichtsstand nach § 3a begründet und somit das allein den Schun (bzw den involvierten InsVerw) zustehende Antragsrecht ausgehebelt.[12] Auch ein Bestimmungsrecht dergestalt, dass bei einer späteren Antragstellung nach § 3a durch einen anderen gruppenangehörigen Schu bzw dessen Verw das Gericht, bei dem die Einsetzung des Gruppen-Gläubigerausschusses beantragt wurde, angegangen werden müsste, ginge zu weit. Denn mit dem Anknüpfen des Gruppen-Gerichtsstands an dem Prioritätsprinzip und den darin angelegten Wahlmöglichkeiten wollte der Gesetzgeber der Konzernleitung und den Geschäftsleitern der Einzelunternehmen ein Gestaltungsmittel an die Hand geben, mit deren Hilfe sie den Insolvenzbewältigungsprozess vorausplanen können.[13] Das Gericht, bei dem ein Antrag nach § 269c Abs 1 gestellt wird, hat also lediglich seine potentielle Zuständigkeit nach § 3a zu prüfen, nicht aber sich für Gruppen-Folgeverfahren zuständig zu erklären.

8 Das Gericht entscheidet nach **pflichtgemäßem Ermessen** darüber, ob es einen Gruppen-Gläubigerausschuss einsetzt. Zuvor hat es nach § 269c Abs 1 und 3 alle (dh sämtliche) anderen (vorläufigen) Gläubigerausschüsse anzuhören; die Einschränkung des § 3a Abs 1 S 1 aE greift auch hier nicht. Von maßgeblicher Bedeutung für die Entscheidung soll sein, ob unter

---

9 *Flöther/Hoffmann* HdB KonzerinsolvenzR, § 4 Rn 82.

10 Das Erreichen bzw das Verfehlen der Schwellenwerte des § 3a Abs 1 S 2 führt aber nicht zwingend zur Begründung bzw Versagung des Gruppen-Gerichtsstandes, vgl auch *Gottwald/Specovius/Kuske* § 95 Rn 39.

11 *Braun/Kießner* § 3 Rn 12.

12 Ausdrückliche Ablehnung der Gewährung eines Antragsrechts für die Gl BT-Drucks 18/407 S 20.

13 BT-Drucks 18/407 S 19.

Berücksichtigung aller Umstände, insbesondere des Aufwands und des Nutzens, das Bedürfnis für einen Gruppen-Gläubigerausschuss besteht und wie sich die (vorläufigen) Gläubigerausschüsse iRd Anhörung zur Einsetzung eines Gruppen-Gläubigerausschusses geäußert haben.[14] Das Gericht entscheidet durch **Beschluss.** Für den Fall einer Bestellung entscheidet das Gericht zugleich über dessen Besetzung; an zuvor – iRd Antragstellung oder Anhörung – erfolgte Vorschläge ist es nicht gebunden.[14] Funktionell zuständig ist entweder der Richter nach § 18 Abs 1 RPflG oder der Rechtspfleger,[15] wenn der Richter von seinem Evokationsrecht nach § 18 Abs 2 RPflG keinen Gebrauch macht. Gegen die Entscheidung des Gerichts ist die sofortige Beschwerde nicht statthaft, vgl § 6 Abs 1 S 1. Dagegen ist, soweit die Entscheidung durch einen Rechtspfleger erfolgt ist, gegen diese die Erinnerung nach § 11 Abs 2 RPflG möglich.

2. Zusammensetzung des Gruppen-Gläubigerausschusses. Der Gruppen-Gläubigeraus- 9
schuss setzt sich nach § 269c Abs 1 und 3 aus je einem Vertreter der einzelnen (vorläufigen) Gläubigerausschüsse der gruppenangehörigen Schu, die nicht offensichtlich von untergeordneter Bedeutung für die gesamte Unternehmensgruppe sind, zusammen. Da ein Ausschuss schon begrifflich die Mitgliedschaft mehr als nur einer Person umfasst,[16] müssen in mindestens zwei Verf über die Vermögen von gruppenangehörigen Schu, die nicht offensichtlich von untergeordneter Bedeutung für die gesamte Unternehmensgruppe sind, (vorläufige) Gläubigerausschüsse eingesetzt worden sein. Im Gegensatz zum Antrags- sowie Anhörungsrecht nach § 269c Abs 1 kommt es hier darauf an, dass keine offensichtlich untergeordnete Bedeutung des gruppenangehörigen Schu nach § 3a Abs 1 S 1 aE vorliegt. In dem Ausschuss müssen grundsätzlich[17] **sämtliche** (vorläufigen) Gläubigerausschüsse von gruppenangehörigen Schu, die nicht von offensichtlich untergeordneter Bedeutung für die gesamte Unternehmensgruppe sind, vertreten sein.[18] Das zu bestellende Mitglied muss Mitglied eines Gläubigerausschusses sein; Außenstehende dürften nicht teilnahmeberechtigt sein.[19] Es kommt überdies nur die Vertretung des Gläubigerausschusses im Gruppen-Gläubigerausschuss durch eine Person in Betracht; eine besonders übergeordnete Bedeutung des gruppenangehörigen Schus rechtfertigt nicht etwa eine Vertretung durch mehrere Personen.[14] Eine Unter- oder Überrepräsentation etwa aus taktischen Gründen (zB ungerade Mitgliederzahl zur Vermeidung von Pattsituationen bei Beschlussfassungen) ist auch nicht zulässig. Eine Repräsentation (möglichst) aller Gläubigergruppen des Konzerns dürfte zu einer erhöhten Akzeptanz des Gruppen-Gläubigerausschusses und seiner Tätigkeit bei allen Gl beitragen .[14]

3. Aufgaben. Der Gruppen-Gläubigerausschuss hat zunächst gem § 269c Abs 2 S 1 die Auf- 10
gabe, die InsVerw und die Gläubigerausschüsse in den einzelnen Verf zu unterstützen, um eine **abgestimmte Abwicklung** dieser Verf zu erleichtern. Für den Fall, dass ein Koordinationsverfahren nach Maßgabe des § 269a eingeleitet wird, ist in gleichem Maße auch der dort zu bestellende Verfahrenskoordinator zu unterstützen.[14] Die Unterstützung dürfte in erster Linie durch Kommunikation erfolgen. Eine Kontrollfunktion ggü den Verw wie dem Gläubigerausschuss gem § 69 kommt dem Gruppen-Gläubigerausschuss nicht zu, weil dieser nur zu Zwecken der Harmonisierung der Einzelverfahren eingesetzt wird. Die Überwachung

14 BT-Drucks 18/407 S 34.
15 Zur Abgrenzung *Beck/Depré/Graeber* Praxis der Insolvenz § 10 Rn 3.
16 Vgl *BGH* ZIP 2009, 727 zur Mindestmitgliederzahl eines Gläubigerausschusses. Zu § 15 Abs 2 GesO schon *LG Neuruppin* ZIP 1997, 2130.
17 Freilich können Mitglieder der Gläubigerausschüsse nicht zur Mitgliedschaft im Gruppen-Gläubigerausschuss gezwungen werden.
18 Vgl auch *Flöther/Hoffmann* HdB KonzerninsolvenzR, § 4 Rn 91.
19 Vgl Rn 17.

verbleibt wie auch die Befugnis zu grundlegenden Entscheidungen in den Einzelverfahren bei den einzelnen Gläubigerausschüssen,[20] in die freilich die Unterstützung des Gruppen-Gläubigerausschusses hineinwirken kann. Im Ergebnis können etwa über das institutionalisierte Zusammenwirken der Gläubigerausschüsse die InsVerw dazu angehalten werden, sinnvolle abgestimmte Strategien zu verfolgen und von unproduktiven Prozessen gegen Verw anderer gruppenangehöriger Schu abzusehen.[21]

11 Der Gruppen-Gläubigerausschuss ist den Interessen **aller Gl der gruppenangehörigen Schu** verpflichtet. Der durch einen Gläubigerausschuss in den Gruppen-Gläubigerausschuss entsandte Vertreter ist also nicht mehr nur zugunsten der Gl seines Verfahrens verpflichtet,[22] sondern auch den Interessen der Gl der anderen gruppenangehörigen Schu. Damit kann ggü der Mitgliedschaft in einem Gläubigerausschuss die gesteigerte Gefahr einer Interessenkollision[23] einhergehen. Die doppelte Mitgliedschaft dürfte darüber hinaus auch Auswirkungen auf die jeweilige Pflicht zur Verschwiegenheit haben.

12 Weitere Aufgaben bzw Rechte des Gruppen-Gläubigerausschusses ergeben sich aus weiteren, mit dem Gesetz zur Erleichterung der Bewältigung von Konzerninsolvenzen neu eingeführten Regelungen. Für den Fall der Einleitung eines Koordinationsverfahrens (§§ 269d ff) hat der Gruppen-Gläubigerausschuss gem § 269e Abs 2 das Recht, sich zur Person des zu bestellenden Verfahrenskoordinators und den an diesen zu stellenden Anforderungen zu äußern. Zudem bedarf ein vom Verfahrenskoordinator vorgelegter Koordinationsplan nach § 269h Abs 1 S 2 der Zustimmung des Gruppen-Gläubigerausschusses. Ein Antragsrecht zur Einleitung des Koordinationsverfahrens besteht nach § 269d Abs 2 S 3 dagegen lediglich für die (vorläufigen) Gläubigerausschüsse. Indes sollte auch dem Gruppen-Gläubigerausschuss diese Möglichkeit zugestanden werden.[24]

13 **4. Selbstverwaltung; Beschlussfassung.** Hinsichtlich der internen Organisation und Arbeitsweise des Gruppen-Gläubigerausschusses fehlt es – wie zum Gläubigerausschluss – mit Ausnahme einer Regelung zur Beschlussfassung an gesetzlichen Regelungen. Auch der Gruppen-Gläubigerausschuss ist ein Selbstverwaltungsorgan.[25] Die zum Gläubigerausschuss entwickelten Grundsätze und Empfehlungen können auf den Gruppen-Gläubigerausschuss übertragen werden. Der Gruppen-Gläubigerausschuss kann sich zB eine Geschäftsordnung geben.[26] Aus Effizienzgründen sollte das Gericht, das den Gruppen-Gläubigerausschuss einsetzt (oder sofern zuvor schon ein Koordinationsverfahren eingeleitet und ein Koordinationsverwalter bestellt wurde, auch dieser)[27], die Ausschussmitglieder zumindest zur konstituierenden Sitzung laden; zweckmäßigerweise schon mit dem Einsetzungsbeschluss.[28] Die Einberufung sollte mit einer 2-Wochen-Frist ergehen.[28]

14 Beschlussfassungen des Gruppen-Gläubigerausschusses kommen insb im Zusammenhang mit den diesem im Koordinationsverfahren gewährten Rechten in Betracht.[29] Ein Beschluss

20 Ausführlich dazu MK/*Schmid-Burgk* § 69 Rn 13 ff.
21 BT-Drucks 18/407 S 34.
22 Der Gläubigerausschuss hat allerdings über die Interessen der InsGl hinaus die Interessen aller Verfahrensbeteiligten zu wahren, vgl *BGHZ* 124, 86, 93 = ZIP 1994, 46, 48.
23 Hierzu *Braun/Hirte* § 69 Rn 15 f.
24 MK/*Brünkmans* Konzerninsolvenzrecht, Rn 93; *Flöther/Hoffmann* HdB KonzerninsolvenzR § 4 Rn 107.
25 MK/*Schmid-Burgk* § 69 Rn 8; *Braun/Hirte* § 69 Rn 6.
26 MK/*Schmid-Burgk* § 69 Rn 8, *Braun/Hirte* § 69 Rn 6 und § 72 Rn 2.
27 Vgl *Flöther/Hoffmann* HdB KonzerninsolvenzR, § 4 Rn 119.
28 *K Schmidt/Jungmann* § 72 Rn 17.
29 Vgl Rn 12.

des Gruppen-Gläubigerausschusses ist gem § 269c Abs 2 S 2 iVm § 72 gültig, wenn die Mehrheit der Mitglieder an der Beschlussfassung teilgenommen hat und der Beschluss mit der Mehrheit der abgegebenen Stimmen gefasst worden ist. Für Beschlüsse des Gruppen-Gläubigerausschusses gilt also auch das Kopfmehrheitsprinzip. Auf die Bedeutung des gruppenangehörigen Schu für die Unternehmensgruppe oder die Höhe der eigenen Forderung des Ausschussmitglieds kommt es hier nicht an. Bei der Errechnung der Mehrheiten sind Stimmenthaltungen nur hinsichtlich des Quorums, nicht aber bei der zur Wirksamkeit erforderlichen Mehrheit mitzuzählen.[30] Bei Stimmengleichheit ist ein Antrag abgelehnt.[31]

5. Entlassung. Die Entlassung eines Mitglieds des Gruppen-Gläubigerausschusses richtet 15
sich nach § 269c Abs 2 S 2 iVm § 70. Die Entlassung kann **aufgrund eines Antrags oder von Amts wegen** erfolgen. Antragsberechtigt sind nach § 269c Abs 2 S 2 iVm § 70 S 2 das Mitglied des Gruppen-Gläubigerausschusses und diejenigen Gläubigerversammlungen gruppenangehöriger Schu, deren Gläubigerausschüsse einen Vertreter in den Gruppen-Gläubigerausschuss entsandt haben hinsichtlich dieses Vertreters.[32] Der Gläubigerausschuss, dem das Mitglied entstammt, ist dagegen weder berechtigt, die Entlassung aus dem Gläubigerausschuss noch die aus dem Gruppen-Gläubigerausschuss zu beantragen.[33] Nicht antragsbefugte Verfahrensbeteiligte können bei Gericht anregen, von Amts wegen über die Entlassung zu entscheiden. Das Mitglied selbst kann sein Amt auch nicht einfach niederlegen oder kündigen, sondern muss seine Entlassung beantragen.[34]

Ein Entlassung aus dem Gruppen-Gläubigerausschuss setzt das **Vorliegen eines wichtigen Grundes** voraus, § 269c Abs 2 S 2 iVm § 70 S 1. Bei dem Tatbestandsmerkmal „wichtiger 16
Grund" handelt es sich um einen unbestimmten Rechtsbegriff. Das Gericht hat zu prüfen, ob objektive Umstände diesen Tatbestand erfüllen.[35] Ein wichtiger Grund liegt vor, wenn die weitere Mitarbeit des zu entlassenden Mitglieds die Erfüllung der Aufgaben des Ausschusses nachhaltig erschwert oder unmöglich macht und die Erreichung der Verfahrensziele objektiv nachhaltig gefährdet.[36] Bezogen auf die Mitgliedschaft im Gruppen-Gläubigerausschuss dürfte ein wichtiger, die Entlassung rechtfertigender, Grund bei einer schwerwiegenden Verletzung der Interessen aller Gl der gruppenangehörigen Schu vorliegen.[37] Bei einem Eigenantrag könnte zudem ein schwerer Interessenkonflikt des Mitglieds als Entlassungsgrund in Betracht kommen.[38]

Die Entlassung eines Mitglieds aus dem Gruppen-Gläubigerausschuss kann unter Umstän- 17
den (muss aber nicht) auch die Entlassung dieses Mitglieds aus dem Gläubigerausschuss rechtfertigen.[39] Hingegen dürfte die Entlassung aus dem Gläubigerausschuss stets auch die Entlassung aus dem Gruppen-Gläubigerausschuss zur Folge haben, weil mit der Entlassung aus dem Gläubigerausschuss die Grundlage für eine Mitgliedschaft im Gruppen-Gläubigerausschuss entfallen ist. Wegen der mit § 269c InsO herbeizuführenden Abstimmung zwischen den einzelnen Gläubigerausschüssen dürfte § 269c Abs 1 – anders als § 67 Abs 3 –

---

30 MK/*Schmid-Burgk* § 72 Rn 20; vgl § 72 Rn 3.
31 Vgl § 72 Rn 3; *Braun/Hirte* § 72 Rn 11.
32 *Flöther/Hoffmann* HdB KonzerninsolvenzR, § 4 Rn 133.
33 Vgl *K Schmidt/Jungmann* § 70 Rn 21.
34 *K Schmidt/Jungmann* § 70 Rn 1; *Braun/Hirte* § 70 Rn 5.
35 *K Schmidt/Jungmann* § 70 Rn 6.
36 *BGH* ZIP 2008, 652 (Rn 7); *BGH* ZIP 2007, 781.
37 Vgl auch *Flöther/Hoffmann* HdB KonzerninsolvenzR, § 4 Rn 132.
38 *K Schmidt/Jungmann* § 70 Rn 16.
39 Zu parallel besetzten Gläubigerausschüssen: *BGH* ZIP 2008, 655.

keine Teilnahmeberechtigung eines (infolge der Entlassung aus dem Gläubigerausschuss) Außenstehenden vorsehen.[40]

18 **6. Haftung.** Die Mitglieder des Gruppen-Gläubigerausschusses unterliegen bei der Verletzung ihrer Pflichten der insolvenzspezifischen Haftung aus § 269c Abs 2 S 2 iVm § 71. Diese ist bezogen auf die Mitgliedschaft im Gruppen-Gläubigerausschuss. Die Mitglieder des Gruppen-Gläubigerausschusses haben somit die Pflichten, die ihnen aufgrund der Mitgliedschaft im Gruppen-Gläubigerausschuss und – da sie zugleich Mitglied eines Gläubigerausschusses sind[41] – die Pflichten, die ihnen aufgrund der Mitgliedschaft im Gläubigerausschuss obliegen, zu beachten. Da die Pflichten an dem jeweiligen Aufgabenkreis anknüpfen, sind diese nicht deckungsgleich. Zugleich können sich die Pflichten, die sich aus dem einem Amt ergeben, auf die Pflichten, die das andere Amt mit sich bringt, auswirken. Insbesondere bei der Pflicht zur Verschwiegenheit dürfte regelmäßig eine solche Wechselwirkung gegeben sein. Da die Mitglieder der Gläubigerausschüsse auf Informationen des Gruppen-Gläubigerausschusses angewiesen sind, um abgestimmte Entscheidungen treffen zu können, dürfte dahingehend die Verschwiegenheitspflicht der Mitglieder des Gruppen-Gläubigerausschusses eingeschränkt sein. Umgekehrt sind auch die Mitglieder des Gruppen-Gläubigerausschusses auf Informationen aus den Gläubigerausschüssen angewiesen, um ihrer Koordinationsaufgabe gerecht werden zu können; auch dies dürfte aus der Pflicht zur Verschwiegenheit auszunehmen sein.[42]

19 **7. Vergütung.** Dem Mitglied des Gruppen-Gläubigerausschusses steht für seine Tätigkeit eine Vergütung sowie die Erstattung angemessener Auslagen zu, § 269c Abs 2 S 2 iVm § 73. § 269c Abs 2 S 3 bestimmt dabei als Besonderheit hinsichtlich der Vergütung, dass die Tätigkeit als Mitglied im Gruppen-Gläubigerausschuss als Tätigkeit in dem Gläubigerausschuss gilt, den das Mitglied im Gruppen-Gläubigerausschuss vertritt. Das Mitglied hat also auch für seine Tätigkeit im Gruppen-Gläubigerausschuss seine Vergütung bei dem Gericht geltend zu machen, das den Gläubigerausschuss eingesetzt hat. Bei dem Anspruch auf Vergütung für die Tätigkeit in dem Gläubigerausschuss und bei dem Anspruch auf Vergütung für die Tätigkeit in dem Gruppen-Gläubigerausschuss handelt es sich um einen (einzigen) geltend zu machenden Anspruch.[43]

Zweiter Abschnitt
Koordinationsverfahren

§ 269d Koordinationsgericht

(1) Wird über die Vermögen von gruppenangehörigen Schuldnern die Eröffnung von Insolvenzverfahren beantragt oder wurden solche Verfahren eröffnet, kann das für die Eröffnung von Gruppen-Folgeverfahren zuständige Gericht (Koordinationsgericht) auf Antrag ein Koordinationsverfahren einleiten.

(2) [1]Antragsberechtigt ist jeder gruppenangehörige Schuldner. [2]§ 3a Absatz 3 findet entsprechende Anwendung. [3]Antragsberechtigt ist auch jeder Gläubigerausschuss oder vorläufige Gläubigerausschuss eines gruppenangehörigen Schuldners auf der Grundlage eines einstimmigen Beschlusses.

40 Vgl auch *Flöther/Hoffmann* HdB KonzerninsolvenzR, § 4 Rn 94.
41 Vgl Rn 9.
42 Vgl *Flöther/Hoffmann* HdB KonzerninsolvenzR, § 4 Rn 128.
43 *Flöther/Hoffmann* HdB KonzerninsolvenzR, § 4 Rn 137.

Übersicht

I. Allgemeines

Die Norm ist im Zusammenhang mit den §§ 269d–i zu sehen. Dieser Komplex regelt das Koordinationsverfahren, das der Gesetzgeber zum Zweck der Abstimmung einzelner Verf mit Konzernhintergrund als neues zusätzliches Instrument geschaffen hat, wenn die Möglichkeit einer Konzentration gem §§ 3a ff, 56b ausscheidet. Mit dem Verf wird eine Kooperation der einzelnen InsVerw der gruppenangehörigen Schu institutionalisiert.[1] § 269d regelt die Einleitung dieses Koordinationsverfahrens. 1

II. Erläuterungen

Die Einleitung eines Koordinationsverfahrens ist gem § 269d Abs 1 nur auf **Antrag** möglich. 2 Das Gericht kann also ein solches nicht etwa von Amts wegen einleiten. **Antragsberechtigt** ist gem § 269d Abs 2 S 1 jeder gruppenangehörige Schu sowie gem § 269d Abs 2 S 3 jeder (vorl) Gläubigerausschuss auf der Grundlage eines – abweichend von § 72 InsO – einstimmigen Beschlusses. Nach §§ 269d Abs 2 S 2 iVm 3a Abs 3 geht das Antragsrecht des gruppenangehörigen Schu mit der Eröffnung des InsVerf auf den InsVerw bzw mit der Bestellung eines starken vorl InsVerw auf diesen über. Für den Fall der Anordnung der Eigenverwaltung verbleibt das Antragsrecht nach Verfahrenseröffnung dagegen bei dem eigenverwaltenden Schu, § 270d S 2. Der Gruppen-Gläubigerausschuss (§ 269c) wird in § 269d Abs 2 nicht genannt, dessen Einbeziehung in den Kreis der Antragsberechtigten wäre jedoch im Hinblick auf seine Funktion[2] nur konsequent.[3]

Antragsberechtigt ist jeder gruppenangehörige Schu unabhängig von seiner Bedeutung für 3 die Unternehmensgruppe; die Einschränkung des § 3a Abs 1 S 1 aE dürfte hier nicht gelten.[4] Ist der gruppenangehörige Schu eine **juristische Person**, richtet sich die Vertretungsberechtigung bezogen auf den Antrag nach § 269d allein nach den gesellschaftsrechtlichen Vertretungsregelungen. Ein nicht allein vertretungsberechtigter Geschäftsführer einer GmbH ist deshalb beispielsweise nicht berechtigt, für den Schu die Einleitung des Koordinationsverfahrens zu beantragen. Eine analoge Anwendung des § 15 Abs 1, die dem Geschäftsführer ein Antragsrecht zugestehen würde, kommt hier nicht in Betracht, weil dieser mit der Haftung und der strafrechtlichen Verantwortung der einzelnen Geschäftsführer korrespondiert.[5] Die Entscheidung, ob die Einleitung des Koordinationsverfahrens beantragt werden soll (Geschäftsführungsbefugnis), obliegt im Grundsatz der Geschäftsführung und nicht den Gesellschaftern, selbst wenn man hier – was abzulehnen ist – ein „ungewöhnliches Geschäft" annehmen wollte.[6] Freilich können die Gesellschafter aufgrund ihrer Weisungsbefugnis nach § 37 GmbHG auf oder gegen eine Antragstellung hinwirken.[7]

1 MK/*Brünkmans* Konzerninsolvenzrecht, Rn 89.
2 Vgl BT-Drucks 18/407 S 22 f schon zur Einbeziehung der Gläubigerausschüsse.
3 MK/*Brünkmans* Konzerninsolvenzrecht, Rn 93; *Flöther/Hoffmann* HdB KonzerninsolvenzR, § 4 Rn 107.
4 Vgl auch *Gottwald/Specovius/Kuske* § 95 Rn 59.
5 Vgl für Anträge auf Eigenverwaltung § 270 Rn 10; *Gottwald/Haas* § 87 Rn 12; *K Schmidt/Undritz* § 270 Rn 6; **aA** Nerlich/Römermann-*Riggert* § 270 Rn 19.
6 *Gottwald/Haas* § 87 Rn 13; *Scholz/Schneider/Schneider* GmbHG § 37 Rn 15 (11. Aufl 2014); **aA** *Baumbach/Hueck/Zöllner/Noack* § 37 Rn 7 (20. Aufl 2013).
7 *Gottwald/Haas* § 87 Rn 14.

4 Der Antrag ist nach dem Gesetzeswortlaut weder an eine Frist noch an eine bestimmte Form gebunden, noch ist er zu begründen. Der Antrag kann zusammen mit dem Antrag auf Eröffnung des InsVerf gestellt werden, § 269d Abs 1.

5 Der Antrag ist bei dem für die Eröffnung von Gruppen-Folgeverfahren **zuständigen Gericht** (Koordinationsgericht) zu stellen, § 269d Abs 1. Damit ist das nach § 3a zuständige Gericht gemeint.[8] Zuständig ist also dasjenige Gericht, bei dem der Antrag nach § 269d zuerst anhängig gemacht wird und das nach § 3a auch potentiell für die Begründung des Gruppen-Gerichtsstands zuständig wäre, wenn es zu diesem Zwecke angerufen worden wäre. Einer vorherigen Begründung des Gruppen-Gerichtsstands bedarf es dagegen nicht.[9]

6 Das Gericht leitet das Koordinationsverfahren ein, wenn dies im Interesse der Gl liegt.[8] Abzustellen ist auf das Interesse sämtlicher Gl der gruppenangehörigen Schu.[10] Je mehr Verf über gruppenangehörige Schu bereits beantragt oder eröffnet wurden, desto eher dürften durch das Verf Koordinationsgewinne zu erwarten sein. Vorteilhaft dürfte das Koordinationsverfahren zudem dann sein, wenn sich dieses im Einzelfall als geeignet erweist, Gesamtverwertungs- oder Sanierungsstrategien umzusetzen.[11] Aber auch die Kosten des Verf sind zu berücksichtigen. Eine Einleitung kann untunlich sein, wenn das Verf nach den Umständen des Falls keine Vorteile erwarten lässt, die in angemessenem Verhältnis zu den zusätzlichen Kosten stehen.[8] Das Gericht, funktionell zuständig ist gem § 18 Abs 1 Ziff 3 RPflG-E der Richter, entscheidet durch **Beschluss**, mit dem – im Fall der Einleitung – zugleich auch der Verfahrenskoordinator nach Maßgabe des § 269e bestellt wird. Gegen eine (stattgebende oder versagende) Entscheidung ist kein Rechtsbehelf gegeben; die sofortige Beschwerde ist gem § 6 Abs 1 S 1 nicht statthaft.

§ 269e Verfahrenskoordinator

(1) [1]Das Koordinationsgericht bestellt eine von den gruppenangehörigen Schuldnern und deren Gläubigern unabhängige Person zum Verfahrenskoordinator. [2]Die zu bestellende Person soll von den Insolvenzverwaltern und Sachwaltern der gruppenangehörigen Schuldner unabhängig sein. [3]Die Bestellung eines gruppenangehörigen Schuldners ist ausgeschlossen.

(2) Vor der Bestellung des Verfahrenskoordinators gibt das Koordinationsgericht einem bestellten Gruppen-Gläubigerausschuss Gelegenheit, sich zu der Person des Verfahrenskoordinators und den an ihn zu stellenden Anforderungen zu äußern.

Übersicht

I. Allgemeines

1 Dieser Komplex regelt das Koordinationsverfahren, das der Gesetzgeber zum Zweck der Abstimmung einzelner Verf mit Konzernhintergrund als neues zusätzliches Instrument für

8 BT-Drucks 18/407 S 35.
9 *Gottwald/Specovius/Kuske* § 95 Rn 60.
10 Vgl insoweit BT-Drucks 18/407 S 27 zur Verfahrenskonzentration gem § 3a Abs 2.
11 MK/*Brünkmans* Konzerninsolvenzrecht, Rn 95; *Gottwald/Specovius/Kuske* § 95 Rn 60.

den Fall geschaffen hat, dass die Möglichkeit einer Verfahrenskonzentration gem §§ 3a ff, 56b ausscheidet. Zentrale Figur dieses Verfahrens ist der Verfahrenskoordinator, welcher im Fall der Einleitung eines Koordinationsverfahrens nach Maßgabe des § 269e zu bestellen ist. Über die Verweisung des § 269f Abs 3 finden weitere Regelungen der InsO auf die Bestellung und Entlassung des Verfahrenskoordinators entsprechende Anwendung.

II. Erläuterungen

1. Zuständiges Gericht. Der Verfahrenskoordinator wird durch das Koordinationsgericht bestellt. Das ist das für die Eröffnung von Gruppen-Folgeverfahren zuständige Gericht, vgl § 269d Abs 1. Funktionell zuständig ist der Richter, § 18 Abs 1 Ziff 3 RPflG-E. Die Bestellung erfolgt durch den Beschluss, mit dem auch das Koordinationsverfahren gem § 269d eingeleitet wird. Zum Zwecke des Legitimationsnachweises ist auch dem Verfahrenskoordinator eine Bestallungsurkunde auszuhändigen, § 269f Abs 3 iVm § 56 Abs 2. 2

2. Unabhängigkeit des Verfahrenskoordinators. Gem § 269e Abs 1 S 1 ist eine von den gruppenangehörigen Schu und deren Gl unabhängige Person als Verfahrenskoordinator zu bestellen. In Fällen der Eigenverwaltung ist die Bestellung des gruppenangehörigen Schu als Verfahrenskoordinator gem § 269e Abs 1 S 3 ausgeschlossen. Dadurch soll der zusätzliche Aufwand, der mit der Abstimmung mit einem zu bestellenden Verfahrenskoordinator einherginge, aus Gründen der Verfahrenseffizienz vermieden werden.[1] Im Übrigen rechtfertigt sich das Unabhängigkeitserfordernis aus den allgemeinen Grundsätzen der Verwalterbestellung und soll die Wahrnehmung der Koordinationsaufgaben allein im gemeinsamen Interesse der Gl gewährleisten.[1] 3

Nach § 269e Abs 1 S 2 soll der zu bestellende Koordinationsverwalter auch von den InsVerwn und Sachwaltern der gruppenangehörigen Schu unabhängig sein. Damit erfolgt eine Abkehr von der vielfach kritisierten Regelung des DiskE, der noch eine Bestellung des Verfahrenskoordinators allein aus dem Kreise der vorläufigen InsVerw der gruppenangehörigen Schu vorsah.[2] Mit dem grundsätzlichen Erfordernis der Bestellung eines neutralen Dritten als Verfahrenskoordinator soll gewährleistet werden, dass über das Koordinationsverfahren keine Eigeninteressen verfolgt werden und die für die Tätigkeit des Verfahrenskoordinators erforderliche Akzeptanz durch die einzelnen Verw hergestellt werden.[1] Insbesondere sollen die Auskunftsrechte nach § 269f Abs 2 hinsichtlich der sich aus § 269a ergebenden Grenzen nicht leerlaufen.[3] Ausnahmsweise soll die Bestellung eines in die Konzerninsolvenz involvierten Verw als Verfahrenskoordinators dann möglich sein, wenn solche Nachteile nicht zu befürchten sind oder diese durch andere Vorteile – etwa besondere Expertise und Erfahrung – kompensiert werden können oder wenn die Bestellung eines neutralen Dritten unter Kostengesichtspunkten unverhältnismäßig erscheint.[4] 4

§ 269e selbst trifft keine Aussagen über die Anforderungen an die persönliche und fachliche Eignung desVerfahrenskoordinators. Über die Anforderungen nach § 56 Abs 1 S 1, auf den § 269f Abs 3 verweist, soweit hier in § 269e nichts anderes bestimmt ist (dies betrifft hier die Unabhängigkeit), hinaus gilt es, den Zweck des Koordinationsverfahrens zu beachten. Deshalb sind insbesondere Personen als Verfahrenskoordinator geeignet, die über eine ausgleichende Persönlichkeitsstruktur verfügen, Erfahrungen in der Mediation und mit größeren Konzerninsolvenzen vorweisen können.[5] 5

---

1 BT-Drucks 18/407 S 35.
2 Vgl § 269e Abs 1 Disk-E v 3.1.2013, abgedruckt in Beilage I zu ZIP 02/2013.
3 BT-Drucks 18/407 S 35 F.
4 BT-Drucks 18/407 S 36.
5 Vgl BT-Drucks 18/407 S 37; MK/*Brünkmans* Konzerninsolvenzrecht, Rn 99.

6 **3. Äußerungsrecht des Gruppen-Gläubigerausschusses.** Soweit nach Maßgabe des § 269c vor der Einleitung des Koordinationsverfahrens ein Gruppen-Gläubigerausschuss bestellt wurde, hat das Koordinationsgericht gem § 269e Abs 2 diesem vor der Bestellung des Verfahrenskoordinators Gelegenheit zu geben, sich zu der Person des Verfahrenskoordinators und den an ihn zu stellenden Anforderungen zu äußern. Wegen des Verweises in § 269f Abs 3 auf § 56a Abs 2 ist das Gericht ggf an den Vorschlag des Gruppen-Gläubigerausschusses gebunden.[6]

6 Dazu § 269f Rn 9.

§ 269f Aufgaben und Rechtsstellung des Verfahrenskoordinators

(1) [1] Der Verfahrenskoordinator hat für eine abgestimmte Abwicklung der Verfahren über die gruppenangehörigen Schuldner zu sorgen, soweit dies im Interesse der Gläubiger liegt. [2]Zu diesem Zweck kann er insbesondere einen Koordinationsplan vorlegen. [3]Er kann diesen in den jeweiligen Gläubigerversammlungen erläutern oder durch eine von ihm bevollmächtigte Person erläutern lassen.

(2) [1]Die Insolvenzverwalter und vorläufigen Insolvenzverwalter der gruppenangehörigen Schuldner sind zur Zusammenarbeit mit dem Verfahrenskoordinator verpflichtet. [2]Sie haben ihm auf Aufforderung insbesondere die Informationen mitzuteilen, die er für eine zweckentsprechende Ausübung seiner Tätigkeit benötigt.

(3) Soweit in diesem Teil nichts anderes bestimmt ist, gelten für die Bestellung des Verfahrenskoordinators, für die Aufsicht durch das Insolvenzgericht sowie für die Haftung und Vergütung § 27 Absatz 2 Nummer 5 und die §§ 56 bis 60, 62 bis 65 entsprechend.

Übersicht

I. Allgemeines

1 Diese Norm regelt das Koordinationsverfahren, das der Gesetzgeber zum Zweck der Abstimmung einzelner Verf mit Konzernhintergrund als neues zusätzliches Instrument für den Fall geschaffen hat, dass die Möglichkeit einer Verfahrenskonzentration gem §§ 3a ff, 56b ausscheidet. Zentrale Figur dieses Verfahrens ist der Verfahrenskoordinator, dessen Aufgaben und Rechtsstellung durch § 269f geregelt wird.

II. Erläuterungen

2 **1. Aufgaben.** Dem Verfahrenskoordinator kommt gem § 269f Abs 1 S 1 die Aufgabe zu, für eine **abgestimmte Abwicklung der Einzelverfahren** zu sorgen, soweit dies im Interesse der Gl liegt. Er kann dazu alle erdenklichen Maßnahmen ergreifen, die geeignet sind, die abge-

stimmte Abwicklung der Einzelverfahren zu fördern.[1] Mit dem Koordinationsplan stellt der Gesetzgeber diesem ein eigens dafür geschaffenes Instrument zur Verfügung; hierzu finden sich weitere Regelungen in §§ 269h und i. Aber auch andere Maßnahmen wie die Einrichtung eines informellen Forums zur multilateralen Erörterung oder vertragsrechtliche Instrumente (vgl § 269h Abs 2 S 2 Nr 3) sind möglich.

Die Maßnahmen sind allerdings dahingehend eingeschränkt, dass diese **im Interesse der Gl** liegen müssen. Damit ist das Interesse aller Gl der gruppenangehörigen Schu gemeint. Dieses ist bereits gegeben, wenn durch die Maßnahme *pareto superiore* Ergebnisse erzielt werden, also durch die Maßnahme in einem Verf bessere Ergebnisse erzielt werden, ohne hierdurch die Gl in den anderen Verf schlechter zu stellen.[2] Hingegen ist es nicht erforderlich, dass alle Gl der Gruppe gleichmäßig behandelt werden oder dass jeder einzelne Gl oder jedes einzelne Verf eine bessere Rechtsstellung erfährt.[3] 3

2. Rechte des Verfahrenskoordinators in den Gläubigerversammlungen. Wurde ein Verfahrenskoordinator bestellt, gewährt § 269f Abs 1 S 3 diesem oder einer von ihm bevollmächtigten Person das **Recht zur Teilnahme** an sämtlichen Gläubigerversammlungen der gruppenangehörigen Schu. Im Stadium der Planentstehung kann sich der Verfahrenskoordinator so Aufschluss darüber verschaffen, für welche Schritte sich die Verfahrensbeteiligten aussprechen und dies bei der Planerstellung berücksichtigen.[4] Ist der Plan vorlagereif, kann der Verfahrenskoordinator den Plan in den einzelnen Versammlungen erläutern und für dessen Umsetzung werben.[4] Letzteres ist insofern von Bedeutung, als dass die Gläubigerversammlungen ihren InsVerw gem § 269i Abs 2 an die Vorschläge des Koordinationsplans binden können. 4

3. Verhältnis zwischen dem Verfahrenskoordinator und den Insolvenzverwaltern. § 269f Abs 2 S 1 verpflichtet die (vorläufigen) InsVerw der gruppenangehörigen Schu zur **Zusammenarbeit mit dem Verfahrenskoordinator**. Nach § 269f Abs 2 S 2 kann der Verfahrenskoordinator insbesondere Informationen, die er für eine zweckentsprechende Ausübung seiner Tätigkeit benötigt, einfordern, etwa solche, derer für die Erstellung des Koordinationsplans bedarf. Die Norm ähnelt der Kooperationspflicht zwischen InsVerw nach § 269a mit vor allem dem Unterschied, dass die Pflicht zur Zusammenarbeit nach § 269f Abs 2 S 1 nicht gegenseitiger Natur ist, sondern lediglich die InsVerw gegenüber dem Verfahrenskoordinator verpflichtet sind. In Fällen der Eigenverwaltung dürften die Schu sowie die Sachwalter[5] entsprechend § 270d S 1 wegen des Zwecks des Koordinationsverfahrens zur Zusammenarbeit mit dem Verfahrenskoordinator verpflichtet sein. 5

Dagegen steht dem Verfahrenskoordinator **kein Weisungsrecht** gegenüber den InsVerw zu.[6] Insbesondere kann er diese nicht zwingen, seine im Koordinationsplan dargelegten Maßnahmen umzusetzen. Jedoch kann eine Nichtberücksichtigung der Vorschläge des Verfahrenskoordinators für die InsVerw haftungsrechtlich relevant werden, weshalb stets zumindest eine Auseinandersetzung mit diesen geboten ist. 6

4. Bestellung und Entlassung des Verfahrenskoordinators. Der Verfahrenskoordinator ist nach Maßgabe des § 269e zu bestellen. Zudem gelten gem § 269f Abs 3 der § 27 Abs 2 Nr 4 und die §§ 56–59 entsprechend, soweit in den §§ 269a ff nichts anderes bestimmt ist; der noch einzufügende § 56b dürfte von dieser Verweisungskette jedoch nicht erfasst sein. 7

---

1 BT-Drucks 18/407 S 23.
2 Vgl MK/*Brünkmans* Konzerninsolvenzrecht, Rn 102.
3 BT-Drucks 18/407 S 37.
4 BT-Drucks 18/407 S 36.
5 Vgl § 269a Rn 3.
6 *Gottwald/Specovius/Kuske* § 95 Rn 64.

8 Als Verfahrenskoordinator kommt – wie als InsVerw – nur eine natürliche Person in Betracht.[7] Hinsichtlich der **persönlichen und fachlichen Anforderungen** gelten über die Kriterien nach § 56 Abs 1 hinaus vorrangig die besonderen Bestimmungen des § 269e Abs 1 zur Unabhängigkeit. Zudem ist der Funktion des Verfahrenskoordinators bei der Auswahl Rechnung zu tragen. Deshalb sind als Verfahrenskoordinator insbesondere Personen geeignet, die über eine ausgleichende Persönlichkeitsstruktur verfügen, Erfahrungen in der Mediation und mit größeren Konzerninsolvenzen vorweisen können.[8]

9 Gem § 269e Abs 2 hat das Koordinationsgericht vor der Bestellung des Verfahrenskoordinators einem (bereits) bestellten Gruppen-Gläubigerausschuss Gelegenheit zu geben, sich zu der Person des Verfahrenskoordinators und den an ihn zu stellenden Anforderungen zu äußern. Für Beschlüsse des Gruppen-Gläubigerausschusses gilt dabei das Kopfmehrheitsprinzip.[9] Soweit der Gruppen-Gläubigerausschuss eine bestimmte Person einstimmig als Verfahrenskoordinator vorschlägt, besteht gem § 269f Abs 3 iVm § 56a Abs 2 eine gewisse Bindungswirkung.[10] Das Koordinationsgericht darf von dem **Vorschlag des Gruppen-Gläubigerausschusses** nur abweichen, wenn die vorgeschlagene Person für die Übernahme des Amtes nicht geeignet ist und hat hinsichtlich des zu bestellenden Verfahrenskoordinators im Übrigen die vom Gruppen-Gläubigerausschuss beschlossenen Anforderungen an die Person zugrunde zu legen.[11] In dem Beschluss, mit dem das Koordinationsverfahren eingeleitet und zugleich der Verfahrenskoordinator bestellt wird, hat das Koordinationsgericht zudem gem § 269f Abs 3 iVm § 27 Abs 2 Nr 4 die Gründe für die Abweichung von dem einstimmigen Vorschlag anzugeben. Sofern die Bestellung des Gruppen-Gläubigerausschusses erst nach der Einleitung des Koordinationsverfahrens erfolgt, kann dieser in seiner ersten Sitzung nach Maßgabe der § 269f Abs 3 E iVm § 57 an die Stelle des zuvor bestellten Verfahrenskoordinators eine andere Person wählen.

10 Das **Amt des Verfahrenskoordinators beginnt** mit der Erklärung der Annahme gegenüber dem Koordinationsgericht **und endet** mit dem Tod des Verfahrenskoordinators, dem vollständigen Verlust seiner Geschäftsfähigkeit, mit der Wahl und Bestellung eines anderen Verfahrenskoordinators nach § 269f Abs 3 iVm § 57, der Entlassung nach § 269f Abs 3 iVm § 59 und grds mit der Verfahrensbeendigung.[12] Der Verfahrenskoordinator erhält über seine Bestallung eine Urkunde, die er bei Beendigung seines Amtes zurückzugeben hat, § 269f Abs 3 iVm § 56 Abs 2.

11 Der Verfahrenskoordinator ist **durch das Koordinationsgericht zu beaufsichtigen**, § 269f Abs 3 iVm § 58. Zu berücksichtigen ist hier der besondere Pflichtenkreis des Verfahrenskoordinators. So kann das Gericht einzelne Auskünfte oder einen Bericht hinsichtlich der vom Verfahrenskoordinators zu erarbeitenden harmonisierenden Maßnahmen oder die von ihm nach § 269f Abs 2 von den einzelnen InsVerw geforderten und erhaltenen Informationen verlangen (entsprechend § 58 Abs 1 S 2) sowie etwa bei Untätigkeit Zwangsgeld gegen diesen verhängen (§ 58 Abs 2), wobei zu berücksichtigen wäre, inwiefern die Untätigkeit der Sphäre des Verfahrenskoordinators selbst zuzurechnen ist.

---

7 BVerfGE 141, 121 ff; MK/*Graeber* § 56 Rn 15 f.
8 Vgl § 269e Rn 4.
9 Vgl § 269c Rn 14.
10 *Flöther/Hoffmann* HdB KonzerninsolvenzR, § 4 Rn 111; *Flöther/Pleister* HdB KonzerninsolvenzR, § 4 Rn 374. Kritisch zur geforderten Einstimmigkeit: MK/*Brünkmans* Konzerninsolvenzrecht, Rn 100.
11 *Flöther/Pleister* HdB KonzerninsolvenzR, § 4 Rn 374.
12 Vgl § 56 Rn 29 f; MK/*Graeber* § 56 Rn 139 und 164.

5. Haftung des Verfahrenskoordinators. Hinsichtlich der Haftung des Verfahrenskoordinators verweist § 269f Abs 3 auf die §§ 60 und 62. Indes dürfte diese wegen des beschränkten Pflichtenkreises des Verfahrenskoordinators lediglich eine untergeordnete Rolle spielen. Da der Verfahrenskoordinator keine Masseverbindlichkeiten begründen kann, ist § 61 InsO explizit von der Haftung ausgenommen. 12

6. Vergütung des Verfahrenskoordinators. Die Vergütung des Verfahrenskoordinators richtet sich nach § 269g und, soweit dieser nichts anderes bestimmt, über § 269f Abs 3 nach §§ 63–65. 13

§ 269g Vergütung des Verfahrenskoordinators

(1) [1]Der Verfahrenskoordinator hat Anspruch auf Vergütung für seine Tätigkeit und auf Erstattung angemessener Auslagen. [2]Der Regelsatz der Vergütung wird nach dem Wert der zusammengefassten Insolvenzmassen der in das Koordinationsverfahren einbezogenen Verfahren über gruppenangehörige Schuldner berechnet. [3]Dem Umfang und der Schwierigkeit der Koordinationsaufgabe wird durch Abweichungen vom Regelsatz Rechnung getragen. [4]Die §§ 64 und 65 gelten entsprechend.

(2) Die Vergütung des Verfahrenskoordinators ist anteilig aus den Insolvenzmassen der gruppenangehörigen Schuldner zu berichtigen, wobei im Zweifel das Verhältnis des Werts der einzelnen Massen zueinander maßgebend ist.

Übersicht

I. Allgemeines

Die Norm legt die Grundlage für die **Vergütung des Verfahrenskoordinators**, ohne die eine qualifizierte Person dieses Amt nicht übernehmen würde, fest. Geregelt wird die Berechnungsgrundlage, Festlegung und Aufbringung der Vergütung sowie der Auslagen. Die Festsetzung der Vergütung erfolgt durch das Insolvenzgericht. Schu sind die einzelnen Insolvenzmassen nach dem Verhältnis ihres Gesamtwerts zueinander. 1

II. Vergütungsanspruch und Auslagen

Der Verfahrenskoordinator hat nach § 269g Anspruch auf eine Vergütung sowie angemessene Erstattung seiner Auslagen. Die §§ 64 und 65 InsO gelten entsprechend.[1] Die Vergütung hat den Rang einer **Masseverbindlichkeit** nach § 54 Nr 2 analog. 2

1. Berechnungsgrundlage. Gem § 269g Abs 1 S 2 sind die einzelnen Insolvenzmassen der in das Koordinationsverfahren einbezogenen Verf über gruppenangehörige Schu, auf die sich die im Rahmen des Koordinationsverfahrens ergriffenen Maßnahmen und unterbreiteten Vorschläge beziehen können,[1] zusammenzufassen. Zusammenfassung bedeutet die **Summierung der Aktivmassen** der betroffenen Verf. Werden einzelne Schu nicht oder nur unwesentlich betroffen, ist bei der Bestimmung des Regelsatzes ein Abschlag vorzunehmen.[1] 3

1 BT-Drucks 18/407 S 38.

4 Bei der Zusammenfassung der einzelnen Massen sollen Intragruppenforderungen nicht berücksichtigt werden.[2] Die Herausrechnung der Intragruppenforderungen bei der Masseermittlung erscheint nicht sachgerecht. Schließlich kann es zu den Hauptaufgaben des Verfahrenskoordinators gehören, diese im Rahmen eines Konzerninsolvenzverfahrens zu ermitteln, auf ihre Berechtigung hin zu überprüfen und die Werthaltigkeit festzustellen. Nach Ansicht des Gesetzgebers sei dies unbeachtlich, da diese Art von Koordinationsleistung sich nicht durch pauschale Bruchteile der betroffenen Massen angemessen beziffern lasse.[2] Die so erbrachten Arbeiten können dann nur durch die Beantragung von Erhöhungsfaktoren geltend gemacht werden. Die vom Gesetzgeber hier vertretene Ansicht ist von der Systematik her nicht stringent, da sich das Konzerninsolvenzrecht gegen eine materiell-rechtliche Konsolidierung der Massen ausgesprochen hat. Nach der hier vertretenen Ansicht sollte an dieser Trennung der Insolvenzmassen festgehalten werden, auch in Fragen der Vergütung.[3]

5 Während § 63 Abs 1 S 2 als Zeitpunkt für die Wertermittlung das Ende des Verfahrens festlegt, fehlt in § 269g eine solche Regelung. Grund dafür dürfte sein, dass in der Praxis die unterschiedlichen Verf zu verschiedenen Zeitpunkten abgeschlossen werden können und das Ende der Verf nicht zwangsläufig koordiniert erfolgen muss oder kann. Wendet man die Regelungen der InsVV (§ 1 Abs 1 S 1) an, ist auf die Werte der Insolvenzmassen zum Zeitpunkt der Schlussrechnung abzustellen. Sind zum Zeitpunkt der Festsetzung der Vergütung des Verfahrenskoordinators noch nicht alle Einzelverfahren abgeschlossen, ist mit Schätzwerten entsprechend § 1 Abs 1 S 2 InsVV zu arbeiten.

6 **2. Zu- und Abschläge.** Nach § 269g Abs 1 S 3 soll sich die **Höhe der Vergütung** nach dem Umfang und der Schwierigkeit der Koordinationsaufgabe bemessen. Nähere Einzelheiten werden nicht geregelt. Vielmehr wird durch den Verweis in § 269g Abs 1 S 4 auf § 65 dem BMVJ dies zur Regelung im Verordnungswege überlassen. So können Zuschläge gewährt werden für große Koordinationsverfahren, umfangreiche Mediationen, Lösung komplexer Sachverhalte oder dem Verfahrenskoordinator übertragene Sonderaufgaben.

7 **3. Auslagen.** Dem Verfahrenskoordinator steht neben der Vergütung auch ein **Anspruch auf Erstattung angemessener Auslagen** zu, § 269g Abs 1 S 1. Angemessen dürften solche Auslagen sein, die in einem wirtschaftlichen Verhältnis zwischen der konkreten Aufwendung und der Größe des Verfahrens stehen. Entsprechend § 4 Abs 1 S 1 und 2 InsVV sind die allgemeinen Geschäftskosten mit der Vergütung abgegolten und können daher nicht als Auslagen geltend gemacht werden. Zusätzlich zu den Auslagen ist auch die von dem Verfahrenskoordinator zu zahlende Umsatzsteuer festzusetzen, § 7 InsVV.

8 **4. Festsetzung.** In Abs 1 S 4 werden die Vorschriften der §§ 64, 65 für entsprechend anwendbar erklärt. Dementsprechend hat, § 64 Abs 1, das Koordinationsgericht die Vergütung und die zu erstattenden Auslagen des Verfahrenskoordinators durch Beschluss festzusetzen. Der öffentlich bekannt zu machende Beschluss ist sodann dem Verfahrenskoordinator, den Einzelinsolvenzverwaltern und, falls ein solcher bestellt ist, den Mitgliedern des Gruppen-Gläubigerausschusses zuzustellen. Die festgesetzten Beträge sind nicht zu veröffentlichen, es ist aber darauf hinzuweisen, dass der vollständige Beschluss in der Geschäftsstelle eingesehen werden kann, § 64 Abs 2 S 2. Sowohl der Verfahrenskoordinator als auch jedem InsolvenzSchu und den Einzelinsolvenzverwaltern steht die sofortige Beschwerde gegen den Festsetzungsbeschluss zu, § 64 Abs 3.

---

2 BT-Drucks 18/407 S 38.

3 Wie hier *Braun/Esser* 7. Aufl, § 269g Rn 4.

III. Aufteilung der Kosten

Gezahlt werden muss die Vergütung des Verfahrenskoordinators aus den einzelnen Insolvenzmassen, im Zweifel anteilig nach dem Verhältnis von deren Wert, § 269g Abs 2. Dies ist auch gerechtfertigt, wenn der durch ein Koordinationsverfahren geschaffene Mehrwert den Insolvenzmassen aller Schu zugutekommt. Profitieren einzelne Massen nicht von diesem Kooperationsmehrwert, muss ein abweichender Verteilungsschlüssel zugrunde gelegt werden, welcher die Allokation des Kooperationsmehrwerts besser darstellt.[4] 9

Die Höhe der Allokation dürfte einer einvernehmlichen Vereinbarung der Beteiligten, anders als bei der Vergütungshöhe, zuträglich sein. Die Einzelinsolvenzverwalter und der Verfahrenskoordinator dürfen dem Koordinationsgericht Vorschläge zur Allokation auf die einzelnen Verf unterbreiten. Anschließend ist sie gerichtlich festzusetzen. 10

IV. Kostenschuldner

Der Vergütungsanspruch des Koordinators, der über § 269f Abs 3 iVm § 53 eine Masseverbindlichkeit darstellt,[5] wird aufgeteilt auf die verschiedenen Einzelverfahren und erfordert eine gesonderte Durchsetzung.[5] Dies ist auch erforderlich, da der Verfahrenskoordinator über kein eigenes Verf und damit keine eigene Masse verfügt. Eine **gesamtschuldnerische Haftung** der Einzelverfahren **besteht nicht**. Die einzelnen Gruppenmitglieder haften somit nicht für eine eventuelle Masseunzulänglichkeit der anderen Gruppengesellschaften. Für den Verfahrenskoordinator kann das, da er eine drohende Masseunzulänglichkeit bei den Einzelverfahren nicht unbedingt erkennen kann, ein höheres Ausfallrisiko darstellen. Sollte er aufgrund der Masseunzulänglichkeit in einem Einzelverfahren mit seinem Vergütungsanspruch ganz oder teilweise ausfallen, ist scinerseits die Haftung des betreffenden Einzelinsolvenzverwalters nach § 61 S 1 zu prüfen. Zur Verringerung des Risikos ist ihm daher anzuraten, rechtzeitig entsprechend § 9 InsVV einen Vorschuss zu beantragen. Für eine frühzeitige Beantragung eines Vorschusses spricht auch, dass die Hauptarbeit des Verfahrenskoordinators zu Beginn eines solchen Verfahrens erfolgen wird. 11

§ 269h Koordinationsplan

(1) [1]Zur abgestimmten Abwicklung der Insolvenzverfahren über das Vermögen von gruppenangehörigen Schuldnern können der Verfahrenskoordinator und, wenn ein solcher noch nicht bestellt ist, die Insolvenzverwalter der gruppenangehörigen Schuldner gemeinsam dem Koordinationsgericht einen Koordinationsplan zur Bestätigung vorlegen. [2]Der Koordinationsplan bedarf der Zustimmung eines bestellten Gruppen-Gläubigerausschusses. [3]Das Gericht weist den Plan von Amts wegen zurück, wenn die Vorschriften über das Recht zur Vorlage, den Inhalt des Plans oder über die verfahrensmäßige Behandlung nicht beachtet worden sind und die Vorlegenden den Mangel nicht beheben können oder innerhalb einer angemessenen vom Gericht gesetzten Frist nicht beheben.

(2) [1]In dem Koordinationsplan können alle Maßnahmen beschrieben werden, die für eine abgestimmte Abwicklung der Verfahren sachdienlich sind. [2]Insbesondere kann der Plan Vorschläge enthalten:

1. zur Wiederherstellung der wirtschaftlichen Leistungsfähigkeit der einzelnen gruppenangehörigen Schuldner und der Unternehmensgruppe,

4 BT-Drucks 18/407 S 38; *Wimmer* jurisPR-InsR 8/2017 Anm 1.
5 *Mock* DB 2017, 951 ff.

2. zur Beilegung gruppeninterner Streitigkeiten,
3. zu vertraglichen Vereinbarungen zwischen den Insolvenzverwaltern.

(3) [1]Gegen den Beschluss, durch den die Bestätigung des Koordinationsplans versagt wird, steht jedem Vorlegenden die sofortige Beschwerde zu. [2]Die übrigen Vorlegenden sind in dem Verfahren zuzuziehen.

Übersicht

I. Allgemeines

1 Auch im Rahmen eines Konzerninsolvenzverfahrens bleibt das in § 1 normierte Ziel eines InsVerf, eine **bestmögliche Gläubigerbefriedigung**, erhalten.[1] Dieses Ziel müssen sowohl die Bemühungen um die Sanierung der Einzelgesellschaften wie auch des Gesamtkonzerns verfolgen. Mit der Einführung des ESUG hat der Gesetzgeber den Sanierungsgedanken in InsVerf gefördert, somit kann die Sanierung des Gesamtkonzerns oder wesentlicher Teile davon als eine Hauptaufgabe eines Konzerninsolvenzverfahrens angesehen werden.[1] Zur Erreichung dieses Zieles gilt es, den wirtschaftlichen Mehrwert, der in den konzernrechtlichen Verflechtungen bestehen kann, zu realisieren indem der Konzern insgesamt restrukturiert und wettbewerbsfähig gemacht wird. [1] Dies bedeutet ein abgestimmtes Vorgehen in den einzelnen Verf mit Ausrichtung auf ein übergeordnetes Sanierungsziel. Das ist Aufgabe des Koordinierungsplans wie er in § 269h normiert ist. Sollte der Erhalt der Einzelgesellschaften oder des Konzerns als Ganzes wirtschaftlich nicht sinnvoll sein, kann der Koordinierungsplan auch die **Liquidation** der Einzelunternehmen vorsehen.[1]

2 Die Norm regelt die Vorlage, das Zustandekommen, den Inhalt des Koordinationsplans sowie das Rechtsmittel gegen die Bestätigung. Er stellt ein verfahrensübergreifendes Instrument dar, bei dem der gestaltende Teil weggelassen worden ist. Aufgrund dessen erfolgt die Umsetzung der Rechtsänderungen auf der Ebene der Einzelgesellschaften in deren Insolvenzplänen.

Um ein größtmögliches Einvernehmen aller am Verf Beteiligten zu erreichen ist ein geordneter Ablauf und eine frühzeitige Mitwirkung der Beteiligten angebracht. Das regelt § 269h, indem er vorgibt, wer den Plan einreichen darf, dass der Gruppen-Gläubigerausschuss zustimmen muss und dass das Gericht den Plan in bestimmten Fällen zurückweisen darf.

3 Darüber hinaus regelt Abs 2 den möglichen Inhalt des Koordinationsplanes wie die Beschreibung von leistungswirtschaftlichen Maßnahmen, Vorschläge zur Beilegung von gruppeninternen Streitigkeiten und dass vertragliche Vereinbarungen zwischen den InsVerw möglich sind. Schließlich bestimmt Abs 3 wer welches Rechtsmittel gegen den die Bestätigung des Koordinationsplans versagenden Beschluss einlegen darf.

---

1 BT-Drucks 18/407 S 38.

II. Der Koordinationsplan

Der Koordinationsplan ist ein im deutschen Insolvenzrecht neues Rechtsinstrument. 4

1. Grundsätzliches. Da das Konzerninsolvenzrecht weiterhin von der **rechtlichen Selbstständigkeit** der Einzelinsolvenzverfahren ausgeht handelt es sich beim Koordinationsplan nicht um einen Konzern-Insolvenzplan sondern, wie der Name zum Ausdruck bringt, eine Beschreibung des abgestimmten Vorgehens. Dies erfordert von den InsVerw der gruppenangehörigen Schu sich abzustimmen und im darstellenden Teil ihrer jeweiligen Insolvenzpläne eine abgestimmte Konzernstrategie zugrunde zu legen.[2] 5

Der Koordinationsplan ist das Ergebnis eines **Mediationsverfahrens** zwischen den verschiedenen Einzelinsolvenzverwaltern und stellt das konsensorientierte Vorgehen im Rahmen eines Konzerninsolvenzverfahrens in den Mittelpunkt. 6

2. Zweck des Koordinationsplans. Das Koordinationsverfahren ist als ein **konsensuales Verf** konzipiert. Dieses Ziel umzusetzen dient der Koordinationsplan. Er soll daher alle für eine abgestimmte Abwicklung der Verf sachdienlichen Maßnahmen beschreiben. Damit bildet der Koordinationsplan den Referenzplan für die Maßnahmen der InsVerw auf der Ebene der Einzelgesellschaften.[3] Beispiele für diese Maßnahmen sind in § 269h Abs 2 aufgeführt, wie Sanierungsmaßnahmen, Streitbeilegungen und Verwaltervereinbarungen. 7

Durch die Vorgaben des Koordinationsplanes werden die Verfasser der Einzelinsolvenzpläne nicht gebunden.[2] Sie können frei entscheiden, ob sie den Vorschlägen des Koordinationsplanes folgen oder einen eigenen Weg einschlagen wollen.[2] Dennoch entfaltet der Koordinationsplan eine **gewisse Bindungswirkung**. So steht dem Verfahrenskoordinator das Recht zu, den Koordinationsplan in jedem InsVerf in einer oder mehreren Gläubigerversammlungen darzustellen, § 269f Abs 1 S 3. Jeder InsVerw eines Einzelverfahrens wird durch § 269i Abs 1 S 1 und 3 verpflichtet, den Koordinationsplan in einer Gläubigerversammlung darzustellen. Im Anschluss an die Erläuterungen kann der InsVerw begründen, von welchen im Koordinationsplan beschriebenen Maßnahmen er abweichen will, § 269i Abs 1 S 2. Die Gläubigerversammlung ist berechtigt, dem InsVerw aufzugeben, den Koordinationsplan einem von ihm zu erstellenden Insolvenzplan zugrunde zu legen, § 269i Abs 2. Weicht ein InsVerw von den Regelungen des Koordinationsplanes ab, kann er sich uU schadensersatzpflichtig nach § 60 machen, wenn durch seine Abweichungen eine abgestimmte Sanierung des Konzerns vereitelt und dadurch seine Pflicht zur bestmöglichen Erhaltung und Verwertung der Masse verletzt wurde.[2] In einem solchen Fall wird er begründen müssen, weshalb seine Abwicklungsstrategie für seine Masse erfolgreicher war als die des Koordinationsplanes. 8

3. Abgrenzung zum Insolvenzplan. Von seiner Rechtsnatur her handelt es sich bei dem Koordinationsplan um einen **„kupierten Insolvenzplan“**[2] der **keinen gestaltenden** und nur einen darstellenden **Teil** hat. Folglich gestaltet der Koordinationsplan keine Rechtsverhältnisse um, eine Vollstreckung aus ihm ist nicht möglich. Anders als beim Insolvenzplan stimmen nicht die InsGl über ihn ab. Die Entscheidung des Gerichts über die Zurückweisung und die Planbestätigung erfolgt einheitlich und nicht zeitlich getrennt wie beim Insolvenzplan, §§ 231, 250.[2] Schließlich wird mit der Bestätigung und Rechtskraft des Koordinationsplanes das Koordinationsverfahren nicht aufgehoben. Aufgrund dieser Unterschiede können die Vorschriften zum Insolvenzplan grundsätzlich nicht direkt angewandt werden. 9

---

2 BT-Drucks 18/407 S 39.
3 BT-Drucks 18/407 S 23.

III. Inhalt des Koordinationsplans

10 **1. Allgemeines.** § 269h Abs 2 S 1 nach können in dem Koordinationsplan „alle Maßnahmen beschrieben werden, die für eine abgestimmte Abwicklung des Verfahrens sachdienlich sind". In Abs 2 S 2 werden Beispiele genannt, welchen Regelungsgehalt der Koordinationsplan haben kann. So können leistungswirtschaftlich erforderliche Maßnahmen ebenso aufgenommen werden wie Regelungen zur Streitbeilegung und Verträge zwischen den InsVerw. Diese Planinhalte können beschrieben werden, rechtsgestaltende Wirkungen haben sie nicht.

11 § 269h Abs 2 spricht expressis verbis von Vorschlägen die in dem Koordinationsplan enthalten sein können. Diese Wortwahl verdeutlicht die Unverbindlichkeit der Inhalte des Koordinationsplans. Seine Aufgabe ist es, ein Referenzplan für die Maßnahmen der InsVerw auf der Ebene der Einzelgesellschaften zu sein.[4]

12 **2. Wirtschaftliche Leistungsfähigkeit.** Wird die Sanierung des Konzerns angestrebt, sollte der Koordinationsplan zunächst eine Krisenursachenanalyse enthalten.[5] Dies ist auch sinnvoll, da so auf Basis des Konzerns die Gründe für die Schieflage beschrieben werden können. Hat man diese gründlich erfasst, ergeben sich daraus das Sanierungsziel sowie die notwendig durchzuführenden Maßnahmen zur nachhaltigen Sanierung der Einzelgesellschaften und des Konzerns als Ganzem. Ergebnis der so darzustellenden Fortführungsperspektive kann sowohl der Erhalt der Rechtsträger als auch eine übertragende Sanierung sein.[6] Beschrieben werden kann beispielsweise, ob etwa eine zu komplexe Finanzierungsstruktur den Eintritt der Krise befördert hat, ob eine ausreichende Fristenkongruenz zwischen Kapitalbindung und Kapitalbereitstellung gewährleistet ist[5] oder ob das konzerninterne Cash-Pooling Schwachstellen aufwies.

13 Aus all diesen Analysen kann das Leitbild des sanierten Unternehmens entwickelt und dargelegt werden. Es können Lösungsmöglichkeiten vorgeschlagen werden die auch beinhalten können, wie der Konzern künftig strukturiert sein muss um erfolgreich am Markt tätig sein zu können.

14 **3. Streitbeilegung.** Eine erfolgreiche Sanierung eines Konzerns kann an divergierenden Ansichten oder gar Streitigkeiten zwischen den einzelnen Konzerngesellschaften scheitern. Aber auch im Falle einer reinen Liquidation können Streitigkeiten ein abgestimmtes und damit bestmögliches Verwertungshandeln erschweren oder verhindern. Insoweit ist es folgerichtig, wenn in § 269h Abs 2 Nr 2 normiert wird, dass der Plan **Vorschläge zur Streitbeilegung** enthalten kann. Einen Hauptanwendungsfall werden häufig die Insolvenzanfechtungsansprüche oder gruppeninterne Haftungsansprüche bilden. Beispiele dafür können der gruppeninterne Verkauf zu nicht marktgerechten Konzernverrechnungspreisen sein, die unentgeltliche Überlassung von Produktionsmitteln oder Lizenzen, oder die Erbringung von Leistungen eines Gruppenmitgliedes für ein anderes unterhalb von Marktpreisen.[7]

15 Der Verfahrenskoordinator kann **Lösungsmöglichkeiten zur Beilegung dieser Konflikte** unterbreiten. Er wird dabei berücksichtigen müssen, dass die InsGl desjenigen Unternehmens, zu dessen Gunsten anfechtungsrechtliche Rückgewährsansprüche bestehen, nicht benachteiligt werden. Handwerkszeug dafür können vertragliche Vereinbarungen zwischen den InsVerw der Einzelgesellschaften sein, die entsprechende Kompensationen des zur Leistung verpflichteten InsVerw beinhalten. Dem Verfahrenskoordinator ist anzuraten, seine objektive Vermittlerrolle nicht durch einseitige Vorschläge zu gefährden.

---

4 BT-Drucks 18/407 S 23.
5 BT-Drucks 18/407 S 39.
6 MK/*Brünkmanns* KonzerninsolvenzR, Rn 113.
7 BT-Drucks 18/407 S 40.

4. Vertragliche Vereinbarungen. Die oben angesprochenen vertraglichen Regelungen zwischen den InsVerw empfiehlt § 269h in Abs 2 Nr 3. Inhalt eines solchen Vertrages kann sein, wie in dem gestaltendem Teil ihrer Insolvenzpläne die Vorschläge des Koordinierungsplanes umgesetzt werden sollen. Weiterhin können Regelungen zur Anwendbarkeit des § 103, zur Kreditaufnahme und Sicherheitenbestellung getroffen werden. Zu beachten ist, dass Verw derartige Vereinbarung nur abschließen können, wenn sie die von ihnen verwaltete Masse nicht schädigen. Sollen sie zu Zugeständnissen bereit sein, muss ihnen im Gegenzug eine Kompensation in die Masse fließen. 16

IV. Vorlageberechtigung und Abstimmung

1. Vorlageberechtigung. Nach § 269h Abs 1 S 1 steht das **Planinitiativrecht** dem Verfahrenskoordinator zu. Ist ein solcher noch nicht bestellt, steht das Recht den InsVerwn der Gruppen-Gesellschaften gemeinsam zu. Besteht Einigkeit zwischen den einzelnen InsVerwn, können diese sich auch darauf verständigen, den darstellenden Teil der von ihnen gefertigten Pläne auf eine einheitliche Konzernstrategie auszurichten. Ein einheitlicher Koordinationsplan hat jedoch den Vorteil, dass die Verfahrensziele in einem einheitlichen Dokument niedergelegt sind und der Plan durch die gerichtliche Bestätigung eine stärkere Bindungswirkung entfaltet. Erstellen die Einzelinsolvenzverwalter einen Koordinationsplan und wird anschließend ein Verfahrenskoordinator bestellt, sollte dies auf die Wirksamkeit des von den Einzelinsolvenzverwaltern entworfenen Koordinationsplan keinen Einfluss haben. 17

Das Gesetz spricht in § 269h nur von den InsVerw. Da das Gesetz an anderen Stellen, §§ 3a Abs 3, 269f Abs 2, zwischen dem InsVerw und dem vorläufigen InsVerw unterscheidet, **ist in § 269h nur der InsVerw gemeint**. Folglich muss mindestens ein InsVerf eröffnet sein. Vor dem Hintergrund, dass ein bestätigter Plan weder hilfreich noch notwendig ist, wenn nicht einmal die Voraussetzungen für ein eröffnetes Verf vorliegen, erscheint dies auch sinnvoll.[8] 18

Die InsVerw sind nur zu einer **gemeinsamen Vorlage** des Koordinationsplanes berechtigt. Ob diese Erwartung des Gesetzgebers, alle InsVerw werden sich zu einer konsensualen Lösung zusammenfinden und einen gemeinsamen Plan vorlegen, zutreffend sein wird, wird die Praxis zeigen. Als problematisch könnte sich erweisen, wenn im Laufe eines Verf Verw wechseln, sei es durch Abwahl in einer Gläubigerversammlung, Wechsel von einer Eigen- in eine Fremdverwaltung oder umgekehrt oder Eröffnung weiterer InsVerf innerhalb eines Konzerns. In solchen Fällen wird die Mediationsfähigkeit des Verfahrenskoordinators gefragt sein. Dies spricht dafür, mit diesem Amt eine Person zu betrauen, die neben ihrer fachlichen Autorität auch als Persönlichkeit mit Verhandlungsgeschick und ausgleichendem Wesen geschätzt wird. 19

2. Erforderlichkeit eines Koordinationsverfahrens. Das Gesetz spricht davon, dass die Einzelinsolvenzverwalter einen Koordinationsplan gemeinsam vorlegen können, wenn ein Verfahrenskoordinator nicht bestellt ist, § 269h Abs 1 S 1. Vorstellbar ist, dass ein Koordinationsplan vorgelegt und bestätigt wird, ohne dass es einen Verfahrenskoordinator oder gar ein Koordinationsverfahren gibt. Zwar geht das Gesetz von seiner Intention her davon aus, dass ein Koordinationsverfahren angeordnet und ein Verfahrenskoordinator bestellt wird, zwingend geboten ist diese jedoch nicht. So kann eine plangestützte Abstimmung über die Gruppeninsolvenz allein durch die Einzelinsolvenzverwalter herbeigeführt werden. Dies ist auch angebracht um einen Koordinationsplan auch dann zum Abschluss zu bringen, wenn ein Verfahrenskoordinator zB sein Amt niederlegt. 20

---

8 Braun/*Esser* § 269h Rn 27.

21 Diese Konstellation sollte jedoch die Ausnahme bleiben. Im Regelfall soll es einen Verfahrenskoordinator geben der für die Erstellung eines Koordinationsplanes, dessen Bestätigung durch das Gericht und die Umsetzung zuständig ist.

22 **3. Mitwirkung des Gruppen-Gläubigerausschusses.** Wurde ein Gruppen-Gläubigerausschuss nach § 269c eingesetzt, kommt ein Koordinationsplan nur zustande, wenn dieser seine Zustimmung erklärt. Im Umkehrschluss bedeutet dies, dass dann, wenn ein solcher Ausschuss nicht bestellt worden ist, dennoch ein Koordinationsplan wirksam vorgelegt und dieser bestätigt werden kann.[9] Der Gruppen-Gläubigerausschuss vertritt die Interessen der Gesamtgläubiger im Konzerninsolvenzverfahren. Wurde ein Verfahrenskoordinator nicht bestellt, sehr wohl aber ein Gruppen-Gläubigerausschuss, so ist für die wirksame Planvorlage durch alle InsVerw die Zustimmung des Gruppen-Gläubigerausschusses erforderlich.[9] Seine Entscheidungen trifft der Gruppen-Gläubigerausschuss mit einfacher Kopfmehrheit, § 269c Abs 2 S 2 iVm § 72.

23 **4. Aufgabe des Koordinationsgerichts.** Der Koordinationsplan muss **durch das Koordinationsgericht bestätigt** werden. Vorab prüft das Gericht den Plan. Aufgrund der in InsVerf in der Regel gebotenen Eile soll das Koordinationsgericht zügig entscheiden. Der Gesetzgeber sieht hierfür die Zweiwochenfrist nach § 231 Abs 1 S 2 als maßgebend an.[10]

24 Dem Gericht steht **kein materielles Prüfungsrecht** zu. Das Gericht prüft nur formal, ob zB der den Plan Vorlegende ein Recht dazu hatte, die angemessene Beteiligung des Gruppen-Gläubigerausschusses und ob der Plan sich auf einen darstellenden Teil beschränkt. Es steht dem Gericht nicht zu, die Sinnhaftigkeit und die Erfolgswahrscheinlichkeit der vorgeschlagenen Maßnahmen zu überprüfen.[11] Schon gar nicht ist es befugt, Sachverständige mit der Begutachtung dieser Fragen zu beauftragen.[12]

25 Ist der Plan formal nicht zu beanstanden, bestätigt das Gericht ihn durch Beschluss. Funktional **zuständig ist der Richter**, § 18 Abs 1 Nr 3 RPflG. Mit Bestätigung des Plans tritt unmittelbar dessen Rechtskraft ein, gegen einen Bestätigungsbeschluss sieht das Gesetz kein Rechtsmittel vor.

26 Weist der vorgelegte Planentwurf Rechtsmängel auf, weist das Gericht ihn zurück, wenn dieser Mangel, wie zB die fehlende Berechtigung zur Vorlage, nicht behebbar ist. Bei behebbaren Mängeln, wie bei fehlender Zustimmung des Gruppen-Gläubigerausschusses oder einem unzulässigen Inhalt, weist das Gericht den Plan zurück, wenn die Mängel durch die Vorlegenden nicht behoben werden können oder innerhalb einer vom Gericht gesetzten, angemessenen Frist nicht behoben werden, § 269h Abs 1 S 3.

V. Rechtsmittel

27 Gegen den den Koordinationsplan versagenden Beschluss ist das Rechtsmittel der sofortigen Beschwerde zulässig, §§ 567 ff ZPO. Sie muss innerhalb von zwei Wochen ab der Zustellung des Versagungsbeschlusses beim InsGer eingelegt werden. Beschwerdeberechtigt ist jeder Vorlegende, § 269h Abs 3 S 1, die übrigen Vorlegenden sind hinzuzuziehen, § 269h Abs 3 S 2. Dies ist ein Fall der gesetzlich notwendigen Streitgenossenschaft, § 62 ZPO. Geregelt wurde dies, da jeder Vorlegende ein Beschwerderecht hat, eine Entscheidung in der Sache allen Vorlegenden gegenüber nur einheitlich ergehen kann.[13]

---

9 BT-Drucks 18/407 S 39.

10 BT-Drucks 18/407 S 40.

11 *Flöther/Pleister* HdB KonzerninsolvenzR, § 4 RN 389; MK/*Brünkmans* KonzerninsolvenzR, Rn 115

12 Braun/*Esser* § 269h Rn 35.

13 BT-Drucks 18/407 S 41.

Sonstige am Verf Beteiligte haben kein Beschwerderecht. Der Gesetzgeber begründet dies, wegen des nur darstellenden Teils, mit dem fehlenden unmittelbaren Eingriff in die Rechte der Verfahrensbeteiligten.[14] Somit stehen dem Schu und den InsGl keine Beschwerdeberechtigung zu. 28

14 BT-Drucks 18/407 S 41.

§ 269i Abweichungen vom Koordinationsplan

(1) [1]Der Insolvenzverwalter eines gruppenangehörigen Schuldners hat im Berichtstermin den Koordinationsplan zu erläutern, wenn dies nicht durch den Verfahrenskoordinator oder eine von diesem bevollmächtigte Person erfolgt. [2]Der Insolvenzverwalter hat im Anschluss an die Erläuterung zu begründen, von welchen im Plan beschriebenen Maßnahmen er abweichen will. [3]Liegt zum Zeitpunkt des Berichtstermins noch kein Koordinationsplan vor, so kommt der Insolvenzverwalter seinen Pflichten nach den Sätzen 1 und 2 in einer Gläubigerversammlung nach, für die das Insolvenzgericht alsbald einen Termin bestimmt.

(2) Auf Beschluss der Gläubigerversammlung ist der Koordinationsplan einem vom Insolvenzverwalter auszuarbeitenden Insolvenzplan zugrunde zu legen.

Übersicht

I. Allgemeines

1 Die Vorschrift regelt, auf welche Weise der Koordinationsplan **Bindungswirkung** in den InsVerf über das Vermögen der Einzelgesellschaften erlangen soll. Der Koordinationsplan ist, auch wenn das Koordinationsgericht ihn bestätigt hat, für die anderen Beteiligten nicht bindend.[1] Will ein Verw eines Einzelverfahrens von ihm abweichen, muss er dies in einer Gläubigerversammlung begründen, § 269i Abs 1. Diese wiederum kann den Verw durch Beschluss an die Vorgaben des Koordinationsplans binden, § 269i Abs 2.

II. Darstellung des Koordinationsplans im Berichtstermin

2 Gem Abs 1 hat der InsVerw eines gruppenangehörigen Schu den Koordinationsplan **im Berichtstermin zu erläutern**, sofern nicht der Verfahrenskoordinator oder eine von ihm bevollmächtigte Person dies übernimmt. Nur bei einer ausgewogenen Darstellung können die InsGl der Einzelverfahren beurteilen, welche Auswirkungen dieser Plan auf ihr Verf hat.

3 **1. Berichtstermin.** Nach § 29 Abs 1 Nr 1 soll der Berichtstermin nicht über sechs Wochen nach Eröffnung des Verf und darf nicht über drei Monate später anberaumt werden. Ob der Koordinationsplan zu diesem frühen Zeitpunkt schon vorliegt, wird die Praxis zeigen. Ist dies nicht der Fall, muss nach Abs 1 S 3 zu einem späteren Zeitpunkt, wenn der Plan dann vorliegt, eine extra für diesen Fall anzuberaumende Gläubigerversammlung einberufen werden. Das kann im Einzelfall, gerade bei Großverfahren, mit einem erheblichen logistischen Aufwand einhergehen.

1 BT-Drucks 18/407 S 23.

4 Die Gläubigerversammlung ist eine **nicht öffentliche Veranstaltung**, § 74 Abs 1 S 2. Teilnehmen dürfen also nur die absonderungsberechtigten Gl, die InsGl, die Mitglieder des Gläubigerausschusses sowie der InsVerw und der InsSchu. In einem Konzerninsolvenzverfahren dürfen demnach nur die Beteiligten des jeweiligen Einzelverfahrens an dem Berichtstermin teilnehmen, nicht jedoch die Beteiligten der anderen Verf, es sei denn, die InsGl sind sowohl Gl des einen wie des/der anderen Verf.

5 Ein **schriftliches Verf**, wie es die InsO in den §§ 5 Abs 2, 29 Abs 2 S 1 grundsätzlich zulässt, dürfte in der Praxis eines Konzerninsolvenzverfahrens keine Rolle spielen, da die Vermögensverhältnisse in der Regel kaum überschaubar sein werden, § 5 Abs 2 S 1.

6 **2. Ausführungen zum Inhalt des Koordinationsplanes.** Im Berichtstermin der Einzelgesellschaften hat der jeweilige InsVerw oder der Verfahrenskoordinator, sofern er sich nicht vertreten lässt, den Gl **den Koordinationsplan zu erläutern**, § 269i Abs 1 S 2. Ist ein Eigenverwaltungsverfahren angeordnet worden, trifft die Erläuterungspflicht den Schu, § 281 Abs 2 S 1.

7 Inhaltlich ist die Strategie zur Wiederherstellung der wirtschaftlichen Leistungsfähigkeit oder Liquidierung des Konzerns darzustellen sowie die Vorschläge zur Streitbeilegung und ob und wenn ja welche Verträge zwischen den InsVerw abgeschlossen werden sollten. Auch die Auswirkungen des Koordinationsplans auf das betroffene Einzelverfahren sind zu erläutern. Empfehlenswert ist, die Vor- und Nachteile des Koordinationsplans anhand einer vergleichenden Darstellung der möglichen alternativen Vorgehensweisen zu präsentieren.

8 Ziel der Erläuterungen ist, die Gl umfassend zu informieren und so die Basis für eine Entscheidung vorzubereiten. Hilfreich wäre es, wenn den Gl vorab zumindest eine schriftliche Zusammenfassung zur Verfügung gestellt würde, so dass sie nicht völlig unvorbereitet von den Ausführungen im Termin überrollt werden.

9 Trägt nicht der Verfahrenskoordinator den Koordinationsplan vor sondern der InsVerw in dem Einzelverfahren, so ist diesem der Plan rechtzeitig zur Verfügung zu stellen, damit er sich einlesen und eventuell bestehende Unklarheiten noch beseitigen kann.

10 **3. Bindung der Insolvenzverwalter.** Der Koordinationsplan entfaltet **keine zwangsläufige Bindungswirkung** für den Einzelinsolvenzverwalter.[2] Daher sieht das Gesetz vor, dass er im Anschluss an die Erläuterungen des Verfahrenskoordinators berechtigt ist zu begründen, von welchem im Plan beschriebenen Maßnahmen er abweichen will, § 269i Abs 1 S 2. Bei den Erläuterungen wird sich der InsVerw in erster Linie an den Interessen seines InsVerf orientieren, eine Pflicht, die Interessen des Konzerns über die eines Einzelinsolvenzverfahrens zu stellen, gibt es nicht. Er wird bei seinen Erwägungen aber berücksichtigen müssen, dass er sich dadurch schadensersatzpflichtig machen kann, wenn er seine Pflicht zur bestmöglichen Erhaltung und Verwertung der Masse dadurch verletzt, dass er eine abgestimmte Sanierung des Konzerns verhindert.[3]

11 Begründet werden müssen alle Maßnahmen, von denen der InsVerw abweichen will. Damit die Gl ihm folgen oder einen abweichenden Beschluss nach Abs 2 fassen können, müssen sie umfassend informiert werden. Der InsVerw kann von der Strategie der Sanierung ebenso abweichen wollen wie von einzelnen konkreten Maßnahmen.

12 Der InsVerw soll seine Begründung im Anschluss an die Ausführungen zum Koordinationsplan vortragen. Ausreichend ist, dass dies mündlich erfolgt, eine Schriftform sieht das Gesetzt nicht vor. Vor dem Hintergrund möglicher späterer Schadensersatzansprüche, kann eine schriftliche Begründung aus Beweiszwecken sinnvoll sein.

---

2 BT-Drucks 18/407 S 23.
3 BT-Drucks 18/407 S 39.

An der Eigenverwaltung mit Sachwalter wurde aus Wissenschaft und Praxis **pointierte Kritik** geübt,[6] die allerdings vor dem Hintergrund der ähnlichen Regelung der VerglO überzogen erschien.[7] Jedenfalls hielt die Kritik den BTags-RAussch nicht davon ab, die „Eigenverwaltung unter Aufsicht eines Sachwalters" im Grundsatz unverändert aus dem RegE zu übernehmen. Es wurden allerdings die Voraussetzungen der Eigenverwaltung verschärft und der Ausnahmecharakter stärker betont. Die zweite Variante der Eigenverwaltung entfiel im Zuge der Neugestaltung des VerbrInsVerf. Für Verbraucher- und KleinIns wurde jede Art der Eigenverwaltung ausgeschlossen (§ 312 Abs 3, später ersetzt durch § 270 Abs 1 S 3). 4

Wesentliche Änderungen hat das Recht der Eigenverwaltung durch das **Gesetz zur weiteren Erleichterung der Sanierung von Unternehmen (ESUG)** erfahren.[8] Ein Ziel dieses Gesetzes war es, Hindernisse auf dem Weg zur Eigenverwaltung auszuräumen und die Führung eines Unternehmens in Eigenverwaltung zu erleichtern.[9] Vor diesem Hintergrund sind die Voraussetzungen für die Anordnung der Eigenverwaltung gelockert worden – auch mit dem Ziel, dem Schu einen Anreiz für einen frühzeitigen Antrag auf Eröffnung des InsVerf zu geben. Wenn der Antrag auf Eigenverwaltung nicht offensichtlich aussichtslos ist, soll das Gericht im EröffnungsVerf noch keinen vorläufigen InsVerw bestellen, sondern nur einen „vorläufigen Sachwalter" mit Aufsichtsfunktionen. Die Gl werden schon vor der Eröffnung des Verf in die Entsch über die Eigenverwaltung einbezogen. Zusätzlich ist mit dem sog SchutzschirmVerf (§ 270b) ein bes ausgestaltetes VorVerf geschaffen worden, in dem der Schu, der eine Sanierung vorbereitet, maßgeblichen Einfluss behält. Das Gesetz ist am 1.3.2012 in Kraft getreten. Für InsVerf, die vor diesem Datum beantragt worden sind, bleiben allerdings die bisher geltenden Vorschriften maßgeblich (Art 103g EGInsO). 5

Diese Ausweitung der Eigenverwaltung wird nicht durchgängig positiv beurteilt. Es wird befürchtet, dass der Schu seine gestärkte Stellung im Verf zum Nachteil der Gl **missbrauchen** könnte.[10] Die Eigenverwaltung führe dazu, dass die Geltendmachung von Ansprüchen gegen Geschäftsführer und Gesellschafter verhindert werde, die Interessen der Gl aus dem Blick gerieten und der Gleichbehandlungsgrundsatz verletzt werde.[11] Ferner wird die Gefahr, dass Anteilsinhaber des Schu durch ein InsVerf in Eigenverwaltung mittels eines InsPlans missbräuchlich um ihre Rechte gebracht werden hervorgehoben und der Rechtsschutz der Anteilsinhaber für unzureichend erachtet.[12] Demgegenüber ist darauf hinzuweisen, dass das Gericht auch bei einem Antrag nach § 270b prüfen muss, ob Anhaltspunkte dafür bestehen, dass die Anordnung der Eigenverwaltung zu Nachteilen für die Gl führen würde, und dass solche Nachteile regelmäßig zu befürchten sind, wenn mit dem InsAntrag verfahrensfremde Zwecke verfolgt werden.[13] Wird das SchutzschirmVerf durch falsche Angaben erschlichen, drohen strafrechtliche Sanktionen.[14] 6

---

6 *Leipold* S 165, 168: „Ein Insolvenzverfahren ohne Insolvenzverwalter erscheint … als Widerspruch in sich"; *Grub* Neuordnung des InsRechts, S 90: „Der Schu kann nicht zu seinem eigenen GV bestellt werden"; vgl auch *Vallender* WM 1998, 2130.

7 *Braun/Uhlenbruck* Unternehmensinsolvenz, S 691; vgl auch FK/*Foltis* 6. Aufl, Vor § 270 Rn 10–21.

8 G v 7.12.2011, BGBl I, 2582.

9 Begr RegE, BT-Drucks 17/5712, 19.

10 Vgl zB krit, aber auch die positiven Seiten sehend FK/*Foltis* Vor § 270 Rn 7 f.

11 *Siemon* ZInsO 2013, 1861, 1873 f und ZinsO 2013, 1549; krit auch *Hammes* ZIP 2017, 1505 ff.

12 *Siemon* NZI 2014, 55 und ZInsO 2014, 172; vgl *Brinkmann* ZIP 2014, 197 ff; zur Eindämmung der Mißbrauchsgefahr über die Inszweckwidrigkeit einer Insplanregelung *Brünkmans/Uebele* ZInsO 2014, 265, 268.

13 Vgl unten § 270 Rn 13–16 und § 270b Rn 33.

14 Vgl *Brand* KTS 2014, 1.

7 Die Stärkung der Eigenverwaltung als wesentlicher Teil der ESUG-Reform wird gegenwärtig von *Jacoby/Madaus/Sack/Schmidt/Thole* im Auftrag des Bundesministeriums der Justiz und für Verbraucherschutz evaluiert.[15]

II. Grundzüge der Regelung

8 Für ein InsVerf, bei dem kein InsVerw bestellt wird und statt dessen der Schu berechtigt ist, unter der Aufsicht eines Sachwalters die InsMasse zu verwalten, gelten iÜ **grds die gleichen Vorschriften wie für ein RegelInsVerf** (§ 270 Abs 1 S 2). Insb sind die Wirkungen der Verf-Eröffnung auf schuldrechtliche Beziehungen und sachenrechtliche Berechtigungen nicht anders: „Die Entsch, ob ein InsVerw eingesetzt wird oder ob diese Art der Eigenverwaltung zugelassen wird, soll nicht dadurch beeinflusst werden, dass unterschiedliche materiell-rechtliche Regeln zur Anwendung kommen".[16]

9 Die Regelung im Neunten Teil der InsO beschränkt sich daher auf zwei Komplexe. Zunächst werden die **Voraussetzungen und das Verf für die Anordnung** der Eigenverwaltung festgelegt. Die Eigenverwaltung wird auf Antrag des Schu vom Gericht angeordnet, wenn keine Umstände bekannt sind, die erwarten lassen, dass die Anordnung zu Nachteilen für die Gl führen wird (§ 270 Abs 2 Nr 2). Mit dieser Neuformulierung der entscheidenden Voraussetzung der Eigenverwaltung durch das ESUG wird erreicht, dass dem Antrag des Schu auf Eigenverwaltung im Zweifelsfall zu entsprechen ist; es wird nicht länger der Ausnahmecharakter der Eigenverwaltung betont. Wird der Antrag von einem einstimmigen Votum des vorläufigen GlAusschusses unterstützt, so gilt die Eigenverwaltung nicht als nachteilig für die Gl (§ 270 Abs 3 S 2). Die Eigenverwaltung ist außerdem anzuordnen, wenn die GlVersammlung dies befürwortet; sie ist aufzuheben, wenn die GlVersammlung dies verlangt (§ 271 S 1, § 272 Abs 1 Nr 1).

10 Das **„Schutzschirmverfahren"** des § 270b steht dem Schu zur Verfügung, solange zwar drohende Zahlungsunfähigkeit oder Überschuldung vorliegt, aber noch keine Zahlungsunfähigkeit eingetreten ist. Er hat in diesem Verf bis zu drei Monate lang Gelegenheit, unter der Aufsicht eines vorläufigen Sachwalters, den er selbst vorschlagen kann, einen Sanierungsplan auszuarbeiten. Während dieser Zeit genießt er Vollstreckungsschutz.

11 In einer Reihe weiterer Vorschriften werden **die Rechtsstellung und die Aufgaben des Sachwalters** beschrieben. Hierzu werden die Befugnisse des selbst verwaltenden Schu von denen des Aufsicht führenden Sachwalters abgegrenzt. Leitlinie ist dabei, dass die laufenden Geschäfte vom Schu geführt werden und der Sachwalter zum einen diese Geschäftsführung kontrolliert und unterstützt, zum andern die Aufgaben wahrnimmt, die einem InsVerw in erster Linie im Interesse der Gl übertragen sind.[17] So ist der Sachwalter für die Entgegennahme der Forderungsanmeldungen, für die InsAnf, für die Geltendmachung von Ansprüchen auf Ersatz eines Gesamtschadens und für die Anzeige der Masseunzulänglichkeit zuständig (§ 270c S 2, §§ 280, 285). Nicht geregelte Fälle sind anhand dieser Unterscheidung zwischen „geschäftstypischen" und „insolvenztypischen" Rechten und Pflichten zu entscheiden;[18] die Begr zum RegE der InsO[19] nennt als Beispiel, dass zur **Aufnahme eines Rechtsstreits** (§§ 85, 86) anstelle des InsVerw der Schu berechtigt ist.[20]

---

15 Bekanntmachung des BMJV vom 11.5.2017.
16 Begr RegE InsO, BT-Drucks 12/2443, 225 zu § 340.
17 Begr RegE InsO, BT-Drucks 12/2443, 223, zu § 331.
18 Terminologie von FK/*Foltis* § 270c Rn 13.
19 BT-Drucks 12/2443, 223.
20 Vgl unten § 270 Rn 36. Zur Abgrenzung der Befugnisse von Schu und Sachwalter vgl weiter *Gottwald/Haas* § 90 Rn 1-18; *N/R/Riggert* § 274 Rn 3–9; *Huhn* Rn 579–1092.

Zur **Freigabe** eines Gegenstands der InsMasse dürfte dagegen ausschließlich der Sachwalter zuständig sein, da ein Freigaberecht des eigenverwaltenden Schu diesen regelmäßig in große Interessenkonflikte stürzen müsste.[21] Grundsätzliche Bedenken gegen die Möglichkeit, in einem InsVerf mit Eigenverwaltung Gegenstände der InsMasse freizugeben, sind nicht anzuerkennen.[22] Durch die Freigabe wird der freigegebene Gegenstand von den insolvenzrechtlichen Bindungen befreit. Der Schu kann frei über ihn verfügen, ebenso wie über unpfändbare Gegenstände, die nach § 36 nicht vom InsBeschlag erfasst werden. **12**

Die Rechte des GlAusschusses zur **Überwachung der Geschäftsführung** des Schu werden durch die Anordnung der Eigenverwaltung grds nicht geschmälert. Ausgeschlossen sind jedoch Einflussnahmen der gesellschaftsrechtlichen Kontrollorgane wie Aufsichtsrat oder GlVersammlung (§ 276a). **13**

III. Geeignete Anwendungsfälle

Die Voraussetzungen für die Anordnung einer Eigenverwaltung waren nach der ursprünglichen Fassung des Gesetzes nur in Ausnahmefällen gegeben.[23] Nur ein Schu, von dessen Zuverlässigkeit und Kompetenz das Gericht überzeugt war, hatte gute Aussichten auf diese VerfVariante. Nach der Neufassung des § 270 Abs 2 Nr 2 reichen Zweifel des Gerichts nicht mehr aus, um die Eigenverwaltung abzulehnen; es müssen konkrete Umstände bekannt sein, die Nachteile für die Gl erwarten lassen. Dennoch darf die Neuregelung nicht dahin verstanden werden, dass die Eigenverwaltung jetzt den Regelfall der InsAbwicklung bilden soll, auch nicht dahin, dass einem Antrag des Schu auf Eigenverwaltung jetzt regelmäßig entsprochen werden soll. Weiterhin wird es viele Fälle geben, in denen die Umstände gegen die Eigenverwaltung sprechen, zB weil Kompetenz und Zuverlässigkeit der Geschäftsführung nach bekannten Tatsachen nicht ausreichend vorhanden sind.[24] Dabei geht es auch darum, ob der Schu zur Erfüllung der insolvenzspezifischen Pflichten eines eigenverwaltenden Schu in der Lage ist – selbstverständlich unter Berücksichtigung seiner Mitarbeiter und Berater. Die Eigenverwaltung ist nur dann als Verfahrensart geeignet, wenn insrechtl Sachverstand vorhanden ist, sei es bei den vertretungsberechtigten Organen oder eines Beraters – mit oder ohne Generalvollmacht.[25] Bei juristischen Personen und Gesellschaften ohne Rechtspersönlichkeit kann die Eigenverwaltung ebenso angeordnet werden wie bei natürlichen Personen; Bedenken gegen die Kompetenz des Managements können ggf durch eine rechtzeitige Auswechselung der Geschäftsleitung vermieden werden. Sinnvoll ist die Eigenverwaltung allerdings dann nicht, wenn wegen Anf- und Regressansprüchen Interessenkollisionen bei den Geschäftsführern drohen[26] oder wenn erkennbar ist, dass für die Geschäftsleitung verfahrensfremde Zwecke im Vordergrund stehen, etwa die Entmachtung eines Minderheitsgesellschafters.[27] Liquidationsfälle erscheinen weniger geeignet als Fälle, in **14**

---

21 *Kruse* Die Eigenverwaltung in der Ins mit ihren gesellschaftsrechtlichen Bezügen, 2004, S 242–245; **aA** *Uhlenbruck/Zipperer* § 270 Rn 16.

22 *K/P/B/Pape* § 283 Rn 10 und *Rattunde/Stark* Rn 154 f halten die Freigabe in einem solchen Verf generell für ausgeschlossen.

23 Vgl Bericht des BT-RAussch, BT-Drucks 12/7302, 185, zu § 331 Abs 2; *Häsemeyer* Rn 8.02.

24 Vgl *Wimmer* Das neue InsRecht nach der ESUG-Reform, 2012, S 22; *Vallender* MDR 2012, 125, 127 Fn 20. – Zu restriktiv ist allerdings die Formulierung, dass die Eigenverwaltung „nach wie vor nur für geeignete Ausnahmefälle gedacht ist" (so *Frind* ZInsO 2015, 2359).

25 *BGH* 21.7.2016 – IX ZB 70/14 Rn 81.

26 *Ehlers* ZInsO 2015, 1417; *Grub* KS-InsO S 503 f Rn 45; *Hügel* S 127–129; differenzierend die *Kölner InsRichter* ZIP 2015, 2163.

27 Vgl unten Rn 25 – Fall Suhrkamp – und § 270 Rn 17.

denen eine Sanierung auf der Grundlage eines InsPlans angestrebt wird;[28] hat die Geschäftsleitung des Schu in Eigenregie ein realistisches Sanierungskonzept erarbeitet, so ist dies ein starkes Indiz dafür, dass eine Eigenverwaltung wirtschaftlich sinnvoll ist.[29] Jedoch kann im Einzelfall die Eigenverwaltung auch in einem Liquidationsfall angebracht sein.[30]

15 Bes in Betracht kommt die Eigenverwaltung etwa in folgenden **Beispielsfällen**:[31]

– wenn ein Unternehmer durch einen größeren Forderungsausfall insolvent geworden ist, seine Schulden aber über einen längeren Zeitraum abtragen kann;
– wenn ein außergerichtlicher Vergleich am Widerspruch einzelner Gl scheitert und der Schu deshalb einen inhaltsgleichen InsPlan im InsVerf präsentieren will;
– wenn die soeben ausgewechselte Geschäftsleitung eines insolventen Unternehmens im Einvernehmen mit den GroßGl eine Umstrukturierung vornehmen will und zu diesem Zweck den InsAntrag stellt; hier bietet sich bes das „SchutzschirmVerf" des § 270b an;
– wenn der Schu eine freiberufliche Tätigkeit fortführen soll; in diesem Fall können durch die Eigenverwaltung Kollisionen zwischen Berufsrecht und InsVerwaltung vermieden werden;[32]
– ausnahmsweise auch, wenn ein honoriger Unternehmer einen kostengünstigen Weg zur Restschuldbefreiung sucht.

16 Im **Verbr- und KleinInsVerf** ist die Eigenverwaltung generell unzulässig (früher § 312 Abs 3, jetzt § 270 Abs 1 S 3). Im **NachlassInsVerf** ist eine Eigenverwaltung durch den Erben bzw die Erbengemeinschaft möglich.[33]

17 Für den Fall gleichzeitiger Ins einer Vielzahl von Unternehmen, die zu einem **Konzern** gehören, wurde bisher die Auff vertreten, dass die Eigenverwaltung, kombiniert mit der Einsetzung derselben Person zum Sachwalter bei allen betroffenen Gesellschaften, die koordinierte Abwicklung der Ins unter Nutzung der Synergieeffekte des Konzerns erleichtern könne. Positive Berichte aus der Praxis schienen dies zu bestätigen.[34] Dabei ging man allerdings davon aus, dass in einem solchen Fall die Konzernleitungsmacht fortbestehe und lediglich der Beschränkung unterliege, dass keine Weisungen erteilt werden dürften, die der Wahrung der GlInteressen zuwiderliefen. Nachdem aber durch § 276a geklärt worden ist, dass die Geschäftsleitung in der Eigenverwaltung nicht den Weisungen von Gesellschafterversammlung oder Aufsichtsrat unterliegt, ist dieser Annahme jedenfalls für den faktischen

28 Begr RegE, BT-Drucks 12/2443, 226 zu § 343 und zu § 344.

29 *Fröhlich/Bäckstätt* ZInsO 2011, 985; *Henkel* ZInsO 2015, 2477.

30 *LG Cottbus* ZIP 2001, 2188; HambKomm/*Fiebig* § 270 Rn 6; die *Kölner InsRichter* ZIP 2015, 2164; **aA** offenbar *AG Hamburg* ZIP 2014, 390 mit insoweit abl Anm *Hofmann* NZI 2014, 270.

31 Vgl *Braun/Uhlenbruck* UnternehmensIns, S 695 f; *Pape* KS-InsO S 769, 771–778, Rn 4, 6; *Hügel* S 218–226; zT abw *Kruse* S 84 f, 95.

32 *K/P/B/Pape* § 270 Rn 63–66; *Graf/Wunsch* ZIP 2001, 1029 und ZIP 2005, 105; *Huhn* Rn 133–135; *Vallender* FS Metzeler, 2003, S 32 ff; zu den praktischen Schwierigkeiten *Kluth* NJW 2002, 186. Das *OVG Berlin* ZVI 2004, 620 hält offenbar die Fortführung einer Apotheke im InsVerf durch den Schu für zulässig, wenn Eigenverwaltung angeordnet ist; dazu *AG Essen* ZInsO 2015, 1981 und *Jaeger/Windel* § 80 Rn 270. Allg zur Kollision von Berufsrecht und InsR *Runkel* ZVI 2007, 45, 48 f.

33 Vgl MK/*Tetzlaff* Vor § 270 Rn 42 f; FK/*Foltis* § 270 Rn 38; *N/R/Riggert* § 270 Rn 14; *Köke/Schmerbach* ZVI 2007, 497, 501.

34 *Piepenburg* NZI 2004, 231 zum Fall Babcock Borsig; vgl auch *Jaffé* ZHR 175 (2011) S 46 f; *Uhlenbruck* FS Metzeler, 2003, S 102 ff und *Görg/Stockhausen* ebendort S 117; *Adam/Poentgen* ZInsO 2008, 347.

Konzern die Grundlage entzogen.[35] Für den Vertragskonzern wird iE nichts anderes gelten: Der Beherrschungsvertrag dürfte mit der Eröffnung des InsVerf über das Vermögen der Tochtergesellschaft jedenfalls suspendiert sein.[36]

Das ab 21.4.2018 in Kraft tretende Gesetz **zur Erleichterung der Bewältigung von Konzerninsolvenzen** zieht daraus die Konsequenz, dass er in einem § 270d für gruppenangehörige Schu, die in Eigenverwaltung geführt werden, die gleichen Kooperationspflichten vorsieht wie für die InsVerw von Konzernunternehmen.[37] Die Vorschriften über die InsO im Konzern bilden einen Teil der seit dem 26.6.2017 in Kraft getretenen reformierten EuInsVO.[38] Die Vorschriften der EuInsVO erfassen nur grenzüberschreitende Sachverhalte.[39] Neben den Kooperations- und Kommunikationspflichten der beteiligten Gerichte und Verwalter/Sachwalter soll ein bes KooperationsVerf, wie es auch im deutschen RegE vorgesehen ist, den Wegfall der Konzernleitungsmacht kompensieren.[40] 18

Nach Auff des AG Köln können in einem **SekundärInsVerf** über die dt Niederlassung einer ausl Gesellschaft durch die Anordnung der Eigenverwaltung die Schwierigkeiten verringert werden, die sich im Zusammenspiel von ausl Haupt- und dt SekundärInsVerf ergeben.[41] Das Gericht geht dabei aber von der unzutreffenden Voraussetzung aus, dass durch die Anordnung der Eigenverwaltung das Verwaltungs- und Verfügungsrecht über das deutsche Vermögen des Schu „beim HauptInsVerw verbleibt". Wird Eigenverwaltung angeordnet, so erlangt der Schu die Verwaltungs- und Verfügungsbefugnis; soll der Verwalter des HauptInsVerf auch über die Masse des SekundärInsVerf verfügungsbefugt sein, so ist er zum SekundärInsVerw zu bestellen.[42] – Auch für die Koordinierung von Haupt- und SekundärInsVerf enthält die reformierte EUInsVO neue Ansätze.[43] 19

Als Anreiz für die Gl, das Risiko der Eigenverwaltung einzugehen, hat schon der Gesetzgeber der InsO eine **Kostenersparnis** vorgesehen: Die Vergütung des Sachwalters ist erheblich niedriger als die eines InsVerw,[44] und für die gesicherten Gl entfallen die Kostenpauschalen bei der Verwertung des Sicherungsguts.[45] In der Praxis hat sich jedoch gezeigt, dass an anderer Stelle höhere Belastungen der InsMasse entstehen, nämlich durch den zusätzlichen 20

35 Vgl *Brünkmans* ZIP 2013, 193, 199 f.

36 Vgl noch zum KonkursVerf *BGHZ* 103,1 (Beendigung mit Eröffnung des KonkursVerf); *Flöther/Hoffmann* FS Kübler, 2015, S 148,; für eine Suspendierung mit Kündigungsmöglichkeit aus wichtigem Grund *Uhlenbruck/Hirte* § 11 Rn 398. Siehe ausführlich *Brünkmans* Koordinierung von Insolvenzverfahren konzernverbundener Unternehmen, S 253 ff.

37 Vgl *Flöther/Hoffmann* FS Kübler, 2015, S 152-157; *Kübler* FS Vallender, 2015, S 291; MK/*Brünkmans* Konzerninsolvenzrecht, Rn 83; siehe auch Fallbeispiel *Stahlschmidt/Bartelheimer* ZInsO 2017, 1010 ff; siehe auch unter § 270d.

38 VO (EU) Nr 2015/848 vom 20.5.2015, ABlEU Nr L 141/19, in wesentlichen Teilen abgedruckt auch in ZInsO 2015, 1540. Vgl zur VO und ihrem konzernrechtlichen Teil *Vallender* ZIP 2015, 1513.

39 Zur Abgrenzung zu den nationalen Vorschriften ausführlich *Brünkmans* ZInsO 2013, 797 ff.

40 *Graf-Schlicker* FS Kübler, 2015, S 195, 199 f.

41 *AG Köln* ZIP 2004, 471 mit Anm *Meyer-Löwy/Poertzgen* ZInsO 2004, 195; vgl dazu auch *Kübler* HRI § 20 Rn 24-28; *Brünkmans* Koordinierung InsVerfahren konzernverbundener Unternehmen, S 378 ff.

42 *Eidenmüller* NJW 2004, 3458; vgl auch *Smid* DZWIR 2004, 406 f.

43 Vgl oben Rn 18.

44 Vgl unten § 274 Rn 10.

45 Vgl § 282 Abs 1 S 2, 3.

Beratungsbedarf des Schu.[46] Vorbereitung und Durchführung eines InsVerf in Eigenverwaltung setzen insolvenzrechtliche Kenntnisse voraus, die im Unternehmen in aller Regel nicht vorhanden sind. Dieses Vakuum wird in der Praxis durch einen Berater, Generalbevollmächtigten oder Sanierungsgeschäftsführer, allesamt idR erfahrene Insolvenzpraktiker, geschlossen.[47] Es ist eine wichtige Aufgabe des (vorläufigen) Sachwalters und des (vorläufigen) GlAusschusses, eine Auszehrung der Masse durch übermäßig hohe Beraterhonorare zu verhindern.[48] Die voraussichtlichen Kosten der Beratung sind möglichst frühzeitig durch den GlAusschuss und das InsGer zu ermitteln und fortlaufend zu überwachen.[49] Für kleinere Unternehmen dürfte die Eigenverwaltung häufig nicht geeignet sein. Weniger ins Gewicht fällt die Mehrbelastung durch Unterhaltsansprüche nach § 278.[50]

IV. Praktische Bedeutung

21 Die praktische Bedeutung der Eigenverwaltung war zunächst gering. Ende 1999 wurde die Öffentlichkeit auf diese VerfForm aufmerksam gemacht, als iF der **Philipp Holzmann AG** der Vorstand nach gescheiterten Verhandlungen mit den GlBanken ein InsVerf mit Eigenverwaltung beantragte. Nachdem Bundeskanzler Gerhard Schröder finanzielle Hilfen zugesagt hatte, wurde dieser Antrag allerdings wieder zurückgenommen.[51] In der Folgezeit wurden Berichte über positive Erfahrungen mit der Eigenverwaltung veröffentlicht.[52] Gegenüber der allg kritischen Haltung zur Eigenverwaltung, wie sie Grub noch einmal auf dem 51. Deutschen Anwaltstag formuliert hatte,[53] wurde nachdrücklich dafür plädiert, in geeigneten Fällen die Vorteile der Eigenverwaltung zu nutzen.[54]

22 Bes Aufsehen erregte dann die Anordnung der Eigenverwaltung iF der **Babcock Borsig AG** durch den ausf begründeten, die Einmischung der Politik kritisierenden Beschl des *AG Duisburg* v 1.9.2002.[55] In diesem Fall hatte die Geschäftsleitung vor der VerfEröffnung einen erfahrenen InsVerw in den Vorstand aufgenommen, um Bedenken wegen einer GlGefährdung durch die Eigenverwaltung zu zerstreuen.[56] Diese Praxis, die bald darauf in dem weiteren GroßVerf **Kirch Media** übernommen wurde und später allg üblich geworden

---

46 Insb durch die Aufnahme eines Sanierungsfachmanns in die Geschäftsleitung. „Die dafür anfallenden Kosten übersteigen so manche Insolvenzverwaltervergütung erheblich." (*Jaffé* ZHR 175 – 2011 – S 44). Vgl weiter *Rattunde/Stark* Rn 16; *Gottwald/Haas* § 86 Rn 15; *Klein/Thiele* ZInsO 2013, 2242 und die Diskussion über die Kosten der Eigenverwaltung im Vergleich zu den Kosten des RegelVerf auf der NZI-Fachtagung 2014, referiert von *Lojowsky* NZI 2015, Heft 1/2 S XII.

47 *Mönning/Schäfer/Schiller* BB 2017, Beil zu Heft 25, S 1; *Seibt/Bulgrin* ZIP 2017, 335; krit *Hammes* NZI 2017, 233, 234, der Berater nehme die Funktion einer „gerichtlich kaum zu kontrollierenden Nebeninsolvenzverwaltung" ein.

48 Vgl *Hammes* NZI 2017, 233, 234; *Rendels* FS Kübler, 2015, S 577. Zur Anfechtbarkeit von Zahlungen an Berater vor InsEröffnung vgl unten zu Rn 26.

49 *Hammes* NZI 2017, 233, 234.

50 Vgl *Hügel* S 201–207, 216 f.

51 Vgl *Görg* FS Uhlenbruck, 2000, S 123–125.

52 *Buchalik* NZI 2000, 294; *Friedhoff* ZIP 2002, 497.

53 AnwBl 2000, 580; weiterhin sehr krit: *Grub* KS-InsO, S 531 f Rn 155 f.

54 *Graf/Wunsch* ZIP 2001, 1029; *Huntemann/Dietrich* ZInsO 2001, 13; *Dietrich* insb S 125–156, 198–201.

55 ZInsO 2002, 1046; dazu wiederum krit *Kluth* ZInsO 2002, 1001.

56 Über die positiven Erfahrungen mit der Eigenverwaltung iF Babcock Borsig berichtet *Piepenburg* NZI 2004, 231. Überw gute Erfahrungen schildern auch *Görg/Stockhausen* FS Metzeler, 2003, S 105 und *Körner* NZI 2007, 270.

ist,[57] wurde zunächst von einigen Stimmen in der Lit als „Selbstauswahl des InsVerw" negativ bewertet.[58] Weder eine solche Erweiterung des Vorstands, die rechtlich zulässig und häufig zweckmäßig ist,[59] noch Erwartungen, die von politischer Seite geweckt werden, hindern den InsRichter aber daran, in richterlicher Unabhängigkeit auf der Grundlage der gesetzlichen Voraussetzungen über die Eigenverwaltung zu entscheiden.[60] Gibt es zB Anhaltspunkte dafür, dass die Geschäftsleitung in ihrer neuen Zusammensetzung bestimmte GroßGl in ungerechtfertigter Weise bevorzugen wird, so ist die vom Schu beantragte Eigenverwaltung gem § 270 Abs 2 zu versagen.[61] Ein InsFachmann in der Geschäftsleitung des insolventen Unternehmens hat den großen Vorteil, dass dem Schu die Erfüllung der insolvenzspezifischen Pflichten und die Wahrnehmung der bes Rechte bei der Eigenverwaltung erleichtert werden, von der InsRechnungslegung bis zur Ausübung des Wahlrechts bei gegenseitigen Verträgen.[62]

Nach dem Inkrafttreten des ESUG am 1.3.2012 wurden in verstärktem Umfang größere InsVerf in Eigenverwaltung durchgeführt. Viel Aufmerksamkeit in der Fachöffentlichkeit fand das InsVerf über das Vermögen der Fa **Dailycer**. Hier wich das Gericht bei der Bestellung des Sachwalters vom Vorschlag des vorläufigen GlAusschusses ab, mit der Folge, dass eine bes einberufene GlVersammlung den Sachwalter abwählte.[63] Mittlerweile wurden seit Inkrafttreten des ESUG vielzählige InsVerf in Eigenverwaltung geführt. 2017 standen bekannte Unternehmen aus der Modebrache im Fokus der Eigenverwaltung, wie etwa Laurèl GmbH,[64] SinnLeffers GmbH[65] sowie die Rudolf Wöhrl AG. Mediale Aufmerksamkeit hat die Eigenverwaltung jüngst in den InsVerf der traditionsreichen Hamburger Reederei Rickmers Holding AG und der insolventen Fluglinie Air Berlin erfahren. **23**

Das neu geschaffene **„Schutzschirmverfahren"** nach § 270b fand sofort großen Zuspruch: **24**
Noch im März 2012 stellten die **Dura-Gruppe**, die Druckereigruppe **Eppe-Drescher** und die **Leiser Fabrikations- und Handelsgesellschaft** mit ihren zwei Tochtergesellschaften, jeweils mit vielen hundert Arbeitnehmern, Antrag auf Eröffnung eines solchen Verf. Die weltweit tätige Automobilzulieferer-Gruppe **Neumayer Tekfor** wurde nach einem SchutzschirmVerf und einem anschließenden InsVerf in Eigenverwaltung in nur neun Monaten erfolgreich durch einen InsPlan saniert.[66] Andere Beispiele für eine gelungene Sanierung nach § 270b sind das Solarunternehmen **Centrotherm**[67] und die Fa **Küppersbusch** Großküchentechnik.[68] Bei der Einzelhandelsgruppe **Strauss Innovation** wurde ein im Januar 2014 beantragtes SchutzschirmVerf noch im selben Jahr mit der Bestätigung eines InsPlans erfolgreich abgeschlossen, bereits im Juni und August 2015 mussten jedoch für die Unternehmen der

57 ZB in den Fällen Agfa-Photo, Ihr Platz, Waggonbau Niesky, Sinn-Leffers und Manroland.
58 *Frind* ZInsO 2002, 751; *Berscheid* FS H P Kirchhof, 2003, S 44 f.
59 Vgl *AG Köln* ZIP 2005, 1975 mit Anm *Bähr/Landry* EWiR 2006, 153 – Agfa-Photo GmbH; *Hügel* S 49–57.
60 Vgl *Uhlenbruck* NJW 2002, 3219 und FS Metzeler, 2003, S 90 f; *K/P/B/Pape* § 270 Rn 31.
61 *AG Köln* ZIP 2005, 1975; *Graf-Schlicker* FS H P Kirchhof, 2003, S 135, 146 ff.
62 *Hügel* S 213.
63 Vgl *LG Stendal* ZIP 2012, 2168 sowie ZInsO-Aktuell 47/2012, S V und 50/2012, S IV.
64 Vgl Insolvenzreport ZInsO Beil 8/2017, 12.
65 Vgl Insolvenzreport ZInsO Beil 33/2017, 20.
66 ZInsO-Aktuell 51/52/2012, S V und 25/2013, S IV.
67 Vgl ZInsO-Aktuell 7/2013, S IV.
68 WAZ online, Beiträge v 20.6.2013 und 9.1.2014.

Gruppe erneut InsAnträge gestellt werden.[69] Auch einige Verfahren der Kontec-Gruppe wurden 2017 im SchutzschirmVerf geführt.

25 Viele Facetten hat das Schutzschirm- und InsVerf iF des **Suhrkamp-Verlages**. Hier scheint ein InsGrund gezielt herbeigeführt worden zu sein, um gegen den Willen des Minderheits-Gesellschafters zu dessen Entmachtung eine Umstrukturierung der Gesellschaft durchführen zu können.[70] Im Zusammenhang mit diesem Verf hat sich eine intensive Diskussion in der Literatur zu der Frage entwickelt, inwieweit der gesellschaftsrechtliche Minderheitenschutz durch ein InsVerf ausgehebelt werden kann: „Der strategische Eigenantrag – Missbrauch oder kunstgerechte Handhabung des InsVerf?"[71] Einer Zweckentfremdung des InsVerf, insb des SchutzschirmVerf, zur Waffe in gesellschaftsrechtlichen Streitigkeiten kann vorgebeugt werden, indem bei offensichtlichen Meinungsverschiedenheiten zwischen maßgeblichen Gesellschaftern die Eigenverwaltung abgelehnt und ein InsVerw eingesetzt wird.[72]

26 Aus der Praxis wird immer wieder darauf hingewiesen, dass zur erfolgreichen Durchführung eines InsVerf in Eigenverwaltung eine vorbereitende **Sanierungsberatung** der Geschäftsleitung und eine Abstimmung mit den Gl erforderlich sind. Darüber hinaus sollten, soweit möglich, Vorgespräche mit dem Gericht geführt werden.[73]

27 Den Zahlen des **Statistischen Bundesamtes** ist die gestiegene Bedeutung der Eigenverwaltung nur eingeschränkt zu entnehmen. Im Jahr 2016 lag das Verhältnis der in Eigenverwaltung geführten Verf zu den eröffneten Unternehmensinsolvenzen bei 1,5 %.[74]

28 Diese Zahlen sind weit entfernt von den Erwartungen derer, die annahmen, dass die Eigenverwaltung nach der Reform der Regelfall der Unternehmensinsolvenz sein werde. Auch fünf Jahre nach Inkrafttreten des ESUG ist die Eigenverwaltung kein Regelfall der Unternehmensinsolvenz, sondern vielmehr auf geeignete Verf beschränkt.[75] Zu berücksichtigen ist jedoch zunächst, dass in der großen Mehrzahl der Insolvenzen schon gar kein laufender

---

69 ZInsO-Aktuell 27/2015, S VI; WirtschaftsWoche online, Beitrag v 1.9.2015. – Weniger krass der Fall Frick Fachmärkte für Raumausstattung: Im Jahr 2012 wurde ein SchutzschirmVerf erfolgreich durchgeführt, im Juni 2015 musste dann doch vorl InsVerwaltung angeordnet werden, ZInsO-Aktuell 31/32/2015. S V.

70 Vgl die Kritik von *Fölsing* ZInsO 2013, 132 und die Stellungnahme von *Lang/Muschalle* NZI 2013, 953 zu der Frage, ob das InsVerf rechtsmissbräuchlich eingeleitet worden ist. – Der Streit der Gesellschafter führte bis zum BVerfG, vgl *BVerfG* ZInsO 2015, 84 mit Anm *Fölsing*.

71 So der plakative Titel des Beitrags von *Brinkmann* ZIP 2014, 197; vgl weiter, um nur die neueren Beiträge zu nennen, *Böcker* ZInsO 2015, 773; *Brünkmans/Übele* ZInsO 2014, 265; *Hölzle* ZIP 2014, 1819; *Madaus* ZIP 2014, 500; *Marotzke* ZInsO 2015, 325.

72 Vgl unten § 270 Rn 17.

73 Vgl insb *Buchalik/Lojowsky* ZInsO 2013, 1017; *Horstkotte* ZInsO 2013, 2354; *Kolmann* DB 2014, 1663; *Wipperfürth/Webel* ZInsO 2015, 76; – Zahlungen an Sanierungsberater können nicht wegen vorsätzlicher Benachteiligung der Gl (§ 133) angefochten werden, wenn ein schlüssiges Sanierungskonzept verfolgt wird. Außerdem scheidet die Anfechtung aus, soweit der Berater im Rahmen eines Bargeschäfts eine gleichwertige Gegenleistung erbringt. Vgl *Ganter* ZIP 2015, 1413 in krit Besprechung von *LG Frankfurt* ZIP 2015, 1358 und *Thole* ZIP 2015, 2145; weiter *OLG Bremen* ZInsO 2015, 1791; *OLG Celle* ZInsO 2015, 2444; *LG Würzburg* ZInsO 2014, 564; *Mock* ZIP 2014, 445; *Utsch* DZWIR 2013, 353. Die Zahlung des vereinbaren angemessenen Honorars ist auch kein Verstoß gegen § 64 S 1 GmbHG, *Buchalik/Hiebert* ZInsO 2014, 1428-1430.

74 *Statistisches Bundesamt* Unternehmen und Arbeitsstätten, InsVerf, Ausg Dez und Jahr 2016, Tab 5 und 10.

75 *Frind* ZIP 2017, 993, 995.

Geschäftsbetrieb mehr vorhanden ist.[76] Im Übrigen sind die Ins großer und mittlerer Unternehmen entscheidend für das Gewicht, das Eigenverwaltung und SchutzschirmVerf mittlerweile gewonnen haben.

Der Studie „Fünf Jahre ESUG" der *Boston Consulting Group*[77] ist zur praktischen Bedeutung der Eigenverwaltung in der Zeit bis Anfang 2017 Folgendes zu entnehmen: **29**

- Bei den jeweils 50 nach Umsatz größten UnternehmensIns mit zum Teil mehreren betroffenen Gesellschaften wurde 2012 in 44 %, 2013 in 23 %, 2014 in 31 %; 2015 in 20 % und 2016 in 58 % der Fälle Eigenverwaltung beantragt.
- Von allen Unternehmen, die von März 2012 bis Januar 2017 Eigenverwaltung beantragten, waren nach den Größenklassen des § 267 HGB 67 % kleine, 24 % mittlere und 9 % große Unternehmen.
- Etwa 21 % der Anträge auf Eigenverwaltung waren Anträge nach § 270b (SchutzschirmVerf). Die Unternehmen, für die ein solcher Antrag gestellt wurde, waren mit einem durchschnittlichen Umsatz von 14 Mio EUR und einer durchschnittlichen Zahl von 100 Mitarbeitern tendenziell größer als die Unternehmen, die einen Antrag nach § 270a stellten (durchschnittlich 4,5 Mio EUR Umsatz, durchschnittlich 35 Mitarbeiter).
- Etwa 41 % der Anträge auf Eigenverwaltung hatten keinen Erfolg, sie führten zur Eröffnung eines RegelInsVerf. Für einen Antrag nach § 270a betrug die Mißerfolgsquote 42 %, für den Antrag nach § 270b lag sie bei 32 %.
- Etwa 20 % der seit März 2012 beantragten EigenverwaltungsVerf waren bis Januar 2017 abgeschlossen. Dabei waren die SchutzschirmVerf nach durchschnittlich 190 Tagen beendet, die Verf nach § 270a nach durchschnittlich 240 Tagen. In über der Hälfte dieser abgeschlossenen Verf waren mehr als 100 Gl beteiligt. Die InsGl erhielten durchschnittlich eine Quote von 10 %.

Die ESUG-Reform wird gegenwärtig von *Jacoby/Madaus/Sack/Schmidt/Thole* evaluiert. **30**
Die Berichtsfassung wird mit diversen Stakeholdergruppen diskutiert und finalisiert, bevor sie dem BMJV übergeben wird. Das Forschungsvorhaben soll bis zum 30.4.2018 abgeschlossen sein.[78]

Insgesamt scheint es mit der Reform des Rechts der Eigenverwaltung durch das ESUG **31**
gelungen zu sein, einen beträchtliche Anteil der Geschäftsleitungen mittlerer und größerer Unternehmen davon zu überzeugen, im Krisenfall mit einem frühzeitigen InsAntrag eine Sanierung im InsVerf einzuleiten. Die Anordnung der (vorläufigen) **Eigenverwaltung** und insb des SchutzschirmVerf wird von Geschäftspartnern und Gl **als positives Sanierungssignal** verstanden. Das Stigma der Ins haftet auch an diesem Verf, es tritt aber etwas zurück.

In **Österreich** ist im Jahre 2010 iRd neuen einheitlichen InsVerf ein bes **„Sanierungsverfahren"** eingeführt worden, in dem für den Schu die Eigenverwaltung unter der Aufsicht eines Sachwalters vorgesehen ist.[79] **32**

76 *Frind* (FS Haarmeyer, 2013, S 41) berichtet, dass in einer Großstadt bei 1600 RegelInsVerf nur 100 einen laufenden Geschäftsbetrieb zum Gegenstand hatten.

77 Verfasser: *Moldenhauer/Wolf*, März 2017.

78 Www.esug-evaluation.de/Home/ESUG-Evaluation.

79 Vgl *Riel* ZInsO 2011, 1400.

§ 270 Voraussetzungen

(1) [1]Der Schuldner ist berechtigt, unter der Aufsicht eines Sachwalters die Insolvenzmasse zu verwalten und über sie zu verfügen, wenn das Insolvenzgericht in dem Beschluss über die Eröffnung des Insolvenzverfahrens die Eigenverwaltung anordnet. [2]Für das Verfahren gelten die allgemeinen Vorschriften, soweit in diesem Teil nichts anderes bestimmt ist. [3]Die Vorschriften dieses Teils sind auf Verbraucherinsolvenzverfahren nach § 304 nicht anzuwenden.

(2) Die Anordnung setzt voraus,
1. dass sie vom Schuldner beantragt worden ist und
2. dass keine Umstände bekannt sind, die erwarten lassen, dass die Anordnung zu Nachteilen für die Gläubiger führen wird.

(3) [1]Vor der Entscheidung über den Antrag ist dem vorläufigen Gläubigerausschuss Gelegenheit zur Äußerung zu geben, wenn dies nicht offensichtlich zu einer nachteiligen Veränderung in der Vermögenslage des Schuldners führt. [2]Wird der Antrag von einem einstimmigen Beschluss des vorläufigen Gläubigerausschusses unterstützt, so gilt die Anordnung nicht als nachteilig für die Gläubiger.

(4) Wird der Antrag abgelehnt, so ist die Ablehnung schriftlich zu begründen; § 27 Absatz 2 Nummer 4 gilt entsprechend.

Übersicht

I. Normzweck, Gesetzgebungshinweise

1 **1. Wesentlicher Inhalt.** Aus der Vorschrift ergeben sich zunächst die Voraussetzungen und das Verf für die Anordnung der Eigenverwaltung. Wichtigste Voraussetzung ist, dass **keine** Umstände bekannt sind, die erwarten lassen, dass die Eigenverwaltung zu **Nachteilen für die Gl** führen wird. Der Schu bleibt im InsVerf verfügungsbefugt, zu seiner Beaufsichtigung wird allerdings ein „Sachwalter" ernannt (der Begriff ist der vereinbarten Überwachung im früheren VergleichsVerf entlehnt, vgl §§ 91–95 VerglO). Ein InsVerw wird nicht bestellt (vgl § 270c).

2 Sind die Voraussetzungen für die Anordnung der Eigenverwaltung gegeben, so hat das Gericht keinen Ermessensspielraum. Die Eigenverwaltung ist anzuordnen.[1] Die Einsetzung eines InsVerw würde in einem solchen Fall eine übermäßige Beschränkung der Rechtsstellung des Schu bedeuten, die mit dem verfassungsmäßigen Verhältnismäßigkeitsgrundsatz nicht in Einklang stünde.[2]

3 In **VerbraucherInsVerf** (§ 304) kann Eigenverwaltung nicht angeordnet werden.

---

1 *Prütting* FS H P Kirchhof, 2003, S 436.
2 *L/S/Z/Wehdeking* § 270 Rn 3.

2. Gesetzgebungshinweise. Abs 2 ist durch das **Gesetz zur weiteren Erleichterung der Sanierung von Unternehmen (ESUG)** neu gefasst worden.[3] Bisher galten schärfere Voraussetzungen für die Anordnung der Eigenverwaltung: An der Stelle der jetzigen Nr 2 stand eine Nr 3 mit der Formulierung: „dass nach den Umständen zu erwarten ist, dass die Anordnung nicht zu einer Verzögerung des Verf oder zu sonstigen Nachteilen für die Gl führen wird." War unklar, ob Nachteile eintreten würden, war die Eigenverwaltung danach abzulehnen. Nach der Neufassung dagegen gehen Zweifel, ob die Eigenverwaltung im konkreten Fall vorteilhaft ist, nicht mehr zulasten des Schu.[4] 4

In der bisherigen Nr 2 war bestimmt, dass die Eigenverwaltung in Fällen, in denen ein Gl den Eröffnungsantrag gestellt hatte, zusätzlich von dessen Zustimmung abhängig war. Die Streichung dieser Nr hat die Folge, dass es einem einzelnen Gl nicht mehr möglich ist, den Weg zur Eigenverwaltung zu blockieren, auch wenn dieser Gl mit seinen Eröffnungsantrag dem Schu zuvorgekommen ist.[5] 5

Aus dem ESUG stammen auch die Beteiligung des **vorläufigen GlAusschusses** in Abs 3 und die Pflicht des Gerichts, die **Ablehnung** eines Antrags auf Eigenverwaltung schriftlich zu **begründen**, in Abs 4. Der frühere § 270 Abs 3 ist inhaltlich unverändert als § 270c erhalten geblieben. 6

In InsVerf, die vor dem 1.3.2012 beantragt worden sind, kommen die Änderungen durch das ESUG nach der **Übergangsregelung** im Einführungsgesetz noch nicht zur Anwendung (Art 103g EGInsO). 7

Nur redaktionelle Bedeutung haben die Änderungen, die durch das **Gesetz zur Verkürzung des RestschuldbefreiungsVerf und zur Stärkung der GlRechte** vom 15.7.2013[6] in § 270 vorgenommen worden sind. Der neue Abs 1 S 3 hat mit Wirkung vom 1.7.2014 die Regelung in § 312 Abs 2 ersetzt, die vorher die gleiche inhaltliche Aussage zum Ausschluss der Eigenverwaltung im VerbraucherInsVerf enthielt. Die Verlagerung steht in Zusammenhang mit der Aufhebung von Sondervorschriften für die Verbraucherinsolvenz insb zum InsPlan (ebenfalls § 312 Abs 2), zum Treuhänder (§ 313) und zur vereinfachten Verteilung (§ 314). Der neue Standort widerspricht allerdings der Aussage in § 304 Abs 1, dass die (verbleibenden) Sondervorschriften zum VerbraucherInsVerf im Neunten Teil der InsO zu finden sind. – In Abs 4 wird jetzt auf § 27 Abs 2 Nr 4 verwiesen (vorher war es Nr 5), eine Folgeänderung zur Umnummerierung in § 27. 8

II. Voraussetzungen der Anordnung (Abs 2)

1. Antrag des Schuldners. Formelle Voraussetzung ist zunächst, dass der Schu die Anordnung beantragt (Abs 2 Nr 1). Der Antrag kann gestellt werden, solange der Eröffnungsbeschluss noch nicht ergangen ist.[7] Im BeschwVerf gegen den EröffnungsBeschl kann der Antrag auf Eigenverwaltung nicht mehr nachgeholt werden; denn dieses Verf betrifft nur die EröffnungsEntsch, und eine separate Entsch des InsGer über die Eigenverwaltung ist nicht vorgesehen.[8] Hat ein Gl den Antrag auf Eröffnung des InsVerf gestellt, so kann der Schu den **Antrag auf Eigenverwaltung** stellen, wenn er zu dem GlAntrag gehört wird (§ 14 9

3 Vgl oben Vor § 270 Rn 5.

4 Damit wird zu einer Formulierung zurückgekehrt, die schon im RegE der InsO enthalten war, die seinerzeit aber dem BT-RAussch nicht restriktiv genug erschien. Vgl § 331 RegE InsO, BT-Drucks 12/2443, 61 und die Stellungnahme des RAussch BT-Drucks 12/7302, 118, 185.

5 Vgl die Begr zum RegE ESUG, BT-Drucks 17/5712, 38.

6 BGBl I, 2379.

7 N/R/*Riggert* § 270 Rn 18; FK/*Foltis* § 270 Rn 45 f.

8 *Uhlenbruck/Zipperer* § 270 Rn 41; *Gottwald/Haas* § 87 Rn 4; **aA** *Graf-Schlicker* § 270 Rn 9.

Abs 2); eine Nachholung des Antrags nach der VerfEröffnung ist auch in diesem Fall nicht zulässig.[9] Wenn allerdings die GlVersammlung die Eigenverwaltung beantragt, reicht es nach der Neufassung des § 271 aus, dass der Schu nachträglich sein Einverständnis dazu erklärt.[10]Teilweise wird verlangt, dass der Eigenverwaltungsantrag eine Vergleichsrechnung durch Gegenüberstellung der Kosten in RegelVerf und Eigenverwaltung enthält.[11] In der Vergleichsrechnung seien sämtliche zu erwartenden Kosten, insbesondere Beraterkosten, und Masseverbindlichkeiten für beide Verfahrensvarianten mit realistischen Ansätzen aufzuschlüsseln und einander gegenüber zu stellen.[12] Die Kölner InsRichter empfehlen, schon bei der Antragsstellung dem Ger die vereinbarte Vergütung für einen Berater darzulegen.[13]

10 Stellt der Schu schon bei drohender Zahlungsunfähigkeit (§ 18) den Antrag auf Eröffnung des InsVerf verbunden mit dem Antrag auf Eigenverwaltung, sieht das Gericht aber die Voraussetzungen für die Eigenverwaltung nicht als gegeben an, so hat das Gericht nach § 270a Abs 2 idF des ESUG den Schu auf diese Bedenken hinzuweisen und ihm Gelegenheit zu geben, den InsAntrag zurückzunehmen. Diese Verfahrensweise war schon nach bisherigem Recht zu empfehlen.[14] Kruse hält es allg für zulässig, den Eröffnungsantrag nur bedingt zu stellen, nämlich unter der Bedingung, dass mit der Eröffnung die Eigenverwaltung angeordnet werde. Der Grundsatz der Unzulässigkeit bedingter Prozesshandlungen stehe nicht entgegen, da es hier um eine innerprozessuale, von der Entsch des angerufenen Gerichts abhängige Bedingung gehe, nicht anders als bei einem im str Verf gestellten Hilfsantrag.[15]

11 Bei **Gesellschaften und juristischen Personen** kann den Antrag auf Eigenverwaltung jede Person oder Mehrheit von Personen stellen, die zur Vertretung berechtigt ist.[16] Die Auffassung, der Antrag könne analog § 15 Abs 1 von jedem Mitglied des Vertretungsorgans und von jedem vertretungsberechtigten Gesellschafter gestellt werden,[17] verkennt, dass die Befugnis jedes einzelnen Vertretungsberechtigten, den InsAntrag zu stellen, mit der persönlichen Haftung jedes Einzelnen wegen InsVerschleppung (zB nach § 84 GmbHG) korrespondiert.[18] Für die Ansicht, nur alle vertretungsberechtigten Personen gemeinsam könnten die Eigenverwaltung beantragen,[19] fehlt eine Grdl im Gesetz.

12 Ein Schu, der bei laufendem Geschäftsbetrieb Eigenverwaltung beantragt, hat nach § 13 Abs 1 S 4, 6 seinem Eröffnungsantrag ein aufgegliedertes Verzeichnis der Gl und ihrer Forderungen beizufügen. Das vereinfacht dem Gericht die Einsetzung eines **vorl GlAusschusses** (§ 22a). Ein solcher Ausschuss wirkt bei der Bestellung des vorl Sachwalters mit und ist

9 Vgl Begr zum RegE, BT-Drucks 12/2443, 223 zu § 331.
10 Vgl unten § 271 Rn 2.
11 So zuletzt, *Hammes* NZI 2017, 233, 236; sa *AG Freiburg* 1.5.2015 – 58 IN 37/15; *AG Essen* 3.2.2015 – 163 IN 14/15; *Buchalik/Schröder/Ibershoff* ZInsO 2016, 1445; *Laroche/Prushowski/Schöttler/Siebert/Vallender* ZIP 2014, 2153, 2162.
12 *Hammes* NZI 2017, 233, 236 f; s ausführliches Beispiel für eine Vergleichsrechnung *Buchalik/Schröder/Ibershoff* ZInsO 2016, 1445, 1451 ff.
13 ZIP 2014, 2162.
14 *Schlegel* ZIP 1999, 954 ff; *Westrick* NZI 2003, 66; *Uhlenbruck* FS Metzeler, 2003, S 94.
15 Die Eigenverwaltung in der Ins mit ihren gesellschaftsrechtlichen Bezügen, 2004, S 174–187.
16 *AG Mannheim* ZIP 2014, 484; MK/*Wittig* § 270 Rn 29–31; *Gottwald/Haas* § 87 Rn 11 f; *Graf-Schlicker* § 270 Rn 7; *Huhn* Rn 17–49.
17 N/R/*Riggert* § 270 Rn 19.
18 *Huhn* Rn 40; *Flöther/Smid/Wehdeking* Rn 4 f.
19 *Uhlenbruck*, 13. Aufl, § 270 Rn 18; *K Schmidt/Undritz* § 270 Rn 6 (der dies aus zivilprozessualen Grundsätzen entnehmen will); offenbar auch *Pape* in *K/P/B* § 270 Rn 83 f, allerdings unter Hinweis auf § 18 Abs 3, der diese Voraussetzung gerade nicht enthält.

zur Überwachung des Schu als Eigenverwalter auch schon im EröffnungsVerf regelmäßig erforderlich.[20] Allerdings gilt auch hier, dass es nicht immer einfach ist, Personen zu finden, die zur Übernahme dieses Amtes geeignet und bereit sind.[21]

2. Keine Nachteile für die Gläubiger. Ob die materielle Voraussetzung vorliegt, dass **keine Umstände bekannt sind, die Nachteile für die Gl** erwarten lassen (Abs 2 Nr 2), muss das Gericht von Amts wegen feststellen.[22] Es geht um die Prognose, ob die bekannten Tatsachen den Eintritt einer GlBenachteiligung überwiegend wahrscheinlich machen.[23] Bes Nachforschungen werden dem Gericht dabei nicht auferlegt.[24] Die Einholung eines Sachverständigengutachtens zur Frage möglicher Nachteile ist nicht veranlasst.[25] Ist ein vorläufiger GlAusschuss bestellt, so werden sich entscheidende Gesichtspunkte aus dessen Stellungnahme ergeben; befürwortet der Ausschuss einstimmig die Eigenverwaltung, so ist das Gericht aller weiteren Ermittlungen enthoben.[26] Fehlt ein solcher Ausschuss, so können die wichtigsten Gl angehört werden. Es steht jedem Interessierten frei, auch ohne Aufforderung durch das Gericht in einer „Schutzschrift" Gründe gegen die Anordnung der Eigenverwaltung anzuführen.[27] Weiter kann ein vorläufiger Sachwalter (§ 270a Abs 1 S 2) oder vorläufiger InsVerw um Stellungnahme gebeten werden. Durch die vorausgehende Entsch, im EröffnungsVerf anstelle eines vorläufigen InsVerw einen vorläufigen Sachwalter zu bestellen, wird die Entsch über die Eigenverwaltung im eröffneten Verf noch nicht vorweggenommen; denn die Voraussetzungen sind unterschiedlich.[28] Für den Schu empfiehlt es sich, alle Gesichtspunkte, die für die Anordnung der Eigenverwaltung sprechen, mit seinem Antrag eingehend darzustellen.[29] Jedenfalls sollte er auf Befragen des Gerichts alle Auskünfte geben, da er sonst Gefahr läuft, dass die Eigenverwaltung schon wegen mangelnder Kooperationsbereitschaft des Schu und der daraus folgenden Gefährdung der GlInteressen abgelehnt wird. Auf der Grundlage der so ermittelten Tatsachen sollte das Gericht die materielle Voraussetzung der Eigenverwaltung mit großer Sorgfalt prüfen, da ein ungeeigneter Schu in kurzer Zeit großen Schaden anrichten kann;[30] es ist einem nachträglich eingesetzten Ins- 13

---

20 Vgl unten § 270a Rn 7. – Der Bundesarbeitskreis InsGerichte (ZInsO 2014, 2567 bei 4.1) hat empfohlen, durch eine Ergänzung des § 22a Abs 1 auch den Antrag auf Eigenverwaltung als Fall vorzusehen, in dem die Einsetzung eines vorl GlAusschusses verpflichtend ist.

21 Vgl dazu die Erfahrungen der *Kölner InsRichter* ZIP 2014, 2154-2157.

22 *K/P/B/Pape* § 270 Rn 90.

23 *AG Essen* ZInsO 2015, 700.

24 So wörtlich die Begr zu § 331 RegE InsO, BT-Drucks 12/2443, 223; **aA** *Hammes* ZIP 2017, 1505, 1507.

25 So auch *K/P/B/Pape* § 270 Rn 117; BeckOK-InsO/*Ellers* § 270 Rn 28; *Braun/Riggert* § 270 Rn 6; *Uhlenbruck/Zipperer* § 270 Rn 37; HambKomm/*Fiebig* § 270 Rn 23; *Vallender* DB 2015, 231 bei II 2a; für die Einsetzung eines Sachverständigen dagegen *K Schmidt/Undritz* § 270 Rn 9; wohl MK/*Tetzlaff* § 270 Rn 93; *Hammes* ZIP 2017, 1505, 1508; *Henkel* ZIP 2015, 569 f; *Hölzle* Praxisleitfaden ESUG, 2. Aufl 2014, §§ 270, 270a Rn 77-79.

26 Vgl Abs 3 und unten Rn 23.

27 *AG Köln* ZIP 2013, 1390; *Bichlmeier* DZWIR 2000, 62, 66 f; *L/S/Z/Wehdeking* § 270 Rn 38; einschränkend *Uhlenbruck/Zipperer* § 270 Rn 39.

28 Vgl insb einerseits § 270a Abs 1, andererseits § 270 Abs 2.

29 Zur Gefahr der strafrechtlichen Verwendung und Anwendbarkeit des Beweisverwendungsverbotes des § 97 Abs 1 S 3 im Rahmen eines Antrages auf Eigenverwaltung siehe *Haarmeyer* ZInsO 2016, 545 ff.

30 *Henkel* ZIP 2015, 569; *Madaus* (KTS 2015, 133) weist zu Recht darauf hin, dass diese sorgfältige Prüfung einen erfahrenen InsRichter voraussetzt und dass ein solcher wegen der fehlenden Konzentration der InsGerichte in einigen Bundesländern nicht überall zu finden ist.

Verw nicht möglich, gläubigerschädigende Handlungen, die der Schu während der Eigenverwaltung vornimmt, mit der InsAnf anzugreifen.[31]

14 Ob die Umstände erwarten lassen, dass die Anordnung der Eigenverwaltung zu Nachteilen für die Gl führt, ist das Ergebnis einer **Abwägung aller Vor- und Nachteile**. Einzelne Nachteile, die im speziellen Fall mit der Eigenverwaltung verbunden sind, können also durch bes Vorteile ausgeglichen werden.[32] Kommt das Gericht insgesamt zu der Feststellung, dass mehr Vorteile als Nachteile für die Gl zu erwarten sind, so hat es bei Vorliegen auch der formellen Voraussetzungen die Eigenverwaltung anzuordnen; ein Ermessen des Gerichts besteht dann nicht.[33]

15 Ausgangspunkt der Prüfung sollte sein, ob bekannte Tatsachen dagegen sprechen, dass der Schu, iFv Gesellschaften und juristischen Personen seine geschäftsführenden Organe, **vertrauenswürdig und zuverlässig** sind.[34] Weiter dürfen keine Anhaltspunkte dafür bestehen, dass beim Schu die Kenntnisse und Fähigkeiten fehlen, die dazu erforderlich sind, ein Unternehmen in der schwierigen Situation einer Ins weiterzuführen. In die Betrachtung einzubeziehen sind jeweils auch eine Neubesetzung der Geschäftsleitung oder die laufende Beratung durch einen Sanierungsexperten.[35] Dass das Unternehmen – wie meist – durch Managementfehler in die Ins geraten ist, schloss schon nach der alten Formulierung des § 270 nicht zwangsläufig aus, dass der Schu die für die Eigenverwaltung erforderlichen Qualifikationen besaß; es kam auf die Umstände des Einzelfalls an.[36] Nach neuem Recht müssen Tatsachen bekannt sein, die erwarten lassen, dass sich diese Fehler wiederholen oder dass sich andere Nachteile für die Gl ergeben werden, wenn die bisherige Unternehmensleitung im Amt bleibt.[37] Selbstverständlich spricht mehr für die Eigenverwaltung, wenn die Ins auf äußere Umstände zurückzuführen ist, die die Geschäftsleitung nicht zu vertreten hatte.

16 Ein wichtiges Indiz für die Eignung des Schu ist dessen **Verhalten bei InsEintritt**: Positiv zu werten sind ein frühzeitiger InsAntrag, eine aktuelle und aussagekräftige Buchführung und die pünktliche Erfüllung steuerlicher Pflichten.[38] Negativ ins Gewicht fallen gläubigerschädigende Handlungen oder Verstöße gegen die gesetzlichen Pflichten der Geschäftsleitung; dabei geht es nicht nur um die InsAntragspflicht (§ 15a), sondern zB auch um die Pflicht des Vorstands einer AG, ein Krisenwarnsystem einzurichten (§ 91 Abs 2 AktG)[39] oder die Pflicht des Geschäftsführers einer GmbH, Zahlungen zu unterlassen, die zur Zahlungsunfä-

---

31 Begr zum RegE, BT-Drucks 12/2443, 224, zu § 333; zweifelnd *Skauradszun* DZWIR 2010, 366.

32 Vgl *K/P/B/Pape* § 270 Rn 115–119; *N/R/Riggert* § 270 Rn 20; *Graf-Schlicker* § 270 Rn 11; *Gottwald/Haas* § 87 Rn 40; **aA** *K Schmidt/Undritz* § 270 Rn 8.

33 Vgl oben Rn 2. Nicht im Einklang mit dem Gesetz steht die Auff des AG Hamburg, das Gericht habe nach freiem Ermessen eine Prognoseentscheidung zu treffen, bei der geringe Zweifel am Vorliegen der Voraussetzungen ausreichten, um die Eigenverwaltung abzulehnen (*AG Hamburg* ZIP 2014, 390 und ZIP 2014, 487, vgl die insoweit krit Anm *Hofmann* NZI 2014, 270, *Möhlenkamp* BB 2014, 150 und *Smid* DZWIR 2015, 220–223).

34 Vgl *AG Essen* ZInsO 2015, 1981; *AG Köln* ZInsO 2013, 354.

35 Vgl *Die Kölner InsRichter* ZIP 2014, 2161 f; *AG Hamburg* ZInsO 2014, 363, das allerdings zu hohe Anforderungen an die Kenntnisse der Geschäftsleitung stellt. Ohne einen insolvenzerfahrenen Berater, der ggf in die Geschäftsleitung aufgenommen wird, hat ein insolventes Unternehmen kaum Aussicht auf eine erfolgreiche Eigenverwaltung (*Klein/Thiele* ZInsO 2013, 2236). Sehr hohe laufende Kosten für die Beratung können allerdings auch wieder einen Nachteil der Eigenverwaltung bedeuten, vgl unten Rn 19.

36 *Hügel* S 45–49.

37 Kritischer *Brinkmann/Zipperer* ZIP 2011, 1339.

38 *K/P/B/Pape* § 270 Rn 105, 118; *Gravenbrucher Kreis* Thesenpapier Stand Oktober 2015, ZIP 2015, 2159, These 1.

39 Zur „Ausstrahlung" dieser Vorschrift auf die GmbH vgl *Thiele* ZInsO 2014, 1882.

higkeit der Gesellschaft führen müssen (§ 64 S 3 GmbHG).[40] Zweifel an der Zuverlässigkeit des Schu bestehen etwa, wenn dieser seit Jahren zahlungsunfähig sowie nicht in der Lage gewesen ist, seine Vermögensverhältnisse zu überschauen und erst unter dem Druck des unabwendbaren Eröffnungsantrages eines Gl einen Eigenantrag gestellt und begonnen hat, seine Buchhaltung aufarbeiten zu lassen.[41] Relativ leicht festzustellen und einzuschätzen ist das Verhalten des Schu während des EröffnungsVerf: Verletzt er seine Pflicht, umfassend, unverzüglich und wahrheitsgemäß Auskünfte über seine Tätigkeit während dieser Zeit zu geben, so ist dies ein Umstand, der Nachteile für die Gl erwarten lässt.[42]

Liegt für eine geplante Sanierung bei Antragstellung noch nicht einmal ein Grobkonzept vor oder fehlt ausreichende Liquidität für die Betriebsfortführung, so spricht dies gegen die Anordnung der Eigenverwaltung.[43] Gleichfalls negativ zu werten ist ein Verhalten der Geschäftsführung, das bei der Sanierungsplanung den Eigennutz in den Vordergrund stellt und die Interessen der Gl vernächlässigt.[44] Ist erkennbar, dass maßgebliche Gesellschafter des Schu über die Durchführung des Verf uneinig sind, liegt die Annahme nahe, dass bei Anordnung der Eigenverwaltung Nachteile für die Gl zu erwarten sind.[45] Jedenfalls dann, wenn das InsVerf zur Schwächung der Position eines Mitgesellschafters eingesetzt werden soll, ist nicht zu erwarten, dass es die Geschäftsleitung im bestmöglichen Interesse der Gl führen wird.[46] Entsprechendes gilt, wenn zwei alleinvertretungsberechtigte Geschäftsführer unterschiedliche Konzepte für Betriebsfortführung oder Liquidation des Unternehmens verfolgen.[47] Dass sich ein Gl, der für das Gelingen einer Sanierung maßgeblich ist, gegen die Eigenverwaltung ausspricht, kann für sich allein nicht ausreichen, um die Eigenverwaltung als nachteilig für die Gl abzulehnen.[48] Wenn allerdings mehrere wesentliche Kreditgeber oder Lieferanten mit konkreten Hinweisen auf frühere vergebliche **Sanierungsversuche** des Schu ernsthaft erklären, dass sie sich bei einer Anordnung der Eigenverwaltung nicht an weiteren Sanierungsbemühungen beteiligen würden, so spricht dies entscheidend gegen eine Eigenverwaltung.[49] Lieferanten und sonstige Gl sind gut beraten, sich abzustimmen und ggf frühzeitig zu signaliseren, dass die Eigenverwaltung nicht aktiv mitgetragen wird.[50] 17

---

40 Zu weiteren hier relevanten Gesichtspunkten *K/P/B/Pape* § 270 Rn 115–119.
41 *AG Köln* 9.2.2017 – 72 IN 496/16.
42 *AG Potsdam* ZIP 2013, 181, 474 (Berichtigung) mit Anm *Rendels/Körner* EWiR 2013, 157; *AG Köln* ZInsO 2013, 353; *Die Kölner InsRichter* ZIP 2014, 2163.
43 *Henkel* ZIP 2015, 565. – Zu Verzögerungen bei der Sanierungsplanung als Indiz für Nachteile vgl auch *Die Kölner InsRichter* ZIP 2014, 2164.
44 Vgl *AG Hamburg* ZInsO 2014, 566; *Frind/Köchling* ZInsO 2013, 1674; *Haarmeyer* ZInsO 2013, 2345.
45 *Pape* ZIP 2013, 2286 f; *Henkel* ZIP 2015, 566; Die *Kölner InsRichter* ZIP 2014, 2163.
46 Dieser Gesichtspunkt hätte iFd Suhrkamp-Verlages nahegelegt, dem Antrag auf Eigenverwaltung nicht zu entsprechen. Eine Abweisung des InsAntrags als unzulässig wegen Rechtsmissbrauch kommt in einem solchen Fall ebenfalls in Betracht, jedoch nur dann, wenn keine InsAntragspflicht besteht, vgl *Brünkmans/Uebele* ZInsO 2014, 265, 268. Ist bekannt, dass ein Gesellschafter den InsAntrag ablehnt, so ist dieser Gesellschafter vor der Entsch über die VerfEröffnung vom Gericht anzuhören, *Marotzke* ZInsO 2015, 325. Ein Gesellschafter kann sich auch in einer Schutzschrift vorsorglich gegen einen möglichen Antrag auf Eigenverwaltung aussprechen, *Zipperer* ZInsO 2015, 2004.
47 *AG Mannheim* ZIP 2014, 484 Rn 22–24 mit Anm *Neußner* EWiR 2014, 331.
48 **AA** *Hölzle* ZIP 2012, 160.
49 *AG Köln* ZIP 2013, 1390 mit Anm *Leib/Rendels* EWiR 2013, 625; Die *Kölner InsRichter* ZIP 2014, 2163; vgl auch *LG Halle* ZIP 2014, 2355 und die Anm *Spliedt* EWiR 2014, 789.
50 *Markgraf/Remuta* NZI 2017, 334, 337.

18 Auch **Verzögerungen** des Verf, wenn solche bei einer Eigenverwaltung zu erwarten sind, fließen in die Abwägung ein. Dass der neue Wortlaut – anders als der bisherige § 270 Abs 2 Nr 3 – diesen Umstand nicht mehr ausdrücklich nennt, ändert nichts daran, dass Verzögerungen des Verf nachteilig für die Gl und daher zu berücksichtigen sind.[51] Ein Indiz für solche Verzögerungen kann darin liegen, dass der Schu schon im EröffnungsVerf zügiges Handeln vermissen lässt.[52] Bei der Prognose, ob die Eigenverwaltung zu einer Verzögerung führen wird, ist aber auch die Einarbeitungszeit eines InsVerw zu berücksichtigen.[53]

19 Nachteile für die Gl können sich auch daraus ergeben, dass die **Kosten der laufenden insolvenzrechtlichen Beratung** des Schu zusammen mit der Vergütung des Sachwalters voraussichtlich die Vergütung eines InsVerw übersteigen werden.[54] Zu den formellen Anforderungen an die Darlegung der Beratungskosten im Antrag auf Eigenverwaltung s Rn 9. Eine solche Prognose für die Kosten der Eigenverwaltung wird allerdings mit erheblichen Unsicherheiten behaftet sein, und die Kosten einer InsVerwaltung werden ohnehin nur geschätzt werden können. IE wird daher nur eine offensichtlich schlechtere Quotenerwartung bei der Eigenverwaltung für die Beurteilung relevant sein können, ob bei Anordnung der Eigenverwaltung Nachteile zu erwarten sind.[55] Einen Glnachteil wird man erst dann bejahen können, wenn selbst bei einer vorsichtigen Prognose die Kosten der Eigenverwaltung über denen einer alternativen Fremdverwaltung liegen werden, es sei denn, ein nur in der Eigenverwaltung erreichbares Verfahrensergebnis amortisiert diesen Kostennachteil.[56] Diese Einschätzung sollte man allerdings grd dem GlAusschuss überlassen. Existiert kein vorl GlAusschuss, kann das InsGer bei der Prüfung nach § 270 Abs 2 Nr 2 eine offensichtlich schlechtere Quotenerwartung bei der Eigenverwaltung berücksichtigen.[57] Ist ein vorl GlAusschuss bestellt und hat sich die Mehrzahl der Mitglieder für die Eigenverwaltung ausgesprochen, sollte das Ger die Einschätzung der Quotenerwartung und möglicher Amortisierungseffekte nur bei offensichtlichen Mißbrauchsfällen ersetzen können.[58]

20 Wird ein **Massekostenvorschuss** unter der Bedingung zugesagt, dass die (vorläufige) Eigenverwaltung angeordnet wird, so ist die Zusage unwirksam.[59] Ein solcher Vorschuss kann generell nicht mit Zweckbestimmungen versehen werden, mit denen die im Verf zu treffenden Entsch beeinflusst werden sollen.[60] In der Praxis wird sich das Problem meist dadurch lösen lassen, dass das Gericht rechtzeitig zu erkennen gibt, ob es die Voraussetzungen für die Eigenverwaltung als gegeben ansieht. Der Einzahlende ist dadurch allerdings nicht vor

---

51 *AG Köln* ZIP 2015, 440; *K Schmidt/Undritz* § 270 Rn 11; FK/*Foltis* § 270 Rn 61 f; **aA** *K/P/B/Pape* § 270 Rn 96–98.

52 ZB bei der Ausarbeitung eines InsPlans im SchutzschirmVerf, *Henkel* ZIP 2015, 569; *Vallender* DB 2015, 231 bei III 1.

53 *Häsemeyer* Rn 8.06.

54 Vgl *AG Freiburg*. 1.5.2015 – 58 IN 37/15 mit Anm *Hornung/Brechtel* ZInsO 2015, 1167 und Anm *Madaus* NZI 2015, 606; weiter *AG Essen* 3.2.2015 – 163 IN 14/15 mit krit Anm *Kraus* EWiR 2015, 457; *Hammes* NZI 2017, 233, 234; *Buchalik/Hiebert* ZInsO 2014, 1423. Die Kosten, die schon vor Antragstellung durch eine intensive insrechtl Beratung des Schu mit dem Ziel der Eigenverwaltung entstanden sind, können in den Kostenvergleich nicht mehr einbezogen werden. Unerheblich ist auch, ob die Kosten einer vorläufigen Eigenverwaltung höher liegen als die Kosten einer vorläufigen InsVerw, **aA** *Deutschbein* ZInsO 2015, 1957. Entscheidend sind die Kosten, die nach der VerfEröffnung entstehen.

55 So iE auch MK/*Tetzlaff* § 270 Rn 73–79: siehe auch *Madaus* NZI 2015, 606, 607.

56 *Madaus* NZI 2015, 606, 607.

57 MK/*Tetzlaff* § 270 Rn 79.

58 So auch MK/*Tetzlaff* § 270 Rn 79.

59 *BGH* NZI 2006, 34 mit krit Anm *Smid* DZWIR 2005, 475.

60 Vgl oben § 26 Rn 32.

dem Risiko geschützt, dass die Eigenverwaltung nachträglich auf Antrag der GlVersammlung oder eines einzelnen Gl aufgehoben wird (vgl § 272 Abs 1).

Nicht ausreichend für eine Ablehnung der Eigenverwaltung ist **die allg Befürchtung des Gerichts**, bei einer Eigenverwaltung könne es zu gläubigerschädigenden Verwaltungs- und 21
Verwertungshandlungen kommen. Das galt schon für die bisherige Fassung des Abs 2. Die Gefahr von Missbräuchen hat der Gesetzgeber gesehen und ihr durch eine Reihe von Vorschriften – zB §§ 272, 274–276, 277 – vorgebeugt. Seit der Reform der Eigenverwaltung durch das ESUG ist insb die Einschaltung des vorläufigen GlAusschusses hinzugekommen (§ 270 Abs 3). Es wäre gesetzwidrig, einen Antrag auf Eigenverwaltung ohne Abwägung der Umstände des konkreten Falles abzulehnen.

III. Mitwirkung des vorläufigen Gläubigerausschusses (Abs 3)

Ist ein vorl GlAusschuss bestellt (§ 22a), so ist dieser vor der Entsch über die Eigenver- 22
waltung **anzuhören** (Abs 3 S 1). Ob das Ger die Mitglieder des vorl GlAusschusses mündlich oder schriftlich, einzeln oder gemeinsam anhört, liegt in seinem pflichtgemäßen Ermessen. Eine schriftliche Stellungnahme einzelner oder mehrerer Ausschussmitglieder ist ausreichend.[61] Die Ausnahme, dass diese Anhörung „offensichtlich zu einer nachteiligen Veränderung in der Vermögenslage des Schu führt", wird bei kooperativem Verhalten aller Beteiligter kaum praktische Bedeutung gewinnen.[62] Schon bei der vorgelagerten Entsch über die Bestellung eines vorl Sachwalters hat der Ausschuss Mitwirkungsrechte.[63] Aus dieser hohen Verantwortung, die dem vorl GlAusschuss zukommt, folgt freilich, dass das InsGer iRd Besetzungsentscheidung Besetzungsvorschläge des Schu sorgfältig daraufhin überprüft, ob die Vorgeschlagenen die Gewähr für eine sachkundige und unabhängige, am Gesamtgläubigerinteresse orientierte Amtsführung bieten.[64] Häufig enthält der Eigenverwaltungsantrag bereits Erklärungen der vom Schu vorgeschlagenen Mitglieder des GlAusschusses, dass sie sich für eine Eigenverwaltung aussprechen. Zwar greift in diesem Fall nicht die unwiderlegliche Vermutung aus § 270 Abs 3, denn ein vorl GlAuschuss existiert in dieser Phase des Verf gerade noch nicht. Allerdings fließt diese Erklärung bei der Prüfung der Voraussetzungen des § 270a Abs 1 mit ein. Die Eigenverwaltung ist in diesem Fall idR nicht „offensichtlich aussichtlos". Vor der Eröffnung des Verf ist der Ausschuss aber erneut zu hören, da jetzt die Erfahrungen aus der vorl Eigenverwaltung einfließen können.[65]

Spricht sich der vorläufige GlAusschuss **einstimmig für den Antrag** des Schu auf Eigenver- 23
waltung aus, so gilt die Voraussetzung des § 270 Abs 2 Nr 2 – keine Nachteile für die Gl – als erfüllt.[66] Das Gericht hat dann ohne weitere Prüfung oder Ermittlung die Eigenverwaltung anzuordnen; dies gilt auch dann, wenn ihm Umstände bekannt sind, die Nachteile für die Gl nahelegen.[67] Ein einstimmiger Beschl des vorl GlAusschusses bindet das Ger jedoch

61 **AA** *Hammes* ZIP 2017, 1505, 1508.

62 FK/*Foltis* § 270 Rn 94 sieht die Gefahr bewusster Verzögerungen durch Mitglieder des vorl GlAusschusses.

63 Vgl unten § 270a Rn 7.

64 *Hammes* ZIP 2017, 1505, 1508.

65 Vgl *Frind* NZI 2014, 937, 939.

66 Zu den formalen Anforderungen an einen solchen Beschluss *Madaus* NZI 2015, 606.

67 *AG Freiburg* ZInsO 2015, 1167, 1168 f; *Smid* ZInsO 2013, 209, 211; *K Schmidt/Undritz* § 270 Rn 14; *Pape/Schultz* ZIP 2016, 506, 512; **aA** FK/*Foltis* § 270 Rn 85; *Hammes* ZIP 2017, 1505, 1511.

nur dann gem § 270 Abs 3 S 2, wenn er dem Ger vorgelegt wird oder aber dem Ger gegenüber die einzelnen zustimmenden Erklärungen der Ausschussmitglieder abgegeben werden.[68] Die Email eines einzelnen Mitglieds des GlAusschusses an das InsGer, der weder ein förmlicher Beschluss noch Vollmachten oder eigene Erklärungen der anderen Mitglieder des vorl GlAusschusses beigefügt wurden, ist nicht hinreichend.[69] Eine Protokollierung der Beschl ist den Ausschussmitgliedern zwar zu empfehlen, nach § 72 aber nicht zwingend erforderlich.[70] § 270 Abs 3 setzt nicht voraus, dass die Beschlussfassung iRd gerichtlichen Anhörung, also quasi vor den Augen des InsGer, erfolgen muss, um nach S 2 Berücksichtigung zu finden.[71] Ein behaupteter Beschl darf bei der Entsch nicht einfach ignoriert werden.

Für die einstimmige Ablehnung der Eigenverwaltung ist im Gesetz nicht die gleiche bindende Wirkung vorgesehen. Sie ist aber ein starkes Indiz dafür, dass Nachteile für die Gl zu erwarten sind.[72]

IV. Verfahrensfragen

24 **1. Form der Anordnung.** Die Anordnung der Eigenverwaltung erfolgt im Beschl über die Eröffnung des InsVerf (Abs 1 S 1) und wird mit diesem bekannt gemacht. Zuständig ist daher der Richter, nicht der Rechtspfleger.[73] Eine **Begründung** der Entsch des Gerichts über den Antrag auf Eigenverwaltung ist für den Fall der Ablehnung des Antrags jetzt ausdrücklich vorgeschrieben (Abs 4 S 1 idFd ESUG). Sie wird als Teil des EröffnungsBeschl veröffentlicht. Dadurch wird der GlVersammlung die Entsch erleichtert, ob sie trotz der Ablehnung durch das Gericht auf der Durchführung des Verf in Eigenverwaltung bestehen soll.[74] Gleichzeitig wird durch die Pflicht zur Begr einer pauschalen Ablehnung vorgebeugt. Eine Sanktion für den Fall, dass das Gericht die Begr unterlässt, ist allerdings nicht vorgesehen.[75] Im Einzelfall kann eine Begr der Entsch auch dann zweckmäßig sein, wenn dem Antrag auf Eigenverwaltung entsprochen wird; denn die GlVersammlung kann auch die Aufhebung der Anordnung verlangen (§ 272 Abs 1 Nr 1).[76]

25 Anstelle der Ernennung eines InsVerw (§ 27 Abs 1) wird bei der Eröffnung eines InsVerw in Eigenverwaltung ein Sachwalter bestellt (§ 270c). Auch dabei wirkt der vorl GlAusschuss mit (§ 274 Abs 1, § 56a).[77] Falls das Gericht von einem einstimmigen Vorschlag des vorl GlAusschusses zur Person des Sachwalters abweicht, sind die Gründe hierfür anzugeben (§§ 270 Abs 1, 4, 274 Abs 1, 27 Abs 2 Nr 4).[78]

68 *AG Freiburg* 11.5.2015– 58 IN 37/15 mit Anm *Madaus* NZI 2015, 606
69 *AG Freiburg* 11.5.2015 mit Anm *Madaus* NZI 2015, 606.
70 *Madaus* NZI 2015, 606, 606.
71 So richtigerweise *Madaus* NZI 2015, 606, 606; anders hingegen *Hammes* ZIP 2017, 1505, 1510: Der Beschl des vorl GlAusschusses entfalte nur dann die Fiktionswirkung, wenn er im Rahmen der Anhörung nach § 270 Abs 2 Nr 1 gefasst wird, nachdem das Ger dem Ausschuss Gelegenheit zur Äußerung gegeben hat.
72 Zust *LG Halle* ZIP 2014, 2355 bei III 1 b bb; vgl auch *Obermüller* ZInsO 2011, 1814.
73 MK/*Tetzlaff* § 270 Rn 110.
74 § 271; vgl Begr RegE ESUG, BT-Drucks 17/5712, 39.
75 *K/P/B/Pape* § 270 Rn 169.
76 *K Schmidt/Undritz* § 270 Rn 14 sieht sogar eine Pflicht des Gerichts zur Begr auch einer stattgebenden Entsch.
77 Vgl unten § 274 Rn 5.
78 *Hammes* ZIP 2017, 1505, 1512.

2. Rechtsmittel. Ein Rechtsmittel gegen die **Ablehnung** der Eigenverwaltung im Eröffnungs-Beschl ist **nicht gegeben**.[79] Dass dem Schu gegen den EröffnungsBeschl die sofortige Beschw zusteht (§ 34 Abs 2), bedeutet nicht, dass er die in denselben Beschluss aufgenommene Ablehnung der Eigenverwaltung anfechten könnte. Vielmehr kann diese Ablehnung weder isoliert noch zusammen mit dem EröffnungsBeschl angefochten werden. Die Verbindung von mehreren Maßnahmen, die teils anfechtbar, teils unanfechtbar sind, in einem einheitlichen Beschl führt nicht dazu, dass die Rechtsschutzmöglichkeiten gegen die einzelne Maßnahme erweitert werden.[80] – Das *AG Freiburg* hat allerdings in einem Fall, in dem das einstimmige Votum des vorl GlAusschusses für die Eigenverwaltung dem Gericht erst nach dem Ablauf einer gesetzten Frist, aber noch vor der Entsch mitgeteilt worden war, die sofortige Beschw gegen die Ablehnung der Eigenverwaltung als zulässig (und begründet) angesehen.[81] 26

Entspr gilt, wenn die die Ablehnung des Antrags auf Eigenverwaltung in einem Beschl über die **Abweisung** eines InsAntrags **mangels Masse** ausgesprochen wird. Hier kann das BeschwGericht nur überprüfen, ob die Abweisung mangels Masse zu Recht erfolgt ist. Auch wenn der Schu argumentiert, dass die niedrigen Kosten eines InsVerf in Eigenverwaltung gedeckt seien, hat das BeschwG zu unterstellen, dass die Eigenverwaltung zu Recht abgelehnt worden ist, so dass zur VerfEröffnung die Kosten eines InsVerw gedeckt sein müssen.[82] Hat das InsGericht allerdings über den Antrag auf Eigenverwaltung gar nicht entschieden, sondern lediglich die VerfEröffnung mangels Masse abgelehnt, so kann das BeschwGer, wenn es nicht zurückverweist, zusammen mit der Eröffnung des InsVerf auch die Eigenverwaltung anordnen.[83] 27

Wird das InsVerf eröffnet und die **Eigenverwaltung angeordnet**, so steht den Gl weder gegen die VerfEröffnung noch gegen die Anordnung der Eigenverwaltung ein Rechtsmittel zu.[84] Die Entsch des Gerichts über die Eigenverwaltung ist jedoch auf Antrag der GlVersammlung zu korrigieren (§§ 271, 272 Abs 1 Nr 1). Beantragt ein Gl wegen drohender Nachteile die Aufhebung einer Anordnung der Eigenverwaltung, so ist gegen die Entsch über diesen Antrag die sofortige Beschw statthaft (§ 272 Abs 2 S 3). 28

V. Wirkungen der Anordnung

1. Stellung des Schuldners. Die Anordnung der Eigenverwaltung hat die Folge, dass der Schu trotz der Eröffnung des InsVerf zur Verfügung über sein Vermögen berechtigt bleibt, auch insoweit, als dieses nunmehr die InsMasse bildet. Die Stellung des Schu ändert sich allerdings insofern, als er die InsMasse spätestens ab der VerfEröffnung **im Interesse der Gesamtheit der Gl** verwalten muss.[85] 29

---

79 Im GesetzgebungsVerf zum ESUG ist erwogen worden, hier eine BeschwMöglichkeit einzuführen. Dies hätte dazu beitragen können, die Richter zur bes sorgfältigen Prüfung der Anträge auf Eigenverwaltung anzuhalten. Jedoch hätten sich praktische Schwierigkeiten insb in dem Fall ergeben, dass die Entsch des BeschwGer erst nach einer Entsch der GlVersammlung über die Eigenverwaltung ergeht und in Widerspruch zu dieser Entsch steht. Vgl die Begr zum RegE ESUG, BT-Drucks 17/5712, 39.

80 *BGH* ZIP 2007, 448; *LG Frankfurt* ZInsO 2014, 742; *K/P/B/Pape* § 270 Rn 170–180; MK/*Tetzlaff* § 270 Rn 125–127; *Uhlenbruck/Zipperer* § 270 Rn 56; **aA** *Flöther/Smid/Wehdeking* Rn 23–37.

81 *AG Freiburg* ZInsO 2015, 1167 mit zust Anm *Hornung/Brechtel*, die hier die Statthaftigkeit der sofortigen Beschw aus einer greifbaren Gesetzesverletzung ableiten.

82 *BGH* ZIP 2007, 394.

83 *LG Cottbus* ZIP 2001, 2188 mit krit Anm *Lüke; K/P/B/Pape* § 270 Rn 180; HambKomm/*Fiebig* § 270 Rn 54.

84 Vgl § 6 Abs 1, § 34 Abs 2; *AG Köln* ZIP 2005, 1975.

85 Zur Stellung des Schu, dem ein vorl Sachwalter zur Seite gestellt worden ist, im EröffnungsVerf vgl unten § 270a Rn 20–35.

30 Die Ausrichtung des Verf auf die Interessen der Gesamtheit der Gl wirft die Frage auf, ob der eigenverwaltende Schu **verpflichtet** ist, einen **M&A-Prozess** mit dem Ziel eines Asset Deals (übertragende Sanierung) einzuleiten, auch wenn vom Schu die Sanierung des Rechtsträgers über einen InsPlan angestrebt wird (sog Dual Track). Nach § 1 ist das Verf streng an die bestmögliche GlBefriedigung auszurichten. Für den (vorl) InsVerw ist daher anerkannt, dass dieser bis zur Entsch der GlVersammlung im Berichtstermin bei einer in Betracht kommenden übertragenden Sanierung frühzeitig mögliche Investoren iR eines strukturierten M&A-Prozesses identifiziert.[86] Teilweise wird eine entsprechende Pflicht des eigenverwaltenden Schu – sogar bereits im EröffnungsVerf §§ 270a, 270b – angenommen, auch wenn der Schu mit dem InsAntrag und Antrag auf Eigenverwaltung eigentlich die Sanierung des Unternehmensträgers über einen InsPlan anstrebt.[87] Gegen die ausnahmslose Pflicht zur Einleitung eines M&A- Prozesses wird jedoch eingewandt, dies konterkariere die Eigensanierungsbemühung des SchuUnternehmens.[88] Das Dilemma zwischen Anreiz zu einem frühzeitigem InsAntrag einerseits und dem Anstoß eines M&A-Prozesses unter Einbezug eines Asset Deals (übertragende Sanierung) andererseits ist offensichtlich. Vor dem Hintergrund wird man die Pflicht zur Einleitung eines M&A-Prozesses jedenfalls dann verneinen müssen, wenn der InsAntrag feiwillig gestellt wurde, weil lediglich der Insolvenzgrund der drohenden Zahlungsunfähigkeit vorlag.[89] In den praktisch bedeutenden Fällen einer Überschuldung oder Zahlungsunfähigkeit bereits mit InsAntrag ist das höchste Angebot im M&A-Prozess iRd Vergleichsrechnung im InsPlan anzusetzen und markiert damit die untere Grenze der GlBefriedigung in dem vom Schu vorgelegten InsPlan.[90] Dabei ist es Aufgabe des Sachwalters, für die erforderliche Transparenz im M&A-Prozess zu sorgen.[91]

31 Ist der Schu eine juristische Person oder eine Gesellschaft ohne Rechtspersönlichkeit, so werden die Geschäfte weiter von den Leitungsorganen geführt (Vorstand der AG; Geschäftsführer der GmbH)[92]. Aufsichtsrat und Gesellschafterversammlung haben keinen Einfluss mehr auf die Geschäftsführung (§ 276a). Diese wird nur noch vom Sachwalter und vom GlAusschuss überwacht (§ 274 Abs 2, 3).

32 Verstöße gegen die Pflichten des Schu können zur Aufhebung der Eigenverwaltung führen (§ 272). Sie lösen beim Schu aber keine bes haftungsrechtlichen Sanktionen aus. Eine **Haftung** des Schu für die Verletzung seiner spezifischen Pflichten als Eigenverwalter ist im Gesetz nicht vorgesehen. Sie hätte neben seiner ohnehin bestehenden Haftung für die Verbindlichkeiten gegenüber den Gl auch kaum eine praktische Bedeutung. Für eine analoge Anwendung der §§ 60, 61 besteht daher kein Bedürfnis.[93] Rechtsgeschäfte des Schu, die dem Ziel der gleichmäßigen Befriedigung der InsGl klar zuwiderlaufen und bei denen der

86 Vgl *Mönning/Deichmann* Betriebsfortführung in Restrukturierung und Insolvenz, § 29 Rn 128.
87 *Fröhlich/Eckhardt* ZInsO 2015, 925ff; *Kübler/M Hofmann* HRI § 7 Rn 172.
88 *Buchalik/Schröder* ZInsO 2016, 189, 190.
89 Brünkmans/Thole/*Brünkmans* Handbuch Insolvenzplan, § 2 Rn 87 f.
90 Brünkmans/Thole/*Brünkmans* Handbuch Insolvenzplan, § 2 Rn 87 f. und 90 f.
91 *Rendels/Zabel* Rn 33.
92 Zur Eigenverwaltung bei Simultaninsolvenz von GmbH und KG in der GmbH & Co KG vgl *K Schmidt* FS Binz, 2014, S 624; *Ries* FS Pannen 2017, S 667, 675.
93 Vgl *Gottwald/Haas* § 90 Rn 18. Dagegen sehen *Thole/Brünkmans* ZIP 2013, 1097, 1103–1107 (ähnlich *Kebekus/Zenker* FS Kübler, 2015, S 331, 337–339) in einer solchen Haftung des Schu den Vorteil, dass die für die Pflichtverletzung verantwortlichen Organe im Innenverhältnis vom Schu zum Schadenersatz herangezogen werden können, wodurch wiederum im Außenverhältnis die Befriedigungsaussichten der Gl verbessert werden. Eine solche Haftung der Organe für eine Geschäftsführung, die nicht den Interessen der Gl entspricht, lässt sich jedoch auch ohne eine analoge Anwendung des § 60 auf den Schu als Eigenverwalter begründen, s Rn 33.

Geschäftspartner des Schu dies erkennt oder grob fahrlässig nicht erkennt, wird man entspr der Rspr zur Nichtigkeit insolvenzzweckswidriger Handlungen des InsVerw[94] als unwirksam ansehen müssen.[95]

Eine andere Frage ist, ob iFd Eigenverwaltung die **geschäftsführenden Organe** eines Schu, der eine juristische Person oder eine Gesellschaft ohne Rechtspersönlichkeit ist, haftbar gemacht werden können, wenn ihre Geschäftsführung zu einem Schaden für die Gl führt. Eine analoge Anwendung der §§ 60, 61 wird man *de lege lata* nicht begründen können; die Stellung der Organe ist mit der des InsVerw nicht vergleichbar.[96] Den Sanierungs-Geschäftsführer einer GmbH trifft grds auch keine besondere Vertrauenshaftung gegenüber Dritten (§§ 280 Abs 1, 241 Abs 2, 311 Abs 3 BGB).[97] Gut vertretbar ist aber, die allg Bestimmungen über die Haftung der Organe gegenüber der Gesellschaft für die Erfüllung ihrer Pflichten (insb § 43 Abs 2 GmbHG, § 93 Abs 2 AktG) im InsVerf so auszulegen, dass eine schuldhaft fehlerhafte Geschäftsführung, die zu einer Verminderung der Masse führt, als Schaden der Gesellschaft betrachtet wird und eine Schadenersatzpflicht der verantwortlichen Organe gegenüber der Gesellschaft zur Folge hat.[98] Dabei ist die Haftung auch im InsVerf durch die sog *business judgment rule* begrenzt, wie sie in § 93 Abs 1 S 2 AktG kodifiziert ist und entspr für die GmbH gilt: Eine Pflichtverletzung liegt nicht vor, wenn bei einer unternehmerischen Entsch vernünftigerweise angenommen werden durfte, dass auf der Grundlage angemessener Informationen zum Wohl der Gesellschaft gehandelt werde. Das „Wohl der Gesellschaft“ ist im InsVerf allerdings am Befriedigungsinteresse der Gl unter Berücksichtigung der von den InsGl getroffenen Verfahrensentscheidungen zu orientieren.[99] Haftungserleichterungen für eigens bestellte Sanierungsgeschäftsführer sind nicht anzuerkennen.[100] – Eine Haftung der Organe nach § 64 S 1 GmbHG, § 93 Abs 2, 3 Nr 6 iVm § 92 Abs 2 AktG für eine Verminderung des Gesellschaftsvermögens durch Zahlungen, die nach Eintritt der Zahlungsunfähigkeit oder der Überschuldung geleistet werden, dürfte dagegen jedenfalls im eröffneten Verf ausscheiden. Diese Vorschriften sind auf die Siche- 33

94 *BGH* NZI 2008, 365; *BGHZ* 150, 353 = ZIP 2002, 1093.

95 *K/P/B/Pape* § 276 Rn 21.

96 *Bachmann* ZIP 2015, 101, insb 108 f; *Hill* ZInsO 2010, 1825, 1829; *Thole/Brünkmans* ZIP 2013, 1097, 1104 ff; *Rattunde/Stark* Sachwalter, Rn 517 f; *Weber/Knapp* ZInsO 2014, 2250; Scholz/*K Schmidt* § 64 Rn 26; **aA** MK/*Tetzlaff* § 270 Rn 172–181; *Gehrlein* ZInsO 2017, 849, 857; *Kübler/Flöther* HRI § 17 Rn 25 ff; *Ries* FS Pannen 2017, S 667, 675. – *De lege ferenda* wird sie vom Gravenbrucher Kreis befürwortet: Thesenpapier Stand Oktober 2015, ZIP 2015, 2159, These 5 (nähere Überlegungen dazu bei *Kebekus/Zenker* FS Kübler, 2015, S 340-342).

97 *OLG Düsseldorf* 7.9.2017, – I – 16 U 33/17.

98 Vgl *Haas* ZHR 178 (2014) 603, 612 f und in FS Stürner, 2013, S 749, 760-764; *Brinkmann* DB 2012, 1369 f; *Gehrlein* ZInsO 2017, 849, 853; *Madaus* KTS 2015, 124; *Mönning* FS Kübler, 2015, S 442-447. *Jacoby* FS Vallender, 2015, S 264–273 weist allerdings zutr auf die Schutzlücke hin, die bei Individualschäden besteht: Wenn der Geschäftsführer einer GmbH in Eigenverwaltung eine Mobiliarsicherheit verwertet und den Erlös entgegen § 170 Abs 1 S 2 zunächst nicht an den gesicherten Gl abführt und wenn dies wegen Vermischung des Erlöses und eintretender Masseunzulänglichkeit auch nicht nachgeholt werden kann, trifft der Schaden nur den einzelnen Gl, nicht die Gesellschaft. Jacoby will in einem solchen Fall den Geschäftsführer persönlich zum Ersatz des Individualschadens verpflichten und meint, diese Haftung lasse sich „schlicht auf § 280 Abs 1 BGB“ stützen. *Spliedt* FS Vallender, 2015, S 628 f hält dagegen eine solche Ausweitung der Haftung des Geschäftsführers für unangemessen und unzumutbar; dessen Anstellungsvertrag verpflichte ihn nur, Schäden der Gesellschaft zu vermeiden.

99 Vgl *Buchta/Ott* ZInsO 2015, 288; *Gehrlein* ZInsO 2017, 849, 853; für den InsVerw siehe *BGH* 16.3.2017– IX ZR 253/15 Rn 12.

100 *Thiele* ZInsO 2015, 977, 995.

rung des SchuVermögens in dem Zeitraum zugeschnitten, in dem die bes insolvenzrechtlichen Schutzmechanismen noch nicht greifen.[101]

34 Dem Schu werden zusätzliche Gestaltungsrechte übertragen, zB das Wahlrecht bei gegenseitigen Verträgen (vgl § 279 S 1 iVm § 103); insoweit hat er eine amtl Stellung vergleichbar der des InsVerw. Der Schu handelt also im InsVerf „kraft insolvenzrechtlich ergänzter privatautonomer Rechtsmacht".[102] Nach Häsemeyer soll die **„Amtswalterstellung"** des Schu dagegen auch seine allg Verfügungsbefugnisse umfassen.[103] Jedenfalls die von Häsemeyer gezogene Konsequenz, dass der Schu Prozesse nicht in eigenem Namen, sondern nur in Prozessstandschaft führen könne, erscheint jedoch gekünstelt.[104] Der BGH hat ausgesprochen, dass durch die Eröffnung eines InsVerf mit Eigenverwaltung in einem anhängigen Prozess des Schu kein Wechsel in der Prozessführungsbefugnis eintrete; dem Schu „verbleibe" die Verwaltungs- und Verfügungsmacht über die InsMasse, und er „behalte" daher auch die Prozessführungsbefugnis.[105]Der Verzicht auf ein Recht zur abgesonderten Befriedigung kann wirksam nur gegenüber dem Schu, nicht gegenüber dem Sachwalter erklärt werden.[106] Allerdings ist der Schu in der Eigenverwaltung nicht befugt, einen Antrag auf Aufhebung eines Beschl der GlVersammlung (§ 78 Abs 1 InsO) zu stellen. Diese Befugnis steht allenfalls dem Sachwalter zu.[107]

35 **2. Sonstige Wirkungen.** In Abs 1 S 2 ist der wichtige Grundsatz niedergelegt, dass für ein InsVerf mit Eigenverwaltung **grds die gleichen Vorschriften gelten wie für ein RegelInsVerf.**[108] „Außerhalb des Bereichs der Verwaltungs- und Verfügungsbefugnisse gelten für das InsVerf, bei dem die Eigenverwaltung … angeordnet ist, die gleichen Bestimmungen wie für ein InsVerf mit InsVerw".[109]

36 So wird auch durch die Eröffnung eines InsVerf mit Eigenverwaltung ein **anhängiger Rechtsstreit** nach § 240 ZPO unterbrochen.[110] Zwar findet in diesem Fall kein Wechsel in der Prozessführungsbefugnis statt, da der Schu berechtigt bleibt, die InsMasse zu verwalten und über sie zu verfügen;[111] nach der Eröffnung des InsVerf benötigt der Schu als Eigenver-

---

101 Vgl *Bachmann* ZIP 2015, 207; *Haas* ZHR 178 (2014) 607-619; *Thole/Brünkmans* ZIP 2013, 1100; *Gehrlein* ZInsO 2017,849, 851 f – Zur Anwendung im EröffnungsVerf vgl unten § 270a Rn 24.

102 *Huhn* Rn 603.

103 *Häsemeyer* Rn 8.13–8.18; gleicher Ansicht wohl *Pape* KS-InsO S 796 Rn 53 f; MK/*Tetzlaff* § 270 Rn 149; siehe auch *FG BW* 15.6.2016- 9 K 2564/14 Rn 26; der Schu verliert seine (aufgrund von Privatautonomie) bestehende Verwaltungs- und Verfügungsbefugnis, die ihm sodann durch den Anordnungsbeschluss des InsGer in seiner Eigenschaft als Ins Organ übertragen wird.

104 Vgl MK/*Tetzlaff* § 270 Rn 187. – *Flöther/Smid/Wehdeking* Rn 125 weisen demgegenüber darauf hin, dass die Konstruktion der Prozessstandschaft des Schu sinnvoll sei, um die Haftung mit der InsMasse von der Haftung mit dem Privatvermögen zu unterscheiden. Auch nach *Wimmer* Das neue InsRecht nach der ESUG-Reform, 2012, S 23, führt der Schu massebezogene Prozesse als Prozessstandschafter.

105 *BGH* ZIP 2007, 249; zust *BFHE* 244, 155 = ZInsO 2014, 1771.

106 *BGH* 9.3.2017– IX ZR 177/15 Rn 13.

107 *BGH* 22.6.2017– IX ZB 82/16 Rn 7; *Ehricke* FS-Kübler, S 119.

108 Vgl dazu oben Vor § 270 Rn 8.

109 Begr zu § 331 RegE der InsO, BT-Drucks 12/2443, 223.

110 *BGH* ZIP 2007, 249 mit zust Anm *Bähr/Landry* EWiR 2007, 249 und krit Anm *Meyer* ZInsO 2007, 807; *OLG München* ZInsO 2003, 232; *OLG Naumburg* ZInsO 2000, 505; *Gundlach/Frenzel/Schmidt* NJW 2004, 3223 f; Begr zum RegE, BT-Drucks 12/2443, 223; **aA** MK-ZPO/*Gehrlein* 4. Aufl, § 240 Rn 10.

111 Vgl oben Rn 34.

walter jedoch eine Überlegungsfrist, ebenso wie der InsVerw im RegelVerf.[112] IF von Aktivprozessen des Schu und von Passivprozessen der in § 97 Abs 1 bezeichneten Art hat der Schu zu prüfen, ob die Aufnahme des Rechtsstreits im Interesse der Gl liegt. Die Ablehnung der Aufnahme eines Aktivprozesses steht allerdings der Freigabe des rechtshängigen Anspruchs aus der InsMasse gleich;[113] diese Ablehnung kann daher – ebenso wie die Freigabe von anderen Gegenständen[114] – nur vom Sachwalter ausgesprochen werden, nicht vom Schu.[115] Bei Passivprozessen, mit denen InsFord geltend gemacht werden, kommt die Aufnahme des Rechtsstreits erst nach einem Bestreiten im Prüfungstermin in Betracht (vgl §§ 179, 180 Abs 2).

Auch für die Eigenverwaltung gilt, dass nach § 116 S 1 Nr 1 ZPO die Bewilligung von **Prozesskostenhilfe** in Betracht kommt, wenn die Aufbringung der Kosten eines Rechtsstreits weder der verwalteten Vermögensmasse möglich noch den wirtschaftlich Beteiligten zumutbar ist.[116] Für das Ziel, die InsMasse im Interesse der Gl zu mehren, kann es nicht darauf ankommen, ob das Verf in Eigenverwaltung geführt wird oder ein InsVerw bestellt ist; insoweit steht der Schu bei der Eigenverwaltung einer Partei kraft Amtes gleich.[117] 37

Strafprozessuale Beschlagnahmen nach § 111b StPO haben die Wirkung eines relativen Veräußerungsverbots und werden daher mit der Eröffnung des InsVerf über das Vermögen des Eigentümers nach § 80 Abs 2 unwirksam.[118] Dies gilt auch für ein Verf mit Eigenverwaltung. Obermüller weist auf die Probleme hin, die sich daraus ergeben, dass ein Tatverdächtiger auf diese Weise wieder verfügungsbefugt wird, und referiert mögliche Gegenstrategien der Gl.[119] 38

Ist der Schu eine **juristische Person oder eine Gesellschaft ohne Rechtspersönlichkeit**, so führt auch die Eröffnung eines InsVerf mit Anordnung der Eigenverwaltung nach den gesellschaftsrechtlichen Vorschriften zur **Auflösung** des Schu. Zu einer Sanierung unter Fortführung des Schu ist ein FortsetzungsBeschl der Gesellschafter erforderlich.[120] Seit der Änderung der InsO durch das ESUG kann allerdings der FortsetzungsBeschl der Gesellschafter durch eine Regelung im InsPlan ersetzt werden(§ 225a Abs 3).[121] 39

Auch für die **umsatzsteuerliche Organschaft** macht es keinen Unterschied, ob das InsVerf in Eigenverwaltung eröffnet wird oder als RegelVerf. Die umsatzsteuerliche Organschaft endet jedenfalls mit Eröffnung des **InsVerf** über das Vermögen des **Organträgers** auch wenn 40

---

112 *BGH* ZIP 2007, 249. – Zur Frage, ob die Unterbrechung schon mit der Bestellung eines vorl Sachwalters im EröffnungsVerf eintreten kann, vgl unten § 270a Rn 23.

113 Vgl oben § 85 Rn 62.

114 Vgl oben Vor § 270 Rn 12.

115 **AA** *Uhlenbruck/Zipperer* § 270 Rn 35. *Häsemeyer* Rn 8.14 weist auf die mit der Ablehnung der Aufnahme eines Prozesses verbundenen Interessenkonflikte und Missbrauchsgefahren hin, ohne jedoch daraus die Konsequenz zu ziehen, dass die Ablehnung in die Zuständigkeit des Sachwalters fallen muss. *Pape* (in *K/P/B* § 283 Rn 9) hält die Freigabe eines rechtshängigen Aktivprozesses bei der Eigenverwaltung offenbar generell für unzulässig.

116 Vgl *AG Köln* ZIP 2015, 440, 443; **aA** *LAG BW* ZIP 2014, 1455 mit abl Anm *Weber* ZInsO 2014, 2151 und *Eckardt* EWiR 2014, 571.

117 Keine PKH erhält der Schu allerdings für ein Verf, in dem er sich gegen die Beendigung der vorl Eigenverwaltung und die Bestellung eines vorl InsVerw wehrt, *BGH* ZIP 2015, 648 mit Anm *Madaus* NZI 2015, 414. Hier geht es dem Schu nicht um eine Mehrung der InsMasse, sondern um seinen Status im Verf.

118 *BGH* ZIP 2007, 1338.

119 *Obermüller* ZInsO 2014, 2401, 2407–2409.

120 Vgl zB § 131 Abs 1 Nr 3, § 144 Abs 1 HGB; § 262 Abs 1 Nr 3, § 274 Abs 2 Nr 1 AktG.

121 Brünkmans/Thole/*Brünkmans* Handbuch Insolvenzplan, § 31 Rn 8 ff.

das InsVerf in der Eigenverwaltung geführt wird.[122] Dies gilt gleichermaßen auch mit Eröffnung des InsVerf über das Vermögen der Organgesellschaft.[123] Bisher offen und höchstrichterlich noch nicht entschieden ist die Frage, ob eine umsatzsteuerliche Organschaft bereits mit der Bestellung eines vorläufigen Sachwalters in der vorl Eigenverwaltung (§ 270a) oder im Schutzschirmverfahren (§ 270b) endet. Das *FG Münster*[124] hat dies jüngst mit überzeugenden Argumenten bejaht.[125]

VI. Ausschluss im Verbraucherinsolvenzverfahren

41 Die Möglichkeit der Eigenverwaltung im InsVerf ist in erster Linie geschaffen worden, um Schu, die eine Sanierung ihres Unternehmens beabsichtigen, einen Anreiz zum frühzeitigen InsAntrag zu geben und um die Kenntnisse und Erfahrungen der Geschäftsleitungen dieser Schu im Verf bestmöglich zu nutzen. Bei nicht unternehmerisch tätigen Schu trifft diese Zielsetzung nicht zu. Für VerbraucherInsVerf iSd § 304 schließt Abs 1 S 3 die Eigenverwaltung daher ausdrücklich aus.

§ 270a Eröffnungsverfahren

(1) [1]Ist der Antrag des Schuldners auf Eigenverwaltung nicht offensichtlich aussichtslos, so soll das Gericht im Eröffnungsverfahren davon absehen,

1. dem Schuldner ein allgemeines Verfügungsverbot aufzuerlegen oder

2. anzuordnen, dass alle Verfügungen des Schuldners nur mit Zustimmung eines vorläufigen Insolvenzverwalters wirksam sind.

[2]Anstelle des vorläufigen Insolvenzverwalters wird in diesem Fall ein vorläufiger Sachwalter bestellt, auf den die §§ 274 und 275 entsprechend anzuwenden sind.

(2) Hat der Schuldner den Eröffnungsantrag bei drohender Zahlungsunfähigkeit gestellt und die Eigenverwaltung beantragt, sieht das Gericht jedoch die Voraussetzungen der Eigenverwaltung als nicht gegeben an, so hat es seine Bedenken dem Schuldner mitzuteilen und diesem Gelegenheit zu geben, den Eröffnungsantrag vor der Entscheidung über die Eröffnung zurückzunehmen.

Übersicht

I. Normzweck, Gesetzgebungshinweise

1 Die Vorschrift ist durch das Gesetz zur weiteren Erleichterung der Sanierung von Unternehmen (ESUG) eingefügt worden. Sie spiegelt das Bestreben des Gesetzgebers wider, dem

122 *BFH* 15.12.2016 – VR 14/16 Rn 26; vgl Anm *Heuermann* DStR 2017, 603 f sowie *Hasbach* ZInsO 2017, 914ff; anders die Vorinstanz *Hessisches FG* 15.12.2016 – 6 K 2013/12.

123 *BFH* 15.12.2016 – VR 14/16 Rn 33 ff.

124 *FG Münster* 7.9.2017 – 5 K 3123/15 U.

125 So auch FK/*Foltis* § 270 Rn 12; *Kahlert* ZIP 2013, 2348; *ders* ZIP 2014, 1109; *Lenger/Khanian* NZI 2014, 385, 387 f; *Hasbach* MwStR 2017, 262; *ders* ZInsO 2017, 914; differenzierend *de Werth* NZI 2017, 363, 364; BeckOK-InsO/*Ellers* § 270a Rn 52.

Schu, dessen Unternehmen in wirtschaftliche Schwierigkeiten geraten, aber sanierungsfähig ist, einen frühzeitigen Antrag auf Eröffnung des InsVerf nahezulegen. Durch Abs 1 erhält der Schu eine relativ große Sicherheit, dass er bei einem Antrag auf Eigenverwaltung im EröffnungsVerf verfügungsbefugt bleibt und lediglich unter die Aufsicht eines „vorl Sachwalters" gestellt wird. Hat er schon bei drohender Zahlungsunfähigkeit (§ 18) den Eröffnungsantrag gestellt, so hat er nach Abs 2 die Möglichkeit, den Antrag zurückzunehmen, wenn das Gericht die Voraussetzungen der Eigenverwaltung nicht für gegeben hält.

Beide Regelungen entsprechen rechtspolitischen Forderungen und Empfehlungen für die Praxis, die in der Literatur schon seit längerer Zeit thematisiert worden waren: Schon bisher wurden die negativen psychologischen Effekte der Einsetzung eines vorl InsVerw auch bei Aussicht auf Eigenverwaltung betont.[1] Ebenso wurde befürwortet, dem Schu, der frühzeitig in der Hoffnung auf Eigenverwaltung einen InsAntrag stellt, Gelegenheit zur Rücknahme des Antrags zu geben, wenn das Gericht seiner Erwartung nicht entsprechen will.[2] 2

II. Bestellung eines vorläufigen Sachwalters (Abs 1)

1. Voraussetzungen. Maßnahmen der Sicherung der InsMasse, wie sie in § 21 vorgesehen sind, werden auch bei einem Antrag des Schu auf Eröffnung eine InsVerf in Eigenverwaltung nicht stets entbehrlich sein. Abs 1 schreibt jedoch vor, dass grds bei einem Antrag auf Eigenverwaltung die Verfügungsbefugnis des Schu im EröffnungsVerf **weder** durch ein **allg Verfügungsverbot** beschränkt **noch allg** an die **Zustimmung** eines vorl InsVerw gebunden werden soll. Stattdessen wird der Schu unter die Aufsicht eines vorl Sachwalters gestellt. Etwas anderes gilt nur, wenn der Antrag auf Eigenverwaltung „offensichtlich aussichtslos" ist. 3

Die Aussichten auf Eigenverwaltung sind dabei grds anhand der Kriterien der §§ 270, 271 zu beurteilen. Allerdings werden im Stadium des § 270a nur Hindernisse berücksichtigt, die schon bei kursorischer Prüfung auf der Hand liegen.[3] Insb ist der Antrag auf Eigenverwaltung dann **„offensichtlich aussichtslos"**, wenn dem Gericht bereits im Zeitpunkt des Antrags Tatsachen bekannt sind, aus denen sich ergibt, dass die Eigenverwaltung im konkreten Fall für die Gl nachteilig wäre.[4] Solche Tatsachen können auch bei der Anhörung des vorl GlAusschusses zur Auswahl des vorl Sachwalters ans Licht kommen.[5] Umgekehrt spricht die Erklärung der für den vorl GlAuschuss vorgeschlagenen Gl, die Eigenverwaltung zu unterstützen, gegen eine offensichliche aussichtslose Eigenverwaltung. Dies setzt jedoch voraus, dass der Schu die für den vorl GlAuschuss nominierten Gl sachgerecht ausgesucht und der Vorschlag insgesamt eine ausgewogene Zusammensetzung verschiendener GlInteressen gewährleistet. Sind dem Antrag auf Eigenverwaltung keine entsprechenden Erklärungen beigefügt oder setzt sich der vorl GlAusschuss anders als vom Schu vorgeschlagen zusammen, hat das InsGer vor einer Ablehnung des Antrages den vorl GlAusschuss zur Frage der Eigenverwaltung anzuhören. Auch wenn die Pflicht zur Anhörung des GlAusschusses nach § 270 Abs 3 keine direkte Anwendung findet, folgt dies schon aus dem Amtsermittlungsgrundsatz.[6] 4

---

1 Vgl *Ehricke* ZIP 2002, 782, der schon für das bisherige Recht die Einsetzung eines „vorl Sachwalters" für möglich hielt; *Braun* NZI 2003, 588; *Bärenz* NZI 2003, 653. Offenbar wurde ein „vorl Sachwalter" bestellt im Verf *AG Hamburg* 67c IN 42/03, vgl HambKomm/*Fiebig* § 270a Rn 4.

2 Vgl oben § 270 Rn 10.

3 *Graf-Schlicker* § 270a Rn 4; *K Schmidt/Undritz* § 270a Rn 2. – Der *Bundesarbeitskreis InsGerichte* hat vorgeschlagen, das Wort „offensichtlich" zu streichen (ZInsO 2014, 2567 bei Nr 4.1).

4 Vgl *Smid* ZInsO 2013, 215.

5 Vgl unten Rn 7 und *Henkel* ZIP 2015, 571.

6 **AA** *Hammes* ZIP 2017, 1505, 1509. Zur Mitwirkung des vorl GlAusschusses bzgl Eigenverwaltung bei der Eröffnungsentscheidung s § 270 Rn 22 ff.

5 Die Vorschrift schließt nicht aus, dass neben der Bestellung eines vorl Sachwalters **andere Sicherungsmaßnahmen** als die in Abs 1 S 1 genannten getroffen werden. In erster Linie wird die vorl Einstellung oder die Untersagung von Zwangsvollstreckungsmaßnahmen (§ 21 Abs 2 Nr 3) in Betracht kommen.[7] Auch kommt die Anordnung eines Einziehungsverbotes für die zur Sicherung abgetretenen Forderungen (§ 21 Abs 2 Nr 5) in Betracht.[8] Für den Fall, dass ein Gl die Zwangsversteigerung in ein Grundstück des Schu betreibt, sieht § 30d Abs 4 idF des ESUG ausdrücklich vor, dass der Schu, nicht der vorl Sachwalter, die einstweilige Einstellung beantragen kann. Es dürfte aber auch zulässig sein, auf der Grundlage von § 21 Abs 1 S 1 zur Abwendung einer Gefährdung der GlInteressen bestimmte Geschäfte des Schu mit Außenwirkung an die **Zustimmung des vorl Sachwalters** zu binden.[9] Dies kann bes in dem Fall naheliegen, dass der Antrag auf Eröffnung des InsVerf von einem Gl gestellt worden ist und der Schu den Antrag auf Eigenverwaltung erst danach gestellt hat.

6 Im Übrigen ist zu beachten, dass Abs 1 S 1 als **Soll-Vorschrift** formuliert ist. Bei Vorliegen bes Umstände kann das Gericht auch dann einen vorl InsVerw mit allen Befugnissen einsetzen, wenn der Antrag auf Eigenverwaltung nicht „offensichtlich aussichtslos“ ist.[10] Auch ein Wechsel von der vorl Eigenverwaltung zur Bestellung eines vorl InsVerw während des laufenden EröffnungsVerf ist zulässig und kann geboten sein, wenn sich eine Gefährdung der GlInteressen zeigt.[11]

7 **2. Auswahl.** Für die Auswahl des vorl Sachwalters gelten die Vorschriften über die Auswahl des InsVerw entspr. Das ergibt sich daraus, dass § 270a Abs 1 S 2 auf § 274 und dieser in seinem Abs 1 auf die §§ 56, 56a verweist. Vor der Bestellung des vorl Sachwalters ist also grds der **vorl GlAusschuss** zu hören. Die rasche Bestellung eines vorl GlAusschusses wird dem Gericht dadurch erleichtert, dass ein Schu, der bei laufendem Geschäftsbetrieb zugleich VerfEröffnung und Eigenverwaltung beantragt, nach § 13 Abs 1 S 6 iVm S 4 ein aufgegliedertes Forderungsverzeichnis vorzulegen hat, aus dem die wichtigsten Gl ersichtlich sind. Außerdem ist der Schu nach § 22a Abs 4 verpflichtet, dem Gericht auf Aufforderung geeignete Kandidaten für den Ausschuss zu nennen. Um Missbräuche zu verhindern, hat das Gericht aber sorgfältig auf eine ausgewogene Besetzung des vorl GlAusschusses zu achten und die Vorschläge des Schu ggf zu ergänzen.[12]

8 Wird der vorl GlAusschuss vor der Bestellung des vorl Sachwalters angehört und spricht er sich **einstimmig** für eine bestimmte Person aus, so kann das Gericht von diesem Vorschlag nur dann abweichen, wenn die vorgeschlagene Person ungeeignet, insb nicht geschäftskundig oder nicht unabhängig ist.[13] Ein Anforderungprofil, das der Ausschuss mehrheitlich beschließt, ist vom Gericht bei der Auswahl des vorl Sachwalters zu beachten.[14]

---

7 Dazu in *Kübler/Hofmann* HRI § 7 Rn 189-191.
8 *AG Leipzig* 25.1.2017– 401 IN 81/17; HambKomm/*Schröder* § 21 Rn 69a.
9 Vgl *K/P/B/Pape* § 270a Rn 18; *Kübler/Neußner* HRI § 6 Rn 130; gegen die Möglichkeit eines solchen Zustimmungsvorbehalts *K Schmidt/Undritz* § 270a Rn 4.
10 *K Schmidt/Undritz* § 270a Rn 2.
11 Vgl *LG Halle* ZIP 2014, 2355 (Mifa) mit Anm *Buchtmann* ZInsO 2015, 188; *K/P/B/Pape* § 270a Rn 16; *Schelo* ZIP 2012, 714 f. – Die hohen Hürden des § 270b Abs 4 für die Aufhebung der Anordnung des SchutzschirmVerf können nicht entspr angewendet werden, **aA** *Madaus* NZI 2014, 1053 in seiner Bespr der Entsch des *LG Halle.*
12 Vgl *Häsemeyer* FS Schilken, 2015, S 693, 694. Krit zum starken Einfluss des Schu und seiner Berater auf die Zusammensetzung des vorl GlAusschusses und damit auf die Auswahl von (vorl) Sachverwalter oder InsVerwalter *Graeber* FS Vallender, 2015, S 165; *Hammes* ZIP 2017, 1505, 1509; *Frind* ZIP 2017, 993, 999.
13 § 56a Abs 2 S 1 iVm § 56 Abs 1 S 1 in entspr Anwendung.
14 § 56a Abs 2 S 2 entspr.

An die **Unabhängigkeit** eines vorl Sachwalters sind die gleichen Anforderungen zu stellen wie im Falle eines InsVerw. Nur eine unabhängige – und durchsetzungsfähige – Persönlichkeit ist dazu in der Lage, den Schu bei Eigenverwaltung wirksam im Interesse der Gesamtgläubigerschaft zu kontrollieren.[15] Bedenken gegen die Unabhängigkeit einer Person, die vom vorl GlAusschuss einstimmig vorgeschlagen worden ist, können sich zB aus einer ständigen Geschäftsbeziehung zwischen der vorgeschlagenen Person und einem Geschäftsführer des Schu ergeben,[16] weiter daraus, dass eine Bank einen dringend benötigten Massekredit davon abhängig gemacht hat, dass gerade dieser Kandidat zum vorl Sachwalter bestellt wird.[17] 9

Sieht das Gericht aus Zeitgründen davon ab, vor der Bestellung des vorl Sachwalters den vorl GlAusschuss anzuhören, so kann dieser **nachträglich** Einfluss nehmen: Er kann in seiner ersten Sitzung einstimmig eine andere Person zum vorl Sachwalter wählen (§ 56a Abs 3 analog).[18] Dies gilt nicht nur dann, wenn der vorl GlAusschuss im Zeitpunkt der Bestellung des vorl Sachwalters schon existierte – Fall des § 56 Abs 1 – sondern auch und insb in dem weit häufigeren Fall, dass der vorl GlAusschuss in diesem Zeitpunkt noch nicht eingesetzt war.[19] Auch gegenüber einem solchen einstimmigen Beschl behält das Gericht die Kontrolle auf Sachkunde und Unabhängigkeit.[20] 10

Die Beteiligung des vorl GlAusschusses bei der Auswahl des vorl Sachwalters kann mit der **Anhörung zum Antrag auf Eigenverwaltung** (§ 270 Abs 2) verbunden werden. Es kann aber auch zweckmäßig sein, die Anhörung zur Eigenverwaltung zunächst zurückzustellen, um die Erfahrungen mit der Geschäftsführung des Schu während des EröffnungsVerf einzubeziehen.[21] 11

Über die Bestellung des vorl Sachwalters ist der Schu zu unterrichten. Eine **öffentliche Bekanntmachung** ist **nicht vorgeschrieben**:[22] Sie kann dem Ermessen des Gerichts überlassen bleiben, da durch die Bestellung selbst keine Verfügungsbeschränkungen mit Außenwirkung eintreten.[23] Das Gericht hat dabei das Interesse der Gl an einer frühzeitigen Unterrichtung abzuwägen gegen das Interesse des Schu, selbst über den Zeitpunkt der Bekanntgabe zu entscheiden.[24] Vallender empfiehlt den Gerichten, von einer Veröffentlichung abzusehen, wenn der Schu seine wesentlichen Gl vor der Antragstellung in sein Sanierungskonzept eingebunden hat und keine Bedenken gegen seine Zuverlässigkeit bestehen.[25] Unabhängig davon, ob 12

15 *Kübler/Ampferl* HRI § 9 Rn 188; *Frind* ZInsO 2014, 130.

16 Vgl *AG Stendal* ZIP 2012, 1875 mit Anm *Schulte-Kaubrügger* EWiR 2012, 705 zur parallelen Problematik der Auswahl des Sachwalters bei der VerfEröffnung.

17 Vgl *AG Stendal* ZIP 2012, 2030; allg zum „personengebundenen Massedarlehen" *Ganter* ZIP 2013, 597. Vgl allerdings auch *Huber* NZI 2014, 445, der nachdrücklich den Standpunkt vertritt, dass allein die Tatsache, dass ein Massekredit an die Bestellung einer bestimmten Person gebunden wird, noch nicht ausreiche, um die mangelnde Unabhängigkeit dieser Person zu begründen.

18 *AG München* ZIP 2012, 1308 mit Anm *Vallender* EWiR 2012, 495.

19 *Kübler/Ampferl* HRI § 9 Rn 95; *Graf-Schlicker* §§ 56, 56a Rn 58; **aA** *Rattunde/Stark* Der Sachwalter, 2015, Rn 87-90; *Frind* ZIP 2012, 1383.

20 Vgl *Graf-Schlicker* §§ 56, 56a Rn 60.

21 Vgl die Begr zum RegE ESUG, BT-Drucks 17/5712, 39.

22 Vgl *K Schmidt/Undritz* § 270a Rn 5; **aA** FK/*Foltis* § 270a Rn 18.

23 Vgl § 23 Abs 1 S 1, der eine Veröffentlichung der Bestellung eines vorl InsVerw nur für den Fall vorschreibt, dass dem Schu ein allg Verfügungsverbot oder ein Zustimmungsvorbehalt auferlegt werden.

24 Vgl *Graf-Schlicker* § 270a Rn 8.

25 *Vallender* DB 2015, 231 bei II 2b.

das Gericht eine solche Veröffentlichung veranlasst, kann es im Interesse des insolventen Unternehmens liegen, Lieferanten und Geschäftspartner unverzüglich über den InsAntrag und die vorl Eigenverwaltung zu unterrichten.[26]

13 **3. Befugnisse des vorläufigen Sachwalters.** Die Aufgaben und Rechte des vorl Sachwalters ergeben sich aus §§ 274, 275, auf die in Abs 1 S 2 verwiesen wird. Wie der Sachwalter im eröffneten Verf hat er laufend die Geschäftslage des Schu zu prüfen und die **Geschäftsführung** zu **überwachen**. Auch die Ausgaben für die Lebensführung des Schu sind zu kontrollieren (§ 274 Abs 2 S 1); insoweit dürfte § 278 entspr anwendbar sein, der dem Schu die Entnahme von Unterhalt für eine bescheidene Lebensführung gestattet.[27] Der vorl Sachwalter hat den vorl GlAusschuss und das Gericht zu unterrichten, wenn Nachteile für die Gl drohen. Diese Unterrichtungspflicht entsteht zB, wenn der Schu Informationen zurückhält, einen Widerspruch des vorl Sachwalters gegen eine Maßnahme der Geschäftsführung (§ 270a Abs 1 S 2 iVm § 275 Abs 1 S 2) unbeachtet lässt oder noch InsForderungen begleicht.[28] Verbindlichkeiten, die nicht zum gewöhnlichen Geschäftsbetrieb gehören, soll der Schu nur mit Zustimmung des vorl Sachwalters eingehen. Der Sachwalter kann – als interne Maßnahme – die **Kassenführung** übernehmen; im EröffnungsVerf wird jedoch regelmäßig noch kein Anlass bestehen, einen so tiefen Eingriff in die Befugnisse des selbst verwaltenden Schu vorzunehmen.[29] Richtigerweise kann das InsGer schon im Eröffnungsverfahren die Wirksamkeit bestimmter Rechtsgeschäfte von der Zustimmung des vorl Sachwalters entsprechend § 277 abhängig machen, denn die nach § 21 möglichen Sicherungsmaßnahmen sind durch § 270a Abs 1 Nr 2 („soll") nicht generell ausgeschlossen.[30] Die Rechtsstellung des vorl Sachwalters ist als Vorstufe zum endgültigen Sachwalter im eröffneten Eigenverwaltungsverfahren zu verstehen und mangels Befugnis zur Massesicherung nicht mit der des vorl InsVerw vergleichbar.[31]

14 **Nicht** zu den Aufgaben des vorl Sachwalters gehört es, den Schu allg insolvenzrechtlich zu **beraten**[32] oder ihn in seiner Geschäftsführung zu **unterstützen**.[33] Er hat weder ein Sanierungskonzept des Schu zu überprüfen[34] noch Vergleichsrechnungen zu den Vor- und Nach-

---

26 *Kübler/Hofmann* HRI § 7 Rn 135-137; *Frind* ZInsO 2013, 288.

27 *Rattunde/Stark* Rn 153; *Wipperfürth* ZInsO 2015, 1130; **aA** FK/*Foltis* § 278 Rn 12.

28 *Ehlers* ZInsO 2015, 1419; *Frind* NZI 2014, 940.

29 Vgl *Pape* FS Haarmeyer, 2013, S 228. Dagegen sieht *Flöther* ZInsO 2014, 468 in der Übernahme der Kassenführung durch den vorl Sachwalter – ev beschränkt auf Zahlungen ab einer bestimmten Größenordnung – eine Möglichkeit, das Vertrauen der Gl in die Geschäftsführung zu verstärken. *Kübler/Hofmann* HRI § 7 Rn 61-65 und *Frind* WM 2014, 597 empfehlen die Übernahme sogar für den Regelfall.

30 Streitig, wie hier: *AG Heilbronn* 23.3.2016 – 12 IN 147/16 mit zust Anm *Hörmann* NZI 2016, 583; *Kübler/M Hofmann* HRI § 7 Rn 103ff; *Ahrens/Gehrlein/Ringstmeier/Ringstmeier* § 270a Rn 7; *K/P/B/Pape* § 270a Rn 18; HambKomm/*Fiebig* § 270a Rn 6; MK/*Kern* § 270a Rn 41; im Ergebnis auch *Uhlenbruck/Zipperer* § 270a Rn 9; FK/*Foltis* § 270a Rn 21; **aA** *AG Hannover* 08.05.2015 – 909 IN 264/15; *Frind* NZI 2014, 977, 978; *Obermüller* ZInsO 2011, 1809, 1815 (nur auf Veranlassung der GlVersammlung); *K Schmidt/Undritz* § 270a Rn 4; *Braun/Riggert* § 270a Rn 3; *N/R/Riggert* § 270a Rn 15.

31 *BGH* 21.7.2016– IX ZB 70/14 Rn 28; ausführlich *Keller* NZI 2016, 753, 754.

32 Wie hier *Frind* NZI 2014, 941. Auch für den Sachwalter im eröffneten Verf ist eine beratende Mitwirkung nur in § 284 Abs 1 S 2 für den Fall vorgesehen, dass die GlVersammlung den Schu mit der Ausarbeitung eines InsPlans beauftragt hat.

33 **AA** *Flöther* ZInsO 2014, 465, 466 zB für insolvenzspezifische Rechnungslegungs- und Berichtspflichten.

34 *AG Essen* NZI 2014, 271.

teilen eines InsPlans aufzustellen.[35] Auch insolvenzspezifische Aufgaben der Geschäftsführung wie die Vorfinanzierung von InsGeld hat er dem Schu zu überlassen.[36] Er muss weder AnfMöglichkeiten ausloten[37] noch die Kosten der vorl Eigenverwaltung den Kosten einer vorl InsVerwaltung gegenüberstellen.[38] Der Sachwalter ist verpflichtet, ständig einen genauen Überblick über die Geschäftsführung des Schu zu behalten; dabei muss er aber auch stets auf seine Unabhängigkeit und Neutralität achten.[39]

Für die **Haftung** des vorl Sachwalters gelten – ebenso wie für die Haftung des Sachwalters (§ 274 Abs 1) – die Vorschriften über die Haftung des InsVerw, insb § 60, entspr.[40] Dabei ist der eingeschränkte Pflichtenkreis des vorl Sachwalters zu beachten. Eine Haftung des vorl Sachwalters kann sich insb daraus ergeben, dass er seine Pflichten zur Überwachung der Geschäftsführung des Schu und zur Anzeige drohender Nachteile vernachlässigt.[41] 15

Für die **Vergütung** des vorl Sachwalters finden sich im Gesetz ebenfalls nur die Verweisungen auf die Vergütung des Sachwalters und die des InsVerw. Eine Regelung in der InsVV fehlt. Der BGH hat 2016 in zwei Entsch wesentliche Grundsätze für die Vergütung des vorl Sachwalters festgelegt: 16

Zunächst hat der BGH den vorl Sachwalter vergütungsrechtlich als Vorstufe des endgültigen Sachwalters eingeordnet, mit der Folge, dass dem vorl Sachwalter kein eigener Vergütungsanspruch zusteht. Vielmehr erhält der Sachwalter einen Zuschlag von 25 % auf seine Vergütung, wenn er als vorl Sachwalter tätig war, dh insgesamt eine Regelvergütung in Höhe von 85 % der für den InsVerw bestimmten Vergütung nach § 2 Abs 1 InsVV.[42] Die Vergütung wird einheitlich festgesetzt. Zuvor kann der Sachwalter auf Antrag einen Vorschuss für die Zeit bis zur Eröffnung des InsVerf erhalten. Wird der Sachwalter ausgetauscht oder der vorl Sachwalter ausnahmsweise nicht auch zum Sachwalter bestellt, ist

35 **AA** *AG Hamburg* ZIP 2014, 237 mit krit Anm *Mock* ZInsO 2014, 571; weniger krit die Anm *Hofmann* EWiR 2014, 155.

36 *AG Essen* NZI 2014, 271; *Frind* NZI 2014, 941; **aA** *Schur* ZIP 2014, 757; zu abw Vorstellungen der Banken auch *Rattunde/Stark* Rn 181 f.

37 *Mock* ZInsO 2014, 571.

38 **AA** *AG Hamburg* ZIP 2014, 237; **aA** in diesem Punkt auch *Budnik* NZI 2014, 247, 248 f und *Frind* NZI 2014, 941, der dies aus einer Pflicht des vorl Sachwalters zur Prüfung der VerfKostendeckung ableitet. – Möglich ist ein Gutachtenauftrag an den vorl Sachwalter oder einen davon verschiedenen Sachverständigen, *Henkel* ZIP 2015, 564. Zur Darlegung einer Vergleichsrechnung im Eigenverwaltungsantrag s § 270 Rn 9.

39 Insoweit übereinstimmend *Flöther* ZInsO 2014, 465, insb 471 f.

40 Die Haftung nach § 61 für die Nichterfüllung von Verbindlichkeiten wird in § 274 Abs 1 nicht für entspr anwendbar erklärt. Sie kann bei vorl Eigenverwaltung nur in Ausnahmefällen eingreifen, vgl unten Rn 32.

41 Vgl dazu *Ehlers* ZInsO 2015, 1421; *Frind* NZI 2014, 977.

42 *BGH* 21.7.2016 – IX ZB 70/14 Rn 28; bestätigt *BGH* 22.9.2016 – IX ZB 71/14 Rn 32; *LG Duisburg* 14.9.2016 – 7 T 24/16 und 7 T 26/16, *Buchalik/Schröder* ZInsO 2016, 2231, 2232; ähnlich (allerdings mit Regelzuschlag von 15 %) *AG Münster* 18.1.2016 – 74 IN 65/14 für 15 % der für den InsVerw bestimmten Vergütung plädieren hingegen: *LG Bonn* 11.10.2013 – 6 T 184/13 mit zust Anm *Haarmeyer* ZInsO 2013, 2341; *LG Dessau-Roßlau* 29.1.2015 – 8 T 94/14 mit Anm *Budnik* NZI 2015, 570; *AG Essen* 17.1.2014 – 164 IN 135/13; *AG Essen* 3.11.2014 – 166 IN 155/13 mit krit Anm *Prasser* EWiR 2015, 191; *AG Essen* 9.7.2015 – 163 IN 170/14; *AG Köln* 13.11.2012 – 71 IN 109/12; *AG Ludwigshafen* 22.7.2015 – 3 b IN 414/14 Lu; *AG Wuppertal* 26.5.2014 – 145 IN 751/13; *Deutschbein* ZInsO 2015, 1963–1967; *Mock* ZInsO 2014, 67; *Vallender* DB 2015, 231 bei II 2d; für eine Regelvergütung des vorl Sachwalters entsprechend des vorl InsVerw hingegen: *Kübler/M Hofmann* HRI § 7 Rn 91; *Prasser* EWiR 2015, 191; *Rattunde/Stark* Rn 595-604; *Schur* ZIP 2014, 757.

seine Vergütung bei Abschluss des Verf anteilig festzusetzen.[43] Die **Berechnungsgrundlage** für die Ermittlung der Gebühr des vorl Sachwalters ist mit derjenigen des endgültigen Sachwalters identisch.[44]

17 Maßgebliches Kriterium für die Gewährung von Zu- und Abschlägen bei der Vergütung ist der im Verhältnis zu den in jedem Verf zu erfüllenden gesetzlichen Aufgaben des (vorl) Sachwalters gestiegene oder geminderte Arbeitsaufwand.[45]

18 Ferner hat der BGH entschieden, dass nur Tätigkeiten, die dem (vorl) Sachwalter vom Gesetz selbst oder vom InsGericht oder den Verfahrensbeteiligten in gesetzlicher Weise wirksam übertragen wurden, vergütet werden können.[46]Aufgaben, die der (vorl) Sachwalter in Überschreitung seiner ihm gesetzlich zukommenden Aufgaben ausgeübt hat, können nicht durch Zuschläge bei der gesetzlichen Vergütung berücksichtigt werden. Eine Erweiterung des Aufgabenkreises des vorl Sachwalters durch die Verfahrensbeteiligten ist nach Auffasung des BGH ausschließlich bei der Beauftragung des Sachwalters mit der Erstellung eines InsPlans[47] gegeben, nicht jedoch bei der in der Praxis häufig anzufindenden Wahrnehmung arbeitsrechtlicher Sonderaufgaben wie etwa die Vorfinanzierung von InsGeld.[48] Nach einer Entsch des OLG Dresden stellt eine Beauftragung des vorl Sachwalters mit Beratungsleistungen einen offensichtlichen Verstoß gegen die Unabhängigkeit des vorl Sachwalters dar, mit der notwendigen Folge der Entlassung des vorl Sachwalters nach § 59 und der InsZweckwidrigkeit sowie Nichtigkeit des Dienstvertrages.[49] Richtigerweise ist nach den entsprechenden dienstvertraglichen Leistungen zu differenzieren. So dürften Dienst- und Unterstützungsleistungen bei der Umstellung der Buchführung auf die insolvenzrechtlichen Anforderungen oder die Unterstützung bei der InsGeldvorfinanzierung jedenfalls dann unproblematisch sein, wenn die Vergütung sich in einem angessenen Rahmen bewegt und der GlAusschuss dem zugestimmt hat.[50]

19 Wird der vorl Sachwalter zum endgültigen Sachwalter bestellt, wird seine Vergütung als vorl Sachwalter mit der Vergütung des endgültigen Sachwalters durch einen Zuschlag zur Vergütung (s oben Rn 16) des engültigen Sachwalters festgesetzt (§ 64 Abs 1, § 8 InsVV). Die Vergütung des vorl Sachwalters ist analog § 26a festzusetzen, wenn es wegen der Rücknahme des Eröffnungsantrages nicht mehr zur Eröffnung des InsVerf und zur Bestellung eines Sachwalters kommt.[51] Streitig war bisher, ob die Vergütung des (vorl) Sachwalters **im InsPlan** mit bin-

43 *BGH* 21.7.2016 – IX ZB 70/14 Rn 28.

44 *BGH* 21.7.2016 – IX ZB 70/14 Rn 50; Gegenstände, an denen Aus- und Absonderungsrechte bestehen, sind daher grundsätzlich in gleicher Weise wie beim (endgültigen) Sachwalter zu berücksichtigen, ebenso Ansprüche, die erst bei Eröffnung des InsVerf entstehen, etwa Anfechtungsansprüche, anders noch *LG Dessau-Roßlau* 29.1.2015 – 8 T 94/14 mit Anm *Budnik* NZI 2015, 570.

45 *BGH* 21.7.2016 – IX ZB 70/14 Rn 56, siehe zu den Aufgaben ausführlich § 274 Rn 17.

46 *BGH* 22.9.2016 – IX ZB 71/14, Rn 47; *BGH* 21.7.2016 – IX ZB 70/14 Rn 61.

47 Dies gelte in entsprechender Anwendung des § 284 Abs 1 S 1 auch für den vorl Sachwalter, wenn die Beauftragung zur Ausarbeitung eines InsPlans durch den vorl GlAusschuss erfolgt und der Schu dem zustimmt, *BGH* 22.9.2016 – IX ZB 71/14 Rn 62.

48 *BGH* 22.9.2016 – IX ZB 71/14 Rn 74; *AG Essen* 17.1.2014 – 164 IN 135/13 und 09.07.2015 – 163 IN 170/14; *AG Ludwigshafen* 22.7.2015 – 3 b IN 414/14 Lu; **aA** für die InsGeld-Vorfinanzierung *LG Dessau-Roßlau* 29.1.2015 – 8 T 94/14.

49 *OLG Dresden* 15.10.2014 – 13 U 1605/13 mit zust Anm *Vill* ZInsO 2015, 2245, 2248; krit *Kampshoff/Schäfer* NZI 2016, 941, 942.

50 Ausführlich *Kampshoff/Schäfer* NZI 2016, 941, 943; gegen eine strikte Beschränkung der Funktion des Sachwalters auf Überwachung und Kontrolle auch *Keller* NZI 2016, 753, 757.

51 *AG Köln* 25.1.2017 – 73 IN 411/16.

dender Wirkung für das Ger festgelegt werden kann.[52] Der BGH hat nunmehr klargestellt, dass Vereinbarungen über die Vergütung des Sachwalters mit dem Vergütungssystem der InsO und der InsVV unvereinbar seien und nicht Inhalt eines InsPlans sein können.[53]

4. Stellung des Schuldners. Der Schu **behält** auch nach der Bestellung eines vorl Sachwalters die **Verfügungsbefugnis** über sein Vermögen. Grds ist der Schu lediglich durch die Mitwirkungsrechte des vorl Sachwalters nach § 270a Abs 1 S 2 iVm §§ 274, 275 eingeschränkt.[54] Das Gericht kann aber weitere Beschränkungen anordnen, zB die Zahlung von Sozialversicherungsbeiträgen und Steuern von der Zustimmung des vorl Sachwalters abhängig machen.[55] § 276 mit seiner Verweisung auf § 160 wird nicht für entspr anwendbar erklärt; dennoch wird verbreitet angenommen, dass der Schu verpflichtet ist, vor bes bedeutsamen Rechtshandlungen die Zustimmung des vorl GlAusschusses einzuholen.[56] Eine GlVersammlung, deren Zustimmung bei Fehlen eines GlAusschusses eingeholt werden könnte, existiert allerdings noch nicht. 20

Nach überwiegender Auffassung ist der Schu zur Gewährleistung der bestmöglichen Verwertung der zukünftigen InsMasse bereits in diesem Stadium verpflichtet, einen M&A-Prozess einzuleiten.[57] 21

Wird dem Schu die Befugnis übertragen, Masseverbindlichkeiten zu begründen,[58] so wird seine Rechtsstellung schon im EröffnungsVerf **„insolvenzrechtlich ergänzt"**.[59] Nach *Häsemeyer* handelt der Schu bereits in diesem VerfStadium nach Bestellung eines vorl Sachwalters als „Amtswalter in eigenen Angelegenheiten".[60] 22

Der Schu bleibt **prozessführungsbefugt**. Eine Unterbrechung anhängiger Rechtstreitigkeiten nach § 240 ZPO tritt in diesem VerfStadium noch nicht ein, ebenso wenig wie durch die Einsetzung eines „schwachen" vorl InsVerw (vgl § 240 S 2 ZPO).[61] 23

Der Schu, der unter Aufsicht eines vorl Sachwalters sein Vermögen verwaltet, hat seine **Geschäftsführung am gemeinsamen Interesse der Gl zu orientieren**. Dies wird vom vorl Sachwalter und vom vorl GlAusschuss überwacht. Verstößt der Schu gegen diese Pflicht, so riskiert er, dass das Gericht die vorl Eigenverwaltung beendet und einen vorl InsVerw bestellt.[62] Daneben besteht die persönliche Haftung des Geschäftsführers einer GmbH nach 24

52 Zum Streitstand ausführlich Brünkmans/Thole/*Brünkmans* Handbuch Insolvenzplan, § 8 Rn 371 ff. vgl auch *Schöttler* NZI 2014, 852 ff.
53 *BGH* 16.2.2017 – IX ZB 103/15 Rn 27 ff mit Anm *Storz* NZI 2017, 264 f.
54 Zum Ausschluss von Weisungen der Aufsichtsorgane für die Geschäftsführung im EröffnungsVerf vgl unten § 276a Rn 16 f.
55 Vgl unten Rn 26.
56 *Kübler/Ampferl* HRI § 9 Rn 208 unter Hinweis auf die Begr des RegE ESUG, BT-Drucks 17/5712, 24, nach der der vorl GlAusschuss gerade zur frühzeitigen Einbindung der Gl in wichtige Entsch im EröffnungsVerf bestellt wird und entspr Aufgaben haben soll wie der GlAusschuss im eröffneten Verf; iE übereinstimmend *Rattunde/Stark* Rn 221 f; HambKomm/*Decker* § 160 Rn 12; *Ströhmann/Längsfeld* NZI 2013, 271 Fn 83; *Frind* ZIP 2012, 1384 für das SchutzschirmVerf. – **AA** die 7. Aufl dieses Komm.
57 Dazu ausführlich unter § 270 Rn 30.
58 Dazu sogleich Rn 28 f.
59 Vgl oben § 270 Rn 34 zur Stellung des Schu im eröffneten Verf.
60 *Häsemeyer* FS Schilken, 2015, S 697. – **AA** *Graf-Schlicker* § 270a Rn 13, die dem Schu diese Rolle nur im eröffneten Verf zuerkennt.
61 *LG Freiburg* ZInsO 2014, 1229 (nicht gefolgt werden kann dem Gericht allerdings insoweit, als es eine Ausnahme für den Fall erwägt, dass der Schu zur Begr von Masseverbindlichkeiten ermächtigt worden ist); *Rattunde/Stark* Rn 213.
62 Vgl *LG Halle* ZInsO 2014, 2443.

§ 43 Abs 2 GmbHG und des Vorstands einer AG nach § 93 Abs 2 AktG für eine Schädigung des Gesellschaftsvermögens zum Nachteil der Gl.[63] Ob zusätzlich in der vorl Eigenverwaltung auch die Haftung der Organe nach § 64 S 1 GmbHG, § 93 Abs 3 AktG für Zahlungen nach InsReife zum Tragen kommt, ist str. Zum Teil wird diese Haftung schon in diesem Stadium als durch die Schutzmechanismen des InsRechts verdrängt angesehen.[64] Die besseren Gründe sprechen hingegen für eine moderate Anwendung von § 64 S 1 GmbHG, § 93 Abs 3 AktG in der vorl Eigenverwaltung. Der Zweck des Zahlungsverbotes – Sicherung des Insolvenzvermögens zugunsten einer gleichmäßigen Verteilung der Masse – greift auch im Zeitraum zwischen der Antragstellung und der VerfEröffnung. Dies gilt insb für die vorl Eigenverwaltung, weil die im RegelInsVerf bestehende Kontrolle durch den vorl Sachwalter gerade nicht im gleichen Maße gewährleistet ist, wie durch einen vorl InsVerw (vgl § 270a Abs 1 S 1). Für die Frage, ob der Geschäftsführer die Zahlung mit der Sorgfalt eines ordentlichen Geschäftsmannes veranlasst hat, ist jedoch die besondere Situation der vorl Eigenverwaltung und Notwendigkeit der Betriebsfortführung bis zur VerfEeröffnung zu beachten.[65] Der Geschäftsführer darf selbstverständlich Zahlungen vornehmen, welche für die Betriebsfortführung erforderlich sind – oder er nach der pflichtgemäßen Einschätzung – für erforderlich halten durfte oder soweit die durch die Zahlung verursachte Schmälerung der Masse in einem unmittelbaren Zusammenhang mit ihr ausgeglichen wird.[66]

25 Befriedigt der Schu in diesem Stadium einen Gl, der iFd VerfEröffnung InsGl wäre, so unterliegt diese Befriedigung dem Recht der **InsAnfechtung**, wobei auch in dieser Phase die Grundsätze des Bargeschäfts (§ 142) gelten. Zahlt der Schu bspw fällige Steuern oder Pflichtbeiträge zur Sozialversicherung und ist dem Empfänger der InsAntrag bekannt, so sind diese Zahlungen nach der Eröffnung des InsVerf nach § 130 Abs 1 anfechtbar.[67] Dies gilt auch im SchutzschirmVerf nach § 270b. Es gilt allerdings nicht, soweit die Steuer- und Beitragspflichten als Masseverbindlichkeiten einzustufen sind.[68]

26 Die **Zahlung von Steuern oder Sozialversicherungsbeiträgen** mit dem Vorbehalt der Rückforderung durch Anf ist ein Weg, auf dem die geschäftsführenden Personen des Schu einer Strafbarkeit nach § 266a StGB[69] sowie einer persönlichen Haftung nach § 69 AO und nach

63 Vgl oben § 270 Rn 33.

64 So für § 64 GmbHG *Haas* ZHR 178 (2014) 603, 619-627; *Rendels* FS Kübler, 2015, S 590; so auch *Landfermann*, hier in der Vorauflage Rn 22. **aA** *Thole* DB 2015, 662 bei III 1b; *Klein/Thiele* ZInsO 2013, 2233, insb 2239 f; *Siemon/Klein* ZInsO 2012, 2009; *Weber/Knapp* ZInsO 2014, 2250-2253; *Gehrlein* ZInsO 2017, 849, 850.

65 Siehe auch *Gehrlein* ZInsO 2017, 849, 850, bei der Interpretation von § 64 S 2 GmbHG sei eine gewisse Großzügigkeit angezeigt, weil die Befolgung der Antragspflicht erkennen lasse, dass es nicht mehr um typische Konstellationen einer Insolvenzverschleppung geht.

66 Vgl *BGH* 4.7.2017 – II ZR 319/15 Rn 10; speziell für die vorl Eigenverwaltung *Gehrlein* ZInsO 2017, 849, 850; *Bachmann* ZIP 2015, 101, 108.

67 *OLG Dresden* ZIP 2014, 1294 mit Anm *Rendels* EWiR 2014, 525, *Schmittmann* NZI 2014, 706 und *Hunsalzer* ZInsO 2014, 1748; *OLG Köln* Hinweisbeschluss ZIP 2014, 2523 und vorangehende Entsch *LG Köln* ZIP 2014, 1849; *LG Hamburg* NZI 2015, 226 mit Anm *Hörmann/Yildiz*; **aA** *Brückl/Bellmann* ZInsO 2015, 1173, deren Argumente jedoch durch *Hieberl* ZInsO 2015, 1242 widerlegt werden. § 28e Abs 1 S 2 SGB IV steht der Anf von Sozialversicherungbeiträgen nicht entgegen, *BGHZ* 183, 46, bestätigt ua durch *BGH* ZIP 2011, 966; zweifelnd *Rattunde/Stark* Rn 195.

68 *LG Erfurt* ZIP 2015, 2181; *LG Hamburg* ZInsO 2015, 451. Zur Begr von Masseverbindlichkeiten in der vorl Eigenverwaltung vgl sogleich Rn 28 und unten § 270b Rn 43–48.

69 Ob und inwieweit § 266a Abs 1 StGB iRd Eröffnungsverfahrens bzw des Insolvenzgeldzeitraums anwendbar ist, ist umstritten, vgl ausführlich *AG Hamburg* 19.6.2017 – 67g IN 173/17; *Laroche/Wollenweber* ZInsO 2016, 2225, 2230 f; *Bork* KTS 2017, 189, 190 mwN.

§ 823 Abs 2 BGB iVm § 266a StGB entgehen können.[70] Diese Vorgehensweise lässt zwar die Strafbarkeit für alle Beteiligten entfallen. Mit ihr ist jedoch ein unnötiger Arbeitsaufwand verbunden, da zum einen die Zahlungen getätigt und die Krankenkassen sowie Finanzbehörden auf die Möglichkeit der Anfechtung hingewiesen werden müssen, zum anderen die InsAnfechtungen nach Eröffnung des InsVverf durchgeführt werden müssen.[71] Ferner kostet die Abführung der Zahlungen Liquidität, die idR dringend gebraucht wird. Die Anfechtung ist zudem auch ausgeschlossen, wenn für die Begründung von Masseverbindlichkeiten eine Globalermächtigung erteilt wird.[72] Einige InsGer haben einen anderen Weg, der diese Nachteile vermeiden soll, gewählt: Gestützt auf § 21 Abs 1 S 1 wurde angeordnet, dass der Schu Steuern und Sozialversicherungsbeiträge nur mit Zustimmung des vorl Sachwalters zahlen dürfe.[73] Nach Auffassung des AG Hamburg ist die Anordnung eines solchen Zustimmungsvorbehaltes nur dann zulässig, wenn dieser im Einzelfall **geeignet** und **erforderlich** ist, um die künftige InsMasse vor nachteiligen Veränderungen zu schützen. Die Sicherungsmaßnahme sei dann erforderlich, wenn (1) die Geschäftsführung andernfalls aufgrund der bestehenden Pflichtenkollision zur Reduzierung eigener Haftungsrisiken gezwungen ist, den in der Praxis üblichen Weg der Zahlung und späteren Anfechtung zu wählen und (2) die Zahlung auf spätere Anfechtung die Liquidität der Gesellschaft unverhältnismäßig belasten würde oder eine spätere Anfechtung keine hinreichende Aussicht auf Erfolg hätte.[74] Das FG Münster hat für Steuerschulden entschieden, dass dem Geschäftsführer bei Nichtzahlung von Steuerschulden kein grobes Verschulden iSv § 69 AO vorgeworfen werden kann, wenn das Ger in seinem Beschl nach §§ 270a, 21 Abs 1 S 1 angeordnet hat, dass Zahlungen am Steuerschuldverhältnis iSv § 37 AO nur mit Zustimmung des vorl Sachwalters geleistet werden dürfen und der Sachwalter die Zustimmung ausdrücklich versagt hat.[75] Eine dritte Möglichkeit ist schließlich der Versuch, die Zahlungen an Finanzkassen und Sozialversicherungsträger dadurch zu blockieren, dass der vorl Sachwalter nach § 270a Abs 1 S 2 iVm § 275 Abs 2 die Kassenführung an sich zieht[76] oder diese ihm durch gerichtliche Anordnung

---

70 Diesen Weg empfehlen zB *Hobelsberger* (DStR 2013, 2545, 2550) und *Buchalik/Schröder* (ZInsO 2017, 905, 913) für die Zahlung von Umsatzsteuern im EröffnungsVerf mit vorl Eigenverwaltung. Allerdings kann bei einer Globalermächtigung oder ungenauen Abgrenzung der Ermächtigung Zahlungen nicht mehr angefochten werden, dies gilt für Sozialversicherungsbeiträge nach *BGH* (16.6.2016 – IX ZR 114/15) auch im Anwendungsbereich des § 55 Abs 3, s dazu ausführlich unter § 270b Rn 45. Auch *Thole* (DB 2015, 662) bezeichnet ihn als taugliche Lösung, tritt allerdings zu Recht nachdrücklich dafür ein, dass die Gerichte auch ohne ein solches Manöver den Vorrang der Pflicht zur Massesicherung vor der Pflicht zur Zahlung von Steuern und Sozialversicherungsbeiträgen anerkennen. – Zu den Grenzen der Pflicht des Geschäftsführers, auch bei Zahlungsschwierigkeiten die Arbeitnehmerbeiträge zur Sozialversicherung abzuführen, vgl *OLG Düsseldorf* ZInsO 2015, 861.

71 *Mönning/Schäfer/Schiller* BB 2017, Beil zu Heft 25, S 21.

72 Siehe dazu unten zu § 270b Rn 43.

73 *AG Hamburg* 19.6.2017 – 67g IN 173/17; *AG Heilbronn* 23.3.2016 – 12 IN 149/1; *AG Düsseldorf* ZInsO 2014, 2389 mit zust Anm *Buchalik/Kraus* ZInsO 2014, 2354;*Gortan* NZI 2016, 982ff.; **abl** *AG Hannover* 8.5.2015 – 909 IN 264/15 mit krit Anm *Frind* EWiR 2015, 651; abl auch *Laroche/Wollenweber* ZInsO 2016, 2225, 2230 f; *Roth* ZInsO 2017, 617, 619; vgl dazu auch *Thole* DB 2015, 662, bei IV 3; *Knittel* KSI 2015, 120.

74 *AG Hamburg* 19.6.2017 – 67g IN 173/17 („Rickmers Holding").

75 *FG Münster* 3.4.2017 – 7 V 492/17 U Rn 22; Anm *Rieger/Verken* NZI 2017, 495; krit Anm *Hölzle* EWiR 2017, 569, auf die Anordnung eines Zustimmungsvorbehaltes komme es nicht an, vielmehr sei ein im Innenverhältnis wirkender Widerspruch des vorl Sachwalters (§ 270a Abs 1 S 2, 275 Abs 1) hinreichend.

76 *AG Hannover* 8.5.2015 – 909 IN 264/15; zum Recht des vorl Sachwalters zur Kassenführung, *Undritz/Schur* ZIP 2016, 549 ff.

übertragen wird.[77] Auch wenn diese Übernahme im Grundsatz nur eine interne Maßnahme darstellt, führt sie doch dazu, dass den Organen des Schu die Erfüllung der Zahlungspflichten unmöglich wird. Sowohl die Schadenersatzpflichten als auch die Strafbarkeit dürften dadurch ihre Grundlage verlieren.

27 Gegen die zweite und dritte Lösung könnte sprechen, dass eine Strafbarkeit des Geschäftsführers möglicherweise dann nicht entfällt, wenn der Zustimmungsvorbehalt für die Zahlung der Sozialversicherungsbeiträge (Arbeitnehmeranteil) auf Anregung des Geschäftsführers angeordnet wurde[78] und auch der vorl Sachwalter, der die Zustimmung zur Zahlung verweigert oder als Kassenführer die Zahlung unterlässt, Gefahr läuft, selbst von der Verwaltung haftbar gemacht zu werden.[79] Dies würde mit einem vierten Lösungsweg vermieden, mit der direkten Untersagung der betreffenden Zahlungen durch das InsGer. Einzuordnen wäre dies als spezielles Verfügungsverbot auf der Grundlage des § 21 Abs 1 S 1.[80] – Die fünfte und *de lege lata* beste Lösung besteht selbstverständlich darin, dass der Schu in Verhandlungen mit Finanzverwaltung und Sozialversicherungsbehörden erreicht, dass diese auf Zahlungen verzichten, die sie später aufgrund einer Anf zurückgewähren müssten.[81] Für die Arbeitnehmerbeiträge der Sozialversicherung kommt auch der Abschluss einer Stundungsvereinbarung in Betracht. Da die Sozialversicherungsträger nach Eröffnung des InsVerf die Arbeitnehmerbeiträge von der Insolvenzgeldstelle der Bundesagentur für Arbeit iRd Insolvenzausfallgeldes erhalten werden, besteht nicht selten die Bereitschaft, die Beiträge zu stunden,[82] was die Fälligkeit der Arbeitnehmerbeiträge und damit das objektive Tatbestandsmerkmal „Vorenthalten" iSv § 266a StGB entfallen lässt.

28 Das Gericht kann den Schu **ermächtigen**, während der Dauer der vorl Eigenverwaltung Verbindlichkeiten zu begründen, die nach der Eröffnung des InsVerf als **Masseverbindlichkeiten** gelten (entspr der Regelung in § 55 Abs 2 für den „starken" vorl InsVerw). Grundlage ist § 21 Abs 1. Zwar fehlt in § 270a anders als in § 270b Abs 3 eine ausdrückliche Regelung zur Begr von Masseverbindlichkeiten. Dies ist aber nicht als Ausschluss dieser Befugnis des Gerichts zu verstehen. Die Besonderheit im SchutzschirmVerf liegt vielmehr darin, dass nach § 270b Abs 3 das Gericht einen entspr Antrag des Schu nicht ablehnen darf, sondern die Anordnung treffen muss, wenn der Schu sie beantragt. Im Verf nach § 270a ist die allg Befugnis des Gerichts nach § 21 Abs 1 dagegen nicht in dieser Weise eingeschränkt; das Gericht hat einen Ermessenspielraum.[83]

---

77 Vgl *AG Hamburg* ZIP 2014, 2101; *Frind* NZI 2014, 940 und GmbHR 2015, 128; krit dazu *Buchalik/Kraus* ZInsO 2014, 2354 und *Harder* NZI 2015, 162.

78 Ausführlich *Laroche/Wollenweber* ZInsO 2016, 2225, 2230 f, die vertreten, die Verweigerung der Zustimmung sei strafrechtlich als selbst verschuldete rechtliche Unmöglichkeit (omissio libera in causa) zu werten, die die Strafbarkeit unberührt lasse und im Übrigen die Strafbarkeit des Beraters wegen Anstiftung oder des Richters wegen Beihilfe zu § 266a StGB begründe; s auch *Mönning/Schäfer/Schiller* BB 2017, Beil zu Heft 25, S 21; *Roth* ZInsO 2017, 617, 619.

79 Diese Befürchtung äußert *Lau* DB 2015, 1017 bei 5.).

80 Vgl *Thole* DB 2015, 662 bei IV 3.

81 Sinnvoll wäre eine gesetzliche Regelung des Problems, die eine Gleichbehandlung der Gl sicherstellt, vgl *Hieberl* ZInsO 2015, 1249.

82 *Mönning/Schäfer/Schiller* BB 2017, Beil zu Heft 25, S 21.

83 *AG Hannover* 15.7.2016 – 908 IN 460/16 – 2 Rn 30 ff; *Kübler/Hofmann* HRI § 7 Rn 114-117 und *Klunck* ZIP 2013, 853, 858–862 (die beide neben einer Einzelfall-Ermächtigung auch eine umfassende Ermächtigung als „starke" vorl Eigenverwaltung für zulässig halten, dagegen *Pape* ZIP 2013, 2292); *K Schmidt/Undritz* § 270a Rn 6; *Graf-Schlicker* § 270a Rn 14-18; *K/P/B/Pape* § 270a Rn 19–21.

In der **Rechtsprechung** gab es nach dem Inkrafttreten des ESUG zunächst unterschiedliche Auff zu dieser Frage. Das *AG Fulda*[84] hat keine rechtliche Grundlage dafür gesehen, den Schu oder den vorl Sachwalter zur Begr von Masseverbindlichkeiten zu ermächtigen; wenn es im EröffnungsVerf erforderlich werde, Masseverbindlichkeiten zu begründen, müsse ein vorl InsVerw bestellt werden. Überwiegend wurde aber anerkannt, dass dem Bedürfnis, die Begr von Masseverbindlichkeiten zu ermöglichen – zB mit dem Ziel, Kredite zu erlangen oder Lieferbeziehungen aufrechtzuerhalten –, auch im EröffnungsVerf mit vorl Eigenverwaltung Rechnung getragen werden müsse. Es wurden jedoch verschiedene Lösungen befürwortet. 29

Das AG Hamburg[85] hat entschieden, nur der vorl Sachwalter könne eine entspr Ermächtigung erhalten; er trete an die Stelle des vorl InsVerw und sei der geeignete Ansprechpartner für Banken. Durchgesetzt hat sich jedoch die Auff des AG Köln,[86] dass eine solche Ermächtigung dem Schu zu erteilen sei, der bei Eigenverwaltung auch im eröffneten Verf die Geschäfte führe und dabei Masseverbindlichkeiten begründe. Weitere Gerichte haben sich dem angeschlossen.[87] Auch in der Literatur ist dies mittlerweile die herrschende Meinung.[88] Die Auff des AG Montabaur,[89] dass der Schu bei vorl Eigenverwaltung auch ohne eine Ermächtigung des Gerichts in der Lage sei, Masseverbindlichkeiten zu begründen, hat nur vereinzelt Zustimmung gefunden.[90] Sie ist unvereinbar mit § 270b Abs 3, der offensichtlich voraussetzt, dass der Schu im Stadium der vorl Eigenverwaltung ohne eine gerichtliche Ermächtigung keine Befugnis zur Begr von Masseverbindlichkeiten besitzt. Der BGH hat sich im BeschwVerf gegen die Entsch des AG Fulda zum Bedauern der Fachwelt nicht zur Sache geäußert, sondern die Beschw für unzulässig erklärt.[91] 30

Die Entsch des Gerichts über den Antrag des Schu, zur Begründung von Masseverbindlichkeiten ermächtigt zu werden, hat sich an den Grundsätzen zu orientieren, die der BGH für die Ermächtigung des „schwachen" vorläufigen InsVerw aufgestellt hat:[92] Die Ermächtigung muss sich auf bestimmte, vom Gericht festgelegte Verbindlichkeiten beschränken und darf nur dann erfolgen, wenn das Gericht davon überzeugt ist, dass diese Entsch für die Befrie- 31

---

84 ZIP 2012, 1471; ebenso *AG Hannover* 1.7.2016 – 908 IN 460/16 Rn 18 ff; allerdings aufgegeben in der Abhilfeentscheidung *AG Hannover* 15.7.2016 – 908 IN 460/16 – 2 Rn 30 ff; *Braun/Riggert* § 270a Rn 6; *Nöll* ZInsO 2013, 745, 753 f.

85 NZI 2012, 566.

86 NZI 2012, 375.

87 *OLG Dresden* ZIP 2015, 1937 mit Anm *Zimmer* EWiR 2015, 707 und *Kraus* ZInsO 2015, 2522; *LG Duisburg* ZInsO 2012, 2346 mit zust Anm *Buchalik/Kraus* ZInsO 2012, 2330 und *Andres* NZI 2013, 93; *AG München* ZIP 2012, 1470.

88 *Buchwaldt* BB 2015, 3017, 3019; *Pleister/Kunkel* ZIP 2017, 153, 160; *Marotzke* DB 2013, 1283; *Markgraf/Remuta* NZI 2017, 335, 338; vgl *K Schmidt/Undritz* § 270aRn 6; *K/P/B/Pape* § 270a Rn 19 f; MK/*Kern* § 270a Rn 42 f; *Andres/Leithaus* § 270a Rn 9; HambKomm/*Fiebig* § 270a Rn 34; *A/G/R/Ringstmeier* § 270a Rn 8; krit *Blankenburg* ZInsO 2016, 1337 f.

89 ZInsO 2013, 397.

90 In der Rspr haben sich das *LG Erfurt* (ZIP 2015, 2181) und das *AG Hannover* (ZIP 2015, 1843 mit krit Anm *Kraus* EWiR 2015, 679), in der Literatur haben sich *Frind* (ZInsO 2012, 1099) und *Foltis* (in FK § 270a Rn 22) im gleichen Sinn geäußert.

91 *BGH* ZIP 2013, 525 mit Anm *Pleister/Tholen*; weitere Anm *Buchalik/Kraus* ZInsO 2013, 815; *Römermann/Praß* ZInsO 2013, 482; *Siemon* EWiR 2013, 253; *Vallender* NZI 2013, 342; *Weissinger* NZI 2013, 342. – Die Formulierung in der Begr des *BGH* „ein Antrag auf Ermächtigung zur Begründung von Masseverbindlichkeiten ist in § 270a [nicht] vorgesehen" dürfte nicht als Stellungnahme in der Sache zu verstehen sein, so auch *Pape* ZInsO 2013, 2135.

92 *AG Essen* ZInsO 2015, 700; ausf *Klinck* ZInsO 2014, 465.

digung der InsGl voraussichtlich vorteilhaft sein wird.[93] Dazu gehört, dass der Schu eine Liquiditätsvorschau einreicht, aus der das Gericht entnehmen kann, dass das vorhandene Vermögen zur Erfüllung der Verbindlichkeiten ausreicht, die den Status von Masseverbindlichkeiten haben sollen.[94] Im Interesse der Sicherheit des Rechtsverkehrs ist weiter erforderlich, dass die begünstigten Verbindlichkeiten genau bezeichnet und abgegrenzt werden.[95] Die Ermächtigung global zu erteilen, ist iRd § 270a unzulässig.[96] Wird der Antrag des Schu abgelehnt, so ist ein Rechtsmittel gegen diese Entsch nicht gegeben.[97]

32 Weitgehend anerkannt ist die Befugnis des Gerichts, eine Ermächtigung des Schu zur Begr von Masseverbindlichkeiten an die **Zustimmung des vorl Sachwalters** zu binden.[98] Ergeht eine solche Anordnung und stimmt der vorl Sachwalter der Begr einer Masseverbindlichkeit zu, so dürfte er entspr § 277 Abs 1 S 3, § 61 für die Erfüllung dieser Verbindlichkeit persönlich haften.[99]

33 Soweit die Ermächtigung reicht, erlangen Verbindlichkeiten aus Geschäften des Schu im EröffnungsVerf nach der VerfEröffnung den Rang von Masseverbindlichkeiten. Der Schu hat dann nicht mehr die Wahl, ob er bei einem Vertragsschluss dem Partner eine Masseverbindlichkeit einräumt oder nicht.[100] § 55 Abs 2 und dessen Einschränkung für Ansprüche der **Bundesagentur für Arbeit** durch § 55 Abs 3 finden entspr Anwendung, ebenso wie iRd § 270b Abs 3.[101]

34 Neben den Fällen, in denen dem Schu in der vorl Eigenverwaltung „frisches Geld" als Masse-Barkredit zur Verfügung gestellt wird, hat in der Praxis der sog **unechte Massekredit** Bedeutung gewonnen. Typischerweise geht es um den Fall, dass ein Kreditinstitut einen zB durch Forderungsabtretung gesicherten Kredit gekündigt hat, nachdem ein InsVerf über das Vermögen seines Schu beantragt worden ist, und dadurch die Verwertungsreife der Sicherheiten herbeigeführt hat. Statt nun die Sicherheiten für sich zu verwerten und die Erlöse zu vereinnahmen, stellt das Kreditinstitut dem Schu die Verwertungserlöse als neues Darlehen zur Verfügung. Dabei werden vertraglich Zeitraum und Umfang des Darlehens genau bestimmt und als Verwendungszweck festgelegt, dass die erzielten Erlöse ausschließlich zur Finanzierung der Betriebsfortführung benutzt werden dürfen. Auch bei einem solchen „unechten Massekredit" wird das Kreditinstitut Wert darauf legen, dass die Verpflichtungen des Schu durch eine gerichtliche Ermächtigung zur Begr von Masseverbindlichkeiten abgedeckt sind.[102]

35 Im GesetzgebungsVerf zum ESUG ist vorgeschlagen worden, auf die vorläufige Eigenverwaltung auch § 55 Abs 4 für anwendbar zu erklären, der Verbindlichkeiten aus dem **Steuerschuldverhältnis**, die vom Schu mit Zustimmung eines vorläufigen InsVerw begründet worden sind, im eröffneten Verf zu Masseverbindlichkeiten erhebt. Es sollte ausdrücklich im

---

93 Vgl oben § 22 Rn 54.
94 *Frind* WM 2014, 592.
95 Vgl dazu die Rspr zu § 270b Abs 3, unten § 270b Rn 44.
96 *AG Hannover* 15.7.2016 – 908 IN 460/16 – 2 Rn 30 ff; *LG Hannover* 22.8.2016 – 11 T 30/16 – 2 Rn 13 ff; *AG Essen* ZIP 2015, 841.
97 *BGH* ZIP 2013, 525; *Rattunde/Stark* Rn 174.
98 Vgl *LG Duisburg* ZInsO 2012, 2346; *AG Köln* NZI 2012, 375; *AG München* 27.6.2012 – 1506 IN 1851/12; *Kübler/Hofmann* HRI § 7 Rn 125; *Klinck* ZIP 2013, 861 f; *Marotzke* DB 2013, 1289; *Pape* ZIP 2013, 2292; **abl** *AG Hannover* ZIP 2015, 1843; *Ehlers* ZInsO 2015, 1418; *Blankenburg* ZInsO 2016, 1337, 1344; krit auch *K Schmidt/Undritz* § 270a Rn 6.
99 *Marotzke* DB 2013, 1287 und KTS 2014, 118-120.
100 Vgl *Marotzke* DB 2013, 1287.
101 Vgl unten § 270b Rn 43–46 und *Buchalik* ZInsO 2012, 352 f.
102 Vgl dazu *Huber* NZI 2014, 439; *Trowski* WM 2014, 1257.

Gesetz festgeschrieben werden, dass diese Rechtsfolge im Eröffnungs Verf nach § 270a nicht nur für die Verbindlichkeiten eintritt, die vom vorl Sachwalter oder vom Schu mit Zustimmung des vorl Sachwalters begründet werden, sondern auch für die allein vom Schu begründeten. Der Vorschlag ist von der BReg in ihrer Gegenäußerung als systemwidrig problematisiert und schließlich vom BT-RAussch nicht aufgegriffen worden.[103] In der Tat wird man Steuerschulden aus Geschäften, die während einer vorl Eigenverwaltung vom Schu abgeschlossen werden und die nicht in den Rahmen einer Ermächtigung zur Begr von Masseverbindlichkeiten fallen, im eröffneten Verf nicht als Masseverbindlichkeiten qualifizieren können. Die Stellung des Schu, der in der vorl Eigenverwaltung ohne eine solche Ermächtigung handelt, ist nicht mit den in § 55 genannten Fallgruppen vergleichbar.[104] Die Nichtanwendung von § 55 Abs 4 auf das Verf der vorl Eigenverwaltung wurde jüngst vom OLG Thüringen bestätigt.[105] Das scheint auch von der Finanzverwaltung anerkannt zu werden.[106] Bisher offen und höchstrichterlich noch nicht entschieden ist die Frage, ob eine umsatzsteuerlichen Organschaft bereits mit der Bestellung eines vorl Sachwalters in der vorl Eigenverwaltung (§ 270a) oder im Schutzschirmverfahren (§ 270b) endet.[107]

III. Hinweis auf Ablehnung der Eigenverwaltung (Abs 2)

Ein Schu, der schon bei drohender Zahlungsunfähigkeit den Antrag auf Eröffnung eines InsVerf in Eigenverwaltung stellt, wird durch Abs 2 vor einem unfreiwilligen Verlust seiner Verfügungsbefugnis geschützt: Wenn das Gericht die Voraussetzungen der Eigenverwaltung nicht als gegeben ansieht, hat es den Schu darauf hinzuweisen und ihm Gelegenheit zu geben, den Eröffnungsantrag zurückzunehmen.[108] Der Schu kann dann außergerichtliche Sanierungsbemühungen fortsetzen. **36**

Praktische Bedeutung kann die Vorschrift im Wesentlichen nur bei Einzelkaufleuten gewinnen. Denn bei drohender Zahlungsunfähigkeit wird regelmäßig auch schon **Überschuldung** eingetreten sein, die bei juristischen Personen und gleichgestellten Personengesellschaften nach § 15a zum Insolvenzantrag verpflichtet.[109] Stellt das Gericht bei der Prüfung des **37**

---

103 Vgl BT-Drucks 17/5712, 52, 67 f.

104 Gegen eine analoge Anwendung des § 55 Abs 4 auch *Buchalik/Schröder* ZInsO 2016, 2025 ff; *Hobelsberger* DStR 2013, 2545; *Marotzke* DB 2013, 1287 (iRd § 270b, vgl unten § 270b Rn 46); *Mönning/Schäfer/Schiller* BB 2017, Beil zu Heft 25, 22; *Harder* NZI 2016, 867; *Kübler/Kahlert* HRI § 57 Rn 42 f und ZIP 2015, 11, 15; *Klusmeier* ZInsO 2014, 488. – *Rattunde/Stark* Rn 189 bezweifeln sogar den Masseschuldcharakter von Steuerpflichten aus Geschäften, die in den Rahmen einer Einzelermächtigung fallen. – Dagegen sehen *Geißler* (ZInsO 2013, 536) und *Weber* (ZInsO 2017, 67, 69) § 55 Abs 4 als Teil der allg Vorschriften, die auch für die vorl Eigenverwaltung gelten. Das *LG Erfurt* (ZIP 2015, 2181 mit abl Anm *Kahlert* EWiR 2015, 709), das § 55 Abs 4 im Fall einer vorl Eigenverwaltung nach § 270a angewendet hat, begründet dies damit, dass der Schu auch ohne eine bes Anordnung des Gerichts generell zur Begr von Masseverbindlichkeiten ermächtigt sei.

105 *OLG Thüringen* 22.6.2016 – 7 U 753/15.

106 Im *BMF*-Schreiben v 25.5.2015 – IV A 3 – (ZInsO 2015, 1195) zu § 55 Abs 4 wird im Abschn „II Anwendung, II 1 Betroffene Personen" nur der schwache vorl InsVerw genannt. – Die Kommission zur Harmonisierung von Ins- und Steuerrecht sieht hier Klärungsbedarf für den Gesetzgeber, vgl den v *Seer* veröffentlichten Abschlussbericht, Beil 2 zu ZIP 42/2014, 6-9.

107 Bejahend *FG Münster* 7.9.2017 – 5 K 3123/15 U, s ausführlich unter § 270 Rn 40.

108 Das *AG Mannheim* (ZIP 2014, 484) hat mit der Ablehnung eines Antrags auf Eigenverwaltung auch den InsAntrag als erledigt betrachtet und zur Begr auf den Wunsch des Schu abgestellt, dass beide Anträge als Einheit zu behandeln seien. Das wird zu Recht kritisiert v *Neußner* EWiR 2014, 331.

109 Begr RegE ESUG, BT-Drucks 17/5712, 39 f, zu Nr 43.

Antrags fest, dass Überschuldung vorliegt (oder bereits Zahlungsunfähigkeit eingetreten ist) und die Rücknahme des InsAntrags einer Antragspflicht zuwiderlaufen würde, hat es den Hinweis auf die Möglichkeit der Rücknahme des Antrags zu unterlassen.[110] Es hat dem Schu aber auch in diesem Fall vor seiner Entsch seine Bedenken mitzuteilen. Das ergibt sich sowohl aus § 270a Abs 2 als auch aus der allg richterlichen Aufklärungspflicht.[111]

§ 270b Vorbereitung einer Sanierung

(1) [1]Hat der Schuldner den Eröffnungsantrag bei drohender Zahlungsunfähigkeit oder Überschuldung gestellt und die Eigenverwaltung beantragt und ist die angestrebte Sanierung nicht offensichtlich aussichtslos, so bestimmt das Insolvenzgericht auf Antrag des Schuldners eine Frist zur Vorlage eines Insolvenzplans. [2]Die Frist darf höchstens drei Monate betragen. [3]Der Schuldner hat mit dem Antrag eine mit Gründen versehene Bescheinigung eines in Insolvenzsachen erfahrenen Steuerberaters, Wirtschaftsprüfers oder Rechtsanwalts oder einer Person mit vergleichbarer Qualifikation vorzulegen, aus der sich ergibt, dass drohende Zahlungsunfähigkeit oder Überschuldung, aber keine Zahlungsunfähigkeit vorliegt und die angestrebte Sanierung nicht offensichtlich aussichtslos ist.

(2) [1]In dem Beschluss nach Absatz 1 bestellt das Gericht einen vorläufigen Sachwalter nach § 270a Absatz 1, der personenverschieden von dem Aussteller der Bescheinigung nach Absatz 1 zu sein hat. [2]Das Gericht kann von dem Vorschlag des Schuldners nur abweichen, wenn die vorgeschlagene Person offensichtlich für die Übernahme des Amtes nicht geeignet ist; dies ist vom Gericht zu begründen. [3]Das Gericht kann vorläufige Maßnahmen nach § 21 Absatz 1 und 2 Nummer 1a, 3 bis 5 anordnen; es hat Maßnahmen nach § 21 Absatz 2 Nummer 3 anzuordnen, wenn der Schuldner dies beantragt.

(3) Auf Antrag des Schuldners hat das Gericht anzuordnen, dass der Schuldner Masseverbindlichkeiten begründet. § 55 Absatz 2 gilt entsprechend.

(4) [1]Das Gericht hebt die Anordnung nach Absatz 1 vor Ablauf der Frist auf, wenn

1. die angestrebte Sanierung aussichtslos geworden ist;
2. der vorläufige Gläubigerausschuss die Aufhebung beantragt oder
3. ein absonderungsberechtigter Gläubiger oder ein Insolvenzgläubiger die Aufhebung beantragt und Umstände bekannt werden, die erwarten lassen, dass die Anordnung zu Nachteilen für die Gläubiger führen wird; der Antrag ist nur zulässig, wenn kein vorläufiger Gläubigerausschuss bestellt ist und die Umstände vom Antragsteller glaubhaft gemacht werden.

[2]Der Schuldner oder der vorläufige Sachwalter haben dem Gericht den Eintritt der Zahlungsunfähigkeit unverzüglich anzuzeigen. [3]Nach Aufhebung der Anordnung oder nach Ablauf der Frist entscheidet das Gericht über die Eröffnung des Insolvenzverfahrens.

Übersicht

110 *K/P/B/Pape* § 270a Rn 43.
111 § 4 InsO, § 139 ZPO, vgl *K Schmidt/Undritz* § 270a Rn 9.

I. Normzweck, Gesetzgebungshinweise

1. Wesentlicher Inhalt. Die Vorschrift bietet dem Schu, der eine Sanierung durch InsPlan beabsichtigt und noch nicht zahlungsunfähig ist, die Möglichkeit, durch einen InsAntrag in ein bes schuldnerfreundlich ausgestaltetes EröffnungsVerf einzutreten. Ihm wird eine Frist von bis zu drei Monaten für die Vorbereitung des InsPlans eingeräumt. Bei der Geschäftsführung wird er unter die Aufsicht eines vorläufigen Sachwalters gestellt, den er selbst vorschlagen kann. Er kann Verbindlichkeiten begründen, die im anschließenden InsVerf als Masseverbindlichkeiten eingeordnet werden, und erhält einen „**Schutzschirm**" gegen Vollstreckungsversuche seiner Gl. 1

Im Verhältnis zu den allg Regeln über die vorläufige Eigenverwaltung im EröffnungsVerf, insb zu § 270a, ist § 270b die **speziellere Vorschrift**. Soweit § 270b Regelungen enthält – zB über die Auswahl des vorl Sachwalters in Abs 2 und über den Anspruch auf die Kompetenz zur Begr von Masseverbindlichkeiten in Abs 3 – geht er dem allg Recht der vorläufigen Eigenverwaltung vor. Für nicht bes geregelte Bereiche gelten § 270a und die diesen ergänzenden Rechtsvorschriften.[1] 2

Um die Vorteile des „SchutzschirmVerf" zu erlangen, muss der Schu allerdings einige Formalitäten erfüllen. Insb muss er die **begründete Bescheinigung eines InsFachmanns** zu den InsGründen und den Sanierungsaussichten vorlegen. Die Erstellung der Bescheinigung, deren Überprüfung durch das Gericht und eine ggf erforderliche Nachbesserung können zu erheblichen Verzögerungen führen. In vielen Fällen wird es auch bei der Vorbereitung einer Sanierung mithilfe eines InsPlans sinnvoll sein, sich mit dem Verf nach § 270a zu begnügen.[2] Auch das RegelInsVerf kann im Einzelfall das geeigneteste Verf zur Durchführung einer Sanierung sein.[3] Ein Vorteil des Verf nach § 270b wird aber schon darin gesehen, dass es wegen der üblich gewordenen Bezeichnung als „SchutzschirmVerf" die geringstmögliche Diskriminierung des Schu als InsFall bedeutet.[4] 3

2. Gesetzgebungshinweise. Das SchutzschirmVerf des § 270b ist durch das Gesetz zur weiteren Erleichterung der Sanierung von Unternehmen (**ESUG**) in die InsO eingefügt worden.[5] Es steht im Zusammenhang mit den zahlreichen weiteren Maßnahmen dieses Gesetzes zur Stärkung der Eigenverwaltung und zur Schaffung von Anreizen für rechtzeitige InsAnträge.[6] § 270b hat aber insofern eine bes Bedeutung, als hier ein **EröffnungsVerf eigener Art** entstanden ist, das Züge eines vorinsolvenzlichen SanierungsVerf aufweist. Hintergrund waren rechtspolitische und rechtsvergleichende Diskussionen um SanierungsVerf 4

1 *K Schmidt/Undritz* § 270b Rn 8.
2 Vgl *Schelo* ZIP 2012, 712; *Pape* FS Haarmeyer, 2013, S 219.
3 *Wallner* ZIP 2015, 997.
4 *Ehlers* ZInsO 2013, 114.
5 Vgl zu diesem Gesetz oben Vor § 270 Rn 5.
6 Vgl die Begr zum RegE ESUG, BT-Drucks 17/5712, 40.

im Vorfeld einer Insolvenz, bei denen ausländische Rechtsinstitute wie das *Company Voluntary Arrangement* des englischen Rechts und die französische *procédure de sauvegarde* eine große Rolle spielten.[7] Der deutsche Gesetzgeber wollte jedoch die Vorteile des deutschen einheitlichen InsVerf nicht aufgeben. Er hat daher kein getrenntes SanierungsVerf geschaffen, sondern sich mit einer bes Ausgestaltung des EröffnungsVerf begnügt.[8]

5 Als Teil des einheitlichen InsVerf ist auch das SchutzschirmVerf auf die **bestmögliche Befriedigung** der Gl ausgerichtet. Widerspricht der InsPlan, den der Schu während dieses Verf vorbereitet, den Interessen der Gl, so wird er im eröffneten Verf schwerlich die erforderliche Zustimmung der Gl finden. Möglicherweise wird in einem solchen Fall das SchutzschirmVerf schon vorzeitig abgebrochen werden, nämlich auf Antrag des vorl GlAusschusses; diesem Antrag hat das Gericht zwingend zu entsprechen (§ 270b Abs 4 S 1 Nr 2). Mit diesem mehrfach verankerten Letztentscheidungsrecht der Gl wird zugleich der Gefahr vorgebeugt, dass „Sanierungen" begünstigt werden, die nicht die Rentabilität des Unternehmens wiederherstellen und damit marktwirtschaftlich sinnwidrig sind. Die Forderung von Pape, die Sanierung des Unternehmens als eigenständiges Ziel des Verf nach § 270b anzuerkennen, vorrangig oder zumindest gleichrangig mit dem Ziel der bestmöglichen GlBefriedigung,[9] könnte daher zu wirtschaftlichen Fehlentwicklungen führen; ihr muss nachdrücklich widersprochen werden.[10]

6 Die Einpassung des SchutzschirmVerf in das einheitliche InsVerf hat weiter den Vorteil, dass es ohne Weiteres in den Kreis der Verf fällt, deren Wirkungen nach der **EUInsVO** europaweit anerkannt werden.[11]

7 Auch bereitet die **Vorfinanzierung von InsGeld** keine bes Probleme. Die Durchführungsanweisungen der Bundesagentur für Arbeit sind entspr angepasst worden.[12]

8 Ein Nachteil ist, dass das SchutzschirmVerf ebenso wie die anderen Arten des InsEröffnungsVerf im **Vergaberecht** dem öffentlichen Auftraggeber ein Ermessen eröffnet, das Unternehmen vom BieterVerf auszuschließen.[13]

9 § 270b hat im **GesetzgebungsVerf** – vom DiskE des ESUG[14] über den RegE[15] zur Beschlussempfehlung des RAussch[16] – erhebliche Änderungen erfahren. Insb war das SchutzschirmVerf ursprünglich auf die Zeit der drohenden Zahlungsunfähigkeit beschränkt. Wenn zusätzlich Überschuldung vorlag, durfte es nicht begonnen werden, und sobald Zahlungsun-

---

7 Vgl zu diesen und anderen europäischen SanierungsVerf zB *Piekenbrock* NZI 2012, 905; zu den französischen vorinsolvenzlichen Verf *Dammann* NZI 2009, 502 und *Degenhardt* NZI 2014, 433 (dieser auch zu der Reform durch die VO v 12.3.2014).

8 Die Begr zum RegE ESUG verwischt diesen Unterschied, wenn sie davon spricht, dass dem Schu „im Zeitraum zwischen Eröffnungsantrag und VerfEröffnung ein eigenständiges SanierungsVerf zur Verfügung gestellt" werde (BT-Drucks 17/5712, 40).

9 *K/P/B/Pape* § 270b Rn 14–19; ähnlich HambKomm/*Schmidt* § 1 Rn 26; *Mönning* FS Kübler, 2015, S 431, insb 437 f. – Auch *Pape* (in *K/P/B* § 270b Rn 88) erkennt aber an, dass der Gesetzgeber in § 270b Abs 4 S 1 Nr 2 die Interessen der Gl eindeutig über die des Schu gestellt hat.

10 Für eine Unterordnung des SchutzschirmVerf unter das Ziel der bestmöglichen GlBefriedigung zB auch FK/*Foltis* § 270b Rn 41; *Bremen* NZI 2014, 137; *Buchalik* ZInsO 2015, 484; *Klein/Thiele* ZInsO 2013, 2235.

11 *Piekenbrock* NZI 2012, 908.

12 DA-Insolvenzgeld, Nr 3.2 Abs 2 zu § 170 SGB III; vgl *Cranshaw* ZInsO 2013, 1493, 1494; *Hunold* NZI 2015, 789 f.

13 § 16 Abs 2 Nr 1 a VOB/A. Dazu krit *Loszynski* ZIP 2014, 1614.

14 Veröffentlicht als Beil 1 zu Heft 28/2010 der ZIP.

15 BT-Drucks 17/5712.

16 BT-Drucks 17/7511.

fähigkeit eintrat, war es zu beenden. Systematisch war dies stimmig: Die Erleichterungen für den Schu waren auf den Zeitraum beschränkt, in dem noch kein allg InsGrund vorlag, sondern nur der Schu die rechtliche Möglichkeit hatte, ein InsVerf zu beantragen. Der Anwendungsbereich der Vorschrift war dadurch aber sehr stark eingeschränkt, insb deshalb, weil bei drohender Zahlungsunfähigkeit häufig auch schon Überschuldung eingetreten ist. Im RegE wurde die Vorschrift aus diesem Grund dahin erweitert, dass Überschuldung nicht länger ein Hindernis für den Antrag darstellt. Der RAussch hat es in einem weiteren Schritt für unschädlich erklärt, dass während des SchutzschirmVerf Zahlungsunfähigkeit eintritt. Er hat dies damit begründet, es dürfe nicht in der Hand einzelner Gl liegen, nach dem Bekanntwerden des InsAntrags durch Fälligstellen ihrer Forderungen das SchutzschirmVerf zu torpedieren.[17] Mit dieser Änderung ist das SchutzschirmVerf nicht mehr auf Fälle beschränkt, in denen schon im Vorfeld weitgehende Einigkeit zwischen dem Schu und den wichtigsten Gl über die beabsichtigten Maßnahmen erzielt worden ist,[18] sondern es kann durchaus auch in Fällen eingesetzt werden, in denen Absprachen mit den HauptGl gescheitert sind und der Schu die Zeit bis zur Vorlage eines InsPlans überbrücken will.[19]

Die Interessen der Gl sah der RAussch ausreichend gewahrt, insb durch die Aufsicht des vorl Sachwalters und dadurch, dass der vorl GlAussch jederzeit mit einfacher Mehrheit die Beendigung des SchutzschirmVerf durchsetzen kann. Ob dies ausreicht, um die Gl bei Eintritt der **Zahlungsunfähigkeit** des Schu vor weiteren Verlusten zu schützen, erscheint zweifelhaft.[20] Der vorl Sachwalter, den der Schu selbst vorgeschlagen hat, ist nur bedingt zur Überwachung des Schu geeignet.[21] Die Bestellung eines vorl GlAusschusses ist nicht für jedes InsVerf vorgeschrieben. Die Gerichte haben aber verschiedene Möglichkeiten, Fehlentwicklungen vorzubeugen: Sie werden zunächst darauf achten, dass ein Schu, der den Antrag nach § 270b stellt, noch nicht zahlungsunfähig ist.[22] Sie können in dem eingeschränkten Umfang, den das Gesetz vorsieht, die Unabhängigkeit und die Sachkunde des vorl Sachwalters prüfen, und sie können einen vorl GlAusschuss auch in Fällen bestellen, in denen er nicht zwingend vorgeschrieben ist. Die Einsetzung eines vorl GlAusschusses ist in den Verf nach § 270b zum Schutz der Interessen der Gl praktisch unverzichtbar.[23] Bes wichtig ist in diesen Verf auch, dass das Gericht nicht ungeprüft die vom Schu vorgeschlagenen Personen zu Ausschussmitgliedern bestellt, sondern ggf einzelne Vorschläge unberücksichtigt lässt und in eigener Initiative unabhängige Personen ergänzt.[24] Schließlich kann das Gericht das SchutzschirmVerf von Amts wegen beenden, wenn die angestrebte Sanierung aussichtslos geworden ist (§ 270b Abs 4 S 1 Nr 1). 10

17 BT-Drucks 17/7511, 37.

18 In diese Richtung geht die vielzitierte Äußerung in der Begr des RegE zur Erforderlichkeit eines Konsenses mit den maßgeblichen Gl im Vorfeld eines Antrags nach § 270b, BT-Drucks 17/5712, 40.

19 So zutr *K/P/B/Pape* § 270b Rn 20–22. Zurückhaltender FK/*Foltis* § 270b Rn 3.

20 Die Bedenken des Autors sind eingehender dargestellt in WM 2013, 874 f.

21 Vgl dazu die pointierten Hinweise von *Siemon* ZInsO 2013, 1851, 1871 auf die Loyalitätskonflikte des „mitgebrachten" vorl Sachwalters.

22 Dazu *Ganter* NZI 2012, 985, 988.

23 Vgl *K/P/B/Pape* § 270b Rn 69 f.

24 Die *Kölner InsRichter* (ZIP 2014, 2165) sehen in Unabhängigkeitsprüfung und autonomer Besetzung des vorl GlAusschusses das notwendige Korrektiv zur Freiheit des Schu bei der Auswahl des vorl Sachwalters.

11 Ob das SchutzschirmVerf den Erwartungen gerecht wird und ob „trotz § 270b noch ein **Bedürfnis für ein vorinsolvenzliches SanierungsVerf**" besteht, ist in der Fachwelt umstritten. In der Lit gibt es viele Stimmen, die dieses Bedürfnis bejahen.[25]

12 Die **EU-Kommission** hat am 22.11.2016 einen Richtlinienentwurf[26] für die Einführung eines vorinsolvenzlichen Sanierungsverfahrens veröffentlicht. Mit der Einführung eines **vorinsolvenzliches SanierungsVerf** ist daher auch in Deutschland in absehbarer Zeit zu rechnen.

II. Voraussetzungen (Abs 1)

13 **1. Insolvenzgrund und Sanierungsaussichten.** Das „SchutzschirmVerf" nach § 270b steht Schu offen, bei denen drohende Zahlungsunfähigkeit und/oder Überschuldung vorliegt, aber noch keine Zahlungsunfähigkeit eingetreten ist. Weitere Voraussetzung ist, dass eine Sanierung angestrebt wird und dass diese nicht offensichtlich aussichtslos ist. Beide Voraussetzungen sind Gegenstand einer Bescheinigung, die dem Antrag des Schu beizufügen ist.

14 Die **drohende Zahlungsunfähigkeit** ist in § 18 definiert.[27] Auch einem Schu, bei dem der Eintritt der Zahlungsunfähigkeit kurzfristig zu erwarten ist, steht der Weg des § 270b offen;[28] allerdings darf die Zahlungsunfähigkeit in dem Zeitpunkt, in dem das Gericht über den Antrag des Schu entscheidet, noch nicht eingetreten sein. Ist eine bereits eingetretene Zahlungsunfähigkeit durch eine Stundungsvereinbarung für eine bestimmte Zeit beseitigt worden, so besteht während dieser Zeit nur eine drohende Zahlungsunfähigkeit, so dass der Zugang zum SchutzschirmVerf nicht versperrt ist.[29]

15 Für die **Überschuldung** ist § 19 in der Fassung maßgeblich, die er im Jahre 2008 durch das Finanzmarktstabilisierungsgesetz erhalten hat und die jetzt unbefristet gilt.[30] Eine positive Fortführungsprognose schließt danach die Überschuldung aus. Als Grundlage für einen Antrag nach § 270b kommt die Überschuldung daher nur in den Fällen in Betracht, in denen zwar die Fortführungsprognose negativ, eine Sanierung dennoch nicht offensichtlich aussichtslos ist.[31]

---

25 *Bork* ZIP 2011, 2035; *Paulus* WM 2011, 2205, 2208; *K/P/B/Pape* § 270b Rn 6; *Siemon* NZI 2016, 57; *Goetker/Schulz* ZIP 2016, 2095, 2099; *Gravenbrucher Kreis* ZIP 2016, 1208 f mit Anm *Jacoby* ZIP 2016, 1210; *Lürken* NZI 2015, 3, 8 f; *Florstedt* ZIP 2014, 1513, 1520; *Paulus* BB 18/2014, I; *ders* EWiR 2014, 481, 482. Demgegenüber hält *Madaus* (KTS 2015, 115, 136) ein vorinsolvenzliches SanierungsVerf vorerst nicht für geboten, er befürwortet aber eine tiefgreifende Reform des Rechts der Eigenverwaltung in der InsO mit dem Hauptziel, die Anreize für den Schu zu stärken.

26 Proposal for a Directive of the European Parliament and the Council on preventive restructuring frameworks, second chance and measures to increase the efficiency of restructuring, insolvency and discharge procedures and amending Directive 2012/30/EU, COM(2016) 723 final.

27 Zur Auslegung dieses Begriffs s *BGH* ZIP 2014, 183 = ZInsO 2014, 259 mit Anm *Frystatski* und *BGH* ZInsO 2015, 841. Vgl weiter – auch zum Begriff der Zahlungsunfähigkeit – den neuen IDW-Standard S 11, veröffentlicht im Supplement 2/2015 der Zeitschrift Die Wirtschaftsprüfung, besprochen von *Zabel/Pütz* ZIP 2015, 91 und von *Steffan/Solmecke* ZInsO 2015, 1365.

28 *Ganter* NZI 2012, 985; **aA** *K/P/B/Pape* § 270b Rn 33.

29 *AG Ludwigshafen* ZIP 2014, 1746; *Ganter* NZI 2012, 985 (mit der Einschränkung, dass ein solches Moratorium nicht missbräuchlich, zB durch unerfüllbare Versprechungen, erlangt worden sein darf); **aA** *AG Erfurt* ZInsO 2012, 944.

30 Zur Beseitigung der Befristung und zur schwierigen Abgrenzung dieses Begriffs von der drohenden Zahlungsunfähigkeit *K Schmidt* ZIP 2013, 485. Auch zur Auslegung des Begriffs der Überschuldung gibt der neue IDW-Standard S 11 wertvolle Hinweise.

31 Vgl *Zipperer/Vallender* NZI 2012, 731.

„Offensichtlich aussichtslos“ kann die beabsichtigte **Sanierung** beispielsweise dann sein, wenn bekannt ist, dass der vorl GlAusschuss oder die wichtigsten Gl das Sanierungskonzept des Schu ablehnen. Auch können trotz der noch bestehenden Zahlungsfähigkeit die liquiden Mittel zur Fortführung des Unternehmens während der Vorbereitung der Sanierung fehlen; hier ist allerdings zu berücksichtigen, dass der Schu während des SchutzschirmVerf häufig in der Lage sein wird, durch Begründung von Masseverbindlichkeiten (§ 270b Abs 3) und durch Vorfinanzierung von InsGeld zusätzliche Liquidität zu schaffen. In bes Fällen kann eine rechtskräftige Gewerbeuntersagung oder der nicht mehr anfechtbare Entzug einer Konzession die angestrebte Sanierung offensichtlich aussichtslos machen.[32] Geringe Chancen für ein Gelingen der Sanierung reichen aus.[33] 16

Die angestrebte Sanierung kann eine Sanierung durch InsPlan sein, sie kann aber auch durch Übertragung des Unternehmens auf einen anderen Rechtsträger verwirklicht werden. Zwar erwähnt Abs 1 S 1 bei der richterlichen Frist nur die Vorlage eines InsPlans; es sind jedoch keine sachlichen Gründe ersichtlich, den in der Praxis genau so wichtigen Fall der **übertragenden Sanierung** auszuschließen.[34] Es würde dem offenen Ansatz der InsO widersprechen, hier eine Art der Sanierung gegenüber einer anderen Art zu bevorzugen.[35] Im Übrigen sind die Grenzen fließend, da auch eine übertragende Sanierung durch einen InsPlan verwirklicht werden kann. Jedenfalls wird es unschädlich sein, wenn der Schu während der richterlichen Frist von dem Vorhaben, den bestehenden Rechtsträger durch einen InsPlan zu sanieren, auf die Vorbereitung einer übertragenden Sanierung übergeht.[36] 17

2. Antrag des Schuldners. Zur Einleitung des SchutzschirmVerf ist ein **dreifacher Antrag** des Schu erforderlich: ein Antrag auf Eröffnung des InsVerf, ein Antrag auf Eigenverwaltung (§ 270 Abs 2 Nr 1) und ein Antrag auf Einräumung einer Frist von höchstens drei Monaten zur Vorbereitung eines InsPlans.[37] 18

Wie der Antrag auf Eigenverwaltung kann der Antrag auf Einräumung der Frist nach § 270b bei **juristischen Personen und Gesellschaften ohne Rechtspersönlichkeit** von jeder vertretungsberechtigten Person und von jeder vertretungsberechtigten Mehrzahl von Personen gestellt werden.[38] 19

Verbraucher haben durch das Gesetz vom 15.7.2013[39] die Möglichkeit erhalten, ihre Vermögensverhältnisse durch einen InsPlan neu zu ordnen. Das SchutzschirmVerf kommt für sie aber nicht in Betracht, da eine Eigenverwaltung nach wie vor im VerbrInsVerf ausgeschlossen ist.[40] Den freien Berufen steht das Verf dagegen offen.[41] 20

---

32 Beispiele von *Gutmann/Laubereau* ZInsO 2012, 1861, 1870.

33 *K Schmidt/Undritz* § 270b Rn 4; *Zipperer/Vallender* NZI 2012, 732; s auch *Mönning/Schäfer/Schiller* BB 2017, Beil zu Heft 25, S 3.

34 Vgl *Schelo* ZIP 2012, 713.

35 *LAG Hamm* ZIP 2016, 2167, Rn 37; *Zipperer/Vallender* NZI 2012, 732; gegen eine Erstreckung auf die übertragende Sanierung zB FK/*Foltis* § 270b Rn 44; wohl auch *Mönning/Schäfer/Schiller* BB 2017, Beil zu Heft 25, 4 f „die generelle Tauglichkeit für ein Insolvenzplanverfahren sei ungeschriebenes Tatbestandsmerkmal“.

36 *K/P/B/Pape* § 270b Rn 40.

37 Nach der hier vertretenen Ansicht kann die Frist auch zur Vorbereitung einer übertragenden Sanierung beantragt und bewilligt werden, vgl oben Rn 17.

38 Vgl oben § 270 Rn 11; *Gutmann/Laubereau* ZInsO 2012, 1862 f.

39 BGBl I, 2379.

40 Jetzt durch § 270 Abs 1 S 3, früher durch § 312 Abs 2.

41 *Gutmann/Laubereau* ZInsO 2012, 1862.

21 **3. Bescheinigung eines Insolvenzfachmanns (Abs 1 S 2).** Dem Antrag ist die **Bescheinigung** einer in InsSachen erfahrenen, qualifizierten Person beizufügen, in der begründet wird, dass beim Schu drohende Zahlungsunfähigkeit oder Überschuldung vorliegt, aber noch keine Zahlungsunfähigkeit eingetreten ist, und dass die angestrebte Sanierung nicht offensichtlich aussichtslos ist.

22 Welche **Anforderungen** an die bescheinigende Person sowie an Inhalt und Ausführlichkeit der Bescheinigung zu stellen sind, war nach dem Inkrafttreten des ESUG zunächst stark umstritten. Weitgehende Klarheit hat 2014 der **IDW-Standard S 9 (Bescheinigung gem § 270b InsO)** gebracht, der von einer Arbeitsgruppe des Instituts der Wirtschaftsprüfer zusammen mit dem Arbeitskreis InsGer erstellt worden ist.[42] Der schon einige Zeit vorher veröffentlichte Leitfaden des Bundesverbands Deutscher Unternehmensberater „Struktur eines Grobkonzeptes iRd Bescheinigung nach § 270b InsO" bietet ebenfalls Hilfen für die Ausarbeitung der Bescheinigung.[43] Hier werden aber insofern zu hohe Anforderungen gestellt, als im Grobkonzept schon Details des beabsichtigten InsPlans wie zu erwartende InsQuoten, angedachte Gruppenstruktur und Berechnung der Besserstellung der Gl durch den Plan aufgeführt werden sollen.[44] Das Muster einer Bescheinigung haben Weber/Knapp veröffentlicht, allerdings noch ohne Berücksichtigung der Standards IDW S 9 und S 11 (Ins-Reife).[45] Die vorgenannten Standards genügen in jedem Fall den gesetzlichen Anforderungen. Dennoch ist in der Praxis im Einzelfall empfehlenswert, Art, Umfang, Prüfungstiefe und inhaltliche Ausgestaltung der Bescheinigung vorab mit dem InsGer abzustimmen.[46]

23 Die Bescheinigung muss die Schrifform einhalten.[47] Sie muss **aktuell** sein, wenn sie dem Gericht eingereicht wird; denn eine drohende Zahlungsunfähigkeit kann sehr schnell in den Eintritt der Zahlungsunfähigkeit umschlagen. Als Faustregel sollte gelten, dass sie nicht älter als eine Woche sein darf.[48] Erg sollte der Schu bei der Einreichung der Anträge versichern, dass in der Zwischenzeit keine wesentliche Verschlechterung der Liquidität eingetreten ist und dass er bis zur Entsch des Gerichts unaufgefordert und unverzüglich solche Verschlechterungen mitteilen werde.[49]

24 Zur **Qualifikation** des Bescheinigers verlangt das Gesetz, dass er aus den Berufsgruppen der Steuerberater, Wirtschaftsprüfer oder Rechtsanwälte kommt oder „mit vergleichbarer Qualifikation" ausgestattet ist. Dies erfasst nach den Gesetzesmaterialien zB die Steuerbevollmächtigten und die vereidigten Buchprüfer, aber auch Angehörige vergleichbarer Berufe aus der EU oder dem Europäischen Wirtschaftsraum.[50] Unternehmensberater sind dort nicht genannt, sie werden aber bei entspr Ausbildung und Vortätigkeit eine vergleichbare Kompetenz besitzen.[51] Juristische Personen kommen nach wohl überwiegender Auff in der

42 Der Standard ist abgedruckt in ZInsO 2014, 2266, vgl dazu *Frind* ZInsO 2014, 2264 und *v Loeffelholz/Sanne* NZI 2015, 583.

43 Abgedruckt ZInsO 2013, 2095, besprochen von *Hermanns* ZInsO 2014, 922.

44 Vgl *von Loeffelholz/Sanne* NZI 2015, 587.

45 *Weber/Knapp* ZInsO 2014, 2254.

46 *Mönning/Schäfer/Schiller* BB 2017, Beil zu Heft 25, 3.

47 *Beth* ZInsO 2015, 373.

48 Vgl IDW S 9 Rn 35; *Beth* ZInsO 2015, 373; *Zipperer/Vallender* NZI 2012, 735; *Hölzle* Praxisleitfaden ESUG, 2. Aufl 2014, § 270b Rn 53; abw *A Schmidt/Linker* ZIP 2012, 963; höchstens 3 Tage; *K/P/B/Pape* § 270b Rn 52: Finanzstatus jedenfalls nicht älter als 3 Wochen.

49 Vgl *Frind* ZInsO 2014, 2265.

50 Begr RegE ESUG, BT-Drucks 17/5712, 40.

51 *Schröder/Schulz* ZIP 2017, 1096, 1101; *Von Loeffelholz/Sanne* NZI 2015, 584; IE übereinstimmend Kübler/*Koch/Jung* HRI § 8 Rn 40; vgl auch *Buchalik* ZInsO 2012, 351: „grds … ausgeschlossen, jedoch …"; **abl** *Gutmann/Laubereau* ZInsO 2012, 1867; *Steffan/Solmecke* ZIP 2014, 2272.

Literatur nicht als Bescheiniger in Frage.Die erforderliche Qualifikation könne nur für eine bestimmte natürliche Person festgestellt werden.[52] Richtigerweise dürfte allerdings ausreichen, wenn dafür Sorge getragen wird, dass Bescheinigungen juristischer Personen und Personengesellschaften genaue Angaben dazu enthalten, welche natürliche Personen im konkreten Fall verantwortlich mit der Erstellung der Bescheinigung betraut waren.[53]

Neben dieser Qualifikation ist stets auch **Erfahrung in InsSachen** erforderlich. Dabei muss diese Erfahrung einschlägig sein, sich also auf eine Tätigkeit als Verw oder Sachwalter in UnternehmensIns oder eine berufliche Befassung mit der Analyse von Unternehmenskrisen, Prüfung der InsEröffnungsgründe und der Ausarbeitung von Sanierungskonzepten beziehen.[54] Erfahrungen mit der Prüfung bzw Erstellen von Sanierungskonzepten gem oder in Anlehung an den IDW S 6 sind hilfreich, denn nach IDW S 6 ist ähnlich wie bei der Schutzschirmbescheinigung auf der ersten Stufe unter dem Stichwort „Fortführungsfähigkeit" zunächst eine InsReifeprüfung durchzuführen, bevor auf der zweiten Stufe dann das Sanierungskonzept überprüft wird.[55] Die Erfahrung muss sich über einen längeren Zeitraum erstrecken.[56] **25**

Qualifikation und Erfahrung sind **dem Gericht nachzuweisen**, soweit sie dort nicht ohnehin bekannt sind. Die entspr Nachweise können der Bescheinigung beigefügt werden.[57] **26**

Das Gesetz verlangt **nicht**, dass der Bescheiniger vom Schu **unabhängig** ist. Auch der Wirtschaftsprüfer oder Steuerberater, der das Unternehmen des Schu seit Jahren betreut, kann die Bescheinigung ausstellen.[58] Hierzu gibt es allerdings gegenteilige Entsch des AG München,[59] dessen Auff nach Berichten aus der Praxis von anderen InsGerichten geteilt wird.[60] Soweit hier die Gefahr einer Gefälligkeitsbescheinigung gesehen wird, ist dem entgegenzuhalten, dass diese Gefahr auch bei Beauftragung eines externen Dritten nicht ausgeschlossen werden kann. Eine unrichtige Bescheinigung ist mit erheblichen Haftungsrisiken für den Bescheiniger verbunden.[61] Außerdem hat die Stellungnahme einer Person, die das Unternehmen seit Jahren kennt, ein größeres Gewicht als die eines kurzfristig hinzugezogenen Außenstehenden. In der Praxis sollte versucht werden, durch eine Vorbesprechung mit dem Gericht Klarheit über dessen Anforderungen an die Unabhängigkeit des Bescheinigers zu erlangen.[62] Dabei sollte der Bescheiniger seine Verbindungen zum Schu umfassend offenlegen.[63] **27**

---

52 Graf-Schlicker/*Graf-Schlicker* § 270b Rn 9; MK/*Kern* § 270b Rn 43; *Kraus/Lenger/Radner* ZInsO 2012, 587, 588; FK/*Foltis* § 270b Rn 23; *Zipperer/Vallender* NZI 2012, 729, 730; so auch *Landfermann* (8 Aufl); **aA** *Beth* ZInsO 2015, 373; *Schröder/Schulz* ZIP 2017, 1096, 1097; *Gutmann/Laubereau* ZInsO 2012, 1868 f.

53 *Schröder/Schulz* ZIP 2017, 1096, 1100.

54 IDW S 9 Rn 5; vgl *Graf-Schlicker* § 270b Rn 9; *Schröder/Schulz* ZIP 2017, 1096, 1101 f.

55 *Schröder/Schulz* ZIP 2017, 1096, 1102.

56 *Zipperer/Vallender* NZI 2012, 730 verlangen bei komplexen Konzernstrukturen eine vierjährige Erfahrung.

57 *Vallender* GmbHR 2012, 451.

58 IDW S 9 Rn 7; *Graf-Schlicker* § 270b Rn 10; *Ehlers* ZInsO 2013, 115; *A Schmidt/Linker* ZIP 2012, 964; *Schröder/Schulz* ZIP 2017, 1096, 1102; *Zipperer/Vallender* NZI 2012, 730 f.

59 *AG München* ZIP 2012, 745 mit zust Anm *Hölzle* EWiR 2012, 465; *AG München* 14.6.2012 – 1506 IN 1851/12.

60 *Kremers/Hoffmann* ZInsO 2013, 289. – Eine Unabhängigkeit des Bescheinigers vom Schu verlangen auch *K/P/B/Pape* § 270b Rn 44; *Bremen* NZI 2014, 140; *Schmittmann* ZInsO 2012, 1921.

61 Dazu unten Rn 31.

62 *Kolmann* DB 2014, 1663; *von Loeffelholz/Sanne* NZI 2015, 585.

63 *Beth* ZInsO 2015, 374.

28 **Inhaltlich** muss die Bescheinigung zunächst zu den **InsGründen** Stellung nehmen: Anhand einer Gegenüberstellung von Forderungen und Verbindlichkeiten mit den jeweiligen Fälligkeiten ist darzustellen, dass Zahlungsunfähigkeit droht, aber noch nicht eingetreten ist. Wird der Antrag ausnahmsweise auf Überschuldung gestützt, ist das Vermögen auf der Grundlage der Liquidationswerte den Verbindlichkeiten gegenüberzustellen und zu begründen, dass die Fortführungsprognose negativ ist.

29 Für die Stellungnahme zu den **Sanierungsaussichten** wird in der Begr des RegE zum ESUG betont, dass kein „umfassendes Sanierungsgutachten entspr bestimmten formalisierten Standards" verlangt werde; die erheblichen Kosten eines solchen Gutachtens sollten dem Schu erspart werden.[64] In der Tat soll die Bescheinigung zu der beabsichtigten Sanierung nur begründen, warum diese nicht „offensichtlich aussichtslos" ist. Als Grundlage für die Stellungnahme reicht daher ein Grobkonzept für die Sanierung.[65] Die Hauptursachen der wirtschaftlichen Schwierigkeiten des Schu und die Eckpunkte der geplanten Sanierung einschl ihrer Finanzierung sind konkret darzustellen.[66] Die Einstellung der wesentlichen Gl zu dem Sanierungskonzept ist durch deren Befragung oder in anderer geeigneter Weise festzustellen.[67] Schließlich sollte deutlich gemacht werden, dass die Liquidität zur Überbrückung des Zeitraums bis zur Annahme eines InsPlans oder anderweitigen Durchführung der Sanierung ausreicht; dabei sind die bes Erleichterungen des SchutzschirmVerf und des anschließenden InsVerf zu berücksichtigen.[68] Der Bescheiniger darf sich bei seinen Erklärungen nicht allein auf die Angaben des Schu verlassen, sondern muss diese zumindest anhand leicht zugänglicher Unterlagen auf ihre Richtigkeit und allg auf ihre Plausibilität prüfen. Die Schlüssigkeit des Sanierungskonzepts muss er selbst bewerten.[69]

30 Nach dem IDW-Standard S 9 soll nicht erforderlich sein, dass das Sanierungskonzept, zu dessen Erfolgsaussichten sich der Aussteller der Bescheinigung äußert, **von einer anderen Person erstellt** worden ist. Es soll auch zulässig sein, dass der Bescheiniger es selbst für den Schu ausgearbeitet hat.[70] Dagegen wird vorgebracht, dass dem Bescheiniger in diesem Fall die erforderliche Objektivität fehle.[71] Jedenfalls empfiehlt sich auch zu diesem Punkt eine vorherige Abstimmung mit dem Gericht.[72]

---

64 BT-Drucks 17/5712, 40.

65 Vgl *Hillebrand* ZInsO 2013, 2356.

66 Vgl *Bremen* NZI 2014, 139 f.

67 IDW S 9 Rn 28; *Frind* ZInsO 2014, 2265. – Die Anforderungen an das Sanierungskonzept sind damit ähnlich denen, die der BGH im InsAnfRecht an einen ernstlichen Sanierungsversuch stellt: Verlangt wird ein schlüssiges Konzept, das von den erkennbaren tatsächlichen Gegebenheiten ausgeht und nicht offensichtlich undurchführbar ist (*BGH* ZIP 1998, 248 Rn 28). Risiken und Erfolgsaussichten sind im Hinblick auf die vorhandenen und zu erwartenden finanziellen Hilfsquellen überschlägig zu bewerten; dazu ist die Bereitschaft der Gl einzuschätzen. (*BGHZ* 75, 96 = WM 1979, 878 Rn 41). Vgl zu dieser Parallele *Weber/Knapp* ZInsO 2014, 2247 und *Bremen* NZI 2014, 140.

68 Vgl zu den allg Anforderungen an den Inhalt der Bescheinigung weiter Kübler/*Koch/Jung* HRI § 8 Rn 53–69; *Graf-Schlicker* § 270b Rn 12 f; *Buchalik* ZInsO 2012, 349, 351, der weitergehend eine Darstellung der Planung für das laufende und die beiden folgenden Geschäftsjahre verlangt; gegen eine derartige Anforderung *Hermanns* ZInsO 2012, 2269.

69 Vgl zur inhaltlichen Prüfung der Unterlagen und zur Abschätzung der Sanierungsaussichten *Hermanns* ZInsO 2012, 2269; *Steffan/Solmecke* ZIP 2014, 2274; *K/P/B/Pape* § 270b Rn 46 f.

70 IDW S 9 Rn 8; zust *Frind* ZInsO 2014, 2264; *Steffan/Solmecke* ZIP 2014, 2271.

71 Vgl *Hermanns* ZInsO 2014, 922, der auf das Selbstprüfungsverbot der Wirtschaftsprüfer verweist.

72 *Von Loeffelholz/Sanne* NZI 2015, 585.

Falsche Angaben in der Bescheinigung können die Folge haben, dass das Gericht die Voraussetzungen des SchutzschirmVerf zu Unrecht bejaht und den Gl dadurch ein Schaden entsteht. Bei Verschulden **haftet** der Aussteller der Bescheinigung den Gl auf Schadenersatz. Dies ist ein wichtiges Korrektiv, um Missbräuchen des SchutzschirmVerf entgegenzuwirken.[73] Es gelten die Grundsätze des Vertrags mit Schutzwirkung für Dritte.[74] Allerdings erfordert die haftungsbegründende Kausalität den Nachweis, dass der Schaden durch die Einleitung des Schutzschirmverfahrens statt der Einleitung eines RegelInsVerf entstanden ist. Dies wird in der Praxis schwierig sein. Ein ersatzfähiger Schaden kommt etwa in Betracht, wenn der Schu auf vor Antragstellung begründete Altverbindlichkeiten zahlt.[75] Bei bewusst falschen Angaben in der Bescheinigung kommt im Übrigen auch eine Bestrafung wegen Betrugs in Betracht.[76] 31

III. Die Entscheidung des Gerichts (Abs 1 S 1, 2, Abs 2 und 3)

1. Überprüfung der Voraussetzungen. Nach der Absicht des Gesetzgebers soll sich das Gericht bei der Prüfung, ob die Voraussetzungen für die Einleitung des SchutzschirmVerf vorliegen, weitgehend auf den Inhalt der Bescheinigung verlassen. Es ist der Sinn der Bescheinigung, den erforderlichen Nachweis zu den InsGründen und den Sanierungsaussichten zu erbringen. Dem Gericht ist aber zu empfehlen, den Inhalt der Bescheinigung **sorgfältig auf** Lücken, Widersprüche, andere erkennbare **Fehler und allg auf Plausibilität zu überprüfen**, um Gefälligkeitsbescheinigungen und Missbräuchen des Verf vorzubeugen. Sind die Aussagen in der Bescheinigung zu den InsGründen und den Sanierungsaussichten nicht überzeugend oder offensichtlich nicht mehr aktuell[77] oder werden Qualifikation und Erfahrung des Bescheinigers nicht ausreichend belegt, so sollte das Gericht grds eine kurze Frist zur Beseitigung der Mängel setzen, aber zu den offenen Fragen nicht selbst ermitteln und auch keinen Sachverständigen beauftragen.[78] 32

Nicht zwangsläufig Gegenstand der Bescheinigung ist allerdings die Frage, ob die **Voraussetzungen** für die Anordnung **einer vorl Eigenverwaltung nach § 270a** gegeben sind. Da § 270b für das SchutzschirmVerf auch den Antrag auf Eigenverwaltung verlangt und in Abs 2 S 1 die Bestellung eines vorl Sachwalters „nach § 270a Abs 1" vorsieht, hat das Gericht auch zu prüfen, ob der Antrag auf Eigenverwaltung „offensichtlich aussichtslos" ist (§ 270a Abs 1), ob also Tatsachen bekannt sind, die eindeutig erwarten lassen, dass die 33

73 *Kübler/Koch/Jung* HRI § 8 Rn 44–52.

74 *Brinkmann* DB 2012, 1313; *Römermann/Preuß* GmbHR 2012, 430 f; *K Schmidt/Undritz* § 270b Rn 6; **aA** *Gutmann/Laubereau* ZInsO 2012, 1861.

75 *Kübler/Koch/Jung* HRI § 8 Rn 57.

76 Zur Strafbarkeit bei Vortäuschen der Voraussetzungen des § 270b Abs 1 InsO ausführlich *Meier* ZInsO 2016, 1499 ff.

77 Im Fall *AG Ludwigshafen* ZIP 2014, 1746 war durch Ablauf einer in der Bescheinigung genannten Stundungsfrist Zahlungsunfähigkeit eingetreten.

78 Vgl *K/P/B/Pape* § 270b Rn 59; *K Schmidt/Undritz* § 270b Rn 9; weitgehend übereinstimmend auch *Kübler/Koch/Jung* HRI § 8 Rn 79–85, die allerdings die Prüfungstiefe des Gerichts nach dem Renommee des Bescheinigers abstufen wollen. – Strikt gegen eine Überprüfung der Bescheinigung durch Gutachter *Smid* ZInsO 2013, 216; *Graf-Schlicker* § 270b Rn 15; *A Schmidt/Linker* ZIP 2012, 964; **aA**, aber im Einzelnen differenzierend *Buchalik* ZInsO 2012, 352 f; *Frind* ZInsO 2012, 1546. – Für eine Überprüfung nur der InsGründe *Vallender* DB 2015, 231 bei III 3 und *Beth* ZInsO 2015, 370 f. – Das *AG Charlottenburg* (ZInsO 2013, 2501 mit Anm *Haarmeyer*) hat iFd Suhrkamp-Verlages dem Antrag des Schu nach § 270b entsprochen, gleichzeitig aber den vorl Sachwalter beauftragt, als Sachverständiger zu prüfen, ob der bescheinigte InsGrund tatsächlich vorlag.

Eigenverwaltung zu Nachteilen für die Gl führen würde (§ 270 Abs 2 Nr 2).[79] Da nur offensichtliche Hindernisse zu berücksichtigen sind, ist ein Gutachtenauftrag auch hierzu nicht veranlasst.

34 Die Frage, ob die **Kosten des InsVerf gedeckt** werden können, stellt sich als solche noch nicht für die Einleitung des SchutzschirmVerf, sondern erst für die Eröffnung des InsVerf.[80] Wenn die Kostendeckung zweifelhaft erscheint, kann während des SchutzschirmVerf ein Gutachten dazu eingeholt werden, wobei als Gutachter auch der vorl Sachwalter eingesetzt werden kann.[81]

35 **2. Entscheidung über die Gewährung der Frist.** Sieht das Gericht die Voraussetzungen für das SchutzschirmVerf nicht als gegeben an – werden zB Mängel der Bescheinigung auch in einer Nachbesserungsfrist nicht behoben –, so weist es den Antrag zurück und teilt dem Schu mit, wie es das Verf fortzusetzen gedenkt: als EröffnungsVerf mit vorl Sachwalter nach § 270a[82] oder als allg EröffnungsVerf, in dem ggf ein vorl InsVerwalter bestellt wird. Unter den Voraussetzungen des § 270a Abs 2 gibt es dem Schu Gelegenheit, den Eröffnungsantrag zurückzunehmen.[83] Ein Rechtsmittel gegen die **Ablehnung des SchutzschirmVerf** ist nicht gegeben.[84]

36 Will das Gericht dagegen den Anträgen des Schu entsprechen, so bestimmt es durch Beschl eine **Frist zur Vorlage eines InsPlans**. Im Regelfall wird der Schu die Höchstfrist von drei Monaten beantragen, die ohnehin nur dann ausreichend ist, wenn wesentliche Grundlagen für den Sanierungsplan schon vor dem Antrag erarbeitet worden sind, und diese Frist wird dann auch vom Gericht zu gewähren sein.[85] Eine kürzere Frist kann ausnahmsweise geboten sein, wenn eine Gefährdung der GlInteressen eintreten könnte, zB in dem Fall, dass von dem dreimonatigen Zeitraum der InsGeld-Vorfinanzierung schon ein Monat verstrichen ist.[86] Wird eine kürzere Frist festgesetzt, so kann sie auf Antrag des Schu bis zur Höchstfrist verlängert werden; dies gilt auch dann, wenn der Schu selbst ursprünglich nur die kürzere Frist beantragt hatte.[87] Eine Verlängerung über die drei Monate hinaus ist in keinem Fall möglich.[88]

37 **3. Bestellung des vorläufigen Sachwalters (Abs 2 S 1, 2).** In demselben Beschl bestellt das Gericht einen vorl Sachwalter. Auf die Auswahl der Person hat der Schu maßgeblichen Einfluss: Zwar ist der Aussteller der Bescheinigung durch Abs 2 S 1 ausdrücklich von diesem Amt ausgeschlossen, und man wird darüber hinaus verlangen müssen, dass der vorl Sachwalter auch nicht derselben Sozietät angehört wie der Bescheiniger.[89] Im Übrigen steht dem Schu aber ein Vorschlagsrecht zu; das Gericht kann von dem **Vorschlag des Schu** nur abweichen, wenn die vorgeschlagene Person „offensichtlich für die Übernahme des Amtes nicht geeignet“ ist. Der Grund für eine Ablehnung des Vorschlags kann fehlende Sachkunde sein.

---

79 *K Schmidt/Undritz* § 270b Rn 8; *K/P/B/Pape* § 270b Rn 37; *Beth* ZInsO 2015, 369; *Weber/Knapp* ZInsO 2014, 2248.
80 Mittelbar spielt sie allerdings eine Rolle für die Aussichten der geplanten Sanierung.
81 Vgl *Smid* ZInsO 2013, 215f; *Vallender* GmbHR 2012, 453.
82 So geschehen im Fall *AG Ludwigshafen* ZIP 2014, 1746.
83 Vgl *A Schmidt/Linker* ZIP 2012, 964; *Frind* ZInsO 2012, 1552.
84 *Frind* ZInsO 2012, 1552 (der einen förmlichen AblehnungsBeschl aus diesem Grunde nicht für erforderlich und auch nicht für empfehlenswert hält); *K Schmidt/Undritz* § 270b Rn 9.
85 *Mönning/Schäfer/Schiller* BB 2017, Beil zu Heft 25, 2.
86 *Hölzle* Praxisleitfaden ESUG, 2. Aufl 2014, § 270b Rn 92–95.
87 *K/P/B/Pape* § 270b Rn 60; **aA** *Hölzle* aaO Rn 96.
88 *AG Hamburg* ZInsO 2013, 1533 bei III. der EntschGründe; *Graf-Schlicker* § 270b Rn 17.
89 *K Schmidt/Undritz* § 270b Rn 10; *Buchalik* ZInsO 2012, 351.

Vor allem aber wird das Gericht prüfen, ob die vorgeschlagene Person vom Schu und den Gl unabhängig ist.[90] Das Erfordernis der Unabhängigkeit wird in den Gesetzgebungsmaterialien zum ESUG von der BReg und vom BT-RAussch bes betont.[91] Wer den Schu vor dem InsAntrag eingehend insolvenzrechtlich beraten hat, ist nicht unabhängig; wer als vorl Sachwalter einen solchen Beratungsvertrag schließt, verliert die Unabhängigkeit.[92] Obwohl nur „offensichtliche" Bedenken gegen die Sachkunde und die Unabhängigkeit zu berücksichtigen sind, wird man der Bedeutung des Amtes des vorl Sachwalters nicht gerecht, wenn man dem Gericht zumutet, eine ihm völlig unbekannte Person zu bestellen. Ist der oder die Vorgeschlagene nicht bei dem Gericht als InsVerw oder Sachwalter gelistet und auch nicht überregional bekannt, so wird der Schu dessen Eignung darzulegen haben.[93] Das Gericht kann die vorgeschlagene Person anhören, um sich eine Meinung zu der Eignung zu bilden.[94] Wer als generell ungeeignet aus der Vorauswahlliste des Gerichts gestrichen worden ist, kann nicht bestellt werden.[95] Die konkrete Eignung für das betreffende Verfahren fehlt, wenn nachvollziehbare und belegbare Gründe die Eignung des Kandidaten ausschließen, wie etwa bei arbeitsmäßiger Überlastung, längerfristiger Abwesenheit im Verf durch Urlaub bzw Krankheit oder einer Interessenkollision aufgrund eines Näheverhältnisses zu einem wesentlichen Gl.[96]

Der **vorl GlAusschuss** hat bei der Auswahl des vorl Sachwalters nach § 270b kein Vorschlagsrecht. Die Sonderregelung in § 270b Abs 2 S 1 und 2 geht den Rechten des vorl GlAussch nach § 270a Abs 1 S 2, §§ 274, 56a vor. Das Vorschlagsrecht des vorl GlAusschusses greift nur dann, wenn der Schu von seinem Vorschlagsrecht aus § 270b Abs 2 S 1 keinen Gebrauch macht.[96] Auch das Recht zur Abwahl des vorl Sachwalters in der ersten Sitzung des vorl GlAusschusses gem § 56a Abs 3, das in engem Zusammenhang mit dem Vorschlagsrecht des Ausschusses steht, wird durch § 270b verdrängt.[97] Nicht ausgeschlossen ist jedoch, dass das Gericht den vorl GlAusschuss zur Person des vorgeschlagenen vorl Sachwalters anhört.[98] Im Übrigen hat der Ausschuss im SchutzschirmVerf das Recht, die vorzeitige Beendigung dieses Verf durchzusetzen (§ 270b Abs 4 S 1 Nr 2). **38**

Hält das Gericht die vorgeschlagene Person für **ungeeignet**, so ist dies nicht zwangsläufig ein Grund dafür, den Antrag des Schu auf das Verf nach § 270b insgesamt abzulehnen.[99] Das Gericht kann vielmehr eine andere Person zum vorl Sachwalter bestellen. Zuvor ist der Schu zu hören.[100] Wenn das Gericht vom Vorschlag des Schu abweicht, hat es die Gründe in dem Beschl darzustellen (Abs 2 S 2). Auf dieser Grundlage können dann die Gl entscheiden, ob sie nach der Beendigung des SchutzschirmVerf von ihren Rechten Gebrauch machen wollen, auf die Person des Sachwalters oder InsVerw Einfluss zu nehmen.[101] **39**

---

90 § 270a Abs 1 S 2, § 274 Abs 1, § 56 Abs 1 S 1.
91 Begr RegE, BT-Drucks 17/5712, 40; Bericht RAussch, BT-Drucks 17/7511, 37.
92 *OLG Dresden* ZIP 2015, 1937 mit Anm *Vill* ZinsO 2015, 2245 und *Zimmer* EWiR 2015, 707. Siehe dazu auch § 270a Rn 18.
93 *Hölzle* Praxisleitfaden ESUG, 2. Aufl 2014, § 270b Rn 96.
94 *Smid* ZInsO 2013, 217 f.
95 So ist wohl die Entsch *AG Hamburg* ZInsO 2013, 1533 zu verstehen, die auf *K Schmidt/Ries* § 56a Rn 21 verweist. Krit dazu *Sämisch* ZInsO 2014, 1312.
96 *Mönning/Schäfer/Schiller* BB 2017, Beil zu Heft 25, 7.
97 Zust *Mohrbutter/Ringstmeier/Landry* Kap 15 Rn 84; **aA** *Graf-Schlicker* § 270b Rn 19.
98 Vgl *K Schmidt/Undritz* § 270b Rn 11; *Mönning/Schäfer/Schiller* BB 2017, Beil zu Heft 25, 7.
99 *K/P/B/Pape* § 270b Rn 66.
100 *Sämisch* ZInsO 2014, 1312.
101 Vgl Begr RegE ESUG, BT-Drucks 17/5712, 40.

40 Um Schwierigkeiten und Verzögerungen zu vermeiden, empfiehlt es sich für den Schu, von vornherein eine Person zum vorl Sachwalter vorzuschlagen, die beim zuständigen InsGer gelistet ist und von der anzunehmen ist, dass sie das Vertrauen seiner wichtigsten Gl genießt.[102] Ein **Rechtsmittel** des Schu gegen die Ablehnung seines Vorschlags ist nicht gegeben.[103] Auch die Anfechtung der Bestellung des vorl Sachwalters durch den nicht zum Zuge gekommenen Prätendenten ist ausgeschlossen.[104]

41 Die **Rechte und Pflichten** des vorl Sachwalters iRd SchutzschirmVerf sind grds die gleichen wie bei der vorl Eigenverwaltung nach § 270a.[105] Hier wie dort besteht insb die Pflicht, unverzüglich das Gericht und den vorl GlAussch, hilfsweise die Gl, zu unterrichten, wenn Umstände festgestellt werden, die erwarten lassen, dass die Fortsetzung der vorl Eigenverwaltung zu Nachteilen für die Gl führen wird.[106] Anzeigepflichtig im Rahmen des SchutzschirmVerf können zB Umstände sein, durch die die angestrebte Sanierung aussichtslos geworden ist.[107] § 270b Abs 4 S 2 überträgt dem vorl Sachwalter zusätzlich die Pflicht, einen Eintritt der Zahlungsunfähigkeit unverzüglich dem Gericht anzuzeigen.[108]

42 **4. Ergänzende Sicherungsmaßnahmen (Abs 2 S 3).** Zum Wesen des SchutzschirmVerf gehört es, dass der Schu auf Antrag **Vollstreckungsschutz** erhält. Maßnahmen der Zwangsvollstreckung gegen ihn werden einstweilen eingestellt und für die Zukunft untersagt. Voraussetzung ist nur der Antrag des Schu; ein Ermessen des Gerichts besteht insoweit nicht. Andere Sicherungsmaßnahmen wie das Verbot, Gegenstände mit Absonderungsrechten zur Verwertung herauszugeben, kann das Gericht nach den allg Vorschriften für EröffnungVerf anordnen.[109] Betreibt ein Gl die Zwangsversteigerung in ein Grundstück des Schu, so ist diese auf Antrag des Schu einzustellen, wenn glaubhaft gemacht wird, dass dies zur Verhütung nachteiliger Veränderungen in der Vermögenslage des Schu erforderlich ist;[110] auch dies ist keine Besonderheit des SchutzschirmVerf, sondern gilt auch im Verf nach § 270a.[111] Die zusätzliche Beauftragung eines Sachverständigen, der die Eröffnungsvoraussetzungen prüft, scheidet im Schutzschirmverfahren aus, solange die Bescheinigung nach § 270b Abs 1 S 3 keine erkennbaren Mängel aufweist.[112]

43 **5. Begründung von Masseverbindlichkeiten (Abs 3).** Ein weiterer Vorteil des SchutzschirmVerf für den Schu liegt darin, dass ihm auf Antrag vom Gericht die Befugnis verliehen wird, **wie ein „starker" vorl InsVerw** Verbindlichkeiten zu begründen, die im eröffneten Verf als Masseverbindlichkeiten behandelt werden. Die Begründung von Masseverbindlichkeiten durch den Schu nach § 270b Abs 3 S 1 iVm S 2 kommt nur dann in Betracht, wenn das InsGer den Schu auf dessen Antrag zur Begründung von Masseverbindlichkeiten

102 Vgl *Kolmann* DB 2014, 1663; *Mönning/Schäfer/Schiller* BB 2017, Beil zu Heft 25, 6
103 *AG Hamburg* ZInsO 2013, 1533 in Auseinandersetzung mit einem Hinweis des *OLG Hamburg*; dazu *Sämisch* ZInsO 2014, 1312; zweifelnd *Pape* ZInsO 2013, 2133.
104 *OLG Düsseldorf* 31.8.2016, I – 3 VA 2/15.
105 Vgl oben § 270a Rn 13–19; *Graf-Schlicker* § 270b Rn 21.
106 § 270b Abs 2 S 1, § 270a Abs 1 S 2, § 274. Vgl *K/P/B/Pape* § 270b Rn 61–67.
107 Vgl *Frind* NZI 2014, 979 f; entgegen *Frind* wird man allerdings eine fortwährende Prüfung der Sanierungsaussichten nicht vom vorl Sachwalter verlangen können.
108 Dazu unten Rn 54.
109 § 270b Abs 2 S 3, § 21 Abs 2 S 1 Nr 5; *K/P/B/Pape* § 270b Rn 68.
110 § 30d Abs 4 ZVG idF des ESUG.
111 Vgl oben § 270a Rn 5 und FK/*Foltis* § 270b Rn 8.
112 *Braun/Riggert* § 270b Rn 7; *Mönning/Schäfer/Schiller* BB 2017, Beil zu Heft 25, S 10; *Uhlenbruck/Zipperer* § 270b Rn 53; **aA** *Schmidt/Undritz* § 270b Rn 11; *Vallendar* GmbHR 2012, 450, 452.

ermächtigt hat.[113] Er kann den Antrag auf bestimmte Verbindlichkeiten oder einen bestimmten Kreis von Verbindlichkeiten beschränken, er kann sich die Befugnis aber auch generell (sog Globalermächtigung) verleihen lassen.[114] Ordnet das InsGeri eine Globalermächtigung an, so werden sämtliche vom Schu begründeten Verbindlichkeiten im eröffneten Verf als Masseverbindlichkeiten behandelt. Dies gilt grds auch für die Begründung einer Verbindlichkeit gegenüber einem Vertretungsorgan des Schu.[115] Das Gericht hat dem Antrag ohne Prüfung der Liquidität oder sonstiger Umstände zu entsprechen.[116]

Allerdings hat das Gericht auf eine **präzise Abgrenzung der erfassten Verbindlichkeiten** zu achten. Eine Ermächtigung, bei der es in das Ermessen des Schu gestellt wird, zu bestimmen, wozu er ermächtigt sein soll, ist unzulässig.[117] Auch eine Ermächtigung, Verbindlichkeiten in Höhe einer Höchstsumme zu begründen, dürfte gegen den Bestimmtheitsgrundsatz verstoßen.[118] Unklare Anträge sind zurückzuweisen.[119] Ohne den Antrag und den Beschl des Gerichts steht dem Schu die Befugnis nicht zu.[120] Die Ermächtigung des Schu auf der Grundlage des § 270b Abs 3 ist vom Gericht auf den Zeitraum des SchutzschirmVerf zu beschränken; denn nur für diesen Zeitraum gelten die bes Erleichterungen für die Erteilung.[121] **44**

Ist die Befugnis erteilt, so gilt § 55 Abs 2 entspr. Daraus ergibt sich, dass nicht nur neu abgeschlossene Verträge erfasst werden, sondern auch Verbindlichkeiten aus bereits bestehenden Dauerschuldverhältnissen, soweit der Schu die Gegenleistung in Anspruch nimmt. Weiter ist, obwohl in § 270b nicht ausdrücklich genannt, § 55 Abs 3 anzuwenden: Die **Bundesagentur für Arbeit** kann übergegangene Ansprüche nur als InsForderungen geltend machen.[122] Der Schu soll nach dem Willen des BT-RAussch durch die Ermächtigung „quasi in die Rechtsstellung eines starken vorl InsVerw" einrücken;[123] wenn § 55 Abs 3 nicht zur Anwendung käme, wäre diese Rechtsstellung erheblich eingeschränkt. Eine Umqualifizierung der nach § 55 Abs 2 iVm § 270b Abs 3 S 2 als Masseverbindlichkeit geltenden Forde- **45**

---

113 *BGH* 24.3.2016 – IX ZR 157/14 Rn 4; *OLG Köln* 3.11.2014 – I-2 U 82/14.

114 *BGH* 16.6.2016 – IX ZR 114/15 Rn 18; *OLG Dresden*. 15.10.2014 – 13 U 1605/13; *OLG Naumburg* 29.1.2014 – 5 U 195/13 mit Anm *Stahlschmidt* ZIP 2014, 1452; *LG Hamburg* 19.11.2014 – 303 O 335/13; *AG Köln* 26.3.2012 – 73 IN 125/12 mit Anm *Hofmann* EWiR 2012, 359; Bericht des BT-RAussch, BT-Drucks 17/7511, 37; *Graf-Schlicker/Graf-Schlicker* § 270b Rn 25; *Pape* ZIP 2013, 2291.

115 *OLG Karlsruhe* 14.6.2016 – 8 U 44/15 Rn 24.

116 *LG Dresden* ZIP 2013, 2116 Rn 42; *AG Ludwigshafen* ZIP 2014, 1134; Bericht des BT-RAussch, BT-Drucks 17/7511, 37; *Buchalik* ZInsO 2012, 354; *K Schmidt/Undritz* § 270b Rn 12; *Geißler* ZInsO 2013, 536. Nicht zu folgen ist allerdings der Auff des *LG Dresden* ZIP 2013, 2116; aufgrund einer solchen Ermächtigung würden auch die Verbindlichkeiten aus einem Vertrag des Schu mit dem vorl Sachwalter über die umfassende insrechtl Beratung des Schu zu Masseverbindlichkeiten. Vielmehr ist ein solcher Vertrag wegen Verstoßes gegen das Gebot der Unabhängigkeit des vorl Sachwalters insolvenzzweckswidrig und damit nichtig. *OLG Dresden* ZIP 2015, 1937 mit Anm *Zimmer* EWiR 2015, 707.

117 *BGH* 16.6.2016 – IX ZR 114/15 Rn 21.

118 **AA** *Mönning/Schäfer/Schiller* BB 2017, Beil zu Heft 25, 20.

119 *AG Ludwigshafen* ZIP 2014, 1134; vgl die Auslegungsschwierigkeiten im Fall *OLG Naumburg* ZIP 2014, 1452.

120 *OLG Dresden* ZIP 2014, 1294 Rn 7; *OLG Köln* Hinweis Beschl ZIP 2014, 2523; *LG Köln* ZInsO 2014, 1503; **aA** *AG Hannover* ZInsO 2015, 1112.

121 *AG Ludwigshafen* ZIP 2014, 1134.

122 *BGH* 16.6.2016 – IX ZR 114/15 Rn 22, Rn 31 ff mit Anm *Undritz* BB 2016, 1806, 1810 f, Anm *Hofmann* EWiR 2016, 501; *OLG Hamburg* 21.10.15 – 1 U 196/14; *LG Hamburg* ZInsO 2015, 516 Rn 52; *Graf-Schlicker* § 270b Rn 26; *K Schmidt/Undritz* § 270b Rn 14; *Buchalik* ZInsO 2012, 356; *Rattunde/Stark* Rn 193; **aA** *Brückl/Bellmann* ZInsO 2015, 1173.

123 *BGH* 16.6.2016 – IX ZR 114/15 Rn 22; BT-Drucks 17/7511, 37.

rungen in InsFord nach § 55 Abs 3 setzt jedoch voraus, dass der Schu die Forderung noch nicht erfüllt hat. Die Zahlung von Arbeitnehmeranteilen zur Sozialversicherung, um eine Strafbarkeit und Haftung der Organe aus § 266a StGB zu vermeiden, kann bei einer Generalermächtigung zur Begründung von Masseverbindlichkeiten nachträglich nicht mehr nach §§ 129 ff angefochten werden, weil eine Masseverbindlichkeit erfüllt wurde.[124] Die sog „Anfechtungslösung"[125] zur Vermeidung der Strafbarkeit und Haftung des Geschäftsführers scheidet damit als Lösungsansatz aus.[126] Eine Globalermächtigung ist vor dem Hintergrund und auch sonst zur Schonung der künftigen InsMasse möglichst zu vermeiden.[127]

46 Handlungen, die der Schu im Rahmen einer erteilten Ermächtigung vornimmt, führen im eröffneten Verf **zwangsläufig zu Masseverbindlichkeiten**. Der Schu hat nicht die Möglichkeit, dies bei der Begr einer Verbindlichkeit im Einzelfall wieder auszuschließen.[128] Will der Schu nachteilige Wirkungen für die InsMasse vermeiden – zB die Hochstufung von Steuerschulden zu Masseschulden –, so kann er sich mit Einzelermächtigungen begnügen, die nicht die dafür relevanten Handlungen erfassen. Bei Verträgen, die nicht in den Bereich einer Ermächtigung fallen, sind auch die entstehenden steuerlichen Verbindlichkeiten nicht als Masseverbindlichkeiten zu qualifizieren.[129]

47 Aus der Gleichstellung des Schu, der zur Begr von Masseverbindlichkeiten ermächtigt ist, mit einem starken vorl InsVerw folgt auch ein **Vertrauensschutz** der Vertragspartner: Verbindlichkeiten, die iRd Ermächtigung begründet werden und bei denen der Vertragspartner auf die Wirkung der Ermächtigung vertraut, können nach der Eröffnung des InsVerf grds nicht als nachteilig für die InsMasse angefochten werden.[130]

48 Offensichtlich besteht die Gefahr, dass der Schu seine Befugnis **missbraucht** und Verbindlichkeiten begründet, deren Erfüllung im späteren InsVerf höchst unsicher ist. In gewissem Umfang wird dieser Gefahr dadurch vorgebeugt, dass der Schu Verbindlichkeiten, die nicht zum gewöhnlichen Geschäftsbetrieb gehören, nur mit Zustimmung des vorl Sachwalters eingehen und auch von anderen Geschäften Abstand nehmen soll, wenn der vorl Sachwalter widerspricht (§ 270a Abs 1 S 2, § 275 Abs 1). Zwar hat diese Bestimmung keine Außenwirkung.[131] Der vorl Sachwalter wird aber den vorl GlAussch über Verstöße des Schu informieren (§ 274 Abs 3), und dieser hat die Möglichkeit, die sofortige Beendigung des SchutzschirmVerf durchzusetzen (§ 270b Abs 4 S 1 Nr 2).[132] Ferner können vom Schu begründete Masseverbindlichkeiten im Schutzschirmverfahren nach den Grundsätzen über die InsZweckwidrigkeit unwirksam sein.[133] Darüber hinaus hält es *Pape* auch iRd § 270b für

124 *BGH* 16.6.2016 – IX ZR 114/15 Rn 42 ff; zu den Folgen der Entsch für die Praxis siehe *Undritz* BB 2016, 1806, 1810 f; *Pleister/Kunkel* ZIP 2017, 153, 155; s auch unter § 55 Rn 33.
125 Dazu ausführlich § 270a Rn 26.
126 So auch *Hofmann* EWiR 2016, 501, 502.
127 So auch *Undritz* BB 2016, 1806, 1810 f; *Buchalik/Kraus* ZInsO 2016, 1421, 1426 f; *Hofmann* EWiR 2016, 501, 502; krit *Pleister/Kunkel* ZIP 2017, 153, 155.
128 *Klinck* ZIP 2013, 856 f; krit dazu, iE aber übereinstimmend *Marotzke* DB 2013, 1287; **aA** *Frind* NZI 2014, 980.
129 § 55 Abs 4 ist nicht entspr anwendbar, vgl oben § 270a Rn 35. – *Marotzke* (DB 2013, 1287) erwägt darüber hinaus, sogar bei einer Globalermächtigung des Schu zur Begr von Masseverbindlichkeiten § 55 Abs 4 nicht anzuwenden.
130 *Schmittmann/Dannemann* ZIP 2013, 769, 763; vgl *BGHZ* 154, 190 = ZIP 2003, 810 Rn 21 f.
131 *OLG Karlsruhe* 14.6.2016 – 8 U 44/15 Rn 15.
132 Auch für die Befugnis des Schu zur Begr von Masseverbindlichkeiten ist festzustellen, dass bei Fehlen eines vorl GlAussch eine Kontrolle des Schu kaum zu gewährleisten ist, *Klinck* ZIP 2013, 856 f.
133 *OLG Karlsruhe* 14.6.2016 – 8 U 44/15 Rn 18.

zulässig, die Befugnis des Schu zur Begr von Masseverbindlichkeiten mit Außenwirkung an die Zustimmung des vorl Sachwalters zu binden; allerdings dürfe diese Einschränkung nicht generell angeordnet werden, sondern für bestimmte einzelne Maßnahmen.[134] Diese Auff dürfte sich aber zu weit vom Willen des Gesetzgebers entfernen, der dem Schu die Stellung eines starken vorl InsVerw einräumen wollte. Sie findet in dem klaren Wortlaut des § 270b Abs 3 keine Stütze.

6. Öffentliche Bekanntmachung. Eine öffentliche Bekanntmachung der Entsch des Gerichts ist nicht vorgeschrieben, ebenso wenig wie im Fall der Bestellung eines vorl Sachwalters nach § 270a.[135] Auch das SchutzschirmVerf ist nicht mit Einschränkungen der Verfügungsbefugnis des Schu verbunden, die eine Bekanntmachung erforderlich machen würden. Eine Veröffentlichung der Entsch ist allerdings in aller Regel auch nicht geeignet, Schaden zu verursachen. Das Unternehmen wird selbst ein Interesse daran haben, Geschäftspartner und Beschäftigte über das Verf zu unterrichten, um Vertrauensverluste zu vermeiden, die bei nachträglichem Bekanntwerden entstehen müssten. Die öffentliche Bekanntmachung steht daher auch hier im Ermessen des Gerichts.[136] Trägt der Schu Gründe für eine Geheimhaltung des Verf vor, wird das Gericht diese gegen das Informationsinteresse der Gl und des Wirtschaftsverkehrs abzuwägen haben.[137] **49**

IV. Die Geschäftsführung während des Schutzschirmverfahrens

Während der höchstens dreimonatigen Frist führt der Schu die Geschäfte unter der Aufsicht des vorl Sachwalters und ggf des vorl GlAusschusses. Er bereitet den InsPlan vor; es liegt in der Natur des Verf, dass zu diesem Zweck Aufwendungen getätigt werden und dadurch das noch vorhandene Vermögen des Schu geschmälert wird.[138] Mit der Ausarbeitung des Plans kann der Schu auch den Aussteller der Bescheinigung (§ 270b Abs 1 S 3) beauftragen.[139] Streitig ist, ob parallel zur Ausarbeitung eines InsPlans die Geschäftsführung dazu verpflichtet ist, einen M&A-Prozess einzuleiten (sog „Dual Track“).[140] Der vorl Sachwalter kann beratend mitwirken (vgl § 284 Abs 1 S 2); eine intensivere Beteiligung an der vom Schu geplanten Sanierung dürfte sich aber nicht mit seiner Rolle als unabhängige Aufsichtsperson im EröffnungsVerf vertragen. Auch ein Auftrag des vorl GlAusschusses an den vorl Sachwalter zur Ausarbeitung eines InsPlans würde der Rollenverteilung im SchutzschirmVerf widersprechen, in dem der Schu den bestimmenden Einfluss auf die Vorbereitung der Sanierung hat.[141] **50**

---

134 *K/P/B/Pape* § 270b Rn 81.
135 Vgl oben § 270a Rn 12.
136 *AG Göttingen* ZInsO 2012, 2297; *Vallender* GmbHR 2012, 452; *Buchalik* ZInsO 2012, 354; *Graf-Schlicker* § 270b Rn 28.
137 *Frind* ZIP 2012, 1591 und ZInsO 2013, 286 hält die Veröffentlichung als Grundlage für die Wahrung der Rechte der Gl im SchutzschirmVerf generell für erforderlich; iE ebenso FK/*Foltis* § 270b Rn 28. – Wegen des Eingriffs in die Rechtsstellung des Schu ohne gesetzliche Grundlage **gegen** eine öffentliche Bekanntmachung *Keller* ZIP 2012, 1895; *Horstkotte* ZInsO 2012, 1164; *Madaus* KTS 2015, 122.
138 *Hölzle* ZIP 2012, 856 f. Eine Haftung der Geschäftsführer nach § 64 GmbHG wegen Masseverkürzung nach Eintritt der InsReife dürfte für diese Aufwendungen schon deshalb ausscheiden. Im Übrigen dürfte § 64 GmbHG im SchutzschirmVerf wie bei der Haftung in der vorl Eigenverwaltung moderat Anwendung finden, vgl oben § 270a Rn 24.
139 *Hölzle* ZIP 2012, 856 f.
140 Dazu ausführlich unter § 270 Rn 30.
141 **AA** *Hölzle* ZIP 2012, 859 f, der es für zulässig hält, dass der vorl GlAusschuss den vorl Sachwalter mit der Ausarbeitung des InsPlans beauftragt.

V. Die Beendigung des Schutzschirmverfahrens

51 **1. Die vorzeitige Beendigung (Abs 4 S 1, 2).** Wenn das Gericht die Überzeugung gewinnt, dass die angestrebte **Sanierung aussichtslos** geworden ist, hebt es von Amts wegen den Beschl auf, mit dem es eine Frist für die Vorlage des InsPlans bestimmt und damit das SchutzschirmVerf in Gang gesetzt hat (Abs 4 S 1 Nr 1). Beispielsweise kann sich herausstellen, dass die erforderlichen Kredite nicht zur Verfügung gestellt werden oder dass eine maßgebliche Zahl von Gl nicht bereit ist, das Sanierungskonzept des Schu zu unterstützen. Ersetzt der Schu sein Sanierungskonzept durch ein anderes und hat dieses Erfolgsaussichten, so ist ein Beendigungsgrund nicht gegeben.[142]

52 Der Beschl ist außerdem vor Ablauf der gesetzten Frist aufzuheben, wenn der **vorl GlAusschuss** dies beantragt (Nr 2). Eine Mehrheitsentscheidung des Ausschusses genügt. Das Gericht hat ohne eigene Würdigung der Beweggründe des Ausschusses dem Antrag zu entsprechen.[143] Das Antragsrecht steht jedoch nicht im Belieben des GlAusschuss, sondern ist pflichtgemäß im Interesse der Gl auszuüben.[144]

53 Ist kein vorl GlAusschuss bestellt, so ist auch ein **einzelner Gl** dazu berechtigt, den Antrag auf Aufhebung zu stellen.[145] Sein Antrag ist allerdings nur zulässig, wenn er Umstände glaubhaft macht, die erwarten lassen, dass eine Fortdauer des SchutzschirmVerf zu Nachteilen für die Gl führen würde (Nr 3). Nach Wortlaut („wenn … Umstände bekannt werden") und Sinn des Gesetzes geht es dabei um Umstände, die nachträglich, dh nach der Einleitung des SchutzschirmVerf durch die Entsch des Gerichts, bekannt geworden sind.[146] Ein Nachteil für die Gl kann insb darin liegen, dass der Schu bei seiner Geschäftsführung in Eigenverwaltung die Interessen der Gl missachtet; stellt der vorl Sachwalter dies fest, so hat er, wenn kein vorl GlAusschuss bestellt ist, das Gericht und die einzelnen bekannten Gl zu unterrichten (§ 270a Abs 1 S 2, § 274 Abs 3). Das Gericht wird in einem solchen Fall nicht berechtigt sein, das SchutzschirmVerf von Amts wegen aufzuheben;[147] denn auch im eröffneten Verf führt eine Mitteilung des Sachwalters nach § 274 Abs 3 nicht zu einem Eingreifen des Gerichts von Amts wegen, sondern die Aufhebung der Eigenverwaltung erfolgt nur auf Antrag von Seiten der Gl (§ 272 Abs 1, 2).

54 Der Eintritt der **Zahlungsunfähigkeit** während des SchutzschirmVerf ist als solcher kein Grund für die vorzeitige Beendigung dieses Verf.[148] Er reicht auch für sich allein nicht aus, um die Aussichtslosigkeit der Sanierung nach Abs 4 Nr 1 oder Nachteile für die Gl nach Abs 4 Nr 3 zu belegen.[149] Der Schu und der vorl Sachwalter sind aber nach Abs 4 S 2 verpflichtet, das Gericht vom Eintritt der Zahlungsunfähigkeit zu unterrichten. Das Gericht wird dann prüfen, ob dies zusammen mit anderen Umständen die angestrebte Sanierung aussichtslos macht.[150] Die gleiche Mitteilungspflicht dürfte bestehen, wenn der vorl Sachwalter feststellt, dass schon bei der Einleitung des SchutzschirmVerf Zahlungsunfähigkeit

---

142 *Beth* ZInsO 2015, 370; *Weber/Knapp* ZInsO 2014, 2253; vgl auch MK/*Kern* § 270b Rn 118 f.
143 *K/P/B/Pape* § 270b Rn 87.
144 *Pape/Schultz* ZIP 2016, 506, 512; zur Haftung der Mitglieder des Gläubigerausschusses vgl *Brinkmann* DB 2012, 1369, 1370.
145 Ein GlAntrag der vor der Bestellung eines vorl GlAusschusses gestellt worden ist, wird mit der Bestellung des Ausschusses unzulässig, *AG Charlottenburg* ZInsO 2013, 2501.
146 FK/*Foltis* § 270b Rn 53 f.
147 **AA** *Hölzle* ZIP 2012, 856; *K Schmidt/Undritz* § 270b Rn 13.
148 Anders noch nach dem RegE ESUG, vgl oben Rn 9.
149 *Klinck* ZIP 2013, 856.
150 Vgl *Graf-Schlicker* § 270b Rn 34.

bestand.[151] Weiter wird man über den Gesetzeswortlaut hinaus verlangen müssen, dass der vorl Sachwalter auch dem vorl GlAusschuss, hilfsweise den einzelnen bekannten Gl, den Eintritt der Zahlungsunfähigkeit mitteilt (entspr dem Fall des § 274 Abs 3, dass Umstände bekannt werden, die Nachteile für die Gl erwarten lassen).[152] Diese werden dadurch in die Lage versetzt zu prüfen, ob sie ihre Rechte zur vorzeitigen Beendigung des Schutzschirm-Verf ausüben wollen.

2. Der Übergang ins reguläre Verfahren. Ist die vom Gericht gesetzte Frist für das Schutz- 55
schirmVerf abgelaufen oder ist dieses Verf vorzeitig aufgehoben worden, so wird das Verf als reguläres EröffnungVerf fortgesetzt. Die Aussage in Abs 4 S 3, dass das Gericht nach Aufhebung der Anordnung oder nach Ablauf der Frist über die Eröffnung des InsVerf entscheidet, ist also nicht so zu verstehen, dass diese Entsch sofort erfolgen muss. Vielmehr stehen dem Gericht jetzt wieder **alle Optionen des EröffnungsVerf** zur Verfügung.[153] Ist das SchutzschirmVerf erfolgreich abgeschlossen worden – die Ausarbeitung eines InsPlans ist vollendet oder weit gediehen –, so wird das Gericht unter Beteiligung des vorl GlAusschusses über die Anordnung der Eigenverwaltung bei der VerfEröffnung und über die Person des Sachwalters zu entscheiden haben.[154] Es ist keineswegs selbstverständlich, dass der vom Schu vorgeschlagene vorl Sachwalter auch im eröffneten Verf zum Sachwalter bestellt wird.[155] Ist das SchutzschirmVerf dagegen vorzeitig abgebrochen worden, so wird es oft naheliegen, zum Schutz der Interessen der Gl für die restliche Dauer des EröffnungsVerf einen vorl InsVerw zu bestellen.[156]

151 *K/P/B/Pape* § 270b Rn 92.
152 Vgl *Flöther* ZInsO 2014, 468, der die Unterrichtung des vorl GlAusschusses über den Eintritt der Zahlungsunfähigkeit für „sinnvoll" hält.
153 Begr RegE ESUG, BT-Drucks 17/5712, 41.
154 § 270 Abs 3, § 274 Abs 1, § 56a.
155 Begr RegE ESUG BT-Drucks 17/5712, 41.
156 Vgl *K/P/B/Pape* § 270b Rn 94.

§ 270c Bestellung des Sachwalters

Bei Anordnung der Eigenverwaltung wird anstelle des Insolvenzverwalters ein Sachwalter bestellt. Die Forderungen der Insolvenzgläubiger sind beim Sachwalter anzumelden. Die §§ 32 und 33 sind nicht anzuwenden.

Übersicht

I. Normzweck, Gesetzgebungshinweise

Die Vorschrift ist durch das Gesetz vom 7.12.2011 (ESUG)[1] in die InsO eingefügt worden. 1
Sie entspricht jedoch inhaltlich dem bisherigen § 270 Abs 3.

In engem Zusammenhang mit § 270 Abs 1 wird zunächst klargestellt, dass bei Anordnung 2
der Eigenverwaltung kein InsVerw, sondern ein Sachwalter bestellt wird. Weiter wird festgelegt, dass der Sachwalter die Forderungsanmeldungen entgegenzunehmen hat (S 2) und dass die Eröffnung eines InsVerf, bei dem Eigenverwaltung angeordnet ist, nicht ins Grundbuch oder andere sachenrechtliche Register einzutragen ist (S 3).

1 BGBl I, 2582.

II. Einzelheiten

3 Die Voraussetzungen für die Bestellung einer Person zum Sachwalter und die Mitwirkung des vorl Glausschusses bei der Auswahl sind in § 274 Abs 1 durch Verweisung auf die entspr Vorschriften für den InsVerw geregelt.[2]

4 Wie im RegelInsVerf neben dem InsVerw ein Sonderverwalter bestellt werden kann,[3] so kann bei der Eigenverwaltung neben dem Sachwalter für bestimmte Sonderaufgaben ein **Sondersachwalter** bestellt werden.[4]

5 Im InsVerf mit Eigenverwaltung ist die **Anmeldung der Forderungen** (§ 174 Abs 1 S 1) beim Sachwalter vorzunehmen. Dieser hat demgemäß auch die Tabelle zu führen (§ 175). Im Prüfungstermin kann er angemeldete Forderungen bestreiten (§ 283 Abs 1). Zweckmäßig ist auch die Aufforderung an die Gl, dem Sachwalter ihre **Sicherungsrechte** mitzuteilen;[5] das erleichtert dem Sachwalter die Erfüllung seiner Überwachungs- und Unterrichtungspflichten (vgl auch § 274 Abs 3 S 2) und erspart eine Nachholung der Aufforderung in dem Fall, dass die Eigenverwaltung während des Verf beendet wird. Kein Raum ist dagegen für den „offenen Arrest" nach § 28 Abs 3, da zur Masse gehörige Forderungen weiterhin gegenüber dem Schu zu erfüllen sind.[6]

6 Aus der allg Verweisung in § 270 Abs 1 S 2 ergibt sich, dass dem Sachwalter auch die **Zustellungen** übertragen werden können, ebenso wie im RegelVerf dem InsVerw (§ 8 Abs 3 S 1).[7]

7 Der EröffnungsBeschl wird iF der Eigenverwaltung **nicht im Grundbuch** und den anderen sachenrechtlichen Registern eingetragen (Ausschluss der §§ 32 und 33 durch Abs 3 S 3); denn die Befugnis des Schu zu Verfügungen über die registrierten Gegenstände bleibt grds uneingeschränkt. Wird im Einzelfall eine einschlägige Verfügungsbeschränkung angeordnet, ist die Eintragung nachzuholen (§ 277 Abs 3 S 3).

8 Im **Handels- und Genossenschaftsregister** werden dagegen VerfEröffnung und Anordnung der Eigenverwaltung eingetragen, ebenso im Partnerschaftsregister.[8]

§ 270d Eigenverwaltung bei gruppenangehörigen Schuldnern

[1]Wird die Eigenverwaltung oder die vorläufige Eigenverwaltung bei einem gruppenangehörigen Schuldner angeordnet, unterliegt der Schuldner den Kooperationspflichten des § 269a. [2]Dem eigenverwaltenden Schuldner stehen nach Verfahrenseröffnung die Antragsrechte nach § 3a Absatz 1, § 3d Absatz 2 und § 269d Absatz 2 Satz 2 zu.

---

2 Vgl unten § 274 Rn 5.
3 Oben § 56 Rn 32–37.
4 IF der Babcock Borsig AG wurde, wie *Piepenburg* NZI 2004, 234 berichtet, ein Sondersachwalter für die Beziehungen zu den Tochtergesellschaften bestellt. Das *AG Stendal* hat einen Sondersachwalter damit beauftragt, Ansprüche gegen die Geschäftsführer der Schu, gegen den vormaligen vorläufigen Sachwalter und gegen die beteiligte Bank zu prüfen (ZInsO 2012, 2171; krit dazu *Pape* ZInsO 2013, 2135: dies seien originäre Aufgaben des Sachwalters, ein Bedürfnis für die Einsetzung eines Sondersachwalters bestehe nicht).
5 Vgl § 28 Abs 2 und *K/P/B/Pape* § 270 Rn 138.
6 *K/P/B/Pape* § 270 Rn 139; MK/*Tetzlaff* § 270 Rn 114.
7 *Rattunde/Stark* Rn 225.
8 Vgl § 32 Abs 1 Nr 3 HGB, § 102 Abs 1 Nr 3 GenG und § 2 Abs 2 PartGG; *K/P/B/Pape* § 270c Rn 11.

Übersicht

I. Normzweck, Gesetzgebungshinweise

1 Die in § 269a geregelten Kooperationspflichten der InsVerw gruppenangehöriger Schu werden durch S 1 für die vorläufige Eigenverwaltung und Eigenverwaltung auf die Schu übertragen. S 2 stellt diverse Antragsrechte des eigenverwaltenden Schu klar.

2 Die Regelung solcher Kooperationspflichten des Schu in der Eigenverwaltung ist vor dem Hintergrund des § 276a auch erforderlich. Vor Inkrafttreten des ESUG wurde die Eigenverwaltung zum Teil als Koordinationsinstrument zur effektiven Abwicklung von InsVerf konzernverbundener Unternehmen angesehen.[1] Diese Auffassung war durch das Verständnis geprägt, dass mit Anordnung der Eigenverwaltung die Konzernleitungsmacht sowohl im faktischen Konzern als auch im Vertragskonzern bestehen bleibt. Eine hierarchische Koordinierung der InsVerf gruppenangehöriger Gesellschaften über die Konzernleitungsmacht bliebe erhalten.[2] Mit Inkrafttreten des durch das ESUG eingeführten § 276a wurde gesetzgeberische Klarheit dahingehend geschaffen, dass die geschäftsführenden Organe in der Eigenverwaltung grundsätzlich frei von gesellschaftsrechtlichen Bindungen agieren. So hat etwa die Gesellschafterversammlung der GmbH nach § 276a keinen Einfluss auf die Geschäftsführung des Schu iRd Eigenverwaltung. Eine hierarchische Koordinierung der InsVerf gruppenangehöriger Schu über die konzernrechtliche Weisungsmacht scheidet somit auch in der Eigenverwaltung aus. Hier setzt § 270d an, indem die gruppenangehörigen Schu und damit auch die vertretungsberechtigten Organe zur Kooperation verpflichtet sind. Statt der Fortsetzung der vertikalen Konzernleitungsmacht folgt der Gesetzgeber damit auch für die Eigenverwaltung dem Prinzip der horizontalen Koordinierung durch Kooperationspflichten zwischen den gruppenangehörigen Schu. Geht man mit der hier vertretenen Auff[3] nicht von einer analogen Anwendung des § 276a in der vorläufigen Eigenverwaltung (§ 270a) oder dem Schutzschirmverfahren (§ 270b) aus, bliebe die Konzernleitungsmacht bestehen, wenn diese Art des Eröffnungsverfahrens für die Untergesellschaften im Konzern angeordnet wurde.

II. Einzelheiten

3 **1. Rechte und Pflichten des Schuldners.** Wie der InsVerw unterliegt auch der eigenverwaltende Schu in demselben Umfang den Kooperationspflichten des § 269a.[4] Da sich Kooperationspflichten bereits über den Verweis auf die allgemeinen Vorschriften (§ 270 Abs 1 S 2) ergäben, hat § 270d insoweit klarstellende Funktion.[5] Kooperationsverpflichen des eigenverwaltenden Schu ergeben sich zunächst gegenüber (einem oder mehreren) weiteren eigen-

---

1 *Ehricke* ZInsO 2002, 393 f; *Brünkmans* Koordinierung von Insolvenzverfahren konzernverbundener Unternehmen, S 281 f.

2 *Bous* Die Konzernleitungsmacht im Insolvenzverfahren konzernverbundener Kapitalgesellschaften., 2001, S 332 f; *Brünkmans* Koordinierung von Insolvenzverfahren konzernverbundener Unternehmen, S 241 ff, 251 ff.

3 Zur Anwendbarkeit des § 276a InsO auf die vorläufige Eigenverwaltung siehe, unter § 276a Rn 16 f.

4 Siehe ausführlich Darstellung unter § 269a.

5 RegE zum Konzerninsolvenzrecht, BT-Drucks 18/407, 42.

verwaltenden Schu innerhalb der Gruppe. Werden innerhalb der Gruppe die InsVerf teilweise in Eigenverwaltung, teilweise im RegelVerf geführt, bestehen die Kooperationspflichten auch zwischen dem (vorl) InsVerw und dem eigenverwaltenden Schu. Über die Legalitätspflicht der Schuldnerorgane als „Transmissionsriemen" werden die Kooperationspflichten aus § 270d iVm § 269a im Innenverhältnis auf die Schuldnerorgane übertragen.[6]

4 § 270d regelt hingegen nicht die Frage, ob auch der eigenverwaltende Schu gem § 269h einen Koordinationsplan vorlegen darf. Gleiches gilt für Abweichungen vom Koordinationsplan, § 269i. Über den allgemeinen Verweis aus § 270 Abs 1 S 2 finden die Vorschriften indes auch für den Schu Anwendung.[7]

5 **2. Funktion des Sachwalters in der Konzernsinsolvenz.** Um eine reibungslose Sanierung des Konzerns zu gewährleisten, können die Gerichte einen einheitlichen Sachwalter in allen oder mehreren InsVerf gruppenangehöriger Schu bestellen.[8] Für die Zulässigkeitsvoraussetzungen gelten die Grundsätze für die einheitliche VerwBestellung entsprechend.[9] Die InsGerichte haben sich über diese Frage nach § 56b abzustimmen. Werden dennoch im Einzelfall personenverschiedene Sachwalter bestellt, bleibt offen, ob auch für diese die Kooperationspflichten für InsVerw gruppenangehöriger Schu aus § 269a gelten. Die Gesetzesbegründung erwähnt etwaige Koperationspflichten der Sachwalter untereinander nicht.[10] Da weder § 274 auf § 269a verweist, noch § 270d den Sachwalter in die Kooperationspflichten einbezieht, hat der Gesetzgeber einen Kooperationsbedarf für die beteiligten (bloß beaufsichtigenden) Sachwalter nicht für vergleichbar dringend erachtet. Anderseits weist die Begründung auf die Möglichkeit der einheitlichen Verwalterbestellung als Lösung des Kooperationsproblems hin.[8]

6 Ungeachtet dessen ist der Sachwalter gut beraten, bei der Prüfung der wirtschaftlichen Lage, die bei einem gruppenangehörigen Schu nur selten unter Ausblendung der Gruppeneinbindung erfolgen kann, frühzeitig Kontakt zum Sachwalterkollegen im anderen InsVerf aufzunehmen. Dies gebietet bereits seine Pflicht zur Herbeiführung einer bestmöglichen Gläubigerbefriedigung (§ 1) im Rahmen seiner (begrenzten) Kompetenzen im eigenen Verf.

7 „Überkreuz-Kooperationspflichten" zwischen einem eigenverwaltenden Schu und dem Sachwalter im InsVerf eines anderen gruppenangehörigen Schu bestehen nicht. Informationen des Schu im anderen Verf muss sich der Sachwalter über die Organe des Schu im eigenen Verf besorgen, die im Rahmen von § 270d gegen den anderen gruppenangehörigen Schu einen Informationsanspruch haben.

8 **3. Antragsrechte in der Eigenverwaltung.** Dem Schu steht nach § 270d S 2 das mit Verfahrenseröffnung an sich auf den InsVerw übergehende Antragsrecht zur Begründung des Gruppengerichtsstandes (§ 3a Abs 1 und 3) bzw zur Verweisung an das Gericht des Gruppen-Gerichtsstand (§ 3d Abs 2) zu.[11]

---

6 *Braun/Specovius* § 270d Rn 8; *Thole* KTS 2014, 370.
7 I.E. auch *Braun/Specovius* § 270d Rn 10.
8 RegE zum Konzerninsolvenzrecht, BT-Drucks, 18/407, 42.
9 Siehe unter § 56b Rn 7.
10 Siehe auch *Thole* KTS 2014, 370.
11 RegE zum Konzerninsolvenzrecht, BT-Drucks, 18/407, 41.

§ 271 Nachträgliche Anordnung

[1]Beantragt die Gläubigerversammlung mit der in § 76 Absatz 2 genannten Mehrheit und der Mehrheit der abstimmenden Gläubiger die Eigenverwaltung, so ordnet das Gericht diese an, sofern der Schuldner zustimmt. [2]Zum Sachwalter kann der bisherige Insolvenzverwalter bestellt werden.

Übersicht

I. Normzweck, Gesetzgebungshinweise

Ähnlich wie die GlVersammlung anstelle eines vom Gericht bestellten InsVerw eine andere Person wählen kann (§ 57), hat sie auch das Recht, die gerichtliche Ablehnung des Antrags des Schu auf Eigenverwaltung zu korrigieren.[1] Beides ist Ausfluss der **GlAutonomie**, die in der InsO einen bes Stellenwert hat.[2] 1

Nach der ursprünglichen Fassung der InsO war für den Beschl der GlVersammlung nach S 1 die in § 76 Abs 2 genannte Mehrheit, also die Summenmehrheit, ausreichend. Das zusätzliche Erfordernis der Kopfmehrheit ist durch das **Gesetz zur weiteren Erleichterung der Sanierung von Unternehmen (ESUG)**[3] eingefügt worden. Es steht im Einklang mit der entspr Änderung des Mehrheitserfordernisses in § 272 Abs 1 Nr 1 (Antrag der GlVersammlung auf Aufhebung der Eigenverwaltung) und der schon länger geltenden Regelung in § 57 S 2 für die Abwahl des InsVerw. Außerdem hat das ESUG zwei vorher geltende Einschränkungen beseitigt: Nicht nur die erste, sondern auch jede spätere GlVersammlung kann die Eigenverwaltung beantragen. Dem Antrag kann auch in Fällen entsprochen werden, in denen der Schu die Eigenverwaltung vor VerfEröffnung noch nicht beantragt hatte. 2

II. Einzelheiten

Die erforderliche **Zustimmung des Schu** zum Beschl der GlVersammlung wird in der Regel dadurch vorweggenommen sein, dass der Schu schon vorher den Antrag auf Eigenverwaltung gestellt hatte. Allerdings sollte sich das Gericht vor der Anordnung vergewissern, dass der Schu an seinem Antrag festhält. 3

Wenn sich nicht der Richter die Entsch vorbehält, ist für die Anordnung der Eigenverwaltung nach der VerfEröffnung der **Rechtspfleger** zuständig (vgl § 18 RPflG).[4] Die Entsch sollte entspr § 27 Abs 2 Nr 3 Tag und Stunde nennen;[5] sie ist nach § 273 öffentlich bekannt zu machen. 4

Gegen eine Entsch des Richters ist ein Rechtsmittel nicht gegeben. Hat der Rechtspfleger entschieden, so ist die **Erinnerung** statthaft,[6] die zB darauf gestützt werden kann, dass bei der Abstimmung in der GlVersammlung entgegen der Annahme des Rechtspflegers eine Mehrheit erreicht worden war. 5

---

1 Begr zum RegE InsO, BT-Drucks 12/2443, 223, zu § 332.
2 Begr zum RegE InsO, BT-Drucks 12/2443, AT, 99 f.
3 Vgl oben Vor § 270 Rn 5.
4 MK/*Tetzlaff* § 271 Rn 29.
5 *K/P/B/Pape* § 271 Rn 15.
6 HambKomm/*Fiebig* § 271 Rn 15; *Uhlenbruck/Zipperer* § 271 Rn 8; **aA** *K/P/B/Pape* § 271 Rn 17; FK/*Foltis* § 271 Rn 11.

6 Denkbar ist, dass die von der Mehrheit in der GlVersammlung gewünschte Eigenverwaltung iSd § 78 **dem gemeinsamen Interesse der InsGläubiger widerspricht.** ZB kann ein MehrheitsBeschl der GlVersammlung für die Eigenverwaltung darauf beruhen, dass die gesicherten Gl an der Eigenverwaltung interessiert sind, um die Kostenpauschale bei der Verwertung von Sicherungsgut zu vermeiden (vgl § 282 Abs 1), obwohl die Eigenverwaltung wegen fehlenden wirtschaftlichen Sachverstands des Schu für die ungesicherten Gl ein erhebliches Risiko bedeutet.[7] Auch könnten GroßGl ein Interesse daran haben, die „Durchleuchtung" von Vorgängen vor der VerfEröffnung durch einen InsVerw zu verhindern.[8] Das neu eingeführte Erfordernis der Kopfmehrheit ist hier ein Korrektiv, es bietet aber nicht in allen Fällen Abhilfe, da die Präsenzen in den GlVersammlungen regelmäßig sehr gering sind.[9] Wenn der BGH in seiner Entsch zu § 272 argumentiert, eine Anwendung des § 78 wäre unvereinbar mit der vom Gesetzgeber gewünschten GlAutonomie,[10] so stellt er den Sinn des § 78 generell in Frage.[11]

7 Ein Gl, der mit einem Antrag nach § 78 die Anordnung der Eigenverwaltung verhindern will, hat einen Antrag auf Aufhebung des Beschl noch in der GlVersammlung zu stellen.[12] Entspricht das InsGer diesem Antrag, so ist für eine Anordnung der Eigenverwaltung kein Raum mehr. Die Frage einer Aufhebung der Anordnung auf der Grdl des § 272 Abs 1 Nr 2 stellt sich dann nicht mehr.

8 Wird die Eigenverwaltung nachträglich angeordnet, so wird es idR zweckmäßig sein, zum **Sachwalter** den zunächst eingesetzten InsVerw zu **bestellen** (S 2). Es steht dem Gericht jedoch frei, je nach den Umständen des Einzelfalls eine andere Person auszuwählen. Auch ist das Gericht nicht an einen Vorschlag der GlVersammlung für die Person des Sachwalters gebunden.[13] Das Gericht wird allerdings zu berücksichtigen haben, dass es den Gl frei steht, in der ersten GlVersammlung, die auf die Bestellung des Sachwalters folgt, einen anderen zu wählen (§ 274 Abs 1, § 57). Insofern „sollten sich Gericht und Versammlung auf die Person des Sachwalters verständigen, um das Hin und Her einer Bestellung durch das Gericht und Abwahl durch die erste … folgende Versammlung … zu vermeiden."[14]

9 **Handlungen**, die der bisherige InsVerw für die InsMasse vorgenommen hat, **bleiben** auch nach Anordnung der Eigenverwaltung **wirksam**. Dies gilt zB für die Ausübung des Wahlrechts bei gegenseitigen Verträgen (§ 103), für Verfügungen über Massegegenstände und für Verpflichtungsgeschäfte mit Wirkung für die Masse.[15]

---

7 Vgl dazu *Marotzke* FS H P Kirchhof, 2003, S 330 f.
8 Vgl MK/*Tetzlaff* § 271 Rn 20.
9 Im Übrigen ist auch der Fall denkbar, dass GroßGl aus sachwidrigen Gründen die von der Kopfmehrheit gewünschte Eigenverwaltung verhindern wollen, vgl *Flöther/Gelbrich* ZIP 2011, 1626. Zum Bedürfnis für die Anwendung des § 78 vgl weiter FK/*Foltis* § 271 Rn 5, 12.
10 *BGH* ZIP 2011, 1622, dazu unten § 272 Rn 4.
11 Nach *K/P/B/Pape* § 271 Rn 19 unterscheiden sich die Fälle des § 271 und des § 272 darin, dass der Beschl der GlVersammlung nach § 271 auf ein vom Regelfall abweichendes, für die Gl risikoreiches Verf gerichtet ist. Mit dieser Begr lässt er die Anwendung des § 78 iRd § 271 zu, nicht aber iRd § 272.
12 Vgl im Einzelnen *K/P/B/Pape* § 271 Rn 18–24.
13 *Uhlenbruck/Zipperer* § 271 Rn 7; **aA** MK/*Tetzlaff* § 271 Rn 39, nach dem das Gericht den Vorschlag der GlVersammlung entspr § 57 S 3 nur bei fehlender Eignung ablehnen kann.
14 *K/P/B/Pape* § 271 Rn 27.
15 HambKomm/*Fiebig* § 271 Rn 11–13.

§ 272 Aufhebung der Anordnung

(1) Das Insolvenzgericht hebt die Anordnung der Eigenverwaltung auf,

1. **wenn dies von der Gläubigerversammlung mit der in § 76 Absatz 2 genannten Mehrheit und der Mehrheit der abstimmenden Gläubiger beantragt wird;**
2. **wenn dies von einem absonderungsberechtigten Gläubiger oder von einem Insolvenzgläubiger beantragt wird, die Voraussetzung des § 270 Absatz 2 Nummer 2 weggefallen ist und dem Antragsteller durch die Eigenverwaltung erhebliche Nachteile drohen;**
3. **wenn dies vom Schuldner beantragt wird.**

(2) [1]Der Antrag eines Gläubigers ist nur zulässig, wenn die in Absatz 1 Nummer 2 genannten Voraussetzungen glaubhaft gemacht werden. [2]Vor der Entscheidung über den Antrag ist der Schuldner zu hören. [3]Gegen die Entscheidung steht dem Gläubiger und dem Schuldner die sofortige Beschwerde zu.

(3) Zum Insolvenzverwalter kann der bisherige Sachwalter bestellt werden.

Übersicht

I. Normzweck, Gesetzgebungshinweise

In **drei Fällen** ist die Anordnung der Eigenverwaltung nachträglich aufzuheben: 1

- auf Antrag der GlVersammlung; dies ist das Gegenstück zu § 271, ein weiterer Ausfluss der GlAutonomie in der InsO;
- auf Antrag eines Gl, wenn Nachteile für die Gl zu erwarten sind und auch dem Antragsteller selbst erhebliche Nachteile drohen; hier geht es darum, kurzfristig Gefahren der Eigenverwaltung abzuwenden;
- auf Antrag des Schu; denn ohne die Bereitschaft des Schu, seine Aufgaben mit vollem Einsatz zu erfüllen, kann die Eigenverwaltung keinen Erfolg haben.

Ein milderes Mittel zur Begrenzung der Rechte des Schu ist die Anordnung von Verfügungsbeschränkungen (§ 277).

Durch das **Gesetz zur weiteren Erleichterung der Sanierung von Unternehmen (ESUG)**[1] 2
wird das Mehrheitserfordernis für den Beschl der Gl Versammlung nach Abs 1 Nr 1 an § 57 S 2 und den neuen § 271 S 1 angepasst: Zusätzlich zur Summenmehrheit wird eine Kopfmehrheit verlangt. Damit wird insb vermieden, dass wenige GroßGl die Eigenverwaltung beenden können.[2] Außerdem ist das Recht eines einzelnen Gl, nach § 272 Abs 1 Nr 2 die Aufhebung der Eigenverwaltung zu verlangen, eingeschränkt worden. Die Voraussetzung, dass „dem Antragsteller durch die Eigenverwaltung erhebliche Nachteile drohen", war in der bisherigen Fassung nicht enthalten; es wurde allein auf die Nachteile der Gl in ihrer Gesamtheit abgestellt (Verweis auf § 270 Abs 2 Nr 2). Für InsVerf, die vor dem 1.7.2012 beantragt worden sind, bleibt die bisherige Fassung maßgeblich (Art 103g EGInsO).

1 Vgl oben Vor § 270 Rn 5.
2 Vgl die Begr zum RegE ESUG, BT-Drucks 17/5712, 41 f, zu Nr 44 f.

II. Einzelheiten

3 **1. Antrag der Gläubigerversammlung (Abs 1 Nr 1).** Nicht nur die erste, sondern auch **jede spätere GlVersammlung** kann die Beendigung der Eigenverwaltung verlangen. Dies gilt jetzt auch im spiegelbildlichen Fall des § 271. Es ist gut denkbar, dass sich die Gefahren der Eigenverwaltung erst im Verlauf des Verf zeigen. Auch hier ist es zweckmäßig, dass die GlVersammlung im Zusammenhang mit ihrem Beschl zur Eigenverwaltung zu erkennen gibt, wen sie für das Verwalteramt für geeignet hält, insb ob sie mit der Bestellung des bisherigen Sachwalters zum InsVerw einverstanden wäre.[3]

4 Eine Aufhebung des Beschl der GlVersammlung wegen **Missbrauchs der Mehrheit** (§ 78) kommt nach Auff des BGH in diesem Fall nicht in Betracht.[4] Der Beschl, die Eigenverwaltung zu beenden und ins RegelInsVerf überzuwechseln, stehe im freien Ermessen der GlVersammlung. Nicht das Gericht, sondern die GlVersammlung habe letztverbindlich zu entscheiden. Der mögliche Kostenvorteil der Eigenverwaltung sei kein vom Gesetz geschütztes Interesse; er könne es nicht rechtfertigen, gegen den erklärten Willen der GlVersammlung die Eigenverwaltung aufrechtzuerhalten. Auch die Entsch der GlVersammlung über die Auswahl des InsVerw nach § 57 könne nach der Rspr des BGH[5] nicht im Verf nach § 78 aufgehoben werden, „weil § 57 S 3 und 4 InsO insoweit eine abschließende Sonderregelung enthalten".

5 Die Entsch ist noch zur alten Rechtslage ergangen, unter der für den Beschl der GlVersammlung die Summenmehrheit ausreichte, und hatte insofern erhebliche Bedeutung: Auch ein Beschl, der nur von wenigen GroßGl gegen den Willen einer Kopfmehrheit gefasst wurde, war nach Auff des BGH der Kontrolle durch § 78 entzogen. Daraus ergab sich ein bes Ansatzpunkt für Kritik.[6] Nach ihrer Begr soll die Entsch aber auch für die Neufassung des § 272 durch das ESUG maßgeblich sein. Zur Neufassung leuchtet ebenfalls nicht ein, dass der allg Minderheitenschutz des § 78 in diesem Fall nicht gelten soll.[7] Eine Sonderregelung über die Kontrolle des Beschl wie in § 57 S 3 und 4 enthält § 272 gerade nicht.

6 **2. Antrag eines Gläubigers (Abs 1 Nr 2, Abs 2).** Zum Antrag auf Aufhebung der Eigenverwaltung ist auch jeder einzelne absonderungsberechtigte Gl oder InsGl berechtigt. Der Begriff der „InsGl" umfasst, entspr der allg Terminologie der InsO (vgl nur §§ 87–89), die **nachrangigen** InsGl. Diese sind allerdings am Verf nur beteiligt, wenn sie ihre Forderungen auf Aufforderung des Gerichts nach § 174 Abs 3 angemeldet haben. Ohne diese Beteiligung dürfte ihnen jedenfalls das Rechtsschutzbedürfnis für einen Antrag auf Aufhebung der Eigenverwaltung fehlen.[8]

7 Stellt ein einzelner Gl den Antrag, so kommt es nach dem Gesetzeswortlaut zunächst darauf an, ob „die Voraussetzung des § 270 Abs 2 Nr 2 **weggefallen** ist". Es müssen also Umstände bekannt geworden sein, die erwarten lassen, dass die Anordnung zu Nachteilen für die Gl führen wird. Der Eintritt von Nachteilen muss überwiegend wahrscheinlich sein.[9] Unklarheiten gehen wie im neu gefassten § 270 Abs 2 Nr 2 nicht mehr zulasten des Schu.[10]

---

3 Vgl oben § 271 Rn 8 und *K/P/B/Pape* § 272 Rn 37.

4 *BGH* ZIP 2011, 1622 mit krit Anm *Flöther/Gelbrich*; dem *BGH* zust dagegen *Graf-Schlicker* § 272 Rn 4; *K/P/B/Pape* § 272 Rn 13–15.

5 *BGH* NZI 2003, 607 und NZI 2005, 32.

6 Vgl *Flöther/Gelbrich* ZIP 2011, 1624.

7 Vgl FK/*Foltis* § 272 Rn 12; *K Schmidt/Undritz* § 272 Rn 3.

8 *Uhlenbruck/Zipperer* § 272 Rn 4; vgl *Gottwald/Haas* § 89 Rn 4; **aA** *K/P/B/Pape* § 272 Rn 21: genereller Ausschluss der nachrangigen InsGl.

9 *AG Köln* ZIP 2015, 440 Rn 26.

10 Vgl Begr RegE ESUG, BT-Drucks 17/5712, 38, 42.

Beispiele sind die Verletzung der Pflicht, die Zustimmung des Sachwalters zur Eingehung außergewöhnlicher Verbindlichkeiten einzuholen (§ 275 Abs 1 S 1) oder ein Verstoß gegen die Auskunftspflichten (§ 274 Abs 2 S 2 iVm § 22 Abs 3 S 3).[11] Umstände, die schon bei der Anordnung der Eigenverwaltung durch das Gericht nach § 270 oder bei der Entsch der GlVers nach § 271 bekannt waren, werden nicht berücksichtigt.[12] Zusätzliche Voraussetzung ist in jedem Fall, dass dem Antragsteller selbst bei einer Fortsetzung der Eigenverwaltung **erhebliche Nachteile** drohen.

Zum Verf ist in Abs 2 vorgeschrieben, dass der Gl den Wegfall der Voraussetzung des § 270 Abs 2 Nr 2 und die ihm selbst drohenden Nachteile **glaubhaft macht**, damit der Antrag zulässig ist; das einfache Aufstellen von Behauptungen oder der allg Hinweis auf eine mögliche VerfVerzögerung genügen nicht.[13] Ob der Antrag des Gl begründet ist, hat das Gericht nach Anhörung des Schu von Amts wegen festzustellen. Gegen die Entsch über den GlAntrag ist die **sof Beschw** statthaft; dies ist eine Ausnahme von dem Grundsatz, dass gegen die Anordnung oder Ablehnung der Eigenverwaltung kein Rechtsmittel gegeben ist (vgl oben § 270 Rn 26–28). 8

Das Antragsrecht des einzelnen Gl ist auf **Eilfälle** zugeschnitten, in denen eine GlVersammlung nicht rechtzeitig einberufen werden kann. Dennoch ist der Antrag eines Gl nicht deshalb unzulässig, weil eine GlVersammlung abgewartet werden kann.[14] Dem Gesetz ist diese Einschränkung nicht zu entnehmen. 9

3. Antrag des Schuldners (Abs 1 Nr 3). Auch der Schu kann jederzeit während des InsVerf die Beendigung der Eigenverwaltung beantragen. Bei einer **juristischen Person** oder Gesellschaft ohne Rechtspersönlichkeit kann jede allein vertretungsberechtigte Person oder jede gemeinsam vertretungsberechtigte Mehrzahl von Personen wirksam diesen Antrag stellen, unabhängig davon, ob sie im Innenverhältnis dazu berechtigt ist.[15] 10

4. Bestellung eines Insolvenzverwalters (Abs 3). In entspr Weise wie im spiegelbildlichen Fall des § 271 S 2 wird vom Gesetz nahegelegt, bei einer Aufhebung der Eigenverwaltung den bisherigen **Sachwalter zum InsVerw zu bestellen**. Auch hier ist das Gericht aber frei, eine andere Person auszuwählen.[16] 11

In der Entsch, mit der die Eigenverwaltung aufgehoben wird, sollte das Gericht Tag und Stunde des Wirksamwerdens angeben.[17] Die **Wirkungen** treten nur *ex nunc* ein. Rechtshandlungen, die der Schu in Eigenverwaltung vor diesem Zeitpunkt vorgenommen hat, werden in ihrer Wirksamkeit nicht berührt.[18] 12

Funktionell zuständig sowohl für die Aufhebung der Eigenverwaltung als auch für die Bestellung des InsVerw ist der **Rechtspfleger**, nicht der Richter.[19] Nur für den Fall, dass die Bestellung des InsVerw bei der VerfEröffnung erfolgt, ist diese Entsch in § 18 Abs 1 Nr 1 RPflG dem Richter vorbehalten.[20] Gegen die Entsch des Rechtspflegers ist nach allg 13

11 Vgl *AG Köln* ZIP 2015, 440 Rn 31–34.
12 Vgl *K/P/B/Pape* § 272 Rn 22.
13 *LG Potsdam* ZIP 2001, 1689; *AG Köln* ZIP 2015, 440 Rn 20.
14 *K Schmidt/Undritz* § 272 Rn 4; *Graf-Schlicker* § 272 Rn 5; **aA** FK/*Foltis* § 272 Rn 19.
15 *K/P/B/Pape* § 272 Rn 30 f; *Gottwald/Haas* § 89 Rn 9; **aA** unter Hinweis auf die Bedeutung der Entsch FK/*Foltis* § 272 Rn 28; **aA** auch *K Schmidt/Undritz* § 272 Rn 6.
16 *Uhlenbruck/Zipperer* § 272 Rn 8.
17 Auch dies gilt ebenso wie im Fall des § 271, vgl oben § 271 Rn 4; *Graf-Schlicker* § 272 Rn 10.
18 Näher *K Schmidt/Undritz* § 272 Rn 11.
19 *Graf-Schlicker* § 272 Rn 9; zw *K Schmidt/Undritz* § 272 Rn 8.
20 *Uhlenbruck/Zipperer* § 272 Rn 8; MK/*Tetzlaff* § 272 Rn 42.

Grundsätzen die **Erinnerung** zulässig.[21] Die sof Beschw ist nur für den Fall des GlAntrags vorgesehen (Abs 2 S 3).

21 *K Schmidt/Undritz* § 272 Rn 10; **aA** *K/P/B/Pape* § 272 Rn 34 für eine Aufhebung der Eigenverwaltung nach § 272 Abs 1 Nr 1 oder 3.

§ 273 Öffentliche Bekanntmachung

Der Beschluss des Insolvenzgerichts, durch den nach der Eröffnung des Insolvenzverfahrens die Eigenverwaltung angeordnet oder die Anordnung aufgehoben wird, ist öffentlich bekannt zu machen.

1 Wird die Eigenverwaltung schon bei der Eröffnung des Verf angeordnet, so wird sie als **Teil des EröffnungsBeschl** nach § 30 Abs 1 öffentlich bekannt gemacht. Bei nachträglicher Anordnung und bei Aufhebung der Anordnung erfolgt die erforderliche Unterrichtung des Geschäftsverkehrs auf der Grundlage von § 273. Vorab sollte der Schu unterrichtet werden, damit sich dieser rechtzeitig auf die Änderung seiner Rechtsstellung einrichten kann.[1] Auch wenn ein Rechtsmittel gegen die Aufhebung eingelegt worden ist (§ 272 Abs 2 S 3), hat die öffentliche Bekanntmachung zur Warnung der Geschäftspartner unverzüglich zu erfolgen;[2] sie kann nicht etwa bis zur Rechtskraft zurückgestellt werden.[3]

2 Wird die Anordnung der Eigenverwaltung während des InsVerf aufgehoben, so ist die Eintragung der VerfEröffnung im **Grundbuch** und den gleichgestellten Registern nachzuholen (vgl §§ 32, 33, 270 Abs 3 S 3). Wird die Eigenverwaltung nachträglich angeordnet, so sind die entspr Registereintragungen zu löschen.[4]

§ 274 Rechtsstellung des Sachwalters

(1) Für die Bestellung des Sachwalters, für die Aufsicht des Insolvenzgerichts sowie für die Haftung und die Vergütung des Sachwalters gelten § 27 Absatz 2 Nummer 4, § 54 Nummer 2 und die §§ 56 bis 60, 62 bis 65 entsprechend.

(2) [1]Der Sachwalter hat die wirtschaftliche Lage des Schuldners zu prüfen und die Geschäftsführung sowie die Ausgaben für die Lebensführung zu überwachen. [2]§ 22 Abs. 3 gilt entsprechend.

(3) [1]Stellt der Sachwalter Umstände fest, die erwarten lassen, dass die Fortsetzung der Eigenverwaltung zu Nachteilen für die Gläubiger führen wird, so hat er dies unverzüglich dem Gläubigerausschuss und dem Insolvenzgericht anzuzeigen. [2]Ist ein Gläubigerausschuss nicht bestellt, so hat der Sachwalter an dessen Stelle die Insolvenzgläubiger, die Forderungen angemeldet haben, und die absonderungsberechtigten Gläubiger zu unterrichten.

1 Vgl *Uhlenbruck/Zipperer* § 272 Rn 4, der eine bes Zustellung an den Schu empfiehlt.
2 FK/*Foltis* § 273 Rn 2.
3 *K/P/B/Pape* § 273 Rn 7 hält dies für rechtspolitisch wünschenswert.
4 *Uhlenbruck/Zipperer* § 271 Rn 6, § 273 Rn 5.

Übersicht

I. Normzweck, Gesetzgebungshinweise

Für die Bestellung des Sachwalters, für die Aufsicht des InsGer und für die Haftung des Sachwalters gelten nach **Abs 1** die **Vorschriften für den InsVerw entspr**. Auch für die Vergütung wird auf die Rechtsgrundlagen für den InsVerw verwiesen, jedoch wird die Vergütung des Sachwalters in der InsVV erheblich niedriger festgelegt. 1

In **Abs 2 und 3** ist die **Pflicht des Sachwalters zur Überwachung** der wirtschaftlichen Tätigkeit des Schu festgelegt. Der Sachwalter ist berechtigt, die Bücher einzusehen und vom Schu Auskünfte zu verlangen (Abs 2 S 2 iVm § 22 Abs 3). Drohen Nachteile für die Gl, so hat der Sachwalter diese zu unterrichten, damit sie auf eine Beendigung der Eigenverwaltung oder auf Verfügungsbeschränkungen hinwirken können (vgl §§ 272, 277). 2

Durch das Gesetz vom 7.12.2011 (**ESUG**)[1] ist in Abs 1 die Verweisung auf die damalige Nr 5 des § 27 Abs 2 eingefügt worden. Die Pflicht des Gerichts, die Abweichung von einem einstimmigen Vorschlag des vorl GlAusschusses für die Person des InsVerw im Eröffnungs-Beschl zu begründen, soll auch für die Bestellung des Sachwalters gelten. 3

Im Gesetz vom 15.7.2013[2] ist diese Verweisung ohne inhaltliche Änderung an die neue Nummerierung innerhalb des Absatzes angepasst worden; sie richtet sich jetzt auf § 27 Abs 2 Nr 4. 4

II. Die Stellung des Sachwalters zum Gericht und zu den Gläubigern (Abs 1)

1. Bestellung des Sachwalters. Wie der InsVerw muss der Sachwalter eine natürliche Person sein.[3] Für die **Auswahl des Sachwalters** gelten die Kriterien der Geschäftskunde und der Unabhängigkeit (§ 56 Abs 1) entspr. Er sollte nicht geringer qualifiziert sein als ein InsVerw; sonst könnte er seine Aufgabe, die Geschäftsführung des Schu im InsVerf zu überwachen, nur unzureichend erfüllen.[4] Entspr anzuwenden sind auch die Vorschriften über das Verf, insb § 56a über die Beteiligung des vorl GlAusschusses bei der Bestellung.[5] Die GlVersammlung kann anstelle des vom Gericht bestellten Sachwalters eine andere Person wählen (§ 57 entspr).[6] 5

---

1 Vgl oben Vor § 270 Rn 5.

2 Gesetz zur Verkürzung des RestschuldbefreiungsVerf und zur Stärkung der GlRechte, BGBl I, 2379.

3 MK/*Tetzlaff/Kern* § 274 Rn 14. Die Argumente, die der *BGH* (BGHZ 198, 225 = ZIP 2013, 2070 mit Anm *Eckardt* EWiR 2014, 23) gegen die Zulassung juristischer Personen zum Amt des InsVerw anführt, treffen ganz überwiegend auch für den Sachwalter zu. Die gegen die Entsch des BGH eingelegte VfB beim *BVerfG* blieb erfolglos, vgl 12.1.2016 – 1 BvR 3102/13.

4 *Rattunde/Stark* Der Sachwalter, 2015, Rn 42.

5 Vgl zum Erfordernis der Unabhängigkeit auch bei einem vom vorl GlAusschuss vorgeschlagenen Kandidaten *AG Stendal* ZIP 2012, 1875 mit Anm *Schulte-Kaubrügger* EWiR 2012, 705; *Rattunde/Stark* Rn 85; gegen ein zu weites Verständnis dieses Erfordernisses beim Sachwalter wie beim InsVerw *Römermann* ZInsO 2013, 218.

6 Vgl *LG Stendal* ZIP 2012, 2168 mit Anm *Hofmann* EWiR 2012, 729.

6 Der Bestellung des Sachwalters geht regelmäßig die Bestellung eines vorl Sachwalters voraus. Häufig wird dieselbe Person auch mit dem Amt des Sachwalters betraut werden. Die Erfahrungen im EröffnungsVerf können jedoch auch einen Wechsel der Person nahelegen. Auch wenn der vorl GlAusschuss schon zur Person des vorl Sachwalters gehört worden ist, sollte ihm vor der Eröffnung des InsVerf erneut Gelegenheit zur Stellungnahme gegeben werden. Ohnehin ist der Ausschuss schon zu der Vorfrage anzuhören, ob bei der Eröffnung Eigenverwaltung anzuordnen ist;[7] auch diese Anhörung wird nicht durch eine vorherige Stellungnahme des Ausschusses zur Person des vorl Sachwalters überflüssig.

7 **2. Aufsicht des Gerichts.** Auch die Aufsicht des Gerichts über den Sachwalter erfolgt in entspr Weise wie beim InsVerw (§§ 58, 59). Es kann nicht etwa aus der bes Gefährdung der GlInteressen durch die Eigenverwaltung eine „erhöhte Kontrolldichte des Gerichts" in Bezug auf den Sachwalter abgeleitet werden.[8] Wenn die Gl die bes Risiken der Eigenverwaltung nicht in Kauf nehmen wollen, haben sie die Möglichkeit, die Einsetzung eines InsVerw durchzusetzen (vgl § 272); sie können diese Risiken nicht auf das Gericht verlagern.[9] Eine der möglichen Aufsichtsmaßnahmen des Gerichts ist die Einsetzung eines **Sondersachwalters** zur Prüfung von Schadenersatzansprüchen gegen den Sachwalter.[10] Der Schu steht nicht unmittelbar unter der Aufsicht des InsGer.[11]

8 **3. Rechte der Gläubiger.** GlVersammlung und GlAusschuss können vom Sachwalter Auskünfte über dessen Tätigkeit verlangen. Für die GlVersammlung ergibt sich dies aus § 270 Abs 1 S 2 iVm § 79. Der GlAusschuss hat ebenso wie der Sachwalter die Pflicht, den Schu zu überwachen (§ 270 Abs 1 S 2 iVm § 69). Er kann diese Aufgabe nur sinnvoll erfüllen, wenn ihm nicht nur der Schu, sondern auch der Sachwalter zu Auskünften verpflichtet ist. Insofern ist aus der Anwendbarkeit des § 69 im EigenverwaltungsVerf auch diese Auskunftspflicht zu entnehmen.[12]

9 **4. Haftung des Sachwalters.** Für die Haftung des Sachwalters ist zu berücksichtigen, dass die Pflichten, für die er nach § 60 entspr einzustehen hat, **von denen des InsVerw abweichen**. Der Sachwalter haftet für schuldhafte Verstöße gegen die allg Überwachungs- und Anzeigepflicht (§ 274 Abs 2, 3) sowie gegen spezielle Pflichten, die ihm in einzelnen Vorschriften übertragen werden.[13] Die Vorschrift des § 61 wird in § 274 Abs 1 nicht für entspr anwendbar erklärt; Masseverbindlichkeiten, für deren Erfüllung nach dieser Vorschrift gehaftet wird, werden bei der Eigenverwaltung regelmäßig vom Schu begründet, nicht vom Sachwalter. Dieser hat auch keine Verpflichtung, potentielle Vertragspartner des Schu zu warnen, wenn er Gefahren für diese voraussehen konnte;[14] der Sachwalter hat vielmehr, wenn Masseunzulänglichkeit droht, dies gem §§ 285, 208 dem Gericht anzuzeigen. Stimmt der Sachwalter allerdings einem Geschäft zu, für das vom InsGer die Zustimmungsbedürftigkeit angeordnet worden ist, so gilt § 61 entspr (§ 277 Abs 1 S 3).[15] Darüber hinaus kann der Sachwalter

7 Vgl oben § 270 Rn 22.
8 So aber *Huhn* Rn 679–682.
9 Vgl *K/P/B/Pape* § 274 Rn 38.
10 *K/P/B/Pape* § 274 Rn 47 f, vgl *AG Stendal* ZIP 2012, 2171 und oben § 270c Rn 4.
11 *Uhlenbruck/Zipperer* § 270 Rn 28; *K Schmidt/Undritz* § 274 Rn 4.
12 *Rattunde/Stark* Rn 123–125.
13 ZB: Entgegennahme der Forderungsanmeldungen und Führung der Tabelle, § 270c S 2; Prüfung der Verzeichnisse und der Vermögensübersicht, § 281 Abs 1 S 2. Vgl im Einzelnen *Rattunde/Stark* Rn 538–555.
14 **AA** FK/*Foltis* § 274 Rn 30–32, aber offenbar nur für bes gelagerte Fälle.
15 Auf die praktischen Schwierigkeiten des Sachwalters, eine Haftung nach § 277 Abs 1 S 3 oder wegen Verletzung der Pflicht zur Anzeige der Masseunzulänglichkeit zu vermeiden, weist nachdrücklich *Pape* hin (in *K/P/B* § 274 Rn 50–59).

analog § 61 haftbar sein, wenn er iRv Aufgaben, die ihm vom Gesetz oder vom Gericht übertragen sind – zB von AnfProzessen (§ 280) – Masseschulden begründet.[16]

5. Vergütung des Sachwalters. Für die Vergütung wird auf § 54 Nr 2 (Teil der Kosten des Verf) und die §§ 63–65 verwiesen, über die letztgenannte Vorschrift mittelbar auch auf die **InsVV**. Nach § 12 Abs 1 dieser VO soll der Sachwalter idR 60 % der für den InsVerw bestimmten Vergütung erhalten. Eine den Regelsatz übersteigende Vergütung ist insb festzusetzen, wenn das InsGer nach § 277 Abs 1 angeordnet hat, dass bestimmte Rechtsgeschäfte nur mit Zustimmung des Sachwalters wirksam sind (§ 12 Abs 2 InsVV), wenn sich die Stellung des Sachwalters also der des InsVerw annähert.[17] Die Prüfung der Rentabilitäts- und Liquiditätssituation des Schu sowie Controlling sind hingegen originäre Aufgaben eines Sachwalters iRd Betriebsfortführung im eröffneten Verf, welche grds keinen Vergütungszuschlag rechtfertigen.[18] 10

III. Die Überwachung des Schuldners (Abs 2)

In Abs 2 S 1 wird die Aufgabe des Sachwalters allg umschrieben. Die enge Anlehnung an den **Aufgabenkreis des Vergleichsverwalter früheren Rechts** zeigt sich darin, dass § 39 VerglO so gut wie wörtlich übernommen worden ist. Der Sachwalter hat sich über die wirtschaftliche Lage des Schu gründlich zu informieren, damit er in der Lage ist, die laufende Geschäftsführung sachkundig zu überwachen.[19] Die Kontrolle wird zu Beginn des Verf bes intensiv sein müssen, weil in dieser Phase die Gefahr besonders groß ist, dass der Schu in Unkenntnis der insrechtl Klassifizierung auf Altverbindlichkeiten (InsFord) leistet,[20] weiter immer dann, wenn sich Auffälligkeiten oder Schwierigkeiten zeigen.[21] Durch die permanente Überwachung der laufenden Geschäftsführung hat der Sachwalter zu gewährleisten, dass die insrechtl Grundsätze beachtet werden und den Gl des Unternehmens kein weiterer Schaden entsteht. Die Prüfung des Sachwalters bezieht sich auf den „Ist"-Zustand und auch zukunftsgerichtet auf die Fortführungskonzeption, insb die Liquiditätsplanung, integrierte Planungsrechnung, den Abschluss neuer Verträge bis hin zu der Bewertung von Chancen einer Sanierung und den hierzu einzuleitenden Maßnahmen.[22] Bes hingewiesen wird in Abs 2 S 1 auf die Überwachung der Ausgaben, die der Schu aus der InsMasse für die Lebensführung seiner Familie entnehmen darf (§ 278). 11

Der Sachwalter darf seine Rolle nicht dahin missverstehen, dass er versucht, wie ein InsVerw die für die Geschäftsführung des Unternehmens relevanten Entsch selbst zu treffen.[23] Es ist auch nicht seine Aufgabe, den Schu bei der Geschäftsführung rechtlich oder wirtschaftlich zu beraten. Das ist mit seiner Stellung als unabhängiges Überwachungsorgan 12

16 FK/*Foltis* § 280 Rn 14.

17 Vgl zu den Einzelheiten die Kommentierung zur InsVV, Kap V. Zur Vergütung des vorl Sachwalters vgl oben § 270a Rn 16–19.

18 *AG Dortmund* 5.12.2016 – 259 IN 13/14 Rn 15.

19 Vgl zum Umfang der Prüfungs- und Aufsichtspflichten des Sachwalters *Uhlenbruck/Zipperer* § 274 Rn 12–17; FK/*Foltis* § 274 Rn 53–72; MK/*Tetzlaff/Kern* § 274 Rn 42–54, die allerdings die Prüfungspflichten des Sachwalters für weit intensiver halten als die des früheren Vergleichsverwalters.

20 *Mönning/Schäfer/Schiller* BB 2017, Beil zu Heft 25, 17.

21 *Rattunde/Stark* Rn 299–322.

22 *Kübler/Minuth* HRI § 12 Rn 29; *Mönning/Schäfer/Schiller* BB 2017, Beil zu Heft 25, 17.

23 Vgl zu den Schwierigkeiten der Zusammenarbeit zwischen einem Sachwalter, der auch ein erfahrener InsVerw ist, und einer Geschäftsleitung, in die ebenfalls ein InsFachmann aufgenommen worden ist, *Mönning* FS Wellensiek, 2011, S 651 f, 655–659.

nicht vereinbar.[24] Nur für den Fall, dass die GlVersammlung den Schu beauftragt, einen InsPlan auszuarbeiten, ist in § 284 Abs 1 S 2 die beratende Mitwirkung des Sachwalters vorgesehen. Eine sehr enge Zusammenarbeit zwischen Schu und Sachwalter ergibt sich allerdings zwangsläufig, wenn der Sachwalter nach § 275 Abs 2 die Kassenführung übernimmt.[25] Die Rspr will die gesetzliche Funktion des (vorl) Sachwalters streng auf Überwachungs- und Kontrollaufgaben beschränkt wissen. Der BGH hat sich im Kontext der Vergütung des Sachwalters intensiv mit der Frage beschäftigt, was im (vorl) Eigenverwaltungsverfahren zu den gesetzlichen Aufgaben des (vorl) Sachwalters gehört.[26] Hintergrund der vergütungsrechtlichen Verortung dieser Frage ist, dass nach BGH-Rechtsprechung nur dann Vergütungszuschläge iSv § 3 Abs 1 InsVV für bestimmte Aufgaben gerechtfertigt sind, wenn die vom (vorl) Sachwalter im jeweiligen Eigenverwaltungsverfahren übernommenen Tätigkeiten zu den gesetzlichen Aufgaben des (vorl) Sachwalters gehören.[27] So ist die Überwachung der Betriebsfortführung im Eigenverwaltungsverfahren originäre Aufgabe des Sachwalters, die eine Sanierung durch ein InsVerf in Eigenverwaltung prägt.[28] Nicht mehr zu den gesetztlich zugeschriebenen Aufgaben des Sachwalters gehören hingegen: Die Abfassung von Schreiben an die Gl,[29] die Information von Kunden und Lieferanten,[30] die Abhaltung von Mitarbeiterversammlungen oder das Entwerfen und Versenden von Informationsschreiben an Mitarbeiter, die Prüfung von Aus- und Absonderungsrechten,[31] das aktive Führen von Verhandlungen mit Kreditgebern. An laufende Vertragsverhandlungen darf der Sachwalter in Ausübung seiner Kontroll- und Überwachungsfunktion teilnehmen, nicht jedoch als Vertreter des Schu oder als dessen Wortführer auftreten.[32] Nicht zu den Aufgaben des Sachwalters gehören die Übernahme arbeitsrechtlicher Sonderaufgaben, das Führen von Verhandlungen mit Gewerkschaften und Betriebsrat sowie die Überarbeitung und die Anpassung des Sanierungskonzepts des Schu unter arbeitsrechtlichen Gesichtspunkten.[33]Ebenfalls nicht zu den Aufgaben des Sachwalters gehört es, in eigener Zuständigkeit die Möglichkeit übertragender Sanierungen zu analysieren und einen M&A-Prozess anzustoßen.[34] Praktisch können die Grenzen zwischen (vergütungsfähiger) Überwachung und Kontrolle und (nicht vergütungsfähiger) Erarbeitung des Sanierungskonzepts jedoch verschwimmen.[35]

13 Die Verweisung in Abs 2 S 2 auf § 22 Abs 3 hat den Sinn, dem Sachwalter den gleichen Zugang zu den Geschäftsräumen und zu allen Unterlagen des Schu sowie die gleichen **Auskunftsrechte** einzuräumen wie einem vorl InsVerw, der nicht selbst verfügungsbefugt ist. IE wird auch damit die Rechtsstellung des VerglVerw übernommen (vgl § 40 Abs 1 VerglO). Dem Sachwalter ist volle Einsicht in die Bücher und Geschäftspapiere zu gewähren. Dazu gehören insbesondere Buchhaltungsunterlagen, Arbeitnehmerunterlagen, Gesellschaftsverträge und –beschlüsse, Finanzierungs- und Leasingverträge, Sicherungs- und Übereignungs-

---

24 Differenzierend *Rattunde/Stark* Rn 489, die eine Beratung zum Schutz der GlInteressen für zulässig halten.

25 *Mönning* FS Kübler, 2015, S 435.

26 Siehe dazu § 276a Rn 16.

27 Siehe ausführlich § 270a Rn 18.

28 *BGH* 21.7.2016 – IX ZB 70/14 Rn 65; *Buchalik/Schröder* ZInsO 2016, 2231, 2233; *Haarmeyer/Mock* ZInsO 2016, 1, 6 f.

29 *BGH* 22.9.2016 – IX ZB 71/14 Rn 79.

30 *BGH* 21.7.2016 – IX ZB 70/14 Rn 55; *BGH* 16.6.2005 – IX ZB 264/03; *BGH* 12.1.2006 – IX ZB 127/04.

31 *BGH* 21.7.2016 – IX ZB 70/14 Rn 78 und 83.

32 *BGH* 22.9.2016 – IX ZB 71/14 Rn 55 f.

33 *BGH* 22.9.2016 – IX ZB 71/14 Rn 71.

34 *BGH* 22.9.2016 – IX ZB 71/14 Rn 62; *LG Duisburg* 14.9.2016 – 7 T 24/16.

35 So zu Recht *Kampshoff/Schäfer* NZI 2016, 941, 941.

verträge, im Ergebnis sämtliche Verträge und Dokumente, welche einen vermögensrechtlichen Inhalt haben.[36] Zweckmäßig ist eine frühzeitige Absprache zwischen Schu und Sachwalter über den Umfang der Informationen, die der Sachwalter ohne bes Aufforderung erhalten soll.[37] Verweigert der Schu dem Sachwalter Informationen, die dieser zur Erfüllung seiner Überwachungspflichten für erforderlich hält, so hat der Sachwalter ebenso wie bei konkret festgestellten drohenden Nachteilen GlAusschuss und Gericht zu unterrichten (vgl Abs 3); wollte man anders entscheiden, so könnte der Schu die Überwachung leicht leerlaufen lassen.

Einsicht in die für den Schu bestimmten Postsendungen könnte der Sachwalter nur aufgrund der Anordnung einer **Postsperre** nehmen. Eine solche Anordnung würde jedoch voraussetzen, dass sie „erforderlich erscheint, um für die Gl nachteilige Rechtshandlungen des Schu aufzuklären oder zu verhindern" (§ 99 Abs 1 S 1). Diese Voraussetzung zu bejahen, stünde im Widerspruch zu dem Vertrauen, dass in einem Verf mit Eigenverwaltung dem Schu entgegengebracht wird. Es würde wohl stets bedeuten, dass die Voraussetzung des § 270 Abs 2 Nr 2 für die Anordnung der Eigenverwaltung weggefallen ist, so dass ein Antrag auf Aufhebung der Eigenverwaltung nach § 272 Abs 1 Nr 1 oder 2 naheliegt. IE dürfte die Anordnung einer Postsperre in einem InsVerf mit Eigenverwaltung nur in seltenen Fällen in Betracht kommen. 14

IV. Die Anzeigepflicht bei drohenden Nachteilen (Abs 3)

Stellt der Sachwalter anhand von konkreten Tatsachen fest, dass bei einer Fortsetzung der Eigenverwaltung Schäden für die Gl drohen, hat er dies unverzüglich **dem GlAusschuss und dem Gericht** anzuzeigen. Ist kein GlAusschuss bestellt, so sind nach dem Wortlaut von Abs 3 S 2 die InsGl, die Forderungen angemeldet haben, und die absonderungsberechtigten Gl einzeln zu informieren. Zur Vermeidung praktischer Schwierigkeiten wird man es zulassen müssen, dass der Sachwalter auf die gesonderte Benachrichtigung der einzelnen Gl verzichtet, wenn das Gericht öffentlich bekannt macht, dass eine Anzeige nach § 274 Abs 3 eingegangen ist und bei Gericht eingesehen werden kann.[38] 15

Mitzuteilen sind insb Verstöße des Schu gegen Mitwirkungs- und Informationspflichten, allg unkooperatives Verhalten, zu hohe Mittelentnahmen sowie wirtschaftliche und finanzielle FehlEntsch des Schu. Es können aber auch Umstände außerhalb des Einflussbereichs des Schu sein wie eine Veränderung der wirtschaftlichen Rahmenbedingungen, die eine Betriebsfortführung nicht mehr als sinnvoll erscheinen lässt.[39] Eine solche Anzeige des Sachwalters kann Anlass für die kurzfristige Einberufung einer GlVersammlung sein (vgl § 75), die über die Beendigung der Eigenverwaltung (§ 272) oder über Verfügungsbeschränkungen für den Schu (§ 277) beschließt. Auch ein einzelner Gl kann beim Gericht diese Maßnahmen beantragen. Unterlässt der Sachwalter die Anzeige, so macht er sich schadensersatzpflichtig. Dennoch sollte der Sachwalter das „scharfe Schwert" der Anzeige im Sinne einer Disziplinierungsmaßnahme jedenfalls im Schutzschirmverfahren nur als Ultima Ratio einsetzen, wenn kein anderes Mittel zur Verfügung steht.[40] 16

Das Recht des InsVerw, auch ohne Unterstützung anderer Beteiligter die Einberufung einer GlVersammlung durchzusetzen (§ 75 Abs 1 Nr 1), dürfte dem Sachwalter nicht zustehen. Es 17

36 *Mönning/Schäfer/Schiller* BB 2017, Beil zu Heft 25, 17; s ausführliche Auflistung *Kübler/Minuth* HRI § 12 Rn 27.
37 MK/*Tetzlaff/Kern* § 275 Rn 11.
38 Vgl FK/*Foltis* § 274 Rn 66; HambKomm/*Fiebig* § 274 Rn 7 f; *Graf-Schlicker* § 274 Rn 7.
39 Vgl *Rattunde/Stark* Rn 363.
40 So auch *Mönning/Schäfer/Schiller* BB 2017, Beil zu Heft 25, 18.

widerspräche seiner Rolle als Person, die den Schu im Interesse der Gl kontrolliert und diese bei drohenden Nachteilen gem § 274 Abs 3 informiert.[41] Zur **Teilnahme an GlVersammlungen** ist der Sachwalter allerdings stets berechtigt, zur Teilnahme am Berichtstermin sogar verpflichtet, weil er hier einen erg Bericht zu erstatten hat (vgl § 281 Abs 2 S 2). Auch dürfte er berechtigt sein, entspr § 78 Abs 1 wie ein InsVerw die Aufhebung eines Beschl der GlVersammlung zu beantragen, durch den er das „gemeinsame Interesse der InsGl" verletzt sieht.[42] Eine bloße Information abwesender Gl käme hier zu spät.

41 *Huhn* Rn 840–845; **aA** FK/*Foltis* § 274 Rn 72; *K/P/B/Pape* § 274 Rn 83; vgl auch unten § 276 Rn 8.
42 *Huhn* Rn 855–859.

§ 275 Mitwirkung des Sachwalters

(1) [1]Verbindlichkeiten, die nicht zum gewöhnlichen Geschäftsbetrieb gehören, soll der Schuldner nur mit Zustimmung des Sachwalters eingehen. [2]Auch Verbindlichkeiten, die zum gewöhnlichen Geschäftsbetrieb gehören, soll er nicht eingehen, wenn der Sachwalter widerspricht.

(2) Der Sachwalter kann vom Schuldner verlangen, dass alle eingehenden Gelder nur vom Sachwalter entgegengenommen und Zahlungen nur vom Sachwalter geleistet werden.

Übersicht

I. Normzweck

1 Anknüpfend an die Pflicht des Sachwalters zur Überwachung der Geschäftsführung (§ 274 Abs 2) verleiht die Vorschrift Mitwirkungs- und Eingriffsrechte. Es sind das Recht des Sachwalters zur **Mitwirkung an der Geschäftsführung** (Abs 1) und seine Befugnis, die **Kassenführung** zu übernehmen (Abs 2).[1]

2 Auf Geschäfte, die der Schu im Rahmen seiner **privaten Lebensführung** tätigt, beziehen sich die Mitwirkungsrechte des Sachwalters nach Abs 1 nicht. Insoweit überwacht der Sachwalter lediglich, ob der Schu seine Obliegenheit zur bescheidenen Lebensführung erfüllt.[2] Diese Aufgabe des Sachwalters kann durch die **Übernahme** der Kassenführung nach Abs 2 erleichtert werden.

II. Einzelheiten

3 Welche Verbindlichkeiten iSd **Abs 1** S 1 nicht zum **gewöhnlichen Geschäftsbetrieb** gehören, wird nicht immer leicht festzustellen sein. Es empfiehlt sich daher, dass Schu und Sachwalter zu Beginn des Verf Einvernehmen über die Abgrenzung herstellen.[3] Denkbar ist auch, dass der Sachwalter seine Zustimmung zu bestimmten, nach Art und Umfang bezeichneten Geschäften im Voraus erteilt.[4]

1 Diese Rechte entsprechen den Befugnissen des Vergleichsverwalters früheren Rechts. § 57 VerglO ist fast wörtlich übernommen worden.
2 Vgl § 274 Abs 2, § 278 und MK/*Tetzlaff/Kern* § 275 Rn 5; *K/P/B/Pape* § 275 Rn 6.
3 Vgl *K/P/B/Pape* § 275 Rn 20; MK/*Tetzlaff/Kern* § 275 Rn 11.
4 *K/P/B/Pape* § 275 Rn 16.

4 Hat die GlVersammlung beschlossen, dass das Unternehmen **stillgelegt** werden soll, und besteht die Eigenverwaltung dennoch fort, so ist der Begriff des „gewöhnlichen Geschäftsbetriebs“ in modifizierter Weise zu verstehen. Nur Maßnahmen, die dem Liquidationszweck nicht widersprechen, können jetzt noch zum „gewöhnlichen Geschäftsbetrieb“ gehören.[5]

5 Die **Soll-Vorschrift** des Abs 1 darf nicht dahin missverstanden werden, dass es im Belieben des Schu liegt, ob er in den dort genannten Fällen die Zustimmung des Sachwalters einholt oder dessen Widerspruch beachtet.[6] Vielmehr sind in Abs 1 Verpflichtungen des Schu begründet, die nur im Einzelfall bei Vorliegen bes Umstände wie Eilbedürftigkeit wegfallen oder modifiziert sein können. Ein Verstoß gegen diese Verpflichtungen führt allerdings **nicht zur Unwirksamkeit** der eingegangenen Verbindlichkeiten; allenfalls kann bei arglistigem Zusammenwirken des Schu mit dem Vertragspartner § 138 BGB eingreifen.[7] Folge eines Verstoßes wird vielmehr regelmäßig die Anzeige nach § 274 Abs 3 und ggf die Beendigung der Eigenverwaltung sein.[8] Nur in den Fällen des § 277 ist die Zustimmung des Sachwalters Wirksamkeitsvoraussetzung.[9]

6 Die **Zustimmung** des Sachwalters zu einer Verpflichtung des Schu iF des Abs 1 S 1 ist eine **rein interne Maßnahme**. Sie führt nicht dazu, dass der Sachwalter dem Vertragspartner des Schu für die Erfüllung der eingegangenen Verbindlichkeit persönlich haftet.[10] Diese Rechtsfolge ist nur für den Fall des § 277 vorgesehen, in dem die Zustimmung auf Anordnung des Gerichts Wirksamkeitsvoraussetzung für das Rechtsgeschäft ist (vgl § 277 Abs 1 S 1, 3).

7 Die Übernahme der **Kassenführung (Abs 2)** steht im Ermessen des Sachwalters. Sie erfolgt ohne Mitwirkung des Gerichts durch Erklärung gegenüber dem Schu. Diese Maßnahme liegt zB nahe, wenn der Schu pflichtwidrig Zahlungen an InsGl leistet, wenn Masseunzulänglichkeit droht oder wenn die Gefahr besteht, dass der Schu zu viele Mittel für seine Lebensführung entnimmt (§ 278).[11] Der Sachwalter wird mit Erklärung der Übernahme der Kassenführung in diesem Bereich zum gesetzlichen Vertreter des Schu.[12] Die Kassenführung schließt die Befugnis zur Verfügung über die Bankkonten des Schu ein.[13] Der Sachwalter kann Zahlungen für den Schu leisten und entgegennehmen; er kann ausstehende Zahlungen anmahnen.[14] Auch wenn der Sachwalter für die Kontoführung bei der Bank mit Übernahme der Kassenführung gesetzlicher Vertreter des Schu wird, lässt sich die technische Umsetzung in der Praxis nur über eine weitere Kontovollmacht zugunsten des Sachwalters durch den eigenverwaltenden Schu erreichen.[15] Verpflichtungen zulasten der Masse kann er eingehen, soweit dies zur Führung der Kassengeschäfte erforderlich ist.[16] IÜ handelt es sich aber um eine interne Maßnahme, die nichts daran ändert, dass der Schu im Verhältnis zu Dritten für die Masse wirksam leisten und Leistungen entgegennehmen kann. Nach einer Entsch des AG Hamburg kann die Kassenführung auch durch Anordnung des InsGer auf den (vorläufigen) Sachwalter übertra-

5 *Huhn* Rn 734.
6 Undeutlich *K/P/B/Pape* § 274 Rn 84, § 275 Rn 5, 14.
7 *OLG Karlsruhe* 14.6.2016 – 8 U 44/15 Rn 15; FK/*Foltis* § 275 Rn 18; MK/*Tetzlaff/Kern* § 275 Rn 15.
8 Vgl *AG Köln* ZIP 2015, 440 Rn 31.
9 Begr RegE InsO, BT-Drucks 12/2443, 225 zu § 338.
10 **AA** *Huhn* Rn 686–695.
11 *Rattunde/Stark* Rn 391.
12 MK/*Wittig/Tetzlaff* § 275 Rn 19; FK/*Foltis* § 275 Rn 26; *N/R/Riggert* § 275 Rn 6.
13 MK/*Wittig/Tetzlaff* § 275 Rn 19; *Uhlenbruck/Zipperer* § 275 Rn 8.
14 *K/P/B/Pape* § 275 Rn 26.
15 *Mönning/Schäfer/Schiller* BB 2017, Beil zu Heft 25, 19.
16 *K/P/B/Pape* § 275 Rn 26; *Mönning* FS Wellensiek, 2011, S 653.

gen werden.[17] Die Erhebung einer Zahlungsklage, der Erlass einer Forderung und die Erklärung einer Aufrechnung bleiben Sache des Schu.[18] Bevor der Sachwalter die Übernahme der Kassenführung nach außen publik macht, sollte er bedenken, dass dadurch im Geschäftsverkehr Zweifel an der Vertrauenswürdigkeit des Schu entstehen können. Bei größeren Unternehmen stößt eine Übernahme der Kassenführung ohnehin auf erhebliche praktische Schwierigkeiten; hier kommt eine auf bestimmte Zahlungen und Zahlungseingänge beschränkte Übernahme in Betracht („modifizierte Kassenführung").[19]

17 *AG Hamburg* 14.7.2014 – 67b IN 196/14; beschränkt auf das vorläufige Verfahren nach § 270a auch *Thole* Gesellschaftsrechtliche Maßnahmen, Rn 426e; generell dagegen *Undritz/Schur* ZIP 2016, 549, 551.
18 MK/*Tetzlaff/Kern* § 275 Rn 19; *K/P/B/Pape* § 275 Rn 27.
19 Vgl *Kübler/Hofmann* HRI § 7 Rn 70–78; *Rattunde/Stark* Rn 402–404.

§ 276 Mitwirkung des Gläubigerausschusses

[1]Der Schuldner hat die Zustimmung des Gläubigerausschusses einzuholen, wenn er Rechtshandlungen vornehmen will, die für das Insolvenzverfahren von besonderer Bedeutung sind. [2]§ 160 Abs. 1 Satz 2, Abs. 2, § 161 Satz 2 und § 164 gelten entsprechend.

Übersicht

I. Normzweck

1 Es wird klargestellt, dass die Mitwirkung des Sachwalters an der Geschäftsführung nach § 275 nichts daran ändert, dass bei Rechtshandlungen von bes Bedeutung die **Zustimmung des GlAusschusses**, hilfsweise der GlVersammlung einzuholen ist. Es sind also drei Fallgruppen zu unterscheiden:
- Über Verbindlichkeiten, die zum gewöhnlichen Geschäftsbetrieb gehören, entscheidet der Schu allein.
- Verbindlichkeiten, die darüber hinausgehen, ohne aber bes bedeutsam für das InsVerf zu sein, soll er nur mit Zustimmung des Sachwalters eingehen.
- Zu Verbindlichkeiten, die für das InsVerf von bes Bedeutung sind – und damit jedenfalls über den gewöhnlichen Geschäftsbetrieb hinausgehen – hat der Schu zusätzlich zur Zustimmung des Sachwalters auch die des GlAusschusses einzuholen.[1]

Die in § 69 S 1 niedergelegte Aufgabe des GlAusschusses, den InsVerwalter zu unterstützen und zu überwachen, betrifft im Verf mit Eigenverwaltung sowohl den Schu als auch den Sachwalter.[2]

2 Die **Mitwirkungsbefugnisse des Aufsichtsrats** und anderer Gesellschaftsorgane, die nach Gesellschaftsrecht zur Überwachung der Geschäftsführung zuständig sind, werden demgegenüber durch § 276a ausgeschlossen.

II. Einzelheiten

3 Bei der Eigenverwaltung ist es Sache des Schu, die nach § 160 erforderliche Zustimmung einzuholen. Nach Wortlaut und Sinn von S 1 ist die Zustimmung **vor der Rechtshandlung**

1 Nach *Graf-Schlicker* § 276 Rn 6 soll die Zustimmung des Sachwalters entbehrlich sein, wenn der GlAusschuss (oder die GlVersammlung) als übergeordnetes Gremium zugestimmt hat.
2 *Pape* KS-InsO, S 804 ff Rn 71 f.

einzuholen;[3] wenn die Zustimmung nachträglich erteilt wird, dürfte dies aber so auszulegen sein, dass der Verstoß nach dem Willen des nachträglich zustimmenden Gremiums keine nachteiligen Konsequenzen für den Schu haben soll.[4]

Ist ein GlAusschuss nicht bestellt, so ist die Zustimmung der **GlVersammlung** einzuholen (S 2 iVm § 160 Abs 1 S 2). Nicht verwiesen wird auf den neuen § 160 Abs 1 S 3,[5] nach dem die Zustimmung der GlVersammlung als erteilt gilt, wenn die einberufene GlVersammlung beschlussunfähig ist und die Gl bei der Einladung zur GlVersammlung auf diese Rechtsfolge hingewiesen worden sind. Dies dürfte jedoch als Redaktionsversehen einzuordnen sein. Vom Sinn der Regelung her, wirtschaftlich sinnvolle Maßnahmen im InsVerf nicht an einer fehlenden Präsenz in der GlVersammlung scheitern zu lassen,[6] besteht kein Grund, diese Neuregelung im Verf mit Eigenverwaltung nicht anzuwenden.[7] 4

Die Vorschrift über die vorl Untersagung einer **bes bedeutsamen Rechtshandlung** (§ 161) wird nur tw in Bezug genommen. Sie passt iF der Eigenverwaltung nur insoweit, als es um das Recht einer qualifizierten Minderheit von Gl geht, bei Gericht diese vorl Untersagung zu beantragen. In diesem Fall ist anstelle des InsVerw der Sachwalter zu hören,[8] aber auch der geschäftsführende Schu selbst.[9] 5

Die Nichtbeachtung der Vorschrift führt **nicht zur Unwirksamkeit** der Rechtshandlung (§ 164). Wie iF des § 275 riskiert der Schu bei einem Verstoß aber die Beendigung der Eigenverwaltung (vgl oben § 275 Rn 5). 6

Daraus, dass die §§ 162 und 163 in § 276 nicht erwähnt werden, darf nicht geschlossen werden, dass diese Vorschriften bei der Eigenverwaltung nicht zur Anwendung kämen.[10] Dafür ist kein sachlicher Grund ersichtlich. Vielmehr erklärt sich das Fehlen der §§ 162, 163 in der Verweisungskette des S 2 dadurch, dass diese Vorschriften ausschließlich Rechte der GlVersammlung regeln, während § 276 die Mitwirkung des GlAusschusses betrifft.[11] § 162, nach dem bei einer **Betriebsveräußerung an „besonders Interessierte"** die Zustimmung der GlVersammlung eingeholt werden muss, ist ohne inhaltliche Anpassung auch bei der Eigenverwaltung anwendbar. § 163, der die Vermeidung einer **Betriebsveräußerung unter Wert** zum Ziel hat, ist ebenso wie § 161 S 2 auf den Fall zu beschränken, dass sich eine GlMinderheit gegen eine vom Schu geplante Maßnahme wendet.[12] Die Zustimmung der GlVersammlung ist auch in diesen Fällen vom Schu einzuholen, nicht vom Sachwalter. 7

Der Schu hat demnach bei der Eigenverwaltung in verschiedenen Fällen anstelle des InsVerw die Zustimmung der GlVersammlung einzuholen. Daher ist es stimmig, dem Schu auch das nach § 75 Abs 1 Nr 1 dem InsVerw zustehende Recht einzuräumen, die **Einberufung einer Versammlung zu beantragen**.[13] 8

3 *Graf-Schlicker* § 276 Rn 5.
4 IE übereinstimmend *K/P/B/Pape* § 276 Rn 9.
5 Eingefügt durch G v 13.4.2007, BGBl I, 509.
6 Vgl die Begr zum RegE des G v 13.4.2007, BT-Drucks 16/3227, 20.
7 *K/P/B/Pape* § 276 Rn 6.
8 Begr RegE InsO, BT-Drucks 12/2443, 224 zu § 337.
9 *K/P/B/Pape* § 276 Rn 16.
10 Wie hier *N/R/Riggert* § 276 Rn 6; *Graf-Schlicker* § 276 Rn 10.
11 Vgl dazu *Dietrich* S 159.
12 Vgl oben Rn 5.
13 *Pape* KS-InsO, S 795 f Rn 52. – Nach MK/*Tetzlaff/Kern* § 276 Rn 11 und FK/*Foltis* § 276 Rn 10 sollen sowohl der Schu als auch der Sachwalter das Recht zur Einberufung von GlVersammlungen haben.

§ 276a Mitwirkung der Überwachungsorgane

[1]Ist der Schuldner eine juristische Person oder eine Gesellschaft ohne Rechtspersönlichkeit, so haben der Aufsichtsrat, die Gesellschafterversammlung oder entsprechende Organe keinen Einfluss auf die Geschäftsführung des Schuldners. [2]Die Abberufung und Neubestellung von Mitgliedern der Geschäftsleitung ist nur wirksam, wenn der Sachwalter zustimmt. [3]Die Zustimmung ist zu erteilen, wenn die Maßnahme nicht zu Nachteilen für die Gläubiger führt.

Übersicht

I. Normzweck, Gesetzgebungshinweise

1 Die Vorschrift hat das Ziel, das Verhältnis der Eigenverwaltung zu den gesellschaftsrechtlichen Bindungen der Geschäftsführung des Schu zu klären. Sie ist durch das Gesetz zur weiteren Erleichterung der Sanierung von Unternehmen (**ESUG**)[1] eingefügt worden und gilt für alle InsVerf, die ab dem 1.3.2012 beantragt worden sind (Art 103g EGInsO).

2 Vor der Gesetzesänderung war die Frage str, in welchem Umfang die gesellschaftsrechtlichen Überwachungsorgane, insb der Aufsichtsrat und die Hauptversammlung bei der AG und die Gesellschafterversammlung bei der GmbH, nach der Eröffnung eines InsVerf mit Eigenverwaltung ihre Befugnisse behalten.[2] Beispielsweise stellte sich die Frage, ob der Vorstand einer AG zur Veräußerung des wertvollsten Teils des Gesellschaftsvermögens im Rahmen einer Umstrukturierung die Zustimmung der Hauptversammlung einholen musste.[3] Bis zum Erlass des ESUG sah die InsO keine Eingriffe in die gesellschaftsrechtliche Struktur des schuldnerischen Unternehmens vor. Das sprach dafür, die Befugnisse der Gesellschaftsorgane auch hinsichtlich der Geschäftsführung bestehen zu lassen.[4] Auf der anderen Seite war unbestritten, dass die Geschäftsleitung im InsVerf mit Eigenverwaltung die Geschäfte im Interesse der Gl zu führen hat und dass die Interessen der Gesellschafter, zu deren Schutz die Mitwirkung anderer Gesellschaftsorgane in erster Linie dient, dahinter zurückstehen müssen. Es wurde zu Recht darauf hingewiesen, dass eine Kontrolle der Geschäftsführung durch den Sachwalter und die GlOrgane einerseits und durch die Gesellschaftsorgane andererseits die Eigenverwaltung unpraktikabel machen könnte.[5]

3 Der Gesetzgeber hat sich aus den zuletzt genannten Gründen dafür entschieden, die Rechte der gesellschaftsrechtlichen Aufsichtsorgane zu beschränken (S 1). **Grundgedanke** der Regelung ist, dass diese Überwachungsorgane bei Eigenverwaltung keine weitergehenden Einflussmöglichkeiten auf die Geschäftsführung haben sollen als bei Bestellung eines InsVerw.[6] Die Überwachung der wirtschaftlichen Entsch des Schu obliegt bei der Eigenverwaltung dem Sachwalter, dem GlAusschuss und der GlVersammlung. Zusätzliche Eingriffsmöglichkeiten von Aufsichtsrat oder Gesellschafterversammlung könnten in dieser Situation „wenig nützen, wohl aber hemmend und blockierend wirken".[7]

---

1 Gesetz v 7.12.2011, BGBl I, 2582, vgl oben Vor § 270 Rn 5.
2 Übersicht über den Streitstand zum früheren Recht: *K/P/B/Pape* § 276a Rn 11.
3 Vgl *BGHZ* 83, 122 – Holzmüller.
4 Vgl *Ringstmeier/Homann* NZI 2002, 406; *Westrick* NZI 2003, 68.
5 *Prütting/Huhn* ZIP 2002, 777.
6 Begr RegE ESUG, BT-Drucks 17/5712, 42; *Klöhn* NZG 2013, 81, 82; *Graf-Schlicker* § 276a Rn 2.
7 Begr RegE ESUG, BT-Drucks 17/5712, 42; *Haas* FS Kübler, 2015, S 203, 205–207.

Den Gesellschaftsorganen bleibt allerdings nach S 2 die Befugnis zur **Abberufung und Neubestellung** von Mitgliedern **der Geschäftsleitung**. Damit diese Befugnis nicht missbraucht wird, um Druck auf die Geschäftsleitung auszuüben und auf diese Weise doch wieder Einfluss auf die Führung der Geschäfte zu nehmen, ist vorgeschrieben, dass die Zustimmung des Sachwalters eingeholt wird. Diese ist zu erteilen, wenn die Maßnahme nicht zu Nachteilen für die Gl führt (S 3). 4

§ 276a ist eine rechtsformübergreifende Regelung für alle Gesellschaftsformen. **Kollisionsrechtlich** ist die Vorschrift als InsRecht zu qualifizieren. Sie ist daher auch auf Gesellschaften mit ausländischer Rechtsform anwendbar, wenn ein InsVerf nach deutschem Recht über ihr Vermögen eröffnet wird.[8] 5

II. Einfluss auf die Geschäftsführung (S 1)

Aus S 1 geht klar hervor, dass Weisungen von Aufsichtsrat oder Gesellschafterversammlung und jede andere Art von Einflussnahme dieser Organe auf die Geschäftsführung im InsVerf mit Eigenverwaltung unzulässig sind.[9] Der Vorstand einer AG, die Geschäftsführer einer GmbH und die geschäftsführenden Gesellschafter einer Personengesellschaft sind durch diese Vorschrift von gesellschaftsrechtlich begründeten Weisungen freigestellt. Wer versucht, die Vorschrift so auszulegen, dass nur Einflussnahmen untersagt sind, die für die Gl nachteilig sind,[10] setzt sich über Wortlaut und Gesetzesmaterialien hinweg. Sicher wäre es eine denkbare Lösung der Problematik gewesen, den gesellschaftsrechtlichen Überwachungsorganen nur ein Agieren zum Nachteil der Gl zu verbieten.[11] Eine solche Regelung hätte aber das Nebeneinander von gesellschaftsrechtlicher und insolvenzrechtlicher Überwachung nicht beseitigt und damit nicht ausgereicht, um die aus der Praxis berichteten Schwierigkeiten zu beseitigen.[12] 6

Für das InsVerf über das Vermögen einer **Konzerntochter** zeigt die Vorschrift, dass die Erteilung von Weisungen an die Geschäftsführung, soweit diese Weisungen auf die Befugnisse des Aufsichtsrats oder der Gesellschafterversammlung gestützt werden, auch bei Eigenverwaltung nicht zulässig ist.[13] 7

In engem Zusammenhang mit den Aufsichtsrechten und Aufsichtspflichten der Gesellschaftsorgane steht das **Recht auf Auskünfte** und Berichte zur Geschäftsführung.[14] Das spricht dafür, dieses Recht als ebenfalls durch § 276a ausgeschlossen anzusehen. Da im InsVerf die Geschäftsführung maßgeblich nicht mehr an den Interessen der Gesellschafter auszurichten ist, sondern an den Interessen der Gl, verlieren Geschäftsführungsberichte gegenüber den Gesellschaftern weitgehend ihren Sinn. Auch bei der Geschäftsführung durch einen InsVerw könnten die Gesellschafter ihre Auskunftsrechte nicht mehr sinnvoll nutzen.[15] 8

---

8 *Klöhn* NZG 2013, 82; *Haas* FS Kübler S 207.

9 Zur Abgrenzung des Begriffs der Geschäftsführung in § 276a vgl *Haas* FS Kübler, S 207-209.

10 *Zipperer* ZIP 2012, 1492, 1494 f; ihm zust *Ströhmann/Längsfeld* NZI 2013, 271, 275. Wie hier dagegen *Haas* FS Kübler, 2015, S 208.

11 Diese Lösung hätte zB *Desch* (BB 2011, 845 mit Fn 44) vorgezogen. Vgl auch die grds Bedenken von *K Schmidt* BB 2011, 1603, 1606 f.

12 Vgl den Erfahrungsbericht von *Körner* NZI 2007, 270; *K/P/B/Pape* § 276a Rn 4, 22–26; *Wimmer* Das neue InsRecht nach der ESUG-Reform, 2012, S 22 f.

13 Vgl oben Vor § 270 Rn 17.

14 ZB nach § 90 AktG, § 51a GmbHG.

15 *Klöhn* NZG 2013, 86; *K Schmidt/Undritz* § 276a Rn 9; *Haas* FS Stürner, 2013, 759 f; **aA** *Ströhmann/Längsfeld* NZI 2013, 277 (mit Einschränkungen für wiederholte Auskunftsbegehren).

9 Nicht berührt werden die Befugnisse der Gesellschaftsorgane in dem Bereich, der sich nicht auf die Verwaltung der InsMasse bezieht („**Schuldnerbereich**" im Gegensatz zum „Verdrängungsbereich").[16] Nicht anders als im Fall der Fremdverwaltung bleiben zB die Kompetenzen der Hauptversammlung der AG zur Wahl des Aufsichtsrates[17] und zur Satzungsänderung erhalten, ebenso die Befugnisse der Gesellschaftsorgane im Hinblick auf das insolvenzfreie Vermögen des Schu.[18] Ist ein Geschäftsführer des Schu nur zusammen mit einem anderen Geschäftsführer vertretungsberechtigt, so ist diese Beschränkung auch im InsVerf mit Eigenverwaltung zu beachten.[19] Für die Abberufung und Neubestellung von Mitgliedern der Geschäftsleitung gilt die Sonderregelung in S 2 und 3.

10 Kein Organ der Gesellschaft iSd § 276a ist der **Betriebsrat**. Seine Befugnisse werden nicht beschnitten.[20]

III. Austausch der Geschäftsleitung (S 2, 3)

11 Die Zusammensetzung der Geschäftsleitung ist bei der Eigenverwaltung ein bes sensibler Bereich. Die Gl werden sich gegen eine Anordnung der Eigenverwaltung aussprechen (§ 270 Abs 3) oder die Beendigung der Eigenverwaltung durchsetzen (§ 272 Abs 1 Nr 1), wenn sie nicht zumindest mehrheitlich ein hinreichendes Maß an Vertrauen darauf haben, dass die Geschäftsführung durch den Schu nicht zu ihrem Nachteil gereichen wird. Dieses Vertrauen wird sich auf bestimmte Personen beziehen. Wenn die gesellschaftsrechtlichen Überwachungsorgane die Geschäftsleitung während des InsVerf nach Belieben austauschen könnten, könnte dieses Vertrauen leicht enttäuscht werden. Noch mehr Gewicht hat der Gesichtspunkt, dass die Ausrichtung der Geschäftsführung an den Interessen der Gl gefährdet wäre, wenn die Geschäftsleitung befürchten müsste, bei einem Abweichen von den Vorstellungen des Aufsichtsrates oder der Gesellschafterversammlung abberufen zu werden.[21]

12 Auf der anderen Seite kann den Gesellschaftsorganen die Befugnis zum Austausch von Mitgliedern der Geschäftsleitung nicht ganz entzogen werden. Ein Wechsel in der Geschäftsleitung während des InsVerf kann aus vielen Gründen erforderlich werden, zB bei Amtsniederlegung oder Arbeitsunfähigkeit eines Geschäftsführers. Den Funktionen des Sachwalters und des Gerichts würde es nicht entsprechen, sich in solchen Fällen auf Personalsuche zu begeben.[22]

13 S 2 zieht daraus die Konsequenz, dass die Abberufung und Neubesetzung von Mitgliedern der Geschäftsleitung im InsVerf mit Eigenverwaltung Aufgabe der Gesellschaftsorgane bleibt, jedoch nur mit Zustimmung des Sachwalters wirksam ist. Die Zustimmung ist allerdings zu erteilen, wenn die Maßnahme nicht zu Nachteilen für die Gl führt (S 3). Es geht dabei um eine Prognose, welche Auswirkungen der Maßnahme zu erwarten sind.[23] Die Darlegungs- und Beweislast für die Unschädlichkeit der Maßnahme dürfte bei den Gesellschaftsorganen liegen; dafür sprechen die Formulierung der Vorschrift und das Ziel, den Einfluss der Aufsichtsorgane auf die Geschäftsführung so weit wie möglich auszuschlie-

---

16 Vgl *Klöhn* NZG 2013, 81 im Anschluss an *F Weber* KTS 1970, 73.

17 *OLG Düsseldorf* NZI 2013, 504, 505 (*obiter*); *Gehrlein* ZInsO 2017, 849, 858; *K Schmidt/Undritz* § 276a Rn 4; **aA** *AG Montabaur* ZIP 2012, 1307 mit abl Anm *Scheibner* DZWIR 2013, 279.

18 *K Schmidt/Undritz* § 276a Rn 3; *Klöhn* NZG 2013, 84 f.

19 Ebenso *Haas* FS Stürner, 2013, S 749, 757.

20 *Klöhn* NZG 2013, 65.

21 Begr RegE ESUG, BT-Drucks 17/5712, 42.

22 Vgl K/P/B/*Pape* § 276a Rn 28.

23 MK/*Klöhn* § 276a Rn 58.

ßen.[24] Können die Gesellschaftsorgane keinen plausiblen Grund für den Wechsel anführen, braucht die Zustimmung nicht erteilt zu werden. Willkürliche Eingriffe in die Zusammensetzung der Geschäftsleitung können auf diese Weise verhindert werden.[25] Verweigert der Sachwalter zu Unrecht die Zustimmung, sind Aufsichtsmaßnahmen des Gerichts angezeigt.[26]

Im Verhältnis zu S 1 bedeutet die Regelung in S 2 und 3 eine weitere **Einschränkung der Rechte der Gesellschaftsorgane**. Die Auswechselung der Geschäftsleitung ist im Falle der Fremdverwaltung dem SchuBereich zuzuordnen, in dem die Rechte der Gesellschaftsorgane bestehen bleiben.[27] Sie fällt damit in einen Bereich, der nach dem Grundgedanken des S 1 auch bei der Eigenverwaltung unangetastet bleiben soll. Das Bedürfnis für die Regelung in S 2 und 3 folgt aus dem geschilderten Gesichtspunkt, dass die Zusammensetzung der Geschäftsleitung bei der Eigenverwaltung einen ganz anderen Stellenwert hat als bei der Fremdverwaltung, und aus dem Ziel der Verhinderung indirekter Einflussnahmen. Aus dieser Sonderregelung für den SchuBereich kann daher nicht abgeleitet werden, dass auch im Verdrängungsbereich entgegen S 1 Einflussnahmen der Gesellschaftsorgane zulässig sind, solange sie nur nicht schädlich für die Gl sind.[28] 14

Für die **Vergütung** der organschaftlichen Vertreter eines Schu, der eine juristische Person ist, gelten die Anstellungsverträge weiter.[29] Die Änderung oder der Neuabschluss derartiger Anstellungsverträge kann nur von einem nach Gesellschaftsrecht dafür zuständigen Organ vorgenommen werden, wobei nach § 275, ggf nach § 277, die Zustimmung des Sachwalters einzuholen ist.[30] Nur für die Vergütung von Organmitgliedern, die persönlich haften, gilt § 278. 15

IV. Anwendung im Eröffnungsverfahren

Streitig ist, ob § 276a auch im Eröffnungsverfahren Anwendung findet.[31] Der Wortlaut bezieht nur den Sachwalter, nicht den vorl Sachwalter mit ein. Nach seiner Stellung im Gesetz kommt § 276a nur im eröffneten Verf zur Anwendung. Ferner verweisen die §§ 270a, 270b nicht auf § 276a. Auch in den Gesetzesmaterialien findet sich kein Hinweis darauf, dass die Vorschrift auch in einem EröffnungsVerf, in dem nach § 270a Abs 1 ein **vorl Sachwalter** bestellt ist, herangezogen werden kann. Für eine analoge Anwendung könnte indes sprechen , dass bereits im EröffnungsVerf die wesentlichen Weichen für eine Sanierung oder Verwertung gestellt werden und insoweit die Gefahr eines störenden Einflusses durch die 16

24 **AA** FK/*Foltis* § 276a Rn 10 f; *Gottwald/Haas* § 90 Rn 37; *Ströhmann/Längsfeld* NZI 2013, 274 f.
25 Vgl K/P/B/*Pape* § 276a Rn 36.
26 MK/*Klöhn* § 276a Rn 61; *Uhlenbruck/Zipperer* § 276a Rn 11.
27 Vgl *BGH* ZIP 2007, 438 Rn 20-22; *OLG Hamm* ZInsO 2014, 2452; MK/*Klöhn* § 276a Rn 49; *Hölzle* ZIP 2012, 2428. *Haas* FS Kübler, 2015, S 210 sieht den „Mischbereich" betroffen.
28 **AA** *Zipperer* ZIP 2012, 1494 und *Ströhmann/Längsfeld* NZI 2013, 275, die in S 2 und 3 einen Spezialfall des S 1 sehen, die intensivste Form der Einflussnahme.
29 *AG Duisburg* NZI 2006, 112, 113; *Uhlenbruck/Zipperer* § 278 Rn 3; HambKomm/*Fiebig* § 278 Rn 7; **aA** FK/*Foltis* § 278 Rn 11.
30 Vgl *AG Duisburg* NZI 2006, 112, 113; abw *K/P/B/Pape* § 278 Rn 13–15.
31 Für die Anwendung des § 276a im EröffnungsVerf: *Brinkmann* DB 2012, 1369 Fn 50; *Haas* FS Kübler, 2015, S 215 f und ZHR 178 (2014) 603, 619-622; *Hammes* NZI 2017, 233, 238; *Häsemeyer* FS Schilken, 2015, S 699; *Thole* Gesellschaftsrechtliche Maßnahmen, Rn 199; *Ströhmann/Längsfeld* NZI 2013, 273 f; iE auch *Hölzle* ZIP 2012, 2427. **AA** *Zipperer* ZIP 2012, 1494 f und in *Uhlenbruck* § 276a Rn 4: *Gehrlein* ZInsO 2017, 849, 858; *Klöhn* NZG 2013, 84; *K/P/B/Pape* § 276a Rn 6; *Spliedt* FS Vallender, 2015, S 616–618; *Kübler/Bierbach* HRI § 11 Rn 182 f *K Schmidt/Undritz* § 276a Rn 3.

Gesellschafter bereits in diesem VerfStadium besteht. Auch in diesem VerfStadium wird die Wirtschaftlichkeit der Geschäftsführung von insrechtl Organen überwacht, insb vom vorl Sachwalter, ggf zusätzlich vom vorl GlAusschuss, sodass bei Fortbestand der gesellschaftsrechtlichen Bindungen des Geschäftsführungsorganes ein Konkurrenzverhältnis zwischen Gesellschafterversammlung und Aufsichtsrat einerseits sowie vorl GlAusschuss und vorl Sachwalter anderseits entstehen kann.

17 Die besseren Gründe sprechen jedoch gegen eine analoge Anwendung von § 276a im EröffnungsVerf. Zu diesem Zeitpunkt steht noch gar nicht fest, ob das InsVerf eröffnet wird. Die Beschränkung des § 276a auf das eröffnete InsVerf ist vielmehr auf eine bewusste Entscheidung des Gesetzgebers zurückzuführen.[32] Der mit § 276a S 1 verbundene erhebliche Eingriff in die Verbandsverfassung bedarf bereits aus verfassungsrechtlichen Gründen einer gesetzlichen und nicht bloß mittels Analogie geschaffenen Grundlage.[33] Die Beschränkung auf das eröffnete Verfahren ist auch stimmig, weil die Gesellschaft erst mit Eröffnung des InsVerf aufgelöst und mit der Auflösung der Gesellschaft sich ihr werbender Zweck auf den Zweck des InsVerf der bestmöglichen GlBefriedigung ändert[34] und die Organe der Gesellschaft ihren Zweck am InsVerf auszurichten haben.[35] Führen Meinungsverschiedenheiten zwischen den Gesellschaftsorganen und der Geschäftsleitung zu Blockaden im Eröffnungsverfahren, ist die vorl Eigenverwaltung zu beenden, wenn dadurch die Interessen der InsGl beeinträchtigt werden.[36]

§ 277 Anordnung der Zustimmungsbedürftigkeit

(1) [1]Auf Antrag der Gläubigerversammlung ordnet das Insolvenzgericht an, dass bestimmte Rechtsgeschäfte des Schuldners nur wirksam sind, wenn der Sachwalter ihnen zustimmt. [2]§ 81 Abs. 1 Satz 2 und 3 und § 82 gelten entsprechend. [3]Stimmt der Sachwalter der Begründung einer Masseverbindlichkeit zu, so gilt § 61 entsprechend.

(2) [1]Die Anordnung kann auch auf den Antrag eines absonderungsberechtigten Gläubigers oder eines Insolvenzgläubigers ergehen, wenn sie unaufschiebbar erforderlich ist, um Nachteile für die Gläubiger zu vermeiden. [2]Der Antrag ist nur zulässig, wenn diese Voraussetzung der Anordnung glaubhaft gemacht wird.

(3) [1]Die Anordnung ist öffentlich bekannt zu machen. [2]§ 31 gilt entsprechend. [3]Soweit das Recht zur Verfügung über ein Grundstück, ein eingetragenes Schiff, Schiffsbauwerk oder Luftfahrzeug, ein Recht an einem solchen Gegenstand oder ein Recht an einem solchen Recht beschränkt wird, gelten die §§ 32 und 33 entsprechend.

Übersicht

32 *Klöhn* NZG 2013, 81, 84.
33 *K/P/B/Pape* § 276a Rn 6; *Uhlenbruck/Zipperer* § 276a Rn 4.
34 Für eine Überlagerung statt Änderung spricht sich *K Schmidt* in Die GmbH in Krise, Sanierung und Insolvenz, Rn 7.4. aus.
35 *Gottwald/Haas* § 91 Rn 29; *Hess/Ruppe* ZIP 2002, 577, 580; *H-F Müller* Der Verband in der Insolvenz, S. 124; *Ringstmeier/Homann* NZI 2002, 406, 408.
36 So auch *Uhlenbruck/Zipperer* § 276a Rn 4.

I. Normzweck

Zur Begrenzung des Handlungsspielraums des Schu und damit des wirtschaftlichen Risikos, das die Eigenverwaltung für den Schu bedeutet, kann das Gericht anordnen, dass bestimmte Rechtsgeschäfte nur mit Zustimmung des Sachwalters wirksam sind. Pauschal alle Rechtsgeschäfte des Schu zustimmungsbedürftig zu machen, ist nicht möglich;[1] wird dem Schu generell misstraut, ist die Eigenverwaltung zu beenden und der Sachwalter durch einen allein verfügungsbefugten InsVerw zu ersetzen.[2] Einzelne bedeutsame Rechtsgeschäfte oder Gruppen von Rechtsgeschäften zustimmungspflichtig zu machen,[3] kann dagegen sinnvoll sein, um die Akzeptanz der Eigenverwaltung bei den Gl zu erhöhen. 1

Die Regelung berücksichtigt – hier wie in den §§ 271 und 272 – den Grundsatz der GlAutonomie: Die Anordnung von Verfügungsbeschränkungen setzt grds einen Antrag der GlVersammlung voraus; in Eilfällen, wenn es Schaden abzuwenden gilt, genügt der Antrag eines Gl.[4] 2

Die Anordnung der Zustimmungsbedürftigkeit hat – anders als die Vorschriften in §§ 275 und 276, aber ebenso wie § 279 S 3 – **Wirkung gegenüber Dritten**: Verstöße führen zur Unwirksamkeit des Rechtsgeschäfts. Das macht die öffentliche Bekanntmachung der Anordnung und die Eintragung in Register erforderlich. 3

Foltis[5] hält das Instrumentarium, das mit § 277 zur Eingrenzung der Handlungsmöglichkeiten des Schu bei der Eigenverwaltung zur Verfügung steht, für lückenhaft. Er hält es für rechtspolitisch geboten, wie nach der VerglO dem Gericht auch ein **Eingreifen von Amts wegen** und auch die Anordnung von Verfügungsbeschränkungen aller Art, ggf schon bei VerfEröffnung, zu ermöglichen. Nach seiner Auff lässt sich dieses Ziel schon *de lege lata* durch eine analoge Anwendung des § 21 erreichen.[6] – Der vom Gesetzgeber vorgegebenen Rollenverteilung zwischen Gl und Gericht in der InsO entspricht dies nicht: Auch beim InsVerf mit Eigenverwaltung hat das Gericht nicht die Aufgabe, das Verf daraufhin zu überwachen, ob die Gl wirtschaftliche Nachteile erleiden könnten, oder darauf zu achten, dass ein „unwürdiger" Schu von dieser Art des Verf ferngehalten wird. Die vorgeschlagene Analogie ist daher mangels Regelungslücke unzulässig.[7] Einem Fehlverhalten des Schu bei der Eigenverwaltung dürfte mit den Möglichkeiten, die § 272 Abs 1 Nr 1 und 2 sowie § 277 bieten, ausreichend vorgebeugt sein.[8] 4

II. Einzelheiten

1. Voraussetzungen der Anordnung. In dem Antrag sind die Rechtsgeschäfte, die zustimmungsbedürftig sein sollen, genau zu bezeichnen,[9] ebenso der Tag und die Stunde, von 5

1 Vgl MK/*Tetzlaff/Kern,* § 277 Rn 15; HambKomm/*Fiebig* § 277 Rn 5; FK/*Foltis* § 277 Rn 5; *Huhn* Rn 754.
2 *Häsemeyer* Rn 8.18; *Gulde* S 61.
3 Vgl die Beispiele bei *Uhlenbruck/Zipperer* § 277 Rn 2.
4 In dem Antragserfordernis liegt eine Abweichung vom Vorbild der Regelung in den §§ 58–65 VerglO, nach denen das Gericht auch von Amts wegen Verfügungsbeschränkungen anordnen konnte.
5 FK/*Foltis* § 270c Rn 21–31 und § 277 Rn 2.
6 Dafür auch *AG Duisburg* ZInsO 2002, 1046 – zu dessen Argumentation sehr krit *Prütting* FS H P Kirchhof, 2003, S 437 ff – offenbar auch *AG Stendal* ZIP 2012, 1875 mit Anm *Schulte-Kaubrügger* EWiR 2012, 705; differenzierend *Uhlenbruck/Zipperer* § 277 Rn 3.
7 MK/*Tetzlaff/Kern* § 277 Rn 7; *K Schmidt/Undritz* § 277 Rn 4; s zum Eröffnungsverfahren allerdings § 270a Rn 32.
8 Vgl *Graf-Schlicker* § 277 Rn 3; *Kluth* ZInsO 2002, 1002–1004; *Dietrich* S 172 f.
9 *N/R/Riggert* § 277 Rn 2; MK/*Tetzlaff/Kern* § 277 Rn 15 f; FK/*Foltis* § 277 Rn 4 f.

denen an die Anordnung wirksam sein soll.[10] Das Gericht sollte dem Antragsteller Gelegenheit geben, **Mängel des Antrags** durch Nachbesserung zu beheben.

6 Stellt die GlVersammlung einen korrekt formulierten Antrag, so hat das Gericht dem Antrag zu entsprechen, ohne zu prüfen, ob die Maßnahme zum Schutz der Gl geboten ist (Abs 1).[11] Beim Antrag eines einzelnen Gl (Abs 2) ist dagegen zusätzlich festzustellen, ob **Eilbedürftigkeit und drohende Nachteile** glaubhaft gemacht sind. Ist dies der Fall, hat das Gericht von Amts wegen festzustellen, ob diese Voraussetzungen zur Überzeugung des Gerichts gegeben sind.[12] Dabei ist der Schu zu hören, wenn dem nicht die Eilbedürftigkeit entgegensteht oder konkret zu befürchten ist, dass der Schu die dadurch gewonnene Zeit zum Nachteil der Gl ausnutzt.[13] Kann die Maßnahme bis zur nächsten GlVersammlung aufgeschoben werden, so fehlt die Eilbedürftigkeit.[14] Sind die genannten Voraussetzungen festgestellt, so hat das Gericht die Anordnung zu erlassen; ein Ermessen besteht trotz des Wortes „kann" in Abs 2 S 1 nicht.[15]

7 **2. Verfahrensfragen.** Wegen der Drittwirkung der Anordnung ist die öffentliche Bekanntmachung vorgeschrieben (Abs 3 S 1). Schu und Sachwalter sollten vorab unterrichtet werden.[16] Bei Kaufleuten und Handelsgesellschaften ist die Anordnung zusätzlich dem **Handelsregister** zur Eintragung zu übermitteln (Abs 3 S 2 iVm § 31; vgl § 32 Abs 1 Nr 3 HGB). Werden Grundstücksrechte erfasst, so gilt auch § 32 über die Eintragung der VerfEröffnung im **Grundbuch** entspr; gem § 270 Abs 3 S 3 wird die Eröffnung eines InsVerf, bei dem Eigenverwaltung angeordnet ist, sonst nicht ins Grundbuch eingetragen.

8 Gegen die Anordnung ist die sofortige Beschw nicht gegeben (vgl § 6 Abs 1), wohl aber, wenn der Rechtspfleger entschieden hat, die **Erinnerung** (§ 11 Abs 2 S 1 RPflG).

9 **3. Wirkungen der Anordnung.** Handelt der Schu ohne die erforderliche Zustimmung, so ist die Verfügung oder die Verbindlichkeit bis zur Erteilung oder Versagung der Zustimmung schwebend unwirksam; nach Versagung der Zustimmung tritt absolute Unwirksamkeit ein.[17] Der **gute Glaube** an die Verfügungsbefugnis des Schu wird auch hier nur in den Ausnahmefällen geschützt, die in den §§ 81 und 82 für die allg Wirkungen der VerfEröffnung bezeichnet werden (Abs 1 S 2).

10 Durch die Rechtsgeschäfte, die der Schu bei der Verwaltung der InsMasse abschließt, werden **Masseverbindlichkeiten** begründet (vgl § 55 Abs 1 Nr 1). Stimmt der Verwalter einem nach § 277 zustimmungsbedürftigen Rechtsgeschäft des Schu zu, so **haftet** er persönlich dafür, dass die Verbindlichkeit aus der InsMasse erfüllt werden kann, unter den gleichen Voraussetzungen und im gleichen Umfang wie ein InsVerw, der eine solche Verbindlichkeit begründet (Abs 1 S 3 iVm § 61). Der Sachwalter muss sich daher spätestens vor einer solchen Zustimmung einen vollständigen Überblick über die bestehenden Masseverbindlichkeiten und die voraussichtliche Liquidität des Unternehmens im Zeitpunkt von deren Fäl-

---

10 *K/P/B/Pape* § 277 Rn 6.
11 MK/*Tetzlaff/Kern* § 277 Rn 21; *K Schmidt/Undritz* § 277 Rn 2.
12 MK/*Tetzlaff/Kern* § 277 Rn 11.
13 Vgl *K/P/B/Pape* § 277 Rn 28; *Uhlenbruck/Zipperer* § 277 Rn 8.
14 *K/P/B/Pape* § 277 Rn 30.
15 *Uhlenbruck/Zipperer* § 277 Rn 9; **aA** *Dietrich* S 167.
16 MK/*Tetzlaff/Kern* § 277 Rn 29, 31.
17 Ebenso MK/*Tetzlaff/Kern* § 277 Rn 39; *N/R/Riggert* § 277 Rn 8. Die Konzeption einer Verfügungsbeschränkung mit der Rechtsfolge einer relativen Unwirksamkeit ist der InsO fremd, *BGHZ* 166, 74, 77 = NZI 2006, 224, 225.

ligkeit verschaffen.[18] Maßgeblicher Zeitpunkt für die Beurteilung der Frage, ob der Sachwalter die Masseunzulänglichkeit erkennen konnte, ist der Zeitpunkt der Zustimmung.[19]

4. Aufhebung der Anordnung. Nicht im Gesetz geregelt ist die Frage, ob und ggf unter welchen Voraussetzungen die Anordnung der Zustimmungsbedürftigkeit ganz oder tw wieder aufgehoben werden kann. Es liegt nahe, § 277 Abs 1 S 1 analog anzuwenden, also zuzulassen, dass die Anordnung auf Antrag der GlVersammlung vom Gericht aufgehoben wird. Wenn die GlVersammlung diese Beschränkung der Eigenverwaltung nicht mehr für erforderlich hält, sollte sie die Möglichkeit haben, die Anordnung der Zustimmungsbedürftigkeit aufheben zu lassen.[20] Dies sollte auch dann gelten, wenn die Anordnung der Zustimmungsbedürftigkeit auf Antrag eines Gl erfolgt ist; denn das Antragsrecht des Gl ist auf Eilfälle beschränkt und besteht nicht, soweit eine GlVersammlung entscheiden kann. 11

18 *K/P/B/Pape* § 277 Rn 22 befürwortet wegen der praktischen Schwierigkeiten für den Sachwalter, diesen Überblick zu gewinnen, eine modifizierte Anwendung des § 61.
19 FK/*Foltis* § 277 Rn 13.
20 Vgl *Huhn* Rn 757–759; *K/P/B/Pape* § 277 Rn 39–42.

§ 278 Mittel zur Lebensführung des Schuldners

(1) Der Schuldner ist berechtigt, für sich und die in § 100 Abs. 2 Satz 2 genannten Familienangehörigen aus der Insolvenzmasse die Mittel zu entnehmen, die unter Berücksichtigung der bisherigen Lebensverhältnisse des Schuldners eine bescheidene Lebensführung gestatten.

(2) Ist der Schuldner keine natürliche Person, so gilt Absatz 1 entsprechend für die vertretungsberechtigten persönlich haftenden Gesellschafter des Schuldners.

Übersicht

I. Normzweck

Die Vorschrift gestattet dem Schu, dem verwalteten Vermögen Mittel zu entnehmen, die ihm und seiner Familie eine bescheidene Lebensführung gestatten. Die gleiche Vergünstigung steht in der Ins einer Gesellschaft einem persönlich haftenden Geschäftsführer zu. Die Abgrenzung des Kreises der erfassten Familienangehörigen wird in gleicher Weise vorgenommen wie iRv § 100 Abs 2 S 2, der den Fall der Unterhaltsgewährung im RegelInsVerf betrifft. Während es dort allerdings im Ermessen der GlVersammlung steht, ob Unterhalt gewährt wird, hat der Schu hier einen Anspruch auf die erforderlichen Mittel. 1

II. Einzelheiten

Bei der Beurteilung, was im Rahmen einer **„bescheidenen Lebensführung"** benötigt wird, sind nach dem Gesetzeswortlaut auch die bisherigen Lebensverhältnisse zu berücksichtigen. Das erlaubt es, im Einzelfall auf die Zumutbarkeit von Einschränkungen der bisherigen Lebensführung abzustellen und damit in beschränktem Rahmen einen individuellen Maßstab anzulegen.[1] Jedenfalls kann der Schu regelmäßig deutlich mehr beanspruchen als den 2

1 Restriktiver MK/*Tetzlaff/Kern* § 278 Rn 10, 16–19.

„notwendigen Unterhalt" iSd § 100 Abs 2 S 1 und des Sozialhilferechts;[2] diesen Begriff hat der Gesetzgeber in § 278 gerade nicht verwendet, und bei einer Beschränkung des Schu auf so niedrige Sätze würde jeder finanzielle Anreiz für die aktive Mitarbeit im insolventen Unternehmen fehlen. Wenn die Gl die Eigenverwaltung hinnehmen, weil sie die Kenntnisse und Fähigkeiten des Schu für die InsMasse nutzen wollen, liegt es auch in ihrem Interesse, dass er ausreichend motiviert ist, um entspr ihren Erwartungen Arbeitskraft und Kompetenz einzusetzen.[3] Zur Vermeidung von Streitigkeiten empfiehlt es sich, dass der Schu mit GlAusschuss oder GlVersammlung Einigkeit über die Höhe der laufenden Entnahmen herstellt.[4]

3 Unpfändbare Einkünfte des Schu sind vorrangig einzusetzen. In entspr Weise kommt die Entnahme von Unterhalt für **Familienangehörige** nur in Betracht, soweit diese keine eigenen Mittel haben.

4 Für Mitglieder der Organe von **juristischen Personen,** zB für die Vorstandsmitglieder einer AG, gilt § 278 Abs 2 nicht. Vielmehr ergeben sich die Ansprüche dieser Personen aus den fortgeltenden Anstellungsverträgen.[5]

5 Die **Überwachung** der Entnahmen des Schu obliegt dem Sachwalter (§ 274 Abs 2 S 1). Zu großzügigen Entnahmen kann der Sachwalter mit der Übernahme der Kassenführung vorbeugen (§ 275 Abs 2).

---

2 Vgl FK/*Foltis* § 278 Rn 5 f; *Pape* KS-InsO, S 798 Rn 58 f und in *K/P/B* § 278 Rn 6; *Hügel* S 201–204; *Rohleder* Unterhaltsansprüche in der Ins, Rn 287–290.
3 *Wipperfürth* ZInsO 2015, 1130.
4 Vgl FK/*Foltis* § 278 Rn 8; MK/*Tetzlaff/Kern* § 278 Rn 17.
5 Vgl oben § 276a Rn 15.

§ 279 Gegenseitige Verträge

[1]Die Vorschriften über die Erfüllung der Rechtsgeschäfte und die Mitwirkung des Betriebsrats (§§ 103 bis 128) gelten mit der Maßgabe, dass an die Stelle des Insolvenzverwalters der Schuldner tritt. [2]Der Schuldner soll seine Rechte nach diesen Vorschriften im Einvernehmen mit dem Sachwalter ausüben. [3]Die Rechte nach den §§ 120, 122 und 126 kann er wirksam nur mit Zustimmung des Sachwalters ausüben.

Übersicht

I. Normzweck

1 In den §§ 103–128 ist geregelt, welchen Einfluss die VerfEröffnung auf den Fortbestand von gegenseitigen Verträgen hat. Schwerpunkte der Regelung sind das **Wahlrecht des InsVerw**, die **Kündigungsrechte bei Miet- und Dienstverhältnissen** und die arbeitsrechtlichen Vorschriften zu **Betriebsänderungen, Sozialplan und Kündigungsschutz**. § 279 stellt zum einen klar, dass all diese Vorschriften auch bei der Eigenverwaltung gelten. ZB kann auch der eigenverwaltende Schu Arbeitsverhältnisse mit der verkürzten Frist des § 113 Abs 1 kündi-

gen.[1] Der Grundsatz, dass bei der Eigenverwaltung kein bes materielles InsR gilt,[2] wird auch für diesen Bereich durchgehalten. Zum andern wird festgelegt, dass der Schu an die Stelle des InsVerw tritt. Wie bei Geschäften, die nicht zum gewöhnlichen Geschäftsbetrieb gehören (§ 275 Abs 1), soll der Schu allerdings die **Zustimmung des Sachwalters** einholen, bevor er die Rechte bei gegenseitigen Verträgen ausübt. Bei einigen arbeitsrechtlichen Befugnissen, die vom Gesetzgeber als bes wichtig eingestuft werden, ist die Zustimmung des Sachwalters – wie in den Fällen des § 277 – Wirksamkeitserfordernis.

II. Einzelheiten

1. Stellung des Schuldners nach S 1, 2. Aus S 1 ergibt sich mittelbar, dass bei Erfüllungswahl des Schu (§ 103 Abs 1) **Masseverbindlichkeiten** entstehen. Gleiches muss gelten, wenn der Schu in Verwaltung der Masse Verbindlichkeiten neu begründet (vgl § 55 Abs 1 Nr 1). 2

Das Einvernehmen mit dem Sachwalter nach S 2 stellt der Schu her, indem er den Sachwalter über die beabsichtigte Rechtsausübung unterrichtet, sofern er nach den Gesamtumständen vom Einverständnis des Sachwalters ausgehen durfte.[3] Versäumt es der Schu dies, so hat das auf die **Wirksamkeit der Rechtshandlung** keinen Einfluss. Ein solches Verhalten kann aber Anlass für die GlVersammlung sein, eine Anordnung der Zustimmungsbedürftigkeit wichtiger Rechtsgeschäfte (§ 277 Abs 1 S 1) oder die Aufhebung der Eigenverwaltung (§ 272 Abs 1 Nr 1) zu beantragen. 3

2. Arbeitsrechtliche Besonderheiten (S 3). Bei den Rechten, die kraft Gesetzes wirksam nur mit Zustimmung des Sachwalters ausgeübt werden können, geht es um die vorzeitige Kündigung von Betriebsvereinbarungen (§ 120), den Antrag auf gerichtliche Zustimmung zur Durchführung einer Betriebsänderung (§ 122) und den Antrag auf gerichtliche Feststellung der sozialen Rechtfertigung von Kündigungen (§ 126). Gemeinsam ist diesen Fällen, dass ohne Zustimmung des **Betriebsrats** in die Rechtsstellung einer Vielzahl von Arbeitnehmern eingegriffen werden kann.[4] Eine Kündigung nach § 120, bei der die erforderliche Zustimmung des Sachwalters fehlt, ist absolut unwirksam, da einseitige Rechtsgeschäfte keinen Schwebezustand vertragen; in den Fällen der §§ 122, 126 kann die Zustimmung bis zur gerichtlichen Entsch nachgeholt werden.[5] 4

Berscheid[6] sieht die Gefahr von **Wettbewerbsverzerrungen** dadurch, dass Unternehmen, die in Eigenverwaltung fortgeführt werden, von den Besonderheiten des InsArbeitsrechts, insb den erleichterten Kündigungsmöglichkeiten, profitieren können. Er will daher § 279 „teleologisch dahin reduzieren", dass bei der Fortführung eines insolventen Unternehmens in Eigenverwaltung ohne Vorbereitung eines InsPlans „die Vorschriften des InsArbeitsrechts nur noch für Kündigungsmaßnahmen zum erstmöglichen Kündigungstermin nach der FortführungsEntsch der GlVersammlung gelten". – Die Auffassung findet jedoch im Gesetz keine Stütze. Sie verkennt, dass es gerade ein Prinzip der InsO ist, den Gl zu ermöglichen, die Entsch zwischen Fortführung und Stilllegung des Unternehmens nach wirtschaftlichen Gesichtspunkten zu treffen, ohne durch unterschiedliches materielles Recht in die eine oder andere Richtung gedrängt zu werden.[7] Aus dem gleichen Grund soll auch für die Eigenver- 5

---

1 *Huntemann/Dietrich* ZInsO 2001, 14 f gegen *Grub* AnwBl 2000, 582.
2 Vgl oben Vor § 270 Rn 8.
3 Ähnlich *Rattunde/Stark* Rn 482-485; *K Schmidt/Undritz* § 279 Rn 2; im Sinne einer ausdrücklichen Zustimmung wohl HambKomm/*Fiebig* § 279 Rn 2.
4 Begr RegE der InsO, BT-Drucks 12/2443, 225 zu § 340.
5 FK/*Foltis* § 279 Rn 15–18.
6 *Berscheid* FS H P Kirchhof, 2003, S 50–53.
7 Ebenso *K/P/B/Pape* § 279 Rn 15.

waltung kein eigenes materielles Recht gelten. IÜ ist die Abgrenzung zwischen Fortführung und Stilllegung fließend, wie die Teilstilllegung und die zeitweilige Fortführung zeigen.

§ 280 Haftung. Insolvenzanfechtung

Nur der Sachwalter kann die Haftung nach den §§ 92 und 93 für die Insolvenzmasse geltend machen und Rechtshandlungen nach den §§ 129 bis 147 anfechten.

Übersicht

I. Normzweck

1 Einen **Gesamtschaden** oder die **persönliche Haftung eines Gesellschafters** geltend zu machen (§§ 92, 93) oder **Rechtshandlungen anzufechten**, die zum Nachteil der InsGl vorgenommen worden sind (§§ 129–147), sind Aufgaben, bei denen die Interessen der GlGesamtheit wahrgenommen werden müssen und für die daher der Sachwalter besser geeignet ist als der Schu. Gleichzeitig stellt § 280 klar, dass auch bei der Eigenverwaltung das Recht der InsAnf ohne Einschränkungen anwendbar ist.[1] Bei der Ausübung der Befugnisse nach § 280 hat der Sachwalter die Stellung eines InsVerw.[2]

2 Die **praktische Bedeutung** der Vorschrift wird dadurch vermindert, dass Fälle, in denen Haftungsansprüche gegen Gesellschafter oder gar Geschäftsführer des insolventen Unternehmens geltend zu machen oder Handlungen des Schu anzufechten sind, für die Eigenverwaltung von vornherein weniger geeignet erscheinen.[3] Andere Gesamtschadensersatzansprüche und Gründe für die Anf von Handlungen einzelner Gl können aber auch bestehen, ohne dass Anlass zu Misstrauen gegenüber dem Schu gegeben ist.

II. Einzelheiten

3 Richtet sich der Anspruch auf Ersatz eines Gesamtschadens gegen den Sachwalter (zu dessen Haftung vgl § 274 Abs 1), so ist entspr § 92 S 2 ein **neuer Sachwalter** zu bestellen. Zulässig ist auch die Bestellung eines **Sondersachwalters**.[4]

4 **Ansprüche des Schu gegen seine Organe** nach § 64 S 1 GmbHG, § 93 Abs 3 Nr 6 AktG wegen Zahlungen nach InsReife und nach § 43 Abs 2 GmbHG, § 93 Abs 2 AktG wegen schuldhafter Vermögensschädigung fallen nicht unter den Wortlaut des § 92, da es sich nicht um Ansprüche der InsGl handelt. Auch diese Ansprüche sind aber in analoger Anwendung des § 280 vom Sachwalter geltend zu machen, nicht vom Schu. Denn auch hier geht es im InsVerf um die Wahrnehmung von Interessen der GlGesamtheit, und zusätzlich dient die Analogie der Vermeidung von Interessenkollisionen.[5]

5 Das Recht des Sachwalters zur Anf von gläubigerschädlichen Rechtshandlungen schließt die Befugnis ein, den **Rückgewähranspruch** des § 143 geltend zu machen. Der Schu ist von

---

1 Insofern hat der Sachwalter einen größeren Aufgabenkreis wahrzunehmen und sich gründlicher über die geschäftlichen Verhältnisse des Schu zu informieren als der Vergleichsverwalter des früheren Rechts.

2 FK/*Foltis* § 280 Rn 4; *Uhlenbruck/Zipperer* § 280 Rn 4 f.

3 Vgl oben Vor § 270 Rn 14.

4 Vgl oben § 270c Rn 4; § 274 Rn 7.

5 Vgl *Gottwald/Haas* § 90 Rn 81; *Rattunde/Stark* Rn 295-298; *Hofmann* ZIP 2007, 262.

Verfügungen über diesen Anspruch ausgeschlossen. Er kann zB nicht wirksam auf ihn verzichten oder einen Vergleich darüber schließen.[6]

6 Im Falle des § 88 (Vollstreckung eines Gl vor der VerfEröffnung, **„Rückschlagsperre"**) tritt *ipso iure* Unwirksamkeit der gläubigerschädlichen Handlung ein, eine Anf ist nicht erforderlich. Diese Unwirksamkeit kann daher der Schu gegenüber dem vollstreckenden Gl geltend machen.

7 Soweit der Sachwalter auf der Grundlage des § 280 Ansprüche für die InsMasse geltend macht, kann er **Leistung nur an den Schu** verlangen. Er selbst ist im Hinblick auf das Erlangte nicht verwaltungs- und verfügungsbefugt.[7]

6 *Hügel* S 124–127.
7 *Jaeger/Henckel* § 129 Rn 281; *Buchalik/Hiebert* ZInsO 2015, 1953.

§ 281 Unterrichtung der Gläubiger

(1) [1]Das Verzeichnis der Massegegenstände, das Gläubigerverzeichnis und die Vermögensübersicht (§§ 151 bis 153) hat der Schuldner zu erstellen. [2]Der Sachwalter hat die Verzeichnisse und die Vermögensübersicht zu prüfen und jeweils schriftlich zu erklären, ob nach dem Ergebnis seiner Prüfung Einwendungen zu erheben sind.

(2) [1]Im Berichtstermin hat der Schuldner den Bericht zu erstatten. [2]Der Sachwalter hat zu dem Bericht Stellung zu nehmen.

(3) [1]Zur Rechnungslegung (§§ 66, 155) ist der Schuldner verpflichtet. [2]Für die Schlussrechnung des Schuldners gilt Absatz 1 Satz 2 entsprechend.

Übersicht

I. Normzweck

1 Es liegt nahe, dass **der Schu**, der die InsMasse selbst verwaltet, auch die **Rechnungslegung** übernimmt (Abs 3). Darüber hinaus überträgt ihm § 281 auch die Erstellung der Verzeichnisse und Übersichten, die den Gl nach der Eröffnung des Verf einen Überblick über die wirtschaftliche Lage des Schu verschaffen sollen (Abs 1), sowie den **Bericht in der GlVersammlung** über die Ursachen der Ins und die Aussichten für eine Sanierung (Abs 2). Diese Aufgaben sind für den Schu leichter zu erfüllen als für den nur aufsichtsführenden Sachwalter. Im Interesse einer objektiven Unterrichtung der Gl ist hier allerdings erforderlich, dass **der Sachwalter** die schriftlichen und mündlichen Äußerungen des Schu **krit prüft** und erg dazu Stellung nimmt.

II. Einzelheiten

2 Die schriftliche Erklärung des Sachwalters zu den Verzeichnissen und zur Vermögensübersicht (Abs 1 S 2) ist mit diesen Unterlagen in der Geschäftsstelle des Gerichts niederzulegen (vgl § 154).[1] Der Sachwalter kann darüber hinaus (ebenso wie jeder Gl) beantragen, dass dem Schu vom Gericht aufgegeben wird, die Vollständigkeit der Vermögensübersicht eides-

1 MK/*Tetzlaff/Kern* § 281 Rn 17.

stattlich zu versichern; dieses Recht, das im RegelInsVerf dem InsVerw zusteht (§ 153 Abs 2), hat im Falle der Eigenverwaltung sinnvollerweise der Sachwalter.[2]

3 Der Pflicht des Schu zur Berichterstattung in der GlVersammlung (Abs 2) entspricht es, dass sich das **Auskunftsrecht der GlVersammlung** (§ 79 S 1) in erster Linie gegen den Schu richtet. Der Sachwalter ist zu seinem erg Bericht und allg zur Erledigung seiner Aufgaben auskunftspflichtig.[3] Dabei geht Abs 2 davon aus, dass der Sachwalter selbstverständlich zur Teilnahme an den GlVersammlungen berechtigt ist.[4]

4 Soweit der **Sachwalter eigenständig tätig** geworden ist – zB AnfProzesse geführt hat (§ 280) –, hat er dem Schu die Informationen zu geben, die dieser für die Erstellung der Verzeichnisse und der Vermögensübersicht benötigt.[5] Im Berichtstermin hat er diese Tätigkeit in seiner erg Stellungnahme zu erwähnen.

5 Der Wortlaut des § 281 berücksichtigt nicht den Fall, dass die **Eigenverwaltung nachträglich** auf Antrag der ersten GlVersammlung **angeordnet** worden ist (§ 271). In diesem Fall treffen die Pflichten zur Erstellung der Verzeichnisse und Übersichten (Abs 1) und zur Rechnungslegung (Abs 3) für die Zeit bis zu dieser Anordnung den ursprünglich bestellten InsVerw. In der GlVersammlung hat ebenfalls der InsVerw den Bericht für diese Zeit zu erstatten (Abs 2).[6]

6 Bei der Rechnungslegung, die der Schu zu erledigen hat (Abs 3 S 1), geht es sowohl um die – insolvenzrechtliche – Zwischen- und Schlussrechnung (§ 66) als auch um die **handels- und steuerrechtlichen Buchführungs- und Bilanzierungspflichten** (§ 155). Die Erklärung des Sachwalters zur Schlussrechnung (Abs 3 S 2) muss wie diese im Schlusstermin vorliegen, damit sie in die Erörterung der Schlussrechnung einbezogen werden kann (vgl § 197 Abs 1 S 2 Nr 1). Verlangt die GlVersammlung Zwischenrechnungen (§ 66 Abs 3), so gilt nach dem Sinn der Regelung Abs 3 S 2 entspr, so dass der Sachwalter auch diese Rechnungen zu prüfen hat.[7]

§ 282 Verwertung von Sicherungsgut

(1) [1]Das Recht des Insolvenzverwalters zur Verwertung von Gegenständen, an denen Absonderungsrechte bestehen, steht dem Schuldner zu. [2]Kosten der Feststellung der Gegenstände und der Rechte an diesen werden jedoch nicht erhoben. [3]Als Kosten der Verwertung können nur die tatsächlich entstandenen, für die Verwertung erforderlichen Kosten und der Umsatzsteuerbetrag angesetzt werden.

(2) Der Schuldner soll sein Verwertungsrecht im Einvernehmen mit dem Sachwalter ausüben.

Übersicht

2 FK/*Foltis* § 281 Rn 15; MK/*Tetzlaff/Kern* § 281 Rn 15.
3 *Rattunde/Stark* Rn 120–122.
4 Vgl oben § 274 Rn 17.
5 FK/*Foltis* § 281 Rn 20.
6 Vgl im Einzelnen FK/*Foltis* § 281 Rn 4–8.
7 Vgl FK/*Foltis* § 281 Rn 31; **aA** *K/P/B/Pape* § 281 Rn 13; MK/*Tetzlaff/Kern* § 281 Rn 33; *Graf-Schlicker* § 281 Rn 14.

I. Normzweck

Die Eigenverwaltung ist in erster Linie auf Fälle der Unternehmensfortführung im InsVerf zugeschnitten. Bedeutsam ist in solchen Fällen, dass die gesicherten Gl am Einzelzugriff auf die „**besitzlosen Mobiliarsicherheiten**“ gehindert werden; dies wird dadurch erreicht, dass auch bei der Eigenverwaltung **den so gesicherten Gl das Verwertungsrecht entzogen** wird (vgl § 166). Weniger wichtig ist, ob anstelle der Gl der Schu oder der Sachwalter verwertungsberechtigt ist; § 282 Abs 1 S 1 entscheidet sich für den Schu, wobei berücksichtigt wurde, dass in Fortführungsfällen die Veräußerung belasteter Waren im laufenden Geschäftsbetrieb – der dem Schu übertragen ist – einen Schwerpunkt der Verwertungsvorgänge bildet.[1] Aus der weiten Formulierung der Vorschrift folgt, dass auch das Recht des InsVerw, die **Zwangsversteigerung** eines Grundstücks der InsMasse zu betreiben (§§ 172–174a ZVG idF von Art 20 EGInsO), bei der Eigenverwaltung **dem Schu** zusteht. Zur Wahrung der Interessen der Gl sollen die Verwertungen allerdings im Einvernehmen mit dem Sachwalter erfolgen (§ 282 Abs 2). 1

Die Übertragung des Verwertungsrechts auf den Schu ermöglicht es, die **Kostenabzüge**, die nach §§ 170, 171 bei einer Verwertung durch den InsVerw vorgenommen werden, **erheblich zu beschränken**: Der Abzug für Feststellungskosten, der bei den Mobiliarsicherheiten 4 % des Verwertungserlöses ausmacht (§ 171 Abs 1 S 2) und bei der Zwangsversteigerung 4 % des Zubehörwertes beträgt (§ 10 Abs 1 Nr 1a ZVG), entfällt vollständig. Der Gesetzgeber ging davon aus, dass die Feststellung der Sicherheiten jedenfalls bei den typischen Fällen der Eigenverwaltung weder tatsächliche noch rechtliche Schwierigkeiten bereitet.[2] Auch für die Verwertungskostenpauschale bei den Mobiliarsicherheiten (§ 171 Abs 2 S 1) sah er kein Bedürfnis, da regelmäßig nur mit geringen Verwertungskosten zu rechnen sei.[1] Nur die tatsächlich nachgewiesenen Verwertungskosten und die Umsatzsteuerbelastung der Masse (vgl zu dieser § 171 Abs 2 S 3) können vom Verwertungserlös einbehalten und der Masse zugeführt werden. Dieser Kostenaspekt macht die Eigenverwaltung für die gesicherten Gl bes interessant.[3] Nicht auszuschließen ist allerdings, dass sich der Wegfall der Kostenpauschalen im Einzelfall zum Nachteil der ungesicherten Gl auswirkt, zB dann, wenn die Feststellung der Sicherheiten ausnahmsweise schwierig ist, wenn sich der Sachwalter im Rahmen des Einvernehmens nach Abs 2 intensiv damit befassen muss und seine Vergütung deshalb nach § 12 Abs 1 iVm § 3 Abs 1 Buchst a InsVV zu erhöhen ist, ohne dass dies durch die Feststellungskosten-Pauschale ausgeglichen wird.[4] 2

II. Einzelheiten

Mit dem Recht zur Verwertung der „besitzlosen Mobiliarsicherheiten“ stehen dem Schu bei der Eigenverwaltung auch die anderen in den §§ 166–173 normierten Rechte des InsVerw zu, insb das Recht, das **Sicherungsgut zu benutzen** und ggf zu verarbeiten. Die genannten Vorschriften bilden einen zusammengehörigen Regelungskomplex, dessen Aufspaltung nicht sinnvoll wäre. Auf das Recht, Sicherungsgut zu nutzen, ist der Schu bei der Geschäftsführung angewiesen.[5] 3

Auch im Hinblick auf das Recht, die **Einstellung der Zwangsversteigerung** oder der Zwangsverwaltung zu verlangen (§§ 30d, 153b ZVG idF von Art 20 EGInsO), tritt der Schu 4

---

1 Begr RegE InsO, BT-Drucks 12/2443, 226 zu § 343.
2 Krit dazu FK/*Foltis* § 282 Rn 4–13.
3 Vgl *Braun/Uhlenbruck* Unternehmensinsolvenz, S 694; die dort gebrachten Berechnungsbeispiele überzeugen allerdings nicht.
4 Vgl FK/*Foltis* § 282 Rn 11 f; *Hügel* S 145–149.
5 *Huhn* Rn 770–777.

an die Stelle des InsVerw.[6] Für ein EröffnungsVerf, in dem ein vorl Sachwalter bestellt wird, ist in § 30d Abs 4 S 2 ZVG, ausdrücklich vorgesehen, dass das Recht, die Einstellung der Zwangsversteigerung zu beantragen, dem Schu zusteht.[7]

5 Bei einem **hoch belasteten Grundstück** der InsMasse kann der Wegfall der Feststellungskosten-Pauschale und damit der Möglichkeit, in der Zwangsversteigerung von § 174a ZVG Gebrauch zu machen,[8] zur faktischen Unverwertbarkeit des Grundstücks führen.[9] Im Regelfall der Eigenverwaltung, der Sanierung des insolventen Unternehmens auf der Grdl eines Fortführungsplans, dürfte dies unschädlich sein. Bei einer Liquidation wird man in einem solchen Fall auch im InsVerf mit Eigenverwaltung die Möglichkeit eröffnen müssen, dass das Grundstück durch Freigabe aus der InsMasse ausgeschieden wird. Die Befugnis zur Freigabe dürfte allerdings nicht dem Schu, sondern dem Sachwalter zustehen.[10] IÜ hat die GlVersammlung im Schlusstermin über das Schicksal nicht verwertbarer Gegenstände der InsMasse zu entscheiden (§ 197 Abs 1 S 2 Nr 3).

6 Soweit ein gesicherter Gl wegen der geringeren Kostenabzüge bei der Eigenverwaltung bessere Befriedigungschancen hat, ist dies auch für seinen Minderheitenschutz iF eines **InsPlans** (§ 251) zu beachten.

7 Die Pflicht des Schu, vor der Verwertung von Sicherheiten das Einvernehmen mit dem Sachwalter herzustellen **(Abs 2),** erlaubt ein Zusammenwirken derart, dass bei einer **besseren Eignung des Sachwalters zur Verwertung** dieser die Verwertung übernimmt.[11] Allerdings wird man § 282 nicht als dispositiv ansehen können in dem Sinne, dass die GlVersammlung das Verwertungsrecht auf den Sachwalter verlagern kann.[12]

8 **Verstöße** gegen die Sollvorschrift des Abs 2 haben die gleichen Rechtsfolgen wie solche gegen § 275 Abs 1 oder § 279 S 1,[13] führen also nicht zur Unwirksamkeit im Außenverhältnis.[14]

§ 283 Befriedigung der Insolvenzgläubiger

(1) [1]Bei der Prüfung der Forderungen können außer den Insolvenzgläubigern der Schuldner und der Sachwalter angemeldete Forderungen bestreiten. [2]Eine Forderung, die ein Insolvenzgläubiger, der Schuldner oder der Sachwalter bestritten hat, gilt nicht als festgestellt.

(2) [1]Die Verteilungen werden vom Schuldner vorgenommen. [2]Der Sachwalter hat die Verteilungsverzeichnisse zu prüfen und jeweils schriftlich zu erklären, ob nach dem Ergebnis seiner Prüfung Einwendungen zu erheben sind.

6 *Pape* KS-InsO, S 797 Rn 57; MK/*Tetzlaff/Kern* § 282 Rn 18; *Stöber* ZVG § 30d Rn 6.
7 § 30d ZVG idF d G v 7.12.2011, BGBl I, 2582 (ESUG).
8 Vgl oben § 165 Rn 17.
9 Vgl FK/*Foltis* § 282 Rn 13; *Hügel* S 147 f.
10 Vgl oben Vor § 270 Rn 11.
11 FK/*Foltis* § 282 Rn 18.
12 So aber FK/*Foltis* § 282 Rn 19; *Uhlenbruck/Zipperer* § 282 Rn 6. Wie hier *Graf-Schlicker* § 282 Rn 8.
13 Vgl oben § 275 Rn 5.
14 *Uhlenbruck/Zipperer* § 282 Rn 6.

Übersicht

	Rn		Rn
I. Normzweck	1	II. Einzelheiten	5

I. Normzweck

Die Vorschrift regelt zwei Komplexe: die **Feststellung der angemeldeten Forderungen** (Abs 1) und die **Verteilung der InsMasse** (Abs 2). 1

Im RegelInsVerf können der InsVerw, der Schu und jeder InsGl eine angemeldete Forderung bestreiten; nur das Bestreiten durch den Verw oder durch einen Gl hat aber die Wirkung, dass die Forderung nicht als festgestellt gilt (vgl §§ 176, 179 Abs 1). Für die Eigenverwaltung legt **Abs 1** demgegenüber fest, dass ein **Widerspruch des Schu** die gleiche Wirkung hat wie ein Widerspruch des Verwalters oder eines Gl.[1] Das steht im Zusammenhang damit, dass bei der Eigenverwaltung der Schu nicht nur die laufenden Geschäfte führt, sondern auch GlRechte gestaltet (§ 279) und realisiert (§ 282) sowie die Befriedigung der Gl übernimmt (§ 283 Abs 2).[2] 2

Abs 2 normiert im Anschluss an § 281 Abs 1, nach dem der Schu die Verzeichnisse der Massegegenstände und der Gl sowie die Vermögensübersicht zu erstellen hat, die Pflicht des Schu zur Aufstellung der Verteilungsverzeichnisse und zur Vornahme der Verteilungen. Die Grundlage für die Verteilungsverzeichnisse bildet allerdings die **Tabelle der angemeldeten Forderungen**, und diese Tabelle ist vom Sachwalter zu führen (vgl § 270 Abs 3 S 2). Auch für die Verteilungsverzeichnisse ist eine Kontrolle durch den Sachwalter vorgesehen, über deren Erg die Gl zu informieren sind. 3

Da die Eigenverwaltung in den meisten Fällen durch einen InsPlan beendet wird, wird der InsPlan in der Regel die Verteilung abschließend regeln. 4

II. Einzelheiten

Häsemeyer[3] will dem Schu die Möglichkeit geben, in seiner Eigenschaft als **„Amtswalter“**[4] eine Forderung anzuerkennen, dennoch aber den Widerspruch zu erklären, der nach § 201 Abs 2 S 1 für die Nachhaftung des Schu Bedeutung hat. Der BGH hat sich dieser Auff in einer Entsch v 10.10.2013 angeschlossen.[5] Er hat ausgeführt, der Schu könne ein „rechtlich unbedenkliches Interesse daran haben, durch die rein auf das Verfahren bezogene Anerkennung unnötige Verzögerungen zu vermeiden, … die persönliche Nachhaftung aber von einer gerichtlichen Prüfung der Forderung abhängig zu machen“. Der eigenverwaltende Schu könne den Widerspruch gegen eine Forderung auf den Rechtsgrund der vorsätzlich begangenen unerlaubten Handlung beschränken, und zwar „unabhängig davon, ob das Vorsatzdelikt notwendige Voraussetzung des geltend gemachten Zahlungsanspruchs ist oder nicht.“ – In der Literatur wird diese Entsch zu Recht überwiegend krit gesehen. Die Auff von Häsemeyer hat im Gesetz keine Stütze. Es ist zu bezweifeln, dass sie mit der prozessualen Wahrheitspflicht vereinbar ist.[6] 5

---

1 *BGH* ZIP 2010, 1499, 1500.
2 Vgl FK/*Foltis* § 283 Rn 3; krit zur Wirkung des Widerspruchs des Schu dagegen *Pape* KS-InsO, S 792 Rn 46 und S 801 Rn 65.
3 Rn 8.16.
4 Vgl oben § 270 Rn 34.
5 *BGH* ZInsO 2013, 2206, dazu *Kuna* ZInsO 2013, 2253 und *Ahrens* EWiR 2014, 17.
6 MK/*Tetzlaff/Kern* § 283 Rn 11; FK/*Foltis* § 283 Rn 3; für die Möglichkeit des „gespaltenen Widerspruchs“ dagegen *Uhlenbruck/Zipperer* § 283 Rn 2.

6 Da das Bestreiten einer Forderung durch den Schu im Verf mit Eigenverwaltung die gleiche Wirkung hat wie ein Bestreiten durch den InsVerw im RegelInsVerf, gilt für die **Klage des Gl gegen den Widerspruch des Schu** nicht die Sonderregelung des § 184, sondern die allg Vorschrift des § 180 für Klagen auf Feststellung einer Forderung. Dementsprechend erstreckt sich die Wirkung einer rechtskräftigen Entsch im Feststellungsprozess zwischen Gl und Sachwalter entgegen § 183 Abs 1 auch auf den Schu.[7] – Auch für die **Feststellung des Stimmrechts in der GlVersammlung** muss bei der Eigenverwaltung das Bestreiten einer Forderung durch den Schu die gleiche Wirkung haben wie nach § 77 das Bestreiten durch einen Gl.[8]

7 Die Stellungnahme, die der Sachwalter nach Abs 2 S 2 abzugeben hat, ist zusammen mit dem **Verteilungsverzeichnis** auf der Geschäftsstelle niederzulegen (vgl § 188 S 2). Das Gesetz gibt dem Sachwalter nicht das Recht, förmliche Einwendungen gegen das Verteilungsverzeichnis zu erheben; nur wenn ein Gl Bedenken des Sachwalters aufgreift und das Gericht anruft, hat dieses nach §§ 194, 197 Abs 3 zu entscheiden.[9]

8 Auch eine **Nachtragsverteilung** (§ 203) ist vom Schu durchzuführen. Den Anstoß für die Anordnung einer Nachtragsverteilung kann der Sachwalter geben: Ihm dürfte das Antragsrecht zustehen, das § 203 Abs 1 dem InsVerw zubilligt. Unabhängig davon kann das Gericht auch von Amts wegen die Nachtragsverteilung anordnen.

---

7 *K/P/B/Pape* § 283 Rn 23; MK/*Tetzlaff/Kern* § 283 Rn 15, 18. **AA** FK/*Foltis* § 283 Rn 4: Feststellungswirkung gegen den bestreitenden Schu nur bei Klage gegen den Schu.

8 *N/R/Riggert* § 283 Rn 3; MK/*Tetzlaff/Kern* § 283 Rn 12. Dies gilt auch für die Abstimmungen über einen InsPlan, vgl unten § 284 Rn 4.

9 Ebenso MK/*Wittig/Tetzlaff* § 283 Rn 23; **aA** FK/*Foltis* § 283 Rn 8.

§ 284 Insolvenzplan

(1) [1]Ein Auftrag der Gläubigerversammlung zur Ausarbeitung eines Insolvenzplans ist an den Sachwalter oder an den Schuldner zu richten. [2]Wird der Auftrag an den Schuldner gerichtet, so wirkt der Sachwalter beratend mit.

(2) Eine Überwachung der Planerfüllung ist Aufgabe des Sachwalters.

Übersicht

I. Normzweck

1 Nach der allg Aufteilung der Befugnisse zwischen Schu und Sachwalter ist der Schu, beraten durch den Sachwalter, der geeignete Adressat eines Auftrags der GlVersammlung zur **Ausarbeitung eines InsPlans**.[1] Der Gesetzgeber hat aber, um das Verf flexibler zu gestalten, in Abs 1 den Gl auch die Möglichkeit eröffnet, dem Sachwalter selbst diese Aufgabe zu übertragen.[2] Die **Überwachung der Planerfüllung** (§§ 260–269) ist zweifellos eine typische Aufgabe des Sachwalters (Abs 2).

---

1 Der Schu war in § 345 Abs 1 RegE der InsO allein als möglicher Adressat eines solchen Auftrags genannt, vgl BT-Drucks 12/2443, 226.

2 Beschl des RAussch des Deutschen BTag, vgl BT-Drucks 12/7302, 186 zu § 345; Zweifel an der praktischen Bedeutung dieser Regelung bei MK/*Tetzlaff/Kern* § 284 Rn 7.

II. Einzelheiten

Wird der Schu beauftragt, einen InsPlan auszuarbeiten, so sind neben dem Sachwalter (Abs 1 S 2) auch die in § 218 Abs 3 genannten Gremien, insb der GlAusschuss und der **Betriebsrat**, zur Mitwirkung berechtigt. Die Beratung durch den Sachwalter kann diese Mitwirkungsrechte nicht ersetzen.[3] Wird der Auftrag an den Sachwalter gerichtet, so greifen diese Mitwirkungsrechte ebenfalls ein.[4] 2

Der Schu ist auch **ohne einen Auftrag der GlVersammlung** berechtigt, einen InsPlan vorzulegen.[5] Dieser Fall steht sogar in der Praxis im Vordergrund, in der Form, dass der Schu zusammen mit dem Antrag auf Eröffnung des InsVerf und dem Antrag auf Eigenverwaltung bereits einen Sanierungsplan vorlegt.[6] Dagegen dürfte der Sachwalter nicht dazu berechtigt sein, aus eigener Initiative einen Plan zu präsentieren.[7] Zwar hat der InsVerw nach § 218 dieses Recht; bei der Eigenverwaltung ist es jedoch grds Sache des Schu, auf der Grundlage seiner Kenntnis des Unternehmens die Entsch der Gl über Liquidation oder Fortführung vorzubereiten (vgl § 281 Abs 2). 3

Bei der Abstimmung über einen InsPlan gelten als str Forderungen und Rechte iSd §§ 237, 238 iVm § 77 auch die Forderungen und Rechte, die der Schu bestr hat. Die Vorschrift des § 283 Abs 1 S 1 über das **Bestreiten von Forderungen** im Prüfungstermin ist sinnvollerweise entspr auf den Erörterungs- und Abstimmungstermin iF eines InsPlans anzuwenden.[8] 4

Wird die Bestätigung eines InsPlans versagt, so steht das Recht zur **Beschw gegen den VersagungsBeschl** dem Schu, nicht dem Sachwalter zu. Nach § 253 Abs 1 hat nicht einmal der InsVerw ein BeschwRecht gegen die Versagung.[9] Die mit dem ESUG neu geschaffene Befugnis, die beschleunigte Zurückweisung einer Beschw gegen die Bestätigung des InsPlans zu erreichen, steht dagegen nach § 253 Abs 4 dem InsVerw zu, nicht dem Schu. Ob es sinnvoll ist, hier dem InsVerw abw von Abs 1 den Vorzug vor dem Schu zu geben, kann bezweifelt werden. Im Fall der Eigenverwaltung sollte diese Befugnis jedenfalls dem Schu zuerkannt werden, der das Verf betreibt, nicht dem Sachwalter, der es überwacht.[10] 5

Die Erfüllung eines InsPlans wird nur dann überwacht, wenn dies im gestaltenden Teil des Plans vorgesehen ist (§ 260 Abs 1). Nur für diesen Fall hat § 284 Abs 2 Bedeutung, der die **Überwachung** dem Sachwalter überträgt.[11] 6

---

3 MK/*Tetzlaff/Kern* § 284 Rn 19.
4 MK/*Tetzlaff/Kern* § 284 Rn 24.
5 Vgl § 218 Abs 1 S 1 und *Häsemeyer* Rn 8.16 f.
6 *K/P/B/Pape* § 284 Rn 1 f, 11.
7 Brünkmans/Thole/*Beck/Pechartscheck* Handbuch Insolvenzplan, § 4 Rn 22; *N/R/Riggert* § 284 Rn 2 MK/*Tetzlaff/Kern* § 284 Rn 16; *Uhlenbruck/Zipperer* § 284 Rn 1; *Flöther/Smid/Wehdeking* Rn 134; **aA** *Warrikoff* KTS 1997, 532; *Uhlenbruck/Lüer/Streit* § 218 Rn 14; *Huhn* Rn 1058–1069.
8 *Huhn* Rn 891–893; *K/P/B/Pape* § 284 Rn 19.
9 *BGH* ZIP 2009, 480; ausführlich Brünkmans/Thole/*Hirschberger* Handbuch Insolvenzplan, § 21 Rn 7.
10 Vgl *Fischer* NZI 2013, 513, 516 f. So auch *LG Berlin* ZInsO 2014, 2232 bei I 5.
11 Vgl Brünkmans/Thole/*Dellit* Handbuch Insolvenzplan, § 26 Rn 5; *Uhlenbruck/Zipperer* § 284 Rn 5; *K/P/B/Pape* § 284 Rn 21.

§ 285 Masseunzulänglichkeit

Masseunzulänglichkeit ist vom Sachwalter dem Insolvenzgericht anzuzeigen.

Übersicht

I. Normzweck

1 Mit der Anzeige der Masseunzulänglichkeit ist ein erheblicher Eingriff in die Rechte der „AltmasseGl" verbunden (§§ 209, 210). Dieser Eingriff soll **nicht allein vom Willen des Schu abhängig** sein. Die Aufgabe ist daher vom Sachwalter und nur von diesem wahrzunehmen.[1]

II. Einzelheiten

2 § 285 betrifft sowohl den Fall der bereits eingetretenen Masseunzulänglichkeit (§ 208 Abs 1 S 1) als auch den der **drohenden Masseunzulänglichkeit** (§ 208 Abs 1 S 2).[2] Beide Fälle werden in § 208 unter der Überschrift „Anzeige der Masseunzulänglichkeit" zusammengefasst.

3 Die rechtzeitige Erfüllung dieser Pflicht ist für den Sachwalter, der nicht selbst die Geschäfte führt, nicht einfach. Er hat bei der Überwachung der Geschäftsführung bes auf diesen Punkt zu achten und, wenn sich die **Gefahr der Masseunzulänglichkeit** konkret abzeichnet, den Schu und dessen Angestellte zur unverzüglichen Information zu verpflichten (vgl § 274 Abs 2 S 2 iVm § 22 Abs 3 S 3).

4 Der Eintritt der Masseunzulänglichkeit wird für den Sachwalter Anlass sein zu prüfen, ob die Fortsetzung der Eigenverwaltung zu **Nachteilen für die Gl** führen wird.[3] Da nach der hier vertretenen Ansicht im masseunzulänglichen Verf die AltmasseGl an die Stelle der InsGl treten,[4] wird man jedem AltmasseGl das Recht geben müssen, nach § 272 Abs 1 Nr 2 die Aufhebung der Eigenverwaltung zu beantragen.[5] Ohne eine förmliche Beendigung der Eigenverwaltung nach § 272 bleibt der Schu aber auch im Verf nach §§ 208–211 verwaltungs- und verfügungsbefugt.

5 Nicht von § 285 erfasst ist der Fall, dass sich herausstellt, dass die InsMasse so gering ist, dass nicht einmal die Kosten des Verf gedeckt werden können (**Masselosigkeit iSd § 207 Abs 1**). In diesem Fall stellt das Gericht das Verf von Amts wegen ein. Jeder Beteiligte kann das Gericht darüber informieren, dass die Voraussetzungen für die Einstellung nach § 207 eingetreten sind. Eine bes Pflicht des Sachwalters, das Gericht auf den Eintritt der Masselosigkeit hinzuweisen, ist im Gesetz nicht statuiert, ebenso wenig wie eine entspr Pflicht des InsVerw im Verf ohne Eigenverwaltung.[6] Jedoch wird der Sachwalter – ebenso wie der InsVerw im RegelVerf – selbst daran interessiert sein, dass ein Verf nicht weitergeführt wird, in dem seine Vergütung nicht voll gedeckt ist.

---

1 *Uhlenbruck/Zipperer* § 285 Rn 1 f; FK/*Foltis* § 285 Rn 1 f; *Huhn* Rn 876; **aA** *Rattunde/Stark* Rn 254–256, die auch eine Anzeige des Schu für wirksam halten. – Zur Zweckmäßigkeit der Regelung MK/*Tetzlaff/Kern* § 285 Rn 3.
2 *N/R/Riggert* § 285 Rn 2.
3 § 274 Abs 3; vgl *Smid* § 285 Rn 2 und WM 1998, 1324.
4 Vgl oben § 208 Rn 24 f, 33; krit *K/P/B/Pape* § 285 Rn 17.
5 IE ebenso MK/*Tetzlaff/Kern* § 285 Rn 16.
6 *Graf-Schlicker* (§ 285 Rn 6) entnimmt eine Pflicht des Sachwalters zur Anzeige der Masselosigkeit aus § 274 Abs 3 S 1.

Neunter Teil
Restschuldbefreiung

Vorbemerkung zu §§ 286–303

Übersicht

Literatur: *Ahrens* Nicht benannte Gläubiger im Restschuldbefreiungsverfahren, NZI 2013, 721; *ders* Restschuldbefreiung und Versagungsgründe, ZVI 2011, 273;; *ders* Lohnabtretungen in der Insolvenz nach Aufhebung von § 114, NZI 2014, 529; *ders* Schranken einer Rücknahme des Restschuldbefreiungsantrags, ZInsO 2017, 193; *Beicht/Schmitz-Winnenthal* Beratungshilfe für das außergerichtliche Insolvenzverfahren, ZVI 2006, 265; *Blankenburg* Änderungen im Ablauf des Eröffnungsverfahrens, ZInsO 2014, 801; *Blankenburg/Godzierz* Die vorzeitige Restschuldbefreing gem § 300 Abs 1 S 2, ZInsO 2014, 1360; *Büttner* Erteilung der Restschuldbefreiung als höchstpersönliches, unvererbliches Recht des Schuldners, ZInsO 2013, 615; *ders* Private Vermögensverwaltung – Abgrenzung zwischen Regel- und Verbraucherinsolvenz; *Dahl/Thomas* Abführungspflicht des selbstständigen Schuldners, VIA 2013, 33; *Dornblüth/Pape* Ausweitung der ausgenommenen Forderungen des § 302 Nr 1 InsO, ZInsO 2014, 1625; *Eckert* Die Schuldnerwohnung im Verbraucherinsolvenzverfahren, ZVI 2006, 133; *Frind* Praxisprobleme des reformierten Privatinsolvenzverfahrens, ZInsO 2013, 1448; *ders* Keine Stundungsgewährung und Restschuldbefreiungsaussicht für Strafgefangene, ZInsO 2015, 1667; *ders* Die vorzeitige Restschuldbefreiung mit Mindest-Quotenzahlung, ZInsO 2017, 814; *Fuchs* Die Anfechtungsbefugnis des Treuhänders im Verbraucherinsolvenzverfahren nach der Änderung des § 313 Abs 2 S 3 InsO durch das InsO-Änderungsgesetz 2001, ZInsO 2002, 358; *Fuchs/Bayer* Forderungen aus Arbeitsverhältnissen – entbehrliche Klarstellung im Gesetzestext oder Auslegungsproblem, ZInsO 2003, 300; *Grote* Zur Abführungspflicht des Selbstständigen gem § 295 Abs 2 InsO in der Wohlverhaltensperiode, ZInsO 2004, 1105; *ders* Der 1.7.1998 – Startschuss für das Verbraucherinsolvenzverfahren; *Grote/Pape* Das Ende der Diskussion? Die wichtigsten Neuregelungen zur Restschuldbefreiung, ZInsO 2013, 1433; *Grunsky/Kupka* Anforderungen an die Herausgabe einer hälftigen Erbschaft im Restschuldbefreiungsverfahren, NZI 2013, 465; *Henning* Die Änderungen in den Verfahren der natürlichen Personen durch die Reform 2014, ZVI 2014, 7; *ders* Die Verkürzung des Restschuldbefreiungsverfahrens gem § 300 aus Schuldnersicht, ZVI 2014, 219; *Hergenröder* Der Treuhänder im Spannungsfeld zwischen Schuldner- und Gläubigerinteressen, ZVI 2005, 521; *ders* Die Anerkennung geeigneter Stellen nach § 305 Abs 1 Nr 1 InsO, ZVI 2007, 448; *Heuer/Hils/Richter/Schröder/Sackmann* Der außergerichtliche Einigungsversuch im Verbraucherinsolvenzverfahren, 2005; *Heyer* Restschuldbefreiung für Strafgefangene, ZVI 2015, 357; *Heyrath/Jahnke/Kühn* Der Tod des Schuldners im Insolvenz- und Restschuldbefreiungsverfahren, ZInsO 2007, 1202; *Jäger* Die Verkürzung des Restschuldbefreiungsverfahrens gem § 300 aus Gläubigersicht, ZVI 2014, 223; *Kramme* Der Verzicht auf die Restschuldbefreiung – Grenzen der Privatautonomie, ZInsO 2015, 2206;; *Laroche* Vollstreckung von Geldbußen wegen Ordnungswidrigkeiten in der Insolvenz, VIA 2014, 17; *Laroche/Siebert* Neuerungen bei Versagung und Erteilung der Restschuldbefreiung, NZI 2014, 541; *Lissner* Fehlende Deckung der Mindestvergütung, ZInsO 2013, 162; *Pape* Sperrwirkung gescheiterter Restschuldbefreiungsversuche in Insolvenzverfahren über das Vermögen natürlicher Personen, FS Ganter, 2010, S 315; 454; *ders* Rücknahme des Antrages auf Restschuldbefreiung durch den Schuldner bei drohender Versagung, ZInsO 2017, 565; *Pape/Schaltke* Bestreiten des Versagungsgrunds durch den Schu im Schlusstermin, NZI 2011, 238; *Petershagen* Erzwingungshaft und Ersatzfreiheitsstrafe trotz Zwangsvollstreckungsverbot im Insolvenzverfahren? ZInsO 2007, 703; *Rein* Versagung der Restschuldbefreiung bei Vermögensverschwendung, NJW-Spezial 2016, 661; *Riedel* Behandlung von Gehaltsabretungen nach Wegfall des § 114 InsO, ZVI 2015, 91; *Rüntz/Heßler/Wiedemann/Schwörer* Die Kosten des Stundungsmodells, ZVI 2006, 185; *Schäferhoff* Probleme bei der gerichtlichen Zustimmungsersetzung nach § 309 InsO, ZInsO 2001, 687; *Schmerbach* Rechtliche Aspekte der Selbstständigkeit natürlicher Personen im Insolvenzverfahren, ZVI 2003, 256; *ders* Ausweitung der Erwerbspflicht des Schuldners auf das eröffnete Verfahren, ZVI 2012, 155; *Sieber* Aktuelles zu Eingangs- und Stundungsentscheidung, VIA 2016, 9; *Stahlschmidt* Das Schicksal der Einkommensteuererstattung im Insolvenzverfahren, ZInsO 2006, 629; *Vallender* Das Schicksal nicht berücksichtigter Forderungen im Verbraucherinsolvenz- und Restschuldbefreiungsverfahren, ZIP 2000, 1288; *Voigt* Weiter im Schuldturm trotz Restschuldbefreiung? Gedanken zur Auslegung von §§ 286, 301 InsO, ZInsO 2002, 569; *Waltenberger* Die vorzeitige Restschuldbefreing und Problemfälle zum neuen § 300 InsO, ZInsO 2014, 808; *ders* Die vorbehaltenen Geschäfte des § 18 Abs 1 RpflG, Rpfleger 2015, 121; *Warrikoff* Mehrfacheinkünfte während der Wohlverhaltensphase, ZInsO 2004, 1331.

I. Regelungsbedarf

1 Viele private Haushalte in Deutschland sind überschuldet oder nur bedingt zahlungsfähig. Im Mittel ist im Jahre 2016 jeder Bundesbürger mit 10 793 EUR kreditbelastet.[1] Kommt es jetzt zu Störungen in den persönlichen oder wirtschaftlichen Verhältnissen der Kreditnehmer, droht schnell eine Verschuldensspirale. Dabei dürfte der Verlust des Arbeitsplatzes, das Auseinandergehen von Lebensgemeinschaften wie der Ehe oder sonstigen Partnerschaften, Krankheit und wirtschaftlich falsche Entscheidungen wesentliche Grundlage der finanziellen Krise sein. Auch Fälle eines Konsumverhaltens, das nicht in Einklang mit der finanziellen Leistungsfähigkeit der Schuldner steht, führt zu erheblicher Verschuldung.

2 Die Inanspruchnahme von Konsumentenkrediten prägt weiterhin das Konsumverhalten. Im Jahr 2011 wurden 7,7 Mio neue Ratenkredite aufgenommen.[1] Eine Vielzahl von Geschäften werden heute über moderne Medien wie dem Internet oder telefonisch abgeschlossen. Diese stetige Zunahme könnte auch auf das weiterhin niedrige Zinsniveau zurückzuführen sein, stellt aber für den Fall eines Ansteigens des Basiszinses ein neues Überschuldungsrisiko dar.

3 Gesellschaften und Vereine entschulden sich letztlich durch Löschung.[2] Damit aber auch die wirtschaftlich tätige natürliche Person entschulden kann, war die Einführung eines Entschuldungsverfahrens geboten. Der Gesetzgeber geht zu Recht davon aus, dass eine Wirtschaftsordnung mit einem für Schuldner wie auch Gl funktionierenden Entschuldungsverfahren letztlich leistungsfähiger ist. Dies darf dann aber nicht nur Gesellschaften erfassen,

1 Schufa Kredit Kompass 2012, www.schufa-kredit-kompass.de.
2 So in §§ 42 Abs 1 BGB; 262 Abs 1 Nr 3 AktG; 60 Abs 1 Nr 4.

sondern auch natürliche Personen. Mit dem Verbraucherinsolvenzrecht wurde auch bislang unselbstständig beschäftigen Menschen eine Möglichkeit zur Seite gestellt, sich im Wege eines geordneten Verf zu Entschulden.

II. Gesetzgebungshinweise

Sowohl auf Grund des gestiegenen innerstaatlichen Bedarfs an einem Entschuldungssystem als auch im internationalen Vergleich[3] begann bereits in den 1970er Jahren eine Diskussion über die Einführung einer Insolvenzordnung,[4] die auch eine Befreiung von Verbindlichkeiten für natürliche Personen umfassen sollte. 4

Gleichwohl dauerte es noch bis in das Jahr 1994, bis es zur Verabschiedung der InsO gekommen ist.[5] Noch vor ihrem Inkrafttreten zum 1.1.1999 erfuhr die InsO bereits 10 Gesetzesänderungen und zeigt auch, wie kontrovers die Regelungen in der Gesellschaft aufgenommen worden sind. 5

Die **praktische Bedeutung** der gesetzlichen Restschuldbefreiung ist durch das **G v 26.10.2001**[6] wesentlich erhöht worden. Auch der völlig mittellose Schu sollte Zugang zum Verfahren erhalten. Ihm werden die zu erwartenden Verfahrenskosten gestundet (§ 4a InsO). 6

Die Anforderungen an eine Entschuldung natürlicher Personen unterliegt weiterhin beständiger Reformen. So wurde mit Beschluss des 17. Deutschen Bundestages am 15.5.2013 das Gesetz zur Verkürzung der Restschuldbefreiung und zur Stärkung der Gläubigerrechte verabschiedet und im Bundesgesetzblatt v 15.7.2013 veröffentlicht.[7] Auch im europäischen Rechtsraum gibt es Bestrebungen einer Harmonisierung der Entschuldungsregelungen.[8] Konkret wird hier eine Entschuldungsfrist von drei Jahren angesprochen.[9] Die Mitgliedsstaaten sollen jedoch in der Lage sein, strengere Anforderungen anzulegen. Hierunter fallen auch Kriterien der „Redlichkeit" des Unternehmers.[10] Konkret angesprochen werden in der Empfehlung lediglich Unternehmer. Auch ist die Empfehlung eingebettet in den Aktionsplan Unternehmertum 2020.[11] Es bleibt abzuwarten, wie weitgehend die Einflussnahme der EU auf die nationalstaatlichen Regelungen ausfallen wird. 7

III. Grundzüge der Restschuldbefreiung

Die Restschuldbefreiung nach der InsO setzt im Grundsatz voraus, dass Vermögen und Verbindlichkeiten des Schu in einem InsVerf festgestellt werden und das Verf bis zur Schlussverteilung durchgeführt wird. Im Anschluss an das InsVerf muss der Schu noch für eine Frist, die **sechs Jahre** – gerechnet von der VerfEröffnung an – beträgt, **sein pfändbares Einkommen** zur Befriedigung der Gl **zur Verfügung stellen**. 8

Die InsO will die Entschuldung jedoch nicht nur am Befriedigungsinteresse der Gl orientieren. Vielmehr hat sich der Schu redlich iSd §§ 290, 295 zu verhalten. Das Gesetz will insoweit die Interessen der Gl in gleicher Weise berücksichtigen wie die des Schu.[12] Die Gl 9

3 Zur Übersicht internationaler Entschuldungsregelungen: *Uhlenbruck/Sternal* vor § 286 Rn 30-43.
4 MK/*Ehrike* Vor § 286 Rn 1.
5 BGBl I v 5.10.1994, 2866.
6 BGBl I, 2710.
7 BGBl I, 2379; Weiteres zur Entstehung und den Änderungen: unten vor 286 nF.
8 Empfehlung der Kommission v 12.3.2014, C(2014) 1500 final.
9 Empfehlung der Kommission v 12.3.2014, C(2014) 1500, Rn 30.
10 Empfehlung der Kommission v 12.3.2014, C(2014) 1500, Rn 32.
11 COM(2012) 795 final.
12 Begr RegE, BT-Drucks 12/2443, 187 ff.

haben zwar das unbegrenzte Nachforderungsrecht verloren, das ihnen die KO gewährte, der geringe wirtschaftliche Wert dieses Rechts ist jedoch dadurch ausgeglichen worden, dass der Schu zu einem gläubigerfreundlichen Verhalten motiviert wird. Unter diesem Gesichtspunkt kann man die Regelung der Restschuldbefreiung in der InsO auch als gesetzlich festgelegten Vergleich ansehen, der **typischerweise im Interesse aller Beteiligter** liegt. Das Ziel der Restschuldbefreiung tritt, wie in § 1 formuliert, neben das Ziel der GlBefriedigung, es steht nicht im Gegensatz zu diesem.

IV. Vereinbarkeit mit dem Grundgesetz

10 **Verfassungsrechtlich** bilden die Vorschriften über die Restschuldbefreiung eine nach Art 14 Abs 1 S 2 GG zulässige Bestimmung von Inhalt und Schranken der Rechte der Gl, die den Interessen der Beteiligten ausgewogen Rechnung trägt.[13] Gegen einen Missbrauch des Verf durch unredliche Schu sind ausreichende Vorkehrungen getroffen.

11 Dies gilt auch nach der Erleichterung des Zugangs zur Restschuldbefreiung durch das **G v 26.10.2001**. Zwar kann man daran zweifeln, ob es sinnvoll ist, solche mittellosen Schu, die keine Aussichten haben, je wieder pfändbares Vermögen zu erwerben, in einem aufwendigen Verf auf Kosten des Staates von ihren Schulden zu befreien.[14] Ein verfassungswidriger Eingriff in die Rechte der Gl, deren Befriedigungschancen in einem solchen Fall ohnehin gleich Null sind, liegt darin jedoch nicht.

12 **Vorlagen des AG München** an das BVerfG, in denen die Restschuldbefreiung als Verstoß gegen die Eigentumsgarantie und – soweit sie gegen Gl wirkt, die sich am Verf nicht beteiligt haben – als Verstoß gegen den Grundsatz des rechtlichen Gehörs gem Art 103 Abs 1 GG gerügt wurde,[15] sind sämtlich vom BVerfG als unzulässig zurückgewiesen worden, weil sie mehr rechtspolitisch als verfassungsrechtlich begründet seien und weil die EntschErheblichkeit nicht hinreichend dargelegt sei.[16] Sie hatten auch in der Sache keine Erfolgsaussicht.[17] Ebenso wenig begründet ist der Vorwurf, die InsO schränke die Rechte des Schu – insb durch die Einbeziehung des Neuerwerbs in die InsMasse – so stark ein, dass ein Verstoß nicht nur gegen das Grundgesetz, sondern auch gegen die Europäische Menschenrechtskonvention vorliege.[18]

V. Verbindungen zu anderen Teilen der Rechtsordnung

13 **1. Der bürgerlich-rechtliche Schutz vor wirtschaftlicher Überforderung.** Die **Generalklauseln des Bürgerlichen Rechts**, insb die Vorschrift des § 138 BGB über die Nichtigkeit sittenwidriger Verträge, aber auch die Regelungen über Finanzierungs- und Ratenlieferungsver-

---

13 Dazu ausf *K/P/B/Wenzel* § 286 Rn 56–69; *Forsblad* Restschuldbefreiung und VerbraucherIns im künftigen dt InsR, S 275–279; vgl auch *Pape* ZInsO 2009, 601; *Gottwald/Ahrens* § 76 Rn 7–10.

14 Vgl zB die Kritik und die Reformvorschläge von *Heyer* Restschuldbefreiung im InsVerf, S 24–37.

15 *AG München* 30.8.2002, ZVI 2002, 330; 20.11.2002, ZIP 2003, 177; 25.9.2003, ZVI 2003, 546; 9.6.2004, NZI 2004, 456 mit Anm *Sesemann*. Nach FK/*Ahrens* § 286 Rn 7 sind noch in weiteren Verf des AG München entspr Vorlagen an das BVerfG ergangen.

16 *BVerfG* 3.2.2003, ZVI 2003, 79; 14.1.2004, ZInsO 2004, 339 mit Anm *Pape*; 7.7.2004, Az 1BvL 3/04; 12.12.2005, ZInsO 2006, 317 mit Anm *Grote*; vgl auch *BGH* NZI 2004, 510: Unzulässig ist auch eine RechtsBeschw mit dem Ziel, ein gesetzgeberisches Konzept insg auf seine Vereinbarkeit mit der Verfassung überprüfen zu lassen.

17 Vgl FK/*Ahrens* § 286 Rn 7-11; *Prütting/Stickelbrock* ZVI 2002, 305; *Pape* ZInsO 2002, 951.

18 So aber *Roellenbleg* NZI 2004, 176; dazu *BGH* ZVI 2004, 518: „Diese Auffassung geht offensichtlich fehl, weil sie den rechtlichen Zusammenhang mit den Regeln über die Restschuldbefreiung verkennt …".

träge, können im Einzelfall Schutz vor der Entstehung einer Überschuldung bieten. Nichtig sein können danach beispielsweise Kreditverträge, bei denen der Kreditgeber die wirtschaftliche Unerfahrenheit des Vertragspartners ausnutzt, und Bürgschaften, die von Angehörigen des HauptSchu wegen der persönlichen Bindung eingeräumt werden und die den Bürgen offensichtlich finanziell überfordern. Derartig missbräuchliche Vertragsgestaltungen werden auch nicht dadurch legitimiert, dass die wirtschaftlich unterlegene Vertragspartei die Möglichkeit hat, sich durch ein InsVerf von ihren Schulden zu befreien.[19]

Die Vermeidung von PrivatIns ist ein Ziel der Änderung des **Rechts der Verbraucherdarlehen** durch das G v 29.7.2009.[20] Durch umfangreiche Änderungen des BGB verpflichtet das Gesetz die Kreditgeber ua zur allg Unterrichtung und Aufklärung der Verbraucher, zu bes vorvertraglichen Informationen und zur Kreditwürdigkeitsprüfung vor dem Abschluss eines Darlehensvertrages. Das Recht der Kündigung von Verbraucherdarlehen ist kundenfreundlicher ausgestaltet worden. 14

Für **Verbindlichkeiten, die während der Minderjährigkeit begründet worden sind,** haftet der volljährig Gewordene gem § 1629a BGB grds nur mit dem Vermögen, das bei Eintritt der Volljährigkeit vorhanden war.[21] 15

2. Die einvernehmliche Schuldbefreiung. Die Möglichkeiten einvernehmlicher Regelungen zwischen dem Schu und den Gl über eine Bereinigung seiner Verbindlichkeiten sollen durch die gesetzliche Restschuldbefreiung **in keiner Weise verdrängt** werden.[22] Vielmehr kommt eine gesetzliche Schuldbefreiung nach der InsO nur dann in Betracht, wenn es nicht vor VerfEröffnung oder im Verf gelingt, eine einvernehmliche Schuldenbereinigung zu erreichen. Im eröffneten InsVerf ist der InsPlan (§§ 217–253) das Instrument für eine solche Lösung, die an den Vergleich oder Zwangsvergleich des früheren Rechts anschließt.[23] **Verbraucher** haben zunächst außergerichtlich „auf der Grundlage eines Plans" eine Einigung mit den Gl zu versuchen (§ 305 Abs 1 Nr 1) und ggf anschließend mit dem Antrag auf VerfEröffnung dem Gericht einen „Schuldenbereinigungsplan" vorzulegen (§ 305 Abs 1 Nr 4). Ergänzend wird mit Inkrafttreten des **G v 15.7.2013** zum 1.7.2014[24] der Anwendungsbereich des Insolvenzplans auf VerbrInsVerf erweitert.[25] 16

3. Flankierende Regelungen zur Restschuldbefreiung in anderen Teilen der Insolvenzordnung. Im Zusammenhang mit der Restschuldbefreiung steht die **Einbeziehung des Neuerwerbs** in die InsMasse (§ 35 letzter HS). Das pfändbare Einkommen des Schu wird nicht nur während der Laufzeit der Abtretungserklärung nach der Aufhebung des InsVerf, sondern schon während des Verf zur Befriedigung der Gl herangezogen. 17

4. Verpflichtung des Unterhaltsschuldners zum Insolvenzantrag? Nach Auff des XII. Senats des BGH kann eine Person, die Minderjährigen Unterhalt schuldet, die Obliegenheit treffen, die Eröffnung eines InsVerf zu beantragen, um sich in die Lage zu versetzen, ohne Berücksichtigung von Drittschulden laufenden Unterhalt zu zahlen, und um nach Ablauf von sechs Jahren Befreiung von diesen Schulden zu erlangen. Ob im Einzelfall diese Obliegenheit besteht, soll sich allerdings immer nur aus einer umfassenden Würdigung aller 18

---

19 *BGH* NZI 2009, 609 mit zust Anm *Ahrens* NZI 2009, 597.
20 BGBl I, 2355; zum RegE *J Wittig/A Wittig* ZInsO 2009, 633.
21 Zu den insrechtl Implikationen *Piekenbrock* KTS 2008, 207.
22 Vgl *Uhlenbruck/Vallender* Vor § 286 Rn 22–27.
23 Zum InsPlan als Alt zur gesetzlichen Restschuldbefreiung bei Einzelunternehmern vgl *Ehlers* DStR 2010, 2523.
24 BGBl I, 2379.
25 Die Regelung erfasst auch Verfahren, die vor Inkrafttreten beantragt worden sind, hierzu: Art 103h EGInsO.

Umstände ergeben können.[26] Folgt man der Entsch, so ist die Höhe des geschuldeten Unterhalts ohne Berücksichtigung der Drittschulden zu berechnen, wenn der Schu eine solche Obliegenheit verletzt.[27] Gegenüber einem getrennt lebenden oder geschiedenen Ehegatten besteht auch nach Auff des XII. Senats keine Obliegenheit des UnterhaltsSchu zur Einl eines InsVerf.[28] Daneben können Unterhaltsrückstände in besonderen Fällen auch zu den nach § 302 von der Restschuldbefreiung ausgenommenen Forderungen gelten.

19 **5. Zulassung als Rechtsanwalt bei angekündigter Restschuldbefreiung.** Nach § 7 Nr 9 BRAO ist die Zulassung zur Rechtsanwaltschaft zu versagen, wenn sich der Bewerber in Vermögensverfall befindet; dies wird vermutet, wenn ein InsVerf über das Vermögen des Bewerbers eröffnet ist. Die Gefährdung der Interessen der Rechtssuchenden durch den Vermögensverfall wird nicht schon dadurch beseitigt, dass im laufenden InsVerf der mit der Anwaltstätigkeit verbundene Zahlungsverkehr über den InsVerw abgewickelt wird.[29] Auch wenn Restschuldbefreiung beantragt ist, kann diese Gefährdung nur in Ausnahmefällen wegfallen, zB durch arbeitsvertragliche Beschränkungen der Anwaltstätigkeit und andere Sicherungsvorkehrungen.[30] Die Freigabe der Kanzlei durch den InsVerw nach § 35 Abs 2 reicht für sich genommen nicht aus.[31] Wenn das InsVerf jedoch aufgehoben und die Restschuldbefreiung angekündigt worden ist (§ 291 Abs 1 InsO) oder ein Schuldenbereinigungsplan zustande gekommen ist (§ 308 Abs 1 InsO), kann nicht mehr von ungeordneten Vermögensverhältnissen gesprochen werden. Die Zulassung zum RA kann nicht mehr mit dieser Begr widerrufen oder abgelehnt werden.[32] Gleiches gilt, wenn ein InsPlan zur Sanierung der Vermögensverhältnisse des Rechtsanwalts von den Gl angenommen und vom Gericht bestätigt worden ist.[33]

VI. Kosten der Restschuldbefreiung

20 **1. Gerichtskosten.** Das Verf, das zur Restschuldbefreiung führt, ist im Grundsatz mit den allg Gebühren für die Durchführung des InsVerf abgegolten.[34] Die in diesem Verf zusätzlich entstehenden Gerichtskosten, für die der Schu einzustehen hat (§ 23 Abs 3 GKG), beschränken sich daher auf die **Auslagen** (zB durch Anhörungen und Veröffentlichungen, vgl etwa § 300 Abs 1, 3 S 1).

21 Nur für die Entsch über **GlAnträge zur Versagung oder zum Widerruf der Restschuldbefreiung** nach Beginn der Laufzeit der Abtretungserklärung ist in Nr 2350 des Kostenverzeichnisses zum GKG eine zusätzliche Pauschalgebühr von 35 EUR vorgesehen. Für diese und die mit den Anträgen verbundenen Auslagen ist nach § 50 Abs 2 GKG KostenSchu der Antrag stellende Gl; er hat die Gebühr auch dann zu zahlen, wenn der Versagungsantrag

26 *BGHZ* 162, 234; vgl auch *OLG Brandenburg* ZInsO 2009, 2019.

27 Vgl *OLG Hamm* NZI 2007, 299; *Pape* ZInsO 2003, 625 f. Krit zu der Entsch, die den Vorrang des UnterhaltsGl in der Einzelzwangsvollstreckung nicht ausreichend berücksichtigt und die sich auch zum Nachteil der Unterhaltsberechtigten auswirken kann, *Fischer* ZVI 2005, 357; *Bayer/Schützeberg* ZVI 2005, 393; *Foerste* ZInsO 2010, 1961; *Gottwald/Ahrens* § 77 Rn 24 f.

28 *BGHZ* 175, 67 = NJW 2008, 851 mit Anm *Melchers* NJW 2008, 806; im gleichen Sinne *OLG Koblenz* ZVI 2005, 626 für das Verhältnis des UnterhaltsSchu zur Mutter seines nichtehelichen Kindes.

29 *BGH* ZVI 2007, 619.

30 *BGH* ZVI 2007, 618.

31 *BGH* NZI 2011, 464; vgl *BGH* ZInsO 2010, 86; entspr für den Widerruf der Zulassung eines Steuerberaters *BFH* ZInsO 2010, 1138.

32 *BGH* ZInsO 2010, 1380; für den Steuerberater *BFH* ZInsO 2009, 1405.

33 *BGH* ZInsO 2010, 1380; vgl *BVerfG* ZVI 2004, 297 zur Amtsenthebung eines Notars.

34 Allg Begr zu Art 27 RegE EGInsO, BT-Drucks 12/3803, 72.

begründet ist.[35] Für das Verf über die Beschw gegen eine solche Entsch fällt eine Gebühr von 60 EUR an und für das Verf über die RechtsBeschw eine Gebühr von 120 EUR, beides allerdings nur, wenn die Beschw verworfen oder zurückgewiesen wird (Nr 2371, 2375 des Kostenverzeichnisses).

2. Vergütung des Treuhänders. Kosten entstehen weiter durch die Vergütung des Treuhänders, die in § 293 und in der **InsVV** (§§ 14–16) geregelt ist.[36] 22

3. Anwaltsgebühren. Das RVG[37] sieht eine eigenständige Gebühr für die Beantragung der Restschuldbefreiung zu Gunsten des anwaltlichen Schuldnervertreters nicht vor. Der Restschuldbefreiungsantrag werde regelmäßig mit dem Insolvenzantrag verbunden und stehe in unmittelbarem Zusammenhang mit dieser Tätigkeit, so dass ein eigenständiger Gebührentatbestand nicht erforderlich erscheint.[38] Für die Vertretung des Schu im Eröffnungsverfahren kann der Rechtsanwalt eine 1,0 Gebühr verlangen.[39] Ein Gläubigervertreter erhält für die Tätigkeit im Eröffnungsverfahren eine halbe Gebühr.[40] Wird der RA mit der Stellung eines Versagungsantrages nach §§ 290, 295 beauftragt, kann er ebenfalls eine halbe Gebühr geltend machen.[41] Der Anspruch auf diese halbe Gebühr entsteht nach der neuen Rechtslage auch dann, wenn ein Versagungsantrag schon während des InsVerf gestellt wird. 23

Der Gegenstandswert bemisst sich nach § 28 RVG. Wird der Rechtsanwalt im Auftrag des Schu tätig, bestimmt sich nach § 28 Abs 1 der Kostenwert nach der InsMasse. Aufträge für Gl hingegen werden nach dem Wert der Forderung berechnet (§ 28 Abs 2). 24

Für alle übrigen Fälle sieht Abs 3 eine Auffangregelung vor. Der Gebührenstreitwert bemisst sich dann ausschließlich nach dem wirtschaftlichen Interesse des Vertretenen, mindestens jedoch 4 000 EUR. Anwendungsfälle sind Aufträge, die weder vom Schu noch einem InsGl stammen, die Vertretung in einem Insolvenzplan betreffen, die Versagung oder der Widerruf der Restschuldbefreiung und in Beschwerdeverfahren.[42]

4. Stundung der Verfahrenskosten. Durch das G v 26.10.2001 ist für den Schu im InsVerf eine eigenständige, von der PKH nach der ZPO abw VerfKostenhilfe eingeführt worden. Sie ist in den §§ 4a–4d InsO geregelt. Außerhalb des Bereichs dieser Stundungsregelung bleibt die Gewährung von PKH möglich, zB für einen Schu, der gegen die Versagung der Restschuldbefreiung und die Aufhebung der Stundung mit der Beschw oder RechtsBeschw vorgeht.[43] 25

VII. Grenzüberschreitende Anerkennung der Restschuldbefreiung

Hat ein Schu mit Wohnsitz in Deutschland auf der Grdl eines deutschen InsVerf Restschuldbefreiung erlangt, so wird diese grds auch in den anderen Mitgliedstaaten der EuInsVO anerkannt.[44] In entspr Weise wird in Deutschland grds eine Restschuldbefreiung anerkannt, die aufgrund eines in einem anderen Mitgliedstaat durchgeführten InsVerf über das Vermögen eines dort ansässigen Schu ausgesprochen worden ist. Für eine Restschuldbe- 26

35 *LG Göttingen* ZVI 2008, 121.
36 Insoweit wird auf die Kommentierung zu § 293 und der InsVV verwiesen.
37 V 5.5.2004, BGBl I, 718.
38 Vgl *Th Schmidt* ZInsO 2004, 308 f.
39 Nr 3313 VV-RVG.
40 Nr 3314 VV-RVG.
41 Nr 3321 VV-RVG.
42 *Mayer/Kroiß/Gierl* RVG § 28 Rn 21.
43 Vgl *BGH* WM 2011, 1280.
44 Vgl Art 16 Abs 1, Art 17 Abs 1, Art 25 Abs 1 S 1 der VO (EG) Nr 1346/2000.

freiung als Folge eines InsVerf, das in einem Drittstaat durchgeführt worden ist, ergibt sich der Grundsatz der Anerkennung in Deutschland aus § 343. Wird ein „PartikularInsVerf" nur über das inländische Vermögen eines im Ausland ansässigen Schu durchgeführt, so sind in diesem Verf die Vorschriften über eine kraft Gesetzes eintretende Restschuldbefreiung nicht anzuwenden.[45]

VIII. Die Reform zur Verkürzung der Restschuldbefreiung

27 **1. Die Entwicklung der Reform.** Insb vor dem Hintergrund der enormen Verfahrenszahlen im Bereich des vereinfachten InsVerf, aber auch vor den aus der Verfahrenskostenstundung zu erwartenden Kostenlasten für die Länder, wird seit Jahren eine rechtspolitische Debatte über grundlegende Änderungen des VerbrInsVerf geführt. Daher kam es im Januar 2007 zur Vorlage eines RefE zur Entschuldung mittelloser Personen, Stärkung der Gläubigerrechte sowie zur Regelung der Insolvenzfestigkeit von Lizenzen (EntschuldungsG), welcher im August 2007 als RegE der Fachöffentlichkeit vorgestellt worden ist.[46] Auf Grundlage der hierin entwickelten Eckpunkte folgte eine breite Diskussion des Entwurfes und der Eckpunkte der beabsichtigten Neuregelung.[47]

28 Der Entwurf gelangte nicht zur parlamentarischen Verabschiedung. Gleichwohl wurde an dem festgestellten Regelungsbedarf weiterhin festgehalten. So wurde im Koalitionsvertrag der Regierungskoalition der 17. Legislaturperiode des Deutschen Bundestages zwischen den Parteien CDU, FDP und CSU eine dreistufige Reform der InsO vereinbart.[48]

29 Mit dem **RefE des Bundesministeriums der Justiz v 18.1.2012** wurde die 2. Stufe der insolvenzrechtlichen Reformbemühungen gestartet. Neue Eckpunkte des Reformansatzes waren der Wegfall des außergerichtlichen Schuldenbereinigungsverfahrens für offenkundig aussichtslose Pläne, die Verkürzung der Verfahrensdauer bis zur Erlangung der Restschuldbefreiung, die Stärkung der Eigentumsrechte der beteiligten Gl, die funktionelle Übertragung des VerbrInsVerf einschließlich des Antragsverfahrens auf den Rechtspfleger sowie eine Regelung zur Insolvenzfestigkeit von Lizenzen.[49] Auch die Ausweitung der von der Restschuldbefreiung ausgenommenen Forderungen war Bestandteil des RefE.

30 Trotz steter Zunahme der beantragten und eröffneten VerbrInsVerf kam es in der Vergangenheit nur selten zur Schuldenbereinigung über den gerichtlichen Schuldenbereinigungsplan. Bei einer Verfahrensanzahl von insgesamt 102 608 kam es im Jahr 2012 lediglich in 1 694 Fällen zur Regulierung mittels eines gerichtlichen Plans.[50]

31 Gescheiterte Unternehmer und Personen, die aufgrund von Arbeitslosigkeit, Scheidung oder Krankheit in die Überschuldung (gemeint war wohl die Zahlungsunfähigkeit) geraten sind, sollten mit der Reform zügig eine zweite wirtschaftliche Chance erhalten.[51] Hierzu sollte unter der Voraussetzung der Deckung der Verfahrenskosten im Verfahren eine **Verfahrensverkürzung** auf 5 Jahre sowie im Falle einer zusätzlichen Befriedigungsquote von 25 % eine Verfahrensverkürzung um die Hälfte eingeführt werden. Diese Verfahrensbeschleunigung sollte zum einen sicherstellen, dass der vorgenannte Personenkreis möglichst schnell wieder dem Kreis der wirtschaftlich leistungsfähigen, besser: kreditwürdigen, Perso-

45 Vgl Art 3 Abs 2, Art 17 Abs 2 EuInsVO, §§ 354 f InsO; ausf zum „Internationalen VerbraucherInsR" *Hergenröder* ZVI 2005, 233.

46 BT-Drucks 16/7516.

47 Hierzu: HK-InsO/*Landfermann* 6. Aufl § 304 Rn 4 f.

48 Koalitionsvertrag der CDU/CSU und der FDP v 26.10.2009, S 18.

49 RefE v 18.1.2012.

50 *Statistisches Bundesamt* Insolvenzstatistik, Fachserie 2, R 4.1 12/2012.

51 RefE v 18.1.2012, Zielbestimmung A.

nen zugeführt wird. Gleichzeitig wollte man mit den Verkürzungsvoraussetzungen besondere Anreize zur Kosten- und Gläubigerbefriedigung durch den Schu schaffen.[52]

2. Das aktuelle Recht im Überblick. Vor oder spätestens mit der Verfahrenseröffnung ist durch das Gericht die **Zulässigkeit** des Antrages auf Erteilung der Restschuldbefreiung festzustellen. Eine Anhörung der InsGl findet in diesem Stadium des Verfahrens nicht statt. **32**

Die Laufzeit des Restschuldbefreiungsverfahrens war im Koalitionsvertrag der Regierung der 17. Legislaturperiode erster Ansatz zur Reform.[53] Um am Wirtschaftsleben Beteiligte schneller wieder zurück zur finanziellen Leistungsfähigkeit und Kreditwürdigkeit zu bringen, war eine Verkürzung der Verfahrenslaufzeit wohl der entscheidende Handlungsansatz. **33**

Das Verfahren bis zur Erteilung der Restschuldbefreiung wird **verkürzt**. Erste Voraussetzung hierbei ist die **Befriedigung der Verfahrenskosten** durch den Schu. Sind diese vollständig gedeckt, kann die Restschuldbefreiung bereits nach fünf Jahren erteilt werden. Schafft es der Schu, auch während einer dreijährigen Verfahrenslaufzeit zusätzlich **35 %** der angemeldeten Forderungen zu befriedigen, wird er bereits nach diesem Zeitraum von den verbleibenden Verbindlichkeiten befreit. Die Erhöhung der Mindestquote von 25 % im RegE auf nunmehr 35 % dürfte vornehmlich den Einwendungen der Interessensverbände der Gl zuzuschreiben sein. So hatte der Bankenfachverband e.V. in seiner Stellungnahme im Rahmen der öffentlichen Expertenanhörung vor dem Rechtsausschuss des Deutschen Bundestages eine Befriedigungsquote von 50 % gefordert.[54] **34**

Die **Erwerbsobliegenheit** des Schu – bislang ausschließlich im Zeitraum ab Aufhebung des InsVerf bis zum Ende der Laufzeit der Abtretungserklärung wirksam – wird auf die gesamte Verfahrensdauer erstreckt und über § 290 Abs 1 Nr 7, sowie weiterhin über § 295 Abs 1 Nr 1 mit der Versagung der Restschuldbefreiung sanktioniert. **35**

Der Versagungsgrund des § 290 Abs 1 Nr 1 wird mit einer **Erheblichkeitsschwelle** von 90 Tagessätzen ausgestattet. Anknüpfungspunkt für das Strafmaß wird unter entsprechender Anwendung der Rechtsprechung des BGH zu den Tilgungsfristen ausschließlich die für das Bankrottdelikt verhängte Einzelstrafe sein.[55] Auch die **zeitliche Wirkungsdauer** einer Verurteilung wird nach langer Diskussion in Praxis und Literatur in Anlehnung an die Löschungsfristen des BZRG auf fünf Jahre festgeschrieben. Insoweit ist der Streit darüber, ob für den zeitlichen Anwendungsbereich der Norm auf die Löschungsfrist der Gesamtstrafe oder Einzelstrafe abzustellen, ist obsolet. **36**

Eine wichtige **Verfahrensänderung** wird der neue § 290 Abs 2 bringen. Anträge auf Versagung der Restschuldbefreiung können nunmehr jederzeit während der Dauer des InsVerf schriftlich gestellt werden. Gl sind zur Durchsetzung ihrer Rechte nicht länger darauf angewiesen, bei Vorliegen von Versagungsgründen mit dem Vortrag bis zum Schlusstermin abwarten zu müssen. Die Regelung stellt jedoch auch klar, dass die Durchführung des InsVerf und die abschließende Schlussverteilung durch den Versagungsantrag nicht gestört werden soll. Erst nach Abhalten des Schlusstermins wird über die Versagungsanträge entschieden. **37**

Von der Erteilung der Restschuldbefreiung ausgenommen waren bislang lediglich Forderungen, die auf einer vorsätzlich begangenen unerlaubten Handlung des Schu beruhten und als solche zur Tabelle angemeldet worden sind. Diese Ausnahmeforderungen in **§ 302** wer- **38**

52 RefE v 18.1.2012 Begründung A.
53 Koalitionsvertrag der CDU/CSU und der FDP v. 26.10.2009 S 18.
54 *Bankenverband e.V.* Stellungnahme zum Gesetzentwurf elektr Vorabfassung v 31.10.2012.
55 *BGH* 18.2.2010 – IX ZB 180/09; *BGH* NZI 2011, 424.

den für Verfahren, die nach dem 1.7.2014 beantragt worden sind, um weitere ergänzt. Erstens will man **Unterhaltsforderungen** zum Schutz des Unterhaltsgläubigers – aber wohl auch des Trägers der übergegangenen Ansprüche aus Unterhaltsvorschussleistungen – besser stellen. Zweitens werden Forderungen des Fiskus gegen den Schu ausgenommen, wenn diese im Zusammenhang mit einer **Steuerstraftat** des Schu stehen. Die Länder waren bislang die einzigen Gl, die einem Schu, der sie vorsätzlich geschädigt hatte, auch noch im Wege der Verfahrenskostenstundung die Entschuldung von der eigenen Forderung finanzieren mussten. Insoweit dürfte dieses vermeintliche „Fiskusprivileg" wohl noch verträglich sein.

39 Am obligatorischen außergerichtlichen Schuldenbereinigungsplan hat der BT festgehalten. Eine Mindestquote soll es nicht geben. Auch kann das Gericht, soweit es von einer Erfolgsaussicht überzeugt ist, weiter ein gerichtliches Schuldenbereinigungsplanverfahren mit der Möglichkeit der Zustimmungsersetzung durchführen.

40 Die Regelungen über das **Vereinfachte Verfahren §§ 312–314** werden gestrichen. Hierdurch wird auch der Insolvenzplan über das Vermögen eines Verbrauchers anwendbar. Damit erhält dieser neben dem außergerichtlichen Schuldenbereinigungsplan, dem gerichtlichen Schuldenbereinigungsplan einschließlich der Möglichkeit der Zustimmungsersetzung sowie nach Verfahrenseröffnung mit dem **Insolvenzplanverfahren** eine weitere Möglichkeit der einvernehmlichen Schuldenregulierung. Die Einführungsregelung des Art 103h EGInsO sieht vor, dass die Anwendbarkeit des Insolvenzplanverfahrens auf Verbraucherinsolvenzen nicht nur auf Verfahren beschränkt ist, die nach dem 1.7.2014 beantragt werden. Auch „Altfälle" können die Regelungen anwenden.

§ 286 Grundsatz

Ist der Schuldner eine natürliche Person, so wird er nach Maßgabe der §§ 287 bis 303 von den im Insolvenzverfahren nicht erfüllten Verbindlichkeiten gegenüber den Insolvenzgläubigern befreit.

Übersicht

I. Normzweck

1 Die Restschuldbefreiung soll nur der natürlichen Person zukommen. Mit den nachfolgenden Regelungen soll eines der Verfahrensziele – die Entschuldung des redlichen Schu § 1 S 2 – umgesetzt werden. Die Entschuldung erfasst jedoch ausschließlich InsGl und verweist insoweit begrifflich auf § 38. Die Norm regelt den persönlichen Anwendungsbereich der nachgeschalteten Regelungen und stellt eine Anspruchsgrundlage des Schu auf Zugang zum Verfahren dar.[1]

II. Beschränkung auf natürliche Personen

2 Restschuldbefreiung soll jeder **natürlichen Person** zu Gute kommen, soweit sie die Zulässigkeitsvoraussetzungen sowie die nachgeschalteten Vorgaben – insb den mittels der §§ 290 und 295 konkretisierten Begriff der Redlichkeit – erfüllen. Arbeitnehmer, Berufslose, Rent-

1 FK/*Ahrens* § 286 Rn 4; *Schmerbach* NZI 2010, 54.

ner, Gewerbetreibende wie Freiberufler werden von den Vorschriften erfasst. Für Personen die unter den Anwendungsbereich des § 304 fallen, gelten die dort für das außergerichtliche Verfahren, den Insolvenzantrag sowie das InsvVrfahren geregelten Besonderheiten. Personengesellschaften sind bereits nach dem Wortlaut der Norm ausgenommen.

Auch **Straf- und Untersuchungsgefangene** haben einen Anspruch auf Zugang zum Restschuldbefreiungsverfahren.[2] Der Zugang kann auch nicht durch Verweis auf eine mögliche Verletzung der Erwerbsverpflichtung des § 287b oder der Obliegenheit des § 295 Abs 1 Nr 1 unterlaufen werden. Wie § 287a zum Ausdruck bringt, hat das Gericht zunächst eine Entscheidung über die Zulässigkeit des Antrages auf Restschuldbefreiung zu stellen. Die tatsächliche Gewährung derselben hängt in einem späteren Prüfungsschritt von der Redlichkeit des Schu iSd §§ 290, 295 ab. Die Redlichkeitsprüfung ist jedoch keine von Amts wegen zu unternehmende Prüfung. Sie ist durch das Antragserfordernis der Gläubigerautonomie unterstellt. Diese Wertung des Gesetzes würde unterlaufen, wenn man dem Strafgefangenen bereits den Zugang zum Verfahren nimmt.[3] 3

III. Schuldbefreiung nur gegenüber den Insolvenzgläubigern

Die Schuldbefreiung tritt gegenüber allen InsGl (§ 38) ein, unabhängig davon, ob sie sich am Verf beteiligt und ihre Forderung zur Tabelle angemeldet haben. Einige ausgenommene Forderungen sind in § 302 aufgeführt. Ein Recht zur **abgesonderten Befriedigung** wird durch die Restschuldbefreiung nicht berührt (§ 301 Abs 2). Forderungen, die erst nach Eröffnung des Verfahrens begründet worden sind, unterfallen der Restschuldbefreiung nicht. 4

Die Verwendung des Plurals im Text des § 286 („gegenüber den Insolvenzgläubigern") ebenso wie in § 1 S 1 („die Gläubiger") schließt nicht aus, dass auch ein Schu mit nur einem Gl berechtigt ist, die Eröffnung eines InsVerf mit dem Ziel der Restschuldbefreiung zu beantragen. Das Ziel des Gesetzgebers, redlichen Schu die Gelegenheit zu geben, sich von ihren Schulden zu befreien, verbietet bei einem solchen SchuAntrag eine Unterscheidung nach der Zahl der Gl.[4] 5

IV. Zwingendes Recht

Die gesetzliche Regelung der Restschuldbefreiung kann nicht zum Nachteil des Schu abgeändert werden. So kann nicht mittels einer Parteiabrede auf die Restschuldbefreiung verzichtet werden.[5] Eine entspr vertragliche Regelung stellt eine unangemessene Benachteiligung gem § 307 Abs 1 BGB dar. Keine Wirkung hat auch die Vereinbarung in einem Vergleich, der Schu verzichte „auf das Recht auf Restschuldbefreiung".[6] 6

Anders verhält es sich, wenn der Schu selbst auf seinen gestellten Restschuldbefreiungsantrag verzichten will. Ihm steht es frei, seinen Antrag zurück zu nehmen.[7] Einschränkungen 7

---

2 FK/*Ahrens* § 286 Rn 80; *Uhlenbruck/Sternal* § 286 Rn 7; MK/*Stephan* § 286 Rn 6; *Heyer* NZI 2010, 81; *ders* ZVI 2015, 357; *Frind* ZInsO 2015, 1667; aA: *AG Fürth* ZInsO 2015, 1518 mit zust Anm*Haarmeyer*.

3 So aber, unter Verkennung der strikten Trennung des zeitlichen Anwendungsbereiches des § 295: *LG Hannover* ZInsO 2002, 449, ZVI 2002, 130. Bedenklich insoweit auch die Anwendung der Vorwirkungsrechtsprechung bei Entscheidung über die Kostenstundung § 4a: *AG Fürth* ZInsO 2015, 1518 mit Anm *Haameyer*.

4 *Uhlenbruck/Sternal* § 286 Rn 18; *Antoni* DZWIR 2009, 362.

5 *BGH* 25.6.2015 – X ZR 199/14; *Kramme*, ZInsO 2015, 2206.

6 *LG Bochum* v 11.4.2007, 10 T 16/07, veröffentlicht in Juris.

7 *BGH* NZI 2005, 399.

gelten nur dann, wenn durch die Rücknahme Gläubigerrechte verletzt werden können, so beispielsweise bei der Rücknahme nach einem zulässigen Antrag auf Versagung der Restschuldbefreiung.[8]

§ 287 Antrag des Schuldners

(1) [1]Die Restschuldbefreiung setzt einen Antrag des Schuldners voraus, der mit seinem Antrag auf Eröffnung des Insolvenzverfahrens verbunden werden soll. [2]Wird er nicht mit diesem verbunden, so ist er innerhalb von zwei Wochen nach dem Hinweis gemäß § 20 Abs. 2 zu stellen. [3]Der Schuldner hat dem Antrag eine Erklärung beizufügen, ob ein Fall des § 287a Absatz 2 Satz 1 Nummer 1 oder 2 vorliegt. [4]Die Richtigkeit und Vollständigkeit der Erklärung nach Satz 3 hat der Schuldner zu versichern.

(2) Dem Antrag ist die Erklärung beizufügen, dass der Schuldner seine pfändbaren Forderungen auf Bezüge aus einem Dienstverhältnis oder an deren Stelle tretende laufende Bezüge für die Zeit von sechs Jahren nach der Eröffnung des Insolvenzverfahrens (Abtretungsfrist) an einen vom Gericht zu bestimmenden Treuhänder abtritt.

(3) Vereinbarungen des Schuldners sind insoweit unwirksam, als sie die Abtretungserklärung nach Absatz 2 vereiteln oder beeinträchtigen würden.

(4) Die Insolvenzgläubiger, die Forderungen angemeldet haben, sind bis zum Schlusstermin zu dem Antrag des Schuldners zu hören.

Übersicht

I. Normzweck

1 Die **Restschuldbefreiung** soll der natürlichen Person zum Zwecke der Befreiung von Verbindlichkeiten zukommen, die der Schu alleine nicht mehr zurückführen kann. Die Norm regelt gemeinsam mit §§ 286 und 287a die Zulässigkeit des Restschuldbefreiungsantrages. Bereits im Antragsverfahren hat sich der Schu zu entscheiden, ob er die Möglichkeit der Restschuldbefreiung in Anspruch nehmen will. So sollen auch die Gl in die Lage versetzt werden, ihre Verfahrensrechte wahrnehmen und die Einhaltung der Vorgaben des § 290 sowie der Obliegenheiten des § 295 überwachen zu können. Restschuldbefreiung gibt es grds nur im Eigenantragsverfahren.

2 Die Laufzeit des Verfahrens wird durch die Abtretungsfrist des Abs 2 von **sechs Jahren** bestimmt. Zwischenzeitlich sind in § 300 hiervon Abweichungen aufgenommen worden. So kann der Schu die Restschuldbefreiung erlangen, wenn kein InsGl sein Interesse am Verfahren durch Anmeldung seiner Forderung zur Tabelle bekundet hat. Eine Verkürzung auf

---

8 *BGH* 22.9.2016, IX ZB 50/15; zusammenfassend: *Ahrens* ZInsO 2017, 193; *Pape* ZInsO 2017, 565.

fünf Jahre ist für den Fall möglich, dass der Schu zumindest die Verfahrenskosten aufbringt, auf drei Jahre, wenn den Gläubigern eine Mindestbefriedigungsquote von 35 % ausgeschüttet werden kann.

Das **G v 15.7.2013** hat eine Reihe von Verfahrensänderung im Restschuldbefreiungsverfahren gebracht. Der Schu hat nunmehr ergänzend zu seinem Antrag eine Erklärung vorzulegen aus der sich ergibt, ob die Verwerfungsgründe des § 287a Abs 2 vorliegen.[1] Weiter enthält die Neuregelung in Abs 2 jetzt eine Legaldefinition der Abtretungsfrist. Die Abtretungsfrist umfasst den gesamten Zeitraum der Abtretungserklärung. Hiervon zu unterscheiden ist der jetzt im Wortlaut klargestellte Zeitraum der tatsächlichen Bedeutung oder Wirksamkeit der Abtretungserklärung, der in den §§ 294–300 definiert wird mit: „in dem Zeitraum zwischen Beendigung des Insolvenzverfahrens und dem Ende der Abtretungserklärung". 3

II. Der Antrag auf Restschuldbefreiung (Abs 1)

1. Zulässigkeit des Antrags. Der Antrag auf Restschuldbefreiung ist grds **schriftlich** zu stellen. § 13 hat noch in der Fassung des G bis zum 30.6.2007 alleine auf die Antragstellung abgestellt und so für den Insolvenzeröffnungsantrag auch die Erklärung zu Protokoll der Geschäftsstelle zugelassen. Hiervon wurde zum Zwecke der Entlastung der Gerichte Abstand genommen. Insofern erscheint fraglich, ob für den Restschuldbefreiungsantrag etwas anderes gelten kann.[2] Für Verbraucher- und KleinIns sind über § 305 die Schriftform und die Verwendung von Formularen vorgeschrieben.[3] 4

Der Antrag auf Erteilung der Restschuldbefreiung ist ausschließlich im Eigenantragsverfahren des Schu zulässig. Daher sieht Abs 1 vor, dass der Antrag grundsätzlich **mit dem Eigeninsolvenzantrag verbunden** werden soll. Ist der Antrag nicht beigefügt, hat das Gericht den Schu auf die Restschuldbefreiungsmöglichkeit hinzuweisen. Insoweit ist § 287 Abs 1 die speziellere Regelung zu § 20 Abs 2 und sieht eine zwei wöchige Ausschlussfrist vor nach der Belehrung vor. Versäumt der Schu nach ausdrücklichem Hinweis des Gerichtes diese Frist, ist er mit dem Restschuldbefreiungsantrag (zumindest) für dieses Verfahren ausgeschlossen.[4] Dies gilt auch, wenn ein InsVerf über das Vermögen des Schu auf Grund eines Gläubigerantrages eröffnet, die Eröffnungsentscheidung jedoch noch nicht rechtskräftig geworden ist.[5] Den bis dahin nicht gestellten Eigenantrag kann der Schu somit auch im Beschwerdeverfahren nicht mehr nachholen. 5

Versäumt der Schu die **Zweiwochenfrist**, so ist sein verspätet gestellter Antrag auf Restschuldbefreiung als unzulässig zu verwerfen. Für diese Entsch braucht der Schlusstermin (vgl § 289 Abs 1) nicht abgewartet zu werden.[6] Eine Wiedereinsetzung in den vorigen Stand ist nicht statthaft, da es sich bei der Frist des § 287 Abs 1 S 2 nicht um eine Notfrist iSd § 233 ZPO handelt.[7] Wegen dieser scharfen Rechtsfolgen ist der Schu vom Gericht nicht nur über die Zweiwochenfrist, sondern auch über die Rechtsfolgen der Versäumung dieser Frist zu 6

1 Hierzu unten § 287a Rn 10–17.
2 So jedenfalls: FK/*Ahrens* § 290 Rn 10; HambKomm/*Streck* § 287 Rn 4; *Uhlenbruck/Sternal* § 287 Rn 12; **aA** MK/*Stephan* § 290 Rn 22.
3 Vgl § 305 Abs 1 Eingangssatz, Abs 5.
4 Zur Möglichkeit einer Sperrfrist unter Rn 11.
5 *BGH* 4.12.2014, IX ZB 5/14.
6 Vgl *OLG Köln* NZI 2000, 367; *LG Göttingen* NZI 2001, 220.
7 Vgl *OLG Köln* NZI 2000, 587; **aA** *LG Dresden* ZInsO 2008, 48, das eine analoge Anwendung der §§ 233 ff ZPO befürwortet.

belehren.[8] Nur eine **vollständige Belehrung** setzt die Frist in Gang; fehlt sie, so kann der Schu noch bis zum Schlusstermin die Restschuldbefreiung beantragen.[9] Der Hinweis des GEr ist lediglich dann entbehrlich, wenn der Schu bereits im Rahmen eines noch anhängigen Eröffnungsverfahrens ordnungsgemäß belehrt worden ist.[10]

7 Weiteres Zulässigkeitskriterium ist die **Beifügung der Abtretungserklärung** des Abs 2. Wird diese nicht mit dem Antrag und nach ergänzender Aufforderung des Gerichtes vorgelegt, ist der Restschuldbefreiungsantrag unzulässig.[11] Die Verwerfung kann noch vor Verfahrenseröffnung ausgesprochen werden.

8 Der Antrag auf Erteilung der Restschuldbefreiung ist wie jede Prozesshandlung **bedingungsfeindlich**.[12] Er kann auch nicht hilfsweise für den Fall erhoben werden, dass das Gericht einen bereits eingegangenen Gläubigerantrag für zulässig erachtet.[13]

9 Das **Rechtsschutzinteresse** des Schu an der Restschuldbefreiung ist in der damit verbundenen Entschuldungsmöglichkeit zu sehen. Ob vom Rechtsschutzinteresse für den RSB Antrag auch weitere Kriterien umfasst sind, ist strittig. Das LG Dresden[14] vertritt die Auffassung, dass es dem Schu mit seinem Restschuldbefreiungsantrag nicht nur um eine Entschuldung geht. Vielmehr sei er auch über die Verfahrensregelungen vor dem Einzelzwangsvollstreckungszugriff geschützt. Mit weiteren Argumenten kommt es so zum Bestehen eines schützenswerten Interesses, auch wenn die Summe der voraussichtlich teilnehmenden Forderungen geringer ist als die absehbaren Verfahrenskosten. Insb verweist das LG Dresden auf die maximale Ratenverpflichtung des Schu von 48 Monatsraten (§§ 4b Abs 2, 115 Abs 2). Dabei verkennt das Gericht jedoch, dass die Entschuldung gerade dem wirtschaftlichen Neubeginn des Schu binnen der Verfahrenslaufzeit dienen soll. Das Rechtsschutzinteresse des Schu kann nicht darauf gerichtet sein, den „unbequemen" (da einzelzwangsvollstreckenden) Gl durch den „angenehmen" Gl (Länder mit weitreichenden, generalisierten Erlassregelungen der Landesjustizkassen) auszutauschen und dabei weitere, höhere Kosten für die Allgemeinheit zu verursachen.[15]

Das LG Göttingen hat entschieden, dass der Antrag auf Eröffnung eines VerbrInsVerf und auf Erteilung der Restschuldbefreiung nicht deshalb missbräuchlich und damit unzulässig sei, weil die Gesamthöhe der vom Schu angegebenen Verbindlichkeiten nur die Summe von drei Monatseinkünften des Schu erreiche.[16] Allerdings verfügte der Schu in der Entscheidung lediglich über Einkünfte nach § 20 SGB II.

---

8 Vgl *BGH* NZI 2004, 593, 594: Der Hinweis ist nur vollständig, wenn er „insb über das Antragserfordernis belehrt und den Zeitpunkt des Ablaufs der Frist benennt"; *LG Memmingen* NZI 2004, 44: Der Schu muss zumindest belehrt werden über „die Notwendigkeit eines bes schriftlichen Antrags beim InsG, das Erfordernis der Abtretungserklärung einschließlich ihres vorgeschriebenen Inhalts, den Beginn und die Länge der Frist für Antrag und Abtretungserklärung sowie die Folgen einer Fristversäumung".

9 *Uhlenbruck/Sternal* § 287 Rn 24; MK/*Stephan* § 287 Rn 15 f; *Fuchs* ZVI 2002, 301; vgl auch *LG Memmingen* NZI 2004, 44: „grds bis zur Aufhebung oder Einstellung des InsVerf"; *AG Hamburg* ZVI 2002, 476: „jedenfalls bis zur Entsch über den InsAntrag".

10 *BGH* 15.9.2016 – IX ZB 67/15.

11 *BGH* ZInsO 2004, 974.

12 *BGH* NZI 2006, 469.

13 *BGH* 11.3.2012 – IX ZB 110/09.

14 *LG Dresden* ZVI 2005, 553.

15 **AA** *H/W/F/Schmerbach* § 287 Rn 17; FK/*Ahrens* § 287 Rn 67.

16 *LG Göttingen* NZI 2006, 603.

Das berechtigte Interesse des Schu fehlt nach Auffassung des BGH für einen Antrag dann, wenn dem Schu in einem früheren Verfahren die Restschuldbefreiung nach § 290 Abs 1 Nr 4 und 5 versagt worden ist.[17] In diesen Fällen soll der Schu für drei Jahre mit einem Antrag gesperrt sein. 10

Die Entwicklung der **Sperrfristrechtsprechung** des BGH hat dieser in der Leitentscheidung v 16.7.2009 (IX ZB 219/08) aus einer Regelungslücke des § 290 abgeleitet. § 290 Nr 3 hat in der Fassung des Gesetzes vor dem 1.7.2014 einen Versagungsgrund vorgesehen, soweit dem Schu in einem früheren Verfahren wegen §§ 296 oder 297 die Restschuldbefreiung versagt worden ist. Eine zeitliche Sperre für einen neuerlichen Restschuldbefreiungsantrag des Schuldners ist jedoch nicht durch eine Versagung gem § 290 aF eingetreten. 11

Hierin hat der BGH eine planwidrige Regelungslücke erkannt und über die dreijährige Sperrfristenrechtsprechung geschlossen. Ergänzend hat der BGH in der Entscheidung auch darauf verwiesen, dass der Gesetzgeber mit dem Gesetzentwurf des Entschuldungsgesetzes v 5.12.2007[18] und der dort vorgesehenen Neuregelung des § 290 Abs 1 Nr 3a zum Ausdruck gebracht habe, eine von ihm erkannte Regelungslücke im Gesetzgebungsverfahren schließen zu wollen.

Das Entschuldungsgesetz wurde vom Deutschen BT nicht verabschiedet und letztlich in wesentlichen Punkten aufgegeben.[19] Im Mai 2013 kam es dann zur Verabschiedung eines Reformvorhabens der Bundesregierung. Das Gesetz zur Verkürzung des Restschuldbefreiungsverfahrens und zur Stärkung der Gläubigerrechte v 15.7.2013[20] sieht nunmehr für Verfahren, die ab dem 1.7.2014 beantragt worden sind, eine Zulässigkeitsentscheidung über den Restschuldbefreiungsantrag des Schu mit der Eröffnungsentscheidung vor. Hier wurden Teile der Sperrfristrechtsprechung mit eingearbeitet. Viele weitere Fälle, die auch von den Eingangsgerichten fortentwickelt worden sind, fanden jedoch keinen Eingang in das Gesetz. Ob insoweit die Rechtsprechung des BGH weiterhin auf eine analoge Anwendung des § 290 Abs 1 Nr 3 gestützt werden kann, erscheint fraglich.[21] 12

Die Sperrfristenrechtsprechung des BGH ist in der Lit und gerichtlichen Praxis sehr kontrovers aufgenommen worden. Insbesondere für die Annahme einer planwidrigen Regelungslücke und letztlich der Ableitung eines nicht zum Gesetz gewordenen RegE wurde er stark kritisiert.[22] Die gerichtliche Praxis hingegen hat die Entscheidung aufgenommen[23] und durch eine Vielzahl von Entscheidungen ausgeweitet. Die Gerichte sahen sich durch Verfahren belastet. Schu, die in einem vom Gl beantragten Verfahren nicht durch Stellung eines Eigenantrages mitgewirkt haben, sollten nicht in unmittelbarem zeitlichen Zusammenhang zum ersten Verfahren ein weiteres, jetzt auf die Entschuldungsoption gestütztes Verfahren einleiten können. 13

Der *BGH* hat ausdrücklich mit der Entscheidung v 7.5.2013, IX ZB 51/12, Rn 15 an der **Sperrfristrechtsprechung festgehalten**. Auch der im Zeitpunkt der Entscheidung unmittelbar vor der Verabschiedung durch den BT stehende Reformentwurf[24] konnte das Gericht nicht vom Festhalten an der analogen Anwendung des § 290 Abs 1 Nr 3 abbringen. 14

---

17 *BGH* NZI 2009, 691 = ZInsO 2009, 1777, = NJW 2009, 3650.
18 BT-Drucks 16/7416.
19 Zur Gesetzesentwicklung: Vor § 286 aF Rn 1–11, und Vor § 286 nF.
20 BGBl I 2013, 2379.
21 Überzeugend hierzu: *Heicke* NZI 2012, 873.
22 *Schmerbach* ZInsO 2009, 2078.
23 HambKomm/*Streck* § 287 Nr 6b.
24 G v 15.7.2013, BGBl I, 2379 – verabschiedet am 16.5.2013.

15 Es ist jedoch davon auszugehen, dass die Rechtsdogmatik eine weitere Analogie schwerlich möglich macht.[25] In einer Entscheidung zu § 287a hat der BGH jedenfalls für den Fall der Verletzung von Mitwirkungspflichten des Schu die Planwidrigkeit der Regelungslücke abgelehnt und unter Aufgabe der bisherigen Rechtsprechung eine Sperrfrist über den Wortlaut des § 287a Abs 2 abgelehnt.[26]

16 **Anwendungsfälle:**

- Versagung der RSB nach § 290 Abs 1 Nr 4, 5, 6 in früherem Verfahren des Schu;[27]
- Zurückweisung des Antrages auf Verfahrenskostenstundung wegen Vorliegens eines Versagungsgrundes des § 290;[28]
- kein Eigenantrag des Schu trotz ordnungsgemäßem gerichtlichen Hinweis im Gläubigerantragsverfahren;[29]
- Rücknahme des Eigenantrages nach Ablehnung der Verfahrenskostenstundung,[30] ebenso wenn der Stundungsantrag wegen Vorliegens eines Versagungsgrundes im Erstantragsverfahren zurückgewiesen und das Verfahren mangels Masse eingestellt worden ist;[31]
- Rücknahme des Restschuldbefreiungsantrages im Altverfahren bei weiteren, neuen Verbindlichkeiten aus einer freigegebenen selbstständigen Tätigkeit des Schu;[32]
- Rücknahme des Restschuldbefreiungsantrages bei angedrohtem oder gestelltem Versagungsantrag;[33]
- Versagung nach § 298 wegen fehlender Deckung der Mindestvergütung;[34]
- Eintreten der Rücknahmefiktion des § 305 Abs 3 bei Verstreichenlassen einer ordnungsgem durch das Gericht gesetzten Frist zur Ergänzung unvollständiger Antragsunterlagen.[35]

Nicht für anwendbar hat der BGH die Sperrfristrechtsprechung jedoch für den Fall des § 290 Abs 1 Nr 2 erachtet.[36] Hierdurch käme es zu einer erheblichen Ausweitung der in § 290 Abs 1 Nr 2 bestimmten Fristen.

17 In einer weiteren Entscheidung hat der BGH die Sperrfristrechtsprechung auch im Falle der eingetretenen **Rücknahmefiktion des § 305 Abs 3** angewendet.[37] Teilweise sahen Gerichte die Sperrfristrechtsprechung bereits zuvor auf die Rücknahmefiktion anwendbar.[38] Im

25 *Pape* ZInsO 2017, 565 (Ziff III.2); *AG Göttingen* NZI 2016, 847 und 849.
26 *BGH* 4.5.2017 – IX ZB 92/16; mit Anm *Ahrens* NZI 2017, 627.
27 *BGH* 14.1.2010 – IX ZB 257/09 – v 16.7.2009 – IX ZB 219/08; v 4.2.2010 – IX ZB 40/09.
28 *BGH* 11.2.2010 – IX ZA 45/09.
29 *BGH* 21.1.2010 – IX ZB 174/09.
30 *BGH* 6.10.2011 – IX ZB 114/11.
31 *BGH* 9.3.2010 – IX ZA 7/10; alleine die Abweisung mangels Masse ohne Abweisung eines früheren Stundungsantrages rechtfertigt die Sperrfrist jedoch nicht: *AG Köln* v 1.7.2013, ZInsO 2013, 1539.
32 *BGH* 20.3.2014 – IX ZB 17/13; *BGH* v 20.3.2014 – IX ZB 17/13.
33 *BGH* 12.5.2011 – IX ZB 221/09.
34 *BGH* 7.5.2013 – IX ZB 51/12; krit hierzu *AG Göttingen* ZInsO 2014, 1175.
35 *BGH* 18.9.2014 – IX ZB 72/13.
36 *BGH* 22.11.2012 – IX ZB 194/11.
37 *BGH* 18.9.2014 – IX ZB 72/13, in ZInsO 2014, 2177.
38 *AG Hbg* ZInsO 2012, 195; *AG Ludwigshafen* ZInsO 2012, 1586 – aufgehoben in der Beschwerdeinstanz durch *LG Frankenthal* ZInsO 2012, 2399; *AG Essen* ZInsO 2012, 850; **aA** *AG Köln* NZI 2013, 498; *LG Düsseldorf* ZInsO 2013, 893.

Schrifttum überwiegen jedoch die ablehnenden Stimmen.[39] Dies wird wesentlich darauf gestützt, dass bereits vor dem G v 15.7.13 keine planwidrige Regelungslücke vorgelegen habe. Spätestens mit Einführung des § 278a jedoch habe der Gesetzgeber klar zum Ausdruck gebracht, in welchen Fällen das Rechtsschutzinteresse des Schu an einem neuerlichen Antrag fehlt. Damit ist in Kenntnis der gerichtlichen Entscheidungen eine andere gesetzliche Regelung verabschiedet worden. Zumindest die Planwidrigkeit der Regelungslücke steht somit, auch für Verfahren die vor dem 1.7.14 beantragt worden sind, in Frage.

Unzulässig ist ein Antrag des Schu auf Restschuldbefreiung in einem **ZweitInsVerf**, solange 18
über den Restschuldbefreiungsantrag in dem vorangegangenen ersten InsVerf noch nicht rechtskräftig entschieden ist. Kommt es nach Aufhebung des ersten InsVerf noch während der Wohlverhaltensphase zur Eröffnung eines zweiten InsVerf über das Vermögen des Schu, so kann dieser keinen zulässigen zweiten Restschuldbefreiungsantrag stellen.[40] Dies gilt auch, wenn im Erstverfahren die Freigabe des Geschäftsbetriebes gem § 35 Abs 2 erklärt worden ist und sich das Zweitverfahren ausschließlich die freigegebenen Vermögenswerte erfasst.[41]

Stirbt der Schu während des EröffnungsVerf oder im eröffneten Verf, so erledigt sich sein 19
Antrag auf Restschuldbefreiung. Zwar ist das eröffnete InsVerf ohne Unterbrechung als NachlassInsVerf fortzusetzen. Der Restschuldbefreiungsantrag kann aber nicht in einem InsVerf weiter verfolgt werden, das auf eine Vermögensmasse beschränkt ist. Den Erben stehen andere Möglichkeiten zur Verfügung, um sich von den Nachlassverbindlichkeiten zu befreien.[42]

Die **Erklärung des Schu** über das Vorliegen von Verwerfungsgründen des § 287a Abs 2 ist 20
zunächst Zulässigkeitsvoraussetzung sowie später Prüfungsmaßstab der Eingangsentscheidung des § 287a Abs 1. Der Schu hat die Richtigkeit seiner Erklärung zu versichern. Die Begründung des Gesetzesentwurfes verweist hinsichtlich der Erklärung auf die Bestimmung des § 4a Abs 1 S 3. Dort hat der Schu eine Erklärung über das Vorliegen eines Versagungsgrundes des § 290 Abs 1 Nr 1 zur Zulässigkeit seines Stundungsantrages vorzulegen.[43] Der Wortlaut der Neuregelung des Abs 1 sieht jedoch im Verhältnis zur Regelung des § 4a Abs 1 S 3 dergestalt eine Verschärfung des Regelungsinhaltes vor, dass neben der Erklärung des Schu dieser den Wahrheitsgehalt noch versichern muss. Die Versicherung des Abs 1 soll aber noch unter der strafbewährten eidesstattlichen Versicherung anzusetzen sein[44] und dürfte daher nur für den Verschuldensnachweis des neu gefassten Versagungsgrundes des § 290 Abs 1 Nr 6 von Bedeutung sein.

---

39 *LG Frankenthal* ZInsO 2012, 51, 52; *LG Düsseldorf* ZInsO 2013, 893, 894; ebenso *AG Hamburg* ZInsO 2011, 2048 f; *AG Essen* ZInsO 2012, 1730; *AG Köln* NZI 2013, 498, 499 (*AG Köln* 15.2.2013 – 72 IK 758/12); ebenso FK-InsO/*Grote* § 305 Rn 64; *A/G/R/Henning* § 305 Rn 66; HambKomm-InsO/*Streck*, 4. Aufl 2012, § 287 Rn 6b; *Uhlenbruck/Sternal* InsO, § 305 Rn 134; MünchKomm-InsO/*Ott/Vuia* 3. Aufl 2013, § 305 Rn 95; K. Schmidt/*Stephan*, InsO, 18. Aufl 2013, § 305 Rn 17; Braun/*Buck* InsO, 6. Aufl 2014, § 305 Rn 27; *Wedekind* VIA 2012, 23; *Siebert* VIA 2012, 55; *Blankenburg* ZInsO 2015, 130; *Schmerbach* NZI 2014, 990.

40 *BGH* 18.12.2014 – IX ZB 22/13; ZInsO 2015, 499.

41 *AG Göttingen* ZInsO 2016, 1491.

42 Vgl *BGH* NZI 2008, 382; *Nöll* Der Tod des Schu in der Ins, 2005, 213–217, 478; FK/*Ahrens* § 286 Rn 48; zur Wirkung des Todes des Schu in der Zeit der „Wohlverhaltensperiode" vgl unten § 299 Rn 3.

43 BT Drucks 17/11268, zu Nr 19 a, HK-InsO/*Kirchhof* 7. Aufl, § 4a Rn 7.

44 *Grote/Pape* ZInsO 2013, 1433.

21 Neben einem anhängigen Restschuldbefreiungsantrag ist ein **zweiter Antrag auf Erteilung der Restschuldbefreiung** unzulässig.[45] Zwar kann über das im Erstverfahren vom InsVerw freigegebene Vermögen des Schu ein Zweitinsolvenzverfahren eröffnet werden.[46] Gleichwohl ist in entspr Anwendung des Versagungsgrundes § 290 Abs 1 Nr 3[47] ein Zweitantrag ohne Entscheidung über den Restschuldbefreiungsantrag im Erstverfahren unzulässig. Ein vergleichbares Ergebnis kann in Anwendung der Regelungen über die Rechtshängigkeit des Restschuldbefreiungsantrages erzielt werden.[48]

22 Denkbar ist auch, die Zulässigkeit eines Zweitantrages an Abs 3 scheitern zu lassen. Zur Zulässigkeit eines Restschuldbefreiungsantrages hat der Schu eine Abtretungserklärung über sein pfändbares Einkommen abzugeben. Eine weitere Abtretungserklärung würde jedoch der Wirksamkeit der früheren Abtretung entgegenstehen.

23 **2. Eröffnungsantrag eines Gläubigers.** Das Gericht hat den Schu gem § 20 Abs 2 auf die Möglichkeit der Restschuldbefreiung hinzuweisen. Diese allgemeine Hinweispflicht wird in Abs 1 S 2 für den Eigenantrag ohne Restschuldbefreiungsantrag konkretisiert. Auch wenn sich dies nicht zwingend aus dem Wortlaut der Regelung ableiten lässt, ist ein **isolierter Restschuldbefreiungsantrag** des Schu im Gläubigerantragsverfahren unzulässig. Der BGH verlangt daher von den Gerichten einen ausführlichen Hinweis über die Möglichkeit und die Voraussetzungen der Restschuldbefreiung im Falle eines Gläubigerantrages.[49] Dieser Hinweis ist nur dann entbehrlich, wenn eine ordnungsgemäße Aufklärung des Schu in einem noch anhängigen, weiteren Eröffnungsverfahren erfolgt ist.[50] Die Frist des Abs 1 S 2 ist jedoch ausschließlich im Falle eines Eigenantrages anwendbar.

24 Lediglich für den Fall der fehlenden oder fehlerhaften Belehrung des Schu durch das Gericht kann der Restschuldbefreiungsantrag des Schu im Gläubigerantragsverfahren bis zum Schlusstermin nachgeholt werden.[51]

25 Der Schu soll sich durch seinen Eigenantrag dem Verfahren stellen und seine Mitwirkungsbereitschaft zeigen. Er bringt damit zum Ausdruck, er werde sein Vermögen zum Zwecke der zumindest anteiligen Gläubigerbefriedigung, aber auch der eigenen Entschuldung in das Verfahren einbringen.[52]

26 Der BGH hat weiter entschieden, dass der Schu nicht die Möglichkeit habe, sich gegen den Eröffnungsantrag eines Gl mit dem Einwand zu verteidigen, es sei kein Eröffnungsgrund gegeben, und zugleich **hilfsweise** für den Fall, dass das Gericht den Antrag für zulässig und begründet hält, einen eigenen InsAntrag verbunden mit einem **Antrag auf Restschuldbefreiung** zu stellen. Ein derartig bedingter InsAntrag sei nicht zulässig; außerdem sei das Erfordernis, dass der Schu mit einem eigenen InsAntrag den Eröffnungsgrund einräume, nicht erfüllt.[53]

---

45 *BGH* 18.12.2014 – IX ZB 22/13, NZI 2015, 289.
46 *BGH* NZI 2011, 633.
47 Die Regelung hat nur Gültigkeit für Verfahren, die vor dem 1.7.2015 beantragt worden sind.
48 FK/*Ahrens* 7. Aufl, § 290 Rn 35.
49 *BGH* 17.2.2005 – IX ZB 173/03.
50 *BGH* 15.9.2016 – IX ZB 67/15.
51 *Hess* InsO § 287 Rn 16.
52 *BGH* NZI 2004, 593 mit krit Anm *Pape* NZI 2004, 543 und zust Anm *Kothe/Busch* DZWIR 2005, 73; im gleichen Sinne MK/*Stephan* § 287 Rn 13; *Uhlenbruck/Sternal* § 287 Rn8, 10; *Schmahl* ZInsO 2002, 212.
53 *BGH* ZIP 2010, 888; *BGH* v 11.3.2012 – IX ZB 110/09; sa oben Rn 8.

Die **Frist** des § 287 Abs 1 S 2 kann nach Auff des BGH erst zu laufen beginnen, wenn der Schu einen eigenen Antrag auf Eröffnung des InsVerf gestellt hat.[54] Damit nach Eingang eines GlAntrags beim InsGer zügig Klarheit darüber geschaffen wird, ob der Schu die Restschuldbefreiung beantragen will, hat das Gericht diesem eine Frist zu setzen, innerhalb derer der Schu, der Restschuldbefreiung begehrt, nicht nur den Restschuldbefreiungsantrag zu stellen hat, sondern auch den Antrag auf Eröffnung des InsVerf. Für die Länge dieser Frist ist nicht § 287 Abs 1 S 2 analog anzuwenden, da eine gesetzliche, nicht verlängerbare Frist von zwei Wochen für einen Schu, der mit einem GlAntrag konfrontiert wird, zu kurz sein kann. Als eher angemessen sieht der BGH eine Frist von vier Wochen an, die bei Bedarf verlängert werden kann.[55] Eine Versäumung der Frist ist unschädlich, wenn die Anträge des Schu noch vor der VerfEröffnung bei Gericht eingehen.[56] 27

Stellt der Schu die erforderlichen Anträge nicht innerhalb der Frist und wird daraufhin das InsVerf auf der Grdl des GlAntrags eröffnet, so ist ein danach gestellter Antrag des Schu auf VerfEröffnung bis zum Abschluss des bereits eröffneten Verf nicht mehr zulässig. Der Schu kann dann in diesem InsVerf die Restschuldbefreiung nicht mehr erlangen.[57] Eine Ausnahme gilt allerdings für den Fall, dass der **Hinweis** des InsGer auf die Möglichkeit von Restschuldbefreiungs- und Eröffnungsantrag nicht oder **nicht vollständig** erfolgt oder dem Schu nicht zugegangen ist. Jetzt genügt es, dass der Schu lediglich bis zum Schlusstermin einen Restschuldbefreiungsantrag stellt. Das soll im VerbrInsVerf ebenso gelten wie im RegelInsVerf; Letzteres begründet der BGH damit, dass der InsAntrag hier „nur ein rechtstechnisches Mittel zur Erlangung der Restschuldbefreiung" wäre.[58] Der Antrag auf Restschuldbefreiung kann in diesem Fall noch bis zum Schlusstermin gestellt werden.[59] 28

3. Öffentliche Bekanntmachung. In Verf, die vor dem 1.7.2014 beantragt worden sind, hat § 27 Abs 2 Nr 4 aF vorgesehen, dass der Eröffnungsbeschluss einen Hinweis darauf enthalten soll, ob der Schu einen Antrag auf Restschuldbefreiung gestellt hat. Der Beschl war mit dem Hinweis auf den Restschuldbefreiungsantrag gem § 30 Abs 1 aF öffentlich bekannt zu machen. 29

Mit dem G v 15.7.2013[60] wird die Entscheidung über die Zulässigkeit des Restschuldbefreiungsantrages über § 287a in das Eröffnungsverfahren verlagert. Eine Anhörung der Tabellengläubiger findet gem Abs 4 bis zum Schlusstermin statt. 30

4. Rücknahme des Antrages. Eine **Rücknahme des Antrags auf Restschuldbefreiung** ist grds bis zur Rechtskraft der Erteilung zulässig.[61] Allerdings muss vermieden werden, dass der Schu die Rücknahme dazu nutzt, um nach einer Verletzung von Versagungsgründen des § 290 oder einer Obliegenheitsverletzung der Sperrwirkung einer Versagung der Restschuldbefreiung in § 287a zu entgehen. Der BGH hat hierzu eine Anwendung des § 269 ZPO ange- 31

54 *BGH* NZI 2004, 593, bestätigt in *BGH* NZI 2006, 181.
55 *BGH* ZInsO 2005, 310 mit Anm *Smode* EWiR 2003, 311; vgl zu dieser Entsch auch *Pape* ZInsO 2005, 627 f.
56 *BGH* ZIP 2008, 1976; *BGH* v 1.9.7.2012 – IX ZB 13/12.
57 So auch *AG Leipzig* ZVI 2007, 282. Nach *LG Dresden* soll die Versäumung der vom Gericht gesetzten Frist unschädlich sein, wenn die Anträge des Schu noch vor der VerfEröffnung eingehen (ZVI 2006, 154 mit abl Anm *Schäferhoff* und Erwiderung *Högner* ZVI 2006, 267).
58 *BGH* ZInsO 2005, 310.
59 *Uhlenbruck/Sternal* § 287 Rn 25; nach Auff von MK/*Schmahl* § 20 Rn 5 und *AG Düsseldorf* ZInsO 2010, 1803 sogar noch bis zur Aufhebung des Verf.
60 BGBl I S 2379.
61 Vgl das *obiter dictum* des *BGH* ZInsO 2005, 597, 598; *Schmerbach* ZInsO 2009, 2095 f.

nommen.[62] Demnach ist eine Rücknahme des Restschuldbefreiungsantrages durch den Schu dann ausgeschlossen, wenn ein Gl zuvor einen zulässigen Antrag auf Versagung gestellt hat. Das Dispositionsrecht über seinen Antrag ist dem Schu in diesem Fall ebenso genommen wie einem Kläger über seine Klage nach dem Beginn der mündlichen Verhandlung.[63]

32 **5. Besonderheiten im Verbraucherinsolvenzverfahren.** Im VerbraucherInsVerf sieht § 305 Abs 1 Nr 2 die Besonderheit vor, dass der Schu zwingend mit seinem Eröffnungsantrag erklären muss, ob er einen Restschuldbefreiungsantrag stellt oder nicht. Fehlt eine solche Angabe, stellt sich die Frage ob hierfür die kurze zweiwöchige Frist des Abs 1 oder die Monatsfrist des § 305 Abs 3 anzuwenden ist. Der BGH hat in der Entscheidung v 17.2.2005[64] festgestellt, dass die Frist des Abs 1 auch auf den unterlassenen Restschuldbefreiungsantrag im VerbrInsVerf anzuwenden ist. Allerdings war Grundlage der Entscheidung die Hinweis- und Belehrungspflicht des Gerichtes im Falle eines Gläubigerantrages. Der BGH hat insoweit Abs 1 auch herangezogen, um das Bedürfnis zur Fristsetzung zum Zwecke der Stellung eines Eigenantrages zu begründen. Ob hieraus bereits eine Entscheidung über die Fristenkollision abgeleitet werden kann, erscheint fraglich. § 304 Abs 1 S 1 bestimmt den Regelungsbereich des VerbrInsVerf zur **lex specials** zu § 287 Abs 1 S 2. Versäumt es der Schu im Anwendungsbereich der §§ 304 f, gleichzeitig mit seinem Antrag eine Erklärung über die Restschuldbefreiung abzugeben (§ 305 Abs 1 Nr 2), ist er durch das Gericht mit Fristsetzung des Abs 3 und Hinweis zu den Folgen der Säumnis aufzufordern, die Erklärung nachzureichen.[65]

III. Die Abtretungserklärung

33 **1. Anforderungen (Abs 2 S 1).** Jeder Schu, der Restschuldbefreiung beantragt, hat auch die Abtretungserklärung abzugeben, unabhängig davon, ob er selbstständig, abhängig beschäftigt oder arbeitslos ist.[66] Aus der Erklärung des Schu muss klar hervorgehen, dass alle pfändbaren „Forderungen auf Bezüge aus einem Dienstverhältnis oder an deren Stelle tretende **laufende Bezüge**“ an den Treuhänder abgetreten werden sollen. Wie in § 81 Abs 2 S 1 werden mit dieser Formulierung alle Vergütungen aus bestehenden oder künftigen Arbeits- oder sonstigen Dienstverhältnissen und alle Ruhestands-, Erwerbsunfähigkeits- und Arbeitslosigkeitsleistungen erfasst, bis hin zum Arbeitsentgelt eines Strafgefangenen.[67] Zu den in § 287 Abs 2 S 1 bezeichneten Bezügen gehört auch eine Abfindung, die anlässlich der Beendigung eines Dienstverhältnisses gezahlt wird,[68] nicht aber staatliche Leistungen wie Kindergeld und vermögenswirksame Leistungen.[69] Hat der Schu vor der Abtretung der Bezüge mit seinem Arbeitgeber vereinbart, dass dieser für ihn eine Direktversicherung abschließt und ein Teil der künftigen Vergütungsansprüche durch Entgeltumwandlung für die betriebliche Altersversorgung verwendet wird, so liegt insoweit kein

---

62 *BGH* 22.9.2016 – IX ZB 50/15.

63 Zusammenfassend hierzu: *Pape* ZinsO 2017, 565; kritisch zur Begründung des BGH: *Ahrens* ZInsO 2017, 193; beide Verfasser jeweils auch mit einem Abbild des derzeitigen Meinungsstandes.

64 *BGHZ* 162, 181, Rn 9 = NZI 2005, 271.

65 MK/*Stephan* § 287 Rn 19; FK/*Ahrens* § 287 Rn 31; vgl auch *OLG Köln* NZI 2000, 538; *BGH* v 23.10.2008 – IX ZB 112/08 jedenfalls für den Fall der nachzureichenden Abtretungserklärung im VerbrInsVerf.

66 *Graf-Schlicker/Kexel* § 287 Rn 6; *Pape* InsbürO 2013, 299.

67 Begr zu §§ 92, 236 RegE InsO, BT-Drucks 12/2443, 136, 189; ausf FK/*Ahrens* § 287 Rn 128 ff; MK/*Stephan* § 287 Rn 36–40, 50–53; zum Arbeitsentgelt von Strafgefangenen vgl *Heyer* NZI 2010, 81.

68 *BGH* ZInsO 2010, 1088; *LG Hagen* ZInsO 2017, 1234.

69 FK/*Ahrens* § 287 Rn 142; *Graf-Schlicker/Kexel* § 287 Rn 10.

pfändbares Einkommen mehr vor, das von der Abtretung erfasst werden könnte.[70] Für die Einkünfte aus selbstständiger Tätigkeit ist in § 295 Abs 2 eine bes Regelung getroffen; sie sind daher nicht Gegenstand der Abtretungserklärung.[71] Abfindungszahlungen, die der Schu bei Aufhebung seines Anstellungsverhältnisses erhält, stellen Bezüge iSd Abs 2 dar.[72] Der Anspruch fällt dann in den Zeitraum der Abtretungserklärung, soweit die Abfindungsvereinbarung innerhalb der Sechsjahresfrist abgeschlossen worden ist. Auf eine Absprache der Vertragsparteien, die eine Fälligkeit des Anspruches nach Ablauf der Abtretungsfrist legt, ist nicht abzustellen.[73]

Ein Anspruch auf **Erstattung von Lohnsteuer** wird nicht von der Abtretung gem § 287 Abs 2 S 1 erfasst.[74] Zwar steht der Erstattungsanspruch in Form der Besteuerungsquelle sowie der Berechnungsgrundlage der Steuer in direktem Zusammenhang mit der Gehaltszahlung. Führt der Arbeitgeber für den Schu jedoch mehr Entgelt an das Finanzamt ab als es der tatsächlichen Steuerverpflichtung entspricht, wandelt sich der Anspruch des Schu von einem Lohnzahlungsanspruch in ein öffentlich-rechtliches Erstattungsverhältnis. Hierin kann kein Einkommen aus einem Dienstverhältnis mehr gesehen werden. 34

Auch die **Dauer** der Abtretung sollte in der Erklärung eindeutig auf „die Zeit von sechs Jahren nach der Eröffnung des InsVerf" festgelegt sein. Es ist dem Schu zu empfehlen, für Gegenstand und Dauer der Abtretung genau den zitierten Wortlaut des Gesetzes zu benutzen[75] oder die in Anl 3 des amtl Formulars vorgesehene Formulierung zu verwenden, die für Verbraucher- und KleinInsVerf ohnehin verbindlich ist.[76] Auf die Beseitigung von Unklarheiten sollte das Gericht hinwirken. Es ist aber auch möglich, eine Abtretungserklärung, die zum Umfang der abgetretenen Forderungen oder zur Laufzeit der Abtretung in Verkennung der Rechtslage über die gesetzlichen Anforderungen hinausgeht, so auszulegen, dass der Schu den Forderungsübergang nur in dem vorgeschriebenen Umfang erreichen wollte.[77] 35

Ebenso wie der Antrag auf Restschuldbefreiung (Abs 1 S 2) muss die Abtretungserklärung schriftlich erklärt werden. Dass sie nach dem Wortlaut des Gesetzes dem Antrag „beizufügen" ist, schließt nicht aus, dass sie, insb auf Hinweis des Gerichts, nachgereicht oder nachgebessert wird;[78] dies kann auch durch den VerfBevollmächtigten des Schu geschehen.[79] Nach der Neufassung des Abs 1 durch das G v 26.10.2001 können für das RegelInsVerf die Hinweispflicht des Gerichts nach § 20 Abs 2 und die Zweiwochenfrist des § 287 Abs 1 S 2 entspr auf die Abtretungserklärung angewendet werden.[80] Für Verbraucher- und KleinInsVerf gelten auch hier die Regelungen des § 305 Abs 3 vor. 36

---

70 *BAG* ZVI 2008, 525.
71 Vgl *BGH* NZI 2010, 72 und ZInsO 2010, 1088; *Graf-Schlicker/Kexel* § 287 Rn 11; **aA** FK/*Ahrens* § 287 Rn 72.
72 *BGH* 11.5.2010 – IX ZR 139/09.
73 *LG Nürnberg-Fürth* v 13.3.2013, ZInsO 2013, 1097.
74 *BGHZ* 163, 391; *BGH* NZI 2006, 246; *von Gleichenstein* NZI 2006, 624; *BFHE* 216,1 = ZVI 2007, 137; *BFH* ZInsO 2010, 768; *LG Kiel* ZInsO 2004, 558; *FG Düsseldorf* ZVI 2005, 94; *AG Göttingen* NZI 2004, 332; MK/*Stephan* § 287 Rn 40; FK/*Ahrens* § 287 Rn 66.
75 Vgl *K/P/B/Wenzel* § 287 Rn 12.
76 Vgl § 305 Abs 5 und *Uhlenbruck/Vallender* § 287 Rn 25; *Hoffmann* VerbraucherIns und Restschuldbefreiung, S 23.
77 *BGH* NZI 2010, 72 und ZIP 2006, 1651 unter Berufung auf die prozessuale Natur der Abtretungserklärung (vgl u Rn 37); bei materiell-rechtlicher Einordnung der Erklärung dürfte jedoch nichts anderes gelten.
78 Vgl *OLG Celle* ZVI 2002, 29.
79 *OLG Zweibrücken* ZInsO 2002, 287.
80 Vgl oben Rn 5, 6 und *Uhlenbruck/Vallender* § 287 Rn 34 f; tw abw FK/*Ahrens* § 287 Rn 20, 42.

37 **2. Rechtsnatur und Wirkungen.** Die Abtretungserklärung wird in der Begr zum RegE als **materiell-rechtliche Erklärung** verstanden, die zu einem Abtretungsvertrag mit dem Treuhänder führt, sobald dieser vom Gericht bestellt ist und mit der Übernahme seines Amtes konkludent sein Einverständnis mit der Abtretung erklärt hat.[81] Diese Konstruktion stößt auf eine Reihe von Schwierigkeiten:[82] Da die Erklärung gegenüber dem Gericht abgegeben wird, nicht gegenüber dem Treuhänder, muss das Gericht als Erklärungsbote angesehen werden. Die konkludente Annahme der Erklärung durch den Treuhänder soll nicht in jedem Einzelfall gesondert festgestellt werden, sondern wird generell fingiert. Um bei einem Wechsel der Person des Treuhänders den Übergang der Bezüge auf den neuen Treuhänder zu erreichen, muss die Abtretungserklärung als Angebot zum Abschluss mehrerer Verträge ausgelegt werden.[83] Zur Vermeidung dieser Schwierigkeiten sieht Ahrens in der Abtretungserklärung eine Prozesserklärung, im Anschluss an die das Gericht mit der Ernennung des Treuhänders die pfändbaren Bezüge des Schu überträgt.[84] Jauernig bezeichnet die Abtretungserklärung als „bes geartete Erklärung"; der Übergang der Bezüge soll „nach Maßgabe der Abtretungserklärung durch die gerichtliche Bestimmung des Treuhänders und dessen Einverständnis mit seiner Bestimmung" erfolgen.[85] Auf der anderen Seite bietet die materiell-rechtliche Konstruktion – Abtretungserklärung des Schu und konkludente Annahmeerklärung des Treuhänders führen zu einem zivilrechtlichen Abtretungsvertrag – eine klare Grundlage für die Feststellung der Wirkungen der Abtretung. ZB wird sichergestellt, dass frühere Pfändungen und Abtretungen Vorrang haben (§ 287 Abs 2 S 2) und dass nach einem Arbeitsplatzwechsel auch die neuen Bezüge des Schu erfasst werden.[86]

38 Nach Auffassung des BGH ist die Abtretungserklärung „vorrangig als **Prozesshandlung** zu verstehen". Diese Qualifizierung vermeide die Schwierigkeiten, den Zugang und die Annahme der Erklärung zu konstruieren. Außerdem sei nur auf diese Weise zu erklären, dass die Abtretung vorzeitig ende, wenn schon während der Laufzeit entweder die Restschuldbefreiung versagt werde oder der Schu seine Verbindlichkeiten tilge. Auch nach dieser prozessualen Theorie entfalte die Abtretungserklärung aber materiell-rechtliche Wirkungen, so dass zB der Vorrang früherer Abtretungen gesichert sei.[87]

39 Für den **Beginn der Sechsjahresfrist** ist auf das Wirksamwerden des EröffnungsBeschl abzustellen (§ 27 Abs 2 Nr 3, Abs 3),[88] nicht auf dessen Rechtskraft.[89] Der Fristbeginn verschiebt sich auch dann nicht, wenn die Abtretungserklärung erst einige Zeit nach der VerfEröffnung abgegeben wird.[90] In die Dauer der Frist ist das Eröffnungsverfahren nicht mit einzuberechnen. Dies gilt selbst dann, wenn sich die Verfahrenseröffnung wegen eines vom InsGer zu vertretenden Umstandes verzögert worden ist.[91] Von der Laufzeit der Abtretung zu unterscheiden ist der Zeitpunkt des Wirksamwerdens der Erklärung: Solange das InsVerf andauert, fallen die Bezüge des Schu nach § 35 in die InsMasse, über die der Schu nicht wirksam verfügen kann. Erst nach dem Wirksamwerden des AufhebungsBeschl (§ 200) und

---

81 Begr RegE InsO § 236, BT-Drucks 12/2443, 189.
82 *Jauernig/Berger* § 66 III 3a; *Ahrens* DZWIR 1999, 45 ff und in FK § 287 Rn 44-47.
83 **AA** *Heyer* Restschuldbefreiung im InsVerf, S 49, der den Schu bei einem Wechsel in der Person des Treuhänders verpflichtet, erneut die Abtretung zu erklären.
84 Zust MK/*Stephan* § 287 Rn 34.
85 Vgl *Jauernig/Berger* § 66 III 3a.
86 *K/P/B/Wenzel* § 287 Rn 5; *Uhlenbruck/Vallender* § 287 Rn 38 f.
87 *BGH* ZIP 2006, 1651.
88 MK/*Stephan* § 287 Rn 59; *N/R/Römermann* § 287 Rn 40; *Graf-Schlicker/Kexel* § 287 Rn 17.
89 **AA** offenbar *Uhlenbruck/Vallender* § 287 Rn 43.
90 *Gottwald/Ahrens* § 77 Rn 42; **aA** *K/P/B/Wenzel* § 287 Rn 17.
91 *BGH* 26.2.2015 – IX ZB 44/13.

dem damit verbundenen Ende des InsBeschlages können die Bezüge auf der Grundlage der Abtretung auf den Treuhänder übergehen.[92]

Mit dem Ablauf der Abtretungsfrist hat das Gericht über die Erteilung der Restschuldbefreiung gem § 300a Abs 1 S 1 zu entscheiden (**asynchrone Verfahren**). Dies gilt auch, soweit das InsVerf noch nicht beendet worden ist. Dies hat der BGH auch schon vor dem Gesetz v 15.7.13 so beschlossen.[93] Vermögenswerte, die innerhalb der Sechsjahresfrist erworben worden sind, unterfallen weiterhin dem Massebeschlag der §§ 35, 36. Der Neuerwerb steht jedoch nach den Vorgaben des § 300a Abs 1 dem Schu zu. 40

In den Verfahren, die vor dem 1.12.2001 eröffnet worden sind, war der Beginn der Abtretungsfrist nicht mit dem Eröffnungsbeschluss, sondern mit der Aufhebung des Verfahrens verbunden. In diesen sog **„Altverfahren"** hat der BGH nunmehr entschieden, dass die Regelung des Art 103a EGInsO verfassungskonform ausgelegt werden müsse und dem Schu nach 12 Jahren ungeachtet des Verfahrensstandes Restschuldbefreiung zu erteilen sei.[94] Die Entscheidung über die Restschuldbefreiung hat das Gericht von Amts wegen und ohne weiteren Antrag vorzunehmen. 41

3. Vorherige Abtretungen und Verpfändungen. Frühere Gehaltsabtretungen verlieren mit Eröffnung des Verf ihre Wirksamkeit. Eine spätere Aufhebung des Verf durch die Versagung der Restschuldbefreiung ändert an der Unwirksamkeit der Verfügungen nichts (§ 81 Abs 2).[95] Streitig ist, ob die Gehaltsabtretung nach **Wegfall des § 114** mit Erteilung der Restschuldbefreiung als dingliches Sicherungsrecht gem § 301 Abs 2 wieder auflebt. Ahrens will zumindest für den Fall, dass der Schu in die Wohlverhaltensphase fällt, § 294 Abs 2 so verstanden wissen, dass die Gehaltsabtretung als eine einzelne Gl bevorzugende Regelung nichtig ist.[96] 42

4. Entgegenstehende Vereinbarungen. Die bisherige Regelung war vornehmlich auf eine relative Unwirksamkeit von vereinbarten Abtretungsverboten gerichtet. Abtretungsverbote, die regelmäßig in Tarifverträgen, Individualarbeitsverträgen oder sonstigen Betriebsvereinbarungen getroffen worden sind. Die Neuregelung soll weitergehend sämtliche, die Abtretungserklärung des Abs 1 beeinträchtigende Vereinbarungen des Schu erfassen. Ausgehend von der Formulierung „insoweit", verbleibt es bei einer relativen Unwirksamkeit des Leistungsverpflichteten im Verhältnis zum Treuhänder. 43

5. Anhörung der Insolvenzgläubiger. Nach der bisherigen Regelung des Gesetzes waren die InsGl im Schlusstermin zum Antrag auf Erteilung der Restschuldbefreiung des Schu anzuhören und konnten im Schlusstermin ihre Verfahrensrechte geltend machen, insb Anträge auf Versagung der Restschuldbefreiung stellen. Mit § 287a wird die Zulässigkeitsentscheidung über den Restschuldbefreiungsantrag in das Eröffnungsverfahren vorverlagert. Zu diesem Zeitpunkt ist auf Grund der Regelung des § 38, der zur Bestimmung der Gläubigerstellung auf die Verfahrenseröffnung abstellt, noch kein Gl ein InsGl, die Reichweite der Anhörung somit schwerlich zu bestimmen. Abs 4 beschränkt auch das Anhörungsrecht, bzw die Verpflichtung des Gerichtes zur Anhörung auf die am Verfahren teilnehmenden Gl. Die Anmeldung zur Tabelle ist Voraussetzung für die Geltendmachung der Mitwirkungsrechte. Insoweit nimmt die Neuregelung die beständige Rspr des BGH zu den Gläubigerrechten auf.[97] 44

92 *Uhlenbruck/Vallender* § 287 Rn 44; vgl auch FK/*Ahrens* § 287 Rn 128, 133.
93 *BGH* 3.12.2009 – IX ZB 247/08; unten § 290 Rn 61.
94 *BGH* 18.7.2013 – IX ZB 11/13; *AG Göttingen* ZInsO 2012, 1330.
95 *Braun/Kroth* § 114 Rn 5; FK/*Eisenbeis* § 114 Rn 2.
96 *Ahrens* Rn 323; *ders* NZI 2014, 529.
97 *BGH* NZI 2009, 856.

45 Die Anhörung wird im schriftlichen wie auch mündlichen Verfahren zunächst voraussetzen, dass die Gl auf den Restschuldbefreiungsantrag hingewiesen worden sind. Da nunmehr in § 290 Abs 2 S 1 geregelt ist, dass InsGl Versagungsanträge jederzeit bis zum Schlusstermin schriftlich stellen können, ist mit einem angemessenen Fristvorlauf vor dem Schlusstermin den Gl nochmals Gelegenheit zur Stellungnahme zum Restschuldbefreiungsantrag des Schu zu geben.[98]

---

98 *Uhlenbruck/Sternal* § 287 Rn 72.

§ 287a Entscheidung des Insolvenzgerichts

(1) [1]Ist der Antrag auf Restschuldbefreiung zulässig, so stellt das Insolvenzgericht durch Beschluss fest, dass der Schuldner Restschuldbefreiung erlangt, wenn er den Obliegenheiten nach § 295 nachkommt und die Voraussetzungen für eine Versagung nach den §§ 290, 297 bis 298 nicht vorliegen. [2]Der Beschluss ist öffentlich bekannt zu machen. [3]Gegen den Beschluss steht dem Schuldner die sofortige Beschwerde zu.

(2) [1]Der Antrag auf Restschuldbefreiung ist unzulässig, wenn

1. **dem Schuldner in den letzten zehn Jahren vor dem Antrag auf Eröffnung des Insolvenzverfahrens oder nach diesem Antrag Restschuldbefreiung erteilt oder wenn ihm die Restschuldbefreiung in den letzten fünf Jahren vor dem Antrag auf Eröffnung des Insolvenzverfahrens oder nach diesem Antrag nach § 297 versagt worden ist oder**
2. **dem Schuldner in den letzten drei Jahren vor dem Antrag auf Eröffnung des Insolvenzverfahrens oder nach diesem Antrag Restschuldbefreiung nach § 290 Absatz 1 Nummer 5, 6 oder 7 oder nach § 296 versagt worden ist; dies gilt auch im Falle des § 297a, wenn die nachträgliche Versagung auf Gründe nach § 290 Absatz 1 Nummer 5, 6 oder 7 gestützt worden ist.**

[2]In diesen Fällen hat das Gericht dem Schuldner Gelegenheit zu geben, den Eröffnungsantrag vor der Entscheidung über die Eröffnung zurückzunehmen.

Übersicht

I. Normzweck

1 **Frühzeitig Rechtsklarheit** schaffen soll die neue Eingangsentscheidung über die Zulässigkeit des Restschuldbefreiungsantrages des Schu.[1] Schu und Gl sollen bereits mit Beginn des Verfahrens auf den zulässigen Restschuldbefreiungsantrag und durch öffentliche Bekanntmachung des Beschlusses auf die Voraussetzungen der Erteilung hingewiesen werden. Bislang war erstmals im Schlusstermin eine Zulässigkeitsentscheidung des Gerichtes erfolgt. Der Gesetzgeber hat hierin, wenn auch ohne weitergehende Begründung dieser Einschätzung,

---

1 BT-Drucks 17/11268, zu Nr 20.

eine Quelle rechtlicher Unklarheiten für den Schu wie auch die InsGl erkannt und diese mit Einführung der Norm für Verfahren, die seit dem 1.7.2014 beantragt werden, geschlossen.

II. Eingangsentscheidung (Abs 1)

1. Allgemeine Zulässigkeitsentscheidung. Das Gericht hat im Eröffnungsverfahren und damit in **richterlicher Zuständigkeit** (§ 18 Abs 1 Nr 3 RPflG) über die Zulässigkeit des Restschuldbefreiungsantrages des Schu zu entscheiden. Der maßgebliche **Zeitpunkt der Entscheidung** ist Abs 2 S 2 zu entnehmen. Kommt das Gericht zum Ergebnis, dass der Restschuldbefreiungsantrag unzulässig ist, hat es dem Schu Gelegenheit zu geben seinen Eröffnungsantrag zurück zu nehmen. Die Entscheidung über die Zulässigkeit hat daher im Falle einer verwerfenden Entscheidung vor der Verfahrenseröffnung zu erfolgen. Im Falle der Zulässigkeit des Antrages kann auch zeitgleich mit der Eröffnung entschieden werden. 2

Zunächst sind die **allgemeinen Zulässigkeitskriterien** zu prüfen.[2] Nur der natürlichen Person ist das Restschuldbefreiungsverfahren eröffnet. Der Antrag ist schriftlich zu stellen. Eine Erklärung zu Protokoll der Geschäftsstelle ist nicht möglich.[3] Dem Antrag ist eine Abtretungserklärung beizufügen. Fehlt diese, ist dem Schu unter Fristsetzung nach § 287 Abs 1 S 2 Gelegenheit zum Nachreichen der Erklärung zu geben.[4] Der Restschuldbefreiungsantrag ist als Prozesserklärung bedingungsfeindlich.[5] Letztlich hat der Schu eine Erklärung beizufügen, ob er bereits in einem früheren Verf einen Antrag auf Restschuldbefreiung gestellt hat. Wenn dies so ist, hat er anzugeben, ob diese erteilt oder versagt worden ist, § 287 Abs 1 S 3. 3

Die Entscheidung des Gerichtes hat nur bezüglich der Zulässigkeit des Restschuldbefreiungsantrages feststellenden Charakter. 4

Streitig beurteilt, wird die Frage wie mit **Versagungsgründen des § 290** umzugehen ist, die bereits im Zeitpunkt der Zulässigkeitsentscheidung erkennbar sind.

Teilweise wird aus der Formulierung des Abs 1 S 1 abgeleitet, das Gericht habe jetzt auch zu prüfen, ob der Schu bereits im Antragsverfahren Versagungsgründe des § 290 verwirklicht hat. Dann wäre der Restschuldbefreiungsantrag bereits in der Eingangsentscheidung zurück zu weisen.[6] Begründet wird dies auch mit der „Vorwirkungsrechtsprechung" des BGH[7] iRd Stundungsentscheidung.[8]

Diese Auffassung verkennt jedoch, dass der Gesetzgeber mit der Eingangsentscheidung lediglich eine **Feststellung der allgemeinen und besonderen Sachentscheidungsvoraussetzungen** regeln wollte.[9] Die materielle Begründetheit des Restschuldbefreiungsantrages hingegen soll weiterhin im Belieben der Gl verbleiben.[10] Gerade die Reform der Restschuldbefreiung mit dem Gesetz vom 15.7.2013[11] wollte keine amtsseitige Versagung der Restschuldbefreiung

---

2 Siehe hierzu auch oben § 287 Rn 4–9.
3 MK/*Stephan* § 290 Rn 22; **aA** FK/*Ahrens* § 290 Rn 10; HambKomm/*Streck* § 287 Rn 4; Näheres oben § 287 Rn 5.
4 Oben § 287 Rn 7.
5 Oben § 287 Rn 8.
6 *AG Hamburg* ZInsO 2015, 821; *Frind* ZInsO 2013, 1448 (1449); *Heilmaier* ZInsO 2015, 1838.
7 *BGH* 16.12.2004 – IX ZB 72/03; *BGH* v 7.2.2013 – IX ZB 245/11.
8 *LG Dessau-Roßlau* ZInsO 2015, 2233; *AG Fürth* ZInsO 2016, 766 (aufgehoben im Beschwerdeverfahren durch *LG Führt* ZInsO 2017, 666); *AG Hamburg* ZInsO 2015, 821; HambKomm/*Streck* § 287a Rn 3.
9 FK/*Ahrens* § 287a Rn 13.
10 *Waltenberger* ZInsO 2013, 1458.
11 BGBl I S 2379.

begründen, sondern die Entschuldung als Verfahrensziel den Interessen des Schu und seiner Gl überantworten. Anderes lässt sich auch durch die Vorwirkungsrechtsprechung des BGH zur Entscheidung über die Verfahrenskostenstundung gem § 4a ableiten.[12] Es erfolgt daher **keine Vorprüfung von Versagungsgründen** durch das Gericht im Rahmen der Eingangsentscheidung des § 287a.[13]

Im Rahmen des Beschlusses hat das Gericht daher lediglich festzuhalten, unter welchen Voraussetzungen der Schu seine Entschuldung erlangen kann.

5 **2. Öffentliche Bekanntmachung.** Der feststellende Beschl über die Zulässigkeit des Restschuldbefreiungsantrages ist öffentlich bekannt zu machen. Dies gilt sowohl für den feststellenden Beschl als auch für die Zurückweisung des Antrages.[14] Eine förmliche **Anhörung der Gl** vor der Entscheidung ist nicht vorgesehen. Ein Beteiligungsrecht der Gl dürfte im Stadium des Eröffnungsverfahrens auch bereits an der Beteiligteneigenschaft scheitern. Im Eröffnungsverfahren sind Gl, die nicht Antragsteller sind, zunächst Dritte.[15] Als solchen verfahrensunbeteiligten Personen stehen ihnen keine Verfahrensrechte zu. Weiter ist der Kreis der InsGl vor Verfahrenseröffnung bereits durch die Legaldefinition des § 38 nicht zu bestimmen. Zur Wahrung ihrer Rechte steht ihnen ab Eröffnung des InsVerf die Möglichkeit der schriftlichen Stellung eines Versagungsantrages nach § 290 zu. Gem § 287 Abs 4 sind die Tabellengläubiger bis zum Schlusstermin anzuhören.[16]

6 Die öffentliche Bekanntmachung dient der frühzeitigen Information der Gl über den voraussichtlich eintretenden Verlust der Durchsetzbarkeit ihrer Forderungen. Der Bekanntmachung kommt daher eine Hinweis- und Warnfunktion zu. Die öffentliche Bekanntmachung erfolgt gem § 9 Abs 1 S 1 im Internet auf der Seite www.insolvenzbekanntmachungen.de. Kommt es zu einer anderen Beendigung des Verf ohne Erteilung oder Versagung der Restschuldbefreiung sieht *Blankenburg* wegen des Fortbestandes der öffentlichen Bekanntmachung ein Bedürfnis für einen zumindest deklaratorischen Zurückweisungsbeschlusses des Restschuldbefreiungsantrages.[17]

7 **3. Rechtsmittel (Abs 1 S 3).** Lediglich dem Schu wird für die Eingangsentscheidung ein Beschwerderecht zuerkannt. Gl im Eigenantragsverfahren, wie oben unter Rn 5 ausgeführt, noch nicht Beteiligte und scheiden als Rechtsmittelberechtigte aus. Das Beschwerderecht ist mangels Beschwer des Schu lediglich für den Fall zulässig, dass das Gericht den Restschuldbefreiungsantrag als unzulässig verwirft.

III. Die Zulässigkeitssperren des Abs 2

8 Ergänzend zu den allgemeinen Sachentscheidungsvoraussetzungen über die Zulässigkeit des Restschuldbefreiungsantrages kommen mit Abs 2 insgesamt drei (mit der teilweisen Einbeziehung des § 297a sogar vier) Zulässigkeitssperren hinzu. Hierbei handelt es sich um

---

12 *BGH* NZI 2006, 712; mit Anm *Kothe* ZVI 2008, 185; *AG Göttingen* ZInsO 2015, 1415 und ZInsO 2015, 2341.

13 FK/*Ahrens* § 287a Rn 14; *Blankenburg* ZInsO 2014, 801; *Grothe/Pape* ZInsO 2013, 1433; *Henning* ZVI 2014, 7; *Waltenberger* ZInsO 2013, 1458; *Uhlenbruck/Sternal* § 287a Rn 6; *Blankenburg* ZInsO 2015, 2258.

14 *Blankenburg* ZInsO 2014, 801.

15 FK/*Ahrens* § 287a Rn 55; MK/*Stephan* § 287a Rn 11; HK-InsO/*Kirchhof* 7. Aufl § 4 Rn 15 zum Akteneinsichtsrecht des nicht antragstellenden Gl im Eröffnungsverfahren.

16 Vgl hierzu oben § 287 Rn 44.

17 *Blankenburg* ZVI 2017, 89, jedenfalls für den Fall einer Verfahrensaufhebung nach Annahme eines Insolvenzplans, der Einstellung des Verfahrens und der Rücknahme durch den Schu.

die vom Gesetzgeber teilweise aufgegriffene Sperrfristrechtsprechung des BGH.[18] Entsprechend dem Unwertgehalt der den Sperrregelungen zu Grunde liegenden Pflicht- und Obliegenheitsverletzungen wurden die Fristen dreistufig unterteilt.[19] Weiterhin mit einer **zehnjährigen Sperre** belegt ist der Schu nach bereits erteilter Restschuldbefreiung. Die rechtskräftige Verurteilung des Schu im Zeitraum nach dem Schlusstermin bis zum Ende der Abtretungsfrist wegen einer Straftat nach §§ 283–283c führt zu einer Sperre von **fünf Jahren**. Mit **drei Jahren** von einem neuen Restschuldbefreiungsantrag ausgeschlossen wird der Schu, dem die Restschuldbefreiung nach § 290 Abs 1 Nr 5, 6 oder 7, soweit nach § 296 versagt worden ist. Auch die Versagung nachträglich bekannt gewordener Versagungsgründe des § 290 Abs 1 Nr 5, 6 oder 7 führen im Falle des § 297a zur Sperrwirkung.

Die Zulässigkeitssperren regeln das **Rechtsschutzinteresse** des Schu an einem neuen Ent- 9
schuldungsverfahren, nicht hingegen an der Durchführung des InsVerf. Angeknüpft wird ausschließlich an der **Redlichkeit des Schu im Erstverfahren**. Inwieweit weitere, von der Rechtsprechung entwickelte Fälle der **dreijährigen Sperrfristen** über den Regelungsgehalt des Abs 2 hinaus Anwendung finden, erscheint fraglich.[20] Der BGH hat in einer ersten Entscheidung zum Ausdruck gebracht, dass zumindest für den Fall der Verletzung von Mitwirkungspflichten des Schu im Altverfahren eine Sperrfrist für einen neuen Restschuldbefreiungsantrag nicht besteht.[21]

1. Zehnjährige Zulässigkeitssperre. Der ehemalige Versagungsgrund des § 290 Abs 1 Nr 3 10
wurde durch das Gesetz vom 15.7.2013 für Verfahren, die ab dem 1.7.2014 beantragt worden sind, und in eine Zulässigkeitssperre umgewandelt. Mit der Versagung der Restschuldbefreiung konnte bislang der Schu sanktioniert werden, dem innerhalb der letzten zehn Jahre bereits einmal die Restschuldbefreiung erteilt oder gem § 296 versagt worden ist. Die Versagung der Restschuldbefreiung nach § 296 wird künftig lediglich zu einer dreijährigen Sperre führen.

Der Gesetzgeber wollte mit der Einführung der Entschuldungsregelung für natürliche 11
Personen vornehmlich der Schuldbefreiung von **unverschuldet in wirtschaftlicher Not** befindlichen Personen dienen. Insbesondere sollte eine Flucht von Personen in das Restschuldbefreiungsverfahren ausgeschlossen werden, die mit wirtschaftlich unvernünftigen oder spekulativen Entscheidungen in die Krise geraten sind. Die Sperre sollte ein neuerliches Entschulden auf Kosten anderer vermeiden.[22] Ausschließlich über eine zeitliche Sperre war diese Intention umgesetzt worden. Andere Erwägungen, wie die **Gründe der neuerlichen Liquiditätskrise** des Schu, sollten hierfür keine Beachtung finden.[23] Ob eine solche statische Fristenregelung den tatsächlichen Begebenheiten insbesondere des selbstständigen Schu Rechnung trägt, kann in Anbetracht der eindeutigen Regelung dahinstehen.

Vermeintlicher Vorteil der früheren Lösung über den Versagungsgrund des § 290 Abs 1 12
Nr 3 kann gewesen sein, dass letztlich die Gewährung der Restschuldbefreiung im Belieben der Gl gestanden hat. Die Gl hatten es in der Hand, die Redlichkeit des Schu und die Ent-

---

18 Näheres hierzu oben § 287 Rn 11.
19 BT-Drucks 17/11268, zu Nr 20.
20 *Laroche/Siebert* NZI 2014, 541; *Schmerbach/Semmelbeck* NZI 2014, 547; vermittelnd: *Ahrens* Das neue Privatinsolvenzrecht, Rn 659 ff; ebenso FK/*Ahrens* § 287a Rn 41; *AG Göttingen* NZI 2016, 847 und 849; genauer zur Sperrfristrechtsprechung des BGH in § 287 Rn 11 sowie der Vorauflage.
21 *BGH* 4.5.2017 – IX ZB92/16.
22 BR-Drucks 1/96, 190.
23 *BGH* 11.5.2010 – IX ZB 167/09 Rn 18.

stehungsgeschichte der neuen Verschuldung in ihre Entscheidung einen Versagungsantrag zu stellen, einfließen zu lassen.

13 Stellt das Gericht fest, dass dem Schu bereits innerhalb des zehnjährigen Zeitraumes eine Restschuldbefreiung erteilt worden ist, muss es den neuen Antrag verwerfen. Im Rahmen dieser Prüfung ist ausschließlich auf den starren Zeitrahmen der Regelung abzustellen. Die Feststellung des Vorliegens einer früheren Erteilung kann sich für die Gerichte jedoch schwierig erweisen.[24] Die Erteilung der Restschuldbefreiung wird nicht in das zentrale Schuldnerverzeichnis aufgenommen, § 303a. Eine amtswegige Ermittlung kann insoweit ausschließlich auf das angerufene Gericht beschränkt bleiben.[25]

14 **2. Fünfjährige Zulässigkeitssperre.** Die Versagung der Restschuldbefreiung nach § 297 innerhalb der **letzten fünf Jahre** vor dem zur Entscheidung anstehenden Antrag führt zu dessen Unzulässigkeit. § 297 soll die Gl davor schützen, dass der Schu durch das Einlegen von Rechtsmitteln die Rechtskraft der Verurteilung über den Schlusstermin hinausschieben kann.[26] Ein eigenständiger Anwendungsbereich dürfte dem Zeitraum „nach diesem Antrag" nicht zukommen. Die Versagung nach § 297 muss zwingend vor dem neuen, jetzt in zur Eingangsentscheidung anstehenden Antrag getroffen worden sein. Ansonsten wäre der neuerliche Restschuldbefreiungsantrag bereits wegen des noch nicht entschiedenen Restschuldbefreiungsantrags im Altverfahren unzulässig.[27]

15 **3. Dreijährige Zulässigkeitssperre.** Die Versagung der Restschuldbefreiung wegen der Versagungsgründe des § 290 Abs 1 Nr 5, 6 und 7 löst eine dreijährige Sperrfrist aus. Insoweit hat die Neuregelung die vom BGH entwickelte **Sperrfristenrechtsprechung** übernommen und die von diesem ausgemachte Regelungslücke bezogen auf das Vorliegen einer tatsächlichen Versagung geschlossen. Nicht hierunter fallen jedoch die Fälle der Rücknahme des Restschuldbefreiungsantrages durch den Schu in Erwartung eines Versagungsantrages.[28]

16 Die Versagung der Restschuldbefreiung wegen einer Obliegenheitsverletzung des Schu führt in der Neuregelung des Gesetzes lediglich noch zu einer Zulässigkeitssperre von drei Jahren. Die bis zum 1.7.2014 geltende Regelung sieht in diesen Fällen noch einen Versagungsgrund nach § 290 Abs 1 Nr 3 über einen Zeitraum von 10 Jahren vor. Faktisch führt dieser Versagungsgrund über die Verfahrenskostenstundung zu einem zehnjährigen Ausschluss des Schu vom Verfahren. Die Begründung des Gesetzentwurfes konnte zwischen den Versagungsgründen des § 290 Abs 1 Nr 5–7 und der Versagung nach § 296 keinen Wertungsunterschied im Unwertgehalt ausmachen.[29]

17 Ergänzend wird die Zulässigkeitssperre um den neu in das Gesetz aufgenommenen § 297a, der die starre zeitliche Sperre des Schlusstermins auflockert und nachträglich bekannt gewordene Versagungsgründe des § 290 zur Versagung zulässt. Folgerichtig wird die Sperrfrist ausschließlich auf die nachträglich bekannt gewordenen Versagungsgründe Nr 5–7 beschränkt. Die Versagung nach § 297a ist gem § 303a Nr 1 in das zentrale Schuldnerverzeichnis aufzunehmen.

18 **4. Weitere Zulässigkeitssperren.** Weitere Sperren der Zulässigkeit sind in Abs 2 nicht geregelt. Die **Sperrfristrechtsprechung** des BGH kennt jedoch weitere Fälle, die in analoger Anwendung des ehemaligen Regelungsinhaltes des § 290 Abs 1 Nr 3 entwickelt worden

24 *Frind* ZInsO 2013, 1448 (1451).
25 Zum Prüfungsmaßstab der Eingangsentscheidung Rn 19 f.
26 Hierzu unten § 297 Rn 1.
27 *BGH* 18.12.2014 – IX ZB 22/13; oben § 287 Rn 21.
28 So *BGH* 12.5.2011 – IX ZB 221/09.
29 BT-Drucks 17/11268, zu Nr 20.

sind. Es bleibt abzuwarten, ob das Gericht auch nach Einführung des § 287a von einer Regelungslücke ausgeht, die im Wege der gerichtlichen Rechtfortbildung geschlossen werden kann. Überwiegend wird eine über den Wortlaut der Norm hinausgehende Zulässigkeitssperre abgelehnt.[30]

IV. Prüfungsmaßstab des Gerichtes

Der Schu hat gem § 287 Abs 1 S 3 seinem Restschuldbefreiungsantrag eine Erklärung beizufügen, ob ein Fall des Abs 2 vorliegt. Die Richtigkeit der Erklärung hat er zu versichern. Vergleichbar mit dem bisherigen Regelungsgehalt der Erklärung über das Vorliegen von Versagungsgründen zur Entscheidung über den Verfahrenskostenstundungsantrag ist die Erklärung des Schu erster und wichtigster Prüfungsmaßstab des Gerichtes.[31] 19

Daneben wird in allen Verfahren, wie bislang bereits überwiegend praktiziert, eine Abfrage der zentralen Schuldnerkartei neben die Erklärung des Schu treten. Das Vollstreckungsportal[32] sieht jedoch aus Gründen des Datenschutzes keine sogenannte Ähnlichkeitssuche vor. Die Einsicht des Gerichtes in die zentrale Schuldnerkartei birgt insoweit vielfältige Verwechslungsrisiken. Bereits einfache Eingabefehler der InsGer, leichte Abänderungen der Schuldnerbezeichnung, oder auch ein geringfügiger Erfassungsfehler bei Eintragung der entscheidungserheblichen Tatsache führen zu falschen Ergebnissen. Die Erklärung des Schu muss daher wesentliche und wichtigste Entscheidungsgrundlage des Gerichtes sein. 20

Auch amtsbekannte Zulässigkeitssperren wird das Gericht nicht ausblenden können. Das Verfahrensregister des Gerichtes ist zwingend vor Abfassung der Eingangsentscheidung heranzuziehen. 21

Weitere Amtsermittlungen zur Prüfung der Sachentscheidungsvoraussetzungen finden nicht statt. Das Gericht hat lediglich Zweifel, die sich aus den mitgeteilten Tatsachen ergeben, aufzuklären.[33]

Falsche Angaben des Schu in der Erklärung führen zum Vorliegen eines Versagungsgrundes nach § 290 Abs 1 Nr 6. Zur Hervorhebung der Bedeutung der Richtigkeit der Erklärung wird auf die Folgen der Falscherklärung hinzuweisen sein. 22

V. Rücknahmemöglichkeit des Schuldners

Kommt das Gericht nach Prüfung des Antrages zur Überzeugung, dass eine Zulässigkeit nicht gegeben ist, hat es den Schu hierauf hinzuweisen. Dem Schu ist jetzt Gelegenheit zu geben, seinen Insolvenzantrag und ggf auch den Antrag auf Erteilung der Restschuldbefreiung zurück zu nehmen. Der **Hinweis** des Gerichts zur Unzulässigkeit des Restschuldbefreiungsantrages kann mit dem Hinweis zur Rücknahme des Eigenantrages verbunden werden.[34] 23

Dem Schu steht es frei, an der Durchführung des InsVerf auch ohne Entschuldungsoption festzuhalten. Nimmt der Schu seinen Eigenantrag zurück, bedarf es keiner Verwerfungsentscheidung über den Restschuldbefreiungsantrages mehr.[35] Wird der Eigenantrag nicht zurück genommen, ist nach der Verwerfung des Restschuldbefreiungsantrages noch über 24

30 *AG Hannover* ZInsO 2015, 368; *AG Göttingen* NZI 2016, 847 und 849; HambKomm/*Streck* § 287a Rn 8.
31 MK/*Stephan* § 287a Rn 22.
32 Www.vollstreckungsportal.de.
33 *BGH* BGHZ 143, 122; FK/*Ahrens* § 287a Rn 52.
34 **AA** FK/*Ahrens* § 287a Rn 59.
35 *Uhlenbruck/Sternal* § 287a Rn 15.

den Fortgang des InsVerf zu entscheiden. Ein gestellter Stundungsantrag ist zurück zu weisen und ggf der Eröffnungsantrag mangels Masse abzuweisen.[36]

25 Die Verwerfung des Restschuldbefreiungsantrages hat zur Folge, dass eine Stundung der Verfahrenskosten gem § 4a ausgeschlossen ist. Eine Stundungsbewilligung setzt immer voraus, dass der Schu das Verfahrensziel der Restschuldbefreiung überhaupt erreichen kann.[37]

26 Der Hinweis des Gerichtes an den Schu ist mit einer **Erklärungsfrist** zu versehen. Die Angemessenheit der Frist ist auch unter dem Gesichtspunkt der Verfahrensbeschleunigung zu beurteilen. Anhaltspunkt kann daher die zweiwöchige Nachreichungsfrist des § 287 Abs 1 S 2 sein.

---

36 **AA** *AG Göttingen* ZInsO 2015, 1451.
37 *Hess* InsO § 4a Rn 50 f.

§ 287b Erwerbsobliegenheit des Schuldners

Ab Beginn der Abtretungsfrist bis zur Beendigung des Insolvenzverfahrens obliegt es dem Schuldner, eine angemessene Erwerbstätigkeit auszuüben und, wenn er ohne Beschäftigung ist, sich um eine solche zu bemühen und keine zumutbare Tätigkeit abzulehnen.

Übersicht

I. Normzweck

1 Die Erwerbsobliegenheit war in der bisherigen Fassung des Gesetzes ausschließlich als Obliegenheit in § 295 Abs 1 Nr 1 geregelt, eine Anwendung auf die Insolvenzphase vor Aufhebung nach § 200 damit nicht möglich. Mit der Neuregelung soll vom Schu nunmehr für die gesamte Verfahrensdauer eingefordert werden, dass er sich mit seiner vollen Leistungsfähigkeit der bestmöglichsten Befriedigung seiner Gl widmet. Auch in der Insolvenzphase hat er nicht nur das Vermögen, sondern auch seine beruflichen Fertigkeiten einzubringen.[1] Das Interesse der Gl an der Erwerbstätigkeit des Schu bleibt gleichwohl auf die Befriedigung der InsFord beschränkt.

2 Zur Durchsetzung der Erwerbsobliegenheit wird den Gl mit § 290 Abs 1 Nr 7 ein neuer Versagungsgrund zur Seite gestellt. Die Verletzung der Obliegenheit führt nur dann zur Versagung, wenn die Befriedigungsinteressen hierdurch beeinträchtig worden sind.[2]

3 Der RegE des **Gesetzes v 15.7.2013**[3] wollte ursprünglich die Ausweitung der Erwerbsobliegenheit über eine Neufassung des § 295 regeln. Erst in der Beschlussempfehlung des Rechtsausschusses vom 15.5.2013[4] wurde § 287b systematisch korrekt in den Regelungsbereich der

---

1 BT-Drucks 17/11268, zu Nr 25.
2 Weiteres hierzu unten § 290 Rn 48.
3 BT-Drucks 17/11268.
4 BT-Drucks 17/13535.

Insolvenzphase eingefügt. Es kann jedoch aus der Entwicklung der Norm davon ausgegangen werden, dass der Regelungsbereich der §§ 287b und 295 Abs 1 Nr 1 vergleichbar ist. Rechtsprechung zur bisherigen Verfahrensobliegenheit ist zum Verständnis der neuen Norm insoweit heranzuziehen.

II. Erwerbsobliegenheit

1. Selbstständige – unselbstständige Tätigkeit des Schuldners. Entgegen der Regelung des § 295 unterscheidet § 287b nicht zwischen selbstständiger und unselbstständiger Tätigkeit des Schu. Die Erwerbsobliegenheit im InsVerf muss gerade auch eine selbstständige Tätigkeit mit erfassen. Ansonsten würde sich der an der Sanierung des eigenen Geschäftsbetriebes interessierte Schu immer der Gefahr einer Versagung der Restschuldbefreiung aussetzen. Der Schu kommt also seiner Erwerbsobliegenheit im Interesse der Gl auch dadurch nach, dass er an der Fortführung des Geschäftsbetriebes weiterhin mitwirkt und Masse nach § 35 Abs 1 2. Alt. 4

Eine Beschränkung findet die Fortführung der selbstständigen Tätigkeit jedoch dann, wenn diese mangels ausreichender Rentabilität oder zumindest künftiger, sich dann aber noch im InsVerf voraussichtlich niederschlagender Ertragsaussicht nicht länger im Gläubigerinteresse liegen kann. Ein strenger Vergleichsmaßstab, wie ihn § 295 Abs 2 anlegt, kann hierfür jedoch zumindest in der ersten Zeit der Insolvenzphase nicht gelten. Dem Schu ist Gelegenheit zu geben, zunächst die Sanierungsfähigkeit des Betriebes im InsVerf zu prüfen. Hierfür stellt die Beurteilung der Ertragskraft des Betriebes durch den InsVerw ein wichtiges Kriterium dar. Einzubeziehen ist, dass den Gl der Insolvenzphase der Neuerwerb des § 35 Abs 1 zu Gute kommt und damit auch die Erträge der selbstständigen Tätigkeit umfasst. Die Gl der Wohlverhaltensphase hingegen haben ausschließlich Zugriff auf die Erträge der Abtretungserklärung. 5

Schwieriger ist die Situation des nach § 35 Abs 2 **freigegebenen Geschäftsbetriebes** des Schu. Hier profitieren die Gl nicht länger von den Erträgen des Betriebes. Über § 35 Abs 2 S 2 wird auf die Gleichstellungsobliegenheit des § 295 Abs 2 verwiesen. Dem Schu obliegt es daher auch im Falle der Freigabe des Geschäftsbetriebes, die Gl so zu stellen, als wäre er eine angemessene abhängige Beschäftigung eingegangen. Der BGH hat noch für die Abführungspflicht nach § 35 Abs 2 entschieden, dass der selbstständige Schu, dessen Erträge hinter der Vergütung einer unselbstständigen Tätigkeit zurück bleiben, nicht verpflichtet sein soll, die Selbstständigkeit im Interesse einer besseren Befriedigung der Gl aufzugeben.[5] Ein Zahlungsanspruch kann aus der Verweisung auf § 295 Abs 2 gerade nicht abgeleitet werden.[6] Mit Aufnahme der Erwerbsobliegenheit in das InsVerf dürfte eine andere Beurteilung eintreten. Die Erwerbsobliegenheit im Interesse der Gläubigerbefriedigung hat sich dann am Vergleichsmaßstab des § 295 Abs 2 zu orientieren.[7] Bleiben die Erträge der selbstständigen Tätigkeit hinter der Vergleichsrechnung des § 295 Abs 2 zurück, ist der Schu zur Aufgabe der Selbstständigkeit verpflichtet.[8] 6

2. Angemessenheit der Tätigkeit. Das Interesse der Erwerbsobliegenheit ist im Lichte des § 1 zu betrachten. Der Schu soll sich mit seiner gesamten Kraft der bestmöglichen Befriedigung der InsGl zuwenden. Nicht alleine der Vermögenseinsatz ist hierfür ausreichend. Auch die Erwerbskraft hat er einzubringen.[9] Unter Berücksichtigung der persönlichen Leistungs- 7

---

5 *BGH* 13.6.2013; mit Anm *Ahrens* NZI 2013, 797.
6 *OLG Bamberg* 17.4.2013, ZInsO 2013, 1365; *LG Düsseldorf* ZInsO 2012, 2257.
7 *Schmerbach* NZI 2013, 566 (2f).
8 FK/*Ahrens* § 287b Rn 20.
9 BT-Drucks 17/11268, zu Nr 25.

fähigkeit und der Ausbildung des Schu hat dieser einer angemessen Beschäftigung nachzugehen. Entscheidend ist hierbei nicht die Art der Tätigkeit, sondern die Angemessenheit der Vergütung der Tätigkeit. Der Handwerksmeister, der als Geschäftsführer einer GmbH weit unter der ortsüblichen Entlohnung eines angestellten Meisters arbeitet, wird das Kriterium der **Angemessenheit** nicht erfüllen.[10] Der Schu, der zum Zwecke der Fortführung des Betriebes Unterhalt aus der Masse nach § 100 erhält, wird für seine unternehmensleitende Tätigkeit im Vergleich nicht angemessen vergütet. Gleichwohl sind die Gl über die Fortführungserträge nach § 35 Abs 2 am Tätigkeitserfolg beteiligt. Insoweit lässt sich im Falle einer Betriebsfortführung die Angemessenheit der Tätigkeit nicht ausschließlich über die Vergütungshöhe bestimmen.[11]

8 Dem Schu steht auch in der Insolvenzphase das **Wahlrecht der Steuerklasse** zu.[12] Mindert er hierdurch jedoch ohne sachlichen Grund die Höhe des pfändbaren Arbeitseinkommens, ist die Erwerbstätigkeit nicht angemessen ausgeübt.[13] An das Vorliegen eines sachlichen Grundes sind keine allzu hohen Erwartungen zu knüpfen. Die Verbesserung des Familieneinkommens hat der Schu nicht hinter die Gläubigerinteressen zu stellen. Eine Verminderung der Steuerlast der Ehepartner insgesamt stellt einen rechtfertigenden Grund für die Steuerklassenwahl dar.[14]

9 **3. Erwerbsbemühungen des Schu.** Der **erwerbslose Schu** hat sich um eine angemessene Erwerbstätigkeit zu bemühen. Abhängig vom Tätigkeitsfeld des Schu sind von ihm stetige Bewerbungsschreiben zu verlangen. Der BGH hat hier von einem Leiter eines gehobenen Restaurants 2-3 Bewerbungen in der Woche verlangt.[15] Voraussetzung ist jedoch, dass entsprechende Stellen tatsächlich auch angeboten werden. Lediglich die Meldung des Schu als arbeitssuchend bei der Bundesagentur für Arbeit reicht für die Obliegenheit nicht aus.[16] Die Aufnahme einer Fortbildung und die damit einhergehende Unterbrechung der Erwerbstätigkeit ist dann unproblematisch, wenn sie von kurzfristiger Dauer ist und anschließend zu einem höheren Einkommen führen wird.[17] Die Aufnahme eines **Studiums** hingegen stellt ein Verstoß gegen die Erwerbsobliegenheit dar. Auch eine Promotion, die dem Schu lediglich Raum für eine Teilzeittätigkeit lässt, verletzt die Erwerbsverpflichtung.[18]

10 **Andere zumutbare Beschäftigungsverhältnisse** hat der Schu dann auszuüben, wenn es ihm nicht gelingt eine Tätigkeit seiner Qualifikation zu finden. Die Zumutbarkeit ist im Interesse der Gl streng auszulegen.[19] Diese soll nicht aus der Definition des Sozialrechtes abzuleiten sein, so dass lediglich Tätigkeiten unzumutbar sind, die gegen gesetzliche, tarifliche oder in Betriebsvereinbarungen geregelte Bedingungen verstoßen.[20] Auch Teilzeit- und Gelegenheitsarbeiten können das Kriterium der Zumutbarkeit erfüllen.[19] Übernimmt der Schu solche Tätigkeiten jedoch nicht, dürfte eine Versagung der Restschuldbefreiung wohl an der fehlenden Gläubigerbeeinträchtigung scheitern.[21]

---

10 *LG Oldenburg* v 18.5.2016 – 17 T 412/16.
11 Für § 295 Abs 1 Nr 1 hat der BGH festgestellt, dass die angemessene Bezahlung ein entscheidendes Kriterium für die Angemessenheit der Tätigkeit ist: *BGH* 1.12.2011 – IX ZB 112/11.
12 *BFH* 27.7.2011 – VI R 9/11.
13 *BGH* 5.3.2009 – IX ZB 2/07.
14 FK/*Ahrens* § 295 Rn 20.
15 *BGH* 19.5.2011 – IX ZB 224/09; *AG Göttingen* 8.9.2011, ZVI 2012, 31.
16 *Hess* InsO § 295 Rn 50.
17 MK/*Ehricke* 2. Aufl § 295 Rn 47.
18 *LG Darmstadt* ZInsO 2013, 1162.
19 *Hess* InsO § 295 Rn 51.
20 *BGH* 13.9.2012 – IX ZB 191/11 Rn 7.
21 Hierzu unten § 290 Rn 48.

In den Bereich der Zumutbarkeit der zu übernehmenden Tätigkeit gehört neben der persönlichen und gesundheitlichen Leistungsfähigkeit auch die vom Schu zu erbringende **Kinderbetreuung**. Die Anforderungen an die Erwerbsverpflichtung sind nach § 1570 BGB zu bestimmen.[22] Werden Kinder bis zum 3. Lebensjahr betreut, ist eine Beschäftigung auch in Teilzeit unzumutbar. Ab der Vollendung des 3. Lebensjahres ist unter Berücksichtigung des Einzelfalles zu entscheiden. Dabei muss insbesondere auf das Vorhandensein von Betreuungseinrichtungen und individuelle Anforderungen des zu betreuenden Kindes abgestellt werden.[23] 11

22 *BGH* 3.12.2009 – IX ZB 139/07; *Hess* InsO § 295 Rn 52.
23 BeckOK/*Beutler* BGB Edition 28 § 2570 Rn 24.

§ 288 Bestimmung des Treuhänders

[1]Der Schuldner und die Gläubiger können dem Insolvenzgericht als Treuhänder eine für den jeweiligen Einzelfall geeignete natürliche Person vorschlagen. [2]Wenn noch keine Entscheidung über die Restschuldbefreiung ergangen ist, bestimmt das Gericht zusammen mit der Entscheidung, mit der es die Aufhebung oder die Einstellung des Insolvenzverfahrens wegen Masseunzulänglichkeit beschließt, den Treuhänder, auf den die pfändbaren Bezüge des Schuldners nach Maßgabe der Abtretungserklärung (§ 287 Absatz 2) übergehen.

Übersicht

I. Normzweck

Das Vorschlagsrecht des Schu und der Gl sollte ursprünglich den Verfahrensbeteiligten die Möglichkeit geben, im Interesse einer Vermeidung von Verfahrenskosten auch natürliche Personen zur Treuhänderstellung einzubinden, die das Amt unentgeltlich ausüben.[1] Diese Hoffnung des Gesetzgebers hat sich in der Praxis nicht erfüllt. Regelmäßig wurde mit der Berufung zum Treuhänder der gleiche Personenkreis betraut, der auch für die Durchführung der Insolvenzphase als geeignet angesehen worden ist. 1

Ergänzend ist, mit Wirkung für Verfahren, die nach dem 1.7.2014 beantragt worden sind, S 2 in die Norm mit aufgenommen worden. Die Ergänzung war durch den Wegfall des § 291 geboten. 2

II. Einzelheiten

Kommt es zu einem Vorschlag durch den Schu oder den Gl, ist das Gericht weiterhin frei, eine für **den Einzelfall geeignete Person** für das Amt des Treuhänders auszuwählen. Wenn auch die Bestellungsentscheidung keine schriftlich zu begründende Entscheidung sein muss, sollte das Gericht doch nur in begründeten Fällen von einer Berücksichtigung der vorgeschlagenen Person abweichen.[2] 3

Anforderungen an die Person, die fachliche Eignung und büroorganisatorische Ausstattung müssen nicht den strengen Qualitätskriterien des § 56 entsprechen. Es ist bei der Auswahl 4

1 BT-Drucks 12/7302, 187.
2 *Hess* InsO § 288 Rn 4.

stets auf die Anforderungen des jeweiligen Einzelfalls zu achten.[3] Die Eignung des Treuhänders muss daher zumindest Kenntnisse und Fertigkeiten im Umgang mit pfändbarem und pfändungsfreiem Einkommen eines Schu sein. Es muss sich um eine Person mit einwandfreier Integrität handeln, die über ein ausreichendes Maß an büroorganisatorischen Einrichtungen verfügt. Eine bestimmte berufliche Qualifikation ist nicht abzuverlangen.[4]

5 Die Beschränkung der Treuhänderbestellung des S 2 1. HS, auf Verfahren, in denen noch keine Entscheidung über die Restschuldbefreiung ergangen ist, grenzt Verfahren ab, in denen bereits nach dem Schlusstermin die Versagung der Restschuldbefreiung ausgesprochen worden ist. Daneben wären noch Sachverhalte erfasst, in denen entweder eine vorzeitige Restschuldbefreiung auszusprechen[5] oder die Laufzeit der Abtretungserklärung im Zeitpunkt der Verfahrensaufhebung bereits abgelaufen war.[6]

§ 289 Einstellung des Insolvenzverfahrens

Im Fall der Einstellung des Insolvenzverfahrens kann Restschuldbefreiung nur erteilt werden, wenn nach Anzeige der Masseunzulänglichkeit die Insolvenzmasse nach § 209 verteilt worden ist und die Einstellung nach § 211 erfolgt.

Übersicht

I. Normzweck

1 Die Regelung stellt klar, dass ein Übergang in die Wohlverhaltensphase ein bis zur Verteilung durchgeführtes Verfahren voraussetzt. Die Einstellung nach Masseunzulänglichkeit § 211 sieht über § 209 eine geordnete Verteilung der Verwertungsmasse voraus und steht insoweit der Schlussverteilung gleich. Eine Einstellung mangels Masse § 207 lässt den Schu nicht in die Wohlverhaltensphase gelangen.

2 Das Anhörungsrecht der Gl zum Restschuldbefreiungsantrag des Schu geht in dem Recht auf, Anträge auf Versagung der Restschuldbefreiung zu stellen. Dies entspricht letztlich auch der bisherigen Regelung des § 289 Abs 1 S 1.

II. Einstellung des Insolvenzverfahrens

3 Die Regelung bestimmt die **Mindestvoraussetzung** für den Zugang zum Restschuldbefreiungsverfahren. Im Falle der Masseunzulänglichkeit hat der InsVerw dies gem § 208 dem InsGer anzuzeigen. Die weitere Abwicklung des Verf erfolgt über die Verteilungsregelung des § 209. Insoweit entspricht die Einstellung nach Anzeige der Masseunzulänglichkeit einer Abwicklung des Schuldnervermögens, wenn auch Massegläubiger ausfallen. Die Einstellung des Verf mangels Masse gem § 207 hingegen beinhaltet letztlich keine abschließende Ver-

3 FK/*Grothe* § 288 Rn 9.
4 *Hess* InsO § 288 Rn 3.
5 Vgl unten § 300 Rn 7.
6 Vgl unten § 290 Rn 61.

fahrensabwicklung. Es fehlt an der Ordnung der Vermögensverhältnisse des Schu.[1] Ein Zugang zum Entschuldungsverfahren bleibt verwehrt.

Das **Forderungsprüfungsverfahren** hat bis zur Einstellung nach Anzeige der Masseunzulänglichkeit zumindest in den Verf abschließend zu erfolgen, da der Schu Restschuldbefreiung beantragt hat. Der InsVerw ist zur Verteilung der Erlöse aus der Wohlverhaltensphase auf ein Verteilungsverzeichnis angewiesen, § 292. Dieses hat noch in der Insolvenzphase zu erfolgen. 4

Fraglich ist, ob es bei Einstellung des Verf nach § 211 zu einem **Schlusstermin** kommen muss. Der Schlusstermin dient grundsätzlich der Anhörung der Gl zur Schlussrechnung und dem Schlussverzeichnis. Da InsGl nach Anzeige der Masseunzulänglichkeit kaum mit einer Quote rechnen können, dürfe das Interesse der Gl an einem solchen Termin schwerlich zu begründen sein.[2] Daher wird tw der Schlusstermin für entbehrlich gehalten.[3] 5

Die Gläubigerversammlung hat jedoch grundsätzlich die Schlussrechnung des InsVerw in einem Schlusstermin abzunehmen.[4] Auch hieran werden die Tabellengläubiger mangels Verteilungsmasse schwerlich ein Interesse haben. Ries schlägt daher vor, bei absehbarer Masseunzulänglichkeit die Gläubigerversammlung beschließen zu lassen, die Prüfung der Schlussrechnung für die Zeit vor und nach Anzeige der Masseunzulänglichkeit auf das InsGer zu übertragen.[5] 6

Gem § 287 Abs 4 sind die InsGl bis zum Schlusstermin zum Antrag des Schu auf Erteilung der Restschuldbefreiung anzuhören. Diese **Anhörung** hat in den Verf, die bis zum 31.7.2014 beantragt worden sind, im Schlusstermin, vor der Ankündigungsentscheidung des Gerichtes gem § 291 stattgefunden. Mit der Vorverlagerung der Zulässigkeitsentscheidung des Restschuldbefreiungsantrages in § 287a hat sich dieses Verfahren geändert. Die Anhörung der InsGl kann für Verf, die ab dem 1.7.2014 beantragt worden sind, bis zur Einstellungsentscheidung des Gerichtes nach § 211 erfolgen. In schriftlich geführten Verfahren erfolgt dies mit einem einfachen Schreiben an die InsGl. Wird das Verfahren mündlich geführt, bedarf es einer bes Gläubigerversammlung. 7

III. Verteilung in der Treuhandphase

Als weitere Besonderheit ergibt sich, dass die **Verteilungen**, die der Treuhänder während der Laufzeit der Abtretungserklärung vornimmt (§ 292 Abs 1 S 2), bis zur vollständigen Befriedigung der MasseGl nur gegenüber diesen vorzunehmen sind.[6] Dabei sind auch während dieser Zeit gem der Rangfolge des § 209 jeweils anteilig zunächst die Neumasseverbindlichkeiten, dann die Altmasseverbindlichkeiten zu erfüllen. Nach diesen sind ggf, wenn weitere Mittel verfügbar sind, schon während der „Wohlverhaltensperiode" nach Maßgabe des § 292 Abs 1 S 2 aE die gestundeten VerfKosten zu begleichen.[7] Nach den MasseGl sind allerdings die InsGl zu bedenken. Im Hinblick darauf ist schon bei der Durchführung des massearmen InsVerf darauf zu achten, dass – obwohl zunächst nur MasseGl befriedigt werden – auch die Forderungen der InsGl ordnungsgem festgestellt (§ 178) und in ein Schluss- 8

1 FK/*Ahrens* § 289 Rn 6.
2 *Uhlenbruck/Ries* § 208 Rn 40.
3 *Uhlenbruck/Sternal* § 289 Rn 5; HambKomm/*Streck* § 289 Rn 3.
4 FK/*Kießner* § 211 Rn 15.
5 *Uhlenbruck/Ries* § 211 Rn 7.
6 *BGH* ZInsO 2005, 597, 599 mit Anm *Pape*; Begr RegE InsO, BT-Drucks 12/2443, 222 zu § 329; *Mäusezahl* ZVI 2003, 622 f; *Schmidt* ZInsO 2003, 9–14; *Uhlenbruck/Sternal* § 289 Rn 10; *K/P/B/Wenzel* § 289 Rn 6; **aA** *Adam* DZWIR 2006, 499.
7 Der Rang der gestundeten VerfKosten ist allerdings str, vgl oben § 209 Rn 7 f.

verzeichnis aufgenommen werden.[8] Die Restschuldbefreiung wirkt in einem solchen Verf auch gegenüber den MasseGl, soweit nicht eine Nachhaftung des Schu für Masseverbindlichkeiten ohnehin ausgeschlossen ist.[9]

§ 290 Versagung der Restschuldbefreiung

(1) Die Restschuldbefreiung ist durch Beschluss zu versagen, wenn dies von einem Insolvenzgläubiger, der seine Forderung angemeldet hat, beantragt worden ist und wenn

1. **der Schuldner in den letzten fünf Jahren vor dem Antrag auf Eröffnung des Insolvenzverfahrens oder nach diesem Antrag wegen einer Straftat nach den §§ 283 bis 283c des Strafgesetzbuchs rechtskräftig zu einer Geldstrafe von mehr als 90 Tagessätzen oder einer Freiheitsstrafe von mehr als drei Monaten verurteilt worden ist,**
2. **der Schuldner in den letzten drei Jahren vor dem Antrag auf Eröffnung des Insolvenzverfahrens oder nach diesem Antrag vorsätzlich oder grob fahrlässig schriftlich unrichtige oder unvollständige Angaben über seine wirtschaftlichen Verhältnisse gemacht hat, um einen Kredit zu erhalten, Leistungen aus öffentlichen Mitteln zu beziehen oder Leistungen an öffentliche Kassen zu vermeiden,**
3. *(aufgehoben)*
4. **der Schuldner in den letzten drei Jahren vor dem Antrag auf Eröffnung des Insolvenzverfahrens oder nach diesem Antrag vorsätzlich oder grob fahrlässig die Befriedigung der Insolvenzgläubiger dadurch beeinträchtigt hat, dass er unangemessene Verbindlichkeiten begründet oder Vermögen verschwendet oder ohne Aussicht auf eine Besserung seiner wirtschaftlichen Lage die Eröffnung des Insolvenzverfahrens verzögert hat,**
5. **der Schuldner Auskunfts- oder Mitwirkungspflichten nach diesem Gesetz vorsätzlich oder grob fahrlässig verletzt hat,**
6. **der Schuldner in der nach § 287 Absatz 1 Satz 3 vorzulegenden Erklärung und in den nach § 305 Absatz 1 Nummer 3 vorzulegenden Verzeichnissen seines Vermögens und seines Einkommens, seiner Gläubiger und der gegen ihn gerichteten Forderungen vorsätzlich oder grob fahrlässig unrichtige oder unvollständige Angaben gemacht hat.**
7. **der Schuldner seine Erwerbsobliegenheit nach § 287b verletzt und dadurch die Befriedigung der Insolvenzgläubiger beeinträchtigt; dies gilt nicht, wenn den Schuldner kein Verschulden trifft; § 296 Absatz 2 Satz 2 und 3 gilt entsprechend.**

(2) [1]Der Antrag des Gläubigers kann bis zum Schlusstermin oder bis zur Entscheidung nach § 211 Absatz 1 schriftlich gestellt werden; er ist nur zulässig, wenn ein Versagungsgrund glaubhaft gemacht wird. [2]Die Entscheidung über den Versagungsantrag erfolgt nach dem gemäß Satz 1 maßgeblichen Zeitpunkt.

(3) [1]Gegen den Beschluss steht dem Schuldner und jedem Insolvenzgläubiger, der die Versagung der Restschuldbefreiung beantragt hat, die sofortige Beschwerde zu. [2]Der Beschluss ist öffentlich bekannt zu machen.

---

8 Zu den Problemen einer Verteilung ohne ein Schlussverzeichnis vgl *Uhlenbruck/Vallender* § 289 Rn 39; *Mohrbutter/Ringstmeier/Pape* Rn 103 f hält die Durchführung eines vollständigen Anmelde- und PrüfungsVerf bei Masseunzulänglichkeit auch wegen der Feststellung der von der Restschuldbefreiung ausgenommenen Forderungen für „praktisch unumgänglich".

9 Vgl unten § 301 Rn 13.

Übersicht

I. Normzweck

Gem § 1 S 2 dient das InsVerf soweit es natürliche Personen betrifft, neben der gemeinschaftlichen Gläubigerbefriedigung auch der Entschuldung des Schu. Die Restschuldbefreiung soll jedoch nur dem **redlichen Schu** zuteilwerden. Wie der Begriff der Redlichkeit im Insolvenzrecht zu verstehen ist, wird über §§ 290, 295, 296 durch die Ausgestaltung der Versagungsgründe definiert. Demnach bestimmt sich die Redlichkeit des Schu tw durch sein Verhalten vor der Verfahrenseröffnung (Abs 1 Nr 1–4), tw über seine Mitwirkung im Verfahren (Abs 1 Nr 5, 6). Aus Gründen der Rechtssicherheit wird **auf eine Generalklausel verzichtet**.[1] Die Gründe für eine Versagung der Restschuldbefreiung sind im Gesetz abschließend aufgezählt.[2] 1

Die Versagung der Restschuldbefreiung ist mit Ausnahme des § 298 in das Belieben der Gl gestellt.[3] Eine **Versagung von Amts** wegen ist dem InsVerf unbekannt.[4] Dabei geht das Gesetz von einer Redlichkeitsvermutung zu Gunsten des Schu aus.[5] Das Fehlen der Redlichkeit ist vom antragstellenden Gl darzulegen und glaubhaft zu machen. 2

Die einzelnen Versagungsgründe sind bezogen auf ihren zeitlichen Anwendungsbereich streng voneinander zu trennen. § 290 umfasst ausschließlich die Insolvenzphase, also den Zeitraum bis zur Aufhebung des InsVerf und Ankündigung der Restschuldbefreiung. Erst mit der Rechtskraft des Ankündigungsbeschlusses gem § 289 werden die Verfahrensobliegenheiten des § 295 wirksam.[6] 3

II. Allgemein

Das G v 15.7.2013 hat durch Einführung der Möglichkeit eines schriftlichen Versagungsantrages eine deutliche Verfahrensvereinfachung zu Gunsten der InsGl in das Gesetz aufge- 4

1 Begr zu § 239 RegE InsO, BT-Drucks 12/2443, 190.
2 *OLG Köln* NZI 2001, 205; *LG Göttingen* ZInsO 2002, 682; FK/*Ahrens* § 290 Rn 5; *K/P/B/Wenzel* § 290 Rn 2; **aA** *AG München* ZVI 2003, 481.
3 *Hess* InsO § 290 Rn 80.
4 *A/G/R/Fischer* § 290 Rn 3.
5 FK/*Ahrens* § 290 Rn 4.
6 FK/*Ahrens* § 295 Rn 8.

nommen. Ursprünglich war im RefE v 18.1.2012 noch die Ausweitung des Versagungsgrundes Abs 1 Nr 1 auf Vermögensdelikte vorgesehen.[7] Hieran hat bereits der RegE nach deutlicher Kritik der Praxis bereits nicht mehr festgehalten.[8] Konkretisiert und damit auf die Diskussionen in Literatur und Praxis eingehend, hat die Neuregelung eine zeitliche Sperre in Abs 1 Nr 1 von 5 Jahren sowie eine Erheblichkeitsgrenze von 90 Tagessätzen eingefügt. Auch die Erfüllung der auf das InsVerf über § 287b erstreckte Erwerbsobliegenheit hat zu dem neuen Versagungsgrund des Abs 1 Nr 7 geführt. Die Streichung der bisherigen zehnjährigen Sperrfrist in Nr 3 folgt der Verlagerung und Neuordnung auch der vom BGH entwickelten Sperrfristenrechtsprechung.[9]

5 Die Versagungsgründe gliedern sich grds in einen **objektiven und subjektiven Tatbestand**. **Vorsatz** liegt vor, wenn der Schu mit Wissen und Wollen handelt. **Grob fahrlässig** handelt der Schu, der die im Verkehr erforderliche Sorgfalt in besonders starkem Maße verletzt, ganz nahe liegende Überlegungen nicht angestellt oder beiseite geschoben hat, und hierdurch unbeachtet geblieben ist, was im gegebenen Fall sich jedem aufgedrängt hätte.[10]

6 Neben den tatbestandlichen Voraussetzungen ist Erfolg der Schuldnerhandlung nicht vorausgesetzt. Insbesondere muss die **Befriedigung** der Gl durch die Handlung nicht beeinträchtigt werden. Der BGH hat dies in der Leitsatzentscheidung v 8.1.2009[11] ausdrücklich für den umstrittensten Fall der Verletzung von Auskunfts- und Mitwirkungspflichten festgestellt. In der Entscheidung hat das Gericht jedoch auch ausgeführt, dass die Verletzungshandlung nach ihrer Art geeignet sein muss, die Befriedigung der Gl zu gefährden.[12]

III. Die Versagungsgründe im Einzelnen (Abs 1 Nr 1–7)

7 **1. Verurteilung wegen einer Insolvenzstraftat (Nr 1).** Ein Verstoß des Schu gegen einen der Tatbestände der §§ 283–283c StGB ist für die Entsch des InsGer nach § 289 InsO nur erheblich, wenn eine **rechtskräftige Verurteilung** vorliegt.[13] Auf andere als in Nr 1 genannte Tatbestände kann der Versagungsgrund nicht ausgeweitet werden.[14] Liegt im Zeitpunkt des Schlusstermins zwar das Strafurteil, nicht jedoch die Rechtskraft der Entscheidung vor, kann hierauf eine Versagung nicht gestützt werden. Nach der Neuregelung durch das G v 15.7.2013, der Einführung des neuen § 297a, können später bekannt gewordene Versagungsgründe, oder die nachträglich eintretende Rechtskraft auch nach dem Schlusstermin bis zum Ende der Abtretungsfrist geltend gemacht werden.[15] Damit hat der Gesetzgeber der Diskussion der Praxis nachgegeben.

8 Lediglich eine Verurteilung mit einem Straffolgenausspruch von mindestens 90 Tagessätzen führt zum Vorliegen eines Versagungsgrundes. Eine Verwarnung mit Strafvorbehalt nach § 59 StPO kann nicht zur Versagung führen.[16] Die relevante Verurteilungshöhe kann lediglich aus der für die Insolvenzstraftat verhängten **Einzelstrafe** entnommen werden. Dies

7 RefE BMJ v 18.1.2012.
8 BT-Drucks 17/11268.
9 Oben § 287a Rn 9.
10 *BGH* 27.9.2007 – IX ZB 243/06.
11 *BGH* 8.1.2009 – IX ZB 73/08.
12 *BGH* 8.1.2009 – IX ZB 73/08. Rn 10.
13 *BGH* 11.4.2013 – IX ZB 94/12.
14 *BGH* 26.6.2014 – IX Z 80/13, im entschiedenen Fall hatte das Ausgangsgericht den ausgeurteilten Tatbestand der Insolvenzverschleppung gem § 15a InsO einer nicht erfolgten Verurteilung nach §§ 283–283c gleichgestellt.
15 Uhlenbruck/*Sternal* § 290 Rn 34; und unten § 297a.
16 So noch *BGH* 16.2.2012 – IX ZB 113/11, der allerdings bereits in Tz 12 der Entscheidung auf die Neuregelung verweist.

kann der Begründung der Rspr des BGH zur zeitlichen Wirkung der Verurteilung und der Anwendung der Tilgungsfristen des § 46 BZRG entnommen werden. Demnach soll die Versagung der Restschuldbefreiung nicht durch weitere Tatvorwürfe begründet werden, die nicht in Abs 1 Nr 1 genannt sind.[17] Wird eine Gesamtstrafe aus verschiedenen Tatvorwürfen gebildet, darunter auch mehrere Tatbestände der §§ 283–283c StGB, und erreicht keine Einzelstrafe die Bagatellgrenze von 90 Tagessätzen, wird das Insolvenzgericht eine fiktive Gesamtstrafe aus den Insolvenzdelikten bilden müssen.[18]

Durch die Entsch des *BGH* v 18.12.2002 ist geklärt, dass ein solches Urt auch dann eine Versagung rechtfertigt, wenn die begangene Straftat **nicht in einem Zusammenhang mit dem aktuellen InsVerf** steht.[19] Auf diese Weise werden große praktische Schwierigkeiten bei der Ermittlung dieses Kausalzusammenhangs vermieden. 9

Die **zeitliche Reichweite** der Verurteilung ist mit der Neuregelung zum 1.7.2014 gleichfalls in das Gesetz aufgenommen worden.[20] Der Gesetzgeber hat die Nachwirkung der Verurteilung auf fünf Jahre begrenzt. Die fünfjährige Versagungsfrist gilt rückwirkend vom Zeitpunkt der Stellung des Restschuldbefreiungsantrages. Ist diese im Zeitpunkt der Verfahrenseröffnung noch nicht verstrichen, können Gl unmittelbar schriftlich den Versagungsgrund geltend machen. Die Abhaltung des Schlusstermins brauchen sie nicht mehr abzuwarten.[21] 10

2. Unrichtige und unvollständige Angaben. Die Anwendung des Versagungsgrundes ist auf Fälle beschränkt, in denen der Schu in den letzten drei Jahren vor oder nach seinem Insolvenzeröffnungsantrag finanzielle Leistungen erhalten oder vermeiden will und hierzu schriftlich unrichtige Angaben macht. Der Begriff „Kredit" ist dabei weit auszulegen; er umfasst jede Form von Darlehen, Zahlungsaufschub oder Finanzierungshilfe.[22] Musterbeispiele für Nr 2 sind das falsch ausgefüllte **Formular für einen Bankkredit** oder die unvollständige **Steuererklärung.**[23] Auch unrichtige schriftliche Angaben, die im Rahmen eines ZwangsvollstreckungsVerf der Finanzverwaltung gegenüber dem Vollstreckungsbeamten gemacht worden sind, gehören hierher.[24] 11

Verletzungshandlung ist hierbei die **schriftliche unrichtige oder unvollständige** Erklärung des Schu. Dass Kriterium der Schriftlichkeit wurde vornehmlich zur Verfahrensvereinfachung vor den InsGer eingeführt.[25] **Unrichtig** sind Erklärungen des Schu über Tatsachen, die dem tatsächlichen Geschehen nicht entsprechen. Unvollständig sind Angaben, wenn die abgegebenen schriftlichen Erklärungen des Schu den Eindruck der Vollständigkeit erwecken, durch Weglassen wesentlicher Umstände aber ein falsches Gesamtbild entsteht.[26] Hierunter fallen alle unvollständigen Angaben, die der Schu bspw im Rahmen der Offenlegung seiner wirtschaftlichen Verhältnisse nach § 18 KWG macht, hierdurch jedoch den Eindruck 12

---

17 *BGH* 18.2.2010 – IX ZB 180/09; *BGH* NZI 2011, 424; *Weiß* ZInsO 2012, 1058.
18 Uhlenbruck/*Sternal* § 290 Rn 39.
19 *BGH* ZVI 2003, 34, besprochen von *Röhm* DZWIR 2003, 143; ebenso *OLG Celle* NZI 2001, 314; *BayObLG* ZInsO 2001, 1061; *K/P/B/Wenzel* § 290 Rn 8a; *N/R/Römermann* § 290 Rn 28; MK/*Stephan* § 290 Rn 26; *Uhlenbruck/Sternal* § 290 Rn 33; FK/*Ahrens* § 290 Rn 15.
20 Zur Regelung für Verf die vor dem 1.7.2014 beantragt worden sind vgl die Vorauflage.
21 Hierzu unten Rn 49.
22 *K/P/B/Wenzel* § 290 Rn 13; MK/*Stephan* § 290 Rn 38, FK/*Ahrens* § 290 Rn 62.
23 *BGH* ZInsO 2010, 1058; *LG Lüneburg* ZVI 2005, 614: nicht erklärte Warenumsätze.
24 *BGH* ZInsO 2008, 157 und ZInsO 2006, 601.
25 *BGH* ZInsO 2006, 265; FK/*Ahrens* § 290 Rn 53; HambKomm/*Streck* § 290 Rn 13.
26 *OLG Köln* NZI 2001, 205; HambKomm/*Streck* § 290 Rn 14.

der Vollständigkeit vermittelt. Verschweigt er bewusst weitere Verbindlichkeiten, stellt dies eine Verletzungshandlung iSd Nr 2 der Regelung dar.[27]

13 Gleiches gilt für das Verschweigen weiterer Umsätze im Rahmen der Umsatzsteuervoranmeldung.[28] Ohne Bedeutung dürfte für das Vorliegen der Schriftlichkeit sein, dass die Umsatzsteuervoranmeldung online erklärt worden ist.[29]

14 Die Rückforderung von **Sozialleistungen** wegen unrichtiger Angaben des Schu führt nicht zur Versagung der Restschuldbefreiung, wenn die Angaben nicht schriftlich gemacht worden sind.[30] Eindeutig ohne Relevanz sind auch mündliche Angaben des Schu, die der Gl schriftlich festhält, ohne dass der Schu sie unterschreibt.[31] Es reicht jedoch aus, dass der Schu ein Formblatt unterschreibt, in das von anderer Seite – zB von dem Vertreter einer Bank – Angaben über seine Vermögensverhältnisse eingetragen worden sind.[32]

15 Die Erklärungen müssen sich auf die **wirtschaftlichen Verhältnisse** beziehen. Dies erfasst das Einkommen und das Vermögen einschließlich Verbindlichkeiten des Schu.[33]

16 Erklärungsempfänger kann im Falle der „Krediterlangung" jeder Vertragspartner des Schu sein. Vergleichbares gilt bezogen auf die Erlangung öffentlicher Leistungen. Hier kommt es nicht darauf an, dass die auszahlende Stelle der öffentlichen Hand angehört. Vielmehr ist die Mittelherkunft entscheidend.[34]

17 Die Erklärung muss nicht unmittelbar vom Schu kommen. Ausreichend ist es, wenn die Angaben von einem Dritten formuliert und diese mit Wissen und Billigung des Schu an den Erklärungsempfänger weitergegeben worden sind.[35] Die Erklärung muss dem Schu jedoch zuzurechnen sein. Hieran fehlt es, wenn der Schu ein Blankoformular unterzeichnet und der Vermittler die fehlenden Angaben aus vorhandenen Daten ergänzt.[36]

18 Die Verletzungshandlung des Schu muss vorsätzlich oder grob fahrlässig erfolgt sein.[37] Darüber hinaus ist zwischen Tathandlung und Zielrichtung des Schu ein **finaler Zusammenhang** zu fordern.[38] Die Unrichtigkeit oder Unvollständigkeit der Erklärung muss aus Sicht des Schu gerade zu dem Zweck erfolgt sein, den erstrebten Kredit zu erlangen, die öffentliche Leistung zu erhalten oder die Zahlungspflicht zu vermeiden.

19 Der Versagungsgrund ist daher auch dann gegeben, wenn der Erklärungsempfänger ohne Zutun des Schu die wahre Sachlage erkannt hat oder es aus anderen Gründen **nicht zu der Kreditgewährung** oder dem sonst vom Schu erstrebten Erfolg **gekommen** ist.[39] Weder der Wortlaut noch der Normzweck sprechen hier für eine einschränkende Auslegung. Insofern

---

27 *Hess* InsO § 290 Rn 135.
28 FK/*Ahrens* § 290 Rn 54.
29 Das *LG Halle* NZI 2014, 618 lässt eine per E-Mail versendete Erklärung des Schu nur dann genügen, wenn diese mit einer elektronischen Signatur versehen ist.
30 *Homann* ZVI 2006, 425–430.
31 *LG Göttingen* ZVI 2002, 219; zw *Graf-Schlicker/Kexel* § 290 Rn 11.
32 Uhlenbruck/*Sternal* § 290 Rn 49.
33 *BGH* 6.5.2010 – IX ZB 216/07 Rn 12.
34 FK/*Ahrens* § 290 Rn 64.
35 *BGH* 11.9.2003 – IX ZB 37/03.
36 *BGH* ZInsO 2005, 926.
37 Zur Definition oben Rn 5.
38 FK/*Ahrens* § 290 Rn 70; *A/G/R/Fischer* § 290 Rn 38; HambKomm/*Streck* § 290 Rn 20.
39 *BGH* ZInsO 2008, 157; FK/*Ahrens* § 290 Rn 70; MK/*Stephan* § 290 Rn 41; *Uhlenbruck/Sternal* § 290 Rn 61; **aA** *LG Oldenburg* ZVI 2007, 384.

ist auch eine nachträgliche Berichtigung falscher Angaben unerheblich, jedenfalls dann, wenn der wahre Sachverhalt bereits aufgedeckt ist.[40]

Andererseits ist der Versagungsgrund nicht gegeben, wenn der Schu im ZwangsvollstreckungsVerf ein ihm gehörendes Grundstück verschweigt in dem Bewusstsein, dass aus diesem Grundstück wegen dessen Belastungen ohnehin kein Erlös für die vollstreckende Finanzverwaltung zu erwarten sei.[41] Ist der finale Zusammenhang jedoch gegeben, so scheitert die Versagung nicht daran, dass der erstrebte Erfolg auch mit redlichen Mitteln hätte erreicht werden können.[42] 20

Der **maßgebliche Zeitraum** beginnt drei Jahre vor der Einreichung des Antrags, der zur Eröffnung des InsVerf geführt hat.[43] Auch im Zeitraum nach Eröffnung des InsVerf bleibt der Versagungsgrund anwendbar.[44] Neben der zeitlichen Befristung auf drei Jahre nach dem Antrag auf Insolvenzeröffnung wird der Anwendungsbereich lediglich verfahrensrechtlich durch den Schlusstermin begrenzt. 21

Der Versagungsgrund ist vom antragstellenden Gl **glaubhaft** zu machen.[45] Ein bereits ergangenes Strafurteil wegen Steuerhinterziehung durch Abgabe einer unwahren Steuererklärung ist unproblematisch ein geeignetes Mittel der Glaubhaftmachung. Liegt ein Strafurteil noch nicht vor, kann auch der Ermittlungsbericht der Steuerfahndung geeignetes Mittel der Glaubhaftmachung sein.[46] Dies jedenfalls dann, wenn sämtliche für das InsGer entscheidungsrelevante Umstände hieraus zu entnehmen sind. Zulässiges Mittel der Glaubhaftmachung ist die Vorlage einer zur Hauptverhandlung zugelassenen Anklageschrift.[47] 22

3. Beeinträchtigung der Befriedigung der Insolvenzgläubiger (Nr 4). Die Vorschrift sanktioniert Verhaltensweisen des Schu, durch die dieser missbräuchlich die Gl schädigt. Soweit die „Begründung unangemessener Verbindlichkeiten" und das „Verschwenden von Vermögen" genannt werden, soll der Gefahr vorgebeugt werden, dass der Schu unter dem Eindruck der bevorstehenden Ins, vielleicht sogar im Hinblick auf eine mögliche Restschuldbefreiung, **Luxusaufwendungen** tätigt oder sonstigen bes Aufwand treibt.[48] Anhaltspunkte dafür, was „angemessen" ist und wo das „Verschwenden" anfängt, bieten die Bedürfnisse, die sich aus der Berufstätigkeit des Schu ergeben[49] und der bisherige übliche Lebenszuschnitt des Schu;[50] im Einzelfall kann allerdings die Fortsetzung eines luxuriösen Lebensstils als Verschwendung angesehen werden.[51] Sanktioniert werden Verhaltensweisen, die unter wirtschaftlichen Gesichtspunkten nicht nachvollziehbar sind, insb Ausgaben, die im Verhältnis zum Gesamtvermögen und zum Einkommen des Schu als grob unangemessen erschei- 23

40 *BGH* ZInsO 2008, 753; *AG Duisburg* ZVI 2008, 452 (Selbstanzeige nach Steuerhinterziehung).
41 *BGH* ZInsO 2008, 157; vgl MK/*Stephan* § 290 Rn 40.
42 *BGH* 12.11.2009 – IX ZB 98/09, veröffentlicht in juris.
43 **AA** *AG Dortmund* ZInsO 2009, 1077, das stets auf den Eröffnungsantrag des Schu abstellen will.
44 *BGH* 1.12.2011 – IX ZB 260/10 in: ZInsO 2012, 192, auch: NZI 2012, 145, ZVI 2012, 78.
45 Näheres hierzu unten Rn 56.
46 *Kranenberg* NZI 2012, 613.
47 *BGH* 6.5.2012 – IX ZB 216/07.
48 Vgl die Begr zu § 239 Abs 1 Nr 4 RegE InsO, BT-Drucks 12/2443, 190; Urlaubsreise nach Spanien als Verschwendung: *LG Düsseldorf* NZI 2004, 390.
49 *Rein* NJW-Spezial 2016, 661; *Heyer* VerbrInsVerf, S 45 f: Pkw für die Fahrt zur Arbeitsstelle.
50 *Scholz* FLF 1995, 146; FK/*Ahrens* § 290 Rn 83.
51 *BGH* ZVI 2005, 643; vgl *Uhlenbruck/Sternal* § 290 Rn 70.

nen,[52] die Veräußerung von Waren weit unter Wert[53] oder die vorsätzliche Vernichtung von Werten.[54] Eine Verschwendung ist anzunehmen, wenn Werte außerhalb einer sinnvollen und nachvollziehbaren Verhaltensweise verbraucht werden. Die Ausgaben müssen im Verhältnis zum Gesamtvermögen und dem Einkommen grob unangemessen sein.[55] Ob verschwenderische Ausgaben durch Anfechtung rückgängig gemacht werden können, ist unerheblich.[56]

24 Ein eindeutiger **Beispielsfall** ist, dass der Schu nach Stellung des InsAntrags eine größere Summe verspielt.[57] Die Befriedigung einzelner, noch nicht fälliger Forderungen nach Eintritt der Zahlungsunfähigkeit, aber noch vor Eröffnung des InsVerf, stellt noch keine Vermögensverschwendung dar.[58] Eine Obliegenheit des insolventen Schu, sein Vermögen bis zur VerfEröffnung für die gleichmäßige Befriedigung der Gl zusammenzuhalten oder gar Rücklagen für die VerfKosten zu bilden, kann aus § 290 Abs 1 Nr 4 nicht entnommen werden.[59] Eine Vermögensverschwendung ist es, wenn der Schu sein Grundstück mit einem Grundpfandrecht zu Gunsten eines Dritten belastet, das keine Forderung sichert.[60]Die Ausschlagung einer Erbschaft kann jedenfalls eine Versagung nicht begründen, da es dabei um ein höchstpersönliches Recht des Schu geht, dessen Ausübung generell im InsR keine Nachteile für den Schu zur Folge hat.[61] Begeht der Schu eine unerlaubte Handlung mit der Folge einer Schadensersatzverpflichtung, so liegt darin nicht notwendigerweise ein Verstoß gegen § 290 Abs 1 Nr 4.[62]

25 Mit dem weiter genannten Verhalten, dass der Schu „ohne Aussicht auf eine Besserung seiner wirtschaftlichen Lage die Eröffnung des InsVerf verzögert", soll **keine InsAntragspflicht** bei natürlichen Personen eingeführt, sondern der Gefahr entgegengewirkt werden, dass der Schu zB durch eine Täuschung der Gl über seine Vermögensverhältnisse InsAnträge anderer Personen hinauszögert.[63] Nur eine Verzögerung durch aktives Handeln des Schu wird erfasst.[64] Beispielsweise wird der Versagungsgrund nicht dadurch verwirklicht, dass der Schu über längere Zeit den Mietzins für gemietete Gewerberäume nicht zahlt.[65] Es reicht auch nicht für eine Versagung aus, dass der Schu sich in einem gerichtlichen Vergleich zur Zahlung einer Geldsumme verpflichtet und anschließend nur einen kleinen Teil der vereinbar-

---

52 *BGH* ZInsO 2006, 1103; vgl auch MK/*Stephan* § 290 Rn 59 f, der allerdings eine sehr großzügige Betrachtung empfiehlt.
53 *BGH* ZInsO 2009, 732; vgl auch *BGH* 10.12.2009 – IX ZB 20/08, veröffentlicht in juris: Überlassung eines Hauses zur unentgeltlichen Nutzung.
54 *BGH* ZVI 2009, 453.
55 *BGH* ZinsO 2013, 1484.
56 *BGH* NZI 2011, 641.
57 *BGH* ZInsO 2009, 732; *LG Hagen* ZInsO 2007, 387.
58 *BGH* 5.3.2009 – IX ZB 141,08, VuR 2009, 309.
59 *BGH* ZInsO 2009, 732; zust *Pieper* ZVI 2009, 393; **aA** *LG Stralsund* ZInsO 2009, 53; *AG Duisburg* NZI 2007, 473 – Zahlungen an einzelne Gl nach Eintritt der Zahlungsunfähigkeit sind offensichtlich wirtschaftlich unvernünftig und damit ein Verstoß gegen § 290 Abs 1 Nr 4 – . Die Entsch *AG Hbg* ZInsO 2008, 51 – Genehmigung von Lastschriften kurz vor dem InsAntrag widerspricht „Kapitalerhaltungspflicht" des Schu – ist aufgehoben worden, *LG Hbg* NZI 2008, 570 mit Anm *Hofmann* NZI 2008, 537.
60 *BGH* NZI 2011, 641.
61 *LG Mainz* ZVI 2003, 362; vgl auch § 83 Abs 1 InsO und unten § 295 Rn 15.
62 *LG Düsseldorf* NZI 2009, 193.
63 Begr RegE InsO, BT-Drucks 12/2443, 190; *BGH* 16.2.2012 – IX ZB 209/11.
64 *Uhlenbruck/Sternal* § 290 Rn 76.
65 *AG Göttingen* NZI 2006, 116.

ten Raten erbringt.[66] Schließlich kann die Restschuldbefreiung auch nicht mit der Begr versagt werden, der Schu habe als Geschäftsführer einer GmbH das InsVerf über das Gesellschaftsvermögen pflichtwidrig verzögert; maßgeblich iRd § 290 Abs 1 Nr 4 ist allein das InsVerf über das Vermögen des Schu selbst.[67]

Alle in Nr 4 genannten Verhaltensweisen schaden dem Schu nur, wenn sie innerhalb von drei Jahren vor dem Eröffnungsantrag oder zwischen Antrag und Eröffnung vorgenommen worden sind, wenn sie zu einer nicht ganz unwesentlichen **Beeinträchtigung der Befriedigung** der Gl führen.[68] Nicht unwesentlich heißt, das Verhalten des Schu muss Auswirkungen auf die **Befriedigungsquote** haben.[69] Zwischen Verletzungshandlung und der Gläubigerbeeinträchtigung muss ein **kausaler Zusammenhang** bestehen.[70] So kann eine Vermögensverschwendung nicht in der Eigentumsaufgabe gesehen werden, wenn das Grundstück bereits wertausschöpfend belastet ist.[71]Weiter muss dem Schu Vorsatz oder grobe Fahrlässigkeit vorgeworfen werden können. Grobe Fahrlässigkeit wird vom BGH definiert als „ein Handeln, bei dem die im Verkehr erforderliche Sorgfalt in ungewöhnlich hohem Maße verletzt wurde, wenn ganz nahe liegende Überlegungen nicht angestellt oder beiseite geschoben wurden und dasjenige unbeachtet geblieben ist, was im gegebenen Fall sich jedem aufgedrängt hätte".[72] Verlässt der Schu sich auf die fehlerhafte rechtliche Beratung einer anerkannten SchuBeratungsstelle, so liegt darin keine grobe Fahrlässigkeit; das Verschulden des Beraters kann ihm nicht zugerechnet werden.[73] 26

4. Verletzung von Auskunfts- oder Mitwirkungspflichten (Nr 5). Die Verletzung von Auskunfts- und Mitwirkungspflichten führt nur dann zur Versagung der Restschuldbefreiung, wenn Pflichten nach diesem Gesetz verletzt worden sind. Wegen der zeitlichen Stellung des Schlusstermins können daher ausschließlich die Pflichten der §§ 20, 97 erfasst sein.[74] Anderweitige Offenbarungs-, Auskunfts- oder Mitwirkungspflichten, etwa aus vertraglicher Verpflichtung mit einem Gl fallen, nicht unter die Versagungsnorm.[75] Fordert der InsVerw oder das Gericht den Schu zu einer Erklärung auf, muss die Aufforderung den Vorgaben der InsO entsprechen. Ein Verstoß des Schu gegen ein nicht rechtmäßiges, zu weit gehendes Auskunftsverlangen führt nicht zur Versagungsentscheidung.[76] 27

Die Mitwirkungspflichten des Schu bestehen nicht erst mit der Aufforderung zur Erklärung durch den Verwalter oder das InsGer. Der Schu hat sämtliche Umstände, die für das InsVerf von Bedeutung sein können, von sich aus ohne bes Nachfrage zu offenbaren.[77] Dies kann zB für Vermögensverschiebungen gelten, die vor der Eröffnung des InsVerf stattgefunden haben und eine Anf begründen können.[78] Aus **eigener Initiative** hat der Schu auch 28

---

66 *LG Düsseldorf* ZVI 2007, 387.
67 Vgl allerdings den Vorschlag für eine neue Nr 7 in § 290 Abs 1.
68 *Uhlenbruck/Sternal* § 290 Rn 80; FK/*Ahrens* § 290 Rn 100.
69 FK/*Ahrens* § 290 Rn 97.
70 MK/*Stephan* § 290 Rn 65.
71 *AG Göttingen* ZInsO 2015, 708.
72 *BGH* ZInsO 2006, 370, 371; s auch oben Rn 5.
73 Vgl HambKomm/*Streck* § 290 Rn 40; **aA** *AG Duisburg* NZI 2005, 462.
74 *BGH* ZInsO 2005, 207; *BGH* NZI, 2009, 65.
75 Etwa die Mitwirkungspflicht zur Freihändigen Verwertung einer Immobilie aus einer Sicherungs- und Verwertungsvereinbarung mit dem Grundpfandgläubiger.
76 FK/*Ahrens* § 290 Rn 105; *A/G/R/Fischer* § 290, Rn 63.
77 *BGH*, ZinsO 2013, 138; *BGH* ZInsO 2011, 396; *BGH* 15.4.2010 – IX ZB 175/09 Rn 9; *AG Hamburg* ZInsO 2012, 1585.
78 *BGH* ZInsO 2010, 2101 und NZI 2011, 330; *AG Erfurt* ZInsO 2006, 1173; *AG Hamburg* ZInsO 2007, 951.

Auskünfte zu erteilen, wenn sich nachträglich nicht unwesentliche Veränderungen ergeben[79] oder sich nachträglich herausstellt, dass die bisherigen Angaben unrichtig oder unvollständig waren.[80]

29 Teil der Mitwirkungspflichten des Schu ist auch die Pflicht, sich auf Anordnung des Gerichts jederzeit zur Verfügung zu stellen, um seine Auskunfts- und Mitwirkungspflichten zu erfüllen (**Bereitschaftspflicht**, § 97 Abs 3 S 1). Der Schu hat dafür zu sorgen, dass er für das Gericht und den InsVerw oder den Treuhänder stets ohne Schwierigkeiten zu erreichen ist. Anschriftenänderungen hat er daher umgehend mitzuteilen; andernfalls liegt ein Verstoß gegen § 290 Abs 1 Nr 5 vor.[81] Hält sich der Schu auf Grund seiner Berufstätigkeit für längere Zeit in einem ausländischen Staat mit schlechten Kommunikationsmöglichkeiten auf, so kann es ausreichen, dass er über seinen VerfBevollmächtigten zu erreichen ist.[82] Einen großzügigeren Maßstab hat der BGH angelegt: Eine Verletzung der Mitwirkungspflichten liegt nach seiner Auff nicht schon dann vor, wenn der Schu zu einem bestimmten Zeitpunkt nicht erreichbar ist, sondern erst dann, wenn sich die fehlende Mitwirkung über einen längeren Zeitraum erstreckt und nennenswerte Auswirkungen auf das Verf hat.[83]

30 Zu den Mitwirkungspflichten gehört es, dass der Schu sämtliche, zur Insolvenzmasse gehörenden Vermögenswerte angibt und diese dem Verw zur Verfügung stellt. Hierzu gehört es auch, dass er pfändbare Arbeitseinkünfte oder Einkünfte aus einer selbstständigen Beschäftigung an den Verw abführt.[84]Die Verletzung der Erwerbsobliegenheit im InsVerf stellt hingegen keine Verletzung von Mitwirkungspflichten dar sondern wird über Abs 1 Nr 7 sanktioniert.

31 Verpflichtungen, die der Schu in einer Vereinbarung mit dem InsVerw oder dem Treuhänder übernommen hat, sind keine Auskunfts- und Mitwirkungspflichten „nach diesem Gesetz" iSd § 290 Abs 1 Nr 5.[85] Auch in der nicht ordnungsgemäßen Erfüllung einer **gerichtlichen Anordnung** liegt nicht zwangsläufig ein Verstoß gegen diese Vorschrift. Erforderlich ist, dass die Anordnung selbst den Vorschriften der InsO entsprach.[86] Ebenso wird es an einem Verstoß des Schu gegen seine Plichten fehlen, wenn der Schu trotz Aufforderung des Verw keine Steuererklärung abgibt; denn die steuerlichen Pflichten des Schu hat im InsVerf grds der Verwalter wahrzunehmen.[87] Anders hingegen, wenn der Verw die Steuererklärung nur unter Mitwirkung des Schu erstellen kann. Die Vorlage hierfür erforderlicher Dokumente stellt eine Mitwirkungspflicht zur ordnungsgemäßen Verwaltung der Masse dar.

32 Die Verletzung von Mitwirkungspflichten des Schu im EröffnungsVerf kann ebenfalls zur Versagung der Restschuldbefreiung führen. Gerade das Verf bis zur Eröffnung kann den erfolgreichen Verlauf der Verwertungsphase erheblich beeinflussen. Ein hier obstruierender Schu hat ebenfalls mit der Sanktion der Versagung zu rechnen.

---

79 ZB durch einen Vermögenserwerb, *BGH* ZInsO 2011, 396.
80 *LG Potsdam* ZInsO 2009, 1415; *AG Oldenburg* ZInsO 2009, 686; *AG Duisburg* NZI 2007, 596; vgl *AG Göttingen* ZVI 2006, 68.
81 Vgl *LG Verden* ZVI 2006, 469; *AG Göttingen* NZI 2010, 115 (Wohnsitzänderungen sind idR binnen 2 Wochen mitzuteilen); *AG Duisburg* NZI 2007, 596.
82 Vgl *AG Göttingen* NZI 2006, 116 (Aufenthalt im Irak).
83 *BGH* ZInsO 2008, 975.
84 *BGH* 19.11.2015 – IX ZB 59/14.
85 *BGH* ZVI 2003, 170; *AG Regensburg* ZInsO 2004, 1214.
86 *BGH* ZVI 2003, 170; MK/*Stephan* § 290 Rn 73.
87 *BGH* ZInsO 2009, 300.

Einzelfälle: 33

Zur Versagung der Restschuldbefreiung führt es, wenn der Schu eine neue Beschäftigungsstelle aufnimmt, dies aber nicht dem InsVerw mitteilt.[88] Die unterlassene Mitteilung des Wohnsitzwechsels kann zur Versagung nach Abs 1 Nr 5 führen.[89]Auch Veränderungen der Einkommenslage sind mitzuteilen. Eine iRd § 290 beachtliche Verletzung der Auskunfts- und Mitwirkungspflichten ist gegeben, wenn der Schu im InsVerf seine Einkommensverhältnisse verschleiert, indem er ein Beschäftigungsverhältnis mit einer in Wahrheit nicht existierenden ausl Gesellschaft vorschiebt,[90] wenn er die Aufnahme einer selbstständigen Tätigkeit[91] oder Einkünfte aus einer Nebentätigkeit oder geringfügigen Tätigkeit verschweigt,[92] an den Schu pfändbares Arbeitseinkommen ausgekehrt wird und der Schu dieses nicht an den InsVerw weitergibt,[93] wenn er nicht angibt, dass ihm sein Arbeitgeber einen Pkw zur privaten Nutzung überlässt,[94] wenn er Grundbesitz verheimlicht[95] oder es unterlässt, den Anfall einer Erbschaft anzuzeigen.[96] Die Übernahme des Geschäftsführeramtes ist unverzüglich anzuzeigen, ebenso der Erwerb von Anteilen an einer Gesellschaft, auch wenn ihm hieraus zunächst keine Erträge zufließen.[97] Ein Verstoß gegen diese Pflichten liegt auch dann vor, wenn der Schu bestehende Forderungen oder Verbindlichkeiten nicht angibt,[98] auch wenn die Forderungen schwer beitreibbar sind[99] und die Verbindlichkeiten nur eine geringe Höhe haben.[100] Allg ist der Schu nicht berechtigt, vermeintlich für die Gl uninteressante Positionen zu verschweigen.[101] Ansprüche aus Versicherungsverträgen hat der Schu auch dann zu offenbaren, wenn er sie für „insolvenzfest" hält.[102] Relevant iRd § 290 Abs 1 Nr 5 ist schließlich auch, dass der Schu den InsVerw oder den Treuhänder durch wahrheitswidrige Angaben oder durch die Verweigerung von Auskünften davon abhält, Steuererstattungsansprüche zu realisieren[103] oder Anfechtungsansprüche geltend zu machen.[104] Bereits das Verschweigen eines Treuhandkontos auf die Frage nach Konten des Schu kann eine einschlägige Pflichtverletzung des Schu darstellen.[105]

Zu den Mitwirkungspflichten gehört es auch, eine selbstgenutzte Eigentumswohnung des Schu, dem Verw zur Vermietung an Dritte durch Räumung zur Verfügung zu stellen. Nicht unter die Mitwirkungspflichten fällt allerdings, wenn der Schu für die Eigennutzung keine Entschädigung an die Masse zahlt.[106] 34

---

88 *BGH* 8.1.2009 – IX ZB 73/08.
89 Jedenfalls soweit die Verletzung geeignet ist, die Gläubigerinteressen zu beeinträchtigen, hierzu unten Rn 35.
90 Vgl *BGH* ZVI 2005, 276.
91 *BGH* NZI 2010, 530; ZInsO 2009, 2162, *BGH* ZInsO 2009, 2162.
92 *LG Mönchengladbach* ZVI 2003, 675; *AG Bonn* ZInsO 2006, 49.
93 *BGH* 31.7.2013 – IX ZA 37/12.
94 *BGH* ZInsO 2009, 481.
95 Vgl *LG Münster* Rpfleger 2005, 275.
96 *LG Göttingen* ZInsO 2004, 1212.
97 *BGH* 15.4.2010 – IX ZB 175/09.
98 *BGH* DZWIR 2009, 124.
99 *BGH* ZInsO 2007, 96.
100 Sehr strikt allerdings *AG Göttingen* ZVI 2006, 68; dazu krit *Pape* ZInsO 2007, 1310.
101 *BGH* ZInsO 2010, 2148: „gefestigte Rspr".
102 *AG Frankfurt* ZInsO 2012, 1687.
103 *LG Mönchengladbach* ZInsO 2005, 104, *LG Duisburg* ZInsO 2011, 1252.
104 *LG Bielefeld* NZI 2010, 824; *LG Hagen* ZInsO 2007, 387; *AG Gera* InVo 2005, 358; vgl auch *AG Göttingen* ZInsO 2007, 1059.
105 *BGH* ZVI 2005, 551.
106 *BGH* 19.11.2015 – IX ZB 59/14.

35 Eine Versagung kommt nur im Falle **vorsätzlichen oder grob fahrlässigen Handelns** in Betracht.[107] Ein Schu, der nach „weiteren Vermögensveränderungen" gefragt wird und den Wegfall einer Unterhaltspflicht nicht angibt, handelt nicht zwangsläufig grob fahrlässig, wenn seine Einkünfte trotz dieses Wegfalls unpfändbar bleiben.[108] Bei **ganz geringfügigen Pflichtverletzungen** verbietet der Verhältnismäßigkeitsgrundsatz, die scharfe Sanktion einer Versagung der Restschuldbefreiung zu verhängen.[109] In welcher Höhe die Wesentlichkeitsgrenze anzusetzen ist, muss in dem jeweiligen Einzelfall entschieden werden.[110] Wird eine falsche Auskunft berichtigt oder eine unterlassene Angabe nachgeholt, bevor die Obliegenheitsverletzung beanstandet wird oder nachteilige Auswirkungen hat, so stellt sie keinen Versagungsgrund mehr dar.[111] Dass die Pflichtverletzung die Befriedigung der Gl beeinträchtigt hat, wird in Nr 5 – im Gegensatz zu Nr 4 – nicht verlangt; es genügt, dass sie ihrer Art nach geeignet war, die Befriedigung der InsGl zu gefährden.[112]

36 **5. Unrichtige Erklärungen im Verbraucherinsolvenzverfahren und der Erklärung zur Eingangsentscheidung (Nr 6). – a) Fehlerhafte Verzeichnisse bei Verbraucherinsolvenzverfahren.** Natürliche Personen, die den bes Vorschriften für Verbraucher- und Kleininsolvenzen unterliegen (vgl § 304), haben im Zusammenhang mit dem Antrag auf Eröffnung des InsVerf Verzeichnisse vorzulegen, die dem Gericht und den Gl einen Überblick über ihre wirtschaftlichen Verhältnisse ermöglichen (§ 305 Abs 1 Nr 3). Unrichtige oder unvollständige Angaben in diesen Verzeichnissen werden wie Verletzungen der Auskunftspflichten des Schu nach Nr 5 behandelt. Mündliche Angaben im Zusammenhang mit diesen Verzeichnissen werden nicht erfasst,[113] ebenso wenig falsche schriftliche Angaben außerhalb der Verzeichnisse.[114] Lediglich Erklärungen im Vermögensverzeichnis, der Vermögensübersicht sowie dem Gläubiger- und Forderungsverzeichnis sind relevant. Anderweitige unrichtige oder unterlassene Erklärungen können jedoch unter Abs 1 Nr 5 fallen.[115] Für die Versagung ist nicht erforderlich, dass die falschen oder unvollständigen Angaben die Befriedigung der Gl nachteilig beeinflusst haben; es genügt, dass diese Angaben ihrer Art nach geeignet waren, die Befriedigung der InsGl zu beeinträchtigen.[116]

37 Eine vorsätzliche oder grob fahrlässige Pflichtverletzung nach Nr 6 liegt zB vor, wenn der Schu die Forderung eines gesicherten Gl nicht angibt, weil er die Verwertung der Sicherheit fürchtet,[117] oder ein unterhaltsberechtigtes Kind nicht aufführt,[118] der Schu Einkommen verschleiert,[119] eine vorhandene Lebensversicherung verschweigt[120] oder eine streitige Forde-

107 Vgl oben Rn 60.
108 *BGH* ZInsO 2009, 786.
109 *BGH* ZInsO 2007, 96; *AG Oldenburg* ZVI 2007, 328; MK/*Stephan* § 290 Rn 74; FK/*Ahrens* § 290 Rn 129; vgl unten Rn 40 zu § 290 Abs 1 Nr 6 und unten § 296 Rn 7 zur entspr Problematik während der Laufzeit der Abtretung. Das bewusste Verschweigen von Einkünften in Höhe von über 2 400 EUR ist allerdings auch in einem InsVerf mit Forderungen von über 1,4 Mio EUR keine geringfügige Pflichtverletzung, **aA** *LG Rottweil* ZVI 2008, 541.
110 *BGH* 23.2.2012 – IX ZB 254/10.
111 Vgl *BGH* ZIP 2011, 133 und NZI 2009, 777 mit Anm *Anger* VerbrIns aktuell 2009, 12; *LG Kleve* ZVI 2007, 33. Ähnliches gilt idR Nr 6, vgl unten Rn 42.
112 *BGH* 8.1.2009 – IX ZB 73/08, ZInsO 2009, 395 und 786; *BGH* 23.2.2012 – IX ZB 254/10.
113 MK/*Stephan* § 290 Rn 78.
114 *BGH* NZI 2005, 404; *LG Memmingen* ZVI 2004, 627.
115 HambKomm/*Streck* § 290 Rn 37.
116 *BGH* ZInsO 2011, 835.
117 *OLG Celle* ZInsO 2001, 1106.
118 *AG Frankfurt/Main* ZVI 2007, 211; *AG Göttingen* NZI 2012, 928.
119 *LG Hamburg* ZInsO 2003, 433.
120 *AG Baden-Baden* ZVI 2005, 440.

rung, die er gerichtlich geltend gemacht hat, nicht in das Verzeichnis seines Vermögens aufnimmt.[121] Zur Zurechnung von fehlerhaften Erklärungen der Verfahrensbevollmächtigten siehe unten zu Nr 6.

Auch vom Schu bestrittene Forderungen sind in das Forderungsverzeichnis aufzunehmen.[122] 38
Der Schu hat in dem zu verwendenden amtlichen Formular „Angaben zum Bestand und zur Berechtigung der Forderung" zu machen. Ob die unterlassenen Angaben jedoch eine Versagung zulassen, wird vornehmlich über die Vorwerfbarkeit, also die Frage entschieden, ob im konkreten Fall ein **grob fahrlässiges Verhalten** des Schu zu erblicken ist.

Die pauschale Behauptung, den Überblick über die Vermögensverhältnisse verloren zu 39
haben, kann den Schu nicht entlasten.[123] Bei der Beurteilung der **groben Fahrlässigkeit** hier einen großzügigeren Maßstab anzulegen als in anderen Fällen, ist nicht gerechtfertigt.[124]

Dass eine nicht genannte Forderung nur geringe Auswirkung auf die Befriedigung aller Gl 40
hat, steht einer Versagung nicht entgegen.[125] Schließlich kann der vergessene Gl ohne Anmeldung seiner Forderung Verfahrensrechte nicht wahrnehmen. Auch die fehlende Angabe von Grundbesitz, der praktisch unverwertbar ist,[126] oder von Einkünften, die unterhalb der Pfändungsfreigrenzen liegen,[127] kann erheblich sein. Diese Beurteilung ist nicht vorm Schu vorzunehmen. Die Verzeichnisse des § 305 Abs 1 Nr 3 dienen vornehmlich dazu, einen schnellen Überblick über die Vermögenslage des Schu zu gewinnen. Daher kann es hinsichtlich der Erklärungspflicht des Schu über einen Gegenstand der Insolvenzmasse nicht auf die Einschätzung des Schu ankommen.[128] Jedoch dürfte die Nichtangabe einer **wirtschaftlich wertlosen Forderung** des InsSchu regelmäßig nicht die Annahme einer grob fahrlässigen Pflichtverletzung rechtfertigen.[129] Auch kann die grobe Fahrlässigkeit fehlen, wenn eine vom Schu auf ein Sparkonto geleistete Mietkaution zwar im Vermögensverzeichnis nach § 305 Abs 1 Nr 3 nicht angegeben ist, jedoch aus einer dem InsGer vorliegenden eidesstattlichen Versicherung hervorgeht.[130] Allg gilt auch iRd Nr 6, dass ganz unwesentliche Verstöße keinen Versagungsgrund bilden können.[131]

Antragsberechtigt ist jeder InsGl, der seine Forderung zur Tabelle angemeldet hat.[132] Dies 41
gilt auch im Falle des bewussten „Weglassens" eines Gl im Verzeichnis.[133] Hier ist nicht nur der weggelassene Gl, sondern alle teilnehmenden Gl berechtigt, das vorwerfbare Verhalten des Schu mittels eines Versagungsantrages geltend zu machen.[134]

Berichtigt der Schu noch vor der VerfEröffnung iRv Erklärungen nach § 305 Abs 3 S 1 oder 42
§ 307 Abs 3 S 1 seine ursprünglichen, nicht vorsätzlich falschen Angaben, so ist der Versa-

---

121 *LG Krefeld* ZVI 2002, 132.
122 *BGH* NZI 2009, 562; vgl unten § 305 Rn 45.
123 *LG Heilbronn* InVo 2002, 417; *AG Heidelberg* ZVI 2004, 630. Anders, wenn der Schu für längere Zeit schwer erkrankt war: *LG Göttingen* NZI 2007, 121.
124 *LG Göttingen* ZInsO 2002, 733; FK/*Ahrens* § 290 Rn 157.
125 *BGH* 8.11.2007 – IX ZB 56/07, veröffentlicht in juris; *LG Hildesheim* ZVI 2004, 545.
126 Krit dazu *Pape* ZInsO 2007, 1186.
127 *OLG Celle* ZVI 2002, 29.
128 *BGH* NZI 2004, 633.
129 *LG Aachen* ZVI 2004, 696; *AG Oldenburg* ZVI 2007, 328; vgl *BGH* ZVI 2005, 643.
130 *BGH* ZInsO 2007, 1150 mit krit Anm *Rauschenbusch.*
131 *BGH* ZVI 2005, 643.
132 *BGH* 21.1.2011 – IX ZB 164, 09.
133 *AG Hamburg* ZInsO 2015, 1281.
134 **AA** FK/*Ahrens* § 290 Rn 155.

gungsgrund geheilt.[135] Eine Berichtigung erst in der Anhörung zum Versagungsantrag kommt dagegen zu spät.[136]

43 Ein **Verschulden des VerfBevollmächtigten** des Schu an der Unrichtigkeit oder Unvollständigkeit der Verzeichnisse ist dem Schu nicht zuzurechnen; § 85 Abs 2 ZPO ist insoweit nicht anzuwenden. Entscheidend für die Versagung der Restschuldbefreiung ist die Unredlichkeit des Schu selbst. Allerdings hat der Schu, der die einschlägigen Formulare von einer Hilfsperson ausfüllen lässt, vor seiner Unterschrift die Richtigkeit und Vollständigkeit der Angaben zu überprüfen; unterlässt er dies, so handelt er selbst zumindest grob fahrlässig.[137]

44 **b) Die unrichtige Erklärung zu den Zulässigkeitssperren des § 287a.** Gem § 287 Abs 1 S 3 hat der Schu mit seinem Restschuldbefreiungsantrag eine Erklärung über das Vorliegen von Zulässigkeitssperren des § 287a Abs 2 vorzulegen und die Richtigkeit der Erklärung zu versichern. Da eine Überprüfung des Wahrheitsgehaltes der Erklärung durch das Gericht nicht immer unproblematisch möglich ist, wird die Richtigkeit der Angaben des Schu in das System der Versagungsgründe mit aufgenommen. Das Gericht prüft iRd Eingangsentscheidung des § 287a lediglich die allgemeinen und besonderen Zulässigkeitsvoraussetzungen des Restschuldbefreiungsantrages. Die Begründetheit ist nach dieser Gesetzessystematik in die Sphäre der Gl verlagert.[138] Bedient sich der Schu eines Verfahrensbevollmächtigten, so hat er nicht für dessen Fehlverhalten einzustehen. Er hat jedoch die in seinem Namen abgegebene Erklärung genau auf Richtigkeit und Vollständigkeit zu prüfen. Die Versicherung des Schu führt jedenfalls dann zur grob fahrlässigen, unrichtigen Erklärung, wenn er ohne weitere Prüfung die Versicherung unterschreibt.

45 Die falsche Erklärung muss jedoch kausal für eine fehlerhafte Zulässigkeitsentscheidung des Gerichtes nach § 287a sein. Erklärt der Schu, dass er bislang noch keinen Antrag auf Erteilung der Restschuldbefreiung gestellt hat, ihm jedoch diese in einem Zeitraum von mehr als 10 Jahren vor der Erklärung bewilligt worden ist, kommt der fehlerhaften Erklärung keine Versagungswirkung zu. Der Versagungsgrund soll zwar den Wahrheitsdruck auf den Schu erhöhen, letztlich aber die Ermittlungspflichten des Gerichtes iRd Eingangsentscheidung reduzieren. Auch hier gilt der vom BGH[139] entwickelte Grundsatz, dass ein Fehlverhalten des Schu in Anwendungsbereich des § 290 zwar nicht zu einer Benachteiligung der Gl geführt haben muss. Das Verhalten muss jedoch grds geeignet sein, eine solche herbeizuführen.

46 **6. Die Verletzung der Erwerbsobliegenheit (Nr 7).** Die Erwerbsobliegenheit trifft den Schu in Verfahren, die nach dem 1.7.2014 beantragt worden sind, auch im InsVerf. Zur Angemessenheit der Erwerbstätigkeit und den Anforderungen an den erwerbslosen Schu vergleiche die Ausführungen zu § 287b.

47 Die Erwerbsobliegenheit muss vom Schu schuldhaft verletzt worden sein. Das **Verschulden** wird in der Regelung vermutet und ist vom Gl nicht glaubhaft zu machen. Es obliegt dem Schu, sich vom Vorwurf zu exkulpieren. Die Glaubhaftmachung des Abs 2 HS 2 erstreckt sich auch auf den Exkulpationsvortrag des Schu.

48 Im Gegensatz zu den Versagungsgründen des Abs 1 Nr 1–6 fordert Nr 7 neben dem schuldhaften, objektiven Verstoß auch eine **Beeinträchtigung der Gläubigerinteressen**. Eine solche Beeinträchtigung kann – unter Verweis auf die vom *BGH* zu § 296 Abs 1 S 3 entwickelte

135 *BayObLG* ZInsO 2002, 489; zust *BGH* NZI 2005, 461; vgl auch *AG Duisburg* ZVI 2007, 481.
136 *BGH* WuM 2007, 469.
137 *BGH* WM 2011, 503; *LG Hamburg* ZInsO 2017, 1853.
138 Siehe hierzu § 287a Rn 4.
139 *BGH* 24.3.2011 – IX ZB 80/09.

Rspr – nur dann vorliegen, wenn den Gl im Vergleich zum redlichen Schu ein messbarer wirtschaftlicher Schaden entstanden ist. Eine bloße Gefährdung reicht nicht aus.[140]

IV. Verfahren

1. Schriftlicher Antrag bis zum Schlusstermin (Abs 2 S 1). Mit dem G v 15.3.2013 wurde die Stellung eines Antrages auf Versagung der Restschuldbefreiung in Interesse der Stärkung der Gläubigerrechte vereinfacht.[141] Sowohl im schriftlichen Verfahren nach § 5 Abs 2 als auch bei mündlicher Verfahrensführung sind die InsGl berechtigt, jederzeit während des InsVerf **schriftlich** die Versagung der Restschuldbefreiung zu beantragen. Der InsGl muss demnach, hat er einen Versagungsgrund zur Kenntnis genommen, nicht länger bis zum Schlusstermin warten, sondern kann unmittelbar die Versagung der Restschuldbefreiung beantragen. Insb im Falle der mündlichen Verfahrensdurchführung war der Aufwand der Gl zur Stellung eines Versagungsantrages groß und führte faktisch dazu, dass dieses Verfahrensrecht nur selten zur Ausübung gekommen ist. Die Neuregelung vereinfacht die Antragstellung und stärkt damit die Rechtswahrnehmung der Gl. Diese müssen nicht länger beständig die Veröffentlichungen zum Verfahren verfolgen um, in Kenntnis eines Versagungsgrundes, zunächst den Schlusstermin ausfindig zu machen. Auch entfällt die große Hürde der Darlegung und Glaubhaftmachung in diesem Termin. Versagungsanträge können künftig genauer ausgearbeitet werden. 49

Mit der Möglichkeit der InsGl, jederzeit schriftliche Versagungsanträge im InsVerf zu stellen, kommt diesen im Falle eines unzulässigen oder unbegründeten Antrages bis zum Schlusstermin ein **Nachbesserungsrecht** zu. Hat der Gl jederzeit ein Versagungsantragsrecht, kann er im Falle neuer Versagungsgründe, aber auch besserer oder eindeutigerer Mittel der Glaubhaftmachung, seinen Antrag nachbessern. Eine Hinweispflicht des Gerichtes im Falle des unzulässigen oder unbegründeten Versagungsantrages kann hieraus nicht abgeleitet werden. Eine **Frist** für die Antragstellung besteht nicht. Diese kann auch nicht in entspr Anwendung des § 296 Abs 1 S 2 abgeleitet werden.[142] 50

Zum Versagungsantrag ist dem Schu **rechtliches Gehör** zu geben. Das Gericht hat vor der Entsch[143] dem Schu den Versagungsantrag mit der Aufforderung zur Stellungnahme zuzustellen. Eine Erklärung des Schu ist aus dem Grundsatz der Waffengleichheit bis zum Schlusstermin möglich. Setzt das Gericht eine Frist zur Erklärung des Schu zum Versagungsantrag, der über den Schlusstermin hinausgeht, ist er mit einem fristgerecht abgegebenen Sachvortrag zu hören.[144] 51

Der Antrag auf Versagung der Restschuldbefreiung kann bis zur Rechtskraft der Entscheidung zurück genommen werden.[145] 52

2. Antragsberechtigung. Für jeden dieser Versagungsgründe ist **jeder InsGl antragsberechtigt**, der seine Forderung angemeldet hat,[146] nicht etwa nur der im Einzelfall Betrof- 53

---

140 *BGH* ZInsO 2006, 548, NZI 2007, 297, ZInsO 2010, 1291 und ZInsO 2010, 1558.
141 BT-Drucks 17/22168 Rn 21b.
142 FK/*Ahrens* § 290 Rn 180.
143 Zum Zeitpunkt der Entscheidung unten Rn 62.
144 *BGH* 27.4.2017 – IX ZB 80/16.
145 *Hess* InsO § 290 Rn 76.
146 Auch wenn die Anmeldung erst so spät erfolgt, dass der Gl nicht mehr an der Schlussverteilung teilnimmt, *BGH* NZI 2009, 856 mit Anm *Schmerbach*; *LG Göttingen* NZI 2007, 734; *AG Hamburg* ZVI 2004, 260; *BGH* ZInsO 2015, 108.

fene.[147] Die Gl bestrittener Forderungen sind ebenfalls antragsberechtigt. Die Antragsbefugnis stellt lediglich auf die formale Gläubigerstellung im Verf ab.[148] Absonderungsberechtigte Gl nur dann, wenn sie nach § 190 den Ausfall nachweisen oder zumindest glaubhaft machen.[149] Ein Gl, dessen Forderung zur Tabelle festgestellt worden ist, hat jedenfalls das Antragsrecht; auf das VersagungsVerf hat es keinen Einfluss, wenn die Forderung nach dem Schlusstermin von einem Dritten berichtigt wird.[150]

54 Der Gl einer gem § 302 ausgenommenen Forderung kann ein rechtlich geschütztes Interesse an einem Antrag auf Versagung der Restschuldbefreiung haben. Dies gilt jedenfalls dann, wenn er seine Forderung mit Angabe des Rechtsgrundes zur Tabelle angemeldet hat, ein Widerspruch des Schu gegen den Rechtsgrund jedoch noch nicht beseitigt worden ist.[151] Für diesen Fall ist der Gl wie ein Gl einer nicht ausgenommenen Forderung zu behandeln.

55 Der InsVerw ist in dem von ihm verwalteten Verf nicht antragsberechtigt. Nimmt eine Forderung der Masse jedoch an einem anderen InsVerf teil, bleibt das Einziehungsrecht mit allen Nebenrechten beim Verw. Der InsVerw als teilnehmender Vertreter der Masse kann daher im Verf des Dritten alle Gläubigerrechte wahrnehmen und einen Versagungsantrag stellen.[152]

56 **3. Glaubhaftmachung.** Der InsGl hat den Versagungsgrund **„glaubhaft zu machen"**.[153] Der Begriff ist iSd Zivilprozessrechts zu verstehen.[154] Der Gl braucht danach nicht den vollen Beweis für den Versagungsgrund zu führen, er muss aber dem Gericht eine „überwiegende Wahrscheinlichkeit" vermitteln, wofür jede Art von Beweismitteln zur Verfügung steht (vgl § 294 ZPO).[155] Wenn der Versagungsgrund Verschulden voraussetzt, müssen auch die Tatsachen glaubhaft gemacht werden, aus denen sich das Verschulden des Schu ergibt.[156] Eine vorsätzliche Steuerverkürzung (Abs 1 Nr 2) kann nicht nur durch die Vorlage eines rechtskräftigen Strafurteils, sondern auch durch eine zur Hauptverhandlung zugelassene Anklageschrift glaubhaft gemacht werden.[157]

57 Es reicht aus, wenn der Gl den Sachverhalt schlüssig darstellt und der Schu diesen **nicht bestreitet**.[158] Der Schu ist zum zulässigen Versagungsantrag anzuhören. Ihm ist mit ausreichender Fristsetzung vor dem Zeitpunkt der Entscheidung über den Versagungsantrag Gelegenheit zur Stellungnahme zu geben.

---

147 *BGH* ZInsO 2007, 446 und ZInsO 2010, 631 (jeweils zu Nr 6); *OLG Celle* ZInsO 2000, 457; *K/P/B/Wenzel* § 290 Rn 5; MK/*Stephan* § 290 Rn 14; **aA** FK/*Ahrens* § 290 Rn 29: iF v Nr 2 nur der Adressat der unrichtigen Erklärung.

148 *BGH* 10.9.2015.

149 *BGH* 11.10.2012 – IX ZB 230/09 = NZI 2012, 892; *LG Hamburg* ZInsO 2009, 2163; FK/*Ahrens* § 290 Rn 80 f.

150 *BGH* ZInsO 2010, 1660.

151 *BGH* NZI 2013, 940.

152 *BGH* 18.6.2015 – IX ZB 86/12.

153 *BGH* 11.09.2003 – IX ZB 37/03; *Hess* InsO § 290 Rn 350 f; *Graf-Schlicker/Kexel* § 290 Rn 4.

154 *BGHZ* 156, 139 = NZI 2003, 662 mit Anm *Fuchs.*

155 *Baumbach/Lauterbach/Albers/Hartmann* § 294 Rn 1, 6.

156 *AG Düsseldorf* ZVI 2007, 283. Dies gilt allerdings nicht für die Frage, ob der Schu – zB wegen Alkoholabhängigkeit – schuldunfähig ist; die Schuldfähigkeit wird nach allg Grundsätzen vermutet, *AG Duisburg* ZVI 2008, 452.

157 *BGH* ZInsO 2010, 1058, *BGH* 16.2.2012, IX ZB 209/11 – eine konkrete Bezugnahme auf dort festgestellte Handlungen, die zur Versagung führen, ist jedoch erforderlich.

158 *BGHZ* 156, 139 = ZInsO 2003, 941; *BGH* ZInsO 2009, 298; *BGH* 22.9.2011 – IX ZB 133/10.

Gelingt dem Gl die Glaubhaftmachung, so tritt das Gericht in die **Amtsermittlung** bezüglich des dargelegten Versagungsgrundes ein;[159] alle anderen Versagungsgründe bleiben außer Betracht.[160] Das Erfordernis der Glaubhaftmachung hat hier ebenso wie in anderen Vorschriften der InsO (§ 251 Abs 2, § 296 Abs 1 S 3, § 303 Abs 2) den Sinn zu verhindern, dass ein Antrag, der auf bloße Vermutungen gestützt wird, zu aufwendigen Ermittlungen des Gerichts führt. Hierzu hat es alle zur Erkenntnisgewinnung angebotenen Beweismittel heran zu ziehen und zur würdigen.[161] **58**

Die Glaubhaftmachung kann auch durch Bezugnahmen auf vorliegende Verwalterberichte erfolgen.[162] Hierzu ist jedoch eine konkrete Aussage in dem Verwalterbericht erforderlich. Gleiches gilt für Bezugnahmen auf weitere öffentliche Urkunden, wie beispielsweise eine zugelassene Anklageschrift oder ein Strafurteil.[163] **59**

Ausschließlich die vom Insolvenzgläubiger dargelegten und glaubhaft gemachten Versagungsgründe können den Versagungsantrag begründen.[164] Die Ermittlungspflicht des Gerichtes ist an den Gläubigerantrag gebunden und wird durch diesen inhaltlich begrenzt.[165] **60**

4. Restschuldbefreiung vor Aufhebung des Insolvenzverfahrens. Der Schu hat **nach Ablauf der Abtretungsfrist** des § 287 Abs 2 S 2 einen Anspruch auf Entscheidung über seinen Restschuldbefreiungsantrag. In normal gelagerten Verfahren mit durchschnittlicher Verwertungsmasse dürfte die Abhaltung des Schlusstermins innerhalb des sechsjährigen Zeitraumes möglich sein. In Fällen mit schwieriger Verwertungsmasse kann die Laufzeit der Abtretungserklärung jedoch noch vor vollständiger Verwertung oder Abschlussreife des InsVerf ablaufen. In diesen Fällen hat das Gericht von Amts wegen und ohne Anregung des Schu eine besondere GlVersammlung einzuberufen.[166] Die besondere GlVersammlung steht dem Schlusstermin iSd § 290 gleich und dient der Anhörung der Gl zum Antrag des Schu auf Erteilung der Restschuldbefreiung und stellt den Ausschlusstermin für die Stellung von Versagungsanträgen des § 290 dar. Gl können dann nur in diesem Termin ihre Verfahrensrechte des § 290 geltend machen. Zu einem späteren Schlusstermin nach Schlussverteilung können keine neuen Versagungsanträge gestellt werden. **61**

5. Zeitpunkt der Entscheidung. Auch wenn die InsGl in Verf die nach dem 1.7.2014 beantragt worden sind, während der Insolvenzphase jederzeit Anträge auf Versagung der Restschuldbefreiung stellen können, entscheidet das Gericht grundsätzlich erst **nach Abhaltung des Schlusstermins** über den Versagungsantrag. Lediglich im Falle des offenkundig unzulässigen Antrages kann etwas anderes gelten. Steht die Unzulässigkeit des Versagungsantrages ohne Möglichkeit der Heilung fest, kann eine Verwerfung unmittelbar erfolgen. **62**

---

159 Vgl § 5 Abs 1; *BGHZ* 156, 139; *LG Kaiserslautern* ZInsO 2006, 1172; MK/*Stephan* § 290 Rn 81–83; jetzt auch FK/*Ahrens* § 290 Rn 99.

160 *BGH* ZInsO 2007, 1221; FK/*Ahrens* § 290 Rn 99; MK/*Stephan* § 290 Rn 82; *Heyer* Restschuldbefreiung im InsVerf, S 55 f; **aA** *K/P/B/Wenzel* § 290 Rn 4c. – Ein Grenzfall liegt vor, wenn der glaubhaft gemachte Sachverhalt sich als tw unrichtig herausstellt, der wahre Sachverhalt aber ebenfalls eine Versagung rechtfertigt: *LG Hagen* ZInsO 2007, 387 mit Anm *Plümpe*.

161 *BGH* 11.4.2013 – IX ZB 170/11; HambKomm/*Streck* § 290 Rn 7; FK/*Ahrens* § 290 Rn 99.

162 *BGH* 6.5.2010 – IX ZB 234/07; *BGH* 8.1.2009 ZInsO 2009, 395; *AG Hamburg* ZInsO 2012, 1585.

163 *BGH* 16.2.2012 – IX ZB 209/11 Rn 13: FK/*Ahrens* § 290 Rn 88.

164 *BGH* NZI 2007, 297; NZI 2014, 817.

165 *BGH* 8.2.2007 – IX ZB 88/06.

166 *BGH* 3.12.2009 – IX ZB 247/08; *BGH* 16.2.2012 – IX ZB 209/11; *BGH* 11.10.2012 – IX ZB 230/09.

63 Über den begründeten oder unbegründeten Antrag hingegen ist erst nach dem Schlusstermin zu entscheiden. Dies gilt wegen des klaren Wortlautes der Regelung auch für eindeutig begründete Anträge.[167] Vor dem Entscheidungszeitpunkt hat das Gericht lediglich die Versagungsanträge entgegen zu nehmen. Eine Vorprüfung und erste rechtliche Würdigung hat das Gericht nicht zu unternehmen. Die Stellung eines Versagungsantrages soll lediglich im Interesse der Gl vereinfacht werden. Die Reform wollte die Gerichte hingegen nicht beständig, über die gesamte Dauer des InsVerf, mit der Entscheidung über neue Versagungsanträge der Gl beschäftigen.[168]

64 **6. Öffentliche Bekanntmachung.** Der Beschluss über die Versagung der Restschuldbefreiung sowie die Aufhebung des InsVerf sind öffentlich bekannt zu machen. Abs 3 S 2 tritt insoweit an die Stelle der Regelung des früheren § 289 Abs 2 S 3.[169] Zwar erfasst die Veröffentlichungspflicht nach dem Wortlaut der Regelung nur den „Beschluss" der im Sinnzusammenhang mit Abs 1 nur die Versagungsentscheidung betreffen kann. Aus der Gesetzesbegründung ist jedoch auch die Veröffentlichung der Verfahrensaufhebung einzubeziehen.

65 **7. Rechtsmittel und Kosten.** Gegen die **Zurückweisung des Versagungsantrages** steht jedem Gl ein Beschwerderecht zu, der die Versagung beantragt hat. Das Beschwerderecht ist auf die Versagungsgründe beschränkt, die der Beschwerdeführer geltend gemacht hat. Ein Nachschieben von Versagungsgründen im Beschwerdeverfahren ist nicht möglich. Der Antrag auf Versagung der Restschuldbefreiung kann bis zur Rechtskraft der Entscheidung zurück genommen werden.[170]

Gegen die Versagung der Restschuldbefreiung steht ausschließlich dem InsSchu das Recht der sofortigen Beschwerde zu.

66 **Gerichtskosten** werden für einen Versagungsantrag nach § 290 **nicht** erhoben. Die Regelungen in § 23 Abs 2 GKG und Nr 2350 des Kostenverzeichnisses beziehen sich nur auf Versagungsanträge, die nach der Aufhebung des InsVerf während der Laufzeit der Abtretungserklärung gestellt werden.

§ 291

(aufgehoben)

§ 292 Rechtsstellung des Treuhänders

(1) [1]Der Treuhänder hat den zur Zahlung der Bezüge Verpflichteten über die Abtretung zu unterrichten. [2]Er hat die Beträge, die er durch die Abtretung erlangt, und sonstige Leistungen des Schuldners oder Dritter von seinem Vermögen getrennt zu halten und einmal jährlich auf Grund des Schlussverzeichnisses an die Insolvenzgläubiger zu verteilen, sofern die nach § 4a gestundeten Verfahrenskosten abzüglich der Kosten für die Beiordnung eines Rechtsanwalts berichtigt sind. [3]§ 36 Abs. 1 Satz 2, Abs. 4 gilt entsprechend. [4]Der Treuhänder kann die Verteilung längstens bis zum Ende der Abtretungsfrist aussetzen, wenn dies angesichts der Geringfügigkeit der zu verteilenden Beträge angemessen erscheint; er hat dies dem Gericht einmal jährlich unter Angabe der Höhe der erlangten Beträge mitzuteilen.

---

167 FK/*Ahrens* § 290 Rn 229; *Waltenberger* ZInsO 2015, 72; **aA** *AG Göttingen* ZInsO 2014, 2455; und ZInsO 2016, 539.

168 BT-Drucks 17/22168, Rn 21b.

169 BT-Drucks 17/11268 Rn 21b.

170 *Hess* InsO § 290 Rn 76.

(2) [1]Die Gläubigerversammlung kann dem Treuhänder zusätzlich die Aufgabe übertragen, die Erfüllung der Obliegenheiten des Schuldners zu überwachen. [2]In diesem Fall hat der Treuhänder die Gläubiger unverzüglich zu benachrichtigen, wenn er einen Verstoß gegen diese Obliegenheiten feststellt. [3]Der Treuhänder ist nur zur Überwachung verpflichtet, soweit die ihm dafür zustehende zusätzliche Vergütung gedeckt ist oder vorgeschossen wird.

(3) [1]Der Treuhänder hat bei der Beendigung seines Amtes dem Insolvenzgericht Rechnung zu legen. [2]Die §§ 58 und 59 gelten entsprechend, § 59 jedoch mit der Maßgabe, dass die Entlassung von jedem Insolvenzgläubiger beantragt werden kann und dass die sofortige Beschwerde jedem Insolvenzgläubiger zusteht.

Übersicht

I. Normzweck

1 In der Vorschrift sind Rechte und Pflichten des Treuhänders zusammengefasst; seine „Rechtsstellung" (vgl die Überschrift) im Verhältnis zu Schu, Gl und Dritten einschließlich der Rechtsnatur des Treuhandverhältnisses lässt sich daraus aber nur unvollkommen entnehmen.[1] Seine Aufgabe bei der Einziehung und Verwaltung der laufenden Bezüge des Schu und bei der Sammlung des sonstigen zu verteilenden SchuVermögens ist der des InsVerw angenähert; er ist Amtswalter über ein zweckgebundenes Sondervermögen des Schu.[2] Die wichtigste Aufgabe des Treuhänders, die **Verteilung der eingehenden Beträge**, wird in Abs 1 S 2 möglichst einfach geregelt, um die Vergütung des Treuhänders und damit die Kosten der Restschuldbefreiung gering halten zu können. Allerdings haben die Gl die Möglichkeit, dem Treuhänder gegen zusätzliche Vergütung auch die **Überwachung des Schu** zu übertragen (Abs 2). Auf korrektes Verhalten des Treuhänders wird durch eine Pflicht zur Rechnungslegung und durch die Aufsicht des Gerichts hingewirkt (Abs 3).

2 Der in der Fassung des Gesetzes bis zum 1.7.2014 vorgesehene Motivationsrabatt, einer Erhöhung des Selbstbehaltes des Schu, wurde durch die Regelungen zur Verkürzung des Verf obsolet und damit für Verf, die ab dem 1.7.2014 beantragt worden sind, gestrichen.

II. Beginn und Ende der Treuhänderstellung

3 Das Gericht setzt den Treuhänder durch Beschl ein, § 288. Durch die einseitige Bestimmung durch das Gericht kann jedoch das Amt des Treuhänders noch nicht beginnen. Der Treuhänder hat gegenüber dem Gericht zu erklären, ob er das Amt annimmt. Erst mit der **Annahme** durch den Treuhänder beginnt seine Sonderstellung im Verfahren.[3] Die

1 Vgl MK/*Ehricke* § 292 Rn 3–8.
2 *Häsemeyer* Rn 26.48; vgl FK/*Grote* § 292 Rn 2, 7.
3 FK/*Ahrens* § 291 Rn 16; Uhlenbruck/*Sternal* § 292 Rn 10.

Annahme kann auch konkludent erklärt werden.[4] Die Ernennung erfolgt durch den Rechtspfleger gem § 3 Nr 2e RPflG.

4 Das Treuhandverhältnis besteht sowohl im Interesse der Gl als auch des Schu, sog uneigennützige **doppelseitige Treuhand**.[5] Er hat dafür Sorge zu tragen, dass den Gl sämtliche, ihnen zustehende pfändbare Einkommensanteile zufließen. Andererseits hat er darauf zu achten, dass der Schu nicht über die Regelung des § 36 Abs 1 S 2 in Anspruch genommen wird. Aus dieser doppelseitigen Treuhand kann auch eine Hinweispflicht des Treuhänders gegenüber dem Schu auf die Möglichkeit der Stellung eines Verkürzungsantrages nach § 300 entstehen (§§ 292, 4 InsO iVm 242 ZPO).[6]

5 Eine **Beendigung** des Amtes tritt nicht bereits durch den Ablauf der Abtretungsfrist oder der Erteilung der Restschuldbefreiung ein. Erst wenn der Treuhänder alle seine ihm obliegenden Pflichten erfüllt hat, endet sein Amt.[7] Hierzu gehört insb noch der Einzug offener, der Abtretungserklärung unterfallender Bezüge – ggf auch klageweise –, sowie die Rechnungslegung gegenüber dem Gericht.

III. Die Befriedigung der Gläubiger durch den Treuhänder (Abs 1)

6 **1. Die Unterrichtung des Zahlungspflichtigen (S 1).** Der Treuhänder hat unverzüglich nach Übernahme seines Amtes und während der gesamten Dauer seiner Tätigkeit sicherzustellen, dass der jeweilige Arbeitgeber des Schu oder der sonstige Zahlungspflichtige über die Abtretung und deren Laufzeit unterrichtet ist.[8] Problematisch ist es, wenn der Treuhänder auf die Offenlegung verzichtet, um den Schu vor einem Verlust des Arbeitsplatzes zu bewahren.[9] In Einzelfällen kann ein solches Vorgehen jedoch im Interesse der Gl liegen. Dem Treuhänder obliegt es jedoch dann, stetig die Einkommensverhältnisse des Schu zu überwachen, die pfändbaren Einkommensanteile zu errechnen und beim Schu einzuziehen.[10] Im Regelfall wird der Treuhänder davon ausgehen können, dass der Arbeitgeber den pfändbaren Teil der Bezüge richtig berechnet.[11] Eine stichprobenartige Überprüfung der Gehaltsbescheinigung dürfte ausreichen. Bestehen jedoch Anhaltspunkte dafür, dass zu geringe Beträge abgeführt werden, hat der Treuhänder die Pfändungsfreibeträge konkret zu errechnen. Notfalls hat der Treuhänder die Zahlungen **gerichtlich beizutreiben**;[12] als Amtswalter über zweckgebundenes Sondervermögen[13] steht ihm die entspr Prozessführungsbefugnis zu.[14] Die Prozesskosten kann er aus dem verwalteten Sondervermögen entnehmen. Reicht dies nicht aus, so kann er analog § 292 Abs 2 S 3 Vorschüsse von den Gl anfordern.[15] Auch die Gewährung von Prozesskostenhilfe für den Treuhänder kommt in Betracht.[16]

---

4 FK/*Ahrens* § 291 Rn 16
5 HammKomm/*Streck* § 292 Rn 6; Uhlenbruck/*Sternal* § 292 Rn 8.
6 Siehe hierzu § 300 Rn 12.
7 *LG Duisburg* NZI 2011, 72 mit Anm *Töreki*; *VG Berlin* NZI 2015, 662.
8 MK/*Ehricke* § 292 Rn 15–18. Zu einem Fall, in dem der Treuhänder dies unterlassen hatte, *BGH* NZI 2011, 451.
9 *H/W/F/Schmerbach* § 292, Rn 10.
10 *BGH* 7.4.2011 – IX ZB 40/10.
11 Vgl *OLG Celle* NZI 2008, 52; FK/*Grote* § 292 Rn 7a.
12 *Häsemeyer* Rn 26.33; *Gottwald/Schmidt-Räntsch* 3. Aufl, § 78 Rn 31; MK/*Ehricke* § 292 Rn 19.
13 Oben Rn 2.
14 Die Befugnis, einen Rechtsstreit zur Beitreibung der von der Abtretung erfassten Bezüge zu führen, besteht auch über den Zeitpunkt des Ablaufs der Abtretungsfrist hinaus fort, vgl *LG Duisburg* NZI 2011, 69.
15 FK/*Grote* § 292 Rn 7; **aA** MK/*Ehricke* § 292 Rn 21.
16 FK/*Grote* § 292 Rn 11; *Adam* ZInsO 2007, 198; insoweit übereinstimmend MK/*Ehricke* § 292 Rn 20.

Bei einem selbstständigen Schu ist es dessen Sache, in eigener Verantwortung Beträge an den Treuhänder abzuführen, deren Höhe sich nach dem Maßstab des § 295 Abs 2 bestimmt.[17] Der Treuhänder hat nicht die Aufgabe, die Höhe dieser Beträge festzusetzen.[18] Fehlt es an einer Angemessenheit der Gleichstellung der Gl durch den Schu, verletzt dieser seine Obliegenheiten. Kann ein Gl diesen Verstoß und eine damit eingetretene Schlechterstellung darlegen und glaubhaft machen, ist die Versagung der Restschuldbefreiung nach §§ 295, 296 möglich. 7

2. Verwaltung und Verteilung der eingehenden Beträge (S 2). Die Beträge, die aufgrund der Abtretung der Bezüge oder durch Zahlungen des Schu (vgl § 295) beim Treuhänder eingehen, sind – zweckmäßigerweise auf einem **Anderkonto** – vom sonstigen Vermögen des Treuhänders getrennt zu halten. Dabei wird der Treuhänder für eine **Verzinsung** sorgen müssen,[19] jedenfalls dann, wenn er Ausschüttungen nur in größeren Zeitabständen vornimmt.[20] Vollstrecken Gl des Treuhänders in dieses Sondervermögen, so steht den InsGl die **Drittwiderspruchsklage** zu (§ 771 ZPO);[21] in einem InsVerf über das Vermögen des Treuhänders kann das Sondervermögen ausgesondert werden.[22] 8

Ausschüttungen an die Gl braucht der Treuhänder nur einmal jährlich vorzunehmen. Das dient der Vereinfachung des Verf.[23] Insb bei Eingang größerer Beträge kann aber auch zwischenzeitlich ausgeschüttet werden.[24] Bei den Verteilungen ist das **Schlussverzeichnis** (§ 197 Abs 1 Nr 2) zugrunde zu legen, so dass – wie bei einer Nachtragsverteilung (§ 203) – nur die InsGl berücksichtigt werden, die ihre Forderungen im InsVerf angemeldet hatten.[25] 9

Zur Frage, ob der InsVerw Masse der Schlussverteilung für die zu erwartenden **Kosten der Wohlverhaltensphase** zurück behalten darf, hat der BGH[26] eine eindeutige Position bezogen. Aus dem, dem gesamten InsR zu entnehmenden Vorrang der Verfahrenskosten, sei in entspr Anwendung der §§ 53 und 209 abzuleiten, dass der InsVerw eine **Rückstellung** für die Kosten der Wohlverhaltensphase bilden muss. Eine Rückstellung ist immer dann in das Schlussverzeichnis aufzunehmen, wenn im Zeitpunkt der Schlussverteilung bereits erkennbar wird, dass mit einem kostendeckenden Mittelzufluss durch die Abtretungserklärung nicht zu rechnen ist. 10

Ungeklärt ist weiterhin, ob der Treuhänder der Wohlverhaltensphase ebenso verpflichtet ist, zunächst Rückstellungen für die weiteren Jahre der Treuhandphase zu bilden. Legt man den Vorrang der Kosten der genannten Entscheidung des BGH zu Grunde, ist eine Verpflichtung zur Rückstellung gut vertretbar. 11

Sind die VerfKosten nach § 4a **gestundet** worden, so hat der Treuhänder diese Kosten zu begleichen, bevor er Beträge an die InsGl ausschüttet (S 2 letzter HS). Die Stundung ändert 12

17 Vgl unten § 295.
18 *Grote* ZInsO 2004, 1109.
19 MK/*Ehricke* § 292 Rn 26; *Heyer* Restschuldbefreiung im InsVerf, S 91; **aA** HambKomm/*Streck* § 292 Rn 2.
20 Dazu sogleich bei Rn 9.
21 Begr zu § 241 RegE, BT-Drucks 12/2443, 191; MK/*Ehricke* § 292 Rn 6. Nach *Häsemeyer* Rn 26.54 und *Uhlenbruck/Sternal* § 292 Rn 35 soll auch dem Schu die Drittwiderspruchsklage zustehen.
22 Vgl *BayObLG* NJW 1988, 1798 für die Mietkaution auf einem Sonderkonto des Vermieters.
23 Bericht RAussch, BT-Drucks 12/7302, 188 zu § 346g.
24 *Fuchs* KS-InsO 2. Aufl, S 1746 f Rn 193.
25 Begr zu § 241 RegE InsO, BT-Drucks 12/2443, 191; *Vallender* ZIP 2000, 1290; *Zimmer* ZVI 2004, 273.
26 *BGH* 20.11.2014 – IX ZB 16/14.

nichts daran, dass die Kostenforderung erfüllbar ist und dass der Treuhänder durch die ausdrückliche Regelung im Gesetz zur Erfüllung verpflichtet wird.[27] Keinen Vorrang haben allerdings die Kosten der Beiordnung eines RA; dies wird in der Begr zum RegE des G v 26.10.2001[28] damit gerechtfertigt, dass diese Kosten nicht zwingend durch die Abwicklung eines InsVerf veranlasst seien. Zutreffender ist wohl die Begr, dass die Chancen der Gl, während der Laufzeit der Abtretung wenigstens geringfügige Zahlungen zu erhalten, erhöht werden sollten.

13 Schließt die „Wohlverhaltensperiode" an ein InsVerf an, das nach Anzeige der **Masseunzulänglichkeit** eingestellt worden ist, so sind auch die MasseGl, die in diesem InsVerf noch nicht befriedigt worden sind, mit Vorrang gegenüber den InsGl zu befriedigen.[29]

14 Zur weiteren Verfahrensvereinfachung kann eine Verteilung der in der Wohlverhaltensphase erlangten pfändbaren Einkommensanteile bis zum Ende der Laufzeit der Abtretungserklärung aufgeschoben werden. Voraussetzung hierfür ist jedoch die Geringfügigkeit der auszuzahlenden Beträge.

15 Der Treuhänder hat eine Abwägung des Verteilungsaufwandes zum Interesse der Gl an einer möglichst zeitnahen Auszahlung der Quote vorzunehmen. Bei wenigen Gl kann daher auch die Auszahlung von geringen Beträgen sachgerecht sein.[30]

16 **3. Die Anwendbarkeit der §§ 850 ff ZPO (S 3).** Über die Verweisung auf § 36 Abs 1 S 2 sind die §§ 850, 850a, 850c, 850e, 850f Abs 1, §§ 850g–850l, 851c und 851d ZPO auf die Abtretung der Bezüge des Schu an den Treuhänder entspr anwendbar. Hintergrund der Regelung ist, dass die Abtretung gem § 400 BGB nur den pfändbaren Teil der Bezüge erfasst. Die genannten Vorschriften der ZPO erlauben es, den dem Schu zustehenden **unpfändbaren Teil der Bezüge** an die Umstände des Einzelfalls **anzupassen**.

17 Für die Gl bedeutsam ist, dass bei Wegfall einer Unterhaltspflicht des Schu der pfändbare Teil des Einkommens nach § 850c Abs 4 ZPO erhöht werden kann[31] und dass Ansprüche aus einem zweiten Arbeitsverhältnis des Schu nach § 850e Nr 2 ZPO auf Antrag in die Berechnung des pfändbaren Einkommens einbezogen werden.[32] Bei verschleiertem Arbeitseinkommen kann der Treuhänder die Differenz zwischen der gezahlten und einer angemessenen Vergütung nach § 850h Abs 2 ZPO notfalls durch Klage vom Arbeitgeber einziehen.[33] Der pfändungsfreie Betrag eines **Pfändungsschutzkontos** kann nach § 850k Abs 4 ZPO angepasst werden.[34] Die Antragsbefugnis für die Anträge nach §§ 850 ff ZPO zu Gunsten der Gl geht auf den Treuhänder über.[35]

18 Zuständig für die Entsch über Anträge auf Einschränkung oder Erweiterung der Pfändbarkeit der Bezüge ist das **InsGer** (Abs 1 S 3 iVm § 36 Abs 4 S 1). Zu Anträgen zugunsten des Schu ist dieser selbst berechtigt. Anstelle der Gl ist während der Laufzeit der Abtretung der Treuhänder antragsberechtigt; die Gl selbst können nur dem Treuhänder

27 Vgl die Begr zum RegE des G v 26.10.2001, BT-Drucks 14/5680, 28 f zu Nr 16; *Mohrbutter/Ringstmeier/Pape* § 17 Rn 113.
28 BT-Drucks 14/5680, 28 f zu Nr 16.
29 *BGH* NZI 2005, 399.
30 BT-Drucks 17/11268, zu Nr 23.
31 Vgl *BGH* NZI 2009, 443.
32 Zu den Einzelheiten vgl *Warrikoff* ZInsO 2004, 1331 f.
33 *BAGE* 128, 157 = ZInsO 2009, 344; **aA** *Riedel* ZVI 2009, 91, der hier nur die Sanktion einer Versagung der Restschuldbefreiung nach § 295 Abs 1 Nr 1 für möglich hält.
34 Dazu *Büchel* ZInsO 2010, 20.
35 *BGH* 3.11.2011 – IX ZB 45/11.

die Anregung geben, ein entspr Verf einzuleiten (vgl § 36 Abs 4 S 2).[36] Da das InsGer hier funktional als Vollstreckungsgericht entscheidet, kann die Entsch mit **Rechtsmitteln** angegriffen werden; es steht der Instanzenzug der ZPO für Entsch im Zwangsvollstreckungs-Verf zur Verfügung.[37]

IV. Die Überwachung des Schuldners (Abs 2)

Zur Überwachung ist der Treuhänder nur verpflichtet, wenn ihn eine GlVersammlung mit dieser Aufgabe betraut hat. Da die Einberufung von GlVersammlungen nur für die Zeit des InsVerf, nicht für die anschließende Laufzeit der Abtretung vorgesehen ist, muss diese Betrauung **schon während des InsVerf**, zweckmäßigerweise im Schlusstermin, erfolgen.[38] Da zu dieser Zeit häufig das Bedürfnis für eine Überwachung des Schu noch nicht klar ist, können sich bedingte Beschl der GlVersammlung empfehlen, zB ein Beschl, nach dem eine Überwachung stattfinden soll, wenn der Schu seinen Arbeitsplatz verliert.[39] Soweit die Vergütung für die Überwachung (vgl § 293) nicht gesichert ist, ruht die Überwachungspflicht.[40] 19

Zu überwachen ist die Erfüllung der Obliegenheiten, die den Schu nach § 295 treffen und deren Inhalt dem Schu durch die gerichtliche Zulässigkeitsentscheidung über die Restschuldbefreiung § 287a bekannt sind. Solange der Schu eine angemessene Erwerbstätigkeit ausübt und die pfändbaren Bezüge aus dieser Tätigkeit auf das Konto des Treuhänders fließen, wird im Allgemeinen keine Veranlassung bestehen, das Verhalten des Schu zu kontrollieren.[41] Auskünfte des Schu sind dagegen einzuholen, wenn dieser arbeitslos ist oder wenn **Anhaltspunkte für die Verletzung von Obliegenheiten des Schu** bestehen. In diesen Fällen sind auch weitere, dem Treuhänder ohne Schwierigkeiten zugängliche Informationsquellen auszuschöpfen.[42] Insbesondere ist dem arbeitslosen Schu eine genaue Darlegung seiner Erwerbsbemühung abzuverlangen.[43] Zwangsmittel stehen weder dem InsVerw noch dem InsGer zu.[43] § 98 ist in der Wohlverhaltensphase nicht anwendbar. 20

Stellt der Treuhänder eine Obliegenheitsverletzung fest, hat er die Gl zu benachrichtigen, um diesen Gelegenheit zu geben, die Versagung der Restschuldbefreiung zu beantragen. Soweit der Auftrag der GlVersammlung keine Vorgaben enthält, ist Maßstab für den Umfang der Überwachungstätigkeit das – tatsächliche oder mutmaßliche – Interesse der Gl. Mittelbar wird der Umfang der Überwachung dadurch eingegrenzt, dass in § 15 InsVV eine Obergrenze für die entspr Vergütung des Treuhänders festgelegt ist.[44] 21

Auch ohne einen Auftrag zur Überwachung ist der Treuhänder berechtigt, die Gl von Umständen zu unterrichten, die eine Versagung der Restschuldbefreiung begründen können.[45] 22

---

36 *K/P/B/Wenzel* § 287 Rn 16b; *Graf-Schlicker/Kexel* § 292 Rn 8; vgl *BGH* NZI 2009, 443.
37 *BGH* KTS 2007, 353; *Graf-Schlicker/Kexel* § 292 Rn 8.
38 MK/*Ehricke* § 292 Rn 42; *Heyer* Restschuldbefreiung im InsVerf, S 95 f, will auch schriftliche Mehrheitsbeschlüsse der Gl während der Wohlverhaltensperiode über Beginn und Ende der Überwachung zulassen.
39 *K/P/B/Wenzel* § 292 Rn 12; HambKomm/*Streck* § 292 Rn 9.
40 FK/*Grote* § 292 Rn 25.
41 HammKomm/*Streck* § 292 Rn 10.
42 MK/*Ehricke* § 292 Rn 52.
43 HambKomm/*Streck* § 292 Rn 13.
44 Vgl unten § 293 Rn 3.
45 *BGH* NZI 2010, 781.

V. Rechnungslegung des Treuhänders und Aufsicht des Gerichtes (Abs 3)

23 Nach dem Ende der Laufzeit der Abtretung und der Verteilung der Beträge, die für diese Zeit einzuziehen waren, hat der Treuhänder dem InsGericht Rechnung zu legen.[46] Dieses hat sicherzustellen, dass der Treuhänder diese Pflicht erfüllt, und es muss den Gl Einsicht gewähren.

24 Für die Aufsicht des Gerichts über die Tätigkeit des Treuhänders und für dessen Entlassung aus wichtigem Grund wird **auf die entspr Vorschriften für den InsVerw verwiesen** (§§ 58, 59). Allerdings sind zum Antrag auf Entlassung und zur Beschw gegen die Abweisung dieses Antrags hier nicht die GlVersammlung und der GlAusschuss berechtigt – diese stehen nach der Aufhebung des InsVerf nicht mehr zur Verfügung –, sondern jeder einzelne Gl. Dem Schu steht kein formelles Antragsrecht zu, er kann jedoch dem Gericht Hinweise auf Pflichtverletzungen geben, die ein Einschreiten von Amts wegen nahe legen.[47]

VI. Haftung des Treuhänders

25 Für die Haftung des Treuhänders wird man auch ohne ausdrückliche Verweisung im Gesetz **§ 60 Abs 1 entspr** anwenden können; seine Stellung als gerichtlich bestellter Amtswalter, der ein Sondervermögen verwaltet, legt dies nahe.[48] Beispielsweise kann der Schu Schadensersatz verlangen, wenn der Treuhänder schuldhaft Beträge an die Gl ausschüttet, die als unpfändbares Vermögen dem Schu zustehen.[49]

§ 293 Vergütung des Treuhänders

(1) [1]Der Treuhänder hat Anspruch auf Vergütung für seine Tätigkeit und auf Erstattung angemessener Auslagen. [2]Dabei ist dem Zeitaufwand des Treuhänders und dem Umfang seiner Tätigkeit Rechnung zu tragen.

(2) § 63 Abs. 2 sowie die §§ 64 und 65 gelten entsprechend.

Übersicht

I. Normzweck, Gesetzgebungshinweise

1 Der Treuhänder hat Anspruch auf eine angemessene Vergütung. Diese soll seine besondere Stellung im Verf auf angemessene Weise ausgleichen und wird konkretisiert in den Regelungen der §§ 14 f InsVV.

Die Festsetzung der Vergütung und zu erstattender Auslagen erfolgt auf Antrag des Treuhänders durch das InsGer. Die Verweisung in Abs 2 stellt klar, dass im Falle der bewilligten

---

46 Vgl im Einzelnen *Uhlenbruck/Sternal* § 292 Rn 69–72; MK/*Ehricke* § 292 Rn 57–61.

47 MK/*Ehricke* § 292 Rn 69, 82.

48 Vgl oben Rn 2; *Häsemeyer* Rn 26.32; *Gundlach/Schmidt* NZI 2008, 609; wohl auch *Maier/Krafft* BB 1997, 2178; offen lassend *BGH* ZIP 2008, 1685; für eine differenzierte Haftung nach allg Zivilrecht dagegen FK/*Grote* § 292 Rn 36-42, MK/*Ehricke* § 292 Rn 70–80 und *Hergenröder* ZVI 2005, 521, 533, die zB den unentgeltlich tätigen Treuhänder nicht für leichte Fahrlässigkeit haften lassen wollen; gleicher Ansicht offenbar *OLG Celle* NZI 2008, 52; gegen diese Einschränkung der Haftung wiederum *N/R/Römermann* § 292 Rn 63; *K/P/B/Wenzel* § 292 Rn 17; *Uhlenbruck/Sternal* § 292 Rn 15. Übersicht über den Meinungsstand: *Loof* ZVI 2009, 9.

49 *BGH* ZInsO 2008, 921.

Kostenstundung und Masselosigkeit des Verf, dem Treuhänder hilfsweise ein Anspruch gegen die Staatskasse zusteht.

II. Höhe der Vergütung

Nach § 14 Abs 1 der Insolvenzrechtlichen Vergütungsverordnung (**InsVV**) ist die Vergütung des Treuhänders nach der Summe der Beträge zu berechnen, die aufgrund der Abtretungserklärung des Schu (§ 287 Abs 2 InsO) oder in anderer Weise zur Befriedigung der Gl beim Treuhänder eingehen. In die Berechnungsgrundlage fallen daher auch Vermögen, dass dem Treuhänder aus einer Erbschaft des Schu zufällt.[1] Der Treuhänder erhält im Regelfall 5 % dieser Beträge; sollten im Lauf der Jahre mehr als 25 000 EUR bei ihm eingehen, stehen ihm von dem Mehrbetrag bis 50 000 EUR 3 % und von dem darüber hinausgehenden Betrag 1 % zu (§ 14 Abs 2 InsVV). Die Mindestvergütung beträgt 100 EUR pro Jahr; hat der Treuhänder Beträge an mehr als fünf Gl verteilt, so erhöht sich diese Vergütung je fünf Gl um 50 EUR (§ 14 Abs 3 InsVV).[2] Hat der Treuhänder also fünf Jahre lang Beträge an fünf Gl verteilt, so steht ihm für diese Zeit eine Mindestvergütung von 5 x 100 = 500 EUR zu. Werden in einzelnen Jahren tatsächlich abgeführte Einkommensanteile verteilt, die für dieses Jahr betrachtet eine Vergütung über der Mindestvergütung ergeben hätten, ist auf den gesamten Zeitraum der Treuhandphase abzustellen.[3] Bleibt im Vergleich des gesamten Zeitraums die Bruchteilsvergütung unter der Mindestvergütung, hat der Treuhänder nur Anspruch auf den Mindestsatz.[4] 2

Ist dem Treuhänder die **Überwachung** der Obliegenheiten des Schu übertragen worden, so erhält er dafür als zusätzliche Vergütung regelmäßig 35 EUR pro Stunde.[5] In besonderen Fällen kann unter Berücksichtigung der zur Überwachungstätigkeit erforderlichen Qualifikation des Treuhänders ein Abweichen vom Regelsatz möglich sein.[6] Die Erhöhung des Stundensatzes wird durch das Gericht beschlossen. Damit diese Vergütung nicht übermäßig anwächst, ist weiter vorgesehen, dass der Gesamtbetrag der zusätzlichen Vergütung den Gesamtbetrag der Vergütung nach § 14 nur übersteigen darf, wenn die GlVersammlung dies beschlossen hat (§ 15 Abs 2 InsVV). Der Grund für einen solchen Beschl kann darin bestehen, dass die GlVersammlung einen bes Überwachungsbedarf sieht, aber auch darin, dass ein bes qualifizierter Treuhänder gewonnen werden soll.[7] 3

Weiter hat der Treuhänder Anspruch auf Erstattung seiner **Auslagen**, soweit sich diese in angemessenem Rahmen halten (§ 293 Abs 1 S 1). Zu den Auslagen sind hier auch verauslagte Prozesskosten zu rechnen.[8] Schließlich ist dem Treuhänder auch die von ihm zu zahlende **Umsatzsteuer** zu erstatten (§ 16 Abs 1 S 3 iVm § 7 InsVV). 4

Zu den **Einzelheiten** wird auf die Erläuterungen zur InsVV verwiesen. 5

III. Festsetzungsverfahren

Die Festsetzung der Vergütung erfolgt durch das Gericht (§ 293 Abs 2 iVm § 64 Abs 1). Bei der Bestellung des Treuhänders wird nur – falls einschlägig – die Höhe des Stundensatzes 6

1 FK/*Grote* § 293 Rn 11.
2 Diese Erhöhungsmöglichkeit ist durch VO v 4.10.2004 (BGBl I, 2569) ergänzt worden; vgl zur Berechnung *BGH* ZInsO 2011, 247.
3 FK/*Grote* § 293, Rn 11; *Keller* Vergütung und Kosten, S 129.
4 Vgl *LG Mönchengladbach* ZInsO 2007, 1044.
5 § 15 Abs 1 InsVV idF der VO v 15.7.2013.
6 FK/*Grote* § 293 Rn 17.
7 Vgl MK/*Ehricke* § 293 Rn 22.
8 FK/*Grote* § 293 Rn 21; MK/*Ehricke* § 293 Rn 27.

für die Überwachungstätigkeit festgesetzt, iÜ erfolgt die Festsetzung von Vergütung und Auslagen **bei der Beendigung des Amtes**. Vorher darf der Treuhänder jedoch aus den eingehenden Beträgen **Vorschüsse** in Höhe des bereits verdienten Teils seiner Vergütung entnehmen (§ 16 Abs 2 InsVV). Darüber hinaus müssen Vorschüsse entnommen werden können, wenn bes hohe Auslagen angefallen sind;[9] der Treuhänder würde in unzumutbarer Weise belastet, wenn ihm alle getätigten Auslagen erst nach der Beendigung seines Amtes ersetzt würden.

7 Lässt sich der Treuhänder zur Durchsetzung seiner Vergütungsansprüche **Steuererstattungsansprüche** des Schu **abtreten**, so kann diese Abtretung als geschäftsmäßiger Erwerb zum Zweck der Einziehung auf eigene Rechnung nach § 46 Abs 4 AO unwirksam sein.[10]

8 Für die öffentliche **Bekanntmachung** der Vergütungsfestsetzung und die **Rechtsmittel** sind § 64 Abs 2 und 3, die Regelung für die Vergütung des InsVerw, entspr anzuwenden.

IV. Anspruch gegen die Staatskasse

9 Nach Abs 2 iVm § 63 Abs 2 gilt für den Treuhänder die Regelung entspr, nach der der InsVerw bei einer **Stundung der VerfKosten** Vergütung und Auslagen aus der Staatskasse verlangen kann, soweit die InsMasse dafür nicht ausreicht. IF des Treuhänders treten an die Stelle der InsMasse die an den Treuhänder abgeführten Beträge. Zu beachten ist allerdings, dass eine Stundung der Kosten nach § 4a „für das InsVerf" nicht das Restschuldbefreiungs-Verf nach §§ 286 ff umfasst, das einen bes VerfAbschn bildet; für diesen Abschn ist in einem solchen Fall eine zweite StundungsEntsch erforderlich.[11] Bis zu dieser zweiten Entsch wird das Vertrauen des Treuhänders auf den Fortbestand der Stundung gem § 4a Abs 2 S 3 geschützt.[12] Die Stundung der VerfKosten kann notfalls auch noch während der „Wohlverhaltensperiode" nachgeholt werden, wenn sich erst zu dieser Zeit herausstellt, dass die Vergütung des Treuhänders nicht aus den eingehenden Zahlungen gedeckt werden kann. Ist die Stundung bewilligt, so kann das Gericht dem Treuhänder Vorschüsse bewilligen (§ 16 Abs 2 InsVV). Die Beträge, die der Treuhänder aus der Staatskasse erhält, gelten nach Nr 9017 des Kostenverzeichnisses (Anl 1 zum GKG) in voller Höhe als Auslagen des InsVerf. Sie sind vom Schu mit den übrigen Gerichtskosten nach Maßgabe des § 4b zurückzuzahlen.

§ 294 Gleichbehandlung der Gläubiger

(1) Zwangsvollstreckungen für einzelne Insolvenzgläubiger in das Vermögen des Schuldners sind in dem Zeitraum zwischen Beendigung des Insolvenzverfahrens und dem Ende der Abtretungsfrist nicht zulässig.

(2) Jedes Abkommen des Schuldners oder anderer Personen mit einzelnen Insolvenzgläubigern, durch das diesen ein Sondervorteil verschafft wird, ist nichtig.

(3) Eine Aufrechnung gegen die Forderung auf die Bezüge, die von der Abtretungserklärung erfasst werden, ist nicht zulässig.

---

9 Vgl *Uhlenbruck/Sternal* § 293 Rn 14 und FK/*Lorenz* § 16 InsVV Rn 24, jeweils unter Bezugnahme auf die Begr des VO-Gebers; auch FK/*Grote* § 293 Rn 24 und MK/*Ehricke* § 293 Rn 33, die zur Entnahme von Vorschüssen für getätigte Auslagen allerdings analog § 9 S 2 InsVV eine Zustimmung des Gerichts für erforderlich halten.

10 *OFD Münster* Kurzinformation VerfRecht Nr 10/2009, ZInsO 2009, 2050; krit dazu *Zimmer* ZInsO 2009, 2372.

11 *BGH* NZI 2004, 456.

12 *LG Göttingen* NZI 2009, 257.

Übersicht

I. Normzweck

Der Grundsatz der Gleichbehandlung der Gl manifestiert sich in der Restschuldbefreiungsphase ausschließlich über die Quotenverteilung. Die Neuregelung durch das G v 15.7.2013 hat hinsichtlich des zeitlichen Anwendungsbereichs eine Klarstellung des Wortlautes in Abs 1 gebracht. Die Regelung greift ein im Zeitraum zwischen Beendigung des InsVerf und dem Ende der Abtretungsfrist. Hier sollen von der Abtretung erfasste Beträge ausschließlich über den Treuhänder an die Gl anteilig verteilt werden. Grundsätzlich soll eine Befriedigung der Gl ausschließlich über das pfändbare Einkommen erfolgen. Eine Ausnahme sieht die Verfahrensobliegenheit des § 295 Abs 1 Nr 2 vor. Kommt der Schu im Wege einer Erbschaft zu Vermögenswerten, hat er diese den Gl des Verteilungsverzeichnisses zur Hälfte zur Verfügung zu stellen. 1

Abs 1 normiert ein Vollstreckungsverbot für InsGl für die Dauer der Wohlverhaltensphase. Sonderregelungen zu Gunsten einzelner InsGl sind nicht nur, wie in § 91 geregelt, für die Dauer der Insolvenzphase unwirksam. § 294 normiert eine darüber hinausgehende Nichtigkeit von insolvenzzweckwidrigen Vereinbarungen. Bezüge, die der Abtretungserklärung unterliegen, werden in Abs 3 vor Aufrechnungen geschützt. 2

II. Das Vollstreckungsverbot (Abs 1)

Das Verbot der Einzelzwangsvollstreckung gilt für alle Gl, die in dem vorangegangenen InsVerf die Rechtsstellung von InsGl hatten. Ob sie sich an diesem Verf beteiligt haben, ist unerheblich. Auch InsGl, die ihre **Forderungen nicht angemeldet** haben und die daher vom Treuhänder bei den Verteilungen nicht berücksichtigt werden, dürfen nicht vollstrecken.[1] Ob die Forderung nach § 302 von der Erteilung der Restschuldbefreiung unberührt bleibt, ist ebenfalls unerheblich.[2] Unterhaltsansprüche für die Zeit vor der Eröffnung des InsVerf, werden von § 294 Abs 1 erfasst; dies gilt auch, soweit in den nach § 850f Abs 2 ZPO privilegierten Bereich vollstreckt werden soll.[3] Nebenansprüche, wie Zinsforderungen und Ansprüche auf Erstattung der Kosten einer Titulierung, unterliegen dem Vollstreckungsverbot ebenso wie die Hauptforderung, auch wenn sie erst während der Wohlverhaltensperiode entstanden sind.[4] 3

Neugläubiger können hingegen auf das insolvenzfreie Vermögen auch im Wege der Einzelzwangsvollstreckung zugreifen.[5] Das Arbeitseinkommen des Schu bleibt bezogen auf den pfändbaren Teil Insolvenzmasse. Privilegierten Neuverbindlichkeiten ist die Vollstreckung bis auf den notwendigen Unterhalt hingegen gestattet.[6] 4

Ein NeuGl ist auch nicht daran gehindert, schon während der Wohlverhaltensphase die Eröffnung eines neuen InsVerf zu beantragen. Die so eingeleitete „Gesamtvollstreckungsmaßnahme" erfasst, mit Ausnahme das der Abtretungserklärung unterfallende Einkom- 5

---

1 *BGH* ZinsO 2006, 872; *LG Erfurt* InVo 2004, 21.
2 Vgl FK/*Ahrens* § 302 Rn 14; *Uhlenbruck/Sternal* § 294 Rn 6.
3 *BAG* NZI 2010, 35: *BGH* 28.6.2012 – IX ZB 313/11.
4 *Fischer* ZInsO 2005, 71; vgl unten § 301 Rn 4.
5 *AG Dortmund* ZInsO 2017, 723; FK/*Ahrens* § 294 Rn 23.
6 § 89 Abs 2 greift nach Aufhebung der Insolvenzphase nicht mehr ein.

men, jedes Vermögen des Schu. Der Antrag eines AltGl – eines Gl, der im ersten InsVerf die Stellung eines InsGl hat, – auf Eröffnung eines zweiten InsVerf ist dagegen während dieser Zeit unzulässig. Ebenso wie die Einzelzwangsvollstreckung ist ihm während der Wohlverhaltensperiode auch die Gesamtvollstreckung versperrt.[7]

6 Trotz des Vollstreckungsverbots während der Wohlverhaltensphase haben die Gl, die ihre Forderungen im InsVerf angemeldet haben, nach der Aufhebung des InsVerf gem § 201 Abs 2 das Recht, die Erteilung einer **vollstreckbaren Ausfertigung** für ihre festgestellten Forderungen zu verlangen. Das Rechtsschutzinteresse für den entspr Antrag ergibt sich daraus, dass bei einer Versagung der Restschuldbefreiung ein Gl, der keinen Vollstreckungstitel hat, gegenüber anderen Gl ins Hintertreffen geraten könnte.[8] Dies gilt jedoch nur für Forderungen, denen der Schu weder hinsichtlich des Bestandes, noch des angemeldeten Rechtsgrundes widersprochen hat.[9]

7 Grundsätzlich gilt für die Geltendmachung von Forderungen für die Dauer des InsVerf der Vorrang des insolvenzrechtlichen Forderungsfeststellungsverfahrens. Hat ein InsGl jedoch seine Forderung nicht zur Tabelle angemeldet, stellt sich die Frage, ob ihn dieser einfachere Weg der Titulierung auch während der Wohlverhaltensphase an einer **klageweisen Geltendmachung** seiner Ansprüche hindert. Das OLG Zweibrücken[10] hat das Rechtsschutzinteresse an einer solchen Klage bejaht. Mit Abhaltung des Schlusstermins endet die Möglichkeit eines Gl, mittels der Tabellenanmeldung seine Forderung titulieren zu lassen. Kommt es nach Ablauf der Abtretungsfrist nicht zur Erteilung der Restschuldbefreiung, hat daher der Gl der nicht angemeldeten Forderung ein rechtlich schützenswertes Interesse an dem Klageverfahren.[11]

8 Hat der Schu eine vor der VerfEröffnung verwirkte Geldbuße nach dem OWiG nicht bezahlt, so verstößt die Anordnung von **Erzwingungshaft nach §§ 96 ff OWiG** nicht gegen das Vollstreckungsverbot des § 294.[12] Der Vollstreckungsschutz dient vornehmlich dem Schutz der Verteilungsmasse im Interesse der InsGl. Gerade hieran partizipieren nachrangige Gl nicht. Erzwingungshaft ist Beugehaft und nicht auf das SchuVermögen gerichtet. Die Erzwingungshaft kann jedoch ausschließlich auf das vom Schu tatsächlich Leistbare gerichtet werden.[13]

9 Unproblematisch kann die Vollstreckung einer Geldstrafe als nachrangige InsFord gem § 39 Abs 1 Nr 3 durch Anordnung einer Ersatzfreiheitsstrafe vollstreckt werden.[14]

10 Nach dem Sinn der Regelung muss das Vollstreckungsverbot, wenn die Restschuldbefreiung nicht vorher versagt wird, über die Laufzeit der Abtretungserklärung hinaus **bis zur Rechtskraft der gerichtlichen Entsch über die Restschuldbefreiung** (§ 300) gelten. Die Gleichbehandlung der InsGl wäre empfindlich gestört, wenn in der Zeit zwischen dem Ablauf der Sechsjahresfrist und dem Zeitpunkt, in dem über die künftige Durchsetzbarkeit der InsFord

---

7 *AG Göttingen* ZInsO 2011, 347; *Schmerbach* ZInsO 2009, 2086 f.

8 *LG Göttingen* ZInsO 2005, 113; *LG Leipzig* NZI 2006, 603; *LG Tübingen* NZI 2006, 647; *Hess* Insolvenzrecht, § 294 Rn 2.

9 *Pape* ZVI 2014, 1.

10 *OLG Zweibrücken* NZI 2015, 5, = MDR 2015, 59.

11 FK/*Ahrens* § 294 Rn 35.

12 *LG Deggendorf* RPfleger 2012, 581; *LG Potsdam* ZInsO 2006, 1114; *ders* NZI 2016, 652 mit krit Anm *RA Pauka*; *LG Hechingen* NZI 2009, 187; **aA** *LG Dresden* v 20.7.2012; *LG Duisburg* ZInsO 2017, 1852.

13 *LG Deggendorf* RPfleger 2012, 581.

14 *BVerfG* NJW 2006, 3626.

abschließend entschieden ist, Einzelzwangsvollstreckungen möglich wären.[15] Diese Verlängerung des Vollstreckungsverbots bedeutet jedoch nicht, dass sich auch die Obliegenheiten des Schu und der Übergang der pfändbaren Bezüge auf den Treuhänder entspr zeitlich verlängern.[16]

Der GV hat das Vollstreckungsverbot von Amts wegen zu beachten. Wird entgegen dem Verbot in das freie Vermögen des Schu vollstreckt, so steht dem Schu die **Erinnerung** zu (§ 766 ZPO), über die das Vollstreckungsgericht entscheidet.[17] 11

III. Die Nichtigkeit von Sonderabkommen (Abs 2)

Abkommen iSd Regelung sind nicht nur gegenseitige Verträge, sondern können auch einseitige Rechtsgeschäfte und sonstige Rechtshandlungen sein.[18] Das Verbot der Sonderabkommen dient vornehmlich der Funktion, die Haftungsmasse zusammen zu halten.[19] Darüber hinaus soll die Regelung auch die gleichmäßige Befriedigung der InsGl während der „Wohlverhaltensperiode" sicherstellen. Gleichwohl kann sich die Nichtigkeit nur auf Rechtshandlungen beziehen, die das Treuhandvermögen der Abtretungserklärung des § 287 umfasst. Mit dem freien Vermögen kann der Schu verfahren, wie es ihm beliebt. Es ist dem Zugriff des Treuhänders ganz bewusst entzogen, so dass die Verwendung der pfändungsfreien Werte durch den Schu nicht sanktionsfähig ist.[20] Bezogen auf das pfändungsfreie Vermögen für die Dauer des InsVerf hat dies der BGH bereits mit eindeutigem, auch für die hiesige Fallfrage anzuwendenden Wortlaut entschieden.[21] 12

Unzulässig nach Abs 2 ist es zB, einen neuen Kredit davon abhängig zu machen, dass auch die offene InsFord des Kreditgebers getilgt wird.[22] Ein Energieversorger darf die Lieferung von Strom an den Schu in der „Wohlverhaltensperiode" zwar davon abhängig machen, dass der Schu für künftige Lieferungen im Voraus bezahlt; er darf aber nicht damit das Eintreiben rückständiger Zahlungen verbinden.[23] Leistungen, die gegen Abs 2 verstoßen, können nach § 985 BGB oder aufgrund Bereicherungsrechts zurückgefordert werden. § 817 S 2 BGB, der Ausschluss der **Rückforderung** wegen eigener Unredlichkeit, kann dabei keine Anwendung finden, da das Verbot der Sonderabkommen sonst regelmäßig folgenlos wäre.[24] 13

Mit dem G v 15.7.2013[25] wurde § 114 aufgehoben. Damit endet das bislang in § 114 Abs 1 aufgenommene **Abtretungsprivileg für Gehaltszessionen**. Teil der aufgehobenen Regelung war jedoch auch die gesetzlich normierte Unwirksamkeit der Verfügung des Schu über seine Gehaltsansprüche. Nachdem mit Wegfall des § 114 neben der insolvenzrechtlichen Pri- 14

---

15 Vgl *Fuchs* KS-InsO, 2. Aufl, S 1756 Rn 227; FK/*Ahrens* § 294 Rn 21; *K/P/B/Wenzel* § 294 Rn 2, § 300 Rn 2; MK/*Ehricke* § 294 Rn 12.
16 **AA** *Heyer* Restschuldbefreiung im InsVerf, S 150 f.
17 *LG Hamburg* ZInsO 2009, 1707; *LG Köln* NZI 2003, 669; *Häsemeyer* Rn 26.44; MK/*Ehricke* § 294 Rn 18; FK/*Ahrens* § 294 Rn 45; *Schäferhoff* ZVI 2008, 334. Ist allerdings in der „Wohlverhaltensperiode" über eine Erinnerung zu entscheiden, die schon vor der Aufhebung des InsVerf eingelegt worden ist, bleibt es bei der Zuständigkeit des InsGer nach § 89 Abs 3 InsO, *AG Göttingen* ZInsO 2006, 1063.
18 HambKomm/*Streck* § 294 Rn 8; *A/G/R/Fischer* § 294 Rn 7; *Hess* InsO § 294 Rn 36.
19 Graf-Schlicker/*Kexel* § 294 Rn 3.
20 FK/*Ahrens* § 294 Rn 36; MK/*Ehricke* 2. Aufl § 294 Rn 32.
21 *BGH* 14.1.2010 – IX ZB 93/09, so bereits der Leitsatz der Entscheidung.
22 *Wittig* WM 1998, 215.
23 Vgl *Hackenberg* ZVI 2006, 549.
24 Vgl MK/*Ehricke* § 294 Rn 33; FK/*Ahrens* § 294 Rn 38; *Uhlenbruck/Vallender* § 294 Rn 29; **aA** *Adam* ZInsO 2006, 1132, 1133.
25 BGBl I, 2379.

vilegierung des Sicherungsrechtes auch die Unwirksamkeit der Vorausabtretung gestrichen worden ist, stellt sich die Frage, ob die Gehaltszession nunmehr Teil der Bestehenbleibenden Sicherungsrechte des § 301 Abs 2 wird. *Ahrens*[26] wendet das Verbot von Sondervereinbarungen auf Lohnabtretungen an. Damit soll die Zession als Sondervorteil für den Zessionar nichtig werden.

15 *Riedel*[27] hingegen hält die Regelung des § 294 Abs 2 für einen bes Ausdruck der Gleichbehandlung während der Dauer des Entschuldungsverfahrens. Nach dessen Ende kann auch seitens der weiteren InsGl schwerlich ein schützenswertes Interesse bestehen. Der Zessionar kann daher von seiner Zession mit Ende der Abtretungsfrist Gebrauch machen.

IV. Aufrechnungsverbot (Abs 3)

16 Die Aufrechnung des Arbeitgebers mit der Lohnforderung des Schu ist ausgeschlossen. Mit Aufhebung des § 114 fällt die privilegierte Vorausabtretung von Bezügen weg, damit einhergehend auch die Aufrechnungsmöglichkeit.

§ 295 Obliegenheiten des Schuldners

(1) Dem Schuldner obliegt es, in dem Zeitraum zwischen Beendigung des Insolvenzverfahrens und dem Ende der Abtretungsfrist

1. eine angemessene Erwerbstätigkeit auszuüben und, wenn er ohne Beschäftigung ist, sich um eine solche zu bemühen und keine zumutbare Tätigkeit abzulehnen;
2. Vermögen, das er von Todes wegen oder mit Rücksicht auf ein künftiges Erbrecht erwirbt, zur Hälfte des Wertes an den Treuhänder herauszugeben;
3. jeden Wechsel des Wohnsitzes oder der Beschäftigungsstelle unverzüglich dem Insolvenzgericht und dem Treuhänder anzuzeigen, keine von der Abtretungserklärung erfassten Bezüge und kein von Nummer 2 erfasstes Vermögen zu verheimlichen und dem Gericht und dem Treuhänder auf Verlangen Auskunft über seine Erwerbstätigkeit oder seine Bemühungen um eine solche sowie über seine Bezüge und sein Vermögen zu erteilen;
4. Zahlungen zur Befriedigung der Insolvenzgläubiger nur an den Treuhänder zu leisten und keinem Insolvenzgläubiger einen Sondervorteil zu verschaffen.

(2) Soweit der Schuldner eine selbstständige Tätigkeit ausübt, obliegt es ihm, die Insolvenzgläubiger durch Zahlungen an den Treuhänder so zu stellen, wie wenn er ein angemessenes Dienstverhältnis eingegangen wäre.

Übersicht

26 *Ahrens* NZI 2014, 529; FK/*Ahrens* § 294 Rn 52.
27 *Riedel* ZVI 2015, 91.

I. Normzweck

Während § 290 die Versagungsgründe bis zur Aufhebung des InsVerf behandelt, bestimmt § 295 die Obliegenheiten des Schu für die Dauer der Wohlverhaltensphase. Beide Normen konkretisieren somit die in § 1 S 2 aufgeführte **Redlichkeit** des Schu, der eine Restschuldbefreiung anstrebt. Dabei macht der Gesetzgeber das Verfahren zur Versagung der Restschuldbefreiung von einem Antrag eines teilnehmenden InsGl abhängig. Die Erteilung der Restschuldbefreiung hängt daher auch von der Wahrnehmung der Rechte der Gl ab. 1

Zunächst hat der Schu im Interesse der Befriedigung der Gl eine angemessene Erwerbstätigkeit auszuüben. Der selbstständige Schu hat dafür Sorge zu tragen, dass seine Gl zumindest so gestellt sind, als wäre er ein, seinem Leistungsbereich entsprechendes, angemessen vergütetes, abhängiges Beschäftigungsverhältnis eingegangen. Im Weiteren hat der Schu nach Wegfall des Anwendungsbereiches des § 35 eine Erbschaft zur Hälfte des Wertes den Gl zur Verfügung zu stellen (Abs 1 Nr 2). Er hat über alle wesentlichen Begebenheiten Auskünfte zu erteilen (Abs 1 Nr 3) und darf keinem Gl Sonderleistungen an dem Treuhänder vorbei zukommen lassen. 2

Der **zeitliche Anwendungsbereich** der Verfahrensobliegenheiten wurde mit dem Gesetz vom 15.7.2013 auch im Wortlaut der Norm klargestellt. Die geübte Praxis der Gerichte wurde insoweit in das Gesetz aufgenommen und die bislang unklare Fassung der zeitlichen Anwendung angepasst. Lediglich für den Zeitraum zwischen Beendigung des InsVerf und dem Ende der Abtretungsfrist können verletzte Verfahrensobliegenheiten des § 295 zur Versagung der Restschuldbefreiung führen. 3

II. Allgemein

Entsprechend dem Wortlaut beginnt der **zeitliche Anwendungsbereich** der Verfahrensobliegenheiten mit der Beendigung des InsVerf und dauert bis zum Ende der Abtretungsfrist an. Mit Aufhebung der Insolvenzphase findet § 35 keine Anwendung mehr. Der Verteilungsmasse fließt künftig grds nur noch das pfändbare Arbeitseinkommen des Schu zu. 4

Die strenge Trennung der Verfahrensabschnitte, sowohl hinsichtlich der Reichweite der Befugnisse des InsVerw im Gegensatz zum Treuhänder, sowie bzgl der Gründe, die eine Versagung der Restschuldbefreiung rechtfertigen, ist Teil der gesetzgeberischen Intention, die Erlangung der Restschuldbefreiung umso wahrscheinlicher zu machen, je weiter der InsSchu das Verfahren durchlaufen hat.[1] Teilweise wird jedoch eine Vereinheitlichung der Versagungsgründe gefordert.[2] 5

Die Obliegenheiten beginnen mit der der **Beendigung des InsVerf**.[3] War es für die Regelung in der Fassung bis zum 1.7.2014 noch fraglich, ob die Obliegenheiten erst mit der Rechtskraft der Ankündigungsentscheidung beginnen, dürfte diese Frage für die aktuelle Fassung der Norm ohne Bedeutung sein. Entsprechend dem Wortlaut treten die Obliegenheiten unmittelbar mit der Aufhebung des InsVerf ein.[4] 6

Die Verfahrensobliegenheiten enden mit Ablauf der Abtretungsfrist.[5] 7

---

1 FK/*Ahrens* § 295 Rn 4.
2 *Frind* ZInsO 2012, 668; *Schmerbach* ZInsO 2009, 2388.
3 *BGH* ZInsO 2009, 299 und NZI 2010, 741; *BGH* 18.12.2008 – IX ZB 249/07; *BGH* 14.1.2010 – IX ZB 78/09.
4 *Uhlenbruck/Sternal* § 295 Rn 6; FK/*Ahrens* § 295 Rn 17.
5 *Uhlenbruck/Sternal* § 295 Rn 8.

8 Wird dem Schu bereits vor Beendigung der Insolvenzphase Restschuldbefreiung erteilt, werden die Verfahrensobliegenheiten nicht wirksam. Der Schu tritt nicht in die Wohlverhaltensphase ein.

III. Die Obliegenheiten im Einzelnen (Abs 1)

9 **1. Ausübung einer angemessenen Erwerbstätigkeit (Nr 1).** Die Erwerbstätigkeit des Schu in einem **„angemessenen" Dienstverhältnis**[6] bildet die Grundlage dafür, dass aufgrund der Abtretung der Bezüge Zahlungen über den Treuhänder an die Gl fließen. Die zentrale Obliegenheit des Schu, der nicht selbstständig tätig ist,[7] besteht daher darin, eine solche abhängige Beschäftigung auszuüben oder sich um sie zu bemühen. Wer eine gering bezahlte Tätigkeit ausübt, hat zu versuchen, eine besser bezahlte zu erhalten, ein Teilzeitbeschäftigter hat sich um eine volle Stelle zu bemühen.[8] Angemessen kann eine Tätigkeit nur sein, wenn sie auch angemessen vergütet wird.[9] Die unentgeltliche, oder nicht angemessene Vergütung eines Schu im Betrieb des Ehegatten stellt eine Verletzung der Obliegenheit dar.[10] Gelingt es dem Schu nicht, eine Tätigkeit zu finden, die seiner Qualifikation entspricht, so hat er im Interesse der Gl auch eine **andere zumutbare Beschäftigung** auszuüben. In der Begr zum RegE werden hohe Anforderungen gestellt: Der Schu darf sich nicht damit begnügen, auf Angebote der Arbeitsverwaltung zu warten, sondern muss sich selbst um eine Arbeitsstelle bemühen.[11] Notfalls hat er auch eine Aushilfstätigkeit anzunehmen.[12] Geht der Schu nur einer Teilzeitbeschäftigung nach, kann er für die Erfüllung der Erwerbsobliegenheit gehalten sein, sich bei der Bundesagentur für Arbeit arbeitssuchend zu melden[13] und aktiv nach einer Vollzeitbeschäftigung zu suchen.

10 Hat der Schu ein Arbeitsverhältnis, darf er dies nicht grundlos kündigen oder (einvernehmlich) aufheben, auch nicht schuldhaft Anlass zu einer **Kündigung** durch den Arbeitgeber geben.[14] Die Verfügungsbefugnis über das Arbeitsverhältnis des Schu bleibt jedoch stets beim Schu. Eine Zustimmung zur Beendigung eines Arbeitsverhältnisses durch den Treuhänder ist nicht erforderlich.[15] Ein Verstoß gegen Abs 1 Nr 1 kann auch darin liegen, dass der Schu nicht für eine angemessene Vergütung seiner Tätigkeit sorgt[16] oder mit seinem Arbeitgeber eine Vereinbarung trifft, durch die sein wahres Einkommen verschleiert wird.[17] Auf der anderen Seite wird die Restschuldbefreiung nicht dadurch gefährdet, dass der Schu trotz allen Bemühens **keine Beschäftigung findet**. Abhängig vom Tätigkeitsfeld des Schu sind von ihm stetige Bewerbungsschreiben zu verlangen. Der BGH hat hier von einem Lei-

6 Vgl zu diesem Begriff FK/*Ahrens* § 295 Rn 22 f; MK/*Ehricke* § 295 Rn 15–19.
7 Zum selbstständigen Schu vgl unten Rn 35.
8 *BGH* NZI 2010, 228.
9 *LG Hamburg* ZInsO 2015, 1804.
10 *LG Oldenburg* ZInsO 2016, 2049.
11 *Hess* InsO § 295 Rn 51.
12 Begr zu § 244 RegE-InsO, BT-Drucks 12/2443, 192; vgl *LG Kiel* ZVI 2002, 474; *Hess* InsO § 295 Rn 51.
13 *LG Essen* 24.9.2013 – 7 T 71/13.
14 Vgl *K/P/B/Wenzel* § 295 Rn 6a; MK/*Ehricke* § 295 Rn 24–28; *AG Holzminden* InVo 2006, 289; **aA** *Graf-Schlicker/Kexel* § 295 Rn 6, nach dem ein Fehlverhalten des Schu, das zur Kündigung seines Arbeitsverhältnisses führt, nur dann einen Verstoß gegen seine Erwerbsobliegenheit bedeutet, wenn der Schu den Verlust des Arbeitsplatzes und die dadurch verursachte Beeinträchtigung der GlBefriedigung beabsichtigte.
15 *BAG* NZI 2013, 942.
16 *BGH* 1.12.2011 – IX ZB 112/11.
17 Vgl *BGH* ZInsO 2009, 2069; *Uhlenbruck/Sternal* § 295 Rn 12; FK/*Sternal* § 295 Rn 33.

ter eines gehobenen Restaurants 2-3 Bewerbungen in der Woche verlangt.[18] Voraussetzung ist jedoch, dass entspr Stellen tatsächlich auch angeboten werden. Auch kann es nach den Umständen des Einzelfalles zeitweise oder sogar auf Dauer für den Schu unzumutbar sein, überhaupt eine Tätigkeit auszuüben. In den Bereich der Zumutbarkeit der zu übernehmenden Tätigkeit gehört neben der persönlichen und gesundheitlichen Leistungsfähigkeit auch die vom Schu zu erbringende **Kinderbetreuung**. Die Anforderungen an die Erwerbsverpflichtung sind nach § 1570 BGB zu bestimmen.[19] Werden Kinder bis zum 3. Lebensjahr betreut ist eine Beschäftigung auch in Teilzeit unzumutbar. Ab der Vollendung des 3. Lebensjahres ist unter Berücksichtigung des Einzelfalles zu entscheiden. Dabei muss insb auf das Vorhandensein von Betreuungseinrichtungen und individuelle Anforderungen des zu betreuenden Kindes abgestellt werden.[20]

Endet das Dienstverhältnis des Schu wegen Erreichens des allg Rentenalters, so wird es dem Schu im Allg nicht zumutbar sein, sich um einen Zusatzverdienst zu seiner Rente zu bemühen.[21] Eine Unterbrechung der Erwerbstätigkeit zu Zwecken der **Fortbildung** ist zulässig, wenn diese anschließend zu einem höheren Einkommen führt und die Befriedigung der Gl dadurch iE verbessert wird.[22] Die Aufnahme eines **Studiums** während der Wohlverhaltensperiode wird in der Regel einen Versagungsgrund darstellen,[23] der Abbruch eines bereits fortgeschrittenen Studiums wird dagegen idR nicht verlangt werden können.[24] Auch die Promotion des Schu führt jedenfalls dann zu einer Verletzung der Erwerbsobliegenheit, wenn diese nicht zügig vorangetrieben und nachlässig aufrechterhalten wird und für deren Dauer lediglich Teilzeitbeschäftigungen ausgeübt werden.[25] **11**

Wählt der Schu eine **Steuerklasse**, die für die Gl offensichtlich ungünstig ist und für die eine sachliche Rechtfertigung fehlt, so liegt darin eine unangemessene Verminderung der abgetretenen Bezüge und damit eine Obliegenheitsverletzung iSd § 295 Abs 1 Nr 1.[26] Denn nach der Rspr des BGH wird der Lohnsteuer-Erstattungsanspruch, der sich am Jahresende regelmäßig aus der Wahl einer ungünstigen Steuerklasse ergeben wird, nicht von der Abtretung der Bezüge erfasst.[27] An das Vorliegen eines sachlichen Grundes sind keine allzu hohen Erwartungen zu knüpfen. Die Verbesserung des Familieneinkommens hat der Schu nicht hinter die Gläubigerinteressen zu stellen. Eine Verminderung der Steuerlast der Ehepartner insgesamt stellt einen rechtfertigenden Grund für die Steuerklassenwahl dar.[28] **12**

Dass der Schu wegen einer **Strafhaft** zumindest zeitweise nur ein geringes Einkommen erzielen kann, ist kein Versagungsgrund,[29] wenn der Straftatbestand, wegen dessen die Ver- **13**

18 *BGH* 19.5.2011 – IX ZB 224/09; *AG Göttingen* v 8.9.2011, ZVI 2012, 31.
19 *BGH* 3.12.2009 – IX ZB 139/07; *Hess* InsO § 295 Rn 52.
20 BeckOK/*Beutler* BGB Edition 28 § 2570, Rn 24.
21 Vgl FK/*Ahrens* § 295 Rn 41; MK/*Ehricke* § 295 Rn 16; **aA** *Heyer* Restschuldbefreiung im InsVerf, S 119f.
22 *Fuchs* KS-InsO, 2. Aufl, S 1739 Rn 176; MK/*Ehricke* § 295 Rn 47.
23 Vgl *Uhlenbruck/Sternal* § 295 Rn 13.
24 MK/*Ehricke* § 295 Rn 42.
25 *LG Darmstadt* 6.9.2012, ZInsO 2013, 1162.
26 *BGH* NZI 2009, 326; *Graf-Schlicker/Kexel* § 295 Rn 4; *Piebenbrock* KTS 2007, 376, 381 (der sogar erwägt, in dem Unterlassen, Werbungskosten und Kinderfreibeträge auf der Lohnsteuerkarte eintragen zu lassen, einen Obliegenheitsverstoß zu sehen); vgl *AG Duisburg* ZVI 2002, 163, 164; vgl auch FK/*Ahrens* § 295 Rn 36, der für eine Korrektur der durch die sachwidrige Wahl der Steuerklasse entstanden Verschiebung entspr § 850h ZPO eintritt.
27 *BGHZ* 163, 391.
28 FK/*Ahrens* § 295 Rn 35.
29 *LG Koblenz* VuR 2008, 149.

urteilung erfolgte, schon vor Beginn der „Wohlverhaltensperiode" verwirklicht worden ist und nicht die bes Voraussetzungen des § 290 erfüllt.[30] In § 290 ist abschließend aufgezählt, welche Verhaltensweisen vor dem und während des InsVerf zur Versagung der Restschuldbefreiung führen. Der Gesetzgeber wollte Straftäter von der Restschuldbefreiung nicht generell ausschließen.[31] Eine Straftat während der „Wohlverhaltensperiode" mit der Folge einer Strafhaft kann dagegen ebenso einen Verstoß gegen § 295 Abs 1 Nr 1 bedeuten wie ein Verhalten, dass zur Kündigung eines Arbeitsverhältnisses durch den Arbeitgeber führt.[32] Im Einzelfall ist genau zu prüfen, ob der Schu damit rechnen musste, durch die Straftat die Möglichkeit zu verlieren, in Freiheit einer Erwerbstätigkeit nachzugehen.[33]

14 **2. Erbschaft des Schuldners (Nr 2).** Vermögenswerte, die der Schu von Todes wegen erworben hat, fallen in der Insolvenzphase insgesamt unter § 35 und damit zur Masse. Mit Aufhebung des InsVerf hingegen besteht keine direkte Zuweisung in die Verteilungsmasse mehr. Abs 1 Nr 2 macht es dem Schu zur Verfahrensobliegenheit, ererbtes Vermögen den Gl zur Verfügung zu stellen. Unter das Vermögen fallen nicht nur Erbschaften nach der gesetzlichen Erbfolge. Jede Form der Vermögensnachfolge von Todes wegen ist erfasst. Auch ein Rechtserwerb mit Rücksicht auf ein künftiges Erbrecht fällt hierunter.[34] **Pflichtteilsansprüche**, die der von der gesetzlichen Erbfolge ausgeschlossene Erbe erhält, werden ebenso unter den Vermögensbegriff gefasst.[35]

15 Die Hälfte des Wertes des von ihm von Todes wegen erlangten Vermögens hat der Schu seinen Gl zur Befriedigung zur Verfügung zu stellen. Auszugehen ist dabei vom Nettowert des Vermögens.[36] Gehören zur Erbmasse auch Verbindlichkeiten, sind diese zunächst abzuziehen und so die tatsächliche Vermögensmehrung zu ermitteln. Der **Halbteilungsgrundsatz** soll dazu führen, dass die Gl angemessen an der der Vermögensmehrung des Schu auch nach der Aufhebung des InsVerf profitieren. Andererseits soll der Schu durch den ihm verbleibenden Vermögenserwerb motiviert werden, die Erbschaft anzunehmen. Die **Ausschlagung der Erbschaft** kann dem Schu nicht in Form eines Versagungsgrundes vorgeworfen werden. Erbrecht ist ein höchstpersönliches Recht, über dessen Motivlage der Gesetzgeber keine Wertung anzustellen hat. Gleiches muss dann auch für die Ablehnung eines Vermächtnisses sowie die fehlende Geltendmachung oder der Verzicht auf einen Pflichtteilsanspruch gelten.[37] Der Verzicht des Schu auf die Geltendmachung eines Pflichtteilsanspruches stellt jedenfalls keinen Obliegenheitsverstoß dar.[38]

16 Die Herausgabe des halben Wertes der Erbschaft hat grds durch **Zahlung eines Geldbetrages** zu erfolgen, da es nicht zur Aufgabe eines Treuhänders gehört, andere Vermögenswerte zu verwalten als Geld.[39] Das ererbte Vermögen, das nicht aus Geldmitteln besteht, hat der Schu zu veräußern, um seine Obliegenheit erfüllen zu können. Dies trifft den Schu auch,

---

30 Vgl *Heyer* NZI 2010, 81; *LG Koblenz* ZVI 2008, 473; **aA** *LG Hannover* ZVI 2002, 130, vgl dazu oben § 290 Rn 6.
31 *BGH* ZInsO 2010, 1558 mit Anm *Menge* ZInsO 2010, 2347; *Riedel* ZVI 2002, 131; *Frind* ZInsO 2015, 1667; *Heyer* ZVI 2015, 357.
32 Vgl oben 3b.
33 Vgl *Brei* Entschuldung Straffälliger durch VerbraucherIns und Restschuldbefreiung, 2005, S 590–593; *Menge* ZInsO 2010, 2352–2355; *AG Dresden* DZWIR 2008, 436.
34 FK/*Ahrens* § 295 Rn 90.
35 *A/G/R/Weinland* § 295 Rn 28; *Hess* InsO § 295 Rn 84.
36 FK/*Ahrens* § 295 Rn 95.
37 *BGH* 25.6.2009 – IX ZB 196/08; *Hess* InsO § 295 Rn 83; *A/G/R/Weiland* § 295 Rn 28.
38 *BGH* 25.6.2009 – IX ZB 196/08; *BGH* 10.3.2011 – IX ZB 168/09 Rn 6.
39 *BGH* 10.1.2013 – IX ZB 163/11 Rn 10.

wenn er Mitglied einer Erbengemeinschaft wird.[40] Über einzelne Vermögensgegenstände des Nachlasses kann er zwar nicht verfügen, dies hindert ihn jedoch nicht, den Anteil am Nachlass insgesamt gem § 2033 Abs 1 BGB zu veräußern und den hälftigen Erlös an den Treuhänder auszuzahlen. Scheitert die Verwertung des Nachlasses ohne Zutun des Schu hat er dem Verw oder dem InsGer nachvollziehbar darzulegen, dass er die Verwertung betreibt.[41]

Einer Erbschaft stehen **andere Arten des Erwerbs „von Todes wegen oder mit Rücksicht auf ein künftiges Erbrecht"** gleich. Die Formulierung ist an § 1374 Abs 2 BGB angelehnt,[42] auf dessen Auslegung verwiesen werden kann. Erfasst werden danach zB ein Vermächtnis, ein Pflichtteil und die Übertragung von Vermögensgegenständen in Vorwegnahme einer Erbschaft.[43] Kein Erwerb von Todes wegen iSd § 295 Abs 1 Nr 2 ist der **Zugewinnausgleich** iF des Todes des Ehegatten, einerlei ob er konkret errechnet oder pauschal als Erhöhung des Erbteils um ein Viertel der Erbschaft bestimmt wird (§ 1371 Abs 1 BGB).[44] **Schenkungen** ohne Bezug auf ein Erbrecht und **Lotteriegewinne** verbleiben ebenfalls dem Schu.[45] Auch ein Vermögenszufluss durch Auszahlung einer Lebensversicherung an den Schu als Begünstigten im Todesfall des Versicherungsnehmers nach § 195 Abs 2 VVG fällt nicht unter die Obliegenheit der Nr 2.[46] 17

§ 295 Abs 1 Nr 2 erfasst nur den Fall, dass die Erbschaft des Schu **in der Zeit der „Wohlverhaltensperiode"** anfällt; diese beginnt noch nicht mit der Ankündigung der Restschuldbefreiung, sondern erst mit der Aufhebung des InsVerf.[47] Auch für den Pflichtteilsanspruch kommt es auf den Zeitpunkt des Erbfalls an.[48] Hat der Erbfall schon während des InsVerf stattgefunden, ist die Erbschaft aber bei der Verteilung nicht berücksichtigt worden, so kann dies Anlass für eine Nachtragsverteilung sein (§ 203 Abs 1 Nr 3).[49] 18

Für den Zeitpunkt des Anfalls der Erbschaft ist gem § 1922 BGB auf den Todesfall abzustellen.[50] Dem Schu kommt jedoch gem § 1944 Abs 1 BGB eine sechswöchige Ausschlagungsfrist zu. Innerhalb dieser Überlegungsfrist kann dem Schu kein Obliegenheitsverstoß vorgeworfen werden.[51] Der Anfall der Erbschaft im Falle des Auseinanderfallens der Ankündigung der Restschuldbefreiung und Aufhebung des InsVerf hat der BGH von der Wirksamkeit der Verfahrensaufhebung abhängig gemacht. So lange das InsVerf nicht wirksam aufgehoben ist, bleibt § 35 in Kraft und die Erbschaft gehört zur InsMasse.[52] Der Anfall eines Vermächtnisses 19

40 *BGH* 10.1.2013 – IX ZB 163/11; insoweit mit krit Anm *Grunsky/Kupka* NZI 2013, 465.
41 *BGH* 10.1.2013 – IX ZB 163/11; *AG Hamburg* ZVI 2017, 126.
42 Begr RegE InsO, BT-Drucks 12/2443, 192.
43 Dazu *Hess/Obermüller* Rn 1146; zur Abgrenzung einer solchen Übertragung von einem nicht unter § 295 Abs 1 Nr 2 fallenden Kauf vgl *LG Göttingen* NZI 2008, 53; zu einer Schenkung ohne erbrechtlichen Einschlag *AG Oldenburg* ZInsO 2009, 787.
44 Für den letzteren Fall abw *Leipold* FS Gaul, 1997, S 373 f; wie hier *K/P/B/Wenzel* § 295 Rn 19a; MK/*Ehricke* § 295 Rn 54; *Fuchs* KS-InsO, 2. Aufl, S 1742 Rn 183.
45 MK/*Ehricke* § 295 Rn 60 f.
46 Ausführlich *Wall* ZInsO 2012, 716.
47 *BGH* ZInsO 2009, 299 und NZI 2010, 741; vgl oben Rn 3.
48 *BGH* ZInsO 2009, 299; *LG Münster* NZI 2009, 657 mit Anm *Henning* VerbrIns aktuell 2009, 13; *BGH* NJW 2011, 1448; *BGH* 2.12.2011 – IX ZB 184/09; **aA** *LSG BW* ZInsO 2016, 1212, das unter Verkennung von 1922 BGB auf den Werteingang auf dem Konto des Schu abstellt.
49 Vgl *BGH* ZInsO 2011, 45 mit Anm *Storz* EWiR 2011, 157 für einen während des InsVerf erworbenen Pflichtteilsanspruch, der erst nach der Aufhebung des Verf gerichtlich geltend gemacht wird.
50 *BGH* NJW 2011, 1448.
51 FK/*Ahrens* § 295 Rn 82.
52 *BGH* 15.7.2010 – IX ZB 229/07.

erfolgt zwar gem § 2176 BGB gleichfalls mit dem Erbfall, setzt jedoch eine Annahme gem § 2180 BGB voraus. Die Verpflichtung der Herausgabe des hälftigen Wertes des Vermächtnisses tritt demnach erst mit Annahme des Vermächtnisses ein. Soweit der Schu die Annahme innerhalb der dreijährigen Verjährungsfrist der §§ 195, 199 BGB, aber bewusst nach Erteilung der Restschuldbefreiung erklärt, liegt hierin kein Verstoß gegen Nr 2.[53] Der damit einhergehende Gestaltungsspielraum des Schu zum Nachteil der Gl muss in Kauf genommen werden.

20 **3. Mitwirkung des Schuldners (Nr 3). – a) Mitteilung vom Wohnsitzwechsel und der Beschäftigungsstelle.** Die Mitteilungen und Auskünfte des Schu (Nr 3) sollen es den Gl und ggf dem Treuhänder erleichtern, die Erfüllung der Obliegenheiten des Schu zu überwachen. Einen Wechsel des **Wohnsitzes** oder eine neue **Beschäftigungsstelle** hat der Schu von sich aus dem Gericht und dem Treuhänder unverzüglich anzuzeigen. Der BGH hat für die Unverzüglichkeit eine Frist von 2 Wochen als Obergrenze anerkannt.[54] Als Wohnsitz ist nach dem Sinn der Vorschrift die Anschrift zu verstehen, unter der der Schu für den Treuhänder und das Gericht erreichbar ist,[55] so dass auch ein Wohnsitzwechsel innerhalb einer Gemeinde mitzuteilen ist.[56] Bei einem Strafgefangenen ist die Adresse der Vollzugsanstalt maßgeblich.[57] Ein eindeutiger Verstoß gegen § 295 Abs 1 Nr 3 liegt vor, wenn der Schu auswandert, ohne seinen neuen Wohnsitz mitzuteilen.[58] Als „Wechsel der Beschäftigungsstelle" gilt auch die zusätzliche Tätigkeit eines Selbstständigen.[59] Ein „Wechsel" der Beschäftigungsstelle kann nicht alleine dann vorliegen, wenn eine Partei des Arbeitsvertrages durch eine andere ersetzt wird. Auch anzuzeigen hat der Schu daher, wenn er beim gleichen Arbeitgeber eine neue Funktion übernimmt, die sich von der früheren deutlich unterscheidet. So wenn der bisherige angestellte Arbeitnehmer in die Unternehmensleitung überwechselt.[60]

21 Alle diese Informationen sind dem Gericht und dem Treuhänder zu geben; es reicht nicht aus, nur einen von ihnen zu unterrichten.[61] Wird nur der Treuhänder vom Schu über seine veränderten Verhältnisse unterrichtet, können Bedenken am Verschulden iSd § 296 Abs 1 S 1 bestehen. Auch die Kausalität der GlBeeinträchtigung dürfte fraglich sein.

22 Der Obliegenheitsverstoß ist glaubhaft zu machen. Hierzu gehört auch die gem § 296 Abs 1 S 3 erforderliche GlBeeinträchtigung.[62]

23 Eine besondere Form der Mitteilung bedarf es nicht. Der Schu kann sich aller im modernen Geschäftsverkehr gängigen Kommunikationsmedien bedienen. Für Übermittlungsfehler oder dem tatsächlichen Eingang der Mitteilung trägt er jedoch das Risiko. Seiner Mitteilungspflicht kommt der Schu jedenfalls nur dann nach, wenn die Erklärung auch dem Treuhänder und dem Gericht zugegangen ist.[63]

---

53 *BGH* 10.3.2011 – IX ZB 168/09.
54 *BGH* NZI 2010, 489.
55 FK/*Ahrens* § 295 Rn 107; *BGH* 8.6.2010 – IX ZB 153/09.
56 *BGH* ZInsO 2010, 1291.
57 *AG Gera* InVo 2006, 142; *Brei* Entschuldung Straffälliger durch VerbraucherIns und Restschuldbefreiung, 2005, S 634–637.
58 *AG Duisburg* NZI 2009, 399.
59 Vgl *LG Potsdam* ZInsO 2010, 252.
60 Der *BGH* hat dies für den Fall des § 290 Abs 1 Nr 5 entschieden: *BGH* 15.4.2010 – IX ZB 175/09.
61 *AG Göttingen* ZInsO 2008, 865.
62 Hierzu unten § 296 Rn 9.
63 *BGH* 16.5.2013 – IX ZB 272/11, Rn 19.

b) Verheimlichen von Bezügen. Weiter darf der Schu keine von der Abtretungserklärung erfassten **Bezüge „verheimlichen"**. Verheimlichen sind unrichtige Angaben des Schu oder falsche Auskünfte gegenüber dem Treuhänder über die tatsächliche Einkommenssituation des Schu.[64] Ein Verschweigen von Angaben kann nur dann ein „Verheimlichen" sein, wenn eine Rechtspflicht zur Erklärung besteht.[65] Diese Rechtspflicht kann nicht bereits daraus abgeleitet werden, dass der InsolvenzSchu ein höheres Nettoentgelt bezieht oder ein Unterhaltsberechtigter über eigenes Einkommen verfügt.[66] Diese Auffassung des BGH könnte jedoch alsbald überdacht werden. Jedenfalls klingt in der Entscheidung vom 7.4.2011 an, dass hinsichtlich geldwerter Sachleistungen und Erhöhungen des Nettoeinkommens eine Mitteilungspflicht des Schu in unmittelbarem zeitlichem Zusammenhang hierzu entsteht.[67] Mit dieser Entscheidung hat der BGH auch deutlich hervorgehoben, dass die Offenlegung der Abtretungserklärung durch den Treuhänder in dessen Pflichtenkreis fällt. Verheimlicht werden können auch Sachleistungen des Arbeitgebers, die gem § 850e Nr 3 ZPO mit dem Arbeitsentgelt zusammen zu rechnen sind.[68] Lediglich die Berechnungsgrundlage der Pfändungsfreibeträge ist hier betroffen. Nicht hingegen die Bezüge als solche. 24

Vereinbart der Schu, aus Sorge um seinen Arbeitsplatz, mit dem Treuhänder, den Arbeitgeber nicht über die Abtretungserklärung zu informieren, hat der Schu den Treuhänder jeweils zeitnah über seine Bezüge zu informieren. Kommt er dem nicht nach, hat der BGH hierin ein Verheimlichen von Bezügen gesehen.[69] 25

Eine **Erbschaft** oder einen nach § 295 Abs 1 Nr 2 gleichgestellten Vermögenserwerb darf der Schu ebenfalls nicht „verheimlichen". Dies geschieht jedenfalls dann, wenn der Schu Handlungen vornimmt, durch die das Vermögen der Kenntnis des Treuhänders entzogen wird.[70] Darüber hinaus wird aber zu verlangen sein, dass der Schu den Vermögenserwerb von sich aus unverzüglich dem Gericht und dem Treuhänder mitteilt;[71] hier ergibt sich eine Obliegenheit des Schu zum Handeln aus § 295 Abs 1 Nr 2, der Obliegenheit zur Herausgabe einer Hälfte des Vermögenserwerbs. Allerdings darf der Schu zunächst abwarten, bis seine Stellung als Erbe eindeutig geklärt ist.[72] Solange ein Vermächtnis nicht angenommen worden ist und solange nicht feststeht, ob ein Pflichtteilsanspruch geltend gemacht wird, trifft den Schu keine Obliegenheit zur Mitteilung.[73] 26

c) Anforderung von Unterlagen. Weitere Auskünfte sind nur auf bes Aufforderung zu geben. Es kann auch die **Vorlage einschlägiger Unterlagen** wie Lohnmitteilungen oder Bankbestätigungen verlangt werden.[74] Andernfalls wäre dem Treuhänder eine effektive Überwachung des Schu (§ 292 Abs 2) und dem Gericht die Feststellung von Obliegenheitsverletzungen (§ 296 Abs 1) übermäßig erschwert. Stets geht es aber nur um Auskünfte und Mitteilungen gegenüber dem Gericht und dem Treuhänder; verletzt der Schu Mitteilungspflichten nach dem Sozialrecht gegenüber einer Gl (Berufsgenossenschaft) oder bleibt eine 27

---

64 FK/*Ahrens* § 295 Rn 57.
65 *BGH* NZI, 2010, 26.
66 *BGH* 22.10.09 – IX ZB 249/08.
67 *BGH* 7.4.2011 – IX ZB 40/10.
68 *BGH* 18.10.2012 – IX ZB 62/10.
69 *BGH* 20.2.2014 – IX ZB 32/13 = NZI 2014, 314.
70 *BGH* NZI 2010, 26; *AG Neubrandenburg* NZI 2006, 647.
71 **AA** MK/*Ehricke* § 295 Rn 82.
72 *LG Göttingen* ZVI 2008, 180.
73 *BGH* NZI 2011, 329.
74 *N/R/Römermann* § 295 Rn 40; MK/*Ehricke* § 295 Rn 89; **aA** FK/*Ahrens* § 295 Rn 127; *Uhlenbruck/Sternal* § 295 Rn 48.

Aufforderung des Treuhänders, einem Gl Auskünfte zu erteilen, unbeachtet, so liegt darin keine Verletzung der Obliegenheit nach § 290 Abs 1 Nr 3.[75]

28 Der selbstständig tätige Schu hat Auskunft über seine beruflichen Grundlagen zu erteilen. Hierzu gehört neben Informationen über seine schulische und berufliche Ausbildung auch dessen Werdegang. Die Verpflichtung betrifft insbesondere auch das von ihm geführte Unternehmen. Die Gl sollen sich hierdurch einen Eindruck von den beruflichen Möglichkeiten des Schu und der damit verbundenen Gleichstellung des Abs 2 verschaffen können.[76] Daher gehören Auskünfte über den erzielten Gewinn aus der Tätigkeit nicht hinzu.

29 **4. Verbot von Sonderzahlungen (Nr 4).** Die Obliegenheit, Zahlungen zur Befriedigung der InsGl nur an den Treuhänder zu leisten und keinem dieser Gl einen **Sondervorteil** zu verschaffen (Nr 4), steht im Zusammenhang mit dem Grundsatz der Gleichbehandlung der Gl während der Laufzeit der Abtretung, insb dem Verbot von Sonderabkommen (§ 294 Abs 2). Leistungen Dritter werden allerdings iRd § 295 Abs 1 Nr 4 nicht erfasst.[77]

30 Schutzzweck der Obliegenheit ist es, zunächst die **Verteilungssicherheit** dadurch zu gewährleisten, dass Zahlungen an die Gl ausschließlich über den Treuhänder abgewickelt werden. Die InsGl sollen im Verfahren entspr ihrem Anteil an der Gesamtverschuldung partizipieren. Zahlungen, die über den Treuhänder abgewickelt werden, sind für alle Verfahrensbeteiligten nachvollziehbar und „aktenkundig". Auch die Gleichbehandlung der Gl wird über das Verbot direkter Zahlungen des Schu sichergestellt. Objektiv liegt eine Verletzung der Obliegenheit vor, sobald der Schu Zahlungen ohne Einschaltung des Treuhänders an einen InsGl leistet. NeuGl sind hiervon nicht betroffen. Sie sind von dem Gebot gleichrangiger Befriedigung nicht erfasst und können somit nicht schlechter gestellt werden.

31 Fraglich ist, ob auch Zahlungen in den Obliegenheitsverstoß einbezogen werden können, die der Schu aus seinem Vermögen erbringt, das nicht der Abtretungserklärung unterfällt. Grundsätzlich ist nach § 1 InsO die gleichrangige GlBefriedigung oberste Vorgabe des Gesamtvollstreckungsverfahrens. Gleichwohl ist es auch nach Erteilung der Restschuldbefreiung dem Schu nicht verboten, Zahlungen auf die an der Restschuldbefreiung teilnehmenden Forderungen zu leisten (§ 301 Abs 3). Die Anwendung der Pfändungsschutzregelungen zur Bestimmung der InsMasse und des Umfangs der Abtretungserklärung dient sowohl dem Schutz des Schu als auch der Festlegung der Haftungsmasse zu Gunsten der Gl.

32 Fraglich ist, ob auch nachrangige dem Verbot von Sonderzahlungen unterfallen. Objektiv verletzt, dürfte die Obliegenheit jedenfalls dann sein, wenn die **Geldstrafe** bereits vor Eröffnung des Verf ausgesprochen worden ist.[78] Die Umwandlung in eine Ersatzfreiheitsstrafe ist jedenfalls vom Vollstreckungsverbot des § 294 Abs 1 nicht erfasst.[79]

33 Sonderzahlungen wird der Schu regelmäßig auf Kfz-Finanzierungen erbringen. Ist das Fahrzeug an den Finanzierungsgeber zur Sicherung übereignet, stellt die Zahlung keine Leistung an einen InsGl, sondern an den absonderungsberechtigten Gl dar. Dieser nimmt mit seiner besicherten Forderung nicht am Verfahren teil.[80]

---

75 *AG Leipzig* ZVI 2004, 758.

76 *BVerfG* 7.12.2016 – 2 BvR 1602/16; *BGH* NZI 2013, 404.

77 **AA** MK/*Ehricke* § 295 Rn 95 für Leistungen, die bei wirtschaftlicher Betrachtung als Leistungen des Schu erscheinen.

78 *AG Mannheim* ZVI 2005, 383; vgl *Vallender/Elschenbroich* NZI 2002, 130, 132; FK/*Ahrens* § 295 Rn 141.

79 *LG Leipzig* ZIP 2002, 142; *Pape* ZIP 2007, 7, 8 und InVo 2006, 454; *Petershagen* ZInsO 2007, 703; vgl *BVerfG* NZI 2006, 711; **aA** *Fortmann* ZInsO 2005, 140, 141 f.

80 FK/*Ahrens* § 295 Rn 140.

Im Ergebnis führt die Zahlung des Schu aus dem unpfändbaren Einkommen nicht zur Versagung der Restschuldbefreiung. Letztlich fehlt es in diesen Fällen immer an einer Gläubigerbenachteiligung iSd § 296 Abs 1 S 1. Diese hatten bereits anfänglich lediglich einen Anspruch auf die pfändbare Haftungsmasse. 34

IV. Der selbstständig tätige Schuldner (Abs II)

Der Schu ist nicht daran gehindert, während der Laufzeit der Abtretungserklärung selbstständig tätig zu sein. Zwar verlangt die Erwerbsobliegenheit des Schu grds, dass dieser eine seinem Leistungsvermögen angemessen Erwerbstätigkeit nachgeht. Dies muss jedoch nicht zwingend eine abhängige Beschäftigung sein. Vielmehr entspricht es auch der **Schuldnerautonomie** eine selbstständige Tätigkeit aufzunehmen[81] oder fortzusetzen. Einkünfte aus der selbstständigen Tätigkeit unterfallen nicht der **Abtretungserklärung** des § 287 Abs 2 S 1.[82] Daher stellt Abs 2 klar, dass den Gl aus der Entscheidung des Schu, selbstständig tätig zu sein, kein wirtschaftlicher Nachteil zukommen darf. Der Schu hat seine Gl so zu stellen, als wäre er eine angemessene abhängige Beschäftigung eingegangen. Hierdurch wird auch vermieden, dass der Schu durch Steuerung seiner Entnahmen aus der unternehmerischen Tätigkeit Betriebsvermögen anhäuft. Umgekehrt wird der wirtschaftlich erfolgreiche Schu seinen Gl nicht mehr zuerkennen müssen, als ihm eine abhängige Beschäftigung an pfändbarem Einkommen gebracht hätte. 35

Ist ein selbstständig tätiger Schu **zusätzlich abhängig beschäftigt**, so hat er die dem Treuhänder zufließenden Beträge aus dem Dienstverhältnis mit seinem Einkommen aus der selbstständigen Tätigkeit um den Betrag aufzustocken, der den Gl zugeflossen wäre, wenn anstelle der selbstständigen Tätigkeit ebenfalls abhängige Arbeit geleistet worden wäre.[83] Wird durch die Zusammenrechnung der Tätigkeiten der Rahmen einer Vollzeitbeschäftigung des Schu überschritten, so erscheint es angemessen, bei der fiktiven Berechnung der unpfändbaren Beträge zu berücksichtigen, dass Erträge aus Mehrarbeitsstunden gem § 850a Nr 1 ZPO nur zur Hälfte pfändbar sind.[84] 36

Die Feststellung dieses **Vergleichsmaßstabs** im Einzelfall ist schwierig. Berechnungsgrundlage kann jedenfalls nicht der vom Schu im Rahmen seiner selbstständigen Tätigkeit erzielte Gewinn sein.[85] Ausschließlich auf die Erwerbsmöglichkeiten eines angemessenen Dienstverhältnisses kann die Zahlungspflicht des Abs 2 berechnet werden. Die Erwerbsaussicht ist unter Berücksichtigung der **individuellen Leistungsfähigkeit** festzustellen. Alter, Gesundheit, Erfahrung und Ausbildungsstand sind ebenso mit einzubeziehen wie die regionalen und tatsächlichen Verhältnisse auf dem Arbeitsmarkt.[86] Um diese Leistungsfähigkeit zu ermitteln ist die Auskunft des Schu über seine schulische wie berufliche Ausbildung erforderlich. Auch der aktuelle Umfang der selbstständigen Tätigkeit kann wichtige Informationen über die berufliche Qualifikation des Schu liefern. Seine Auskunftspflicht erstreckt sich daher auch auf die Unternehmensgröße, Umsatz und Anzahl der von ihm beschäftigten Mitarbeiter.[87] Eine Verletzung dieser Auskunftspflicht kann zu einem Obliegenheitsverstoß gem Abs 1 Nr 3 führen. 37

---

81 FK/*Ahrens* § 295 Rn 145; *Hess* InsO § 295 Rn 55.
82 *BGH* ZInsO 2010, 59; *BGH* ZInsO 2011, 2101.
83 *BGH* ZInsO 2006, 547.
84 Vgl *Grote* ZInsO 2004, 1110 f; tw abw FK/*Ahrens* § 295 Rn 151; *Warrikoff* ZInsO 2004, 1333, 1335.
85 *BGH* 5.4.2006 – IX ZB 50/05; *BGH* 19.5.2011 – IX ZB 224/09.
86 *BGH* 12.7.2012 – IX ZB 270/11; *Pape* InsbürO 2013, 299.
87 *BVerfG* 7.12.2016 – BvR 1602.

38 Hinweise für die Angemessenheit der fiktiven Vergütung können geltende **Tarifverträge** sein.[88] Soweit Berufsverbände Gehaltsempfehlungen veröffentlichen, stellen diese ebenfalls ein Indiz für die Angemessenheit der Berechnungsgrundlage sein. Für die Darlegungslast des Obliegenheitsverstoßes soll die Bezugnahme auf eine Gehaltstabelle genügen, die die individuellen Verhältnisse des Schu berücksichtigt.[89] Zur Glaubhaftmachung kann der Gl auf Erklärungen des Schu zum fiktiven monatlichen Nettoeinkommen Bezug nehmen.[90] Vom fiktiven Einkommen sind wie bei einem tatsächlich unselbstständig Beschäftigten Pfändungsfreibeträge und Unterhaltsleistungen abzusetzen. Besteht der Anspruch des Schu auf eine Erhöhung des Pfändungsfreibetrages gem § 850f Abs 1 Nr a–c ZPO so ist dies auch in die Ermittlung des Vergleichsbetrages einzubeziehen. Der **Treuhänder** ist nicht verpflichtet eine Berechnung des Abführungsbetrages vorzunehmen.[90] Es empfiehlt sich, dass der Schu seine Berechnungsgrundlage dem Treuhänder und damit den Gl zugänglich und somit seine Zahlungen transparent macht.[91]

39 Die Frage des Zeitpunktes der Zahlung der Abführungspflicht wurde vom BGH[92] nunmehr eindeutig entschieden. Keinesfalls genügt der Schu einer „Gleichstellung" der Gl wie in Abs 2 gefordert, wenn dieser erst am Ende der Laufzeit der Abtretungserklärung eine Einmalzahlung erbringt.[93] Regelmäßige monatliche Zahlungen können vom selbstständigen Schu jedoch ebenso wenig erwartet werden. Die Selbstständige Unternehmung ist häufig saisonalen Schwankungen unterworfen, die nicht unberücksichtigt bleiben können. Auch der Unternehmensgründer kann durch eine zu frühe Zahlungsverpflichtung leicht in neue wirtschaftliche Not geraten.[94]Zumindest in jährlichen Zahlungen an den Treuhänder hat der Schu daher seiner Abführungspflicht nachzukommen.[95]

40 Gelingt es dem Schu nicht, über die gesamte Laufzeit der Abtretungserklärung einen Betrag an den Treuhänder abzuführen, der dem genannten Maßstab entspricht, so kann dies zur Versagung der Restschuldbefreiung führen, wenn das in § 296 Abs 1 S 1 vorgesehene **Verschuldenskriterium** erfüllt ist.[96] Dies ist zB der Fall, wenn der Schu die selbstständige Tätigkeit fortgesetzt hat, obwohl er erkennen konnte, dass mit einer abhängigen Tätigkeit ein höheres Einkommen zu erzielen wäre.[97] Er braucht zwar in einem solchen Fall die selbstständige Tätigkeit nicht sofort aufzugeben, muss sich aber nachweisbar um eine angemessene abhängige Tätigkeit bemühen und – sobald sich eine entspr Gelegenheit bietet – diese wahrnehmen.[98]

88 *Hess* InsO § 295 Rn 57.
89 *AG Göttingen* 25.1.2013, ZInsO 2013, 682.
90 *BGH* 17.1.2013 – IX ZB 98/11.
91 *Grote* ZinsO 2004, 1108.
92 *BGH* ZInsO 2012, 1488.
93 *AG Göttingen* ZVI 12/2011.
94 *Harder* NZI 2013, 521 (524).
95 *BGH* 19.7.2012 – IX ZB 188/09.
96 *Heyer* Restschuldbefreiung im InsVerf, S 129 will dem Schu dagegen eine Garantiehaftung aufbürden, wenn dieser eine selbstständige Tätigkeit wählt, obwohl er auch eine abhängige Beschäftigung gefunden hätte.
97 *AG Neu-Ulm* ZVI 2004, 131; *Grote* ZInsO 2004, 1107 f; *Uhlenbruck/Sternal* § 295 Rn 73.
98 *BGH* NZI 2009, 482 mit Anm *Schmerbach* NZI 2009, 469; *BGH* ZInsO 2011, 1301.

§ 296 Verstoß gegen Obliegenheiten

(1) [1]Das Insolvenzgericht versagt die Restschuldbefreiung auf Antrag eines Insolvenzgläubigers, wenn der Schuldner in dem Zeitraum zwischen Beendigung des Insolvenzverfahrens und dem Ende der Abtretungsfrist eine seiner Obliegenheiten verletzt und dadurch die Befriedigung der Insolvenzgläubiger beeinträchtigt; dies gilt nicht, wenn den Schuldner kein Verschulden trifft. [2]Der Antrag kann nur binnen eines Jahres nach dem Zeitpunkt gestellt werden, in dem die Obliegenheitsverletzung dem Gläubiger bekannt geworden ist. [3]Er ist nur zulässig, wenn die Voraussetzungen der Sätze 1 und 2 glaubhaft gemacht werden.

(2) [1]Vor der Entscheidung über den Antrag sind der Treuhänder, der Schuldner und die Insolvenzgläubiger zu hören. [2]Der Schuldner hat über die Erfüllung seiner Obliegenheiten Auskunft zu erteilen und, wenn es der Gläubiger beantragt, die Richtigkeit dieser Auskunft an Eides statt zu versichern. [3]Gibt er die Auskunft oder die eidesstattliche Versicherung ohne hinreichende Entschuldigung nicht innerhalb der ihm gesetzten Frist ab oder erscheint er trotz ordnungsgemäßer Ladung ohne hinreichende Entschuldigung nicht zu einem Termin, den das Gericht für die Erteilung der Auskunft oder die eidesstattliche Versicherung anberaumt hat, so ist die Restschuldbefreiung zu versagen.

(3) [1]Gegen die Entscheidung steht dem Antragsteller und dem Schuldner die sofortige Beschwerde zu. [2]Die Versagung der Restschuldbefreiung ist öffentlich bekannt zu machen.

Übersicht

I. Normzweck

1 Verstößt der Schu zum Nachteil der Gl schuldhaft gegen eine der in § 295 genannten Obliegenheiten, so kann jeder Gl **schon vor Ablauf der sechsjährigen Frist** die gerichtliche Versagung der Restschuldbefreiung erreichen. Zur Vermeidung eines längeren Schwebezustands muss der Antrag binnen eines Jahres nach Bekanntwerden des Verstoßes gestellt werden. Wegen der Bedeutung der Entsch sind eine Anhörung der Beteiligten, bes Mitwirkungshandlungen des Schu – für deren Verweigerung ebenfalls die Sanktion der Versagung der Restschuldbefreiung vorgesehen ist – und Rechtsmittel gegen die Entsch vorgesehen. Im Verhältnis zu den Versagungsgründen des § 290 kommt hier ergänzend hinzu, dass die Obliegenheitsverletzung zu einer Beeinträchtigung der Gläubigerinteressen geführt haben muss. Je näher der Schu der Restschuldbefreiung kommt, desto größer sollen die Anforderungen an eine Versagung derselben sein.

II. Die Voraussetzungen der Versagung

2 **1. Materiell rechtliche Voraussetzungen.** Voraussetzung für eine Versagung der Restschuldbefreiung nach Abs 1 ist zunächst das Vorliegen einer in § 295 genannten Obliegenheitsverletzung. Ergänzend muss kausal durch den Obliegenheitsverstoß eine **Beeinträchtigung der Befriedigungsinteressen** der Gl eingetreten sein. Hierbei muss es sich um eine konkret messbare wirtschaftliche Beeinträchtigung handeln.[1] Eine Gefährdung der Befriedigungsinteressen reicht für die Zulässigkeit des Antrages nicht aus. Hieran kann es unter

1 *BGH* ZInsO 2006, 548, NZI 2007, 297, ZInsO 2010, 1291 und ZInsO 2010, 1558.

anderem dann fehlen, wenn der erkennbar unpfändbare Schu seinen Wohnsitzwechsel nicht gemeldet hat.[2]

3 Die Obliegenheit bleibt auch dann verletzt, wenn der Schu die zu Unrecht erlangten Einkommensanteile an die Gl nachzahlt. Damit fällt jedoch die Befriedigungsbeeinträchtigung weg. Eine Versagung der Restschuldbefreiung scheidet aus. Die Folge der Verletzungshandlung ist geheilt.[3] Die **Heilung** des Verstoßes kommt jedoch nur in Betracht, soweit die Obliegenheitsverletzung bislang von InsGl nicht mittels eines Versagungsantrages geltend gemacht worden ist.[4]

4 Kommt der Schu seiner Erwerbsobliegenheit nur unzureichend nach, ist der objektive Tatbestand des Versagungsgrundes erfüllt. Steht jedoch auf Grund der Ausbildung des Schu, dessen Unterhaltsverpflichtungen oder sonstiger Umstände fest, dass er auch bei hinreichender Bemühung um eine angemessene Stelle schwerlich pfändbare Einkommensanteile erzielen kann, fehlt es ebenfalls an einer kausalen GlBeeinträchtigung.[5] Kompensiert der Schu die Folgen einer Obliegenheitsverletzung, bevor sein Verhalten aufgedeckt und ein Versagungsantrag gestellt ist, – holt er zB eine unterlassene Zahlung an den Treuhänder vor der nächsten Ausschüttung an die Gl nach, so ist eine Beeinträchtigung der Befriedigung der InsGl zu verneinen.[6] Anders dürfte aber zu entscheiden sein, wenn der Schu die Mitteilung einer Erbschaft unterlässt und der Treuhänder erst einige Zeit später von dieser erfährt; in diesem Fall ist die Zugriffsmöglichkeit des Treuhänders auf die von ihm zu verteilenden Mittel erheblich erschwert und damit die Befriedigungsmöglichkeit der InsGl beeinträchtigt worden.[7]

5 Die Befriedigungsbeeinträchtigung kann auch lediglich beim KostenGl – der Landeskasse im Falle der Verfahrenskostenstundung – oder bei MasseGl eintreten.[8] Gleichwohl bleibt die **Antragsbefugnis** den teilnehmenden InsGl vorbehalten. Die MasseGl sind nicht antragsbefugt, auch wenn sie durch den Obliegenheitsverstoß beeinträchtigt worden sind.

6 Dass den Schu Vorsatz oder Fahrlässigkeit trifft, braucht nicht festzustehen. Nach der **Beweislastregel**, die in der Formulierung des letzten HS von Abs 1 S 1 enthalten ist („dies gilt nicht, wenn"), wird die schuldhafte Verletzung der Obliegenheiten unterstellt.[9] Der Schu kann sich jedoch exculpieren. Es ist aber nicht zu verkennen, dass sich aus dieser Regelung übermäßige **Härten für den Schu** ergeben können. Das Gericht sollte dies im Rahmen seiner Pflicht, von Amts wegen zu ermitteln (§ 5 Abs 1), durch eingehende Untersuchung der Ursachen von Obliegenheitsverletzungen zu vermeiden suchen.[10]

7 Ganz unwesentliche Obliegenheitsverstöße sollen eine Versagung der Restschuldbefreiung nicht rechtfertigen.[11] Über das Korrelativ des **Verhältnismäßigkeitsgrundsatzes** hat das

2 *BGH* NZI 2007, 297; *Maier/Krafft* BB 1997, 2179.
3 *BGH* 22.10.2009 – IX ZB 9/09; *LG Göttingen* NZI 2011, 643.
4 *BGH* 22.10.2009 – IX ZB 9/09, Rn 8; *BGH* ZVI 2011, 190.
5 Vgl *BGH* NZI 2009, 899, ZInsO 2010, 1558 und ZInsO 2011, 147; *LG Landshut* ZInsO 2007, 615; *AG Düsseldorf* ZVI 2007, 482.
6 *BGH* WM 2011, 416 und NZI 2010, 350; vgl dazu FK/*Ahrens* § 296 Rn 17 und *Paulus* ZInsO 2020, 1366–1370.
7 *AG Göttingen* ZInsO 2007, 1001 und 2008, 49; zur Frage, ob der Schu die Obliegenheit hat, unverzüglich von sich aus eine Erbschaft mitzuteilen, vgl oben § 295 Rn 26.
8 *BGH* 14.4.2011 – IX ZA 51/10, in NZI 2011, 639; FK/*Ahrens* § 296 Rn 13.
9 Vgl die Begr zu § 245 RegE InsO, BT-Drucks 12/2443, 193; ebenso *Fuchs* KS-InsO, 2. Aufl, S 1748 Rn 199.
10 Im gleichen Sinne *Graf-Schlicker/Kexel* § 296 Rn 4; *L/S/Z/Kiesbye* § 296 Rn 6.
11 BT-Drucks 12/7302, 188.

Gericht geringfügige Beeinträchtigungen von der Versagung auszuschließen.[12] Ansatz der Verhältnismäßigkeitsprüfung kann lediglich die Höhe der Befriedigungsbeeinträchtigung sein.

2. Formelle Voraussetzungen. Für den **Antrag** des Gl ist eine Jahresfrist vorgesehen, die mit dem Zeitpunkt beginnt, in dem der Gl die Tatsachen erfährt, aus denen sich die Obliegenheitsverletzung ergibt.[13] Die Kenntnis eines anderen Gl wird ihm allenfalls bei einem Zusammenwirken beider Gl in Umgehungsabsicht zugerechnet, zB dann, wenn dem anderen Gl die Zurückweisung eines bereits gestellten Versagungsantrags wegen Versäumung der Frist droht und der neue Antrag auf Betreiben dieses anderen Gl gestellt worden ist.[14] **Antragsberechtigt** sind nur die InsGl, die sich am InsVerf beteiligt haben und die daher im Schlussverzeichnis aufgeführt sind;[15] zwar werden auch die übrigen InsGl von den Wirkungen der Restschuldbefreiung erfasst, jedoch kann die Forderungsanmeldung und -prüfung als Voraussetzung der Mitwirkung am Verf in der „Wohlverhaltensperiode" nicht mehr nachgeholt werden. Auch ein Gl, dessen Forderung nach § 302 von der Erteilung der Restschuldbefreiung nicht berührt wird, kann ein rechtlich schützenswertes Interesse an einem Versagungsantrag haben,[16] da auch ihn das Vollstreckungsverbot des § 294 Abs 1 trifft.[17] Jedenfalls hat der Gl einer Forderung aus vorsätzlich begangener unerlaubter Handlung dann ein Antragsrecht, wenn der Schu dem Rechtsgrund der Forderung widersprochen hat.[18] 8

Wie der Versagungsantrag nach § 290 ist der Antrag nur zulässig, wenn der Versagungsgrund **glaubhaft gemacht** wird.[19] IRd § 296 müssen allerdings auch die weiteren Voraussetzungen des Abs 1 S 1 und 2, insb die Beeinträchtigung der Befriedigung der Gl, glaubhaft gemacht werden.[20] Die Bezugnahme auf unstreitigen VerfStoff reicht aus.[21] Im Übrigen kann auf einen Bericht des Treuhänders verwiesen werden, wenn dieser einschlägige Aussagen enthält.[22] Die Umstände, aus denen sich das Verschulden des Schu ergibt, brauchen wegen der bes Beweislastverteilung in Abs 1 S 1 nicht glaubhaft gemacht zu werden.[23] 9

Die Grundsätze der Glaubhaftmachung der Befriedigungsbeeinträchtigung stellen die entscheidende Hürde für die Zulässigkeit des Versagungsantrages dar. Der BGH hat jedoch in einer Reihe von Entscheidungen dargelegt, dass die Glaubhaftmachung eines konkret messbaren Schadens zu den zwingenden Zulässigkeitsvoraussetzungen der Versagungsgründe 10

12 FK/*Ahrens* § 296 Rn 31.
13 Vgl im Einzelnen FK/*Ahrens* § 296 Rn 41-49; MK/*Stephan* § 296 Rn 11 f; *Uhlenbruck/Sternal* § 296 Rn 11. Bei Versagungsanträgen, die auf § 295 Abs 2 gestützt werden, läuft die Jahresfrist leer, wenn man die Auff vertritt, dass der Schu berechtigt ist, die geschuldeten Leistungen erst zum Ende der „Wohlverhaltensperiode" zu erbringen: *AG Göttingen* NZI 2009, 334.
14 Vgl FK/*Ahrens* § 296 Rn 28.
15 *BGH* ZInsO 2005, 597 und 2009, 52; *AG Bremen* ZVI 2003, 609; MK/*Stephan* § 296 Rn 4; FK/*Ahrens* § 296 Rn 35; jetzt auch *Uhlenbruck/Sternal* § 296 Rn 7; *LG Köln* ZInsO 2011, 2047.
16 Vgl FK/*Ahrens* § 296 Rn 36.
17 Vgl oben § 294 Rn 3.
18 *BGH* 20.6.2013 – IX ZB 208/11.
19 Vgl oben § 290 Rn 56; *LG Göttingen* ZInsO 2005, 154; *Döbereiner* Die Restschuldbefreiung nach der InsO, S 329 f.
20 *BGH* ZInsO 2006, 547; 2010, 1291; *LG Aachen* ZVI 2007, 386; *LG Hbg* ZVI 2004, 259.
21 *BGH* NZI 2010, 228.
22 *BGH* 21.6.2012 – IX ZB 265/11; *BGH* ZInsO 2010, 391.
23 *BGH* ZInsO 2009, 2069; *Uhlenbruck/Sternal* § 296 Rn 20; *K/P/B/Wenzel* § 296 Rn 3; FK/*Ahrens* § 296 Rn 52; **aA** MK/*Stephan* § 296 Rn 10

des § 295 Abs 1 gehört.[24] Im Rahmen eines Obiter Dictums hat das Gericht ausgeführt, dass die Bejahung einer Gläubigerbeeinträchtigung im Falle eines Obliegenheitsverstoßes des § 295 Abs 1 Nr 3 Alt 3 (Nichterteilung von Auskünften über Erwerbstätigkeit und Bezüge nach Aufforderung durch den Treuhänder) bereits aus dem Verstoß als solchem abgeleitet werden kann.[25]

11 Sind die Voraussetzungen für die Versagung glaubhaft gemacht, so hat das Gericht wie iFd § 290 **von Amts wegen** zu ermitteln, ob der Versagungsgrund gegeben ist. Dabei beschränkt sich die Prüfung auf den geltend gemachten Versagungsgrund und den glaubhaft gemachten Sachverhalt; hat ein Gl seinen Versagungsantrag auf die Verletzung der Auskunftsobliegenheit des Schu gestützt und diese Verletzung glaubhaft gemacht, so hat das Gericht nicht zu prüfen, ob die Restschuldbefreiung wegen einer Verletzung der Erwerbsobliegenheit des Schu oder wegen der Nichtanzeige eines Wohnungswechsels zu versagen ist.[26] Das Gericht darf sich aber auch hier nicht damit begnügen, nur den von den Parteien vorgelegten oder angebotenen Beweismitteln nachzugehen.[27]

12 Abw vom Fall des § 290 werden für einen Versagungsantrag nach § 296 **Gerichtskosten** erhoben, und zwar eine Pauschalgebühr von 35 EUR (Nr 2350 des Kostenverzeichnisses, Anl 1 zum GKG). Kostenschuldner ist der Antrag stellende Gl (§ 23 Abs 2 GKG), der auch für die Auslagen des Gerichts haftet, zB für die Kosten der öffentlichen Bekanntmachung der Versagung.[28] Diese Regelung beruht auf zwei Gesichtspunkten: Vom Schu werden die Kosten kaum beizutreiben sein. Außerdem „soll gewährleistet werden, dass der Gl nur in aussichtsreichen Fällen den Antrag stellt".[29]

III. Die Entscheidung des Gerichts (Abs 2 S 3)

13 **1. Anhörung der Beteiligten.** Die vorgeschriebene Anhörung des Treuhänders, des Schu und der übrigen InsGl zu dem (zulässigen)[30] Versagungsantrag kann **in mündlicher Verhandlung** gemeinsam mit dem Termin zur Auskunftserteilung des Schu erfolgen. Zum Zwecke der Vereinfachung des Verfahrens – gerade auch für die beteiligten Gl, wenn auch nicht zwingend für das Gericht – kann die Anhörung sowie die Auskunftserteilung **schriftlich** erfolgen. Die Auskunftsverpflichtung betrifft alleine die zulässig beantragten Versagungsgründe. Der Gl, der den Versagungsantrag gestellt hat, kann beantragen, dass der Schu die Richtigkeit seiner Angaben – mündlich oder schriftlich – eidesstattlich versichert.

14 Die Mitwirkung des Schu kann nicht erzwungen werden. Sie steht aber unter der Sanktion, dass bei unentschuldigtem Unterlassen die Restschuldbefreiung versagt wird (Abs 2 S 3).[31] Der Schu ist über diese gravierende Rechtsfolge in der gerichtlichen Aufforderung zu Mitwirkungshandlungen oder in anderer geeigneter Weise zu belehren.[32] Eine **Befriedigungsbeeinträchtigung** durch die Auskunftspflichtverletzung bedarf es nicht.[33] Unklarheiten darü-

---

24 *BGH* 21.1.2010 – IX ZB 67/09; *BGH* 8.6.2010 – IX ZB 153/09; *BGH* 18.11.2010 – IX ZB 137/08; *BGH* 22.9.2011 – IX ZB 133/08; *BGH* 21.6.2012 – IX ZB 265/11.

25 *BGH* 8.6.2012 – IX ZB 153/09, Rn 25.

26 Vgl *BGH* NZI 2007, 297; **aA** *LG Kiel* ZVI 2002, 474.

27 **AA** offenbar *Uhlenbruck/Sternal* § 296 Rn 60.

28 Vgl dazu oben Vor § 286 Rn 28.

29 Begr zu Art 27 Nr 8 RegE EGInsO, BT-Drucks 12/3803, 72 f.

30 Bei Unzulässigkeit des Versagungsantrags kann dieser ohne Anhörung der Beteiligten zurückgewiesen werden, *LG Göttingen* NZI 2005, 346; *AG Göttingen* NZI 2007, 251.

31 Vgl *BGH* NZI 2007, 534.

32 Vgl *BGH* ZInsO 2009, 1268 und 1291, ZInsO 2010, 391; *Döbereiner* Die Restschuldbefreiung nach der InsO, S 206 f; *Graf-Schlicker/Kexel* § 296 Rn 12.

33 *BGH* ZInsO 2009, 1268.

ber, ob den Schu bei der Verletzung der Mitwirkungspflichten ein Verschulden trifft, gehen – anders als iRd Abs 1 – nicht zu Lasten des Schu.[34] Hier ist **ausnahmsweise** eine **Versagung von Amts wegen** vorgesehen. Sie kann jedoch nur eingreifen, wenn zuvor ein Gl einen zulässigen Versagungsantrag nach §§ 295, 296 Abs 1 gestellt hat. Nur im Rahmen eines solchen VersagungsVerf können Auskünfte nach § 296 Abs 2 eingeholt werden.[35]

Stellt sich bei dem Versuch, den Schu zu einem Versagungsantrag anzuhören, heraus, dass der **Aufenthalt des Schu unbekannt** ist, weil dieser verzogen ist, ohne seinen Meldepflichten nachzukommen und ohne dem InsGer oder dem Treuhänder Mitteilung zu machen, so kann die Restschuldbefreiung auf Antrag eines Gl wegen Verstoßes gegen § 295 Abs 1 Nr 3 ohne Anhörung des Schu versagt werden.[36] 15

2. Entscheidung, Rechtsmittel, Bekanntmachung. Das Gericht versagt die Restschuldbefreiung, wenn es aufgrund seiner Ermittlungen die Überzeugung gewonnen hat, dass die Versagungsvoraussetzungen gegeben sind. Zuständig für die Entsch ist gem § 18 Abs 1 Nr 3 RPflG der **Richter.** Bei dieser Zuständigkeit verbleibt es auch, wenn die Versagung nach Abs 2 S 3 ausgesprochen wird. Die Aufforderung zur Erklärung über die Einhaltung der Obliegenheiten an den Schu kann erst bei Vorliegen eines zulässigen Versagungsantrages eines Gl erfolgen.[37] Bei Ablehnung eines GlAntrags ist der Gl zur sofortigen Beschw berechtigt, bei Versagung der Restschuldbefreiung der Schu. Eine öffentliche Bekanntmachung (§ 9) ist nur für den Fall der Versagung vorgesehen; sie sollte erst nach Rechtskraft der Versagung erfolgen. Die Veröffentlichung erfolgt auf der Internetseite www.insolvenzbekanntmachungen.de. Für Verfahren, die nach dem 1.7.2014 beantragt werden, sieht der neue § 303a die Eintragung der Versagung in das Schuldnerverzeichnis nach § 882b ZPO vor. Die Wirkungen der Versagung ergeben sich aus § 299. 16

§ 297 Insolvenzstraftaten

(1) [1]Das Insolvenzgericht versagt die Restschuldbefreiung auf Antrag eines Insolvenzgläubigers, wenn der Schuldner in dem Zeitraum zwischen Schlusstermin und Aufhebung des Insolvenzverfahrens oder in dem Zeitraum zwischen Beendigung des Insolvenzverfahrens und dem Ende der Abtretungsfrist wegen einer Straftat nach den §§ 283 bis 283c des Strafgesetzbuchs rechtskräftig zu einer Geldstrafe von mehr als 90 Tagessätzen oder einer Freiheitsstrafe von mehr als drei Monaten verurteilt wird.

(2) § 296 Absatz 1 Satz 2 und 3, Absatz 3 gilt entsprechend.

Übersicht

34 *BGH* NZI 2007, 534; *Uhlenbruck/Sternal* § 296 Rn 34.

35 *BGH* WM 2011, 1280 (mit der Einschränkung, dass ein „statthafter" Versagungsantrag genügt); *BGH* 19.7.2012 – IX ZB 215/11; *AG Köln* NZI 2011, 256; *Laroche* ZInsO 2011, 946; **aA** *AG Mannheim* ZVI 2010, 320 mit zust Anm *Jacobi* ZVI 2010, 289; *AG Hamburg* NZI 2010, 446; *LG Oldenburg* v 2.2.2011, 6 T 42/11 (juris).

36 *AG Dresden* ZVI 2007, 331; vgl § 10 Abs 1 InsO.

37 *Uhlenbruck/Sternal* § 296 Rn 43; MK/*Stephan* § 296 Rn 31; HambKomm/*Streck* § 296 Rn 14; **aA** *Braun/Lang* § 296 Rn 12.

I. Normzweck

1 Wird eine Verurteilung des Schu wegen einer InsStraftat vor dem Schlusstermin des InsVerf rechtskräftig, so kann die Restschuldbefreiung nach **§ 290** versagt werden.[1] Erfolgt die Verurteilung zu einem späteren Zeitpunkt vor Ablauf der „Wohlverhaltensperiode", so ist **§ 297** einschlägig. In beiden Fällen erfolgt die Versagung nur auf Antrag eines InsGl.

2 Auf die **Zeit der Begehung** der InsStraftat, wegen der die Verurteilung erfolgt ist, kommt es nicht an. Der Schu kann die Tat während der Wohlverhaltensperiode, schon während des InsVerf oder schon vor dessen Eröffnung begangen haben. Damit ist die Vorschrift eine Ausnahme von dem Grundsatz, dass ein Fehlverhalten des Schu, das vor dem Schlusstermin liegt, nur iRd § 290 berücksichtigt werden kann.

II. Einzelheiten

3 Mit dem G v 15.7.2013 wird wiederum der zeitliche Anwendungsbereich im Wortlaut der Norm konkretisiert und die bisherige Auslegung in der Rechtspraxis in das Gesetz aufgenommen. Ergänzend wurde – wie in § 290 Abs 1 Nr 1 eine Erheblichkeitsgrenze von 90 Tagessätzen in die Norm aufgenommen. Die Verurteilung führt nur dann zur Versagung der Restschuldbefreiung, wenn die **Einzelstrafe** der Verurteilung mehr als 90 Tagessätze betragen hat.[2]

4 § 297 erfasst ebenso wie § 290 Abs 1 Nr 1 nur InsStraftaten iSd §§ 283–283c StGB; andere Straftaten, etwa eine Verurteilung wegen InsVerschleppung nach § 15a bleiben außer Betracht.[3] Ein Zusammenhang der Straftat mit dem konkreten InsVerf ist ebenso wenig erforderlich wie iRd des § 290 Abs 1 Nr 1. Im Strafregister gelöschte Taten sind auch hier unbeachtlich.[4]

5 Für die Voraussetzungen und das Verf der Versagung wird in Abs 2 auf § 296 Abs 1 S 2 und 3, Abs 3 verwiesen. Der Antrag stellende Gl hat **glaubhaft zu machen**, dass der Schu nach dem Schlusstermin rechtskräftig verurteilt worden ist und, falls die Rechtskraft der Verurteilung schon länger als ein Jahr zurückliegt, auch dass der Gl erst innerhalb des letzten Jahres Kenntnis von ihr erlangt hat.[5] Das Gericht kann dann das Urt beiziehen; der Strafrichter ist nicht verpflichtet, den InsRichter von Amts wegen zu unterrichten.[6] Der Schu ist zum Versagungsantrag des Gl anzuhören. Dies ergibt sich bereits aus dem Anspruch des unmittelbar Betroffenen auf rechtliches Gehör.[7] Die weiter beteiligten Gl hingegen sind nur zum Antrag des Schu auf Erteilung der Restschuldbefreiung anzuhören. Auf § 296 Abs 2 wird explizit nicht verwiesen.

6 Nach dem Ablauf der Abtretungsfrist hat der Schu einen Anspruch auf Erteilung der Restschuldbefreiung.[8] Liegt zu diesem Zeitpunkt bereits eine strafrechtliche Verurteilung vor, deren Rechtskraft noch nicht eingetreten ist, kann die Entscheidung über den Restschuldbefreiungsantrag nicht zurückgestellt werden. Dies wäre ein Fall des Widerrufs der Restschuldbefreiung nach § 303 Abs 1 Nr 2.

---

1 Und nur nach dieser Vorschrift, FK/*Ahrens* § 297 Rn 11.
2 Oben § 290 Rn 8.
3 *BGH* 23.4.2009 – IX ZB 138/08, veröffentlicht in juris.
4 Vgl oben § 290 Rn 8.
5 *Hess* InsO § 297 Rn 3.
6 *Uhlenbruck/Sternal* § 297 Rn 10; aA *Maier/Krafft* BB 1997, 2179.
7 FK/*Ahrens* § 290 Rn 208.
8 *BGH* 3.12.2009 – IX ZB 247/08.

§ 297a Nachträglich bekannt gewordene Versagungsgründe

(1) [1]Das Insolvenzgericht versagt die Restschuldbefreiung auf Antrag eines Insolvenzgläubigers, wenn sich nach dem Schlusstermin oder im Falle des § 211 nach der Einstellung herausstellt, dass ein Versagungsgrund nach § 290 Absatz 1 vorgelegen hat. [2]Der Antrag kann nur binnen sechs Monaten nach dem Zeitpunkt gestellt werden, zu dem der Versagungsgrund dem Gläubiger bekannt geworden ist. [3]Er ist nur zulässig, wenn glaubhaft gemacht wird, dass die Voraussetzungen der Sätze 1 und 2 vorliegen und dass der Gläubiger bis zu dem gemäß Satz 1 maßgeblichen Zeitpunkt keine Kenntnis von ihnen hatte.

(2) § 296 Absatz 3 gilt entsprechend.

Übersicht

I. Normzweck

Die strenge zeitliche Befristung der Versagungsgründe des § 290 durch den Schlusstermin wurde von Gläubigerkreisen tw als erhebliche Einschränkung ihrer Verfahrensrechte wahrgenommen. Die Neuregelung des § 297a soll die Verfahrensrechte der Gl dadurch stärken, dass ihnen die Versagungsgründe des § 290 auch nach dem Schlusstermin noch zur Verfügung stehen. Dies allerdings nur für den Fall, da sie erst nach dem Schlusstermin Kenntnis von der Unredlichkeit des Schu iSd § 290 erlangt haben. In den Verfahren mit besonders kurzer Dauer der Insolvenzphase haben die Gl jetzt einen ausreichenden Zeitraum zur Verfügung, um evtl Versagungsgründe überhaupt zu entdecken und geltend zu machen.[1] 1

II. Einzelheiten

1. Zeitlicher Anwendungsbereich. Die Versagung nach § 297a kann ausschließlich auf nachträglich bekannt gewordene Versagungsgründe des § 290 gestützt werden. Der zeitliche Anwendungsbereich beginnt **unmittelbar nach dem Schlusstermin** und endet mit dem Ablauf der Abtretungserklärung. Mit dem Ende der Abtretungsfrist hat der Schu einen Anspruch auf Entscheidung über seinen Antrag auf Erteilung der Restschuldbefreiung nach § 300 Abs 1. Das Gericht muss über den Erteilungsantrag entscheiden und hat hierbei keinen Ermessenspielraum.[2] Auf den Zeitraum nach Erteilung der Restschuldbefreiung kann die Regelung nicht angewendet werden. Der Widerruf ist abschließend über § 303 geregelt. 2

Eine Versagung nach § 297a kommt nur in Betracht, wenn die Versagungsgründe **in der Ins-Phase** verwirklicht worden sind. Lediglich die Kenntniserlangung der antragsberechtigten Gl findet nach dem Schlusstermin statt. Um auch dem Schu eine gewisse Rechtssicherheit nach Aufhebung des InsVerf zukommen zu lassen, steht dem Gl das nachträgliche Versagungsrecht nur für einen Überlegungszeitraum von **sechs Monaten** zu. Die im Vergleich zu § 303 Abs 2 S 1 um die Hälfte kürzere Frist soll dem Fortschritt des Verfahrens und dem gesteigerten Vertrauen des Schu in seine Restschuldbefreiung Rechnung tragen.[1] 3

1 BT-Drucks 17/11268, zu Nr 27.
2 FK/*Ahrens* § 300 Rn 22.

4 Die Kenntnis vom Versagungsgrund muss bei dem antragstellenden Gl vorliegen. Auf die Kenntnis der GlGemeinschaft oder eines Gl kann es nicht ankommen.[3]

5 **2. Antragsbefugnis und Verfahren.** Die **Antragsbefugnis** ist – wie im Falle des § 290 – auf die Tabellengläubiger beschränkt.[4] Kann jedoch ein Gl, der seine Forderung bislang im Verfahren nicht angemeldet hatte, die Anmeldung im Schlusstermin nachholen, besteht diese Möglichkeit nach Aufhebung des Verfahrens – somit im Anwendungsbereich des § 297a – nicht mehr. Der nicht teilnehmende Gl ist mit seinen Verfahrensrechten ausgeschlossen.

6 Der Antrag auf Versagung der Restschuldbefreiung ist **schriftlich** zu stellen. Der Antrag ist nur zulässig, wenn er sich auf einen der Versagungsgründe des § 290 stützt und dies glaubhaft gemacht wird. Auch der zeitliche Anwendungsbereich definiert die Zulässigkeit des Versagungsantrages. Dieser ist jedenfalls dann unzulässig, wenn der Gl nicht darlegt und glaubhaft macht, dass er von dem Versagungsgrund erst nach Abhaltung des Schlusstermins Kenntnis erlangt hat. Ob sich dies dann tatsächlich so erweist, ist eine Frage der Begründetheit.

7 Der Schu ist zum Versagungsantrag anzuhören. Dies ergibt sich zwar nicht aus dem Wortlaut der Regelung, entspricht aber dem Grundsatz der Gewährung rechtlichen Gehörs.[5] Der Richter hat gem § 18 Abs 1 Nr 3 RPflG durch Beschl über den Antrag zu entscheiden.[6]

8 **3. Glaubhaftmachung.** Wie in § 290 hat der Gl den Versagungsgrund darzulegen und glaubhaft zu machen.[7] Erschwerend kommt hinzu, dass die Glaubhaftmachung des Abs 1 S 3 der Regelung sich ausdrücklich auf die S 1 und 2 bezieht. Demnach muss der Gl glaubhaft machen, dass er erst nach dem Schlusstermin Kenntnis erlang hat und der Zeitpunkt der Kenntniserlangung nicht länger als **6 Monate** vor dem Versagungsantrag erfolgt ist.

9 **4. Beschwerderecht und öffentliche Bekanntmachung.** Der Beschl des Ger ist für den Schu sowie den antragstellenden Gl über Abs 2 und § 296 Abs 3 mit der Beschwerde anfechtbar. Der Beschl über die Versagung der Restschuldbefreiung ist öffentlich bekannt zu machen. Die Rechtskraft der Versagung sollte abgewartet werden.

§ 298 Deckung der Mindestvergütung des Treuhänders

(1) [1]Das Insolvenzgericht versagt die Restschuldbefreiung auf Antrag des Treuhänders, wenn die an diesen abgeführten Beträge für das vorangegangene Jahr seiner Tätigkeit die Mindestvergütung nicht decken und der Schuldner den fehlenden Betrag nicht einzahlt, obwohl ihn der Treuhänder schriftlich zur Zahlung binnen einer Frist von mindestens zwei Wochen aufgefordert und ihn dabei auf die Möglichkeit der Versagung der Restschuldbefreiung hingewiesen hat. [2]Dies gilt nicht, wenn die Kosten des Insolvenzverfahrens nach § 4a gestundet werden.

(2) [1]Vor der Entscheidung ist der Schuldner zu hören. [2]Die Versagung unterbleibt, wenn der Schuldner binnen zwei Wochen nach Aufforderung durch das Gericht den fehlenden Betrag einzahlt oder ihm dieser entsprechend § 4a gestundet wird.

(3) § 296 Abs. 3 gilt entsprechend.

---

3 FK/*Ahrens* § 296 Rn 48.
4 Oben § 290 Rn 53.
5 FK/*Ahrens* § 297a Rn 18.
6 Graf-Schlicker/*Kexel* § 297a Rn 8.
7 Oben § 290 Rn 47.

Übersicht

I. Normzweck, Gesetzgebungshinweise

Der Vergütungsanspruch des Treuhänders wird durch den Versagungsgrund des § 298 gesichert. Ist ein Verfahren masselos, steht dem Treuhänder die Mindestvergütung des § 14 Abs 3 InsVV zu, 100 EUR für jedes angefangene Jahr der Tätigkeit. Der Schu hat grds die Möglichkeit, sich die Kosten der Wohlverhaltensphase gem § 4a stunden zu lassen. Wird die Stundung der Verfahrenskosten abgelehnt oder aufgehoben, hat er diese selbst, auch aus dem unpfändbaren Einkommen, aufzubringen. 1

II. Einzelfragen

Die Vorschrift betrifft nur die Mindestvergütung (§ 14 Abs 3 InsVV), nicht die Ansprüche auf Auslagenersatz oder eine zusätzliche Vergütung wegen Überwachung des Schu.[1] Dass die Mindestvergütung des Treuhänders „für das vorangegangene Jahr seiner Tätigkeit" nicht gedeckt ist (Abs 1), ist so auszulegen, dass nicht das Kalenderjahr und auch nicht eine beliebige Frist von 12 Monaten gemeint ist, sondern die **Jahresfristen vom Beginn des Amtes des Treuhänders an zu rechnen** sind.[2] Ist in einem dieser Tätigkeitsjahre nicht einmal die Mindestvergütung beim Treuhänder eingegangen, so kann er nach Ablauf dieses Tätigkeitsjahres den Schu schriftlich auffordern, binnen einer Frist, die mindestens zwei Wochen betragen muss, den fehlenden Betrag einzuzahlen; dabei hat er auf die drohende Versagung der Restschuldbefreiung hinzuweisen.[3] Bei erfolglosem Ablauf der Frist kann der Versagungsantrag gestellt werden.[4] Der Antrag ist zulässig, ohne dass der Versagungsgrund glaubhaft gemacht werden muss.[5] Lediglich die Nichtzahlung der Mindestvergütung des vorausgegangenen Jahres kann zur Versagung führen. Der Antrag des Treuhänders kann bis zur Rechtskraft der VersagungsEntsch zurückgenommen werden.[6] 2

Zuständig für die gerichtliche Entscheidung ist der **Rechtspfleger** (vgl § 18 Abs 1 Nr 2 RPflG). Sie kann erst nach Anhörung des Schu und nach erneuter vergeblicher Zahlungsaufforderung ergehen, für die hier eine starre Zwei-Wochen-Frist vorgesehen ist (Abs 2).[7] Die Anhörung kann schriftlich erfolgen und mit der Zahlungsaufforderung verbunden werden. Bei der Anhörung hat das Gericht im Rahmen seiner Fürsorgepflicht den Schu auch auf die Stundungsmöglichkeit hinzuweisen.[8] Eine Anhörung der Gl ist dagegen nicht erforderlich.[9] Die Entsch ergeht gerichtsgebührenfrei.[10] 3

Nach Abs 3 ist gegen die Entsch die **sof Beschw** statthaft. Für den Fall der Versagung ist die **öffentliche Bek**, nicht aber die Veröffentlichung im Schuldnerverzeichnis gem § 303a vorgesehen. 4

---

1 *Graf-Schlicker/Kexel* § 298 Rn 2.

2 *LG Göttingen* NZI 2010, 232; *Häsemeyer* Rn 26.42; *Döbereiner* Die Restschuldbefreiung nach der InsO, S 210; *K/P/B/Wenzel* § 298 Rn 1.

3 Ohne diesen Hinweis ist der Versagungsantrag unzulässig, *BGH* ZInsO 2009, 2310.

4 Zum Fall des Versagungsantrags nach Aufhebung der Kostenstundung vgl *Heinze* ZVI 2011, 18.

5 *BGH* NZI 2010, 265; MK/*Ehricke* § 298 Rn 9; **aA** offenbar *Maier/Krafft* BB 1997, 2179 Fn 59.

6 Vgl *LG Krefeld* ZVI 2008, 86.

7 Durch eine Zahlung erst nach Ablauf dieser Frist kann die Versagung nicht mehr abgewendet werden, *LG Göttingen* NZI 2011, 292.

8 Vgl § 4a Abs 2 S 1; *Uhlenbruck/Vallender* § 298 Rn 3; FK/*Ahrens* § 298 Rn 14.

9 *Vallender* KS-InsO, S 149 f Rn 108.

10 *Uhlenbruck/Vallender* § 298 Rn 24.

§ 299 Vorzeitige Beendigung

Wird die Restschuldbefreiung nach den §§ 296, 297, 297a oder 298 versagt, so enden die Abtretungsfrist, das Amt des Treuhänders und die Beschränkung der Rechte der Gläubiger mit der Rechtskraft der Entscheidung.

Übersicht

I. Normzweck

1 Die Vorschrift stellt die **Wirkungen einer vorzeitigen Versagung** der Restschuldbefreiung klar. Mit dem Tag der Rechtskraft dieser Entsch verliert die Abtretung der pfändbaren Bezüge des Schu ihre Wirksamkeit. Das Amt des Treuhänders endet ebenfalls, jedoch ist er noch zur ordnungsmäßigen Abwicklung verpflichtet: Er hat die Person oder Stelle zu unterrichten, von der die Bezüge des Schu gezahlt werden, noch ausstehende Beträge einzuziehen[1] und vorhandene zu verteilen. Weiter ist er zur Rechnungslegung gegenüber dem InsGer verpflichtet (§ 292 Abs 3 S 1).[2] Er hat Anspruch auf Festsetzung seiner Vergütung und seiner Auslagen (§ 293). Die InsGl können ihre Restforderungen ohne Beschränkungen gegen den Schu geltend machen, ebenso wie iF der Aufhebung eines InsVerf, in dem kein Restschuldbefreiungsantrag gestellt worden ist (§ 201).

II. Einzelheiten

2 Der Grundfall des Anwendungsbereiches des § 299 ist die Versagungsentscheidung des Gerichtes. Die Norm erfasst hier alle Versagungsregelungen nach Aufhebung des Schlusstermins und stellt fest, dass mit Rechtskraft der Entscheidung die Abtretungserklärung sowie alle Verfahrensbeschränkungen für die Gl enden.

3 Eine vorzeitige Beendigung des Verf **ohne Erteilung der Restschuldbefreiung** ist in weiteren, im Gesetz nicht genannten Fällen denkbar. Für diesen Anwendungsbereich wird die Norm analog angewendet. Hierunter fällt sicherlich die Rücknahme des Restschuldbefreiungsantrages in der Wohlverhaltensphase. Dies ist grundsätzlich möglich.[3] Der BGH[4] hat zur Möglichkeit der Rücknahme des Restschuldbefreiungsantrages vor dem Schlusstermin den Rechtsgedanken des § 269 Abs 1 ZPO angewendet. Demnach ist eine Rücknahme durch den Schu grds möglich. Diese Option endet jedoch dann, wenn ein Versagungsantrag gestellt worden ist. Diese Lösung ist auch für den Zeitraum der Wohlverhaltensphase anwendbar. Auch für den Fall des Todes des InsSchu nach Aufhebung des Verfahrens wird § 299 entspr angewendet. Die Fortsetzung der Wohlverhaltensphase mit den Erben macht keinen Sinn. Auch ist die Restschuldbefreiung an das redliche Verhalten des Schu geknüpft und insoweit höchstpersönlich.[5] Können noch pfändbare Einkommensanteile zu Lebzeiten eingezogen werden, sind diese durch die Abtretungserklärung zum Zwecke der gleichrangigen Gläubigerbefriedigung erlangt und somit an die Gl und nicht die Erben zu verteilen.[6]

---

1 Vgl *AG Duisburg* NZI 2010, 532.
2 MK/*Ehricke* § 299 Rn 8; *Graf-Schlicker/Kexel* § 299 Rn 4.
3 *BGH* 15.7.2010 – IX ZB229/07; *Hess* InsO § 299 Rn 15.
4 *BGH* 22.9.2016 – IX ZB 50/15.
5 HambKomm/*Streck* § 299 Rn 2; MK/*Ehrike* § 299 Rn 16; *A/G/R/Weinland* § 299 Rn 6; *Uhlenbruck/Sternal* § 299 Rn 12; **aA** FK/*Ahrens* § 299 Rn 9.
6 *Köke/Schmerbach* ZVI 2007, 497, 505; **aA** *Nöll* Rn 505.

Für Zahlungen, die nach dem Tod des Schu beim Treuhänder eingehen, aber Lohnrückstände aus der Zeit vor dessen Tod betreffen, trifft die gleiche Erwägung zu. Auch solche Lohnrückstände werden, soweit sie pfändbar sind, von der Abtretung der Bezüge erfasst.

III. Rechtsfolgen

Mit der vorzeitigen Beendigung der Wohlverhaltensphase endet die **Laufzeit der Abtretungserklärung**. Es ist jedoch auf die Rechtskraft der Versagungsentscheidung abzustellen.[7] Die Beschränkung der GlRechte aus § 294 endet, das volle Forderungsrecht lebt wieder auf. Aus der Tabelle kann gem § 201 Abs 1, 178 Abs 3 vollstreckt werden. 4

Auch das Amt des Treuhänders endet ohne weiteren Ausspruch. Abgeleitet aus seiner bes Verfahrensstellung hat der Treuhänder den Drittschuldner über das Ende der Abtretungswirkung zu informieren.[8] 5

§ 300 Entscheidung über die Restschuldbefreiung

(1) [1]Das Insolvenzgericht entscheidet nach Anhörung der Insolvenzgläubiger, des Insolvenzverwalters oder Treuhänders und des Schuldners durch Beschluss über die Erteilung der Restschuldbefreiung, wenn die Abtretungsfrist ohne vorzeitige Beendigung verstrichen ist. [2]Hat der Schuldner die Kosten des Verfahrens berichtigt, entscheidet das Gericht auf seinen Antrag, wenn

1. im Verfahren kein Insolvenzgläubiger eine Forderung angemeldet hat oder wenn die Forderungen der Insolvenzgläubiger befriedigt sind und der Schuldner die sonstigen Masseverbindlichkeiten berichtigt hat,

2. drei Jahre der Abtretungsfrist verstrichen sind und dem Insolvenzverwalter oder Treuhänder innerhalb dieses Zeitraums ein Betrag zugeflossen ist, der eine Befriedigung der Forderungen der Insolvenzgläubiger in Höhe von mindestens 35 Prozent ermöglicht, oder

3. fünf Jahre der Abtretungsfrist verstrichen sind.

[3]Satz 1 gilt entsprechend. [4]Eine Forderung wird bei der Ermittlung des Prozentsatzes nach Satz 2 Nummer 2 berücksichtigt, wenn sie in das Schlussverzeichnis aufgenommen wurde. [5]Fehlt ein Schlussverzeichnis, so wird eine Forderung berücksichtigt, die als festgestellt gilt oder deren Gläubiger entsprechend § 189 Absatz 1 Feststellungsklage erhoben oder das Verfahren in dem früher anhängigen Rechtsstreit aufgenommen hat.

(2) [1]In den Fällen von Absatz 1 Satz 2 Nummer 2 ist der Antrag nur zulässig, wenn Angaben gemacht werden über die Herkunft der Mittel, die an den Treuhänder geflossen sind und die über die Beträge hinausgehen, die von der Abtretungserklärung erfasst sind. [2]Der Schuldner hat zu erklären, dass die Angaben nach Satz 1 richtig und vollständig sind. [3]Das Vorliegen der Voraussetzungen von Absatz 1 Satz 2 Nummer 1 bis 3 ist vom Schuldner glaubhaft zu machen.

(3) Das Insolvenzgericht versagt die Restschuldbefreiung auf Antrag eines Insolvenzgläubigers, wenn die Voraussetzungen des § 290 Absatz 1, des § 296 Absatz 1 oder Absatz 2 Satz 3, des § 297 oder des § 297a vorliegen, oder auf Antrag des Treuhänders, wenn die Voraussetzungen des § 298 vorliegen.

(4) [1]Der Beschluss ist öffentlich bekannt zu machen. [2]Gegen den Beschluss steht dem Schuldner und jedem Insolvenzgläubiger, der bei der Anhörung nach Absatz 1 die Versa-

7 FK/*Ahrens* § 299 Rn 10; *Uhlenbruck/Sternal* § 299 Rn 3.
8 FK/*Ahrens* § 299 Rn 14.

gung der Restschuldbefreiung beantragt oder der das Nichtvorliegen der Voraussetzungen einer vorzeitigen Restschuldbefreiung nach Absatz 1 Satz 2 geltend gemacht hat, die sofortige Beschwerde zu. [3]Wird Restschuldbefreiung nach Absatz 1 Satz 2 erteilt, gelten die §§ 299 und 300a entsprechend.

Übersicht

I. Normzweck

1 Mit der Umgestaltung des § 300 hat der Gesetzgeber durch das G v 15.7.2013 eine erhebliche Änderung in das Entschuldungsverfahren aufgenommen. Die im Koalitionsvertrag v 26.10.2009 für die 17. Legislaturperiode vereinbarte Verkürzung der Restschuldbefreiung wurde im Gesetz umgesetzt. Die Praxis hat das Gesetzgebungsvorhaben insb hinsichtlich der Abhängigkeit von der Mindestbefriedigungsquote krit begleitet.[1] Die ursprünglich im RegE vorgesehene Mindestquote von 25 % wurde entspr der Beschlussempfehlung des Rechtsausschusses[2] auf **35 %** angehoben.[3] Die Quote von 25 % mindere erheblich die Eigentumsrechte der Gl, so dass eine Anhebung geboten sein soll. Der Erfolg der Neuregelung steht gem Art 107 EGInsO unter einem Evaluierungsvorbehalt zum 30.6.2018. Nach Auffassung des Rechtsausschusses ist dieses Anreizsystem nur dann effektiv, wenn die Verkürzung des Verfahrens nicht zumindest 15 % aller natürlichen InsSchu zu Gute kommt.[4] Der Bericht soll auch eine Übersicht über die Befriedigungsquoten im Ins- und Restschuldbefreiungsverfahren enthalten.

Über die, in der Fachöffentlichkeit erheblich diskutierte, Mindestquote hinaus, sieht die Neuregelung auch eine vorzeitige Restschuldbefreiung nach 5 Jahren vor. Voraussetzung hierfür ist die Begleichung der Verfahrenskosten. Gesetz wird auch die bislang von der Rspr in entspr Anwendung des § 299 entwickelte vorzeitige Restschuldbefreiung mangels Forderungsanmeldung. In diesem Fall sind auch alle Masseverbindlichkeiten zu berichtigen.

2 Im Falle der vorzeitigen Restschuldbefreiung durch Erlangung der Mindestbefriedigungsquote von 35 % sah der Gesetzgeber die Gefahr, der Schu könnte hierzu Mittel verwenden, die er zuvor dem Verfahren unredlich entzogen hat. Der Schu hat daher über die Herkunft der Mittel Rechenschaft abzulegen.

1 Exemplarisch aus einer Vielzahl von Äußerungen: *Grothe/Pape* ZinsO 2013, 1433; *Frind* ZInsO 2013, 1448; *Schmerbach* NZI 2013, 566; Stellungnahmen der öffentlichen Expertenanhörung im BT-RAussch – abrufbar unter www.bundestag.de; *Heyer* ZVI, 321; *Köchlin* ZInsO 2013, 316; *Kranzusch* ZInsO 2013, 2169; *BAKinso* Stellungnahme v 6.8.2012 – www.bakinso.de.

2 BT-Drucks 17/13535, zu Nr 30.

3 *Leipold* ZInsO 2013, 2052; *Waltenberger* ZInsO 2014, 808.

4 BT-Drucks 17/13535, 30, zu Nr 3 neu.

II. Restschuldbefreiung mit Ablauf der Abtretungsfrist

1. Entscheidungsanspruch. Das Gericht hat nach Ablauf der Abtretungsfrist **von Amts wegen**[5] über den zugelassenen Restschuldbefreiungsantrag (§ 287a) zu entscheiden. Für den Schu ergibt sich hieraus ein Handlungsanspruch gegen das Gericht, sobald die Abtretungsfrist von sechs Jahren abgelaufen ist. Hierunter werden nach der neuen Fassung des Gesetzes auch die sogenannten **asymmetrischen Verfahren** subsumiert. Das Gesetz greift insoweit die Entscheidung des *BGH* v 3.12.2009[6] auf. Endet die Abtretungsfrist noch vor Aufhebung des Insolvenzverfahrens, hat das Gericht gleichwohl über den Restschuldbefreiungsantrag zu entscheiden. Die Gl sind in einem besonderen Termin zum Antrag auf Erteilung der Restschuldbefreiung anzuhören, und ihnen ist Gelegenheit zur Stellung von Versagungsanträgen nach § 290 zu geben.[7] Die im Anschluss hieran entstehende Frage der Zuordnung des Neuerwerbes des Schu nach § 35 Abs 1 ergänzt der neu geschaffene § 300a. 3

2. Anhörung und Entscheidung. Vor der Entscheidung über den Restschuldbefreiungsantrag sind die Gl, der Treuhänder sowie der Schu nochmals anzuhören. Die Anhörung hat zwingend nach dem Ablauf der Abtretungsfrist zu erfolgen.[8] Vorherige Anhörungen sind unbeachtlich. Den Gl ist mit einer angemessenen Frist, zwei Wochen dürften wohl ausreichend sein, Gelegenheit zu geben, Versagungsanträge nach § 296 zu stellen.[9] Die Anhörung sowie die weitere Entscheidung des Gerichtes können zur Verfahrensvereinfachung im schriftlichen Verfahren erfolgen.[8] Ein besonderer mündlicher Termin ist für den Regelfall der Entscheidung nach Abs 1 nicht zwingend vorgesehen. Im Falle des Ablaufes der Abtretungsfrist vor Verfahrensaufhebung ist darauf abzustellen, ob das Verfahren nach § 5 Abs 2 schriftlich oder mündlich geführt wird. Im Falle der mündlichen Verfahrensführung ist eine besondere Gläubigerversammlung abzuhalten.[10] 4

Werden innerhalb der Frist keine Versagungsanträge gestellt, so ist durch Beschl die Restschuldbefreiung zu erteilen.[11] Der Beschl hat rechtsgestaltenden Charakter.[12] Dies kann durch den **Rechtspfleger** geschehen (§§ 18 Abs 1 Nr 3, 3 Nr 2e RPflG). Unzulässige Versagungsanträge können ohne Anhörung der weiteren Beteiligten verworfen werden.[13] 5

Werden Versagungsanträge nach §§ 290, 296, 297 oder § 297a gestellt, wechselt die Zuständigkeit wieder verbindlich auf den Richter § 18 Abs 1 Nr 3 RPflG.[14] Wird der Versagungsantrag vor einer rechtskräftigen Entscheidung zurück genommen, kann der Rechtspfleger die Erteilung aussprechen. Gleiches gilt, wenn ein Versagungsantrag nach § 290 zurückgewiesen worden und der Schu in die Wohlverhaltensphase eingetreten ist.[15] Der Rücknahme des Versagungsantrages kommt die gleiche Wirkung des § 269 Abs 3 S 1 ZPO zu. Der Versagungsantrag gilt als nicht anhängig gewesen. 6

Im Falle des Versagungsantrages nach § 298 verbleibt es bei der Zuständigkeit des Rechtspflegers.

---

5 *Graf-Schlicker/Kexel* § 300 Rn 2.
6 *BGH* 3.12.2009 – IX ZB 247/08.
7 Oben § 290 Rn 61.
8 FK/*Ahrens* § 300 Rn 33.
9 HambKomm/*Streck* § 300 Rn 3; *A/G/R/Weinland* § 300 Rn 10.
10 FK/*Ahrens* § 300 Rn 32.
11 *Uhlenbruck/*Sternal§ 300 Rn 8.
12 FK/*Ahrens* § 300 Rn 50.
13 *AG Göttingen* NZI 2007, 251; vgl *LG Göttingen* ZInsO 2005, 154.
14 Näher zur Zuständigkeitsverteilung: *Waltenberger* Rpfleger 2015, 47.
15 *Waltenberger* Rpfleger 2015, 47.

III. Vorzeitige Restschuldbefreiung und Verkürzung der Abtretungsfrist

7 Während die Erteilung der Restschuldbefreiung im Falle des Abs 1 S 1 nach Ablauf der regulären Abtretungsfrist von 6 Jahren (§ 287 Abs 2) ohne weiteren Entscheidungsantrag des Schu von Amts wegen zu ergehen hat, setzt die Entscheidung nach Abs 2 einen **neuen Antrag** des Schu voraus. Der Schu hat in seinem Verkürzungsantrag gem Abs 2 S 3 die Verkürzungsvoraussetzungen glaubhaft zu machen. Dieser ist, wie der ursprüngliche Restschuldbefreiungsantrag, **schriftlich** zu stellen.[16]

8 Die InsGl und der InsVerw/Treuhänder sind über den Verkürzungsantrag des Schu **anzuhören**. Die Anhörung kann im Falle des aufgehobenen InsVerf auf die Tabellengläubiger beschränkt werden. Andere InsGl können nach Verfahrensaufhebung keine Verfahrensrechte mehr für sich beanspruchen.[17] Vor Aufhebung des Verf sind die weiteren bekannten InsGl in die Anhörung einzubeziehen. Bis zur Aufhebung des Verf können sie ihre Forderung zur Tabelle nachmelden.[18] Je nach dem jeweiligen Verfahrensstadium können sie jetzt die Versagungsgründe der §§ 290, 296, 297 oder 297a Geltend machen. Eine Anhörung des Schu zu seinem eigenen Verkürzungsantrag kann entgegen der Verweisung in Abs 1 S 3 unterbleiben. Hinsichtlich der Form der Anhörung gelten die Ausführungen oben entsprechend.

9 Aus § 300 Abs 2 S 3 ergibt sich, dass der Schu die Voraussetzungen der Nr 1–3 zur vorzeitigen Restschuldbefreiung darzulegen und glaubhaft zu machen hat. Der Gesetzgeber ist in seiner Begründung der Neufassung davon ausgegangen, dass die **Darlegungslast** Bestandteil des Verkürzungsantrages ist.[19] Insbesondere die Berichtigung der Verfahrenskosten dürfte ihn jedoch vor nicht zu überwindenden Schwierigkeiten stellen. Nicht alleine die Berechnung der Gerichtskosten wird den Schu bereits mangels Rechtskenntnis nicht möglich sein. Vielweniger abzuschätzen ist jedoch die Berechnung der Verwaltervergütung. Dem Schu wird es schwerlich abzuverlangen sein, die Grundvergütung einschließlich evt Hebungen zu prognostizieren.

10 Dem Schu muss daher zur Wahrnehmung seiner Verkürzungsmöglichkeit die Darlegungslast mittels eines **Auskunftsanspruches** erleichtert werden.[20] Alleine die Nutzung der bisherigen Berichte des InsVerw und der Forderungsanmeldungen reicht nicht aus, um die hohen Vorgaben der Darlegungslast erfüllen zu können. Insbesondere kann so schwerlich die ausstehende Vergütung des Verw – und damit der wesentliche Teil der Verfahrenskosten – ermittelt werden. Ahrens leitet daher aus der allg Fürsorgeverpflichtung des InsGer ein Anspruch auf Auskunft des Schu ab.[21]

11 Das Gericht ist jedoch nicht verpflichtet, die Verfahrenskosten vorab festzusetzen.[22] Daher wäre ein solcher Auskunftsanspruch gegen das Gericht wenig hilfreich. Das InsGer kann ohne Kenntnis von der Teilungsmasse nicht einmal den Gegenstandswert der eigenen Kosten ermitteln. Es ist daher von den Berichten – insb dem Schlussbericht des Verw – abhängig.

---

16 Oben § 287 Rn 4.

17 Oben § 296 Rn 8; *BGH* ZInsO 2005, 597.

18 Auch dies wird die in Rn 9 dargelegte Berechnungsschwierigkeit der Mindestquote der Nr 2 verstärken.

19 BT-Drucks 17/11268, zu Nr 29.

20 **AA** *Blankenburg/Godzierz* ZInsO 2014, 1360.

21 *Ahrens* NJW 2014, 1847; FK/*Ahrens* § 300 Rn 22.

22 *BGH* ZInsO 2011, 777; *Uhlenbruck/Sternal* § 300 Rn 20.

Ein **Auskunftsanspruch** des Schu besteht jedoch gegen den **InsVerw**.[23] Diesem steht während der Dauer der Insolvenzphase die volle Verwaltungsbefugnis über das Vermögen des Schu zu. Für die Wohlverhaltensphase verwaltet er treuhänderisch dessen pfändbares Einkommen. Ihm kommt daher eine besondere Wissensüberlegenheit im Verhältnis zum Schu zu. Ausfluss dieses besonderen Verhältnisses des InsVerw zum Vermögen des Schu muss gem § 242 BGB eine Informationsverpflichtung des Verw sein.[24] Diese Informationspflicht ist Ausfluss der doppelseitigen Treuhandstellung des Verw/Treuhänders. Nähert sich die verwaltete Masse den Schwellwerten eines Verkürzungsantrags, ist der InsVerw verpflichtet, dem Schu die für seinen Antrag erforderlichen Mittel der Glaubhaftmachung zur Verfügung zu stellen. Damit hat er in diesem Zeitpunkt auch die zu erwartende Verwaltervergütung zu prognostizieren. 12

Das Vorliegen der Verkürzungsvoraussetzungen des Abs 1 Nr 1–3 stellen die Anforderungen an die **Begründetheit** des Schuldnerantrages dar, die Darlegung und Glaubhaftmachung sind hingegen besondere Kriterien der Zulässigkeit des Verkürzungsantrages.[25] 13

1. Vorzeitige Erteilung der Restschuldbefreiung (Nr 1). Der BGH hat in seiner Entscheidung v 17.3.2005 anerkannt, dass es unter bestimmten Fallgestaltungen nicht sinnvoll ist das kostenintensive Entschuldungsverfahren über die vollen 6 Jahre der Abtretungsfrist fortzuführen.[26] Diese Praxis der gerichtlichen Entscheidungen hat das G v 15.7.2013 aufgegriffen und in Abs 1 Nr 1 der Regelung einfließen lassen. Demnach kommt eine vorzeitige Erteilung der Restschuldbefreiung dann in Betracht, wenn **kein InsGl Forderungen zur Tabelle angemeldet hat**. In diesem Fall kann bereits im Schlusstermin die Restschuldbefreiung erteilt werden. Mit Aufhebung des InsVerf können InsGl ihre Forderungen nicht zur Tabelle nachmelden. Ohne Teilnahme am Verfahren ist jedoch ausgeschlossen, dass diese Gl Verfahrensrechte geltend machen können.[27] Eine Versagung der Restschuldbefreiung über §§ 296, 297, 297a ist daher ausgeschlossen. Gleiches gilt, wenn ein absonderungsberechtigter Gl keine Forderung für den Ausfall angemeldet hat.[27] Auch eine Verteilung der vereinnahmten pfändbaren Einkommensanteile durch den Treuhänder scheitert am fehlenden Verteilungsverzeichnis. 14

In den Genuss einer vorzeitigen Erteilung der Restschuldbefreiung kommt auch der Schu, der **sämtliche Tabellengläubiger befriedigt**. Mit Untergang der Forderungen der Gl des Verteilungsverzeichnisses würden neue Einnahmen aus der Abtretungserklärung oder der Obliegenheit des § 296 Abs 1 an den Schu zurückfließen. Zur Vermeidung weiterer Verfahrenskosten ohne Befriedigungsvorteil der Gl kann auch hier die Restschuldbefreiung vorzeitig erteilt werden. 15

Vergleichbar mit der vollständigen Befriedigung der Tabellengläubiger ist die Interessenslage im Falle einer Teilerfüllung (§ 362 BGB) und des Teilerlasses (§ 397 BGB). Auch in diesem Fall kann in Anwendung des § 213 Abs 1 eine vorzeitige Restschuldbefreiung erfolgen.[28] Eine **vergleichsweise Beilegung** der Tabellenforderungen ist dem Schu demnach unbenommen. 16

---

23 *Frind* ZInsO 2013, 1448, der hier dem Schu ein Recht auf Erteilung einer Bescheinigung über das Vorliegen der Verkürzungsvoraussetzungen zubilligt; später aber abl bzgl einer Hinweispflicht: *ders* ZInsO 2017, 814.
24 *Waltenberger* ZInsO 2014, 808.
25 *Frind* ZInsO 2013, 1448, 1454.
26 *BGH* 17.3.2005 – IX ZB 214/04, in ZInsO 2005, 597, NZI 2005, 399 mit Anm *Ahrens*.
27 *BGH* 17.3.2005 – IX ZB 214/04.
28 *BGH* 29.9.2011 – IX ZB 219/10; *A/G/R/Weinland* § 299 Rn 8.

17 Ausdrücklich nimmt sich die Gesetzesänderung der bislang noch nicht vollständig geklärten Frage der **Verfahrenskosten und Masseverbindlichkeiten** an. Im Falle der Verfahrenskostenstundung wurde im Rahmen der entsprechenden Anwendung des § 299 vertreten, dass der Sekundäranspruch gegen die Landeskasse der vorzeitigen Erteilung der Restschuldbefreiung nicht im Wege stehen kann.[29] Hier hat der Gesetzgeber klargestellt, dass die Verfahrenskosten vom Schu zu berichtigen sind. Damit ist klargestellt, dass die vorzeitige Erteilung der Restschuldbefreiung immer auch die Kostendeckung durch den Schu bzw die Masse umfasst. Sind die Verfahrenskosten gestundet und ist es bereits zu einem Anspruch gegen die Landeskasse gekommen, sind diese Auslagen (GKG, KV 9017) zu decken.[30]

Teilweise wird unter Berücksichtigung der Argumentation der früheren Analogie vertreten, dass die Durchführung eines Treuhandverfahrens ohne Verteilungsverzeichnis und teilnehmender Gl ausschließlich Mehrkosten zu Lasten der Landeshaushalte verursacht.[31] Der BGH[32] hat hingegen in seiner Entscheidung unter Verweis auf den eindeutigen Wortlaut der Regelung klargestellt, dass eine Stundung der Verfahrenskosten eben keine „Berichtigung" der Verfahrenskosten darstellt. Die vorzeitige Erteilung der Restschuldbefreiung sollte ausschließlich Schu zugutekommen, die überobligatorische Leistungen im Verfahren erbringen und die Landeskassen nicht mit Verfahrenskosten belasten.[33] Die Gesetzesbegründung verkennt insoweit die Möglichkeit Verfahrenskosten gering zu halten. Eine entsprechende Anpassung der Regelung an die ursprüngliche Analogie wäre wünschenswert.

Daneben hat der Schu sämtliche Masseverbindlichkeiten zu berichtigen. Richtig wird wohl auf die Leistung aus der Masse abzustellen sein. Zahlungen an InsGl und die Bedienung von Masseverbindlichkeiten sind dem Schu auch wegen der bestehenden Verfügungsbeschränkung oder der Obliegenheit des § 295 Abs 1 Nr 4 untersagt.[34]

18 **2. Verkürzung der Abtretungsfrist auf 3 Jahre.** Der Schu kann bereits nach Ablauf von 3 Jahren die Erteilung der Restschuldbefreiung beantragen, wenn die Verfahrenskosten gedeckt sind und den Tabellengläubigern eine Quote von 35 % auf ihre Forderungen zufließen wird. Die Berechnung der Befriedigungsquote geht von den Forderungen aus, die in das Schlussverzeichnis aufgenommen worden sind.[35] Dem Gesetzgeber war bei Festlegung der Quote durchaus bewusst, dass eine Befriedigung in InsVerf regelmäßig deutlich geringer ausfällt.[36] Allerdings wollte man mit der Verkürzungsmöglichkeit ein Anreizsystem schaffen, das die bisherige Gesetzeslage nicht vorgesehen hat. Dieser Anreiz soll den Schu zu überobligatorischen Leistungen veranlassen, sei es durch Einsatz finanzieller Mittel aus dem unpfändbaren Vermögen des Schu, aber auch durch denkbare Zuwendungen von Verwandten.[37]

19 Aus dem Gesetzeswortlaut zu entnehmen ist, dass die Mittel, aus denen der Schu die Befriedigungsquote einschließlich der Massegläubiger bedient, dem InsVerw „zugeflossen" sein müssen. Kommen die Mittel von dritter Seite, stellt sich die Frage, ob diese dann auch Berechnungsgrundlage der Vergütung werden. Vergleichbar dürfte die Situation eines Dritt-

---

29 *AG Göttingen* v 27.5.2008, ZVI 2008, 358; *Henning* ZInsO 2007, 1253.

30 **AA** *AG Göttingen* 29.4.2015; 71 IK 99/14; *K Schmidt/Henning* § 300 Rn 11.

31 *AG Göttingen* ZInsO 2017, 1243; *AG Essen* VIA 2016, 16.

32 *BGH* 22.9.2016 – IX ZB 29/16; mit Anm *Laroche* ZInsO 2016, 2357; krit *Ahrens* NJW 2017, 21.

33 BT-Drucks 17/11268, 30.

34 Krit zum Wortlaut der Regelung *Frind* ZInsO 2013, 1448.

35 FK/*Ahrens* § 300 Rn 13.

36 BT-Drucks 17/11268 zu Nr 29; die Begründung bezieht sich noch auf die ursprünglich vorgesehenen 25 %.

37 BT-Drucks 17/11268 zu Nr 29.

mittelzuflusses beim Insolvenzplan sein. § 1 Abs 2 Nr 5 InsVV sieht in diesem Falle vor, dass die Zuflüsse von der Berechnungsmasse ausgenommen sind. Eine analoge Anwendung der Norm scheint wegen der vergleichbaren Interessenlage auch für die vorzeitige Entschuldung aus Mitteln Dritter sinnvoll.[38]

Forderungen werden zur Quotenbestimmung nur berücksichtigt, wenn sie in das **Schlussverzeichnis** aufgenommen worden sind (Abs 1 S 4). Befindet sich das Verf noch in der Insolvenzphase, sind nur Forderungen zu berücksichtigen, die bereits festgestellt worden sind (Abs 1 S 5). Der entscheidungserhebliche Zeitpunkt für diese Einbeziehung von Forderungen muss der Zeitpunkt des Verkürzungsantrages des Schu nach Abs 1 S 2 sein. Später angemeldete Forderungen können zur Quotenberechnung nicht berücksichtigt werden. 20

Die festgestellten Forderungen entsprechen letztlich dem **Verteilungsverzeichnis** des § 188. Ob jedoch der Schu der Umsetzung seiner Darlegungslast nach Abs 1 S 2 und der Verpflichtung zur Glaubhaftmachung nach Abs 2 S 3 nachkommen kann, indem er ohne Tätigkeit des InsVerw ein § 188 vergleichbares Verteilungsverzeichnis erstellt, erscheint fraglich. Auch in diesem Teil der Regelung zeigt sich, dass ohne Unterstützung des InsVerw der Verkürzungsantrag des Schu wohl nur eine theoretische Option bleibt. Bestehen für das Gericht Bedenken an der Quotenberechnung des Schu oder der Berücksichtigung aller angemeldeten Forderungen, kann jedenfalls das Gericht im Wege der Amtsermittlung nach § 5 Abs 1 ein Verteilungsverzeichnis beim InsVerw anfordern. 21

Sind Forderungen bestritten, müssen diese über die Verweisung auf § 189 Abs 1 in die Berechnung mit aufgenommen werden, soweit ein Vollstreckungstitel oder ein Endurteil vorliegt. Ist dies nicht der Fall, hat der Gl nachzuweisen, dass er zur Feststellung der Forderung Klage erhoben oder einen unterbrochenen Rechtsstreit wieder aufgenommen hat. Vergleichbar mit Nr 1 der Regelung wird man die Forderung eines absonderungsberechtigten Gl in die Quotenberechnung nur einbeziehen können, soweit er Forderungen für den Ausfall geltend gemacht hat. 22

Abs 2 der Regelung sieht für die Verkürzung nach Abs 1 Nr 2 einen Nachweis der Mittel vor. Im ursprünglichen Gesetzesentwurf war dieser **Herkunftsnachweis** nicht vorgesehen.[39] Erst im Rechtsausschuss hat man sich auf die Einfügung des Abs 2 in dieser Fassung geeinigt. Damit soll sichergestellt werden, dass der Schu keine geplante Verfahrensverkürzung vornehmen kann, indem er zuvor Mittel der eigentlichen Masse entzieht.[40] Der Herkunftsnachweis trifft alleine den Schu der Wohlverhaltensphase. Dies ergibt sich insoweit aus der Verwendung des Begriffes „Treuhänder" in S 1. Die Herkunft der Mittel, die in der Insolvenzphase zur Masse gelangen, soll bereits der InsVerw zu prüfen haben. Woraus der Rechtsausschuss diese Prüfungsverpflichtung ableitet, bleibt jedoch unklar.[41] Einer Versicherung des Schu bedarf es insoweit jedenfalls nicht.[40] In der Wohlverhaltensphase unterliegt dem Treuhänder nur die Überwachung des Vermögens der Abtretungserklärung. Die Herkunft sonstige Werte kann der Treuhänder daher nicht nachvollziehen. Hierzu soll der Schu eine Erklärung abgeben. Unproblematisch kann dies dann erfolgen, wenn die Mittel aus dem abtretungsfreien Vermögen des Schu erbracht werden, beispielsweise durch die Verwendung von Unternehmensgewinnen aus der selbstständigen Tätigkeit des Schu. Zuwendungen von Dritten hingegen können vom Schu nur bezogen auf den Dritten belegt werden. Schwerlich wird vom Schu eine Erklärung zu verlangen sein, warum der Dritte die Mittel zur Verfügung stellt und woher der 23

38 *Waltenberger* ZInsO 2014, 808; FK/*Ahrens* § 300 Rn 17.
39 BT-Drucks 17/11268, Nr 29.
40 BT-Drucks 17/13535, 28.
41 *Frind* ZInsO 2013, 1448; insb dürfte der InsVerw keinerlei Möglichkeiten haben, die Herkunft von Drittmitteln ernsthaft zu hinterfragen.

Dritte gerade diese Vermögenswerte hat. Über den eigenen Kenntniskreis hinaus kann dem Schu kein Herkunftsnachweis abverlangt werden.

24 Der Schu hat die **Richtigkeit und Vollständigkeit** seiner Erklärung über die Herkunft der Mittel zu versichern. Eine Glaubhaftmachung ist von ihm nicht verlangt, Abs 2 S 3 bezieht sich ausschließlich auf Abs 1. In der Insolvenzphase kann eine falsche Versicherung jedoch die Versagung der Restschuldbefreiung nach § 290 Abs 1 Nr 5 nach sich ziehen. Die Versicherung stellt jedenfalls keine strafbewerte eidesstattliche Versicherung des Schu dar.

25 Neben den in Abs 1 S 2 ausdrücklich erwähnten Verfahrenskosten hat der Schu gem § 53 auch die **sonstigen Masseverbindlichkeiten** zu befriedigen.[42] Es muss daher sichergestellt sein, dass die zur Verfügung stehende Masse einschließlich der überobligatorischen Leistungen des Schu ausreicht, nach Verteilung der Masse auf die Verfahrenskosten und den Masseverbindlichkeiten noch eine Quote von 35 % zu Gunsten der festgestellten Gl zu erreichen.

26 **3. Verkürzung der Abtretungsfrist auf 5 Jahre.** Kann der Schu die **Kosten des Verfahrens** aufbringen, verkürzt sich die Laufzeit des Verfahrens auf 5 Jahre. Die Regelung richtet sich insb an Schu, deren Einkommen unterhalb der Pfändungsfreibeträge der §§ 850 ZPO liegt. Diese Verfahren werden vornehmlich über die Verfahrenskostenstundung finanziert und belasten den Schu nach § 4b Abs 1 S 2 auch noch über die Erteilung der Restschuldbefreiung hinaus. Verfahren in einfach gelagerten Fällen, ohne Verteilungsmasse und geringer Anzahl an Gl, werden regelmäßig Kosten zwischen 1 500–2 000 EUR verursachen.[43] Der Schu soll mit dieser Verkürzungslösung die Möglichkeit erhalten, nicht nur ein Jahr früher die Entschuldung erreichen zu können. Vielmehr wird mit der Kostendeckung auch sichergestellt, dass der Schu nicht für weitere 4 Jahre mit den Verfahrenskosten belastet ist. Dieser Anreiz wird vornehmlich den Länderhaushalten zu Gute kommen. Eine Schlechterstellung der Gläubigerinteressen kann wohl in der Vielzahl der masselosen Verfahren ausgeschlossen werden.

27 Überobligatorische Leistungen des Schu zur Kostendeckung können neben der Verwendung von Zuwendungen Dritter auch Zahlungen aus dem unpfändbaren Einkommen sein. Schenkungen, die der Schu in der Wohlverhaltensphase erhält, fallen weder unter die Abtretungserklärung noch unter die Obliegenheit des § 295 Abs 1 Nr 2. Nutzt der Schu diese Mittel, wird ihm die Laufzeit der Abtretungserklärung um ein Jahr verkürzt.

IV. Versagungsentscheidung

28 Wird im Rahmen der Anhörung nach Abs 1 durch einen InsGl ein Versagungsantrag nach §§ 290, 296, 297, 297a oder durch den InsVerw nach § 298 gestellt, versagt das Gericht die Restschuldbefreiung. Abs 3 verweist insoweit vollständig auf die Versagungsgründe.

V. Bekanntmachung und Beschwerde

29 Sowohl die Versagung als auch die Erteilung der Restschuldbefreiung sind **öffentlich bekannt** zu machen. Vor der Bekanntmachung im Internet[44] sollte die Rechtskraft der Entscheidung abgewartet werden. Gegen die Versagung der Restschuldbefreiung steht dem Schu ein Beschwerderecht zu. Wird die Restschuldbefreiung hingegen erteilt, ist jeder Gl gegen diese Entscheidung beschwerdebefugt, der im Rahmen der Anhörung die Versagung beantragt hat. Die Beschwerdebefugnis kommt auch einem Gl zu, der das Nichtvorliegen

---

42 BT-Drucks 17/11268 zu Nr 29.

43 Gerichtskosten 3,0 Gebühren, Vergütung des InsVerw: 800 –1 000 EUR netto zzgl Steuer und Auslagen, Vergütung des Treuhänders: min 100 EUR je Jahr der Wohlverhaltensphase.

44 Www.insolvenzbekanntmachungen.de.

der Voraussetzungen für die Verkürzung des Verfahrens geltend gemacht, also gegenüber dem Insolvenzgericht gerügt hat.

Mit der Erteilung der Restschuldbefreiung vor Ablauf der sechsjährigen Abtretungsfrist des § 287 Abs 2 treten die Wirkungen der §§ 299 und 300a ein. Das Amt des Treuhänders endet, nicht hingegen das Amt des InsVerw. Für den Neuerwerb in der Insolvenzphase nach Erteilung der Restschuldbefreiung gilt § 300a. 30

§ 300a Neuerwerb im laufenden Insolvenzverfahren

(1) [1]Wird dem Schuldner Restschuldbefreiung erteilt, gehört das Vermögen, das der Schuldner nach Ende der Abtretungsfrist oder nach Eintritt der Voraussetzungen des § 300 Absatz 1 Satz 2 erwirbt, nicht mehr zur Insolvenzmasse. [2]Satz 1 gilt nicht für Vermögensbestandteile, die aufgrund einer Anfechtung des Insolvenzverwalters zur Insolvenzmasse zurückgewährt werden oder die aufgrund eines vom Insolvenzverwalter geführten Rechtsstreits oder aufgrund Verwertungshandlungen des Insolvenzverwalters zur Insolvenzmasse gehören.

(2) [1]Bis zur rechtskräftigen Erteilung der Restschuldbefreiung hat der Verwalter den Neuerwerb, der dem Schuldner zusteht, treuhänderisch zu vereinnahmen und zu verwalten. [2]Nach rechtskräftiger Erteilung der Restschuldbefreiung findet die Vorschrift des § 89 keine Anwendung. [3]Der Insolvenzverwalter hat bei Rechtskraft der Erteilung der Restschuldbefreiung dem Schuldner den Neuerwerb herauszugeben und über die Verwaltung des Neuerwerbs Rechnung zu legen.

(3) [1]Der Insolvenzverwalter hat für seine Tätigkeit nach Absatz 2, sofern Restschuldbefreiung rechtskräftig erteilt wird, gegenüber dem Schuldner Anspruch auf Vergütung und auf Erstattung angemessener Auslagen. [2]§ 293 gilt entsprechend.

Übersicht

I. Normzweck

Gem § 300 Abs 1 S 1 hat der Schu nach Ablauf der Abtretungsfrist des § 287 Abs 2 einen Anspruch auf Entscheidung über seinen Restschuldbefreiungsantrag. Diese Neufassung der Regelung entspricht der Entscheidung des BGH v 3.12.2009.[1] Hier wurde festgestellt, dass mit dem Ende der Abtretungsfrist der Schu auch einen Anspruch auf Entscheidung über seine Entschuldung hat. Dieser entsteht unabhängig davon, ob die Insolvenzphase bereits durch einen Schlusstermin zu Ende gekommen ist. Ohne Aufhebung des InsVerf wirkt der Massebeschlag des § 35 fort. 1

Mit dem **G v 15.7.2013** hat sich der Gesetzgeber der Frage angenommen und über § 303a klargestellt, dass die Erteilung der Restschuldbefreiung dem noch nicht in den Insolvenzbeschlag gefallenen Neuerwerb vorgeht. Die Neuregelung gilt gem Art 103h EGInsO nur für Verfahren, die nach dem 1.7.2014 beantragt werden. Gleichwohl dürfte die Norm auch für „Altverfahren" Anwendung finden, da sie wesentlich von der genannten Leitentscheidung des BGH geprägt worden ist.

---

1 *BGH* 3.12.2009 – IX ZB 247/08.

II. Regelungsinhalt

2 **1. Aufhebung des Insolvenzbeschlages für den Neuerwerb.** Die Restschuldbefreiung führt gem § 301 nicht zum Untergang der Verbindlichkeiten des Schu. Die InsFord des § 38 werden zu Naturalobligationen, verlieren ihre Durchsetzbarkeit und Klagbarkeit. Am Bestand der Forderung ändert sich hingegen nichts. Zahlung auf die Schuld nach erteilter Restschuldbefreiung könne daher nicht im Wege der rechtsgrundlosen Bereicherung zurückgefordert werden.[2] Verbliebe nach gewährter Restschuldbefreiung der Zugriff der Masse auf den Neuerwerb, würde bis zur endgültigen Aufhebung des Verf die Wirkung der Restschuldbefreiung für den Schu nicht eintreten.[3] Schützenswert müssen auch die nach § 302 ausgenommenen Forderungen sein. Die bevorrechtigten, da von der Restschuldbefreiung nicht erfassten Gl, wären weiterhin über § 89 Abs 1 und dem Vorrang des Insolvenzbeschlages betroffen. Ihre besondere Rechtsstellung würde gleichfalls bis zur vollständigen Aufhebung des Verfahrens bedeutungslos.[3]

3 Aus der Insolvenzmasse herausgelöst, wird mit der Erteilung der Restschuldbefreiung jeder Neuerwerb des Schu, der noch nicht dem Haftungszugriff unterliegt. Die Regelung umfasst daher das gesamte **pfändbare Einkommen** des Schu, das auch der Abtretungserklärung unterfallen war. Darüber hinaus wird aus dem Anwendungsbereich des § 35 Abs 1 jeder sonstige Neuerwerb herausgelöst. Hierunter fällt bspw eine **Erbschaft**, die dem Schu nach Erteilung der Restschuldbefreiung zufällt. Entscheidungserheblich ist für die zeitliche Zuordnung der Erbschaft zur Masse nach § 35 oder zum freien Vermögen des Schu der Zeitpunkt des Anfalls der Erbschaft.[4] Dieser wirkt gem § 1922 BGB auf den Zeitpunkt des Todes zurück, ungeachtet, wann die Erbschaft angenommen worden ist. Anders ist dies lediglich beim Vermächtnis zu beurteilen. Dieses setzt auch die Annahme voraus und fällt erst mit der Annahme an (§ 2180 BGB).

4 **Steuererstattungsansprüche** des Schu fallen ihm wieder alleine zu. Der Steuererstattungsanspruch fällt in der Insolvenzphase in die Masse des § 35. Konnte die Finanzbehörde in der Wohlverhaltensphase mit ihren InsFord aufrechnen, fällt diese Option durch die erteilte Restschuldbefreiung weg. Die Finanzbehörde verliert mit der Durchsetzungsfähigkeit ihrer InsFord gem § 387 BGB auch die Aufrechnungsmöglichkeit. Die Aktivforderung – hier die InsFord der Finanzbehörde – muss zur Erklärung der Aufrechnung durchsetzbar, also rechtlich erzwingbar sein.[5]

5 Anderes muss aber gelten, wenn noch vor Erteilung der Restschuldbefreiung ein **Haftungszugriff** des InsVerw auf Vermögenswerte erfolgt ist. Folgerichtig nimmt die Regelung des Abs 1 S 2 Anfechtungsansprüche, klageweise geltend gemachte Leistungsansprüche und sonstige, noch nicht abgeschlossene Verwertungshandlungen aus der Freigabe zu Gunsten des Schu aus. Sonstige Verwertungshandlungen können alle Handlungen des InsVerw sein, die der Mehrung der Insolvenzmasse dienen. Die Geltendmachung einer Forderung gegenüber einem Masseschuldner bedarf zur Massezugehörigkeit nicht ausschließlich der Einreichung einer Klageschrift oder gar der Rechtshängigkeit der Sache. Sonstige Verwertungshandlungen können auch bereits erste Stufen des Forderungseinzuges, wie die Anmahnung säumiger Zahlungen, sein.

6 **2. Zeitraum bis zur Rechtskraft der Erteilung (Abs 2).** Regelungsbedarf besteht nach Aufhebung der Zuweisung des Neuerwerbes in die Insolvenzmasse für den Fall, da die Ertei-

---

2 Oben § 301 Rn 3.
3 BT-Drucks 17/11268, zu Nr 29.
4 Hierzu oben § 295 Rn 18.
5 MK/*Schlüter* § 387 Rn 36.

lung der Restschuldbefreiung nicht in Rechtskraft erwächst und ggf obergerichtlich aufgehoben wird. Die InsGl müssen für den Zeitraum bis zur endgültigen Klärung der Entschuldung des InsSchu davor geschützt werden, dass der Neuerwerb zunächst dem Schu zufließt und nach Aufhebung der Restschuldbefreiung mangels Liquidität des Schu nicht mehr an die Masse zurückfließen kann. Hierfür sieht Abs 2 der Regelung eine neue **Treuhand bis zur Rechtskraft** der Erteilungsentscheidung vor.[6]

Ergänzend werden mit Rechtskraft der Entscheidung die Beschränkungen des **Vollstreckungsverbotes** des § 89 aufgehoben. Dies betrifft ausschließlich NeuGl und Gl, deren Forderung nach § 302 von der Restschuldbefreiung ausgenommen sind. InsGl werden bereits über die Wirkung der Restschuldbefreiung nach § 301 Abs 1 S 1 an einer zwangsweisen Geltendmachung ihrer Forderung gehindert. 7

Der InsVerw wird im Falle der Rechtskraft der Restschuldbefreiung für diese Übergangszeit nicht im Auftrag des Gerichtes tätig. Es handelt sich – bezogen auf den Neuerwerb – um eine Nachwirkung seiner früheren Bestellung, jetzt aber nicht länger im Gläubigerinteresse, sondern im Interesse des Schu. Auch dem Schu gegenüber obliegen die Vermögensbetreuungspflichten des InsVerw. Folgerichtig hat der InsVerw über das treuhänderisch vereinnahmte Vermögen nicht dem InsGer, sondern dem Schu Rechnung zu legen. Die Anforderungen **der Rechnungslegung** dürften nicht an § 66 zu messen sein. Eine einfache Einnahmen-Ausgaben-Rechnung entspricht der Aufgabenstellung zur Genüge. 8

3. Die Treuhandvergütung des Insolvenzverwalters (Abs 3). Gem Abs 3 hat der InsVerw für die treuhänderische Vereinnahmung und Verwaltung des Neuerwerbes einen eigenen **Vergütungsanspruch**. Dieser richtet sich nicht gegen die Insolvenzmasse, sondern ausschließlich gegen den Schu. Über die Verweisung auf § 293 wird § 14 InsVV anwendbar, der in Abs 2 für eine zu verwaltende Treuhandmasse von bis zu 25 000 EUR eine Bruchteilsvergütung von 5 % vorsieht. In § 14 Abs 3 ist für den Treuhänder eine Mindestvergütung in Höhe von 100 EUR vorgesehen. Die Mindestvergütung soll dem Treuhänder des Neuerwerbes nach der Begründung des RegE nicht zukommen.[6] Im Gesetzeswortlaut findet diese Intention jedoch keinen Niederschlag. Interessensgerecht dürfte der Treuhänder des Neuerwerbes jedoch mit einer anfallsabhängigen Vergütung hinreichend entschädigt sein, einer Mindestvergütung bedarf es gerade in Anbetracht der dann entspr geringen Tätigkeit nicht. 9

§ 301 Wirkung der Restschuldbefreiung

(1) [1]Wird die Restschuldbefreiung erteilt, so wirkt sie gegen alle Insolvenzgläubiger. [2]Dies gilt auch für Gläubiger, die ihre Forderungen nicht angemeldet haben.

(2) [1]Die Rechte der Insolvenzgläubiger gegen Mitschuldner und Bürgen des Schuldners sowie die Rechte dieser Gläubiger aus einer zu ihrer Sicherung eingetragenen Vormerkung oder aus einem Recht, das im Insolvenzverfahren zur abgesonderten Befriedigung berechtigt, werden durch die Restschuldbefreiung nicht berührt. [2]Der Schuldner wird jedoch gegenüber dem Mitschuldner, dem Bürgen oder anderen Rückgriffsberechtigten in gleicher Weise befreit wie gegenüber den Insolvenzgläubigern.

(3) Wird ein Gläubiger befriedigt, obwohl er auf Grund der Restschuldbefreiung keine Befriedigung zu beanspruchen hat, so begründet dies keine Pflicht zur Rückgewähr des Erlangten.

6 BT-Drucks 17/11268, zu Nr 29.

Übersicht

I. Normzweck

1 Die Wirkungen der Restschuldbefreiung sind **wie die Wirkungen eines Vergleichs** oder Zwangsvergleichs des früheren Rechts auf den erlassenen Teil der Vergleichsforderungen **ausgestaltet** (vgl § 82 VerglO, § 193 KO): Die restlichen Verbindlichkeiten des Schu gegenüber den InsGl werden zu „unvollkommenen Verbindlichkeiten", die noch freiwillig erfüllt, aber nicht mehr zwangsweise durchgesetzt werden können.[1] Diese Wirkungen erfassen auch die InsGl, die sich nicht am InsVerf beteiligt haben, auch solche Gl, die von dem Verf gar keine Kenntnis hatten.[2] Ausnahmen sind in § 302 aufgelistet. Auf persönliche oder dingliche Sicherheiten können die Gl jedoch weiter zugreifen; die Akzessorietät dieser Sicherheiten wird insoweit aufgehoben.[3] Die Vorschrift über die Wirkungen eines InsPlans (§ 254) weicht insofern ab, als ein solcher Plan auch in dingliche Sicherheiten am Vermögen des Schu eingreifen kann.

II. Die Wirkung der Restschuldbefreiung

2 Die Restschuldbefreiung wirkt gegenüber allen – nicht von § 302 ausgenommenen – InsFord und nachrangigen InsFord. Nicht erfasst sind daher Masseforderungen oder NeuGl die ohne Mitwirkung des InsVerw entstanden sind.[4]

3 Die Restschuldbefreiung bewirkt, dass das freie Nachforderungsrecht der InsGl (§ 201 Abs 1) nicht zur Entstehung kommt. Dementsprechend darf den Gl nach der Erteilung der Restschuldbefreiung **keine vollstreckbare Ausfertigung** der Eintragung in die Tabelle (vgl § 201 Abs 2) erteilt werden, ihnen fehlt das Rechtsschutzinteresse;[5] geschieht dies dennoch, so kann der Schu nach §§ 775 Nr 1, 776 ZPO die Einstellung der Zwangsvollstreckung und die Aufhebung bereits getroffener Vollstreckungsmaßnahmen verlangen.[6] Gegenüber Vollstreckungsversuchen von Gl mit vorher titulierten Forderungen steht dem Schu die Vollstreckungsgegenklage zu (§ 767 ZPO). Durch die Restschuldbefreiung entstehen unvollkommene Verbindlichkeiten, die nicht mehr erzwingbar sind. Die Erteilung der Restschuldbefreiung stellt insoweit einen materiell-rechtlichen Einwand gegen einen bereits erteilten Titel dar.[7] Aus der fehlenden Durchsetzbarkeit der InsFord nach der Erteilung der Restschuldbefreiung ergibt sich auch, dass diese Forderungen nicht mehr gegen neu entstehende Forderungen des Schu **aufgerechnet** werden können.[8]

---

1 Begr zu § 250 RegE InsO, BT-Drucks 12/2443, 195.
2 Krit dazu *Fischinger* KTS 2011, 51; *Wagner* ZVI 2007, 9.
3 Vgl FK/*Ahrens* § 301 Rn 34.
4 MK/*Stephan* § 301 Rn 8.
5 *Uhlenbruck/Sternal* § 301 Rn 40.
6 *AG Göttingen* ZInsO 2008, 1036; **aA** *BGH* NZI 2008, 737; *Uhlenbruck/Sternal* § 301 Rn 41; FK/*Ahrens* § 301 Rn 27; MK/*Stephan* § 301 Rn 21 und *Graf-Schlicker/Kexel* § 301 Rn 10: Vollstreckungsgegenklage, § 767 ZPO.
7 *BGH* NZI 2008, 737; *Graf-Schlicker/Kexel* § 301 Rn 10; **aA** *AG Göttingen* ZInsO 2008, 1036, das auch hier §§ 766, 775 Nr 1, 776 ZPO für einschlägig hält.
8 *Uhlenbruck/Sternal* § 301 Rn 17; MK/*Stephan* § 301 Rn 18; vgl *BGHZ* 2, 302.

Die Zinsforderungen der InsGl für die Zeit des InsVerf sind nach § 39 Abs 1 Nr 1 nachrangige InsFord und werden daher schon nach dem Wortlaut des § 300 Abs 1 von den Wirkungen der Restschuldbefreiung erfasst. Nach dem Sinn der Regelung müssen diese Wirkungen aber auch insoweit eintreten, als es um **Zinsen für die Zeit nach der Beendigung des InsVerf** geht. Das Ziel der Restschuldbefreiung würde verfehlt, wenn Nebenforderungen von möglicherweise beträchtlicher Höhe ihre Durchsetzbarkeit behielten.[9] Die Restschuldbefreiung steht insoweit auch einer Kostenfestsetzung gegen den Schu entgegen.[10] IÜ bleiben NeuGl aber von den Wirkungen der Restschuldbefreiung unberührt. 4

Kostenerstattungsansprüche, die aus einem vor Eröffnung des InsVerf begonnenen Rechtsstreit resultieren, teilen das Schicksal der Hauptforderung.[11] 5

Ist eine Forderung während des InsVerf **von einem Dritten beglichen** worden, obwohl der Schu Restschuldbefreiung beantragt hatte und diese auch zu erwarten war, so kann der Dritte weder während des InsVerf oder der „Wohlverhaltensperiode" noch nach Erteilung der Restschuldbefreiung Erstattung vom Schu verlangen. Ein Anspruch aus Geschäftsführung ohne Auftrag (§§ 677, 683 BGB) scheitert daran, dass die Zahlung in dieser Situation weder dem Interesse noch dem mutmaßlichen Willen des Schu entsprach. Ein Bereicherungsanspruch (§§ 684, 812 BGB) scheidet aus, weil die Verbindlichkeit des Schu auch ohne die Zahlung des Dritten zunächst vorläufig und dann endgültig nicht durchsetzbar wäre.[12] 6

InsGl, die ihre Forderungen nicht oder nicht rechtzeitig angemeldet haben, können nicht gegen die Restschuldbefreiung einwenden, sie hätten **ohne Verschulden von dem InsVerf keine Kenntnis** gehabt.[13] Dies wäre der Rechtssicherheit in hohem Maße abträglich und mit dem Interesse des Schu an einem wirtschaftlichen Neubeginn unvereinbar. Auch im InsVerf ohne Restschuldbefreiung wird den Gl das Risiko, dass ihre Forderungen wegen zu später Anmeldung nicht bei der Verteilung berücksichtigt oder trotz fehlender Anmeldung durch einen InsPlan gekürzt werden (vgl § 254 Abs 1 S 1, 3), nicht abgenommen. IÜ gibt die öffentliche Bek der Eröffnung eines InsVerf jedem Gl die Möglichkeit, rechtzeitig in Erfahrung zu bringen, ob über das Vermögen seines Schu ein InsVerf eröffnet worden ist. 7

Dem InsGl, der seine Forderung nicht zur Tabelle angemeldet hat, kommt jedoch während der Wohlverhaltensphase ein Rechtsschutzinteresse an einer Klage zu. Ihm steht nach Abhalten des Schlusstermins keine einfachere und kostengünstigere Möglichkeit zu, seine Forderung titulieren zu lassen. Für den Fall einer Versagung der Restschuldbefreiung kann sich der Gl daher auch außerhalb des Verf einen Titel verschaffen.[14] 8

Fraglich ist, ob dem bewusst vom Schu im Forderungsverzeichnis weggelassenen Gl ein **Schadensersatzanspruch gem § 826 BGB** zukommt. Dieser Anspruch würde erst mit der Aufhebung des InsVerf entstehen, da jetzt der weggelassene Gl an einer nachträglichen Forderungsanmeldung gehindert ist. Der so neu entstehende Anspruch wäre daher als Neuforderung nicht von der Restschuldbefreiung erfasst.[15] Dies stellt jedoch das System der Restschuldbefreiung in Frage. Ein Fehlverhalten des Schu hinsichtlich seiner Angaben im 9

---

9 Vgl *Döbereiner* Die Restschuldbefreiung nach der InsO, S 246 ff; *Fuchs* KS-InsO, 2. Aufl, S 1752 Rn 212; *K/P/B/Wenzel* § 301 Rn 4; *Uhlenbruck/Sternal* § 301 Rn 5; MK/*Stephan* § 301 Rn 13; FK/*Ahrens* § 301 Rn 11.

10 *OLG Köln* NZI 2012, 681; *OLG Nürnberg* ZInsO 2012, 1626.

11 FK/*Ahrens* § 301 Rn 7.

12 *OLG Köln* Rpfleger 2007, 221.

13 *BGH* ZInsO 2011, 244; *K/P/B/Wenzel* § 301 Rn 2, 2a; MK/*Stephan* § 301 Rn 10; **aA** *Döbereiner* Die Restschuldbefreiung nach der InsO, S 240–244, 257; *Prütting/Stickelbrock* ZVI 2002, 306 f.

14 *OLG Zweibrücken* NZI 2015, 5 = MDR 2015, 59.

15 *OLG Saarbrücken* NZI 2015, 712; Anm *Ahrens* NZI 2015, 712.

Gl- und Forderungsverzeichnis ist explizit im Rahmen der Versagung der Restschuldbefreiung geregelt. Erörterungsbedürftig ist auch die Frage der Kausalität der Schadensverursachung. Die Eröffnung des InsVerf ist öffentlich bekannt zu machen. Damit tritt eine Fiktion des Zugangs des Beschl bei allen Gl ein. Der unbemerkt weggelassene Gl hat hier zumindest eine erhebliche Mitverursachung. Anderes kann nur gelten, wenn ein Gl mit einer gem § 302 ausgenommenen Forderung so an der Anmeldung des Rechtsgrundes gehindert wird.

10 Durch die Erteilung der Restschuldbefreiung dürfte die Möglichkeit einer **Nachtragsverteilung** (§ 203) nicht ausgeschlossen werden. Die Restforderungen der InsGl bleiben erfüllbar;[16] dass sie nicht mehr zwangsweise durchsetzbar sind, ist nach dem Gesetz unter die Voraussetzung gestellt, dass das vorhandene pfändbare Vermögen des Schu an die Gl verteilt wird. Wird daher nach dem Ablauf der „Wohlverhaltensperiode" und der Erteilung der Restschuldbefreiung Vermögen des Schu aufgefunden, das als Teil der InsMasse hätte verteilt werden müssen (zB ein Bankkonto in der Schweiz), und ist ein Widerruf der Restschuldbefreiung wegen Fristablaufs nicht mehr möglich (vgl § 303), so ist die interessengerechte Lösung, die Verteilung des aufgefundenen Vermögens an die InsGl nachzuholen.[17] Dies gilt nicht für Vermögenswerte, die erst nach Aufhebung des InsVerf angefallen sind, der Abtretungserklärung nicht unterfallen oder nicht von der Obliegenheit des § 295 Abs 1 Nr 2 erfasst sind.[18]

III. Sicherheiten der Gläubiger (Abs 2)

11 **1. Personalsicherheiten.** Die Restschuldbefreiung lässt – ebenso wie ein Forderungsverzicht in einem InsPlan (§ 254 Abs 2) – den Zugriff der Gl auf **Mitschuldner und Bürgen** unberührt. Wenn diese versuchen, auf den Schu Rückgriff zu nehmen, steht dem aber wieder die Restschuldbefreiung im Wege. Die Möglichkeit, diese Rückgriffsforderung schon im InsVerf als aufschiebend bedingte Forderung geltend zu machen, besteht nach § 44 nur in dem Fall, dass der Gl die gesicherte Forderung nicht geltend macht.

12 Auch **mithaftende Familienangehörige** des Schu können daher nur aufgrund eines eigenen InsVerf in den Genuss einer gesetzlichen Restschuldbefreiung kommen (anders iF eines Schuldenbereinigungsplans, vgl § 305 Abs 1 Nr 4).

13 **2. Dingliche Sicherheiten.** Hypotheken, Pfandrechte und andere dingliche Sicherheiten am Vermögen des Schu werden in aller Regel längst verwertet sein, wenn die Restschuldbefreiung ausgesprochen wird. Denkbar ist jedoch zB, dass der InsVerw im Verf einen übermäßig belasteten Gegenstand aus der Masse **freigegeben** hat. Der gesicherte Gl kann einen solchen Gegenstand auch nach Eintritt der Restschuldbefreiung verwerten.[19] Die Restschuldbefreiung ändert auch nichts an der Haftung des Schu, dessen Immobilie der InsVerw freigegeben hat, für die laufenden Grundsteuern, Versicherungsbeiträge, Hausgelder usw sowie an seiner Verantwortlichkeit für die Umweltbelastungen, die von der Immobilie ausgehen (Altlasten).[20]

14 Mit dem G v 15.7.2013[21] ist § 114 gestrichen worden. Die Norm hat eine Privilegierung des Inhabers einer **Gehaltszession** für die Dauer von zwei Jahren im InsVerf vorgesehen. Im Umkehrschluss war § 114 Abs 1 der Regelung jedoch zu entnehmen, dass nach Verstreichen

16 Vgl oben Rn 1.
17 *K/P/B/Wenzel* § 286 Rn 86; *Graf-Schlicker/Kexel* § 301 Rn 12; *Hess/Obermüller* Rn 1219; **aA** *Zimmer* KTS 2009, 211–213.
18 *BGH* 10.1.2013 – IX ZB 163/11.
19 *Wittig* WM 1998, 219.
20 Vgl *du Carrois* ZInsO 2004, 647.
21 BGBl I, 2379.

des insolvenzfesten Zeitraumes die Zession unwirksam geworden ist. Es ist daher die Frage aufgekommen, wie mit Gehaltsabtretungen nach Erteilung der Restschuldbefreiung umzugehen sein wird. Ahrens[22] wendet das Verbot von Sondervereinbarungen des § 294 auf Lohnabtretungen an. Damit soll die Zession als Sondervorteil für den Zessionar nichtig werden.

Riedel[23] hingegen hält die Regelung des § 294 Abs 2 für einen besonderen Ausdruck der Gleichbehandlung während der Dauer des Entschuldungsverfahrens. Nach dessen Ende kann auch seitens der weiteren InsGl schwerlich ein schützenswertes Interesse bestehen. Der Zessionar kann daher von seiner Zession mit Ende der Abtretungsfrist Gebrauch machen.[24] 15

IV. Massegläubiger und Neugläubiger

Die Restschuldbefreiung wirkt nur gegen InsGl. Nimmt das Verfahren seinen normalen Verlauf, wird eine Schlussverteilung und die Ankündigung der Restschuldbefreiung immer die vollständige Befriedigung der MasseGl mit sich bringen (vgl §§ 200, 289 Abs 2). Aber auch dem Schu soll der Zugang zur Restschuldbefreiung ermöglicht werden, dessen Vermögen nicht einmal ausreicht, die im Verfahren entstandenen Masseverbindlichkeiten abzudecken (§§ 298 Abs 3, 211). In diesen Fällen ist für die Wohlverhaltensphase ein besonderes Verteilungsverzeichnis unter Berücksichtigung des Vorranges der MasseGl (§ 209 Abs 1) zu erstellen.[25] Eine Erstreckung der Restschuldbefreiung auf die MasseGl kommt wegen des eindeutigen Wortlautes der Regelung nicht in Betracht.[26] 16

Für VerfKosten, die dem Schu nach § 4a **gestundet** worden sind, haftet dieser auch nach Erteilung der Restschuldbefreiung nach Maßgabe des § 4b. 17

V. Steuerliche Behandlung

Bei einem insolventen Unternehmer kann die Restschuldbefreiung wie ein Vergleich alten Rechts oder ein Schuldenerlass durch InsPlan zu einem steuerpflichtigen **Sanierungsgewinn** führen. Häufig wird der zu versteuernde Gewinn allerdings mit Verlustvorträgen verrechnet werden können. Auch kommt ein Erlass aus Billigkeitsgründen in Betracht.[27] 18

§ 302 Ausgenommene Forderungen

Von der Erteilung der Restschuldbefreiung werden nicht berührt:

1. **Verbindlichkeiten des Schuldners aus einer vorsätzlich begangenen unerlaubten Handlung, aus rückständigem gesetzlichen Unterhalt, den der Schuldner vorsätzlich pflichtwidrig nicht gewährt hat, oder aus einem Steuerschuldverhältnis, sofern der Schuldner im Zusammenhang damit wegen einer Steuerstraftat nach den §§ 370, 373 oder § 374 der Abgabenordnung rechtskräftig verurteilt worden ist; der Gläubiger hat die entsprechende Forderung unter Angabe dieses Rechtsgrundes nach § 174 Absatz 2 anzumelden;**

---

22 *Ahrens* NZI 2014, 529; FK/*Ahrens* § 294 Rn 52.
23 *Riedel* ZVI 2015, 91.
24 So wohl auch: A/G/R/*Weinland* § 301 Rn 15.
25 FK/*Grote* § 292 Rn 14.
26 *BGH* NZI 2007, 670, offen lassend, aber wohl abl.
27 Vgl das Urt des *BFH* v 14.7.2010, BB 2010, 2606, 2611 mit Anm *Wagner* zur Zulässigkeit von Billigkeitsmaßnahmen einerseits bei unternehmensbezogenen Sanierungen nach dem *BMF*-Schreiben 27.5.2003, BStBl I, 240, andererseits bei Restschuldbefreiung und VerbraucherIns nach dem *BMF*-Schreiben 22.12.2009, ZInsO 2010, 222 mit Anm *Dahms*.

2. **Geldstrafen und die diesen in § 39 Abs. 1 Nr. 3 gleichgestellten Verbindlichkeiten des Schuldners;**
3. **Verbindlichkeiten aus zinslosen Darlehen, die dem Schuldner zur Begleichung der Kosten des Insolvenzverfahrens gewährt wurden.**

Übersicht

I. Normzweck

1 Unter Abwägung der Gl- und Schuldnerinteressen wird die Restschuldbefreiung ausgestaltet. Dabei soll den überschuldeten natürlichen Personen wieder Aussicht auf eine wirtschaftliche Besserung ihrer finanziellen Leistungsfähigkeit gegeben werden. Gläubigerinteressen werden vornehmlich durch die Versagungsgründe und Verfahrensobliegenheiten gewahrt. Darüber hinaus wird eine Entschuldung unter bestimmten Umständen generell als unbillig empfunden. Daher hat der Gesetzgeber Forderungen ausgenommen, deren Entstehung oder deren Begleitumstände als besonders verwerflich empfunden werden. Zur Förderung einer privaten, auch darlehensweisen Finanzierung der Verfahrenskosten werden zinslose Zuwendungen Dritter von der Restschuldbefreiung ausgenommen, die dem Schu zur Durchführung des Verfahrens gewährt werden.[1]

2 Das G v 15.7.2013 hat die ausgenommenen Forderungen des § 302 ergänzt. Für Verfahren, die nach dem 1.7.2014 beantragt werden, sind nicht nur Forderungen aus einer vorsätzlich begangenen unerlaubten Handlung, Geldstrafen und Darlehen zur Deckung der Verfahrenskosten ausgenommen. Rückständiger Unterhalt, den der Schu pflichtwidrig nicht gewährt, wird für Neuverfahren von § 302 erfasst. Ebenso sollen Steuerforderungen von der Restschuldbefreiung ausgenommen werden, die im Zusammenhang mit einer Steuerstraftat nach §§ 370, 373 oder 374 AO stehen und der Schu diesbezüglich rechtskräftig verurteilt worden ist.

II. Die ausgenommenen Forderungen

3 **1. Vorsätzliche unerlaubte Handlungen (Nr 1 Alt 1).** Vorsätzlich begangene unerlaubte Handlungen nehmen an der Restschuldbefreiung lediglich dann nicht teil, wenn sie vom Gl unter Angabe des Rechtsgrundes zur Tabelle angemeldet worden sind (§ 174 Abs 2). Erfasst werden hier im **objektiven Tatbestand** sämtliche Verletzungen gegen die absolut geschützten Rechtsgüter des Abs 1 sowie die Schutzgesetze des Abs 2 in § 823 BGB. Geeignet sind daher alle Handlungen des Schu, die die Unversehrtheit des Körpers, der Freiheit, des Eigentums und sonstiger Rechte betreffen. Häufiger Anwendungsfall wird die Verletzung von Schutzgesetzen des § 823 Abs 2 sein. Verstößt der Schu gegen Individualrechtsgüter schützende Regelungen – insb solche mit strafrechtlichem Charakter –, erfüllt der Verstoß den objektiven Tatbestand des Abs 1 Nr 1.[2]

---

1 BT-Drucks 14/5680, 29 f zu Nr 20.
2 MK-BGB/*Wagner* § 823 Rn 405.

Der **Anspruch entsteht** mit der Verletzungshandlung. Auf den Zeitpunkt, zu dem die Höhe des Schadens beziffert werden kann, kommt es nicht an.[3]

Typische, in InsVerf immer wieder aufkommende **Schutzgesetze** sind: Vorenthaltene Arbeitnehmerbeiträge zur Sozialversicherung § 266a StGB;[4] strafbare Verletzung von Unterhaltspflichten § 170 StGB,[5] dabei spielt es keine Rolle, ob der Anspruch gegen den Schu noch ursprünglich vom Unterhaltsgläubiger oder nach gesetzlichem Forderungsübergang gem § 7 Abs 1 UnterhVG vom Unterhaltsträger geltend gemacht wird;[6] der Eingehungsbetrug § 263 StGB,[7] § 15a dient dem Grundsatz der Kapitalerhaltung, hat aber auch den Zweck, Gl vor haftungsbeschränkten, insolventen Gesellschaften zu schützen.[8] Der Verstoß gegen die Bilanzierungspflichten des § 283 Abs 1 Nr 7b StGB stellt hingegen keine Verletzung eines Schutzgesetzes dar. 4

Die Schutzgesetze des § 266a StGB sowie des § 170 StGB können bereits tatbestandlich nicht verletzt sein, wenn der Schu im Zeitpunkt der Leistungsverpflichtung nicht **leistungsfähig** gewesen ist.[9] 5

Der Schaden muss **kausal** aus der Verletzungshandlung entstanden sein. Hieran fehlt es bspw bei einer **Steuerhinterziehung** nach § 370 AO. Die Verpflichtung zur Steuerzahlung beruht gerade nicht auf der Verletzungshandlung – mit dieser wollte sich der Schu nur seiner Abführungspflicht entziehen –, sondern auf der gesetzlichen Regelung § 38 AO.[10] Gleiches gilt für hieran anknüpfende Nebenforderungen, wie Hinterziehungszinsen.[11] 6

Der **Vorsatz** des Schu darf sich nicht alleine auf die Verletzungshandlung beziehen. Damit soll eine Eingrenzung der anwendbaren Schutzgesetze auf die insolvenzspezifischen Anforderungen erfolgen. Die Forderung soll nur dann von der Restschuldbefreiung ausgenommen sein, wenn gerade auch die Verletzungsfolge – also der Schaden – vom Vorsatz des Schu umfasst gewesen ist.[12] Diese Voraussetzung erfüllen die Delikte mit Vorsatz-Fahrlässigkeitskombinationen wie § 315c Abs 1 StGB gerade nicht. 7

Zu den Verbindlichkeiten aus einer vorsätzlichen unerlaubten Handlung iSd Nr 1 zählen auch die aus einer solchen Tat folgenden Pflichten zur Zahlung von **Schmerzensgeld und Zinsen** sowie zur Erstattung von **Anwaltskosten und Gerichtskosten**; dabei sind prozessuale und außerprozessuale Kostenerstattungspflichten gleich zu behandeln.[13] Für die Zinsen ab Eröffnung des InsVerf gilt dies auch dann, wenn sie wegen ihrer Eigenschaft als nachrangige Forderungen (§ 39 Abs 1 Nr 1) mangels einer Aufforderung des InsGer nach § 174 Abs 3 S 1 nicht mit dem Rechtsgrund der vorsätzlichen unerlaubten Handlung angemeldet 8

3 *OLG Koblenz* ZInsO 2012, 1787.
4 *A/G/R/Weinland* § 302 Rn 11; *Hess* InsO § 302 Rn 4.
5 FK/*Ahrens* § 302 Rn 16; HambKomm/*Streck* § 302 Rn 2; zum eigenständigen Anwendungsbereich der pflichtwidrigen Nichtgewährung von rückständigem Unterhalt unten Rn 15.
6 *BGH* 11.5.2010 – IX ZB 163/09.
7 *Graf-Schlicker/Kexel* § 302 Rn 4.
8 *OLG Hamm* ZInsO 2014, 840.
9 *Schönke/Schröder/Lenckner/Bosch* StGB § 170 Rn 20; *Schönke/Schröder/Perron* § 266a Rn 10.
10 *BFH* 19.8.2008 – VII R 6/07, NZI 2008, 764 Rn 2b; zur neuen, ausgenommenen Forderung der Nr 1, 3. Alt unten Rn 15 und 21.
11 *BFH* ZinsO 2012, 1228, Rn 11.
12 *BGH* 21.6.2007 – IX ZR 29/06, Rn 15, ZInsO 2007, 814; *A/G/R/Weinland* § 302 Rn 7; *Graf-Schlicker/Kexel* § 302 Rn 4.
13 Vgl *BGH* ZInsO 2011, 104; *Pape* InVo 2007, 308 f; **aA** *KG* NZI 2009, 121; differenzierend *OLG Saarbrücken* ZVI 2010, 474 = KTS 2011, 106 mit Anm *Stamm*; FK/*Ahrens* § 302 Rn 26.

worden sind.[14] Führt eine vorsätzliche Schädigung von Leben, Gesundheit oder Sachwerten eines anderen adäquat kausal zu weiteren Schäden – zB ein Raub infolge der Gewaltanwendung zum Tod des Opfers –, so werden auch die sich daraus ergebenden Schadenersatzpflichten von § 302 Nr 1 erfasst;[15] im Beispielsfall gilt dies für den Anspruch der Erben auf Ersatz der Beerdigungskosten (§ 844 Abs 1 BGB). Die Gerichtskosten, die dem Schu in einem StrafVerf auferlegt werden, können dagegen nach Auff des BGH nicht als Verbindlichkeit aus einer unerlaubten Handlung iSd § 302 Nr 1 eingeordnet werden.[16]

9 Generell unterfallen **Nebenforderungen** der vorsätzlich begangenen unerlaubten Handlung, wenn die Schadensfolge dem einschlägigen materiellen Schadensrecht unterfällt. Die notwendigen Kosten der Rechtsverfolgung sowie Verzugs- und Prozesszinsen fallen hier regelmäßig darunter. Nicht hingegen die Forderungen der Einzugsstelle zur Sozialversicherung auf Säumniszuschläge (§ 24 Abs 1 SGB IV).[17] Auch die bislang angefallenen Kosten der Zwangsvollstreckung werden von der Privilegierung erfasst.

10 Forderungen aus einer vorsätzlichen unerlaubten Handlung des Schu sind nur dann von der Restschuldbefreiung ausgenommen, wenn der Gl die Forderung einschließlich des **Rechtsgrundes zur Tabelle anmeldet**. Das gilt auch dann, wenn die Rechtsgutverletzung höchstpersönliche Rechtsgüter des Gl verletzt hat, wie beispielsweise die Verletzung der sexuellen Selbstbestimmung.[18] Hierzu sind vom Gl auch Angaben zum Lebenssachverhalt zu fordern, aus dem er das Vorliegen des Rechtsgrundes ableitet.[19] Dabei muss der Lebenssachverhalt für den Schu zweifelsfrei bestimmbar sein. Eine schlagwortartige Beschreibung wie „Eingehungsbetrug", „Körperverletzung" oder ähnliches genügt nicht.[18] Die Anmeldung kann bis zum Schlusstermin nachgeholt werden, dies gilt auch, wenn zwar die Forderung bereits zur Tabelle festgestellt worden ist, der Rechtsgrund jedoch nachgereicht wird.[20] Wird über den Antrag des Schu auf Erteilung der Restschuldbefreiung noch vor Aufhebung des InsVerf entschieden, kann die Nachmeldung der Forderung nur innerhalb der sechsjährigen Abtretungsfrist erfolgen.[21]

11 Die Forderung wird in diesem Fall mit dem Attribut „Forderung aus vorsätzlicher unerlaubter Handlung" in die Tabelle eingetragen. Das Gericht weist den Schu auf die Möglichkeit eines **Widerspruchs** hin (§ 175 Abs 2);[22] widerspricht der Schu, so ist der Gl, auch wenn sich der Widerspruch nur gegen dieses Attribut richtet, zur Durchsetzung seiner Rechte auf die **Feststellungsklage** gem § 184 Abs 1 angewiesen.[23] Für die Feststellung, dass für eine Forderung der Rechtsgrund der vorsätzlichen unerlaubten Handlung in Anspruch genommen werden kann, ist der Zivilrechtsweg gegeben, auch wenn zwischen den Parteien iÜ öffent-

---

14 *BGH* ZInsO 2011, 102.

15 *LG Köln* NZI 2005, 406; vgl *BGH* ZInsO 2007, 814; *Brei* Entschuldung Straffälliger durch VerbraucherIns und Restschuldbefreiung, 2005, S 95–97.

16 *BGH* NZI 2011, 64; *BGH* DZWIR 2012, 37 Rn 13.

17 *BGH* 16.2.2012 – IX ZR 218/10, Rn 12.

18 *BGH* 5.4.2016 – VI ZR 283/15.

19 *BGH* 9.1.2014 – IX ZR 103/13.

20 *BGH* ZInsO 2011, 244 Tz 17.

21 *BGH* ZInsO 2013, 1589.

22 Ist der Schu nicht ordnungsgemäß belehrt worden, so kann ihm auch nach Erteilung der Restschuldbefreiung noch Wiedereinsetzung zur Nachholung des Widerspruchs gewährt werden, *AG Duisburg* NZI 2008, 628.

23 Vgl *BGH* ZInsO 2007, 265 und 2003, 1044; *OLG Koblenz* ZInsO 2011, 335; *OLG Rostock* ZVI 2005, 433; MK/*Stephan* § 302 Rn 20; jetzt auch *Uhlenbruck/Vallender* § 302 Rn 24a; *Mäusezahl* ZInsO 2002, 462; *Heyer* Restschuldbefreiung im InsVerf, S 158; **aA** *Schoppe* ZVI 2004, 377, der eine auf den Rechtsgrund einer Forderung beschränkte Prüfung im InsVerf nicht für möglich hält.

lich-rechtliche Beziehungen bestehen.[24] Anders nur im Falle des § 2 Abs 1 Nr 3d ArbGG. Eine Frist für die Erhebung dieser Feststellungsklage ist im Gesetz nicht vorgesehen und daher auch iF des auf den Rechtsgrund beschränkten Widerspruchs nicht anwendbar. Der Streit hat auf die Verteilung der Masse keinen Einfluss und ist unabhängig von der Dauer des InsVerf außerhalb dieses Verf auszutragen.[25] Nach Auff des BGH ist es auch nicht möglich, für die Feststellung des Schuldgrunds die Verjährungsfrist für Ansprüche aus unerlaubter Handlung entspr anzuwenden.[26] Hält es der Gl für sinnvoll, mit der Erhebung der Feststellungsklage abzuwarten, so kann dem Schu das Interesse an einer negativen Feststellungsklage nicht abgesprochen werden.[27] Der InsVerw hat kein Widerspruchsrecht gegen die Anmeldung des Rechtsgrunds der Forderung.[28]

Wenn allerdings für die Forderung bereits ein **vollstreckbarer Schuldtitel** vorliegt, in dem 12
auch der Rechtsgrund der vorsätzlichen unerlaubten Handlung festgestellt worden ist, ist es Sache des Schu, binnen eines Monats nach dem Prüfungstermin oder dem Bestreiten im schriftlichen Verf seinen Widerspruch im Wege der Klage zu verfolgen. Der am 1.7.2007 in Kraft getretene § 184 Abs 2, der den Fall des Bestreitens einer titulierten Forderung durch den Schu regelt, ist entspr auf diesen Fall anzuwenden.[29] Liegt dagegen ein vollstreckbarer Titel vor, der nicht die Feststellung enthält, dass eine vorsätzliche unerlaubte Handlung zugrunde liegt,[30] oder ist die Feststellung eines solchen Vorsatzdelikts lediglich in einem Vollstreckungsbescheid getroffen, so ist für eine entspr Anwendung des § 184 Abs 2 kein Raum.[31] Dem Vollstreckungsbescheid liegt keine Schlüssigkeitsprüfung des Gerichtes zu Grunde. Er wird alleine auf Grundlage der GlAngaben erlassen. Eine verbindliche Feststellung des Rechtsgrundes findet insoweit nicht statt.[32]

In diesem Fall obliegt es dann dem Gl, den Widerspruch des Schu gegen den angemeldeten Rechtsgrund durch **Klage auf Feststellung des Rechtsgrundes** auszuräumen, wenn er die Nachhaftung des Schu gem § 302 Nr 1 in Anspruch nehmen will. Solange der Widerspruch des Schu nicht beseitigt ist, kann der Gl aus dem Tabellenauszug nicht vollstrecken (§ 201 Abs 2 S 1 und 2). Nach Auff des BGH kann der Gl allerdings, wenn er nach der Erteilung der Restschuldbefreiung den Schu in Anspruch nehmen will, auf den ursprünglich erwirkten

24 *BGH* ZInsO 2011, 44; *LG Berlin* ZInsO 2010, 1903 mit zust Anm *Hafemeister* (Nichtabführung von Sozialversicherungsbeiträgen); ebenso *LG Verden* NZI 2009, 775; **aA** *LG Itzehoe* ZInsO 2009, 978; *LG Kiel* NZI 2010, 106.

25 *BGH* ZInsO 2009, 278; **aA** *Hattwig* ZInsO 2004, 636, der wegen des Interesses des Schu an frühzeitiger Rechtsklarheit erwägt, die Feststellungsklage des Gl nur bis zur Ankündigung der Restschuldbefreiung zuzulassen.

26 *BGH* ZInsO 2011, 41; *OLG Koblenz* NZI 2010, 308 mit Anm *Werner* ZInsO 2010, 992; **aA** *Grote* ZInsO 2008, 776; *LG Köln* NZI 2010, 580; vgl auch *LG Berlin* ZInsO 2010, 2328 zu dem Fall, dass zu einer im InsVerf angemeldeten Forderung erst nachträglich, nach Ablauf der Verjährungsfrist für deliktische Ansprüche, die Eigenschaft als Forderung aus unerlaubter Handlung angemeldet wird.

27 *BGH* ZInsO 2009, 278; vgl *OLG Celle* ZInsO 2009, 724.

28 *BGH* NZI 2008, 569.

29 Vgl *KG* ZInsO 2011, 813. Nicht ausreichend für die entspr Anwendung des § 184 Abs 2 ist, dass sich der Rechtsgrund aus den Urteilsgründen entnehmen lässt, *BGH* ZInsO 2011, 39.

30 Beispiel: *BGHZ* 183, 77 = ZIP 2010, 150: Verurteilung des Geschäftsführers einer GmbH zum Schadensersatz für nicht abgeführte Arbeitnehmeranteile von Sozialversicherungsbeiträgen; Gegenbeispiel: *BGH* ZInsO 2009, 1494: Prozessvergleich, in dem auch die Einordnung als Anspruch aus unerlaubter Handlung außer Streit gestellt wird.

31 *BGH* ZInsO 2011, 39 mit Anm *Dimassi* EWiR 2011, 161; *Pape* InVo 2007, 359 f und NZI 2007, 485 f; **aA** *Hattwig/Richter* ZVI 2006, 373, 375–379.

32 *BGH* 28.6.2012, IX ZR 160/11; *BGH* ZInsO 2006, 704.

Titel zurückgreifen; im Falle eines Widerspruchs des Schu gegen eine titulierte Forderung werde der ursprüngliche Titel durch den Tabellenauszug nicht „aufgezehrt", und dies gelte auch dann, wenn der Widerspruch des Schu nur den Rechtsgrund der Forderung betreffe.[33] Es sei dann Sache des Schu, sich mit der Vollstreckungsgegenklage zu wehren.[34]

13 Das **Feststellungsinteresse** der Klage nach §§ 184 Abs 1 InsO, 256 ZPO besteht für den Gl immer dann, wenn der Schu dem angemeldeten Forderungsgrund widerspricht. Hieran fehlt es jedoch, wenn die der Anmeldung zu Grunde liegende Forderung bereits verjährt ist.[35] Der Schuldner ist im Feststellungsverfahren nicht nur gehalten, dem Rechtsgrund entgegen zu treten. Ihm stehen auch sämtliche sonstigen Verteidigungsmittel zu, wie die Einrede der Verjährung.[36] Ein Unterhaltsanspruch hat einen von § 823 BGB abweichenden Streitgegenstand. Die Feststellung, dass die Unterhaltspflichtverletzung auch eine Verletzung des § 823 BGB darstellt, verjährt daher bereits nach Ablauf der dreijährigen Frist.[37] Der Gl, der eine Forderung vor Eröffnung des InsVerf im Wege der Leistungsklage geltend macht, kann bereits ein Interesse an einem ergänzenden Feststellungsantrag haben. Lediglich der Tenor der Entscheidung erwächst in Rechtskraft.[38] Aus Gründen der Verfahrensökonomie und der Kostenersparnis kann es geboten sein, einen Feststellungsantrag mit dem Leistungsantrag zu verbinden. Ein konkretes Insolvenzrisiko muss im Zeitpunkt der Klageerhebung noch nicht bestehen. Hiergegen spricht insb auch die lange Verjährungsfrist des Titels.

14 Hat der Schu durch **bewusstes Verschweigen eines Gl** in unredlicher Weise verhindert, dass eine Forderung aus einer unerlaubten Handlung im InsVerf angemeldet wurde, so kann der betroffene Gl seinen Anspruch unter Berufung auf § 826 BGB trotz der Restschuldbefreiung im streitigen Verf durchsetzen.[39]

15 **2. Pflichtwidrig nicht gewährter rückständiger Unterhalt (Nr 1 Alt 2).** Mit dem G v 15.7.2013 hat der Gesetzgeber die ausgenommenen Forderungen auf den pflichtwidrig nicht gewährten rückständigen Unterhalt erweitert. Soweit die Nichtleistung von Unterhalt den Straftatbestand des § 170 StGB erfüllt, ist die Forderung bereits über § 823 Abs 2 BGB und Nr 1 von der Restschuldbefreiung ausgenommen. Der Gesetzgeber hat jedoch über den bisherigen Anwendungsbereich hinausgehend ein Bedürfnis für die Erweiterung der Norm gesehen. Dabei wird ein Nutzen der Norm darin gesehen, dass die Regelung positiv auf die künftige Zahlungsbereitschaft des Unterhaltsschuldners wirkt. Die pflichtwidrige Nichtgewährung des Unterhaltes soll mit Nr 1 Alt 2 auch die Fälle erfassen, in denen der Lebensbedarf des Gl (noch) nicht gefährdet ist – somit der Erfolg der Tathandlung des § 170 StGB gerade nicht eingetreten ist.[40]

16 Die Ausnahme greift nur ein, wenn es sich bei der Forderung um eine **gesetzliche Unterhaltsverpflichtung** handelt. Die familiengerichtliche Feststellung der Unterhaltspflicht entfaltet hierbei im Strafverfahren, als auch für die Ausnahme der Forderung **Bindungswirkung**.[41] Besteht Streit über das Bestehen der Unterhaltspflicht, ist die Nichtleistung des Schu bis zum Abschluss einer gerichtlichen Entscheidung nicht pflichtwiedrig.[42]

---

33 *BGH* ZInsO 2006, 704; zust *OLG Brandenburg* 29.7.2008, 11 U 121/07, veröffentlicht in juris.
34 *BGH* ZInsO 2011, 39 Tz 8.
35 *OLG Hamm* NZI 2012, 196; *OLG Köln* NZI 2014, 272.
36 *OLG Köln* NZI 2014, 272.
37 *BGH* 3.3.2016 – IX ZB 33/14.
38 BeckOK-ZPO/*Gruber* § 322 Rn 27.
39 *BGH* ZInsO 2009, 52; *Fahl* NZI 2010, 288; *OLG Saarbrücken* NZI 2015, 712; Anm *Ahrens* NZI 2015, 712.
40 BT-Drucks 17/11268, Nr 30.
41 *Schönke/Schröder-Lenckner/Bosch* § 170 Rn 11.
42 *OLG Hamburg* ZInsO 2017, 1056.

Die **Leistungsfähigkeit** des Unterhaltsschuldners muss vorliegen.[43] Vorsätzlich pflichtwidrig kann die Nichtzahlung nur dann sein, wenn dem Schu ausreichend Barmittel oder liquidierbare Vermögenswerte zur Verfügung gestanden haben. Die Feststellung der Leistungsfähigkeit für Zeiträume der Vergangenheit bildet regelmäßig im strafrechtlichen Ermittlungsverfahren die größte Schwierigkeit. Vergleichbar dürfte es auch im Feststellungsverfahren des § 184 sein. Die Leistungsfähigkeit ist nach **§ 1603 Abs 1 BGB** zu bestimmen. Berücksichtigung finden hierbei die tatsächlichen Einkünfte des Schu. Zwar können im Unterhaltsrecht auch Einkünfte Berücksichtigung finden, die der Schu in Ansehung seiner Ausbildung, seiner persönlichen Fähigkeiten sowie der Lage am Arbeitsmarkt hätte erzielen können (**fiktive Einkünfte**).[44] Dies geht jedoch für die Frage der Pflichtwidrigkeit in § 302 zu weit. Hier kann es ausschließlich um die tatsächliche Leistungsfähigkeit des Schuldners gehen. 17

Problematisch ist auch, wen die **Darlegungs- und Beweislast** in einem Feststellungsverfahren bzgl des Rechtsgrundes trifft. Ausgehend von dem Ausnahmetatbestand der vorsätzlich begangenen unerlaubten Handlung, könnten auch hier strenge, dem anmeldenden Gl treffende Beweislastregeln angenommen werden.[45] Die Ausnahmetatbestände sollen sich hinsichtlich ihres Grades an Unwert gleichen. 18

Unterhaltsrechtlich dürfte hingegen eher auf das Prozessrechtsverhältnis der Abänderungsklage abzustellen sein.[46] Ist der Unterhaltsanspruch tituliert, wird man vom Schu verlangen müssen, dass er seine fehlende Leistungsfähigkeit darlegt und unter Beweis stellt.[47] Der BGH[48] sieht zumindest eine sekundäre Darlegungs- und Beweislast für den Schu. Die Anforderungen an den, die sekundäre Beweislast auslösenden Sachvortrag des Gl dürfen dabei nicht zu hoch sein.[49] 19

Der notwendige Selbstbehalt ist dem Schu zu belassen.[50] 20

Die **Verletzungshandlung** kann in unterschiedlichster Ausprägung erfolgen. Beispielsfälle können aus der Tathandlung des § 170 StGB abgeleitet werden. Insoweit hat der Gesetzgeber bereits in der Begründung auf den objektiven Straftatbestand Bezug genommen.[51] Nicht nur die Nichtzahlung trotz vorhandener Mittel kann eine pflichtwidrige Nichtgewährung sein. Auch die bewusste, gesteuerte Herbeiführung der fehlenden Leistungsfähigkeit muss dem Ausnahmetatbestand unterfallen. So dürfte es pflichtwidrig sein, wenn der Schu zur Vermeidung seiner Unterhaltsleistung eine bestehende Arbeitsstelle kündigt, ohne Aussicht eine andere alsbald antreten zu können.[52] Der Schu hat zur Aufrechterhaltung seiner Leistungsfähigkeit seine Arbeitskraft voll zu nutzen. Kommt er dieser Verpflichtung nicht nach, ist er unterhaltsrechtlich so zu stellen, als verfüge er tatsächlich über die erzielbaren Einkünfte.[53] 21

Wie in Nr 1 Alt 1 ist die Forderung in Alt 2 nur dann von der Restschuldbefreiung ausgenommen, wenn der Gl die Forderung unter Angabe des Rechtsgrundes **zur Tabelle angemeldet** hat, § 174. Das Gericht hat in diesem Fall den Schu auf die Möglichkeiten eines Widerspruches hinzuweisen (§ 175 Abs 2). Widerspricht der Schu kann der Gl mit der Fest- 22

43 BT-Drucks 17/11268, Nr 30; *Schönke/Schröder/Lenckner/Bosch* 170 Rn 20.
44 MK-BGB/*Born* § 1603 Rn 5.
45 *OLG Hamm* 13.3.2014 – II-6 UF 150/13.
46 *Dornblüth/Pape* ZInsO 2014, 1625.
47 FK/*Ahrens* § 302 Rn 70.
48 *BGH* 3.3.2016 – IX ZB 65/14 Tz 19.
49 *BGH* 3.3.2016 – IX ZB 65/14 Tz 22.
50 MK-BGB/*Born* § 1603 Rn 6.
51 BT-Drucks 17/11268, Nr 30.
52 *Schönke/Schröder/Lenckner/Bosch* § 170 Rn 27.
53 MK-BGB/*Born* § 1603 Rn 61.

stellungsklage die Klärung des Rechtsgrundes herbeiführen. Die **Beweislast** für die Leistungsfähigkeit dürfte unter Anwendung der Regelung des § 1603 Abs 1 BGB in Form einer Beweislastumkehr beim Schu liegen.[54] Der Gl hat jedoch die allgemeinen Umstände vorzutragen, aus denen grundsätzlich die Leitungsfähigkeit abgeleitet werden kann.

23 Forderungsinhaber kann der originäre Unterhaltsgläubiger sein. Tritt jedoch das Land im Wege des **Unterhaltsvorschusses** in die Unterhaltssicherung ein, geht der Anspruch gem § 7 Abs 1 UnterhVG über. Eine Schlechterstellung des Unterhaltsberechtigten für den laufenden Unterhalt soll auch über den Nachrang des § 7 Abs 3 S 2 UnterhVG ausgeschlossen sein.

24 **3. Forderungen aus Steuerschuldverhältnissen (Nr 1 Alt 3).** Auch Steuerforderungen werden für Verfahren, die ab dem 1.7.2014 beantragt werden, von der Restschuldbefreiung ausgenommen, wenn der Schu im Zusammenhang mit der Steuerforderung rechtskräftig verurteilt worden ist. Steuerforderungen waren nach der bis zum 1.7.2014 geltenden Fassung von der Restschuldbefreiung auch dann erfasst, wenn der Steuerpflichtige zur Vermeidung oder Verkürzung der Einforderung strafrechtlich relevant vorgegangen ist.[55]

25 Steuerforderungen sind dann ausgenommen, wenn das damit verbundene Verhalten des Schu zu einer **rechtskräftigen strafrechtlichen Verurteilung** geführt hat. Die Rechtskraft der Verurteilung kann zum Zeitpunkt der Forderungsanmeldung noch offen sein. Spätestens jedoch zum Schlusstermin muss die Rechtskraft feststehen.[56]

26 Die vorausgesetzte Rechtskraft soll die Insolvenzgerichte, aber auch die Zivilgerichtsbarkeit im Feststellungsverfahren, davor bewahren, die Verwirklichung des Straftatbestandes prüfen zu müssen.[57] Die üblicherweise lange Laufzeit von Ermittlungsverfahren in Steuerstrafsachen spielte bei der Gesetzesbegründung keine Rolle.

27 Erfasst werden Verurteilungen nach den §§ 370, 373 und 374, 370 AO. Diese stellen die Steuerverkürzung durch unrichtige oder unvollständige Angaben sowie durch das Unterlassen von erklärungspflichtigen Tatsachen unter Strafe. Der **Verkürzungserfolg** tritt ein, wenn durch das Handeln des Schu keine oder eine zu geringe Festsetzung der Finanzbehörden erfolgt (§ 370 Abs 4). Die gewerbsmäßige Umgehung von Einfuhr- oder Ausfuhrabgaben wird in § 373 AO mit einem Strafrahmen von bis zu fünf Jahren geahndet. Die Weiterveräußerung von Waren, hinsichtlich derer Verbrauchssteuern oder Einfuhr- und Ausfuhrabgaben hinterzogen worden sind, stellt § 374 AO unter Strafe. Die Steuerhehlerei will damit auch den Täter sanktionieren, der weitere Vorteile aus der eigentlichen Steuerstraftat zieht ohne selbst deren Täter gewesen zu sein.

28 Auch in Nr 1 Alt 3 führt die Steuerstraftat nur dann zu einer ausgenommenen Forderung, wenn der Zusammenhang mit dem steuerstrafrechtlichen Verhalten **zur Tabelle angemeldet** worden ist. §§ 174 Abs 2 und 175 Abs 2 werden entsprechend erweitert. Die Anmeldung des Zusammenhangs mit der Steuerstraftat setzt nach dem Wortlaut der §§ 174, 175 im Zeitpunkt der Anmeldung noch keine Rechtskraft voraus. Auch aus Gründen der Rechtsklarheit und der Erkennbarkeit der Reichweite der Restschuldbefreiung muss jedoch die Rechtskraft der Verurteilung spätestens zu dem Zeitpunkt feststehen, zu dem letztmals Forderungen angemeldet werden können.[58]

29 **4. Geldstrafen (Nr 2).** Geldstrafen und die in § 39 Abs 1 Nr 3 gleichgestellten Verbindlichkeiten des Schu sind nachrangige InsFord. Die Eröffnung des InsVerf und die damit eintre-

---

54 MK-BGB/*Born* § 1603 Rn 119.
55 Hierzu oben Rn 6.
56 *Dornblüth/Pape* NZI 2014, 1635; FK/*Ahrens* § 302 Rn 78.
57 BT-Drucks 17/11268, Nr 30.
58 FK/*Ahrens* § 302 Rn 78.

tende Rangstellung (§ 39 Abs 1 S 1) wird dazu führen, dass Geldstrafen im InsVerf oder der Wohlverhaltensphase in eine Ersatzfreiheitsstrafe umgewandelt werden können. Die Vollstreckung der Ersatzfreiheitsstrafe ist auch in beiden Verfahrensteilen zulässig.[59]

Einer Geldstrafe gleichgestellt sind nach § 39 Abs 1 Nr 3 „Geldbußen, Ordnungsgelder und Zwangsgelder sowie solche Nebenfolgen einer Straftat oder Ordnungswidrigkeit, die zu einer Geldzahlung verpflichten". Eine derartige Nebenfolge ist die Verpflichtung eines Straftäters zum Wertersatz, wenn der Verfall (§ 73a StGB) oder die Einziehung einer Sache (§ 74c StGB) nicht mehr möglich ist.[60] Bewährungsauflagen können ebenfalls hierunter fallen.[61] Hier hat jedoch das verhängende Gericht auch den zeitlichen Rahmen der Erfüllung der Bewährungsauflage zu bestimmen. Zivilrechtliche **Schadensersatzansprüche** gehören nicht hierher. Bei den ausgenommenen Forderungen geht es nur um Sanktionsfolgen einer Straftat oder Ordnungswidrigkeit.[62] 30

5. Zinslose Darlehen (Nr 3). Die Einschränkung, dass iRd Nr 3 nur „zinslose" Darlehen begünstigt werden, darf nicht dadurch umgangen werden, dass für einen Kredit statt der Zinsen Bearbeitungs- oder Vermittlungskosten berechnet werden. Sind nach dem Darlehensvertrag derartige Kosten zu erstatten, so kommt § 302 Nr 3 nicht zur Anwendung. Der Rückzahlungsanspruch wird von der Restschuldbefreiung erfasst.[63] 31

III. Verfahrensfragen

Forderungen aus Nr 1 und Nr 3 der Regelung sind „normale" InsFord, die an der Erlösverteilung teilnehmen. Die von Nr 2 erfassten Forderungen sind allerdings nach § 39 Abs 1 Nr 3 nachrangige Forderungen. 32

Die Gl von Forderungen, die nach § 302 von den Wirkungen der Restschuldbefreiung nicht erfasst werden, können nach Rechtskraft der Erteilung der Restschuldbefreiung **aus der Eintragung in die Tabelle vollstrecken** (§ 201 Abs 2).[64] Bis zu diesem Zeitpunkt gilt das Vollstreckungsverbot des § 294 Abs 1.[65] Spätestens zeitnah vor Ablauf der „Wohlverhaltensperiode" haben sie ein Rechtsschutzinteresse für den Antrag, einen vollstreckbaren Tabellenauszug (§ 201 Abs 2) zu erhalten.[66] Kein Eintrag der Deliktseigenschaft erhält der Gl jedoch, wenn der Schu keinen Restschuldbefreiungsantrag gestellt hat.[67] 33

Die **Forderungsanmeldung** einer nach Nr 1 privilegierten Forderung durch den Gl hat den Rechtsgrund der Privilegierung genau zu bezeichnen. Daneben sind gem § 174 Abs 2 die wesentlichen Umstände zu benennen, aus denen sich der Rechtsgrund ergibt. Es ist ein Tatsachenvortrag zu verlangen, aus dem sich die Privilegierung plausibel ergibt.[68] Dadurch soll auch der in rechtlichen Dingen unerfahrene Schu in der Lage sein, schon aufgrund des Tatsachenvortrages des Gl zu entscheiden, ob ein Widerspruch gegen den Rechtsgrund sinnvoll 34

---

59 FK/*Ahrens* § 302 Rn 84.
60 *BGH* NZI 2010, 607.
61 FK/*Ahrens* § 302 Rn 85.
62 *Brei* Entschuldigung Straffälliger durch VerbraucherIns und Restschuldbefreiung, 2005, S 141–143.
63 *Uhlenbruck/Sternal* § 302 Rn 49; MK/*Stephan* § 302 Rn 26.
64 *LG Mühlhausen* ZVI 2004, 504; *AG Göttingen* ZInsO 2011, 934; vgl *Uhlenbruck/Sternal* § 302 Rn 53; MK/*Stephan* § 302 Rn 30; *Mäusezahl* ZInsO 2002, 468; abw *Schoppe* ZVI 2004, 377.
65 Vgl oben § 294 Rn 10 und FK/*Ahrens* § 302 Rn 92.
66 Offen lassend *AG Göttingen* ZInsO 2005, 668.
67 *AG Köln* NZI 2017, 78; *AG Aurich* NZI 2016, 143 mit Anm *Ahrens*.
68 *BGH* 9.1.2014 – IX ZR 103/13.

und notwendig ist.[69] Der BGH lässt es jedoch genügen, wenn der Schu aus der Forderungsanmeldung erkennen kann, um welche Forderung es sich hierbei handelt und welches Fehlverhalten ihm vorgeworfen wird.[70] Eine Sachverhaltsdarstellung die sich nur auf Schlagwörter bezieht ist hierfür ungeeignet, allerdings könne vom Gl auch kein schlüssiger Sachvortrag im Sinne einer Klageschrift erwartet werden.[71] Lediglich der Gl einer titulierten Forderung ist von der Darlegung des Lebenssachverhaltes befreit, soweit sich der Rechtsgrund der Privilegierung unmittelbar aus der Entscheidung entnehmen lässt.[72]

35 Eine Prüfung des Charakters der Forderungsanmeldung erfolgt nicht durch das InsGer. Dies ist dem Erkenntnisverfahren vorbehalten.[73] Allerdings kommt dem Gericht vor der Feststellungsentscheidung eine formelle Prüfungsverpflichtung zu. Diese muss auch umfassen, ob Tatsachen in ausreichendem Umfang angegeben worden sind.

§ 303 Widerruf der Restschuldbefreiung

(1) Auf Antrag eines Insolvenzgläubigers widerruft das Insolvenzgericht die Erteilung der Restschuldbefreiung, wenn

1. sich nachträglich herausstellt, dass der Schuldner eine seiner Obliegenheiten vorsätzlich verletzt und dadurch die Befriedigung der Insolvenzgläubiger erheblich beeinträchtigt hat,

2. sich nachträglich herausstellt, dass der Schuldner während der Abtretungsfrist nach Maßgabe von § 297 Absatz 1 verurteilt worden ist, oder wenn der Schuldner erst nach Erteilung der Restschuldbefreiung wegen einer bis zum Ende der Abtretungsfrist begangenen Straftat nach Maßgabe von § 297 Absatz 1 verurteilt wird oder

3. der Schuldner nach Erteilung der Restschuldbefreiung Auskunfts- oder Mitwirkungspflichten vorsätzlich oder grob fahrlässig verletzt hat, die ihm nach diesem Gesetz während des Insolvenzverfahrens obliegen.

(2) [1]Der Antrag des Gläubigers ist nur zulässig, wenn er innerhalb eines Jahres nach der Rechtskraft der Entscheidung über die Restschuldbefreiung gestellt wird; ein Widerruf nach Absatz 1 Nummer 3 kann bis zu sechs Monate nach rechtskräftiger Aufhebung des Insolvenzverfahrens beantragt werden. [2]Der Gläubiger hat die Voraussetzungen des Widerrufsgrundes glaubhaft zu machen. [3]In den Fällen des Absatzes 1 Nummer 1 hat der Gläubiger zudem glaubhaft zu machen, dass er bis zur Rechtskraft der Entscheidung keine Kenntnis vom Widerrufsgrund hatte.

(3) [1]Vor der Entscheidung sind der Schuldner und in den Fällen des Absatzes 1 Nummer 1 und 3 auch der Treuhänder oder Insolvenzverwalter zu hören. [2]Gegen die Entscheidung steht dem Antragsteller und dem Schuldner die sofortige Beschwerde zu. [3]Die Entscheidung, durch welche die Restschuldbefreiung widerrufen wird, ist öffentlich bekannt zu machen.

Übersicht

69 *Graf-Schlicker* § 174 Rn 17.
70 *BGH* 9.1.2014 – IX ZR 103/13.
71 *BGH* aaO.
72 *Uhlenbruck/Sternal* § 302 Rn 27.
73 FK/*Ahrens* § 302 Rn 29.

I. Normzweck

Besonders schwerwiegende Verstöße des Schu können einen Widerruf der bereits ausgesprochenen Restschuldbefreiung zur Folge haben. Hierzu gehört die vorsätzliche Verletzung der Verfahrensobliegenheiten des § 295. Insoweit entspricht die mit dem G v 15.7.2013 geänderte Regelung der früheren Fassung des Gesetzes. Erweitert worden ist der Anwendungsbereich des Widerrufes auf eine nachträglich bekannt gewordene Verurteilung wegen der §§ 283–283c StGB, sowie auf eine Verurteilung, die erst nach Ablauf der Abtretungsfrist erfolgt ist. Mit Abs 1 Nr 3 der Norm werden die Mitwirkungspflichten des Schuldners in den asynchronen Verfahren auf spätere Verwertungshandlungen ausgeweitet. 1

Die Regelung wurde mit dem G v 15.7.2013 deutlich erweitert und soll den berechtigten Interessen der Gl an der Redlichkeit des Schu Rechnung tragen.[1] Nur **erhebliche Verstöße** des Schu können einen Widerruf begründen. Damit ist zum einen dem Interesse der Gl an einer Stärkung ihrer Verfahrensrechte und den Anforderungen an die Redlichkeit des Schu, aber auch dem Interesse des Schu an einer rechtssicheren Beendigung des Entschuldungsverfahrens Rechnung getragen.

II. Widerrufsgründe (Abs 1)

1. Vorsätzliche Obliegenheitsverletzung (Nr 1). Auch vor dem Inkrafttreten des G v 15.7.2013 waren nachträglich bekannt gewordene, vorsätzliche Obliegenheitsverletzungen Gründe, die einen Widerruf der Restschuldbefreiung möglich gemacht haben. Der Regelungsbereich des Abs 1 Nr 1 entspricht insoweit dem bislang geltenden Recht. Nur die **vorsätzlich** begangene Verletzungshandlung rechtfertigt den Widerruf der erteilten Restschuldbefreiung. Dazu genügt eine reine Beeinträchtigung von Befriedigungsinteressen, wie in § 296 Abs 1 S 1 geregelt, nicht. Die Befriedigungsinteressen müssen erheblich verletzt worden sein. Die Erheblichkeitsschwelle ist jeweils im Einzelfall festzustellen. Eine starre prozentuale Festlegung[2] hätte zur Folge, dass Schu mit einer großen Anzahl von Gl im Vorteil wären.[3] 2

Erst nachträglich, also **nach Rechtskraft** der Erteilung der Restschuldbefreiung, darf der Gl von dem Obliegenheitsverstoß Kenntnis erlangt haben. Bis zur Rechtskraft ist der Gl auf den Versagungsantrag nach § 300 Abs 3 zu verweisen.[4]

2. Verurteilung während der Abtretungsfrist (Nr 2 Alt 1). Wird der Schu während der Laufzeit der Abtretungsfrist wegen eines Vergehens der §§ 283–283c StGB verurteilt, kann dies zum Widerruf der Restschuldbefreiung führen. Der Gl darf jedoch von der Verurteilung erst **nach Rechtskraft der Restschuldbefreiung Kenntnis erlangt haben**. Bis zu diesem Zeitpunkt steht ihm der Versagungsgrund des § 297 zu. Der Widerruf setzt voraus, dass die Verurteilung in dem nach § 297 Abs 1 genannten Umfang erfolgt ist (Erheblichkeitsschwelle).[5] Dabei ist, wie in § 290 Abs 1 Nr 1, auf die Einzelstrafe des verurteilten Bankrottdeliktes abzustellen.[6] Die verhängte Gesamtstrafe ist nur dann erheblich, wenn neben den Tatbeständen der §§ 283–283c StGB keine weiteren Verurteilungen vorliegen. 3

3. Verurteilung nach Erteilung der RSB (Nr 2 Alt 2). Die Erstreckung des Widerrufsrechtes auf Verurteilungen, die erst nach Erteilung der Restschuldbefreiung ausgesprochen worden sind, berücksichtigt, dass die durchschnittliche Laufzeit von Ermittlung- und Strafver- 4

---

1 BT-Drucks 17/11268, Nr 31.
2 So aber: N/R/*Römermann* § 303 Rn 4.
3 *Uhlenbruck/Sternal* § 303 Rn 7; FK/*Ahrens* § 303 Rn 17.
4 FK/*Ahrens* § 303 Rn 19.
5 Hierzu § 290 Rn 7.
6 Siehe auch § 290 Rn 8.

fahren in Wirtschaftsstrafsachen (§ 74c GVG) regelmäßig schwierig und zeitaufwändig sind.[7] Eine Tatverwirklichung und damit die Begründung eines Anfangsverdachtes der Taten setzt gem § 283 Abs 6 StGB die objektive Bedingung der Strafbarkeit, beispielsweise in Form der Eröffnung eines InsVerf, voraus.[8] Beginnen aber erst mit der Verfahrenseröffnung die Ermittlungshandlungen, kann die Verurteilung nach Ablauf der Abtretungsfrist erfolgen. Die mit dem G v 15.7.2013 in das Gesetz aufgenommene Regelung stärkt damit wiederum die Interessen der Gl. Nur der redliche Schu soll in Genuss der Restschuldbefreiung kommen, nicht der während der Abtretungsfrist unentdeckt unredliche.

5 Auch das prozesstaktische Hinausschieben der Rechtskraft der Verurteilung auf einen Zeitraum nach Ablauf der Abtretungsfrist soll so vermieden werden.[9]

6 Die Tatbegehung durch den Schu muss bis zum Ende der Laufzeit der Abtretungserklärung beendet sein. Die in den Versagungsgründen des § 290 und den Verfahrensobliegenheiten des § 295 festgelegten Vorgaben an den Schu definieren für diesen die Voraussetzungen für die Entschuldung. Daher grenzt die Laufzeit des § 287 Abs 2 auch die Verantwortlichkeit des Schu gegenüber seinen Gl ein.

7 **4. Verletzung von Auskunfts- und Mitwirkungspflichten nach RSB-Erteilung.** Ebenfalls neu durch das G v 15.7.2013 in die Widerrufsgründe aufgenommen worden ist die Verletzung von Auskunfts- und Mitwirkungspflichten durch den Schu im Zeitraum von 6 Monaten nach rechtskräftiger Erteilung der Restschuldbefreiung. Mitwirkungspflichten treffen den Schu nach § 97 für die Dauer des InsVerf. Kann ein InsVerf jedoch nicht innerhalb der sechsjährigen Laufzeit der Abtretungserklärung abgeschlossen und aufgehoben werden, hat der Schu gleichwohl einen Anspruch auf Entscheidung über seinen Restschuldbefreiungsantrag.[10] Mit der Erteilung der Entschuldung können Verletzungen der Mitwirkungspflichten durch die Gl nicht länger über einen Versagungsantrag nach § 290 sanktioniert werden. Daher ist es auch in diesen **asymmetrischen Verfahren** erforderlich, die Mitwirkungsverpflichtung über die Sanktion des Widerrufes durchzusetzen.[11]

Nur Verletzungen von Auskunfts- und Mitwirkungspflichten **nach diesem Gesetz** können den Widerruf der Restschuldbefreiung rechtfertigen.[12]

III. Verfahren

8 Der Widerruf setzt denklogisch die zuvor erfolgte, rechtskräftige Erteilung der Restschuldbefreiung voraus. Der **Antrag** des Tabellengläubigers bedarf keiner besonderen Form. Er kann schriftlich oder zu Protokoll der Geschäftsstelle erklärt werden.[13]

9 Zum Ausgleich der Interessen des Schu wird der Widerruf der Restschuldbefreiung unter eine strenge zeitliche Frist gestellt. Lediglich binnen **einem Jahr** nach rechtskräftiger Erteilung der Restschuldbefreiung können die Widerrufsanträge des Abs 1 Nr 1 und 2 gestellt werden. Dies dient der Rechtssicherheit. Im Falle des Widerrufsgrundes Nr 3 hingegen ist die Antragstellung auf **sechs Monate** nach rechtskräftiger Aufhebung des Insolvenzverfahrens beschränkt. Dies stellt sicher, dass der Schu auch nach Erteilung der Restschuldbefreiung seinen weiterhin bestehenden Mitwirkungspflichten des § 97 nachkommt.

---

7 BT-Drucks 17/11268, Nr 31.
8 Die Regelung findet mittels Verweisung auch in den §§ 283b, 283c StGB Anwendung.
9 FK/*Ahrens* § 303 Rn 25.
10 Oben § 300 Rn 3.
11 FK/*Ahrens* § 303 Rn 27; MK/*Stephan* § 303 Rn 22.
12 Oben § 290 Rn 27.
13 *Uhlenbruck/Sternal* § 303 Rn 25; FK/*Ahrens* § 303 Rn 31; MK/*Stephan* § 303 Rn 7.

Wie auch in § 290 Abs 2 S 2 und § 296 Abs 1 S 3 hat der Gl den Widerrufsgrund darzulegen und glaubhaft zu machen. Fehlt es an der **Glaubhaftmachung**, ist der Widerrufsantrag zu verwerfen. Ergänzend ist im Falle des Abs 1 Nr 1 vom Gl glaubhaft zu machen, dass er erst nachträglich von der Obliegenheitsverletzung des Schu erfahren hat. Auch wenn der Wortlaut des Abs 2 S 3 ausschließlich auf den Widerrufsgrund des Abs 1 Nr 1 Bezug nimmt, dürfte die Interessenslage im Falle der Nr 2, 2. Alt vergleichbar sein. Für den Schu soll mit der Entscheidung über die Restschuldbefreiung das Entschuldungsverfahren mit seinen weitreichenden Einschränkungen ein Ende finden. Daher sind alle Umstände, die zur Versagung der Restschuldbefreiung führen können, spätestens im Rahmen der Schlussanhörung gem § 300 Abs 1 S 1 geltend zu machen. War zu diesem Zeitpunkt der Schu bereits nach Maßgabe des § 297 verurteilt, kann ein Widerruf der Restschuldbefreiung nur geltend gemacht werden, wenn die Verurteilung dem antragstellenden Gl noch nicht bekannt gewesen ist. Auch diese nachträgliche Kenntniserlangung muss von der Glaubhaftmachung umfasst sein. 10

Wird ein Widerrufsantrag gestellt, ist der Schu hierzu **anzuhören**. Das Gericht kann hierzu einen Anhörungstermin bestimmen oder den Schu schriftlich mit einer angemessenen Frist zur Stellungnahme auffordern. Im Falle der Obliegenheitsverletzung (Nr 1) und der Verletzung von Mitwirkungspflichten nach Erteilung der Restschuldbefreiung (Abs 2) ist verpflichtend der Treuhänder oder InsVerw anzuhören. Dieser kann aufgrund seiner Sachnähe die geltend gemachten Widerrufsgründe beurteilen und hat eine, seiner neutralen Position entsprechenden Stellungnahme abzugeben. 11

Das gerichtliche Verf bei der Entsch über den Antrag ist in Abs 3 parallel zu § 296 (Versagung der Restschuldbefreiung wegen Obliegenheitsverletzung) geregelt. Funktionell zuständig ist auch hier der Richter (§ 18 Abs 1 Nr 2 RPflG). Eine Anhörung der übrigen InsGl ist allerdings nicht vorgeschrieben; sie erscheint auch nicht erforderlich.[14] Hat der Antrag Erfolg, so spricht das Gericht lediglich aus, dass die Erteilung der Restschuldbefreiung widerrufen wird; es braucht nicht zusätzlich die Versagung der Restschuldbefreiung auszusprechen,[15] denn mit dem Widerruf ist hinreichend deutlich zum Ausdruck gebracht, dass das SchuldbefreiungsVerf insgesamt zum (negativen) Abschluss gebracht ist. Von der Rechtskraft des Widerrufs ab sind die InsGl wie bei einer Versagung zur **freien Nachforderung** berechtigt (vgl § 299); der Widerruf wirkt also nicht nur für den Antrag stellenden Gl, sondern für alle InsGl.[16] 12

Die Entscheidung über den Widerrufsantrag erfolgt durch Beschluss. Gegen den Widerruf hat der Schu das Rechtsmittel der **sofortigen Beschwerde**. Wird der Widerrufsantrag zurück gewiesen, steht diese auch dem antragstellenden Gl zu. 13

Die Widerrufsentscheidung ist öffentlich bekannt zu machen. Die **Veröffentlichung** der rechtskräftigen Entscheidung[17] erfolgt im Internet unter der Adresse www.insolvenzbekanntmachungen.de. 14

§ 303a Eintragung in das Schuldnerverzeichnis

[1]Das Insolvenzgericht ordnet die Eintragung in das Schuldnerverzeichnis nach § 882b der Zivilprozessordnung an. [2]Eingetragen werden Schuldner,

1. **denen die Restschuldbefreiung nach den §§ 290, 296, 297 oder 297a oder auf Antrag eines Insolvenzgläubigers nach § 300 Absatz 3 versagt worden ist,**
2. **deren Restschuldbefreiung widerrufen worden ist.**

---

14 *Vallender* KS-InsO, S 150 Rn 111; vgl auch *Uhlenbruck/Sternal* § 303 Rn 33.
15 Zust HambKomm/*Streck* § 303 Rn 12; **aA** FK/*Ahrens* § 303 Rn 40; *Uhlenbruck/Sternal* § 303 Rn 35.
16 MK/*Stephan* § 303 Rn 35.
17 *Uhlenbruck/Sternal* § 303 Rn 36.

[3]Es übermittelt die Anordnung unverzüglich elektronisch dem zentralen Vollstreckungsgericht nach § 882h Absatz 1 der Zivilprozessordnung. [3]§ 882c Absatz 2 und 3 der Zivilprozessordnung gilt entsprechend.

Übersicht

I. Normzweck

1 Die Regelung wird mit dem G v 15.7.2013 für Verfahren eingeführt, die nach dem 1.7.2014 beantragt worden sind (Art 103h EGInsO). Der Gesetzgeber hat dem allgemeinen Geschäftsverkehr ein Bedürfnis dafür entnommen, die Versagung und den Widerruf der Restschuldbefreiung nicht nur in Verzeichnissen privater Wirtschaftsauskunfteien eintragen zu lassen, sondern diese Daten auch in einem zentralen Schuldnerregister zu speichern. Neben dem Interesse der am Wirtschaftsleben Beteiligten soll die Eintragung in die zentrale Schuldnerkartei auch der Amtsermittlung zur Eingangsentscheidung des § 287a über die Zulässigkeit des Restschuldbefreiungsantrages gem § 287 dienen.

II. Einzelheiten

2 **Eintragungspflichtig** werden nach Nr 1 restschuldbefreiungsversagende Entscheidungen nach den §§ 290, 296, 297 und 297a. Auch der Widerruf der Restschuldbefreiung (§ 303) wird nach Nr 2 eine eintragungspflichtige Tatsache.

3 Die **Schuldnerverzeichnisse** der Länder werden bundesweit nach § 882h ZPO in eine zentrale Abfragemöglichkeit eingepflegt. Diese ist im Internet unter www.vollstreckungsportal.de zu erreichen. Eingetragen werden neben den Personendaten des Schu (§ 882b Abs 2 ZPO) die jeweiligen Gerichts- und Verfahrenszeichen. Der Gerichtsvollzieher hat die Eintragung nach § 882b Abs 1 Nr 1 ZPO anzuordnen, wenn der Schu die Vermögensauskunft nicht abgegeben hat (§ 882c Abs 1 Nr 1 ZPO), der Inhalt der Vermögensauskunft offensichtlich keine Befriedigung des Gl erwarten lässt (Abs 1 Nr 2) oder die Befriedigung des Gl nicht binnen Monatsfrist dem Gerichtsvollzieher durch den Schu nachgewiesen worden ist. Weiter erfasst das Schuldnerverzeichnis auch Vollstreckungshandlungen nach der Abgabenordnung (§ 882b Abs 1 Nr 2 ZPO), die Abweisung mangels Masse (§§ 26 Abs 2 InsO, 882b Abs 2 Nr 3 ZPO) sowie ab dem 1.7.2014 die Versagung der Restschuldbefreiung und deren Widerruf. Die Abfrage löst eine Gebühr von 4,50 EUR aus.[1]

4 Voraussetzung für die Eintragungsmeldung des InsGer ist die **Rechtskraft** der Entscheidung. Dies ist insb mit der weitreichenden Folge für die Kreditwürdigkeit des Schu zu begründen.[2]

1 Anl 2.3 zu § 1 Abs 2 LJVwKostG RLP; vergleichbare Regelungen finden sich in den Landesjustizkostengesetzen der Länder; die Gebühr wird für jeden Datensatz neu ausgelöst, ist der Schu vier Mal in der Kartei eingetragen, fallen 4 × 4.50 EUR an. Die Negativauskunft löst ebenfalls eine Gebühr aus.

2 *Uhlenbruck/Sternal* § 303a Rn 4; FK/*Ahrens* § 303a Rn 3; **aA** *A/G/R/Weinland* § 303a Rn 2.

Zehnter Teil
Verbraucherinsolvenzverfahren

Vorbemerkungen zu §§ 304–314

Übersicht

I. Grundzüge der Regelung

Die Sonderregelungen des Neunten Teils gelten für natürliche Personen, die keine selbstständige Tätigkeit ausüben – also insb für Arbeitnehmer und nicht Berufstätige. Sie zielen in erster Linie auf den Fall ab, dass der Schu sich über ein InsVerf von seinen Schulden befreien will.[1] Für diesen Fall ist ein **dreistufiger VerfAblauf** vorgesehen: 1

Die erste Stufe, die sich nur mittelbar aus dem Gesetz ergibt (vgl § 305 Abs 1 Nr 1), besteht darin, dass sich der Schu **außergerichtlich** um eine Einigung mit seinen Gl bemüht. Er muss dazu eine „geeignete Person oder Stelle" einschalten, wobei in erster Linie an eine qualifizierte SchuBeratungsstelle gedacht ist. Dem Einigungsversuch muss ein Plan für eine umfassende GlBefriedigung zugrunde liegen. 2

Bei Scheitern des außergerichtlichen Einigungsversuchs stellt der Schu den **Antrag auf Eröffnung des InsVerf** und fügt diesem Antrag Verzeichnisse seiner Verbindlichkeiten und seines Vermögen sowie einen **Schuldenbereinigungsplan** für das gerichtliche Verfahren bei. Dieser kann vom erfolglosen außergerichtlichen Plan abweichen, er kann jedoch auch in einer reinen Wiederholung des bisherigen Einigungsversuches bestehen. Hält das Gericht die Annahme des gerichtlichen Schuldenbereinigungsplans auch unter Einbeziehung der Zustimmungsersetzung nicht für wahrscheinlich, kann auf die Durchführung gem § 306 Abs 1 verzichtet werden. Der Schu ist hierzu anzuhören. 3

Wenn auch diese zweite Stufe nicht zum Erfolg führt oder auf die Durchführung mangels Erfolgsaussicht verzichtet worden ist, wird das **VerbrInsVerf eröffnet**. Das Verf ist grds schriftlich zu führen, § 5 Abs 2. Nach Wegfall der Regelungen zur Vereinfachung des Verf (§§ 312–314) kommen dem InsVerw die gleichen Befugnisse wie im Regelinsolvenzverfahren zu. 4

Beantragt ein Gl die VerfEröffnung, so ist zunächst festzustellen, ob der Schu ebenfalls einen Antrag stellen will. Ist dies der Fall, so folgt der geschilderte dreistufige VerfAblauf. Andernfalls wird auf den **GlAntrag** hin das VerbrInsVerf eröffnet. 5

1 Daher kann das Verf auch dann durchgeführt werden, wenn der Schu nur einen Gl hat, *LG Koblenz* ZInsO 2004, 101 (an der gegenteiligen Auff in *LG Koblenz* ZInsO 2003, 909 wird nicht mehr festgehalten); *AG Koblenz* NZI 2003, 560; *K/P/B/Wenzel* § 287 Rn 3b.

II. Verfahrenskosten bei Verbraucher- und Kleininsolvenzen

6 **1. Gerichtskosten.** Die allg Regelung, dass für das Verf über den Antrag des Schu auf Eröffnung eines InsVerf eine halbe Gerichtsgebühr erhoben wird, gilt auch für den Fall, dass im EröffnungsVerf ein Schuldenbereinigungsplan zustande kommt (Nr 2310 des Kostenverzeichnisses, Anlage 1 zum GKG). Die höhere Gebühr für die Durchführung des InsVerf (2,5 Gebührensätze, Nr 2320) wird erst erhoben, wenn das InsVerf nach dem Scheitern des Schuldenbereinigungsplans eröffnet wird. Auch diese Gebührenregelung ist also auf die Förderung einer einvernehmlichen Lösung ausgerichtet. Berechnungsgrundlage für die Gerichtsgebühren bei einem SchuAntrag ist der Wert der InsMasse zur Zeit der Beendigung des InsVerf (§ 58 Abs 1 S 1 GKG); die Zahlungen während der anschließenden „Wohlverhaltensperiode“ bleiben also außer Betracht.[2] Zusätzlich vom Schu aufzubringen sind die Auslagen des Gerichts. Ein Vorschuss für die Kosten der Zustellung des gerichtlichen Schuldenbereinigungsplans darf allerdings nicht angefordert werden (§ 17 Abs 4 S 3 GKG).

7 **2. Vergütung des Insolvenzverwalters und des Gläubigerausschusses.** Die Vergütung des InsVers im VerbrInsVerf ist in §§ 2, 13 InsVV geregelt. Demnach steht dem InsVerw die allgemeine Staffelvergütung zu. Lediglich hinsichtlich der Mindestvergütung des § 2 Abs 2 InsVV sieht § 13 InsVV eine Ausnahme vor. Demnach reduziert sich die Mindestvergütung auf 800 EUR soweit die Antragsunterlagen von einer geeigneten Stelle erstellt worden sind.

8 Ein Gläubigerausschuss wird in VerbrInsVerf eine große Ausnahme darstellen. Für die Vergütung der Mitglieder des **GlAusschusses** gelten im Grundsatz die gleichen Vorschriften wie im RegelInsVerf, also die in § 73 Abs 1 S 2 genannten Kriterien des Zeitaufwands und des Umfangs der Tätigkeit iVm den Stundensätzen des § 17 InsVV.

9 **3. Anwaltsgebühren.** Der RA, der den Schu im EröffnungsVerf vertritt, erhält nach dem Vergütungsverzeichnis zum RVG v 5.5.2004,[3] das am 1.7.2004 in Kraft getreten ist, eine volle Gebühr. Erstreckt sich die Vertretung auch auf das Verf über einen Schuldenbereinigungsplan, so erhöht sich die Vergütung auf 1,5 Gebühren.[4] Die Gebühr wird nach dem Wert der InsMasse berechnet,[5] jedoch ist der Gegenstandswert mindestens 4 000 EUR.[6] Für die Vertretung eines Gl im EröffnungsVerf ist 0,5 Gebühr zu zahlen, die sich bei einem Verf über einen Schuldenbereinigungsplan auf eine volle Gebühr erhöht.[7] Bezugsgröße ist hier der Nennwert der Forderung.[8]

10 Für die Vertretung des Schu im außergerichtlichen Schuldenbereinigungsverfahren kann Beratungshilfe gewährt werden. Diese setzt jedoch voraus, dass dem Schu keine anderweitige zumutbare Möglichkeit zukommt, das außergerichtliche Verfahren zu durchlaufen. Eine solche ist jedenfalls dann gegeben, wenn der Schu die Leistung einer Schuldnerberatungsstelle in Anspruch nehmen kann.[9] Unzumutbar kann der Verweis auf eine Schuldnerberatungsstelle sein, wenn diese nicht innerhalb eines überschaubaren Zeitraumes freie Termine zur Unterstützung der Entschuldungsbemühungen des Schu anbieten kann.[9] Beratungshilfe ist auch bei der Möglichkeit einer zeitnahen Inanspruchnahme einer Schuldner-

2 Zu den Gebühren bei GlAnträgen vgl Nr 2311 und 2330 des Kostenverzeichnisses und § 58 Abs 2 GKG.

3 BGBl I, 718. – Vgl zu den Auswirkungen der Modernisierung des Kostenrechts für die VerbraucherIns *Riedel* ZVI 2004, 274; *Th Schmidt* ZVI 2004, 302.

4 Nr 3313, 3315 VV-RVG.

5 Zur Angemessenheit dieser Bezugsgröße *LG Berlin* ZInsO 2009, 1172.

6 § 28 Abs 1 RVG.

7 Nr 3314, 3316 VV-RVG.

8 § 28 Abs 2 RVG.

9 *BVerfG* BvR 1911/06.

beratungsstelle zu bewilligen, wenn im Einzelfall konkrete Umstände dargetan werden, die eine Beratungsleistung erforderlich machen, die über die übliche Tätigkeit der Schuldnerberatung hinausgeht.[10]

4. Prozesskostenhilfe und Verfahrenskostenstundung. Der Schu im InsVerf erhält keine Prozesskostenhilfe. Anwaltliche Beratungskosten im außergerichtlichen Verfahren können bei Vorliegen der Voraussetzungen über die Beratungshilfe abgedeckt werden. 11

Seit dem G v 26.10.2001 haben mittellose Schu die Möglichkeit, sich die Kosten des InsVerf nach § 4a stunden zu lassen. Dies gilt auch für die Kosten des Verf über den Schuldenbereinigungsplan und des Verf zur Restschuldbefreiung. Dem Schu wird auf Antrag ein RA beigeordnet, wenn dies unter Beachtung der gerichtlichen Fürsorgepflicht des § 4a Abs 2 noch erforderlich erscheint. Die Stundung der Verfahrenskosten bewirkt, dass zunächst vereinnahmte Masse auf die Kosten des Verf verrechnet werden. Kommt es zu einer Unterdeckung, hat der InsVerw einen Erstattungsanspruch seiner Vergütung gegen die Landeskasse. Nach Beendigung des Verf werden die verbliebenen Kosten dem Schu zu Soll gestellt. Ist der Schu weiterhin leistungsunfähig, kann die Stundung gem § 4b Abs 1 verlängert werden. 12

III. Literatur

Vgl die Zusammenstellung Vor § 286. 13

10 *AG Kaiserslautern* 20.6.2007 – 1 UR II 498/07.

§ 304 Grundsatz

(1) [1]Ist der Schuldner eine natürliche Person, die keine selbstständige Tätigkeit ausübt oder ausgeübt hat, so gelten für das Verfahren die allgemeinen Vorschriften, soweit in diesem Teil nichts anderes bestimmt ist. [2]Hat der Schuldner eine selbstständige wirtschaftliche Tätigkeit ausgeübt, so findet Satz 1 Anwendung, wenn seine Vermögensverhältnisse überschaubar sind und gegen ihn keine Forderungen aus Arbeitsverhältnissen bestehen.

(2) Überschaubar sind die Vermögensverhältnisse im Sinne von Absatz 1 Satz 2 nur, wenn der Schuldner zu dem Zeitpunkt, zu dem der Antrag auf Eröffnung des Insolvenzverfahrens gestellt wird, weniger als 20 Gläubiger hat.

Übersicht

I. Normzweck, Gesetzgebungshinweise

Die Vorschrift regelt über den persönlichen Anwendungsbereich die Statthaftigkeit des Verfahrens. Ein Wahlrecht steht dem Schu bzgl des gewählten Verfahrens nicht zu.[1] Erfasst wer- 1

1 *Wimmer/Dauernheim/Wagner/Gietl/Henning* Handbuch des Fachanwalts Insolvenzrecht, 5. Aufl 2012 Kap 16 Rn 11; FK/*Kohte/Busch* § 304 Rn 2.

den zunächst alle natürlichen Personen, die unselbstständig tätig sind oder keine Beschäftigung haben; insoweit lehnt sich die Vorschrift an den europarechtlich geprägten Verbraucherbegriff an, der seit dem Jahre 2000 auch in § 13 BGB kodifiziert ist.[2] § 13 BGB stellt jedoch entgegen der Regelung des § 304 auf einen funktionalen Verbraucherbegriff ab.[3]

2 Ehemals selbstständige Schu unterliegen dem Regelungsbereich nur, wenn ihre Vermögensverhältnisse überschaubar sind und zusätzlich gegen sie keine Forderungen aus Arbeitsverhältnissen bestehen (Abs 2).

3 Die Regelungen des VerbrInsVerf stellen eine gesonderte, spezialisierte Verfahrensart dar. Das Regelinsolvenzverfahren hingegen stellt den Verfahrensrechtlichen Grundfall das, so dass **im Zweifel** die Vorschriften über das **RegelInsolvenzVerf** anzuwenden sind.[4] Ein Wahlrecht des Schu zwischen den Verfahrensarten besteht nicht.[5]

II. Einzelheiten

4 **1. Natürliche Person.** Das Kriterium der natürlichen Person in Abs 1 schließt alle **Gesellschaften** aus, auch Gesellschaften des Bürgerlichen Rechts.[6] Beim Tod des Schu während des InsVerf wird das VerbraucherInsVerf als allg NachlassInsVerf fortgesetzt.[7] Eine angeordnete Betreuung steht der Insolvenzfähigkeit des Schu nicht entgegen. Ggf tritt der Betreuer gem §§ 4 InsO, 53 ZPO in das Verfahren ein.[8]

5 **2. Keine selbstständige Tätigkeit (Abs 1 S 1).** Der selbstständig tätige Schu unterfällt nicht dem Anwendungsbereich des VerbrInsVerf. Eine selbstständige Tätigkeit „liegt grundsätzlich vor, wenn sie im eigenen Namen, in eigener Verantwortung, für eigene Rechnung und auf eigenes Risiko ausgeübt wird."[9] Maßgeblich ist der **Zeitpunkt der Antragstellung**.[10] Zu den selbstständigen Schu gehört auch der „vorgeschobene Strohmann", der sich seinen Rechtsschein als Gewerbetreibender zurechnen lassen muss. Es kann nicht Aufgabe des InsGer sein, die tatsächlichen Verhältnisse der Betriebstätigkeit zu untersuchen.[11]
Wer nicht selbstständig tätig ist und auch keine selbstständige Tätigkeit ausgeübt hat, unterliegt dagegen stets den Vorschriften des Neunten Teils der InsO. Das gilt auch dann, wenn ein großes Vermögen und zahlreiche Gl vorhanden sind.

6 Selbstständig wirtschaftlich tätig in diesem Sinn sind nicht nur die Kaufleute, sondern auch jeder kleine Gewerbetreibende sowie jeder, der einen **freien Beruf** ausübt.[12] Ausreichend ist auch eine geringfügige oder eine nebenberuflich ausgeübte selbstständige Tätigkeit;[13] allerdings darf eine solche Tätigkeit nicht nur gelegentlich ausgeübt werden, sie muss einen nennenswerten Umfang erreichen und organisatorisch verfestigt sein.[14] Hinsichtlich des

---

2 Vgl FK/*Kohte* § 304 Rn 6.
3 MK–BGB/*Micklitz* § 13 Rn 3.
4 *BGH* NZI 2003, 647, bekräftigt ua in ZInsO 2009, 682, 684; *LG Hbg*, ZInsO 2013, 302.
5 *LG Göttingen* ZVI 2007, 368; auch in ZIP 2007, 1031, ZInsO 2007, 629; FK/*Kohte/Busch* § 304 Rn 2.
6 *Arnold* DGVZ 1996, 131 f; **aA** MK/*Ott/Vuia* § 304 Rn 66 für BGB-Gesellschaften, die keine wirtschaftlichen Zwecke verfolgen.
7 *BGH* NZI 2008, 382 mit Anm *Schmerbach* NZI 2008, 353; *Graf-Schlicker/Sabel* § 304 Rn 2.
8 *Beth* ZInsO 2012, 316.
9 *BGH* ZInsO 2005, 1163.
10 *BGH* NJW 2003, 591; *Kohte* ZInsO 2002, 56; *K/P/B/Wenzel* § 304 Rn 19; vgl § 304 Abs 2.
11 *AG Ludwigshafen* NZI 2016, 497.
12 *BGH* ZInsO 2005, 1163; MK/*Ott/Vuia* § 304 Rn 52 f.
13 *AG Hamburg* NZI 2004, 675.
14 *BGH* NZI 2011, 410; FK/*Kohte/Busch* § 304 Rn 9; *Graf-Schlicker/Sabel* § 304 Rn 8.

Umfangs der Tätigkeit ist die Umsatzsteuergrenze von derzeit 17 500 EUR sicher zu weit gefasst. Die Bagatellgrenze des § 3 Nr 26 EStG von 2 400 EUR bietet ein besseres Kriterium.[15] Die Vermietung einiger Wohnungen alleine stellt nicht zwingend eine selbstständige Tätigkeit dar, sondern ist private Vermögensverwaltung[16] (zur Abgrenzung su).

Eine Gesellschafterstellung als solche rechtfertigt noch nicht die Annahme einer selbstständigen Tätigkeit. Allerdings wird dem **persönlich haftenden Gesellschafter** einer OHG oder dem Komplementär einer KG regelmäßig die Geschäftstätigkeit der Gesellschaft zugerechnet werden können, so dass auch auf ihn das RegelInsVerf Anwendung findet.[17] Dies ist ua deshalb sinnvoll, weil ein solcher Gesellschafter über § 227 Abs 2 in das InsVerf über das Vermögen der Gesellschaft einbezogen ist.[18] Der Gesellschafter einer GdbR ist stets selbstständig tätig. 7

Differenzierter zu betrachten ist die Gesellschafterstellung bei einer Kapitalgesellschaft. Alleine das Halten von GesAnteilen dürfte eine selbstständige Tätigkeit noch nicht begründen. Anders jedoch für den **Mehrheitsgesellschafter einer Kapitalgesellschaft**, der auch selbst die Geschäfte führt und daher bei wirtschaftlicher Betrachtung selbstständig tätig ist.[19] Dies gilt auch für den geschäftsführenden Mehrheitsgesellschafter einer GmbH, wenn diese selbst nur pers haftender Gesellschafter einer GmbH & Co KG ist.[20] Die Struktur der Verschuldung eines geschäftsführenden Gesellschafters soll jedenfalls dann nicht der eines Verbrauchers entsprechen, soweit dieser für Gesellschaftsverbindlichkeiten haftet.[21] Ab welcher Beteiligungshöhe das VerbrInsVerf ausgeschlossen ist, wird überwiegend mit zumindest 50 % angenommen.[22] Alleine die organschaftliche Stellung des Schu dürfte eine selbstständige Stellung jedenfalls nicht begründen. 8

Die Abgrenzung einer selbstständigen Tätigkeit zur **privaten Vermögensverwaltung** nimmt der BGH vornehmlich mit dem Umfang der hiermit verbundenen Geschäfte vor.[23] Auf die Höhe der verwalteten Werte oder des Finanzierungsaufkommens soll es hierbei nicht ankommen.[23] Die Abgrenzungskriterien sind nicht abschließend bestimmt. Das LG Göttingen geht davon aus, dass die Verwaltung zweier Wohneinheiten zur privaten Vermögensverwaltung gehört, das AG Leipzig sieht den Schu mit 5 vermieteten Wohneinheiten und 4 Eigentumswohnungen als selbstständigen Unternehmer an.[24] Das Verbraucherinsolvenzverfahren soll auch nach der Reform v 1.7.2014 weiterhin dem Ansatz Rechnung tragen, dass die insolvenzrechtliche Abwicklung eines Verbrauchers nicht der Komplexität eines Unternehmensinsolvenzverfahrens bedarf. Daher ist auch die private Vermögensverwaltung ab einer bestimmten Komplexität der Tätigkeit unter den Begriff der Selbstständigkeit zu subsumieren.[25] 9

15 *BGH* 24.3.2011, IX ZB 80/11.
16 *LG Göttingen* ZInsO 2007, 166 mit zust Anm *Fuchs* EWiR 2007, 629.
17 *BGH* ZInsO 2005, 1163.
18 FK/*Kohte/Busch* § 304 Rn 17; *Uhlenbruck/Vallender* § 304 Rn 12; *Fuchs* ZInsO 2002, 299.
19 *BGH* ZInsO 2009, 682; MK/*Ott/Vuia* § 304 Rn 55; *Uhlenbruck/Vallender* § 304 Rn 13. Für den geschäftsführenden Alleingesellschafter einer GmbH *BGH* ZInsO 2005, 1163 mit krit Anm *Heinze* in DZWIR 2006, 83; *LG Köln* ZIP 2004, 2249.
20 *BGH* VuR 2009, 271.
21 *BGH* 2006, 917.
22 *AG Duisburg* ZIP 2007, 1963; vgl *Fuchs* ZInsO 2002, 299; FK/*Kohte/Busch* § 304 Rn 21; *Uhlenbruck/Sternal* § 304 Rn 17; *BGH* NJW 2006, 917; *LG Hamburg* ZInsO 2013, 302.
23 *BGH* NJW 2002, 368.
24 *LG Göttingen* 15.12.2006, 10 T 130/06; *AG Leipzig* ZInsO 2011, 2241.
25 **AA** FK/*Kothe/Busch* § 304 Rn 8, die zur Abgrenzung auf das Auftreten am Markt abstellen.

10 **3. Frühere selbstständige Tätigkeit (Abs 1 S 2, Abs 2).** Wer selbstständig tätig war, diese Tätigkeit aber vor dem Zeitpunkt des Antrags auf Eröffnung des InsVerf beendet hat, unterliegt dem Verbraucher- und KleinInsVerf unter zwei ergänzenden Voraussetzungen: Seine Vermögensverhältnisse müssen überschaubar sein, und gegen ihn dürfen keine Forderungen aus Arbeitsverhältnissen bestehen. Die Beendigung der selbstständigen wirtschaftlichen Tätigkeit muss vollständig sein; das ist nicht der Fall, solange ein Unternehmen noch abgewickelt wird. Maßgeblich für die Beurteilung aller Voraussetzungen ist der **Zeitpunkt der Antragstellung**; dies wird in Abs 2 für die Zahl der Gl ausdrücklich gesagt, muss aber im Interesse der Rechtsklarheit allg gelten.[26]

11 **a) Überschaubarkeit der Vermögensverhältnisse.** Nach der unwiderleglichen Vermutung in Abs 2 gelten die Vermögensverhältnisse eines Schu, der im Zeitpunkt des Eröffnungsantrags mehr als 19 Gl hat, als nicht überschaubar. Entscheidend ist die Zahl der Gl, nicht der Forderungen. Die Regelung bietet Manipulationsmöglichkeiten; insb kann der Schu durch Begr neuer Verbindlichkeiten vor Antragstellung die maßgebliche Zahl der Gl erhöhen und dadurch dem VerbrInsVerf ausweichen.[27] Dies sollte jedoch in Kauf genommen werden, um dem Gericht die vom Gesetzgeber gewünschte leichte Handhabbarkeit dieses Kriteriums zu erhalten.[28]

12 Das Kriterium des Abs 2 ist allerdings nicht das einzig maßgebliche. Zwar schließt eine Zahl von mehr als 19 Gl das Verbr- und KleinInsVerf zwingend aus. Jedoch kann auch bei weniger als 20 Gl die Überschaubarkeit der Vermögensverhältnisse fehlen, zB wenn das Bestehen zahlreicher Forderungen zweifelhaft ist oder wenn **komplexe Anfechtungssachverhalte** zu beurteilen sind.[29] Gleiches gilt, wenn der Schu an verschiedenen Gesellschaften und Grundstücksgemeinschaften beteiligt ist.[30] Insoweit kann die fehlende Überschaubarkeit der Vermögensverhältnisse auch nach dem Aktivvermögen beurteilt werden. Der Wortlaut des Abs 2 der Regelung definiert die Überschaubarkeit lediglich hinsichtlich der Gläubigeranzahl. Eine weitergehende Auslegung ist hierdurch nicht ausgeschlossen.

13 Die Frage, ob die Vermögensverhältnisse überschaubar sind, ist objektiv nach deren Umfang und Struktur zu beurteilen;[31] es reicht daher nicht aus, dass der Schu den Überblick über seine Vermögensangelegenheiten verloren hat.

14 **b) Keine Forderungen aus Arbeitsverhältnissen.** Auch ein Schu mit überschaubaren Vermögensverhältnissen unterliegt dann dem RegelInsVerf, wenn aus einer früheren selbstständigen Tätigkeit noch Forderungen aus Arbeitsverhältnissen gegen den Schu bestehen. Auch das Bestehen solcher Forderungen ist nach Gesetzeswortlaut und Begr des RegE[32] als **unwiderlegliches Kriterium** dafür anzusehen, dass die Ins sich nach der „Verschuldungsstruktur" nicht für die Behandlung im VerbrInsVerf eignet.

15 Ansprüche auf Arbeitsentgelt verlieren ihren Charakter als „Forderungen aus einem Arbeitsverhältnis" nicht dadurch, dass sie gem § 187 SGB III mit dem Antrag auf InsGeld

---

26 Vgl MK/*Ott/Vuia* § 304 Rn 62; **aA** *Uhlenbruck/Sternal* § 304 Rn 43 f, der Veränderungen zwischen Antrag und Eröffnung berücksichtigen will.

27 Vgl *Uhlenbruck/Sternal* § 304 Rn 28.

28 Vgl *Pape* ZVI 2002, 230.

29 Begr zum RegE des G v 26.10.2001, BT-Drucks 14/5680, 30, zu Nr 21; MK/*Ott/Vuia* § 304 Rn 60; *Uhlenbruck/Sternal* § 304 Rn 21; *K/P/B/Wenzel* § 304 Rn 18.

30 *LG Göttingen* ZInsO 2002, 244.

31 *BGH* NZI 2003, 647.

32 RegE des G v 26.10.2001, BT-Drucks 14/5680, 30, zu Nr 21.

auf die BfA übergehen.[33] Nach Auff des BGH sind zu den Forderungen aus Arbeitsverhältnissen darüber hinaus auch **Forderungen der Sozialversicherungsträger und der Finanzverwaltung** zu rechnen, die durch ein Arbeitsverhältnis veranlasst sind.[34] Auch Beiträge des Schu zu Berufsgenossenschaften unterfallen dem Ausschlusskriterium jedenfalls dann, wenn sie nicht auf eigenen Beitragspflichten des Schu beruhen.[35]

Forderungen aus einer **Durchgriffshaftung** gegen den Geschäftsführer einer GmbH wegen unterlassener Zahlung von Sozialversicherungsbeiträgen und Lohnsteuer hat der BGH ebenfalls zu den „Forderungen aus einem Arbeitsverhältnis" iSd § 304 Abs 1 S 2 gerechnet.[36] Für Forderungen der **Berufsgenossenschaften** auf Unfallversicherungsbeiträge, die allein vom Arbeitgeber zu entrichten sind, ist aber geklärt, dass sie nicht als „Forderungen aus einem Arbeitsverhältnis" iSd § 304 Abs 1 S 2 anzusehen sind.[37] Weniger problematisch ist auch, dass Beitragsforderungen der SOKA-Bau für das Wintergeld, die sich ebenfalls nur gegen den Arbeitgeber richten,[38] und der Anspruch auf Rückzahlung eines Eingliederungszuschusses für einen Schwerbehinderten[39] nicht von diesem Begriff erfasst werden. 16

4. Entscheidung über die Verfahrensart. Der Antrag des Schu bestimmt die Durchführung des Verbraucher- oder Regelinsolvenzverfahrens. In Anbetracht der gem § 305 Abs 1 Nr 1 dem Verbraucherinsolvenzantrag vorgeschalteten außergerichtlichen Schuldenbereinigung auf Grundlage einer eingehenden, persönlichen Beratung durch eine geeignete oder zugelassene Stelle sollte der Schu die zutreffende Verfahrensart zunächst mit seinem Berater abklären. Das Regelinsolvenzverfahren kann er jedoch auch dann beantragen, wenn er grds in den Anwendungsbereich der § 304 fällt. 17

Beschränkt der Schu seinen Eröffnungsantrag ausdrücklich auf eine der beiden VerfArten und hält das Gericht diese nicht für einschlägig, hat es den Schu auf die Bedenken hinzuweisen. Stellt er seinen Antrag nicht um, so ist er als unzulässig abzuweisen.[40] Gegen diese Entsch ist die sof Beschw statthaft.[41] Ebenso ist der Schu beschwerdeberechtigt, wenn das Gericht auf einen GlAntrag hin das VerbrInsVerf eröffnet, der Schu jedoch das RegelInsVerf für einschlägig hält.[42] Die Auffassung, dass bei Angabe einer unrichtigen VerfArt im Eröffnungsantrag entspr § 17a GVG eine Abgabe in die richtige VerfArt erfolgen müsse,[43] hat sich in der Rspr nicht durchgesetzt.[44] 18

---

33 Begr RegE des G v 26.10.2001, BT-Drucks 14/5680, 30, zu Nr 21; *BGH* NZI 2011, 202; *LG Dresden* ZVI 2004, 19; *LG Halle* DZWIR 2003, 86; *Hess/Röpke* InVo 2003, 89, 91 f; **aA** FK/*Kohte/Busch* § 304 Rn 44–47.

34 *BGH* ZInsO 2005, 1163.

35 *BGH* 24.9.2009 – XI ZA 49/08.

36 *BGH* ZInsO 2005, 1163; ebenso *AG Dresden* ZVI 2005, 50; **aA** *LG Dresden* ZVI 2004, 19.

37 *BGH* ZInsO 2009, 2216; *LG Düsseldorf* ZVI 2002, 325 mit zust Anm *Kohte; LG Köln* NZI 2002, 505.

38 *AG Berlin-Charlottenburg* ZVI 2003, 362.

39 *AG Essen* ZVI 2002, 274 mit zust Anm *Fischer*.

40 *K/P/B/Wenzel* § 304 Rn 7; *Uhlenbruck/Sternal* § 304 Rn 33; *OLG Köln* ZInsO 2000, 612; *LG Berlin* ZInsO 2010, 2343; *LG Frankfurt/Oder* ZIP 2000, 1067; *LG Halle* ZInsO 2000, 227.

41 *BGH* NZI 2013, 540; *OLG Celle* ZIP 2000, 802 und ZIP 2000, 2317; *OLG Naumburg* NZI 2000, 603; *LG Göttingen* ZInsO 2007, 166; *LG Düsseldorf* NZI 2004, 160; vgl *BGH* NZI 2003, 647.

42 *OLG Köln* NZI 2001, 216.

43 ZB *Bork* ZIP 1999, 303; vgl auch FK/*Kohte/Busch* § 304 Rn 54, nach dessen Auff die Abgabe in die andere VerfArt bei einem entspr Hilfsantrag des Schu erfolgen muss.

44 Zust *LG Göttingen* ZInsO 2007, 166 und *Fuchs* EWiR 2007, 629; ebenso *Vallender* KS-InsO, S 152 Rn 116.

§ 305 Eröffnungsantrag des Schuldners

(1) Mit dem schriftlich einzureichenden Antrag auf Eröffnung des Insolvenzverfahrens oder unverzüglich nach diesem Antrag hat der Schuldner vorzulegen:

1. eine Bescheinigung, die von einer geeigneten Person oder Stelle auf der Grundlage persönlicher Beratung und eingehender Prüfung der Einkommens- und Vermögensverhältnisse des Schuldners ausgestellt ist und aus der sich ergibt, dass eine außergerichtliche Einigung mit den Gläubigern über die Schuldenbereinigung auf der Grundlage eines Plans innerhalb der letzten sechs Monate vor dem Eröffnungsantrag erfolglos versucht worden ist; der Plan ist beizufügen und die wesentlichen Gründe für sein Scheitern sind darzulegen; die Länder können bestimmen, welche Personen oder Stellen als geeignet anzusehen sind;

2. den Antrag auf Erteilung von Restschuldbefreiung (§ 287) oder die Erklärung, dass Restschuldbefreiung nicht beantragt werden soll;

3. ein Verzeichnis des vorhandenen Vermögens und des Einkommens (Vermögensverzeichnis), eine Zusammenfassung des wesentlichen Inhalts dieses Verzeichnisses (Vermögensübersicht), ein Verzeichnis der Gläubiger und ein Verzeichnis der gegen ihn gerichteten Forderungen; den Verzeichnissen und der Vermögensübersicht ist die Erklärung beizufügen, dass die enthaltenen Angaben richtig und vollständig sind;

4. einen Schuldenbereinigungsplan; dieser kann alle Regelungen enthalten, die unter Berücksichtigung der Gläubigerinteressen sowie der Vermögens-, Einkommens- und Familienverhältnisse des Schuldners geeignet sind, zu einer angemessenen Schuldenbereinigung zu führen; in den Plan ist aufzunehmen, ob und inwieweit Bürgschaften, Pfandrechte und andere Sicherheiten der Gläubiger vom Plan berührt werden sollen.

(2) [1]In dem Verzeichnis der Forderungen nach Absatz 1 Nr. 3 kann auch auf beigefügte Forderungsaufstellungen der Gläubiger Bezug genommen werden. [2]Auf Aufforderung des Schuldners sind die Gläubiger verpflichtet, auf ihre Kosten dem Schuldner zur Vorbereitung des Forderungsverzeichnisses eine schriftliche Aufstellung ihrer gegen diesen gerichteten Forderungen zu erteilen; insbesondere haben sie ihm die Höhe ihrer Forderungen und deren Aufgliederung in Hauptforderung, Zinsen und Kosten anzugeben. [3]Die Aufforderung des Schuldners muss einen Hinweis auf einen bereits bei Gericht eingereichten oder in naher Zukunft beabsichtigten Antrag auf Eröffnung eines Insolvenzverfahrens enthalten.

(3) [1]Hat der Schuldner die amtlichen Formulare nach Absatz 5 nicht vollständig ausgefüllt abgegeben, fordert ihn das Insolvenzgericht auf, das Fehlende unverzüglich zu ergänzen. [2]Kommt der Schuldner dieser Aufforderung nicht binnen eines Monats nach, so gilt sein Antrag auf Eröffnung des Insolvenzverfahrens als zurückgenommen. [3]Im Falle des § 306 Abs. 3 Satz 3 beträgt die Frist drei Monate.

(4) [1]Der Schuldner kann sich vor dem Insolvenzgericht von einer geeigneten Person oder einem Angehörigen einer als geeignet anerkannten Stelle Stelle im Sinne des Absatzes 1 Nr. 1 vertreten lassen. [2]Für die Vertretung des Gläubigers gilt § 174 Abs. 1 Satz 3 entsprechend.

(5) [1]Das Bundesministerium der Justiz und für Verbraucherschutz wird ermächtigt, durch Rechtsverordnung mit Zustimmung des Bundesrates zur Vereinfachung des Verbraucherinsolvenzverfahrens für die Beteiligten Formulare für die nach Absatz 1 Nummer 1 bis 4 vorzulegenden Bescheinigungen, Anträge und Verzeichnisse einzuführen. [2]Soweit nach Satz 1 Formulare eingeführt sind, muss sich der Schuldner ihrer bedienen. [3]Für Verfahren bei Gerichten, die die Verfahren maschinell bearbeiten, und für Verfahren bei Gerichten, die die Verfahren nicht maschinell bearbeiten, können unterschiedliche Formulare eingeführt werden.

Übersicht

I. Normzweck, Gesetzgebungshinweise

1 Die Vorschrift regelt die besonderen Zulässigkeitsvoraussetzungen für das VerbrInsVerf. Insbesondere stellt die Norm in Abs 1 Nr 1 dem Antrag ein verbindliches, außergerichtliches Verf voran. Bevor sich der Schu in das InsVerf begibt, soll er ernsthaft versuchen sich durch eine vergleichsweise Regelung mit seinen Gl von seinen Verbindlichkeiten zu befreien. In der Praxis der Schuldnerberatungsstellen und sonstigen geeigneten Stellen hat der **außergerichtliche Schuldenbereinigungsplan** kaum Aussicht auf Erfolg. Häufig reagieren Gl nicht einmal auf die Anschreiben der Beratungsstellen und bringen die Einigungsversuche so zum Scheitern.

Der nicht unerhebliche Arbeitsaufwand für einen vorgerichtlichen Einigungsversuch, die Tatsache, dass regelmäßig keine oder nur äußerst geringe Quoten angeboten werden können und der Umstand des häufigen Scheiterns der Pläne, hat die BReg dazu veranlasst, an der Durchführung eines obligatorischen außergerichtlichen Planes nicht länger festhalten zu wollen.[1] Lediglich in aussichtsreichen Fällen, in denen der Schu über weniger als 20 Gl verfügt und diesen eine Befriedigungsquote von mehr als 5% anbieten kann, sollte ein Einigungsversuch überhaupt unternommen werden.[2] Diese Idee wurde jedoch im parlamentarischen Verf nach einer Expertenanhörung im Rechtsausschuss aufgegeben. Der Ausschuss hat in seiner Beschlussempfehlung darauf hingewiesen, dass gerade in den masselosen Verf außergerichtlich mit erheblichem Zeit- und Kostenaufwand Schuldnerunterlagen für das Verf aufbereitet werden. Eine bloße Aussichtslosigkeitsbescheinigung kann dazu führen, dass diese Arbeit auf das gerichtliche Verf verlagert wird.[3] Dem außergerichtlichen Verf kommt auch eine erhebliche Ordnungsfunktion der Vermögensverhältnisse des Schu zu. Das G v 15.7.2013[4] hat daher an dem verbindlichen Einigungsversuch festgehalten.

1 BT-Drucks 17/11268, zu Nr 35.
2 RefE v 18.1.2012; RegE v 31.10.2012 BT-Drucks 17/11268.
3 BT-Drucks 17/13535, zu Nr 36 neu (S 29).
4 BGBl I S 2379.

2 Im Verhältnis zu den Antragsvoraussetzungen des § 13 werden dem Schu des VerbrInsVerf deutlich weitergehende Erklärungspflichten auferlegt. Die BReg hat von der Ermächtigungsgrundlage des Abs 5 Gebrauch gemacht und mit der VbrInsVV v 17.2.2002[5] verbindliche Antragsformulare erlassen. Hierin hat der Antragsteller neben seinen persönlichen Verhältnissen auch Erklärungen über sein Vermögen und die Verbindlichkeiten zu machen.

II. Der außergerichtliche Einigungsversuch (vgl Abs 1 Nr 1)

3 Verbindliche Voraussetzung für die Zulässigkeit des Antrages ist ein vorausgegangener außergerichtlicher Einigungsversuch des Schu. Erst wenn dieser scheitert, ist dem Schu der Zugang zum VerbrInsVerf eröffnet. Dies gilt auch im Falle eines GlAntrages gem § 306 Abs 3 S 3, jedenfalls dann, wenn die Eröffnung des Verfahrens nicht auf den GlAntrag, sondern dem Antrag des Schu erfolgen soll.[6]

4 Die Bescheinigung über das Scheitern der außergerichtlichen Einigung der geeigneten Stellen hat auf **Grundlage einer persönlichen Beratung und eingehender Prüfung der Vermögenslage** zu erfolgen. Dies soll sicherstellen, dass sich die Aussteller der Bescheinigung auch tatsächlich mit der Person des Antragstellers und dessen Einkommens- und Vermögenslage auseinander gesetzt haben.

5 In der Folge dieser Konkretisierung im Gesetz ist es zu verschiedenen Versuchen der Gerichte gekommen, diese Vorgabe der Beratungsleistung zu definieren. Ein Überblick über den Meinungsstand findet sich in der Kommentierung zum Inhalt der Bescheinigung.

6 Bei einer außergerichtlichen Einigung können Lösungen gefunden werden, lässt der Grundsatz der Privatautonomie den Beteiligten alle Freiheiten des Vertragsrechtes. Die vergleichsweise Schuldenregulierung kann im Wege einer Einmalzahlung erfolgen. Eine ratenweise Befriedigung ist nicht an die Laufzeitvorgabe der Abtretungserklärung gebunden. Es können auch deutlich kürzere oder längere Laufzeiten vereinbart werden. Abs 4 stellt auch klar, dass zum Inhalt eines Schuldenbereinigungsplans auch Sicherungsrechte Dritter gemacht werden können.

7 Eine außergerichtliche Einigung führt nur in seltenen Fällen zum Erfolg. Da eine Einigung mit den Gl stets die ausdrückliche Annahme des Vergleichsvertrages aller Beteiligten voraussetzt, kommen Vereinbarungen mit einer größeren Zahl von Gl kaum zu Stande. Auch können viele masselose Schu ihren Gl keinerlei Zahlungen anbieten.

Im Land Rheinland-Pfalz hat es zum Jahr 2011 eine statistische Untersuchung gegeben. Demnach wurden von Schuldnerberatungsstellen insg 13 760 Beratungsfälle registriert. In 3 097 Fällen wurden Bescheinigungen gem § 305 Abs 1 ausgestellt. Lediglich in 281 Fällen kam es zu einer außergerichtlichen Schuldenbereinigung auf Grundlage eines Plans iSd Regelung.[7]

8 **1. Geeignete Person oder Stelle.** Obwohl die Vorschrift ausdrücklich nur verlangt, dass die Bescheinigung von einer „geeigneten Person oder Stelle“ ausgestellt wird, ist gemeint, dass bei dieser Person oder Stelle eine ausreichende Qualifikation für die Beratung bei außergerichtlichen Schuldenbereinigungen vorzuliegen hat; ob die geeignete Stelle beim Einigungsversuch mitwirken muss, oder der geeignete Schu sich seinen eigenen, gescheiterten Einigungsversuch lediglich bestätigen lassen kann, ist streitig.[8] In jedem Fall muss gewährleistet

5 Zuletzt geändert durch ÄndVO v 23.6.2014, BGBl I S 825.

6 Hierzu § 306 Rn 19.

7 *Ministerium fürArbeit, Soziales, Gesundheit und Demokrafie RhPf* Schuldnerberatung in RhPf Jahr 2011.

8 Vgl unten § 305 Rn 28.

sein, dass **keine Gefälligkeitsbescheinigungen** ausgestellt werden.[9] Hierauf weist auch der neu gefasste Wortlaut des Abs 1 Nr 1 hin. Der Rechtsausschuss des Deutschen BT ist in seiner Beschlussempfehlung davon ausgegangen, dass die eingehende Beratung des Schu im Verhältnis zur Erstellung des Schuldenbereinigungsplans der aufwändigere Bereich der Beratungsleistung ist.[10] Die Stärkung des außergerichtlichen Verfahrens war eine wesentliche Forderung der Stephan-Kommission[11] und ist nicht nur im Interesse der Gerichtsentlastung, sondern auch zur Unterstützung einer nachhaltigen Entschuldung von erheblicher Bedeutung.

Zur näheren Festlegung, welche Personen oder Stellen als geeignet anzusehen sind, werden in Abs 1 Nr 1 letzter HS **die Länder ermächtigt**. Der Musterentwurf eines LandesausführungsG zur InsO[12] sieht dazu vor, dass geeignete Stellen nur solche sein sollen, die von einer noch zu bestimmenden Behörde als geeignet anerkannt worden sind; auf eine Klärung der Frage, welche Personen als geeignet anzusehen sind, soll verzichtet werden. 9

Personen, die zur Beratung bei außergerichtlichen Schuldenbereinigungen geeignet sind, sind jedenfalls die **Rechtsanwälte, Notare und Steuerberater**.[13] Auch ein RA, der zum Betreuer des Schu mit dem Aufgabenkreis der Vermögenssorge bestellt ist, kann diese Aufgabe übernehmen und wirksam das Scheitern eines außergerichtlichen Einigungsversuchs bescheinigen.[14] § 1 Abs 1 AusführungsG Baden-Württemberg nennt außerdem die Wirtschaftsprüfer, die vereidigten Buchprüfer und die Erlaubnisinhaber nach dem RechtsberatungsG, die Mitglied einer RAKammer sind. Ähnlich ist die Aufzählung in den anderen LandesausführungsG, die Angaben zu den „geeigneten Personen" enthalten; meist werden noch die Steuerbevollmächtigten genannt. Soweit keine gesetzlichen Vorgaben existieren, sind Qualifikation und Zuverlässigkeit im Einzelfall zu prüfen. 10

Geeignete Stellen sind in erster Linie die **SchuBeratungsstellen**, wie sie von Gemeinden und Wohlfahrtsverbänden eingerichtet sind.[15] Für die behördliche Anerkennung (oder die Anerkennung außerhalb eines behördlichen Verf, vgl oben Rn 60) ist in den LandesausführungsG durchweg vorgeschrieben, dass sie von einer zuverlässigen Person geleitet werden,[16] auf Dauer angelegt sind[17] und über die für die Beratung erforderlichen technischen, organisatorischen und räumlichen Voraussetzungen verfügen, sie müssen Personal mit praktischer Erfahrung in der Schuldnerberatung haben und die erforderliche Rechtsberatung sicherstel- 11

9 Bericht des BT-RAussch zur InsO, BT-Drucks 12/7302, 190, zu § 357b; *Schmidt-Räntsch* KS-InsO, S 1194.

10 BT-Drucks 17/13535 zu Nr 36.

11 Eckpunkte zur außergerichtlichen Einigung, *Stephan-Kommission* v 14.3.2013; hierzu auch *Henning* ZVI 2012, 126.

12 Vgl oben Vor § 304 Rn 11.

13 Bericht des RAussch, BT-Drucks 12/7302, 190, zu § 357b. – Nach einer Untersuchung von *Heuer* (ZVI 2008, 505) wurde im Jahr 2006 fast die Hälfte aller außergerichtlichen Vergleichsverhandlungen von Rechtsanwälten durchgeführt.

14 *LG Verden* ZInsO 2007, 168.

15 Die Zahl der SchuBeratungsstellen in Deutschland wird für das Jahr 2007 mit 950 angegeben, *Hergenröder/Kokott* ZVI-Sonderheft 2009, 28. Zur Finanzierung der SchuBeratungsstellen vgl oben Vor § 304 Rn 10.

16 Die Zuverlässigkeit fehlt, wenn der Antragsteller keine Angaben zu seinem Finanzierungskonzept und zu seinen Finanzierungsquellen machen kann oder will, *VG Mainz* ZVI 2003, 597.

17 Nicht „auf Dauer angelegt" ist eine Beratungsstelle, der ein tragfähiges Finanzierungskonzept fehlt, weil die erforderlichen Mittel maßgeblich durch Aufnahmegebühren und monatliche Beiträge der Schu gewonnen werden sollen, *OVG Berlin-Brandenburg* ZVI 2009, 490 mit Anm *Homann* ZVI 2009, 477.

len. ZT wird auch der Kreis der Träger einer solchen Stelle auf öffentliche Körperschaften und gemeinnützige Organisationen beschränkt; eine solche Regelung hält sich iRd der Ermächtigung des Landesgesetzgebers und verstößt nicht gegen Verfassungsrecht.[18]

12 Die Hilfe der SchuBeratungsstellen der Gemeinden und Wohlfahrtsverbände ist für den Schu üblicherweise kostenfrei, allenfalls wird ein geringer Eigenbeitrag verlangt. Für die Tätigkeit eines Anwalts, der den Schu bei dem außergerichtlichen Einigungsversuch unterstützt, kann **Beratungshilfe** in Anspruch genommen werden.[19] Die Meinung einiger Amtsgerichte, dass es sich bei dieser Tätigkeit nicht um eine rechtliche Beratung handle, sondern um eine Beratung über die wirtschaftliche Situation des Schu,[20] widerspricht offensichtlich der Auff des Gesetzgebers, wie die von diesem geschaffenen Gebührenregelungen zeigen. Dies hat auch das *BVerfG* ausdrücklich festgestellt.[21] Allerdings wird Beratungshilfe nur gewährt, wenn keine zumutbare andere Möglichkeit der Hilfe zur Verfügung steht (§ 1 Abs 1 Nr 2 BerHG). Mit dieser Begr kann ein Schu, der um Beratungshilfe für einen außergerichtlichen Einigungsversuch nachsucht, zunächst an die SchuBeratungsstellen verwiesen werden.[22] Wenn dort allerdings wegen Überlastung übermäßig lange Wartezeiten bestehen, kann ihm die Beratungshilfe nicht verweigert werden.[23] Dieser Auslegung des Gesetzes hat das *BVerfG*[24] bescheinigt, dass sie „einfachrechtlich gut vertretbar … und daher keineswegs willkürlich" ist. Bei einer Wartezeit von mehr als sechs Monaten dürfte die Grenze der Unzumutbarkeit in der Regel überschritten sein.[25]

Bestehen im Einzelfall besondere Rechtsfragen, kann die Gewährung der Beratungshilfe nicht unter Verweis auf die Schuldnerberatungsstellen versagt werden. Diese Rechtsfragen sind im Beratungshilfeverfahren vom Antragsteller vorzutragen.[26]

13 Ebenso wenig überzeugend ist der Versuch, die Vorschriften über die Beratungshilfe entspr auf die Tätigkeit der anerkannten **„geeigneten Stellen"** iSd § 305 Abs 1 Nr 1 anzuwenden. Die Beratungshilfe ist vom Gesetzgeber bewusst auf einen bestimmten Personenkreis beschränkt worden. Die Beschränkung der Beratungshilfe auf RA und ihnen gleichgestellte Rechtsbeistände ist auch durch sachliche Gründe gerechtfertigt, ua durch ihr Fachwissen und durch ihre bes Berufspflichten, und unterliegt daher keinen verfassungsrechtlichen Bedenken.[27]

14 **2. Zum Inhalt der versuchten Einigung.** Das Ziel der Entlastung der Gerichte durch den außergerichtlichen Einigungsversuch kann nur erreicht werden, wenn der Schu und die ihn unterstützende Person oder Stelle sich ernstlich und nachdrücklich um eine Einigung mit

---

18 *VG Hannover* ZVI 2007, 471 zu § 3 Abs 1 S 1 Nr 1 Niedersächsisches Ausführungsgesetz zur InsO; vgl dazu auch *Hergenröder* ZVI 2007, 453 f.

19 *BVerfG* ZInsO 2006, 1207; *BGH* NZI 2007, 418. – Bei hoher Spezialisierung können die Sätze der Beratungshilfe ausreichen, um diese Tätigkeit für den Anwalt wirtschaftlich zu machen, *Heuer* ZVI 2008, 509.

20 *AG Duisburg-Ruhrort* ZVI 2005, 629; *AG Emmerich* ZVI 2006, 296; *AG Lüdenscheid* ZVI 2006, 296; vgl auch *AG Oldenburg* NZI 2008, Heft 55 XI – LS –, Volltext in juris; *Lissner* Rpfleger 2006, 458.

21 *BVerfG* ZInsO 2006, 1207; vgl oben Vor § 304 Rn 15.

22 *AG Mannheim* ZInsO 2011, 348.

23 *AG Bad Sobernheim* Rpfleger 2007, 207; *AG Hamm* ZVI 2005, 628; *AG Schwerte* NZI 2004, 680 und ZVI 2005, 230.

24 *BVerfG* ZInsO 2006, 1207.

25 Vgl *Pape* ZInsO 2007, 1191. – Nach *AG Lüdenscheid* ZVI 2006, 296 soll allerdings eine Wartezeit von neun Monaten grds hinzunehmen sein.

26 *AG Kaiserslautern* ZInsO 2007, 896.

27 *BVerfG* NZI 2007, 181.

den Gl bemühen. Aus diesem Grund ist verbindlich geregelt, dass der Einigungsversuch **„auf der Grdl eines Plans"** erfolgen muss.[28] Verhandlungen mit einzelnen Gl ohne Gesamtkonzeption für die Befriedigung aller Gl genügen also nicht.[29]

Für diese **Gesamtkonzeption** wiederum muss zunächst eine Übersicht über das vorhandene Vermögen und das zu erwartende Einkommen einerseits und die Höhe aller Verbindlichkeiten andererseits gewonnen werden. Sinnvoll ist daher, dass ein außergerichtlicher Schuldenbereinigungsplan schon weitgehend nach den Vorgaben des § 305 Abs 1 Nr 3 und 4 für die Schuldenbereinigung im EröffnungsVerf erstellt wird, auch wenn dies für den außergerichtlichen Plan nicht ausdrücklich vorgeschrieben ist. Bei einem Scheitern des außergerichtlichen Plans kann dann für den nächsten Verfahrensschritt auf die bereits vorhandenen Unterlagen zurückgegriffen werden.[30] Der Gesetzgeber hat das Verf über den Schuldenbereinigungsplan bewusst so ausgestaltet, dass es auch als Leitfaden für eine außergerichtliche Schuldenbereinigung dienen kann.[31] 15

Dem Plan muss das ernstliche Bemühen des Schu zu Grunde liegen, sich durch eine vergleichsweise Regelung von seinen Schulden zu befreien. Hierfür muss es auch im Interesse des Schu sein, seine Leistungsfähigkeit umfassend einzubringen. Der tatsächliche Inhalt des Vergleichsvorschlages ist jedoch der gerichtlichen Prüfung entzogen. Insoweit gilt der Grundsatz der **Privatautonomie**.[32] 16

Verfügt der Schu weder über pfändbares Vermögen noch über pfändbares Einkommen, kann er seinen Gl auch einen Plan ohne Quote anbieten (**Nullplan**). Die Zulässigkeit eines Nullplans im Rahmen der außergerichtlichen Schuldenregulierung wird als Teil der Privatautonomie überwiegend anerkannt.[33]

Der *BGH* hat in seiner Entscheidung v 10.10.2013[34] sich der überwiegenden Auffassung im Schrifttum angeschlossen und den Nullplan zugelassen. Das Gericht hat hierzu ausgeführt, dass die InsO keine Gründe kennt, die einer Zulässigkeit von Nullplänen entgegenstehen. Insbesondere werde keine Mindestbefriedigungsquote verlangt. Eine Schlechterstellung der Gl durch den Plan ist somit nicht im Wege der Ernstlichkeit der Einigungsbemühungen des Schu, sondern ausschließlich im Verf der Zustimmungsersetzung nach § 309 InsO zu entscheiden.

Fraglich ist jedoch, ob dies für alle Nullpläne gelten kann. **Zweifel an dem ernstlichen Bemühen** des Schu müssen dem Gericht dann kommen, wenn dieser über pfändbare Vermögenswerte oder Einkünfte verfügt, sie aber nicht in den Einigungsversuch einbringt. 17

Auch ist nach der Entscheidung offen, wie mit zukünftigen Erwerbsaussichten des Schu umzugehen ist. Dem Schu wird wohl abzuverlangen sein, den Gl eine Besserstellung im Plan anzubieten, wenn er während der Laufzeit des Plans zu einem pfändbaren Einkommen kommt **(flexibler Nullplan).** Ein ernsthaftes Bemühen des Schu um eine vergleichsweise Einigung mit seinen Gl setzt voraus, dass der Schu seine Gl an seiner Leistungsfähigkeit teilhaben lässt. Und sei es eben „nur" in Form einer Beteiligung an einer möglichen Veränderung der künftigen Einkommenssituation.

---

28 Bericht des RAussch, BT-Drucks 12/7302, 190, zu § 357b; *Uhlenbruck/Sternal* § 305 Rn 74.
29 *N/R/Römermann* § 305 Rn 18.
30 *Fuchs* KS-InsO, 2. Aufl, S 1689 f Rn 28 f; *Kirchhof* ZInsO 1998, 56; *Wittig* WM 1998, 160 f.
31 Bericht des RAussch, BT-Drucks 12/7302, 189; ausf zu den möglichen Inhalten eines außergerichtlichen Schuldenbereinigungsplans *Veit* Außergerichtliches VerbrInsVerf, S 52 ff.
32 Vgl hierzu unten Rn 47.
33 *BGH* NZI 2014, 34; *Uhlenbruck/Sternal* § 305 Rn 115 – 117; FK/*Grothe* § 305 Rn 40; *Hess* InsO § 309, 145; **aA** MK/*Ott/Viua* § 305 Rn 73–79.
34 *BGH* 10.10.2015 – IX ZB 97/12, in NZI 2014, 34; ZInsO 2013, 2333.

18 Um dem Plan eine realistische Aussicht auf Durchführbarkeit der Verständigung mit den Gl zu geben, werden die **Verhandlungen faktisch zwingend mit allen Gl** zu führen sein. Dies kann zwar teilweise auch bereits wegen einer fehlenden Übersicht des Schu über seine Verbindlichkeiten und Gl aus tatsächlichen Gründen äußerst schwierig sein.[35] Gleichwohl steht die Vereinbarung dann stets unter dem Risiko einer Vollstreckung durch den nicht berücksichtigten Gl in die angebotenen Vermögenswerte (bspw das pfändbare Arbeitseinkommen) und damit dem Scheitern der Vereinbarung.

19 Dient der Schuldenbereinigungsplan vornehmlich der **Vorbereitung eines Verbraucherinsolvenzantrages**, hat also bereits zu Beginn keine Aussicht auf Annahme durch alle Gl, kann zunächst eine Konzentration der Einigungsbemühung auf einzelne Gl erfolgen.[36] Dies gilt umso mehr, wenn ein Gl unstreitig die Summenmehrheit im Verf haben wird. Lehnt ein so dominanter Gl die Einigung ab, wäre das Fortsetzen der Verhandlungen mit den weiteren Gl ohne Sinn. Der außergerichtliche Plan kann nicht mehr zum Erfolg führen.

20 Da die Einigungsbereitschaft der Gl auch für die Prognoseentscheidung des Gerichtes zur Durchführung eines gerichtlichen Schuldenbereinigungsplans nach § 306 von Bedeutung sein kann, sollte von einer Abkürzung des außergerichtlichen Verfahrens jedoch nur in seltenen, geeigneten Fällen Gebrauch gemacht werden.

21 Teilweise wird die Zustellung des außergerichtlichen Schuldenbereinigungsplans an alle Gl als zwingendes Zulässigkeitskriterium vorausgesetzt.[37] Der BGH hatte bislang nur erklärt, dass die Zurückweisung eines Antrages bei dem nur mit den wesentlichen Gl verhandelt worden ist, jedenfalls nicht willkürlich sei.[38] Die überwiegende Ansicht im Schrifttum hat sich jedoch für die in der Praxis entwickelte Handhabung entschieden.[39]

22 Damit die weiteren Schritte auf den Bemühungen um den außergerichtlichen Einigungsversuch aufbauen können, ist eine **Frist** zu beachten: Zwischen dem Zeitpunkt des Scheiterns des Einigungsversuchs und dem Eingang des InsAntrags bei Gericht dürfen höchstens **sechs Monate** liegen. Nicht maßgebend für den Fristbeginn ist das Datum der Bescheinigung über das Scheitern.[40] Auch der Beginn der Verhandlungen mit den Gl begründet den Fristbeginn nicht.[41] Vielmehr kommt es auf den Zeitpunkt an, in dem die Verhandlungen wegen Aussichtslosigkeit nicht mehr fortgesetzt wurden.[42] Anknüpfungspunkt ist hierbei der Zeitpunkt der letzten Ablehnung des Vorschlages des Schu durch einen Gl.[43] Dies kann in Einzelfällen zu einer willkürlichen Fristbestimmung durch den Schu führen. Die Überschreitung der Frist, auch nur kurzzeitig, führt zur Unzulässigkeit des Eröffnungsantrages.[44]

23 Die Bemühungen um eine außergerichtliche Einigung mit den Gl bergen für den Schu die **Gefahr**, dass die Gl einerseits über seine kritische Liquiditätslage, andererseits über sein noch vorhandenes Vermögen unterrichtet werden und daraufhin versuchen, ihre Forderungen schnell noch im Wege **der Einzelzwangsvollstreckung** beizutreiben.[45] Einstweilige Maß-

---

35 *A/G/R/Henning* § 305 Rn 17.

36 *Fuchs* KS-InsO, 2. Aufl, S 1690 Rn 30; *Graf-Schlicker/Sabel* § 305 Rn 19.

37 MK/*Ott/Viua* § 305 Rn 21.

38 *BGH* 10.2.2011 – IX ZB 43/08.

39 FK/*Grote* § 305 Rn 14; *A/G/R/Henning* § 305, 17; HambKomm/*Streck/Ritter* § 305 Rn 16.

40 *AG Göttingen* ZVI 2005, 371; *AG Köln* NZI 2007, 57; **aA** offenbar FK/*Grote* § 305 Rn 13.

41 *Hess* InsO § 305 Rn 63.

42 Ähnlich *AG Göttingen* ZVI 2005, 371; abw *AG Köln* NZI 2007, 57 und *Uhlenbruck/Sternal* § 305 Rn 75.

43 *Grothe* ZInsO 1998, 107.

44 *Greiner* ZInsO 2017, 1417.

45 Vgl *Uhlenbruck/Sternal* § 305 Rn 8.

nahmen des InsGer zum Schutz vor solchen Vollstreckungen sind in diesem VerfStadium noch nicht möglich. Dem Schu helfen aber der im Jahre 2001 eingefügte § 305a, nach dem die Verhandlungen über eine außergerichtliche Einigung als gescheitert gelten, wenn einer der Gl die Zwangsvollstreckung gegen den Schu betreibt, und der ebenfalls damals ergänzte § 312 Abs 1 S 3 (iVm § 88), der nach Eröffnung des Vereinfachten InsVerf alle PfR, die nicht früher als drei Monate vor dem Eröffnungsantrag entstanden sind, unwirksam werden lässt (erweiterte „Rückschlagsperre"). Das Bedürfnis nach einem Vollstreckungsschutz durch das Vollstreckungsgericht nach § 765a ZPO[46] hat sich dadurch erheblich vermindert.

III. Der Eröffnungsantrag (Abs 1 Eingangssatz)

Nach dem Scheitern des außergerichtlichen Einigungsversuchs hat der Schu, der eine gericht- 24
liche Schuldenbereinigung erreichen will – sei es auf dem Weg über einen gerichtlich bestätigten Schuldenbereinigungsplan, sei es über die gesetzliche Restschuldbefreiung –, schriftlich einen Eröffnungsantrag iSd § 13 zu stellen. Die Verweisung auf § 311 im Eingangssatz von § 305 Abs 1 verdeutlicht, dass es um die **Eröffnung des „Vereinfachten InsVerf"** geht; dies braucht bei der Antragstellung jedoch nicht zum Ausdruck gebracht zu werden.

Der Antrag ist schriftlich unter Verwendung der **amtl Vordrucke** zu stellen (vgl Abs 5 iVm 25
der VbrInsVV v 17.2.2002 zuletzt geändert am 23.6.14).[47] Ein in anderer Form eingereichter Antrag ist vom Gericht nach Abs 3 S 1 zu beanstanden.[48] Die gleichen Formvorschriften gelten für die Anlagen, die in Abs 1 S 1 aufgezählt werden und gemeinsam mit oder unverzüglich nach dem Eröffnungsantrag vorzulegen sind.

Die **Mehrfertigungen für die Zustellung an die Gl** braucht der Schu dem Antrag noch nicht 26
beizufügen, zum Zwecke der Verfahrensbeschleunigung ist dies gleichwohl sinnvoll. Sind sie nicht beigefügt, können sie gem § 306 Abs 2 S 2 nach Aufforderung des Gerichtes nachgereicht werden. Davon wird das Gericht absehen, wenn es nach Prüfung der Unterlagen zu dem Erg kommt, dass der eingereichte Schuldenbereinigungsplan voraussichtlich nicht angenommen werden wird (§ 306 Abs 1 S 3) und dass sich daher eine Versendung der Unterlagen erübrigt.

Der **Eröffnungsantrag eines Gl** führt nicht zwangsläufig zu einem vorgeschalteten Schulden- 27
bereinigungsVerf. Stellt ein Gl iF einer Verbraucher- oder KleinIns einen Eröffnungsantrag, so hat das Gericht jedoch nach § 306 Abs 3 S 1 dem Schu Gelegenheit zu geben, ebenfalls einen Antrag zu stellen.

IV. Die Bescheinigung über den Einigungsversuch (Abs 1 Nr 3)

Die Bescheinigung über das Scheitern des außergerichtlichen Einigungsversuchs ist von 28
einer geeigneten Stelle zu erteilen.[49] Ob diese auch zwingend an dem Einigungsversuch zu beteiligen ist, wird streitig beurteilt. Teilweise wird zwingend eine Beteiligung der Person oder Stelle bei der Ausarbeitung des Einigungsversuches gefordert. Dies solle sicherstellen, dass nur eine ernstliche Entschuldungsbemühung des Schu die Zulässigkeitshürde des § 305 erreicht.[50] Auch soll die Beteiligung eines Dritten die Erfolgsaussicht des Plans erhöhen.[51]

---

46 Vgl dazu *LG Itzehoe* NZI 2001, 100.
47 BGBl I 2002, 703 und 2014, 825.
48 *Uhlenbruck/Sternal* § 305 Rn 34; *LG Kleve* ZVI 2002, 200.
49 Vgl oben § 305 Rn 59 f.
50 HK-InsO/*Landfermann* 6. Aufl, § 305 Rn 27; *AG Hbg* ZVI 2008, 211; *Hackling* ZVI 2006, 225–229.
51 *Heyer* ZVI 2011, 41.

29 Eine Beteiligung der SchuBeratungsstelle an dem außergerichtlichen Schuldenbereinigungsplan ist jedoch nur in dem Fall erforderlich, da der Schu die eigene Entschuldungsbemühung aufgrund persönlicher oder sachlicher Voraussetzungen selbst nicht leisten kann. In geeigneten, wenn auch nur einzelnen, Fällen ist es daher denkbar, dass der Schu zunächst selbst mit seinen Gl die Verhandlungen beginnt. Im Falle der Erfolglosigkeit hat jetzt die SchuBeratung die Bemühungen des Schu zu prüfen – dies wird nur im Falle einer schriftlichen Korrespondenz möglich sein, – und ggf das Scheitern zu bescheinigen. Der Gesetzgeber hat das außergerichtliche Verf bewusst der Privatautonomie unterworfen. Dies umfasst auch die Verhandlungsführung durch den Schu.[52]

30 Die Bescheinigung darf dem Schu nur dann erteilt werden, wenn diese auf Grundlage einer persönlichen Beratung und eingehender Prüfung der Einkommens- und Vermögensverhältnisse beruht. Die Konkretisierung der Beratungsinhalte ist durch das Gesetz v 15.7.2013 eingeführt worden. Die InsGer haben seit dem versucht, die Bedeutung dieser Neufassung auf die Praxis zu übertragen. Hierbei sind zwei Themenbereiche im Fokus: Zunächst ist die Frage zu stellen, ob das Ger die Bescheinigung inhaltlich überhaupt überprüfen kann. Folgend wird dann zu untersuchen sein, was konkret unter einer persönlichen Beratung und eingehender Prüfung zu erwarten ist.

31 Grundsätzlich ist die **Prüfung des Inhaltes der Bescheinigung** dem Ger entzogen. Das Vorliegen der Bescheinigung, die Eignung oder Zulassung der Stelle, die Durchführung eines außergerichtlichen Plans wie auch dessen Scheitern soll das Ger als Zulässigkeitsvoraussetzung für den Verbraucherinsolvenzantrag feststellen. Daher wird teilweise vertreten, dass es sich bei der Neufassung lediglich um eine Konkretisierung der Beratungsleistung, quasi eine Arbeitsanweisung an die geeignete Stelle handelt.[53]

32 Die Prüfungskompetenz der Gerichte ist jedoch immer dann zu bejahen, wenn bereits aus der Bescheinigung Anhaltspunkte erkennbar sind, die gegen eine persönliche Beratung sprechen. Solche Anhaltspunkte liegen jedenfalls dann vor, wenn zwischen Bescheiniger und Schu eine erhebliche, räumliche Distanz liegt.[54] Es muss auch gerade Aufgabe der Kontrollinstitution InsGer sein, die gesetzlich gewünschte Beratungsqualität sicher zu stellen.[55]

33 Uneinigkeit besteht auf bei der Frage, wie die Beratung zu erfolgen hat. Das LG Landshut lässt eine Beratung des Schu auch mittels Telefons zu, verlangt jedoch, dass der bescheinigende Rechtsanwalt die Gespräche mit dem Schu persönlich geführt hat.[56] Auch das LG Göttingen verweist darauf, dass eine persönliche Anwesenheit beider Teile im selben Raum der gesetzlichen Regelung nicht zu entnehmen sei.[57]

34 Aufgabe einer individuellen Beratung wird es aber sein, sich mit der konkreten wirtschaftlichen Situation des Schu auseinander zu setzen. Teilweise wird verlangt, dass dies auch immer in der Person des Bescheinigers erfolgen muss. [58]

35 Abschließend ist festzuhalten, dass mit der Neuformulierung des Abs 1 Nr 1 die Erwartung einer **qualitativen Steigerung der Beratungsleistung** verbunden war. Die Ger müssen daher

---

52 *Henning* FA-InsR, Kap 16, E Rn 23; *OLG Schleswig* NZI 2000; *Grote* ZInsO 1998, 107, 109.
53 *Zipperer* ZVI 2015, 363; *Heyer* ZVI 2013, 214; *Schmidt* ZVI 2017, 129.
54 *AG Potsdam* ZInsO 2015, 599; *AG Köln* NZI 2015, 863, mit Anm Schmerbach; *LG Köln* ZInsO 2016, 289; *AG Kaiserslautern* ZInsO 2016, 244.
55 *Frind* ZInsO 2016, 307.
56 *LG Landshut* ZInsO 2016, 2405.
57 *LG Göttingen* ZInsO 2017, 1620; im Fall wurde die Beratung mittels Bildtelefon durchgeführt.
58 *LG Landshut* ZInsO 2016, 2405; *Frind* ZInsO 2016, 307; *AG Göttingen* ZInsO 2017, 296; *LG Köln* ZInsO 2016, 288; *LG Aachen* ZInsO 2017, 786.

in der Lage sein, im Falle besonders naheliegender Verstöße gegen persönliche und individuelle Beratung, die Beratungsleistung beispielsweise im Rahmen einer Anhörung des Schu zu hinterfragen. Stellt sich dann in einer Gesamtbetrachtung der Leistung heraus, dass diese den Erwartungen der Neufassung nicht entspricht, muss auch eine Verwerfung des Eröffnungsantrages möglich sein.

Der Bescheinigung sind der Plan, der den Bemühungen um die außergerichtliche Einigung zugrunde lag, und eine Darstellung der Gründe für das Scheitern des Plans beizufügen (Nr 1 vorletzter Teilsatz). Das soll dem Gericht die Prognose erleichtern, ob der neu eingereichte Schuldenbereinigungsplan Aussicht auf Annahme durch die Gl hat oder ob es im konkreten Fall sinnvoll ist, auf das gerichtliche SchuldenbereinigungsVerf zu verzichten.[59] Anders, als im oben besprochenen Fall der Prüfung der Beratungsleistung ist eine **Prüfung des Inhalts des außergerichtlichen Plans** durch das Gericht nicht möglich.[60] Der Prüfungsumfang des Gerichtes bezieht sich alleine auf die Tatsache, ob ein außergerichtlicher Einigungsversuch unternommen worden ist. Ob der Inhalt des Angebotes die Leistungsfähigkeit des Schu angemessen berücksichtigt, unterliegt der **Privatautonomie**.[61] 36

Weiter ist – für die Berechnung der Sechs-Monats-Frist – die Angabe des **Zeitpunkts des Scheiterns** erforderlich, also des Zeitpunkts, von dem an die außergerichtlichen Verhandlungen mit den Gl wegen Aussichtslosigkeit nicht mehr fortgesetzt wurden.[62] 37

V. Die Erklärung zur Restschuldbefreiung (Abs 1 Nr 2)

Entgegen der Regelung des § 287 Abs 1 InsO ist im VerbrInsVerf bereits bei Antragstellung anzugeben, ob ein Schu einen Antrag auf Restschuldbefreiung stellt oder auf die Entschuldungsmöglichkeit verzichten will. Diese Erklärung ist in die bundesweit einheitlichen obligatorischen Formularanträge des § 305 Abs 5 aufgenommen worden. Enthält der Antrag keine Erklärung über die Restschuldbefreiung, geht die Nachreichungsfrist des § 305 Abs 3 der Regelung des § 287 Abs 1 und der dortigen Zwei-Wochenfrist vor.[63] Versäumt der Schu nach gerichtlicher Belehrung eine Erklärung über den RSB-Antrag, gilt sein Insolvenzantrag als zurückgenommen.[64] 38

VI. Die Verzeichnisse (Abs 1 Nr 3, Abs 2)

1. Inhalt und Herstellung der Verzeichnisse. Um einen möglichst schnellen und umfassenden Überblick über die wirtschaftliche Situation des Schu gewinnen zu können, hat dieser unter Verwendung der amtlichen Formulare: 39

- ein Verzeichnis seines vorhandenen Vermögens und seines laufenden Einkommens,
- ein Verzeichnis seiner Gl unter Angabe der Forderungshöhe, aufgeschlüsselt nach Hauptforderung, Zinsen und Kosten

einzureichen. Diese Aufstellungen sollen dem Gericht zunächst einen schnellen Überblick über die Vermögenssituation des Schu sowie dem Vorliegen der Insolvenzgründe der drohenden oder eingetretenen Zahlungsunfähigkeit verschaffen. Darüber hinaus dient die Erklärung auch als Beurteilungsgrundlage für die Entscheidung der Gl einen gerichtlichen Schuldenbereinigungsplan anzunehmen.

---

59 Vgl die Begr zum RegE des G v 26.10.2001, BT-Drucks 14/5680, 13 zu Nr 22; MK/*Ott/Vuia* § 305 Rn 7f.

60 Begr RegE, BT-Drucks 14/5680, 13 zu Nr 22; *Pape* ZVI 2002, 234f.

61 *OLG Köln* ZInsO 2001, 230.

62 Vgl *Uhlenbruck/Sternal* § 305 Rn 41; *Graf-Schlicker/Sabel* § 305 Rn 19.

63 So jedenfalls: *BGH* 23.10.2008, IX ZB 112/08 für den Fall der Fristsetzung zur Nachreichung einer Abtretungserklärung zum ansonsten zulässigen RSB-Antrag.

64 Vgl oben § 287 Rn 32; FK/*Ahrens* § 287, 19; MK/*Stephan* § 287 Rn 19.

40 Welche Vermögenswerte in das **Vermögensverzeichnis** und die Vermögensübersicht aufzunehmen sind, ergibt sich aus den amtlichen Formularen (vgl Abs 5). Im Grundsatz beschränken sich die dort gestellten Fragen auf die Feststellung pfändbaren Vermögens. ZB brauchen Hausratsgegenstände, die sich im Rahmen einer bescheidenen Lebensführung halten, nicht angegeben zu werden.[65] Die Wertangaben, die in den Formularen für Vermögensübersicht und Vermögensverzeichnis verlangt werden, sind nach Auff des BGH vom Inhalt des § 305 Abs 1 Nr 3 nicht gedeckt; füllt der Schu die entspr Spalten nicht aus, so dürfen daraus keine für ihn nachteiligen Schlussfolgerungen hergeleitet werden.[66]

41 In das **Gläubigerverzeichnis** sind alle Gl aufzunehmen, die einen bereits begründeten Vermögensanspruch gegen den Schu haben.[67] Die Forderungen der Gl gliedern sich in Hauptforderung, Zinsen und Kosten (zB von Mahnungen und Vollstreckungsversuchen). Steht die genaue Höhe einer Forderung noch nicht fest – zB der endgültige Betrag eines bereits vereinbarten Anwaltshonorars –, so ist die voraussichtliche Höhe anzugeben.[68] Nach dem Formular (Anlage 6) ist zusätzlich der Schuldgrund anzugeben.

42 Da die genaue Höhe insb der Nebenforderungen und ggf die Art der Verrechnung von Teilzahlungen für den Schu schwer feststellbar sind, **verpflichtet Abs 2 die Gl, dem Schu eine gegliederte Forderungsaufstellung zu erteilen**, wenn der Schu sie unter Hinweis auf den InsAntrag dazu auffordert. Dabei reicht es aus, dass der InsAntrag „in naher Zukunft beabsichtigt" ist (Abs 2 S 3); insofern kann der Schu von diesem Aufforderungsrecht auch schon bei der Vorbereitung des außergerichtlichen Einigungsversuchs Gebrauch machen. Wie ausdrücklich festgelegt ist, dürfen die Gl keine Kosten für die Aufstellung berechnen; sie benötigen diese selbst für die Wahrnehmung ihrer Rechte im weiteren Verf.[69] Die Verpflichtung der Gl zur Erteilung einer Forderungsaufstellung ist einklagbar;[70] jedoch ist es für den Schu einfacher, bei fehlender Mitwirkung eines Gl dessen Forderung nur insoweit in das Forderungsverzeichnis aufzunehmen, als sie für den Schu sicher feststellbar ist, und dabei auf die unterlassene Auskunft des Gl hinzuweisen.[71] Ist eine Forderungshöhe nicht feststellbar, kann die Vollständigkeit des Gläubigerverzeichnisses auch durch Verwendung von Erinnerungswerten sichergestellt werden.

43 Das Gericht benötigt die genauen **Anschriften der Gl**, damit die Zustellung nach § 307 keine Schwierigkeiten bereitet.[72] Nach den amtl Formularen sind diese Angaben nicht im GlVerzeichnis, sondern im Allg Teil des Schuldenbereinigungsplans zu machen. Man wird die Anforderungen an den Schu dabei nicht überspannen dürfen. So sollte es genügen, dass er bei einem Gl, dessen aktuelle Anschrift er trotz einiger Bemühungen nicht feststellen kann, die letzte ihm bekannte Anschrift angibt.[73] Jedenfalls solange noch nicht feststeht, ob das Gericht den Schuldenbereinigungsplan für aussichtsreich ansieht (vgl § 306 Abs 1 S 3), ist es für den Schu unzumutbar, bei einer im Handelsregister gelöschten GmbH als Gl die

65 Zu der Frage, ob der geldwerte Vorteil des mietfreien Wohnens anzugeben ist, vgl *BGH* ZInsO 2008, 737.

66 *BGH* WuM 2008, 416; vgl dazu *Graf-Schlicker/Sabel* § 305 Rn 26.

67 Vgl § 38 und *BGH* ZInsO 2005, 537.

68 *BGH* ZInsO 2005, 484.

69 Vgl dazu *Wittig* WM 1998, 164; FK/*Grote* § 305 Rn 47.

70 Zum Streitwert einer solchen Klage *OLG Frankfurt* OLGR 2007, 595.

71 Vgl *Häsemeyer* Rn 29.24, MK/*Ott/Vuia* § 305 Rn 49 und unten Rn 45.

72 Bericht des RAussch, BT-Drucks 12/7302, 190 zu § 357b.

73 Vgl *Uhlenbruck/Sternal* § 305 Rn 106.

Bestellung eines Nachtragsliquidators zu veranlassen, an den die erforderlichen Zustellungen erfolgen können.[74]

Werden die Verzeichnisse von der geeigneten Stelle erstellt, reduziert sich gem § 13 InsVV die Mindestvergütung des InsVerw auf 800 EUR. Das Erstellen der Unterlagen dürfte jedoch weit auszulegen sein. Darunter fällt auch das händische Ausfüllen der Formulare durch den Schu unter Anleitung der Schuldnerberatungsstelle.[75] Grds kann davon ausgegangen werden, dass diese Voraussetzung von Verbänden der allgemeinen Wohlfahrtspflege als Bescheiniger stets erfüllt werden.[76] 44

2. Streitige Forderungen. Ist eine Forderung **dem Grund nach str**, so darf der Schu sie nach Auff des BGH nicht unerwähnt lassen.[77] Er müsse allerdings im Verzeichnis deutlich machen, dass er die Forderung bestreitet. Dass die Forderung nicht verschwiegen werden dürfe, ergebe sich aus dem Sinn der Regelung, die der Entlastung der Gerichte und der Information der Gl über die Grundlagen der geplanten Schuldenbereinigung diene. Es ergebe sich auch aus dem amtlichen Formular, nach dem „gegebenenfalls Angaben zum Bestand und zur Berechtigung der Forderungen" zu machen seien. Im Schuldenbereinigungsplan dürfe der Schu die von ihm bestr Forderung dann mit dem Wert „Null" berücksichtigen.[78] Aus dieser Auff des BGH ergibt sich wohl, dass Forderungen, deren **Höhe streitig** ist, ebenfalls in der vom Gl beanspruchten Höhe anzugeben sind,[79] wieder mit der ergänzenden Angabe, in welcher Höhe sie nach Ansicht des Schu begründet sind. 45

3. Versicherung des Schuldners. Den Verzeichnissen ist die schriftliche Versicherung des Schu beizufügen, dass alle Angaben richtig und vollständig sind. Die Versicherung ist vom Schu persönlich zu unterzeichnen.[80] Grob fahrlässige, unrichtige Angaben des Schu können mit der Versagung der Restschuldbefreiung sanktioniert werden (§ 290 Abs 1 Nr 6). 46

VII. Der Schuldenbereinigungsplan (Abs 1 Nr 4)

1. Grundsatz der Privatautonomie/gerichtlicher Prüfungsumfang. Der Inhalt des Schuldenbereinigungsplans – der in diesem Stadium nur ein Vorschlag ist – kann vom Schu und seinen Beratern frei festgelegt werden. Das Gesetz enthält kaum Vorgaben, der Bericht des BT-RAussch zur InsO[81] betont den Grundsatz der Privatautonomie. Eine **inhaltliche Überprüfung** des Vergleichsangebotes durch das Gericht findet nicht statt.[82] Ziel bei der Ausarbeitung eines Plans muss es sein, den Gl eine Regelung vorzuschlagen, die auf der Grundlage der **wirtschaftlichen Möglichkeiten des Schu** die **Interessen der Gl** angemessen berücksichtigt; denn nur wenn dies gelingt, besteht Aussicht auf eine Zustimmung der Mehrheit der Gl und auf eine gerichtliche Ersetzung fehlender Zustimmungen (vgl § 309). Zu beachten sind allerdings die Vorgaben des amtlichen Formulars; insb sind die Gl und die Höhe der Forderungen genau anzugeben.[83] 47

---

74 **AA** offenbar *Uhlenbruck/Sternal* § 307 Rn 18 und *Fuchs* ZInsO 2002, 301 unter Hinweis auf *OLG Frankfurt* ZInsO 2000, 565; diese Entsch ist jedoch vor der Geltung des § 306 Abs 1 S 3 ergangen.
75 *LG Stuttgart* NZI 2016, 145.
76 *AG Düsseldorf* ZInsO 2017, 845.
77 *BGH* NZI 2009, 562 mit Anm *Pieper* ZInsO 2010, 174; vgl auch *BGH* ZInsO 2008, 860.
78 Vgl dazu unten § 308 Rn 13.
79 Vgl *Graf-Schlicker/Sabel* § 305 Rn 31.
80 *LG Kassel* ZInsO 2002, 1147; *Hess/Obermüller* Rn 921.
81 BT-Drucks 12/7302, 191 zu § 357b.
82 *Braun/Buck* § 305 Rn 15; FK/*Grote* § 305 Rn 35; *Hess* InsO § 305 Rn 100.
83 Vgl oben Rn 45 und *Graf-Schlicker/Sabel* § 305 Rn 35.

48 **2. Regelmäßiger Inhalt.** Regelmäßig werden im Plan **Stundungen** und anteilige **Kürzungen** der Forderungen vorgesehen werden. Auch für die gesicherten Gl können solche Regelungen getroffen werden. Für die Höhe der vorzusehenden Leistungen des Schu ist ein wichtiges Kriterium, welche Zahlungen die Gl bei Durchführung des InsVerf mit der Möglichkeit der Restschuldbefreiung zu erwarten hätten; denn die Gl werden ihre Zustimmung davon abhängig machen, dass der Plan jedenfalls nicht ungünstiger für sie ist als die bei seinem Scheitern eingreifende gesetzliche Regelung, und die gerichtliche Ersetzung einer Zustimmung hängt ebenfalls von diesem Kriterium ab (§ 309 Abs 1 S 2 Nr 2).

49 Drei denkbare Planvarianten sind vorstellbar. Zunächst kann eine **Entschuldung** im Wege einer **Einmalzahlung** an die Gl erfolgen. Hier kann im InsVerf verwertbares Vermögen angeboten werden. Auch Zuwendungen Dritter, gelegentlich auch aus zweckgebundenen sozialen Stellen, können so den Schu in kurzer Zeit einen wirtschaftliche Neubeginn ermöglichen. Ein Plan mit **fest vereinbarten Ratenzahlungen** dürfte sich nur für kurze Planlaufzeiten anbieten.[84] Dem **flexiblen Ratenzahlungsplan** dürfte der größte Anwendungsbereich in der Praxis zukommen. Hierbei wird der Gl jeweils das derzeitig pfändbare Einkommen zur Regulierung angeboten. Was dem Schu jetzt die Flexibilität der Änderung seiner persönlichen oder wirtschaftlichen Verhältnisse bietet, birgt für die Gl das Risiko der schlechten Kalkulierbarkeit künftiger Befriedigungsquoten.

50 **3. Gleichbehandlung.** Im Prinzip sollte jeder ungesicherte Gl die **gleiche Quote** auf seine Forderung erhalten. Da für die gerichtliche Ersetzung der Zustimmung jedoch eine **„angemessene Beteiligung"** im Verhältnis zu den anderen Gl ausreicht, ist eine mathematisch genaue Gleichbehandlung nicht gefordert.[85] Für nachrangige Forderungen (§ 39) werden in aller Regel keine Zahlungen vorzusehen sein, da der Nachrang auch bei Durchführung eines InsVerf regelmäßig zum Ausfall dieser Gl führen würde.

51 **4. „Nullplan"?** Nach der Entscheidung des ***BGH* v 10.10.2013**[86] dürften die Zweifel an der Zulässigkeit eines Nullplans im Rahmen des Schuldenbereinigungsverfahrens weniger werden.[87] Das Gericht hat ausgeführt, dass das Gesetz keine Voraussetzungen an eine Mindestquote für den Schuldenbereinigungsplan vorsieht. Ggf ist auf Gläubigervortrag im Zustimmungsersetzungsverfahren nach § 309 zu prüfen, ob eine Schlechterstellung der Gläubigerinteressen eintritt.

52 Der Plan muss allerdings vom ernstlichen Willen des Schu getragen sein, eine Einigung mit seinen Gl zu erzielen. Dies kann ein Vergleichsvorschlag nur dann erreichen, wenn der Schu seine Leistungsfähigkeit soweit einbringt, dass der Vorschlag eine adäquate, an den Verhältnissen des Einzelfalles bemessene Lösung darstellt. Der auf absehbare Zeit völlig leistungsunfähige Schu wird auch mit einem starren Nullplan eine hinreichende Lösung offerieren. Kann jedoch nicht ausgeschlossen werden, dass der Schu während der Laufzeit des Plans pfändbares Arbeitseinkommen erwirbt, dürfte ausschließlich der **flexible Nullplan** eine ernstliche Schuldenbereinigung darstellen. Dem Schu ist es dann abzuverlangen, den Gl im Plan eine Nachbesserung in Aussicht zu stellen.

53 **5. Berücksichtigung der Familienverhältnisse.** Ausdr erwähnt wird in Abs 1 Nr 4, dass bei der Ausarbeitung des Plans neben Vermögen und Einkommen des Schu auch dessen Famili-

84 FK/*Grote* § 305 Rn 36.
85 *Schmidt-Räntsch* KS-InsO, 1. Aufl, S 1197 Rn 83; vgl aber unten § 309 Rn 16.
86 *BGH* 10.10.2013 – IX ZB 97/12, in NZI 2014, 34 und ZInsO 2013, 2333.
87 Mit guter Begründung MK/*Ott/Viua* § 305 Rn 65 f.

enverhältnisse zu berücksichtigen sind. Dadurch wird insb die Möglichkeit nahe gelegt, **mithaftende Angehörige** in die Schuldenbereinigung einzubeziehen.[88]

Unterhaltsforderungen, soweit sie nicht über § 302 von der Restschuldbefreiung ausgenommen sind, genießen im InsVerf keinen Vorrang und verdienen auch im Schuldenbereinigungsplan keinen solchen. Laufende Unterhaltspflichten vermindern bei einem Schu, der Arbeitseinkommen erzielt, die pfändbaren Beträge; insofern stehen einem solchen Schu zur Befriedigung seiner UnterhaltsGl im unpfändbaren Teil seiner Bezüge Mittel zur Verfügung, die er auch iFd Abtretung seiner Bezüge mit dem Ziel der Restschuldbefreiung (§ 287 Abs 2) nicht zur Befriedigung seiner sonstigen Gl einsetzen muss.[89] Schu ohne Einkommen und Vermögen sind regelmäßig auch nicht unterhaltspflichtig (vgl § 1603 BGB). Nur für einen InsGl kann sinnvoll geprüft werden, ob er durch den Plan schlechter gestellt wird, als er bei einer Entsch über den InsAntrag stünde (§ 309 Abs 1 S 2 Nr 2). Wenn ein Schuldenbereinigungsplan Zahlungen auf die laufenden Unterhaltspflichten aus den Mitteln vorsieht, die ohne den Plan den InsGl zuflössen, liegt darin eine Schlechterstellung der InsGl, so dass für einen solchen Plan iE die Zustimmung jedes einzelnen InsGl erforderlich ist.[90] 54

6. Ausdrückliche Regelung für die Sicherheiten. Die einzige strikte gesetzliche Vorgabe für den Inhalt des Plans ist die Vorschrift, dass anzugeben ist, „ob und inwieweit **Bürgschaften, Pfandrechte** und andere Sicherheiten der Gl vom Plan berührt werden sollen". Jeder Plan muss sich also dazu äußern, ob dingliche oder persönliche Sicherheiten der Gl vorhanden sind und inwieweit sie ggf durchsetzbar bleiben. Dies gilt auch dann, wenn der Schuldenbereinigungsplan die Sicherheiten völlig unangetastet lässt.[91] Dadurch sollen Irrtümer der Beteiligten über die Wirkungen des Plans vermieden werden:[92] Die gesicherten Gl dürfen sich nicht darauf verlassen, dass nach insolvenzrechtlichen Grundsätzen die Kürzung einer Forderung den vollen Zugriff auf die Sicherheit nicht ausschließt (vgl § 254 Abs 2 für den InsPlan; § 301 Abs 2 für die Restschuldbefreiung). Für den Schuldenbereinigungsplan vor der Eröffnung des InsVerf gelten die gegenteiligen **Grundsätze des allg Zivilrechts**; zB kann eine Bürgschaft nicht aufrechterhalten werden, wenn die gesicherte Forderung erlassen wird.[93] 55

7. Anpassungsklausel, Wiederauflebensklausel. Sieht der Plan Ratenzahlungen in bestimmter Höhe vor, so liegt es im Interesse des Schu, eine Anpassungsklausel für den Fall aufzunehmen, dass ihm diese Zahlungen zeitweise nicht möglich sind, zB wegen **Arbeitslosigkeit**[94] oder einer Veränderung der Unterhaltsverpflichtungen. Zugunsten der Gl kann sich eine Anpassungsklausel empfehlen, wenn der Plan nur geringe Zahlungen vorsieht, aber **günstigere Einkommensverhältnisse** des Schu zu erwarten sind.[95] 56

---

88 Vgl FK/*Grote* § 305 Rn 42.

89 Vgl *BGH* NZI 2008, 384. Der in § 40 InsO geregelte Sonderfall, dass der Schu als Erbe des Verpflichteten haftet, kann hier außer Betracht bleiben.

90 IE übereinstimmend *Rohleder* Unterhaltsansprüche in der Insolvenz, 2005, Rn 530, wobei allerdings dort die Einbeziehung der laufenden Unterhaltspflichten in den Plan nachdrücklich befürwortet wird.

91 *OLG Celle* ZVI 2002, 64 in Korrektur seiner Ausführungen in ZInsO 2000, 601.

92 Bericht des BT-RAussch, BT-Drucks 12/7302, 191 zu § 357b.

93 *LG Hamburg* NZI 2002, 114; zu den Auswirkungen des SPl auf Sicherheiten näher: *Hess* InsO § 305 Rn 102.

94 *Gottwald/Schmidt-Räntsch* 3. Aufl, § 83 Rn 20; zur Anpassung des Plans bei Fehlen einer solchen Klausel vgl unten § 308 Rn 8.

95 Vgl *OLG Frankfurt* ZInsO 2000, 288 und unten § 309 Rn 19.

57 Den Gl wird die Zustimmung zu einem Plan leichter fallen, wenn dieser Sanktionen für den **Verzug mit Ratenzahlungen** enthält,[96] zB die Klausel, dass bei Rückstand mit einer bestimmten Anzahl der monatlichen Raten der Plan als gescheitert gilt und alle Forderungen wieder aufleben, soweit sie noch nicht getilgt sind.[97]

58 **8. Streitige Forderungen.** Für streitige Forderungen kann es sich empfehlen, eine gerichtliche Klärung außerhalb der Schuldenbereinigung vorzusehen, um nicht die Wirksamkeit des Plans insgesamt von der Frage abhängig zu machen, ob die Forderung besteht.[98]

VIII. Die nachträgliche Ergänzung der Unterlagen

59 Hat der Schu die **Erklärungen in den amtlichen Formularen** nicht vollständig oder missverständlich ausgefüllt, fordert ihn das Gericht auf, das Fehlende zu ergänzen. Der Gesetzeswortlaut erfasst lediglich das nicht vollständige Ausfüllen des Formularantrages. Im Interesse einer zügigen Entscheidung über den Antrag ist die Regelung auch auf widersprüchliche oder unklare Angaben des Schu im Antrag restriktiv anzuwenden.[99] Abs 3 S 1 wurde mit dem G v 15.7.2013 im Wortlaut neu gefasst. Die jetzige Regelung soll sicherstellen, dass dem Schu lediglich die Erklärungen des Antragsformulars abzuverlangen sind.[100] Weitere Angaben können zwar im Rahmen der Mitwirkungspflichten der §§ 20, 97 entstehen, lösen jedoch nicht die Rücknahmefiktion des Abs 3 S 2 aus.

60 Zur Wirksamkeit der Rücknahmefiktion ist zwingend mit der Ergänzungsaufforderung auf die **Monatsfrist** des Abs 3 S 2 hinweisen.[101] Auch die Folgen einer Säumnis der Frist sind in den gerichtlichen Hinweis aufzunehmen. Dies gebietet insb die weitreichende Folge der Rücknahmefiktion als auch das Rechtsstaatsprinzip.

Eine Verlängerung dieser Frist ist angesichts des klaren Gesetzeswortlauts nicht möglich; jedoch kann das Gericht, wenn ein praktisches Bedürfnis dafür besteht, die förmliche Aufforderung und damit den Fristbeginn hinausschieben;[102] denn nur durch die förmliche Zustellung mit ausdrücklichem Hinweis zu den Folgen einer Säumnis wird die Monatsfrist in Lauf gesetzt.[103] Die nachträgliche Ergänzung des Eigenantrages einschließlich der Monatsfrist des § 305 Abs 3 ist auch für den Fall der fehlenden Erklärung des Schu über einen Antrag auf Erteilung der Restschuldbefreiung die im Verhältnis zu § 287 Abs 2 speziellere Regelung.[104] Die Erklärung über die Restschuldbefreiung sowie die Abtretungserklärung ist Bestandteil des amtlichen Formularsatzes.[105]

---

96 Vgl den Bericht des BT-RAussch, BT-Drucks 12/7302, 190 f zu § 357b; *Schäferhoff* ZInsO 2001, 690 f; *Heyer* VerbrInsVerf, S 22f, 32 und die Musterklauseln für den außergerichtlichen Vergleich bei *Veit* Außergerichtliches VerbrInsVerf, S 69 ff.

97 Zur Zustimmungsersetzung bei Fehlen von Anpassungs- und Widerrufsklauseln vgl unten § 309 Rn 34.

98 Vgl § 309 Abs 3 und oben § 309 Rn 44.

99 Erklärt der Schu, über keine Forderungen zu verfügen (Anl 4 1.6), legt jedoch eine Verdienstbescheinigung in Anl zur Einkommenserklärung bei (Anl 5 G, Rn 50), die vermögenswirksame Leistungen ausweist, kann eine klarstellende Erklärung vom Schu auch nach Abs 3 S 1 verlangt werden.

100 BT-Drucks 17/13535, zu Nr 36 neu b.

101 *N/R/Römermann* § 305 Rn 71.

102 Vgl FK/*Grote* § 305 Rn 55–57 für die Frist des Abs 3 S 3.

103 *BayObLG* ZInsO 2001, 1014.

104 Siehe hierzu oben § 287 Rn 32.

105 Restschuldbefreiungserklärung Nr 4 des Antrages; Abtretungserklärung Anl 3.

Ein **Rechtsmittel** gegen die Aufforderung des Gerichts ist im Gesetz nicht vorgesehen, ebenso gegen eine Feststellung der Fristsäumnis mit der Folge des Eintritts der Rücknahmefiktion (Abs 3 S 2). Nach dem Grundsatz des § 6 ist daher die sofortige Beschw nicht gegeben.[106] **61**

Eine **Ausnahme** ist jedoch in dem Fall geboten, da vom Gericht Auflagen gemacht werden, die über formale Aufforderungen hinausgehen und auf eine inhaltliche Überprüfung gerichtet sind.[107] Diese Grundsätze wurden noch zur Rechtslage für Verf, die vor dem 1.7.14 beantragt worden sind, entwickelt. Geht das Gericht über die Vollständigkeitsprüfung hinaus und stellt eine Rücknahme nach Abs 3 fest, muss dem Schu ein Rechtsbehelf zu Seite gestellt werden. **62**

In solchen Fällen geht es nicht um die einfache Unvollständigkeit des Antrags, die in § 305 Abs 3 angesprochen ist, sondern um die inhaltliche Frage, welche Anforderungen an die Unterlagen zu stellen sind.[108] Das G könnte in dieser Situation den Eröffnungsantrag als unzulässig abweisen;[109] dann wäre nach § 34 Abs 1 ein Rechtsmittel gegeben. Gleiches muss gelten, wenn das G in anderer Form reagiert, ob es durch förmlichen Beschl den Eintritt der Rücknahmefiktion feststellt[110] oder auch nur dem Schu formlos mitteilt, dass der Antrag als zurückgenommen gilt.[111] Man kann dies mit einer analogen Anwendung des § 34 Abs 1 rechtfertigen.[112]

Dass der Eröffnungsantrag bei Fristversäumnis als zurückgenommen gilt, schließt die **Einreichung eines neuen Antrags** mit vollständigen Unterlagen nicht aus. Auch dieser neue Antrag darf allerdings nicht später als sechs Monate nach dem außergerichtlichen Einigungsversuch liegen (Abs 1 Nr 1); andernfalls ist auch dieser Einigungsversuch nachzuholen. **63**

In dem Sonderfall, dass der Schu seinen InsAntrag **im Anschluss an einen GlAntrag** stellt und er zunächst den außergerichtlichen Einigungsversuch durchführen muss (vgl § 306 Abs 3), wird ihm eine Frist von drei Monaten zur Beibringung aller Unterlagen eingeräumt, die mit der Aufforderung durch das Gericht zu laufen beginnt (Abs 3 S 3).[113] Auch hier besteht die Möglichkeit, die Frist durch eine verzögerte Zustellung der Aufforderung faktisch zu verlängern.[114] **64**

---

106 *BGH* NZI 2004, 40, bestätigt in ZInsO 2005, 484; *BayObLG* DZWIR 1999, 456; *OLG Köln* ZIP 2000, 1397 und 1449, NZI 2000, 538; *LG Düsseldorf* NZI 2003, 505; *LG Köln* NZI 2003, 213.

107 Offen lassend *BGH* NZI 2004, 40; nach *BGH* NZI 2005, 414 (= DZWIR 2005, 460 mit Anm *Heinze*) kommt eine analoge Anwendung des § 34 Abs 1 in Betracht, „wenn die gerichtliche Aufforderung im Hinblick auf die beizubringenden Unterlagen und Erklärungen nicht erfüllbar ist oder vom InsGer Anforderungen gestellt werden, die mit den vom Schu zu erfüllenden gesetzlichen Anforderungen des § 305 Abs 1 InsO nicht in Einklang stehen" (ebenso *LG Berlin* ZInsO 2007, 1356; enger jetzt *BGH* NZI 2009, 900). Jedoch sollte die Statthaftigkeit eines Rechtsmittels nicht von dessen Begründetheit abhängen; dies krit auch *Heinze* DZWIR 2005, 461, der sich iÜ für eine generelle Anfechtbarkeit einer Entsch ausspricht, mit der ein Gericht den Eintritt der Rücknahmefiktion feststellt.

108 Zust *K/P/B/Wenzel* § 304 Rn 9.

109 Vgl *OLG Frankfurt* ZVI 2002, 165; *AG Dresden* ZVI 2002, 415.

110 Vgl zB *LG Potsdam* ZVI 2002, 279.

111 Vgl FK/*Grote* § 305 Rn 60 f; *N/R/Römermann* § 305 Rn 75 f; *Ahrens* NZI 2000, 201; *OLG Celle* ZInsO 2000, 601 und ZVI 2002, 62; *OLG Frankfurt* ZVI 2002, 165. **AA** ist das *LG Berlin* ZInsO 2003, 286, das einen Beschl, der die Wirkungen des § 305 Abs 3 S 2 ausspricht, ausnahmslos für unanfechtbar hält; im gleichen Sinne *Sternal* NZI 2003, 214 in der Anm zu *LG Köln* NZI 2003, 7; abw wiederum *LG Berlin* ZInsO 2003, 575.

112 Vgl FK/*Grote* § 305 Rn 60.

113 Vgl unten § 306 Rn 18.

114 Vgl oben Rn 62.

IX. Zuständigkeit des Richters

65 Beim InsGer ist für das gesamte EröffnungsVerf und damit auch für alle Teile des Verf über den Schuldenbereinigungsplan der **Richter** zuständig (§ 18 Abs 1 Nr 1 RPflG).

X. Vertretungsbefugnis der Schuldnerberater im gerichtlichen Verfahren

66 Personen, die gem. Abs 1 Nr 1 für die Mitwirkung an einer außergerichtlichen Einigung „geeignet" sind – also in erster Linie die Angehörigen der SchuBeratungsstellen –, sind auch zur Vertretung des Schu im Verf berechtigt. Das ermöglicht dem Schu, sich auch im gerichtlichen Verf von den Personen unterstützen zu lassen, die beim außergerichtlichen Einigungsversuch sein Vertrauen gewonnen haben.[115] Die Vertretungsbefugnis war ursprünglich auf das Antragsverfahren beschränkt. Mit dem G v 15.7.2013 wird diese auf die gerichtliche Vertretung für das gesamte VerbrInsVerf erstreckt. Dies soll dem Bedürfnis der Schu nach einem ihm bereits aus dem außergerichtlichen Verf vertrauten Beistand Rechnung tragen.[116] Eine Verpflichtung der Schuldnerberatungsstellen ergibt sich hieraus jedoch nicht.[116]

67 Der am 1.7.2008 in Kraft getretene Abs 4 S 2 erstreckt die Befugnis von **Inkassounternehmen**, die nach § 10 Abs 1 S 1 RechtsdienstleistungsG registriert sind, zur **Vertretung von Gl** auf das gerichtliche Verf über den Schuldenbereinigungsplan. In der Begr zum RegE des G v 12.12.2007 wird für diese Neuregelung angeführt, dass es für den Gl eine Vereinfachung bedeute, wenn er ein Inkassounternehmen, das für ihn schon mit dem außergerichtlichen Einigungsversuch befasst war, auch mit der Wahrung seiner Rechte im gerichtlichen SchuldenbereinigungsVerf beauftragen könne. Auch für die Gerichte liege in der Zusammenarbeit mit sachkundigen Inkassounternehmen eine erhebliche Erleichterung.[117] Darüber hinaus sind die registrierten Inkassounternehmen nach dem neuen § 174 Abs 1 S 3, auf den § 305 Abs 4 S 2 verweist, auch zur Vertretung des Gl in einem Abschnitt des eröffneten InsVerf berechtigt, insb im Prüfungstermin.[118] Streitig ist, ob die Regelung ein Inkassounternehmen auch zur Vertretungsbefugnis im Verf über die Restschuldbefreiung ermächtigt. Teilweise wird vertreten, dass die Ermächtigung ausschließlich die Verfahrensrechte des Neunten Teils erfasst und damit ein Inkassobüro für den von ihm vertretenen Gl keinen Antrag auf **Versagung der Restschuldbefreiung** stellen kann.[119]

68 Die Einführung der Vertretungsberechtigung sollte vornehmlich zur Vereinfachung der Kommunikation der Ger und des InsVerw mit den Gl führen. Insoweit kann eine Beschränkung der Ermächtigung auf die Regelungen des Neuen Teils nicht bereits aus der Stellung der Norm abgeleitet werden.[120]

XI. Einführung eines Formularzwangs

69 Abs 5 gibt dem BMJ die Befugnis, durch RechtsVO mit Zustimmung des BR die Benutzung bestimmter Formulare für das VerbrInsVerf vorzuschreiben. Aufgrund dieser Ermächtigung ist die „Verbraucherinsolvenzvordruckverordnung" (VbrInsVV) v 17.2.2002[121] erlassen wor-

---

115 Bericht des BT-RAussch zu Art 1 Nr 16 lit b EGInsOÄndG, BT-Drucks 14/120, 15.
116 BT-Drucks 17/11268, zu Nr 35c.
117 BT-Drucks 16/3655, 92.
118 *Uhlenbruck/Sternal* § 305 Rn 138; **aA** *Schmerbach/Semmeleck* NZI 2014, 547.
119 *LG Frankenthal* ZInsO 2017, 1178; *AG Göttingen* ZInsO 2016, 1593; *AG Köln* NZI 2013, 149.
120 *AG Hannover* ZInsO 2017, 1624; *AG Coburg* ZInsO 2016, 1709.
121 BGBl I, 703.

den, die am 1.3.2002 in Kraft getreten ist. Die VO wurde durch die ÄnderungsVO vom 23.6.2014[122] geändert.

Der VO sind als Anlagen Vordrucke insb für den Antrag auf Eröffnung des InsVerf, für die in § 305 Abs 1 Nr 1–4 bezeichneten Unterlagen und für die Abtretungserklärung nach § 287 Abs 2 beigefügt, weiter ein Hinweisblatt für die Verwendung der Vordrucke.[123] Die Vordrucke können unter der Internet-Adresse des BMJ abgerufen werden (www.bmj.bund.de). Aufgrund der Änderung des Abs 5 durch das G v 22.3.2005 kann in Zukunft auch die Benutzung elektronischer Formulare vorgeschrieben werden.

---

122 BGBl I, 825.
123 Zu möglichen Erg der Vordrucke durch das InsGer *Schmerbach* NZI 2002, 197.

§ 305a Scheitern der außergerichtlichen Schuldenbereinigung

Der Versuch, eine außergerichtliche Einigung mit den Gläubigern über die Schuldenbereinigung herbeizuführen, gilt als gescheitert, wenn ein Gläubiger die Zwangsvollstreckung betreibt, nachdem die Verhandlungen über die außergerichtliche Schuldenbereinigung aufgenommen wurden.

Übersicht

I. Normzweck, Gesetzgebungshinweise

1 Bei den Bemühungen um eine außergerichtliche Schuldenbereinigung (vgl § 305 Abs 1 Nr 1) ist der Schu im Grundsatz nicht dagegen geschützt, dass einzelne seiner Gl die Zwangsvollstreckung gegen ihn betreiben und die Chancen für eine außergerichtliche Einigung damit zerstören. Die Härtefallregelung des § 765a ZPO wird nur in Ausnahmefällen greifen.[1] Auch eine analoge Anwendung scheitert mangels Vorliegens einer planwidrigen Regelungslücke.

2 Die Regelung wurde eingeführt mit dem ÄndG v 26.10.2001[2] und dient dem Schutz der obligatorischen außergerichtlichen Einigungsbemühung des Schu. Ergänzend hierzu ist die Rückschlagsperre des § 88 zu sehen. Erlangt im Zeitraum des außergerichtlichen Verfahrens ein Gl ein Sicherungsrecht, ist dem Schu die Fortsetzung seiner Einigungsbemühungen nicht länger zumutbar. Daneben wird das innerhalb der letzten 3 Monate vor Antragstellung neu erworbene Sicherungsrecht unwirksam. Aus der Beantragung einer Vollstreckungsmaßnahme kann das fehlende Einverständnis des VollstreckungsGl mit der außergerichtlichen Schuldenregulierung abgeleitet werden.[3]

II. Einzelheiten

3 Die Fiktion des Scheiterns der außergerichtlichen Einigung setzt voraus, dass die **Verhandlungen** zwischen dem Schu und dem vollstreckenden Gl **bereits aufgenommen** waren. Dies

---

1 Weniger restriktiv FK/*Grote* § 305a Rn 5; *AG Elmshorn* NZI 2000, 329 und (in der gleichen Sache) *LG Itzehoe* NZI 2001, 100.
2 BGBl I, 2710.
3 Vgl Begr RegE zum G v 26.10.2001, BT-Drucks 14/5680, 31.

ist der Fall, sobald der Schuldenbereinigungsplan diesem Gl übersandt worden ist.[4] Aber auch im Falle von Vollstreckungshandlungen im Zeitraum zwischen dem Beginn der Einigungsbemühungen des Schu und Vorlage des Plans ist dem Schu eine Fortsetzung seines Vergleichsversuches bei Vollstreckung durch einen Gläubiger nur dann zuzumuten, wenn dem Gl die außergerichtliche Entschuldung noch unbekannt war.[5]

4 Grundsätzlich kommen alle gängigen Zwangsvollstreckungsmaßnahmen des 8. Buches der ZPO zur Herbeiführung der Wirkung des § 305a in Betracht. Rein tatsächliche Handlungen, auch soweit sie erst die Vollstreckbarkeit des Titels in die Wege leiten reichen jedoch nicht.[6] Der **InsAntrag** eines Gl kann einer Vollstreckungsmaßnahme nicht gleichgestellt werden.[7] Zwar bringt ein Gl auch mit einem InsAntrag seine Ablehnung des Schuldenbereinigungsplans zum Ausdruck. Jedoch werden die Chancen einer außergerichtlichen Einigung durch einen InsAntrag nicht in gleicher Weise gefährdet wie durch Einzelvollstreckungsmaßnahmen, die neue Rechtspositionen einzelner Gl entstehen lassen und die Möglichkeiten für die Befriedigung der übrigen Gl vermindern.

5 Für den Eintritt der Fiktionswirkung ist auf den Zeitpunkt der Beantragung der Zwangsvollstreckungsmaßnahme abzustellen. Das tatsächliche Handeln des Vollstreckungsgerichtes oder des Gerichtsvollziehers hingegen ist unbeachtlich. Anknüpfungspunkt der Fiktion ist der in der Einleitung von Vollstreckungshandlungen zum Ausdruck kommende GlWille gegen eine einvernehmliche Lösung. Daher ist auch eine tatsächliche GlHandlung – zum Beispiel in Form der neuen Beantragung von ZV-Maßnahmen – erforderlich.

6 Die Erhebung einer **Leistungsklage** gegen den Schu löst die Fiktion des § 305a nicht aus. Die Vorlage eines Schuldenbereinigungsplans durch den Schu lässt das rechtliche Interesse des Gl an einer Titulierung seines Anspruchs nicht entfallen.[8] Dies gilt auch für einen Gl, der bereit ist, dem Schuldenbereinigungsplan zuzustimmen.[9]

7 Dem Schu ist es unbenommen, die außergerichtlichen **Verhandlungen** mit den Gl trotz der Fiktion des Scheiterns **fortzusetzen**.[10] Er kann zB versuchen, den Gl davon zu überzeugen, dass die durch Vollstreckung erworbenen Rechtspositionen iF der Eröffnung des InsVerf nach §§ 88, 312 Abs 1 S 3 unwirksam werden würden und dass die gesetzliche Restschuldbefreiung auch ohne die Zustimmung des Gl eintreten würde. Gelingt die Einigung weiterhin nicht, hat der Schu immer noch die Möglichkeit, die Eröffnung des InsVerf zu beantragen.

§ 306 Ruhen des Verfahrens

(1) [1]Das Verfahren über den Antrag auf Eröffnung des Insolvenzverfahrens ruht bis zur Entscheidung über den Schuldenbereinigungsplan. [2]Dieser Zeitraum soll drei Monate nicht überschreiten. [3]Das Gericht ordnet nach Anhörung des Schuldners die Fortsetzung des Verfahrens über den Eröffnungsantrag an, wenn nach seiner freien Überzeugung der Schuldenbereinigungsplan voraussichtlich nicht angenommen wird.

---

4 *Uhlenbruck/Sternal* § 305a Rn 8 f; MK/*Ott/Vuia* § 305a Rn 5.
5 *A/G/R/Henning* § 305a Rn 3.
6 *H/W/F/Schmerbach* § 306 Rn 10.
7 *K/P/B/Wenzel* § 305a Rn 6; **aA** *Uhlenbruck/Sternal* § 305a Rn 7; vgl auch *Graf-Schlicker/Sabel* § 305a Rn 5; *A/G/R/Henning* § 305a Rn 4.
8 *BGH* ZInsO 2009, 1505.
9 *Graf-Schlicker/Sabel* § 305a Rn 6.
10 *Uhlenbruck/Sternal* § 305a Rn 14; FK/*Grote* § 305a Rn 6.

(2) [1]Absatz 1 steht der Anordnung von Sicherungsmaßnahmen nicht entgegen. [2]Ruht das Verfahren, so hat der Schuldner in der für die Zustellung erforderlichen Zahl Abschriften des Schuldenbereinigungsplans und der Vermögensübersicht innerhalb von zwei Wochen nach Aufforderung durch das Gericht nachzureichen. [3]§ 305 Abs. 3 Satz 2 gilt entsprechend.

(3) [1]Beantragt ein Gläubiger die Eröffnung des Verfahrens, so hat das Insolvenzgericht vor der Entscheidung über die Eröffnung dem Schuldner Gelegenheit zu geben, ebenfalls einen Antrag zu stellen. [2]Stellt der Schuldner einen Antrag, so gilt Absatz 1 auch für den Antrag des Gläubigers. [3]In diesem Fall hat der Schuldner zunächst eine außergerichtliche Einigung nach § 305 Abs. 1 Nr. 1 zu versuchen.

Übersicht

I. Normzweck, Gesetzgebungshinweise

Über den Schuldenbereinigungsplan soll entschieden werden, bevor dem Antrag auf Eröffnung des InsVerf entsprochen wird. Daher ruht das Verf über diesen Antrag bis zur Entsch über den Schuldenbereinigungsplan (Abs 1, 2). Damit wird der **Aufwand einer VerfEröffnung** zunächst vermieden; allerdings können auch die VerfVereinfachungen, die im InsVerf gelten – zB für die Zustellung –, zunächst nicht in Anspruch genommen werden. Sicherungsmaßnahmen des § 21 sind auch im Antragsverfahren des Verbraucherinsolvenzrechtes anwendbar.[1] Insbesondere die einstweilige Einstellung von Zwangsvollstreckungsmaßnahmen kommt hier in Betracht, aber auch ein Verfügungsverbot ist möglich, wenn auch in der Praxis von geringerer Bedeutung. Die Reichweite und die Auswirkungen der Sicherungsmaßnahme müssen dem Grundsatz der Verhältnismäßigkeit entsprechen.[2] 1

Die Chancen, die das VerbrInsVerf bietet, sollen dem Schu nicht dadurch genommen werden, dass ihm ein Gl mit einem InsAntrag zuvorkommt. Nach Abs 3 kann in diesem Fall ein SchuAntrag nachgeholt werden, mit der Folge, dass auch über den **Eröffnungsantrag des Gl** zunächst nicht entschieden wird. 2

Kommt das Ger zur Überzeugung, dass der vorgelegte gerichtliche Schuldenbereinigungsplan wahrscheinlich nicht angenommen wird, kann es gem Abs 1 S 3 auf die Durchführung verzichten. Der Schu ist hierzu anzuhören, auf seine Anhörung kann dieser jedoch bereits mit Einreichung des Eröffnungsantrages zur Verfahrensbeschleunigung verzichten. 3

Entscheidungsgrundlage für die Durchführung des gerichtlichen Schuldenbereinigungsplanverfahrens ist zunächst die Erklärung über die Gründe für das Scheitern des außergerichtlichen Bereinigungsplans. In dem amtlichen Formularsatz Anlage 2 A bescheinigt die geeignete Stelle dem Schu das Verhältnis der Kopf- und Summenquoten im gescheiterten Vergleichsversuch.[3] Hat sich das gerichtliche Planangebot zum außergerichtlichen Vergleichsvorschlag nicht geändert, bietet die außergerichtliche Zustimmungsquote die wesentliche Entscheidungsgrundlage für das Gericht. 4

---

1 *Graf-Schlicker/Sabel* § 306 Rn 7; FK/*Grote* § 306 Rn 18.
2 *H/W/F/Mitter* § 21 Rn 10; § 21 Rn 10; Näheres unten Rn 13.
3 Amtlicher Formularsatz 3/2002, Anl 2 A.

5 Abs 3 S 3 stellt klar, dass der Schu, der Restschuldbefreiung erlangen will, durch den Eröffnungsantrag eines Gl nicht davon befreit wird, zunächst eine außergerichtliche Einigung mit seinen Gl zu versuchen.

II. Das Ruhen des Verfahrens (Abs 1, 2)

6 Das „Ruhen" des Verf tritt hier, anders als nach § 251 ZPO, kraft Gesetzes ein. Es hat nur die Bedeutung, dass über die Eröffnung des InsVerf vorläufig nicht entschieden wird.[4] Ob bereits in diesem Stadium des Verfahrens über das Vorliegen eines **Eröffnungsgrundes** entschieden werden muss, oder zumindest dessen Vorliegen nach den Angaben des Antragstellers nicht unwahrscheinlich ist, wird unterschiedlich beurteilt.[5] Die Entscheidung über die Durchführung des Schuldenbereinigungsplanverfahrens ist Bestandteil des Eröffnungsverfahrens. In diesem Verfahrensabschnitt sollen erst die Eröffnungsvoraussetzungen, also die Begründetheit des Antrages geprüft werden. Das Vorliegen eines Insolvenzgrundes ist daher für die Durchführung des gerichtlichen Schuldenbereinigungsplans nicht vorauszusetzen.

7 Die Entscheidung über die Durchführung des gerichtlichen Schuldenbereinigungsverfahrens bedarf keiner besonderen Beschlussfassung.[6] Wird jedoch die Fortsetzung des Verfahrens angeordnet, ergeht ein **unanfechtbarer Beschluss**. Dieser kann auch mit dem Eröffnungsbeschluss verbunden werden.

8 Das Ruhen des Verf dauert idR an, bis das in den §§ 307–310 geregelte **Verf über den Schuldenbereinigungsplan** stattgefunden hat. In Fällen, in denen von vornherein feststeht oder wahrscheinlich ist, dass eine Einigung auch vor dem InsGer nicht erzielt werden wird, sollen die Zeit und die Kosten des Verf über den Schuldenbereinigungsplan vermieden werden. Dem Schu kann in diesen Fällen erspart werden, die für die Zustellung an die Gl erforderliche Zahl von Abdrucken der Unterlagen einzureichen.[7]

9 Das Gericht hat nach Anhörung des Schu die **Prognose** zu stellen, ob die Annahme des Plans durch ausdr oder stillschweigende Zustimmung der Gl oder im Wege der Ersetzung einzelner Zustimmungen (§ 309) wahrscheinlicher ist als das Scheitern.[8] Diese Prognose wird ihm dadurch erleichtert, dass der Schu mit dem Eröffnungsantrag auch den außergerichtlichen Schuldenbereinigungsplan einzureichen und die Gründe für dessen Scheitern zu erläutern hat (§ 305 Abs 1 Nr 1 vorletzter Teilsatz). Hat der Schu bereits im Zusammenhang mit dieser Erläuterung seine Einschätzung der Erfolgsaussichten des Plans mitgeteilt und will das Gericht dieser Einschätzung folgen, so ist eine ges Anhörung des Schu entbehrlich.[9] Dass der Schu ankündigt, keinen Antrag auf Zustimmungsersetzung stellen zu wollen, schließt die Erfolgsaussichten des Plans nicht aus,[10] da noch nicht feststeht, ob ein Gl den Plan ablehnen wird, und da auch ein anderer Gl den Antrag nach § 309 Abs 1 S 1 stellen kann.

---

4 Krit zum Begriff des „Ruhens" in diesem Zusammenhang *Henckel* FS Gaul, 1997, S 203.

5 *BGH* NZI 2008, 382, 383; Graf-Schlicker/*Sabel* § 306 Rn 4; *Fuchs* KS-InsO, 2. Aufl, S 1703 Rn 72; *Uhlenbruck* NZI 2000, 17; **aA** *K/P/B/Wenzel* § 306 Rn 13, der keinen Sinn darin sieht, das Verf über den Schuldenbereinigungsplan mit dem Ziel der Vermeidung eines InsVerf einzuleiten, wenn ein solches gar nicht eröffnet werden kann.

6 Graf-Schlicker/*Sabel* § 306 Rn 18.

7 Begr RegE, BT-Drucks 14/5680, 31 zu Nr 24.

8 Begr RegE, BT-Drucks 14/5680, 31 zu Nr 24; vgl FK/*Grote* § 306 Rn 11 f; *K/P/B/Wenzel* § 306 Rn 3.

9 *Graf-Schlicker/Sabel* § 306 Rn 11.

10 **AA** *Graf-Schlicker/Sabel* § 306 Rn 15; anscheinend auch FK/*Grote* § 306 Rn 13.

10 Die Entsch, mit der das Gericht die Fortsetzung des Verf über den Eröffnungsantrag anordnet (Abs 1 S 3), ist **nicht anfechtbar**[11], lediglich die Gehörsrüge als allgemeiner Rechtsbehelf kann statthaft sein.[12] Geht das Gericht über das eindeutige Votum in der Bescheinigung der geeigneten Stelle über das Scheitern ohne nochmalige Anhörung des Schu hinweg und eröffnet das VerbrInsVerf, wird teilweise vertreten, dass dem Schu hier ausnahmsweise ein besonderes, ungeregeltes Beschwerderecht zukommt.[13]

Die Fortsetzungsentscheidung bedarf keiner Begründung.[14] Das Gericht hat dann unverzüglich über die Eröffnung des Verf zu entscheiden. Wird das Verf eröffnet, so gelten die bes Vorschriften der §§ 312–314 für „Vereinfachte InsVerf".

11 Kommt das Gericht dagegen zu dem Schluss, dass zunächst das Verf über den Schuldenbereinigungsplan durchzuführen ist, wird es den Schu nach Abs 2 S 2 zur Einreichung der erforderlichen Abdrucke der zuzustellenden Unterlagen auffordern. Befolgt der Schu die Aufforderung nicht binnen zwei Wochen, so gilt sein Antrag auf VerfEröffnung als zurückgenommen (Abs 2 S 2, 3 iVm § 305 Abs 3 S 2), ohne dass dies mit einem Rechtsmittel angegriffen werden könnte.[15] Auch hier wird man die scharfe Sanktion der **Rücknahmefiktion** nur an eine förmliche Zustellung der Aufforderung mit einem entsprechenden Hinweis knüpfen können.[16]

12 Die weitere Vorschrift, dass der Zeitraum des Ruhens **drei Monate nicht überschreiten** soll (Abs 1 S 2), richtet sich als „Ordnungsvorschrift"[17] an das Gericht. Sie ist zu beachten, wenn nicht bes Gründe entgegenstehen.[18] Bei Zustellungsproblemen, Rückfragen an den Schu (§ 305 Abs 3) und Änderungen des Plans (§ 307 Abs 3) wird die Frist kaum einzuhalten sein.[19]

III. Sicherungsmaßnahmen im Schuldenbereinigungsplanverfahren

13 Ausdrücklich zugelassen wird auch im Stadium des ruhenden Verfahrens nach Abs 1 die **Anordnung von Sicherungsmaßnahmen**. Hierbei sind grundsätzlich alle Sicherungsmaßnahmen des § 21 anwendbar. Sie müssen jedoch dem Grundsatz der **Verhältnismäßigkeit** entsprechen.[20] Abzuwägen ist die Reichweite des Eingriffes gegen deren Sicherungserfolg. Mit der Anordnung der Sicherungsmaßnahme soll eine Verschlechterung der Vermögenslage des Schu bis zur Fortsetzung des Verfahrens vermieden werden.

14 Häufigster Anwendungsfall dürfte im VerbrInsVerf die einstweilige Einstellung von Zwangsvollstreckungsmaßnahmen zur Massesicherung bis zur Entscheidung über den Eröffnungsantrag sein. Wirksam und in der Praxis hilfreich ist in diesem Verfahrensstadium auch die erweiterte Rückschlagsperre des § 88 Abs 2. Die Untersagung von Zwangsvollstreckungsmaßnahmen erfasst hingegen nur künftige Vollstreckungszugriffe.[21]

15 Für die Zwangsvollstreckung in das unbewegliche Vermögen gelten die Sonderregelungen der §§ 30d, 153b ZVG.[22]

---

11 *Graf-Schlicker/Sabel* § 306 Rn 20; vgl *LG Berlin* ZVI 2003, 77.
12 *AG Duisburg* ZVI 2011, 413.
13 *LG Bonn* ZVI 2016, 390 mit Anm *Buschmann*; NZI 2016, 845 mit Anm *Laroche*, der insbesondere ein Erfordernis am Beschwerderecht aufgrund der Fehleranfälligkeit des Massegeschäftes sieht.
14 *Uhlenbruck/Sternal* § 306 Rn 22; *Fuchs* ZInsO 2002, 302.
15 *LG Düsseldorf* ZVI 2007, 180 und NZI 2003, 505.
16 Vgl oben § 305 Rn 60; *Uhlenbruck/Sternal* § 306 Rn 53.
17 *Arnold* DGVZ 1996, 134.
18 Vgl FK/*Grote* § 306 Rn 8.
19 Vgl *Uhlenbruck/Sternal* § 306 Rn 16; MK/*Ott/Vuia* § 306 Rn 10.
20 *H/W/F/Mitter* § 21 Rn 10; § 21 Rn 10.
21 FK/*Grote* § 306 Rn 19; *Hess* InsO § 306 Rn 27.
22 *Stöber/Zeller* § 30d Rn 1; *Stöber/Zeller* § 153b Rn 1.

16 Streitig ist ob die **einstweilige Vollstreckungseinstellung** auch die Verpflichtung zur Abgabe der **Vermögensauskunft** erfasst. Teilweise wird vertreten, dass die Vermögensauskunft letztlich keine Verschlechterung der Vermögenslage des Schu herbeiführt und lediglich der Informationsgewinnung des Gl dient.[23] Die Durchführung des InsVerf soll hiervon nicht beeinträchtigt werden.

Im Falle des vorläufigen Regelinsolvenzverfahrens mag diese Rechtsprechung durchaus ihre Richtigkeit haben. Im Stadium des gem § 306 ruhenden Verbraucherinsolvenzantrages zur Durchführung des gerichtlichen Schuldenbereinigungsverfahrens jedoch besteht für den möglichen künftigen InsGl über die Vermögenserklärungen des Schu im Verfahren kein weitergehendes Bedürfnis an einer Vermögensauskunft.

17 Auch die Anordnung eines allgemeinen Verfügungsverbotes ist im Stadium des ruhenden Verfahrens nach § 306 möglich. Hierbei handelt es sich um ein absolutes Verfügungsverbot, gutgläubiger Erwerb ist bei Mobiliarvermögen unmöglich.[24] Auch die Bestellung eines vorläufigen InsVerw ist möglich. Unter Kostengesichtspunkten dürfte der Anwendungsbereich jedoch auf seltene, besonders massereiche Verfahren insb mit hohen pfändbaren Einkommensanteilen beschränkt sein.

IV. Der Gläubigerantrag in der Verbraucherinsolvenz (Abs 3)

18 Auch Gl eines zum Personenkreis des § 304 zuzuordnenden Schu sind berechtigt, über dessen Vermögen einen Insolvenzantrag zu stellen. Wie bei allen natürlichen Personen als Antragsgegner hat das Gericht den Schu zum Eröffnungsantrag anzuhören. Natürliche Personen sind auf die Möglichkeit der Restschuldbefreiung und deren Voraussetzungen hinzuweisen. Insoweit hat Abs 3 S 1 nur klarstellende Wirkung.

Der Gl wird häufig mangels Kenntnis vom Vorliegen der Voraussetzungen des persönlichen Anwendungsbereiches einen hinsichtlich der Verfahrensart unbestimmten Antrag stellen. Das Gericht hat jetzt im Rahmen der Zulässigkeitsprüfung die statthafte Verfahrensart auch unter Zuhilfenahme des Amtsermittlungsgrundsatzes des § 5 Abs 1 zu bestimmen.[25] Unterfällt der Antragsgegner dem Verbraucherbegriff des § 304, ist dem Schu wie jedem natürlichen Antragsgegner **Gelegenheit** zu geben, ebenfalls einen **Eröffnungsantrag** zu stellen. Es wird ihm dafür eine Frist setzen, für deren Länge idR vier Wochen angemessen erscheint,[26] und ihn zugleich darüber unterrichten, dass er nur über einen eigenen InsAntrag Restschuldbefreiung erlangen kann.[27] Hat der Schu, der einen Eröffnungsantrag stellen will, noch keinen **außergerichtlichen Einigungsversuch** unternommen, so hat er diesen nachzuholen (Abs 3 S 3). Für diesen Einigungsversuch steht dem Schu, der den Eröffnungsantrag gestellt hat, nach § 305 Abs 3 S 3 eine Frist von drei Monaten seit dem entspr Hinweis des Gerichts zur Verfügung. Ob diese Frist in allen Fällen ausreicht, erscheint zw.[28] Die einmal gesetzte Frist kann nicht verlängert werden,[29] das Gericht hat jedoch die Möglichkeit, von einem förmlich zugestellten Hinweis, der allein den Fristbeginn auslösen kann, zunächst abzusehen und dem Schu damit iE eine längere Frist einzuräumen.[30]

---

23 *AG Hamburg* NZI 2006, 646; *LG Würzburg* NZI 1999, 504.
24 *Hess* InsO § 306 Rn 25.
25 *Hess* InsO § 306 Rn 31.
26 *BGH* ZInsO 2005, 310.
27 *Graf-Schlicker/Sabel* § 306 Rn 23.
28 *Uhlenbruck/Sternal* § 306 Rn 69.
29 *Uhlenbruck/Sternal* § 305 Rn 69.
30 Vgl oben § 305 Rn 60; zust HambKomm/*Streck* § 306 Rn 14.

19 Stellt der Schu keinen InsAntrag und sind die zu erwartenden Verfahrenskosten gedeckt, so kann auf den GlAntrag hin unmittelbar das InsVerf eröffnet werden. Eine Restschuldbefreiung kommt dann nicht in Betracht, ebenso scheidet die Stundung der Verfahrenskosten aus.[31]

20 Bei einem **Zusammentreffen von Schu- und GlAntrag** auf Eröffnung des InsVerf ist zu beachten, dass für Verf, die vor dem 1.7.2014 beantragt worden sind, die erweiterte „Rückschlagsperre" des aufgehobenen § 312 Abs 1 S 3 nur eingreift, wenn das Verfahren auf Antrag des Schu eröffnet worden ist. Mit dem **G v 15.7.2013**[32] wurde § 312 für Verfahren, die ab dem 1.7.2014 beantragt worden sind, aufgehoben. Die Regelung zur erweiterten Rückschlagsperre wurde neu in § 88 Abs 2 eingebunden. Zwar hat der RegE[33] hierzu ausgeführt, dass mit dieser Überleitung keine rechtlichen Änderungen verbunden sein sollen, die neue Regelung des § 88 Abs 2 stellt jedoch nach dem Wortlaut nicht länger auf einen Antrag des Schuldners für die zeitliche Erweiterung ab.[34]

§ 307 Zustellung an die Gläubiger

(1) [1]Das Insolvenzgericht stellt den vom Schuldner genannten Gläubigern den Schuldenbereinigungsplan sowie die Vermögensübersicht zu und fordert die Gläubiger zugleich auf, binnen einer Notfrist von einem Monat zu den in § 305 Abs. 1 Nr. 3 genannten Verzeichnissen und zu dem Schuldenbereinigungsplan Stellung zu nehmen; die Gläubiger sind darauf hinzuweisen, dass die Verzeichnisse beim Insolvenzgericht zur Einsicht niedergelegt sind. [2]Zugleich ist jedem Gläubiger mit ausdrücklichem Hinweis auf die Rechtsfolgen des § 308 Abs. 3 Satz 2 Gelegenheit zu geben, binnen der Frist nach Satz 1 die Angaben über seine Forderungen in dem beim Insolvenzgericht zur Einsicht niedergelegten Forderungsverzeichnis zu überprüfen und erforderlichenfalls zu ergänzen. [3]Auf die Zustellung nach Satz 1 ist § 8 Abs. 1 Satz 2, 3, Abs. 2 und 3 nicht anzuwenden.

(2) [1]Geht binnen der Frist nach Absatz 1 Satz 1 bei Gericht die Stellungnahme eines Gläubigers nicht ein, so gilt dies als Einverständnis mit dem Schuldenbereinigungsplan. [2]Darauf ist in der Aufforderung hinzuweisen.

(3) [1]Nach Ablauf der Frist nach Absatz 1 Satz 1 ist dem Schuldner Gelegenheit zu geben, den Schuldenbereinigungsplan binnen einer vom Gericht zu bestimmenden Frist zu ändern oder zu ergänzen, wenn dies auf Grund der Stellungnahme eines Gläubigers erforderlich oder zur Förderung einer einverständlichen Schuldenbereinigung sinnvoll erscheint. [2]Die Änderungen oder Ergänzungen sind den Gläubigern zuzustellen, soweit dies erforderlich ist. [3]Absatz 1 Satz 1, 3 und Absatz 2 gelten entsprechend.

Übersicht

---

31 MK/*Ott/Vuia* § 306 Rn 22.
32 BGBl I S 2379.
33 BT-Drucks 17/11268, S 22.
34 **AA** HK-InsO/*Kayser* § 88 Rn 26.

I. Normzweck, Gesetzgebungshinweise

1 Möglichst schnell soll festgestellt werden, ob der Schuldenbereinigungsplan Grundlage für eine einvernehmliche Lösung sein kann. Zu diesem Zweck wird den Gl durch förmliche Zustellung der vom Schu eingereichten Vermögensübersicht und des Schuldenbereinigungsplans Gelegenheit gegeben, sich binnen eines Monats zu diesen Unterlagen zu äußern. Schweigen eines Gl gilt als Anerkennung der vom Schu angegebenen Höhe der Forderung und als Zustimmung zum Plan. Bei Widersprüchen von Gl kann der Schu den Plan ändern.

II. Die gerichtliche Aufforderung an die Gläubiger

2 **1. Der Inhalt der Aufforderung (Abs 1 S 1, 2, Abs 2 S 2).** Das Gericht **fordert jeden Gl** bei der Übersendung der Unterlagen **auf**, binnen eines Monats (ab Zustellung)

– allg **zur Vermögensübersicht**, der Gl und der Forderungen **Stellung zu nehmen**;
– speziell die **Angaben über seine Forderung(en) zu überprüfen** und ggf (zB hinsichtlich des Zinsanspruchs oder einer zusätzlichen, vom Schu nicht aufgeführten Forderung) zu ergänzen;
– sich dazu zu äußern, ob er **dem Schuldenbereinigungsplan** zustimmt.

3 Dass die Monatsfrist eine „**Notfrist**“ ist und daher den bes Regeln der ZPO für solche Fristen unterliegt, hat vor allem Bedeutung für die Folgen einer Fristversäumnis.[1] Der InsO ist der Begriff der „Notfrist“ sonst nicht bekannt; jedoch ist zB auch die Frist zur Einlegung der sof Beschw (§ 6) nach § 4 InsO iVm § 569 Abs 1 S 1 ZPO eine Notfrist.

4 Weiter hat das Gericht auf die Rechtsfolgen hinzuweisen, die eintreten, wenn ein Gl zu seiner Forderung nicht Stellung nimmt. So ist das Schweigen eines Gl zum Schuldenbereinigungsplan gem Abs 2 als Zustimmung zu werten. Weiter kann die nicht angegebene Forderung eines Gl unter den Voraussetzungen des Abs 3 S 2 untergehen.

5 **2. Die Zustellung (Abs 1 S 1, 3).** Die Sendung des Gerichts ist den Gl **förmlich zuzustellen**. Nach Abs 1 S 3 gelten hier nicht die allg Erleichterungen für die Zustellung im InsVerf, insb die Möglichkeit der Zustellung durch Aufgabe zur Post (§ 8 Abs 1 S 2). Nach dem Sinn der Regelung kommt auch eine Ersetzung der Zustellung durch eine öffentliche Bekanntmachung (vgl § 9 Abs 3) nicht in Betracht. Die Übereinstimmung der zuzustellenden Mehrfertigungen[2] mit dem bei Gericht verbleibenden Original muss jeweils durch anwaltliche oder gerichtliche Beglaubigung festgestellt sein;[3] ausreichend ist aber auch, dass alle eingereichten Stücke vom Schu unterschrieben sind und insofern Originale darstellen.[4] Die Zustellung des Plans hat an alle Gl zu erfolgen. Die Kosten der Zustellung hat der Schu jedoch nicht im Wege des Auslagenvorschusses im Voraus zu erbringen (§ 17 Abs 4 S 3 GKG).

6 Zuzustellen ist an die Gl bzw deren Vertreter. Die **Zustellungsvollmacht** muss dabei nach den allgemeinen Regeln im gerichtlichen Verfahren erklärt oder vom Schu für das gerichtliche Verfahren nachgewiesen werden.[5] Widerspricht ein vom Schu benannter Vertreter jedoch der Zustellung mangels Vertretungsmacht für das gerichtliche Verfahren nicht, dürfte die Zustellung bereits aus den Grundsätzen der Anscheinsvollmacht als ordnungsgemäß bewirkt angesehen werden. Wurde die Forderung von einem Gl abgetreten und hat der

---

1 Vgl unten Rn 13.

2 Zur Einreichung der erforderlichen Stückzahl vgl § 306 Abs 2 S 2 und oben § 306 Rn 8, 11.

3 *Fuchs* KS-InsO, 2. Aufl, S 1705 Rn 78; vgl *K/P/B/Wenzel* § 307 Rn 5.

4 *Fuchs* KS-InsO, 2. Aufl, S 1705 Rn 78; FK/*Grothe* § 307 Rn 11; **aA** *Graf-Schlicker/Sabel* § 307 Rn 3; *Uhlenbruck/Sternal* § 307 Rn 5.

5 FK/*Grote* § 307 Rn 4.

Schu hiervon keine Kenntnis, wirkt die Zustellung an den AltGl gem § 407 BGB auch gegen den NeuGl. Dies gilt auch für die Erklärung oder das Schweigen des AltGl zum Plan.[6]

Bei **Inkassounternehmen** muss grundsätzlich unterschieden werden. Überwiegend sind die Unternehmen ausschließlich mit der Einziehung und Durchsetzung der Forderung beauftragt, werden also nicht Forderungsinhaber. Diese Inkassodienstleistungen sind gem §§ 10, 2 RDG iVm §§ 305 Abs 4 S 2, 174 Abs 1 InsO für **registrierte Inkassounternehmen** zugelassen.[7] Eine Zustellung an registrierte Inkassodienstleister ist unproblematisch. Für die Zustellung an nicht nach § 10 RGD registrierte Personen kommt die Heilung des Zustellungsmangels gem §§ 4 InsO, 88 ZPO in Betracht. 7

Werden Inkassounternehmen jedoch durch Abtretung der Forderung auch deren Inhaber, treten sie in die Glstellung ein.

3. Die Prüfung der Unterlagen durch die Gläubiger. Die Prüfung des Schuldenbereinigungsplans durch die Gl erfolgt auf Grundlage der Vermögensübersicht und dem Gläubigerverzeichnis. Sie sind jedoch gem § 4 InsO iVm § 299 ZPO zumindest als Dritte in die Verfahrensakte einsichtsberechtigt und können sich so ein umfassendes Bild über die Vermögenslage des Schu verschaffen. Für eine entspr Gl- und Forderungsliste im Schuldenbereinigungsplan wird in den amtl Vordrucken nach der VbrInsVV gesorgt.[8] Bei weitergehendem Informationsbedürfnis können die Gl die bei Gericht hinterlegten Verzeichnisse einsehen. Sie haben auch Anspruch darauf, sich durch die Geschäftsstelle Abdrucke anfertigen zu lassen (§ 4 InsO iVm § 299 ZPO).[9] 8

4. Die Stellungnahmen der Gläubiger. Will ein Gl den Schuldenbereinigungsplan ablehnen, so muss diese Stellungnahme **schriftlich** erfolgen und von dem Gl unterzeichnet werden;[10] die Übersendung per Fax ist nach allg zivilprozessualen Grundsätzen zulässig.[11] Eine Begr für die Ablehnung ist nicht erforderlich; die Gründe, die gegen die Ersetzung der Zustimmung des Gl iRd § 309 sprechen, brauchen innerhalb der Notfrist des § 307 Abs 1 S 1 noch nicht geltend gemacht zu werden.[12] Die Zustimmung ist grundsätzlich bedingungsfeindlich. 9

Die Ablehnung kann auch von einem ordnungsgemäß bevollmächtigten Vertreter erklärt werden, zB von einem RA, einem Rechtsbeistand oder einem **Inkassobüro.**[13] – Ob der Vertreter mit seiner Tätigkeit gegen das Rechtsberatungsrecht verstößt, hat nach allg Grundsätzen auf die Wirksamkeit der Erklärung keinen Einfluss, solange der Vertreter nicht vom Verf ausgeschlossen worden ist.[14] 10

Dass ein Gl nach der Aufforderung des Gerichts den Schuldenbereinigungsplan zunächst abgelehnt hat, schließt nicht aus, dass er dem Plan **nachträglich** – auch nach Ablauf der Notfrist – noch wirksam **zustimmen** kann. Es widerspräche dem Anliegen des Gesetzes, einver- 11

---

6 *AG Köln*, NZI 2012, 621.
7 *Uhlenbruck/Sternal* § 307 Rn 44 f.
8 Vgl den Vordruck Anl 7 zum Eröffnungsantrag.
9 FK/*Grote* § 307 Rn 8.
10 *LG Münster* NZI 2002, 215.
11 *Uhlenbruck/Sternal* § 307 Rn 40, 48.
12 *OLG Celle* NZI 2001, 27; MK/*Ott/Vuia* § 307 Rn 10; **aA** *LG Münster* ZVI 2002, 267.
13 Zur Vertretungsbefugnis der Inkassounternehmen vgl § 305 Abs 4 S 2 iVm § 174 Abs 1 S 3 und oben § 305 Rn 67 sowie oben § 307 Rn 6.
14 Vgl oben § 305 Rn 67; *Bernet* NZI 2001, 73; **aA** *OLG Köln* ZInsO 2001, 855; *LG Kiel* ZInsO 2007, 222; *AG Bremerhaven* ZVI 2007, 21, 22; *Vallender/Caliebe* ZInsO 2000, 301; *K/P/B/Wenzel* § 308 Rn 2b.

nehmliche Schuldenbereinigungen zu fördern, wenn in einem solchen Fall das InsVerf eröffnet und oder ein ZustimmungsersetzungsVerf nach § 309 durchgeführt werden müsste.[15]

III. Die Wirkung des Schweigens (Abs 2 S 1)

12 Gibt ein Gl im gerichtlichen Schuldenbereinigungsplanverfahren keine Stellungnahme ab, wird seine Zustimmung unterstellt. Das Schweigen wirkt jedoch hier nur als Zustimmung zum Plan, soweit der Gl unter Beifügung der vorausgesetzten Unterlagen[16] auf die Rechtsfolge hingewiesen worden ist. Eine Erklärung kann nur innerhalb der Notfrist des Abs 1 abgegeben werden. Bei Säumnis tritt die Zustimmungsfiktion ein.[17]

13 Ist eine Fristversäumnis durch ein **unabwendbares Ereignis** verursacht worden, so ist nach § 4 iVm § 233 Abs 1 ZPO auf Antrag die **Wiedereinsetzung in den vorigen Stand** zu erteilen.[18] Welche Ereignisse eine Wiedereinsetzung rechtfertigen, ist nach den für den Zivilprozess anerkannten Kriterien zu beurteilen. In dem Antrag auf Wiedereinsetzung sind die Gründe für die Fristversäumnis und die Mittel für ihre Glaubhaftmachung anzugeben; gleichzeitig ist die versäumte Äußerung nachzuholen (vgl § 236 ZPO).

IV. Änderungen des Plans durch den Schuldner (Abs 3)

14 Auch ein Schuldenbereinigungsplan, dem einzelne Gl widersprechen, der aber inhaltlich angemessen ist, kann wirksam werden; denn das Gericht kann **die fehlenden Zustimmungen nach § 309 ersetzen**. Insofern bietet nicht jeder Widerspruch Anlass zu Änderungen des Plans. Gleichwohl ist es im Zuge der gütlichen Einigung sinnvoll, dem Schu die begründeten oder unbegründeten Widersprüche der Schu zuzuleiten, um ggf eine Ergänzung oder Modifizierung des Plans abzufragen. Der Schu ist zu einer Änderung seines Vergleichsangebotes jedoch nicht verpflichtet und kann die Zustimmungsersetzung beantragen. Bestehen jedoch aus dem Verhältnis der Ablehnungen zu den Zustimmung oder den genannten Gründe für eine Ablehnung Anhaltspunkte dafür, dass eine Einigung über einen angepassten Schuldenbereinigungsplan zustande kommen kann, ist das Gericht angehalten, dem Schu Gelegenheit zur Anpassung zu geben.[19] Das Gericht hat dem Schu für die Änderungen eine angemessene Frist zu setzen (Abs 3 S 1), die bei Bedarf auch verlängert werden kann.[20] Verzögert der Schu die Änderung des Plans unangemessen lang, so kann das Gericht das Verf entspr § 311 fortsetzen.[21]

15 Der **geänderte Plan** ist den Gl **erneut zuzustellen**, „soweit dies erforderlich ist"; nicht erforderlich ist zB die Zustellung an einen Gl, der schon im Voraus sein Einverständnis mit den Änderungen erklärt hat.[22] Bei der erneuten Zustellung ist zweckmäßigerweise darauf hinzuweisen, welche Änderungen vorgenommen worden sind.

16 Obwohl das Gesetz hier vom schriftlichen Verf ausgeht, kann sich im Einzelfall die Anberaumung eines **Verhandlungstermins** empfehlen.[23]

---

15 *BGH* NZI 2006, 248; vgl auch *OLG Köln* ZInsO 2001, 855.
16 S hierzu oben Rn 8.
17 HambKomm/*Streck/Ritter* § 307 Rn 9.
18 Bericht des BT-RAussch zur InsO, BT-Drucks 12/7302, 191 zu § 357d; *Uhlenbruck/Sternal* § 307 Rn 32–35.
19 *BGH* NZI 2006, 248.
20 FK/*Grote* § 307 Rn 22f.
21 *K/P/B/Wenzel* § 307 Rn 13.
22 Bericht des BT-RAussch zur InsO, BT-Drucks 12/7302, 192.
23 *Häsemeyer* Rn 29.30; *Uhlenbruck/Sternal* § 307 Rn 76.

17 Wird auch der geänderte Plan vom Gl abgelehnt, wird eine weitere Nachbesserung regelmäßig ausscheiden. Ergeben sich aber auch nach der weiteren Ablehnung Anhaltspunkte, die eine Planannahme nach nochmaliger Nachbesserung wahrscheinlich machen, kann das Gericht vor einer Verfahrensfortsetzung auch eine **weitere Nachbesserung** gestatten.

18 Die Entsch des Gerichts, dem Schu Gelegenheit zur Änderung des Plans zu geben oder ihm diese Möglichkeit nicht einzuräumen, ist nicht mit **Rechtsmitteln** anfechtbar.[24] Das OLG Celle hat allerdings auf eine Beschw gegen die Ablehnung einer Zustimmungsersetzung (§ 309) gerügt, dass das InsGer dem Schu keine Gelegenheit zur Änderung des Schuldenbereinigungsplans eingeräumt hatte, und es hat das Verf zur Nachholung des Versäumten an das InsGer zurückverwiesen.[25]

§ 308 Annahme des Schuldenbereinigungsplans

(1) [1]Hat kein Gläubiger Einwendungen gegen den Schuldenbereinigungsplan erhoben oder wird die Zustimmung nach § 309 ersetzt, so gilt der Schuldenbereinigungsplan als angenommen; das Insolvenzgericht stellt dies durch Beschluss fest. [2]Der Schuldenbereinigungsplan hat die Wirkung eines Vergleichs im Sinne des § 794 Abs. 1 Nr. 1 der Zivilprozessordnung. [3]Den Gläubigern und dem Schuldner ist eine Ausfertigung des Schuldenbereinigungsplans und des Beschlusses nach Satz 1 zuzustellen.

(2) Die Anträge auf Eröffnung des Insolvenzverfahrens und auf Erteilung von Restschuldbefreiung gelten als zurückgenommen.

(3) [1]Soweit Forderungen in dem Verzeichnis des Schuldners nicht enthalten sind und auch nicht nachträglich bei dem Zustandekommen des Schuldenbereinigungsplans berücksichtigt worden sind, können die Gläubiger von dem Schuldner Erfüllung verlangen. [2]Dies gilt nicht, soweit ein Gläubiger die Angaben über seine Forderung in dem beim Insolvenzgericht zur Einsicht niedergelegten Forderungsverzeichnis nicht innerhalb der gesetzten Frist ergänzt hat, obwohl ihm der Schuldenbereinigungsplan übersandt wurde und die Forderung vor dem Ablauf der Frist entstanden war; insoweit erlischt die Forderung.

Übersicht

I. Normzweck, Gesetzgebungshinweise

1 Im Interesse einer klaren Rechtslage wird das Zustandekommen des Schuldenbereinigungsplans durch Beschl des InsGer festgestellt. Die Wirkungen des Plans entsprechen denen eines **Prozessvergleichs** (§ 794 Abs 1 Nr 1 ZPO); diese Parallele liegt näher als die zum Ins-Plan (vgl §§ 254–257 InsO), da der Schuldenbereinigungsplan vor Eröffnung eines InsVerf und ohne öffentliche Bek zustande kommt. Folgerichtig werden Gl, die nicht in das Verf über den Schuldenbereinigungsplan einbezogen worden sind, in ihrer Rechtsstellung nicht eingeschränkt.

24 *BayObLG* NZI 2002, 110.
25 *OLG Celle* ZInsO 2001, 1062.

II. Zustandekommen des Schuldenbereinigungsplans (Abs 1 S 1, 3)

2 Das Gericht stellt fest, dass der vom Schu vorgelegte Schuldenbereinigungsplan von den Gl angenommen worden (und damit zustande gekommen) ist,
– wenn kein beteiligter Gl fristgerecht Einwendungen erhoben hat
– oder die Zustimmung der widersprechenden Gl gem § 309 ersetzt worden ist.

3 Auch wenn die **praktische Bedeutung** des gerichtlichen SchuldenbereinigungsVerf seit der Gesetzesänderung von 2001 stark abgenommen hat,[1] so ist doch auch in den folgenden Jahren eine beträchtliche Zahl von Schuldenbereinigungsplänen angenommen worden: Im Jahre 2002 waren es 1 095 Pläne und im Jahre 2003 1 234, bis zum Jahr 2010 stieg die Zahl der angenommenen Schuldenbereinigungspläne sogar auf 2 139 an. Zwischenzeitlich ist der Stand jedoch wieder gesunken. Im Jahr 2011 kamen noch 1 801 und im Jahr 2012 gerade einmal 1 694 gerichtliche Schuldenbereinigungspläne zustande.[2]

4 Der Beschl des Gerichts ergeht ohne inhaltliche Prüfung;[3] offensichtliche Mängel des Plans hat das Gericht bereits vor der Zustellung an die Gl auf dem Weg des § 305 Abs 3 auszuräumen. Die sachliche Zuständigkeit liegt beim Richter (§ 18 Abs 1 Nr 1 RPflG). Der Beschluss hat keine rechtsgestaltende Wirkung. Wie die Vergleichsfeststellung in § 278 Abs 6 S 2 ZPO kommt ihm nur eine feststellende Funktion zu.[4] Ein Rechtsmittel gegen den Beschluss ist nicht gegeben, lediglich die Gegenvorstellung ist zulässig.[5] IÜ wird der Beschl gegenstandslos, wenn die Ersetzung der Zustimmung widersprechender Gl (§ 309) auf sof Beschw aufgehoben wird; nach § 311 ist dann das Verf über den Eröffnungsantrag wieder aufzunehmen.[6] Insofern empfiehlt es sich, iF eines ZustimmungsersetzungsVerf die Rechtskraft der ersetzenden Entsch abzuwarten, bevor nach § 308 Abs 1 S 1 die Annahme des Schuldenbereinigungsplans festgestellt wird.[7]

5 Die in Abs 1 S 3 vorgesehene **Zustellung** kann **durch Aufgabe zur Post** erfolgen, auch iÜ gilt § 8 uneingeschränkt. Eine förmliche Zustellung wie iF des § 307 Abs 1 S 3 ist hier nicht vorgesehen.

III. Wirkungen des Schuldenbereinigungsplans

6 **1. Prozessvergleich gem § 794 Abs 1 Nr. 1.** Der Schuldenbereinigungsplan beendet wie der Prozessvergleich das gerichtliche Verfahren und bestimmt materielle Forderungsrechte der Gl neu. Er ist Vollstreckungstitel und gestaltet die bisherigen Schuldverhältnisse um.[8] Je nach Reichweite des Plans kann sich die neue materiell-rechtliche Gestaltung lediglich auf die Forderungshöhe, aber auch Sicherungsrechte und Drittbeteiligungen beziehen. Etwaige **Formvorschriften**, zB das Erfordernis der notariellen Beurkundung einer Verpflichtung zur Übertragung von Grundstückseigentum (§ 313 S 1 BGB), **gelten als gewahrt**.[9] Bei Willensmängeln ist eine Anf nach §§ 119–123 BGB möglich;[10] da das Schweigen eines Gl nach § 307

1 Vgl oben § 306 Rn 3.
2 *Statistisches Bundesamt* Fachserie 2, R 4.1, 12/2012.
3 Vgl *Fuchs* KS-InsO, 2. Aufl, S 1713 Rn 105; *Haarmeyer/Wutzke/Förster* Rn 10/80; **aA** *Krug* Der Verbraucherkonkurs, S 128 f; *Vallender* InVo 1998, 173 f.
4 *Zöller/Greger* ZPO § 278 Rn 35.
5 MK/*Ott/Vuia* § 308 Rn 8; *Uhlenbruck/Sternal* § 308 Rn 14.
6 *BayObLG* NZI 2001, 145; vgl MK/*Ott/Vuia* § 308 Rn 6 f.
7 Vgl *Graf-Schlicker/Sabel* § 308 Rn 4.
8 *BGH* NZI 2008, 384, 386.
9 Vgl *BGHZ* 14, 381.
10 Bericht des BT-RAussch zur InsO, BT-Drucks 12/7302, 192 zu § 357e; *AG Mönchengladbach* ZInsO 2009, 1123.

Abs 2 S 1 als Zustimmung gilt, ist hier auch das Schweigen zB wegen arglistiger Täuschung anfechtbar.[11] In Ausnahmefällen kann auch eine Unwirksamkeit des Schuldenbereinigungsplans oder einzelner seiner Bestimmungen wegen Gesetzesverstoßes oder Sittenwidrigkeit in Betracht kommen.[12]

Der FeststellungsBeschl des Gerichts bildet iVm einem Auszug aus dem Schuldenbereinigungsplan einen **Vollstreckungstitel**;[13] allerdings nur, soweit der Inhalt des Plans vollstreckungsfähig ist.[14] Die Vollstreckungsklausel erteilt der Urkundsbeamte der Geschäftsstelle.[15] Sieht der Plan die Abtretung der pfändbaren Dienstbezüge des Schu vor, so ist zur Entsch über Anträge zum Umfang des Vollstreckungsschutzes das InsGericht zuständig.[16] 7

Tritt nachträglich eine wesentliche Veränderung der wirtschaftlichen Verhältnisse des Schu ein, so kommt eine **Klage auf Abänderung des Schuldenbereinigungsplans** in Betracht.[17] Vorrang sollte jedoch eine vertragliche Anpassungsklausel haben.[18] Diese kann auch noch nachträglich zwischen den Parteien des Prozessvergleichs vereinbart werden.[19] Die gerichtliche Planänpassung folgt dann entsprechend den Regeln über den **Wegfall der Geschäftsgrundlage.**[19] Alleine die Leistungsfähigkeit des Schu zur Erfüllung des Plans stellt grundsätzlich keine gemeinsame Geschäftsgrundlage eines Vertrages dar. Die Leistungsfähigkeit fällt ausschließlich in den Risikobereich der leistungsverpflichteten Partei.[20] Anderes kann im Falle des Schuldenbereinigungsplans nur dann gelten, wenn man die Entschuldung unter Einsatz einer bestimmt festgelegten Vermögensmasse zur Vertragsgrundlage macht. Ob man das Gläubigerinteresse derart auslegen kann, erscheint jedoch fraglich. 8

Grundsätzlich tritt mit Abschluss des Schuldenbereinigungsplans eine materiell- rechtliche Veränderung der Schuldverhältnisse ein. Ein **Verzug** des Schu mit den Planleistungen oder die **Nichterfüllung** der Vereinbarung lässt die alten Forderungen grundsätzlich nicht wieder aufleben.[21] Auch der vertragliche Rücktritt gem § 323 Abs 1 BGB vom Schuldenbereinigungsplan einzelner Gl ist nach überwiegender Auffassung nicht möglich.[22] 9

Ein **Wiederaufleben** kann jedoch im Plan mit einer Verzugsklausel vorgesehen werden. Die Einbeziehung einer solchen Lösungsklausel ist auch unter dem Gesichtspunkt der Schlechterstellung für die zustimmungsersetzende Entscheidung nach § 309 beachtlich.[23] 10

2. Beendigung des Verfahrens über den Eröffnungsantrag (Abs 2). Wie ein Prozessvergleich den anhängigen Rechtsstreit beendet, so bringt der angenommene Schuldenbereinigungsplan das Verf über den Eröffnungsantrag und den Antrag auf Restschuldbefreiung 11

11 *Uhlenbruck/Sternal* § 308 Rn 5. Die gerichtliche Ersetzung der Zustimmung des Gl (§ 309) kann dagegen nicht wegen Willensmängeln angefochten werden, **aA** *Theiß* ZInsO 2005, 31.
12 FK/*Kohte* § 308 Rn 7–14.
13 *BGH* NZI 2008, 384, 386; Ausschussbericht, BT-Drucks 12/7302, 192 zu § 357e.
14 Vgl dazu *Fuchs* KS-InsO, 2. Aufl, S 1701, Rn 65, und S 1713 Rn 107.
15 § 4 InsO iVm § 724 Abs 2, § 795 ZPO, vgl *Graf-Schlicker/Sabel* § 308 Rn 13.
16 Nach *BGH* NZI 2008, 384 ist auch insoweit § 36 Abs 4 S 1 maßgeblich (eine „mindestens entspr Anwendung", so *Pape* ZInsO 2009, 1382).
17 § 323 Abs 1, 4 ZPO; *Vallender* DGVZ 1997, 101; FK/*Kohte/Busch* § 308 Rn 23 f; **aA** *OLG Karlsruhe* NZI 2001, 422; offen lassend *BGH* NZI 2008, 384.
18 Vgl oben § 305 Rn 56.
19 FK/*Kothe/Busch* § 307 Rn 23.
20 MK-BGB/*Finkenauer* § 313 Rn 207.
21 *Hess* InsO § 308 Rn 19.
22 *LG Hechingen* ZInsO 2005, 49; FK/*Kohte/Busch* § 308 Rn 11; *Hess* InsO § 308 Rn 19; **aA** *Graf-Schlicker/Sabel* § 308 Rn 15.
23 S hierzu unten § 309 Rn 24.

zum Abschluss;. **Sicherungsmaßnahmen** (vgl § 306 Abs 2 S 1) sind hingegen gesondert aufzuheben.[24] Die beendende Wirkung entfällt, wenn die Annahme des Schuldenbereinigungsplans wirksam **wegen eines Willensmangels angefochten** worden ist.[25] Ein Streit um die Wirksamkeit des Plans kann im Wege der Fortsetzung des Schuldenbereinigungs- und InsVerf geklärt werden.[26]

12 **3. Wirkung für nicht berücksichtigte Forderungen (Abs 3).** Die Wirkungen des Schuldenbereinigungsplans treffen nur die Gl, denen der Plan – zusammen mit der Vermögensübersicht – förmlich zugestellt wird (§ 307 Abs 1 S 1, Abs 3 S 2). Da das Gericht keine Nachforschungen anstellt und da auch keine öffentliche Bek erfolgt, sind dies die Gl, die der Schu in seinem GlVerzeichnis benannt hat. Gibt es **weitere Gl**, so können diese **unbeeinträchtigt vom Plan** Erfüllung verlangen und ggf die Zwangsvollstreckung betreiben. Nicht am Plan beteiligte Gl oder NeuGl können so die Leistungsfähigkeit des Schu zur Planerfüllung gefährden. Der Schu wird daher bestrebt sein, sämtliche Gl in die Vergleichslösung mit einzubeziehen.

13 Auch die Forderungen der benannten Gl unterliegen nur insoweit den im Schuldenbereinigungsplan vorgesehenen Wirkungen, als sie im Plan berücksichtigt sind. Fehlt dort eine von mehreren Forderungen eines benannten Gl oder ist eine aufgeführte Forderung zu niedrig angegeben[27] und hat der Gl dies nicht innerhalb der Frist des § 307 Abs 1 S 1 beanstandet, so **erlischt die nicht aufgeführte Forderung** bzw der nicht aufgeführte Teil der Forderung.[28] Diese scharfe Sanktion soll die Mitarbeit der Gl im Verfahren sicherstellen.[29] Sie gilt **auch für gesicherte Forderungen**,[30] auch für die Forderungen verschiedener – rechtlich unselbstständiger – Filialen desselben Kreditinstituts.[31]

14 Weist einer der benannten Gl innerhalb der gesetzten Frist darauf hin, dass ihm eine weitere (Teil-)Forderung zusteht, so kann der Schu diese Forderung durch eine Änderung des Schuldenbereinigungsplans berücksichtigen (§ 307 Abs 3). Hält er die weiter geltend gemachte Forderung dagegen für unbegründet und lehnt er demgemäß eine Änderung des Plans ab, so liegt der Fall einer str Forderung iSd § 309 Abs 3 vor; § 308 Abs 3, nach dem vom Schu nicht berücksichtigte Forderungen unbeeinträchtigt vom Plan bestehen bleiben, kann nach dem Sinn der Regelung für diesen Fall nicht gelten.[32]

15 Forderungen, die noch nicht bestanden, als der Gl Gelegenheit zur Stellungnahme hatte, können selbstverständlich nicht von dieser Sanktion erfasst werden. Sie können unabhängig vom Schuldenbereinigungsplan geltend gemacht werden.

---

24 *Uhlenbruck/Sternal* § 308 Rn 31.
25 Vgl oben Rn 6.
26 *AG Mönchengladbach* ZInsO 2009, 1123; *Uhlenbruck/Sternal* § 308 Rn 28; differenzierend FK/*Kohte/Busch* § 308 Rn 21 f.
27 Ggf auch als dem Grund nach streitig mit dem Wert „Null", vgl *BGH* NZI 2009, 562.
28 *LG Göttingen* ZInsO 2002, 41; MK/*Ott/Vuia* § 308 Rn 15.
29 Ausschussbericht, BT-Drucks 12/7302, 193, zu § 357 f.
30 *Marotzke* ZZP 1996, 440; *Braun/Buck* § 308 Rn 12; *Uhlenbruck/Sternal* § 308 Rn 37.
31 *Kirchhof* ZInsO 1998, 58; vgl auch *LG Berlin* ZInsO 2005, 946.
32 Vgl demgegenüber *AG Köln* ZIP 2000, 83, 86, das § 308 Abs 3 auf Teilforderungen generell nicht anwenden will, um einen Widerspruch zu § 309 Abs 3 zu vermeiden; wie *AG Köln*: *Uhlenbruck/Sternal* § 308 Rn 41.

§ 309 Ersetzung der Zustimmung

(1) [1]Hat dem Schuldenbereinigungsplan mehr als die Hälfte der benannten Gläubiger zugestimmt und beträgt die Summe der Ansprüche der zustimmenden Gläubiger mehr als die Hälfte der Summe der Ansprüche der benannten Gläubiger, so ersetzt das Insolvenzgericht auf Antrag eines Gläubigers oder des Schuldners die Einwendungen eines Gläubigers gegen den Schuldenbereinigungsplan durch eine Zustimmung. [2]Dies gilt nicht, wenn

1. der Gläubiger, der Einwendungen erhoben hat, im Verhältnis zu den übrigen Gläubigern nicht angemessen beteiligt wird, oder

2. dieser Gläubiger durch den Schuldenbereinigungsplan voraussichtlich wirtschaftlich schlechter gestellt wird, als er bei Durchführung des Verfahrens über die Anträge auf Eröffnung des Insolvenzverfahrens und Erteilung von Restschuldbefreiung stünde; hierbei ist im Zweifel zugrunde zu legen, dass die Einkommens-, Vermögens- und Familienverhältnisse des Schuldners zum Zeitpunkt des Antrags nach Satz 1 während der gesamten Dauer des Verfahrens maßgeblich bleiben.

(2) [1]Vor der Entscheidung ist der Gläubiger zu hören. [2]Die Gründe, die gemäß Absatz 1 Satz 2 einer Ersetzung seiner Einwendungen durch eine Zustimmung entgegenstehen, hat er glaubhaft zu machen. [3]Gegen den Beschluss steht dem Antragsteller und dem Gläubiger, dessen Zustimmung ersetzt wird, die sofortige Beschwerde zu. [4]§ 4a Abs. 2 gilt entsprechend.

(3) Macht ein Gläubiger Tatsachen glaubhaft, aus denen sich ernsthafte Zweifel ergeben, ob eine vom Schuldner angegebene Forderung besteht oder sich auf einen höheren oder niedrigeren Betrag richtet als angegeben, und hängt vom Ausgang des Streits ab, ob der Gläubiger im Verhältnis zu den übrigen Gläubigern angemessen beteiligt wird (Absatz 1 Satz 2 Nr. 1), so kann die Zustimmung dieses Gläubigers nicht ersetzt werden.

Übersicht

I. Normzweck, Gesetzgebungshinweise

1 Zur Stärkung der vergleichsweisen Entschuldung wird das Gericht ermächtigt, den widersprechenden Gl in den Prozessvergleich zu zwingen und seine Zustimmung zu ersetzen. Die Entlastung der Gerichte, aber auch das Interesse an einer einvernehmlichen Lösung ist hierfür Entscheidungsgrundlage des Gesetzgebers.[1]

2 Eine Ersetzung der Zustimmung kommt jedoch nur dann in Betracht, wenn eine Mehrheit nach Forderungssumme und Gläubigeranzahl dem Plan nicht widersprochen hat.[2]

1 Bericht des BT-RAussch zur InsO, BT-Drucks 12/7302, 192 zu § 357 f.
2 Zum Schweigen auf das Vergleichsangebot oben unter § 307 Rn 12 f.

II. Zustimmung der Mehrheit der Gläubiger (Abs 1 S 1)

3 **1. „Zustimmende" Gläubiger.** Da nach § 307 Abs 2 das Schweigen eines Gl auf die Zustellung des Schuldenbereinigungsplans als Einverständnis mit diesem gilt, sind in § 309 Abs 1 S 1 unter den „zustimmenden Gl" auch die Gl zu verstehen, die dem Plan **nicht widersprochen** haben. Hierauf hat das Ger gem § 307 Abs 2 S 2 ausdrücklich hinzuweisen.

4 **2. Berechnung der Mehrheiten.** Eine Ersetzung der Zustimmung kommt nur in Betracht, wenn im gerichtlichen Schuldenbereinigungsplanverfahren eine **Kopf- und Summenmehrheit** der Gl dem Plan nicht widersprochen hat. Die Mehrheiten müssen kumulativ vorliegen, fehlt es an einer, scheidet eine Zustimmungsersetzung aus.[3]

5 Die **Summenmehrheit** ist durch einfache Addition der zustimmenden und schweigenden Gl zu ermitteln. Ein Gl mit mehreren Forderungen – auch aus unterschiedlichen Rechtsgründen – zählt hierbei nur als ein Gl.[4] Gleiches soll gelten, wenn eine Körperschaft durch mehrere verschiedene Behörden vertreten wird und diese unterschiedliche Forderungen geltend machen, die letztlich alle der Körperschaft zustehen.[5] Eine Gläubigergemeinschaft, der zusammen nur eine Forderung gegen den Schu zusteht, hat nur eine Stimme.[6]

6 Der Vertreter, der im Verfahren für mehrere Gl auftritt, hat für jeden Vertretenen ein eigenes Stimmrecht.[7] Auch registrierte Inkassobüros können nach Einführung des RDG[8] im gerichtlichen Schuldenbereinigungsplanverfahren mit abstimmen. Hinsichtlich der Zählung ihrer Stimmen ist darauf abzustellen, ob sie Inhaber der Forderungen (dann eine Stimme) oder mit dem Inkasso und der Vertretung mehrerer Gl betraut sind (dann eine Stimme je Gl).[9]

7 Wer auf seine Forderung verzichtet hat, bleibt bei Feststellung sowohl der Kopf- als auch der Summenmehrheit außer Betracht.[10] Werden auch gesicherte Gl in den Plan mit aufgenommen, sind auch sie bei der Feststellung der Kopfmehrheit mit einzurechnen.[11] Ein Stimmrecht zur Feststellung der Kopfmehrheit kann dem gesicherten Gl jedoch nur zukommen, soweit die Rechtsposition des Gl durch den Plan geändert oder beeinträchtigt wird.

8 Hinsichtlich der **Summenmehrheit** ist jede in den Plan aufgenommene Forderung zu berücksichtigen. Der absonderungsberechtigte Gl trägt jedoch nur mit dem im Zeitpunkt der Entscheidung über die Zustimmungsersetzung voraussichtlichen Ausfalles zur Mehrheitsfeststellung bei.[12]

III. Keine Benachteiligung widersprechender Gläubiger (Abs 1 S 2)

9 Die fehlende Zustimmung eines Gl kann nicht ersetzt werden, wenn der Schuldenbereinigungsplan den oder die widersprechenden Gl nicht angemessen am Plan beteiligt oder sie im Vergleich zur Durchführung des InsVerf durch den Plan wirtschaftlich schlechter gestellt

3 *OLG Celle* NZI 2001, 27.
4 HambKomm/*Streck/Ritter* § 309 Rn 6.
5 HambKomm/*Streck/Ritter* § 309 Rn 6; *Graf-Schlicker/Sabel* § 309 Rn 4; *BGH* ZInsO 2011, 1151 – wobei sich die Entscheidung auf die Vergütungserhöhung der Gläubigeranzahl in § 2 Abs 2 InsVV bezieht.
6 *A/G/R/Henning* § 309 Rn 6.
7 *OLG Köln* NZI 2001, 88; *K/P/B/Wenzel* § 309 Rn 1a.
8 RDG v 12.12.2007.
9 FK/*Grote* § 309 Rn 8; oben § 307 Rn 7.
10 *OLG Braunschweig* ZInsO 2001, 227; *OLG Karlsruhe* ZInsO 2000, 238 – LS; *Schäferhoff* ZInsO 2001, 687.
11 Zust *Fuchs* KS-InsO, S 1710 Rn 92.
12 *BGH* 17.1.2008 – IX ZB 142/07; FK/*Grote* § 308 Rn 9.

werden. Hierbei handelt es sich um **Ausschlussregelungen,** die dem Zustandekommen des Plans entgegenstehen. Kann nur die Zustimmung eines einzigen Gl nicht ersetzt werden, scheitert der Schuldenbereinigungsplan insgesamt.[13]

1. Angemessene Beteiligung. Die Angemessenheit des GL ist durch eine Einzelfallentscheidung festzustellen. Für eine angemessene Beteiligung bedarf es jedoch keiner einheitlichen Befriedigungsquote für alle Gl.[14] Vielmehr können **sachlich begründete Abweichungen** in den Angeboten an die Gl geboten sein. 10

Eine Abweichung in den Zahlungsmodalitäten, beispielsweise hinsichtlich des Fälligkeitszeitpunktes einzelner Planraten an die Gl, kann zumindest bei gleicher Gesamtregulierungsquote keine unangemessene Beteiligung darstellen.[15] 11

Das Gesamtverhältnis der einzelnen Gläubigerbeteiligung ist zu beachten. Eine unterschiedliche Befriedigungsquote im Plan kann ua durch die besondere Stellung des Gl geboten sein. So, wenn Sicherungsrechte in den Plan mit einbezogen werden oder eine Verbindlichkeit aus den gem § 302 ausgenommenen Forderungen mit geregelt werden soll. 12

Im Einzelnen:

Stehen einzelnen Gl **Sicherungsrechte** zu, können diese eine unterschiedliche Befriedigungsquote im Verhältnis der ungesicherten Gl rechtfertigen. Dies gilt insb dann, wenn das Sicherungsrecht insolvenzfest gewesen wäre, also im Falle einer Verfahrenseröffnung zur abgesonderten Befriedigung des Gl geführt hätte.[16] Eine einheitliche Quote für gesicherte und ungesicherte Gl hingegen kann eine Ungleichbehandlung darstellen und der Zustimmungsersetzung entgegenstehen. Es ist immer auf den wirtschaftlichen Wert der Planbeteiligung unter Einbeziehung des gesamten Vertragsgeflechtes des Gl zum Schu abzustellen.[17] 13

Besteht der Rechtsgrund der Forderung aus einer **vorsätzlich begangenen unerlaubten Handlung**, wäre diese von der Restschuldbefreiung gem § 302 ausgenommen. Der Gl einer solchen Verbindlichkeit wird daher in seinen Forderungsrechten durch den Schuldenbereinigungsplan besonders getroffen. Es ist daher, auch unter dem Gesichtspunkt der Schlechterstellung in Abs 1 Nr 2, gerechtfertigt, ihm einen höheren Anteil am Verteilungsergebnis zukommen zu lassen und ihn so in den Entschuldungsplan mit einzubeziehen.[18] Gleiches muss für die erweiterten ausgenommenen Forderungen des § 302 – dem vorsätzlich **pflichtwidrig nicht geleisteten Unterhalt** und den **Steuerforderungen** in deren Zusammenhang der Schu wegen einer Steuerstraftat rechtskräftig verurteilt worden ist – gelten. 14

In Anlehnung an § 222 Abs 3 S 2 wird teilweise vertreten, dass **Kleingläubiger** mit einer abweichenden Quote am Verfahren beteiligt werden können.[19] Wesentlicher Gedanke hierbei dürfte die mit einer Besserstellung der Kleingläubiger eintretende Verfahrensvereinfachung sein. Störungen des Planabschlusses trotz wirtschaftlich geringen Interesses können so vermieden werden. Auch die Planabwicklung durch den Schu kann durch Vereinbarung einer Mindestzahlung vereinfacht werden.[20] 15

---

13 *BayObLG* NZI 2001, 623.
14 *Braun/Buck* § 309 Rn 11; *Graf-Schlicker/Sabel* § 309 Rn 16.
15 *OLG Celle* 28.3.2001 – Az 3 W 28/01.
16 *LG Saarbrücken* NZI 2000, 380; FK/*Grote* § 309 Rn 13; *A/G/R/Henning* § 309 Rn 9.
17 *Hess* InsO § 309 Nr 63.
18 *Graf-Schlicker/Sabel* § 309 Rn 20; HambKomm/*Streck* § 309 Rn 22.
19 *Graf-Schlicker/Sabel* § 309 Rn 21; *Hess* InsO § 390 Rn 66 f; FK/*Grote* § 309 Rn 21.
20 Ablehnend hingegen *LG Saarbrücken* ZInsO 2002, 340, das den wirtschaftlichen Mehraufwand des Kleingläubigers zur Geltendmachung der Forderung im Insolvenz- und Vollstreckungsverfahren für keinen anerkennungswürdigen sachlichen Grund der Besserstellung sieht.

16 Vor allem darf der Gl, dessen fehlende Zustimmung ersetzt werden soll, nach dem Plan **nicht schlechter gestellt werden als andere, rechtlich gleich gestellte Gl** (vgl § 245 Abs 2 Nr 3). Berücksichtigt werden dabei nur die Gl, die im Schuldenbereinigungsplan aufgeführt sind. Eine Benachteiligung im Verhältnis zu anderen, zB bereits vor dem InsAntrag befriedigten, Gl bleibt iRv Abs 1 S 2 Nr 1 außer Betracht.[21]

17 Ein Gl, der innerhalb der Monatsfrist des § 307 Abs 1 S 1 darauf hinweist, dass ihm eine höhere Forderung zusteht als vom Schu angegeben, kann grds verlangen, dass durch eine Änderung des Schuldenbereinigungsplans auch die für ihn vorgesehene Zahlung erhöht wird; etwas anderes gilt jedoch, wenn die Erhöhung, die sich ergeben würde unwesentlich ist.[22]

18 Eine abweichende Quote kann sich nicht alleine aus der besonderen Bedeutung der Verbindlichkeit für den Schu ergeben. Nicht über § 302 privilegierte Forderungen können sachlich schwerlich gerechtfertigt im Schuldenbereinigungsplan besser gestellt werden. Daher sind Verbindlichkeiten aus nicht geleisteter Wohnungsmiete oder Forderungen der Energielieferanten nicht besser zu stellen.[23] Für solche Bewertungen fehlen Anhaltspunkte im Gesetz.[24]

19 **2. Keine Schlechterstellung durch den Plan.** Durch den Schuldenbereinigungsplan dürfen Gl nicht schlechter gestellt werden, als diese voraussichtlich bei Durchführung des InsVerf stehen würden (Abs 1 S 2 Nr 2). Kein Gl soll somit in einen Vergleichsvertrag gezwungen werden können, der ihn wirtschaftlich schlechter stellt, als es die Regelungen des VerbrInsVerf und der Restschuldbefreiung vorsehen.[25]

20 Beurteilungsmaßstab ist hierbei eine im Entscheidungszeitpunkt anzusetzende prognostische Beurteilung der im InsVerf zu erwartenden Befriedigungsquoten.[26] Eine Änderung der Einkommensverhältnisse oder Freibeträge des Schu sind nur dann zu berücksichtigen, wenn hierfür konkrete Anhaltspunkte bestehen, die sich **hochwahrscheinlich** verwirklichen werden. Die Geburt eines Kindes kann bei bestehender Schwangerschaft durch Erhöhung der Pfändungsfreigrenzen in die Vergleichsrechnung einbezogen werden.[27] Auch das Ende einer Berufsausbildung mit großer Wahrscheinlichkeit der Einkommenssteigerung, eine Beförderung oder die Aussicht auf Aufnahme einer Beschäftigung sind berücksichtigungsfähig. Der Eintritt des Ereignisses hat jedoch überwiegend wahrscheinlich zu sein.

21 Anders, wenn das Ereignis zunächst vom Eintritt der Restschuldbefreiung/Planentschuldung abhängt.[28]

---

21 *BayObLG* NZI 2001, 553 = DZWIR 2002, 163 mit Anm *Wenzel; OLG Frankfurt* NZI 2002, 266; *OLG Köln* NZI 2002, 58.

22 *OLG Celle* ZInsO 2001, 1062.

23 Vgl HambKomm/*Streck/Ritter* § 309 Rn 13; *Graf-Schlicker/Sabel* § 309 Rn 22; **aA** FK/*Grote* § 309 Rn 20 unter Hinweis auf das Drohen von Wohnraumkündigung und Stromsperre; wohl auch *Heyer* VerbrInsVerf, S 32, 60.

24 Zust *K/P/B/Wenzel* § 309 Rn 3a. Zur Behandlung von Unterhaltsforderungen im Schuldenbereinigungsplan vgl auch oben § 305 Rn 54.

25 FK/*Grote* § 309 Rn 25.

26 HambKomm/*Streck/Ritter* § 309 Rn 14; *LG Kaiserslautern* NZI 2008, 694; *Hess* InsO § 309 Rn 133.

27 Graf-Schlicker/*Sabel* § 309 Rn 25.

28 *LG Kaiserslautern* NZI 2008, 694, das LG hatte hier im Verfahren über das Vermögen eines ehemaligen Rechtsanwalts ausgeführt, dass die Wiedererteilung der Berufszulassung von der Entschuldung abhänge und daher nicht bereits mit der Eröffnung des Verf zu erwarten ist.

Zur Feststellung der Vergleichsrechnung wird sich das Gericht auf die Angaben des Schu sowie die Darlegung und Glaubhaftmachung des Gl stützen.[29] Die Einholung eines Gutachtens wird regelmäßig nicht erforderlich sein.[30] Der Gesetzeswortlaut gibt mit der Formulierung „im Zweifel“ vor, dass grundsätzlich umfangreiche Ermittlungen zur Prognoseentscheidung nicht angestellt werden sollen. Es liegt somit in der Sphäre des widersprechenden Gl oder des Schu Umstände darzutun, die für ihr jeweiliges Anliegen stehen. **22**

Lediglich die eigene Ungleichbehandlung im Verhältnis zur Verfahrenseröffnung kann der widersprechende Gl rügen. Eine Schlechterstellung anderer, am Plan beteiligter Gl stellt kein zugelassener Rechtseinwand dar.[31] **23**

Das Fehlen einer **Lösungsklausel** für den Fall eines unangemessenen Verzuges des Schu mit den Planleistungen stellt eine Schlechterstellung der Gl dar.[32] Diese können ohne **Wiederlauflebensklausel/Kündigungsregelung** nicht vom Prozessvergleich zurücktreten und ihre alte Forderung geltend machen. **24**

Das Fehlen einer **Anpassungsklausel** (Besserungsversprechen) des Schu im Falle einer positiven Veränderung seines Einkommens oder der Vermögenslage sind differenziert zu betrachten. Im Falle eines **starren Nullplans**, der im Stadium momentaner Pfandlosigkeit des Schu diese ungeachtet einer Änderung der künftigen Ertragslage festschreibt, wird das Fehlen einer Anpassungsklausel zur Zurückweisung des Ersetzungsantrages führen. Nullpläne sind zwischenzeitlich zwar anerkannt und auch zustimmungsersetzungsfähig.[33] Starre Nullpläne aber, die künftiges pfändbares Einkommen des Schu nicht in den Plan mit einbeziehen, **können** eine Schlechterstellung der Gl darstellen. **25**

Nullpläne, die hingegen die Gl an möglichen künftigen Erträgen teilhaben lassen, sog **flexible Nullpläne**, stellen keine Schlechterstellung im Vergleich zur Verfahrensdurchführung dar.[34] **26**

Der *BGH* hat mit Beschl v 10.10.2013[35] die **grds Zulässigkeit eines Nullplans** im Schuldenbereinigungsplanverfahren bestätigt. Das Gericht hat zur Begründung angeführt, dass das gesamte InsVerf keine Mindestquoten kenne. Daher könne ein Nullplan nicht ohne weiteres eine wirtschaftliche Schlechterstellung der Gl im Vergleich zum Verfahren darstellen. Die Entscheidung, einen Plan anzunehmen, unterfalle alleine der Gläubigerautonomie. Ein Erfordernis für eine Besserungsklausel lasse sich dem Gesetz nicht entnehmen.[36] Die Klausel unterlaufe auch die gesetzliche Fiktion, nach der im Zweifel von gleichbleibenden wirtschaftlichen Verhältnissen auszugehen ist. Daher führt nach Auffassung des Gerichtes das Fehlen von Anpassungs- oder Besserungsklauseln nur dann zu einer Zurückweisung der Zustimmungsersetzung, wenn der widersprechende Gl konkrete, künftige Änderungen der Einkommens- und Vermögensverhältnisse des Schu dargelegt und glaubhaft gemacht hat.[37] **27**

Alleine die Tatsache, dass die **Versagungsgründe** des § 290 sowie die **Verfahrensobliegenheiten** des § 295 im Schuldenbereinigungsplan keine Anwendung finden, stellt keine grundsätz- **28**

---

29 Zur Glaubhaftmachung su Rn 37.

30 FK/*Grote* § 309 Rn 36; *K/P/B/Wenzel* § 309 Rn 9a.

31 *Hess* InsO § 309 Rn 132; *OLG Köln* v 9.10.2000, NZI 2002, 58.

32 *LG Köln* NZI 2003, 559; *Hess* InsO § 309 Rn 180; FK/*Grote* § 309 Rn 28 mwN; HambKomm/*Streck* § 309 Rn 19; **aA** *Graf-Schlicker/Sabel* § 309 Rn 29.

33 FK/*Grote* § 309 Rn 44 mwN.

34 *H/W/F/Schmerbach* § 309 Rn 16; HambKomm/*Steck/Ritter* § 309 Rn 20.

35 *BGH* 10.10.2013 – Az IX ZB 97/12 in NZI 2014, 34 und ZInsO 2013, 2333.

36 *BGH* 10.10.2013 – Az IX ZB 97/12, Rn 10.

37 *BGH* 10.10.2013 – Az IX ZB 97/12; *Uhlenbruck/Sternal* § 309 Rn 75.

liche Schlechterstellung der Gl dar. Liegen jedoch konkrete und glaubhaft zu machende Tatsachen vor, die eine Versagung der Restschuldbefreiung wahrscheinlich machen, sind diese bei der Vergleichsbewertung zu berücksichtigen.[38]

29 Gleiches gilt für Gl, die Inhaber einer Forderung sind, deren Rechtsgrund auf einer ausgenommenen Forderung des § 302 beruht. Diese sind – Tabellenanmeldung mit Rechtsgrund vorausgesetzt – von der Restschuldbefreiung nicht umfasst und können durch einen Schuldenbereinigungsplan schlechter gestellt werden. Die Zustimmungsersetzung ist gleichwohl nicht ausgeschlossen. Voraussetzung ist jedoch, dass die Vergleichsberechnung den wirtschaftlichen Wert der Forderung unter Würdigung des voraussichtlichen gesamten Realisierungsertrages berücksichtigt.[39]

30 Bei einem **gesicherten Gl** ist regelmäßiger Vergleichsmaßstab, welchen Betrag die Verwertung der Sicherheit erbracht hätte. In Verfahren, die nach dem 1.7.2014 beantragt worden sind, kann eine **Lohnabtretung** mangels einer Besserstellung im InsVerf eine Schlechterstellung nicht begründen.[40] Wenn eine Forderung gegen den Schu durch die **Bürgschaft** eines Dritten gesichert ist, wird der Gl durch den Plan schlechter gestellt, wenn seine Forderung im Plan gekürzt wird und er dadurch wegen der Akzessorietät der Bürgschaft auch das Recht aus der Bürgschaft teilweise verliert.[41]

31 Ist eine Sicherheit erst kurz vor dem Eröffnungsantrag **durch Zwangsvollstreckung erlangt worden**, so kann jeder andere Gl gegen die Anerkennung dieser Sicherheit im Schuldenbereinigungsplan einwenden, dass sie iF der Eröffnung des InsVerf nach § 88 Abs 1, 2 unwirksam werden würde. Der Schu muss daher berechtigt sein, den so gesicherten Gl im Schuldenbereinigungsplan als ungesicherten Gl zu behandeln. **Anfechtungsrechte** der InsO entstehen zwar erst mit Eröffnung des InsVerf, zur Vergleichsberechnung des Abs 1 Nr 2 sind sie ebenfalls heranzuziehen. Eine Schlechterstellung liegt dann vor, wenn Rechtshandlungen, die im eröffneten Verfahren dem Anfechtungsrecht der InsO unterfallen, nicht in den Schuldenbereinigungsplan aufgenommen worden sind.

32 Ob der Wegfall einer **Aufrechnungsmöglichkeit** eines InsGl im Schuldenbereinigungsplan zu einer Schlechterstellung führt, ist streitig. Häufiger Anwendungsfall ist die Aufrechnung des Finanzamtes in der Wohlverhaltensphase mit Steuererstattungsansprüchen des Schu, die erst in der Wohlverhaltensphase entstanden sind. Da Steuererstattungsansprüche öffentlich-rechtlicher Natur sind, entspr sie nicht dem Einkommensbegriff des § 287 Abs 2 und unterfallen so nicht der Abtretungserklärung.[42] Eine Aufrechnung mit in der Wohlverhaltensphase entstandenen Erstattungsansprüchen ist demnach für die Finanzverwaltung möglich.

33 Die Aufrechnung im Schuldenbereinigungsplan hingegen ist bei Festlegung bestimmter Verteilungsquoten nur dann möglich, wenn dies der Plan ausdrücklich vorsieht.[43] Teilweise wird vertreten, dass ein Schuldenbereinigungsplan, der diese Aufrechnungsmöglichkeit nicht mit einbezieht, keine Schlechterstellung für den betroffenen Gl darstellt.[44]

34 Die Auffassung verkennt jedoch, dass dem Gl im Falle der Durchführung des InsVerf in der Wohlverhaltensphase real Vermögenswerte zufließen können und so die InsFord reduzieren.

---

38 *AG Bremerhaven* ZVI 2007, 21; *K/P/B/Wenzel* § 309 Rn 6.
39 *Hess* InsO § 309 Rn 125 und 137.
40 *Uhlenbruck/Sternal* § 309 Rn 51.
41 *AG Paderborn* ZVI 2006, 210.
42 *BGH* 12.6.2006 – IX ZB 239/04.
43 *FG Düsseldorf* EFG 2007, 738.
44 *LG Kaiserslautern* 3.9.2008, NZI 2008, 694; FK/*Grote* § 309 Rn 32; *AG Göttingen* 27.2.2001, ZInsO 2001, 329; *A/G/R/Henning* § 309 Rn 15.

Jedenfalls tritt dann eine Schlechterstellung des Gl ein, wenn dieser darlegen und glaubhaft machen kann, dass eine solche Aufrechnungslage mit großer Wahrscheinlichkeit eintritt.[45]

IV. Verfahren (Abs 1 S 1, Abs 2)

Die Ersetzung der Einwendungen eines Gl durch eine Zustimmung erfolgt durch Beschl des InsGer. Zuständig ist der **Richter** (§ 18 Abs 1 Nr 1 RPflG). 35

Die Zustimmungsersetzung ist antragsabhängig. Der **Ersetzungsantrag** kann erst gestellt werden, wenn klar ist, gegen welche Gl er sich richtet. Dies empfiehlt sich umso mehr, da so der Schu zunächst gehalten ist, die jeweilige Ablehnung zu prüfen und den Plan ggf nachzubessern. Ein pauschaler Ersetzungsantrag bereits bei Einreichung des Plans kann daher schwerlich das Ergebnis einer ernsthaften Verhandlung mit den Gl sein.[46] Antragsberechtigt sind der Schu sowie ein dem Plan zustimmender Gl. 36

Weiter muss vor der Entsch der Gl, um dessen Zustimmung es geht, angehört werden (Abs 2 S 1).[47] Nur wenn es diesem Gl gelingt, Gründe, die einer Ersetzung entgegenstehen (Abs 1 S 2), **glaubhaft zu machen**, prüft das Gericht, ob diese Gründe tatsächlich gegeben sind.[48] Ob der Gl die Gründe schon innerhalb der Notfrist des § 307 Abs 1 S 1 geltend gemacht hat, ist unerheblich.[49] Nur diejenigen Gründe werden geprüft, die der Gl geltend und glaubhaft macht.[50] Fehlt die Glaubhaftmachung, so kann das Gericht ohne weitere Prüfung die Ersetzung aussprechen. Allerdings müssen die Anforderungen, die an die Gl gestellt werden, iRd Zumutbaren bleiben: Behauptet ein Gl, er werde durch den Schuldenbereinigungsplan schlechter gestellt, so wird es für die Glaubhaftmachung ausreichen, wenn der Gl die erforderliche Vergleichsrechnung[51] auf der Grundlage der Informationen aufstellt, die in den vom Schu eingereichten Unterlagen (§ 305 Abs 1 Nr 1–4) enthalten sind.[52] Die weitere Prüfung erfolgt von Amts wegen. Kann das Gericht die glaubhaft gemachten Gründe nicht sicher feststellen, so ersetzt es die Zustimmung des Gl; nach der Formulierung des Abs 1 S 2 („dies gilt nicht, wenn") gehen verbleibende Zweifel zu Lasten des Gl. 37

Gegen den Beschl, durch den die Zustimmung eines Gl ersetzt oder ein dahingehender Antrag abgelehnt wird, ist die **sof Beschw** statthaft (Abs 2 S 3). Stellt das Gericht vor der Entsch über die Ersetzung der Zustimmung durch bes Beschl fest, dass die in § 309 Abs 1 S 1 genannten Mehrheiten erreicht sind, so kommt dieser Entsch keine gesonderte materielle Rechtskraft zu; sie kann zusammen mit der Entsch über die Zustimmungsersetzung vom BeschwGericht überprüft werden.[53] 38

---

45 *BGH* 29.3.2007 – IX ZB 204/05; *Graf-Schlicker/Sabel* § 309 Rn 30; *H/W/F-Schmerbach* § 309 Rn 15; HambKomm/*Streck/Ritter* § 309 Rn 21.
46 **AA** *H/W/F/Schmerbach* § 309 Rn 17; *Uhlenbruck/Sternal* § 309 Rn 19.
47 *Uhlenbruck/Sternal* § 309 Rn 88.
48 Bericht des BT-RAussch zur InsO, BT-Drucks 12/7302, 192 zu § 357 f; *BayObLG* NZI 2001, 145; *OLG Celle* NZI 2001, 321; *LG Köln* ZInsO 2002, 776.
49 *OLG Celle* NZI 2001, 27; **aA** *LG Münster* ZVI 2002, 267.
50 *OLG Köln* NZI 2001, 594; *LG Berlin* ZInsO 2000, 404; *LG Traunstein* ZVI 2003, 345. – Das *AG Köln* (NZI 2007, 735) hat allerdings, soweit ersichtlich, von Amts wegen berücksichtigt, dass ein Plan Zahlungen an Gl vorsah, die auf ihre Forderung verzichtet hatten, und die Ersetzung der Zustimmung mit der Begr abgelehnt, der Plan dürfe nicht einen Vollstreckungstitel für Parteien schaffen, die am Verf nicht beteiligt seien. Dies dürfte jedoch keine Frage der Zustimmungsersetzung sein, da sich die Frage auch bei Zustimmung aller Gl gestellt hätte. Es geht vielmehr um die inhaltliche Überprüfung des Plans, dazu oben § 308 Rn 4.
51 Oben Rn 19.
52 *BGH* NZI 2010, 948; vgl MK/*Ott/Vuia* § 309 Rn 27.
53 *BGH* NZI 2008, 316.

39 Aus der entspr Anwendung des § 4a Abs 2, die in Abs 3 S 4 angeordnet wird, ergibt sich, dass dem Schu im BeschwVerf, falls erforderlich,[54] ein **RA beigeordnet** werden kann.

V. Der Sonderfall streitiger Forderungen (Abs 3)

40 **1. Auswirkung auf die Beteiligung.** Ob ein widersprechender Gl im Schuldenbereinigungsplan angemessen berücksichtigt wird, kann vom Bestehen oder der Höhe einer str Forderung abhängen, sei es, dass die Forderung des widersprechenden Gl selbst str ist, sei es, dass es um die Forderung eines anderen Gl geht, deren Berücksichtigung zu einer Verminderung der für den widersprechenden Gl vorgesehenen Zahlungen führt.[55] In beiden Fällen wäre es **nicht sachgerecht, den Streit** über das Bestehen der Forderung **iRd Verf nach § 309 auszutragen**.[56] Im Schuldenbereinigungsplan soll keine lange Prüfung oder gar eine Tatsachenfeststellung durch das InsGer betrieben werden.[57]

41 Der widersprechende Gl des Abs 3 hat ernsthafte Zweifel an der angegriffenen Forderung darzulegen und **glaubhaft** zu machen. Weiter muss er darlegen und berechnen, dass er durch die zweifelhafte Forderung in der Verteilung schlechter gestellt wird. Aus diesen Tatsachen müssen sich für das Gericht in einem einfachen Prüfungsverfahren ernsthafte Zweifel am Bestand oder der Höhe der Forderung ergeben. Kommt das Gericht zur vom Gl begehrten Feststellung, ist die Zustimmungsersetzung ausgeschlossen.[58]

42 Vor der Entscheidung über die Zurückweisung des Zustimmungsersetzungsantrages ist der Schu anzuhören. Im Wege der **Gegenglaubhaftmachung** kann er versuchen, die Zweifel des Gerichtes an der Forderung oder deren Höhe auszuräumen.[59]

43 Auf den Streit um die Wirksamkeit oder die Höhe der **Sicherheit** für eine Forderung ist Abs 3 entspr anzuwenden.[60]

44 Die Abhängigkeit der angemessenen Berücksichtigung des Gl vom Ausgang des Streits wird idR gegeben sein, wenn es nicht nur um einen ganz geringen Betrag geht.[61] Sie kann allerdings dadurch vermieden werden, dass **im Plan unterschiedliche Leistungen an den Gl der streitigen Forderung vorgesehen** werden, je nachdem, mit welchem Erg der **Streit um die Forderung außerhalb des InsVerf geklärt** wird. ZB kann im Plan für eine dem Grunde nach streitige Forderung festgelegt werden, dass der Gl auf den vollen Betrag seiner Forderung die gleiche Quote erhält wie die anderen rechtlich gleichgestellten Gl, wenn er vor dem ordentlichen Gericht mit einer Feststellungsklage obsiegt, dass er aber leer ausgeht, wenn er dort unterliegt. In diesem Fall kann der Widerspruch eines Gl gegen den Plan trotz des noch offenen Streits durch eine Zustimmung ersetzt werden.[62]

45 **2. Auswirkung auf die Mehrheiten.** Vom Bestehen oder der Höhe einer str Forderung kann auch abhängen, ob die Zustimmung zum Plan mit den Mehrheiten erfolgt ist, die nach Abs 1 S 1 Voraussetzung für die Ersetzung der Zustimmung eines widersprechenden Gl

---

54 Dazu *Uhlenbruck/Sternal* § 309 Rn 94 f.
55 ZB zweifelhafte Forderungen von Familienangehörigen des Schu, *LG Bielefeld* ZIP 1999, 1275.
56 Auch nach der Anmeldung einer Forderung im InsVerf ist der Streit über das Bestehen dieser Forderung außerhalb des InsVerf zu klären, vgl § 179.
57 BT-Drucks 12/7302, 192.
58 Vgl *OLG Köln* ZInsO 2001, 855; zum Begriff der „ernsthaften Zweifel" *OLG Celle* ZInsO 2000, 456; *Uhlenbruck/Sternal* § 309 Rn 80.
59 FK/*Grote* § 309 Rn 49.
60 FK/*Grote* § 309 Rn 15 f; vgl *LG Köln* NZI 2001, 43.
61 Vgl dazu den Ausschussbericht, BT-Drucks 12/7302, 192 zu § 357 f.
62 *LG Aachen* ZVI 2004, 18; vgl den Ausschussbericht, BT-Drucks 12/7302, 191 zu § 357b; *Fuchs* KS-InsO, 2. Aufl, S 1698 Rn 58; *Kirchhof* ZInsO 1998, 58; MK/*Ott/Vuia* § 309 Rn 33.

sind. Würde man für die Berechnung dieser Mehrheiten allein die Angaben des Schu zugrunde legen, so könnte der Schu durch die Angabe fingierter Forderungen, zB von Verwandten, die Mehrheiten manipulieren. Der BGH hat aus diesem Grund § 309 Abs 3, der die Schmälerung der Befriedigungsquote eines Gl durch die str Forderung eines anderen Gl betrifft, entspr auf den Fall angewandt, dass die erforderlichen Mehrheiten nur durch die Zustimmung des Gl einer str Forderung erreicht werden: Macht ein dem Plan widersprechender Gl Tatsachen glaubhaft, aus denen sich ernstliche Zweifel an dem Bestehen oder der Höhe einer vom Schu angegebenen Forderung ergeben und hängt vom Ausgang des Streits ab, ob die für die Zustimmungsersetzung erforderlichen Kopf- und Summenmehrheiten erreicht werden, so kann die Zustimmung dieses Gl nicht ersetzt werden.[63]

Wie der BGH zu Recht ausführt, wird dadurch eine Lücke geschlossen, die der Gesetzgeber nicht bedacht hat. Zwar ist in den meisten Fällen, in denen glaubhaft gemacht wird, dass eine vom Schu angegebene Forderung nicht besteht und infolgedessen eine nach Abs 1 S 1 erforderliche Mehrheit nicht erreicht ist, von dem Bestehen der Forderung auch die angemessene Beteiligung der übrigen Gl abhängig, so dass schon die Voraussetzung des Abs 3 für eine Versagung der Zustimmungsersetzung gegeben ist. Dies ist jedoch nicht der Fall, wenn der Plan keine gleichmäßige Befriedigung der Gl vorsieht, zB in dem Sinn, dass nur der widersprechende Gl überhaupt eine Zahlung erhalten soll. **46**

63 *BGH* NZI 2005, 46 mit zust Anm *Pape* EWiR 2005, 125; iE zust auch FK/*Grote* § 309 Rn 9.

§ 310 Kosten

Die Gläubiger haben gegen den Schuldner keinen Anspruch auf Erstattung der Kosten, die ihnen im Zusammenhang mit dem Schuldenbereinigungsplan entstehen.

Nach allg Grundsätzen könnten die Kosten, die den Gl im Zusammenhang mit dem Schuldenbereinigungsplan bei der Wahrung ihrer Rechte entstehen, als Teil des Verzugsschadens angesehen werden, der vom Schu zu ersetzen ist.[1] Der Gesetzgeber hat die Erstattung dieser Kosten jedoch ausgeschlossen, um den Schu vor übermäßigen Belastungen zu bewahren und **das Interesse der Gl an einer außergerichtlichen Einigung zu erhöhen**.[2] Das steht im Einklang mit der Regelung in § 305 Abs 2 S 2, nach der die Gl auf ihre Kosten dem Schu zur Vorbereitung des Schuldenbereinigungsplans eine Aufstellung ihrer Forderungen zu erteilen haben. Nach dem Sinn der Regelung sollen auch alle Kosten, die den Gl im Zusammenhang mit dem außergerichtlichen Einigungsversuch entstehen, nicht vom Schu zu erstatten sein.[3] **1**

Aus der Vorschrift ist darüber hinaus zu entnehmen, dass auch im kontradiktorischen Verf über die Ersetzung der Zustimmung eines Gl (§ 309) keine KostenEntsch zugunsten des Gl ergehen soll.[4] Damit kommt auch im **BeschwVerf** über die Ersetzung der Zustimmung ein Kostenerstattungsanspruch des widersprechenden Gl nicht in Betracht.[5] Ein Kostenerstattungsanspruch des Schu wird dagegen durch § 310 nicht ausgeschlossen.[6] **2**

1 Vgl auch § 39 Abs 1 Nr 2.
2 Bericht des RAussch zur InsO, BT-Drucks 12/7302, 193, zu § 357g.
3 Vgl den Ausschussbericht, BT-Drucks 12/7302, 193, zu § 357g; *Uhlenbruck/Sternal* § 310 Rn 3; MK/*Ott/Vuia* § 310 Rn 5.
4 FK/*Kohte/Busch* § 310 Rn 2.
5 *LG Karlsruhe* NZI 2004, 330.
6 *Graf-Schlicker/Sabel* § 310 Rn 3. – Das Bedürfnis für eine Kostenerstattungspflicht von Gl, die aus Prinzip die Zustimmung zu außergerichtlichen und gerichtlichen Schuldenbereinigungsplänen verweigern, unterstreicht *Hornung* ZVI 2008, 105.

3 Die Vorschrift ist **zwingendes Recht**, kann also nicht durch abw Vereinbarungen zwischen Gl und Schu außer Kraft gesetzt werden.[7]

7 HambKomm/*Streck/Ritter* § 310 Rn 3; *Uhlenbruck/Sternal* § 310 Rn 6.

§ 311 Aufnahme des Verfahrens über den Eröffnungsantrag

Werden Einwendungen gegen den Schuldenbereinigungsplan erhoben, die nicht gemäß § 309 durch gerichtliche Zustimmung ersetzt werden, so wird das Verfahren über den Eröffnungsantrag von Amts wegen wieder aufgenommen.

Übersicht

I. Normzweck

1 Der Anwendungsbereich der Norm ist auf die Fälle des gescheiterten gerichtlichen Schuldenbereinigungsverfahrens beschränkt. Kommt das Gericht bereits bei Prüfung der Erfolgsaussichten eines Planverfahrens nach § 306 zur Überzeugung, dass diese nicht bestehen, setzt es, nach Anhörung des Schu, das Insolvenzeröffnungsverfahren fort.
Wird der Schuldenbereinigungsplan hingegen im gerichtlichen Verfahren angenommen, gilt der Verbraucherinsolvenzantrag gem § 308 Abs 2 als zurück genommen.

Die Fortsetzung des Verfahrens nach § 306 Abs 1 S 3 bedarf zwar einer Entscheidung des Gerichtes, im Beschlusswege muss sie jedoch nicht ergehen.

Die Rücknahmefiktion des § 308 Abs 2 tritt bereits durch die gesetzliche Vermutung ein. Ein Feststellungsbeschluss über die Wirkung ist nicht erforderlich, bietet sich jedoch in Verbindung mit der Feststellung über die Planannahme an.

II. Einzelheiten

2 Mit der Fortsetzung des Insolvenzantragsverfahrens hat das Gericht nunmehr zu prüfen, ob der Eröffnungsantrag des Schu begründet gewesen ist. Die **Insolvenzgründe** konnten bei der Entscheidung über die Erfolgsaussichten des Schuldenbereinigungsplans ohne Beachtung bleiben. Lediglich die Zulässigkeitsvoraussetzungen des Eröffnungsantrages waren bei § 306 zu prüfen.

3 Regelmäßig wird ein großer Prüfungsaufwand auf das Vorliegen der **Zahlungsunfähigkeit** § 17 oder der **drohenden Zahlungsunfähigkeit** § 18 nicht erforderlich sein. Prüfungsmaßstab sind die Angaben des Schu in seinem Formularantrag. Das liquide und kurzfristig liquidierbare Vermögen ist den erklärten Verbindlichkeiten gegenüber zu stellen. Ergeben sich Anhaltspunkte dahingehend, dass die Verbindlichkeiten im Zeitpunkt des Antrages noch nicht fällig gewesen sind oder mittels Stundungsregelungen nicht mehr fällig sind, kann die Liquiditätslage des Schu jedoch ausreichend Anhaltspunkte für das Vorliegen der drohenden Zahlungsunfähigkeit liefern.

4 Die Verfahrenskostendeckung ist im zweiten Prüfungsschritt zu untersuchen. Ein Großteil der VerbrInsVerf wird zumindest über die Stundungsregelung des § 4a eröffnungsfähig sein.[1]

§§ 312 bis 314

(aufgehoben)

1 *H/W/F/Schmerbach* § 311 Rn 7.

Elfter Teil
Besondere Arten des Insolvenzverfahrens

Vorbemerkungen zu §§ 315–334

Übersicht

Literatur: *Bünning* Nachlaßverwaltung und Nachlaßkonkurs im internationalen Privat- und Verfahrensrecht, 1996; *Busch* Schnittstellen zwischen Insolvenz- und Erbrecht, ZVI 2011, 77; *ders* Im Dschungel der Nachlassinsolvenz – Kosten und Nutzen für den Erben, ErbR 2012, 335 (Teil 1), 358 (Teil 2); *Büttner* Erteilung der Restschuldbefreiung für die Erben?, ZInsO 2013, 588; *du Carrois* Der Insolvenzplan im Nachlassinsolvenzverfahren, 2009; *ders* Der überschuldete Nachlass – Handlungsoptionen des Nachlasspflegers, Rpfleger 2009, 197; *Fischinger* Die Beschränkung der Erbenhaftung in der Insolvenz 2013; *ders* Zur Stellung der Nachlassgläubiger, wenn der Erbe beim Erbfall insolvent ist, ZInsO 2013, 365; *Fliegner* Beratung bei Nachlassinsolvenz, in Runkel (Hrsg) Anwalts-Handbuch Insolvenzrecht, 2. Aufl 2008, § 19 (S 2191); *Herzog* Nachlasshaftung und Nachlassinsolvenz (Teil 1), ErbR 2013, 70, 104 (Teil 2); *Heyrath/Jahnke/Kühn* Der Tod des Schuldners im Insolvenz- und Restschuldbefreiungsverfahren, ZInsO 2007, 1202; *C Homann* Die Vergütung von Nachlasspfleger, Testamentsvollstrecker, Nachlassverwalter und Nachlassinsolvenzverwalter, 2007, S 197 ff; *Hüsemann* Das Nachlaßinsolvenzverfahren, Diss Münster 1997; *Jaeger* Erbenhaftung und Nachlaßkonkurs im neuen Reichsrecht, 1898; *Köke/Schmerbach* Tod des Schuldners in der Insolvenz, ZVI 2007, 497; *Küpper* Erstellung des Nachlassverzeichnisses im Nachlassinsolvenzverfahren, InsBüro 2004, 94; *Marotzke* Das Erbenglück des insolventen Schuldners, ZVI 2003, 309; *ders* Die Stellung der Nachlassgläubiger in der Eigeninsolvenz des Erben, FS Otte, 2005, S 223; *ders* Anm zu BGH, ZEV 2005, 109 ff; *ders* Anm zu OLG Köln, ZEV 2005, 307 ff; *ders* Sonderinsolvenz und Nachlassverwaltung über das Vermögen einer erloschenen Personengesellschaft, ZInsO 2009, 590; *ders* Kann ein Erbe trotz Unkenntnis oder Ungewissheit seiner Erbenstellung verpflichtet sein, die Eröffnung eines Nachlassinsolvenzverfahrens zu beantragen?, ZInsO 2011, 2105; *Meßink* Die unternehmenstragende Erbengemeinschaft in der Insolvenz, 2007; *Messner* Dissonanzen zwischen Insolvenz- und Erbrecht, ZVI 2004, 433; *Müller-Feldhammer* Die Lebensversicherung in der Insolvenz des Versprechensempfängers, NZI 2001, 343; *Muscheler* Die Haftungsordnung der Testamentsvollstreckung (im Folgenden: Haftungsordnung), 1994, S 230 ff; *ders* Erbrecht Bd II (im Folgenden: Erbrecht II), 2010, § 49; *Nöll* Der Tod des Schuldners in der Insolvenz, 2005; *ders* Nachlassinsolvenzverwaltung in der (Liquiditäts-)Krise: Aufrechnungsverbot für Massegläubiger des § 324 Abs 1 InsO und andere Hinweise zur Überwindung der notorischen Massearmut, ZInsO 2010, 1866; *ders* Die massenhafte Abwicklung überschuldeter Nachlässe durch Nachlasspfleger und Fiskalerben – bürgernahe Verwaltungspraxis oder staatlich organisierte Insolvenzverschleppung?, ZInsO 2012, 814; *Poertzgen* Organhaftung wegen Insolvenzverschleppung, 2006, 120 ff; *ders* Die Insolvenzverschleppungshaftung gem. § 1980 BGB, ZInsO 2013, 517; *Roth/Pfeuffer* Praxishandbuch für Nachlassinsolvenzverfahren, 2009; *Roth* Die Eröffnungsgründe im Nachlassinsolvenzverfahren, ZInsO 2009, 2265; *ders* Umfang der Insolvenzmasse im Nachlassinsolvenzverfahren, ZInsO 2010, 118; *Rugullis* Nachlassverwaltung und Nachlassinsolvenzverfahren – ein verfahrensrechtlicher Vergleich, ZEV 2007, 117; *ders* Nachlassverwaltung und Nachlassinsolvenzverfahren – ein Rechtsfolgenvergleich, ZEV 2007, 156; *Sämisch* Die analoge Anwendbarkeit der §§ 93, 334 InsO auf den unbeschränkt haftenden Erben im Nachlassinsolvenzverfahren, ZInsO 2014, 25; *Schindler* Pflichtteil und (Nachlass-)Insolvenz, ZInsO 2007, 484; *Schmerbach* Tod des Schuldners im Verbraucherinsolvenzverfahren, NZI 2008, 353; *Schmidt-Kessel* Was ist Nachlass? Kann die Insolvenzpraxis dazu beitragen, den Begriff „Nachlass" und die ihm zukommende haftungsrechtliche Funktion besser zu verstehen?, WM 2003, 2086; *G Siegmann* Ungereimtheiten und

Unklarheiten im Nachlassinsolvenzrecht, ZEV 2000, 221; *ders* Der Tod des Schuldners im Insolvenzverfahren, ZEV 2000, 345; *Staufenbiel/Brill* Das Nachlassinsolvenzverfahren, ZInsO 2012, 1395; *Thiel* Die Anfechtung der (Um-)Benennung des Bezugsberechtigten für die Todesfallversicherung gemäß § 134 Abs 1 InsO, ZIP 2002, 1232; *Vallender* Doppelinsolvenz: Erben- und Nachlassinsolvenz, NZI 2005, 318; *Vallender/Fuchs/Rey* Der Antrag auf Eröffnung eines Nachlaßinsolvenzverfahrens und seine Behandlung bis zur Eröffnungsentscheidung, NZI 1999, 355.

I. Allgemeine Gesetzesübersicht

1 **Die KO** war im Prinzip auf den Konkurs einer natürlichen Person zugeschnitten und enthielt erst in §§ 207 ff „besondere Bestimmungen" für den Konkurs von Gesellschaften und Vereinen sowie für den Konkurs über Sondervermögen wie Nachlass (§§ 214 ff) oder Gesamtgut bei ehelicher oder fortgesetzter Gütergemeinschaft (§§ 236 ff).

2 **Die InsO** geht systematisch anders vor: Schon in den allg Vorschriften (zB §§ 11 f, 15, 18 Abs 3, 19) thematisiert sie auch die Ins von juristischen Personen, Gesellschaften ohne Rechtspersönlichkeit und nicht rechtsfähigen Vereinen. Unter der Überschrift „Besondere Arten des Insolvenzverfahrens" sind deshalb nur noch Vorschriften über das NachlassInsVerf (§§ 315 ff), das InsVerf über das Gesamtgut einer fortgesetzten Gütergemeinschaft (§ 332) und das InsVerf über das gemeinschaftlich verwaltete Gesamtgut einer Gütergemeinschaft (§ 333) enthalten. Inhaltlich stimmen die Vorschriften mit denen der KO weitgehend überein. Die grds Statthaftigkeit dieser „besonderen Arten des Insolvenzverfahrens" wird bereits in § 11 Abs 2 Nr 2 angesprochen (s dort Rn 22 ff, 29).

II. Speziell: Grundzüge und Bedeutung des Nachlassinsolvenzverfahrens

3 Das NachlassInsVerf ist neben der Nachlassverwaltung ein wichtiges Mittel zur Beschränkung der Haftung des Erben für die Nachlassverbindlichkeiten (vgl §§ 1967, 1975, 1989 BGB) sowie zur geordneten Befriedigung der NachlassGl und zur Abwehr der EigenGl des Erben vom Nachlass.[1] Gem § 325 können im NachlassInsVerf „nur die Nachlassverbindlichkeiten" geltend gemacht werden (zur Rechtsverfolgung außerhalb eines bereits schwebenden Verf s § 325 Rn 5 ff). Die Grundzüge des NachlassInsVerf sind dargestellt bei *Staudinger/Dobler* 2016 BGB § 1975 Rn 28 ff. **Leichter als nach der KO kann nach neuem InsR ein zu Lebzeiten des Erblassers eröffnetes InsVerf als NachlassInsVerf fortgeführt werden** (s § 320 Rn 8, § 325 Rn 2). Zum Tod des Schu während des **Eröffnungs**Verf vgl *Nöll* Rn 16 ff, 232 ff, 506 ff. Ob ein **Restschuldbefreiungsverfahren** (§§ 286 ff) bei Tod des Schu auf den Erben übergeht,[2] erscheint zw und hängt wohl auch von dem zu Lebzeiten des Schu erreichten VerfStand ab.[3] Eine nach § 270 oder § 271 angeordnete **Eigenverwaltung** wird beim Tod des Schu hinfällig,[4] kann aber unter den Voraussetzungen des § 270 bzw § 271 erneut angeordnet, dh nunmehr dem **Erben** gestattet werden.[5] Die Sondervorschriften über **VerbrIns-**

---

1 Vgl *Staudinger* 2016 BGB Vorb 40 zu § 1967 (*Dutta*), § 1975 Rn 5 ff (*Dobler*).

2 Dazu *Nöll* Rn 213 ff, 487 ff, 515; FK/*Ahrens* § 286 Rn 48 ff; *Messner* ZVI 2004, 433, 440; *AG Bielefeld* ZVI 2005, 505; *AG Leipzig* ZInsO 2013, 615 f (m Bespr Aufsatz *Büttner* ZInsO 2013, 588 ff); *AG Leipzig* NZI 2014, 316 ff (mit Anm *Ahrens*); unklare Andeutung in *BGH* ZInsO 2005, 597, 598 rSp = ZVI 2005, 322, 323 rSp.

3 Vgl zB *AG Duisburg* ZInsO 2009, 2353 (Tod des Schu nach Ablauf der Wohlverhaltensperiode hindere nicht die Erteilung der Restschuldbefreiung); *OLG Jena* NZI 2012, 197 f (Wirkung der Kostenstundung bei Tod des Schu im RestschuldbefreiungsVerf); *AG Leipzig* ZInsO 2014, 1814 f (Tod des Schu nach Ablauf der Wohlverhaltensperiode hindere nicht die Erteilung der Restschuldbefreiung).

4 *G Siegmann* ZEV 2000, 345, 347; *Messner* ZVI 2004, 433, 440.

5 Näheres bei *G Siegmann* ZEV 2000, 345, 347; *Staudinger/Dobler* 2016 BGB § 2013 Rn 4, 10; *Nöll* Rn 211 f, 477.

Verf und sonstige KleinVerf (§§ 304 ff)) sind, auch wenn sie für den Erblasser maßgeblich gewesen wären, nach dem Erbfall nur noch anwendbar, soweit der Tod des Erblassers und der Zweck des NachlassInsVerf als Haftungsbeschränkungsmittel nicht entgegenstehen.[6] Nach Ansicht des BGH führt dieser Vorbehalt so gut wie immer zu dem Erg, dass ein Verbraucher- oder KleinInsVerf nach dem Tod des Schu ohne Unterbrechung als „allgemeines" NachlassInsVerf fortzusetzen ist.[7]

Ob im NachlassInsVerf auch die Vorschriften über die **Restschuldbefreiung** (§§ 286 ff) gelten,[8] ist insb dann zw, wenn zur Zeit des Erbfalls noch kein RestschuldbefreiungsVerf anhängig war (andernfalls s Rn 3). Möglich ist ein **InsPlan**.[9] Letzteres ist wichtig, wenn zum Nachlass ein **Unternehmen** gehört (vgl auch Rn 9, 13 und § 315 Rn 4). Zur Planvorlage berechtigt sind nach § 218 Abs 1 der InsVerw[10] und der Schu. „Schu" iSd § 218 Abs 1 ist im NachlassInsVerf der Erbe (vgl auch Rn 7). Sind mehrere Erben vorhanden, so sind sie zur Planvorlage nur gemeinschaftlich berechtigt.[11] Die Bestimmung des § 372 RegE, die bei mehreren Erben jeden Erben, dessen Anteil am Nachlass mindestens ein Fünftel beträgt, und jede Mehrzahl von Erben mit einem solchen Anteil auch ohne einen Beschl der GlVersammlung als zur Vorlage eines InsPlans berechtigt erklärte, wurde auf Empfehlung des RAussch verworfen.[12] 4

Neu gegenüber dem früheren Zwangsvergleichsrecht ist, dass vom InsPlan und dem sich hierauf beziehenden Verf nicht nur die normalen InsGl des § 38, sondern uU auch die absonderungsberechtigten (§§ 49 ff) und die nachrangigen (§§ 39, 327) Gl sowie seit Inkrafttreten des ESUG auch die Anteilseigner (Rn 13) betroffen sein können. Vgl §§ 217, 222 Abs 1 Nr 1, 223 hinsichtlich der absonderungsberechtigten und §§ 222 Abs 1 Nr 3, 225, 246 hinsichtlich der nachrangigen InsGl; die vergleichsrechtliche Stellung der Letztgenannten war zuvor in § 113 Abs 1 Nr 7 VglO und § 230 Abs 2 KO ziemlich unglücklich[13] geregelt. 5

Nach VerfEnde haftet der Erbe den NachlassGl nur noch nach Maßgabe des § 1989 BGB (es sei denn, er hätte sein Haftungsbeschränkungsrecht verwirkt, vgl § 2013 Abs 1 BGB). Zum Umfang der Erbenhaftung für noch nicht vollständig erfüllte Masseverbindlichkeiten s § 324 Rn 9. Bei Anwendung des § 1989 BGB ist Vorsicht geboten, wenn das Verf nicht durch Masseverteilung, sondern durch InsPlan beendet wurde.[14] Sind mehrere Erben vorhanden und wird das NachlassInsVerf durch Masseverteilung oder InsPlan beendet, so verwandelt sich die gesamtschuldnerische Haftung der Erben (§ 2058 BGB) uU in eine teilschuldnerische gem § 2060 Nr 3 BGB.[15] 6

---

6 Ausf *G Siegmann* ZEV 2000, 345, 347; *Nöll* Rn 218 ff, 479 f, 509, 514.

7 *BGH* NJW-RR 2008, 873 ff = ZInsO 2008, 453 ff = ZIP 2008, 798 ff; krit *Schmerbach* NZI 2008, 353 f; vgl auch § 320 Rn 8.

8 Dafür anscheinend *Hüsemann* S 191 ff, 219; dagegen *G Siegmann* ZEV 2000, 345, 348; *Nöll* Rn 213 ff, 487 ff, 515; *Fischinger* S 44 f; *LG Coburg* ZInsO 2017, 176; vgl auch § 287 Rn 19 sowie zur Fortsetzung eines bereits zur Zeit des Erbfalls anhängig gewesenen RestschuldbefreiungsVerf oben Rn 3.

9 §§ 217 ff InsO, §§ 1989, 2060 Nr 3 BGB; *G Siegmann* ZEV 2000, 345, 347; *K Schmidt* Rn 20 Vor § 315; ausf *du Carrois* Der Insolvenzplan im Nachlassinsolvenzverfahren, 2009; aM *Messner* ZVI 2004, 433, 440.

10 Anders das frühere Recht hinsichtlich des Vergleichsvorschlags; vgl §§ 173, 230 Abs 1 KO, §§ 2 Abs 1 S 2, 3 Abs 1, 113 Abs 1 Nr 1 VglO.

11 Ebenso § 230 Abs 1 KO und § 113 Abs 1 Nr 1 S 3 VglO für den Vergleichsvorschlag des früheren Rechts.

12 BT-Drucks 12/7302, 194 zu § 372.

13 Vgl *Staudinger/Dobler* 2016 BGB § 1989 Rn 28.

14 Einzelheiten bei *Staudinger/Dobler* 2016 BGB § 1989 Rn 13 ff, 22.

15 Einzelheiten bei *Staudinger/Marotzke* 2016 BGB § 2060 Rn 15 ff, 38 ff, 78 ff, 91 ff.

7 **„Schu“** iSd InsO ist im NachlassInsVerf grds der **Erbe** (arg § 1967 BGB),[16] bei **Miterben** gelten die sich mit der Schuldnerstellung verbindenden Rechte und Pflichten bzw Lasten (zB §§ 176 Abs 1 S 2, 178 Abs 1 S 2, 184, 201 Abs 2) grds für jeden Einzelnen (arg §§ 2058, 421 BGB).[17] Hilfsweise kann als Schu sogar der Erblasser in Betracht kommen (zB iRd § 32).[18] Wenn die Erben unbekannt sind und deshalb ein **Nachlasspfleger** bestellt wird (§§ 1960, 1961 BGB), hat dieser für die Erben die SchuRolle wahrzunehmen.[19] Gleiches gilt für den **Testamentsvollstrecker**, wenn und soweit der Erblasser oder das Gesetz ihn mit entspr Befugnissen ausgestattet hat.[20] Eine auf § 1980 BGB beruhende Antragspflicht trifft jedoch weder den nach § 1960 oder § 1961 BGB bestellten Pfleger[21] noch den Testamentsvollstrecker (vgl Anh Rn 46 zu § 317 sowie zum Antragsrecht § 317 Rn 12 f). Im Unterschied zur Nachlassverwaltung (§ 1988 Abs 1 BGB) endet eine nach § 1960 oder § 1961 BGB angeordnete Nachlasspflegschaft nicht automatisch mit Eröffnung des NachlassInsVerf.[22]

8 **Im Zusammenhang mit den Eröffnungsgründen** soll nach der Begr des RegE[23] der **Nachlass** als „Schu“ anzusehen sein (zB iSv § 17 Abs 2 oder § 18 Abs 2, jeweils iVm § 320). Damit sollte aber wohl nur zum Ausdruck gebracht werden, dass bei der Prüfung der (bestehenden oder drohenden) Zahlungsunfähigkeit „lediglich die im Nachlass vorhandenen flüssigen Mittel zu berücksichtigen“ und „die sonstigen Vermögensverhältnisse des Erben … außer Betracht“ zu lassen sind.[24] „Schu“ ist also auch hier der Erbe,[25] allerdings nur als solcher, nicht auch als Inhaber seines Eigenvermögens. **Im Zusammenhang mit Art 3 EuInsVO** wird auf den **Erblasser** abzustellen sein (§ 315 Rn 10, dortige Fn).

9 Eine **Erbengemeinschaft** kann als solche nicht „Schuldner“ iSd InsO sein (§ 11 Rn 23); sie ist – anders als mglw BGB-Außengesellschaften[26] und Wohnungseigentümergemeinschaften[27] – weder rechts- noch parteifähig.[28] Gleiches gilt für den **Nachlass** als solchen.[29] Der Umstand, dass die InsO das NachlassInsVerf ausdrücklich zulässt, ändert an dieser Beurteilung nichts.[30] Wenn mehrere Erben vorhanden sind, fällt die SchuPosition also diesen Erben zu, nicht ihrer als rechtsfähig gedachten „Gemeinschaft“. Die Erbengemeinschaft als solche

---

16 *OLG Köln* ZInsO 2005, 825 f = ZIP 2005, 1435 f = ZVI 2005, 315 f – zugl zum Einfluss der VerfEröffnung auf die BeschwBefugnis gegen die Bewilligung einer Nachlasspflegervergütung.
17 *BGH* ZIP 2014, 134 [Rn 18]; vgl auch Rn 9 Vor §§ 315 ff.
18 Vgl hierzu *OLG Düsseldorf* ZIP 1998, 870 ff = FGPrax 1998, 124 f: Konkursvermerk an Erblassergrundstück auch ohne Voreintragung des Erben.
19 *Häsemeyer* InsR, Rn 33.11; vgl auch *LG Wuppertal* ZIP 1999, 1536, das im Hinblick auf diese Möglichkeit ein BeschwRecht des Erbprätendenten gegen den EröffnungsBeschl verneint.
20 Vgl *OLG Frankfurt* ZInsO 2014, 1761 ff (zulässiges Bestreiten einer angemeldeten Forderung durch den Testamentsvollstrecker).
21 Ausf *BGHZ* 161, 281, 286 = NJW 2005, 756, 758 = ZEV 2005, 109 ff mit Anm *Marotzke*.
22 *Staudinger/Mešina* 2017 BGB § 1960 Rn 57; *OLG Stuttgart* NZI 2012, 864 = ZIP 2012, 2222 mit Anm *Floeth* EWiR 2012, 769 f.
23 Begr RegE S 231; dazu *Smid/Fehl* 2. Aufl 2001 § 320 Rn 4 f (nicht mehr enthalten in der 3. Aufl 2010).
24 Begr RegE S 231.
25 Zutr *Uhlenbruck/Lüer* § 315 Rn 11, 13; *G Siegmann* Rpfleger 2001, 260 f; *LG Berlin* ZInsO 2004, 626; **aM** *LG Göttingen* Rpfleger 2001, 95 = ZInsO 2000, 619.
26 *BGHZ* 146, 341 ff = NJW 2001, 1056 ff; s auch § 11 Rn 17.
27 *BGH* NJW 2005, 2061 ff = ZIP 2005, 1233 ff; zust MK-BGB/*Commichau* Vor § 1 WEG Rn 55 ff, 58 f; abl *Bork* ZIP 2005, 1205 ff; *ders* ZInsO 2005, 1067, 1078; vgl auch § 11 Rn 19.
28 *BGH* NJW 2002, 3389 ff = ZEV 2002, 504 ff mit Anm *Marotzke*; *BGH* NJW 2006, 3715 f = ZIP 2006, 2125 f; *BSG* FamRZ 2010, 1077; **aM** *Eberl-Borges* LMK 2003, 5 ff.
29 *LG Berlin* ZInsO 2004, 626.
30 Ausf *Marotzke* ZEV 2002, 504 ff; MK/*M Siegmann* § 316 Rn 6; *Uhlenbruck/Lüer* § 315 Rn 11, 13.

ist nicht insolvenzfähig;[31] dies gilt auch dann, wenn zum Nachlass ein **Unternehmen** gehört und dieses von allen Erben gemeinsam fortgeführt wird.[32] Die prozessuale Befugnis, die Existenz einer zur Tabelle angemeldeten Fo und/oder ihre Eigenschaft als nach § 325 berücksichtigungsfähige Nachlassverbindlichkeit zu bestreiten, steht nicht der Erbengemeinschaft als solcher, sondern jedem Miterben einzeln zu.[33] Falls einzelne oder sämtliche Miterben trotz des NachlassInsVerf nicht beschränkt iSd § 1975 BGB, sondern unbeschränkt iSd §§ 1994 Abs 1 S 2, 2005 Abs 1, 2013 Abs 1 S 1 BGB haften, können die NachlassGl auch schon während des NachlassInsVerf auf das Eigenvermögen des betr Erben zugreifen (wenn sie bereits einen Vollstreckungstitel erlangt haben);[34] eine Bündelung und Zuweisung dieser Befugnis an den NachlassInsVerw ist, anders als zB in Bezug auf Ansprüche aus § 1978 BGB (s § 1978 Abs 2 BGB), gesetzlich nicht vorgesehen und sollte mE auch nicht[35] im Wege einer analogen Anwendung des **§ 93** oder des **§ 334 Abs 1** herbeigeführt werden.[36]

Die Rechtsstellung und die Aufgaben des NachlassInsVerw entsprechen im Grundsatz denjenigen eines „normalen" InsVerw (dazu §§ 56 Rn 37 ff, 80 Rn 11 ff), ähneln aber zT auch **10**
denjenigen eines NachlassVerw.[37] Nicht selten wird der NachlassInsVerw zu prüfen haben, ob gegen den durch eine **Lebensversicherung** Begünstigten ein Anspruch des Nachlasses aus § 812 BGB oder ein Anfechtungsrecht nach §§ 129 ff besteht.[38] Auch sonstige anfechtungsrechtliche Ansprüche (§§ 129 ff) hat der NachlassInsVerw, wie jeder andere InsVerw auch, sorgfältig zu prüfen und ggf geltend zu machen.[39] Zum **Antrag auf Anordung einer Nachlassverwaltung** (§ 1981 BGB) ist der NachlassInsVerw nicht berechtigt[40] (Rechtsgedanke des § 1988 Abs 1 BGB); dieses Recht hätte auch ein für das gesamte Vermögen des

31 *Marotzke* ZEV 2002, 506 f; *AG Duisburg* NZI 2004, 97 f mwN.

32 **AM** *Meßink* Die unternehmenstragende Erbengemeinschaft in der Insolvenz, 2007, S 47 ff; zur Frage des Entstehens einer **OHG** bei Fortführung eines ererbten Handelsgeschäfts durch Mehrere s *Staudinger/Marotzke* 2016 BGB § 2059 Rn 76 mwN.

33 Zutr *BGH* ZIP 2014, 134 [Rn 18]; vgl auch Rn 7 Vor §§ 315 ff.

34 *Staudinger/Dutta* 2016 BGB Vor §§ 1967 ff Rn 28 ff.

35 **AM** *Oepen* Massefremde Masse, 1999, Rn 277 f; *Roth* ZInsO 2010, 118, 122; *Sämisch* ZInsO 2014, 25 ff.

36 Gegen eine analoge Anwendung des § 93 auch *Brinkmann* Die Bedeutung der §§ 92, 93 InsO für den Umfang der Insolvenz- und Sanierungsmasse, 2001, S 193 f (der jedoch eine Ausnahme bezüglich einer etwaigen handelsrechtlich unbeschränkten Haftung aus § 27 HGB macht); *Staudinger/Dutta* 2016 BGB Vor §§ 1967 ff Rn 29; vgl auch *Meßink* S 67 ff, 83, 123.

37 Dazu *Staudinger/Dobler* 2016 BGB § 1985 Rn 1 ff.

38 *OLG Karlsruhe* ZInsO 2000, 674 ff; *LG Saarbrücken* ZEV 2009, 398 ff (zugl zur Frage eines dem NachlassInsVerw zustehenden Auskunftsanspruchs gegen den Versicherer); *OLG Saarbrücken* ZInsO 2010, 621 ff (dieselbe Sache); *BGH* ZIP 2010, 1964; *BGH* NZI 2016, 35 ff (mit Anm *Leithaus*); *BGH* 22.10.2015 – IX ZR 248/14, ZIP 2015, 2328 ff = KTS 2017, 65 ff (mit Anm St *Huber*).

39 *BGHZ* 156, 350 ff = ZInsO 2003, 1096 ff = ZIP 2003, 2307 ff; *Müller-Feldhammer* NZI 2001, 343 ff; *Thiel* ZIP 2002, 1232 ff; *Grziwotz* ZIP 2012, 715 ff – jeweils in Bezug auf Bezugsberechtigungen aus **Lebensversicherungen**. Zur (in konkreten Fall verneinten) Anfechtbarkeit der **Vergütung eines Nachlasspflegers** vgl *AG Göttingen* 31.5.2017 – 21 C 14/16, ZInsO 2017, 1691 (nrk). Bemerkenswert auch *BGH* ZInsO 2013, 243 ff = ZIP 2013, 272 ff: Die Mitwirkung eines vertraglich eingesetzten Erben an der **Aufhebung seiner Erbeinsetzung** unterliege wegen ihres höchstpersönlichen Charakters nicht der Anfechtung nach §§ 129 ff.

40 Insoweit zutr *OLG München* ZInsO 2014, 1343 ff = NZI 2014, 527 f mit Anm *Cymutta* (vgl zu diesem Beschl aber auch die letzte Fn zu § 325 Rn 2).

Erben eingesetzter InsVerw nicht.[41] Ein zur Masse gehörendes **Unternehmen** (§ 315 Rn 4) hat der NachlassInsVerw idR zumindest bis zum Berichtstermin fortzuführen.[42] Die Höhe seines **Vergütungsanspruchs** richtet sich nach denselben Grundsätzen, die auch für „normale" InsVerwaltungen gelten.[43] Zum Thema **Ins einer GbR mit und ohne Nachfolgeklausel** hat der BGH[44] kürzlich folgende Leitsätze formuliert: „Wird eine Gesellschaft bürgerlichen Rechts (GbR) nach § 727 Abs 1 BGB mangels abweichender Vereinbarung durch den Tod eines Gesellschafters aufgelöst, geht mit der Eröffnung des InsVerf über dessen Nachlass die Befugnis, über im Grundbuch eingetragene Rechte der GbR zu verfügen, von dem Erben auf den InsVerw über. In das Grundbuch ist ein Insolvenzvermerk einzutragen. Enthält der Gesellschaftsvertrag eine Regelung, wonach die Gesellschaft im Fall des Todes eines Gesellschafters nicht aufgelöst, sondern mit dessen Erben fortgesetzt wird (sog Nachfolgeklausel), wird durch die Eröffnung des NachlassInsVerf die Verfügungsbefugnis des Erben über im Grundbuch eingetragene Rechte der GbR nicht eingeschränkt. Wurde wegen der Eröffnung des NachlassInsVerf ein Insolvenzvermerk in das Grundbuch eingetragen, ist dieser zu löschen, wenn der InsVerw dies bewilligt oder wenn dem Grundbuchamt die Vereinbarung einer Nachfolgeklausel in der Form des § 29 Abs 1 S 1 GBO nachgewiesen wird. Ob als Nachweis auch ein notarieller oder notariell beglaubigter Gesellschaftsvertrag ausreichen kann, bleibt offen; die Vorlage eines privatschriftlichen Gesellschaftsvertrages genügt jedenfalls nicht. Der Durchführung eines Berichtigungsverfahrens gem § 22 GBO steht nicht entgegen, dass die Eintragung, deren Berichtigung beantragt wird, auf Grund eines Behördenersuchens nach § 38 GBO erfolgt ist (hier: Eintragung eines Insolvenzvermerks gem § 32 Abs 1 InsO)." Ähnliche Fragen stellen sich im Fall einer nach § 1981 BGB angeordneten Nachlassverwaltung.[45]

11 **Aktiv- und Passivprozesse**, die sich auf den **Nachlass** beziehen, werden bei Eröffnung des NachlassInsVerf unterbrochen (vgl § 240 S 1 ZPO sowie § 325 Rn 7). Wurde bereits vorher ein vorl InsVerw bestellt und dem Erben ein allg Verfügungsverbot auferlegt (§§ 21 Abs 2 Nr 1 und Nr 2 Alt 1, 22 Abs 1 S 1), so tritt die Prozessunterbrechung schon dadurch ein (§ 240 S 2 ZPO).

III. Analoge Anwendung

12 Für den Fall, dass eine **zweigliedrige KG** infolge des Ausscheidens des Komplementärs (§§ 131 Abs 3 S 1, 161 Abs 2 HGB) erlischt und der Kommanditist dadurch automatisch alleiniger Inhaber des gesamten Gesellschaftsvermögens wird,[46] wird im Schrifttum und sinngemäß inzwischen auch in der Rspr[47] die Ansicht vertreten, dass „in Analogie zur Nach-

---

41 Wie hier *von Buch* NJW 1960, 46, 47 (ad III); *Staudinger/Dobler* 2016 BGB § 1981 Rn 9 (mwM auch zur Gegenansicht); hierauf Bezug nehmend *Marotzke* FS Otte, 2005, S 223, 231 (samt Fn 35).

42 *Marotzke* Das Unternehmen in der Insolvenz, 2000, Rn 53 ff, 122.

43 *OLG Zweibrücken* ZInsO 2001, 258 f.

44 *BGH* 13.7.2017 – V ZB 136/16, ZInsO 2017, 2385.

45 Dazu *Staudinger/Marotzke* 2010 BGB § 1985 Rn 19 ff.

46 Vgl *BGH* NZI 2005, 287 f (vorbezeichnete Rechtsfolge als Konsequenz der Ins der Komplementär-GmbH).

47 Vgl *LG Dresden* ZInsO 2005, 384 f = ZIP 2005, 955 f; *AG Hamburg* ZInsO 2005, 837; *OLG Hamm* ZIP 2007, 1233, 1237 ff; *KG* ZIP 2012, 1817 f und – für den Fall des Ausscheidens des einzigen Kommanditisten einer GmbH & Co KG und der Gesamtrechtsnachfolge des einzigen Komplementärs – *AG Hamburg* ZInsO 2005, 838 ff.

lassinsolvenz auch ein InsVerf über das Sondervermögen (der) vollbeendeten … KG in Rechtsträgerschaft des verbliebenen Kommanditisten zulässig" sei.[48] Dies ist ein bedenkenswerter Ansatz,[49] um sowohl eine geordnete Abwicklung des Vermögens der „gestorbenen" Gesellschaft[50] als auch eine Beschränkung der Haftung des Gesamtrechtsnachfolgers[51] zu ermöglichen (Analogie zu § 1975 BGB oder – vielleicht sogar unter Verzicht auf das Dürftigkeitserfordernis – zu §§ 1990 f BGB? Noch großzügiger übrigens der BGH[52]). Jedoch sind die §§ 315 ff auf solche und ähnliche[53] Fälle nicht insgesamt, sondern höchstens insoweit analog anwendbar, wie sich aus den Unterschieden zwischen Erb- und Gesellschaftsrecht nichts anderes ergibt. Alternativ hierzu kommt eine entspr Anwendung des § 11 Abs 3 in Betracht: Wenn die „Vollbeendigung" einer Gesellschaft wie hier ohne Vermögensliquidation erfolgt, könnte man sie iRd § 11 Abs 3 einer „Auflösung" (die normalerweise lediglich eine Vorstufe der Vollbeendigung ist) gleichstellen.[54]

IV. Anwendbarkeit des ESUG

Gehört zum Nachlass ein Unternehmen (dazu bereits Vorb 4; vgl auch § 315 Rn 4), werden **13** die am 1.3.2012 in Kraft getretenen Vorschriften des Gesetzes zur weiteren Erleichterung der Sanierung von Unternehmen (ESUG) auch auf das **NachlassInsVerf** anzuwenden sein; dies gilt insb für § 13 Abs 1 S 2 ff, § 21 Abs 2 S 1 Nr 1a, § 22a, § 270b. Denkbar erscheint sogar eine **insolvenzplangestützte Entziehung von Erbteilen** in Analogie zu §§ 217 S 2, 225a, 238a; über dieses Thema wird aber noch ausführlicher nachzudenken sein.

V. Auslandsberührung

Vgl § 103 Rn 51, § 315 Rn 7 ff, § 317 Rn 23 f, § 319 Rn 2, § 320 Rn 12. **14**

---

48 *Albertus/Fischer* ZInsO 2005, 246, 249; vgl auch *Bork/Jacoby* ZGR 2005, 611, 630 ff; *Herchen* EWiR § 239 ZPO 1/2005, 809 f; *Kruth* NZI 2011, 844 ff; *K Schmidt* Rn 31 f Vor § 315; zw *Görg* FS Runkel, 2009, S 313 ff, 327.

49 Ähnlich GroßKomm-HGB/*Schäfer* 5. Aufl 2009, § 131 Rn 9, 113 f.

50 Vgl *Marotzke* ZInsO 2009, 592 ff (gegen *BGH* ZInsO 2008, 973 ff = NJW 2008, 2992 ff).

51 Vgl *Staudinger/Dutta* 2016 BGB Vor §§ 1967 ff Rn 5 aE; *Marotzke* ZHR 156 (1992), 17, 27 ff: Haftung mit dem „Nachlass der Gesellschaft" in Rechtsanalogie zu § 419 BGB (inzwischen aufgehoben) und §§ 1967, 1990, 1991 BGB.

52 Nach *BGH* NZI 2005, 287, 288 rSp soll die Haftung des Gesamtrechtsnachfolgers von vornherein (!) auf das ihm zugefallene Gesellschaftsvermögen beschränkt sein, so dass er ohnehin „nur zur Duldung der Zwangsvollstreckung in jenes Vermögen" verpflichtet sei.

53 Ein SonderInsVerf über das Vermögen einer vollbeendeten **GbR** erachten als zulässig *Marotzke* ZInsO 2009, 590 ff; *AG Hamburg* InsVZ 2009, 23 f = ZInsO 2009, 2404 f; **aM** *BGH* NJW 2008, 2992 ff = ZInsO 2008, 973 ff. Den Fall der **Vollbeendigung einer insolventen GmbH u Co KG infolge Ausscheidens sämtlicher Kommanditisten** betr *AG Köln* NZI 2009, 621 f (für analoge Anwendung des § 11 Abs 2 Nr 1); vgl auch *BVerwGE* 140, 142 ff = ZIP 2011, 1868 ff = ZInsO 2011, 1891 ff.

54 Ähnlich *Gundlach/Frenzel/Schmidt* DStR 2004, 1658, 1660 ff; **aM** *LG Dresden* ZInsO 2005, 384 = ZIP 2005, 955, 956 (Abschn II 2 a); *OLG Hamm* ZIP 2007, 1233, 1238; *BGH* ZInsO 2008, 973 ff = ZIP 2008, 1677 f (für die GbR), dazu *Marotzke* ZInsO 2009, 590 ff; die genaue rechtliche Konstruktion offen lassend oben § 11 Rn 16, 27 aE.

Erster Abschnitt
Nachlassinsolvenzverfahren

§ 315 Örtliche Zuständigkeit

[1]Für das Insolvenzverfahren über einen Nachlass ist ausschließlich das Insolvenzgericht örtlich zuständig, in dessen Bezirk der Erblasser zur Zeit seines Todes seinen allgemeinen Gerichtsstand hatte. [2]Lag der Mittelpunkt einer selbstständigen wirtschaftlichen Tätigkeit des Erblassers an einem anderen Ort, so ist ausschließlich das Insolvenzgericht zuständig, in dessen Bezirk dieser Ort liegt.

Übersicht

I. Amtsgericht als Insolvenzgericht

1 Auch für das NachlassInsVerf gilt § 2, sachlich zuständig ist also ausschließlich das AG. Zur funktionellen Zuständigkeitsabgrenzung zwischen Richter und Rechtspfleger gilt das bei § 2 Rn 7 ff Ausgeführte.

II. Örtliche Zuständigkeit

2 **1. Satz 1.** § 315 S 1 enthält eine gedankliche Fortsetzung des § 3 Abs 1 S 1 und entspricht inhaltlich dem bisherigen § 214 KO.

3 **2. Satz 2.** § 315 S 2 ist lex specialis zu S 1, aber ohne Vorbild in der KO. Die Vorschrift setzt voraus, dass der Erblasser eine **selbstständige wirtschaftliche Tätigkeit** (vgl § 3 Rn 6 ff) ausgeübt und – so wird zu ergänzen sein – diese bis zu seinem Tode fortgesetzt oder zumindest nicht allzu früh vor seinem Ableben aufgegeben hat. Für diesen Fall begründet S 2 mit Vorrang gegenüber S 1 die ausschließliche örtliche Zuständigkeit des InsGer, in dessen Bezirk der Schwerpunkt der wirtschaftlichen Tätigkeit des Erblassers lag.

4 Durch diese Regelung, die vom früheren (Konkurs-)Recht abweicht, wird in konsequenter Fortsetzung des Rechtsgedankens des § 3 Abs 1 S 2 erreicht, dass über den Nachlass eines Unternehmers ein **NachlassInsVerf am Sitz des Unternehmens** durchgeführt werden kann. Denn die vom Erblasser bis zu seinem Tode fortgesetzte oder jedenfalls nicht allzu früh vor seinem Ableben aufgegebene (Rn 3) Betätigung als Unternehmer ist „selbstständige wirtschaftliche Tätigkeit" iSd § 315 S 2. **Ein vererbtes Unternehmen ist Nachlassbestandteil und gehört zur Masse des NachlassInsVerf.** Das ist zwar nicht unbestritten, entspricht jedoch den Vorstellungen der Gesetzesverfasser[1] und ist auch sachlich zutr.[2] **Ein SonderInsVerf über ein ererbtes Unternehmen ist unzulässig.**[3] Dem Interesse am Fortbestand des Unternehmens kann im NachlassInsVerf, insb angesichts der mit § 320 erfolgten Angleichung der

---

1 Vgl Begr RegE S 230 (zu RegE § 360/InsO § 317), S 231 (zu RegE § 363/InsO § 320).

2 *Staudinger/Marotzke* 2008 BGB § 1922 Rn 104, 218 ff; *Staudinger/Kunz* 2017 BGB § 1922 Rn 97, 178 ff; zur Frage eines etwaigen **Vorsteuerabzugs** vgl *BFH* v 21.10.2015 – XI R 28/14, ZInsO 2016, 764 ff.

3 § 11 Rn 23; *Michalski* BGB-Erbrecht 4. Aufl 2010 Rn 968; konkludent auch *Marotzke* ZEV 2002, 506 ff; zweifelnd *Uhlenbruck/Lüer* § 316 Rn 8.

Eröffnungsgründe an die für juristische Personen maßgeblichen, ebenso gut Rechnung getragen werden wie im „normalen" InsVerf (vgl auch Vor §§ 315 ff Rn 4, 10, 13, § 320 Rn 3). Streiten kann man allerdings darüber, ob ein vom Erben oder von einer Erbengemeinschaft fortgeführtes Unternehmen „auf ewig" Nachlassbestandteil bleibt oder ob es irgendwann dem Nachlass entwächst.[4] Ähnliche Fragen stellen sich, neben anderen gesellschaftsrechtlichen Besonderheiten,[5] in Bezug auf **vererbte Gesellschaftsanteile.**[6]

3. Konkurrierende Zuständigkeiten. Sind mehrere InsGer örtlich zuständig, so schließt das Gericht, bei dem zuerst die VerfEröffnung beantragt worden ist, die Übrigen aus (§ 3 Abs 2). 5

III. Keine notwendige Identität von Insolvenz- und Nachlassgericht

§ 315 S 2 InsO regelt die örtliche Zuständigkeit des NachlassInsGer für den Fall einer selbstständigen wirtschaftlichen Tätigkeit des Erblassers abw von der sich aus §§ 343 f FamFG ergebenden örtlichen Zuständigkeit des Nachlassgerichts (dem zB gem § 1960 BGB die **Sicherung des Nachlasses** und gem § 1981 BGB die Anordnung einer **Nachlassverwaltung** obliegt). Die damit verbundenen Nachteile hat der Reformgesetzgeber bewusst in Kauf genommen.[7] Abweichungen von der örtlichen Zuständigkeit des Nachlassgerichts ergeben sich auch unabhängig von § 315 S 2 InsO aus der in § 2 Abs 2 vorgesehenen Konzentration der InsVerf bei Schwerpunktgerichten. Mit der Begr, dass eine Identität von Nachlassgericht und InsGer unter diesen Umständen häufig nicht mehr bestehen werde, verzichtet die InsO auf eine dem § 229 KO entspr Vorschrift. Daraus folgt: **Die Anmeldung einer Forderung im AufgebotsVerf macht die Anmeldung im InsVerf nicht entbehrlich**.[8] Sachlich und örtlich zuständig für das Aufgebot der NachlassGl ist das AG, dem (gem § 343 FamFG iVm § 23a Abs 1 S 1 Nr 2, Abs 2 Nr 2 GVG) die Angelegenheiten des Nachlassgerichts obliegen (§ 454 Abs 2 FamFG iVm § 23a Abs 1 S 1 Nr 2, Abs 2 Nr 7 GVG).[9] 6

IV. Auslandsberührung

Grenzüberschreitende NachlassInsVerf erzeugen zahlreiche Probleme an der Nahtstelle zwischen internationalem Erbrecht und internationalem InsRecht.[10] Die folgenden Bemerkungen beschränken sich auf die insolvenzrechtlichen Aspekte: 7

---

4 *Staudinger/Marotzke* 2008 BGB § 1922 Rn 104 mwN; *Staudinger/Kunz* 2017 BGB § 1922 Rn 95 ff; MK/*M Siegmann* Anh § 315 Rn 16 f; MK-BGB/*Küpper* 5. Aufl 2010, § 1978 Rn 7, § 1985 Rn 5.

5 Vgl Rn 10, 12 Vor § 315.

6 *Staudinger/Marotzke* 2008 BGB § 1922 Rn 102 ff, 168 ff, 177, 186 ff, 193–216; *Staudinger/Kunz* 2017 BGB § 1922 Rn 91 ff, 181 ff, 199, 208 ff, 225 ff; *Staudinger* 2016 BGB § 1967 Rn 61 ff (*Dutta*), § 1985 Rn 20 ff (*Dobler*), Vorb 8 zu §§ 2058 ff (*Marotzke*); MK/*M Siegmann* Anh § 315 Rn 19 ff.

7 Begr RegE S 229 zu § 358.

8 Begr RegE S 230 zu § 358.

9 Näheres bei *Staudinger/Dutta* 2016 BGB § 1970 Rn 3.

10 Vgl zu diesem Themenkomplex *Staudinger/Dörner* 2007 EGBGB Art 25 Rn 225 f, 904 ff; MK-BGB/*Birk* 5. Aufl 2010 Art 25 EGBGB Rn 368 ff; *Staudinger/Dobler* 2016 BGB § 1975 Rn 52 ff; *Mankowski* ZIP 2011, 1501 ff; *Riedemann/Schmidt* ZVI 2015, 447 ff und – jeweils für Erbfälle ab dem 17.8.2015 – die sog „Europäische Erbrechtsverordnung" (Verordnung EU Nr 650/2012) sowie das „Gesetz zum Internationalen Erbrecht und zur Änderung von Vorschriften zum Erbschein sowie zur Änderung sonstiger Vorschriften" v 29.6.2015 (BGBl I, 1042).

8 **Die Vorschriften des internationalen InsR, insb §§ 343–358 InsO und die EuInsVO, gelten grds auch für das NachlassInsVerf.** Soweit das internationale InsR in der dt InsO geregelt ist, folgt dies bereits daraus, dass die InsO in § 11 Abs 2 Nr 2 und §§ 315 ff auch das NachlassInsVerf regelt und die §§ 343 ff insoweit keine Bereichsausnahme vorsehen. Für die Anwendbarkeit auch auf das NachlassInsVerf spricht ferner das Bestreben der InsO, ein gewöhnliches InsVerf möglichst problemlos als **Nachlass**InsVerf fortführen zu können, wenn der Schu stirbt (s § 320 Rn 8).

9 Die **EuInsVO** erwähnt das NachlassInsVerf hingegen nicht. Jedoch beansprucht sie, vorbehaltlich der in Art 1 Abs 2 normierten Ausnahmen (zu denen das NachlassInsVerf nicht gehört), Geltung für „Gesamtverfahren, welche die Ins des Schu voraussetzen und den vollständigen **oder teilweisen** Vermögensbeschlag gegen den Schu sowie die Bestellung eines Verwalters zur Folge haben". Diese Verfahren sind, worauf Art 2 Nr 4 EuInsVO hinweist, in Anhang A zur EuInsVO aufgeführt. ME steht nichts entgegen, unter die dort genannten „InsVerf" auch das in §§ 315 ff InsO geregelte NachlassInsVerf zu subsumieren.[11] Dazu passt, dass Art 7 Abs 2 S 2 lit a EuInsVO die Regelung der Frage, „bei welcher Art von Schuldnern" ein InsVerf zulässig ist, dem Recht des Staates der VerfEröffnung überlässt.

10 **Richtet sich die Rechtsnachfolge von Todes wegen nach ausländischem Recht** (etwa weil ein vor dem 17.8.2015 verstorbener Erblasser eine andere als die deutsche Staatsangehörigkeit hatte [Art 25 Abs 1 EGBGB aF] oder weil ein frühestens am 17.8.2015 [Zeitpunkt des Inkrafttretens des neuen Rechts[12]] verstorbener Erblasser seinen letzten gewöhnlichen Aufenthalt im Ausland hatte oder weil er durch Verfügung von Todes wegen ausländisches Recht gewählt hatte), **so gilt das ausländische Sachrecht auch für die Auswirkungen des NachlassInsVerf auf die Haftung des Erben für die Nachlassverbindlichkeiten**; eine unmittelbare Anwendung der §§ 1975, 1989, 2060 Nr 3 BGB kommt in solchen Fällen nicht in Betracht.[13] Jedoch kann auch bei ausländischem Erbstatut ein inländisches **NachlassInsVerf** eröffnet werden, falls sich die internationale Zuständigkeit deutscher Gerichte auf eine analoge Anwendung des § 315 InsO[14] oder auf den im Rahmen seines innereuropäischen Anwendungsbereichs vorrangigen Art 3 Abs 1 EuInsVO[15] stützen lässt. Die bisherige Neigung deutscher Gerichte, bei ausländischem Erbstatut die Anordnung von Nachlassverwaltungen (§§ 1981 ff BGB) und die Eröffnung von NachlassInsVerf abzulehnen oder sie davon abhängig zu machen, dass solche oder vergleichbare Verf auch dem ausländischen Recht

---

11 Zust *AG Köln* NZI 2011, 159 = ZIP 2011, 631; *AG Düsseldorf* ZInsO 2012, 1278; vgl auch *Staudinger/Dobler* 2016 BGB § 1975 Rn 52; *Reinhart* ZEV 2003, Heft 4 S VI; *Staudinger/Dörner* 2007 EGBGB Art 25 Rn 905; *Mankowski* ZIP 2011, 1501 f; *Riedemann/Schmidt* ZVI 2015, 447, 448; **aM** *Kolmann* ZEV 2002 Heft 7 S VI; die Frage offen lassend *BGH* ZInsO 2010, 348.

12 Das neue Recht ist kodifiziert in Art 20 ff der Europäischen Erbrechtsverordnung (Verordnung EU Nr 650/2012) sowie in den aktuellen Neufassungen der Art 25, 26 EGBGB und der §§ 1941 Abs 1, 2270 Abs 3, 2278 Abs 2, 2291 Abs 1 S 1 BGB.

13 Vgl *Staudinger/Dörner* 2007 EGBGB Art 25 Rn 225 f.

14 Der dem Wortlaut nach nur die „örtliche" Zuständigkeit regelnde § 315 InsO ist, soweit sich aus spezielleren Bestimmungen (zB Art 3 EuInsVO) nichts anderes ergibt, auf die „internationale" Zuständigkeit entspr anwendbar (s § 3 Rn 4; *BGH* ZInsO 2010, 348; *AG Niebüll* ZInsO 2015, 1703 [mit Anm *Paulus* EWiR 2015, 551] = ZIP 2015, 1746 [nrk]).

15 **Als „Schuldner" wird man hier jedoch nicht den oder die Erben, sondern den Erblasser anzusehen haben** (iE ebenso *Reinhart* ZEV 2003 Heft 4 S VI, abrufbar unter www.beck.de; *Staudinger/Dörner* 2007 EGBGB Art 25 Rn 905; *Mankowski* ZIP 2011, 1501, 1502; *Riedemann/Schmidt* ZVI 2015, 447, 448 f). Nur so gelangt man zu sinnvollen und mit §§ 315 InsO, 105, 343 FamFG harmonierenden Ergebnissen. Stellte man auf die Erben ab, so käme man in große Schwierigkeiten, wenn die Erben in verschiedenen Staaten leben.

bekannt sind,[16] ist bereits vor Inkrafttreten der §§ 343 ff, der EuInsVO und der Europäischen ErbrechtsVO zu Recht kritisiert worden.[17] Das am 1.9.2009 in Kraft getretene FamFG trägt dieser Kritik in Bezug auf die zur „freiwilligen" Gerichtsbarkeit gehörenden NachlassVerf Rechnung: Gem § 105 FamFG, der auch für die Anordnung einer **Nachlassverwaltung** (§§ 1981 ff BGB) gilt, ist die internationale Zuständigkeit der deutschen Gerichte heute nur noch davon abhängig, dass ein deutsches Gericht „örtlich" zuständig ist.[18]

Fehlt den dt Gerichten die internationale Zuständigkeit zur Eröffnung eines InsVerf über den „gesamten" Nachlass (als Rechtsgrundlagen einer solchen Hauptzuständigkeit kommen Art 3 Abs 1 EuInsVO[19] bzw eine analoge Anwendung des § 315 InsO in Betracht, s Rn 10), so kann gleichwohl unter den Voraussetzungen des Art 3 Abs 2, 4 EuInsVO bzw des § 354 InsO[20] ein inländisches **Partikular**-NachlassInsVerf eröffnet werden (zur Antragsberechtigung s § 317 Rn 23). Das gilt sowohl bei dt als auch bei ausl Erbstatut (vgl Rn 10). Nicht erforderlich ist, dass bereits ein ausl **Haupt**-NachlassInsVerf schwebt.[21] Wurde im Ausland bereits ein (anerkennungsfähiges)[22] Haupt-NachlassInsVerf eröffnet, so ist jedes parallel hierzu von einem dt Gericht eröffnete Partikular-NachlassInsVerf ein **Sekundär**-NachlassInsVerf (Art 3 [Abs 3], 19 [Abs 2], 34 ff EuInsVO, § 356 InsO). Zu dem Antrag auf Eröffnung eines dt Sekundär-NachlassInsVerf ist neben den bei § 317 Rn 23 Genannten auch der InsVerw des ausl Haupt-NachlassInsVerf berechtigt (Art 37 Abs 1 lit a EuInsVO, § 356 Abs 2 InsO). Liegt ein zulässiger Antrag vor (zur Antragsfrist s § 319 Rn 2), wird das Sekundär-NachlassInsVerf eröffnet, ohne dass ein Eröffnungsgrund geprüft werden muss (Art 34 S 2 EuInsVO, § 356 Abs 3 InsO). 11

Handelt es sich bei dem im Ausland eröffneten InsVerf nicht um ein NachlassInsVerf, sondern um ein **InsVerf über das (gesamte) Vermögen des – zB im Eröffnungsstaat wohnenden – Erben**, so ist ein parallel hierzu in Deutschland (zB am letzten Wohnsitz des Erblassers) eröffnetes **Nachlass**InsVerf kein **Sekundär**InsVerf iSd bei Rn 11, § 317 Rn 24 und § 319 Rn 2 ausgeführten, sondern ein (Haupt-)InsVerf über den **gesamten** Nachlass, auf welches die §§ 315 ff unbeschränkt anwendbar sind (uU jedoch ergänzt durch Art 3 Abs 1 EuInsVO).[23] Die Eröffnung eines solchen NachlassInsVerf hat zur Folge, dass das zuvor über das gesamte Vermögen des Erben (Eigenvermögen und Nachlass) eröffnete ausländische InsVerf von nun an nur noch das Eigenvermögen des Erben sowie einen etwaigen Anspruch auf Herausgabe des nach Befriedigung aller NachlassGl verbleibenden Restnach- 12

---

16 Vgl *Bünning* Nachlaßverwaltung und Nachlaßkonkurs im internationalen Privat- und Verfahrensrecht, 1996, S 1 ff, 57 ff, 79 ff, 93 ff, 157 ff; *Staudinger/Dörner* 2007 EGBGB Art 25 Rn 904 ff; MK-BGB/*Birk* 5. Aufl 2010 Art 25 EGBGB Rn 369 ff.

17 Vgl die in der vorherigen Fn Genannten.

18 Vgl *Staudinger/Otte* 2017, Einl 35a zu §§ 1922 ff BGB; *Staudinger/Dobler* 2016 BGB § 1975 Rn 51.

19 Zu beachten ist hier die in dritten Fn zu Rn 10 thematisierte Konkretisierung.

20 Vgl auch *BGH* ZInsO 2010, 348, 349 Rn 6.

21 So auch das LG Stuttgart bereits vor Inkrafttreten der §§ 335 ff InsO und der im eigenen Anwendungsbereich (zB auch im Verhältnis zu Spanien) vorrangigen EuInsVO: Auch wenn in Spanien kein HauptInsVerf eröffnet sei, könne über in Deutschland belegenes Vermögen, das zum Nachlass eines in Spanien verstorbenen und dort wohnhaft gewesenen Deutschen gehöre, ein deutsches PartikularInsVerf eröffnet werden (*LG Stuttgart* ZIP 2000, 1122 f; gekürzt in Rpfleger 2000, 235 f; zust *Mankowski* EWiR Art 102 EGInsO 1/2000, 523 f; nach neuem Recht wäre allerdings noch das in Art 3 Abs 2 S 1 EuInsVO normierte Erfordernis einer inländischen Niederlassung zu prüfen gewesen).

22 Vgl Art 19, 33 EuInsVO, § 343 InsO.

23 Vgl Rn 10 samt der dort nach „Art 3 Abs 1 EuInsVO" angefügten Fn.

lasses (sehr selten!) umfasst.[24] Entsprechendes gilt, wenn in Deutschland zwar kein NachlassInsVerf eröffnet (vielleicht fehlt es an einem Eröffnungsgrund iSd § 320), jedoch gem §§ 1981 ff BGB (s auch §§ 23a Abs 1 Nr 2, Abs 2 Nr 2 GVG, 342 Abs 1 Nr 8, 343, 359 FamFG) eine **Nachlassverwaltung** angeordnet wird. Ob die Eröffnung des NachlassInsVerf oder die Anordnung der Nachlassverwaltung zu einer Beschränkung der Haftung des Erben für die Nachlassverbindlichkeiten führt (§ 1975 BGB), hängt vom Erbstatut und damit idR von der Staatsangehörigkeit des Erblassers ab (Rn 10).

24 Vgl *Marotzke* FS Otte, 2005, S 223, 225 f (dort ohne Auslandsbezug, aber dennoch auf die hier interessierenden Fälle übertragbar).

§ 316 Zulässigkeit der Eröffnung

(1) Die Eröffnung des Insolvenzverfahrens wird nicht dadurch ausgeschlossen, dass der Erbe die Erbschaft noch nicht angenommen hat oder dass er für die Nachlassverbindlichkeiten unbeschränkt haftet.

(2) Sind mehrere Erben vorhanden, so ist die Eröffnung des Verfahrens auch nach der Teilung des Nachlasses zulässig.

(3) Über einen Erbteil findet ein Insolvenzverfahren nicht statt.

Übersicht

I. Verhältnis zum früheren Recht

1 Die Vorschrift entspricht dem damaligen Konkursrecht (§§ 216, 235 KO). In Anlehnung an § 113 Abs 1 Nr 3 VglO zu bestimmen, dass der Antrag nicht mehr gestellt werden kann, wenn der Erbe oder einer der Erben allen oder einzelnen NachlassGl gegenüber unbeschränkt haftet oder wenn der Nachlass geteilt ist, wurde zu Recht abgelehnt.[1]

II. Einzelheiten zu § 316

2 **VerfEröffnung vor Erbschaftsannahme** (Abs 1) ist auch dann möglich, wenn der Antrag nicht von einem NachlassGl, sondern vom Erben gestellt wurde (§ 317 Rn 2).

3 **Bereits unbeschränkbar gewordene Erbenhaftung** schließt zwar nicht die Eröffnung des NachlassInsVerf (Abs 1), wohl aber dessen haftungsbeschränkende Wirkungen, §§ 1975 ff BGB, aus (§ 2013 BGB; uU jedoch Besonderheiten im Fall der Erbenmehrheit[2]).

4 Problematisch ist nach Verwirkung des Haftungsbeschränkungsrechts die Zulässigkeit eines Erbenantrags auf Anordnung der **Eigenverwaltung** gem §§ 270 ff.[3]

1 Begr RegE S 230 zu § 359.

2 Hier nur quotaler Verlust des Haftungsbeschränkungsrechts nach dem Muster des § 2059 Abs 1 S 2 BGB? Vgl dazu *Staudinger/Marotzke* 2016 BGB § 2059 Rn 6 ff mwN auch zur Gegenansicht.

3 Vgl *Staudinger/Dobler* 2016 BGB § 2013 Rn 4, 10.

Sind mehrere Erben vorhanden und wurde der Nachlass bereits unter ihnen aufgeteilt, so ist die Eröffnung eines NachlassInsVerf bei ordnungsgemäßer Antragstellung und Vorliegen eines Eröffnungsgrundes gleichwohl zulässig (Abs 2). In einem erst jetzt eröffneten NachlassInsVerf muss der InsVerw die bereits verteilten Nachlassgegenstände zur Masse zurückfordern (§§ 35 Abs 1, 80 Abs 1, 148).[4] Dass die **Teilung des Nachlasses** damit **rückgängig gemacht** wird, ist von Bedeutung für die Anwendung einiger nicht ganz unwichtiger Vorschriften über die nähere Ausgestaltung der Miterbenhaftung (vgl §§ 2059, 2060, 2061 BGB).[5] 5

„Bis" zur Teilung des Nachlasses ist jeder Miterbe berechtigt, die Berichtigung einer Nachlassverbindlichkeit aus dem Vermögen, das er außer seinem Anteil am Nachlass hat, zu verweigern (§ 2059 Abs 1 BGB). Dies gilt **auch während der Zeit zwischen dem Antrag auf Eröffnung des NachlassInsVerf und dem gerichtlichem Eröffnungsbeschluss**.[6] Eine andere Beurteilung verbietet sich schon deshalb, weil § 1975 BGB während dieses Zeitraums noch nicht greift und sichernde Maßnahmen nach § 21 nur zugunsten der potenziellen InsMasse beim Antrag auf NachlassInsVerf also nur zugunsten des *Nachlasses* zulässig sind. Dass ein *Alleinerbe* eine dem § 2059 Abs 1 BGB entsprechende Überbrückungshilfe nicht erhält (weil § 2059 BGB nur für Miterben gilt), ist kein Grund, eine solche auch dem Miterben abzusprechen.[7] Denn ein Alleinerbe befindet sich sowohl nach Art und Umfang seiner Nachlassbeteiligung als auch haftungsmäßig nicht in derselben „schadensgeneigten" Position wie ein Miterbe vor der Teilung des Nachlasses.[8] 6

Ein InsVerf darf zwar über einen Nachlass, **nicht** aber **lediglich über einen Erbteil** eröffnet werden (Abs 3). Diese im Prinzip sinnvolle Regelung kann zu Schwierigkeiten führen, wenn im konkreten Fall nicht der Nachlass, sondern nur ein Erbteil überschuldet ist.[9] 7

Unzulässig ist auch ein SonderInsVerf über ererbte **Gesellschaftsanteile**[10] oder **Unternehmen** (§ 315 Rn 4). 8

III. Besonderheiten bei nur einem Gläubiger?

Nach einer Entsch des AG Tübingen[11] soll ein NachlassInsVerf nicht eröffnet werden dürfen, wenn nur **ein** NachlassGl vorhanden sei. Diese Ansicht ist unzutr.[12] Sie beruht auf einer Überinterpretation des § 1 S 1. Folgte man ihr, so müsste man bei Vorhandensein nur **eines** NachlassGl konsequenterweise (vgl §§ 1975, 1981, 1985 f BGB) auch eine Nachlassverwaltung als unzulässig ansehen (was jedoch zu Recht abgelehnt wird[13]). Dem Erben wären damit **beide** Haftungsbeschränkungsmittel des § 1975 BGB genommen. Wie kann der Erbe 9

---

4 Vgl *Jaeger/Weber* 8. Aufl KO § 216 Rn 6; *Uhlenbruck/Lüer* § 316 Rn 5 f; *Marotzke* JZ 1986, 457, 459 Fn 34.

5 *Staudinger/Marotzke* 2016 BGB § 2060 Rn 11 (zur Frage eines Wiederauflebens der in § 2059 Abs 1 BGB geregelten Einrede des ungeteilten Nachlasses), 91 ff. (zur Frage eines Wegfalls der gem § 2060 BGB oder gem § 2061 BGB eingetretenen Umwandlung der gesamtschuldnerischen Miterbenhaftung in eine teilschuldnerische).

6 *Staudinger/Marotzke* 2016 BGB § 2059 Rn 21.

7 **AM** anscheinend *Eberl-Borges* Die Erbauseinandersetzung, 2000, S 315.

8 *Staudinger/Marotzke* 2016 BGB § 2059 Rn 2 f, 80.

9 *Staudinger/Marotzke* 2016 BGB § 2058 Rn 36.

10 *Staudinger/Marotzke* 2016 BGB Vorb 8 zu §§ 2058 ff.

11 *AG Tübingen* DZWIR 2003, 307 = ZVI 2003, 671 f.

12 Vgl *BGH* ZInsO 2006, 145 = ZIP 2006, 247; *Unger* KTS 1962, 205, 213; *Jaeger/Weber* 8. Aufl, KO § 102 Rn 1 ad I 2; *LG Koblenz* ZVI 2003, 668; *Pape* ZVI 2003, 624 ff; *K Schmidt* § 316 Rn 2; MK/*Schmahl/Vuia* § 14 Rn 20; **aM** *N/R/Mönning* § 14 Rn 15; differenzierend *Jansen/Biebinger* ZInsO 2006, 126 ff – jeweils nicht speziell zum **Nachlass**InsVerf (Ausnahme: *BGH* aaO).

13 Vgl MK-BGB/*Küpper* § 1981 Rn 5; *Staudinger/Dobler* 2016 BGB § 1981 Rn 19 – jeweils mwN.

seine Haftung dann noch auf den Nachlass beschränken? Analogie zu § 1990 Abs 1 S 1 BGB? Übrigens kann **auch der (einzige) NachlassGl** ein rechtliches Interesse daran haben, dass das NachlassInsVerf tatsächlich eröffnet wird, zB wenn die EigenGl des Erben auf den Nachlass zuzugreifen versuchen[14] oder um von §§ 129 ff profitieren zu können (zu eng oftmals §§ 1 ff AnfG).

14 Vgl *Staudinger/Dobler* 2016 BGB § 1975 Rn 5 ff.

§ 317 Antragsberechtigte

(1) Zum Antrag auf Eröffnung des Insolvenzverfahrens über einen Nachlass ist jeder Erbe, der Nachlassverwalter sowie ein anderer Nachlasspfleger, ein Testamentsvollstrecker, dem die Verwaltung des Nachlasses zusteht, und jeder Nachlassgläubiger berechtigt.

(2) [1]Wird der Antrag nicht von allen Erben gestellt, so ist er zulässig, wenn der Eröffnungsgrund glaubhaft gemacht wird. [2]Das Insolvenzgericht hat die übrigen Erben zu hören.

(3) Steht die Verwaltung des Nachlasses einem Testamentsvollstrecker zu, so ist, wenn der Erbe die Eröffnung beantragt, der Testamentsvollstrecker, wenn der Testamentsvollstrecker den Antrag stellt, der Erbe zu hören.

Übersicht

I. Antragsrechte, Antragspflichten, Kostentragung, PKH

1 Die §§ 317 ff regeln zwar das Recht, nicht aber auch die **Pflicht**, die Eröffnung eines NachlassInsVerf zu beantragen. Das Thema „Insolvenzantragspflicht des Erben und anderer Beteiligter" wird deshalb nicht in der Einzelkomm der §§ 317 ff, sondern im Anhang zu § 317 abgehandelt. Die nun folgenden Ausführungen beschränken sich auf die in § 317 geregelten Antrags**rechte**. Zur Gewährung von **Prozesskostenhilfe** vgl die in der Fn[1] Genannten. Wird ein vom Erben gestellter Eröffnungsantrag wegen Fehlens einer kostendeckenden Masse (§ 26 Abs 1 InsO) abgewiesen, trifft die Kostenschuldnerschaft den Erben nicht als Träger seines Eigenvermögens, sondern als Inhaber des Nachlasses;[2] mithilfe des § 1990 BGB kann er seine zunächst unbeschränkte Haftung (§ 1967 BGB) auf das geerbte Vermö-

1 MK/*M Siegmann* § 317 Rn 12 ff; *AG Bielefeld* ZIP 1999, 1223; *LG Göttingen* ZInsO 2000, 619 f = Rpfleger 2001, 95 mit abl Anm *Siegmann* Rpfleger 2001, 260 f; *LG Berlin* ZInsO 2004, 626; *LG Neuruppin* ZInsO 2004, 1090 f = ZVI 2005, 40 f; *AG Hildesheim* ZInsO 2004, 1154 = ZVI 2005, 93; *LG Fulda* ZVI 2007, 129 f; *LG Kassel* NZI 2014, 697 f; *AG Göttingen* Beschl v 09.05.2017 – 74 IN 79/17, ZInsO 2017, 1235 f.

2 IE ebenso *AG Göttingen* 9.5.2017 – 74 IN 79/17, ZInsO 2017, 1235.

gen beschränken. Anders jedoch, wenn er sein Haftungsbeschränkungsrecht gem § 1994 oder § 2005 BGB verloren hat (§ 2013 BGB).

II. Antragsrecht des Erben

Der Erbe hat das Antragsrecht schon vor Annahme der Erbschaft (vgl auch § 316 Rn 2). 2
Die für den Antrag auf Nachlassverwaltung, § 1981 Abs 1 BGB, vertretene Gegenansicht[3] kann auf das NachlassInsVerf, dessen Eröffnung das Gesetz aus Gründen des GlSchutzes auch sonst in bes Maße zu fördern sucht,[4] nicht übertragen werden. Antragstellung des vorl Erben bedeutet nicht notwendig zugl Erbschaftsannahme.[5] Als Erbschaftsannahme auszulegen ist hingegen idR der Antrag auf Erteilung eines Erbscheins.[6] InsGerichte, die die Zulassung eines von Erbenseite gestellten NachlassInsAntrags von der Vorlage eines Erbscheins abhängig machen,[7] bringen einen Erben, der sich das Ausschlagungsrecht noch vorbehalten möchte, insofern in eine schwierige Situation, als die hM einen Erbscheinsantrag, der vom Erben „unter Vorbehalt des Rechts zur Erbschaftsausschlagung" gestellt wird, als unzulässig erachtet.[8] Vor diesem Hintergrund erscheint es erwägenswert, von demjenigen, welcher „als Erbe" die Eröffnung des NachlassInsVerf beantragt und diesen Antrag nicht lediglich auf „drohende" Zahlungsunfähigkeit (§ 320 S 2) stützt,[9] nicht den vollen Beweis, sondern analog dem für GlAnträge geltenden § 14 Abs 1 lediglich die „Glaubhaftmachung" seiner Antragsberechtigung (beim GlAntrag ist das die GlStellung, beim Erbenantrag die Erbenstellung) zu verlangen.[10] Erforderlich ist dann nicht stets die Vorlage eines Erbscheins (oder eines europäischen Nachlasszeugnisses iSd Art 62 ff EU-ErbVO), sondern es genügt uU die Vorlage einer letztwilligen Verfügung.[11] Eines Erbscheins (bzw eines europäischen Nachlasszeugnisses) bedarf der Antragsteller aber wohl dann, wenn er, nachdem er die ursprünglich erklärte Annahme der Erbschaft bzw die der Annahme nach § 1943 BGB gleichste-

3 *Staudinger/Dobler* 2016 BGB § 1981 Rn 11.
4 Vgl § 1980 BGB sowie den Unterschied zwischen § 2062 BGB einerseits und §§ 316 Abs 2, 317 Abs 2 InsO andererseits.
5 MK/*M Siegmann* § 317 Rn 2; vgl auch *Staudinger/Otte* 2017 BGB § 1943 Rn 9 für den Antrag auf Nachlassverwaltung.
6 *Staudinger/Otte* 2017 BGB § 1943 Rn 10.
7 Vgl *LG Köln* NZI 2003, 501 f = ZInsO 2003, 720 f; hiergegen zu Recht MK/*M Siegmann* § 317 Rn 2 mwN; *Greiner* ZInsO 2016, 1570, 1572 (die sich jedoch nicht mit bloßer Glaubhaftmachung begnügen möchte, sondern als erforderlich erachtet, „dass zum Nachweis der Erbenstellung seitens des Antragstellers zumindest die nach § 2356 Abs 2 BGB [jetzt: § 352 Abs 3 S 3 FamFG] für die Erteilung eines Erbscheins erforderliche eidesstattliche Versicherung vorgelegt wird").
8 Vgl *Staudinger/Herzog* 2016 BGB § 2353 Rn 20, 85 (mit einer Ausnahme für den Fall, dass der Erbschein zur Ausführung einer Notgeschäftsführungsmaßnahme iSd § 1959 Abs 2 BGB benötigt werde).
9 In diesem Fall ist für die nachfolgend vorgeschlagene Analogie zu § 14 Abs 1 kein Raum. Denn ein von **Gl**Seite gestellter InsAntrag kann auf **drohende** Zahlungsunfähigkeit nicht gestützt werden (§ 320 Rn 9).
10 Wie hier MK/*M Siegmann* § 317 Rn 2; **aM** *LG Köln* NZI 2003, 501 f = ZInsO 2003, 720 f; ausweichend bzw unklar *BGHZ* 161, 281, 288 (= NJW 2005, 756, 758 = ZInsO 2005, 375, 377 = ZEV 2005, 109, 111 mit Anm *Marotzke*); die Frage offen lassend *BGH* Beschl v 19.5.2011 – IX ZB 74/10 (Rn 7), ZInsO 2011, 1352 f = ZEV 2011, 544 f mit Anm *Marotzke*. Nach LS 1 der zuletzt erwähnten Entscheidung des *BGH* ist zum Antrag auf Eröffnung des NachlassInsVerf „nicht als Erbe berechtigt, wer die Versäumung der Ausschlagungsfrist angefochten hat, auch wenn die Wirksamkeit der Anfechtung noch nicht feststeht".
11 Ebenso für den von einem angeblichen Erben gestellten Antrag auf Nachlassverwaltung MK-BGB/*Küpper* § 1981 Rn 7.

hende Versäumung der Ausschlagungsfrist gem §§ 1954 ff BGB angefochten hat, dennoch die Eröffnung eines NachlassInsVerf begehrt, weil er befürchtet, dass die Anfechtung unwirksam und er somit Erbe geblieben sein könne.[12]

3 **Schlägt der vorl Erbe die Erbschaft nach Eröffnung des von ihm beantragten NachlassInsVerf innerhalb der Frist des § 1944 BGB aus,** so berührt das die Wirksamkeit des EröffnungsBeschl nicht.[13] Dies lässt sich meist mit dem Rechtsgedanken des § 1959 Abs 2 BGB begründen, ist aber unabhängig davon zutr.

4 **Das Antragsrecht ist vererblich** und steht deshalb auch dem **Erbeserben** zu.[14] Der **Vorerbe** hat das Antragsrecht bis zum Nacherbfall, der **Nacherbe** hat es nach Eintritt des Nacherbfalls.[15] Das folgt aus Abs 1 iVm § 2139 BGB. Sehr missverständlich ist die von einigen Autoren[16] gebrauchte Formulierung, dass dem Vorerben das Antragsrecht zustehe, solange er noch im „Erbschaftsbesitz" bzw „Nachlassbesitz" sei.

5 **Sind mehrere Erben vorhanden**, so kann „jeder Erbe" (Abs 1) den Antrag allein stellen (anders § 2062 HS 1 BGB für den Antrag auf Nachlassverwaltung). Ein gemeinschaftlicher Antrag aller Miterben ist ohne weiteres zulässig. Wird der Antrag nicht von allen Erben gestellt, ist nach Abs 2 zu verfahren. Die Teilung des Nachlasses schließt VerfEröffnung nicht aus (§ 316 Abs 2).

6 Gehört der Nachlass zum Gesamtgut einer **Gütergemeinschaft**, so kann die Eröffnung des NachlassInsVerf beantragt werden sowohl von dem Ehegatten, der Erbe ist, als auch von dem anderen Ehegatten, wenn dieser das Gesamtgut allein oder gemeinschaftlich mit dem in der Position des Erben befindlichen Ehegatten verwaltet (Näheres in § 318). Möglich ist in einem solchen Fall uU auch ein InsVerf über das **Gesamtgut** (vgl Rn 48 des Anh zu § 317).

7 **Auch der bereits unbeschränkbar haftende Erbe hat das Antragsrecht** (vgl auch § 316 Abs 1),[17] da sich die Frage, ob der Erbe das Haftungsbeschränkungsrecht verloren hat, zur Entsch im EröffnungsVerf nicht eignet.

8 Auch wenn die Verwaltung des Nachlasses einem **Testamentsvollstrecker** zusteht (s Rn 13), kann der Erbe sein Antragsrecht selbst ausüben; Abs 3 schreibt für diesen Fall nur die **Anhörung** des Testamentsvollstreckers vor.

9 Selbst nach Anordnung einer **Nachlassverwaltung** (§§ 1981 ff BGB) bleibt der Erbe berechtigt, den InsAntrag zu stellen; sein Antragsrecht steht selbstständig neben dem des Nachlassverwalters.[18] Erwägenswert erscheint jedoch vor dem Hintergrund der §§ 1984 Abs 1 S 1, 1985, 1988 Abs 1 BGB und der Art 3 Abs 1, 103 Abs 1 GG eine gerichtliche Anhörungspflicht analog § 317 Abs 3.[19] Da die Nachlassverwaltung eine Pflegschaft „zum Zwecke der Befriedigung der NachlassGl" darstellt (§ 1975 BGB) und ihre Anordnung nicht nur vom

---

12 Vgl zu einem solchen Fall *BGH* ZInsO 2011, 1352 ff = ZEV 2011, 544 ff mit Anm *Marotzke* (dort auch Hinweise zur rechtlichen Bedeutung eines „Anerkenntnisses" der Erbenstellung).

13 MK/*M Siegmann* § 317 Rn 2.

14 Vgl *Staudinger/Kunz* 2017 BGB § 1922 Rn 434 (zu verfahrensrechtlichen Konsequenzen vgl *OLG Koblenz* Rpfleger 1989, 510); **aM** *AG Dresden* ZVI 2011, 325 f = ZEV 2011, 548 mit abl Anm *Küpper*.

15 *Hess* § 317 Rn 20; MK/*M Siegmann* § 317 Rn 2; *Uhlenbruck/Lüer* § 317 Rn 2; ausf FK/*Schallenberg/Rafiqpoor* § 317 Rn 12 ff.

16 *L/S/Z/Fehl* § 317 Rn 2; N/R/*Riering* § 317 Rn 2; *Kuhn/Uhlenbruck* KO § 217 Rn 1.

17 Näheres bei *Staudinger/Dobler* 2016 BGB § 2013 Rn 4 ff.

18 *Staudinger/Dobler* 2016 BGB § 1980 Rn 14 mwN; ebenso *K Schmidt* § 317 Rn 6.

19 Zust MK/*M Siegmann* § 317 Rn 4.

Erben, sondern uU auch von den NachlassGl erwirkt werden kann (§ 1981 BGB), ist die „Kluft" zwischen dem Erben und dem Nachlassverwalter idR nicht geringer als die zwischen dem Erben und einem verwaltenden Testamentsvollstrecker. Die Komm zu § 217 KO thematisieren die Frage einer analogen Anwendung des Abs 3 nicht, sondern verweisen darauf, dass § 75 KO (§ 5 Abs 1 InsO) das Gericht zur Anhörung des Nachlassverwalters „ermächtige".[20] Ebensowenig wie eine bereits anhängige Nachlassverwaltung hat auch **ein über dem (Gesamt-)Vermögen des Erben schwebendes InsVerf** zur Folge, dass die Eröffnung des (Nachlass-)InsVerf nun nicht mehr vom Erben selbst, sondern nur noch vom Verwalter beantragt werden kann.[21]

Durch **Verkauf der Erbschaft** verliert der Erbe das Recht, aus SchuSeite heraus das NachlassInsVerf zu beantragen, an den Käufer (§ 330 Abs 1). Unter den Voraussetzungen des § 330 Abs 2 ist der Erbe jedoch „wie ein NachlassGl" antragsberechtigt (zum Unterschied zwischen Schu- und GlAnträgen vgl Rn 21 f). Das Antragsrecht des Erbschaftskäufers setzt selbstverständlich voraus, dass der Kaufvertrag **wirksam** ist, insb dass er gem § 2371 BGB notariell beurkundet wurde.[22] 10

III. Antragsrecht des Nachlassverwalters bzw eines Insolvenzverwalters

Wie der Erbe selbst ist auch der Nachlassverwalter (§§ 1981 ff BGB) zur Beantragung eines NachlassInsVerf nicht nur berechtigt (Abs 1), sondern nach Maßgabe des über § 1985 Abs 2 S 2 BGB entspr anwendbaren § 1980 BGB sogar verpflichtet.[23] In Ansehung der Anhörungspflicht sollte man den Nachlassverwalter wie einen Testamentsvollstrecker behandeln, § 317 Abs 3 also analog anwenden (vgl erg Rn 9, 12 f). Wenn über dem (Gesamt-)Vermögen des Erben ein InsVerf schwebt, kann die Eröffnung des (Nachlass-)InsVerf auch vom **InsVerw** des Erben beantragt werden;[24] eine entspr Anwendung des § 1980 BGB mit dem Ziel einer Antragspflicht des InsVerw ist nicht zu befürworten.[25] 11

IV. Antragsrecht eines anderen Nachlasspflegers

Neben dem Nachlassverwalter (Rn 11), der gem § 1975 BGB ein Nachlasspfleger „zum Zwecke der Befriedigung der NachlassGl" ist, erwähnt Abs 1 noch die „anderen" Nachlasspfleger. Damit sind nach § 1960 oder § 1961 BGB bestellte Pfleger gemeint. Anders als der Nachlassverwalter (Rn 11; Anh Rn 45 zu § 317) sind die „anderen" Nachlasspfleger zur Antragstellung zwar berechtigt, im Verhältnis zu den NachlassGl aber nicht verpflichtet.[26] 12

---

20 *Jaeger/Weber* 8. Aufl KO §§ 217–220 Rn 27.

21 Ausf *Marotzke* FS Otte, 2005, S 223, 225 ff; **aM** § 83 Rn 8; *K Schmidt* § 317 Rn 3; *Fischinger* Die Beschränkung der Erbenhaftung in der Insolvenz, 2013, S 40, 147; zum Antragsrecht des InsVerw s Rn 11 aE.

22 Ebenso *OLG Köln* ZEV 2000, 240 = ZIP 2000, 627 f = NZI 2001, 98 f für den nach §§ 2385 BGB, 330 Abs 3 InsO gleichstehenden Fall des Verschenkens einer Erbschaft.

23 Näheres bei § 317 Anh Rn 45; *Staudinger/Dobler* 2016 BGB § 1985 Rn 29 ff, 39 ff.

24 *Marotzke* FS Otte, 2005, S 223, 230 f; *Fischinger* Die Beschränkung der Erbenhaftung in der Insolvenz, 2013, S 22 f, 147, 159 ff (nicht überzeugend jedoch *ders* S 25 ff); zum Antragsrecht des insolventen Erben s Rn 9 aE.

25 Wie hier mit ausf Begr *Marotzke* FS Otte, 2005, S 223, 226 ff; zust *Häsemeyer* Insolvenzrecht, 4. Aufl 2007, Rn 33.06; **aM** § 83 Rn 9; *Uhlenbruck/Mock* 14. Aufl InsO § 83 Rn 7; MK/*Schumann* 3. Aufl § 83 Rn 7 f; Jaeger/*Windel* § 83 Rn 8; *Fischinger* S 28 ff, 35, 161 (mit Fn 102).

26 Näheres, auch zur Frage einer Antragspflicht gegenüber dem Erben bzw einer solchen „des" Erben, im Anh Rn 46 zu § 317; *BGHZ* 161, 281, 286 ff = NJW 2005, 756 ff = ZInsO 2005, 375 ff = ZEV 2005, 109 ff (mit Anm *Marotzke*); *Roth* ZInsO 2013, 1567 ff. Nicht zu folgen ist der Ansicht von *du Carrois* (Rpfleger 2009, 197 ff), dass auf den nach § 1960 BGB bestellten Nachlasspfleger § 1980 Abs 1 S 2 BGB anzuwenden sei.

Nicht antragsberechtigt ist hingegen das Nachlassgericht.[27] Das Antragsrecht des Erben wird durch dasjenige des Nachlasspflegers weder ausgeschlossen noch beschränkt. Da ein nach § 1960 oder § 1961 BGB bestellter Nachlasspfleger im Gegensatz zum Nachlassverwalter (§§ 1984 f BGB) und zum verwaltenden Testamentsvollstrecker (§§ 2205, 2211 BGB) keine den Erben ausschließende Verfügungsmacht über den Nachlass hat und da die Person des (endgültigen) Erben in den Fällen der §§ 1960, 1961 BGB noch ungewiss ist, wird sich eine Anhörungspflicht analog Abs 3 (s Rn 9, 11) hier nicht begründen lassen. Der Amtsermittlungsgrundsatz (§ 5 Abs 1 S 1) ermächtigt das Gericht jedoch auch hier zur Anhörung. Zum Umfang der dem Nachlasspfleger als Antragsteller obliegenden Darlegungslast vgl den in der Fn[28] zitierten Beschl des BGH. Auch wenn ein Nachlasspfleger zugleich RA ist, steht ihm für den Antrag auf Eröffnung des NachlassInsVerf eine Vergütung nach dem RVG in einem einfach und übersichtlich gelagerten Fall grundsätzlich nicht zu.[29]

V. Antragsrecht des Testamentsvollstreckers

13 **Nur wenn ihm die Verwaltung des Nachlasses zusteht**, kann auch ein Testamentsvollstrecker (§§ 2197 ff BGB) die Eröffnung des NachlassInsVerf (bzw die auf Wegfall des Eröffnungsgrundes gestützte Einstellung eines bereits eröffneten NachlassInsVerf[30]) beantragen. Eine Antrags**pflicht** besteht für den Testamentsvollstrecker nicht schon gem § 1980 BGB.[31] Das Antragsrecht des Testamentsvollstreckers steht selbstständig neben dem des Erben. Gemildert wird diese Selbstständigkeit durch gerichtliche Anhörungspflichten nach Abs 3. Soweit nach dieser – unter dem Vorbehalt des § 10 stehenden – Vorschrift der Erbe anzuhören ist, gilt Entsprechendes für einen Nachlasspfleger oder Nachlassverwalter.[32]

VI. Antragsrecht des Ehegatten

14 Der Ehegatte des Erben ist antragsberechtigt unter den Voraussetzungen des § 318.

VII. Antragsrecht des Erbschaftskäufers

15 Hat der Erbe die Erbschaft verkauft, so tritt für das NachlassInsVerf der Käufer an seine Stelle (§ 330). Näheres bei Rn 10 und § 330 Rn 2 ff.

VIII. Antragsrecht der Nachlassgläubiger

16 Da im NachlassInsVerf „nur die Nachlassverbindlichkeiten" geltend gemacht werden können (§ 325), ist auch das Recht, die Eröffnung solch eines Verf zu beantragen, auf GlSeite entspr beschränkt: Gem § 317 Abs 1 steht es zwar jedem **NachlassGl**, nicht jedoch den **EigenGl** des Erben zu.[33] Den EigenGl bleibt unbenommen, gem §§ 13 ff die Eröffnung eines InsVerf über das (den Nachlass mitumfassende) „Vermögen des Erben" (vgl § 331 Abs 1) zu beantragen.

17 **„Jeder" NachlassGl** ist antragsberechtigt gem Abs 1.

---

27 Zutr *BGH* ZEV 2009, 352.
28 *BGH* ZInsO 2007, 887 f = ZIP 2007, 1868 f mit Anm *Floeth* EWiR 2008, 111 f.
29 *OLG Schleswig* ZInsO 2013, 1706 ff.
30 Vgl § 212; *LG München I* ZVI 2011, 339 f.
31 Näheres bei § 317 Anh Rn 46.
32 Vgl auch Rn 9, 11 f; *Jaeger* 6./7. Aufl KO §§ 217–220 Rn 31; zust MK/*M Siegmann* § 317 Rn 4; unerwähnt bleibt der Nachlassverwalter in dem entspr Satz bei *Jaeger/Weber* 8. Aufl KO §§ 217–220 Rn 29.
33 Vgl auch *Jaeger/Weber* 8. Aufl KO §§ 217–220 Rn 12 Abs 2.

Beschränkungen des Antragsrechts ergaben sich früher aus § 219 KO in **Bezug auf NachlassGl, die im AufgebotsVerf gem §§ 1970 ff BGB ausgeschlossen sind oder solchen gem § 1974 BGB gleichstehen**, sowie in Bezug auf **Vermächtnis- und AuflageGl** (nicht aber auch für Erbersatzberechtigte[34] und Pflichtteilsgläubiger). Die in § 219 Abs 1 KO genannten Gl waren zum Antrag auf Eröffnung des Nachlasskonkurses nur dann berechtigt, wenn bereits über dem Vermögen des *Erben* ein Konkursverfahren schwebte. Eine ähnliche Ausnahme normierte § 219 Abs 2 KO für den Fall der Zugehörigkeit des Nachlasses zum Gesamtgut einer Gütergemeinschaft. In die InsO wurde eine dem § 219 KO entspr Bestimmung bewusst nicht aufgenommen.[35] Historisch nicht ganz zutreffend,[36] glaubten die Verfasser der InsO, die ratio legis des § 219 KO allein auf den Gedanken zurückführen zu dürfen, dass den in der Vorschrift genannten Gl das **Rechtsschutzbedürfnis** für einen Eröffnungsantrag fehle, da sie wegen ihres schlechten Ranges (§ 226 Abs 2 ff KO/§ 327 InsO) aus einem überschuldeten Nachlass (§ 215 KO) unter Berücksichtigung auch der VerfKosten keine Befriedigung erwarten könnten. Diese Überlegung, so meinte man, treffe auf das Verf nach der InsO nicht in gleichem Maße zu. Denn nach neuem Recht (§ 320 InsO) könne das NachlassInsVerf nicht nur bei Überschuldung (so jedoch der frühere § 215 KO), sondern auch schon bei Zahlungsunfähigkeit oder drohender Zahlungsunfähigkeit des Nachlasses eröffnet werden (bei bloß „drohender" Zahlungsunfähigkeit allerdings nicht auf **Gl**Antrag, s § 320 S 2). Auch sei zu bedenken, dass der Nachlass im InsVerf an wirtschaftlichem Wert gewinnen könne, etwa durch Fortführung eines zum Nachlass gehörenden Unternehmens. Die Frage des **Rechtsschutzinteresses** erweise sich damit letztlich als eine solche des Einzelfalls; sie rechtfertige keine Sondervorschrift für einzelne Gläubigergruppen nach dem Vorbild des § 219 KO. Ob ein bestimmter NachlassGl ein rechtliches Interesse an der Eröffnung des NachlassInsVerf habe, müsse auch bei den im früheren § 219 KO genannten Gl stets im Einzelfall auf der Grundlage des § 14 geprüft werden. 18

Diese Begr für die ersatzlose Streichung des § 219 KO ist überzeugend nur, soweit sie sich auf die von § 1973 oder § 1974 BGB betroffenen Gl bezieht. Hinsichtlich der im früheren § 219 KO ebenfalls erwähnten **Vermächtnisse** und **Auflagen** hat der Reformgesetzgeber jedoch gänzlich unberücksichtigt gelassen, dass § 219 KO insoweit vor allem dem **mutmaßlichen Erblasserwillen** Geltung verschaffen sollte.[37] Nicht nur vor, sondern auch nach Inkrafttreten der InsO gilt der Erfahrungssatz, dass es nicht dem Willen des Erblassers entsprechen würde, wenn wegen einer Überschuldung des Nachlasses mit Vermächtnissen und Auflagen, die er im Vertrauen auf die Zulänglichkeit des Nachlasses anordnet, später einmal ein NachlassInsVerf eröffnet werden müsste (vgl auch §§ 1980 Abs 1 S 3, 1992 BGB). Es ist deshalb zu überlegen, ob der mutmaßliche Wille des Erblassers den Inhalt von Vermächtnissen und Auflagen evtl auch noch heute derart prägt, dass dem Gl (beim Vermächtnis) bzw dem Vollziehungsberechtigten (bei der Auflage) das Recht, die Eröffnung eines NachlassInsVerf zu beantragen, im Zweifel nur dann zustehen soll, wenn bereits über dem (den Nachlass mitumfassenden) Vermögen des Erben ein InsVerf schwebt (das entspräche § 219 Abs 1 S 2 KO) oder, falls der Nachlass zum Gesamtgut einer Gütergemeinschaft 19

---

34 Str; vgl *Staudinger/Marotzke* 1996 BGB § 1992 Rn 6. Praktische Bedeutung dürfte dieser Frage heute nur noch sehr selten zukommen (vgl § 327 Rn 12).
35 Vgl zum Folgenden BT-Drucks 12/2443, 230 (zu § 363 RegEInsO).
36 Vgl Rn 13 des Anhangs zu § 317.
37 Vgl die Nachweise bei *Staudinger/Dobler* 2016 BGB § 1992 Rn 1.

gehört, wenn die Situation der im ehemaligen § 219 Abs 2 KO[38] beschriebenen entspricht. Dabei geht es nicht, wie eingewendet worden ist,[39] um eine Anwendung des § 219 KO über den Zeitpunkt des Außerkrafttretens hinaus, sondern um die nach allgemeinen Auslegungsgrundsätzen zu klärende Frage nach dem mutmaßlichen Willen des Erblassers und seiner aufgrund der Testierfreiheit mit Sicherheit zu bejahenden Relevanz für den Inhalt eines vom Erblasser angeordneten Vermächtnisses bzw einer von ihm angeordneten Auflage.

20 Ein Gl, dessen Fo nicht normale Nachlass-, sondern nur **Erbteilsverbindlichkeit** ist (§ 325 Rn 4), kann idR weder die Anordnung einer Nachlassverwaltung noch die Eröffnung des NachlassInsVerf beantragen.[40] Denn sonst könnte er auch denjenigen Erben, die ihm nicht haften, die Verwaltungs- und Verfügungsbefugnis über den Nachlass entziehen (vgl §§ 1984, 1985 Abs 1 BGB und § 80 Abs 1 InsO) bzw ihnen, soweit ein NachlassInsVerf mit Eigenverwaltung „unter Aufsicht eines Sachwalters" (§ 270 Abs 1 S 1) in Betracht kommt, erhebliche Beschränkungen auferlegen (§§ 274 ff). Dies darf nur dann zugelassen werden, wenn der antragstellende Gl zugleich der *einzige* für die Verbindlichkeit *nicht* haftende Miterbe ist (zB in Fällen der §§ 2305, 2326 BGB) oder wenn er das Verfahren als *Miterbe* beantragen kann (was sich beim NachlassInsVerf ua nach §§ 317, 319, 320 richtet, bezüglich einer Nachlassverwaltung hingegen an § 2062 HS 1 BGB scheitert). Zudem setzt das NachlassInsVerf Zahlungsunfähigkeit (zumindest „drohende", § 320 S 2) oder Überschuldung des *Nachlasses* voraus (§ 320 S 1); es kommt deshalb nicht in Betracht, wenn lediglich ein *Erbteil* überschuldet ist.[41] Lediglich in Bezug auf einen *Erbteil* lässt das Gesetz weder ein NachlassInsVerf noch eine Nachlassverwaltung zu.[42] Werden in einem NachlassInsVerf Verbindlichkeiten geltend gemacht, für die nicht *sämtliche* Miterben haften, so müssen uU **Sondermassen**[43] gebildet werden. Aus den Anteilen der ihm nicht haftenden Miterben kann der Gläubiger keine Befriedigung beanspruchen.

IX. Unterschiedliche Behandlung von Gläubiger- und Schuldnerantrag

21 **Anträge von Gläubigerseite** (Rn 16–20) unterliegen der Ausschlussfrist des § 319. Gem § 14 setzt die Zulässigkeit eines GlAntrags voraus, dass der Antragsteller ein rechtliches Interesse an der VerfEröffnung hat und seine Forderung und den Eröffnungsgrund glaubhaft macht. Ein GlAntrag kann zwar auf Überschuldung und Zahlungsunfähigkeit des Nachlasses, nicht aber auf nur „drohende" Zahlungsunfähigkeit gestützt werden (§ 320 Rn 9).

22 **Anträge von SchuSeite** (Rn 2–15) unterliegen keiner Ausschlussfrist. Sie können auf alle in § 320 genannten Eröffnungsgründe gestützt werden und erfordern eine Glaubhaftmachung des Eröffnungsgrundes nur iF des § 317 Abs 2. Zum Nachweis der Erbenstellung vgl Rn 2.

---

38 § 219 Abs 2 KO hatte folgenden Wortlaut: „Ist ein Ehegatte der Erbe und gehört der Nachlaß zum Gesamtgut, das von dem anderen Ehegatten allein verwaltet wird, so können die in Absatz 1 bezeichneten Gläubiger den Antrag nur stellen, wenn über das Vermögen des anderen Ehegatten das Konkursverfahren eröffnet ist. Wird das Gesamtgut von beiden Ehegatten verwaltet, so können die Gläubiger den Antrag nur stellen, wenn über das Gesamtgut das Konkursverfahren eröffnet ist."

39 Von *Muscheler* Erbrecht Bd II, 2010, Rn 3499 aE.

40 Ausf *Staudinger/Marotzke* 2016 BGB § 2058 Rn 29 ff; zust MK/*M Siegmann* § 317 Rn 5 aE.

41 Jaeger/*Weber*[8] KO § 235 Rn 2; *Staudinger/Marotzke* 2016 BGB § 2058 Rn 30; MK-BGB/*Ann* 3. Aufl 2013 § 2058 Rn 11; Gottwald/*Döbereiner* § 113 Rn 17.

42 Vgl für das NachlassInsVerf § 316 Abs 3 InsO und für die Nachlassverwaltung die Protokolle der Kommission für die zweite Lesung der Entwurfs des BGB Bd VI S 343 f = *Mugdan* Die gesammten Materialien zum Bürgerlichen Gesetzbuch für das Deutsche Reich Bd V, 1899, S 519 f; zur Gesetzesgeschichte s *Staudinger/Dobler* 2016 BGB § 1975 Rn 21, § 2007 Rn 3.

43 Vgl *BGH* KTS 1979, 76, 80 f.

X. Auslandsberührung

Die in § 317 Abs 1 enthaltene Regelung der Antragsbefugnis gilt uneingeschränkt nur für **gewöhnliche NachlassInsVerf**, die den „gesamten" (§ 35) Nachlass erfassen sollen. Fehlt den dt Gerichten für die Eröffnung eines InsVerf über den **gesamten** Nachlass die internationale Zuständigkeit (s § 315 Rn 7 ff), so kommt unter den Voraussetzungen des Art 3 Abs 2, 4 EuInsVO bzw des § 354 die Beantragung und Eröffnung eines inländischen **Partikular**-NachlassInsVerf in Betracht (§ 315 Rn 11). Abw von § 317 Abs 1 kann die Eröffnung eines **Partikular**-NachlassInsVerf grds nicht vom Erben (außer vielleicht iF des Art 3 Abs 4 lit a EuInsVO[44]), sondern nur von GlSeite beantragt werden (vgl § 354 Abs 1 InsO [und dort Rn 16] bzw Art 3 Abs 4 lit b EuInsVO); zudem hat das Antragsrecht abw von § 317 Abs 1 nicht „jeder" NachlassGl (vom Sonderfall des Art 3 Abs 4 lit a EuInsVO einmal abgesehen), sondern nur ein solcher, der die Voraussetzungen des – allerdings nicht für Sekundär-Verf (Rn 24) geltenden[45] – Art 3 Abs 4 lit b EuInsVO (sog NiederlassungsGl) bzw des § 354 Abs 2 InsO erfüllt. 23

Ein Partikular-NachlassInsVerf wird als **Sekundär**-NachlassInsVerf bezeichnet, wenn es nach Eröffnung eines (anerkennungsfähigen[46]) Haupt-NachlassInsVerf eröffnet wird (Art 3 [Abs 3], 19 [Abs 2], 34 ff EuInsVO, § 356 InsO). **Zu dem Antrag auf Eröffnung eines Sekundär-NachlassInsVerf ist neben den NachlassGl[47] auch der InsVerw des ausländischen Haupt-NachlassInsVerf berechtigt** (Art 37 Abs 1 lit a EuInsVO, § 356 Abs 2 InsO); nicht antragsberechtigt ist also wiederum (Rn 23) der Erbe.[48] Liegt ein zulässiger Antrag vor, wird das Verf eröffnet, ohne dass ein Eröffnungsgrund geprüft wird (Art 34 S 2 EuInsVO, § 356 Abs 3 InsO). Zur **Antragsfrist** s § 319 Rn 2. 24

Anhang zu § 317 InsO
Insolvenzantragspflicht des Erben und anderer Beteiligter

Übersicht

44 Vgl *Duursma-Kepplinger/Duursma/Chalupsky* 1. Aufl 2002, EuInsVO Art 3 Rn 94 f.

45 Vgl die Eingangsworte des Art 3 Abs 4 EuInsVO einerseits und des Art 4 Abs 2 S 1 EuInsVO (iVm § 354 InsO) andererseits sowie *Duursma-Kepplinger/Duursma/Chalupsky* 2002, EuInsVO Art 3 Rn 113, Art 29 Rn 6 ff, 12 ff.

46 Vgl Art 19, 33 EuInsVO, § 343 InsO.

47 Vgl konkretisierend Rn 23 bei Fn 35.

48 Vgl § 354 Rn 12; *Duursma-Kepplinger/Duursma/Chalupsky* 2002, EuInsVO Art 29 (jetzt: Art 37) Rn 5: kein Antragrecht des Schu.

Literatur: *Fischinger* Die Beschränkung der Erbenhaftung in der Insolvenz, 2013, 28 ff, 35, 161; *Marotzke* Die Stellung der Nachlassgläubiger in der Eigeninsolvenz des Erben, FS Otte, 2005, S 223; *ders* Kann ein Erbe trotz Unkenntnis oder Ungewissheit seiner Erbenstellung verpflichtet sein, die Eröffnung eines Nachlassinsolvenzverfahrens zu beantragen?, ZInsO 2011, 2105; *Muscheler* Die Haftungsordnung der Testamentsvollstreckung (im Folgenden: Haftungsordnung), 1994, S 230 ff; *ders* Erbrecht Bd II (im Folgenden: Erbrecht II), 2010, § 49; *Nöll* Die massenhafte Abwicklung überschuldeter Nachlässe durch Nachlasspfleger und Fiskalerben – bürgernahe Verwaltungspraxis oder staatlich organisierte Insolvenzverschleppung?, ZInsO 2012, 814; *Poertzgen* Organhaftung wegen Insolvenzverschleppung, 2006, S 119 ff; *ders* Die Insolvenzverschleppungshaftung gem. § 1980 BGB, ZInsO 2013, 517.

A. Allgemeines

I. Antragspflicht des Erben

1 Thema der §§ 317 ff sind die für das NachlassInsVerf maßgeblichen Eröffnungsgründe (§ 320) und das Recht des Erben, der NachlassGl und einiger anderer Personen, die Eröffnung des NachlassInsVerf zu beantragen (§§ 317–319). In manchen Fällen ist der Erbe zum Antrag auf Eröffnung des NachlassInsVerf aber nicht nur berechtigt, sondern auch gesetzlich verpflichtet. **Die einschlägige Rechtsgrundlage findet sich nicht in der InsO** (insb nicht § 15a, da dieser eine Antragspflicht zwar bei insolventen juristischen Personen und Gesellschaften ohne Rechtspersönlichkeit, nicht aber auch bei insolventen Nachlässen vorsieht), **sondern in § 1980 BGB**. Nach § 1980 Abs 1 S 1 BGB ist der Erbe verpflichtet, die Eröffnung des NachlassInsVerf (ältere Fassung: des Nachlasskonkurses oder des Nachlassvergleichsverfahrens) zu beantragen, sobald er von der **Zahlungsunfähigkeit** (Rechtslage seit 1.1.1999) oder der **Überschuldung** des Nachlasses Kenntnis erlangt hat oder bei Beobachtung der pflichtgemäßen Sorgfalt hätte erlangen müssen. Verletzt er diese Verpflichtung, so haftet er den NachlassGl auf Schadensersatz (§ 1980 Abs 1 S 2 BGB). Vor diesem Hintergrund ist die im Schrifttum[1] als **„staatlich organisierte Insolvenzverschleppung"** gegeißelte **„massenhafte Abwicklung überschuldeter Nachlässe durch Nachlasspfleger und Fiskalerben"**, sollte sie tatsächlich gewohnheitsmäßig unter Missachtung des § 1980 BGB praktiziert werden, mit erheblichen (juristischen) Haftungsrisiken verbunden.[2]

1 Vgl *Nöll* ZInsO 2012, 814 ff.
2 Zur Anwendbarkeit des § 1980 BGB bei bestehender Nachlasspflegschaft vgl Rn 27 ff, 46.

II. Antragspflicht des Nachlassverwalters

Wie der Erbe ist auch der Nachlassverwalter (§§ 1975, 1981 ff BGB, § 317 Abs 1 InsO) zur Beantragung des NachlassInsVerf nicht nur berechtigt, sondern nach Maßgabe des § 1980 BGB auch verpflichtet. Dies ergibt sich aus § 1986 Abs 2 S 2 BGB, der die entsp Anwendung des § 1980 BGB auf den Nachlassverwalter ausdrücklich vorschreibt (Rn 45). 2

III. Andere Antragspflichtige?

Andere Personen können zwar auf besonderer Rechtsgrundlage gegenüber dem Erben, nicht aber auch gem § 1980 BGB gegenüber den Nachlassgläubigern zum Antrag auf Eröffnung des NachlassInsVerf verpflichtet sein (str; s Rn 46 f). Jedoch gilt § 1980 BGB entspr für die Verpflichtung zum Antrag auf Eröffnung eines InsVerf über das Gesamtgut einer fortgesetzten Gütergemeinschaft im Fall des § 1489 Abs 2 BGB (s Rn 48). 3

IV. Gesamtvermögensinsolvenz des Erben

Die in **§ 1980 BGB** geregelte Antragspflicht zielt auf die Herbeiführung eines **Nachlass**Ins-Verf. Sie kann auch dann Bedeutung erlangen, wenn bereits über dem gesamten (§ 35 Abs 1 InsO), also sowohl das Eigenvermögen als auch die Erbschaft umfassenden, Vermögen des **Erben** ein InsVerf schwebt. Vgl zum Zusammentreffen von Nachlass- und GesamtvermögensIns auch die in der Fn[3] erwähnten Publikationen sowie Rn 27, 47, § 317 Rn 11, 18 f und § 331. 4

V. Abgrenzung zu § 15a InsO

Kein **Nachlass**InsVerf, sondern ein InsVerf über das Vermögen einer juristischen Person (beispielsweise einer **GmbH**) oder einer Gesellschaft ohne Rechtspersönlichkeit ist das Ziel der in § 15a InsO vorgesehenen Antragspflicht; diese kann allerdings auch den oder die **Erben** eines Gesellschafters treffen.[4] 5

B. Die Antragspflicht aus § 1980 BGB und Konsequenzen ihrer Verletzung

I. Inhalt des § 1980 BGB

Unter der Überschrift „Antrag auf Eröffnung des Nachlassinsolvenzverfahrens" trifft § 1980 BGB folgende Regelungen: 6

(1) [1]Hat der Erbe von der Zahlungsunfähigkeit oder der Überschuldung des Nachlasses Kenntnis erlangt, so hat er unverzüglich die Eröffnung des Nachlassinsolvenzverfahrens zu beantragen. [2]Verletzt er diese Pflicht, so ist er den Gläubigern für den daraus entstehenden Schaden verantwortlich. [3]Bei der Bemessung der Zulänglichkeit des Nachlasses bleiben die Verbindlichkeiten aus Vermächtnissen und Auflagen außer Betracht.

(2) [1]Der Kenntnis der Zahlungsunfähigkeit oder der Überschuldung steht die auf Fahrlässigkeit beruhende Unkenntnis gleich. [2]Als Fahrlässigkeit gilt es insbesondere, wenn der Erbe das Aufgebot der Nachlassgläubiger nicht beantragt, obwohl er Grund hat, das Vorhandensein unbekannter Nachlassverbindlichkeiten anzunehmen; das Aufgebot ist nicht erforderlich, wenn die Kosten des Verfahrens dem Bestand des Nachlasses gegenüber unverhältnismäßig groß sind.

---

3 *Marotzke* FS Otte, 2005, S 223 ff; *Fischinger* Die Beschränkung der Erbenhaftung in der Insolvenz, 2013.

4 *Marotzke* ErbR 2010, 115 ff; *Staudinger* 2016 BGB § 1967 Rn 72 (*Dutta*), § 1985 Rn 25 (*Dobler*).

II. Voraussetzungen und Rechtsfolgen des § 1980 BGB

7 **1. Grundvoraussetzungen der Antragspflicht (Abs 1 Satz 1 und Abs 2). – a) Anfall und Annahme der Erbschaft.** Voraussetzung einer Antragspflicht des **Erben** ist, dass diesem die Erbschaft bereits **angefallen** ist (§§ 1942 Abs 1, 2139 BGB, Rn 29) und er sie auch schon wirksam **angenommen** hat (§§ 1943 ff BGB). Letzteres wird zwar in § 1980 BGB nicht ausdrücklich gesagt, ergibt sich aber aus dem Zusammenhang mit § 1978 Abs 1 S 2 BGB (Rn 30). Schlägt der Erbe die Erbschaft wirksam aus, so verliert er das Recht, die Eröffnung des NachlassInsVerf zu beantragen, an den Nächstberufenen,[5] der nach Annahme der Erbschaft antragspflichtig wird, sobald die (übrigen) Voraussetzungen des § 1980 BGB vorliegen. **Sind mehrere Erben vorhanden**, ist „jeder" (§ 317 Abs 1) Miterbe berechtigt, bei Vorliegen eines Eröffnungsgrundes die Eröffnung des NachlassInsVerf zu beantragen. Entsprechend kann „jeder" Miterbe nach § 1980 BGB zur Antragstellung verpflichtet sein; dies gilt auch dann, wenn der Nachlass noch ungeteilt ist und jedem Erben deshalb das Leistungsverweigerungsrecht des § 2059 Abs 1 BGB zusteht[6] (auf das sich der Erbe mE nicht mehr berufen kann, wenn er eine bestehende InsAntragspflicht beharrlich verletzt[7]). Zur Anwendbarkeit des **§ 1980 BGB bei ungeklärter Erbenstellung** vgl Rn 29 sowie den in der Fn[8] erwähnten Aufsatz des Verf.

8 **b) Überschuldung oder Zahlungsunfähigkeit des Nachlasses.** Der Nachlass muss überschuldet oder zahlungsunfähig sein; die Fallgruppe der Zahlungsunfähigkeit wurde erst mit Inkrafttreten der InsO (1.1.1999) in § 1980 Abs 1 S 1 BGB aufgenommen.

9 Unter welchen **Voraussetzungen** eine Überschuldung oder Zahlungsunfähigkeit des Nachlasses anzunehmen ist, kann der Komm des § 320 entnommen werden. Auf Aktivseite sind alle Nachlassgegenstände, auf Passivseite grds alle Nachlassverbindlichkeiten in Rechnung zu stellen. Hinsichtlich der bei der Feststellung der Überschuldung oder Zahlungsunfähigkeit zu berücksichtigenden Passiva bestehen jedoch einige Besonderheiten, die zwar nicht iRd § 320 (der Vorschrift über die Eröffnungsgründe), sehr wohl jedoch im Rahmen des § 1980 BGB (der Vorschrift über die Insolvenzantragspflicht des Erben) eine Rolle spielen: Verbindlichkeiten aus Vermächtnissen und Auflagen (§ 1980 Abs 1 S 3 BGB) sowie die im Aufgebotsverfahren ausgeschlossenen (§ 1973 BGB) oder den Letzteren durch § 1974 BGB gleichgestellten Verbindlichkeiten sind bei der Feststellung der Überschuldung oder Zahlungsunfähigkeit, soweit diese als Voraussetzung einer Insolvenzantragspflicht in Betracht kommt, nur dann zu berücksichtigen, wenn im konkreten Fall Pflichtteils- oder, was heute nur noch sehr praktisch werden wird (vgl § 327 Rn 12), Erbersatzansprüche bestehen (s Rn 17 f). Diese Besonderheiten gelten jedoch nur in Ansehung der in § 1980 BGB geregelten Insolvenzantragspflicht, nicht auch für die Frage, ob Überschuldung oder Zahlungsunfähigkeit iSd § 320 S 1 InsO, also als Eröffnungsgrund, vorliegt.

10 Eine Zahlungsunfähigkeit, die nicht bereits aktuell besteht, sondern deren Eintritt lediglich „droht", führt noch nicht in den Anwendungsbereich des § 1980 BGB. Als **„drohende" Zahlungsunfähigkeit** bezeichnet § 18 Abs 2 den Fall, dass der Schu „voraussichtlich" nicht in der Lage „sein wird", die bestehenden Zahlungspflichten „im Zeitpunkt der Fälligkeit" zu erfüllen. Eine Zahlungsunfähigkeit, die nicht bereits jetzt vorliegt, sonderen deren Eintritt nur „droht", vermag die Eröffnung eines NachlassInsVerf nicht schon auf Gläubigerantrag,

5 Zu verfahrensrechtlichen Konsequenzen vgl *OLG Koblenz* Rpfleger 1989, 510.

6 Staudinger/*Marotzke* 2016 BGB § 2059 Rn 20; **aM** *Dauner-Lieb* Unternehmen in Sondervermögen, 1998, 439, 441, 443.

7 Vgl hierzu sowie zur Bedeutung des § 2059 Abs 1 BGB im EröffnungsVerf die Hinweise bei Staudinger/*Marotzke* 2016 BGB § 2059 Rn 20 ff.

8 *Marotzke* ZInsO 2011, 2105 ff.

sondern nur dann zu rechtfertigen, wenn der Eröffnungsantrag vom Erben, von einem Nachlassverwalter oder sonstigen Nachlasspfleger oder von einem Testamentsvollstrecker gestellt wurde (§ 320 S 2). Eine Antragspflicht iSd § 1980 BGB besteht in solchen Fällen nicht. Solange die Zahlungsunfähigkeit des Nachlasses nicht feststeht, sondern nur „droht", hat der Erbe also noch die Möglichkeit, ohne das Risiko, nach § 1980 BGB schadensersatzpflichtig zu werden, eine freie Sanierung – zB eines zum Nachlass gehörenden Unternehmens – zu versuchen.[9]

c) Kenntnis oder fahrlässige Unkenntnis des Erben. Der Erbe muss von der Überschuldung oder der Zahlungsunfähigkeit des Nachlasses Kenntnis erlangt oder infolge Fahrlässigkeit nicht erlangt haben. **Kenntnis** der Überschuldung setzt nicht bloß voraus, dass der Erbe vom Vorhandensein der einzelnen Verbindlichkeiten und Nachlassgegenstände weiß, sondern auch, dass er sich das Verhältnis der beiderseitigen Gesamtwerte zueinander durch Vergleichung der Ergebnisse klargemacht hat. Gerade in dem Unterlassen einer solchen Saldierung wird oft die **Fahrlässigkeit** liegen,[10] die gem § 1980 Abs 2 S 1 BGB der Kenntnis gleichsteht. Eine Fahrlässigkeit kann auch darin zu erblicken sein, dass der Erbe bei der Bewertung eines zum Nachlass gehörenden Unternehmens dessen „Fortführung" zugrunde legt, ohne zuvor zu prüfen, ob diese „nach den Umständen überwiegend wahrscheinlich" ist (s § 320 Rn 3). 11

Eine **Zahlungseinstellung** kann dafür sprechen, dass dem Erben die Zahlungsunfähigkeit oder die Überschuldung bekannt war. Doch ist auch denkbar, dass die Zahlungseinstellung nur aus Vorsicht im Hinblick auf § 1979 BGB erfolgte.[11] IdR erlaubt eine Zahlungseinstellung freilich den Schluss auf die Zahlungsunfähigkeit und meist wohl auch auf die Kenntnis des Erben hiervon; der Schluss auf die Zahlungsunfähigkeit entspricht § 17 Abs 2 S 2. Keine „Einstellung" der Zahlung liegt vor, solange das Ausbleiben von Zahlungen seinen Grund lediglich in dem Erbfall als solchem hat, zB weil dieser ganz überraschend eingetreten ist und der Erbe sich der Nachlassmittel erst bemächtigen muss.[12] 12

Das **Unterlassen des Gläubigeraufgebots** (§§ 1970 ff BGB, §§ 454 ff FamFG) gilt nicht ohne weiteres, sondern nur dann als Fahrlässigkeit, wenn der Erbe Grund hat, das Vorhandensein unbekannter Nachlassverbindlichkeiten anzunehmen (§ 1980 Abs 2 S 2 BGB). Das Unterlassen soll aber auch in diesem Fall als gerechtfertigt angesehen werden, wenn die Kosten des Verfahrens dem Bestand des Nachlasses gegenüber unverhältnismäßig groß sind (§ 1980 Abs 2 S 2 HS 2 BGB). Jedoch ist der Erbe auch dann nicht von jeder Verpflichtung, sich zu unterrichten, befreit. Er muss vielmehr die anderen, ihm zu Gebote stehenden Mittel zur Feststellung des Aktiv- und Passivbestandes anwenden; in Betracht kommt etwa eine Inventarerrichtung (§ 2001 Abs 1 BGB) oder ein privates Aufgebot in der Form des § 2061 BGB.[13] 13

2. Nichtbestehen der Antragspflicht in besonderen Fällen. – a) Auf Vermächtnissen und/ oder Auflagen beruhende Unzulänglichkeit des Nachlasses. Gem § 1980 Abs 1 S 3 BGB sind Verbindlichkeiten aus Vermächtnissen und Auflagen bei der Bemessung der Zulänglichkeit des Nachlasses außer Betracht zu lassen. (Dies gilt wohlgemerkt nur im Zusammenhang mit der in § 1980 BGB geregelten **Pflicht** zur Beantragung des NachlassInsVerf, nicht 14

---

9 So die *Begründung der BReg* in BT-Drucks 12/3803, 79 f – mit dem ergänzenden Hinweis, dass entspr Begrenzungen auch für die vereins- und gesellschaftsrechtlichen Antragspflichten vorgesehen seien.

10 BGB-RGRK/*Johannsen* 12. Aufl 1974, § 1980 Rn 3.

11 BGB-RGRK/*Johannsen* 12. Aufl 1974, § 1980 Rn 4.

12 Vgl MK-InsO/*M Siegmann* § 320 Rn 2.

13 Vgl BGB-RGRK/*Johannsen* 12. Aufl 1974, § 1980 Rn 16, 17; Soergel/*Stein* 13. Aufl 2002 § 1980 Rn 4; MK-BGB/*Küpper* 6. Aufl 2013 § 1980 Rn 8; *Staudinger/Dobler* 2016 BGB § 1979 Rn 5.

hingegen im Zusammenhang mit dem in § 317, ggfl iVm § 318, geregelten Antrags**recht** des Erben.) Bereits die Verfasser des BGB und der KO hatten erkannt, dass es nicht dem **Willen des Erblassers** entspr würde, wenn wegen einer Überschwerung des Nachlasses mit Vermächtnissen und Auflagen, die er im Vertrauen auf dessen Zulänglichkeit angeordnet hat, ein NachlassInsVerf eröffnet werden müsste.[14] Von dem Grundsatz, dass der Erbe bei feststehender **Überschuldung** des Nachlasses die Eröffnung des NachlassInsVerf zu beantragen habe, müsse deshalb eine Ausnahme für den Fall gemacht werden, dass die Überschuldung auf Vermächtnissen und Auflagen beruht: In solchen Fällen sei der Erbe zur Antragstellung zwar berechtigt,[15] aber nicht verpflichtet.[16] Aus demselben Grund[17] beschränkte § 219 Abs 1 S 2 KO die Befugnis der Vermächtnis- und Auflagegläubiger zur Beantragung des Nachlasskonkurses auf den Fall, dass über das Vermögen des Erben Konkurs eröffnet ist. In die InsO wurde eine dem § 219 Abs 1 S 2 KO entspr Vorschrift absichtlich nicht aufgenommen (zu den Konsequenzen dieser nicht hinreichend durchdachten Entscheidung des Gesetzgebers vgl § 317 Rn 18 f). Bei der Prüfung des Vorliegens einer **Zahlungsunfähigkeit** des Nachlasses, die für die NachlassIns erst seit dem 1.1.1999 ein gesetzlicher Eröffnungsgrund ist und bis dahin auch in § 1980 BGB nicht erwähnt wurde, kann die in § 1980 Abs 1 S 3 BGB vorgeschriebene Nichtberücksichtigung von Verbindlichkeiten aus Vermächtnissen und Auflagen zur Folge haben, dass die für den Begriff der Zahlungsunfähigkeit entscheidende Frage, ob aus dem Nachlass ein „wesentlicher" Teil der auf ihm lastenden Verbindlichkeiten nicht fristgerecht bedient werden kann (§ 17 Rn 20), auch in solchen Fällen mit der Konsequenz des Nichtbestehens einer Antragspflicht zu verneinen ist, in denen sie bei Berücksichtigung von Verbindlichkeiten aus Vermächtnissen und Auflagen zu bejahen wäre.

15 Kommt es, dem bei Rn 14 erwähnten mutmaßlichen Erblasserwillen entspr, trotz durch auf Vermächtnissen und/oder Auflagen beruhender Überschuldung (oder Zahlungsunfähigkeit, s Rn 8 ff, 14) des Nachlasses nicht zur Eröffnung eines NachlassInsVerf (zB weil niemand einen Eröffnungsantrag stellt), so muss dem Erben bezüglich dieser Verbindlichkeiten **ein anderes Haftungsbeschränkungsmittel** zur Verfügung stehen.

16 Solch ein Mittel gewährt **§ 1992 BGB** in Gestalt der sog Überlastungseinrede. An sich käme hier auch die – bei einem nur durch Vermächtnisse und Auflagen überschuldeten Nachlass durchaus zulässige – Nachlassverwaltung mit ihrer allgemeinen Beschränkungswirkung (§ 1975 BGB) in Betracht.[18] § 1992 erspart dem Erben gegenüber Vermächtnis- und Auflagegläubigern absichtlich[19] auch diesen, an sich ja nur für *zulängliche*[20] Nachlässe gedachten Weg, ohne freilich diesen Gl das Recht zu nehmen, im Fall des § 1981 Abs 2 BGB ihrerseits

---

14 *Protokolle der Kommission für die zweite Lesung des Entwurfs des BGB* (im Folgenden: *Prot BGB*), im Auftrag des Reichs-Justizamts bearb v Achilles/Gebhard/Spahn, Bd V, 1899 S 762, 803 (= *Mugdan* Die gesammten Materialien zum Bürgerlichen Gesetzbuch für das Deutsche Reich Bd 5, 1899, S 438, 457; *Denkschrift zum Entwurf eines BGB,* in: Drucksachen des Reichstags 9. LegPer 4. Sess 1895/96 II, Erster Anlagenband zu Nr 87, S 724 (= www.reichstagsprotokolle.de/Blatt_k9_bsb00002764_00776.html = *Mugdan* aaO S 854); *Amtl Begr zur KO-Novelle von 1898*, S 48 = *Hahn/Mugdan* Die gesammten Materialien zu den Reichs-Justizgesetzen Bd VII, 1898, S 252.

15 Vgl *Prot BGB* Bd V S 762 f, 803 (= *Mugdan* aaO S 438, 457) sowie § 317 und § 320 InsO, die eine dem § 1980 Abs 1 S 3 BGB entspr Ausnahmeregelung nicht enthalten.

16 Vgl *Prot BGB* Bd V S 766 (= *Mugdan* aaO S 440) und § 1980 Abs 1 S 3 BGB.

17 *Amtl Begr zur KO-Novelle*, 1898, S 48 = *Hahn/Mugdan* Die gesammten Materialien zu den Reichs-Justizgesetzen Bd VII, 1898, S 252.

18 Vgl *Prot BGB* Bd V S 802 f (= *Mugdan* aaO S 456 f); *Lange/Kuchinke* Lehrbuch des Erbrechts 5 Aufl 2001, § 49 VIII 1 a; **aM** *Kipp/Coing* Erbrecht 14. Aufl 1990, § 99 VI.

19 Vgl *Prot BGB* Bd V S 802 f = *Mugdan* aaO S 456 f.

20 Vgl *Prot BGB* Bd V S 823 = *Mugdan* aaO S 449.

die Nachlassverwaltung zu beantragen.[21] Das berechtigt zu der Annahme, dass § 1992 BGB dem Erben gegenüber Vermächtnis- und Auflagegläubigern die seine Haftung auf die Gegenstände des Nachlasses beschränkende Einrede nicht erst bei *feststehender* Nachlassüberschuldung, sondern ebenso wie in Fällen des § 1990 BGB[22] bereits dann gewährt, wenn die *ernsthafte Möglichkeit* besteht, dass eine auf den Nachlass beschränkte Zwangsvollstreckung zu einer vollständigen Befriedigung aller Gl nicht führen würde.[23] Voraussetzung ist allerdings, dass der Nachlass entweder dürftig iSd § 1990 Abs 1 S 1 BGB ist (dann sogar unmittelbare Anwendung des § 1990 BGB) oder dass seine – zumindest ernsthaft mögliche – Überschuldung oder Zahlungsunfähigkeit auf Vermächtnissen und Auflagen „beruht" (dann mittelbare Anwendung des § 1990 BGB aufgrund der Verweisungsnorm des § 1992 S 1 BGB).

Auf **Pflichtteilsansprüche** (§§ 1967 Abs 2, 2303 ff BGB) sind die Sondervorschriften der §§ 1980 Abs 1 S 3, 1992 BGB (Rn 14 ff) weder unmittelbar noch analog anwendbar.[24] Dies jedoch nicht deshalb, weil Pflichtteilsansprüche einen im Zeitpunkt des Erbfalls (vgl § 2311 Abs 1 S 1 BGB) aktiven Nachlassbestand voraussetzen;[25] denn dies schließt den späteren Eintritt einer Insolvenz nicht aus. Entscheidend ist vielmehr, dass Pflichtteilsansprüche nicht deshalb entstehen, weil der Erblasser dies so wollte, sondern deshalb, weil das **Gesetz** es so will und notfalls auch gegen den Willen des Erblassers durchsetzt. Die auf den hypothetischen Willen des **Erblassers** (Rn 14) rekurrierende ratio legis der § 1980 Abs 1 S 3, 1992 BGB trifft folglich auf Pflichtteilsansprüche nicht zu; deshalb dürfen solche Ansprüche bei der Berechnung der Zulänglichkeit des Nachlasses nicht analog § 1980 Abs 1 S 3 BGB unberücksichtigt bleiben. Ebenso soll nach einer im Schrifttum vertretenen Ansicht[26] **ein Vermächtnis, durch welches das Recht des Bedachten auf den Pflichtteil nach § 2307 BGB ausgeschlossen wird,** entgegen § 1980 Abs 1 S 3 BGB bis zur Höhe des Pflichtteils zu berücksichtigen sein (arg § 226 Abs 3 S 1 KO/§ 327 Abs 2 S 1 InsO). 17

Entgegen § 1980 Abs 1 S 3 BGB sind Vermächtnisse und Auflagen bei der Bemessung der Zulänglichkeit des Nachlasses zu berücksichtigen, wenn im konkreten Fall jemandem in Gestalt eines **Erbersatzanspruchs** ein Recht zusteht, das im NachlassInsVerf *nach* ihnen rangiert.[27] Denn auf Erbersatzansprüche (die allerdings im Hinblick auf die seit Aufhebung des § 1934a BGB verstrichene Zeit nahezu[28] ausnahmslos verjährt sein dürften) trifft die an den hypothetischen Erblasserwillen anknüpfende ratio legis des Abs 1 S 3 nicht zu (vgl Rn 17 – dort für Pflichtteilsansprüche). Gerade diejenigen Gl, die im NachlassInsVerf an *letzter* Stelle zu befriedigen sind (was bei Erbersatzberechtigten der Fall ist[29]), haben ein Interesse daran, dass es nicht erst dann zur Verfahrenseröffnung kommt, wenn die Überschuldung des Nachlasses so groß geworden ist, dass sie überhaupt nichts mehr erhalten.[30] Die deshalb 18

---

21 Vgl Staudinger/*Dobler* 2016 BGB § 1981 Rn 18; *Lange/Kuchinke* Lehrbuch des Erbrechts 5. Aufl 2001, § 49 VIII 1a.
22 Vgl Staudinger/*Dobler* 2016 BGB § 1990 Rn 2 f, § 1992 Rn 2.
23 Zust *Weber* ZEV 1998, 101, 102; **aM** BeckOK-BGB/*Lohmann* 2015 § 1992 Rn 4.
24 Staudinger/*Dobler* 2016 BGB § 1992 Rn 6; MK-BGB/*Küpper* 6. Aufl 2013 § 1992 Rn 4; BeckOK-BGB/*Lohmann* 2015 § 1992 Rn 2; *Lange/Kuchinke* Lehrbuch des Erbrechts 5. Aufl 2001, § 49 VIII 1 c Fn 174.
25 So aber Staudinger/*Lehmann* 11. Aufl 1954, BGB § 1992 Rn 2; Erman/*Horn* 14. Aufl 2014, BGB § 1992 Rn 1; Palandt/*Weidlich* 74. Aufl 2015, BGB § 1992 Rn 1.
26 Vgl *Ferid* NJW 1960, 121, 125; Jaeger/*Weber* 8. Aufl, KO §§ 217–220 Rn 25.
27 Vgl die inzwischen aufgehobenen §§ 226 Abs 1 Nr 6 KO, 327 Abs 1 Nr 3 InsO und die Darstellung der übergangsrechtlichen Situation bei § 327 Rn 12 f.
28 Vgl aber immerhin § 327 Rn 12.
29 Vgl § 327 Rn 10, 12; Braun/*Bauch* § 327 Rn 10.
30 Vgl auch *Staudinger* 2016 BGB § 1973 Rn 10 (*Dutta*), § 1975 Rn 36 ff (*Dobler*).

zu befürwortende Durchbrechung des § 1980 Abs 1 S 3 BGB für den besonderen Fall, dass außer Vermächtnissen und/oder Auflagen auch (unverjährte) Erbersatzansprüche existieren, ist methodisch zulässig, da es zu der Zeit, als § 1980 BGB geschaffen wurde, das Institut des Erbersatzanspruchs noch nicht gab. (Heute existieren Erbersatzansprüche, wenn überhaupt und dann so gut wie immer verjährungsbelastet, nur noch aus Erbfällen aus der Zeit vor dem 1.4.1998; vgl Art 227 Abs 1 Nr 1 EGBGB). Nicht zu überzeugen vermag die diametral entgegengesetzte Argumentation von Stein, der gerade **wegen** des schlechten Ranges, auf den die Erbersatzberechtigten durch § 226 Abs 1 Nr 6 KO bzw § 327 Abs 1 Nr 3 InsO[31] verwiesen wurden, zu der These[32] gelangte, dass Erbersatzansprüche iRd § 1980 BGB ohnehin nicht bzw nur insoweit zu berücksichtigen seien „als der Erbersatzberechtigte zu dem in (dem damaligen) § 2338a (BGB) angesprochenen Personenkreis gehört und § 2306 (BGB) Anwendung findet". Gleiches gilt für die These von Weber,[33] dass Erbersatzansprüche bei der Bemessung der Zulänglichkeit des Nachlasses nur dann berücksichtigt werden sollten, wenn im Einzelfall weder Vermächtnisse noch Auflagen angeordnet seien.

19 **b) Von § 1973 BGB oder § 1974 BGB betroffene Gläubiger.** Nach hM soll die Insolvenzantragspflicht nicht bestehen gegenüber im Aufgebotsverfahren ausgeschlossenen (§ 1973 BGB) und ihnen gleichgestellten (§ 1974 BGB) Gl.[34] Das harmonierte gut mit der Regelung des § 219 Abs 1 S 1 KO, der diesen Gläubigern ein eigenes Antragsrecht nur für den Fall zugestand, dass bereits über dem Vermögen des Erben ein Konkursverfahren schwebte. Jedoch wurde eine dem § 219 KO entspr Vorschrift nicht in die InsO aufgenommen.[35] Unberührt vom Wegfall des § 219 KO bleibt jedoch der ebenfalls für die hM sprechende Befund, dass § 1973 BGB dem Erben gegenüber *ausgeschlossenen* Gl für den auch in § 1980 BGB angesprochenen Fall der Unzulänglichkeit des Nachlasses ein Leistungsverweigerungsrecht gewährt und ihn gegenüber diesen Gl lediglich dazu verpflichtet, einen nach Befriedigung der nicht ausgeschlossenen Gl verbleibenden „Überschuss" zum Zwecke der „Befriedigung ... im Wege der Zwangsvollstreckung herauszugeben". § 1973 BGB verweist die im Aufgebotsverfahren ausgeschlossenen Gl also auf die Einzelzwangsvollstreckung, nicht auf ein vom Erben erst noch herbeizuführendes NachlassInsVerf. Verneint man deshalb im Verhältnis zu den im Aufgebotsverfahren ausgeschlossenen (§ 1973 BGB) oder ihnen gleichstehenden (§ 1974 BGB) Gl eine Insolvenzantragspflicht des Erben,[36] so heißt das allerdings nicht, dass diese Verbindlichkeiten bei der Bemessung der Zulänglichkeit des Nachlasses *stets* außer Betracht bleiben: Zum einen sind diese Ansprüche, sobald sie geltend gemacht werden (§ 1973 Abs 1 S 2 HS 2 BGB), iRd § 1979 BGB zu berücksichtigen.[37] Zum anderen sind sie auch im Rahmen des § 1980 BGB zu berücksichtigen, wenn außerdem noch Pflichtteils- oder Erbersatzberechtigte existieren, da der Erbe diesen gegenüber, obwohl sie im NachlassInsVerf erst nach den iSd § 1973 BGB „ausgeschlossenen" oder iSd § 1974 BGB „säumigen" sonstigen Gl zu befriedigen sind (§ 327 Abs 3), zur Beantragung des NachlassInsVerf verpflichtet sein kann (Rn 17 f). Deshalb ist es richtig, dass § 1980 Abs 1 S 3 BGB die ausge-

---

31 Vgl § 327 Rn 10, 12.

32 Soergel/*Stein*[12] BGB § 1980 Rn 2.

33 Jaeger/*Weber* 8. Aufl, KO §§ 217 – 220 Rn 25.

34 Vgl *Siber* Haftung für Nachlaßschulden nach geltendem und künftigem Recht, 1937, S 70; BGB-RGRK/*Johannsen* 12. Aufl 1974, § 1980 Rn 10; Jaeger/*Weber* 8. Aufl, KO §§ 217–220 Rn 25; *N/R/Riering* InsO § 317 Rn 5; Gottwald/*Döbereiner* § 113 Rn 12; Erman/*Horn* 14. Aufl 2014, BGB § 1980 Rn 2; MK-BGB/*Küpper* 6. Aufl 2013 § 1980 Rn 6; Soergel/*Stein* BGB 13. Aufl 2002 § 1980 Rn 2 aE; AK-BGB/*Teubner* § 1980 Rn 9.

35 Vgl § 317 Rn 18 f; *Staudinger/Dobler* 2016 BGB § 1975 Rn 36 ff.

36 Davon auszunehmen wäre aber wohl der bei *Staudinger/Dutta* 2016 BGB § 1973 Rn 12 aE thematisierte Sonderfall.

37 Vgl *Staudinger/Dobler* 2016 BGB § 1979 Rn 7.

schlossenen und ihnen durch § 1974 gleichgestellten Gl nicht erwähnt. Gem § 328 Abs 2 haben diese sogar, soweit der Erbe auch nach den Vorschriften über die Herausgabe einer ungerechtfertigten Bereicherung ersatzpflichtig wäre,[38] Anspruch auf dasjenige, „was der Erbe auf Grund der §§ 1978–1980" zur Masse zu ersetzen hat.

c) Verlust des Haftungsbeschränkungsrechts. Die den Erben bei Verstoß gegen seine Antragspflicht treffende Schadensersatzpflicht (§ 1980 Abs 1 S 2 BGB) ist eine **Eigen**verbindlichkeit des Erben, für die dieser seine Haftung nicht nach erbrechtlichen Grundsätzen auf den Nachlass beschränken kann. Für einen Erben, dem auch hinsichtlich der **Nachlass**verbindlichkeiten nicht mehr das Recht zusteht, seine diesbezügliche Haftung auf den Nachlass zu beschränken, wäre eine auf § 1980 Abs 1 S 2 BGB beruhende Haftung wegen Verletzung einer InsAntragspflicht keine spürbare Sanktion; zudem hätte ein Anspruch aus § 1980 Abs 1 S 2 BGB für die NachlassGl keinen Mehrwert, wenn der Erbe ihnen ohnehin bereits unbeschränkbar auch mit seinem Eigenvermögen haftet. Konsequent erklärt deshalb § 2013 Abs 1 S 1 BGB den § 1980 BGB für unanwendbar, falls der Erbe sein Haftungsbeschränkungsrecht gem § 1994 Abs 1 S 2 oder § 2005 BGB gegenüber **allen**[39] NachlassGl verloren hat (was bei einem lediglich auf Handels- oder Gesellschaftsrecht beruhenden Wegfall des erbrechtlichen Haftungsbeschränkungsrechts nicht der Fall ist;[40] zu dem ebenfalls zu weiteren Überlegungen Anlass gebenden Fall der Erbenmehrheit vgl die in der Fn[41] enthaltenen Hinweise). Der Erbe bleibt in einem solchen Fall zwar gem § 317 Abs 1 berechtigt, nicht aber auch nach § 1980 BGB verpflichtet, die Eröffnung des NachlassInsVerf zu beantragen. (Das Recht zur Beantragung einer Nachlassverwaltung, §§ 1981 ff BGB, wird ihm hingegen in § 2013 Abs 1 S 1 BGB abgesprochen.) Unberührt bleibt auch das – gem § 319 allerdings befristete – Antragsrecht der NachlassGl, von dem diese dann Gebrauch machen werden, wenn sie sich von einem NachlassInsVerf eine höhere Quote versprechen als in einem (zwar den Nachlass mitumfassenden, sie aber der Konkurrenz der Eigengläubiger des Erben aussetzenden) „normalen" InsVerf des Erben. Dass der Erbe sein Haftungsbeschränkungsrecht nur gegenüber **„einzelnen"** Nachlassgläubigern verloren hat (etwa nach § 2006 Abs 3 BGB), lässt die Anwendbarkeit des § 1980 BGB unberührt (vgl § 2013 Abs 2 BGB). 20

d) Fehlen eines inländischen Gerichtsstands. Nach einer im Schrifttum vertretenen Ansicht besteht die in § 1980 BGB geregelte Verpflichtung zur Beantragung des NachlassInsVerf nicht, wenn ein inländischer Gerichtsstand für die Eröffnung des NachlassInsVerf fehlt.[42] Für eine solche Ausnahme dürfte im Geltungsbereich der EuInsVO kein Raum sein. 21

e) Erlass. Die in § 1980 Abs 1 S 1 BGB geregelte Antragspflicht kann dem Erben durch die Nachlassgläubiger erlassen werden.[43] Dabei kann jeder Nachlassgläubiger nur mit Wirkung 22

---

38 Dazu *Staudinger* 2016 BGB § 1973 Rn 20 ff (*Dutta*), § 1979 Rn 7 (*Dobler*).

39 Gegenschluss aus § 2013 Abs 2 BGB.

40 **AM** anscheinend *Poertzgen* S 123 f (und in ZInsO 2013, 517, 519), der aber nicht genügend berücksichtigt, dass ein Verlust erbrechtlicher Haftungsbeschränkungsmöglichkeiten, der lediglich **Geschäfts**schulden, nicht hingegen auch **privat** veranlasste Verbindlichkeiten des Erblassers betrifft (vgl §§ 25, 27, 130, 139 HGB sowie *Staudinger/Dutta* 2016 BGB § 1967 Rn 57 ff, 61 ff), nicht unter § 2013 Abs 1 BGB, sondern höchstens unter § 2013 Abs 2 BGB fällt.

41 *Staudinger* 2016 BGB § 2013 Rn 12 (*Dobler*), § 2060 Rn 31 ff (*Marotzke*).

42 Vgl Jaeger/*Weber* 8. Aufl, KO §§ 217-220 Rn 22, 25; MK-BGB/*Küpper* BGB 6. Aufl 2013, § 1980 Rn 3; Palandt/*Weidlich* 74. Aufl 2015, BGB § 1980 Rn 3.

43 *OLG München* ZEV 1998, 100 f (ad 3) mit zust Anm *Weber*; krit und auf mögliche Unwirksamkeitsgründe hinweisend *Nöll* ZInsO 2012, 814, 817.

gegen sich selbst handeln.[44] Die Frage, ob wirklich **alle** Gl mitgewirkt haben, lässt sich durch Aufgebot (§ 1970 BGB) klären. Gegenüber im Aufgebotsverfahren ausgeschlossenen Gl besteht idR keine Antragspflicht aus § 1980 BGB (vgl Rn 19).

23 **f) Dürftiger Nachlass.** Ist der Nachlass dürftig iSd § 1990 Abs 1 S 1 BGB, ist also die Anordnung einer Nachlassverwaltung oder die Eröffnung eines NachlassInsVerf **wegen Mangels einer die Kosten deckenden Masse** nicht tunlich oder wird aus diesem Grunde die Nachlassverwaltung aufgehoben oder das NachlassInsVerf eingestellt, so darf der Erbe die Befriedigung eines NachlassGl insoweit verweigern, als der Nachlass nicht ausreicht (§ 1990 Abs 1 S 1 BGB). In diesem Fall hat der Erbe den Nachlass „zum Zwecke der Befriedigung des Gläubigers im Wege der Zwangsvollstreckung" herauszugeben (§ 1990 Abs 1 S 2 BGB). Im Fall des § 1990 Abs 1 S 1 BGB ist der Erbe also berechtigt, den Nachlass ohne Herbeiführung eines NachlassInsVerf zur Gläubigerbefriedigung bereitzustellen, die dann im Wege der (Einzel-)Zwangsvollstreckung zu erfolgen hat. Deshalb kann er trotz § 1980 BGB nicht zur Beantragung eines InsVerf und zur Leistung des nach § 26 Abs 1 S 2 InsO erforderlichen Verfahrenskostenvorschusses verpflichtet sein.[45] Dies gilt trotz § 26 Abs 3 und 4 InsO (vgl Rn 36 ff) auch dann, wenn der Erbe die Dürftigkeit des Nachlasses selbst herbeigeführt hat. Zu beachten ist ferner, dass der Nachlass uU gar nicht dürftig ist, wenn der Erbe für die von ihm verursachten Nachlassminderungen nach §§ 1978–1980 BGB haftbar gemacht werden kann; denn solche Ersatzansprüche sind dem Nachlass als Aktivposten hinzuzurechnen.[46]

24 **g) Keine Zweijahresgrenze.** Die Antragspflicht kann auch noch dann entstehen, wenn zwischen der Annahme der Erbschaft und dem Zeitpunkt, in dem der Erbe von der Unzulänglichkeit des Nachlasses Kenntnis erlangt hat (§ 1980 Abs 1 S 1 BGB) bzw bei gehöriger Sorgfalt hätte erlangen können (§ 1980 Abs 2 BGB), mehr als zwei Jahre liegen. Zwar folgt aus § 319, dass die Nachlassgläubiger ein etwaiges Recht auf Eröffnung eines NachlassInsVerf mit Ablauf von zwei Jahren seit der Erbschaftsannahme verlieren (außer vielleicht im Fall der Testamentsvollstreckung, s § 319 Rn 4). Ein Eröffnungsantrag des **Erben** ist aber auch dann noch möglich. Macht der Erbe hiervon Gebrauch, verstieße es gegen das Verbot des venire contra factum proprium, wenn der Erbe zwar vom Zeitpunkt der Verfahrenseröffnung an die Wohltat der Haftungsbeschränkung erlangen könnte (was im Hinblick auf § 1975 BGB nicht zu bestreiten sein wird), er aber den NachlassGl nicht dafür verantwortlich wäre, dass er mit seiner Entscheidung, sich des NachlassInsVerf als Haftungsbeschränkungsmittel zu bedienen, so lange zugewartet hat. § 319 rechtfertigt also keine teleologische Reduktion des § 1980 BGB. Von besonderer Bedeutung ist dies, wenn der Erbe ein zum Nachlass gehörendes **Unternehmen** jahrelang fortführt, obwohl der Nachlass zahlungsunfähig oder überschuldet ist.[47]

25 **3. Die Schadensersatzpflicht nach Abs 1 Satz 2. – a) Voraussetzungen.** Der Erbe muss unterlassen haben, die Eröffnung eines NachlassInsVerf unverzüglich zu beantragen.

26 Ob der Erbe den Antrag **unverzüglich,** also ohne **schuldhaftes** Zögern (§ 121 Abs 1 S 1 BGB) gestellt hat, ist Tatfrage. Nicht jeder Zweifel macht den Erben haftbar.[48] Die Zweifelsgründe müssen so schwerwiegend sein, dass sie bei gewissenhafter Prüfung zu einer näheren Untersuchung Anlass geben, und diese Untersuchung oder die Antragstellung müssen solange hinaus-

44 Vgl *BayObLGZ* 6 (1906) 512, 516 = RJA 6 (1906) 119, 121 = SeuffA 61 (1906) Nr 40; *Molitor* JherJb 69 (1920) 283, 293 f; *Wedermann* BayZ 1916, 338, 345; *Nöll* ZInsO 2012, 814, 817.

45 Wie hier § 26 Rn 39, MK-InsO/*M Siegmann* § 317 Rn 8.

46 Vgl §§ 1978 Abs 2, 1991 Abs 1 BGB, § 328 Abs 2 InsO sowie speziell zur Nichterwähnung des § 1980 BGB in § 1978 Abs 2 BGB und § 1991 Abs 1 BGB unten Rn 42 ff.

47 Vgl *Marotzke* AcP 199 (1999) 615 ff, besonders 624 f.

48 Vgl Planck/*Flad* 4. Aufl 1930 BGB § 1980 Anm 1 c.

gezögert worden sein, dass dem Erben ein begründeter Vorwurf daraus zu machen ist. Unter Umständen kann ein nicht übermäßiges Zögern durch die begründete Erwartung des Erben entschuldigt sein, unter Vermeidung schädigender Zugriffe einzelner Gl ohne gerichtliches Verfahren zu einer Einigung mit den Gl zu gelangen.[49]

Auch nach Anordnung der Nachlassverwaltung oder Eröffnung eines (Gesamtvermögens-)InsVerf bleibt der Erbe berechtigt, den Antrag zu stellen. Sein Antragsrecht steht selbstständig neben dem des Nachlassverwalters[50] bzw des InsVerw.[51] Wenn ein **(Gesamtvermögens-)InsVerw**, ein **Nachlassverwalter**, ein sonstiger **Nachlasspfleger** oder ein verwaltender **Testamentsvollstrecker** den Nachlass in Händen hat (Rn 45 ff), wird ein nach § 1980 Abs 1 S 2 BGB relevantes Verschulden des Erben nur selten anzunehmen sein.[52] An der grds Anwendbarkeit des § 1980 BGB ändert das nichts.[53] **27**

Eine (Nachlass-)InsAntragspflicht des Erben ist selbst bei bereits bestehender Nachlassverwaltung naheliegend, wenn diese Antragspflicht schon vor Anordnung der Nachlassverwaltung bestanden hat[54] oder wenn der Erbe dem Nachlassverwalter pflichtwidrig die von diesem benötigten Informationen vorenthält bzw ihn sogar bewusst irreführt.[55] **28**

Hat eine Person, die sich für die Erbin hielt, zweifelsfrei die Erbschaftsannahme erklärt, und wird dann vom Nachlassgericht in Kenntnis dieses Umstands gleichwohl wegen „Unbekanntsein" des Erben (§ 1960 Abs 1 S 2 BGB) ein Nachlasspfleger bestellt (zB weil sich inzwischen andere Erbprätendenten zu Wort gemeldet haben), so wird man im Zweifel der erstgenannten Person, auch wenn sie wirklich Erbin ist, das Recht zugestehen müssen, sich während der Dauer der Nachlasspflegschaft passiv zu verhalten und den Antrag auf Eröffnung des NachlassInsVerf nicht zu stellen (zumal manche InsGer einen gleichwohl gestellten Antrag als unzulässig abweisen würden, wenn der Antragsteller keinen Erbschein vorlegen kann[56]). Denn der Erbe braucht auch dann, wenn er um die Respektierung seines Erbrechts noch kämpft, nicht klüger zu sein als das Nachlassgericht.[57] Etwas anderes gilt aber dann, wenn der Erbe überschießendes Tatsachenwissen hatte und dieses den Schluss auf seine Erbenstellung zuverlässiger rechtfertigte als der Erkenntnisstand des Nachlassgerichts. Selbst in diesem Fall haftet der Erbe iRd § 1980 BGB aber nicht auch für ein etwaiges **29**

49 BGB-RGRK/*Johannsen* 12. Aufl 1974, § 1980 Rn 6.

50 Jaeger/*Weber* 8. Aufl, KO §§ 217–220 Rn 10; MK-BGB/*Küpper* 6. Aufl 2013, § 1980 Rn 9, 12; MK-InsO/*M Siegmann* § 317 Rn 4; zur Frage einer *Anhörung* des Nachlassverwalters analog § 317 Abs 3 InsO vgl § 317 Rn 9 und MK-InsO/*M Siegmann* aaO.

51 *Marotzke* FS Otte (2005) 223, 225 ff; **aM** § 83 Rn 8 f (*Kayser*).

52 Jaeger/*Weber* 8. Aufl, KO §§ 217–220 Rn 24; *Muscheler* Haftungsordnung S 231; vgl zu diesen Fällen auch unten Rn 45 ff.

53 So für den Fall einer gem § 1960 BGB angeordneten Nachlasspflegschaft auch *BGHZ* 161, 281, 285 ff = NJW 2005, 756 ff = ZEV 2005, 109 ff mit Anm *Marotzke*.

54 Jaeger/*Weber* 8. Aufl, KO §§ 217-220 Rn 23; MK-BGB/*Küpper* 6. Aufl 2013, § 1980 Rn 9.

55 BGB-RGRK/*Johannsen* 12. Aufl 1974, § 1980 Rn 9; Erman/*Horn* 14. Aufl 2014, BGB § 1980 Rn 5; Soergel/*Stein* BGB 13. Aufl 2002 § 1980 Rn 5; Palandt/*Weidlich* 74. Aufl 2015, BGB § 1980 Rn 3; AK-BGB/*Teubner* § 1980 Rn 3; **aM** Planck/*Flad* 4. Aufl 1930 BGB § 1980 Anm 2, MK-BGB/*Küpper* 6. Aufl 2013, § 1980 Rn 9 aE, die jedoch mit § 826 BGB helfen wollen.

56 Vgl etwa *LG Köln* NZI 2003, 501 f = ZInsO 2003, 720 f; hiergegen § 317 Rn 2 mwN.

57 *Marotzke* ZEV 2005, 111 f; **aM** das dort besprochene Urt des BGH, das im drittletzten Absatz der Entscheidungsgründe aber immerhin zu bedenken gibt, dass der Erbe in einer solchen Situation „kaum in der Lage sein [dürfte], ein Insolvenzverfahren in Gang zu setzen, weil es nicht Aufgabe des Insolvenzgerichts [sei], die Erbenstellung zu klären".

Verschulden des Nachlasspflegers.[58] Weitere Aspekte zur Frage einer Anwendbarkeit des § 1980 BGB bei ungeklärter Erbenstellung wurden bereits an anderer Stelle erörtert.[59]

30 **Solange der Erbe die Erbschaft nicht angenommen hat,** braucht er sich um den Nachlass nicht zu kümmern (vgl § 1978 Abs 1 S 2 BGB)[60] und kann er folglich auch nicht wegen schuldhafter Verzögerung des Antrags auf Eröffnung des NachlassInsVerf haftbar sein.[61] Nach verbreiteter Ansicht soll das aber nicht gelten, wenn der Erbe die Überschuldung des Nachlasses durch eigene Aktivitäten – zB durch Befriedigung einzelner Gl – herbeigeführt hat.[62] Das dafür vorgebrachte Argument, hier ergebe sich die Antrags**pflicht** des Erben aus seinem schon vor der Annahme bestehenden Antrags**recht** (§§ 316 Abs 1, 317),[63] überzeugt jedoch nicht. Außerdem ist darauf hinzuweisen, dass der Erbe, der vor der Annahme der Erbschaft NachlassGl befriedigt, ohne dass die Voraussetzungen des § 1979 BGB vorliegen, den übrigen NachlassGl schon nach § 1978 Abs 1 S 2 BGB verantwortlich ist[64] und dass dieser Ersatzanspruch wegen § 1978 Abs 2 BGB bei der Beurteilung der Frage der Nachlassüberschuldung (§ 1980 BGB) als Aktivposten zu berücksichtigen ist.

31 **b) Inhalt und Geltendmachung des Ersatzanspruchs.** Der Ersatzanspruch richtet sich gegen das Eigenvermögen des Erben. Inhaltlich geht er auf Herstellung des Zustandes, der bestehen würde, wenn der zum Ersatz verpflichtende Umstand nicht eingetreten wäre (§ 249 Abs 1 BGB), also auf den Unterschied zwischen dem, was die Gl im NachlassInsVerf erlangt hätten, wenn der Eröffnungsantrag rechtzeitig gestellt worden wäre, und dem, was sie wirklich erlangt haben.[65] Die Verzögerung der Antragstellung kann eine Benachteiligung der NachlassGl namentlich dadurch zur Folge haben, dass sich in der Zwischenzeit einzelne Gl auf Kosten der anderen voll befriedigen.[66] Die Verzögerung des Eröffnungsantrags kann ferner zur Folge haben, dass unnötige Prozesse und Vollstreckungskosten entstehen oder zwecklose sonstige Maßnahmen getroffen werden. Nicht einmal eine rechtskräftig festgestellte Forderung darf der Erbe mit Mitteln des Nachlasses befriedigen, wenn er Anlass hat, die Unzulänglichkeit des Nachlasses anzunehmen.[67]

32 Bei **Miterben** ist zu beachten, dass sie, wenn keiner von ihnen den Antrag rechtzeitig stellt oder einer von ihnen durch sein passives Verhalten das Verfahren verzögert, für den entstehenden Schaden als Gesamtschuldner haften, soweit ihnen ein Verschulden zur Last fällt (§§ 823 Abs 2, 830, 840 Abs 1, 421 ff BGB). Auf diese Gesamthaftung sind die §§ 2059 ff BGB unanwendbar.[68]

---

58 Insoweit zutr der *BGH* aaO.

59 Vgl *Marotzke* ZInsO 2011, 2105 ff.

60 *Staudinger/Dobler* 2016 BGB § 1978 Rn 4.

61 Zutr *BGHZ* 161, 281, 284 = NJW 2005, 756 ff = ZInsO 2005, 375 ff = ZEV 2005, 109 ff mit Anm *Marotzke*; *BGH* ZInsO 2011, 1352 ff = ZEV 2011, 544 ff mit Anm *Marotzke*.

62 Staudinger/*Lehmann* 11. Aufl 1954, BGB § 1980 Rn 10; BGB-RGRK/*Johannsen* 12. Aufl 1974, § 1980 Rn 7; Soergel/*Stein* BGB 13. Aufl 2002 § 1980 Rn 5; **aM** Planck/*Flad* 4. Aufl 1930 BGB § 1980 Anm 2; *Strohal* Das deutsche Erbrecht Bd II, 3. Aufl 1904, § 78 III 3 c; MK-BGB/*Küpper* 6. Aufl 2013 § 1980 Rn 9.

63 Staudinger/*Lehmann* aaO.

64 Planck/*Flad* 4. Aufl 1930 BGB § 1980 Anm 2; MK-BGB/*Küpper* 6. Aufl 2013 § 1980 Rn 9; vgl auch *Staudinger/Dobler* 2016 BGB § 1979 Rn 1.

65 *BGH* FamRZ 1984, 1004, 1005 = NJW 1985, 140, 141 = LM BGB § 1979 Nr 1 Bl 2 (R).

66 Vgl zur Schadensberechnung auch *OLG Köln* NZI 2012, 1030 ff; *K Schmidt* § 320 Rn 18; *Poertzgen* S 125 ff (ähnlich *ders* ZInsO 2013, 517, 521 ff).

67 Vgl *Staudinger/Dobler* 2016 BGB § 1979 Rn 8.

68 Vgl *Staudinger/Dobler* 2016 BGB § 1978 Rn 38.

Im NachlassInsVerf gehört der Ersatzanspruch zur Masse. Dies folgt aus einer analogen Anwendung des § 1978 Abs 2 BGB und wird im Ergebnis bestätigt durch § 328 Abs 2 InsO. Aufgrund seiner Massezugehörigkeit kann der Ersatzanspruch während der Dauer des Verfahrens nur vom InsVerw geltend gemacht werden;[69] einer Anwendung des zum selben Ergebnis führenden § 92 bedarf es deshalb nicht. Hat allerdings ein NachlassGl, weil der Nachlass zur Verfahrenskostendeckung nicht ausreichte, einen Kostenvorschuss nach § 26 Abs 1 S 2 geleistet, so kann er, wenn man auf diesen Fall § 26 Abs 3 (§ 207 Abs 1 S 2 HS 2) InsO analog anwendet (vgl jedoch Rn 36 ff), uU einen nur ihm zustehenden Erstattungsanspruch gegen den Erben haben, den er auch während eines NachlassInsVerf persönlich geltend machen kann. 33

Nicht der Ausübung durch den InsVerw, sondern der Geltendmachung durch jeden einzelnen Betroffenen unterliegen etwaige Ansprüche auf Ersatz von Individualschäden, die der Erbe ahnungslosen Dritten zufügt, indem er mit diesen trotz bestehender Überschuldung oder Zahlungsunfähigkeit des Nachlasses noch Verträge schließt und darin seine Haftung auf den – ohnehin bereits überschuldeten oder zahlungsunfähigen – Nachlass beschränkt[70] (was übrigens nicht unter allen Umständen[71] dazu führt, dass die nicht erfüllte Forderung des Vertragspartners Nachlassverbindlichkeit und als solche im NachlassInsVerf teilnahmeberechtigt ist). 34

c) Beweislast. Im Prozess müssen die NachlassGl (während des NachlassInsVerf: der für sie handelnde InsVerw, Rn 33) darlegen und notfalls beweisen, dass der Nachlass zahlungsunfähig oder überschuldet war, dass der Erbe davon Kenntnis hatte oder sie sich durch zumutbare Maßregeln hätte verschaffen können und dass er die Antragstellung pflichtwidrig und schuldhaft verzögert hat (also andere Beweislastverteilung als bei § 1979 BGB[72] und als bei § 26 Abs 3 und 4 InsO[73]). Hinsichtlich des am 1.1.1999 neu hinzugetretenen Antrags- und Eröffnungsgrunds der Zahlungsunfähigkeit ist allerdings zu beachten, dass Zahlungsunfähigkeit idR schon dann anzunehmen ist, wenn der Erbe seine Zahlungen eingestellt hat (Rn 12). Das Unterlassen des Gläubigeraufgebots gilt nach § 1980 Abs 2 S 2 BGB als Fahrlässigkeit, falls der Erbe Grund hatte, das Vorhandensein unbekannter Gl anzunehmen, was ebenfalls die Gl (bzw der für sie handelnde InsVerw) zu beweisen haben. Der Erbe muss dann seinerseits dartun, dass er durch das Aufgebot keine Kenntnis von der Zahlungsunfähigkeit oder der Überschuldung erlangt hätte oder (§ 1980 Abs 2 S 2 HS 2 BGB) dass die Kosten des Aufgebots unverhältnismäßig hoch gewesen wären.[74] 35

4. Verfahrenskostentragung nach § 26 Abs 3 oder § 26 Abs 4 InsO? Ein Antrag auf Eröffnung des InsVerf ist auch bei Vorliegen eines Eröffnungsgrundes abzuweisen, wenn das Vermögen, welches im Fall der Verfahrenseröffnung die InsMasse bilden würde (beim NachlassInsVerf also der Nachlass), zur Deckung der Verfahrenskosten voraussichtlich nicht ausreichen würde (§ 26 Abs 1 S 1 InsO). Jedoch kann die drohende Antragsabweisung durch Leistung eines ausreichenden Verfahrenskostenvorschusses abgewendet werden (§ 26 Abs 1 S 2 InsO). Zur Leistung eines solchen Vorschusses ist nach § 26 Abs 4 InsO jede Person verpflichtet, die „entgegen den Vorschriften des Insolvenz- oder Gesellschaftsrechts 36

---

69 Vgl *OLG Dresden* ZBlFG 6 (1905/1906) 410, 416; MK-BGB/*Küpper* 6. Aufl 2013 § 1980 Rn 11; *K Schmidt* § 317 Rn 18.

70 Vgl *Staudinger/Dutta* 2016 BGB § 1967 Rn 43; HK-InsO/*Kayser* § 92 Rn 39 ff, 45.

71 Vgl *Staudinger/Dutta* 2016 BGB § 1967 Rn 40, 43.

72 Vgl *Staudinger/Dobler* 2016 BGB § 1979 Rn 9; *BGH* FamRZ 1984, 1004, 1005 = NJW 1985, 140 = LM BGB § 1979 Nr 1.

73 Zur (Un-)Anwendbarkeit der letztgenannten Vorschriften vgl sogleich Rn 36 ff.

74 BGB-RGRK/*Johannsen* 12. Aufl 1974, § 1980 Rn 18; Planck/*Flad* 4. Aufl 1930 BGB § 1980 Anm 1 c.

pflichtwidrig und schuldhaft keinen Antrag auf Eröffnung des InsVerf gestellt" hat. Wurde der Vorschuss von einer anderen Person geleistet, kann diese gem § 26 Abs 3 InsO die Erstattung des vorgeschossenen Betrags „von jeder Person verlangen, die entgegen den Vorschriften des Insolvenz- oder Gesellschaftsrechts den Antrag auf Eröffnung des InsVerf pflichtwidrig und schuldhaft nicht gestellt hat"; Entsprechendes gilt kraft der in § 207 Abs 1 S 2 InsO ausgesprochenen Verweisung auf § 26 Abs 3 InsO (nicht aber auch auf § 26 Abs 4 InsO!) für Vorschüsse, die nicht zur Vermeidung einer drohenden Antragsabweisung, sondern zur Vermeidung der Einstellung eines bereits eröffneten InsVerfVerf geleistet wurden. Im Schrifttum wird es als möglich angesehen, die erwähnten Abs 3 und 4 des § 26 InsO auch auf einen **Erben** anzuwenden, der nach § 1980 BGB zur Beantragung eines NachlassInsVerf verpflichtet war und dieser Antragspflicht nicht oder nicht rechtzeitig nachgekommen ist.[75] Hiergegen bestehen jedoch erhebliche Bedenken:

37 Auf eher formaler Ebene könnte man bezweifeln, ob die im **BGB** (§ 1980) geregelte Antragspflicht des Erben eine solche aus „Vorschriften des **Insolvenz**– oder **Gesellschafts**rechts" ist. Wer dies bejaht (dazu in etwas anderem Zusammenhang unten Rn 41), wird § 26 Abs 3 und 4 auf die Verletzung der in § 1980 BGB geregelten Antragspflicht unmittelbar anwenden und etwaige Gegenargumente im Zusammenhang mit der Frage nach der Notwendigkeit einer teleologischen Reduktion einzubringen haben. Wer hingegen meint, dass § 1980 BGB weder dem Gesellschafts- noch dem Insolvenzrecht zuzuordnen sei, wird die Frage einer analogen Anwendung von § 26 Abs 3 und § 26 Abs 4 zu thematisieren haben.

38 ME sollte man § 26 Abs 3 und § 26 Abs 4 hier **weder** unmittelbar noch **analog** anwenden. Denn durch ihren jeweiligen Satz 2 bürden sie ihren Adressaten auf der Ebene der objektiven Pflichtwidrigkeit und des Verschuldens eine Beweislast auf, die man (vielleicht[76]) einem insolvenzantragspflichtigen GmbH-Geschäftsführer, aber nicht auch einem Erben zumuten sollte, der als solcher nicht typischerweise rechtskundig und geschäftserfahren ist und der sich seine Erbenstellung nicht notwendigerweise ausgesucht, sondern sie einfach nur nicht rechtzeitig ausgeschlagen hat. Keinesfalls dürfen die für den Ersatzanspruch aus § 1980 BGB geltenden Beweislastregeln (Rn 35) unter Rückgriff auf § 26 Abs 3 S 2 und § 26 Abs 4 für das Thema „Verfahrenskostenvorschuss" zum Nachteil des Erben verändert werden. Selbst wenn man jedoch eine unmittelbare oder analoge Anwendung des § 26 Abs 3 und des § 26 Abs 4 als zulässig erachtet, könnte sich hieraus nur dann ein Anspruch gegen den Erben ergeben, wenn der zahlungsunfähige oder überschuldete (Rn 8 ff) Nachlass nicht auch dürftig iS des § 1990 Abs 1 S 1 BGB war. Denn wenn der Nachlass die Kosten einer Nachlassverwaltung oder eines NachlassInsVerf nicht deckt und somit „dürftig" iSd § 1990 BGB ist, trifft den Erben ohnehin keine Insolvenzantragspflicht nach § 1980 BGB (Rn 23).[77]

39 **5. Verjährung.** Für „erbrechtliche" Ansprüche sah § 197 Abs 1 Nr 2 BGB eine Verjährungsfrist von dreißig Jahren vor. Da § 197 Abs 1 Nr 2 BGB jedoch nach nur achtjähriger Geltungsdauer mit Wirkung ab 1.1.2010 aufgehoben wurde,[78] tritt die Verjährung erbrechtlicher Ansprüche auch in Altfällen idR spätestens nach acht (= Geltungsdauer des § 197 Abs 1 Nr 2 BGB) plus drei (Konsequenz aus Art 2 § 21 Abs 1 S 1, Abs 2 S 1 EGBGB idF ab 1.1.2010) Jahren ein.

---

75 *Paul* ZInsO 2008, 28, 30 lSp (im Vorgriff auf den damals noch im Entwurfsstadium befindlichen § 26 Abs 4 InsO); Jaeger/*Schilken* InsO § 26 Rn 93; *Uhlenbruck/Hirte* InsO § 26 Rn 64.

76 Aber wohl doch eher nicht; vgl *Marotzke* ZInsO 2013, 1940, 1943.

77 Insoweit zutr § 26 Rn 39; MK-InsO/*M Siegmann* § 317 Rn 7; unerwähnt bleiben diese Besonderheiten bei *Paul* ZInsO 2008, 28, 30 lSp; Jaeger/*Schilken* InsO, § 26 Rn 93; *Uhlenbruck/Hirte* InsO § 26 Rn 64.

78 Dazu *Staudinger/Dutta* 2016 BGB § 1967 Rn 2.

Für Schadensersatzansprüche aus § 1980 Abs 1 S 2 BGB wäre das aber immer noch viel zu spät. Dies zeigt ein Seitenblick auf ähnliche Ansprüche: Für mit § 1980 Abs 1 S 2 BGB vergleichbare Haftungslagen statuieren die §§ 43 Abs 4, 64 S 4 GmbHG, § 93 Abs 6 AktG und § 130a Abs 2 S 6 HGB eine nur fünfjährige Verjährungsfrist! **40**

Sogar eine idR nur dreijährige Verjährungsfrist kommt heraus (§§ 195, 199 BGB), soweit bestimmte gesellschaftsrechtliche Gläubigerschutzvorschriften einschließlich der am 1.11.2008 in die InsO (§ 15a) überführten Antragspflichten mit § 823 Abs 2 BGB kombiniert werden,[79] sowie in den Vergleichsfällen des § 26 Abs 3 InsO und des § 61 InsO (vgl § 62 InsO). Auch der mit § 1980 Abs 1 S 2 BGB zweckverwandte § 42 Abs 2 S 2 BGB enthält keine von §§ 195, 199 BGB abweichende Sonderregelung. Vor diesem Hintergrund sollte man den Schadensersatzanspruch aus § 1980 Abs 1 S 2 BGB trotz seiner redaktionellen Verordnung in Buch 5 des BGB nicht als spezifisch „erbrechtlichen" Anspruch iSd mit Wirkung ab 1.1.2010 aufgehobenen § 197 Abs 1 Nr 2 BGB, sondern als Ausdruck eines allgemeinen, vielleicht sogar „insolvenzrechtlichen" Gläubigerschutzgedankens ansehen.[80] Die Verjährung richtet sich dann zu keiner Zeit (also auch nicht übergangsrechtlich) nach § 197 Abs 1 Nr 2 BGB, sondern wie bei Ansprüchen aus § 1978 BGB,[81] solchen aus § 42 Abs 2 S 2 BGB, solchen aus § 823 Abs 2 BGB und solchen aus den oben genannten Vorschriften der InsO nach den allgemeinen Vorschriften der §§ 195, 199 BGB.[82] **41**

III. Entsprechende Anwendung des § 1980 BGB

1. Im Zusammenhang mit der Dürftigkeitseinrede (§§ 1990, 1991 BGB). Der Erbe, der sich auf die Dürftigkeitseinrede des § 1990 BGB (Rn 23) beruft, haftet **analog** § 1980 Abs 1 S 2 BGB auf Schadensersatz, wenn der Nachlass noch nicht dürftig war, als der Erbe die Überschuldung oder Zahlungsunfähigkeit erkannte oder erkennen musste, und der Erbe seine in diesem Fall bestehende Pflicht zur Beantragung des NachlassInsVerf verletzt hat. Zwar wird § 1980 BGB in § 1991 Abs 1 BGB nicht erwähnt. Es ist jedoch allgemein anerkannt, dass dies ein auf mangelndem Problembewusstsein beruhender Fehler des Gesetzgebers war und man auf den Erben, der sich auf die Dürftigkeitseinrede des § 1990 BGB beruft, nicht nur die in §§ 1991 Abs 1 BGB ausdrücklich erwähnten §§ 1978, 1979 BGB, sondern im Wege der Analogie auch den in § 1991 Abs 1 BGB nicht genannten § 1980 BGB anwenden muss.[83] **42**

Dass der Nachlass ausgerechnet dadurch dürftig geworden ist, dass der Erbe es pflichtwidrig versäumt hat, den Antrag auf Eröffnung des NachlassInsVerf zu stellen,[84] wird allerdings kaum vorkommen, da iRd Prüfung, ob der Nachlass den Verfahrenskosten entspricht (§ 1990 Abs 1 S 1 BGB), ein auf § 1980 BGB beruhender Ersatzanspruch analog § 1978 Abs 2 BGB als zum Nachlass gehörend anzusehen und diesem daher als Aktivposten hinzuzurechnen ist. **43**

---

79 Vgl zu solchen Kombinationsmöglichkeiten § 15a Rn 25 ff; Baumbach/Hueck/*Haas* § 64 Rn 109a ff; Staudinger/*Hager* 2009 BGB § 823 Rn G 29 ff, 43, 48.

80 Zust *Löhnig* ZEV 2004, 267, 273; *Roland* Die Verjährung im Erbrecht, 2008, Rn 231.

81 Vgl *Staudinger/Dobler* 2016 BGB § 1978 Rn 42.

82 Zustimmend *Roland* aaO Rn 231 f mwN; vgl auch *Löhnig* ZEV 2004, 267, 273 (der allerdings an die Stelle der zehnjährigen Höchstfrist des § 199 Abs 3 Nr 1 eine fünfjährige setzen möchte).

83 *RG* LZ 1913, 233 = Recht 1913 Nr 362; *OLG Dresden* ZBlFG 6 (1905/1906) 410, 415; *BGH* NJW 1992, 2694, 2695; BGB-RGRK/*Johannsen* 12. Aufl 1974 § 1991 Rn 2; *Staudinger/Dobler* 2016 BGB § 1991 Rn 8 f; MK-BGB/*Küpper* 6. Aufl 2013, § 1991 Rn 4; Palandt/*Weidlich* 74. Aufl 2015, BGB § 1991 Rn 1; BeckOK-BGB/*Lohmann* 2015 § 1991 Rn 1; *Lange/Kuchinke* Lehrbuch des Erbrechts 5. Aufl 2001, § 49 VIII 4a Fn 195; *Strohal* Das deutsche Erbrecht Bd II 3. Aufl 1904 § 81 Fn 5; *v Lübtow* Erbrecht Bd II 1972 S 1168.

84 Vgl *RG* und *OLG Dresden*, jeweils aaO.

44 Jedoch kann ein bereits eröffnetes NachlassInsVerf nach § 207 eingestellt worden sein, weil seinerzeit von einem Ersatzanspruch aus § 1980 BGB nichts bekannt war oder weil der Anspruch wegen (inzwischen aber behobener) Vermögenslosigkeit des Erben nicht durchsetzbar war. Da der Einstellungsbeschluss iRd § 1990 Abs 1 S 1 BGB („oder wird aus diesem Grunde … das Insolvenzverfahren eingestellt") bindet, kann sich in solch einem Fall auch ein Erbe, der nach § 1980 BGB haftet und dessen Nachlass aus diesem Grunde eigentlich gar nicht dürftig ist (weil der gegen den Erben gerichtete Ersatzanspruch aus § 1980 Abs 1 S 2 BGB analog § 1978 Abs 2 BGB als zum Nachlass gehörend anzusehen ist), auf § 1990 BGB berufen. Dadurch darf er sich aber seiner Haftung aus § 1980 Abs 1 S 2 BGB nicht entziehen können.

45 **2. Auf den Nachlassverwalter.** Die Nachlassverwaltung ist eine „Nachlasspflegschaft zum Zwecke der Befriedigung des Nachlassgläubiger" (§ 1975 BGB). Der dazu eingesetzte Pfleger (der Nachlassverwalter) hat den Nachlass zu verwalten und die Nachlassverbindlichkeiten aus dem Nachlass zu berichtigen (§ 1986 Abs 1 BGB). Für die Verwaltung des Nachlasses ist der Nachlassverwalter „auch den Nachlassgläubigern verantwortlich" (§ 1986 Abs 2 S 1 BGB). Konsequent schreibt **§ 1985 Abs 2 S 2 BGB** für den Nachlassverwalter eine entspr Anwendung nicht nur der §§ 1978 Abs 2, 1979 BGB, sondern auch des § 1980 BGB ausdrücklich vor.[85]

46 **3. Auf sonstige Nachlasspfleger und auf Testamentsvollstrecker?** Für sonstige Nachlasspfleger (also für Pfleger, deren Bestellung nicht auf § 1981 ff BGB, sondern auf § 1960 BGB oder nach § 1961 BGB beruht) und für Testamentsvollstrecker existiert keine dem § 1985 Abs 2 S 2 BGB entspr Verweisung auf § 1980 BGB. Die genannten Personen sind nicht nach § 1980 BGB zur Antragstellung verpflichtet.[86] Denn die Aufgabe der Gläubigerbefriedigung ist zwar dem Nachlassverwalter (s Rn 45), nicht aber auch den nach § 1960 oder § 1961 BGB bestellten Nachlasspflegern gesetzlich zugewiesen. Die Beantragung eines NachlassInsVerf durch den nach § 1960 oder § 1961 BGB bestellten Nachlasspfleger[87] kann jedoch im Interesse des **Erben** geboten sein, insbesondere wenn sonst Nachteile aus einem Rechtsstreit mit einem Nachlassgläubiger drohen.[88] Entsprechendes gilt für die Antragspflicht eines Testamentsvollstreckers.[89] Beide sind dem *Erben* nach §§ 1915, 1833 BGB (Nachlasspfleger oder -verwalter) bzw §§ 2216 Abs 1, 2219 BGB (Testamentsvollstrecker) verantwortlich, wenn sie trotz erkennbarer Zahlungsunfähigkeit oder Überschuldung kein NachlassInsVerf beantragen und dadurch den Erben schädigen.[90] Bedenkenswert erscheint der Vorschlag, diese Verantwortlichkeit nach den Grundsätzen der Drittschadensliquidation auch für sol-

---

85 Näheres bei *Staudinger/Dobler* 2016 BGB § 1985 Rn 29 ff, 39 ff.

86 Vgl für nach § 1960 oder § 1961 BGB bestellte Nachlasspfleger *KG* FamRZ 1975, 292 f; *BGHZ* 161, 281, 286 ff (Abschn II 2) = NJW 2005, 756, 758 = ZEV 2005, 109 ff mit Anm *Marotzke* und iÜ MK-BGB/*Küpper* 6. Aufl 2013, § 1980 Rn 12; Erman/*Horn* BGB 14. Aufl 2014, § 1980 Rn 5; Soergel/*Stein* BGB 13. Aufl 2002 § 1980 Rn 9; **aM** hinsichtlich des nach § 1960 BGB bestellten Nachlasspflegers *du Carrois* Rpfleger 2009, 197 ff sowie hinsichtlich des nachlassverwaltenden Testamentsvollstreckers Kilger/*K Schmidt* Insolvenzgesetze, 1997, KO § 217 Anm 2; weitere Nachweise bei *Muscheler* Haftungsordnung, S 231.

87 Dazu eher beiläufig die *Motive zu dem Entwurf eines Bürgerlichen Gesetzbuchs für das Deutsche Reich*, amtliche Ausgabe, Bd 5, 1988, S 546 = *Mudgan* Die gesammten Materialien zum Bürgerlichen Gesetzbuch für das Deutsche Reich Bd 5, 1899, S 292.

88 *KG* FamRZ 1975, 292 f.

89 Vgl auch Staudinger/*Reimann* 2016 BGB § 2205 Rn 222.

90 Ebenso MK-BGB/*Küpper* 6. Aufl 2013, § 1980 Rn 12 aE; Soergel/*Stein* BGB 13. Aufl 2002, § 1980 Rn 9; Erman/*Horn* 14. Aufl 2014, BGB § 1980 Rn 5.

che Schäden anzunehmen, die sich wegen der beschränkten Haftung des Erben nicht bei diesem, sondern bei den Nachlassgläubigern realisieren.[91]

4. Auf den Insolvenzverwalter im Fall der Gesamtvermögensinsolvenz des Erben? Hier gilt § 1980 BGB nur für den Erben persönlich, nicht für seinen InsVerw (str).[92] 47

5. Bei der fortgesetzten Gütergemeinschaft. Gem § 1489 Abs 1 BGB haftet für die Gesamtgutsverbindlichkeiten einer fortgesetzten Gütergemeinschaft der überlebende Ehegatte persönlich. Soweit ihn diese Haftung nur infolge des Eintritts der fortgesetzten Gütergemeinschaft trifft, finden gem § 1489 Abs 2 BGB die für die Haftung des Erben für die Nachlassverbindlichkeiten geltenden Vorschriften (§§ 1967 ff BGB) und folglich auch § 1980 BGB[93] entspr Anwendung. An die Stelle des Nachlasses tritt im Rahmen dieser Analogie das Gesamtgut, § 1489 Abs 2 BGB. 48

---

91 Bzgl der Haftung des Testamentsvollstreckers ebenso *Muscheler* Haftungsordnung, S 230 ff; vgl auch *Staudinger/Dobler* 2016 BGB § 1978 Rn 13.
92 Wie hier mit ausf Begr *Marotzke* FS Otte, 2005, S 223, 226 ff; zust *Häsemeyer* Rn 33.06); **aM** § 83 Rn 8 f; *Uhlenbruck/Mock* InsO § 83 Rn 4; MK-InsO/Schumann § 83 Rn 7 f; Jaeger/*Windel* § 83 Rn 8; *Fischinger* S 28 ff, 35, 161 (mit Fn 102).
93 Vgl § 13 Rn 3; *Poertzgen* S 131 ff; ähnlich *ders* ZInsO 2013, 517, 525 ff.

§ 318 Antragsrecht beim Gesamtgut

(1) [1]Gehört der Nachlass zum Gesamtgut einer Gütergemeinschaft, so kann sowohl der Ehegatte, der Erbe ist, als auch der Ehegatte, der nicht Erbe ist, aber das Gesamtgut allein oder mit seinem Ehegatten gemeinschaftlich verwaltet, die Eröffnung des Insolvenzverfahrens über den Nachlass beantragen. [2]Die Zustimmung des anderen Ehegatten ist nicht erforderlich. [3]Die Ehegatten behalten das Antragsrecht, wenn die Gütergemeinschaft endet.

(2) [1]Wird der Antrag nicht von beiden Ehegatten gestellt, so ist er zulässig, wenn der Eröffnungsgrund glaubhaft gemacht wird. [2]Das Insolvenzgericht hat den anderen Ehegatten zu hören.

(3) Die Absätze 1 und 2 gelten für Lebenspartner entsprechend.

Die in § 318 vorausgesetzte Zugehörigkeit des Nachlasses zum **Gesamtgut einer Gütergemeinschaft** führt zu Besonderheiten sowohl hinsichtlich der Verwaltungszuständigkeit als auch hinsichtlich der Schuldenhaftung.[1] 1

Um diesen Besonderheiten Rechnung zu tragen, ergänzt § 318 den § 317 Abs 1 („jeder Erbe") in einer dem bisherigen § 218 KO entspr Weise (jedoch ohne die dessen Abs 2 S 2 einschränkenden Worte „wenn tunlich"; an deren Stelle tritt § 10). 2

Seit der am 1.1.2005 in Kraft getretenen Neufassung des § 7 LPartG[2] kann der Güterstand der Gütergemeinschaft auch von **Lebenspartnern** vereinbart werden. Deshalb erklärt § 318 Abs 3 die Abs 1 und 2 in solchen Fällen für entspr anwendbar. An eine entspr Ergänzung der bei Rn 4 erwähnten Vorschriften hat man anscheinend nicht gedacht. 3

---

1 Vgl hierzu die ausf Darstellung bei *Staudinger/Dobler* 2016, BGB § 2008 Rn 1 ff.
2 G v 15.12.2004 (BGBl I, 3396).

4 **Sonstige insolvenzrechtliche Besonderheiten der Gütergemeinschaft** werden thematisiert in §§ 11 Abs 2 Nr 2, 37, 331 Abs 2, 332–334. Zu den Besonderheiten eines InsVerf über das Vermögen des alleinverwaltenden Ehegatten einer Gütergemeinschaft vgl die in der Fn[3] Genannten.

3 *Thiele/Salmen* ZInsO 2014, 2259 ff.

§ 319 Antragsfrist

Der Antrag eines Nachlassgläubigers auf Eröffnung des Insolvenzverfahrens ist unzulässig, wenn seit der Annahme der Erbschaft zwei Jahre verstrichen sind.

Übersicht

I. Adressaten der Frist

1 Gem § 1981 Abs 2 BGB können die NachlassGl den Antrag auf Anordnung einer **Nachlassverwaltung** nicht mehr stellen, wenn seit Annahme der Erbschaft zwei Jahre verstrichen sind. Die (überzeugenden?[1]) Gründe, welche zu dieser Beschränkung geführt haben,[2] gelten in gleicher Weise auch für das Recht der NachlassGl auf Eröffnung des Nachlass**Ins**Verf.[3] Konsequent erklärt § 319 (wie zuvor § 220 KO) den Antrag eines NachlassGl auf Eröffnung eines InsVerf für unzulässig, wenn seit der Annahme der Erbschaft zwei Jahre verstrichen sind. Zu beachten ist, dass diese Ausschlussfrist nur für den Antrag eines **NachlassGl**, nicht für den Antrag eines sonstigen Berechtigten iSd §§ 317 f gilt.

2 Richtet sich der Antrag auf Eröffnung eines **Sekundär**-NachlassInsVerf (§ 315 Rn 11 f, § 317 Rn 24), so sollte man § 319 auch dann nicht anwenden, wenn es sich um den Antrag eines NachlassGl handelt. Denn ein Sekundär-NachlassInsVerf setzt begrifflich voraus, dass bereits ein ausl **Haupt**-NachlassInsVerf eröffnet ist (§ 315 Rn 11). Für diesen Sonderfall ist § 319 nicht gedacht.[4]

II. Beginn der Frist

3 **Annahme der Erbschaft** setzt die Zweijahresfrist in Gang. Die Erbschaftsannahme kann erfolgen durch ausdrückliche oder konkludente Willenserklärung, die nicht empfangsbedürftig ist, durch Versäumung der Ausschlagungsfrist (§ 1943 BGB) oder durch Anfechtung einer fristgerecht erklärten Ausschlagung (§ 1957 Abs 1 HS 2 BGB). Sind mehrere Erben berufen, so beginnt die Frist erst, wenn sämtliche Erben angenommen haben.[5] Bei Nacherbfolge soll es auf die Annahme der Nacherbschaft ankommen[6] oder, wenn diese schon vor

1 Krit *Dauner/Lieb* Unternehmen in Sondervermögen, 1998, S 208 ff, 217 ff, 220, 222, 224, 495, 512, 515, 519; *Muscheler* Erbrecht Bd II, 2010, Kap 15 Rn 3495.
2 Vgl Denkschrift zum Entwurf eines BGB, Verhandlungen des Reichstags 1895/97 Anlagenbd I S 723.
3 Begr KO-Novelle 1898, S 49, zit nach *Hahn/Mugdan* Die gesammten Materialien zu den Reichs-Justizgesetzen, Bd VII, 1898, S 253 zu § 220 KO.
4 Zustimmend *K Schmidt* § 319 Rn 1.
5 *Uhlenbruck/Lüer* § 319 Rn 3; *Braun/Bauch* § 319 Rn 2.
6 *Uhlenbruck/Lüer* § 319 Rn 3.

Eintritt des Nacherbfalls erfolgte, auf den Zeitpunkt des Anfalls der Erbschaft an den Nacherben.[7]

Hatte der Erblasser die Verwaltung des Nachlasses einem **Testamentsvollstrecker** übertragen, so spricht viel dafür, die Zweijahresfrist abw vom Wortlaut des § 319 nicht vor Beendigung der Testamentsvollstreckung beginnen zu lassen.[8] **4**

7 *Staudinger/Avenarius* 2013, BGB § 2144 Rn 10 iVm § 2142 Rn 14; zust *Braun/Bauch* § 319 Rn 2.
8 *Muscheler* Die Haftungsordnung der Testamentsvollstreckung, 1994, S 134 ff; *Staudinger/Dobler* 2016 BGB § 1981 Rn 20; *Uhlenbruck/Lüer* § 319 Rn 3; *Häsemeyer* InsR Rn 33.09; **aM** *K Schmidt* § 319 Rn 3.

§ 320 Eröffnungsgründe

¹Gründe für die Eröffnung des Insolvenzverfahrens über einen Nachlass sind die Zahlungsunfähigkeit und die Überschuldung. ²Beantragt der Erbe, der Nachlassverwalter oder ein anderer Nachlasspfleger oder ein Testamentsvollstrecker die Eröffnung des Verfahrens, so ist auch die drohende Zahlungsunfähigkeit Eröffnungsgrund.

Übersicht

Literatur: *Moderegger* Das Insolvenzgutachten in der Nachlassinsolvenz, InsBürO 2015, 88; *Roth* Die Eröffnungsgründe im Nachlassinsolvenzverfahren, ZInsO 2009, 2265.

I. Verhältnis zum früheren Recht

§ 214 KO ließ als einzigen Eröffnungsgrund die Überschuldung des Nachlasses zu (vgl auch §§ 2 Abs 1 S 3, 113 VglO; weiter gehend § 1 Abs 1 S 1 GesO im Vorgriff auf § 320). Dem stellt § 320 als weitere Eröffnungsgründe die vorhandene (S 1) und – unter den Voraussetzungen des S 2 – die „drohende" Zahlungsunfähigkeit zur Seite. Das ist angemessen.[1] **1**

II. Überschuldung als Eröffnungsgrund (S 1)

Mit Überschuldung meint S 1 wie zuvor schon § 214 KO (Rn 1) eine Überschuldung des **Nachlasses** (Begr RegE S 230 f). Der Nachlass ist überschuldet, wenn seine Aktiva die bestehenden Passiva – also die Nachlassverbindlichkeiten – nicht decken (§ 19 Abs 2 S 1). Das **Eigen**vermögen des Erben gehört auch dann nicht[2] zu den bei der Überschuldungsprüfung zu berücksichtigenden Aktiva (des Nachlasses!), wenn der Erbe für die Nachlassverbindlichkeiten ausnahmsweise (vgl § 1975 BGB einerseits; §§ 1994 Abs 1 S 2, 2005 Abs 1, 2013 Abs 1 S 1 BGB andererseits) „unbeschränkt" haftet; dies würde selbst dann[3] gelten, **2**

1 Vgl Begr RegE S 230 f und unten Rn 7.
2 **AM** *Roth* ZInsO 2009, 2265, 2266.
3 Vgl *Oepen* Massefremde Masse, 1999, Rn 209 und S 192; *Marotzke* ZInsO 2008, 57 bei Fn 5, 6 (jeweils nicht primär zu § 320, sondern in Bezug auf von § 93 erfasste Ansprüche gegen unbeschränkt haftende Mitglieder einer im InsVerf stehenden Personengesellschaft).

wenn man der – bei Vor §§ 315 ff Rn 1 abgelehnten – Ansicht folgte, dass die Geltendmachung der „unbeschränkten“ Erbenhaftung (also die Inanspruchnahme auch des Eigenvermögens des Erben) während des NachlassInsVerf nur durch den NachlassInsVerw erfolgen könne.

3 **Befindet sich im Nachlass ein Unternehmen** (s § 315 Rn 4), so ist bei der Bewertung dessen Fortführung zugrunde zu legen, wenn diese nach den Umständen überwiegend wahrscheinlich ist (§ 19 Abs 2 S 2).[4] Nach der seit 18.10.2008 maßgeblichen Fassung des § 19 Abs 2 hat eine überwiegende Wahrscheinlichkeit der Unternehmensfortführung sogar die Wirkung, dass eine rechnerisch vorhandene Überschuldung vom InsR nicht zur Kenntnis genommen wird (§ 19 Rn 8);[5] dies gilt auch im Zusammenhang mit § 320 (str).[6]

4 Auf Passivseite sind alle Nachlassverbindlichkeiten in Rechnung zu stellen. Unberücksichtigt bleiben jedoch die Kosten eines bereits schwebenden NachlassIns-EröffnungsVerf sowie die Kosten, die das NachlassInsVerf als solches verursachen würde.[7] Nicht bzgl der Überschuldung als Eröffnungsgrund, sondern nur hinsichtlich ihrer Funktion als Voraussetzung einer InsAntragspflicht des Erben schreibt § 1980 Abs 1 S 3 BGB die Außerachtlassung von Verbindlichkeiten aus **Vermächtnissen** und **Auflagen** vor. Da der Reformgesetzgeber den bisherigen § 219 KO ersatzlos gestrichen hat, kann – wenn man das ernst nimmt[8] – nunmehr auch ein Vermächtnis- oder AuflageGl die Eröffnung eines NachlassInsVerf beantragen, selbst wenn die Überschuldung des Nachlasses nur deshalb zu bejahen ist, weil auch das Vermächtnis bzw die Auflage als Nachlassverbindlichkeit in Rechnung gestellt wird (andernfalls würde der Vermächtnis- bzw AuflageGl wegen seines aus § 327 Abs 1 Nr 2 ersichtlichen schlechten Ranges ohnehin nur in Ausnahmefällen vom Verfahren profitieren und normalerweise nicht das nach § 14 Abs 1 erforderliche rechtliche Interesse an der Verfahrenseröffnung dartun können; vgl auch § 317 Rn 18).

III. Bestehende Zahlungsunfähigkeit als Eröffnungsgrund (S 1)

5 Zahlungsunfähig ist ein Schu gem **§ 17 Abs 2 S 1**, wenn er nicht in der Lage ist, seine fälligen Zahlungspflichten zu erfüllen. Im Zusammenhang mit dem NachlassInsVerf sind bei der Prüfung der Zahlungsunfähigkeit „lediglich die im **Nachlass** vorhandenen flüssigen Mittel zu berücksichtigen“; die sonstigen Vermögensgegenstände des Erben bleiben außer Betracht.[9]

6 **Zahlungseinstellung** indiziert idR Zahlungsunfähigkeit (§ 17 Abs 2 S 2). Jedoch kann es sein, dass die Zahlungseinstellung lediglich aus Vorsicht im Hinblick auf § 1979 BGB erfolgte.[10] Auch sollte man von Zahlungs**einstellung** nicht sprechen, solange das Ausbleiben von (weiteren) Zahlungen seinen Grund lediglich in dem Erbfall als solchem hat, zB

---

4 So auch § 19 Rn 9; *Hüsemann* S 65 f; MK/*M Siegmann* § 320 Rn 5; *Roth* ZInsO 2009, 2265, 2266, 2270; **aM** *L/S/Z/Fehl* § 320 Rn 2 aufgrund der unzutr (s Begr RegE an den oben § 315 Rn 4 genannten Stellen) Annahme, dass eine Fortbestehensprognose im Zusammenhang mit dem **Nachlass**InsVerf „nicht in Betracht“ komme.

5 Vgl hierzu auch *Marotzke* JZ 2009, 763, 764 f.

6 **AM** *Roth* ZInsO 2009, 2265, weil „der Nachlass als Sondervermögen nicht auf Dauer zur Fortführung bestimmt“ sei (ähnlich *K Schmidt* § 320 Rn 4 mwN). Entscheidend ist jedoch nicht die Fortführung des Nachlasses, sondern die des in ihm enthaltenen Unternehmens, egal ob vor oder nach (§ 316 Abs 2) der Nachlassteilung.

7 *AG Göttingen* ZInsO 2002, 944 f.

8 Vgl jedoch die Kritik bei § 317 Rn 18 f.

9 Begr RegE S 231; vgl auch Vor §§ 315 ff Rn 8; tw **aM** *Roth* ZInsO 2009, 2265, 2269 (vor III.), 2270 (vgl auch o Rn 2 Fn 2).

10 BGB-RGRK/*Johannsen* 12. Aufl 1974 § 1980 Rn 4.

weil dieser ganz überraschend eintrat und der Erbe sich der Nachlassmittel erst bemächtigen muss.[11]

Dass nunmehr (Rn 1) auch „Zahlungsunfähigkeit" ein Eröffnungsgrund ist, hat **erhebliche praktische Konsequenzen**. Denn die Feststellung, ob der Nachlass überschuldet iSd bei Rn 2 ff Ausgeführten ist, nimmt oft geraume Zeit in Anspruch. Während dieser Zeit können – auch wenn Nachlassverwaltung angeordnet wurde – die NachlassGl in den Nachlass vollstrecken und ihm wertvolle Vermögensstücke entziehen, die, soweit nicht § 321 eingreift, nur unter den Voraussetzungen des Anfechtungsrechts zurückgewonnen werden können, wenn schließlich die Überschuldung festgestellt und das NachlassInsVerf eröffnet ist. Der Gefahr unkontrollierter Ausplünderung des Nachlasses kann entgegengewirkt werden, wenn bei bestehender (S 1) oder drohender (S 2) Zahlungsunfähigkeit sofort das NachlassInsVerf eröffnet wird. 7

Hinzu kommt, dass **einheitliche Eröffnungsgründe** für das Nachlass- und das RegelInsVerf die gesetzliche Regelung vereinfachen und praktische Schwierigkeiten vermeiden helfen. Insb **erlauben** sie **einen unkomplizierten Übergang vom Regel- zum NachlassInsVerf, wenn der Schu nach dem Eröffnungsantrag stirbt**.[12] Wurde unter der Geltung der KO über das Vermögen eines Schu das Konkursverfahren wegen Zahlungsunfähigkeit eröffnet und starb der Schu während des Verf, so stellte sich die in der KO nicht gelöste Frage, ob das Verf unabhängig vom Vorliegen einer Überschuldung (nur diese ließ § 214 KO für den Nachlasskonkurs als Eröffnungsgrund zu) als Nachlasskonkurs weitergeführt werden konnte.[13] Das neue InsR hat diese Frage durch Erweiterung der Eröffnungsgründe in § 320 entschärft.[14] Der BGH hat am 21.2.2008 entschieden, dass sogar ein **Verbraucher- oder KleinInsVerf** nach dem Tod des Schu „ohne Unterbrechung als allgemeines NachlassInsVerf" fortgesetzt werde,[15] in welchem das InsGer nach pflichtgemäßem Ermessen zu entscheiden habe, ob es, mit entspr vergütungsrechtlichen Konsequenzen, den bisherigen Treuhänder (§ 313 aF) zum InsVerw ernenne.[16] 8

IV. Drohende Zahlungsunfähigkeit als Eröffnungsgrund (S 2)

In Anlehnung an § 18 ist die bloß „drohende" Zahlungsunfähigkeit des Nachlasses nur dann Eröffnungsgrund, wenn der Erbe, der Nachlassverwalter, ein anderer Nachlasspfleger oder ein Testamentsvollstrecker, dem die Verwaltung des Nachlasses zusteht, die Eröffnung beantragt. Der Antrag eines **Gl** kann nicht auf drohende Zahlungsunfähigkeit gestützt werden. Auch eine Insolvenzantragspflicht des Erben wird durch eine Zahlungsunfähigkeit des Nachlasses, die noch nicht aktuell vorliegt, sondern deren Eintritt lediglich „droht", nicht begründet (vgl § 1980 Abs 1 S 1 BGB und § 317 Anh Rn 8). 9

---

11 Zutr der Hinweis bei MK/*M Siegmann* § 320 Rn 2.

12 Vgl zum früheren Recht *Jaeger/Weber* 8. Aufl, KO § 214 Rn 21 ff, dessen Ausführungen von *Nöll* (Der Tod des Schuldners in der Insolvenz, 2005, Rn 278 ff, 303 ff, 318 ff) zutr kritisiert werden, sowie zum gegenwärtigen Recht *BGHZ* 157, 350, 354 = ZInsO 2004, 270, 271 = ZIP 2004, 513, 514 („Das Eröffnungsverfahren nahm daher ohne Unterbrechung seinen Fortgang mit dem Erben als neuem Schuldner."); *BGH* ZInsO 2011, 389, 390 (Rn 12); *Nöll* Rn 16 ff, 232 ff, 506 ff, 516 ff (der für die Fallgruppe „Tod des Schu während des EröffnungsVerf" zu Recht danach unterscheidet, ob der Eröffnungsantrag von Schu- oder von GlSeite gestellt wurde).

13 Vgl *Nöll* Rn 275 ff.

14 Begr RegE S 231; vgl auch Vor §§ 315 ff Rn 3 f, § 4 Rn 26; ausf *Nöll* Rn 269 ff, 481 ff, 519.

15 *BGH* NJW-RR 2008, 873 = ZInsO 2008, 453 = ZIP 2008, 798 = NZI 2008, 382; krit *Schmerbach* NZI 2008, 353.

16 *BGH* NJW-RR 2008, 873 Rn 20 der EntschGründe (mit Ausführungen zur Höhe der dem bisherigen Treuhänder zustehenden Vergütung).

10 **Gem § 18 Abs 2** „droht" der Schu zahlungsunfähig zu werden, wenn er voraussichtlich nicht in der Lage sein wird, die bestehenden Zahlungspflichten im Zeitpunkt der Fälligkeit zu erfüllen. Näheres bei Rn 5 und in der Kommentierung des § 18.

V. Zahl der Nachlassgläubiger

11 Keine Voraussetzung der VerfEröffnung ist, dass **mehrere** NachlassGl vorhanden sind. Auch wenn nur **ein** NachlassGl existiert, kann das Verf eröffnet und durchgeführt werden (str; s § 316 Rn 9).

VI. Auslandsberührung

12 Die Eröffnung eines **Sekundär**-NachlassInsVerf erfolgt, wenn ein zulässiger Antrag vorliegt, ohne Feststellung eines Eröffnungsgrundes iSd § 320 (§ 315 Rn 11).

§ 321 Zwangsvollstreckung nach Erbfall

Maßnahmen der Zwangsvollstreckung in den Nachlass, die nach dem Eintritt des Erbfalls erfolgt sind, gewähren kein Recht zur abgesonderten Befriedigung.

Übersicht

I. Geltendes Recht?

1 Die Vorschrift ist als redaktionell veränderte, aber inhaltlich übereinstimmende Nachfolgebestimmung zu **§ 221 KO** gedacht (vgl auch Rn 3 f). Rechtspolitisch ist § 321 genauso verfehlt[1] wie der rechtsähnliche § 88. Wer § 88 für unvereinbar mit Art 3 Abs 1 GG hält, wird diese Bewertung mglw auf § 321 zu übertragen haben (was übrigens die Notwendigkeit nach sich ziehen würde, die in § 784 Abs 2 ZPO erwähnten Rechte auch dem Nachlass**Ins**Verw zuzugestehen[2]). **Im Folgenden wird entgegen der eigenen Auff des Autors[3] so getan, als bestünden derartige Vorbehalte nicht.** Unter dieser Prämisse ist davon auszugehen, dass eine Anwendung des § 88 (zB wenn die Vollstreckungsmaßnahme bereits vor dem Erbfall erfolgte) durch § 321 nicht ausgeschlossen wird.

II. Maßnahmen der Zwangsvollstreckung

2 Als Maßnahmen der Zwangsvollstreckung, auf die § 321 anzuwenden ist, kommen in Betracht: **Pfändungen**, Anordnung von **Zwangsverwaltung** oder **Zwangsversteigerung**, Eintragung einer **Zwangshypothek**.

3 Abw von der Formulierung des § 221 KO erwähnt der diesem nachgebildete § 321 InsO nicht auch Maßnahmen der **Arrestvollziehung** (§ 221 Abs 1 KO) und die im Wege der **einstweiligen Verfügung** erlangte **Vormerkung** (§ 221 Abs 2 KO). Eine sachliche Abweichung vom bisherigen Recht ist damit aber nicht beabsichtigt:[4] Im RAussch war man der Meinung,

---

1 Vgl *Foerste* FS Musielak, 2004, S 141, 165 f.
2 Vgl *Staudinger/Dobler* 2016 BGB § 1975 Rn 6.
3 Vgl *Marotzke* ZInsO 2006, 7, 9; *ders* ZInsO 2006, 190 f; *ders* DZWIR 2007, 265, 267, 281; **aM** ohne Begr *K Schmidt* § 321 Rn 2.
4 Begr RegE S 231.

dass unter „Maßnahmen der Zwangsvollstreckung" ohne weiteres auch die Vollziehung eines Arrests oder einer einstweiligen Verfügung zu subsumieren sei.[5] Als Maßnahmen der Zwangsvollstreckung iSd § 321 sind folglich auch die aufgrund eines Arrests erfolgte Pfändung und die Eintragung einer Arresthypothek anzusehen.

Entspr gilt für die im Wege der einstweiligen Verfügung erlangte **Vormerkung**. Übersehen hat der Reformgesetzgeber aber wohl, dass auf die Vormerkung die Rechtsfolge des § 321 („gewähren kein Recht zur abgesonderten Befriedigung") nicht passt. Denn eine Vormerkung berechtigt auch ohne § 321 nicht (nur) zur abgesonderten Befriedigung,[6] sondern würde, sollte sie die VerfEröffnung überleben, die sehr viel weiter gehende Wirkung des § 106 auslösen. Dogmatisch richtig wäre es also gewesen, wenn der Reformgesetzgeber die Formulierung des § 221 Abs 2 KO („Eine nach dem Eintritte des Erbfalls im Wege der einstweiligen Verfügung erlangte Vormerkung ist unwirksam.") unverändert in das neue InsR übernommen hätte. Da § 221 Abs 2 KO jedoch ersatzlos gestrichen wurde, andererseits inhaltlich eine Abweichung vom bisherigen § 221 KO nicht gewollt war, bleibt für die Rechtsanwendung nur der Weg eines Erst-Recht-Schlusses aus § 321: Wenn die nach dem Eintritt des Erbfalls im Wege der einstweiligen Verfügung erlangte Vormerkung schon „kein Recht zur abgesonderten Befriedigung" gewährt, dann führt sie erst recht nicht zu den über ein Absonderungsrecht sogar noch hinausgehenden Wirkungen des § 106.[7] 4

III. Zeitpunkt der Vollstreckung

§ 321 gilt nur für solche Vollstreckungsmaßnahmen, die **nach dem Erbfall** (Tod des Erblassers) erfolgt sind. Schon vorher erwirkte Vollstreckungsmaßnahmen sind aber uU anfechtbar gem §§ 129 ff oder werden bei VerfEröffnung unwirksam unter den Voraussetzungen des § 88. Die Abgrenzung ist nicht immer einfach.[8] 5

Unanwendbar ist § 321 auf Vollstreckungsmaßnahmen, die zwar erst nach dem Erbfall vorgenommen worden sind, jedoch auf einem schon früher begründeten Absonderungsrecht (zB einer Hypothek) beruhen. 6

IV. Nachlassgläubiger/Eigengläubiger

Nicht nur NachlassGl, sondern auch EigenGl des Erben werden durch § 321 gehindert, aufgrund einer nach dem Erbfall erwirkten Vollstreckungsmaßnahme abgesonderte Befriedigung zu verlangen.[9] 7

V. Beendete Zwangsvollstreckung

Unanwendbar ist § 321, wenn die nach dem Erbfall erwirkte Vollstreckungsmaßnahme bereits vor Eröffnung des InsVerf zur **Befriedigung** des Gl geführt hat.[10] Auch § 88 Abs 1 („eine Sicherung ... erlangt") versagt in diesem Fall (§ 88 Rn 2). UU kann jedoch nach §§ 129 ff angefochten werden, und zwar nach der Rspr des BGH sogar unter dem Gesichts- 8

5 BT-Drucks 12/7302, 156, zu dem deshalb als selbstverständlich gestrichenen § 12 RegE.
6 Vgl § 106 Rn 18 ff, 31 ff; *Marotzke* ZZP 109 (1996), 429, 431 Fn 7, 439 Fn 47.
7 Zust *G Siegmann* ZEV 2000, 221; *Braun/Bauch* § 321 Rn 3.
8 Vgl zB *OLG Düsseldorf* FGPrax 2003, 248 f = ZInsO 2003, 804 f.
9 Prot BGB Bd V S 765, 785; Begr KO-Novelle 1898, S 49 = *Hahn/Mugdan* Bd VII S 253; vgl auch § 325.
10 *Uhlenbruck/Lüer* § 321 Rn 2.

punkt der inkongruenten Deckung gem § 131.[11] Handelt es sich um die Vollstreckungsmaßnahme eines **EigenGl** des Erben (was einer Anwendung der §§ 129 ff nicht entgegensteht[12]) und erweist sich diese als insolvenzfest (ein vor dem Hintergrund der soeben erwähnten BGH-Rspr eher seltener Fall), so gehört zur InsMasse idR ein Bereicherungs-, uU sogar ein Schadensersatzanspruch gegen das Privatvermögen des Erben.[13] Andere plädieren hingegen für einen Direktanspruch des Nachlasses gegen den befriedigten EigenGl des Erben;[14] dafür lässt sich – vielleicht – der Rechtsgedanke des § 1977 Abs 2 BGB anführen (wenn der Erbe der Vollstreckungsmaßnahme des EigenGl nicht zugestimmt hat[15]).

11 Vgl *BGHZ* 162, 143, 148 f = NJW 2005, 1121, 1122 = ZIP 2005, 494, 496 = ZInsO 2005, 260, 261 (Abschn II 2b aa); **aM** *Marotzke* DZWIR 2007, 265 ff; dem ausführlich widersprechend *LG Köln* ZInsO 2010, 2238 ff mit abl Anm *Rau*.

12 Gleiches gilt in Bezug auf den mit §§ 129 ff zweckverwandten § 321; s dort Rn 7.

13 *Staudinger/Dobler* 2016 BGB § 1978 Rn 23; vgl auch aaO § 1977 Rn 9 f; MK/*M Siegmann* § 321 Rn 5.

14 *Jaeger/Weber* 8. Aufl, KO § 221 Rn 6; *Uhlenbruck/Lüer* § 321 Rn 2; *Braun/Bauch* § 321 Rn 9; *K Schmidt* § 321 Rn 9; abl *Dauner-Lieb* FS Gaul, 1997, S 93, 97; MK/*M Siegmann* § 321 Rn 5.

15 Vgl *Staudinger/Dobler* 2016 BGB §§ 1976 Rn 10, 1977 Rn 9 f.

§ 322 Anfechtbare Rechtshandlungen des Erben

Hat der Erbe vor der Eröffnung des Insolvenzverfahrens aus dem Nachlass Pflichtteilsansprüche, Vermächtnisse oder Auflagen erfüllt, so ist diese Rechtshandlung in gleicher Weise anfechtbar wie eine unentgeltliche Leistung des Erben.

1 **Die Vorschrift entspricht § 222 KO**; die diesbezüglichen Kommentierungen sind nach wie vor von Interesse.

2 Auf **Erbersatzansprüche**, von denen einige wenige vielleicht auch heute noch existieren werden (§ 327 Rn 12), ist § 322 analog anzuwenden (§ 1934b Abs 2 S 1 BGB – gilt nur noch für Altfälle).

3 Die Voraussetzung, dass **aus dem Nachlass** erfüllt worden ist, wird allg auch dann als gegeben erachtet, wenn der Erbe zwar Eigenvermögen eingesetzt, als Ausgleich jedoch einen als Masseverbindlichkeit (§ 324 Abs 1 Nr 1) zu erfüllenden Ersatzanspruch gegen den Nachlass nach §§ 1978 Abs 3, 1979 BGB hat.[1]

4 Die Vorschriften über die Anfechtbarkeit von unentgeltlichen Leistungen des Erben befinden sich in §§ 134, 143 Abs 2, 145 Abs 2 Nr 3.

5 Von praktischer Bedeutung ist das auf § 322 beruhende Anfechtungsrecht vor allem dann, wenn die NachlassGl die erfolgte **Erfüllung** einer in § 322 erwähnten Nachlassverbindlichkeit als **für Rechnung des Nachlasses** erfolgt gelten lassen müssen (§ 1979 BGB). Aber auch dann, wenn der Erbe den NachlassGl wegen der Berichtigung einer in § 322 erwähnten Verbindlichkeit persönlich verantwortlich ist,[2] bleibt das Anfechtungsrecht nicht ohne Wert, da

1 *N/R/Riering* § 322 Rn 4; *Uhlenbruck/Lüer* § 322 Rn 3; MK/*M Siegmann* § 322 Rn 3; *Jaeger/Weber* 8. Aufl KO § 222 Rn 11.

2 Dazu *Staudinger/Dobler* 2016 BGB § 1979 Rn 16.

die Geltendmachung der aus einer persönlichen Verantwortlichkeit des Erben folgenden Ansprüche leicht mit Weiterungen verbunden ist und bei Zahlungsunfähigkeit des Erben ohnehin nicht zum Ziel führt.[3]

3 So schon die Begr der KO-Novelle v 1898, S 49 = *Hahn/Mugdan* Bd VII S 253.

§ 323 Aufwendungen des Erben

Dem Erben steht wegen der Aufwendungen, die ihm nach §§ 1978, 1979 des Bürgerlichen Gesetzbuchs aus dem Nachlass zu ersetzen sind, ein Zurückbehaltungsrecht nicht zu.

Die Vorschrift entspricht § 223 KO. Durch den Ausschluss des Zurückbehaltungsrechts soll verhindert werden, dass sich die Verwertung der InsMasse unnötig verzögert und der InsVerw uU sogar genötigt ist, zur Erfüllung der Aufwendungsersatzansprüche des Erben Kredit aufzunehmen.[1] 1

Der Ausschluss des Zurückbehaltungsrechts ist im **Zusammenhang mit § 324 Abs 1 Nr 1 InsO** (vormals § 224 Abs 1 Nr 1 KO) zu sehen, der einen dem Erben nach §§ 1978, 1979 BGB geschuldeten Aufwendungsersatz als **Masseverbindlichkeit** ausweist und dadurch die Chance des Erben, im NachlassInsVerf „auf seine Kosten zu kommen", erhöht. IF der Masseunzulänglichkeit (§ 324 Abs 2) verliert dieser BegrZusammenhang jedoch an Überzeugungskraft; deshalb evtl teleologische Reduktion des § 323.[2] 2

Eine nach § 1981 BGB angeordnete **Nachlassverwaltung** endet mit der Eröffnung des NachlassInsVerf automatisch gem § 1988 Abs 1 BGB. **Analog § 323** ist es dem (früheren) NachlassVerw nicht gestattet, gegenüber dem NachlassInsVerw ein Zurückbehaltungsrecht wegen seiner Aufwendungen (§§ 1915, 1835 BGB) oder seines Vergütungsanspruchs (§ 1987 BGB) geltend zu machen;[3] vgl zur Einordnung der betr Ansprüche als Masseverbindlichkeiten § 324 Abs 1 Nrn 4 und 6 sowie zur Rechtslage bei Masseunzulänglichkeit (Aufrechnungsausschluss?) die in der Fn[4] Genannten. 3

Aufrechnungsmöglichkeiten des Erben (Rn 2) bzw des NachlassVerw (Rn 3) bleiben von § 323 unberührt.[5] Sie können aber aus anderen Gründen ausgeschlossen sein.[6] 4

§ 324 Masseverbindlichkeiten

(1) Masseverbindlichkeiten sind außer den in den §§ 54, 55 bezeichneten Verbindlichkeiten:

1. **die Aufwendungen, die dem Erben nach den §§ 1978, 1979 des Bürgerlichen Gesetzbuchs aus dem Nachlass zu ersetzen sind;**
2. **die Kosten der Beerdigung des Erblassers;**

1 Begr zur KO-Novelle v 1898, S 50 = *Hahn/Mugdan* Die gesamten Materialien zu den Reichs-Justizgesetzen Bd VII, S 253 f.
2 *Staudinger/Dobler* 2016 BGB § 1978 Rn 30.
3 *Staudinger/Dobler* 2016 BGB § 1988 Rn 3 mwN.
4 *AG Ottweiler* ZInsO 2000, 520; *Staudinger/Dobler* 2016 BGB § 1988 Rn 3 und § 1978 Rn 33; s ferner unten Rn 4 sowie § 94 Rn 11 ff.
5 *Uhlenbruck/Lüer* § 323 Rn 2; FK/*Schallenberg/Rafiqpoor* § 323 Rn 5; *L/S/Z/Fehl* § 323 Rn 2; *N/R/Riering* § 323 Rn 2; *K/P/B/Kemper* § 323 Rn 5; *Braun/Bauch* § 323 Rn 4; **aM** *Nöll* ZInsO 2010, 1866, 1870 ff.
6 Vgl Rn 3 aE; § 94 Rn 11 ff; *Staudinger/Dobler* 2016 BGB § 1978 Rn 33 mwN.

3. **die im Falle der Todeserklärung des Erblassers dem Nachlass zur Last fallenden Kosten des Verfahrens;**
4. **die Kosten der Eröffnung einer Verfügung des Erblassers von Todes wegen, der gerichtlichen Sicherung des Nachlasses, einer Nachlasspflegschaft, des Aufgebots der Nachlassgläubiger und der Inventarerrichtung;**
5. **die Verbindlichkeiten aus den von einem Nachlasspfleger oder einem Testamentsvollstrecker vorgenommenen Rechtsgeschäften;**
6. **die Verbindlichkeiten, die für den Erben gegenüber einem Nachlasspfleger, einem Testamentsvollstrecker oder einem Erben, der die Erbschaft ausgeschlagen hat, aus der Geschäftsführung dieser Personen entstanden sind, soweit die Nachlassgläubiger verpflichtet wären, wenn die bezeichneten Personen die Geschäfte für sie zu besorgen gehabt hätten.**

(2) Im Falle der Masseunzulänglichkeit haben die in Absatz 1 bezeichneten Verbindlichkeiten den Rang des § 209 Abs. 1 Nr. 3.

1 **In enger Anlehnung an § 224 Abs 1 KO** erweitert Abs 1 für das **Nachlass**InsVerf den Kreis der Masseverbindlichkeiten. Er begünstigt solche Aufwendungen, die typischerweise nach Eintritt des Erbfalls im Rahmen einer ordnungsgemäßen Verwaltung der Erbschaft erfolgt sind. Auch hier kommt – wie schon in §§ 321, 322 – der Grundsatz zum Tragen, dass die Wirkungen der Eröffnung des NachlassInsVerf so weit wie möglich auf den Zeitpunkt des Erbfalls zurückbezogen werden sollen.[1]

2 **Abs 1 Nr 2** enthält eine kleine Abweichung von § 224 Abs 1 Nr 2 KO. Die Rede ist nun nicht mehr von den Kosten der „standesmäßigen" Beerdigung, sondern von den Kosten „der Beerdigung des Erblassers". Eine entspr redaktionelle Änderung hat aufgrund Art 33 Nr 31 EGInsO der § 1968 BGB erfahren. Die Begr des RegE EGInsO führt hierzu aus, dass eine inhaltliche Abweichung vom bisherigen Recht nicht beabsichtigt sei.[2]

3 **Abs 1 Nr 4** umfasst auch den Vergütungsanspruch des Nachlasspflegers.[3]

4 **Abs 1 Nr 5** wurde vom OLG Köln analog angewandt auf Vergütungs- und Auslagenansprüche des Abwicklers einer Anwaltskanzlei;[4] für Analogie zu Abs 1 **Nr 6** hingegen eine frühere Entscheidung des LG Hamburg.[5]

5 **Abs 2** passt den bisherigen § 224 Abs 2 KO an die durch § 209 neu gestaltete Rangordnung der Masseverbindlichkeiten an. Durch die Verweisung auf § 209 Abs 1 Nr 3 wird zugleich (bewusst?) klargestellt, dass ein „nach … §§ 100 … bewilligte(r) **Unterhalt**" den in § 324 Abs 1 erwähnten Verbindlichkeiten im Range nachgeordnet ist. Das ist angemessen und rechtfertigt die von G Siegmann[6] kritisierte Nichterwähnung des § 100 in den Eingangsworten des § 324 **Abs 1**. Zutr ist jedoch der weitere Hinweis Siegmanns, dass die Eigenheiten des NachlassInsVerf einer Anwendung des § 100 nicht grds entgegenstehen.[7]

---

1 Begr RegE S 231.
2 BT-Drucks 12/3803, 79.
3 *BGH* FamRZ 2006, 411 (verneint deshalb die Anwendbarkeit des § 130 InsO auf bereits erlangte Deckung; vgl zur Anfechtbarkeit auch *AG Göttingen* 31.05.2017 – 21 C 14/16, ZInsO 2017, 1691 [nrk]).
4 *OLG Köln* ZInsO 2009, 2253 f = ZIP 2009, 2395, 2396 = NZI 2009, 851; dazu *Jacobi* NZI 2010, 94.
5 *LG Hamburg* NJW 1994, 1883 f [noch zur KO, aber übertragbar auf das neue Recht].
6 *G Siegmann* ZEV 2000, 221, 222; MK/*M Siegmann* § 324 Rn 2.
7 **AM** § 100 Rn 4; *Jaeger/Schilken* § 100 Rn 6.

Masseverbindlichkeiten sind auch Verbindlichkeiten aus einem nach Eröffnung des NachlassInsVerf aufgestellten **Sozialplan**. Dass die Eingangsworte des § 324 Abs 1 neben §§ 54, 55 nicht auch **§ 123 Abs 2** ausdrücklich erwähnen, steht dieser Einordnung nicht entgegen.[8] In **Abs 1** des § 324 durfte § 123 Abs 2 schon deshalb nicht erwähnt werden, weil die Abs 2 und 3 des § 123 die Masseschuldqualität eines nach VerfEröffnung aufgestellten Sozialplans mit einem derart schlechten Rang verbinden, dass die in § 324 Abs 2 ausgesprochene Verweisung auf § 209 Abs 1 Nr 3 zu hoch gegriffen wäre. Bei Masseunzulänglichkeit erhalten die SozialplanGl **nichts** (§ 123 Abs 2 S 2). 6

Dem Gesetzgeber ist zu empfehlen, **das Problem der „vergessenen" Masseverbindlichkeiten** (Rn 5 f) durch eine Umformulierung der Eingangsworte des § 324 Abs 1 zu lösen. **Die Worte „außer den in den §§ 54, 55 bezeichneten Verbindlichkeiten" sollten ersetzt werden durch das Wort „auch".** 7

Nicht erst aus § 324, sondern bereits aus § 55 Abs 1 Nr 1 folgt nach Ansicht des BFH der Masseschuldcharakter einer nach Eröffnung des InsVerf entstandenen **Steuerschuld** für Einkünfte, die „während der Nachlassverwaltung" [während des NachlassInsVerf?] aufgrund der Anlage von Mitteln des Nachlasses erzielt wurden.[9] Das lässt sich auf den Fall übertragen, dass der Erbe während des laufenden NachlassInsVerf ein ihm als **Erbes**erbe (§ 1952 BGB) zustehendes Recht zur Annahme einer zum Nachlass gehörenden (weiteren) Erbschaft annimmt oder, was gem § 1943 BGB gleichsteht, die diesbezügliche Ausschlagungsfrist verstreichen lässt: Die in diesem Fall zu zahlende (zusätzliche) **Erbschaftsteuer** ist Masseverbindlichkeit iSd § 55 Abs 1 Nr 1.[10] 8

Haftung des Erben: Nicht nur gegenüber den InsGl, sondern auch **gegenüber den MasseGl** des NachlassInsVerf haftet der Erbe während des Verfahrens (§ 1975 BGB) und nach Verfahrensende (§ 1989 BGB) nicht mehr mit seinem Eigenvermögen, sondern nur noch mit dem Nachlass(rest).[11] Nach einer im Schrifttum vertretenen Ansicht[12] soll der Erbe für die **Masseverbindlichkeiten** aber auch dann nicht mit seinem Eigenvermögen einstehen müssen, wenn er das Recht, seine Haftung für die Nachlassverbindlichkeiten auf den Nachlass zu beschränken (zB durch Erhebung der Erschöpfungseinrede, § 1989 BGB), nach § 1994 Abs 1 S 2 BGB oder nach § 2005 Abs 1 BGB (jeweils iVm § 2013 Abs 1 S 1 BGB) verloren hat. Das ist mE nicht richtig. Zwar hat der *BGH* mit Urt v 24.9.2009 entschieden, dass die **Gesellschafter einer OHG** trotz § 128 HGB weder für die Kosten des InsVerf über das Vermögen der Gesellschaft noch für die vom InsVerw in diesem Verfahren begründeten Masseverbindlichkeiten persönlich haften.[13] Dieser restriktive Standpunkt ist jedoch nicht auf den Fall übertragbar, dass ein **Erbe** sein Haftungsbeschränkungsrecht durch **Nicht- oder Schlechterfüllung seiner Inventarpflicht** verwirkt hat: Die in § 1994 Abs 1 S 2 und § 2005 Abs 1 BGB angeordnete „unbeschränkte" Haftung des Erben für die Nachlassverbindlichkeiten stellt eine Sanktion für persönliches und tendenziell gläubigergefährdendes Fehlverhalten dar, auf welche die Ausnahmen, die man von der unbeschränkten Haftung von Gesellschaftern (§ 128 HGB) macht, nicht ohne weiteres übertragen werden dürfen. 9

---

8 Zutr *G Siegmann* ZEV 2000, 221, 222.

9 *BFH* ZIP 2016, 2487, 2488 [Rn 7] mit Anm *Kahlert*.

10 Logische Konsequenz aus der kein Nachlass-, sondern ein ErbenInsVerf betr Entscheidung *BFH* 5.4.2017 – II R 30/15, ZInsO 2017, 1856 ff.

11 *Staudinger/Dobler* 2016 BGB § 1989 Rn 19, 27.

12 *Brinkmann* Die Bedeutung der §§ 92, 93 InsO für den Umfang der Insolvenz- und Sanierungsmasse, 2001, S 193; *Häsemeyer* InsR Rn 33.33 Fn 90.

13 *BGH* ZInsO 2009, 2198 ff; grds übereinstimmend *Marotzke* ZInsO 2008, 57 ff; vgl auch o § 93 Rn 16 ff, 25.

10 **Kritik des § 324:** Im Schrifttum ist der Vorrechtskatalog des § 324 als zu weit gehend kritisiert worden.[14]

14 Vgl *Muscheler* Erbrecht Bd II, 2010, Kap 15 Rn 3638 ff.

§ 325 Nachlassverbindlichkeiten

Im Insolvenzverfahren über einen Nachlass können nur die Nachlassverbindlichkeiten geltend gemacht werden.

Übersicht

I. Verhältnis zum früheren Recht

1 Nachdem § 226 Abs 1 KO bestimmte, dass im Nachlasskonkurs **jede** Nachlassverbindlichkeit geltend gemacht werden könne, legt der dieser Vorschrift entspr § 325 InsO mehr Wert auf die Feststellung, dass im NachlassInsVerf **nur** Nachlassverbindlichkeiten geltend gemacht werden können. Richtig sind sowohl nach bisherigem als auch nach neuem InsR **beide** Aussagen[1] – von Rn 3 f einmal abgesehen.

II. Nachlassverbindlichkeiten

2 Eine **Legaldefinition** des Begriffs „Nachlassverbindlichkeit" findet sich in § 1967 Abs 2 BGB. Nachlassverbindlichkeiten sind danach sowohl die „vom Erblasser herrührenden" Schulden als auch die „den Erben als solchen treffenden" Verbindlichkeiten. Zahlreiche **Einzelbeispiele** werden präsentiert bei *Staudinger/Dutta* 2016 BGB § 1967 Rn 8 ff (mit alphabetischer Übersicht unmittelbar vor Rn 1). § 325 stellt klar, dass im NachlassInsVerf „nur" **Nachlass**verbindlichkeiten geltend gemacht werden können (Rn 1). IdR handelt es sich um „normale" InsFord gem § 38, manchmal aber auch um Masseverbindlichkeiten (zB §§ 53 ff, 324) oder um „nachrangige" InsForderungen (§§ 39, 327). **In einem NachlassInsVerf, das aus einem „normalen" InsVerf hervorgegangen ist** (also aus einem InsVerf, das bereits zurzeit des Erbfalls über dem Vermögen des Erblassers schwebte; vgl Vor §§ 315 ff Rn 3), **können abw vom Wortlaut des § 38 auch solche Nachlassverbindlichkeiten als InsFord geltend gemacht werden, die erst nach Eröffnung des – ursprünglichen – InsVerf begründet wurden.**[2]

3 **Eigenverbindlichkeiten des Erben** sind nur zu berücksichtigen, soweit sie zugleich Nachlassverbindlichkeiten sind (sog Nachlasserbenschulden[3]) oder es sich auf Aktivseite um Aus-

1 Vgl auch Begr RegEInsO, S 232.

2 Zutr *Nöll* Der Tod des Schuldners in der Insolvenz, 2005, Rn 354 ff, 482, 510; **aM** *BGH* 26.9.2013 – IX ZR 3/13, ZInsO 2014, 40 = ZIP 2014, 137 [Rn 13 ff]; *OLG München* 28.4.2014 – 31 Wx 5/14, ZInsO 2014, 1343, 1344 (ad II 2 c) = NZI 2014, 527, 528 mit Anm *Cymutta*; *Köke/Schmerbach* ZVI 2007, 497, 499 f.

3 Vgl Begr RegE S 232; ausf *Staudinger/Dutta* 2016 BGB § 1967 Rn 4 ff. Speziell zur **Erbschaftsteuer** vgl Staudinger/*Dutta* BGB § 1967 Rn 33 ff; *FG Münster* 30.4.2014 – 3 K 1915/12 Erb, ZInsO 2014, 1402 f; *BFH* 20.1.2016 – II R 34/14, ZInsO 2016, 2203 f; die allerdings kein Nachlass-, sondern ein ErbenInsVerf betr Entscheidung *BFH* 5.4.2017 – II R 30/15, ZInsO 2017, 1856 ff sowie den einen ziemlich seltenen Sonderfall betr Hinweis bei § 324 Rn 8.

oder Absonderungsrechte handelt (zB dingliche Herausgabeansprüche[4] gegen den InsVerw oder Grundpfandrechte an Nachlassgrundstücken[5]).

4 Wenn mehrere Erben vorhanden sind, kann es vorkommen, dass eine Nachlassverbindlichkeit entgegen dem ursprünglichen Sinn des Wortes nicht auf dem gesamten Nachlass, sondern nur auf einem oder einigen der mehreren Erbteile ruht (sog **Erbteilsverbindlichkeiten**).[6] Auch solche Verbindlichkeiten können im NachlassInsVerf geltend gemacht werden (jedoch fehlt dem Gl idR ein eigenes Antragsrecht nach § 317 Abs 1; s dort Rn 20). Geschieht dies, so müssen uU Sondermassen[7] gebildet werden. Aus den Anteilen der ihm nicht haftenden Miterben kann der Gl keine Befriedigung beanspruchen.[8]

III. Rechtsverfolgung außerhalb des Insolvenzverfahrens

5 § 325 thematisiert nur die Geltendmachung von Forderungen **im** NachlassInsVerf.

6 **Außerhalb** des NachlassInsVerf können selbstverständlich auch die **EigenGl** des Erben ihre Forderungen durchsetzen. Das NachlassInsVerf hindert sie nicht am Zugriff auf das Eigenvermögen des Erben. Sollten die EigenGl jedoch in den Nachlass zu vollstrecken versuchen, so werden sie je nach Zeitpunkt uU an § 321 (s dort Rn 5) oder § 88 oder § 89 Abs 1 scheitern. Die beiden letztgenannten Vorschriften gelten zwar dem Wortlaut nach nur zu Lasten von InsGl; jedoch müssen sie erst recht (analog) angewendet werden, wenn der in Nachlassgegenstände vollstreckende Gl nicht einmal InsGl, sondern als EigenGl des Erben durch § 325 ganz von der Teilnahme am NachlassInsVerf ausgeschlossen ist.[9]

7 Umstr ist, ob und unter welchen Voraussetzungen ein **NachlassGl** seine Forderung **außerhalb** eines schwebenden NachlassInsVerf verfolgen kann.[10] Zu Problemen führt in diesem Zusammenhang die von § 12 KO („aus der Konkursmasse") abw Formulierung des § 87 InsO.[11] Ein Zivilprozess, der eine Nachlassverbindlichkeit betrifft, wird bei Eröffnung des NachlassInsVerf unterbrochen (§ 240 S 1 ZPO).[12] Dies gilt jedenfalls dann, wenn der Erbe sein Haftungsbeschränkungsrecht in Bezug auf die streitgegenständliche Forderung noch nicht verloren hat.[13] Andernfalls richtet sich seine Forderung nicht nur gegen den Nachlass, sondern trotz § 1975 BGB auch gegen das Privatvermögen des Erben.[14] Eine analoge

4 Zu deren Einordnung als Nachlass- oder Eigenverbindlichkeiten vgl *Rebmann* Der Eintritt des Erben in pflichtbelastete Rechtspositionen, 2004, S 68 ff, 80, 250 f.
5 *Staudinger/Dutta* 2016 BGB § 1967 Rn 36; *Rebmann* Der Eintritt des Erben in pflichtbelastete Rechtspositionen, 2004, S 81 ff, 96 ff, 100.
6 Dazu *Staudinger/Marotzke* 2016 BGB § 2058 Rn 24 ff mit Beispielen.
7 Vgl *BGH* KTS 1979, 76, 80 f.
8 *Staudinger/Marotzke* 2016 BGB § 2058 Rn 31.
9 Vgl auch *Staudinger/Dobler* 2016 BGB § 1975 Rn 6.
10 Dazu MK/*M Siegmann* § 325 Rn 10 ff; großzügiger *Staudinger/Dutta* 2016 BGB Vor §§ 1967 ff Rn 29 ff.
11 Vgl *BGH* ZIP 2004, 2345, 2346 = ZInsO 2005, 95 f = NZI 2005, 108, 109 = NJW-RR 2005, 241 f; *Staudinger/Dutta* 2016 BGB Vor §§ 1967 ff Rn 33.
12 *OLG Köln* NZI 2002, 686 f = ZInsO 2002, 1142 = NJW-RR 2003, 47 f = FamRZ 2003, 688 f; *OLG Köln* NZI 2003, 58 f = NJW-RR 2003, 264 f = ZInsO 2002, 1184 ff = ZIP 2003, 1056 ff; zu den Rechtsfolgen einer „Freigabeerklärung" des NachlassInsVerw s *BGH* ZIP 2003, 2271 f = NJW-RR 2004, 136 f = ZInsO 2004, 88 f.
13 Vgl *Staudinger/Dutta* 2016 BGB Vor §§ 1967 ff Rn 32 f; ohne eine solche Differenzierung argumentiert das *OLG Köln* aaO anhand eines Falles, in welchem das von dem Erben angegriffene erstinstanzliche Urt nicht den Vorbehalt des § 780 Abs 1 ZPO enthielt.
14 Zu den prozessualen Konsequenzen s *Staudinger/Dutta* 2016 BGB Vor §§ 1967 ff Rn 31.

Anwendung von § 93 oder § 334 Abs 1 wird hier nicht zulässig sein.[15] Im Zusammenhang mit einem Fall, in welchem dem Erben das Haftungsbeschränkungsrecht anscheinend noch zustand, hat der BGH entschieden, dass ein durch Eröffnung des NachlassInsVerf unterbrochener Rechtsstreit eines NachlassGl (InsGl) gegen den Erben gegen den Letzteren nur dann aufgenommen werden könne, wenn der Erbe der KlageFo nach Anmeldung zur Tabelle widersprochen habe.[16] Eine weitere Entscheidung des BGH[17] befasst sich ausführlich mit der Frage einer „Unterbrechung des Verfahrens der Nichtzulassungsbeschwerde gegen ein Berufungsurteil, mit dem ein **Urteil eines ausländischen Gerichts** für vollstreckbar erklärt worden ist, das zur Zahlung aus einem Nachlass verurteilt hat, über den im Inland ein NachlassInsVerf eröffnet worden ist" (Leitsatz).

§ 326 Ansprüche des Erben

(1) Der Erbe kann die ihm gegen den Erblasser zustehenden Ansprüche geltend machen.

(2) Hat der Erbe eine Nachlassverbindlichkeit erfüllt, so tritt er, soweit nicht die Erfüllung nach § 1979 des Bürgerlichen Gesetzbuchs als für Rechnung des Nachlasses erfolgt gilt, an die Stelle des Gläubigers, es sei denn, dass er für die Nachlassverbindlichkeiten unbeschränkt haftet.

(3) Haftet der Erbe einem einzelnen Gläubiger gegenüber unbeschränkt, so kann er dessen Forderung für den Fall geltend machen, dass der Gläubiger sie nicht geltend macht.

Übersicht

I. Verhältnis zum früheren Recht

1 Die Vorschrift entspricht dem bisherigen § 225 KO; die diesbezüglichen Kommentierungen sind weiterhin verwendbar.

II. Geltendmachung von gegen den Erblasser gerichteten Ansprüchen des Erben (Abs 1)

2 Indem Abs 1 ausspricht, dass der Erbe im NachlassInsVerf auch die ihm gegen den Erblasser zustehenden Ansprüche geltend machen kann, bestätigt er nur eine selbstverständliche Folge des § 1976 BGB. Wie ein Gegenschluss aus § 2013 Abs 1 S 1 BGB ergibt, gilt § 1976 BGB und deshalb auch § 326 Abs 1 InsO unabhängig davon, ob der Erbe beschränkt oder unbeschränkt haftet.

III. Forderungsübergang auf den Erben nach Gläubigerbefriedigung (Abs 2)

3 Gem § 1979 BGB müssen die NachlassGl die vor VerfEröffnung vom Erben bewirkte Berichtigung einer Nachlassverbindlichkeit als für Rechnung des Nachlasses erfolgt gelten lassen, wenn der Erbe den Umständen nach annehmen durfte, dass der Nachlass zur Berichtigung aller Nachlassverbindlichkeiten ausreiche. Der Erbe hat dann unter der weiteren

15 Vor §§ 315 ff Rn 1.
16 *BGH* ZIP 2004, 2345, 2346 = ZInsO 2005, 95 f = NZI 2005, 108, 109 = NJW-RR 2005, 241f; tendenziell großzügiger *Staudinger/Dutta* 2016 BGB Vor §§ 1967 ff Rn 32.
17 *BGH* FamRZ 2008, 1749 ff.

Voraussetzung, dass die Berichtigung der Nachlassverbindlichkeit mit Mitteln seines Eigenvermögens erfolgte, einen Ersatzanspruch gegen den Nachlass nach § 1978 Abs 3 BGB, den er im NachlassInsVerf als Masseverbindlichkeit (§ 324 Abs 1 Nr 1) geltend machen kann. Dieser Fall erschien dem Gesetzgeber unproblematisch und wird deshalb in § 326 nicht erwähnt (vgl jedoch Rn 6).

Kein Ersatzanspruch nach § 1978 Abs 3 BGB (Rn 3) besteht, soweit die Erfüllung der Nachlassverbindlichkeit **nicht** nach § 1979 BGB als für Rechnung des Nachlasses erfolgt gilt. In diesem Fall soll jedoch nach § 326 Abs 2 der Erbe, sofern er nicht für „die" (also für sämtliche) Nachlassverbindlichkeiten unbeschränkt haftet, an die Stelle des von ihm befriedigten Gl treten. Dadurch wird vermieden, dass die dem befriedigten Gl gleich- oder nachstehenden Gl auf Kosten des Erben um den Betrag bereichert werden, der auf die Forderung des befriedigten Gl entfallen wäre, wenn dieser, statt vom Erben die geschuldete Leistung zu erhalten, sich am NachlassInsVerf beteiligt hätte.[1] Diese Rechnung stimmt freilich nur, wenn der Erbe die zur Befriedigung des NachlassGl verwendeten Mittel seinem Eigenvermögen entnommen oder zwar aus dem Nachlass entnommen, diesem jedoch das Entnommene aus dem Eigenvermögen erstattet hat. Nur unter dieser (ungeschriebenen) Voraussetzung wird man § 326 Abs 2 anwenden dürfen.[2] Als Rechtsgrundlage der Verpflichtung zur Rückerstattung des aus dem Nachlass entnommenen Betrages kommen § 280 Abs 1 BGB (wegen Verletzung des in § 1978 Abs 1 S 1 BGB fingierten Auftragsverhältnisses) oder §§ 1978 Abs 1 S 2, 678 BGB in Betracht.[3] Das OLG Düsseldorf und Küpper haben hierzu mit beachtlichen, gleichwohl nicht völlig überzeugenden Begr die Ansicht vertreten, dass sich ein solcher Erstattungsanspruch nicht auf den gesamten entnommenen Betrag, sondern nur auf Zahlung dessen richte, was den gleich- und den besserrangigen übrigen NachlassGl durch die unberechtigte Vorabbefriedigung des Einen entgehe.[4] Allein der Umstand, dass dem NachlassInsVerw (s § 1978 Abs 2 BGB, § 92) nur dieser geringere Betrag erstattet wird, berechtigt aber nicht zur Anwendung des § 326 Abs 2.[5] 4

Um die erwähnte (Rn 4) ungerechtfertigte Bereicherung der übrigen NachlassGl zu vermeiden, wird man annehmen müssen, dass auch etwaige mit der Forderung des befriedigten NachlassGl verbundene **dingliche Sicherungsrechte** (Pfandrechte oder Hypotheken), falls sie auf **Nachlassgegenständen** lasten,[6] analog §§ 412, 401 BGB auf den Erben übergehen und ihm ein Absonderungsrecht geben. Andererseits können gegen ihn gem §§ 412, 404 BGB dieselben **Einreden** geltend gemacht werden wie zuvor gegen den befriedigten NachlassGl.[7] War die vom Erben erfüllte Nachlassverbindlichkeit bereits vor Eröffnung des NachlassInsVerf „begründet", so handelt es sich idR um eine **InsFord** (§ 38). Ausnahmen sind jedoch denkbar (zB gem § 342 Abs 1, gem § 55 Abs 2, gem § 55 Abs 1 Nr 2 Alt 2 iVm 5

1 Vgl Begr KO-Novelle 1898, S 51 = *Hahn/Mugdan* Bd VII S 254 f.

2 *Staudinger/Dobler* 2016 BGB § 1979 Rn 14, 16; MK/*M Siegmann* § 326 Rn 6; **aM** *Uhlenbruck/Lüer* § 326 Rn 4.

3 *Staudinger/Dobler* 2016 BGB § 1979 Rn 16.

4 *OLG Düsseldorf* ZEV 2000, 236 ff (s auch 282) mit Anm *Küpper*; vgl zu einer ähnlichen Problematik *BGHZ* 146, 264 f, 278 ff (LS c und Abschn III der Gründe); *OLG Schleswig* ZIP 2003, 856 ff.

5 Ebenso die *Vorgenannten*.

6 Wie hier insb *J v Olshausen* Gläubigerrecht und Schuldnerschutz bei Forderungsübergang und Regreß, 1988, S 211 ff; *Staudinger/Dobler* 2016 BGB § 1979 Rn 14; ohne diese Einschränkung MK-BGB/*Küpper* § 1979 Rn 5; unentschieden *Meier* Gesamtschulden, 2010, S 466 f.

7 Ausf und mit Nachweisen *Staudinger/Dobler* 2016 BGB § 1979 Rn 14.

§ 108 Abs 1 oder beim **Wohngeld** für eine zum Nachlass gehörende Eigentumswohnung[8]). Soweit es sich um eine **Masseverbindlichkeit** handelt, kann sich hierauf im Fall des Abs 2 auch der Erbe berufen (Analogie zu §§ 412, 401 Abs 2 BGB).[9]

6 **Der Weg über § 326 Abs 2 InsO ist für den Erben mitunter günstiger als der bei Rn 3 beschriebene**.[10] Aus diesem Grunde sollte man demjenigen Erben, dessen Schuldentilgung nach § 1979 BGB gerechtfertigt ist, ein **Wahlrecht** zugestehen, aufgrund dessen er statt des bei Rn 3 beschriebenen Weges den des – insofern zu eng gefassten und deshalb nur analog anwendbaren – § 326 Abs 2 gehen kann.[11]

7 Auf den Fall, dass nicht ein NachlassInsVerf eröffnet, sondern eine **Nachlassverwaltung** (§§ 1981 ff BGB) angeordnet ist, wird man § 326 Abs 2 analog anzuwenden haben.[12]

IV. Geltendmachung fremder Forderung durch den Erben (Abs 3)

8 Auf der gleichen Erwägung wie Abs 2 (Rn 4) beruht Abs 3. Haftet der Erbe gegenüber einem **einzelnen** NachlassGl unbeschränkt, so sollen andere NachlassGl, für deren Forderungen der Erbe wegen des eröffneten NachlassInsVerf nur beschränkt haftet (§ 1975 BGB), nicht zu Lasten des Erben davon profitieren, dass der erstgenannte Gl seine Forderung nicht im NachlassInsVerf anmeldet, sondern auf das Eigenvermögen des Erben spekuliert. Deshalb kann der Erbe die Forderung des erstgenannten Gl im NachlassInsVerf geltend machen unter der Voraussetzung, dass der Gl das nicht selbst tut (Abs 3). Das gilt auch, wenn der Erbe die Forderung dieses NachlassGl **während** des NachlassInsVerf aus seinem Eigenvermögen erfüllt hat; in Ansehung des Abs 3 wird die Forderung als fortbestehend zu fingieren sein. Erfolgt die Erfüllung **vor** Verfahrenseröffnung, so gilt das bei Rn 3 ff Ausgeführte. Die Anwendung des dort erwähnten § 1979 BGB wird dadurch, dass der Erbe nur gegenüber **einzelnen** NachlassGl unbeschränkt haftet, nicht ausgeschlossen (§ 2013 Abs 2 BGB).

§ 327 Nachrangige Verbindlichkeiten

(1) Im Rang nach den in § 39 bezeichneten Verbindlichkeiten und in folgender Rangfolge, bei gleichem Rang nach dem Verhältnis ihrer Beträge, werden erfüllt:
1. die Verbindlichkeiten gegenüber Pflichtteilsberechtigten;
2. die Verbindlichkeiten aus den vom Erblasser angeordneten Vermächtnissen und Auflagen;
3. *(gestrichen)*

(2) [1]Ein Vermächtnis, durch welches das Recht des Bedachten auf den Pflichtteil nach § 2307 des Bürgerlichen Gesetzbuchs ausgeschlossen wird, steht, soweit es den Pflichtteil nicht übersteigt, im Rang den Pflichtteilsrechten gleich. [2]Hat der Erblasser durch Verfügung von Todes wegen angeordnet, dass ein Vermächtnis oder eine Auflage vor einem anderen Vermächtnis oder einer anderen Auflage erfüllt werden soll, so hat das Vermächtnis oder die Auflage den Vorrang.

---

8 Vgl zum letztgenannten Bsp *Lüke* FS Kirchhof, 2003, S 287 ff; *Rebmann* Der Eintritt des Erben in pflichtbelastete Rechtspositionen, 2004, S 188 ff, 241 ff; *BGH* ZIP 2010, 2356 ff.

9 IE ebenso *Rebmann* Der Eintritt der Erben in pflichtbelastete Rechtspositionen, 2004, S 242 ff.

10 Vgl zB Rn 5; *Staudinger/Dobler* 2016 BGB § 1979 Rn 11.

11 *Staudinger/Dobler* 2016 BGB § 1979 Rn 15 mwN; zust *Braun/Bauch* § 326 Rn 9; **aM** MK/*M Siegmann* § 326 Rn 5 aE; unentschieden *Meier* Gesamtschulden, 2010, S 465 f.

12 Vgl *Staudinger/Dobler* 2016 BGB § 1979 Rn 15; **anders** die dort nachgewiesene hM.

(3) [1]Eine Verbindlichkeit, deren Gläubiger im Wege des Aufgebotsverfahrens ausgeschlossen ist oder nach § 1974 des Bürgerlichen Gesetzbuchs einem ausgeschlossenen Gläubiger gleichsteht, wird erst nach den in § 39 bezeichneten Verbindlichkeiten und, soweit sie zu den in Absatz 1 bezeichneten Verbindlichkeiten gehört, erst nach den Verbindlichkeiten erfüllt, mit denen sie ohne die Beschränkung gleichen Rang hätte. [2]Im Übrigen wird durch die Beschränkungen an der Rangordnung nichts geändert.

Übersicht

I. Verhältnis zum früheren Recht

Das neue InsR kennt nur normale (§ 38) und nachrangige (§§ 39, 327), gesicherte (§§ 49 ff, 165 ff) und ungesicherte, nicht auch vorrangige InsForderungen (anders noch § 61 Abs 1 Nr 1–5 KO). 1

Die Reihenfolge der nachrangigen Nachlassverbindlichkeiten (InsForderungen) war früher in § 226 Abs 2–4 KO und § 227 KO geregelt. Soweit diese Regelung die Zinsen der InsFord, die Nebenfolgen einer Straftat oder Ordnungswidrigkeit und die Verbindlichkeiten aus einer „Freigebigkeit" unter Lebenden betraf (§ 226 Abs 2 Nr 1–3 KO), hat sie nunmehr ihr Gegenstück in § 39 Abs 1 Nr 1, 3, 4. Anders als nach früherem Recht (§ 63 KO) sollen derartige Verbindlichkeiten nicht nur im Nachlass-, sondern in **jedem** InsVerf – allerdings nur nachrangig – geltend gemacht werden können. Im Übrigen wurde die Regelung der KO inhaltlich übernommen, § 227 KO allerdings zu § 39 Abs 2 verallgemeinert und vorverlagert (s Rn 5). 2

G Siegmann weist zu Recht darauf hin, dass die in den Eingangsworten des § 327 Abs 1 enthaltene **Bezugnahme auf § 39** gegenstandslos ist, soweit die in § 39 (zB in Abs 1 Nr 3, 4) bezeichneten Verbindlichkeiten beim Erbfall erlöschen[1] oder, man denke an § 39 Abs 1 Nr 5, auf Schuldnerseite eine Gesellschaft voraussetzen.[2] Ein Grund, den § 327 umzuformulieren, ist hierin jedoch nicht zu erblicken. Denn § 327 regelt nicht, welche Ansprüche bestehen, sondern nur das Rangverhältnis etwa bestehender Ansprüche. 3

II. Definition und Konsequenzen des Nachrangs im Allgemeinen

Die bereits bei Rn 3 angesprochenen Eingangsworte des § 327 Abs 1 („im Rang nach den in § 39 bezeichneten Verbindlichkeiten") sollen klarstellen, dass Pflichtteilsverbindlichkeiten, Vermächtnisse und Auflagen (Abs 1 Nr 1 f, bisher KO § 226 Abs 2 Nr 4 ff) im Rang nach **allen** anderen Verbindlichkeiten einzuordnen sind, also auch nach den in § 39 Abs 2 erwähnten Verbindlichkeiten aus Darlehen mit vertraglichem Nachrang.[3] Im Verhältnis zu den Darlehen mit vertraglichem Nachrang dürfte dies jedoch nur „im Zweifel" (vgl § 39 Abs 2) anzunehmen sein, dh soweit sich aus der getroffenen Vereinbarung nichts anderes ergibt. Zu Erbersatzansprüchen vgl 5. Aufl § 327 Rn 12 ff. 4

1 Vgl bzgl Geldstrafen usw auch *Staudinger/Dutta* 2016 BGB § 1967 Rn 18.
2 *G Siegmann* ZEV 2000, 221, 222; MK/*M Siegmann* § 327 Rn 1, 3.
3 Vgl Begr RegE S 232.

5 **Zins- und KostenFord** nachrangiger InsGl haben den gleichen Rang wie die entspr Hauptforderungen.[4]

6 Ergänzt wird § 327 durch § 328.

7 **Das Recht, die Eröffnung des NachlassInsVerf zu beantragen**, steht nach Maßgabe des bei § 317 Rn 18 f Ausgeführten auch den nachrangigen NachlassGl zu.

8 **Insolvenzplan**: vgl Vor §§ 315–334, Rn 4 f.

III. Absatz 1

9 **1. Rechtsfolge.** Wie der bisherige § 226 Abs 2 KO weist auch § 227 Abs 1 InsO den bei Rn 10 f erwähnten Verbindlichkeiten für das NachlassInsVerf **die letzten Rangstellen** zu. Modifiziert wird diese Zuweisung durch Sondervorschriften in Abs 2 und 3. Vgl im Übrigen Rn 4 ff.

10 **2. Betroffene Verbindlichkeiten.** Von Abs 1 erfasst werden: Verbindlichkeiten gegenüber **Pflichtteilsberechtigten** (§§ 1967 Abs 2, 2303 ff BGB), Verbindlichkeiten aus vom Erblasser angeordneten **Vermächtnissen** und **Auflagen** (§§ 1967 Abs 2, 2147 ff, 2192 ff BGB) und – soweit noch denkbar (Rn 12) – Verbindlichkeiten gegenüber **Ersatzberechtigten**.

11 Wie sich aus den Materialien des dem § 327 Abs 1 Nr 2 InsO entspr § 226 Abs 2 Nr 5 KO ergibt, sollen den „vom Erblasser angeordneten" Vermächtnissen und Auflagen die in §§ 1932, 1969 BGB geregelten **gesetzlichen** Vermächtnisse auch hinsichtlich des Ranges gleichstehen.[5]

12 **Erbersatzansprüchen** wies § 327 Abs 1 Nr 3 InsO idF der Veröffentlichung in BGBl I 1994, 2866 die letzte Rangstelle zu. Das entsprach § 226 Abs 2 Nr 6 KO. Noch vor Inkrafttreten der InsO wurden jedoch sowohl § 226 Abs 2 Nr 6 KO als auch § 327 Abs 1 Nr 3 InsO aufgehoben durch Art 5 und 6 des G zur erbrechtlichen Gleichstellung nichtehelicher Kinder (ErbGleichG) v 16.12.1997.[6] Das harmoniert zwar mit der in Art 1 ErbGleichG enthaltenen Änderung der §§ 1371 Abs 4, 1930 BGB und der ebenfalls auf Art 1 ErbGleichG beruhenden Aufhebung der §§ 1934a–1934e, 2338a BGB, bedarf aber in einem Punkt der klarstellenden Interpretation. Denn **unerfüllte und unverjährte**[7] **Erbersatzansprüche** kann es aufgrund der Übergangsvorschrift des Art 227 EGBGB (vgl BerichtigungsG v 17.3.1998[8]) auch noch nach Inkrafttreten der InsO geben. Da nicht anzunehmen ist, dass die Verf des ErbGleichG den insolvenzrechtlichen Rang derartiger Ansprüche im Vergleich zum bisherigen Recht verändern wollten, ist analog Art 227 EGBGB von einer übergangsrechtlichen **Fortwirkung des § 226 Abs 1 Nr 6 KO** (für vor dem 1.1.1999 beantragte NachlasskonkursVerf) **bzw des § 327 Abs 1 Nr 3 InsO** (für nach dem 31.12.1998 beantragte NachlassInsVerf) auszugehen.[9] Wegen der weiteren Details kann auf die 5. Aufl dieses Kommentars (§ 327 Rn 13 f) verwiesen werden.

---

4 Begr RegE S 232 mit Hinweis auf den dem bisherigen § 227 KO nachgebildeten, jedoch von der Beschränkung auf das NachlassInsVerf befreiten § 39 Abs 3 InsO.

5 Begr KO-Novelle 1898, S 52 = *Hahn/Mugdan* Bd VII S 256.

6 BGBl I, 2968.

7 Speziell zur Verjährung vgl *Staudinger/Werner* 2000 BGB § 1934b Rn 34 f.

8 BGBl I, 524.

9 Vgl auch *Rauscher* ZEV 1998, 41, 45; RegE ErbGleichG in BT-Drucks 13/4183, 14; an letztgenannter Stelle wird, allerdings unter Bezugnahme auf eine in der endgültigen Gesetzesfassung so nicht vorkommende Formulierung, gesagt: „… stellt sicher, dass auch hinsichtlich der verfahrensrechtlichen Abwicklung bereits vor Inkrafttreten des neuen Rechts eintretender Erbfälle die bisherigen Vorschriften … fortgelten."

IV. Absatz 2

Abs 2 entspricht dem bisherigen § 226 Abs 3 KO. Abs 2 S 1 ist aus sich heraus verständlich. 13
Abs 2 S 2 setzt eine Anordnung iSd § 2189 BGB voraus. Im Übrigen kann auf die Komm zu § 226 Abs 3 KO verwiesen werden.

V. Absatz 3

Abs 3 entspricht dem bisherigen § 226 Abs 4 KO. Wie dieser steht er in engem Zusammen- 14
hang mit den Rechtsfolgen der §§ 1973 Abs 1, 1974 BGB.

§ 328 Zurückgewährte Gegenstände

(1) Was infolge der Anfechtung einer vom Erblasser oder ihm gegenüber vorgenommenen Rechtshandlung zur Insolvenzmasse zurückgewährt wird, darf nicht zur Erfüllung der in § 327 Abs. 1 bezeichneten Verbindlichkeiten verwendet werden.

(2) Was der Erbe auf Grund der §§ 1978 bis 1980 des Bürgerlichen Gesetzbuchs zur Masse zu ersetzen hat, kann von den Gläubigern, die im Wege des Aufgebotsverfahrens ausgeschlossen sind oder nach § 1974 des Bürgerlichen Gesetzbuchs einem ausgeschlossenen Gläubiger gleichstehen, nur insoweit beansprucht werden, als der Erbe auch nach den Vorschriften über die Herausgabe einer ungerechtfertigten Bereicherung ersatzpflichtig wäre.

Die Vorschrift entspricht dem bisherigen **§ 228 KO.** 1

Abs 1 meint mit „Anf" nicht eine solche nach §§ 119 ff BGB, sondern die Anf nach §§ 129 ff 2
InsO. Die angefochtene Rechtshandlung muss vom **Erblasser** oder ihm gegenüber vorgenommen worden sein; nicht erfasst sind die Fälle des bestimmte Rechtshandlungen des **Erben** für anfechtbar erklärenden § 322. Zur Rechtfertigung des früheren § 228 Abs 1 KO (dem der § 328 Abs 1 InsO entspricht) ist angeführt worden, dass die Anfechtbarkeit einer vom **Erblasser** oder ihm gegenüber vorgenommenen Rechtshandlung „nur dem Schutze derjenigen dienen soll, welche bereits Gl des **Erblassers** waren".[1] An dieser Voraussetzung fehlt es aber nicht nur bei den in § 327 Abs 1 bezeichneten, sondern auch noch bei einigen anderen Nachlassverbindlichkeiten.[2] Insoweit könnte sich irgendwann die Frage einer analogen Anwendbarkeit des § 328 Abs 1 stellen.

Die in Abs 1 ausgesprochene Bezugnahme auf die „in § 327 Abs 1 bezeichneten Verbind- 3
lichkeiten" meint nur die in § 327 Abs 1 **Nr 1 ff** bezeichneten Verbindlichkeiten, erfasst also nicht auch den in den Eingangsworten des § 327 Abs 1 abgrenzend zitierten § 39.[3] Auf die in § 39 bezeichneten Verbindlichkeiten (§ 327 Rn 1 ff) trifft der Zweck des § 328 Abs 1 nicht zu (s Rn 2).

Abs 2 zieht eine logische Konsequenz aus § 1973 Abs 2 S 2 BGB.[4] 4

Was der Erbe auf Grund der **§§ 1978–1980 BGB** zur Masse zu ersetzen hat (vgl § 328 Abs 2), 5
ist ausf beschrieben in den Kommentierungen des BGB.[5]

1 Begr KO-Novelle 1898, S 53 = *Hahn/Mugdan* Bd VII S 256.
2 Vgl *Staudinger/Dutta* 2016 BGB § 1967 Rn 30 ff.
3 *G Siegmann* ZEV 2000, 221, 222 f.
4 Vgl *Staudinger/Dutta* 2016 BGB § 1973 Rn 14 ff, 20 ff, § 1974 Rn 15.
5 *Staudinger/Dobler* 2016 BGB § 1978 Rn 3 ff, 9 ff, 35 f, 38 f, § 1979 Rn 2 f, 4 ff, 13 ff, § 1980 Rn 1 ff, 9 ff. Vgl auch oben § 326 Rn 4.

§ 329 Nacherbfolge

Die §§ 323, 324 Abs. 1 Nr. 1 und § 326 Abs. 2, 3 gelten für den Vorerben auch nach dem Eintritt der Nacherbfolge.

1 Die Vorschrift entspricht § 231 KO.

2 Mit dem Eintritt des Nacherbfalls hört der Vorerbe auf, Erbe zu sein; die Erbschaft fällt nun dem Nacherben an (§ 2139 BGB). Die in § 329 genannten Vorschriften gelten für den Vorerben jedoch auch weiterhin. Im Einzelnen bedeutet dies:

3 Auch nach Eintritt des Nacherbfalls kann der Vorerbe wegen der ihm aus dem Nachlass zu ersetzenden Aufwendungen kein Zurückbehaltungsrecht geltend machen (**§ 323**); auch weiterhin ist sein Anspruch auf Ersatz dieser Aufwendungen Masseverbindlichkeit (**§ 324 Abs 1 Nr 1**).

4 Auch nach Eintritt des Nacherbfalls kann der Erbe nach Maßgabe des **§ 326 Abs 2 und 3** aus abgeleitetem Recht Forderungen gegen den Nachlass geltend machen.

5 Die Verweisung auf § 326 bezieht sich nur auf Abs 2 und 3, nicht auch auf Abs 1. Der Grund dafür ist jedoch nicht, dass der Inhalt des § 326 Abs 1 (**„Der Erbe kann die ihm gegen den Erblasser zustehenden Ansprüche geltend machen.“**) auf einen Vorerben nur **vor** Eintritt des Nacherbfalls zutreffen würde. Er liegt vielmehr darin, dass die Geltendmachung der dem Vorerben gegen den Erblasser zustehenden Ansprüche **nach** Eintritt des Nacherbfalls „schon deshalb zulässig (ist), weil er (der Vorerbe) mit dem Eintritte der Nacherbfolge nicht mehr Erbe ist“.[1]

§ 330 Erbschaftskauf

(1) Hat der Erbe die Erbschaft verkauft, so tritt für das Insolvenzverfahren der Käufer an seine Stelle.

(2) [1]Der Erbe ist wegen einer Nachlassverbindlichkeit, die im Verhältnis zwischen ihm und dem Käufer diesem zur Last fällt, wie ein Nachlassgläubiger zum Antrag auf Eröffnung des Verfahrens berechtigt. [2]Das gleiche Recht steht ihm auch wegen einer anderen Nachlassverbindlichkeit zu, es sei denn, dass er unbeschränkt haftet oder dass eine Nachlassverwaltung angeordnet ist. [3]Die §§ 323, 324 Abs. 1 Nr. 1 und § 326 gelten für den Erben auch nach dem Verkauf der Erbschaft.

(3) Die Absätze 1 und 2 gelten entsprechend für den Fall, dass jemand eine durch Vertrag erworbene Erbschaft verkauft oder sich in sonstiger Weise zur Veräußerung einer ihm angefallenen oder anderweitig von ihm erworbenen Erbschaft verpflichtet hat.

Übersicht

---

1 Begr KO-Novelle 1898, S 53 = *Hahn/Mugdan* Bd VII S 257 (zu dem mit § 329 InsO inhaltsgleichen § 231 KO).

I. Verhältnis zum früheren Recht

Die Vorschrift entspricht den §§ **232, 233 KO**, die ihrerseits auf der KO-Novelle v 1898 beruhen. Die folgende Kommentierung orientiert sich weitgehend an der Begr der KO-Novelle v 1898.[1] 1

II. Abs 1

Der Erbe, der die Erbschaft verkauft, bleibt Erbe. Der Käufer haftet aber für die Nachlassverbindlichkeiten in gleicher Weise wie der Erbe (§§ 2382, 2383 BGB). Deshalb lässt Abs 1 den Käufer in Ansehung des NachlassInsVerf an die Stelle des Erben treten (vgl auch § 317 Rn 10, 15). Die Interessen der NachlassGl werden dadurch nicht beeinträchtigt. Jedoch bedarf es zur Wahrung der Interessen des Erben, der den NachlassGl weiterhin haftbar bleibt (vgl § 2382 Abs 1 BGB), der Vorschriften des Abs 2. 2

III. Abs 2 S 1

Gem § 2378 BGB fallen die Nachlassverbindlichkeiten im Verhältnis zwischen dem Erben und dem Käufer regelmäßig dem Letzteren zur Last. Bzgl der Nachlassverbindlichkeiten, für welche dies zutrifft, weist § 2378 BGB dem Erben gegenüber dem Käufer die Stellung eines NachlassGl zu.[2] Insoweit räumt ihm deshalb § 330 Abs 2 S 1 das Recht ein, „wie ein NachlassGl" die Eröffnung des NachlassInsVerf zu beantragen ohne Rücksicht darauf, ob er seinerseits den NachlassGl beschränkt oder unbeschränkt haftet. Jedoch muss der Erbe, da er nicht als solcher, sondern lediglich aufgrund seiner Gleichstellung mit einem NachlassGl antragsberechtigt ist, den Eröffnungsgrund glaubhaft machen gem § 14 Abs 1. Einschlägig sind auch die übrigen bei § 317 Rn 21 erwähnten Besonderheiten für von Gläubigerseite gestellte Insolvenzanträge. 3

IV. Abs 2 S 2

Auch wegen derjenigen Nachlassverbindlichkeiten, welche gem § 2376 BGB im Verhältnis zwischen dem Käufer und dem Erben von dem Letzteren zu tragen sind (also insb wegen der Verbindlichkeiten aus Pflichtteilsrechten, Erbersatzansprüchen,[3] Vermächtnissen und Auflagen) kann dem Erben im Allgemeinen das Recht nicht vorenthalten werden, in gleicher Weise wie ein NachlassGl (s Rn 3) die Eröffnung des NachlassInsVerf zu beantragen, um so seine im Außenverhältnis fortbestehende (§ 2382 Abs 1 BGB) Haftung gegenüber den NachlassGl zu beschränken. Kein Raum bleibt allerdings für das Antragsrecht, wenn der Erbe den NachlassGl bereits unbeschränkbar haftet. Ebensowenig bedarf er des Antragsrechts, wenn eine Nachlassverwaltung angeordnet ist, da bereits diese die Erbenhaftung gem § 1975 BGB auf den Nachlass beschränkt. Auf diesen Überlegungen beruht Abs 2 S 2. 4

V. Abs 2 S 3

Abs 2 S 3 beruht auf ähnlichen Überlegungen wie § 329. Nur ist mit Rücksicht darauf, dass der Verkäufer Erbe bleibt (insoweit also andere Rechtslage als beim Vorerben nach Eintritt des Nacherbfalls), auch Abs 1 des § 326 für anwendbar erklärt. 5

---

1 Begr KO-Novelle 1898, S 54 f = *Hahn/Mugdan* Bd VII S 258.
2 Begr KO-Novelle aaO.
3 Vgl § 1934b Abs 2 S 1 BGB und § 327 Rn 10, 12 ff.

VI. Abs 3

6 Abs 3 zieht eine logische Konsequenz aus § 2385 BGB.

§ 331 Gleichzeitige Insolvenz des Erben

(1) Im Insolvenzverfahren über das Vermögen des Erben gelten, wenn auch über den Nachlass das Insolvenzverfahren eröffnet oder wenn eine Nachlassverwaltung angeordnet ist, die §§ 52, 190 192, 198, 237 Abs. 1 Satz 2 entsprechend für Nachlassgläubiger, denen gegenüber der Erbe unbeschränkt haftet.

(2) [1]Gleiches gilt, wenn ein Ehegatte der Erbe ist und der Nachlass zum Gesamtgut gehört, das vom anderen Ehegatten allein verwaltet wird, auch im Insolvenzverfahren über das Vermögen des anderen Ehegatten und, wenn das Gesamtgut von den Ehegatten gemeinschaftlich verwaltet wird, auch im Insolvenzverfahren über das Gesamtgut und im Insolvenzverfahren über das sonstige Vermögen des Ehegatten, der nicht Erbe ist. [2]Satz 1 gilt für Lebenspartner entsprechend.

Übersicht

Literatur: *Fischinger* Die Beschränkung der Erbenhaftung in der Insolvenz, 2013; *Marotzke* Die Stellung der Nachlassgläubiger in der Eigeninsolvenz des Erben, FS Otte, 2005, S 223; *ders* Anm zu OLG Köln, ZEV 2005, 307 ff (betr Geltendmachung von Pflichtteilsansprüchen bei Zusammentreffen von Testamentsvollstreckung und Eigeninsolvenz des Erben); *Schindler* Pflichtteil und (Nachlass-)Insolvenz, ZInsO 2007, 484; *Vallender* Doppelinsolvenz: Erben- und Nachlassinsolvenz, NZI 2005, 318.

I. Einführung

1 **Die Stellung der NachlassGl in der EigenIns des Erben** ist ein komplexes Thema.[1] § 331 regelt lediglich einen Teilaspekt dieser Gemengelage (vgl erg § 103 Rn 52, § 315 Rn 12, § 317 Rn 11 f). Die Vorschrift entspricht **§ 234 KO**, der seinerseits auf der KO-Novelle v 1898 beruht. Die folgende Darstellung orientiert sich weitgehend an S 55 f der Begr der KO-Novelle v 1898[2] und den Hinweisen auf S 232 f der Begr des RegEInsO.

II. Zusammentreffen einer Nachlassverwaltung oder eines Nachlassinsolvenzverfahrens mit einem Insolvenzverfahren über das Vermögen des Erben (Abs 1)

2 Ist neben dem **Nachlass**InsVerf, gleich ob vorher oder nachher, ein InsVerf über das (den Nachlass mitenthaltende) **Vermögen des Erben** eröffnet, so können sich die NachlassGl mit Aussicht auf Erfolg grds nur am **Nachlass**InsVerf beteiligen. Denn mit dessen Eröffnung beschränkt sich die Haftung des Erben für die Nachlassverbindlichkeiten auf den Nachlass

---

1 Ausf *Marotzke* FS Otte, 2005, S 223 ff; *Fischinger* Die Beschränkung der Erbenhaftung in der Insolvenz, 2013; *OLG Köln* NZI 2005, 268 ff = ZInsO 2005, 601 ff = ZIP 2005, 452 ff = ZEV 2005, 307 ff m Anm *Marotzke* sowie das in derselben Sache ergangene Urt *BGHZ* 167, 352 ff = ZEV 2006, 405 ff m mit Anm *M Siegmann* = ZInsO 2006, 705 ff mit Anm *Schindler* ZInsO 2007, 484 ff.

2 *Hahn/Mugdan* Bd VII S 258 f.

(§ 1975 BGB); die Leistung mit Mitteln des Eigenvermögens des Erben kann den NachlassGl folglich verweigert werden. **Thema des § 331 Abs 1 ist** jedoch nicht dieser erbrechtliche Regelfall, sondern **der Sonderfall, dass der Erbe trotz des schwebenden NachlassInsVerf und damit abweichend von § 1975 BGB** gegenüber einzelnen oder allen NachlassGl **„unbeschränkt" haftet**, was voraussetzt, dass der Erbe sein Haftungsbeschränkungsrecht aus besonderen Gründen (zB gem § 1994 Abs 1 S 2, § 2005 oder § 2006 Abs 3 BGB) ganz oder teilweise verloren hat und ihm deshalb der Schutz des § 1975 BGB nicht zuteil wird (vgl §§ 2013 Abs 1 S 1 BGB, 780 Abs 1 ZPO). In solchen Fällen können die NachlassGl, denen gegenüber der Erbe sein Haftungsbeschränkungsrecht verloren hat, ihre Forderungen nicht nur im **Nachlass**InsVerf, sondern auch in dem über dem Vermögen des **Erben** schwebenden InsVerf geltend machen (im Letzteren allerdings nur dann, wenn sich der Erbfall **vor** Verf-Eröffnung ereignet hat).[3] Andererseits sind die EigenGl des Erben von der Teilnahme am NachlassInsVerf kraft Gesetzes ausgeschlossen (§ 325).

Entsprechend liegen die Dinge, wenn mit dem InsVerf über dem Vermögen des Erben eine **Nachlassverwaltung** zusammentrifft, da auch diese eine Sonderung des Nachlasses zum Zwecke der Befriedigung der NachlassGl unter Ausschluss der EigenGl des Erben mit sich bringt (§§ 1984 ff BGB)[4] und auch sie nicht gem § 1975 BGB zu einer Haftungsbeschränkung auf den Nachlass führt, wenn der Erbe sein Beschränkungsrecht bereits verloren hat (was Voraussetzung für die Anwendung des Abs 1 ist). 3

In den bei Rn 2 f genannten Fällen des Abs 1 ähnelt im InsVerf über dem Vermögen des Erben das Verhältnis der NachlassGl zu den übrigen Gl des Erben dem Verhältnis von absonderungsberechtigten Gl zu sonstigen InsGl. Nach § 52 kann ein Gl, der abgesonderte Befriedigung beansprucht, seine Forderung, falls der Schu auch persönlich für sie haftet, zur InsMasse geltend machen, aus dieser aber nur für den Betrag verhältnismäßige Befriedigung verlangen, zu welchem er auf abgesonderte Befriedigung verzichtet oder mit welchem er bei der Letzteren ausgefallen ist. Die Gründe, auf welchen § 52 beruht, treffen im InsVerf über das Vermögen des Erben in gleicher Weise für die bei Rn 2 f beschriebenen Fälle des § 331 Abs 1 zu. Ohne eine Beschränkung analog § 52 würden die NachlassGl gegenüber den EigenGl des Erben unbillig bevorzugt. § 331 Abs 1 schreibt deshalb eine entspr Anwendung des § 52 vor und verweist auch sonst grds auf die Regelungen, die für absonderungsberechtigte Gl gelten (§§ 190, 192, 198, 237 Abs 1 S 2). 4

Nicht umfasst von der Verweisung ist die – auch schon in ihrem unmittelbaren Anwendungsbereich nicht zu akzeptierende[5] – Vorschrift des **§ 76 Abs 2**, nach der die Inhaber von Absonderungsrechten in der **GlVersammlung** mit dem vollen (also nicht um den Wert des Absonderungsrechts reduzierten) Betrag ihrer gesicherten Ford bzw mit dem vollen Wert des Absonderungsrechts abstimmen. Im InsVerf über das Vermögen des Erben richtet sich das **Stimmrecht** der NachlassGl also generell nach ihrer Ausfallforderung, in der GlVersammlung (§ 74 Abs 1 S 2) ebenso wie bei der Abstimmung über einen InsPlan (vgl die Verweisung auf § 237 Abs 1 S 2). 5

---

3 *Marotzke* ZVI 2003, 309, 312 Fn 17; *ders* FS Otte, 2005, S 223, 235 ff; *Häsemeyer* InsR Rn 33.33 Fn 89; *Messner* ZVI 2004, 433, 434; *Schindler* ZInsO 2007, 484, 486 (III 2); vgl auch *Jaeger/Henckel* § 38 KO Rn 170; **aM** fast alle Kommentierungen des § 83 (zB *B/B/G/Blersch/J v Olshausen* § 83 Rn 7; *Jaeger/Windel* § 83 Rn 7). Nach *Fischinger* S 45 ff, 55 ff, 101 ff (mit Gesetzgebungsvorschlag S 62 ff, 165 f sowie in ZInsO 2013, 365, 372 ff) soll einfachrechtlich der im vorliegenden Kommentar vertretenen Auffassung zu folgen, diese jedoch je nach Lage des Falles im Wege verfassungskonformer Auslegung zu korrigieren sein.

4 Ausf *Staudinger/Dobler* 2016 BGB § 1975 Rn 5 ff.

5 *Marotzke* KTS 2014, 113, 134 ff, 140 ff.

6 **Nur wenn und soweit die geltend gemachte Forderung Nachlassverbindlichkeit ist,** kommt § 331 zur Anwendung. Handelt es sich nicht um eine (reine) Nachlassverbindlichkeit, sondern um eine Nachlass**erben**schuld,[6] so kommt es zu einer gewissermaßen „gesamtschuldnerischen" Haftung des Erben „als Person und Inhaber seines Vermögens" und des (jeweiligen!) Erben „als Subjekt des Nachlasses", die es rechtfertigt, den Gl für den Fall, dass sowohl über dem Vermögen des Erben als auch über dem Nachlass ein InsVerf schwebt, hinsichtlich der Befriedigung aus dem Erbenvermögen nicht dem Ausfallgrundsatz der §§ 331, 52 zu unterstellen, sondern ihm gem § 43 das Recht zuzugestehen, bis zu seiner vollen Befriedigung in jedem Verfahren den Betrag geltend zu machen, den er bei Verfahrenseröffnung zu fordern hatte.[7]

III. Testamentsvollstreckung

7 Ähnlich wie ein NachlassInsVerf (Rn 2) und eine Nachlassverwaltung (Rn 3) führt auch eine sich am Leitbild des § 2205 BGB orientierende Testamentsvollstreckung zu einer die NachlassGl bevorzugenden (§ 2214 BGB) Absonderung des Nachlasses vom Eigenvermögen des Erben (zu einer Konsequenz hieraus s § 103 Rn 52). Im Rahmen des Abs 1 steht eine solche Testamentsvollstreckung deshalb einer Nachlassverwaltung und einem NachlassInsVerf gleich. Mit dieser Maßgabe ist Abs 1 analog anzuwenden, wenn mit dem über dem Vermögen des Erben schwebenden InsVerf eine den Nachlass erfassende Testamentsvollstreckung zusammentrifft[8] (zur prozessualen Geltendmachung von Pflichtteilsansprüchen in solchen Fällen vgl die in der Fn[9] Genannten). Jedoch ist im Rahmen dieser Analogie zu beachten, dass sich die Testamentsvollstreckung von der in Abs 1 ausdrücklich erwähnten Nachlassverwaltung und von dem ebenfalls ausdrücklich erwähnten NachlassInsVerf unter anderem dadurch unterscheidet, dass sie auch dann nicht gemäß oder analog § 1975 BGB zu einer Beschränkung der erbrechtlichen Haftung auf den Nachlass führt, wenn dem Erben das Haftungsbeschränkungsrecht noch zusteht. Der in § 331 Abs 1 vorausgesetzte Verlust des Haftungsbeschränkungsrechts (Rn 2 f) ist deshalb nur im unmittelbaren Anwendungsbereich des § 331 Abs 1 zu prüfen, also wenn die Eigeninsolvenz des Erben mit einer NachlassIns oder einer Nachlassverwaltung zusammentrifft, nicht hingegen iRd analogen Anwendung auf den Fall des Zusammentreffens der EigenIns des Erben mit einer Testamentsvollstreckung.[10] Im letztgenannten Fall steht das Recht, die Anordnung einer Nachlassverwaltung oder – bei Vorliegen eines Eröffnungsgrundes (§ 320) – die Eröffnung des NachlassInsVerf zu beantragen (was bei Erfolg zu den bei Rn 2 f beschriebenen Konsequenzen[11] und außerdem zur Verlagerung der Verwaltungs- und Verfügungsbefugnis des Testamentsvollstreckers auf den NachlassVerw bzw NachlassInsVerw führt),[12] auch dem Verw

---

6 Beispiele und Grenzfälle bei *Staudinger/Dutta* 2016 BGB § 1967 Rn 5 ff, 21, 33, 42, 47, 51 f, 53 f, 57 ff, 61 ff, § 1968 Rn 13.

7 Vgl *Jaeger/Weber* 8. Aufl KO § 234 Rn 11; MK/*M Siegmann* § 331 Rn 5; *Staudinger/Dutta* 2016 BGB § 1967 Rn 7, 33, 58; jeweils mit Nachweisen auch zur Gegenansicht.

8 *BGHZ* 167, 352, 358 f Rn 22 ff (Vorinstanz: *OLG Köln* NZI 2005, 268, 270 = ZInsO 2005, 601, 603 = ZIP 2005, 452, 455 = ZEV 2005, 307, 310 mit Anm *Marotzke*); MK/*M Siegmann* § 331 Rn 7; *K Schmidt* § 321 Rn 2, 5; vgl auch *Fischinger* S 119 ff, 125.

9 *OLG Köln* ZEV 2005, 307 ff mit tw abl Anm *Marotzke*; das Urt des OLG bestätigend *BGHZ* 167, 352 ff = ZEV 2006, 405 ff mit Anm *M Siegmann* = ZInsO 2006, 705 ff mit Anm *Schindler* ZInsO 2007, 484 ff.

10 Zust *Schindler* ZInsO 2007, 484, 486; iE ebenso, jedoch ohne diese Frage offen anzusprechen, die in der zweiten Fn zu Rn 7 erwähnten Urt des OLG Köln und des BGH.

11 Nämlich: keine Anwendbarkeit des § 331, soweit dem Erben die haftungsbeschränkende Wirkung (§ 1975 BGB) der Nachlassverwaltung bzw des NachlassInsVerf zustatten kommt!

12 *Staudinger/Dobler* 2016 BGB § 1984 Rn 4; *Marotzke* ZEV 2005, 310, 311 Abschn 4.

des über dem Vermögen des Erben schwebenden InsVerf zu. Dieser hat das Antragsrecht jedoch nicht an Stelle des Erben, sondern neben ihm (str).[13]

IV. Gütergemeinschaft (Abs 2)

Abs 2 überträgt die in Rn 2 ff beschriebene Regelung auf bestimmte Konstellationen des Falles, dass der Nachlass zum Gesamtgut einer Gütergemeinschaft oder einer eingetragenen Lebenspartnerschaft gehört. Vgl erg § 318 Rn 1, 3 f. 8

Zweiter Abschnitt
Insolvenzverfahren über das Gesamtgut einer fortgesetzten Gütergemeinschaft

§ 332 Verweisung auf das Nachlassinsolvenzverfahren

(1) Im Falle der fortgesetzten Gütergemeinschaft gelten die §§ 315 bis 331 entsprechend für das Insolvenzverfahren über das Gesamtgut.

(2) Insolvenzgläubiger sind nur die Gläubiger, deren Forderungen schon zur Zeit des Eintritts der fortgesetzten Gütergemeinschaft als Gesamtgutsverbindlichkeiten bestanden.

(3) [1]Die anteilsberechtigten Abkömmlinge sind nicht berechtigt, die Eröffnung des Verfahrens zu beantragen. [2]Sie sind jedoch vom Insolvenzgericht zu einem Eröffnungsantrag zu hören.

Übersicht

I. Verhältnis zum früheren Recht

Die Vorschrift entspricht im Wesentlichen **§ 236 KO und § 114 VglO**. Gestrichen wurde jedoch § 236 S 3 KO (s Rn 8). 1

II. Entsprechende Anwendung der Vorschriften über das Nachlassinsolvenzverfahren (Abs 1)

Wird eine Gütergemeinschaft nach dem Tod des einen Ehegatten zwischen dem überlebenden Ehegatten und den gemeinschaftlichen Abkömmlingen fortgesetzt (§§ 1483 ff BGB), so haftet für die Gesamtgutsverbindlichkeiten der bisherigen ehelichen Gütergemeinschaft nicht nur das Gesamtgut, sondern auch der überlebende Ehegatte persönlich (§ 1489 Abs 1 BGB). Soweit jedoch die persönliche Haftung den überlebenden Ehegatten nur infolge des Eintritts der fortgesetzten Gütergemeinschaft, also nicht schon aufgrund anderer Bestimmungen (zB gem § 1459 Abs 2 BGB) trifft, finden die für die Haftung des Erben für die Nachlassverbindlichkeiten geltenden Vorschriften entspr Anwendung mit der Maßgabe, dass an die Stelle des Nachlasses das Gesamtgut in dem Bestande tritt, den es zur Zeit des Eintritts der fortgesetzten Gütergemeinschaft hat (§ 1489 Abs 2 BGB). Daraus ergibt sich iVm §§ 1975 ff BGB, dass wie über einen Nachlass so auch über das Gesamtgut der bisheri- 2

13 Vgl § 317 Rn 9, 11, § 317 Anh Rn 45; *Marotzke* FS Otte, 2005, S 223, 225 ff; **aM** § 83 Rn 8; *K/P/B/Lüke* § 83 Rn 6 f, 11.

gen ehelichen Gütergemeinschaft ein selbstständiges InsVerf eröffnet werden kann. Dies wird in § 11 Abs 2 Nr 2 sogar ausdrücklich klargestellt und in § 332 Abs 1 dahin ergänzt, dass die Vorschriften über das NachlassInsVerf auf das InsVerf über das Gesamtgut einer fortgesetzten Gütergemeinschaft entspr anzuwenden sind.

3 **Eröffnungsgründe** sind neben der Überschuldung des Gesamtguts die Zahlungsunfähigkeit und, wenn der überlebende Ehegatte oder ein Gesamtgutsverwalter (Rn 5) die Eröffnung beantragt, die drohende Zahlungsunfähigkeit (Abs 1 iVm § 320). Die Überschuldung, die Zahlungsunfähigkeit und die drohende Zahlungsunfähigkeit müssen im Zeitpunkt der Eröffnung des InsVerf vorliegen, nicht notwendig schon zur Zeit des Eintritts der fortgesetzten Gütergemeinschaft.[1]

III. Insolvenzgläubiger (Abs 2)

4 Abs 2 umschreibt den Kreis der InsGl nach folgendem Grundgedanken:[2] Wie das NachlassInsVerf die EigenGl des Erben vom Zugriff auf den Nachlass ausschließt (§ 325), soll das InsVerf über das Gesamtgut der fortgesetzten Gütergemeinschaft diejenigen Gl des überlebenden Ehegatten vom Zugriff auf das Gesamtgut ausschließen, die nicht schon bei Eintritt der fortgesetzten Gütergemeinschaft Gesamtgutsgläubiger waren. Die Teilnahme am InsVerf ist somit den Gl versagt, denen bei Eintritt der fortgesetzten Gütergemeinschaft das Gesamtgut noch nicht haftete, und zwar auch dann, wenn ihre Ansprüche schon vor diesem Zeitpunkt entstanden waren. Die Formulierung des bisherigen § 236 S 2 KO wird in § 332 Abs 2 InsO durch den Zusatz verdeutlicht, dass die Forderungen bei Eintritt der fortgesetzten Gütergemeinschaft „als Gesamtgutsverbindlichkeiten" bestanden haben müssen.

IV. Antragsberechtigung

5 **1. Auf Schuldnerseite.** Auf Schuldnerseite steht das Recht, die Eröffnung des InsVerf über das Gesamtgut der fortgesetzten Gütergemeinschaft zu beantragen, dem überlebenden **Ehegatten** und nach Bestellung eines **Gesamtgutsverwalters**[3] auch diesem zu. Dies ergibt die Verweisung des Abs 1 auf § 317 Abs 1 (vgl auch Rn 3).

6 Eingeschränkt wird diese Verweisung durch **Abs 3**. Nach dieser dem bisherigen § 236 S 4 KO entspr Vorschrift können die anteilsberechtigten **Abkömmlinge** den InsAntrag nicht stellen, weil für sie aus der fortgesetzten Gütergemeinschaft keine persönliche Haftung für die Gesamtgutsverbindlichkeiten folgt (§ 1489 Abs 3 BGB) und sie folglich kein schutzwürdiges Interesse an der VerfEröffnung haben. Ihnen wird aber zur Wahrung ihrer Rechte Gelegenheit geboten, sich zum Insolvenzantrag zu äußern.

7 **2. Auf Gläubigerseite.** Antragsberechtigt ist aufgrund der Verweisung des Abs 1 auf § 317 **grds jeder der in § 332 Abs 2 bezeichneten Gl**. Praktische Bedeutung hat das Antragsrecht vor allem für diejenigen GesamtgutsGl, denen der überlebende Ehegatte zur Zeit des Eintritts der fortgesetzten Gütergemeinschaft nicht auch persönlich haftete. Diese Gl können, wenn der überlebende Ehegatte die VerfEröffnung beantragt (Rn 5), Befriedigung überhaupt nur aus dem Gesamtgut finden und haben daher ein Interesse daran, dass dieser Erfolg nicht erst zu einem Zeitpunkt herbeigeführt wird, in welchem der Stand des Gesamtguts ihnen keinerlei Aussicht mehr eröffnet.[4]

1 Begr RegE S 233 zu § 378.
2 Vgl Begr KO-Novelle 1898, S 57 f = *Hahn/Mugdan* Bd VII S 259 f; Begr RegEInsO S 233.
3 Vgl §§ 1489 Abs 2, 1975, 1981 ff BGB; *Staudinger/Felgentraeger* 10./11. Aufl BGB § 1489 Rn 19.
4 Vgl Begr KO-Novelle 1898, S 57 = *Hahn/Mugdan* Bd VII S 260.

Etwas anders liegen die Dinge bzgl derjenigen **GesamtgutsGl, denen der überlebende Ehegatte von vornherein persönlich haftete** (§§ 1437, 1459 BGB). Aufgrund der Erwägung, dass sich deren Rechtslage bei Eintritt der fortgesetzten Gütergemeinschaft nicht ändere,[5] bestimmte § 236 S 2 KO, dass solche Gl zur Beantragung der Verfahrenseröffnung nicht berechtigt seien. Diese Ausnahmevorschrift wurde ersatzlos gestrichen. Der Reformgesetzgeber meinte, auch diese Gl könnten ein rechtliches Interesse daran haben, das Gesamtgut dem Zugriff neuer GesamtgutsGl zu entziehen. Ob im Einzelfall ein solches Interesse bestehe, könne iRd allg Regelung über das Rechtsschutzinteresse beim Eröffnungsantrag (§ 14 Abs 1) geprüft werden.[6] 8

Dritter Abschnitt
Insolvenzverfahren über das gemeinschaftlich verwaltete Gesamtgut einer Gütergemeinschaft

§ 333 Antragsrecht. Eröffnungsgründe

(1) Zum Antrag auf Eröffnung des Insolvenzverfahrens über das Gesamtgut einer Gütergemeinschaft, das von den Ehegatten gemeinschaftlich verwaltet wird, ist jeder Gläubiger berechtigt, der die Erfüllung einer Verbindlichkeit aus dem Gesamtgut verlangen kann.

(2) [1]Antragsberechtigt ist auch jeder Ehegatte. [2]Wird der Antrag nicht von beiden Ehegatten gestellt, so ist er zulässig, wenn die Zahlungsunfähigkeit des Gesamtguts glaubhaft gemacht wird; das Insolvenzgericht hat den anderen Ehegatten zu hören. [3]Wird der Antrag von beiden Ehegatten gestellt, so ist auch die drohende Zahlungsunfähigkeit Eröffnungsgrund.

(3) Die Absätze 1 und 2 gelten für Lebenspartner entsprechend.

Übersicht

I. Verhältnis zum früheren Recht

1 Die Formulierungen der §§ 333, 334 InsO sind im Vergleich zu den durch sie ersetzten **§§ 236a, 236b KO, §§ 114a, 114b VglO** derart eigenständig, dass die Kommentierungen des früheren Rechts nur noch mit Vorsicht herangezogen werden sollten.

II. Einzelheiten

2 Bereits § 11 Abs 2 Nr 2 stellt klar, dass über das von den Ehegatten gemeinschaftlich verwaltete Gesamtgut einer Gütergemeinschaft ein selbstständiges InsVerf eröffnet werden kann. Im Gegensatz zu § 332 verweisen die einschlägigen Sondervorschriften (§§ 333 f) nicht auf die Vorschriften über das NachlassInsVerf. **Gerichtsstand, Eröffnungsgrund und Antragsberechtigung** richten sich also nicht nach §§ 315 ff, sondern nach den allg Vorschriften sowie nach § 333.

5 Begr KO-Novelle 1898, S 57.
6 Vgl Begr RegE InsO S 233.

3 Die **Eröffnungsgründe** sind in § 333 weniger deutlich geregelt, als die Überschrift verspricht. Immerhin ergibt sich aus dem Fehlen einer Verweisung auf § 320, dass als Eröffnungsgründe nicht die Überschuldung des Gesamtguts, sondern nur „Zahlungsunfähigkeit" (§ 17) des Gesamtguts (§ 333 Abs 2 S 2 HS 1) und, wenn der Antrag von beiden Ehegatten gestellt wird, auch „drohende" Zahlungsunfähigkeit (§ 333 Abs 2 S 3) in Betracht kommen. Zahlungsunfähigkeit und drohende Zahlungsunfähigkeit sind definiert in §§ 17, 18.

4 Der **Antrag eines Gl** ist nach § 14 zulässig, wenn der Gl ein rechtliches Interesse an der VerfEröffnung hat und seine Forderung und den Eröffnungsgrund glaubhaft macht.

5 § 13 Abs 3 RegE bestimmte: „Nach Auflösung einer juristischen Person oder einer Gesellschaft ohne Rechtspersönlichkeit sowie **nach Beendigung einer Gütergemeinschaft, deren Gesamtgut gemeinschaftlich verwaltet wurde**, ist die Eröffnung des Insolvenzverfahrens zulässig, solange die Verteilung des Vermögens nicht vollzogen ist." Auf Empfehlung des RAussch hat der Gesetzgeber die die Gütergemeinschaft betr Worte vor der endgültigen BeschlFassung gestrichen (vgl § 11 Abs 3). Im RAussch[1] meinte man, diese Fallgestaltung könne wie bisher[2] der Rspr überlassen werden.

6 Für den Fall der **gleichzeitigen Ins des Erben** vgl § 331 Abs 2.

7 Für die **fortgesetzte** Gütergemeinschaft gilt § 332.

8 **Gehört zum Gesamtgut einer Gütergemeinschaft ein Nachlass,** so kann sowohl der Ehegatte, der Erbe ist, als auch der Ehegatte, der nicht Erbe ist, aber das Gesamtgut allein oder mit seinem Ehegatten gemeinschaftlich verwaltet, die Eröffnung eines InsVerf über den **Nachlass** beantragen (§ 318), wenn ein Eröffnungsgrund (§ 320 S 1) vorliegt.

III. Eingetragene Lebenspartnerschaft

9 Für Lebenspartner gelten die Abs 1 und 2 entspr (vgl Abs 3).

---

1 BT-Drucks 12/7302, 194 zu § 378a.
2 Vgl *Jaeger/Weber* 8. Aufl KO § 236a–c Rn 8 f.

§ 334 Persönliche Haftung der Ehegatten

(1) Die persönliche Haftung der Ehegatten oder Lebenspartner für die Verbindlichkeiten, deren Erfüllung aus dem Gesamtgut verlangt werden kann, kann während der Dauer des Insolvenzverfahrens nur vom Insolvenzverwalter oder vom Sachwalter geltend gemacht werden.

(2) Im Falle eines Insolvenzplans gilt für die persönliche Haftung der Ehegatten oder Lebenspartner § 227 Abs. 1 entsprechend.

1 **Abs 1** regelt die Befugnis zur Geltendmachung der persönlichen Haftung der Ehegatten bzw Lebenspartner im InsVerf über das gemeinschaftlich verwaltete Gesamtgut nach dem Vorbild des § 93. Hierin liegt eine bewusste Abweichung von § 236c KO und § 114b VglO.[1]

2 **Abs 2** entspricht, abgesehen von der Erstreckung auf Lebenspartner, iE den bisherigen §§ 236b Abs 2 KO, 114a Nr 3 VglO.

---

1 Begr RegE S 140 zu § 105 Abs 2.

Zwölfter Teil
Internationales Insolvenzrecht

Vorbemerkungen zu §§ 335–358

Übersicht

I. Regelungsgegenstand und Rechtsquellen des internationalen Insolvenzrechts

In einer Welt, in der Handelshemmnisse weltweit abgebaut werden und sich neue Märkte eröffnen, neue Handelszonen entstehen und Unternehmen zunehmend grenzüberschreitend tätig sind, gewinnt das **int InsR** mehr und mehr an Bedeutung. Als direkte Folge der grenzüberschreitenden Aktivitäten ist das Vermögen v Unternehmen und Personen oft über mehrere Staaten verteilt und untersteht damit voneinander unabhängigen Rechtsordnungen. 1

Mit der **Gesamtheit der rechtlichen Fragestellungen, die sich aus grenzüberschreitenden Sachverhalten in InsVerf** ergeben, beschäftigt sich das int InsR.[1] Die Internationalität des Sachverhaltes bei einer wirtschaftlichen Krise des Schu, also ein grenzüberschreitender Bezug, ist Anwendungsvoraussetzung für die Regeln des int InsR. Grenzüberschreitende Bezüge können sich durch den Lageort des SchuVermögens (zB Vermögen im Ausland), die VerfBeteiligten (zB ausl Gl) oder daraus ergeben, dass die Rechtsverhältnisse zwischen einem Gl und dem Schu einer ausl Rechtsordnung unterstehen. 2

Antworten auf die erwachsenden rechtlichen Fragestellungen geben dabei insb zwei Rechtsquellen: Zum einen das **dt autonome int InsR**, mithin die **§§ 335 ff**, und zum anderen die **EuInsVO (nF)**, die im Rahmen ihres Anwendungsbereiches das dt autonome int InsR verdrängt (s hierzu ausführlich Rn 10 ff).[2] 3

Bevor aber auf die §§ 335 ff zurückgegriffen werden kann, ist zunächst zu klären, ob die durch den jeweiligen int Sachverhalt aufgeworfenen rechtlichen Fragestellungen tatsächlich insolvenzrechtlicher Natur sind. Dies erfolgt im Wege der **Qualifikation**. Dabei ist der Lebenssachverhalt oder das ausl Rechtsinstitut nach Sinn und Zweck zu erfassen, seine Bedeutung vom Standpunkt des ausl Rechts zu würdigen und mit den insolvenzrechtlichen Einrichtungen der dt Rechtsordnung zu vergleichen.[3] 4

II. Grundlagen der Anknüpfung im internationalen Insolvenzrecht

Das dt autonome int InsR ist Teil des int dt Zivilverfahrensrechts und des int dt Privatrechts.[4] Es regelt die insolvenzrechtlichen Sachverhalte mit grenzüberschreitendem Bezug entweder durch eine Verweisung auf eine der berührten Rechtsordnungen **(Kollisionsnormen)** oder es ordnet die Rechtsfolge für den zu regelnden Sachverhalt mit Auslandsbezug 5

1 MK/*Reinhart* Vor §§ 335 ff Rn 1.
2 MK/*Reinhart* Vor §§ 335 ff Rn 2-3.
3 *BGH* 24.6.2014 – VI ZR 315/13 Rn 60; *BGH* 21.9.1996 – VII ZR 248/94.
4 Anders zum Teil die Einordnung im anglo-amerikanischen Rechtsraum.

selbst an **(Sachnorm)**. **Einseitige Kollisionsnormen** legen immer nur den räumlichen Anwendungsbereich des eigenen Rechts fest. Als **allseitige Kollisionsnormen** werden dagegen diejenigen Normen bezeichnet, die sagen, wann eigenes und wann fremdes Recht anzuwenden ist.[5]

6 Zur Bestimmung des anwendbaren Rechts arbeiten die Kollisionsnormen mit sog **Anknüpfungspunkten**. Die grds kollisionsrechtliche Anknüpfung im int InsR ist die an das Recht des Staates, in dem das InsVerf eröffnet wurde (**lex fori concursus**). Dieser Ansatz liegt auch der Grundnorm des dt autonome int InsR § 335 zu Grunde. V dieser grds Anknüpfung an die lex fori concursus gibt es jedoch zahlreiche Ausnahmen (sog **Sonderanknüpfung**). Bspw durchbrechen sowohl die das Sachenrecht beherrschende Anknüpfung an den Belegenheitsort einer Sache (**lex rei sitae**) als auch das auf Vertragsverhältnisse anwendbare Recht (**lex rei contractus**) den Grundsatz der lex fori concursus.

III. Geschichte des internationalen Insolvenzrechts

7 Die **KO** und die **GesO** enthielt keine umfassende und abschließende Regelung internationaler InsFragen.

8 Anfang 1989 erarbeitete das BMJ erstmals einen sog „Vorentwurf v Vorschriften zur Neuordnung des int InsR", der mit insgesamt 34 Vorschriften eine ausf Regelung des dt autonome int InsR vorsah. Dieser Vorentwurf fand später Eingang in die §§ 379 ff des 1992 vorgelegten RegE zur InsO.[6] In der Erwartung, dass in absehbarer Zeit ein weitgehendes InsR-Übereinkommen der EU in Kraft treten werde, strich der RAussch jedoch diesen Teil des Entwurfs wieder,[7] der im Wesentlichen bereits den heutigen §§ 335 ff entsprach.

9 Mit der am 1.1.1999 in Kraft getretenen **InsO** wurde das dt autonome int InsR daher nur lückenhaft in **Art 102 EGInsO aF** geregelt. Diese Vorschrift war v so fragmentarischer Natur, dass letztlich wesentliche Fragen ungeregelt blieben.

IV. Anwendungsbereich des deutschen autonomen internationalen Insolvenzrechts

10 Bis zum Inkrafttreten der **EuInsVO** am 31.5.2002 galt mangels int Übereinkommen grds für alle inländischen und ausl InsVerf sowie der sich daraus ergebenden Fragen Art 102 EGInsO aF. Da die EuInsVO gem Art 43 EuInsVO nur für InsVerf gilt, die nach ihrem Inkrafttreten am 31.5.2002 eröffnet wurden, ist für alle bis zum 30.5.2002 eröffneten InsVerf Art 102 EGInsO aF weiterhin uneingeschränkt anzuwenden.

11 Seit ihrem Inkrafttreten am 31.5.2002 genießt die EuInsVO innerhalb der EU (mit Ausnahme Dänemarks) Anwendungsvorrang vor dem dt autonome int InsR.[8] Zwar ist die EuInsVO ebenfalls Teil des dt Rechts. Sie ist jedoch nicht Gegenstand autonomer Rechtssetzung.[9] Darüber hinaus bestehen in **Art 102 §§ 1-11 EGInsO** Regelungen zur Durchführung der EuInsVO. Auch diese sind gegenüber den §§ 335 ff grds vorrangig.[10]

12 Im Zeitraum zwischen dem Inkrafttreten der EuInsVO am 31.5.2002 und dem Inkrafttreten der §§ 335 ff am 20.3.2003 galten die EuInsVO und Art 102 EGInsO aF nebeneinander. Mit dem Inkrafttreten der §§ 335 ff am 20.3.2003 lösten diese Vorschriften den Art 102 EGInsO

5 MK/*Reinhart* Vor §§ 335 ff Rn 53.
6 Begr zum RegE, BT- Drucks 12/2443, 68 ff und 233 ff.
7 Bericht des BT- RAussch, BT-Drucks 12/7303, 117.
8 *EuGH* 15.7.1964 – 6/64 (Costa/E.N.E.L.)
9 *Braun/Tashiro* Vor §§ 335 ff Rn 15.
10 *A/G/R/Gruber/Wehner* S 2205.

aF ab.[11] Seither gelten in Deutschland die EuInsVO und das in §§ 335 ff geregelte dt autonome int InsR nebeneinander.

Seit dem 26.6.2017 gilt eine reformierte Fassung der EuInsVO (**EuInsVO nF**[12]). Sie ist anwendbar auf alle InsVerf in den EU-Mitgliedstaaten (mit Ausnahme von Dänemark), die nach dem 26.6.2017 eröffnet worden sind. Durchführungsbestimmungen zur EuInsVO nF finden sich in **Art 102c § 1–26 EGInsO**.[13] **13**

Auch wenn die Vorschriften des dt autonome int InsR den Regelungen der EuInsVO (nF) zT entsprechen,[14] lässt sich der Entstehungsgeschichte der §§ 335 ff entnehmen, dass die EuInsVO (nF) sowie die diesbezügliche Rspr des EuGH nicht in allen Bereichen als Interpretationshilfe herangezogen werden können.[15] Die §§ 335 ff sind nämlich bewusst weniger kooperationsfreundlich ausgestaltet als die Regelungen der EuInsVO (nF).[16] **14**

Die §§ 335 ff setzen auch die insolvenzrechtlichen Regelungen der **Richtlinie 2001/17/EG über die Sanierung und Liquidation v Versicherungsunternehmen** und der **Richtlinie 2001/24/EG über die Sanierung v Kreditinstituten** um. Weitere Spezialvorschriften in diesem Zusammenhang finden sich im **KWG** und im **VAG**. § 340 setzt zudem tw die **Finalitätsrichtlinie 98/26/EG über die Wirksamkeit v Abrechnungen in Zahlungs- sowie Wertpapierliefer- und -abrechnungssystemen** um. Das Gebot der **richtlinienkonformen Auslegung** ist zu beachten.[17] **15**

Da die EuInsVO (nF) sowie die Durchführungsbestimmungen der EGInsO im Rahmen ihres Anwendungsbereiches das dt autonome int InsR verdrängen, ist die Frage des verbleibenden Anwendungsbereiches der §§ 335 ff grds aus Sicht der EuInsVO (nF) und der jeweiligen Durchführungsbestimmungen der EGInsO zu beantworten. **16**

Räumlich ist die EuInsVO (nF) anwendbar, wenn der Schu seinen **COMI** iSv Art 3 Abs 1 EuInsVO (nF) in einem EU-Mitgliedstaat (mit Ausnahme v Dänemark) hat. Hat der Schu seinen COMI dagegen in einem Drittstaat findet die EuInsVO (nF) keine Anwendung (vgl Ziff 14 der Erwägungsgründe zur EuInsVO und Ziff 25 der Erwägungsgründe zur EuInsVO nF). In diesen Fällen gilt das dt autonome int InsR, dh die §§ 335 ff. **17**

Zu beachten ist jedoch, dass der räumliche Anwendungsbereich der EuInsVO (nF) nicht zwingend an Sachverhalte in zwei oder mehr EU-Mitgliedstaaten geknüpft ist. Nicht alle Vorschriften der EuInsVO (nF) setzten Elemente in zwei oder mehr EU-Mitgliedstaaten voraus, vgl zB Art 6 EuInsVO/Art 9 EuInsVO nF und Art 14 EuInsVO/Art 9 EuInsVO nF. Hat der Schu seinen COMI iSv Art 3 Abs 1 EuInsVO (nF) in einem EU-Mitgliedstaat (m Ausnahme v Dänemark) hat, kann die EuInsVO durchaus auch auf Beziehungen zu einem Drittstaat Anwendung finden.[18] **18**

---

11 Für InsVerf, die vor dem 20.3.2003 eröffnet worden sind und auf die die EuInsVO keine Anwendung findet, gilt weiterhin Art 102 EGInsO aF. Dies ergibt sich aus einer analogen Anwendung des Art 103a EGInsO, vgl *BGH* 20.12.2012 – IX ZR 130/10 Rn 20.

12 VO (EG) Nr 2015/848 des Rates v 20.5.2015 über InsVerf.

13 Die EuInsVO gilt über den 26.6.2017 hinaus für alle bis dahin eröffneten InsVerf weiter (vgl Art 84 Abs 2 EuInsVO nF). Entsprechendes gilt für Art 102 §§ 1–11 EGInsO.

14 Vgl eine Gegenüberstellung unter Berücksichtigung des Brexit bei *Korch* ZInsO 2016, 1884.

15 Etwa Begr zum RegE, BT-Drucks 15/16, 13 f; FK/*Wenner/Schuster* Vor §§ 335 ff Rn 5; wohl auch *K Schmidt/Brinkmann* Vor § 335 Rn 5-6; *H/W/F/Karahan* Vor §§ 335 ff Rn 12; **aA** offensichtlich *Braun/Tashiro* Vor §§ 335 ff Rn 16.

16 Begr zum RegE, BT-Drucks 15/16, 13 f.

17 MK/*Reinhart* Vor §§ 335 ff Rn 85.

18 *EuGH* 16.1.2014 – C-328/12 Rn 22 ff (Schmid).

19 Sofern ein Verf mangels Aufnahme in die abschließende Aufzählung des Anhangs A zu Art 1 Abs 1 iVm Art 2 lit a EuInsVO/Art 1 Abs 1 aE iVm Art 2 Nr 4 EuInsVO nF nicht unter den **sachlichen** Anwendungsbereich der EuInsVO (nF) fällt, kommen die §§ 335 ff InsO ebenfalls zur Anwendung, wenn dieses Verf die materiellen Anforderungen an ein InsVerf nach dt autonome int InsR erfüllt (s hierzu § 335 Rn 6 ff).[19]

20 Uneingeschränkte Geltung haben die §§ 335 ff schließlich bei InsVerf über Versicherungsunternehmen, Kreditinstituten, Wertpapierfirmen sowie Organismen für gemeinsame Anlagen, da diese gem Art 1 Abs 2 EuInsVO (nF) aus dem Anwendungsbereich der EuInsVO (nF) ausdrücklich ausgenommen sind.

21 Fällt eine Rechtsfrage in den sachlich-räumlichen Anwendungsbereich der EuInsVO (nF), ist weiter zu klären, ob diese in der EuInsVO (nF) bzw den entspr Durchführungsbestimmungen der EGInsO auch abschließend geregelt worden ist. Enthalten die die EuInsVO (nF) bzw die Durchführungsbestimmungen der EGInsO insoweit eine bewusste Regelungslücke, so ist ein Rückgriff auf die §§ 335 ff ohne weiteres möglich.[20] Etwas anderes wird man allerdings für Rechtsfragen annehmen müssen, die zwar in der EuInsVO (nF) nicht ausdrücklich geregelt wurden, aber auf einer unbewussten Regelungslücke des VOGebers beruhen und sich daher aus dem Zusammenhang der Normen der EuInsVO (nF) bzw der Durchführungsbestimmungen der EGInsO erschließen lassen. In diesen Fällen ist ein Rückgriff auf die §§ 335 ff nicht zulässig.[21]

V. Literatur zum Elften Teil der InsO

22 *Aderhold* Auslandskonkurs im Inland, 1992; *Beck* Verteilungsfragen im Verhältnis zwischen Haupt- und Sekundärinsolvenzverfahren nach der EuInsVO, NZI 2007, 1; *v Bismarck/Schümann-Kleber* Insolvenz eines deutschen Sicherungsgebers – Auswirkungen auf die Verwertung im Ausland belegener Kreditsicherheiten, NZI 2005, 89 und 147; *Buhlert* Zur Zuständigkeit des Vollstreckungsgerichts bei Anhängigkeit eines ausländischen Insolvenzverfahrens, DZWIR 2007, 173; *Buntenbroich* Unterbrechung eines Rechtsstreits bei ausländischen Insolvenzverfahren nur bei Einfluss des Insolvenzverfahrens auf anhängige Rechtsstreitigkeiten nach dem Recht des Insolvenzeröffnungsstaats?, NZI 2012, 547; *Cranshaw* Reichweite der Verfahrensunterbrechung bei Auslandsinsolvenz, jurisPR-InsR 17, 2013; *ders* Zehn Jahre EuInsVO und Centre of Main Interest – Motor dynamischer Entwicklungen im Insolvenzrecht?, DZWIR 2012, 133; *ders* Unzulässige arbeitsrechtliche Klage nach Eröffnung eines ausländischen, im Inland als Insolvenzverfahren anzuerkennenden Sanierungsverfahrens, jurisPR-InsR 12, 2012; *ders* Anerkennung und Unterbrechungswirkung eines US-amerikanischen Insolvenzverfahrens, jurisPR-InsR 23/2009; *ders* Tendenzen im internationalen Insolvenzrecht, DZWIR 2018, 1; *Duursma-Kepplinger/Duursma/Chalupsky* Europäische Insolvenzverordnung, 2002; *Eichel* Der internationale Geltungsbereich des Pfändungsschutzes in der Insolvenz, NZI 2017, 790; *Eidenmüller* Geschäftsleiter- und Gesellschafterhaftung bei europäischen Auslandsgesellschaften mit tatsächlichem Inlandssitz, NJW 2005, 1618; *Flessner* Das künftige internationale Insolvenzrecht im Verhältnis zum Europäischen Insolvenzübereinkommen, in Stoll (Hrsg), Vorschläge und Gutachten zur Umsetzung des EU-Übereinkommens über Insolvenzverfahren im deutschen Recht, 1997, S 297; *ders* Internationales Insolvenzrecht in Deutschland nach der Reform, IPRax 1997, 1; *Gross/Schork* Strafbarkeit des directors einer Private Company by Shares wegen verspäte-

19 *EuGH* 8.11.2012 – C-461/11 Rn 23 f (Radziejewski); *LAG Düsseldorf* 14.7.2011 – 15 Sa 786/10; MK/*Reinhart* Art 1 EuInsVO Rn 2.

20 *AG Mannheim* 7.10.2016 – 1 AR 6/2011, 4 IE 610/14 mit Anm *Mankowski* NZI 2017, 225; MK/*Reinhart* Vor §§ 335 ff Rn 85; HambK-InsO/*Undritz* Vor §§ 335 ff Rn 17.

21 MK/*Reinhart* Vor §§ 335 ff Rn 85; HambK-InsO/*Undritz* Vor §§ 335 ff Rn 17.

ter Insolvenzantragstellung, NZI 2006, 10; *Habscheid* Grenzüberschreitendes Insolvenzrecht der Vereinigten Staaten von Amerika und der Bundesrepublik Deutschland, 1998; *ders* Das deutsche internationale Insolvenzrechtund die vis attractiva concursus, ZIP 1999, 113; *ders* Konkurs in den USA und seine Wirkungen in Deutschland (und umgekehrt), NZI 2003, 238; *Hergenröder* Internationales Verbraucherinsolvenzrecht, ZVI 2005, 233; *Kemper* Die Verordnung (EG) Nr. 1346/2000 über Insolvenzverfahren – Ein Schritt zu einem euroäischen Insolvenzrecht, ZIP 2001, 1609; *Kindler/Nachmann* Handbuch Insolvenzrechtin Europa, 2010; *Kolmann* Kooperationsmodelle im Internationalen Insolvenzrecht– Empfiehlt sich für das deutsche internationale Insolvenzrechteine Neuorientierung?, 2001; *Korch* Gedanken zum Brexit – Insolvenzanfechtung, dingliche Rechte Dritter und weitere besondere Sachverhalte (Art 7 ff EuInsVO nF) nach dem Brexit, ZInsO 2016, 1184; *Kysel/Röder* Ausländische Insolvenz und deutsches Grundbuch, ZIP 2017, 1650;*Liersch* Deutsches Internationales Insolvenzrecht, NZI 2003, 302; *ders* Sicherungsrechte im Internationalen Insolvenzrecht, NZI 2002, 15; *Lüke* Das europäische internationale Insolvenzrecht, ZZP 111 (1988), 275; *Mankowski* Internationale Nachlassinsolvenzverfahren, ZIP 2011, 1501; *ders* Rechtsbehelfe gegen Zwangsvollstreckungsmaßnahmen, die trotz einer auslänischen Insolvenz erfolgen, ZInsO, 2007, 1324; *Paulus* Die Gunst der Stunde – oder: der präventive Restukturierungsrahmen, ZIP 2017, 910 *Prütting* Aktuelle Entwicklungen des internationalen Insolvenzrechts, ZIP 1996, 1277; *Reichelt* Die Anerkennung ausländischer Sekundärinsolvenzverfahren nach dem deutschen Internationalen Insolvenzrecht am Beispiel der Schweiz, ZIP 2017, 2389; *Reinhart* Sanierungsverfahren im internationalen Insolvenzrecht, 1995; *Ringstmeier/Homann* Masseverbindlichkeiten als Prüfstein des internationalen Insolvenzrecht, NZI 2004, 354; *Sax/Swierczok* Die Anerkennung des englischen Scheme of Arrangement in Deutschland post Brexit, ZIP 2017, 601; *Schollmeyer* Gegenseitige Verträge im internationalen Insolvenzrecht, 1997; *Stoll* Stellungnahmen und Gutachten zur Reform des deutschen Internationalen Insolvenzrecht, 1992; *Trunk* Internationales Insolvenzrecht, 1998; *Vallender* Die Insolvenz von Scheinauslandsgesellschaften, ZGR 2006, 425; *Wehdeking* Reform des Internationalen Insolvenzrechtin Deutschland und Österreich, DZWIR 2003, 133; *Westphal/Goetker/Wilkens* Grenzüberschreitende Insolvenzen, 2008; *v Wilmowsky* Internationales Insolvenzrecht– Plädoyer für eine Neuorientierung, WM 1997, 1461; *Wimmer* Vorüberlegungen zur Umsetzung des Europäischen Insolvenzübereinkommens und zum deutschen internationalen Insolvenzrecht, in Stoll (Hrsg), Vorschläge und Gutachten zur Umsetzung des EU-Übereinkommens über Insolvenzverfahren im deutschen Recht, 1997, S 179; *Zeeck* Die Anknüpfung der Insolvenzanfechtung, ZInsO 2005, 281.

Erster Abschnitt
Allgemeine Vorschriften

§ 335 Grundsatz

Das Insolvenzverfahren und seine Wirkungen unterliegen, soweit nichts anderes bestimmt ist, dem Recht des Staats, in dem das Verfahren eröffnet worden ist.

Übersicht

I. Gesetzgebungshinweise

1 Art 4 EuInsVO/Art 7 EuInsVO nF enthält eine ähnliche Regelung, in der jedoch zusätzlich anhand einiger Beispiele erläutert wird, welche Regelungsbereiche v dem Recht des Staates der VerfEröffnung erfasst werden. In § 335 sind im Interesse einer möglichst prägnanten Regelung diese Beispiele nicht übernommen worden. Sie können jedoch als Interpretationshilfe herangezogen werden.[1] Die Vorschrift setzt zugleich Art 9 der Richtlinie 2001/17/EG über die Sanierung und Liquidation v Versicherungsunternehmen sowie Art 10 der Richtlinie 2001/24/EG über die Sanierung v Kreditinstituten um.

II. Normzweck

2 § 335 legt fest, welches Recht bei grenzüberschreitenden Ins auf das InsVerf, dh seine Eröffnung, Abwicklung und Beendigung sowie auf seine materiellen Wirkungen anwendbar ist.[2] Nach der Vorschrift ist dies grds das Recht des Staates, in dem das InsVerf eröffnet worden ist, dh die **lex fori concursus**. Die Wahl der lex fori concursus als das anwendbare Recht beruht auf ihrer größten Nähe zum Schu und mit ihm im Zusammenhang stehenden Rechtsfragen. Es handelt sich um die zentrale Norm des dt autonome int InsR.

3 Der in § 335 verankerte Grundsatz wird jedoch nur eingeschränkt umgesetzt („soweit nichts anderes bestimmt ist"). Er wird durch eine Vielzahl v **Sonderanknüpfungen** und **Sachnormen** in den §§ 336 ff eingeschränkt. Darüber hinaus ermöglichen die §§ **354 ff**, unter bestimmten Voraussetzungen im Inland über das inl Vermögen des Schu ein sog **Partikular InsVerf** zu eröffnen. Die Maßgeblichkeit der lex fori concursus des ausl HauptInsVerf gilt dann nicht, solange und soweit es im Inland zur Eröffnung eines PartikularInsVerf gekommen ist. Für dieses Verf und seine Wirkungen ist das Recht des Staates der Eröffnung des PartikularInsVerf maßgeblich (**lex fori concursus secundariae**). Bei einem inländischen PartikularInsVerf ist dies dt Recht.

III. Allgemeines; Anwendungsbereich

4 § 335 ist als **allseitige Kollisionsnorm** ausgestaltet. Die Vorschrift regelt sowohl, dass bei Eröffnung eines InsVerf im Inland dt Recht zur Anwendung kommt, als auch, dass bei der Eröffnung eines InsVerf im Ausland das ausl Recht im Inland Geltung beansprucht.[3] Der Anwendungsvorrang der EuInsVO (nF) ist zu beachten (vgl hierzu allg Vor §§ 335 Rn 10 ff).

5 Der Verweis auf die lex fori concursus in § 335 ist grds als **Gesamtverweisung** zu verstehen. Das bedeutet, dass auf das jeweilige Recht inklusive dessen int Privatrechts verwiesen wird.[4] Dieses Verständnis der Norm ergibt sich aus Art 4 Abs 1 S 1 EGBGB, der auch im int InsR Geltung beansprucht.[5] Lediglich im Anwendungsbereich der beiden Richtlinien ist § 335 als **Sachnormverweisung** zu verstehen.

---

1 Begr zum RegE, BT-Drucks 15/16, 18; *BGH* 20.9.2017 – IX ZB 63/16 Rn 11

2 Begr zum RegE, BT-Drucks 15/16, 18.

3 *Braun/Tashiro* § 335 Rn 1.

4 Umkehrschluss aus *BGH* 24.6.2014 – VI ZR 315/13 Rn 59; FK/*Wenner/Schuster* § 335 Rn 2; MK/*Reinhart* Vor §§ 335 ff Rn 38; **aA** *K Schmidt/Brinkmann* § 335 Rn 11; *Gottwald/Kolmann/Keller* § 133 Rn 2.

5 MK/*Reinhart* Vor §§ 335 ff Rn 38.

IV. Begriff des Insolvenzverfahrens

§ 335 gilt für sämtliche InsVerf. Eine Beschränkung des persönlichen Anwendungsbereichs enthält die Vorschrift nicht. § 335 ist im VerbrInsVerf[6] und auch, anders als bei InsVerf im Anwendungsbereich der EuInsVO (vgl Art 1 Abs 2 EuInsVO (nF)), auf InsVerf über Kreditinstitute und Versicherungsunternehmen mit Auslandsbezug anwendbar.[7] Die Vorschrift findet auf das Haupt- sowie das SekundärInsVerf und das isolierte PartikularInsVerf (vgl zu diesen Begriffen § 354 Rn 4) gleichermaßen Anwendung. Soweit ein Verf mangels Aufnahme in die abschließende Aufzählung des Anhangs A zu Art 1 Abs 1 lit a iVm Art 2 EuInsVO/Art 1 Abs 1 aE iVm Art 2 Nr 4 EuInsVO nF nicht unter den sachlichen Anwendungsbereich der EuInsVO (nF) fällt, kommt § 335 InsO grds ebenfalls zur Anwendung.[8] 6

Welche ausl Verf als **„InsVerf"** iSd § 335 zu qualifizieren sind, ist gesetzlich nicht näher festgelegt, da es nach Ansicht des Gesetzgebers unmöglich ist, die unverzichtbaren Elemente eines InsVerf abschließend zu definieren.[9] Ob ein ausl Verf ein InsVerf iSd § 335 ist, ist daher im Wege der Qualifikation zu ermitteln.[10] 7

Entscheidend ist dabei, ob das fragliche Verf vergleichbar einem dt InsVerf eine am Prinzip der **par condicio creditorum** ausgerichtete, gemeinschaftliche Befriedigung der Gl für den Fall der Insuffizienz des schuldnerischen Vermögens zum Ziel hat (vgl § 1).[9] Nicht ausschlaggebend ist dagegen, ob die Rechtsstellung der betroffenen Gl deren Rechtsstellung nach der InsO entspricht, ob das ausl Verf den Liquidationswert garantiert oder ob es mit einer Reorganisation bzw Liquidation des schuldnerischen Vermögens endet. Es kann auch nicht darauf ankommen, dass das ausl Recht dies InsGründe wie das dt Recht vorschreibt oder ob der InsSchu die Verfügungsbefugnis über sein Vermögen behält. 8

Das **Chapter 11-Verf des US-Bankruptcy Code** wird diesen Anforderungen gerecht, auch wenn dieses Verf keiner formellen AnordnungsEntsch bedarf und dem Schu idR die Verwaltungs- und Verfügungsbefugnis verbleibt.[11] Entspr gilt für das kanadische Reorganisationsverfahren nach dem Companies Creditors Arrangement Act (CCAA).[12] 9

Das Nachlassverfahren nach Art 293 ff des schweizerischen Bundesgesetzes über Schuldbeitreibung und Konkurs (SchKG) ist zwar v dem dort ebenfalls geregelten Konkursverfahren zu unterscheiden. Dennoch ist es ein InsVerf iSd § 335, da es in etwa den gleichen Zielen wie die in der InsO vorgesehenen Verf dient.[13] 10

Auch das brasilianische Sanierungsverfahren nach Art 73, 75 ff des Gesetzes Nr 11.101/05 ist ein InsVerf iSd § 335, da es die gleichmäßige Befriedigung der Gl bezweckt und Wirkungen entfaltet, wie sie auch für ein dt InsVerf typisch sind.[14] 11

---

6 *Hergenröder* ZVI 2005, 233.

7 *K/P/B/Paulus* § 335 Rn 4.

8 *EuGH* 8.11.2012 – C-461/11 Rn 23 f (Radziejewski); *LAG Düsseldorf* 14.7.2011 – 15 Sa 786/10; MK/*Reinhart* Art 1 EuInsVO Rn 2.

9 Begr zum RegE, BT- Drucks 12/2443, 236.

10 *Andres/Leithaus/Dahl* § 335 Rn 3.

11 So auch *BGH* 13.10.2009 – X ZR 79/06; *BAG*, 24.9.2015 – 6 AZR 492/14 Rn 33 im Anschluss an *BAG* 27.2.2007 – 3 AZR 618/06; *OLG Frankfurt* 20.2.2007 – 5 U 24/05.

12 *LG Frankfurt* 24.5.2005 – 3/5 O 73/00, 3-5 O 73/00, 3-05 O 73/00.

13 *BGH* 24.6.2014 – VI ZR 315/13 Rn 53; *BGH* 20.12.2011 – VI ZR 14/11 Rn 32; zum schweizerischen Nachlassverfahren *Kindler/Nachmann* Handbuch Insolvenzrecht in Europa, Schweiz, Rn 324-355.

14 *BAG* 18.7.2013 – 6 AZR 882/11 (A) Rn 63; *Hessisches LAG* 4.8.2011 – 5 Sa 1498/10.

12 Das solvent **Scheme of Arrangement (Scheme)** nach englischem Recht, das nicht in Anhang A der EuInsVO (nF) aufgeführt wird und daher auch nicht von der EuInsVO (nF) erfasst wird,[15] ist auch kein InsVerf iSd § 335. Es verfolgt seiner gesetzlichen Grundkonzeption nach nicht das Ziel der gemeinschaftlichen Befriedigung der Gl. Dies wird bereits durch seine Verankerung im englischen Companies Act 2006 (CA 2006) und nicht im englischen Insolvency Act 1986(IA 1986) deutlich. Auch ändert hieran der Umstand nichts, dass das Scheme im Einzelfall alle Gl des Schu umfassen kann.[16] Anders als die Verf der InsO muss es dies nämlich nicht zwingend. Darin liegt aber der entscheidende Unterschied, so dass das Scheme nicht als InsVerf iSd § 335 InsO (analog) aufzufassen ist.[17]

13 Bei europäischen Sachverhalten ist jedoch davon auszugehen, dass die Scheme-BestätigungsEntsch – und damit zugleich die Wirkungen des Scheme (sog Theorie der Wirkungserstreckung) – in den Mitgliedstaaten nach Art 32 iVm Art 33 EuGVV/Art 2 lit a iVm Art 36 EuGVV nF bzw begrenzt auf Forderungen, die englischem Recht unterstellt sind, auch nach den Vorgaben des int Privatrechts (Rom I-VO) anzuerkennen sind.[18] Post Brexit kommt eine Anerkennung der Scheme-BestätigungsEntsch nach § 328 ZPO in Betracht.[19]

V. Der Anwendungsbereich der lex fori concursus

14 Die lex fori concursus erfasst **das InsVerf** und **seine Wirkungen**. Dazu gehören das InsAntragsVerf, die Eröffnung und die Beendigung des Verf. Sie gilt sowohl für das **VerfRecht** als auch für das **materielle InsR,** soweit nicht Sonderbestimmungen eingreifen.[20] Die lex fori concursus bestimmt insb, wer v einem InsVerf betroffen sein kann, welche Anforderungen an die Eröffnung des Verf gestellt werden und wer eine VerfEröffnung beantragen kann. Weiterhin bestimmt sie Art und Umfang des Vermögensbeschlags gegen den Schu und die davon betroffenen Vermögenswerte (bspw Pfändbarkeit einer ausländischen Rente des InsSchu[21]). Darüber hinaus regelt sie die Verwaltung der Masse und die Bestellung des Verw und seine Befugnisse. Die Art und Zulässigkeit der Forderungsanmeldung, die Verteilung der Masse, die Frage, welchen Gl eine vorzugsweise Befriedigung zusteht, sowie die Beendigung des Verf und dessen Auswirkungen unterfallen ihr ebenfalls.

15 Das anwendbare **InsStatut** ist v den anderen Statuten, zB Schuld-, Forderungs-, Gesellschafts- und Deliktsstatut **abzugrenzen.** Diese Abgrenzung erfolgt im Wege der **Qualifikation** (vgl hierzu Vor §§ 335 ff Rn 4) und kann im Einzelfall schwierig sein, zumal insolvenzrechtliche Regelungen zumindest im dt Recht auch außerhalb der InsO zu finden sind. So sind zB § 30d ZVG und § 153 ZVG als insolvenzrechtliche Normen zu qualifizieren. Durch das zum 1.11.2008 in Kraft getretene Gesetz zur Modernisierung des GmbH-Rechts und zur Bekämpfung v Missbräuchen (MoMiG)[22] wurde das bislang insb in den §§ 32a, 32b GmbHG

15 *Parzinger* NZI 2016, 63, 65.

16 *Thole* ZGR 2013, 109, 115; *Sax/Swierczok* ZIP 2017, 601, 603; **aA** offensichtlich *Cranshaw* DZWIR 2012, 223, 228.

17 Im Ergebnis zutr *BGH* 15.2.2012 – IV ZR 194/09 Rn 23; *OLG Celle* 8.9.2009 – 8 U 46/09; *LG Potsdam* 22.10.2008 – 2 O 501/07 (unveröffentlicht); **aA** *LG Rottweil* 17.5.2010 – 3 O 2/08.

18 Weder der *EuGH* noch der *BGH* haben die Frage, ob die Scheme-BestätigungsEntsch eine Entsch iS der Art 32 iVm Art 33 EuGVV/Art 2 lit a iVm Art 36 EuGVV nF darstellt, bisher abschließend entschieden. Zumindest der BGH hegt jedoch eindeutige Sympathien hierfür und misst dem Scheme klare kontradiktorische Züge bei, vgl *BGH* 15.2.2012 – IV ZR 194/09 Rn 26; auch *Sax/Swierczok* ZIP 2017, 601, 602.

19 *Sax/Swierczok* ZIP 2017, 601, 604 ff; wohl auch *Paulus* ZIP 2017, 910, 911.

20 Begr zum RegE, BT-Drucks 15/16, 18.

21 *BGH* 20.9.2017 – IX ZB 63/16; zust *Eichel* NZI 2017, 790, 791.

22 BGBl I S 2026.

geregelte **Eigenkapitalersatzrecht** rechtsformneutral als „Recht der Gesellschafterdarlehen" in die InsO aufgenommen (vgl § 39 und § 135). Die Vorschriften des Eigenkapitalersatzrechts sind daher als insolvenzrechtlich zu qualifizieren.

Bzgl des § 64 S 1 GmbHG (bzw § 64 Abs 2 S 1 GmbHG aF) hat der EuGH auf Vorlage des BGH[23] entschieden, dass die Vorschrift insolvenzrechtlicher Natur iSd Art 4 EuInsVO/Art 7 EuInsVO nF ist.[24] Dies entspricht der bisher **hM** in der dt Rspr und Lit.[25] Auch die InsAntragspflicht nach § 15a ist, als insolvenzrechtlich und nicht als gesellschaftsrechtlich zu qualifizieren.[26] 16

VI. Internationale Zuständigkeit

Die int Zuständigkeit ist im dt autonome int InsR nicht ausdrücklich geregelt. Sie erlangt jedoch in zweifacher Hinsicht Bedeutung: Zum einen ist sie für die sog **EntschZuständigkeit** der dt Gerichte bedeutsam, dh für die Frage, ob ein dt Gericht für die Durchführung eines beantragten InsVerf int zuständig ist.[27] Zum anderen ist das Kriterium der int Zuständigkeit für die Frage der Anerkennung der Eröffnung eines ausl InsVerf und seiner Wirkungen in Deutschland nach § 343 bedeutsam (sog **Anerkennungszuständigkeit**, s § 343 Rn 9).[27] 17

Lediglich § 354 enthält eine ausdrückliche int Zuständigkeitsregel für die Eröffnung eines dt PartikularInsVerfahrens. Auch die Anerkennungszuständigkeit für ein solches Verfahren ist nach § 354 zu beurteilen.[28] 18

Im Übrigen ist die bestehende Lücke durch eine **analoge** Anwendung des **§ 3** zu schließen.[29] Die dt Gerichte sind danach für die Eröffnung eines InsVerf int zuständig, wenn der Schu seinen **allg Gerichtsstand iSd §§ 12 ZPO ff** in Deutschland hat (§ 3 Abs 1 S 1 analog), es sei denn der Mittelpunkt der selbstständigen wirtschaftlichen Tätigkeit des Schu liegt im Ausland. Im letzteren Fall wäre – aus dt Sicht – die Zuständigkeit der ausl Gerichte geben (§ 3 Abs 1 S 2 analog). Liegt der allg Gerichtsstand des Schu nach §§ 12 ZPO ff dagegen im Ausland, hat dieser aber den Mittelpunkt seiner selbstständigen wirtschaftlichen Tätigkeit in Deutschland, sind die dt Gerichte int zuständig (zu den maßgeblichen Kriterien für die Bestimmung des Mittelpunkt der selbstständigen wirtschaftlichen Tätigkeit des Schu, s § 3 Rn 7 ff). 19

Verändert der Schu die Tatsachen, die eine EntschZuständigkeit nach dt Recht begründen, indem er bspw seinen Tätigkeitsmittelpunkt nach Eröffnung eines InsVerf über sein Vermögen in einen anderen Staat verlegt, ist dies nach dem Grundsatz der **perpetuatio fori** unerheblich. Schon der Wegfall der zuständigkeitsbegründenden Merkmale nach dem Eingang des Eröffnungsantrags bei Gericht ist unschädlich.[30] Vorher veränderte Tatsachen, die die EntschZuständigkeit begründen, sind mit Ausnahme v Missbrauchsfällen dagegen grds beachtlich. 20

---

23 *BGH* 2.12.2014 – II ZR 119/14.

24 *EuGH* 10.12.2015 – C-594/14 (Kornhaas).

25 Vgl zum Streitstand *BGH* 2.12.2014 – II ZR 119/14 Rn 15 ff sowie nachfolgend *BGH* 16.3.2016 – II ZR 119/14.

26 Etwa *OLG Jena* 17.7.2013 – 2 U 815/12; *LG Kiel* 20.4.2006 – 10 S 44/05; in diesem Sinne wohl auch *EuGH* 10.12.2015 – C-594/14 Rn 19 (Kornhaas); *Mankowski* NZI 2016, 281 mwN; **aA** *AG Bad Segeberg* 24.3.2005 – 17 C 289/04; *Gross/Schork* NZI 2006, 10.

27 MK/*Reinhart* § 335 Rn 20.

28 *K Schmidt/Brinkmann* § 343 Rn 12; *A/G/R/Gruber/Wehner* S 2224.

29 *BGH* 20.12.2011 – VI ZR 14/11 Rn 39; *AG Düsseldorf* 9.6.2016 – 513 IK 175/15; *AG Hamburg* 2.3.2007 – 67c IN 65/07; MK-BGB/*Kindler* Vor §§ 335 ff Rn 9.

30 *BGH* 22. 3. 2007 – IX ZB 164/06 Rn 5; *AG Düsseldorf* 9.6.2016 – 513 IK 175/15.

21 Sind nach § 3 analog mehrere EntschZuständigkeit zu bejahen und sind auch mehrere Verf eröffnet worden, ist im Hinblick auf das Prioritätsprinzip des § 3 Abs 2 das Verf als HauptInsVerfahren anzuerkennen, dessen Eröffnung zuerst beantragt wurde.[31]

22 Die EntschZuständigkeit ist eine in jeder Lage des Verf vom dt InsGer v Amts wegen zu prüfende Zulässigkeitsvoraussetzung, die keiner Parteivereinbarung zugänglich ist.[32]

31 *K Schmidt/Brinkmann* § 343 Rn 12.
32 *K/P/B/Paulus* § 335 Rn 19.

§ 336 Vertrag über einen unbeweglichen Gegenstand

[1]Die Wirkungen des Insolvenzverfahrens auf einen Vertrag, der ein dingliches Recht an einem unbeweglichen Gegenstand oder ein Recht zur Nutzung eines unbeweglichen Gegenstandes betrifft, unterliegen dem Recht des Staats, in dem der Gegenstand belegen ist. [2]Bei einem im Schiffsregister, Schiffsbauregister oder Register für Pfandrechte an Luftfahrzeugen eingetragenen Gegenstand ist das Recht des Staats maßgebend, unter dessen Aufsicht das Register geführt wird.

Übersicht

I. Normzweck

1 Die Norm enthält eine kollisionsrechtliche **Sonderanknüpfung** für die Wirkungen des InsVerf auf Verträge über einen unbeweglichen Gegenstand (S 1) und über bei einem Schiffsregister, Schiffsbauregister oder Register für Pfandrechte an Luftfahrzeugen eingetragenen Gegenstand (S 2). Die Anwendung der Norm hat zur Folge, dass abw v der Grundanknüpfung an die lex fori concursus (§ 335) für solche Verträge entweder das Recht am **Belegenheitsort des Gegenstands (lex rei sitae)** (S 1) bzw. das **Recht des Registerstaates (lex libri siti**) gilt (S 2). Dh, es treten dies Rechtsfolgen ein, als wäre das InsVerf im Staat der Belegenheit des Gegenstands bzw im Registerstaat eröffnet worden. Die Vorschrift setzt zugleich Art 19 lit b der Richtlinie 2001/17/EG über die Sanierung und Liquidation v Versicherungsunternehmen sowie Art 20 lit b der Richtlinie 2001/24/EG über die Sanierung v Kreditinstituten um. Art 8 EuInsVO/Art 11 EuInsVO nF enthält eine ähnliche Regelung, wobei sich § 336 nicht auf Verträge zum Erwerb oder zur Nutzung eines unbeweglichen Gegenstands beschränkt.

2 Nach Ansicht des Gesetzgebers, werden dingliche Rechte über unbewegliche Gegenstände wesentlich v der lex rei sitae geprägt, sodass die Sonderanknüpfung rechtlich geboten ist.[1] Daneben soll die Regelung für Miet- und Pachtverträge auch dem sozialen Schutz der Mieter und Pächter Rechnung tragen.[1] Eine Unterscheidung zwischen gewerblichen und rein

1 Begr zum RegE, BT-Drucks 15/16, 18.

privaten Miet- und Pachtverträgen enthält die Norm jedoch nicht. Zu Recht wird daher kritisiert, das der in § 336 enthaltene Schutzgedanke zT weit über das eigentliche gesetzgeberische Ziel hinausschieße.[2]

Schließlich ist zu beachten, dass m der Anwendung des § 336 nicht unbedingt eine Besserstellung des Gl (zB des schutzbedürftigen Mieters bzw Pächters) im Vergleich zur lex fori concursus verbunden sein muss. Das InsR des Belegenheitsstaates des Gegenstands bzw. des Registerstaates kann durchaus strengere Vorschriften als die lex fori concursus vorsehen. Auch in diesem Fall bleibt es jedoch bei der uneingeschränkten Anwendung der lex rei sitae bzw der lex libri siti auf den Vertrag.[3] 3

II. Allgemeines; Anwendungsbereich

Bei § 336 handelt es sich um eine **allseitige Kollisionsnorm**. Sie gilt sowohl für inländische als auch ausl InsVerf. Der Anwendungsvorrang der EuInsVO (nF) ist zu beachten (vgl hierzu allg Vor §§ 335 Rn 10 ff). Darüber hinaus ist eine Anwendung des § 336 auch bei mitgliedstaatlichen InsVerf denkbar, soweit sich der unbewegliche Gegenstand oder der Sitz des Registers außerhalb der Mitgliedstaaten der EuInsVO (nF) befinden.[4] 4

Die Verweisung in § 336 ist grds als **Gesamtverweisung** zu verstehen. Dies ergibt sich aus Art 4 Abs 1 S 1 EGBGB, der auch im int InsR Geltung beansprucht.[5] Lediglich im Anwendungsbereich der beiden Richtlinien ist § 336 als **Sachnormverweisung** aufzufassen. 5

III. Verträge über dingliche Rechte an unbeweglichen Gegenständen (S 1 Alt 1)

§ 336 S 1 Alt 1 erfasst **alle Verträge**, die ein dingliches Recht an einem unbeweglichen Gegenstand betreffen. 6

Die erfassten Verträge, müssen, auch wenn dies nicht ausdrücklich geregelt ist, zum Zeitpunkt der InsEröffnung bereits abgeschlossen und wirksam sein. Diese Voraussetzung lässt sich dem Wortlaut der Norm „auf einen Vertrag" entnehmen. Ob dies der Fall ist, richtet sich als Vorfrage nach dem Vertragsstatut.[6] § 336 gilt nicht für Verträge, die erst im Laufe des InsVerfs vom Verw begründet werden.[7] 7

Verträge über dingliche Rechte an unbeweglichen Gegenständen sind Verträge, die eine Änderung der sachenrechtlichen Zuständigkeit bezwecken. Es handelt sich um schuldrechtliche Verträge, wie etwa Kauf- oder Schenkungsverträge. Ebenfalls in den Anwendungsbereich der Vorschrift fallen dingliche Verträge.[8] 8

Der Begriff des **dinglichen Rechts** ist nicht aufgrund des dt Sachenrechts zu bestimmen, sondern nach der lex rei sitae. Hiervon geht auch die Gesetzesbegründung zu § 336 aus, in der es heißt, dass dingliche Rechte über unbewegliche Gegenstände wesentlich v der lex rei sitae geprägte werden.[9] 9

---

2 Krit zB *Liersch* NZI 2003, 302, 304.
3 *K Schmidt/Brinkmann* § 336 Rn 2.
4 MK/*Reinhart* § 336 Rn 3 und 4; *A/G/R/Gruber/Wehner* S 2204.
5 MK/*Reinhart* § 336 Rn 14; *Uhlenbruck/Lüer* 336 Rn 1; **aA** *K Schmidt/Brinkmann* § 336 Rn 11.
6 MK/*Reinhart* § 336 Rn 8.
7 *Braun/Tashiro* § 336 Rn 11; *K/P/B/Paulus* § 336 Rn 7; **aA** *von Bismarck/Schümann-Kleber* NZI 2005, 89, 147.
8 MK/*Reinhart* § 336 Rn 10; *Uhlenbruck/Lüer* 336 Rn 9; **aA** *Braun/Tashiro* § 336 Rn 2; *K/P/B/Paulus* § 336 InsO Rn 5
9 Begr zum RegE, BT-Drucks 15/16, 18; MK/*Reinhart* § 336 Rn 8

10 Nach der Gesetzesbegründung zu § 336 soll sich schließlich der Begriff des **unbeweglichen Gegenstandes** nach der Legaldefinition des § 49 InsO richten.[10] Zu beachten ist jedoch, dass die Stellungnahme des Gesetzgebers in engem Zusammenhang m den Wirkungen eines ausl HauptInsVerf auf einen inländischen Grundstückskaufvertrag steht. Während eine Begriffsbestimmung hinsichtlich in Deutschland belegener Gegenstände nach § 49 sinnvoll erscheint, trifft dies auf im Ausland belegene Gegenstände nicht zwingend zu. Vorzugswürdig ist daher eine allg Begriffsbestimmung des unbeweglichen Gegenstands iSd § 336 nach der jeweiligen lex rei sitae.[11] Dies entspricht auch dem Ansatz des Art 20 lit b S 2 der Richtlinie 2001/24/EG über die Sanierung v Kreditinstituten. Dort wird ebenfalls auf die lex rei sitae abgestellt. Damit wird zugleich eine gespaltene Auslegung des § 336 vermieden.

11 Bei in Deutschland belegenen Gegenständen richtet sich der Begriff des unbeweglichen Gegenstand damit nach § 49. Unbewegliche Gegenstände sind danach Gegenstände, die bei der ZwangsVollst wegen Geldforderungen zum „unbeweglichen Vermögen" gehören und somit nach Maßgabe des Gesetzes über die Zwangsversteigerung und die Zwangsverwaltung zur abgesonderten Befriedigung berechtigen (§§ 864, 865 ZPO). Nach § 864 ZPO unterliegen der ZwangsVollst in das unbewegliche Vermögen Grundstücke, grundstücksähnliche Berechtigungen, Schiffe und Luftfahrzeuge, die in einem Grundbuch oder ähnlichem Register eingetragen sind. Ebenfalls erfasst sind nach § 865 Abs 1 ZPO Gegenstände, die in den hypothekarischen Haftungsverband fallen, zB Erzeugnisse (§§ 97 f BGB), Grundstückzubehör (§ 1120 BGB) sowie Miet- oder Pachtforderungen (§ 1123 BGB).[12] Die grds enge Verbindung dieser (beweglichen) Gegenstände m dem Grundstück spricht für eine solche Gleichbehandlung.

IV. Verträge über ein Recht zur Nutzung eines unbeweglichen Gegenstandes (S 1 Alt 2)

12 Die Sonderanknüpfung in S 1 Alt 1 gilt für bereits bestehende Verträge über die **Nutzung** eines unbeweglichen Gegenstandes, wie etwa Miet-, Pacht- oder Leasingverträge. Unbeachtlich ist, ob die Verträge schuldrechtlicher (Miete, Pacht, Leasing etc) oder dinglicher Natur (Nießbrauch) sind.[13]

V. Eingetragene Schiffe und Luftfahrzeuge (S 2)

13 Bei eingetragenen Schiffen und Luftfahrzeugen würde eine Anknüpfung an das Recht der Belegenheit häufig zu einem Statutenwechsel führen.[14] Aus diesem Grund ist bei einem im Schiffsregister, Schiffsbauregister und Register für Pfandrechte an Luftfahrzeugen das Recht des Registerstaates maßgebend.

14 Das Register muss kein öffentlich geführtes Register sein. Auch ein privat geführtes Register ist ein Register iSd S 2, wenn es staatlicher Kontrolle unterliegt und im öffentlichen Interesse unterhalten wird.[15]

VI. Ausschließliche Anwendung der lex rei sitae bzw lex libri siti

15 Liegen die Voraussetzungen des S 1 oder S 2 vor, so bestimmen sich die Wirkungen des InsVerf auf die erfassten Verträge bzw Gegenstände abw v der lex fori concursus nach den

10 Begr zum RegE, BT-Drucks 15/16, 18.
11 MK/*Reinhart* § 336 Rn 5.
12 **AA** *K Schmidt/Brinkmann* § 336 Rn 8.
13 *K Schmidt/Brinkmann* § 336 Rn 10.
14 MK-BGB/*Kindler* § 336 Rn 7.
15 *K Schmidt/Brinkmann* § 336 Rn 15.

insolvenzrechtlichen Vorschriften des Belegenheitsorts bzw des Registerstaates. Da § 336 zwingendes Recht darstellt, ist eine anderslautende Rechtswahl unbeachtlich.[16]

Nach dem Recht des Staates der Belegenheit richtet sich etwa, welche bes Eingriffsbefugnisse der InsVerw bei noch nicht voll erfüllten gegenseitigen Verträgen hat. Im dt Recht finden sich entspr Regelungen hierzu in den §§ 103 ff. 16

16 *Uhlenbruck/Lüer* § 336 Rn 12.

§ 337 Arbeitsverhältnis

Die Wirkungen des Insolvenzverfahrens auf ein Arbeitsverhältnis unterliegen dem Recht, das nach der Verordnung (EG) Nr. 593/2008 des Europäischen Parlaments und des Rates vom 17. Juni 2008 über das auf vertragliche Schuldverhältnisse anzuwendende Recht (Rom I) (ABl. L 177 vom 4.7.2008, S. 6) für das Arbeitsverhältnis maßgebend ist.

Übersicht

I. Gesetzgebungshinweise

Die Vorschrift ist durch das Gesetz zur weiteren Erleichterung der Sanierung v Unternehmen (ESUG) v 13.12.2011 geändert worden.[1] Mit der Änderung, die am 1.3.2012 in Kraft getreten ist, soll dem Inkrafttreten der VO (EG) Nr 593/2008 des Europ Parlaments und des Rates v 17.6.2008 über das auf vertragliche Schuldverhältnisse anzuwendende Recht (Rom I-VO) Rechnung getragen werden. Die Rom I-VO findet auf seit dem 17.12.2009 begründete Schuldverhältnisse Anwendung. Das auf Arbeitsverhältnisse anwendbare Recht bestimmt sich damit nicht mehr nach dem EGBGB, sondern nach der Rom I-VO. Für Arbeitsverhältnisse, die vor dem Inkrafttreten der Rom I-VO begründet wurden, gilt nach wie vor das EGBGB. 1

Art. 10 EuInsVO/Art 13 EuInsVO nF enthält eine vergleichbare Regelung. Die Vorschrift setzt zugleich Art 19 lit a der Richtlinie 2001/17/EG über die Sanierung und Liquidation v Versicherungsunternehmen sowie Art 20 lit a der Richtlinie 2001/24/EG über die Sanierung v Kreditinstituten um. 2

II. Normzweck

Die Norm enthält eine **Sonderanknüpfung** für Arbeitsverhältnisse. Damit sollen die bes Schutzgedanken des Arbeitsrechts berücksichtigt werden, indem es dem Arbeitnehmer zwingende Mindestvorschriften des Staates der Verrichtung der Arbeit selbst bei abw Rechtswahl erhält. Der Arbeitnehmer soll sich darauf verlassen können, dass bzgl seines Arbeitsverhältnisses, das für ihn oftmals eine existentielle Bedeutung hat, das insoweit bekannte bzw gewählte Schutzstatut gilt.[2] 3

1 BGBl I S 2582.
2 Begr zum RegE, BT-Drucks 15/16, 18; *BAG* 27.2.2007 – 3 AZR 618/06 Rn 36.

III. Allgemeines; Anwendungsbereich

4 Die Sonderanknüpfung erfolgt nicht in Form einer Sachnorm, die unmittelbar das maßgebende Recht benennt, sondern verweist auf das nach den allg Regeln des IPR für das Arbeitsverhältnis maßgebende Recht (sog **Arbeitsvertragsstatut**). Eine solche Anknüpfung ist flexibler und wird dem Schutzbedürfnis des Arbeitnehmers stärker gerecht.

5 Als **allseitige Kollisionsnorm** findet die Vorschrift bei jedem grenzüberschreitenden InsVerf außerhalb des Geltungsbereichs der EuInsVO (nF) Anwendung (vgl hierzu allg Vor §§ 335 Rn 10 ff), unabhängig davon, ob das Verf im Inland oder im Ausland eröffnet worden ist. Auch bei einem mitgliedstaatlichen InsVerf kann die Regelung zur Anwendung kommen, sofern das Arbeitsvertragsstatut dem Recht eines Drittstaats zu entnehmen ist.[3]

6 Die Vorschrift unterscheidet nicht zwischen der Ins des Arbeitgebers und der Ins des Arbeitnehmers. Sie ist daher in beiden Konstellationen anzuwenden.

IV. Arbeitsverhältnis

7 § 337 erfasst nur solche Arbeitsverhältnisse, die zum Zeitpunkt der VerfEröffnung bereits bestanden haben. Für Arbeitsverhältnisse, die erst im Laufe des InsVerf vom InsVerw begründet worden sind, gilt diese Sonderanknüpfung nicht.[4]

8 Der Begriff des **Arbeitsverhältnisses** ist grds dem dt IPR in Art 30 EGBGB aF zu entnehmen.[5] Lediglich im Anwendungsbereich der beiden Richtlinien ist eine richtlinienkonformen Auslegung geboten, die sich am europarechtlichen Begriff des Arbeitsverhältnis iSd Art 10 EuInsVO/Art 13 EuInsVO nF und des Art 8 Rom I-VO zu orientieren hat.

9 Das Arbeitsverhältnis umfasst auch faktische Arbeitsverhältnisse und nichtige, aber in Vollzug gesetzte Arbeitsverträge.

Arbeitsverträge sind solche Vereinbarungen zwischen Arbeitgeber und Arbeitnehmer, die eine abhängige, weisungsgebundene und entgeltliche Tätigkeit zum Gegenstand haben. Es spielt keine Rolle, ob der Arbeitnehmer Auszubildender, Teilzeit- oder Vollzeitbeschäftigter ist. Verträge über Dienstleistungen, die in wirtschaftlicher und sozialer Selbstständigkeit und Unabhängigkeit erbracht werden, fallen nicht unter diese Vorschrift. Arbeitnehmer ist jedoch auch der sog Scheinselbstständige, der in Wirklichkeit abhängige Arbeit verrichtet.

10 § 337 betrifft allein das **Individualarbeitsrecht** und nicht das kollektive Arbeitsrecht.[6] Dies ergibt sich aus der Bezugnahme des § 337 auf Art 8 Rom I-VO, der lediglich v „Individualarbeitsverträgen" spricht.

V. Anwendbares Recht

11 **1. Zulässigkeit der Rechtswahl.** Für die Wirkungen des InsVerf auf Arbeitsverhältnisse verweist § 337 auf die Rom I-VO. Nach Art 8 Abs 1 S 1 Rom I-VO können die Parteien des Arbeitsverhältnisses das maßgebliche Recht grds frei bestimmen. Es ist weder eine bes Beziehung des Arbeitsvertrages zu der gewählten Rechtsordnung erforderlich, noch muss die Rechtswahl das Arbeitsverhältnis insgesamt regeln. Auch eine Rechtswahl für abtrennbare Komplexe des Arbeitsverhältnisses ist möglich.

---

3 *A/G/R/Gruber/Wehner* S 2204.

4 *K/P/B/Paulus* § 337 Rn 4.

5 *Braun/Tashiro* § 337 Rn 6; **aA** MK/*Reinhart* § 337 Rn 6, der eine Auslegung allein auf Grdl des europäischen Gemeinschaftsrechts befürwortet.

6 **Str**, vgl ausführlich hierzu MK/*Reinhart* § 337 Rn 10 ff.

2. Rechtswahlbegrenzung. Die Rechtswahl darf nach Art 8 Abs 1 S 2 Rom I-VO,[7] nicht zur Folge haben, dass dem Arbeitnehmer der Schutz entzogen wird, der ihm v den zwingenden Bestimmungen des Rechts gewährt wird, das ohne eine Rechtswahl anwendbar wäre. Liegt keine wirksame Rechtswahl vor, so findet nach Art 8 Abs 2, 3 Rom I-VO[8] regelmäßig das Recht des Staates auf das Arbeitsverhältnis Anwendung, in dem gewöhnlich die Arbeit verrichtet wird, hilfsweise ist das Recht am Ort der einstellenden Niederlassung maßgebend. 12

Der Inhalt der in Frage kommenden Rechtsordnungen ist daher zu vergleichen. Die dem Arbeitnehmer günstigere Regelung hat den Vorrang (**Günstigkeitsprinzip**). 13

3. Umfang des Arbeitsvertragsstatuts. Zu den Wirkungen eines InsVerf auf individuelle Arbeitsverhältnisse zählen zB die **Begründung** und die **Beendigung des Arbeitsverhältnisses**, insb die Frage der vorzeitigen Kündbarkeit, sonstiger Modifikationen des Kündigungsrechts und Lohnherabsetzungen.[9] Auch der **Inhalt** des Arbeitsverhältnisses, dh die Arbeitgeber- und Arbeitnehmerpflichten bestimmen sich nach dem Arbeitsvertragsstatut.[10] Dies gilt auch für die Frage, ob bei einem Betriebsübergang das Arbeitsverhältnis gem § 613a BGB m übergeht. Ein ausl Verw kann sich nicht darauf berufen, dass das Recht des InsEröffnungsstaates eine derartige Schutzbestimmung nicht vorsieht. Weitere relevante Vorschriften im dt Recht finden sich in den §§ 103 ff sowie den §§ 113, 120 ff.[11] 14

§ 337 erfasst nicht verschiedene **sozialversicherungsrechtliche** Ansprüche der Arbeitnehmer (zB auf InsGeld, betriebliche Altersversorgung), die sich regelmäßig iRd Ins des Arbeitgebers stellen. Hierbei handelt es sich nicht um Wirkungen des InsVerfs „auf das Arbeitsverhältnis", sondern um Ansprüche gegen Dritte, die selbstständig kollisionsrechtlich anzuknüpfen sind.[12] 15

Insolvenzrechtlich zu qualifizierende Sachverhalte, die nicht unmittelbar m den Wirkungen der VerfEröffnung auf ein Arbeitsverhältnis zusammenhängen, unterliegen nicht dem Arbeitsvertragsstatut, sondern dem Recht des Staates der VerfEröffnung (§ 335, lex fori concursus). So kommen zB für die Verteilung der Masse ausschließlich die lex fori concursus und ihre Verteilungsordnung zur Anwendung. Das Recht des Staates der VerfEröffnung regelt auch, ob ein Arbeitslohnanspruch Masseforderung oder privilegierte Masseforderung ist oder inwieweit das Einkommen eines Arbeitnehmers pfändbar ist. 16

Werden Arbeitnehmer durch die Verteilungsordnung der lex fori concursus schlechter gestellt, als sie nach dem Arbeitsvertragsstatut stehen würden, werden sie idR ein berechtigtes Interesse haben, ein SekundärInsVerf über das Inlandsvermögen zu beantragen. 17

§ 338 Aufrechnung

Das Recht eines Insolvenzgläubigers zur Aufrechnung wird von der Eröffnung des Insolvenzverfahrens nicht berührt, wenn er nach dem für die Forderung des Schuldners maßgebenden Recht zur Zeit der Eröffnung des Insolvenzverfahrens zur Aufrechnung berechtigt ist.

---

7 Entspr Regelung für die Arbeitsverhältnisse, die vor dem Inkrafttreten der Rom I-VO begründet worden sind, ist Art 30 Abs 1 EGBGB, vgl *BAG*, 24.9.2015 – 6 AZR 492/14 Rn 35.

8 Entspr Regelung für die Arbeitsverhältnisse, die vor dem Inkrafttreten der Rom I-VO begründet worden sind, ist Art 30 Abs 2 EGBGB, vgl *BAG*, 24.9.2015 – 6 AZR 492/14 Rn 35.

9 *BAG* 24.9.2015 – 6 AZR 492/14 Rn 36; *LAG Hessen* 5.3.2014 – 12 Sa 265/13.

10 FK/*Wenner/Schuster* § 337 Rn 10.

11 *BAG* 24.9.2015 – 6 AZR 492/14 Rn 34 ff; *LAG Hessen* 5.3.2014 – 12 Sa 265/13.

12 MK/*Reinhart* § 337 Rn 12. Ob ein dt Arbeitnehmer einer ausl Tochtergesellschaft iF der Ins der dt Konzernmutter einen Anspruch gegen des **PSVaG** hat ist **str**, bejahend *BAGE* 6.8.1985 – 3 AZR 185/83.

Übersicht

I. Gesetzgebungshinweise

1 Eine § 338 vergleichbare Regelung findet sich in Art 6 Abs 1 EuInsVO/Art 9 Abs 1 EuInsVO nF. § 338 dient zugleich der Umsetzung v Art 22 Abs 1 der Richtlinie 2001/17/EG über die Sanierung und Liquidation v Versicherungsunternehmen und v Art 23 Abs 1 der Richtlinie 2001/24/EG über die Sanierung v Kreditinstituten.

II. Normzweck

2 Die Zulässigkeit und die materielle Wirksamkeit einer Aufrechnung im Fall der Eröffnung eines InsVerf bestimmen sich grds nach dem Recht des Staats, in dem das Verf eröffnet worden ist (§ 335, lex fori concursus). Allerdings kann die einschränkungslose Anwendung der lex fori concursus zu nicht gerechtfertigten Härten führen, wenn der betreffende Gl auf die Zulässigkeit der Aufrechnung auch in der Ins vertraut hat. Da die Aufrechnungslage v den Beteiligten häufig zu Sicherungszwecken herbeigeführt wird, soll nach § 338 eine nach der lex fori concursus an sich untersagte Aufrechnung nach den Bedingungen zulässig sein, die für die Aufrechnung bei InsVerf nach dem **auf die Forderung des insolventen Schu** (sog Haupt- bzw Passivforderung) **anwendbaren Recht (lex causae)** gelten.[1] § 338 kommt also nur dann zur Anwendung, wenn die Befugnis des Gl zur Aufrechnung nach der lex fori concursus unzulässig ist, nach der lex causae dagegen möglich ist. Im Erg setzt sich damit das **aufrechnungsfreundlichere** Recht durch.[2]

III. Allgemeines; Anwendungsbereich

3 § 338 ist keine Sachnorm,[3] sondern stellt eine **Sonderanknüpfung** für die Zulässigkeit der Aufrechnung dar.[4]

4 Als **allseitige Kollisionsnorm** findet § 338 bei jedem grenzüberschreitenden InsVerf außerhalb des Geltungsbereichs der EuInsVO (nF) Anwendung, unabhängig davon, ob das Verf im Inland oder im Ausland eröffnet worden ist (vgl hierzu allg Vor §§ 335 Rn 10 ff). Anders als zT vertreten wird, ist § 338 darüber hinaus nicht anstelle v Art 6 EuInsVO/Art 9 EuInsVO nF für die Frage nach der insolvenzrechtlichen Zulässigkeit einer Aufrechnung heranzuziehen, wenn auf die Forderung des insolventen Schu nicht das Recht eines EU-Mitgliedstaats, sondern das Recht eines Drittstaates Anwendung findet.[5] Für die Anwendbarkeit des vorrangigen Art 6 EuInsVO/Art 9 EuInsVO nF kommt es nämlich nicht darauf an, ob das relevante Forderungsstatut das Recht eines Mitgliedstaats oder eines Drittstaats ist.[6]

---

1 So Begr zum RegE, BT-Drucks 15/16, 18.
2 *K Schmidt/Brinkmann* § 338 Rn 1.
3 MK/*Reinhart* § 338 Rn 3; *Uhlenbruck/Lüer* 338 Rn 1; **aA** *K/P/B/Paulus* § 338 Rn 2; *Liersch* NZI 2003, 302, 30.
4 Ausf dazu *Uhlenbruck/Lüer* § 338 Rn 1.
5 *A/G/R/Gruber/Wehner* S 2204 und S 2211.
6 *K Schmidt/Brinkmann* § 339 Rn 2.

III. Die Sonderanknüpfung des § 338

5 § 338 gewährleistet, dass die Befugnis des Gl zur Aufrechnung im Fall der InsEröffnung nur dann eingeschränkt werden kann, wenn sowohl die anwendbare lex fori concursus als auch die lex causae der Forderung des insolventen Schu, die Unzulässigkeit der Aufrechnung vorsehen.[7]

6 Von der Frage der Zulässigkeit der Aufrechnung im grenzüberschreitenden InsVerf ist die Frage zu unterscheiden, ob überhaupt eine **Aufrechnungslage** besteht. Dies richtet sich nicht nach § 338 und den Regeln des int InsR, sondern beurteilt sich vielmehr nach allg kollisionsrechtlichen Regeln, die auch außerhalb der Ins gelten, dh seit Inkrafttreten der Rom I-VO nach Art 17 Rom I-VO. Dieser bestimmt, dass sofern das Recht zur Aufrechnung nicht vertraglich vereinbart wurde, für die Aufrechnung das Recht gilt, dem die Forderung unterliegt, gegen die aufgerechnet wird (dh das Recht der Haupt- bzw Passivforderung).[8] § 338 hilft also nur über insolvenzrechtliche, nicht aber über rein zivilrechtliche Einschränkungen der Aufrechenbarkeit hinweg. Die Vorschrift soll nur Einschränkungen überwinden, die sich aus dem InsR des VerfStaates ergeben, nicht aber andere materiell-rechtliche Beschränkungen.

7 Die Aufrechnungsbefugnis muss bereits **vor** der VerfEröffnung bestanden haben. Dies ergibt sich aus dem klaren Wortlaut des § 338, der von einer bereits bestehenden Berechtigung zur Aufrechnung bei InsEröffnung spricht. Die Aufrechenbarkeit von Forderungen, die erst **nach** Eröffnung des InsVerf entstanden oder fällig geworden sind, richtet sich dagegen ausschließlich nach der lex fori concursus.[9]

§ 339 Insolvenzanfechtung

Eine Rechtshandlung kann angefochten werden, wenn die Voraussetzungen der Insolvenzanfechtung nach dem Recht des Staats der Verfahrenseröffnung erfüllt sind, es sei denn, der Anfechtungsgegner weist nach, dass für die Rechtshandlung das Recht eines anderen Staates maßgebend und die Rechtshandlung nach diesem Recht in keiner Weise angreifbar ist.

Übersicht

7 MK/*Reinhart* § 338 Rn 3.

8 MK/*Reinhart* § 338 Rn 7; *K Schmidt/Brinkmann* § 338 Rn 3; entspr Regelung für Aufrechnungslagen, die vor dem Inkrafttreten der Rom I-VO begründet worden sind, ist Art 32 Abs 1 Nr 4, 1. Alt EGBGB aF.

9 *K/P/B/Paulus* § 338 Rn 3; *K Schmidt/Brinkmann* § 338 Rn 4; *Braun/Tashiro* § 338 Rn 7; *Andres/Leithaus/Dahl* § 338 Rn 5; *Bork* ZIP 2002, 690, 694; **aA** MK/*Reinhart* § 338 Rn 9 und *Uhlenbruck/Lüer* § 338 Rn 11, wonach es genügen soll, wenn es zur Vollendung der Aufrechnungslage m Ausnahme der Aufrechnungserklärung keiner weiteren Handlungen oder rechtsgeschäftlichen Erklärungen der Parteien bedarf; ähnlich*Uhlenbruck/Lüer* § 338 Rn 11.

I. Gesetzgebungshinweise

1 Eine dem § 339 ähnliche Bestimmung findet sich in Art 13 EuInsVO/Art 16 EuInsVO nF, auf den in den Gesetzgebungsmaterialien zu § 339 ausdrücklich verwiesen wird.[1] Dies ist relevant für die Auslegung der Vorschrift.[2] § 339 dient zugleich der Umsetzung v Art 24 Abs 1 der Richtlinie 2001/17/EG über die Sanierung und Liquidation v Versicherungsunternehmen und v Art 30 der Richtlinie 2001/24/EG über die Sanierung v Kreditinstituten.

II. Normzweck

2 Grds bestimmt sich die Anfechtbarkeit v Rechtshandlungen nach dem Recht des Staates der VerfEröffnung (§ 335, lex rei concursus). Nur für den Fall, dass dieses Recht die Anfechtbarkeit begründet, sieht § 339 eine zusätzliche Anknüpfung an das **Recht der Rechtshandlung** vor, **die Gegenstand des AnfAnspruchs ist (lex causae)**. Da sich die nationalen Gesetze in den konkreten Tatbestandsvoraussetzungen und den zeitlichen Schranken stark unterscheiden, soll durch die **Sonderanknüpfung** des § 339 das Vertrauen des Rechtsverkehrs in die Gültigkeit einer Handlung geschützt werden. Weist der AnfGegner nach, dass eine v der lex fori concursus abw lex causae für die fragliche Rechtshandlung maßgeblich ist und das die Rechtshandlung nach dieser in ihrer Wirksamkeit nicht angegriffen werden kann, kann der Anfechtende eine nach der lex fori concursus bestehende AnfMöglichkeit nicht ausüben. Der durch die fragliche Rechtshandlung Begünstigte soll sich darauf verlassen können, dass eine nach dem normalerweise anwendbaren Recht wirksame und unangreifbare Rechtshandlung nicht durch die AnfNormen einer fremden lex fori concursus beeinträchtigt wird. Es liegt jedoch auf der Hand, dass dieses Konzept missbrauchsanfällig ist und dem entspr beratenden Anfechtungsgegner nahelegt, eine Jurisdiktion mit möglichst anfechtungsschwacher lex causae zu wählen.[3] Sofern diese Rechtswahl nicht in betrügerischer oder rechtsmissbräuchlicher Weise gewählt wurde, dürfte sie einer Berufung auf § 339 InsO jedoch nicht entgegenstehen. Für Art 13 EuInsVO hat der EuGH dies kürzlich klargestellt.[4] Stets zu beachten ist jedoch, dass die Rechtswahl uU ihrerseits anfechtbar sein kann (s unten Rn 13).

III. Allgemeines; Anwendungsbereich

3 § 339 findet bei jedem grenzüberschreitenden InsVerf außerhalb des Geltungsbereichs der EuInsVO (nF) Anwendung (vgl hierzu allg Vor §§ 335 Rn 10 ff), unabhängig davon, ob das Verf im Inland oder Ausland eröffnet worden ist (**allseitige Kollisionsnorm**). Auch bei einem mitgliedsstaatlichen InsVerf ist die Vorschrift anwendbar, wenn sich die lex causae der streitgegenständlichen Rechtshandlung nach dem Recht eines Drittstaats richtet.[5] Die lex causae ist nach den allg Kollisionsregeln des InsEröffnungsstaates zu ermitteln.[6]

4 § 339 ist entspr Art 13 EuInsVO/Art 16 EuInsVO nF als **Sachnormverweisung** zu verstehen. Dieses Verständnis lässt sich m der ausdrücklichen Bezugnahme auf Art 13 EuInsVO/ Art 16 EuInsVO nF in den Gesetzesmaterialien begründen.[7]

---

1 Begr zum RegE, BT-Drucks 15/16, 19.
2 So auch *K Schmidt/Brinkmann* § 339 Rn 1.
3 *Andres/Leithaus/Dahl* § 339 Rn 1.
4 *EuGH* 8.6.2017 – C-54/16 (Vinyls Italia SpA) Rn 40 ff.
5 *A/G/R/Gruber/Wehner* S 2212.
6 *Braun/Tashiro* 339 Rn 12; *K Schmidt/Brinkmann* § 339 Rn 3; in diesem Sinne auch *OLG Naumburg* 6.10.2010 – 5 U 73/10.
7 *K Schmidt/Brinkmann* § 339 Rn 2; **aA** MK/*Reinhart* § 339 Rn 3.

IV. Anfechtbarkeit einer Rechtshandlung nach der lex fori concursus

5 § 339 verlangt, dass die Rechtshandlung nach der lex fori concursus anfechtbar ist.[8] Kann die Rechtshandlung bereits nach der lex fori concursus nicht angefochten werden, so erübrigt sich eine weitere Prüfung der lex causae.

6 Unter dem Begriff der **„InsAnf“** sind alle Ansprüche und Rechtsbehelfe zu verstehen, m denen gläubigerbenachteiligende Rechtshandlungen des Schu vor InsEröffnung wieder rückgängig gemacht oder ausgeglichen werden sollen. Eine InsAnf iSd Vorschrift ist nicht nur die InsAnf durch den InsVerw nach Eröffnung eines InsVerf, wie sie im dt Recht in den §§ 129 ff normiert ist. Auch die Rückschlagsperre gem § 88 sowie entspr ausl Regelungen sind als InsAnf iSd § 339 anzusehen.[9] Im Anwendungsbereich des Art 5 iVm Art 4 Abs 2 EuInsVO hat der EuGH dies für § 88 klargestellt. Die angeordnete Unwirksamkeit unterfalle nach Ansicht des EuGH daher Art 13 EuInsVO.[10] Zwar fehlt eine dem Art 5 EuInsVO vergleichbare Regelung im dt autonomen int InsR. Doch ist die Anwendbarkeit des § 339 auf § 88 und entspr ausl Regelungen wegen der Identität des Normzwecks mit Art 13 EuInsVO[11] zu bejahen.[9]

7 Gleichfalls v § 339 wird die anfechtbare Aufrechnung nach § 96 Abs 1 Nr 3 erfasst.[12] Zwar ist die Zulässigkeit der Aufrechnung in grenzüberschreitenden InsVerf in § 338 geregelt. Knüpft das Aufrechnungsrecht jedoch an das Anfechtungsrecht an, geht eine Prüfung der Anfechtbarkeit nach § 339 der Frage der Aufrechnungsmöglichkeit gem § 338 vor.

V. Die „Einrede“ gem § 339

8 Die grds Beurteilung der anfechtbaren Rechtshandlungen nach der lex fori concursus wird durch den Nachweis des AnfGegners, dass für die Rechtshandlung das Recht eines anderen Staates maßgebend (lex causae) ist und die Rechtshandlung nach diesem Recht in keiner Weise angreifbar ist, eingeschränkt. Ob das Recht eines anderen Staates einschlägig ist, bestimmt sich dabei nach allg IPR.[13]

9 Die Unangreifbarkeit der Rechtshandlung nach der lex causae ist nicht v Amts wegen zu beachten, sondern ist v dem begünstigten Gl **einredeweise geltend zu machen**. Der InsVerw hat lediglich darzulegen und zu beweisen, dass eine Anfechtbarkeit nach der lex fori concursus gegeben ist. Der AnfGegner hat hingegen darzulegen und im Streitfall zu beweisen, dass die gläubigerbenachteiligende Rechtshandlung nach der auf sie anwendbaren lex causae „in keiner Weise angreifbar“ ist. Für Art 13 EuInsVO hat der EuGH dies ausdrücklich klargestellt.[14] Würde man die Darlegungs- und Beweislast nämlich der anfechtenden Partei auferlegen, wäre nach Ansicht des EuGH die Berufung auf Art 13 EuInsVO übermäßig vereinfacht und der strenge Ausnahmecharakter der Regelung durch die Hintertür ausgehebelt (Verstoß gegen den Effektivitätsgrundsatz). Nur wenn das mit der Sache befasste Gericht davon überzeugt sei, dass der Anfechtungsgegner die Unanfechtbarkeit der Handlung nach den Vorschriften seines nationalen Rechts nachgewiesen hat, könne es dem Anfechtenden die weitere Darlegungs- und Beweislast für das Gegenteil aufbürden. Die Argumentation

---

8 FK/*Wenner/Schuster* § 339 Rn 12.
9 *Braun/Tashiro* § 339 Rn 8.
10 *EuGH* 16.4.2015 – C-557/13 (Lutz/Bäuerle) Rn 32 ff.
11 Vgl Begr zum RegE, BT-Drucks 15/16, 18.
12 *Braun/Tashiro* § 339 Rn 9.
13 *Braun/Tashiro* § 339 Rn 12.
14 Vgl *EuGH* 8.6.2017 – C-54/16 (Vinyls Italia SpA) Rn 34 ff; *EuGH* 15.10.2015 – C-310/14 (Nike European Operations Netherlands) Rn 37 ff.

des EuGH lässt sich wegen der Normzweckidentität mit Art 13 EuInsVO[15] vollumfänglich auf § 339 übertragen.

10 M Blick auf das deutsche Verfahrensrecht wird man daher den in derartigen Fällen einschlägigen § 293 S 1 HS 2 ZPO – dieser sieht grds eine Amtsermittlungspflicht bzgl des ausl Rechts vor[16] – korrigieren müssen. Entgegen § 293 S 1 HS 2 ZPO ist das ausl Recht zur Wahrung des Ausnahmecharakters und der Effektivität des § 339 nicht vom Gericht, sondern vom Anfechtungsgegner in den Prozess einzuführen (zB durch Vorlage v Rechtsgutachten).[17] Dies wird sich häufig als schwierig erweisen, da der Anfechtungsgegner einen weitreichenden Negativbeweis erbringen muss. In der Lit wird daher ua eine Abstufung der Darlegungs- und Beweislast erwogen.[18]

11 Aus der Formulierung „in keiner Weise angreifbar“ sowie aus den Gesetzesmaterialien ergibt sich zudem, dass hierbei nicht nur die Vorschriften über die InsAnf zu prüfen sind, sondern dass die Gültigkeit der Handlung auch nach den **anderen (allg) Vorschriften und Grundsätzen** der auf die Handlung anwendbaren Rechtsordnung Bestand haben muss.[19] Es genügt daher auch eine Angreifbarkeit aus anderem Grund, bspw aufgrund v Willensmängeln oder Sittenwidrigkeit. Für Art 13 EuInsVO hat der EuGH dies ebenfalls ausdrücklich bestätigt.[20]

12 Seit jeher umstr ist schließlich, ob auch die einschlägigen Verjährungsregelungen der lex causae zu entnehmen sind, oder ob die Verjährungsregelungen der lex fori concursus zu Anwendung kommen. Nach der bislang **hM** sind die Verjährungsregelungen der lex fori concursus maßgebend.[21] Auf Vorlage des BGH[22] hat der EuGH zur Auslegung des Art 13 EuInsVO entschieden, dass die in dieser Vorschrift enthaltene Ausnahmeregelung auch die **Verjährungs-, Anfechtungs- und Ausschlussfristen** erfasse, die nach dem Recht gelten, das für die vom InsVerw angefochtene Rechtshandlung gelte.[23] Der InsAnfGegner könne sich somit auch auf den Ablauf v Verjährungsfristen nach der lex causae berufen. Dem ist aufgrund der Normzweckparallelität mit § 339[15] auch im dt autonomen int InsR zu folgen.[24]

13 Wurde die anfechtungsschwächere lex causae durch eine Rechtswahl begründet, kann diese Rechtswahl uU ihrerseits anfechtbar sein. Die Anfechtbarkeit richtet sich dabei nach der Rechtsordnung, die ohne die Rechtswahl anwendbar wäre.[25]

VI. Zeitliche Schranken

14 Es können nur die Rechtshandlungen angefochten werden, die **vor** der Eröffnung des InsVerf vorgenommen wurden. **Nach** VerfEröffnung sind alle nicht genehmigten Verfügungen des Schu aufgrund der ihm entzogenen Verfügungsgewalt über sein zur Masse gehörendes Vermögen grds unwirksam. § 339 gewährt daher keinen Schutz vor solchen Rechtshandlun-

15 Vgl Begr zum RegE, BT-Drucks 15/16, 19.
16 *BGH* 25.1.2005 – XI ZR 78/04 und 29.1.2003 – VIII ZR 155/02.
17 MK/*Reinhart* § 339 Rn 16; iRv Art 13 EuInsVO auch *Swierczok* NZI 2015, 957, 958.
18 Etwa MK/*Reinhart* § 339 Rn 17; iRv Art 13 EuInsVO auch *Swierczok* NZI 2015, 957, 958.
19 Vgl Begr zum RegE, BT-Drucks 15/16, 19, der davon spricht, dass die Rechtshandlung „weder anfechtbar, noch nichtig, noch sonst unwirksam“ sein dürfte.
20 *EuGH* 15.10.2015 – C-310/14 (Nike European Operations Netherlands) Rn 32 ff.
21 Vgl zum Streitstand ausführlich den VorlageBeschl des *BGH* 10.10.2013 – IX ZR 265/12 Rn 15 ff.
22 *BGH* 10.10.2013 – IX ZR 265/12.
23 *EuGH* 16.4.2015 – C-557/13 (Lutz/Bäuerle) Rn 44 ff.
24 Ebenfalls *Braun/Tashiro* § 339 Rn 18.
25 FK/*Wenner/Schuster* § 339 Rn 9; *Uhlenbruck/Lüer* 339 Rn 16.

gen, die nach der Eröffnung des InsVerf vorgenommen worden sind. Solche Handlungen sind ausschließlich nach der lex fori concursus zu beurteilen.

VII. Partikularinsolvenzverfahren

Auch der Verw eines PartikularInsVerf kann vor dem Gericht des HauptInsVerf eine Anf-Klage erheben. Er muss jedoch zwingend eine Rechtshandlung anfechten, die die Aktivmasse des PartikularInsVerf gemindert hat. In diesem Fall ist die lex fori concursus diejenige des Staates, in dem das PartikularInsVerf eröffnet worden ist. **15**

VIII. Internationale Zuständigkeit für den Anfechtungsprozess

Nach bisheriger Rspr des EuGH zu Art 3 Abs 1 EuInsVO sind die Gerichte des Mitgliedstaats, in dessen Gebiet das InsVerf eröffnet worden ist, auch für eine InsAnfklage gegen einen Anfechtungsgegner, der seinen satzungsmäßigen Sitz in einem anderen Mitgliedstaat hat, zuständig (sog **vis attractiva concursus**).[26] Die Entsch des EuGH betrifft ausschließlich die int Zuständigkeit. Die Festlegung der sachlichen und örtlichen Zuständigkeit ist demgegenüber v den Mitgliedstaaten vorzunehmen. Nach zutr Ansicht des BGH ist die örtliche Zuständigkeit in diesen Fällen analog § 19a ZPO zu bestimmen.[27] **16**

Für die EuInsVO nF sieht Art 6 Abs 1 EuInsVO nF nun eine ausdrückliche int Zuständigkeitsbestimmung für InsAnfklage vor, die sich an der bisherigen Rspr des EuGH orientiert. Die sachliche und örtliche Zuständigkeit wird in Anlehnung an die bisherige BGH-Rspr in Art 102c § 6 EGInsO ebenfalls explizit geregelt. **17**

Diese für die EuInsVO (nF) maßgeblichen Grundsätze und Bestimmungen können jedoch nicht in das dt autonome int InsR, das keine ausdrückliche int Zuständigkeitsbestimmung für InsAnfsklagen vorsieht, übertragen werden.[28] Die int Zuständigkeit richtet sich vielmehr alleine nach dem **int Zivilprozessrecht der lex fori processus.**[29] In Deutschland sind die §§ 12 ff ZPO einschlägig.[30] Lediglich im Anwendungsbereich der **§ 46e KWG** und **§ 88 Abs 1a VAG**, die die beiden Richtlinien umsetzen und die int Zuständigkeit für die Ins v Kreditinstituten bzw Versicherungen regeln, ist eine richtlinienkonforme Auslegung geboten. Diese hat sich an den Grundsätzen der Deko Marty Entsch des EuGH zu orientieren.[31] **18**

§ 340 Organisierte Märkte. Pensionsgeschäfte

(1) Die Wirkungen des Insolvenzverfahrens auf die Rechte und Pflichten der Teilnehmer an einem organisierten Markt nach § 2 Abs. 11 des Wertpapierhandelsgesetzes unterliegen dem Recht des Staats, das für diesen Markt gilt.

(2) Die Wirkungen des Insolvenzverfahrens auf Pensionsgeschäfte im Sinne des § 340b des Handelsgesetzbuchs sowie auf Schuldumwandlungsverträge und Aufrechnungsvereinbarungen unterliegen dem Recht des Staats, das für diese Verträge maßgebend ist.

(3) Für die Teilnehmer an einem System im Sinne von § 1 Abs. 16 des Kreditwesengesetzes gilt Absatz 1 entsprechend.

---

26 *EuGH* 12.2.2009 – C-339/07 (Deko Marty Belgium).

27 *BGH* 19.5.2009 – IX ZR 39/06 Rn 9 ff.

28 *OLG Frankfurt* 17.12.2012 – 1 U 17/11; *K Schmidt/Brinkmann* § 339 Rn 6; **aA** MK-BGB/*Kindler* § 339 Rn 8.

29 FK/*Wenner/Schuster* § 339 Rn 13.

30 *A/G/R/Gruber/Wehner* S 2213.

31 Zutr *K Schmidt/Brinkmann* § 339 Rn 7.

Übersicht

I. Gesetzgebungshinweise

1 Eine ähnliche Regelung findet sich in Art 9 EuInsVO/Art 12 EuInsVO nF. Die Vorschrift setzt in Teilen die Richtlinie 2001/17/EG über die Sanierung und Liquidation v Versicherungsunternehmen, die Richtlinie 2001/24/EG über die Sanierung v Kreditinstituten und die Richtlinie 98/26/EG über die Wirksamkeit v Abrechnungen in Zahlungs- sowie Wertpapierliefer- und -abrechnungssystemen um.

II. Normzweck und Anwendungsbereich

2 § 340 normiert drei unabhängig voneinander existierende **Sonderanknüpfungen** für bestimmte Geschäfte über Finanzleistungen, bei denen im Intresse des Verkehrsschutzes eine Abweichung vom Recht des Eröffnungsstaates (§ 335, lex fori concursus) geboten ist.[1] Bei § 340 handelt es sich um eine **allseitige Kollisionsnorm,** die bei jedem grenzüberschreitenden InsVerf außerhalb des Geltungsbereichs der EuInsVO (nF) Anwendung findet, unabhängig davon, ob das Verf im Inland oder im Ausland eröffnet worden ist.[2]

3 Die Norm ist nur anzuwenden, wenn die Bestimmungen der EuInsVO (nF) nicht vorrangig gelten (vgl hierzu allg Vor §§ 335 Rn 10 ff). Da § 340 insb in der Ins v Kreditinstituten und Versicherungen einschlägig ist, solche InsVerf gem Art 1 Abs 2 EuInsVO (nF) jedoch nicht vom Anwendungsbereich der EuInsVO (nF) umfasst sind, ist die Vorschrift v besonderer Bedeutung, die Parallelvorschrift des Art 9 EuInsVO/Art 12 EuInsVO nF dagegen v untergeordneter Bedeutung.

III. Sonderanknüpfung für organisierte Märkte (Abs 1)

4 In Abs 1 wird eine Sonderanknüpfung für organisierte Märkte festgeschrieben. Im Fall der Ins eines Teilnehmers eines solchen Markts richten sich die Wirkungen des InsVerf auf die Rechte und Pflichten des Marktteilnehmers nicht nach der lex fori concursus, sondern ausschließlich nach dem **Recht, das für den betr Markt gilt (lex causae)**. Die Verweisung des Abs 1 erfasst das gesamte materielle Recht der lex causae und nicht nur deren InsR.[3] Die lex causae ist nach den allg Kollisionsregeln des InsEröffnungsstaates zu ermitteln.

5 Grund für die Sonderanknüpfung ist die Erhaltung der Integrität des organisierten Marktes. Die Mechanismen zur Zahlung und Abwicklung v Transaktionen in derartigen Systemen sollen nicht iF einer Ins durch das Eingreifen eines fremden InsR nachhaltig gestört werden.[4] Die Regelung setzt zugleich Art 23 der Richtlinie 2001/17/EG über die Sanierung und Liquidation v Versicherungsunternehmen und Art 27 der Richtlinie 2001/24/EG über die Sanierung v Kreditinstituten um.

---

1 Begr zum RegE, BT-Drucks 15/16, 19.
2 *Uhlenbruck/Lüer* § 340 Rn 1.
3 *K/P/B/Paulus* § 340 Rn 6.
4 *A/G/R/Gruber/Wehner* S 2213.

Ein **„organisierter Markt"** iSd § 2 Abs 5 WpHG ist nach der Legaldefinition dieser Vorschrift ein Markt, der v staatlich anerkannten Stellen geregelt und überwacht wird, regelmäßig stattfindet und für das Publikum unmittelbar oder mittelbar zugänglich ist. Der Begriff organisierter Markt entspricht dem *„geregelten Markt*" in Art 1 Nr 13 der Richtlinie 93/22/EWG über Wertpapierdienstleistungen.[5] Dieser beschreibt den „geregelten Markt" als einen Markt für Finanzinstrumente, der in einem Verzeichnis in dem jeweiligen Mitgliedstaat eingetragen ist, regelmäßig funktioniert und im bestimmten Umfang reglementiert sein muss. Ein organisierter Markt ist vor allem die Börse, nicht dagegen der Freiverkehr nach § 48 BörsG.[6] 6

IV. Sonderanknüpfung für Pensionsgeschäfte und Aufrechnungsvereinbarungen (Abs 2)

1. Pensionsgeschäfte (Alt 1). Nach Abs 2 Alt 1 werden Pensionsgeschäfte, die zum Zeitpunkt der Verfahrenseröffnung bereits zustande gekommen sind, einer **Sonderanknüpfung** unterstellt, wonach sich die Wirkungen des InsVerf auf diese Geschäfte nicht nach der lex fori concursus, sondern nach dem **Recht des Staates bestimmen, das für diese Verträge maßgeblich ist (lex causae)**. Diese ist nach den allg Kollisionsregeln des InsEröffnungsstaates zu ermitteln.[7] Die Verweisung des Abs 2 erfasst das gesamte materielle Recht der lex causae und nicht lediglich deren InsR. Die Regelung dient zueich der Umsetzung des Art 26 der Richtlinie 2001/24/EG über die Sanierung v Kreditinstituten. 7

Der Begriff **„Pensionsgeschäfte"** ist in § 340b Abs 1 HGB definiert, der Art 12 Abs 1 der Richtlinie 86/636/EWG über den Jahresabschluss und den konsolidierten Abschluss v Banken und anderen Finanzinstituten umsetzt.[8] 8

Pensionsgeschäfte sind danach „Verträge, durch die ein Kreditinstitut oder der Kunde eines Kreditinstituts (Pensionsgeber) ihm gehörende Vermögensgegenstände einem anderen Kreditinstitut oder einem seiner Kunden (Pensionsnehmer) gegen Zahlung eines Betrags überträgt und in dem gleichzeitig vereinbart wird, dass die Vermögensgegenstände später gegen Entrichtung des empfangenen oder eines im Voraus vereinbarten anderen Betrags an den Pensionsgeber zurückübertragen werden müssen oder können". Von der Grundstruktur handelt es sich um Verkäufe mit gleichzeitiger Rückkaufvereinbarung.

2. Aufrechnungsvereinbarungen (Alt 2). Der Umsetzung des Art 25 der Richtlinie 2001/24 EG über die Sanierung v Kreditinstituten dient Abs 2 Alt 2 für Aufrechnungs- und Schuldumwandlungsvereinbarungen. Auch bei solchen Vereinbarungen richten sich die Wirkungen des InsVerf ausschließlich nach der lex causae, die nach den allg Kollisionsregeln des InsEröffnungsstaates zu ermitteln ist.[7] Die Verweisung des Abs 2 erfasst das gesamte materielle Recht der lex causae und nicht lediglich deren InsR. 9

Unter „**Aufrechnungsvereinbarung**" ist nicht zwingend eine vertragliche oder einseitige Aufrechnung („set-off") iSd § 387 ff BGB bzw des Art 6 EuInsVO/Art 12 EuInsVO nF zu verstehen,[9] sondern auch sog **Netting-Vereinbarungen**.[10] Die einzelnen Erscheinungsformen 10

5 So ist auch die Begr zum RegE, BT-Drucks 15/16, 19 zu verstehen; *Braun/Tashiro* 340 Rn 2.
6 *Graf-Schlicker/Sabel/Schlegel* § 340 Rn 5.
7 *Braun/Tashiro* 340 Rn 3.
8 Begr zum RegE, BT-Drucks 15/16, 19.
9 Art 6 EuInsVO/Art 9 EuInsVO nF erfasst nur die klassische Aufrechnung („set-off"), vgl MK/*Jan/Fried* § 340 Rn 2a. Die Vorschrift ist damit in ihrem sachlichen Anwendungsbereich deutlich enger als § 340 Abs 2 Alt 2.
10 Begr zum RegE, BT-Drucks 15/16, 20. Sofern durch die Netting-Vereinbarung (zugleich) ein klassisches Recht zur Aufrechnung gewährt wird und das InsR des Vertragsstaats die Aufrechnung in der Ins zulässt, kann die lex fori concursus dieses wegen § 338 nicht mehr verbieten, vgl *Andres/Leithaus/Dahl* § 340 Rn 7.

des Netting sind vielgestaltig, lassen sich aber letztlich auf eine Grundform reduzieren, bei der die zur Begleichung mehrerer Zahlungsansprüche zu veranlassenden Zahlungsströme zu einem einzigen Saldo verrechnet werden. Damit werden weniger liquide Mittel benötigt, um die Zahlungen abzuwickeln, und außerdem die Kosten für die Transaktionen sowie das Risiko v Fehlbuchungen minimiert.

11 Eine **„Schuldumwandlungsvereinbarung“** ist eine Sonderform der Aufrechnungsvereinbarung (Netting durch Novation). Diese Form des Netting hat allerdings in der Praxis keine nennenswerte Bedeutung erlangt.[11]

12 Unterliegen die maßgeblichen Vereinbarungen dt Recht, sind die Vorgaben des § **104** zu beachten.[12] Die Vorschrift wurde erst kürzlich geändert und lässt nach ihrem Abs 4 nunmehr auch abw Bestimmungen zu.

V. Sonderanknüpfung für sog Zahlungssysteme (Abs 3)

13 Anknüpfungsgegenstand des § 340 Abs 3 ist die Wirkung des InsVerf auf ein **„System“** iSd § 1 Abs 16 KWG. Durch die Regelung wird Art 8 der Richtlinie 98/26/EG über die Wirksamkeit v Abrechnungen in Zahlungs- sowie Wertpapierliefer- und – abrechnungssystemen umgesetzt. Unter einem System iSd Vorschrift ist eine förmliche Vereinbarung zwischen mindestens drei Teilnehmern, die dem Recht eines v diesen Teilnehmern gewählten Staates unterliegt und gemeinsame Regeln für die Ausführung v Zahlungs- und Übertragungsaufträgen zwischen den Teilnehmern vorsieht, zu verstehen (vgl Art 2 lit b der Richtlinie 98/26/EG über die Wirksamkeit v Abrechnungen in Zahlungs- sowie Wertpapierliefer- und – abrechnungssystemen). Es handelt sich im Unterschied zu Abs 2 um sog geschlossene Systeme, die einen beschränkten Teilnehmerkreis haben. Als Teilnehmer kommen idR Banken in Betracht. Auch auf Systeme, die nicht in einem EU-Mitgliedstaat angesiedelt sind, ist die Vorschrift anwendbar, soweit die dortigen Systeme im Wesentlichen m denen der umgesetzten Richtlinie vergleichbar sind.

14 Das System muss bereits zum Zeitpunkt der Eröffnung des InsVerf über das Vermögen eines der Systemteilnehmer zustande gekommen sein, was sich nach Art 2 lit b der Richtlinie 98/26/EG über die Wirksamkeit v Abrechnungen in Zahlungs- sowie Wertpapierliefer- und – abrechnungssystemen bestimmt.[13]

15 Liegen die Tatbestandvoraussetzungen des Abs 3 vor, werden die Wirkungen des InsVerf durch das **Recht desjenigen Staates bestimmt, dem das System unterliegt (lex causae)**. Damit ist auch im Anwendungsbereich des Abs 3 sowohl das materielle als auch das InsR gemeint.[14]

§ 341 Ausübung von Gläubigerrechten

(1) Jeder Gläubiger kann seine Forderungen im Hauptinsolvenzverfahren und in jedem Sekundärinsolvenzverfahren anmelden.

(2) [1]Der Insolvenzverwalter ist berechtigt, eine in dem Verfahren, für das er bestellt ist, angemeldete Forderung in einem anderen Insolvenzverfahren über das Vermögen des Schuldners anzumelden. [2]Das Recht des Gläubigers, die Anmeldung abzulehnen oder zurückzunehmen, bleibt unberührt.

11 *K/P/B/Paulus* § 340 Rn 9.
12 *BGH* 9.6.2016 – IX ZR 314/14 Rn 52 ff.
13 *K/P/B/Paulus* § 340 Rn 14.
14 *K/P/B/Paulus* § 340 Rn 15.

(3) Der Verwalter gilt als bevollmächtigt, das Stimmrecht aus einer Forderung, die in dem Verfahren, für das er bestellt ist, angemeldet worden ist, in einem anderen Insolvenzverfahren über das Vermögen des Schuldners auszuüben, sofern der Gläubiger keine anderweitige Bestimmung trifft.

Übersicht

I. Normzweck; Anwendungsbereich

§ 341 verfolgt den Zweck, die Geltendmachung und Ausübung v Gläubigerrechten int zu erleichtern.[1] Die Norm regelt als **Sachnorm** die grenzüberschreitende GlBeteiligung (Abs 1) sowie die Rechte des InsVerw (Abs 2 und 3).[2] Art 32 EuInsVO/Art 45 EuInsVO nF enthält eine ähnliche Regelung. 1

Der Anwendungsbereich des § 341 ist allein auf **inländische** InsVerf und InsVerw beschränkt.[3] Aus den Gesetzesmaterialien wird dies jedoch nicht zweifelsfrei klar. Diese deuten darauf hin, dass sich die Vorschrift auch auf ausl InsVerf und InsVerw erstrecken soll. In der Begr zum RegE heißt es, dass § 341 einen „breiten Anwendungsbereich" habe und daher in den ersten Abschn unter die Allg Vorschriften aufzunehmen sei.[4] Eine solche Erstreckung des Anwendungsbereichs der Norm lässt sich jedoch nicht legitimieren, da dem dt Gesetzgeber eine entspre Gesetzgebungskompetenz nur für in Deutschland eröffnete InsVerf zukommt.[5] Konsequenterweise unterstehen sämtliche in § 341 geregelten Fragen daher gem § 335 allein dem Recht des Eröffnungsstaates (lex fori concursus).

§ 341 ist nur dann anzuwenden, wenn die Bestimmungen der EuInsVO (nF) nicht vorrangig gelten (vgl hierzu allg Vor §§ 335 Rn 10 ff). Da Art 32 Abs 1 EuInsVO/Art 45 EuInsVO nF für das Anmelderecht aller Gl gilt, dh auch für Gläubiger aus Drittstaaten,[6] kommt § 341 **Abs 1** primär bei im Inland eröffneten SekundärInsVerf zur Anwendung, wenn das HauptInsVerfahren in einem Drittstaat stattfindet.[7] § 341 **Abs 2** findet darüber hinaus auch bei mitgliedsstaatlichen InsVerf Anwendung, sofern der dt InsVerw Forderungen in einem Drittstatt anmelden soll.[8] Schließlich ist entgegen der Annahme in den Gesetzesmaterialien[9] eine Abgrenzung des § 341 **Abs 3** zu Art 32 EuInsVO/Art 45 Abs 3 EuInsVO nF erforderlich, da Art 32 EuInsVO/Art 45 Abs 3 EuInsVO nF nach hier vertretener Auffassung auch die Stimmrechte der Gl umfasst.[10] 2

1 Begr zum RegE, BT-Drucks 15/16, 20.
2 *K/P/B/Paulus* § 341 Rn 2.
3 MK/*Reinhart* § 341 Rn 2; *Uhlenbruck/Lüer* § 341 Rn 2; **aA** *Andres/Leithaus/Dahl* § 341 Rn 1.
4 Begr zum RegE, BT-Drucks, 15/16, 20.
5 MK/*Reinhart* § 341 Rn 2; *Uhlenbruck/Lüer* § 341 Rn 2.
6 MK/*Reinhart* § 341 Rn 2; **aA** *A/G/R/Gruber/Wehner*, S 2215.
7 *K Schmidt/Brinkmann* § 341 Rn 2.
8 MK/*Reinhart* § 341 Rn 5.
9 Vgl Begr zum RegE, BT-Drucks, 15/16, 20.
10 MK/*Reinhart* § 341 Rn 6; **aA** HambK-InsO/*Undritz* § 341 Rn 2.

II. Allgemeines Anmelderecht der Gläubiger (Abs 1)

3 Grds richtet sich die Anmeldung v Forderungen sowie die Forderungsprüfung gem § 335 nach der lex fori concursus. Dies gilt insb für Frist, Form und Umfang der Forderungsanmeldung.

4 Abs 1 räumt einem **ausl** Gl das Recht ein, seine Forderung in jedem **inländischen** Haupt- bzw SekundärInsVerf anzumelden. Dem Gl steht es frei, seine Forderung nur in einem, aber auch in mehreren InsVerf anzumelden. **Mehrfachanmeldungen** sind ausdrücklich erlaubt. Eine Mehrfachanmeldung kann die Befriedigungsaussichten des Gl deutlich verbessern. Mögliche Verteilungsfragen, die sich aus einer Mehrfachanmeldung ergeben, werden in § 342 adressiert.

5 Für die **Inlands**InsVerf wäre eine ausdrückliche Regelung des Anmelderechts ausl Gl nicht erforderlich gewesen, da sich die Gleichbehandlung ausl Gl mit inländischen Gl bereits daraus ergibt, dass die InsO keine Sonderregelung für ausl Gl enthält. Bedeutsam ist die Regelung jedoch insoweit, als sie den ausl Gl über das Teilnahmerecht hinaus freistellt, in welchen Verf sie ihre Forderung anmelden wollen.

III. Forderungsanmeldung durch den Verwalter (Abs 2)

6 Abs 2 ermächtigt den **inländischen** InsVerw, Forderungen, die in dem eigenen InsVerf angemeldet wurden, auch in einem ausl Verf anzumelden, sofern die Gl dies nicht ablehnen (S 2 Alt 1). Auch können die Gl eine bereits erfolgt Anmeldung wieder zurücknehmen (S 2 Alt 2). Inwiefern der inländische InsVerw das Anmelderecht im ausl Verf tatsächlich ausüben darf, bestimmt sich jedoch nach dem Insstatut, dem das ausl Verf unterliegt.[11]

7 Die Regelung soll dem Gl eine vereinfachte Forderungsanmeldung ermöglichen. Es besteht grds für den InsVerw keine Verpflichtung, Forderungen in dem jeweils anderen Verf anzumelden.[12] Er hat insoweit ein Wahlrecht. Möchte er die Forderungsanmeldung im anderen Verf anmelden, hat er abzuwägen, ob diese Anmeldung für den Gl v Vorteil ist. Hier ist insb die Quotenaussicht den möglichen Kosten einer Forderungsanmeldung gegenüberzustellen.[13] Die Kosten einer etwaigen Sammelanmeldung tragen die jeweiligen Gl nicht die InsMasse.[14]

8 Abs 2 S 1 gibt dem InsVerw ausschließlich die Befugnis, die Forderung anzumelden, nicht aber das Recht, etwa iF des Bestreitens, die Forderung gerichtlich geltend zu machen.[15]

9 Unterlässt der InsVerw eine Anmeldung der bei ihm angemeldeten Forderungen im ausl Verf, so muss er sicherstellen, dass die Gl in seinem InsVerf v dem anderen InsVerf und der unterlassenen Anmeldung Kenntnis erlangen.[16]

IV. Stimmrechtsausübung durch den Verwalter (Abs 3)

10 Abs 3 enthält die **gesetzliche Fiktion,**[17] dass der **inländische** InsVerw bevollmächtigt ist, das Stimmrecht aus einer Forderung, die in dem Verf, für das er bestellt ist, angemeldet worden

11 *A/G/R/Gruber/Wehner* S 2215.

12 *Braun/Tashiro* § 341 Rn 4; *K Schmidt/Brinkmann* § 341 Rn 5; **aA** *K/P/B/Paulus* § 341 Rn 10. *Uhlenbruck/Lüer* § 341 Rn 15.

13 Begr zum RegE, BT-Drucks 15/16, 20.

14 MK-BGB/*Kindler* § 341 Rn 6; **aA** FK/*Wenner/Schuster* § 341 Rn 7.

15 Begr zum RegE, BT-Drucks 15/16, 20; **aA** *Andres/Leithaus/Dahl* § 341 Rn 7.

16 MK/*Reinhart* § 341 Rn 16; HambK-InsO/*Undritz* § 341 Rn 1.

17 So auch *Braun/Tashiro* § 341 Rn 10; MK/*Reinhart* § 341 Rn 19; **aA** *K Schmidt/Brinkmann* § 341 Rn 7, der von einer „widerleglichen Vermutung" ausgeht; wiederrum **aA** *K/P/B/Paulus* § 341 Rn 17,der gegen eine Einordnung als widerlegliche Vermutung ist, die weitere Qualifikation aber offenlässt.

ist, auch in einem ausl InsVerf auszuüben, sofern der Gl keine andere Bestimmung trifft. Inwiefern der inländische Verw das Stimmrecht im ausl Verf tatsächlich ausüben darf, bestimmt sich nach dem InsStatut, dem das ausl Verf unterliegt.[18]

Der Gl kann ausdrücklich oder konkludent eine anderweitige Bestimmung treffen.[19] So kann er etwa selbst an der GlVersammlung teilnehmen. Auch kann er eine abw Auff zum Ausdruck bringen. Durch die Vorschrift sollen die besonderen Interessen der Gl gestärkt und nicht eingeschränkt werden. 11

18 *Braun/Tashiro* § 341 Rn 14
19 *Braun/Tashiro* § 341 Rn 11.

§ 342 Herausgabepflicht. Anrechnung

(1) [1]Erlangt ein Insolvenzgläubiger durch Zwangsvollstreckung, durch eine Leistung des Schuldners oder in sonstiger Weise etwas auf Kosten der Insolvenzmasse aus dem Vermögen, das nicht im Staat der Verfahrenseröffnung belegen ist, so hat er das Erlangte dem Insolvenzverwalter herauszugeben. [2]Die Vorschriften über die Rechtsfolgen einer ungerechtfertigten Bereicherung gelten entsprechend.

(2) [1]Der Insolvenzgläubiger darf behalten, was er in einem Insolvenzverfahren erlangt hat, das in einem anderen Staat eröffnet worden ist. [2]Er wird jedoch bei den Verteilungen erst berücksichtigt, wenn die übrigen Gläubiger mit ihm gleichgestellt sind.

(3) Der Insolvenzgläubiger hat auf Verlangen des Insolvenzverwalters Auskunft über das Erlangte zu geben.

Übersicht

I. Normzweck; Anwendungsbereich

Bei der Vorschrift handelt es sich um eine **Sachnorm**, die nur auf **inländische** InsVerf Anwendung findet.[1] Sie bezweckt den Schutz der Glgleichbehandlung in int InsFällen.[2] Dementspr verpflichtet **Abs 1** InsGl Sondererlöse, die sie durch ZwangsVollst oder auf sonstige Weise im Ausland erlangt haben, dem inländischen InsVerw herauszugeben. **Abs 2** mildert diesen Grundsatz bei Empfängen in ausl ParallelVerf ab. Eine den Abs 1 und 2 ähnliche Herausgabe- und Anrechnungsregelung enthält auch Art 20 EuInsVO/Art 23 EuInsVO nF. **Abs 3**, für den keine vergleichbare europarechtliche Regelung besteht, legt eine Auskunftspflicht des InsGl gegenüber dem inländischen InsVerw fest. 1

§ 342 Abs 1 und 2 sind nur dann anzuwenden, wenn die Bestimmungen der EuInsVO (nF) nicht vorrangig gelten (vgl hierzu allg Vor §§ 335 Rn 10 ff). Bei einem mitgliedsstaatlichen InsVerf gilt **Abs 1** auch dann, wenn die ZwangsVollst, die Leistung des Schu oder das Erlangen durch einen InsGl in einem Drittstaat stattgefunden haben.[3] **Abs 2** findet insb bei inlän- 2

1 In Begr zum RegE, BT-Drucks 15/16, 21 ist nur von **inländischen** Verfahren die Rede; wie hier auch *K Schmidt/Brinkmann* § 342 Rn 3; MK/*Reinhart* § 342 Rn 3; **aA** *K/P/B/Paulus* § 342 Rn 2.
2 Begr zum RegE, BT-Drucks 15/16, 21.
3 *A/G/R/Gruber/Wehner* S 2217.

dischen SekundärInsVerf Anwendung, wenn das HauptInsVerf nicht in einem EU-Mitgliedstaat stattfindet. Bei mitgliedsstaatlichen InsVerf wird Abs 2 dagegen vollständig v Art 20 Abs 2 EuInsVO/Art 23 Abs 2 EuInsVO nF verdrängt, da die Regelung auch auf Zahlungen anwendbar ist, die ein Gl in einem InsVerf aus einem Drittstaat erlangt hat.[4] **Abs 3** ist bei mitgliedstaatlichen InsVerf uneingeschränkt anwendbar.[5]

II. Herausgabeanspruch (Abs 1)

3 Da es sich um eine **Sachnorm** handelt, richten sich die Tatbestandsvoraussetzungen nach **dt** Recht.[6]

4 Abs 1 kommt zur Anwendung, wenn sich der InsGl aus **im Ausland belegenen Vermögen** der **InsMasse eigenmächtig** bzw durch **ZwangsVollst** befriedigt oder vom Schu eine ihm seinem Rang und seiner Stellung nach nicht gebührende Befriedigung erhält. Aus der Formulierung **„in sonstiger Weise"** ergibt sich, dass alle Arten v Vermögensverschiebungen zulasten des SchuVermögens erfasst werden, zB auch die unbefugte Nutzung, Verarbeitung und Vermischung v Vermögensgegenständen, die zur InsMasse gehören.[7]

5 Die Befriedigung muss zudem **„auf Kosten der InsMasse"** erfolgt sein. Dies trifft nur auf Befriedigungen **nach** VerfEröffnung zu.[8] Gläubigerbenachteiligende Rechtshandlungen oder Verfügungen, durch die ein Gl **vor** Verfahrenseröffnung eine bevorzugte Befriedigung erlangt hat, beurteilen sich alleine nach den Regeln der InsAnf (§ 339).

6 Ein **dinglich gesicherter Gl** wird (abgesehen v einem Übererlös) idR behalten dürfen, was er aus der Verwertung seiner Sicherheit im Ausland erlangt hat, da er die bevorzugte Befriedigung auch im ausl Verf zu beanspruchen hat, so dass er insoweit nicht auf Kosten der InsMasse bereichert ist.[9]

7 Abs 1 ist nur anwendbar, wenn es sich bei dem **inländischen** InsVerf um ein **HauptInsVerf** handelt und im Belegenheitsstaat nicht zugleich ein SekundärInsVerf eröffnet worden ist (andernfalls gilt Abs 2).[10] Im Zuge eines inländischen PartikularInsVerf ist diese Regelung ohne Bedeutung, da das außerhalb des Staates des PartikularInsVerf belegene Vermögen nicht v dessen Beschlagnahmewirkungen erfasst ist.[11]

8 Als Rechtsfolge ordnet die Norm eine **Herausgabepflicht** des Gläubigers im Hinblick auf das Erlangte an den Verw an.

Inhalt und Umfang des Herausgabeanspruchs richten sich nach den Vorschriften über die **Rechtsfolgen einer ungerechtfertigten Bereicherung** (Abs 1 S 2). Unterlassungsansprüche stehen dem Verw gegen den Gl dagegen nicht zu.[12] Die Geltendmachung des Anspruchs erfolgt im Wege eines Annexverfahrens, für das die **allg zivilprozessualen Regeln** gelten, wobei die EuGVV (nF) wegen Art 1 Abs 2 lit b EuGVV (nF) keine Anwendung findet.[13] Die int Zuständigkeit richtet sich daher nach §§ 12 ff ZPO, die Vollstreckbarerklärung nach §§ 722, 723 ZPO.[14]

---

4 MK/*Reinhart* § 342 Rn 7.
5 *Braun/Tashiro* § 342 Rn 23.
6 *Braun/Tashiro* § 342 Rn 4.
7 *Uhlenbruck/Lüer* § 342 Rn 6.
8 *Braun/Tashiro* § 342 Rn 6; **aA** MK/*Reinhart* § 342 Rn 14.
9 Begr zum RegE, BT-Drucks 15/16, 21; *Braun/Tashiro* § 342 Rn 8; **aA** *K Schmidt/Brinkmann* § 342 Rn 8.
10 *K Schmidt/Brinkmann* § 342 Rn 6.
11 *Uhlenbruck/Lüer* § 342 Rn 2.
12 Vgl ausführlich hierzu MK/*Reinhart* § 342 Rn 17.
13 *K Schmidt/Brinkmann* § 342 Rn 12.
14 HambK-InsO/*Undritz* § 342 Rn 2.

III. Quotenanrechnung (Abs 2)

9 Da das der InsO zugrunde liegende System ein Nebeneinander v mehreren InsVerf über das Vermögen ein und desselben Schu zulässt und es den Gl gestattet ist, ihre Forderungen in jedem beliebigen oder auch in allen InsVerf anzumelden, führt die Teilnahme an mehreren oder allen Verf für den betr Gl regelmäßig zu einer weitergehenden Befriedigung als die Teilnahme an bloß einem Verf. Zur Wahrung des Grundsatzes der gleichmäßigen GlBefriedigung ordnet Abs 2 S 2 daher an, dass ein Gl, der im Zuge eines **ausl** Verf, bei dem er an der Verteilung teilgenommen hat, bei den inländischen Verteilungen (Abs 2 gilt sowohl für **inländische HauptInsVerf** als auch für **PartikularInsVerf**[15]) erst dann berücksichtigt wird, wenn die Forderungen der übrigen inländischen Gl gleichen Ranges im gleichen Maße befriedigt worden sind. Die im ausl InsVerf erlangte Quote des Gl ist nicht etwa auf seine Forderung, sondern auf die Quote in dem inländischen InsVerf anzurechnen (sog **konsolidierte Quotenberücksichtigung** bzw **Quotenanrechnung**).[16]

10 Eine Rückforderung des in einem ausl InsVerf rechtmäßig Erlangten ist nach Abs 2 S 1 nicht möglich, auch wenn die erhaltenen Beträge die Quote des inländischen Verfahrens überschreiten.[17]

IV. Auskunftspflicht (Abs 3)

11 Die in Abs 1 und 2 eingeräumten Rechte kann ein **inländischer** Verw oft nur dann effektiv ausüben, wenn er über entspr Befriedigungen oder Ausschüttungen an Gl ausreichend informiert ist. Deshalb räumt ihm Abs 3 (die Vorschrift gilt sowohl für **inländische HauptInsVerf** als auch für **PartikularInsVerf**[15]) hinsichtlich des Erlangten ein **Auskunftsanspruch** gegenüber dem betroffenen InsGl ein. Näheres über das in einem InsVerf Erlangte kann der InsVerw zudem durch Rückfrage bei dem ausl InsVerw erlangen. Diese Möglichkeit ergibt sich bereits aus § 357 Abs 1 S 1.[18]

12 An die **Geltendmachung** des Auskunftsanspruchs sind keine hohen Anforderungen zu stellen. Ein allg Auskunftsverlangen des Verw ist ausreichend.[19] Prozessual gilt das oben unter Rn 8 Gesagte entspr.[20] Eine Durchsetzung des Auskunftsanspruchs im Wege der einstweiligen Vfg ist idR nicht geboten.[21]

Zweiter Abschnitt
Ausländisches Insolvenzverfahren

§ 343 Anerkennung

(1) [1]Die Eröffnung eines ausländischen Insolvenzverfahrens wird anerkannt. [2]Dies gilt nicht,

1. wenn die Gerichte des Staats der Verfahrenseröffnung nach deutschem Recht nicht zuständig sind;

---

15 *K/P/B/Paulus* § 342 Rn 2.
16 *Braun/Tashiro* § 342 Rn 15.
17 MK-BGB/*Kindler* § 342 Rn 2.
18 *Uhlenbruck/Lüer* § 342 Rn 19.
19 *Uhlenbruck/Lüer* § 342 Rn 20.
20 *Braun/Tashiro* § 342 Rn 20.
21 S ausf MK/*Reinhart* § 342 Rn 24.

2. soweit die Anerkennung zu einem Ergebnis führt, das mit wesentlichen Grundsätzen des deutschen Rechts offensichtlich unvereinbar ist, insbesondere soweit sie mit den Grundrechten unvereinbar ist.

(2) Absatz 1 gilt entsprechend für Sicherungsmaßnahmen, die nach dem Antrag auf Eröffnung des Insolvenzverfahrens getroffen werden, sowie für Entscheidungen, die zur Durchführung oder Beendigung des anerkannten Insolvenzverfahrens ergangen sind.

Übersicht

I. Normzweck; Anwendungsbereich

1 § 343 ist neben § 335 die zentrale Vorschrift des dt autonome int InsR. Die Vorschrift regelt die **automatische Anerkennung** ausl EröffnungsEntsch (Abs 1) sowie v Sicherungsmaßnahmen und NebenEntsch (Abs 2) im Inland ohne dass es eines eigenständigen Anerkennungsfeststellungs- oder ExequaturVerf bedarf.

2 Art 16 EuInsVO/Art 19 EuInsVO nF und Art 25 EuInsVO/Art 32 EuInsVO nF enthalten vergleichbare Regelungen. Die Vorschrift setzt zugleich Art 8 Richtlinie 2001/17/EG über die Sanierung und Liquidation v Versicherungsunternehmen und Art 9 der Richtlinie 2001/24/EG über die Sanierung v Kreditinstituten um.

3 § 343 findet bei jedem grenzüberschreitenden InsVerf außerhalb des Geltungsbereichs der EuInsVO (nF) Anwendung (vgl hierzu allg Vor §§ 335 Rn 10 ff). § 343 erfasst sowohl **ausl Haupt-** als auch **PartikularInsVerf**.[1]

II. Anerkennung ausländischer Eröffnungsentscheidungen (Abs 1)

4 **1. Anerkennungsgegenstand.** Gegenstand der Anerkennung nach Abs 1 ist die ausl **EröffnungsEntsch**.[2] Auf die Rechtskraft der Entsch kommt es nicht an, solange diese nach dem Recht des Staats der VerfEröffnung (§ 355, lex fori concursus) **wirksam** ist.[3] Entfaltet die ausl Entsch ohne Rechtskraft selbst keine Wirkung oder sind bestimmte Wirkungen v der Rechtskraft der Entsch abhängig (zB denkbar bei der Bestätigung eines Sanierungs- oder InsPlan), so läuft die Anerkennung der ausl Entsch mangels Rechtswirkungen im Eröffnungsstaat auch im Anerkennungsstaat ins Leere, da eine ausl Entsch im Inland lediglich diejenigen Wirkungen entfalten kann, die ihr auch im Eröffnungsstaat zukommen (hierzu Rn 12 ff). Ist die ausl Entsch bereits nach der lex fori concursus offensichtlich **aufhebbar**, **fehlerhaft** oder leidet sie an einem sonstigen **schwerwiegenden Mangel**, so fehlt es bereits an einer anzuerkennenden Entsch.[4]

---

1 *A/G/R/Gruber/Wehner* S 2223 Rn 14. Denkbar ist zB dass der InsVerw eines ausl PartikularIns-Verf in Deutschland tätig wird, um Gegenstände zurückzuholen, die nach Eröffnung aus dem Eröffnungsstaat des PartikularInsVerf nach Deutschland verbracht worden sind.
2 *BGH* 14.11.1996 – IX ZR 339/95.
3 *BGH* 11.07.1985 – IX ZR 178/84.
4 MK/*Thole* § 343 Rn 21.

Es ist unerheblich, ob die ausl Entsch v einem G oder einer anderen staatlichen Behörde erlassen worden ist.[5] Die bloße **Antragstellung** auf Eröffnung eines InsVerf im Ausland ist dagegen nicht anerkennungsfähig.[6]

2. Anerkennungsvoraussetzungen. § 335 Abs 1 gibt den, das dt int InsR beherrschenden Grundsatz der **automatischen Anerkennung** ausl EröffnungsEntsch wieder. Damit wird – vereinfacht gesagt – verbindlich zugelassen, einer ausl hoheitlichen Entsch Wirkungen für den eigenen Herrschaftsbereich zukommen zu lassen (hierzu Rn 12 ff). Die automatische Anerkennung ist im Rahmen eines InsVerf sinnvoll, da die Durchführung eines Anerkennungsfeststellungs- oder ExequaturVerf zeitraubend und umständlich wäre und den Zwecken des InsVerf als EilVerf zuwiderlaufen würde. 5

Solange es jedoch nationale Rechtsunterschiede gibt, bedarf es einer Kontrolle der ausl EröffnungsEntsch. Anerkennungsvoraussetzungen sind daher: 6

a) es muss sich bei dem ausl Verf um ein **„InsVerf"** iSd § 343 handeln;
b) das ausl G muss nach dt Recht für die Eröffnung des Verf **int zuständig sein**;
c) die Anerkennung der Eröffnung eines ausl Verf oder darin ergehender Entsch darf nicht zu einem Erg führen, das mit wesentlichen Grundsätzen des dt Rechts offensichtlich unvereinbar ist (**ordre public-Vorbehalt**).

Weitere als die genannten Anerkennungsvoraussetzungen kennt die InsO nicht. Anders als bei der Anerkennung ausl Urt iRd § 328 ZPO ist die **Verbürgung der Gegenseitigkeit** keine Anerkennungsvoraussetzung.[7] Ob die Anerkennungsvoraussetzungen vorliegen, prüft das für das jeweilige Verf zuständige G als **Vorfrage**.[8] Dies unterscheidet § 343 v Art 16 EuInsVO/Art 19 EuInsVO nF, da im Anwendungsbereich der EuInsVO (nF) aufgrund des Grundsatzes des gegenseitigen Vertrauens in die Justizsysteme der EU-Mitgliedstaaten eine solche Vorprüfung nicht stattfindet. Die EröffnungsEntsch darf jedoch nicht Gegenstand einer Nachprüfung in der Sache selbst sein. 7

3. Die Qualifikation als Insolvenzverfahren. Bei dem ausl Verf muss es sich um ein **„InsVerf"** iSd § 343 handeln. Hierzu wird auf die Ausführungen unter § 335 Rn 6 ff verwiesen. 8

4. Internationale Zuständigkeit des ausländischen Gerichts. Die Anerkennung einer ausl EröffnungsEntsch setzt voraus, dass die Behörden oder G des Eröffnungsstaates int zuständig waren (sog **Anerkennunzsgzuständigkeit**). Hierzu wird ebenfalls auf die Ausführungen unter § 335 Rn 15 ff verwiesen. 9

5. Der ordre public-Vorbehalt. Die Anerkennung der EröffnungsEntsch darf ferner nicht zu einem Erg führen, das mit den **wesentlichen Grundsätzen** des **dt** Rechts, insb mit den Grundrechten **offensichtlich** unvereinbar ist. Dies ist **v Amts wegen** zu prüfen.[9] Zu beachten ist, dass die dt Grundsätze im Einzelfall durchaus v europ Wertungen beeinflusst sein können. Eine vergleichbare Regelung findet sich in Art 26 EuInsVO/Art 33 EuInsVO nF. 10

Die Vorschrift erfasst nur den **anerkennungsrechtlichen** und nicht auch den allg sich aus Art 6 EGBGB ergebenden **kollisionsrechtlichen** ordre-public Vorbehalt (vgl hierzu auch Rn 13).[10] IRd anerkennungsrechtl ordre-public können sowohl **verfahrensrechtlichen** als 11

---

5 *K Schmidt/Brinkmann* § 343 Rn 7.
6 *K Schmidt/Brinkmann* § 343 Rn 7; **aA** *K/P/B/Paulus* § 343 Rn 14.
7 *A/G/R/Gruber/Wehner* S 2226.
8 *OLG Bamberg* 12.2.2015 – 8 W 2/15; *OLG Düsseldorf* 30.3.2015 – I-3 Wx 56/15; *AG Duisburg* 13.1.2010 – 62 IE 1/10.
9 *Uhlenbruck/Lüer* § 343 Rn 11.
10 *K Schmidt/Brinkmann* § 343 Rn 14.

auch **materiell-rechtlichen** Umstände v Bedeutung sein.[11] In der Praxis relevant wird die Frage eines ordre-public Verstoßes häufig im Zusammenhang mit einer Verletzung des durch Art 103 GG und Art 6, 25 EMRK garantierten **rechtlichen Gehörs** sowie des **Justizgewährungsanspruchs**.[12] Auch **Eingriffe in die Vermögensrechte v Gl**, die dem dt Recht unbekannt sind, bieten Raum für ordre-public Verstöße.[13] Dagegen ist iRd ordre-public Vorbehalts regelmäßig nicht zu prüfen, ob sich das ausl G zu Recht für int zuständig erklärt hat.[14] Ausreichend Schutz vor einer unberechtigten int Zuständigkeitserklärung des ausl G bietet bereits § 343 Abs 1 S 2 Nr 1. Daher kann ein ordre-public-Verstoß zwar nicht unter dem Gesichtspunkt der Zuständigkeit als solcher, aber ggf unter dem allg Gesichtspunkt des **Rechtsmissbrauchs** begründet sein.[15]

12 **6. Rechtsfolgen; Anerkennung.** Der Begriff der Anerkennung iRd § 343 ist **verfahrensrechtlich** und nicht kollisionsrechtlich zu verstehen.[16] Dies bedeutet, dass die Eröffnungs-Entsch mit ihren unmittelbaren prozessualen **Wirkungen automatisch anerkannt** wird, ohne dass es eines eigenständigen Anerkennungsfeststellungs- oder ExequaturVerf bedarf.[17] Das betrifft zB die Rechtskraft, Gestaltungswirkung und Vollstreckbarkeit der Entsch. Der EröffnungsEntsch kommen letztlich dies Wirkungen zu wie auch im Eröffnungsstaat (sog **Theorie der Wirkungserstreckung**).[18]

13 Die weiteren Wirkungen des ausl InsVerf sind, jedenfalls soweit sie nicht unmittelbare Gestaltungsfolge der EröffnungsEntsch sind, auf der Grdl des Kollisionsrechts zu ermitteln, so bspw Anf, Zulässigkeit der Aufrechnung etc.[16] Es gilt hierfür grds die lex fori concursus, soweit nicht eine Sonderanknüpfung eingreift.[19] Verstößt die Anwendung v Normen der ausl lex fori concursus gegen den ordre-public, handelt es sich regelmäßig um eine Frage des sich aus Art 6 EGBGB ergebenden **kollisionsrechtlichen** ordre public Vorbehalts, der auch im int InsR bedeutsam werden kann.[20]

14 Von der Anerkennung ist die Vollst zu unterscheiden. Die Vollstreckbarkeit im Rahmen ausl Verf ergangener Entsch wird durch § 353 geregelt.

III. Anerkennung von Sicherungsmaßnahmen vor Verfahrenseröffnung und NebenEntscheidungen (Abs 2)

15 Bereits vor der Eröffnung eines InsVerf sind häufig Maßnahmen zur Sicherung des Vermögens des Schu zu treffen. Abs 2 erstreckt daher den Grundsatz der **automatischen Anerkennung** (vgl Rn 12 ff) – unter denselben Voraussetzungen wie bei der EröffnungsEntsch – auf Entsch über **Sicherungsmaßnahmen**, die im Stadium der VerfEröffnung v dem G des HauptInsVerf erlassen werden, zB die Bestellung eines vorl Verw. Die anzuerkennenden Maßnahmen beschränken sich dabei nicht nur auf solche Maßnahmen, die das dt Recht kennt.[21] Darüber hinaus kann das inl InsGer auf Antrag des vorl Verw gem § 344 Abs 1 auch Maßnahmen nach § 21 anordnen.

---

11 *Uhlenbruck/Lüer* § 343 Rn 11 f.
12 *Uhlenbruck/Lüer* § 343 Rn 14.
13 Insgesamt ausführlich zum ordre-public Vorbehalt MK/*Thole* § 343 Rn 53 ff.
14 MK/*Thole* § 343 Rn 46.
15 In diesem Sinne auch *BGH* 18.9.2001 – IX ZB 51/00; vgl aktuell zur EuInsVO *LG Aurich* 4.11.2016 – 1 O 1079/15; *BFH* 27.1.2016 – VII B 119/15; *VG Wiesbaden* 19.4.2016 – 1 K 260/14.WI.
16 Bereits zum alten Recht *BGH* 14.11.1996 – IX ZR 339/95.
17 *OLG Düsseldorf* 30.3.2015 – 3 Wx 56/15. *LG Aurich* 4.11.2016 – 1 O 1079/15
18 MK/*Thole* § 343 Rn 10; *A/G/R/Gruber/Wehner* S 2219.
19 MK/*Thole* § 343 Rn 6.
20 *A/G/R/Gruber/Wehner* S 2226.
21 *Braun/Ehret* § 343 Rn 14.

16 V der automatischen Anerkennung werden auch alle sonstigen zur **Durchführung und Beendigung** des Verf ergangenen Entsch erfasst. Dies betrifft zB die Bestätigung v InsPlänen und die Erteilung der Restschuldbefreiung, sowie die Bestellung oder Entlassung des Verw.[22]

17 Nicht vom Anwendungsbereich des Abs 2 erfasst sind dagegen sog **AnnexEntsch** (vgl hierzu § 353 Rn 6). Deren Anerkennung richtet sich alleine nach den **allg Regeln des Prozessrechts**, dh regelmäßig nach **§ 328 ZPO**.[23]

---

22 *A/G/R/Gruber/Wehner* S 2227.
23 Ausführlich hierzu MK/*Thole* § 343 Rn 85 ff.

§ 344 Sicherungsmaßnahmen

(1) Wurde im Ausland vor Eröffnung eines Hauptinsolvenzverfahrens ein vorläufiger Verwalter bestellt, so kann auf seinen Antrag das zuständige Insolvenzgericht die Maßnahmen nach § 21 anordnen, die zur Sicherung des von einem inländischen Sekundärinsolvenzverfahren erfassten Vermögens erforderlich erscheinen.

(2) Gegen den Beschluss steht auch dem vorläufigen Verwalter die sofortige Beschwerde zu.

Übersicht

I. Normzweck; Anwendungsbereich

1 Die Norm dient dem Schutz der künftigen InsMasse eines **ausl HauptInsVerf**.[1] Gleichzeitig soll die auch dem Schutz der Masse des SekundärInsVerf dienen.[2] Sie eröffnet einem **vorl ausl HauptInsVerw** – dieser ist nicht berechtigt ein SekundärInsVerf im Inland zu eröffnen (vgl dazu § 356 Rn 8) – die Möglichkeit, bei dem zuständigen **dt** InsGer (s § 348) Maßnahmen zur Sicherung des inländischen SchuVermögens nach § 21 zu beantragen und erweitert somit die Sicherungsmöglichkeiten des § 343 Abs 2. Die Anordnung eigenständiger Sicherungsmaßnahmen nach § 344 kann sinnvoll sein, weil die Sicherung mangels der Erforderlichkeit einer förmlichen Vollstreckbarerklärung kurzfristiger zu erreichen ist.[3] Kennt das inländische Recht daneben weitergehende Sicherungsmaßnahmen als das Recht des Staates des HauptInsVerf (lex fori concursus), kann die Anordnung auch deswegen vorteilhafter sein.[4] Letztlich erweitert § 344 als **Sachnorm** das materielle InsR dahingehend, dass das inländische InsGer eigenständig Sicherungsmaßnahmen anordnen kann.[5] Eine ähnliche Regelung findet sich in Art 38 EuInsVO/Art 52 EuInsVO nF. § 344 findet bei jedem grenzüberschreitenden **vorl HauptInsVerf** außerhalb des Geltungsbereichs der EuInsVO (nF)Anwendung (vgl hierzu allg Vor §§ 335 Rn 10 ff).

---

1 Begr zum RegE, BT- Drucks 15/16, 21.
2 MK-BGB/*Kindler* § 344 Rn 2.
3 Begr zum RegE, BT- Drucks 15/16, 21 f; *Paulus* ZIP 2002, 719, 733.
4 Begr zum RegE, BT- Drucks 15/16, 22.
5 Krit MK/*Thole* § 344 Rn 2, 4; *K Schmidt/Brinkmann* § 344 Rn 2.

II. Antrag des ausländischen vorläufigen Hauptinsolvenzverfahren (Abs 1)

2 Den **Antrag**, Maßnahmen nach § 21 anzuordnen, kann nur der **vorl ausl HauptInsVerw** stellen, **solange ein anerkennungsfähiges**[6] **HauptVerf noch nicht eröffnet ist**. Eine Anordnung v Amts wegen ist unzulässig.[7] Einem vorl ParitkularInsVerw kommt die Befugnis zur Antragsstellung nicht zu, da das ParitkularInsVerf auch nach Eröffnung keine Wirkungen im Ausland beansprucht und damit der Normzweck des § 344 nicht greift.

3 Voraussetzung für die Anwendung der Norm ist, dass ein **vorl ausl HauptInsVerw** bestellt wurde. Zwar ist der Begriff des vorl Verw aus **dt** Sicht zu bestimmen,[8] jedoch darf dabei nicht starr am dt Begriff des vorl Verw stehen geblieben werden. Erforderlich ist eine **funktionale Qualifikation**, wobei der Begriff weit zu verstehen ist.[9] Hierunter fallen letztlich alle Maßnahmen, die dem Zweck der Sicherung des schuldnerischen Vermögens dienen und in deren Rahmen eine dritte Person zur Wahrung dieser Aufgaben betraut wird.[9]

4 Der vorl ausl HauptInsVerw muss **wirksam bestellt** sein, was sich nach der lex fori concursus bestimmt.[10] Zudem muss die Bestellung in Deutschland anerkannt werden können, was sich nach § 343 Abs 2 richtet, da die Bestellung eine Sicherungsmaßnahe darstellt.[11]

5 Die vorl Maßnahmen nach § 21 müssen zur Sicherung des v einem **inländischen SekundärInsVerf erfassten Vermögens erforderlich** erscheinen. Daher müssen die Voraussetzungen für die Eröffnung eines SekundärInsVerf im Inland vorliegen (inzidente Prüfung erforderlich), [12] wobei ein solches SekundärInsVerf (noch) nicht eröffnet worden sein darf.[13] Infolgedessen ist Voraussetzung für den Erlass vorl Sicherungsmaßnahmen, dass der Schu im Inland eine **Niederlassung** betreibt oder **Vermögen besitzt** (§ 354 Abs 1). Hat der Schu im Inland keine Niederlassung, so dürfen Sicherungsmaßnahmen nach § 21 nur angeordnet werden, wenn für den antragstellenden Gl ein **bes Interesse** an der Eröffnung des SekundärInsVerf besteht, insb, wenn er in einem ausl Verf voraussichtlich erheblich schlechter stehen würde als in einem inländischen Verf (§ 354 Abs 2).[14]

6 Sind die tatbestandliche Voraussetzungen des Abs 1 erfüllt, **kann** (Entschließungs- und Auswahlermessen) das zuständige dt InsGer (s § 348) die beantragten oder auch andere Maßnahmen anordnen.[15] Über den Antrag entscheidet der Richter (§ 18 Abs 1 Nr 3 RPflG). Das G kann grds alle Maßnahmen treffen, die dem dt Recht bekannt und nach § 21 möglich sind, zB einstweilige VfgVerbote, die Bestellung eines vorl InsVerw nach oder auch die Untersagung v ZwangsVollstMaßnahmen. Der vorl Verw des HauptInsVerf wird idR nicht als vorl InsVerw bestellt werden können, da diesem meist die notwendige Geschäftskunde nach § 56 für die Abwicklung inländischer Verf fehlen dürfte.[16] Da die jeweiligen Maßnahmen nach dem Regime der InsO angeordnet werden, richtet sich das weitere Verf ebenfalls

6 Zutr MK/*Thole* § 344 Rn 11; wohl auch *K/P/B/Kemper/Paulus* § 344 Rn 4.
7 MK/*Thole* § 344 Rn 6.
8 MK/*Thole* § 344 Rn 7.
9 *Braun/Ehret* § 344 Rn 2.
10 *K/P/B/Kemper/Paulus* § 344 Rn 5.
11 MK/*Thole* § 344 Rn 8.
12 Begr zum RegE, BT-Drucks 15/16, 22.
13 *Braun/Ehret* § 344 Rn 10.
14 In diese Richtung auch MK-BGB/*Kindler* § 344 Rn 7; **aA** MK/*Thole* § 344 Rn 12; *A/G/R/Gruber/Wehner* 2229.
15 *K Schmidt/Brinkmann* § 344 Rn 2.
16 Es ist allerdings nicht ausgeschlossen, den ausl vorl HauptInsVerf auch zum vorl Verw im Inland zu bestellen, wenn er als geschäftskundig iSd § 56 Abs 1 angesehen werden kann, vgl *Braun/Ehret* § 344 Rn 16; *K/P/B/Kemper/Paulus* § 344 Rn 8.

nach den Regelungen des nationalen InsVerfRecht.[17] Aus Gründen des Verkehrsschutzes sind die vorl Sicherungsmaßnahmen öffentlich bekannt zu machen (§ 23 InsO).

§ 344 regelt nicht, ob und wann die angeordneten Sicherungsmaßnahmen wieder **aufzuheben** sind. Nach einer Ansicht hat das inl InsGer aus Gründen der Rechtssicherheit nach der Eröffnung des ausl HauptInsVerf eine ausdrückliche Aufhebung der Sicherungsmaßnahmen **v Amts wegen** anzuordnen.[18] Nach hier vertretener Ansicht gebietet der Schutzzweck des § 344, dass eine Aufhebung nur auf Antrag des vorl ausl HauptInsVerw erfolgt. Der ausl HauptInsVerw kann die Aufhebung der Sicherungsmaßnahme beantragen, wenn er dies zum Zwecke der Masseverwaltung für **geboten** erachtet (Einschätzungsprärogative).[19] Stellt der ausl Verw diesen Antrag, ist das inländische InsGer bei Fehlen eines SekundärInsVerf daran **gebunden**.[19] 7

III. Rechtsmittel (Abs 2)

Wegen der Bedeutung vorl Sicherungsmaßnahmen für das inländische Vermögen des Schu wird dem vorl ausl HauptInsVerf auch das Recht zur **sof Beschw** nach § 6 eingeräumt (Abs 2). Eine Beschwer des Verw kann sich daraus ergeben, dass der Antrag abgelehnt wird oder eine andere als die beantragte Maßnahme angeordnet wird. Dem Schu steht ein Beschwerderecht bereits nach § 21 Abs 1 S 2 zu. 8

§ 345 Öffentliche Bekanntmachung

(1) [1]Sind die Voraussetzungen für die Anerkennung der Verfahrenseröffnung gegeben, so hat das Insolvenzgericht auf Antrag des ausländischen Insolvenzverwalters den wesentlichen Inhalt der Entscheidung über die Verfahrenseröffnung und der Entscheidung über die Bestellung des Insolvenzverwalters im Inland bekannt zu machen. [2]§ 9 Abs. 1 und 2 und § 30 Abs. 1 gelten entsprechend. [3]Ist die Eröffnung des Insolvenzverfahrens bekannt gemacht worden, so ist die Beendigung in gleicher Weise bekannt zu machen.

(2) [1]Hat der Schuldner im Inland eine Niederlassung, so erfolgt die öffentliche Bekanntmachung von Amts wegen. [2]Der Insolvenzverwalter oder ein ständiger Vertreter nach § 13e Abs. 2 Satz 5 Nr. 3 des Handelsgesetzbuchs unterrichtet das nach § 348 Abs. 1 zuständige Insolvenzgericht.

(3) [1]Der Antrag ist nur zulässig, wenn glaubhaft gemacht wird, dass die tatsächlichen Voraussetzungen für die Anerkennung der Verfahrenseröffnung vorliegen. [2]Dem Verwalter ist eine Ausfertigung des Beschlusses, durch den die Bekanntmachung angeordnet wird, zu erteilen. [3]Gegen die Entscheidung des Insolvenzgerichts, mit der die öffentliche Bekanntmachung abgelehnt wird, steht dem ausländischen Verwalter die sofortige Beschwerde zu.

Übersicht

17 *K/P/B/Kemper/Paulus* § 344 Rn 9.
18 Voraufl sowie MK/*Reinhart* 2 Aufl, Band 3 § 344 Rn 17.
19 MK/*Thole* § 344 Rn 18.

I. Normzweck; Anwendungsbereich

1 Die Vorschrift regelt als **Sachnorm** die öffentliche Bek eines **ausl** InsVerf im Inland. Die öffentliche Bek dient dem Schutz der InsMasse sowie der Unterrichtung der Beteiligten und der Sicherheit des Geschäftsverkehrs in den Staaten, in denen der Schu eine Niederlassung hat oder Vermögen besitzt.[1]

2 § 345 findet bei jedem grenzüberschreitenden **Haupt-** und **PartikularInsVerf** außerhalb des Geltungsbereichs der EuInsVO (nF) Anwendung (vgl hierzu allg Vor §§ 335 Rn 10 ff). Eine ähnliche Regelung enthält Art 21 EuInsVO/Art 28 EuInsVO nF, die der dt Gesetzgeber durch Art 102 § 5 EGInsO ergänzt hat.

II. Allgemeines

3 Die Anerkennung der ausl VerfEröffnung im Inland setzt nicht die öffentliche Bek der EröffnungsEntsch im Inland voraus.[1] Trotz der öffentlichen Bek kann die Anerkennungsfähigkeit der ausl VerfEröffnung in einer Rechtsstreitigkeit vor den dt G in Frage gestellt werden.[2] Die öffentliche Bek ist auch für die Anerkennung der Befugnisse des ausl InsVerw im Inland ohne Bedeutung. Sie hat jedoch eine unmittelbare rechtlichen Wirkung im Zusammenhang mit gutgläubigen Leistungen Dritter an den InsSchu. Die den guten Glauben ausschließende Kenntnis v der Eröffnung des InsVerf wird nämlich ab dem Zeitpunkt der Bek im Inland vermutet (§ 350 S 2).

4 Da im Inland die insolvenzrechtlichen Wirkungen zum gleichen Zeitpunkt eintreten wie im VerfEröffnungsstaat, ist eine möglichst zeitige Bek erstrebenswert.

III. Bekanntmachung auf Antrag des ausländischen Insolvenzverwalters (Abs 1)

5 Der **ausl** InsVerw kann bei dem zuständigen dt InsGer die öffentliche **Bek** eines ausl InsVerf im Inland **beantragen**.

6 Die Beantragung ist in das **Ermessen** des InsVerw gestellt.[3] Er soll grds darüber befinden, ob die Bek im Inland geboten ist, dh ob zwischen dem Nutzen der Bek und dem Aufwand und den Kosten des Verf (vgl § 24 GKG iVm Nr 9004 Anlage 1 GKG; zur Vorschusspflicht § 17 Abs 1 S 1 GKG) ein vernünftiges Verhältnis besteht. Die Kosten der öffentlichen Bek sind vom Antragssteller zu tragen und fallen damit der ausl InsMasse zu Last.

7 Zuständig ist jedes **inländische InsGer**, in dessen Bezirk die Niederlassung oder, wenn eine solche fehlt, Vermögen des Schu belegen ist (§ 348 Abs 1 S 1). Funktionell zuständig ist der **Richter** (§ 18 Abs 1 Nr 3 RPflG). Die Landesregierungen sind zwar nach § 348 ermächtigt, durch Rechtsverordnung die Entsch für die Bezirke mehrerer InsGer einem v diesen zuzuweisen. Davon haben die Landesregierungen bislang aber noch keinen Gebrauch gemacht.

8 Das dt InsGer hat **v Amts wegen** zu prüfen, ob die Anerkennungsvoraussetzungen nach § 343 für die ausl VerfEröffnung vorliegen.[4] Für diese Prüfung hat der ausl Verw vorab **glaubhaft zu machen** (vgl § 4 iVm § 294 ZPO), dass die tatsächlichen Voraussetzungen für die Anerkennung des ausl InsVerf vorliegen (**Abs 3 S 1**). Das sind insb die Eröffnung des ausl Verf und die Umstände, aus denen sich die int EntschZuständigkeit ergibt. Macht der ausl Verw diese Tatsachen nicht glaubhaft, dann ist der Antrag als **unzulässig** zurückzuweisen.[5]

---

1 Begr zum RegE, BT- Drucks 15/16, 22.
2 *Kolmann* S 160.
3 *Andres/Leithaus/Dahl* § 345 Rn 4.
4 MK-BGB/*Kindler* § 345 Rn 5.
5 *K/P/B/Kemper/Paulus* § 345 Rn 8; differenzierend MK/*Thole* § 345 Rn 5.

Sind die Voraussetzungen der Anerkennung erfüllt, so **hat** das InsGer den wesentlichen Inhalt der **EröffnungsEntsch** und der **Entsch über die Bestellung des InsVerw öffentlich bekannt zu machen**. Bei einer auszugsweisen Veröffentlichung müssen wenigstens die genaue Bezeichnung des Schu, insb seine Anschrift und sein Geschäftszweig, sowie die Bezeichnung des G der VerfEröffnung samt Adresse und der wesentliche Inhalt der Entsch über die VerfEröffnung bekannt gegeben werden. Dazu gehören der Zeitpunkt der VerfEröffnung, der Name des Verw und die Aufforderungen an die Gl, ihre Forderungen innerhalb einer bestimmten Frist anzumelden. GTermine sind nach Zeit und Ort anzugeben. Ferner ist die Angabe erforderlich, ob es sich bei dem eröffneten Verf um ein HauptInsVerf oder um ein PartikularInsVerf handelt. 9

Liegen die Voraussetzungen für eine öffentliche Bek vor, hat eine solche aus Verkehrsschutzgesichtspunkten auch dann zu erfolgen, wenn im Inland bereits ein Antrag auf Eröffnung eines SekundärInsVerf gestellt worden ist bzw ein SekundärInsVerf bereits eröffnet worden ist.[6] 10

Die Vorschriften über die öffentliche Bek (§ 9 Abs 1 und 2) und über die Bek des EröffnungsBeschl (§ 30 Abs 1) gelten nach **Abs. 3 S 2** entspr, sodass die Veröffentlichung der Bek über das Internet erfolgt (www.insolvenzbekanntmachungen.de). 11

Über die öffentliche Bek des ausl Verf erteilt das InsGer dem ausl Verw eine Ausfertigung, damit sich der Verw im inländischen Rechtsverkehr legitimieren kann (**Abs 3 S 2**). 12

Ist die Eröffnung des InsVerf bekannt gemacht worden, so ist die **Beendigung** in gleicher Weise bekannt zu machen (**Abs 1 S 3**). Neben der endgültigen Beendigung des Verf gehört hierzu auch eine Aufhebung, Außerkraftsetzung, Einstellung oder Unterbrechung auf unbestimmte Zeit.[7] Die Bek erfolgt v Amts wegen, wenn das G v der Beendigung des ausl InsVerf Kenntnis erlangt.[7] 13

Nicht geregelt ist die öffentliche Bek der in einem ausl EröffnungsVerf angeordneten **Sicherungsmaßnahmen** die gem § 343 Abs 2 anerkennungsfähig sind. Da die Kenntnis v der Anordnung vorl Sicherungsmaßnahmen, insb die Anordnung einer vorl InsVerwaltung, für die Gl und DrittSchu v gleichem Interesse ist wie die Kenntnis v einer VerfEröffnung, gilt § 345 über den Wortlaut der Norm hinaus entspr für Sicherungsmaßnahmen des ausl InsGer iRd InsAntragsVerf. Der vorl ausl InsVerw ist daher befugt, einen Antrag auf öffentliche Bek v Sicherungsmaßnahmen bei dem zust InsGer zu stellen, das die Anerkennungsfähigkeit der ausl Sicherungsmaßnahme entspr Abs 3 S 1 zu prüfen hat.[8] 14

IV. Bekanntmachung von Amts wegen (Abs 2)

Existiert im Inland eine **Niederlassung** (s § 354 Rn 10), so ist zu vermuten, dass zahlreiche geschäftliche Kontakte zu im Inland ansässigen Personen bestehen.[9] Abs 2 S 1 schreibt daher vor, dass in solchen Fällen stets eine öffentliche Bek **v Amts wegen** durch das zuständige G (s hierzu Rn 7) vorgenommen werden muss, soweit die Voraussetzungen für eine Anerkennung der ausl VerfEröffnung nach § 343 vorliegen. Bzgl Inhalt und Verf der öffentlichen Bek wird auf die Ausführungen unter Abs 1 verwiesen. Die Kosten des Verfs der öffentlichen Bek hat auch iF des Abs 2 die ausl InsMasse zu tragen (s zur Vorschusspflicht § 17 Abs 3 GKG).[10] 15

---

6 So auch MK/*Thole* § 344 Rn 7; **aA** *K Schmidt/Brinkmann* § 345 Rn 6.
7 *K/P/B/Kemper/Paulus* § 345 Rn 11.
8 *Braun/Ehret* § 345 Rn 6; *K/P/B/Kemper/Paulus* § 345 Rn 10; *Uhlenbruck/Lüer* § 345 Rn 8.
9 Begr zum RegE, BT-Drucks 15/16, 22.
10 *Braun/Ehret* § 345 Rn 12.

Der ausl Verw oder die Personen, die befugt sind, als ständige Vertreter für die Tätigkeit der Zweigniederlassung die Gesellschaft gerichtlich und außer gerichtlich zu vertreten (§ 13e Abs 2 S 4 Nr 3 HGB), unterrichten das G über die VerfEröffnung (**Abs 2 S 2**). Entgegen der Begr zum RegE[11] und einiger Stimmen in der Literatur[12] lässt sich aus **Abs 2 S 1** eine Unterrichtungspflicht nur für den ständigen Vertreter, nicht jedoch für den ausl InsVerw ableiten.[13] Die Pflichten des ausl InsVerw richten sich ausschließlich nach dem Recht des Staates der Verfseröffnung (§ 335, lex fori concursus). Dem dt Gesetzgeber kommt daher bereits keine Gesetzgebungskompetenz für eine solche Regelung zu.[14]

16 Eine analoge Anwendung des Abs 2 auf die in einem ausl EröffnungsVerf angeordneten **Sicherungsmaßnahmen,** die gem § 343 Abs 2 anerkennungsfähig sind, ist abzulehnen.[15]

V. Rechtsmittel (Abs 3 S 3)

17 Gegen die Entsch, die eine öffentliche Bek nach Abs 1 ablehnt, steht dem ausl InsVerw die **sof Beschw** zu (Abs 3 S 3 iVm § 6). Der Schu kann sich gem **Art 102c § 7 EGInsO analog** gegen die öffentliche Bek wehren.[16] Gegen eine Bek nach Abs 2 ist die sof Beschw dagegen nicht statthaft, weil diese v Amts wegen erfolgt und der Verw insofern nicht formell beschwert ist.[17]

§ 346 Grundbuch

(1) Wird durch die Verfahrenseröffnung oder durch Anordnung von Sicherungsmaßnahmen nach § 343 Abs. 2 oder § 344 Abs. 1 die Verfügungsbefugnis des Schuldners eingeschränkt, so hat das Insolvenzgericht auf Antrag des ausländischen Insolvenzverwalters das Grundbuchamt zu ersuchen, die Eröffnung des Insolvenzverfahrens und die Art der Einschränkung der Verfügungsbefugnis des Schuldners in das Grundbuch einzutragen:

1. **bei Grundstücken, als deren Eigentümer der Schuldner eingetragen ist;**
2. **bei den für den Schuldner eingetragenen Rechten an Grundstücken und an eingetragenen Rechten, wenn nach der Art des Rechts und den Umständen zu befürchten ist, dass ohne die Eintragung die Insolvenzgläubiger benachteiligt würden.**

(2) [1]Der Antrag nach Absatz 1 ist nur zulässig, wenn glaubhaft gemacht wird, dass die tatsächlichen Voraussetzungen für die Anerkennung der Verfahrenseröffnung vorliegen. [2]Gegen die Entscheidung des Insolvenzgerichts steht dem ausländischen Verwalter die sofortige Beschwerde zu. [3]Für die Löschung der Eintragung gilt § 32 Abs. 3 Satz 1 entsprechend.

(3) Für die Eintragung der Verfahrenseröffnung in das Schiffsregister, das Schiffsbauregister und das Register für Pfandrechte an Luftfahrzeugen gelten die Absätze 1 und 2 entsprechend.

---

11 Begr zum RegE, BT-Drucks 15/16, 22.
12 *Braun/Ehret* § 345 Rn 6; *K/P/B/Paulus* § 345 Rn 10; *Andres/Leithaus/Dahl* § 345 Rn 7.
13 *K Schmidt/Brinkmann* § 345 Rn 5.
14 MK/*Thole* § 345 Rn 18.
15 Ausführlich hierzu MK/*Thole* § 345 Rn 11; **aA** *Andres/Leithaus/Dahl* § 345 Rn 7; *Braun/Ehret* § 345 Rn 5.
16 *K Schmidt/Brinkmann* § 345 Rn 10.
17 *K/P/B/Kemper/Paulus* § 345 Rn 18.

Übersicht

I. Normzweck; Anwendungsbereich

1 § 346 soll einen gutgläubigen Erwerb an im **Inland** belegenen Grundstücken (Abs 1) und an eingetragenen Schiffen und Luftfahrzeugen (Abs 3) zulasten der Masse nach Eröffnung eines **ausl HauptInsVerf** oder nach der Anordnung v Sicherungsmaßnahmen verhindern.[1] Die Vorschrift ist als **Sachnorm** zu qualifizieren und stellt das registerrechtlichen Seitenstück zu § 349 dar.

2 Die Eintragung ins Grundbuch ist v Bedeutung, weil es nach § 349 in Abweichung v der Grundregel des § 335 (Anwendung der lex fori concursus) bei Vfg des Schu über unbewegliches Vermögen und diesem gleichgestellte Gegenstände beim inländischen Registerschutz der §§ 878, 892, 893 BGB bleibt. § 349 Abs 2 stellt auch eine Vormerkung insolvenzfest.

3 § 346 findet bei jedem grenzüberschreitenden **HauptInsVerf**[2] außerhalb des Geltungsbereichs der EuInsVO (nF) Anwendung (vgl hierzu allg Vor §§ 335 Rn 10 ff). Art 22 EuInsVO/Art 29 EuInsVO nF enthält eine ähnliche Regelung, die durch Art 102 § 6 EGInsO ergänzt wird. Anders als die zuletzt genannte Vorschrift erfordert § 346 jedoch, dass das inländische InsG zunächst prüft, wie sich das ausl Verf auf die VfgBefugnis des Schu auswirkt.

II. Eintragung von Verfügungsbeschränkungen auf Antrag des ausländischen Verwalters (Abs 1)

4 **1. Antrag des ausländischen Verwalters.** Gem § 346 Abs 1 ist auf **Antrag** des **ausl (vorl) HauptInsVerw** (bzw des eigenverwaltenden Schu) die Eröffnung des InsVerf oder die Anordnung v Sicherungsmaßnahmen, durch die die Vfgsbefugnis des Schu eingeschränkt worden ist, in das Grundbuch einzutragen. Die Beantragung und Eintragung eines InsVermerks steht im **Ermessen** des InsVerw.[3]

5 In Abweichung v § 32 Abs 2 S 2 kann nicht der Verw selbst beim GBA die Eintragung in die Wege leiten. Er muss vielmehr einen entspr Antrag bei dem nach § 348 **zuständigen inländischen InsGer** stellen. Aufgabe des InsGer ist es, das jeweilige GBA um Eintragung zu ersuchen. Aus den Gesetzgebungsmaterialien ergibt sich, dass durch diese Vorgehensweise das GBA v der Überprüfung der Anerkennungsvoraussetzungen entlastet werden soll.[4]

6 Der Verw muss die tatsächlichen Voraussetzungen der Anerkennung der ausl VerfEröffnung nach § 343 **glaubhaft machen** (vgl § 4 iVm § 294 ZPO). § 346 selbst enthält keine Urkundenvorlagepflicht zu Lasten des Verw.[5] Allerdings sollte der EröffnungsBeschl des

1 Begr zum RegE, BT-Drucks 15/16, 22 f.
2 *Uhlenbruck/Lüer* § 346 Rn 2.
3 *OLG Bamberg* 12.2.2015 – 8W 2/15; MK/*Thole* § 346 Rn 7.
4 Begr zum RegE, BT- Drucks 15/16, 22.
5 *K/P/B/Kemper/Paulus* § 346 Rn 8.

ausl InsVerf, vorgelegt werden, da die VerfEröffnung für die Eintragung im Grundbuch nach § 29 Abs 1 S 2 GBO durch öffentliche Urkunden nachgewiesen werden muss (zum Nachweis der Echtheit der Urkunde s § 438 ZPO). Macht der ausl Verw diese Tatsachen nicht glaubhaft, dann ist der Antrag als **unzulässig** zurückzuweisen (vgl § 345 Rn 8).

7 **2. Zuständiges Gericht.** Für die Entsch über den Antrag des ausl InsVerw ist ausschließlich das InsGer **zuständig**, in dessen Bezirk die Niederlassung oder, wenn eine Niederlassung fehlt, Vermögen des Schu belegen ist (§ 348). **Funktionell** zuständig für die Entsch ist der Richter (§ 18 Abs 1 Nr 3 RPflG).

8 **3. Prüfung und Verfahren des Insolvenzgerichts.** Das InsGer prüft anhand der vorgelegten Nachweise zunächst **v Amts wegen** die Anerkennungsfähigkeit der ausl VerfEröffnung bzw der jeweiligen Sicherungsmaßnahme.[6] Das InsGer muss ferner feststellen, ob und auf welche Art das ausl InsR die VfgBefugnis des Schu einschränkt.[7] Ein vollständiger Entzug der VfgsBefugnis ist nicht erforderlich. Ausreichend ist, wenn zB Vfg des Schu zukünftig der Genehmigung oder Einwilligung des InsVerw bedürfen.[8] Liegen die genannten Voraussetzungen vor, hat das InsGer das zuständige GBA **zu ersuchen** die „Eröffnung des InsVerf im Ausland und die Art der VfgBeschränkung des Schu im Grundbuch einzutragen". Das GBA ist an die kollisions- und insolvenzrechtlichen Prüfung des InsG gebunden.[9]

9 Für die **Form** des durch das InsG an das GBA zu richtenden Eintragungsersuchens gilt §§ 29 Abs 3, 38 GBO. Da die VfgBeschränkungen des ausl Rechts v den nach dt Recht (signifikant) abweichen können hat das InsG die Auswirkungen in seinem Eintragungsersuchen möglichst präzise und verständlich zu bezeichnen. Auch an diese Festsetzungen ist das GBA gebunden.[10]

10 Die Eintragung erfolgt bei **Grundstücken**, als deren Eigentümer der Schu eingetragen ist, in Abt II des Grundbuchs, oder bei eingetragenen beschränkten dinglichen Grundstücksrecht oder sonstigen Recht, wenn zu befürchten ist, dass anderenfalls die InsGl benachteiligt würden.

11 **4. Inhalt der Eintragung.** Die **Form** der Eintragung richtet sich nach dem **dt** Grundbuchrecht,[11] wobei der ausl **Typ/Inhalt** der VfgBeschränkung auch für das Inland übernommen wird. Sieht das Auslandsrecht aufgrund eines andersartigen Registerwesens jedoch eine andere Methode der Herstellung der Publizität vor oder kennt es kein Buch oder Register über Grundstücke, sondern andere Methoden des Gutglaubensschutzes, so kann die entspr ausl Publizitätsmethode wegen des sachenrechtl Typenzwangs mit den Mitteln des dt Grundbuchwesens oft nicht ohne weiteres verwirklicht werden.

12 Notwendig ist daher – soweit möglich – der Ersatz (rechtstechnisch durch **Substitution**) des ausl Mittels durch ein **funktionsäquivalentes** dt Mittel, dh idR durch einen **InsVermerk** im dt Grundbuch.[12] Sieht das ausl InsRecht dagegen bspw vor, dass das Eigentum mit der VerfEröffnung vom InsSchu auf den Verw übergeht, dann kann im dt Grundbuch nur eingetragen werden, dass hinsichtlich der im Inland belegenen Vermögensgegenstände die VfgBefugnis auf den Verw übergegangen ist.[12]

13 § 346 ist nicht auf andere Fälle analog anzuwenden, in denen das GBA, anlässlich einer einzelnen Entsch vor der Frage steht, welche Rechtswirkungen die Eröffnung eines ausl Ins-

6 *OLG Dresden* 26.5.2010 – 17 W 491/10; *Braun/Ehret* § 346 Rn 3.
7 Begr zum RegE, BT-Drucks 15/16, 22; *OLG Dresden* 26.5.2010 – 17 W 491/10.
8 MK/*Thole* § 346 Rn 4.
9 *OLG Dresden* 26.5.2010 – 17 W 491/10.
10 MK/*Thole* § 346 Rn 9.
11 *K Schmidt/Brinkmann* § 345 Rn 6.
12 *K/P/B/Kemper/Paulus* § 346 Rn 11.

sation oder eine entspr andere Förmlichkeit darf nicht verlangt werden. Die beglaubigte Abschrift des Originals der Entsch darf weder einem Verf nach § 438 ZPO unterzogen werden noch darf eine Apostille gem dem Haager Übereinkommen v 5.10.1961 zur Befreiung ausl öffentlicher Urkunden v der Legalisation gefordert werden.[6]

Abs 1 S 1 erfasst nur den Bestellungsakt. Die Vorschrift gilt nicht für den **Umfang der Befugnisse** des ausl Verw.[7] In Zweifelsfällen oder iF eines Widerspruchs hat der ausl Verw, der seine Befugnisse aus der Rechtsordnung des Staates der VerfEröffnung (lex fori concursus) herleitet, die Darlegungs- und Beweislast, dass ihm diese Befugnisse nach dem für ihn geltenden Recht auch tatsächlich zustehen.[8] Hierfür dürfte eine v dem G, das den Verw bestellt hat, ausgestellte Bescheinigung über diese Befugnisse ausreichend sein. 7

IV. Erfordernis einer Übersetzung (Abs 1 S 2)

Gem Abs 1 S 2 kann das inländische InsGer eine Übersetzung der BestellungsEntsch in die **dt** Sprache verlangen. Diese Übersetzung muss die für die Übersetzungen offizieller Dokumente im Inland erforderlichen Voraussetzungen erfüllen. Sie muss v einer hierzu im Staat der VerfEröffnung befugten Person **beglaubigt** sein. Eine Beglaubigung im Inland ist dagegen nach dem klaren Wortlaut der Vorschrift nicht ausreichend.[9] Gegenüber anderen Beteiligten ist zum Nachweis der VerwBestellung keine Übersetzung erforderlich.[10] Es ist jedoch aus Zweckmäßigkeitsgründen sinnvoll, eine entspr Übersetzung anzufertigen. 8

Über die Begleichung der **Kosten** der Übersetzung und der Beglaubigung entscheidet die lex fori concursus.[11] Sie werden idR der Insolvenzmasse zur Last fallen.

V. Unterrichtung des Gerichts (Abs 2)

Abs 2 verpflichtet den ausl InsVerw, der sich mit Anträgen um Unterstützung seines InsVerf an das inländische InsGer gewandt hat, dh Anträge nach den §§ 344–346 gestellt hat, bei wesentlichen Änderungen in dem ausl InsVerf oder wenn er Informationen über weitere ParallelInsVerf hat, das inländische InsGer zu informieren. Nach zutr Ansicht hat die Unterrichtung durch den Verw **unverzüglich** (dh ohne schuldhaftes Zögern) zu erfolgen, da durch sie auch öffentliche Drittinteressen gewahrt werden.[12] 9

Wesentliche Veränderungen sind solche die unmittelbar oder mittelbar für die EntschFindung des InsGer v Bedeutung sind.[13] Zwar fallen hierunter nicht sämtliche denkbaren Umstände. Wesentliche Veränderungen können aber zB die Beendigung des ausl Verf oder die Umwandlung des ausl Verf v einem Reorganisations- in ein LiquidationsVerf sein.[14] Eine erhebliche Veränderung kann auch sein, wenn sich die Rechtsstellung des ausl Verws geändert hat oder wenn er aus seinem Amt entlassen wurde.[14] In einem solchen Fall müssten uU die v dem inländischen InsGer nach § 344 angeordneten Sicherungsmaßnahmen angeordnet, angepasst oder aufgehoben werden. 10

---

6 *K Schmidt/Brinkmann* § 347 Rn 5.
7 *K Schmidt/Brinkmann* § 347 Rn 6.
8 MK-BGB/*Kindler* § 347 Rn 6.
9 Zu Recht krit hierzu MK-BGB/*Kindler* § 347 Rn 7.
10 *Liersch* NZI 2003, 307; *Braun/Ehret* § 347 Rn 4; **aA** *K/P/B/Paulus* § 347 Rn 6.
11 *Braun/Ehret* § 347 Rn 5.
12 MK/*Thole* § 347 Rn 8.
13 MK/*Thole* § 347 Rn 7.
14 Begr zum RegE, BT-Drucks 15/16, 23.

11 Das G sieht keine Sanktionen vor, wenn der ausl InsVerw seinen Unterrichtungspflichten nach Abs 2 nicht nachkommt. Für Verstöße haftet er allenfalls nach der lex fori concursus.[15] Das inländische G kann jedoch, wenn der InsVerw um weitere Unterstützungshandlungen nachsucht, diese v einer Mitwirkung des Verw abhängig machen.

15 *K Schmidt/Brinkmann* § 347 Rn 8.

§ 348 Zuständiges Insolvenzgericht. Zusammenarbeit der Insolvenzgerichte

(1) [1]Für die Entscheidungen nach den §§ 344 bis 346 ist ausschließlich das Insolvenzgericht zuständig, in dessen Bezirk die Niederlassung oder, wenn eine Niederlassung fehlt, Vermögen des Schuldners belegen ist. [2]§ 3 Abs. 2 gilt entsprechend.

(2) Sind die Voraussetzungen für die Anerkennung eines ausländischen Insolvenzverfahrens gegeben oder soll geklärt werden, ob die Voraussetzungen vorliegen, so kann das Insolvenzgericht mit dem ausländischen Insolvenzgericht zusammenarbeiten, insbesondere Informationen weitergeben, die für das ausländische Verfahren von Bedeutung sind.

(3) [1]Die Landesregierungen werden ermächtigt, zur sachdienlichen Förderung oder schnelleren Erledigung der Verfahren durch Rechtsverordnung die Entscheidungen nach den §§ 344 bis 346 für die Bezirke mehrerer Insolvenzgerichte einem von diesen zuzuweisen. [2]Die Landesregierungen können die Ermächtigungen auf die Landesjustizverwaltungen übertragen.

(4) [1]Die Länder können vereinbaren, dass die Entscheidungen nach den §§ 344 bis 346 für mehrere Länder den Gerichten eines Landes zugewiesen werden. [2]Geht ein Antrag nach den §§ 344 bis 346 bei einem unzuständigen Gericht ein, so leitet dieses den Antrag unverzüglich an das zuständige Gericht weiter und unterrichtet hierüber den Antragsteller.

Übersicht

I. Normzweck; Anwendungsbereich

1 **Abs 1** der Vorschrift regelt die **örtliche** und **sachliche** Zuständigkeit des inländischen InsGer, für die Befugnis des ausl InsVerw Sicherungsmaßnahmen (§ 344), öffentliche Bek (§ 345) und Eintragsersuchen bei dem Grundbuch oder vergleichbaren Registern (§ 346) beantragen zu dürfen. **Abs 2** soll die Zusammenarbeit der G in grenzüberschreitenden InsVerf erleichtern, insb der Vermeidung v Zuständigkeitskonflikten dienen. **Abs 3** und **4** enthalten Ermächtigungen für die Konzentration der Zuständigkeiten, v denen bisher kein Gebrauch gemacht wurde.

2 § 348 regelt nicht die Zuständigkeit für Rechtsbehelfe gegen Maßnahmen der ZwangsVollst, die trotz einer ausl Ins erfolgen. Hierfür gelten die allg zwangsvollstreckungsrechtlichen Zuständigkeitsregelungen.[1]

1 *Mankowski* ZInsO 2007, 1324; **aA** *LG Kiel* 15.02.2007 – 4 T 12/07; *Buhlert* DZWIR 2007, 173.

Die Vorschrift findet bei jedem grenzüberschreitenden InsVerf außerhalb des Geltungsbereichs der EuInsVO (nF) Anwendung (vgl allg hierzu Vor §§ 335 Rn 10 ff). 3

II. Schuldner unterhält eine Niederlassung im Inland (Abs 1 HS 1)

Unterhält der Schu eines ausl InsVerf eine **Niederlassung** im Inland, so sind die Anträge eines ausl Verws nach den §§ 344–346 bei dem InsGer zu stellen, in dessen Bezirk sich die Niederlassung befindet. Es handelt sich um eine **ausschließliche** Zuständigkeit. **Funktionell** zuständig ist der Richter gem § 18 Abs 1 Nr 3 RPlfG.[2] 4

Der Begriff der Niederlassung ist identisch mit dem in § 354 verwendeten Begriff, der zur Bestimmung der Zuständigkeit eines PartikularInsVerf dient (s § 354 Rn 10). 5

Hat der Schu mehrere Niederlassungen im Inland, so ist das G der **Hauptniederlassung** zuständig.[3] Bei mehreren gleichberechtigten Niederlassungen schließt das G, bei dem zuerst der Antrag gestellt wurde (dh anhängig war), die übrigen G aus (Abs 1 S 2 iVm § 3 Abs 2). 6

III. Schuldner besitzt im Inland Vermögen (Abs 1 HS 2)

Befindet sich lediglich **Vermögen** des Schu im Inland, so ist das InsGer des Belegenheitsorts zuständig.[4] Der Begriff der Belegenheit v Vermögen ist identisch mit dem in § 354 verwendeten Begriff, der zur Bestimmung der Zuständigkeit eines PartikularInsVerf verwendet wird (s § 354 Rn 11). 7

Hat der Schu an mehreren Orten Vermögen, schließt auch hier das G, bei dem zuerst der Antrag gestellt wurde (dh anhängig war), die übrigen G aus (Abs 1 S 2 iVm § 3 Abs 2).[5] 8

IV. Zusammenarbeit der Insolvenzgerichte (Abs 2)

Abs 2 soll dem inländischen InsGer (nicht dagegen den ordentlichen G), insb zur Vermeidung v Zuständigkeitskonflikten, einen Informationsaustausch mit dem ausl InsGer ohne den mühsamen Umweg über ein förmliches RechtshilfeVerf ermöglichen. Es handelt sich bei der Regelung des Abs 2 um eine Befugnis und nicht um eine Verpflichtung des inländischen G.[6] Die Befugnis zur Kooperation ist nicht auf die Fälle des §§ 344–346 begrenzt, sondern erfasst **sämtliche Entsch** in denen die Anerkennung des ausl InsVerf relevant wird.[7] 9

Voraussetzung der Zusammenarbeit der InsGer ist, dass das ausl InsVerf die für eine inländische Anerkennung notwendigen Voraussetzungen nach § 343 erfüllt (s hierzu § 343 Rn 5 ff). Die Befugnis, mit dem ausl G zusammenzuarbeiten, insb Informationen weiterzugeben, steht sowohl dem Richter, als auch dem den Fall bearbeitenden Rechtspfleger zu. Der **Umfang** und die **Art** der Kommunikation stehen im **Ermessen** des Richters bzw Rechtspflegers und werden idR durch die Begebenheiten des Einzelfalls bestimmt sein.[8] Neben schriftlicher oder telefonischer Kontaktaufnahme kann das G die modernen Kommunikationsmöglichkeiten wie Internet, Internet-Telefonie, Videokonferenz und E-Mailing nutzen. Gibt es keine gemeinsam beherrschte Sprache, kann ein Dolmetscher hinzugezogen werden.

---

2 *K Schmidt/Brinkmann* § 348 Rn 2.

3 Begr zum RegE, BT-Drucks, 12/2443, 23; *K Schmidt/Brinkmann* § 348 Rn 2.

4 Vgl *AG Mannheim* 7.10.2016 – 1 AR 6/2011, 4 IE 610/14, das eine analoge Anwendung der Vorschrift für bestimmte europäische Sachverhalte befürwortet. S hierzu auch Art 102 § 1 Rn 12.

5 *Uhlenbruck/Lüer* § 348 Rn 3.

6 *K Schmidt/Brinkmann* § 348 Rn 5; anders dagegen Art 25der UNCITRAL-Modellbestimmungen, der eine Pflicht zur Kooperation statuiert.

7 MK/*Thole* § 348 Rn 9.

8 *Paulus* RIW 2014, 194; *K Schmidt/Brinkmann* § 348 Rn 5.

V. Zuständigkeitskonzentration (Abs 3 und 4)

10 Die Abs 3 und 4 ermöglichen eine Konzentration der Zuständigkeit auf bestimmte InsG. Während Abs 3 die landesinterne Zuständigkeitskonzentration regelt, kann eine Konzentration nach Abs 4 durch Vereinbarung der Länder auch über die Landesgrenzen hinweg erfolgen. Eine solche Konzentration würde nicht nur die Fachkompetenz an einzelnen InsG fördern, v denen Kenntnisse ausl InsR und ausl Sprachkenntnisse erwartet werden. Eine Konzentration erleichtert es auch dem ausl Verw, das zuständige InsG festzustellen. Die Länder haben v Abs 3 und 4 bisher jedoch keinen Gebrauch gemacht.

VI. Weiterleitung (Abs 4 S 2)

11 Zur Erleichterung für den ausl InsVerw, für den es häufig schwierig ist, das zuständige InsG festzustellen, bestimmt Abs 4 S 2, dass die G verpflichtet sind, einen Antrag, der bei einem **unzuständigen** G eingegangen ist, an das zuständige G unverzüglich **v Amts wegen** weiterzuleiten.[9] Mit unzuständigem G ist nicht nur das örtlich unzuständige G, sondern jedes unzuständig angerufene G gemeint. Über die Weiterleitung hat das unzuständig angerufene G den Ast, dh den ausl InsVerw, zu unterrichten.

12 Soweit das zuerst angerufene G an das „falsche" InsGer weiterverwiesen hat, darf dieses seinerseits an das richtige G weiterleiten. § 281 InsO ist nicht entspr anzuwenden.[10]

§ 349 Verfügungen über unbewegliche Gegenstände

(1) Hat der Schuldner über einen Gegenstand der Insolvenzmasse, der im Inland im Grundbuch, Schiffsregister, Schiffsbauregister oder Register für Pfandrechte an Luftfahrzeugen eingetragen ist, oder über ein Recht an einem solchen Gegenstand verfügt, so sind die §§ 878, 892, 893 des Bürgerlichen Gesetzbuchs, § 3 Abs. 3, §§ 16, 17 des Gesetzes über Rechte an eingetragenen Schiffen und Schiffsbauwerken und § 5 Abs. 3, §§ 16, 17 des Gesetzes über Rechte an Luftfahrzeugen anzuwenden.

(2) Ist zur Sicherung eines Anspruchs im Inland eine Vormerkung im Grundbuch, Schiffsregister, Schiffsbauregister oder Register für Pfandrechte an Luftfahrzeugen eingetragen, so bleibt § 106 unberührt.

Übersicht

I. Normzweck; Anwendungsbereich

1 Zum Schutz des inländischen Rechtsverkehrs enthält § 349 Ausnahmen v § 335, wonach sich die Wirkungen der Anerkennung des ausl InsVerf grds nach dem Recht des Staats der VerfEröffnung (lex fori concursus) richten. Die Vorschrift unterstellt als einseitige Kollisionsnorm den Gutglaubenserwerb an massezugehörigen, inländischen Immobilien oder registerpflichtigen anderen Gegenständen (Abs 1) und die „InsFestigkeit" inländischer Vor-

---

9 *K Schmidt/Brinkmann* § 348 Rn 6.
10 MK/*Thole* § 348 Rn 11; **aA** *K Schmidt/Brinkmann* § 348 Rn 6.

merkungen (Abs 2) **dt Recht**. Ob ein Gegenstand der Masse zugehört, bestimmt sich als Vorfrage nach der lex fori concursus.[1]

Die Vorschrift ist nur bei **ausl HauptInsVerf** v Relevanz. Ähnliche Regelungen finden sich in Art 14 EuInsVO/Art 17 EuInsVO nF und Art 5 Abs 3 EuInsVO/Art 8 Abs 3 EuInsVO nF. § 349 setzt zugleich Art 25 und 20 Abs 3 der Richtlinie 2001/17/EG über die Sanierung und Liquidation v Versicherungsunternehmen sowie Art 31 und Art 21 Abs 3 der Richtlinie 2001/24/EG über die Sanierung v Kreditinstituten um. 2

§ 349 findet bei jedem grenzüberschreitenden InsVerf außerhalb des Geltungsbereichs der EuInsVO (nF) Anwendung (vgl hierzu allg Vor §§ 335 Rn 10 ff). Auch bei mitgliedstaatlichen InsVerf ist eine Anwendung des § 349 Abs 1 denkbar, soweit die Verfügung **unentgeltlich** erfolgt. Der grds vorrangige Art 14 EuInsVO/Art 17 EuInsVO nF erfasst nämlich nur entgeltliche Verfügungen. 3

II. Schutz des Dritterwerbers (Abs 1)

Solange die Eröffnung des ausl InsVerf nicht in das inländische Grundbuch oder das vergleichbare Register eingetragen ist (vgl § 346), wird der gute Glaube eines Dritten, zu dessen Gunsten der Schu verfügt hat, ebenso geschützt, wie iF eines inländischen InsVerf. Es gelten die immobiliarrechtlichen Schutzregeln der §§ 878, 892, 893 BGB sowie die diesen nachgebildeten Schutzvorschriften in §§ 3 Abs 3, 16, 17 SchiffsRG sowie §§ 5 Abs 3, 16, 17 LuftfzRG unabhängig davon, wo das InsVerf eröffnet worden ist. Die Vorschrift soll das Vertrauen des Geschäftsverkehrs in die Systeme öffentlicher Bücher schützen. 4

Der Begriff der **Verfügung** ist im sachenrechtl Sinn zu verstehen. Hierunter ist nicht nur die Übertragung des Eigentums zu begreifen, sondern auch die Einräumung v anderen Rechtspositionen wie Grundstücksbelastungen, die Übertragung und Belastung v Grundstücksrechten etc. Irrelevant ist, ob die Verfügung entgeltlich oder unentgeltliche erfolgt.[2] 5

1. Verfügungstatbestand vor Verfahrenseröffnung. Trotz der Eröffnung eines ausl InsVerf kann sich ein Rechtserwerb an massezugehörigen Grundstücken, Schiffen oder Luftfahrzeugen unter den Voraussetzungen der **§§ 878 BGB, 3 Abs 3 SchiffsRG** und **§ 5 Abs 3 LuftfzRG** wirksam vollziehen, wenn alle Bedingungen des Rechtserwerbs vor VerfEröffnung gegeben sind und es nur noch an der – für den Rechtserwerb konstitutiven – Registereintragung fehlt. Die Kenntnis des Erwerbers v der Eröffnung schadet nicht, da § 878 BGB keine Gutglaubensvorschrift, sondern eine objektive Schutzvorschrift ist. 6

2. Verfügungstatbestand nach Verfahrenseröffnung. Ist § 878 BGB nicht erfüllt, so wirkt für den Erwerber noch der Gutglaubensschutz des **§ 892 BGB**, **§ 16 Abs 3 SchiffsRG** und **§ 16 Abs 3 LuftfzRG**. Voraussetzung des gutgläubigen Erwerbs ist, dass vor VerfEröffnung die dingliche Einigung erklärt, die Eintragung bewilligt, der Erwerber aber erst nach der ausl VerfEröffnung in Unkenntnis hiervon den Eintragungsantrag stellt und dieser vor dem Antrag auf Eintragung des InsVermerks bei den Registerstellen eingeht. Ein Erwerber kann sich nicht auf den Schutz des § 892 BGB berufen, wenn er im Zeitpunkt des Eintragungsantrages oder der erst später vollzogenen Einigung positive Kenntnis v der ausl VerfEröffnung gehabt hatte. Die Beweislast hierfür trägt der InsVerw. Ein böser Glaube ist bereits bei Kenntnis der InsEröffnung anzunehmen. Ein Wissen darum, dass die InsEröffnung in dem betr Land eine VerfgBeschränkung des Schu nach sich zieht, wird man dagegen nicht fordern können.[3] 7

---

1 MK/*Thole* § 348 Rn 8.
2 *K Schmidt/Brinkmann* § 348 Rn 7.
3 *Habscheid* S 40.

8 **3. Leistung an Schuldner.** Nach § **893 BGB** sind bei Gutgläubigkeit **Leistungen** (auf ein dingliches Recht[4]) an einen **eingetragenen**, nichtberechtigten Schu so zu behandeln, als seien sie gegenüber dem Berechtigten bewirkt worden. Entsprechendes gilt für Verfügungen des nichtberechtigten Schu, sofern sie nicht schon unter § 892 BGB fallen. § 17 SchiffsRG und § 17 LuftfzRG entspr dem § 893 BGB. § 349 Abs 1 ist in diesem Fall lex specialis zu § 350.[5]

9 Ungeachtet eines durch die genannten Schutzvorschriften bewirkten Erwerbs kann der Erwerbsvorgang jedoch der **InsAnf** unterliegen. Die Anfechtbarkeit v Verfügungen iSd § 349 richtet sich nach der lex fori concursus. Die Anf steht unter dem Vorbehalt des § 339.[6]

III. Insolvenzfestigkeit der Vormerkung (Abs 2)

10 Nach Abs 2 iVm § 106 (lex specialis zu § 336) können Ansprüche, die durch eine im Inland eingetragene **Vormerkung** gesichert sind iF eines ausl InsVerf in gleicher Weise durchgesetzt werden wie in einem inländischen InsVerf. Die Vorschrift schließt das Wahlrecht des ausl InsVerw aus. Die gesicherten Ansprüche sind vor einer Erfüllungsverweigerung durch den InsVerw geschützt. Soweit der Schutzbereich der Vormerkung nach § 883 BGB reicht, muss der gesicherte Anspruch v dem InsVerw erfüllt werden.

11 Auch ein gutgläubiger Erwerb der Vormerkung selbst ist nach §§ 892, 893 **analog**, ggf iVm § 878 BGB denkbar.[7]

12 Eine Vormerkung, die im Schiffregister, Schiffsbauregister oder Register für Pfandrechte an Luftfahrzeugen eingetragen ist, ist in gleicher Weise „insolvenzfest“.

---

4 *BGH* 23.1.1996 – XI ZR 75/95.
5 *Uhlenbruck/Lüer* § 349 Rn 12.
6 *K Schmidt/Brinkmann* § 349 Rn 10; *Uhlenbruck/Lüer* § 349 Rn 13.
7 MK/*Thole* § 349 Rn 17.

§ 350 Leistung an den Schuldner

[1]Ist im Inland zur Erfüllung einer Verbindlichkeit an den Schuldner geleistet worden, obwohl die Verbindlichkeit zur Insolvenzmasse des ausländischen Insolvenzverfahrens zu erfüllen war, so wird der Leistende befreit, wenn er zur Zeit der Leistung die Eröffnung des Verfahrens nicht kannte. [2]Hat er vor der öffentlichen Bekanntmachung nach § 345 geleistet, so wird vermutet, dass er die Eröffnung nicht kannte.

Übersicht

I. Normzweck; Anwendungsbereich

1 § 350 trifft eine Sonderregelung hinsichtlich der Frage schuldbefreiender Leistungen an den InsSchu bei grenzüberschreitenden Ins und verdrängt das nach § 335 an sich anwendbare Recht des Eröffnungsstaates (lex fori concursus). Sie dient dem Schutz des Leistenden, der ohne Kenntnis v der VerfEröffnung an den InsSchu statt an die InsMasse leistet.[1]

---

1 Begr zum RegE, BT-Drucks 15/16, 23.

Es handelt sich bei § 350 um eine einheitliches Recht schaffende **Sachnorm**. Sie erinnert v ihrer Konzeption her an § 82, bei dem ebenfalls erst die positive Kenntnis schadet.[2] § 349 Abs 1 ist als lex specialis zu beachten (s § 349 Rn 8) Eine ähnliche Regelung findet sich in Art 24 EuInsVO/Art 31 EuInsVO nF. Die Vorschfirt dient zugleich der Umsetzung des Art 13 der Richtlinie 2001/24/EG über die Sanierung v Kreditinstituten. 2

§ 350 findet bei jedem grenzüberschreitenden **Haupt- als auch PartikularInsVerf**[3] außerhalb des Geltungsbereichs der EuInsVO (nF) Anwendung (vgl allg hierzu Vor §§ 335 Rn 10 ff). 3

II. Leistung an Schuldner nach Verfahrenseröffnung

Erforderlich ist eine **Leistung** an den InsSchu. Mit dem Begriff der Leistung ist der **Leistungserfolg** gemeint, dh es kommt auf die schuldbefreiende Wirkung der Leistung an.[4] Dies richtet sich nach dem jeweiligen Forderungsstatut (lex causae) der Verbindlichkeit.[4] 4

Die Forderung, auf die die Leistung erfolgt ist, muss zum Zeitpunkt der Leistung der Ins-Masse zugestanden haben und der Verw muss **empfangszuständig** gewesen sein. Dies bestimmt sich nach der lex fori concursus (§ 335). Hat der Schu die Empfangszuständigkeit nicht erst durch die InsEröffnung, sondern bereits durch das **InsEröffnungsVerf** verloren, ist die Vorschrift auch auf Leistungen während dieser Zeit entspr anwendbar.[5] 5

III. Leistungsort

Der **Leistungsort** muss im Inland liegen. [2] Als Leistungsort ist wie in § 269 BGB der Ort zu verstehen, an dem die **Leistungshandlung** erbracht werden muss und nicht der Erfüllungsort oder der Ort des Leistungserfolges.[6] Bei einer Warenlieferung oder bei einer Geldleistung reicht daher die Absendung im Inland aus.[2] 6

IV. Rechtsfolgen und Beweislastregelung (S 2)

Der Leistende wird v der Verbindlichkeit befreit, wenn ihm zum Zeitpunkt der Leistung an den Schu (so Rn 4 f) die Eröffnung des Verf nicht bekannt war. Der ausl Verw darf die Leistung nicht nochmal fordern. Dem Leistenden schadet nur positive Kenntnis v der ausl VerfEröffnung. Eine Bek im Ausland, die der Leistende nicht positiv kennt, ist daher unschädlich.[7] 7

Erfolgt die Leistung **vor** der öffentlichen Bek im Inland gem § 345, so stellt S 2 die **widerlegliche gesetzliche Vermutung** (§ 282 ZPO) auf, dass dem Leistenden die Eröffnung des ausl Verf nicht bekannt war. Der ausl Verw hat jedoch die Möglichkeit zu beweisen, dass der Leistende im Zeitpunkt der Leistung trotz des BekMangels positive Kenntnis von der Verf-Eröffnung hatte. 8

Nach der öffentlichen Bek im Inland gem § 345 hat der Leistende seine mangelnde Kenntnis von der VerfEröffnung zum Zeitpunkt der Leistung (sog negative Tatsache) dagegen voll darzulegen und zu beweisen.[8] Gefordert ist ein Vollbeweis der mangelnden Kenntnis der VerfEröffnung im Zeitpunkt der Leistung. 9

2 Begr zum RegE, BT-Drucks 15/16, 23.
3 *K Schmidt/Brinkmann* § 350 Rn 3; **aA** *Braun/Ehret* § 350 Rn 5.
4 MK/*Thole* § 350 Rn 3.
5 MK/*Thole* Rn 6, 11; *K Schmidt/Brinkmann* § 350 Rn 3.
6 *Braun/Ehret* § 350 Rn 8.
7 *Braun/Ehret* § 350 Rn 6.
8 *K Schmidt/Brinkmann* § 350 Rn 4.

§ 351 Dingliche Rechte

(1) Das Recht eines Dritten an einem Gegenstand der Insolvenzmasse, der zur Zeit der Eröffnung des ausländischen Insolvenzverfahrens im Inland belegen war, und das nach inländischen Recht einen Anspruch auf Aussonderung oder auf abgesonderte Befriedigung gewährt, wird von der Eröffnung des ausländischen Insolvenzverfahrens nicht berührt.

(2) Die Wirkungen des ausländischen Insolvenzverfahrens auf Rechte des Schuldners an unbeweglichen Gegenständen, die im Inland belegen sind, bestimmen sich, unbeschadet des § 336 Satz 2, nach deutschem Recht.

Übersicht

I. Gesetzgebungshinweise

1 Eine dem Abs 1 entspre Regelung für dingliche Rechte enthält Art 5 EuInsVO/Art 8 EuInsVO nF.[1] Abs 1 setzt zugleich Art 20 der Richtlinie 2001/17/EG über die Sanierung und Liquidation v Versicherungsunternehmen und Art 21 der Richtlinie 2001/24/EG über die Sanierung v Kreditinstituten um. Abs 2 entspricht Art 11 EuInsVO/Art 14 EuInsVO nF.

II. Normzweck; Anwendungsbereich

2 **Abs 1** sieht als **Sachnorm** vor, dass das Recht eines Dritten an einem Gegenstand der Ins-Masse, der zur Zeit der Eröffnung des ausl InsVerf im Inland belegen war, und das nach inländischem Recht einen Anspruch auf Aussonderung oder auf abgesonderte Befriedigung gewährt, v der Eröffnung des ausländischen InsVerf nicht berührt wird (s näher zu den Rechtsfolgen Rn 12 ff).

3 Einer konsequenten Wirkungserstreckung des ausländischen InsVerf würde es zwar entsprechen, wenn sich iF v dinglichen Sicherheiten die Modalitäten einer abgesonderten Befriedigung nach dem Recht des Staates der Verfahrenseröffnung (§ 335, lex fori concursus) bestimmen würden. Würde man diesem Ansatz folgen, bestände jedoch die Gefahr, dass die Durchsetzung der abgesonderten Befriedigung gerade in der Situation versagen würde, für die sie eigentlich konzipiert ist.[2]

4 Neben dem Schutz dinglicher Rechte vor den Auswirkungen ausl Verf dient Abs 1 zugleich der Vereinfachung der Abwicklung des InsVerf.

5 Anders als es die beiden Richtlinien und Art 5 EuInsVO/Art 8 EuInsVO nF vorsehen, gilt Abs 1 jedoch nicht für den umgekehrten Fall des **inländischen** Verfahrens mit Auswirkungen auf ausländische Rechte im Ausland.[3]

6 **Abs 2** regelt als **einseitige Kollisionsnorm**, dass die Rechte des Schu an einem unbeweglichen Gegenstand, der im Inland belegen ist, nur in dem Umfang, wie es das dt Recht vorsieht, beschränkt werden können. Auch hier gilt die Wirkungsbeschränkung nur einseitig.[4]

---

1 Auf diesen wird in den Gestzesmaterialien explizit verwiesen, vgl Begr zum RegE, BT-Drucks 15/16, 24.

2 Begr zum RegE, BT-Drucks 15/16, 24.

3 *Uhlenbruck/Lüer* § 351 Rn 2; *Korch* ZInsO 2017, 1884, 1886.

4 MK/*Thole* § 349 Rn 3; *Korch* ZInsO 2017, 1884, 1886.

§ 351 findet bei jedem grenzüberschreitenden **HauptInsVerf**[5] außerhalb des Geltungsbereichs der EuInsVO (nF) Anwendung (vgl hierzu allg Vor §§ 335 Rn 10 ff). 7

III. Dingliche Rechte Dritter (Abs 1)

1. Anwendungsvoraussetzungen. Abs 1 erfasst Rechte Dritter an im Inland belegenen Gegenständen der InsMasse, die zur Aussonderung oder abgesonderten Befriedigung berechtigen. Ob ein **Gegenstand zur InsMasse gehört**, ist nach der lex fori concursus zu beurteilen.[6] Die Regelung erfasst sowohl bewegliche als auch unbewegliche Sachen und Rechte.[7] 8

Der mit dem oder den dinglichen Rechten belastete Gegenstand muss zum Zeitpunkt der Eröffnung des ausl InsVerf **im Inland belegen sein**. Während sich der **Zeitpunkt der InsEröffnung** nach der lex fori concursus bestimmt,[8] ist die Frage der **Belegenheit** des Gegenstands nach dem Recht des physischen Lageortes (lex rei sitae) zu ermitteln (s hierzu im Detail § 354 Rn 11).[9] Unerheblich ist, wo sich der Gegenstand zum Zeitpunkt der Antragstellung befunden hat, bzw wohin der Gegenstand nach der InsEröffnung verbracht wurde. Gelangt der Gegenstand des schuldnerischen Vermögens, an dem Dritte eine Sicherheit erlangt haben, erst nach der ausl VerfEröffnung nach Deutschland, so richtet sich die insolvenzrechtliche Einwirkung der VerfEröffnung auf diese Sicherheit allein nach der lex fori concursus. 9

Abs 1 betrifft nur solche Rechte Dritter, die **vor** der Eröffnung des InsVerf wirksam entstanden sind. Ob dies der Fall ist, ist als sachenrechtliche Vorfrage kollisionsrechtlich gesondert anzuknüpfen.[10] Liegt der Zeitpunkt der Entstehung hingegen nach VerfEröffnung, ist allein die lex fori concursus maßgeblich. 10

Das Recht muss schließlich zur **Aussonderung** oder **Absonderung** berechtigen. Das beurteilt sich grds nach **dt** Recht[11] und damit nach den §§ 47–51. Im Anwendungsbereich der beiden Richtlinien ist jedoch zusätzlich die Rspr des EuGH zum Begriff des „dinglichen Rechts" iSd Art 5 EuInsVO/Art 8 EuInsVO nF zu berücksichtigen.[12] 11

2. Rechtsfolge. „**Nicht berührt**" bedeutet, dass das dingliche Recht weder den Beschränkungen der lex fori concursus noch denen des Belegenheitsorts des belasteten Gegenstands (lex rei sitae) unterliegt.[13] Das Sicherungsrecht darf weder in seinem **Verwertungs**- noch in seinem **Verteilungsrecht** eingeschränkt werden, sodass insb die §§ 166 ff nicht zur Anwendung kommen.[6] Der gesicherte Gl muss auch noch nach InsEröffnung seine Rechte so ausüben dürfen, als bestünde kein InsVerf.[14] Zu beachten ist jedoch, dass der ausl Verwalter idR weiterhin über den Gegenstand verfügen kann, wobei die vorhandenen Belastungen am Gegenstand fortbestehen werden.[15] Der Verw des ausl HauptVerf kann zudem inl InsR als 12

---

5 *Andres/Leithaus/Dahl* § 354 Rn 4.
6 *Braun/Ehret* § 351 Rn 9.
7 *Uhlenbruck/Lüer* § 351 Rn 8.
8 MK/*Thole* § 349 Rn 6.
9 *Braun/Ehret* § 351 Rn 10.
10 Ausf hierzu MK/*Thole* § 349 Rn 8 f.
11 MK/*Thole* § 349 Rn 7.
12 *EuGH* 26.10.2016 – C-195/15 (SCI Senior Home).
13 *K/P/B/Kemper/Paulus* § 351 Rn 9; *Uhlenbruck/Lüer* § 351 Rn 14; **aA** *K Schmidt/Brinkmann* § 351 Rn 4, der ein kollisionsrechtliches Verständnis der Regelung befürwortet und damit zur Anwendung des InsR der lex rei sitae gelangt.
14 *Braun/Ehret* § 351 Rn 11.
15 MK/*Thole* § 349 Rn 11.

lex rei sitae der Sicherungsgegenstände dadurch zur Anwendung bringen, dass er die Eröffnung eines inl SekundärInsVerf gem § 356 beantragt. In Anwendung der lex fori concursus secundariae kämen dann die §§ 166 ff zur Anwendung.[16]

IV. Rechte des Schuldners an einem unbeweglichen Gegenstand

13 In Abs 2 sind die Rechte des Schu an einem unbeweglichen Gegenstand, der im Inland belegen ist, bes geregelt. Unter dem Begriff **unbewegliche Gegenstände** sind analog § 49 Grundstücke, Wohnungseigentum, Schiffe und Luftfahrzeuge zu verstehen. Der fragliche Gegenstand muss zur InsMasse gehören, was nach der lex fori concursus zu bestimmen ist. Darüber hinaus muss der Gegenstand **im Inland belegen** sein. Bei Grundstücken ist die Frage der **Belegenheit** nach dem Recht des physischen Lageortes (lex rei sitae) zu ermitteln. Bei Schiffen und Luftfahrzeugen ist dagegen nicht der Lageort, sondern der Ort des Registers maßgeblich.[17] Die Inlandsbelegenheit muss zum Zeitpunkt der ausl Verfahrenseröffnung bestanden haben, was seinerseits nach der lex fori concursus zu ermitteln ist.[18]

14 Nach Abs 2 bestimmen sich die **Wirkungen** des ausl InsVerf auf solche unbeweglichen Gegenstände allein nach **dt** Recht, dh nach den §§ 47, 49–51, 165 ff (dies betrifft auch die Art und Weise der Verwertung).[19] Das ausl InsVerf schränkt die Rechte des Schu nur in dem Umfang ein wie ein inländisches Verf.[19] Durch die Maßgeblichkeit des dt Rechts werden alle Wirkungen des ausl InsVerf, die im dt Recht nicht vorgesehen sind, ausgeschlossen.[19] So können an einem inländischen Grundstück zB keine dem dt Sachenrecht fremde Generalhypotheken oder Superprivilegien entstehen.[19] Auch mittelbare Beeinträchtigungen der dinglichen Rechte an unbeweglichen Gegenständen durch dem dt Recht fremde Rückübertragungsansprüche, die mglw ein ausl InsR kennt, werden durch Abs 2 vermieden.[19]

§ 352 Unterbrechung und Aufnahme eines Rechtsstreits

(1) [1]Durch die Eröffnung des ausländischen Insolvenzverfahrens wird ein Rechtsstreit unterbrochen, der zur Zeit der Eröffnung anhängig ist und die Insolvenzmasse betrifft. [2]Die Unterbrechung dauert an, bis der Rechtsstreit von einer Person aufgenommen wird, die nach dem Recht des Staats der Verfahrenseröffnung zur Fortführung des Rechtsstreits berechtigt ist, oder bis das Insolvenzverfahren beendet ist.

(2) Absatz 1 gilt entsprechend, wenn die Verwaltungs- und Verfügungsbefugnis über das Vermögen des Schuldners durch die Anordnung von Sicherungsmaßnahmen nach § 343 Abs. 2 auf einen vorläufigen Insolvenzverwalter übergeht.

Übersicht

16 *Braun/Ehret* § 351 Rn 14.
17 *K Schmidt/Brinkmann* § 351 Rn 6; *Braun/Ehret* § 351 Rn 19; **aA** MK/*Thole* § 349 Rn 15.
18 MK/*Thole* § 349 Rn 15.
19 Begr zum RegE, BT-Drucks 15/16, 24.

I. Normzweck; Anwendungsbereich

Bei der InsEröffnung im **Ausland** würde grds das Recht des Staates der Verfahrenseröffnung (§ 335, lex fori concursus) darüber befinden, inwiefern ein im Inland anhängiger Rechtsstreit unterbrochen würde. Abw hiervon bestimmt § 352 Abs 1 S 1 als **Sachnorm** unmittelbar die Unterbrechungswirkung anzuerkennender ausl EröffnungsEntsch auf anhängige Rechtsstreitigkeiten im Inland. Die Norm überträgt damit die Regelung des § 240 ins dt autonome int InsR.[1] Die Unterbrechungswirkung des § 352 Abs 1 S 1 knüpft lediglich an den Umstand der Verfahrenseröffnung im Ausland an, nicht dagegen an das Recht des ausländischen Staats, in dem das InsVerf eröffnet wurde.[2] Eine entspr Regelung sieht Abs 2 für vor der VerfEröffnung erlassene Sicherungsmaßnahmen vor, sofern diese einen Verlust der Verwaltungs- und Verfügungsbefugnis des Schu zur Folge haben. § 352 setzt zugleich Art 26 der Richtlinie 2001/17EG über die Sanierung und Liquidation v Versicherungsunternehmen sowie Art 32 der Richtlinie 2001/24 über die Sanierung v Kreditinstituten um. 1

Eine abwe Regelung über die Wirkungen des InsVerf auf anhängige Rechtsstreitigkeiten findet sich in Art 15 EuInsVO/Art 18 EuInsVO nF. Dieser enthält eine **kollisionsrechtliche Bestimmung**, wonach das Recht des Staates, in dem der Rechtsstreit anhängig ist, über die Wirkung der Eröffnung des InsVerf (nicht dagegen v vorläufigen Sicherungsmaßnahmen) auf diesen Rechtsstreit entscheidet. Im Anwendungsbereich der EuInsVO (nF) ist bei inländischen Rechtsstreitigkeiten daher das dt Recht sowohl für die Frage der Unterbrechungswirkung als auch der Aufnahme des Rechtsstreits maßgeblich. Es kommen die §§ 85–87 zur Anwendung. 2

§ 352 findet bei jedem **ausl HauptInsVerf**[3] außerhalb des Geltungsbereichs der EuInsVO (nF) Anwendung (vgl hierzu allg Vor §§ 335 Rn 10 ff). Art 15 EuInsVO/Art 18 EuInsVO nF ist als vorrangige Regelung zu beachten.[4] 3

II. Unterbrechung durch ausländische Verfahrenseröffnung (Abs 1 S 1)

1. Eröffnung eines ausländischen Insolvenzverfahrens. Die Norm setzt zunächst die Eröffnung eines nach § 343 anerkennungsfähigen ausl InsVerf voraus.[5] 4

Im Zusammenhang mit dem **Chapter 11-Verf des US-Bankruptcy Code** hat der BGH entschieden, dass die Unterbrechungswirkung des § 352 **unabhängig v dem Verlust der Prozessführungsbefugnis** des Schu eintritt. Ein ausl InsVerf führt auch dann zur Unterbrechung inländischer Rechtsstreite, wenn der InsSchu seine Prozessführungsbefugnis nach der lex fori concursus behält.[6] Abw hiervon hat der BGH für das Schweizer Verf der Nachlassstundung geurteilt, dass eine Unterbrechungswirkung ausscheide, wenn bei fehlendem Wechsel der Prozessführungsbefugnis das ausl Verf keine Unterbrechungswirkung beanspruche.[7] Diese Sichtweise ist abzulehnen. Das Bedürfnis nach einer Unterbrechung besteht unab-

---

1 Begr zum RegE, BT-Drucks 15/16, 24.
2 *BAG* 18.7.2013 – 6 AZR 882/11; *K Schmidt/Brinkmann* § 352 Rn 1.
3 *Braun/Ehret* § 352 Rn 3; *K/P/B/Kemper/Paulus* § 352 Rn 2; **aA** FK/*Wimmer/Wenner/Schuster* § 352 Rn 2; **diff** *Uhlenbruck/Lüer* § 352 Rn 2; MK/*Thole* § 352 Rn 3.
4 Dies verkennend *OLG Bbg* 17.11.2010 – 6 W 116/10; *OLG München* 12.11.2008 – 7 U 3047/08.
5 *K Schmidt/Brinkmann* § 352 Rn 3.
6 *BGH* 13.10.2009 – X ZR 79/06; *OLG Frankfurt* 20.2.2007 – 5 U 24/05, wonach die Eröffnung eines Verf nach Chapter 11 des US-Bankruptcy Code ein InsVerf ist, das die Unterbrechungswirkung nach § 352 Abs 1 S 1 unabhängig vom Verlust der Prozessführungsbefugnis eintreten lässt; ebenso *BAG* 27.2.2007 – 3 AZR 618/06; MK/*Thole* § 352 Rn 5; zweifelnd *LG Mannheim* 23.4.2010 – 7 O 145/09.
7 *BGH* 20.12.2011 – VI ZR 14/11; **abl** MK/*Thole* § 352 Rn 6; *Buntenbroich* NZI 2012, 547.

hängig v der Prozessführungsbefugnis, da sie auch dazu dient, einen störungsfreien Ablauf des InsVerf zu ermöglichen und den VerfBeteiligten eine Prüfungs- und Überlegungsfrist einräumen will.[8] Auch auf Fälle der **Eigenverwaltung** ist die Vorschrift daher anzuwenden.[9]

5 **2. Inländischer Rechtsstreit.** Unterbrochen wird jeder **inländische, anhängige, kontradiktorische Rechtsstreit**, wobei es auf die Parteirolle (dh aktiv oder passiv) des Schu nicht ankommt[10] Erfasst werden zB das MahnVerf, sofern der Mahnbescheid vor der Eröffnung des Verf zugestellt war, das KostenfestsetzungsVerf sowie das Verf zur Erwirkung eines Arrests oder einer einstweiligen Vfg. Weiter erfasst sind verwaltungs-, arbeits-, sozial- und finanzgerichtliche StreitVerf.[11]

6 Die Frage, inwieweit sich die Eröffnung eines ausl Verf auf ein **SchiedsVerf** auswirkt, bestimmt sich grds nach der anwendbaren Schiedsordnung und den §§ 1025 ff ZPO. Danach ist eine Unterbrechung zwar oft nicht vorgesehen, jedoch aus Gründen des rechtlichen Gehörs sachgerecht.[12]

7 **3. Rechtsstreit über die Insolvenzmasse.** Der Rechtsstreit muss die **InsMasse betreffen**. Welche Rechtsstreite die InsMasse betreffen, richtet sich nach der lex fori concursus. Auch Prozesse, deren Ziel gerade die Klärung der Frage der Massezugehörigkeit ist, können unter § 352 subsumiert werden. Nicht die InsMasse betreffen vermögensrechtliche Streitigkeiten und Rechtsstreite über insfreies Vermögen.

8 **4. Unterbrechung des Rechtsstreits.** Die Art und Weise der Unterbrechung richtet sich nach **dt** Recht. Danach tritt die Unterbrechung des inländischen Rechtsstreits **automatisch** ein und ist **v Amts wegen** vom ProzessG zu berücksichtigen.[13] Eines bes Beschl hierfür bedarf es nicht. Ein solcher hätte nur deklaratorische Wirkung. Ist die Unterbrechung str, so kann sie durch ZwischenUrt gem § 303 ZPO festgestellt werden.[14] Ein in Unkenntnis der Unterbrechung ergangenes Urt kann mit den gewöhnlichen Rechtsbehelfen angegriffen werden.[15] Die Unterbrechung dauert an, bis das Verf aufgenommen (s Rn 9 ff) oder das InsVerf beendet wird.

III. Aufnahme des Rechtsstreits (Abs 1 S 2)

9 Nach S 2 ist für die Frage, wer zur Aufnahme des Rechtsstreits berechtigt ist, die Prozessführungsbefugnis nach der lex fori concursus entscheidend.[16] Nach diesen Regeln bestimmt sich, welcher Person die **Berechtigung zur Aufnahme** des Rechtsstreits zukommt. In aller Regel wird der InsVerw zur Aufnahme berechtigt sein.

10 Nach der **hM** trifft die Vorschrift keine Aussage zu der Frage, nach welchem Recht sich die **Aufnahmemöglichkeit** des anhängigen Rechtsstreits richtet. Das BAG und der BGH wollen die Regelung dagegen dahin verstanden wissen, dass sie als **Kollisionsnorm** die Aufnahmemöglichkeit nach der lex fori concurus regelt.[17] Dem ist aufgrund des Wortlauts der Vor-

8 *Kolmann* S 192.

9 MK/*Thole* § 352 Rn 5; So auch ausdrücklich der BGH in Bezug auf die Grundnorm des § 240, vgl *BGH* 7.12.2006 – V ZB 93/06.

10 Vgl zur alten Rechtslage bereit *BGH* 26.11.1997 – IX ZR 309/96; MK/*Thole* § 352 Rn 7.

11 *BFH* 9.2.2015 – VII B 104/13: Inanspruchnahme durch Duldungsbescheid der Finanzbehörde nach § 191 Abs 1 AO.

12 **AA** *K Schmidt/Brinkmann* § 352 Rn 5; MK/*Thole* § 352 Rn 16.

13 *OLG Frankfurt* 20.2.2007 – 5 U 24/05.

14 *OLG Frankfurt* 20.2.2007 – 5 U 24/05; **aA** offenbar *BGH* 21.10.2004 – IX ZB 205/03.

15 *K/P/B/Kemper/Paulus* § 352 Rn 6.

16 Begr zum RegE, BT-Drucks 15/16, 24.

17 *BAG* 27.2.2007 – 3 AZR 618/06; *BGH* 13.10.2009 – X ZR 79/06.

schrift sowie den eindeutigen Erl in den GMaterialien, die sich nur auf die Frage der **Aufnahmeberechtigung** erstrecken,[18] zu widersprechen.[19] Die Aufnahmemöglichkeit (dh das „Ob" der Aufnahme) richtet sich alleine nach dem inländischen Prozessrecht (lex fori).[20] Dies gilt auch für die **Art** und **Weise** (dh das „Wie" der Aufnahme). Maßgeblich sind die §§ 85 ff.

IV. Unterbrechung vor der ausländischen Verfahrenseröffnung (Abs 2)

Nach § 343 Abs 2 können auch vor der ausl VerfEröffnung erlassene Sicherungsmaßnahmen 11
anerkannt werden. Haben diese anerkennungsfähigen Sicherungsmaßnahmen den Verlust der Verwaltungs- und Verfügungsbefugnis des InsSchu zur Folge, dann kommt auch diesen Sicherungsmaßnahmen eine prozessunterbrechende Wirkung entspr Abs 1 zu.

---

18 Begr zum RegE, BT-Drucks 15/16, 24.
19 *K Schmidt/Brinkmann* § 352 Rn 7; *K/P/B/ Paulus* § 352 Rn 7; **aA** *Braun/Ehret* § 352 Rn 7.
20 MK/*Thole* § 352 Rn 13.

§ 353 Vollstreckbarkeit ausländischer Entscheidungen

(1) [1]Aus einer Entscheidung, die in dem ausländischer Insolvenzverfahren ergeht, findet die Zwangsvollstreckung nur statt, wenn ihre Zulässigkeit durch ein Vollstreckungsurteil ausgesprochen ist. [2]§ 722 Abs. 2 und § 723 Abs. 1 der Zivilprozessordnung gelten entsprechend.

(2) Für die in § 343 Abs. 2 genannten Sicherungsmaßnahmen gilt Absatz 1 entsprechend.

Übersicht

I. Normzweck; Anwendungsbereich

Die Vorschrift regelt die Vollstreckbarkeit v Entsch, die nach Eröffnung eines anzuerken- 1
nenden[18] **ausl** InsVerf ergangen sind (Abs 1) sowie v anzuerkennenden Sicherungsmaßnahmen, die nach dem Antrag auf Eröffnung des InsVerf getroffen wurden (Abs 2).

Eine ähnliche Regelung enthält Art 25 EuInsVO/Art 32 EuInsVO nF. 2

§ 353 findet bei jedem ausl InsVerf[1] außerhalb des Geltungsbereichs der EuInsVO (nF) 3
Anwendung (vgl allg hierzu Vor §§ 335 Rn 10 ff).

II. Vollstreckbarerklärung von Entscheidungen in ausländischen Insolvenzverfahren (Abs 1)

1. Entscheidungen. M der Anerkennung eines ausl InsVerf und seiner Wirkungen (§ 343) 4
ist noch keine Entsch über die **Vollst** ausl Entsch im Inland getroffen worden. Die der ZPO immanente Unterscheidung zwischen der automatischen Anerkennung der Entsch und ihrer Vollstreckbarerklärung (durch VollstreckungsUrt, vgl hierzu unten Rn 7) in einem bes ExequaturVerf nach §§ 722 f ZPO gilt auch für anzuerkennende Entsch im int InsR.

---

1 Krit *K/P/B/Kemper/Paulus* § 353 Rn 2.

5 Vollstreckbare **Entsch** sind solche, die nach dem Recht des ausl Eröffnungsstaates einen **vollstreckbaren Titel** darstellen sowie einen **vollstreckbaren Inhalt** haben.[2] Der Begriff ist iSd § 343 Abs 1 und Abs 2 Alt 2 zu verstehen (s hierzu § 343 Rn 4). Es kann sich zB um die Entsch über die Eröffnung des ausl InsVerf, die Entsch des ausl InsGer über die Auskunftserteilung, VerfMitwirkung, Vorführung oder Verhaftung v VerfBeteiligten sowie die Postsperre handeln. Ferner kann es sich um die Feststellung bestr Forderungen im InsVerf[3] und die gerichtliche Bestätigung eines InsPlans handeln.

6 Davon abzugrenzen sind die sog **AnnexEntsch**, die im Zusammenhang mit der Ins ergehen, jedoch nicht unmittelbar das eigentliche InsVerf betreffen, wie zB Anf- und Feststellungsprozesse. Ihre Vollstreckbarerklärung erfolgt gem §§ 722, 723 ZPO, wobei etwaige Anerkennungshindernisse § 328 ZPO zu entnehmen sind.[4] Das gilt auch, wenn das Recht des VerfStaates für diese AnnexVerf eine vis attractiva concursus vorsieht.[5]

7 **2. Verfahren der Vollstreckbarerklärung.** Die Zwangsvollstreckung aus der anzuerkennenden Entsch setzt voraus, dass ihre Zulässigkeit durch ein **VollstreckungsUrt** ausgesprochen ist (Abs 1 S 2 iVm § 722 Abs 1).[2] Das dafür erforderliche **ExequaturVerf** wird durch Erhebung einer Klage auf Erlass eines solchen Urts in die Wege geleitet.[6]

8 **Sachlich** und **örtlich zuständig** für den Erlass eines VollstreckungsUrts ist das AG oder LG (§§ 23, 71 GVG) am allg Gsstand des VollstreckungsSchu, und in Ermangelung dessen das AG oder LG, bei dem nach § 23 ZPO gegen den VollstreckungsSchu Klage erhoben werden kann, der bes GStand des Vermögens oder des Streitgegenstandes (Abs 1 S 2 iVm § 722 Abs 2).[7]

9 Das VollstreckungsUrt ergeht **ohne Prüfung der GMäßigkeit** der Entsch (S 2 iVm § 723 Abs 1 ZPO).

10 Die ausl Entsch braucht **nicht rechtskräftig** zu sein. § 723 Abs 2 wird für nicht anwendbar erklärt.[2] Die Verbürgung der Gegenseitigkeit ist ebenfalls nicht erforderlich.

11 Aus § 343 Abs 1 ergibt sich, dass ein VollstreckungsUrt nicht ergehen, darf, wenn die ausl Entsch gegen den dt **ordre public** verstößt.[2] Dies kann der Fall sein, wenn der Inhalt der Entsch für die dt Rechtsordnung nicht hinnehmbar ist, aber auch dann, wenn bei dem Zustandekommen der Entsch gegen elementare Rechtsgrundsätze verstoßen wurde (vgl hierzu ausf § 343 Rn 10).

12 Die Eröffnung eines inländischen SekundärInsVerf steht der Vollstreckbarerklärung der ausländischen Entsch (über die Eröffnung des HauptInsVerf) nicht entgegen.[8]

III. Vollstreckung von Sicherungsmaßnahmen (Abs 2)

13 Die Notwendigkeit einer Vollstreckbarerklärung durch ein VollstreckungsUrt nach §§ 722 f ZPO gilt entspr für anzuerkennende **Sicherungsmaßnahmen** (der Begriff entspricht § 343 Abs 2 Alt 1, vgl hierzu § 343 Rn 15) des ausl G, die nach dem Antrag auf Eröffnung des ausl Verf getroffen werden (Abs 2 iVm § 343 Abs 2). Alternativ kann der ausl InsVerw auch Maßnahmen nach § 344 beantragen, die keiner gesonderten Vollstreckbarerklärung bedürfen.

---

2 Begr zum RegE, BT-Drucks 15/16, 24.
3 **AA** entgegen den Ausführungen in den GMaterialien *K Schmidt/Brinkmann* § 352 Rn 5; MK/*Thole* § 353 Rn 3.
4 *K Schmidt/Brinkmann* § 353 Rn 9.
5 MK/*Thole* § 353 Rn 3.
6 *K Schmidt/Brinkmann* § 353 Rn 8.
7 *OLG Frankfurt* 24.1.2005– 20 W 527/04.
8 *OLG Düsseldorf* 9.7.2004 – I-3 W 53/04; *Braun/Ehret* § 353 Rn 3.

Dritter Abschnitt
Partikularverfahren über das Inlandsvermögen

§ 354 Voraussetzungen des Partikularverfahrens

(1) Ist die Zuständigkeit eines deutschen Gerichts zur Eröffnung eines Insolvenzverfahrens über das gesamte Vermögen des Schuldners nicht gegeben, hat der Schuldner jedoch im Inland eine Niederlassung oder sonstiges Vermögen, so ist auf Antrag eines Gläubigers ein besonderes Insolvenzverfahren über das inländische Vermögen des Schuldners (Partikularverfahren) zulässig.

(2) [1]Hat der Schuldner im Inland keine Niederlassung, so ist der Antrag eines Gläubigers auf Eröffnung eines Partikularverfahrens nur zulässig, wenn dieser ein besonderes Interesse an der Eröffnung des Verfahrens hat, insbesondere, wenn er in einem ausländischen Verfahren voraussichtlich erheblich schlechter stehen wird als in einem inländischen Verfahren. [2]Das besondere Interesse ist vom Antragsteller glaubhaft zu machen.

(3) [1]Für das Verfahren ist ausschließlich das Insolvenzgericht zuständig, in dessen Bezirk die Niederlassung oder, wenn eine Niederlassung fehlt, Vermögen des Schuldners belegen ist. [2]§ 3 Abs. 2 gilt entsprechend.

Übersicht

I. Gesetzgebungshinweise

Eine ähnliche Regelung für die EU-Mitgliedstaaten enthalten die Art 27 ff iVm Art 3 Abs 2–4 EuInsVO/Art 34 ff iVm 3 Abs 2–4 EuInsVO nF. § 354 Abs 1 erleichtert jedoch die Eröffnung eines PartikularInsVerf, weil das dt autonome int InsR ein PartikularInsVerf nicht nur bei Vorhandensein einer „Niederlassung", sondern auch bei der Belegenheit „sonstigen Vermögens" im Inland zulässt (vgl § 354 Abs 2). 1

Die Richtlinie 2001/17/EG über die Sanierung und Liquidation v Versicherungsunternehmen und die Richtlinie 2001/24/EG über die Sanierung v Kreditinstituten schließen dagegen die Eröffnung eines PartikularInsVerf aus (vgl auch § 46e Abs 2 KWG und § 88 Abs 1 VAG). Für die Ins der unter diese beiden Richtlinien fallenden Institute soll es nur ein einziges InsVerf geben. 2

II. Normzweck

Bei der Vorschrift handelt es sich um seine **Sachnorm**. Sie eröffnet die Möglichkeit, ein **PartikularInsVerf** im Inland über das inländische Vermögen des Schu zu eröffnen. Sie regelt in Abs 1 die allg Voraussetzungen für die Eröffnung eines PartikularInsVerf und benennt in 3

Abs 2 die bes Zulässigkeitsvoraussetzungen, für den Fall, dass der Schu im Inland keine Niederlassung hat. Abs 3 regelt die örtliche und sachliche Zuständigkeit für das inländische PartikularInsVerf.

4 **PartikularInsVerf** umfassen neben einem ausländischen HauptInsVerf stattfindende **SekundärInsVerf** iSv § 356, für die auch der Begriff **„parallele** oder **sekundäre PartikularInsVerf"** verwendet wird, als auch **„unabhängige** oder **isolierte PartikularInsVerf".** Zu beachten ist, dass mit dem Begriff PartikularInsVerf häufig auch nur die unabhängigen oder isolierten PartikularInsVerf **(**PartikularInsVerf **ieS)** gemeint sind.

5 Mit der Zulassung des PartikularInsVerf zum Schutz lokaler GlInteressen und des inl Rechtsverkehrs hat sich der GGeber gegen das sog Universalitätsprinzip entschieden, bei dem nur ein einziges InsVerf über das Vermögen eines Schu zulässig sein soll.[1]

III. Anwendungsbereich

6 § 354 findet nur außerhalb des Geltungsbereichs der EuInsVO (nF) Anwendung (vgl hierzu allgemein Vor §§ 335 Rn 10 ff. Ob die EuInsVO (nF) anwendbar ist hängt iE davon ab, ob einer der Mitgliedstaaten der EuInsVO (nF) für ein HauptInsVerf über das Vermögen des Schu zuständig wäre bzw ist. Nur, wenn dies nicht der Fall ist, kommt § 354 InsO zur Anwendung, wobei zusätzlich die § 46e Abs 2 KWG und § 88 Abs 1b VAG zu beachten sind.

IV. Allgemeine Voraussetzungen für die Eröffnung eines Partikularinsolvenzverfahrens (Abs 1)

1. Keine int Entscheidungszuständigkeit für die Eröffnung eines Hauptinsolvenzverfahrens.

7 Allg Voraussetzung für die Zulässigkeit der Eröffnung eines PartikularInsVerf ist, dass eine **int Entscheidungszuständigkeit** der **dt** G für die Eröffnung eines HauptInsVerf über das gesamte Vermögen des Schu **fehlt**. Dies bestimmt sich allein nach § 3 analog (vgl hierzu die Ausführungen unter § 335 Rn 17 ff).[2] Der Schu darf im Inland nicht den Mittelpunkt seiner selbstständigen Tätigkeit, hilfsweise seinen allg GStand haben.

8 Um einen negativen Kompetenzkonflikt zu vermeiden, muss die Eröffnung eines HauptInsVerf im Inland aber auch dann möglich sein, wenn es einen inl Wohnsitz gibt und am ausl Mittelpunkt der wirtschaftlichen Tätigkeit die Eröffnung eines solchen Verf nicht möglich ist. In einem solchen Fall ist ein PartikularInsVerf unzulässig.[3]

9 **2. Niederlassung bzw Vermögen im Inland.** Weitere Voraussetzung für die Zulässigkeit eines PartikularInsVerf ist, dass der Schu zum Zeitpunkt der Zustellung des Antrags auf Eröffnung des SekundärInsVerf bzw nach den Grundsätzen der *perpetuatio fori* zur Zeit des Eingangs des Eröffnungsantrags[4] beim InsG **im Inland** eine **Niederlassung** oder **sonstiges Vermögen** hat. Der Antragsteller hat alle die **int** Zuständigkeit des angerufenen G begründenden Umstände anzugeben, insb auch ob bereits ein HauptInsVerf im Ausland eröffnet wurde, da es dem angerufenen G ohne diese Angaben nicht ohne weiteres möglich ist, seine int Zuständigkeit zu überprüfen.[5]

---

1 Begr zum RegE 15/16, 24.

2 MK-BGB/*Kindler* § 354 Rn 1; *Braun/Delzant* § 353 Rn 3; *Uhlenbruck/Lüer* § 354 Rn 8; **aA** zB MK/*Reinhart* § 354 Rn 6, wonach auf die Zuständigkeitsregelung in Art 3 Abs 1 EuInsVO (nF) zurückzugreifen ist, auch dann, wenn die Zuständigkeit eines Drittstaates für ein HauptInsVerf in Frage kommt.

3 *Braun/Delzant* § 354 Rn 4.

4 *LG Frankfurt* 30.10.2012 – 2-09 T 418/12; *Braun/Delzant* § 354 Rn 5; MK/*Reinhart* § 354 Rn 21; krit *Paulus* EWiR 2012, 801; diff *K Schmidt/Brinkmann* § 354 Rn 5, 6.

5 So obiter dictum *AG Köln* 1.122005 – 71 IN 564/05.

Der Begriff der **Niederlassung** ist im int InsR nicht definiert. Er ist **§ 21 ZPO (analog)** und nicht Art 2 iVm Art 3 Abs 2 EuInsVO/ Art 2 Nr 10 iVm Art 3 Abs 2 EuInsVO nF zu entnehmen.[6] Die Anwendung des Niederlassungsbegriffs in § 21 ZPO dürfte aber in den meisten Fällen zu den gleichen Ergebnissen führen wie die Anwendung des Niederlassungsbegriffs iSd EuInsVO (nF). Erforderlich für eine Niederlassung iSd § 21 ZPO ist eine v dem Schu an einem anderen Ort als dem seines Sitzes für eine gewisse Dauer eingerichtete, auf seinen Namen und für seine Rechnung betriebene und selbstständig, dh aus eigener Entscheidung zum Geschäftsabschluss und Handeln berechtigte, Geschäftsstelle.[7] Entscheidend ist nicht das innere Verhältnis zum Hauptunternehmen, sondern ob nach außen der Anschein einer selbstständigen Niederlassung erweckt wird.[8] Es muss ein Mindestmaß an Organisation vorhanden sein. Ein Tätigkeitsort, an dem nur gelegentlich einer Tätigkeit nachgegangen wird, kann nicht als Niederlassung bezeichnet werden. Eine Niederlassung ist auch dann anzunehmen, wenn zwar die Geschäftstätigkeit eingestellt ist, aber noch einige Mitarbeiter zu Abwicklungszwecken eingesetzt werden.[7] **10**

Daneben ist ein PartikularInsVerf nach Abs 2 aber auch dann zulässig, wenn der Schu im Inland **Vermögen** hat. Ob ein Gegenstand im Inland belegen ist, richtet sich bei **unbeweglichen** und **beweglichen** Sachen iSd § 90 BGB nach dem Lageort. Dies gilt nicht für Sachen, die sich auf dem Transportweg (res in transitu) und daher zufällig im Inland befinden bzw für bestimmte Transportmittel wie Schiffe und Flugzeuge.[9] Bei **Forderungen** ist nach hM § 23 S 2 Alt 1 ZPO der Wohnsitz des DrittSchu und wenn für die Forderung eine Sache zur Sicherheit haftet nach § 23 S 2 Alt 2 ZPO auch der Ort, ab dem sich die Sache befindet, maßgeblich.[10] Die Belegenheit v in Wertpapieren **verbrieften** Forderungen bestimmt sich nach dem Lageort des Papiers.[11] Entsprechendes gilt für **verbriefte Gesellschaftsanteile**.[12] Bei **nicht-verbrieften Gesellschaftsanteilen** ist dagegen auf den Sitz der Gesellschaft abzustellen.[13] Bei **gewerblichen Schutzrechten** (wie zB Patenten, Markenrechten) kommt es auf das Land an, für das das jeweilige Recht Schutz vermittelt. Die Belegenheit v **Anfechtungsansprüchen** ist danach zu beurteilen, welcher InsMasse die Rückgängigmachung der anfechtbaren Handlung zu Gute kommen würde.[14] **11**

Ein Mindestwert des inländischen Vermögens ist nicht vorgesehen, auch ein bes Inlandsbezug des Vermögens ist nicht erforderlich.[15] Unerheblich ist, ob das inländische Vermögen frei v Rechten Dritter ist oder vollständig belastet ist.[16] Nach allg Regeln muss aber ausreichend inländisches Vermögen vorhanden sein, um die Kosten des Verf zu decken (vgl hierzu Rn 16).

---

6 *LG Frankfurt* 30.10.2012 – 2-09 T 418/12; *Braun/Delzant* § 354 Rn 5; MK/*Reinhart* § 354 Rn 7; *K Schmidt/Brinkmann* § 354 Rn 5; **aA** zB *Uhlenbruck/Lüer* § 354 Rn 9; *Kindler/Nachmann* I § 2 Rn 131; *Andres/Leithaus/Dahl* § 354 Rn 6; *Smid* Deutsches und Europäisches Internationales Insolvenzrecht, § 354 Rn 3.
7 *LG Frankfurt* 30.10.2012 – 2-09 T 418/12.
8 *BGH* 18.1.2011 – X ZR 71/10.
9 *Uhlenbruck/Lüer* § 354 Rn 11; **aA** tw MK/*Reinhart* § 354 Rn 14 f.
10 **AA** MK/*Reinhart* § 354 Rn 14 f; *Uhlenbruck/Lüer* § 354 Rn 12.
11 *Trunk* Int InsR, S 242 f; MK/*Reinhart* § 354 Rn 18.
12 *OLG Frankfurt* NJW-RR 1996, 187.
13 *Schmidt/Brinkmann* § 354 Rn 9; *Trunk* Int InsR, S 244.
14 *Schmidt/Brinkmann* § 354 Rn 8.
15 **AA** FK/*Wenner/Schuster* § 354 Rn 6.
16 *Braun/Delzant* § 354 Rn 8; **aA** *OLG Karlsruhe* 15.04.2002 – 9 W 111/01 mit zust Anm *Mankowski* EWiR 2002, 677.

12 **3. Antrag und Antragsbefugnis.** Durch die ausschließliche Erwähnung des **GlAntrags** im Wortlaut des § 354 wird klargestellt, dass der Schu nicht berechtigt ist, ein unabhängiges PartikularInsVerf zu beantragen.[17] Antragsberechtigt ist **nur der Gl**. Liegen die Eröffnungsvoraussetzungen vor, so soll der Schu ein HauptInsVerf am Mittelpunkt seiner hauptsächlichen Interessen beantragen und nicht versuchen, die Unternehmung von ihren Rändern her zu liquidieren.[18]

13 **Nach Eröffnung eines HauptInsVerf** im Ausland kann gem § 356 Abs 2 auch der **ausl HauptInsVerw** ein SekundärInsVerf im Inland beantragen.

14 **4. Insolvenzeröffnungsgründe.** Ist im Ausland **kein** HauptInsVerf eröffnet worden, so müssen die InsEröffnungsgründe vom InsG selbstständig festgestellt werden. Lediglich bei einem Antrag auf Eröffnung eines **SekundärInsVerf** muss **kein Eröffnungsgrund** festgestellt werden (vgl § 356 Abs 3). Die einmalige Feststellung, dass ein Schu insolvent ist, genügt. Dies gilt auch, wenn das Recht des Staates der Eröffnung des HauptInsVerf andere Voraussetzungen hinsichtlich der Eröffnungsgründe aufweist (vgl hierzu § 356 Rn 9).

15 Die **Eröffnungsgründe** bestimmen sich bei einem PartikularInsVerf ieS nach der lex fori concursus, dh bei inländischen Verfahren nach den §§ 17 ff.

Für den Begriff **der Zahlungsunfähigkeit** ist nicht auf das inländische Zahlungsverhalten, sondern grds auf das weltweite Zahlungsverhalten des Schu abzustellen.[19] Der Gl kann jedoch nicht darauf verwiesen werden, Vollstreckungsversuche in unbekannte Vermögenswerte in anderen Ländern unter den dort geltenden rechtlichen Voraussetzungen durchzuführen. Der Nachweis der Zahlungseinstellung im Inland, der Hauptniederlassung und allenfalls der Zweigniederlassungen in anderen europäischen Ländern ist ausreichend.[20] Wie der Eröffnungsgrund der **Überschuldung** für das inländische Verf festzustellen ist, ist höchst **str.**[21] Nach der **hM** sind sämtliche Aktiva und sämtliche Passiva des Schu gegenüberzustellen.[22]

16 **5. Kostendeckung.** Bei Eröffnung des PartikularInsVerf muss das InsG den § 26 beachten, wonach der Antrag auf Eröffnung des PartikularInsVerf abzuweisen ist, wenn das inländische Vermögen des Schu voraussichtlich die Kosten des Verf nicht deckt.[23]

17 **6. Rechtsfolgen.** Die verfahrensrechtlichen und materiell-rechtlichen Fragen im Zusammenhang mit einem PartikularInsVerf iwS unterliegen gem dem allg Grundsatz des § 335 dem Recht des Staats der VerfEröffnung (lex fori concursus), dh bei einem inländischen Verf dem deutschen Recht.[24] Etwas anderes gilt nur, soweit die §§ 336 ff eine Sonderanknüpfung vorsehen. Das PartikularInsVerf erfasst abweichend vom Konzept des § 35 nicht das gesamte, sondern nur das inländische Vermögen des Schu. Nach allgemeiner Meinung können sämtliche Gl des Schu ihre Forderungen im inländischen PartikularInsVerf anmelden.[25]

---

17 Begr zum RegE 15/16, 25; *AG Köln* 23.1.2004 – 71 IN 1/04; **aA** MK/*Reinhart* § 354 Rn 22 f, 40 f, der die Möglichkeit v SchuAnträgen bejaht.

18 Begr zum RegE 15/16, 25.

19 *Uhlenbruck/Lüer* § 354 Rn 16; MK/*Reinhart* § 354 Rn 25 mwN; **aA** *K/P/B/ Paulus* § 354 Rn 19 ff.

20 So zur alten Rechtslage ausdrücklich *BGH* 11.7.1991 – IX ZR 230/90.

21 Dazu ausf MK/*Reinhart* § 354 Rn 26.

22 *Braun/Delzant* § 354 Rn 17; *Schmidt/Brinkmann* § 354 Rn 13.

23 MK-BGB/*Kindler* § 354 Rn 26; *Braun/Delzant* § 354 Rn 20.

24 FK/*Wenner/Schuster* § 354 Rn 16; *K/P/B/Paulus* § 354 Rn 23.

25 *K/P/B/Paulus* § 354 Rn 11; *Braun/Delzant* § 354 Rn 16.

V. Besondere Zulässigkeitsvoraussetzungen beim Fehlen einer Niederlassung (Abs 2)

Hat der Schu im Inland nur Vermögen, aber keine Niederlassung, so ist der Antrag des Gl auf Eröffnung eines PartikularInsVerf nur zulässig, wenn dieser ein **bes Interesse an der Eröffnung des Verf** hat.[26] Ein solches Interesse ist insb dann gegeben, wenn die Befriedungschancen des Gl in einem ausl InVerf **erheblich schlechter** sind als sie in einem inländischen PartikularInsVerf wären.[27] Maßgeblich ist hier grds eine **wirtschaftliche** Betrachtung[28], wie sie auch den § 245 Abs 1 Nr 1 und § 251 Abs 1 Nr 2 zu Grunde liegt. Eine um mehr als 10 % niedrigere Quote als im Inland kann hierfür bereits ausreichend sein. 18

Abgesehen v Fällen der Diskriminierung oder des unberechtigten Ausschlusses vom Verf[29], wird eine bloße **rechtliche** Schlechterstellung dagegen häufig nicht ausreichend sein, außer es kommen weitere Aspekte der Schutzbedürftigkeit hinzu.[30] Dies ist zB der Fall, wenn der Schu im Inland eine Niederlassung hatte und die Forderung des antragstellenden Gl aus der Niederlassungstätigkeit herrührt.[31] Ein bes Interesse wird auch dann anzuerkennen sein, wenn das ausländische InsVerf an einem weit entfernten Ort stattfindet und die dortige lex fori concursus völlig undurchsichtig ist.[32] 19

Um dem G die Prüfung des GlAntrags zu erleichtern, sind die **Tatsachen**, aus denen sich das bes Interesse des Gl an einem PartikularInsVerf ergibt, **glaubhaft zu machen** (§ 4 iVm § 294 ZPO). 20

VI. Örtliche und sachliche Zuständigkeit (Abs 3)

Unterhält der Schu eines ausl InsVerf eine Niederlassung im Inland, so ist für das inländische PartikularInsVerf das InsG **sachlich** und **örtlich** zuständig, in dessen Bezirk sich die Niederlassung befindet. Bei mehreren Niederlassungen ist die Hauptniederlassung maßgeblich. Es handelt sich um eine **ausschließliche** Zuständigkeit. 21

Befindet sich nur schuldnerisches Vermögen im Inland, so ist das InsG des Belegenheitsorts sachlich und örtlich zuständig. 22

Sind mehrere G zuständig, so schließt das G, bei dem zuerst der Antrag gestellt wurde, die übrigen G aus (§§ 354 Abs 3 S 2, 3 Abs 2). 23

§ 355 Restschuldbefreiung. Insolvenzplan

(1) Im Partikularverfahren sind die Vorschriften über die Restschuldbefreiung nicht anzuwenden.

(2) Ein Insolvenzplan, in dem eine Stundung, ein Erlass oder sonstige Einschränkungen der Rechte der Gläubiger vorgesehen sind, kann in diesem Verfahren nur bestätigt werden, wenn alle betroffenen Gläubiger dem Plan zugestimmt haben.

---

26 Begr zum RegE 15/16, 25
27 Krit MK/*Reinhart* § 354 Rn 36 ff.
28 **AA** gestützt auf praktische Erwägungen MK/*Reinhart* § 354 Rn 36, die in der dortigen Pauschalität jedoch nicht überzeugen können.
29 Vgl FK/*Wenner/Schuster* § 354 Rn 11.
30 In diesem Sinne auch MK/*Reinhart* § 354 Rn 38 f.; zu weitgehend *Braun/Delzant* § 354 Rn 9, wonach ein bes Interesse an der VerfEröffnung nur dann anzunehmen ist, wenn ein **evidenter Widerspruch zu den Grundsätzen des dt InsR** vorliegt, zB bei einer Diskriminierung dt Gl in dem ausl Verf.
31 MK/*Reinhart* § 354 Rn 38.
32 *AG Göttingen* 6.12.2010 – 74 IE 1/10.

Übersicht

I. Normzweck; Anwendungsbereich

1 Die **Sachnorm** enthält Sonderregelungen für die Restschuldbefreiung (§§ 286 ff) und den InsPlan (§§ 217 ff) im inländischen PartikularInsVerf. Ähnliche Regelungen enthalten Art 17/Art 20 Abs 2 S 2 EuInsVO nF und Art 34 EuInsVO/Art 47 Abs 2 EuInsVO nF.

2 Bzgl des Anwendungsbereichs der Vorschrift wird auf die Ausführungen zu § 354 Rn 6 verwiesen.

II. Verbot der Restschuldbefreiung (Abs 1)

3 Im inländischen PartikularInsVerf, sind die Vorschriften über das **RestschuldbefreiungsVerf** (§§ 286 ff) nicht anwendbar, da eine gerichtliche Restschuldbefreiung den Gl nur dann zuzumuten ist, wenn das gesamte in- und ausl Vermögen des Schu verwertet worden ist.[1] Dies ist aber nur bei der Eröffnung eines universalen HauptInsVerf gewährleistet. Außerdem bezieht sich die territoriale Beschränkung (der Wirkungen) des PartikularInsVerf auf das Vermögen des Schu und nicht auf dessen Verbindlichkeiten.[2]

4 Das Verbot der Restschuldbefreiung gilt jedoch nicht für Schuldenbereinigungspläne gem §§ 305 ff. Bei diesen Plänen beruht die Anordnung der Schuldbefreiung nicht auf einer gerichtlich vorgegebenen Anordnung, die unabhängig v dem Willen der Gl erfolgt, sondern auf der fingierten Zustimmung der Gl. Somit ist das Schuldenbereinigungsplanverfahren nicht in analoger Anwendung v Abs 1 für unanwendbar zu erklären, sondern analog Abs 2 ist nur die Zustimmung **aller** Gl im PartikularInsVerf notwendig.[3] § 309 findet keine Anwendung.[4]

III. Beschränkte Wirkung von Stundung und Erlass im Insolvenzplan (Abs 2)

5 Auch ein **InsPlan**, in dem Rechte v Gl durch eine Stundung, ein Erlass oder sonstige Einschränkungen beschränkt werden, kann im PartikularInsVerf nicht gegen den Willen der **betroffenen** Gl wirksam werden.[1] Betroffene Gl sind **alle** Gl, deren Interessen durch die fragliche Maßnahme beeinträchtigt werden könnten und die an dem InsVerf teilnehmen könnten.[5] Eine Einschränkung dahingehend, dass nur Gl erfasst sind, die ihre Forderungen entweder im PartikularInsVerf oder in einem etwaigen HauptInsVerf bereits angemeldet haben, ist abzulehnen.[6] Dies hat zur Folge, dass ein InsPlanVerf in einem PartikularInsVerf **ieS** idR nicht durchführbar ist. Es wird einem G nämlich aus praktischen Gründen oft nicht möglich sein zu prüfen, ob alle zur Anmeldung berechtigten Gl des Schul zugestimmt haben.[7]

6 Im Fall v mehreren **InsVerf** und der **abgestimmten Vorlage mehrerer InsPläne** ist Abs 2 jedoch dahin auszulegen, dass eine „Zustimmung aller betroffenen Gl" auch dann vorliegt,

1 Begr zum RegE 15/16, 25.
2 *Flessner* IPRax 1997 1, 9.
3 Auch im Anwendungsbereich des Art 17/Art 20 Abs 2 S 2 EuInsVO nF ist eine vollständige Schuldbefreiung prinzipiell möglich, sofern dieser alle Gl zustimmen.
4 *Braun/Delzant* § 355 Rn 6; MK/*Reinhart* § 355 Rn 6.
5 FK/*Wenner/Schuster* § 354 Rn 7.
6 **AA** *Schmidt/Brinkmann* § 354 Rn 9.
7 So auch MK/*Reinhart* § 355 Rn 9.

wenn eine Bestätigung v abgestimmten InsPlänen in allen anderen über das Vermögen des Schu parallel eröffneten InsVerf erfolgt ist und es sich bei einem Verf mindestens um ein universales HauptInsVerf handelt.[8] In dem inländischen SekundärInsVerf müssen dann lediglich die allg Voraussetzungen für eine Bestätigung des Plans iSd § 248 vorliegen. In einem solchen Fall ist eine Majorisierung v abl Gl denkbar.[9]

8 Etwa *Liersch* NZI 2003, 309; *Braun/Delzant* § 355 Rn 8; MK-BGB/*Kindler* § 354 Rn 5; **aA** *Schmidt/Brinkmann* § 354 Rn 6, der eine solches Verständnis der Norm nicht vom Wortlaut gedeckt sieht; contra auch MK/*Reinhart* § 355 Rn 12 ff, der primär praktische Bedenken gegen ein solches Konzept äußert.

9 FK/*Wenner/Schuster* § 355 Rn 8.

§ 356 Sekundärinsolvenzverfahren

(1) [1]Die Anerkennung eines ausländischen Hauptinsolvenzverfahren schließt ein Sekundärinsolvenzverfahren über das inländische Vermögen nicht aus. [2]Für das Sekundärinsolvenzverfahren gelten ergänzend die §§ 357 und 358.

(2) Zum Antrag auf Eröffnung des Sekundärinsolvenzverfahrens ist auch der ausländische Insolvenzverwalter berechtigt.

(3) Das Verfahren wird eröffnet, ohne dass ein Eröffnungsgrund festgestellt werden muss.

Übersicht

I. Gesetzgebungshinweise

Eine ähnliche Regelung enthalten die Art 27 ff iVm Art 3 Abs 2–3 EuInsVO/Art 34 ff iVm 3 Abs 2–4 EuInsVO nF. 1

Die Richtlinie 2001/17/EG über die Sanierung und Liquidation v Versicherungsunternehmen und die Richtlinie 2001/24/EG über die Sanierung v Kreditinstituten schließen dagegen die Eröffnung eines SekundärInsVerf aus (vgl auch § 46e Abs 2 KWG und § 88 Abs 1 lit b VAG). Für die Ins der unter diese beiden Richtlinien fallenden Institute soll es nur ein einziges InsVerf geben. 2

II. Normzweck; Anwendungsbereich

Die Norm regelt die Zulässigkeit und die Voraussetzungen eines **parallelen inländischen SekundärInsVerf**. SekundärInsVerf sind diejenigen PartikularInsVerf, bei denen parallel zu dem inl InsVerf im Ausland ein HauptInsVerf durchgeführt wird. Das inl beschränkte Verf ist dann ein „sekundäres“ Verf.[1] SekundärInsVerf dienen nicht nur dem Schutz der inl Gl. Bei komplexen Vermögens- und Rechtsverhältnissen kann die Durchführung v SekundärInsVerf auch die VerfAbwicklung erheblich erleichtern.[1] 3

1 Begr zum RegE 15/16, 25.

4 § 356 findet nur außerhalb des Geltungsbereichs der EuInsVO (nF) Anwendung (vgl hierzu allgemein Vor §§ 335 Rn 10 ff). Ist daher ein HauptInsVerf in einem Mitgliedstaat der EuInsVO (nF) eröffnet worden, sind die Art 27 ff EuInsVO iVm Art 3 Abs 2–3 EuInsVO/ Art 34 ff iVm 3 Abs 2–4 EuInsVO nF vorrangig anwendbar,[2] wobei zusätzlich die § 46e Abs 2 KWG und § 88 Abs 1b VAG zu beachten sind.

III. Zulässigkeit eines SekundärInsolvenzverfahren (Abs 1)

5 Ist bereits ein **ausl**, **im Inland anerkennungsfähiges HauptInsVerf** eröffnet (s Rn 10), wenn der Antrag auf Eröffnung des inländischen SekundärInsVerf gestellt wird, so gelten für dieses inländische SekundärInsVerf, dass einen Unterfall des PartikularInsVerf darstellt (vgl hierzu § 354 Rn 4, neben den allg Regelungen der **§§ 354, 355** zusätzlich die **Sondervorschriften** der **§§ 356–358**.[3] Notwendige Voraussetzung für die Eröffnung eines solchen SekundärInsVerf ist, dass der Schu im Inland eine **Niederlassung** oder **sonstiges Vermögen** hat (vgl dazu und zu den weiteren Eröffnungsvoraussetzungen ausführlich § 354 Rn 7 ff). War im Inland zunächst ein isoliertes PartikularInsVerf anhängig, so wird das isolierte PartikularInsVerf nach Eröffnung eines ausländischen HauptInsVerf zu einem SekundärInsVerf auf das die §§ 356–358 ebenfalls Anwendung finden. Das SekundärInsVerf kann auch in **Eigenverwaltung** durchgeführt werden.[4]

6 Die Eröffnung eines inl SekundärInsVerf hat zur Folge, dass die Wirkungen des ausl HauptInsVerf auf den inländischen Teil der InsMasse weitestgehend „abgeblockt" werden.[5] Zwar bleiben die Wirkungen des HauptInsVerf grundsätzlich bestehen, es werden jedoch einzelne Wirkungen des ausländischen Verf durch die spezielleren Wirkungen des inländischen SekundärInsVerf verdrängt. Dies gilt freilich nur insoweit, als die Wirkungen des ausländischen Verf mit den Wirkungen des dt Verf kollidieren. Durch die Eröffnung des SekundärInsVerf wird aus der Masse des HauptInsVerf quasi ein Teil herausgelöst. Die in Deutschland belegenen Vermögenswerte verlieren nicht den InsBeschlag des HauptInsVerf; vielmehr tritt ein spezieller InsBeschlag hinzu, der den ersten Beschlag nur überdeckt. Die Wirkungen des HauptInsVerf bestehen auch nach Eröffnung des SekundärInsVerf in Deutschland fort, soweit sie nicht mit den spezielleren Wirkungen des dt Verf kollidieren.[4] Bzgl der weiteren Rechtsfolgen wird auf die Ausführungen unter § 354 Rn 17 verwiesen.

IV. Antragsrecht des ausländischen Insolvenzverwalters (Abs 2)

7 Grds ist im inländischen PartikularInsVerf – sowohl dem isolierten Partikular- als auch im SekundärInsVerf – nur der Gl antragsberechtigt (vgl dazu § 354 Rn 12). Im SekundärInsVerf kann jedoch nach Abs 2 auch der **InsVerw**, der in einem anerkennungsfähigen **ausl** HauptInsVerf bestellt ist, die Eröffnung eines inländischen SekundärInsVerf beantragen. Für das dt Recht ergibt sich daraus eine Erweiterung der Antragsbefugnis. V dieser Befugnis wird der ausl Verw insb dann Gebrauch machen, wenn er die dinglichen Sicherheiten mit einbeziehen will, die v der Eröffnung des ausl Verf nicht berührt werden. Es kann für ihn aber auch eine erhebliche VerfVereinfachung bedeuten, wenn eine inländische Niederlassung nach inländischem Recht abgewickelt wird. Solche Gründe werden den ausl HauptInsVerw idR dazu bewegen, einen Antrag auf Eröffnung des SekundärInsVerf zu stellen.

---

2 *BGH* 21.12.2010 – IX ZB 227/09.

3 Dies lässt sich auch der Regierungsbegründung zu § 354 entnehmen, in der es heißt, dass für den Fall das bereits im Ausland ein HauptInsVerf eröffnet worden ist, der GEntwurf **weitere** Regelungen (§§ 356 ff) enthält, vgl Begr zum RegE 15/16, 25.

4 *AG Köln* 23.1.2004 – 71 IN 1/04 und obiter dictum auch *AG Rottenburg* 23.1.2004 – 71 N 1/04.

5 Vgl Begr zum RegE 15/16, 25 zu § 354.

Ein ausländischer **vorläufiger** InsVerw ist **nicht** antragsberechtigt. Dieser kann nur Schutzmaßnahmen nach § 344 beantragen.[6] Die Eurofood-Entscheidung,[7] die im Geltungsbereich der EuInsVO bestimmte Beschlüsse über Sicherungsmaßnahmen im vorläufigen InsVerf als Eröffnungsentscheidungen qualifiziert, kann nicht in das dt autonome int InsR übertragen werden.[8] 8

V. Eröffnungsvoraussetzungen (Abs 3)

Nach Abs 3 kann iF eines anerkennungsfähigen ausl InsVerf ein inländisches SekundärInsVerf eröffnet werden, **ohne dass ein Eröffnungsgrund festgestellt werden muss.** Es handelt sich bei dieser Regelung um eine Nachweiserleichterung in Form einer **widerlegbaren Vermutung**.[9] Das gilt auch unabhängig davon, dass verschiedene InsROrdnungen ggf unterschiedliche Voraussetzungen hinsichtlich der Eröffnungsgründe aufweisen.[10] 9

Das G muss daher bereits iRd Zulässigkeit des Antrags **inzident** die Anerkennungsfähigkeit des ausl HauptInsVerf prüfen (vgl zu den Anerkennungsvoraussetzungen § 343 Rn 5 ff). 10

VI. Das Problem der Masseverbindlichkeiten

Mit der Eröffnung eines SekundärInsVerf wird die im SekundärInsVerfStaat belegene Vermögensmasse des Schu innerhalb der räumlichen und zeitlichen Grenzen des SekundärInsVerf der Verfügungsmacht des im HauptInsVerf bestellten Verw entzogen. Damit stellt sich die Frage, was mit den bereits im HauptInsVerf begründeten Masseverbindlichkeiten geschieht, wenn später ein SekundärInsVerf eröffnet wird. In einem solchen Fall sollte nach hier vertretener Ansicht für Masseverbindlichkeiten das Vermögen haften, für das der jeweilige Verw bei der Begr der fraglichen Masseverbindlichkeit verfügungsbefugt war. Das bedeutet: Für **Masseverbindlichkeiten des SekundärInsVerf** haftet nur die Masse des SekundärInsVerf.[11] Für **Masseverbindlichkeiten des HauptInsVerf** kommt es auf den Zeitpunkt ihrer Begr an: Bei einer Begr **vor** Eröffnung des SekundärInsVerf haftet die Masse des HauptInsVerf und des späteren SekundärInsVerf,[12] bei einer Begr **nach** Eröffnung des SekundärInsVerf haftet nur die Masse des HauptInsVerf. Hat jedoch der ausl HauptInsVerw nach § 356 Abs 2 den Antrag auf Eröffnung eines SekundärInsVerf gestellt, so ist es gerechtfertigt, die Masse des HauptInsVerf auch für die Masseverbindlichkeiten des SekundärInsVerf haften zu lassen. 11

§ 357 Zusammenarbeit der Insolvenzverwalter

(1) [1]Der Insolvenzverwalter hat dem ausländischen Verwalter unverzüglich alle Umstände mitzuteilen, die für die Durchführung des ausländischen Verfahrens Bedeutung haben können. [2]Er hat dem ausländischen Verwalter Gelegenheit zu geben, Vorschläge für die Verwertung oder sonstige Verwendung des inländischen Vermögens zu unterbreiten.

(2) Der ausländische Verwalter ist berechtigt, an den Gläubigerversammlungen teilzunehmen.

---

6 *K Schmidt/Brinkmann* § 356 Rn 6; **aA** MK/*Reinhart* § 356 Rn 10.
7 *EuGH* 2.5.2006 – C-341/04 (Eurofood IFSC Ltd).
8 *K Schmidt/Brinkmann* § 356 Rn 6.
9 Begr zum RegE 15/16, 25; *Kolmann* Kooperationsmodelle, S 218; *Trunk* KTS 1994, 45.
10 Begr zum RegE 15/16, 25; *Liersch* NZI 2003, 309.
11 *Braun/Delzant* § 356 Rn 6.
12 *Ringstmeier/Homann* NZI 2004, 354; *Lüke* ZZP 1998, 275, 306; **aA** zB *Beck* NZI 2007 1, 4.

(3) [1]Ein Insolvenzplan ist dem ausländischen Verwalter zur Stellungnahme zuzuleiten. [2]Der ausländische Verwalter ist berechtigt, selbst einen Plan vorzulegen. [3]§ 218 Abs. 1 Satz 2 und 3 gilt entsprechend.

Übersicht

I. Normzweck

1 Im Interesse einer optimalen Verwertung des schuldnerischen Vermögens scheint es geboten, dass die Verw v Haupt- und SekundärInsVerf möglichst eng zusammenarbeiten.[1] § 357 **Abs 1** regelt als **Sachnorm** daher die Verpflichtung des inländischen SekundärInsVerw, den ausländischen Verw umfassend über alle Umstände zu informieren, die für das ausl Verf v Bedeutung sein können. Dabei kommt dem ausländischen Verw ein Vorschlagsrecht bzgl der Verwertung oder einer sonstigen Verwendung des inländischen Vermögens zu. Nach **Abs 2** kann der ausl Verw zudem an GlVersammlungen teilnehmen. **Abs 3** schließlich gewährt dem ausl Verw ein Recht zur Stellungnahme und ein Initiativrecht bzgl InsPlänen. Mit § 357 werden Mindestanforderungen an eine Zusammenarbeit zwischen den InsVerw der verschiedenen Verf über das Vermögen eines Schu normiert.[2] Eine ähnliche Regelung enthalten die Art 31, 32 Abs 3 EuInsVO/Art 41, 45 Abs 3 EuInsVO nF.

II. Anwendungsbereich

2 Bzgl des Anwendungsbereichs der Norm wird auf § 356 Rn 3 f verwiesen.

3 Die Vorschrift ist nach ihrem Wortlaut allein auf die Kooperation des inländischen[3] SekundärInsVerw mit dem Verw des ausl HauptVerf zugeschnitten. Dennoch lassen sich zumindest die Grundgedanken des **Abs 1 S 1** auch auf die Kooperation zwischen mehreren SekundärInsVerf entspr anwenden.[4] Der Abschluss v InsVerwaltungsverträgen (sog **protocols**) zwischen den InsVerw des Haupt- und SekundärInsVerf wird durch diese Vorschrift nicht ausgeschlossen.[5]

4 Auch wenn § 357 die Verw ausdrücklich nur zu Kooperation verpflichtet, darf daraus nicht der Gegenschluss gezogen werden, dass **eine grenzüberschreitende Zusammenarbeit der InsG** ausgeschlossen sein soll.[6]

---

1 Begr zum RegE 15/16, 26.
2 *Braun/Delzant* § 357 Rn 1.
3 Eine Bindung des ausl Verw ist dagegen (mangels Ggebungskompetenz) naturgem nicht möglich.
4 *K Schmidt/Brinkmann* § 357 Rn 2; **aA** MK-BGB/*Kindler* § 357 InsO Rn 3.; MK/*Reinhart* § 357 Rn 1. **Beachte:** Ein deutscher HauptInsVerw kann bereits wegen § 60 mittelbar zur Kooperation m einem ausl SekundärInsVerw verpflichtet sein, so zutr *K Schmidt/Brinkmann* § 357 Rn 1.
5 *Wittinghöfer* S 339.
6 *Eidenmüller* IPRax 2001, 9; *Leible/Staudinger* KTS 2000, 569; so § 348 Rn 1.

III. Unterrichtungspflicht des inländischen Sekundärverwalters (Abs 1 S 1)

Der inländische (vorläufige)[7] SekundärInsVerw ist verpflichtet, dem in einem anerkennungsfähigen ausl InsVer bestellten Verw, **unverzüglich** (dh ohne schuldhaftes Zögern) **alle Umstände** mitzuteilen, die für die Durchführung des ausl InsVerf **Bedeutung** haben könnten. 5

Die Informationen sind auf Umstände zu konzentrieren, die bedeutende Teile der Masse oder wichtige verfahrensleitende Entsch betreffen, um die Arbeit der Verw nicht unnötig zu erschweren. Außerdem ist darauf zu achten, dass die rechtliche Selbstständigkeit der Verf gewahrt bleibt.[8] Wesentliche Informationen sind zB die Eröffnung des InlandsVerf, die zu Beginn des Verf erstellte Vermögensübersicht, die Ergebnisse des allg Prüfungstermins, die Vornahme einer Verteilung, der Eintritt der Masseunzulänglichkeit und die Aufhebung oder Einstellung des Verf.[9] Ferner sollte der inl SekundärInsVerw alle Berichte und Verzeichnisse, die er dem InsG zuleitet, ebenfalls dem ausl InsVerw zeitgerecht zukommen lassen, damit dieser aufgrund dieser Informationen noch Einfluss auf die jeweils beabsichtigte Maßnahme nehmen kann.[10] 6

Innerstaatliche Rechtsvorschriften können der Unterrichtungspflicht Grenzen setzen. Untersagt zB das BundesdatenschutzG die Weitergabe v Daten, dann bildet § 357 keine Rechtsgrundlage dafür, sich über die innerstaatlichen Datenschutzregelungen hinwegzusetzen.[11] 7

Zur **Art** und **Weise** der Unterrichtung trifft Abs 1 S 1 keine Aussage. Sie kann in jeder sinnvollen Form erfolgen zB auch per Fax, E-Mail etc.[12] Ein Anspruch des ausl Verw auf Mitteilung in der Amtssprache des ausl InsVerf besteht dagegen nicht.[13] 8

Die mit der Mitteilung verbundenen **Kosten** gehen zur Lasten der inländischen InsMasse.[14] 9

IV. Vorschlagsrecht des ausländischen Verwalters bzgl Verwertung (Abs 1 S 2)

Den Verw des SekundärInsVerf trifft die Pflicht, dem ausl HauptInsVerw Gelegenheit zu geben, Vorschläge für die Verwertung oder jede Art der Verwendung der Masse des SekundärInsVerf zu unterbreiten. Denkbar ist auch ein Erwerb v Gegenständen, die dem Beschlag des SekundärInsVerf unterliegen durch den ausl HauptInsVerw.[15] 10

Das **Äußerungs- und Vorschlagsrecht** muss dem ausl HauptInsVerw vor der beabsichtigten Maßnahme durch den SekundärInsVerw eingeräumt werden.[16] Eine nachträgliche Information reicht nicht aus. Im Inland geplante Verwertungsmaßnahmen müssen ggf einige Zeit zurückgestellt werden, um dem ausl HauptInsVerw Gelegenheit zur Ausübung dieses Vorschlagsrechts zu geben.[17] Ein Recht die Verwertung zu stoppen hat er jedoch nicht.[18] 11

Aus der Verpflichtung des SekundärVerw, dem HauptVerw Gelegenheit für Verwertungsvorschläge zu geben, erfolgt noch keine Pflicht des SekundärInsVerw, die vom ausl Haupt- 12

7 *K Schmidt/Brinkmann* § 357 Rn 4.
8 *Wimmer* ZIP 1998, 987; *Kolmann* S 349.
9 Vgl Begr zum RegE 15/16, 26.
10 *Braun/Delzant* § 357 Rn 4.
11 *Balz* ZIP 1996, 954; *Kemper* ZIP 2001, 1608; *Kolmann* S 349.
12 *K Schmidt/Brinkmann* § 357 Rn 6.
13 Ebenfalls *K Schmidt/Brinkmann* § 357 Rn 6.
14 MK/*Reinhart* § 357 Rn 8.
15 *Braun/Delzant* § 357 Rn 5; FK/*Wenner/Schuster* § 357 Rn 11.
16 *Wimmer* ZIP 1998, 987 „möglichst frühzeitig".
17 Vgl auch MK/*Reinhart* § 357 Rn 12 mwN.
18 Anders Art 33 EuInsVO/Art 46 EuInsVO nF.

Verw unterbreiteten Vorschläge anzunehmen oder umzusetzen.[19] Ein (faktisches) Weisungsrecht des HauptInsVerw besteht nicht.

13 Nicht geregelt ist, ob es zu einem **Leistungsaustausch zwischen den verschiedenen InsMasse** kommen kann. Der InsMasse können keine Rechte zugeordnet werden, da sie keine juristische Person ist. Das bedeutet, dass auch in einem inländischen SekundärInsVerf der ausl InsSchu während des Verf alleiniger Vermögensträger bleibt. Vertragliche Beziehungen wären daher Insichgeschäfte. Dennoch sollten solche Verträge als zulässig angesehen werden, wenn danach ein neugeschaffenes Recht an die Stelle eines der Verwaltung unterliegenden Gegenstandes treten soll, dh wenn es sich um einen Austauschvertrag handelt, der nicht zu einer einseitigen Belastung der Vermögensmasse führt.[20] Die Verw des inländischen SekundärInsVerf und des ausl HauptInsVerf können daher miteinander Verträge über einen Leistungsaustausch schließen, wenn durch einen solchen Vertrag die Haftungsmasse beider Verf im Verhältnis zueinander nicht verändert wird.

V. Teilnahme des ausländischen Hauptverwalters an inländischen Gläubigerversammlungen (Abs 2)

14 Das Recht zur Teilnahme an den inländischen GlVersammlungen soll dem ausl HauptInsVerw eine weitere wichtige Einflussmöglichkeit auf das inl Verf geben. Welche konkreten Befugnisse des ausl HauptInsVerw sich aus dem Teilnahmerecht ergeben, regelt das G nicht. Zwar wird man ein **Rederecht** unzweifelhaft bejahen können, nicht jedoch ein **Stimmrecht**.[21] Letzteres kann sich jedoch aus dem Recht des Hauptverfahrensstaates oder auf Grundlage einer (rechtsgeschäftlichen) Bevollmächtigung ergeben.[22]

15 Aus dem Recht zur Teilnahme folgt mittelbar, dass der ausl Verw zu den GlVersammlungen **zu laden** ist.[23]

VI. Planvorlage (Abs 3)

16 Soll das SekundärInsVerf mit einem eigenen **InsPlan** abschließen, dann ist dieser dem ausl HauptInsVerw vorab zur Stellungnahme zuzuleiten (Abs 3 S 1).

17 Zudem ist der ausl Verw berechtigt, dem inländischen Verw selbst einen InsPlan vorzulegen (Abs 3 S 2). Macht er davon Gebrauch, dann hat er die gleiche Rechtsstellung wie Personen, die nach § 218 Abs 1 S 1 zur Vorlage eines Planes berechtigt sind.

18 Die Vorlage des Plans durch den ausl HauptInsVerw kann mit dem Antrag auf Eröffnung des SekundärInsVerf verbunden werden (Abs 3 S 3 iVm § 218 Abs 1 S 2). Ein Plan, der erst nach dem Schlusstermin beim G eingeht, kann nicht mehr berücksichtigt werden (Abs 3 S 3 iVm § 218 Abs 1 S 3).

19 Auch wenn somit ein InsPlan ein SekundärInsVerf grds beenden kann, kann er nach § 355 Abs 2 - wenn er eine Stundung, einen Erlass oder sonstige Einschränkungen der Rechte der betroffenen Gl vorsieht – nur bestätigt werden, wenn alle betroffenen Gl diesem Plan zugestimmt haben. Dieses allg Zustimmungserfordernis erschwert die Bestätigung eines eigenständigen InsPlans im SekundärInsVerf bzw macht sie nahezu unmöglich.[24] Im Einzelnen wird hierzu auf die Ausführungen unter § 355 Rn 5 f verwiesen.

---

19 MK/*Reinhart* § 357 Rn 12.
20 *Reinhart* Sanierungsverfahren, S 299; *Kolmann* S 240.
21 *Braun/Delzant* § 357 Rn 7.
22 MK/*Reinhart* § 357 Rn 15; § 341 Abs 3 hilft dagegen nicht weiter, da die Vorschrift nur auf inländische Verw Anwendung findet.
23 Begr zum Begr zum RegE 15/16, 26.
24 Dazu *Kolmann* S 243 ff; *Trunk* Int InsR, S 258 ff; *Reinhart* S 276, 301 ff.

VII. Folgen einer Zuwiderhandlung

Kommt der inländische Verw seiner Informationspflicht nur unzureichend nach, so kann der ausländische Verw oder jeder InsGl beim InsG eine Maßnahme der Aufsicht nach § 58 anregen.[25] Die Durchsetzung des Auskunftsanspruchs im Wege einer Auskunftsklage vor einem dt G dürfte dagegen wegen des Zeitaufwandes idR nicht zielführend sein.[26] 20

Die Auskunftspflicht gem § 357 Abs 1 S 1 ist eine verfahrensbezogene Pflicht iSd § 58 Abs 2.[27] Die Verletzung dieser Pflicht kann zu entspr Zwangsmaßnahmen, wie zB der Androhung und Festsetzung v Zwangsgeld, führen. Auch die anderen Teilnahmerechte kann der Verw des ausl HauptInsVerf durch die Anregung v Aufsichtsmaßnahmen des inl InsG geltend machen.[28] 21

Ferner kann sich der inländische SekundärInsVerw schadensersatzpflichtig machen, wenn er schuldhaft gegen die ihm obliegenden Kooperations- und Informationspflichten verstoßen hat (§ 60 Abs 1).[29] Der Nachweis der Kausalität der Pflichtverletzung für einen etwaigen Schaden dürfte jedoch idR nur sehr schwer zu führen sein. 22

---

25 Begr zum RegE 15/16, 26.
26 MK/*Reinhart* § 357 Rn 20.
27 *Uhlenbruck/Lüer* § 357 Rn 5; *Andres/Leithaus/Dahl* § 357 Rn 6.
28 MK/*Reinhart* § 357 Rn 22.
29 Weitgehender MK/*Reinhart* § 357 Rn 21, der eine Pflicht zum Schadensersatz wohl auch gegenüber der ausl InsMasse annimmt.

§ 358 Überschuss bei der Schlussverteilung

Können bei der Schlussverteilung im Sekundärinsolvenzverfahren alle Forderungen in voller Höhe berichtigt werden, so hat der Insolvenzverwalter einen verbleibenden Überschuss dem ausländischen Verwalter des Hauptinsolvenzverfahrens herauszugeben.

Übersicht

I. Normzweck; Anwendungsbereich

Die Vorschrift regelt als **Sachnorm** abweichend v § 199[25] die Herausgabe eines im inländischen SekundärInsVerf erzielten **Überschusses** an den Verw des ausl HauptInsVerf.[1] Auch ohne diese Regelung wäre im Hinblick auf den universalen InsBeschlag des ausl HauptInsVerf ein Überschuss im SekundärInsVerf an den Verw des HauptInsVerf herauszugeben, da nach Aufhebung des SekundärInsVerf und der Schlussverteilung die „Sperrwirkung" dieses Verf endet.[2] Eine vergleichbare Regelung enthält Art 35 EuInsVO/Art 49 EuInsVO nF. Bzgl des Anwendungsbereichs der Vorschrift kann auf die Ausführungen zu § 356 Rn 3 f verwiesen werden. 1

---

1 Ist der Eröffnungsbeschluss des ausl HauptInsVerf dagegen nicht anerkennungsfähig und wird das inländische Verfahren daher als PartikularInsVerf geführt, bleibt es dagegen bei der Rechtfolge des § 199, so auch MK/*Reinhart* § 358 Rn 2.
2 MK/*Reinhart* § 358 Rn 1.

2 § 358 dürfte nur sehr **geringe praktische Bedeutung** haben, da eine Vollbefriedigung aller Gl des inländischen SekundärInsVerf kaum jemals gelingen wird, insb da auch die Gl des HauptInsVerf ihre Forderungen gem § 341 Abs 1 in diesem anmelden können.[3]

II. Überschuss bei Schlussverteilung

3 Ein **Überschuss** liegt nur dann vor, wenn neben den InsGl nach § 38 auch die nachrangigen InsGl nach § 39 und auch die Masseverbindlichkeiten gem § 206 Nr 2, die erst nach dem Ende des Schlusstermins bekannt geworden sind, vollständig befriedigt wurden.[4] Hat der Verw des ausl HauptInsVerf keine entspr Freigabe erklärt, zählen auch nicht verwertete Vermögensgegenstände zum Überschuss.[5]

III. Übertragung des Überschusses

4 Für die **Aushändigung** des Überschusses hat der inländische InsVerw zu sorgen. Die Verpflichtung, den Überschuss an den ausl HauptInsVerw herauszugeben, ist Ausdruck der Unterordnung des SekundärInsVerf unter das HauptInsVerf. Voraussetzung dieser Auszahlungspflicht ist, dass das ausl HauptInsVerf selbst noch nicht beendet ist oder iF einer Beendigung eine Nachtragsverteilung zulässig ist. Andernfalls greift § 199.[6] Eine Auszahlung an einen Verw eines anderen SekundärInsVerf kommt dagegen nicht in Betracht.

3 *K Schmidt/Brinkmann* § 357 Rn 6.
4 *Braun/Delzant* § 358 Rn 2.
5 *Uhlenbruck/Lüer* § 358 Rn 6.
6 MK/*Reinhart* § 358 Rn 4.

Dreizehnter Teil
Inkrafttreten

§ 359 Verweisung auf das Einführungsgesetz

Dieses Gesetz tritt an dem Tage in Kraft, der durch das Einführungsgesetz zur Insolvenzordnung bestimmt wird.

Die Vorschrift, die ursprünglich als § 335 den Elften Teil der InsO bildete, ist mit der Einfügung des neuen Elften Teils „Internationales Insolvenzrecht" durch das G v 14.3.2003[1] als § 359 zum Zwölften Teil geworden. Sie verweist auf Art 110 EGInsO. Danach sind die InsO und das EG seit dem **1.1.1999** in vollem Umfang in Kraft. Einige Bestimmungen dieser Gesetze sind schon vorab in Kraft gesetzt worden. 1

1 BGBl I S 345.

Kapitel II

Einführungsgesetz zur Insolvenzordnung (EGInsO)

vom 5.10.1994 (BGBl. I S. 2911),
zuletzt geändert durch Art. 3 G vom 5.6.2017 (BGBl. I S. 1476)

– *Auszug* –

Art. 102
Durchführung der Verordnung (EG) Nr. 1346/2000 über Insolvenzverfahren

Vorbemerkung zu Art 102 §§ 1–11

Die VO (EG) Nr 1346/2000 (**EuInsVO**) regelt die grenzüberschreitenden InsVerf innerhalb der Mitgliedstaaten der EU. Zielsetzung der am 31.5.2002 in Kraft getretenen EuInsVO ist es, InsVerf grds Wirkung in allen Mitgliedstaaten zu verleihen und Normen anzubieten, die Kollisionen zwischen den einzelstaatlichen Rechtsordnungen und Kompetenzkonflikte zwischen G verschiedener Mitgliedstaaten zu lösen.[1] 1

Die EuInsVO gilt allg und unmittelbar in jedem Mitgliedstaat (m Ausnahme Dänemarks) und bedarf keiner gesonderten Umsetzung (Art 288 Abs 2 AEUV[2]). Allerdings kann jeder Mitgliedstaat für das nationale Recht gewisse Anpassungen vornehmen um ein reibungsloses Zusammenspiel der EuInsVO mit den nationalen (Verf-) Regeln zu gewährleisten. Deutschland hat die Anpassung des nationalen Rechts an die sich aus der EuInsVO ergebenden Fragen in Art 102 §§ 1–11vorgenommen.[3] 2

Art 102 §§ 1–11 sehen insb Regelungen zur örtlichen Zuständigkeit (§ 1) und der VerfWeise bei Kompetenzkonflikten vor (§§ 2–4). Darüber hinaus enthalten die Vorschriften Umsetzungsregelungen für sich aus der EuInsVO ergebenden Bek- und Eintragungspflichten (§§ 5–7), sowie erg Regelungen zur Vollst aus einer EröffnungsEntsch (§ 8), zum InsPlan in einem SekundärInsVerf (§ 9), zum Schutz absonderungsberechtigter Gl bei einer Aussetzung der Verwertung (§ 10) sowie zur Unterrichtung ausl Gl aus anderen Mitgliedstaaten (§ 11). In einigen Regelungen hat der Gesetzgeber den Anwendungsvorrang der EuInsVO gegenüber nationalem Recht nicht vollständig berücksichtigt (zB §§ 4, 9 und 10). 3

Art 102 §§ 1–11 gelten nur für InsVerf im Anwendungsbereich der EuInsVO (vgl hierzu allgemein Vor §§ 335 Rn 10 ff). Bei der **Auslegung** der Vorschriften sind die **Wertungen der EuInsVO** zu berücksichtigen, die in Zweifelsfällen **Vorrang** genießen (sog **verordnungskonforme Auslegung**).[4] 4

Das Europ Parlament und der Rat der EU haben auf Vorschlag der Europ Kommission v 12.12.2012 eine **neue VO** beschlossen, die am 26.6.2015 in Kraft getreten ist (**EuInsVO nF**).[5] Diese neue VO findet auf alle InsVerf Anwendung, die nach dem 26.6.2017 eröffnet worden sind. Entspr Durchführungsvorschriften zur EuInsVO nF finden sich in den **Art 102c §§ 1–26**.[6] 5

Literatur: *Cranshaw* Aktuelle Fragen zur EuInsVO vor dem Hintergrund der Rspr des EuGH, DZWIR 2009, 353; *Frind* „Hasta la vista babe" – zur Verwalterlistung ausländischer juristischer Personen im Lichte der Entscheidung des BVerfG vom 12.01.2016 – Diaspora beim AG Mannheim?, ZInsO 2016, 672; *Hess* Neues dt und europ Zustellungsrecht, NJW 2002, 2417; *ders* Noch einmal: Direktzustellung nach Art 14 EuZVO, NJW 2004, 3301; *Mock/Pannen/Riedemann* Die dt Ausführungsbestimmungen zur EuInsVO – Ein Überblick zu den Regelungen des Art. 102 EGInsO nF, NZI 2004, 301; *Pannen* EuInsVO, Komm, 2004; *Reinhart* Die Bedeutung der EuInsVO im InsEröffnungsVerf – Verf bei int Zuständigkeit nach Art 102 EGInsO, NZI 2009, 73;

1 Begr zum RegE 15/16, 11.
2 Vertrag über die Arbeitsweise der EU v 1.12.2009
3 Gesetz zur Durchführung der VO (EG) Nr 1346/2000 über InsVerf, BGBl I S 345; Begr zum RegE 15/16, 12.
4 MK/*Thole* Vor Art 102 § 1-11 Rn 4.
5 VO (EG) Nr 2015/848 des Rates v 20.5.2015 über InsVerf.
6 Die EuInsVO gilt über den 26.6.2017 hinaus für alle bis dahin eröffneten InsVerf weiter (vgl Art 84 Abs 2 EuInsVO nF). Entsprechendes gilt für Art 102 §§ 1–11 EGInsO.

Sabel Hauptsitz als Niederlassung iSd EuInsVO?, NZI 2004, 126; *Siemonsen* Die dt Ausführungsbestimmungen zur EuInsVO, Diss. Hamburg, 2009; *Smid* Dt und int InsR, 2004; *Trunk* Regelungsschwerpunkte eines AusführungsG zum EuInsÜ, in Stoll, Vorschläge zur Umsetzung des EU-Übereinkommens über InsVerf im dt Recht, 1997, S 232; *Wimmer* Einpassung der EuInsVO in das dt Recht durch das G zur Neuregelung des Int InsR, FS H-P Kirchhof, 2003, S 521.

§ 1 Örtliche Zuständigkeit

(1) Kommt in einem Insolvenzverfahren den deutschen Gerichten nach Artikel 3 Abs. 1 der Verordnung (EG) Nr. 1346/2000 des Rates vom 29. Mai 2000 über Insolvenzverfahren (ABl. EG Nr. L 160 S. 1) die internationale Zuständigkeit zu, ohne dass nach § 3 der Insolvenzordnung ein inländischer Gerichtsstand begründet wäre, so ist das Insolvenzgericht ausschließlich zuständig, in dessen Bezirk der Schuldner den Mittelpunkt seiner hauptsächlichen Interessen hat.

(2) [1]Besteht eine Zuständigkeit der deutschen Gerichte nach Artikel 3 Abs. 2 der Verordnung (EG) Nr. 1346/2000, so ist ausschließlich das Insolvenzgericht zuständig, in dessen Bezirk die Niederlassung des Schuldners liegt. [2]§ 3 Abs. 2 der Insolvenzordnung gilt entsprechend.

(3) [1]Unbeschadet der Zuständigkeit nach den Absätzen 1 und 2 ist für Entscheidungen oder sonstige Maßnahmen nach der Verordnung (EG) Nr. 1346/2000 jedes inländische Insolvenzgericht zuständig, in dessen Bezirk Vermögen des Schuldners belegen ist. [2]Die Landesregierungen werden ermächtigt, zur sachdienlichen Förderung oder schnelleren Erledigung der Verfahren durch Rechtsverordnung die Entscheidungen oder Maßnahmen nach der Verordnung (EG) Nr. 1346/2000 für die Bezirke mehrerer Insolvenzgerichte einem von diesen zuzuweisen. [3]Die Landesregierungen können die Ermächtigung auf die Landesjustizverwaltungen übertragen.

Übersicht

I. Normzweck

1 Die Norm regelt in **Abs 1** die **örtliche** Zuständigkeit des dt InsGer für Fälle, in denen sich nach Art 3 Abs 1 EuInsVO eine int Zuständigkeit der dt G zur Eröffnung eines HauptInsVerf ergibt. Da die EuInsVO keine Reglungen zur örtlichen Zuständigkeit trifft und das Anknüpfungskriterium des § 3 Abs 1 S 2 InsO nicht mit dem des Art 3 Abs 1 EuInsVO übereinstimmt, kann in Einzelfällen nicht ausgeschlossen werden, dass den dt G zwar die int Zuständigkeit zukommt, § 3 aber keine örtliche Zuständigkeit vorsieht.[1] Diese Lücke schließt Abs 1. **Abs 2** bestimmt die örtliche Zuständigkeit des dt InsGer für das inländische PartikularInsVerf. **Abs 3** schließlich regelt die örtliche Zuständigkeit für Entsch und Maßnahmen in den Konstellationen, in denen das InsVerf in einem anderen Mitgliedstaat eröffnet wurde. Mitwirkungshandlungen inländischer G dürften auch hier häufig erforderlich sein.[2]

1 Begr zum RegE 15/16, 11.
2 Begr zum RegE 15/16, 14.

II. Örtliche Zuständigkeit (Abs 1)

Voraussetzung für die Anwendung des Abs 1 ist zunächst, dass ein dt InsGer seine **int** Zuständigkeit zur Eröffnung eines HauptInsVerf auf Grdl v **Art 3 Abs 1 EuInsVO** angenommen hat. Nach dieser Regelung sind für die Eröffnung eines HauptInsVerf die G desjenigen Mitgliedstaates int zuständig, in dem der Schu den **Mittelpunkt seiner hauptsächlichen Interessen (COMI)** hat. Im Anwendungsbereich der EuInsVO ist nur **ein** HauptInsVerf zulässig.[3] Hat sich ein G iSv Art 3 Abs 1 EuInsVO zur Eröffnung eines solchen HauptInsVerf für zuständig erklärt und ein solches eröffnet, so kann über das Vermögen ein und desselben Schu im Anwendungsbereich der EuInsVO kein weiteres HauptInsVerf eröffnet werden. 2

Die EuInsVO enthält jedoch keine Regelungen zur **örtlichen** Zuständigkeit. Deren Bestimmung überlässt sie den Mitgliedstaaten.[4] Bezogen auf dt InsVerf bestimmt § 3 Abs 1 InsO für die örtliche Zuständigkeit zwei verschiedene Anknüpfungsmerkmale, den allg GStand (Abs 1 S 1) und den Mittelpunkt einer selbstständigen wirtschaftlichen Tätigkeit des Schu, wenn er v dem allg GStand abweicht (Abs 1 S 2). 3

Damit wird deutlich, dass die Anknüpfungskriterien der EuInsVO und der InsO für die Bestimmung der int/örtlichen Zuständigkeit voneinander abweichen. Dies kann zur Folge haben, dass in **bes gelagerten Einzelfällen** dt G nach Art 3 Abs 1 EuInsVO zwar int zuständig sind, jedoch § 3 Abs 1 keine örtliche Zuständigkeit vorsieht.[5] Für diesen Fall und zur Schließung der bestehenden Lücke bestimmt Art 102 § 1 Abs 1, dass abw v § 3 Abs 1 InsO das G **ausschließlich örtlich** zuständig ist, in dessen **Bezirk der Schu den Mittelpunkt seiner hauptsächlichen Interessen hat**. Bei der Auslegung dieses Merkmals ist eine Orientierung an Art 3 Abs 1 EuInsVO und der dazu ergangenen Rspr des EuGH sinnvoll.[6] 4

Besonderheiten ergeben sich für die ebenfalls v der EuInsVO erfassten **NachlassInsVerf**. Bei diesen ist in Inlandsfällen die örtliche Zuständigkeit nicht § 3 Abs 1 InsO, sondern dem spezielleren § 315 InsO zu entnehmen.[7] 5

Zwar regelt § 1 unstr nur die örtliche Zuständigkeit bei der Eröffnung des InsVerf sowie von NebenEntsch, die der VerfLeitung und Durchführung des InsVerf dienen.[8] Da nach der Rspr des EuGH[9] die G des Staates der InsVerfEröffnung gem Art 3 Abs 1 EuInsVO auch für **InsAnfKlagen** ua unmittelbar mit dem InsVerf zusammenhängende StreitVerf (sog **AnnexVerf**) int zuständig sind (sog **vis attractiva concursus**), können sich für derartige Klagen gegen einen inländischen AnfGegner Lücken im Hinblick auf die **örtliche** Zuständigkeit ergeben. Nach Ansicht des BGH kann die unbeabsichtigte Regelungslücke im Wege einer analogen Anwendung von **§ 19a ZPO iVm § 3 InsO, Art 102 § 1 EGInsO** geschlossen werden.[10] Danach ergibt sich der GStand des sachlich[11] zuständigen G **am Ort des für das Verf zuständigen InsGer, wenn keine anderweitige örtliche Zuständigkeit besteht**.[12] Hierbei 6

---

3 MK/*Thole* Art 102 § 1 Rn 4.
4 *K/P/B/Kemper* Art 102 § 1 Rn 3.
5 Begr zum RegE 15/16, 11; Beispielsfall bei *Wimmer* FS Kirchhof, S 522 und FK/*Wenner/Schuster* Art 102 § 1 Rn 4.
6 MK-BGB/*Kindler* Art 102 § 1 Rn 3.
7 *A/G/R/Gruber/Schulz* S 2676.
8 MK/*Thole* Art 102 § 1 Rn 8.
9 *EuGH* 12.2.2009 – C-339/07 (Deko Marty Belgium).
10 *BGH* 27.3.2014 – IX ZR 2/12 Rn 8; *BGH* 19.5.2009 – IX ZR 39/06 Rn 11; **aA** *Mock* ZInsO 2009, 470.
11 Dies bestimmt sich nach dem GVG.
12 *BGH* 27.3.2014 – IX ZR 2/12 Rn 8; *Cranshaw* DZWIR 2009, 353, *Mock* NZI 2009, 534.

handelt es sich um eine **hilfsweise ausschließliche örtliche** Zuständigkeit.[13] Speziell für Anf-Klagen wird ein bes GStand nach § 32 ZPO regelmäßig nicht gegeben sein, außer die anfechtbare Handlung stellt zugleich ein Delikt dar.[14]

III. Niederlassungszuständigkeit (Abs 2)

7 Art 3 Abs 2 EuInsVO regelt die **int** Zuständigkeit für PartikularInsVerf. Danach sind nur die Mitgliedstaaten zur Eröffnung eines PartikularInsVerf befugt, in deren Hoheitsbereich der Schu eine **Niederlassung** iSv Art 2 lit h EuInsVO hat. Die Belegenheit von Vermögen allein reicht, anders als im autonomen dt int InsR (vgl § 354 Abs 1 InsO), zur Eröffnung eines PartikularInsVerf nicht aus.

8 Abs 2 S 1 bestimmt, dass die **inländische** Niederlassung, die iRd Art 3 Abs 2 EuInsVO int zuständigkeitsbegründend ist, auch für die Bestimmung der innerstaatlichen, **örtlichen** Zuständigkeit maßgebend sein soll. **Ausschließlich örtlich** zuständig für die Eröffnung eines inländischen PartikularInsVerf ist demnach das G**, in dessen Bezirk die Niederlassung des Schu liegt**.[15] Der Begriff der Niederlassung ist iSv Art 2 lit h EuInsVO auszulegen (vgl hierzu die Kommentierung zu Art 2 lit h EuInsVO).

9 Betreibt der ausl Schu im Inland **mehrere** Niederlassungen, so bestimmt sich nach Abs 2 S 2 i Vm § 3 Abs 2 InsO die Zuständigkeit danach, bei welchem InsGer zuerst die Eröffnung des Verf beantragt worden ist.[16] Gibt es innerhalb mehrerer Niederlassungen jedoch eine Leitungsmacht, so ist vorrangig das dt InsGer am Ort der **Hauptniederlassung** zuständig.[17]

IV. Zuständigkeit ohne Verfahrenseröffnung (Abs 3 S 1)

10 Die EuInsVO sieht an zahlreichen Stellen **Mitwirkungshandlungen inländischer G** vor, selbst wenn im Inland kein InsVerf eröffnet werden kann. Solche Mitwirkungshandlungen ergeben sich insb bei der öffentlichen Bek nach Art 21 EuInsVO oder der Eintragung in öffentliche Register nach Art 22 EuInsVO (s Rn 12).[18] Es können nach dem weiten Wortlaut der Vorschrift aber auch weitere in der EuInsVO nicht ausdrücklich benannte Unterstützungsmaßnahmen in Betracht kommen (zB Auskünfte, Übersendung v Dokumenten).[19] Unterstützungsmaßnahmen sind nicht nur zur Förderung eines ausl HauptInsVerf zu erbringen. In Übereinstimmung mit dem Rechtsgedanken des Art 17 Abs 2 EuInsVO ist die Regelung auch bei PartikularInsVerf anwendbar.

11 Für die relevanten Handlungen bestimmt Abs 3 S 1, dass jedes inländische InsGer **ausschließlich örtlich** zuständig sein soll, **in dessen Bezirk Vermögen des Schu belegen ist.** Die Belegenheit des Vermögens (dh des Vermögensgegenstands bzw vermögenswerten Anspruchs) ist unter Rückgriff auf Art 2 lit g EuInsVO zu bestimmen.[20] Hat der Schu Ver-

---

13 *BGH* 19.5.2009 – IX ZR 39/06 Rn 23.

14 *BGH* 19.5.2009 – IX ZR 39/06 Rn 12.

15 § 3 InsO findet keine Anwendung, da die Vorschrift lediglich HauptInsVerf erfasst, zust MK/*Thole* Art 102 § 1 Rn 11.

16 Begr zum RegE 15/16, 14; anders dagegen die Rechtslage unter der EuInsVO, vgl *AG Köln* 6.11.2008 – 71 IN 487/08.

17 MK-BGB/*Kindler* Art 102 § 1 Rn 6.

18 Beispielhaft Begr zum RegE 15/16, 14.

19 Enger dagegen unter Verweis auf die GesetzesMat MK/*Thole* Art 102 § 1 Rn 14; *K Schmidt/Brinkmann* Art 102 § 1 Rn 4. Diese wollen nur Entscheidungen und Maßnahmen erfasst sehen, die unmittelbar aufgrund einer in der EuInsVO enthaltenen Sachnorm ergehen.

20 *K/P/B/Kemper* Art 102 § 1 Rn 12; MK/*Thole* Art 102 § 1 Rn 16.

mögen an mehreren Orten, ist Art 102 § 1 Abs 2 S 2 iVm § 3 Abs 2 InsO entsprechend anzuwenden.[21]

12 Abs 3 ist zB auf Sachverhalte anwendbar, in denen der Verw (trustee) eines in England eröffneten HauptInsVerf auf Grundlage von Art 22 EuInsVO die Eintragung eines InsVermerks in mehrere dt Grundbücher beantragt, ohne dass der InsSchu eine Niederlassung in Deutschland aufweist. Die örtliche Zuständigkeit dafür bestimmt sich über Art 102 § 6 Abs 1 S 1 nach Art 102 § 1. Da in der beschrieben Konstellation jedoch weder Art 102 § 1 Abs 1 noch Abs 2 einschlägig sind, hilft lediglich ein Rückgriff auf Art 102 § 1 Abs 3 ggf iVm Art 102 § 1 Abs 2 S 2 iVm § 3 Abs 2 InsO.[22]

V. Konzentrationsermächtigung (Abs 3 S 2)

13 Abs 3 S 2 sieht eine **Konzentrationsermächtigung** für die LReg – oder die Landesjustizverwaltungen, falls sie dazu ermächtigt worden sind (S 3) – vor. Danach können zur Bildung von Fachkompetenz an einzelnen G die Entsch oder Maßnahmen nach der EuInsVO für die Bezirke mehrerer InsGer einem von diesen zugewiesen werden. Von dieser Konzentrationsermächtigung hat bislang noch keine LReg oder Landesjustizverwaltung Gebrauch gemacht.

---

21 Vgl *Mankowski* NZI 2017, 225, der Art 102 § 1 Abs 2 S 2 EGInsO zutr als Redaktionsversehen einordnet. Die Vorschrift sei gedanklich als „Art 102 § 1 Abs 4 EGInsO" hinter die Klammer zu ziehen und auch auf Art 102 § 1 Abs 3 anzuwenden.

22 Zutr *Mankowski* in NZI 2017, 225; **aA** *AG Mannheim* 7.10.2016 – 1 AR 6/2011, 4 IE 610/14, das eine Analogie zu § 348 Abs 1 S 1 HS 2 InsO befürwortet. Die Auffassung des AG Mannheim ist jedoch abzulehnen, da das dt autonome int InsR nur dann Anwendung findet, wenn die EuInsVO oder Art 102 EGInsO keine Sondervorschriften vorsehen, dh lückenhaft sind (vgl Vor §§ 335 Rn 21). Dies ist vorliegend nicht der Fall.

§ 2 Begründung des Eröffnungsbeschlusses

Ist anzunehmen, dass sich Vermögen des Schuldners in einem anderen Mitgliedstaat der Europäischen Union befindet, sollen im Eröffnungsbeschluss die tatsächlichen Feststellungen und rechtlichen Erwägungen kurz dargestellt werden, aus denen sich eine Zuständigkeit nach Artikel 3 der Verordnung (EG) Nr. 1346/2000 für die deutschen Gerichte ergibt.

Übersicht

I. Normzweck

1 Zur Bewältigung positiver Kompetenzkonflikte verpflichtet die Norm das inländische InsGer, die tatsächlichen und rechtl Erwägungen, aus denen sich eine int Zuständigkeit nach Art 3 EuInsVO ergibt, im EröffnungsBeschl darzulegen und zu begründen. Erkennt das inländische InsGer einen int Bezug, muss es die Qualität der VerfEröffnung als HauptInsVerf oder Partikular – bzw SekundärInsVerf im EröffnungsBeschl klarstellen.[1]

---

1 *Pannen/Frind* Art 102 § 2 Rn 1.

II. Einzelheiten

2 Die EuInsVO enthält keine Bestimmung, wie positive Kompetenzkonflikte zwischen den G zweier oder mehrerer Mitgliedstaaten gelöst werden können.[2] Es bleibt daher den mitgliedstaatlichen G überlassen, ihre Kompetenz sachgerecht auszuüben, damit sich Konflikte verhindern lassen.

3 Jedes G hat seine eigene int Zuständigkeit entspr der EuInsVO zu prüfen. Hierbei muss es den **Grundsatz des gemeinschaftlichen Vertrauens beachten.**[2] Diesem Prinzip und der generellen Annahme der Ordnungsgemäßheit der ausl EröffnungsEntsch kommt für die EuInsVO eine so überragende Bedeutung zu, dass eine Verweigerung der automatischen Anerkennung einer solchen Entsch in den übrigen Mitgliedstaaten (vgl Art 16, 17 EuInsVO) nur zulässig ist, wenn sie mit der öffentlichen Ordnung (ordre public) des ersuchten G unvereinbar ist (vgl Art 26 EuInsVO). Eine inhaltliche Nachprüfung findet dagegen nicht statt.[3] Dieser Grundsatz des gemeinschaftlichen Vertrauens führt dazu, dass Kompetenzkonflikte nach dem **Prioritätsprinzip** gelöst werden.

4 Damit den G in anderen Mitgliedstaaten verdeutlicht wird, welche Maßstäbe für das **dt** InsGer bei der Bejahung seiner int Zuständigkeit (für die Eröffnung eines **HauptInsVerf** oder **Partikular – bzw SekundärInsVerf**) maßgebend waren, **muss**[4] das dt G seine **tatsächlichen** und **rechtl Erwägungen** zur Zuständigkeit im EröffnungsBeschl nach § 2 **kurz** darlegen, wenn sich die **begründete Vermutung**[5] abzeichnet, dass auch in einem anderen Mitgliedstaat (mit Ausnahme von Dänemark)[6] **mglw** zuständigkeitsbegründende Umstände (wie zB Vermögen des Schu)[7] vorliegen.[2]

Das InsGer muss hierfür jedoch nicht umfassende Ermittlungen anstellen. § 2 ergänzt § 27 InsO.[8] § 2 ist eine **Ordnungsvorschrift,** deren Verletzung die Wirksamkeit des EröffnungsBeschl unberührt lässt.[9] Das InsGer kann den Beschl auch **nachträglich** ergänzen.[10] Ob **Amtshaftungsansprüche** wegen eines gegen § 2 verstoßenden Beschl geltend gemacht werden können ist **str.**[11]

5 Der **Inhalt der Begr** richtet sich nach dem damit verfolgten Zweck. Für das ausl G soll nachvollzogen werden können, warum das dt InsGer seine int Zuständigkeit bejaht und ob das G ein **Haupt- oder PartikularInsVerf** eröffnet hat. Es sind die Tatsachen anzugeben, die für die Begr der Zuständigkeit wesentlich sind sowie die rechtl Erwägungen zur Auslegung des Begriffs „Mittelpunkt der hauptsächlichen Interessen“ bzw des „Niederlassungsbegriffs“ iSd EuInsVO.[12] Es empfiehlt sich, bereits im BeschlTenor das Verf ausdrücklich als „HauptInsVerf oder **Partikular – bzw SekundärInsVerf** iSd VO (EG) Nr 1346/2000 vom 28.5.2000“

---

2 Begr zum RegE 15/16, 15.
3 Begr zum RegE 15/16, 15 (bei § 3).
4 MK-BGB/*Kindler* Art 102 § 2 Rn 9.
5 *K/P/B/Kemper* Art 102 § 2 Rn 4; *Pannen/Frind* Art 102 § 2 Rn 2.
6 MK/*Thole* Art 102 § 2 Rn 6.
7 Die **Belegenheit** des Vermögens ist nach den Vorschriften der EuInsVO zu ermitteln, dh Art 2 lit g EuInsVO; so auch MK/*Thole* Art 102 § 2 Rn 5.
8 *Smid* Art 102 § 2 Rn 3.
9 *K Schmidt/Brinkmann* Art 102 § 1 Rn 4.
10 *BGH* 21.2.2008 – IX ZB 96/07 Rn 1.
11 Bejahend zB *Uhlenbruck/Lüer* Art 102 § 2 Rn 2; HambKomm/*Undritz* Art 102 Rn 2; krit MK/*Thlole* Art 102 § 2 Rn 11.
12 In Begr zum RegE 15/16, 15 heißt es: „… entsprechend der VO …“.

zu bezeichnen.[13] Die Fassung der EröffnungsEntsch als „HauptInsVerf" hat jedoch nur eine deklatorische Bedeutung.[14] Anhand der Begr kann die ZuständigkeitsEntsch des inländischen InsGer iRd BeschwVerf nach § 34 InsO überprüft werden.[15]

Nach dem Wortlaut findet die Vorschrift nur auf den EröffnungsBeschl Anwendung. Da der EuGH jedoch die „VerfEröffnung" iSd EuInsVO zur Bestimmung der int Zuständigkeit vorverlagert hat (vgl hierzu auch Art 102 § 3 Rn 3),[16] ist der Begriff der EröffnungsEntsch nach Art 102 § 2 im dt Recht ebenfalls entspr der Eurofood-Entsch auszulegen.[17] Unter EröffnungsBeschl iSd Art 102 § 2 ist bereits die **Anordnung v Sicherungsmaßnahmen im InsEröffnungsVerf** zu verstehen (zB die Bestellung eines vor Verw), sofern das erlassende G damit seine int Zuständigkeit nach Art 3 Abs 1 EuInsVO zum Ausdruck bringt. Eine solche erweiterte Auslegung des Begriffs der EröffnungsEntsch widerspricht auch nicht dem Gesetzgeber, da zum Zeitpunkt der Formulierung der Umsetzungsvorschriften zur EuInsVO die Entsch des EuGH noch nicht ergangen war.[18] 6

Es ist anzunehmen, dass die Regelung analog auch auf **Entsch in AnnexVerf** anzuwenden ist, da diese in den übrigen Mitgliedstaaten ebenfalls automatisch anzuerkennen sind (vgl Art 25 Abs 1 Unterabs 2 EuInsVO).[19] 7

§ 3 Vermeidung von Kompetenzkonflikten

(1) [1]Hat das Gericht eines anderen Mitgliedstaats der Europäischen Union ein Hauptinsolvenzverfahren eröffnet, so ist, solange dieses Insolvenzverfahren anhängig ist, ein bei einem inländischen Insolvenzgericht gestellter Antrag auf Eröffnung eines solchen Verfahrens über das zur Insolvenzmasse gehörende Vermögen unzulässig. [2]Ein entgegen Satz 1 eröffnetes Verfahren darf nicht fortgesetzt werden. [3]Gegen die Eröffnung des inländischen Verfahrens ist auch der Verwalter des ausländischen Hauptinsolvenzverfahrens beschwerdebefugt.

(2) Hat das Gericht eines Mitgliedstaats der Europäischen Union die Eröffnung des Insolvenzverfahrens abgelehnt, weil nach Artikel 3 Abs. 1 der Verordnung (EG) Nr. 1346/2000 die deutschen Gerichte zuständig seien, so darf ein deutsches Insolvenzgericht die Eröffnung des Insolvenzverfahrens nicht ablehnen, weil die Gerichte des anderen Mitgliedstaats zuständig seien.

Übersicht

13 So auch *Pannen/Frind* Art 102 § 2 Rn 3; bezogen auf das SekundärInsVerf wohl auch *BGH* 21.2.2008 – IX ZB 96/07 Rn 3.
14 *BGH* 21.2.2008 – IX ZB 96/07 Rn 3.
15 *K Schmidt/Brinkmann* Art 102 § 1 Rn 1.
16 *EuGH* 2.5.2006 – C-341/04 (Eurofood IFSC Ltd).
17 *AG Hbg* 11.2.2009 – 67c IE 1/09; *K Schmidt/Brinkmann* Art 102 § 1 Rn 3.
18 *Reinhart* NZI 2009, 73, 76.
19 MK/*Thole* Art 102 § 2 Rn 4.

I. Normzweck

1 § 3 präzisiert den in der EuInsVO verankerten Grundsatz des gemeinschaftlichen Vertrauens, wonach der EröffnungsBeschl des G eines anderen Mitgliedstaates, mit dem ein HauptInsVerf eröffnet bzw abgelehnt wurde, zu beachten ist (**Prioritätsprinzip**) (vgl näher hierzu Art 102 § 2 Rn 3). Die Regelung ist erforderlich, da die EuInsVO zwar das Prioritätsprinzip aufstellt, den weiteren verfahrensmäßigen Umgang bei einem Verstoß hiergegen aber nicht näher regelt.[1] Sie soll positive (Abs 1) und negative (Abs 2) Kompetenzkonflikte mit den InsGer anderer Mitgliedstaaten verhindern.

II. Positiver Kompetenzkonflikt (Abs 1)

2 Zur Vermeidung **positiver Kompetenzkonflikte** und zur Wahrung des **Prioritätsprinzips** sieht **Abs 1 S 1** vor, dass die dt G den **wirksamen**[2] EröffnungsBeschl des G eines anderen Mitgliedstaates (mit Ausnahme von Dänemark) bzgl der Eröffnung eines **HauptInsVerf** zu beachten haben, ohne diesen einer inhaltlichen Überprüfung unterziehen zu dürfen.[3] Ein Antrag auf Eröffnung eines HauptInsVerf ist, solange in einem anderen Mitgliedstaat ein HauptInsVerf anhängig ist, von dem dt G als unzulässig zurückzuweisen.[4] Bevor das InsGer den Antrag auf Eröffnung eines HauptInsVerf als unzulässig abweist, hat es jedoch zunächst zu prüfen, ob nach dem zu Willen des Antragsstellers eine Umdeutung des Antrags in einen Antrag auf Eröffnung eines **SekundärInsVerf** in Betracht kommt.[5]

Zwar hat das angerufene G sowohl seine int als auch seine nationale Zuständigkeit v Amts wegen zu prüfen. Die Amtsermittlungspflicht gilt indes noch nicht im ZulassungsVerf, in dem das InsGer erstmals mit der Frage nach seiner Zuständigkeit befasst wird.[6] In einem solchen Fall hat der Ast im InsAntrag alle die int Zuständigkeit des angerufenen G begründenden Umstände anzugeben, insb auch ob bereits ein HauptInsVerf im Ausland eröffnet wurde, da es dem angerufenen G ohne diese Angaben nicht ohne weiteres möglich ist, seine int Zuständigkeit zu überprüfen.[6] Sind die Angaben des Ast unsubstantiiert und bessert er auch nach gerichtlichem Hinweis nicht nach, kann das angerufene G den Antrag ohne weiteres als unzulässig zurückweisen.[6]

3 Da der EuGH die „VerfEröffnung" iSd EuInsVO zur Bestimmung der int Zuständigkeit vorverlagert hat (vgl hierzu auch Art 102 § 2 Rn 6),[7] ist der Begriff der Eröffnung nach Art 102 § 3 im dt Recht ebenfalls entspr der Eurofood-Entsch auszulegen.[8] Unter Eröffnung iSd Art 102 § 3 ist daher bereits die **Anordnung von Sicherungsmaßnahmen im InsEröffnungsVerf** zu verstehen (zB die Bestellung eines vor Verw), sofern das G damit seine int Zuständigkeit nach Art 3 Abs 1 EuInsVO zum Ausdruck bringt.

4 Ist entgegen **Abs 1 S 2** v einem dt G ein HauptInsVerf eröffnet worden, so darf dieses nicht fortgesetzt werden. Es ist gem Art 102 § 4 v Amts wegen einzustellen.[9]

---

1 MK/*Thole* Art 102 § 3 Rn 2 und § 4 Rn 1.
2 MK/*Thole* Art 102 § 2 Rn 5.
3 Begr zum RegE 15/16, 15.
4 *BGH* 29.5.2008 – IX ZB 103/07 Rn 17; *OLG Frankfurt* 24.1.2005 – 20 W 527/04.
5 *AG München* 5.2.2007 – 1503 IE 4371/06; zum umgekehrten Fall *AG Mönchengladbach* 27.4.2004 – 19 IN 54/04; **aA** MK/*Reinhart*, 2. Aufl, Art 102 § 3 Rn 10.
6 *AG Köln* 1.12.2005 – 71 IN 564/05.
7 *EuGH* 2.5.2006 – C-341/04 (Eurofood IFSC Ltd).
8 MK/*Thole* Art 102 § 3 Rn 13.
9 *AG Düsseldorf* 7.4.2004 – 502 IN 124/03.

5 **Abs 1 S 3** eröffnet darüber hinaus dem Verw des ausl HauptInsVerf die Möglichkeit, im Wege der sof Beschw (§ 34 iVm § 6 InsO) den Vorrang seines Verf durchzusetzen. Die Vorschrift ist **abschließend** und nicht entspr auf Gl anzuwenden.[10]

III. Negativer Kompetenzkonflikt (Abs 2)

6 Einen **negativen Kompetenzkonflikt** soll **Abs 2** vermeiden. Wird die Eröffnung eines HauptInsVerf in einem Mitgliedstaat mit der Begr abgelehnt, den dortigen G fehle es an der int Zuständigkeit, so ist es einem dt InsGer verwehrt, seine Zuständigkeit mit der Begr zu verneinen, die int Zuständigkeit läge doch bei dem G des Mitgliedstaates, das seine Zuständigkeit verneint hat.

7 Den dt InsGer ist es aber nicht verwehrt, die Einl eines HauptInsVerf mit der Begr abzulehnen, dass sich der Mittelpunkt der hauptsächlichen Interessen des Schu in einem anderem EU-Mitgliedstaat oder auch Drittstaat befindet.[11]

§ 4 Einstellung des Insolvenzverfahrens zugunsten der Gerichte eines anderen Mitgliedstaats

(1) [1]Darf das Insolvenzgericht ein bereits eröffnetes Insolvenzverfahren nach § 3 Abs. 1 nicht fortsetzen, so stellt es von Amts wegen das Verfahren zugunsten der Gerichte des anderen Mitgliedstaats der Europäischen Union ein. [2]Das Insolvenzgericht soll vor der Einstellung den Insolvenzverwalter, den Gläubigerausschuss, wenn ein solcher bestellt ist, und den Schuldner hören. [3]Wird das Insolvenzverfahren eingestellt, so ist jeder Insolvenzgläubiger beschwerdebefugt.

(2) [1]Wirkungen des Insolvenzverfahrens, die vor dessen Einstellung bereits eingetreten und nicht auf die Dauer dieses Verfahrens beschränkt sind, bleiben auch dann bestehen, wenn sie Wirkungen eines in einem anderen Mitgliedstaat der Europäischen Union eröffneten Insolvenzverfahrens widersprechen, die sich nach der Verordnung (EG) Nr. 1346/2000 auf das Inland erstrecken. [2]Dies gilt auch für Rechtshandlungen, die während des eingestellten Verfahrens vom Insolvenzverwalter oder ihm gegenüber in Ausübung seines Amtes vorgenommen worden sind.

(3) [1]Vor der Einstellung nach Absatz 1 hat das Insolvenzgericht das Gericht des anderen Mitgliedstaats der Europäischen Union, bei dem das Verfahren anhängig ist, über die bevorstehende Einstellung zu unterrichten; dabei soll angegeben werden, wie die Eröffnung des einzustellenden Verfahrens bekannt gemacht wurde, in welchen öffentlichen Büchern und Registern die Eröffnung eingetragen und wer Insolvenzverwalter ist. [2]In dem Einstellungsbeschluss ist das Gericht des anderen Mitgliedstaats zu bezeichnen, zu dessen Gunsten das Verfahren eingestellt wird. [3]Diesem Gericht ist eine Ausfertigung des Einstellungsbeschlusses zu übersenden. [4]§ 215 Abs. 2 der Insolvenzordnung ist nicht anzuwenden.

Übersicht

10 *LG Hamburg* 18.8.2005 – 326 T 34/05.
11 Begr zum RegE 15/16, 15.

I. Normzweck

1 Die Norm dient der (weiteren) Durchsetzung des in der EuInsVO verankerten **Prioritätsgrundsatzes** (vgl hierzu Art 102 § 2 Rn 3 und Art 102 § 3 Rn 1).[1]

II. Einstellung des Verfahrens (Abs 1)

2 Hat ein dt InsGer ein **HauptInsVerf** eröffnet, obwohl bereits in einem anderen Mitgliedstaat ein HauptInsVerf anhängig ist, so darf dieses gem Art 102 § 3 Abs 1 S 2 nicht fortgesetzt werden. Das dt InsGer hat das Verf zugunsten der G des anderen Mitgliedstaates nach Art 102 § 4 Abs 1 S 1 **v Amts wegen einzustellen**.[2] Die Einstellung ist gem § 19a Nr 1 RPflG dem Richter vorbehalten. Ein vom Rechtspfleger erlassener Beschl ist gem § 8 Abs 4 S 1 RPflG unwirksam.[3]

3 Eine automatische Fortsetzung des Verf als **SekundärInsVerf** kommt nicht in Betracht, da dies einen Verstoß gegen den **Antragsgrundsatz** (vgl Art 29 EuInsVO) darstellen würde.[4] Das G hat vor einer Einstellung des Verf allerdings zu prüfen, ob nach dem Willen des Antragsstellers eine Umdeutung seines ursprünglichen Antrags in einen Antrag auf Eröffnung eines **SekundärInsVerf** in Betracht kommt.[5] Ist eine Umdeutung möglich, kann ein SekundärInsVerf gleichzeitig mit dem EinstellungsBeschl eröffnet werden, wobei eine Parteiänderung nicht automatisch eintritt.[6] Nach **Abs 3 S 2** ist in dem EinstellungsBeschl das G des anderen Mitgliedstaats zu bezeichnen, zu dessen Gunsten das Verf eingestellt wird.

4 Da die Einstellung in die Rechte der Gl des in Deutschland eröffneten InsVerf eingreift, hat das dt InsGer (zur Wahrung des Grundsatzes des rechtl Gehörs) vor einer Einstellung den **InsVerw**, den **GlAusschuss**, wenn ein solcher bestellt ist, und den **Schu zu hören (Abs 1 S 2)**.[7] Entspr gilt bei einer „Umwandlung" des Verf in ein SekundärInsVerf.

5 Darüber hinaus wird bei einer Einstellung bzw „Umwandlung" **jedem InsGl** (dh auch aussonderungsberechtigten und nachrangigen Gl)[8] das Recht eingeräumt, gegen den EinstellungsBeschl mit der **sof Beschw (Abs 1 S 3 iVm § 6 InsO)**[9] vorzugehen. Den Gl ist der EinstellungsBeschl daher gem § 4 InsO iVm § 329 Abs 3 ZPO gesondert zuzustellen. Diese Zustellung kann nach § 8 Abs 3 dem InsVerw übertragen werden. Der EinstellungsBeschl ist zusätzlich öffentlich bekannt zu machen.[10]

III. Wirkungen der Verfahrenseinstellung (Abs 2)

6 Nach der Vorstellung des Gesetzgebers beendet eine Einstellung des InsVerf durch das dt InsGer das Verf **nicht mit rückwirkender Kraft.**[7] Die Wirkungen des Verf, die **vor** dessen Einstellung eingetreten sind, bleiben nach Abs 2 S 1 vielmehr bestehen, auch wenn diese den Wirkungen des in einem anderen Mitgliedstaat eröffneten InsVerf widersprechen. Mit

---

1 MK/*Thole* Art 102 § 4 Rn 1.
2 *AG Düsseldorf* 7.4.2004 – 502 IN 124/03.
3 *BGH* 29.5.2008 – IX ZB 102/07 Rn 17.
4 *AG München* 2.10.2008 – 1542 IN 2678/08; MK/*Thole* Art 102 § 4 Rn 13.
5 *AG München* 5.2.2007 – 1503 IE 4371/06; zum umgekehrten Fall *AG Mönchengladbach* 27.4.2004 – 19 IN 54/04; **aA** MK/*Reinhart* 2. Aufl, Art 102 § 3 Rn 10.
6 In diesem Sinne wohl *AG Düsseldorf* 4.5.2007– 25 T 206/207; **aA** MK/*Thole* Art 102 § 4 Rn 3 und 5, der davon ausgeht, dass der EröffnungsBeschl v Amts wegen zu berichtigen und das Verf als SekundärInsVerf fortzusetzen ist.
7 Begr zum RegE 15/16, 15.
8 *K Schmidt/Brinkmann* Art 102 § 4 Rn 4; **aA** MK-BGB/*Kindler* Art 102 § 4 Rn 6.
9 *K Schmidt/Brinkmann* Art 102 § 4 Rn 4.
10 *Pannen/Frind* Art 102 § 4 Rn 2.

der Einstellung sollen jedoch die auf die Dauer dieses InsVerf beschränkten Wirkungen wie VollstVerbote, die Verjährungshemmung, eine Prozessunterbrechung oder verfahrensrechtlichen Anordnungen des VollstG automatisch enden.[11] Nach Abs 2 S 2 soll dies auch für die Handlungen, die vom InsVerw oder ihm gegenüber in Ausübung seines Amtes vor der Einstellung des Verf vorgenommen worden sind gelten. Hat danach der InsVerw einen Gegenstand der InsMasse veräußert oder belastet, so bleiben diese Vfg auch nach der Einstellung des dt InsVerf wirksam.[12]

Nach Auff des BGH ist Abs 2 mit **Europarecht nicht vereinbar** und durch den Anwendungsvorrang der EuInsVO suspendiert, jedenfalls in den Fällen, in denen das zweite dt HauptInsVerf nicht rechtsirrig, sondern **in Kenntnis** des ersten HauptInsVerf eröffnet worden ist, da die Vorschrift die Rechtswirkungen des Art 17 EuInsVO (Prioritätsgrundsatz) außer Betracht lasse.[13] Dies soll dazu führen, dass dem zweiten dt HauptInsVerf keine Rechtswirkungen beigemessen werden können, die vom ersten HauptInsVerf umfasste Masse betreffen.[14] Ein bestellter Verw ist daher nur „ScheinVerw", seine Rechtshandlungen sind unwirksam.[15] Eine Haftung der (vermeintlichen) Masse des dt HauptInsVerf für Masseverbindlichkeiten kommt ebenfalls nicht in Betracht.[16] 7

Die europarechtlich gebotene Unwirksamkeit des zweiten dt HauptInsVerf kann im Einzelfall zwar zu nicht unerheblichen Rückabwicklungs- und Vertrauensschutzproblemen führen, die der dt Gesetzgeber mit Abs 2 EGInsO gerade verhindern wollte.[17] Dennoch scheint es geboten Abs 2 EGInsO nicht nur in Fällen einer bewussten, sondern auch in Fällen einer **irrtümlichen** VerfEröffnung in **(fahrlässiger) Unkenntnis** der früheren ausl Eröffnungs-Entsch nicht anzuwenden, da die Anerkennung nach 17 EuInsVO automatisch und ohne irgendwelche Förmlichkeiten und damit unabhängig vom Kenntnisstand der nationalen Stellen erfolgt.[18] Eine Begr v Masseverbindlichkeiten nach § 209 analog kommt daher auch in Fällen einer irrtümlichen Eröffnung des zweiten dt HauptInsVerf nicht in Betracht.[19] Der Schutz Dritter (zB Vertragspartner etc) kann durch Schadensersatzansprüche gewährleistet werden.[20] 8

Abs 3 S 4 regelt schließlich, dass mit der Einstellung des inländischen Verf der Schu nicht die **VfgBefugnis über sein Vermögen** erhält, sondern dass dieses – um einen nahtlosen Übergang zu gewährleisten durch den Vermögensbeschlag des ausl HauptInsVerf erfasst ist. Der InsVerw des einzustellenden Verf hat daher alle Gegenstände des Inlandsvermögens nicht an den Schu oder dessen Gl herauszugeben, sondern zu Gunsten des ausl HauptInsVerw zu sichern.[12] 9

IV. Informations- und Kooperationspflichten (Abs 3)

Damit sichergestellt werden kann, dass der ausl HauptInsVerw möglichst schnell alle Maßnahmen ergreifen kann, um das inländische Vermögen des Schu zu sichern,[12] bestimmt 10

11 *K/P/B/Kemper* Art 102 § 4 Rn 9.
12 Begr zum RegE 15/16, 15.
13 *BGH* 29.5.2008 – IX ZB 102/07 Rn 26, 29.
14 *BGH* 29.5.2008 – IX ZB 102/07 Rn 28.
15 *BGH* 29.5.2008 – IX ZB 102/07 LS 2, Rn 28.
16 *BGH* 29.5.2008 – IX ZB 102/07 LS 3, Rn 31.
17 *Schmidt* EWiR 2008, 491; *K/P/B/Kemper* Art 102 § 4 Rn 15 ff.
18 *Schmidt* EWiR 2008, 491; FK/*Wenner/Schuster* Art 102 § 4 Rn 8; krit MK/*Thole* Art 102 § 3 Rn 13; **aA** *Herchen* EWiR 2009, 17.
19 **AA** *LG Düsseldorf* 4.5.2007 – 25 T 2006/07; *K Schmidt/Brinkmann* Art 102 § 4 Rn 6.
20 In diesem Sinne für Fälle der Kenntnis auch *K Schmidt/Brinkmann* Art 102 § 4 Rn 7.

Abs 3 S 1 HS 1, dass das dt InsGer das G des anderen Staates, bei dem das HauptInsVerf anhängig ist, über die bevorstehende Einstellung zu unterrichten hat. Bei dieser Mitteilung sind nach Abs 3 S 1 HS 2 anzugeben, wie die Eröffnung des einzustellenden Verf bekannt gemacht wurde, in welchen öffentlichen Büchern und Registern die Eröffnung eingetragen und wer InsVerw ist. Die Unterrichtung kann durch formlose Mitteilung in dt Sprache erfolgen. Eine Übersetzung[21] bzw förmliche Zustellung[22] ist weder vorgeschrieben noch geboten. Dem ausl G des HauptInsVerf ist eine Ausfertigung des EinstellungsBeschl zu übersenden (Abs 3 S 3).

21 *K Schmidt/Brinkmann* Art 102 § 4 Rn 8.
22 *K/P/B/Kemper* Art 102 § 4 Rn 22 f.

§ 5 Öffentliche Bekanntmachung

(1) [1]Der Antrag auf öffentliche Bekanntmachung des wesentlichen Inhalts der Entscheidungen nach Artikel 21 Abs. 1 der Verordnung (EG) Nr. 1346/2000 ist an das nach § 1 zuständige Gericht zu richten. [2]Das Gericht kann eine Übersetzung verlangen, die von einer hierzu in einem der Mitgliedstaaten der Europäischen Union befugten Person zu beglaubigen ist. [3]§ 9 Abs. 1 und 2 und § 30 Abs. 1 der Insolvenzordnung gelten entsprechend.

(2) [1]Besitzt der Schuldner im Inland eine Niederlassung, so erfolgt die öffentliche Bekanntmachung nach Absatz 1 von Amts wegen. [2]Ist die Eröffnung des Insolvenzverfahrens bekannt gemacht worden, so ist die Beendigung in gleicher Weise bekannt zu machen.

Übersicht

I. Normzweck

1 Art 21 Abs 1 S 1 EuInsVO sieht vor, dass auf Antrag des ausl InsVerw der wesentliche Inhalt der ausl Entsch über die Eröffnung eines HauptInsVerf oder Partikular – bzw SekundärInsVerf entspr den Bestimmungen des jeweiligen Staates öffentliche Bek zu machen ist. Abs 2 S 1 der Vorschrift regelt die öffentliche Bek von Amts wegen für Fälle, in denen der Sch eine Niederlassung in Deutschland hat.

2 Die Vorschrift dient insgesamt der Rechtssicherheit und hat im Hinblick auf die Möglichkeit eines gutgläubigen Erwerbs vom Schu oder einer Leistung an den Schu eine erhebliche praktische Bedeutung.

3 Auch die **Anordnung v Sicherungsmaßnahmen im Rahmen eines InsEröffnungsVerf** kann nach Art 25 Abs 1 Unterabs 3, 38 EuInsVO analog Art 21 EuInsVO iVm Art 102 § 5 im Inland bekannt gemacht werden, sofern das ausl EröffnungsVerf bekanntmachungsbedürftige Rechtsfolgen hervorruft.[1]

1 *K Schmidt/Brinkmann* Art 102 § 5 Rn 1.

II. Bekanntmachung auf Antrag (Abs 1 S 1 und S 2)

Art 102 § 5 Abs 1 S 1 regelt, an wen der **ausl** Verw in Deutschland den Antrag auf Veröffentlichung des EröffnungsBeschl eines anderen Mitgliedstaats zu richten hat. Danach hat sich der ausl Verw an das nach Art 102 § 1 zuständige **InsGer** zu wenden und bei ihm die Veröffentlichung zu beantragen. Das inländische InsGer hat vor einer öffentlichen Bek die Anerkennung der ausl EröffnungsEntsch zu prüfen, dies es grds nur wegen eines Verstoßes gegen den inländischen ordre public versagen kann (vgl Art 26 EuInsVO).[2] Die öffentliche Bek ist dagegen niemals Anerkennungsvoraussetzung für die EröffnungsEntsch.[3] 4

Das zuständige InsGer kann in Anlehnung an Art 19 Unterabs 2 EuInsVO nach Abs 1 S 2 eine **Übersetzung** der Eröffnungs- bzw BestellungsEntsch verlangen, die in Anlehnung an Art 55 Abs 2 EuGVV/Art 57 EuGVV nF[4] von einer befugten Person zu beglaubigen ist, dh die Übersetzung muss die in diesem Staat erforderlichen Voraussetzungen für die Übersetzung offizieller Dokumente erfüllen.[5] 5

III. Art und Weise der Bekanntmachung (Abs 1 S 3)

Ein eigenes Verf für die öffentliche Bek regelt die EuInsVO nicht. **Art** und **Weise** sowie **Form** der Bek bestimmen sich nach dem einzelstaatlichen Recht, in dem die Bek erfolgen soll. Dies wird durch die Verweisung in Abs 1 S 3 auf § 9 Abs 1 und 2 sowie § 30 Abs 1 InsO sichergestellt. Danach wird das ausl InsVerf wie ein dt InsVerf veröffentlicht.[5] 6

Zusätzlich ist anzugeben, ob ein HauptInsVerf oder Partikular – bzw SekundärInsVerf vorliegt und wer zum Verw bestellt worden ist (vgl Art 21 Abs 1 S 2 EuInsVO). 7

Da es im Interesse des Wirtschaftsverkehrs geboten ist, nicht nur die Eröffnung des ausl InsVerf, sondern auch dessen Beendigung öffentlich bekannt zu machen, ordnet **Abs 2 S 2**, der auch für Abs 1 gilt, dies an. IF des Abs 1 darf dies aber nur auf Antrag des ausl Verw vorgenommen werden (*actus contrarius*).[6] 8

Wird der Antrag, die öffentliche Bek zu veranlassen, bei einem sachlich oder örtlich unzuständigen G gestellt, so darf dieser nicht abgelehnt werden, sondern das angerufene G ist nach **Art 102 § 6 Abs 3** verpflichtet, diesen an das zuständige G **weiterzuleiten**. 9

Die **Kosten** der Bek der ausl Entsch nach Abs 1 trägt der InsVerw gem § 24 GKG als Ast. Sie werden idR der ausl Masse zu Last fallen. 10

Gegen die stattgebende oder abl Entsch des Antrags nach Abs 1 können der Schu oder der ausl Verw nach **Art 102 § 7** die **sof Beschw** einlegen. 11

IV. Obligatorische Bekanntmachung (Abs 2)

Art 21 Abs 2 S 1 EuInsVO ermächtigt den nationalen Gesetzgeber für den Fall der Eröffnung eines ausl **HauptInsVerf**, eine obligatorische Bek der EröffnungsEntsch vorzusehen, wenn sich im Gebiet des jeweiligen Mitgliedstaats eine **Niederlassung** des Schu iSd Art 2 lit h EuInsVO befindet. Mit Abs 2 S 1 wird von dieser Befugnis Gebrauch gemacht. Auf Partikular – bzw SekundärInsVerf findet Abs 2 S 1 keine Anwendung. [7]Die öffentliche Bek der EröffnungsEntsch erfolgt dann **von Amts wegen** unter den **gleichen Voraussetzungen** 12

2 *K Schmidt/Brinkmann* Art 102 § 5 Rn 2.
3 *Pannen/Riedmann* NZI 2004, 301, 303.
4 VO (EU) Nr 1215/2012 vom 12.12.2012.
5 Begr zum RegE 15/16, 16.
6 Begr zum RegE 15/16, 16; *K/P/B/Kemper* Art 102 § 5 Rn 7.
7 *K/P/B/Kemper* Art 102 § 5 Rn 9.

wie unter Abs 1 (vgl hierzu oben Rn 6 ff). Es handelt sich bei Abs 2 S 1 nicht um eine Bek-Pflicht des ausl InsVerw, sondern der inländischen G. Ob die Regelung entspr Art 21 Abs 2 S 2 EuInsVO auch eine **Mitwirkungspflicht** des ausl Verw begründet, ist angesichts ihres unklaren Wortlauts äußerst zw.[8]

13 KostenSchu der amtswegigen Bek ist der InsSchu (§ 23 Abs 3 GKG).[9] Sie werden idR der ausl InsMasse zu Last fallen.

14 Die **Beendigung** des Verf ist nach **Abs 2 S 2** ebenfalls **von Amts wegen** öffentlich bekannt zu machen (*actus contrarius*).

---

8 So aber Begr zum RegE 15/16, 16; *Pannen/Riedmann* NZI 2004, 301, 303; wie hier zw *K Schmidt/Brinkmann* Art 102 § 5 Rn 8.
9 *K Schmidt/Brinkmann* Art 102 § 5 Rn 9.

§ 6 Eintragung in öffentliche Bücher und Register

(1) [1]Der Antrag auf Eintragung nach Artikel 22 der Verordnung (EG) Nr. 1346/2000 ist an das nach § 1 zuständige Gericht zu richten. [2]Dieses ersucht die Register führende Stelle um Eintragung, wenn nach dem Recht des Staats, in dem das Hauptinsolvenzverfahren eröffnet wurde, die Verfahrenseröffnung ebenfalls eingetragen wird. [3]§ 32 Abs. 2 Satz 2 der Insolvenzordnung findet keine Anwendung.

(2) [1]Die Form und der Inhalt der Eintragung richten sich nach deutschem Recht. [2]Kennt das Recht des Staats der Verfahrenseröffnung Eintragungen, die dem deutschen Recht unbekannt sind, so hat das Insolvenzgericht eine Eintragung zu wählen, die der des Staats der Verfahrenseröffnung am nächsten kommt.

(3) Geht der Antrag nach Absatz 1 oder nach § 5 Abs. 1 bei einem unzuständigen Gericht ein, so leitet dieses den Antrag unverzüglich an das zuständige Gericht weiter und unterrichtet hierüber den Antragsteller.

Übersicht

I. Normzweck

1 Die Vorschrift dient der Rechtssicherheit und hat im Hinblick auf die Möglichkeit eines gutgläubigen Erwerbs vom Schu oder einer Leistung an den Schu eine erhebliche praktische Bedeutung.

II. EintragungsVerfahren (Abs 1)

2 Wie die öffentliche Bek steht auch die Veranlassung der Eintragung in **öffentliche Register** (zB Grundbuch, Handelsregister etc) **im Ermessen des Verw** des anderen Mitgliedstaates, sofern nicht das G des Eröffnungsstaates den Verw beauftragt, die Eintragung vorzunehmen.[1]

---

1 Begr zum RegE 15/16, 16.

Antragsberechtigt ist nur der Verw des ausl **HauptInsVerf** (vgl Art 22 EuInsVO). Seine Verwalterposition hat er nachzuweisen (Art 19 EuInsVO). IF der **Eigenverwaltung** ist der Schu antragsberechtigt, wenn er Verw iSd EuInsVO ist. Gem **Abs 2 S 1** bestimmt sich die **Form des Antrags** nach dem **Recht des Registerstaats (lex libri siti)**, dh nach **dt** Recht.[2] **3**

Abs 1 S 1 regelt, dass der Antrag auf Eintragung in das Grundbuch, das Handelsregister und alle sonstigen öffentlichen Register an das **gem Art 102 § 1 EGInsO zuständige** dt **InsGer** zu richten ist. Die Verweisung erstreckt sich denknotwendig nur auf die Abs 2 und 3 des Art 102 § 1 EGInsO.[3] Das InsGer ersucht dann seinerseits v Amts wegen die registerführende Stelle um Eintragung, wobei die Entsch hierüber im Hinblick auf den Beginn der BeschwFrist (vgl hierzu die Kommentierung zu Art 102 § 7) dem ausl Verw sowie dem Schu nach der EuZustVO[4] zuzustellen ist.[5] Ein Antrag des ausl Verw direkt an die registerführende Stelle ist unzulässig. Dies wird durch **Abs 1 S 3**, der § 32 Abs 2 S 2 InsO für nicht anwendbar erklärt, ausdrücklich klargestellt. **4**

Mit diesem Verf sollen die registerführenden Stellen nicht mit der Prüfung belastet werden, ob die Voraussetzungen der Anerkennung des ausl InsVerf gegeben sind und welche Auswirkungen dieses InsVerf auf die VfgBefugnis des Schu hat.[6] Die gesamte Prüfung der kollisions- und insrechtl Voraussetzungen des beantragten InsVermerks, insb der Anerkennungsfähigkeit des ausl InsVerf und seiner Auswirkungen auf die VfgBefugnis des Schu sowie deren rechtl Einordnung (Qualifikation) obliegt allein dem InsGer.[7] Die rechtliche Beurteilung des InsGer ist für die registerführende Stelle (Handelsregister, GBA etc) bindend.[7] Die Regelung hat letztlich den Vorteil, dass sich der ausl Verw nur an eine Stelle wenden muss, um alle Registereintragungen zu veranlassen. Damit wird das Verf nicht nur für den ausl Verw vereinfacht. Es werden auch widersprechende Entsch über die Eintragung vermieden.[6] **5**

Art 102 § 6 ist nicht auf andere Fälle analog anzuwenden, in denen das GBA, anlässlich einer einzelnen Entsch vor der Frage steht, welche Rechtswirkungen die Eröffnung eines ausl InsVerf hat und in welchem Umfang die Wirkungen im Inland anzuerkennen sind.[8] Diese Prüfung obliegt allein dem GBA, zumal die Eintragung des InsVermerks nicht Voraussetzung für die Anerkennung der Befugnisse des ausl InsVerw im dt GrundbuchVerf ist.[9] **6**

In Abs 1 S 2 HS 2 ist ferner geregelt, dass einem Eintragungsersuchen nur dann stattzugeben ist, wenn nach dem Recht des Staates, in dem das HauptInsVerf eröffnet wurde (lex fori concursus), die VerfEröffnung ebenfalls eingetragen wird. Diese zusätzliche Voraussetzung ist **europarechtswidrig**. Sie widerspricht Art 22 Abs 1 EuInsVO, der eine entspr Regelung nicht kennt.[10] **7**

III. Form und Inhalt der Eintragung (Abs 2)

Wie und mit welchem **Inhalt** die **Eintragung** zu erfolgen hat, bestimmt sich nach der **lex libri siti**, dh nach **dt** Recht (Abs 2 S 1). Das InsGer hat eine dem dt Recht unbekannte ausl Ein **8**

2 MK/*Thole* Art 102 § 6 Rn 3.
3 *Mankowski* NZI 2017, 225.
4 VO (EG) Nr 1393/2007 vom 13.11.2007.
5 *K Schmidt/Brinkmann* Art 102 § 6 Rn 3.
6 Begr zum RegE 15/16, 16.
7 *OLG Dresden* 26.5.2010 – 17 W 491/19; *AG Duisburg* 13.1.2010 – 62 IE 1/10.
8 *OLG Düsseldorf* 30.3.2015 – I-3 Wx 56/15; *OLG Bamberg* 12.2.2015 – 8 W 2/15.
9 *AG Duisburg* 13.12010 – 62 IE 1/10.
10 *K Schmidt/Brinkmann* Art 102 § 5 Rn 6; **aA** *K/P/B/Kemper* Art 102 § 6 Rn 4.

tragung nach Abs 2 S 2 **zu substituieren**, indem es eine Eintragung wählt, die der des Staates der VerfEröffnung am nächsten kommt. Kann das dt G die ausl Eintragung nicht substituieren, so kann es von einem Ersuchen der registerführenden Stelle absehen.[11]

9 Für die **Löschung** der Eintragung gilt § 346 Abs 2 S 3 iVm § 32 Abs 3 S 1 InsO entspr.[12] Antragsbefugt ist auch der Schu.[12]

IV. Varia (Abs 3)

10 Wird der Antrag, die öffentliche Bek oder die Eintragung in öffentliche Bücher oder Register zu veranlassen, bei einem sachlich oder örtlich unzuständigen G gestellt, so darf dieser nicht abgelehnt werden, sondern das angerufene G ist nach Abs 3 verpflichtet, ihn an das zuständige G **weiterzuleiten**. Das angerufene G hat über die Weiterleitung des Antrags den Ast zu unterrichten.

11 Von der Befugnis, eine **obligatorische** Eintragung der VerEröffnung in die öffentlichen Register kraft einzelstaatlichen Rechts vorzusehen (Art 22 Abs 2 EuInsVO), hat Deutschland keinen Gebrauch gemacht.

---

11 Begr zum RegE 15/16, 16; *A/G/R/Gruber/Schulz* S 2689.
12 *OLG Dresden* 26.5.2010 – 17 W 491/19.

§ 7 Rechtsmittel

[1]Gegen die Entscheidung des Insolvenzgerichts nach § 5 oder § 6 findet die sofortige Beschwerde statt. [2]Die §§ 574 bis 577 der Zivilprozessordnung gelten entsprechend.

Übersicht

I. Normzweck

1 Sowohl die öffentliche Bek gem Art 102 § 5 EGInsO, als auch die Eintragung in öffentliche Register gem Art 102 § 6 EGInsO haben eine bes Bedeutung, insb für die Sicherung der InsMasse. Aus diesem Grund wird dem Ast (und dem Schu) gegen die Ablehnung der öffentlichen Bek oder des Ersuchens um eine Eintragung durch das InsGer nach S 1 die **sof Beschw** eröffnet. S 2, der die RechtsBeschw eröffnet, ist durch das ESUG geändert worden, nachdem § 7 InsO zugleich aufgehoben wurde. Art 103f ist zu beachten.

II. Einzelheiten

2 Das Rechtsmittel der **sof Beschw** richtet sich nach §§ 6, 4 InsO, §§ 567 ff ZPO.[1] **Beschwberechtigt** ist nicht nur der ausl InsVerw, sondern auch der Schu, da ihm gegenüber einer Anerkennung des EröffungsBeschl grds der ordre public (Art 26 EuInsVO) Einwand zusteht und er auch die Unzuständigkeit des G rügen kann.[2] Daher kann auch der Schu durch die Bek des EröffnungsBeschl oder die Registereintragung **beschwert** sein. Für den Fall der Beschw des Schu wird man aber eine **qualifizierte Darlegungslast** verlangen müssen.[3]

---

1 **AA** *K Schmidt/Brinkmann* Art 102 § 7 Rn 1.
2 Wie hier *K Schmidt/Brinkmann* Art 102 § 7 Rn 4; anders Begr zum RegE 15/16, 16, wonach nur der Ast beschwbefugt sein soll; *Uhlenbruck/Lüer* Art 102 § 7 Rn 3, *K/P/B/Kemper* Art 102 § 7 Rn 3.
3 MK/*Thole* Art 102 § 7 Rn 4.

Die **zweiwöchige BeschwFrist** (Notfrist) nach § 569 Abs 1 ZPO beginnt mit der Zustellung der anzufechtenden Entsch, die, da es sich um eine Zustellung an den ausl Verw handelt, sich nach der EuZustVO[4] richtet. Die förmliche Zustellung wird danach von der Übermittlungsstelle – dem InsGer – an die ausl Empfangsstelle veranlasst (Art 4 Abs 1 EuZVO). Diese bewirkt gem Art 7 EuZustVO die Zustellung. Die Empfangsstelle erteilt sodann die Zustellungsbescheinigung mit dem Zustellungsdatum, das für den Lauf der BeschwFrist maßgebend ist.[5] Die Beschw ist durch Einreichung einer **BeschwSchrift** oder **durch Erklärung zu Prot der Geschäftsstelle** einzulegen (§ 569 Abs 2, 3 ZPO). Sie soll begründet werden (§ 571 Abs 1 ZPO).

Handelt es sich um eine Eintragung im **Grundbuch**, so finden auf die **Entsch des GBA** hinsichtlich des Ersuchens des InsGer zusätzlich die im GrundbuchVerf geltenden BeschwVorschriften (§§ 71 ff GBO) Anwendung.[6] Da dem GBA keine materiell-rechtliche Prüfungskompetenz zukommt, ist das Rechtsmittel nach § 58 FamFG nur denkbar, wenn das Registergericht etwa den Vollzug des Ersuchens des InsGer ablehnt oder eingeschränkt.[7] 3

Durch die Verweisung in S 2 auf die §§ 574–577 ZPO wird gegen die Entsch über die sofortige Beschw die **RechtsBeschw** eröffnet. 4

4 VO (EG) Nr 1393/2007 v 13.11.2007.
5 *Pannen/Eickmann* Art 102 § 7 Rn 5.
6 Begr zum RegE 15/16, 16.
7 Zutr MK/*Thole* Art 102 § 7 Rn 8.

§ 8 Vollstreckung aus der Eröffnungsentscheidung

(1) [1]Ist der Verwalter eines Hauptinsolvenzverfahrens nach dem Recht des Staats der Verfahrenseröffnung befugt, aufgrund der Entscheidung über die Verfahrenseröffnung die Herausgabe der Sachen, die sich im Gewahrsam des Schuldners befinden, im Wege der Zwangsvollstreckung durchzusetzen, so gilt für die Vollstreckbarerklärung im Inland Artikel 25 Abs. 1 Unterabs. 1 der Verordnung (EG) Nr. 1346/2000. [2]Für die Verwertung von Gegenständen der Insolvenzmasse im Wege der Zwangsvollstreckung gilt Satz 1 entsprechend.

(2) § 6 Abs. 3 findet entsprechend Anwendung.

Übersicht

I. Normzweck

Die Norm hat lediglich **klarstellende** Bedeutung.[1] Sie bestimmt, dass die Vollstreckbarerklärung des EröffnungsBeschl (Abs 1 S 1) und die Verwertung von Gegenständen der InsMasse durch ZwangsVollst (Abs 1 S 2) im Wege des **vereinfachten ExequaturVerf** nach Art 25 Abs 1 Unterabs 1 EuInsVO erreicht werden können. Abs 2 soll zeitliche Verzögerungen verhindern.[2] 1

1 Begr zum RegE 15/16, 16 f.
2 *K Schmidt/Brinkmann* Art 102 § 8 Rn 1.

II. Einzelheiten

2 Art 18 Abs 1 S 1 EuInsVO ordnet an, dass ein HauptInsVerw im Gebiet eines anderen Mitgliedstaates alle Befugnisse ausüben kann, die ihm nach dem Recht des Staates der VerfEröffnung zustehen. Steht daher einem ausl Verw nach seinem Heimatrecht die Befugnis zu, aus dem EröffnungsBeschl gegen den Schu (oder einen Dritten)[3] zu vollstrecken, dann kann er die **Vollstreckbarkeit** im Wege des **vereinfachten ExequaturVerf** nach Art 25 Abs 1 Unterabs 1 EuInsVO erlangen. Maßgebend sind hier die Art 31, 51 EuGVV (m Ausnahme v Art 34 Abs 2 EuGVV). Die in der EuGVV vorgesehene einfache Regelung für die Vollstreckbarerklärung ausl Entsch wird hiermit auf den Bereich des int insR übertragen.[4] Die Eröffnung eines SekundärInsVerf im Inland steht der Vollstreckbarerklärung nicht entgegen.[5]

Art 31–51 EuGVV sind seit dem 10.1.2015 durch Art 38–52 der EuGVV nF[6] (m Ausnahme v Art 45 Abs 1 EuGVV nF) abgelöst worden. **Zu Vollst bedarf es demnach keiner inländischen Vollstreckbarerklärung mehr (vgl Art 39 EuGVV nF).**

3 Zwar kann der VollstSchu nach den Art 46 ff EuGVV nF ein Verf auf Versagung der Vollst einleiten. Doch kann der Schu entgegen Art 34 Abs 2 EuGVV bzw Art 45 Abs 1 EuGVV nF wegen 26 EuInsVO nF nur eine Verletzung des ordre public geltend machen.

4 Nach S 2 gilt das erleichterte ExequaturVerf auch für die Fälle, in denen der ausl Verw (auf Grdl eines Titels) Bestandteile der Masse im Wege der ZwangsVollst verwerten will.[7] Eine Vollstreckbarerklärung kommt jedoch nur dann in Betracht, wenn das Recht des VerfStaats (lex fori concursus) die ZwangsVollst als Verwertungsart überhaupt vorsieht und dem Verw die Befugnis zur Verwertung (dh das „Ob“) iRd Titels verleiht.[8] Ergibt sich die Berechtigung des ausl Verw zur Vollst dagegen direkt aus dem ausl G, findet § 8 Abs 1 S 2 keine Anwendung.[9]

5 Das **Verf der Vollst** (dh das „Wie“) richtet sich dagegen ausschließlich nach **dt** Recht. [8]

6 Der Antrag darf nicht zurückgewiesen werden, wenn er bei einem unzuständigen G eingeht. Dieses hat den Antrag vielmehr unverzüglich an das zuständige G **weiterzuleiten** und davon den Ast zu unterrichten (Abs 2).

§ 9 Insolvenzplan

Sieht ein Insolvenzplan eine Stundung, einen Erlass oder sonstige Einschränkungen der Rechte der Gläubiger vor, so darf er vom Insolvenzgericht nur bestätigt werden, wenn alle betroffenen Gläubiger dem Plan zugestimmt haben.

Übersicht

3 **AA** *K/P/B/Kemper* Rn 3, der angelehnt an den Wortlaut der Vorschrift und die Gesetzesmat (vgl Begr zum RegE 15/16, 16.) die Anwendung des § 8 auf Fälle beschränken will, in denen sich die Sachen im Besitz des Schu befinden.

4 Zum Verf im Einzelnen *Pannen/Eickmann* Art 102 § 8 Rn 5 ff.

5 *OLG Düsseldorf* 9.7.2004 – I-3 W 53/04.

6 VO (EU) Nr 1215/2012 v 12.12.2012.

7 Begr zum RegE 15/16, 17.

8 MK/*Thole* Art 102 § 8 Rn 7.

9 MK/*Thole* Art 102 § 8 Rn 8.

I. Normzweck

Die Vorschrift setzt Art 34 Abs 2 EuInsVO iSv § 355 Abs 2 InsO um. 1

II. Einzelheiten

Wird in einem **SekundärInsVerf**[1] ein InsPlan beschlossen, in dem die Rechte vom Gl durch eine Stundung, ein Erlass oder sonstige Einschränkungen beschränkt werden, kann dieser nur Auswirkungen auf das nicht von diesem Verf betroffene Vermögen des Schu haben, wenn alle betroffenen Gl der Maßnahme zustimmen. Das hat idR zu Folge, dass ein InsPlan in einem SekundärInsVerf nicht durchführbar ist (s aber unten Rn 5). 2

Abw v Art 34 Abs 2 EuInsVO sieht Art 102 § 9 **nicht** vor, dass die **Zustimmung durch alle betroffenen Gl** nur dann notwendig ist, wenn der InsPlan Auswirkungen auf Vermögenswerte haben soll, die außerhalb des SekundärInsVerf belegen sind. Vielmehr wird die Zustimmung aller Gl, wie auch iRd § 355 Abs 2 InsO, stets gefordert. Den GesetzesMat zu Art 102 § 9 lässt sich entnehmen, dass der Grund für diese Abweichung in möglichen Friktionen des dt Rechts liegt.[2] Der Modus in § 34 Abs 2 EuInsVO hätte zur Folge, dass zumindest die Gl, die einem Plan nicht zugestimmt haben, sich gleichwohl am HauptInsVerf beteiligen und ihre Forderungen dort anmelden könnten.[2] Nach § 254 Abs 1 InsO entfaltet ein Plan mit der Rechtskraft seiner Bestätigung aber eine rechtsgestaltende Wirkung gegenüber allen Beteiligten.[2] Sieht der Plan vor, dass Ansprüche tw erlassen werden, so steht den betroffenen Gl allenfalls noch eine Naturalobligation zu (§ 254 Abs 3 InsO), die sie auch nicht im HauptInsVerf geltend machen können.[2] Ob eine derartige Einschränkung im Hinblick auf den Anwendungsvorrang der EuInsVO zulässig ist, ist zw, iE aber wohl zu bejahen.[3] 3

„Betroffen" sind nicht nur die Gl, die ihre Forderungen angemeldet haben, sondern alle zur Anmeldung berechtigten Gl, da der InsPlan für und gegen alle Beteiligten wirkt (§ 254 Abs 1 S 1 InsO).[4] In den Plan einbezogene **Gesellschafter** sind nicht als Gl zu qualifizieren.[5] Fehlt es an der Zustimmung aller betroffenen Gl, dann kann der im SekundärInsVerf beschlossene InsPlan hinsichtlich des in dem anderen Staat belegenen Vermögens keine Wirkungen zeigen, selbst gegenüber den Gl nicht, die dem Plan zugestimmt haben. 4

IF v mehreren **InsVerf** und der **abgestimmten Vorlage mehrerer InsPläne** ist § 9 jedoch dahin auszulegen, dass eine „Zustimmung aller betroffenen Gl" auch dann vorliegt, wenn eine Bestätigung v abgestimmten InsPlänen in allen anderen über das Vermögen des Schu parallel eröffneten InsVerf erfolgt ist und es sich bei einem Verf mindestens um ein universales HauptInsVerf handelt. In dem inländischen SekundärInsVerf müssen dann lediglich die allg Voraussetzungen für eine Bestätigung des Plans iSd § 248 vorliegen. In einem solchen Fall ist eine Majorisierung vom abl Gl denkbar.[6] 5

---

1 Begr zum RegE 15/16, 17; *K/P/B/Kemper* Art 102 § 9 Rn 1.

2 Begr zum RegE 15/16, 17.

3 Einen Verstoß bejahend zB FK/*Wenner/Schuster* Art 102 § 9 Rn 1, 6; *K Schmidt/Brinkmann* Art 102 § 9 Rn 1; *Siemonsen* S 170; vern Begr zum RegE 15/16, 17; *K/P/B/Kemper* Art 102 § 9 Rn 4; *A/G/R/Gruber/Schulz* S 2691.

4 *Pannen/Frind* Art 102 § 9 Rn 3; **aA** MK/*Thole* Art 102 § 9 Rn 10.

5 MK/*Thole* Art 102 § 9 Rn 11.

6 *A/G/R/Gruber/Schulz* S 2692.

§ 10 Aussetzung der Verwertung

Wird auf Antrag des Verwalters des Hauptinsolvenzverfahrens nach Artikel 33 der Verordnung (EG) Nr. 1346/2000 in einem inländischen Sekundärinsolvenzverfahren die Verwertung eines Gegenstandes ausgesetzt, an dem ein Absonderungsrecht besteht, so sind dem Gläubiger laufend die geschuldeten Zinsen aus der Insolvenzmasse zu zahlen.

Übersicht

I. Normzweck

1 Die Norm bezweckt als **Sachnorm** den Schutz absonderungsberechtigter Gl bei einer Aussetzung der Verwertung in einem inländischen SekundärInsVerf. Die VOKonformität der Regelung wird vereinzelt in Frage gestellt, da Art 33 EuInsVO die Entsch über die angemessene Sicherheitsleistung eigentlich den jeweils betroffenen G der Mitgliedstaaten zuweist, der dt Gesetzgeber diesen Ermessenspielraum jedoch durch gesetzliche Maßnahmen ausfüllt.[1]

II. Einzelheiten

2 Art 33 Abs 1 S 1 EuInsVO räumt dem HauptInsVerw das Recht ein, eine Aussetzung der Verwertung in einem SekundärInsVerf beantragen zu können. Damit soll dem HauptInsVerw ermöglicht werden, Gegenstände für die InsMasse zu sichern, die für eine Sanierung oder einen Gesamtverkauf des schuldnerischen Unternehmens von Bedeutung sind.[2] Der Antrag auf Aussetzung kann nur abgelehnt werden, wenn die Aussetzung offensichtlich für die Gl des HauptInsVerf nicht von Interesse ist (Art 33 Abs 1 S 2 EuInsVO).

3 Der Verw des HauptInsVerf kann eine Aussetzung der Verwertung beantragen, unabhängig davon, ob das Recht des SekundärVerfStaates eine Aussetzung der Verwertung in einem LiquidationsVerf überhaupt vorsieht.

4 Dem G des SekundärVerfStaates steht iF einer Aussetzung der Verwertung das Recht zu, von dem Verw des HauptInsVerf alle angemessenen Maßnahmen zum Schutze der Gl des SekundärInsVerf verlangen zu können (Art 33 Abs 1 S 1 EuInsVO). Als angemessen sind in jedem Fall die Schutzrechte zu sehen, die das anwendbare Recht des SekundärVerfStaates generell für den Fall einer Aussetzung der Verwertung vorsieht.

5 Aus diesem Grund stellt Art 102 § 10 klar, dass den Gl, die durch die (tw) Aussetzung der Verwertung an der Durchsetzung ihres Absonderungsrechts (iSd §§ 49 ff InsO) gehindert sind, nach § 169 InsO und § 30e ZVG (quasi als **Mindestschutz**) laufend die geschuldeten Zinsen aus der InsMasse zu zahlen sind.[2] Das G kann auch darüber hinausgehende Maßnahmen zum Schutz der (absonderungsberechtigten) Gl treffen.[3]

6 Umstr ist die Frage, ob die Zahlung aus der InsMasse des SekundärInsVerf[4] oder aus der InsMasse des HauptInsVerf[5] zu erfolgen hat, da der Gesetzeswortlaut hierzu schweigt. Würden die Zinsen aus der InsMasse des SekundärInsVerf gezahlt, wäre dies nicht sachgerecht,

1 Einen Verstoß bejahend zB FK/*Wenner/Schuster* Art 102 § 10 Rn 1; *Siemonsen* S 172; vern MK/*Thole* Art 102 § 10 Rn 3.
2 Begr zum RegE 15/16, 17.
3 Begr zum RegE 15/16, 17; FK/*Wenner/Schuster* Art 102 § 10 Rn 3.
4 *Paulus* EuInsVO Art 33 Rn 16; *Siemonsen* S 173; MK/*Thole* Art 102 § 10 Rn 7.
5 *K Schmidt/Brinkmann* Art 102 § 10 Rn 6; *FK/Wenner/Schuster* Art 102 § 10 Rn 7.

da nach der Intention des Art 33 Abs 1 S 1 HS 2 EuInsVO diejenige Masse die Nachteile der Aussetzung zu tragen hat, deren Verantwortungsbereich die Aussetzung zuzurechnen ist, bzw die davon profitiert, dh die Masse des HauptInsVerf. Die Zinszahlungen stellen **Masseverbindlichkeiten** dar (§ 55 Abs 1 Nr 1 InsO).[6]

Geschuldet sind entweder die **vereinbarten Zinsen**, soweit vereinbart, oder die **gesetzlichen Verzugszinsen**.[7] 7

Zu der Frage, in welchen **Zeitabständen** die Zinszahlungen erfolgen sollen, findet sich im Wortlaut nur der Begriff **„laufend"**. Hier hat der InsVerw einen Ermessensspielraum. Grds kommen monatliche oder quartalsweise Zahlungen in Betracht, wenn nichts anders zwischen Verw und Gl vereinbart worden ist und sonst kein Besonderheiten vorliegen (s auch § 169 Rn 14).[8] 8

Die Pflicht zur Zinszahlung **beginnt** mit der Wirksamkeit der Anordnung der Aussetzung und **endet** mit der Aufhebung der Aussetzung oder dem Abschluss der Verwertung.[9] 9

IF eines dt SekundärInsVerf entscheidet das InsGer über die Anordnung der Schutzmaßnahmen zugunsten absonderungsberechtigter Gl entspr § 233 S 1 InsO durch Beschl. Die EuInsVO sieht keine Rechtsmittel gegen Entsch nach Art 33 Abs 1 HS 2 EuInsVO vor. Auch eine sof Beschw gem § 6 Abs 1 InsO gegen die Anordnung der Schutzmaßnahmen scheidet sowohl für die Gl als auch den InsVerw aus, da sie im dt Recht nicht ausdrücklich vorgesehen ist. Jedoch besteht die Möglichkeit, die Aufhebung der Aussetzung der Verwertung zu beantragen (§ 233 S 2 InsO). 10

§ 11 Unterrichtung der Gläubiger

[1]Neben dem Eröffnungsbeschluss ist den Gläubigern, die in einem anderen Mitgliedstaat der Europäischen Union ihren gewöhnlichen Aufenthalt, Wohnsitz oder Sitz haben, ein Hinweis zuzustellen, mit dem sie über die Folgen einer nachträglichen Forderungsanmeldung nach § 177 der Insolvenzordnung unterrichtet werden. [2]§ 8 der Insolvenzordnung gilt entsprechend.

Übersicht

I. Normzweck

Die Vorschrift konkretisiert die in Art 40 EuInsVO vorgeschriebene Pflicht zur Unterrichtung der ausl Gl über die inländische VerfEröffnung und ihre Wirkungen. Sie gilt wie auch Art 40 EuInsVO für HauptInsVerf oder Partikular – und SekundärInsVerf. 1

II. Einzelheiten

Die Informationen, die Gl aus anderen Mitgliedstaaten gem Art 42 Abs 2 EuInsVO erhalten sollen, entsprechen im Wesentlichen den Informationen, die nach § 27 Abs 2 InsO die 2

6 MK/*Thole* Art 102 § 10 Rn 6.
7 Begr zum RegE 15/16, 17, *Uhlenbruck/Lüer* Art 102 § 10 Rn 1,4; **aA** MK/*Thole* Art 102 § 10 Rn 6, der auf die gesetzlichen Zinsen abstellt und nur bei Verzug v den gesetzlichen Zinsen ausgeht.
8 *Pannen/Eickmann* Art 102 § 10 Rn 9; *K/P/B/Kemper* Art 102 § 10 Rn 4.
9 *K/P/B/Kemper* Art 102 § 10 Rn 6.

Gl in einem dt InsVerf erhalten.[1] Allerdings schreibt Art 40 Abs 2 EuInsVO auch vor, dass die Gl über die **„Versäumnisfolgen"** zu unterrichten seien. Art 102 § 11 ordnet daher an, dass die Gl auch über die Folgen einer nachträglichen Forderungsanmeldung nach § 177 InsO zu informieren sind. Neben dem EröffnungsBeschl ist den Gl daher noch das in Art 42 Abs 1 EuInsVO genannte **Formblatt** zu übersenden, mit dem in den Amtssprachen der Gemeinschaft zur Forderungsanmeldung aufgefordert wird. Dieses Formblatt enthält die Worte „Aufforderung zur Anmeldung einer Forderung. Etwaige Fristen beachten!" in sämtlichen Amtssprachen der EU. Ein solches Formblatt wurde im BMJ (jetzt BMJV) entwickelt und ist auf der Homepage des BMJ unter www.bmjv.bund.de eingestellt.

3 § 10 S 1 ist dahin zu verstehen, dass sich die Informationspflicht entspr Art 40 Abs 1 EuInsVO nur auf **bekannte** Gl bezieht, worunter nur diejenigen Gl zu verstehen sind, die der InsVerw aus den ihm zugänglichen Unterlagen und Informationen kennt.[2]

4 Durch die Verweisung in S 2 auf **§ 8 InsO** wird insb klargestellt, dass auch der InsVerw mit der Zustellung des EröffnungsBeschl und des Formblattes beauftragt werden kann (§ 8 Abs 3 InsO). An Gl, deren Aufenthalt unbekannt ist, erfolgt keine Zustellung (§ 8 Abs 2 S 1 InsO). Zustellungen erfolgen von Amts wegen (§ 8 Abs 1 S 1) und in grenzüberschreitenden InsVerf gem der EuZustVO [3] Damit ist grds auch die Zustellung unmittelbar durch die Post zulässig (Art 14 EuZustVO).[4]

Art. 102a
Insolvenzverwalter aus anderen Mitgliedstaaten der Europäischen Union

Angehörige eines anderen Mitgliedstaates der Europäischen Union oder Vertragsstaates des Abkommens über den Europäischen Wirtschaftsraum und Personen, die in einem dieser Staaten ihre berufliche Niederlassung haben, können das Verfahren zur Aufnahme in eine von dem Insolvenzgericht geführte Vorauswahlliste für Insolvenzverwalter über eine einheitliche Stelle nach den Vorschriften des Verwaltungsverfahrensgesetzes abwickeln. Über Anträge auf Aufnahme in eine Vorauswahlliste ist in diesen Fällen innerhalb einer Frist von drei Monaten zu entscheiden. § 42a Absatz 2 Satz 2 bis 4 des Verwaltungsverfahrensgesetzes gilt entsprechend.

Übersicht

I. Normzweck

1 Die Vorschrift ist durch das G zur Umsetzung der Dienstleistungsrichtlinie in der Justiz und zur Änderung weiterer Vorschriften v 22.12.2010 eingefügt worden. Sie regelt den Zugang

1 Begr zum RegE 15/16, 17.
2 MK/*Thole* Art 102 § 11 Rn 3.
3 VO (EG) Nr 1393/2007 v 13.11.2007.
4 *Hess* NJW 2002, 2417; *ders* NJW 2004, 3301.

ausl InsVerw in die von dt InsGer geführten Vorauswahllisten für InsVerw.[1] Ein ausl Verw, der bei einem dt G gelistet ist, hätte zB bei grenzüberschreitenden KonzernIns mit der Eröffnung des HauptInsVerf in einem Mitgliedstaat der EU eine realistische Chance, zum InsVerw in einem etwaigen SekundärVerf (vgl Art 3 Abs 3 EuInsVO) bestellt zu werden.[2] War er bereits im ausl HauptInsVerf zum Verw ernannt worden, könnte die von ausl Gl und Investoren häufig gewünschte „Ins aus einer Hand“ weitgehend gewährleistet werden.[3]

II. Persönlicher Anwendungsbereich

In den Anwendungsbereich dieser Vorschrift fallen Angehörige eines anderen Mitgliedstaats der EU (inklusive Dänemark) oder eines Vertragsstaates des Abk über den Europ Wirtschaftsraum, das sind die Länder Liechtenstein, Island und Norwegen. Neben den Personen, die die **Staatsangehörigkeit** der vorgenannten Länder besitzen, findet diese Vorschrift (alternativ) auch Anwendung auf Personen, die in einem dieser Staaten ihre **berufliche Niederlassung** haben. 2

Berufliche Niederlassung ist der Ort, an dem die Person ihren Beruf überw ausübt, dh die Person muss auf einen festen Ort verweisen können, an dem sie gewöhnlich angetroffen werden kann, an dem – iF eines Anwalts, Steuerberaters oder Wirtschaftsprüfers – Mandanten vertrauliche Gespräche führen und ihre Unterlagen sowie Mitteilungen vor unbefugtem Zugriff sicher verwahrt wissen können.[4] 3

Der Vorschrift lässt sich nicht entnehmen, ob auch **juristische** Personen in ihren Anwendungsbereich fallen. Während unter „Angehöriger eines anderen Mitgliedstaates“ iSv S 1 nur eine natürliche Person zu verstehen ist, lässt der in der zweiten Alt zum Anwendungsbereich der Bestimmung verwendete Begriff „Personen“ es zu, hierunter auch juristische Personen zu fassen. Allerdings sieht § 56 InsO eine Beschränkung auf natürliche Personen vor.[5] Gleiches hat zur Wahrung der Rechtseinheit auch für Art 102a zu gelten.[6] 4

III. Zulassungsverfahren (S 1 HS 2)

Art 102a S 1 sieht zwei Alternativen des Zugangs zur Aufnahme in die Vorauswahlliste der vom InsGer bzw InsRichter geführten Vorauswahlliste vor. Die von der Vorschrift erfassten Personen können entweder die Aufnahme in die Vorauswahlliste über die **nach Landesrecht zuständige einheitliche Stelle** gem §§ 71a ff VwVfG beantragen oder sie können ihr **Gesuch** – wie schon vor Inkrafttreten der Vorschrift – **unmittelbar an das** von ihnen ausgewählte **InsGer** oder den **InsRichter** richten.[1] 5

1. Das an eine einheitliche Stelle gerichtete Ersuchen. Ergeht ein Ersuchen an eine einheitliche Stelle iSd § 71a VwVfG, so hat diese den Antrag auf Aufnahme in die Vorauswahlliste an das InsGer weiterzuleiten und den Ast – so die amtl Begr zu Art 102a EGInsO – „durch das Verf zu begleiten“.[7] Beschränkt der Ast seine Aufnahme in die Vorauswahlliste nicht auf ein bestimmtes InsGer, wäre das Ersuchen an alle dt InsGer weiterzuleiten. Da diese Verfweise mglw nicht im Interesse des Ast liegt und darüber hinaus einen erheblichen Verwaltungsaufwand zur Folge hätte, sollte die einheitliche Stelle den Ast in diesem Fall um 6

---

1 Begr zum RegE 17/3356, 15.
2 **Krit** HambKomm/*Frind* Art 102a.
3 *Vallender* ZIP 2011, 454.
4 Vgl *BGHZ* 187, 31; *Vallender* ZIP 2011, 454.
5 *BVerfG* 12.1.2016 – 1 BvR 3102/13.
6 *AG Mannheim* 20.1.2016 – 804 AR 163/15; *Frind* ZInsO 2016, 672, 674; **aA** *AG Mannheim* 14.12.2015 – 804 AR 163/15.
7 BT-Drucks 17/3356, 15.

Klarstellung seines Antrags bitten. Richtet sich das Petitum des Ast lediglich darauf, bei einem oder mehreren v ihm genannten InsGer in die Vorauswahlliste aufgenommen zu werden, ist der Antrag an die bei diesen Behörden tätigen **InsRichter** weiterzuleiten (§ 71b Abs 1 VwVfG).[8] Da der einheitlichen Stelle regelmäßig nicht bekannt sein dürfte, welche Richter zum Zeitpunkt des Antragseingangs als InsRichter des AG tätig sind, empfiehlt sich aus verfökonomischen Gründen die Weiterleitung des Antrags an den Präsidenten bzw Direktor des AG mit der Bitte, das Gesuch dem zuständigen InsRichter vorzulegen.[8]

7 **2. Das unmittelbar an das Insolvenzgericht gerichtete Ersuchen.** Richtet der Bewerber sein Ersuchen nicht an die einheitliche Stelle, sondern unmittelbar an den InsRichter, hat er im Hinblick auf die Bezugnahme auf die Vorschriften des VwVfG auch das entspr Verf zu beachten; die Vorschriften der §§ 71b Abs 3, 4 und 6, § 71c Abs 2 und 71e VwVfG finden wegen § 71a Abs 2 VwVfG ebenfalls Anwendung.[8]

8 **3. Das Verfahren des Insolvenzgerichts.** Das InsGer sollte wegen § 71b Abs 3 S 1 VwVfG nach Eingang des Antrags des ausl Bewerbers regelmäßig eine Empfangsbestätigung ausstellen. Darin ist das Datum des Eingangs beim G mitzuteilen und auf die Dreimonatsfrist, die Voraussetzungen für den Beginn des Fristablaufs und eine an den Fristablauf geknüpfte Rechtsfolge sowie auf die verfügbaren Rechtsbehelfe hinzuweisen (§ 71b Abs 3 S 2 VwVfG). Bei Unvollständigkeit des Antrags hat das InsGer dem Ast mitzuteilen, welche Unterlagen nachzureichen sind (§ 71b Abs 4 S 1 VwVfG). Die Mitteilung hat ferner den Hinweis zu enthalten, dass der Lauf der Frist nach Abs 3 erst mit Eingang der vollständigen Unterlagen beginnt (§ 71b Abs 4 S 2 VwVfG).

Der Ast kann verlangen, dass das AufnahmeVerf in elektronischer Form abgewickelt wird (§ 71e VwVfG). Soweit das InsGer allerdings eine Anhörung des Ast für erforderlich hält, kann darauf auch bei elektronischer Verfabwicklung nicht verzichtet werden. Dies bedeutet für den Ast, dass er einer Ladung zur mündlichen Anhörung Folge zu leisten hat, wenn er nicht Gefahr laufen will, dass sein Antrag mit der Begr zurückgewiesen wird, er sei seinen Informations- und Aufklärungspflichten nicht hinreichend nachgekommen.

9 **4. Die Bescheidung des Insolvenzgerichts.** Über die Anträge auf Aufnahme in eine Vorauswahlliste ist innerhalb einer Frist von drei Monaten zu entscheiden (**Art 102a S 2**). Die Frist beginnt mit dem Eingang der vollständigen Unterlagen bei dem zuständigen InsRichter (§ 71b Abs 2 S 2 VwVfG). Für die Berechnung gelten über § 31 VwVfG die §§ 187–193 ff BGB.

Die Verlängerung der Entschfrist ist möglich, jedoch zu begründen.[9]

10 **5. Rechtsmittel.** Die richterliche Entsch über den Antrag auf Aufnahme in die InsVerw – Vorauswahlliste ist ein Justizverwaltungsakt iSd Art 102a EGInsO. Damit ist der Weg zum OLG nach den §§ 23 ff EGGEG eröffnet.

Art. 102b
Durchführung der Verordnung (EU) Nr. 648/2012

(nicht abgedruckt)

Wegen des engen thematischen Zusammenhangs mit § 104 InsO wurde Art 102b EGInsO bereits bei § 104 Rn 19 ff abgedruckt und kommentiert.

8 *Vallender* ZIP 2011, 454.
9 MK/*Thole* Art 102a Rn 9.

Art. 102c
Durchführung der Verordnung (EU) 2015/848 über Insolvenzverfahren

Vorbemerkung zu Art 102c EGInsO §§ 1–26

1 Die VO (EG) Nr 2015/848 des Rates v 20.5.2015 über InsVerf (**EuInsVO nF**) hat zum 26.6.2015 die VO (EG) Nr 1346/2000 des Rates v 29.5.2000 über InsVerf (**EuInsVO**) abgelöst. Die EuInsVO nF findet auf alle InsVVerf Anwendung, die nach dem 26.6.2017 eröffnet worden sind (vgl Art 84 Abs 1 S 1 EuInsVO nF). Sie gilt, wie auch die bisherige Fassung der EuInsVO, allg und unmittelbar in den einzelnen Mitgliedstaaten (mit Ausnahme Dänemarks). Einer Umsetzung in das dt Recht bedarf es daher nicht (vgl Art 288 Abs 2 AEUV[1]).

2 Allerdings kann jeder Mitgliedstaat für das nationale Recht gewisse Anpassungen vornehmen um ein reibungsloses Zusammenspiel der EuInsVO nF mit den nationalen (Verf-) Regeln zu gewährleisten. Zwar enthält Art 102 §§ 1–11 für das dt Recht bereits eine entspr Regelung zur bisherigen EuInsVO.[2] Da die EuInsVO nF gegenüber der bisherigen Fassung aber eine Vielzahl v Änderungen mit sich bringt, sah sich der dt Gesetzgeber zur Schaffung des **Art 102c §§ 1–26** veranlasst, der ebenfalls am 26.6.2017 in Kraft getreten ist.[3] Die Vorschrift ähnelt zT den Bestimmungen des Art 102 §§ 1–11, berücksichtigt aber zugleich die zahlreichen Änderungen, die die EuInsVO nF[4] mit sich bringt. Art 102c enthält insb Bestimmungen zu den erstmals in der EuInsVO nF vorgesehenen Rechtsbehelfen und gerichtlichen Entsch (§§ 4, 5), zur örtlichen Zuständigkeit bei sog „AnnexVerf" (§ 6), zu den verfahrensrechtl Einzelheiten bei der Abwicklung sog „synthetischer" SekundärInsVerf (§§ 11–14 und §§ 17–22) und zu Einzelfragen bei der Bewältigung der Ins der Mitglieder v Unternehmensgruppen (§§ 22–26). Die Regelungssystematik in Art 102c zur Durchführung der Verordnungsbestimmungen zu („synthetischen") SekundärInsVerf unterscheidet dabei – anders noch als der RefE – zwischen Konstellationen mit **dt** (§§ 11–14) und **ausl** (§§ 15–21) HauptInsVerf.

3 Art 102c §§ **1–26** gilt nur für InsVerf im Anwendungsbereich der EuInsVO nF (vgl hierzu ausf die Kommentierung zu Vor §§ 335 Rn 11 ff). Bei der **Auslegung** der Vorschrift sind daher die **Wertungen der EuInsVO nF** zu berücksichtigen, die in Zweifelsfällen **Vorrang** genießen (sog **verordnungskonforme Auslegung**).

§ 1 Örtliche Zuständigkeit; Verordnungsermächtigung

(1) Kommt in einem Insolvenzverfahren den deutschen Gerichten nach Artikel 3 Absatz 1 der Verordnung (EU) 2015/848 des Europäischen Parlaments und des Rates vom 20. Mai 2015 über Insolvenzverfahren (ABl. L 141 vom 5.6.2015, S. 19; L 349 vom 21.12.2016, S. 6), die zuletzt durch die Verordnung (EU) 2017/353 (ABl. L 57 vom 3.3.2017, S. 19) geändert worden ist, die internationale Zuständigkeit zu, ohne dass nach § 3 der Insolvenzordnung ein Gerichtsstand begründet wäre, so ist das Insolvenzgericht ausschließlich örtlich zuständig, in dessen Bezirk der Schuldner den Mittelpunkt seiner hauptsächlichen Interessen hat.

---

1 Vertrag über die Arbeitsweise der EU v 1.12.2009.

2 Die EuInsVO gilt über den 26.6.2017 hinaus für alle bis dahin eröffneten InsVerf weiter (vgl Art 84 Abs 2 EuInsVO nF). Entspr gilt für Art 102 §§ 1–11 EGInsO.

3 G zur Durchführung der VO (EU) 2015/848 über InsVerf, BGBl I S 1476; Begr zum RegE, BT-Drucks 18/10823, 17.

4 Vgl hierzu die Zusammenfassung bei *Thole* IPrax 2017, 213.

(2) [1]Besteht eine Zuständigkeit der deutschen Gerichte nach Artikel 3 Absatz 2 der Verordnung (EU) 2015/848, so ist das Insolvenzgericht ausschließlich örtlich zuständig, in dessen Bezirk die Niederlassung des Schuldners liegt. [2]§ 3 Absatz 2 der Insolvenzordnung gilt entsprechend.

(3) [1]Unbeschadet der Zuständigkeiten nach diesem Artikel ist für Entscheidungen oder sonstige Maßnahmen nach der Verordnung (EU) 2015/848 jedes Insolvenzgericht örtlich zuständig, in dessen Bezirk sich Vermögen des Schuldners befindet. [2]Zur sachdienlichen Förderung oder schnelleren Erledigung von Verfahren nach der Verordnung (EU) 2015/848 werden die Landesregierungen ermächtigt, diese Verfahren durch Rechtsverordnung für die Bezirke mehrerer Insolvenzgerichte einem von diesen zuzuweisen. [3]Die Landesregierungen können die Ermächtigung auf die Landesjustizverwaltungen übertragen.

Literatur. *Madaus* As simple as it can be? – Anregungen zum Gesetzesentwurf der Bundesregierung zur Durchführung der Verordnung (EU) 2015/848 über Insolvenzverfahren (BT-Drs. 18/10823) NZI 2017, 203; *Swierczok* Der neu Art 102c EGInsO, ZInsO 2017, 1861; *Wimmer* Das Gesetz zur Durchführung der Verordnung (EU) 2015/848 über Insolvenzverfahren, jurisPR-InsR 11/2017, Anm 1.

1 Art 102c **§ 1 Abs 1, 2** und **3 S 1** entsprechen Art 102 § 1 Abs 1, 2 und 3 S 1, wobei die Vorschriften nun explizit die „**örtliche**" Zuständigkeit ausweisen.Auf die Ausführungen zu Art 102 § 1 Abs 1, 2 und 3 S 1 wird daher – soweit einschlägig – verwiesen, wobei die Neuordnung der Vorschriften der EuInsVO nF zu beachten ist.

2 Abw v Art 102 § 1 Abs 3 wird in **Abs 3 S 2** der Regelung klargestellt, dass aufgrund der VO-Ermächtigung die Zuständigkeit für Verf **insgesamt** und nicht nur für einzelne Entsch oder Maßnahmen bei einzelnen InsGer örtlich konzentriert werden kann (sog **Konzentrationsermächtigung**).[1] Davon hat bisher keine Landesregierung bzw- verwaltung Gebrauch gemacht.[2]

§ 2 Vermeidung von Kompetenzkonflikten

(1) [1]Hat das Gericht eines anderen Mitgliedstaats der Europäischen Union ein Hauptinsolvenzverfahren eröffnet, so ist, solange dieses Insolvenzverfahren anhängig ist, ein bei einem deutschen Insolvenzgericht gestellter Antrag auf Eröffnung eines solchen Verfahrens über das zur Insolvenzmasse gehörende Vermögen unzulässig. [2]Ein entgegen Satz 1 eröffnetes Verfahren ist nach Maßgabe der Artikel 34 bis 52 der Verordnung (EU) 2015/848 als Sekundärinsolvenzverfahren fortzuführen, wenn eine Zuständigkeit der deutschen Gerichte nach Artikel 3 Absatz 2 der Verordnung (EU) 2015/848 besteht; liegen die Voraussetzungen für eine Fortführung nicht vor, ist es einzustellen.

(2) Hat das Gericht eines Mitgliedstaats der Europäischen Union die Eröffnung des Insolvenzverfahrens abgelehnt, weil nach Artikel 3 Absatz 1 der Verordnung (EU) 2015/848 die deutschen Gerichte zuständig seien, so darf ein deutsches Insolvenzgericht die Eröffnung des Insolvenzverfahrens nicht mit der Begründung ablehnen, dass die Gerichte des anderen Mitgliedstaats zuständig seien.

1 Begr zum RegE, BT-Drucks 18/10823, 28.
2 Vallender/*Vallender/Zipperer* EuInsVO, Art 102c § 1 EGInsO Rn 16.

Übersicht

I. Positiver Kompetenzkonflikt (Abs 1)

1 Art 102c § 2 Abs 1 enthält wie Art 102 § 3 Abs 1 eine Regelung zur Vermeidung **positiver Kompetenzkonflikte**. Auf die Ausführungen zu Art 102 § 3 Abs 1 wird daher – soweit einschlägig – verwiesen, wobei die Neuordnung der Vorschriften der EuInsVO nF zu beachten ist. **S 1** der Regelung sieht vor, dass, wenn das G eines anderen Mitgliedstaats der EU bereits ein HauptInsVerf eröffnet hat, ein bei einem dt InsGer gestellter Antrag auf Eröffnung (vgl zur Auslegung des Begriffs „**Eröffnung**" Art 102c § 4 Rn 3) eines HauptInsVerf über das zur InsMasse gehörende Vermögen **unzulässig** ist (**Prioritätsprinzip**).

2 Nach **S 2 HS 1** der Vorschrift ist ein entgegen S 1 eröffnetes InsVerf **nach Maßgabe der Art 34–52 EuInsVO nF** als SekundärInsVerf fortzuführen, wenn eine int Zuständigkeit der dt G nach Art 3 Abs 2 EuInsVO nF besteht und die weiteren Voraussetzungen der Fortführung vorliegen (vgl dazu Rn 3).[1] Dies steht im Einklang mit Art 19 Abs 2 EuInsVO nF, der klar zum Ausdruck bringt, dass die Eröffnung eines HauptInsVerf der Eröffnung eines SekundärInsVerf nicht entgegensteht. Die FortführungsEntsch ist nach § 19a Abs 3 Nr 1 RPflG dem Richter vorbehalten.

3 Problematisch gestaltet sich der Wortlaut des Abs 1 S 2 HS 1. Er suggeriert, dass die Fortführung als SekundärInsVerf nur dann möglich ist, wenn ein HauptInsVerf durch ein dt InsGer entgegen S 1 bereits „eröffnet" worden ist. Auch das Wort „einstellen" in Abs 1 S 2 HS 2 legt ein solches Verständnis nahe.[2] Eine solche enge Auslegung widerspräche jedoch dem eindeutigen gesetzgeberischen Willen. Den Gesetzesmaterialien lässt sich entnehmen, dass sowohl ein InsGer, dem die Eröffnung eines HauptInsVerf verwehrt ist als auch ein solches, dass ein HauptInsVerf nicht hätte eröffnen dürfen, gehalten ist, durch **Auslegung des Eröffnungsantrags** zu ermitteln, ob dieser ausschließlich auf die Eröffnung eines HauptInsVerf oder (hilfsweise) auch auf die Eröffnung eines SekundärInsVerf gerichtet ist.[3] Wenn der Antrag ebenfalls auf Eröffnung eines SekundärInsVerf gerichtet ist und die Zuständigkeit der dt G nach Art 3 Abs 2 EuInsVO nF besteht, kann ein InsVerf als SekundärInsVerf entweder erstmalig eröffnet oder (automatisch) fortgeführt werden. Nur, wenn die Voraussetzungen für die Eröffnung als SekundärInsVerf nicht vorliegen ist der InsAntrag unzulässig und ein bereits eröffnetes InsVerf nach Abs 1 S 2 **HS 2 v Amts wegen** einzustellen.[3] Auch diese Entsch ist dem Richter vorbehalten (§ 19a Abs 3 Nr 2 RPflG).

II. Negativer Kompetenzkonflikt (Abs 2)

4 Art 102c § 2 Abs 2 entspricht der Regelung des Art 102 § 3 Abs 2 und dient der Vermeidung negativer Kompetenzkonflikte. Auf die Ausführungen zu Art 102 § 3 Abs 2 wird daher – soweit einschlägig – verwiesen, wobei die Neuordnung der Vorschriften der EuInsVO nF zu beachten ist.

---

1 Vgl allgemein zur praktischen Anwendung der Regelung Vallender/*Vallender/Zipperer* EuInsVO, Art 102c § 2 EGInsO Rn 9.

2 Krit auch *Madaus* NZI 2017, 203, 207.

3 Begr zum RegE, BT-Drucks 18/10823, 28.

§ 3 Einstellung des Insolvenzverfahrens zugunsten eines anderen Mitgliedstaats

(1) [1]Vor der Einstellung eines bereits eröffneten Insolvenzverfahrens nach § 2 Absatz 1 Satz 2 soll das Insolvenzgericht den Insolvenzverwalter, den Gläubigerausschuss, wenn ein solcher bestellt ist, und den Schuldner hören. [2]Wird das Insolvenzverfahren eingestellt, so ist jeder Insolvenzgläubiger beschwerdebefugt.

(2) [1]Wirkungen des Insolvenzverfahrens, die vor dessen Einstellung bereits eingetreten und nicht auf die Dauer dieses Verfahrens beschränkt sind, bleiben auch dann bestehen, wenn sie Wirkungen eines in einem anderen Mitgliedstaat der Europäischen Union eröffneten Insolvenzverfahrens widersprechen, die sich nach der Verordnung (EU) 2015/848 auf die Bundesrepublik Deutschland erstrecken. [2]Dies gilt auch für Rechtshandlungen, die während des eingestellten Verfahrens vom Insolvenzverwalter oder ihm gegenüber in Ausübung seines Amtes vorgenommen worden sind.

(3) [1]Vor der Einstellung nach § 2 Absatz 1 Satz 2 hat das Insolvenzgericht das Gericht des anderen Mitgliedstaats der Europäischen Union, bei dem das Verfahren anhängig ist, und den Insolvenzverwalter, der in dem anderen Mitgliedstaat bestellt wurde, über die bevorstehende Einstellung zu unterrichten. [2]Dabei soll angegeben werden, wie die Eröffnung des einzustellenden Verfahrens bekannt gemacht wurde, in welchen öffentlichen Büchern und Registern die Eröffnung eingetragen wurde und wer Insolvenzverwalter ist. [3]In dem Einstellungsbeschluss ist das Gericht des anderen Mitgliedstaats zu bezeichnen, zu dessen Gunsten das Verfahren eingestellt wird. [4]Diesem Gericht ist eine Ausfertigung des Einstellungsbeschlusses zu übersenden. [5]§ 215 Absatz 2 der Insolvenzordnung ist nicht anzuwenden.

1 Art 102c § 3 ähnelt Art 102 § 4 und trifft im Wesentlichen dies Regelungen zum weiteren Verf und zu den Folgen einer Einstellung zugunsten der G eines anderen Mitgliedstaats wie Art 102 § 4. Auf die Ausführungen zu Art 102 § 4 wird daher – soweit einschlägig – verwiesen, wobei die Neuordnung der Vorschriften der EuInsVO nF zu beachten ist.

2 Lediglich **Abs 3 S 1** der Vorschrift sieht eine weitergehende Informationsverpflichtung des dt InsGer vor. Danach ist vor einer Einstellung des Verf künftig auch der InVerw des ausl HauptInsVerf über die bevorstehende Einstellung zu informieren.

§ 4 Rechtsmittel nach Artikel 5 der Verordnung (EU) 2015/848

[1]Unbeschadet des § 21 Absatz 1 Satz 2 und des § 34 der Insolvenzordnung steht dem Schuldner und jedem Gläubiger gegen die Entscheidung über die Eröffnung des Hauptinsolvenzverfahrens nach Artikel 3 Absatz 1 der Verordnung (EU) 2015/848 die sofortige Beschwerde zu, wenn nach Artikel 5 Absatz 1 der Verordnung (EU) 2015/848 das Fehlen der internationalen Zuständigkeit für die Eröffnung eines Hauptinsolvenzverfahrens gerügt werden soll. [2]Die §§ 574 bis 577 der Zivilprozessordnung gelten entsprechend.

1 Art 5 Abs 1 EuInsVO nF räumt dem Schu und jedem Gl das Recht ein, die Entsch zur Eröffnung des HauptInsVerf mit der Begr anzufechten, dass das eröffnende G int unzuständig ist.

2 Art 102c § 4 **S 1** dient der Durchführung dieser Vorschrift und sieht hierzu als Rechtsbehelf die **sof Beschw** vor, auf die die §§ 567 ff ZPO anwendbar sind. Durch die Verweisung in **S 2** der Vorschrift auf die §§ 574–577 ZPO wird gegen die Entsch über die sof Beschw zudem die **RechtsBeschw** eröffnet. Schließlich wir klargestellt, dass die sof Beschw nach § 4 anderweitig bestehende oder weitergehende Rechtsbehelfe nach § 21 Abs 1 S 2 InsO und § 34 InsO unberührt lässt.

Die sof Beschw ist **statthaft**, soweit mit ihr nach Art 5 Abs 1 EuInsVO das Fehlen der int Zuständigkeit für die Eröffnung und Durchführung eines HauptInsVerf nach Art 3 Abs 1 EuInsVO nF geltend gemacht werden soll. Der RegE der Vorschrift sah unter Verweis auf Art 1 Abs 1 lit b EuInsVO nF, der nun ausdrücklich auch vorläufige InsVerf in den Anwendungsbereich der EuInsVO nF einbezieht, noch vor, das Gegenstand der sof Beschw nicht nur der EröffnungsBeschl iSd § 27 InsO sein konnte, sondern auch die Anordnung vorläufiger Sicherungsmaßnahmen iSd § 21 InsO.[1] Auf Empfehlung des RAussch wurde diese Ausdehnung wieder gestrichen. Dies ist sachgerecht, da Art 5 Abs 1 EuInsVO nF ausdrücklich nur die EröffnungsEntsch selbst als AnfGegenstand bestimmt und Art 2 Nr 7 EuInsVO nF es allenfalls zulässt, neben der eigentlichen VerfEröffnung oder Bestätigung eine (schwache oder starke) VerwBestellung als solche anzusehen, sofern das erlassende G damit seine int Zuständigkeit nach Art 3 Abs 1 EuInsVO nF zum Ausdruck bringt.[2] 3

Beschwerdeberechtigt sind neben dem Schu alle Gl, dh auch die aussonderungsberechtigten und nachrangigen Gl.[3] 4

§ 5 Zusätzliche Angaben im Eröffnungsantrag des Schuldners

[1]Bestehen Anhaltspunkte dafür, dass auch die internationale Zuständigkeit eines anderen Mitgliedstaats der Europäischen Union für die Eröffnung eines Hauptinsolvenzverfahrens nach Artikel 3 Absatz 1 der Verordnung (EU) 2015/848 begründet sein könnte, so soll der Eröffnungsantrag des Schuldners auch folgende Angaben enthalten:

1. **seit wann der Sitz, die Hauptniederlassung oder der gewöhnliche Aufenthalt an dem im Antrag genannten Ort besteht,**
2. **Tatsachen, aus denen sich ergibt, dass der Schuldner gewöhnlich der Verwaltung seiner Interessen in der Bundesrepublik Deutschland nachgeht,**
3. **in welchen anderen Mitgliedstaaten sich Gläubiger oder wesentliche Teile des Vermögens befinden oder wesentliche Teile der Tätigkeit ausgeübt werden und**
4. **ob bereits in einem anderen Mitgliedstaat ein Eröffnungsantrag gestellt oder ein Hauptinsolvenzverfahren eröffnet wurde.**

[2]Satz 1 findet keine Anwendung auf die im Verbraucherinsolvenzverfahren nach § 305 Absatz 1 der Insolvenzordnung zu stellenden Anträge.

§ 5 flankiert die Zuständigkeitsregelungen in Art 3 und Art 4 Abs 1 S 2 EuInsVO nF und soll diese für die Praxis handhabbar machen. 1

Die Vorschrift sieht in **S 1** vor, dass in den Fällen, in denen zwar in der BRD ein Eröffnungsantrag durch den Schu gestellt wird, aber zugleich Anhaltspunkte dafür bestehen, dass auch die int Zuständigkeit eines anderen Mitgliedstaats der EU für die Eröffnung des HauptInsVerf begründet sein könnte, zusätzliche Angaben im Eröffnungsantrag gemacht werden sollen. Die Vorschrift gilt ihrem klaren Wortlaut nach nicht für Fremdanträge. 2

Anhaltspunkte für die Zuständigkeit eines anderen Mitgliedstaats liegen insb dann vor, wenn eines der in Art 3 Abs 1 oder in Erwägungsgrund 30 der EuInsVO nF genannten Kriterien zur Bestimmung des Mittelpunkts der hauptsächlichen Interessen – wie etwa der Sitz, 3

1 Vgl Begr zum RegE, BT-Drucks 18/10823, 8, 29.
2 Bericht des RAussch, BT-Drucks 18/12154, 30; *Madaus* NZI 2017, 203, 207; Vallender/*Vallender/Zipperer* EuInsVO, Art 102c § 1 Rn 4 vgl auch *EuGH* 2.5.2006 – C-341/04 (Eurofood IFSC Ltd); missverständlich dagegen Vallender/*Vallender/Zipperer* EuInsVO, Art 102c § 2 Rn 5 und § 4 Rn 2, die dort auf (einstweilige) Sicherungsmaßnahmen allgemein abstellen.
3 In diesem Sinne auch Vallender/*Vallender/Zipperer* EuInsVO, Art 102c § 4 Rn 4.

die Hauptniederlassung oder der gewöhnliche Aufenthalt iSv Art 3 Abs 1 EuInsVO, die Hauptverwaltung, ein Großteil des Vermögens oder wesentliche Gl des Schu – einen Bezug zu einem anderen Mitgliedstaat der EU aufweisen.[1]

4 Die zusätzlichen Angaben nach S 1 sollen dem G die Prüfung der Zuständigkeit erleichtern. Zudem ist die Vorschrift vor dem Hintergrund zu sehen, dass die InsGer bei Verf mit EU-Auslandsbezug nach Art 4 Abs 1 S 2 EuInsVO nF ua schon bei der Anordnung v vorläufigen Sicherungsmaßnahmen nach § 21 InsO gehalten sind, die Gründe anzugeben, auf denen die Zuständigkeit des G beruht und auf welche Vorschrift die Zuständigkeit gestützt ist (vgl hierzu die Ausführungen zu Art 102c § 4 Rn 3). Durch die zusätzlichen Angaben im Eröffnungsantrag sollen die G in einem frühzeitigen Stadium dafür sensibilisiert werden, dass ein EU Auslandsbezug bestehen kann, der mglw zusätzliche Ausführungen zur Zuständigkeit in der jeweiligen Entsch erforderlich macht.[2]

5 § 5 S 1 stellt keine Zulässigkeitsvoraussetzung für einen Antrag dar. Die Vorschrift ist vielmehr als prozessuale Mitwirkung- und Beibringungspflicht zu deuten. Die Unzulässigkeit des Antrags ist dann Folge der Nichterfüllung dieser Pflichten.[3] Ausländische Gl können vor der Antragsstellung durch den Schu Schutzschriften einreichen, um ihm eine zusätzliche Darlegungslast aufzubürden.[4]

6 Nach **S 2** der Vorschrift ist S 1 auf Anträge in VerbraucherInsVerf gem § 305 Abs 1 InsO nicht anwendbar.[5]

---

1 Begr zum RegE, BT-Drucks 18/10823, 29.
2 Begr zum RegE, BT-Drucks 18/10823, 29, 30.
3 Vallender/*Vallender/Zipperer* EuInsVO, Art 102c § 5 Rn 19.
4 Vallender/*Vallender/Zipperer* EuInsVO, Art 102c § 5 Rn 10.
5 Krit hierzu der BR in seiner Stellungnahme, vgl Begr zum RegE, BT-Drucks 18/10823, 43.

§ 6 Örtliche Zuständigkeit für Annexklagen

(1) Kommt den deutschen Gerichten infolge der Eröffnung eines Insolvenzverfahrens die Zuständigkeit für Klagen nach Artikel 6 Absatz 1 der Verordnung (EU) 2015/848 zu, ohne dass sich aus anderen Vorschriften eine örtliche Zuständigkeit ergibt, so wird der Gerichtsstand durch den Sitz des Insolvenzgerichts bestimmt.

(2) Für Klagen nach Artikel 6 Absatz 1 der Verordnung (EU) 2015/848, die nach Artikel 6 Absatz 2 der Verordnung in Zusammenhang mit einer anderen zivil- oder handelsrechtlichen Klage gegen denselben Beklagten stehen, ist auch das Gericht örtlich zuständig, das für die andere zivil- oder handelsrechtliche Klage zuständig ist.

Übersicht

I. Zuständigkeit für Annexklagen (Abs 1)

1 Art 6 Abs 1 EuInsVO nF regelt in Anlehnung an die bisherige Rspr des EuGH[1] zur EuInsVO die int Zuständigkeit für sog Annexklagen. Damit sind Klagen gemeint, die

---

1 Vgl *EuGH* 12.2.2009 – C-339/07 (Deko Marty Belgium).

unmittelbar aus dem InsVerf hervorgehen und in engem Zusammenhang damit stehen, wie zB AnfKlagen. Für solche Klagen sollen die G des Mitgliedstaats int zuständig sein, in dem das InsVerf eröffnet wurde. Da Art 6 Abs 1 EuInsVO nF jedoch nur die int Zuständigkeit regelt, kann es dazu kommen, dass G in der BRD int zuständig sind, aber eine innerstaatliche Regelung über die **örtliche** Zuständigkeit fehlt. Hier schafft Art 102c § 6 Abs 1 Abhilfe und bestimmt, dass bei Fehlen einer allgemeinen Regelung über die örtliche Zuständigkeit für eine solche Annexklage das sachlich zuständige G **am Ort des InsGer örtlich** zuständig ist. Hierbei handelt es sich um eine **hilfsweise ausschließliche** örtliche Zuständigkeit. Zur **sachlichen** und **funktionellen** Zuständigkeit enthält Art 102c § 6 Abs 1 keine Vorgaben; diese Zuständigkeiten sind nach den allgemeinen Regeln zu bestimmen.[2]

Die Vorschrift entspricht der Regelung zur Bestimmung des GStand aus § 19a ZPO und soll, wie diese, den Sachzusammenhang zum InsVerf wahren.[3] Zugleich entspricht die Regelung der ständigen Rspr des BGH[4], der die bisher bestehende Lücke hinsichtlich der örtlichen Zuständigkeit für Annexklagen durch eine analoge Anwendung v § 19a ZPO (iVm § 3 InsO, Art 102 § 1 EGInsO) geschlossen hat (vgl hierzu die Ausführungen zu Art 102 § 1 Rn 6). 2

II. Zusätzliches Forum für Annexklagen (Abs 2)

Art 6 Abs 2 EuInsVO nF eröffnet darüber hinaus ein weiteres Forum für die Erhebung v Annexklagen. Für Klagen nach Art 6 Abs 1 EuInsVO nF, die im Zusammenhang mit einer anderen zivil- oder handelsrechtl Klage gegen denselben Bekl stehen, sind auch die G des Mitgliedstaats int zuständig, in denen der Bekl seinen Wohnsitz hat (vorausgesetzt, die G sind nach der EuGVV zuständig). Der Begriff des Zusammenhangs wird dabei in Art 6 Abs 3 EuInsVO nF näher erläutert. In Erwägungsgrund 35 der EuInsVO nF wird als Beispiel hierfür die Verbindung einer insrechtl Haftungsklage mit einer gesellschafts- oder deliktsrechtl Klage genannt. 3

Für diese Annexklagen sieht Art 102 § 6 Abs 2 vor, dass auch das G **örtlich** zuständig ist, das für die andere zivil-oder handelsrechtl Klage örtlich zuständig ist. Durch diese Regelung sollen widersprüchliche Entsch vermieden werden und die Effizienz gesteigert werden (Konzentrationswirkung).[3] Zwar führt die Regelung dazu, dass der Bekl auch an einem anderen G als an seinem WohnsitzG verklagt werden kann. Dies erscheint jedoch nicht unbillig. Denn der Bekl müsste sich gegen die andere zivil- oder handelsrechtl Klage ohnehin an dem anderen GStand verteidigen.[3] 4

Auch für Art 102 § 6 Abs 2 gilt, dass die **sachliche** und **funktionelle** Zuständigkeit nach den allgemeinen Regeln zu bestimmen ist.[5] Dies kann uU dazu führen, dass die zusammehängenden Klagen zwar am gleichen Gerichtsort erhoben, nicht jedoch vor dem gleichen Richter(kollegium) verhandelt werden.[6] 5

§ 7 Öffentliche Bekanntmachung

(1) Der Antrag auf öffentliche Bekanntmachung nach Artikel 28 Absatz 1 der Verordnung (EU) 2015/848 ist an das nach § 1 Absatz 2 zuständige Gericht zu richten.

---

2 Vallender/*Hänel* EuInsVO, Art 102c § 6 Rn 22.
3 Begr zum RegE, BT-Drucks 18/10823, 30.
4 *BGH* 27.3.2014 – IX ZR 2/12 Rn 8; *BGH* 19.5.2009 – IX ZR 39/06 Rn 11
5 Vallender/*Hänel* EuInsVO, Art 102c § 6 Rn 41.
6 Zutrf Vallender/*Hänel* EuInsVO, Art 102c § 6 Rn 41.

(2) [1]Der Antrag auf öffentliche Bekanntmachung nach Artikel 28 Absatz 2 der Verordnung (EU) 2015/848 ist an das Insolvenzgericht zu richten, in dessen Bezirk sich der wesentliche Teil des Vermögens des Schuldners befindet. [2]Hat der Schuldner in der Bundesrepublik Deutschland kein Vermögen, so kann der Antrag bei jedem Insolvenzgericht gestellt werden.

(3) [1]Das Gericht kann eine Übersetzung des Antrags verlangen, die von einer hierzu in einem der Mitgliedstaaten der Europäischen Union befugten Person zu beglaubigen ist. [2]§ 9 Absatz 1 und 2 und § 30 Absatz 1 der Insolvenzordnung gelten entsprechend. [3]Ist die Eröffnung des Insolvenzverfahrens bekannt gemacht worden, so ist dessen Beendigung in gleicher Weise von Amts wegen bekannt zu machen.

(4) Geht der Antrag nach Absatz 1 bei einem unzuständigen Gericht ein, so leitet dieses den Antrag unverzüglich an das zuständige Gericht weiter und unterrichtet den Antragsteller hierüber.

Übersicht

I. Örtliche Zuständigkeit bei Bekanntmachung nach Art 28 Abs 1 EuInsVO (Abs 1)

1 Art 102c § 7 Abs 1 dient der Durchführung des Art 28 Abs 1 EuInsVO nF, der zur Bek der EröffnungsEntsch und ggf der Entsch zur Bestellung des Verw in jedem anderen Mitgliedstaat **verpflichtet**, in dem sich eine Niederlassung (Art 2 Nr 10 EuInsVO) des Schu befindet. In diesen Fällen ist der Antrag auf öffentliche Bek an das nach Art 102c § 1 Abs 2 zuständige InsGer zu richten. Hierbei handelt es sich um eine **ausschließliche örtliche** Zuständigkeit.[1]

II. Örtliche Zuständigkeit bei Bekanntmachung nach Art 28 Abs 2 EuInsVO nF (Abs 2)

2 Nach Art 28 Abs 2 EuInsVO nF **kann** der Verw beantragen, dass die Bek der EröffnungsEntsch und der Entsch zur Bestellung des Verw auch in einem anderen Mitgliedstaat veröffentlicht wird. Dieser Antrag ist nach § 7 Abs 2 **S 1** bei dem InsGer zu stellen, in dessen Bezirk sich die wesentlichen inländischen Vermögenswerte (zB bewegliche und unbewegliche Sachen, Forderungsrechte etc.) des Schu befinden. Für den Fall, dass sich in der BRD keinerlei Vermögenswerte des Schu befinden, sieht Abs 2 **S 2** erg vor, dass der Antrag bei jedem InsGer gestellt werden kann. Dies betrifft bspw Fälle, in denen der InsVerw die öffentliche Bek beantragt, weil er unbekannte Gl in der BRD vermutet.[2]

III. Art und Weise der Bekanntmachung (Abs 3)

3 Das zuständige InsGer kann entspr Art 22 Unterabs 2 EuInsVO nF nach Abs 3 **S 1** eine Übersetzung der Eröffnungs- bzw BestellungsEntsch verlangen, die in Anlehnung an Art 55 Abs 2 EuGVV/Art 57 EuGVV nF[3] v einer befugten Person zu beglaubigen ist, dh die Über-

---

1 Vallender/*Vallender* EuInsVO, Art 102c § 7 Rn 11.
2 Begr zum RegE, BT-Drucks 18/10823, 30.
3 VO (EU) Nr 1215/2012 v 12.12.2012.

setzung muss die in diesem Staat erforderlichen Voraussetzungen für die Übersetzung offizieller Dokumente erfüllen.

Schließlich regelt die EuInsVO nF ein eigenes Verf für die öffentliche Bek nicht. **Art** und **Weise** sowie **Form** der Bek bestimmen sich nach dem einzelstaatlichen Recht, in dem die Bek erfolgen soll. Dies wird auch durch die Verweisung in Abs 3 **S 2** auf § 9 Abs 1 InsO und 2 sowie § 30 Abs 1 sichergestellt. Danach wird das ausl Verf wie ein inländisches Verf veröffentlicht (vgl hierzu auch die Ausführungen bei Art 102 § 5 Rn 6 ff). 4

Abs 3 **S 3** sieht schließlich vor, dass im Interesse des Wirtschaftsverkehrs nicht nur die Eröffnung des Verf, sondern auch dessen Beendigung **v Amts wegen**[4] öffentlich bekannt zu machen sind. Ein Antrag auf Bek der VerfBeendigung kann jedoch zur Anregung der amtswegigen Bek dienen.[5] 5

IV. Weiterleitung des Antrags (Abs 4)

Wird der Antrag, die öffentliche Bek bei einem sachlich oder örtlich unzuständigen G gestellt, so darf dieser nicht abgelehnt werden, sondern das angerufene G ist nach **Abs 4** der Vorschrift verpflichtet, ihn an das zuständige G **weiterzuleiten**. Das angerufene G hat über die Weiterleitung des Antrags den Ast zu unterrichten. 6

§ 8 Eintragung in öffentliche Bücher und Register

(1) [1]Der Antrag auf Eintragung nach aArtikel 29 Absatz 1 der Verordnung (EU) 2015/848 ist an das nach § 1 Absatz 2 zuständige Gericht zu richten. [2]Er soll mit dem Antrag nach Artikel 28 Absatz 1 der Verordnung (EU) 2015/848 verbunden werden. [3]Das Gericht ersucht die registerführende Stelle um Eintragung. [4]§ 32 Absatz 2 Satz 2 der Insolvenzordnung findet keine Anwendung.

(2) [1]Der Antrag auf Eintragung nach Artikel 29 Absatz 2 der Verordnung (EU) 2015/848 ist an das nach § 7 Absatz 2 zuständige Gericht zu richten. [2]Er soll mit dem Antrag nach Artikel 28 Absatz 2 der Verordnung (EU) 2015/848 verbunden werden.

(3) [1]Die Form und der Inhalt der Eintragung richten sich nach deutschem Recht. [2]Kennt das Recht des Mitgliedstaats der Europäischen Union, in dem das Insolvenzverfahren eröffnet worden ist, Eintragungen, die dem deutschen Recht unbekannt sind, so hat das Insolvenzgericht eine Eintragung zu wählen, die der des Mitgliedstaats der Verfahrenseröffnung am nächsten kommt.

(4) § 7 Absatz 4 gilt entsprechend.

Übersicht

4 Das „v Amts wegen" wurde im Interesse der Rechtsklarheit erst nachträglich in den Gesetzeswortlaut aufgenommen, vgl Bericht des RAussch, BT-Drucks 18/12154, 31.

5 Bericht des RAussch, BT-Drucks 18/12154, 31.

I. Örtliche Zuständigkeit bei Antrag auf Eintragung nach Art 29 Abs 1 EuInsVO nF (Abs 1)

1 Art 102 § 8 Abs 1 S 1 sieht nach dem Vorbild v Art 102 § 6 EGInsO[1] vor, dass ein Antrag nach Art 29 Abs 1 EuInsVO nF auf Eintragung in öffentliche Bücher und Register an das G zu richten ist, das gem Art 102c § 1 Abs 2 auch für den Antrag auf öffentliche Bek nach Art 28 Abs 1 EuInsVO nF verantwortlich ist (vgl § 7 Abs 1). Aus verfahrensökonomischen Gründen sollen beide Anträge miteinander verbunden werden (vgl Abs 1 S 2). Das zuständige G hat anschließend die registerführende Stelle um Eintragung zu ersuchen (Abs 1 S 3). Ein Antrag des ausl Verw direkt an die registerführende Stelle ist dagegen unzulässig. Dies wird durch Abs 1 S 4 der Vorschrift, der § 32 Abs 2 S 2 InsO für nicht anwendbar erklärt, ausdrücklich klargestellt.

II. Örtliche Zuständigkeit bei Antrag auf Eintragung nach Art 29 Abs 2 EuInsVO nF (Abs 2)

2 Nach **Abs 2 S 1** (iVm § 7 Abs 2) sind Anträge nach Art 29 Abs 2 EuInsVO nF bei dem G zu stellen, in dessen Bezirk sich das wesentliche inländische Vermögen des Schu befindet. Gibt es im Inland keine Vermögenswerte, so kann der Antrag bei jedem inländischen InsGer gestellt werden. Auch der Antrag nach Art 29 Abs 2 EuInsVO nF ist aus verfahrensökonomischen Gründen mit dem aus Art 28 Abs 2 EuInsVO nF zu verbinden (**Abs 2 S 2**). Die Abs 1 S 3 und 4 gelten auch iRd Abs 2.

III. Form und Inhalt der Eintragung (Abs 3)

3 **Wie** und mit welchem **Inhalt** die **Eintragung** zu erfolgen hat, bestimmt sich nach der **lex libri siti, dh nach dt Recht** (**Abs 3**). Das InsGer hat eine dem dt Recht unbekannte ausl Eintragung nach Abs 3 S 2 **zu substituieren**, indem es eine Eintragung wählt, die der des Staates der VerfEröffnung am nächsten kommt. Kann das dt G die ausl Eintragung nicht substituieren, so kann es von einem Ersuchen der registerführenden Stelle absehen.[2] Die Eintragung ist auch dann vorzunehmen, wenn die lex fori concursus eine Eintragung der VerfEröffnung selbst nicht vorsieht.[3]

4 Für die **Löschung** der Eintragung gilt § 346 Abs 2 S 3 iVm § 32 Abs 3 S 1 InsO entspr. Antragsbefugt ist auch der Schu.

IV. Weiterleitung des Antrags (Abs 4)

5 Wird der Antrag, die öffentliche Bek oder die Eintragung in öffentliche Bücher oder Register zu veranlassen, bei einem sachlich oder örtlich unzuständigen G gestellt, so darf dieser nicht abgelehnt werden, sondern das angerufene G ist verpflichtet, ihn an das zuständige G weiterzuleiten (Abs 4). Das angerufene G hat über die Weiterleitung des Antrags den Ast zu unterrichten.

§ 9 Rechtsmittel gegen eine Entscheidung nach § 7 oder § 8

[1]Gegen die Entscheidung des Insolvenzgerichts nach § 7 oder § 8 findet die sofortige Beschwerde statt. [2]Die §§ 574 bis 577 der Zivilprozessordnung gelten entsprechend.

---

1 Auf die Ausführungen zu Art 102 § 6 wird daher – soweit einschlägig – verwiesen, wobei die Neuordnung der Vorschriften der EuInsVO nF zu beachten ist.

2 Vallender/*Vallender* EuInsVO, Art 102c § 8 Rn 14.

3 Zutr Vallender/*Vallender* EuInsVO, Art 102c § 8 Rn 12.

Art 102c § 9 entspricht Art 102 § 7 und regelt das zulässige Rechtsmittel gegen Entsch des InsGer nach §§ 7, 8. Auf die Ausführungen zu Art 102 § 7 wird daher – soweit einschlägig – verwiesen, wobei die Neuordnung der Vorschriften der EuInsVO nF zu beachten ist. **1**

§ 10 Vollstreckung aus der Eröffnungsentscheidung

[1]Ist der Verwalter eines Hauptinsolvenzverfahrens nach dem Recht des Mitgliedstaats der Europäischen Union, in dem das Insolvenzverfahren eröffnet worden ist, befugt, aufgrund der Entscheidung über die Verfahrenseröffnung die Herausgabe der Sachen, die sich im Gewahrsam des Schuldners befinden, im Wege der Zwangsvollstreckung durchzusetzen, so gilt für die Vollstreckung in der Bundesrepublik Deutschland Artikel 32 Absatz 1 Unterabsatz 1 der Verordnung (EU) 2015/848. [2]Für die Verwertung von Gegenständen der Insolvenzmasse im Wege der Zwangsvollstreckung gilt Satz 1 entsprechend.

Die Vorschrift entspricht weitestgehend der Regelung des Art 102 § 8 und dient der Durchführung v Art 32 Abs 1 Unterabs 1 EuInsVO nF zur Anerkennung und Vollstreckbarkeit v GerichtsEntsch. Auf die Ausführungen zu Art 102 § 8 wird daher – soweit einschlägig – verwiesen, wobei die Neuordnung der Vorschriften der EuInsVO nF zu beachten ist. Die Regelung berücksichtigt allerdings, dass durch die EuGVV nF[1] das Exequatur-Verf abgeschafft wurde (vgl Art 39 EuGVV nF). Sie trifft daher nicht mehr, wie Art 102 § 8, eine Regelung zur Vollstreckbarerklärung, sondern zur **Vollst**.[2] **1**

Das Verf der Vollst (dh das „Wie") richtet sich ausschließlich nach **dt** Recht. Zwar kann der VollstSchu nach den Art 46 ff EuGVV nF ein Verf auf Versagung der Vollst einleiten. Doch kann er entgegen Art 34 Abs 2 EuGVV bzw Art 45 Abs 1 EuGVV nF wegen Art 33 EuInsVO nF nur eine Verletzung des ordre public geltend machen. **2**

§ 11 Voraussetzungen für die Abgabe der Zusicherung

(1) Soll in einem in der Bundesrepublik Deutschland anhängigen Insolvenzverfahren eine Zusicherung nach Artikel 36 der Verordnung (EU) 2015/848 abgegeben werden, hat der Insolvenzverwalter zuvor die Zustimmung des Gläubigerausschusses oder des vorläufigen Gläubigerausschusses nach § 21 Absatz 2 Satz 1 Nummer 1a der Insolvenzordnung einzuholen, sofern ein solcher bestellt ist.

(2) Hat das Insolvenzgericht die Eigenverwaltung angeordnet, gilt Absatz 1 entsprechend.

Übersicht

I. Zustimmung des (vorläufigen) Gläubigerausschusses zur Zusicherung (Abs 1)

Nach Art 36 Abs 4 S 2 der EuInsVO nF sind bei Abgabe der Zusicherung die nach dem Recht des Staates der Eröffnung des HauptInsVerf geltenden Formerfordernisse und Zustimmungserfordernisse hinsichtlich der „Verteilung" zu beachten. Verteilungsvorschriften finden sich in den §§ 187 ff InsO. **1**

---

1 VO (EU) Nr 1215/2012 vom 12.12.2012.
2 Vallender/*Hänel* EuInsVO, Art 102c § 10 Rn 20.

2 In Anlehnung an § 187 Abs 3 S 1 sieht § 11 Abs 1 vor, dass der (vorläufige)[1] HauptInsVerw eines in der BRD anhängigen HauptInsVerf eine Zusicherung nach Art 36 EuInsVO nF nur dann abgeben darf, wenn er zuvor die **Zustimmung des GlAusschusses** oder des **vorläufigen GlAusschusses** nach § 21 Abs 2 S 1 Nr 1 InsO eingeholt hat, sofern ein solcher bestellt ist. Das Zustimmungserfordernis erstreckt sich auf jede Zusicherung, unabhängig v ihrer Bedeutung.[2] Ist kein (vorläufiger) GlAusschuss bestellt, ist eine Beteiligung der Gl nicht erforderlich. Insb ist für diesen Fall keine Befassung der GlVersammlung vorgesehen.[2] Dies ist sachgerecht, da eine solche Befassung der GlVersammlung zeit-und kostenintensiv wäre und damit der praktischen Eilbedürftigkeit des InsVerf nicht gerecht würde.[3] Zudem werden die Interessen der Gl ausreichend durch deren Befugnis geschützt den Verw bei pflichtwidriger Abgabe einer Zusicherung nach § 60 Abs 1 InsO in Haftung zu nehmen.[4] Die fehlende Zustimmung führt jedoch nicht zur Unwirksamkeit der Zusicherung.[5]

II. Abgabe der Zusicherung im Fall der Eigenverwaltung (Abs 2)

3 Abs 2 der Vorschrift sieht vor, dass iF der Eigenverwaltung Abs 1 entspr anzuwenden ist. Die Zusicherung ist in diesem Fall vom **eigenverwaltenden Schu** abzugeben, wobei nach Maßgabe der §§ 275, 277 InsO ein Zustimmungsvorbehalt zu Gunsten des Sachwalters besteht.[6] Soweit Letzteres der Fall ist, kommt der Zustimmung des Sachwalters konstitutive Wirkung zu.[7]

4 Es ist äußert zw, ob Abs 2 verordnungskonform ist. Nach dem klaren Wortlaut des Art 36 Abs 1 S 1 EuInsVO nF kann nämlich nur der „Verw des HauptInsVerf" Erklärender der Zusicherung sein. Ob es sich hierbei um ein redaktionelles Versehen des Verordnungsgebers handelt oder ob der Wortlaut der Vorschrift bewusst eine solche Einschränkung enthält, ist aus den GesetzgebungsMat nicht ersichtlich.[8] Soweit der Verordnungsgeber aber eine entspr Anwendung der Vorschriften der EuInsVO nF auch auf den Schu in Eigenverwaltung wollte, hat er dies ausdrücklich angeordnet (vgl Art 76 EuInsVO nF).[8]

5 Für eine Einbeziehung des eigenverwaltenden Schu unter Art 36 Abs 1 EuInsVO nF spricht jedoch der Sinn und Zweck der Vorschrift.[9]

---

1 Begr zum RegE, BT-Drucks 18/10823, 32; Vallender/*Keller* EuInsVO, Art 102c § 12 Rn 5.

2 Bericht des RAussch, BT-Drucks 18/12154, 31.

3 Vgl auch Bericht des RAussch, BT-Drucks 18/12154, 31; *Madaus* NZI 2017, 203, 206; *Brinkmann* KTS 2014 381, 396 f.; Vallender/*Keller* EuInsVO, Art 102c § 12 Rn 4.

4 Vgl auch Bericht des RAussch, BT-Drucks 18/12154, 31; *Madaus* NZI 2017, 203, 206; *Brinkmann* KTS 2014 381, 396 f.; krit *Wimmer* jurisPR-InsR 11/2017, Anm 1; Vallender/*Keller* EuInsVO, Art 102c § 12 Rn 4.

5 So auch Vallender/*Keller* EuInsVO, Art 102c § 12 Rn 5.

6 Begr zum RegE, BT-Drucks 18/10823, 45; *Braun/Delzant* Art 36 EuInsVO nF Rn 4 f; krit hierzu der BR in seiner Stellungnahme, vgl Begr zum RegE, BT-Drucks 18/10823, 44. Nach Ansicht des BR könnte man v einer Kompetenz des Sachwalters zur Abgabe der Zusicherung ausgehen.

7 *Braun/Delzant* Art 36 EuInsVO nF Rn 5.

8 MK/*Reinhart* Art 36 EuInsVO nF Rn 18.

9 *Braun/Delzant* Art 36 EuInsVO nF Rn 5; im Ergebnis zutr auch Vallender/*Keller* EuInsVO, Art 102c § 12 Rn 6, ohne die gesamte Problematik jedoch näher zu thematisieren.

§ 12 Öffentliche Bekanntmachung der Zusicherung

[1]Der Insolvenzverwalter hat die öffentliche Bekanntmachung der Zusicherung sowie den Termin und das Verfahren zu deren Billigung zu veranlassen. [2]Den bekannten lokalen Gläubigern ist die Zusicherung durch den Insolvenzverwalter besonders zuzustellen; § 8 Absatz 3 Satz 2 und 3 der Insolvenzordnung gilt entsprechend.

Übersicht

I. Öffentliche Bekanntmachung der Zusicherung (S 1)

S 1 der Vorschrift verpflichtet den (vorläufigen)[1] HauptInsVerw zur **öffentlichen Bek** der **abstimmungsreifen** Zusicherung (dh ihres Inhalts) sowie des Termins und des Verf zu ihrer Billigung. Durch die öffentliche Bek soll gewährleistet werden, dass **alle** Gl, die sich an dem „synthetischen" SekundärInsVerf beteiligen wollen, **vor** deren Billigung durch den Verw hinreichend Kenntnis v dem Inhalt der Zusicherung erhalten.[2] Die Vorschrift geht damit über die Voraussetzungen des Art 36 Abs 5 S 4 EuInsVO nF hinaus, der eine Unterrichtung nur gegenüber den **bekannten lokalen** Gl (vgl Art 2 Nr 11 EuInsVO nF) vorsieht. Die Regelung steht jedoch im Einklang mit der EuInsVO nF und berücksichtigt, dass nach Art 24 Abs 3 EuInsVO nF die Mitgliedstaaten zusätzliche Informationen in ihre InsRegister aufnehmen können.[2] 1

II. Zustellung der Zusicherung an bekannte Gläubiger (S 2)

S 2 der Regelung bestimmt darüber hinaus, dass eine Zusicherung den **bekannten lokalen** Gl bes zuzustellen ist, wobei § 8 Abs 3 S 2 und 3 InsO entspr gelten. Das **besondere** Zustellungserfordernis erstreckt sich nach dem eindeutigen Sinn und Zweck des S 2 alleine auf eine durch die lokalen Gl **angenommene**[3] Zusicherung. Durch die Vorschrift soll nämlich gewährleistet werden, dass die lokalen Gl zuverlässig über die Durchführung eines „synthetischen" SekundärInsVerf unterrichtet werden und sich unter Beachtung der kurzen Frist v 30 Tagen nach Art 37 Abs 2 EuInsVO nF hiergegen bei Bedarf auch wehren können (vgl Rn 3).[4] 2

Nach dem klaren Wortlaut des S 2 hat die Zustellung – angelehnt an § 8 Abs 3 S 1 InsO – durch den InsVerw zu erfolgen. Durch den Verweis auf § 8 Abs 3 S 2 wird jedoch klargestellt, dass der Verw sich bei der Zustellung auch eigenen Personals bedienen darf. Schließlich ist der Verw nach § 8 Abs 3 S 3 iVm § 184 Abs 2 S 4 verpflichtet einen Vermerk zu fertigen, aus dem sich ergibt, zu welchem Zeitpunkt und unter welcher Adresse die Aufgabe zur Post geschehen ist. Dieser Vermerk ist zu den Gerichtsakten zu reichen, wobei damit zweckmäßigerweise nur das InsGer des HauptInsVerf gemeint sein kann.[5] Dieses Vorgehen ist im Hinblick auf die Frist v 30 Tagen nach Art 37 Abs 2 EuInsVO nF interessengerecht, da Klarheit über den Zeitpunkt der Zustellung bestehen muss.[4] 3

---

1 Begr zum RegE, BT-Drucks 18/10823, 32; Vallender/Keller EuInsVO, Art 102c § 12 Rn 5.
2 Begr zum RegE, BT-Drucks 18/10823, 31.
3 Unklar Vallender/*Keller* EuInsVO, Art 102c § 12 Rn 3.
4 Begr zum RegE, BT-Drucks 18/10823, 32.
5 Vallender/*Keller* EuInsVO, Art 102c § 12 Rn 3.

§ 13 Benachrichtigung über die beabsichtigte Verteilung

Für die Benachrichtigung nach Artikel 36 Absatz 7 Satz 1 der Verordnung (EU) 2015/848 gilt § 12 Satz 2 entsprechend.

1 Die Vorschrift ergänzt Art 36 Abs 7 S 1 EuInsVO nF, wonach die lokalen Gl zu benachrichtigen sind, bevor Massegegenstände oder der Erlös aus der Verwertung v Massegegenständen verteilt werden. Durch den Verweis der Vorschrift auf **§ 12 S 2** wird sichergestellt, dass die Unterrichtung den bekannten lokalen Gl bes zuzustellen ist und sich der (vorl)[1] HauptInsVerw bei der Zustellung eigenen Personals bedienen darf.[2]

2 **Problematisch** gestaltet sich jedoch, dass der entspr anzuwendende § 12 S 2 die Zustellungspflicht nur auf **bekannte** lokale Gl erstreckt. Anders als Art 36 Abs 5 S 4 EuInsVO nF, dessen Durchführung § 12 S 2 eigentlich dient, sieht der hier maßgebliche Art 36 Abs 7 S 1 EuInsVO eine derartige Einschränkung auf bekannte Gl nicht vor. Die dortige Benachrichtigungspflicht erstreckt sich vielmehr auf **alle** lokalen Gl. § 13 iVm § 12 S 2 ist daher verordnungskonform dahingehend auszulegen, dass der InsVerw zur Zustellung nur an die ihm bekannten lokalen Gl verpflichtet ist, er darüber hinaus die Verteilung jedoch auch **öffentlich bekannt zu machen** hat.[3] Nur so kann gewährleistet werden, dass auch **unbekannte** lokale Gl die Möglichkeit haben v der Verteilung Kenntnis zu erlangen und hiergegen bei Bedarf Rechtsbehelfe einzulegen (vgl dazu § 21 Rn 2, 4).

3 Angesichts der Tatsache, dass die Benachrichtigung durch Zustellung zusätzliche Kosten verursacht, wäre es aus rechtspraktischer Sicht sinnvoller gewesen auf ein Zustellungserfordernis zu verzichten. Eine öffentliche Bek des Verteilungsverzeichnisses wäre ebenfalls ausreichend und verordnungskonform gewesen.[4]

---

1 Begr zum RegE, BT-Drucks 18/10823, 32; Vallender/*Keller* EuInsVO, Art 102c § 12 Rn 5.

2 Begr zum RegE, BT-Drucks 18/10823, 33.

3 Für eine **öffentliche Zustellung** iSv § 185 ZPO statt für eine öffentliche Bek zB Mankowski/Müller/Schmidt/*Mankowski* Art 36 EuInsVO nF Rn 55.

4 In diese Richtung auch *Madaus* NZI 2017, 203, 206.

§ 14 Haftung des Insolvenzverwalters bei einer Zusicherung

Für die Haftung des Insolvenzverwalters nach Artikel 36 Absatz 10 der Verordnung (EU) 2015/848 in einem in der Bundesrepublik Deutschland anhängigen Insolvenzverfahren gilt § 92 der Insolvenzordnung entsprechend.

1 Nach § 36 Abs 10 EuInsVO nF haftet der (vorläufige)[1] HauptInsVerw den lokalen Gl für jeden Schaden infolge der Nichterfüllung seiner Pflichten und Auflagen, die ihm aus Art 36 EuInsVO erwachsen. Nach § 102c § 14 ist auf die Geltendmachung dieses Schadens § 92 InsO als rein verfahrensrechtl Bestimmung anwendbar.[1] Entsprechendes hat auch für den eigenverwaltenden Schu zu gelten (vgl auch die Ausführungen unter Art 102c § 11 Rn 3 ff).[2]

2 Zwar handelt es sich bei diesem Schaden idR nicht um einen Gesamtschaden iSd § 92 InsO, soweit nicht alle InsGl des Schu gleichermaßen geschädigt sind.[2] Eine gemeinschaftliche Geltendmachung dieses Schadens entspr § 92 InsO ist aber gleichwohl gerechtfertigt, da die

---

1 Krit dagegen mit Blick auf die Vereinbarkeit der Vorschrift mit Europarecht Vallender/*Keller* EuInsVO, Art 102c § 14 Rn 3.

2 Vallender/*Keller* EuInsVO, Art 102c § 14 Rn 2.

sehen war[7] und erst auf Empfehlung des RAussch gestrichen wurde[8] – ist anders als bei einem InsPlanVerf nicht erforderlich.

Diese Zuweisung der Durchführungskompetenz an den HauptInsVerw sowie das Fehlen einer gerichtlichen BilligungsEntsch sind auch **verordnungskonform**, da die EuInsVO nF eine gerichtliche Einbindung an keiner Stelle ausdrücklich vorsieht.[9] Entscheidend für die Billigung der Zusicherung ist nach Art 36 Abs 5 S 2 EuInsVO nF lediglich der Nachweis, einer tatsächlichen Zustimmung einer Mehrheit der lokalen Gl, wobei das nationale Recht das erforderlichen Zustimmungsquorum und die Zustimmungsmodalitäten bestimmen kann.[10] Nur zu diesem Zweck verweist die EuInsVO nF auf die nationalen Vorschriften, sodass auf die bei einem InsPlan erforderliche gerichtliche BilligungsEntsch (vgl § 248 InsO) richtigerweise verzichtet werden konnte. 3

Schließlich trägt das Fehlen einer gerichtlichen Billigung auch dem Umstand Rechnung, dass iRd Prüfung eines Antrags auf Eröffnung eines SekundärInsVerf nach Art 38 Abs 2 EuInsVO nF **alle** Gesichtspunkte (zB die Ordnungsgemäßheit der Gruppenbildung, Erreichung der erforderlichen Mehrheiten etc.) Berücksichtigung finden, die im Rahmen einer Entsch über die Bestätigung einer Abstimmung über die Zusicherung beachtet werden können.[11] Dann aber widerspricht es nicht nur der Verfahrensökonomie, sondern auch dem Gesichtspunkt der praktischen Wirksamkeit des in der EuInsVO nF vorgesehenen Instruments der Zusicherung und der durch dieses ermöglichten „synthetischen" Abwicklung v SekundärInsVerf, wenn das InsGer ohne erkennbaren Nutzen mit demselben Sachverhalt in zwei verschiedenen Verfahrensstufen befasst werden würde.[12] 4

Der ausl Verw hat sich somit mit dem dt Abstimmungsmodus vertraut zu machen und diesen in der Abstimmung über die Billigung zur Geltung zu bringen.[13] 5

III. Anwendbare Vorschriften bei der Abstimmung über die Zusicherung (Abs 1 S 2)

Während die **abschließende** Verweisung in § 17 Abs 1 S 2 auf die §§ 222, 243, 244 Abs 1 und 2 und 246 InsO unproblematisch ist, wurde die Aufnahme des § 245 InsO in den Katalog der anzuwendende Vorschrift bereits iRd GesetzgebungsVerf heftig kritisiert.[14] Eingewandt wurde insb, dass das nach nationalem Recht erforderliche Zustimmungsquorum sich ausschließlich auf das **tatsächliche** Zustimmungsquorum – dh nach dt Recht die §§ 243, 244 – beziehe.[15] Eine **fiktive** Zustimmung im Wege der Bejahung eines Obstruktionsverbots falle dagegen nicht hierunter.[16] Der Gesetzgeber hat sich letztlich gegen eine Streichung des § 245 InsO entschieden. Dies ist zu begrüßen, da eine Überprüfung, ob die Zusicherung durch die Gl ordnungsgemäß gebilligt wurde, durch das G iRd Entsch über einen Antrag auf Eröffnung eines SekundärInsVerf nach Art 38 Abs 2 EuInsVO nF erfolgen kann (vgl 6

7 Vgl Begr zum RegE, BT-Drucks 18/10823, 12, 36.
8 Vgl Bericht des RAussch, BT-Drucks 18/12154, 33.
9 Bericht des RAussch, BT-Drucks 18/12154, 32.
10 So bereits *Madaus* NZI 2017, 203, 205.
11 Bericht des RAussch, BT-Drucks 18/12154, 32; *Madaus* NZI 2017, 203, 205; MK/*Reinhart* Art 36 EuInsVO nF Rn 26 und Art 38 EuInsVO nF Rn 10; krit *Wimmer* jurisPR-InsR 11/2017, Anm 1.
12 Bericht des RAussch, BT-Drucks 18/12154, 32; vgl ausführlich zum Streitstand iRd Gesetzgebungsverfahrens auch Vallender/*Keller* EuInsVO, Art 102c § 17 Rn 3 ff.
13 Begr zum RegE, BT-Drucks 18/10823, 34; insgesamt krit hierzu Vallender/*Keller* EuInsVO, Art 102c § 17 Rn 6.
14 Vgl *Madaus* NZI 2017, 203, 205 mwN.
15 *Braun/Delzant* Art 36 EuInsVO nF Rn 16.
16 *Madaus* NZI 2017, 203, 205.

oben Rn 4).[17] Rechtsschutzgesichtspunkte stehen einer Anwendung des § 245 InsO daher nicht entgegen.

7 Eine Zustimmung des Schu zur Zusicherung ist nicht erforderlich, da durch die Zusicherung nicht in die Interessensphäre des Schu eingegriffen wird.[18]

IV. Unterrichtung der Gläubiger durch Insolvenzverwalter (Abs 2)

8 Art 36 Abs 5 S 3 EuInsVO nF sieht vor, dass die (lokalen) Gl über **„Fernkommunikationsmittel"** an der Abstimmung über die Zusicherung teilnehmen können, sofern das nationale Recht dies gestattet. Diese Regelung wird durch § 17 Abs 2 **S 1** ergänzt, wonach der Verw des HauptInsVerf die lokalen Gl darüber zu informieren hat, welche Fernkommunikationsmittel bei der Abstimmung zulässig sind (**Alt 1**) und welche Gruppen über die Abstimmung gebildet wurden (**Alt 2**).

9 Der Begriff der Fernkommunikationsmittel ist im Interesse einer einheitlichen Rechtsauslegung nach Art 2 Nr 7 VRRL[19] zu bestimmen. Als Fernkommunikationsmittel kommen neben Brief, Fax und Telefon auch E-Mail oder Messagingdienste in Betracht. Soweit es die Abstimmung über Fernkommunikationsmittel betrifft, sieht die InsO eine solche rudimentär in § 242 Abs 1 InsO bereits vor.[20] Dass § 242 Abs 1 InsO nicht sämtliche in Art 2 Nr 7 VRRL genannten Mittel listet und zulässt, steht der Zulässigkeit des § 17 Abs 2 S 1 Alt 1 dagegen nicht entgegen, da der Verw lediglich über die zulässigen Fernkommunikationsmittel „informiert". Die Unterrichtungspflicht beinhaltet dagegen keine eigenständige Entscheidungskompetenz des Verw hinsichtlich der im konkreten Verf zugelassenen Kommunikationsmittel.[21]

10 Abs 2 **S 2** des § 17 sieht ferner vor, dass der Verw die lokalen Gl darauf hinzuweisen hat, dass diese bei der Anmeldung ihrer Forderungen Urkunden beifügen sollen, aus denen sich ergibt, dass sie lokale Gl iSd Art 2 Nr 11 EuInsVO nF sind.

§ 18 Stimmrecht bei der Abstimmung über die Zusicherung

(1) [1]Der Inhaber einer zur Teilnahme an der Abstimmung über die Zusicherung angemeldeten Forderung gilt vorbehaltlich des Satzes 2 auch dann als stimmberechtigt, wenn der Verwalter des Hauptinsolvenzverfahrens oder ein anderer lokaler Gläubiger bestreitet, dass die Forderung besteht oder dass es sich um die Forderung eines lokalen Gläubigers handelt. [2]Hängt das Abstimmungsergebnis von Stimmen ab, die auf bestrittene Forderungen entfallen, kann der Verwalter oder der bestreitende lokale Gläubiger bei dem nach § 1 Absatz 2 zuständigen Gericht eine Entscheidung über das Stimmrecht erwirken, das durch die bestrittenen Forderungen oder eines Teils davon gewährt wird; § 77 Absatz 2 Satz 2 der Insolvenzordnung gilt entsprechend. [3]Die Sätze 1 und 2 gelten auch für aufschiebend bedingte Forderungen. [4]§ 237 Absatz 1 Satz 2 der Insolvenzordnung gilt entsprechend.

---

17 MK/*Reinhart* Art 36 EuInsVO nF Rn 26 und Art 38 EuInsVO nF Rn 10.

18 Vallender/*Keller* EuInsVO, Art 102c § 17 Rn 8.

19 Richtlinie 2011/83/EU des Europäischen Parlaments und des Rates vom 25.10.2011 über die Rechte der Verbraucher, zur Abänderung der Richtlinie 93/13/EWG des Rates und der Richtlinie 1999/44/EG des Europäischen Parlaments und des Rates sowie zur Aufhebung der Richtlinie 85/577/EWG des Rates und der Richtlinie 97/7/EG des Europäischen Parlaments und des Rates; vgl auch Mankowski/Müller/Schmidt/*Mankowski* Art 36 EuInsVO nF Rn 50.

20 Ungenau hierzu der BR in seiner Stellungnahme, vgl Begr zum RegE, BT-Drucks 18/10823, 44 f, der davon ausgeht, dass die InsO eine Abstimmung über Fernkommunikationsmittel bisher nicht vorsieht und die Regelung daher äußerst krit bewertet.

21 Begr zum RegE, BT-Drucks 18/10823, 45.

(2) Im Rahmen des Verfahrens über eine Zusicherung gilt die Bundesagentur für Arbeit als lokaler Gläubiger nach Artikel 36 Absatz 11 der Verordnung (EU) 2015/848.

Übersicht

I. Stimmrecht bei Abstimmung über die Zusicherung (Abs 1)

§ 18 Abs 1 regelt die Frage mit welchem **Stimmrecht** die lokalen Gl sich an der Abstimmung über die Zusicherung beteiligen können. Nach **S 1** der Regelung sind lokale Gl grds in Höhe ihrer angemeldeten Forderungen stimmberechtigt. Dies soll nach S 1 regelmäßig auch dann gelten, wenn der Verw des HauptInsVerf oder ein anderer lokaler Gl bestreitet, dass die Forderung besteht oder dass es sich um die Forderung eines lokalen Gl handelt. Diese Regelung trägt dem Umstand Rechnung, dass nach Ziffer 44 S 2 der Erwägungsgründe zur EuInsVO nF die Inhaber v Forderungen idealerweise auch dann als stimmberechtigt gelten sollten, wenn die Forderungen bestr sind.[1] Zwar könnte Ziffer 44 S 2 der Erwägungsgründe zur EuInsVO nF auch dahin verstanden werden, dass für die Zwecke der Abstimmung eine Feststellung der Forderung der Gl nur erforderlich sein soll, wenn das nationale Recht für die Abstimmung eine vollständige Feststellung der Forderung – etwa durch einen Feststellungsprozess – voraussetzt.[2] Diese Sichtweise wird jedoch der besonderen Eilbedürftigkeit des ZusicherungsVerf nicht gerecht und ist abzulehnen. 1

Ebenfalls zu begrüßen ist, dass der Gesetzgeber sich gegen eine Ausgestaltung der Regelung als unwiderlegliche Vermutung entschieden hat, da dies mit Blick auf denkbare missbräuchliche Praktiken dem Sinn und Zweck der EuInsVO nF zweifelsfrei zuwiderlaufen würde.[3] 2

Der in S 1 der Vorschrift verankerte Grundsatz wird durch die Regelung in **S 2** durchbrochen. Hat das Stimmverhalten v lokalen Gl mit bestr Forderungen Einfluss auf das AbstimmungsErg, kann der Verw oder der bestreitende Gl bei dem nach § 1 Abs 2 zuständigen InsGer eine Entsch über das Stimmrecht beantragen. Für dieses Verf gilt § 77 Abs 2 S 2 InsO entspr. Funktionell zuständig ist nach § 19a Abs 1 Nr 3 RPflG der Richter. Die Entsch des Gerichts ist nach § 6 Abs 1 InsO unanfechtbar. 3

§ 18 **S 3** legt schließlich fest, dass die S 1 und 2 auch für aufschiebend bedingte Forderungen gelten. Durch die Verweisung in **S 4** auf § 237 Abs 1 S 2 wird zudem sichergestellt, dass absonderungsberechtigte Gl nur insoweit zur Abstimmung als InsGl berechtigt, als ihnen der Schu auch persönlich haftet und sie auf die abgesonderte Befriedigung verzichten oder bei ihr ausfallen. 4

II. Bundesagentur für Arbeit als lokaler Gläubiger (Abs 2)

Eine Behörde im Staat der Niederlassung, die nach der Richtlinie 2008/94/EG vom 22.10.2008 über den Schutz der Arbeitnehmer bei Zahlungsunfähigkeit des Arbeitgebers für die Insolvenzsicherung der Arbeitnehmer zuständig ist, gilt nach Art 36 Abs 11 EuInsVO nF als lokaler Gl iSd Art 2 Nr 11 EuInsVO nF, sofern dies im nationalen Recht geregelt ist. In der BRD haben die im Inland beschäftigten Arbeitnehmer nach § 165 Abs 1 S 3 SGB III einen Anspruch auf InsGeld auch bei einem ausl Insolvenzereignis. Stellt ein solcher 5

---

1 Bericht des RAussch, BT-Drucks 18/12154, 33.
2 So noch die Begr zum RegE, BT-Drucks 18/10823, 35.
3 Zutr Bericht des RAussch, BT-Drucks 18/12154, 33.

Arbeitnehmer einen Antrag auf Gewährung v InsGeld, so gehen dessen Ansprüche auf Arbeitsentgelt nach § 169 SGB III auf die BA über. Auch wenn sich bereits aus diesem Forderungsübergang ergibt, dass die BA als lokaler Gl eingestuft werden kann, wird aus Gründen der Rechtsklarheit in § 18 Abs 2 bestimmt, dass die **BA** als lokaler Gl in einem Verf über die Zusicherung abstimmungsbefugt ist.[4]

4 Begr zum RegE, BT-Drucks 18/10823, 35.

§ 19 Unterrichtung über das Ergebnis der Abstimmung

Für die Unterrichtung nach Artikel 36 Absatz 5 Satz 4 der Verordnung (EU) 2015/848 gilt § 12 Satz 2 entsprechend.

1 § 19 soll nach Auff des Gesetzgebers Art 36 Abs 5 S 4 EuInsVO nF ergänzen. Diese Norm schreibt ua vor, dass der InsVerw die bekannten lokalen Gl über das AbstimmungsErg unterrichtet. Durch den Verweis auf § 12 Abs 2 S 2 wird dabei sichergestellt, dass die Unterrichtung der lokalen Gl bes zuzustellen ist und sich der InsVerw bei der Zustellung eigenen Personals bedienen darf.[4]

§ 20 Rechtsbehelfe gegen Entscheidungen über die Eröffnung eines Sekundärinsolvenzverfahrens

(1) [1]Wird unter Hinweis auf die Zusicherung die Eröffnung eines Sekundärinsolvenzverfahrens nach Artikel 38 Absatz 2 der Verordnung (EU) 2015/848 abgelehnt, so steht dem Antragsteller die sofortige Beschwerde zu. [2]Die §§ 574 bis 577 der Zivilprozessordnung gelten entsprechend.

(2) [1]Wird in der Bundesrepublik Deutschland ein Sekundärinsolvenzverfahren eröffnet, ist der Rechtsbehelf nach Artikel 39 der Verordnung (EU) 2015/848 als sofortige Beschwerde zu behandeln. [2]Die §§ 574 bis 577 der Zivilprozessordnung gelten entsprechend.

Übersicht

I. Rechtsbehelf gegen ablehnende Eröffnungsentscheidung bei Zusicherung (Abs 1)

1 Selbst wenn eine Zusicherung des InsVerw v den lokalen Gl gebilligt wurde, kann nach Art 37 Abs 2 EuInsVO nF innerhalb einer Frist v 30 Tagen, die nach Erhalt der **Mitteilung** über die Billigung zu laufen beginnt, ein Antrag auf Eröffnung eines SekundärInsVerf gestellt werden. Dem Eröffnungsantrag ist nach Art 38 Abs 2 EuInsVO nF stattzugeben, wenn das angerufene G der Überzeugung ist, dass durch die Zusicherung die Interessen der lokalen Gl nicht angemessen geschützt werden. Gegen eine **ablehnende** Entsch eröffnet § 20 Abs 1 **S 1** dem **Ast** das Rechtsmittel der **sof Beschw**.

2 Zwar sieht bereits § 34 InsO für alle Arten v InsVerf und damit auch für ein SekundärInsVerf das Rechtsmittel der sof Beschw vor. Der Gesetzgeber sah es jedoch angesichts der vielfältigen Rechtsbehelfe, die die EuInsVO nF iRd ZusicherungsVerf vorsieht (vgl auch Art 36 Abs 7 S 2, Abs 8 und Abs 9 EuInsVO nF), im Interesse der Rechtsklarheit als sinn-

voll an, demjenigen, der erfolglos einen Antrag auf Eröffnung eines SekundärInsVerf gestellt hat, ausdrücklich die BeschwBefugnis durch § 21 Abs 1 S 1 zu eröffnen.[1]

Durch die Verweisung in Abs 1 **S 2** auf die §§ 574–577 ZPO wird gegen die Entsch über die sof Beschw zudem die **RechtsBeschw** eröffnet. 3

II. Rechtsbehelf gegen Eröffnungsentscheidung trotz Zusicherung (Abs 2)

Wird ein SekundärInsVerf eröffnet, obwohl eine wirksame Zusicherung vorliegt, so wird hierdurch massiv in die Verwaltungskompetenz des HauptInsVerw eingegriffen. Art 39 EuInsVO nF räumt dem HauptInsVerw die Befugnis ein, die EröffnungsEntsch anzufechten, wenn er der Auff ist, das G habe den Anforderungen des Art 38 EuInsVO nF nicht entsprochen. § 21 Abs 2 S 1 ergänzt diese Regelung und stellt klar, dass der mit Art 39 EuInsVO nF eröffnete Rechtsbehelf als sof Beschw zu behandeln ist. 4

Durch die Verweisung in Abs 2 **S 2** auf die §§ 574–577 ZPO wird gegen die Entsch über die sof Beschw zudem die **RechtsBeschw** eröffnet 5

---

1 Begr zum RegE, BT-Drucks 18/10823, 36.

§ 21 Rechtsbehelfe und Anträge nach Artikel 36 der Verordnung (EU) 2015/848

(1) [1]Für Entscheidungen über Anträge nach Artikel 36 Absatz 7 Satz 2 oder Absatz 8 der Verordnung (EU) 2015/848 ist das Insolvenzgericht ausschließlich örtlich zuständig, bei dem das Hauptinsolvenzverfahren anhängig ist. [2]Der Antrag nach Artikel 36 Absatz 7 Satz 2 der Verordnung (EU) 2015/848 muss binnen einer Notfrist von zwei Wochen bei dem Insolvenzgericht gestellt werden. [3]Die Notfrist beginnt mit der Zustellung der Benachrichtigung über die beabsichtigte Verteilung.

(2) Für die Entscheidung über Anträge nach Artikel 36 Absatz 9 der Verordnung (EU) 2015/848 ist das Gericht nach § 1 Absatz 2 zuständig.

(3) Unbeschadet des § 58 Absatz 2 Satz 3 der Insolvenzordnung entscheidet das Gericht durch unanfechtbaren Beschluss.

Übersicht

Art 36 Abs 7 S 2, Abs 8 und Abs 9 EuInsVO nF sehen verschieden Rechtsbehelfe vor, die durch § 21 in das dt VerfRecht eingepasst werden. 1

I. Örtliche Zuständigkeit und weitere Voraussetzungen bei Anträgen nach Art 36 Abs 7 S 2 und Abs 8 EuInsVO (Abs 1)

§ 21 Abs 1 **S 1 Alt 1** flankiert die Regelung in Art 36 Abs 7 S 2 EuInsVO nF, wonach jeder lokal Gl (vgl Art 2 Nr 11 EuInsVO) eine durch den Verw **beabsichtigte Verteilung anfechten** kann, wenn er der Auff ist, dass der Verw hierbei v der Zusicherung abweichen will. Die Vorschrift legt fest, dass für die Rechtsbehelfe und Anträge nach Art 36 Abs 7 S 2 EuInsVO 2 nF[1] das (inländische) InsGer **ausschließlich örtlich** zuständig ist, bei dem das HauptInsVerf anhängig ist. Der Begriff der **„Anhängigkeit"** ist dabei unionsrechtlich iSd Art 2 Nr 4, 5, 7, 8 und Art 34 EuInsVO nF zu verstehen. Er kann auch das InsEröffnungsVerf erfassen (vgl auch Art 102c § 4 Rn 3). Einer Eröffnung gem § 27 InsO bedarf es dann nicht, sie ist aber genügend.[2]

3 Entspr soll nach § 21 Abs 1 **S 1 Alt 2** für die Regelung in Art 36 Abs 8 EuInsVO nF[3] gelten, wonach lokale Gl das G des Mitgliedstaats, in dem das HauptInsVerf eröffnet wurde, **anrufen** können, um sicherzustellen, dass der HauptInsVerw die v ihm abgegebene **Zusicherung beachtet**. Nach Art 36 Abs 8 EuInsVO kann das angerufene G dabei **„alle geeigneten Maßnahmen"** nach **seinem nationalen Recht** ergreifen um die Einhaltung der Zusicherung (nicht jedoch deren Erfüllung)[4] zu gewährleisten. Aus der GesetzesBegr zu § 21 Abs 1 ergibt sich, dass sich die möglichen „geeigneten Maßnahmen" allein **§ 58 InsO** zu entnehmen sind.[5] Das G kann etwa eine Auskunft v dem InsVerw über die Zusicherung und ihre Umsetzung verlangen. Bei Pflichtverletzungen kann das G ggf ein Zwangsgeld festsetzen.[6]

4 Für die „Anf" nach Art 36 Abs 7 S 2 EuInsVO nF sieht § 21 Abs 1 **S 2** weiter vor, dass diese innerhalb einer **Notfrist** v **zwei** Wochen bei dem zuständigen InsGer einzulegen ist. Daraus folgt im Umkehrschluss, dass Anträge nach Art 36 Abs 8 EuInsVO nF jederzeit möglich sind.[7] Die Frist beginnt nach § 21 Abs 1 **S 3** zu laufen, sobald dem bekannten lokalen Gl die Information über die vom Verw geplante Verteilung zugestellt worden ist. IF v unbekannten lokalen Gl ist der Zeitpunkt der öffentlichen Bek maßgeblich (vgl hierzu auch Art 102c § 13 Rn 2).[8]

5 Die Notfrist v zwei Wochen ist auch mit der EuInsVO nF vereinbar, da zu Gunsten der Rechtssicherheit rasch Klarheit darüber zu gewinnen ist, ob die vom Verw beabsichtigte Verteilung mit der v ihm abgegebenen Zusicherung im Einklang stimmt.[9]

II. Örtliche Zuständigkeit und weitere Voraussetzungen bei Anträgen nach Art 36 Abs 9 EuInsVO (Abs 2)

6 § 21 Abs 2 ergänzt Art 36 Abs 9 EuInsVO nF, wonach dass das G des Mitgliedstaates, in dem ein SekundärInsVerf eröffnet worden wäre, auf Antrag eines lokalen Gl „einstweilige Maßnahmen oder Sicherungsmaßnahmen" erlässt, um den HauptInsVerw zur Einhaltung der Zusicherung anzuhalten. Die Regelung legt fest, dass das InsGer, in dessen Bezirk die Niederlassung des Schu liegt, nach Art 102c § 1 Abs 2 S 1 **ausschließlich örtlich** zuständig für den Antrag nach Art 36 Abs 9 EuInsVO nF ist. Unterhält der Schu mehrere Niederlassungen, aus deren Geschäftsbetrieb Verbindlichkeiten erwachsen sind, so gilt über § 1 Abs 2 S 2 das Prioritätsprinzip des § 3 Abs 2 InsO.

---

1 Hierbei handelt es sich um einen Rechtsbehelfe kraft Unionsrechts, sodass es keines Rückgriffs auf Maßnahmen nach nationalem Rech bedarf.

2 Zutr Vallender/*Zipperer* EuInsVO, Art 102c § 21 Rn 9.

3 **Hierbei handelt es sich um einen Rechtsbehelfe kraft Unionsrechts, sodass es keines Rückgriffs auf Maßnahmen nach nationalem Recht bedarf.**

4 Vallender/*Zipperer* EuInsVO, Art 102c § 21 Rn 8.

5 Vgl Begr zum RegE, BT-Drucks 18/10823, 36; weitergehender dagegen MK/*Reinhart* Art 36 EuInsVO nF Rn 37; *Pluta/Keller* FS Vallender, 2015, S 437, 450.

6 Begr zum RegE, BT-Drucks 18/10823, 36.

7 Zutr Vallender/*Zipperer* EuInsVO, Art 102c § 21 Rn 15.

8 Vgl ausführlich zur Problematik der „Zustellung" auch Vallender/*Zipperer* EuInsVO, Art 102c § 21 Rn 16.

9 So auch Begr zum RegE, BT-Drucks 18/10823, 36.

Dem G ist bei der Entsch darüber, welche Maßnahmen zu ergreifen sind, ähnlich wie bei § 21 InsO ein breites Spektrum v Möglichkeiten eröffnet.[10] Art 38 Abs 3 Unterabs 2 EuInsVO nF nennt hierbei beispielhaft die Befugnis des G, dem Verw des HauptInsVerf zu untersagen, Gegenstände der Masse aus dem Niederlassungsstaat zu entfernen. Grundsätzlich zu beachten ist jedoch, dass Art 36 Abs 9 EuInsVO nF anders als Art 36 Abs 8 EuInsVO nF nicht auf die nach nationalem Recht (dh des potentiellen SekundärInsVerf-Staats) zulässigen Maßnahmen verweist. Die **„einstweiligen Maßnahmen oder Sicherungsmaßnahmen"** sind daher **unionsrechtl zu bestimmen**, sodass äußerst zw ist, ob ein angerufenes G stets alle ihm passenden Maßnahmen, die ihm das nationale (Prozess-) Recht zur Vfg stellt, ergreifen kann.[11] Zuzustimmen dürfte nur dem ersten Halbsatz sein.[12] 7

III. Entscheidung durch Beschluss (Abs 3)

§ 21 Abs 3 regelt schließlich, dass das G grds durch **unanfechtbaren Beschl** entscheidet. Funktionell zuständig ist nach § 19a Abs 3 Nr 4 RPflG der Richter. Dies ist mit der EuInsVO nF und deutschem Verfassungsrecht vereinbar, da diese den lokalen Gl zwar verschiedene Antragsrechte (so) zubilligt, hieraus jedoch nicht zwingend gefolgert werden kann, dass gegen die Entsch des G auch ein weiteres Rechtsmittel eröffnet werden muss.[13] 8

Dies gilt allerdings nicht für den Beschl, durch den das G ein Zwangsgeld gegen den Verw festsetzt. Nach § 58 Abs 2 S 3 InsO steht dem InsVerw gegen einen ZwangsgeldBeschl die sof Beschw zu.[10] 9

---

10 Begr zum RegE, BT-Drucks 18/10823, 37.

11 In diesem Sinne aber Mankowski/Müller/Schmidt/*Mankowski* Art 36 EuInsVO nF Rn 66; *Pluta/Keller* FS Vallender, 2015, S 437, 450; Vallender/*Zipperer* EuInsVO, Art 102c § 21 Rn 19

12 Vgl zu möglichen Maßnahmen Vallender/*Zipperer* EuInsVO, Art 102c § 21 Rn 20.

13 Begr zum RegE, BT-Drucks 18/10823, 37; zust auch Vallender/*Zipperer* EuInsVO, Art 102c § 21 Rn 22 f

§ 22[1] Eingeschränkte Anwendbarkeit des § 56b und der §§ 269a bis 269i der Insolvenzordnung

(1) Gehören Unternehmen einer Unternehmensgruppe im Sinne von § 3e der Insolvenzordnung auch einer Unternehmensgruppe im Sinne von Artikel 2 Nummer 13 der Verordnung (EU) 2015/848 an,

1. **findet § 269a der Insolvenzordnung keine Anwendung, soweit Artikel 56 der Verordnung (EU) 2015/848 anzuwenden ist,**
2. **finden § 56b Absatz 1 und § 269b der Insolvenzordnung keine Anwendung, soweit Artikel 57 der Verordnung (EU) 2015/848 anzuwenden ist.**

(2) Gehören Unternehmen einer Unternehmensgruppe im Sinne von § 3e der Insolvenzordnung auch einer Unternehmensgruppe im Sinne von Artikel 2 Nummer 13 der Verordnung (EU) 2015/848 an, ist die Einleitung eines Koordinationsverfahrens nach den §§ 269d bis 269i der Insolvenzordnung ausgeschlossen, wenn die Durchführung des Koordinationsverfahrens die Wirksamkeit eines Gruppen-Koordinationsverfahrens nach den Artikeln 61 bis 77 der Verordnung (EU) 2015/848 beeinträchtigen würde.

---

1 Dies Regelungen tritt nach Art 9 Abs 2 des G zur Durchführung der VO (EU) 2015/848 über InsVerf, BGBl I S 1476 erst am 13.4.2018 in Kraft.

Übersicht

I. Kommunikations- und Kooperationspflichten (Abs 1)

1 § 22 Abs 1 dient der Klärung des Verhältnisses der Kommunikations- und Kooperationspflichten der §§ 56b Abs 1, 269a und 269b InsO zu den entspr Pflichten nach den Art 56 und 57 der EuInsVO nF.[2]

2 Zwar erschließt sich nicht auf Anhieb, warum es einer solchen gesetzgeberischen Klarstellung im dt Recht überhaupt bedurfte. In ihrem Anwendungsbereich genießt die EuInsVO nF Vorrang vor den nationalen Bestimmungen. Insb bestimmt Ziffer 62 der Erwägungsgründe der EuInsVO nF ausdrücklich, dass die Vorschriften der EuInsVO nF über die Zusammenarbeit, Kommunikation und Koordinierung bei KonzernIns nur insoweit Anwendung finden, als Verf über das Vermögen verschiedener Mitglieder einer Unternehmensgruppe (iSd Art 2 Nr 13 EuInsVO nF) in **mehr als einem** Mitgliedstaat eröffnet worden sind.[3] Daraus folgt eindeutig, dass im Verhältnis zwischen **rein inländischen** Verf die Art 56 und 57 der EuInsVO nF nicht zwingend anzuwenden sind. Zwar hat auch der dt Gesetzgeber dieses Verhältnis erkannt, ging jedoch unter Bezugnahme auf zahlreiche Stimmen in der Lit davon aus, dass ein solches Verständnis die (praktische) Wirksamkeit der Art 56 und 57 der EuInsVO nF beeinträchtigen würde und sah sich dementsprechend zur Schaffung der Vorschrift des Art 102c § 22 veranlasst.[2]

3 § 22 Abs 1 sieht daher vor, dass die Kommunikations- und Kooperationspflichten der §§ 56b Abs 1, 269a und 269b InsO **keine Anwendung** finden, wenn ein Unternehmen einer Unternehmensgruppe iSd § 3e InsO auch einer Unternehmensgruppe iSd Art 2 Nr 13 EuInsVO nF angehört, dh, wenn es seinen COMI in einem anderen Mitliedstaat der EU als der BRD hat.[4] Dies gilt auch dann, wenn ein bestehender grenzüberschreitender Bezug zunächst vorgelegen hat, dieser aber später weggefallen ist, zB weil ein anderes InsVerf in der EU nachträglich aufgehoben worden ist.[5]

4 Zu beachten ist, dass die deutschen Regelungen nach dem klaren Wortlaut des § 22 Abs 1 nur „soweit" nicht anzuwenden sind, als Art 56 EuInsVO Anwendung findet. Das hat zur Folge, dass **strengere** deutsche Kooperationspflichten für Verwalter und Gericht durchaus anwendbar sind. Dieses Verständnis liegt auch der EuInsVO zu Grunde, wie sich aus Ziffer 61 der Erwägungsgründe der EuInsVO nF ergibt.[6]

II. Koordinationsverfahren (Abs 2)

5 Unter den gleichen Voraussetzungen wie § 22 Abs 1 sieht **Abs 2** der Vorschrift für nationale KoordinationsVerf nach den § 269d–269i InsO einen grds Vorrang der Bestimmungen über Gruppen-KoordinationsVerf nach den Art 61–77 EuInsVO nF vor (vgl hierzu näher § 23 Rn 1), wenn die Durchführung des nationalen KoordinationsVerf die Durchführung des Gruppen-KoordinationsVerf beeinträchtigen würde.[2] Es ist daher im Einzelfall zu klären, ob das nationale KoordinationsVerf nachteilige Folgen für das Gruppen-KoordinationsVerf haben könnte

---

2 Bericht des RAussch, BT-Drucks 18/12154, 33.
3 Zutr *Wimmer* jurisPR-InsR 11/2017, Anm 1.
4 *Wimmer* jurisPR-InsR 11/2017, Anm 1.
5 Vallender/*Hermann* EuInsVO, Art 102c § 22 Rn 5.
6 Zutr Vallender/*Hermann* EuInsVO, Art 102c § 22 Rn 4.

bzw. einen über das Gruppen-KoordinationsVerf erzielbaren **Koordinationsmehrwert** schafft.[7] Angesichts der erheblichen unterschiedlichen Ausgestaltung der verschiedenen Koordinations-Verf dürfte Letzteres idR nicht zutreffen, sodass ein europäisches Gruppen-KoordinationsVerf in der Praxis wohl regelmäßig Vorrang haben wird.[8]

7 Bericht des RAussch, BT-Drucks 18/12154, 34.
8 Vallender/*Hermann* EuInsVO, Art 102c § 22 Rn 8.

§ 23 Beteiligung der Gläubiger

(1) [1]Beabsichtigt der Verwalter, die Einleitung eines Gruppen-Koordinationsverfahrens nach Artikel 61 Absatz 1 der Verordnung (EU) 2015/848 zu beantragen und ist die Durchführung eines solchen Verfahrens von besonderer Bedeutung für das Insolvenzverfahren, hat er die Zustimmung nach den §§ 160 und 161 der Insolvenzordnung einzuholen. [2]Dem Gläubigerausschuss sind die in Artikel 61 Absatz 3 der Verordnung (EU) 2015/848 genannten Unterlagen vorzulegen.

(2) Absatz 1 gilt entsprechend

1. **für die Erklärung eines Einwands nach Artikel 64 Absatz 1 Buchstabe a der Verordnung (EU) 2015/848 gegen die Einbeziehung des Verfahrens in das Gruppen-Koordinationsverfahren,**
2. **für den Antrag auf Einbeziehung des Verfahrens in ein bereits eröffnetes Gruppen-Koordinationsverfahren nach Artikel 69 Absatz 1 der Verordnung (EU) 2015/848 sowie**
3. **für die Zustimmungserklärung zu einem entsprechenden Antrag eines Verwalters, der in einem Verfahren über das Vermögen eines anderen gruppenangehörigen Unternehmens bestellt wurde (Artikel 69 Absatz 2 Buchstabe b der Verordnung (EU) 2015/848).**

§ 23 ergänzt die Vorschriften der Art 61–77 EuInsVO nF zum Gruppen-KoordinationsVerf. 1
Es handelt sich bei einem solchen Verf nicht um ein EinheitsVerf über das Vermögen der Unternehmensgruppe (iSd Art 2 Nr 13 EuInsVO nF), sondern um einen Rahmen zur Ermöglichung einer Koordinierung der EinzelVerf, die über das Vermögen der einzelnen Mitglieder der Unternehmensgruppe eröffnet worden sind. Bei einem solchen Gruppen-KoordinationsVerf kommt den einzelnen Verw neben dem sog Koordinator (vgl Art 71 f EuInsVO nF) eine besondere Rolle zu. Ihnen sind nach der EuInsVO nF wichtige Befugnisse zugewiesen, wie bspw das Recht, die Einl eines Gruppen-KoordinationsVerf zu beantragen (vgl Art 61 EuInsVO nF), Einwände gegen die Einbeziehung in ein solches Gruppen-KoordinationsVerf zu erheben (Opt-out) oder sich gegen die Bestellung des vorgeschlagenen Koordinators zu wenden (vgl Art 61 EuInsVO nF). Darüber hinaus können die einzelnen Verwalter die nachträgliche Einbeziehung des eigenen Verf in ein KoordinationsVerf beantragen (Opt-in, Art 69 EuInsVO nF) sowie die Zustimmung oder Ablehnung der nachträglichen Einbeziehung eines anderen Verf erklären (Art 69 Abs 2 lit b EuInsVO nF). In all diesen Fällen überlässt es die EuInsVO nF dem nationalen Gesetzgeber die Regelungen v Zuständigkeiten und Zustimmungsvorbehalten im Innenverhältnis zu treffen.[1]

Sofern die Durchführung eines Gruppen-Koordinationsverfahrens von **besonderer Bedeu-** 2
tung für ein deutsches InsVerf ist, verweist § 23 Abs 1 **S 1** und **Abs 2** einen in einem dt InsVerf bestellten InsVerw für alle og Maßnahmen auf die §§ 160, 161 InsO. Aus dem Verweis auf § 160 Abs 1 S 2 InsO ergibt sich dabei, dass iF des Fehlens eines GlAusschusses die Zustimmung der GlVersammlung erforderlich ist.

1 Begr zum RegE, BT-Drucks 18/10823, 38.

3 Der Gesetzgeber geht davon aus, dass insb die **Einl** eines Gruppen-KoordinationsVerf **idR** v besonderer Bedeutung für das nationale Verf ist, da dessen Einl nur in Betracht kommt, wenn das Verf die effektive Führung der EinzelVerf erleichtert (vgl Art 63 Abs 1a EuInsVO nF)[2] Damit wären aber kaum Fälle denkbar, in denen nicht die Zustimmung der Gläubigerorgane einzuholen ist. Angesichts der Tatsache, dass ein Gruppen-KoordinationsVerf aber primär beschreibende und koordinierende Wirkungen hat, erscheint diese Auff jedoch mehr als fraglich.[3]

4 Nach § 23 Abs 1 **S 2** (iVm Abs 2) sind dem GlAusschuss die in Art 61 Abs 3 EuInsVO nF genannten Unterlagen vollumfänglich vorzulegen. Dieser soll hierdurch die Möglichkeit haben die voraussichtlichen Vor- und Nachteile der Durchführung des angestrebten Gruppen-KoordinationsVerf abzuwägen.

5 Eine Vorlage an die GlVersammlung wird aus praktischen Gründen sowie wegen der Vertraulichkeit regelmäßig ausgeschlossen sein. Jedoch wird der InsVerw im Rahmen seiner Berichterstattung an die GlVersammlung auf die sich ergebende Faktenlage und die vorliegenden Unterlagen zumindest hinweisen müssen.[4]

§ 24 Aussetzung der Verwertung

§ 16 gilt entsprechend bei der Aussetzung

1. **der Verwertung auf Antrag des Verwalters eines anderen gruppenangehörigen Unternehmens nach Artikel 60 Absatz 1 Buchstabe b der Verordnung (EU) 2015/848 und**
2. **des Verfahrens auf Antrag des Koordinators nach Artikel 72 Absatz 2 Buchstabe e der Verordnung (EU) 2015/848.**

1 Die Vorschrift überträgt die Regelung in Art102c § 16 EGInsO auf die gleichgelagerten Fälle der Aussetzung der Verwertung im Zusammenhang mit Unternehmensgruppen (iSd Art 2 Nr 14 EuInsVO nF). Den Inhabern v Absonderungsrechten, die v einer Aussetzung der Verwertung nach den Art 60 Abs 1 lit b oder Art 72 Abs 2 lit e EuInsVO nF betroffen sind, stehen Ansprüche auf Zinsen aus der InsMasse zu. Im Weiteren wird – soweit einschlägig – sinngemäß auf die Ausführungen zu Art 102c § 16 bzw 102 § 10 verwiesen, wobei die Neuordnung der Vorschriften der EuInsVO nF zu beachten ist.

§ 25 Rechtsbehelf gegen die Entscheidung nach Artikel 69 Absatz 2 der Verordnung (EU) 2015/848

[1]Gegen die Entscheidung des Koordinators nach Artikel 69 Absatz 2 der Verordnung (EU) 2015/848 ist die Erinnerung statthaft. [2]§ 573 der Zivilprozessordnung gilt entsprechend.

1 Nach Art 69 EuInsVO nF kann ein InsVerw unter bestimmten Voraussetzungen die nachträgliche Einbeziehung des eigenen Verf in ein Gruppen-KoordinationsVerf beantragen. Die Entsch über die nachträgliche Einbeziehung obliegt dabei dem Koordinator (vgl Art 69 Abs 2 EuInsVO nF). Nach Art 69 Abs 4 EuInsVO nF kann jeder beteiligte Verw und jeder Verw, dessen Antrag auf (nachträgliche) Einbeziehung in das Gruppen-KoordinierungsVerf

2 Begr zum RegE, BT-Drucks 18/10823, 38.

3 In diesem Sinne auch *Madaus* NZI 2017, 203, 207; **aA** insb unter Verweis auf Art 72 Abs 2 lit e EuInsVO aber Vallender/*Hermann* EuInsVO, Art 102c § 23 Rn 2 f.

4 Zutr Vallender/*Hermann* EuInsVO, Art 102c § 23 Rn 7.

abgelehnt wurde, die ablehnende Entsch des Koordinators gem dem Verf anfechten, das nach dem Recht des Mitgliedsstaates, in dem das Gruppen-KoordinationsVerf eröffnet wurde, bestimmt ist. In diesem Kontext sieht Art 102c § 25 **S 1** für das dt Recht vor, dass gegen ablehnende Entsch des Koordinators die **Erinnerung** statthaft ist. Die Entsch des Koordinators soll zunächst durch das für das Gruppen-KoordinationsVerf zuständige InsGer überprüft werden, das über die entspr Sachnähe verfügt.[1]

Für das weitere Verf verweist **S 2** der Vorschrift auf § 573 ZPO, sodass gegen die Entsch des AusgangsG nach § 573 Abs 2 ZPO die **sof Beschw** statthaft ist.[2] Gegen die Entsch des BeschwGer ist nach § 574 Abs 1 Nr 2 ZPO weiter die **RechtsBeschw** zulässig, wenn das BeschwGer diese im Beschl zugelassen hat. Die zulassungsfreie RechtsBeschw ist (entspr den allgemeinen Grundsätzen nach Aufhebung des § 7 InsO) nicht eröffnet.[2] 2

IF einer erfolgreichen Anf ist die Entsch aufzuheben und angesichts des Ermessens des Koordinators (vgl Art 69 Abs 2 EuInsVO nF, „kann der Koordinator") diesem erneut zur SachEntsch zu übertragen.[3] Angesichts der Tatsache, dass das Koordinationsverfahren ein Mediationsverfahren ist und primär vom gegenseitigem Respekt und Vertrauen der Beteiligten lebt, ist allerdings mehr als fraglich, ob eine erzwungene Neuentscheidung tatsächlich förderlich ist.[4] 3

§ 26 Rechtsmittel gegen die Kostenentscheidung nach Artikel 77 Absatz 4 der Verordnung (EU) 2015/848

[1]Gegen die Entscheidung über die Kosten des Gruppen-Koordinationsverfahrens nach Artikel 77 Absatz 4 der Verordnung (EU) 2015/848 ist die sofortige Beschwerde statthaft. [2]Die §§ 574 bis 577 der Zivilprozessordnung gelten entsprechend.

IF eines Gruppen-KoordinationsVerf sind die Kosten des Koordinators auf die einzelnen Mitglieder der Unternehmensgruppe aufzuteilen sind. Der Koordinator hat hierzu eine Abrechnung zu erstellen, gegen die die einzelnen Verw Widerspruch erheben können (vgl Art 77 Abs 1-3 EuInsVO nF). IF eines Widerspruchs entscheidet das G, dass das Gruppen-KoordinationsVerf eröffnet hat, über die Kosten (vgl Art 77 Abs 4 EuInsVO nF). Nach Art 77 Abs 5 EuInsVO nF können die Verw der einzelnen Verf, die in das Gruppen-KoordinationsVerf einbezogen sind, gegen die gerichtliche Entsch über die Verg des Koordinators das Rechtsmittel einlegen, das nach dem Recht des Mitgliedstaats vorgesehen ist, in dem das Gruppen-KoordinationsVerf eröffnet wurde. Das dt VerfRecht sieht in § 26 **S 1** als Rechtsmittel gegen die gerichtliche Entsch über die Verg des Koordinators die **sof Beschw** vor. 1

Durch die Verweisung in **S 2** der Vorschrift auf die §§ 574–577 ZPO wird gegen die Entsch über die sof Beschw zudem die **RechtsBeschw** eröffnet. 2

1 Bericht des RAussch, BT-Drucks 18/12154, 34; anders noch Mankowski/Müller/Schmidt/*Schmidt* Art 69 EuInsVO nF Rn 36.
2 Bericht des RAussch, BT-Drucks 18/12154, 34.
3 *Madaus* NZI 2017, 203, 207.
4 So auch Vallender/*Madaus* EuInsVO, Art 102c § 25 Rn 3.

Art. 103
Anwendung des bisherigen Rechts

Auf Konkurs-, Vergleichs- und Gesamtvollstreckungsverfahren, die vor dem 1. Januar 1999 beantragt worden sind, und deren Wirkungen sind weiter die bisherigen gesetzlichen Vorschriften anzuwenden. Gleiches gilt für Anschlusskonkursverfahren, bei denen der dem Verfahren vorausgehende Vergleichsantrag vor dem 1. Januar 1999 gestellt worden ist.

Die Vorschrift ist umfassend in der 8. Auflage dieses Kommentars kommentiert. Darauf wird verwiesen.

Art. 103a
Überleitungsvorschrift

Auf Insolvenzverfahren, die vor dem 1. Dezember 2001 eröffnet worden sind, sind die bis dahin geltenden gesetzlichen Vorschriften weiter anzuwenden.

Die Vorschrift ist umfassend in der 8. Auflage dieses Kommentars kommentiert. Darauf wird verwiesen.

Art. 103b
Überleitungsvorschrift zum Gesetz zur Umsetzung der Richtlinie 2002/47/EG vom 6. Juni 2002 über Finanzsicherheiten und zur Änderung des Hypothekenbankgesetzes und anderer Gesetze

Auf Insolvenzverfahren, die vor dem 9. April 2004 eröffnet worden sind, sind die bis dahin geltenden gesetzlichen Vorschriften weiter anzuwenden.

Die Vorschrift ist umfassend in der 8. Auflage dieses Kommentars kommentiert. Darauf wird verwiesen.

Art. 103c
Überleitungsvorschrift zum Gesetz zur Vereinfachung des Insolvenzverfahrens

(1) Auf Insolvenzverfahren, die vor dem Inkrafttreten des Gesetzes zur Vereinfachung des Insolvenzverfahrens vom 13. April 2007 (BGBl. I S. 509) am 1. Juli 2007 eröffnet worden sind, sind mit Ausnahme der §§ 8 und 9 der Insolvenzordnung und der Verordnung zu öffentlichen Bekanntmachungen in Insolvenzverfahren im Internet die bis dahin geltenden gesetzlichen Vorschriften weiter anzuwenden. In solchen Insolvenzverfahren erfolgen alle durch das Gericht vorzunehmenden öffentlichen Bekanntmachungen unbeschadet von Absatz 2 nur nach Maßgabe des § 9 der Insolvenzordnung. § 188 Satz 3 der Insolvenzordnung ist auch auf Insolvenzverfahren anzuwenden, die vor dem Inkrafttreten des Gesetzes zur Neuregelung des Rechtsberatungsrechts vom 12. Dezember 2007 (BGBl. I S. 2840) am 18. Dezember 2007 eröffnet worden sind.

(2) Die öffentliche Bekanntmachung kann bis zum 31. Dezember 2008 zusätzlich zu der elektronischen Bekanntmachung nach § 9 Abs. 1 Satz 1 der Insolvenzordnung in einem am Wohnort oder Sitz des Schuldners periodisch erscheinenden Blatt erfolgen; die Veröffentlichung kann auszugsweise geschehen. Für den Eintritt der Wirkungen der Bekanntmachung

ist ausschließlich die Bekanntmachung im Internet nach § 9 Abs. 1 Satz 1 der Insolvenzordnung maßgebend.

Die Vorschrift ist umfassend in der 8. Auflage dieses Kommentars kommentiert. Darauf wird verwiesen.

Art. 103d
Überleitungsvorschrift zum Gesetz zur Modernisierung des GmbH-Rechts und zur Bekämpfung von Missbräuchen

[1]Auf Insolvenzverfahren, die vor dem Inkrafttreten des Gesetzes vom 23. Oktober 2008 (BGBl. I S. 2026) am 1. November 2008 eröffnet worden sind, sind die bis dahin geltenden gesetzlichen Vorschriften weiter anzuwenden. [2]Im Rahmen von nach dem 1. November 2008 eröffneten Insolvenzverfahren sind auf vor dem 1. November 2008 vorgenommene Rechtshandlungen die bis dahin geltenden Vorschriften der Insolvenzordnung über die Anfechtung von Rechtshandlungen anzuwenden, soweit die Rechtshandlungen nach dem bisherigen Recht der Anfechtung entzogen oder in geringem Umfang unterworfen sind.

Durch das Gesetz zur Modernisierung des GmbH-Rechts und zur Bekämpfung von Missbräuchen (MoMiG) v 23.10.2008[1] sind die §§ 10, 15, 19, 26, 39, 101, 135, 143 und 345 InsO geändert und die §§ 15a und 44a in die InsO eingefügt worden. Die Neuregelungen betreffen insb die InsAntragspflichten, die Gesellschafterdarlehen und die InsAnf. Das Gesetz ist am 1.11.2008 in Kraft getreten. 1

Die Übergangsregelung des Art 103d folgt in ihrem **S 1** dem Vorbild des Art 103a–103c darin, dass der Zeitpunkt der **Eröffnung eines InsVerf** dafür maßgeblich sein soll, ob die Neuregelungen zur Anwendung kommen. Liegt der Eröffnungszeitpunkt vor dem Inkrafttreten des MoMiG, so gilt für das betr InsVerf weiterhin das bisherige Recht. Für nach dem Inkrafttreten eröffnete InsVerf gelten dagegen die Neuregelungen, auch soweit es um Sachverhalte geht (zB ausgereichte Gesellschafterdarlehen), die vor dem Inkrafttreten liegen.[2] 2

Diese Rückwirkung des neuen Rechts tritt allerdings nach **S 2** der Vorschrift nicht ein, soweit die Neuregelung die Möglichkeiten zur Anf von Rechtshandlungen verschärft. Diese Ausnahme vom Grundsatz in S 1 steht im Einklang mit dem Vertrauensschutz in Art 106, der allg Übergangsvorschrift für das AnfR. Bspw ergab sich aus § 135 Abs 1 Nr 1 aF, dass die Bestellung einer Sicherheit für die Rückgewähr eines Gesellschafterdarlehens nur angefochten werden konnte, wenn das Darlehen kapitalersetzenden Charakter hatte. Der Wegfall dieses Erfordernisses in der Neufassung der Vorschrift bedeutet eine Verschärfung der Haftung. Wenn die Sicherheit vor dem 1.11.2008 bestellt worden ist, kann diese Handlung auch nach dem Inkrafttreten der Neuregelung nur angefochten werden, wenn sie nach altem Recht anfechtbar war, d.h. wenn das Darlehen kapitalersetzend war.[3] 3

Wird zB die am Gesellschaftsvermögen und am Vermögen eines Gesellschafters gesicherte Forderung eines Darlehensgläubigers nach der Eröffnung des InsVerf über das Vermögen der Gesellschaft durch Verwertung der Gesellschaftssicherheit befriedigt, kommt zwar grds ein Erstattungsanspruch der InsMasse in entspr Anwendung des § 143 Abs 3 InsO in Betracht. Der Anspruch setzt jedoch, wenn sowohl die Eröffnung des InsVerf, als auch die Befreiung des Bürgen von der Bürgschaft nach dem Inkrafttreten des MoMiG am 1.11.2008 4

---

1 BGBl I, 2026.
2 Vgl *BGH* 13.10.2016 – IX ZR 184/14 Rn 10; *BGH* 17.2.2011 – IX ZR 131/10 Rn 8.
3 *BGH* 18.7.2013 – IX ZR 219/11 Rn 28-31.

erfolgt sind, nach Art 103d S 2 EGInsO analog voraus, dass die Bürgschaft eigenkapitalersetzenden Charakter hatte, wenn der Bürge seine Gesellschafterstellung vor diesem Zeitpunkt innerhalb des letzten Jahres vor InsAntragstellung verloren hat.[4]

5 Zu den AnfVorschriften des bisherigen Rechts, die im Rahmen eines Vergleichs der Rechtsfolgen weiter anwendbar sind, gehören „selbstverständlich" nicht nur die Vorschriften der InsO, sondern auch die Anspruchsnormen der **§§ 32a, 32b GmbHG aF**, die in der Sache „einen die Eröffnung des InsVerf voraussetzenden AnfTatbestand" darstellen.[5]

6 Art 103d erfasst dagegen nicht die sog **RsprRegeln zum Eigenkapitalersatzrecht**, die der BGH in Analogie zu den §§ 30, 31 GmbHG aF entwickelt hatte.[6] Sie sind dem **Gesellschaftsrecht** zuzurechnen, nicht dem InsRecht. Der zeitliche Anwendungsbereich dieser RsprRegeln folgt daher dem allg Grundsatz, dass ein Schuldverhältnis nach seinen Voraussetzungen, seinem Inhalt und seinen Wirkungen dem Recht untersteht, das zur Zeit seiner Entstehung gilt.[7] Das bedeutet, dass ein nach Maßgabe der RsprRegeln entstandener Erstattungsanspruch auch nach Inkrafttreten des MoMiG grds weiterhin verfolgt werden kann, und dass unabhängig davon, ob und wann ein InsVerf über das Vermögen der Gesellschaft eröffnet worden ist (vgl § 39 InsO Rn 30–33 mit ausf Darstellung der Problematik und des Meinungsstandes).

---

4 *OLG Düsseldorf* 17.12.2015 – I-12 U 13/15.
5 *BGH* 26.1.2009 – II ZR 260/07 Rn 16.
6 Frühere stRspr, vgl nur *BGH* 26.3.1984 – II ZR 171/83; *BGH* 25.6.2001 – II ZR 38/99.
7 Unklar *BGH* 26.1.2009 – II ZR 260/07 Rn 17 ff, der zumindest für Fälle, in denen das InsVerf schon **vor** (jedoch nicht nach) dem 1.11.2008 eröffnet worden war, die Anwendbarkeit der RsprRegeln des Eigenkapitalersatzrechts unter Verweis auf Art 103d S 1 bejaht hat. Nach Ansicht des BGH stellen die RsprRegeln „gesetzliche Vorschriften" iSd Art 103d S 1 dar.

Art. 103e
Überleitungsvorschrift zum Haushaltsbegleitgesetz 2011

Auf Insolvenzverfahren, die vor dem 1. Januar 2011 beantragt worden sind, sind die bis dahin geltenden Vorschriften weiter anzuwenden.

1 Durch Art 3 des Haushaltsbegleitgesetzes 2011 v 9.12.2010[1] sind § 14 Abs 1 S 2 und 3 sowie Abs 3 und § 55 Abs 4 InsO ergänzt worden. Diese Vorschriften betreffen sämtlich das EröffnungsVerf. Es ist daher sinnvoll, dass in Art 103e EGInsO – abw von den Art 103a–103d – für den zeitlichen Anwendungsbereich der Gesetzesänderung nicht auf den Zeitpunkt der VerEröffnung, sondern auf die Antragstellung abgestellt wird. Die neuen Vorschriften gelten in allen InsVerf, die seit dem 1.1.2011 beantragt worden sind.

2 Daraus ergibt sich, dass die Aufrechterhaltung eines InsAntrags trotz vollständiger Erfüllung der zugrunde liegenden Forderung nach § 14 Abs 1 S 2 und 3 InsO aF für jeden nach dem 1.1.2011 gestellten InsAntrag beantragt werden kann, wobei unschädlich ist, dass der vorangegangene Eröffnungsantrag, durch den das Erfordernis des wiederholten Antrags erfüllt wird, vor dem Inkrafttreten der Neuregelung gestellt worden ist.[2]

---

1 BGBl I, 1885, 1893.
2 *BGH* 11.4.2013 – IX ZB 256/11 Rn 14; darin liegt keine verfassungsrechtlich unzulässige echte Rückwirkung; *LG Berlin* 10.1.2012 – 85 T 286/11; *LG Leipzig* 16.1.2012 – 8 T 887/11 gegen *AG Leipzig* 24.6.2011 – 403 IN 918/11.

Art. 103f
Überleitungsvorschrift zum Gesetz zur Änderung des § 522 der Zivilprozessordnung

Für Entscheidungen über die sofortige Beschwerde nach § 6 der Insolvenzordnung, bei denen die Frist des § 575 der Zivilprozessordnung am 27. Oktober 2011 noch nicht abgelaufen ist, ist die Insolvenzordnung in der bis zum 27. Oktober 2011 geltenden Fassung weiter anzuwenden. Für Entscheidungen über die sofortige Beschwerde nach Artikel 102 § 7 Satz 1 des Einführungsgesetzes zur Insolvenzordnung gilt Satz 1 entsprechend.

Durch das G zur Änderung des § 522 ZPO v 21.10.2011[1] ist § 7 InsO mWv 27.10.2011 aufgehoben worden. Die Vorschrift eröffnete gegen alle Entsch des BeschwGer in InsSachen die Rechtsbeschwerde, ohne eine Zulassung oder sonstige einschränkende Voraussetzungen. Die unglücklich formulierte Übergangsvorschrift des Art 103f S 1 ist so auszulegen, dass die Rechtsbeschwerde zulassungsfrei bleibt, wenn sie sich gegen eine BeschwEntsch richtet, die vor dem 27.10.2011 erlassen worden ist, und zwar auch dann, wenn die Rechtsbeschwerde erst nach diesem Zeitpunkt eingelegt worden ist.[2] 1

Nach S 2 gilt die gleiche Aussage für die entspr Anwendung des § 7 InsO iRd internationalen InsRechts. 2

---

1 BGBl I, 2082.

2 *BGH* 20.12.2011 – IX ZB 294/11 unter Hinweis auf Begr zum RegE, BT-Drucks 17/5334, 9; vgl dazu *Humberg* ZInsO 2014, 702.

Art. 103g
Überleitungsvorschrift zum Gesetz zur weiteren Erleichterung der Sanierung von Unternehmen

Auf Insolvenzverfahren, die vor dem 1. März 2012 beantragt worden sind, sind die bis dahin geltenden Vorschriften weiter anzuwenden. § 18 Absatz 1 Nummer 2 des Rechtspflegergesetzes in der ab dem 1. Januar 2013 geltenden Fassung ist nur auf Insolvenzverfahren anzuwenden, die ab dem 1. Januar 2013 beantragt werden.

Die Änderungen der InsO, die durch das Gesetz zur weiteren Erleichterung der Sanierung von Unternehmen – ESUG – v 7.12.2011[1] vorgenommen worden sind, betreffen zu einem großen Teil das EröffnungsVerf: So wird durch die Einsetzung eines vorläufigen GlAusschusses schon vor der VerfEröffnung der Einfluss der Gl auf die Auswahl des (vorl) InsVerw oder Sachwalters und auf die Entsch über die Eigenverwaltung verstärkt (vgl § 22a InsO). Zudem wird mit § 270b ein bes gestaltetes EröffnungsVerf zur Vorbereitung von Sanierungen geschaffen. S 1 zieht daraus die Konsequenz, dass die geänderten Vorschriften der InsO nur in InsVerf zur Anwendung kommen, die nach dem allg Zeitpunkt ihres Inkrafttretens am 1.3.2012 **beantragt** werden.[2] Dies gilt zB auch für § 251 Abs 3 InsO.[3] 1

---

1 BGBl I, 2582.

2 Begr zum RegE, BT-Drucks 17/5712, 43; vgl auch *LG Mainz* 2.11.2015 – 8 T 182/15, das die Anwendung des § 6 InsO aF iVm §§ 567 ff ZPO auf vor dem 1.3.2012 beantragte Verfahren bestätigt. Die abw Inkrafttretens-Zeitpunkte in S 1 und 2 des Art 10 betreffen Regelungen außerhalb der InsO.

3 *BGH* 20.7.2017 – IX ZB 13/16 Rn 14.

2 Auch der durch das ESUG eingefügte § 26a InsO, der eine Rechtsgrundlage für die Festsetzung der Vergütung des vorl InsVerw durch das InsGer für den Fall schafft, dass es nicht zur VerfEröffnung kommt, ist nur in den InsVerf anwendbar, die nach dem 1.3.2012 beantragt werden.[4] Wenn jedoch in einem vorher beantragten Verf das InsGer die Kosten des vorl Verwalters in seine KostengrundEntsch einbezogen hat und diese Entsch rechtskräftig geworden ist, kann auf dieser Grundlage die Vergütung gegen den KostenSchu festgesetzt werden.[5]

3 S 2 ist nachträglich durch Art 19 G v 5.12.2012[6] angefügt worden. Er besagt, dass die ausschließliche Zuständigkeit des Richters für das Verf über den InsPlan, die gem Art 10 S 1 ESUG am 1.1.2013 in Kraft getreten ist, nur für InsVerf gilt, die ab diesem Datum beantragt werden. Ohne diese Ergänzung wäre es zwar in den vor dem 1.3.2012 beantragten InsVerf durchgängig bei der grds Zuständigkeit des Rechtspflegers geblieben (Art 103g S 1), in den zwischen dem 1.3.2012 und dem 1.1.2013 beantragten Verf wäre jedoch zunächst der Rechtspfleger, ab dem 1.1.2013 dann ausschließlich der Richter zuständig gewesen. Dieser Wechsel der Zuständigkeit während des laufenden InsVerf wird durch S 2 vermieden.[7]

Artikel 103h
Überleitungsvorschrift zum Gesetz zur Verkürzung des Restschuldbefreiungsverfahrens und zur Stärkung der Gläubigerrechte

Auf Insolvenzverfahren, die vor dem 1. Juli 2014 beantragt worden sind, sind vorbehaltlich der Sätze 2 und 3 die bis dahin geltenden gesetzlichen Vorschriften weiter anzuwenden. Auf Insolvenzverfahren nach den §§ 304 bis 314 der Insolvenzordnung in der vor dem 1. Juli 2014 geltenden Fassung, die vor diesem Datum beantragt worden sind, sind auch die §§ 217 bis 269 der Insolvenzordnung anzuwenden. § 63 Absatz 3 und § 65 der Insolvenzordnung in der ab dem 19. Juli 2013 geltenden Fassung sind auf Insolvenzverfahren, die ab dem 19. Juli 2013 beantragt worden sind, anzuwenden.

Die Vorschrift ist umfassend in der 8. Auflage dieses Kommentars kommentiert. Darauf wird verwiesen.

Artikel 103i
Überleitungsvorschrift zum Bilanzrichtlinie-Umsetzungsgesetz

§ 22a Absatz 1 der Insolvenzordnung in der Fassung des Bilanzrichtlinie-Umsetzungsgesetzes vom 17. Juli 2015 (BGBl. I S. 1245) ist erstmals auf Verfahren anzuwenden, deren Eröffnung nach dem 31. Dezember 2015 beantragt worden ist.

1 Durch das Bilanzrichtlinie-Umsetzungsgesetz sind in § 22a Abs 1 die Schwellenwerte geändert worden, bei deren Erreichen eine Pflicht des InsGerichts zur Einsetzung eines vorl GlAusschusses eingreifen kann. Für die Bilanzsumme ist der Schwellenwert von 4 840 000 EUR auf 6 000 000 EUR heraufgesetzt worden, für die Umsatzerlöse von 9 680 000 EUR auf 12 000 000 EUR Die neuen Werte sind für InsVerf maßgeblich, die nach dem 31.12.2015 beantragt worden sind.

4 *BGH* 9.2.2012 – IX ZB 79/10 Rn 3 mit krit Anm *Keller*.
5 *BGH* ZInsO 8.3.2012 – IX ZB 219/11 Rn 8.
6 BGBl I, 2418, 2424.
7 Bericht des BT-RAussch, BT-Drucks 17/11385, 20.

Artikel 103j
Überleitungsvorschrift zum Gesetz zur Verbesserung der Rechtssicherheit bei Anfechtungen nach der Insolvenzordnung und nach dem Anfechtungsgesetz

(1) Auf Insolvenzverfahren, die vor dem 5. April 2017 eröffnet worden sind, sind vorbehaltlich des Absatzes 2 die bis dahin geltenden Vorschriften weiter anzuwenden.

(2) Im Rahmen einer Insolvenzanfechtung entstandene Ansprüche auf Zinsen oder die Herausgabe von Nutzungen unterliegen vor dem 5. April 2017 den bis dahin geltenden Vorschriften. Für die Zeit ab dem 5. April 2017 ist auf diese Ansprüche § 143 Absatz 1 Satz 3 der Insolvenzordnung in der ab dem 5. April 2017 geltenden Fassung anzuwenden.

Durch Art 1 des „Gesetzes zur Verbesserung der Rechtssicherheit bei Anfechtungen nach der Insolvenzordnung und nach dem Anfechtungsgesetz" (Reformgesetz)[1] sind die §§ 14 Abs 1, 133, 142 und 143 InsO in wesentlichen Teilen reformiert worden.[2] Das Reformgesetz ist am 5.4.2017 in Kraft getreten. 1

Art 103j (eingeführt durch Art 2 des Reformgesetzes) enthält eine Übergangsvorschrift, die Klarheit darüber schaffen soll, wann die Regelungen des Reformgesetzes zur Anwendung gelangen. Nach **Abs 1** der Vorschrift sind auf InsVerf, die **vor** dem 5.4.2017 eröffnet worden sind, vorbehaltlich des Abs 2, die bis dahin geltenden Vorschriften weiter anzuwenden. Auf Verf, **die am Tag des Inkrafttretens** oder **später** eröffnet worden sind, finden dagegen die neuen Vorschriften Anwendung. Im Zusammenhang mit InsAnf gilt dies auch dann, wenn die angefochtene Rechtshandlung vor dem Inkrafttreten des Reformgesetzes vorgenommen wurde. Eines Vertrauensschutzes nach dem Vorbild des Art 103d S 2 bzw des Art 106 bedarf es nicht, weil das Reformgesetz ausnahmslos Erleichterungen für den Rechtsverkehr (dh Anfechtungsgegner) mit sich bringt.[3] 2

Abs 1 ist mit Blick auf die Neufassung des § 14 Abs 1 S 2 InsO als missglückt anzusehen. Die Vorschrift trifft keine Aussage über das anwendbare Recht auf Verf, die noch nicht eröffnet worden sind. Entspr wird tw vertreten, dass insoweit die Neuregelung keine Anwendung findet.[4] Zutr dürfte jedoch die gegenteilige Auffassung sein, dass die Novellierung mangels abw Übergangsregelung mit Inkrafttreten des Reformgesetzes auf alle Verf Anwendung findet (vgl auch die Ausführungen unter § 14 InsO Rn 1).[5] 3

Abs 2 des Art 103j ist erst auf Empfehlung des Rechtsausschusses in den RegE aufgenommen worden.[6] Nach **S 2** des Abs 2 findet der neu eingeführte **§ 143 Abs 1 S 3 InsO** in Abweichung von Abs 1 auch auf InsVerf Anwendung, die **vor** dem Inkrafttreten des Reformgesetzes eröffnet worden sind.[7] Das hat zur Folge, dass ab dem 5.4.2017 Zinsansprüche bei Geldschulden nur bei Schuldnerverzug oder Rechtshängigkeit der Anfechtungsklage greifen und 4

---

1 BGBl I, 654.
2 Vgl hierzu *Dahl/Schmitz* NJW 2017, 1505; *Thole* ZIP 2017, 401; *Sax/Swierczok* BB Die erste Seite 2017, Nr 10.
3 Begr zum RegE, BT-Drucks 18/7054, 21.
4 *Harder* VIA 2017, 33, 35.
5 Zutr *AG Köln* 14.7.2017 – 73 IN 74/117; *Greiner* ZInsO 2017, 1471.
6 Bericht des BT-RAussch, BT-Drucks 18/11199, 6 und 11.
7 Bericht des BT-RAussch, BT-Drucks 18/11199, 11.

die weitergehende Nutzungsherausgabe bei erlangten Geldbeträgen[8] ausgeschlossen ist. Ansprüche auf Zinsen und Nutzungen, die bis zu dem Inkrafttreten des Reformgesetzes am 5.4.2017 auf der Grundlage des bis dahin geltenden Rechts bereits **entstanden** waren und verlangt werden konnten, können nach **S 1** des Abs 2 auch weiterhin beansprucht werden.[9] Was unter dem Begriff „entstanden" konkret zu verstehen ist, lässt sich der Vorschrift sowie den Gesetzesmaterialien nicht entnehmen. Ausreichend dürfte bei Zinsansprüchen jedoch deren Entstehung und Fälligkeit sein, die regelmäßig mit der InsEröffnung eintritt.[10] Hätte der Gesetzgeber dagegen bezweckt, den Zinsanspruch bei einer Anfechtungserklärung nach dem Stichtag allein dem neuen Recht zu unterstellen, hätte er dies entsprechend formuliert. So hätte er Rechtshandlungen bzw -erklärungen, die der Verw in bereits vor dem Stichtag eröffneten Verf erst nach dem Stichtag vornimmt, für die Zinsansprüche dem neuen Recht unterstellen können. Dann wäre klar gewesen, dass Anfechtungshandlungen in Altverfahren nach dem Stichtag nur nach der neuen Rechtslage verzinst werden könnten. Hier hat der Gesetzgeber aber gerade die früher entstandenen Ansprüche von der neuen Rechtslage ausgenommen.[11]

5 Die in **Abs 2 S 2** verkörperte unechte Rückwirkungen[12] auf in der Vergangenheit liegende, aber noch nicht abgeschlossene Anfechtungssachverhalte, ist zum Schutz der Interessen von Anfechtungsgegner hinzunehmen. Sie benachteiligt weder die InsMasse noch den die InsAnf ausübenden InsVerw unangemessen.[13]

Art. 104
Anwendung des neuen Rechts

In einem Insolvenzverfahren, das nach dem 31. Dezember 1998 beantragt wird, gelten die Insolvenzordnung und dieses Gesetz auch für Rechtsverhältnisse und Rechte, die vor dem 1. Januar 1999 begründet worden sind.

Die Vorschrift ist umfassend in der 8. Auflage dieses Kommentars kommentiert. Darauf wird verwiesen.

Art. 105
Finanztermingeschäfte

(nicht abgedruckt)

---

8 § 143 Abs 1 S 3 HS 2 InsO gilt seinem klaren Wortlaut nach nur bei erlangten Geldbeträgen, nicht dagegen bei sonstigen Sachen und Rechten. Bei zB anfechtbar übertragenen Aktien kann die erzielte Rendite daher weiterhin durch den InsVerw abgeschöpft werden.

9 Bericht des BT-RAussch, BT-Drucks 18/11199, 12; *OLG Saarbrücken*, 22.6.2017 – 4 U 96/16; *Helge Hölken*, jurisPR-InsR 19/2017 Anm. 3

10 *BGH* 1.2.2007 – IX ZR 96/04.

11 *AG Hamburg-St. Georg* 8.11.2017 – 925 C 262-17.

12 *Cymutta* NZI 2017, 471, 472.

13 Bericht des BT-RAussch, BT-Drucks 18/11199, 12; *Cymutta* NZI 2017, 471, 472; **krit** *Wimmer* jurisPR-InsR 5/2017 Anm 1.

Art. 106
Insolvenzanfechtung

Die Vorschriften der Insolvenzordnung über die Anfechtung von Rechtshandlungen sind auf die vor dem 1. Januar 1999 vorgenommenen Rechtshandlungen nur anzuwenden, soweit diese nicht nach dem bisherigen Recht der Anfechtung entzogen oder in geringerem Umfang unterworfen sind.

Die Vorschrift ist umfassend in der 8. Auflage dieses Kommentars kommentiert. Darauf wird verwiesen.

Art. 107
Evaluierungsvorschrift zum Gesetz zur Verkürzung des Restschuldbefreiungsverfahrens und zur Stärkung der Gläubigerrechte

(1) Die Bundesregierung berichtet dem Deutschen Bundestag bis zum 30. Juni 2018, in wie vielen Fällen bereits nach drei Jahren eine Restschuldbefreiung erteilt werden konnte. Der Bericht hat auch Angaben über die Höhe der im Insolvenz- und Restschuldbefreiungsverfahren erzielten Befriedigungsquoten zu enthalten.

(2) Sofern sich aus dem Bericht die Notwendigkeit gesetzgeberischer Maßnahmen ergibt, soll die Bundesregierung diese vorschlagen.

Die Vorschrift ist umfassend in der 8. Auflage dieses Kommentars kommentiert. Darauf wird verwiesen.

Art. 108
Fortbestand der Vollstreckungsbeschränkung

(1) Bei der Zwangsvollstreckung gegen einen Schuldner, über dessen Vermögen ein Gesamtvollstreckungsverfahren durchgeführt worden ist, ist auch nach dem 31. Dezember 1998 die Vollstreckungsbeschränkung des § 18 Abs. 2 Satz 3 der Gesamtvollstreckungsordnung zu beachten.

(2) Wird über das Vermögen eines solchen Schuldners nach den Vorschriften der Insolvenzordnung ein Insolvenzverfahren eröffnet, so sind die Forderungen, die der Vollstreckungsbeschränkung unterliegen, im Rang nach den in § 39 Abs. 1 der Insolvenzordnung bezeichneten Forderungen zu berichtigen.

Die Vorschrift ist umfassend in der 8. Auflage dieses Kommentars kommentiert. Darauf wird verwiesen.

Art. 109
Schuldverschreibungen

Soweit den Inhabern von Schuldverschreibungen, die vor dem 1. Januar 1963 von anderen Kreditinstituten als Hypothekenbanken ausgegeben worden sind, nach Vorschriften des Landesrechts in Verbindung mit § 17 Abs. 1 des Einführungsgesetzes zur Konkursordnung ein Vorrecht bei der Befriedigung aus Hypotheken, Reallasten oder Darlehen des Kreditinstituts zusteht, ist dieses Vorrecht auch in künftigen Insolvenzverfahren zu beachten.

Die Vorschrift ist umfassend in der 8. Auflage dieses Kommentars kommentiert. Darauf wird verwiesen.

Art. 110
Inkrafttreten

(1) Die Insolvenzordnung und dieses Gesetz treten, soweit nichts anderes bestimmt ist, am 1. Januar 1999 in Kraft.

(2) § 2 Abs. 2 und § 7 Abs. 3 der Insolvenzordnung sowie die Ermächtigung der Länder in § 305 Abs. 1 Nr. 1 der Insolvenzordnung treten am Tage nach der Verkündung in Kraft. Gleiches gilt für § 65 der Insolvenzordnung und für § 21 Abs. 2 Nr. 1, § 73 Abs. 2, § 274 Abs. 1, § 293 Abs. 2 und § 313 der Insolvenzordnung, soweit sie § 65 der Insolvenzordnung für entsprechend anwendbar erklären.

(3) Artikel 2 Nr. 9 dieses Gesetzes, soweit darin die Aufhebung von § 2 Abs. 1 Satz 2 des Gesetzes über die Auflösung und Löschung von Gesellschaften und Genossenschaften angeordnet wird, Artikel 22, Artikel 24 Nr. 2, Artikel 32 Nr. 3, Artikel 48 Nr. 4, Artikel 54 Nr. 4 und Artikel 85 Nr. 1 und 2 Buchstabe e, Artikel 87 Nr. 8 Buchstabe d und Artikel 105 dieses Gesetzes treten am Tage nach der Verkündung in Kraft.

Die Vorschrift ist umfassend in der 8. Auflage dieses Kommentars kommentiert. Darauf wird verwiesen.

Kapitel III

Gesetz über die Anfechtung von Rechtshandlungen eines Schuldners außerhalb des Insolvenzverfahrens (Anfechtungsgesetz – AnfG)

(Art. 1 des Einführungsgesetzes zur Insolvenzordnung)

vom 5.10.1994 (BGBl. I S. 2911),
zuletzt geändert durch Art. 3 G vom 29.3.2017 (BGBl. I S. 654)

§ 1 Grundsatz

(1) Rechtshandlungen eines Schuldners, die seine Gläubiger benachteiligen, können außerhalb des Insolvenzverfahrens nach Maßgabe der folgenden Bestimmungen angefochten werden.

(2) Eine Unterlassung steht einer Rechtshandlung gleich.

§ 2 Anfechtungsberechtigte

Zur Anfechtung ist jeder Gläubiger berechtigt, der einen vollstreckbaren Schuldtitel erlangt hat und dessen Forderung fällig ist, wenn die Zwangsvollstreckung in das Vermögen des Schuldners nicht zu einer vollständigen Befriedigung des Gläubigers geführt hat oder wenn anzunehmen ist, dass sie nicht dazu führen würde.

§ 3 Vorsätzliche Benachteiligung

(1) [1]Anfechtbar ist eine Rechtshandlung, die der Schuldner in den letzten zehn Jahren vor der Anfechtung mit dem Vorsatz, seine Gläubiger zu benachteiligen, vorgenommen hat, wenn der andere Teil zur Zeit der Handlung den Vorsatz des Schuldners kannte. [2]Diese Kenntnis wird vermutet, wenn der andere Teil wusste, dass die Zahlungsunfähigkeit des Schuldners drohte und dass die Handlung die Gläubiger benachteiligte.

(2) Hat die Rechtshandlung dem anderen Teil eine Sicherung oder Befriedigung gewährt oder ermöglicht, beträgt der Zeitraum nach Absatz 1 Satz 1 vier Jahre.

(3) [1]Hat die Rechtshandlung dem anderen Teil eine Sicherung oder Befriedigung gewährt oder ermöglicht, welche dieser in der Art und zu der Zeit beanspruchen konnte, tritt an die Stelle der drohenden Zahlungsunfähigkeit des Schuldners nach Absatz 1 Satz 2 die eingetretene. [2]Hatte der andere Teil mit dem Schuldner eine Zahlungsvereinbarung getroffen oder diesem in sonstiger Weise eine Zahlungserleichterung gewährt, wird vermutet, dass er zur Zeit der Handlung die Zahlungsunfähigkeit des Schuldners nicht kannte.

(4) [1]Anfechtbar ist ein vom Schuldner mit einer nahestehenden Person (§ 138 der Insolvenzordnung) geschlossener entgeltlicher Vertrag, durch den seine Gläubiger unmittelbar benachteiligt werden. [2]Die Anfechtung ist ausgeschlossen, wenn der Vertrag früher als zwei Jahre vor der Anfechtung geschlossen worden ist oder wenn dem anderen Teil zur Zeit des Vertragsschlusses ein Vorsatz des Schuldners, die Gläubiger zu benachteiligen, nicht bekannt war.

§ 4 Unentgeltliche Leistung

(1) Anfechtbar ist eine unentgeltliche Leistung des Schuldners, es sei denn, sie ist früher als vier Jahre vor der Anfechtung vorgenommen worden.

(2) Richtet sich die Leistung auf ein gebräuchliches Gelegenheitsgeschenk geringen Werts, so ist sie nicht anfechtbar.

§ 5 Rechtshandlungen des Erben

Hat der Erbe aus dem Nachlass Pflichtteilsansprüche, Vermächtnisse oder Auflagen erfüllt, so kann ein Nachlassgläubiger, der im Insolvenzverfahren über den Nachlass dem Empfänger der Leistung im Rang vorgehen oder gleichstehen würde, die Leistung in gleicher Weise anfechten wie eine unentgeltliche Leistung des Erben.

§ 6 Gesellschafterdarlehen

(1) [1]Anfechtbar ist eine Rechtshandlung, die für die Forderung eines Gesellschafters auf Rückgewähr eines Darlehens im Sinne des § 39 Abs. 1 Nr. 5 der Insolvenzordnung oder für eine gleichgestellte Forderung

1. Sicherung gewährt hat, wenn die Handlung in den letzten zehn Jahren vor Erlangung des vollstreckbaren Schuldtitels oder danach vorgenommen worden ist, oder
2. Befriedigung gewährt hat, wenn die Handlung im letzten Jahr vor Erlangung des vollstreckbaren Schuldtitels oder danach vorgenommen worden ist.

[2]Wurde ein Antrag auf Eröffnung eines Insolvenzverfahrens nach § 26 Abs. 1 der Insolvenzordnung abgewiesen, bevor der Gläubiger einen vollstreckbaren Schuldtitel erlangt hat, so beginnt die Anfechtungsfrist mit dem Antrag auf Eröffnung des Insolvenzverfahrens.

(2) [1]Die Anfechtung ist ausgeschlossen, wenn nach dem Schluss des Jahres, in dem der Gläubiger den vollstreckbaren Schuldtitel erlangt hat, drei Jahre verstrichen sind. [2]Wurde die Handlung später vorgenommen, so ist die Anfechtung drei Jahre nach dem Schluss des Jahres ausgeschlossen, in dem die Handlung vorgenommen worden ist.

§ 7 Berechnung der Fristen

(1) Die in den §§ 3 und 4 bestimmten Fristen sind von dem Zeitpunkt zurückzurechnen, in dem die Anfechtbarkeit gerichtlich geltend gemacht wird.

(2) Hat der Gläubiger, bevor er einen vollstreckbaren Schuldtitel erlangt hatte oder seine Forderung fällig war, dem Anfechtungsgegner seine Absicht, die Rechtshandlung anzufechten, schriftlich mitgeteilt, so wird die Frist vom Zeitpunkt des Zugangs der Mitteilung zurückgerechnet, wenn schon zu dieser Zeit der Schuldner unfähig war, den Gläubiger zu befriedigen, und wenn bis zum Ablauf von zwei Jahren seit diesem Zeitpunkt die Anfechtbarkeit gerichtlich geltend gemacht wird.

(3) In die Fristen wird die Zeit nicht eingerechnet, während der Maßnahmen nach § 46 Absatz 1 Satz 2 Nummer 4 bis 6 des Kreditwesengesetzes angeordnet waren.

§ 8 Zeitpunkt der Vornahme einer Rechtshandlung

(1) Eine Rechtshandlung gilt als in dem Zeitpunkt vorgenommen, in dem ihre rechtlichen Wirkungen eintreten.

(2) [1]Ist für das Wirksamwerden eines Rechtsgeschäfts eine Eintragung im Grundbuch, im Schiffsregister, im Schiffsbauregister oder im Register für Pfandrechte an Luftfahrzeugen erforderlich, so gilt das Rechtsgeschäft als vorgenommen, sobald die übrigen Voraussetzungen für das Wirksamwerden erfüllt sind, die Willenserklärung des Schuldners für ihn bindend geworden ist und der andere Teil den Antrag auf Eintragung der Rechtsänderung gestellt hat. [2]Ist der Antrag auf Eintragung einer Vormerkung zur Sicherung des Anspruchs auf die Rechtsänderung gestellt worden, so gilt Satz 1 mit der Maßgabe, dass dieser Antrag an die Stelle des Antrags auf Eintragung der Rechtsänderung tritt.

(3) Bei einer bedingten oder befristeten Rechtshandlung bleibt der Eintritt der Bedingung oder des Termins außer Betracht.

§ 9 Anfechtung durch Einrede

Die Anfechtbarkeit kann im Wege der Einrede geltend gemacht werden, bevor ein vollstreckbarer Schuldtitel für die Forderung erlangt ist; der Gläubiger hat diesen jedoch vor der Entscheidung binnen einer vom Gericht zu bestimmenden Frist beizubringen.

§ 10 Vollstreckbarer Titel

Die Anfechtung wird nicht dadurch ausgeschlossen, dass für die Rechtshandlung ein vollstreckbarer Schuldtitel erlangt oder dass die Handlung durch Zwangsvollstreckung erwirkt worden ist.

§ 11 Rechtsfolgen

(1) [1]Was durch die anfechtbare Rechtshandlung aus dem Vermögen des Schuldners veräußert, weggegeben oder aufgegeben ist, muss dem Gläubiger zur Verfügung gestellt werden, soweit es zu dessen Befriedigung erforderlich ist. [2]Die Vorschriften über die Rechtsfolgen einer ungerechtfertigten Bereicherung, bei der dem Empfänger der Mangel des rechtlichen Grundes bekannt ist, gelten entsprechend. [3]Eine Geldschuld ist nur zu verzinsen, wenn die Voraussetzungen des Schuldnerverzugs oder des § 291 des Bürgerlichen Gesetzbuchs vorliegen; ein darüber hinausgehender Anspruch auf Herausgabe von Nutzungen eines erlangten Geldbetrags ist ausgeschlossen.

(2) [1]Der Empfänger einer unentgeltlichen Leistung hat diese nur zur Verfügung zu stellen, soweit er durch sie bereichert ist. [2]Dies gilt nicht, sobald er weiß oder den Umständen nach wissen muss, dass die unentgeltliche Leistung die Gläubiger benachteiligt.

(3) [1]Im Fall der Anfechtung nach § 6a hat der Gesellschafter, der die Sicherheit bestellt hatte oder als Bürge haftete, die Zwangsvollstreckung in sein Vermögen bis zur Höhe des Betrags zu dulden, mit dem er als Bürge haftete oder der dem Wert der von ihm bestellten Sicherheit im Zeitpunkt der Rückgewähr des Darlehens oder der Leistung auf die gleichgestellte Forderung entspricht. [2]Der Gesellschafter wird von der Verpflichtung frei, wenn er die Gegenstände, die dem Gläubiger als Sicherheit gedient hatten, dem Gläubiger zur Verfügung stellt.

§ 12 Ansprüche des Anfechtungsgegners

Wegen der Erstattung einer Gegenleistung oder wegen eines Anspruchs, der infolge der Anfechtung wiederauflebt, kann sich der Anfechtungsgegner nur an den Schuldner halten.

§ 13 Bestimmter Klageantrag

Wird der Anfechtungsanspruch im Wege der Klage geltend gemacht, so hat der Klageantrag bestimmt zu bezeichnen, in welchem Umfang und in welcher Weise der Anfechtungsgegner das Erlangte zur Verfügung stellen soll.

§ 14 Vorläufig vollstreckbarer Schuldtitel. Vorbehaltsurteil

Liegt ein nur vorläufig vollstreckbarer Schuldtitel des Gläubigers oder ein unter Vorbehalt ergangenes Urteil vor, so ist in dem Urteil, das den Anfechtungsanspruch für begründet erklärt, die Vollstreckung davon abhängig zu machen, dass die gegen den Schuldner ergangene Entscheidung rechtskräftig oder vorbehaltlos wird.

§ 15 Anfechtung gegen Rechtsnachfolger

(1) Die Anfechtbarkeit kann gegen den Erben oder einen anderen Gesamtrechtsnachfolger des Anfechtungsgegners geltend gemacht werden.

(2) Gegen einen sonstigen Rechtsnachfolger kann die Anfechtbarkeit geltend gemacht werden:

1. wenn dem Rechtsnachfolger zur Zeit seines Erwerbs die Umstände bekannt waren, welche die Anfechtbarkeit des Erwerbs seines Rechtsvorgängers begründen;
2. wenn der Rechtsnachfolger zur Zeit seines Erwerbs zu den Personen gehörte, die dem Schuldner nahestehen (§ 138 der Insolvenzordnung), es sei denn, dass ihm zu dieser Zeit die Umstände unbekannt waren, welche die Anfechtbarkeit des Erwerbs seines Rechtsvorgängers begründen;
3. wenn dem Rechtsnachfolger das Erlangte unentgeltlich zugewendet worden ist.

(3) Zur Erstreckung der Fristen nach § 7 Abs. 2 genügt die schriftliche Mitteilung an den Rechtsnachfolger, gegen den die Anfechtung erfolgen soll.

§ 16 Eröffnung des Insolvenzverfahrens

(1) [1]Wird über das Vermögen des Schuldners das Insolvenzverfahren eröffnet, so ist der Insolvenzverwalter berechtigt, die von den Insolvenzgläubigern erhobenen Anfechtungsansprüche zu verfolgen. [2]Aus dem Erstrittenen sind dem Gläubiger die Kosten des Rechtsstreits vorweg zu erstatten.

(2) Hat ein Insolvenzgläubiger bereits vor der Eröffnung des Insolvenzverfahrens aufgrund seines Anfechtungsanspruchs Sicherung oder Befriedigung erlangt, so gilt § 130 der Insolvenzordnung entsprechend.

§ 17 Unterbrechung des Verfahrens

(1) [1]Ist das Verfahren über den Anfechtungsanspruch im Zeitpunkt der Eröffnung des Insolvenzverfahrens noch rechtshängig, so wird es unterbrochen. [2]Es kann vom Insolvenzverwalter aufgenommen werden. [3]Wird die Aufnahme verzögert, so gilt § 239 Abs. 2 bis 4 der Zivilprozessordnung entsprechend.

(2) Der Insolvenzverwalter kann den Klageantrag nach Maßgabe der §§ 143, 144 und 146 der Insolvenzordnung erweitern.

(3) [1]Lehnt der Insolvenzverwalter die Aufnahme des Rechtsstreits ab, so kann dieser hinsichtlich der Kosten von jeder Partei aufgenommen werden. [2]Durch die Ablehnung der Aufnahme wird das Recht des Insolvenzverwalters, nach den Vorschriften der Insolvenzordnung den Anfechtungsanspruch geltend zu machen, nicht ausgeschlossen.

§ 18 Beendigung des Insolvenzverfahrens

(1) Nach der Beendigung des Insolvenzverfahrens können Anfechtungsansprüche, die der Insolvenzverwalter geltend machen konnte, von den einzelnen Gläubigern nach diesem Gesetz verfolgt werden, soweit nicht dem Anspruch entgegenstehende Einreden gegen den Insolvenzverwalter erlangt sind.

(2) [1]War der Anfechtungsanspruch nicht schon zur Zeit der Eröffnung des Insolvenzverfahrens gerichtlich geltend gemacht, so werden die in den §§ 3 und 4 bestimmten Fristen von

diesem Zeitpunkt an berechnet, wenn der Anspruch bis zum Ablauf eines Jahres seit der Beendigung des Insolvenzverfahrens gerichtlich geltend gemacht wird. [2]Satz 1 gilt für die in den §§ 6 und 6a bestimmten Fristen entsprechend mit der Maßgabe, dass an die Stelle der gerichtlichen Geltendmachung des Anfechtungsanspruchs die Erlangung des vollstreckbaren Schuldtitels tritt.

§ 19 Internationales Anfechtungsrecht

Bei Sachverhalten mit Auslandsberührung ist für die Anfechtbarkeit einer Rechtshandlung das Recht maßgeblich, dem die Wirkungen der Rechtshandlung unterliegen.

§ 20 Übergangsregeln

(1) Dieses Gesetz ist auf die vor dem 1. Januar 1999 vorgenommenen Rechtshandlungen nur anzuwenden, soweit diese nicht nach dem bisherigen Recht der Anfechtung entzogen oder in geringerem Umfang unterworfen sind.

(2) [1]Das Gesetz, betreffend die Anfechtung von Rechtshandlungen eines Schuldners außerhalb des Konkursverfahrens in der im Bundesgesetzblatt Teil III, Gliederungsnummer 311-5, veröffentlichten bereinigten Fassung, zuletzt geändert durch Artikel 9 des Gesetzes vom 4. Juli 1980 (BGBl. I S. 836), wird aufgehoben. [2]Es ist jedoch weiter auf die Fälle anzuwenden, bei denen die Anfechtbarkeit vor dem 1. Januar 1999 gerichtlich geltend gemacht worden ist.

(3) Die Vorschriften dieses Gesetzes in der ab dem Inkrafttreten des Gesetzes vom 23. Oktober 2008 (BGBl. I S. 2026) am 1. November 2008 geltenden Fassung sind auf vor dem 1. November 2008 vorgenommene Rechtshandlungen nur anzuwenden, soweit diese nicht nach dem bisherigen Recht der Anfechtung entzogen oder in geringerem Umfang unterworfen sind; andernfalls sind die bis zum 1. November 2008 anwendbaren Vorschriften weiter anzuwenden.

(4) Auf Fälle, bei denen die Anfechtbarkeit vor dem 5. April 2017 gerichtlich geltend gemacht worden ist, sind die bis dahin geltenden Vorschriften weiter anzuwenden.

Kapitel IV

Sozialgesetzbuch (SGB)
Drittes Buch (III)
– Arbeitsförderung –

vom 24.3.1997 (BGBl. I S. 594),
zuletzt geändert durch Art. 2 G vom 17.7.2017 (BGBl. I S. 2581)

§ 165 Anspruch

(1) [1]Arbeitnehmerinnen und Arbeitnehmer haben Anspruch auf Insolvenzgeld, wenn sie im Inland beschäftigt waren und bei einem Insolvenzereignis für die vorausgegangenen drei Monate des Arbeitsverhältnisses noch Ansprüche auf Arbeitsentgelt haben. [2]Als Insolvenzereignis gilt

1. die Eröffnung des Insolvenzverfahrens über das Vermögen des Arbeitgebers,
2. die Abweisung des Antrags auf Eröffnung des Insolvenzverfahrens mangels Masse oder
3. die vollständige Beendigung der Betriebstätigkeit im Inland, wenn ein Antrag auf Eröffnung des Insolvenzverfahrens nicht gestellt worden ist und ein Insolvenzverfahren offensichtlich mangels Masse nicht in Betracht kommt.

[3]Auch bei einem ausländischen Insolvenzereignis haben im Inland beschäftigte Arbeitnehmerinnen und Arbeitnehmer einen Anspruch auf Insolvenzgeld.

(2) [1]Zu den Ansprüchen auf Arbeitsentgelt gehören alle Ansprüche auf Bezüge aus dem Arbeitsverhältnis. [2]Als Arbeitsentgelt für Zeiten, in denen auch während der Freistellung eine Beschäftigung gegen Arbeitsentgelt besteht (§ 7 Absatz 1a des Vierten Buches), gilt der Betrag, der aufgrund der schriftlichen Vereinbarung zur Bestreitung des Lebensunterhalts im jeweiligen Zeitraum bestimmt war. [3]Hat die Arbeitnehmerin oder der Arbeitnehmer einen Teil ihres oder seines Arbeitsentgelts nach § 1 Absatz 2 Nummer 3 des Betriebsrentengesetzes umgewandelt und wird dieser Entgeltteil in einem Pensionsfonds, in einer Pensionskasse oder in einer Direktversicherung angelegt, gilt die Entgeltumwandlung für die Berechnung des Insolvenzgeldes als nicht vereinbart, soweit der Arbeitgeber keine Beiträge an den Versorgungsträger abgeführt hat.

(3) Hat eine Arbeitnehmerin oder ein Arbeitnehmer in Unkenntnis eines Insolvenzereignisses weitergearbeitet oder die Arbeit aufgenommen, besteht der Anspruch auf Insolvenzgeld für die dem Tag der Kenntnisnahme vorausgegangenen drei Monate des Arbeitsverhältnisses.

(4) Anspruch auf Insolvenzgeld hat auch der Erbe der Arbeitnehmerin oder des Arbeitnehmers.

(5) Der Arbeitgeber ist verpflichtet, einen Beschluss des Insolvenzgerichts über die Abweisung des Antrags auf Insolvenzeröffnung mangels Masse dem Betriebsrat oder, wenn kein Betriebsrat besteht, den Arbeitnehmerinnen und Arbeitnehmern unverzüglich bekannt zu geben.

Übersicht

I. Rechtsgrundlagen

1 Der Schutz des Arbeitnehmers bei Zahlungsunfähigkeit des Arbeitgebers war ursprünglich in der Richtlinie des Rates zur Angleichung der Rechtsvorschriften der Mitgliedstaaten über den Schutz der Arbeitnehmer bei Zahlungsunfähigkeit des Arbeitgebers (80/987/EWG) v 20.10.1980[1] geregelt. Diese Richtlinie wurde zunächst durch die §§ 141a ff AFG in das nationale Recht umgesetzt. Nach Inkrafttreten der InsO wurde das Konkursausfallgeld durch das InsGeld ersetzt (§§ 183 ff aF). Durch das G zur Verbesserung der Eingliederungschancen am Arbeitsmarkt v 21.12.2011 wurden die Regelungen der §§ 183–189 leicht sprachlich verändert, aber inhaltsgleich bei §§ 165–172 in das G eingefügt. Die Regelungen des SGB III werden durch die InsGeld-Kosten-VO v 5.5.1999[2] idF v 10.12.2011 ergänzt. Die RL 80/987/EWG ist durch die **RL 2002/74/EG** des EP und des Rates v 23.9.2002 geändert und nunmehr durch die RL 2008/94/EG v 22.10.2008 abgelöst worden. Durch die hierdurch erfolgte Neufassung der Art 3 Abs 2 und Art 4 Abs 2 hat sich die vom EuGH angenommene Europarechtswidrigkeit[3] des § 165 erledigt.[4] Die heutige Ausgestaltung des InsGeldes im SGB III ist unionsrechtskonform.[5] Bei der Auslegung des nationalen Rechts ist auf eine **richtlinienkonforme Auslegung** zu achten.[6] Im Falle der Nichtumsetzung der Richtlinie kann der Staat für Ausfälle des Arbeitnehmers haften.[7] Die Arbeitsverwaltung hat zur Durchführung der Bestimmungen über das InsGeld „Durchführungsanweisung InsGeld" (§§ 165–172) erlassen.[8]

II. Zweck der Regelung

2 Das InsGeld dient in erster Linie der Sicherung der Entgeltforderungen der Arbeitnehmer. Gleichzeitig werden durch den möglichen Erhalt der Belegschaft und die sich daraus ergebende Chance der Betriebsfortführung die Interessen des Schu gewahrt.[9] Das Gesetz berücksichtigt, dass der Arbeitnehmer nach § 614 BGB regelmäßig vorleistungspflichtig ist und sichert durch das InsGeld die Arbeitsvergütungsansprüche der Arbeitnehmer für einen Zeitraum von **längstens drei Monaten** bei Zahlungsunfähigkeit ihres Arbeitgebers. Das InsGeld wird durch Umlage der Arbeitgeber (§§ 358 ff) finanziert und ist steuerfreie (§ 3 Nr 2 EStG) Sozialleistung der BA. Die gleiche Sicherung erfahren die Beiträge der Sozialversicherungsträger. § 165 regelt die Anspruchsvoraussetzungen und den Umfang des InsGeldes.

III. Persönlicher Geltungsbereich

3 Nach § 165 Abs 1 S 1 haben **Arbeitnehmer** Anspruch auf InsGeld. Den Arbeitnehmern gleichgestellt sind deren **Erben** (§ 165 Abs 4). Keinen Anspruch auf InsGeld hat ein Arbeitnehmer, der erst nach Eröffnung des InsVerf mit dem Verwalter ein Arbeitsverhältnis begründet.[10]

4 **1. Arbeitnehmer. – a) Begriff.** Maßgeblich ist nicht der arbeitsrechtliche, sondern der **sozialversicherungsrechtliche Arbeitnehmerbegriff**. Dies ergibt sich aus der in § 3 Abs 4 Nr 5

---

1 ABlEG Nr L 283/23 v 28.10.1980.
2 BGBl I, 867.
3 *EuGH* ZIP 2003, 1000.
4 *Gagel/Peters-Lange* § 165 Rn 4.
5 *K/K/W*-SozR/*Mutschler* § 165 SGB III Rn 2.
6 *EuGH* AP EWG-RL Nr 80/987 Nr 4 = NZI 1998, 37.
7 *EuGH* ZIP 1991, 1610.
8 Im Internet unter www.arbeitsagentur.de unter dem Stichwort „DA Insolvenzgeld" abrufbar.
9 *Gagel/Peters-Lange* § 165 Rn 8f; *Gottwald/Bertram* § 110 Rn 3; *Brand/Kühl* § 165 Rn 3.
10 *BSG* ZIP 1989, 1270.

erfolgten Zuordnung des InsGeldes zu den Entgeltersatzleistungen des SGB III für die bei Fehlen einer anderweitigen Regelung der Beschäftigtenbegriff in § 7 Abs 1 SGB IV maßgeblich ist.[11] Nach der Rspr des BSG ist Arbeitnehmer, wer von einem Arbeitgeber persönlich abhängig ist. Dies erfordert die Eingliederung in den Betrieb und Unterordnung unter das Weisungsrecht des Arbeitgebers, insb in Bezug auf Zeit, Dauer und Ort der Arbeitsausführung. Auch wenn das Weisungsrecht – vor allem bei Diensten höherer Art – erheblich eingeschränkt sein kann, darf es nicht vollständig entfallen. Demgegenüber wird die selbstständige Tätigkeit durch das Unternehmerrisiko und durch das Recht und die Möglichkeit gekennzeichnet, über die eigene Arbeitskraft sowie über Arbeitsort und Arbeitszeit frei verfügen zu können. In Zweifelsfällen kommt es darauf an, welche Merkmale überwiegen.[12] Dies richtet sich grds nach den Umständen des Einzelfalls, bei denen die vertragliche Ausgestaltung zunächst im Vordergrund steht. Sie tritt allerdings dann zurück, wenn die tatsächlichen Verhältnisse entscheidend davon abweichen.[13] Nicht erforderlich ist das Bestehen eines versicherungspflichtigen Beschäftigungsverhältnisses.[14] Anspruchsberechtigt sind dementspr auch Personen, die nach § 8 SGB IV in einem geringfügigen Beschäftigungsverhältnis stehen[15] oder nach § 27 in der Arbeitslosenversicherung versicherungsfrei sind.

Zu den Arbeitnehmern gehören auch **Auszubildende**[16] (§ 14 SGB III, § 7 Abs 2 SGB IV) 5
und **Heimarbeiter** (§ 13 SGB III, § 12 Abs 2 SGB IV), nicht dagegen Hausgewerbetreibende und Zwischenmeister.[17] **Handelsvertreter** sind Arbeitnehmer, wenn sie nicht selbstständige Gewerbetreibende sind.

b) Altersteilzeit. In Altersteilzeitarbeit beschäftigte Arbeitnehmer haben nach der „DA- 6
Insolvenzgeld" der BA bei Vorliegen der sonstigen Voraussetzungen Anspruch auf InsGeld. Beim sog Blockmodell kann InsGeld allerdings nur für rückständige Arbeitsentgeltansprüche „für" den InsGeld-Zeitraum des § 165 Abs 1 beansprucht werden. Das bedeutet, dass bei Eintritt des InsEreignisses sowohl in der Arbeits- als auch in der Freistellungsphase InsGeld gleichermaßen nur für das Arbeitsentgelt verlangt werden kann, das der Arbeitgeber für die Teilzeitarbeit schuldet. Zusätzlich werden der Aufstockungsbetrag zum Teilzeitarbeitsentgelt und – auf der Grundlage des § 175 – die zusätzlichen Beiträge zur gesetzlichen Rentenversicherung iSd ATG berücksichtigt.

c) Gesellschafter und Geschäftsführer einer GmbH. Diese sind nur anspruchsberechtigt, 7
wenn ihre Beschäftigung die allg Begriffsmerkmale des § 7 SGB IV erfüllt.

Der **Geschäftsführer einer GmbH** ist weder wegen seiner Organstellung noch deshalb von 8
einer abhängigen Beschäftigung ausgeschlossen, weil er gegenüber Arbeitnehmern der GmbH Arbeitgeberfunktionen ausübt. Maßgebend ist vielmehr vor allem die Bindung des Geschäftsführers an das willensbildende Organ, in der Regel die Gesamtheit der Gesellschafter. Bei Fremdgeschäftsführern, also nicht am Gesellschaftskapital beteiligten Geschäftsführern, besteht nach der Rspr des BSG regelmäßig eine abhängige Beschäftigung, es sei denn, es liegen bes Umstände vor, die eine Weisungsgebundenheit gegenüber den Gesellschaftern im Einzelfall aufheben.[18]

---

11 *BSG* ZIP 1997, 1120.
12 *BSG* ZIP 2007, 2185.
13 Vgl *BSG* NZA-RR 1998, 467.
14 *BSG* 25.8.2008 – B 11 AL 64/08 B.
15 *Sächs LSG* 30.4.2008 – L1 AL 141/07; FK/*Mues* Anh zu § 113 Rn 30.
16 *BAG* 26.10.2017 – 6 AZR 511/16.
17 *BSG* ZIP 1981, 134.
18 *BSG* GmbHR 2004, 494; NZA-RR 2003, 325 = GmbHR 2002, 324; *K/K/W*-SozR/*Mutschler* § 165 SGB III Rn 5.

9 Gleiches gilt für **Geschäftsführer, die zugleich Gesellschafter** sind. Auch diese können abhängig beschäftigt sein. Eine abw Beurteilung kommt allerdings dann in Betracht, wenn bes Umstände den Schluss zulassen, es liege keine Weisungsgebundenheit vor.[19] Wesentliche Bedeutung kommt dabei dem Umfang der Kapitalbeteiligung des Gesellschafters und dem Ausmaß des sich daraus für ihn ergebenden Einflusses auf die Entsch der Gesellschaft zu.[20] So ist eine abhängige Beschäftigung grds zu verneinen, wenn der GmbH-Gesellschafter-Geschäftsführer kraft seiner Gesellschaftsrechte die für das Beschäftigungsverhältnis typische Abhängigkeit von einem Arbeitgeber vermeiden kann. Dies ist regelmäßig der Fall, wenn der Geschäftsführer über mindestens die Hälfte des Stammkapitals der Gesellschaft[21] oder über eine Sperrminorität verfügt und damit ihm nicht genehme Entsch der Gesellschaft verhindern kann.[22] Gleiches gilt, wenn er aufgrund der Gesellschafterstellung Einzelanweisungen an sich im Bedarfsfall jederzeit verhindern könnte.[23] Ein Beschäftigungsverhältnis liegt dagegen vor, wenn der Gesellschafter-Geschäftsführer an der uneingeschränkten Ausübung der ihm insofern zustehenden Rechtsmacht aufgrund der tatsächlichen Gestaltung der gesellschaftsrechtlichen Beziehungen gehindert ist bzw war. Ein Mehrheitsgesellschafter einer GmbH kann daher bei dieser GmbH abhängig beschäftigt sein, wenn er aufgrund einer treuhänderischen Bindung in der Ausübung der Gesellschafterrechte vollständig eingeschränkt ist.[24]

10 **d) Vorstandsmitglieder von AG.** Diese haben unabhängig von einer möglichen Kapitalbeteiligung wegen ihrer fehlenden Weisungsabhängigkeit keinen Anspruch auf InsGeld.[25] Keine Arbeitnehmer sind auch die stellvertretenden Mitglieder des Vorstands einer AG.[26]

11 **e) Vorstandsmitglider einer Genossenschaft.** Vorstandsmitglieder einer **Genossenschaft** sollen dagegen einen Anspruch auf InsGeld haben.[27]

12 **f) Mitglieder einer Personengesellschaft.** Mitglieder einer **Personengesellschaft** können ein gesondertes Arbeitsverhältnis mit der Gesellschaft begründen.[28]

13 **2. Inlandsbezug.** Der Anspruch auf InsGeld besteht nach § 165 Abs 1 S 1 und 3 grds nur für **inländische Arbeitsverhältnisse**. Unerheblich ist, ob der Arbeitnehmer seinen Wohnort im Inland hat, wie sich mittelbar aus § 167 Abs 2 ergibt.[29] Ein ausl Wohnsitz oder ständiger Aufenthalt des Arbeitnehmers im Ausland während der Begr seines Arbeitsentgeltanspruchs steht dem Anspruch auf InsGeld nicht entgegen, wenn der Schwerpunkt der rechtlichen und tatsächlichen Merkmale seines Arbeitsverhältnisses im Inland liegt, ohne dass eine „Entsendung" im strengen Sinne des § 4 SGB IV vorliegen muss.[30] Der InsGeldanspruch ist nicht dadurch ausgeschlossen, dass der dt Arbeitnehmer eines bundesdeutschen Arbeitgebers im Ausland gearbeitet hat und keinen inländischen Wohnsitz oder gewöhnli-

19 *BSG* GmbHR 2004, 494.
20 *BSG* ZIP 2007, 2185.
21 *BSG* ZIP 1997, 1120.
22 *BSG* ZIP 2007, 2185; NZA-RR 1998, 467 = GmbHR 1998, 1127; vgl dazu auch *BGH* NZA 2003, 439.
23 *BSG* ZIP 2006, 678.
24 *BSG* ZIP 2006, 678; ZIP 1997, 1120.
25 *BSG* ZIP 1987, 924; *K/K/W*-SozR/*Mutschler* § 165 SGB III Rn 7; sa *BSG* NZA-RR 2000, 434 zur Verneinung der Beitragspflicht für die gesetzliche Unfallversicherung.
26 *LSG Baden-Württemberg* 18.7.2006 – L 13 AL 1766/06.
27 *SG Altenburg* DZWIR 2002, 242.
28 *BSG* NJW 1966, 2186; *Gottwald/Bertram* § 110 Rn 14.
29 *Gagel/Peters-Lange* § 165 Rn 61; ausf NK-SGB III/*Schmidt* § 165 Rn 35 ff.
30 *BSG* ZIP 1984, 1249.

chen Aufenthalt hatte, wenn das Arbeitsverhältnis zeitlich begrenzt war und der Schwerpunkt der rechtlichen und tatsächlichen Verhältnisse des Arbeitnehmers im Inland lag.[31]

Durch § 165 Abs 1 S 3 ist klargestellt, dass ein **ausl InsEreignis** einen Anspruch auf InsGeld für im Inland beschäftigte Arbeitnehmer begründen kann.[32] Auf das Bestehen einer Niederlassung im Inland kommt es nicht an.[33] Dies ist mit Unionsrecht vereinbar. Gem Art 8a **Richtlinie 2008/94/EG** hat für den Fall, dass ein im Hoheitsgebiet von zwei oder mehr Mitgliedstaaten tätiges Unternehmen zahlungsunfähig ist, derjenige Mitgliedstaat die Befriedigung der nicht erfüllten Arbeitnehmeransprüche zu gewährleisten, in dessen Hoheitsgebiet die betr Arbeitnehmer ihre Arbeit gewöhnlich verrichten oder verrichtet haben. Der Umfang der Rechte der Arbeitnehmer bestimmt sich dabei nach der Rechtsordnung, der die Garantieeinrichtung dieses Mitgliedstaats unterliegt. Für eine grenzüberschreitende Tätigkeit ist es dabei nach der Rspr des EuGH nicht erforderlich, dass ein in einem Mitgliedstaat ansässiges Unternehmen eine Zweigniederlassung oder eine feste Niederlassung in einem anderen Mitgliedstaat unterhält. Notwendig sei jedoch eine „feste wirtschaftliche Präsenz", die durch das Vorhandensein von Personal gekennzeichnet sei, die es ihm ermögliche, dort wirtschaftliche Tätigkeiten zu entfalten. Das ist nicht der Fall, wenn ein Transportunternehmen von seinen angestellten Fahrern Warenlieferungen zwischen den beiden Staaten durchführen lässt. Maßgeblich ist in diesem Fall der Sitz des Transportunternehmens.[34] 14

IV. Arbeitgeber

Arbeitgeber ist derjenige, dem der Arbeitnehmer im maßgeblichen InsGeldzeitraum die Arbeitsleistung schuldet und der das Arbeitsentgelt zu zahlen hat. Dies ist regelmäßig der **Vertragspartner des Beschäftigten**. Bei juristischen Personen des Privatrechts oder deren Vorgesellschaften sind diese Arbeitgeber, ebenso bei den Handelsgesellschaften. Wird der Arbeitsvertrag mit einer GbR geschlossen, ist diese Arbeitgeber.[35] Maßgeblich für die InsGeldversicherung ist allerdings nicht der Eintritt des InsEreignisses bei einem oder den Gesellschaftern, sondern nur bei dem Vertragspartner des Arbeitnehmers. 15

Bei erlaubter oder nicht erlaubnispflichtiger **Arbeitnehmerüberlassung** ist Arbeitgeber der Verleiher (§ 1 AÜG). In diesem Fall bestehen bei einer Ins des Verleihers InsGeldansprüche der Arbeitnehmer. Fehlt die Erlaubnis, kommt ein Arbeitsverhältnis zwischen Entleiher und Leiharbeitnehmer zu Stande, weshalb die Ins des Entleihers zu Ansprüchen auf InsGeld führt. Ist ein Arbeitnehmerüberlassungsverhältnis wegen fehlender Erlaubnis unwirksam (§§ 1, 9 AÜG), hat nach der Rspr des BSG der gutgläubige Leiharbeitnehmer iF der Ins des Verleihers Anspruch auf InsGeld. Ansprüche auf InsGeld entstehen bei unerlaubter Arbeitnehmerüberlassung nur dann nicht, wenn der Arbeitnehmer den Grund der Unwirksamkeit des Leiharbeitsvertrags kannte.[36] 16

Im Falle des **Betriebsübergangs** (§ 613a BGB) haftet der bisherige Arbeitgeber neben dem Erwerber für Verpflichtungen, soweit sie vor dem Zeitpunkt des Übergangs entstanden sind und vor Ablauf von einem Jahr nach diesem Zeitpunkt fällig werden. Ansprüche auf InsGeld können sowohl bei Ins des Veräußerers als auch bei einer späteren Ins des Erwerbers entstehen.[37] 17

---

31 *BSG* ZIP 1984, 469.
32 Zur früheren Rechtslage *BSG* NZI 2001, 277; ausf *Hützen/Poertzgen* ZInsO 2010, 1719.
33 *Gagel/Peters-Lange* § 165 Rn 64.
34 *EuGH* NZA 2008, 1345.
35 *BAG* AP ZPO § 50 Nr 14 = NJW 2005, 264; *Schaub/Linck* § 16 Rn 8.
36 *BSG* ZIP 1984, 988.
37 *BSG* ZIP 1983, 1224.

V. Insolvenzereignis

18 **1. Allgemeines.** Bei Zahlungsunfähigkeit ihres Arbeitgebers haben die Beschäftigten gem § 165 Abs 1 S 2 in den dort genannten **drei Fällen** Anspruch auf InsGeld. Voraussetzung ist entweder **(1)** die Eröffnung des InsVerf über das Vermögen ihres Arbeitgebers, **(2)** die Abweisung des Antrags auf Eröffnung des InsVerf mangels Masse oder **(3)** die vollständige Beendigung der Betriebstätigkeit im Inland, wenn ein Antrag auf Eröffnung des InsVerf nicht gestellt worden ist und ein InsVerf offensichtlich mangels Masse nicht in Betracht kommt. Nach dem InsEreignis richtet sich der Dreimonatszeitraum für den InsGeldbezug sowie die zweimonatige Antragsfrist (§ 324 Abs 3 S 1).

19 Zwischen den InsEreignissen besteht **kein Rangverhältnis**. Hieraus folgt, dass die Fristen seit Eintritt des frühesten InsEreignisses rechnen. Ist zunächst der Antrag auf Eröffnung des InsVerf abgelehnt worden und später wegen der Einzahlung eines Vorschusses das InsVerf eröffnet worden, rechnen die Fristen gleichwohl seit der Ablehnung mangels Masse.[38] Bei mehreren InsEreignissen entscheidet regelmäßig das zeitlich erste, wenn sie alle in der Person des Arbeitgebers vorliegen.[39]

20 Wird der **Betrieb von einem insolventen Arbeitgeber übernommen**, können für die weiterbeschäftigten Arbeitnehmer bei einem späteren Eintritt eines InsEreignisses beim Betriebserwerber ein weiteres Mal Ansprüche auf InsGeld entstehen. Übernimmt also zB eine Handelsgesellschaft von einem insolventen Unternehmer einen Betrieb, schließt die Ins des früheren Betriebsinhabers bei späterer Ins des Betriebsübernehmers erneute Ansprüche der Arbeitnehmer auf InsGeld auch dann nicht aus, wenn einzelne Gesellschafter des Betriebsübernehmers mit Gesellschaftern des früheren Inhabers identisch sind.[40]

21 **2. Neues Insolvenzereignis.** Führt der Arbeitgeber den Betrieb in den Fällen der Abweisung des InsAntrags mangels Masse (Nr 2) oder der vollständigen Betriebseinstellung (Nr 3) mit den unpfändbaren (§ 811 Nr 5 ZPO) und damit vom Massebeschlag nicht erfassten (§ 36 Abs 1 InsO) Betriebsmitteln fort, führt ein neues InsEreignis nur dann zu einem neuen InsGeldanspruch, wenn der **Arbeitgeber vor erneuter Zahlungsunfähigkeit wieder zahlungsfähig war.**[41] Solange die auf einem bestimmten InsEreignis beruhende Zahlungsunfähigkeit des Arbeitgebers andauert, kann kein neues eintreten.[42] Von andauernder Zahlungsunfähigkeit ist so lange auszugehen, wie der Schu wegen eines nicht nur vorübergehenden Mangels an Zahlungsmitteln nicht in der Lage ist, seine fälligen Geldschulden im Allgemeinen zu erfüllen.[43] Einzelne Zahlungen erlauben keinen Rückschluss auf eine Wiedererlangung der Zahlungsfähigkeit,[44] zumal auch drohende Zahlungsunfähigkeit bei Eigenanträgen einen InsEröffnungsgrund darstellt (§ 18 Abs 1 InsO). Die Zahlungsunfähigkeit endet deshalb nicht schon dann, wenn der Schu einzelnen Zahlungsverpflichtungen wieder nachkommt.[45] Für die Annahme wiedererlangter Zahlungsfähigkeit genügt es deshalb nicht, wenn der Arbeitgeber die Betriebstätigkeit fortführt und die laufenden Verbindlichkeiten, wie insb die Lohnansprüche, befriedigt.[43] Ohne Bedeutung ist in eröffneten InsVerf, ob und wie lange der InsVerw das Unternehmen fortführt sowie ob er Arbeitsverhältnisse begründet und diese unter Umständen über mehrere Jahre bestehen. Ist ein Ins-

---

38 *Gottwald/Bertram* § 110 Rn 7; *Brand/Kühl* § 165 Rn 18.
39 *BSG* ZIP 1992, 197; *Gagel/Peters-Lange* § 165 Rn 52.
40 *BSG* ZIP 1983, 1224.
41 *Brand/Kühl* § 165 Rn 20.
42 *BSG* ZIP 2013, 795.
43 *BSG* 17.3.2015 – B 11 AL 9/14 R.
44 *BSG* ZIP 1989, 460; 2008, 1989.
45 *BSG* 23.5.2017 – B 12 AL 1/15 R.

Verf eröffnet worden und führt den InsVerw während der Dauer des InsVerf den Betrieb fort, endet dieses InsEreignis auch erst mit dem Ende des InsVerf.[46]

Bei einem **InsPlanVerf** muss der Plan erfüllt sein.[47] Allein aus der Bestätigung eines InsPlans und der Aufhebung des InsVerf folgt dabei noch nicht, dass der zunächst eingetretene InsFall beseitigt wäre. Ein einheitlicher InsTatbestand kann vielmehr auch dann vorliegen, wenn keine Überwachung der Planerfüllung stattfindet. Dies ist anhand der Einzelumstände zu prüfen.[48] Kann der Schu zwar die ihm nach dem InsPlan aufgegebene Quote leisten, ist aber sonst nach der Aufhebung des ersten InsVerf bis zur Eröffnung des zweiten InsVerf zu keinem Zeitpunkt die Fähigkeit wieder eingetreten ist, die fälligen Geldschulden im Allgemeinen zu erfüllen, bleibt es bei der Sperrwirkung des ersten InsEreignisses. Allein die formale Beendigung des InsVerf bei gleichzeitiger Anordnung der Planüberwachung genügt nicht, um eine Wiederherstellung der allgemeinen Zahlungsfähigkeit des Schu zu begründen. Die Gl verzichten bei dieser Art der Abwicklung eines InsEreignisses auf den Großteil ihrer Forderungen nur, um den im InsPlan vereinbarten (geringen) Teil der Forderung zu erhalten. Ihre Gesamtforderung kann aber insolvenzrechtlich wieder aufleben, wenn die Vereinbarungen des InsPlans nicht erfüllt werden.[46] 22

3. Die einzelnen Insolvenzereignisse. Das Gesetz nennt an erster Stelle in § 165 Abs 1 die **Eröffnung des InsVerf** (§ 27 InsO) als maßgebliches InsEreignis. Der Eröffnung des InsVerf im Inland steht gem § 165 Abs 1 S 3 für im Inland beschäftigte Arbeitnehmer die InsEröffnung im Ausland gleich (Rn 13 f). Das zweite im Gesetz genannte Ereignis ist die **Abweisung des Antrags auf InsEröffnung mangels Masse** (§ 26 InsO). Schließlich besteht ein Anspruch auf InsGeld bei **vollständiger Beendigung der Betriebstätigkeit** im Inland, wenn ein Antrag auf Eröffnung des InsVerf nicht gestellt worden ist und ein InsVerf offensichtlich mangels Masse nicht in Betracht kommt. 23

a) Verfahrenseröffnung. Wird das **InsVerf eröffnet**, ergeht gem § 27 Abs 2 InsO ein EröffnungsBeschl, der die Bezeichnung des Schu enthält, Namen und Anschrift des InsVerw sowie die Stunde der Eröffnung des InsVerf. Der EröffnungsBeschl ist öffentlich bekannt zu machen und auszugsweise im Bundesanzeiger zu veröffentlichen. Eine Vordatierung des EröffnungsBeschl ist rechtswidrig.[49] Der EröffnungsBeschl wird wirksam, wenn er aufhört, eine innere Angelegenheit des InsGer zu sein.[50] Die Rücknahme des Antrags ist bis zu den in § 13 Abs 2 InsO genannten Zeitpunkten möglich. 24

Bis zum Inkrafttreten der **Änderung der RL 2002/74/EG** am 8.10.2002 stand § 165 Abs 1 Nr 1 nicht in Einklang mit den Vorgaben der Art 3 Abs 2, Art 4 Abs 2 der RL 80/987/EWG v 20.10.1980, weil nach diesen Bestimmungen nicht der Zeitpunkt der Eröffnung des InsVerf, sondern der Tag der entspr Antragstellung für die Berechnung der Ansprüche der InsGeldsicherung maßgeblich war.[51] Nunmehr haben die Mitgliedsstaaten aber nach Art 4 Abs 2 idF der RL 2002/74/EG v 8.10.2002 bzw nunmehr der RL 2008/94/EG v 22.10.2008 die Möglichkeit, den Beginn des Dreimonatszeitraums für die InsGeldsicherung selbst festzulegen. § 165 Abs 1 Nr 1 kann daher nicht dahin ausgelegt werden, dass maßgebendes InsEreignis der Antrag auf Eröffnung des InsVerf ist.[52] 25

---

46 *BSG* ZIP 1989, 1270.
47 *BSG* ZIP 2003, 445; 2008, 1989.
48 *BSG* ZIP 2013, 795.
49 *BGH* ZIP 2004, 766.
50 *BGH* ZIP 1982, 464.
51 *EuGH* AP EWG-RL Nr 80/987 Nr 8 = ZIP 2003, 1000; dazu auch *BSG* SozR 4–4100 § 141b Nr 1; *Peters-Lange* ZIP 2003, 1877.
52 *BSG* SozR 4–4100 § 141b Nr 1.

26 **b) Abweisung mangels Masse.** Wird der InsAntrag abgewiesen, besteht ein Anspruch auf InsGeld nur, wenn die Abweisung mangels Masse (§ 26 InsO) erfolgt ist. Eine solche Entsch trifft das InsGer, wenn das Vermögen des Schu voraussichtlich nicht ausreichen wird, um die Kosten des Verf zu decken. Die Abweisung des Antrags aus anderen Gründen steht der Abweisung mangels Masse nicht gleich, weil in anderen Fällen die Vermögensverhältnisse des Schu nicht geprüft werden. In diesem Fall ist aber zu prüfen, ob die Voraussetzungen des § 165 Abs 1 S 2 Nr 3 vorliegen.[53] Die Abweisung mangels Masse wird nicht öffentlich bekannt gemacht, sondern nur in das bei Gericht geführte SchuVerzeichnis eingetragen. Nach § 165 Abs 5 ist der Arbeitgeber deshalb zu einer unverzüglichen Mitteilung an den Betriebsrat oder, wenn ein Betriebsrat nicht gebildet ist, an die Arbeitnehmer verpflichtet. Unterlässt der Arbeitgeber dies und arbeitet der Arbeitnehmer in Unkenntnis der Abweisung des InsAntrags mangels Masse weiter, gilt § 165 Abs 3 (dazu Rn 30 ff).

27 **c) Betriebseinstellung.** Das InsEreignis der vollständigen Betriebseinstellung soll, wenn ein Antrag auf Eröffnung des InsVerf nicht gestellt worden ist und ein InsVerf offensichtlich mangels Masse nicht in Betracht kommt, bei offensichtlicher Überschuldung des Arbeitgebers das InsGer entlasten und eine Kostenbelastung der Arbeitnehmer vermeiden. § 165 Abs 1 S 2 Nr 3 stellt damit einen **Auffangtatbestand** für die Fälle dar, in denen zum Zeitpunkt der Betriebseinstellung kein zulässiger Antrag auf Eröffnung des InsVerf gestellt worden ist.[54] Liegt ein solcher Antrag vor, kann die Bewilligung des InsGeldes nicht auf die Nr 3 gestützt werden. Für § 165 Abs 1 S 2 Nr 3 genügt der sich aus äußeren Tatsachen ergebende Eindruck eines unvoreingenommenen Betrachters, dass alle äußeren Tatsachen (und insofern der Anschein) für Masseunzulänglichkeit sprechen.[55] Die Masselosigkeit muss im Zeitpunkt der Betriebseinstellung vorliegen, also vorher oder gleichzeitig eintreten.[56] Die Feststellungslast für die offensichtliche Masseunzulänglichkeit des die Betriebstätigkeit einstellenden Unternehmens trägt, wer insolvenzgeldrechtliche Ansprüche geltend macht.[57]

28 Erforderlich ist die **vollständige Beendigung jeder dem Betriebszweck dienenden Arbeit**. Daher sind Arbeiten innerhalb eines Betriebs, die aber seinem Zweck nicht dienen, keine solchen Betriebstätigkeiten. Das gilt insb für die der Auflösung, Abwicklung oder Erhaltung von Betriebsanlagen dienende Arbeiten. Solange Aufträge noch abgewickelt werden, ist die Betriebstätigkeit nicht vollständig beendet.[58] § 165 Abs 1 S 2 Nr 3 verlangt allerdings neben der offensichtlichen Masseunzulänglichkeit und der Beendigung der betrieblichen Tätigkeit des Arbeitgebers **nicht zusätzlich die Stilllegung des Betriebs**. Die betrieblichen Funktionen müssen auch nicht zeitweise unterbrochen werden.[59] Folglich können Veräußerungen oder Verpachtungen ebenfalls Formen der Betriebseinstellung sein.[60] Da § 165 Abs 1 S 2 Nr 3 bezweckt, den Arbeitnehmer gegen die Zahlungsunfähigkeit des Arbeitgebers zu versichern, tritt der Versicherungsfall bereits ein, wenn der Arbeitgeber nicht mehr in der Lage ist, das Arbeitsentgelt für die Vergangenheit zu zahlen. Das gilt unabhängig davon, ob der Betrieb, in dem der Arbeitnehmer seinen Verdienst erarbeitet hat, über das InsEreignis hinaus noch fortbesteht. Hiergegen spricht nicht, dass der Übernehmer eines Betriebs gem § 613a Abs 1 S 1 BGB auch für rückständige Vergütungsansprüche aufzukommen hat. Denn dies betrifft nur übernommene Arbeitnehmer, nicht aber diejenigen, die vor der Zahlungs-

53 *K/K/W*-SozR/*Mutschler* § 165 SGB III Rn 16.
54 *Gagel/Peters-Lange* § 165 Rn 47; *K/K/W*-SozR/*Mutschler* § 165 SGB III Rn 17.
55 *BSG* ZInsO 2000, 55.
56 *BSG* SozR 4100 § 141b Nr 11.
57 *BSG* ZIP 1993, 1716.
58 *BSG* ZIP 1981, 1112.
59 *BSG* ZIP 1981, 748.
60 *Gagel/Peters-Lange* § 165 Rn 40.

unfähigkeit aus dem Arbeitsverhältnis ausgeschieden sind und noch ausstehende Entgeltansprüche haben.[61] Der vollständigen Betriebseinstellung stehen Abwicklungsarbeiten nicht entgegen.[62] Nicht erforderlich ist die Abmeldung des Gewerbes oder die Löschung der Firma im Handelsregister.[63]

Ein bereits gestellter InsAntrag hat eine **Sperrwirkung** bzgl des InsTatbestandes des § 165 Abs 1 S 2 Nr 3, selbst wenn er am Tag der Betriebseinstellung gestellt worden ist.[64] Wird ein InsAntrag vom InsGer ohne SachEntsch zurückgewiesen oder ist er zurückgenommen worden, ist nach Nr 3.3 Abs 5 DA-Insolvenzgeld kein InsAntrag iSd § 165 Abs 1 S 2 Nr 3 gestellt. Gleiches gilt, wenn ein Beschl über die Eröffnung des InsVerf oder die Abweisung eines InsAntrags mangels Masse im BeschwVerf rechtskräftig aufgehoben wurde. Die Stellung eines InsAntrags (bei ausl insolvenzgerichtlicher Zuständigkeit) bei einem ausl InsGer ist für die Feststellung des InsEreignisses ohne Bedeutung; einem solchen Antrag kommt daher **keine** Sperrwirkung zu. Die Rücknahme eines InsEröffnungsantrags beseitigt die Sperrwirkung ex tunc. Dies hat zur Folge, dass das InsEreignis des § 165 Abs 1 S 2 Nr 3 am Tage der vollständigen Einstellung eines offensichtlich überschuldeten Betriebs eingetreten ist.[65] 29

VI. Anspruchszeitraum

1. Drei-Monats-Zeitraum. Nach § 165 Abs 1 haben Arbeitnehmer Anspruch auf InsGeld für die letzten drei Monate des Arbeitsverhältnisses vor Eintritt des InsEreignisses. Dem Arbeitnehmer steht allerdings nur dann ein Anspruch „für" die dem InsEreignis vorausgehenden drei Monate zu, wenn es sich bei dem zu beanspruchenden und nicht ausbezahlten Arbeitsentgelt um eine **Gegenleistung für im InsGeldzeitraum geleistete Dienste** handelt. Dafür ist auf den arbeitsrechtlichen Entstehungsgrund und die Zweckbestimmung der Leistung abzustellen und nicht auf die Fälligkeit des Entgeltanspruchs. Maßgebend ist, wann das Arbeitsentgelt erarbeitet worden ist (vgl Rn 37).[66] Die Zuordnung ist unproblematisch, wenn Entgeltansprüche wie das monatliche Festgehalt an die Arbeitsleistung in einem bestimmten Zeitabschnitt anknüpfen. Bei Einmalzahlungen wie Jahressonderzahlungen ist dagegen zu differenzieren (vgl Rn 40). Für die **Zeit nach Beendigung des Arbeitsverhältnisses** besteht nach § 166 Abs 1 kein Anspruch auf InsGeld. Arbeitet der Arbeitnehmer nach Eintritt des InsEreignisses weiter, trägt er das Risiko des Entgeltausfalls. Eine Einschränkung enthält insoweit § 165 Abs 3. Hat ein Arbeitnehmer in Unkenntnis eines InsEreignisses weitergearbeitet oder die Arbeit aufgenommen, besteht der Anspruch auf InsGeld für die dem Tag der Kenntnisnahme vorausgehenden drei Monate des Arbeitsverhältnisses (dazu Rn 32). 30

Arbeitsentgelt- und InsGeldanspruch sind **akzessorisch ausgestaltet.** InsGeld wird nur geleistet, soweit ein Anspruchsübergang nach § 169 SGB III erfolgt. Es wird gem § 165 Abs 1 S 1 SGB III gewährt, soweit „noch" ein Anspruch auf Arbeitsentgelt besteht. Hieran fehlt es, wenn der Anspruch durch Erfüllung erloschen ist. Im Falle einer **InsAnfechtung** entsteht der InsGeldanspruch neu, wenn die Anfechtung Erfolg hat, die Ausschluss- und Nachfrist des § 324 Abs 3 S 1 und S 2 SGB III gewahrt sind und der InsGeldzeitraum nicht ausgeschöpft ist.[67] 31

---

61 *BSG* ZIP 1981, 748.
62 *BSG* DZWIR 2001, 324; *BSG* ZIP 1981, 1112.
63 *LSG NRW* ZInsO 2002, 344.
64 *BSG* DZWIR 2001, 324; DB 1979, 2332.
65 *BSG* ZIP 1992, 197.
66 *BSG* ZIP 2014, 1188.
67 *BAG* NZA 2015, 940.

32 **2. Fristberechnung.** Die Dreimonatsfrist wird **rückwirkend berechnet**, wenn das Arbeitsverhältnis zum Zeitpunkt des InsEreignisses noch bestand. Die Berechnung erfolgt gem § 26 Abs 1 SGB X nach §§ 187, 188 BGB. Der Tag des InsEreignisses bleibt außer Betracht.[68] Die Arbeitsstunden am Tag der InsEröffnung sind daher nicht einzubeziehen. Die Frist endet zu Beginn des drei Monate zurückliegenden Tages, der die gleiche Zahl hat, wie der Tag des InsEreignisses, unabhängig davon, wie viele Tage die einzelnen Monate haben. Fehlt bei einer nach Monaten bestimmten Frist in dem letzten Monat der für ihren Ablauf maßgebende Tag, endigt die Frist gem § 188 Abs 3 BGB mit dem Ablauf des letzten Tages dieses Monats. Wird das InsVerf am 30.6. eröffnet, werden von § 165 Abs 1 Entgeltansprüche v 30.3. bis zum 29.6. erfasst, bei InsEröffnung am 31.5. v 28. bzw 29.2. bis zum 30.5.[69]

33 Hat das **Arbeitsverhältnis vor dem InsEreignis bereits geendet**, ist für die Rückrechnung der letzte Tag des Arbeitsverhältnisses mitzuzählen.[70] Geschützt sind die letzten drei Monate des Arbeitsverhältnisses, selbst wenn das InsEreignis erst mit zeitlichem Abstand auf die Beendigung des Arbeitsverhältnisses folgt. Maßgeblich ist die rechtliche und nicht die tatsächliche Beendigung des Arbeitsverhältnisses.[71] Ein vorhergehendes Arbeitsverhältnis bei demselben Arbeitgeber ist zu berücksichtigen, soweit es in den Dreimonatszeitraum hineinreicht.[72] Ist zB das Arbeitsverhältnis am 25.7. beendet worden und das InsEreignis erst am 30. 8. eingetreten, sind die Ansprüche vom 26.4. bis 25.7. gesichert. Sind auch für weiter zurückliegende Zeiten **Entgeltansprüche rückständig** und werden vom Schu noch Zahlungen erbracht, verlangt die Richtlinie (Rn 1), dass zunächst die ungesicherten Forderungen getilgt werden.[73] Leistet der Arbeitgeber nach Ablauf des InsGeldzeitraums Zahlungen auf Arbeitsentgelt, sind diese vorrangig Ansprüchen zuzurechnen, die vor dem InsGeldzeitraum liegen; § 366 BGB findet insoweit keine Anwendung.[74] Kein InsSchutz besteht für Zeiten nach Eintritt des InsEreignisses. Der Arbeitnehmer trägt insoweit – vorbehaltlich § 165 Abs 3 – das Risiko des Entgeltausfalls, weil er das Arbeitsverhältnis fortsetzen oder wegen Zahlungsverzugs außerordentlich kündigen kann.[75]

34 **3. Bestehendes Arbeitsverhältnis.** Nach der Rspr des EuGH zur RL 80/987/EWG erfasst der Begriff „Arbeitsverhältnis" nur **Zeiträume, die ihrer Natur nach zu nicht erfüllten Ansprüchen auf Arbeitsentgelt führen** können.[76] Der Begriff „Arbeitsverhältnis" in § 165 ist daher richtlinienkonform auszulegen. Dementspr hat das BSG angenommen, Zeiten, in denen der Anspruch auf Arbeitsentgelt nach § 12 S 4 KSchG entfalle, seien nicht Zeiten eines Arbeitsverhältnisses iSv § 165 Abs 1 S 1.[77] Ausgeschlossen ist ebenso ein Zeitraum, in dem das Arbeitsverhältnis wegen Elternzeit (§§ 15 ff BEEG) ruht und in dem aus diesem Grund kein Anspruch auf Arbeitsentgelt besteht.[78] Gleiches gilt für die Zeiten mutterschutzrechtlicher Beschäftigungsverbote (§§ 3 ff MuSchG), Zeiten des Grundwehr- oder Zivildienstes (§ 1 ArbPlSchG, § 78 ZDG) oder in Bezug auf Zeiten der Arbeitsunfähigkeit ohne Entgeltfortzahlung nach Ablauf des Sechswochenzeitraums (§ 3 EFZG)[79] sowie für Pflegezeiten (§§ 3 und 4 PflegeZG).

---

68 *BSG* ZIP 1995, 935; *BSG* SozR 4100 § 141b Nr 50.
69 *Brand/Kühl* § 165 Rn 33; *Gagel/Peters-Lange* § 165 Rn 69 f.
70 *K/K/W*-SozR/*Mutschler* § 165 SGB III Rn 38; *Gagel/Peters-Lange* § 165 Rn 71.
71 *BSG* ZInsO 2000, 174.
72 *BSG* AP AFG § 141b Nr 8 = ZIP 1985, 109; *Sächs LSG* 30.4.2008 – L1 AL 141/07.
73 *EuGH* AP EWG-RL Nr 80/987 Nr 4 = NZI 1998, 37.
74 *BSG* ZIP 2004, 135; *Sächs LSG* 30.4.2008 – L1 AL 141/07.
75 *BSG* ZIP 1997, 1040.
76 *EuGH* AP EWG-RL Nr 80/987 Nr 8 = ZIP 2003, 1000.
77 *BSG* SozR 4-4100 § 141b Nr 1 = NZA 2004, 782.
78 *EuGH* AP EWG-Richtlinie Nr 80/987 Nr 8 = ZIP 2003, 1000.
79 *Brand/Kühl* § 165 Rn 31; *Gagel/Peters-Lange* § 165 Rn 76c.

Da § 165 Abs 1 S 1 rückständige Arbeitsentgeltansprüche nur für die letzten dem InsEreignis vorausgehenden drei Monate des **„Arbeitsverhältnisses" und nicht des „Beschäftigungsverhältnisses"** sichert, umfasst der InsGeldzeitraum nach der Rspr des BSG auch Zeiten nach Beendigung der Beschäftigung, wenn das Arbeitsverhältnis noch andauert. Ein fortdauerndes Arbeitsverhältnis wird auch nicht durch die Arbeitsaufnahme bei einem anderen Arbeitgeber beendet. Die Arbeitsaufnahme bei einem anderen Arbeitgeber hat lediglich zur Folge, dass der Arbeitnehmer sich das in diesem Arbeitsverhältnis erzielte Arbeitsentgelt auf seinen Vergütungsanspruch gem § 615 S 2 BGB anrechnen lassen muss.[80] 35

VII. Arbeitsentgelt

1. Überblick. Zu den Ansprüchen auf Arbeitsentgelt gehören gem § 165 Abs 2 S 1 **alle Ansprüche auf Bezüge aus dem Arbeitsverhältnis**. Erfasst werden damit alle Leistungen des Arbeitgebers, die eine Gegenleistung für die Arbeitsleistung des Arbeitnehmers darstellen.[81] Dazu gehören ohne Rücksicht auf Lohnsteuer- oder Sozialversicherungspflicht sowie unabhängig von der Bezeichnung auch Auslösungen, Aufwendungsersatzleistungen, Zuschläge und Zulagen, Gewinnbeteiligungen, Tantiemen, Bonuszahlungen, Anwesenheitsprämien, Mankogelder, Entgeltfortzahlung bei Arbeitsunfähigkeit, Krankengeldzuschüsse.[82] 36

Allerdings begründen nur solche Ansprüche auf Arbeitsentgelt einen Anspruch auf InsGeld, die **für den InsGeldzeitraum zu erbringen** sind. Noch offene Ansprüche auf Zahlung des laufenden Arbeitsentgelts sind grds dem Zeitraum zuzuordnen, in dem der Lohn- und Gehaltsanspruch erarbeitet worden ist.[83] Hingegen kommt es nicht darauf an, ob der Anspruch im InsGeldzeitraum fällig oder bezifferbar geworden ist. Deshalb begründen rückwirkende Lohn- und Gehaltserhöhungen, die während des InsGeldzeitraums tariflich vereinbart und fällig geworden sind, keinen Anspruch auf InsGeld, soweit sie für vor diesem Zeitraum liegende Entgeltperioden bestimmt sind.[84] Auch wenn Ansprüche in den Zeiträumen des „Erarbeitens" noch nicht entstanden sind und erst durch nachträgliche Vereinbarung begründet werden, kann nicht davon ausgegangen werden, dass sie für den Fälligkeitsmonat bestimmt sind bzw in diesem Monat als einmalige Ausgleichsleistung dafür dienen sollen, dass sich die Arbeitnehmer bisher noch mit alten Tariflöhnen zufrieden geben mussten. Dies gilt auch im Falle eines in einem Sanierungstarifvertrag vereinbarten **Lohnverzichts** mit anschließender Neuentstehung und Fälligkeit der Entgeltansprüche in späteren Zeiträumen nach der Kündigung des Tarifvertrags durch die Gewerkschaft wegen Ins des Arbeitgebers. Tariflich verzichtete Lohnbestandteile, die im InsGeldzeitraum kraft tariflicher Regelung neu entstehen und fällig werden, sind deshalb bei der Berechnung des InsGeldes nur zu berücksichtigen, wenn sie im InsGeldzeitraum erarbeitet worden sind.[85] 37

2. Durchsetzbarkeit des Anspruchs. Der Anspruch auf Arbeitsentgelt muss **bestehen und durchsetzbar** sein.[86] Einreden und Einwendungen des Arbeitgebers gegen den Vergütungsanspruch des Arbeitnehmers können die Bewilligung von InsGeld ausschließen oder schmälern. Dies gilt insb für einen Anspruchsverlust durch tarifliche oder einzelvertragliche Ausschlussfristen,[87] Abtretung des Entgeltanspruchs an den Betriebserwerber[88] oder eine Auf- 38

80 *BSG* 25.8.2008 – B 11 AL 64/08 B.
81 *BSG* SozR 4-4300 § 184 Nr 1 = NZA-RR 2010, 269; *BSG* ZIP 2004, 135.
82 Ausf dazu *Brand/Kühl* § 165 Rn 40 ff; *K/K/W*-SozR/*Mutschler* § 165 SGB III Rn 26 ff.
83 *BSG* ZIP 2004, 135.
84 *BSG* ZIP 1984, 345.
85 *BSG* NJW 2009, 3740.
86 Vgl *BSG* ZIP 1994, 1965; *BSG* ZIP 1992, 945; NK-SGB III/*Schmidt* § 165 Rn 70 ff.
87 *Brand/Kühl* § 165 Rn 71; NK-SGB III/*Schmidt* § 165 Rn 73.
88 Vgl *BSG* ZIP 1986, 100.

rechnung des Arbeitgebers gegen Ansprüche aus dem InsGeldzeitraum, der von der Arbeitsverwaltung bei der Festsetzung des InsGeldes zu berücksichtigen ist. Gleiches gilt bei anderen Einreden wie zB den Verzicht, den Vergleich, die Verjährung oder den Einwand rechtsmissbräuchlichen Verhaltens (§ 242 BGB). Hingegen steht eine Stundung der Bewilligung von InsGeld nicht entgegen.

39 Hat der Arbeitnehmer gegen den Arbeitgeber den **Anspruch auf Arbeitsentgelt für den InsGeldzeitraum arbeitsgerichtlich geltend gemacht**, stellt das ihm rechtskräftig zugesprochene Arbeitsentgelt die Obergrenze seines InsGeldanspruchs dar. Soweit das ArbG rechtskräftig einen Arbeitsentgeltanspruch verneint hat, steht dem Arbeitnehmer auch kein InsGeld zu.[89] Dieses Ergebnis folgt nach der Rspr des BSG aus der Tatbestandswirkung eines rechtskräftigen Urt über denselben Streitgegenstand (Arbeitsentgeltanspruch), wie er bei einem Anspruch auf InsGeld zu beurteilen ist. Das steht mit Sinn und Zweck des § 165 in Einklang. Denn ein rechtskräftig abgelehnter Arbeitsentgeltanspruch kann nicht (mehr) insolvenzbedingt ausfallen. Dies gilt auch dann, wenn ein solcher Anspruch zwar materiell-rechtlich besteht, im arbeitsgerichtlichen Verf (etwa wegen dem Arbeitnehmer zuzurechnender prozessualer Fehler) jedoch nicht durchgesetzt werden konnte. Hat dagegen das ArbG einen Arbeitsentgeltanspruch zugesprochen, haben die **AA** und die SG zu prüfen, inwieweit diesem Anspruch solche Umstände entgegenstehen, die im arbeitsgerichtlichen Verf keine Rolle gespielt haben. Hat der Arbeitnehmer gegen eine ausgesprochene Kündigung keine Kündigungsschutzklage erhoben, hat die **AA** wegen der Fiktionswirkung der §§ 4, 7 KSchG von der Wirksamkeit der Kündigung auszugehen.[90]

40 **3. Einzelne Ansprüche. – a) Sonderzahlungen.** Handelt es sich bei einer Sonderzahlung um eine **Vergütung für die in der Vergangenheit erbrachte Arbeitsleistung**, begründet dies einen InsGeldanspruch in Höhe des auf den in den InsGeldzeitraum entfallenden Anteils (also idR 3/12 des Jahresbetrags). Dies gilt auch dann, wenn die Ins schon vor der Fälligkeit des Gesamtanspruchs eingetreten ist sowie bei einer variablen Vergütung.[91] Zahlungen, deren Höhe vom Erreichen persönlicher und unternehmensbezogener Ziele abhängt, sind Arbeitsentgelt, das der Arbeitnehmer für die im Bezugsjahr geleistete ggf zeitanteilig Arbeit erhält.[92] Ein Anspruch auf variable Entgeltbestandteile ist ebenso durch InsGeld auszugleichen, wenn die zugrunde liegende **Zielvereinbarung** aus Gründen nicht zustande kommt, die der Arbeitnehmer nicht zu vertreten hat.[93] Ist im Arbeits- oder Tarifvertrag für das Jahr des Eintritts oder des Ausscheidens eine Zwölftelung der Jahressondervergütung vorgesehen, wird je ein Zwölftel der Jahressondervergütung auf den durch InsGeld gesicherten Zeitraum zugerechnet.[94] Setzt die arbeits- oder tarifvertragliche Regelung für die Sonderzahlung das Bestehen eines ungekündigten Arbeitsverhältnisses zu einem Stichtag voraus und tritt das InsEreignis vor diesem Tag ein, ist nach Auffassung des BSG dennoch die Jahressonderzuwendung mit drei Zwölfteln als InsGeld zu berücksichtigen.[95]

Davon **abzugrenzen** sind Jahressonderzahlungen, die grundsätzlich allen Arbeitnehmern bei Erfüllung bestimmter Voraussetzungen im jeweiligen Fälligkeitszeitpunkt ungekürzt und unabhängig von der Betriebszugehörigkeit im Laufe des Jahres auszuzahlen sind, nicht zeitanteilig erarbeitet werden und sich deshalb auch nicht einzelnen Monaten des Jahres zuord-

89 Vgl *BSG* ZIP 1995, 1534; zu den Folgen eines ProzessUrt vgl *BSG* ZIP 1992, 945.
90 Vgl *BSG* ZIP 1990, 1099; 1987, 1400.
91 *BSG* ZIP 2014, 1188.
92 Dazu näher *Schaub/Linck* § 78 Rn 1 ff.
93 *BSG* ZIP 2006, 1414.
94 *BSG* NZA 1988, 179.
95 *BSGE* 62, 131.

nen lassen. Derartige Leistungen können als Einmalleistung in voller Höhe bei der Bemessung des InsGeldes berücksichtigt werden, wenn sie in den letzten drei Monaten vor dem InsEreignis hätten ausbezahlt werden müssen, andernfalls überhaupt nicht.[96] Dies gilt auch dann, wenn die Ins schon vor der Fälligkeit des Gesamtanspruchs eingetreten ist.[97]

Provisionen sind nach dem Erarbeitensprinzip durch InsGeld gesichert, wenn nach den arbeitsvertraglichen Regelungen der Provisionsanspruch im InsGeldzeitraum entsteht. Der Zeitpunkt der Entstehung ist insb bei den Provisionen entscheidend, bei denen es nach dem Arbeitsvertrag nicht darauf ankommt, ob der Erfolg durch eine Arbeitsleistung herbeigeführt wurde. Bei tätigkeits- und erfolgsabhängigen Provisionen hat der Arbeitnehmer die ihm aus der Provisionsabrede entstandene arbeitsvertragliche Pflicht zu dem Zeitpunkt erfüllt, in dem der Abschluss des Geschäfts erfolgt, dh „der Auftrag hereingebracht" ist.[98] Der Provisionsanspruch ist auch dann vom InsGeld umfasst, wenn der letzte Akt der geschuldeten Leistung im InsGeldzeitraum erbracht wird. Unerheblich ist, wenn er unter der aufschiebenden Bedingung der späteren Erfüllung steht. InsSchutz besteht auch dann, wenn die Ausführung des Geschäfts wegen der Ins unterbleibt. 41

Bei einem **Altersteilzeitarbeitsverhältnis** zählen die Aufstockungsbeträge und die zusätzlichen Rentenversicherungsbeträge zum Arbeitsentgelt iSv § 165 Abs 2 S 1. 42

Das **Guthaben aus einem Arbeitszeitkonto** wird nur für den InsGeldzeitraum geschuldet, wenn es in diesem Zeitraum erarbeitet wird oder bestimmungsgemäß zu verwenden ist.[99] Nach § 165 Abs 2 S 2 gilt für Zeiten, in denen auch während der Freistellung eine Beschäftigung gegen Arbeitsentgelt besteht, der aufgrund schriftlicher Vereinbarung zur Bestreitung des Lebensunterhalts im jeweiligen Zeitraum bestimmte, dh fällige Betrag (sog Lebensunterhaltsprinzip). Das erarbeitete Arbeitszeitguthaben und zur Auszahlung bestimmte Guthaben ist dementspr bei Bestehen einer schriftlichen Abrede dem Auszahlungszeitraum zuzuordnen. 43

Arbeitsentgelt sind auch alle **Aufwendungsersatzleistungen** aus Anlass der Erbringung von Arbeitsleistungen, so zB Reisespesen. Werden diese Aufwendungen mit einer Firmenkreditkarte bezahlt und wird der Arbeitnehmer als Mithaftender in Anspruch genommen, unterliegt der Anspruch der InsSicherung.[100] 44

b) Abfindungen. Nicht zum Arbeitsentgelt gehören Abfindungen nach §§ 9, 10 KSchG für den Verlust des Arbeitsplatzes (näher § 166 Rn 6).[101] Gleiches gilt für Sozialplanabfindungen nach § 112 BetrVG und Abfindungen nach § 1a KSchG, weil diese wegen der Beendigung des Arbeitsverhältnisses iSd § 166 Abs 1 Nr 1 gezahlt werden. Eine andere Beurteilung ergibt sich, wenn die Abfindung auch geschuldetes Arbeitsentgelt bis zum Ende des Arbeitsverhältnisses enthält.[102] Nicht zum Arbeitsentgelt gehören auch **Karenzentschädigungen**.[103] 45

Nebenforderungen aus dem Arbeitsverhältnis, zB Verzugszinsen, Finanzierungskosten, Kosten der Rechtsverfolgung und Vollstreckungskosten unterfallen nicht dem Begriff des Arbeitsentgelts.[104] Die Kosten für das InsAntragsVerf sind den Einzugsstellen, nicht jedoch 46

96 *BSG* ZIP 2014, 1188; ZIP 2005, 1933; ZIP 2004, 1376; 1988, 1585.
97 *BSG* ZIP 2004, 1376.
98 *BSG* ZIP 1983, 965; 1981, 637.
99 *BSG* ZIP 2004, 135.
100 *BSG* ZIP 1992, 347.
101 *Brand/Kühl* § 165 Rn 40; *Gagel/Peters-Lange* § 165 Rn 91.
102 NK-SGB III/*Schmidt* § 165 Rn 91.
103 *Gagel/Peters-Lange* § 165 Rn 91; ErfK/*Müller-Glöge* InsO Rn 52a.
104 *BSG* ZIP 1985, 626.

den Arbeitnehmern, zu erstatten.[105] Die Kosten der Zwangsvollstreckung, die vor Eröffnung des InsVerf bei der Beitreibung rückständigen Arbeitsentgelts entstanden und nach Zahlung durch den Arbeitgeber in der durch § 367 Abs 1 BGB bestimmten Tilgungsreihenfolge verrechnet worden sind, mindern nicht die Höhe des für den Anspruch auf InsGeld maßgeblichen Arbeitsentgelts.[106]

47 Kündigt ein Arbeitnehmer sein Arbeitsverhältnis fristlos, weil der Arbeitgeber die Arbeitsvergütung nicht zahlt, ist für den dem Arbeitnehmer aus **§ 628 Abs 2 BGB entstehenden Schadensersatzanspruch** bei nachfolgender Ins des Arbeitgebers kein InsGeld zu zahlen. Der Schadensersatzanspruch aus § 628 Abs 2 BGB ist kein Anspruch aus einem bestehenden Arbeitsverhältnis, sondern erwächst für die Zeit nach Beendigung des Arbeitsverhältnisses.[107]

48 **c) Urlaub.** In Bezug auf Zahlungsansprüche, die mit dem Urlaub zusammenhängen, ist zu unterscheiden:

49 **aa) Urlaubsentgeltanspruch.** Zu den Ansprüchen auf Arbeitsentgelt iSv § 165 Abs 2 S 1 gehören nach der Rspr des BSG die Urlaubsentgeltansprüche, die dem Arbeitnehmer nach § 1 BUrlG iVm § 611 BGB für die Dauer des erhaltenen Urlaubs zustehen, sofern der Arbeitnehmer im InsGeldzeitraum Urlaub hatte. Dies gilt auch dann, wenn das InsVerf während des Urlaubs des Arbeitnehmers eröffnet und das Urlaubsentgelt sowie das zusätzliche Urlaubsgeld für die gesamte Urlaubszeit tarifvertraglich bereits vor Antritt des Urlaubs fällig geworden ist.[108]

50 **bb) Urlaubsgeld.** Urlaubsgeld wird wie der Anspruch auf Urlaubsentgelt behandelt, wenn mit dem Urlaubsgeld urlaubsbedingte Mehraufwendungen ausgeglichen werden sollen[109] und das Urlaubsgeld deshalb akzessorischer Teil des Urlaubsentgelts ist.[110] In diesem Fall ist das Urlaubsgeld in Bezug auf das InsGeld nur zu berücksichtigen, soweit es für die Zeit der Urlaubstage in den letzten drei Monaten vor dem InsEreignis vom Arbeitgeber zu zahlen gewesen wäre.[111] Wird das zusätzliche Urlaubsgeld dagegen urlaubsunabhängig gezahlt, ist es wie jede andere jährliche Sonderzuwendung außerhalb des laufenden Arbeitsentgelts (zB Weihnachtsgeld) nur dann berücksichtigungsfähig, wenn es sich ganz oder anteilig den dem InsEreignis vorausgehenden drei Monaten zuordnen lässt.[112] Kann das Urlausgeld nicht in dieser Weise einzelnen Monaten zugerechnet werden, ist es nur dann in voller Höhe beim InsGeld zu berücksichtigen, wenn es im InsGeldzeitraum zu einem Stichtag im Arbeitsverhältnis stehenden Arbeitnehmern hätte ausgezahlt werden müssen. Ist dies nicht der Fall, findet es überhaupt keine Berücksichtigung.[113]

51 **cc) Urlaubsabgeltungsanspruch.** Die rechtliche Behandlung des Urlaubsabgeltungsanspruchs (§ 7 Abs 4 BUrlG) bei der Kaug-Gewährung war in der Rspr des BSG äußerst umstritten.[114] Nunmehr geht das BSG davon aus, dass die Berücksichtigung von Urlaubsabgeltungsansprüchen bei der Bemessung des InsGeldes nach § 166 Abs 1 Nr 1 ausgeschlossen ist.[115] Dies betrifft auch den nach Beendigung des Arbeitsverhältnisses in Geld abzugelten-

---

105 *BSG* ZIP 1993, 689.
106 *BSG* ZIP 2010, 1257.
107 *BSG* ZIP 1984, 1249.
108 *BSG* AP AFG § 141b Nr 1 = BB 1977, 999.
109 Dazu *BAG* NZA 2004, 47.
110 Dazu *BAG* AP BUrlG § 11 Urlaubsgeld Nr 24 = NZA 2014, 1136.
111 Vgl ErfK/*Müller-Glöge* InsO Rn 52a
112 *BSG* NJW 2009, 3740; ZIP 2006, 1882.
113 *BSG* ZIP 2006, 1882.
114 Vgl dazu *BSG* ZIP 1994, 1873 mwN.
115 *BSG* ZInsO 2002, 689; **aA** *Gagel* ZIP 2000, 257; *Gagel/Peters-Lange* § 165 Rn 114.

den Schadensersatzanspruch wegen nicht gewährten Ersatzurlaubs. Auch dieser ist nach bisheriger Rspr des BSG nicht insolvenzgeldfähig.[116]

4. Verschiebung des Fälligkeitszeitpunkts. Die einzel- oder kollektivvertragliche Verlegung des Fälligkeitszeitpunkts zur Erlangung von InsGeld ist gegenüber der BA unwirksam. Eine nach Eintritt der Zahlungsunfähigkeit des Arbeitgebers geschlossene Betriebsvereinbarung, die den Fälligkeitszeitpunkt einer Jahressonderzahlung in den InsGeldzeitraum vorverlegt, ist nach Auffassung des BSG wegen Verstoßes gegen die guten Sitten nichtig.[117] Ebenso wenig können bloße Fälligkeitsvereinbarungen ohne Veränderung des Rechtsgrundes eine Änderung in der zeitlichen Zuordnung der Sonderzuwendung herbeizuführen.[118] 52

5. Entgeltumwandlung. Hat der Arbeitnehmer einen Teil seines Arbeitsentgelts gem § 1 Abs 2 Nr 2 BetrAVG umgewandelt und wird dieser Entgeltteil in den Durchführungswegen Pensionsfonds, Pensionskasse oder Direktversicherung verwendet, gilt gem § 165 Abs 2 S 3, soweit der Arbeitgeber keine Beiträge an den Versorgungsträger abgeführt hat, für die Berechnung des InsGeldes die Entgeltumwandlung als nicht vereinbart. Mit dieser durch G v 2.12.2006[119] eingeführten Regelung werden die umgewandelten Entgeltbestandteile kraft gesetzlicher Fiktion wie Arbeitsentgelt behandelt,[120] nachdem das BAG angenommen hat, dass mit der Entgeltumwandlung die entspr Entgeltbestandteile ihre Eigenschaft als insolvenzgeldfähiges Arbeitsentgelt verlieren.[121] Vor der Erg des § 165 unterlagen umgewandelte Entgeltansprüche nicht dem Schutz der InsGeld-Versicherung.[122] 53

VIII. Arbeitsleistung in Unkenntnis des Insolvenzereignisses

Hat ein Arbeitnehmer in Unkenntnis eines InsEreignisses weitergearbeitet oder die Arbeit aufgenommen, besteht nach § 165 Abs 3 der Anspruch für die **dem Tag der Kenntnisnahme vorausgehenden drei Monate** des Arbeitsverhältnisses. Erforderlich für den Beginn der Dreimonatsfrist ist die positive Kenntnis eines InsEreignisses; das bloße Kennenmüssen ist nicht ausreichend.[123] Für die positive Kenntnis genügt nicht die Kenntnisnahme von Umständen, welche auf einen entspr Beschl hindeuten und Veranlassung bieten, sich Gewissheit über den Ausgang des InsEröffnungsVerf zu beschaffen.[124] Ist der Arbeitnehmer im Urlaub und erhält er erst nach dem Urlaubsende von dem InsEreignis Kenntnis, ist das InsGeld Ersatzleistung für die Zeit, für welche der Arbeitsentgeltanspruch zu erfüllen war.[125] Das Urlaubsentgelt ist bis zum Zeitpunkt der Kenntnisnahme von dem InsEreignis als InsGeld zu bezahlen,[125] längstens jedoch für drei Monate (§ 165 Abs 3). Gleiches gilt, wenn der Arbeitnehmer infolge Erkrankung von dem InsEreignis keine Kenntnis erlangt oder er unter Fortzahlung des Arbeitsentgelts von der Arbeitsleistung freigestellt ist.[126] Arbeitet der Arbeitnehmer am InsEröffnungstag oder danach in Unkenntnis der InsEröffnung weiter, ist ihm InsGeld gem Abs 3 zu gewähren, wenn hierdurch der InsGeldzeitraum von drei Monaten nicht überschritten wird. 54

---

116 *BSG* SozR 4-4300 § 184 Nr 1 = NZA-RR 2010, 269.
117 *BSG* ZIP 2004, 1376.
118 *BSG* ZIP 2005, 1933.
119 BGBl I, 2742.
120 *Brand/Kühl* § 165 Rn 50.
121 Vgl *BAG* ZIP 1991, 49.
122 *BSG* ZIP 2007, 929.
123 *K/K/W*-SozR/*Mutschler* § 165 SGB III Rn 48; NK-SGB III/*Schmidt* § 165 Rn 65.
124 *BSG* ZIP 1993, 1719.
125 *BSG* ZIP 1981, 37.
126 *BSG* ZIP 1990, 63.

55 Der Weiterarbeit in Unkenntnis des InsEreignisses steht die **Arbeitsaufnahme bei einem insolventen Arbeitgeber** gleich. Die Begr eines Arbeitsverhältnisses mit dem InsVerw führt bei späterer Einstellung des Verf mangels Masse dagegen zu keinem Anspruch auf InsGeld, weil einerseits Unkenntnis des InsEreignisses iSv Abs 2 nicht vorliegt und andererseits kein neues InsEreignis gegeben ist.[127]

IX. Bekanntgabe des Abweisungsbeschlusses

56 Gem § 165 Abs 5 ist der Arbeitgeber verpflichtet, einen Beschl des InsGer über die Abweisung des Antrags auf InsEröffnung mangels Masse dem Betriebsrat oder, wenn ein Betriebsrat nicht besteht, den Arbeitnehmern unverzüglich bekannt zu geben. Die Nichterfüllung der Verpflichtung zur Bekanntgabe eines Beschl über die Abweisung des Antrages auf InsEröffnung mangels Masse erfüllt den Tatbestand einer Ordnungswidrigkeit (§ 404 Abs 2 Nr 2) und kann mit einer Geldbuße bis zu 5000 Euro geahndet werden (§ 404 Abs 3).

127 *BSG* ZIP 1989, 1270.

§ 166 Anspruchsausschluss

(1) Arbeitnehmerinnen und Arbeitnehmer haben keinen Anspruch auf Insolvenzgeld für Ansprüche auf Arbeitsentgelt, die

1. sie wegen der Beendigung des Arbeitsverhältnisses oder für die Zeit nach der Beendigung des Arbeitsverhältnisses haben,
2. sie durch eine nach der Insolvenzordnung angefochtene Rechtshandlung oder eine Rechtshandlung, die im Fall der Eröffnung des Insolvenzverfahrens anfechtbar wäre, erworben haben oder
3. die Insolvenzverwalterin oder der Insolvenzverwalter wegen eines Rechts zur Leistungsverweigerung nicht erfüllt.

(2) Soweit Insolvenzgeld gezahlt worden ist, obwohl dies nach Absatz 1 ausgeschlossen ist, ist es zu erstatten.

Übersicht

I. Regelungsinhalt und Normzweck

1 Durch § 166 soll eine **missbräuchliche Inanspruchnahme** von InsGeld verhindert werden. Die Vorschrift soll sicherstellen, dass die Arbeitnehmer nicht mehr erhalten, als sie rechtmäßig ohne Ins erhalten hätten.[1] § 166 Abs 2 enthält eine eigenständige Erstattungsregelung, welche die Rückzahlungspflicht unabhängig von den Regelungen der §§ 45 und 48 SGB X anordnet.[2] Betroffen sind Entgeltansprüche wegen und nach der Beendigung des Arbeitsverhältnisses (Nr 1), durch anfechtbare Rechtshandlungen erworbene Anspru-

1 *Brand/Kühl* § 166 Rn 2.
2 *K/K/W*-SozR/*Mutschler* § 166 SGB III Rn 2; NK-SGB III/*Schmidt* § 166 Rn 3.

che (Nr 2) sowie Ansprüche, die der InsVerw wegen eines Leistungsverweigerungsrechts nicht erfüllt (Nr 3).

II. Entgeltansprüche wegen und nach der Beendigung des Arbeitsverhältnisses

Zu den nach § 166 Abs 1 Nr 1 ausgeschlossenen Ansprüchen gehören **Schadensersatzansprüche nach § 628 BGB**. Der Schadensersatzanspruch aus § 628 Abs 2 BGB ist kein Anspruch aus einem bestehenden Arbeitsverhältnis. Er entsteht für die Zeit nach Beendigung des Arbeitsverhältnisses.[3] 2

Zu den Ansprüchen wegen Beendigung des Arbeitsverhältnisses gehört der **Entgeltfortzahlungsanspruch nach § 8 EFZG**.[4] 3

Nach der Rspr des BSG ist ferner die Berücksichtigung von **Urlaubsabgeltungsansprüchen** bei der Bemessung des InsGeldes nach § 166 Abs 1 Nr 1 ausgeschlossen (vgl § 165 Rn 51).[5] 4

Auch **Karrenzentschädigungen** bleiben nach § 166 Abs 1 Nr 1 unberücksichtigt, weil sie gem § 74 Abs 2 HGB für die Zeit nach der Beendigung des Arbeitsverhältnisses gezahlt werden.[6] 5

Abfindungen nach §§ 9, 10 KSchG begründen gleichfalls keinen Anspruch auf InsGeld. Die vor InsEröffnung zuerkannte (§ 9 Abs 2 KSchG) oder im Rahmen eines Vergleiches vereinbarte Abfindung nach §§ 9, 10 KSchG stellt eine InsFord nach § 38 InsO dar,[7] während bei einem Vergleichsabschluss nach InsEröffnung eine Masseschuld iSv § 55 Abs 1 Nr 1 InsO begründet wird.[8] Entsprechendes gilt für Sozialplanabfindungen nach § 112 BetrVG.[9] Wird mit der Abfindung Arbeitsentgelt für den Kündigungszeitraum abgegolten, stellt dieser Teilbetrag Arbeitsentgelt dar und ist über InsGeld zu erfüllen. 6

Der **Abfindungsanspruch nach § 1a KSchG** ist nach § 166 Abs 1 Nr 1 ebenfalls nicht zu berücksichtigen. Dem steht Art 3 Abs 1 der RL 2008/94/EG v 22.10.2008, welche die RL 80/987/EWG idF der RL 2002/74/EG abgelöst hat, nicht entgegen. Danach treffen die Mitgliedstaaten zwar die erforderlichen Maßnahmen, damit vorbehaltlich des Art 4 der RL Garantieeinrichtungen die Befriedigung der nicht erfüllten Ansprüche der Arbeitnehmer aus Arbeitsverträgen und Arbeitsverhältnissen sicherstellen, einschl, sofern dies nach innerstaatlichen Recht vorgesehen ist, einer Abfindung bei Beendigung des Arbeitsverhältnisses. Dem Zusammenhang der Ausführungen im Urt des EuGH v 7.9.2006[10] ist indes zu entnehmen, dass der einschränkende Zusatz „sofern dies nach innerstaatlichem Recht vorgesehen ist" idS zu verstehen ist, dass dem nationalen Gesetzgeber die GrundsatzEntsch überlassen bleibt, ob er Abfindungen bei Beendigung des Arbeitsverhältnisses in den Schutz durch die Garantieeinrichtung bei Zahlungsunfähigkeit einbeziehen will.[11] Ein Verstoß des § 166 Abs 1 Nr 1 Alt 1 gegen Unionsrecht liegt damit nicht vor.[12] 7

---

3 *BSG* ZIP 1984, 1249.

4 Ebenso ErfK/*Müller-Glöge* InsO Rn 52a; *Gagel/Peters-Lange* § 166 Rn 5; anders noch zur früheren Fassung des § 141b AFG: *BSG* SozR 4100 § 141b Nr 48.

5 *BSG* SozR 4-4300 § 184 Nr 1 = NZA-RR 2010, 269; *BSG* ZInsO 2002, 689; **aA** *Gagel* ZIP 2000, 257.

6 *Brand/Kühl* § 166 Rn 5; ErfK/*Müller-Glöge* InsO Rn 52a; *Gagel/Peters-Lange* § 166 Rn 5.

7 *BAG* AP InsO § 38 Nr 5 = ZIP 2008, 374; *BAG* NJW 1985, 1724.

8 *BAG* ZIP 2002, 1495.

9 *BAG* AP InsO § 38 Nr 1 = ZIP 2002, 2051.

10 *EuGH* NJW 2006, 3623.

11 Vgl *EuGH* NJW 2008, 1057.

12 *Voelzke* jurisPR-SozR 14/2007 Anm 1; NK-SGB III/*Schmidt* § 166 Rn 8; ausf *Gagel/Peters-Lange* § 166 Rn 5 ff.

III. Anfechtbare Rechtsgeschäfte

8 Durch § 166 Abs 1 Nr 2 wird kein neuer AnfGrund geschaffen, sondern die InsGeld-Versicherung vor missbräuchlicher Inanspruchnahme geschützt.[13] Die AnfTatbestände ergeben sich aus §§ 129–146 InsO.[14] Im eröffneten InsVerf ist die Anf aufgrund des gesetzlichen Forderungsübergangs (§ 169 S 1) gegenüber der BA zu erklären (§ 169 S 2).

IV. Leistungsverweigerungsrecht des Insolvenzverwalters

9 Nach Verjährung des AnfAnspruchs (§ 146 Abs 1 InsO) ist der InsVerw zur Leistungsverweigerung berechtigt (§ 146 Abs 2 InsO). Macht er von diesem Recht Gebrauch, entfällt insoweit der InsGeldanspruch.

V. Erstattungsanspruch

10 Liegen die Anspruchsvoraussetzungen nach § 165 Abs 1 S 2 Nr 2 und 3 vor, prüft die BA iRd Bearbeitung des InsGeldantrags, ob konkrete Anhaltspunkte für eine Anf nach §§ 129 ff InsO vorliegen. Der Erstattungsanspruch nach § 166 Abs 2 richtet sich gegen den Arbeitnehmer. Erstattet der Arbeitnehmer der BA das Arbeitsentgelt, fällt die mit Stellung des InsAntrags nach § 169 auf die BA übergegangene Forderung an den Arbeitnehmer zurück.

13 Ausf *Cranshaw* ZInsO 2009, 257, 261 ff.
14 *K/K/W*-SozR/*Mutschler* § 166 SGB III Rn 5.

§ 167 Höhe

(1) Insolvenzgeld wird in Höhe des Nettoarbeitsentgelts gezahlt, das sich ergibt, wenn das auf die monatliche Beitragsbemessungsgrenze (§ 341 Absatz 4) begrenzte Bruttoarbeitsentgelt um die gesetzlichen Abzüge vermindert wird.

(2) Ist die Arbeitnehmerin oder der Arbeitnehmer
1. **im Inland einkommensteuerpflichtig, ohne dass Steuern durch Abzug vom Arbeitsentgelt erhoben werden, oder**
2. **im Inland nicht einkommensteuerpflichtig und unterliegt das Insolvenzgeld nach den für sie oder ihn maßgebenden Vorschriften nicht der Steuer,**

sind vom Arbeitsentgelt die Steuern abzuziehen, die bei einer Einkommensteuerpflicht im Inland durch Abzug vom Arbeitsentgelt erhoben würden.

1 InsGeld wird in Höhe des Nettoarbeitsentgelts geleistet. Das ist der vereinbarte **Bruttoverdienst vermindert um die gesetzlichen Abzüge** Lohn- und Kirchensteuer, Solidaritätszuschlag sowie der Arbeitnehmeranteile zur Sozialversicherung.[1] Die gesetzlichen Abzüge sind ausschließlich unter Verwendung der Lohnsteuertabellen zu ermitteln. Die Vorschriften über den Lohnsteuerjahresausgleich sind nicht anwendbar.[2] Die Abzüge sind so vorzunehmen, wie sie der Arbeitgeber zu berücksichtigen hätte.[3] Dies bedeutet, dass auch individuelle Freibeträge, sofern sie in der Lohnsteuerkarte eingetragen sind, bei der Berechnung

1 NK-SGB III/*Schmidt* § 167 Rn 5.
2 *BSG* SozR 4100 § 141d Nr 2 = KTS 1986, 490.
3 *Brand/Kühl* § 167 Rn 4.

des InsGeld zu berücksichtigen sind.[4] Das InsGeld soll den individuellen Arbeitsentgeltausfall sichern, so dass es auch auf die individuellen steuerlichen Verhältnisse ankommt.

Der Anspruch ist der Höhe nach auf die monatliche **Beitragsbemessungsgrenze** beschränkt. 2
Nach der Rspr des BSG erfolgt eine monatsweise Berechnung des InsGeldanspruchs. Die pro Monat abgesicherten Ansprüche auf Arbeitsentgelt werden danach durch die monatliche Beitragsbemessungsgrenze begrenzt.[5] Bei Sonderzahlungen ist zu differenzieren:[6] Handelt es sich um eine Vergütung für die in der Vergangenheit erbrachte Arbeitsleistung, begründet dies einen Anspruch auf InsGeld in Höhe des auf den InsGeldzeitraum fallenden Anteils (also in der Regel 3/12 des Jahresbetrags), und zwar auch dann, wenn die Ins schon vor der Fälligkeit des Gesamtanspruchs eingetreten ist. Dies gilt unabhängig davon, ob es sich um einen Festbetrag oder eine variable Vergütung handelt, deren Höhe vom Erreichen persönlicher und unternehmensbezogener Ziele abhängt. Etwas anderes gilt freilich für eine Sonderzahlung, die grundsätzlich allen Arbeitnehmern bei Erfüllung bestimmter Voraussetzungen im jeweiligen Fälligkeitszeitpunkt ungekürzt und unabhängig von der Betriebszugehörigkeit im Laufe des Jahres auszuzahlen ist, nicht zeitanteilig erarbeitet wird und sich deshalb auch nicht einzelnen Monaten des Jahres zuordnen lässt. In einem solchen Fall kann eine Einmalleistung in voller Höhe bei der Bemessung des InsGeld berücksichtigt werden, wenn sie in den letzten drei Monaten vor dem InsEreignis hätte ausbezahlt werden müssen. Die monatliche Beitragsbemessungsgrenze gilt dabei auch dann, wenn in einem Monat neben dem laufenden Arbeitsentgelt einmalig zu zahlendes Arbeitsentgelt zu berücksichtigen ist. § 23a Abs 3 und 4 SGB IV findet insoweit keine Anwendung.[7] Bei der Berechnung des InsGeldes ist damit das in jedem Monat des InsGeldzeitraums ausgefallene Arbeitsentgelt in zwei Schritten zunächst auf die monatliche Beitragsbemessungsgrenze und sodann um die gesetzlichen Abzüge zu kürzen. Eine Gegenüberstellung der im Drei-Monats-Zeitraum insgesamt offen gebliebenen Entgeltansprüche mit dem Wert der dreifachen monatlichen Beitragsbemessungsgrenze findet nicht statt.[8]

In § 167 Abs 2 sind Sonderfälle geregelt, in denen eine **fiktive Steuer** zu berücksichtigen 3
ist. Unterliegt das Arbeitseinkommen nicht der Lohn- jedoch der Einkommensteuer, erfolgt ein fiktiver Steuerabzug (Abs 2 Nr 1). Hierdurch sollen Vorteile bei Gesellschafter-Arbeitnehmern vermieden werden.[9] Die Kürzung des Arbeitsentgelts um fiktive Lohnsteuerbeträge zum Zwecke der Ermittlung des InsGeld hat dann zu unterbleiben, wenn das Arbeitsentgelt im Ausland erzielt und sowohl nach dem dortigen als auch dem inländischen Steuerrecht steuerfrei ist.[10]

Grenzgänger, also Arbeitnehmer mit ausl Wohnsitz, unterliegen bei vorübergehender inlän- 4
discher Tätigkeit nicht der Lohnsteuer. Diese Arbeitnehmer haben Anspruch auf InsGeld (§ 165 Rn 10). Auch hier werden fiktive Steuern bei der Ermittlung von InsGeld berücksichtigt (Abs 2 Nr 2).

---

4 *Gagel/Peters-Lange* § 167 Rn 7; ebenso die DA Insolvenzgeld der BA, vgl dort SGB III § 167 Nr 1.1 Abs 1.
5 *BSG* ZIP 2014, 1188.
6 Hierzu und zum Folgenden BSG 11.3.2014 – B 11 AL 21/12 R.
7 DA Insolvenzgeld der BA, vgl dort SGB III § 167 Nr 1 Abs 1.
8 *BSG* 11.3.2014 – B 11 AL 21/12 R.
9 *Brand/Kühl* § 167 Rn 7.
10 *BSG* ZIP 1985, 1149.

§ 168 Vorschuss

Die Agentur für Arbeit kann einen Vorschuss auf das Insolvenzgeld leisten, wenn
1. die Eröffnung des Insolvenzverfahrens über das Vermögen des Arbeitgebers beantragt ist,
2. das Arbeitsverhältnis beendet ist und
3. die Voraussetzungen für den Anspruch auf Insolvenzgeld mit hinreichender Wahrscheinlichkeit erfüllt werden.

Die Agentur für Arbeit bestimmt die Höhe des Vorschusses nach pflichtgemäßem Ermessen. Der Vorschuss ist auf das Insolvenzgeld anzurechnen. Er ist zu erstatten,
1. wenn ein Anspruch auf Insolvenzgeld nicht zuerkannt wird oder
2. soweit ein Anspruch auf Insolvenzgeld nur in geringerer Höhe zuerkannt wird.

Übersicht

I. Regelungsinhalt und Normzweck

1 § 168 berücksichtigt, dass zwischen dem Antrag auf InsEröffnung und dem Eröffnungs-Beschl **häufig ein längerer Zeitraum liegt** und der Arbeitnehmer idR dringend auf Geldleistungen angewiesen ist.[1] Der Vorschuss dient der Sicherung des Lebensunterhalts bis zu einer abschließenden Entsch über den InsGeldantrag.[2] Deshalb sollen jedenfalls die Arbeitnehmer, für die der Anspruchszeitraum wegen der Beendigung des Arbeitsverhältnisses bereits feststeht, einen Vorschuss erhalten.

II. Verhältnis zu anderen Vorschussregelungen

2 Im Verhältnis zur allg Vorschussregelung des **§ 42 SGB I** ist § 168 lex specialis. Während nach § 42 Abs 1 SGB I der Anspruch dem Grunde nach feststehen muss, kommt es für den Vorschuss nach § 168 gerade nicht darauf an, dass das InsEreignis feststeht.[3] Es muss lediglich ein InsAntrag gestellt sein.[4] Dieser kann nach § 13 Abs 2 InsO bis zur Entsch über ihn zurückgenommen werden.

3 Auch im Verhältnis zu **§ 328 Abs 1 Nr 3** geht § 168 vor. Die vorl Zahlung von InsGeld vor tatsächlichem Eintritt des InsEreignisses kommt – auch im Hinblick auf die Einsetzung eines vorl InsVerw und der Möglichkeit, den Eintritt des InsEreignisses im Voraus festzulegen – nach § 328 Abs 1 Nr 3 nicht in Betracht.[5]

III. Voraussetzungen

4 Unter den in § 168 Abs 1 im Einzelnen genannten Voraussetzungen kann die BA einen Vorschuss zahlen. Die drei **Voraussetzungen müssen kumulativ vorliegen**.[6] Ein Vorschuss kommt nur in Betracht, wenn über den Antrag auf Eröffnung des InsVerf durch Abwei-

1 Vgl *Gottwald/Bertram* § 110 Rn 28; *Gagel/Peters-Lange* § 168 Rn 7.
2 *K/K/W*-SozR/*Mutschler* § 168 SGB III Rn 3.
3 *K/K/W*-SozR/*Mutschler* § 168 SGB III Rn 6.
4 *Brand/Kühl* § 168 Rn 4; **aA** *Gagel/Peters-Lange* § 168 Rn 16.
5 *LSG NRW* ZIP 2000, 1119.
6 *Brand/Kühl* § 168 Rn 4 ff.

sungs- oder Eröffnungsbeschluss noch nicht entscheiden ist, weil dann das InsEreignis bereits eintreten ist.[7] Da nach Nr 1 ein Eröffnungsantrag erforderlich ist, scheidet eine Vorschusszahlung in den Fällen des § 165 Abs 1 Nr 3 (vollständige Betriebseinstellung) aus.[8] Eine **hinreichende Wahrscheinlichkeit** dafür, dass die Voraussetzungen für den Anspruch auf InsGeld erfüllt werden (§ 168 Nr 3) besteht dann, wenn bei Berücksichtigung aller Umstände die dafür sprechenden Umstände deutlich überwiegen.[9] Die bloße Möglichkeit genügt nicht, auch nicht ein bloßes Überwiegen,[10] was nur dem Beweisgrad der überwiegenden Wahrscheinlichkeit entsprechen würde.[11]

Die Vorschussgewährung erfolgt nur an Arbeitnehmer, deren **Arbeitsverhältnis rechtlich beendet** ist. Eine Vorfinanzierung des InsGeldes über Vorschüsse scheidet somit beim bestehenden, wenn auch gekündigten, Arbeitsverhältnis aus. In der Praxis kann dies zu vermehrten Eigenkündigung der Arbeitnehmer oder Abschluss von Aufhebungsverträgen führen. 5

IV. Ermessen

Die Entsch über **Grund und Höhe des Vorschusses** steht im Ermessen der BA. Die Höhe des Vorschusses hängt dabei davon ab, wie konkret die Voraussetzungen des Anspruchs belegt sind. 6

Um das Ermessen zur Höhe des Vorschusses sachgerecht ausüben zu können, muss der Arbeitnehmer bei Antragstellung **Entgeltabrechnungen für die Vergangenheit** und eine schriftliche Bestätigung des Arbeitgebers, vorl InsVerw, des Betriebsrats oder des steuerlichen Beraters vorlegen, aus welcher ersichtlich ist, in welchem Umfang und für welche Zeiträume der Arbeitgeber den Entgeltanspruch ganz oder tw nicht erfüllt hat. Insb Angaben und Nachweise zum Zeitraum sind wegen der Dreimonatsfrist (§ 165 Abs 1 S 1) erforderlich. 7

V. Anrechnung und Erstattung

Der Vorschuss ist auf das InsGeld anzurechnen. Er ist zu erstatten, soweit ein Anspruch auf InsGeld nicht oder nur in geringerer Höhe zuerkannt wird. Der Rückforderungsbetrag kann gestundet, niedergeschlagen oder erlassen werden (§ 42 Abs 3 SGB I iVm § 76 Abs 2 SGB IV). 8

§ 169 Anspruchsübergang

Ansprüche auf Arbeitsentgelt, die einen Anspruch auf Insolvenzgeld begründen, gehen mit dem Antrag auf Insolvenzgeld auf die Bundesagentur über. § 165 Absatz 2 Satz 3 gilt entsprechend. Die gegen die Arbeitnehmerin oder den Arbeitnehmer begründete Anfechtung nach der Insolvenzordnung findet gegen die Bundesagentur statt.

Übersicht

7 NK-SGB III/*Schmidt* § 168 Rn 5.
8 *Brand/Kühl* § 168 Rn 4.
9 NK-SGB III/*Schmidt* § 168 Rn 13.
10 **AA** *K/K/W*-SozR/*Mutschler* § 168 SGB III Rn 4.
11 *Brand/Kühl* § 168 Rn 6.

I. Regelungsinhalt und Normzweck

1 § 169 regelt den Übergang des Arbeitsentgeltanspruchs des Arbeitnehmers gegen den Arbeitgeber auf die BA. Der Übergang wird auf den Zeitpunkt des Antrags auf InsGeld festgelegt. Damit weicht § 169 von der allg Regelung des § 115 SGB X ab, wonach der Anspruchsübergang erst mit der Leistung erfolgt. Der Übergang erfolgt, wenn auch nur eine entfernte Möglichkeit der Leistung von InsGeld in Betracht kommt.[1] Der Anspruchsübergang tritt deshalb auch dann ein, wenn das leistungsauslösende InsEreignis iSd § 165 Abs 1 noch gar nicht eingetreten ist, aber bereits Antrag auf InsGeld gestellt wurde. Denn auch in diesem Fall besteht die Möglichkeit, dass ein InsEreignis zeitnah eintreten kann, wenn Ansprüche auf Arbeitsentgelt noch unbefriedigt sind.[2]

II. Gegenstand des Anspruchsübergangs

2 Der Anspruchsübergang erfasst – anders als nach § 115 SGB X – das **Bruttoarbeitsentgelt** einschl des Lohnsteueranteils.[3] Ginge man hingegen von einem auf das Nettoentgelt begrenzten Anspruchsübergang aus, hätte dies, verglichen mit der Situation außerhalb der Ins, regelmäßig eine Besserstellung des Arbeitnehmers zur Folge: Er erhielte InsGeld, das nach § 3 Nr 2 EStG nicht zu versteuern ist und lediglich dem Progressionsvorbehalt nach § 32b Abs 1 Nr 1 EStG unterliegt. Zudem behielte er einen Anspruch auf den auf den Bruttolohn entfallenden Steueranteil. Hierin läge ein Verstoß gegen den allgemeinen Grundsatz der Schadensversicherung, das versicherte Interesse auf die Kompensation des Einkommensverlusts zu beschränken.[4] Der Anspruchsübergang erfasst auch Pfandrechte sowie andere akzessorische Sicherungsrechte. Diese gehen mit dem Arbeitsentgeltanspruch auf die BA über (§ 401 BGB). Gleiches gilt für Ansprüche gegen mithaftende Dritte, zB aus einer vertraglich vereinbarten Bürgschaft oder nach § 613a BGB. Haftungsansprüche gegenüber dem persönlich haftenden Gesellschafter sind der InsMasse zugewiesen (§ 93 InsO). Nebenforderungen, die ihrerseits nicht insolvenzgeldfähig sind, gehen nicht über.

3 Von dem Anspruchsübergang wird nicht erfasst ein Anspruch des Arbeitnehmers gegen die **Urlaubs- und Lohnausgleichskasse der Bauwirtschaft**, da der Arbeitnehmer regelmäßig keinen direkten Anspruch gegen die Ausgleichskasse hat.[5] Ein Direktanspruch des Arbeitnehmers besteht nur, wenn in dem Zeitraum, für welchen InsGeld zu bezahlen ist, tatsächlich Urlaub genommen wurde und das dem Arbeitnehmer zustehende Urlaubsentgelt und zusätzliche Urlaubsgeld nicht ausbezahlt worden ist.[6] Befriedigt der InsVerw die auf die BA übergegangenen Urlaubsentgeltansprüche aus der InsMasse oder quotal als InsFord, steht der InsMasse ein Erstattungsanspruch gegen die Ausgleichskasse zu.[7] Mit InsFord aufgrund von Beitragsrückständen kann die Aufrechnung vorgenommen werden (§ 95 Abs 1 S 1 und 2 InsO).

4 Hat der Arbeitnehmer im Wege der **Gleichwohlgewährung gem § 157 Abs 3** Arbeitslosengeld erhalten, gehen seine Arbeitsentgeltansprüche gem § 115 SGB X auf die BA als Träger

1 Vgl *BSG* ZIP 1980, 126.
2 NK-SGB III/*Schmidt* § 169 Rn 7.
3 *BSG* SozR 3-4100 § 141m Nr 3 = ZInsO 2002, 152; *BAG* AP SGB III § 187 Nr 1 = ZIP 2014, 2147; *BAG* AP BGB § 613a Nr 435 = ZIP 2013, 86; *K/K/W*-SozR/*Mutschler* § 169 SGB III Rn 2; **aA** *Gagel/Peters-Lange* § 169 Rn 8; NK-SGB III/*Schmidt* § 169 Rn 9.
4 *BAG* AP SGB III § 187 Nr 1 = ZIP 2014, 2147; dazu *Roos* NZI 2015, 55.
5 *BAG* DB 2001, 1256.
6 *BAG* ZIP 1985, 493.
7 *BAG* ZIP 1990, 1213.

der Arbeitslosenversicherung über.[8] Ansprüche auf InsGeld für die Zeit der Gleichwohlgewährung stehen dann im Umfang dieser Leistung gem § 169 der BA und nicht dem Arbeitnehmer zu. Das Zusammenfallen von Gl und Schu der Leistungen in der BA hat nicht zur Folge, dass der Anspruch auf InsGeld infolge Konfusion erlischt. Die BA zieht hierzu nicht die gleichen, sondern verschiedene Vermögensmassen heran, die jeweils unterschiedlich finanziert werden. Während das Arbeitslosengeld aus dem Beitragsaufkommen der BA gespeist wird, werden die Mittel für das InsGeld gem §§ 358 ff letztlich von den Mitgliedern der Berufsgenossenschaften aufgebracht.[9] Der Arbeitnehmer hat nur insoweit Anspruch auf InsGeld wie der Arbeitsentgeltanspruch bei ihm verblieben ist.

Von dem Anspruchsübergang nach § 169 S 1 wird auch der gesetzliche Mindestlohnanspruch des Arbeitnehmers gegen seinen Arbeitgeber erfasst, nicht aber die **Bürgenhaftung der Auftraggebers nach § 14 AEntG** (früher: § 1a AEntG). Hierbei handelt es sich nicht um eine iSd § 401 Abs 1 BGB bestellte Bürgschaft, sondern eine gesetzlich angeordnete Bürgenhaftung. Letztere begründet keinen Anspruch auf InsGeld. Die Haftung nach § 14 AEntG ist im Verhältnis zum Mindestlohnanspruch des Arbeitnehmers gegen seinen Arbeitgeber auch nicht als ein Nebenrecht anzusehen, das zur Durchsetzung der Forderung erforderlich ist. Zur Durchsetzung des Mindestlohnanspruchs des Arbeitnehmers ist der Übergang der gesetzlich angeordneten Bürgenhaftung nicht erforderlich, denn mit dem InsGeld ist dem Arbeitnehmer in diesem Umfange die Erfüllung seines Anspruchs gewiss.[10] 5

III. Rechtsfolgen

Auch nach dem Übergang der Ansprüche auf die BA handelt es sich bei den Entgeltansprüchen um **arbeitsrechtliche Ansprüche**. Sie sind daher vor den ArbG einzuklagen. Einschlägige Ausschlussfristen sind zu beachten.[11] Bis zur abschließenden Entsch fehlt dem Arbeitnehmer bzgl der übergegangenen Ansprüche im arbeitsgerichtlichen Verf die Aktivlegitimation. 6

Gem § 169 S 3 hat der InsVerw die gegenüber dem Arbeitnehmer begründete InsAnfechtung gegenüber der BA geltend zu machen. Diese Bestimmung gleicht die Rechtsposition der BA hinsichtlich der Anfechtbarkeit von Rechtshandlungen der Stellung der in § 145 Abs 1 aufgeführten Gesamtrechtsnachfolger an und verwehrt es ihr, sich nach § 145 Abs 2 auf Vertrauensschutz zu berufen. Die BA ist damit nur und insoweit Anfechtungsgegnerin, als der Anspruch des Arbeitnehmers auf sie übergegangen ist. Der Anspruchsübergang setzt aber nach § 169 S 1 SGB III einen Antrag des Arbeitnehmers voraus. Außerdem müssen hinreichende Anhaltspunkte bestehen, dass eine Leistungspflicht der BA in Betracht kommt. Nach dieser gesetzlichen Systematik ist die BA deshalb nur dann Anfechtungsgegnerin, wenn die Anfechtung erfolgt, nachdem der InsGeldantrag gestellt worden ist und eine zumindest entfernte Möglichkeit besteht, dass die Zahlung in Betracht kommt.[12] 7

§ 170 Verfügungen über das Arbeitsentgelt

(1) Soweit die Arbeitnehmerin oder der Arbeitnehmer vor Antragstellung auf Insolvenzgeld Ansprüche auf Arbeitsentgelt einem Dritten übertragen hat, steht der Anspruch auf Insolvenzgeld diesem zu.

8 *K/K/W*-SozR/*Mutschler* § 169 SGB III Rn 7.
9 *BSG* SozR 4100 § 117 Nr 16.
10 *BAG* ZIP 2011, 785.
11 Vgl dazu *BAG* ZIP 1985, 754.
12 *BAG* AP InsO § 133 Nr 2 = ZIP 2014, 628; *BAG* NZA 2015, 940.

(2) Von einer vor dem Antrag auf Insolvenzgeld vorgenommenen Pfändung oder Verpfändung des Anspruchs auf Arbeitsentgelt wird auch der Anspruch auf Insolvenzgeld erfasst.

(3) Die an den Ansprüchen auf Arbeitsentgelt bestehenden Pfandrechte erlöschen, wenn die Ansprüche auf die Bundesagentur übergegangen sind und diese Insolvenzgeld an die berechtigte Person erbracht hat.

(4) Der neue Gläubiger oder Pfandgläubiger hat keinen Anspruch auf Insolvenzgeld für Ansprüche auf Arbeitsentgelt, die ihm vor dem Insolvenzereignis ohne Zustimmung der Agentur für Arbeit zur Vorfinanzierung der Arbeitsentgelte übertragen oder verpfändet wurden. Die Agentur für Arbeit darf der Übertragung oder Verpfändung nur zustimmen, wenn Tatsachen die Annahme rechtfertigen, dass durch die Vorfinanzierung der Arbeitsentgelte ein erheblicher Teil der Arbeitsstellen erhalten bleibt.

Übersicht

I. Regelungsinhalt

1 In § 170 sind die rechtlichen Konsequenzen einer bereits erfolgten Abtretung und Pfändung des Arbeitsentgeltanspruchs auf das InsGeld geregelt. Die Vorschrift ergänzt § 169, wonach bereits mit Antragstellung der Anspruch auf Arbeitsvergütung auf die BA übergeht. § 170 stellt sicher, dass dem jeweiligen Inhaber der Arbeitsentgeltforderung der InsGeldanspruch zusteht.

II. Übertragung der Vergütungsansprüche

2 In § 170 Abs 1 ist die „Übertragung" von Ansprüchen auf Arbeitsentgelt durch den Arbeitnehmer auf Dritte geregelt. Die Übertragung erfasst sowohl die **rechtsgeschäftliche Abtretung** der Ansprüche nach Maßgabe der §§ 398 ff BGB als auch die Fälle des **gesetzlichen Forderungsübergangs** (§ 412 BGB, § 115 SGB X) und der Übertragung der Forderung kraft Hoheitsakts (§ 33 SGB II, § 93 SGB XII).

3 Aus der Geltung der §§ 398 ff BGB folgt, dass die rechtsgeschäftliche Abtretung gem § 400 BGB grds nur den **pfändbaren Teil** des Arbeitsentgelts erfasst (zu Ausnahmen bei der Vorfinanzierung des InsGeldes Rn 9 ff).[1] Der gesetzliche Forderungsübergang nach § 115 SGB X betrifft in der Praxis oftmals den Übergang der Entgeltansprüche auf die gesetzliche Krankenkasse, wenn der Arbeitgeber im Falle der **Arbeitsunfähigkeit** des Arbeitnehmers keine Entgeltfortzahlung nach § 3 EFZG leistet und die Krankenkasse deshalb gem § 49 SGB V Krankengeld zahlt. In diesem Fall kann die Krankenkasse gegen die BA auch einen Anspruch nach § 102 SGB X haben, weil der Anspruch auf Krankengeld gegenüber dem Anspruch auf InsGeld nachrangig ist.[2]

4 Da die BA von Pfändungen keine Kenntnis erlangt, weil der Pfändungs- und Überweisungs-Beschl dem Arbeitgeber zugestellt wird, ist der InsVerw verpflichtet, in der **InsGeldbescheinigung** anzugeben, inwieweit Ansprüche auf Arbeitsentgelt gepfändet, verpfändet oder abgetreten sind (§ 314 Abs 1 S 4). Verletzt der InsVerw vorsätzlich oder fahrlässig diese Ver-

1 *Brand/Kühl* § 170 Rn 8.
2 *BSG* ZIP 1989, 1469.

pflichtung, haftet er der BA auf Schadensersatz (§ 321 Nr 1). Zahlt diese in Unkenntnis der Pfändung oder Verpfändung das InsGeld dem Arbeitnehmer aus, findet § 407 BGB Anwendung. Die Zahlung des InsGeldes an den Arbeitnehmer erfolgt damit mit befreiender Wirkung, obwohl das Pfandrecht auch den Anspruch auf InsGeld umfasst.[3]

Von § 170 wird nicht der Übergang der Entgeltansprüche auf **Erben** (§ 1922 BGB) erfasst. Der Anspruch des Erben folgt vielmehr aus § 165 Abs 4. 5

III. Rechtsfolgen der Übertragung

Hat der Arbeitnehmer vor seinem Antrag auf InsGeld Ansprüche auf Arbeitsentgelt einem Dritten übertragen, steht der Anspruch auf InsGeld dem Dritten zu. Dieser hat dann zur Geltendmachung des Antrags die **Antragsfrist** von zwei Monaten (§ 324 Abs 3) zu beachten. 6

Dem Arbeitnehmer wird durch § 170 Abs 1 auch die Möglichkeit eingeräumt, seine Entgeltforderung an eine Bank zur **Vorfinanzierung** seines Anspruchs auf InsGeld zu verkaufen. Diese ist in Höhe des InsGeldes gesichert. Erhält der Arbeitnehmer vom Erwerber der Forderung eine wirtschaftlich gleichwertige Leistung, also Arbeitsentgelt in voller Höhe einschl des pfändungsfreien Teils, kann auch der unpfändbare Arbeitsentgeltanteil abgetreten werden. § 400 BGB findet insoweit keine Anwendung (näher dazu Rn 9 ff).[4] 7

Ist die Arbeitsvergütung des Arbeitnehmers gepfändet, erstreckt sich die Pfändung auch auf das InsGeld (§ 170 Abs 2). Die am InsGeld bestehenden **Pfandrechte** erlöschen, wenn die Ansprüche auf die BA übergegangen sind und diese Leistungen erbracht hat (§ 170 Abs 3). Hat die BA von der Abtretung oder Pfändung keine Kenntnis, kann sie an den Arbeitnehmer mit befreiender Wirkung leisten (§ 407 BGB). 8

IV. Vorfinanzierung

In § 170 Abs 4 ist die Vorfinanzierung des InsGeldes geregelt. Durch die Vorfinanzierung sollen eine (vorl) Weiterarbeit der Arbeitnehmer und damit eine **Betriebsfortführung ermöglicht** werden.[5] In der Vergangenheit ist die Vorfinanzierung oftmals missbräuchlich erfolgt, zB um ein überschuldetes Unternehmen am Markt zu halten oder zur Finanzierung der Auslaufproduktion. Nach dem gegenüber dem AFG geänderten Recht ist die Vorfinanzierung nach § 170 Abs 4 zwar grds zulässig, aber von der Zustimmung der **AA** abhängig.[6] 9

Der neue Gl oder PfandGl hat ohne **Zustimmung der BA** keinen Anspruch auf InsGeld für Ansprüche auf Arbeitsentgelt, die ihm **vor dem InsEreignis** zur Vorfinanzierung abgetreten oder verpfändet worden sind. Die **AA** darf der Abtretung oder Verpfändung nur zustimmen, wenn die Prognose gerechtfertigt ist, dass durch die Vorfinanzierung der Arbeitsentgelte ein erheblicher Teil der Arbeitsplätze (Untergrenze von § 112a Abs 1 Nr 1–4 BetrVG) erhalten bleibt.[7] Nach dem InsEreignis ist eine Zustimmung zur Übertragung oder Verpfändung von Arbeitsentgeltansprüchen zur Vorfinanzierung nicht erforderlich, weil die Arbeitnehmer dann ohnehin InsGeld nur beanspruchen können, wenn sie gem § 165 Abs 3 ohne Arbeitsentgeltzahlung in Unkenntnis weitergearbeitet haben.[8] 10

---

3 *K/K/W*-SozR/*Mutschler* § 170 SGB III Rn 6; *Brand/Kühl* § 170 Rn 11; differenzierend *Gagel/Peters-Lange* § 170 Rn 29 ff; NK-SGB III/*Schmidt* § 170 Rn 9.

4 *BAG* NJW 1980, 1642; krit zu diesem Verf allerdings *BSG* ZIP 1992, 941 mit abl Anm *v Hoyningen-Huene* SGB 1992, 626.

5 Ausf dazu *Cranshaw* ZInsO 2013, 1493; *Klüter* WM 2010, 1483.

6 Zum früheren Recht: *BSG* ZIP 1996, 431.

7 Vgl *Brand/Kühl* § 170 Rn 14 f; *K/K/W*-SozR/*Mutschler* § 170 SGB III Rn 14 f.

8 *Brand/Kühl* § 170 Rn 13.

11 Bei der Zustimmung handelt es sich um eine **gebundene Erlaubnis**, dh die Arbeitsverwaltung muss die Zustimmung bei Vorliegen der gesetzlichen Voraussetzungen erteilen. Ein Ermessensspielraum besteht nicht.[9] Die PrognoseEntsch hinsichtlich der erforderlichen Anzahl der zu erhaltenden Arbeitsplätze ist gerichtlich voll nachprüfbar.[10] Die Zustimmung ist regelmäßig vor der Abtretung oder Verpfändung zu erklären, kann aber auch nachträglich erteilt werden. Ihre Verweigerung kann ggf vor den SG gerichtlich überprüft werden.

---

9 *K/K/W*-SozR/*Mutschler* § 170 SGB III Rn 14; *Gagel/Peters-Lange* § 170 Rn 74; NK-SGB III/*Schmidt* § 170 Rn 35; **aA** *Brand/Kühl* § 170 Rn 16.
10 *Gagel/Peters-Lange* § 170 Rn 75; *Brand/Kühl* § 170 Rn 14.

§ 171 Verfügungen über das Insolvenzgeld

Nachdem das Insolvenzgeld beantragt worden ist, kann der Anspruch auf Insolvenzgeld wie Arbeitseinkommen gepfändet, verpfändet oder übertragen werden. Eine Pfändung des Anspruchs vor diesem Zeitpunkt wird erst mit dem Antrag wirksam.

1 Im Gegensatz zu § 170 Abs 1 und 2 befasst sich § 171 mit der isolierten Übertragung, Pfändung oder Verpfändung des Anspruches auf InsGeld **nach Antragstellung**. § 171 ist lex specialis zu §§ 54, 54 SGB I, so dass bei Zahlungen auf das Bankkonto des Arbeitnehmers der Schutz von § 55 Abs 1 SGB I nicht gegeben ist.[1] Es gelten allerdings die allg Pfändungsbeschränkungen der §§ 850 ff ZPO.

2 Eine **vor Antragstellung bewirkte Pfändung** des Anspruchs auf InsGeld wird aufschiebend bedingt mit Antragstellung wirksam. Bei mehreren Pfändungen gilt das Prioritätsprinzip. Der Gl hat bei der Pfändung von InsGeldAnsprüchen vor Antragstellung kein eigenes Antragsrecht nach § 321 Abs 3 S 1.

3 Der neue Gl oder PfandGl hat Anspruch auf Vorschuss auf das InsGeld (§ 168), da die Vorschussleistung nicht wie früher (§ 141f AFG) auf Arbeitnehmer beschränkt ist.

4 DrittSchu iSv §§ 829, 835 ZPO ist die zuständige **AA** (§ 334 SGB III).[2]

§ 314 Insolvenzgeldbescheinigung

(1) Die Insolvenzverwalterin oder der Insolvenzverwalter hat auf Verlangen der Agentur für Arbeit für jede Arbeitnehmerin und jeden Arbeitnehmer, für die oder den ein Anspruch auf Insolvenzgeld in Betracht kommt, Folgendes zu bescheinigen:

1. die Höhe des Arbeitsentgelts für die letzten drei Monate des Arbeitsverhältnisses, die der Eröffnung des Insolvenzverfahrens vorausgegangen sind, sowie

2. die Höhe der gesetzlichen Abzüge und derjenigen Leistungen, die zur Erfüllung der Ansprüche auf Arbeitsentgelt erbracht worden sind.

Das Gleiche gilt hinsichtlich der Höhe von Entgeltteilen, die gemäß § 1 Abs. 2 Nr. 3 des Betriebsrentengesetzes umgewandelt und vom Arbeitgeber nicht an den Versorgungsträger abgeführt worden sind. Dabei ist anzugeben, ob der Entgeltteil in einem Pensionsfonds, in einer Pensionskasse oder in einer Direktversicherung angelegt und welcher Versorgungsträger für die betriebliche Altersversorgung gewählt worden ist. Es ist auch zu bescheinigen,

---

1 *K/K/W*-SozR/*Mutschler* § 171 SGB III Rn 1.
2 *Brand/Kühl* § 171 Rn 4.

inwieweit die Ansprüche auf Arbeitsentgelt gepfändet, verpfändet oder abgetreten sind. Dabei ist der von der Bundesagentur vorgesehene Vordruck zu benutzen. Wird die Insolvenzgeldbescheinigung durch die Insolvenzverwalterin oder den Insolvenzverwalter nach § 36a des Ersten Buches übermittelt, sind zusätzlich die Anschrift und die Daten des Überweisungsweges mitzuteilen.

(2) In den Fällen, in denen ein Insolvenzverfahren nicht eröffnet wird oder nach § 207 der Insolvenzordnung eingestellt worden ist, sind die Pflichten des Insolvenzverwalters vom Arbeitgeber zu erfüllen.

1 Die in § 314 Abs 1 geregelte Pflicht des InsVerw zur Ausstellung einer InsGeldbescheinigung dient der zutr Berechnung des InsGeldes nach § 165 durch die **AA**. Es handelt sich hierbei um eine **öffentlich-rechtliche Pflicht des InsVerw**.

2 Sämtliche Personen, welche in **Arbeitsentgeltunterlagen** Einsicht haben, sind auf Verlangen des InsVerw diesem zur **Auskunft** verpflichtet (§ 316 Abs 2), da sonst in Einzelfällen der InsVerw seiner Verpflichtung nach Abs 1 nicht nachkommen kann. Eine Geheimhaltungspflicht des Steuerberaters oder Wirtschaftsprüfers ist ausgeschlossen. Gegenüber dem Auskunftsanspruch des InsVerw nach § 316 Abs 2 kann der steuerliche Berater kein **Zurückbehaltungsrecht** ausüben.

3 Verletzt der InsVerw schuldhaft die Verpflichtung, eine InsGeldbescheinigung auszufüllen, füllt er diese unrichtig und/oder unvollständig aus, **haftet er auf Schadensersatz** (§ 321 Nr 1). Bescheinigt der InsVerw verjährte oder insb auch nach tariflichen Ausschlussfristen verfallene Arbeitsentgeltansprüche, haftet er (§ 321 Nr 1; § 60 InsO). Er kann sich iF unvollständiger oder unrichtiger Bescheinigung bei Einsatz von Arbeitnehmern des schuldnerischen Betriebs exkulpieren (§ 60 Abs 2 InsO). Bei sonstigen Erfüllungsgehilfen haftet der InsVerw für deren Verschulden (§ 278 BGB).[1] § 254 BGB ist anzuwenden.

4 Haftungsansprüche nach § 321 kann die **AA** gegenüber dem InsVerw nicht durch Verwaltungsakt, sondern nur durch **Leistungsklage** geltend machen. Der Rechtsweg zu den SG ist eröffnet.[2] Erfordert das Ausfüllen der InsGeldbescheinigung eine rechtliche Wertung, sind Schadensersatzansprüche ausgeschlossen, wenn fahrlässig eine falsche Rechtsanwendung erfolgte.[3]

5 Neben der Schadensersatzverpflichtung liegt eine **Ordnungswidrigkeit** vor (§ 404 Abs 2 Nr 22), welche mit Geldbuße bis zu 2 000 EUR geahndet werden kann (§ 404 Abs 3).

6 Ist ein **InsVerw nicht vorhanden**, hat der Arbeitgeber die InsGeldbescheinigung zu erstellen (Abs 2).

§ 316 Auskunftspflicht bei Leistung von Insolvenzgeld

(1) Der Arbeitgeber, die Insolvenzverwalterin oder der Insolvenzverwalter, die Arbeitnehmerinnen oder Arbeitnehmer sowie sonstige Personen, die Einblick in die Arbeitsentgeltunterlagen hatten, sind verpflichtet, der Agentur für Arbeit auf Verlangen alle Auskünfte zu erteilen, die für die Durchführung der §§ 165 bis 171, 175, 320 Absatz 2, des § 327 Absatz 3 erforderlich sind.

1 *BSG* ZIP 1982, 1336.
2 *BSG* NZA 1992, 330.
3 *BSG* NZA 1989, 535.

(2) Der Arbeitgeber, die Arbeitnehmerinnen und Arbeitnehmer sowie sonstige Personen, die Einblick in die Arbeitsunterlagen hatten, sind verpflichtet, der Insolvenzverwalterin oder dem Insolvenzverwalter auf Verlangen alle Auskünfte zu erteilen, die diese oder dieser für die Insolvenzgeldbescheinigung nach § 314 benötigt.

1 § 316 Abs 1 regelt eine **öffentlich-rechtliche Auskunftspflicht** von Dritten gegenüber der **AA**, Abs 2 gegenüber dem InsVerw. Dem InsVerw stehen dabei die gleichen Auskunftsansprüche und Auskunftsverpflichteten wie der **AA** zur Verfügung (Abs 2). Etwaige **Geheimhaltungspflichten** der Steuerberater oder Krankenkassen werden hierdurch ausgeschlossen. Eine Ausnahme besteht allerdings dann, wenn die Aussage eventuell strafrechtliche Konsequenzen für den insolventen Arbeitgeber besitzen könnte (zB nach § 266a StGB). In diesem Fall kann die Auskunftspflicht unter Berufung auf das Zeugnisverweigerungsrecht verweigert werden.[1] Andere Behörden sind daneben zur Amtshilfe verpflichtet (§ 69 SGB X).

2 Auch wenn der Betriebsrat nicht ausdrücklich genannt ist, gehört auch er zu den **auskunftsverpflichteten** sonstigen Personen, sofern er Einblick in die Arbeitsentgeltunterlagen hat.[2] Dieser Einblick ist regelmäßig gegeben (§ 80 Abs 2 S 2 HS 2 BetrVG).

3 Ein Tätigwerden der auskunftspflichtigen Personen oder Behörden setzt ein **Auskunftsverlangen** der **AA** voraus, in welchem konkret die benötigte Auskunft zu bezeichnen ist. Entstehen mit der Auskunftserteilung **Kosten**, hat diese der Auskunftspflichtige zu tragen, soweit sie sich iRd Üblichen und damit Zumutbaren halten (Porto, Schreibkosten); § 21 Abs 3 S 4 SGB X greift nicht.[3]

4 Eine schuldhafte Verletzung der Auskunftsverpflichtung stellt eine **Ordnungswidrigkeit** dar (§ 404 Abs 2 Nr 23) und wird mit einer Geldbuße bis zu 2 000 EUR geahndet (§ 404 Abs 3).

§ 320 Berechnungs-, Auszahlungs-, Aufzeichnungs- und Anzeigepflichten

(1) Der Arbeitgeber hat der Agentur für Arbeit auf Verlangen die Voraussetzungen für die Erbringung von Kurzarbeitergeld und Wintergeld nachzuweisen. Er hat diese Leistungen kostenlos zu errechnen und auszuzahlen. Dabei hat er beim Kurzarbeitergeld von den Lohnsteuerabzugsmerkmalen in dem maßgeblichen Antragszeitraum auszugehen; aufgrund einer Bescheinigung der für die Arbeitnehmerin oder den Arbeitnehmer zuständigen Agentur für Arbeit hat er den erhöhten Leistungssatz auch anzuwenden, wenn für ein Kind ein Kinderfreibetrag nicht als Lohnsteuerabzugsmerkmal gebildet ist.

(2) Die Insolvenzverwalterin oder der Insolvenzverwalter hat auf Verlangen der Agentur für Arbeit das Insolvenzgeld zu errechnen und auszuzahlen, wenn ihr oder ihm dafür geeignete Arbeitnehmerinnen oder Arbeitnehmer des Betriebs zur Verfügung stehen und die Agentur für Arbeit die Mittel für die Auszahlung des Insolvenzgeldes bereitstellt. Für die Abrechnung ist der von der Bundesagentur vorgesehene Vordruck zu benutzen. Kosten werden nicht erstattet.

(3) Arbeitgeber, in deren Betrieben Wintergeld geleistet wird, haben für jeden Arbeitstag während der Dauer der beantragten Förderung Aufzeichnungen über die im Betrieb oder auf der Baustelle geleisteten sowie die ausgefallenen Arbeitsstunden zu führen. Arbeitgeber, in deren Betrieben Saison-Kurzarbeitergeld geleistet wird, haben diese Aufzeichnungen für jeden Arbeitstag während der Schlechtwetterzeit zu führen. Die Aufzeichnungen nach Satz 1 und 2 sind vier Jahre aufzubewahren.

---

1 NK-SGB III/*Siefert* § 316 Rn 8.
2 NK-SGB III/*Siefert* § 316.
3 *Brand/Kühl* § 316 Rn 4; NK-SGB III/*Siefert* § 316 Rn 14.

(4) *(aufgehoben)*

(4a) Der Arbeitgeber hat der Agentur für Arbeit die Voraussetzungen für die Erbringung von Leistungen zur Förderung der Teilnahme an Transfermaßnahmen nachzuweisen. Auf Anforderung der Agentur für Arbeit hat der Arbeitgeber das Ergebnis von Maßnahmen zur Feststellung der Eingliederungsaussichten mitzuteilen.

(5) Arbeitgeber, in deren Betrieben ein Arbeitskampf stattfindet, haben bei dessen Ausbruch und Beendigung der Agentur für Arbeit unverzüglich Anzeige zu erstatten. Die Anzeige bei Ausbruch des Arbeitskampfes muss Name und Anschrift des Betriebes, Datum des Beginns der Arbeitseinstellung und Zahl der betroffenen Arbeitnehmerinnen und Arbeitnehmer enthalten. Die Anzeige bei Beendigung des Arbeitskampfes muss außer Name und Anschrift des Betriebes das Datum der Beendigung der Arbeitseinstellung, die Zahl der an den einzelnen Tagen betroffenen Arbeitnehmerinnen und Arbeitnehmer sowie die Zahl der durch Arbeitseinstellung ausgefallenen Arbeitstage enthalten.

In § 320 sind im Einzelnen die Pflichten des Arbeitgebers bei der Gewährung von Kurzarbeitergeld, Saison-Kurzarbeitergeld, Wintergeld und Leistungen zur Förderung der Teilnahme an Transfermaßnahmen geregelt. 1

Aus Abs 2 ergibt sich, dass der InsVerw **nicht verpflichtet ist, mit eigenen Büroangestellten** die Errechnung und Auszahlung des InsGeld vorzunehmen. Er ist nur verpflichtet, im schuldnerischen Betrieb vorhandene Arbeitnehmer, sofern sie geeignet sind, hierfür einzusetzen. Ist der InsVerw der Auffassung, dass die Voraussetzungen eines Verlangens nach Abs 2 nicht vorliegen, kann er den Verwaltungsakt der BA im sozialgerichtlichen Verf anfechten. 2

Ist der InsVerw zur Berechnung und Auszahlung des InsGeld verpflichtet (Abs 2) und erfüllt er diese Verpflichtung nicht, hat er der BA einen entstandenen Schaden zu ersetzen (§ 321 Nr 4). 3

§ 321 Schadensersatz

Wer vorsätzlich oder fahrlässig

1. **eine Arbeitsbescheinigung nach § 312, eine Nebeneinkommensbescheinigung nach § 313 oder eine Insolvenzgeldbescheinigung nach § 314 nicht, nicht richtig oder nicht vollständig ausfüllt,**
2. **eine Auskunft aufgrund der allgemeinen Auskunftspflicht Dritter nach § 315, der Auskunftspflicht bei beruflicher Aus- und Weiterbildung und bei einer Leistung zur Teilhabe am Arbeitsleben nach § 318 oder der Auskunftspflicht bei Leistung von Insolvenzgeld nach § 316 nicht, nicht richtig oder nicht vollständig erteilt,**
3. **als Arbeitgeber seine Berechnungs-, Auszahlungs-, Aufzeichnungs- und Mitteilungspflichten bei Kurzarbeitergeld, Wintergeld und Leistungen zur Förderung von Transfermaßnahmen nach § 320 Abs. 1 Satz 2 und 3, Abs. 3 und 4a nicht erfüllt,**
4. **als Insolvenzverwalterin oder Insolvenzverwalter die Verpflichtung zur Errechnung und Auszahlung des Insolvenzgeldes nach § 320 Abs. 2 Satz 1 nicht erfüllt,**

ist der Bundesagentur zum Ersatz des daraus entstandenen Schadens verpflichtet.

Neben der hier normierten **Schadensersatzverpflichtung** gegenüber der BA bestehen gegenüber den sonstigen VerfBeteiligten, insb den Arbeitnehmern, Schadensersatzverpflichtungen des InsVerw (§ 60 InsO). § 321 ist lex specialis zu § 60 InsO. 1

2 Überflüssige Angaben führen zu keinen Schadensersatzansprüchen.[1]

3 Haftungsansprüche nach § 321 kann die BA gegenüber dem InsVerw nicht durch Verwaltungsakt, sondern nur durch **Leistungsklage** geltend machen. Der Rechtsweg zu den SG ist eröffnet.[2] Dies gilt auch, wenn der Anspruch alternativ auf Normen des Zivilrechts gestützt wird.[3]

---

1 *BSG* NZA 1990, 790.
2 *BSG* NZA 1992, 330.
3 *BGH* ZIP 1988, 676.

§ 324 Antrag vor Leistung

(1) Leistungen der Arbeitsförderung werden nur erbracht, wenn sie vor Eintritt des leistungsbegründenden Ereignisses beantragt worden sind. Zur Vermeidung unbilliger Härten kann die Agentur für Arbeit eine verspätete Antragstellung zulassen.

(2) Berufsausbildungsbeihilfe, Ausbildungsgeld und Arbeitslosengeld können auch nachträglich beantragt werden. Kurzarbeitergeld und ergänzende Leistungen nach § 102 sind nachträglich zu beantragen.

(3) Insolvenzgeld ist abweichend von Absatz 1 Satz 1 innerhalb einer Ausschlussfrist von zwei Monaten nach dem Insolvenzereignis zu beantragen. Wurde die Frist aus nicht selbst zu vertretenden Gründen versäumt, wird Insolvenzgeld geleistet, wenn der Antrag innerhalb von zwei Monaten nach Wegfall des Hinderungsgrundes gestellt worden ist. Ein selbst zu vertretender Grund liegt vor, wenn sich Arbeitnehmerinnen und Arbeitnehmer nicht mit der erforderlichen Sorgfalt um die Durchsetzung ihrer Ansprüche bemüht haben.

Übersicht

I. Allgemeines

1 Durch § 324 wird das in § 323 allg vorgesehene Antragserfordernis ergänzt. Der Antrag auf InsGeld kann **formlos** gestellt werden. Der Antrag ist bei der **AA** der für den Arbeitgeber zuständigen Lohnabrechnungsstelle zu stellen (§ 327 Abs 3). Ein wirksamer Antrag kann aber fristwahrend nach § 16 SGB I auch bei anderen Stellen gestellt werden. Eine an die **AA** gerichtete InsGeldbescheinigung des InsVerw beinhaltet regelmäßig keinen Antrag auf Zahlung von InsGeld. Die dem InsVerw gem § 314 obliegende Bescheinigungspflicht verleiht ihm nicht die Befugnis, Rechte der Arbeitnehmer gegenüber der **AA** wahrzunehmen. Mangels Antragsberechtigung des InsVerw ist die Abgabe der InsGeldbescheinigung nach § 314 Abs 1 nur als Erfüllung der Bescheinigungspflicht zu verstehen. Antragsberechtigt beim InsGeld sind die Arbeitnehmer.[1]

2 Beantragt ein **Dritter** InsGeld für einen Arbeitnehmer, ist durch diesen eine **Vollmacht** vorzulegen. Die Vollmacht muss bis zum Ablauf der Ausschlussfrist des Abs 3 S 1 nachgereicht sein.[2] Stellt der Betriebsrat oder der Ehegatte des Arbeitnehmers den Antrag, kann die Vollmacht nach Auffassung des BSG nicht vermutet werden.[3]

---

1 *BSG* 4.4.2017 – B 11 AL 93/16 B.
2 *BSG* ZIP 1985, 173; krit dazu *Brand/Hassel* § 324 Rn 17.
3 *BSG* SGb 1982, 403.

II. Antragsfrist

InsGeld ist gem § 324 Abs 3 S 1 innerhalb einer **Ausschlussfrist von zwei Monaten** nach dem InsEreignis zu beantragen. Diese Frist gilt auch dann, wenn die Krankenkassen aus übergegangenem Recht (§ 115 SGB X) Ansprüche geltend machen.[4] Bei Versäumung der Ausschlussfrist erlischt der Anspruch.[5] 3

Die Frist beginnt mit dem Tag nach dem InsEreignis (§ 165 Abs 1 S 1). Die Fristberechnung richtet sich nach § 187 Abs 1, § 188 BGB. Der Tag des InsEreignisses zählt dabei nicht mit. Dies gilt auch dann, wenn der Arbeitnehmer keine Kenntnis von dem InsEreignis hat. In diesem Fall steht ihm allerdings die Nachfrist des § 324 Abs 3 S 2 zur Verfügung.[6] 4

Die Frist beträgt **zwei Monate.** Das ist **mit Unionsrecht vereinbar**.[7] Die RL 2008/94/EG (vormals: Richtlinie 80/987/EWG) steht nach der Rspr des EuGH[8] der Anwendung einer Ausschlussfrist nicht entgegen, binnen deren ein Arbeitnehmer nach nationalem Recht den Antrag auf Zahlung von InsGeld nach Maßgabe dieser Richtlinie stellen muss, wenn die betreffende Frist nicht weniger günstig ist als bei gleichartigen innerstaatlichen Anträgen (Grundsatz der Gleichwertigkeit) und nicht so ausgestaltet ist, dass sie die Ausübung der von der Gemeinschaftsordnung eingeräumten Rechte praktisch unmöglich macht (Grundsatz der Effektivität). Die Ausschlussfrist in § 324 Abs 3 erfüllt die vom EuGH genannten Bedingungen.[7] Der Grundsatz der Gleichwertigkeit ist gewahrt, weil die Anforderungen der Gewährung bei vergleichbaren Lohnersatzleistungen, insb beim Arbeitslosengeld nicht grds großzügiger sind. Dem steht nicht entgegen, dass für das Kurzarbeitergeld die Ausschlussfrist gem § 325 Abs 3 drei Monate beträgt, zumal in § 325 Abs 3 keine Nachfrist vorgesehen ist. 5

Hat der Arbeitnehmer die Antragsfrist versäumt, steht ihm gem § 324 Abs 3 S 2 eine **Nachfrist** zur Verfügung. Die Voraussetzungen hierfür liegen vor, wenn der Arbeitnehmer die Frist aus Gründen versäumt, die er nicht zu vertreten hat, und der Antrag innerhalb von zwei Monaten nach Wegfall des Hinderungsgrundes gestellt wird. Der Arbeitnehmer hat die Versäumung der Frist zu vertreten, wenn er sich nicht mit der erforderlichen Sorgfalt um die Durchsetzung seiner Ansprüche bemüht hat (S 3). Er hat dabei jede – auch leichte – Fahrlässigkeit zu vertreten.[9] 6

§ 327 Grundsatz

(1) Für Leistungen an Arbeitnehmerinnen und Arbeitnehmer, mit Ausnahme des Kurzarbeitergeldes, des Wintergeldes, des Insolvenzgeldes und der Leistungen zur Förderung der Teilnahme an Transfermaßnahmen, ist die Agentur für Arbeit zuständig, in deren Bezirk die Arbeitnehmerin oder der Arbeitnehmer bei Eintritt der leistungsbegründenden Tatbestände ihren oder seinen Wohnsitz hat. Solange die Arbeitnehmerin oder der Arbeitnehmer sich nicht an ihrem oder seinem Wohnsitz aufhält, ist die Agentur für Arbeit zuständig, in deren Bezirk die Arbeitnehmerin oder der Arbeitnehmer bei Eintritt der leistungsbegründenden Tatbestände ihren oder seinen gewöhnlichen Aufenthalt hat.

---

4 *BSG* SozR 4100 § 141b Nr 48 = KTS 1990, 521.
5 *Brand/Hassel* § 324 Rn 18.
6 *BSG* ZIP 1996, 1623.
7 *BSG* SozR 4-4300 § 324 Nr 4.
8 *EuGH* ZIP 2003, 2173.
9 *BSG* 4.4.2017 – B 11 AL 93/16 B.

(2) Auf Antrag der oder des Arbeitslosen hat die Agentur für Arbeit eine andere Agentur für Arbeit für zuständig zu erklären, wenn nach der Arbeitsmarktlage keine Bedenken entgegenstehen oder die Ablehnung für die Arbeitslose oder den Arbeitslosen eine unbillige Härte bedeuten würde.

(3) Für Kurzarbeitergeld, ergänzende Leistungen nach § 102 und Insolvenzgeld ist die Agentur für Arbeit zuständig, in deren Bezirk die für den Arbeitgeber zuständige Lohnabrechnungsstelle liegt. Für Insolvenzgeld ist, wenn der Arbeitgeber im Inland keine Lohnabrechnungsstelle hat, die Agentur für Arbeit zuständig, in deren Bezirk das Insolvenzgericht seinen Sitz hat. Für Leistungen zur Förderung der Teilnahme an Transfermaßnahmen ist die Agentur für Arbeit zuständig, in deren Bezirk der Betrieb des Arbeitgebers liegt.

(4) Für Leistungen an Arbeitgeber, mit Ausnahme der Erstattung von Beiträgen zur Sozialversicherung für Personen, die Saison-Kurzarbeitergeld beziehen, ist die Agentur für Arbeit zuständig, in deren Bezirk der Betrieb des Arbeitgebers liegt.

(5) Für Leistungen an Träger ist die Agentur für Arbeit zuständig, in deren Bezirk das Projekt oder die Maßnahme durchgeführt wird.

(6) Die Bundesagentur kann die Zuständigkeit abweichend von den Absätzen 1 bis 5 auf andere Dienststellen übertragen.

1 § 327 regelt die **örtliche Zuständigkeit** der **AA**. Abs 3 hat lediglich organisatorische Bedeutung. Wegen Einzelheiten vgl oben § 324 Abs 3. Ist keine inländische Lohnabrechnungsstelle vorhanden, so ist die **AA** zuständig, in dessen Bezirk das InsGer seinen Sitz hat. Das ist das InsGer, das den EröffnungsBeschl oder den AbweisungsBeschl erlassen hat, auch wenn es örtlich unzuständig war.

2 Liegt der Auffangtatbestand nach § 165 Abs 1 S 2 Nr 3 vor, wird als zuständig die **AA** angenommen, welche im Bereich des InsGer liegt, in welchem der insolvente Arbeitgeber seine gewerbliche Niederlassung hatte.

§ 358 Aufbringung der Mittel

(1) Die Mittel für die Zahlung des Insolvenzgeldes werden durch eine monatliche Umlage von den Arbeitgebern aufgebracht. Der Bund, die Länder, die Gemeinden sowie Körperschaften, Stiftungen und Anstalten des öffentlichen Rechts, über deren Vermögen ein Insolvenzverfahren nicht zulässig ist, und solche juristischen Personen des öffentlichen Rechts, bei denen der Bund, ein Land oder eine Gemeinde kraft Gesetzes die Zahlungsfähigkeit sichert, und private Haushalte werden nicht in die Umlage einbezogen.

(2) Die Umlage ist nach einem Prozentsatz des Arbeitsentgelts (Umlagesatz) zu erheben. Maßgebend ist das Arbeitsentgelt, nach dem die Beiträge zur gesetzlichen Rentenversicherung für die im Betrieb beschäftigten Arbeitnehmerinnen, Arbeitnehmer und Auszubildenden bemessen werden oder im Fall einer Versicherungspflicht in der gesetzlichen Rentenversicherung zu bemessen wären. Für die Zeit des Bezugs von Kurzarbeitergeld, Saisonkurzarbeitergeld oder Transferkurzarbeitergeld bemessen sich die Umlagebeträge nach dem tatsächlich erzielten Arbeitsentgelt bis zur Beitragsbemessungsgrenze der gesetzlichen Rentenversicherung.

(3) Zu den durch die Umlage zu deckenden Aufwendungen gehören

1. das Insolvenzgeld einschließlich des von der Bundesagentur gezahlten Gesamtsozialversicherungsbeitrages,

2. die Verwaltungskosten und
3. die Kosten für den Einzug der Umlage und der Prüfung der Arbeitgeber.

Die Kosten für den Einzug der Umlage und der Prüfung der Arbeitgeber werden pauschaliert.

§ 359 Einzug und Weiterleitung der Umlage

(1) Die Umlage ist zusammen mit dem Gesamtsozialversicherungsbeitrag an die Einzugsstelle zu zahlen. Die für den Gesamtsozialversicherungsbeitrag geltenden Vorschriften des Vierten Buches finden entsprechende Anwendung, soweit dieses Gesetz nichts anderes bestimmt.

(2) Die Einzugsstelle leitet die Umlage einschließlich der Zinsen und Säumniszuschläge arbeitstäglich an die Bundesagentur weiter.

§ 360 Umlagesatz

Der Umlagesatz beträgt 0,15 Prozent.

§ 361 Verordnungsermächtigung

Das Bundesministerium für Arbeit und Soziales wird ermächtigt, durch Rechtsverordnung mit Zustimmung des Bundesrates

1. im Einvernehmen mit dem Bundesministerium der Finanzen und dem Bundesministerium für Wirtschaft und Energie zum Ausgleich von Überschüssen oder Fehlbeständen unter Berücksichtigung der Beschäftigungs- und Wirtschaftslage zu bestimmen, dass die Umlage jeweils für ein Kalenderjahr nach einem von § 360 abweichenden Umlagesatz erhoben wird; dabei soll ein niedrigerer Umlagesatz angesetzt werden, wenn die Rücklage die durchschnittlichen jährlichen Aufwendungen der vorhergehenden fünf Kalenderjahre übersteigt, und ein höherer, wenn der Fehlbestand mehr als die durchschnittlichen jährlichen Aufwendungen der vorhergehenden fünf Kalenderjahre beträgt,
2. die Höhe der Pauschale für die Kosten des Einzugs der Umlage und der Prüfung der Arbeitgeber nach Anhörung der Bundesagentur, der Deutschen Rentenversicherung Bund, des Spitzenverbandes Bund der Krankenkassen und der Sozialversicherung für Landwirtschaft, Forsten und Gartenbau sowie der Deutschen Rentenversicherung Knappschaft-Bahn-See festzusetzen.

Die §§ 358–361 sind durch das G v 30.10.2008 (BGBl I S 2130) mit Wirkung v 1.1.2009 völlig neu gefasst worden. Die Mittel für die Zahlung des InsGeldes werden durch eine monatliche **Umlage von den Arbeitgebern aufgebracht**. Dass die Umlage für das InsGeld allein von den Arbeitgebern aufzubringen ist, ist verfassungsgemäß.[1] Die öffentlichen Arbeitgeber und private Haushalte bleiben gem § 358 Abs 1 S 2 von der Umlage ausgenommen. § 358 Abs 1 S 2 SGB III ist über seinen Wortlaut hinaus ergänzend dahingehend auszulegen, dass auch als Arbeitgeber am Rechtsverkehr teilnehmende **Wohnungseigentümergemeinschaften** nicht in die Umlage einzubeziehen sind, weil ein InsVerf über deren Verwaltungsvermögen (§ 10 Abs 7 WEG) kraft gesetzlicher Anordnung in § 11 Abs 3 WEG nicht stattfindet und daher auch Ansprüche ihrer Arbeitnehmer auf InsGeld ausscheiden. Die Wohnungsei- 1

1 *BVerfG* ZIP 2009, 680; *BSG* SozR 4100 § 186b Nr 1.

gentümergesellschaft gleicht insoweit den in § 358 Abs 1 S 2 SGB III genannten juristischen Personen des öffentlichen Rechts.[2]

2 Durch das Zweite Gesetz zur Änderung des Siebten Buches Sozialgesetzbuch v 5.12.2012 erfolgte zum einen eine redaktionelle Anpassung an veränderte Begrifflichkeiten (Bundesagentur statt Bundesagentur für Arbeit). Zum anderen wurden die §§ 360 und 361 zum 1.1.2013 inhaltlich geändert. Der Umlagesatz wurde gesetzlich auf 0,15 % festgesetzt. Eine Änderung durch Rechtsverordnung ist nach § 361 nur noch dann möglich, wenn der gesetzlich bestimmte feste Umlagesatz die tatsächlichen Aufwendungen für das Insolvenzgeld verfehlen würde.

2 *BSG* ZIP 2015, 601.

Kapitel V

Insolvenzrechtliche Vergütungsverordnung (InsVV)

vom 19.8.1998 (BGBl. I S. 2205),
zuletzt geändert durch Art. 3 G vom 13.4.2017 (BGBl. I S. 866)

Erster Abschnitt
Vergütung des Insolvenzverwalters

§ 1 Berechnungsgrundlage

(1) [1]Die Vergütung des Insolvenzverwalters wird nach dem Wert der Insolvenzmasse berechnet, auf die sich die Schlussrechnung bezieht. [2]Wird das Verfahren nach Bestätigung eines Insolvenzplans aufgehoben oder durch Einstellung vorzeitig beendet, so ist die Vergütung nach dem Schätzwert der Masse zur Zeit der Beendigung des Verfahrens zu berechnen.

(2) Die maßgebliche Masse ist im Einzelnen wie folgt zu bestimmen:

1. [1]Massegegenstände, die mit Absonderungsrechten belastet sind, werden berücksichtigt, wenn sie durch den Verwalter verwertet werden. [2]Der Mehrbetrag der Vergütung, der auf diese Gegenstände entfällt, darf jedoch 50 vom Hundert des Betrages nicht übersteigen, der für die Kosten ihrer Feststellung in die Masse geflossen ist. [3]Im Übrigen werden die mit Absonderungsrechten belasteten Gegenstände nur insoweit berücksichtigt, als aus ihnen der Masse ein Überschuss zusteht.

2. Werden Aus- und Absonderungsrechte abgefunden, so wird die aus der Masse hierfür gewährte Leistung vom Sachwert der Gegenstände abgezogen, auf die sich diese Rechte erstreckten.

3. Steht einer Forderung eine Gegenforderung gegenüber, so wird lediglich der Überschuss berücksichtigt, der sich bei einer Verrechnung ergibt.

4. [1]Die Kosten des Insolvenzverfahrens und die sonstigen Masseverbindlichkeiten werden nicht abgesetzt. [2]Es gelten jedoch folgende Ausnahmen:

a) Beträge, die der Verwalter nach § 5 als Vergütung für den Einsatz besonderer Sachkunde erhält, werden abgezogen.

b) Wird das Unternehmen des Schuldners fortgeführt, so ist nur der Überschuss zu berücksichtigen, der sich nach Abzug der Ausgaben von den Einnahmen ergibt.

5. Ein Vorschuss, der von einer anderen Person als dem Schuldner zur Durchführung des Verfahrens geleistet worden ist, und ein Zuschuss, den ein Dritter zur Erfüllung eines Insolvenzplans geleistet hat, bleiben außer Betracht.

Übersicht

I. Allgemeine Grundlagen zur Vergütung

1 Der InsVerw hat Anspruch auf angemessene Vergütung und Erstattung der Auslagen (§ 63 Abs 1 S 1 InsO; s § 63 Rn 2 ff zu). Gleiches gilt für den vorl InsVerw (§ 21 Abs 2 Nr 1 InsO,

§ 11 InsVV), den Sachwalter bei Eigenverwaltung (§ 274 Abs 1 InsO, § 12 InsVV) und den Treuhänder im vereinfachten InsVerf (§ 313 Abs 1 S 3 InsO aF, § 13 InsVV). Die Angemessenheit ist als Ausfluss der Berufausübung durch Art 12 GG garantiert (§ 63 InsO Rn 18 ff). Die Vergütung hat für jedes einzelne InsVerf angemessen zu sein, nicht für die Gesamtheit aller vom Verwalter erledigten Verf (§ 63 InsO Rn 22 ff).

2 Schu des Vergütungsanspruchs ist mit § 54 Nr 2 InsO die InsMasse, eine subsidiäre Haftung des Fiskus ist nur bei Kostenstundung mit § 63 Abs 2 InsO gegeben (§ 63 InsO Rn 53 ff). Einen Vergütungsausfall erleidet der InsVerw bei Masselosigkeit nach § 207 InsO; dieser kann durch ausreichende Vorschussgewährung nach § 9 vermieden werden. Vergütungsausfall kann auch beim vorl InsVerw gegeben sein, wenn die Eröffnung mangels Masse abgewiesen wird und das Vermögen des Schu nicht für die Vergütung ausreicht (s dazu eingehend § 11 Rn 9).[1] In einem späteren InsVerf auf neuen Antrag ist der Vergütungsanspruch des vorl InsVerw aus einem früheren Verf einfache InsFord nach § 38 InsO.[2] Gleiches gilt für die Vergütung der Mitglieder des Gläubigerausschusses in einem früheren Verfahren.[3]

II. Normzweck

3 § 1 Abs 1 S 1 regelt die Bestimmung der InsMasse als Berechnungsgrundlage. Bei bes Arten der VerfBeendigung, bei welchen eine Bestimmung der InsMasse aus einer Schlussrechnung nicht erfolgen kann, gilt § 1 Abs 1 S 2. Die InsMasse ist nur um die abschließend aufgezählten Tatbestände des § 1 Abs 2 Nr 1–5 zu bereinigen. Die InsMasse als Berechnungsgrundlage der Vergütung ist nicht gleichbedeutend mit der tatsächlich vorhandenen InsMasse, die den Gl zur Verfügung steht. Den Gl steht als Teilungsmasse die InsMasse abzüglich der Massekosten, zu welchen auch die Vergütung gehört (§ 54 Nr 2 InsO), und abzüglich der Masseverbindlichkeiten des § 55 InsO zur Verfügung. Die Masseverbindlichkeiten werden von der InsMasse als Berechnungsgrundlage der Vergütung mit Ausnahme der in § 1 Abs 2 Nr 4 geregelten Fälle nicht abgezogen.

III. Anwendungsbereich

4 **1. Insolvenzverwalter, Sachwalter, Treuhänder.** Die Vorschrift des § 1 bestimmt die Berechnungsgrundlage der Vergütung des InsVerw (§ 63 InsO) und des Sachwalters (§ 274 InsO). Für den vorl InsVerw gilt sie mit den Maßgaben des § 11 Abs 1 mit § 63 Abs 3 InsO.

5 Die Vergütung des Treuhänders im RestschuldbefreiungsVerf (§ 293 InsO) richtet sich nach den von ihm eingenommenen Beträgen (§ 14).

6 Die Vergütung der Mitglieder des GlAusschusses wird nach Stundensätzen unabhängig von der InsMasse berechnet (§ 17).

7 Der SonderInsVerw wird entspr §§ 1 ff nach seinem Aufgabenbereich vergütet.[4] Dieser kann bestehen in der Ermittlung bes Sachverhalte, als aufsichtsrechtliche Maßnahme gegen den InsVerw, zur Vermeidung von Interessenkollisionen beim InsVerw (§ 181 BGB), zur Geltendmachung eines Gesamtschadens gegen den InsVerw (§ 92 InsO), zur Verwaltung und Verwertung von Sondermassen oder als Vertretung des InsVerw bei dessen Verhinderung.

---

1 Eingehend *Keller* Vergütung § 2 Rn 29 ff.
2 *BGH* ZIP 2008, 2371.
3 *AG Düsseldorf* v 9.12.2016 – 504 IN 269/12.
4 *BGH* ZIP 2008, 1294 = NZI 2008, 485 mit Anm *Frege* = DZWIR 2008, 461 mit Anm *Keller*; überholt *LG Gießen* ZIP 1980, 1073; *AG Göttingen* NZI 2000, 188; eingehend *Keller* Vergütung § 6 Rn 11 ff; ferner *Uhlenbruck/Mock* § 63 Rn 12, 13; *K/P/B/Lüke* § 56 Rn 80; *K/P/B/Eickmann/Prasser* Vor § 1 InsVV Rn 66.

Berechnungsgrundlage für den SonderInsVerw ist je nach Aufgabe der verwaltete Vermögenswert oder die Sonderinsolvenzmasse, bspw der Haftungsanspruch als Gesamtschaden (§§ 60, 92 S 2 InsO). Bei der Aufgabe der Prüfung einzelner Ansprüche und ihrer Anmeldung zur InsTabelle, sind diese Berechnungsgrundlage. Vergleichsweise zu RVG darf aber über § 5 die Vergütung nicht höher festgesetzt werden als nach diesem.[5] Die Regelvergütung besteht in einem angemessenen Bruchteil der Vergütung nach § 2 Abs 1. Sie kann auch niedriger sein als die Mindestvergütung nach § 2 Abs 2.[5] Die Vergütung kann auch nach § 3 erhöht oder gekürzt werden.[6] Eine Erhöhung ist bspw angezeigt, wenn rechtliche Beurteilungen besonders schwierig und kompliziert waren. 8

Der Verfahrenskoordinator in einem Verf nach §§ 269a ff InsO hat Anspruch auf Vergütung nach § 269g InsO. Die Regelung entspr § 63 InsO, wobei für die InsVV nur eine Kürzung der Vergütungen bei den Konzerngesellschaften geregelt wurde (§ 3 Abs 2f). Die Vergütung des Verfahrenskoordinators bestimmt sich nach der Summe der InsMassen der beteiligten Verf. Entscheidend ist die Bestimmung des angemessenen Prozentsatzes der Vergütung nach § 2 Abs 1. Dieser sollte wie beim vorl Verw oder beim vorl Sachwalter bei 25 % liegen. Erhöhungen oder Kürzungen der Vergütung entspr § 3 bestimmen sich nach dem konkreten Arbeitsaufwand. 9

2. Vorzeitige Amtsbeendigung. Bei vorzeitiger Beendigung des Verwalteramtes (Abwahl, § 57 InsO; Entlassung, § 59 InsO) erhält der InsVerw seine Vergütung nach dem Wert der InsMasse im Zeitpunkt der Beendigung des Amtes.[7] Ein späterer Massezufluss ist hinzuzurechnen, wenn er wesentlich auf der Tätigkeit des ausgeschiedenen Verwalters beruht.[8] Die Tatbestände des § 1 Abs 2 gelten auch hier. Die Vergütung ist nach § 3 Abs 2c zu kürzen, bevor mögliche Erhöhungstatbestände für den ausgeschiedenen Verwalter nach § 3 Abs 1 zu berücksichtigen sind.[9] Kriterium der Kürzung ist der Umfang der Tätigkeit im Verhältnis zur noch zu leistenden Tätigkeit des späteren InsVerw. 10

IV. Berechnungsgrundlage (§ 1 Abs 1)

1. Insolvenzmasse. Bereits nach § 63 Abs 1 2 InsO ist Grdl der Vergütung des InsVerw der Wert der InsMasse im Zeitpunkt der Beendigung des InsVerf. Die Regelung ist Vorgabe für den gleichlautenden § 1 Abs 1 S 1 (§ 63 InsO Rn 39). InsMasse iSd § 1 Abs 1 ist die Soll-Masse des § 35 InsO, unpfändbare Gegenstände und Vermögenswerte gehören nicht hierzu (§ 36 InsO). Bedingt pfändbare Ansprüche (insb Pflichtteil nach § 852 ZPO) gehören zur InsMasse, wenn der Schu die Einziehung gestattet.[10] Zur InsMasse und damit zur Berechnungsgrundlage gehören auch Vermögenswerte, die Bereicherungsansprüchen ausgesetzt sind, zB aus Fehlüberweisungen eines Kreditinstituts.[11] Der Neuerwerb des Schu, der natürlichen Person, ist zu berücksichtigen, Arbeitseinkommen im Umfang seines pfändbaren Betrages (§ 36 Abs 1 InsO mit § 850c ZPO). Ein Lottogewinn oder Nachlasserwerb während 11

5 *BGH* ZIP 2008, 1294.
6 *BGH* ZIP 2008, 1294, Begr Rz 22.
7 *BGH* NZI 2006, 165; ZIP 2015, 1595; 20.7.2017 – IX ZB 69/16; *LG Magdeburg* ZInsO 1999, 113; *LG Bamberg* ZIP 2005, 671; MK/*Riedel* § 1 InsVV Rn 7, 14; missverständlich *Uhlenbruck/Vallender* § 57 Rn 32.
8 *BGH* NZI 2006, 165.
9 *BGH* DZWIR 2005, 291 mit Anm *Keller* = ZIP 2005, 180, dazu EWiR 2005, 401 *(Rendels)*; *BGH* ZIP 2015, 1595, dazu EWiR 2015, 647 (*Keller)*.
10 *BGH* ZIP 2015, 1595, dazu EWiR 2015, 647 (Keller).
11 *BGH* ZIP 2015, 738 = NZI 2015, 362 mit Anm *Budnik*; dazu *Jansen* NJW-Spezial 2015, 405; zu Einzelfällen auch *Zimmer* § 1 InsVV Rn 40 ff.

des Verf ist vollwertig Teil der InsMasse und damit der Berechnungsgrundlage.[12] Gegenstände, die aus der InsMasse ausgesondert werden (§ 47 InsO), sind nicht einzubeziehen.

12 Die InsMasse ergibt sich regelmäßig aus der Schlussrechnung des InsVerw (§ 66 InsO), die bei jeder Art der Beendigung des InsVerf zu legen ist (§ 66 Rn 2; § 207 Rn 19, § 258 Rn 3). Aus der Schlussrechnung haben sich auch die Absonderungsrechte hinsichtlich § 1 Abs 2 Nr 1 zu ergeben. Es ist auch anzugeben, welche Tätigkeiten der Verwaltung an Dritte delegiert worden sind und welche Honorare gezahlt worden sind (§ 8 Abs 2).[13] Bei Unternehmensfortführung ist eine gesonderte Einnahmen-/Ausgabenrechnung vorzunehmen.

13 Die Schlussrechnung ist nicht in jedem Fall zwingende Grundlage der Bestimmung der InsMasse. Dies ergibt sich bereits aus § 63 Abs 1 S 2 InsO, der auf die Schlussrechnung nicht Bezug nimmt. Bspw ist bei Fortführung eines Unternehmens auch das Anlagevermögen hinzuzurechnen, gerade wenn nicht verwertet wird und ein Erlös hierfür in der Schlussrechnung nicht berücksichtigt ist.[14] Offene Forderungen, die vor InsAntrag entstanden waren und während des Eröffnungsverfahrens nicht eingezogen wurden, sind Bestandteil der Berechnungsgrundlage für die Vergütung des vorl Verw[15] oder bei Einstellung nach § 213 InsO.[16] Bei nur kurzzeitigem InsVerf ist die InsMasse als Berechnungsgrundlage durch Bestimmung eines fiktiven Verwertungsergebnisses zu ermitteln.[17] Bei Beendigung des InsVerf nach Bestätigung eines InsPlans ist die Berechnungsgrundlage nach dem Schätzwert der InsMasse bei Beendigung des InsVerf zu bestimmen. Dazu gehören auch Schadensersatzansprüche gegen den Gesellschafter[18] und Ansprüche auf Kapitalaufbringung und -erhaltung.[19] Bei der Vergütung des vorl InsVerw sind Gegenstände mit AbsR auch dann zu berücksichtigen, wenn der vorl Verw diese nicht verwertet.[20]

14 Gegenstand der InsMasse ist auch der Wert der Firma sowie ein sog goodwill des schuldnerischen Unternehmens.[21] Zu bewerten ist der goodwill mit dem Wert, den ein Erwerber hierfür im Rahmen einer übertragenden Sanierung oder eines share deals gezahlt hat. Beteiligungen an dem Unternehmen sind mit dem Wert anzusetzen, den ein Erwerber (share deal) hierfür wirtschaftlich aufzubringen bereit war; hierzu gehören auch Verpflichtungen zu Kapitalausstattung oder Schuldübernahmen.[22]

15 Zur InsMasse gehören auch Beträge, die nach Schlussrechnungslegung bis zur endgültigen Aufhebung oder Einstellung des Verf der Masse hinzufließen.[23] Es sind dies oft Zinsein-

---

12 *AG Göttingen* ZIP 2012, 539.
13 *BGH* ZIP 2006, 36.
14 *BGH* ZVI 2005, 388.
15 *BGH* NZI 2007, 168.
16 *LG Kassel* ZInsO 2014, 2397.
17 *BGH* ZInsO 2009, 888.
18 *BGH* ZIP 2007, 1330; *BGH* NZI 2011, 445; zur Vergütung des vorl Verw *BGH* ZIP 2010, 2107.
19 Hierzu allg *BGH* ZIP 2012, 532 = NZI 2012, 315 mit Anm *Keller*; zu § 213 InsO *BGH* ZInsO 2013, 309.
20 *BGHZ* 195, 322 = NZI 2013, 29 mit Anm *Graeber*, dazu EWiR 2013, 61 *(Keller)*; *BGHZ* 195, 336 = ZIP 2013, 30 = NZI 2013, 183; *Keller* NZI 2013, 240; bekräftigt durch *BGH* ZInsO 2013, 630.
21 *BGH* DZWIR 2004, 421 mit Anm *Graeber* = ZIP 2004, 1555.
22 *LG München I* NZI 2013, 696 mit Anm *Keller*.
23 *BGH* NZI 2006, 237 = ZIP 2006, 486 mit Anm *Prasser* = ZVI 2006, 129; ZInsO 2010, 1503; NZI 2011, 326; 6.4.2017 – IX ZB 3/16; v 20.7.2017 – IX ZB 75/16; *LG Frankfurt/Oder* ZInsO 2002, 1028, dazu EWiR 2003, 885 (*Keller*); *LG Magdeburg* ZIP 2004, 1915; *LG Heilbronn* ZIP 2005, 1187 = ZVI 2005, 390; *LG Stralsund* ZInsO 2007, 1045; *AG Mosbach* ZIP 2006, 489.

künfte oder Erstattungen aus an Dritte gezahlter Umsatzsteuer (Vorsteuer), insb betr die Umsatzsteuer auf die an den Verwalter gezahlte Vergütung.[24] Bei der Vorsteuererstattung wie auch beim Vorsteuerabzug während des Verf hat eine quotale Aufteilung entspr Ins-Ford aus unternehmerischer Tätigkeit und InsFord aus privatem Bereich zu erfolgen.[25] Soweit der Massezufluss hinreichend wahrscheinlich ist, kann er bei der Schlussrechnungslegung einberechnet werden, es kann auch bei VerfBeendigung eine nachträgliche Vergütung gewährt werden.[26] Ein Massezufluss nach Verfahrensaufhebung kann nur im Rahmen einer Nachtragsverteilung berücksichtigt werden.[27] Die Berechnung des Massezuflusses nach Umsatzsteuererstattung erfolgt nur einmal nach der ohne Erstattung berechneten Vergütung, nicht mehrfach durch mehrmalige Hinzurechnung der jeweiligen Erstattung zur Berechnungsgrundlage.[28]

2. Vorzeitige Verfahrensbeendigung. Auch bei Aufhebung des Verf nach Bestätigung eines InsPlans (§ 259 InsO), Einstellung wegen Masselosigkeit (§ 207 InsO) oder bei Masseunzulänglichkeit (§ 208 f InsO) hat der InsVerw Schlussrechnung zu legen.[29] Gleiches gilt bei Einstellung nach §§ 212, 213 InsO.[30] Je nach Zeitpunkt der VerfBeendigung und dem Stand der Masseverwertung kann die InsMasse als Berechnungsgrundlage der Vergütung aus der Schlussrechnung nicht hinreichend ersichtlich sein; dies gilt insb für die Verwertung von Absonderungsrechten. In diesen Fällen erlaubt § 1 Abs 1 S 2 die Bestimmung der InsMasse nach anderen Kriterien.[31] 16

Eine Bestimmung der InsMasse kann nach dem Vermögensverzeichnis nach § 153 InsO erfolgen, dessen Positionen gegebenenfalls nach dem Stand der Vermögensentwicklung und -bewertung zu korrigieren sind.[32] Bei Aufhebung des Verf nach Bestätigung eines InsPlans kann die Vermögensübersicht nach § 229 InsO Grundlage der Bestimmung der InsMasse sein. Der hieraus ermittelte Wert muss objektiv nachvollziehbar und plausibel sein. Vermögensgegenstände sind auch dann in die Berechnungsgrundlage einzubeziehen, wenn der InsVerw sie nicht verwertet hat.[33] Das gilt insb bei Aufhebung des InsVerf mit InsPlan hinsichtlich nicht verwerteten Anlagevermögens. Bei Aufhebung des InsVerf nach § 213 InsO sind nicht lediglich die Vermögenswerte zu berücksichtigen, die zur Befriedigung der InsGl erforderlich waren; auch hier ist die gesamte InsMasse als Berechnungsgrundlage maßgebend.[34] 17

Ist eine InsMasse insb wegen geringer Dauer des Verf nicht ermittelbar, wird vorgeschlagen, die Summe der InsFord als Berechnungsgrundlage heranzuziehen.[35] Das ist abzulehnen: Die InsVV gibt hierfür keinen Spielraum, insb wurde § 1 Abs 2 VergVO (ebenso früher § 37 Abs 2 GKG), der solches für das KonkursVerf regelte, nicht übernommen.[36] 18

---

24 *BGH* ZIP 2008, 81 mit Anm *Jaeger/Michels* = NZI 2008, 97; aM *LG Schwerin* DZWIR 2009, 349 mit Anm *Keller*; dazu auch *Onusseit* ZInsO 2009, 2285.
25 *BFH* ZIP 2015, 1237 mit Anm *Kahlert* = NZI 2015, 625 mit Anm *de Weerth*; *FG Schleswig-Holstein* 15.9.2016 – 4 K 14/14; *FG Nürnberg* EFG 2010, 1843.
26 *BGH* ZIP 2014, 334; eingehend *Keller* Vergütung § 3 Rn 55 ff.
27 *BGH* ZIP 2011, 2115; *BGH* ZIP 2014, 334, dazu EWiR 2014, 183 (*Zimmer*) = NZI 2014, 238.
28 *BGH* ZIP 2015, 696, dazu EWiR 2015, 353 (*Zimmer*) = NZI 2015, 388 mit Anm *Graeber*.
29 *Uhlenbruck/Mock* § 66 Rn 44; *Frege/Keller/Riedel* Rn 1673.
30 Dazu *BGH* ZInsO 2013, 309; *LG Kassel* ZInsO 2014, 2397.
31 *BGH* 20.7.2017 – IX ZB 69/16.
32 *BGH* ZInsO 2009, 888; MK/*Nowak* 2. Aufl 2007 § 1 InsVV Rn 4; *Keller* Vergütung § 3 Rn 20 ff.
33 Zur Unternehmensfortführung *BGH* NZI 2005, 567 = DZWIR 2005, 463 mit Anm *Keller*.
34 *BGH* ZInsO 2009, 888.
35 *LG Göttingen* ZInsO 1998, 142.
36 *BGH* NZI 2009, 57; *Keller* Vergütung § 3 Rn 3.

19 **3. Bewertungsgrundsätze.** Vermögenswerte und insb Forderungen gegen Dritte sind nach tatsächlich realisierten Werten und nicht nach Buchwerten anzusetzen. Der Ansatz von Fortführungswerten kommt bei übertragender Sanierung oder im InsPlan in Betracht, wenn eine Unternehmensfortführung erfolgte.[37] Forderungen gegen Dritte sind mit ihrem Realisierungswert auch dann einzubeziehen, wenn sie noch nicht in Rechnung gestellt sind.[38] Nicht verwertetes Vermögen ist mit seinem fiktiven Verwertungswert zu berücksichtigen.

V. Abzug einzelner Vermögenspositionen

20 Nach § 1 Abs 2 ist die InsMasse um einzelne Posten zu korrigieren.[39] Es soll berücksichtigt werden, dass der InsVerw beispielsweise Arbeitsersparnis bei Aufrechnung seitens eines hierzu befugten InsGl (§§ 94 f InsO) hatte oder für bes Tätigkeiten über § 5 bereits eine Vergütung erhalten hat. Für die Verwertung von mit Absonderungsrechten behafteten Vermögensverwerten soll ihm nach § 1 Abs 2 Nr 1 eine bes Vergütung zukommen.

21 **1. Verwertung von Absonderungsrechten (§ 1 Abs 2 Nr 1 und 2).** Bei der Verwertung von Vermögenswerten mit Absonderungsrechten kann der InsVerw eine bes Vergütung nach § 1 Abs 2 Nr 1 erhalten. Ein möglicher Überschuss aus der Verwertung ist Bestandteil der freien InsMasse ist und damit der Berechnungsgrundlage. Insoweit ist S 3 der Norm als Grundsatz voranzustellen. Hinsichtlich der weiteren Vergütung ist zu unterscheiden:

22 Die bes Vergütung des § 1 Abs 2 Nr 1 erhält der InsVerw, wenn er bewegliches Vermögen nach §§ 166 f InsO verwertet hat (§ 166 Rn 11 f) und hierfür Kostenbeiträge nach §§ 170, 171 InsO zur InsMasse geflossen sind.[40] Bei Verwertung durch den absonderungsberechtigten Gl etwa nach § 173 InsO greift Nr 1 des § 1 Abs 2 nicht. Es kann aber nicht darauf ankommen, ob konkret Kostenbeiträge ausgewiesen sind.[41] Gerade bei erfolgreicher Verwertung mit Überschuss für die Masse ist dies nicht der Fall. Der Überschuss ist freie Masse und die nicht ausgewiesenen Kostenbeiträge sind Bestandteil des Überschusses. Wollte man die bes Verg nur formal an den Ausweis von Kostenbeiträgen nach § 171 InsO festmachen, würde dies dem tatsächlichen Arbeitsaufwand und Erfolg nicht gerecht.[42]

23 Bei der Verwertung unbeweglichen Vermögens greift § 1 Abs 2 Nr 1, wenn der InsVerw nach §§ 172 f ZVG selbst die Zwangsversteigerung betrieben hat. Bei der Zwangsversteigerung durch einen absonderungsberechtigten Gl (§§ 49, 165 InsO) kommt ein Kostenbeitrag nur bezüglich mithaftenden Zubehörs (§ 1120 BGB, §§ 21, 55 ZVG) in Betracht (§ 10 Abs 1 Nr 1a ZVG), nur hierfür gilt § 1 Abs 2 Nr 1.[43] Bei freihändiger Verwertung durch den InsVerw gegen Gewährung eines prozentualen Anteils am Veräußerungserlös seitens der Gl (Kostenbeitrag) ist ein Anteil als Feststellungskostenbeitrag iSd § 1 Abs 2 Nr 1 zu bestimmen. Ist keine Bestimmung getroffen, kann der Kostenbeitrag entspr § 171 InsO im Verhältnis 4 zu 5 gequotelt und so ein Feststellungskostenbeitrag berechnet werden.

24 Wird ein Gegenstand mit Absonderungsrecht nicht verwertet, etwa bei Einstellung mangels Masse, soll eine fiktive Verwertung mit entspr Kostenbeitrag angesetzt werden.[44]

---

37 *LG Traunstein* ZInsO 2000, 510.
38 *BGH* ZIP 2007, 284; NZI 2007, 461; ZInsO 2012, 1236.
39 Eingehend *Keller* Vergütung § 3 Rn 70 ff.
40 Eingehend zu allen Fallgruppen *Keller* Vergütung, § 3 Rn 78 ff.
41 So aber *LG Heilbronn* Rpfleger 2007, 105; ZInsO 2011, 1958.
42 So aber *BGH* 23.10.2008 – IX ZB 157/05; *BGH* NZI 2013, 1067 mit abl Anm *Keller*; dazu *Keller* Vergütung, § 3 Rn 82, 83.
43 Zu allg MK/*Nowak* 2. Aufl 2007 § 1 InsVV Rn 13.
44 *K/P/B/Prasser/Stoffler* § 1 InsVV Rn 49, 50; *Keller* Vergütung § 3 Rn 79.

Die bes Vergütung wird durch Vergleichsberechnung ermittelt:[45] Es ist zunächst die Vergütung nach der InsMasse ohne Berücksichtigung der fraglichen Vermögenswerte, jedoch einschl der zur Masse geflossenen Kostenbeiträge und eingenommener Umsatzsteuer aus der Verwertung, zu berechnen. Danach ist die Vergütung mit Berücksichtigung der Verwertungserlöse zu berechnen. Der Differenzbetrag der Vergütungen ist auf die Hälfte des Feststellungskostenbeitrages des § 171 InsO, mithin auf 2 % des entspr Erlöses, zu kürzen. Bei Verwertung beweglicher Vermögenswerte kann die Berechnung unter Einbeziehung aller Vermögenswerte erfolgen. Bei freihändiger Verwertung einer Immobilie ist wegen eines mglw abw Kostenbeitrages gesondert zu rechnen. Allg ist eine solche Differenzberechnung wegen § 2 Abs 1 rechnerisch nur erforderlich, wenn die InsMasse insgesamt höher als 25 Mio EUR ist. Bei geringerer InsMasse ist immer die Hälfte des Feststellungskostenbeitrages maßgebend.[46] Bei höherer InsMasse ist der Differenzbetrag der Regelvergütungen immer geringer, so dass dann praktisch die Vermögenswerte mit Absonderungsrechten Teil der Berechnungsgrundlage sind. Die Vergleichsberechnung des § 1 Abs 2 Nr 1 erzeugt somit eine Scheinobjektivität. 25

Zwischen der bes Vergütung und der Regelvergütung unter Einbeziehung von Überschüssen aus der Verwertung besteht keine Konkurrenz. Der BGH will zur Vermeidung einer Doppelvergütung die bes Vergütung nur dann gewähren, wenn nicht bereits durch Einbeziehung von Massebeiträgen oder Verwertungsüberschüssen die Berechnungsgrundlage und damit die Regelvergütung erhöht wurde.[47] Dem ist nur eingeschränkt zuzustimmen. Die Regelvergütung erhöht sich nur um den Prozentsatz des Staffelsatzes des § 2 Abs 1 bezogen auf den tatsächlich zur Masse geflossenen Betrag. Die bes Vergütung beträgt faktisch immer 2 % des Wertes des Gegenstandes. Die Gefahr einer Doppelvergütung besteht rechnerisch nur im Bereich der ersten Degressionsstufe des § 2 Abs 1. 26

Die bes Vergütung des § 1 Abs 2 Nr 1 erhöht die Regelvergütung des InsVerw. Erhöhungstatbestände des § 3 Abs 1 sind auf die Regelvergütung unter Einbeziehung dieser bes Vergütung zu berechnen.[48] IÜ ist eine Erhöhung der Vergütung nach § 3 Abs 1a durch § 1 Abs 2 Nr 1 lediglich relativiert, aber nicht ausgeschlossen. 27

Bei Abfindung eines Absonderungsrechts durch Zahlung an den Gl ist § 1 Abs 2 Nr 2 anzuwenden. Zu berücksichtigen ist der Differenzbetrag zwischen dem gezahlten Ablösebetrag und dem objektiven Sachwert – nicht unbedingt Verwertungserlös – des Gegenstandes.[49] 28

2. Aufrechenbare Forderungen (§ 1 Abs 2 Nr 3). Besteht eine Aufrechnungslage gem §§ 94 ff InsO, fällt nur der durch die Aufrechnung nicht verbrauchte Teil in die InsMasse und erhöht die Berechnungsgrundlage. Ist eine Aufrechnung unzulässig (§ 96 InsO), ist die Forderung der InsMasse in vollem Umfang zu berücksichtigen.[50] 29

3. Abzug von Masseverbindlichkeiten (§ 1 Abs 2 Nr 4). Masseverbindlichkeiten nach § 55 InsO und sonstiger Vorschriften sind von der InsMasse als Berechnungsgrundlage nicht abzusetzen.[51] Ein Abzug erfolgt nur in den Fällen des § 1 Abs 2 Nr 4. Unzutr ist die Ansicht, die Vorschrift müsse „im Lichte insolvenzrechtlicher Buchführung“ ausgelegt werden.[52] Daher ist bspw die im Abzugsverfahren vom Kreditinstitut abgeführte KapErtrSt von der 30

45 *K/P/B/Prasser/Stoffler* § 1 InsVV Rn 34, 35; *Keller* Vergütung § 3 Rn 87, 88.
46 *Keller* Vergütung § 3 Rn 90 ff.
47 *BGH* NZI 2013, 1067 mit Anm *Keller*.
48 *BGH* NZI 2006, 464 mit Anm *Nowak* = ZIP 2006, 1204; *BGH* ZInsO 2013, 1104.
49 *K/P/B/ Prasser/Stoffler* § 1 InsVV Rn 55.
50 *BGH* ZIP 2010, 436 = NZI 2010, 400.
51 *MK/Riedel* § 1 InsVV Rn 28, 29.
52 So *LG Aachen* ZInsO 2013, 683; dazu *Graeber* ZInsO 2013, 1834.

Berechnungsgrundlage nicht abzuziehen.[53] Auch ist es fraglich, sachlich mit Ausgaben zusammenhängende Einnahmen zu verrechnen (typisch bei Steuererstattungen oder Betriebskostenabrechnungen).[54] Denn der Verw hat sich sachlich mit beiden Vorfällen befasst, eine Verrechnung, die zur Minderung der Vergütung führt, würde dem Prinzip der Tätigkeitsvergütung widersprechen.

31 **a) Abzug sonstiger Vergütungen.** Erhält der InsVerw im Rahmen einer Tätigkeit, die er in Ausübung bes Sachkunde nach § 5 für die InsMasse ausführt, eine bes Vergütung nach bes Vergütungsvorschriften (RVG, StBGebVO), ist diese in Höhe von der Berechnungsgrundlage abzusetzen (§ 1 Abs 2 Nr 4a). Abzuziehen ist der Nettobetrag der Vergütung, nicht die hierauf entfallende Umsatzsteuer und auch nicht Auslagenersatz nebst Umsatzsteuer.[55] Umstr ist, ob der Abzug auch dann erfolgt, wenn der InsVerw im Rahmen seine Delegationsbefugnis (§ 4 Abs 1 S 3, s § 4 Rn 15 ff) einen Sozius seiner Kanzlei oder eine Gesellschaft beauftragt, an welcher er wirtschaftlich beteiligt ist. Der BGH verneint dies mit der hM.[56] Nach richtiger Ansicht ist § 1 Abs 2 Nr 4a auch hier anzuwenden, da der InsVerw auch bei wirtschaftlicher Beteiligung an der Vergütung aus der Delegation teilhat und der InsVerw benachteiligt wäre, der in eigener Person beziehungsweise mit eigenem Personal seine bes Sachkunde einsetzt.[57] Auch dient der Abzug bes Vergütung der Transparenz des Verf und der Integrität des InsVerw.

32 Der InsVerw hat in der Schlussrechnung und dem Vergütungsantrag anzugeben, welche Tätigkeiten an Dritte delegiert worden sind und welche Honorare hierfür aus der InsMasse gezahlt worden sind (§ 8 Abs 2). Er hat auch anzugeben, welche Vergütungen er bei Einsatz bes Sachkunde für welche Tätigkeiten entnommen hat.[58]

33 **b) Masseverbindlichkeiten bei Unternehmensfortführung.** Bei einer Unternehmensfortführung sind auch Gegenstände in die Berechnungsgrundlage einzubeziehen, die der InsVerw als fortführungsnotwendig nicht verwertet hat.[59] Abzustellen ist nicht auf die Verwertungstätigkeit sondern auf die Einbeziehung zur InsMasse iSd § 35 InsO. Gleiches gilt bei Aufhebung des InsVerf mit InsPlan hinsichtlich nicht verwerteten Anlagevermögens. Forderungen gegen Dritte aus der Fortführung sind mit ihrem Realisierungswert auch dann einzubeziehen, wenn sie noch nicht Rechnung gestellt sind.[60] Bei Unternehmensfortführung sind nach § 1 Abs 2 Nr 4b die hierbei begründeten Masseverbindlichkeiten abzuziehen. Die Vorschrift gilt auch für die Unternehmensfortführung durch den vorl InsVerw.[61] Hierzu hat der Verwalter für diesen Zeitraum eine gesonderte Einnahmen/Ausgabenrechnung zu erstellen, aus der sich der Überschuss aus der Unternehmensfortführung ergibt. Verbindlichkeiten aus der vorl Verwaltung sind dieser zuzurechnen, auch wenn sie erst nach InsEröffnung begli-

53 So aber *LG Aachen* ZInsO 2013, 683.
54 *Zimmer* § 1 InsVV Rn 45 ff.
55 Soweit die Masse vorsteuerabzugsberechtigt ist, *BFH* NZI 1998, 48 = ZInsO 1998, 236; *K/P/B/Eickmann/Prasser* § 1 InsVV Rn 46; zur Verfassungsmäßigkeit *BGH* ZIP 2011, 2117.
56 *BGH* DZWIR 2008, 30 mit Anm *Keller* = NZI 2007, 583 = ZIP 2007, 1958; *LG Frankfurt/Oder* ZInsO 1998, 236; *LG Leipzig* DZWIR 2001, 170; *LG Leipzig* ZIP 2003, 176; *K/P/B/ Prasser/Stoffler* § 1 InsVV Rn 65; MK/*Nowak* 2. Aufl 2007 § 1 InsVV Rn 18.
57 *LG Frankfurt/Oder* DZWIR 2001, 168; *AG Leipzig* DZWIR 2001, 171; *MK/Riedel* § 1 InsVV Rn 32; *Stephan/Riedel* InsVV, § 1 Rn 43 ff; eingehend *Keller* DZWIR 2000, 265; *Keller* Vergütung § 2 Rn 147 ff.
58 *BGH* ZIP 2006, 36.
59 *BGH* DZWIR 2005, 463 mit Anm *Keller* = NZI 2005, 567 = ZVI 2005, 388.
60 *BGH* ZIP 2007, 284; NZI 2007, 461.
61 *BGH* NZI 2007, 461, dazu *Graeber* NZI 2007, 492.

chen werden. Der InsVerw übernimmt insoweit den rechnerischen Saldo.[62] Die Norm führt zu einer geringeren InsMasse und damit zu einer geringen Regelvergütung; daher wird § 1 Abs 2 Nr 4b durch § 3 Abs 1b kompensiert.[63] Eine Erhöhung der Regelvergütung ist deshalb gerade dann angezeigt, wenn der Verwalter durch die Unternehmensfortführung keinen Gewinn erwirtschaftet hat.

Wegen des Ausnahmecharakters der Norm sollten nur solche Masseverbindlichkeiten abzuziehen sein, die unmittelbar durch die Unternehmensfortführung veranlasst worden sind.[64] Umstr ist dies bei sog „Sowieso-Kosten" oder Lohnansprüchen der Arbeitnehmer für die Zeit bis Ablauf der Kündigungsfrist (Kündigungsfristlöhne nach § 55 Abs 1 Nr 2 2. Alt InsO), jedenfalls soweit der Verwalter die Arbeitsleistung nicht in Anspruch nimmt. Ähnlich wie bei § 209 Abs 1 Nr 2 mit Abs 2 InsO sind Verbindlichkeiten aus der Erfüllung von Verträgen oder Inanspruchnahme von Gegenleistungen als bevorrechtigte Neumasseverbindlichkeiten des § 209 Abs 1 Nr 2 InsO anzusehen und nach § 1 Abs 2 Nr 4b abzuziehen.[65] 34

Der BGH verlangt eine weite Anwendung des § 1 Abs 2 Nr 4b und damit Abzug aller, auch oktroyierter Masseverbindlichkeiten oder Sowieso-Kosten.[66] Er argumentiert mit dem Verbot der Doppelvergütung bei Nichtabzug von Masseverbindlichkeiten, was aber nur dann greift, wenn auch bei Abzug der Masseverbindlichkeiten noch Gewinn bleibt. Da die gesamten Masseverbindlichkeiten aber oft höher sind als die Einnahmen, mindert sich die Berechnungsgrundlage durch den Abzug der Masseverbindlichkeiten meist stärker als sie sich durch einen hinzuzurechnenden Überschuss erhöht. Dann hätte der Verwalter bei erfolgloser Unternehmensfortführung durch § 3 Abs 1b mehr Vergütung als bei erfolgreicher Unternehmensfortführung ohne Zuschlag. Das muss durch „ausgleichenden Zuschlags" kompensiert werden (§ 3 Rn 21 „Unternehmensfortführung").[67] „Ausgleichender Zuschlag" und echter Zuschlag nach § 3 Abs 1b entsprechen sich oft, so dass auch die Vergleichsberechnung der Regelvergütung mit und ohne Berücksichtigung von Überschüssen aus der Fortführung eine nur scheinbare Objektivität der Vergütungsbestimmung erzeugt.[68] Ergibt sich iÜ aus der Unternehmensfortführung ein Gewinn, ist dieser Teil der InsMasse. Eine Kürzung der InsMasse durch ein Verlustergebnis erfolgt nicht.[69] Der Abzug der Masseverbindlichkeiten ist somit durch die Summe der Einnahmen begrenzt. 35

§ 1 Abs 2 Nr 4b gilt ab dem Zeitpunkt der tatsächlichen Unternehmensfortführung, auf den Zeitpunkt der BeschlFassung der GlVersammlung nach § 157 S 1 InsO kommt es nicht an.[69] 36

4. Abzug eines Kostenvorschusses (§ 1 Abs 2 Nr 5). Wurde das Verf nur auf Grund eines Kostenvorschusses nach § 26 Abs 1 S 2 InsO eröffnet, bleibt dieser bei der Berechnung der InsMasse außer Betracht. Gleiches gilt beim Vorschuss zur Vermeidung der Abweisung mangels Masse (§ 207 Abs 1 S 2 InsO). Der Kostenvorschuss ist nicht Teil der InsMasse sondern als treuhänderisch geleistet anzusehen (§ 26 Rn 31). Können im weiteren Verf die Kosten aus der InsMasse gedeckt werden, ist der Vorschuss zurückzuzahlen. Wird das Verf end- 37

62 *BGH* 2.3.2017 – IX ZB 90/15.
63 *BGH* ZIP 2004, 518.
64 *K/P/B/ Prasser/Stoffler* § 1 InsVV Rn 68; *Zimmer* § 1 InsVV Rn 116 ff; *Keller* Vergütung § 3 Rn 126, 127.
65 Zum Arbeitseinkommen des für die Masse angestellten Schu *BGH* ZIP 2006, 1307.
66 *BGH* DZWIR 2005, 463 mit Anm *Keller* = NZI 2005, 567; *BGH* ZIP 2008, 2222 = NZI 2009, 49 mit Anm *Prasser*; dazu *Schröder* EWiR 2008, 761; NZI 2010, 942; NZI 2011, 714.
67 *BGH* ZIP 2007, 784; ZIP 2007, 826; ZIP 2008, 514; ZInsO 2010, 2409; ZIP 2011, 1373.
68 *Keller* ZIP 2014, 2014, 2019.
69 *BGH* DZWIR 2005, 463 mit Anm *Keller*.

gültig nach § 207 InsO eingestellt, ist der Vorschuss verloren.[70] Leistet ein Gl oder ein Dritter den Kostenvorschuss unbedingt als Massebeitrag, verzichtet er insoweit auf eine mögliche Rückzahlung auch für den Fall der Massezulänglichkeit, findet § 1 Abs 2 Nr 4b keine Anwendung.

---

70 *OLG Frankfurt* ZIP 1986, 931, dazu EWiR 1986, 503 (*Brehm*); *Uhlenbruck/Vallender* § 26 Rn 26.

§ 2 Regelsätze

(1) Der Insolvenzverwalter erhält in der Regel

1. von den ersten 25 000 Euro der Insolvenzmasse 40 vom Hundert,
2. von dem Mehrbetrag bis zu 50 000 Euro 25 vom Hundert,
3. von dem Mehrbetrag bis zu 250 000 Euro 7 vom Hundert,
4. von dem Mehrbetrag bis zu 500 000 Euro 3 vom Hundert,
5. von dem Mehrbetrag bis zu 25 000 000 Euro 2 vom Hundert,
6. von dem Mehrbetrag bis zu 50 000 000 Euro 1 vom Hundert,
7. von dem darüber hinausgehenden Betrag 0,5 vom Hundert.

(2) [1]Haben in dem Verfahren nicht mehr als 10 Gläubiger ihre Forderungen angemeldet, so soll die Vergütung in der Regel mindestens 1 000 Euro betragen. [2]Von 11 bis zu 30 Gläubigern erhöht sich die Vergütung für je angefangene 5 Gläubiger um 150 Euro. [3]Ab 31 Gläubiger erhöht sich die Vergütung je angefangene 5 Gläubiger um 100 Euro.

Übersicht

I. Normzweck

1 Die Vorschrift regelt die sog Regelvergütung des InsVerw auf Grundlage der InsMasse als Berechnungsgrundlage. Sie soll die gesamte Tätigkeit innerhalb eines InsVerf abdecken, das quantitativ und qualitativ keine Besonderheiten aufweist und ein sog NormalVerf darstellt.

II. Die Regelvergütung im Normalverfahren

2 **1. Die Angemessenheit der Regelvergütung.** § 2 Abs 1 übernimmt im Regelungsgehalt die frühere Regelung des § 3 VergVO, erweitert die Staffelung der Vergütung mit degressiver Steigerung aber auf sieben Stufen.[1] Problematisch ist der Staffelbetrag von 3 % bei einer InsMasse von 500 000 EUR bis 25 Mio EUR; in diesem Bereich stagniert die Vergütung.

---

1 Begr zu § 2 InsVV, abgedr bei *Keller* Vergütung Anh III S 717.

Die Regelvergütung des § 2 ist als angemessene Vergütung anzusehen. Eine Infragestellung 3
der Angemessenheit, insb durch pauschale Argumentation verbietet sich.[2] Es gibt insb keine undefinierte Sättigungsgrenze der Vergütung.[3] Die Regelvergütung des § 2 befindet sich betragsmäßig auf dem Stand des Jahres 1989.[4] Die Übernahme der pauschal erhöhten Sätze des § 3 VergVO durch § 2 bedeutete im Jahre 1999 die Vergütungsbestimmung auf ein damals schon zehn Jahre altes Preisniveau. Die Frage der Verfassungsmäßigkeit des § 2 wegen unangemessen niedriger Vergütung wird sich ebenso wie früher bei § 3 VergVO mittelfristig stellen (eingehend § 63 InsO Rn 49).

2. Vergütungsberechnung. Die Regelvergütung ist in jedem Einzelfall konkret zu berech- 4
nen, § 2 Abs 1 ist nicht in Form einer Vergütungstabelle zu gebrauchen.

Die Regelvergütung kann entspr den Staffelungen des § 2 nach folgenden Berechnungsfor- 5
meln ermittelt werden:[5]

Insolvenzmasse	**Berechnungsformel zur Regelvergütung**
bis 25 000 EUR	× [Vergütung] = M [Insolvenzmasse] × 0,4
bis 50 000 EUR	× = (M – 25 000) × 0,25 + 10 000 EUR
bis 250 000 EUR	× = (M – 50 000) × 0,07 + 16 250 EUR
bis 500 000 EUR	× = (M – 250 000) × 0,03 + 30 250 EUR
bis 25 000 000 EUR	× = (M – 500 000) × 0,02 + 37 750 EUR
bis 50 000 000 EUR	× = (M – 25 000 000) × 0,01 + 527 750 EUR
über 50 000 000 EUR	× = (M – 50 000 000) × 0,005 + 777 750 EUR

III. Tatbestände des Normalverfahrens

Die Regelvergütung deckt die Tätigkeit des InsVerw im sog NormalVerf ab. Der vergü- 6
tungsrechtliche Normalfall wird durch die InsVV nicht positiv definiert. Daher wird allgemein aus den in § 3 Abs 1 genannten Erhöhungsfaktoren gefolgert, dass ein Normalfall vorliegt, wenn Tatbestände des § 3 Abs 1 nicht gegeben sind.[6] Schrifttum und Rspr nennen weitgehend übereinstimmend bestimmte feststehende Kriterien, die einem Normalfall iSd § 2 Abs 1 entsprechen:[7]

- Umsatz vor InsEröffnung oder bei Unternehmensfortführung während des Verf bei nicht mehr als 1,5 Mio EUR; bei mehr als 50 Mitarbeitern 4 Mio EUR liegen;
- Buchhaltung weitgehend geordnet. Sie erfasste nicht mehr als dreihundert Buchungsvorgänge;

2 Problematisch auch die Begr zur InsVV, Abschn A 3, 2. Abs; abgedr bei *Keller* Vergütung Anh III S 717 ff.

3 So höchst bedauerlich *LG Halle* ZIP 1995, 486, dazu EWiR 1995, 663 (*Uhlenbruck*); missverständlich auch zur Vergütung des vorl InsVerw *BGHZ* 146, 165, 176; NZI 2004, 665; ZIP 2006, 621.

4 *BVerfG* ZIP 1989, 382 mit Anm *Eickmann*, dazu EWiR 1989, 391 (*Onusseit*).

5 *Keller* § 4 Vergütung Rn 51; *ders* NZI 2005, 23.

6 *Jaeger/Schilken* § 63 Rn 43; *Hess* § 2 InsVV Rn 15 ff; HambKomm/*Büttner* § 2 InsVV Rn 5 ff; *K/P/B/Prasser/Stoffler* § 3 InsVV Rn 62, 63.

7 *Hess* § 2 InsVV Rn 15 ff, § 3 InsVV Rn 78; HambKomm/*Büttner* § 2 InsVV Rn 5 ff; *K/P/B/Prasser/Stoffler* § 3 InsVV Rn 63 ff.

- steuerrechtliche Buchführung war weitgehend aufgearbeitet, Steuererklärungen für Zeiträume vor der Ins mussten nicht erarbeitet und abgegeben werden;
- nicht mehr als zwanzig Arbeitnehmer (§§ 17, 18 KSchG);[8]
- eine Betriebsstätte oder einen Sitz und keine Zweigniederlassungen;
- Die Prüfung von Aus- und Absonderungsrechten hatte einen Umfang von etwa 30 % der Schuldenmasse.[9] Hier ist der qualitative Aufwand bes zu berücksichtigen, der unabhängig von diesem Verhältnis eine Erhöhung der Vergütung nach § 3 Abs 1a rechtfertigen kann;
- Forderungseinzug von bis zu fünfzig Forderungen;
- keine Zustellungen für das InsGer (§ 8 Abs 3 InsO);
- keine Immobilienverwaltung oder -verwertung;
- kein im Ausland befindliches Vermögen;
- Anfechtungsansprüche von mittlerer rechtlicher Schwierigkeit oder von geringer Zahl; ob eine Richtzahl von zehn Ansprüchen angesetzt werden kann, ist sehr fraglich;[10]
- nicht mehr als einhundert InsFord.[11]

7 Der BGH hat sich mit der Frage der Kriterien des Normalfalls nach § 2 Abs 1 nicht ausdrücklich befasst. Im Rahmen seiner Rechtsprechung zu einzelnen Erhöhungs- und Kürzungstatbeständen des § 3 betont er stets, dass eine Erhöhung der Vergütung nur dann gerechtfertigt sei, wenn der konkrete Tatbestand die Arbeitsbelastung des InsVerw erheblich in Anspruch genommen habe (dazu § 3 Rn 10 ff).

8 Für einzelne Tatbestände nimmt der BGH Bezug auf die Systematik der Anwendung des § 3 in der Unterscheidung zwischen qualitativen und rein quantitativen Kriterien der Erhöhung. So ist die Unternehmensfortführung durch den InsVerw stets erhöhungswürdig (§ 3 Abs 1b).[12] Sie mag zwar nach der InsO mit dem Ziel der Sanierung Regelfall des Verfahrens sein, innerhalb des Vergütungsrechts ist sie aus dem Umkehrschluss des § 3 Abs 1b aber niemals Normalfall einer Insolvenz.[13]

9 Typisch quantitative Merkmale sollen die Übertragung der Zustellungen nach § 8 Abs 3 InsO bei mehr als 100 Zustellungen, die Zahl der Arbeitnehmer bei mehr als zwanzig und die Zahl der am Verfahren beteiligten Gl bei mehr als 100 sein.[14]

10 Damit ist aber kein statischer Begriff des Normalverfahrens definiert. Es ist unter Berücksichtigung des Gegenstandes des schuldnerischen Unternehmens sowie unter Berücksichtigung der historischen Entwicklung der InsVV von einem dynamischen Begriff des Normalfalles auszugehen.[15] Dieser dynamische Begriff des Normalfalles ist va hinsichtlich der quantitativen Tatbestände der Vergütung maßgebend: Im InsVerf eines größeren Handelsunternehmens sind typischerweise mehr Gl beteiligt als bei einem kleinen Handwerker.

11 Die Bestimmung des vergütungsrechtlichen Normalfalls unter Berücksichtigung typischer Merkmale der betreffenden Branche des schuldnerischen Unternehmens ist im Einzelfall schwierig, weil allgemeine Anhaltspunkte für die Bestimmung typisierender Merkmale feh-

---

8 *BGH* ZIP 2004, 518; ZInsO 2007, 1272.
9 *K/P/B/Prasser/Stoffler* § 3 InsVV Rn 70.
10 *K/P/B/Prasser/Stoffler* § 3 InsVV Rn 66, 67.
11 *K/P/B/Prasser/Stoffler* § 3 InsVV Rn 62.
12 *BGH* ZIP 2004, 518; ZIP 2008, 2222, Begr Rn 13.
13 *BGH* ZIP 2006, 1008; ZIP 2008, 2222 = NZI 2009, 49 mit Anm *Prasser* dazu EWiR 2008, 761 (*Schröder*); *BGH* ZIP 2011, 1373.
14 *BGH* ZIP 2004, 1822; *BGH* ZIP 2007, 440; im Zusammenhang mit der Vorfinanzierung von Insolvenzgeld *BGH* ZIP 2004, 518; ZIP 2006, 1204.
15 *Keller* FS Görg, S 247; ferner *Zimmer* § 3 InsVV Rn 12 ff.

len. Der Umfang des schuldnerischen Vermögens und damit die Berechnungsgrundlage der Vergütung bildet für sich allein keinen ausreichenden Anhaltspunkt für die Feststellung eines vergütungsrechtlichen Normalfalls. Es mag zwar allgemein vermutet werden, dass bei hoher InsMasse der InsVerw allgemein eine höhere Arbeitsbelastung erfährt als bei geringer InsMasse, dies kann – wenn überhaupt – aber nur bei der Bestimmung der Prozentsätze der Erhöhung der Vergütung nach § 3 Abs 1 berücksichtigt werden, nicht aber bei der Frage, ob ein vergütungsrechtlichen Normalfall gegeben ist oder nicht. Die Höhe der Berechnungsgrundlage und ihre Relation zur vermuteten Arbeitsbelastung des InsVerw berücksichtigt die InsVV bereits in der abflachenden Degression des § 2 Abs 1. Diese abflachende Degression beruht auf der Überlegung, dass die tatsächliche Arbeitsbelastung des InsVerw sich nicht gleichmäßig proportional zur Höhe der Berechnungsgrundlage verhält. Bei konkreten Erschwernissen ist dies über Zuschläge auszugleichen. Daraus ergibt sich aber gerade, dass eine hohe Berechnungsgrundlage per se nicht den Normalfall definiert und im weiteren Zuschlagsgewährung a priori ausschließt. Würde man dies als Grundsatz annehmen, verließe man das System der Vergütungsgewährung nach der InsVV völlig. Die Vergütungsgewährung wäre dann insgesamt ein Willkürakt, denn es könnte dem InsVerw bei einer InsMasse von mehr als 50 Mio EUR (höchste Degressionsstufe) stets vorgehalten werden, er könne damit keinerlei Zuschläge mehr erhalten, weil alles Normalfall sei. Ganz im Gegenteil ermöglicht insb der so genannte Degressionsausgleich des § 3 Abs 1c eine Erhöhung der Vergütung bei besonders hoher InsMasse und hoher Arbeitsbelastung des InsVerw (Rn 18). Diese Vorschrift wäre insgesamt überflüssig, würde man bei hoher InsMasse ausnahmslos einen vergütungsrechtlichen Normalfall annehmen.

Die VerfDauer ist als abstraktes Merkmal des NormalVerf ungeeignet.[16] Dies würde umgekehrt bedeuten, dass bei Überschreiten einer Dauer von vielleicht zwei oder vier Jahren eine Erhöhung nach § 3 Abs 1 erfolgen müsste.[17] Damit wird nicht berücksichtigt, welche Gründe für die VerfDauer vorliegen. Nur wenn sachliche Gründe hierfür vorliegen, könnte sie als Merkmal berücksichtigt werden.[18] 12

IV. Mindestvergütung nach § 2 Abs 2

1. Zeitlicher Anwendungsbereich. Die Mindestvergütung nach § 2 Abs 2 wie auch jene nach § 13 Abs 1 S 3 wurde durch Verordnung vom 4.10.2004 (BGBl I S 2569) neu geregelt, nachdem der BGH in zwei Beschl die früheren Regelungen als mit Art 12 GG nicht vereinbar für verfassungswidrig erklärt hatte.[19] Die Neuregelung des § 2 Abs 2 ist auf InsVerf anzuwenden, die seit dem 1.1.2004 eröffnet worden sind.[20] Sie gilt für die UnternehmensIns ebenso wie für die Ins der natürlichen Person. § 2 Abs 2 steht in keinem zwingenden Zusammenhang zur Kostenstundung nach §§ 4a ff InsO.[21] Für die vor dem 1.1.2004 13

16 *BGH* ZIP 2010, 2056; *Keller* § 4 Vergütung Rn 48.
17 So *AG Darmstadt* und *LG Darmstadt* Rpfleger 1993, 35; *K/P/B/ Prasser/Stoffler* § 3 InsVV Rn 87.
18 *BGH* ZIP 2010, 2056; ZInsO 2010, 1504, dazu EWiR 2010, 791 (*Prasser*); ZInsO 2015, 765.
19 *BGHZ* 157, 282 = ZIP 2004, 417, dazu EWiR 2004, 985 (*Blersch*); ZIP 2004, 424; eingehend *Keller* ZIP 2004, 633; *Prütting/Ahrens* in Anm zu *LG Krefeld* ZIP 2004, 1162; *Graeber* NZI 2004, 169; *Pluta/Heidrich* NZI 2004, 408.
20 Wegen möglicher echter Rückwirkung sehr krit *Blersch* ZIP 2004, 2311, 2315.
21 *Keller* Vergütung § 4 Rn 71, 72.

eröffneten Verf bleibt es bei der früheren Regelung der Mindestvergütung.[22] Die Regelung ist verfassungsgemäß.[23]

14 **2. Systematik der Mindestvergütung.** Die Mindestvergütung im RegelInsVerf beträgt grds 1 000 EUR (§ 2 Abs 2 S 1).[24] Ergibt sich aus der InsMasse nach § 1 eine höhere Vergütung nach § 2 Abs 1, ist diese maßgebend. Die Zahl der Gl, die sich am InsVerf beteiligen, wird als pauschales Erhöhungskriterium gewertet.[25] Sind am InsVerf nicht mehr als zehn Gl beteiligt, bleibt es bei der Mindestvergütung von 1 000 EUR, von 11 bis 30 Gl erhöht sich die Vergütung für je fünf Gl um 150 EUR, ab 31 Gl um 100 EUR je fünf Gl. Gezählt werden die Gl „nach Köpfen" und nicht nach einzelnen Forderungen.[26]

Bei bis zu dreißig Gl beträgt die Mindestvergütung:[27]

Zahl der Gläubiger	**Zusammensetzung der Vergütung**	**Vergütungssumme**
1–10	1 000 EUR ohne Erhöhung	1 000 EUR
11–15	Je 5 Gläubiger Erhöhung um 150 EUR	1 150 EUR
16–20		1 300 EUR
21–25		1 450 EUR
26–30		1 600 EUR

Bei mehr als 30 Gl kann die Mindestvergütung nach folgender Formel berechnet werden:[28]

× [Vergütung] = (G [Zahl der Gläubiger] – 30) × 20 EUR + 1 600 EUR

15 **3. Erhöhung der Mindestvergütung.** Die Mindestvergütung kann nach § 3 Abs 1 erhöht werden.[29] Die Erhöhung wegen der Zahl der der Gl ist aber nur möglich, wenn der InsVerw über die bloße Zahl der Gl hinaus erheblichen Aufwand bei Erfassung der GlFord und ihrer Feststellung hatte.[30] Eine Kürzung der Mindestvergütung nach § 3 Abs 2 ist nur in Ausnahmefällen denkbar.[31]

16 Im Falle der Kostenstundung (§§ 4a ff InsO) erhält der InsVerw die volle Mindestvergütung einschl § 2 Abs 2 und Erhöhungen nach § 3 Abs 1 aus der Staatskasse. Die Haftung des § 63 Abs 2 InsO beschränkt sich nicht auf die Mindestvergütung ohne Erhöhungen sondern betrifft den gesamten Vergütungsanspruch (§ 63 InsO Rn 57).[32]

---

22 *BVerfG* ZIP 2005, 1694; *BVerfG* 29.7.2004 – 1 BvR 1322/04, 1 BvR 1387/04 und 1 BvR 1384/04; *BGH* ZIP 2005, 675 mit Anm *Blersch;* ZIP 2005, 447; *Keller* ZVI 2002, 393 und 437; *ders* ZVI 2004, 569; *ders* ZIP 2004, 633.

23 *BGH* ZIP 2008, 976; zur Mindestvergütung des Treuhänders nach § 13 aF *BVerfG* 31.8.2005 – 1 BvR 700/05.

24 Als verfassungswidrig zu niedrig nach *AG Potsdam* ZIP 2005, 363; krit ferner *AG Potsdam* ZIP 2004, 673; ZIP 2004, 1862; *AG Göttingen* ZIP 2004, 1861; ZIP 2004, 1862.

25 Begr zum Entwurf der Ersten VO zur Änderung der InsVV, Begr zu § 2 Abs 2 InsVV; abgedr bei *Keller* Vergütung Anh IV S 743 ff.

26 *BGH* ZIP 2011, 132; ZIP 2011, 1479.

27 *Keller* Vergütung § 4 Rn 97.

28 *Keller* § 4 Vergütung Rn 98; NZI 2005, 23.

29 *BGH* ZInsO 2009, 1511.

30 *Keller* ZVI 2004, 569, Abschn III. 3.3.

31 *AG Köln* 4.1.2017 – 72 IN 310/16 (Verfahrensdauer 17 Tage; keine Masse).

32 AM *BGH* ZIP 2013, 631 = NZI 2013, 351 mit Anm *Keller*; *LG Braunschweig* NZI 2010, 529.

4. Vergleichsberechnung zwischen § 2 Abs 1 und 2. Da die Mindestvergütung auch im RegelInsVerf der UnternehmensIns gilt, kann je nach Zahl der Gl diese auch höher sein als die Regelvergütung des § 2 Abs 1. Dies kann durch Vergleichsrechnung ermittelt werden, bei welcher die maßgebliche GlZahl ermittelt wird, ab welcher die Mindestvergütung höher ist als die Regelvergütung. Die Berechnungsformel lautet:[33] 17

$$G\ [\text{maßgebliche Glzahl}] = \frac{\text{Regelvergütung} - 1\,600{,}00}{20} + 30$$

V. Der Degressionsausgleich nach § 3 Abs 1c

1. Der Zweck des Degressionsausgleichs. Die Degression der Regelvergütung des § 2 Abs 1 führt dazu, dass bei erheblichem Arbeitsaufwand des InsVerw trotz hoher InsMasse sich keine der Tätigkeit angemessene Regelvergütung ergibt. Als Ausgleich hierfür sieht § 3 Abs 1c eine Erhöhung der Regelvergütung vor. Systematisch ist § 3 Abs 1c zu § 2 zuzuordnen, da durch den Zuschlag die starre Degression der Regelvergütung gemildert werden soll. Andererseits darf der besondere Zuschlag nicht zu einer pauschalen Erhöhung der Regelvergütung. Insb wird der Zuschlag nicht Teil der Regelvergütung, ist dieser also nicht hinzuzusetzen.[34] 18

2. Hohe Insolvenzmasse. Eine hohe InsMasse ist anzunehmen, wenn sie bereits bei Beginn der Verwaltung den Betrag von 250 000 EUR übersteigt.[35] Als Ausnahmetatbestand kommt § 3 Abs 1c zur Anwendung, wenn der InsVerw mit erheblichem Aufwand eine hohe InsMasse zu verwalten hatte. 19

Der Degressionsausgleich darf nicht mit dem Argument verwehrt werden, die InsMasse sei so hoch, dass die Regelvergütung trotz der praktisch fehlenden Staffelung ausreichend sei. Der Degressionsausgleich darf nicht mit Erhöhungstatbeständen, die sich auf konkrete Arbeitsleistung beziehen, vermischt oder angerechnet werden. 20

Der BGH verweist dagegen auf seine Rspr zur Gewährung von Erhöhungs- und Kürzungsfaktoren im Rahmen der sog Gesamtbetrachtung.[36] Dem ist nicht zu folgen. Der Degressionsausgleich hat den Sinn, die abflachende Degression bei hoher InsMasse auszugleichen. Er überschneidet sich nicht mit sonstigen Erhöhungstatbeständen. Es besteht die Gefahr, dass durch pauschalierende Gesamtbetrachtung der Erhöhungstatbestände der Degressionsausgleich „wegargumentiert" wird. Diese Vermischung des Degressionsausgleichs mit sonstigen Tatbeständen des § 3 beachtet nicht die systematische Sonderstellung dieses Tatbestandes.[37] 21

3. Berechnung des Degressionsausgleichs. Nicht geklärt ist, auf welche Weise und in welchem Umfang die Vergütungserhöhung als Ausgleich der geringen Degression erfolgen soll.[38] Es wird teilweise vorgeschlagen, den Betrag der InsMasse, der 250 000 EUR übersteigt, mit 11,2 % als dem durchschnittlichen Degressionssatz zu vergüten.[39] Mit dem einfachen Zuschlag von 11,2 % zur Regelvergütung würde das System des § 2 Abs 1 durchbrochen und im Ergebnis würde bei hoher InsMasse die Regelvergütung gerade nicht mehr gestaffelt. 22

---

33 *Keller* § 4 Vergütung Rn 105 ff; *ders* NZI 2005, 23.
34 *BGH* ZIP 2012, 2407, dazu *Blersch* EWIR 2012, 803; *Keller* NZI 2013, 19.
35 *BGH* ZIP 2012, 2407.
36 *BGH* ZIP 2012, 2407, Begr Rn 21; dazu auch *K/P/B/Prasser/Stoffler* § 3 Rn 91, 92.
37 *Keller* NZI 2013, 19.
38 Eingehend *Keller* Vergütung § 4 Rn 61 ff.
39 *Blersch/Goetsch/Haas* § 3 InsVV Rn 17.

23 Nach anderer Ansicht soll der Zuschlag bei einer InsMasse von mehr als 25 Mio EUR 2 % der InsMasse als Berechnungsgrundlage betragen. Dadurch wird die Vergütungsminderung der obersten beiden Stufen des § 2 Abs 1 gemildert. Gerechtfertigt ist dies deshalb, weil der Staffelsatz von 2 % ab einer Insolvenzmasse von 500 000 EUR bis zu einer InsMasse von 25 Mio EUR gilt und damit extrem groß ist. Der InsVerw, der mit erheblichem Aufwand diesen großen Sprung überwindet, soll durch § 3 Abs 1c auch dafür vergütet werden. Sachliche Voraussetzung ist aber in jedem Falle der erhebliche Arbeitsaufwand des InsVerw im Zusammenhang mit der besonders hohen InsMasse.[40]

24 Nach wieder anderer Ansicht soll der Degressionsausgleich durch eine Verschiebung der Degressionsstufen ermittelt werden. Systematisch ist der Mehrbetrag nach der jeweils vorangehenden Stufe zu vergüten.[41] Diese Methode eignet sich dann, wenn die InsMasse insges geringer ist als 25 Mio EUR.

25 Vorzugswürdig ist die Ansicht, den Zuschlag in der Weise zu bestimmen, dass der auf besondere Arbeitsleistung beruhende Mehrbetrag der InsMasse mit dem Prozentsatz der Regelvergütung der sonstigen InsMasse vergütet wird.[42] Dies setzt aber voraus, dass die Arbeitsleistung konkret auch in einer Massemehrung messbar ist.

§ 3 Zu- und Abschläge

(1) Eine den Regelsatz übersteigende Vergütung ist insbesondere festzusetzen, wenn

a) die Bearbeitung von Aus- und Absonderungsrechten einen erheblichen Teil der Tätigkeit des Insolvenzverwalters ausgemacht hat, ohne dass ein entsprechender Mehrbetrag nach § 1 Abs. 2 Nr. 1 angefallen ist,

b) der Verwalter das Unternehmen fortgeführt oder Häuser verwaltet hat und die Masse nicht entsprechend größer geworden ist,

c) die Masse groß war und die Regelvergütung wegen der Degression der Regelsätze keine angemessene Gegenleistung dafür darstellt, dass der Verwalter mit erheblichem Arbeitsaufwand die Masse vermehrt oder zusätzliche Masse festgestellt hat,

d) arbeitsrechtliche Fragen zum Beispiel in Bezug auf das Insolvenzgeld, den Kündigungsschutz oder einen Sozialplan den Verwalter erheblich in Anspruch genommen oder

e) der Verwalter einen Insolvenzplan ausgearbeitet hat.

(2) Ein Zurückbleiben hinter dem Regelsatz ist insbesondere gerechtfertigt, wenn

a) ein vorläufiger Insolvenzverwalter in Verfahren tätig war,

b) die Masse bereits zu einem wesentlichen Teil verwertet war, als der Verwalter das Amt übernahm,

c) das Insolvenzverfahren vorzeitig beendet wird oder das Amt des Verwalters vorzeitig endet,

d) die Masse groß war und die Geschäftsführung geringe Anforderungen an den Verwalter stellte,

e) die Vermögensverhältnisse des Schuldners überschaubar sind und die Zahl der Gläubiger oder die Höhe der Verbindlichkeiten gering ist oder

f) der Schuldner in ein Koordinationsverfahren einbezogen ist, in dem ein Verfahrenskoordinator nach § 269e der Insolvenzordnung bestellt worden ist.

---

40 Dazu *Keller* Vergütung § 4 Rn 65.

41 *MK/Nowak* 2. Aufl 2007 § 3 InsVV Rn 9.

42 *Blersch/Goetsch/Haas* § 3 InsVV Rn 18; FK/*Lorenz* § 3 InsVV Rn 39.

Übersicht

I. Normzweck

1 Die Vergütung hat nach § 63 Abs 1 S 3 InsO den Schwierigkeiten des konkreten Verf Rechnung zu tragen. Dies ermöglicht § 3 mit Erhöhung und Kürzung entspr der konkreten Erschwernisse oder Erleichterungen. Im sog offenen System der Vergütung ist § 3 zentral für die Bestimmung der angemessenen Vergütung.[1] Nur durch § 3 InsVV wird der verfassungsrechtlich garantierte Anspruch auf angemessene Vergütung aus Art 12 Abs 1 GG gewährleistet (eingehend § 63 InsO Rn 18 ff).

II. Systematik der Erhöhung und Kürzung der Vergütung

2 **1. Zwingende Erhöhung und Kürzung.** Die Erhöhung der Vergütung nach § 3 Abs 1 liegt nicht im Ermessen des Gerichts, sie hat bei Vorliegen eines Tatbestandes zwingend zu erfolgen.[2] Erhöhungs- und Kürzungstatbestände sind gleichwertig zueinander abzuwägen, um zu einer einheitlich angemessenen Vergütung zu gelangen.[3] Methodisch ist zu unterscheiden zwischen der Feststellung eines Erhöhungs- oder Kürzungstatbestandes als solchem und der Zuerkennung eines konkreten Prozentsatzes hierfür. Die Feststellung des Tatbestandes ist objektiv nachprüfbar; die Zuerkennung des Prozentsatzes ist tatrichterliche Entsch des Einzelfalles, die unter Abwägung aller Umstände des Falles nur eingeschränkt einer Nachprüfung unterliegt.[4]

3 Die Vergütung ist zu erhöhen oder zu kürzen, wenn das konkrete InsVerf in einzelnen Tatbeständen vom sog NormalVerf abweicht, das durch die Regelvergütung des § 2 abgegolten wird. Maßstab einer Erhöhung oder Kürzung sind deshalb zunächst die Kriterien des NormalVerf (§ 2 Rn 6 ff).

4 **2. Tatsächliche Arbeitsbelastung.** Die Erhöhung oder Kürzung der Vergütung darf nicht nach pauschalierenden Tatbeständen erfolgen sondern muss immer die tatsächliche Arbeits-

---

1 *BVerfG* ZIP 1989, 382 mit Anm *Eickmann*, dazu EWiR 1989, 391 *(Onusseit)*.
2 *Keller* Vergütung, § 5 Rn 1.
3 *BGH* ZIP 2006, 1204 = NZI 2006, 464 mit Anm *Nowak*; ZInsO 2008, 1264.
4 *BGH* NZI 2004, 665; NZI 2005, 629; ZIP 2006, 1204 = NZI 2006, 464 mit Anm *Nowak*; *BGH* ZInsO 2007, 370; ZVI 2008, 226; ZInsO 2008, 1264; ZInsO 2009, 55; *Stephan/Riedel* § 3 Rn 4; *Keller* § 5 Vergütung, Rn 42 ff.

belastung des InsVerw berücksichtigen. Die Tatbestände des § 3 Abs 1 und 2 dürfen nicht ohne Bezug zum konkreten Fall und der konkreten Arbeitsbelastung angewendet werden.[5]

Dies schließt nicht aus, typisierend Fallgruppen zu bilden, die regelmäßig eine Erschwernis oder eine Erleichterung für den InsVerw darstellen.[6]

5 **3. Quantitative und qualitative Tatbestände.** Erhöhungs- und Kürzungstatbestände lassen sich in quantitativer und in qualitativer Hinsicht unterscheiden.[7] Ein quantitativer Tatbestand liegt vor, wenn er dem Umfange nach erhebliche Arbeitsbelastung für den InsVerw und dessen Büro bringt. Dies ist typisch bei der Zahl der Gl des InsVerf oder der Zahl der ArbN. Ein qualitativer Tatbestand liegt vor, wenn er besondere rechtliche Schwierigkeiten beinhaltet. Bspw kann die Bearbeitung eines Absonderungsrechtes ein qualitativer Erhöhungstatbestand sein, auch wenn im Verhältnis zur freien InsMasse das Absonderungsrecht gering ist. Tatbestände können auch sowohl quantitativ als auch qualitativ zu Buche schlagen, bspw bei einer Unternehmensfortführung, die hinsichtlich des Umfangs an Geschäftsvorfällen quantitativ, hinsichtlich einzelner Erschwernisse auch qualitativ zu berücksichtigen ist.

6 **4. Systematik der Fallgruppenbildung.** Ein taugliches Mittel systematischer Erfassung von Erhöhungs- oder Kürzungstatbeständen ist die Erarbeitung von Fallgruppen.[8] Typische Fallkonstellationen eines InsVerf erfordern regelmäßig eine erhöhte Arbeitsleistung des InsVerw in quantitativer oder qualitativer Hinsicht. Eine daraus resultierende tabellarische Darstellung ist daher keine beliebige oder willkürliche Festlegung, sondern entspricht den Erfahrungen der Insolvenzpraxis.[9]

7 Gerade bei sogenannten quantitativen Erhöhungskriterien, die schon wegen ihres Umfangs eine erhöhte Arbeitsbelastung zur Folge haben, erkennt aber auch der BGH eine allgemeine Erhöhung der Vergütung an. Zu nennen sind die hohe Zahl der am Verfahren beteiligten Gl, die Betriebsfortführung je nach Größe des Unternehmens oder auch für den vorläufigen InsVerw die Vorfinanzierung von Insolvenzgeld.[10]

8 **5. Die Abwägung von Tatbeständen und die Zuerkennung eines Prozentsatzes.** Bestandteil der Fallgruppenbildung bei Erhöhungs- oder Kürzungstatbeständen ist die Zuerkennung von Prozentsätzen. Die Anwendung der Fallgruppenbildung ermöglicht eine sachgerechte Ermittlung der Vergütung im Einzelfall und macht die Vergütungsfestsetzung im Hinblick auf die Wertigkeit einzelner Tatbestände und die Abwägung zu anderen Tatbeständen begründbar und transparent.

9 Nach Ansicht des BGH soll das Insolvenzgericht Zu- und Abschläge gegeneinander abwägen und hieraus eine angemessene Erhöhung oder Kürzung der Vergütung ermitteln. Maßgebend sei für den Gesamtzuschlag eine im Ergebnis angemessene Gesamtwürdigung eines

---

5 *BGH* ZIP 2002, 1459; ZIP 2004, 518; ZIP 2003, 1759; ZIP 2003, 1612; ZIP 2003, 1757, dazu EWiR 2003, 1043 *(Rendels)*; ZIP 2006, 1204 = NZI 2006, 464 mit Anm *Nowak;* dazu *Keller* NZI 2004, 465, 470, 474; iÜ ausführlich *AG Freiburg/Breisgau* 18.8.2016 – 8 IN 144/06.

6 *K/P/B/Prasser/Stoffler* § 3 InsVV Rn 9 ff; eingehend *Keller* Vergütung, § 5 Rn 9 ff.

7 *Keller* Vergütung, § 5 Rn 5 ff.

8 *K/P/B/Prasser/Stoffler* § 3 InsVV Rn 9 ff.

9 Eingehend *Keller* Vergütung, § 5 Rn 9 ff.

10 Zur Gläubigerzahl *BGH* ZIP 2006, 1204 = NZI 2006, 464 mit Anm *Nowak*; zur Übertragung der Zustellungen *BGH* ZIP 2004, 1822; zur Unternehmensfortführung *BGH* ZIP 2006, 1008 = NZI 2006, 401; zu Sozialplanverhandlungen und zur Vorfinanzierung von Insolvenzgeld *BGH* ZIP 2004, 518; NZI 2007, 343.

jeden geltend gemachten Tatbestandes mit nachvollziehbarer Begründung.[11] Zuschlagsprozentsätze für einzelne Tatbestände müssen danach nicht gebildet werden. Dies darf aber nicht im Sinne einer undifferenzierten Gesamtschau verstanden werden, wozu gerichtliche Praxis und Beschwerdegerichte aber leider neigen.

6. Keine pauschalierende Gesamtbetrachtung. Aus der Rspr des BGH hat sich eine sog „Gesamtbetrachtung" entwickelt.[12] Der Ansicht, es müsse nicht ein jeder Erhöhungstatbestand beziffert werden, ist entgegenzuhalten, dass die mit den Fallgruppen und Faustregeltabellen vorgeschlagenen Prozentsätze gerade Richtschnur für die Gewichtung und Abwägung der Tatbestände untereinander und die endgültige Festsetzung einer angemessenen Vergütung sind. Sie helfen, Einzeltatbestände sachlich gegeneinander abzuwägen. Die systematische Erfassung einzelner Erhöhungs- oder Kürzungstatbestände verlangt auch die Zuerkennung angemessener Prozentsätze für jeden einzelnen Tatbestand. Natürlich müssen diese Prozentsätze offen für den konkreten Einzelfall sein und dürfen nicht statisch betrachtet werden.[13] 10

Die Summe oder auch Differenz der Einzeltatbestände und der ihnen zuerkannten Prozentsätze ergibt methodisch die angemessene Vergütung des InsVerw. Dabei können sich Erhöhungstatbestände überschneiden und durch je dieselbe Tätigkeit des InsVerw mehrere Tatbestände gleichzeitig abgedeckt sein. Dies ist durch Zuerkennung des jeweiligen Prozentsatzes zu berücksichtigen, der niedriger ist, wenn die tatsächliche Arbeitsbelastung des InsVerw durch gleichzeitige Erfüllung mehrerer Erhöhungstatbestände auf den einzelnen Tatbestand bezogen geringer war. Eine Überschneidung von Erhöhungstatbeständen darf aber nicht zu einer pauschalierenden „Gerechtigkeitsprüfung" der Vergütung in der Weise führen, dass nach Addition aller Erhöhungssätze eine „über den Daumen gepeilte Abrundung" und Kürzung des Gesamtprozentsatzes erfolgt.[14] 11

In der gerichtlichen Praxis ist zu beobachten, dass mit dem pauschalen Argument der Gesamtbetrachtung stets eine Kürzung der Vergütung und eine Herabsetzung von Erhöhungsfaktoren unter dem Deckmantel scheinbarer Angemessenheit der Vergütungsgewährung einhergehen. Wenn das InsGer Erhöhungstatbestände nicht differenziert bewertet und gegeneinander abwägt sondern aus einer Zusammenstellung allgemeiner und nicht fallbezogener Textbausteine einen ihm scheinbar angemessenen Gesamttatbestand einer Erhöhung gewährt, ist dies objektiv nicht nachvollziehbar. Dies führt im Einzelfall zu willkürlichen Vergütungsfestsetzungen.[15] Die „Gesamtbetrachtung" ist daher abzulehnen. Sie führt zu einer undifferenzierten Vermengung der Erhöhungs- und Kürzungstatbestände. 12

7. Berechnung der Erhöhung und Kürzung. – a) Allgemeines. Die Erhöhung oder Kürzung wird regelmäßig durch Prozentsätze zur Regelvergütung des § 2 ausgedrückt, obgleich dies nicht zwingend ist.[16] Um Erhöhungs- und Abkürzungstatbestände gegeneinander abwägen zu können, ist es notwendig, diese entspr zu bewerten. 13

---

11 *BGH* ZIP 2002, 1459; ZIP 2004, 518; ZIP 2003, 1759; ZIP 2003, 1612; ZIP 2003, 1757, dazu *Rendels* EWiR 2003, 1043; NZI 2006, 341; ZIP 2006, 1204 = NZI 2006, 464 mit Anm *Nowak*; positiv hervorzuheben bspw *LG Erfurt* 22.1.2010 – 1 T 480/09.

12 Zuletzt in diesem Sinne die frühere Rspr bekräftigend *BGH* NZI 2010, 643, Begr Rn 9 mwN; *BGH* NZI 2011, 630, Begr Rn 19; ZInsO 2013, 1104, Begr Rn 7; MK/*Riedel* § 3 InsVV Rn 4.

13 *Keller* Vergütung, § 5 Rn 32 ff.

14 In diesem Sinne missverständlich *BGH* NZI 2011, 630, Begr Rn 19.

15 Vergütungskürzung auf Null, weil der InsVerw als vorl Verw bereits „zuviel" erhalten habe, *LG Lüneburg* 11.1.2011 – 3 T 79/09.

16 *Zimmer* § 3 InsVV Rn 29 ff.

14 Der InsVerw muss in seinem Vergütungsantrag sämtliche Erhöhungs- und Kürzungstatbestände darlegen und begründen. Das InsGer muss in der Begr seiner Entsch auf jeden Tatbestand eingehen, eine allg Begr ohne Bezug zum konkreten Verf ist nicht zulässig.[17]

15 **b) Vergleich mit Massemehrung bei qualitativen Tatbeständen.** Bei der Zuschlagsgewährung ist zu berücksichtigen, ob sich durch einen Tatbestand bereits die InsMasse und damit die Regelvergütung des § 2 entspr erhöht hat.[18]

16 Insb bei qualitativen Erhöhungstatbeständen ist mit Bezug auf die InsMasse eine Abwägung des Erhöhungsfaktors mit der Erhöhung der Regelvergütung durch Massemehrung vorzunehmen.[19] Das pauschale Argument, es habe sich bereits die Berechnungsgrundlage erhöht und daher könne kein weiterer Erhöhungstatbestand gewährt werden, ist aber untauglich. Die Erhöhung muss konkret für den Einzelfall geprüft werden. Denn die Erhöhung der Regelvergütung bewegt sich mathematisch nur innerhalb der Degressionsstufe des § 2 Abs 1.

17 Die Vergleichsberechnung dient allein dazu, den angemessenen Erhöhungstatbestand zu ermitteln. Sie ist für einzelne Tatbestände je gesondert vorzunehmen, setzt aber voraus, dass ein Erhöhungstatbestand auch mit einem Betrag an Massemehrung beziffert werden kann. Dies ist bei rein qualitativen Tatbeständen ohne Bezug zur InsMasse nicht möglich. Bspw kann der anerkannte Tatbestand rechtlicher Erschwernisse bei der Anwendung ausländischen Rechts mit keinem Betrag beziffert werden, ebensowenig der Tatbestand des obstruktiv handelnden Schu.

18 **c) Angemessenheit der Erhöhung bei quantitativen Tatbeständen.** Bei Erhöhungstatbeständen, welche die Arbeitstätigkeit des InsVerw allein quantitativ beanspruchen, kann eine Kontrolle dergestalt erfolgen, dass der Erhöhungsbetrag der Vergütung auf den Einzelfall der Quantität „heruntergebrochen" wird.[20] Typisch ist bei dem Zuschlag für den Arbeitsaufwand bei der Zahl der InsFord. Er gilt die quantitative Arbeitsbelastung des Verwalterbüros ab. Der Zuschlagsfaktor hat sich daran zu orientieren, wie hoch die Arbeitsbelastung tatsächlich war. Er kann nicht pauschal als Prozentsatz bestimmt werden, da dieser je nach Höhe der Berechnungsgrundlage variiert.

19 **d) Konkrete Bestimmung eines Faktors der Erhöhung oder Kürzung.** Der konkret zuzuerkennende Faktor einer Erhöhung oder Kürzung hat sich an der Arbeitsbelastung oder -Ersparnis etwa durch Delegation einzelner Tätigkeiten zu orientieren. Eine Überschneidung mehrerer Erhöhungstatbestände ist zu berücksichtigen. Die Zuerkennung eines konkreten Prozentsatzes der Erhöhung oder auch Kürzung ist nur insoweit durch die Rechtsbeschwerde angreifbar, als Maßstäbe der Tatbestände verglichen mit der konkreten Arbeitsbelastung verletzt oder verschoben werden.[21] Nicht richtig ist es, eine Erhöhung der Vergütung mit dem Argument zu mindern, die Berechnungsgrundlage sei entspr hoch,[22] oder gar zu verneinen mit dem Argument, sie sei angesichts einer hohen Berechnungsgrundlage ausgeschlossen. Eine hohe Berechnungsgrundlage kann lediglich eine Kürzung der Vergütung

---

17 *BGH* NZI 2006, 341; ZIP 2006, 1204 = NZI 2006, 464 mit Anm *Nowak*; ZIP 2007, 1330, dazu *Graeber* NZI 2007, 491; *BGH* ZInsO 2013, 2180; *Fischer* NZI 2004, 281, 296.

18 *BGH* ZIP 2012, 682 = DZWIR 2012, 260 mit Anm *Keller*; ZInsO 2013, 2180.

19 Eingehend auch *K/P/B/Prasser/Stoffler* § 3 InsVV Rn 46 ff; *Graeber/Graeber* NZI 2012, 355.

20 *BGH* ZIP 2012, 682.

21 *BGH* ZIP 2002, 1459; ZIP 2003, 1757, dazu EWiR 2003, 1043 (*Rendels*); DZWIR 2005, 32 mit Anm *Heinze*; ZIP 2005, 1371 = DZWIR 2005, 517 mit Anm *Graeber*; ZIP 2006, 1204 = NZI 2006, 464 mit Anm *Nowak*, dazu EWiR 2010, 65 (*Prasser*); ZInsO 2009, 55; ZIP 2015, 1595; *AG Freiburg/Breisgau* 18.8.2016 – 8 IN 144/06.

22 So aber MK/*Riedel* § 3 InsVV Rn 7; wie hier *Zimmer* § 3 InsVV Rn 26.

nach § 3 Abs 2d rechtfertigen, und auch das nur, wenn das Verfahren nur geringe Anforderungen an den InsVerw stellte. Im Gegenteil ist bei besonders hoher Berechnungsgrundlage, bei welcher die Degression der Regelvergütung nach § 2 Abs 1 praktisch nicht greift, und bei besonderer Arbeitsbelastung des InsVerw unabhängig von sonstigen Tatbeständen die Vergütung nach § 3 Abs 1c zu erhöhen (dazu § 2 Rn 18 ff).

III. Einzelfälle

§ 3 nennt sowohl für die Erhöhung als auch für die Kürzung der Vergütung lediglich Regelbeispiele, es können auch weitere Tatbestände des Einzelfalles in Betracht kommen.[23] Zu nennen sind beispielhaft:[24] **20**

1. Erhöhungstatbestände. **21**

Abschlagsverteilung: Vergütungserhöhend, wenn sie mit bes Arbeitsaufwand verbunden ist.

Altlastensanierung: Die Beseitigung ökologischer Altlasten rechtfertigt in jedem Fall eine Vergütungserhöhung. Bei Freigabe des Grundstücks aus der InsMasse, ist eine Vergütungserhöhung nur ausnahmsweise möglich, wenn trotz Freigabe ein erheblicher Arbeitsaufwand vorlag.

Anfechtung von Rechtshandlungen: Qualitativ vergütungserhöhend, wenn sie mit bes rechtlichen Schwierigkeiten behaftet war, iÜ Regelaufgabe.[25] Quantitativ kann eine hohe Zahl von Anfechtungsprozessen eine Vergütungserhöhung rechtfertigen. Eine Richtzahl von zehn Prozessen ist zw.[26] Für die Beauftragung eines Anwalts mit entspr Prozessführung besteht vor Erklärung der Anfechtung und Verzug des AnfGegners kein Bedürfnis, wenn AnfAnspr bereits geprüft worden sind.[27]

Arbeitnehmer (§ 3 Abs 1d): Quantitatives Merkmal einer Erhöhung ist in Anlehnung an §§ 17, 18 KSchG ist die Zahl von 20 Arbeitnehmern. Dies gilt auch bei Vorfinanzierung von InsGeld,[28] was naturgemäß den vorl InsVerw betrifft. Bei geringerer Zahl sind konkrete qualitative Erschwernisse maßgebend. Erhöhungskriterien sind auch die Gründung von Beschäftigungs- und Qualifizierungsgesellschaften (BQG)[29] oder und aufwendige Differenzlohnberechnungen. Verhandlungen über einen Sozialplan sind stets vergütungserhöhend.[30]

Aus- und Absonderungsrechte (§ 3 Abs 1a): Die Erhöhung bezieht sich auf Prüfung des Bestehens. Die Verwertung von Absonderungsgut wird bereits über § 1 Abs 2 Nr 1 abgegolten. Auf ein bestimmtes Verhältnis von Fremdrechten zur freien Masse soll es nach BGH nicht ankommen.[31] Als regelmäßig quantitativer Tatbestand kann eine Erschwernis aber bei mindestens 30 % Fremdrechten angenommen werden.[32]

---

23 So bereits Begr zum Entwurf einer InsVV, zu § 3, abgedr bei *Keller* Vergütung, Anh II S 717 ff.

24 Umfassend auch *K/P/B/Prasser/Stoffler* § 3 InsVV Rn 45, 115; *Hess* § 3 InsVV Rn 118; HambKomm/*Büttner* § 3 InsVV Rn 7; *Zimmer* § 3 InsVV Rn 50 ff; *Keller* Vergütung, § 5 Rn 61–176.

25 *LG Konstanz* 17.8.2016 – 62 T 96/16.

26 *K/P/B/Prasser/Stoffler* § 3 InsVV Rn 66.

27 *BGH* ZVI 2013, 167; zur Erstattung der Kosten eines Privatgutachtens ablehnend *Saarl OLG* 26.5.2017 – 9 W 42/16.

28 *BGH* ZIP 2004, 518; ZInsO 2008, 1264; *K/P/B/Prasser/Stoffler* § 3 InsVV Rn 69.

29 *K/P/B/Prasser/Stoffler* § 3 InsVV Rn 69.

30 *BGH* ZIP 2004, 518; zu § 4 VergVO *LG Hildesheim* ZIP 1983, 346; *AG Ahrensburg* ZIP 1983, 1103.

31 *BGH* ZIP 2003, 1757, dazu EWiR 2003, 1043 *(Rendels)*.

32 *K/P/B/Prasser/Stoffler* § 3 InsVV Rn 70 ff.

Auslandsvermögen und Auslandsberührung: Inbesitznahme von im Ausland befindlichem Vermögen ist vergütungserhöhend. Gleiches gilt bei Anwendung von Kollisionsrecht (EuInsVO)[33] oder EU-Beihilferecht oder der Ins einer Gesellschaft ausl Rechts (Ltd).

Bauinsolvenz: Qualitativ erhöhend, bei Fragen der Erfüllungswahl nicht erfüllter Verträge oder bei Fertigstellung begonnener Bauvorhaben, bei Geltendmachung von Gewährleistungsansprüchen gegen einen Unternehmer.

Berichtswesen: Quantitativ erhöhend bei bes vielen oder umfangreichen Berichten an das Gericht. Da der InsVerw dem Gericht gegenüber stets auskunftspflichtig ist, sollte eine Erhöhung nur sparsam ausfallen.

Betriebsstätten: Führt das schuldnerische Unternehmen mehrere Betriebsstätten, ist dies regelmäßig vergütungserhöhend, erst recht bei ausl Standorten.

Börsennotierung: Mehraufwand bei Beachtung wertpapierrechtlicher Vorschriften und Adhoc-Mitteilungen kann eine Vergütungserhöhung rechtfertigen.

Buchhaltung und Rechnungswesen: Aufarbeitung der Buchhaltung mit erheblichem Arbeitsaufwand ist vergütungserhöhend, wenn sie der InsVerw mit eigenen Mitarbeitern bewältigt und nicht delegiert.[34]

Forderungsbeitreibung und Zwangsvollstreckung: Die Feststellung und Beitreibung bes vieler Außenstände rechtfertigt eine Erhöhung quantitativ, ein qualitatives Element kann bei Prozessführung und Zwangsvollstreckung hinzukommen.[35] Eine Vergütungserhöhung kann gestaffelt aber einer Zahl von fünfzig Forderungen erfolgen. Eine bes Erhöhung rechtfertigt die Zwangsversteigerung nach § 172 ZVG.

Gesellschaftsrechtliche Beteiligungen: Vergütungserhöhend sind insb konzernrechtliche Verflechtungen mehrerer Gesellschaften,[36] wenn sie sich auf die Arbeitsbelastung des Verwalters auswirken.[37]

Gläubigerausschuss: Der Arbeitsaufwand des InsVerw bei Zusammenarbeit mit einem Gläubigerausschuss ist vergütungserhöhend. Dabei sollte konkret der Erhöhungsbetrag auch mit dem Arbeitsaufwand verglichen werden, mithin darf der Prozentsatz nicht pauschal vergeben werden.

Gläubigerzahl: Eine bes hohe Zahl an Gl rechtfertigt schon wegen des Arbeitsaufwandes bei Tabellenerstellung, Mitteilungen und Forderungsprüfung eine Erhöhung.[38] Eine Erhöhung kann ab 100 Gl in Betracht kommen und sollte bei steigender Zahl im Prozentsatz sinken.

Grundstücksverwaltung (§ 3 Abs 1b):[39] Die Verwertung von Grundbesitz fällt, wenn dieser mit Grundpfandrechten belastet ist, wegen deren Befassung unter a; iÜ kann bei einem Massebeitrag auch § 1 Abs 2 Nr 1 gelten. Eine Erhöhung ist möglich bei Bewirtschaftung und Verwertung von Immobilien, wenn sie erhebliche Schwierigkeiten etwa bei Dokumentation und Informationsbeschaffung beinhaltete; dabei kommt es nicht auf die Zahl der

---

33 *K/P/B/Prasser/Stoffler* § 3 InsVV Rn 75.

34 *BGH* NZI 2004, 665.

35 *LG Koblenz* KTS 1982, 141; *LG Siegen* ZIP 1988, 326, dazu EWiR 1988, 289 *(Eickmann)*.

36 *LG Leipzig* DZWIR 2000, 36; *LG Mönchengladbach* ZIP 1986, 1588, dazu EWiR 1987, 73 *(Eickmann)*; *K/P/B/Prasser/Stoffler* § 3 InsVV Rn 100.

37 *BGH* NZI 2009, 57.

38 *BGH* NZI 2006, 464 mit Anm *Nowak* = ZIP 2006, 1204; *LG Augsburg* KTS 1974, 241 mit Anm *H Schmidt*; *LG Bonn* ZIP 1991, 45, dazu EWiR 1991, 185 *(Eickmann)*; *AG Ahrensburg* ZIP 1983, 1103; *K/P/B/Prasser/Stoffler* § 3 InsVV Rn 93, 113.

39 *K/P/B/Prasser/Stoffler* § 3 InsVV Rn 96.

Immobilien sondern auf den Arbeitsaufwand des InsVerw an.[40] Die Befassung mit rechtlich schwierigen Fragen, beispielsweise bei Erbbaurecht oder Gebäudeeigentum rechtfertigt ebenfalls eine Erhöhung.

Insolvenzplan (§ 3 Abs 1e):[41] Eine Erhöhung ist nicht vom Erfolg eines InsPlans abhängig, er muss auch nicht nach § 218 InsO eingebracht sein. Unmaßgeblich ist auch, ob der Plan aus eigenem Recht oder im Auftrag der GlVersammlung erarbeitet wurde. Auch die Überarbeitung eines SchuPlans ist vergütungserhöhend.[42]

Haftungsrisiko: Ein Haftungsrisiko des InsVerw bei Unternehmensfortführung oder Aufnahme von Massekrediten sollte vergütunsgerhöhend wirken. Zu bedenken ist, dass der InsVerw nicht gezwungen ist, eine Fortführung mit Fremdmitteln durchzuführen und dies letztlich zum Wohl der Gl erfolgt, wenn das Unternehmen veräußert wird.

Kalte Zwangsverwaltung:[43] Der InsVerw führt die kalte Zwangsverwaltung nicht persönlich sondern in seiner Funktion als InsVerw; die einzuziehenden Mieten sind Teil der InsMasse, an ihnen besteht kein Absonderungsrecht kraft InsEröffnung. Daher kann der InsVerw für die kalte Zwangsverwaltung keine gesonderte Vergütung seitens der Grundpfandrechtsgläubiger erhalten.[44] Diese besteht wirtschaftlich im Kostenbeitrag für die Masse.[45] Die Mieteinnahmen erhöhen als Teil der InsMasse die Berechnungsgrundlage nach § 1 Abs 1, die an die GrundpfandrechtsGl ausgekehrten Mieten werden als Masseverbindlichkeiten aber abgezogen (§ 1 Abs 2 Nr 1 S 3), auf die Beurteilung der kalten Zwangsverwaltung als Betriebsfortführung kommt es nicht an. Allerdings ist § 1 Abs 2 Nr 4b zu beachten; ebenso wie Unternehmensfortführung erhält der Verw einen „ausgleichenden Zuschlag", wenn Überschuss erwirtschaftet wurde. Eine Erhöhung der Vergütung nach § 3 Abs 1b ist denkbar. Bei der Bemessung des Zuschlags kann vergleichend § 18 ZwVwV herangezogen werden.[46] Delegation insb an Hausverwaltung ist vergütungsmindernd zu berücksichtigen.[47] Zu bedenken ist auch, dass die kalte Zwangsverwaltung in erster Linie den Grundpfandrechtsgläubigern dient, die Vergütung des InsVerw aber alle InsGl belastet. Daher sind mit dem Erhöhungsbetrag der Vergütung als Sondermasse nur die GrundpfandrechtsGl zu belasten.[48]

Massemehrung/Degressionsausgleich (§ 3 Abs 1c): § 3 Abs 1c ist als Korrektiv der Degression der Regelvergütung in Ausnahmefällen anzusehen. Er ist daher § 2 zuzuordnen (eingehend § 2 Rn 18 ff). Der Degressionszuschlag wird aber nicht Teil der Regelvergütung.

Prozessführung: Vergütungserhöhend ist eine bes hohe Zahl an Rechtsstreitigkeiten. Dies gilt aber dann nicht, wenn der InsVerw die Prozessführung delegiert oder über § 5 selbst erledigt und vergütet erhält.

Schuldnerverhalten: Bes obstruktives Verhalten des Schu oder von Angehörigen rechtfertigt eine Erhöhung, wenn dieses Verhalten eine erhebliche Mehrbelastung des InsVerw zur

---

40 *BGH* ZIP 2008, 514; 21.9.2017 – IX ZB 84/16; abl bei Veräußerung an insg einen Erwerber *BGH* NZI 2009, 554.
41 Dazu auch *Madaus/Heßel* ZIP 2013, 2088.
42 *BGH* ZIP 2007, 784 341.
43 *BGH* 14.7.2016 – IX ZB 31/14; eingehend *Keller* NZI 2013, 265; *Bork* ZIP 2013, 2129.
44 So aber im Sachverhalt zu *LG Leipzig* ZInsO 2007, 148.
45 Eingehend *Keller* NZI 2013, 265.
46 *BGH* 14.7.2016 – IX ZB 31/14.
47 *LG Frankfurt/Oder* 24.5.2017 – 13 T 20/16.
48 Zur Berechnung bei einer Sondermasse *Keller* Vergütung, § 3 Rn 61 ff.

Folge hat (nicht pauschal).[49] Es muss dabei konkret dargelegt werden, inwieweit das Verhalten die Arbeitstätigkeit erschwert hat, „allg Erschwernisse" genügen nicht.[50]

Überleitungsrecht: Vergütungserhöhend sind Rechtsfragen des Überleitungsrechts, beispielsweise zur Unternehmensrückübertragung (§ 6 VermG), Anwendung des DMBilG, Gebäudeeigentum, Sachenrechtsbereinigung, Bodenneuordnung oder Landwirtschaftsanpassung.

Übertragende Sanierung:[51] Je nach Umfang der Tätigkeiten des InsVerw kann die Vergütungserhöhung erheblich sein und im 100 % der Regelvergütung betragen. Als besondere Einzeltatbestände sind zu nennen M&A-Prozess zur Investorensuche und Durchführung der sog Due Diligence (hier aber auch Kürzung bei Delegation), Aufbereitung der Buchhaltungsdaten, Prüfung bes Zustimmungserfordernisse (Gesellschafter, Kartellamt), Notwendigkeit von Umstrukturierungen, Anpassung gesellschaftsrechtlicher Verhältnisse, Prüfung immaterieller Vermögenswerte, Prüfung von Beteiligungsverhältnissen.

Unternehmensfortführung (§ 3 Abs 1 b): Die Unternehmensfortführung ist niemals Regelaufgabe und daher stets zuschlagswürdig.[52] Die Zahl der Arbeitnehmer ist hierbei nicht entscheidend.[53] Maßgebliche Kriterien sind die Dauer der Fortführung[54] und die Größe des Unternehmens; eine Anlehnung an § 267 HGB ist möglich. Maßgeblich für den Prozentsatz der Erhöhung ist die tatsächliche Arbeitsleistung, die auch bei kleineren Unternehmen erheblich sein kann, so dass hier die pauschale Gewährung eines geringeren Prozentsatzes nicht richtig ist.[55] Der Zuschlag kann aber geringer ausfallen, wenn der Verwalter die Fortführung auf Hilfskräfte delegiert hat („Interims-Manager").[56] Neben dem Zuschlag für Unternehmensfortführung sind weitere Zuschlagskriterien denkbar, mögliche Überschneidungen sind zu berücksichtigen; jedoch überlagert die Fortführung nicht per se jeden sonstigen Arbeitsaufwand und nicht alle anderen Zuschläge.[57] Durch die Fortführung darf keine entspr höhere InsMasse erwirtschaftet worden sein, dann erhöht sich bereits die Regelvergütung des § 2 entspr.[58] Der InsVerw erhält aber einen „ausgleichenden Zuschlag", wenn die bei durch Gewinn erhöhter Masse ermittelte Regelvergütung niedriger ist als die vergleichsweise Vergütung aus geringerer Masse mit Zuschlag nach § 3 Abs 1.[59] Zu vergleichen sind die Regelvergütung aus der Insolvenzmasse ohne Massemehrung (ohne Gewinnermittlung nach § 1 Abs 2 Nr 4b) zzgl eines angemessenen Zuschlags nach § 3 Abs 1b mit der Regelvergütung aus der durch Gewinn erhöhten Masse ohne Zuschlag. Die Differenz der beiden

---

49 *BGH* ZIP 2008, 514; NZI 2009, 554; *LG Passau* ZInsO 2010, 158.
50 *BGH* NZI 2009, 554.
51 *LG Mönchengladbach* ZIP 1986, 1588, dazu EWiR 1987, 73 *(Eickmann)*; *LG Siegen* ZIP 1988, 326; *LG Bonn* ZIP 1991, 45, dazu EWiR 1991, 185 *(Eickmann)*; *AG Bad Neuenahr* KTS 1982, 152; *AG Freiburg/Breisgau* 18.8.2016 – 8 IN 144/06; *K/P/B/Prasser/Stoffler* § 3 InsVV Rn 81 ff; *Keller* Vergütung § 5 Rn 125 ff.
52 *BGH* ZIP 2008, 2222 = NZI 2009, 49 mit Anm *Prasser*, dazu EWiR 2008, 761 (*Schröder*); *BGH* ZInsO 2008, 1265; *BGH* ZIP 2010, 1909 mit Anm *Prasser*; *AG Freiburg/Breisgau* 18.8.2016 – 8 IN 144/06.
53 *BGH* ZIP 2004, 2448, 2450; *AG Dresden* ZIP 2005, 88.
54 *LG Potsdam* ZIP 2005, 914; *AG Siegen* ZIP 2002, 2054.
55 Zutr insoweit *LG Chemnitz* ZIP 2008, 1693.
56 *BGH* ZIP 2010, 1909 mit Anm *Prasser.*
57 So aber tendenziell *LG Heilbronn* ZInsO 2011, 352.
58 *BGH* ZIP 2007, 784.
59 *BGH* ZIP 2007, 784; ZIP 2007, 826; ZIP 2008, 514; eingehend *Keller* Vergütung § 5 Rn 162 ff; *Keller* DZWIR 2009, 231.

Vergütungen bildet den ausgleichenden Zuschlag.[60] Es ist aber nicht ausgeschlossen, dass daneben auch noch ein „echter" Zuschlag gewährt wird, wenn die Unternehmensfortführung besonders aufwendig war, der „ausgleichende" Zuschlag bei Gewinn aus Unternehmensfortführung und der „echte" Zuschlag bei besonderen Erschwernissen schließen sich insoweit nicht aus.[61]

Verfahrensdauer: Sie wird häufig noch als Erhöhungskriterium angesehen.[62] Dem ist zu widersprechen.[63] Allein die VerfDauer trifft keine Aussage über die quantitativen oder qualitativen Besonderheiten eines InsVerfahrens. Es müssen hierfür weitere Tatbestände hinzukommen, die selbst schon vergütungserhöhend sind.[64]

Zustellungen: Die Übertragung der Zustellungen (§ 8 Abs 3 InsO) galt bislang als erhöhend, wenn die Arbeitskraft der Mitarbeiter des InsVerw erheblich in Anspruch genommen worden ist.[65] Das sollte bei einer Zahl ab 100 Zustellungen regelmäßig der Fall sein.[66] Ob dies nach der Neuregelung des BGH zum Ersatz von Sach- und Personalkosten bei Zustellungen weiter gelten kann, ist fraglich (§ 8 Rn 17 ff).

2. Kürzungstatbestände. Arbeitsersparnis durch vorläufige Verwaltung (§ 3 Abs 2a): Kürzung ist möglich, wenn durch die Tätigkeit des vorl InsVerw diejenige des Verwalters erheblich erleichtert wird.[67] Nicht in jedem Fall vorl Verwaltung ist die Vergütung zu kürzen. Nicht maßgebend ist aber, ob schwacher oder starker vorl Verwalter bestellt wurde. Der BGH legt die Vorschrift weit aus und lässt auch Arbeitsersparnis durch Tätigkeit als Sachverständiger insb bei Erfassung der Außenstände als Kürzungstatbestand zu.[68] Sachverständigentätigkeit allein begründet keine Arbeitsersparnis und keinen Abschlag.[69] Dies darf aber keinesfalls zu einer pauschaliert erfolgenden Vergütungskürzung führen. Eine drohende Masseunzulänglichkeit oder Massearmut rechtfertigt keinesfalls eine Kürzung der Vergütung.[70] Auch der Umstand, dass der Verw als vorl Verw bereits eine hohe Vergütung erhalten hat, rechtfertigt für sich keine Kürzung der Vergütung.[71] 22

Delegation: Eine Kürzung der Vergütung ist möglich, wenn der InsVerw umfangreich Tätigkeiten an externe Dienstleister delegiert (dazu § 4 Rn 8 ff) und dadurch eigene Arbeitstätigkeit erspart. Die Delegation als solche muss zulässig sein, ansonsten ist dem Verwalter der

---

60 *Keller* DZWIR 2009, 231.

61 *BGH* ZIP 2011, 1373, kryptisch formuliert in Begr Rn 15.

62 *LG Potsdam* EWiR 2006, 505 *(Prasser)*; *LG Aachen* ZIP 2009, 576; *K/PB/Prasser/Stoffler* § 3 InsVV Rn 87 ff; zu § 4 VergVO *LG Augsburg* KTS 1974, 241; *LG Bremen* KTS 1975, 247; *LG Darmstadt* KTS 1979, 125; *LG Hildesheim* ZIP 1983, 346; *LG Köln* ZIP 1987, 1470; *LG Bonn* ZIP 1991, 45.

63 *BGH* ZIP 2010, 2056; ZInsO 2010, 1504, dazu EWiR 2010, 791 (*Prasser*); ZInsO 2015, 765.

64 Für die Unternehmensfortführung *BGH* ZInsO 2010, 2409; allg *LG Göttingen* NZI 2006, 477; *AG Potsdam* NZI 2005, 460.

65 *BGH* ZIP 2004, 1822; *OLG Zweibrücken* ZInsO 2001, 504; *LG Chemnitz* ZInsO 2000, 296; *LG Chemnitz* ZIP 2000, 710, dazu EWiR 2000, 921 *(Tappmeier)*; *LG München* ZInsO 2002, 275; MK/*Ganter* § 8 InsO Rn 36; *K/P/B/Prasser/Stoffler* § 3 InsVV Rn 109 ff; *Graeber* ZInsO 2005, 752.

66 *LG Chemnitz* ZIP 2004, 84; *Uhlenbruck/I Pape* § 8 Rn 10.

67 *LG Siegen* ZIP 1988, 326, dazu EWiR 1988, 289 *(Eickmann)*; *LG Potsdam* ZInsO 2008, 154; *K/P/B/Prasser/Stoffler* § 3 InsVV Rn 121.

68 *BGH* NZI 2006, 464 mit Anm *Nowak* = ZIP 2006, 1204; *BGH* NZI 2010, 902; *BGH* NZI 2010, 941; zurückhaltend noch *BGH* ZIP 2006, 483.

69 *BGH* ZIP 2009, 1630; NZI 2010, 902.

70 *BGH* ZIP 2004, 518; *LG Köln* ZIP 2004, 961; *Keller* ZIP 2000, 688.

71 *BGH* ZIP 2013, 2164 = NZI 2013, 1014 mit Anm *Keller*.

an den Dritten gezahlte Betrag von der Vergütung in Abzug zu bringen. Bspw ist die Beauftragung eines Anwalts mit Forderungseinzug nur delegationsfähig, wenn die Forderungen streitig sind, auch dem InsVerw, der nicht Anwalt ist, ist die eigene Beitreibung nicht streitiger Forderungen zuzumuten.[72]

Abgeschlossene Masseverwertung (§ 3 Abs 2b): Eine Kürzung soll erfolgen, wenn die Masse bereits weitgehend verwertet war. Auch bei einem Verwalterwechsel kann die Vergütung des nachfolgenden Verwalters gekürzt werden.[73]

Vorzeitige Beendigung (§ 3 Abs 2c):[74] In Betracht kommt Entlassung (§ 59 InsO) oder auch Einstellung des Verf (§ 207 InsO) kurz nach Eröffnung, wenn der InsVerw keine Verwertungstätigkeit oder Forderungsprüfung durchführen musste.[75] Auch eine Einstellung nach § 213 InsO kann vergütungsmindernd sein.[76]

Geringe Arbeitsbelastung (§ 3 Abs 2d): Der Kürzungstatbestand sollte erst bei hoher InsMasse ab 250 000 EUR greifen.[77] Der BGH sieht die Norm als Regelbsp und lässt auch bei geringer Masse eine Kürzung zu.[78] Maßgebend ist aber immer, ob der Verwalter geringe Arbeitsbelastung hatte. Typisch kann das beim Lottogewinn oder dem Nachlasserwerb sein, wenn dadurch alle Gl sofort befriedigt werden können.[79] Vergütungskürzung ist auch angezeigt, wenn der einzige Gl seine Forderungsanmeldung zurückgenommen hat und nur drei Gegenstände zur InsMasse gehörten.[80] Auch Forderungseinzug in geringerem Umfang kann eine Kürzung rechtfertigen.[81]

Überschaubarkeit der Vermögensverhältnisse (§ 3 Abs 2e): Der Tatbestand wurde durch G v 15.7.2013 (BGBl I, 2379) mWv 1.7.2013 eingefügt und ermöglicht die Kürzung der Vergütung im VerbrInsVerf, das mWv 1.7.2104 als solches abgeschafft und in das allg InsVerf integriert ist.[82] Zugleich ist § 13 angepasst und hinsichtlich der Mindestvergütung geändert worden (§ 13 Rn 15).

23 **Koordinationsverfahren (§ 3 Abs 2f):** Der Tatbestand wurde eingefügt durch G v 13.4.2017 (BGB I, 866) mWv 21.4.2018. Durch ihn soll in Entspr zur Vergütung eines Verfahrenskoordinators nach § 269g InsO eine Entlastung der Gesamtkosten einer Konzerninsolvenz eintreten. Fraglich ist aber, ob die Einsetzung eines Verfahrenskoordinators den InsVerw der Konzerngesellschaften tatsächlich Arbeitsersparnis bringt. Nur dann wäre eine Vergütungskürzung gerechtfertigt, da § 3 insgesamt tätigkeitsbezogen anzuwenden ist. Keinesfalls darf eine Kürzung nach Abs 2f in der Weise erfolgen, dass eine Vergütung des Verfahrenskoordinators, die ihrerseits zwar in § 269g InsO ähnlich zu § 63 InsO, nicht aber in der InsVV geregelt ist, anteilig auf die InsVerf der Konzerngesellschaften verteilt wird.

---

72 *BGH* NZI 2010, 902.
73 *AG Goslar* NZI 2010, 691.
74 Für die vorl Verwaltung *BGH* ZIP 2007, 284 = NZI 2007, 168; zur Mindestvergütung *AG Köln* 4.1.2017 – 72 IN 310/16.
75 *LG Chemnitz* ZInsO 2008, 1266.
76 *BGH* NZI 2009, 57.
77 *K/P/B/Prasser/Stoffler* § 3 InsVV Rn 136 ff.
78 *BGH* ZIP 2006, 858; ZIP 2006, 1204 = NZI 2006, 464 mit Anm *Nowak*; NZI 2012, 144.
79 *AG Göttingen* ZIP 2012, 539.
80 *LG Berlin* NZI 2009, 777.
81 *LG Münster* 1.6.2017 – 5 T 557/16.
82 BT-Drucks 17/11268, 43, 46; *LG Münster* 23.8.2017 – 5 T 484/17.

§ 4 Geschäftskosten, Haftpflichtversicherung

(1) [1]Mit der Vergütung sind die allgemeinen Geschäftskosten abgegolten. [2]Zu den allgemeinen Geschäftskosten gehört der Büroaufwand des Insolvenzverwalters einschließlich der Gehälter seiner Angestellten, auch soweit diese anlässlich des Insolvenzverfahrens eingestellt worden sind. [3]Unberührt bleibt das Recht des Verwalters, zur Erledigung besonderer Aufgaben im Rahmen der Verwaltung für die Masse Dienst- oder Werkverträge abzuschließen und die angemessene Vergütung aus der Masse zu zahlen.

(2) Besondere Kosten, die dem Verwalter im Einzelfall, zum Beispiel durch Reisen, tatsächlich entstehen, sind als Auslagen zu erstatten.

(3) [1]Mit der Vergütung sind auch die Kosten einer Haftpflichtversicherung abgegolten. [2]Ist die Verwaltung jedoch mit einem besonderen Haftungsrisiko verbunden, so sind die Kosten einer angemessenen zusätzlichen Versicherung als Auslagen zu erstatten.

Übersicht

I. Normzweck und Grundsätze der Regelung

1. Regelungsgehalt. Der Anspruch des InsVerw auf Ersatz seiner Auslagen (§ 63 Abs 1 InsO) wird durch § 4 konkretisiert. Die Norm stellt zunächst klar, dass die allg Geschäftskosten des InsVerw von seiner Vergütung abgedeckt sind und nicht gesondert erstattet werden (Abs 1 S 1 und 2). Damit wird deutlich, dass die Vergütung nicht persönliches Gehalt sondern Umsatz iRd beruflichen Tätigkeit ist (§ 63 InsO Rn 18 ff). 1

Gesondert erstattungsfähig sind Auslagen des Verwalters, die ihm nur durch das konkrete Verf entstehen und daher nicht zu den allg Geschäftskosten zählen (Abs 2). 2

2. Klarstellung zur Delegationsbefugnis. § 4 Abs 1 S 3 enthält eine klarstellende Regelung zur Befugnis des InsVerw, einzelne Tätigkeiten an externe Dienstleister zu delegieren.[1] Hierzu gehört systematisch auch die Wahrnehmung einzelner Aufgaben bei bes beruflicher Qualifikation nach § 5. 3

3. Verfahren der Auslagenerstattung. Das Verf der Auslagenerstattung regelt § 8 Abs 3. Der Verwalter hat die Möglichkeit, die ihm entstandenen Auslagen einzeln nachzuweisen. Das Gericht ist befugt, das Entstehen und die Notwendigkeit der entstandenen Auslagen zu prüfen. Einzeln nachgewiesene Auslagen sind in voller Höhe ohne Begrenzung zu erstatten.[2] 4

Der Verwalter kann nach seiner Wahl – nicht der des Gerichts – auch pauschalierten Auslagenersatz geltend machen. Das Gericht darf dann weder Nachweise für entstandene Ausla- 5

---

1 Begr zum Entwurf einer InsVV, zu § 4, abgedr bei *Keller* Vergütung, Anh III S 717 ff.
2 *Keller* Vergütung, § 13 Rn 22.

gen verlangen noch deren Notwendigkeit prüfen. Die Höhe regelt § 8 Abs 3 (s dort Rn 8); zumeist bestimmt der Höchstsatz von 250 EUR je angefangenen Monat der VerfDauer die Auslagenpauschale.

6 Hinsichtlich der Aufgabendelegation hat der Verwalter diese detailliert darzulegen (§ 8 Abs 2). Das Gericht ist befugt, auch die Rechtmäßigkeit einer Aufgabendelegation zu prüfen.[3]

II. Abgrenzung zwischen Geschäftskosten und erstattungsfähigen Auslagen

7 **1. Grundsatz zur Abgrenzung.** Durch die Vergütung des InsVerw werden auch seine allg Geschäftskosten abgegolten. Diese bestehen in den Kosten, die auch dann anfallen, wenn der InsVerw in dem konkreten Verf nicht bestellt worden wäre.[4] Allg Geschäftskosten sind nicht einem bestimmten InsVerf zuzuordnen, sondern entstehen iRd allg Tätigkeit des InsVerw. Nach Abs 1 S 2 sind die Kosten des Personals, auch soweit es für das konkrete Verf angestellt wird, mit der Vergütung abgegolten. In Abgrenzung zu Abs 1 S 3 ist S 2 anwendbar, wenn der InsVerw Personal in eigener Person und nicht für die InsMasse beschäftigt.

8 Besonders erstattungsfähige Auslagen iSd Abs 2 sind diejenigen Kosten, die dem Verwalter aus Anlass des konkreten InsVerf entstehen. Angemessen und damit erstattungsfähig iSd §§ 670, 675 BGB sind sie, wenn der Verwalter bei ihrer Begr (ex ante) annehmen durfte, dass sie im Interesse des InsVerf notwendig gewesen seien.[5]

9 **2. Einzelne Geschäftskosten.** Allg Geschäftskosten sind die Kosten der Unterhaltung des eigenen Büros, Miete, Leasingraten, Betriebskosten, Büroausstattung, Kosten für FachLit, allg Versicherungsprämien, Computerhard- und Software und die allg Personalkosten auch unter Beachtung des Abs 1 S 2.

10 **3. Einzelne erstattungsfähige Auslagen.** Erstattungsfähig iSd Abs 2 sind insb:

11 **Porti** für Mitteilungsschreiben an die InsGl oder Übersendung von Berichten. Wird der InsVerw nach § 8 Abs 3 InsO mit der Vornahme der gerichtlichen Zustellungen beauftragt, sind die Kosten dieser Zustellungen gesondert zu erstatten.[6] Bei dem Pauschbetrag nach § 8 Abs 3 ist zu unterscheiden nach dem Zeitpunkt der InsEröffnung:[7] Bei InsEröffnung vor dem 1.1.2004[8] kann neben der Pauschale des § 8 Abs 3 aus der Vergütung nach §§ 2, 3 nur Ersatz der Sachkosten der Zustellungen nicht aber des Personalaufwandes erfolgen. In den nach dem 1.1.2004 eröffneten Verf berechnet sich die Auslagenpauschale des § 8 Abs 3 nur aus der Regelvergütung; daher können Personalkosten im Wege des Einzelersatzes geltend gemacht werden.[9] IÜ kann bei erheblicher Arbeitsbelastung auch die Vergütung nach § 3 Abs 1 erhöht werden, denn der Ersatz von Sach- und Personalkosten stellt für den InsVerw nur Auslagen- und Kostenersatz dar; er kann aber nicht verpfichtet werden, die Zustellungen ohne Vergütung zu übernehmen.[10]

---

3 *BGH* ZIP 2005, 36, dazu EWiR 2005, 833 *(Henssler/Deckenbrock)*.
4 *K/P/B/Stoffler* § 4 InsVV Rn 6.
5 *K/P/B/Stoffler* § 4 InsVV Rn 32 ff.
6 *BGH* ZIP 2007, 440; ZIP 2013, 833; dazu EWIR 2013, 383 (*Keller*); *LG Chemnitz* ZIP 2004, 84, dazu EWiR 2004, 1045 *(Voss)*; *LG Leipzig* ZInsO 2003, 514; HambKomm/*Büttner* § 4 InsVV Rn 9.
7 *BGH* ZIP 2007, 188; *BGH* ZIP 2007, 440.
8 Erste VO zur Änderung der InsVV 4.10.2004, BGBl I, 2569.
9 Eingehend *Keller* DZWIR 2007, 353.
10 *BGH* ZIP 2004, 1822.

Telefon- und Telekommunikationskosten sind erstattungsfähig, soweit sie einem konkreten InsVerf zugeordnet werden können. Die Grundgebühren von Telekommunikationsanschlüssen gehören zu den allg Geschäftskosten. Die Kosten eines Online-Gläubigerinformationssystems sollen nicht gesondert erstattungsfähig sein.[11] 12

Reisekosten sind in § 4 Abs 2 ausdrücklich genannt.[12] Hierzu gehören auch Kosten einer Unterkunft und Verpflegung. Kosten eines Kraftfahrzeugs sind entspr VV RVG 7003 erstattungsfähig. Kosten für andere Verkehrsmittel sind in voller Höhe zu erstatten. Kosten für Fahrten zum Schu[13] oder zum InsGer sind in keinem Fall erstattungsfähig, da die Kommunikation mit dem Schu oder die Wahrnehmung einer GlVersammlung stets zu den allg Pflichten des InsVerw gehören.[14] 13

4. Haftpflichtversicherung. Der InsVerw hat eine Vermögensschadenshaftpflichtversicherung mit einer Deckungssumme von mindestens 2 Mio EUR pro Versicherungsfall und 4 Mio EUR Jahreshöchstleistung abzuschließen.[15] Die Vergütung deckt auch die Kosten einer solchen allg Haftpflichtversicherung des Verwalters ab. Nach Abs 3 sind die Prämien einer Versicherung dann gesondert erstattungsfähig, wenn sich aus dem konkreten InsVerf, beispielsweise bei Fortführung des Geschäftsbetriebes,[16] für den Verwalter bes Haftungsrisiken ergeben, und die Versicherung nur für das betr InsVerf abgeschlossen wird.[17] 14

III. Delegation einzelner Tätigkeiten (Abs 1 S 3)

1. Voraussetzungen der Delegationsfähigkeit. Abs 1 S 3 stellt klar, dass der InsVerw einzelne Tätigkeiten an Dritte delegieren darf. Zu unterscheiden ist dabei zwischen interner Delegation innerhalb des eigenes Büros an die eigenen Mitarbeiter und externer Delegation an fremde Dienstleister. Die Delegation innerhalb des eigenen Büros an Mitarbeiter ist selbstverständlich zulässig. Sie hängt wesentlich von der Größe des Büros und der Qualifikation der Mitarbeiter ab. Dies ist letztlich eine Frage der Organisation des Verwalterbüros.[18] 15

Extern Delegationsfähig sind alle Tätigkeiten, die auch der Schu einem Dritten übertragen kann, bei denen mithin Vollmachtserteilung zulässig ist.[19] Verfahrensrechtliche Tätigkeiten gegenüber dem InsGer und Kernbereich der InsVerwaltung können nicht extern delegiert werden. 16

Zulässig ist die Übertragung auf einen Dritten, wenn ein vernünftig Handelnder, der über keine berufsspezifischen Spezialkenntnisse verfügt, die Tätigkeit vernünftigerweise einem Dritten übertragen würde.[20] Ein InsVerw darf daher Aufgaben, die ein InsVerw ohne volljuristische Ausbildung – aber selbstverst mit Eignung iSd § 56 InsO – im Allg nicht lösen kann, auf einen RA übertragen.[21] 17

---

11 *BGH* 14.7.2016 – IX ZB 62/15.
12 *BGH* ZIP 2004, 2115; ZVI 2005, 506.
13 AM *AG Potsdam* NZI 2001, 159.
14 *Keller* Vergütung, § 13 Rn 10.
15 Grundsätze 16, 17; Grundsätze ordnungsmäßiger Insolvenzverwaltung des Verbands der Insolvenzverwalter Deutschlands e.V. (GOI), Stand 22.4.2016.
16 *BGH* ZIP 1982, 326, 330.
17 *AG Bad Homburg* ZIP 1980, 105; ausf *Uhlenbruck* VersR 1973, 499.
18 Grundsätze 11-14, 18, 19; Grundsätze ordnungsmäßiger Insolvenzverwaltung des Verbands der Insolvenzverwalter Deutschlands e.V. (GOI), Stand 22.4.2016.
19 *Eickmann* KTS 1986, 197; *Graeber* NZI 2003, 569.
20 *BGHZ* 139, 309 = ZIP 1998, 1793, dazu EWiR 1998, 1125 *(Henssler)*.
21 *BGH* ZIP 2005, 36, dazu EWiR 2005, 833 *(Henssler/Deckenbrock)*.

18 Delegation ist auch an Personen zulässig, mit denen der InsVerw gesellschaftsrechtlich verbunden ist, ebenso an Unternehmen, an denen er wirtschaftlich beteiligt ist.[22] Der InsVerw hat dem InsGer eine solche Beauftragung vorher anzuzeigen. Bei Verletzung dieser Pflicht droht Haftung nach § 60 InsO.[23] Bei schwerwiegenden Verstößen kommt auch Entlassung nach § 59 InsO in Betracht.[24] Der Verwalter hat auch über die Art der Beauftragung eigener Gesellschaften, ihren Umfang, die Höhe des Honorars aber auch die wirtschaftliche Position des Verwalters innerhalb der beauftragten Gesellschaften und Unternehmen Auskunft zu geben.[25]

19 **2. Einzelne delegationsfähige Tätigkeiten.** Delegationsfähig sind insbes diejenigen Aufgaben,[26] die der InsVerw iRd § 5 bei beruflicher Qualifikation bes vergütet erhält (s dort Rn 4 ff).[27] Bei Prozessführung mit Gewährung von Prozesskostenhilfe ist eine Anwaltsbeiordnung auch dann zulässig, wenn der InsVerw selbst RA ist.[28] Die Grundsätze ordnungsgemäßer InsVerw des Verbandes der InsVerw Deutschlands[29] sehen eine externe Delegation insb vor bei:

- Inventarisierung sowie die Be- und Verwertung von Wirtschaftsgütern;
- Unterstützung bei der Suche nach Investoren zur Vorbereitung der übertragenden Sanierung eines insolventen Unternehmens durch M&A-Berater;
- Erstellung der Buchführung sowie von Jahresabschlüssen und Steuererklärungen;
- Rechtsberatung und Steuerberatung, soweit es sich um „besondere Aufgaben" iSd InsVV handelt;
- Be- und Verwertung von Immobilien;
- Einschaltung von branchen- und insolvenzerfahrenen Zeitmanagern, sofern das vorhandene Management entweder nicht vertrauenswürdig genug oder nicht qualifiziert genug erscheint oder wenn es aus anderen Gründen nicht zur Verfügung steht;
- Bauinsolvenzen, die Beauftragung von Fachingenieuren, die zur Sicherung der Bautenstände und zur Sicherung der entspr Werklohnansprüche erforderlich sind.

20 Sachgerecht ist die Beauftragung eines Steuerberaters, wenn die Buchhaltung schon vor InsEröffnung außerhalb des SchuUnternehmens erledigt wurde.[30] Im Verhältnis zur Größe des Verfahrens wenige und einfach zu erstellende Steuererklärungen sollen aber mit der Regelvergütung abgegolten sein.[31]

21 Die Verwertung beweglichen Vermögens hat grds durch den InsVerw selbst zu erfolgen. Die Beauftragung eines Verwerters ist dann zulässig, wenn sie vom InsVerw nur unzureichend oder mit wahrscheinlich ungünstigerem Erg vorgenommen werden kann.[32]

22 Die Verwaltung von Immobilien ist dann delegationsfähig, wenn die Objektverwaltung schon vor InsEröffnung an ein spezialisiertes Unternehmen delegiert war; im übrigen

---

22 *BGHZ* 113, 262 = ZIP 1991, 324, dazu EWiR 1991, 275 *(Gottwald)*; krit *Uhlenbruck/Mock* § 63 Rn 21.
23 *BGHZ* 113, 262, 275.
24 *BGH* ZIP 2012, 1187 = KTS 2012, 469 mit Anm *Preuß* dazu *Römermann* EWiR 2012, 489.
25 So ausdrücklich *BGHZ* 113, 262, 266, 267, 279.
26 Ausf *Keller* Vergütung, § 2 Rn 155 ff.
27 Eingehend *K/P/B/Stoffler* § 4 InsVV Rn 21 ff, 44 ff.
28 *BGH* ZIP 2006, 825.
29 Grundsatz 7; Grundsätze ordnungsmäßiger Insolvenzverwaltung des Verbands der Insolvenzverwalter Deutschlands e.V. (GOI), Stand 22.4.2016.
30 *BGHZ* 160, 176; Rpfleger 2005, 468.
31 *BGH* ZIP 2013, 2413; *LG Bochum* 9.5.2011, Az 7 T 16/11, nv.
32 *BGH* ZIP 2007, 2323.

dann, wenn bei Großobjekten eine Verwaltung durch den InsVerw selbst nicht mehr bewältigt werden kann (Betriebskostenabrechnungen, Mieterwechsel, gewerbliche Vermietung). Unproblematisch delegationsfähig sind Tätigkeiten der Hausbetreuung (facility management).

Die Erstellung technischer Gutachten zu beweglichem Anlagevermögen ist ebenso delegationsfähig wie die Erstellung von Wertgutachten oder Schadensgutachten für Immobilien. Gleiches gilt für die Feststellung von Altlasten und deren Beseitigungskosten. 23

Aktenarchivierung und Datensicherung sind delegationsfähig. 24

Den Forderungseinzug hat der InsVerw grds selbst zu bewerkstelligen.[33] Erst die Einziehung streitiger Forderungen kann als delegationsfähig angesehen werden.[34] Ab einem Umfang von 200 Forderungen kann eine Delegationsfähigkeit aber wohl bejaht werden.[35] 25

Die Erarbeitung eines InsPlans ist als Kerntätigkeit der InsVerwaltung nicht gänzlich delegierbar (s auch § 5 Rn 16). Delegierbar ist die Erstellung von Liquiditätsrechnungen und Plananlagen. Im Relation zu § 3 Abs 1c ist bei Delegation der Planerstellung ein Zuschlag zur VerwVergütung nicht möglich.[36] 26

3. Vergütungsrechtliche Folgen. Die im Rahmen zulässiger Delegation vereinbarten Honorare sind Masseverbindlichkeiten nach § 55 Abs 1 Nr 1 InsO.[37] Der InsVerw kann sie ohne bes Genehmigung des InsGer aus der InsMasse entnehmen. Bei Delegation und Erledigung nach § 5 sind die Beträge nach § 1 Abs 2 Nr 4a von der Berechnungsgrundlage der Vergütung abzuziehen (s § 1 Rn 13). Nach richtiger Ansicht gilt das auch bei der Beauftragung eigener Unternehmen oder Sozii.[38] 27

Bei zulässiger Delegation einer Tätigkeit, die als solche eine Vergütungserhöhung nach § 3 Abs 1 bewirkt hätte, kann diese nicht mehr gewährt werden. Der InsVerw hatte durch die Delegation mithin keinen erheblichen Arbeitsaufwand. 28

Bei zulässiger Delegation einer Regeltätigkeit, die der InsVerw auch selbst hätte erledigen können und die keine Vergütungserhöhung gerechtfertigt hätte, ist die Regelvergütung des § 2 um die Arbeitsersparnis des InsVerw zu kürzen.[39] Maßstab der Kürzung kann das zeitliche Verhältnis der delegierten Tätigkeit zu den sonstigen erledigten Aufgaben sein. 29

Bei unzulässiger Delegation hat das InsGer das unrechtmäßig gezahlte Honorar unmittelbar von der Vergütung des InsVerw abzuziehen.[40] Der InsVerw kann sich hiergegen mit der Beschw des § 64 Abs 3 InsO wehren. Allg erscheint ein Vergütungsabzug durch das InsGer aber fraglich, gerade in schwerwiegenden Fällen ist es sachgerecht, zur Prüfung und Geltendmachung eines Gesamtschadens der InsGl aus § 60 mit § 92 S 2 InsO einen SonderInsVerw zu bestellen.[41] 30

---

33 *BGH* ZIP 2005, 36, dazu EWiR 2005, 833 *(Henssler/Deckenbrock)*.
34 *BGH* NZI 2010, 902.
35 Sehr restriktiv *LG Lübeck* NZI 2009, 559; *LG Hannover* NZI 2009, 560.
36 *K/P/B/Stoffler* § 4 Rn 90, 91.
37 *K/P/B/Stoffler* § 4 InsVV Rn 37.
38 AM *BGH* DZWIR 2008, 30 mit Anm *Keller* = ZIP 2007, 1958.
39 *K/P/B/Stoffler* § 4 InsVV Rn 41.
40 *BGH* ZIP 2005, 36 = ZVI 2005, 152 = NZI 2005, 103, dazu EWiR 2005, 833 *(Henssler/Deckenbrock)*.
41 *Frege* Der Sonderinsolvenzverwalter, 2008, Rn 140 ff.

§ 5 Einsatz besonderer Sachkunde

(1) Ist der Insolvenzverwalter als Rechtsanwalt zugelassen, so kann er für Tätigkeiten, die ein nicht als Rechtsanwalt zugelassener Verwalter angemessenerweise einem Rechtsanwalt übertragen hätte, nach Maßgabe des Rechtsanwaltsvergütungsgesetzes Gebühren und Auslagen gesondert aus der Insolvenzmasse entnehmen.

(2) Ist der Verwalter Wirtschaftsprüfer oder Steuerberater oder besitzt er eine andere besondere Qualifikation, so gilt Absatz 1 entsprechend.

Übersicht

I. Normzweck

1 § 5 bestätigt den schon im Konkursrecht geltenden Grundsatz, dass der InsVerw bei bes beruflicher Qualifikation, die er für die InsMasse einsetzt, die hierfür entstehenden bes Gebühren oder Vergütungen gesondert aus der InsMasse erhält. Dies gilt für Anwaltstätigkeit wie auch für sonstige bes berufliche Qualifikation (Abs 2). Sachlich erlaubt § 5 dem InsVerw, einzelne Tätigkeiten „an sich selbst" zu delegieren.[1] Die Vorschrift ergänzt insoweit § 4 Abs 1 S 3 (dort Rn 2).

II. Sachliche Voraussetzungen und allgemeine Vergütung

2 **1. Anforderungen an die eigene Erledigung.** Maßstab der Anwendung des § 5 ist ebenso wie bei § 4 Abs 1 S 3, ob ein InsVerw, der über eine entspr Qualifikation nicht verfügt, vernünftigerweise eine Person mit entspr Qualifikation beauftragt hätte.[2] Das InsGer ist berechtigt und verpflichtet, dies iRd Vergütungsfestsetzung (§ 8 Abs 2) zu prüfen.[3] Bei unrechtmäßiger Delegation und Entnahme kann das Gericht den nach § 5 entnommenen Betrag von der Vergütung des InsVerw in Abzug bringen.[4] Der InsVerw kann hiergegen sofortige Beschw (§ 64 Abs 3 InsO) einlegen.

3 **2. Vergütungsentnahme aus der Insolvenzmasse.** Der InsVerw ist berechtigt, ohne bes Genehmigung des InsGer, die ihm zustehenden Vergütungen aus der InsMasse zu entnehmen. Sie sind sonstige Masseverbindlichkeiten iSd § 55 Abs 1 Nr 1 InsO und nicht Massekosten nach § 54 Nr 2 InsO.[5] Bei Masseunzulänglichkeiten gelten daher § 209 Abs 1 Nr 2 oder 3 InsO.

4 Der InsVerw kann statt § 5 eine Erhöhung seiner Vergütung nach § 3 Abs 1 verlangen. In aller Regel ist § 5 für ihn günstiger. Neben § 5 ist eine Vergütungserhöhung nach § 3 Abs 1 denkbar, wenn trotz der Delegation eine erhebliche Arbeitsbelastung für den InsVerw vorlag.[6]

1 *Keller* Vergütung, § 2 Rn 139 ff.
2 *BGHZ* 139, 309; ZIP 2005, 36; *Keller* Vergütung, § 2 Rn 130 ff.
3 *BGH* ZIP 2005, 36; *Keller* Vergütung, § 2 Rn 179 ff.
4 *BGH* ZIP 2005, 36; ZVI 2013, 167; eingehend, aber auch krit *Keller* Vergütung, § 2 Rn 185 ff.
5 Anders noch für das Konkursrecht *BGHZ* 55, 101.
6 *K/P/B/Eickmann/Prasser* Vor § 1 InsVV Rn 43.

III. Einzelfälle

1. Anwaltliche Tätigkeit im Prozess. Im Zivilprozess mit Anwaltszwang erhält der InsVerw, der zugleich RA ist, die Gebühren und Auslagen nach dem RVG.[7] In Verf ohne Anwaltszwang ist zu prüfen, ob ein vernünftig handelnder InsVerw einen RA beauftragt hätte. Das ist meist zu bejahen.[8] Dies gilt iÜ auch für den SonderInsVerw.[9] Jedoch ist darauf zu achten, dass der Anwalt nicht „zu früh" beauftragt wird, insb bei InsAnf.[10] 5

§ 5 gilt auch bei Prozessführung vor den AG und SG,[11] Finanz- und VG[12] und im patentgerichtlichen Verf.[13] 6

Eine Tätigkeit als Korrespondenzanwalt (VV RVG 3400) wird überw als nicht erstattungsfähig angesehen.[14] Für auswärtige Terminwahrnehmung stehen dem InsVerw als RA die Reisekosten nach VV RVG 7003 bis 7006 sowie die Umsatzsteuer gem VV RVG 7008 zu. 7

Die Durchführung des MahnVerf (§§ 688 ff ZPO) ist nicht gesondert zu honorieren, da hierzu vernünftigerweise noch kein Anwalt beauftragt wird.[15] 8

2. Einigungsgebühr nach VV RVG 1000. Wird außergerichtlich oder im gerichtlichen Verf ein Vergleich abgeschlossen, entsteht unter den gleichen Voraussetzungen wie bei der gerichtlichen oder außergerichtlichen Tätigkeit die Einigungsgebühr des VV RVG 1000, da der RA in eigener Sache Gebühren wie ein bevollmächtigter RA verlangen kann (§ 91 Abs 2 S 4 ZPO). 9

3. Zwangsvollstreckungsverfahren. Die Zwangsvollstreckung vorbereitende Maßnahmen, wie Erteilung der vollstreckbaren Ausfertigung (§§ 724 ff ZPO) oder Zustellung des Titels (§ 750 ZPO), sind nicht gesondert anrechenbar. Gleiches gilt für einfache Vollstreckungsmaßnahmen wie Beauftragung des Gerichtsvollziehers oder Antrag auf Erlass eines Pfändungs- und ÜberweisungsBeschl oder auch Ausbringen einer Vorpfändung nach § 845 ZPO. Die durch § 56 InsO geforderte Sachkunde des InsVerw muss diese Tätigkeiten umfassen. 10

Allg ist deshalb auch die außergerichtliche Geltendmachung von Forderungen des Schu (Forderungseinzug) nicht über § 5 anrechenbar.[16] Es kann freilich bei erheblichem Arbeitsaufwand eine Erhöhung der Vergütung nach § 3 Abs 1 erfolgen. 11

Durchführung der Zwangsversteigerung nach §§ 172 ff ZVG oder auch Vertretung im ZwangsversteigerungsVerf auf Betreiben eines Gl rechtfertigen eine bes Vergütung nach § 5.[17] Meist genügt im letzteren Fall aber eine Wahrnehmung des/der Versteigerungstermins/e (VV RVG 3312). 12

---

7 *BGHZ* 55, 101; *BFH* NJW 1965, 2271; *OLG Köln* KTS 1977, 56.
8 Ausführlich *K/P/B/Stoffler* § 4 InsVV Rn 70 ff.
9 *BGH* ZIP 2015, 1034.
10 *BGH* ZVI 2013, 167.
11 *LG München I* KTS 1971, 58; *Uhlenbruck* ZIP 1980, 16.
12 *BFH* NJW 1965, 2271; *Sächs FG* 5.12.2014 – 3 Ko 1513/14; *K/P/B/Stoffler* § 4 InsVV Rn 76, 78.
13 *LG Augsburg* KTS 1978, 117; *K/P/B/Stoffler* § 4 InsVV Rn 77.
14 *BGH* NZI 2006, 524; *OLG München* NJW 1966, 2416; *OLG Frankfurt* NJW 1972, 1328; KTS 1976, 245 mit allg Anm *Graf Lambsdorff/Skoda*; *KG* Rpfleger 1981, 411; *OLG Stuttgart* ZIP 1983, 1229; differenzierend *OLG Karlsruhe* KTS 1978, 260; *K/P/B/Stoffler* § 4 InsVV Rn 83.
15 Zum Zwangsverwalter *BGH* Rpfleger 2012, 564.
16 *LG Lübeck* NZI 2009, 559; *LG Hannover* NZI 2009, 560.
17 MK/*Nowak* 2. Aufl 2007 § 5 InsVV Rn 7.

13 **4. Notargebühren.** Als Notar kann der InsVerw regelmäßig nicht tätig werden, eine entspr Notartätigkeit verstieße gegen das Beurkundungsverbot des § 3 Abs 1 Nr 1, § 6 Abs 1 Nr 1 BeurkG. Damit können auch keine Notargebühren über § 5 abgerechnet werden.

14 Bei Grundstücksgeschäften mit bes rechtlichen Schwierigkeiten (umfangreicher Kaufvertrag, Erbbaurecht) kann der InsVerw aber Anwaltshonorar für beratende Tätigkeit erhalten (§ 34 RVG),[18] wenn ein vernünftig handelnder Verwalter einen Anwalt beauftragt hätte.[19] Eine Vergütungserhöhung nach § 3 Abs 1 statt der Abrechnung über § 5 ist möglich.

15 **5. Wirtschaftsprüfer und Steuerberater.** Der InsVerw, der Wirtschaftsprüfer oder Steuerberater ist, kann in dieser Eigenschaft bes Tätigkeiten gesondert abrechnen.[20] Dies gilt für die Erstellung steuerlicher Jahresabschlüsse und Bilanzen. Bei einem RA als InsVerw sind Grundkenntnisse im Steuerrecht zwar vorauszusetzen, so dass er beispielsweise außergerichtliche Rechtsbehelfe gegenüber dem Finanzamt einlegen kann, ohne dass ihm ein gesonderter Honoraranspruch erwächst. Allein aus der Tatsache, dass der RA zur Hilfe in Steuersachen befugt ist (§ 3 Nr 1 StBerG), können an seine zu erfüllenden steuerlichen Aufgaben aber keine überzogenen Anforderungen gestellt werden.

16 **6. Erarbeitung eines Insolvenzplans.** Vereinzelt wird die Erarbeitung eines InsPlans als gesondert abrechenbar angesehen.[21] Dabei soll die bes Vergütung auf eine Erhöhung nach § 3 Abs 1 anzurechnen sein. Dem ist zu widersprechen. Die Erstellung eines InsPlans gehört zu den vornehmsten und anspruchsvollsten Tätigkeiten des InsVerw, er hat gerade bei eigenem Planinitiativrecht (I § 216 Rn 3) in eigener Person für den Planentwurf einzustehen und legt nicht lediglich einen (an sich selbst) in Auftrag gegebenen Plan vor. Die Erstellung des InsPlans ist nur über § 3 Abs 1e zu vergüten.

§ 6 Nachtragsverteilung. Überwachung der Erfüllung eines Insolvenzplans

(1) [1]Für eine Nachtragsverteilung erhält der Insolvenzverwalter eine gesonderte Vergütung, die unter Berücksichtigung des Werts der nachträglich verteilten Insolvenzmasse nach billigem Ermessen festzusetzen ist. [2]Satz 1 gilt nicht, wenn die Nachtragsverteilung voraussehbar war und schon bei der Festsetzung der Vergütung für das Insolvenzverfahren berücksichtigt worden ist.

(2) [1]Die Überwachung der Erfüllung eines Insolvenzplans nach den §§ 260 bis 269 der Insolvenzordnung wird gesondert vergütet. [2]Die Vergütung ist unter Berücksichtigung des Umfangs der Tätigkeit nach billigem Ermessen festzusetzen.

Übersicht

I. Normzweck

1 Die Vorschrift regelt bes Vergütungen für Tätigkeiten des InsVerw nach Aufhebung des InsVerf. Diese Tätigkeiten können bei der Festsetzung der Vergütung mit Beendigung des InsVerf grds nicht berücksichtigt werden und sind deshalb bes zu vergüten.

18 Dazu *Keller* Vergütung, § 2 Rn 168 ff.
19 MK/*Nowak* 2. Aufl 2007 § 5 InsVV Rn 10.
20 *K/P/B/Stoffler* § 4 InsVV Rn 49, 54.
21 Zur Delegationsfähigkeit *K/P/B/Stoffler* § 4 InsVV Rn 90.

II. Nachtragsverteilung

Die Nachtragsverteilung nach §§ 203 ff InsO ist nur dann bes zu vergüten, wenn sie nicht bereits bei Aufhebung des InsVerf durch das Gericht vorbehalten war (Abs 1 S 2). Letzteres ist gegeben bei nachträglicher Festsetzung der Vergütungsdifferenz bei späterem Massezufluss durch Uimsatzsteuererstattung (§ 1 Rn 15). Bei vorbehaltener Nachtragsverteilung kann ein besonderer Arbeitsaufwand bereits durch Erhöhung der Vergütung des InsVerw nach § 3 Abs 1 berücksichtigt werden.[1] Die Vergütung soll nach § 6 Abs 1 S 1 nach billigem Ermessen unter Berücksichtigung des Werts des der Nachtragsverteilung unterliegenden Vermögens festgesetzt werden.[2] 2

Sinnvoll ist es, die Vergütung entspr §§ 2, 3 aus der InsMasse der Nachtragsverteilung als Berechnungsgrundlage nach § 1 zu berechnen.[3] Die Regelvergütung kann in einem angemessenen Bruchteil von 25 % der Vergütung nach § 2 bestehen.[4] Soweit die Nachtragsverteilung keine Erschwernisse beinhaltet, beispielsweise wenn keine Verwertung erfolgen muss, kann auch ein stärkeres Zurückbleiben hinter dem Regelsatz gerechtfertigt sein. Umgekehrt sind bei notwendigen Verwertungsmaßnahmen auch Erhöhungen denkbar.[5] 3

III. Überwachung eines Insolvenzplans

Für die Überwachung der Erfüllung eines InsPlans (§§ 260 Abs 1, 261 Abs 1 S 1 InsO) erhält der InsVerw eine gesonderte Vergütung (Abs 2 S 1). Die Vergütung ist nach billigem Ermessen festzusetzen (Abs 2 S 2). Zu berücksichtigen ist, ob im InsPlan ein Zustimmungsvorbehalt nach § 263 InsO vorgesehen ist oder ein Kreditrahmen nach § 264 InsO festgesetzt ist. 4

Da Vergütungen erst nach Beendigung der Tätigkeit fällig, kann die Vergütung des mit der Überwachung der Erfüllung des InsPlans beauftragten InsVerw erst nach Aufhebung der Überwachung (§ 268 InsO) festgesetzt werden. Schu der Vergütung ist der InsSchu oder die Übernahmegesellschaft (§ 269 InsO); der InsVerw trägt das Risiko der Realisierbarkeit der Vergütung.[6] Dem InsVerw als Planüberwacher kann jährlich eine Teilvergütung im Sinne eines Vorschusses auf seine Vergütung gewährt werden (entspr § 9).[7] 5

Die Vergütung selbst kann als Bruchteil der Verwaltervergütung aus der InsMasse (Vermögensübersicht, § 229 InsO) ermittelt werden. Je nach Umfang der Tätigkeit kann eine Erhöhung oder Kürzung der Vergütung erfolgen.[8] 6

§ 7 Umsatzsteuer

Zusätzlich zur Vergütung und zur Erstattung der Auslagen wird ein Betrag in Höhe der vom Insolvenzverwalter zu zahlenden Umsatzsteuer festgesetzt.

Übersicht

1 MK/*Nowak* 2. Aufl 2007 § 6 InsVV Rn 4.
2 *BGH* NZI 2007, 43; NZI 2010, 259.
3 *LG Offenburg* NZI 2005, 172; *LG Köln* 20.9.2016 – 1 T 61/16.
4 *Keller* Vergütung, § 6 Rn 19.
5 *K/P/B/Eickmann* § 6 InsVV Rn 7.
6 *LG Memmingen* ZInsO 2011, 1567; MK/*Nowak* 2. Aufl 2007 § 6 InsVV Rn 6.
7 MK/*Nowak* 2. Aufl 2007 § 6 InsVV Rn 6.
8 *K/P/B/Eickmann* § 6 InsVV Rn 10.

I. Normzweck

1 Die Vorschrift stellt klar, dass die Vergütung des InsVerw zunächst als Nettovergütung zu berechnen ist. Gleiches gilt für seine Auslagen nach § 8.

II. Umsatzsteuererstattung

2 Der InsVerw erhält zuzüglich zu seiner Vergütung sowie zu den erstatteten Auslagen den vollen Betrag der von ihm zu zahlenden Umsatzsteuer. Die Umsatzsteuer ist bzgl der Vergütung und der Auslagen im VergütungsBeschl gesondert auszuweisen.[1]

3 Die Umsatzsteuer auf die Verwaltertätigkeit als Dauerleistung wird mit Beendigung der Tätigkeit fällig, mithin mit Aufhebung oder Einstellung des InsVerf. Es ist daher der Steuersatz maßgebend, der zu diesem Zeitpunkt gültig ist.[2] Wurden dem InsVerw Vorschüsse mit niedrigerem Umsatzsteuersatz gewährt, ist dies unschädlich, da erst der endgültige VergütungsfestsetzungsBeschl die Vergütung und damit die anfallende Umsatzsteuer ausweist.

4 Ist der Schu vorsteuerabzugsberechtigt, wird die an den Verw gezahlte Umsatzsteuer wieder erstattet, was regelmäßig zu Massezufluss führt. Bei natürlichen Personen als Schu hat eine Aufteilung entspr dem Verhältnis unternehmerischer und privater InsFordg zu erfolgen (§ 1 Rn 15).

5 Sonstige vom InsVerw zu entrichtende Steuern oder Abgaben werden nicht erstattet, insb keine Gewerbesteuer, wenn der InsVerw gewerbesteuerpflichtig ist.[3]

§ 8 Festsetzung von Vergütung und Auslagen

(1) [1]Die Vergütung und die Auslagen werden auf Antrag des Insolvenzverwalters vom Insolvenzgericht festgesetzt. [2]Die Festsetzung erfolgt für Vergütung und Auslagen gesondert. [3]Der Antrag soll gestellt werden, wenn die Schlussrechnung an das Gericht gesandt wird.

(2) In dem Antrag ist näher darzulegen, wie die nach § 1 Abs. 2 maßgebliche Insolvenzmasse berechnet worden ist und welche Dienst- oder Werkverträge für besondere Aufgaben im Rahmen der Insolvenzverwaltung abgeschlossen worden sind (§ 4 Abs. 1 Satz 3).

(3) [1]Der Verwalter kann nach seiner Wahl anstelle der tatsächlich entstandenen Auslagen einen Pauschsatz fordern, der im ersten Jahr 15 vom Hundert, danach 10 vom Hundert der Regelvergütung, höchstens jedoch 250 Euro je angefangenen Monat der Dauer der Tätigkeit des Verwalters beträgt. [2]Der Pauschsatz darf 30 vom Hundert der Regelvergütung nicht übersteigen.

Übersicht

1 *BFH* ZVI 2005, 280; ZIP 1986, 517.
2 *AG Potsdam* NZI 2007, 179; *Onusseit* ZfIR 2007, 121, 127.
3 *BFH* ZIP 2002, 359.

I. Normzweck

Die Vorschrift regelt das Verf der Vergütungsfestsetzung. Sie ergänzt § 64 InsO (s dort Rn 8ff). § 8 Abs 3 knüpft an § 4 Abs 2 an und gibt die Möglichkeit, den Auslagenersatz pauschal mit Höchstgrenzen festzusetzen. 1

II. Antrag und Zeitpunkt der Antragstellung

1. Antrag mit Verfahrensbeendigung. Die Vergütung wird bei Beendigung des Verf festgesetzt. Der Antrag ist mit Vorlage der Schlussrechnung nach § 66 InsO zu stellen (Abs 1 S 3). Bei Einstellung nach § 207 InsO oder §§ 208 ff InsO ist der Antrag mit Schlussrechnung und Antrag auf VerfEinstellung zu stellen. Bei Aufhebung nach Bestätigung eines InsPlans (§ 258 InsO) hat die Festsetzung der Vergütung erst nach Rechtskraft des Bestätigungs-Beschl (§ 248 InsO) zu erfolgen.[1] 2

2. Inhalt des Antrags. Im Antrag ist die Berechnung der InsMasse nach § 1 darzulegen (Abs 2 S 1). Bei Gegenständen, die mit Absonderungsrechten behaftet waren, ist die Vergleichsrechnung nach § 1 Abs 2 Nr 1 vorzunehmen. Bei Unternehmensfortführung ist eine gesonderte Einnahmen-/Ausgabenrechnung vorzulegen (§ 1 Abs 2 Nr 4b). Vergütungen, die nach § 1 Abs 2 Nr 4a abzusetzen sind, sind anzugeben. 3

Geltend gemachte Erhöhungstatbestände nach § 3 Abs 1 sind darzulegen und zu erläutern; gleiches gilt für mögliche Kürzungstatbestände. 4

Auslagen, die nach § 4 Abs 2 einzeln und in voller Höhe erstattet werden sollen, sind nachzuweisen. Bei Inanspruchnahme des Pauschsatzes nach Abs 3 ist kein Nachweis erforderlich. Die Wahl zwischen Einzelnachweis und Pauschsatz trifft der InsVerw. Das InsGer kann dies nicht beanstanden,[2] es hat auch kein Ermessen beim Pauschsatz.[3] 5

Bes anzugeben ist die Beauftragung externer Dienstleister nach § 4 Abs 1 S 3 mit Angabe der gezahlten Honorare (Abs 2 S 2).[4] 6

III. Festsetzung durch das Insolvenzgericht

1. Funktionelle Zuständigkeit. Für die Festsetzung der Vergütung ist am InsGer je nach Zuständigkeit für das Verf selbst der Rechtspfleger oder der Ri zuständig (§ 3 Nr 2e, § 18 Abs 1 RPflG; eingehend § 64 InsO Rn 9). 7

1 *LG Berlin* NZI 2005, 338.
2 *LG Chemnitz* ZIP 2000, 710.
3 *LG Hannover* ZInsO 2005, 481.
4 *BGH* ZIP 2005, 36 =, dazu EWiR 2005, 833 *(Henssler/Deckenbrock)*.

8 **2. Rechtliches Gehör.** Vor Festsetzung der Vergütung kann der GlAusschuss gehört werden,[5] auch wird regelmäßig der Schu gehört. Gewährung rechtlichen Gehörs an die InsGl, etwa im Schlusstermin, ist nicht üblich,[6] jedoch ratsam (§ 64 InsO Rn 13 ff). Die Vergütungsfestsetzung kann dann lediglich nicht bereits mit Genehmigung der Schlussverteilung sondern erst nach dem Schlusstermin erfolgen.

9 Bei InsVerf mit Kostenstundung (§§ 4a ff InsO) und Haftung der Staatskasse (§ 63 Abs 2 InsO) kann dem Vertreter der Staatskasse (Bezirksrevisor) rechtliches Gehör gewährt werden; ihm steht aber keine Weisungsbefugnis gegenüber dem InsGer zu.

10 **3. Inhalt des Beschlusses und Bekanntgabe.** Der VergütungsBeschl hat die Vergütung, Umsatzsteuer sowie die Auslagen nebst Umsatzsteuer gesondert darzustellen.[7] Der Beschl ist zu begründen.[8] Dies gilt insb die Gewährung von Zuschlägen oder die Kürzung der Vergütung.[9] Die Zuerkennung von Zuschlägen und Kürzungen ohne differenzierte Beurteilung und Bewertung der einzelnen Tatbestände im Rahmen der sog Gesamtbetrachtung ist abzulehnen (§ 3 Rn 10 ff).

11 Die Festsetzung der Vergütung ist nach § 64 Abs 2 S 1 InsO öffentlich bekanntzumachen (eingehend § 64 InsO Rn 20). Die festgesetzten Beträge sind nicht zu veröffentlichen (s dazu § 64 InsO Rn 20).[10] Zustellung erfolgt an den Schu, den InsVerw und die Mitglieder des GlAusschusses (§ 64 Abs 2 S 1 InsO).[11]

12 **4. Haftung bei verzögerter Festsetzung.** Eine Verzinsungspflicht ab dem Zeitpunkt der Antragstellung bis zur Festsetzung der Vergütung besteht nicht (sa § 64 InsO Rn 17).[12] Eine Amtshaftung kann nach § 839 BGB mit Art 34 S 1 GG bestehen.[13] Der InsVerw kann und muss durch ausreichenden Vorschüsse nach § 9 einen Schaden vermeiden. Schadensersatzpflicht besteht daher nur bei schuldhafter Verzögerung einer Vorschussgewährung.[14] Hieran sind strenge Maßstäbe anzusetzen.[15]

IV. Auslagenpauschale

13 **1. Allgemeine Auslagenpauschale.** Der InsVerw kann statt des Auslagenersatzes mit Einzelnachweis die Auslagenpauschale des Abs 3 geltend machen. Die Auslagenpauschale beträgt im ersten Jahr seit InsEröffnung 15 % der Regelvergütung, später 10 %. Der Pauschsatz von 10 % fällt ab dem zweiten Jahr jährlich an.[16] Er wird im letzten Jahr der Verwaltung nicht auf Monate gequotelt, sondern fällt für das angefangene Jahr voll an.[17] Die Pauschale

5 Allg *K/P/B/Lüke* § 64 Rn 7; *K/P/B/Eickmann/Prasser* § 8 InsVV Rn 7; empfehlenswert nach *Jaeger/Weber* KO § 85 Anm 2c.
6 Grundl bereits RGZ 147, 366; *LG Potsdam* ZIP 2005, 914; *K/P/B/Eickmann/Prasser* § 8 InsVV Rn 7; differenzierend MK/*Nowak* 2. Aufl 2007 § 64 Rn, 5, 6; aM nur *LG Düsseldorf* DB 1977, 1260 mit krit Anm *Dempewolf.*
7 *BFH* ZVI 2005, 280.
8 *LG München II* ZIP 1981, 260 = Rpfleger 1981, 155 mit Anm *Uhlenbruck*; *Uhlenbruck/Mock* § 64 Rn 39.
9 Eingehend *Keller* § 14 Vergütung, Rn 45, 46.
10 RAussch zum RegE InsO BT-Drucks 12/7302, 162.
11 Zur Beschwerdefrist bei fehlerhafter öffentlicher Bek und späterer Zustellung *BGH* ZInsO 2009, 2414.
12 *BGH* ZIP 2004, 574, dazu EWiR 2004, 611 *(Schumacher)*; *BGH* ZInsO 2004, 268.
13 *BGH* ZIP 2004, 574, dazu EWiR 2004, 611 *(Schumacher)*.
14 *BGH* ZIP 2004, 574.
15 *BGH* ZIP 2014, 2299 = Rpfleger 2015, 97 mit Anm *Keller.*
16 *BGH* ZIP 2003, 1458.
17 *LG Berlin* ZInsO 2003, 367; NZI 2003, 502.

kann aber nur bis zu dem Zeitpunkt verlangt werden, zu dem bei ordnungsgemäßer Durchführung das Verf beendet worden wäre.[18] Bei überlanger Verfahrensdauer ohne entsprechende Tätigkeit des InsVerw soll nach BGH eine Kürzung der Pauschale angezeigt sein.[19]

§ 8 Abs 3 wurde durch VO v 4.10.2004 (BGBl I, 2569) mW für Verf ab 1.1.2004 geändert.[20] In den seit 1.1.2004 eröffneten Verf berechnet sich die Pauschale nur aus der Regelvergütung ohne Berücksichtigung von Erhöhungstatbeständen. In den vor dem 1.1.2004 eröffneten Verfahren werden die Pauschsätze aus der Vergütung einschl der Erhöhungen berechnet. 14

Höchstens beträgt die Auslagenpauschale 250 EUR je angefangenen Monat der Dauer der Verwaltung.[21] Zu zählen ist ab der InsEröffnung und nicht nach Kalendermonaten.[22] 15

Zusätzlich ist die Auslagenpauschale insgesamt auf 30 % der Regelvergütung begrenzt (Abs 3 S 2).[23] 16

2. Auslagen bei Übertragung von Zustellungen. – a) Insolvenzverfahren vor/nach 1.1.2004. Die Vornahme der Zustellungen gehört nicht zu den eigentlich Aufgaben der InsVerw (§ 8 InsO Rn 30). Das Insolvenzgericht bedient sich der Organisationsstruktur des Insolvenzverwalterbüros und überträgt ihm Aufgaben, die eigentl der Geschäftsstelle des Gerichts zukommen. Daher darf die Beauftragung nach § 8 Abs 3 InsO nicht dazu führen, gerichtliche Kosten durch die Pauschalierung des § 8 Abs 3 InsVV auf den InsVerw abzuwälzen. 17

Nach zunächst instanzgerichtlicher Ansicht waren die Kosten dieser Zustellungen daher in vollem Umfang zu erstatten.[24] Dem InsVerw sollten Sach- und Personalkosten erstattet werden.[25] Diese Kosten der übertragenen Zustellungen sollten stets gesondert zu ersetzen sein.[26] Diese pauschalierende Praxis wurde vom Bundesgerichtshof in zwei Beschl v 21.12.2006 beanstandet (eingehend Rn 20 ff):[27] Ausschlaggebende Überlegung des BGH für Verfahren ab 1.1.2004 ist, dass Personalkosten stets von der Vergütung selbst abgedeckt sind (§ 4 Abs 1 S 2) und nicht zusätzlich durch Auslagenerstattung vergütet werden sollen. Seit der Änderung des § 8 durch 1. InsVV-ÄnderungsVO v 4.10.2004 (BGBl I, 2569) mWv 1.1.2004[28] ist die Auslagenpauschale nur nach der Regelvergütung zu berechnen, Erhöhungen des § 3 Abs 1 werden nicht berücksichtigt. In den vor 1.1.2004 eröffneten Verfahren berechnet sich die Auslagenpauschale nach der vollen Vergütung und damit einschl Erhöhungen für Personalaufwand. 18

b) Auslagenersatz nach Einzelnachweis. Auslagenersatz auch für Zustellungen erhält der InsVerw nach § 4 Abs 2 InsVV jederzeit und ohne dass ein bestimmter Schwellenwert 19

---

18 *BGH* ZIP 2004, 1716 = DZWIR 2004, 525 mit Anm *Pluta/Heidrich*; ZIP 2006, 483; *LG Chemnitz* ZInsO 2004, 799.
19 *BGH* NZI 2008, 544.
20 Verfassungsgem nach *BGH* NZI 2013, 37; sehr krit wegen der echten Rückwirkung *B/G/H/Blersch* § 8 InsVV Rn 38 und § 19 InsVV Rn 2.
21 *BGH* ZIP 2003, 1458 = ZVI 2003, 486 = NZI 2003, 608.
22 *OLG Zweibrücken* NZI 2001, 312.
23 Eingefügt durch VO 4.10.2004, BGBl I S 2569; Begr zum Entwurf der Ersten VO zur Änderung der InsVV, zu § 8 Abs 3 InsVV, abgedr bei *Keller* Vergütung, Anh IV S 743 ff.
24 *LG Chemnitz* ZIP 2004, 84, dazu *Voss* EWiR 2004, 1045); *LG Leipzig* ZInsO 2003, 514; HambKomm/*Büttner* § 4 InsVV Rn 9.
25 *LG Chemnitz* ZIP 2004, 84; *LG Bamberg* ZInsO 2004, 1196; *AG Göttingen* ZVI 2004, 766.
26 *LG Chemnitz* ZIP 2004, 84; *AG Marburg* ZInsO 2005, 706; aM *LG Fulda* ZInsO 2005, 587; *AG Köln* ZVI 2006, 40.
27 *BGH* ZIP 2007, 440 = NZI 2007, 244; *BGH* ZIP 2007, 188 = NZI 2007, 166; eingehend *Keller* DZWIR 2007, 353.
28 Eingehend *Keller* ZVI 2004, 569.

erreicht werden müsste. § 4 Abs 2 stellt keine Vergütung für eine Tätigkeit dar, sondern gilt die dem InsVerw tatsächlich entstandenen Kosten ab. Ein Auslagenersatz ist mit Einzelnachweisführung daher jederzeit und unbegrenzt möglich, insbesondere für InsVerf, die vor dem 1.1.2004 eröffnet worden sind.[29]

20 **c) Auslagenersatz in Verfahren vor dem 1.1.2004.** Die Praxis, den Auslagenersatz für Zustellungen neben der Auslagenpauschale im Wege der Einzelerstattung zu gewähren, hielt der BGH für Verfahren, die vor dem 1.1.2004 eröffnet worden sind, für welche also die Auslagenpauschale des § 8 Abs 3 unter Einbeziehung der Erhöhungen nach § 3 zu berechnen war, für nicht zulässig.[30]

21 In Verfahren, die vor dem 1.1.2004 eröffnet worden sind, kann der InsVerw wählen:[29]
- Er kann eine Erhöhung der Vergütung verlangen, wenn die Arbeitsbelastung hierfür erheblich war. Er kann daneben den allg Pauschsatz der Auslagen nach § 8 Abs 3 aF aus der (erhöhten) Vergütung erhalten;
- Er kann für übertragene Zustellungen eine Erhöhung der Vergütung verlangen, wenn die Arbeitsbelastung erheblich war. Er kann daneben die Sachkosten der Zustellungen im Wege der Einzelabrechnung als Auslagenersatz erhalten.

22 **d) Auslagenersatz in Verfahren nach dem 1.1.2004.** Für InsVerf, die nach dem 1.1.2004 eröffnet worden sind, erlaubt der BGH die Erstattung der Sach- und Personalkosten auf Einzelnachweise neben der Gewährung der sonstigen Auslagenpauschale.[31] Ob daneben die Gewährung eines Zuschlags nach § 3 Abs 1 zulässig ist, ist fraglich.[32]

23 In Verfahren, die nach dem 1.1.2004 eröffnet worden sind und werden, kann der InsVerw erhalten:
- Allgemeine Auslagenpauschale aus der Regelvergütung des § 2 nach § 8 Abs 3;
- Erstattung der Sach- und Personalkosten für Zustellungen nach § 4 Abs 2 neben der Auslagenpauschale;
- Erhöhung der Regelvergütung nach § 3 Abs 1 bei erheblicher Arbeitsbelastung mit Zustellungen nach § 8 Abs 3 InsO.

24 Der BGH ließ zunächst offen, in welcher Weise eine Erstattung der Kosten erfolgen kann.[33] Vorgeschlagen wurden 1,80 EUR Personalkosten je Zustellung als eine Art unechten Zuschlag und 1,00 EUR als Sachkosten zu erstatten.[34] Dies wurde vom BGH im Jahre 2013 nicht beanstandet[35] und im Jahre 2015 sogar bekräftigt.[36] Abzustellen sei auf eine generalisierende Beurteilung des Arbeitsaufwandes, wobei unwirtschaftliche Arbeitsweise nicht zu berücksichtigen sei. Sehr problematisch ist dabei, ob und wie das InsGer eine solche Beurteilung vornehmen kann. Zu den Sachkosten gehören nämlich neben Porto- und Papierkosten auch anteilig Kosten für Kopiergerät, PC und Drucker. Die Personalkosten sind unter Einbeziehung sämtlicher Kosten, auch Arbeitgeberanteilen zur Sozialversicherung zu berechnen. Das Insolvenzgericht kann zudem dem InsVerw nicht vorschreiben, welche Mitarbeiter mit welcher Qualifikation er für die Erledigung einzusetzen hat. Erscheint unter

---

29 *BGH* ZIP 2007, 188, Begr Rn 14.
30 *BGH* ZIP 2007, 440, Begr Rn 18.
31 *BGH* ZIP 2007, 440, Begr Rn 8 ff; *BGH* NZI 2008, 444; *BGH* ZIP 2013, 833; eingehend *Keller* Vergütung, § 13 Rn 48 ff.
32 Noch bejahend *BGH* ZIP 2007, 440, Begr Rn 12; möglw überholt durch *BGH* ZIP 2013, 833.
33 *BGH* ZIP 2007, 440, Begr Rn 18.
34 *Graeber* in Anm *BGH* ZInsO 2007, 202, 204; ebenso *Stephan/Riedel* InsVV § 8 Rn 29.
35 *BGH* ZIP 2013, 833, dazu EWiR 2013, 383 (*Keller*).
36 *BGH* ZIP 2015, 1401.

Einbeziehung aller Sach- und Personalkosten die Vergütung des InsVerw für die übertragenen Zustellungen je Zustellung als besonders hoch, ist dies letztlich Folge dessen, dass das Insolvenzgericht mit der Beauftragung nach § 8 Abs 3 InsO sich selbst diesen Aufwandes entledigt hat.[37]

Entscheidend ist, dass der InsVerw den Auslagenersatz außerhalb der sonstigen Auslagenpauschale des § 8 Abs 3 ab der ersten Zustellung erhält, es muss hierfür kein Schwellenwert erreicht sein.[38] Eine Erhöhung der Vergütung nach § 3 Abs 1 kann auch durch Zuschlag je Zustellung bemessen werden. Entscheidend ist hier, dass der Auslagenersatz für Sach- und Personalkosten eben auch nur Kostenersatz und nicht Vergütung ist. Dem InsVerw kann aber nicht zugemutet werden, diese Tätigkeiten unentgeltlich, also ohne Gewinn, zu übernehmen.[39] 25

V. Rechtsmittel

1. Beschwerdeberechtigung und Beschwerdeverfahren. Gegen die Festsetzung der Vergütung ist die sofortige Beschw statthaft. Beschwerdeberechtigt sind der InsVerw, der Schu und jeder InsGl (§ 64 Abs 3 S 1 InsO; eingehend dort Rn 22 ff). Bei Masseunzulänglichkeit (§ 208 InsO) sind auch die MasseGl beschwerdebefugt. 26

Die Beschw ist nach § 64 Abs 3 S 2 InsO nur zulässig, wenn der Wert des BeschwGegenstandes 200 EUR übersteigt (§ 567 Abs 2 ZPO). Das InsGer hat Abhilfebefugnis nach § 572 Abs 1 S 1 ZPO. Die Abhilfe- oder auch NichtabhilfeEntsch ergeht stets durch Beschl.[40] Eine bes Begr ist dann erforderlich, wenn neu vorgetragene Tatsachen des BeschwFührers in der bisherigen Begr nicht berücksichtigt werden konnten. 27

Das Verbot der Verschlechterung der Rechtsposition des BeschwFührers (reformatio in peius)[41] gilt auch im Hinblick auf die Höhe der festgesetzten Vergütung.[42] Das BeschwGer kann einzelne Erhöhungskriterien des § 3 Abs 1 anders bewerten.[43] Zu bezweifeln ist, aber, ob es auch berechtigt ist, die Berechnungsgrundlage neu zu bewerten.[44] Das Verbot der reformatio in peius gilt nicht, wenn auch der Schu oder ein InsGl Beschw eingelegt haben.[45] 28

Die RechtsBeschw an den BGH (§ 133 GVG) ist nach Maßgabe des § 574 Abs 1 Nr 2 ZPO statthaft. 29

2. Formelle und materielle Rechtskraft. Der FestsetzungsBeschl erwächst in formelle Rechtskraft. Materielle Rechtskraft erlangt er hinsichtlich des Gesamtbetrages, da die Vergütung das gesamte Verfahren abgilt.[46] Daher können nach Rechtskraft keine Erhöhungstatbestände geltend gemacht werden, die bereits vor der Festsetzung entstanden waren.[47] Eine nachträgliche Festsetzung einer weiteren Vergütung kann sich nur auf neue Tatbestände stützen. 30

---

37 Eingehend *Frege/Keller/Riedel* InsR Rn 61.
38 *BGH* ZIP 2013, 833, in Abkehr zu *BGH* ZIP 2007, 440, Begr Rn 18, dazu *Keller* EWiR 2013, 383.
39 *Keller* Vergütung, § 13 Rn 42 ff.
40 *Zöller/Gummer* § 572 ZPO Rn 10.
41 Allg *Jaeger/Gerhardt* § 6 Rn 44; *Uhlenbruck/I Pape* § 6 Rn 20.
42 *BGHZ* 159, 122, 130; MK/*Ganter/Lohmann* § 6 Rn 72; *Uhlenbruck/I Pape* § 6 Rn 20.
43 *BGH* ZIP 2005, 1371; ZIP 2005, 1372.
44 So *BGH* ZIP 2006, 2186.
45 *Jaeger/Gerhardt* § 6 Rn 44.
46 *BGH* NZI 2010, 643.
47 *BGH* ZIP 2010, 1403; aM *LG Halle/Saale* ZInsO 2000, 410; *LG Magdeburg* ZIP 2004, 1915; *AG Potsdam* ZIP 2000, 630, dazu EWiR 2000, 587 *(Grub)*.

31 Der Verwalter kann die festgesetzten Beträge vor Rechtskraft aus der InsMasse entnehmen. Wird die gerichtliche Entsch im RechtsmittelVerf ganz oder tw aufgehoben, hat der InsVerw die überschießenden Beträge wieder zurückzuzahlen. Analog § 717 Abs 2 ZPO schuldet er ab Entnahme Prozesszinsen.[48]

48 *BGHZ* 165, 96; *OLG Hamburg* ZIP 2004, 2150.

§ 9 Vorschuss

[1]Der Insolvenzverwalter kann aus der Insolvenzmasse einen Vorschuss auf die Vergütung und die Auslagen entnehmen, wenn das Insolvenzgericht zustimmt. [2]Die Zustimmung soll erteilt werden, wenn das Insolvenzverfahren länger als sechs Monate dauert oder wenn besonders hohe Auslagen erforderlich werden. [3]Sind die Kosten des Verfahrens nach § 4a der Insolvenzordnung gestundet, so bewilligt das Gericht einen Vorschuss, sofern die Voraussetzungen nach Satz 2 gegeben sind.

Übersicht

I. Normzweck

1 Der InsVerw soll hinsichtlich der ihm entstehenden eigenen Kosten sowie hinsichtlich der bes Auslagen nicht vorleistungspflichtig werden (eingehend § 63 InsO Rn 32 ff). Durch die Vorschussgewährung soll auch ein mögliches Ausfallrisiko des InsVerw bei Masselosigkeit nach § 207 InsO vermieden werden.[1] Der InsVerw erhält mit dem Vorschuss eine Vorwegbefriedigung, die er bei Berechnung der anteiligen Befriedigung nach § 207 Abs 3 S 1 InsO nicht zurückerstatten muss.[2]

II. Voraussetzungen der Vorschussgewährung

2 **1. Zustimmung des Insolvenzgerichts.** Die Entnahme eines Vorschusses bedarf der vorherigen Zustimmung des InsGer. Der InsVerw darf nicht eigenmächtig einen Vorschuss entnehmen.

3 Nach S 1 hat der InsVerw Anspruch auf einen Vorschuss, wenn die Voraussetzungen vorliegen. Das EntschErmessen des Gerichts ist gering. Es darf die Vorschussentnahme nur unter engen Voraussetzungen ablehnen.[3]

4 **2. Sachliche Voraussetzungen.** Die Zustimmung ist ohne weitere Voraussetzungen zu erteilen, wenn das Verf länger als sechs Monate dauert. Ob danach eine Vorschussentnahme jeweils halbjährlich erfolgen soll, lässt sich aus dem Wortlaut des S 2 nicht zwingend herlei-

1 *BGHZ* 116, 233, 241 = ZIP 1992, 120, dazu EWiR 1992, 173 *(Uhlenbruck)*; *BGH* ZIP 2002, 2223 = DZWIR 2003, 101 mit Anm *Keller*.
2 *BGHZ* 116, 233, 242; 157, 370, 279.
3 *BGH* ZIP 2002, 2223.

ten.[4] Jedenfalls hat der InsVerw für die Dauer des Verf Anspruch auf mehrere Vorschüsse, die in ihrer Summe die Gesamtvergütung erreichen können.

Bes hohe Auslagen begründen das Recht zur Vorschussentnahme. Dies gilt auch im Klei- 5
nInsVerf mit Kostenstundung (§§4a ff InsO), wenn der InsVerw Steuerberatung in Auftrag gibt, die nach §4 Abs 2 erstattungsfähig ist.[5]

Auch die drohende Masselosigkeit nach §207 InsO ist ausreichender Grund für eine Vor- 6
schussentnahme (§63 InsO Rn 33).

III. Berechnung des Vorschusses

Der Vorschuss ist nach der voraussichtlichen InsMasse des §1 zu berechnen.[6] Es ist deshalb 7
die künftige InsMasse vorsichtig zu bewerten. Weit verbreitet ist die Übung, als Berechnungswert die bis dato erwirtschaftete InsMasse heranzuziehen.[7] Dies ist kritisch zu sehen und findet in §9 keine Grundlage, denn bei langer VerfDauer kann dies den InsVerw benachteiligen.

Der Vorschuss besteht in einem Bruchteil der Regelvergütung des §2. Eine Vergütungser- 8
höhung nach §3 Abs 1 kann erfolgen, wenn sich der entspr Tatbestand bereits verwirklicht hat oder mit Sicherheit verwirklichen wird.[8] Die Summe der bewilligten Vorschüsse soll den Gesamtbetrag der endgültig festzusetzenden Vergütung nicht übersteigen, kann ihn aber erreichen.[9]

IV. Rechtsmittel

Die Zustimmung des InsGer zur Entnahme eines Vorschusses ist nicht anfechtbar.[10] Der 9
Schu oder ein InsGl können nur die endgültige Vergütungsfestsetzung mit sof Beschw angreifen.

Die Versagung der Entnahme eines Vorschusses ist für den InsVerw als Maßnahme der 10
Aufsicht nach §58 InsO ebenfalls nicht anfechtbar.[11] Da über die Vorschussgewährung funktionell der Rechtspfleger entscheidet, ist nur befristete Rechtspflegererinnerung nach §11 Abs 2 RPflG statthaft.[12]

---

4 *BGH* ZIP 2002, 2223; *Uhlenbruck/Mock* §63 Rn 47; *Keller* Vergütung, §14 Rn 83.

5 *BGHZ* 160, 176 = ZIP 2004, 1717, dazu EWiR 2004, 1037 *(Schäferhoff)*; *AG Dresden* ZVI 2002, 340; *LG Kassel* ZVI 2002, 387, dazu EWiR 2002, 957 *(Keller)*.

6 *BGH* ZIP 2002, 2223 = NZI 2003, 31.

7 *Keller* Vergütung, §14 Rn 94.

8 *LG Magdeburg* ZIP 1995, 1372, dazu EWiR 1995, 1095 *(Tappmeier)*; *LG Göttingen* DZWIR 2002, 259; *AG Chemnitz* ZIP 2006, 820.

9 *BGHZ* 116, 233, 241 = ZIP 1992, 120, dazu EWiR 1992, 173 *(Uhlenbruck)*; *LG Wiesbaden* KTS 1973, 76; *LG Oldenburg* ZIP 1981, 1010; *LG Aachen* ZIP 1983, 100; *LG Ulm* KTS 1983, 642; *LG Hildesheim* ZIP 1983, 346; *LG Magdeburg* ZIP 1995, 1372 = KTS 1996, 118, dazu EWiR 1995, 1095 *(Tappmeier)*; *LG Göttingen* DZWIR 2002, 259 = NZI 2001, 665.

10 *LG Münster* NZI 2001, 604; *LG Göttingen* DZWIR 2002, 259.

11 *BGH* ZIP 2002, 2223 = DZWIR 2003, 101 mit Anm *Keller*; *OLG Köln* ZIP 2002, 231, dazu EWiR 2002, 295 *(Keller)*; aM *OLG Zweibrücken* NZI 2002, 43; *LG Stuttgart* NZI 2000, 547; *LG Rostock* NZI 2001, 158.

12 *BGH* ZIP 2002, 2223; eingehend krit *Keller* Vergütung, §14 Rn 101 ff.

Zweiter Abschnitt
Vergütung des vorläufigen Insolvenzverwalters, des Sachwalters und des Insolvenzverwalters im Verbraucherinsolvenzverfahren

§ 10 Grundsatz

Für die Vergütung des vorläufigen Insolvenzverwalters, des Sachwalters und des Insolvenzverwalters im Verbraucherinsolvenzverfahren gelten die Vorschriften des Ersten Abschnitts entsprechend, soweit in den §§ 11 bis 13 nichts anderes bestimmt ist.

1 Die Tätigkeit und Aufgaben des InsVerw unterscheiden sich von der Tätigkeit des vorl InsVerw, des Sachwalters und des Verw im vereinfachten InsVerf (früher §§ 311 ff InsO), weshalb auch die jeweiligen Vergütungen in den §§ 11–13 bes geregelt sind. Für die Berechnungsgrundlage, die Festsetzung der Vergütung und der Auslagen sowie für die Vorschussgewährung sind über § 10 die Vorschriften des ersten Abschn entspr anzuwenden. Die §§ 1–9 sind nicht unmittelbar anwendbar, sondern nur unter Berücksichtigung der unterschiedlichen Aufgaben und Rechte des jeweiligen Amtsträgers. Dies wird am vorl InsVerw bes deutlich, dessen Vergütungsbestimmung mit § 11 in der Berechnungsgrundlage entscheidend von § 1 abweicht.

§ 11 Vergütung des vorläufigen Insolvenzverwalters

(1) [1]Für die Berechnung der Vergütung des vorläufigen Insolvenzverwalters ist das Vermögen zugrunde zu legen, auf das sich seine Tätigkeit während des Eröffnungsverfahrens erstreckt. [2]Vermögensgegenstände, an denen bei Verfahrenseröffnung Aus- oder Absonderungsrechte bestehen, werden dem Vermögen nach Satz 1 hinzugerechnet, sofern sich der vorläufige Insolvenzverwalter in erheblichem Umfang mit ihnen befasst. [3]Sie bleiben unberücksichtigt, sofern der Schuldner die Gegenstände lediglich auf Grund eines Besitzüberlassungsvertrages in Besitz hat.

(2) Wird die Festsetzung der Vergütung beantragt, bevor die von Absatz 1 Satz 1 erfassten Gegenstände veräußert wurden, ist das Insolvenzgericht spätestens mit Vorlage der Schlussrechnung auf eine Abweichung des tatsächlichen Werts von dem der Vergütung zugrunde liegenden Wert hinzuweisen, sofern die Wertdifferenz 20 vom Hundert bezogen auf die Gesamtheit dieser Gegenstände übersteigt.

(3) Art, Dauer und der Umfang der Tätigkeit des vorläufigen Insolvenzverwalters sind bei der Festsetzung der Vergütung zu berücksichtigen.

(4) Hat das Insolvenzgericht den vorläufigen Insolvenzverwalter als Sachverständigen beauftragt zu prüfen, ob ein Eröffnungsgrund vorliegt und welche Aussichten für eine Fortführung des Unternehmens des Schuldners bestehen, so erhält er gesondert eine Vergütung nach dem Justizvergütungs- und -entschädigungsgesetz.

Übersicht

I. Normzweck und Rechtsgeschichte

1. Rechtsgeschichte. Die Vergütung des vorl InsVerw wird durch § 11 geregelt, erg gelten die §§ 1–9. § 1 ist entspr den Besonderheiten der Aufgaben und Befugnisse des vorl InsVerw anzuwenden. 1

§ 11 wurde mehrfach geändert, zuletzt wurde Abs 1 iVm § 63 Abs 3 InsO durch G v 15.7.2013 (BGBl I S 2379) mWv 19.7.2013 geändert (dazu auch § 63 InsO Rn 58 ff). Der Ggeber reagierte damit auf die Rspr des BGH v 15.11.2012,[1] der abweichend vom damals geltenden § 11 Abs 1 Vermögenswerte mit Aussonderungsrechten gar nicht und Vermögenswerte mit Absonderungsrechten nur in Höhe einer freien Masse bei der Berechnungsgrundlage berücksichtigt sehen wollte.[2] Die ohnehin durch das G zur Verkürzung der Restschuldbefreiung geplante Änderung des § 11 und Einfügung des § 63 Abs 3 InsO wurde daraufhin vorzeitig in Kraft gesetzt, um dem BGH entgegenzutreten.[3] Der Ggeber wollte die Rechtslage nach dem Wortlaut des § 11 idF der VO v 21.12.2006, in Kraft getreten am 29.12.2006, wieder hergestellt wissen.[4] Der VO-Geber korrigierte seinerzeit bereits mit der Neufassung des Abs 1 die Rspr des BGH v 14.12.2005 und 13.7.2006, der in Abkehr zu früherer Rspr und ganz allg Ansicht der Lit Vermögenswerte, die mit Aus- und Absonderungsrechten behaftet sind, nicht mehr in die Berechnungsgrundlage der Vergütung einbeziehen sondern nur noch über § 3 Abs 1a berücksichtigen wollte.[5] 2

§ 11 mit § 63 Abs 3 InsO in der seit 19.7.2013 geltenden Fassung ist mit der Übergangsregelung des Art 103h S 3 EGInsO in Kraft getreten. Die Regelungen sind auf Verf anzuwenden, die ab dem 19.7.2013 beantragt worden sind. Es ist sehr fraglich, ob die Stichtagsregelung des Art 103h S 3 EGInsO dem Art 3 Abs 1 GG standhält; es ist zu empfehlen, auch bei sog Altfällen die Neuregelungen anzunehmen bzw die Rspr des BGH zu § 11 unberücksichtigt zu lassen.[6] Der BGH verlangt verständlicherweise Beachtung seiner früheren Rspr in Altfällen.[7] Zur früheren Änderung des § 11 zum 29.12.2006 hielt allerdings der BGH die 3

---

1 *BGHZ* 195, 322 = NZI 2013, 29 mit Anm *Graeber*, dazu *Keller* EWiR 2013, 61; *BGHZ* 195, 336; ZIP 2013, 469; ZInsO 2013, 630.

2 Dazu *Keller* NZI 2013, 240.

3 BT-Drucks 17/13535, 44.

4 Zweite VO zur Änderung der InsVV 21.12.2006, BGBl I S 3389; eingehend *Keller* Vergütung § 7 Rn 27 ff.

5 *BGHZ* 165, 266; ZIP 2006, 672 mit Anm *Prasser*; *BGHZ* 168, 321= NZI 2006, 464 mit Anm *Nowak*; ZIP 2006, 2134; dem BGH folgend *AG Leipzig* NZI 2006, 478; aM *AG Göttingen* NZI 2006, 644; *Andres* Rpfleger 2006, 517; *ders* NZI 2006, 567; *Blersch* ZIP 2006, 1605; *Graeber* ZInsO 2006, 794; *Schmidt* ZInsO 2006, 791; eingehend zur Rechtsentwicklung *Zimmer* § 11 InsVV Rn 8 ff; *Keller* Vergütung, § 7 Rn 10 ff.

6 *K/P/B/Stoffler* § 65 InsO Rn 37; *Graeber* NZI 2013, 836; aM *LG Frankfurt/Main* ZIP 2014, 1687; dazu *Keller* NZI 2014, 833.

7 *BGH* 14.7.2016 – IX ZB 46/14.

Übergangsregelung des § 19 Abs 2 für rechtswidrig und verlangte bei Eröffnungsverfahren, die vor dem 29.12.2006 abgeschlossen waren, die Vergütung nach den Entscheidungen vom 14.12.2005 und vom 13.7.2006 zu berechnen.[8] Lediglich § 11 Abs 2 sollte auch auf Altverfahren anwendbar sein.[9]

4 Die hinsichtlich der Regelung des Abs 2, der zusammen mit § 63 Abs 3 S 3 InsO bei später abw Verwertungserlösen eine Korrektur der Vergütung vorsieht, bestanden zunächst verfassungsrechtliche Bedenken ob der Rechtskraftdurchbrechung des VergütungsBeschl durch Rechtsverordnung.[10] Dem wollte der Gesetzgeber mit Erhebung der Regelung in den Rang eines förmlichen Gesetzes durch § 63 Abs 3 S 3 InsO Rechnung tragen (§ 63 InsO Rn 63, 64).

5 **2. Vergütungsanspruch des vorläufigen Insolvenzverwalters.** Der vorl InsVerw hat Anspruch auf angemessene Vergütung (§ 21 Abs 2 Nr 1 mit § 63 Abs 1 InsO). Die Vergütung des vorl InsVerw muss in ihrer endgültigen Höhe unter Einbeziehung von Tatbeständen nach § 3 Abs 1 nicht geringer sein als die des endgültigen InsVerw, sie kann sie erreichen oder je nach Einzelfall übertreffen.[11]

6 Der Vergütungsanspruch wird mit Beendigung der vorl Verwaltung fällig.[12] Die Festsetzung kann auf Antrag (§ 8) unmittelbar danach erfolgen, nicht erst mit Beendigung eines eröffneten InsVerf.[13] Der nicht festgesetzte Vergütungsanspruch des vorl Verwalters verjährt innerhalb von drei Jahren (§ 195 BGB); für die festgesetzte Vergütung gilt § 197 Abs 1 Nr 3 BGB. Verjährungsbeginn iSd § 199 Abs 1 BGB mit dem Schluss des Jahres, in welchem das Eröffnungsverfahren endet.[14] Verjährungshemmung tritt durch Stellung des Vergütungsantrags bei Gericht analog § 11 Abs 7 RVG, § 2 Abs 3 JVEG ein.[15] Str war lange, ob beim Vergütungsanspruch des vorl Verwalters eine Hemmung der Verjährung bis zur Beendigung des eröffneten Insolvenzverfahrens gilt. Eine analoge Anwendung des § 8 Abs 2 S 1 RVG wurde abgelehnt.[16] Der BGH befürwortet aber eine Verjährungshemmung bis zur Beendigung des eröffneten Verfahrens.[17] Er argumentiert wesentlich mit Prozessökonomie und Einheitlichkeit des Verfahrens; mit Analogie zu § 8 Abs 2 RVG setzt er sich eingehend nicht auseinander. Mit Verjährungshemmung bis zur Beendigung des eröffneten Verfahrens ist die Problematik des § 11 Abs 2 mit § 63 Abs 3 S 3 InsO entschärft.[18]

7 Das Problem der Verjährung des Vergütungsanspruchs des vorl Verwalters stellt sich praktisch nur bei Nichteröffnung des InsVerf. Auch hier kann das Problem nur theoretisch auftauchen, wenn der vorl Verwalter mehr als drei Jahre nach Aufhebung der vorl Verwalter Vergütungsantrag stellt. Tlw wurde vertreten, die Verjährung sei durch Sonderverwalter

---

8 *BGH* ZIP 2008, 2323; NZI 2010, 527; NZI 2010, 300.
9 *BGH* ZInsO 2009, 495.
10 *Graeber* ZInsO 2007, 133; *Küpper/Heinze* ZInsO 2007, 231.
11 Ausdrücklich Begr zum Entwurf der Zweiten VO zur Änderung der InsVV, zu § 11, abgedr bei *Keller* Vergütung, Anh IV S 753 ff; aM *BGHZ* 146, 165, 176; NZI 2004, 665; *BGHZ* 165, 266, 273; dazu *Blersch* ZIP 2006, 598; *Keller* NZI 2006, 271; zu Recht *AG Chemnitz* ZIP 2001, 1473; *LG Braunschweig* Rpfleger 2001, 315.
12 *LG Göttingen* ZIP 2001, 625.
13 *Jaeger/Henckel* § 54 Rn 19.
14 Allg *Uhlenbruck/Mock* § 63 Rn 46.
15 Allg *BGH* ZIP 2007, 1070.
16 *LG Karlsruhe* ZInsO 2009, 2358.
17 *BGH* ZIP 2010, 2160 = DZWIR 2011, 36 mit Anm *Keller*.
18 Dazu *Keller* NZI 2007, 378; FK/*Schmerbach* § 21 InsO Rn 123; FK/*Lorenz* § 8 InsVV Rn 28a, § 11 InsVV Rn 25j; HambKomm/*Büttner* § 11 InsVV Rn 89; *Graeber* ZInsO 2007, 133; *Küpper/Heinze* ZInsO 2007, 231.

geltend zu machen,[19] tlw wurde die Entnahme einer verjährten Vergütung als pflichtwidrig angesehen.[20] Richtigerweise muss die Einrede der Verjährung erhoben werden durch Schu (im Rahmen der Anhörung) oder einen Gl (durch Beschwerde),[21] das InsGer kann sie nicht von Amts wegen berücksichtigen.[22]

Der Anspruch auf Vergütung besteht neben dem des InsVerw für die Tätigkeit im eröffneten Verf, die Vergütungen sind nicht aufeinander anzurechnen (§ 11 Abs 1 S 1).[23] Die Vergütung des InsVerw kann aber nach § 3 Abs 2a gekürzt werden.[24] Eine gutachterliche Tätigkeit wird stets gesondert vergütet (§ 11 Abs 4 InsVV und § 9 Abs 2 JVEG).[25] Es kommt insgesamt nicht darauf ab, ob die InsEröffnung erfolgt oder mangels Masse abgewiesen wird. 8

Bei VerfEröffnung gehört die Vergütung des vorl InsVerw zu den Kosten des InsVerf nach § 54 Nr 2 InsO. Bei Nichteröffnung (Abw mangels Masse oder oft Erledigterklärung durch Gl) ist der Schu des Verf auch Schu der Vergütung.[26] Problematisch ist dies, wenn die Vergütung aus dem verwalteten Vermögen nicht entnommen werden kann. IÜ ist der aus einem früheren Verf nicht befriedigte Vergütungsanspruch in einem späteren Insolvenzverfahren Insolvenzforderung nach § 38 InsO.[27] Denkbar ist eine Kostenhaftung des Gl. Das InsGer kann dem antragstellenden Gl die Vergütung aber nur iFd § 26a InsO aufbürden.[28] Die allg Kostenentscheidung nach § 29 Nr 1 GKG betrifft nur die gerichtlichen Kosten im Verhältnis Fiskus und Kostenschuldner.[29] Der antragstellende Gl ist nach § 23 Abs 1 GKG Zweitschuldner für diese gerichtlichen Kosten.[30] § 23 Abs 1 S 3 GKG mit KV GKG 9018 gilt jedoch nur im Falle der Kostenstundung nach §§ 4a ff InsO. Eine Haftung des Gl für die Vergütung des vorl Verw wird mit dem Argument abgelehnt, die Insolvenzantragstellung würde dann zu einem unkalkulierbaren Risiko.[31] Dem kann nicht gefolgt werden. Ein InsGl muss und kann sich bewusst sein, dass mit seinem Antrag auch ein Risiko der vorl Verw mit Vergütungsanspruch entstehen kann. Der Gesetzgeber hat aber mit § 26a InsO nur in besonderen Fällen eine Haftung des antragstellenden Gl zugelassen. Allein im Falle der reinen Antragsrücknahme (§ 269 Abs 3 ZPO) ist eine Kostengrundentscheidung gegen den Gl möglich.[32] 9

Nach Ansicht des BGH kann das InsGer bei Nichteröffnung des Verf die Vergütung des vorl Verwalters nicht festsetzen.[33] Der vorl Verwalter habe einen materiellrechtlichen Vergütungsanspruch gegen den Schu analog §§ 1835, 1836, 1915, 1987, 2221 BGB. Dieser sollte 10

19 *LG Hamburg* ZInsO 2010, 540.
20 Eingehend *Keller* Vergütung, § 2 Rn 61 ff.
21 *Keller* Vergütung, § 2 Rn 67, 68.
22 *LG Gießen* ZIP 2009, 2398, dazu EWiR 2009, 783 (*Keller*); *AG Göttingen* ZIP 2010, 795; aM *LG Hannover* ZIP 2009, 2108; *LG Hbg* NZI 2010, 486; *Graeber/Graeber* ZInsO 2010, 465.
23 *LG Wiesbaden* ZIP 1989, 56, dazu EWiR 1989, 191 *(Eickmann)*; anders noch *LG Köln* ZIP 1981, 142 mit Anm *Eickmann.*
24 *BGH* ZIP 2006, 1204 = NZI 2006, 464 mit Anm *Nowak*.
25 Begr zum Entwurf der Ersten VO zur Änderung der InsVV, zu § 11, abgedr bei *Keller* Vergütung, Anh IV S 743 ff.
26 *BGH* NZI 2006, 239; *BGHZ* 175, 48.
27 *BGH* ZIP 2008, 2371.
28 *BGHZ* 175, 48; eingehend *Jaeger/Gerhardt* § 22 Rn 250 ff.; *Uhlenbruck* NZI 2010, 161, 162.
29 *Jaeger/Gerhardt* § 22 Rn 244; *Uhlenbruck* NZI 2010, 161, 163; *Eickmann* ZIP 1982, 21.
30 *AG Köln* 15.2.2017 – 72 IN 295/13.
31 *BGH* NJW 1961, 2016; *Jaeger/Gerhardt* § 22 Rn 248, 251; *Uhlenbruck/Uhlenbruck* § 13 Rn 131, 132 und § 26 Rn 38 ff.
32 *Jaeger/Gerhardt* § 22 Rn 252.
33 *BGH* ZIP 2010, 89; NZI 2012, 317; *LG Duisburg* NZI 2010, 651; *LG Gießen* ZInsO 2011, 304; *LG Lüneburg* ZInsO = 2011, 590.

im ordentlichen Klageweg durchzusetzen sein. Diese Ansicht erntete Kritik.[34] Durch das sog ESUG v 7.12.2011 (BGBl I S 2582) wurde daher mWv 1.3.2012 § 26a InsO eingefügt, der eine Vergütungsfestsetzung in Anwendung der §§ 64, 65 InsO, §§ 8, 11 ermöglicht.[35] Eine Vorwirkung auf bis dahin nicht festgesetzte Vergütungen lehnt der BGH ab.[36] Im ursprünglichen Wortlaut der Norm wurde jedoch nur gestattet, die Vergütung „gegen den Schuldner" festzusetzen. Durch G v 15.7.2013 (BGBl I S 2379), in Kraft getreten am 1.7.2014 wurde § 26a InsO weiter geändert, so dass bei grobem Verschulden des Antrag stellenden Gl bei unzulässigem oder unbegründetem InsAntrag das InsGer die Vergütung auch gegen ihn festsetzen kann (§ 26a Abs 2 InsO).[37] Dies gilt nach der allg Übergangsregel des Art 103h EGInsO für Verfahren, die nach dem 30.6.2014 beantragt worden sind.[38] Ein grobes Verschulden iSd § 26a Abs 2 S 2 InsO ist nach S 3 anzunehmen, wenn für den Gl schon bei Antragstellung die Aussichtslosigkeit erkennbar war, bspw wenn der Gl Absonderungsrechten voll gesichert war oder wenn der Antrag erkennbar als sog Druckantrag gestellt wurde.[39] Systematisch richtig wäre es, die Vergütung des vorläufigen InsolvenzVerw auch im Falle der Nichteröffnung des Verf zu den Kosten dieses Verf zu zählen. Kostengrundentscheidung ergeht dann im Verhältnis zwischen Gl und Schu unter unmittelbarer Anwendung des § 91 ZPO und betrifft neben den gerichtlichen Kosten insb den Vergütungsanspruch.[40] Eine trotz Unzuständigkeit des InsGer von diesem erlassene KostengrundEntsch nach § 91 ZPO ist auch nach Ansicht das BGH wirksam.[41]

11 Unberührt bleibt ein möglicher Schadensersatzanspruch, der auch die Vergütung des vorl Verwalters umfasst, des Schu bei unberechtigtem InsAntrag des Gl nach § 826 BGB.[42]

12 Der Fiskus ist nicht Schu des Vergütungsanspruchs, er haftet nur dann, wenn das InsVerf mit Kostenstundung (§ 4a InsO) eröffnet wird (§ 63 Abs 2 InsO).

II. Berechnungsgrundlage der Vergütung

13 **1. Der vorläufigen Verwaltung unterliegendes Vermögen.** Zur Bestimmung der Berechnungsgrundlage ist § 1 entspr den Maßgaben des § 11 Abs 1 mit § 63 Abs 3 S 1 InsO anzuwenden. Berechnungsgrundlage ist das gesamte der vorl Verwaltung unterliegende Vermögen des Schu einschl der Gegenstände, die mit Aus- und Absonderungsrechten belastet sind (Abs 1 S 1).[43] Nicht einzubeziehen sind unpfändbare und daher massefreie Vermögenswerte.[44] Es ist das Vermögen maßgebend, auf das sich die Tätigkeit während des EröffnungsVerf erstreckte.[45] Dabei ist nicht allein auf die Beendigung der vorl Verwaltung abzu-

---

34 Eingehend *Frind* in Anm zu *BGH* ZInsO 2010, 107, 109; *AG Duisburg* ZIP 2010, 943; *AG Göttingen* NZI 2010, 652; *Riewe* NZI 2010, 131; *Uhlenbruck* NZI 2010, 161.
35 *Uhlenbruck/Vallender* § 26a Rn 1.
36 *BGH* NZI 2012, 317 mit Anm *Keller*; *Uhlenbruck/Vallender* § 26a Rn 2 auch zu krit Rspr.
37 BT-Drucks 17/11268, S 26; so bereits *OLG Köln* ZIP 2000, 1168 = NZI 2000, 374; *Uhlenbruck/Vallender* § 26a Rn 4; *Keller* Vergütung, § 2 Rn 43 ff.
38 *LG Frankfurt/Main* NZI 2015, 530 mit Anm *Prasser*.
39 *Uhlenbruck/Vallender* § 26a Rn 19, 20.
40 *Keller* Vergütung, § 2 Rn 39; *Uhlenbruck* NZI 2010, 161, 166.
41 *BGH* ZInsO 2012, 800.
42 *BGHZ* 36, 18; eingehend *Jaeger/Henckel/Gerhardt* § 13 Rn 54 ff; *Uhlenbruck/Uhlenbruck* § 14 Rn 117.
43 *LG Darmstadt* NZI 2009, 809; *LG Cottbus* ZInsO 2009, 2114; sehr ausf *LG Münster* 3.2.2014 – 5 T 318/13; eingehend *MK/Stephan* § 11 InsVV Rn 27 ff.
44 *BGH* ZInsO 2007, 766.
45 *BGH* ZInsO 2011, 2055.

stellen, veräußerte oder verarbeitete Vermögenswerte sind zu berücksichtigen. Ist dafür eine Gegenleistung zugeflossen, ist nur diese maßgebend.[46]

Einzubeziehen ist der Wert der Firma des schuldnerischen Unternehmens,[47] die der InsVerw mit dem „good will" veräußern kann (§ 35 InsO Rn 31 ff). Beteiligungen an Gesellschaften sind mit dem Wert anzusetzen, den bei einer Veräußerung der Erwerber wirtschaftlich dafür aufbringt.[48] 14

Anfechtungsansprüche aus §§ 129 ff InsO oder Ansprüche aus kapitalersetzenden Leistungen (§ 32a GmbHG aF, § 135 InsO) sind nach Ansicht des BGH[49] nicht in die Berechnungsgrundlage der Vergütung einzubeziehen, da sie erst mit InsEröffnung entstehen.[50] Diese Argumentation ist angreifbar,[51] insb entstehen Ansprüche aus §§ 30, 31 GmbHG unabhängig von einer InsEröffnung,[52] sie sind in jedem Fall zu berücksichtigen. Bei der Befassung mit Anfechtungsansprüchen kann eine Erhöhung nach § 3 Abs 1 erfolgen.[53] Die Ansprüche gegen die Geschäftsführer wegen Zahlungen nach § 64 S 2 GmbHG sind einzubeziehen, da sie nicht die InsEröffnung voraussetzen, sondern die Zahlungsunfähigkeit oder Überschuldung der Gesellschaft.[54] 15

Nach rechtskräftiger Festsetzung erst bekannt gewordene Vermögenswerte, insb Forderungen können nicht mehr berücksichtigt werden.[55] 16

2. Bewertung freier Vermögenswerte. Freie Vermögenswerte sind in jedem Fall in die Berechnungsgrundlage einzubeziehen, eine erhebliche Befassung ist nicht erforderlich.[56] Es ist zunächst vom Liquidationswert auszugehen; der Fortführungswert ist zu berücksichtigen, wenn bei UnternehmensIns eine Fortführung in Betracht kommt.[57] Anlagevermögen ist mit den im Gutachten zur InsEröffnung angesetzten Beträgen anzusetzen. Werden bei der Vergütung höhere Beträge angesetzt, ist dies substantiiert darzulegen.[58] 17

Forderungen gegen Dritte sind mit ihrem Realisierungswert einzubeziehen.[59] Sie müssen bei VerfBeendigung dem Dritten noch nicht in Rechnung gestellt sein.[60] Eine Wertkorrektur ist bis zur Vergütungsfestsetzung möglich.[61] 18

---

46 Begr zum Entwurf der Zweiten VO zur Änderung der InsVV, zu § 11, abgedr bei *Keller* Vergütung, Anh IV S 743 ff.
47 *BGH* DZWIR 2004, 421 mit Anm *Graeber* = ZIP 2004, 1555.
48 *BGH* ZInsO 2011, 2055; *LG München I* NZI 2013, 696 mit Anm *Keller*.
49 *BGH* NZI 2004, 444 = ZIP 2004, 1653 mit Anm *Keller*; *LG Kiel* 4.5.2017 – 4 T 55/17.
50 AM zum Kapitalersatz bis dato *LG Baden-Baden* ZIP 1999, 1138, dazu EWiR 2000, 185 *(Johlke)*; *LG Limburg* DZWIR 2005, 259; *LG Köln* ZIP 2009, 631; zur Anf *LG Berlin* ZInsO 2002, 623; *LG Osnabrück* ZInsO 2003, 896; *LG Köln* ZInsO 2004, 499; *LG Köln* ZIP 2004, 961.
51 Eingehend *Keller* Vergütung, § 7 S 115 ff.
52 *BGHZ* 60, 324, 329; 67, 171, 178; 69, 274, 280; 76, 326, 336; 109, 55, 66; 127, 17, 32.
53 *BGH* NZI 2006, 581; ZIP 2006, 625.
54 *BGH* ZIP 2010, 2107, dazu EWiR 2010, 759 (*Keller*); *Roth/Altmeppen* § 64 GmbHG Rn 78.
55 *LG Mönchengladbach* NZI 2006, 598.
56 *BGH* ZIP 2005, 1324 = DZWIR 2005, 469 mit Anm *Pluta/Heidrich*.
57 *BGH* ZIP 2004, 1555; eingehend *K/P/B/Prasser/Stoffler* § 11 InsVV Rn 24 ff.
58 *BGH* ZIP 2007, 284; dazu auch *Graeber* NZI 2007, 492.
59 *BGH* NZI 2010, 400 (nicht aufrechenbare Forderung gegen Dritte); *LG Heilbronn* ZIP 2002, 719, dazu EWiR 2002, 817 *(Keller)*; *LG Dresden* ZIP 2002, 1303.
60 *BGH* ZIP 2007, 1330.
61 *LG Heilbronn* ZIP 2005, 1928 = ZVI 2005, 567.

3. Berücksichtigung und Bewertung von mit Fremdrechten behafteten Vermögenswerten.

19 Vermögensgegenstände, an denen im Falle einer InsEröffnung Aus- oder Absonderungsrechte bestehen, zu berücksichtigen sind, wenn sich der vorl InsVerw in erheblichem Umfang mit ihnen befasst hat (Abs 1 S 2).[62] Sie sind mit ihrem vollen Verkehrswert zu berücksichtigen.[63] Sie sind entspr der Fortführungsprognose für das eröffnete InsVerf mit ihren Liquidations- oder ihren Fortführungswerten zu bewerten.

20 Die Befassung in erheblichen Umfang ist in einem ersten Schritt zu bestimmen aus dem Aufgabenkreis des vorl InsVerw nach § 21 Abs 2 Nr 1 InsO mit § 22 InsO. Dabei ist insb beim sogenannten schwachen vorl InsVerw zu beachten, mit welchen Rechten und Pflichten er seitens des Insolvenzgerichts nach § 22 Abs 2 InsO ausgestattet worden ist (§ 22 InsO Rn 8 ff, 47 ff). Gehörte danach allg die Sicherung der künftigen InsMasse zu seinem Aufgabenkreis (so beim sog starken vorl InsVerw nach § 22 Abs 1 Nr 3 InsO), umfasst diese auch mit Fremdrechten belastete Vermögenswerte. Gehörte der Forderungseinzug hierzu, kann auch und gerade dann eine erhebliche Befassung vorliegen, wenn die Forderungen einer Sicherungsabtretung unterfallen.

21 Eine Befassung in erheblichem Umfang ist in einem zweiten Schritt danach zu bestimmen, in welchem zeitlichen oder sachlichen Maße sich der vorl InsVerw mit Vermögenswerten befasst hat. Als Anhaltspunkte hierfür können dienen das Sicherungsbedürfnis an der künftigen InsMasse und deren Erhalt, die Abwehr möglicher Vollstreckungs- oder Einziehungsmaßnahmen einzelner SicherungsGl, der Erhalt der Werthaltigkeit eines Vermögenswertes, die Aufrechterhaltung eines laufenden Geschäftsbetriebes oder der Erhalt der Sanierungsfähigkeit des schuldnerischen Unternehmens.

22 Zu berücksichtigen ist auch, dass der vorl InsVerw nicht lediglich zurückhaltend sichernd tätig sein muss. Er soll auch aktiv das InsEröffnungsVerf befördern. Im Hinblick auf eine UnternehmensIns wird die Rolle des aktiv handelnden vorl InsVerw bes deutlich an seiner Pflicht zur zeitweiligen Unternehmensfortführung auch unter Hinnahme von Verlusten nach § 22 Abs 1 Nr 2 InsO, an seiner Pflicht und Befugnis zur Vorbereitung einer übertragenden Sanierung, die ausdrücklich auch als zuschlagswürdig iSd § 3 Abs 1 angesehen wird, und nicht zuletzt an seiner Möglichkeit der Vorfinanzierung von InsGeld (§§ 165 ff SGB III) für die Arbeitnehmer des insolventen Unternehmens.

23 Dies gilt insb bei unbeweglichem Vermögen. Da dieses bei Belastung mit Grundpfandrechten wegen § 165 InsO auch durch den GrundpfandrechtsGl selbst verwertet werden kann, besteht für den vorl InsVerw auch die Pflicht, im Hinblick auf eine eigene Verwertungsmöglichkeit im eröffneten Verf eine zwangsweise Verwertung durch den GrundpfandrechtsGl zu verhindern oder zu unterbinden. Bemühungen des vorl InsVerw, eine bereits angeordnete Zwangsversteigerung zur einstweiligen Einstellung (§ 30 ZVG) zu bringen, hat der BGH ausdrücklich als erhebliche Befassung iSd § 11 Abs 1 anerkannt.[64] Erhebliche Befassung ist dann gegeben, wenn der vorl InsVerw mit dem GrundpfandrechtsGl in Kontakt tritt, um überhaupt die Anordnung einer Zwangsversteigerung oder sonst die Vereitelung seiner eigenen Verwertungsmöglichkeiten im eröffneten InsVerf zu verhindern.[65]

---

62 Noch zur Sequestervergütung bei § 106 KO *BGH* ZIP 2009, 84; zur Berücksichtigung bei nur tw Belastung *AG Göttingen* ZVI 2009, 390; zum Ausgleichsanspruch gegen persönlichen Schu einer am Massegrundstück lastenden Grundschuld *BGH* NZI 2010, 227.

63 Begr zum Entwurf der Zweiten VO zur Änderung der InsVV, zu § 11 Abs 4, abgedr bei *Keller* Vergütung, Anh IV S 743 ff.

64 *BGH* ZIP 2006, 2186.

65 Eher abl *AG Hamburg* ZInsO 2007, 260.

Hinsichtlich einzelner Vermögenswerte gelten für eine Befassung in erheblichem Umfang folgende Anhaltspunkte: 24

- **Unbewegliches Vermögen:** Keine erhebliche Befassung liegt vor, wenn der vorl InsVerw den bereits bekannten Grundstücksbestand durch Einholung beglaubigter Grundbuchblattabschriften dokumentiert oder prüft, ob auf den Grundstücken errichtete Gebäude ausreichend versichert sind.[66] Gleiches gilt für die Ermittlung und Anzeige von Grundbesitz zwecks Ersuchen um Eintragung des Vermerks über die Anordnung eines allg Verfügungsverbots oder Zustimmungsvorbehalts (§§ 21 Abs 2 Nr 2, 23 Abs 3 mit 32 Abs 1 InsO). Dagegen ist erhebliche Befassung gegeben, wenn zur Sicherung des Gebäudebestandes bauliche Sicherungsmaßnahmen ergriffen werden müssen oder wenn ein Wachschutz beauftragt werden muss. Eine erhebliche Befassung liegt auch dann vor, wenn ein GrundpfandrechtsGl die Zwangsversteigerung betreibt und der vorl InsVerw mit ihm verhandelt, um eine einstweilige Einstellung der Zwangsvollstreckung zu erreichen.[67] Die Beitreibung rückständiger Mieten und die Auseinandersetzung mit Mietern wegen geltend gemachter Mietminderungen oder die Auseinandersetzung mit der Ordnungsbehörde wegen abfallrechtlicher Verfügungen sind Tatbestände erheblicher Befassung.[68]
- **Bewegliches Vermögen:** Erhebliche Sicherungstätigkeit erfolgt wesentlich im Hinblick auf das künftige Verwertungsrecht des InsVerw nach §§ 166 ff InsO oder eine künftige Erfüllungswahl bei Eigentumsvorbehalt nach § 107 Abs 2 InsO.[69] Forderungen, an welchen abgesonderte Befriedigung beansprucht werden kann, sind einzubeziehen, wenn der vorl InsVerw auch im Interesse des Forderungsinhabers ihre Sicherung bewerkstelligt hat. Dazu zählt der Forderungseinzug durch den vorl InsVerw mit Zustimmung des Gl,[70] wobei lediglich „Debitorenpflege" grds nicht zu den Aufgaben des vorl InsVerw gehören soll.[71]

Vom Schu lediglich gemietete oder gepachtete Immobilien sind nicht in die Berechnungsgrundlage einzubeziehen (Abs 1 S 3).[72] Eine erhebliche Befassung kann einen Zuschlag zur Vergütung entspr § 3 Abs 1a rechtfertigen. Abs 1 S 3 gilt nicht für Leasing, Eigentumsvorbehalt oder Sicherungsübereignung.[73] 25

4. Analoge Anwendung des § 1 Abs 2. § 1 Abs 2 Nr 1 ist nicht anwendbar. Ebenso scheiden Nr 2 und 3 des § 1 Abs 2 aus. § 1 Abs 2 Nr 4a gilt, wenn der vorl InsVerw tätig geworden ist und bes Vergütungen erhalten hat (§ 5). § 1 Abs 2 Nr 4b ist sowohl für den sog starken als auch für den schwachen vorl InsVerw anzuwenden.[74] 26

III. Regelvergütung des vorläufigen Insolvenzverwalters

Die Regelvergütung des vorl InsVerw besteht nach § 63 Abs 3 S 2 InsO in einem Viertel der Regelvergütung des InsVerw nach § 2. Eine Unterscheidung nach der Stellung des vorl InsVerw als schwacher oder starker vorl Verwalter erfolgt nicht.[75] 27

66 *BGHZ* 168, 321= NZI 2006, 464 mit Anm *Nowak*; zur Pflicht des Sequesters, den GrundpfandrechtsGl auf fehlenden Versicherungsschutz hinzuweisen *BGHZ* 105, 230, 237.
67 *BGHZ* 168, 321= NZI 2006, 464 mit Anm *Nowak*.
68 *BGH* ZIP 2006, 2134.
69 So wörtlich *BGHZ* 146, 165, 173 = ZIP 2001, 296, dazu EWiR 2001, 281 *(Keller)*.
70 *Keller* in Anm zu *LG Kleve* DZWIR 2000, 473.
71 *BGHZ* 165, 266.
72 So noch *LG Stralsund* ZIP 2003, 1857; *LG Freiburg* ZInsO 2003, 848; *LG Potsdam* ZIP 2005, 914; *LG Wuppertal* ZIP 2006, 45; *LG München I* ZIP 2006, 197.
73 Differenzierend bzgl Leasing *Vill* FS Fischer, 2008, S 547.
74 *BGH* ZIP 2007, 1330; ZInsO 2011, 1519; dazu auch *Graeber* NZI 2007, 492.
75 *BGH* ZIP 2003, 1759; ZIP 2003, 1612; ZIP 2003, 2081; ZIP 2004, 518; eingehend *Keller* Vergütung, § 7 Rn 142 ff.

28 Die Mindestvergütung bestimmt sich auch beim vorl InsVerw nach § 2 Abs 2.[76] Sie beträgt 1 000 EUR. Für die Zahl der Gl als pauschales Erhöhungskriterium, ist auf deren voraussichtliche Zahl im eröffneten Verf abzustellen; auf eine Befassung des vorl Verw mit diesen kommt es nicht an.[77] Auch die Mindestvergütung ist entspr § 3 Abs 1 bei Vorliegen entspr Tatbestände zu erhöhen.

IV. Erhöhung und Kürzung der Vergütung entsprechend § 3

29 In entspr Anwendung des § 3 ist die Vergütung des vorl InsVerw zu erhöhen zu kürzen, wenn hinsichtlich einzelner Tatbestände die Arbeitstätigkeit des vorl InsVerw über das Maß eines gewöhnlichen EröffnungsVerf in Anspruch genommen wurde oder umgekehrt das Verf bes einfach war. Wie auch bei der direkten Anwendung des § 3 ist auf die konkrete Arbeitsbelastung abzustellen (eingehend § 3 Rn 2 ff).

30 Die Bestimmung des Normalfalls ist für das EröffnungsVerf ähnlich schwierig wie im eröffneten Verfahren (§ 2 Rn 6 ff). Ein Normalfall des EröffnungsVerf wird üblicherweise bei einem durchschnittlichen Jahresumsatz vor Ins von bis zu 1,5 Mio EUR angenommen; die Zahl der Arbeitnehmer sollte bis zu 20 betragen, die Zahl offener Forderungen gegen Dritte bis 100.[78] Als durchschnittlich kann eine VerfDauer von vier bis sechs Wochen angesehen werden.

31 **1. Erhöhungstatbestände.** Als Erhöhungstatbestände sind insb anerkannt:[79]

- unvollständige und unzureichender Buchhaltung;[80] Hat sich der vorl InsVerw als SV ausreichend Kenntnis verschafft, soll eine Erhöhung ausscheiden;[81]
- bes hohe Zahl von Gl;[82]
- bes hohe Zahl von Arbeitsverhältnissen;[83]
- Unternehmensfortführung für mehrere Monate ohne gleichzeitige Massemehrung, es gelten die allg Grundsätze (dazu § 3 Rn 21);[84]
- Jahresumsatz von über 1 500 000 EUR;[85]
- Vorarbeiten für eine übertragende Sanierung und Begleitung von Sanierungsprozessen (M&A; Due Dilligence);[86]
- Klärung gesellschaftsrechtlicher Verflechtungen;[87]

---

76 *BGHZ* 168, 321 = NZI 2006, 515 mit Anm *Nowak*; *LG Krefeld* NZI 2002, 611; *LG Gera* ZIP 2004, 2199; *LG Gera* ZVI 2006, 72; *LG Bielefeld* ZInsO 2006, 541; *LG Berlin* ZVI 2011, 192.

77 *BGH* ZIP 2010, 486; *LG Gera* ZVI 2006, 72; noch offen gelassen von *BGHZ* 168, 321 = NZI 2006, 515 mit Anm *Nowak*.

78 Eingehend *K/P/B/Prasser/Stoffler* § 11 InsVV Rn 58.

79 Eingehend *K/P/B/Prasser/Stoffler* § 11 InsVV Rn 63 ff.

80 *BGH* NZI 2004, 665.

81 *BGH* NZI 2004, 448.

82 *LG Leipzig* DZWIR 2000, 36; *LG Braunschweig* ZInsO 2001, 552; *LG Göttingen* NZI 2002, 115; *AG Bielefeld* ZInsO 2000, 350.

83 *LG Leipzig* DZWIR 2000, 36; *AG Chemnitz* ZIP 2001, 1473.

84 *BGH* ZIP 2004, 518; ZIP 2006, 1008; *LG Traunstein* ZIP 2004, 1657, dazu EWiR 2005, 185 *(Höpfner)*; *LG Potsdam* ZInsO 2005, 588; *LG Dresden* ZIP 2005, 1745; *LG Münster* ZInsO 2013, 841; *AG Göttingen* NZI 1999, 382; *AG Bielefeld* ZInsO 2000, 350; *AG Chemnitz* ZIP 2001, 1473; *AG Dresden* ZIP 2005, 88.

85 *BGH* ZIP 2004, 518.

86 *BGH* ZIP 2006, 672 mit Anm *Prasser* = ZVI 2006, 165; einschr (nur bei ausdrücklicher Übertragung) *LG Potsdam* ZInsO 2013, 2512; *AG Bergisch-Gladbach* ZIP 2000, 283; *AG Bielefeld* ZInsO 2000, 350; *K/P/B/Prasser/Stoffler* § 11 InsVV Rn 94 ff.

87 *LG Leipzig* DZWIR 2000, 36.

- Immobilienverwaltung oder -verwertung in großer Zahl;[88]
- Vorfinanzierung von InsGeld bei hoher Zahl von Arbeitnehmern;[89]
- Sozialplanverhandlungen bei hoher Zahl von Arbeitnehmern;[90]
- Personalanpassungsmaßnahmen,[90] Gründung von Beschäftigungs- und Qualifizierungsgesellschaften;
- Schwierigkeiten der Geschäftsführung wegen einer gegen den Schu angeordneten Verfügungsbeeinträchtigung des § 21 Abs 2 Nr 2 InsO oder einer Postsperre; auch nur für kurze Zeit;[91]
- obstruktiv handelnder Schu oder Angehörige;[92]
- Notwendigkeit umfangreicher Verwertungsmaßnahmen iRd Sicherungstätigkeit (dazu § 22 Rn 13 ff);[93]
- Abwehr zahlreicher Vollstreckungsmaßnahmen einzelner Gl;[94]
- Übertragung der Zustellungen nach § 8 Abs 3 InsO (vgl aber § 8 Rn 17 ff).[95]

Bei der Befassung mit Vermögenswerten, die mit Aus- oder Absonderungsrechten behaftet sind, soll eine Erhöhung zur Vergütung entspr § 3 Abs 1a möglich sein, wenn die Befassung nicht erheblich iSd Abs 1 S 2 war.[96] Der BGH verneint dies und verlangt eine erhebliche Befassung für eine Erhöhung.[97] 32

Wenn durch die Anordnung eines Verfügungsverbots sich für den starken vorl InsVerw nach § 22 Abs 1 InsO bes Arbeitsbelastungen ergeben haben, ist eine Erhöhung des Bruchteils des Abs 1 S 2 gerechtfertigt.[98] Dies ist konkret darzulegen, es dürfen keine allzu strengen Anforderungen gestellt werden.[99] 33

2. Kürzungstatbestände. Die Kürzungstatbestände des § 3 Abs 2 fallen bei der vorl Verwaltung naturgemäß gering ins Gewicht. Als wichtigstes Kriterium einer Kürzung ist eine bes kurze VerfDauer zu nennen.[100] 34

Eine sonst drohende Masseunzulänglichkeit ist keinesfalls Tatbestand einer Vergütungskürzung.[90] 35

3. Berechnung der Erhöhung oder Kürzung. Die Erhöhung der Vergütung des vorläufigen InsVerw nach § 3 Abs 1 erfolgt dadurch, dass unmittelbar der angemessene Bruchteil des § 63 Abs 3 S 2 InsO erhöht wird. 36

Die Zuerkennung des konkreten Erhöhungsfaktors erfolgt im selben Umfang, wie dies bei dem endgültigen InsVerw erfolgt.[101] Der vorl InsVerw ist vergütungsrechtlich nicht schlechter zu stellen als der InsVerw im eröffneten InsVerf, wenn er eine zuschlagswürdige Tätig- 37

88 *LG Leipzig* DZWIR 2000, 36.
89 *BGH* ZIP 2004, 518; ZIP 2007, 826; ZInsO 2008, 1265; *LG Traunstein* ZIP 2004, 1657.
90 *BGH* ZIP 2004, 518.
91 *AG Bonn* ZIP 1999, 2167.
92 *LG Mönchengladbach* ZInsO 2001, 750.
93 Zum Forderungseinzug *BGH* NZI 2004, 381.
94 Zur Zwangsverwaltung *AG Nürnberg* ZInsO 2001, 463.
95 *BGH* ZIP 2004, 1822; *K/P/B/Prasser/Stoffler* § 11 InsVV Rn 110.
96 Begr zum Entwurf der Zweiten VO zur Änderung der InsVV, zu § 11 5. Abs, abgedr bei *Keller* Vergütung, Anh VI S 761 ff.
97 *BGH* ZIP 2007, 2226 = NZI 2008, 33 mit Anm *Prasser.*
98 *BGH* ZIP 2003, 1260; ZIP 2003, 1612; *AG Dresden* ZIP 2005, 88; *K/P/B/Prasser/Soffler* § 11 InsVV Rn 101 ff.
99 *BGH* ZIP 2006, 625.
100 *BGH* ZIP 2007, 284.
101 *BGH* ZIP 2004, 2448; ZIP 2006, 672; ZInsO 2013, 840.

keit im gleichen Umfang und bei gleicher Arbeitsbelastung erbracht hat. Die tatsächliche Differenz zwischen Vergütung des vorl und des endgültigen InsVerw besteht damit nur in 75 % hinsichtlich der Regelvergütung, nicht aber hinsichtlich möglicher Erhöhungstatbestände. Dies beinhaltet keine Doppelvergütung, da Erhöhungskriterien nur soweit zu berücksichtigen sind, als sie die Tätigkeit des vorl InsVerw tatsächlich betreffen. Derselbe Tatbestand kann auch beim endgültigen InsVerw erfüllt sein, wobei § 3 Abs 2a zu berücksichtigen ist.

38 Bei Bestimmung des Prozentsatzes wegen eines Erhöhungstatbestandes ist zu berücksichtigen, dass bei unterschiedlicher Berechnungsgrundlage von vorl und endgültigem Verw die Regelvergütung unterschiedlich ausfällt. Es sollte deshalb unter Berücksichtigung dessen der Prozentsatz entspr angepasst werden. Dabei muss bei Zuerkennung konkreter Prozentsätze keine genaue Vergleichsrechnung erfolgen. Dies würde zu aufwendigen Vergleichsrechnungen mit unbekannten Prognosen führen. Es muss ausreichen, wenn das Verhältnis von freier und mit Fremdrechten behafteter Masse gewürdigt und eine angemessene Regulierung der Prozentsätze vorgenommen wird.

V. Auslagenersatz und Umsatzsteuer

39 Auslagenersatz erfolgt in Anwendung des § 4. Statt der tatsächlich entstandenen Auslagen kann auch der vorl InsVerw die Pauschale des § 8 Abs 3 in voller Höhe geltend machen.[102] Sie berechnet sich nach der Vergütung nach Abs 1 S 2 als Regelvergütung.[103] Umsatzsteuererstattung erfolgt nach § 7.

VI. Vergütungsfestsetzung

40 **1. Allgemeines Verfahrensrecht.** Entspr § 8 Abs 1 S 3 ist der Vergütungsantrag nach Beendigung des InsEröffnungsVerf zu stellen. Die Berechnungsgrundlage und mögliche Erhöhungsfaktoren sind darzulegen und zu begründen.

41 Str ist, wer am InsGer funktionell für die Vergütungsfestsetzung zuständig ist. Im Kern handelt es sich um eine Frage der Auslegung des § 18 Abs 1 Nr 1 RPflG nach allein zeitlicher oder funktionaler Verteilung (§ 64 InsO Rn 10). Die hM nimmt die Zuständigkeit des Rechtspflegers bei Eröffnung des InsVerf an.[104] Dagegen kann eingewandt werden, dass der Richter wegen seiner Zuständigkeit für das EröffnungsVerf sachnäher ist. Bei Nichteröffnung ist in jedem Fall der Richter zuständig.[105]

42 Gegen die Festsetzung steht nach § 64 Abs 3 InsO dem vorl InsVerw, dem Schu und jedem Gl die sofortige Beschw zu.

43 Der vorl Verwalter hat Anspruch auf Vorschuss nach § 9. Die Mindestfrist der VerfDauer von sechs Monaten ist auf die regelmäßige Dauer eines InsEröffnungsVerf zu reduzieren. Angemessen sind drei Monate.

---

102 *BGHZ* 168, 321, 339 = NZI 2006, 464 mit Anm *Nowak*; *LG Chemnitz* ZIP 2000, 710.
103 *BGH* ZIP 2006, 2228.
104 *BGH* ZIP 2010, 2160 = DZWIR 2011, 36 mit Anm *Keller*; dazu auch *Prasser* NZI 2011, 54; *OLG Zweibrücken* NZI 2000, 314 = ZIP 2000, 1306; *LG Halle* KTS 1995, 437 = ZIP 1995, 486, dazu EWiR 1995, 663 *(Uhlenbruck)*; *LG Magdeburg* Rpfleger 1996, 38; *LG Frankfurt/Main* ZIP 1999, 1686; *AG Düsseldorf* NZI 2000, 37; *K/P/B/Prasser/Stoffler* § 11 InsVV Rn 150.
105 *LG Köln* Rpfleger 1997, 273; *LG Koblenz* KTS 1998, 76 = Rpfleger 1997, 427; *AG Göttingen* NZI 1999, 469; *AG Köln* DZWIR 2000, 125 mit Anm *Keller* = NZI 2000, 143 = ZIP 2000, 418, dazu EWiR 2000, 403 *(Grub)*; *LG Rostock* ZInsO 2001, 96; *AG Kaiserslautern* ZInsO 2000, 624; *Keller* Vergütung, § 14 Rn 21 ff mwN.

2. Nachträgliche Änderung der Festsetzung nach Abs 2. Abs 2 des § 11 durchbricht zusammen mit § 63 Abs 3 S 4 InsO scheinbar den Grundsatz, dass nachträgliche Änderungen der Bewertung einzelner Vermögenswerte keinen Einfluss auf eine rechtskräftige Festsetzung haben.[106] Voraussetzung einer nachträglichen Änderung ist eine Abweichung des tatsächlich realisierten Wertes von seiner ursprünglichen Berücksichtigung in der Berechnungsgrundlage um 20 %, bezogen auf die Gesamtheit der Gegenstände. Diese Abweichung ist bezogen auf den Zeitpunkt der Beendigung der vorl Verwaltung zu sehen; es muss mithin der Vermögenswert seinerzeit unrichtig bewertet worden sein.[107] Eine später eintretende Wertminderung. insb bei Immobilien, ist kein Fall des Abs 2 mit § 63 Abs 3 S 4 InsO. Beispielsweise ist auch die Bewertung einer Forderung gegen einen Dritten als werthaltig nicht zu korrigieren, wenn erst nach Beendigung des Eröffnungsverfahrens über das Vermögen des Dritten das InsVerf eröffnet wird und die Forderung insoweit nachträglich wertlos wird. War dagegen eine bereits erfolgte Insolvenzeröffnung dem vorl InsVerw nur noch nicht bekannt, ist eine unzutreffende Bewertung zu korrigieren, weil die Forderung bereits bei Beendigung des Eröffnungsverfahrens wertlos war.[108] Die Abweichung kann sowohl negativ als auch positiv erfolgt sein. Abs 2 bezieht sich auf sämtliche Vermögenswerte, nicht nur auf solche nach Abs 1 S 2. Die Erhöhung oder Kürzung erfolgt unter Zuerkennung eines nachträglichen Vergütungsbetrages, der sich aus der Differenz der Vergütungen bei geringerer und bei höherer Berechnungsgrundlage ergibt. Dies führt ggf zu einer Rückzahlungspflicht des vorl InsVerw. 44

Der Hinweis nach Abs 2 S 1 ist bei Personenidentität zwischen vorl und endgültigem InsVerw unproblematisch.[109] In sonstigen Fällen hat der spätere InsVerw sachlich auf Änderungen aufmerksam zu machen.[110] Sinnvoll ist es, einerseits Vermögenswerte stets realistisch und nicht überhöht zu bewerten. Auch kann in den Bewertungen stets eine Vergleichstabelle mit den summierten Wertabweichungen eingearbeitet werden. 45

Die Änderung ist bis zur Rechtskraft der Vergütungsfestsetzung des InsVerw im eröffneten InsVerf möglich (§ 63 Abs 3 S 4 InsO). 46

VII. Sachverständigenvergütung nach § 9 JVEG

Die Vergütung des im EröffnungsVerf bestellten Sachverständigen erfolgt nach § 9 JVEG. 47

Die Vorschrift des § 9 Abs 2 JVEG wurde durch Art 7 Nr 7b des 2. KostRModG v 23.7.2013 (BGBl I, 2586) mWv 1.8.2013 vereinfacht. Der Stundensatz beträgt sowohl beim sog starken als auch beim sog schwachen vorl Verw als SV einheitlich 80 EUR. Der frühere Streit, ob der Stundensatz von 65 EUR sich nur auf den starken vorl InsVerw (§ 22 Abs 1 Nr 3 InsO) bezieht, ist damit beigelegt.[111] 48

---

106 Begr zum Entwurf der Zweiten VO zur Änderung der InsVV, zu § 11 letzter Abs, abgedr bei *Keller* Vergütung, Anh VI S 761 ff; bisher *BGHZ* 165, 266; *BGH* ZIP 2004, 518.

107 *BGH* ZInsO 2011, 1128.

108 Zu § 11 Abs 1 S 2 idF v 19.8.1998 bereits in diesem Sinne *BGH* ZInsO 2011, 1128.

109 Begr zum Entwurf der Zweiten VO zur Änderung der InsVV, zu § 11 letzter Abs abgedr bei *Keller* Vergütung, Anh VI S 761 ff.

110 *K/P/B/Prasser/Stoffler* § 11 InsVV Rn 125 ff.

111 *BVerfG* ZIP 2006, 86; *OLG Bamberg* NZI 2005, 266; *OLG München* NZI 2005, 501; *OLG Bamberg* NZI 2005, 503 = ZIP 2005, 819; *OLG Frankfurt* NZI 2006, 38; *OLG Nürnberg* ZIP 2006, 1503; *LG Mönchengladbach* NZI 2005, 509 = ZIP 2005, 410; *AG Hamburg* NZI 2004, 677; *AG Kleve* ZIP 2005, 228; eingehend *Vill* FS Fischer, 2008, S 547.

49 Der nur zum Gutachter bestellte (isoliert) SV erhält einen Stundensatz nach Sachgebiet 6 der Anlage zu § 9 JVEG.[112] Sachgebiet 6 umfasst Tätigkeiten der Unternehmensbewertung (Honorargruppe 11 mit Stundensatz 115 EUR), der Kapitalanlagen und privaten Finanzplanung (Honorargruppe 13 mit Stundensatz 125 EUR) und der Besteuerung (Honorargruppe 3 mit Stundensatz 75 EUR). In den meisten Fällen wird die Tätigkeitsgruppe Unternehmensbewertung greifen.[113] Sind mehrere Gruppen betroffen, gilt der Stundensatz der höchsten Honorargruppe für die gesamte Tätigkeit (§ 9 Abs 1 S 4 JVEG). Eine Mischung der Stundensätze erfolgt nicht.[114] Die Rspr billigt dem isolierten SV Stundensätze von 80 EUR[115] bis 95 EUR[116] zu.

50 Die Vergütung des Gutachters wird stets aus der Staatskasse gewährt, sie gehört zu den gerichtlichen Auslagen nach Nr 9005 GKG KV. Der Vertreter der Staatskasse hat bei der Vergütung des Gutachters keine Weisungsbefugnis. Es kann die Festsetzung der Vergütung durch gerichtlichen Beschl beantragt werden (§ 4 Abs 1 S 1 JVEG). Die gerichtliche Entsch ist nach § 4 Abs 3 JVEG mit der Beschw anfechtbar.

§ 12 Vergütung des Sachwalters

(1) Der Sachwalter erhält in der Regel 60 vom Hundert der für den Insolvenzverwalter bestimmten Vergütung.

(2) Eine den Regelsatz übersteigende Vergütung ist insbesondere festzusetzen, wenn das Insolvenzgericht gemäß § 277 Abs. 1 der Insolvenzordnung angeordnet hat, dass bestimmte Rechtsgeschäfte des Schuldners nur mit Zustimmung des Sachwalters wirksam sind.

(3) § 8 Abs. 3 gilt mit der Maßgabe, dass an die Stelle des Betrags von 250 Euro der Betrag von 125 Euro tritt.

Übersicht

112 BT-Drucks 17/11471, S 260; *OLG Karlsruhe* 16.5.2015 – 15 W 57/15; *OLG Frankfurt/Main* 29.9.2016 – 26 W 2/16; *LG Frankenthal* 9.6.2016 – 1 T 91/15.

113 Honorargruppen 4 und 7 nach *AG Hamburg* 1.7.2005 – 67c IN 403/04; 29.3.2010 – 67c IN 446/09.

114 AM *AG Stuttgart* NZI 2014, 227 mit Anm *Keller*.

115 *OLG München* 20.5.2005 – 11 W 1422/05; 15.6.2005 – 11 W 1423/05; *OLG Koblenz* 27.12.2005 – 14 W 815/05; *OLG Frankfurt/Main* 3.3.2006 – 26 W 80/05; *LG Aschaffenburg* 24.11.2004 – 4 T 205/04; *LG Bochum* 28.1.2005 – 10 T 97/04; *LG Mönchengladbach* 22.8.2007 – 5 T 326/07.

116 *AG Göttingen* 17.9.2004 – 74 IN 260/04; *AG Saarbrücken* 7.5.2014 – 110 IN 61/13.

I. Normzweck

Die Vorschrift regelt die Vergütung des Sachwalters in der Eigenverwaltung nach §§ 270 ff InsO. Der Sachwalter hat einen eingeschränkten Aufgabenkreis (§ 274 Abs 2 InsO) als der InsVerw. Der Sachwalter hat den Schu zu überwachen und sich über die wirtschaftliche Lage des Schu umfassend zu informieren (§ 274 Abs 2 InsO). Bes Verbindlichkeiten bedürfen seiner Zustimmung (§ 275 InsO), gegen den Schu kann auch ein sog Zustimmungsvorbehalt angeordnet werden (§ 277 InsO).[1] 1

Der Vergütungsanspruch des Sachwalters ergibt sich durch Verweisung in § 274 Abs 1 InsO auf §§ 63 ff InsO. Wird der Sachwalter nach Aufhebung der Anordnung der Eigenverwalter zum InsVerw bestellt (§ 272 Abs 3 InsO), hat er Anspruch auf gesonderte Vergütung als Sachwalter neben seiner Vergütung als InsVerw. Bei der InsVerwVergütung kann sich entspr § 3 Abs 2a eine Kürzung ergeben. 2

Die Vergütung eines vorl Sachwalter im EröffnungsVerf nach § 270a InsO, insb aber im sog SchutzschirmVerf nach § 270b InsO, ist nicht geregelt. Sein Vergütungsanspruch resultiert aus § 274 Abs 1 InsO durch Verweisung in § 270a Abs 1 S 2 und § 270b Abs 2 S 1 InsO. Bei Nichteröffnung des Verf ist § 26a InsO entspr anzuwenden (dazu § 11 Rn 10).[2] 3

II. Regelvergütung des Sachwalters

Die Regelvergütung bei Eigenverwaltung ohne Zustimmungsvorbehalte (§ 277 Abs 1 InsO) beträgt 60 % der Regelvergütung eines InsVerw nach § 2. Berechnungsgrundlage ist die Ins-Masse bei Beendigung des Verf nach § 1 auf Basis der Schlussrechnung des Schu (§ 281 Abs 3 S 1 InsO), die der Sachwalter zu prüfen hat (§ 281 Abs 3 S 2, Abs 1 S 2 InsO). § 1 Abs 2 Nr 1 ist nicht anwendbar, wenn die Verwertung nach § 282 Abs 1 InsO allein dem Schu obliegt.[3] Allerdings findet § 1 Abs 2 Nr 4b Anwendung.[4] Anwendbar ist mit § 5 aber § 1 Abs 2 Nr 4a. 4

Aus der InsMasse ist zunächst eine fiktive InsVerwVergütung zu berechnen. Fiktive Erhöhungstatbestände eines vergleichbaren InsVerw sind nicht zu berücksichtigen.[5] Die Vergütung des Sachwalters beträgt 60 % von der Vergütung nach § 2. 5

III. Erhöhung und Kürzung der Vergütung

Die Vergütung des Sachwalters ist nach § 3 zu erhöhen oder zu kürzen, wenn seine Aufgaben qualitativ oder quantitativ diejenigen eines gewöhnlichen EigenverwaltungsVerf übersteigen oder dahinter zurückbleiben. 6

1. Erhöhungstatbestände. Erhöhungstatbestände sind insb:[6] 7

- Anordnung eines Zustimmungsvorbehalts (Abs 2). Die Höhe des Zuschlags orientiert sich an der Arbeitsbelastung in Ausübung des Zustimmungsvorbehalts. Gerechtfertigt ist eine Erhöhung der Vergütung um mindestens 10 auf 70 %;
- Kassenführung nach § 275 Abs 2 InsO;
- Erarbeitung eines InsPlans oder Mitwirkung hierbei (§ 284 Abs 1 InsO);

---

1 Ausf zu den Aufgaben MK/*Wittig/Tetzlaff* § 270 Rn 78 ff.
2 *AG Köln* 25.1.2017 – 73 IN 411/16.
3 *AG Dortmund* 5.12.2016 – 259 IN 13/14.
4 *Zimmer* § 12 InsVV Rn 27; zur Anwendung auf den sog schwachen vorl InsVerw *BGH* ZIP 2007, 1330 = NZI 2007, 461.
5 Eingehend *Keller* Vergütung, § 8 Rn 14.
6 *Keller* Vergütung, § 8 Rn 17 ff.

– Bes Umfang oder bes Schwierigkeiten bei den Regelaufgaben des Sachwalters (quantitativ oder qualitativ); insb bei Mitwirkung bei Betriebsänderungen (§§ 120, 122, 126, 279 S 3 InsO), Geltendmachung von Ansprüchen nach §§ 92, 93 InsO (§ 280 InsO), Geltendmachung von Anfechtungsansprüchen (§§ 129 ff InsO), bes aufwendige Forderungsprüfung, bes aufwendige Prüfung der Schlussrechnung.[7]

8 **2. Kürzungstatbestände.** Eine Kürzung der Vergütung kommt bei geringer Arbeitsbelastung in Betracht.[8] IÜ sind die Tatbestände des § 3 Abs 2 sinngem anzuwenden.[9]

9 **3. Berechnung der Erhöhung oder Kürzung.** Die Erhöhung oder Kürzung der Vergütung erfolgt ähnlich wie beim vorl InsVerw unmittelbar durch Erhöhung oder Senkung des Bruchteils der Vergütung von 60 % der Regelvergütung nach § 2.

IV. Die Vergütung des vorläufigen Sachwalters

10 **1. Die Rechtsstellung des vorläufigen Sachwalters.** Das Amt des vorl Sachwalters im EröffnungsVerf zur Eigenverwaltung nach §§ 270 ff InsO hat erst durch das sog ESUG mit § 270a Abs 1 S 2 und § 270b Abs 2 S 1 InsO Eingang in das Gesetz gefunden. Die Rechtsstellung des vorl Sachwalters wird durch den Wortlaut der Vorschrift im Vergleich und Abgrenzung zum vorl InsVerw definiert, ferner durch Verweisung auf die §§ 274, 275 InsO bezogen auf den Sachwalter im Verfahren der Eigenverwaltung. Da nach § 270a Abs 1 S 1 Nr 1 und 2 InsO gegen den Schu kein allg Verfügungsverbot und kein Zustimmungsvorbehalt nach § 21 Abs 2 Nr 2 InsO angeordnet werden soll, ist die Rechtsstellung des vorl Sachwalters vergleichbar mit derjenigen eines vorl InsVerw, der lediglich beratende Aufgaben gegenüber dem Schu während des Insolvenzeröffnungsverfahrens wahrnimmt.[10] Sein Vergütungsanspruch resultiert aus §§ 270a Abs 1 S 2, 270b Abs 2 S 1 InsO (vgl § 63 Rn 4), die InsVV enthält aber keine entsprechende Regelung.

11 Nach BGH habe dagegen der vorl Sachwalter keinen eigenen Vergütungsanspruch, er ergebe sich aus dem Zusammenhang mit dem Sachwalter im eröffneten Verf.[11] Daher sei eine eigenständige Regelung in der InsVV nicht erforderlich, die Berechnungsgrundlage sei dieselbe wie im eröffneten Verf, ausgehend von einer angemessenen Vergütung von 25 % der Regelvergütung nach § 2 Abs 1 erhöhe sich im einfachsten Fall die Vergütung des Sachwalters um diesen Prozentsatz. Dem ist nicht zu folgen. Der BGH trennt die Verfahrensabschnitte Eröffnungsverfahren und eröffnetes Verf mit den unterschiedlichen Verfahrensapsekten nicht ausreichend und berücksichtigt auch mögliche Brüche im Verfahrensablauf nicht.[12] Systematisch richtig ist es, dem vorl Sachwalter den eigenen Vergütungsanspruch zuzubilligen und seine Vergütung unter Berücksichtigung des Sicherungszwecks des Eröffnungsverfahrens zu bestimmen.[13]

12 **2. Die Anwendung von § 11 oder § 12 InsVV.** Die Berechnungsgrundlage der Vergütung bestimmt sich entspr § 11 mit § 63 Abs 3 InsO nach dem Vermögen, auf welches sich die

---

7 Allg *AG Dortmund* 5.12.2016 – 259 IN 13/14.
8 Allg *BGH* ZIP 2006, 1204 = NZI 2006, 464 mit Anm *Nowak.*
9 *AG Dortmund* 5.12.2016 – 259 IN 13/14.
10 HambKomm/*Fiebig* § 270a Rn 4 ff; *K Schmidt/Undritz* § 270a Rn 4.
11 *BGH* 21.7.2016 – IX ZB 70/14.
12 Ein Anspruch auf Entlohnung ergebe sich aber wenigstens aus Art 12 GG, *BGH* 21.7.2016 – IX ZB 70/14, Begr Rn 52.
13 Eingehend *Zimmer* § 12 InsVV Rn 104 ff; *Keller* NZI 2016, 753; ferner *Graeber* DZWIR 2016, 514; *Lissner* Rpfleger 2017, 125; *Hackenberg* ZInsO 2017, 204.

Tätigkeit des vorl Sachw erstreckte.[14] Nach BGH soll die Berechnungsgrundlage des eröffneten Verf maßgebend sein.[15]

Die Regelvergütung des vorl Sachwalters besteht in 25 % der Vergütung nach § 2 Abs 1.[16] Maßgebend ist die Vergleichbarkeit der Rechtsstellung und der Aufgabenzuweisungen an den vorl Sachwalter mit dem vorl InsVerw und dem Sachwalter des eröffneten Verf. Durch § 270a InsO ist der vorl Sachwalter vergleichbar mit dem vorl InsVerw. Die Verweisung auf §§ 274, 275 InsO kann nur sinngemäß auf Sachverhalte des EröffnungsVerf angesehen werden. Soweit § 12 implizit voraussetzt, dass der Arbeitsaufwand des Sachwalters geringer sei als der eines InsVerw, ist dies für den vorl Sachwalter im EröffnungsVerf nicht zutreffend. Er hat mehr als der Sachwalter im eröffneten InsVerf die wirtschaftliche Lage des Schu zu prüfen und gerade im Hinblick auf § 270a InsO die Sanierungsfähigkeit zu prüfen und geeignete Maßnahmen hierzu zu unterstützen. Es wurde auch die Ansicht vertreten, dass die Vergütung des vorl Sachwalters in unmittelbarer Anwendung des § 12 ebenso wie die des Sachwalters im eröffneten Verf regelmäßig 60 % der Regelvergütung nach § 2 betrage.[17] 13

3. Entsprechende Anwendung § 3 InsVV. § 3 ist wie bei § 11 oder § 12 in der Weise entsprechend anzuwenden, dass Erhöhungen oder Kürzungen der Vergütung unmittelbar und den Prozentsatz der Vergütung des InsVerw erhöhen oder kürzen. 14

Erhöhungen oder Kürzungen der Vergütung des vorl Sachwalters erfolgen unter Berücksichtigung seiner gesetzlichen Aufgabenzuweisung und der Feststellung des sogenannten Normalfalls einer vorl Sachwaltung nach § 270a InsO.[18] Letzteres ist gerade im Hinblick auf den kurzen Zeitraum der Geltung der Vorschrift schwierig. Lediglich hinsichtlich der Dauer des Eröffnungsverfahrens und des Aufgabenkatalogs der §§ 274 ff InsO kann erwogen werden, die Höhe des jeweiligen Zuschlags geringer anzusetzen als vergleichbar beim InsVerw des Regelinsolvenzverfahrens. 15

Fragwürdig ist die Ansicht, Erhöhungen insb für Betriebsfortführung mit dem Argument zu verneinen, diese sei bereits mit der Regelvergütung abgegolten, da die Betriebsfortführung schon in der Eigenverwaltung vorausgesetzt sei.[19] Dies wäre nur dann richtig, wenn der Verordnungsgeber für die Sachwaltung und die vorl Sachwaltung ein Normalverfahren definiert oder wenigstens vor Augen gehabt hätte. Bereits der Normalfall der Regelinsolvenz wurde vergütungsrechtlich aber nicht geregelt (§ 2 Rn 6 ff). Daher ist es auch nicht richtig, die Insolvenzgeldvorfinanzierung als Regelfall der vorl Sachwaltung anzusehen und einen Zuschlagstatbestand zu verneinen (zum vorl Verw § 11 Rn 31).[20] Zu einzelnen typischen Tatbeständen nahm der BGH wie folgt Stellung:[21] 16

---

14 Allg *LG Dessau-Roßlau* NZI 2015, 570.

15 *BGH* 21.7.2016 – IX ZB 70/14.

16 *BGH* 21.7.2016 – IX ZB 70/14; *Kübler/Hofmann* HRI. § 6 Rn 82; *K Schmidt/Undritz* § 270a Rn 4; *K/P/B/Pape* § 270a Rn 26; *Zimmer* ZInsO 2012, 1658, 1662; krit, aber ohne explizit eigene Lösung MK/*Stephan* § 12 InsVV Rn 21 ff; aM noch (25 % von 60 %) *AG Köln* ZIP 2013, 426, *LG Bonn* NZI 2014, 123 mit Anm *Plathner*; *AG Essen* NZI 2014, 241; Beschl v 9.7.2015 – Az 163 IN 170/14 ; ZIP 2015, 538; *AG Wuppertal* InsBüro 2015, 368; ZIP 2015, 541; *AG Essen* NZI 2015, 574; *AG Ludwigsburg* ZInsO 2015, 1639; *A/G/R/Ringstmeier* § 270a Rn 9; *Graf-Schlicker/Graf-Schlicker* § 270a Rn 11.

17 *AG Göttingen* ZIP 2013, 36; *AG Hamburg* ZIP 2014, 237; *AG Potsdam* NZI 2015, 247; ZInsO 2015, 975.

18 *AG Essen* 9.7.2015 – 163 IN 170/14; eingehend *AG Hamburg* ZIP 2014, 237.

19 *LG Bonn* ZInsO 2013, 2341; zu dieser Frage auch *Zimmer* § 12 InsVV Rn 41.

20 So aber *LG Bonn* ZInsO 2013, 2341; *AG Essen* 9.7.2015 – 163 IN 170/14; *AG Ludwigsburg* ZInsO 2015, 1639.

21 *BGH* 21.7.2016 – IX ZB 70/14; 22.9.2016 – IX ZB 71/14.

- Konzernstrukturen und Auslandsbezug rechtfertigen bei entspr Unternehmensgröße einen Zuschlag;
- Zuschlagswürdig ist die Begleitung einer Unternehmensfortführung, wenn sie die Arbeitskraft des vorl Sachwalters überdurchschnittlich in Anspruch nimmt. Eine Massemehrung durch die Fortführung ist zu berücksichtigen;
- Der vorläufige Sachwalter kann einen Zuschlag verlangen, wenn er den Zahlungsverkehr nach § 275 Abs 2 InsO an sich gezogen und die Verantwortung hierfür iRd Unternehmensfortführung übernommen hat;
- Aktives Führen von Verhandlungen mit Kreditgebern ist nicht Aufgabe des vorl Sachwalters. Er hat sich auch hier auf Kontroll- und Überwachungsaufgaben zu beschränken, die er allerdings auch während laufender Vertragsverhandlungen ausüben und deshalb an diesen teilnehmen kann;
- Zu Bemühungen um eine Sanierung gehöre es nicht zu den Aufgaben des vorl Sachwalters, in eigener Zuständigkeit ein Sanierungskonzept zu erarbeiten und M&A-Prozesse anzustoßen. Die von der Eigenverwaltung ausgearbeiteten Szenarien zur Fortführung des Geschäftsbetriebs hat der vorl Sachwalter aber auf ihre Durchführbarkeit und die Auswirkungen auf die Quotenerwartung der Gl zu überprüfen;
- In entspr Anwendung von § 284 InsO kann der vorl Sachwalter insb im Schutzschirmverfahren nach § 270b InsO beauftragt werden, einen Insolvenzplan zu erarbeiten. Die Tätigkeit ist dann zuschlagswürdig;
- Entwicklung von Maßnahmen und Strategien hinsichtlich Umsatzsteuer und Sozialversicherungsbeiträgen ist Aufgabe des Schu und seiner eigenen oder von ihm bereit zu stellenden Sanierungsexpertise. Der vorl Sachwalter hat auch insoweit nur Kontroll- und Überwachungsaufgaben;
- Übernahme arbeitsrechtlicher Sonderaufgaben durch den vorl Sachwalter, insbesondere das Führen unter anderem von Verhandlungen mit Gewerkschaften und Betriebsrat und die Überarbeitung und Anpassung des Sanierungskonzeptes der InsSchu unter arbeitsrechtlichen Gesichtspunkten ist nicht zuschlagsfähig;
- Arbeitsaufwand in Zusammenarbeit mit dem vorl Gläubigerausschuss ist zuschlagswürdig.

17 Die Einsetzung einer im Insolvenzrecht ausgewiesenen Person als Generalbevollmächtigten oder Geschäftsführer des Unternehmens stellt keinen Abschlagstatbestand iSd § 3 Abs 2 dar.[22]

V. Auslagenersatz und Umsatzsteuer

18 Der Sachwalter sowie der vorl Sachwalter erhalten Auslagenersatz gem § 4 Abs 2. Die Kosten einer Haftpflichtversicherung sind nur bei Anordnung eines Zustimmungsvorbehalts nach § 277 InsO erstattungsfähig, nur dort besteht für den Sachwalter bes Haftungsgefahr. Der pauschale Auslagenersatz des § 8 Abs 3 wird gem Abs 3 halbiert. Der Sachwalter kann für jeden Monat des InsVerf eine Pauschale von 125 EUR erhalten.
Umsatzsteuer ist nach § 7 voll zu erstatten.

VI. Festsetzungsverfahren

19 Für die Festsetzung von Vergütung, Auslagen und Umsatzsteuer sowie Rechtsmittel gelten § 64 InsO und § 8. Die Vergütung gehört zu den Massekosten nach § 54 Nr 2 InsO. Nach Ansicht des BGH soll der vorl Sachwalter keinen eigenen Vergütungsanspruch haben, die Festsetzung seiner Vergütung soll dann erst mit Beendigung des InsVerf zusammen mit der Sachwalter- oder InsVerwVergütung festgesetzt werden.[23]

---

22 BGH 21.7.2016 – IX ZB 70/14.
23 *BGH* 21.7.2016 – IX ZB 70/14.

§ 13[1] Vergütung des Insolvenzverwalters im Verbraucherinsolvenzverfahren

Werden in einem Verfahren nach dem Neunten Teil der Insolvenzordnung die Unterlagen nach § 305 Absatz 1 Nummer 3 der Insolvenzordnung von einer geeigneten Person oder Stelle erstellt, ermäßigt sich die Vergütung nach § 2 Absatz 2 Satz 1 auf 800 Euro.

Übersicht

I. Normzweck und Rechtsgeschichte

1 Die Vorschrift regelt für die vor 1.7.2014 beantragten Verf die Vergütung des Treuhänders im vereinfachten InsVerf nach §§ 311–314 InsO. Mit Aufhebung dieser Vorschriften zum 1.7.2014 durch G v 15.7.2013 (BGBl I, 2379) und Integration der Verbraucherinsolvenz in das RegelInsVerf regelt die Norm die Mindestvergütung des InsVerw im VerbrInsVerf. Diese war bisher in § 13 Abs 1 S 3 geregelt. Ergänzend ist § 3 Abs 2e zu beachten.

II. Vergütung des Treuhänders im vereinfachten Insolvenzverfahren vor 1.7.2014

2 **1. Grundlagen.** Die Vergütung des Treuhänders im vereinfachten InsVerf (§§ 311 ff InsO) wird durch § 13 abw von § 2 als fester Prozentsatz der InsMasse geregelt. IÜ gelten die §§ 1–9 entspr. Damit soll der vermeintlich einfacheren und geringeren Arbeitsbelastung gegenüber einem RegelInsVerf Rechnung getragen werden.[2] Abs 1 S 3 mit der Bestimmung der Mindestvergütung wurde wie § 2 Abs 2 durch VO v 4.10.2004[3] geändert (s auch § 2 Rn 5).

3 Der Vergütungsanspruch des Treuhänders im vereinfachten InsVerf ergibt sich aus § 313 Abs 1 S 3 aF mit §§ 63 ff InsO. Bei Kostenstundung nach § 4a InsO haftet die Staatskasse nach § 63 Abs 2 InsO. Auch ihr gegenüber hat der Treuhänder Anspruch auf Vorschuss nach § 9.

4 **2. Berechnungsgrundlage.** Berechnungsgrundlage ist die InsMasse im Zeitpunkt der Beendigung des Verf (§ 1 Abs 1). Sie ergibt sich aus der Schlussrechnung des Treuhänders (§ 313 Abs 1 S 3 aF, § 66 InsO). Bei vereinfachter Verwertung nach § 314 InsO ist der vom Schu gezahlte Geldbetrag maßgebend.[4]

5 Die Fälle des § 1 Abs 2 sind grds anwendbar. § 1 Abs 2 Nr 1 gilt nur bei Anwendung des § 313 Abs 3 S 3 InsO aF über § 173 InsO. Es gelten § 1 Abs 2 Nr 4a und § 5. § 1 Abs 2 Nr 4b kann wegen § 304 InsO in der seit 1.12.2001 geltenden Fassung nur auf Verf Anwendung finden,[5] die vor diesem Zeitpunkt beantragt worden sind, da nur dann noch ein Gewerbetreibender überhaupt als Verbraucher gelten kann (s I § 304 Rn 2).[6]

---

1 Gem Art 5 Nr 4 G v 15.7.2013 (BGBl I S 2379) wird § 13 mWv 1.7.2014 neu gefasst.
2 Begr zum Entwurf einer InsVV (§ 13), abgedr bei *Keller* Vergütung Anh III S 717; zur Überleitung in ein NachlassInsVerf *BGH* ZIP 2008, 798.
3 VO zur Änderung der InsVV 4.10.2004, BGBl I, 2569.
4 *K/P/B/Stoffler* § 13 InsVV Rn 6.
5 *BGH* DZWIR 2005, 463 mit Anm *Keller*.
6 Dazu *K/P/B/Stoffler* § 13 InsVV Rn 4.

6 **3. Regelvergütung.** Eine Regelvergütung nach § 2 wird nicht ermittelt (Abs 2). Die Vergütung beträgt nach Abs 1 S 1 pauschal 15 % der festgestellten InsMasse. Bei einer InsMasse ab ca 175 000 EUR ist diese pauschale Vergütung höher als die vergleichbare Regelvergütung nach § 2. Dies ist hinzunehmen.[7] Es ist dann nicht etwa iSe relativen Deckelung die Vergütung nach § 2 Abs 1 maßgebend;[8] für dessen analoge Anwendung fehlt es an einer Regelungslücke bereits in § 304 InsO, der für die Verbrauchereigenschaft des Schu nicht auf die Höhe des Vermögens abstellt. Ist bei einer hohen InsMasse die Vergütung von 15 % höher als die vergleichbare Regelvergütung des § 2, ist zu prüfen, ob angesichts der Arbeitsbelastung eine Kürzung der Vergütung in Betracht kommt.[9]

7 **4. Erhöhung und Kürzung der Vergütung.** Eine Erhöhung der Vergütung entspr § 3 Abs 1 ist nach dem Wortlaut der Regelung scheinbar nicht vorgesehen. Abs 1 S 2 ermöglicht nur eine Kürzung der Vergütung.[10] Dennoch wird allg eine Erhöhung für zulässig und notwendig angesehen.[11] Der Ausschluss des § 3 durch Abs 2 soll lediglich bedeuten, dass die dort genannten Regelbeispiele nicht gelten. Eine Erhöhung kann aber nur erfolgen, wenn ganz erhebliche Erschwernisse vorliegen. Zu nennen sind:[12]

- umfangreiches Vermögen des Schu und Schwierigkeiten bei dessen Verwertung;
- unvollständiges Vermögensverzeichnis nach § 305 Abs 1 Nr 3 InsO und damit verbundener Arbeitsaufwand bei Erfassung des Vermögens;
- Verwertung von Vermögenswerten mit Absonderungsrechten (§ 313 Abs 3 S 3 aF mit § 173 InsO);
- Verwertung nach § 314 InsO, wenn Schwierigkeiten mit dem Schu vorliegen;
- obstruktives Verhalten des Schu oder von Angehörigen, durch das die Tätigkeit erheblich erschwert wird;
- Abgabe von Steuererklärungen;[13]
- Durchsetzung von Anfechtungsansprüchen nach § 313 Abs 2 S 3 InsO aF oder von Ansprüchen aus der Rückschlagsperre nach §§ 88 mit 312 Abs 1 S 3 aF;[14]
- hohe Zahl an Forderungsanmeldungen – mehr als 20 – und/oder bes rechtliche Schwierigkeiten der Prüfung.

8 Eine Kürzung der Vergütung nach Abs 1 S 2 kommt nur in ganz bes Ausnahmefällen in Betracht.[15] Zu nennen sind:

- vorzeitige VerfBeendigung kurz nach Eröffnung ohne Verwertung von InsMasse oder Forderungsprüfung. Allein die Einstellung wegen Masseunzulänglichkeit ist kein Kürzungsgrund;[16]
- keinerlei Forderungsanmeldungen.[17]

---

7 *Keller* Vergütung, § 10 Rn 22.
8 So aber *LG Düsseldorf* ZInsO 2009, 1175; *AG Düsseldorf* NZI 2008, 380.
9 *BGH* ZIP 2011, 2158, dazu *Ries* EWiR 2012, 121; *Graeber* DZWIR 2012, 42.
10 Begr zum Entwurf einer InsVV (§ 13), abgedr bei *Keller* Vergütung, Anh III S 717.
11 *BGH* DZWIR 2005, 463 mit Anm *Keller*; *OLG Schleswig* DZWIR 2001, 215 mit Anm *Keller*; *OLG Köln* NZI 2002, 211; *LG Bonn* ZInsO 2001, 612; *LG Koblenz* NZI 2004, 42; *LG Hanau* ZVI 2004, 63; *LG Mönchengladbach* ZVI 2005, 156; *AG Chemnitz* ZVI 2005, 56.
12 *Keller* Vergütung, § 10 Rn 27.
13 *BGHZ* 160, 176; ZVI 2005, 143; einschränkend *BGH* ZIP 2013, 2413.
14 *BGH* Rpfleger 2012, 571.
15 *LG Koblenz* NZI 2001, 99; *AG Potsdam* NZI 2001, 159; *LG Berlin* NZI 2009, 777.
16 *LG Koblenz* NZI 2004, 42; *LG Chemnitz* ZInsO 2008, 1266.
17 Dazu *AG Hamburg* NZI 2000, 446; *Uhlenbruck/Vallender* § 305 Rn 29.

5. Mindestvergütung. Die Mindestvergütung nach § 13 Abs 1 S 3 wurde durch VO v 4.10.2004 neu geregelt (s auch § 2 Rn 5).[18] Die Neuregelung ist auf InsVerf anzuwenden, die nach dem 1.1.2004 eröffnet worden sind. Für die vor dem 1.1.2004 eröffneten Verf bleibt es bei der früheren Regelung der Mindestvergütung.[19] Die Neuregelung ist verfassungsgemäß.[20] 9

Die Mindestvergütung beträgt grds 600 EUR.[21] Nach der Zahl der Gl erhöht sich die Vergütung ab dem sechsten Gl für je fünf Gl um 150 EUR, ab 16 Gl um 100 EUR je fünf Gl. Gezählt werden wie bei § 2 Abs 2 die Gl „nach Köpfen" und nicht nach einzelnen Forderungen. 10

Ab 16 Gl kann die Vergütung nach folgender Formel berechnet werden:[22]

$$\times \text{[Vergütung]} = (G\ [\text{Gl}] - 15) \times 20\ \text{EUR} + 900\ \text{EUR}$$

Die Mindestvergütung kann bei bes Erschwernissen nach § 3 Abs 1 erhöht werden.[23] Eine Kürzung ist nach Änderung des Abs 1 S 3, der dies in der bis 7.10.2004 geltenden Fassung noch vorsah, ausgeschlossen. 11

Je nach Zahl der Gl kann die Mindestvergütung höher ausfallen als die regelmäßige Vergütung des Abs 1 S 1. Die Vergleichsberechnung zur Ermittlung der maßgeblichen GlZahl kann nach folgender Formel erfolgen:[24] 12

$$G = \frac{\text{Regelvergütung} - 900{,}00}{20} + 15$$

6. Vergütung eines vorläufigen Treuhänders. Nach allg Ansicht konnte im EröffnungsVerf zur VerbraucherIns (§§ 311 ff InsO aF) auch ein vorl Treuhänder bestellt werden.[25] 13

Seine Vergütung ist als Bruchteil von 25 % der Vergütung nach § 13 zu berechnen.[26] Die Vergütung kann wie die Vergütung des Treuhänders den Umständen des Einzelfalles erhöht werden. 14

III. Vergütung des Insolvenzverwalters im Verbraucherinsolvenzverfahren nach 1.7.2014

1. Grundlagen. Nach Aufhebung der §§ 312–314 InsO aF durch das G zur Verkürzung des Restschuldbefreiungsverfahrens v 15.7.2013 (BGBl I, 2379) mWv 1.7.2014 ist das vereinfachte InsVerf in das allg RegelInsVerf integriert. Die §§ 304–310 InsO sind beibehalten worden.[27] Das bisher vereinf InsVerf ist künftig RegelInsVerf, bei welchem der Schu die Voraussetzungen des § 304 InsO erfüllt. Der InsVerw in diesem Verf hat Vergütungsanspruch unmittelbar nach § 63 InsO. 15

---

18 *BGHZ* 157, 282 ZIP 2004, 417, dazu EWiR 2004, 985 (*Blersch*); *BGH* ZIP 2004, 424; eingehend *Keller* ZIP 2004, 633.

19 *BVerfG* ZIP 2005, 1694; v. 29.7.2004 – 1 BvR 1322/04, 1 BvR 1387/04 und 1 BvR 1384/04, mitgeteilt ZIP 2004, A 63 Nr 209; *BGH* ZIP 2005, 675 mit Anm *Blersch*; *BGH* ZIP 2005, 447; eingehend zur früheren Rechtslage *Keller* ZVI 2002, 393 und 437; *ders* ZVI 2004, 569; *ders* ZIP 2004, 633.

20 *BGH* NZI 2008, 444.

21 Sehr krit *Blersch* ZIP 2004, 2311, 2317.

22 *Keller* NZI 2005, 23.

23 *BGH* ZInsO 2009, 1511; *AG Potsdam* ZInsO 2008, 314 mit Anm *Prasser*.

24 *Keller* NZI 2005, 23, 27.

25 *Uhlenbruck/Vallender* § 306 Rn 46 ff.

26 *AG Kaiserslautern* ZInsO 2000, 624; aA – entspr Anwendung des § 11 – *AG Köln* ZIP 2000, 418 = DZWIR 2000, 125 mit Anm *Keller*; *AG Rosenheim* ZInsO 2001, 218; eingehend *Keller* Vergütung § 10 Rn 43ff.

27 BT-Drucks 17/13535, 40 rSp.

16 **2. Regelvergütung und Mindestvergütung.** Die Vergütung des InsVerw im VerbrInsVerf wird nach den allg Vorsch der InsVV aus der InsMasse bei Beendigung des Verf nach § 1 bestimmt. Die Vergütung besteht in der Regelvergütung des § 2.

17 Abw von § 2 Abs 2 besteht aber die MindestVerg nach § 13 iHv 800 EUR. Die ermäßigte MindestVerg von 800 EUR soll die Arbeitserleichterung abgelten, wenn VermVerz und GläubVerz von einer geeigneten Person oder Stelle iSd Nr 1 des § 305 Abs 1 InsO erstellt worden sind.

18 **3. Anwendung des § 3 InsVV.** Im VerbrInsVerf ab 1.7.2014 ist für den InsVerw § 3 uneingeschränkt anwendbar. Als Erhöhungstatbestände iSd § 3 Abs 1 kommen die bereits für das vereinf Verf nach § 311–314 InsO aF festgestellten Tatbestände in Betracht, da sich an den tatsächlichen Schwierigkeiten des VerbrVerf durch die gesetzl Neuregelung nichts geändert hat. Es wird insow auf Rn 7 verwiesen.

19 Der Kürzungstatbestand des § 3 Abs 2e ist zusätzlich zu beachten. Er knüpft an § 304 InsO an und soll eine Arbeitserleichterung des InsVerw berücksichtigen.[28] Problematisch erscheint eine gleichzeitige Anwendung von § 3 Abs 2e und § 13. Dies würde dazu führen, dass die ermäßigte Mindestvergütung von 800 EUR zusätzlich gekürzt wird. Ggü dem bisherigen Recht wäre dies eine Verschlechterung bei der Vergütung, die von Gesetzgeber nicht beabsichtigt war. In der praktischen Anwendung wird daher zu berücksichtigen sein, dass bei der Mindestvergütung des § 13 die Tatbestände des § 3 Abs 2e bereits „integriert" sind. Nur wenn die Vermögensverh überschaubar sind und die Zahl der Gl gering ist, kommt bei dann geringer Höhe der InsMasse die Mindestvergütung in Betracht. Eine zusätzliche Kürzung der Vergütung ist dann systematisch nicht angezeigt. Sie wäre nur möglich, wenn die InsMasse die Mindestvergütung übersteigt und bei Kürzung der Vergütung diese auch nicht unter die Mindestvergütung gerät.

Dritter Abschnitt

Vergütung des Treuhänders nach § 293 der Insolvenzordnung

§ 14 Grundsatz

(1) Die Vergütung des Treuhänders nach § 293 der Insolvenzordnung wird nach der Summe der Beträge berechnet, die aufgrund der Abtretungserklärung des Schuldners (§ 287 Abs. 2 der Insolvenzordnung) oder auf andere Weise zur Befriedigung der Gläubiger des Schuldners beim Treuhänder eingehen.

(2) Der Treuhänder erhält

1. von den ersten 25 000 Euro 5 vom Hundert,
2. von dem Mehrbetrag bis 50 000 Euro 3 vom Hundert und
3. von dem darüber hinausgehenden Betrag 1 vom Hundert.

(3) [1]Die Vergütung beträgt mindestens 100 Euro für jedes Jahr der Tätigkeit des Treuhänders. [2]Hat er die durch Abtretung eingehenden Beträge an mehr als 5 Gläubiger verteilt, so erhöht sich diese Vergütung je 5 Gläubiger um 50 Euro.

28 *BGH* 6.4.2017 – IX ZB 48/16.

Übersicht

I. Normzweck

Der Treuhänder im RestschuldbefreiungsVerf ist trotz Namensgleichheit und regelmäßig auch Personenidentität von demjenigen im vereinfachten InsVerf (§§ 304 ff InsO) zu unterscheiden. Er wird nach § 291 Abs 2 InsO im Zusammenhang mit der Ankündigung der Restschuldbefreiung bestellt. Seine Aufgaben ergeben sich wesentlich aus § 292 InsO.[1] 1

Der Vergütungsanspruch des Treuhänders im RestschuldbefreiungsVerf folgt unmittelbar aus § 293 Abs 1 InsO, es gilt auch hier das Gebot der Angemessenheit nach § 63 InsO. Die Vergütung nach § 14 erfolgt nach festen Berechnungswerten (Abs 2). Die Staffelung ist degressiv und entspricht nicht § 2, sondern angelehnt an die bis 31.12.2003 durch § 24 ZwVerwVO[2] geregelte Vergütung des Zwangsverwalters nach §§ 146 ff ZVG.[3] 2

II. Berechnung der Vergütung

1. Berechnungsgrundlage. Berechnungsgrundlage sind die Beträge, die während der Gesamtdauer der Tätigkeit des Treuhänders bei ihm eingehen. Dazu gehören pfändbare Bezüge aufgrund der Abtretungserklärung (§ 287 Abs 2 InsO), Nachlasserwerb (§ 295 Abs 1 Nr 2 InsO),[4] Beträge bei Einkommen aus selbstständiger Tätigkeit (§ 295 Abs 2 InsO), Leistungen Dritter.[5] Im Gegensatz zur Berechnungsgrundlage nach § 1 Abs 2 umfasst Abs 1 ausdrücklich auch Zahlungen von Dritten. Die vom Schu oder einem Dritten gezahlte Mindestvergütung bleibt außer Betracht. 3

2. Vergütungsstaffelung. Die Vergütung nach Abs 2 ist als Staffelvergütung ausgestaltet. In Summe berechnet beträgt die Vergütung bei der Gesamtheit[6] der erwirtschafteten Beträge:[7] 4

Betrag	**Vergütungsbetrag**
bis 25 000 EUR	5 %
25 000 bis 50 000 EUR	1 250 EUR + 3 % aus dem Mehrbetrag bis 50 000 EUR
über 50 000 EUR	20 000 EUR + 1 % aus dem unbegrenzten Mehrbetrag

1 Allg *Uhlenbruck/Vallender* § 292 Rn 15 ff.
2 Zum 1.1.2004 ersetzt durch ZwangsverwalterVO v 19.12.2003, BGBl I, 2804, die mit § 18 eine lineare Vergütung von 10 % der Mieteinnahmen vorsieht.
3 Begr zum Entwurf einer InsVV (§ 14), abgedr bei *Keller* Vergütung Anh III S 717.
4 *LG Hannover* ZVI 2011, 469.
5 Dazu umfassend MK/*Stephan* § 287 Rn 35–53; *Uhlenbruck/Vallender* § 287 Rn 22 ff; zu § 295 Abs 2 *Uhlenbruck/Vallender* § 295 Rn 66 ff; MK/*Ehricke* § 295 Rn 107 ff mit umfangreichen Nachweisen.
6 *LG Mönchengladbach* NZI 2007, 671.
7 Mit Berechnungsformel *Keller* Vergütung § 11 Rn 7 ff.

5 Die Vergütung wird endgültig erst nach Ablauf des RestschuldbefreiungsVerf festgesetzt (§ 16 Abs 1 S 2). Der Treuhänder hat bei Verteilung von Beträgen an die InsGl Rücklagen für seine Vergütung zu bilden, iÜ kann er Vorschüsse nach § 16 Abs 2 entnehmen.

6 Eine Vergütungserhöhung entspr § 3 ist nicht vorgesehen.[8] Wenn die Tätigkeit des Treuhänders bes Schwierigkeiten aufweist, insb die abgetretenen Beträge nach § 287 Abs 2 InsO oder Beträge nach § 295 Abs 2 InsO klageweise beigetrieben werden müssen, sollte die Vergütung erhöht werden; eine Erhöhung um 5 bis 10 % ist angemessen.

7 **3. Vergütung für Neuerwerbsverwaltung nach § 300a Abs 3 InsO.** § 300a Abs 3 sieht für Verfahren ab dem 1.7.2013 eine Vergütung für den InsVerw vor, der bei Erteilung der Restschuldbefreiung vor Abhaltung des Schlusstermins den insolvenzfreien Neuerwerb des Schu für diesen treuhändisch vereinnahmt und verwaltet. Die Vergütung soll über § 14 gewährt werden, wobei Abs 3 nicht entspr angewendet werden soll.[9] Der Gesetzentwurf geht davon aus, dass sich der Neuerwerb idR unter 25 000 EUR bewegen wird (dazu auch § 300a Rn 9).

III. Mindestvergütung

8 Die Mindestvergütung beträgt 100 EUR für jedes Jahr der Tätigkeit des Treuhänders (Abs 3).[10] Sie erhöht sich nach der Zahl der Gl ähnlich § 2 Abs 2 oder § 13 Abs 1 S 3. § 14 wurde wie § 2 Abs 2 durch VO v 4.10.2004 geändert.[11] Die Regelung soll nach BGH nur für die Tätigkeit nach Inkrafttreten am 7.10.2004 gelten.[12] Zu vergleichen ist die Mindestvergütung mit derjenigen nach § 14 Abs 1 und 2 bezogen auf die gesamte Dauer des Verf.[13] Bei einer Verteilung an mehr als fünf Gl erhöht sich die Mindestvergütung je fünf Gl um 50 EUR. Die Erhöhung nach Zahl der Gl bezieht sich nur auf die MindestVerg, nicht auf auf die StaffelVerg des Abs 2.[14] Es ist nicht geklärt, ob die Staffelung nach je angefangenen fünf Gl oder nach jeweils vollen fünf Gl zu berechnen ist (ab dem zehnten). Systematisch ist eine gleiche Anwendung wie bei § 2 Abs 2 sinnvoll, damit Erhöhung je angefangene fünf Gl.[15] Es wird auch vertreten, die Erhöhung erst ab vollen fünf Gl greifen zu lassen.[16] Bei weniger als fünf Gl bleibt es bei der Mindestevergütung von 100 EUR. Die Mindestvergütung fällt voll für jedes angefangene Jahr der Tätigkeit an.[17] Sie fällt auch für das angefangene Jahr voll an, in welchem das Restschuldbefreiungsverfahren beendet wird.

9 Neben der Mindestvergütung erhält der Treuhänder die erforderlichen und im Einzelnen nachgewiesenen Auslagen sowie die Umsatzsteuer.

10 Ist die Mindestvergütung durch eingehende Beträge aufgrund der Abtretung nicht gedeckt, kann der Treuhänder den Schu zur Zahlung mit Frist von zwei Wochen und Belehrung über die Folgen der Nichtzahlung auffordern (§ 298 Abs 1 S 2). IF der Stundung nach § 4a InsO ist die Mindestvergütung gedeckt, so dass die Aufforderung nach § 298 Abs 1 S 2 InsO unterbleibt. Hat der Schu noch keinen Stundungsantrag für das RestschuldbefreiungsVerf

---

8 Krit *K/P/B/Stoffler* § 14 InsVV Rn 7, 8; *Keller* Vergütung, § 11 Rn 12, 13.
9 BT-Drucks 17/11268, 40.
10 Zur Berechnung eines Beschwerdewerts *BGH* ZVI 2013, 79.
11 VO zur Änderung der InsVV 4.10.2004, BGBl I, 2569.
12 *BGH* NZI 2011, 147; *LG Hamburg* ZInsO 2010, 352; *LG Augsburg* NZI 2010, 531 (Stichtag 7.10.2010; sechs Jahre Abtretungszeitraum); aM *LG Lüneburg* ZInsO 2010, 207.
13 *BGH* NZI 2011, 147.
14 *BGH* NZI 2011, 147, Begr Rn 15.
15 Nicht ganz eindeutig *BGH* NZI 2011, 147; *AG Dresden* 15.4.2015 – Az 549 IK 27/09, nv.
16 *LG Memmingen* ZInsO 2009, 302; *LG Lübeck* NZI 2009, 566 = ZVI 2010, 38, dazu *Seubert* ZVI 2010, 16.
17 *LG Saarbrücken* NZI 2010, 696.

nach § 4a InsO gestellt, sollte der Treuhänder – schon im eigenen Interesse – auf eine Antragstellung hinwirken.

§ 15 Überwachung der Obliegenheiten des Schuldners

(1) [1]Hat der Treuhänder die Aufgabe, die Erfüllung der Obliegenheiten des Schuldners zu überwachen (§ 292 Abs. 2 der Insolvenzordnung), so erhält er eine zusätzliche Vergütung. [2]Diese beträgt regelmäßig 35 Euro je Stunde.

(2) [1]Der Gesamtbetrag der zusätzlichen Vergütung darf den Gesamtbetrag der Vergütung nach § 14 nicht überschreiten. [2]Die Gläubigerversammlung kann eine abweichende Regelung treffen.

Übersicht

I. Normzweck

Die Vorschrift regelt erg zu § 14 die Vergütung des Treuhänders während des RestschuldbefreiungsVerf für die bes Aufgabe der Überwachung der Obliegenheiten des Schu. Ist der Treuhänder zusätzlich gem § 292 Abs 2 S 1 InsO mit der Überwachung des Schu hinsichtlich der Einhaltung der Obliegenheiten nach § 295 InsO beauftragt, erhält er eine bes Vergütung (Abs 1 S 1). Diese zusätzliche Vergütung muss entweder bei Übernahme des Amts gedeckt oder durch die Gl vorgeschossen werden (§ 292 Abs 2 S 2 InsO). 1

II. Stundensatzvergütung

Der regelmäßige Stundensatz des Treuhänders beträgt 35 EUR. Der Stundensatz wurde durch VO v 4.10.2004[1] erhöht. Für Beauftragungen bis 31.12.2003 betrug er 15 EUR. Der Stundensatz kann iRd Festsetzung nach § 16 Abs 1 S 1 durch das Gericht erhöht werden. Die GlVersammlung sollte gehört werden, da sie über die Aufgabe der Überwachung zu entscheiden hat. 2

III. Höchstgrenze

Die zusätzliche Vergütung ist durch die Vergütung nach § 14 Abs 2 und 3 der Höhe nach begrenzt. Sie darf den Gesamtbetrag der Vergütung des Treuhänders nach § 14 nicht übersteigen, der Treuhänder erhält maximal die doppelte Regelvergütung des § 14 Abs 2.[2] 3

Die GlVersammlung kann eine über der Höchstgrenze (Abs 2 S 1) liegende Vergütung im Schlusstermin (§ 197 InsO) bewilligen (Abs 2 S 2).

§ 16 Festsetzung der Vergütung. Vorschüsse

(1) [1]Die Höhe des Stundensatzes der Vergütung des Treuhänders, der die Erfüllung der Obliegenheiten des Schuldners überwacht, wird vom Insolvenzgericht bei der Ankündigung der Restschuldbefreiung festgesetzt. [2]Im Übrigen werden die Vergütung und die zu erstattenden Auslagen auf Antrag des Treuhänders bei der Beendigung seines Amtes festgesetzt.

---

1 VO zur Änderung der InsVV 4.10.2004, BGBl I, 2569.

2 Sehr krit *K/P/B/Stoffler* § 15 InsVV Rn 4.

[3]Auslagen sind einzeln anzuführen und zu belegen. [4]Soweit Umsatzsteuer anfällt, gilt § 7 entsprechend.

(2) [1]Der Treuhänder kann aus den eingehenden Beträgen Vorschüsse auf seine Vergütung entnehmen. [2]Diese dürfen den von ihm bereits verdienten Teil der Vergütung und die Mindestvergütung seiner Tätigkeit nicht überschreiten. [3]Sind die Kosten des Verfahrens nach § 4a der Insolvenzordnung gestundet, so kann das Gericht Vorschüsse bewilligen, auf die Satz 2 entsprechend Anwendung findet.

Übersicht

I. Normzweck

1 Die Norm regelt das Verf zur Festsetzung der Vergütung des Treuhänders nach § 293 InsO und des mit der Überwachung der Obliegenheiten des Schu von der GlVersammlung beauftragten Treuhänders (§ 292 Abs 2 S 1 InsO).

II. Vergütungsantrag und Festsetzung allgemein

2 Ebenso wie der InsVerwalter hat der Treuhänder bei Beendigung des Amtes die Vergütung schriftlich beim Gericht unter Benennung eines konkreten Betrages zu beantragen. Die Vergütungen sowohl nach § 14 als auch nach § 15 werden erst mit Beendigung des RestschuldbefreiungsVerf durch das InsGer festgesetzt, nicht etwa jährlich.

3 Der gem § 293 InsO bestellte Treuhänder hat gegenüber dem InsGer Schlussrechnung zu legen (§ 292 Abs 3 S 1 InsO). Hieraus müssen sich die eingenommenen Beträge als Berechnungsgrundlage für die Vergütung nach § 14 Abs 2 ergeben.

4 Ist der Treuhänder gem § 292 Abs 2 S 1 InsO mit der Überwachung der Einhaltung der Obliegenheiten des Schu beauftragt, ist bei der Ankündigung der Restschuldbefreiung (§ 291 Abs 1 InsO) die Höhe des Stundensatzes festzusetzen (Abs 1 S 1). Bei Festsetzung einer Stundensatzes über 35 EUR sollte die GlVersammlung gehört werden.

5 Aufgrund des bei Ankündigung der Restschuldbefreiung festgesetzten Stundensatzes hat der Treuhänder unter Darlegung des entstandenen Zeitaufwands die Höhe der begehrten Vergütung in seinem Antrag zu begründen.

6 Auslagen hat der Treuhänder einzeln anzuführen und zu belegen, die Auslagenpauschale des § 8 Abs 3 gilt für ihn nicht (§ 16 Abs 1 S 3). Umsatzsteuererstattung erhält der Treuhänder nach § 7.

III. Vorschussgewährung

7 Soweit der Treuhänder Beträge vereinnahmt, kann er während des Abtretungszeitraums ohne gerichtliche Zustimmung Vorschüsse entnehmen.[1] Nach Entnahme sollte der Betrag und der Zeitpunkt dem Gericht mitgeteilt werden. Die Höhe dieser Vorschüsse darf den verdienten Teil der Vergütung und die Mindestvergütung nicht überschreiten (Abs 2 S 1).[2] Eine Anspruch auf Vergütung und damit auch auf Vorschuss steht ihm selbstverständlich nur bei und erst nach seiner Bestellung nach § 291 Abs 2 InsO zu.[3]

1 *AG Marburg* ZInsO 2005, 38.
2 Zur Berechnung *K/P/B/Stoffler* § 16 InsVV Rn 11.
3 *BGH* ZVI 2004, 57 = NZI 2004, 156; *AG Mönchengladbach* ZVI 2005, 653.

Bei Stundung der VerfKosten (§ 4a InsO) kann das Gericht auf Antrag Vorschüsse bewilligen (Abs 1 S 2). Sind die VerfKosten gestundet, kann der Treuhänder aus dennoch eingehenden Beträgen einen Vorschuss in Höhe der jährlichen Mindestvergütung zuzüglich der Umsatzsteuer entnehmen.[4] 8

4 *LG Köln* NZI 2004, 597.

Vierter Abschnitt
Vergütung der Mitglieder des Gläubigerausschusses

§ 17 Berechnung der Vergütung

(1) Die Vergütung der Mitglieder des Gläubigerausschusses beträgt regelmäßig zwischen 35 und 95 Euro je Stunde. Bei der Festsetzung des Stundensatzes ist insbesondere der Umfang der Tätigkeit zu berücksichtigen.

(2) [1]Die Vergütung der Mitglieder des vorläufigen Gläubigerausschusses für die Erfüllung der ihm nach § 56a und § 270 Absatz 3 der Insolvenzordnung zugewiesenen Aufgaben beträgt einmalig 300 Euro. [2]Nach der Bestellung eines vorläufigen Insolvenzverwalters oder eines vorläufigen Sachwalters richtet sich die weitere Vergütung nach Absatz 1.

Übersicht

I. Normzweck

1 Die Norm regelt die Vergütung der Mitglieder des GlAusschusses nach §§ 67 ff InsO. Sie regelt diese als Vergütung nach Stundensätzen und nicht in Abhängigkeit von der InsMasse. Damit wird verdeutlicht, dass die Vergütung der GlAusschussmitglieder Vergütung für sachverständige Tätigkeit und nicht Vergütung für Erfolg der Tätigkeit ist.

2 Der Stundensatzrahmen wurde durch Änderung zum 7.10.2004[1] in Anlehnung an § 9 JVEG und § 19 ZwVwV[2] auf 35–95 EUR gesetzt. Er wird allg als zu niedrig empfunden.[3] Der Stundensatzrahmen ist angelehnt an die Sachverständigenvergütung nach JVEG. Angesichts des Umfangs der Tätigkeiten und der Pflichten des GlAusschuss ist dies nicht überzeugend.[4]

1 Zweite VO zur Änderung der InsVV v 21.12.2006, BGBl I, 3389.
2 ZwangsverwalterVO v 19.12.2003, BGBl I, 2804.
3 Grundlegend instruktiv *Zimmer* ZIP 2013, 1309 eher praxisfern dagegen *LG Köln* ZIP 2015, 1450 mit Anm *Blersch*; eingehend *Zimmer* § 17 InsVV Rn 12 ff, 69 ff.
4 Zu den Pflichten grundlegend *BGHZ* 202, 324 = ZIP 2014, 2242, dazu EWiR 2014, 781 (*Krüger*) DZWIR 2015, 185 mit Anm *Keller*; dazu *Ampferl/Kilper* ZIP 2015, 553; *Köllner/Cyrus* NZI 2015, 172.

3 Den Mitgliedern eines vorl GlAusschusses im EröffnungsVerf (§ 22a) ist in entspr Anwendung des § 17 eine gleiche Vergütung zu gewähren wie den Mitgliedern eines GlAusschusses im eröffneten Verf.[5]

II. Der Anspruch auf Vergütung nach § 73 InsO

4 Jedes Mitglied eines GlAusschuss hat Anspruch auf angemessene Vergütung (§ 73 Abs 1 InsO).[6] Einen Anspruch auf Vergütung nach § 73 InsO hat auch die juristische Person, die als solches Mitglieder eines GlAusschuss sein kann. Auch ein sog institutioneller Gl (insb PSV) hat einen Vergütungsanspruch.[7] Der Vertreter einer Behörde, der selbst zum GlAusschussmitglied bestellt werden muss, weil die Behörde mangels Personeneigenschaft nicht als mitgliedsfähig angesehen wird, übt diese Tätigkeit meist in seiner beruflichen Funktion aus und hat dann keinen eigenen Vergütungsanspruch.[8]

III. Die Bestimmung der Vergütung

5 **1. Die Vergütung nach Stundensätzen.** Mit der Zeitvergütung nach § 17 S 1 wird der gesamte zeitliche Aufwand abgegolten (Sitzungsteilnahme, Vorbereitung, Aktenstudium).[9] Dieser ist deshalb zu dokumentieren.[10] Fehlt eine Zeiterfassung, ist der Zeitaufwand zu schätzen.[11]

6 **2. Sachliche Kriterien zur Stundensatzhöhe.** Ausgehend von dem Rahmen zwischen 35 und 95 EUR kann eine Mittelgebühr von 65,00 EUR je Stunde angesetzt werden, mit welcher die Tätigkeit in einem InsVerf als abgegolten gelten, das nach Art und Umfang als NormalVerf iSd § 2 anzusehen ist.

7 Eine Abweichung erlaubt § 17 S 2, wonach bei Festsetzung der Vergütung Art und Umfang der Tätigkeit zu berücksichtigen sind. Die Zuerkennung eines niedrigeren Stundensatzes kann in Betracht kommen, wenn das InsVerf von bes kurzer Dauer war. Maßgebliche sachliche Kriterien für die Zuerkennung eines erhöhten Stundensatzes sind zum einen bes fachliche Kenntnisse und eine bes berufliche Qualifikation sowie bes Erschwernisse im konkreten InsVerf hinsichtlich des Umfangs der Tätigkeit, vor allem hinsichtlich der qualitativen Anforderungen an die Aufgaben des GlAusschuss.

8 Erstes Kriterium der Bestimmung des Stundensatzes ist eine bes berufliche Qualifikation eines Mitgliedes (RA, Wirtschaftsprüfer).[12] Gleiches gilt für das Mitglied, das zwar nicht über eine bes berufliche Qualifikation verfügt, auf Grund bes fachlicher Kenntnisse für den GlAusschuss jedoch bes wichtig ist (Mitglieder des Betriebsrates). Es muss aber nicht jedem Mitglied derselbe Stundensatz gewährt werden.[13] Eine Unterscheidung muss sachlich begründet sein. Ein Arbeitnehmer oder Vertreter des Betriebsrats des Unternehmens kann für den GlAusschuss ebenso notwendig und qualifiziert sein wie ein spezialisierter Anwalt.

---

5 *Keller* Vergütung, § 12 Rn 1.
6 MK/*Schmidt-Burgk* § 67 Rn 21; *Keller* Vergütung § 12 Rn 24 ff.
7 Eingehend *Uhlenbruck/Knof* § 73 Rn 8; *K/P/B/Lüke* § 73 Rn 13; *K/P/B/Eickmann* Vor § 17 InsVV Rn 10; MK/*Nowak* 2. Aufl 2007 § 73 Rn 8; aM *AG Karlsruhe* ZIP 1987, 124, dazu EWiR 1987, 387 (*Eickmann*).
8 *Keller* Vergütung, § 12 Rn 27 ff.
9 *LG Göttingen* NZI 2005, 339; zurückhaltend *LG Duisburg* NZI 2005, 116.
10 *Uhlenbruck/Knof* § 73 Rn 19; MK/*Nowak* 2. Aufl 2007 § 17 InsVV Rn 8.
11 *AG Köln* ZIP 1992, 1492 = KTS 1993, 126; *LG Aachen* ZIP 1993, 137, dazu EWiR 1993, 69 *(Uhlenbruck)*; *AG Duisburg* NZI 2004, 325.
12 *AG Detmold* NZI 2008, 505; *Keller* Vergütung, § 12 Rn 19.
13 MK/*Nowak* 2. Aufl 2007 § 17 InsVV Rn 2.

Gegenüber dem Vertreter eines GroßGl ist der Vertreter des Betriebsrats für den InsVerw oft sogar wertvoller.

Nach § 17 S 2 ist bei der Bestimmung des Stundensatzes insb der Umfang der Tätigkeit zu berücksichtigen. Dieser Tatbestand bestimmt sich nach den bes Erschwernissen, die das InsVerf als solches beinhaltet und eine über das sogenannte NormalVerf hinausgehende bes Arbeitsbelastung bringen.[14] Bezogen auf die Aufgaben des GlAusschuss nach § 69 InsO kommen für diesen qualitativ signifikante Kriterien in Betracht. Allg können als Merkmale einer erhöhten Stundensatzvergütung genannt werden: 9

- bes persönlicher Einsatz eines GlAusschussmitgliedes, bspw auch in der Korrespondenz mit Gl, mit Absonderungsberechtigten oder mit Arbeitnehmern;
- bes Schwierigkeiten bei der Aufarbeitung gesellschaftsrechtlicher Verflechtungen des Unternehmens;
- bes Schwierigkeiten bei der Aufarbeitung steuerrechtlicher Fragestellungen;
- bes Schwierigkeiten bei Erfassung des vorinsolvenzlichen Geldverkehrs insb im Hinblick auf mögliche Anfechtungstatbestände;
- bes Schwierigkeiten bei der Prüfung von Rechtsgeschäften, die nach § 160 InsO der Genehmigung des GlAusschuss bedürfen;
- bes hohe Zahl von Grundstücken oder grundstücksgleichen Rechten die zur InsMasse gehören;
- bes Schwierigkeiten bei der Verwertung von Vermögenswerten, die mit Absonderungsrechten behaftet sind, oder bei der Prüfung des Bestandes solcher Absonderungsrechte in Zusammenarbeit mit dem InsVerw.;
- Auslandsbezug insb hinsichtlich gesellschaftsrechtlicher Beteiligungen oder hinsichtlich im Ausland befindlicher Vermögenswerte;
- Mitwirkung bei der Erarbeitung eines InsPlans (§ 232 Abs 1 Nr 1 InsO);
- Mitwirkung bei der Erarbeitung eines Sozialplans mit den Arbeitnehmern (§ 123 InsO);
- Mitwirkung bei Betriebsvereinbarungen und Betriebsänderungen insb im Zusammenhang mit einer möglichen übertragenden Sanierung oder im Zusammenhang mit möglichen Massenentlassungen, Sozialauswahl und Erstellung der Namensliste der von einer Entlassung betroffenen Arbeitnehmer (§§ 17 ff KSchG, §§ 111 ff BetrVG, §§ 121 ff InsO);
- bes Schwierigkeiten bei der Prüfung der Tätigkeit des InsVerw, insb hinsichtlich der Prüfung der Kassenführung im laufenden InsVerf oder der Prüfung der Schlussrechnung;
- bes persönliche Haftungsgefahr nach § 71 InsO.

Insgesamt kann bei Vorliegen bes Qualifikation und bes Erschwernissen des konkreten Verf der Stundenrahmen bis 95 EUR auch deutlich überschritten werden.[15] 10

3. Keine pauschalierte Vergütungsgewährung. Wie bereits zum früheren § 13 VergVO wird in bes gelagerten Einzelfällen auch eine Vergütungsgewährung als Prozentsatz der Vergütung des InsVerw für zulässig gehalten.[16] Dem ist zu widersprechen. Es besteht kein Bedürfnis und kein plausibler Grund, die Vergütung abweichend vom Maßstab des Zeitaufwandes als Bruchteil der Verwaltervergütung festzusetzen. Eine angemessene Vergütung der Mitglieder des GlAusschuss kann auch in bes gelagerten InsVerf in Gemäßheit des § 17 bestimmt werden: Je nach Eignung und Befähigung des jeweiligen Mitglieds sowie je nach 11

14 *AG Braunschweig* ZInsO 2005, 870.
15 *AG Detmold* NZI 2008, 505; sehr zurückhaltend *LG Köln* ZIP 2015, 1450 mit Anm *Blersch*.
16 *AG Elmshorn* ZIP 1982, 981; *AG Stuttgart* ZIP 1986, 659, dazu EWiR 1986, 401 *(Eickmann)*; *AG Mannheim* ZIP 1985, 301, dazu EWiR 1985, 207 *(Eickmann)*; *AG Karlsruhe* ZIP 1987, 124, dazu EWiR 1987, 387 *(Eickmann)*; *AG Ansbach* ZIP 1990, 249, dazu EWiR 1990, 81 *(Eickmann)*.

den Erschwernissen des konkreten Verf kann ihm ein höherer Stundensatz als 95 EUR zugebilligt werden, § 17 S 1 erlaubt dies mit dem Adverb „regelmäßig". Der BGH erlaubt eine Pauschalvergütung im masselosen Verf, wenn sie niedriger ist als eine vergleichbare Stundensatzvergütung.[17] Die Vergütungsgewährung in Abkehr von § 17 birgt zudem die Gefahr von Intransparenz und mangelnder Objektivität und Nachprüfbarkeit. Diesem Schein sollten sich weder die InsVerw noch die Mitglieder des GlAusschuss aussetzen.[18]

12 **4. Besondere Vergütung Abs 2.** Abs 2 wird durch Art 2 Nr 1 ESUG eingefügt. Die Vorschrift soll bes Tätigkeit des GlAusschusses im EröffnungsVerf abgelten; nach § 21 Abs 2 Nr 1a und § 22a InsO soll unter den genannten Vor stets ein vorl GlAusschuss eingesetzt werden (nicht zu verwechseln mit dem bei InsEröffnung nach § 67 InsO eingesetzten vorl GlAusschuss).

13 Die Vergütung der Mitglieder des vorl GlAusschusses im Eröffnungsverfahren wird allg nach Abs 1 als Vergütung nach Stundensätzen gewährt (oben Rn 5). Die Mitglieder erhalten dieselben Stundensätze wie beim GlAusschuss im eröffneten Verf.

14 Die bes Vergütung des Abs 2 S 1 von 300 EUR betrifft nur die Mitwirkung bei der Auswahl des InsVerw nach § 56 Abs 2 InsO oder des Sachwalters bei Eigenverwaltung nach § 270 Abs 3 InsO. Der Vergütungsbetrag ist mit 300 EUR sehr gering und entspricht unter Berücksichtigung der Tatbestände einer Erhöhung der Vergütung nach Abs 1 in den Fällen einer Ins, bei welcher nach § 22a InsO ein GlAusschuss im Eröffnungsverfahren zu bestellen ist, wohl gerade einem Stundensatz. Angesichts der tatsächlichen Schwierigkeiten, die mit der Entscheidungsfindung zu § 56 Abs 2 InsO verbunden sein werden – man denke nur an den Zeitaufwand bei Diskussionsbedarf innerh des GlAusschusses –, ist der Betrag erstaunlich gering. Die Begr meint hierzu, es müsse eine Auszehrung der Masse verhindert werden und die Vergütung entspreche etwa einer dreistündigen Tätigkeit im GlAusschuss. Das ist nicht praxisgerecht.

§ 18 Auslagen. Umsatzsteuer

(1) Auslagen sind einzeln anzuführen und zu belegen.

(2) Soweit Umsatzsteuer anfällt, gilt § 7 entsprechend.

Übersicht

I. Normzweck

1 Die Vorschrift regelt den Anspruch der Mitglieder des GlAusschusses auf Ersatz ihrer Auslagen (§ 73 Abs 1 S 1 InsO) und Erstattung der Umsatzsteuer. Die §§ 4 und 7 sind für die Anwendung des § 18 erg heranzuziehen. Für das Verf der Vergütungsfestsetzung gelten mit § 73 Abs 2 und § 64 InsO die §§ 8 und 9 entspr.

II. Auslagenersatz

2 Wie auch dem InsVerw sind den Mitgliedern des GlAusschusses ihre Auslagen zu ersetzen. Erstattungsfähig sind nur die tatsächlich entstandenen Auslagen, sie sind im Einzelnen zu

17 *BGH* ZIP 2009, 2453; NZI 2009, 845.
18 Eingehend *Keller* Vergütung, § 12 Rn 42 ff.

belegen. Eine Pauschalierung nach § 8 Abs 3 scheidet aus. Erstattungsfähige Auslagen sind wie bei § 4 Abs 2 insb Reisekosten, Porti und Telekommunikationskosten. Die Prämien einer bes Vermögensschadenhaftpflichtversicherung sind iRd § 4 Abs 3 erstattungsfähig, häufig werden sie als Masseverbindlichkeiten unmittelbar der InsMasse entnommen.[1] Ob Kosten der Beauftragung eines Kassenprüfers zu den Auslagen zählen, ist nicht geklärt; schon wegen der Höhe dieser Kosten ist es sinnvoll, sie in Absprache mit dem InsGer und dem InsVerw als Masseverb von diesem begleichen zu lassen.[2]

Die Mitglieder des GlAusschusses können für die Erfüllung ihrer Aufgaben auch Hilfskräfte beauftragen und einzelne Tätigkeiten delegieren. Auch für sie gilt § 4 Abs 1 S 3 sinngemäß (dazu § 4 Rn 8 ff). 3

III. Umsatzsteuer

Die Umsatzsteuer ist gesondert festzusetzen und zu erstatten. Ist das GlAusschussmitglied nicht umsatzsteuerpflichtig und weist es dennoch die Umsatzsteuer aus, schuldet es die Umsatzsteuer und hat sie abzuführen (§ 14 Abs 3 UStG). 4

IV. Vergütungsfestsetzung

Vergütung und Auslagen sind auf Antrag durch das InsGer durch begründeten Beschl festzusetzen, es gelten § 64 InsO und § 8. Der Beschl hat insb den nach § 17 festgesetzten Stundensatz zu begründen. Vor der BeschlFassung ist der GlVers rechtl Gehör zu gewähren.[3] 5

Der Beschl ist öffentlich bekannt zu machen (§ 64 Abs 2 S 1 InsO) und dem InsVerw, dem Schu und den Mitgliedern des GlAusschusses gesondert zuzustellen. Wie beim InsVerw hat eine Veröffentlichung der festgesetzten Beträge zu unterbleiben (§ 64 Abs 2 S 2 InsO). 6

Gegen die Festsetzung steht dem jeweiligen Ausschussmitglied, jedem InsGl und dem Schu die sofortige Beschw zu. Die Beschw ist nach § 64 Abs 3 S 2 InsO nur zulässig, wenn der Wert des BeschwGegenstandes 200 EUR übersteigt (§ 567 Abs 2 ZPO). 7

Auch dem Mitglied eines GlAusschusses auf seine Vergütung ein Vorschuss nach § 9 zu gewähren. Für die Vorschussgewährung gelten die gleichen Grundsätze wie für den Vorschuss auf die Vergütung des InsVerw.[4] Das InsGer ist bei endgültiger Festsetzung der Vergütung nicht an die vorherige Vorschussgewährung gebunden, es kann insb einen anderen Stundensatz nach § 17 festsetzen.[4] 8

Fünfter Abschnitt
Übergangs- und Schlussvorschriften

§ 19 Übergangsregelung

(1) Auf Insolvenzverfahren, die vor dem 1. Januar 2004 eröffnet wurden, sind die Vorschriften dieser Verordnung in ihrer bis zum Inkrafttreten der Verordnung vom 4. Oktober 2004 (BGBl. I S. 2569) am 7. Oktober 2004 geltenden Fassung weiter anzuwenden.

1 *Keller* Vergütung, § 12 Rn 54.
2 Eingehend *Keller* in Anm *BGH* DZWIR 2015, 185.
3 *LG Göttingen* ZIP 2005, 590 = NZI 2005, 340.
4 *Uhlenbruck/Knof* § 73 Rn 30.

(2) Auf Vergütungen aus vorläufigen Insolvenzverwaltungen, die zum 29. Dezember 2006 bereits rechtskräftig abgerechnet sind, sind die bis zum Inkrafttreten der Zweiten Verordnung zur Änderung der Insolvenzrechtlichen Vergütungsverordnung vom 21. Dezember 2006 (BGBl. I S. 3389) geltenden Vorschriften anzuwenden.

(3) Auf Insolvenzverfahren, die vor dem 1. März 2012 beantragt worden sind, sind die Vorschriften dieser Verordnung in ihrer bis zum Inkrafttreten des Gesetzes vom 7. Dezember 2011 (BGBl. I S. 2582) am 1. März 2012 geltenden Fassung weiter anzuwenden.

(4) Auf Insolvenzverfahren, die vor dem 1. Juli 2014 beantragt worden sind, sind die Vorschriften dieser Verordnung in ihrer bis zum Inkrafttreten des Gesetzes vom 15. Juli 2013 (BGBl. I S. 2379) am 1. Juli 2014 geltenden Fassung weiter anzuwenden.

Übersicht

I. Normzweck

1 Die Vorschrift bestimmt als Übergangsregelung ursprünglich die Nichtanwendung der InsVV auf Verf der KO oder GesO. Sie ist nunmehr Übergangsregelung zu den Änderungen der InsVV seit Inkrafttreten (§ 20).

II. Anwendung der VergVO auf Konkurs- und Gesamtvollstreckungsverfahren

2 Die InsVV findet nach dem ursprünglichen Wortlaut der Norm auf Verf Anwendung, welche nach dem 31.12.1998 beantragt worden sind. Dies entspricht Art 103 EGInsO. § 19 hatte insoweit klarstellenden Charakter.

3 Die Vergütung des Konkurs- oder Vergleichsverwalters sowie des Gesamtvollstreckungsverwalters bestimmt sich nach der VergVO v 25.6.1960.[1] Die Geldbeträge zur Bestimmung der Regelvergütung nach § 3 VergVO sind im Verhältnis 1:1,95583 von Euro auf Deutsche Mark umzurechnen. Ebenso ist der Vergütungsbetrag von Deutsche Mark „spitz" auf Euro umzurechnen und nicht im Verhältnis 1:2 zu glätten.

III. Übergangsregelungen nach Änderungen der InsVV

4 **1. Änderungen zum 1.1.2004 (Abs 1).** Abs 1 in der geltenden Fassung wurde eingefügt durch die Erste VO zur Änderung der InsVV v 4.10.2004.[2] Er betrifft die Anwendung der Regelungen zur Mindestvergütung nach § 2 Abs 2 und 13 Abs 1 S 3 in der bis 7.10.2004 geltenden Fassung. Die Stichtagsregelung zum 1.1.2004 war vom BGH in seinem Beschl v 15.1.2004[3] vorgegeben, sie ist verfassungsgemäß.[4] In den bis zum 1.1.2004 eröffneten InsVerf bestimmt sich die Mindestvergütung nach den bis dato geltenden Fassungen von § 2 Abs 2 und § 13 Abs 1 S 3.

1 VO über die Vergütung des Konkursverwalters, des Vergleichsverwalters, der Mitglieder des GlAusschusses und der Mitglieder des GlBeirates (VergVO) 25.5.1960, BGBl I, 329; Begr zur VergütungsVO 25.5.1960, BAnz 1960 Nr 127 6.7.1960.
2 VO zur Änderung der InsVV 4.10.2004, BGBl I S 2569.
3 *BGHZ* 157, 282, 287 = ZIP 2004, 417, dazu EWiR 2004, 985 *(Blersch)*; *BGH* ZIP 2004, 424.
4 *BVerfG* ZIP 2005, 1694; *BVerfG* ZIP 2005, 1697 (LS).

2. Änderung zum 29.12.2006 (Abs 2). Abs 2 wurde eingefügt durch die Zweite VO zur Änderung der InsVV v 21.12.2006.[5] Er betrifft die Anwendung des § 11 auf Vergütungen, die nach dem 29.12.2006 noch nicht rechtskräftig festgesetzt waren. Es kommt hier insb nicht auf den Zeitpunkt einer VerfEröffnung an. § 11 in der seit 29.12.2006 geltenden Fassung ist auf alle bis dato noch offenen Vergütungen eines vorl InsVerw anwendbar (s aber § 11 Rn 2).[6] 5

3. Änderung zum 1.3.2012 (Abs 3). Abs 3 wird eingefügt durch Art 2 Nr 2 ESUG. Er betrifft die Änderung des § 17 Abs 2 betr besondere Vergütungen der Mitglieder des vorl GlAusschusses bei Auswahl des InsVerw oder des Sachwalters. Die Übergangsregelung ist insoweit selbstverständlich und fast überflüssig, als die besonderen Aufgaben, die durch § 17 Abs 2 vergütet werden sollen, selbst erst durch das ESUG geschaffen werden, also vor Inkrafttreten der Neuregelungen auch kein Bedürfnis für eine besondere Vergütungsregelung besteht. 6

4. Änderung zum 1.7.2014 (Abs 4). Abs 4 betrifft die Änderungen durch das G zur Verkürzung des Restschuldbefreiungsverfahrens v 15.7.2013 (BGBl I, 2379) zum 1.7.2014. Die Übergangsregelung betrifft insb die Novellierung des § 13 in Folge der Aufhebung des vereinfachten InsVerf. Sie betrifft ebenfalls § 3 Abs 2e. 7

Die Neuregelung des § 11 Abs 1 zusammen mit § 63 Abs 3 InsO ist bereits ohne Übergangsregelung am 19.7.2014 in Kraft getreten (dazu § 11 Rn 3). Es wurde dabei vergessen, die Übergangsregelung des Abs 4 anzupassen. Sie geht insoweit ins Leere. 8

§ 20 Inkrafttreten

Diese Verordnung tritt am 1. Januar 1999 in Kraft.

Die InsVV ist am 1.1.1999 zeitgleich mit der InsO in Kraft getreten. 1

5 Zweite VO zur Änderung der InsVV 21.12.2006, BGBl I S 3389.
6 Zur Frage der Verjährung *Keller* NZI 2007, 378.

Kapitel VI

Verordnung (EG) Nr. 2015/848 des Rates über Insolvenzverfahren

vom 20.5.2015 (ABl. L 141 S. 19, ber. 2016 ABl. L 349 S. 6), geändert durch V 2017/353/EU vom 15.2.2017 (ABl. L 57 S. 19)

Vorbemerkung zu Art 1–47

Übersicht

I. Entstehungsgeschichte

Die unionsrechtliche Regelung der EuInsVO resultiert aus dem ursprünglich in Art 220 EWG-Vertrag (später Art 293 EGV[1]) enthaltenen Auftrag an die Mitgliedstaaten, soweit erforderlich, untereinander Verhandlungen einzuleiten, um zugunsten ihrer Staatsangehörigen die Vereinfachung der Förmlichkeiten für die gegenseitige Anerkennung und Vollstreckung richterlicher Entsch und Schiedssprüche sicherstellen. Vorreiter für gemeinschaftsrechtliche Regelungen im Europäischen Zivilverfahrensrecht war das Übereinkommen v 27.9.1968 über die gerichtliche Zuständigkeit und die Vollstreckung gerichtlicher Entsch in Zivil- und Handelssachen.[2] Nach Art 1 Abs 2 dieses Übereinkommens waren jedoch „Konkurse, Vergleiche und ähnliche Verf" von seinem Anwendungsbereich ausgenommen. Über diese Themen wurden von Anfang an separate Verhandlungen geführt, die über Jahrzehnte hinweg zu einigen, letztlich nicht umgesetzten Entwürfen für eine gemeinschaftsweite Regelung führten.[3] Von einer 1963 eingesetzten Sachverständigenkommission wurde ein Vorentwurf erarbeitet, dem **das Prinzip der Universalität und Einheit des InsVerf zu Grunde lag**.[4] Dieser 1970 vorgelegte Entwurf, der 1980 noch einmal in einer überarbeiteten Fassung eingebracht wurde,[5] stieß wegen seiner komplizierten Regelungen insb in Deutschland auf heftige Kritik. Der Schwerpunkt der Arbeiten zum Int InsR verlagerte sich daraufhin in den Europarat. Das dort beratene Konkursübereinkommen haben zwar mehrere Mitgliedstaaten 1990 gezeichnet, es wurde jedoch lediglich von Zypern ratifiziert. **1**

Mit dem Übereinkommen über InsVerf v 23.11.1995 (EuInsÜ) sollten die Vorstellungen von einer gemeinschaftsweiten Regelung für InsVerf endlich umgesetzt werden.[6] Dies scheiterte jedoch an der vom Vereinigten Königreich abgelehnten Zeichnung des Übereinkommens. Durch das Inkrafttreten des Amsterdamer Vertrags wurde dann die Möglichkeit eines neuen Rechtsinstruments zur Harmonisierung des Europäischen Zivilverfahrensrechts geschaffen: Art 65 EGV (idF v Amsterdam) führte eigene Handlungsbefugnisse für die Europäische Gemeinschaft ein und ermächtigte sie, zur Vereinheitlichung des Internationalen Privat- und Verfahrensrechts der Mitgliedstaaten Verordnungen und Richtlinien zu erlassen. Deutschland und Finnland unterbreiteten daher den Vorschlag, das ursprünglich

---

1 Die Vorschrift galt bis zum 30.11.2009 und ist weder im EU-Vertrag noch im AEUV aufgenommen worden.

2 ABlEG 1972 Nr L 299/32 (Brüsseler Übereinkommen bzw EuGVÜ). Dieses Übereinkommen wurde in die VO (EG) Nr 44/2001 des Rates v 22.12.2000 über die gerichtliche Zuständigkeit und die Anerkennung und Vollstreckung von Entsch in Zivil- und Handelssachen (sog EuGVVO, ABlEG 2001 Nr L 12/1) übernommen. Für nach dem 10.1.2015 eingeleitete Verfahren, errichtete öffentliche Urkunden oder geschlossene Vergleiche ist die VO Nr 1215/2012 in der Fassung v 12.12.2012 (ABlEU 2012 Nr L 351/1), geändert durch die VO Nr 542/2014 v 15.5.2014 (ABlEU 2014 Nr L 163/1), anwendbar.

3 *Fritz/Bähr* DZWiR 2001, 221, 222.

4 Vorentwurf v 16.2.1970, RabelsZ 36 (1972) 734.

5 Vgl Bericht von *Lemonty* zum Entwurf des EG-Konkursabkommens, ZIP 1981, 547.

6 Vgl *Stoll* Vorschläge und Gutachten zur Umsetzung des EU-Übereinkommens über Insolvenzverfahren im deutschen Recht, 1997.

geplante EuInsÜ in der Form einer EG-Verordnung zu erlassen.[7] Diese Initiative hatte Erfolg und führte dazu, dass am 31.5.2002 die VO (EG) Nr 1346/2000 (sog EuInsVO) Geltung bekam und die jahrzehntelangen Bemühungen um ein einheitliches europäisches Int InsR zu einem erfolgreichen Abschluss gebracht wurden.[8] Die VO beruht allerdings auf einer Kompromisslösung **in Form einer abgeschwächten oder modifizierten Universalität**, bei welcher die Verwertung der Vermögensmasse eines Schuldners im Insolvenzfall verschiedenen Rechtsordnungen unterworfen sein kann.[9] Seit dem 26.6.2017 gilt in der Union eine reformierte Fassung der EuInsVO.[10]

II. Überblick über den Inhalt und die Stellung der EuInsVO

2 Die EuInsVO regelt die drei wesentlichen Problemkreise, die sich im Falle von InsVerf mit Auslandsberührung stellen: Zunächst wird die Frage geklärt, welche mitgliedstaatlichen Gerichte bei grenzüberschreitenden Insolvenzen **international zuständig** sind (Art 3 Abs 1) und ob nebeneinander die internationale Zuständigkeit von Gerichten verschiedener Mitgliedstaaten eröffnet sein kann (Art 3 Abs 2 bis Abs 4). Von zentraler Bedeutung ist zudem die Regelung des **anwendbaren Rechts** auf das InsVerf und die hiermit im Zusammenhang stehenden, von der Verordnung erfassten Einzelverf. Nach der Grundkollisionsnorm in Art 7 (Art 4 aF) gilt regelmäßig das Recht des Insolvenzeröffnungsstaates („lex fori concursus"), wobei sich in den folgenden Vorschriften diverse abweichende Regelungen mit Sonderanknüpfungen befinden. Schließlich befasst sich die EuInsVO im Kap II im Wesentlichen mit der **Anerkennung** der VerfEröffnung in anderen Mitgliedsstaaten (Art 19 = Art 16 aF) und mit der Frage, ob sich dessen Wirkungen auch auf das in anderen Mitgliedstaaten belegene Vermögen des Schu erstrecken (Art 20 = Art 17 aF). Die Eröffnungsentsch werden ebenso wie die zur Durchführung und Beendigung eines InsVerf ergangenen und unmittelbar hiermit im Zusammenhang stehenden Entsch anerkannt (Art 32 = Art 25 aF), soweit nicht der ordre public-Vorbehalt nach Art 33 (Art 26 aF) durchgreift. Kap III enthält die Regelungen zum SekundärInsVerf, für das ebenfalls das lex fori concursus-Prinzip gilt (Art 34 = Art 28 aF). Die Vorschriften im Kap IV regeln die Unterrichtung der Gl und deren Recht zur Anmeldung von Forderungen. Im Kap V befinden sich Vorschriften des KonzernInsR und in Kap VI, Kap VII Datenschutz-, Übergangs- und Schlussbestimmungen.

3 Die Regelungen der EuInsVO zählen zum sekundären Gemeinschaftsrecht und haben nach Art 288 AEUV **unmittelbare Wirkung** in den Mitgliedstaaten. Sie verdrängen in ihrem Anwendungsbereich das autonome nationale Recht.[11] Das deutsche Internationale InsRecht (§§ 335 ff InsO) kommt somit nur in begrenztem Umfang zur Anwendung, etwa bei grenzüberschreitenden Bezügen zu Drittstaaten oder bei InsVerf über Kreditinstitute und Versicherungsunternehmen, die nach Art 1 Abs 2 vom sachlichen Anwendungsbereich der Verordnung ausgenommen sind.[12]

III. Auslegung der Verordnung

4 Das Verständnis der Regelungen in der EuInsVO hat den Besonderheiten und Erfordernissen des Gemeinschaftsrechts Rechnung zu tragen, was insb im Prinzip der **autonomen** Auslegung zum Ausdruck kommt. Bei Zweifelsfragen ist grundsätzlich nicht auf nationale

7 ABlEG 2000 Nr C 221/8.
8 *Wimmer* NJW 2002, 2427; zur reformierten Fassung der EuInsVO s Rn 6 ff.
9 *EuGH* 26.10.2016 – C-195/15 Rn 17 (Senior Home); *Bork* FS Klarmaris (2016), S 77.
10 Art 92 Verordnung (EU) 2015/848 v 20.5.2015 über InsVerf, ABlEU 2015 Nr L 141/19; zur Reform im Einzelnen s Rn 6 ff.
11 Vgl *BGHZ* 188, 177 Rn 11.
12 Hierzu im Einzelnen *A/G/R/Gruber* § 335 InsO Rn 5 ff.

Rechtsvorstellungen sowie Begriffsverständnisse zurückzugreifen, was dem Ziel einer einheitlichen Anwendung in den Mitgliedstaaten zuwider liefe. Vielmehr sind – wie stets bei der Auslegung einer Bestimmung des Unionsrechts – sowohl der Wortlaut und die Ziele als auch der Zusammenhang mit anderen Bestimmungen zu berücksichtigen.[13]

Das **grammatikalische** Auslegungskriterium hat auch die Mehrsprachigkeit der Verordnung zu beachten. Der Text einer Bestimmung sollte im Fall von Zweifeln unter Berücksichtigung ihrer Fassungen in den anderen Amtssprachen ausgelegt und angewandt werden.[14] Die **systematische** Auslegung greift auf den Regelungszusammenhang einer Vorschrift innerhalb des Gemeinschaftsrechtsakts zurück. Gegebenenfalls werden auch andere Bestimmungen des primären oder sekundären Gemeinschaftsrechts als Interpretationshilfe herangezogen. Bei der **historischen** Auslegung der Vorschriften der EuInsVO ist der Wille des Normgebers zu untersuchen. Hierfür sind die vorbereitenden Materialien für die EuInsVO und damit insb der zum Vorläuferübereinkommen verfasste Erläuternde Bericht von Virgos/Schmit[15] heranzuziehen. Bei der oftmals ausschlaggebenden **teleologischen** Auslegung können die in der Präambel genannten Erwägungsgründe zur EuInsVO, welche die allgemeinen Ziele und den Zweck einzelner Vorschriften nennen, hilfreich sein. So hat der EuGH unter Heranziehung des zweiten Erwägungsgrundes festgestellt, dass die Verordnung nicht auf die Einführung eines einheitlichen InsVerf, sondern darauf abziele, effiziente und wirksame grenzüberschreitende InsVerf sicherzustellen.[16] Bisweilen kann auch eine **rechtsvergleichende** Auslegung aufschlussreich sein, welche auf die allgemeinen Grundsätze abstellt, wie sie sich aus der Gesamtheit der nationalen Rechtssysteme der Mitgliedstaaten ergeben.[17] Um eine einheitliche Anwendung des Europarechts in den Mitgliedstaaten sicherzustellen, können und müssen Fragen zur Gültigkeit und Auslegung von den nationalen Gerichten der Mitgliedstaaten gem **Art 267 AEUV** dem EuGH vorgelegt werden[18]. Aufgrund entsprechender Vorabentscheidungsersuchen sind zwischenzeitlich mehrere Entsch des EuGH zur EuInsVO ergangen. 5

IV. Reform der EuInsVO

Nach Art 46 aF hatte die Kommission dem Europäischen Parlament, dem Rat und dem Wirtschaftsausschuss bis zum 1.6.2012 einen Bericht über die Anwendung der EuInsVO vorzulegen. Diesen Evaluierungsbericht hat die Kommission am 12.12.2012 erstellt und zugleich einen Vorschlag zur Reform der EuInsVO unterbreitet.[19] Nach diesem Vorschlag sollten fünf Bereiche reformiert werden, (1) der Anwendungsbereich der Verordnung, (2) die Vorschriften über die Zuständigkeit, (3) die Einführung eines Insolvenzregisters, (4) das SekundärInsVerf und (5) das grenzüberschreitende Konzerninsolvenzrecht.[20] Der Vorschlag der Kommission hat zu einer revidierten Fassung der EuInsVO geführt, welche seit dem 26.6.2015 in Kraft getreten ist und nach ihrem Art 92 seit dem 26.6.2017 in den Mitgliedstaa- 6

---

13 *EuGH* 19.9.2013 – C-251/12 (Grontimmo) Rn 26.
14 *EuGH* 19.9.2013 – C-251/12 (Grontimmo) Rn 27.
15 Abgedruckt bei *Stoll* Vorschläge und Gutachten zur Umsetzung des EU-Übereinkommens über InsVerf im deutschen Recht, 1997, S 32 ff.
16 *EuGH* 2.5.2006 – C-341/04 (Eurofood) Rn 48; *EuGH* 22.11.2012 – C-116/11 (Bank Handlowy) Rn 45.
17 *EuGH* 21.4.1993 – C-172/91 (Sonntag) Rn 18, 22.
18 *Eidenmüller* IPRax 2001, 3.
19 Vorschlag der Europäischen Kommission v 12.12.2012, COM (2012) 744; s hierzu auch den Parlamentsbericht v 5.2.2014 Dok A7-0481/2014.
20 Dazu ausf *Prager/Keller* NZI 2013, 57; *Thole/Swierczok* ZIP 2013, 550; *Kindler* KTS 2014, 25, 29.

ten mit Ausnahme Dänemarks weitgehend gilt.[21] Beachtlich ist die stark angewachsene Anzahl an Erwägungsgründen von 33 auf jetzt 89, die für die Auslegung der einzelnen Regelungen ergänzend herangezogen werden können.[22]

7 Durch eine Änderung des Art 1 und des Anh A wurden in den **Anwendungsbereich** der EuInsVO auch vorinsolvenzliche Sanierungsverfahren und Verfahren der Eigenverwaltung einbezogen,[23] um im gesamtwirtschaftlichen Interesse die Sanierung von mitgliedstaatlichen Unternehmen stärker zu fördern. Das entsprechende Verfahren muss daher nicht aufgrund des Insolvenzgrundes der Zahlungsunfähigkeit oder der Überschuldung eingeleitet worden sein. Voraussetzung ist vielmehr, dass es sich um ein öffentliches Gesamtverfahren zum Zwecke der Sanierung, Schuldenanpassung, Reorganisation oder Liquidation handelt, in welchem der Schu die Verfügungsgewalt über sein Vermögen ganz oder teilweise zugunsten eines Verw verliert oder die Kontrolle oder Aufsicht durch ein Gericht erfolgt. Diese Kriterien erfüllen etwa die vorläufige Eigenverwaltung nach § 270a InsO und das Schutzschirmverfahren nach § 270b InsO, was auch die Aufnahme des vorläufigen Sachwalters in die Liste der Verw des Anh B bestätigt.[24] Für andere Sanierungsverfahren, etwa das im Vereinigten Königreich mögliche „Scheme of Arrangement" (Vergleichsplan) oder die französische „sauvegarde financière accéllérée" (sog. SFA) verblieben bislang Zweifel,[25] die aber durch die abschließende Liste der erfassten Verfahren im Anh A ausgeräumt wurden.[26]

8 Die **Zuständigkeitsregelung in Art 3** hat im Wesentlichen drei Änderungen erfahren: (1) Der Begriff des COMI wurde unter Berücksichtigung der hierzu ergangenen EuGH-Rechtsprechung ausdrücklich in der VO verankert, und zwar sowohl im Hinblick auf juristische Personen und Personengesellschaften als auch auf natürliche Personen. Dabei werden differenzierte Vermutungsregeln aufgestellt, welche allerdings im Falle einer Änderung der Anknüpfungstatsachen in den letzten drei bzw sechs Monaten (sog Suspektsperiode) nicht gelten sollen. (2) Dem Schu sowie jedem Gl wurde es ermöglicht, die int Zuständigkeit eines Gerichts für die Eröffnung eines InsVerf überprüfen zu lassen. (3) Für Annexverfahren, etwa Anfechtungsklagen, wurde ausdrücklich in Art 6 nF[27] ein Gerichtsstand geschaffen. Zudem wurde dem InsVerw die Möglichkeit eingeräumt, eine der EuInsVO unterliegende Annexklage zusammen mit einer anderen zivil- oder handelsrechtlichen Klage gegen den Beklagten an dessen Wohnsitz zu erheben, wenn die dortigen Gerichte nach der EuGVVO[28] für die Zusammenhangsklage[29] int zuständig sind.

9 Zur Erleichterung der grenzüberschreitenden Insolvenzabwicklung wurden in allen EuInsVO-Staaten **Insolvenzregister** eingeführt, die über das Internet miteinander vernetzt

21 Verordnung (EU) 2015/848 v 20.5.2015 über InsVerf, ABlEU 2015 Nr L 141/19; vgl hierzu etwa *Kindler/Sakka* EuZW 2015, 460; *Commandeur/Römer* NZG 2015, 988; zur Position Dänemarks s Protokoll Nr 22 sowie den Erwägungsgrund 88.

22 S oben Rn 5.

23 Vgl zur historischen Entwicklung des Anwendungsbereichs *Piekenbrock* ZIP 2014, 250.

24 *Thole* IPRax 2017, 213, 214; *Commandeur/Römer* NZG 2015, 988, 989.

25 *Kindler* KTS 2014, 25, 29.

26 Während das Scheme of Arrangement nach wie vor nicht vom Anwendungsbereich erfasst ist, wird die sauvegarde financière laut Anh A einbezogen, vgl auch *A/R/G/Gruber/Schulz* Einführung EuInsVO nF Rn 5 f; *Parzinger* NZI 2016, 63, 65.

27 Entsprechend *EuGH* 12.2.2009 – C-339/07 (Deko Marty Belgium) zu einer Insolvenzanfechtungsklage.

28 Verordnung (EG) Nr 44/2001 des Rates über die gerichtliche Zuständigkeit und die Anerkennung und Vollstreckung von Entscheidungen in Zivil- und Handelssachen v 22.12.2000, ABlEG 2001 Nr L 12/1.

29 Vgl *Thole/Swierczok* ZIP 2013, 550, 533.

und zugänglich sein sollen (Art 24ff nF). In dieser Weise soll es Gerichten und Gl einfacher möglich sein, festzustellen, ob in einem anderen Mitgliedstaat bereits ein InsVerf über das Vermögen des Schu eröffnet worden ist.

Wesentlich reformiert wurde das **Verhältnis von Haupt- und SekundärInsVerf** im Kap III, um der Gefahr zu begegnen, dass parallele SekundärInsVerf sinnvolle Gesamtlösungen erschweren oder verhindern.[30] Die Anzahl von SekundärInsVerf sollte aufgrund möglicher Konflikte zum parallelen HauptInsVerf möglichst reduziert werden. Hierfür wurden folgende Optionen geschaffen: (1) Es gibt nun sog synthetische SekundärInsVerf, in denen der InsVerw des HauptInsVerf den lokalen Gl am Niederlassungssitz der Schuldnergesellschaft zusichert, sie würden so behandelt, als wäre ein TerritorialVerf eröffnet worden. (2) Auf Antrag des HauptInsVerw kann die Eröffnung des SekundärInsVerf ausgesetzt werden. (3) Im Falle paralleler Verfahren soll ihre Koordination dadurch verbessert werden, dass Kooperations- und Kommunikationspflichten nicht nur – wie bisher – für das Verhältnis der beiden Verw zueinander gelten, sondern auch für das Verhältnis der Gerichte untereinander und schließlich für das Verhältnis der InsVerw zu den Gerichten. **10**

Die Grundzüge eines künftigen grenzüberschreitenden **Konzerninsolvenzrechts** wurden in Art 2 sowie im neuen Kap V geregelt. Eine Unternehmensgruppe ist nach Art 2 Nr 13 eine Mehrzahl von Unternehmen, das aus einem Mutter- und einem oder mehreren Tochterunternehmen besteht. Unter den Begriff eines Mutterunternehmens fällt nach Art 2 Nr 14 ein Unternehmen, welches ein oder mehrere Tochterunternehmen kontrolliert; sofern es einen konsolidierten Abschluss nach der EU-Bilanzrichtlinie Nr 2013/34/EU erstellt, soll es sich stets um ein Mutterunternehmen handeln. Für die Anwendbarkeit des Kap V ist nach dem Erwägungsgrund 62 ein grenzüberschreitender Bezug in der Weise erforderlich, dass über das Vermögen verschiedener Mitglieder derselben Unternehmensgruppe in mehr als einem Mitgliedstaat Verfahren eröffnet worden sind. Wird über zwei oder mehr Mitglieder einer entspr Unternehmensgruppe das InsVerf eröffnet, sollte eine verbesserte Zusammenarbeit dadurch erreicht werden, dass **Kommunikations- und Kooperationspflichten** zwischen den beteiligten InsVerw, zwischen den beteiligten InsGer und zwischen den jeweiligen InsGer und InsVerw bestehen. So gibt es ein Anhörungsrecht eines Verw in einem anderen InsVerf der Unternehmensgruppe und unter bestimmten Voraussetzungen kann er sogar die Aussetzung von Verwertungsmaßnahmen über das Vermögen einer anderen gruppenangehörigen Gesellschaft beantragen. Zudem ist die Möglichkeit eines Gruppen-Koordinationsverfahrens vorgesehen. **11**

Ferner wurde die **Forderungsanmeldung** erleichtert. Es sollen sowohl für die Nachricht über die Möglichkeit der Forderungsanmeldung (Art 54 Abs 2 nF) als auch für die Forderungsanmeldung selbst Standardformulare (Art 55 nF) verwendet werden, die in allen Amtssprachen der EU zur Verfügung gestellt werden. Ausländischen Gl soll eine Frist von mindestens 30 Tagen ab der öffentlichen Bekanntmachung des Eröffnungsbeschlusses im nationalen Insolvenzregister für die Anmeldung ihrer Forderungen eingeräumt werden. Zur Anmeldung einer Forderung im InsVerf ist (wie nach geltendem dt VerfRecht) die Vertretung durch einen Anwalt nicht nötig (Art 53 S 2 nF). **12**

Mit dieser Reform wurden sinnvolle Ergänzungen in die EuInsVO aufgenommen, insbesondere Begrifflichkeiten präzisiert. Die Zielsetzung, auch eine gewisse Harmonisierung des nationalen InsVerfRechts, dh des Sachrechts der Mitgliedstaaten, herbeizuführen, ist maßvoll umgesetzt.[31] Aufgrund der verbleibenden Unterschiede im materiellen InsRecht der Mitgliedstaaten wird das Phänomen des Insolvenztourismus innerhalb der Union trotz der **13**

---

30 *Commandeur/Römer* NZG 2015, 988, 990.
31 *Thole/Swierczok* ZIP 2013, 550, 558.

Reform fortbestehen. Zudem bleibt es trotz der Neuregelungen im Bereich des SekundärInsVerf und des KonzernInsRecht dabei, dass bei grenzüberschreitenden Unternehmensinsolvenzen eine effizientere Gesamtlösung letztlich von der Kooperationsbereitschaft der einzelnen InsVerw und InsGer abhängen wird.

Erwägungsgründe der VO (EG) Nr. 1346/2000

DAS EUROPÄISCHE PARLAMENT UND DER RAT DER EUROPÄISCHEN UNION –

gestützt auf den Vertrag über die Arbeitsweise der Europäischen Union, insbesondere auf Artikel 81,

auf Vorschlag der Europäischen Kommission,

nach Zuleitung des Entwurfs des Gesetzgebungsakts an die nationalen Parlamente,

nach Stellungnahme des Europäischen Wirtschafts- und Sozialausschusses[1],

gemäß dem ordentlichen Gesetzgebungsverfahren[2],

in Erwägung nachstehender Gründe:

(1) Die Kommission hat am 12. Dezember 2012 einen Bericht über die Anwendung der Verordnung (EG) Nr. 1346/2000 des Rates[3] angenommen. Dem Bericht zufolge funktioniert die Verordnung im Allgemeinen gut, doch sollte die Anwendung einiger Vorschriften verbessert werden, um grenzüberschreitende Insolvenzverfahren noch effizienter abwickeln zu können. Da die Verordnung mehrfach geändert wurde und weitere Änderungen erfolgen sollen, sollte aus Gründen der Klarheit eine Neufassung vorgenommen werden.

(2) Die Union hat sich die Schaffung eines Raums der Freiheit, der Sicherheit und des Rechts zum Ziel gesetzt.

(3) Für ein reibungsloses Funktionieren des Binnenmarktes sind effiziente und wirksame grenzüberschreitende Insolvenzverfahren erforderlich. Die Annahme dieser Verordnung ist zur Verwirklichung dieses Ziels erforderlich, das in den Bereich der justiziellen Zusammenarbeit in Zivilsachen im Sinne des Artikels 81 des Vertrags fällt.

(4) Die Geschäftstätigkeit von Unternehmen greift mehr und mehr über die einzelstaatlichen Grenzen hinaus und unterliegt damit in zunehmendem Maß den Vorschriften des Unionsrechts. Die Insolvenz solcher Unternehmen hat auch nachteilige Auswirkungen auf das ordnungsgemäße Funktionieren des Binnenmarktes, und es bedarf eines Unionsrechtsakts, der eine Koordinierung der Maßnahmen in Bezug auf das Vermögen eines zahlungsunfähigen Schuldners vorschreibt.

(5) Im Interesse eines ordnungsgemäßen Funktionierens des Binnenmarkts muss verhindert werden, dass es für Beteiligte vorteilhafter ist, Vermögensgegenstände oder Gerichtsverfahren von einem Mitgliedstaat in einen anderen zu verlagern, um auf diese Weise eine günstigere Rechtsstellung zum Nachteil der Gesamtheit der Gläubiger zu erlangen (im Folgenden „Forum Shopping").

---

1 ABl. C 271 vom 19.9.2013, S. 55.

2 Standpunkt des Europäischen Parlaments vom 5. Februar 2014 (noch nicht im Amtsblatt veröffentlicht) und Standpunkt des Rates in erster Lesung vom 12. März 2015 (noch nicht im Amtsblatt veröffentlicht). Standpunkt des Europäischen Parlaments vom 20. Mai 2015 (noch nicht im Amtsblatt veröffentlicht).

3 Verordnung (EG) Nr. 1346/2000 des Rates vom 29. Mai 2000 über Insolvenzverfahren (ABl. L 160 vom 30.6.2000, S. 1).

(6) Diese Verordnung sollte Vorschriften enthalten, die die Zuständigkeit für die Eröffnung von Insolvenzverfahren und für Klagen regeln, die sich direkt aus diesen Insolvenzverfahren ableiten und eng damit verknüpft sind. Darüber hinaus sollte diese Verordnung Vorschriften für die Anerkennung und Vollstreckung von in solchen Verfahren ergangenen Entscheidungen sowie Vorschriften über das auf Insolvenzverfahren anwendbare Recht enthalten. Sie sollte auch die Koordinierung von Insolvenzverfahren regeln, die sich gegen denselben Schuldner oder gegen mehrere Mitglieder derselben Unternehmensgruppe richten.

(7) Konkurse, Vergleiche und ähnliche Verfahren sowie damit zusammenhängende Klagen sind vom Anwendungsbereich der Verordnung (EU) Nr. 1215/2012 des Europäischen Parlaments und des Rates ausgenommen[4]. Diese Verfahren sollten unter die vorliegende Verordnung fallen. Die vorliegende Verordnung ist so auszulegen, dass Rechtslücken zwischen den beiden vorgenannten Rechtsinstrumenten so weit wie möglich vermieden werden. Allerdings sollte der alleinige Umstand, dass ein nationales Verfahren nicht in Anhang A dieser Verordnung aufgeführt ist, nicht bedeuten, dass es unter die Verordnung (EU) Nr. 1215/2012 fällt.

(8) Zur Verwirklichung des Ziels einer Verbesserung der Effizienz und Wirksamkeit der Insolvenzverfahren mit grenzüberschreitender Wirkung ist es notwendig und angemessen, die Bestimmungen über den Gerichtsstand, die Anerkennung und das anwendbare Recht in diesem Bereich in einer Maßnahme der Union zu bündeln, die in den Mitgliedstaaten verbindlich ist und unmittelbar gilt.

(9) Diese Verordnung sollte für alle Insolvenzverfahren gelten, die die in ihr festgelegten Voraussetzungen erfüllen, unabhängig davon, ob es sich beim Schuldner um eine natürliche oder juristische Person, einen Kaufmann oder eine Privatperson handelt. Diese Insolvenzverfahren sind erschöpfend in Anhang A aufgeführt. Bezüglich der in Anhang A aufgeführten nationalen Verfahren sollte diese Verordnung Anwendung finden, ohne dass die Gerichte eines anderen Mitgliedstaats die Erfüllung der Anwendungsvoraussetzungen dieser Verordnung nachprüfen. Nationale Insolvenzverfahren, die nicht in Anhang A aufgeführt sind, sollten nicht in den Anwendungsbereich dieser Verordnung fallen.

(10) In den Anwendungsbereich dieser Verordnung sollten Verfahren einbezogen werden, die die Rettung wirtschaftlich bestandsfähiger Unternehmen, die sich jedoch in finanziellen Schwierigkeiten befinden, begünstigen und Unternehmern eine zweite Chance bieten. Einbezogen werden sollten vor allem Verfahren, die auf eine Sanierung des Schuldners in einer Situation gerichtet sind, in der lediglich die Wahrscheinlichkeit einer Insolvenz besteht, und Verfahren, bei denen der Schuldner ganz oder teilweise die Kontrolle über seine Vermögenswerte und Geschäfte behält. Der Anwendungsbereich sollte sich auch auf Verfahren erstrecken, die eine Schuldbefreiung oder eine Schuldenanpassung in Bezug auf Verbraucher und Selbstständige zum Ziel haben, indem z.B. der vom Schuldner zu zahlende Betrag verringert oder die dem Schuldner gewährte Zahlungsfrist verlängert wird. Da in solchen Verfahren nicht unbedingt ein Verwalter bestellt werden muss, sollten sie unter diese Verordnung fallen, wenn sie der Kontrolle oder Aufsicht eines Gerichts unterliegen. In diesem Zusammenhang sollte der Ausdruck „Kontrolle" auch Sachverhalte einschließen, in denen ein Gericht nur aufgrund des Rechtsbehelfs eines Gläubigers oder anderer Verfahrensbeteiligter tätig wird.

---

4 Verordnung (EU) Nr. 1215/2012 des Europäischen Parlaments und des Rates vom 12. Dezember 2012 über die gerichtliche Zuständigkeit und die Anerkennung und Vollstreckung von Entscheidungen in Zivil- und Handelssachen (ABl. L 351 vom 20.12.2012, S. 1).

(11) Diese Verordnung sollte auch für Verfahren gelten, die einen vorläufigen Aufschub von Vollstreckungsmaßnahmen einzelner Gläubiger gewähren, wenn derartige Maßnahmen die Verhandlungen beeinträchtigen und die Aussichten auf eine Sanierung des Unternehmens des Schuldners mindern könnten. Diese Verfahren sollten sich nicht nachteilig auf die Gesamtheit der Gläubiger auswirken und sollten, wenn keine Einigung über einen Sanierungsplan erzielt werden kann, anderen Verfahren, die unter diese Verordnung fallen, vorgeschaltet sein.

(12) Diese Verordnung sollte für Verfahren gelten, deren Eröffnung öffentlich bekannt zu geben ist, damit Gläubiger Kenntnis von dem Verfahren erlangen und ihre Forderungen anmelden können, und dadurch der kollektive Charakter des Verfahrens sichergestellt wird, und damit den Gläubigern Gelegenheit gegeben wird, die Zuständigkeit des Gerichts überprüfen zu lassen, das das Verfahren eröffnet hat.

(13) Dementsprechend sollten vertraulich geführte Insolvenzverfahren vom Anwendungsbereich dieser Verordnung ausgenommen werden. Solche Verfahren mögen zwar in manchen Mitgliedstaaten von großer Bedeutung sein, es ist jedoch aufgrund ihrer Vertraulichkeit unmöglich, dass ein Gläubiger oder Gericht in einem anderen Mitgliedstaat Kenntnis von der Eröffnung eines solchen Verfahrens erlangt, so dass es schwierig ist, ihren Wirkungen unionsweit Anerkennung zu verschaffen.

(14) Ein Gesamtverfahren, das unter diese Verordnung fällt, sollte alle oder einen wesentlichen Teil der Gläubiger des Schuldners einschließen, auf die die gesamten oder ein erheblicher Anteil der ausstehenden Verbindlichkeiten des Schuldners entfallen, vorausgesetzt, dass die Forderungen der Gläubiger, die nicht an einem solchen Verfahren beteiligt sind, davon unberührt bleiben. Verfahren, die nur die finanziellen Gläubiger des Schuldners betreffen, sollten auch unter diese Verordnung fallen. Ein Verfahren, das nicht alle Gläubiger eines Schuldners einschließt, sollte ein Verfahren sein, dessen Ziel die Rettung des Schuldners ist. Ein Verfahren, das zur endgültigen Einstellung der Unternehmenstätigkeit des Schuldners oder zur Verwertung seines Vermögens führt, sollte alle Gläubiger des Schuldners einschließen. Einige Insolvenzverfahren für natürliche Personen schließen bestimmte Arten von Forderungen, wie etwa Unterhaltsforderungen, von der Möglichkeit einer Schuldenbefreiung aus, was aber nicht bedeuten sollte, dass diese Verfahren keine Gesamtverfahren sind.

(15) Diese Verordnung sollte auch für Verfahren gelten, die nach dem Recht einiger Mitgliedstaaten für eine bestimmte Zeit vorläufig oder einstweilig eröffnet und durchgeführt werden können, bevor ein Gericht durch eine Entscheidung die Fortführung des Verfahrens als nicht vorläufiges Verfahren bestätigt. Auch wenn diese Verfahren als „vorläufig" bezeichnet werden, sollten sie alle anderen Anforderungen dieser Verordnung erfüllen.

(16) Diese Verordnung sollte für Verfahren gelten, die sich auf gesetzliche Regelungen zur Insolvenz stützen. Allerdings sollten Verfahren, die sich auf allgemeines Gesellschaftsrecht stützen, das nicht ausschließlich auf Insolvenzfälle ausgerichtet ist, nicht als Verfahren gelten, die sich auf gesetzliche Regelungen zur Insolvenz stützen. Ebenso sollten Verfahren zur Schuldenanpassung nicht bestimmte Verfahren umfassen, in denen es um den Erlass von Schulden einer natürlichen Person mit sehr geringem Einkommen und Vermögen geht, sofern derartige Verfahren nie eine Zahlung an Gläubiger vorsehen.

(17) Der Anwendungsbereich dieser Verordnung sollte sich auf Verfahren erstrecken, die eingeleitet werden, wenn sich ein Schuldner in nicht finanziellen Schwierigkeiten befindet, sofern diese Schwierigkeiten mit der tatsächlichen und erheblichen Gefahr verbunden sind, dass der Schuldner gegenwärtig oder in Zukunft seine Verbindlichkeiten bei Fälligkeit nicht begleichen kann. Der maßgebliche Zeitraum zur Feststellung einer solchen Gefahr kann

mehrere Monate oder auch länger betragen, um Fällen Rechnung zu tragen, in denen sich der Schuldner in nicht finanziellen Schwierigkeiten befindet, die die Fortführung seines Unternehmens und mittelfristig seine Liquidität gefährden. Dies kann beispielsweise der Fall sein, wenn der Schuldner einen Auftrag verloren hat, der für ihn von entscheidender Bedeutung war.

(18) Die Vorschriften über die Rückforderung staatlicher Beihilfen von insolventen Unternehmen, wie sie nach der Rechtsprechung des Gerichtshofs der Europäischen Union ausgelegt worden sind, sollten von dieser Verordnung unberührt bleiben.

(19) Insolvenzverfahren über das Vermögen von Versicherungsunternehmen, Kreditinstituten, Wertpapierfirmen und anderen Firmen, Einrichtungen oder Unternehmen, die unter die Richtlinie 2001/24/EG des Europäischen Parlaments und des Rates[5] fallen, und Organismen für gemeinsame Anlagen sollten vom Anwendungsbereich dieser Verordnung ausgenommen werden, da für sie besondere Vorschriften gelten und die nationalen Aufsichtsbehörden weitreichende Eingriffsbefugnisse haben.

(20) Insolvenzverfahren sind nicht zwingend mit dem Eingreifen einer Justizbehörde verbunden. Der Ausdruck „Gericht" in dieser Verordnung sollte daher in einigen Bestimmungen weit ausgelegt werden und Personen oder Stellen umfassen, die nach einzelstaatlichem Recht befugt sind, Insolvenzverfahren zu eröffnen. Damit diese Verordnung Anwendung findet, muss es sich um ein Verfahren (mit den entsprechenden gesetzlich festgelegten Handlungen und Formalitäten) handeln, das nicht nur im Einklang mit dieser Verordnung steht, sondern auch in dem Mitgliedstaat der Eröffnung des Insolvenzverfahrens offiziell anerkannt und rechtsgültig ist.

(21) Verwalter sind in dieser Verordnung definiert und in Anhang B aufgeführt. Verwalter, die ohne Beteiligung eines Justizorgans bestellt werden, sollten nach nationalem Recht einer angemessenen Regulierung unterliegen und für die Wahrnehmung von Aufgaben in Insolvenzverfahren zugelassen sein. Der nationale Regelungsrahmen sollte angemessene Vorschriften über den Umgang mit potenziellen Interessenkonflikten umfassen.

(22) Diese Verordnung erkennt die Tatsache an, dass aufgrund der großen Unterschiede im materiellen Recht ein einziges Insolvenzverfahren mit universaler Geltung für die Union nicht realisierbar ist. Die ausnahmslose Anwendung des Rechts des Staates der Verfahrenseröffnung würde vor diesem Hintergrund häufig zu Schwierigkeiten führen. Dies gilt etwa für die in den Mitgliedstaaten sehr unterschiedlich ausgeprägten nationalen Regelungen zu den Sicherungsrechten. Aber auch die Vorrechte einzelner Gläubiger im Insolvenzverfahren sind teilweise vollkommen anders ausgestaltet. Bei der nächsten Überprüfung dieser Verordnung wird es erforderlich sein, weitere Maßnahmen zu ermitteln, um die Vorrechte der Arbeitnehmer auf europäischer Ebene zu verbessern. Diese Verordnung sollte solchen unterschiedlichen nationalen Rechten auf zweierlei Weise Rechnung tragen. Zum einen sollten Sonderanknüpfungen für besonders bedeutsame Rechte und Rechtsverhältnisse vorgesehen werden (z. B. dingliche Rechte und Arbeitsverträge). Zum anderen sollten neben einem Hauptinsolvenzverfahren mit universaler Geltung auch innerstaatliche Verfahren zugelassen werden, die lediglich das im Eröffnungsstaat befindliche Vermögen erfassen.

(23) Diese Verordnung gestattet die Eröffnung des Hauptinsolvenzverfahrens in dem Mitgliedstaat, in dem der Schuldner den Mittelpunkt seiner hauptsächlichen Interessen hat. Dieses Verfahren hat universale Geltung sowie das Ziel, das gesamte Vermögen des Schuldners zu erfassen. Zum Schutz der unterschiedlichen Interessen gestattet diese Verordnung

5 Richtlinie 2001/24/EG des Europäischen Parlaments und des Rates vom 4. April 2001 über die Sanierung und Liquidation von Kreditinstituten (ABl. L 125 vom 5.5.2001, S. 15).

die Eröffnung von Sekundärinsolvenzverfahren parallel zum Hauptinsolvenzverfahren. Ein Sekundärinsolvenzverfahren kann in dem Mitgliedstaat eröffnet werden, in dem der Schuldner eine Niederlassung hat. Seine Wirkungen sind auf das in dem betreffenden Mitgliedstaat belegene Vermögen des Schuldners beschränkt. Zwingende Vorschriften für die Koordinierung mit dem Hauptinsolvenzverfahren tragen dem Gebot der Einheitlichkeit in der Union Rechnung.

(24) Wird über das Vermögen einer juristischen Person oder einer Gesellschaft ein Hauptinsolvenzverfahren in einem anderen Mitgliedstaat als dem, in dem sie ihren Sitz hat, eröffnet, so sollte die Möglichkeit bestehen, im Einklang mit der Rechtsprechung des Gerichtshofs der Europäischen Union ein Sekundärinsolvenzverfahren in dem Mitgliedstaat zu eröffnen, in dem sie ihren Sitz hat, sofern der Schuldner einer wirtschaftlichen Aktivität nachgeht, die den Einsatz von Personal und Vermögenswerten in diesem Mitgliedstaat voraussetzt.

(25) Diese Verordnung gilt nur für Verfahren in Bezug auf einen Schuldner, der Mittelpunkt seiner hauptsächlichen Interessen in der Union hat.

(26) Die Zuständigkeitsvorschriften dieser Verordnung legen nur die internationale Zuständigkeit fest, das heißt, sie geben den Mitgliedstaat an, dessen Gerichte Insolvenzverfahren eröffnen dürfen. Die innerstaatliche Zuständigkeit des betreffenden Mitgliedstaats sollte nach dem nationalen Recht des betreffenden Staates bestimmt werden.

(27) Vor Eröffnung des Insolvenzverfahrens sollte das zuständige Gericht von Amts wegen prüfen, ob sich der Mittelpunkt der hauptsächlichen Interessen des Schuldners oder der Niederlassung des Schuldners tatsächlich in seinem Zuständigkeitsbereich befindet.

(28) Bei der Beantwortung der Frage, ob der Mittelpunkt der hauptsächlichen Interessen des Schuldners für Dritte feststellbar ist, sollte besonders berücksichtigt werden, welchen Ort die Gläubiger als denjenigen wahrnehmen, an dem der Schuldner der Verwaltung seiner Interessen nachgeht. Hierfür kann es erforderlich sein, die Gläubiger im Fall einer Verlegung des Mittelpunkts der hauptsächlichen Interessen zeitnah über den neuen Ort zu unterrichten, an dem der Schuldner seine Tätigkeiten ausübt, z. B. durch Hervorhebung der Adressänderung in der Geschäftskorrespondenz, oder indem der neue Ort in einer anderen geeigneten Weise veröffentlicht wird.

(29) Diese Verordnung sollte eine Reihe von Schutzvorkehrungen enthalten, um betrügerisches oder missbräuchliches Forum Shopping zu verhindern.

(30) Folglich sollten die Annahmen, dass der Sitz, die Hauptniederlassung und der gewöhnliche Aufenthalt jeweils der Mittelpunkt des hauptsächlichen Interesses sind, widerlegbar sein, und das jeweilige Gericht eines Mitgliedstaats sollte sorgfältig prüfen, ob sich der Mittelpunkt der hauptsächlichen Interessen des Schuldners tatsächlich in diesem Mitgliedstaat befindet. Bei einer Gesellschaft sollte diese Vermutung widerlegt werden können, wenn sich die Hauptverwaltung der Gesellschaft in einem anderen Mitgliedstaat befindet als in dem Mitgliedstaat, in dem sich der Sitz der Gesellschaft befindet, und wenn eine Gesamtbetrachtung aller relevanten Faktoren die von Dritten überprüfbare Feststellung zulässt, dass sich der tatsächliche Mittelpunkt der Verwaltung und der Kontrolle der Gesellschaft sowie der Verwaltung ihrer Interessen in diesem anderen Mitgliedstaat befindet. Bei einer natürlichen Person, die keine selbstständige gewerbliche oder freiberufliche Tätigkeit ausübt, sollte diese Vermutung widerlegt werden können, wenn sich z. B. der Großteil des Vermögens des Schuldners außerhalb des Mitgliedstaats des gewöhnlichen Aufenthalts des Schuldners befindet oder wenn festgestellt werden kann, dass der Hauptgrund für einen Umzug darin bestand, einen Insolvenzantrag im neuen Gerichtsstand zu stellen, und die

Interessen der Gläubiger, die vor dem Umzug eine Rechtsbeziehung mit dem Schuldner eingegangen sind, durch einen solchen Insolvenzantrag wesentlich beeinträchtigt würden.

(31) Im Rahmen desselben Ziels der Verhinderung von betrügerischem oder missbräuchlichem Forum Shopping sollte die Vermutung, dass der Mittelpunkt der hauptsächlichen Interessen der Sitz, die Hauptniederlassung der natürlichen Person bzw. der gewöhnliche Aufenthalt der natürlichen Person ist, nicht gelten, wenn – im Falle einer Gesellschaft, einer juristischen Person oder einer natürlichen Person, die eine selbstständige gewerbliche oder freiberufliche Tätigkeit ausübt, – der Schuldner seinen Sitz oder seine Hauptniederlassung in einem Zeitraum von drei Monaten vor dem Antrag auf Eröffnung des Insolvenzverfahrens in einen anderen Mitgliedstaat verlegt hat, oder – im Falle einer natürlichen Person, die keine selbstständige gewerbliche oder freiberufliche Tätigkeit ausübt – wenn der Schuldner seinen gewöhnlichen Aufenthalt in einem Zeitraum von sechs Monaten vor dem Antrag auf Eröffnung des Insolvenzverfahrens in einen anderen Mitgliedstaat verlegt hat.

(32) Das Gericht sollte in allen Fällen, in denen die Umstände des Falls Anlass zu Zweifeln an seiner Zuständigkeit geben, den Schuldner auffordern, zusätzliche Nachweise für seine Behauptung vorzulegen, und, wenn das für das Insolvenzverfahren geltende Recht dies erlaubt, den Gläubigern des Schuldners Gelegenheit geben, sich zur Frage der Zuständigkeit zu äußern.

(33) Stellt das mit dem Antrag auf Eröffnung eines Insolvenzverfahrens befasste Gericht fest, dass der Mittelpunkt der hauptsächlichen Interessen nicht in seinem Hoheitsgebiet liegt, so sollte es das Hauptinsolvenzverfahren nicht eröffnen.

(34) Allen Gläubigern des Schuldners sollte darüber hinaus ein wirksamer Rechtsbehelf gegen die Entscheidung, ein Insolvenzverfahren zu eröffnen, zustehen. Die Folgen einer Anfechtung der Entscheidung, ein Insolvenzverfahren zu eröffnen, sollten dem nationalen Recht unterliegen.

(35) Die Gerichte des Mitgliedstaats, in dessen Hoheitsgebiet das Insolvenzverfahren eröffnet wurde, sollten auch für Klagen zuständig sein, die sich direkt aus dem Insolvenzverfahren ableiten und eng damit verknüpft sind. Zu solchen Klagen sollten unter anderem Anfechtungsklagen gegen Beklagte in anderen Mitgliedstaaten und Klagen in Bezug auf Verpflichtungen gehören, die sich im Verlauf des Insolvenzverfahrens ergeben, wie z. B. zu Vorschüssen für Verfahrenskosten. Im Gegensatz dazu leiten sich Klagen wegen der Erfüllung von Verpflichtungen aus einem Vertrag, der vom Schuldner vor der Eröffnung des Verfahrens abgeschlossen wurde, nicht unmittelbar aus dem Verfahren ab. Steht eine solche Klage im Zusammenhang mit einer anderen zivil- oder handelsrechtlichen Klage, so sollte der Verwalter beide Klagen vor die Gerichte am Wohnsitz des Beklagten bringen können, wenn er sich von einer Erhebung der Klagen an diesem Gerichtsstand einen Effizienzgewinn verspricht. Dies kann beispielsweise dann der Fall sein, wenn der Verwalter eine insolvenzrechtliche Haftungsklage gegen einen Geschäftsführer mit einer gesellschaftsrechtlichen oder deliktsrechtlichen Klage verbinden will.

(36) Das für die Eröffnung des Hauptinsolvenzverfahrens zuständige Gericht sollte zur Anordnung einstweiliger Maßnahmen und von Sicherungsmaßnahmen ab dem Zeitpunkt des Antrags auf Verfahrenseröffnung befugt sein. Sicherungsmaßnahmen sowohl vor als auch nach Beginn des Insolvenzverfahrens sind zur Gewährleistung der Wirksamkeit des Insolvenzverfahrens von großer Bedeutung. Diese Verordnung sollte hierfür verschiedene Möglichkeiten vorsehen. Zum einen sollte das für das Hauptinsolvenzverfahren zuständige Gericht einstweilige Maßnahmen und Sicherungsmaßnahmen auch über Vermögensgegenstände anordnen können, die sich im Hoheitsgebiet anderer Mitgliedstaaten befinden. Zum anderen sollte ein vor Eröffnung des Hauptinsolvenzverfahrens bestellter vorläufiger Verwal-

ter in den Mitgliedstaaten, in denen sich eine Niederlassung des Schuldners befindet, die nach dem Recht dieser Mitgliedstaaten möglichen Sicherungsmaßnahmen beantragen können.

(37) Das Recht, vor der Eröffnung des Hauptinsolvenzverfahrens die Eröffnung eines Insolvenzverfahrens in dem Mitgliedstaat, in dem der Schuldner eine Niederlassung hat, zu beantragen, sollte nur lokalen Gläubigern und Behörden zustehen beziehungsweise auf Fälle beschränkt sein, in denen das Recht des Mitgliedstaats, in dem der Schuldner den Mittelpunkt seiner hauptsächlichen Interessen hat, die Eröffnung eines Hauptinsolvenzverfahrens nicht zulässt. Der Grund für diese Beschränkung ist, dass die Fälle, in denen die Eröffnung eines Partikularverfahrens vor dem Hauptinsolvenzverfahren beantragt wird, auf das unumgängliche Maß beschränkt werden sollen.

(38) Das Recht, nach der Eröffnung des Hauptinsolvenzverfahrens die Eröffnung eines Insolvenzverfahrens in dem Mitgliedstaat, in dem der Schuldner eine Niederlassung hat, zu beantragen, wird durch diese Verordnung nicht beschränkt. Der Verwalter des Hauptinsolvenzverfahrens oder jede andere, nach dem Recht des betreffenden Mitgliedstaats dazu befugte Person sollte die Eröffnung eines Sekundärverfahrens beantragen können.

(39) Diese Verordnung sollte Vorschriften für die Bestimmung der Belegenheit der Vermögenswerte des Schuldners vorsehen, und diese Vorschriften sollten bei der Feststellung, welche Vermögenswerte zur Masse des Haupt- oder des Sekundärinsolvenzverfahrens gehören, und auf Situationen, in denen die dinglichen Rechte Dritter betroffen sind, Anwendung finden. Insbesondere sollte in dieser Verordnung bestimmt werden, dass Europäische Patente mit einheitlicher Wirkung, eine Gemeinschaftsmarke oder jedes andere ähnliche Recht, wie gemeinschaftliche Sortenschutzrechte oder das Gemeinschaftsgeschmacksmuster, nur in das Hauptinsolvenzverfahren mit einbezogen werden dürfen.

(40) Ein Sekundärinsolvenzverfahren kann neben dem Schutz der inländischen Interessen auch anderen Zwecken dienen. Dies kann der Fall sein, wenn die Insolvenzmasse des Schuldners zu verschachtelt ist, um als Ganzes verwaltet zu werden, oder weil die Unterschiede in den betroffenen Rechtssystemen so groß sind, dass sich Schwierigkeiten ergeben können, wenn das Recht des Staates der Verfahrenseröffnung seine Wirkung in den anderen Staaten, in denen Vermögensgegenstände belegen sind, entfaltet. Aus diesem Grund kann der Verwalter des Hauptinsolvenzverfahrens die Eröffnung eines Sekundärinsolvenzverfahrens beantragen, wenn dies für die effiziente Verwaltung der Masse erforderlich ist.

(41) Sekundärinsolvenzverfahren können eine effiziente Verwaltung der Insolvenzmasse auch behindern. Daher sind in dieser Verordnung zwei spezifische Situationen vorgesehen, in denen das mit einem Antrag auf Eröffnung eines Sekundärinsolvenzverfahrens befasste Gericht auf Antrag des Verwalters des Hauptinsolvenzverfahrens die Eröffnung eines solchen Verfahrens aufschieben oder ablehnen können sollte.

(42) Erstens erhält der Verwalter des Hauptinsolvenzverfahrens im Rahmen dieser Verordnung die Möglichkeit, den lokalen Gläubigern die Zusicherung zu geben, dass sie so behandelt werden, als wäre das Sekundärinsolvenzverfahren eröffnet worden. Bei dieser Zusicherung ist eine Reihe von in dieser Verordnung festgelegten Voraussetzungen zu erfüllen, insbesondere muss sie von einer qualifizierten Mehrheit der lokalen Gläubiger gebilligt werden. Wurde eine solche Zusicherung gegeben, so sollte das mit einem Antrag auf Eröffnung eines Sekundärinsolvenzverfahrens befasste Gericht den Antrag ablehnen können, wenn es der Überzeugung ist, dass diese Zusicherung die allgemeinen Interessen der lokalen Gläubiger angemessen schützt. Das Gericht sollte bei der Beurteilung dieser Interessen die Tatsache berücksichtigen, dass die Zusicherung von einer qualifizierten Mehrheit der lokalen Gläubiger gebilligt worden ist.

(43) Für die Zwecke der Abgabe einer Zusicherung an die lokalen Gläubiger sollten die in dem Mitgliedstaat, in dem der Schuldner eine Niederlassung hat, belegenen Vermögenswerte und Rechte eine Teilmasse der Insolvenzmasse bilden, und der Verwalter des Hauptinsolvenzverfahrens sollte bei ihrer Verteilung bzw. der Verteilung des aus ihrer Verwertung erzielten Erlöses die Vorzugsrechte wahren, die Gläubiger bei Eröffnung eines Sekundärinsolvenzverfahrens in diesem Mitgliedstaat hätten.

(44) Für die Billigung der Zusicherung sollte, soweit angemessen, das nationale Recht Anwendung finden. Insbesondere sollten Forderungen der Gläubiger für die Zwecke der Abstimmung über die Zusicherung als festgestellt gelten, wenn die Abstimmungsregeln für die Annahme eines Sanierungsplans nach nationalem Recht die vorherige Feststellung dieser Forderungen vorschreiben. Gibt es nach nationalem Recht unterschiedliche Verfahren für die Annahme von Sanierungsplänen, so sollten die Mitgliedstaaten das spezifische Verfahren benennen, das in diesem Zusammenhang maßgeblich sein sollte.

(45) Zweitens sollte in dieser Verordnung die Möglichkeit vorgesehen werden, dass das Gericht die Eröffnung des Sekundärinsolvenzverfahrens vorläufig aussetzt, wenn im Hauptinsolvenzverfahren eine vorläufige Aussetzung von Einzelvollstreckungsverfahren gewährt wurde, um die Wirksamkeit der im Hauptinsolvenzverfahren gewährten Aussetzung zu wahren. Das Gericht sollte die vorläufige Aussetzung gewähren können, wenn es der Überzeugung ist, dass geeignete Maßnahmen zum Schutz der Interessen der lokalen Gläubiger bestehen. In diesem Fall sollten alle Gläubiger, die von dem Ergebnis der Verhandlungen über einen Sanierungsplan betroffen sein könnten, über diese Verhandlungen informiert werden und daran teilnehmen dürfen.

(46) Im Interesse eines wirksamen Schutzes lokaler Interessen sollte es dem Verwalter im Hauptinsolvenzverfahren nicht möglich sein, das in dem Mitgliedstaat der Niederlassung befindliche Vermögen missbräuchlich zu verwerten oder missbräuchlich an einen anderen Ort zu bringen, insbesondere wenn dies in der Absicht geschieht, die wirksame Befriedigung dieser Interessen für den Fall, dass im Anschluss ein Sekundärinsolvenzverfahren eröffnet wird, zu vereiteln.

(47) Diese Verordnung sollte die Gerichte der Mitgliedstaaten, in denen Sekundärinsolvenzverfahren eröffnet worden sind, nicht daran hindern, gegen Mitglieder der Geschäftsleitung des Schuldners Sanktionen wegen etwaiger Pflichtverletzung zu verhängen, sofern diese Gerichte nach nationalem Recht für diese Streitigkeiten zuständig sind.

(48) Hauptinsolvenzverfahren und Sekundärinsolvenzverfahren können zur wirksamen Verwaltung der Insolvenzmasse oder der effizienten Verwertung des Gesamtvermögens beitragen, wenn die an allen parallelen Verfahren beteiligten Akteure ordnungsgemäß zusammenarbeiten. Ordnungsgemäße Zusammenarbeit setzt voraus, dass die verschiedenen beteiligten Verwalter und Gerichte eng zusammenarbeiten, insbesondere indem sie einander wechselseitig ausreichend informieren. Um die dominierende Rolle des Hauptinsolvenzverfahrens sicherzustellen, sollten dem Verwalter dieses Verfahrens mehrere Einwirkungsmöglichkeiten auf gleichzeitig anhängige Sekundärinsolvenzverfahren gegeben werden. Der Verwalter sollte insbesondere einen Sanierungsplan oder Vergleich vorschlagen oder die Aussetzung der Verwertung der Masse im Sekundärinsolvenzverfahren beantragen können. Bei ihrer Zusammenarbeit sollten Verwalter und Gerichte die bewährten Praktiken für grenzüberschreitende Insolvenzfälle berücksichtigen, wie sie in den Kommunikations- und Kooperationsgrundsätzen und -leitlinien, die von europäischen und internationalen Organisationen auf dem Gebiet des Insolvenzrechts ausgearbeitet worden sind, niedergelegt sind, insbesondere den einschlägigen Leitlinien der Kommission der Vereinten Nationen für internationales Handelsrecht (UNCITRAL).

(49) Zum Zwecke dieser Zusammenarbeit sollten Verwalter und Gerichte Vereinbarungen schließen und Verständigungen herbeiführen können, die der Erleichterung der grenzüberschreitenden Zusammenarbeit zwischen mehreren Insolvenzverfahren in verschiedenen Mitgliedstaaten über das Vermögen desselben Schuldners oder von Mitgliedern derselben Unternehmensgruppe dienen, sofern dies mit den für die jeweiligen Verfahren geltenden Vorschriften vereinbar ist. Diese Vereinbarungen und Verständigungen können in der Form – sie können schriftlich oder mündlich sein – und im Umfang – von allgemein bis spezifisch – variieren und von verschiedenen Parteien geschlossen werden. In einfachen allgemeinen Vereinbarungen kann die Notwendigkeit einer engen Zusammenarbeit der Parteien hervorgehoben werden, ohne dass dabei auf konkrete Punkte eingegangen wird, während in spezifischen Vereinbarungen ein Rahmen von Grundsätzen für die Verwaltung mehrerer Insolvenzverfahren festgelegt werden und von den beteiligten Gerichten gebilligt werden kann, sofern die nationalen Rechtsvorschriften dies erfordern. In ihnen kann zum Ausdruck gebracht werden, dass Einvernehmen unter den Parteien besteht, bestimmte Schritte zu unternehmen oder Maßnahmen zu treffen oder davon abzusehen.

(50) In ähnlicher Weise können Gerichte verschiedener Mitgliedstaaten durch die Koordinierung der Bestellung von Verwaltern zusammenarbeiten. In diesem Zusammenhang können sie dieselbe Person zum Verwalter für mehrere Insolvenzverfahren über das Vermögen desselben Schuldners oder verschiedener Mitglieder einer Unternehmensgruppe bestellen, vorausgesetzt, dies ist mit den für die jeweiligen Verfahren geltenden Vorschriften – insbesondere mit etwaigen Anforderungen an die Qualifikation und Zulassung von Verwaltern – vereinbar.

(51) Diese Verordnung sollte gewährleisten, dass Insolvenzverfahren über das Vermögen verschiedener Gesellschaften, die einer Unternehmensgruppe angehören, effizient geführt werden.

(52) Wurden über das Vermögen mehrerer Gesellschaften derselben Unternehmensgruppe Insolvenzverfahren eröffnet, so sollten die an diesen Verfahren beteiligten Akteure ordnungsgemäß zusammenarbeiten. Die verschiedenen beteiligten Verwalter und Gerichte sollten deshalb in ähnlicher Weise wie die Verwalter und Gerichte in denselben Schuldner betreffenden Haupt- und Sekundärinsolvenzverfahren verpflichtet sein, miteinander zu kommunizieren und zusammenzuarbeiten. Die Zusammenarbeit der Verwalter sollte nicht den Interessen der Gläubiger in den jeweiligen Verfahren zuwiderlaufen, und das Ziel dieser Zusammenarbeit sollte sein, eine Lösung zu finden, durch die Synergien innerhalb der Gruppe ausgeschöpft werden.

(53) Durch die Einführung von Vorschriften über die Insolvenzverfahren von Unternehmensgruppen sollte ein Gericht nicht in seiner Möglichkeit eingeschränkt werden, Insolvenzverfahren über das Vermögen mehrerer Gesellschaften, die derselben Unternehmensgruppe angehören, nur an einem Gerichtsstand zu eröffnen, wenn es feststellt, dass der Mittelpunkt der hauptsächlichen Interessen dieser Gesellschaften in einem einzigen Mitgliedstaat liegt. In diesen Fällen sollte das Gericht für alle Verfahren gegebenenfalls dieselbe Person als Verwalter bestellen können, sofern dies mit den dafür geltenden Vorschriften vereinbar ist.

(54) Um die Koordinierung der Insolvenzverfahren über das Vermögen von Mitgliedern einer Unternehmensgruppe weiter zu verbessern und eine koordinierte Sanierung der Gruppe zu ermöglichen, sollten mit dieser Verordnung Verfahrensvorschriften für die Koordinierung der Insolvenzverfahren gegen Mitglieder einer Unternehmensgruppe eingeführt werden. Bei einer derartigen Koordinierung sollte angestrebt werden, dass die Effizienz der Koordinierung gewährleistet wird, wobei gleichzeitig die eigene Rechtspersönlichkeit jedes einzelnen Gruppenmitglieds zu achten ist.

(55) Ein Verwalter, der in einem Insolvenzverfahren über das Vermögen eines Mitglieds einer Unternehmensgruppe bestellt worden ist, sollte die Eröffnung eines Gruppen-Koordinationsverfahrens beantragen können. Allerdings sollte dieser Verwalter vor der Einreichung eines solchen Antrags die erforderliche Genehmigung einholen, sofern das für das Insolvenzverfahren geltende Recht dies vorschreibt. Im Antrag sollten Angaben zu den wesentlichen Elementen der Koordinierung erfolgen, insbesondere eine Darlegung des Koordinationsplans, ein Vorschlag für die als Koordinator zu bestellende Person und eine Übersicht der geschätzten Kosten für die Koordinierung.

(56) Um die Freiwilligkeit des Gruppen-Koordinationsverfahrens sicherzustellen, sollten die beteiligten Verwalter innerhalb einer festgelegten Frist Widerspruch gegen ihre Teilnahme am Verfahren einlegen können. Damit die beteiligten Verwalter eine fundierte Entscheidung über ihre Teilnahme am Gruppen-Koordinationsverfahren treffen können, sollten sie in einer frühen Phase über die wesentlichen Elemente der Koordinierung unterrichtet werden. Allerdings sollten Verwalter, die einer Einbeziehung in ein Gruppen-Koordinationsverfahren ursprünglich widersprochen haben, eine Beteiligung nachträglich beantragen können. In einem solchen Fall sollte der Koordinator über die Zulässigkeit des Antrags befinden. Alle Verwalter einschließlich des antragstellenden Verwalters sollten über die Entscheidung des Koordinators in Kenntnis gesetzt werden und die Gelegenheit haben, diese Entscheidung bei dem Gericht anzufechten, von dem das Gruppen-Koordinationsverfahren eröffnet wurde.

(57) Gruppen-Koordinationsverfahren sollten stets zum Ziel haben, dass die wirksame Verwaltung in den Insolvenzverfahren über das Vermögen der Gruppenmitglieder erleichtert wird, und sie sollten sich allgemein positiv für die Gläubiger auswirken. Mit dieser Verordnung sollte daher sichergestellt werden, dass das Gericht, bei dem ein Antrag auf ein Gruppen-Koordinationsverfahren gestellt wurde, diese Kriterien vor der Eröffnung des Gruppen-Koordinationsverfahrens prüft.

(58) Die Kosten des Gruppen-Koordinationsverfahrens sollten dessen Vorteile nicht überwiegen. Daher muss sichergestellt werden, dass die Kosten der Koordinierung und der von jedem Gruppenmitglied zu tragende Anteil an diesen Kosten angemessen, verhältnismäßig und vertretbar sind und im Einklang mit den nationalen Rechtsvorschriften des Mitgliedstaats, in dem das Gruppen-Koordinationsverfahren eröffnet wurde, festzulegen sind. Die beteiligten Verwalter sollten auch die Möglichkeit haben, diese Kosten ab einer frühen Phase des Verfahrens zu kontrollieren. Wenn es die nationalen Rechtsvorschriften erfordern, kann die Kontrolle der Kosten ab einer frühen Phase des Verfahrens damit verbunden sein, dass der Verwalter die Genehmigung eines Gerichts oder eines Gläubigerausschusses einholt.

(59) Wenn nach Überlegung des Koordinators die Wahrnehmung seiner Aufgaben zu einer – im Vergleich zu der eingangs vorgenommenen Kostenschätzung – erheblichen Kostensteigerung führen wird, und auf jeden Fall, wenn die Kosten 10 % der geschätzten Kosten übersteigen, sollte der Koordinator von dem Gericht, das das Gruppen-Koordinationsverfahren eröffnet hat, die Genehmigung zur Überschreitung dieser Kosten einholen. Bevor das Gericht, das das Gruppen-Koordinationsverfahren eröffnet hat, seine Entscheidung trifft, sollte es den beteiligten Verwaltern Gelegenheit geben, gehört zu werden und dem Gericht ihre Bemerkungen dazu darzulegen, ob der Antrag des Koordinators angebracht ist.

(60) Diese Verordnung sollte für Mitglieder einer Unternehmensgruppe, die nicht in ein Gruppen-Koordinationsverfahren einbezogen sind, auch einen alternativen Mechanismus vorsehen, um eine koordinierte Sanierung der Gruppe zu erreichen. Ein in einem Verfah-

ren, das über das Vermögen eines Mitglieds einer Unternehmensgruppe anhängig ist, bestellter Verwalter sollte die Aussetzung jeder Maßnahme im Zusammenhang mit der Verwertung der Masse in Verfahren über das Vermögen anderer Mitglieder der Unternehmensgruppe, die nicht in ein Gruppen-Koordinationsverfahren einbezogen sind, beantragen können. Es sollte nur möglich sein, eine solche Aussetzung zu beantragen, wenn ein Sanierungsplan für die betroffenen Mitglieder der Gruppe vorgelegt wird, der den Gläubigern des Verfahrens, für das die Aussetzung beantragt wird, zugute kommt und die Aussetzung notwendig ist, um die ordnungsgemäße Durchführung des Plans sicherzustellen.

(61) Diese Verordnung sollte die Mitgliedstaaten nicht daran hindern, nationale Bestimmungen zu erlassen, mit denen die Bestimmungen dieser Verordnung über die Zusammenarbeit, Kommunikation und Koordinierung im Zusammenhang mit Insolvenzverfahren über das Vermögen von Mitgliedern einer Unternehmensgruppe ergänzt würden, vorausgesetzt, der Geltungsbereich der nationalen Vorschriften beschränkt sich auf die nationale Rechtsordnung und ihre Anwendung beeinträchtigt nicht die Wirksamkeit der in dieser Verordnung enthaltenen Vorschriften.

(62) Die Vorschriften dieser Verordnung über die Zusammenarbeit, Kommunikation und Koordinierung im Rahmen von Insolvenzverfahren über das Vermögen von Mitgliedern einer Unternehmensgruppe sollten nur insoweit Anwendung finden, als Verfahren über das Vermögen verschiedener Mitglieder derselben Unternehmensgruppe in mehr als einem Mitgliedstaat eröffnet worden sind.

(63) Jeder Gläubiger, der seinen gewöhnlichen Aufenthalt, Wohnsitz oder Sitz in der Union hat, sollte das Recht haben, seine Forderungen in jedem in der Union anhängigen Insolvenzverfahren über das Vermögen des Schuldners anzumelden. Dies sollte auch für Steuerbehörden und Sozialversicherungsträger gelten. Diese Verordnung sollte den Verwalter nicht daran hindern, Forderungen im Namen bestimmter Gläubigergruppen – z. B. der Arbeitnehmer – anzumelden, sofern dies im nationalen Recht vorgesehen ist. Im Interesse der Gläubigergleichbehandlung sollte jedoch die Verteilung des Erlöses koordiniert werden. Jeder Gläubiger sollte zwar behalten dürfen, was er im Rahmen eines Insolvenzverfahrens erhalten hat, sollte aber an der Verteilung der Masse in einem anderen Verfahren erst dann teilnehmen können, wenn die Gläubiger gleichen Rangs die gleiche Quote auf ihre Forderungen erlangt haben.

(64) Es ist von grundlegender Bedeutung, dass Gläubiger, die ihren gewöhnlichen Aufenthalt, Wohnsitz oder Sitz in der Union haben, über die Eröffnung von Insolvenzverfahren über das Vermögen ihres Schuldners informiert werden. Um eine rasche Übermittlung der Informationen an die Gläubiger sicherzustellen, sollte die Verordnung (EG) Nr. 1393/2007 des Europäischen Parlaments und des Rates[6] keine Anwendung finden, wenn in der vorliegenden Verordnung auf die Pflicht zur Information der Gläubiger verwiesen wird. Gläubigern sollte die Anmeldung ihrer Forderungen in Verfahren, die in einem anderen Mitgliedstaat eröffnet werden, durch die Bereitstellung von Standardformularen in allen Amtssprachen der Organe der Union erleichtert werden. Die Folgen des unvollständigen Ausfüllens des Standardformulars sollten durch das nationale Recht geregelt werden.

(65) In dieser Verordnung sollte die unmittelbare Anerkennung von Entscheidungen zur Eröffnung, Abwicklung und Beendigung der in ihren Geltungsbereich fallenden Insolvenz-

---

6 Verordnung (EG) Nr. 1393/2007 des Europäischen Parlaments und des Rates vom 13. November 2007 über die Zustellung gerichtlicher und außergerichtlicher Schriftstücke in Zivil- oder Handelssachen in den Mitgliedstaaten (Zustellung von Schriftstücken) und zur Aufhebung der Verordnung (EG) Nr. 1348/2000 des Rates (ABl. L 324 vom 10.12.2007, S. 79).

verfahren sowie von Entscheidungen, die in unmittelbarem Zusammenhang mit diesen Insolvenzverfahren ergehen, vorgesehen werden. Die automatische Anerkennung sollte somit zur Folge haben, dass die Wirkungen, die das Recht des Mitgliedstaats der Verfahrenseröffnung dem Verfahren beilegt, auf alle übrigen Mitgliedstaaten ausgedehnt werden. Die Anerkennung der Entscheidungen der Gerichte der Mitgliedstaaten sollte sich auf den Grundsatz des gegenseitigen Vertrauens stützen. Die Gründe für eine Nichtanerkennung sollten daher auf das unbedingt notwendige Maß beschränkt sein. Nach diesem Grundsatz sollte auch der Konflikt gelöst werden, wenn sich die Gerichte zweier Mitgliedstaaten für zuständig halten, ein Hauptinsolvenzverfahren zu eröffnen. Die Entscheidung des zuerst eröffnenden Gerichts sollte in den anderen Mitgliedstaaten anerkannt werden; diese Mitgliedstaaten sollten die Entscheidung dieses Gerichts keiner Überprüfung unterziehen dürfen.

(66) Diese Verordnung sollte für den Insolvenzbereich einheitliche Kollisionsnormen formulieren, die die nationalen Vorschriften des internationalen Privatrechts ersetzen. Soweit nichts anderes bestimmt ist, sollte das Recht des Staates der Verfahrenseröffnung *(lex concursus)* Anwendung finden. Diese Kollisionsnorm sollte für Hauptinsolvenzverfahren und Partikularverfahren gleichermaßen gelten. Die *lex concursus* regelt sowohl die verfahrensrechtlichen als auch die materiellen Wirkungen des Insolvenzverfahrens auf die davon betroffenen Personen und Rechtsverhältnisse. Nach ihr bestimmen sich alle Voraussetzungen für die Eröffnung, Abwicklung und Beendigung des Insolvenzverfahrens.

(67) Die automatische Anerkennung eines Insolvenzverfahrens, auf das regelmäßig das Recht des Staats der Verfahrenseröffnung Anwendung findet, kann mit den Vorschriften anderer Mitgliedstaaten für die Vornahme von Rechtshandlungen kollidieren. Um in den anderen Mitgliedstaaten als dem Staat der Verfahrenseröffnung Vertrauensschutz und Rechtssicherheit zu gewährleisten, sollte eine Reihe von Ausnahmen von der allgemeinen Vorschrift vorgesehen werden.

(68) Ein besonderes Bedürfnis für eine vom Recht des Eröffnungsstaats abweichende Sonderanknüpfung besteht bei dinglichen Rechten, da solche Rechte für die Gewährung von Krediten von erheblicher Bedeutung sind. Die Begründung, Gültigkeit und Tragweite von dinglichen Rechten sollten sich deshalb regelmäßig nach dem Recht des Belegenheitsorts bestimmen und von der Eröffnung des Insolvenzverfahrens nicht berührt werden. Der Inhaber des dinglichen Rechts sollte somit sein Recht zur Aus- bzw. Absonderung an dem Sicherungsgegenstand weiter geltend machen können. Falls an Vermögensgegenständen in einem Mitgliedstaat dingliche Rechte nach dem Recht des Belegenheitsstaats bestehen, das Hauptinsolvenzverfahren aber in einem anderen Mitgliedstaat stattfindet, sollte der Verwalter des Hauptinsolvenzverfahrens die Eröffnung eines Sekundärinsolvenzverfahrens in dem Zuständigkeitsgebiet, in dem die dinglichen Rechte bestehen, beantragen können, sofern der Schuldner dort eine Niederlassung hat. Wird kein Sekundärinsolvenzverfahren eröffnet, so sollte ein etwaiger überschießender Erlös aus der Veräußerung der Vermögensgegenstände, an denen dingliche Rechte bestanden, an den Verwalter des Hauptinsolvenzverfahrens abzuführen sein.

(69) Diese Verordnung enthält mehrere Bestimmungen, wonach ein Gericht die Aussetzung der Eröffnung eines Verfahrens oder die Aussetzung von Vollstreckungsverfahren anordnen kann. Eine solche Aussetzung sollte die dinglichen Rechte von Gläubigern oder Dritten unberührt lassen.

(70) Ist nach dem Recht des Staats der Verfahrenseröffnung eine Aufrechnung von Forderungen nicht zulässig, so sollte ein Gläubiger gleichwohl zur Aufrechnung berechtigt sein, wenn diese nach dem für die Forderung des insolventen Schuldners maßgeblichen Recht möglich ist. Auf diese Weise würde die Aufrechnung eine Art Garantiefunktion aufgrund

von Rechtsvorschriften erhalten, auf die sich der betreffende Gläubiger zum Zeitpunkt der Entstehung der Forderung verlassen kann.

(71) Ein besonderes Schutzbedürfnis besteht auch bei Zahlungssystemen und Finanzmärkten, etwa im Zusammenhang mit den in diesen Systemen anzutreffenden Glattstellungsverträgen und Nettingvereinbarungen sowie der Veräußerung von Wertpapieren und den zur Absicherung dieser Transaktionen gestellten Sicherheiten, wie dies insbesondere in der Richtlinie 98/26/EG des Europäischen Parlaments und des Rates[7] geregelt ist. Für diese Transaktionen sollte deshalb allein das Recht maßgebend sein, das auf das betreffende System bzw. den betreffenden Markt anwendbar ist. Dieses Recht soll verhindern, dass im Fall der Insolvenz eines Geschäftspartners die in Zahlungs- oder Aufrechnungssystemen und auf den geregelten Finanzmärkten der Mitgliedstaaten vorgesehenen Mechanismen zur Zahlung und Abwicklung von Transaktionen geändert werden können. Die Richtlinie 98/26/EG enthält Sondervorschriften, die den in dieser Verordnung festgelegten allgemeinen Regelungen vorgehen sollten.

(72) Zum Schutz der Arbeitnehmer und der Arbeitsverhältnisse sollten die Wirkungen der Insolvenzverfahren auf die Fortsetzung oder Beendigung von Arbeitsverhältnissen sowie auf die Rechte und Pflichten aller an einem solchen Arbeitsverhältnis beteiligten Parteien durch das gemäß den allgemeinen Kollisionsnormen für den jeweiligen Arbeitsvertrag maßgebliche Recht bestimmt werden. Zudem sollte in Fällen, in denen zur Beendigung von Arbeitsverträgen die Zustimmung eines Gerichts oder einer Verwaltungsbehörde erforderlich ist, die Zuständigkeit zur Erteilung dieser Zustimmung bei dem Mitgliedstaat verbleiben, in dem sich eine Niederlassung des Schuldners befindet, selbst wenn in diesem Mitgliedstaat kein Insolvenzverfahren eröffnet wurde. Für sonstige insolvenzrechtliche Fragen, wie etwa, ob die Forderungen der Arbeitnehmer durch ein Vorrecht geschützt sind und welchen Rang dieses Vorrecht gegebenenfalls erhalten soll, sollte das Recht des Mitgliedstaats maßgeblich sein, in dem das Insolvenzverfahren (Haupt- oder Sekundärverfahren) eröffnet wurde, es sei denn, im Einklang mit dieser Verordnung wurde eine Zusicherung gegeben, um ein Sekundärinsolvenzverfahren zu vermeiden.

(73) Auf die Wirkungen des Insolvenzverfahrens auf ein anhängiges Gerichts- oder Schiedsverfahren über einen Vermögenswert oder ein Recht, der bzw. das Teil der Insolvenzmasse ist, sollte das Recht des Mitgliedstaats Anwendung finden, in dem das Gerichtsverfahren anhängig ist oder die Schiedsgerichtsbarkeit ihren Sitz hat. Diese Bestimmung sollte allerdings die nationalen Vorschriften über die Anerkennung und Vollstreckung von Schiedssprüchen nicht berühren.

(74) Um den verfahrensrechtlichen Besonderheiten der Rechtssysteme einiger Mitgliedstaaten Rechnung zu tragen, sollten bestimmte Vorschriften dieser Verordnung die erforderliche Flexibilität aufweisen. Dementsprechend sollten Bezugnahmen in dieser Verordnung auf Mitteilungen eines Justizorgans eines Mitgliedstaats, sofern es die Verfahrensvorschriften eines Mitgliedstaats erforderlich machen, eine Anordnung dieses Justizorgans umfassen, die Mitteilung vorzunehmen.

(75) Im Interesse des Geschäftsverkehrs sollte der wesentliche Inhalt der Entscheidung über die Verfahrenseröffnung auf Antrag des Verwalters in einem anderen Mitgliedstaat als in dem, in dem das Gericht diese Entscheidung erlassen hat, bekannt gemacht werden. Befindet sich in dem betreffenden Mitgliedstaat eine Niederlassung, sollte die Bekanntma-

7 Richtlinie 98/26/EG des Europäischen Parlaments und des Rates vom 19. Mai 1998 über die Wirksamkeit von Abrechnungen in Zahlungs- sowie Wertpapierliefer- und -abrechnungssystemen (ABl. L 166 vom 11.6.1998, S. 45).

chung obligatorisch sein. In keinem dieser Fälle sollte die Bekanntmachung jedoch Voraussetzung für die Anerkennung des ausländischen Verfahrens sein.

(76) Um eine bessere Information der betroffenen Gläubiger und Gerichte zu gewährleisten und die Eröffnung von Parallelverfahren zu verhindern, sollten die Mitgliedstaaten verpflichtet werden, relevante Informationen in grenzüberschreitenden Insolvenzfällen in einem öffentlich zugänglichen elektronischen Register bekannt zu machen. Um Gläubigern und Gerichten in anderen Mitgliedstaaten den Zugriff auf diese Informationen zu erleichtern, sollte diese Verordnung die Vernetzung solcher Insolvenzregister über das Europäische Justizportal vorsehen. Den Mitgliedstaaten sollte freistehen, relevante Informationen in verschiedenen Registern bekannt zu machen, und es sollte möglich sein, mehr als ein Register je Mitgliedstaat zu vernetzen.

(77) In dieser Verordnung sollte der Mindestumfang der Informationen, die in den Insolvenzregistern bekannt zu machen sind, festgelegt werden. Die Mitgliedstaaten sollten zusätzliche Informationen aufnehmen dürfen. Ist der Schuldner eine natürliche Person, so sollte in den Insolvenzregistern nur dann eine Registrierungsnummer angegeben werden, wenn der Schuldner eine selbstständige gewerbliche oder freiberufliche Tätigkeit ausübt. Diese Registrierungsnummer sollte gegebenenfalls als die einheitliche Registrierungsnummer seiner selbstständigen oder freiberuflichen Tätigkeit im Handelsregister zu verstehen sein.

(78) Informationen über bestimmte Aspekte des Insolvenzverfahrens, wie z. B. die Fristen für die Anmeldung von Forderungen oder die Anfechtung von Entscheidungen, sind für die Gläubiger von grundlegender Bedeutung. Diese Verordnung sollte allerdings die Mitgliedstaaten nicht dazu verpflichten, diese Fristen im Einzelfall zu berechnen. Die Mitgliedstaaten sollten ihren Pflichten nachkommen können, indem sie Hyperlinks zum Europäischen Justizportal einfügen, über das selbsterklärende Angaben zu den Kriterien zur Berechnung dieser Fristen verfügbar zu machen sind.

(79) Damit ausreichender Schutz der Informationen über natürliche Personen, die keine selbstständige gewerbliche oder freiberufliche Tätigkeit ausüben, gewährleistet ist, sollte es den Mitgliedstaaten möglich sein, den Zugang zu diesen Informationen von zusätzlichen Suchkriterien wie der persönlichen Kennnummer des Schuldners, seiner Anschrift, seinem Geburtsdatum oder dem Bezirk des zuständigen Gerichts abhängig zu machen oder den Zugang an die Voraussetzung eines Antrags an die zuständige Behörde oder der Feststellung eines rechtmäßigen Interesses zu knüpfen.

(80) Den Mitgliedstaaten sollte es auch möglich sein, Informationen über natürliche Personen, die keine selbstständige gewerbliche oder freiberufliche Tätigkeit ausüben, nicht in ihre Insolvenzregister aufzunehmen. In solchen Fällen sollten die Mitgliedstaaten sicherstellen, dass die einschlägigen Informationen durch individuelle Mitteilung an die Gläubiger übermittelt werden und die Forderungen von Gläubigern, die die Informationen nicht erhalten haben, durch die Verfahren nicht berührt werden.

(81) Es kann der Fall eintreten, dass einige der betroffenen Personen keine Kenntnis von der Eröffnung des Insolvenzverfahrens haben und gutgläubig im Widerspruch zu der neuen Sachlage handeln. Zum Schutz solcher Personen, die in Unkenntnis der ausländischen Verfahrenseröffnung eine Zahlung an den Schuldner statt an den ausländischen Verwalter leisten, sollte eine schuldbefreiende Wirkung der Leistung bzw. Zahlung vorgesehen werden.

(82) Zur Gewährleistung einheitlicher Bedingungen für die Durchführung dieser Verordnung sollten der Kommission Durchführungsbefugnisse übertragen werden. Diese Befug-

nisse sollten im Einklang mit der Verordnung (EU) Nr. 182/2011 des Europäischen Parlaments und des Rates[8] ausgeübt werden.

(83) Diese Verordnung steht im Einklang mit den Grundrechten und Grundsätzen, die mit der Charta der Grundrechte der Europäischen Union anerkannt wurden. Die Verordnung zielt insbesondere darauf ab, die Anwendung der Artikel 8, 17 und 47 der Charta zu fördern, die den Schutz der personenbezogenen Daten, das Recht auf Eigentum und das Recht auf einen wirksamen Rechtsbehelf und ein faires Verfahren betreffen.

(84) Die Richtlinie 95/46/EG des Europäischen Parlaments und des Rates[9] und die Verordnung (EG) Nr. 45/2001 des Europäischen Parlaments und des Rates[10] regeln die Verarbeitung personenbezogener Daten im Rahmen dieser Verordnung.

(85) Diese Verordnung lässt die Verordnung (EWG, Euratom) Nr. 1182/71 des Rates[11] unberührt.

(86) Da das Ziel dieser Verordnung von den Mitgliedstaaten nicht ausreichend verwirklicht werden kann, sondern vielmehr aufgrund der Schaffung eines rechtlichen Rahmens für die geordnete Abwicklung von grenzüberschreitenden Insolvenzverfahren auf Unionsebene besser zu verwirklichen ist, kann die Union im Einklang mit dem in Artikel 5 des Vertrags über die Europäische Union verankerten Subsidiaritätsprinzip tätig werden. Entsprechend dem in demselben Artikel genannten Grundsatz der Verhältnismäßigkeit geht diese Verordnung nicht über das zur Verwirklichung dieses Ziels erforderliche Maß hinaus.

(87) Gemäß Artikel 3 und Artikel 4a Absatz 1 des dem Vertrag über die Europäische Union und dem Vertrag über die Arbeitsweise der Europäischen Union beigefügten Protokolls Nr. 21 über die Position des Vereinigten Königreichs und Irlands hinsichtlich des Raums der Freiheit, der Sicherheit und des Rechts haben diese Mitgliedstaaten mitgeteilt, dass sie sich an der Annahme und Anwendung der vorliegenden Verordnung beteiligen möchten.

(88) Gemäß den Artikeln 1 und 2 des dem Vertrag über die Europäische Union und dem Vertrag über die Arbeitsweise der Europäischen Union beigefügten Protokolls Nr. 22 über die Position Dänemarks beteiligt sich Dänemark nicht an der Annahme dieser Verordnung und ist weder durch diese Verordnung gebunden noch zu ihrer Anwendung verpflichtet.

(89) Der Europäische Datenschutzbeauftragte wurde angehört und hat seine Stellungnahme am 27. März 2013 abgegeben[12] –

HABEN FOLGENDE VERORDNUNG ERLASSEN:

---

8 Verordnung (EU) Nr. 182/2011 des Europäischen Parlaments und des Rates vom 16. Februar 2011 zur Festlegung der allgemeinen Regeln und Grundsätze, nach denen die Mitgliedstaaten die Wahrnehmung der Durchführungsbefugnisse durch die Kommission kontrollieren (ABl. L 55 vom 28.2.2011, S. 13).

9 Richtlinie 95/46/EG des Europäischen Parlaments und des Rates vom 24. Oktober 1995 zum Schutz natürlicher Personen bei der Verarbeitung personenbezogener Daten und zum freien Datenverkehr (ABl. L 281 vom 23.11.1995, S. 31).

10 Verordnung (EG) Nr. 45/2001 des Europäischen Parlaments und des Rates vom 18. Dezember 2000 zum Schutz natürlicher Personen bei der Verarbeitung personenbezogener Daten durch die Organe und Einrichtungen der Gemeinschaft und zum freien Datenverkehr (ABl. L 8 vom 12.1.2001, S. 1).

11 Verordnung (EWG, Euratom) Nr. 1182/71 des Rates vom 3. Juni 1971 zur Festlegung der Regeln für die Fristen, Daten und Termine (ABl. L 124 vom 8.6.1971, S. 1).

12 ABl. C 358 vom 7.12.2013, S. 15.

Kapitel I
Allgemeine Bestimmungen

Artikel 1 Anwendungsbereich

(1) Diese Verordnung gilt für öffentliche Gesamtverfahren einschließlich vorläufiger Verfahren, die auf der Grundlage gesetzlicher Regelungen zur Insolvenz stattfinden und in denen zu Zwecken der Rettung, Schuldenanpassung, Reorganisation oder Liquidation

a) dem Schuldner die Verfügungsgewalt über sein Vermögen ganz oder teilweise entzogen und ein Verwalter bestellt wird,

b) das Vermögen und die Geschäfte des Schuldners der Kontrolle oder Aufsicht durch ein Gericht unterstellt werden oder

c) die vorübergehende Aussetzung von Einzelvollstreckungsverfahren von einem Gericht oder kraft Gesetzes gewährt wird, um Verhandlungen zwischen dem Schuldner und seinen Gläubigern zu ermöglichen, sofern das Verfahren, in dem die Aussetzung gewährt wird, geeignete Maßnahmen zum Schutz der Gesamtheit der Gläubiger vorsieht und in dem Fall, dass keine Einigung erzielt wird, einem der in den Buchstaben a oder b genannten Verfahren vorgeschaltet ist.

Kann ein in diesem Absatz genanntes Verfahren in Situationen eingeleitet werden, in denen lediglich die Wahrscheinlichkeit einer Insolvenz besteht, ist der Zweck des Verfahrens die Vermeidung der Insolvenz des Schuldners oder der Einstellung seiner Geschäftstätigkeit.

Die Verfahren, auf die in diesem Absatz Bezug genommen wird, sind in Anhang A aufgeführt.

(2) Diese Verordnung gilt nicht für Verfahren nach Absatz 1 in Bezug auf

a) Versicherungsunternehmen,

b) Kreditinstitute,

c) Wertpapierfirmen und andere Firmen, Einrichtungen und Unternehmen, soweit sie unter die Richtlinie 2001/24/EG fallen, oder

d) Organismen für gemeinsame Anlagen.

Übersicht

I. Vorbemerkung und Normzweck

Art 1 umschreibt den sachlichen (Abs 1) und persönlichen (Abs 2) Anwendungsbereich der VO. Festgelegt wird demnach, welche Verf die VO umfasst und auf welche Schu sich die VO bezieht. Eine bedeutsame Änderung der Neufassung der VO[1] betrifft den sachlichen Anwendungsbereich, der nun auf sog hybride Verf (Verf in Eigenverw) sowie vorinsolvenzrechtliche Verf mit dem Ziel der Abwendung einer Ins und Sanierung erweitert wurde.[2] Im Übrigen sind die Änderungen überwiegend redaktioneller Natur.[3] Insb bleiben der bishe- 1

1 Vgl zur Reform Vorbem zu Art 1–47 Rn 6 ff.
2 S Erl Rn 4; vgl Vorschlag der Kommission zur Änderung der EuInsVO, COM(2012) 744 S 2.
3 MK-InsO/*Thole* Art 1 EuInsVO 2015 Rn 1.

rige – nicht ausdrücklich geregelte – räumliche Anwendungsbereich sowie der sachlich-räumliche Anwendungsbereich bezogen auf die jeweiligen Bestimmungen unverändert. Der zeitliche Anwendungsbereich ergibt sich aus Art 84, 92.

II. Sachlicher Anwendungsbereich (Abs 1)

2 Eines Rückgriffs auf die in Abs 1 S 1 und 2 enthaltene allgemeine Definition für InsVerf[4] bedarf es in der Regel nicht, weil die erfassten Verf ausdrücklich und abschließend im Anh A auf welchen Art 1 Abs 1 S 3 verweist, genannt werden. Dieser Anh hat ebenso wie die VO selbst unmittelbare und verbindliche Wirkungen in den Mitgliedstaaten.[5] Die reformierte Fassung der VO verstärkt des abschließenden Charakter des Anh A durch den Verweis in Art 2 Nr 4. Durch den neugefassten Erwägungsgrund 9 werden letzte Zweifel daran beseitigt, dass die im Anh A genannten Verfahren erschöpfend sein sollen.[6] Sofern ein ausl Verf ausdrücklich im Anh A aufgeführt ist, bedeutet dies, dass den nationalen Gerichten die Überprüfung verwehrt ist, ob das entspr Verf der Definition des Art 1 Abs 1 S 1 und 2 genügt.[7] Verf, die nicht ausdrücklich im Anh A genannt sind, aber dennoch die Kriterien des Art 1 Abs 1 S 1 und 2 erfüllen, werden hingegen nicht von der VO erfasst. Solche Verf fallen meist ebenso wenig in den Anwendungsbereich der EuGVVO[8], die nach ihrem Art 1 Abs 2 Buchst b nicht auf Konkurse, Vergleiche und ähnliche Verf sowie zusammenhängende Klagen anwendbar ist.[9] Für sie ist zur Beurteilung der Anerkennungsfähigkeit im Inland ggf auf das autonome nationale Recht (in Deutschland auf § 343 InsO) zurückzugreifen.[10]

3 Art 1 Abs 1 ist somit nur dann bedeutsam, wenn Zweifel bestehen, ob ein bestimmtes Verf von einem in Anh A aufgeführten Begriff umfasst ist. Dann kann die Definition der geregelten Verf als Auslegungshilfe ergänzend herangezogen werden.[11] Darüber hinaus ist die Definition bei der Prüfung entscheidend, ob ein Verf in den Anh A neu aufgenommen werden kann, was im Wege eines ordentlichen Gesetzgebungsprozesses nach Art 81 Abs 2, Art 289 Abs 1, Art 294 AEUV umzusetzen ist.[12] Ein Verf iSv Art 1 Abs 1 liegt in folgenden drei Konstellationen vor: (1) Nach Abs 1 S 1 Buchst a muss durch das Verf zum einen ein vollständiger oder teilweise **Vermögensbeschlag** bewirkt worden sein. Dieser Insolvenz- oder Vermögensbeschlag liegt insbesondere dann vor, wenn die Verwaltungs- und Verfügungsbefugnis des Schu über sein Vermögen auf eine andere Person übergegangen ist.[13] Das Verf muss zum anderen die Bestellung eines **Verw** zur Folge gehabt haben. (2) Daneben reicht es seit der Reform der VO[14] nach Abs 1 S 1 Buchst b ausdrücklich aus, wenn das Vermögen und die Geschäfte des Schu nur der **Kontrolle oder Aufsicht** eines Gerichts unterlie-

---

4 Vgl zur sich wandelnden Definition *Piekenbrock* ZIP 2014, 250.
5 *EuGH* 22.11.2012 – C-116/11 (Bank Handlowy) Rn 33.
6 *Kindler/Sakka* EuZW 2015, 460 f.
7 Kritisch wegen der Gefahr des Missbrauchs *Parzinger* NZI 2016, 63, 64; *Thole* IPRax 2017, 213, 214 f; *Cranshaw* DZWiR 2018, 1, 5.
8 Verordnung (EG) Nr 44/2001 des Rates über die gerichtliche Zuständigkeit und die Anerkennung und Vollstreckung von Entscheidungen in Zivil- und Handelssachen v 22.12.2000, ABlEG 2001 Nr L 12/1.
9 Vgl Erwägungsgrund 7.
10 *A/G/R/Gruber/Schulz* Art 1 EuInsVO aF Rn 3.
11 *A/G/R/Gruber/Schulz* Art 1 EuInsVO aF Rn 5.
12 *Parzinger* NZI 2016, 63, 64.
13 *EuGH* 2.5.2006 – C-341/04 (Eurofood) Rn 54, 58; *EuGH* 8.11.2012 – C-461/11 (Radziejewski) Rn 23.
14 Zur Reform s Vorb Rn 6 ff vor Art 1.

gen (sog HybridVerf).[15] Damit soll eine größere Anzahl an InsVerf, die sich gegen natürliche Personen richten, in den Anwendungsbereich der VO einbezogen werden.[16] Es bedarf somit nicht zwingend einer VerwBestellung, was sich mit dem schon zuvor vertretenem weiten Begriffsverständnis deckt, welches auch Verf einbezog, in welchen die **Eigenverwaltung** gem §§ 270 ff InsO angeordnet worden war.[17] Mit dem Ausdruck „Kontrolle" soll deutlich gemacht werden, dass Sachverhalte einbezogen sind, in denen ein Gericht nur aufgrund des Rechtsbehelfs eines Gl oder anderer VerfBeteiligter tätig wird.[18] (3) Schließlich sieht Abs 1 S 1 Buchst c als weiteren Anwendungsfall die **vorübergehende Aussetzung von Einzelvollstreckungsverfahren** von einem Gericht oder kraft Gesetzes vor, welche gewährt wird, **um Verhandlungen zwischen dem Schu und seinen Gl zu ermöglichen**. Dies soll der Gefahr vorbeugen, dass der Versuch einer Unternehmenssanierung an Vollstreckungsmaßnahmen einzelner Gl scheitert.[19] Allerdings muss das Verf, in dem die Aussetzung gewährt wird, zur Vermeidung einer GlBenachteiligung geeignete Maßnahmen zum Schutz der Gesamtheit der Gl vorsehen und für dem Fall, dass keine Einigung erzielt wird, einen vollständigen oder teilweisen Vermögensbeschlag gegen den Schu und ein in Buchst a oder b genanntes Verf zur Folge haben.

Dabei genügt in allen drei Konstellationen, dass ein solches Verf in Situationen eingeleitet 4
werden kann, in denen lediglich die **Wahrscheinlichkeit einer InsEröffnung** besteht, wenn der Zweck des Verfahrens die Vermeidung der Ins des Schu oder der Einstellung seiner Geschäftstätigkeit ist, vgl Art 1 Abs 1 S 2. Das Verf muss nicht auf eine Liquidation der Vermögenswerte des Schu hinauslaufen, sondern es kann nach Abs 1 S 1 auch eine **Rettung, Schuldenanpassung oder Reorganisation** bezweckt werden. Dabei wird keine materielle Insolvenz iSe Zahlungsunfähigkeit oder Überschuldung verlangt.[20] Die reformierte VO erstreckt sich bewusst auf solche SanierungsVerf für Unternehmen, die sich in wirtschaftlichen Schwierigkeiten befinden, damit auch solche Verf unionsweit Wirkungen entfalten können.[21] Dementsprechend sind im Anh A auch Verf wie die im französischen InsRecht bekannte „sauvegarde accélérée" oder das englische Verf der „administration" aufgeführt. Allerdings sind Verf wie das französische „retablissement-professionnel", welche keine Zahlungen an Gl vorsehen, nicht erfasst.[22] Ebenso wenig fällt das englische „scheme of arrangement", wie der Aufschub der Fälligkeit oder ein teilweiser Forderungsverzicht, nicht in den Anwendungsbereich der VO.[23]

Bei allen Anwendungsfällen muss es sich um ein **GesamtVerf** handeln, welches auf der Grundlage gesetzlicher Regelungen zur Ins stattfindet. Ein GesamtVerf muss seit der Reform nach Art 2 Nr 1 nicht mehr alle Gl betreffen. Vielmehr genügt danach die Einbeziehung eines wesentlichen Teils der Gl[24] des Schu, die auch bezogen auf das Gesamtvolumen

---

15 So werden Verf in Eigenverw im Vorschlag der Kommission zur Änderung der EuInsVO genannt, s COM(2012) 744 S 2.

16 S Vorschlag der Kommission zur Änderung der EuInsVO, KOM(2012) 744 S 6.

17 MK/*Reinhart* Art 1 EuInsVO 2000 Rn 7; MK-BGB/*Kindler* Art 1 EuInsVO Rn 10; *A/G/R/Gruber/Schulz* Art 1 EuInsVO aF Rn 8,10; *diess* in Einführüng EuInsVO nF Rn 7; *Thole* ZIP 2013, 550, 551; **aA** *Duursma-Kepplinger/Duursma/Chalupsky* Art 1 Rn 29; Nr 49 des Erläuternden Berichts.

18 Erwägungsgrund 10.

19 Vgl Erwägungsgrund 11.

20 *Braun/Ehret* Art 1 Rn 10.

21 Vgl Erwägungsgrund 10.

22 *Braun/Ehret* Art 1 Rn 11.

23 *A/R/G/Gruber/Schulz* Einführung EuInsVO nF Rn 5 f; *Parzinger* NZI 2016, 63, 65.

24 Nach Art 2 Nr 1 muss bei Einbeziehung nur eines wesentlichen Teils der Gl des Schu gesichert sein, dass die Forderungen der nicht beteiligten Gl vom Verf nicht berührt werden.

der Verbindlichkeiten wesentlich seien müssen.[25] Damit ist die Ausgleichung ihrer Forderungen nur in einem kollektiven Verf erlaubt, wobei in die Rechte der nicht in das Verf einbezogenen Gl nicht eingegriffen werden darf.[26] Die Verf müssen somit den Ausschluss der Einzelrechtsverfolgung zur Folge haben,[27] wobei unschädlich ist, wenn die Rechtsordnungen bestimmte Arten von Forderungen wie etwa Unterhaltsforderungen von der Möglichkeit einer Schuldenbefreiung ausschließen.[28] Sofern ein Verf nicht alle Gl eines Schu einschließt, sollte sein Ziel die Rettung des Schu sein, während sich ein Verf, das zur endgültigen Einstellung der Unternehmenstätigkeit des Schu oder zur Verwertung seines Vermögens führt, an alle Gl des Schu richten sollte.[28] Das Verf muss nach **insolvenzrechtlichen Regelungen** durchgeführt werden, sodass Verf, die in erster Linie auf gesellschaftsrechtliche Normen gestützt werden, vom Anwendungsbereich ausgenommen sind.[29] In Abgrenzung zu einem vertraulichen InsVerf oder einer privat vereinbarten Schuldanpassung muss es sich um ein **öffentliches** Verf handeln. Gemeint sind hiermit Verf, deren Eröffnung bekanntzugeben ist, damit Gl Kenntnis von dem Verf erlangen und ihre Forderungen anmelden sowie gegebenenfalls die Zuständigkeit des eröffnenden Gerichts nach Art 5 überprüfen lassen können.[30] Ob es sich um ein **endgültiges oder vorläufiges** Verf handelt, ist unerheblich.[31] Diese weite Definition des Art 1 lässt Raum für die Einbeziehung neuer vorinsolvenzrechtlicher SanierungsVerf wie sie nach dem Entwurf einer Richtlinie für einen präventiven Restrukturierungsrahmen[32] in den Mitgliedstaaten geschaffen werden könnten.

5 Für **Deutschland** wird in Anh A als erfasstes Verf insbes „das InsVerf" aufgeführt. Neben dem **RegelInsVerf** fallen hierunter etwa das **vereinfachte VerbraucherInsVerf** nach §§ 304 ff InsO und das **NachlassInsVerf** nach §§ 315 ff InsO[33]. Dabei kann auch die Eigenverwaltung (§ 270 ff InsO) angeordnet sein, welche unter der Aufsicht eines gerichtlich bestellten Sachwalters iSv Anh B steht. Auch das **SchutzschirmVerf** nach § 270b InsO ist mit der Neufassung vom Begriff des InsVerf, das im Anh A für Deutschland genannt wird, umfasst.[34]

III. Persönlicher Anwendungsbereich (Abs 2)

6 Der persönliche Anwendungsbereich ist in der VO nicht abschließend geregelt. Sie unterscheidet nicht zwischen natürlichen oder juristischen Personen, Kaufleuten oder Privatpersonen.[35] Abs 2 nimmt jedoch Versicherungsunternehmen, Kreditinstitute, Wertpapierfirmen und andere Firmen, Einrichtungen und Unternehmen, soweit sie unter die Richtlinie 2001/24/EG fallen, sowie Organismen für gemeinsame Anlagen (Investmentgesellschaften) iSv Art 2 Nr 2 vom persönlichen Anwendungsbereich der VO aus. Für die genauere Begriffsbestimmung dieser ausgeschlossenen Unternehmen kann auf spezielle Vorschriften des Gemeinschaftsrechts zurückgegriffen werden, die sowohl für Versiche-

---

25 *Thole* IPRax 2017, 213, 214 f.
26 Vgl Erwägungsgrund 14 und Art 2 Nr 1.
27 Nr 49 des Erläuternden Berichts; *Duursma-Kepplinger/Duursma/Chalupsky* Art 1 Rn 18.
28 Erwägungsgrund 14.
29 Erwägungsgrund 16.
30 Erwägungsgründe 12 f; vgl *Braun/Ehret* Art 1 Rn 7.
31 Erwägungsgrund 15, vgl auch Art 2 Nr 8.
32 Kommissionsvorschlag v 22.11.2016, COM(2016) 723; hierzu *Thole* ZIP 2017, 101.
33 Ausf zu NachlassInsVer *Mankowski* ZIP 2011, 1501 f.
34 *A/G/R/Gruber/Schulz* Einführung EuInsVO nF Rn 7; *Thole* IPRax 2017, 213, 214; *Kindler/Sakka* EuZW 2015, 460, 461; *Thole/Swierczok* ZIP 2013, 550 f.
35 Erwägungsgrund 9.

rungsunternehmen[36] als auch für Kreditinstitute[37], Wertpapier- sowie Investmentunternehmen[38] geschaffen wurden.

Diese Institutionen wurden vom Anwendungsbereich der VO ausgenommen, weil bei ihnen das InsRisiko im Hinblick auf die in den Mitgliedstaaten bestehenden nationalen Aufsichtssysteme einschließlich der Kontrollbefugnisse als gering eingestuft wurde.[39] Zudem bedurfte es mit Blick auf die öffentlich-rechtlichen Eingriffsbefugnisse der Mitgliedstaaten besonderer Regelungen für den Insolvenzfall. Zwischenzeitlich gibt es für diese Institutionen spezielle gemeinschaftsrechtliche Instrumentarien, welche die Sanierung und Liquidation dieser Unternehmen nach bes Bedingungen vorsehen.[40] Diese Instrumente orientieren sich weitgehend an der VO über InsVerf, gehen aber streng vom Grundsatz der Einheit und Universalität des InsVerf aus und schließen deshalb die Eröffnung eines SekundärInsVerf aus.[41] Anders als eine unmittelbar in allen Mitgliedstaaten geltende VO müssen diese Richtlinien in den einzelnen Mitgliedstaaten in nationales Recht umgesetzt werden. In Deutschland wurden diese Richtlinien durch das Gesetz zur Neuregelung des Internationalen InsR v 14.3.2003[42] und durch das Gesetz zur Umsetzung aufsichtsrechtlicher Bestimmungen zur Sanierung und Liquidation von Versicherungsunternehmen v 16.12.2003[43] in nationales Recht transformiert. 7

IV. Räumlicher und sachlich-räumlicher Anwendungsbereich

Die Regelungen der VO befassen sich nicht ausdrücklich mit ihrem räumlichen Anwendungsbereich. Allerdings ergibt sich aus dem Erwägungsgrund 25 iVm Art 3 Abs. 1, dass die VO nur angewendet werden soll, wenn sich der Mittelpunkt der hauptsächlichen Interessen des Schu oder seine Niederlassung **innerhalb der Union** befindet. 8

Praktisch relevant wird die VO außerdem nur, wenn das Verf einen sich auf andere Staaten erstreckenden **grenzüberschreitenden Charakter** aufweist, indem etwa Gegenstände oder Forderungen, die zur InsMasse gehören, in mehreren Mitgliedstaaten belegen sind, grenzüberschreitende Vertragsbeziehungen des Schu in andere Mitgliedstaaten bestehen oder ausl Gl, die ihren Sitz oder Wohnsitz in einem anderen Mitgliedstaat haben, vorhanden sind. Dieser grenzüberschreitende Charakter des Verf ist jedoch keine Voraussetzung für die Anwendung der VO.[44]

---

36 Bis zum 31.12.2013 galt die Richtlinie 2001/17/EG v 19.3.2001 iVm der Richtlinie 73/239/EWG v 24.7.1973; ab dem 1.1.2014 ist die Richtlinie 2009/138/EG v 25.11.2009 heranzuziehen (vgl Richtlinie 2012/23/EU v 12.12.2012).

37 Auf sie ist die Richtlinie 2001/24/EG v 4.4.2001 iVm den Richtlinien 2000/12/EG v 20.3.2000 und 2006/29/EG v 8.3.2006 anwendbar.

38 Insoweit finden – ausdrücklich nach Art 2 Nr 2 – für die Organismen für gemeinsame Anlagen in Wertpapieren seit dem 1.7.2011 die Richtlinie 2009/65/EG v 13.7.2009 sowie für alternative Investmentfonds die Richtlinie 2011/61/EU v 8.6.2011 Anwendung.

39 Nr 54 des Erläuternden Berichts.

40 Vgl etwa die Richtlinie 2001/17/EG v 19.3.2001 über die Sanierung und Liquidation von Versicherungsunternehmen, ABlEG Nr L 110/28, zwischenzeitlich abgelöst durch die Richtlinie 2009/138/EG v 25.11.2009, ABlEU Nr L 335/1; Richtlinie 2001/24/EG v 4.4.2001 über die Sanierung und Liquidation von Kreditinstituten, ABlEG Nr L 125/15; Richtlinie Nr 2014/59/EU v 15.5.2014, ABlEU Nr L 173/190.

41 Dazu *Wimmer* ZInsO 2002, 897.

42 BGBl I, 345.

43 BGBl I, 2478.

44 *EuGH* 16.1.2014 – C-328/12 (Schmid) Rn 20 ff; krit *Paulus* EWiR 2014, 85.

9 Das **Vereinigte Königreich** und **Irland** haben erklärt, sich an der Annahme und Anwendung der VO zu beteiligen.[45] Allerdings entfaltet die VO nach ihrem Erwägungsgrund 88 keine Wirkung gegenüber **Dänemark**, das sich an der Annahme der VO nicht beteiligt hat[46] Daher müssen dänische InsVerf von den anderen Mitgliedstaaten nicht automatisch nach Art 16 anerkannt werden. Ebenso wenig kommt die Eröffnung eines SekundärInsVerf nach Art 27 bezüglich einer in Dänemark belegenen Niederlassung des Schu, der seinen Hauptsitz in einem anderen Mitgliedstaat der EU hat, in Betracht. Gleiches gilt im Verhältnis zu sog **Drittstaaten**. In den Mitgliedstaaten ist in diesen Fällen auf ihr autonomes Recht, in Deutschland auf §§ 335–358 InsO zurückzugreifen.

10 Es kommt allerdings ein Rückgriff auf die **Zuständigkeitsvorschriften der VO** in Betracht, wenn in Dänemark oder **in einem Drittstaat** befindliche Vermögensgegenstände des Schu oder dort ansässige Drittschuldner von einem Rechtsstreit betroffen sind. Der EuGH hat entschieden, dass ein mitgliedstaatliches Gericht seine internationale Zuständigkeit auf Art 3 Abs 1 stützen kann, sofern eine unmittelbar aus einem InsVerf hervorgegangene und hiermit in engem Zusammenhang stehende Klage, etwa eine Insolvenzanfechtungsklage oder Haftungsklage nach § 64 S 1 GmbHG, in dem Mitgliedstaat der Insolvenzeröffnung gegen einen in einem Drittstaat wohnhaften oder niedergelassenen Drittschuldner erhoben wird.[47] Der Auffassung, dass ein „qualifizierter" Auslandsbezug zu mindestens einem weiteren Mitgliedstaat für die Anwendung der EuInsVO erforderlich und allein der Bezug zu einem Drittstaat unzureichend sei, hat sich der EuGH bezogen auf die Zuständigkeitsregelung der VO nicht angeschlossen.[48] Dieses weite Verständnis des sachlich-räumlichen Anwendungsbereichs kann indes nicht ohne weiteres auf alle Vorschriften der VO übertragen werden. Vielmehr ist differenzierend nach der konkret anzuwendenden Norm zu prüfen, ob der festgestellte Drittstaatenbezug ausreicht oder stattdessen auf das autonome nationale InsR zurückzugreifen ist.[49] So liegt es für die Anerkennungsregelungen nach Art 19, 32 auf der Hand, dass sie nicht auf ein in einem Drittstaat durchgeführtes Verf bzw eine im Drittstaat erlassene Entsch angewendet werden können.[50]

V. Zeitlicher Anwendungsbereich

11 Die revidierte Fassung der EuInsVO[51] ist auf die seit dem 26.6.2017 in den Mitgliedstaaten eröffneten Verf[52] anzuwenden, s Art 84 Abs 1. Für die zuvor eingeleiteten Verf gilt nach Art 84 Abs 2 weiterhin die EuInsVO in ihrer Fassung v 29.5.2000.[53] In Deutschland bestehen ergänzende VerfRegelungen, die sich für die vor dem 26.6.2017 eröffneten Verf in Art 102 EGInsO und für die späteren Verf im neu eingefügten Art 102c EGInsO befinden.[54]

VI. Scheinauslandsgesellschaften

12 Unter einer **Scheinauslandsgesellschaft** (= „Pseudo-foreign-corporation") versteht man eine Gesellschaft, die außer ihrer Rechtsform und ihrer Inkorporation keine Beziehung zum ausl

45 Erwägungsgrund Nr 87.
46 Vgl Protokoll Nr 22 zur VO 2015/848 v 20.5.2015 über InsVerf, ABlEU 2015 Nr L 141/19.
47 *EuGH* 16.1.2014 – C-328/12 (Schmid); 4.12.2014 – C-295/13 Rn 33 f.
48 Vgl zum Meinungsstreit das Vorabentscheidungsersuchen des *BGH* ZIP 2012, 1467 Rn 5 ff.
49 Eingehend hierzu MK/*Reinhart* Art 1 EuInsVO 2000 Rn 15 ff.
50 MK/*Reinhart* Art 1 EuInsVO 2000 Rn 29.
51 S hierzu Einl Rn 6.
52 S zum Zeitpunkt der VerfEröffnung Art 2 Nr 8.
53 VO (EG) Nr 1346/2000, ABlEG 2000 Nr. L 160.
54 BT-Drucks 18/12154.

Gründungsstaat hat.[55] Diese so genannten „Scheinauslandgesellschaften" insb die britische Kapitalgesellschaft Private Company Limited by Shares **(Limited)**, beschäftigen zunehmend die dt InsGer. Diese britische Unternehmensform erfreut sich großer Beliebtheit, weil sie als schnelle und unbürokratische Alternative zur GmbH gilt.[56] Seit den Entsch des EuGH zur Niederlassungsfreiheit nach den damals geltenden Art 43, 48 EGV (jetzt Art 49, 54 AEUV) ist anerkannt, dass eine Kapitalgesellschaft, die nach dem Recht eines EU-Mitgliedstaates wirksam gegründet worden ist, die unionsrechtlich garantierte Freiheit hat, ihr unternehmerisches EntschZentrum an einen beliebigen Ort in der Union zu verlegen, ohne ihren Rechtsstatus zu verlieren.[57] Sie ist rechts- und parteifähig sowie **insolvenzfähig als Gesellschaft ausl Rechts**. Dt Gerichte sind verpflichtet, der Auslegung des Unionsrechts durch den EuGH zu folgen und das Unionsrecht in dieser Auslegung anzuerkennen.[58]

Auf solche „Scheinauslandsgesellschaften" ist die EuInsVO anwendbar.[59]

Das int zuständige InsGer hat dabei nicht zu prüfen, ob die Gründung der Scheinauslandsgesellschaft **rechtsmissbräuchlichen Zwecken** dienen soll.[60] Die Prüfungspflicht erstreckt sich lediglich auf die formelle InsFähigkeit, die bei Anwendung der Gründungstheorie grds gegeben ist.

Ist eine solche Gesellschaft nach dem für sie maßgebenden Recht des Gründungsstaats **erloschen**, so ist dieser Status innerhalb der EU überall rechtlich verbindlich. Ob die Voraussetzungen der Löschung nach dem Recht des Gründungsstaats wirklich vorlagen, ist von den Gerichten der anderen Staaten nicht zu überprüfen. Nach britischem Recht bewirkt die mit der Löschung einer Privaten Limited Company im Gesellschaftsregister eintretende Auflösung, dass die Gesellschaft aufhört, rechtlich zu existieren. Die Gesellschaft verliert damit nach dt Recht die InsFähigkeit als juristische Person, es sei denn, dass in Deutschland noch verteilungsfähiges Gesellschaftsvermögen aus der Zeit vor der Löschung vorhanden und die Verteilung dieses Vermögens noch nicht vollzogen ist (§ 11 Abs 1, 3 InsO).[61] Anders als bei einem Erlöschen der Gesellschaft bleiben die InsGer für die Eröffnung eines HauptInsVerf iSv Art 3 Abs 1 über das Vermögen einer ausl EU-Kapitalgesellschaft int zuständig, wenn nur die werbende Tätigkeit vor InsAntragstellung **eingestellt** worden ist.[62]

---

55 *Pannen/Pannen* Art 1 EuInsVO Rn 97.
56 *Vallender* ZGR 2006, 426.
57 *EuGH* 5.11.2002 – C-208/00 (Überseering); *EuGH* 30.9.2003 – C167/01 (Inspire).
58 *BVerfGE* 73, 339 ff.
59 Vgl *BGH* ZIP 2012, 1920.
60 *AG Saarbrücken* ZIP 2005, 2027, 2028; **aA** *AG Hbg* ZIP 2003, 1008, 1009.
61 *LG Duisburg* NZI 2007, 475; *Vallender* ZGR 2006, 436.
62 *AG Hbg* NZI 2006, 120.

Artikel 2 Begriffsbestimmungen

Für die Zwecke dieser Verordnung bezeichnet der Ausdruck

1. **„Gesamtverfahren" ein Verfahren, an dem alle oder ein wesentlicher Teil der Gläubiger des Schuldners beteiligt sind, vorausgesetzt, dass im letzteren Fall das Verfahren nicht die Forderungen der Gläubiger berührt, die nicht daran beteiligt sind;**
2. **„Organismen für gemeinsame Anlagen" Organismen für gemeinsame Anlagen in Wertpapieren (OGAW) im Sinne der Richtlinie 2009/65/EG des Europäischen Parlaments**

und des Rates[1] und alternative Investmentfonds (AIF) im Sinne der Richtlinie 2011/61/EU des Europäischen Parlaments und des Rates[2];

3. **„Schuldner in Eigenverwaltung“ einen Schuldner, über dessen Vermögen ein Insolvenzverfahren eröffnet wurde, das nicht zwingend mit der Bestellung eines Verwalters oder der vollständigen Übertragung der Rechte und Pflichten zur Verwaltung des Vermögens des Schuldners auf einen Verwalter verbunden ist, und bei dem der Schuldner daher ganz oder zumindest teilweise die Kontrolle über sein Vermögen und seine Geschäfte behält;**
4. **„Insolvenzverfahren“ ein in Anhang A aufgeführtes Verfahren;**
5. **„Verwalter“ jede Person oder Stelle, deren Aufgabe es ist, auch vorläufig**
   i) die in Insolvenzverfahren angemeldeten Forderungen zu prüfen und zuzulassen;
   ii) die Gesamtinteressen der Gläubiger zu vertreten;
   iii) die Insolvenzmasse entweder vollständig oder teilweise zu verwalten;
   iv) die Insolvenzmasse im Sinne der Ziffer iii zu verwerten oder
   v) die Geschäftstätigkeit des Schuldners zu überwachen.

   Die in Unterabsatz 1 genannten Personen und Stellen sind in Anhang B aufgeführt;
6. **„Gericht“**
   i) in Artikel 1 Absatz 1 Buchstaben b und c, Artikel 4 Absatz 2, Artikel 5, Artikel 6, Artikel 21 Absatz 3, Artikel 24 Absatz 2 Buchstabe j, Artikel 36, Artikel 39 und Artikel 61 bis Artikel 77 das Justizorgan eines Mitgliedstaats;
   ii) in allen anderen Artikeln das Justizorgan oder jede sonstige zuständige Stelle eines Mitgliedstaats, die befugt ist, ein Insolvenzverfahren zu eröffnen, die Eröffnung eines solchen Verfahrens zu bestätigen oder im Rahmen dieses Verfahrens Entscheidungen zu treffen;
7. **„Entscheidung zur Eröffnung eines Insolvenzverfahrens“**
   i) die Entscheidung eines Gerichts zur Eröffnung eines Insolvenzverfahrens oder zur Bestätigung der Eröffnung eines solchen Verfahrens und
   ii) die Entscheidung eines Gerichts zur Bestellung eines Verwalters;
8. **„Zeitpunkt der Verfahrenseröffnung“ den Zeitpunkt, zu dem die Entscheidung zur Eröffnung des Insolvenzverfahrens wirksam wird, unabhängig davon, ob die Entscheidung endgültig ist oder nicht;**
9. **„Mitgliedstaat, in dem sich ein Vermögensgegenstand befindet“, im Fall von**
   i) Namensaktien, soweit sie nicht von Ziffer ii erfasst sind, den Mitgliedstaat, in dessen Hoheitsgebiet die Gesellschaft, die die Aktien ausgegeben hat, ihren Sitz hat;
   ii) Finanzinstrumenten, bei denen die Rechtsinhaberschaft durch Eintrag in ein Register oder Buchung auf ein Konto, das von einem oder für einen Intermediär geführt wird, nachgewiesen wird („im Effektengiro übertragbare Wertpapiere“), den Mitgliedstaat, in dem das betreffende Register oder Konto geführt wird;
   iii) Guthaben auf Konten bei einem Kreditinstitut den Mitgliedstaat, der in der internationalen Kontonummer (IBAN) angegeben ist, oder im Fall von Guthaben auf Konten bei einem Kreditinstitut ohne IBAN den Mitgliedstaat, in dem das Kreditinstitut, bei dem das Konto geführt wird, seine Hauptverwaltung hat, oder, sofern das Konto bei einer Zweigniederlassung, Agentur oder sonstigen Niederlassung geführt

---

1 Richtlinie 2009/65/EG des Europäischen Parlaments und des Rates vom 13. Juli 2009 zur Koordinierung der Rechts- und Verwaltungsvorschriften betreffend bestimmte Organismen für gemeinsame Anlagen in Wertpapieren (OGAW) (ABl. L 302 vom 17.11.2009, S. 32).

2 Richtlinie 2011/61/EU des Europäischen Parlaments und des Rates vom 8. Juni 2011 über die Verwalter alternativer Investmentfonds und zur Änderung der Richtlinien 2003/41/EG und 2009/65/EG und der Verordnungen (EG) Nr. 1060/2009 und (EU) Nr. 1095/2010 (ABl. L 174 vom 1.7.2011, S. 1).

wird, den Mitgliedstaat, in dem sich die Zweigniederlassung, Agentur oder sonstige Niederlassung befindet;

iv) Gegenständen oder Rechten, bei denen das Eigentum oder die Rechtsinhaberschaft in anderen als den unter Ziffer i genannten öffentlichen Registern eingetragen ist, den Mitgliedstaat, unter dessen Aufsicht das Register geführt wird;

v) Europäischen Patenten den Mitgliedstaat, für den das Europäische Patent erteilt wurde;

vi) Urheberrechten und verwandten Schutzrechten den Mitgliedstaat, in dessen Hoheitsgebiet der Eigentümer solcher Rechte seinen gewöhnlichen Aufenthalt oder Sitz hat;

vii) anderen als den unter den Ziffern i bis iv genannten körperlichen Gegenständen den Mitgliedstaat, in dessen Hoheitsgebiet sich der Gegenstand befindet;

viii) anderen Forderungen gegen Dritte als solchen, die sich auf Vermögenswerte gemäß Ziffer iii beziehen, den Mitgliedstaat, in dessen Hoheitsgebiet der zur Leistung verpflichtete Dritte den Mittelpunkt seiner hauptsächlichen Interessen im Sinne des Artikels 3 Absatz 1 hat;

10. „Niederlassung" jeden Tätigkeitsort, an dem der Schuldner einer wirtschaftlichen Aktivität von nicht vorübergehender Art nachgeht oder in den drei Monaten vor dem Antrag auf Eröffnung des Hauptinsolvenzverfahrens nachgegangen ist, die den Einsatz von Personal und Vermögenswerten voraussetzt;

11. „lokaler Gläubiger" den Gläubiger, dessen Forderungen gegen den Schuldner aus oder in Zusammenhang mit dem Betrieb einer Niederlassung in einem anderen Mitgliedstaat als dem Mitgliedstaat entstanden sind, in dem sich der Mittelpunkt der hauptsächlichen Interessen des Schuldners befindet;

12. „ausländischer Gläubiger" den Gläubiger, der seinen gewöhnlichen Aufenthalt, Wohnsitz oder Sitz in einem anderen Mitgliedstaat als dem Mitgliedstaat der Verfahrenseröffnung hat, einschließlich der Steuerbehörden und der Sozialversicherungsträger der Mitgliedstaaten;

13. „Unternehmensgruppe" ein Mutterunternehmen und alle seine Tochterunternehmen;

14. „Mutterunternehmen" ein Unternehmen, das ein oder mehrere Tochterunternehmen entweder unmittelbar oder mittelbar kontrolliert. Ein Unternehmen, das einen konsolidierten Abschluss gemäß der Richtlinie 2013/34/EU des Europäischen Parlaments und des Rates[3] erstellt, wird als Mutterunternehmen angesehen.

Übersicht

3 Richtlinie 2013/34/EU des Europäischen Parlaments und des Rates vom 26. Juni 2013 über den Jahresabschluss, den konsolidierten Abschluss und damit verbundene Berichte von Unternehmen bestimmter Rechtsformen und zur Änderung der Richtlinie 2006/43/EG des Europäischen Parlaments und des Rates und zur Aufhebung der Richtlinien 78/660/EWG und 83/349/EWG des Rates (ABl. L 182 vom 29.6.2013, S. 19).

I. Vorbemerkung und Normzweck

1 In Art 2 werden die in der VO verwendeten Begriffe definiert. Die Legaldefinitionen sollen eine möglichst einheitliche Auslegung der Regelungen der EuInsVO in den Mitgliedstaaten sicherstellen.[4] Mit der reformierten Fassung der VO[5] wurden die Definitionen teilweise präzisiert; teilweise sind neue Definitionen aufgenommen worden. Neu eingeführt wurden die Definitionen der GesamtVerf (Nr 1), der Organismen für gemeinsame Anlagen (Nr 2), des Schu in EigenVerw (Nr 3), des Gerichts (Nr 6), der lokalen und ausländischen Gl (Nr 11 f) sowie der Unternehmensgruppe und des Mutterunternehmens (Nr 13 f). Konkretisiert wurden der Begriff des InsVerf (Nr 4), des Verw (Nr 5), der Entsch zur Eröffnung (Nr 7) und der Belegenheit insb bezogen auf nichtkörperliche Gegenstände und das Immaterialgüterrecht (Nr 9). Bei der Definition einer Niederlassung (Nr 10) ist eine dreimonatige Suspektsperiode ergänzt worden.

II. Einzelheiten

2 **1. Überblick zu einzelnen Definitionen.** Die Regelung befasst sich zunächst mit Begriffen, die für den sachlichen Anwendungsbereich der VO relevant sind: So verwendet die VO in Art 1 Abs 1 den Begriff **„GesamtVerf"**, der durch Art 2 Nr 1 näher erläutert wird.[6] Danach kann es sich um ein partielles Kollektivverf[7] handeln, welches nur einen wesentlichen Teil der Gl des Schu einbezieht. Der hiermit zusammenhängende, etwa in Art 1 Abs 2 und Art 3 enthaltene Begriff **„InsVerf"** (Nr 4) bedarf keiner näheren Eingrenzung; vielmehr genügt der Bezug auf die in Anh A abschließend genannten Verf.[8]

Zur Erläuterung des Begriffs **„Organismen für gemeinsame Anlagen"** wird in Art 2 Nr 2 auf die speziellen Richtlinien 2009/65/EG v 13.7.2009 für Organismen für gemeinsame Anlagen in Wertpapieren („OGAW") sowie 2011/61/EU v 8.6.2011 für alternative Investmentfonds („AIF") verwiesen. Ob von einem Verf betroffene Organismen vom Anwendungsbereich der EuInsVO gem Art 1 Abs 2 ausgenommen sind, wird daher durch Art 1 RL 2009/65 für OGAW und Art 4 RL 2011/61 für AIF näher bestimmt.

Es werden zudem die als Verw in Betracht kommenden Personen präzisiert: Mit der etwa für Art 6 Abs 2 S 2 relevanten Definition eines **„Schu in Eigenverwaltung"** (Nr 3) wird hierfür eine eigenständige Erläuterung neben derjenigen für die Verw eingeführt.[9] Der Reformgeber wollte nach Erwägungsgrund 10 den Anwendungsbereich der VO ausdrücklich auf Verf erweitern, welche eine Schuldbefreiung oder eine Schuldenanpassung in Bezug auf Verbraucher und Selbstständige zum Ziel haben. Da in diesen Fällen häufig kein externer Verw bestellt wird, reicht es, wenn eine gerichtliche Kontrolle oder Aufsicht eines Schu in Eigenverw stattfindet, indem etwa ein Gericht aufgrund des Rechtsbehelfs eines Gl oder anderen VerfBeteiligter tätig wird. Nach der Legaldefinition in Nr 3 ist es dabei nicht erforderlich, dass die Rechte und Pflichten zur VermögensVerw auf einen externen Verw übertragen wurden, sondern es genügt, wenn der Schu stattdessen ganz oder zumindest teilweise die Kontrolle über sein Vermögen und seine Geschäfte behält.[10] Die sonstigen **„Verw"** sind in Nr 5 näher erläutert. Hierunter fällt jede Person oder Stelle, die mit einer der – alternativ

4 MK/*Thole* Art 2 EuInsVO 2000 Rn 1.
5 Zur Reform s Vorb zu Art 1–47 Rn 6; zum zeitlichen Anwendungsbereich s Erl zu Art 1 Rn 11.
6 S hierzu Erl Art 1 Rn 4.
7 MK/*Thole* Art 2 EuInsVO 2015 Rn 2; *Piekenbrock* ZIP 2014, 250, 254.
8 S hierzu Erl Art 1 Rn 2 ff.
9 *MK/Thole* Art 2 EuInsVO 2015 Rn 5.
10 Vgl zur EigenVerw nach dt Recht nachstehend Rn 4 aE.

– aufgeführten – sei es auch nur vorläufig – insolvenzbezogenen Aufgaben betraut ist. Es kann um die bloße Befugnis zur Forderungsprüfung oder -zulassung gehen oder mit weitergehenden Kompetenzen verbunden sein und Tätigkeiten wie die Verw des SchuVermögens oder der Überwachung der Geschäfte des Schu umfassen. Zugleich verweist Nr 5 auf Anh B, welcher ebenso wie Anh A im Interesse der Rechtssicherheit abschließend sein dürfte.[11] Die Erläuterungen zum VerwBegriff sind daher allenfalls bei Zweifelsfällen als Auslegungshilfe heranzuziehen.[12]

Unter einem **„Gericht"** ist nach Nr 6 stets ein Justizorgan eines Mitgliedstaates zu verste- 3
hen. In einigen – unter Buchst i enumerativ aufgeführten – Regelungen der VO wird der Begriff des Gerichts ausschließlich auf diese Justizorgane beschränkt. In allen anderen Normen der VO ist der Begriff extensiver auszulegen und erfasst auch sonstige zuständige Stellen eines Mitgliedstaates, die befugt sind, ein InsVerf zu eröffnen, die Eröffnung zu bestätigen oder im Rahmen dieses Verf Entsch zu treffen (Nr 6 Buchst ii). So können der über die Eröffnung entscheidende Verw[13] oder GlVersammlungen – etwa im Rahmen der spanischen *homologación de acuerdos de refinanciación* –[14] als Gericht iSd VO angesehen werden.

In der VO wird zudem an diversen Stellen zwischen **„lokalen oder ausländischen Gl"** unterschieden, die in Nr 11 und Nr 12 präzisiert werden. So werden die lokalen Gl besonders durch das SekundärInsVerf geschützt (s etwa Art 36). Sie sind nach der Definition in Nr 11 nicht nach ihrem (Wohn)Sitz zu lokalisieren, sondern entscheidend ist vielmehr, ob die Forderung des Gl aus dem Betrieb der jeweiligen Niederlassung des Schu resultiert oder hiermit im Zusammenhang steht. Demgegenüber grenzt Nr 12 die nach diversen Regelungen zu unterrichtenden (s Art 24 Abs 4, Art 53 ff) ausländischen Gl zu sonstigen Gl nach ihrem gewöhnlichen Aufenthalt,[15] Wohnsitz[16] oder Sitz[17] ab, welcher in einem anderen Mitgliedstaat als dem der VerfEröffnung liegen muss. Unter den im Übrigen nicht näher ausgeführten, aber weit auszulegenden GlBegriff fallen ausdrücklich auch Steuerbehörden sowie Sozialversicherungsträger.

Nr 13 befasst sich mit dem Begriff der **„Unternehmensgruppe"**, der das „Mutterunternehmen" und alle seine „Tochterunternehmen" einbeziehen soll. Nach Nr 14 ist ein **Mutterunternehmen** gegeben, wenn dieses Unternehmen ein oder mehrere Tochterunternehmen unmittelbar oder mittelbar kontrolliert. Die maßgebliche Kontrollbeziehung ist ausdrücklich dann zu vermuten, wenn das Unternehmen einen konsolidierten Abschluss nach Art 21 ff BilanzRL[18] erstellt, in welchen das Tochterunternehmen einbezogen ist.[19] Im Übrigen ist bedeutsam, ob ein Unternehmen eine Gesellschaft auf andere Art beherrscht, indem von dort aus wesentliche unternehmerische Entscheidungen durchgesetzt werden könnten.[20]

Von erheblicher praktischer Bedeutung sind die Definitionen der Begriffe **„Entsch zur Eröffnung des InsVerf"** (Nr 7), **„Zeitpunkt der Verfahrenseröffnung"** (Nr 8), **„Mitgliedstaat, in dem sich ein Vermögensgegenstand befindet"**(Nr 9) und **„Niederlassung"**(Nr 10), auf die im Nachfolgenden näher eingegangen werden soll.

---

11 *Braun/Tashiro* Art 2 Rn 14; *A/G/R/Gruber/Schulz* Art 2 EuInsVO nF Rn 2; dies wird von Erwägungsgrund 21 (anders in Erwägungsgrund 9 für InsVerf) allerdings nicht geklärt.
12 So für InsVerf iSd Anh A, s Erl Art 1 Rn 2 f.
13 *Braun/Tashiro* Art 2 Rn 21.
14 *A/G/R/Gruber/Schulz* Art 2 EuInsVO nF Rn 2.
15 S Erl hierzu in Art 3 Rn 11.
16 S Erl hierzu in Art 6 Rn 8.
17 S Erl hierzu in Art 3 Rn 6 ff.
18 Richtlinie 2013/34 v 26.6.2013, ABlEU Nr L 182/19 f.
19 *Braun/Tashiro* Art 2 Rn 82.
20 *Eble* NZI 2016, 115, 117 ff.

2. Wesentliche Begriffsbestimmungen. – a) Entscheidung zur Eröffnung des InsVerf (Nr 7).

4 Unter einer **Entsch zur Eröffnung des InsVerf** ist nach Nr 7 eine Entsch eines Gerichts zur Eröffnung oder Bestätigung der Eröffnung eines InsVerf und zur Bestellung eines Verw zu verstehen. Die Abgrenzung zu anderen gerichtlichen Entsch kann von Bedeutung sein, wenn ein Gericht etwa die mögliche Sperrwirkung eines bereits in einem anderen Mitgliedstaat laufenden HauptVerf zu klären hat.[21] Der VO liegt das sog *Prioritätsprinzip* zugrunde, wonach das zuerst eröffnete InsVerf das HauptVerf mit unionsweiten Wirkungen ist, wohingegen alle nachfolgenden VerfEröffnungen nur als SekundärVerf mit beschränktem Wirkungskreis eröffnet werden können.[22] Ferner ist der Begriff etwa relevant, wenn es um die Anerkennung einer ausländischen Entsch nach Art 19 Abs 1 geht.

Für die alte Fassung der VO hat der EuGH entschieden, dass auch die **Anordnung der vorl Verw** als Entsch zur InsEröffnung anzusehen sei, wenn folgende Voraussetzungen erfüllt sind: Die Entsch müsse infolge eines auf die Ins des Schu gestützten Antrags auf Eröffnung eines in Anh A genannten Verf ergangen sein, den Beschlag des schuldnerischen Vermögens zur Folge haben und durch sie solle einer der in Anh C (jetzt Anh B) genannten Verw bestellt worden sein.[23] Hiernach blieben gleichwohl Zweifel, ob auch die Anordnung von sichernden Maßnahmen im InsEröffnungsVerf – etwa die Anordnung der vorläufigen InsVerw – als Entsch iSd VO zu verstehen war. Jedenfalls im Falle der Bestellung eines in der dt InsPraxis häufigen „schwachen" InsVerw blieb streitig, ob dieser anders als der nach § 21 Abs 2 S 1 Nr 2 Alt 1 InsO bestellte sog starke InsVerw erfasst war. Der schwache InsVerw hat keine Verfügungsbefugnis (vgl § 22 Abs 1 S 1 InsO),[24] sondern in der Regel ist seine Bestellung nur mit einem Zustimmungsvorbehalt verbunden (§ 21 Abs 2 S 1 Nr 2 Alt 2). Da es aber schon nach der alten Fassung der VO nicht auf einen Übergang der Verfügungsbefugnis ankam, sondern auf die Einschränkung dieser Befugnis aus der Sicht des Schu, wurde dessen Bestellung von einigen Gerichten oder Autoren – jedenfalls bei Anordnung eines Zustimmungsvorbehalts – schon bislang als VerfEröffnung angesehen.[25]

Mit der Reform der VO dürfte der Meinungsstreit überholt sein: Die Begriffsbestimmung im neugefassten Nr 7 bezieht sich ausdrücklich auf „InsVerf", die wiederum durch Art 1 Abs 1, Art 2 Nr 4 sowie insbesondere den Anh A konkretisiert werden. Aufgrund des explizit mit der Reform erweiterten Anwendungsbereichs der VO, die sich auf vorläufige oder einstweilige InsVerf sowie SanierungsVerf erstrecken soll,[26] ist zu schließen, dass unter den Begriff der Entsch zur InsEröffnung auch die Anordnung von solchen **Sicherungsmaßnahmen**, wie sie nach § 21 Abs 2 S 1 Nr 1–3 InsO vorgesehen sind, sowie **vorläufige Verf der Eigenverw bzw Sachwaltung** nach §§ 270a, b InsO fallen können.[27] Für dieses weite Verständnis spricht ferner, dass mit der Entsch ein Verw bestellt worden sein muss, bei dem es sich nach dessen Definition in Nr 5 iVm Anh B um einen vorläufigen Verw – auch um einen vorläufigen Sachwalter – handeln kann. Anders als noch nach der *Eurofood*-Entsch des

---

21 *EuGH* 2.5.2006 – C-341/04 (Eurofood) Rn 54 ff; vgl Art 3 Rn 13.

22 *EuGH* 22.11.2012 – C-116/11 (Bank Handlowy) Rn 40.

23 *EuGH* 2.5.2006 – C-341/04 (Eurofood) Rn 54 ff zum *provisional liquidator* nach irischem Recht.

24 S Erl von *Rüntz* zu § 22 Rn 4.

25 *Schilling/Schmidt* ZInsO 2005, 113 f; *Herchen* NZI 2006, 435, 437; *Dammann/Müller* NZI 2011, 752, 754 f; ausdrücklich beschränkend auf den schwachen vorlVerw mit Zustimmungsvorbehalt MK/*Thole* Art 2 EuInsVO 2000 Rn 12, *MK/Thole* Art 16 EuInsVO 2000 Rn 13; *Uhlenbruck/Lüer* Art 2 Rn 8; *Schmidt/Brinkmann* Art 2 Rn 8; **aA** *Braun/Tashiro* Art 2 Rn 25.

26 Vgl Erwägungsgründe 10 und 15 sowie Erl zu Art 1 Rn 4 ff.

27 Vertiefend *MK/Thole* Art 2 EuInsVO 2015 Rn 5; ebenso *Braun/Tashiro* Art 2 Rn. 31; *A/G/R/Gruber/Schulz* Art 2 EuInsVO nF Rn 2; *Fritz* DB 2015, 1882, 1883.

EuGH[28] muss mit der VerwBestellung nach Nr 7 Buchst ii kein Vermögensbeschlag mehr verbunden sein. Hieraus folgt, dass auch die Bestellung eines **vorläufigen schwachen Verw** des dt Rechts vom Begriff der Entsch zur InsErföffnung umfasst ist.[29] Die Regelung in Nr 7 Buchst i lässt es seit der reformierten Fassung ausdrücklich genügen, wenn eine vorläufige Maßnahme, welche zunächst nicht die Kriterien eines InsVerf erfüllte (etwa ein vertrauliches Schuldenanpassungsverf), später durch ein Gericht (iSv Nr 6 Buchst ii) **bestätigt** wird.

b) Zeitpunkt der Verfahrenseröffnung (Nr 8). Wesentlich ist die Definition des Zeitpunkts der VerfEröffnung in Art 2 Nr 8, welcher etwa für die Anwendung der Art 3 Abs 3 (Zulässigkeit eines SekundärInsVerf), Art 8 (dingliche Rechte Dritter), Art 10 (Rechte des Vorbehaltsverkäufers), Art 19 (Anerkennung) und Art 21 (Befugnisse des Verwalters bedeutsam ist. Für den *Zeitpunkt der VerfEröffnung* wird auf den **Zeitpunkt der Wirksamkeit der Entsch** über die VerfEröffnung abgestellt, und zwar unabhängig davon, ob diese endgültig ist oder nicht. Damit ist durch die Neufassung der Regelung klargestellt worden, dass auch die **Anordnung der vorl Verw** als VerfEröffnung angesehen werden kann.[30] Es ist unerheblich, ob die Eröffnungsentsch mit Rechtsmitteln angreifbar ist und diese daher erst später rechtskräftig wird.[31] Maßgeblich ist vielmehr, ob die Rechtsfolgen der Eröffnungsentsch bereits eingetreten sind, was sich nach der ***lex fori concursus*** beurteilt.[32] Dabei hat die nach manchen nationalen Rechtsordnungen – wie etwa im englischen, walisischen, irischen und tschechischem Recht – gegebene Rückwirkungsfunktion *(relation-back-principles)* allerdings keinen Einfluss auf den Zeitpunkt der VerfErföffnung, wirkt also nicht auf den Zeitpunkt der Antragstellung zurück.[33] Vielmehr ist eine VerfEröffnung iSd VO nach der Rechtsprechung des EuGH gegeben, wenn die Entsch, die infolge eines auf die Ins des Schu gestützten Antrags auf Eröffnung eines in Anh A genannten Verf ergeht, wenn diese Entsch den Vermögensbeschlag gegen den Schu zur Folge hat und durch sie ein in Anh C (aF, jetzt Anh B) genannter Verw bestellt wird.[34] Nach der Reform der VO kommt es nicht mehr auf den Vermögensbeschlag, sondern die Einschränkung der Verfügungsbefugnisse des Schu an.[35] 5

Die auf die Rechtsfolgen (nicht auf die förmliche Bezeichnung als Eröffnungsbeschluss) abstellende Definition ist nach verbreitetem Verständnis auf den **Sonderfall von Kompetenzkonflikten** insb im Zusammenhang mit Art 3 und Art 19 zugeschnitten.[36] Die definitionsgebende Entsch des EuGH war darauf ausgerichtet, den Wettlauf um die internationale Zuständigkeit zu beenden. Andere Vorschriften der VO, die nicht der Vermeidung von positiven Kompetenzkonflikten dienen, sind demgegenüber so zu verstehen, dass sie sich – 6

28 *EuGH* 2.5.2006 – C-341/04 (Eurofood) Rn 54 ff.
29 MK/*Thole* Art 2 EuInsVO 2015 Rn *5; ders* IPRax 2017, 213, 214 *Braun/Tashiro* Art 2 Rn. 33.
30 So auch zur aF der VO *EuGH* 2.5.2006 – C-341/04 (Eurofood) Rn 54 ff; vgl vorstehend Rn 4.
31 *Haß/Huber/Gruber/Heiderhoff* Art 2 Rn 3; *A/G/R/Gruber/Schulz* Art 2 EuInsVO aF Rn 11; MK/*Thole*Art 2 EuInsVO 2000 Rn 11; MK-BGB/*Kindler* Art 2 Rn 14.
32 Nr 68 des Erläuternden Berichts.
33 *EuGH* 2.5.2006 – C-341/04 (Eurofood) Rn 54 ff gegen *High Court Dublin* ZIP 2004, 1223 und *Stadtgericht Prag* ZIP 2005, 1431; MK-*BGB/Kindler* Art 2 Rn 17; *Mankowski* BB 2006, 1753, 1757.
34 *EuGH* 2.5.2006 – C-341/04 (Eurofood) Rn 54 zur aF der EuInsVO.
35 Vgl vorstehende Rn 2 und 4.
36 MK-*BGB/Kindler* Art 2 Rn 15; *K Schmidt/Brinkmann* Art 2 Rn 10; *A/G/R/Gruber/Schulz* Art 2 EuInsVO aF; vgl auch MK/*Thole* Art 2 EuInsVO 2000 Rn 14; **aA** *Braun/Tashiro* Art 2 Rn 37.

soweit sie den Zeitpunkt der VerfEröffnung voraussetzen (s etwa Art 8 Abs 1, Art 10) – auf den **förmlichen Eröffnungsbeschluss** beziehen.[37]

7 **c) Mitgliedstaat, in dem sich ein Vermögensgegenstand befindet (Nr 9).** Die Definition des Begriffes „**Mitgliedstaat, in dem sich ein Vermögensgegenstand befindet**" dient der einheitlichen Lokalisierung der Vermögensmassen. Dies ist von weitreichender Bedeutung für einige wichtige Regelungen, etwa bei der Anwendung von Art 8 (dingliche Rechte Dritter) und Art 10 (Eigentumsvorbehalt). Sie beeinflusst die Reichweite der Befugnisse des Verw in anderen Mitgliedstaaten (Art 21 Abs 1 S 2). Die Definition dient auch der Klärung, welchem Verf – Haupt-, Sekundär- oder PartikularVerf – ein Vermögensgegenstand zuzuordnen ist. Ein Rückgriff auf das autonome nationale Recht der Mitgliedstaaten zur Lokalisierung der Vermögensgegenstände ist aufgrund dieser einheitlichen Regelungen ausgeschlossen.[38] Für die Bestimmung der Belegenheit eines Vermögensgegenstandes sind dabei neben den Gerichten des HauptInsVerfStaates auch die Gerichte des SekundärInsVerfStaates international zuständig.[39]

8 Zwischen den Vermögensgegenständen findet eine Differenzierung nach körperlichen und nichtkörperlichen Gegenständen sowie Namensaktien, Wertpapieren, Kontoguthaben und sonstigen Forderungen statt. Seit der reformierten Fassung der VO[40] werden darüber hinaus für Patent-, Urheber und andere verwandte Schutzrechte besondere Anknüpfungsmerkmale in Nr 9 Buchst v–vi genannt. Die Zuordnungen zu einem Mitgliedstaat entsprechen den allg Regelungen des int Privatrechts.[41]

9 Als **Auffangnorm** für nicht gesondert zugeordnete **körperliche Gegenstände** legt Nr 9 Buchst vii – wie im Int Sachenrecht üblich – die *lex rei sitae*-Regel fest. Danach bestimmt sich der „Mitgliedstaat, in dem sich der Gegenstand befindet", nach der räumlichen Belegenheit der Sache. Dabei können körperliche Gegenstände sowohl bewegliche als auch unbewegliche Sachen sein. Bei unbeweglichen Sachen ist gegebenenfalls die vorrangige Anknüpfung nach Buchst iv an den Registerort zu beachten. In Zweifelsfällen beurteilt sich die Qualifizierung als körperlicher Gegenstand im Interesse einer einheitlichen Anwendung der Vorschriften verordnungsautonom und nicht nach dem nationalen Sachenrecht des Belegenheitsstaates.[42] Aus der Bezugnahme der Auffangnorm in Nr 9 Buchst vii auf die Regelungen in Nr 9 Buchst i–iv lässt sich schließen, dass etwa Namensaktien und Kontoguthaben zu den körperlichen Gegenständen zählen.

10 Für **bestimmte**, nicht eindeutig zu lokalisierende Gegenstände werden in Nr 9 Buchst i–vi gesonderte, möglichst verlässliche[43] Anknüpfungsmerkmale gewählt: So richtet sich die Belegenheit von **Namensaktien**, die nicht in einem Register oder Konto geführt werden, nach dem Sitz der Aktien ausgebenden Gesellschaft (Nr 9 Buchst i), während sich **im Effektengiro übertragbare Wertpapiere** in dem das Register oder Konto führenden Mitgliedstaat befinden (Nr Buchst ii).[44] Für **Kontoguthaben** wird in erster Linie auf den in der internatio-

37 MK-*BGB/Kindler* Art 2 Rn 15; *K Schmidt/Brinkmann* Art 2 Rn 10; *A/G/R/Gruber/Schulz* Art 2 EuInsVO aF Rn 15; vgl auch MK/*Thole* Art 2 EuInsVO 2000 Rn 14; **aA** *Braun/Tashiro* Art 2 Rn 37.

38 *EuGH* 11.6.2015 C-649/13 (Nortel Networks) Rn 50.

39 *EuGH* 11.6.2015 C-649/13 (Nortel Networks) Rn 41 ff, 46.

40 Zum zeitlichen Anwendungsbereich s Art 84 und Erl zu Art 1 Rn 11.

41 Nr 69 des Erläuternden Berichts.

42 Vgl *A/G/R/Gruber/Schulz* Art 2 EuInsVO aF Rn 24 etwa zu Softwareprodukten.

43 MK/*Thole* Art 2 EuInsVO 2015 Rn 11.

44 Vgl auch Art 1 Abs 1 Buchst g Finanzsicherheits-RL 2002/47/EG v 6.6.2002, ABlEG 2002 L 168, 143).

nalen Kontonummer (IBAN) angegebenen Mitgliedstaat abgestellt; sofern das Kreditinstitut keine IBAN führt, befindet es sich in dem Mitgliedstaat, in welchem das kontoführende Kreditinstitut seinen Hauptverwaltungssitz oder seinen (Zweig-)Niederlassungs- oder Agentursitz hat (Nr 9 Buchst iii). Andere **Gegenstände und Rechte**, bei denen das Eigentum oder die Rechtsinhaberschaft zum Zwecke der Begr dinglicher Rechte in andere **öffentliche Register einzutragen** sind, gelten als in dem Land der Registeraufsicht belegen (Nr 9 Buchst vi). Diese Regelung betrifft etwa die Register für Schiffe und Luftfahrzeuge.[45] Hierunter fallen auch die Register für die Eintragung der Registermarke, des Geschmacksmusters, des Designs oder des Gebrauchsmusters.[46] Das Land, unter dessen Aufsicht das Register geführt wird, ist nicht zwingend der Staat, in dem sich das Register befindet. Dies gilt zB für das Register eines Konsulats oder ein internationales Zentralregister.[45] **Öffentliches Register** bedeutet nicht, dass die Führung des Registers in öffentlicher Hand liegt, sondern dass es der Öffentlichkeit zugänglich ist und die Eintragungen Wirkungen gegenüber Dritten haben.

Für einige **nichtkörperliche Vermögensgegenstände** wie zB das Europäische Patent oder Urheberrechte, gibt es Sonderregelungen in Nr 9 Buchst v und vi: Danach wird beim **Europäischen Patent** auf den Mitgliedstaat abgestellt, für den das Patent erteilt wurde. Das Europäische Patent ist von dem EU-Patent mit einheitlicher Wirkung abzugrenzen.[47] Diese Sonderregelung gilt **nicht** für die Gemeinschaftsmarken sowie das EU-Patent mit einheitlicher Wirkung. Für diese nichtkörperlichen Vermögensgegenstände legt Art 15 als vorrangige Regelung fest, dass sie dem HauptVerf zuzuordnen sind.[48] Bei **Urheberrechten** und verwandten Schutzrechten ist der Mitgliedstaat der Belegenheitsort, in dessen Hoheitsgebiet der Eigentümer solcher Rechte seinen gewöhnlichen Aufenthalt (bei natürlichen Personen) oder Sitz (bei juristischen Personen) hat. 11

Bei **Forderungen**, die keine Kontoguthaben iSv Nr 9 Buchst iii sind, wird an den Mitgliedstaat angeknüpft, in dem der zur Leistung verpflichtete Dritte den Mittelpunkt seiner hauptsächlichen Interessen (*centre of main interests* bzw COMI)[49] hat. Maßgeblich ist somit der COMI des DrittSchu, nicht aber eine mögliche Zweigniederlassung oder Filiale. Problematisch kann die Zuordnung von Personalsicherheiten wie Bürgschaften oder Garantien sein. Gleiches gilt im Falle von dinglichen Sicherheiten, die für die Forderungen des Schu bestellt wurden. Zumindest unter Praktikabilitätsgesichtspunkten sollten sich Personalsicherheiten und dingliche Sicherheiten für Forderungen des Schu[50] einheitlich nach der Belegenheit der gesicherten Hauptforderung richten.[51] 12

d) Niederlassung (Nr 10). Eine wichtige Bedeutung hat die Definition der Niederlassung unter Nr 10. Der Begriff der Niederlassung ist das wesentliche Anknüpfungskriterium für die int Zuständigkeit zur Eröffnung eines SekundärIns- bzw PartikularVerf (Art 3 Abs 2, Abs 4 und 34ff). Es handelt sich hierbei um eine **autonome Definition**, die iRd VO **weit** zu verstehen ist[52] und sich 13

45 Nr 69 des Erläuternden Berichts.
46 *Braun/Tashiro* Art 2 Rn 52f.
47 VO (EU) Nr 1257/2012 v 17.12.2012, ABlEU 2012 Nr 361/1.
48 *Braun/Tashiro* Art 2 Rn 957; s auch Erl zu Art 15 Rn 1f.
49 Vgl hierzu Erl Art 3 Rn 5ff.
50 Bei dingliche Sicherheiten für Forderungen des Gl gilt hingegen Art 8, s Erl dort Rn 5.
51 *A/G/R/Gruber/Schulz* Art 2 EuInsVO aF Rn 30f.
52 Nr 70 des Erläuternden Berichts, S 32, 58f; *Duursma-Kepplinger/Chalupsky* Art 2 Rn 24; FK/*Wenner/Schuster* Art 2 Rn 20; *Funke* InVo 1996, 170, 174; *Wimmer* ZIP 1998, 982, 985.

wesentlich von dem Begriff „Niederlassung“ nach Art 5 Nr 5 aF[53] bzw Art 7 Nr 5 nF EuGVVO[54] unterscheidet. So muss die Niederlassung iRd EuInsVO nicht der Aufsicht und Leitung eines Stammhauses unterstehen. Aus Gründen der Rechtssicherheit und Vorhersehbarkeit bedarf es aber auch zur Feststellung einer Niederlassung iSd EuInsVO objektiver und durch Dritte feststellbarer Umstände.[55]

14 Nach der Definition ist eine Niederlassung jeder Tätigkeitsort, an dem der Schu einer **wirtschaftlichen Aktivität von nicht nur vorübergehender Dauer** nachgeht, die den **Einsatz von Personal und Vermögenswerten** voraussetzt. Auf eine Eintragung als Niederlassung in einem Register kommt es ebenso wenig an[56] wie auf den satzungsgemäßen Sitz oder die Rechtsform an dem Tätigkeitsort.[57] Aus dem verlangten Einsatz von Personal folgert der EuGH, dass die **bloße Belegenheit einzelner Vermögensgegenstände in einem Mitgliedstaat**, etwa ein Bankkonto oder ein Grundstück des Schu in einem anderen MStaat, nicht ausreicht.[58] Entscheidend ist nach der VO vielmehr ein bestimmter **Tätigkeitsort, an dem die wirtschaftliche Tätigkeit des Schu nach außen erkennbar wird**.[59] Dies setzt zunächst voraus, dass der Schu an diesem Ort eine wirtschaftliche Aktivität ausüben muss. Dieser Begriff der **Aktivität** ist im weitesten Sinne zu verstehen. Es ist mehr als eine bloße Vermögensbelegenheit iSv § 23 ZPO, aber weniger als ein Betrieb etwa iSd § 613a BGB oder eine Niederlassung iSd Art 5 Nr 5 EuGVVO. Es genügt jede wirtschaftliche Tätigkeit, die nicht einmal auf Gewinnerzielung gerichtet sein muss, wenn sie nur auf einem kumulativen Einsatz von Personal und Vermögenswerten basiert.[60] Dabei muss die Tätigkeit nach außen erkennbar sein, also einen gewissen Marktbezug haben. Dies wäre etwa zu verneinen, wenn im Ausland vorhandenes Vermögen vom Schu nur privat genutzt wird. Die wirtschaftliche Aktivität bedarf zudem einer gewissen Dauer, sodass vorübergehende Auslandsaufträge eines Unternehmens nicht automatisch zu einer dortigen Niederlassung führen.[61] Der erforderliche Einsatz von Personal verlangt ein **Mindestmaß an Organisation und eine gewisse Stabilität**.[62] Es müssen nicht zwingend eigene Arbeitnehmer der Schu eingesetzt werden, wohl aber Personen, welche von ihm beauftragt wurden und nach außen hin erkennbar für ihn tätig sind. Es ist jedoch keine Weisungsgebundenheit erforderlich.[63] Die eigene Tätigkeit der Schu, etwa als Geschäftsführer und damit als Organ der Gesellschaft, reicht nicht aus, um von eingesetztem Personal iSv Art 2 Nr 10 sprechen zu können.[64] Ebenso wenig genügen nur gelegentlich vom Schu eingesetzte Personen.[65] Bei Alleinvertriebshändlern, Handelsvertretern oder selbstständigen Handelsmaklern fehlt es an einer nach Außen hin für

53 Verordnung (EG) Nr 44/2001 über die gerichtliche Zuständigkeit und die Anerkennung und Vollstreckung von Entscheidungen in Zivil- und Handelssachen v 22.12.2000, ABlEG 2001 Nr L 12/1, auch Brüssel-I-VO genannt.

54 Verordnung (EU) Nr. 1215/2012 über die gerichtliche Zuständigkeit und die Anerkennung und Vollstreckung von Entscheidungen in Zivil- und Handelssachen v 12.12.2012, ABlEU 2012 Nr L/351.

55 *EuGH* 20.10.2011 – C-396/09 (Interedil) Rn 63.

56 *BGH* ZIP 2012, 1920 Rn 6.

57 *EuGH* 4.9.2014 – C-327/13 (Burgo Group) Rn 32.

58 *EuGH* 20.10.2011 – C-396/09 (Interedil) Rn 62; *EuGH* 4.9.2014 – C-327/13 (Burgo Group) Rn 31; vgl auch *BGH* ZIP 2011, 389 Rn 4; ZIP 2012, 782 Rn 6.

59 Nr 71 des Erläuternden Berichts, S 32, 59; *K/P/B/Kemper* Art 10 Rn 18.

60 *Paulus* NZI 2001, 505, 510.

61 *A/G/R/Gruber/Schulz* Art 2 EuInsVO aF Rn 46.

62 *EuGH* 20.10.2011 – C-396/09 (Interedil) Rn 62; *EuGH* 4.9.2014 – C-327/13 (Burgo Group) Rn 31.

63 *K/P/B/Kemper* Art 2 Rn 21.

64 *BGH* ZIP 2012, 1920 Rn 7; *OLG Wien* NZI 2005, 56,60; *LG Hannover* NZI 2008, 631, 632.

65 *BGH* ZIP 2012, 1920 Rn 7.

den Schu vollzogenen Tätigkeit.[66] Gleiches gilt für einen Notariatsverwalter, der bestellt wurde, nachdem der Notar vorläufig seines Amtes enthoben wurde.[67]

Bei einer ungerechtfertigten Inanspruchnahme der Eröffnungszuständigkeit für ein HauptVerf durch ausl Gerichte stellt sich die Frage, ob die Eröffnung eines HauptVerf die Eröffnung eines SekundärInsVerf in dem Mitgliedstaat hindert, in dem der Schu seinen satzungsmäßigen (und eingetragenen) Hauptsitz hat.[68] Gleiches gilt, wenn abweichend von der Vermutungsregel des Art 3 Abs 1 Unterabs 1 der COMI der Gesellschaft in einem anderen Mitgliedstaat als demjenigen des satzungsmäßigen Sitzes festgestellt und dort das HauptInsVerf eröffnet wurde. Gegen eine Qualifikation des Hauptsitzes als Niederlassung bestehen grundsätzlich keine Bedenken, soweit die von Art 2 Nr 10, Art 3 Abs 2 genannten Kriterien vorliegen, die nicht durch die Voraussetzungen in Art 3 Abs 1 ersetzt werden können,[69] dabei kann das SekundärInsVerf das gesamte Vermögen des Schu erfassen. Das SekundärInsVerf ist gerade kein konkurrierendes HauptVerf. Durch die territoriale Beschränkung der Wirkungen des SekundärInsVerf wird dem Gedanken des Vorrangs und der Leitfunktion des HauptVerf Rechnung getragen. Für eine mögliche Eröffnung des SekundärInsVerf am satzungsmäßigen Sitz der Gesellschaft sprechen darüber hinaus die Interessen der lokalen Gl, denen sonst der Schutz in dem satzungsgemäßen Mitgliedstaat verwehrt würde.[70] Zudem kann in diesen Fällen nur über ein SekundärInsVerf in das Sicherungsgut belastet mit dinglichen Rechten der Gl eingegriffen werden, sodass die Eröffnung des SekundärInsVerf auch im Interesse des HauptInsVerw liegt.[71] Der EuGH hat entschieden, dass der Umstand, dass eine Niederlassung über eine eigene Rechtspersönlichkeit verfügt und sich in dem Mitgliedstaat befindet, in dem die SchuGesellschaft ihren satzungsmäßigen Sitz hat, die Eröffnung des SekundärInsVerf über ihr Vermögen nicht hindert.[72] Bei Konzerninsolvenzen kommt es in Betracht am Satzungssitz der **juristisch selbstständigen Tochtergesellschaft** eines insolventen Rechtsträgers ein SekundärInsVerf zu eröffnen, wenn die Tochter dort eine Niederlassung hat.[73] 15

Neu ist nach der Neufassung der VO, dass es ausreicht, wenn der Schu gegenwärtig zwar keiner Tätigkeit in dem anderen Mitgliedsatat mehr nachgeht, aber **in den drei Monaten vor dem Antrag auf Eröffnung des HauptInsVerf einer solchen wirtschaftlichen Aktivität nachgegangen** ist.[74] Damit wird verhindert, dass der Schu aus insolvenzrechtlich zu missbilligenden Motiven heraus eine Niederlassung vor der Eröffnung eines SekundärInsVerf schließt, etwa um einzelne, dinglich gesicherte Gl zum Nachteil der übrigen Gl zu begrünstigen. 16

Artikel 3 Internationale Zuständigkeit

(1) Für die Eröffnung des Insolvenzverfahrens sind die Gerichte des Mitgliedstaats zuständig, in dessen Hoheitsgebiet der Schuldner den Mittelpunkt seiner hauptsächlichen Interessen hat (im Folgenden „Hauptinsolvenzverfahren“). Mittelpunkt der hauptsächlichen Interessen ist der Ort, an dem der Schuldner gewöhnlich der Verwaltung seiner Interessen nachgeht und der für Dritte feststellbar ist.

---

66 Vgl *N/R/Nerlich* Art 2 Rn 11.
67 *BGH* ZIP 2012, 782 Rn 11.
68 *AG Köln* NZI 2004, 151.
69 *BGH* ZIP 2012, 782 Rn 15ff.
70 *EuGH* 4.9.2014 – C-327/13 (Burgo Group) Rn 35f.
71 Vgl Erl Art 8 Rn 8.
72 *EuGH* 4.9.2014 – C-327/13 (Burgo Group) Rn 32, 39.
73 s nachstehend *Schultz* Art 34 Rn 7; MK/*Thole* Art 2 EuInsVO aF Rn 38; *Baumert* LMK 2014, 362606; *A/G/R/Gruber/Schulz* Art 2 EuInsVO aF Rn 51.
74 Zum zeitlichen Anwendungsbereich s Art 84 und Erl zu Art 1 Rn 11.

Bei Gesellschaften oder juristischen Personen wird bis zum Beweis des Gegenteils vermutet, dass der Mittelpunkt ihrer hauptsächlichen Interessen der Ort ihres Sitzes ist. Diese Annahme gilt nur, wenn der Sitz nicht in einem Zeitraum von drei Monaten vor dem Antrag auf Eröffnung des Insolvenzverfahrens in einen anderen Mitgliedstaat verlegt wurde.

Bei einer natürlichen Person, die eine selbstständige gewerbliche oder freiberufliche Tätigkeit ausübt, wird bis zum Beweis des Gegenteils vermutet, dass der Mittelpunkt ihrer hauptsächlichen Interessen ihre Hauptniederlassung ist. Diese Annahme gilt nur, wenn die Hauptniederlassung der natürlichen Person nicht in einem Zeitraum von drei Monaten vor dem Antrag auf Eröffnung des Insolvenzverfahrens in einen anderen Mitgliedstaat verlegt wurde.

Bei allen anderen natürlichen Personen wird bis zum Beweis des Gegenteils vermutet, dass der Mittelpunkt ihrer hauptsächlichen Interessen der Ort ihres gewöhnlichen Aufenthalts ist. Diese Annahme gilt nur, wenn der gewöhnliche Aufenthalt nicht in einem Zeitraum von sechs Monaten vor dem Antrag auf Eröffnung des Insolvenzverfahrens in einen anderen Mitgliedstaat verlegt wurde.

(2) Hat der Schuldner den Mittelpunkt seiner hauptsächlichen Interessen im Hoheitsgebiet eines Mitgliedstaats, so sind die Gerichte eines anderen Mitgliedstaats nur dann zur Eröffnung eines Insolvenzverfahrens befugt, wenn der Schuldner eine Niederlassung im Hoheitsgebiet dieses anderen Mitgliedstaats hat. Die Wirkungen dieses Verfahrens sind auf das im Hoheitsgebiet dieses letzteren Mitgliedstaats befindliche Vermögen des Schuldners beschränkt.

(3) Wird ein Insolvenzverfahren nach Absatz 1 eröffnet, so ist jedes zu einem späteren Zeitpunkt nach Absatz 2 eröffnete Insolvenzverfahren ein Sekundärinsolvenzverfahren.

(4) Vor der Eröffnung eines Insolvenzverfahrens nach Absatz 1 kann ein Partikularverfahren nach Absatz 2 nur eröffnet werden, falls:

a) die Eröffnung eines Insolvenzverfahrens nach Absatz 1 angesichts der Bedingungen, die das Recht des Mitgliedstaats vorschreibt, in dessen Hoheitsgebiet der Schuldner den Mittelpunkt seiner hauptsächlichen Interessen hat, nicht möglich ist oder

b) die Eröffnung des Partikularverfahrens von

i) einem Gläubiger beantragt wird, dessen Forderung sich aus dem Betrieb einer Niederlassung ergibt oder damit im Zusammenhang steht, die sich im Hoheitsgebiet des Mitgliedstaats befindet, in dem die Eröffnung des Partikularverfahrens beantragt wird, oder

ii) einer Behörde beantragt wird, die nach dem Recht des Mitgliedstaats, in dessen Hoheitsgebiet sich die Niederlassung befindet, das Recht hat, die Eröffnung von Insolvenzverfahren zu beantragen.

Nach der Eröffnung des Hauptinsolvenzverfahrens wird das Partikularverfahren zum Sekundärinsolvenzverfahren.

Übersicht

I. Vorbemerkung

1. Normzweck. Art 3 regelt direkt die int Zuständigkeit für grenzüberschreitende InsVerf innerhalb der EU mit Ausnahme Dänemarks. Die Vorschrift legt nur die **int Zuständigkeit** fest und gibt den Mitgliedstaat an, dessen Gerichte InsVerf eröffnen dürfen. Welches Gericht in dem Mitgliedstaat zur Eröffnung örtlich und sachlich zuständig ist, regelt sich nach dem autonomen nationalen Recht des jeweiligen Mitgliedstaates. Der Regelung über die int Zuständigkeit kommt insofern eine große Bedeutung zu, als damit zugleich die Entsch über das anwendbare Recht getroffen wird: Nach Art 7 Abs 1 ist das Recht des Staates der Verfahrenseröffnung auf das InsVerf und seine Wirkungen anwendbar (sog *lex fori concursus*). Zudem sind die Gerichte des Staates der Verfahrenseröffnung nach Art 6 auch für die sog AnnexVerf wie etwa Insolvenzanfechtungsklagen int zuständig.[1] Schließlich entfaltet die Vorschrift iRd Anerkennung eines ausl InsVerf weitreichende Folgen. Ein von einem nach Art 3 zuständigen Gericht eröffnetes Verf ist mit seinen Wirkungen von allen anderen Mitgliedstaaten automatisch anzuerkennen, vgl. Art 19, 20. In einem HauptInsVerf hat der InsVerw weit reichende Kompetenzen. So darf er in den anderen Mitgliedstaaten alle Befugnisse ausüben, die ihm sein Heimatrecht verleiht (Art 21 Abs 1). Er kann die Aussetzung der Verwertung in einem SekundärInsVerf beantragen (Art 46 Abs 1) und Vorschläge für ein Sanierungsplan anstelle einer Liquidation im SekundärInsVerf unterbreiten (Art 47 Abs 1). Bereits diese Wirkungen und Kompetenzen zeigen auf, dass vor allem Konzerne ein bes Interesse daran haben, die Eröffnung des InsVerf über das Vermögen ihrer Tochter, einer selbstständigen juristischen Person, nicht am satzungsmäßigen Sitz der Tochter sondern am Sitz der Mutter zu erreichen.[2] 1

Art 3 unterscheidet zwischen **HauptInsVerf mit universeller Geltung** und **PartikularVerf mit territorialer Beschränkung**. Universelle Geltung bedeutet, dass das gesamte SchuVermögen von dem InsVerf erfasst wird, unabhängig von seiner Belegenheit. Demgegenüber ist die Wirkung der PartikularVerf beschränkt auf das im Gebiet des Staates des eröffnenden Gerichts belegene Vermögen (Art 3 Abs 2 S 2). Dabei wird zwischen sog **SekundärInsVerf** (Art 3 Abs 3) und sog **isolierten PartikularVerf** (Art 3 Abs 4) unterschieden. Neben der int Zuständigkeit regelt Art 3 auch das Verhältnis von Haupt- und PartikularVerf, sowie deren Eröffnungsvoraussetzungen. 2

2. Überblick zur Neufassung. Die Vorschrift stand aufgrund ihrer Bedeutung und der bestehenden Unstimmigkeiten über den Begriff des COMI im Zentrum der Reformbestrebungen. Zugleich sollte ein missbräuchliches *forum shopping* eingedämmt werden.[3] Die **Neufassung** des Art 3[4] konkretisiert nunmehr in einem gewissen Umfang den **Mittelpunkt der hauptsächlichen Interessen des Schu**, wobei sich die Definition an der vom EuGH bereits zur früheren Fassung ergangenen Rechtsprechung orientiert und weiterhin einen Auslegungsspielraum lässt. Allgemein knüpft Art 3 Abs 1 S 2 nun an den Ort an, an dem der Schu **gewöhnlich der Verwaltung seiner Interessen nachgeht** und der **für Dritte feststell-** 3

1 Dies wurde in der aF aus Art 3 abgeleitet, vgl *EuGH* 12.2.2009 – C-339/07 (Deko Marty Belgium) Rn 28; 16.1.2014 – C-328/12 (Schmid) Rn 31; Näheres unter Art 6 Rn 1 ff.
2 *Vallender* KTS 2005, 291.
3 Vgl Erwägungsgrund Nr 29, 31 ff; s auch *Frind/Pannen* ZIP 2016, 398 ff.
4 Allgemein zur Reform s Vorb Rn 6 ff vor Art 1–47; zum zeitlichen Anwendungsbereich s Erl Art 1 Rn 11, Art 84.

bar ist. Damit wird die notwendige Erkennbarkeit des COMI für Dritte in der VO ausdrücklich verankert. Ergänzt wird diese Regel durch Vermutungsregelungen in den Unterabs 1 bis 3, die zwischen Gesellschaften sowie juristischen Personen, Gewerbetreibenden, Freiberuflern und anderen natürlichen Personen differenzieren und entweder an den Sitz oder den gewöhnlichen Aufenthaltsort des Schu anknüpfen. Die Vermutungen gelten indes nicht, wenn diese Anknüpfungstatsache der Vermutungsregel innerhalb der letzten drei bzw sechs Monate vor dem Antrag auf InsEröffnung durch den Schu verändert wurde (sog Suspektsperiode). Die weiteren Abs 2–4 befassen sich wie schon bisher mit dem PartikularVerf,[5] das in Erweiterung der bisherigen Fassung nach Abs 4 Buchst b Buchst ii nun auch auf Antrag einer Behörde eröffnet werden kann. Das SekundärInsVerf nach Abs 3 nF setzt nicht mehr voraus, dass es sich um ein LiquidationsVerf handeln muss. Im Zusammenhang mit der Ins ergebender Klagen **(sog AnnexVerf)**, für die sich die int Zuständigkeit bislang in analoger Anwendung des Art 3 beurteilte, werden nunmehr gesondert in Art 6 geregelt. Das Gericht hat gem Art 4 Abs 1 S 1 von Amts wegen seine int Zuständigkeit zu prüfen. Eine Anfechtung der EröffnungsEntsch ist nunmehr ausdrücklich nach Art 5 möglich.

II. Hauptinsolvenzverfahren

4 **1. Internationale Zuständigkeit für die Eröffnung eines Hauptinsolvenzverfahrens.** Abs 1 regelt die int Zuständigkeit für das HauptInsVerf und knüpft hierbei an den **Mittelpunkt der hauptsächlichen Interessen** (*„centre of main interests“* = COMI) des Schu an. Da nach den Vorstellungen der VO jeder Schu nur einen Mittelpunkt seiner hauptsächlichen Interessen besitzen kann, ist somit in der EU auch **nur ein HauptInsVerf** denkbar, in dem das gesamte in- und ausl SchuVermögen verwertet wird. Neben dem HauptInsVerf sind nur die territorial beschränkten PartikularVerf iSd Art 3 Abs 2–4, mithin **unabhängige** bzw **isolierte PartikularVerf** und **SekundärInsVerf**, möglich. Die *örtliche* Zuständigkeit beurteilt sich nach der *lex fori* des Eröffnungsstaates. In Deutschland ist auf Art 102 § 1 bzw seit der Geltung der reformierten VO[6] auf Art 102c § 1 EGInsO zurückzugreifen.

5 Den zentralen Begriff für die Begründung der int Zuständigkeit iSv Art 3 Abs 1 S 1 bildet der „Mittelpunkt (der) hauptsächlichen Interessen“ (*„centre of main interests“* = **COMI**) des Schu. Eine ausdrückliche Definition des Begriffs des hauptsächlichen Interessenmittelpunktes war in den früheren Regelungen der VO nicht enthalten, der vielmehr autonom, also einheitlich und unabhängig von nationalen Rechtsvorschriften durch die Gerichte auszulegen war.[7] Die Neufassung des Art 3 übernimmt nunmehr den bisherigen Erwägungsgrund 13 in die Zuständigkeitsregelungen der VO, wonach der COMI an dem Ort liegt, an dem der Schu gewöhnlich und für Dritte feststellbar, der Verwaltung seiner Interessen nachgeht.[8] Dies entspricht zudem der Rechtsprechung des EuGH zur bisherigen Fassung, in welcher dieser mehrfach betont hat, dass im Interesse der Rechtssicherheit und Vorhersehbarkeit der COMI insbesondere für Gl des Schu „nach objektiven und für Dritte feststellbaren Kriterien“ zu bestimmen sei.[9] Bei der Bestimmung des hauptsächlichen Interessenmittelpunktes ist weiterhin eine Gesamtbetrachtung aller maßgeblichen Umstände erforderlich. Dabei ist zwischen Gesellschaften oder juristischen Personen (Unterabs 1), Gewerbetreibenden

5 S Rn 2.
6 Vgl zum zeitlichen Anwendungsbereich Art 1 Rn 11, Art 84.
7 *EuGH* 2.5.2006 – C-341/04 (Eurofood) Rn 31; *EuGH* 20.10.2011 –C-396/09 (Interedil) Rn 43; 22.11.2012 – C-116/11 (Rastelli Davide) Rn 31; zur Auslegung der VO s allgemein Vorb zu Art 1 bis 47 Rn 4 f.
8 Vgl auch Nr 75 des Erläuternden Berichts.
9 *EuGH* 2.5.2006 – C-341/04 (Eurofood) Rn 33 ; *EuGH* 20.10.2011 –C-396/09 (Interedil) Rn 49; 22.11.2012 – C-116/11 (Rastelli Davide) Rn 33.

oder Freiberuflern (Unterabs 2) und anderen natürlichen Personen (Unterabs 3) zu unterscheiden.

a) Bei **Gesellschaften und juristischen Personen** kommt es nach **Art 3 Abs 1 Unterabs 1 S 1** auf ihre **Hauptverwaltung** an, die widerleglich am Ort ihres *satzungsmäßigen Sitzes* vermutet wird. [10] Bestehen Anhaltspunkte dafür, dass der Ort der Hauptverwaltung vom Satzungssitz abweicht, hat das Gericht den Mittelpunkt des hauptsächlichen Interesses im Rahmen einer Gesamtbetrachtung aller relevanten Umstände zu ermitteln. Diese Prüfung erfolgt gem Art 4 Abs 1 S 1 nF (im dt Verfahren bisher gem § 5 Abs 1 InsO) von Amts wegen. Die maßgeblichen Kriterien zur Bestimmung des Mittelpunkts der hauptsächlichen Interessen waren lange Zeit höchst str. Einige Gerichte knüpften hauptsächlich an unternehmensinternen Gesichtspunkte an (*Head office functions-doctrine*/Theorie des *mind of management* oder des Orts der strategischen LeitungsEntsch).[11] Sie hielten den Verwaltungsort der wirtschaftlichen Interessen für entscheidend, an welchem die strategische und operative Ausrichtung der Gesellschaft entschieden, organisiert sowie kontrolliert wird und berücksichtigten die diesbezügliche Erkennbarkeit für Dritte nur in Maßen. Hintergrund dieser Anknüpfung war insb die Schaffung eines einheitlichen InsGerichtsstandes für Konzerngesellschaften am Sitz der Muttergesellschaft. So hatte zB der High Court of Justice London[12] die Vermutung des Art 3 Abs 1 S 2 aF als widerlegt angesehen, weil wesentliche Funktionen des Unternehmens- wie die Geschäftsleitung, PersonalEntsch und Rechnungswesen von London aus geführt worden seien.[13] 6

Der **EuGH** und nunmehr die **Neufassung des Art 3** haben sich aber der Gegenansicht (sog *business-activity theory*)[14] angeschlossen, wonach der Ort der Hauptverwaltung entscheidend ist, wie er sich **nach objektiven und für Dritte erkennbaren Umständen** feststellen lässt.[15] Andernfalls könnte in einem Staat ein InsVerf durchgeführt werden, in dem weder Vermögenswerte des Schu liegen, noch Gl, Arbeitnehmer oder sonst irgendwelche wirtschaftlichen Aktivitäten des Schu vorhanden sind.[16] Mit diesem Ansatz soll auch dem von der VO unerwünschten *forum shopping* entgegen getreten werden.[17] Geht eine Gesellschaft ihrer Tätigkeit im Staat des Satzungssitz (Art 3 Abs 1 Unterabs 1 S 1) nach, reicht die Tatsache, dass ihre wirtschaftlichen Entsch von einem anderen Mitgliedstaat aus kontrolliert werden oder kontrolliert werden können, damit nicht aus, um die mit der Verordnung aufge- 7

---

10 Vgl auch Nr 75 des Erläuternden Berichts sowie zur unterschiedlichen Anknüpfung nach der Sitz- oder Gründungstheorie im int Gesellschaftsrecht etwa MK-BGB/*Kindler* Int GesR Rn 351 ff.

11 So *High Court of Justice Leeds* (Re Daisytek-ISA Limited & Ors) ZIP 2003, 1362; *Tribunale Civile di Parma* ZIP 2004, 1 – Eurofood/Parmalat I; *AG München* ZIP 2004, 962 – Hettlage; *LG Innsbruck* ZIP 2004, 1721 – Hettlage; *Municipality Court von Fejér/Székesfehérvár/Ungarn* ZInsO 2004, 861 – Parmalat Ungarn/Slowakei;vgl hierzu auch MK-BGB/*Kindler* Art 3 EuInsVO Rn 19; MK/*Thole* Art 3 EuInsVO 2000 Rn 2 17 f.

12 *High Court of Justice London* NZI 2004, 648 – Enron Directo SA.

13 Weitere Entsch, die den Ort der strategischen LeitungsEntsch als maßgebliches Kriterium für die Bestimmung des COMI angesehen haben: *AG München* ZIP 2004, 962 – Hettlage; *High Court of Justice Birmingham* NZI 2005, 467 – MG Rover; s *Pannen/Pannen* Art 3 Rn 38 ff mit zahlreichen Beispielen von auch tw nicht in Deutschland veröffentlichten Entsch.

14 Vgl *AG Mönchengladbach* NZI 2004, 383 – EMBIC; *AG Weilheim* ZIP 2005, 1611; Gebauer/Wiedemann/*Haubold* Art 3 Rn 52; MK-BGB/*Kindler* Art 3 EuInsVO Rn 21 f; *Eidenmüller* NJW 2004, 3455, 3457.

15 *EuGH* 2.5.2006 – C-341/04 (Eurofood) Rn 34 ff; *EuGH* 20.10.2011 – C-396/09 (Interedil) Rn 51 ff; 22.11.2012 – C-116/11 (Rastelli Davide) Rn 33.

16 *Sabel* NZI 2004, 126, 127.

17 *A/G/R/Gruber/Schulz* Art 3 EuInsVO aF Rn 35.

stellte Vermutung zu entkräften.[18] Ebenso wenig kann ein vom satzungsmäßigen Sitz abweichender COMI einer Gesellschaft allein damit begründet werden, dass eine Vermischung mit Vermögensmassen einer anderen Gesellschaft, über deren Vermögen bereits das HauptInsVerf in einem Mitgliedstaat eröffnet wurde, vorliegt.[19] Erforderlich ist vielmehr eine **Gesamtbetrachtung** aller relevanten Faktoren und der Umstände des jeweiligen Einzelfalls, um zu der von Dritten überprüfbaren Feststellung zu gelangen, dass sich der tatsächliche Mittelpunkt der Verwaltung und der Kontrolle der Gesellschaft sowie der Verwaltung ihrer Interessen in einem vom satzungsgemäßen Staat abweichenden Mitgliedstaat befindet.[20] Bei einer „Briefkastenfirma", die nur zum Schein ihren Satzungssitz in einem bestimmten Mitgliedstaat hat, wird ein von der Vermutung nach Art 3 Abs 1 Unterabs 1 S 2 abweichender COMI leicht feststellbar sein.[21] In anderen Fällen kann die Beurteilung der jeweiligen Einzelfallumstände schwieriger sein.

8 **Ausschlaggebend** für die Bestimmung des COMI können etwa in einem Mitgliedstaat befindliche Gesellschaftsaktiva sein, über die in demselben Mitgliedstaat einen Vertrag mit einem Finanzinstitut abgeschlossen wurde.[22] Anhaltspunkte können auch organisatorische Strukturen wie Büros, Personal, EDV und Kommunikationseinrichtungen sein. Meist befindet sich dort auch der Ort des Geschäftskontos der Schu, von dem aus der Zahlungsverkehr mit den Gl erfolgt. In diesem Zusammenhang kann auch die Bereitstellung von Kreditsicherheiten durch Dritte für Gl des Schu von Bedeutung sein.[23] Betreibt die Schu etwa ein Handelsunternehmen, so ist der Ort, an dem sich die Geschäftsräume befinden, und damit auch regelmäßig die Verträge mit den Kunden abgeschlossen werden, von zentraler Bedeutung. Bei Produktionsbetrieben wird entscheidend auf die Lage der Fabrikationsräume abzustellen sein. An diesen Ort werden die Rohstoffe geliefert, hier werden die Energie bezogen und sonstige zahlreiche Rechtsbeziehungen unterhalten. An diesem Ort befinden sich auch die Maschinen für die Produktion, die häufig als Kreditsicherungsmittel verwendet werden.[24] Ob im Falle einer Sitzverlegung noch eine Niederlassung der SchuGesellschaft im Wegzugstaat besteht oder nicht, hat keinen entscheidenden Einfluss bei der Gesamtbetrachtung.[25] Wichtiger bei einer Verlegung des COMI ist die Erkennbarkeit für Dritte, wie der neuen Erwägungsgrund 28 verdeutlicht: Danach kann es erforderlich sein, die Gl zeitnah über den neuen Ort zu unterrichten, an dem der Schu seine Tätigkeiten ausübt, etwa durch eine Hervorhebung der Adressänderung in der Geschäftskorrespondenz.

9 Sofern sich der Ort des Mittelpunktes der hauptsächlichen Interessen einer Gesellschaft nicht hinreichend sicher bestimmen lässt, soll nach der Vermutungsregel des Art 3 Abs 1 Unterabs 1 S 1 **im Zweifel** an den Satzungssitz angeknüpft werden.[26] Sofern dieser außerhalb der Union liegt, begründet die VO keine int Zuständigkeit und das mitgliedstaatliche Gericht kann diese allenfalls nach dem autonomen nationalen Recht bejahen.[27] Gleiches

---

18 *EuGH* 2.5.2006 – C-341/04 (Eurofood) Rn 37.

19 *EuGH* 22.11.2012 – C-116/11 (Rastelli Davide) Rn 39.

20 *EuGH* 20.10.2011 – C-396/09 (Interedil) Rn 52 f; 22.11.2012 – C-116/11 (Rastelli Davide) Rn 39; 24.5.2016 – C-353/15 (Leonmobili); Erwägungsgründe 30, 33; eingehend hierzu MK/*Thole* Art 3 EuInsVO 2000 Rn 28 ff.

21 Vgl *BGH* ZIP 2012, 1920 Rn 9 f; zur Immobilien – SPV s *Schulz* NZI 2017, 142, 143 zur Rechtsprechung des *High Court London*.

22 *EuGH* 20.10.2011 –C-396/09 (Interedil) Rn 53, 59.

23 *AG Mönchengladbach* NZI 2004, 382.

24 *Wimmer* ZInsO 2005, 119, 123.

25 *Mansel/Thorn/Wagner* IPRax 2017, 1, 30.

26 Kritisch MK/*Thole* Art 3 EuInsVO 2015 Rn 4 f

27 *A/G/R/Gruber/Schulz* Art 3 EuInsVO aF Rn 48.

gilt, wenn die Vermutungsregel widerlegt und der Hauptverwaltungssitz außerhalb der Union festgestellt wurde.

Die reformierte Fassung der Vorschrift ergänzt diese Vermutungsregel in S 2 um eine **Suspektsperiode**: Die Vermutung gilt nicht, wenn der Sitz der Gesellschaft innerhalb der letzten drei Monate vor dem Antrag auf InsEröffnung in einen anderen Mitgliedstaat verlegt worden ist. Die eigentliche Verlegung des COMI unterliegt weiterhin keiner Ausschlussfrist; lediglich die Vermutung, der COMI bestehe am Satzungssitz, wird durch diese Frist ausgeschlossen.[28] Ob mit dieser Suspektsperiode allerdings das unerwünschte *forum shopping* eingedämmt werden kann, ist angesichts der – soweit nach Außen erkennbaren – zulässigen Verlegung des Hauptverwaltungssitzes der Gesellschaft, zu bezweifeln.[29]

b) Für **natürliche Personen, die eine selbstständige gewerbliche oder freiberufliche Tätigkeit** 10
ausüben, wird vermutet, dass der Mittelpunkt des hauptsächlichen Interesses nach **Art 3 Abs 1 Unterabs 2 S 1** an dem Ort der **Hauptniederlassung** liegt. Diese – ebenfalls widerlegbare – Vermutung gilt auch bei einem geringen Ausmaß einer wirtschaftlichen Tätigkeit. Wird eine selbstständige Tätigkeit vom Schu aber nur zum Schein ausgeübt, bestimmt sich die int Zuständigkeit für die Verfahrenseröffnung allerdings entsprechend Unterabs 3 S 1 nach seinem gewöhnlichen Aufenthalt.[30] Der Begriff der Niederlassung wird in Art 2 Nr 10 definiert und erfordert eine wirtschaftliche Aktivität des Schu von nicht nur vorübergehender Art unter Einsatz von Personal und Vermögenswerten.[31] Demnach sind Kriterien wie der Wohnsitz, der gewöhnliche Aufenthalt oder die Belegenheit von Vermögenswerten des Schu nicht entscheidend. Die Belegenheit von Vermögenswerten kann allerdings ein Indiz für eine dort vom Schu ausgeübte Tätigkeit sein.[32] Hat ein Einzelunternehmer mehrere Tätigkeitsorte, ist der Ort maßgeblich, an dem die Tätigkeit überwiegend oder in ihren wesentlichen Teilen ausgeübt wird.

Nach der reformierten VO greift die Vermutung des COMI am Sitz der Hauptniederlassung allerdings nicht, sofern dieser in den letzten drei Monaten vor der Eröffnung des InsVerf in einen anderen Mitgliedstaat verlegt worden ist. Diese wie bei den Gesellschaften geltende **Suspektsperiode** soll nach den neuen Erwägungsgründen 29 bis 31 ein betrügerisches oder missbräuchliches *forum shopping* unterbinden. Auch bei diesem Personenkreis wird damit lediglich zum Ausdruck gebracht, dass die Vermutung eines COMI am satzungsmäßigen Sitz keine Geltung hat. Gleichwohl kann dorthin der Sitz der Hauptniederlassung verlegt und bei der dann erforderlichen Gesamtbetrachtung aller maßgeblichen Umstände der COMI festzustellen sein.

c) Der Mittelpunkt des hauptsächlichen Interesses wird sich bei **einer unselbstständigen** 11
natürlichen Person grds an ihrem Wohnsitz[33] oder am Ort des gewöhnlichen Aufenthalts[34]

---

28 *Frind/Pannen* ZIP 2016, 398, 400.

29 *Thole* IPRax 2017, 213, 215; vgl auch zu weiteren Umgehungsmöglichkeiten *Parzinger* NZI 2016, 63, 65.

30 *A/G/R/Gruber/Schulz* Art 3 EuInsVO aF Rn 15.

31 S Erl zu Art 2 Rn 13 ff.

32 Vgl etwa *BGH* ZIP 2012, 1920 Rn 10 bei vermietetem Grundbesitz des Schu.

33 *AG Celle* ZInsO 2005, 895; *LG Wuppertal* ZInsO 2002, 1099; *Duursma-Kepplinger* Art 3 Rn 22.

34 *BGH* 2.3.2017 – IX ZB 70/16 Rn 10; *K/P/B/Kemper* Art 3 Rn 8; *Pannen/Pannen* Art 3 EuInsVO Rn 20 ff; *Huber* ZZP 114, 140; *Mankowski* NZI 2005, 368, 369; vgl auch HambKomm/*Undritz* Art 3 Rn 19 f.

befinden.[35] Mit dem neugefassten **Art 3 Abs 1 Unterabs 3 S 1** wird die Maßgeblichkeit des **gewöhnlichen Aufenthaltsorts** bestätigt.[36] Der Begriff ist autonom, also losgelöst von nationalen Vorstellungen, auszulegen und kann sich an den zu anderen Vorschriften des Europäischen Zivilverfahrensrechts und des Internationalen Privatrechts ergangenen Entscheidungen des EuGH[37] unter Berücksichtigung der eigenen Ziele dieser VO orientieren.[38] Beim Ort des gewöhnlichen Aufenthalts handelt es sich um den tatsächlichen Lebensmittelpunkt einer Person, an dem sie den Schwerpunkt ihrer sozialen, kulturellen und wirtschaftlichen Beziehungen hat.[39] Damit kann eine Gesamtbetrachtung aller relevanten Umstände des Einzelfalls unter Berücksichtigung der Intensität der beruflichen und familiären Bindungen geboten sein.[40] Der Lebensmittelpunkt kann sich – etwa bei Grenzgängern oder Saisonarbeitern – vom Ort der beruflichen Tätigkeit unterscheiden. Ein solcher Lebensmittelpunkt wird im Fall eines nur vorübergehenden Aufenthalts in einem anderen Mitgliedstaat, insbes bei einer unfreiwilligen Untersuchungshaft oder einer Unterbringung in einer geschlossenen Einrichtung, nicht neu begründet.[41] Die bloße Anmietung einer Wohnung und Ummeldung in einen anderen Staat lässt nicht zwingend auf die Begründung eines neuen gewöhnlichen Aufenthalts des Schu schließen.[42] Aus Unterabs 3 S 2 ist im Falle eines Umzugs des Schu zu schlussfolgern, dass es zur Begründung eines gewöhnlichen Aufenthalts im neuen Mitgliedstaat grundsätzlich keiner Mindestdauer bedarf, sondern vielmehr der Wille des Betreffenden zur dauerhaften Verlagerung seines Lebensmittelpunktes entscheidend ist.[43] Die Dauer des Aufenthalts ist nur ein Indiz bei der Gesamtwürdigung aller relevanten Umstände. Die Vermutung eines am gewöhnlichen Aufenthaltsort liegenden COMI ist auch für diesen Personenkreis **widerlegbar**. Als Beispiel nennt der neue Erwägungsgrund 30 den Umstand, dass sich ein Großteil des Vermögens des Schu nicht im Mitgliedstaat seines gewöhnlichen Aufenthalts befindet.

Die **Suspektsperiode** nach Unterabs 3 S 2 hat zur Folge, dass ein neuer gewöhnlicher Aufenthalt erst dann zur zuständigkeitsbegründenden Vermutung eines dortigen COMI führt, wenn dieser mehr als sechs Monate vor der Stellung des InsAntrags begründet worden ist. Gleichwohl ist eine vorherige Verlegung des gewöhnlichen Aufenthaltsorts möglich und kann zur Feststellung eines im neuen Aufenthaltsstaat liegenden COMI des Schu führen. Die Eröffnungszuständigkeit kann dann aber nicht allein auf diese Anknüpfungstatsache gestützt werden, sondern muss sich aus einer Gesamtbetrachtung der maßgeblichen Umstände ergeben.

12 **2. Maßgeblicher Anknüpfungszeitpunkt. Maßgeblicher Zeitpunkt** für die Feststellung der den COMI bestimmenden Faktoren ist nach der Rechtsprechung des EuGH der Eingang des **Antrags auf Eröffnung eines InsVerf**. Danach bleiben die Gerichte des Mitgliedstaats, in dessen Gebiet der Schu bei Stellung eines Eröffnungsantrags den Mittelpunkt seiner haupt-

---

35 Auf die unterschiedliche Praxis in den Mitgliedstaaten wird etwa im Bericht der Kommission zur Reform der die VO hingewiesen, weshalb eine Präzisierung befürwortet wurde, vgl COM(2012) 744 final, S 10, 19.

36 Vgl *Pannen/Pannen* Art 3 EuInsVO Rn 25; *Haß/Huber/Gruber/Heiderhoff* Art 3 Rn 10 EuInsVO; *Paulus* Art 3 Rn 24; *A/G/R/Gruber* Art 3 Rn 21.

37 Vgl etwa *EuGH* 2.4.2009 – C-523/07 Rn 37 ff; 22.12.2010 – C-497/10 (Mercredi) Rn 47 ff.

38 MK/*Thole* Art 3 EuInsVO 2000 Rn 50 f; *ders* IPRax 2017, 213, 216.

39 *Braun/Tashiro* Art 2 Rn 78; *Mankowski* NZI 2005, 368, 368.

40 *BGH* 2.3.2017 – IX ZB 70/16 Rn 10 ff.

41 Vgl zur Untersuchungshaft *BGH* NZI 2008, 121 Rn 2.

42 *BGH* 2.3.2017 – IX ZB 70/16 Rn 12.

43 Vgl *EuGH* 22.12.2010 – C-497/10 (Mercredi) Rn 51 zu Art 8 Abs 1 EuEheVO; **aA** *Braun/Tashiro* Art 2 Rn 78.

sächlichen Interessen hatte, für die Entscheidung darüber zuständig, wenn der Schu nach der Antragstellung, aber vor der Eröffnung des Verfahrens den Mittelpunkt seiner hauptsächlichen Interessen in das Gebiet eines anderen Mitgliedstaats verlegt.[44] Dieser „*perpetuatio fori*"-Grundsatz soll dem Missbrauch durch ein *forum shopping* des Schu entgegen wirken. Zudem wird hierdurch der Umstand berücksichtigt, dass die Gl die Risiken einer Zahlungsunfähigkeit des Schu in Bezug auf den Ort beurteilt hatten , an dem der Mittelpunkt der hauptsächlichen Interessen des Schu lag, als sie mit ihm rechtliche Beziehungen eingegangen sind. Wird aber der satzungsmäßige Sitz einer Schuldnergesellschaft verlegt, bevor ein Antrag auf Eröffnung eines InsVerf eingegangen ist, wird vermutet, dass sich der Mittelpunkt der hauptsächlichen Interessen dieser Gesellschaft am Ort ihres neuen satzungsmäßigen Sitzes befindet.[45] Die mit der reformierten Fassung in Art 3 Abs 1 Unterabs 1 bis 3 eingeführte Suspektsperiode von 3 bzw 6 Monaten erweitert den GlSchutz, indem eine erst kurz vor der Antragstellung erfolgte Sitzverlegung die Vermutungsregel nicht auslöst. War die Schuldnergesellschaft zum Zeitpunkt der Antragstellung bereits im Register gelöscht und hatte ihre Tätigkeit vollständig eingestellt, ist wiederum auf den Ort abzustellen, an dem die Schuldnergesellschaft zum Zeitpunkt ihrer Löschung und der Einstellung jeglicher Tätigkeit den **letzten Mittelpunkt** ihrer hauptsächlichen Interessen hatte.[46] Gleiches gilt, wenn die Gesellschaft noch nicht im Handelsregister gelöscht war, aber ihre Geschäftstätigkeiten bereits eingestellt hatte.[47]

3. Zuständigkeitskonflikte. Im Anwendungsbereich der VO ist nur ein HauptVerf zulässig. **13**
Abs 1 enthält keine ausdrückliche Regelung eines Zuständigkeitskonflikts verschiedener Mitgliedstaaten. Lediglich der Erwägungsgrund 65 weist darauf hin, dass die Eröffnungs-Entsch des zuerst eröffnenden Gerichts in den anderen Mitgliedstaaten anerkannt werden soll **(Prioritätsprinzip)**. Der EuGH hat ausgeführt, dass auch die Bestellung eines nur vorläufigen Verws eine in sämtlichen Mitgliedstaaten anzuerkennende Entsch sei, welche die Eröffnung eines weiteren HauptInsVerf in einem anderen Mitgliedstaat sperre.[48] Damit hat sich der EuGH im Falle von **positiven Kompetenzkonflikten** zugleich für die Geltung des Prioritätsprinzips im Rahmen der VO und für eine ausschließliche Zuständigkeit des zuerst mit einem HauptInsVerf befassten Gerichts ausgesprochen. Während eines in einem Mitgliedstaat anhängigen HauptInsVerf, kann somit in einem anderen Mitgliedstaat nur ein SekundärInsVerf eröffnet werden; ein positiver Kompetenzkonflikt ist damit letztlich ausgeschlossen. Die Eröffnung eines SekundärInsVerf ist auch möglich, wenn die dortige Niederlassung über eine eigene Rechtspersönlichkeit verfügt.[49] Denkbar sind parallel laufende AnnexVerf iSv Art 6 im Staat des HauptInsVerf und im Staat des SekundärInsVerf, welche die Interessen der Gl beider Verf berühren, etwa bei der Bestimmung der dem SekundärInsVerf zuzuordnenden Vermögensgegenstände und Verwertungserlöse. Widersprüchliche Entscheidungen drohen nicht, weil die früher erlassene Entsch in dem anderen Mitgliedstaat nach Art 32 Abs 2 anzuerkennen ist.[50]

Ein sog **negativer Kompetenzkonflikt** kann gegeben sein, wenn sich ein angerufenes Gericht für int unzuständig hält, weil der COMI des Schu in einem anderen Mitgliedstaat gesehen wird. In diesem Fall kann das Gericht eines Mitgliedstaates das Verf nicht an das Gericht

---

44 *EuGH* 17.1.2006 – C-1/04 (Staubitz-Schreiber) Rn 24 ff.
45 *EuGH* 20.10.2011 – C-396/09 (Interedil) Rn 55; s aber *BGH* ZIP 2006, 767 im Falle mehrerer Eröffnungsanträge.
46 *EuGH* 20.10.2011 – C-396/09 (Interedil) Rn 58.
47 *BGH* ZIP 2012, 139 Rn 15 f; ZIP 2012, 1920 Rn 10.
48 *EuGH* 2.5.2006 – C-341/04 (Eurofood) Rn 54 ff; vgl auch Art 2 Rn 6.
49 *EuGH* 4.9.2014 – C-327/13 (Burgo Group) Rn 32 ff, 39.
50 *EuGH* 11.6.2015 – C-649/13 (Nortel Networks) Rn 41 ff.

eines anderen Mitgliedstaates verweisen.[51] Eine int Verweisung sieht die VO nicht vor, die daher auch keine bindende Wirkung hätte. Sofern das Gericht seine Eröffnungszuständigkeit verneint, bleibt also nur die Möglichkeit einer gerichtlichen Nachprüfung der antragsabweisenden, nach Art 5 rechtsmittelfähigen Entsch oder Beantragung einer InsEröffnung im anderen, für zuständig erachteten Mitgliedstaat.[52]

14 Die VO sieht nicht vor, dass ein Gericht eines *anderen* Mitgliedstaates die Bejahung der int Zuständigkeit des ersten Gerichts überprüfen darf. Der **Grundsatz des gegenseitigen Vertrauens** hat bei der Lösung eines Kompetenzkonflikts eine überragende Bedeutung. Deshalb ist eine Verweigerung der Anerkennung einer ausl Entsch nur dann zulässig, wenn sie mit der öffentlichen Ordnung *(ordre public)* des ersuchten Staates unvereinbar ist (Art 33), was bei einer fälschlichen Annahme der Eröffnungszuständigkeit regelmäßig nicht der Fall ist.[53] Dies gilt selbst dann, wenn die für die Zuständigkeitannahme herangezogenen Anknüpfungstatsachen vom Schu vorgetäuscht wurden, sofern es Überprüfungs- oder Annulierungsmöglichkeiten für Gl im eröffnenden Mitgliedstaat gibt.[54] Mit der neugefassten VO wurde in Art 5 unionsweit eine solche Rechtsmittelmöglichkeit eingeführt, sodass selbst bei einer missbräuchlichen oder betrügerisch herbeigeführten Eröffnung des InsVerf in einem Mitgliedstaat die Annahme der Ordre public-Widrigkeit ausscheiden dürfte, sofern die Überprüfungsmöglichkeit nicht faktisch aufgrund einer Gehörsverletzung ausgeschlossen war.[55] Es bleibt in der Regel allein der Weg einer Nachprüfung nach Art 5 im Eröffnungsstaat, welchen der Schu, jeder Gl sowie weitere Verfahrensbeteiligte, soweit dies nach nationalem Recht vorgesehen ist (Art 5 Abs 2), beschreiten können.

15 Das hierin zum Ausdruck kommende gegenseitige Vertrauen unter den Mitgliedstaaten wird zusätzlich dadurch gefestigt, dass ein mit der EröffnungsEntsch befasstes Gericht im Wege der **Vorabentscheidung nach Art 267 AEUV** dem EuGH Auslegungsfragen zu Art 3 vorlegen kann. Hierdurch werden für alle Mitgliedstaaten verbindliche Entsch zur Anwendung der VO getroffen.[56]

16 **Ohne rechtliche Folgen** für die Zuständigkeitsfrage ist es, ob das zuerst eröffnende Gericht seine int Zuständigkeit nach Art 3 Abs 1 **in der EröffnungsEntsch ausdrücklich festgestellt** hat, weil das Vorliegen oder Nichtvorliegen dieser Formalie nichts an der Systematik der VO ändert.[57] Dies gilt trotz der in der reformierten Fassung nach Art 4 Abs 1 S 2 (wie schon bisher im dt Recht nach Art 102 § 2 EGInsO aF) vorgesehenen Begründungspflicht, weil diese sanktionsfrei ausgestaltet ist

17 Deutschland hat durch Ausführungsbestimmungen (Art 102 §§ 1–4 EGInsO) ergänzende Regelungen zur Lösung der Kompetenzkonflikte getroffen. Danach ist zur Vermeidung eines **positiven Kompetenzkonflikts** ein bei einem dt InsGer gestellter Antrag nach bereits erlassener EröffnungsEntsch eines anderen mitgliedstaatlichen Gerichts **unzulässig,** solange

---

51 So aber *AG Hbg* NZI 2006, 486.

52 In Deutschland greift dann Art 102 § 3 Abs 2 EGInsO ein, s Rn 17.

53 *Haß/Huber/Gruber/Heiderhoff* Art 16 Rn 11, 16; *Pannen/Riedemann* Art 16 Rn 21; MK-InsO/*Thole* Art 3 EuInsVO 2000 Rn 69; differenzierend aber bei der Frage der Anerkennung einer solchen fälschlich angenommenen Zuständigkeit *ders* Art 16 Rn 18.

54 *BGH* 10.9.2015 – IX ZR 304/13 Rn 21 ff.

55 *BGH* 10.9.2015 – IX ZR 304/13 Rn 23 ff.

56 *BGH* 21.2.2008 – IX ZB 96/07; Erläuternder Bericht Rn 76.

57 *K/P/B/Kemper* Art 3 Rn 26; **aA** *Duursma/Duursma-Kepplinger* DZWIR 2003, 447, 448; **aA** für die Frage der Anerkennungsfähigkeit einer nicht begründeten oder nicht auf die EuInsVO gestützten Entsch MK-InsO/*Thole* Art 16 EuInsVO 2000 Rn 18.

das HauptInsVerf anhängig ist (Art 102 § 3 Abs 1 S 1 EGInsO).[58] Ist das Verf dennoch eröffnet worden, so darf es nicht fortgesetzt werden. Es ist vielmehr nach Art 102 § 4 EGInsO zugunsten des in dem anderen Mitgliedstaat eröffneten HauptInsVerf von Amts wegen **einzustellen** (Art 102 § 3 Abs 1 EGInsO). Zur Vermeidung eines **sog negativen Kompetenzkonflikts** sieht Art 102 § 3 Abs 2 EGInsO vor, dass ein dt InsGer die Eröffnung eines inländischen InsVerf nicht mangels int Zust ablehnen darf, wenn das Gericht eines anderen Mitgliedstaates seine Zust mit der Begründung verneint hat, die dt InsGer seien für die Eröffnung des InsVerf zuständig.

4. Anordnung von Sicherungsmaßnahmen. Auf der Grundlage von Abs 1 wird dem zur Eröffnung des HauptVerf zuständigen Gericht die Befugnis eingeräumt, einstweilige Maßnahmen und vorl Sicherungsmaßnahmen vor oder soweit dies nach dem Recht des Eröffnungsstaates zulässig ist – auch nach Eröffnung des InsVerf anzuordnen.[59] Dies folgt aus dem Erwägungsgrund 36 nF (16 aF) sowie Art 32 Abs 1 Unterabs 3, wonach Entsch über Sicherungsmaßnahmen ohne weitere Förmlichkeiten anerkannt werden. Dies setzt allerdings voraus, dass schon die direkte int Zuständigkeit nach einheitlichen europäischen Regeln zu beurteilen ist und schon das Erstgericht die Zuständigkeit nach diesen Regeln sorgfältig prüft.[60] Die Zulässigkeit vorl Sicherungsmaßnahmen bestimmt sich nach dem Recht des Staates der VerfEröffnung. Das nach Abs 1 zuständige Gericht kann Sicherungsmaßnahmen in jedem Mitgliedstaat anordnen, in dem schuldnerisches Vermögen belegen ist.[61] 18

III. Internationale Zuständigkeit für die Eröffnung von Partikularverfahren

1. Zuständigkeit für die Eröffnung eines Partikularverfahrens. Abs 2 regelt die int Zuständigkeit für PartikularVerf. Ein PartikularVerf ist gegenständlich auf das **Vermögen beschränkt**, das zum Zeitpunkt der VerfEröffnung im Hoheitsgebiet dieses Mitgliedstaats belegen ist. Einbezogen wird das gesamte dort befindliche Vermögen des Schu (Abs 2 S 2).[62] Dabei ist für die Lokalisierung der Vermögenswerte auf Art 2 Nr 9 zurückzugreifen. Vorausgesetzt wird eine **Niederlassung** des Schu in dem Hoheitsgebiet dieses Mitgliedstaates, in welchem das InsVerf eröffnet werden soll. Es besteht insoweit auch eine int Zuständigkeit nach Art 6 Abs 1 für ein **AnnexVerf**[63], wenn es sich auf dem SekundärInsVerf unterliegende Vermögensgegenstände bezieht.[64] Insoweit besteht eine alternative (nicht ausschließliche) Zuständigkeit zu den Gerichten des Mitgliedstaates, in welchem das HauptInsVerf eröffnet wurde.[65] 19

Zur Eröffnung eines PartikularVerf sind nur die Mitgliedstaaten befugt, in deren Hoheitsbereich der Schu eine Niederlassung hat. Die Belegenheit von Vermögen reicht nicht aus.[66] Der Begriff der Niederlassung ist in Art 2 Nr 10 definiert.[67] Befindet sich zwar eine Niederlassung des Schu in einem der Mitgliedstaaten, liegt jedoch der Mittelpunkt seiner haupt- 20

58 Zu einem möglichen Hilfsantrag auf Eröffnung des SekundärInsVerf vgl etwa *A/G/R/Gruber* Art 3 Rn 91.
59 Nr 78 des Erläuternden Berichts.
60 *K/P/B/Kemper* Art 3 Rn 18.
61 Nr 78 des Erläuternden Berichts; s Art 32 Rn 3.
62 Nr 71 des Erläuternden Berichts.
63 S Erl zu Art 6 Rn 1 ff.
64 *EuGH* 11.6.2015 – C-649/13 (Nortel Networks) Rn 38.
65 *EuGH* 11.6.2015 – C-649/13 (Nortel Networks) Rn 39 ff.
66 *BGH* ZIP 2011, 120 Rn 4; ZIP 2012, 782 Rn 6.
67 S Erl zu Art 2 Rn 13 ff.

sächlichen Interessen außerhalb des räumlichen Anwendungsbereichs der VO[68] scheidet ein PartikularVerf nach dem Wortlaut der Vorschrift aus.

21 Es gibt zwei Arten von PartikularVerf, das sog **SekundärInsVerf** (Abs 3), wenn zuvor ein HauptVerf nach Art 3 Abs 1 eröffnet wurde und das **unabhängige** bzw **isolierte Partikular-Verf,** wenn es am Hauptsitz des Schu nach Art 3 Abs 1 zu keinem InsVerf kommt. Der Begriff des PartikularVerf wird von der VO als Oberbegriff verwendet.

22 **2. Sekundärinsolvenzverfahren.** Abs 3 präzisiert die **Sonderform des PartikularInsVerf**, das zeitlich nach der Eröffnung eines HauptInsVerf nach Abs 1 eröffnet wird. Für das SekundärInsVerf sind die bes Bestimmungen der Art 34–52 heranzuziehen. Wird ein SekundärInsVerf eröffnet, so beschränken sich dessen Wirkungen auf das in diesem Mitgliedstaat befindliche Vermögen des Schu und suspendieren insoweit die unionsweiten Wirkungen, die das HauptInsVerf entfaltet.[69] Es kann auch für sog AnnexVerf zu parallelen GerichtsVerf im Staat des HauptInsVerf und des SekundärInsVerf entsprechend Art 3 Abs 1 und Abs 2 kommen, etwa wenn es um die Zuordnung von Vermögenswerten zu den verschiedenen Vermögensmassen und die Verteilung des jeweiligen Verwertungserlöses geht.[70]

23 Nach der alten Fassung der VO musste es sich bei dem SekundärInsVerf um **Liquidations-Verf** handeln (Art 3 Abs 3 S 2 aF), wobei das HauptInsVerf durchaus das Ziel einer Sanierung oder einen anderen Schutzzweck verfolgen konnte.[71] Für die Eröffnung eines SanierungsVerf konnte sich ein Gericht des Niederlassungsstaats zur Begründung seiner int Zuständigkeit bislang nicht auf Art 3 Abs 2 stützen.[72] Nach der vielfach als sanierungsfeindlich angesehenen Regelung[73] wird mit der Neufassung auf das Erfordernis, dass es sich bei dem SekundärInsVerf um ein LiquidationsVerf handeln muss, gänzlich verzichtet. SekundärInsVerf können daher auch als **SanierungsVerf** durchgeführt werden und demnach ein zum Zwecke der Restrukturierung oder Sanierung geführtes HauptInsVerf unterstützen.

24 **3. Unabhängige Partikularverfahren.** Während das SekundärInsVerf zeitlich nur nach der Eröffnung des HauptInsVerf eröffnet werden kann, kommt die Eröffnung eines **unabhängigen oder isolierten PartikularVerf** zum Schutz der Interessen lokaler Gl in Betracht, wenn noch kein HauptInsVerf eröffnet wurde. Die Wirkungen des Verf sind räumlich-gegenständlich beschränkt auf das Gebiet des Mitgliedstaats der VerfEröffnung. Es konnte schon nach der alten Fassung der VO sowohl als ein Liquidations- als auch als ein SanierungsVerf geführt werden.[74] Wird während der Durchführung eines unabhängigen PartikularVerf ein HauptInsVerf eröffnet, wandelt sich das PartikularVerf allerdings ohne weiteres nach Art 50 in ein SekundärInsVerf um.[75] Der HauptInsVerw hat dann gem Art 51 Abs 1 die Möglichkeit, eine Umwandlung in ein SanierungsVerf zu beantragen, sofern dieses Verf im Hinblick auf die Interessen der lokalen Gl und die Kohärenz von Haupt- und SekundärInsVerf am geeignetsten ist.

25 Da grds dem Universalitätsgedanken folgend das unabhängige PartikularVerf eine Ausnahme bleiben soll, ist die Eröffnung eines solchen Verf an **besondere Voraussetzungen**[76]

68 S Erl zu Art 1 Rn 8.
69 *BGH* ZIP 2014, 2092 Rn 20.
70 *EuGH* 11.6.2015 – C-649/13 (Nortel Networks) Rn 39 ff.
71 *EuGH* 22.11.2012 – C-116/11 (Bank Handlowy) Rn 60 ff; 4.9.2014 – C-327/13 (Burgo Group) Rn 59 ff; krit Anm *Mankowski* NZI 2014, 968.
72 Vgl *Balz* ZIP 1996, 948, 935; *K/P/B/Kemper* Art 3 Rn 368.
73 *Paulus* Art 3 Rn 50; *Brinkmann* KTS 2014, 381, 389 ff.
74 Nr 86 des Erläuternden Berichts.
75 Nr 254 des Erläuternden Berichts.
76 Zur allg Vorauss der Niederlassung s Erl Art 2 Rn 13 ff.

geknüpft. Es kann zum einen durchgeführt werden, wenn die Eröffnung eines HauptInsVerf angesichts der rechtlichen Bedingungen im Mitgliedstaat, in dem der Schu seinen COMI hat, nicht möglich ist (Abs 4 Buchst a). Zum anderen kommt die Eröffnung des PartikularVerf in Betracht, wenn es von einem Gl beantragt wird, dessen Forderung sich aus dem Betrieb einer in diesem Mitgliedstaat befindlichen Niederlassung ergibt oder hiermit im Zusammenhang steht (Abs 4 Buchst b, i). Alternativ kann eine Behörde die Eröffnung des PartikularVerf beantragen, wenn sie nach dem Recht des Mitgliedstaats, in dem sich die Niederlassung befindet, hierzu berechtigt ist (Abs 4 Buchst b, ii). Da die Fälle, in denen die Eröffnung eines PartikularVerf vor der Durchführung eines HauptInsVerf beantragt wird, auf ein unumgängliches Maß beschränkt werden sollen,[77] sind diese Ausnahmetatbestände **eng auszulegen**.[78] Im Einzelnen gilt für die Tatbestände des Abs 4 Buchst a und b Folgendes:

Die **Unmöglichkeit einer VerfEröffnung** am COMI des Schu iSv **Abs 4 Buchst a** richtet sich **26**
nach dem InsR des Staates, in dem dieser belegen ist. Die Eröffnung eines HauptInsVerf muss **objektiv** unmöglich sein und kann sich etwa aus besonderen Eigenschaften des Schu ergeben, die ausschließen, dass über sein Vermögen ein InsVerf eröffnet wird.[79] Ein Beispiel ist die Nichtanerkennung der InsFähigkeit von natürlichen Personen. Anders beurteilt sich der Fall, in dem die Ins am Mittelpunkt der hauptsächlichen Interessen des Schu mangels Masse nicht eröffnet wird. In dieser Konstellation wäre objektiv nach den Rechtsvorschriften die VerfEröffnung über das Vermögen des Schu grds möglich, aber scheidet in dem Einzelfall wegen des unzureichenden Vermögens aus.[80] Ebenso wenig genügt es, dass eine bestimmte Person wie der Vertreter der Staatsanwaltschaft eines Mitgliedstaats, in dessen Gebiet sich eine Niederlassung des Schu befindet, nach dem Recht des anderen Mitgliedstaates nicht befugt ist, die Eröffnung eines HauptInsVerf zu beantragen.[81]

Nach **Abs 4 Buchst b, i** kann ein PartikularVerf zudem von einem Gl beantragt werden, des- **27**
sen Forderung einen Bezug zu einer in dem betreffenden Mitgliedstaat befindlichen Niederlassung des Schu aufweist. Auf das einschränkende Merkmal, dass nur ein räumlich durch Wohnsitz, gewöhnlichen Aufenthalt oder Sitz eng mit dem Staat der Niederlassung verbundener Gl antragsberechtigt ist, verzichtet die Neufassung. Dies korrespondiert mit der neu eingeführten Definition der lokalen Gl in Art 2 Nr 11, wonach der räumliche Bezug nur durch die **Forderung des Gl** vermittelt werden kann. Es muss sich um eine Forderung handeln, die sich aus dem Betrieb der Niederlassung[82] des Schu ergibt oder damit in Zusammenhang steht. Zur Auslegung kann auf die ähnliche Zuständigkeitsregelung in Art 5 Nr 5 aF bzw Art 7 Nr 5 nF EuGVVO zurückgegriffen werden,[83] wobei die spezifischen Ziele der EuInsVO zu beachten sind. Als Beispiel für „Forderungen gegen die Niederlassung" nennt der Erläuternde Bericht[84] die Forderungen von Angestellten, die in dieser Niederlassung tätig sind, von Personen, die über die Niederlassung eine Verpflichtung eingegangen sind, die in diesem Mitgliedstaat erfüllt werden müssen, sowie Forderungen von Steuerbehörden und Sozialversicherungsträgern gegenüber der Niederlassung. Es ist nicht entscheidend, dass der Erfüllungsort der Verpflichtungen am Ort der Niederlassung liegt.[85] Angesichts der mit der Reform erfolgten Erweiterung der Antragsbefugnis auf Behörden in **Abs 4 Buchst**

77 S Erwägungsgrund 37.
78 *EuGH* 17.11.2011 – C-112/10 (Zaza Retail) Rn 22, 29 ff.
79 *EuGH* 17.11.2011 – C-112/10 (Zaza Retail) Rn 23.
80 *K/P/B/Kemper* Art 3 Rn 39.
81 *EuGH* 17.11.2011 – C-112/10 (Zaza Retail) Rn 24 ff.
82 S Erl Art 2 Nr 13 .
83 *Braun/Tashiro/Delzant* Art 3 Rn 36; MK/*Thole* Art 3 EuInsVO 2000 Rn 95.
84 Nr 85 des Erläuternden Berichts.
85 MK/*Thole* Art 3 EuInsVO 2000 Rn 95; *ders* zu Art 2 EuInsVO 2015 Rn 17.

b, ii hat es keine praktischen Auswirkungen mehr, dass sich der Begriff „**Gläubiger**" iSd Abs 4 Buchst b, i nicht auf Behörden eines Mitgliedstaats erstreckt, die nach nationalem Recht im Allgemeininteresse die VerfEröffnung beantragen können, aber weder Gl sind, noch im Namen und für Rechnung der Gl eingreifen.[86] Nunmehr können Behörden ein PartikularVerf einleiten lassen, wenn sie nach dem Recht des betreffenden Mitgliedstaates antragsbefugt sind, selbst wenn ihnen keine Forderung gegen den Schu zusteht. .

28 Das PartikularVerf kann ebenso wie das HauptInsVerf andere Zwecke als die Liquidation eines Schu verfolgen. Daher können auch SanierungsVerf im Niederlassungsstaat eingeleitet werden. Anders als bei der Eröffnung eines SekundärInsVerf hat das nach Art 3 Abs 4 int zuständige Gericht zu prüfen, ob **InsGründe** (etwa Zahlungsunfähigkeit oder Überschuldung) vorliegen bzw drohen. Diese beurteilen sich ebenfalls gem Art 4 nach der *lex fori concursus* des Eröffnungsstaates.[87] Fraglich ist, ob bei deren Prüfung wegen der territorial beschränkten Wirkungen des PartikularVerf nur auf die im Eröffnungsstaat befindliche Niederlassung des Schu abzustellen ist oder stattdessen eine globale Sicht auf die Vermögenssituation des Schu geboten ist. Nach wohl hM ist zu unterscheiden, ob es um den InsGrund der Zahlungsunfähigkeit geht oder um die Überschuldung. Bei der Bestimmung der Zahlungsunfähigkeit seien die für eine globale Betrachtung erforderlichen Ermittlungen des zuständigen Gerichts wenig praktikabel und häufig zu zeitaufwendig, um dem Sinn eines PartikularVerf – Schutz der lokalen Gl – gerecht zu werden. Für die Feststellung der **Zahlungsfähigkeit** habe sich das Gericht am Zahlungsverhalten der gewerblichen Niederlassung in Deutschland, der Hauptniederlassung und allenfalls der Zweigniederlassungen in anderen europäischen Staaten zu orientieren.[88]

29 Hinsichtlich der Feststellung der **Überschuldung** dürften sich die praktischen Probleme zur Feststellung der weltweiten Überschuldung noch verstärken, weil der vorausgesetzte Vergleich der Aktiva und Passiva bezogen auf das gesamte Vermögen des Schu in einem weltweiten Maßstab erfolgen muss. Das Erg ist praktisch unbefriedigend; eine Beschränkung auf eine „partielle Überschuldung" scheitert allerdings daran, dass die Beurteilung der Ins einer juristischen Person nur einheitlich erfolgen kann.[89] Es ist somit eine umfassende Betrachtung sämtlicher Aktiva und Passiva des Schu – unabhängig von ihrer Belegenheit – erforderlich.[90]

IV. Internationale Konzerninsolvenzen

30 Die VO enthielt bislang keine Regelung zu KonzernIns. Die materiellen Unterschiede der nationalen InsBestimmungen werden als zu groß angesehen, um ein einziges InsVerf über das Vermögen eines gesamten grenzüberschreitenden Konzerns mit universaler Geltung für die gesamte Gemeinschaft zu realisieren. Allerdings hat die **reformierte VO**[91] in ihrem Kap V Regelungen zur KonzernIns eingeführt, um insb die Zusammenarbeit zwischen den InsVerw und den Gerichten im Falle der InsEröffnung über das Vermögen mehrerer, in verschiedenen Mitgliedstaaten ansässigen Unternehmen einer Gruppe zu fördern. Während Art 56 bis 60 die Zusammenarbeit und Kommunikation der am HauptIns- und SekundärVerf beteiligten Verw und Gerichte regeln, befassen sich die Art 61 ff mit dem Gruppen-

86 *EuGH* 17.11.2011 – C-112/10 Rn (Zaza Retail) 33 f .
87 MK-BGB/*Kindler* Art 3 Rn 74.
88 *BGH* ZIP 1998, 982, 986; MK/*Thole* Art 3 EuInsVO 2000 Rn 96; MK-BGB/*Kindler* Art 3 Rn 77 **aA** *K/P/B/Kemper* Art 3 Rn 46; *A/G/R/Gruber/Schulz* Art 3 EuInsVO aF Rn 129.
89 *K/P/B/Kemper* Art 3 Rn 47; MK-BGB/*Kindler* Art 3 Rn 78; *A/G/R/Gruber/Schulz* Art 3 EuInsVO aF Rn 128.
90 **AA** MK/*Thole* Art 3 EuInsVO 2000 Rn 96.
91 S Vorb Rn 6 ff vor Art 1, zum zeitlichen Anwendungsbereich s Art 1 Rn 11, Art 84.

KoordinationsVerf. Einen Konzerninsolvenzgerichtsstand gibt es allerdings auch mit der Neufassung nicht.[92] Weiterhin fehlen Regelungen, die eine rechtlich selbstständige Tochtergesellschaft als Niederlassung der Muttergesellschaft definieren.[93] Deshalb gilt im Anwendungsbereich der VO für die Eröffnung oder Verbindung von InsVerf der Grundsatz, dass für jeden der betroffenen Schu mit eigener Rechtspersönlichkeit die int Zuständigkeit nach Art 3 selbstständig festzustellen ist.[94] Diesen Grundsatz der EinzelIns behält die reformierte Fassung bei. Davon zu unterscheiden ist die Problematik, dass sich teilweise die Gerichte am Sitzort der Muttergesellschaft gem Art 3 Abs 1 für int zuständig halten, das (Haupt-)InsVerf nicht nur über die dort ansässige Mutter, sondern auch über eine oder mehrere inländische Töchter zu eröffnen.[95] Dies widerspricht an sich der EuGH-Rechtsprechung, mit der schon früh ausdrücklich klargestellt wurde, dass der Mittelpunkt der hauptsächlichen Interessen einer Tochtergesellschaft nicht zwingend am Sitzort des Mutterunternehmens ist.[96] Wenn nicht ausnahmsweise zugleich ein Verstoß gegen den *ordre public* festzustellen ist, muss die EröffnungsEntsch gleichwohl nach Art 19 anerkannt werden und darf in den anderen Mitgliedstaaten nicht in Frage gestellt werden.[97] Eine fehlerhafte Annahme der int Zuständigkeit allein reicht für die Heranziehung des *ordre public*-Vorbehalts in Art 33 nicht aus. In diesen Fällen liegt die Durchführung eines SekundärInsVerf in dem Staat nahe, in dem das Tochterunternehmen seinen Sitz bzw seine wesentlichen Produktionsstätten hat. Am Sitzort kann sich dann eine „Niederlassung" der Tochter iSv Art 2 Nr 10 befinden, wenn zugleich die tatsächlichen Anforderungen des Art 2 Nr 10 erfüllt sind und zwar selbst dann, wenn die Tochtergesellschaft über eine eigene Rechtspersönlichkeit verfügt.[98]

Die **Vermischung des Vermögens** zweier Gesellschaften begründet nicht die Annahme einer **31**
einheitlichen int Zuständigkeit.[99] Ein nach Art 3 Abs 1 für einen Schu zuständiges Gericht kann nicht in Anwendung seines nationalen Rechts eine andere rechtliche Einheit allein aufgrund einer Vermischung der Vermögensmassen einem InsVerf unterwerfen, ohne zu prüfen, wo sich der Mittelpunkt der hauptsächlichen Interessen dieser Einheit befindet.

Artikel 4 Prüfung der Zuständigkeit

(1) Das mit einem Antrag auf Eröffnung eines Insolvenzverfahrens befasste Gericht prüft von Amts wegen, ob es nach Artikel 3 zuständig ist. In der Entscheidung zur Eröffnung des Insolvenzverfahrens sind die Gründe anzugeben, auf denen die Zuständigkeit des Gerichts beruht sowie insbesondere, ob die Zuständigkeit auf Artikel 3 Absatz 1 oder Absatz 2 gestützt ist.

(2) Unbeschadet des Absatzes 1 können die Mitgliedstaaten in Insolvenzverfahren, die gemäß den nationalen Rechtsvorschriften ohne gerichtliche Entscheidung eröffnet werden,

92 *Thole* ZEuP 2014, 39, 69.
93 *Duursma-Kepplinger/Duursma/Chalupsky* EuInsVO Art 27 Rn 26; *Haß/Huber/Gruber/Heiderhoff* Art 27 Rn 8; *Pannen/Herchen* EuInsVO Art 27 Rn 28; vgl Erl zu Art 2 Rn 15.
94 Nr 76 des Erläuternden Berichts.
95 *High Court of Justice Leeds* ZIP 2003, 1362 – ISA/Daiytek; *AG München* ZIP 2004, 962 – Hettlage; *AG Siegen* NZI 2004, 673; *High Court of Justice Birmingham* NZI 2005, 467 MG Rover.
96 *EuGH* 2.5.2006 – C-341/04 (Eurofood) Rn 26 ff.
97 *EuGH* 22.11.2012 – C-116/11 (Bank Handlowy) Rn 41; 4.9.2014 – C-327/13 (Burgo Group) Rn 27.
98 *EuGH* 4.9.2014 – C-327/13 (Burgo Group) Rn 32 ff.
99 *EuGH* 22.11.2012 – C-116/11 (Rastelli Davide); krit *Paulus* EWiR 2012, 87 im Hinblick auf die Koordination von Konzerninsolvenzen.

den in einem solchen Verfahren bestellten Verwalter damit betrauen, zu prüfen, ob der Mitgliedstaat, in dem der Antrag auf Eröffnung des Verfahrens anhängig ist, gemäß Artikel 3 zuständig ist. Ist dies der Fall, führt der Verwalter in der Entscheidung zur Verfahrenseröffnung die Gründe auf, auf welchen die Zuständigkeit beruht sowie insbesondere, ob die Zuständigkeit auf Artikel 3 Absatz 1 oder Absatz 2 gestützt ist.

Übersicht

I. Vorbemerkung und Normzweck

1 Die mit der Reform 2015 neu eingeführte[1] Regelung des Art 4 Abs 1, wonach die mit der VerfEröffnung befassten Gerichte ihre int Zuständigkeit iSv Art 3 von Amts wegen zu prüfen haben, unterstreicht die Intention des Reformgesetzgebers, ein missbräuchliches *forum shopping* zu unterbinden.[2] Die darüber hinaus festgeschriebene Begründungspflicht nach Art 4 Abs 1 S 2 sichert zugleich ab, dass die Gerichte ihre int Zuständigkeit sorgfältig prüfen und soll zu unionsweit einheitlichen Standards führen. Für die deutschen InsGerichte bringt diese Neuregelung aufgrund der schon zuvor aus § 5 Abs 1 S 1 InsO folgenden amtswegigen Prüfungspflicht und der in Art 102 § 2 EGInsO festgelegten Begründungspflicht in der Praxis keine Änderungen mit sich. Da es mit dem erweiterten Anwendungsbereich der reformierten VO zunehmend auch erfasste InsVerf ohne gerichtlichen Eröffnungsbeschluss geben wird,[3] kann die Prüfung der int Zuständigkeit nach Art 4 Abs 2 auch den in solchen Verf bestellten Verw anvertraut werden, die ihre Entsch nach S 2 ebenfalls zu begründen haben. Eine gerichtliche Nachprüfung der Entsch des Gerichts oder des Verw ist nach Art 5 möglich.

II. Einzelheiten

2 **1. Amtswegige Prüfung.** Das angerufene InsGer hat seine int Zuständigkeit von Amts wegen zu prüfen. Dies bedeutet, dass die Anknüpfungstatsachen zur Feststellung des COMI iSv Art 3[4] von Amts wegen gerichtlich zu prüfen sind und das Gericht dabei nicht an einen unstreitigen Vortrag der Verfahrensbeteiligten gebunden ist.[5] Mit diesem Grundsatz ist indes noch keine Aussage darüber getroffen, ob bei der Nachprüfung der Amtsermittlungs- oder der Beibringungsgrundsatz gilt. Erwägungsgrund 32 spricht eher gegen eine Amtsermittlungspflicht, weil das angerufene Gericht den Schu erst bei Zweifeln an seiner Zuständigkeit zur Vorlage zusätzlicher Nachweise aufzufordern hat und dem betroffenen Gl rechtliches Gehör gewähren kann. Die Frage einer Amtsermittlungspflicht ist aber letztlich weiterhin nach dem nationalen VerfRecht des Eröffnungsstaates zu beantworten.[6] Damit können in den Mitgliedstaaten unterschiedliche Grundsätze bei der Prüfung der int Zuständigkeit anzuwenden sein, was sich auf die Beibringungslast des jeweiligen Antragstellers auswirkt.

1 S zur Reform Vorb Rn 6 ff vor Art 1, zum zeitlichen Anwendungsbereich s Art 1 Rn 12.
2 Vgl Erwägungsgründe 29 f.
3 S zum Anwendungsbereich Art 1 Rn 3.
4 S Erl zu Art 3 Rn 5 ff.
5 Vgl zu § 5 Abs 1 InsO *BGH* ZIP 2012, 139 Rn 10.
6 A/*G/R/Gruber/Schulz* Art 4 EuInsVO nF Rn 1; MK/*Thole* Art 4 EuInsVO 2015 Rn 3; *ders* IPRax 2017, 213, 216.

Nach deutschem VerfRecht bestseht **keine Ermittlungspflicht von Amts wegen**. Vielmehr hat der jeweilige Antragsteller in seinem Antrag alle die int Zuständigkeit des angerufenen Gerichts begründenden Tatsachen anzugeben.[7] Bei Zweifeln an der int Zuständigkeit ist der Schu allerdings zunächst zur Vorlage weiterer Nachweise aufzufordern und einem betroffenen Gl kann rechtliches Gehör gewährt werden.[8] Sofern ein Gl den Antrag auf Eröffnung des InsVerf gestellt hat, ist dieser im Zweifelsfall zu hören und gegebenenfalls zur Beibringung weiterer Nachweise aufzufordern.[9] Die Frage, welche Anforderungen an die Feststellung des Interessemittelpunkts durch das InsGer zu stellen sind, ist für das dt Recht dahin zu beantworten, dass sich das InsGer vom Vorliegen dieser Voraussetzungen eine persönliche Überzeugung zu verschaffen hat, die dem Beweismaß des § 286 Abs 1 ZPO entspricht.[10] 3

Die **Darlegungsanforderungen** an den Eröffnungsantrag werden durch die Vermutungsregeln bei der Lokalisierung des COMI beeinflusst. So sind sie geringer, wenn ein Gericht am satzungsgemäßen Sitz der Gesellschaft angerufen wird, weil in einem solchen Fall die Vermutungsregel des Art 3 Abs 1 Unterabs 1 und 2 S 1 greift.[11] Wendet sich der Antragsteller aber an ein dt Gericht, obwohl hier nicht der satzungsgemäße Sitz der Schuldnergesellschaft liegt, hat er zu den maßgeblichen Umständen eines in Deutschland belegenen Mittelpunkts der hauptsächlichen Interessen substantiiert vorzutragen. Erst bei hinreichenden Anhaltspunkten entsteht die Ermittlungspflicht des Gerichts nach § 5 Abs 1 S 1 InsO.[12] Für die bei dt Gerichten eingehenden Anträge hat der Gesetzgeber für neue Verf[13] in **Art 102c § 5 S 1 EGInsO** konkretisiert, welche **Angaben** im Antrag enthalten sein müssen. Diese Anforderungen gelten allerdings ausdrücklich erst dann, wenn Anhaltspunkte dafür ersichtlich sind, dass der COMI des Schu in einem anderen Mitgliedstaat als in Deutschland liegen könnte. Aufgrund der Suspektsperiode nach Art 3 Abs 1 Unterabs 1 bis 2 S 2 ist in solchen Fällen etwa anzugeben, seit wann der Sitz, die Hauptniederlassung oder der gewöhnliche Aufenthalt des Schu an dem im Antrag genannten Ort liegt. 4

Für die **Sachverhaltsermittlung** kann das mit der Eröffnungsentscheidung befasste Gericht bzw der Verw die nach der *lex fori* möglichen Instrumente ergreifen. So kann ein deutsches Gericht die Beteiligten oder Zeugen hören, § 5 Abs 1 S 2, § 10 InsO oder eine mündliche Verhandlung anberaumen, § 5 Abs 2 S 2 InsO. Ferner kann ein Sachverständigengutachten in Auftrag gegeben oder der Sachverständige vernommen werden, § 5 Abs 1 S 2 InsO. 5

2. Entscheidung durch das Gericht oder den Verwalter. Nach Abschluss der amtswegigen Prüfung trifft das Gericht – bzw im Falle einer iSv Abs 2 S 1 durch den Mitgliedstaat vorgesehenen Befugnis der Verw – seine Entsch zur Eröffnung eines InsVerf. Dies erfasst nach Art 2 Nr 7 stattgebende oder abweisende Entsch zur Eröffnung oder zur Bestätigung der Eröffnung eines InsVerf sowie zur Bestellung eines Verw. Die erfassten InsVerf sind iSd erweiterten Anwendungsbereichs der VO zu verstehen.[14] So ist mit der reformierten Fassung der VO klargestellt, dass es sich um vorläufige oder einstweilige InsVerf handeln kann.[15] Eine Überprüfung der EröffnungsEntsch ist nach Art 5 möglich. 6

---

7 *BGH* ZIP 2012, 139 Rn 11 f.
8 Erwägungsgrund 32.
9 *Braun/Tashiro* Rn 13
10 *BGH* ZInsO 2010, 1013.
11 *Kolmann* S 284 ff; *Smid* DZWIR 2004, 398, 401; *Wimmer* ZinsO 2005, 19, 122; strengere Maßstäbe setzt *Braun/Tashiro* Rn 7 ff an.
12 *BGH* ZIP 2012, 139 Rn 12; s vorstehend Rn 2 f.
13 Mit Ausnahme von VerbraucherInsVerf, vgl Art 102c § 5 S 2 EGInsO.
14 S Erl zu Art 1 Rn 4 und Art 2 Rn 4.
15 Vgl Erwägungsgrund 15 sowie Erl zu Art 1 Rn 4 und Art 2 Rn 4.

7 Die durch die angerufenen Gerichte bzw bestellten Verw spätestens seit Einführung dieser Regelung gebotene sorgfältige Prüfung ihrer int Zuständigkeit wird um eine Pflicht zur **Begründung** ihrer Entsch nach Abs 1 S 2 und Abs 2 S 2 ergänzt.[16] Die Gerichte bzw die Verw haben in den Gründen insbesondere anzugeben, ob sie über ihre Zuständigkeit für ein HauptInsVerf nach Art 3 Abs 1 oder ein PartikularVerf nach Art 3 Abs 2 entschieden haben. In dieser Weise ist sichergestellt, dass ein später angerufenes Gericht eines anderen Mitgliedstaates anhand der Entscheidungsgründe feststellen kann, ob dort die Eröffnung eines HauptInsVerf überhaupt möglich ist oder durch ein bereits laufendes HauptInsVerf in einem anderen Mitgliedstaat gesperrt ist.[17] Zur Erleichterung dieser Feststellung ist im dt VerfRecht vorgesehen, dass schon im Antrag auf Eröffnung eines InsVerf anzugeben ist, ob in einem anderen Mitgliedstaat bereits ein InsAntrag gestellt oder ein HauptInsVerf eröffnet wurde, Art 102c § 5 S 1 Nr 4 EGInsO.

16 Im dt Recht galt dies auch schon für vor der Reform der EuInsVO geltende Eröffnungsentscheidungen, s Art 102 § 2 EGInsO.
17 Vgl zum Prioritätsgrundsatz Art 3 Rn 13.

Artikel 5 Gerichtliche Nachprüfung der Entscheidung zur Eröffnung des Hauptinsolvenzverfahrens

(1) Der Schuldner oder jeder Gläubiger kann die Entscheidung zur Eröffnung des Hauptinsolvenzverfahrens vor Gericht aus Gründen der internationalen Zuständigkeit anfechten.

(2) Die Entscheidung zur Eröffnung des Hauptinsolvenzverfahrens kann von anderen als den in Absatz 1 genannten Verfahrensbeteiligten oder aus anderen Gründen als einer mangelnden internationalen Zuständigkeit angefochten werden, wenn dies nach nationalem Recht vorgesehen ist.

Übersicht

I. Vorbemerkung und Normzweck

1 Mit der Konkretisierung der Zuständigkeitsregelungen der VO sowie der in Art 4 nF neu eingeführten amtswegigen Prüfungspflicht der Gerichte hat der Reformgeber zugleich eine unionsweite Möglichkeit zur Überprüfung der EröffnungsEntsch etabliert. Diese Überprüfung war bislang nur bei entsprechenden nationalen Rechtsbehelfsregelungen möglich. Die Anfechtungsmöglichkeit nach Art 5 nF soll sicherstellen, dass ein InsVerf tatsächlich nur in einem Mitgliedstaat eröffnet wird, dessen Gerichte hierfür tatsächlich zuständig sind.[1] Vorgesehen ist eine Anfechtungsmöglichkeit durch den Schu und jeden Gl sowie weiterer nach der *lex fori* vorgesehener Rechtsmittelführer, ohne dass die VO territoriale oder zeitliche Beschränkungen nennt. Verzichtet wurde auf eine mit der EröffnungsEntsch verbundene Verpflichtung, die bekannten Gl hierüber zu unterrichten.[2] Allerdings besteht aufgrund der Einführung von InsRegistern nach Art 24 ff auch für ausländische Gl eine Möglichkeit, sich über die Eröffnung eines InsVerf in einem anderen Mitgliedstaat zu erkundigen. Zudem hat

1 Vgl Vorschlag der Kommission v 12.12.2012, COM(2012) 744 S 7.
2 So noch der Vorschlag der Kommission v 12.12.2012, COM(2012) 744 S 24 unter Art 3b Abs 3 S 2.

der Verw oder ein Schu in Eigenverwaltung die Pflicht, eine öffentliche Bekanntmachung der EröffnungsEntsch zumindest im Mitgliedstaat einer Niederlassung zu veranlassen, Art 28.

II. Einzelheiten

Nach Abs 1 der Regelung sind der Schu sowie jeder Gl **anfechtungsberechtigt** und können hiermit die int Zuständigkeit des Gerichts durch das Rechtsmittelgericht im Eröffnungsstaat überprüfen lassen. Abs 2 stellt klar, dass darüber hinaus ein anderer VerfBeteiligter dieses Rechtsmittel ergreifen kann, wenn diese Möglichkeit im nationalen Recht vorgesehen ist. Es können neben der Frage der int Zuständigkeit auch andere Gründe gegen die EröffnungsEntsch geltend gemacht werden, sofern dies nach nationalem Recht zulässig ist. Erweitert wird die Anfechtungsbefugnis in Art 39 im Falle der Eröffnung eines SekundärInsVerf: Danach kann der Verw des HauptInsVerf die Eröffnung des Verf mit der Begründung anfechten, das Gericht habe den Voraussetzungen und Anforderungen des Artikels 38 nicht entsprochen. 2

Dabei ist für die Beurteilung, ob eine **Eröffnungsentscheidung** vorliegt, auf Art 2 Nr 7 abzustellen. Erfasst sind stattgebende oder abweisende, vorläufige oder endgültige Entsch zur Eröffnung oder Bestätigung der Eröffnung eines InsVerf sowie zur Bestellung eines Verw. Die Eröffnung kann sich auf jedes vom sachlichen Anwendungsbereich der VO erfasste InsVerf beziehen.[3] 3

Die weiteren **Voraussetzungen und Folgen** einer Anfechtung der EröffnungsEntsch unterliegen der *lex fori* des Eröffnungsstaates.[4] Demnach sind etwa Rechtsmittelfristen, das zuständige Gericht und die Wirkungen des RechtsmittelVerf dem autonomen nationalen Recht des betreffenden Mitgliedstaates zu entnehmen. Die Nachprüfung hat nach dem eindeutigen Wortlaut des Art 5 Abs 1 durch ein Gericht zu erfolgen und zwar auch dann, wenn der bestellte Verw nach Art 4 Abs 2 die EröffnungsEntsch getroffen hat. Hierbei muss es sich gemäß Art 2 Nr 6 Buchst i um ein Justizorgan eines Mitgliedstaates handeln. Für das **dt Recht** ist in Art 102c § 4 S 1 EGInsO die sofortige Beschwerde als zulässiges Rechtsmittel vorgesehen,[5] welche somit eine im grenzüberschreitenden Kontext äußerst knapp bemessene zweiwöchige Beschwerdefrist nach § 569 ZPO mit sich bringt. Gegen die Entscheidung des Beschwerdegerichts ist die Rechtsbeschwerde statthaft, wie der in Art 102c § 4 S 2 EGInsO enthaltene Verweis auf die Regelungen des §§ 574 ff ZPO zeigt. 4

Artikel 6 Zuständigkeit für Klagen, die unmittelbar aus dem Insolvenzverfahren hervorgehen und in engem Zusammenhang damit stehen

(1) Die Gerichte des Mitgliedstaats, in dessen Hoheitsgebiet das Insolvenzverfahren nach Artikel 3 eröffnet worden ist, sind zuständig für alle Klagen, die unmittelbar aus dem Insolvenzverfahren hervorgehen und in engem Zusammenhang damit stehen, wie beispielsweise Anfechtungsklagen.

(2) Steht eine Klage nach Absatz 1 im Zusammenhang mit einer anderen zivil- oder handelsrechtlichen Klage gegen denselben Beklagten, so kann der Verwalter beide Klagen bei den Gerichten in dem Mitgliedstaat, in dessen Hoheitsgebiet der Beklagte seinen Wohnsitz hat, oder – bei einer Klage gegen mehrere Beklagte – bei den Gerichten in dem Mitglied-

3 S Erl zu Art 1 Rn 2 ff.
4 Erwägungsgrund 34.
5 Die Anfechtungsmöglichkeiten nach § 34 InsO waren zu eng gefasst, vgl *Braun/Tashiro* Art 5 Rn 14.

staat, in dessen Hoheitsgebiet einer der Beklagten seinen Wohnsitz hat, erheben, vorausgesetzt, die betreffenden Gerichte sind nach der Verordnung (EU) Nr. 1215/2012 zuständig.

Unterabsatz 1 gilt auch für den Schuldner in Eigenverwaltung, sofern der Schuldner in Eigenverwaltung nach nationalem Recht Klage für die Insolvenzmasse erheben kann.

(3) Klagen gelten für die Zwecke des Absatzes 2 als miteinander im Zusammenhang stehend, wenn zwischen ihnen eine so enge Beziehung gegeben ist, dass eine gemeinsame Verhandlung und Entscheidung zweckmäßig ist, um die Gefahr zu vermeiden, dass in getrennten Verfahren miteinander unvereinbare Entscheidungen ergehen.

Übersicht

I. Vorbemerkung und Normzweck

1 Mit der ausdrücklichen Regelung der int Zuständigkeit für insolvenzbezogene Klagen im neugefassten Art 6 kodifiziert der Reformgeber die Rechtsprechung des EuGH zu den sog AnnexVerf.[1] Nach der bisherigen Fassung der VO bestand eine Zuständigkeitslücke für solche Klagen, die im Zusammenhang mit einem InsVerf standen.[2] Sie wurden in Art 3 nicht erwähnt. Für diese Verf konnte ebenso wenig auf die Vorschriften der EuGVVO[3] zurückgegriffen werden, die in Art 1 Abs 2 Buchst b konkursbezogene Klagen aus ihrem Anwendungsbereich ausdrücklich ausschließt.[4] Die Regelungen der EuGVVO und der EuInsVO sollen jedoch lückenlos ineinander greifen.[5] Zudem spricht die bessere Effizienz und das Interesse an einer Beschleunigung der InsVerf für eine Zuständigkeitskonzentration im Mitgliedstaat der VerfEröffnung, weshalb der EuGH wiederholt betont hat, dass sich die int Zuständigkeit der Gerichte für insolvenzbezogene AnnexVerf aus einer analogen Anwendung des Art 3 ergeben könne.[6] Diese Rechtsprechung behält ihre Bedeutung für die unter die bisherige Fassung der VO fallenden AnnexVerf.[7] Für nach dem 26.6.2017 erhobene AnnexVerf kann die int Zuständigkeit direkt auf Art 6 Abs 1 gestützt werden. Neu ist die in Abs 2 eingeführte Zusammenhangsklage[8], wonach ein AnnexVerf zugleich mit einer hiermit im Zusammenhang stehenden zivil- oder handelsrechtlichen Klage gegen denselben Beklagten bei den Gerichten an dessen Wohnsitz anstatt im InsEröffnungstaat eingeleitet werden darf; vorausgesetzt ist, dass die Wohnsitzgerichte nach der EuGVVO int zuständig sind.

II. Einzelheiten

2 Die Regelung des Art 6 ist nicht nur bei HauptInsVerf, sondern auch bei SekundärInsVerf anwendbar, wie sich aus Art 21 Abs 2 S 2 schließen lässt.[9] Ein InsVerw kann somit eine

1 S Begründung der Kommission in ihrem Reformvorschlag v 12.12.2012, COM(2012) 744 S 7.
2 *Duursma-Kepplinger/Duursma/Chalupsky* Art 25 Rn 44; *Mörsdorf-Schulte* NZI 2008, 282, 283.
3 S Art 1 Fn 27.
4 Vgl zu Art 1 Abs 1 des Vorläuferübereinkommens *EuGH* 22.2.1979 – 133/78 (Gourdain) Rn 4.
5 *EuGH* 11.6.2015 – C-649/13 (Nortel Networks) Rn 26.
6 *EuGH* 12.2.2009 – C-339/07 (Deko Marty Belgium) Rn 19 ff ; 19.4.2012 - C-213/10 (Lietuvos Auk,sèiausiasis Teismas) Rn 29; *EuGH* 16.1.2014 – C-328/12 (Schmid) Rn 30.
7 Vgl zum zeitlichen Anwendungsbereich Erl zu Art 1 Rn 11; Art 84.
8 Vgl *Thole/Swierczok* ZIP 2013, 550, 533.
9 *Braun/Tashiro* Art 6 Rn 4.

Annexklage im Mitgliedstaat des SekundärInsVerf erheben, wenn sie sich auf das SekundärInsVerf – etwa bei einer Anfechtungsklage auf diesem unterliegende Vermögensgegenstände[10] – bezieht. Insoweit besteht eine alternative (nicht ausschließliche) Zuständigkeit zu den Gerichten des Mitgliedstaates, in welchem das HauptInsVerf eröffnet wurde.[11] Diese Annexzuständigkeiten sind als exklusive, damit unabdingbare Gerichtsstände anzusehen,[12] wie sich *arg e contrario* aus Abs 2 schlussfolgern lässt. Es ist nur in Ausnahmefällen vorgesehen, dass eine Klage alternativ im Mitgliedstaat, in dessen Hoheitsgebiet der Beklagte seinen Wohnsitz hat, erhoben werden kann.[13] Wie schon nach der alten Fassung der VO ist davon auszugehen, dass die Zuständigkeitsregelung auch eingreift, wenn der Beklagte seinen Wohnsitz in einem Drittstaat hat.[14]

1. AnnexVerf iSv Abs 1. Die Neuregelung in Abs 1 greift die vom EuGH entwickelte und bereits in Art 25 Abs 1 Unterabs 2 aF (jetzt Art 32 Abs 1 Unterabs 2) aufgenommene Definition der AnnexEntsch auf. Danach muss es sich um eine Klage handeln, die „unmittelbar **aus dem Insolvenzverfahren hervorgeht** und damit **in engem Zusammenhang steht**, wie etwa Anfechtungsklagen. Die mit dieser Formulierung verbundenen Abgrenzungsschwierigkeiten[15] werden hierdurch selbstverständlich weiterhin auftreten, auch wenn die Regelung ein konkretes Beispiel – die Anfechtungsklage – aufführt.[16] **Erwägungsgrund 35** ergänzt klarstellend, dass hierzu insbesondere Klagen in Bezug auf Verpflichtungen gehören, die sich im Verlauf des InsVerf ergeben, wie etwa Vorschüsse für Verfahrenskosten. Hierunter fallen auch Klagen des InsVerw wegen der Unwirksamkeit von Verfügungen des Schu nach §§ 24, 81 InsO.[17] Anders soll dies hingegen mit Klagen sein, welche die Erfüllung vertraglicher Verpflichtungen zum Gegenstand haben, die der Schu vor der Einleitung des InsVerf eingegangen ist. Dieses Verständnis entspricht der Rechtsprechung des EuGH, wonach eine vom InsVerw erhobene Klage auf Erfüllung eines Zahlungsanspruchs aus einem Beförderungsvertrag nicht insolvenzbezogen, sondern allgemeiner zivilrechtlicher Natur ist.[18] 3

Ausschlaggebendes Kriterium zur Beurteilung der Insolvenzbezogenheit wird gem der Rechtsprechung des EuGH weiterhin die **Rechtsgrundlage**, nicht aber der prozessuale Kontext sein, in dem die jeweilige Klage steht.[19] Danach ist zu prüfen, ob der zugrunde liegende Anspruch oder die zugrunde liegende Verpflichtung den allgemeinen Regeln des Zivil- und Handelsrechts oder den abw Sonderregeln für InsVerf entspringt.[20] Dabei kommt es auf die Klageforderung selbst, nicht aber auf mögliche Verteidigungsmittel – etwa die hilfsweise geltend gemachte insolvenzrechtliche Unzulässigkeit eines Aufrechnungseinwandes (§ 96 Abs 1 Nr 3 InsO) – an.[21] 4

---

10 *EuGH* 11.6.2015 – C-649/13 (Nortel Networks) Rn 38.
11 *EuGH* 11.6.2015 – C-649/13 (Nortel Networks) Rn 39 ff.
12 MK/*Thole* Art 6 EuInsVO 2015 Rn 3.
13 *Braun/Tashiro* Art 6 Rn 5; *Prager/Keller* NZI 2013, 56, 59; kritisch hierzu *Kindler* KTS 2014, 25, 35 ff; *Thole/Swierczok* ZIP 2013, 550, 553.
14 Vgl *EuGH* 16.1.2014 – C-328/12 (Schmid).
15 *Fehrenbach* IPRax 2009, 492, 496; *Brinkmann* IPRax 2010, 324, 325 ff; *Mankowski* NZI 2014, 922.
16 So schon bislang *EuGH* 12.2.2009 – C-339/07 (Deko Marty Belgium); *BGH* ZIP 2009, 1294.
17 *OLG Düsseldorf* ZIP 2015, 794.
18 *EuGH* 4.9.2014 – C-157/13 (Nickel) Rn 28 ff.
19 *EuGH* 4.9.2014 – C-157/13 (Nickel) Rn 27; 11.6.2015 – C-649/13 (Nortel Networks) Rn 28; 9.11.2017 – C-641/16 (Tünkers France) Rn 22.
20 *EuGH* 9.11.2017 – C-641/16 (Tünkers France) Rn 22.
21 *BGH* 16.9.2015 – VIII ZR 17/15 Rn 21 ff.

5 Erfasst sind zB Klagen, welche die **Haftung des InsVerw** auf Schadensersatz betreffen, weil sie sich auf die Verletzung insolvenzspezifischer Pflichten stützen und damit ihre Grundlage im InsRecht zu finden ist. Auch die **Aufteilung des Erlöses** aus der Veräußerung von Vermögenswerten des Schu zwischen dem Haupt- und dem SekundärInsVerf entspringt insolvenzrechtlichen Sonderregeln, weshalb eine Auseinandersetzung hierüber dem Anwendungsbereich der VO unterliegt.[22] Die Zuständigkeit für Verf, die sich auf ein **Aussonderungsrecht** stützen, soll sich dagegen allein nach den Regelungen der EuGVVO beurteilen.[23] Für Verf aufgrund eines **Absonderungsrechts** ist die Insolvenzbezogenheit iSd EuInsVO jedenfalls bei einem Streit um die bevorzugte Rangstellung dieses Gl anzunehmen.[24] Umstritten ist auch, ob Klagen der Gl auf **Feststellung eines Anspruchs zur Tabelle** in den Anwendungsbereich der EuGVVO oder der EuInsVO fallen.[25] **InsAnfechtungsklagen** sind nunmehr ausdrücklich als Beispielsfall für AnnexVerf iSd Art 6 Abs 1 aufgeführt. Sie waren schon nach der alten Fassung von der VO erfasst,[26] selbst bei einem Beklagten mit Sitz in einem Drittstaat.[27] Einen hinreichenden Zusammenhang zum InsVerf hat der EuGH allerdings verneint, wenn der Verw den Anfechtungsanspruch abgetreten hat, und es um die Klage des Zessionars gegen den Anfechtungsgegner geht.[28] Begründet wurde dies mit dem Umstand, dass der Zessionar nicht im Interesse der GlGemeinschaft handele und über die Geltendmachung des Anspruchs frei – auch noch nach Abschluss des InsVerf – entscheiden könne. Ebenso fehlt der Insolvenzbezug bei einer Haftungsklage gegen eine Übernehmerin von Geschäftsbereichen der insolventen SchuGesellschaft, wenn die auf wettbewerbsrechtliche Vorsschriften gestützt wird und im Individualinteresse verfolgt wird.[29]

6 Bei **Haftungsklagen gegen einen Geschäftsführer** nach § 64 S 1 GmbHG hat der EuGH die int Zuständigkeit gem Art 3 Abs 1 aF jedenfalls dann bejaht, wenn sie im Rahmen eines InsVerf erhoben wurden.[30] Eine solche Klage wird anlässlich eines InsVerf erhoben und setzt voraus, dass insolvenzrechtliche Tatbestände – eine materielle Zahlungsunfähigkeit bzw Überschuldung – geprüft werden. Dementsprechend ist die im französischen Recht mögliche Klage des InsVerw auf (teilweise) Deckung der Gesellschaftsschulden gegen die früheren Führungskräfte der Gesellschaft *(action en comblement du passif)* als insolvenzbezogen zu bewerten,[31] weil ein zur fehlenden Deckung mitverantwortliches Fehlverhalten der ehemaligen Führungskräfte festgestellt werden muss. Aufgrund der Insolvenzbezogenheit der Verf können die zuständigen Gerichte des Eröffnungsstaates nach Art 7 (Art 4 aF) auf die *lex fori concursus* zurückgreifen.[32]

22 *EuGH* 11.6.2015 – C-649/13 (Nortel Networks) Rn 29 f.
23 So zur Klage des Vorbehaltsverkäufers *EuGH* 10.9.2009 C -292/08 (German Graphics); allgemein MK-BGB/*Kindler* Art 3 Rn 91; MK/*Thole* Art 3 EuInsVO 2000 R 123; *K Schmidt/Brinkmann* Art 3 Rn 54 f.
24 MK/*Thole* Art 3 EuInsVO 2000 Rn 126; *ders* ZEuP 2010, 907, 922; *K Schmidt/Brinkmann* Art 3 Rn 54; **aA** *A/G/R/Gruber/Schulz* Art 3 EuInsVO aF Rn 32; MK-BGB/*Kindler* Art 3 Rn 93.
25 Vgl hierzu *A/G/R/Gruber/Schulz* Art 1 EuInsVO aF Rn 33; MK/*Thole* Art 3 EuInsVO 2000 Rn 125; *OLG Frankfurt* 8.6.2016 – 4 U 162/15 Rn 42 ff; offen gelassen von *BGH* ZIP 2011, 328.
26 *EuGH* 12.2.2009 – C-339/07 (Deko Marty Belgium); *BGH* ZIP 2009, 1294.
27 *EuGH* 16.1.2014 – C-328/12 (Schmid); *BGH* ZIP 2014, 1132 Rn 7; krit hierzu *Paulus* EWiR 2014, 85.
28 *EuGH* 19.4.2012 – C-213/10 (Lietuvos Auk,sèiausiasis Teismas).
29 *EuGH* 9.11.2017 – C-641/16 (Tünkers France) Rn 23 ff.
30 *EuGH* 4.12.2014 – C-295/13 Rn 19, 25.
31 *EuGH* 22.2.1979 – 133/78 (Gourdain) Rn 4 zu Art 1 Abs 1 EuGVÜ.
32 *EuGH* 10.12.2015 – C-594/14 (Kornhaas/Dithmar) Rn 17.

2. Zusammenhangsklage iSv Abs 2 und Abs 3. Mit Geltung der reformierten Fassung[33] ist dem InsVerw bzw dem Schu in EigenVerw ausnahmsweise der alternative Gerichtsstand am Wohnsitz des Beklagten eröffnet worden. Diese Möglichkeit besteht, wenn eine Annexklage iSv Abs 1 im Zusammenhang mit einer anderen **zivil- oder handelsrechtlichen Klage gegen denselben Beklagten** steht, sofern die Gerichte am Wohnsitz des Beklagten **nach der EuGVVO[34] int zuständig** sind, Art 6 Abs 2 Unterabs 1. Bei mehreren Beklagten mit Wohnsitz in verschiedenen Mitgliedstaaten kann der InsVerw oder Schu in Eigenverwaltung die zusammenhängenden Klagen in einem der nach der EuGVVO zuständigen Wohnsitzstaaten erheben. Diese Befugnis besteht nach dem ausdrücklichen Wortlaut und Erwägungsgrund 35 nur für den **InsVerw** bzw den Schu in EigenVerw, nicht aber im umgekehrten Fall für den Anspruchsgegner, wenn dieser gegen den Schu oder InsVerw eine Klage erheben will.[35] Die Zuständigkeitskonzentration ist damit allein im Interesse der Masse an einer verfahrensökonomischen Erledigung eingeführt worden. 7

Sofern diese Möglichkeit der Zuständigkeitskonzentration zusammenhängender Klagen in Betracht gezogen wird, muss zunächst geprüft werden, ob die **EuGVVO anwendbar** ist und danach eine **int Zuständigkeit am Wohnsitz des Beklagten** für die zivil- bzw handelsrechtliche Klage begründet ist. Dies ist etwa zu verneinen, wenn eine vom Wohnsitz abweichende ausschließliche Zuständigkeit der Gerichte eines Mitgliedstaates nach Art 24 EuGVVO gegeben oder eine wirksame abweichende Gerichtsstandsvereinbarung iSv Art 25 EuGVVO getroffen worden ist. Ferner muss die Zuständigkeit aufgrund des dortigen **Wohnsitzes des Beklagten** iSv Art 4 iVm Art 62, 63 EuGVVO gegeben sein. Andere Gerichtsstände nach der EuGVVO, etwa der besondere Vertragsgerichtsstand (Art 7 Nr 1), kommen hingegen nicht in Betracht.[35] Der Begriff „Wohnsitz" erscheint auf den ersten Blick nur Klagen gegen natürliche Personen zu erfassen. Allerdings ist dieser Begriff im Kontext mit der EuGVVO zu verstehen, die in ihrem Art 63 Abs 1 klarstellt, dass bei Gesellschaften und juristischen Personen der Wohnsitz an dem Ort liegt, wo diese ihren satzungsmäßigen Sitz, ihre Hauptverwaltung oder Hauptniederlassung haben. Die EuGVVO versteht den Begriff somit in einem erweiterten Sinne. Aufgrund der ausdrücklichen Verweisung auf die EuGVVO ist dieses Verständnis auch bei Art 6 Abs 2 zugrunde zu legen und es ist davon auszugehen, dass eine Annexklage gegen eine juristische Person im Zusammenhang mit einer weiteren zivil- oder handelsrechtlichen Klage gegen diese am Satzungssitz, dem Ort der Hauptverwaltung oder der Hauptniederlassung erhoben werden kann.[36] 8

Abs 3 stellt klar, unter welchen Voraussetzungen ein **hinreichender Zusammenhang** der Klagen angenommen werden kann. Zwischen dem AnnexVerf und der zivil- bzw handelsrechtlichen Klage muss eine so enge Beziehung gegeben sein, dass eine gemeinsame Verhandlung und Entscheidung zweckmäßig ist, um die Gefahr zu vermeiden, dass in getrennten Verf miteinander unvereinbare Entsch ergehen. Der Zusammenhang ist demnach in allen Fällen zu bejahen, in denen die Gefahr von widersprüchlichen Entsch besteht. Die Definition des Zusammenhangs entspricht der Regelung in Art 8 Nr 1 und Art 30 Abs 3 EuGVVO nF, sodass sich die Auslegung an der hierzu ergangener Rechtsprechung orientieren kann.[37] Der EuGH befürwortet eine weite Auslegung, die alle Fälle erfasst, in denen die Gefahr einander widersprechender Entsch ergeht, selbst wenn die Entsch getrennt vollstreckt werden können 9

---

33 Zum zeitlichen Anwendungsbereich der VO s Erl Art 1 Rn 11, Art 84.

34 Verordnung (EU) Nr 1215/2012 v 12.12.2012, AblEU 2012 Nr 351/1; vormals Verordnung (EG) Nr 44/2001 v 22.12.2000, ABlEG 2001 Nr L 12/1.

35 *Thole/Swierczok* ZIP 2013, 550, 553.

36 *Braun/Tashiro* Art 6 Rn 26f.

37 MK/*Thole* Art 6 EuInsVO 2015 Rn 12; *A/G/R/Gruber/Schulz* Art 6 EuInsVO nF Rn 6; *Braun/Tashiro* Art 6 Rn 31.

und sich ihre Rechtsfolgen nicht gegenseitig ausschließen.[38] Den Klagen müssen dabei keine identischen Streitgegenstände zugrunde liegen.[39] So nennt die EuInsVO in ihrem Erwägungsgrund 35 als Beispiel den Fall, dass der Verw eine insolvenzrechtliche Haftungsklage gegen einen Geschäftsführer mit einer gesellschaftsrechtlichen oder deliktsrechtlichen Klage verbinden will. Ferner kann ein Zusammenhang bei InsAnfechtungsklagen und Klagen wegen Verstößen gegen Kapitalerhaltungsvorschriften (etwa nach §§ 30, 30 Abs 1 GmbHG) zu bejahen sein.[40] Der Zusammenhang kann sich bereits aus Einwendungen des Beklagten – etwa einer zur Aufrechnung gestellten Forderung – ergeben.[41]

Artikel 7 Anwendbares Recht

(1) Soweit diese Verordnung nichts anderes bestimmt, gilt für das Insolvenzverfahren und seine Wirkungen das Insolvenzrecht des Mitgliedstaats, in dessen Hoheitsgebiet das Verfahren eröffnet wird (im Folgenden „Staat der Verfahrenseröffnung“).

(2) Das Recht des Staates der Verfahrenseröffnung regelt, unter welchen Voraussetzungen das Insolvenzverfahren eröffnet wird und wie es durchzuführen und zu beenden ist. Es regelt insbesondere:

a) bei welcher Art von Schuldnern ein Insolvenzverfahren zulässig ist;
b) welche Vermögenswerte zur Insolvenzmasse gehören und wie die nach der Verfahrenseröffnung vom Schuldner erworbenen Vermögenswerte zu behandeln sind;
c) die jeweiligen Befugnisse des Schuldners und des Verwalters;
d) die Voraussetzungen für die Wirksamkeit einer Aufrechnung;
e) wie sich das Insolvenzverfahren auf laufende Verträge des Schuldners auswirkt;
f) wie sich die Eröffnung eines Insolvenzverfahrens auf Rechtsverfolgungsmaßnahmen einzelner Gläubiger auswirkt; ausgenommen sind die Wirkungen auf anhängige Rechtsstreitigkeiten;
g) welche Forderungen als Insolvenzforderungen anzumelden sind und wie Forderungen zu behandeln sind, die nach der Eröffnung des Insolvenzverfahrens entstehen;
h) die Anmeldung, die Prüfung und die Feststellung der Forderungen;
i) die Verteilung des Erlöses aus der Verwertung des Vermögens, den Rang der Forderungen und die Rechte der Gläubiger, die nach der Eröffnung des Insolvenzverfahrens aufgrund eines dinglichen Rechts oder infolge einer Aufrechnung teilweise befriedigt wurden;
j) die Voraussetzungen und die Wirkungen der Beendigung des Insolvenzverfahrens, insbesondere durch Vergleich;
k) die Rechte der Gläubiger nach der Beendigung des Insolvenzverfahrens;
l) wer die Kosten des Insolvenzverfahrens einschließlich der Auslagen zu tragen hat;
m) welche Rechtshandlungen nichtig, anfechtbar oder relativ unwirksam sind, weil sie die Gesamtheit der Gläubiger benachteiligen.

Übersicht

38 *EuGH* 6.12.2014 – C-406/92 (Tatry) Rn 53 zu Art 22 EuGVÜ (Vorläuferübereinkommen zur EuGVVO).
39 *Kropholler/v Hein* EuZPR Art 28 Rn 5.
40 *Thole/Swierczok* ZIP 2013, 550, 553.
41 *Musielak/Voit/Stadler* Art 30 EuGVVO Rn 2.

I. Vorbemerkung und Normzweck

Art 7 nF entspricht weitestgehend dem Art 4 aF, sodass mit der Reform 2015[1] keine inhaltlichen Änderungen verbunden sind. Die Vorschrift enthält die grundlegende Kollisionsnorm des Int InsR, wonach das InsR des Eröffnungsstaates ***(lex fori concursus)*** immer zur Anwendung kommt, soweit die VO keine davon abw Sonderregelung enthält. Anderweitige Bestimmungen finden sich in den Art 8–18. Die Verweisung auf die Sachnormen der *lex fori concursus* gilt für Haupt- sowie für SekundarInsVerf und die unabhängigen PartikularVerf[2] gleichermaßen. Die Grundanknüpfung an das InsR des Eröffnungsstaates hat den Vorteil, dass die Gerichte der Mitgliedstaaten das ihnen vertraute eigene Recht anwenden können. Art 7 gilt nicht im Verhältnis zu Drittstaaten, so dass in Fällen mit Drittstaatenbezügen das autonome KollisionsR des jeweiligen Mitgliedstaates zur Anwendung kommt. In Deutschland ist auf die Vorschriften in §§ 335–358 InsO zurückzugreifen, die im Wesentlichen mit den in der VO getroffenen GrundEntsch übereinstimmen. So gilt auch im autonomen dt Int InsR der Grundsatz der lex fori concursus (§ 335 InsO) mit einigen abweichenden Sonderanknüpfungen in den §§ 336–340 InsO. Da den deutschen Gerichten im Falle eines Schu mit einem COMI[3] außerhalb der EU oder in Dänemark nach § 3 InsO die int Zuständigkeit für die Eröffnung eines HauptInsVerf fehlt (möglich ist ein PartikularVerf, § 354 InsO) bedarf es nur selten eines Rückgriffs auf das autonome Int InsR. Denkbar ist dies etwa bei einem in einem Drittstaat eröffneten InsVerf, in welchem der InsVerw aber einen InsAnfechtungsanspruch oder anderen Annexanspruch vor deutschen Gerichten durchzusetzen versucht.[4] 1

II. Einzelheiten

Art 7 legt fest, welches Recht auf das InsVerf, dh seine **Eröffnung, Abwicklung und Beendigung sowie auf seine materiellen Wirkungen** anwendbar ist.[5] Neben den Wirkungen der Beendigung eines InsVerf regelt die Vorschrift auch die Auswirkungen auf die Rechte der Gl, die nicht an dem Verf teilgenommen haben.[6] So unterliegt die mögliche Verwirkung von Ansprüchen wegen der fehlenden Forderunganmeldung im InsVerf der *lex fori concursus.*[6] Die Maßgeblichkeit des InsStatuts gilt nicht nur für das HauptInsVerf, sondern nach Art 35 auch für das SekundärInsVerf. Das Gericht eines Mitgliedstaates hat somit im Rahmen eines SekundärInsVerf ebenfalls auf das nationale InsR abzustellen. Sofern sich beim Rückgriff auf das nationale Recht sog **Vorfragen** stellen, etwa bestimmte Eigentumsverhältnisse oder die Voraussetzungen einer inkongruenten Deckung, sind diese kollisionsrechtlich selbstständig anzuknüpfen.[7] 2

Abs 2 enthält eine beispielhafte, nicht abschließende Aufzählung der Punkte, für die das Recht der VerfEröffnung gilt. Die Liste hat einen rein klarstellenden Charakter und kann bei der Frage, ob eine nicht ausdrücklich in der Aufzählung genannte Regelung **insolvenzrechtlich zu qualifizieren** ist und damit von Art 7 Abs 1 erfasst wird, herangezogen werden.[8] Denn auch hier gilt, dass bei Abgrenzungsschwierigkeiten nicht auf das nationale Verständnis abzustellen ist, sondern eine autonome Auslegung darüber zu erfolgen hat, was vom – 3

---

1 Zur Reform s Vorb Rn 6 ff vor Art 1–47.
2 Vgl zur Unterscheidung in Art 3 Rn 2 und vor §§ 335 ff Rn 10 InsO.
3 S Art 3 Rn 5 ff.
4 Vgl zum Anwendungsbereich Erl vor §§ 335 ff Rn 16 ff.
5 Nr 88 des Erläuternden Berichts.
6 *EuGH* 9.11.2015 – C-212/15 (ENEFI) Rn 28.
7 *BGH* ZIP 2015, 42 Rn 12.
8 *BGH* ZIP 2011, 1175 Rn 16 ff zur Qualifizierung des deutschen EigenkapitalR.

eng zu verstehenden[9] – Insolvenzbegriff umfasst wird.[10] So bestehen bei der Einordnung von Haftungsklagen gegen ehemalige Organe oder leitende Angestellte eines SchuUnternehmens Unstimmigkeiten darüber, ob sie gesellschaftsrechtlich oder insolvenzrechtlich zu qualifizieren sind. Der EuGH hat den Haftungstatbestand des § 64 S 1 GmbHG, nach welchem die Geschäftsführer bei masseschmälernden Zahlungen zum Ersatz verpflichtet sind, jedenfalls dann als insolvenzbezogen angesehen, wenn eine hierauf gestützte Klage anlässlich eines InsVerf erhoben wurde.[11] Diese Erwägungen gelten gleichermaßen für die Insolvenzverschleppungshaftung, die somit ebenfalls insolvenzrechtlich zu qualifizieren ist.[12] Die Regelungen über die **Nachrangigkeit kapitalersetzender Gesellschafterdarlehen** gem §§ 32a, 32b GmbHG aF, § 39 Abs 1 Nr 5 InsO aF sind ebenso wie die mittlerweile durch das MoMiG in der InsO (§ 39 Abs 1 Nr 1, Nr 5, Abs 4, 5, § 135) normierten Regeln insolvenzbezogen.[13] Sie finden deshalb auch auf ein im Inland durchgeführtes Insolvenzverfahren einer Gesellschaft mit Satzungssitz in einem anderen Mitgliedstaat der EU Anwendung. Keine insolvenzrechtliche Fallgestaltung iSv Art 7 liegt hingegen in der Einzelgläubigeranfechtung (§ 2 AnfG) vor.[14]

4 Abs 2 sieht in Satz 1 zunächst die Maßgeblichkeit der *lex fori concursus* für mögliche **Insolvenzgründe** (wie die Zahlungsunfähigkeit oder die Überschuldung) vor. Nach Abs 2 Buchst a regelt die *lex fori concursus* auch die Frage der **InsFähigkeit**. In einigen Mitgliedstaaten sind öffentlich-rechtliche Körperschaften von InsVerf ausgenommen, in anderen, insb im romanischen Rechtskreis, ist das InsVerf lediglich Kaufleuten vorbehalten. In Deutschland richtet sich die InsFähigkeit nach den §§ 11, 12 InsO. Auch ausl Kapitalgesellschaften sind insolvenzfähig.[15]

5 Das Recht des Staates der VerfEröffnung ist maßgeblich dafür, **welche** Vermögenswerte **zur Masse gehören und wie die nach der VerfEröffnung vom Schu erworbenen Vermögenswerte zu behandeln sind** (Buchst b). Für die nach VerfEröffnung erworbenen Gegenstände sind allerdings die möglichen Sonderanknüpfungen, etwa in Art 10 und 11 zu beachten. Zudem ist bei dinglichen Rechten auch Art 8 zu prüfen. Ob ein Vermögensgegenstand oder ein dingliches Recht überhaupt dem Schu oder einem Gl zuzuordnen ist, beurteilt sich allerdings als Vorfrage kollisionsrechtlich selbstständig und somit nach dem jeweiligen Sachstatut.[16] Ob eine Forderung gegenüber einem Gl, der nach VerfEröffnung an den Schu geleistet hat, noch besteht, ist nach Art 31 zu bestimmen. Die Frage der Unpfändbarkeit von Massebestandteilen – etwa Lohn- oder Rentenansprüchen des Schu – soll sich, soweit die *lex fori concursus* (vgl etwa § 36 InsO) auf die Pfändungsschutzvorschriften verweist, auch zum Schutz des im Eröffnungsrecht ansässigen Schu nach dem InsStatut richten.[17]

6 Buchst c, der bestimmt, dass sich die **Befugnisse** des Schu und des Verw ebenfalls nach dem Recht des VerfStaates richten, wird hinsichtlich des Verwalters durch die Art 21 bis 23 ergänzt. Danach gilt für die Wirksamkeit von Rechtshandlungen des Schu sowie für seine allg Befugnisse im InsVerf die *lex fori concursus*. Nach den meisten Rechtsordnungen sind Verfügungen des Schu nach VerfEröffnung zumeist (relativ) unwirksam. Art 21 Abs 3 enthält außerdem eine kollisionsrechtliche Sondervorschrift für die Verwertungsbe-

9 *EuGH* 4.9.2014 – C-157/13 Rn 22.
10 *BGH* ZIP 2015, 68 Rn 13; vgl auch Vorb 4 vor Art 1.
11 *EuGH* 4.12.2014 – C-295/13 Rn 19 ff; 10.12.2015 – C-594/14 (Kornhaas) Rn 21.
12 *EuGH* 10.12.2015 – C-594/14 (Kornhaas) Rn 19; *Kindler* EuZW 2015, 143, 144.
13 *BGH* ZIP 2011, 1775 Rn 31.
14 *BGH* 12.11.2015 – IX ZR 301/14 Rn 23 f.
15 Vgl Art 1 Rn 10.
16 *BGH* ZIP 2015, 42 Rn 12; FK/*Wenner/Schuster* Art 4 Rn 6.
17 *BGH* 20.7.2017 – IX ZB 63/16 Rn 15 ff, WNZ früheren Meinungsstand in Rn 13.

fugnisse des Verwalters. Diese richten sich ausschließlich nach dem Recht des Belegenheitsortes, der *lex rei sitae*.

7 Nach der *lex fori concursus* richten sich die Regelungen über **die Voraussetzungen für die Wirksamkeit einer Aufrechnung** (Buchst d). Nach hM gilt das Recht des VerfStaates jedoch nur für die insolvenzspezifischen Regelungen zur Aufrechnung, nicht aber für die allgemeinen materiellen Aufrechnungsvoraussetzungen[18]. Ob grds ein Recht zur Aufrechnung zwischen dem Gl und dem InsSchu besteht, regelt sich nach dem jeweiligen Recht, das von den außerhalb der Ins geltenden Kollisionsregeln (gem Art 17 Rom-I-VO) bestimmt wird.[19] In Art 9 und Art 12 sieht die VO jedoch Ausnahmen von der *lex fori concursus* vor. Art 9 greift ein, wenn die Aufrechnung zwar nach der *lex fori concursus* beschränkt ist, aber nach dem für die Forderung des insolventen Schu maßgeblichen Recht zulässig ist. Eine Art 7 Abs 2 Buchst d vollständig verdrängende Sonderanknüpfung besteht für die Aufrechnungsmöglichkeiten in Zahlungs- und Abwicklungssystemen (Art 12).

8 Grds entscheidet nach Buchst e die *lex fori concursus* und nicht die *lex causae* über das Schicksal laufender Verträge, dh über den **Fortbestand der wechselseitigen Vertragspflichten** und ein eventuelles **Wahlrecht des Verwalters.**[20] Davon abw Sonderanknüpfungen enthalten jedoch Art 11 (Vertrag über einen unbeweglichen Gegenstand) und Art 13 Abs 1 (Arbeitsvertrag), die das Recht des VerfStaates verdrängen. Darüber hinaus schließt Art 10 Abs 2 für den Kauf unter Eigentumsvorbehalt in der Ins des Vorbehaltsverkäufers ein nach der *lex fori concursus* bestehendes Wahlrecht des Verwalters aus und normiert die InsFestigkeit des Anwartschaftsrechts.[21]

9 Buchst f bezieht sich vor allem auf Vollstreckungsmaßnahmen der Gl und zwar sowohl auf bereits begonnene als auch auf bereits vollendete Maßnahmen.[22] Die VO unterscheidet zwischen den Wirkungen der Ins auf die Rechtsverfolgungsmaßnahmen einzelner Gl und deren Wirkungen auf anhängige Rechtsstreitigkeiten. Die Wirkungen der einzelnen **Rechtsverfolgungsmaßnahmen** richten sich nach dem Recht des Staates der VerfEröffnung. Die Wirkung des InsVerf auf **anhängige**, die InsMasse betreffende **Rechtsstreitigkeiten** beurteilen sich hingegen ausschließlich nach dem Recht jenes Staates, in dem der Rechtsstreit anhängig ist (Art 18).[23] Für nach der Eröffnung des Verfahrens eingeleitete Rechtsstreitigkeiten ist wiederum die *lex fori concursus* maßgeblich.[24]

10 Die *lex fori concursus* bestimmt auch die insolvenzrechtliche Behandlung von Forderungen des Gl, deren **Anmeldung, Prüfung und Feststellung sowie die anschließende Verteilung des Erlöses** (Buchst g–i). Hierzu enthalten die Art 39–42 eine Reihe von Sonderregelungen, die insoweit die *lex fori concursus* einschränken. Erfasst werden von Buchst g auch die während des InsVerf entstehenden (Masse-)Verbindlichkeiten. Das Recht des VerfStaates entscheidet über die Behandlung dieser Masseverbindlichkeiten auch dann, wenn für die Wirkungen der VerfEröffnung die VO eine Sonderanknüpfung wie in Art 12 oder Art 13 vorsieht.

---

18 MK/*Reinhart* Art 4 EuInsVO 2000 Rn 24; vgl. auch N/R-*Nerlich* Art 4 Rn 33 ff.

19 *Haß/Huber/Gruber/Heiderhoff* Art 4 Rn 32.

20 *Dammann/Lehmkuhl* NJW 2012, 3069; **aA** *OLG Karlsruhe* NJW 2012, 3106, wonach Art 4 Abs 2 S 2 Buchst e EuInsVO nicht für Bestimmungen zur Unwirksamkeit einer Kündigung entspr § 119 InsO aus dem französischen Insolvenzrecht anwendbar sei, wenn der zugrundeliegende VOB/B-Bauvertrag deutschem Recht unterliege.

21 *Duursma-Kepplinger/Duursma/Chalupsky* Art 4 Rn 18.

22 MK/*Reinhart* Art 4 EuInsVO Rn 31.

23 S dazu Erl zu Art 15.

24 *Paulus* Art 4 Rn 28; so zur möglichen Verwirkung nicht angemeldeter Forderungen *EuGH* 9.11.2015 – C-212/15 (ENEFI) Rn 28.

11 Buchst j befasst sich mit den **Voraussetzungen und Wirkungen der Beendigung** des InsVerf und Buchst k mit den **Rechten der Gl nach Beendigung** des Verf. Damit werden etwa die Wirkungen eines InsPlanverfahrens oder anderer verfahrensbeendenden Vergleiche nach der *lex fori concursus* beurteilt. Dieses Recht entscheidet auch darüber, wann die Beendigung des Verf eingetreten ist.[25] Unter Buchst k fällt insb die Frage, ob Gl nach Abschluss des Verf ihre Forderungen gegen den Schu weiterverfolgen können oder diesem etwa eine im Staat der VerfEröffnung zulässige **Restschuldbefreiung** zugute kommt.[26] Nach dem InsStatut beurteilt sich zudem, ob eine Ausnahmeregelung zur Restschuldbefreiung eingreift.[27]

12 Buchst l stellt klar, dass sich die Frage, wer als **Kostenschuldner** des Verf anzusehen ist, nach dem Recht des VerfStaates beurteilt. Dies kann allerdings im dt Recht im Zusammenhang mit der Kostenbeteiligung für gesicherte Gl (§§ 170 f InsO) Probleme aufwerfen. Die Kostenbeteiligung für die gesicherten Gl sollen Beiträge zu den allg VerfKosten sein.[28] Sieht daher das Recht des VerfStaates keine solchen Kostenbeiträge vor, können dem gesicherten Gl auch keine Kostenbeiträge nach der InsO abverlangt werden. Sieht dagegen das Recht des VerfStaates Kostenbeiträge vor, die über diejenigen des Belegenheitsstaates hinausgehen, dann kann dieser Eingriff in die Werthaltigkeit des Sicherungsgutes wegen der Schutzwirkung des Art 8 nicht berücksichtigt werden.[29]

13 Schließlich bestimmt sich grds auch die **Nichtigkeit, Anfechtbarkeit oder relative Unwirksamkeit einer Rechtshandlung** nach dem InsStatut (Buchst m), nicht aber die Einzelgläubigeranfechtung.[30] Der Anspruch muss sich dabei auf eine Norm stützen, welche die Gl in ihrer Gesamtheit vor Benachteiligungen schützen soll.[31] Zu beachten ist aber die möglicherweise eingreifende Ausnahme des Art 16.[32] Bei der Sondervorschrift handelt es sich um eine Doppelanknüpfung durch die das Vertrauen des Rechtsverkehrs in die Beständigkeit einer Rechtshandlung geschützt werden soll.

Artikel 8 Dingliche Rechte Dritter

(1) Das dingliche Recht eines Gläubigers oder eines Dritten an körperlichen oder unkörperlichen, beweglichen oder unbeweglichen Gegenständen des Schuldners – sowohl an bestimmten Gegenständen als auch an einer Mehrheit von nicht bestimmten Gegenständen mit wechselnder Zusammensetzung –, die sich zum Zeitpunkt der Eröffnung des Insolvenzverfahrens im Hoheitsgebiet eines anderen Mitgliedstaats befinden, wird von der Eröffnung des Verfahrens nicht berührt.

(2) Rechte im Sinne von Absatz 1 sind insbesondere

a) das Recht, den Gegenstand zu verwerten oder verwerten zu lassen und aus dem Erlös oder den Nutzungen dieses Gegenstands befriedigt zu werden, insbesondere aufgrund eines Pfandrechts oder einer Hypothek;

b) das ausschließliche Recht, eine Forderung einzuziehen, insbesondere aufgrund eines Pfandrechts an einer Forderung oder aufgrund einer Sicherheitsabtretung dieser Forderung;

---

25 *EuGH* 22.11.2012 – C-116/11 (Bank Handlowy) Rn 50.
26 *BGH* ZIP 2014, 394 Rn 12.
27 *Paulus* Art 4 Rn 34.
28 Vgl BT-Drucks 12/2443, 89 f.
29 MK/*Reinhart* Art 4 EuInsVO 2000 Rn 44.
30 *BGH* 12.11.2015 – IX ZB 301/14 Rn 23 f.
31 MK/*Reinhart* Art 4 EuInsVO 2000 Rn 46, *Paulus* Art 4 Rn 36.
32 Vgl *BGH* ZIP 2015, 42 Rn 12, 26.

c) das Recht, die Herausgabe von Gegenständen von jedermann zu verlangen, der diese gegen den Willen des Berechtigten besitzt oder nutzt;

d) das dingliche Recht, die Früchte eines Gegenstands zu ziehen.

(3) Das in einem öffentlichen Register eingetragene und gegen jedermann wirksame Recht, ein dingliches Recht im Sinne von Absatz 1 zu erlangen, wird einem dinglichen Recht gleichgestellt.

(4) Absatz 1 steht der Nichtigkeit, Anfechtbarkeit oder relativen Unwirksamkeit einer Rechtshandlung nach Artikel 7 Absatz 2 Buchstabe m nicht entgegen.

Übersicht

I. Vorbemerkung und Normzweck

Die Regelung des Art 8 nF entspricht dem Art 5 aF, sodass mit der Reform 2015[1] keine inhaltlichen Änderungen verbunden sind. **Dingliche Sicherheiten** sollen dem Berechtigten eine bes Sicherheit geben und **das Ausfallrisiko im InsFall minimieren**. Die Kreditsicherungsrechte sind in den Mitgliedstaaten jedoch sehr unterschiedlich ausgestaltet. Häufig weisen sie bes rechtliche Konstruktionen auf wie die Registereintragung oder bes Schutzvorkehrungen bei der Übertragung der Rechte. Mit der Regelung des Art 8 wird das Vertrauen der lokalen Sicherungsnehmer darin geschützt, dass ihre dingliche Sicherheiten auch im Falle der Eröffnung eines InsVerf in einem anderen Mitgliedstaat fortbestehen.[2] Diese dinglichen Rechte werden abw von Art 7 nicht nach dem Recht des Staates der VerfEröffnung behandelt, wenn sich das Sicherungsgut in einem anderen Mitgliedstaat als dem Staat der VerfEröffnung befindet. Vielmehr bestimmt das KollisionsR des Mitgliedstaates das auf die dingliche Recht anwendbare Rechtsordnung. 1

Art 8 enthält nur eine Sonderregelung für das an einem Gegenstand bestehende **dingliche Recht**. Das auf den **Gegenstand** selbst anwendbare Recht, bestimmt sich dagegen nach dem Recht des Staates der VerfEröffnung. In der Regel fällt daher der Gegenstand in die Masse des eröffneten Verf.[3] 2

II. Einzelheiten

Da nur das **HauptInsVerf** universelle Wirkung entfaltet und damit auch das in anderen Mitgliedstaaten belegene Vermögen erfasst, findet die Vorschrift nur in einem solchen Verf Anwendung. Bei **PartikularVerf** können die Voraussetzungen des Art 8 – Belegenheit des mit dinglichen Rechten Dritter belasteten schuldnerischen Vermögens in einem anderen Mitgliedstaat – nicht vorliegen, weil sich deren Wirkungen auf das Vermögen im Gebiet des VerfStaates beschränken.[4] 3

Die dinglichen Rechte müssen **vor der Eröffnung des HauptInsVerf** begründet worden sein. Der Gegenstand an dem das dingliche Recht besteht, muss sich zu diesem Zeitpunkt in einem **anderen Mitgliedstaat** als dem Staat der VerfEröffnung befunden haben. Der Ort der Belegenheit ist in Art 2 Nr. 9 definiert.[5] Für dingliche Rechte an Gegenständen, die im Zeit- 4

1 Zur Reform s Vorb Rn 6 ff vor Art 1–47.
2 Zu den verschiedenen Aspekten des Vertrauensschutzes s *Bork* FS Klamaris (2016) 77, 79 ff.
3 *K/P/B/Kemper* Art 5 Rn 9.
4 S Erl zu Art 3 Rn 19 ff.
5 S Erl zu Art 2 Rn 7 ff.

punkt der VerfEröffnung im Eröffnungsstaat belegen sind, bleibt es bei dem Grundsatz der lex fori concursus nach Art 7.

5 Von einer Legaldefinition des Begriffs **„dingliche Rechte"** hat der Verordnungsgeber bewusst abgesehen.[6] Im Ansatz ist – entsprechend der in der Verordnung üblichen autonomen Auslegung[7] – von einem engen Begriffsverständnis auszugehen,[8] weil Art 8 zu einer Ausnahme vom Universalitätsgrundsatz führen kann.[9] Abs 2 enthält jedoch eine beispielhafte („insb") Aufzählung von dinglichen Rechten. Dieser Liste liegt die Vorstellung zugrunde, dass ein dingliches Recht über zwei Merkmale verfügt: Es ist an das Sicherungsgut, welches Gegenstand des dinglichen Rechts ist und der Befriedigung der zugrunde liegenden Forderung dient *direkt* und *unmittelbar* gebunden. Dies gilt unabhängig von der Frage, zu wessen Vermögen die betreffende Sache gehört, und unabhängig von dem Verhältnis des Rechtsinhabers zu einer anderen Person. Zweitens ist das Recht *absolut* und gegenüber jedermann durchsetzbar.[10] Sofern ein Recht diese Kriterien erfüllt, kann es regelmäßig (für den Eigentumsvorbehalt greift allerdings die Sonderregelung in Art 10) als dingliches Recht iSv Art 8 qualifiziert werden. Bei der Qualifizierung als dingliches Recht kommt es nicht darauf an, ob dieses im Rahmen eines Handelsgeschäfts gewährt wurde oder öffentlich-rechtlichen Ursprungs ist.[11]

Von dieser Qualifizierung als dingliches Recht ist die *Vorfrage* zu unterscheiden, ob das dingliche Recht nach dem anwendbaren Sachrecht **tatsächlich besteht**. Die Begründung, Gültigkeit und Tragweite eines dinglichen Rechts bestimmen sich nach der Rechtsprechung des EuGH, die sich auf den Erwägungsgrund Nr 25 aF (jetzt Nr 68) stützt, nach dem Recht des Belegenheitsorts (*lex rei sitae*).[12] Aufgrund der Anknüpfung an den Belegenheitsort kann ein Grenzübertritt eines im Inland wirksam bestellten Sicherungsgutes zu einem Statutenwechsel führen, mit der Folge, dass die Sicherungsrechte unwirksam werden.[13]

6 Aus Abs 1 ergibt sich, dass ein solches dingliches Recht an körperlichen oder unkörperlichen, an beweglichen und unbeweglichen Gegenständen des Schu sowie sowohl an bestimmten Gegenständen als auch an einer Mehrheit von nicht bestimmten Gegenständen mit wechselnder Zusammensetzung, wie zB der britischen *floating charge*[14] entstehen kann.

7 In der Beispielsliste in Abs 2 sind allg anerkannte dingliche Rechte genannt wie die Hypothek und das Pfandrecht in Buchst a, das Forderungspfandrecht oder die Sicherungsabtretung in Buchst b, der Eigentumsherausgabeanspruch in Buchst c oder das Recht, Früchte eines Gegenstandes zu ziehen, in Buchst d. Unter das Forderungspfandrecht iSv Buchst b kann etwa ein im Zwangsvollstreckungsverfahren erlangtes Pfändungspfandrecht fallen, sofern dieses nach der maßgeblichen *lex rei sitae* gegenüber den übrigen Gl des Schu ausschließlichen Charakter hat.[15] Auch eine kraft Gesetzes entstandene öffentliche Last auf einem Grundstück wegen Grundsteuerforderungen, welche den Grundstückseigentümer zur Duldung der Zwangsvollstreckung verpflichtet, wird vom Begriff des dinglichen Rechts erfasst, selbst wenn private Kreditgläubiger nach nationalen Bestimmungen als nachrangig

6 Nr 100 des Erläuternden Berichts.
7 S Vorb 4 vor Art 1.
8 *BGH* ZIP 2015, 1134 Rn 15, 23.
9 Nr 102 des Erläuternder Berichts.
10 Nr 103 des Erläuternden Berichts.
11 *EuGH* 26.10.2016 – C-195/15 (Senior Home) Rn 24 ff.
12 *EuGH* 16.4.2015 – C-557/13 (Lutz) Rn 27.
13 *Taupitz* ZZP 111 (1998) 315, 331; *Bork* FS Klamaris (2016) 77, 81.
14 *M/R/Wenner* Kap 20 Rn 295; *Smid* Art 5 Rn 15 ff.
15 *EuGH* 16.4.2015 – C-557/13 (Lutz) Rn 28.

bewertet werden.[16] Abs 3 erweitert den Anwendungsbereich auf in öffentliche Register eingetragene Rechte zur Erlangung eines dinglichen Rechts iSd Abs 1. Ein Anwendungsfall für ein solches Anwartschaftsrechts ist die Vormerkung nach dt Recht.[17]

Art 8 sieht als **Rechtsfolge** vor, dass die dinglichen Rechte an Gegenständen in einem ande- 8
ren Staat als dem Staat der VerfEröffnung von der Eröffnung nicht berührt werden. Der Inhalt dieser Aussage ist umstr und führt daher zu unterschiedlichen Auslegungen.[18] Während einige Autoren Art 8 als Kollisionsnorm[19] versteht, geht die überwiegende Auff davon aus, dass es sich um eine Sachnorm handelt.[20] Nach dem **kollisionsrechtlichen Ansatz** sind die dinglichen Rechte Dritter an ausländischen Vermögensgegenständen des Schu nach dem Recht des Belegenheitsorts zu behandeln und können im Umfang der danach möglichen Nutzungs- und Verwertungsmöglichkeiten in das HauptInsVerf einbezogen werden. Demgegenüber ist Art 8 nach dem **sachrechtlichen Ansatz** dahingehend auszulegen, dass weder die insolvenzrechtlichen Beschränkungen des Staates der VerfEröffnung noch diejenigen des Staates der Belegenheit des Sicherungsgutes gelten sollen. Dies kann dazu führen, dass Gl im Falle eines grenzüberschreitenden InsVerf besser stehen als im Falle einer inländischen Ins.[21] Der Verordnungsgeber hat sich gleichwohl aus Gründen der Vereinfachung der Vermögensverwaltung bewusst für die letztgenannte sog „einfache Lösung" entschieden. Von einer möglichen Korrektur dieses überschießenden Vertrauensschutzes gesicherter Gl wurde zudem bei der 2015 durchgeführten Reform der VO abgesehen. Damit spricht insb die historische Auslegung für eine Sachnormverweisung in Art 8.[22] Das in einem anderen Mitgliedstaat befindlichen Sicherungsgut unterliegt danach keinen insolvenzrechtlichen Beschränkungen. Der Weg über das SekundärInsVerf ist für die Gläubigergesamtheit der einzige Weg, in anderen Mitgliedstaaten belegenes Sicherungsgut für die Masse zu verwerten. Die Vorschrift bezieht sich allerdings nur auf Beschränkungen **insolvenzrechtlicher Art**, sodass anderweitige gesetzliche Vorgaben – etwa eine notwendige Titelumschreibung – bei der Verwertung des dinglichen Rechts zu beachten sind.[23]

Wenn im Staat der Belegenheit eine Niederlassung des Schu besteht, kann durch die Eröff- 9
nung eines **SekundärInsVerf** in diesem Staat der mit dem dinglichen Recht belastete Gegenstand in die InsWirkungen dieses Verf einbezogen werden, wenn dessen Recht die Einbeziehung gestattet. Art 8 ist in diesem Fall nicht anwendbar und der Sicherungsgegenstand fällt gem Art 34 in die SekundärInsMasse. Der Verw des HauptInsVerf oder andere hierzu nach dem Mitgliedstaat befugte Behörden oder Personen können das SekundärInsVerf nach Art 37 beantragen.

Benachteiligende Handlungen zu Lasten der Gesamtheit der Gl genießen jedoch keinen 10
Vertrauensschutz iSv Art 8. Ist das dingliche Recht **nichtig, anfechtbar erworben oder relativ unwirksam**, findet Abs 1 keine Anwendung (**Abs 4**). Es bleibt dann bei der nach Art 7

16 *EuGH* 26.10.2016 – C-195/15 (Senior Home) Rn 32 auf Vorlage des *BGH* ZIP 2015, 1134 Rn 20 ff.
17 *Taupitz* ZZP 111 (1998) 315, 333; *Kemper* ZIP 2001, 1609, 1616.
18 Offen gelassen von *BGH* BGHZ 188, 177 Rn 19.
19 *K/P/B/Kemper* Art 5 Rn 14; FK/*Wenner/Schuster* Art 5 Rn 9 mwN; *K Schmidt/Brinkmann* Art 5 Rn 17; *Flessner* IPRax 1997, 1, 7 f; *Paulus* EWS 2002, 497, 499 f.
20 *A/G/R/Bach* Art 5 EuInsVO aF Rn 36; MK/*Reinhart* Art 5 EuInsVO 2000 Rn 17a; MK-BGB-*Kindler* Art 5 Rn 22 f; *Duursma-Kepplinger/Duursma/Chalupsky* Art 5 Rn 12 ff.
21 S Beispiel von *Bork* FS Klamaris (2016) 77, 82.
22 *Taupitz* ZZP 111 (1998) 315, 336; *Bork* FS Klamaris (2016) 77, 83; MK/*Reinhart* Art 5 EuInsVO 2000 Rn 17a; *Duursma-Kepplinger/Duursma/Chalupsky* Art 5 Rz 12 ff; *Wimmer* NJW 2002, 2427, 2429 f; *Niggemann/Blenske* NZI 2003, 471, 474 f.
23 *BGH* 3.2.2011 – V ZB 54/10 Rn 20.

anwendbaren lex fori concursus, nach der das vor der VerfEröffnung erworbene dingliche Sicherungsrecht gegebenenfalls nicht insolvenzfest ist. Ob die Rückausnahme eingreift, beurteilt sich gem Art 7 Abs 2 Buchst m nach dem Recht des Staates der VerfEröffnung. So kann ein in einem anderen Mitgliedstaat erlangtes Pfändungspfandrecht, das dem Schutz des Art 8 Abs 1 unterliegt, gleichwohl nach dem Recht des Eröffnungsstaates (etwa nach (§ 88 InsO) unwirksam sein und damit einer berechtigten Befriedigung des vollstreckenden Gläubigers entgegenstehen.[24] Dabei kommt es nicht darauf an, ob die Nichtigkeit, Anfechtung oder Feststellung der relativen Unwirksamkeit einer Rechtshandlung auf einer gerichtlichen Klage beruht, wie einige Sprachfassungen von Art 8 Abs 4 nahe legen.[25] Sollte Abs 4 einschlägig sein, kann dem jeweiligen Sicherungsnehmer aber noch die **Schutzvorschrift des Art 16** zugute kommen. Danach ist es dem Gläubiger nicht verwehrt, geltend zu machen, dass die betreffende Handlung dem Recht eines anderen Mitgliedstaats als des Staates der Verfahrenseröffnung unterliege und nach diesem Recht die Handlung in keiner Weise angreifbar sei.

24 *EuGH* 16.4.2015 – C-557/13 (Lutz) Rn 31 ; Vorlage des *BGH* ZIP 2013, 2167.
25 *EuGH* 16.4.2015 – C-557/13 (Lutz) Rn 30.

Artikel 9 Aufrechnung

(1) Die Befugnis eines Gläubigers, mit seiner Forderung gegen eine Forderung eines Schuldners aufzurechnen, wird von der Eröffnung des Insolvenzverfahrens nicht berührt, wenn diese Aufrechnung nach dem für die Forderung des insolventen Schuldners maßgeblichen Recht zulässig ist.

(2) Absatz 1 steht der Nichtigkeit, Anfechtbarkeit oder relativen Unwirksamkeit einer Rechtshandlung nach Artikel 7 Absatz 2 Buchstabe m nicht entgegen.

Übersicht

I. Vorbemerkung und Normzweck

1 Art 9 nF entspricht Art 6 aF, sodass mit der Reform 2015[1] keine inhaltlichen Änderungen verbunden sind. Die Norm regelt das Recht zur Aufrechnung in Bezug auf gegenseitige Forderungen, die bereits **vor der Eröffnung des InsVerf entstanden** sind. Sie schränkt den Grundsatz der lex fori concursus nach Art 7 Abs 2 Buchst d ein, um im Gläubigerinteresse die Aufrechnungslage trotz der InsEröffnung zu erhalten und der Aufrechnung eine Art Garantiefunktion zukommen zu lassen.[2] Soweit das Recht des VerfStaates die Aufrechnung auch in der Ins erlaubt, erübrigt sich eine Prüfung nach Art 9. Schränkt dagegen das Recht des VerfStaates die Aufrechnung in der Ins ein, soll sich diese Einschränkung nur dann durchsetzen, wenn auch das für die Forderung des InsSchu maßgebliche Recht eine Aufrechnung in der Ins untersagt. Durch diese Ausnahmevorschrift setzt sich im Ergebnis das aufrechnungsfreundlichste Recht durch.[3]

1 Zur Reform s Vorb Rn 6 ff vor Art 1–47.
2 Erwägungsgrund Nr 70; krit dazu MK/*Reinhart* Art 6 Rn 1; *v Wilmowsky* KTS 1998, 343, 361.
3 *Duursma-Kepplinger/Duursma/Chalupsky* Art 6 Rn 21; *Bork* FS Klamaris (2016) 77 Rn 87.

II. Einzelheiten

Die Zulässigkeit der Aufrechnung im grenzüberschreitenden InsVerf richtet sich grundsätzlich gem Art 7 Abs 2 Buchst d nach dem Recht des Staates der VerfEröffnung. Dabei ist der Begriff der **Aufrechnung** weit zu verstehen und bezieht sich auf alle denkbaren Saldierungen oder Verrechnungen, die zu einem Erlöschen der sich gegenüberstehenden Forderungen führen.[4] **2**

Die Verweisung auf die *lex fori concursus* wird nach wohl überwiegender Auffassung einschränkend dahingehend verstanden, dass sie nur auf die insolvenzrechtlichen Voraussetzungen einer Aufrechnung – in Deutschland also die §§ 94 ff InsO – Bezug nimmt.[5] Soweit es um allgemeine Aufrechnungsvoraussetzungen wie §§ 387 ff BGB geht, bestimmt sich das anwendbare Sachrecht nach dem außerhalb der Ins geltenden Kollisionsrecht. Dies bedeutet, dass sich diese Aufrechnungsvoraussetzungen gem Art 17 Rom-I-VO nach dem Recht beurteilen, das für die Forderung maßgeblich ist, gegen die aufgerechnet wird (Recht der Hauptforderung), sofern nicht vertraglich etwas anderes vereinbart ist. **3**

Art 9 erlangt erst dann Bedeutung, wenn das InsRecht des VerfStaates die **Aufrechnungsbefugnis beschränkt**. Für diesen Fall verweist Art 9 Abs 1 auf die **lex causae**, die nicht nur die allgemeinen, sondern auch die insolvenzspezifischen Aufrechnungsvoraussetzungen umfasst.[6] Das anwendbare Sachrecht muss somit sowohl nach seinen schuldrechtlichen, als auch nach seinen insolvenzrechtlichen Regelungen die **Aufrechnung erlauben**. Andernfalls wären die Gl weitergehend als nach den heimischen Regelungen geschützt, was über den Schutzzweck der Regelung hinausginge.

Die Aufrechnungslage muss bereits **vor der VerfEröffnung** entstanden sein,[7] dh, die Forderungen müssen schon zuvor entstanden sein.[8] Über die Vorfrage, wann eine Forderung entstanden ist, entscheidet wiederum das kollisionsrechtlich selbstständig zu ermittelnde Vertragsstatut der jeweiligen Forderung. Die Aufrechenbarkeit von Forderungen, die erst nach Eröffnung des InsVerf entstanden sind, richtet sich dagegen ausschließlich nach dem Recht des VerfStaates. **4**

Der Schutz des Abs 1 greift **nach Abs 2** nicht zugunsten des Gläubigers ein, wenn dieser seine Rechtsposition aufgrund einer unwirksamen oder anfechtbaren Rechtshandlung erlangt hat. Die Anwendbarkeit derjenigen insolvenzrechtlichen Regelungen des Eröffnungsstaates, die gem Art 7 Abs 2 Buchst m die Nichtigkeit, Anfechtbarkeit oder relative Unwirksamkeit von Rechtsgeschäften als Folge der Eröffnung des HauptInsVerf anordnen, soll nicht durch die Regelung des Art 9 Abs 1 unterlaufen werden können. Hat also ein Gläubiger die Aufrechnungsbefugnis aufgrund eines anfechtbaren Rechtserwerbs erhalten, kommt ihm der Schutz des Art 9 nicht zugute, es sei denn, er kann sich erfolgreich auf die fehlende Angreifbarkeit seines Rechtserwerbs nach Maßgabe des Art 16 stützen.[9] **5**

---

4 MK/*Reinhart* Art 6 EuInsVO 2000 Rn 3, zu sog Close-out netting Vereinbarungen Rn 4 ff.
5 MK/*Reinhart* Art 4 EuInsVO 2000 Rn 24.
6 NR/*Nerlich* Art 6 Rn 12; MK/*Reinhart* Art 6 EuInsVO 2000 Rn 9; FK/*Wenner/Schuster* Art 4 Rn 6; *Bork* ZIP 2002, 690, 694.
7 Wegen des Zeitpunkts der VerfEröffnung vgl Art 2 Rn 5 f.
8 Nr 110 des Erläuternder Berichts.
9 *Paulus* Art 6 Rn 6 f.

Artikel 10 Eigentumsvorbehalt

(1) Die Eröffnung eines Insolvenzverfahrens gegen den Käufer einer Sache lässt die Rechte der Verkäufer aus einem Eigentumsvorbehalt unberührt, wenn sich diese Sache zum Zeitpunkt der Eröffnung des Verfahrens im Hoheitsgebiet eines anderen Mitgliedstaats als dem der Verfahrenseröffnung befindet.

(2) Die Eröffnung eines Insolvenzverfahrens gegen den Verkäufer einer Sache nach deren Lieferung rechtfertigt nicht die Auflösung oder Beendigung des Kaufvertrags und steht dem Eigentumserwerb des Käufers nicht entgegen, wenn sich diese Sache zum Zeitpunkt der Verfahrenseröffnung im Hoheitsgebiet eines anderen Mitgliedstaats als dem der Verfahrenseröffnung befindet.

(3) Die Absätze 1 und 2 stehen der Nichtigkeit, Anfechtbarkeit oder relativen Unwirksamkeit einer Rechtshandlung nach Artikel 7 Absatz 2 Buchstabe m nicht entgegen.

Übersicht

I. Vorbemerkung und Normzweck

1 Art 10 nF entspricht Art 7 aF, sodass mit der Reform 2015[1] keine inhaltlichen Änderungen verbunden sind. Die Vorschrift stellt einen Ausnahmefall von dem in Art 7 festgelegten Grundsatz auf, dass sich der Umfang der Insolvenzmasse nach der *lex fori concursus* richtet. Die Regelung dient dem Vertrauensschutz sowie den Interessen des Wirtschaftsverkehrs. Es bedurfte einer eigenständigen Vertrauensschutzregelung neben Art 8, weil Rechte aus einem Eigentumsvorbehalt nach vielen anderen Rechtsordnungen nicht zu den dinglichen Rechten zählen, sondern als Annex zum Kaufvertrag gelten.[2] Art 10 kommt nicht zum Tragen, wenn in dem Staat, in dem sich das Sicherungsgut befindet, ein SekundärInsVerf eröffnet wird, welches das dort belegene Vermögen einbezieht.

II. Anwendungsbereich

2 Die Regelung erfasst nach hM nur den **einfachen Eigentumsvorbehalt**, nicht aber die Verlängerungs- oder Erweiterungsformen des Eigentumsvorbehalts, für die wiederum auf Art 8 zurückzugreifen ist.[3] Inwieweit ein Eigentumsvorbehalt iSv Art 10 wirksam zustande gekommen ist und tatsächlich noch besteht, beurteilt sich wie bei Art 8 nach dem Recht des Belegenheitsortes *(lex rei sitae)*.[4] Maßgeblich ist insoweit Recht des Staates, in dem sich die Sache bei Vollendung des dem Erwerb zugrunde liegenden Sachverhalts befindet.[5] Kommt es im Zuge des Verkaufs zu einer Versendung der unter Eigentumsvorbehalt stehenden

1 Zur Reform s Vorb Rn 6 ff vor Art 1–47.

2 *A/G/R/Bach* Art 7 EuInsVO aF Rn 2

3 *Duursma-Kepplinger/Chalupsky* Art 7 Rn 37 ff; *Haß/Huber/Gruber/Heiderhoff-Huber* Art 7 Rn 3; *K/P/B/Kemper* Art 7 Rn 4; A/G/R/*Bach* Art 7 EuInsVO aF Rn 4 ff; MK-BGB/*Kindler* Art 7 Rn 4; N/R-*Nerlich* Art 7 Rn 5; *K Schmidt/Brinkmann* Art 7 Rn 2; differenzierend MK/*Reinhart* Art 7 EuInsVO 2000Rn 3.

4 Vgl *EuGH* 16.4.2015 – C-557/13 (Lutz) Rn 27.

5 *Duursma-Kepplinger/Chalupsky* Art 7 Rn 5.

Sache, so findet ein **Statutenwechsel** statt.[6] Die Rechtswirksamkeit des bereits begründeten Eigentumsvorbehalts richtet sich nunmehr nach dem neuen Rechts des Belegenheitsortes. Der Statutenwechsel kann somit hinsichtlich des Sicherungsrechts eine „heilende“ oder auch „vernichtende“ Wirkung haben.[7]

Der Eigentumsvorbehalt muss bereits vor der Eröffnung des InsVerf wirksam begründet worden sein. Zudem setzt Art 10 Abs 1 voraus, dass der Eigentumsvorbehalt zum Zeitpunkt der Insolvenzeröffnung noch fortbestand. 3

III. Insolvenz der Vorbehaltskäufers (Abs 1)

Abs 1 regelt den Fall der **Eröffnung eines InsVerf gegen den Käufer** einer unter Eigentumsvorbehalt veräußerten Sache. Voraussetzung ist zunächst, dass eine **wirksame Vereinbarung** des Eigentumsvorbehalts vorliegt. Der unter Eigentumsvorbehalt erworbene Gegenstand muss sich zudem **zum Zeitpunkt der Eröffnung** des InsVerf (Art 2 Nr 8) im Gebiet eines anderen Mitgliedstaats als dem Staat der VerfEröffnung befinden. Von Abs 1 wird dagegen nicht der Fall erfasst, dass der unter Eigentumsvorbehalt erworbene Gegenstand erst nach Eröffnung des InsVerf in einen anderen Mitgliedstaat verbracht wurde. Für diesen Fall gilt die lex fori concursus nach Art 7 Abs 2. Umgekehrt bleibt es bei der Anwendbarkeit des Art 10, soweit der Sicherungsgegenstand nach der VerEröffnung in den Eröffnungsstaat verbracht wird. 4

Als **Rechtsfolge** ordnet Abs 1 an, dass die Rechte des Verkäufers aus dem Eigentumsvorbehalt in der Ins des Käufers unberührt bleiben. Wie bei Art 8 ist dies als **Sachnormverweisung** dahingehend zu verstehen, dass weder insolvenzrechtliche Beschränkungen des Staates der VerfEröffnung noch des Staates der Belegenheit des Sicherungsgutes gelten sollen.[8] Dem Vorbehaltsverkäufer bleiben in der Ins des Vorbehaltskäufers alle Ansprüche auf das Vorbehaltsgut erhalten. 5

Hat der Schu in dem Mitgliedstaat, in welchem sich die unter Eigentumsvorbehalt gelieferte Sache befindet, eine Niederlassung iSd Art 2 Ziff 10, dann besteht die Möglichkeit, die belastete Sache in einem SekundärInsVerf nach dem Recht dieses Staates zu verwerten (vgl Art 35).[9] Vorausgesetzt ist, dass die *lex fori concursus secundariae* eine Einbeziehung des Eigentumsvorbehalts in ein InsVerf zulässt. 6

IV. Insolvenz der Vorbehaltsverkäufers (Abs 2)

Abs 2, der den Fall der **Ins des Verkäufers** regelt, schützt das Anwartschaftsrecht des Käufers, sofern sich die Sache in einem anderen Mitgliedstaat befindet.[10] Es handelt sich unstreitig um eine **Sachnorm**, welche in ihren Rechtsfolgen aber weiter reicht als Abs 1 und deren Regelung vorrangig vor eventuell abweichenden Bestimmungen der *lex fori concursus*, der *lex causae* oder der *lex rei sitae* zu beachten ist.[11] Nach dieser materiell-rechtlichen Vorschrift führt die Eröffnung eines InsVerf über das Vermögen des Verkäufers nicht zur Beendigung oder Auflösung des Kaufvertrags, sofern die Lieferung der Kaufsache noch vor InsEröffnung erfolgte. Der Käufer kann trotz der Ins des Verkäufers weiter das Eigentum an der verkauften Sache erwerben. Damit entspricht die Regelung der deutschen Rechtslage (vgl § 107 Abs 1 S 1 InsO). 7

6 *K/P/B/Kemper* Art 7 Rn 2.
7 *Duursma-Kepplinger/Chalupsky* Art 7 Rn 6.
8 Siehe oben Art 8 Rn 8; vgl auch *EuGH* 10.9.2009 – C -292/08 (German Graphics) Rn 35.
9 *Duursma-Kepplinger/Chalupsky* Art 7 Rn 11; *Smid* Art 7 Rn 9; *K/P/B/Kemper* Art 7 Rn 7.
10 Nr 112 des Erläuternden Berichts.
11 MK-BGB/*Kindler* Art 7 Rn 12.

8 Voraussetzung ist wiederum die **wirksame Begr** eines Eigentumsvorbehalts sowie die Eröffnung eines **InsVerf gegen den Verkäufer** nach Lieferung der Kaufsache. Darüber hinaus muss sich die unter Eigentumsvorbehalt veräußerte Sache zum Zeitpunkt der VerfEröffnung im Gebiet eines anderen Mitgliedstaates als des Staates der VerfEröffnung befinden.

9 Aus der Zielsetzung der VO lässt sich zudem die Schlussfolgerung ziehen, dass es sich um ein **HauptInsVerf** iSv Art 3 Abs 1 handeln muss, während die Eröffnung eines SekundärInsVerf nicht zur Anwendbarkeit des Abs 2 führt.[12] Im territorial beschränkt wirkenden SekundärInsVerf gilt nach Art 35 das Recht des Belegenheitsortes und es gibt keinen Grund dafür, dem Vorbehaltskäufer den Schutz des Art 10 Abs 2 zusätzlich zu den ihm bekannten inländischen Bestimmungen zukommen zu lassen.

V. Vorbehalt bei Gläubigerbenachteiligung (Abs 3)

10 Wie in Art 8 und 9 greift der Schutz nach Art 10 nicht, wenn Käufer oder Verkäufer ihr Recht durch eine nichtige, relativ unwirksame oder anfechtbare Handlung erworben haben. Diese Rückausnahme zugunsten der *lex fori concursus* greift ein, sofern diese Rechtsordnung den zum Nachteil der Gesamtheit der Gl bestellten Eigentumsvorbehalt als nichtig, relativ unwirksam oder anfechtbar ansieht.[13] Insoweit kann allenfalls noch die **Schutzvorschrift des Art 16** eingreifen, wenn diese einredeweise geltend gemacht wird.

---

12 *A/G/R/Bach* Art 7 EuInsVO aF Rn 21; *N/R/Nerlich* Art 7 Rn 22; **aA** *Duursma-Kepplinger/Chalupsky* Art 7 Rn 27 ff; MK-BGB/*Kindler* Art 8 Rn 15.

13 Siehe Art 8 Rn 10.

Artikel 11 Vertrag über einen unbeweglichen Gegenstand

(1) Für die Wirkungen des Insolvenzverfahrens auf einen Vertrag, der zum Erwerb oder zur Nutzung eines unbeweglichen Gegenstands berechtigt, ist ausschließlich das Recht des Mitgliedstaats maßgebend, in dessen Hoheitsgebiet sich dieser Gegenstand befindet.

(2) Die Zuständigkeit für die Zustimmung zu einer Beendigung oder Änderung von Verträgen nach diesem Artikel liegt bei dem Gericht, das das Hauptinsolvenzverfahren eröffnet hat, wenn

a) ein derartiger Vertrag nach den für diese Verträge geltenden Rechtsvorschriften des Mitgliedstaats nur mit Zustimmung des Gerichts der Verfahrenseröffnung beendet oder geändert werden kann und
b) in dem betreffenden Mitgliedstaat kein Insolvenzverfahren eröffnet worden ist.

Übersicht

I. Vorbemerkung und Normzweck

1 Art 11 Abs 1 nF ersetzt Art 8 aF und enthält einen mit der Reform 2015[1] neu eingefügten Abs 2. In Abweichung von Art 7 Abs 2 Buchst e bestimmt Art 11 Abs 1, dass sich die Wirkungen der Eröffnung eines InsVerf auf noch nicht vollständig erfüllte Verträge über unbewegliche Gegenstände nach dem Recht des Belegenheitsstaates *(lex rei sitae)* richten. Die

---

1 Zur Reform s Vorb Rn 6 ff vor Art 1–47.

Vorschrift soll die unterschiedlichen Interessen der Vertragspartner von Verträgen über unbewegliche Gegenstände schützen, die in den verschiedenen Rechtsordnungen oft durch Sondervorschriften geregelt werden.[2] Insb sozial schwache Mieter sollen von den für sie kaum überblickbaren Auswirkungen eines ausl InsVerf geschützt werden.[3] Der neu eingeführte Abs 2 enthält zur Vermeidung von Zuständigkeitskonflikten eine ergänzende Kompetenzregelung für Fälle der Vertragsänderung oder -beendigung, welche der Zustimmung des Eröffnungsgerichts bedürfen.

II. Einzelerläuterungen

Die Vorschrift bezieht sich auf **unbewegliche Gegenstände**, deren Auslegung verordnungsautonom zu erfolgen hat.[4] Zweifelsohne fallen hierunter Immobilien, wohl aber nicht Anteile an Grundstücksgesellschaften.[5] Aus Art 14 lässt sich zudem arg e contrario folgern, dass Schiffe und Luftfahrzeuge nicht von Art 11 erfasst sind. Abgrenzungsschwierigkeiten bestehen bei Verträgen über Sachgesamtheiten in Form von beweglichen und unbeweglichen Gegenständen (etwa beim Unternehmenskauf).[6] Der unbewegliche Gegenstand muss sich in einem **anderen Mitgliedstaat** – nicht in einem Drittstaat – als dem Eröffnungsstaat befinden.[7] 2

Verträge, die **Nutzungsrechte** an unbeweglichen Gegenständen einräumen, sind etwa Miet-, Pacht-, aber auch Leasingverträge[8]. Art 11 bezieht grundsätzlich auch dinglich ausgestaltete Nutzungsverträge, etwa die Bestellung eines Nießbrauchs- oder Erbbaurechts ein,[9] wobei idR für das Verfügungsgeschäft der speziellere Art 14 zu prüfen ist, sofern dieses nach dem maßgeblichen Recht der Registereintragung unterliegt.[10] Darüber hinaus gilt die Regelung für Verträge über den **Erwerb** eines unbeweglichen Gegenstands und damit insbesondere für Kauf- und Schenkungsverträge.[11] Demnach muss dem Vertragspartner eine Eigentumsposition verschafft werden; die Begründung bloß eigentümerähnlicher Verwertungsrechte fällt nicht hierunter[12] 3

Dieser Vertrag muss zum **Zeitpunkt der Eröffnung des InsVerf** bereits **zustande gekommen** sein.[13] Es muss also vor der Eröffnung des InsVerf ein wirksamer Vertrag über den Erwerb oder die Nutzung eines unbeweglichen Gegenstandes zwischen dem Gl und dem Schu geschlossen worden sein. Dies ist bereits dann der Fall, wenn die erforderlichen Willenserklärungen von den Vertragspartnern abgegeben wurden, aber die Wirksamkeit des Vertrags noch von Bedingungen abhängt, die zum Zeitpunkt der VerfEröffnung noch nicht eingetreten sind.[14] Zur 4

2 *K/P/B/Kemper* Art 8 Rn 1; *A/G/R/Bach* Art 8 EuInsVO aF Rn 1.
3 Nr 118 des Erläuternden Berichts.
4 MK/*Reinhart* Art 8 EuInsVO 2000 Rn 4; MK-BGB-*Kindler* Art 8 Rn 2; *N/R/Nerlich* Art 8 Rn 3; FK/*Wenner/Schuster* Art 8 Rn 2.
5 MK/*Reinhart* Art 8 EuInsVO 2000 Rn 10; zu Time-Sharing-Verträgen vgl *A/G/R/Bach* Art 8 EuInsVO aF Rn 7 f.
6 Vgl MK/*Reinhart* Art 8 EuInsVO 2000 Rn 8.
7 MK/*Reinhart* Art 8 EuInsVO 2000 Rn 15; *M/R/Wenner* § 20 Rn 327;
8 *A/G/R/Bach* Art 8 EuInsVO aF Rn 6; FK/*Wenner/Schuster* Art 8 Rn 4; MK/*Reinhart* Art 8 EuInsVO 2000 Rn 7.
9 FK/*Wenner/Schuster* Art 8 Rn 4; MK/*Reinhart* Art 8 EuInsVO 2000 Rn 7.
10 *K Schmidt/Brinkmann* Art 8 Rn 4.
11 Nr 119 des Erläuternden Berichts; HambKomm/*Undritz* Art 8 Rn 2.
12 *MK/Reinhart* Art 8 EuInsVO 2000 Rn 6.
13 Nr 116 des Erläuternden Berichts „laufende Verträge“.
14 MK/*Reinhart* Art 8 EuInsVO 2000 Rn 11 f.

Bestimmung des Zeitpunkts der VerfEröffnung ist auch bei dieser Regelung auf Art 2 Nr 8 und die Rechtsprechung des EuGH zurückzugreifen.[15]

5 Art 11 unterstellt Verträge über unbewegliche Gegenstände iSe Sachnormverweisung **ausschließlich dem Recht des Belegenheitsortes** *(lex rei sitae)*, als dem Recht der engsten Verbindung. Obwohl diese Vorschrift als eine Schutzvorschrift für die Vertragspartner des Schu konzipiert ist, muss damit nicht immer eine Besserstellung des Gl im Vergleich zur *lex fori concursus* verbunden sein. Auch wenn das Recht des Belegenheitsstaats für den Gl nachteiliger ist, bleibt es – anders als bei Art 14 – bei der uneingeschränkten Anwendung der *lex rei sitae.*[16]

Seit der Reform der EuInsVO[17] ist diese kollisionsrechtliche Regelung um eine kompetenzrechtliche Norm erweitert worden: Nach Art 11 Abs 2 bleibt die Zuständigkeit für die Zustimmung zur Beendigung oder Änderung von Verträgen beim InsGericht des HauptInsVerf, wenn eine solche Beendigung oder Änderung des Vertrags nach dem maßgeblichen Vertragsstatut (im InsFall) nur mit einer solchen Zustimmung möglich ist. Damit werden Streitigkeiten über Vertragsbeendigungen oder –änderungen im Mitgliedstaat des HauptInsVerf konzentriert, dessen Gerichte das nach Abs 1 geltende fremde Belegenheitsstatut anzuwenden haben. Es darf nach Abs 2 Buchst b allerdings kein InsVerf, also kein SekundärInsVerf, in dem Belegenheitsstaat eröffnet worden sein. In diesem Fall entspricht das Recht des SekundärInsVerf dem Recht der Belegenheit, sodass es keiner ergänzenden Kompetenzregelung für die Erteilung der Zustimmung bedarf.[18]

15 *EuGH* 2.5.2006 – C-341/04 (Eurofood); *Pannen/Riedemann* Art 8 Rn 15; zw *Kammel* NZI 2006, 338.
16 *Duursma-Kepplinger/Chalupsky* Art 8 Rn 8; MK-BGB/*Kindler* Art 8 Rn 8.
17 S Vorb Rn 6 ff vor Art 1–47.
18 Vgl MK-InsO/*Thole* Art 11 EuInsVO 2015 Rn 3.

Artikel 12 Zahlungssysteme und Finanzmärkte

(1) Unbeschadet des Artikels 8 ist für die Wirkungen des Insolvenzverfahrens auf die Rechte und Pflichten der Mitglieder eines Zahlungs- oder Abwicklungssystems oder eines Finanzmarktes ausschließlich das Recht des Mitgliedstaats maßgebend, das für das betreffende System oder den betreffenden Markt gilt.

(2) Absatz 1 steht einer Nichtigkeit, Anfechtbarkeit oder relativen Unwirksamkeit der Zahlungen oder Transaktionen gemäß den für das betreffende Zahlungssystem oder den betreffenden Finanzmarkt geltenden Rechtsvorschriften nicht entgegen.

Übersicht

I. Vorbemerkung und Normzweck

1 Art 12 nF entspricht Art 9 aF, sodass mit der Reform 2015[1] keine inhaltlichen Änderungen verbunden sind. Die Regelung enthält eine Sonderanknüpfung für Mitglieder eines **Zahlungssystems- oder Abwicklungssystems oder eines Finanzmarktes.** Für sie gilt nicht die *lex*

1 Zur Reform s Vorb Rn 6 ff vor Art 1–47.

fori concursus, sondern das für das System bzw den Markt geltende Statut. Dadurch, dass sich die Wirkungen der Ins ausschließlich nach dem Recht bestimmen, das für das Zahlungssystem und den Finanzmarkt gilt, soll das allg Vertrauen in solche Systeme geschützt werden.[2] Es handelt sich um eine Kollisionsnorm (Abs 1).

Abs 2 verstärkt diese Sonderanknüpfung, indem auch für Anfechtungs- oder Unwirksamkeitsgründe auf das System- oder Marktstatut und nicht auf die *lex fori concursus* zurückgegriffen wird. **2**

II. Einzelheiten

Die Einwirkungen einer fremden Rechtsordnung könnten auf Zahlungssysteme und Finanzmärkte erhebliche negative Auswirkungen zeigen und deren reibungsloses Funktionieren beeinträchtigen. Ein besonderes Schutzbedürfnis besteht insb für die in diesen Systemen anzutreffenden **Glattstellungsverträge** und **Nettingvereinbarungen**[3] sowie für die Veräußerung von Wertpapieren und die zur Absicherung dieser Transaktionen gestellten Sicherheiten.[4] Die Veranstalter und Teilnehmer an diesen Systemen sollen darauf vertrauen können, dass lediglich ein InsR zur Anwendung kommt, dessen Wirkungen sie von vornherein kalkulieren können.[5] **3**

Der Begriff **„Zahlungs- oder Abwicklungssystem"** ist in der EuInsVO nicht näher definiert. Hier ist auf Art 2 Buchst a der Finalitätsrichtlinie[6] zurückzugreifen, wonach ein „System" eine förmliche Vereinbarung zwischen mindestens drei Teilnehmern über gemeinsame Regeln und vereinheitlichte Vorgaben für die Ausführung von Zahlungs- bzw Übertragungsaufträgen zwischen den Teilnehmern ist, die dem Recht eines von den Teilnehmern gewählten Mitgliedstaats unterliegt. Nach dem Erläuternden Bericht werden von dem Begriff Zahlungs- oder Abwicklungssystem zB Glattstellungsverträge, Netting oder die Veräußerung von Wertpapieren erfasst.[2] **4**

Zu dem Begriff **„Finanzmarkt"**, der nicht in den Anwendungsbereich der Finalitätsrichtlinie fällt, enthält der Erläuternde Bericht eine Definition:[2] Unter „Finanzmarkt" ist ein Markt in einem Mitgliedstaat zu verstehen, auf dem Finanzinstrumente, sonstige Finanzwerte oder Warenterminkontrakte oder -optionen gehandelt werden, der regelmäßig funktioniert, dessen Funktions- und Zugangsbedingungen durch Rechtsvorschriften geregelt sind und der dem Recht und der Aufsicht des jeweiligen Mitgliedstaats unterliegt, in dem er besteht. **5**

Welches Recht auf das System anzuwenden ist, beurteilt sich nach der vorrangig geltenden Finalitätsrichtlinie.[7] Nach Art 2 Buchst a Spiegelstrich 2 der Finalitätsrichtlinie unterliegt das **anwendbare Recht** der Parteidisposition. Die Wahlmöglichkeit beschränkt sich allerdings auf das Recht eines Mitgliedstaates, in dem zumindest einer der Teilnehmer seine Hauptverwaltung hat. Ist von den Teilnehmern des Systems oder des Finanzmarktes keine Rechtswahl getroffen werden, oder führt diese zur Rechtsordnung eines Drittstaates, bleibt es bei der Anknüpfung an die *lex fori concursus.*[8] **6**

---

2 Nr 120 des Erläuternden Berichts.

3 Etwa die in manchen Mitgliedstaaten geltende »Null-Uhr-Regelung«, die beispielsweise bei Netting-Vereinbarungen zu nicht tragbaren Erg führen würde; *Balz* ZIP 1995, 1639, FK/*Wimmer* 3. Aufl, Art 102 EGInsO Rn 90.

4 *Duursma-Kepplinger/Chalupsky* Art 9 Rn 1.

5 Vgl Erwägungsgrund 71.

6 Richtlinie 98/26/EG v 19.5.1998 ABlEG Nr L 166 45, dazu *Balz* ZIP 1995, 1639.

7 RL 98/26/EG v 19.5.1998 ABlEG 1998 Nr L 166/45; vgl Erwägungsgrund 71.

8 MK-BGB/*Kindler* Art 9 Rn 9.

7 Die Sonderanknüpfung setzt ferner voraus, dass ein InsVerf eröffnet worden ist, das ohne Bestehen des Art 12 Wirkungen auf das das Zahlungs- oder Abwicklungssystem oder den Finanzmarkt entfalten würde. Das System muss daher bereits **vor Eröffnung** des InsVerf **vereinbart** worden sein.[9]

8 Mit dem **Verweis auf Art 8** soll klargestellt werden, dass im Anwendungsbereich von Art 12 begründete dingliche Rechte an Gegenständen, zB dingliche Sicherheiten an Wertpapierbeständen, die zur Zeit der Eröffnung des InsVerf in einem anderen Mitgliedstaat als dem Staat der VerfEröffnung belegen sind, von der Eröffnung des Verf nicht berührt werden.[10]

9 **Abs 2** will sicherstellen, dass sich für die Teilnehmer des Systems oder Finanzmarktes die Rechtsfolgen der InsEröffnung ausschließlich nach dem Vertragsstatut richten. Daher stellt Abs 2 klar, dass sich auch die Nichtigkeit, die Anfechtbarkeit und die relative Unwirksamkeit von Handlungen des Schu – nicht wie nach Art 8 Abs 4, 9 Abs 2 und 10 Abs 3 nach der *lex fori concursurs* –, sondern nach dem Recht des Staates richtet, das für das betr System oder den betr Markt nach der Finalitätsrichtlinie gilt.[11]

---

9 *K/P/B/Kemper* Art 9 Rn 8.

10 Vgl auch zur Verwertung von Finanzsicherheiten im InsFall nach der Finalitäts- sowie der Finanzsicherheitsrichtlinie *EuGH* 11.10.2016 – C-156/15 (Private Equity Insurance Group) Rn 54.

11 S Rn 6.

Artikel 13 Arbeitsvertrag

(1) Für die Wirkungen des Insolvenzverfahrens auf einen Arbeitsvertrag und auf das Arbeitsverhältnis gilt ausschließlich das Recht des Mitgliedstaats, das auf den Arbeitsvertrag anzuwenden ist.

(2) Die Zuständigkeit für die Zustimmung zu einer Beendigung oder Änderung von Verträgen nach diesem Artikel verbleibt bei den Gerichten des Mitgliedstaats, in dem ein Sekundärinsolvenzverfahren eröffnet werden kann, auch wenn in dem betreffenden Mitgliedstaat kein Insolvenzverfahren eröffnet worden ist. Unterabsatz 1 gilt auch für eine Behörde, die nach nationalem Recht für die Zustimmung zu einer Beendigung oder Änderung von Verträgen nach diesem Artikel zuständig ist.

Übersicht

I. Vorbemerkung und Normzweck

1 Art 13 Abs 1 nF entspricht Art 10 aF und wird um einen weiteren Abs 2 mit der Reform 2015[1] ergänzt. Zum Schutz der Arbeitnehmer bestimmt Art 13 Abs 1, dass für die **insolvenzrechtlichen Wirkungen auf Arbeitsverträge und Arbeitsverhältnisse** ausschließlich das Recht des Vertragsstaates Anwendung findet, das für den Arbeitsvertrag gilt (*lex causae*). Die Norm verweist allg auf das für das Arbeitsverhältnis geltende Kollisionsrecht.[2] Aus sozialstaatlichen Erwägungen heraus sollen die Arbeitnehmer also nicht unvorhersehbaren

---

1 Zur Reform s Vorb Rn 6ff vor Art 1–47.

2 *Duursma-Kepplinger/Chalupsky* Art 10 Rn 1; zur eingeschränkten Bedeutung der Norm MK/*Reinhart* Art 10 EuInsVO 2000 Rn 2.

insolvenzrechtlichen Folgen ausgesetzt sein.[3] Sofern die Beendigung oder Änderung des Arbeitsverhältnisses nach dem anwendbaren Arbeitsrecht der gerichtlichen oder behördlichen Zustimmung bedarf, sieht der neu eingeführte Abs 2 hierfür die Zuständigkeit bei den Gerichten bzw Behören des Mitgliedstaates vor, in dem ein SekundärInsVerf eröffnet werden könnte.

II. Einzelerläuterungen

Die Begriffe **„Arbeitsvertrag" oder „Arbeitsverhältnis"** sind verordnungsautonom auszulegen,[4] wobei die zu Art 45 AEUV (Art 39 EG aF), Art 20 EuGVVO (Art 18 EuGVVO aF), Art 8 Rom I-VO[5] und die zu diversen arbeitsrechtlichen Richtlinien entwickelten Grundsätze herangezogen werden können. Es werden Vereinbarungen umfasst, die eine Seite zu einer weisungsgebundenen, entgeltlichen Tätigkeit in einem nicht nur geringfügigen Umfang verpflichten.[6] Diese Kriterien können selbst bei angestellten Gesellschaftsorganen erfüllt sein, scheiden aber bspw bei selbstständigen Handelsvertretern aus.[7] Da nicht nur Arbeitsverträge, sondern auch Arbeitsverhältnisse erfasst sind, fallen auch faktische Arbeitsverhältnisse und nichtige, aber in Vollzug gesetzte Verträge in den Anwendungsbereich der Norm.[8] Zudem kann hieraus geschlussfolgert werden, dass auch das **kollektive Arbeitsrecht** von der Vorschrift erfasst wird.[9] Damit unterliegen ihr nicht nur tarifvertragliche, sondern auch betriebsverfassungsrechtliche Regelungen. 2

Das **Recht des Mitgliedstaates**, das auf den Arbeitsvertrag anzuwenden ist und nach dem sich die insolvenzrechtlichen Auswirkungen richten, wird durch das **Kollisionsrecht** des angerufenen Gerichts bestimmt. In den Mitgliedstaaten findet auf Arbeitsverträge und Arbeitsverhältnisse (allerdings nicht auf das kollektive Arbeitsrecht) die Kollisionsnorm des **Art 8 Rom I-VO** Anwendung, die für alle nach dem 17.12.2009 geschlossenen Verträge in den Mitgliedstaaten (mit Ausnahme von Dänemark) gilt. Danach ist in erster Linie das von den Parteien *gewählte Recht* auf den Arbeitsvertrag anwendbar, es sei denn, es besteht keine Rechtswahlvereinbarung oder dem Arbeitnehmer wird hierdurch der Schutz der zwingenden arbeitsrechtlichen Vorschriften des Staates entzogen, in dem er gewöhnlich seine Arbeit verrichtet bzw in dem sich die anstellende Niederlassung befindet, vgl Art 8 Abs 1 – Abs 3 Rom I-VO. Dann kommt die den Arbeitnehmer besser schützende Regelung – eventuell auch nur für einen Teilbereich – zur Anwendung.[10] Dieser erforderliche *Günstigkeitsvergleich* kann bedeuten, dass zwei verschiedene Rechtsordnungen zu prüfen sind. 3

Die Verweisung auf das Arbeitsvertragsstatut gilt allerdings nur für die **unmittelbaren Wirkungen** der InsVerfEröffnung auf das Arbeitsverhältnis, etwa die Fortsetzung des Arbeitsverhältnisses oder Lösungs- und Kündigungsrechte,[11] Kündigungsfristen und die Rechtsfolgen der Kündigung in der Ins des Arbeitgebers sowie bei einer Betriebsänderung oder einem Betriebsübergang in der Ins. Für nur mittelbare Folgen der Ins, die aber in einem engen Zusammenhang mit dem InsVerf stehen und sich aus ihm ergeben, bleibt das InsSta- 4

3 *Bork* in FS Klamaris (2016) 77, 88.
4 *M/R/Wenner* Kap 20 Rn 314.
5 ABlEU Nr L 177 v 4.7.2008.
6 *EuGH* 23.3.2004 – C-138/02 (Collins) Rn 26; 17.7.2008 – C-94/07 (Raccanelli) Rn 33.
7 *K Schmidt/Brinkmann* Art 10 Rn 3.
8 *A/G/R/Bach* Art 10 EuInsVO aF Rn 6.
9 *Paulus* NZI 2001, 505, 513; *A/G/R/Bach* Art 10 EuInsVO aF Rn 6; *Pannen/Dammann* Art 10 Rn 5; *Gottwald/Kolmann* § 131 Rn 62.
10 FK/*Wenner/Schuster* Art 10 Rn 4.
11 *HessLAG* ZIP 2011, 289.

tut nach Art 7 maßgeblich.[12] Dazu gehört die Frage, wie Arbeitnehmerforderungen in der Ins zu behandeln sind, ihre Geltendmachung in der Ins, ob sie durch ein Vorrecht geschützt sind oder welchen Rang ein solches Vorrecht hat,[13] sowie die arbeitsrechtlichen Regelungen der §§ 113, 120 ff InsO.[14]

5 Die Frage des Bestehens eines Anspruchs auf **InsAusfallgeld** richtet sich weder nach der *lex fori concursus* (Art 7) noch nach der von Art 13 berufenen *lex causae*. Soweit ein Mitgliedstaat einen Ausfall von Lohnforderungen in der Ins des Arbeitgebers durch eine einzelstaatliche Einrichtung abdeckt, greift nach Art 9 Abs 1 der Arbeitnehmerschutz-Richtlinie das Recht des Staates ein, in dem die Arbeitnehmer ihre Arbeit gewöhnlich verrichten oder verrichtet haben (vgl auch § 165 Abs 1 S 1 SGB III).[15]

6 Der mit der Reform der VO[16] eingefügte Abs 2 klärt die Kompetenzen, sofern nach dem anwendbaren Arbeitsrecht vorgesehen ist, dass die Gerichte oder Behörden einer Änderung oder Beendigung des Arbeitsvertrages zustimmen müssen. Die Zuständigkeit für die erforderliche Zustimmung zur Vertragsbeendigung oder -änderung verbleibt danach bei den Gerichten oder den Behörden des Mitgliedstaates, in dem ein SekundärInsVerf eröffnet werden kann und zwar unabhängig davon, ob es dort tatsächlich eröffnet wurde. Damit bleiben die sachnäheren Gerichte bzw Behörden des Mitgliedstaates zuständig, in welchem sich die Niederlassung des Schuldners befindet,[17] bei welcher der jeweilige Arbeitnehmer angestellt ist oder für welche er gewöhnlich tätig ist. Eine entsprechende Anwendung der Regelung bietet sich für Fälle an, in denen es am Arbeitsort keine Niederlassung iSv Art 2 Nr 10 gibt, aber gleichwohl die Zuständigkeit zur Erteilung einer erforderlichen Zustimmung festgestellt werden muss.[18]

12 Nr 128 des Erläuternden Berichts, mit S 32, 78; MK/*Reinhart* Art 20 Rn 1; *K/P/B/Kemper* Art 10 Rn 6.
13 Erwägungsgrund 28.
14 *HessLAG* ZIP 2011, 289.
15 Richtlinie 2008/94/EG v 22.82.2008, ABlEU 2008 Nr L 183, 36; FK/*Wenner/Schuster* Art 10 Rn 7; HambKomm-*Undritz* Art 10 Rn 5.
16 S Vorb Rn 6 ff vor Art 1–47.
17 Erwägungsgrund 72.
18 MK-InsO/*Thole* Art 13 EuInsVO 2015 Rn 4.

Artikel 14 Wirkung auf eintragungspflichtige Rechte

Für die Wirkungen des Insolvenzverfahrens auf Rechte des Schuldners an einem unbeweglichen Gegenstand, einem Schiff oder einem Luftfahrzeug, die der Eintragung in ein öffentliches Register unterliegen, ist das Recht des Mitgliedstaats maßgebend, unter dessen Aufsicht das Register geführt wird.

Übersicht

I. Vorbemerkung und Normzweck

1 Art 14 nF entspricht Art 11 aF, sodass mit der Reform 2015[1] keine inhaltlichen Änderungen verbunden sind. Die Grundbuch- und Registersysteme in den einzelnen Mitgliedstaaten

1 Zur Reform s Vorb Rn 6 ff vor Art 1–47.

weichen noch erheblich voneinander ab, die Eintragungen sind jedoch für den Rechtsverkehr von erheblicher Bedeutung. Um zu verhindern, dass im Recht des Eröffnungsstaates Wirkungen vorgesehen sind, die nach den Vorschriften des Registerstaates nicht bekannt sind, schränkt Art 14 die universelle Geltung der *lex fori concursus* ein. Stattdessen kommt das Recht des Staates, unter dessen Aufsicht das betreffende Register geführt wird *(lex libri siti)*, zur Anwendung. Die Vorschrift soll für den Rechtsverkehr die **Funktionsfähigkeit und Verlässlichkeit des Registerrechts** sicherstellen. Art 14 dient dem Schutz der in Register eingetragenen Sachenrechte und sichert den im Eintragungsstaat bestehenden numerus clausus der Sachenrechte.[2] Es handelt sich um eine **Kollisionsnorm**, welche ergänzend zu den Vorschriften der Art 8, Art 11, Art 17 und Art 29 relevant werden kann.

II. Einzelerläuterungen

Art 14 kann sowohl in einem **HauptInsVerf** nach Art 3 Abs 1 als auch in einem **Partikular-Verf** nach Art 3 Abs 2–4 zur Anwendung gelangen. Als Ausnahme zur sonst geltenden geltenden *lex fori concursus* wird die Regelung allerdings nur dann bedeutsam, wenn die Aufsicht über das Register weder in dem Staat des Haupt- noch des SekundärInsVerf geführt wird.[3] 2

Es ist **nicht** vorausgesetzt, dass es sich um ein Recht des Schu handelt, welches schon **vor der VerfEröffnung eingetragen worden ist**.[4] Ein anderes Verständnis lässt sich weder mit dem Wortlaut begründen, welcher nur von einem der Eintragung unterliegenden Recht spricht, noch aus dem Zweck der Vorschrift entnehmen. 3

Es muss sich um solche Rechte handeln, die der **Eintragung in ein öffentliches Register** unterliegen. Damit ist der Anwendungsbereich des Art 14 enger als derjenige des Art 8, der dingliche Rechte unabhängig von ihrer Eintragung erfasst. **Öffentlich** ist ein Register, wenn es für die Öffentlichkeit zugänglich ist und die Eintragungen Wirkungen für Dritte haben. Es muss nicht von der öffentlichen Hand geführt sein. Es kann auch privat organisiert sein. Die Vorfragen, ob ein Recht der Eintragung in ein öffentliches Register unterliegt und nach welchen Voraussetzungen diese erfolgt, bestimmen sich nach dem Recht des Staates der Belegenheit. 4

Art 14 bestimmt, dass für die Wirkungen des InsVerf auf die Rechte des Schu an einem unbeweglichen Gegenstand, einem Schiff oder einem Luftfahrzeug, die der Eintragung in ein öffentliches Register unterliegen, das **Recht des Mitgliedstaates** maßgebend ist, der die **Aufsicht über das Register** das eingetragenen Rechts führt *(lex libri siti)*. Eine Besonderheit des Art 14 gegenüber den Art 11, 12 und 13 liegt darin, dass keine ausschließliche Geltung des Rechts des aufsichtsführenden Staates besteht. Der Erläuternde Bericht führt hierzu aus, dass es bei der allg Anwendbarkeit des Rechts des Staates der VerfEröffnung gem Art 7 bleibe und sich daraus ergebe, dass eine Art kumulative Anwendung beider Rechte erfolgen müsse.[5] 5

Sowohl der Wortlaut der Regelung, welcher auf den Begriff „ausschließlich" verzichtet, als auch die historische Auslegungsmethode sprechen demnach für eine **kumulierte Anwendung** des InsStatuts und des Rechts des Registerstaats.[6] Die Wirkungen des InsVerf auf die 6

2 *Balz* ZIP 1996, 948, 950.
3 MK/*Reinhart* Art 11 EuInsVO 2000 Rn 9.
4 MK/*Reinhart* Art 11 EuInsVO 2000 Rn 8; *A/G/R/Bach* Art 11 EuInsVO aF Rn 9; **aA** *K/P/B/Kemper* Art 11 Rn 4.
5 Nr 130 des Erläuternden Berichts.
6 *Geimer/Schütze/Huber* Art 11 Rn 4; *Rauscher/Mäsch* Art 11 Rn 9; *A/G/R/Bach* Art 11 EuInsVO nF Rn 15; **aA** MK/*Reinhart* Art 11 EuInsVO 2000 Rn 11 ff mwN.

Rechte an eintragungspflichtigen Gegenständen sind somit zunächst nach der *lex fori concursus* zu prüfen. Soweit diese aber der *lex libri* unbekannt sind und sich die Wirkungen auch nicht im Wege der Anpassung bzw. Substitution übertragen lassen, entfällt diese Wirkung. Damit bildet die *lex libri* eine Art Obergrenze für die von der *lex fori concursus* vorgesehenen Wirkungen.[7] Die im Register eingetragenen Rechte sollen durch die Eröffnung des InsVerf nicht weitergehend beeinträchtigt werden, als dies bei Eröffnung eines InsVerf im Staat des Registers der Fall wäre. Es kommt allerdings nur auf vergleichbare Ergebnisse der durch das InsVerf hervorgerufenen Wirkungen an und nicht darauf, ob diese Wirkungen nach den Rechtsordnungen in unterschiedlicher Weise herbeigeführt werden, etwa einmal eine *ipso iure* und einmal eine durch gerichtliche Anordnung bewirkte Verfügungsbeschränkung[8]. Handelt es sich bei dem Registerstaat beispielsweise um Deutschland, so würde nach Art 14 bei Eröffnung eines InsVerf in einem anderen Mitgliedstaat ein InsVermerk in das dt Register eingetragen werden (§ 32, 33 InsO). Die Eintragung eines InsVermerks hätte aber zu unterbleiben, wenn das Recht des Eröffnungsstaates eine Verfügungsbeschränkung infolge der Ins nicht kennt.

7 MK/*Reinhart* Art 11 EuInsVO 2000 Rn 11.
8 *A/G/R/Bach* Art 11 EuInsVO aF Rn 16.

Artikel 15 Europäische Patente mit einheitlicher Wirkung und Gemeinschaftsmarken

Für die Zwecke dieser Verordnung kann ein Europäisches Patent mit einheitlicher Wirkung, eine Gemeinschaftsmarke oder jedes andere durch Unionsrecht begründete ähnliche Recht nur in ein Verfahren nach Artikel 3 Absatz 1 miteinbezogen werden.

Übersicht

I. Vorbemerkung und Normzweck

1 Art 15 nF entspricht im Wesentlichen Art 12 aF und mit der Reform 2015[1] sind nur redaktionelle Änderungen durchgeführt worden. Insbesondere ist der Begriff „Gemeinschaftspatent" aufgrund der zwischenzeitlichen europarechtlichen Entwicklung[2] durch den Begriff des „Europäischen Patens mit einheitlicher Wirkung" ersetzt worden. Die Vorschrift enthält eine **Sonderregelung für unionsrechtlich begründete gewerbliche Schutzrechte**. Diese können nur dann in ein InsVerf einbezogen werden, wenn der Schu seinen COMI im Eröffnungsstaat hat und sich das eröffnete Verf als HauptInsVerf iSv Art 3 Abs 1 darstellt. Damit entzieht die Regelung diese Schutzrechte einem möglichen SekundärInsVerf und unterstellt sie einheitlich dem HauptInsVerf. Dies korrespondiert mit Art 21 Abs 1 der VO über die Gemeinschaftsmarke.[3] Soweit Art 15 anwendbar ist, verdrängt die Regelung Art 25 der VO über den gemeinschaftlichen Sortenschutz,[4] wonach die Rechte in das jeweils zuerst eröffnete InsVerf einzubeziehen sind.

1 Zur Reform s Vorb Rn 6 ff vor Art 1–47.
2 VO (EU) Nr 125/2012 v 17.12.2012, ABlEU Nr 361/1.
3 VO (EG) Nr 40/94 v 20.12.1993 über die Gemeinschaftsmarke, ABlEG Nr L 11/1, zuletzt geändert durch Art 166 ÄndVO (EG) 207/2009 v 26.2.2009 (ABlEU Nr L 78/1).
4 VO (EG) Nr 2100/94 des Rates v 27.7.1994, ABlEG 1994 Nr L 227/01.

II. Einzelerläuterungen

Die Vorschrift gilt nur für gewerbliche Schutzrechte, die vor der InsEröffnung aufgrund unionsrechtlicher Rechtsakte entstanden sind.[5] Hierunter fallen etwa die Gemeinschaftsmarke, das Gemeinschaftsgeschmacksmuster[6] sowie der gemeinschaftliche Sortenschutz. Ausdrücklich erfasst ist auch das EU-Patent mit einheitlicher Wirkung,[7] das jedoch von dem einfachen Europäischen Patent zu unterscheiden ist, welches wiederum nicht der Regelung des Art 15 unterliegt.[8] Nach Art 15 werden die jeweiligen Schutzrechte in das HauptInsVerf, nicht aber in ein Sekundär- bzw PartikularInsVerf einbezogen. Die Verwertung im Rahmen eines PartikularInsVerf kann indes in Betracht kommen, wenn der Schu seinen Mittelpunkt der hauptsächlichen Interessen in einem Drittstaat hat. In einem solchen Fall gelangen die anderen, vorstehend genannten Gemeinschaftsrechtsakte wieder zur Anwendung, die teilweise abweichende Regelungen vorsehen, etwa die Einbeziehung des gewerblichen Schutzrechts in das zuerst in einem Mitgliedstaat eröffnete InsVerf.[9] 2

5 *K/P/B/Kemper* Art 12 Rn 7; *K Schmidt/Brinkmann* Art 12 Rn 5.
6 VO (EG) Nr 6/2002 v 12.12.2001, ABlEU 2002 Nr L 003/01.
7 VO (EU) Nr 125/2012 v 17.12.2012, ABlEU 2012 Nr 361/1.
8 MK/*Reinhart* Art 12 EuInsVO 2000 Rn 5; Schmidt/*Brinkmann* Art 12 Rn 6 f.
9 Vgl Art 25 der SortenschutzVO Nr 2100/94; Nr 134 des Erläuternden Berichts; *K/P/B/Kemper* Art 12 Rn 9.

Artikel 16 Benachteiligende Handlungen

Artikel 7 Absatz 2 Buchstabe m findet keine Anwendung, wenn die Person, die durch eine die Gesamtheit der Gläubiger benachteiligende Handlung begünstigt wurde, nachweist, dass

a) für diese Handlung das Recht eines anderen Mitgliedstaats als des Staates der Verfahrenseröffnung maßgeblich ist und

b) diese Handlung im vorliegenden Fall in keiner Weise nach dem Recht dieses Mitgliedstaats angreifbar ist.

Übersicht

I. Vorbemerkung und Normzweck

Art 16 nF entspricht Art 13 aF, sodass mit der Reform 2015[1] keine inhaltlichen Änderungen verbunden sind. Nach der Grundregel der VO regelt das Recht des Staates der VerfEröffnung gem Art 7 Abs 2 Buchst m die eventuelle Nichtigkeit, Anfechtbarkeit oder relative Unwirksamkeit von Rechtshandlungen, welche die Gesamtheit der Gl benachteiligen. Art 16 beschränkt nun die Anwendung des Rechts des Staates der VerfEröffnung, wenn der durch die Rechtshandlung begünstigten Person der **Nachweis** gelingt, **dass für diese Handlung das Recht eines anderen als der VerfEröffnungsstaates maßgeblich ist** und die Handlung im konkreten Fall nach dem Recht dieses Mitgliedstaates **in keiner Weise angreifbar** 1

1 Zur Reform s Vorb Rn 6 ff vor Art 1–47.

ist. Es handelt sich um eine Ausnahmereglung, die das Vertrauen in eine anwendbare Rechtsordnung schützt und der Rechtssicherheit dient.[2] Sie kann bei entsprechender Einrede iRd Prüfung der Art 8 Abs 4, Art 9 Abs 2 und Art 10 Abs 3, aber auch bei der Sonderanknüpfung nach Art 13 Bedeutung erlangen.

II. Grundsatz der lex fori concursus

2 Grds bestimmt sich die Anfechtbarkeit von Rechtshandlungen nach Art 7 Abs 2 Buchst m nach dem Recht des Staates der VerfEröffnung (*lex fori concursus*), gleichgültig ob es sich um eine Anf zugunsten eines Inlands- oder AuslandsVerf handelt. Nach diesem Recht richten sich die Voraussetzungen (einschließlich der Frage der Verjährung des AnfAnspruchs, des Ablaufs von AnfFristen und der Art und Weise, etwa gerichtliche oder außergerichtliche Geltendmachung) sowie die rechtlichen Wirkungen (Umfang der Rückgewähr, dingliche oder schuldrechtliche Wirkung). Kommt danach das Recht eines **Drittstaats** zur Anwendung, greift Art 16 nicht.[3] Deutlich wird dies durch die Worte „Recht eines anderen Mitgliedstaates", die auch mit der Reform 2015 nicht geändert wurden.

III. Die „Einrede"

3 Die grds Beurteilung der anfechtbaren Rechtshandlungen nach dem Recht des Staates der VerfEröffnung wird durch den **Nachweis des AnfGegners**, dass für die Rechtshandlung das Recht eines anderen Staates maßgebend ist (*lex causae* oder Wirkungsstatut) und die Rechtshandlung nach diesem Recht in dem vorliegenden Fall in keiner Weise angreifbar ist, eingeschränkt. Der durch die fragliche Rechtshandlung Begünstigte soll sich darauf verlassen können, dass eine nach dem normalerweise anwendbaren Recht wirksame und unangreifbare Rechtshandlung nicht durch die AnfNormen einer fremden Rechtsordnung beeinträchtigt wird.

4 Die Norm führt zwar zu einer Kumulation der AnfVoraussetzungen nach der *lex fori concursus* und der *lex causae*. Allerdings verlangt Art 16 keine gerichtliche Prüfung von Amts wegen. Vielmehr muss der von der *lex causae* begünstigte Gl die nach diesem Recht fehlende Angreifbarkeit der Rechtshandlung **einredeweise geltend machen**. Der InsVerw hat nur darzulegen und zu beweisen, dass eine Anfechtbarkeit nach der *lex fori concursus* gegeben ist. Der AnfGegner hat hingegen darzutun, dass die gläubigerbenachteiligende Rechtshandlung nach dem Wirkungsstatut *(lex causae)* nicht anfechtbar oder aus anderen Gründen unwirksam oder nichtig ist. Wenn der InsVerw daraufhin zu Anfechtungs- oder Nichtigkeitsgründen nach der *lex causae* Näheres vorträgt, obliegt es wiederum dem AnfGegner hierauf substantiiert einzugehen und im Bestreitensfall Beweis anzutreten.[4]

5 Aus der Formulierung „in keiner Weise angreifbar" ergibt sich, dass hierbei nicht nur die Vorschriften über die InsAnf zu prüfen sind, sondern dass die Gültigkeit der Handlung auch nach den anderen Vorschriften der *lex causae* Bestand haben muss.[5] Selbst wenn die Rechtshandlung aus allgemeinen zivilrechtlichen Gründen, beispielsweise aufgrund von Willensmängeln oder Sittenwidrigkeit, unwirksam ist, bietet die Regelung des Art 16 dem Gl keinen Schutz. Aus der Formulierung ist darüber hinaus zu entnehmen, dass die Angreifbarkeit nach der *lex causae* nicht auf denselben Rechtsgründen oder Anfechtungsgründen beruhen

---

2 Kritisch aufgrund der Einschränkung des Prinzips der Gläubigergleichbehandlung *Bork* in FS Klamaris (2016) 77, 88.

3 Str, vgl hierzu N/R-*Nerlich* Art 13 EuInsVO Rn 9 mwN; *K Schmidt/Brinkmann* Art 13 Rn 7.

4 *K Schmidt/Brinkmann* Art 13 Rn 23 f; vgl auch *A/G/R/Flöther/Wehner* Art 13 EuInsVO aF Rn 7.

5 FK/*Wenner/Schuster* Art 13 Rn 8.

muss, aufgrund derer die Rechtshandlung nach der *lex fori concursus* angreifbar ist.[6] Umstritten war, ob sich auch die Folgen eines Zeitablaufs, also insbesondere Anfechtungs-, Ausschluss- und Verjährungsfristen, nach der *lex causae* richten, oder ob hierfür auf die *lex fori concursus* zurückzugreifen ist.[7] Der EuGH hat diese Frage auf die Vorlage des BGH dahingehend beantwortet, dass sich solche Fristen ebenfalls nach der *lex causae* beurteilen und zwar unabhängig davon, ob die entsprechende Frist nach nationalem Verständnis materiell- oder verfahrensrechtlich einzustufen ist.[8] Im Interesse einer einheitlichen Anwendung des Art 16 soll die *lex causae* darüber hinaus maßgeblich dafür sein, ob die Formvorschriften zur Geltendmachung eines Anspruchs (etwa in Form einer Klage) gewahrt wurden.[9]

Im Rahmen des Art 16 ist streitig, wie das **„maßgebliche Recht"** zu ermitteln ist. Vorzugswürdig ist die Auff, welche die *lex causae* nicht nach dem Kollisionsrecht des Eröffnungsstaates,[10] sondern nach dem Kollisionsrecht des jeweils angerufenen Gerichts bestimmt.[11] Die VO vereinheitlicht nicht das gesamte, sondern nur das in Bezug auf insolvenzspezifische Fragen ausgerichtete Kollisionsrecht, so dass es im Übrigen bei der Grundregel der *lex fori* des angerufenen Gerichts verbleiben muss. Unabhängig davon, ob das Verpflichtungs- oder das Erfüllungsgeschäft angegriffen wird, sollte es grds[12] auf das für die Kausalbeziehungen maßgebliche Schuldstatut ankommen.[13] Sofern die insoweit zur Anwendung berufene Rechtsordnung aufgrund einer Rechtswahl der Parteien bestimmt wurde, ist zu untersuchen, ob die Rechtswahl ihrerseits anfechtbar ist.[14] Hierfür dürfte wieder auf die Rechtsordnung des Staates der VerfEröffnung abzustellen sein.[15] 6

IV. Zeitliche Schranken

Obwohl dem Wortlaut keine entsprechende Einschränkung zu entnehmen ist, kann die Ausnahmeregelung des Art 16 nur bei Rechtshandlungen greifen, die *vor* der Eröffnung des InsVerf vorgenommen wurden.[16] Art 16 soll keinen Vertrauensschutz für Rechtshandlungen gewähren, die erst nach der Eröffnung des Verf vorgenommen worden sind.[17] Nach VerfEröffnung sind regelmäßig alle nicht genehmigten Verfügungen des Schu aufgrund der ihm entzogenen Verfügungsgewalt über sein zur Masse gehörendes Vermögens nach der gem Art 7 maßgeblichen *lex fori concursus* unwirksam. Problematisch ist die Anwendung dieser zeitlichen Grenze, wenn der Vermögenszufluss, etwa die Auszahlung eines gepfändeten Kontoguthabens, erst nach der VerfEröffnung erfolgte, aber auf einer schon vor der VerfEröffnung erworbenen Rechtsposition wie einem Pfändungspfandrecht beruhte.[18] Nach Auff des EuGH greift die Vorschrift des Art 16 zum Schutze der Gl auch für diesen Fall ein, in 7

6 *BGH* ZIP 2013, 2167 Rn 19.
7 Vgl zum Streitstand *BGH* ZIP 2013, 2167 Rn 21 ff.
8 *EuGH* 16.4.2015 – C-557/13 (Lutz) Rn 45 ff ; vgl *BGH* ZIP 2013, 2167 Rn 20 ff.
9 *EuGH* 16.4.2015 – C-557/13 (Lutz) Rn 54.
10 *Duursma-Kepplinger/Duursma/Chalupsky* Art 13 Rn 16.
11 MK/*Reinhart* Art 13 EuInsVO 2000 Rn 7; MK/*Kindler* Art 13 Rn 9.
12 Anders evtl bei einem fehlenden Kausalverhältnis oder Zahlung auf eine fremde Schuld, vgl hierzu *Thole* NZI 2013, 113, 115 f.
13 *Duursma-Kepplinger/Duursma/Chalupsky* Art 13 Rn 20; *Paulus* ZInsO 2006, 295, 296; **aA** MK-BGB/*Kindler* Art 13 Rn 9; *K/P/B/Kemper* Art 13 Rn 6; weitere Nachw bei *Thole* NZI 2013, 113, 114 f.
14 FK/*Wenner/Schuster* Art 13 Rn 5.
15 *K Schmidt/Brinkmann* Art 13 Rn 15; **aA** MK/*Reinhart* Art 13 EuInsVO 2000 Rn 5, 7.
16 *EuGH* 16.4.2015 – C-557/13 (Lutz) Rn 24 ff; s zum Zeitpunkt der VerfEröffnung Art 2 Nr 8, Erl bei Art 2 Rn 5.
17 Pannen/*Dammann* Art 13 Rn 9; MK-BGB/*Kindler* Art 13 Rn 8.
18 *BGH* ZIP 2013, 2167 Rn 16 f.

welchem der Gl sein zuvor erworbenes dingliches Recht iSv Art 8 Abs 1 erst nach VerfEröffnung ausübt.[19]

V. Sekundärinsolvenzverfahren

8 Auch der Verw eines SekundärInsVerf kann nach Art 21 Abs 2 S 2 beim Gericht des HauptInsVerf eine AnfKlage erheben. In diesem Fall ist die *lex fori concursus* diejenige des Staates, in dem das SekundärInsVerf eröffnet worden ist. Auch diese Rechtsordnung muss nicht mit der *lex causae* übereinstimmen, so dass sich aus der Einrede des Art 16 Vorteile für den AnfGegner ergeben können. Die Anfechtung muss sich jedoch zwingend auf eine Rechtshandlung beziehen, durch welche die SekundärInsMasse geschmälert wurde.[20]

19 *EuGH* 16.4.2015 – C-557/13 (Lutz) Rn 37 ff.
20 FK/*Wenner/Schuster* Art 13 Rn 14; MK-BGB/*Kindler* Art 13 Rn 5.

Artikel 17 Schutz des Dritterwerbers

Verfügt der Schuldner durch eine nach Eröffnung des Insolvenzverfahrens vorgenommene Handlung gegen Entgelt über

a) einen unbeweglichen Gegenstand,

b) ein Schiff oder ein Luftfahrzeug, das der Eintragung in ein öffentliches Register unterliegt, oder

c) Wertpapiere, deren Eintragung in ein gesetzlich vorgeschriebenes Register Voraussetzung für ihre Existenz ist,

so richtet sich die Wirksamkeit dieser Rechtshandlung nach dem Recht des Staats, in dessen Hoheitsgebiet sich dieser unbewegliche Gegenstand befindet oder unter dessen Aufsicht das Register geführt wird.

Übersicht

I. Vorbemerkung und Normzweck

1 Art 17 nF entspricht Art 14 aF, sodass mit der Reform 2015[1] keine inhaltlichen Änderungen verbunden sind. Die Vorschrift soll das Vertrauen des Rechtsverkehrs in die Systeme öffentlicher Register schützen, in die regelmäßig die Verfügungsbeschränkung des Schu durch eine VerfEröffnung eingetragen wird.[2] Fehlt es (trotz einer nach Art 14 möglichen Eintragung) an einem solchen InsVermerk, soll ein nach dem Lageort *(lex rei sitae)* oder dem Registerort *(lex libri siti)* möglicher Gutglaubenserwerb nicht an anderweitigen Regelungen der *lex fori concursus* scheitern. Art 17 greift somit die Wertung der nationalen Rechtsordnungen auf, die einen insolvenzfesten grundstücksrechtlichen Gutglaubensschutz kennen, der dem Interesse der InsMasse und auch dem Interesse der InsGl vorgeht.[3] Im dt Recht wird dieser Schutz für Grundstücke über die §§ 878, 892, 893 BGB sichergestellt. Bei Art 17 handelt es sich um eine Kollisionsnorm im Sinne einer Sachnormverweisung auf das Sachrecht eines Mitgliedstaates.

1 Zur Reform s Vorb Rn 6 ff vor Art 1–47.
2 Nr 90 des Erläuternden Berichts.
3 *K/P/B/Kemper* Art 14 Rn 1.

II. Einzelheiten

Der Begriff der **„Verfügung"** ist weit zu verstehen und erfasst nicht nur die Übertragung des Eigentums, sondern auch die Einräumung von anderen dinglichen Rechtspositionen, die das jeweilige Recht des Registerstaats kennt.[4] Es muss sich um eine Verfügung handeln, die **nach VerfEröffnung** vorgenommen wurde. Der für die VerfEröffnung maßgebliche Zeitpunkt ist in Art 2 Nr 8 definiert. Maßgeblich ist, dass der Verfügungserfolg – nicht die Verfügungshandlung – nach der VerEröffnung eingetreten ist.[5] Damit der in Art 17 vorgesehene Schutz zum Tragen kommt, muss der Schu **gegen Entgelt** über den betr Vermögensgegenstand verfügt haben, wobei eine gemischte Schenkung genügt.[6] Verfügt der Schu hingegen unentgeltlich, richtet sich der Gutglaubensschutz gem Art 7 nach der *lex fori concursus.* 2

Die Verfügung des Schu muss sich auf einen in einem anderen Staat befindlichen massezugehörigen Gegenstand beziehen. Welche Vermögensgegenstände zur Masse gehören, bestimmt sich nach der *lex fori concursus.* Ob sie sich in einem anderen Staat befinden, beurteilt sich nach Art 2 Nr 9. Erfasst werden zunächst **unbewegliche Gegenstände**, welche nicht in ein öffentliches Register eingetragen sein müssen. Bei **Schiffen und Luftfahrzeugen** ist Art 17 hingegen nur anwendbar, wenn diese der Eintragung in ein öffentliches Register unterliegen.[7] Bei **Wertpapieren** ist sogar erforderlich, dass ihre Existenz von der Eintragung in ein Register abhängt. Da das deutsche Recht eine solche Eintragungspflicht für Wertpapiere nicht kennt, beurteilen sich Verfügungen über sie nach der *lex fori concursus* (Art 7). Die möglichen Gegenstände der Verfügung, unbewegliche und registerpflichtige andere Gegenstände, legt Art 17 abschließend fest. Für Verfügungen des Schu über **bewegliche Gegenstände** und andere als die in Art 17 genannten Gegenstände gilt nach Art 7 ausschließlich das Recht des Eröffnungsstaates. 3

Sind die Voraussetzungen des Art 17 erfüllt, gelangen aufgrund der **Sachnormverweisung** bei unbeweglichen Gegenständen die Regelungen der *lex rei sitae* und bei Schiffen, Luftfahrzeugen und Wertpapieren die Regelungen des Registerorts *(lex libri siti)* zur Anwendung. Die Wirksamkeit der entgeltlichen Verfügung richtet sich ausschließlich nach den Regelungen des Belegenheitsorts bzw des Registerorts und kann nicht durch einen weiter gefassten Gutglaubensschutz der *lex fori concursus* abweichend beantwortet werden.[8] 4

Die Norm greift nach ihrer Zielsetzung nur ein, wenn auf das Recht eines **anderen Mitgliedstaates** verwiesen wird.[9] Handelt es sich bei dem Lageortrecht oder dem Recht des Registerstaates um das Recht eines Drittstaates, findet Art 17 keine Anwendung. 5

Artikel 18 Wirkungen des Insolvenzverfahrens auf anhängige Rechtstreitigkeiten und Schiedsverfahren

Für die Wirkungen des Insolvenzverfahrens auf einen anhängigen Rechtsstreit oder ein anhängiges Schiedsverfahren über einen Gegenstand oder ein Recht, der bzw. das Teil der Insolvenzmasse ist, gilt ausschließlich das Recht des Mitgliedstaats, in dem der Rechtsstreit anhängig oder in dem das Schiedsgericht belegen ist.

4 Nr 141 des Erläuternden Berichts.
5 *A/G/R/Flöther/Wehner* Art 14 EuInsVO aF Rn 5.
6 MK-BGB/*Kindler* Art 14 Rn 5; *Duursma-Kepplinger/Duursma/Chalupsky* Art 14 Rn 8.
7 Einzelheiten s MK/*Reinhart* Art 14 EuInsVO 2000 Rn 5.
8 MK/*Reinhart* Art 14 EuInsVO 2000 Rn 13.
9 *A/G/R/Flöther/Wehner* Art 14 EuInsVO aF Rn 6; MK-BGB/*Kindler* Art 14 Rn 16; *K Schmidt/Brinkmann* Art 14 Rn 4.

Übersicht

I. Vorbemerkung und Normzweck

1 Art 18 nF entspricht weitgehend Art 15 aF, erweitert aber den Anwendungsbereich nunmehr ausdrücklich auf SchiedsVerf.[1] Die Vorschrift enthält eine Sonderanknüpfung für die Wirkungen eines InsVerf auf Rechtsstreitigkeiten und – anhängige Schiedsverfahren über Massegegenstände. Das für solche Verf anwendbare Recht bestimmt sich nach dem Recht des Mitgliedstaates, in dem der Rechtsstreit anhängig oder das Schiedsgericht belegen ist *(lex fori processus)*. Die Regelung dient dem Schutz der vom Rechtsstreit betroffenen Partei und soll sicherstellen, dass es bei der alleinigen Anwendbarkeit inländischen VerfRechts auf anhängige Rechtsstreitigkeiten bleibt.

II. Einzelerläuterungen

2 Die Sonderanknüpfung des Art 18 erfasst die Wirkungen des InsVerf auf anhängige **Rechtsstreitigkeiten und SchiedsVerf**, die sich auf einen **zur Masse zugehörigen Gegenstand oder Recht** beziehen, wobei Aktiv- und Passivprozesse des Schu umfasst sind.[2] Die Massezugehörigkeit bestimmt sich nach dem Recht des Eröffnungsstaates.[3] Es kann sich bei dem in Art 18 genannten InsVerf um ein Haupt- oder auch um ein PartikularInsVerf handeln.

3 Der **Begriff des Rechtsstreits** ist autonom auszulegen. Hierunter fallen sämtliche **ErkenntnisVerf**, unabhängig davon, ob sie vor der ordentlichen Gerichtsbarkeit oder auch vor anderen Gerichten, etwa vor den Verwaltungs-, Finanz- und Sozialgerichten, ausgetragen werden.[4] Ebenso wenig gibt es inhaltliche Beschränkungen, sodass auch Massestreitigkeiten, also Feststellungsprozesse über den Bestand der fraglichen Forderung, sowie Aus- und Absonderungsklagen[5] einbezogen sind. Auch das Patentnichtigkeitsverfahren nach § 81 Abs 1 PatG, das gegen den Patentinhaber geführt wird, fällt unter Art 18, sodass die Eröffnung eines InsVerf in einem anderen Mitgliedstaat zu einer Unterbrechung des in Deutschland geführten Prozesses nach § 99 Abs 1 PatG, § 240 S 1 ZPO führen kann.[6] Rechtsstreitigkeiten iSd Art 18 sind auch Verfahren nach dem FamFG,[7] für Verf vor Verwaltungsbehörden ist dies allerdings fraglich.[8] Art 18 bezieht sich indes nicht auf **Einzelvollstreckungsmaßnahmen** über massezugehörige Gegenstände, bei denen sich die Wirkungen der VerfEröffnung gem Art 7 Abs 2 Buchst f nach der *lex fori concursus* richten.[9]

Seit der Reform der EuInsVO[10] ist klargestellt, dass die Regelung des Art 18 auch bei **Schiedsverfahren** eingreift, wodurch bisherige Auslegungsschwierigkeiten[11] beseitigt wur-

---

1 Zur Reform s Vorb Rn 6 ff vor Art 1–47.
2 MK-BGB/*Kindler* Art 15 Rn 3.
3 MK-InsO/*Reinhart* Art 15 EuInsVO 2000 Rn 10; *K/P/B/Kemper* Art 15 Rn 3; s Erl zu Art 7 Rn 5.
4 *A/G/R/Flöther/Wehner* Art 15 EuInsVO aF Rn 3; *K Schmidt/Brinkmann* Art 15 Rn 3.
5 Zur Aussonderungsklage *OLG München* NZI 2010, 826.
6 *BGH* ZIP 2013, 1447.
7 *K Schmidt/Brinkmann* Art 15 Rn 3; **aA** MK-BGB/*Kindler* Art 15 Rn 5.
8 Vgl *K Schmidt/Brinkmann* Art 15 Rn 3; *A/G/R/Flöther/Wehner* Art 15 EuInsVO aF Rn 3; MK-BGB/*Kindler* Art 15 Rn 5.
9 *EuGH* 9.11.2015 – C-212/15 (ENEFI) Rn 34 f.
10 S Vorb Rn 6 ff vor Art 1–47.
11 *Court of Appeal London* ZIP 2010, 2528 entgegen *Schweizer BGer* ZIP 2010, 2530.

den.[12] Zum Verständnis der erfassten SchiedsVerf kann auf die Auslegung des Art 1 Abs 2 Buchst d EuGVVO zurückgegriffen werden[13]: Danach handelt es sich um Verf vor Privatpersonen, denen die Parteien die Befugnis zur Entscheidung ihres Streitfalles übertragen haben. Abzugrenzen ist dies etwa von einem MediationsVerf, weil der Mediator keine Befugnis zur Entscheidung des Rechtsstreits hat.[14]

4 Der Begriff **„Anhängigkeit"** ist kein unionsweit einheitlich verstandener Rechtsbegriff.[15] In Anlehnung an Art 32 (Art 30 aF) EuGVVO ist zu verlangen, dass ein verfahrenseinleitendes Schriftstück vom Kl bei Gericht oder der für die Zustellung verantwortlichen Stelle eingereicht wurde und er alle nach der *lex fori processus* notwendigen Schritte unternommen hat, die für eine Fortführung des Verf erforderlich sind.[16] Bei einem Rechtsstreit in Deutschland genügt somit die Einreichung einer Klageschrift bei Gericht. Die Anhängigkeit muss zum Zeitpunkt der VerfEröffnung, für dessen Bestimmung Art 2 Nr 9 maßgeblich ist, vorliegen.

5 Ist ein Rechtsstreit oder SchiedsVerf anhängig, richtet sich die Frage, ob dieses durch die Eröffnung des InsVerf **unterbrochen, ausgesetzt oder fortgeführt** wird, gem Art 18 nach der *lex fori processus.*[17] Dies gilt auch für die Frage, bei wem die Befugnis zur Wiederaufnahme eines unterbrochenen oder ausgesetzten Verf liegt.[18] In Deutschland gelten somit auch bei einer VerfEröffnung in einem anderen Mitgliedstaat die Vorschriften der §§ 85 ff, 180 Abs 2 InsO, §§ 240, 1044 ZPO.

---

12 Zum zeitlichen Anwendungsbereich der reformierten VO s Art 84.
13 MK-InsO/*Thole* Art 18 EuInsVO 2015 Rn 2.
14 MK-InsO/*Thole* Art 18 EuInsVO 2015 Rn 2; *Musielak/Voit* Art 1 EuGVVO nF Rn 11.
15 Dazu ausf *Herchen* S 199 f.
16 *K Schmidt/Brinkmann* Art 15 Rn 5; *Herchen* S 200.
17 MK-InsO/*Reinhart* Art 15 EuInsVO 2000 Rn 13; zur Wiederaufnahme s *BGH* 23.4.2013 – X ZR 169/12 Rn 6; 18.9.2014 – VII ZR 58/13 Rn 9.
18 MK-InsO/*Reinhart* Art 15 EuInsVO 2000 Rn 15.

Kapitel II
Anerkennung der Insolvenzverfahren

Artikel 19 Grundsatz

(1) Die Eröffnung eines Insolvenzverfahrens durch ein nach Artikel 3 zuständiges Gericht eines Mitgliedstaats wird in allen übrigen Mitgliedstaaten anerkannt, sobald die Entscheidung im Staat der Verfahrenseröffnung wirksam ist.

Die Regel nach Unterabsatz 1 gilt auch, wenn in den übrigen Mitgliedstaaten über das Vermögen des Schuldners wegen seiner Eigenschaft ein Insolvenzverfahren nicht eröffnet werden könnte.

(2) Die Anerkennung eines Verfahrens nach Artikel 3 Absatz 1 steht der Eröffnung eines Verfahrens nach Artikel 3 Absatz 2 durch ein Gericht eines anderen Mitgliedstaats nicht entgegen. In diesem Fall ist das Verfahren nach Artikel 3 Absatz 2 ein Sekundärinsolvenzverfahren im Sinne von Kapitel III.

Übersicht

I. Vorbemerkung

1 Art 19 übernimmt die Regelungen des **Art 16 aF** mit einer redaktionellen Änderung. Die zu Art 16 aF ergangene Rspr und das entsprechende Schrifttum können herangezogen werden. Dabei sind jedoch die inhaltlichen Änderungen an anderen Stellen der EuInsVO und deren Auswirkungen zu berücksichtigen.

II. Normzweck

2 Das **„Herzstück“** auch der reformierten EuInsVO[1] bilden die Vorschriften über die unionsweite Anerkennung des InsVerf und seiner Wirkungen. Die Anerkennung erfolgt **automatisch**, eines gesonderten AnerkennungsVerf oder einer -entsch bedarf es nicht. Die Regelung bringt das vom VO-Geber beabsichtigte und durch die Reform der EuInsVO noch einmal gestärkte **Universalitätsprinzip** zum Ausdruck. Dabei bestimmt Art 19 als Grundnorm in **Abs 1**, dass die Eröffnung eines InsVerf durch ein int zuständiges Gericht in einem Mitgliedstaat von allen anderen Mitgliedstaaten anerkannt wird. Damit werden die Voraussetzungen der Anerkennung normiert, während sich die Folgen der Anerkennung aus Art 20 ergeben. Ergänzt wird Art 19 durch Art 32, wonach ohne weitere Förmlichkeiten auch die zur Durchführung und Beendigung ergangenen Entsch, ein gerichtlich bestätigter Vergleich sowie Entsch, die unmittelbar aufgrund des InsVerf ergehen und in engem Zusammenhang damit stehen, ebenso anerkannt werden, wie Entsch über Sicherungsmaßnahmen im EröffnungsVerf. Eingeschränkt werden kann die universelle Wirkung des InsVerf durch den Vorbehalt der öffentlichen Ordnung in Art 33.

3 **Abs 2** enthält die **Klarstellung**, dass die Anerkennung des HauptInsVerf nicht die Eröffnung von PartikularVerf in anderen Mitgliedstaaten hindert. Wegen der universellen Wirkung des

1 Vgl *Leible/Staudinger* KTS 2000, 533, 560; *Pannen/Riedemann* Art 16 aF Rn 1 (*„basic principle“*).

zuerst eröffneten HauptInsVerf ist das weitere Verf in einem anderen Mitgliedstaat ein **SekundärInsVerf.**

III. Voraussetzungen der Anerkennung

Voraussetzung für die Anerkennung ist zunächst, dass es sich bei dem Verf um ein **InsVerf iSv Art 2 Nr. 4** iVm Anh A handelt. Andere Verf werden nicht automatisch anerkannt und stehen der Eröffnung eines in der VO vorgesehenen (HauptIns-)Verf in einem anderen Mitgliedstaat selbst dann nicht entgegen, wenn sie früher eröffnet worden sind.[2] Die Anerkennung umfasst alle gem Art 3 eröffneten Verf und somit nicht nur das **HauptInsVerf**, sondern auch die **PartikularVerf** (Sekundär- und unabhängige Verf).[3] Die Anerkennung der Wirkungen eines PartikularVerf in anderen Mitgliedstaaten ist allerdings nur in Ausnahmefällen relevant, zB wenn sich ein für das PartikularVerf relevanter Vermögensgegenstand in einem anderen Mitgliedstaat befindet.[4] 4

Weitere Voraussetzung der automatischen Anerkennung ist, dass die Eröffnung durch ein Gericht erfolgt ist, das seine **int Zuständigkeit** aus Art 3 abgeleitet hat. „Gericht" ist nach der hier maßgeblichen funktionalen Definition des Art 2 Nr 6 ii) das Justizorgan oder jede sonstige Stelle eines Mitgliedstaats, die befugt ist, ein InsVerf zu eröffnen, die Eröffnung eines solchen Verf zu bestätigen oder im Rahmen dieses Verf Entscheidungen zu treffen. Die **Formulierung des Art 19 Abs 1** ("durch ein nach Art 3 zuständiges Gericht") ist nicht dahingehend zu verstehen, dass im Anerkennungsstaat zu prüfen ist, ob das Gericht für die VerfEröffnung zuständig war. Dies verbietet der **Grundsatz des gegenseitigen Vertrauens**. Dieser verlangt, dass die Gerichte der übrigen Mitgliedstaaten die Entsch zur Eröffnung eines InsVerf anerkennen, ohne die vom ersten Gericht hinsichtlich seiner Zuständigkeit angestellte Beurteilung überprüfen zu können.[5] Die Prüfung im Anerkennungsstaat ist vielmehr im ersten Schritt darauf zu beschränken, ob sich das eröffnende Gericht gestützt auf Art 3 für int zuständig erklärt hat. Art 4 Abs 1 S 2 erlegt dem eröffnenden Gericht eine entsprechende **Begründungspflicht** auf. Eine trotz dieser Pflicht fehlende Begr hindert indes nicht die innerstaatliche Wirksamkeit des Beschlusses und wohl auch nicht dessen Anerkennung nach Art 19. Die Begründungspflicht soll das Gericht im Eröffnungsstaat dazu anhalten, keine vorschnellen Entsch zu treffen.[6] Um eine Voraussetzung für die Anerkennung handelt es sich ersichtlich nicht. Nach wie vor dürfte es deshalb mit der **hM** zur automatischen Anerkennung nur dann nicht kommen, wenn das Gericht im Eröffnungsstaat seine Zuständigkeit subjektiv dem nationalen Recht entnommen hat und auch objektiv kein Fall des Art 3 vorliegt.[7] 5

Gegenstand der Anerkennung ist ein **wirksamer Eröffnungsbeschluss**. Andere zur Durchführung und Beendigung eines InsVerf ergangene Entsch fallen nicht unter Art 19, sondern werden von Art 32 erfasst. Damit eine VerfEröffnung anerkannt wird, ist es nicht erforderlich, dass diese Entsch endgültig ist, dh kein ordentliches Rechtsmittel mehr eingelegt werden kann. Es reicht aus, dass die Entsch im Staat der VerfEröffnung wirksam ist und hieran nach dem Recht des Entscheidungsstaats **bestimmte Wirkungen** geknüpft werden, die sich 6

2 Vgl Nr 145 des Erläuternden Berichts.
3 Vgl Nr 146 des Erläuternden Berichts.
4 MK/*Thole* Art 16 aF Rn 7.
5 65. Erwägungsgrund; *EuGH* 2.5.2006 – C-341/04 (Eurofood) Rn 38 ff; 21.1.2010 – C-444/07 (MG Probud) Rn 29; *BGH* 10.9.2015 – IX ZR 304/13 Rn 8.
6 *A/G/R/Gruber/Schulz* Art 4 Rn 2 mwN.
7 Vgl *Mankowski/Müller/J Schmidt* Art 19 Rn 13 f; MK/*Thole* Art 16 aF Rn 18.

automatisch auf andere Mitgliedstaaten erstrecken können.[8] Fällt die Wirksamkeit, etwa infolge eines erfolgreichen Rechtsmittels, später weg, so entfällt nachträglich die Anerkennungsvoraussetzung, so dass die aufgehobene Entsch auch in den übrigen Mitgliedstaaten keine Wirkung mehr entfaltet.[9]

7 Wann ein **InsVerf iSd Art 19 eröffnet** ist, darf nicht an den im deutschen Recht bek Kategorien des Eröffnungs- und eröffneten Verf gemessen werden, sondern ist unionsrechtlich zu bestimmen. In den übrigen Mitgliedstaaten anzuerkennende Wirkungen können **schon von einem EröffnungsVerf** ausgehen. Zur EuInsVO aF war **str**, ob bereits die Bestellung **eines „schwachen" vorl InsVerw** den Anforderungen an die „Eröffnung eines InsVerf" iSd Art 16 Abs 1 aF genügte[10] oder ob zumindest **ein Zustimmungsvorbehalt** zu verlangen[11] oder gar die Einsetzung eines **„starken" vorl InsVerw** erforderlich war, auf den die Verwaltungs- und Verfügungsbefugnis über das Vermögen des Schu übergeht.[12] Der EuGH hatte es für die Eröffnung eines HauptInsVerf ausreichen lassen, dass die von einem Gericht eines Mitgliedstaats auf einen entsprechenden, auf die Ins des Schu gestützten Antrag auf Eröffnung eines in Anhang A der VO aF genannten Verf hin erlassene Entsch den **Vermögensbeschlag** gegen den Schu und die Bestellung eines in Anh C aF genannten Verw zur Folge hat.[13] Vermögensbeschlag sollte bedeuten, dass der Schu die Befugnisse zur Verwaltung seines Vermögens verliert.[13] Dabei hatte sich der EuGH ersichtlich an Art 1 Abs 1 aF orientiert, wonach die in den Anwendungsbereich der VO aF fallenden InsVerf (auch) den zumindest teilweisen Vermögensbeschlag gegen den Schu zur Folge haben mussten.[14] Danach reichte die Bestellung eines vorl InsVerw nur, wenn der Schu zugleich die Befugnisse zur Verwaltung seines Vermögens verlor. Diesen Anforderungen dürfte jedenfalls die Bestellung eines „schwachen" vorl InsVerw ohne Anordnung eines Zustimmungsvorbehalts nicht genügt haben. Für die Gerichte im Anerkennungsstaat ergab sich daraus die **Schwierigkeit** prüfen zu müssen, ob mit einer in einem anderen Mitgliedstaat getroffenen Entsch ein Vermögensbeschlag verbunden war. Dies begründete die Gefahr voneinander abweichender Beurteilungen und damit **Rechtsunsicherheit**.

8 Der Reform-VO-Geber hat sich dieser **Problematik** angenommen und dürfte diese iSd Universalitätsprinzips **beseitigt haben**. Was eine **„Entscheidung zur Eröffnung eines InsVerf"** ist, definiert Art 2 Nr 7 nunmehr ausdrücklich. Danach reicht die Entsch eines Gerichts zur Bestellung eines Verw aus. Einer Entsch zur Eröffnung eines InsVerf im engeren Sinne bedarf es nicht, was sich aus der gleichberechtigten Nennung der Varianten i) und ii) in Art 2 Nr 7 ergibt. Die in Art 2 Nr 5 Unterabs 1 enthaltene Definition des Verw ist weit. Es reicht aus, dass eine Person oder Stelle – auch vorläufig – damit betraut ist, die Gesamtinteressen der Gl zu vertreten oder die Geschäftstätigkeit des Schu zu überwachen. Art 2 Nr 5 Unterabs 2 verweist darauf, dass die in Unterabs 1 genannten Personen und Stellen in Anh B aufgeführt sind. Dort ist für Deutschland ohne nähere Unterscheidung (auch) der vorl InsVerw genannt. Anh B erfasst demnach jeglichen vorl Verw, auch den „schwachen". Hält

8 MK/*Thole* Art 16 aF Rn 15; zur vorl Verwaltung s *EuGH* 2.5.2006 – C-341/04 (Eurofood) Rn 53 f.
9 *Duursma-Kepplinger/Chalupsky* Art 16 aF Rn 13.
10 *Herchen* NZI 2006, 435.
11 *Hess/Laukemann/Seagon* IPRax 2007, 89; *Brinkmann* IPRax 2007, 235; *A/G/R/Flöther/Wehner* Art 16 Rn 6.
12 *Uhlenbruck/Lüer* Art 16 aF Rn 4; *County Court Croydon* NZI 2009, 136; *OLG Innsbruck* NZI 2008, 700; *AG Köln* NZI 2009, 133.
13 *EuGH* 2.5.2006 – C-341/04 (Eurofood) Rn 58.
14 *EuGH* 2.5.2006 – C-341/04 (Eurofood) Rn 46.

man – wofür trotz der fehlenden Klarstellung im 21. Erwägungsgrund[15] alles spricht – die Auflistung in Anh B für erschöpfend,[16] kommt es nunmehr durch die Bestellung eines jeglichen vorl Verw zur VerfahrEröffnung iSd EuInsVO, ohne dass geprüft werden müsste, ob der vorl Verw mit einer der in Art 2 Nr 5 Unterabs 1 genannten Aufgaben betraut ist. Das wäre einfach handhabbar und schaffte Rechtssicherheit. Hält man sich hingegen an die Definition in Art 2 Nr 5 Unterabs 1, führt die Bestellung eines „schwachen" vorl Verw unabhängig von seinen konkreten Pflichten[17] regelmäßig zur Eröffnung eines InsVerf, wenn man es als übergeordnete Aufgabe des vorl Verw ansieht, die Gesamtinteressen der Gl zu vertreten.[18] Ein in diesem Sinne verstandenes Aufgabengebiet eines jeden vorl Verw nach deutschem Recht nimmt zwar Art 52 insoweit einen praktischen Anwendungsbereich. Dieser Umstand hat den Reform-VO-Geber indes nicht davon abgehalten, für Deutschland den vorl Verw ohne nähere Unterscheidung in Anh B aufzunehmen und folglich einen jeden vorl Verw als „definitionsgemäß" zu betrachten. Nach allem dürfte nunmehr die Bestellung eines jeglichen vorl – auch die eines „schwachen" – Verw ausreichen.[19] Begriffe man die neuen Begriffsbestimmungen in Art 2 nicht als Änderungen der VO, sondern als bloße Klarstellung des bereits ursprünglich vorliegenden Willens des VO-Gebers, könnte man Vorstehendes auch für **Altfälle** fruchtbar machen.

Es ist nach **Art 19 Abs 1 Unterabs 2** ohne Bedeutung, dass im Anerkennungsstaat wegen bestimmter Eigenschaften des Schu kein InsVerf hätte eröffnet werden dürfen. Somit kommt es nicht darauf an, ob in einem anderen Mitgliedstaat die InsEröffnung unzulässig gewesen wäre, etwa weil der Schu kein Kaufmann ist.[20] Zudem wird hieraus abgeleitet, dass auch im Anerkennungsstaat unbekannte Arten von InsVerf, etwa das in anderen Staaten unbekannte NachlassInsVerf, anzuerkennen sind.[21] 9

Ebenso wenig kommt es darauf an, dass die EröffnungsEntsch gem Art 28 und 29 veröffentlicht wurde. Die dort vorgesehenen Möglichkeiten der **öffentlichen Bek** und **Registereintragung** dienen allein der verbesserten Publizität.[22] 10

IV. Rechtsfolgen der Anerkennung

Hat das Gericht eines Mitgliedstaats ein InsVerf unter Berufung auf Art 3 eröffnet, erfolgt die **automatische Anerkennung**, sobald die Entsch wirksam ist. Es bedarf weder eines gesonderten gerichtlichen AnerkennungsVerf noch einer AnerkennungsEntsch. Die Wirkungen der automatischen Anerkennung folgen aus Art 20. 11

Die Anerkennung kann lediglich wegen eines **Verstoßes gegen die inländische öffentliche Ordnung** nach Art 33 verweigert werden. Davon ist jedoch nur in äußerst begrenztem Maße Gebrauch zu machen.[23] Der Vorbehalt der öffentlichen Ordnung kann nur durchgreifen, 12

15 Vgl in Abgrenzung dazu den 9. Erwägungsgrund, der für Anh A eine entsprechende Klarstellung enthält.

16 Vgl dazu Art 2 Rn 2; *Mankowski/Müller/J Schmidt* Art 2 Rn 15; *Braun/Tashiro* Art 2 Rn 14; MK/*Thole* Art 2 Rn 7.

17 Vgl § 22 Abs 2 InsO.

18 Vgl dazu § 22 InsO Rn 2; MK/*Haarmeyer* § 22 Rn 209 „Schaffung oder Erhaltung einer möglichst weitgehenden, gleichmäßigen Befriedigungsaussicht".

19 Vgl auch *Mankowski/Müller/J Schmidt* Art 19 Rn 8.

20 MK/*Thole* Art 16 aF Rn 19; vgl etwa zum französischen Recht MK/*Augustin* Länderberichte Frankreich.

21 *Uhlenbruck/Lüer* Art 16 aF Rn 2.

22 *Duursma-Kepplinger/Chalupsky* Art 16 aF Rn 16.

23 65. Erwägungsgrund; vgl auch *EuGH* 2.5.2006 – C-341/04 (Eurofood) Rn 62 ff; 21.1.2010 – C-444/07 (MG Probud) Rn 34.

wenn die Anerkennung der EröffnungsEntsch im Zweitstaat zu einem Erg führte, das offensichtlich mit dessen öffentlicher Ordnung, insb mit den Grundprinzipien oder den verfassungsmäßig garantierten Rechten und Freiheiten des Einzelnen unvereinbar wäre. Art 33 soll kein Einfallstor für eine inhaltliche Überprüfung der EröffnungsEntsch bieten.[24]

V. Zulässigkeit der Eröffnung weiterer Insolvenzverfahren

13 Abs 2 stellt klar, dass die Eröffnung eines HauptInsVerf gem Art 3 Abs 1 der Eröffnung eines territorial begrenzten PartikularVerf nicht entgegensteht. Im Umkehrschluss folgt daraus eine **Sperrwirkung für weitere HauptInsVerf**. Die Anerkennung des HauptInsVerf nimmt dem Anerkennungsstaat die Möglichkeit, selbst ein InsVerf iSv Art 3 Abs 1 über das Vermögen des Schu zu eröffnen. Unbenommen bleibt das Recht, ein in seinen Wirkungen auf das im eigenen Hoheitsgebiet belegene SchuVermögen beschränktes InsVerf zu eröffnen. Bei einem solchen InsVerf handelt es sich zwingend um ein **SekundärInsVerf** iSv Art 3 Abs 2 und dem Kap III. Soweit die Wirkungen des SekundärInsVerf reichen, werden die an sich universellen Wirkungen des HauptInsVerf verdrängt.[25]

Artikel 20 Wirkungen der Anerkennung

(1) Die Eröffnung eines Insolvenzverfahrens nach Artikel 3 Absatz 1 entfaltet in jedem anderen Mitgliedstaat, ohne dass es hierfür irgendwelcher Förmlichkeiten bedürfte, die Wirkungen, die das Recht des Staates der Verfahrenseröffnung dem Verfahren beilegt, sofern diese Verordnung nichts anderes bestimmt und solange in diesem anderen Mitgliedstaat kein Verfahren nach Artikel 3 Absatz 2 eröffnet ist.

(2) Die Wirkungen eines Verfahrens nach Artikel 3 Absatz 2 dürfen in den anderen Mitgliedstaaten nicht in Frage gestellt werden. Jegliche Beschränkung der Rechte der Gläubiger, insbesondere eine Stundung oder eine Schuldbefreiung infolge des Verfahrens, wirkt hinsichtlich des im Hoheitsgebiet eines anderen Mitgliedstaats befindlichen Vermögens nur gegenüber den Gläubigern, die ihre Zustimmung hierzu erteilt haben.

Übersicht

I. Vorbemerkung

1 Art 20 übernimmt die Regelungen des **Art 17 aF** mit wenigen redaktionellen Änderungen. Die zu Art 17 aF ergangene Rspr und das entsprechende Schrifttum können herangezogen werden. Dabei sind jedoch die inhaltlichen Änderungen an anderen Stellen der EuInsVO und deren Auswirkungen zu berücksichtigen.

24 Zu Einzelheiten siehe die Kommentierung zu Art 33.
25 *BGH* 18.9.2014 – VII ZR 58/13 Rn 10.

II. Normzweck

Während Art 19 die Voraussetzungen der Anerkennung der Entsch über die Eröffnung des InsVerf normiert, regelt Art 20 die **Reichweite der Wirkungen der EröffnungsEntsch**. Dabei wird zwischen der Anerkennung des HauptInsVerf einerseits (**Abs 1**) und der Anerkennung eines PartikularVerf andererseits (**Abs 2**) unterschieden. Nach dem Prinzip der Universalität des HauptInsVerf erstrecken sich dessen Wirkungen regelmäßig auf alle anderen Mitgliedstaaten. Jedoch kann auch das nach Art 3 Abs 2 S 2 im Grds territorial beschränkte PartikularVerf Wirkungen in anderen Mitgliedstaaten entfalten, die anzuerkennen sind. 2

Art 20 enthält zu den Anerkennungswirkungen **zwei grundlegende Aussagen**. Erstens erfolgt die Anerkennung automatisch, ohne dass es hierfür irgendwelcher Förmlichkeiten, wie etwa einer bes AnerkennungsEntsch, bedürfte (*ipso-jure-Anerkennung*). Zweitens entfaltet die Entsch im Anerkennungsstaat die Wirkungen, die ihr auch im Eröffnungsstaat zukommen. 3

III. Wirkung der Eröffnung eines Hauptinsolvenzverfahrens (Abs 1)

Die Eröffnung des HauptInsVerf entfaltet grds ohne bes Förmlichkeiten in allen anderen Mitgliedstaaten die Wirkungen, die das InsStatut des Eröffnungsstaats der VerfEröffnung beilegt. Abs 1 betont die universelle Wirkung des nach Art 3 Abs 1 eröffneten Verf, indem er die Eröffnungswirkungen mit Wirksamwerden der EröffnungsEntsch auf alle übrigen Mitgliedstaaten erstreckt. Damit folgt die VO dem **System der automatischen Wirkungserstreckung**; zu einer Gleichstellung mit den Wirkungen des inländischen InsVerf oder einer Anpassung an diese im Sinne einer Transformation kommt es nicht.[1] 4

Das **Prinzip der Wirkungserstreckung** bedeutet, dass sich die Wirkungen der EröffnungsEntsch auf die anderen Mitgliedstaaten **ausdehnen**.[2] Im Schrifttum wird darüber **gestritten**, ob Art 20 Abs 1 alle Wirkungen – verfahrens- wie materiellrechtlicher Natur – erfasst oder nur die verfahrensrechtlichen.[3] Im Kern geht es um die dogmatische Frage, welche Wirkungen der EröffnungsEntsch sich nach Art 20 Abs 1 automatisch auf die anderen Mitgliedstaaten ausdehnen und welche Wirkungen dort erst in Anwendung der Art 7 ff beachtlich sind.[4] Eine **praktische Relevanz** dieses Streits ist wohl nicht auszumachen. Im Ergebnis wird man davon ausgehen können, dass sich die Wirkungen so auf die anderen Mitgliedstaaten ausdehnen, wie es den Regelungen der EuInsVO in ihrer Gesamtheit zu entnehmen ist. Nach der **Grundnorm des Art 7** bestimmen sich Art und Umfang der Wirkungen idR nach dem nationalen Recht des Eröffnungsstaats. Aufgrund zu beachtender **Sonderregelungen** können sich Abweichungen ergeben (vgl etwa Art 8–18, Art 21, Art 31). Die Wirkungserstreckung nach Abs 1 betrifft insb alle mit der VerfEröffnung zusammenhängenden Fragen, wie etwa den Umfang des Vermögensbeschlags, die Befugnisse des Verw, das Verbot individueller Rechtsverfolgung, die Verpflichtung einzelner Gl, die nach der VerfEröffnung erhaltenen Vermögensgegenstände zurückzugeben, oder auch die Art und Weise der Verteilung der InsMasse.[5] Gleiches gilt für die nach englischem Recht ein Jahr nach der VerfEröffnung **kraft Gesetzes** eintretende Restschuldbefreiung, die grundsätzlich auch in den anderen Mit- 5

1 *Duursma-Kepplinger/Duursma/Chalupsky* Art 17 aF Rn 6.

2 *A/G/R/Flöther/Wehner* Art 17 aF Rn 3; *Duursma-Kepplinger/Duursma/Chalupsky* Art 17 aF Rn 7; *M/R/Wenner* Kap 20 Rn 218.

3 Vgl MK/*Thole* Art 17 aF Rn 4 ff; *Mankowski/Müller/J Schmidt* Art 20 Rn 8 ff.

4 MK/*Thole* Art 17 aF Rn 5.

5 *Duursma-Kepplinger/Duursma/Chalupsky* Art 17 aF Rn 8; *M/R/Wenner* Kap 20 Rn 219.

gliedstaaten anzuerkennen ist.[6] Anders liegt der Fall, wenn über die Restschuldbefreiung nach der lex fori concursus gesondert zu entscheiden ist. Dann ist nicht Art 20, sondern Art 32 einschlägig. Im praktischen Ergebnis folgt auch daraus kein Unterschied.

IV. Ausnahmen von der Wirkungserstreckung

6 Unabhängig davon, ob man Art 20 Abs 1 eine automatische Erstreckung nur der verfahrensrechtlichen oder auch der materiellrechtlichen Wirkungen der EröffnungsEntsch entnimmt, sind stets die Ausnahmen zu berücksichtigen, welche die EuInsVO von dem in Art 7 niedergelegten Grundsatz macht, dass sich die Wirkungen nach dem nationalen Recht des Eröffnungsstaats bestimmen. Genannt wurden schon die **Sonderanknüpfungen** der Art 8–18 sowie der Art 21 und 31. Art 24 Abs 4 Unterabs 2 regelt eine Ausnahme neuerdings für den Fall, dass ein Mitgliedstaat von der Möglichkeit des Art 24 Abs 4 Unterabs 1 Gebrauch macht, also keine Informationen über VerbrInsVerf in das InsRegister aufnimmt oder solche Informationen nicht über das System der Vernetzung öffentlich zugänglich macht. Die Reichweite dieser Ausnahme ist ungeklärt.[7] Zu einer echten Durchbrechung der Wirkungserstreckung führt der **Vorbehalt der öffentlichen Ordnung** in Art 33. Ob ein Verstoß gegen die öffentliche Ordnung im Anerkennungsstaat anzunehmen ist, lässt sich erst beurteilen, wenn man zuvor die von dem eröffneten Verf ausgehenden Wirkungen ermittelt hat.

7 Die Universalität des HauptInsVerf kann auch durch die **Eröffnung eines SekundärInsVerf** nach Art 3 Abs 2 durchbrochen werden. Soweit die Wirkungen des SekundärInsVerf reichen, werden die an sich universellen Wirkungen des HauptInsVerf suspendiert.[8] Die Befugnisse des HauptInsVerw werden von denen des SekundärInsVerw bezogen auf die Sekundärmasse verdrängt.[9] Das Vermögen, das im Staat des SekundärInsVerf belegen ist, steht nicht mehr zur Verwertung im HauptInsVerf zur Verfügung.[10] Nach Abschluss des SekundärInsVerf entfaltet das HauptInsVerf allerdings wieder seine uneingeschränkte Geltung. Gegenstände, die der Sekundärmasse zugehörten und nicht verwertet wurden, unterliegen wieder dem Insolvenzbeschlag des HauptInsVerf; auch die hierauf bezogenen Befugnisse des HauptInsVerw leben wieder auf.[11] Wird dem Schu noch während des laufenden SekundärVerf im HauptVerf die Restschuldbefreiung erteilt, kann ein Gl jedenfalls nach hiesigem InsR seine auf die SekundärInsMasse bezogenen Ansprüche weiterverfolgen.[12]

V. Wirkung der Eröffnung eines Partikularverfahrens (Abs 2 S 1)

8 Die Wirkungserstreckung eines PartikularVerf ist beschränkt, weil dieses **nur die im Staat der VerfEröffnung belegenen Vermögensgegenstände** des Schu einbezieht. Nur auf diese Gegenstände bezogene Wirkungen der VerfEröffnung können sich auf die anderen Mitgliedstaaten erstrecken. Nach Abs 2 S 1 bedeutet Anerkennung eines PartikularVerf, dass die anderen Mitgliedstaaten die Gültigkeit der **Wirkungen** des PartikularVerf **nicht in Frage stellen** dürfen. Erhalten einzelne Gl nach dem Recht des PartikularVerf einen Vermögensvorteil, den sie nach dem Recht des HauptVerf nicht erlangt hätten, so kann dieser von den betreffenden Gl auch dann nicht mehr herausverlangt werden, wenn diese im Mitgliedstaat

6 Sog automatic discharge nach section 279(1) Insolvency Act von 1986, vgl *Mehring* ZInsO 2012, 1247, 1249; *Dornblüth* ZIP 2014, 712 f.
7 Vgl dazu Art 24 Rn 5.
8 *BGH* 18.9.2014 – VII ZR 58/13 Rn 10; 20.11.2014 – IX ZR 13/14 Rn 9 f.
9 *BGH* 20.11.2014 – IX ZR 13/14 Rn 9.
10 *EuGH* 21.1.2010 – C-444/07 (MG Probud).
11 *BGH* 20.11.2014 – IX ZR 13/14 Rn 10.
12 *BGH* 18.9.2014 – VII ZR 58/13 Rn 31.

des HauptVerf ansässig sind. Ferner ist ein in einem PartikularVerf bestellter Verw in allen Mitgliedstaaten anzuerkennen.[13]

VI. Wirkungseinschränkung des Partikularverfahrens (Abs 2 S 2)

Nach Abs 2 S 2 wirkt jegliche Beschränkung der Rechte der Gl, insb eine Stundung oder eine Schuldbefreiung infolge des PartikularVerf, hinsichtlich des im Hoheitsgebiet eines anderen Mitgliedstaats befindlichen Vermögens nur gegenüber den Gl, die ihre Zustimmung hierzu erteilt haben. Eine **ähnliche Regelung** findet sich für das SekundärInsVerf und insb für verfahrensbeendende Maßnahmen ohne Liquidation in Art 47 Abs 2. Art 47 Abs 2 setzt allerdings für eine Wirkungserstreckung die Zustimmung von allen betroffenen Gl voraus. Abs 2 S 2 hat eine **eigenständige Bedeutung** nicht nur für das unabhängige PartikularVerf gem Art 3 Abs 4,[14] sondern auch für SekundärInsVerf, soweit es nicht um eine Maßnahme iSd Art 47 Abs 1 geht. 9

Gl iSd Abs 2 S 2 können sowohl im Gebiet des PartikularVerf als auch in anderen Mitgliedstaaten ansässig sein. Beschränkung meint **jede Art der Einschränkung** der Rechte der Gl, die diese bezogen auf das Auslandsvermögen anderenfalls ausüben könnten.[15] S 2 nennt nur **beispielhaft** und nicht abschließend den Fall der Stundung oder der Schuldbefreiung. Aus den genannten Beispielen wird geschlossen, dass es sich um eine materiellrechtliche Verkürzung der Forderungsrechte der Gl handeln muss.[16] Daraus ergäbe sich die Notwendigkeit einer Unterscheidung zwischen materiell- und verfahrensrechtlichen Wirkungen. Eine solche Differenzierung birgt Schwierigkeiten und damit Rechtsunsicherheit in sich. Dabei gebietet der Wortlaut der Vorschrift („jegliche Beschränkung") die Unterscheidung, für die es auch sonst keine überzeugenden Gründe gibt, nicht. 10

Für die Erstreckung der Wirkungen des PartikularVerf auch gegenüber Gl, die nicht zugestimmt haben, reicht die Zustimmung einer Mehrheit der Gl nicht aus.[17] Die Gl, die zugestimmt haben, werden allerdings in ihren Rechten unabhängig davon beschränkt, ob auch alle anderen Gl zugestimmt haben. Der Wortlaut von Abs 2 S 2 weicht insoweit von Art 47 Abs 2 unmissverständlich ab. In der Voraufl ist angenommen worden, dass es mit Abs 2 S 2 vereinbar wäre, wenn eine nationale Rechtsordnung die Möglichkeit vorsähe, die Zustimmung der Gl durch eine gerichtliche Entsch ersetzen zu lassen.[18] Dies erscheint zweifelhaft, weil es kaum dem nationalen Gesetzgeber überlassen bleiben kann, die Grenzen zwischen Haupt- und PartikularInsVerf zu verschieben.[19] 11

Artikel 21 Befugnisse des Verwalters

(1) Der Verwalter, der durch ein nach Artikel 3 Absatz 1 zuständiges Gericht bestellt worden ist, darf im Gebiet eines anderen Mitgliedstaats alle Befugnisse ausüben, die ihm nach dem Recht des Staates der Verfahrenseröffnung zustehen, solange in dem anderen Staat nicht ein weiteres Insolvenzverfahren eröffnet ist oder eine gegenteilige Sicherungsmaßnahme auf einen Antrag auf Eröffnung eines Insolvenzverfahrens hin ergriffen worden ist. Er darf insbesondere vorbehaltlich der Artikel 8 und 10 die zur Masse gehörenden Gegenstände aus dem Hoheitsgebiet des Mitgliedstaats entfernen, in dem diese sich befinden.

---

13 *K/P/B/Kemper* Art 17 aF Rn 9.
14 *Pannen/Riedemann* Art 17 Rn 21.
15 MK/*Thole* Art 17 aF Rn 17.
16 Vgl Schmidt/*Brinkmann* Art 17 aF Rn 10.
17 Nr 157 des Erläuternden Berichts.
18 Dort Art 17 Rn 11 aF.
19 Vgl auch MK/*Thole* Art 17 aF Rn 17.

(2) Der Verwalter, der durch ein nach Artikel 3 Absatz 2 zuständiges Gericht bestellt worden ist, darf in jedem anderen Mitgliedstaat gerichtlich und außergerichtlich geltend machen, dass ein beweglicher Gegenstand nach der Eröffnung des Insolvenzverfahrens aus dem Hoheitsgebiet des Staates der Verfahrenseröffnung in das Hoheitsgebiet dieses anderen Mitgliedstaats verbracht worden ist. Des Weiteren kann der Verwalter eine den Interessen der Gläubiger dienende Anfechtungsklage erheben.

(3) Bei der Ausübung seiner Befugnisse hat der Verwalter das Recht des Mitgliedstaats, in dessen Hoheitsgebiet er handeln will, zu beachten, insbesondere hinsichtlich der Art und Weise der Verwertung eines Gegenstands der Masse. Diese Befugnisse dürfen nicht die Anwendung von Zwangsmitteln ohne Anordnung durch ein Gericht dieses Mitgliedstaats oder das Recht umfassen, Rechtsstreitigkeiten oder andere Auseinandersetzungen zu entscheiden.

Übersicht

I. Vorbemerkung

1 Art 21 übernimmt die Regelungen des **Art 18 aF** mit wenigen redaktionellen Änderungen und einer Klarstellung des VO-Gebers in Abs 3 S 2. Die zu Art 18 aF ergangene Rspr und das entsprechende Schrifttum können herangezogen werden. Dabei sind jedoch die inhaltlichen Änderungen an anderen Stellen der EuInsVO und deren Auswirkungen zu berücksichtigen.

II. Normzweck

2 Art 21 regelt die **Befugnisse** des Verw **in den anderen Mitgliedstaaten**. Erfasst werden zunächst die Befugnisse des HauptInsVerw (**Abs 1**), wodurch deren Universalität gesichert wird.[1] **Abs 2** gewährleistet, dass ein PartikularInsVerw die Zugehörigkeit von Vermögensgegenständen zur PartikularInsMasse auch in anderen Mitgliedstaaten geltend machen kann. Die Regelungen enthalten keine abschließende Auflistung aller dem Verw nach der VO zustehenden Befugnisse, sondern haben eher klarstellende Funktion.[2] Sie dienen der Durchsetzung des InsStatuts, indem deutlich gemacht wird, dass (auch) die VerwBefugnisse in den anderen Mitgliedstaaten anzuerkennen sind.[3] Für alle Verw legt **Abs 3** fest, dass sie bei der Ausübung ihrer Befugnisse im Gebiet eines anderen Mitgliedstaats dessen Recht zu achten haben.

III. Befugnisse des Hauptinsolvenzverwalters (Abs 1)

3 Abs 1 regelt die Handlungsmöglichkeiten des **HauptInsVerw**. Wer als Verw anzusehen ist, definiert Art 2 Nr 5 iVm Anh B. Anh B erwähnt für Deutschland ua den vorl InsVerw und neuerdings auch den vorl Sachwalter. Wenn nur ein vorl Verw bestellt wird, ist die jedenfalls zum alten Recht streitige Frage zu berücksichtigen, ob mit der Einsetzung eines solchen

---

1 Schmidt/*Brinkmann* Art 18 aF Rn 1.
2 *Duursma-Kepplinger/Duursma/Chalupsky* Art 18 aF Rn 1, Einzelheiten dort Rn 22 und 28.
3 MK-BGB/*Kindler* Art 18 aF Rn 2.

überhaupt die Eröffnung eines InsVerf iSd Art 19 verbunden ist.[4] Fehlt es an einer nach Art 19 anzuerkennenden Eröffnung eines HauptInsVerf gibt es auch keine Befugnisse nach Abs 1.

Die **Bestellung** des Verw richtet sich nach dem Recht des Staats der VerfEröffnung (Art 7). 4
Er muss seine Verwalterstellung weder durch eine gesonderte Entsch anerkennen lassen („Exequatur") noch bedarf es zur Begründung seiner Befugnisse der öffentlichen Bekanntmachung der Bestellung in dem Staat, in dem er handeln will.[5]

Der Verw, der in einem Mitgliedstaat bestellt wurde, darf im Gebiet anderer Mitgliedstaa- 5
ten **alle Befugnisse** ausüben, die ihm nach dem Recht des Staats der VerfEröffnung zukommen (vgl Art 7 Abs 2 S 2 Buchst c). So darf der Verw alle Maßnahmen vornehmen, die der Sichtung, Inventarisierung, Sicherung und Inbesitznahme der in den anderen Mitgliedstaaten belegenen Vermögensbestandteile dienen. Zur Verwirklichung der Ziele des InsVerf kann der Verw auch in anderen Mitgliedstaaten Prozesse führen, wenn er nach dem InsStatut prozessführungsbefugt ist. Das Recht des Staats der VerfEröffnung bestimmt auch die Pflichten des Verw.[6]

Zur Klarstellung der Befugnisse ist in **Abs 1 S 2** beispielhaft aufgeführt, dass der Verw 6
Gegenstände aus dem Gebiet des Mitgliedstaats, in dem sie belegen sind, entfernen kann. Dies gilt vorbehaltlich der Sonderregelungen in Art 8 und Art 10, sodass dingliche Rechte Dritter und die aus einem einfachen Eigentumsvorbehalt abgeleiteten Rechte durch Art 21 nicht berührt werden.[7] Ein entspr belasteter Gegenstand kann deshalb nur dann aus dem Belegenheits- in den Eröffnungsstaat verbracht werden, wenn die geschützte Rechtsposition nicht beeinträchtigt wird[8] oder die Zustimmung ihres Inhabers vorliegt.[9]

Gl ohne geschützte Rechtsposition können die Entfernung von Vermögensgegenständen 7
nur dadurch verhindern, dass sie für die **Eröffnung eines SekundärInsVerf** sorgen, welches diese Gegenstände erfasst. Kommt es zur Eröffnung eines SekundärVerf werden die Befugnisse des HauptInsVerw durch die Befugnisse des SekundärInsVerw bezogen auf die Sekundärmasse verdrängt,[10] wobei sich mittelbare Eingriffsmöglichkeiten des HauptInsVerw aus den Art 41, 45 ff ergeben können. Nach Abschluss des SekundärInsVerf entfaltet das HauptInsVerf allerdings wieder seine uneingeschränkte Geltung und Gegenstände, die der Sekundärmasse zugehörten und nicht verwertet wurden, unterliegen wieder dem Insolvenzbeschlag des HauptInsVerf, sodass auch die hierauf bezogenen Befugnisse des HauptInsVerw wieder aufleben.[11]

Art 21 Abs 1 S 1 HS 2 betrifft **vorl Sicherungsmaßnahmen**, die bereits vor der Eröffnung 8
des beantragten SekundärInsVerf angeordnet wurden und der Ausübung der Befugnisse des HauptInsVerw entgegenstehen. Dies dient der Sicherung der späteren SekundärInsMasse, die sonst durch Maßnahmen des HauptInsVerw vor der Eröffnung des SekundärInsVerf geschmälert werden könnte.[12] Nicht ausdrücklich geregelt sind die Beschränkungen, die aus der **Abgabe einer Zusicherung iSd Art 36** und deren wirksamer Billigung durch die bek

---

4 Vgl dazu oben Art 19 Rn 7 f.
5 75. Erwägungsgrund; MK/*Thole* Art 18 aF Rn 6.
6 Nr 159 des Erläuternden Berichts.
7 *Pannen/Riedemann* Art 18 aF Rn 21.
8 MK/*Thole* Art 18 aF Rn 7.
9 Nr 161 des Erläuternden Berichts; *A/G/R/Flöther/Wehner* Art 18 aF Rn 8; *Duursma-Kepplinger/Duursma/Chalupsky* Art 18 aF Rn 10.
10 *BGH* 20.11.2014 – IX ZR 13/14 Rn 9.
11 *BGH* 20.11.2014 – IX ZR 13/14 Rn 10.
12 *Duursma-Kepplinger/Duursma/Chalupsky* Art 18 aF Rn 14.

lokalen Gl folgen.[13] Schließlich gelten auch für den HauptInsVerw die Beschränkungen nach **Abs 3**.

IV. Befugnisse des Partikularinsolvenzverwalters (Abs 2)

9 Der Befugnisse des Verw eines PartikularVerf sind dadurch beschränkt, dass sie sich nur auf die zur PartikularInsMasse gehörenden Vermögenswerte beziehen, also territorial begrenzt sind (Art 3 Abs 2 S 2). Denkbar ist jedoch, dass in das Verf einbezogene Gegenstände nach der VerfEröffnung in andere Staaten verbracht worden sind. In einem solchen Fall stellt Abs 2 klar, dass sich der Verw an die betreffenden Mitgliedstaaten wenden und durch die Einschaltung der zuständigen Stellen den Gegenstand zurückverlangen kann. Des Weiteren kann er eine den Interessen der Gl dienende AnfKlage erheben. Dieser Begriff ist weit zu verstehen und umfasst entspr Art 7 Abs 2 S 2 Buchst m auch Nichtigkeitsklagen oder die Geltendmachung der relativen Unwirksamkeit einer Rechtshandlung.[14]

V. Beschränkungen der Verwalterbefugnisse (Abs 3)

10 Der Verw darf bei der Ausübung seiner Befugnisse nicht gegen die Gesetze des Staats verstoßen, in dem er tätig wird. Erfasst sind die nicht insolvenzspezifischen Regeln des jeweiligen Mitgliedstaats. Das InsStatut bestimmt die Art der Ausübung der Befugnisse des Verw (Art 7 Abs 2 S 2 Buchst c). Sieht das InsStatut etwa für die Verwertung eines unbeweglichen Gegenstands dessen Versteigerung vor, ist dieses förmliche Verf zu beachten. Die **Art und Weise der Durchführung** des nach dem InsStatut zu beachtenden Verf richtet sich indes nach den Rechtsvorschriften des Belegenheitsstaats. So sind bei Vermögenwerten, die sich in Deutschland befinden, insb die Vorschriften des ZVG und die §§ 814 ff ZPO zu berücksichtigen. Neben solchen verfahrensrechtlichen Besonderheiten können auch **öffentlichrechtliche Beschränkungen**, etwa Ausfuhrverbote oder Genehmigungserfordernisse, eingreifen.[15] Das Recht des Verwertungsstaats soll nicht nur für die Art und Weise der Verwertung gelten, sondern auch für den **Pfändungsschutz** (sog Territorialitätsprinzip).[16] Dies erscheint zweifelhaft, weil ein nach der lex fori concursus zur Masse rechnender Vermögensgegenstand (vgl etwa §§ 35, 36 InsO) aus dieser wohl nicht durch die Pfändungsschutzvorschriften eines anderen Mitgliedstaats faktisch wieder ausgeschieden werden kann.[17]

11 Der im Int Zivilverfahrensrecht allg geltende Grundsatz, wonach **Zwangsmaßnahmen** im Gebiet eines anderen Mitgliedstaats untersagt sind, gilt auch für den ausl InsVerw. Abs 3 S 2 verbietet ausdrücklich die Anwendung von Zwangsbefugnissen ohne die Anordnung eines Gerichts des betreffenden Mitgliedstaats. Falls die Personen, die von einer Maßnahme des Verw betroffen sind, deren Durchführung nicht freiwillig zustimmen und deshalb Zwangsmittel erforderlich sind, muss der Verw das zuständige Gericht des anderen Staats einschalten, damit dieses die erforderliche Anordnung trifft.[18] Der Verw kann das Gericht wegen der automatischen Anerkennung seiner Bestellung unmittelbar darum ersuchen, gem dem insoweit maßgeblichen inländischen Recht Zwangsmaßnahmen zu ergreifen.

12 Abs 3 S 2 verbietet die Entsch von **Rechtsstreitigkeiten** oder anderen **Auseinandersetzungen** durch den Verw im Gebiet eines anderen Mitgliedstaats, auch wenn ihm diese Befugnis

13 Vgl dazu unten Art 36 Rn 22 ff.
14 *A/G/R/Flöther/Wehner* Art 18 aF Rn 10; *Duursma-Kepplinger/Duursma/Chalupsky* Art 18 aF Rn 25.
15 Schmidt/*Brinkmann* Art 18 aF Rn 11.
16 Vgl *BGH* 20.12.2012 – IX ZR 130/10 Rn 17; MK/*Thole* Art 18 aF Rn 20.
17 Vgl MK/*Thole* Art 18 aF Rn 20; *BGH* 20.7.2017 – IX ZB 63/16 Rn 12 ff.
18 Nr 164 des Erläuternden Berichts.

nach dem InsStatut zusteht.[19] Dies folgt aus der zuvor genannten territorialen Beschränkung der Hoheitsrechte.

Die VO regelt nicht, in welchem Staat eventuelle **Einwände gegen das Handeln** des ausl Verw zu erheben sind. Nach dem Erläuternden Bericht[20] ist zu differenzieren, ob sich der „Widerspruch“ gegen den Inhalt der Befugnis oder gegen die Ausübungsmodalitäten richtet. Richtet sich der Widerspruch gegen die Befugnis an sich, sind die Gerichte des Staats der VerfEröffnung zuständig. Sind die Modalitäten der Ausübung betroffen, ist die Zuständigkeit der Gerichte des Staats eröffnet, in dem der Verw handelt. 13

19 *K/P/B/Kemper* Art 18 aF Rn 16.
20 Nr 166 des Erläuternden Berichts.

Artikel 22 Nachweis der Verwalterbestellung

Die Bestellung zum Verwalter wird durch eine beglaubigte Abschrift der Entscheidung, durch die er bestellt worden ist, oder durch eine andere von dem zuständigen Gericht ausgestellte Bescheinigung nachgewiesen.

Es kann eine Übersetzung in die Amtssprache oder eine der Amtssprachen des Mitgliedstaats, in dessen Hoheitsgebiet er handeln will, verlangt werden. Eine Legalisation oder eine entsprechende andere Förmlichkeit wird nicht verlangt.

Übersicht

I. Vorbemerkung

Art 22 übernimmt die Regelungen des **Art 19 aF** mit wenigen redaktionellen Änderungen. Die zu Art 19 aF ergangene Rspr und das entsprechende Schrifttum können herangezogen werden. Dabei sind jedoch die inhaltlichen Änderungen an anderen Stellen der EuInsVO und deren Auswirkungen zu berücksichtigen. 1

II. Normzweck

Um im Interesse einer **zügigen Sicherung der InsMasse** ein **rasches Tätigwerden** des Verw in anderen Mitgliedstaaten zu ermöglichen, sieht Art 22 einen einfachen Nachweis der Verwalterstellung vor. Die Vorschrift entfaltet ihre Wirkungen insb für das Tätigwerden des Verw in einem anderen Mitgliedstaat als dem Staat der VerfEröffnung und bezieht sich sowohl auf den Verw des Haupt- als auch auf den Verw eines PartikularInsVerf, soweit dieser nach Art 21 Abs 2 befugt ist, in anderen Mitgliedstaaten zu handeln. 2

III. Einzelheiten

Für den Nachweis der Verwalterbestellung reicht eine **beglaubigte Abschrift** des Originals der Entsch, durch die der Verw bestellt worden ist, oder eine andere vom zuständigen Gericht des Mitgliedstaats ausgestellte **Bescheinigung**. Eine Legalisation oder eine entspr andere Förmlichkeit darf nicht verlangt werden. Es ist deshalb ausgeschlossen, dass etwa in Deutschland die Bescheinigung über die Ernennung einem Verf nach § 438 ZPO unterzogen wird. Eine Apostille gem dem Haager Übereinkommen v 5.10.1961 zur Befreiung ausl öffentlicher Urkunden von der Legalisation[1] darf ebenso wenig gefordert werden. 3

1 BGBl II 1966, 106.

4 Welche **Anforderungen** an die Beglaubigung oder die andere gerichtliche Bescheinigung zu stellen sind, richtet sich nach dem Recht des Eröffnungsstaats. Dieses bestimmt auch das hierfür **zuständige** Gericht, bei dem es sich nicht zwangsläufig um das Eröffnungsgericht handeln muss.[2]

5 Im Hinblick auf die unterschiedlichen Amtssprachen in der EU kann derjenige, demgegenüber der Nachweis geführt werden soll, nach Unterabs 2 S 1 eine **Übersetzung** in die Amtssprache oder die Amtssprachen des Mitgliedstaats verlangen, in dem der Verw handeln will. Die Übersetzung ist **nur auf Verlangen** vorzulegen. Für die Übersetzung muss sich der Verw nach den Vorschriften über Übersetzungen in dem Staat richten, in dem er handeln will.[3] Hierzu sollte analog Art 57 Abs 3 (Art 55 Abs 2 S 2 aF) EuGVVO eine in dem Mitgliedstaat entsprechend befugte Person oder Stelle herangezogen werden. Die Kosten der Beglaubigung und Übersetzung sind VerfKosten.[4]

6 Werden Art oder Umfang der Befugnisse des Verw in dem anderen Mitgliedstaat in Zweifel gezogen, trägt der Verw für die von ihm geltend gemachten Befugnisse grundsätzlich die **Darlegungslast**. Im Rahmen eines gerichtlichen Verf soll es allerdings dem Gericht obliegen, den Umfang der Befugnisse des Verw nach dem InsStatut zu ermitteln.[5]

7 Bei grenzüberschreitenden InsVerf kann es schwierig sein, die Kompetenzen des jeweiligen ausl InsVerw im Detail nachzuvollziehen. Das Gericht der VerfEröffnung sollte daher dem Verw dessen **Befugnisse bescheinigen**.[6] Der *High Court of Justice Birmingham* hat im Fall MG Rover sog supplemental orders erlassen, in denen die Befugnisse des englischen Verw klargestellt wurden.[7]

Artikel 23 Herausgabepflicht und Anrechnung

(1) Ein Gläubiger, der nach der Eröffnung eines Insolvenzverfahrens nach Artikel 3 Absatz 1 auf irgendeine Weise, insbesondere durch Zwangsvollstreckung, vollständig oder teilweise aus einem Gegenstand der Masse befriedigt wird, der im Hoheitsgebiet eines anderen Mitgliedstaats belegen ist, hat vorbehaltlich der Artikel 8 und 10 das Erlangte an den Verwalter herauszugeben.

(2) Zur Wahrung der Gleichbehandlung der Gläubiger nimmt ein Gläubiger, der in einem Insolvenzverfahren eine Quote auf seine Forderung erlangt hat, an der Verteilung im Rahmen eines anderen Verfahrens erst dann teil, wenn die Gläubiger gleichen Ranges oder gleicher Gruppenzugehörigkeit in diesem anderen Verfahren die gleiche Quote erlangt haben.

Übersicht

2 *K/P/B/Kemper* Art 19 aF Rn 3.
3 *A/G/R/Flöther/Wehner* Art 19 aF Rn 4; *Duursma-Kepplinger/Duursma/Chalupsky* Art 19 aF Rn 6.
4 *Pannen/Riedemann* Art 19 aF Rn 7, 10.
5 *A/G/R/Flöther/Wehner* Art 19 aF Rn 6.
6 Nr 170 des Erläuternden Berichts.
7 *High Court of Justice Birmingham* NZI 2005, 515; *Penzlin/Riedemann* NZI 2005, 515, 518.

I. Vorbemerkung

Art 23 übernimmt die Regelungen des **Art 20 aF** mit wenigen redaktionellen Änderungen. Die zu Art 209 aF ergangene Rspr und das entsprechende Schrifttum können herangezogen werden. Dabei sind jedoch die inhaltlichen Änderungen an anderen Stellen der EuInsVO und deren Auswirkungen zu berücksichtigen. 1

II. Normzweck

Die Vorschrift dient dem Ziel der **GlGleichbehandlung**. Während Abs 1 die Folgen der Befriedigung eines Gl nach Eröffnung des HauptInsVerf regelt, befasst sich Abs 2 mit der Befriedigung von Gl im Falle mehrerer parallel laufender InsVerf. Da Art 45 ausdrücklich das Recht der Doppelanmeldung vorsieht, legt Abs 2 die Verteilungsregeln abschließend fest. 2

III. Rückgewährpflicht des Gläubigers (Abs 1)

Ein Gl, der nach der Eröffnung eines HauptInsVerf auf irgendeine Weise, insb durch Zwangsvollstreckung, vollständig oder tw aus einem Gegenstand der Masse befriedigt worden ist, der in einem anderen Mitgliedstaat belegen ist, hat das Erlangte vorbehaltlich der Art 8 und 10 an den Verw herauszugeben. Die Regelung bezieht sich ausdrücklich nur auf **HauptInsVerf** iSv Art 3 Abs 1. Hier folgt der VO-Geber offenbar dem Gedanken, dass in anderen Mitgliedstaaten belegene Vermögensgegenstände von PartikularVerf gem Art 3 Abs 2 nicht erfasst werden. Dieser Gedanke trägt, wenn man Abs 1 nur für anwendbar hält, wenn der Gegenstand schon im Zeitpunkt der VerfEröffnung im Ausland belegen war. Dafür lässt sich der Vorschrift Zwingendes nicht entnehmen. Viel spricht im Gegenteil dafür, dass es ausreicht, wenn der Gegenstand im Zeitpunkt der Befriedigung im Ausland belegen war.[1] Ggf kommt eine analoge Anwendung von Abs 1 auf PartikularVerf in Betracht. 3

Die Befriedigung muss allerdings **nach Eröffnung des Verf** erlangt worden sein. Der Zeitpunkt der VerfEröffnung bestimmt sich nach Art 2 Nr 8.[2] 4

Welche **Gegenstände** zur Masse des HauptVerf zählen, regelt gem Art 7 Abs 2 S 2 Buchst b die lex fori concursus. Der Gegenstand der Masse, aus dem der Gl Befriedigung erlangt, muss in einem anderen Mitgliedstaat als dem Staat der InsEröffnung belegen sein. Zur Feststellung der Belegenheit kann auf die Definitionen in Art 2 Nr. 9 zurückgegriffen werden. 5

Abs 1 erfasst **jede Art der Befriedigung** („auf irgendeine Weise"). Beispielhaft nennt die Vorschrift die Befriedigung im Wege der Vollstreckung. Es kann sich aber auch um eine andere Art der Einzelrechtsverfolgung handeln, wie die Erfüllung durch Leistung des Schu, durch Befreiung von einer Verbindlichkeit oder sogar aufgrund eines eigenmächtigen Vorgehens des Gl.[3] Ausreichend ist bereits eine tw Erfüllung, die nach der VerfEröffnung erlangt wurde. Der Zeitpunkt der Befriedigung beurteilt sich danach, wann nach der *lex causae*, also dem auf die Forderung des Gl anwendbaren Sachrecht, die Erfüllungswirkung eingetreten ist. 6

Das **Erlangte** muss der Gl an den Verw des HauptInsVerf **herausgeben**. Die Regelung verschafft dem HauptInsVerw somit einen eigenständigen Herausgabeanspruch gegen den 7

1 Vgl MK/*Thole* Art 20 aF Rn 13.
2 So Erl zu Art 2 Rn 5 f.
3 MK-BGB/*Kindler* Art 20 aF Rn 10.

begünstigten Gl.[4] Der Umfang des Anspruchs ist autonom zu bestimmen.[5] Das Erlangte umfasst unproblematisch den erlangten Gegenstand, hilfsweise einen Wertersatz. Es dürfte aber davon auszugehen sein, dass der Gl übliche Verwertungskosten, die auch im Falle der Verwertung durch den InsVerw entstanden wären, vom Erlös abziehen darf. Hat der Gl den Massegegenstand unter Wert veräußert, schuldet er nicht die Differenz zum üblichen Preis. Dann kann sich die Frage stellen, ob die Masse einen konkurrierenden Anspruch auf Ausgleich (auch) der Wertdifferenz nach nationalem Recht hat.[6] Hat der Gl jedoch einen höhere Summe erhalten, kommt diese der InsMasse zugute.[7] Nutzungen und Zinsen, die der Gl aus dem Erlangten gezogen hat, muss er dem Verw nicht weiterleiten.[8] Hat ein gem Art 8 oder Art 10 dinglich gesicherter Gl über den Umfang seiner Sicherheit hinaus eine Befriedigung erlangt, ist der überschießende Teil an den Verw herauszugeben.[9]

IV. Anrechnung der Befriedigung des Gläubigers auf die Quote (Abs 2)

8 Die EuInsVO sieht vor, dass parallel zu einem HauptInsVerf ein PartikularInsVerf eröffnet werden kann, wobei das später nach Art 3 Abs 2 eröffnete Verf automatisch ein SekundärInsVerf ist (Art 3 Abs 3). Die Gl können ihre Forderungen in mehreren InsVerf anmelden (Art 45, 53). Durch eine **Mehrfachanmeldung** soll der Gl allerdings nicht begünstigt und die GlGesamtheit nicht belastet werden. Der Gl darf behalten, was er im ersten Verf, bei dem eine Verteilung vorgenommen wurde, erlangt hat. Damit aber die Gleichbehandlung aller Gl in den Mitgliedstaaten gewahrt wird, darf ein Gl, der bereits eine Zahlung erhalten hat, an anderen Verteilungen erst teilnehmen, wenn die Forderungen anderer Gl gleichen Rangs oder gleicher Gruppenzugehörigkeit im gleichen Maße befriedigt worden sind.

9 Nicht von der Vorschrift erfasst werden die **Forderungen**, die dinglich oder mit einem einfachen EV **gesichert** sind oder die in einem **aufrechenbaren Verhältnis** zu einer Gegenforderung stehen. Diese Forderungen bleiben von den Wirkungen des InsVerf unberührt (Art 8–10). Kann aus der Sicherheit nur eine tw Befriedigung erlangt werden, so fällt die Geltendmachung der Restforderung nicht unter Abs 2. In diesem Fall ist die erste Teilbefriedigung nicht in einem InsVerf, sondern gerade außerhalb des Verf erfolgt. Ob der dinglich gesicherte Gl seinen Ausfall oder die volle Forderung in dem InsVerf geltend machen kann, bestimmt sich allein nach dem InsStatut.[10]

10 Das **BerechnungsVerf** folgt vier Regeln: (1) Kein Gl kann mehr als 100 % seiner Forderung erhalten. (2) Es ist immer der volle Betrag der Forderung (100 % ihres ursprünglichen Werts) geltend zu machen und nicht die Restforderung. (3) Eine Forderung wird bei der Verteilung erst berücksichtigt, wenn die Gl desselben Rangs im Rahmen dieses Verf zum gleichen Prozentsatz befriedigt wurden, wie der Inhaber der Forderung im ersten Verf. (4) Der Rang oder die Kategorie der einzelnen Forderungen bestimmt sich für jedes Verf nach der *lex fori concursus*.

11 Wenn in den parallelen InsVerf unterschiedliche InsVorschriften Anwendung finden, kann es vorkommen, dass dieselbe Forderung, die in zwei verschiedenen Verf angemeldet wird, jeweils einen anderen **Rang** erhält. Bei der Anwendung des Art 20 Abs 2 wird lediglich der

4 Vgl *A/G/R/Flöther/Wehner* Art 20 aF Rn 6.
5 MK-BGB/*Kindler* Art 20 aF Rn 14.
6 Vgl MK/*Thole* Art 20 aF Rn 5.
7 *Pannen/Riedemann* Art 20 aF Rn 22.
8 MK-BGB/*Kindler* Art 20 aF Rn 17.
9 *A/G/R/Flöther/Wehner* Art 20 aF Rn 7; *Duursma-Kepplinger/Duursma/Chalupsky* Art 20 aF Rn 25.
10 *K/P/B/Kemper* Art 20 aF Rn 8 f; MK-BGB/*Kindler* Art 20 aF Rn 22.

Rang oder die Kategorie berücksichtigt, in den bzw in welche die Forderung nach dem Recht eingestuft wird, das für das Verf gilt, in dessen Rahmen die Verteilung erfolgt. Bei der Berechnung der Quote wird nur der in anderen Verf erlangte Prozentsatz der Befriedigung und nicht der Rang oder die Kategorie der Forderung in den anderen Verf berücksichtigt.

Artikel 24 Einrichtung von Insolvenzregistern

(1) Die Mitgliedstaaten errichten und unterhalten in ihrem Hoheitsgebiet ein oder mehrere Register, um Informationen über Insolvenzverfahren bekannt zu machen (im Folgenden „Insolvenzregister"). Diese Informationen werden so bald als möglich nach Eröffnung eines solchen Verfahrens bekannt gemacht.

(2) Die Informationen nach Absatz 1 sind gemäß den Voraussetzungen nach Artikel 27 öffentlich bekannt zu machen und umfassen die folgenden Informationen (im Folgenden „Pflichtinformationen"):

a) Datum der Eröffnung des Insolvenzverfahrens;
b) Gericht, das das Insolvenzverfahren eröffnet hat, und – soweit vorhanden – Aktenzeichen;
c) Art des eröffneten Insolvenzverfahrens nach Anhang A und gegebenenfalls Unterart des nach nationalem Recht eröffneten Verfahrens;
d) Angaben dazu, ob die Zuständigkeit für die Eröffnung des Verfahrens auf Artikel 3 Absatz 1, 2 oder 4 beruht;
e) Name, Registernummer, Sitz oder, sofern davon abweichend, Postanschrift des Schuldners, wenn es sich um eine Gesellschaft oder eine juristische Person handelt;
f) Name, gegebenenfalls Registernummer sowie Postanschrift des Schuldners oder, falls die Anschrift geschützt ist, Geburtsort und Geburtsdatum des Schuldners, wenn er eine natürliche Person ist, unabhängig davon, ob er eine selbstständige gewerbliche oder freiberufliche Tätigkeit ausübt;
g) gegebenenfalls Name, Postanschrift oder E-Mail-Adresse des für das Verfahren bestellten Verwalters;
h) gegebenenfalls die Frist für die Anmeldung der Forderungen bzw. einen Verweis auf die Kriterien für die Berechnung dieser Frist;
i) gegebenenfalls das Datum der Beendigung des Hauptinsolvenzverfahrens;
j) das Gericht, das gemäß Artikel 5 für eine Anfechtung der Entscheidung zur Eröffnung des Insolvenzverfahrens zuständig ist und gegebenenfalls die Frist für die Anfechtung bzw. einen Verweis auf die Kriterien für die Berechnung dieser Frist.

(3) Absatz 2 hindert die Mitgliedstaaten nicht, Dokumente oder zusätzliche Informationen, beispielsweise denn Ausschluss von einer Tätigkeit als Geschäftsleiter im Zusammenhang mit der Insolvenz, in ihre nationalen Insolvenzregister aufzunehmen.

(4) Die Mitgliedstaaten sind nicht verpflichtet, die in Absatz 1 dieses Artikels genannten Informationen über natürliche Personen, die keine selbstständige gewerbliche oder freiberufliche Tätigkeit ausüben, in die Insolvenzregister aufzunehmen oder diese Informationen über das System der Vernetzung dieser Register öffentlich zugänglich zu machen, sofern bekannte ausländische Gläubiger gemäß Artikel 54 über die in Absatz 2 Buchstabe j dieses Artikels genannten Elemente informiert werden.

Macht ein Mitgliedstaat von der in Unterabsatz 1 genannten Möglichkeit Gebrauch, so berührt das Insolvenzverfahren nicht die Forderungen der ausländischen Gläubiger, die die Informationen gemäß Unterabsatz 1 nicht erhalten haben.

(5) Die Bekanntmachung von Informationen in den Registern gemäß dieser Verordnung hat keine anderen Rechtswirkungen als die, die nach nationalem Recht und in Artikel 55 Absatz 6 festgelegt sind.

Übersicht

I. Normzweck und Regelungszusammenhang der Art 24–27

1 Die Art 24–27 regeln die Errichtung eines **europäischen InsRegisters**. Das Register soll eine **bessere Information der betroffenen Gl und Gerichte** gewährleisten und die Eröffnung von **Parallelverfahren verhindern**.[1] Den Art 24 ff entsprechende Vorgängervorschriften gibt es nicht. Die Errichtung eines europäischen InsRegisters ist eine der **wesentlichen Neuerungen** der reformierten EuInsVO. Die Regelungen über das InsRegister treten selbstständig neben die Vorschriften über die Bekanntmachung der Eröffnung des InsVerf in anderen Mitgliedstaaten (Art 28, 29). Zunächst war vorgesehen, die Art 28, 29 mit der Etablierung des InsRegisters aufzuheben.[2]

2 Die Errichtung des Europäischen InsRegisters vollzieht sich in **zwei Schritten**. Im ersten Schritt sieht Art 24 die Schaffung von nationalen Registern vor, die im zweiten Schritt gem Art 25 miteinander vernetzt werden. Art 26 betrifft die Kosten für die Einrichtung und Vernetzung der Register, Art 27 die Voraussetzungen für den Zugang zu Informationen über das System der Vernetzung. Ergänzende Vorschriften über den Datenschutz enthalten die Art 78–83.

II. Die Regelungen des Art 24

3 **Abs 1** verpflichtet die Mitgliedstaaten zur Errichtung und Unterhaltung von nationalen InsRegistern. Dabei ist es ausdrücklich zulässig, **mehr als ein Register** pro Mitgliedstaat einzurichten. Eine Beeinträchtigung des **Informationsinteresses** der betroffenen Gl und Gerichte ist damit nicht verbunden, weil im zweiten Schritt alle Register – also auch mehrere Register eines Mitgliedstaats – miteinander vernetzt werden. Gem **Art 92 S 2 Buchst b** gilt Abs 1 erst ab dem 26.6.2018. Der VO-Geber gesteht den Mitgliedstaaten damit eine gewisse Umsetzungsfrist zu. In **Deutschland** existiert bereits ein Register, das auch für die Zwecke des Art 24 nutzbar gemacht werden kann.[3]

4 Für die Zeit nach Errichtung der Register legt **Abs 1 S 2** fest, dass die Informationen über InsVerf **so bald als möglich** nach der VerfEröffnung – also beschleunigt – bekanntgemacht werden. InsVerf iSd Art 24 sind gem Art 2 Nr 4 alle in Anh A aufgeführten Verf. Mit einer Ausnahme (vgl Abs 2 Buchst i) erstrecken sich alle in **Abs 2** abschließend aufgeführten **Pflichtinformationen** auch auf SekundärInsVerf. Dass Abs 2 Buchst i SekundärVerf nicht erfasst, wird kritisiert.[4] De lege lata dürfte aber die vom VO-Geber getroffene Festlegung zu beachten sein.

5 Nach **Abs 3** steht es den Mitgliedstaaten frei, Dokumente oder **zusätzliche Informationen** in ihre nationalen Register aufzunehmen. Im Interesse des Persönlichkeitsschutzes[5] stellt es

1 76. Erwägungsgrund.
2 *A/G/R/Pabst* Vorb Art 24-27 Rn 2.
3 www.insolvenzbekanntmachungen.de.
4 *Mankowski/Müller/J Schmidt* Art 24 Rn 18; *A/G/R/Pabst* Vorb Art 24 Rn 6.
5 80. Erwägungsgrund.

Abs 4 Unterabs 1 den Mitgliedstaaten frei, Informationen über **VerbraucherInsVerf** in ihre Register aufzunehmen oder über das System der Vernetzung öffentlich zugänglich zu machen. Voraussetzung dafür ist allerdings, dass die bek ausl Gl gem Art 54 über die in Abs 2 Buchst j genannten Elemente informiert werden. Macht ein Mitgliedstaat von der Möglichkeit des **Abs 4 Unterabs 1** Gebrauch, bleiben unberührt die Forderungen der Gl, welche nicht gem Art 54 informiert worden sind (Abs 4 Unterabs 2). Hier stellt sich die Frage, ob **Unterabs 2** nur die bek oder alle Gl meint. Es wird vertreten und anhand eines Dokuments aus dem Reformprozess[6] nachvollziehbar belegt, dass der VO-Geber auch die unbek Gl im Sinn gehabt haben könnte.[7] Damit verbunden wäre eine erhebliche, unter der Geltung der alten EuInsVO unbekannte **Einschränkung der automatischen Wirkungserstreckung**. So würde sich etwa eine erlangte Restschuldbefreiung nicht mehr auf die Forderungen der ausl Gl auswirken, die nicht gem Art 54 informiert worden sind. Dies lässt es zweifelhaft erscheinen, ob die Mitgliedstaaten ihren Schu in VerbraucherInsVerf einen Gefallen tun, wenn sie von der Möglichkeit des Abs 4 Unterabs 1 Gebrauch machen. Eine Beschränkung des Informationszugangs nach Art 27 Abs 3 und 4 liegt möglicherweise eher im Interesse des Verbrauchers.

Abs 5 regelt die **Rechtswirkungen der Bek** von Informationen in den nationalen Registern. 6
Die einzige Wirkung, welche die EuInsVO vorsieht, ist, dass der Lauf der Frist zur Forderungsanmeldung nach Art 55 Abs 6 in Gang gesetzt wird. Im Übrigen bestimmen sich die Folgen nach der lex fori concursus. Nach dt InsRecht etwa genügt die öffentliche Bek zum Nachweis der Zustellung an alle Beteiligten, auch wenn die InsO neben der Bek eine bes Zustellung vorschreibt (§ 9 Abs 3 InsO).

Artikel 25 Vernetzung von Insolvenzregistern

(1) Die Kommission richtet im Wege von Durchführungsrechtsakten ein dezentrales System zur Vernetzung der Insolvenzregister ein. Dieses System besteht aus den Insolvenzregistern und dem Europäischen Justizportal, das für die Öffentlichkeit als zentraler elektronischer Zugangspunkt zu Informationen im System dient. Das System bietet für die Abfrage der Pflichtinformationen und alle anderen Dokumente oder Informationen in den Insolvenzregistern, die von den Mitgliedstaaten über das Europäische Justizportal verfügbar gemacht werden, einen Suchdienst in allen Amtssprachen der Organe der Union.

(2) Die Kommission legt im Wege von Durchführungsrechtsakten gemäß dem Verfahren nach Artikel 87 bis zum 26. Juni 2019 Folgendes fest:
a) die technischen Spezifikationen für die elektronische Kommunikation und den elektronischen Informationsaustausch auf der Grundlage der festgelegten Schnittstellenspezifikation für das System zur Vernetzung der Insolvenzregister;
b) die technischen Maßnahmen, durch die die IT-Mindestsicherheitsstandards für die Übermittlung und Verbreitung von Informationen innerhalb des Systems zur Vernetzung der Insolvenzregister gewährleistet werden;
c) die Mindestkriterien für den vom Europäischen Justizportal bereitgestellten Suchdienst anhand der Informationen nach Artikel 24;
d) die Mindestkriterien für die Anzeige der Suchergebnisse in Bezug auf die Informationen nach Artikel 24;
e) die Mittel und technischen Voraussetzungen für die Verfügbarkeit der durch das System der Vernetzung von Insolvenzregistern angebotenen Dienste und

---

6 *Rat der EU* 23.5.2014, Dok 10144/14 S 20.
7 *A/G/R/Pabst* Vorb Art 24 Rn 9.

f) ein Glossar mit einer allgemeinen Erläuterung der in Anhang A aufgeführten nationalen Insolvenzverfahren.

1 Art 25 betrifft den **zweiten Schritt** zur Schaffung eines europäischen InsRegisters: Die Vernetzung der nationalen Register durch die Europäische Kommission. Vorgesehen ist ein dezentrales System, das aus den nationalen Registern und dem **Europäischen Justizportal**[1] besteht. Letzteres soll für die Öffentlichkeit als zentraler elektronischer Zugangspunkt zu Informationen im System dienen. Die Informationssuche an sich soll in allen Amtssprachen möglich sein, die Informationen selbst werden nur in der oder den Amtsprache(n) des jeweiligen Mitgliedstaats verfügbar sein.[2] Letzteres ist dem vom VO-Geber verfolgten Zweck einer besseren Information der betroffenen (ausl) Gl und Gerichte[3] sicher nicht zuträglich.

2 Nach Art 92 S 2 Buchst c gilt Art 25 erst ab dem **26.6.2019**. Da die Mitgliedstaaten die nationalen Register bis zum 26.6.2018 geschaffen haben müssen,[4] hat die Kommission demnach ein weiteres Jahr Zeit, um für die Vernetzung zu sorgen und das Europäische Justizportal als zentralen Zugriffspunkt zu den Informationen einzurichten. In der Konsequenz dieser **Umsetzungsfrist** liegt es, dass die Informationen in den nationalen Registern bis zu einem Jahr nicht zentral auffindbar sein werden. Die damit für die Informationssuchenden, insb für die ausl Gl, verbundenen Nachteile erscheinen hinnehmbar, weil die EuInsVO bisher gänzlich ohne InsRegister auskam.

Artikel 26 Kosten für die Einrichtung und Vernetzung der Insolvenzregister

(1) Die Einrichtung, Unterhaltung und Weiterentwicklung des Systems zur Vernetzung der Insolvenzregister wird aus dem Gesamthaushalt der Union finanziert.

(2) Jeder Mitgliedstaat trägt die Kosten für die Einrichtung und Anpassung seiner nationalen Insolvenzregister für deren Interoperabilität mit dem Europäischen Justizportal sowie die Kosten für die Verwaltung, den Betrieb und die Pflege dieser Register. Davon unberührt bleibt die Möglichkeit, Zuschüsse zur Unterstützung dieser Vorhaben im Rahmen der Finanzierungsprogramme der Union zu beantragen.

1 Art 26 regelt die Verteilung der **Kostentragung** für das europäische InsRegister nach den Art 24 und 25 zu entnehmenden Verantwortlichkeiten. Danach wird das System der Vernetzung aus dem Gesamthaushalt der Union finanziert (**Abs 1**). Die Finanzierungsverantwortung für die nationalen Register tragen die Mitgliedstaaten. Dies gilt unbeschadet der Möglichkeit, Zuschüsse zur Unterstützung im Rahmen der Finanzierungsprogramme der Union zu beantragen (**Abs 2**).

Artikel 27 Voraussetzungen für den Zugang zu Informationen über das System der Vernetzung

(1) Die Mitgliedstaaten stellen sicher, dass die Pflichtinformationen nach Artikel 24 Absatz 2 Buchstaben a bis j über das System der Vernetzung von Insolvenzregistern gebührenfrei zur Verfügung stehen.

---

1 Http://e-justice.europa.eu.
2 *Wimmer/Bornemann/Lienau* Rn 331.
3 76. Erwägungsgrund.
4 Vgl dazu vorstehend Art 24 Rn 3.

(2) Diese Verordnung hindert die Mitgliedstaaten nicht, für den Zugang zu den Dokumenten oder zusätzlichen Informationen nach Artikel 24 Absatz 3 über das System der Vernetzung von Insolvenzregister eine angemessene Gebühr zu erheben.

(3) Die Mitgliedstaaten können den Zugang zu Pflichtinformationen bezüglich natürlicher Personen, die keine selbstständige gewerbliche oder freiberufliche Tätigkeit ausüben sowie bezüglich natürlicher Personen, die eine selbstständige gewerbliche oder freiberufliche Tätigkeit ausüben, sofern sich das Insolvenzverfahren nicht auf diese Tätigkeit bezieht, von zusätzlichen, über die Mindestkriterien nach Artikel 25 Absatz 2 Buchstabe c hinausgehenden Suchkriterien in Bezug auf den Schuldner abhängig machen.

(4) Die Mitgliedstaaten können ferner verlangen, dass der Zugang zu den Informationen nach Absatz 3 von einem Antrag an die zuständige Behörde abhängig zu machen ist. Die Mitgliedstaaten können den Zugang von der Prüfung des berechtigten Interesses am Zugang zu diesen Daten anhängig machen. Der anfragenden Person muss es möglich sein, die Auskunftsanfrage in elektronischer Form anhand eines Standardformulars über das Europäische Justizportal zu übermitteln. Ist ein berechtigtes Interesse erforderlich, so ist es zulässig, dass die anfragende Person die Rechtmäßigkeit ihres Antrags anhand von Kopien einschlägiger Dokumente in elektronischer Form belegt. Die anfragende Person erhält innerhalb von drei Arbeitstagen eine Antwort von der zuständigen Behörde.
Die anfragende Person ist weder verpflichtet, Übersetzungen der Dokumente, die die Berechtigung ihrer Anfrage belegen, zur Verfügung zu stellen, noch dazu, die bei der Behörde möglicherweise aufgrund der Übersetzungen anfallenden Kosten zu tragen.

Übersicht

I. Normzweck

1 Art 27 legt **Voraussetzungen für den Zugang** zu Informationen über das System der Vernetzung fest. In Anknüpfung an Art 24 Abs 2 und 3 bestimmen **Abs 1 und 2** welche Informationen gebührenfrei zur Verfügung stehen müssen und welche nicht. **Abs 3 und 4** betreffen VerbrInsVerf. Im Interesse des Schutzes der entsprechenden Informationen[1] können die Mitgliedstaaten hier den Zugang zu Informationen von weitergehenden Suchkriterien oder gar von einem berechtigten Interesse abhängig machen.

II. Gebühren (Abs 1 und 2)

2 Nach **Abs 1** haben die Mitgliedstaaten sicherzustellen, dass die **Pflichtinformationen** nach Art 24 Abs 2 über das System der Vernetzung **gebührenfrei** zur Verfügung stehen. Gebührenfrei muss daher nur der Zugriff über das **Europäische Justizportal** sein. Die Informationsabfrage über die nationalen Register ist nicht Regelungsgegenstand der Abs 1 und 2. Es steht den Mitgliedstaaten daher frei, die Kosten für das Zurverfügungstellen der Informationen über das System der Vernetzung durch die Erhebung von Gebühren für die Informationsabfrage über die nationalen Register zu decken. Eine weitere Möglichkeit zur Kostendeckung bietet **Abs 2**. Danach können die Mitgliedstaaten eine **angemessene Gebühr** erheben für den Zugang zu Dokumenten oder zusätzlichen Informationen iSd Art 24 Abs 3 über das System der Vernetzung. Dies setzt natürlich voraus, dass Dokumente und zusätzliche Informationen in die nationalen Register aufgenommen werden. Die Entscheidung, ob von der Möglichkeit des Abs 2 Gebrauch gemacht werden soll, treffen die einzelnen Mitgliedstaaten.

1 79. Erwägungsgrund.

III. Verbraucherinsolvenzverfahren (Abs 3 und 4)

3 Hier geht es erneut um den Schutz von Informationen über Schu, die keine selbstständige gewerbliche oder freiberufliche Tätigkeit ausüben. Unter diesem Gesichtspunkt können die Mitgliedstaaten nach Art 24 Abs 4 unter den dort näher geregelten Voraussetzungen von der Aufnahme von Informationen über **VerbrInsVerf** in die nationalen Register gänzlich absehen oder diese nicht über das System der Vernetzung öffentlich zugänglich machen. Ein solches Vorgehen kann sich zum Nachteil der Schu auswirken, weil nach Art 24 Abs. 4 Unterabs 2 die Forderungen bestimmter Gl von dem InsVerf nicht berührt werden.[2] Im Interesse des Verbr kann es deshalb liegen, wenn der Eröffnungsstaat von den Schutzmöglichkeiten der Abs 3 und 4 Gebrauch macht.

4 Nach **Abs 3** können die Mitgliedstaaten den Zugang zu **Pflichtinformationen** über VerbrInsVerf von zusätzlichen, über die Mindestkriterien nach Art 25 Abs 2 Buchst c hinausgehenden **Suchkriterien** in Bezug auf den Schu abhängig machen. Der 79. Erwägungsgrund nennt insoweit beispielhaft die persönliche Kennnummer des Schu, seine Anschrift, sein Geburtsdatum oder den Bezirk des zuständigen Gerichts. Diese Möglichkeit haben die Mitgliedstaaten nicht nur, wenn der Schu keine gewerbliche oder freiberufliche Tätigkeit ausübt, sondern auch, wenn sich das InsVerf – etwa nach Freigabe der Tätigkeit durch den InsVerw – nicht (mehr) auf diese bezieht. **Abs 4** eröffnet den Mitgliedstaaten die Möglichkeit, den Zugang zu Informationen nach Abs 3 von einem **Antrag** an die zust Behörde und einem **berechtigten Interesse** abhängig zu machen. Zum Antrag selbst und zum Verf, welches dieser in Gang setzt, regelt Abs 4 Näheres. Ob der mit dem Verf verbundene Verwaltungsaufwand zum Schutz der Informationen über den Schu tatsächlich erforderlich ist, erscheint zweifelhaft.

Artikel 28 Öffentliche Bekanntmachung in einem anderen Mitgliedstaat

(1) Der Verwalter oder der Schuldner in Eigenverwaltung hat zu beantragen, dass eine Bekanntmachung der Entscheidung zur Eröffnung des Insolvenzverfahrens und gegebenenfalls der Entscheidung zur Bestellung des Verwalters in jedem anderen Mitgliedstaat, in dem sich eine Niederlassung des Schuldners befindet, nach den in diesem Mitgliedstaat vorgesehenen Verfahren veröffentlicht wird. In der Bekanntmachung ist gegebenenfalls anzugeben, wer als Verwalter bestellt wurde und ob sich die Zuständigkeit aus Artikel 3 Absatz 1 oder Absatz 2 ergibt.

(2) Der Verwalter oder der Schuldner in Eigenverwaltung kann beantragen, dass die Bekanntmachung nach Absatz 1 in jedem anderen Mitgliedstaat, in dem er dies für notwendig hält, nach dem in diesem Mitgliedstaat vorgesehenen Verfahren der Bekanntmachung veröffentlicht wird.

Übersicht

2 Vgl dazu Art 24 Rn 5.

I. Vorbemerkung

Art 28 enthält die reformierte Fassung der in **Art 21 aF** enthaltenen Regelungen über die öffentliche Bek der EröffnungsEntsch. Abs 1 sieht nunmehr die **obligatorische Bek** in jedem anderen Mitgliedstaat vor, in dem sich eine Niederlassung des Schu befindet. Darüber hinaus **kann** der Verw oder Schu in EigenVerw die öffentliche Bek in jedem anderen Mitgliedstaat **beantragen**, in dem er dies für notwendig hält (Abs 2). 1

II. Normzweck

Art 28 ist eine **Sachnorm**, die in den Mitgliedstaaten unmittelbar gilt.[1] Nach dem 75. Erwägungsgrund dient die Vorschrift dem **„Interesse des Geschäftsverkehrs"**. Art 28 bezweckt daher nicht den Schutz der Masse und dient auch nicht den Interessen des Verw oder des Schu in EigenVerw. Dem erläuternden Bericht ist vielmehr zu entnehmen, dass es um die Sicherheit des Wirtschaftsverkehrs in den Staaten geht, in denen der Schu über Vermögen verfügt oder Geschäften nachgeht. Hierzu sollen die Gl und die künftigen Vertragspartner über den rechtlichen Status des Schu in Kenntnis gesetzt werden.[2] 2

Freilich vermag die öffentliche Bek auch einen Schutz der Masse zu bewirken, etwa im Hinblick auf die Möglichkeit eines gutgläubigen Erwerbs vom Schu (Art 17 iVm § 81 InsO) oder einer befreienden Leistung an den Schu nach Eröffnung des Verf (Art 31). Dabei handelt es sich jedoch nicht um den eigentlichen Normzweck, sondern allenfalls um **erwünschte Nebenwirkungen**. Der erläuternde Bericht führt hierzu aus, dass die öffentliche Bek erhebliche rechtliche Wirkungen im Blick auf die Beurteilung des Verhaltens der betroffenen Personen haben kann (nicht: soll).[3] Stimmen, die nicht selten (auch) von einem intendierten Schutz der Masse ausgehen,[4] entbehren wohl einer hinreichend belastbaren Grundlage. Die gilt insb nachdem der Reform-VO-Geber den 75. Erwägungsgrund im Blick auf den Normzweck unverändert gelassen hat. Der Normzweck des Art 28 kommt etwa zur Geltung, wenn es um die Frage von Schadensersatzansprüchen aufgrund pflichtwidrig unterlassener Bek geht.[5] 3

Unter Berücksichtigung des Vorstehenden unterscheidet sich der Normzweck des Art 28 (Sicherheit des Wirtschaftsverkehrs) von dem der Art 24 ff (bessere Information der betroffenen Gl und Gerichte). Dass es allerdings des **Nebeneinanders von Insolvenzregister und öffentlicher Bek** tatsächlich bedarf, erscheint zweifelhaft. Den Interessen des Geschäftsverkehrs dürfte schon das europäische Insolvenzregister allein hinreichend dienlich sein. 4

III. Obligatorische Bekanntmachung (Abs 1)

Nach Art 21 Abs 2 aF war die obligatorische Bek abhängig vom Recht des jeweiligen Mitgliedstaats. Der Verw hatte demnach nicht nur die Existenz von Niederlassungen des Schu zu klären, sondern auch, ob das Recht des betr Staats eine obligatorische Bek vorsah. Von diesem zweiten Prüfungsschritt sind Verw und Schu in EigenVerw durch Abs 1 entbunden. Abs 1 verpflichtet sie nunmehr dazu, die öffentliche Bek **in jedem Mitgliedstaat** zu beantragen, in dem sich eine **Niederlassung des Schu** befindet. Ein schlichter, gar unzulässiger Antrag reicht nicht. Vielmehr haben Verw und Schu in EigenVerw alle zur öff Bek erforderlichen Maßnahmen zu treffen. Der im Vergleich zu Art 21 aF veränderte Wortlaut des 5

1 MK/*Thole* Art 21 aF Rn 1; *A/G/R/Pabst* Art 28 Rn 3.
2 Nr 177 des Erläuternden Berichts.
3 Nr 178 des Erläuternden Berichts.
4 Etwa *K/P/B/Kemper* Art 21 aF Rn 1; *Pannen/Eickmann* Art 21 aF Rn 1; *Braun/Ehret* Art 28 Rn 1.
5 Vgl dazu nachstehend Rn 8.

Abs 1 („beantragen, dass" statt „die erforderlichen Maßnahmen zu treffen") verändert den **Inhalt der Pflicht** nicht.[6]

6 Den Begriff der Niederlassung definiert Art 2 Nr 10.[7] Die Pflicht nach Abs 1 wird durch die **Wirksamkeit der EröffnungsEntsch** begründet, ihrer Rechtskraft bedarf es nicht. Nach Maßgabe des Art 2 Nr 7 iVm Nr 5 liegt eine EröffnungsEntsch iSd Abs 1 schon in der Bestellung eines vorl Verw, dessen Aufgabe es etwa ist, die Gesamtinteressen der Gl zu vertreten oder die Geschäftstätigkeit des Schu zu überwachen. Der zum alten Recht lebhaft geführte Streit, ob bereits die Bestellung **eines „schwachen" vorl InsVerw** den Anforderungen an die „Eröffnung eines InsVerf" genügt, dürfte erledigt sein.[8] Aus Abs 1 S 2 ergibt sich unmissverständlich, dass es für die Antragspflicht nicht darauf ankommt, ob ein **Haupt- oder PartikularInsVerf** eröffnet worden ist. Im Falle eines PartikularVerf nach Art 3 Abs 2 ist zu bedenken, dass sich eine Niederlassung auch in dem Staat befinden kann, in dem der Mittelpunkt der hauptsächlichen Interessen des Schu liegt.[9]

7 Zu veröffentlichen ist nach wie vor **der wesentliche Inhalt** der EröffnungsEntsch und ggf der Entsch zur Bestellung des Verw. Aus der deutschen Sprachfassung ließe sich im Vergleich zum Wortlaut des Art 21 aF zwar schließen, dass die Entsch vollständig bekanntzumachen ist. Andere Sprachfassungen bleiben jedoch unverändert, was darauf hindeutet, dass die deutsche Sprachfassung verunglückt ist.[10] In der Bek ist **ferner anzugeben**, wer ggf zum Verw bestellt worden ist und ob sich die Zust des eröffnenden Gerichts aus Art 3 Abs 1 oder Abs 2 ergibt (Abs 1 S 2). Die Veröffentlichung selbst, also das „wie", richtet sich nach dem **Recht des Veröffentlichungsstaats**. **Art 102c § 7 EGInsO** enthält die Regelungen des deutschen Gesetzgebers zur Durchführung des Art 28; nach Art 102c § 9 EGInsO ist gegen Entsch nach § 7 die sofortige Beschwerde statthaft.

8 Eine Rechtsfolge für die **Verletzung der Pflicht nach Abs 1** sieht die VO nicht vor. In der Vorauflist davon ausgegangen worden, dass der Verw sich entspr den Haftungsregelungen der lex fori concursus schadensersatzpflichtig macht, wenn wegen einer pflichtwidrig unterbliebenen Veröffentlichung der EröffnungsEntsch die Masse geschmälert wird.[11] Dies bedarf der Präzisierung. In Anbetracht des auf die Sicherheit des Wirtschaftsverkehrs konzentrierten Normzwecks des Art 28[12] kann dieser Vorschrift eine insolvenzspezifische Pflicht zum **Schutz der VerfBeteiligten** wohl nicht entnommen werden. Ein Schadensersatzanspruch der VerfBeteiligten kommt demnach wohl nur in Betracht, wenn sich der lex fori concursus neben dem Haftungstatbestand auch eine – von Art 28 verschiedene – Pflicht entnehmen lässt, die zum Schutz der Masse eine Bek der EröffnungsEntsch im Niederlassungsstaat gebietet. Eine andere Frage ist, ob **die am Wirtschaftsverkehr Beteiligten** gegen Verw vorgehen können, wenn sie infolge einer unterlassenen Bek im Niederlassungsstaat mit dem Schu in vertragliche Beziehungen treten und daraus Schaden nehmen. Nach deutschem Recht dürften (quasi-)vertragliche Ansprüche scheitern, weil es an einer Sonderbeziehung zwischen Verw und den am Wirtschaftsverkehr Beteiligten fehlt. Deliktische Anspr setzten – von einer sittenwidrigen vorsätzlichen Schädigung einmal abgesehen – den Schutzgesetzcharakter des Abs 1 voraus.

---

6 *Mankowski/Müller/J Schmidt* Art 28 Rn 10; *A/G/R/Pabst* Art 28 Rn 6.
7 S Erl zu Art 2 Rn 13 ff.
8 Vgl dazu näher Art 19 Rn 7.
9 *EuGH* 4.9.2014 – C-327/13 (Burgo Group) Rn 26 ff.
10 *Mankowski/Müller/J Schmidt* Art 28 Rn 7; *A/G/R/Pabst* Vorb Art 28 Rn 5.
11 Dort Art 21 Rn 7.
12 Vgl dazu oben Rn 2 f.

IV. Bekanntmachung auf Antrag (Abs 2)

Nach Abs 2 kann der Verw oder der Schu in EigenVerw die Bek der EröffnungsEntsch und ggf der Entsch zur Bestellung des Verw auch in Mitgliedstaaten beantragen, in denen sich **keine Niederlassung** des Schu befindet. Die dem Verw oder dem Schu in EigenVerw hier eingeräumte Antragsbefugnis unterstreicht der VO-Geber durch die Formulierung „in dem er dies für notwendig hält". Hier stellt sich die Frage, ob Abs 2 nur ein **Recht**[13] vorsieht oder auch eine Pflicht des Verw oder Schu in EigenVerw begründet.[14] Für ein bloßes Antragsrecht streitet der Wortlaut. Unter Berücksichtigung des auf die Sicherheit des Wirtschaftsverkehrs gerichteten Normzwecks[15] liegt allerdings die Annahme nahe, dass Verw und Schu in EigenVerw nicht völlig frei entscheiden können, ob sie die Bek auch in Mitgliedstaaten beantragen, in denen sich keine Niederlassung befindet. Der Verwirklichung des Normzwecks dienlich erscheint die **Pflicht, mit der gebotenen Sorgfalt darüber zu befinden**, ob die Sicherheit des Wirtschaftsverkehrs eine Bek in weiteren Mitgliedstaaten erforderlich macht. Für eine solche Pflicht spricht auch Nr 179 des Erläuternden Berichts, wonach der Verw alle Umstände und die Erfordernisse des Wirtschaftsverkehrs berücksichtigen **muss**. In die zu treffende Abwägung werden auch die Kosten einzustellen sein, welche nach Art 30 die Masse belasten. Fällt die Entsch zugunsten einer Bek in weiteren Mitgliedstaaten, ergeben sich im Weiteren keine Unterschiede zu Abs 1. **9**

Geht man davon aus, dass Abs 2 nicht nur ein Recht, sondern auch eine Pflicht begründet, kann sich auch hier die Frage der **Haftung** stellen. Im Vergleich zur Haftung wegen einer Verletzung des Pflicht nach Abs 1[16] wird man hier einen gewissen Beurteilungsspielraum des Verw zu berücksichtigen haben. **10**

Artikel 29 Eintragung in öffentliche Register eines anderen Mitgliedstaats

(1) Ist es in einem Mitgliedstaat, in dem sich eine Niederlassung des Schuldners befindet und diese Niederlassung in einem öffentlichen Register dieses Mitgliedstaats eingetragen ist oder in dem unbewegliches Vermögen des Schuldners belegen ist, gesetzlich vorgeschrieben, dass die Informationen nach Artikel 28 über die Eröffnung eines Insolvenzverfahrens im Grundbuch, Handelsregister oder einem sonstigen öffentlichen Register einzutragen sind, stellt der Verwalter oder der Schuldner in Eigenverwaltung die Eintragung im Register durch alle dazu erforderlichen Maßnahmen sicher.

(2) Der Verwalter oder der Schuldner in Eigenverwaltung kann diese Eintragung in jedem anderen Mitgliedstaat beantragen, sofern das Recht des Mitgliedstaats, in dem das Register geführt wird, eine solche Eintragung zulässt.

Übersicht

I. Vorbemerkung

Art 29 enthält die reformierte Fassung der in **Art 22 aF** enthaltenen Regelungen über die Eintragung in öff Reg eines anderen Mitgliedstaats. Dabei folgt Art 29 der Systematik des **1**

13 In diesem Sinne MK/*Thole* Art 21 aF Rn 4.

14 Vgl etwa *Mankowski/Müller/J Schmidt* Art 28 Rn 17, 20.

15 Vgl dazu oben Rn 2 f.

16 Vgl dazu oben Rn 8.

Art 28. Demnach **verpflichtet Abs 1** den Verw oder Schu in EigenVerw unter bestimmten Voraussetzungen die RegEintragung sicherzustellen. Nach **Abs 2 kann** der Verw oder Schu in EigenVerw die Eintragung beantragen, wenn das Recht des RegStaats eine solche Eintragung zulässt.

II. Normzweck

2 Die Eintragung der EröffnungsEntsch in ein öff Reg ist weder für die Anerkennung eines in einem anderen Mitgliedstaat eröffneten InsVerf noch für die Anerkennung und die Ausübung der Befugnisse des im Rahmen dieses Verf bestellten Verw erforderlich. Dennoch ist eine Eintragung der VerfEröffnung für den Wirtschaftsverkehr in den Staaten von erheblicher Bedeutung. Das Vertrauen Dritter, die aufgrund von Angaben in diesen Reg (gutgläubig) handeln, wird geschützt.[1] Wie Art 28, bezweckt Art 29 damit die **Sicherheit des Wirtschaftsverkehrs** und ergänzt dessen Regelungen über die öffentliche Bek im Blick auf öffentliche Reg.

III. Obligatorische Eintragung (Abs 1)

3 Die Pflicht nach Abs 1 trifft den **Verw** oder **Schu in EigenVerw**, sobald die **EröffnungsEntsch wirksam** und deshalb nach Art 19 Abs 1 in allen anderen Mitgliedstaaten anzuerkennen ist. Zu Art 22 aF entsprach es einhelliger, auch in der Voraufl vertretener Auffassung,[2] dass der RegEintragung Bedeutung nur für das **HauptInsVerf** zukomme, weil das PartikularInsVerf territorial beschränkt sei. Dem entsprach der Wortlaut des Art 22 aF, der nur auf Verf nach Art 3 Abs 1 abhob. Diese Beschränkung enthält Art 29 nicht. Deshalb stellt sich die Frage, ob die Pflicht nach Abs 1 auch Folge der Eröffnung eines **PartikularInsVerf** sein kann. Im Ausgangspunkt wird man dies annehmen können. Unionsrechtlich ist die Pflicht nicht auf HauptInsVerf beschränkt, dies zeigt schon der Verweis in Abs 1 auf „die Informationen nach Art 28", die PartikularInsVerf unmissverständlich einschließen. Jedenfalls auf den Schu bezogene Eintragungen (in Abgrenzung zu vermögensgegenstandsbezogenen) in Reg anderer Mitgliedstaaten sind auch im Falle eines PartikularInsVerf nicht sinnlos. Sie informieren den Wirtschaftsverkehr im RegStaat über die Ins des Schu.[3] Da aber die Pflicht nach Abs 1 auch davon abhängt, ob die Eintragung im RegStaat gesetzlich vorgeschrieben ist, bleibt es letztlich dessen nationalem Recht überlassen, ob sich die Pflicht auch auf PartikularInsVerf erstreckt.

4 Sowohl im Falle eines Haupt- als auch eines PartikularInsVerf haben Verw oder Schu in EigenVerw daher zu prüfen, in welchen anderen Mitgliedstaaten sich eine **eingetragene Niederlassung des Schu** befindet oder **unbewegliches Vermögen des Schu** belegen ist. Den Begriff der Niederlassung definiert Art 2 Nr 10.[4] Ob Vermögen des Schu in einem anderen Mitgliedstaat belegen ist, kann anhand der Begriffsbestimmungen in Art 2 Nr 9 geklärt werden. Über die Unbeweglichkeit des Vermögensgegenstands, soll die lex rei sitae entscheiden.[5]

5 Ist eine eingetragene Niederlassung oder unbewegliches Vermögen vorhanden, kommt es nur noch darauf an, ob es im RegStaat **gesetzlich vorgeschrieben** ist, dass Informationen nach Art 28 in einem öffentlichen Register einzutragen sind. Die **regstaatliche Eintragungspflicht** muss sich wohl nicht ausdrücklich auf Informationen nach Art 28 beziehen. Es reicht, wenn wie etwa im deutschen Recht nach § 32 Abs. 1 InsO „die Eröffnung des Ins-

1 Nr 182 des Erläuternden Berichts.
2 Etwa *Uhlenbruck/Lüer* Art 22 Rn 3 mwN.
3 Vgl *Mankowski/Müller/J Schmidt* Art 29 Rn 3.
4 S Erl zu Art 2 Rn 13 ff.
5 *Mankowski/Müller/J Schmidt* Art 29 Rn 9; *A/G/R/Pabst* Art 29 Rn 3.

Verf" einzutragen ist. Die erfassten **öffentlichen Reg** benennt Abs 1 nicht abschließend. Der Begriff ist denkbar weit. Es werden alle öffentlichen Reg erfasst, die der jeweilige RegStaat kennt.[6]

Liegen die Voraussetzungen des Abs 1 vor, hat auf der **Rechtsfolgenseite** der Verw oder Schu in EigenVerw die RegEintragung durch alle dazu erforderlichen Maßnahmen sicherzustellen. Anders als im Falle des sprachlich nunmehr auf eine Antragspflicht reduzierten Art 28 Abs 1 ist es hier bei der umfassenderen Formulierung der Vorgängerregelung geblieben. Danach hat der Verw oder Schu in EigenVerw nicht nur den erforderlichen Antrag zu stellen, sondern etwa auch die notwendigen Unterlagen beizubringen.[7] Das Verf sowie Form und Inhalt der RegEintragung richten sich nach dem Recht des RegStaats. **6**

Art 102c § 8 EGInsO enthält Ausführungsbestimmungen zu Art 29. Danach ist der Antrag an das **zust InsGericht** zu richten und soll mit dem Antrag nach Art 28 Abs 1 verbunden werden. Das InsGericht ersucht dann die registerführende Stelle um Eintragung. Verw oder Schu in EigenVerw ist es somit **verwehrt**, unmittelbar bei der registerführenden Stelle einen Antrag zu stellen.[8] Das dt Registergericht oder Grundbuchamt hat, wenn ihm ein formell ordnungsgemäßes Ersuchen des eingeschalteten deutschen InsGerichts vorliegt, weder im Zuge der Eintragung noch der späteren Löschung des InsVermerks zu prüfen, ob die ersuchte Eintragung bzw Löschung insolvenzrechtlich richtig ist.[8] Es sprechen **gute Gründe** für das in Art 102c § 8 Abs 1 EGInsO vorgesehene Verf.[9] Für eine vorhergehende Prüfung durch das InsGer spricht insb, dass dort die größere Sachkunde bei der Beurteilung von ausl InsSachverhalten zu erwarten ist. Die Einschaltung des inländischen InsGer bietet auch eine deutliche Erleichterung für den ausl Verw oder Schu in EigenVerw, weil er sich nur an eine Stelle wenden muss, um die entspr Eintragungen zu erlangen, für die im Einzelfall verschiedene Gerichte zuständig sein können. Dementsprechend muss er auch die erforderlichen Unterlagen nur einmal beschaffen und vorlegen. **7**

IV. Eintragung auf Antrag (Abs 2)

Liegen die Voraussetzungen des Abs 1 nicht vor, **kann** der Verw oder Schu in EigenVerw die RegEintragung nach Abs 2 in jedem anderen Mitgliedstaat beantragen, wenn und soweit das Recht des jeweiligen Staats eine solche Eintragung zulässt. Mit dem Erfordernis der Zulässigkeit der Eintragung soll Bedenken im Blick auf die Praktikabilität für die zust Registerstellen Rechnung getragen werden.[10] Ein Antragrecht des Verw oder Schu in EigenVerw besteht erst Recht, wenn im RegStaat eine Eintragungspflicht besteht und es aus anderen Gründen an einer Pflicht nach Abs 1 fehlt. Die von Abs 2 vorausgesetzte **Eintragungsfähigkeit** ist ein **Mindesterfordernis**. **8**

Wie im Falle des Art 28 Abs 2,[11] besteht auch hier kein bloßes Antragsrecht. Zur Verwirklichung des auf die Sicherheit des Wirtschaftsverkehrs bedachten Normzwecks erscheint es vielmehr auch hier erforderlich, den Verw oder Schu in EigenVerw für **verpflichtet** zu halten, **mit der gebotenen Sorgfalt darüber zu befinden**, ob eine RegEintragung in weiteren Mitgliedstaaten zur Wahrung der Interessen des Geschäftsverkehrs erforderlich ist. In die zu treffende Abwägung werden auch die Kosten einzustellen sein, welche nach Art 30 die Masse belasten. **9**

---

6 MK/*Thole* Art 22 aF Rn 6.
7 *A/G/R/Pabst* Art 29 Rn 7.
8 *OLG Dresden* ZIP 2010, 2108.
9 Kritisch *A/G/R/Flöther/Wehner* Art 22 aF Rn 20.
10 *Mankowski/Müller/J Schmidt* Art 29 Rn 14.
11 Vgl dazu oben Art 28 Rn 9.

Artikel 30 Kosten

Die Kosten der öffentlichen Bekanntmachung nach Artikel 28 und der Eintragung nach Artikel 29 gelten als Kosten und Aufwendungen des Verfahrens.

1 Die gegenüber der Vorgängerregelung nur redaktionell angepasste Vorschrift ordnet für die Mitgliedstaaten **verbindlich** an, wie die Kosten einer Bek nach Art 28 und RegEintragung nach Art 29 zu behandeln sind. Es handelt sich um eine **Sachnorm**, die in den Mitgliedstaaten unmittelbar gilt. Sieht man in Übereinstimmung mit dem 75. Erwägungsgrund und der Nr 171 des Erläuternden Berichts den Normzweck der Art 28 f im Schutz des Wirtschaftsverkehrs,[1] verwundert es, dass dieser Schutz aus der Masse finanziert werden soll und nicht etwa – wie das InsRegister (Art 26) – aus dem Gesamthaushalt der Europäischen Union oder durch die Mitgliedstaaten. De lege lata führt an dieser Festlegung des VO-Gebers jedoch kein Weg vorbei. Sie ist auch nicht völlig unbillig, da ein Schutz der Masse zwar nicht bezweckt, in vielen Fällen jedoch bewirkt wird.[2]

2 Kosten iSd Vorschrift sind jedenfalls alle **Gebühren und Auslagen**, die von den zuständigen Stellen oder den durch diese ersuchten nach Maßgabe der geltenden Kostennormen erhoben werden. Von Art 30 auch erfasst sein dürften die **Aufwendungen** des Verw oder Schu in EigenVerw, die gerade zur Herbeiführung der Bek oder Eintragung erforderlich sind. Die Aufwendungen sind abzugrenzen von den Gemeinkosten, die mit der VerwVergütung abgegolten sind. Aufwendungen sind etwa Porti, Reisekosten, Kosten eines örtlich beauftragten Rechtsanwalts und die Kosten der Übersetzung und Beglaubigung des Bestellungsnachweises (Art 22).[3]

Artikel 31 Leistung an den Schuldner

(1) Wer in einem Mitgliedstaat an einen Schuldner leistet, über dessen Vermögen in einem anderen Mitgliedstaat ein Insolvenzverfahren eröffnet worden ist, obwohl er an den Verwalter des Insolvenzverfahrens hätte leisten müssen, wird befreit, wenn ihm die Eröffnung des Verfahrens nicht bekannt war.

(2) Erfolgt die Leistung vor der öffentlichen Bekanntmachung nach Artikel 28, so wird bis zum Beweis des Gegenteils vermutet, dass dem Leistenden die Eröffnung nicht bekannt war. Erfolgt die Leistung nach der Bekanntmachung gemäß Artikel 28, so wird bis zum Beweis des Gegenteils vermutet, dass dem Leistenden die Eröffnung bekannt war.

Übersicht

I. Vorbemerkung

1 Art 31 übernimmt die Regelungen des **Art 24 aF** mit ausschließlich redaktionellen Änderungen. Die zu Art 24 aF ergangene Rspr und das entsprechende Schrifttum können herangezogen werden. Dabei sind jedoch die inhaltlichen Änderungen an anderen Stellen der EuInsVO und deren Auswirkungen zu berücksichtigen.

---

1 Vgl dazu oben Art 28 Rn 2 f.
2 Vgl dazu oben Art 28 Rn 3.
3 *Pannen/Eickmann* Art 23 aF Rn 2 ff; *A/G/R/Flöther/Wehner* Art 23 aF Rn 2.

II. Normzweck

Art 31 entspricht § 350 InsO, der sich seinerseits an § 82 InsO anlehnt. Ausweislich des 81. Erwägungsgrunds dient Art 31 dem **Schutz** solcher Personen, die in **Unkenntnis** der ausl VerfEröffnung eine Zahlung an den Schu **leisten**, obwohl diese an sich an den ausländischen Verw hätte geleistet werden müssen. **Materiellrechtlich** wird der Schutz der DrittSchu durch eine schuldbefreiende Wirkung der Leistung bewirkt. **Prozessual** enthebt Abs 2 S 1 den DrittSchu durch eine gesetzliche Vermutung vom schwierigen Nachweis der Unkenntnis von der ausl VerfEröffnung. Der prozessuale Schutz wirkt allerdings nur bis zur Bek nach Art 28 (Abs 2 S 2). 2

Art 31 gilt auch in den Fällen, in denen das Recht des Staats der VerfEröffnung für Leistungen an den Schu keine befreiende Wirkung kennt. Es handelt sich um eine **Sachnorm,** die unmittelbar in allen Mitgliedstaaten wirkt. Wenn eine **vergleichbare Norm im nationalen InsR** vorhanden ist, kann sich eine schuldbefreiende Wirkung nach dem EuGH wohl auch aus dieser ergeben.[1] Vergleichbare Vorschriften der lex fori concursus werden demnach jedenfalls nicht in der Weise durch Art 31 verdrängt, dass sie auch dann nicht zur Anwendung gelangen, wenn Art 31 nicht zu einer schuldbefreienden Wirkung führt. 3

III. Grundsätzliches

Art 31 befreit den DrittSchu von der Pflicht, erneut an den Verw leisten zu müssen. Art 31 ist daher eine **Ausnahmevorschrift** und als solche eng auszulegen.[2] Es handelt sich zudem um eine Norm zur **Verteidigung** des DrittSchu, die eine Einwendung begründet und seine (erneute) Inanspruchnahme verhindert. Dies erhellt, dass nach allgemeinen Grundsätzen den DrittSchu die Darlegungs- und Beweislast für die Tatsachen trifft, welche die Voraussetzungen des Art 31 auszufüllen vermögen. Dies gilt uneingeschränkt etwa für das Tatbestandsmerkmal der Leistung an den Schu und hätte ohne die Regelung des Abs 2 S 1 auch für die negative Tatsache der Unkenntnis zu gelten. Ferner ist die **beschränkte Wirkung** des Art 31 zu berücksichtigen. Die Vorschrift regelt nicht etwa unionsrechtlich, unter welchen Voraussetzungen die Leistung des DrittSchu als Erfüllung anzusehen ist; sie überwindet nur die der lex fori concursus zu entnehmende Folge des Übergangs der Verfügungsbefugnis vom Schu auf den Verw – etwa die fehlende Empfangzuständigkeit.[3] Wer Art 31 anwendet, muss daher nicht nur dessen Voraussetzungen berücksichtigen, die unionsrechtlich zu bestimmen sind, sondern auch das der fraglichen Forderung zugrunde liegende nationale Recht und die lex fori concursus. 4

IV. Voraussetzungen

Ihren Anlass wird eine Prüfung der Voraussetzungen des Art 31 regelmäßig in der Inanspruchnahme eines DrittSchu durch den Verw haben. Im Zuge dessen wird sich ergeben, ob und wann **ein InsVerf eröffnet** worden ist, ob es zu einem **Übergang der Verfügungsbefugnis** auf den Verw gekommen ist und ob die fragliche Forderung überhaupt **zur Masse gehört**. Dies bestimmt sich im Grundsatz nach der lex fori concursus. Nach der lex causae der fraglichen Forderung richtet sich, ob eine **Forderung** des Schu gegen den DrittSchu **entstanden** ist. 5

Hat der DrittSchu nach VerfEröffnung an den Schu geleistet, liegt es in seinem Interesse, nicht noch einmal – diesmal an den Verw – leisten zu müssen. Art 31 kann dies bewirken, 6

---

1 *EuGH* 19.9.2013 – C-251/12 (Van Buggenhout und Van de Mierop) Rn 37.
2 Vgl *A/G/R/Flöther/Wehner* Art 24 aF Rn. 3.
3 *Mankowski/Müller/J Schmidt* Art 31 Rn 1; MK/*Thole* Art 24 aF Rn 3.

wenn der **Anwendungsbereich** infolge der **Eröffnung eines InsVerf**, das nach Art 19 anzuerkennen ist, eröffnet ist. Ob es sich um ein **Haupt- oder PartikularInsVerf** handelt, ist für die Anwendbarkeit des Art 31 ohne Bedeutung.[4] Das durch die Reform der EuInsVO wohl ohnehin gelöste Problem, wann von der Eröffnung eines InsVerf iSd VO auszugehen ist,[5] stellt sich hier allenfalls in abgeschwächter Form. Ist es nämlich nicht zu einem Übergang der Verfügungsbefugnis vom Schu auf den InsVerw gekommen, scheitert dessen Rechtsverfolgung, ohne dass es auf die Voraussetzungen des Art 31 ankommt. Handelt es sich um ein in einem Drittstaat eröffnetes Verf, ist **§ 350 InsO** einschlägig. Auf reine Inlandssachverhalte findet in Deutschland **§ 82 InsO** Anwendung.

7 Art 31 kann dem DrittSchu nur behilflich sein, wenn die Erfüllungswirkung der an den Schu erbrachten Leistung nur an dessen infolge der VerfEröffnung in Wegfall geratenen Empfangszuständigkeit scheitert.[6] Die **Erfüllungshandlung** des DrittSchu muss deshalb mit Ausnahme der Empfangszuständigkeit des Schu alle nach der dem Forderungsrecht zugrundeliegenden **lex causae** erforderlichen Voraussetzungen erfüllen. Fehlt es daran, kann der Verw die Leistung im Grundsatz schon deshalb erneut verlangen und bestimmt die lex causae, ob und unter welchen Voraussetzungen der DrittSchu Rückgewähr der an den Schu erbrachten Leistung verlangen kann.

8 Erst wenn Art 31 anwendbar ist und die weitere Prüfung ergeben hat, dass die Erfüllungswirkung der an den Schu erbrachten Leistung nur an dessen fehlender Empfangszuständigkeit scheitert, kommt es auf die **(eigentlichen) Voraussetzungen** der Vorschrift an. Diese sind unionsautonom zu bestimmen.[7] Gelangt man iRd Vorprüfung zu dem Ergebnis, dass die Leistung mit Ausnahme der Empfangszuständigkeit des Schu alle nach der dem Forderungsrecht zugrundeliegenden **lex causae** für die Erfüllungswirkung erforderlichen Voraussetzungen erfüllt, wird es sich in der Regel auch um eine **Leistung an den Schu** iSd Art 31 handeln. In seiner im deutschen Schrifttum kritisierten[8] Entscheidung in der Rechtssache „Van Buggenhout und Van de Mierop"[9] macht der EuGH von diesem Grundsatz eine gewichtige **Ausnahme**. Eine Leistung an den Schu soll danach nicht anzunehmen sein im Falle der Zahlung des DrittSchu an einen Gl des Schu.[10] Dies zeigt, dass der Leistungsbegriff in Art 31 mit dem nationalrechtlichen übereinstimmen kann, aber nicht muss. Wie in der Rechtssache „Van Buggenhout und Van de Mierop" können insb Schutzzweckerwägungen eine Abweichung rechtfertigen.[11]

9 Die Leistung an den Schu muss **in einem anderen Mitgliedstaat** vorgenommen worden sein. Maßgebend für die danach notwendige Verortung der Leistung soll nach der Nr. 188 des Erläuternden Berichts der Ort sein, an dem die Leistung durch den DrittSchuldner tatsächlich erbracht wird. Werden Gelder über Grenzen hinweg überwiesen oder Waren geliefert, kommt es auf den **Ort der ursprünglichen Leistungshandlung** an.[12] Auf den vertragsgemäßen Leistungs- oder Erfüllungsort kommt es für die unionsrechtliche Verortung der Leis-

---

4 *Mankowski/Müller/J Schmidt* Art 31 Rn 4; die Eröffnung nur eines PartikularVerf kann sich allerdings wegen dessen territorial begrenzten Wirkungen auf die Zugehörigkeit der Forderung zur Masse auswirken.

5 Vgl dazu oben Art 19 Rn 7 f.

6 Vgl dazu oben Rn 4.

7 *EuGH* 19.9.2013 – C-251/12 (Van Buggenhout und Van de Mierop) Rn 27; *Mankowski/Müller/J Schmidt* Art 31 Rn 6.

8 Vgl etwa MK/*Thole* Art 24 aF Rn 2; *Schäfer* NZI 2013, 1041.

9 *EuGH* 19.9.2013 – C-251/12 (Van Buggenhout und Van de Mierop).

10 *EuGH* 19.9.2013 – C-251/12 (Van Buggenhout und Van de Mierop) Rn 24 ff.

11 *EuGH* 19.9.2013 – C-251/12 (Van Buggenhout und Van de Mierop) Rn 35.

12 *Mankowski/Müller/J Schmidt* Art 31 Rn 8.

tung nicht an. Richtig ist allerdings, dass die nicht am richtigen Ort vorgenommene Leistungshandlung der nach der lex causae zu beurteilenden Erfüllungswirkung entgegenstehen kann. Dann muss der DrittSchu jedoch ohnehin noch einmal leisten.[13]

Der DrittSchu wird von seiner Leistungspflicht befreit, wenn er **zum Zeitpunkt der Leistung gutgläubig** war. Maßgebend ist nicht der Zeitpunkt der Leistungshandlung, sondern der Zeitpunkt, bis zu dem der Leistende den Leistungserfolg hätte verhindern können,[14] weil er sonst nicht schutzwürdig ist.[15] Dem Leistenden schadet nur die **positive Kenntnis** von der VerfEröffnung; die fahrlässige Unkenntnis von der Eröffnung stellt die befreiende Wirkung nicht in Frage.[16] 10

V. Beweislast (Abs 2)

Es wurde bereits darauf hingewiesen, dass es sich bei Art 31 um eine Vorschrift zur **Verteidigung** des DrittSchu handelt, die eine **Einwendung** begründet und seine (erneute) Inanspruchnahme verhindert.[17] Schon nach **allgemeinen Grundsätzen** trägt deshalb der DrittSchu die Darlegungs- und Beweislast für die Tatsachen, welche die Voraussetzungen des Art 31 ausfüllen. Vor diesem Hintergrund ist **Abs 2 S 2** nach deutschem Rechtsverständnis bestenfalls eine Klarstellung, eher jedoch irreführend.[18] Die Regelung verstellt möglicherweise den Blick darauf, dass der DrittSchu auch die Tatsachen darzulegen und zu beweisen hat, welche eine Leistung an den Schu im unionsrechtlichen Sinne begründen. Eine Abweichung von den allgemeinen Grundsätzen enthält demnach nur **Abs 2 S 1**. Vor der öffentlichen Bek nach Art 28 wird danach bis zum Beweis des Gegenteils vermutet, dass dem DrittSchu die VerfEröffnung nicht bekannt war. Diese Regelung enthebt den DrittSchu von dem nur schwer zu führenden Negativbeweis seiner Unkenntnis.[19] 11

Die Regelung des Abs 2 S 1 dürfte in vielen Fällen **streitentscheidend** sein, weil auch der Beweis des Gegenteils häufig schwer zu führen sein wird. Selbst wenn der Verw die DrittSchu mittels eines Schreibens über die Eröffnung des InsVerf informiert hat, bedarf es immer noch des Nachweises des Zugangs dieses Schreibens beim DrittSchu. Der Verw wird folglich darauf bedacht sein, die Eröffnung des InsVerf möglichst frühzeitig und umfassend in den anderen Mitgliedstaaten bekanntzumachen. 12

Nach zutreffender Ansicht reicht es für die **Beseitigung der Vermutung** des Abs 2 S 1 aus, wenn die öffentliche Bek entweder in dem Mitgliedstaat erfolgt war, in dem die **ursprüngliche Leistungshandlung** vorgenommen wurde, oder **der Sitz des DrittSchu** belegen war.[20] Dieses weite Verständnis entspricht dem Wortlaut des Abs 2, der nicht eine Bek im Staat der Leistungshandlung voraussetzt. Überdies ist der DrittSchu in beiden Fällen nicht schutzwürdig. 13

VI. Rechtsfolge

Ist Art 31 anwendbar und liegen seine Voraussetzungen nachweislich vor, wird der DrittSchu von seiner ansonsten bestehende Pflicht befreit, nochmals zu leisten. Liegen die 14

13 Vgl dazu oben Rn 7.
14 *A/G/R/Flöther/Wehner* Art 24 aF Rn 13.
15 Vgl *BGH* 16.7.2009 – IX ZR 118/08.
16 *A/G/R/Flöther/Wehner* Art 24 aF Rn 8; MK/*Thole* Art 24 aF Rn 11.
17 Vgl dazu oben Rn 4.
18 §§ 82 und 350 InsO enthalten eine derartige Regelung deshalb nicht.
19 *Duursma-Kepplinger/Duursma/Chalupsky* Art 24 aF Rn 17.
20 *A/G/R/Flöther/Wehner* Art 24 aF Rn 15 ff; Haß/Huber/Heiderhoff/*Gruber* Art 24 aF Rn 6; MK/*Thole* Art 24 aF Rn 12.

Voraussetzungen nicht vor, ist nach dem Verständnis des *EuGH* in der Rechtssache „Van Buggenhout und Van de Mierop" die Leistungspflicht des DrittSchu noch nicht endgültig geklärt. Diese bestimmt sich nach dem anwendbaren nationalen Recht.[21]

21 *EuGH* 19.9.2013 – C-251/12 (Van Buggenhout und Van de Mierop) Rn 37.

Artikel 32 Anerkennung und Vollstreckbarkeit sonstiger Entscheidungen

(1) Die zur Durchführung und Beendigung eines Insolvenzverfahrens ergangenen Entscheidungen eines Gerichts, dessen Eröffnungsentscheidung nach Artikel 19 anerkannt wird, sowie ein von diesem Gericht bestätigter Vergleich werden ebenfalls ohne weitere Förmlichkeiten anerkannt. Diese Entscheidungen werden nach den Artikeln 39 bis 44 und 47 bis 57 der Verordnung (EU) Nr. 1215/2012 vollstreckt.

Unterabsatz 1 gilt auch für Entscheidungen, die unmittelbar aufgrund des Insolvenzverfahrens ergehen und in engem Zusammenhang damit stehen, auch wenn diese Entscheidungen von einem anderen Gericht erlassen werden.

Unterabsatz 1 gilt auch für Entscheidungen über Sicherungsmaßnahmen, die nach dem Antrag auf Eröffnung eines Insolvenzverfahrens oder in Verbindung damit getroffen werden.

(2) Die Anerkennung und Vollstreckung anderer als der in Absatz 1 dieses Artikels genannten Entscheidungen unterliegen der Verordnung (EU) Nr. 1215/2012, sofern jene Verordnung anwendbar ist.

Übersicht

I. Vorbemerkung

1 Art 32 übernimmt die Regelungen der **Abs 1 und 2** des **Art 25 aF** mit ausschließlich redaktionellen Änderungen. Die insoweit zu Art 25 aF ergangene Rspr und das entsprechende Schrifttum können herangezogen werden. Dabei sind jedoch die Änderungen an anderen Stellen der EuInsVO und deren Auswirkungen zu berücksichtigen. Ersatzlos weggefallen sind die Regelungen des **Abs 3 aF**. Der Schutz der persönlichen Freiheit und das Postgeheimnis sollen künftig über den Vorbehalt der öffentlichen Ordnung des Art 33 gewährleistet werden.[1]

II. Normzweck

2 Art 32 steht in engem Zusammenhang mit Art 19 und 20. Letztere regeln Anerkennung und Wirkungen der **EröffnungsEntsch**. Art 32 regelt die Anerkennung **sonstiger insrechtl Entsch** und die Vollstreckbarkeit. Systematisch baut Art 32 auf Art 19 und 20 auf: Fehlt es an einer anzuerkennenden EröffnungsEntsch, werden im Grundsatz auch sons insolvenzrechtl Entsch nicht nach der VO anerkannt. Anders ist dies nur im Falle von Sicherungsmaßnahmen, für deren Anerkennung schon ein Antrag auf VerfEröffnung ausreichen kann. Im Einzelnen erfasst Art 32 Entsch im bereits eröffneten InsVerf (Abs 1 Unterabs 1), die

1 *Wimmer/Bornemann/Lienau* Teil H Rn 381.

insolvenzrechtlichen AnnexEntsch (Abs 1 Unterabs 2) sowie die bereits erwähnten Entsch über Sicherungsmaßnahmen, die nach einem Antrag auf VerfEröffnung oder in Verbindung damit getroffen werden (Abs 1 Unterabs 3). Andere Entsch unterliegen nach Abs 2 der EuGVVO oder müssen, sofern sie auch nicht in deren Anwendungsbereich fallen, anderweitig anerkannt werden.

III. Anerkennung nach Abs 1

Art 32 Abs 1 unterscheidet zwischen **Entsch zur Durchführung und zur Beendigung des Verf** einschließlich **gerichtlich bestätigter Vergleiche** (Abs 1 Unterabs 1), **Entsch, die unmittelbar aufgrund des InsVerf ergehen und in engem Zusammenhang damit stehen** (Abs 1 Unterabs 2) und **Entsch über Sicherungsmaßnahmen** (Abs 1 Unterabs 3). 3

Die Anerkennung nach **Unterabs 1 und 2** setzt immer voraus, dass eine **EröffnungsEntsch** vorliegt, die **nach Art 19 anzuerkennen** ist. Welchen Anforderungen die EröffnungsEntsch hierzu genügen muss, kann der Kommentierung zu Art 19 entnommen werden. Ob ein Haupt- oder PartikularInsVerf eröffnet wurde, ist für die Anwendbarkeit von Abs 1 ohne Bedeutung. **Unterabs 3** lässt es für die Anerkennung von Sicherungsmaßnahmen ausreichen, dass diese nach dem Antrag auf VerfEröffnung oder in Verbindung damit getroffen werden. Das ist erforderlich, weil Sicherungsmaßnahmen gerade im Vorfeld der VerfEröffnung eine Rolle spielen. Auch hier ist jedoch der systematische Zusammenhang mit Art 19 zu berücksichtigen. Die Anerkennung einer im Vorfeld getroffenen Sicherungsmaßnahme setzt daher voraus, dass der Antrag auf Eröffnung eines nach Art 19 anzuerkennenden InsVerf gerichtet ist. 4

Der Begriff der **Entsch** in **Unterabs 1** ist unionsautonom zu bestimmen und denkbar weit. Erfasst werden alle Entsch ohne Rücksicht auf ihre Bezeichnung.[2] Erforderlich ist nicht eine bestimmte **EntschForm** (Urteil, Beschluss usw). Maßgeblich ist allein der **Inhalt der Entsch**, der auf die Durchführung oder Beendigung des InsVerf gerichtet sein muss. Dem ist gleichgestellt der **gerichtlich bestätigte Vergleich**. **Abgrenzungsschwierigkeiten** werden im Schrifttum im Blick auf die EröffnungsEntsch ausgemacht. Insbesondere die Restschuldbefreiung nach englischem Recht betreffend wird diskutiert, ob die Anerkennung schon aus Art 19 folgt oder Art 32 zu entnehmen ist.[3] Dabei handelt es sich um eine rein dogmatische Frage, ohne Auswirkungen im praktischen Ergebnis.[4] Von Unterabs 1 werden Entsch erfasst, die getroffen werden, um eine VerfHandlung vorzunehmen, einen VerfAbschnitt zu gestalten oder einen VerfFortschritt zu erzielen, wie zB die Absetzung des InsVerw oder die Anordnung bestimmter Verfügungsbeschränkungen gegenüber dem Schu.[5] BeendigungsEntsch sind solche, die das Verf insgesamt oder einzelne VerfTeile förmlich abschließen, wie zB in Deutschland die Aufhebung des InsVerf (§ 200 Abs 1 InsO) oder die Einstellung des Verf mangels Masse (§ 207 Abs 1 InsO). Folge der Einbeziehung des gerichtlich bestätigten Vergleichs ist, dass auch das InsPlanVerf und die in den §§ 270 ff InsO geregelten Formen der Einstellung des Verf in den Mitgliedstaaten Wirkungen entfalten. 5

Gericht iSd **Unterabs 1** ist nach der **funktionellen Definition des Art 2 Nr 6 ii)** das Justizorgan oder jede sonstige zuständige Stelle eines Mitgliedstaats, die befugt ist, ein InsVerf zu eröffnen, die Eröffnung eines solchen Verf zu bestätigen oder im Rahmen dieses Verf Entscheidungen zu treffen. Auch wenn es die im Zuge der Reform veränderte deutsche Sprachfassung („von diesem Gericht bestätigter Vergleich") nahelegt: Weder die Bestätigung des 6

2 MK/*Thole* Art 25 aF Rn 5.
3 Vgl etwa *Vallender* ZInsO 2009, 616, 618; *Mankowski* KTS 2011, 185, 201.
4 *BGH* 15.9.2015 – IX ZR 304/13 Rn 29.
5 *Pannen/Riedemann* Art 25 aF Rn 10.

Vergleichs noch die Entsch zur Durchführung oder Beendigung des Verf muss durch das Gericht erfolgen/getroffen werden, von dem die EröffnungsEntsch stammt.[6] Dies ergibt sich insb nicht aus einem Umkehrschluss zu Unterabs 2 („von einem anderen Gericht erlassen"). Die Anerkennung von Entsch nach Unterabs 1 ist nur durch den funktionellen Gerichtsbegriff des Art 2 Nr 6 ii) begrenzt. „Anderes" Gericht iSd Unterabs 2 ist vor diesem Hintergrund ein solches, das den Anforderungen des Art 2 Nr 6 ii) nicht genügt. Vorbehaltlich des Anerkennungshindernisses des Art 33 gibt es keinen Grund, einer Entsch zur Durchführung oder Beendigung des Verf die Anerkennung zu versagen, weil sie von einem anderen Gericht stammt, als die anzuerkennende EröffnungsEntsch.

7 **Unterabs 2** regelt die Anerkennung und Vollstreckbarkeit sog **AnnexEntsch**. Die Vorschrift geht zurück auf die zum EuGVÜ (jetzt EuGVVO) ergangene Rechtsprechung des EuGH, wonach eine Klage, die sich auf ein KonkursVerf beziehe, weil sie unmittelbar aus diesem hervorgehe und sich eng innerhalb des Rahmens eines Konkurs- oder VergleichsVerf halte, nicht vom Anwendungsbereich der EuGVVO erfasst sei.[7] Diese Lücke der EuGVVO schließt Unterabs 2 im Blick auf Anerkennung und Vollstreckung. Die Anerkennungsregelungen der EuInsVO und der EuGVVO sollen lückenlos ineinandergreifen.[8] Regelungen zur internationalen Zuständigkeit für Annexklagen enthält nunmehr Art 6. Die Grundsätze für die Begründung der internationalen Zuständigkeit decken sich mit denen für die Anerkennung nach Unterabs 2.[9] Welche AnnexEntsch unter die Anerkennungsregelung der EuInsVO fallen, ist einzelfallbezogen zu entscheiden.[10] Erfasst werden jedenfalls Entsch, die ihre Rechtsgrundlage im InsR haben, wie zB Verf zwischen dem InsVerw und dem InsSchu über die Zugehörigkeit von Gegenständen zur Masse,[11] Haftungsansprüche gegenüber dem InsVerw,[12] Streitigkeiten um Befugnisse oder Vorrechte des InsVerw,[13] der Streit über die Höhe der Vergütung des InsVerw oder der Mitglieder des GlAusschusses.[14] Wegen des engen Zusammenhangs sind auch titulierte Anfechtungsanspr nach Ansicht des *EuGH* als AnnexEntsch anzusehen,[15] es sei denn der Verw hat den Anfechtungsanspruch abgetreten, und es soll der Titel des Zessionars gegen den Anfechtungsgegner durchgesetzt werden.[16] Nach den Regelungen der EuGVVO soll ferner ein wegen eines Aussonderungsrechts begründeter Titel zu behandeln sein.[17] Ausl Urteile, welche die Haftung des InsVerw auf Schadensersatz feststellen, dürften wiederum als insolvenzrechtliche AnnexEntsch anzusehen sein. Für eine Vielzahl weiterer Entsch, wie die Anerkennung von mitgliedstaatlichen Titeln aus Geschäftsführerhaftung bzw aus Gesellschafterhaftung, bleibt die Abgrenzung zu den Regelungen der EuGVVO indes schwierig. Im Blick auf die Versagung der Anerkennung wirkt sich diese Problematik aber wertungsmäßig nicht aus,[18] weil sich die Auslegung

6 MK/*Thole* Art 25 aF Rn 7.
7 *EuGH* 22.2.1979 – 133/78 (Gourdain) Rn 4.
8 7. Erwägungsgrund; Nr 195, 197 des Erläuternden Berichts; *BGH* 8.5.2014 – IX ZB 35/12.
9 *Mankowski/Müller/J Schmidt* Art 32 Rn 22.
10 *K/P/B/Kemper* Art 25 aF Rn 8; s auch Erl Art 6 Rn 2 ff.
11 Nr 196 des Erläuternden Berichts.
12 *Duursma-Kepplinger/Duursma/Chalupsky* Art 25 aF Rn 54.
13 *EuGH* 2.7.2009 – C-111/08 (Alpenblume); krit *Mankowski* NZI 2009, 571, 572; *Oberhammer* IPRax 2010, 317, 323.
14 Nr 196 des Erläuternden Berichts; weitere Beispiele bei *Pannen/Riedemann* Art 25 aF Rn 20.
15 *EuGH* 12.2.2009 – C-339/07 (Deko Marty Belgium); *EuGH* 16.1.2014 – C-328/12 (Schmid).
16 *EuGH* 19.4.2012 – C-213/10 (Jadecloud-Vilma).
17 *EuGH* 10.9.2009 – C-292/08 (German Graphics).
18 *BGH* 8.11.2012 – IX ZB 120/11 Rn 3; 8.5.2014 – IX ZB 35/12 Rn 7.

des Anerkennungshindernisses in Art 33 EuInsVO an der Auslegung des Ordre public-Vorbehalts gem Art 45 EuGVVO orientiert.[19]

Unterabs 3 regelt die Anerkennung und Vollstreckung von **Sicherungsmaßnahmen**, die nach dem Antrag auf Eröffnung des InsVerf oder in Verbindung damit getroffen werden. Auch diese Bestimmung beruht auf der Rspr des EuGH.[20] Nach dem EuGH bestimmt sich die Zugehörigkeit von einstweiligen sichernden Maßnahmen zum Anwendungsbereich der EuGVVO nicht „nach ihrer eigenen Rechtsnatur", sondern „nach derjenigen der durch sie gesicherten Ansprüche".[21] Da InsVerf gem Art 1 Abs 2 Buchst b) EuGVVO aus deren Anwendungsbereich ausgeschlossen sind, brauchte es eine Regelung, um die Wirksamkeit von Sicherungsmaßnahmen in anderen Mitgliedstaaten sicherzustellen. Sicherungsmaßnahmen können auch nach Wirksamkeit der EröffnungsEntsch getroffen werden. Ihre Anerkennung richtet sich dann nach Unterabs 1. Unterabs 3 erweitert die Anerkennung auf den **Zeitraum** zwischen dem Eröffnungsantrag und der Wirksamkeit der EröffnungsEntsch. Die durch den Reform-VO-Geber eingefügte Variante („oder in Verbindung damit") bezieht sich wohl nicht auf den Eröffnungsantrag, sondern auf die EröffnungsEntsch. Ein eigenständiger Anwendungsbereich kommt ihr wohl nur dann zu, wenn eine EröffnungsEntsch nach dem maßgeblichen nationalen Recht von Amts wegen ergehen kann. Ansonsten liegt die EröffnungsEntsch im Zeitraum zwischen Antrag und Wirksamkeit der EröffnungsEntsch. Stets muss es sich um eine solche (künftige) EröffnungsEntsch handeln, die nach Art 19 anzuerkennen sein wird. **8**

NebenEntsch, AnnexEntsch und Sicherungsmaßnahmen werden **automatisch** ohne ein besonderes AnerkennungsVerf **anerkannt**. Auch hier folgt die VO dem **System der automatischen Wirkungserstreckung**; zu einer Gleichstellung mit den Wirkungen des inländischen InsVerf oder einer Anpassung an diese im Sinne einer Transformation kommt es nicht.[22] **9**

IV. Vollstreckbarkeit nach Abs 1

Dass die Entsch nach Abs 1 automatisch anerkannt werden und sich ihre Wirkungen deshalb auf die anderen Mitgliedstaaten erstrecken, heißt nicht, dass die Entsch dort – ohne weiteres – auch vollstreckbar wären. Abs 1 Unterabs 1 S 2 sieht vor, dass die Entsch in einem anderen Mitgliedstaat nach den Art 39–44 und 47–57 der reformierten EuGVVO vollstreckt werden. Dies gilt auch für die EröffnungsEntsch, soweit diese einen vollstreckungsfähigen und zu vollstreckenden Inhalt hat.[23] **10**

Bislang sah die EuGVVO in Art 38 Abs 1 aF wie schon das EuGVÜ ein **Verf auf Vollstreckbarerklärung** (sog ExequaturVerf) für die ausländische Entsch vor, welches nach vereinfachten Regelungen durchzuführen war. Eingeleitet wurde es durch einen Antrag des Gl, der an die in Anh II der EuGVVO genannte zuständige Stelle des Mitgliedstaats zu richten war. Sofern es sich um eine nach dem Recht des Urteilsstaats vollstreckbare Entsch handelte (Art 38 EuGVVO aF) und gewisse Formalitäten erfüllt waren, wurde die Entsch im Vollstreckungsstaat für vollstreckbar erklärt (Art 41 EuGVVO aF). Eine Prüfung von Vollstreckungshindernissen erfolgte nur im Rechtsbehelfsverfahren nach Art 43 EuGVVO aF. **11**

19 Nr 206 des Erläuternden Berichts.
20 Nr 199 des Erläuternden Berichts.
21 *EuGH* 23.3.1979 – C 143/78 (de Cavel) Rn 8.
22 Vgl dazu Art 20 Rn 4 f.
23 Nr 189 des Erläuternden Berichts; *Uhlenbruck/Lüer* Art 25 aF Rn 11; *Mankowski/Müller/J Schmidt* Art 31 Rn 36.

Die **reformierte EuGVVO**,[24] auf die Abs 1 Unterabs 1 S 2 Bezug nimmt, hat das VollstreckbarerklärungsVerf für zivil- oder handelsrechtliche Titel aus anderen Mitgliedstaaten abgeschafft. Diese Titel sind nunmehr ohne Exequatur in den anderen EU-Staaten vollstreckbar (Art 39). Hierdurch soll der Zeit- und Kostenaufwand weiter eingedämmt werden. Auf Antrag des Schu können die Titel aber im Rahmen eines **VollstreckungsversagungsVerf** auf spezielle Versagungsgründe hin im Zweitstaat überprüft werden.[25]

V. Anerkennung und Vollstreckbarkeit nach Abs 2

12 Abs 2 hat nur eine klarstellende Funktion. Nach Abs 2 werden alle Entsch, die nicht in den Anwendungsbereich des Abs 1 fallen (und keine EröffnungsEntsch iSd Art 19 sind), nach der EuGVVO anerkannt und vollstreckt. Die in Abs 2 verwendete Formulierung „soweit jenes Übereinkommen anwendbar ist" bedeutet, dass die Anerkennungs- und Vollstreckungsvorschriften der EuGVVO erst dann für anwendbar erklärt werden können, wenn zuvor geprüft wurde, ob die anzuerkennende Entsch nicht vom sachlichen Anwendungsbereich der EuGVVO ausgeschlossen ist.[26] Ist die fragliche Entsch vom Anwendungsbereich der EuGVVO ausgeschlossen und auch sonst keine Vorschrift des Europäischen Verfahrensrechts einschlägig, erfolgt die Anerkennung nach autonomem Recht.

24 VO Nr 1215/2012 idF v 12.12.2012 (ABlEU 2012 Nr L 351/1), geändert durch die VO Nr 542/2014 v 15.5.2014 (ABlEU 2014 Nr L 163/1).
25 Vgl zu den Einzelheiten *Hau* MDR 2014 1417, 1419.
26 *EuGH* ZIP 2009, 2345 Rn 20 – German Graphics.

Artikel 33 Öffentliche Ordnung

Jeder Mitgliedstaat kann sich weigern, ein in einem anderen Mitgliedstaat eröffnetes Insolvenzverfahren anzuerkennen oder eine in einem solchen Verfahren ergangene Entscheidung zu vollstrecken, soweit diese Anerkennung oder Vollstreckung zu einem Ergebnis führt, das offensichtlich mit seiner öffentlichen Ordnung, insbesondere mit den Grundprinzipien oder den verfassungsmäßig garantierten Rechten und Freiheiten des Einzelnen, unvereinbar ist.

Übersicht

I. Vorbemerkung

1 Unter der neuen Überschrift „Öffentliche Ordnung" übernimmt Art 33 die Regelungen des **Art 26 aF** mit ausschließlich redaktionellen Änderungen. Die zu Art 26 aF ergangene Rspr und das entsprechende Schrifttum können herangezogen werden. Dabei sind jedoch die Änderungen an anderen Stellen der EuInsVO und deren Auswirkungen zu berücksichtigen. Dies gilt insb für die durch **Art 5 Abs 1** nunmehr unionsrechtlich garantierte Möglichkeit für den Schu und jeden Gl, die Entscheidung zur Eröffnung des HauptInsVerf vor Gericht aus Gründen der internationalen Zuständigkeit anzufechten. Dadurch dürfte einem nach der Rspr des EuGH[1] wesentlichen Anwendungsbereich des Vorbehalts der öffentlichen Ordnung der Boden weitgehend entzogen worden sein.

1 Vgl *EuGH* 2.5.2006 – C-341/04 (Eurofood) Rn 60 ff mwN.

II. Normzweck

Der Normzweck des Art 33 wird zutreffend in der Rücksichtnahme auf den nach dem jeweiligen nationalen Recht unverfügbaren **Mindeststandard materiell- und verfahrensrechtlicher Gerechtigkeit** gesehen.[2] Welchen Standard Art 33 sichert, ist unter Berücksichtigung der Zwecke der VO zu bestimmen. Für ein reibungsloses Funktionieren des Binnenmarktes sind effiziente und wirksame grenzüberschreitende InsVerf erforderlich.[3] Zugleich erkennt der Reform-VO-Geber an, dass aufgrund der großen Unterschiede im materiellen Recht ein einziges InsVerf mit universaler Geltung für die gesamte Union nicht realisierbar ist.[4] Effiziente und wirksame grenzüberschreitende InsVerf sollen deshalb gewährleistet werden durch die unmittelbare Anerkennung von InsEntsch. Die Anerkennung stützt sich auf den Grundsatz gegenseitigen Vertrauens. Die Gründe für die Nichtanerkennung sind auf das **unbedingt notwendige Maß** beschränkt.[5] Vor diesem Hintergrund ist die Verweigerung von Anerkennung und Vollstreckung von InsEntsch wegen eines Verstoßes gegen die öffentliche Ordnung der **Ausnahmefall** und gleichsam **„Notausgang“** oder **„Rettungsanker“**. Diese Wertung ist etwa zu berücksichtigen, wenn es um die Frage geht, ob einer InsEntsch die Anerkennung versagt werden darf, obwohl es eine Rechtsschutzmöglichkeit im Eröffnungsstaat gab oder gibt, deren Inanspruchnahme die InsEntsch hätte beseitigen können oder noch immer beseitigen kann.[6] 2

III. Grundsätzliches

Im Schrifttum[7] und teilweise auch in der Rspr[8] werden dem Vorbehalt des Art 33 unterschiedliche Wirkungen beigemessen und diese systematisierend mit Begrifflichkeiten beschrieben, wie **verfahrensrechtlicher, materiellrechtlicher oder kollisionsrechtlicher ordre public**. Das ist nicht notwendig und stiftet Verwirrung jedenfalls dann, wenn die Begrifflichkeiten uneinheitlich verwendet werden. Der **Anwendungsbereich** des Vorbehalts der öffentlichen Ordnung erfasst alle Wirkungen, die eine Anerkennung oder Vollstreckung der InsEntsch im Anerkennungsstaat zeitigt. Ob diese Wirkungen auf der Anwendung verfahrensrechtlicher oder materiellrechtlicher Vorschriften im Eröffnungsstaat beruhen, ist ohne Bedeutung. Gleiches gilt für die öffentliche Ordnung im Anerkennungsstaat. Diese besteht aus verfahrens- und materiellrechtlichen Vorschriften. Die von Art 33 vorausgesetzte Unvereinbarkeit kann sich demnach sowohl im Blick auf verfahrensrechtliche Vorschriften ergeben als auch das materielle Recht im Anerkennungsstaat betreffen. 3

Die Anwendung des Art 33 kann allerdings eine **andere Differenzierung** gebieten. Zu unterscheiden ist ggf die im Eröffnungsstaat ordnungsgemäß – also unter korrekter Anwendung des dortigen Rechts – zustande gekommene InsEntsch von der fehlerhaften. Wer diese Differenzierung unterlässt, verstellt sich den Blick auf die Frage, ob ein Verstoß gegen die öffentliche Ordnung ausscheidet, weil es eine hinreichende Rechtsschutzmöglichkeit im Eröffnungsstaat gab oder noch immer gibt.[9]

Die **Auslegung** des Art 33 EuInsVO orientiert sich an den zu **Art 45 EuGVVO** bzw dessen Vorgängervorschriften entwickelten Maßstäben. Wenn es sich nicht um **insbezogene Einzel-** 4

---

2 *Mankowski/Müller/J Schmidt* Art 33 Rn 2.
3 3. Erwägungsgrund.
4 22. Erwägungsgrund.
5 65. Erwägungsgrund.
6 Vgl dazu *BGH* 15.9.2015 – IX ZR 304/13 Rn 20 ff.
7 Etwa *A/G/R/Flöhter/Wehner* Art 26 aF Rn 9 ff; MK/*Thole* Art 26 aF Rn 1.
8 *BAG* 25.4.2013 – 6 AZR 49/12.
9 Vgl *BGH* 15.9.2015 – IX ZR 304/13 Rn 20 ff; vgl dazu auch nachstehend Rn 15.

Entsch handelt, die in einem kontradiktorischen Verf ergangen sind, [10] werden jedoch die Besonderheiten des als **KollektivVerf** geführten InsVerf zu beachten sein – etwa die bes Vorschriften über die Unterrichtung der Gl. Diese Besonderheiten führen dazu, dass die in Art 45 Buchst b ff EuGVVO genannten Versagungsgründe nicht ohne weiteres auf die Anerkennung von Entsch im InsVerf übertragen werden können.[11] Freilich gilt auch im Blick auf den hiesigen Vorbehalt der öffentlichen Ordnung, dass jedermann Anspruch auf ein **faires Verf** hat.[12]

IV. Voraussetzungen

5 Der Vorbehalt der öffentlichen Ordnung in Art 33 gilt für **alle nach der EuInsVO anzuerkennenden Entsch.** Die Vorschrift kann demnach eingreifen gegenüber einer auf der Grundlage des Art 3 Abs 1 oder Abs 2 getroffenen EröffnungsEntsch iSv Art 19. Sie gilt aber auch für Neben-, Annexentscheidungen und Sicherungsmaßnahmen iSv Art 32 Abs 1. Da Art 33 mithin auf alle Entsch anwendbar ist, die zur Eröffnung, Durchführung oder Beendigung eines InsVerf getroffen werden, bedarf es insoweit keiner Abgrenzung, wie sie etwa für die Restschuldbefreiung nach englischen Recht diskutiert wird.[13]

6 Die **öffentliche Ordnung** des Anerkennungsstaats wird bestimmt durch dessen **einzelstaatliches Recht**. Art 33 nennt exemplarisch die Grundprinzipien und die verfassungsmäßig garantierten Rechte und Freiheiten des Einzelnen. Zur öffentlichen Ordnung des Anerkennungsstaats zählen unter Berücksichtigung der Rspr des EuGH[14] auch die **EU-Grundrechte** und die wesentlichen **Grundprinzipien der Union**.[15] Zum Recht des Anerkennungsstaats gehören auch die (unmittelbar geltenden) **Vorschriften der EuInsVO**. Daraus folgt, dass die – korrekte – Anwendung dieser Vorschriften durch ein Gericht im Eröffnungsstaat niemals mit der öffentlichen Ordnung des Anerkennungsstaats in Konflikt treten, geschweige denn mit dieser iSv Art 33 unvereinbar sein kann.[16]

7 Die Anerkennung oder Vollstreckung der ausl InsEntsch muss zu einem **Ergebnis** führen, dass **offensichtlich** mit der öffentlichen Ordnung des Anerkennungsstaats **unvereinbar** ist. „Offensichtlich" bedeutet nicht, dass der Verstoß offen zutage liegen muss. Der Begriff ist eher iSv „unzweifelhaft" zu verstehen und unterstreicht damit den Ausnahmecharakter des Vorbehalts der öffentlichen Ordnung. Der Mindeststandard materiell- und verfahrensrechtlicher Gerechtigkeit muss unzweifelhaft unterschritten sein. Dabei kommt es nach dem Wortlaut der Vorschrift gerade auf das Ergebnis von Anerkennung oder Vollstreckung an. Dem Charakter des Art 33 als Ausnahmevorschrift entspricht es, nur das im konkreten Einzelfall relevante Ergebnis in den Blick zu nehmen. Dazu ein Beispiel:

8 Der auch nach hiesigem Recht insolvente deutsche Schu erschleicht sich unter Vorspiegelung falscher Tatsachen ein ausl Forum, um dort in den Genuss einer gegenüber dem deutschen Recht früher eintretenden Restschuldbefreiung zu gelangen. Die Eröffnung des ausl InsVerf führt allerdings zunächst – ebenso wie nach hiesigem Recht – dazu, dass Gl ihre Forderungen nur noch nach den Vorschr über das InsVerf verfolgen können. Gleichwohl erhebt ein deutscher Gl im Inland Klage. Der Schu verteidigt sich im Fall a) mit dem Hinweis auf das noch laufende InsVerf und im Fall b) mit dem Einwand der zwischenzeitlich

10 Dazu *BGH* 8.11.2012 – IX ZB 120/11 Rn 3; 8.5.2014 – IX ZB 35/12 Rn 7.
11 Vgl Nr 206 des Erläuternden Berichts.
12 Vgl *EuGH* 2.5.2006 – C-341/04 (Eurofood) Rn 63 ff.
13 Vgl *BGH* 15.9.2015 – IX ZR 304/13 Rn 29.
14 *EuGH* 2.5.2006 – C-341/04 (Eurofood) Rn 65.
15 MK/*Thole* Art 26 aF Rn 9.
16 *Mankowski/Müller/J Schmidt* Art 33 Rn 9.

eingetretenen Restschuldbefreiung. In beiden Fällen hätte das ausl InsVerf nicht eröffnet werden dürfen. Im Fall a) ist jedoch die Beschränkung der Rechtsverfolgung durch einzelne Gl vor dem Hintergrund der hiesigen öffentlichen Ordnung nicht nur unbedenklich, sondern im Sinne einer gleichmäßigen Befriedigung der Gl wünschenswert. Stellt man also mit dem Wortlaut des Art 33 auf das **Ergebnis der Anerkennung** ab, wird man nur im Fall b) einen Verstoß gegen die inländische öffentliche Ordnung in Betracht ziehen können.

Unvereinbar mit der öffentlichen Ordnung im Anerkennungsstaat ist das Ergebnis einer Anerkennung oder Vollstreckung, wenn der Mindeststandard materiell- und verfahrensrechtlicher Gerechtigkeit unzweifelhaft unterschritten wird. Dabei geht es einerseits um die **Wahrung elementarer verfahrensrechtlicher Garantien**[17] und andererseits um die **grundlegenden materiellen Rechte und Freiheiten des Einzelnen** im Anerkennungsstaat.[18] 9

Im Blick auf die **Wahrung elementarer verfahrensrechtlicher Garantien** wird die Auslegung des Vorbehalts der öffentlichen Ordnung geprägt durch die **Rspr des EuGH**.[19] Dieser hat seine Rspr zum Vorbehalt der öffentlichen Ordnung in der EuGVVO[20] auf die Auslegung von Art 33 übertragen. Ein Mitgliedstaat soll danach einem InsVerf, das in einem anderen Mitgliedstaat eröffnet worden ist, die Anerkennung versagen können, wenn die Eröffnungsentscheidung unter offensichtlichem Verstoß gegen das EU-Grundrecht auf rechtliches Gehör einer von einem solchen Verf betroffenen Person ergangen ist.[21] Dabei darf sich das Gericht im Anerkennungsstaat nicht darauf beschränken, seine eigenen Vorstellungen von der Mündlichkeit des Verf und von der fundamentalen Rolle, die diese in seiner Rechtsordnung spielt, zu übertragen, sondern muss anhand sämtlicher Umstände beurteilen, ob die betroffene Person hinreichend die Möglichkeit hatte, gehört zu werden.[22] 10

Aus der vorerwähnten Rspr des EuGH folgt eine gewisse **„Europäisierung“** des Vorbehalts der öffentlichen Ordnung.[23] Aber auch dort, wo die Mitgliedstaaten selbst festlegen, welche Anforderungen sich nach ihren innerstaatlichen Anschauungen aus ihrer öffentlichen Ordnung ergeben, gehört die Abgrenzung dieses Begriffs zur Auslegung der EuInsVO. Der EuGH **wacht** deshalb **über die Grenzen**, innerhalb derer sich das Gericht eines Mitgliedstaats auf die innerstaatliche öffentliche Ordnung stützen darf, um der Entscheidung eines Gerichts eines anderen Mitgliedstaats die Anerkennung zu versagen.[24] 11

Maßgeblichen Einfluss auf den Anwendungsbereich der Rspr des EuGH zur Auslegung des Art 33 dürfte die durch **Art 5 Abs 1** nunmehr unionsrechtlich garantierte Möglichkeit für den Schu und jeden Gl haben, die Entscheidung zur Eröffnung des HauptInsVerf vor Gericht aus Gründen der internationalen Zuständigkeit anzufechten. Ein offensichtlicher Verstoß gegen das EU-Grundrecht auf rechtliches Gehör iSd Entscheidung des EuGH in der Rechtssache „Eurofood“[25] kommt wohl bei Anwendbarkeit des Art 5 nur noch in Betracht, wenn ein Mitgliedstaat diese Rechtsschutzmöglichkeit durch das flankierende nationale Recht (in Deutschland Art 102c § 4 EGInsO) derart beschränkt, dass von einer hinreichenden Möglichkeit auf rechtliches Gehör nicht mehr ausgegangen werden kann. 12

---

17 MK/*Thole* Art 26 aF Rn 11.
18 *A/G/R/Flöther/Wehner* Art 26 aF Rn 12.
19 *EuGH* 2.5.2006 – C-341/04 (Eurofood) Rn 60 ff; 21.1.2010 – C-444/07 (MG Probud) Rn 34.
20 Vgl etwa *EuGH* 17.12.1998 – C-185/95 (Baustahlgewebe/Kommission); 28.3.2000 – C-7/98 (Krombach).
21 *EuGH* 2.5.2006 – C-341/04 (Eurofood) Rn 67.
22 *EuGH* 2.5.2006 – C-341/04 (Eurofood) Rn 68.
23 Vgl MK/*Thole* Art 26 aF Rn 8.
24 Vgl *EuGH* 28.3.2000 – C-7/98 (Krombach) Rn 22.
25 *EuGH* 2.5.2006 – C-341/04 (Eurofood).

13 Liegt ein offensichtlicher Gehörsverstoß vor, stellt sich die Frage, ob **allein dieser** den Verstoß gegen die öffentliche Ordnung begründet. Der **EuGH** scheint davon auszugehen.[26] Nach Art 33 muss jedoch das **Ergebnis** der Anerkennung oder Vollstreckung gegen die öffentliche Ordnung verstoßen. Einen solchen Verstoß muss man nicht isoliert in der Anerkennung einer unter Verstoß gegen Grundrecht auf rechtliches Gehör zustande gekommenen Entsch erblicken. Der **BGH** hat deshalb eine Gehörsverletzung allein nicht für ausreichend gehalten.[27]

14 Ein Verstoß gegen die **grundlegenden materiellen Rechte und Freiheiten des Einzelnen** im Anerkennungsstaat wird **nur in seltenen Fällen** anzunehmen sein. Insbesondere inhaltliche **Unterschiede der mitgliedstaatlichen InsRechte** vermögen einen solchen Verstoß kaum zu begründen. Dem VO-Geber waren zumindest alle wesentlichen nationalen Rechte bekannt. In Kenntnis von deren Unterschiedlichkeit hat er sich für den Grundsatz gegenseitigen Vertrauens entschieden.[28] Wäre dies anders, gäbe es das Problem des „Forum Shopping" nicht oder jedenfalls nicht in der vom VO-Geber erkannten Form.[29] Vielmehr könnten die Mitgliedstaaten „ihre" Schu trotz Begründung eines anderen Forums über den Vorbehalt der öffentlichen Ordnung an ihr nationales Recht binden. Dies widerspräche dem Grundsatz gegenseitigen Vertrauens, der nur im unbedingt notwendigen Maß durchbrochen werden darf.[30]

15 Nach richtiger, im Schrifttum allerdings bestr[31] Ansicht **scheidet eine Anwendung des Vorbehalts** der öffentlichen Ordnung **aus**, wenn die von der Anerkennung oder Vollstreckung betroffene Person hinreichend die Möglichkeit hatte (oder noch immer hat), die **Entsch im Eröffnungsstaat anzufechten**.[32] Neben einem entsprechenden Rechtsbehelf setzt dies freilich voraus, dass die Entsch auf einer fehlerhaften Rechtsanwendung beruht, was anhand des von Amts wegen zu ermittelnden (§ 293 ZPO, § 4 InsO)[33] InsRechts des Eröffnungsstaats zu prüfen ist. Ggf gebietet es der Grundsatz gegenseitigen Vertrauens, die betroffene Person auf die Wahrnehmung der Rechtsschutzmöglichkeit im Eröffnungsstaat zu verweisen. Die damit verbundenen Erschwernisse sind zur Verbesserung der Effizienz und Wirksamkeit von InsVerf mit grenzüberschreitender Wirkung hinzunehmen.[34]

16 In Rspr und Lit mitunter überschätzt wird die Bedeutung des Vorbehalts der öffentlichen Ordnung bei der Bekämpfung des sog **Forum Shopping**, also dem Bestreben des Schu, das InsVerf von einem Mitgliedstaat in einen anderen zu verlagern, um auf diese Weise eine günstigere Rechtsstellung zum Nachteil der Gesamtheit der Gl zu erlangen.[35] Die Zurückdrängung dieses vom VO-Geber ausdrücklich und mit Recht missbilligten[36] Phänomens ist grundsätzlich **Aufgabe der Gerichte im Eröffnungsstaat**, die nach den Vorstellungen des Reform-VO-Gebers sorgfältig prüfen sollen, ob sich der Mittelpunkt der hauptsächlichen Interessen des Schu tatsächlich in diesem Staat befindet. In diesem Zusammenhang stellt der VO-Geber nunmehr klar, dass der Mittelpunkt der hauptsächlichen Interessen eines

---

26 *EuGH* 2.5.2006 – C-341/04 (Eurofood) Rn 67.
27 *BGH* 15.9.2015 – IX ZR 304/13 Rn 27.
28 MK-BGB/*Kindler* Art 26 aF Rn 18.
29 5. Erwägungsgrund.
30 65. Erwägungsgrund.
31 Etwa *Mankowski* KTS 2011, 185, 205 f; *Uhlenbruck/Lüer* Art 26 aF Rn 6.
32 *BGH* 15.9.2015 – IX ZR 304/13 Rn 26 f; *Jacoby* GPR 2007, 200, 204 f; *Mehring* ZInsO 2012, 1247, 1250.
33 *BGH* 14.1.2014 – II ZR 192/13 Rn 15.
34 *BGH* 15.9.2015 – IX ZR 304/13 Rn 26 f.
35 Vgl 5. Erwägungsgrund.
36 S auch 29. Erwägungsgrund.

Schu außerhalb des Mitgliedstaats seines gewöhnlichen Aufenthalts liegen kann.[37] Durch diese Klarstellung **erübrigt sich** eine **Unterscheidung** zwischen der **bloß zum Schein erfolgten Verlegung** des gewöhnlichen Aufenthaltsorts und der **tatsächlich, aber rechtsmissbräuchlich** zum Nachteil der Gesamtheit der Gl vorgenommenen.[38] Gleichzeitig werden den Gerichten im Eröffnungsstaat Mittel an die Hand gegeben, von einer VerfEröff selbst dann abzusehen, wenn der Schu seinen gewöhnlichen Aufenthalt nachweislich in diesem Staat hat (Großteil des Vermögens außerhalb des Mitgliedstaats, Umzug zum Zwecke des Insolvenzantrags im neuen Gerichtsstand).[37] Der Grundsatz des gegenseitigen Vertrauens erstreckt sich auch darauf, dass die Gerichte im Eröffnungsstaat von diesen Mitteln Gebrauch machen. Geschieht dies im Einzelfall nicht, ist dies regelmäßig – jedenfalls bis zur Grenze der Willkür – hinzunehmen.

Vor diesem Hintergrund kann der Vorbehalt der öffentlichen Ordnung auch gegenüber rechtsmissbräuchlichem Forum Shopping **nur im Ausnahmefall** zur Anwendung gebracht werden. Neben der Feststellung, dass der Mittelpunkt der hauptsächlichen Interessen des Schu sich nicht im Staat der VerfEröffnung befunden hat, ist erforderlich, dass der betroffene Gl insoweit nicht die Möglichkeit hatte oder hat, sich im Eröffnungsstaat ausreichend rechtliches Gehör zu verschaffen.[39] **17**

Einen **hinreichenden Inlandsbezug** setzt der Vorbehalt der öffentlichen Ordnung selbst nicht voraus.[40] Allerdings kommt es zur Prüfung der Voraussetzungen des Vorbehalts der öffentlichen Ordnung durch ein deutsches Gericht nicht ohne Anlass. Deshalb wird idR auch ein Inlandbezug vorliegen – etwa weil ein deutscher Gl einen zivilrechtlichen Anspruch gegen den Schu verfolgt[41] oder sich der Schu vor den Finanzgerichten gegen die Beantragung eines deutschen InsVerf wehrt.[42] **18**

Ob und unter welchen Voraussetzungen der Vorbehalt der öffentlichen Ordnung durch ein deutsches Gericht zu prüfen ist, regelt Art 33 nicht. Maßgeblich ist das deutsche Verfahrensrecht, insb die **jeweilige VerfOrdnung**. Im Zivilprozess etwa ist der Vorbehalt der öffentlichen Ordnung zwar von Amts wegen zu berücksichtigen. Die Beibringung der den Vorbehalt ausfüllenden Tatsachen obliegt jedoch der Partei, welche die Darlegungs- und Beweislast trägt. [43] **19**

V. Rechtsfolge

Nach dem Wortlaut des Art 33 **kann sich** jeder Mitgliedstaat **weigern**, ein in einem anderen Mitgliedstaat eröffnetes InsVerf anzuerkennen oder eine in einem solchen Verf ergangene Entsch zu vollstrecken. Unionsrechtlich besteht demnach keine Pflicht, von dem Vorbehalt Gebrauch zu machen. Eine **Pflicht** zur Anwendung des Art 33 kann daher nur aus dem nationalen Recht folgen, insb unter dem Gesichtspunkt der Wahrung der Grundprinzipien dieses Rechts sowie der verfassungsmäßig garantierten Rechte und Freiheiten des Einzelnen. **20**

Der Charakter des Art 33 als **Ausnahmevorschrift** ist auch auf der Rechtsfolgenseite zu berücksichtigen. Auch hier gilt, dass die Nichtanerkennung auf das **unbedingt notwendige** **21**

---

37 30. Erwägungsgrund.
38 Dazu etwa MK/*Thole* § 26 aF Rn 14 f.
39 *BGH* 15.9.2015 – IX ZR 304/13; **aA** in einem finanzgerichtlichen Eilverf offenbar *BFH* 27.1.2016 – VII B 119/15.
40 *A/G/R/Flöther/Wehner* Art 26 aF Rn 8; **aA** MK-BGB/*Kindler* Art 26 aF Rn 3.
41 Vgl *BGH* 15.9.2015 – IX ZR 304/13.
42 Vgl *BFH* 27.1.2016 – VII B 119/15.
43 Vgl *A/G/R/Flöther/Wehner* Art 26 aF Rn 14; **aA** M/R/*Wenner* Kap 20 Rn 195.

Maß zu beschränken ist.[44] Diesen Weg zeichnet der Wortlaut der Vorschrift vor (**„soweit“**). Im Schrifttum wird mit Recht darauf hingewiesen, dass eine **teilweise Nichtanerkennung** nur möglich ist, wenn die Teile konkret trennbar sind und die eine Rechtsfolge auch ohne die andere Sinn hat.[45] In der Praxis wird sich dieses Problem kaum stellen. Die Anwendung des Art 33 führt nicht zu einer Entscheidung über die Nichtanerkennung mit Gestaltungswirkung. Das Gericht berücksichtigt nur die in seinem Verf maßgebliche Wirkung des ausl InsVerf nicht. Dabei kann es sich um die fehlende Prozessführungsbefugnis, die ausl Restschuldbefreiung oder – vor dem InsGer – um die Sperrwirkung des Art 19 für ein weiteres HauptInsVerf handeln. In diesem Fall wird das InsGer auch zu prüfen haben, ob die Eröffnung eines SekundärInsVerf als mildere Maßnahme in Betracht kommt.[46]

44 65. Erwägungsgrund.
45 MK/*Thole* Art 26 aF Rn 22.
46 Vgl dazu Art 34 Rn 7.

Kapitel III
Sekundärinsolvenzverfahren

Artikel 34 Verfahrenseröffnung

Ist durch ein Gericht eines Mitgliedstaats ein Hauptinsolvenzverfahren eröffnet worden, das in einem anderen Mitgliedstaat anerkannt worden ist, kann ein nach Artikel 3 Absatz 2 zuständiges Gericht dieses anderen Mitgliedstaats nach Maßgabe der Vorschriften dieses Kapitels ein Sekundärinsolvenzverfahren eröffnen. War es für das Hauptinsolvenzverfahren erforderlich, dass der Schuldner insolvent ist, so wird die Insolvenz des Schuldners in dem Mitgliedstaat, in dem ein Sekundärinsolvenzverfahren eröffnet werden kann, nicht erneut geprüft. Die Wirkungen des Sekundärinsolvenzverfahrens sind auf das Vermögen des Schuldners beschränkt, das im Hoheitsgebiet des Mitgliedstaats belegen ist, in dem dieses Verfahren eröffnet wurde.

Übersicht

I. Vorbemerkung

1 Art 34 übernimmt die Regelungen des **Art 27 aF** mit folgenden **inhaltlichen Änderungen**. Anders als zuvor, prüft das Gericht im Staat des SekundärInsVerf die Ins nur dann nicht, wenn es zur Eröffnung des HauptInsVerf erforderlich war, dass der Schu insolvent ist. Ferner muss das zu eröffnende SekundärVerf nicht mehr zwingend ein LiquidationsVerf sein.

II. Normzweck

2 Kap III enthält einheitliche Regeln für das SekundärInsVerf. Die Art 34 ff sind eine **Ausnahme vom Grundsatz der Universalität.** Der VO-Geber ist sich der Tatsache bewusst, dass aufgrund der großen Unterschiede im materiellen Recht ein einziges InsVerf mit universaler Geltung für die gesamte Union nicht realisierbar ist.[1] Die Wirkungen eines einheitlichen universellen HauptInsVerf können deshalb durch ein SekundärInsVerf begrenzt werden, und zwar für das in dem Mitgliedstaat des SekundärInsVerf belegene Vermögen des Schu. Diese Aufweichung des Universalitätsgrundsatzes zugunsten gegenständlich-territorial begrenzter Verf kann **mehreren Zielen** Rechnung tragen. Zunächst kommt der **Schutz inländischer Gl** in Betracht. Diesen werden durch die Eröffnung des SekundärInsVerf im Blick auf die im Inland belegenen Vermögensgegenstände des Schu verfahrens- und materiellrechtlich die Rechte gewährleistet, die sie bei Eröffnung eines inländischen HauptInsVerf hätten.[2] Zum anderen können SekundärInsVerf auch der **Entlastung des HauptInsVerw** bei sehr großen Ins mit einer kaum überschaubaren Vermögensverschachtelung dienen.[3] Begreift man Art 8 mit der herrschenden Meinung als Sach- und nicht bloß als Kollisions-

---

1 22. Erwägungsgrund.
2 *Smid* Art 27 aF Rn 3.
3 *Duursma-Kepplinger/Chalupsky* Art 27 aF Rn 2.

norm,[4] erlaubt ein SekundärInsVerf zudem, in einem anderen Mitgliedstaat belegene **Gegenstände, an denen dingliche Rechte Dritter bestehen**, einer Verwertung durch den Verw zuzuführen.

3 Art 34 ermöglicht die Eröffnung eines SekundärInsVerf, wenn bereits ein HauptInsVerf eröffnet worden ist. Es handelt sich bei dieser Vorschrift um eine **Sachnorm**, die in allen Mitgliedstaaten unmittelbare Wirkungen entfaltet. Nach Art 36 wird dem Verw des HauptInsVerf nunmehr das Recht eingeräumt, zur **Vermeidung eines SekundärInsVerf** eine Zusicherung zu geben. Die Zusicherung erfolgt in Bezug auf das Vermögen, das in dem Mitgliedstaat belegen ist, in dem ein SekundärInsVerf eröffnet werden könnte. Der Verw muss zusichern, dass er bei der Verteilung dieses Vermögens oder des bei seiner Verwertung erzielten Erlöses die Verteilungs- und Vorzugsrechte nach nationalem Recht wahrt, die Gl hätten, wenn ein SekundärInsVerf in diesem Mitgliedstaat eröffnet worden wäre. Die Zusicherung muss von den bek lokalen Gl gebilligt werden.

III. Ausländisches Hauptinsolvenzverfahren als Eröffnungsvoraussetzung

4 Die Eröffnung eines SekundärInsVerf setzt voraus, dass in einem anderen Mitgliedstaat bereits ein **HauptInsVerf eröffnet** worden und dieses **nach Art 19 anzuerkennen** ist. Bei dem HauptInsVerf kann es sich um ein Liquidations- oder SanierungsVerf handeln.[5] Das Gericht des HauptInsVerf muss festgestellt haben, dass sich der Mittelpunkt der hauptsächlichen Interessen des Schu in dem Mitgliedstaat befindet, in dem das HauptInsVerf eröffnet wird. **Im Zweifel** ist von der Eröffnung eines HauptInsVerf auszugehen. Dies folgt aus dem grds universalen Geltungsanspruch des InsBeschlags nach den InsR der Mitgliedstaaten. HauptInsVerf iSd Art 34 kann auch ein **vorl InsVerf** sein.[6]

5 Gem Art 19 Abs 1 wird die Eröffnung des HauptInsVerf durch ein nach Art 3 zust Gericht in allen Mitgliedstaaten ohne weiteres anerkannt, sobald die Entsch in dem Staat der Verf-Eröffnung wirksam ist. Das Zweitgericht hat lediglich zu prüfen, ob eine **wirksame Entsch** über die Eröffnung eines HauptInsVerf vorliegt und ob die Anerkennung nicht am **Vorbehalt der öffentlichen Ordnung** (Art 33) scheitert. Es hat nicht zu prüfen, ob das Erstgericht seine int Zuständigkeit zu Recht angenommen hat. Die Beschränkung der Prüfungsbefugnis des Zweitgerichts folgt aus dem Grundsatz des gegenseitigen Vertrauens.[7] Dasjenige Verf ist als HauptInsVerf anzuerkennen, das als erstes wirksam eröffnet wurde **(Prioritätsprinzip)**.

IV. Internationale Zuständigkeit für das Sekundärinsolvenzverfahren

6 Das angerufene Zweitgericht hat zu prüfen, ob es für die Eröffnung eines SekundärInsVerf int zuständig ist. **Zwingende Voraussetzung** der int Zuständigkeit des Gerichts für die Eröffnung eines SekundärInsVerf ist, dass sich **im Gebiet des Eröffnungsstaats eine Niederlassung des Schu befindet** (Art 3 Abs 2).[8] Der Begriff der Niederlassung ist in Art 2 Nr 10 definiert. Danach ist eine Niederlassung jeder Tätigkeitsort, an dem der Schu einer wirtschaftlichen Aktivität von nicht vorübergehender Art nachgeht oder in den drei Monaten vor dem Antrag auf Eröffnung des HauptInsVerf nachgegangen ist, die den Einsatz von Personal und Vermögenswerten voraussetzt.[9] Fehlt es an daran, etwa weil der Schu in dem Mitgliedstaat nur über ein Grundstück oder ein Bankkonto verfügt, ist die Eröffnung eines

4 Vgl oben Art 8 Rn 8.
5 *EuGH* 22.11.2012 – C-116/11 (Bank Handlowy) Rn 41.
6 Hierzu näher Art 19 Rn 7 f.
7 *EuGH* 2.5.2006 – C-341/04 (Eurofood) Rn 38 ff und 60 ff.
8 Vgl dazu oben Art 3 Rn 19 ff.
9 S Erl zu Art 2 Rn 13 ff.

SekundärInsVerf unzulässig.[10] Eine **eigene Tätigkeit** des Schu in einem anderen Mitgliedstaat allein genügt nicht, um einen Einsatz von Personal iSd des Art 2 Nr 10 und damit eine Niederlassung anzunehmen.[11] Einen **Gerichtsstand des Vermögens** sieht die VO nicht vor.

Juristisch selbstständige Tochtergesellschaften eines insolventen Rechtsträgers sind nicht als dessen Niederlassungen anzusehen. Eine erweiternde Auslegung des Begriffs der Niederlassung idS, dass bei einem Konzern bereits das Anteilsrecht an der ausl Tochter als Vermögen in einem anderen Mitgliedstaat zur Annahme einer Niederlassung ausreicht, verstößt gegen den Wortlaut des Art 2 Nr 10 und den Willen des VO-Gebers.[12] Regelungen, die es erlauben, eine rechtlich selbstständige Tochtergesellschaft als Niederlassung der Muttergesellschaft anzusehen, enthält die VO nicht.[13] Davon zu unterscheiden ist die Situation, die entsteht, wenn das Gericht am Sitz der Muttergesellschaft das InsVerf nicht nur über das Vermögen der Mutter, sondern auch über das einer oder mehrerer ausländischer Töchter eröffnet.[14] Das HauptInsVerf betrifft in diesem Fall auch die Tochtergesellschaft(en), was nach Art 19 Abs 1 anzuerkennen ist, wenn kein Verstoß gegen den Vorbehalt der öffentlichen Ordnung anzunehmen ist. Ggf kommt die Durchführung eines SekundärInsVerf in dem Staat in Betracht, in dem das Tochterunternehmen seinen Sitz bzw seine wesentlichen Produktionsstätten hat. Der **Sitz kann** dann eine **Niederlassung des Tochterunternehmens sein** (Art 2 Nr 10).[15] Dieser Gedanke lässt sich verallgemeinern: Hat das Gericht des HauptInsVerf seine int Zuständigkeit zu Unrecht – aber mit Bindungswirkung – angenommen, weil sich der COMI des Schu in einem anderen Mitgliedstaat befindet, kann das Gericht dieses Mitgliedstaats unter den Voraussetzungen des Art 34 und als mildere Maßnahme gegenüber einer Anwendung des Art 33 ein SekundärInsVerf eröffnen.[16] 7

V. Prüfung des Insolvenzgrunds

Nach Art 27 aF sollte die Ins des Schu durch das Gericht im Staat des SekundärVerf selbst dann nicht – **erstmals** – zu prüfen sein, wenn das HauptInsVerf keine Ins voraussetzte.[17] Dem hat der Reform-VO-Geber durch die Neufassung des Art 34 ein Ende bereitet. Die Ins des Schu ist nur dann nicht – **erneut** – zu prüfen, wenn es für die Eröffnung des HauptInsVerf erforderlich war, dass der Schu insolvent ist. Die Eröffnung des ausl universell wirkenden HauptInsVerf **ersetzt dann den Eröffnungsgrund im SekundärInsVerf**. Die vom Gericht des HauptInsVerf angenommene Ins des Schu wird generell für alle Mitgliedstaaten, in denen die Eröffnung eines SekundärInsVerf in Betracht kommt, unterstellt. Die **Vergleichbarkeit des ausl Eröffnungsgrunds** mit dem nach dem Recht des Eröffnungsstaats des SekundärInsVerf erforderlichen Eröffnungsgrund wird nicht vorausgesetzt. Das gilt auch, wenn der Eröffnungsgrund, auf den das Gericht des HauptVerf die Eröffnung gestützt hat (wie etwa die drohende Zahlungsunfähigkeit), in dem Staat des SekundärVerf unbekannt ist.[18] Alle übrigen Voraussetzungen für die Eröffnung des SekundärInsVerf, wie zB die InsFähigkeit oder die örtliche Zuständigkeit, richten sich nach dem Recht des SekundärVerfStaats. 8

---

10 *EuGH* 4.9.2014 – C-327/13 (Burgo Group) Rn 31.
11 *OLG Wien* NZI 2005, 56, 60; *Paulus* NZI 2005, 62.
12 *K/P/B/Kemper* Art 27 aF Rn 6.
13 *Duursma-Kepplinger/Duursma/Chalupsky* Art 27 aF Rn 26; *Haß/Huber/Gruber/Heiderhoff* Art 27 Rn 8 aF; *Pannen/Herchen* Art 27 aF Rn 28.
14 *High Court of Justice Leeds* (ISA/Daiytek) ZIP 2003, 1362; *AG München* (Hettlage) ZIP 2004, 962; *AG Siegen* NZI 2004, 673; *High Court of Justice Birmingham* (MG Rover) NZI 2005, 467.
15 *EuGH* 4.9.2014 – C-327/13 (Burgo Group) Rn 39.
16 *A/G/R/Gruber* Art 27 aF Rn 3.
17 *EuGH* 22.11.2012 – C-116/11 (Bank Handlowy) Rn 64 ff.
18 *Wimmer* ZIP 1998, 982, 986.

VI. Eröffnung eines Sekundärinsolvenzverfahrens

9 Bei den Beratungen zur VO aF setzte sich die Auffassung durch, dass eine Niederlassung einzeln nicht saniert werden könne und die Abstimmung zwischen Haupt- und Sekundär-SanierungsVerf zu kompliziert sei. Nach Art 27 aF war deshalb als SekundärInsVerf nur eines der seinerzeit in Anh B aufgeführten LiquidationsVerf zulässig. Nach Art 2 lit c aF waren dies Verf, die zur Liquidation des SchuVermögens führten. Mit der Reform ist die **Beschränkung auf LiquidationsVerf entfallen**. Auch Art 2 der reformierten VO hebt nicht mehr auf LiquidationsVerf ab. In Anh B sind nunmehr die Verw aufgeführt.

10 Im Grundsatz ist auch das **Verf mit EigenVerw** nach §§ 270 ff InsO ein zulässiges Sekundär-InsVerf.[19] Die Anordnung der EigenVerw setzt indes einen SchuAntrag voraus (§ 270 Abs 2 Nr 1 InsO). Ein solcher Antrag dürfte dem Schu verwehrt sein, wenn und soweit ihm im HauptInsVerf die Verwaltungs- und Verfügungsbefugnis entzogen worden ist.[20] Nach Art 35 finden auf das SekundärInsVerf die Rechtsvorschriften des Eröffnungsstaats Anwendung, sofern die VO nicht etwas anderes vorsieht. Der Adressat der Kooperationspflicht des Art 41 ist der Verw des SekundärInsVerf, der ein solcher iSd Art 2 Nr 5 sein und in Anh B aufgeführt sein muss. Für Deutschland ist auch der Sachwalter aufgeführt. Ob zum Sachwalter des SekundärVerf der Verw des HauptInsVerf bestellt werden darf, ist zweifelhaft.[21]

VII. Wirkung der Eröffnung des Sekundärinsolvenzverfahrens

11 Die Wirkungen eines SekundärInsVerf beschränken sich auf das im Eröffnungsstaat belegene Vermögen (Art 34 S 3).[22] Einbezogen wird allerdings nicht nur das in der Niederlassung gebundene, sondern das **ges Vermögen des Schu im Staat der Niederlassung**.[23] Erfasst werden alle beweglichen und unbeweglichen Vermögensgegenstände des Schu. Der Verw des SekundärVerf kann in einem anderen Mitgliedstaat tätig werden, um Vermögensgegenstände wiederzuerlangen, die nach der Eröffnung des Verf dorthin verbracht worden sind.[24] Der SekundärInsVerw hat ferner das Recht, bei benachteiligenden Rechtshandlungen in anderen Staaten Klage zu erheben bzw diese Handlungen anzufechten. Derartige Maßnahmen zielen auf die Wiedererlangung von Vermögenswerten ab, die von Rechts wegen bei VerfEröffnung in den Wirkungsbereich des Verf gehörten.

12 Entsteht **Streit über die Bestimmung** der in den Bereich des SekundärInsVerf fallenden **Vermögensgegenstände**, sind die Gerichte des Mitgliedstaats der Eröffnung des Sekundär-InsVerf zuständig neben den Gerichten des Mitgliedstaats der Eröffnung des HauptInsVerf. Daran ändert nichts, dass bereits ein Gericht eines der beiden Mitgliedstaaten mit einem entspr Annexverfahren befasst ist. Der **Gefahr konkurrierender** und möglicherweise widerstreitender **Entscheidungen** wird dadurch Rechnung getragen, dass die frühere Entscheidung in dem anderen Mitgliedstaat anzuerkennen ist (Art 32 Abs 1).[25]

---

19 *AG Köln* ZIP 2004, 471, 472 f; dazu *Blenske* EWiR 2004, 601; *Sabel* NZI 2004, 126, 127; *Meyer-Löwy/Poetzgen* ZInsO 2004, 195; *Smid* DZWIR 2004, 397, 409.

20 Vgl dazu Art 37 Rn 9.

21 So aber *AG Köln* ZIP 2004, 471, 472 f; dem *AG Köln* zust *Meyer-Löwy/Poertzgen* ZInsO 2004, 195, 197; krit *Sabel* NZI 2004, 126, 127; abl *K/P/B/Kemper* Art 27 aF Rn 12; vgl auch Mankowski/Müller/J Schmidt Art 34 Rn 29 f.

22 Zur Frage, welches SchuVermögen nach Eröffnung eines SekundärInsVerf für Masseverbindlichkeiten zur Verfügung steht, die vom HauptInsVerw begründet wurden, *Ringstmeier/Homann* NZI 2004, 354 ff.

23 Nr 224 des Erläuternden Berichts; *K/P/B/Kemper* Art 27 aF Rn 15; *Duursma-Kepplinger/Duursma/Chalupsky* Art 27 aF Rn 67.

24 *K/P/B/Kemper* Art 27 aF Rn 16; Nr 224 des Erläuternden Berichts; *Wimmer* ZIP 1998, 982, 985.

25 *EuGH* 11.6.2015 – C-649/13 (Nortel Networks) Rn 23 ff.

Artikel 35 Anwendbares Recht

Soweit diese Verordnung nichts anderes bestimmt, finden auf das Sekundärinsolvenzverfahren die Rechtsvorschriften des Mitgliedstaats Anwendung, in dessen Hoheitsgebiet das Sekundärinsolvenzverfahren eröffnet worden ist.

Übersicht

I. Vorbemerkung

1 Art 35 übernimmt die Regelungen des **Art 28 aF** mit **ausschließlich redaktionellen Änderungen**. Die zu Art 28 aF ergangene Rspr und das entsprechende Schrifttum können herangezogen werden. Dabei sind jedoch die Änderungen an anderen Stellen der EuInsVO und deren Auswirkungen zu berücksichtigen.

II. Normzweck

2 Art 35 wiederholt die Grundregel des Art 7 für das SekundärInsVerf. Es handelt sich um eine **Sachnormverweisung**. Die Vorschrift legt fest, dass sich das SekundärInsVerf nach dem Recht des Staats der VerfEröffnung richtet. Diese Regelung gilt ihrem Wortlaut nach nur für das SekundärInsVerf und nicht für das **selbstständige PartikularVerf** (Art 3 Abs 2). Für Letzteres fehlt eine dem Art 35 entspr Kollisionsnorm. Es bedarf jedoch für selbstständige PartikularVerf iSv Art 3 Abs 2 einer solchen Regelung nicht, weil in Ermangelung einer Wirkungskonkurrenz mit einem HauptInsVerf die Geltung des Rechts des Eröffnungsstaats eine Selbstverständlichkeit ist.[1]

III. Einzelheiten

3 Auf das SekundärInsVerf ist sowohl in **verfahrensrechtlicher** als auch in **materiellrechtlicher** Hinsicht das Recht des Eröffnungsstaats anwendbar. Dieses Recht bestimmt – ggf mit Ausnahme des InsGrunds (Art 34 S 2) – die Eröffnungsvoraussetzungen, die Bestellung und die Befugnisse des Verw sowie die Durchführung des Verf. Auch den Umfang der InsMasse regelt das Recht des Eröffnungsstaats, weshalb die Eröffnung eines SekundärInsVerf eine Veränderung des Insolvenzbeschlags nach sich ziehen kann, etwa wenn zwar im Staat des HauptInsVerf der Neuerwerb in die InsMasse fällt, nicht aber in dem des SekundärInsVerf.[2]

4 Die Geltung des Rechts des Eröffnungsstaats des SekundärInsVerf steht jedoch unter einem **Vorbehalt** („soweit diese Verordnung nichts anderes bestimmt"). Zunächst enthält die VO in Kap III (Art 34–52) **Sonderregelungen für das SekundärInsVerf**, insb zum Antragsrecht und zur Kooperation. Darüber hinaus gelten auch alle anderen Normen der VO, die zur Anwendung eines anderen Rechts als das des VerfStaats führen können (Art 8–18); dies gilt allerdings nur, soweit sie auf das SekundärInsVerf passen.[3] Wegen der territorial begrenzten Wirkung des InsBeschlags (Art 34 S 3) kommt etwa Art 8 nicht zum Zuge.[4] Dagegen finden Art 12 und Art 13 sowohl für das HauptInsVerf als auch für das SekundärInsVerf Anwendung. Gemeinschaftsmarken und -patente sowie vergleichbare Rechte gemeinschaftsrechtlichen Ursprungs können nach Art 15 nur in ein HauptVerf nach Art 3

1 *Smid* Art 28 aF Rn 1.
2 *Duursma-Kepplinger/Duursma/Chalupsky* Art 28 aF Rn 8.
3 *K/P/B/Kemper* Art 28 aF Rn 2; *Duursma-Kepplinger/Duursma/Chalupsky* Art 28 aF Rn 7 ff.
4 *Smid* Art 28 aF Rn 4; *Duursma-Kepplinger/Duursma/Chalupsky* Art 28 aF Rn 19.

Abs 1 einbezogen werden. Gegenüber dem Recht des Staats des SekundärInsVerf findet die anfechtungsrechtliche Vorschrift des Art 16 Anwendung.[5] Weiterhin sehen auch die Art 11, 17 und 18 in bestimmten Bereichen Ausnahmen von der einheitlichen Grundkollisionsnorm des Art 35 vor.[6]

Artikel 36 Recht, zur Vermeidung eines Sekundärinsolvenzverfahrens eine Zusicherung zu geben

(1) Um die Eröffnung eines Sekundärinsolvenzverfahrens zu vermeiden, kann der Verwalter des Hauptinsolvenzverfahrens in Bezug auf das Vermögen, das in dem Mitgliedstaat, in dem ein Sekundärinsolvenzverfahren eröffnet werden könnte, belegen ist, eine einseitige Zusicherung (im Folgenden „Zusicherung") des Inhalts geben, dass er bei der Verteilung dieses Vermögens oder des bei seiner Verwertung erzielten Erlöses die Verteilungs- und Vorzugsrechte nach nationalem Recht wahrt, die Gläubiger hätten, wenn ein Sekundärinsolvenzverfahren in diesem Mitgliedstaat eröffnet worden wäre. Die Zusicherung nennt die ihr zugrunde liegenden tatsächlichen Annahmen, insbesondere in Bezug auf den Wert der in dem betreffenden Mitgliedstaat belegenen Gegenstände der Masse und die Möglichkeiten ihrer Verwertung.

(2) Wurde eine Zusicherung im Einklang mit diesem Artikel gegeben, so gilt für die Verteilung des Erlöses aus der Verwertung von Gegenständen der Masse nach Absatz 1, für den Rang der Forderungen und für die Rechte der Gläubiger in Bezug auf Gegenstände der Masse nach Absatz 1 das Recht des Mitgliedstaats, in dem das Sekundärinsolvenzverfahren hätte eröffnet werden können. Maßgebender Zeitpunkt für die Feststellung, welche Gegenstände nach Absatz 1 betroffen sind, ist der Zeitpunkt der Abgabe der Zusicherung.

(3) Die Zusicherung erfolgt in der Amtssprache oder einer der Amtssprachen des Mitgliedstaats, in dem ein Sekundärinsolvenzverfahren hätte eröffnet werden können, oder – falls es in dem betreffenden Mitgliedstaat mehrere Amtssprachen gibt – in der Amtssprache oder einer Amtssprache des Ortes, an dem das Sekundärinsolvenzverfahren hätte eröffnet werden können.

(4) Die Zusicherung erfolgt in schriftlicher Form. Sie unterliegt den gegebenenfalls im Staat der Eröffnung des Hauptinsolvenzverfahrens geltenden Formerfordernissen und Zustimmungserfordernissen hinsichtlich der Verteilung.

(5) Die Zusicherung muss von den bekannten lokalen Gläubigern gebilligt werden. Die Regeln über die qualifizierte Mehrheit und über die Abstimmung, die für die Annahme von Sanierungsplänen gemäß dem Recht des Mitgliedstaats, in dem ein Sekundärinsolvenzverfahren hätte eröffnet werden können, gelten, gelten auch für die Billigung der Zusicherung. Die Gläubiger können über Fernkommunikationsmittel an der Abstimmung teilzunehmen, sofern das nationale Recht dies gestattet. Der Verwalter unterrichtet die bekannten lokalen Gläubiger über die Zusicherung, die Regeln und Verfahren für deren Billigung sowie die Billigung oder deren Ablehnung.

(6) Eine gemäß diesem Artikel gegebene und gebilligte Zusicherung ist für die Insolvenzmasse verbindlich. Wird ein Sekundärinsolvenzverfahren gemäß den Artikeln 37 und 38 eröffnet, so gibt der Verwalter des Hauptinsolvenzverfahrens Gegenstände der Masse, die er nach Abgabe der Zusicherung aus dem Hoheitsgebiet dieses Mitgliedstaats entfernt hat,

5 Eine ausdrückliche Aussage zur Anwendbarkeit von Art 16 sowohl für das HauptInsVerf als auch für das SekundärInsVerf findet sich in Nr 139 des Erläuternden Berichts.

6 *Duursma-Kepplinger/Duursma/Chalupsky* Art 28 aF Rn 19.

oder – falls diese bereits verwertet wurden – ihren Erlös an den Verwalter des Sekundärinsolvenzverfahrens heraus.

(7) Hat der Verwalter eine Zusicherung gegeben, so benachrichtigt er die lokalen Gläubiger, bevor er Massegegenstände und Erlöse im Sinne des Absatzes 1 verteilt, über die beabsichtigte Verteilung. Entspricht diese Benachrichtigung nicht dem Inhalt der Zusicherung oder dem geltendem Recht, so kann jeder lokale Gläubiger diese Verteilung vor einem Gericht des Mitgliedstaats anfechten, in dem das Hauptinsolvenzverfahren eröffnet wurde, um eine Verteilung gemäß dem Inhalt der Zusicherung und dem geltendem Recht zu erreichen. In diesen Fällen findet keine Verteilung statt, bis das Gericht über die Anfechtung entschieden hat.

(8) Lokale Gläubiger können die Gerichte des Mitgliedstaats, in dem das Hauptinsolvenzverfahren eröffnet wurde, anrufen, um den Verwalter des Hauptinsolvenzverfahrens zu verpflichten, die Einhaltung des Inhalts der Zusicherung durch alle geeigneten Maßnahmen nach dem Recht des Staats, in dem das Hauptinsolvenzverfahren eröffnet wurde, sicherzustellen.

(9) Lokale Gläubiger können auch die Gerichte des Mitgliedstaats, in dem ein Sekundärinsolvenzverfahren eröffnet worden wäre, anrufen, damit das Gericht einstweilige Maßnahmen oder Sicherungsmaßnahmen trifft, um die Einhaltung des Inhalts der Zusicherung durch den Verwalter sicherzustellen.

(10) Der Verwalter haftet gegenüber den lokalen Gläubigern für jeden Schaden infolge der Nichterfüllung seiner Pflichten und Auflagen im Sinne dieses Artikels.

(11) Für die Zwecke dieses Artikels gilt eine Behörde, die in dem Mitgliedstaat, in dem ein Sekundärinsolvenzverfahren hätte eröffnet werden können, eingerichtet ist und die nach der Richtlinie 2008/94/EG des Europäischen Parlaments und des Rates[1] verpflichtet ist, die Befriedigung nicht erfüllter Ansprüche von Arbeitnehmern aus Arbeitsverträgen oder Arbeitsverhältnissen zu garantieren, als lokaler Gläubiger, sofern dies im nationalen Recht geregelt ist.

Übersicht

I. Vorbemerkung

Die Regelungen des Art 36 betreffen die sog **synthetische** oder virtuelle **SekundärIns**. Vorgängervorschriften gibt es nicht. Die Regelungen stellen eine der wesentlichen Neuerungen der reformierten VO dar. Sie werden ergänzt durch **Art 37 Abs 2**, der eine Frist zur Beantragung eines regulären SekundärInsVerf regelt, wenn eine Zusicherung nach Art 36 bindend geworden ist, sowie durch **Art 38 Abs 2**. Nach dieser Vorschrift kann der Verw des HauptInsVerf, der eine Zusicherung gem Art 36 gegeben hat, beantragen, dass ein reguläres SekundärInsVerf nicht eröffnet wird. 1

1 Richtlinie 2008/94/EG des Europäischen Parlaments und des Rates vom 22. Oktober 2008 über den Schutz der Arbeitnehmer bei Zahlungsunfähigkeit des Arbeitgebers (ABl. L 283 vom 28.10.2008, S. 36).

II. Normzweck

2 Der Reform-VO-Geber ist der Ansicht, dass SekundärInsVerf eine effiziente Verwaltung der InsMasse auch **behindern** können.[2] Dies gilt nicht nur für das bereits eröffnete SekundärInsVerf. In der Vergangenheit wurden Anträge auf Eröffnung von SekundärInsVerf von Gl gezielt in Aussicht gestellt, um den HauptInsVerw zu veranlassen, diesen Gl entgegenzukommen. Dieses Vorgehen hatte nicht selten ein gewisses **Erpressungspotential**,[3] weil die Eröffnung eines SekundärInsVerf zu einem Verlust der Befugnis des HauptInsVerw geführt hätte, das in die SekundärIns fallende Vermögen zu verwalten und es etwa in Paketlösungen einer Gesamtverwertung zuzuführen. Auch Restrukturierungsmaßnahmen konnten durch eine Aufspaltung in Haupt- und SekundärInsMasse in Gefahr geraten.[4] Dies insb deshalb, weil das SekundärInsVerf nach altem Recht ein LiquidationsVerf zu sein hatte. Vor diesem Hintergrund vermochte das Inaussichtstellen eines Antrags auf Eröffnung des SekundärInsVerf zu bewirken, dass der jeweilige Gl **durch Vereinbarung** mit dem HauptInsVerw so gestellt wurde, als sei ein SekundärInsVerf eröffnet worden. Insb unter der Geltung des **englischen HauptInsStatuts** bildeten sich entsprechende **Regelungstechniken** heraus.[5]

3 Diese Problematik hat der Reform-VO-Geber aufgegriffen. Art 36 regelt sehr komplex[3] das Recht des Verw des HauptInsVerf, zur **Vermeidung eines SekundärInsVerf** eine **Zusicherung** zu geben. Im Ergebnis soll ein reguläres SekundärInsVerf dadurch vermieden werden, dass die lokalen Gl so behandelt (nicht: gestellt[6]) werden, als wäre ein reguläres SekundärInsVerf eröffnet worden. Die Behandlung der lokalen Gl wie im Falle der Eröffnung eines regulären SekundärInsVerf wird als virtuelles oder **synthetisches SekundärVerf** bezeichnet, wobei man dem Eigenschaftswort „synthetisch" den Vorrang einräumen sollte.[3] Zudem erscheint es vorzugswürdig, von einer synthetischen **SekundärIns** und nicht von einem SekundärInsVerf zu sprechen, weil es zu einem gesonderten Verf gerade nicht kommt.

4 Die synthetische SekundärIns ist eine von **zwei** nunmehr unionsrechtlich vorgesehenen **Möglichkeiten**, um **Störeinflüsse eines SekundärInsVerf** zu verringern oder auszuschließen.[2] Als weitere Möglichkeit sieht Art 38 Abs 3 die Aussetzung der Eröffnung eines SekundärInsVerf für einen Zeitraum von höchstens drei Monaten vor.[7]

III. Grundsätzliches

5 Der sicherste Weg, um Störeinflüsse eines regulären SekundärInsVerf zu vermeiden, wäre dessen ersatzlose Abschaffung. Das ging dem Reform-VO-Geber ersichtlich zu weit. Er wollte das Interesse an einer effizienten Verwaltung der (Haupt-)InsMasse mit dem Interesse der Gl an der Durchführung eines regulären SekundärInsVerf zu einem **gerechten Ausgleich** bringen. Dabei hatte er ersichtlich **nur die lokalen Gl** im Sinn. Das ergibt sich unmissverständlich aus dem 42. Erwägungsgrund, lässt sich aber etwa auch daraus schließen, dass nur die lokalen Gl zur Billigung der Zusicherung berufen sind (Abs 5 S 1) und das mit einem Antrag nach Art 38 Abs 2 befasste Gericht nur zu prüfen hat, ob die allgemeinen Interessen der lokalen Gl angemessen geschützt werden.

6 Wer **lokaler Gl** ist, bestimmt Art 2 Nr 11. Es handelt sich um Gl, deren Forderungen gegen den Schu aus oder in Zusammenhang mit dem Betrieb einer Niederlassung in einem anderen Mitgliedstaat als dem Mitgliedstaat entstanden sind, in dem sich der Mittelpunkt der

---

2 41. Erwägungsgrund.
3 *Mankowski* NZI 2015, 961, 962.
4 *Mankowski* NZI 2015, 961.
5 MK/*Reinhart* Art 36 Rn 1.
6 Vgl dazu unten Rn 11.
7 Vgl dazu 45. Erwägungsgrund.

hauptsächlichen Interessen des Schu befindet. Der Begriff „lokaler Gl“ ist irreführend: Nicht der Gl ist örtlich gebunden, sondern die Forderung. Besser wäre: **Gl mit einer lokalen Forderung**.

Lokale Gl im vorstehenden Sinne gibt es nicht, wenn ein reguläres SekundärInsVerf **ausnahmsweise** in dem Mitgliedstaat eröffnet werden kann, in dem sich der **Mittelpunkt der hauptsächlichen Interessen** des Schu befindet.[8] Diesen Fall hat der Reform-VO-Geber offenbar übersehen. Dies sollte der Möglichkeit einer synthetischen SekundärIns jedoch auch in einer derartigen Konstellation nicht entgegenstehen. Der Begriff des lokalen Gl ist dann rechtsfortbildend anzupassen. 7

Die Beschränkung des Schutzes auf lokale Gl muss man nicht überzeugend finden. Nach dem gem Art 37 Abs 1 Buchst b) maßgeblichen nationalen Recht können auch **sons Gl** berechtigt sein, die Eröffnung eines SekundärInsVerf zu beantragen. Nach der Rechtsprechung des EuGH ist es sogar unzulässig, die Antragsbefugnis auf lokale Gl zu beschränken.[9] Zur Anmeldung ihrer Forderungen im SekundärInsVerf sind sonstige Gl ohnehin berechtigt (Art 45 Abs 1). Auch sie können demnach von einem regulären SekundärInsVerf profitieren. Gleichwohl ist ihr Schutz durch die synthetische SekundärIns nicht beabsichtigt. Diese **Wertentscheidung** des Reform-VO-Gebers ist bei der Anwendung der Regeln über die synthetische SekundärIns zu berücksichtigen. 8

Der Weg zur synthetischen SekundärIns führt über eine **Zusicherung des Verw** des HauptInsVerf und deren **Billigung durch die bek lokalen Gl**. Für den **Schu in EigenVerwaltung** besteht die Möglichkeit zur Abgabe einer Zusicherung nach dem Wortlaut von Art 36 nicht,[10] wohl aber für den in Anh A aufgeführten Sachwalter. Die Regelungen des Art 36 zu Zusicherung und Billigung sind **komplex**. Es wird befürchtet, die aufgeworfenen Fragen verfahrens- und materiellrechtlicher Natur könnten in der Praxis zu erheblicher Rechtsunsicherheit führen.[11] Zur Akzeptanz der synthetischen SekundärIns würde dies nicht beitragen. Noch ein weiterer Umstand birgt die Gefahr, dass die Regelungen des Art 36 von der Praxis nicht angenommen werden: Gibt der HauptInsVerw eine Zusicherung und wird diese von den bek lokalen Gl gebilligt, ist es gleichwohl **nicht ausgeschlossen**, dass es nicht doch noch zur **Eröffnung eines regulären SekundärInsVerf** kommt. Ein entsprechender Antrag bleibt möglich, wenn auch zeitlich beschränkt (**Art 37 Abs 2**). Will der HauptInsVerw die Verfahrenseröffnung verhindern, bedarf es eines gesonderten Antrags an das zuständige Gericht, das zu prüfen hat, ob die Zusicherung die allgemeinen Interessen der lokalen Gl angemessen schützt (**Art 38 Abs 2**). 9

Dass sich Zusicherung und Billigung einerseits nach komplexen Regelungen richten, die derzeit noch ungeklärte Rechtsfragen aufwerfen, und andererseits ein reguläres SekundärInsVerf nicht sicher zu verhindern vermögen, wirft die Frage auf, ob der HauptInsVerw nach wie vor auf die **hergebrachten Vereinbarungen** mit einzelnen Gl[12] zurückgreifen darf. Hierzu ist festzustellen, dass eine ausdrückliche Festlegung des Reform-VO-Gebers, die Vermeidung eines SekundärInsVerf solle **nur noch** über Zusicherung und Billigung nach Art 36 möglich sein, weder der VO selbst noch den Erwägungsgründen zu entnehmen ist. Allerdings spricht auch nichts dafür, dass der VO-Geber mit der synthetischen SekundärIns nur ein **zusätzliches Mittel** zur Verfügung stellen wollte. 10

8 Vgl dazu Art 34 Rn 7.
9 *EuGH* 4.9.2014 – C-327/13 (Burgo Group) Rn 51.
10 MK/*Reinhart* Art 36 Rn 18.
11 MK/*Reinhart* Art 36 Rn 4.
12 Vgl hierzu oben Rn 2.

11 Zum **besseren Verständnis der Regelungen** des Art 36 ist es hilfreich, sich den „Ablauf" einer synthetischen SekundärIns vorzustellen. Nach dem 42. Erwägungsgrund sollen die lokalen Gl so **behandelt werden**, als wäre das SekundärInsVerf eröffnet worden. Das heißt nicht, dass es zu einer vollständigen und lediglich synthetischen SekundärIns innerhalb des laufenden HauptInsVerf kommt. Ein reguläres SekundärInsVerf beinhaltet mehr als nur die **Verteilungs- und Vorzugsrechte** der lokalen Gl, auf die sich die Zusicherung nach Art 36 Abs 1 nur bezieht. Nach dem Recht des Staats der Eröffnung des SekundärInsVerf richtet sich insb auch, **wie die Masse zu verwerten** ist. Im Falle einer synthetischen SekundärIns richtet sich die Verwertung auch der nach Art 36 Abs 2 S 2 zu bestimmenden **Teilmasse** jedoch nach dem HauptInsStatut. Dies lässt sich Art 36 Abs 2 S 1 entnehmen, der das Recht des Staats, in dem das SekundärInsVerf hätte eröffnet werden können, nur für die Verteilung des Erlöses, den Rang der Forderungen und für die Rechte der Gl in Bezug auf Gegenstände der Teilmasse für anwendbar erklärt. Im Übrigen bleibt es beim HauptInsStatut. Das erscheint zwingend. Sinn und Zweck der synthetischen SekundärIns ist es gerade, die Verwertung der Masse unbeeinflusst von einem SekundärInsVerf vorzunehmen. Dies muss auch für das insoweit anwendbare Recht gelten. Deshalb kann das **wirtschaftliche Ergebnis** einer synthetischen SekundärIns für die Gl durchaus abweichen von dem eines regulären SekundärInsVerf.

12 Die **Anwendung der Verteilungsrechte** der lex fori concursus secundariae iRd synthetischen SekundärIns darf nicht überschätzt werden. Zur Anmeldung von Forderungen im regulären SekundärInsVerf sind nicht nur die lokalen Gl, sondern alle Gl ebenso berechtigt, wie im HauptInsVerf (**Art 45 Abs 1**). Ein lokaler Gl muss deshalb nicht besserstehen, wenn es zur Eröffnung eines regulären SekundärInsVerf kommt, weil alle Gl Zugriff auf die Masse auch dieses Verf nehmen können. Dies muss auch im Rahmen einer synthetischen SekundärIns nachvollzogen werden. Deshalb sind es eher die nach der lex fori concursus secundariae zu berücksichtigenden **Vorzugsrechte**, die in der synthetischen SekundärIns eine Abweichung bei der Verteilung der Masse verursachen können.

IV. Vor der Zusicherung

13 Vor Abgabe der Zusicherung ist der HauptInsVerw nur den Beteiligten des HauptInsVerf verpflichtet. Zu diesen Beteiligten können zwar auch die **lokalen Gl** zählen, weil auch sie nach Art 45 Abs 1 berechtigt sind, ihre Forderungen im HauptInsVerf anzumelden. Natürlich darf jedoch der HauptInsVerw die lokalen Gl nicht einseitig bevorzugen, indem er eine Zusicherung abgibt. Der Verw muss vielmehr prüfen, ob es im wohl verstandenen **Interesse aller Beteiligter** liegt, die Eröffnung eines regulären SekundärInsVerf durch die Abgabe einer Zusicherung zu vermeiden. Verletzt die Abgabe einer Zusicherung die Interessen der Beteiligten des HauptInsVerf, kommt eine **Haftung des Verw** nach dem HauptInsStatut in Betracht.[13] Allerdings wird man dem Verw einen gewissen Beurteilungsspielraum bei der Bewertung der Interessen zubilligen müssen.

14 Das HauptInsStatut kann vorsehen, dass vor Abgabe der Zusicherung **Beteiligte anzuhören** oder gar **Zustimmungen** einzuholen sind. Nach **deutschem Recht** hat der HauptInsVerw die Zustimmung des Gläubigerausschusses oder des vorläufigen Gläubigerausschusses nach § 21 Abs 2 S 1 Nr 1a InsO einzuholen, sofern ein solcher bestellt ist (Art 102c § 11 Abs 1 EGInsO).

---

13 Art 36 Abs 10 sieht eine Haftung nur gegenüber den lokalen Gl vor wegen der Nichterfüllung von Pflichten und Auflagen nach Art 36.

V. Abgabe der Zusicherung

Spezifische Pflichten des HauptInsVerw gegenüber den lokalen Gl entstehen erst infolge der Abgabe einer Zusicherung. Die Zusicherung ist der erste Schritt zur synthetischen SekundärIns. Nach **Abs 1 S 1** bezieht sich die Zusicherung auf das Vermögen, das in dem Mitgliedstaat belegen ist, in dem ein SekundärInsVerf eröffnet werden könnte. Die **Belegenheit** beurteilt sich nach Art 2 Nr 9. In **zeitlicher Hinsicht** enthält **Abs 2 S 2** eine gewichtige Beschränkung im Blick auf das betroffene Vermögen, und zwar auf den Zeitpunkt der Abgabe der Zusicherung. **15**

Inhaltlich muss der HauptInsVerw zusichern, dass er bei der Verteilung des erfassten Vermögens oder des bei seiner Verwertung erzielten Erlöses die **Verteilungs- und Vorzugsrechte** nach nationalem Recht wahrt, die Gl hätten, wenn ein SekundärInsVerf in diesem Mitgliedstaat eröffnet worden wäre. Der **Wortlaut** bezieht sich nicht nur auf die lokalen, sondern auf **alle Gl**. Das erscheint vor dem Hintergrund des auf die lokalen Gl beschränkten Schutzzwecks[14] nicht zwingend erforderlich, schadet aber nicht, weil die lokalen Gl nur dann so behandelt werden, wie im Falle eines regulären SekundärInsVerf, wenn auch die anderen Gl in die Verteilung einbezogen werden. Auch der Begriff der Verteilungs- und Vorzugsrechte erfährt **keine Einschränkung**.[15] Abs 2 S 1 lässt sich entnehmen, dass neben der Verteilung des Erlöses und dem Rang der Forderungen auch die Rechte der Gl in Bezug auf Gegenstände der Masse erfasst sind. Nach **Abs 1 S 2** nennt die Zusicherung die ihr zugrundeliegenden **tatsächlichen Annahmen**. Tatsächliche Annahmen sind zu unterscheiden von **rechtlichen Grundlagen**.[16] Über das der synthetischen SekundärIns zugrundeliegende Recht haben sich die Gl selbst zu informieren. Dies erleichtern die gem Art 86 zur Verfügung zu stellenden Informationen zum InsRecht der einzelnen Mitgliedstaaten. Beispielhaft und nicht abschließend nennt Abs 1 S 2 tatsächliche Annahmen in Bezug auf den **Wert** der in dem betreffenden Mitgliedstaat belegenen Gegenstände der Masse und die **Möglichkeiten ihrer Verwertung**. Dadurch sollen die zur Billigung der Zusicherung aufgerufenen lokalen Gl ihre Entsch offenbar nicht nur von den rechtlichen Gegebenheiten abhängig machen können, sondern auch von den tatsächlichen Umständen. Sind etwa die Verwertungsmöglichkeiten nach der Einschätzung des HauptInsVerw schlecht, können die lokalen Gl der Zusicherung die Billigung versagen und bessere Möglichkeiten im regulären SekundärInsVerf suchen. **16**

Formal ordnet **Abs 3** an, dass die Zusicherung in der Amtssprache des Mitgliedstaats erfolgt, in dem ein SekundärInsVerf eröffnet werden könnte. Gibt es in dem Mitgliedstaat mehrere Amtssprachen ist/sind die Sprache(n) des Ortes maßgeblich, an dem das SekundärInsVerf eröffnet werden könnte. Hier verweist die VO also auf die örtliche Zuständigkeit nach der lex fori concursus secundariae. Nach **Abs 4** erfolgt die Zusicherung in schriftlicher Form und unterliegt den nach dem HauptInsStatut geltenden Form- und Zustimmungserfordernissen hinsichtlich der Verteilung. Der Begriff der **„Schriftlichkeit"** ist unionsautonom zu bestimmen. An die zur EuGVVO ergangene Rechtsprechung soll angeknüpft werden können.[17] **17**

Weder der VO selbst noch den Erwägungsgründen ist mit Sicherheit zu entnehmen, welche Folgen es hat, wenn die Zusicherung inhaltlich oder formal **nicht den Vorgaben** des Art 36 **entspricht**. Allerdings knüpfen **Abs 2 S 1** und **Abs 6 S 1** Rechtsfolgen an eine im Einklang mit bzw gem Art 36 gegebene Zusicherung. Daraus wird geschlossen, dass eine nicht den **18**

---

14 Vgl dazu oben Rn 5.
15 Vgl MK/*Reinhart* Art 36 Rn 6.
16 **AA** offenbar Skauradszun ZIP 2016, 1563, 1571.
17 *Mankowski/Müller/J Schmidt* Art 36 Rn 33; MK/*Reinhart* Art 36 Rn 21.

Vorgaben entsprechende Zusicherung für die Masse des HauptInsVerf unverbindlich ist.[18] Andere meinen, es gebe keine spezifische Sanktionsanordnung und der Verw laufe lediglich Gefahr, dass die Zusicherung nicht gebilligt werde.[19] Richtig erscheint eine differenzierende Betrachtung. Um die „rechtsgeschäftliche Struktur"[20] von Zusicherung und Billigung zu wahren und Rechtsunsicherheit zu vermeiden, sollte es den lokalen Gl jedenfalls unionsrechtlich[21] möglich sein, auch eine Zusicherung zu billigen, die nicht den Vorgaben des Art 36 entspricht. Eine andere Frage ist, ob eine Zusicherung, die nicht den Vorgaben des Art 36 entspricht, einer gerichtlichen Prüfung nach **Art 38 Abs 2** standhält und demzufolge in der Lage ist, die Eröffnung eines regulären SekundärInsVerf zu verhindern. Hier sind Zweifel insb dann angebracht, wenn die Zusicherung noch nicht gebilligt ist. Der HauptInsVerw wird deshalb darauf bedacht sein, die Vorgaben des Art 36 zu wahren. Praxisgerecht dürfte es dabei sein, keine allzu hohen Anforderungen an die Mitteilung der tatsächlichen Annahmen[22] zu stellen.

VI. Billigung der Zusicherung

19 Der zweite Schritt auf dem Weg zur synthetischen SekundärIns ist die Billigung der Zusicherung durch die bek lokalen Gl (**Abs 5 S 1**). Im Normgefüge scheint hier erstmals auf, dass die synthetische SekundärIns die Interessen nur der lokalen Gl wahren soll.[23] Nach **Abs 11** gelten für die Zwecke des Art 36 auch die dort näher bezeichneten Behörden als lokale Gl, sofern dies im nationalen Recht geregelt ist. Nach deutschem Recht gilt dies für die **Bundesagentur für Arbeit** (Art 102c § 18 Abs 2 EGInsO).

20 **Wann ein lokaler Gl bek ist**, sagt die VO nicht. Hier ist zunächst zu berücksichtigen, dass es nach **Abs 5 S 4** dem HauptInsVerw obliegt, die bek Gl über die Zusicherung sowie die Regeln und das Verf für deren Billigung zu unterrichten. Im Ausgangspunkt dürfte demnach der **Kenntnisstand des Verw** maßgeblich dafür sein, ob ein lokaler Gl bekannt ist oder nicht. Der Verw muss die lokalen Gl **nicht ermitteln**. Bek sein dürften ihm die Gl, über die der Schu das HauptInsGericht oder den Verw **in Kenntnis gesetzt** hat oder die dieser den zugänglichen Unterlagen des Schu mit **zumutbarem Aufwand** entnehmen kann. Da zwischen der Unterrichtung und der Entsch über die Billigung Zeit vergeht, können lokale Gl auch noch **nachträglich** bek werden. Spätester Zeitpunkt für die Berücksichtigung neuer Gl dürfte derjenige sein, in dem nach Maßgabe des nach **Abs 5 S 2** anwendbaren Rechts weitere Gl ohne erhebliche Verzögerung des AbstimmungsVerf noch beteiligt werden können. Sieht das nach Abs 5 S 2 maßgebliche Recht die Leitung des AbstimmungsVerf durch ein **Gericht** oder eine sons staatliche Stelle vor, dürfte es schließlich auf die dort vorhandenen Kenntnisse ankommen. Diese werden allerdings regelmäßig durch den HauptInsVerw vermittelt, ggf ergeben sich im Blick auf die bek Gl keine Abweichungen. Ausnahmsweise mögen Gericht oder sons staatliche Stelle weitergehende Kenntnisse haben. So etwa, wenn sich lokale Gl dort von sich aus melden, um an der Abstimmung teilzunehmen.

21 Richtet sich die **Abstimmung** über die Zusicherung **nach deutschem Recht**, leitet diese der **HauptInsVerw**. Für das Verf der Abstimmung gelten die §§ 222, 243, 244 Abs 1 und 2 sowie die §§ 245, 246 InsO entsprechend (Art 102c § 17 Abs 1 S 2). Ergänzende Regelungen enthält Art 102c §§ 17–19 EGInsO. Diese betreffen insb die Mitteilung über die zulässigen

18 Vgl Skauradszun ZIP 2016, 1563, 1564.

19 *Mankowski* NZI 2015, 961, 964.

20 *Mankowski/Müller/J Schmidt* Art 36 Rn 15.

21 Das nationale Recht, welches das Verfahren der Billigung bestimmt (vgl Abs 5 S 2), kann Abweichendes regeln.

22 Vgl dazu *Skauradszun* ZIP 2016, 1563 ff.

23 Vgl dazu oben Rn 5.

Fernkommunikationsmittel (Art 102c § 17 Abs 2 S 1 EGInsO) und das **Stimmrecht** bei der Abstimmung (Art 102c § 18 Abs 1 EGInsO). Entgegen dem insoweit noch anderslautenden Gesetzentwurf der Bundesregierung[24] hat sich der Gesetzgeber im Grundsatz gegen eine **gerichtliche Beteiligung** im Verf der Abstimmung entschieden. Da das Gericht die im Rahmen einer Bestätigungsentscheidung erforderlich werdenden Prüfungen ohnehin zu einem späteren Zeitpunkt, namentlich im Rahmen seiner Befassung mit einem Antrag nach Art 38 Abs 2, vornehmen könne und müsse, bedürfe es einer vorgelagerten gerichtlichen Befassung im Rahmen des Verf über die Abstimmung nicht.[25]

VII. Rechtsfolgen

Kommt es infolge Zusicherung und Billigung zur synthetischen SekundärIns, erstrecken sich deren **Wirkungen** auf das Vermögen, das im **Zeitpunkt der Abgabe der Zusicherung** in dem betreffenden Mitgliedstaat belegen war (Abs 1, Abs 2 S 2). Das schließt es aus, solches Vermögen iRd synthetischen SekundärIns zu berücksichtigen, dass **vor Abgabe der Zusicherung** aus dem Mitgliedstaat **entfernt** worden ist. Im Regelfall ist dieses Vermögen für die Zwecke der synthetischen SekundärIns ebenso verloren, wie für ein reguläres SekundärInsVerf.[26] Die lokalen Gl können sich daher nicht zurücklehnen und die Zusicherung abwarten, sondern müssen versuchen, die Entfernung von Vermögensgegenständen durch Beantragung eines SekundärInsVerf und – sofern im nationalen Recht vorgesehen – entsprechender Sicherungsmaßnahmen zu verhindern.[27] 22

Nach dem **Wortlaut** des Abs 2 S 2 wäre auch solches Vermögen für die Zwecke der synthetischen SekundärIns nicht zu berücksichtigen, das nach Abgabe der Zusicherung hinzukommt. Dies beträfe insb den **Neuwerb**, der einem regulären SekundärInsVerf jedenfalls nach deutschem Recht regelmäßig unterfiele. Dadurch käme es zu einem **strukturellen Ungleichgewicht** zwischen synthetischer SekundärIns und regulärem SekundärInsVerf. Dass der Reform-VO-Geber dies gesehen und auch gewollt hat, erscheint zweifelhaft. Es liegt deshalb nahe, Abs 2 S 2 eine zeitliche Begrenzung nur im Blick auf das vor Abgabe der Zusicherung entfernte Vermögen jedenfalls dann zu entnehmen, wenn es auch im regulären Verf nicht zu einer weitergehenden Einschränkung käme.[28] 23

Das von der synthetischen SekundärIns betroffene Vermögen bildet eine **Teil- oder Untermasse**, die allerdings **nicht allein den lokalen Gl** zugutekommt. Würden die Vermögenswerte vollständig an die lokalen Gl ausgekehrt, stünden diese regelmäßig besser als im Falle eines regulären SekundärInsVerf, in dem gem Art 45 Abs 1 alle Gl zur Anmeldung ihrer Forderungen berechtigt sind. Deshalb ist die Teilmasse so an **alle Gl** auszukehren, als wäre ein reguläres SekundärInsVerf eröffnet worden. Dabei wird in der Regel davon auszugehen sein, dass die Gl von ihrem Recht auf Anmeldung ihrer Forderungen (auch) im SekundärInsVerf Gebrauch gemacht hätten. 24

Gem **Abs 6 S 1** ist (erst) die gem Art 36 gegebene **und** gebilligte Zusicherung für die Masse des HauptInsVerf **verbindlich**. Im Umkehrschluss bedeutet dies, dass der HauptInsVerw bis zur Billigung durch die bek lokalen Gl nicht an die Zusicherung gebunden ist. Endgültig keine Bindungswirkung entfaltet die Zusicherung, wenn diese von den bek lokalen Gl nicht gebilligt wird. Nach der Regelung des Abs 6 S 1 dauert die für den Bestand der potentiellen 25

---

24 BT-Drucks 18/10823.
25 BT-Drucks 18/12154 S 32; vgl auch *Madaus* NZI 2017, 203, 204.
26 Vgl Art 21 Abs 1 S 2 und Abs 2 S 1; siehe auch Nr 161 ff des Erläuternden Berichts.
27 Vgl Nr 161 des Erläuternden Berichts.
28 So wohl auch MK/*Reinhart* Art 36 Rn 30.

SekundärInsMasse **gefährliche Schwebezeit**[29] demnach bis zur Billigung der Zusicherung an. Das erscheint bedenklich. Eine Regelung, nach welcher der HauptInsVerw schon im Zeitraum bis zur Billigung (vorläufig) an die Zusicherung gebunden ist, hätte dem Interesse an einer effizienten Verwaltung der HauptInsMasse wohl keinen erheblichen Schaden zugefügt. Nach der vorliegenden Regelung sind die lokalen Gl wohl gut beraten, auch dann noch ein reguläres SekundärInsVerf und entspr Sicherungsmaßnahmen zu beantragen, wenn die Zusicherung schon vorliegt. Anderweitigen Schutz bietet erst die wirksam gebilligte Zusicherung. Kommt es in Folge der Zusicherung doch noch zur Eröffnung eines regulären SekundärInsVerf, hat der SekundärInsVerw einen Herausgabeanspruch gegen den HauptInsVerw, der auf den Zeitpunkt der Abgabe der Zusicherung (nicht erst deren Billigung) zurückwirkt (**Abs 6 S 2**).

VIII. Rechtsschutz der lokalen Gläubiger

26 **Abs 7 S 2, 8 und 9** regeln präventive Rechtsschutzmöglichkeiten für die lokalen Gl, um sicherzustellen, dass der HauptInsVerw seine **Verpflichtungen aus der Zusicherung einhält**. Der Umfang der Regelungen lässt befürchten, der Reform-VO-Geber habe jedenfalls **kein übermäßiges Vertrauen** in die Rechtstreue des die Zusicherung abgebenden HauptInsVerw. Dem Wortlaut der Abs 7 S 2, 8 und 9 lässt sich nicht entnehmen, ob die Rechtsschutzmöglichkeiten schon im **Stadium vor der Billigung** der Zusicherung mit Erfolg geltend gemacht werden können. Dies ließe sich insb für einstweiligen Maßnahmen und Sicherungsmaßnahmen iSd Abs 9 denken, dürfte jedoch insgesamt **nicht anzunehmen** sein. Aus dem Umstand, dass eine Zusicherung für die HauptInsMasse erst mit ihrer wirksamen Billigung durch die bek lokalen Gl **verbindlich** wird,[30] folgt vielmehr, dass die Rechtsschutzmöglichkeiten von den lokalen Gl **erst nach der Billigung** mit Erfolg in Anspruch genommen werden können.[31] Nach Maßgabe des **deutschen Durchführungsrechts** ergehen alle Entsch durch **unanfechtbaren Beschluss** mit Ausnahme der Festsetzung eines Zwangsgelds gegen den Verw (Art 102c § 21 Abs 3 EGInsO).

27 Nach **Abs 7 S 2** kann jeder lokale Gl die vom HauptInsVerw beabsichtigte und gem Abs 7 S 1 mitgeteilte Verteilung vor einem Gericht des HauptInsStaats anfechten. **Ziel der Anfechtung** ist, eine Verteilung gem dem Inhalt der Zusicherung und dem geltenden Recht zu erreichen. Da sich die Verteilung im Falle einer wirksam gebilligten Zusicherung nach der lex fori concursus secundariae richtet, ist das Gericht des HauptInsStaats zur Anwendung ausl Rechts verpflichtet. Nach Abs 7 S 3 hat die Anfechtung einen **Supensiveffekt** dergestalt, dass keine (weitere) Verteilung stattfindet, bis das Gericht entschieden hat. Ist das **HauptInsVerf in Deutschland** eröffnet worden, regelt Art 102c § 21 Abs 1 S 1 EGInsO die ausschließliche Zuständigkeit des InsGer, bei dem das HauptInsVerf anhängig ist. Die Anfechtung muss zudem binnen einer Notfrist von zwei Wochen ab Zustellung der Benachrichtigung über die beabsichtigte Verteilung erfolgen (Art 102c § 21 Abs 1 S 2 und 3 EGInsO).

28 **Abs 8** berechtigt die lokalen Gl zur Anrufung der Gerichte des HauptInsStaats, um den HauptInsVerw zu verpflichten, die Einhaltung des Inhalts der Zusicherung durch alle geeigneten Maßnahmen nach dem Recht des HauptInsStaats sicherzustellen. Diese Rechtsschutzmöglichkeit geht **weiter als Abs 7 S 2**, der nur die beabsichtigte Verteilung betrifft. Steht also **zu befürchten**, dass der HauptInsVerw auf **andere Art und Weise** gegen die Zusi-

---

29 Vgl dazu bereits oben Rn 22.
30 Vgl dazu oben Rn 25.
31 So wohl auch *Mankowski/Müller/J Schmidt* Art 36 Rn 65; MK/*Reinhart* Art 36 Rn 36.

cherung verstößt, als durch die beabsichtigte Verteilung, kommt Rechtsschutz nach Abs 8 in Betracht. Nach **deutschem Recht** ist auch hier das InsGericht ausschließlich zuständig, bei dem das HauptInsVerf anhängig ist (Art 102c §21 Abs 1 S 1 EGInsO). Das ist sinnvoll, weil der HauptInsVerw nach **§ 58 InsO** ohnehin unter der Aufsicht dieses Gerichts steht. Die geeigneten Maßnahmen ergeben sich aus §58 InsO, eine nähere Präzisierung, welche Maßnahmen im Einzelnen in Frage kommen, hat der nationale Gesetzgeber nicht für erforderlich gehalten. Der Gesetzesbegründung lässt sich entnehmen, das Gericht könne etwa eine **Auskunft** von dem InsVerw über die Zusicherung und ihre Umsetzung verlangen und bei Pflichtverletzungen ein **Zwangsgeld** festsetzen.[32]

Nach **Abs 9** können die lokalen Gl auch die Gerichte des SekundärInsStaats anrufen, damit **einstweilige Maßnahmen** oder **Sicherungsmaßnahmen** getroffen werden, um die Einhaltung des Inhalts der Zusicherung durch den HauptInsVerw sicherzustellen. Die Regelung ermöglicht einen nahtlosen **Übergang** von den im Verfahren auf Eröffnung eines regulären SekundärInsVerf ggf getroffenen Sicherungsmaßnahmen zu den nach Abs 9 möglichen. Die **Ausgangslage** ist allerdings eine andere. Solange die Zusicherung entweder noch gar nicht abgegeben oder mangels Billigung noch unverbindlich ist, dürfte der HauptInsVerw nach Art 21 Abs 1 S 2 berechtigt sein, Massegegenstände aus dem potentiellen SekundärInsStaat zu entfernen. Dieses Recht schließt die verbindliche Zusicherung wohl aus. Im Vertrauen auf die **Rechtstreue** des HauptInsVerw wird man daher mit der Anordnung von Sicherungsmaßnahmen nach Abs 9 zurückhaltender sein können, als mit solchen im Verf auf Eröffnung eines regulären SekundärInsVerf. Es muss wohl die **konkrete Befürchtung** gerechtfertigt sein, dass der HauptInsVerw gegen seine eigene Zusicherung verstößt.[33] Nach deutschem Recht ist ausschließlich zuständig das InsGer, in dessen Bezirk sich die Niederlassung des Schu befindet (Art 102c §21 Abs 2 EGInsO). Im Falle mehrerer Niederlassungen soll das Prioritätsprinzip zur Anwendung gelangen.[32] Bei der Auswahl der Maßnahmen soll das Gericht ähnlich frei sein, wie im Falle des §21 InsO.[32] 29

IX. Schadensersatz

Nach **Abs 10** haftet der HauptInsVerw gegenüber den lokalen Gl für jeden Schaden infolge der Nicht- oder Schlechterfüllung[34] seiner Pflichten und Auflagen iSd Art 36. Dies geht **über die Pflichten aus der gebilligten Zusicherung hinaus** und betrifft etwa auch die Missachtung gerichtlicher Auflagen nach Abs 8 oder 9.[35] Die unionsrechtliche Anspruchsnorm tritt wohl neben **Schadensersatzansprüche nach nationalem Recht**.[36] Nach deutschem Recht gilt **§ 92 InsO** für Abs 10 entsprechend (Art 102c § 14 EGInsO). Danach ist es einzelnen lokalen Gl verwehrt, den unionsrechtlichen Schadensersatzanspruch während des laufenden HauptInsVerf geltend zu machen. Nach Ansicht des deutschen Gesetzgebers handelt es sich lediglich eine verfahrensrechtliche Bestimmung für die Geltendmachung des Anspruchs im laufenden Verfahren, die deshalb mit den unionsrechtlichen Vorgaben nicht in Konflikt tritt.[37] 30

32 BT-Drucks 18/10823 S 37.
33 Vgl auch MK/*Reinhart* Art 36 Rn 35.
34 Vgl *Mankowski/Müller/J Schmidt* Art 36 Rn 67.
35 MK/*Reinhart* Art 36 Rn 45.
36 MK/*Reinhart* Art 36 Rn 44.
37 BT-Drucks 18/12154 S 31.

Artikel 37 Recht auf Beantragung eines Sekundärinsolvenzverfahrens

(1) Die Eröffnung eines Sekundärinsolvenzverfahrens kann beantragt werden von

a) dem Verwalter des Hauptinsolvenzverfahrens,

b) jeder anderen Person oder Behörde, die nach dem Recht des Mitgliedstaats, in dessen Hoheitsgebiet die Eröffnung des Sekundärinsolvenzverfahrens beantragt wird, dazu befugt ist.

(2) Ist eine Zusicherung im Einklang mit Artikel 36 bindend geworden, so ist der Antrag auf Eröffnung eines Sekundärinsolvenzverfahrens innerhalb von 30 Tagen nach Erhalt der Mitteilung über die Billigung der Zusicherung zu stellen.

Übersicht

I. Vorbemerkung

1 **Abs 1** übernimmt die Regelungen des **Art 29 aF** zur Antragsbefugnis mit ausschließlich redaktionellen Änderungen. Die zu Art 29 aF ergangene Rspr und das entsprechende Schrifttum können herangezogen werden. Dabei sind jedoch die Änderungen an anderen Stellen der EuInsVO und deren Auswirkungen zu berücksichtigen. **Abs 2** ist neu. Die Vorschrift ergänzt Art 36 und regelt eine Frist zur Beantragung eines regulären SekundärInsVerf, wenn eine Zusicherung nach Art 36 bindend geworden ist.

II. Normzweck

2 **Abs 1** normiert das Recht zur Beantragung der Eröffnung eines SekundärInsVerf. Abs 1 Buchst a), der die Antragsbefugnis des HauptInsVerw originär festlegt, ist eine Sachnorm, die in den Mitgliedstaaten unmittelbar gilt. Dagegen enthält Abs 1 Buchst b) nur eine Klarstellung. Schon die Art 7, 35 verweisen auf das Recht des Eröffnungsstaats, nach dem sich die Antragsbefugnis anderer Personen und Behörden bestimmt.

3 **Abs 2** beschränkt die Antragsbefugnis im Falle einer nach Art 36 bindend gewordenen Zusicherung auf 30 Tage nach Erhalt der Mitteilung über die Billigung der Zusicherung. Die Vorschrift ergänzt die Regelungen des Art 36 und dient daher ebenfalls der Vermeidung eines regulären SekundärInsVerf.[1] Auch hier war der Reform-VO-Geber allerdings bemüht, das Interesse an einer effizienten Verwaltung der (Haupt-)InsMasse mit dem Interesse der Gl an der Durchführung eines regulären SekundärInsVerf zu einem **gerechten Ausgleich zu** bringen.[2] Deshalb wird ein Antrag auf Eröffnung eines regulären SekundärInsVerf trotz bindend gewordener Zusicherung **nicht schlechthin ausgeschlossen**, sondern **zeitlich beschränkt**. Dies wird als nicht hinreichend kritisiert,[3] ist jedoch als Wertentscheidung des Reform-VO-Gebers hinzunehmen.

---

1 Vgl dazu Art 36 Rn 2 ff.

2 Vgl dazu Art 36 Rn 5.

3 *Braun/Delzant* Art 37 Rn 2; *Mankowski/Müller/J Schmidt* Art 37 Rn 41.

III. Antragsrecht des Verwalters des Hauptinsolvenzverfahrens

Nach Abs 1 Buchst a) kann der Verw des HauptInsVerf die Eröffnung eines SekundärInsVerf beantragen. Dem liegt die Vorstellung zugrunde, der ausl Verw könne das SekundärInsVerf nutzen, um **Gegenstände iSd Art 8** einer Verwertung zuzuführen oder um die **Abwicklung von großen InsVerf** einfacher zu gestalten.[4] Der Nachweis der Antragsbefugnis erfolgt nach Art 22. Der InsAntrag des HauptInsVerw ist nach der lex fori concursus secundariae wie ein Eigenantrag des Schu zu behandeln, weil der Verw für den Schu handelt.[5] Unterscheidet daher das Recht des SekundärInsStaats – wie etwa das deutsche – hinsichtlich der Voraussetzungen für die Antragstellung zwischen einem Eigen- und einem Fremdantrag, so gelten die Regelungen für den Eigenantrag. 4

Das Antragsrecht des HauptInsVerw besteht, sobald es zur **Eröffnung eines nach Art 19 in allen übrigen Mitgliedstaaten anzuerkennenden HauptInsVerf** gekommen ist. **Vorher** muss sich der (vorl) Verw mit Sicherungsmaßnahmen iSd **Art 52** begnügen. Zur **VO aF** war **zweifelhaft** und **umstr**, unter welchen Voraussetzungen im Falle der Bestellung eines vorl InsVerw von der Eröffnung eines HauptInsVerf auszugehen sein sollte. Nach einer Entsch des EuGH[6] sollte ein Antragsrecht nach Art 29 lit a aF anzunehmen sein, sobald der Vermögensbeschlag gegen den Schu verhängt oder einer der in Anhang C aF der VO genannten Verw bestellt war.[7] Dem wurde im deutschen Schrifttum entgegengehalten, dass ein vorläufiges InsVerf nicht stets die volle Überzeugung des Gerichts vom Bestehen eines InsGrunds voraussetze und erst diese es rechtfertige, gem Art 27 aF auf die Prüfung des InsGrunds durch das Gericht des SekundärInsVerf zu verzichten.[8] 5

Der **Streit** dürfte durch die Reform der VO **erledigt** sein. Was eine **„Entscheidung zur Eröffnung eines InsVerf"** ist, definiert Art 2 Nr 7 nunmehr ausdrücklich. Danach reicht die Entsch eines Gerichts zur Bestellung eines Verw aus. Einer Entsch zur Eröffnung eines InsVerf im engeren Sinne bedarf es nicht, was sich aus der gleichberechtigten Nennung der Varianten i) und ii) in Art 2 Nr 7 ergibt. Die in Art 2 Nr 5 Unterabs 1 enthaltene Definition des Verw ist weit. Es reicht aus, dass eine Person oder Stelle – auch vorläufig – damit betraut ist, die Gesamtinteressen der Gl zu vertreten oder die Geschäftstätigkeit des Schu zu überwachen. Art 2 Nr 5 Unterabs 2 verweist darauf, dass die in Unterabs 1 genannten Personen und Stellen in Anh B aufgeführt sind. Dort ist für Deutschland ohne nähere Unterscheidung (auch) der vorl InsVerw genannt. Anh B erfasst demnach jeglichen vorl Verw, auch den „schwachen". Hält man – wofür trotz der fehlenden Klarstellung im 21. Erwägungsgrund[9] alles spricht – die Auflistung in Anh B für erschöpfend,[10] kommt es nunmehr durch die Bestellung eines jeglichen vorl Verw zur VerfEröffnung iSd EuInsVO, ohne dass geprüft werden müsste, ob der vorl Verw mit einer der in Art 2 Nr 5 Unterabs 1 genannten Aufgaben betraut ist. Das wäre einfach handhabbar und schaffte Rechtssicherheit. Hält man sich hingegen an die Definition in Art 2 Nr 5 Unterabs 1, führt die Bestellung eines „schwachen" vorl Verw unabhängig von seinen konkreten Pflichten[11] regelmäßig zur Eröffnung eines InsVerf, wenn man es als übergeordnete Aufgabe des vorl Verw 6

4 40. Erwägungsgrund.
5 *Pannen/Herchen* Art 29 aF Rn 9.
6 *EuGH* 2.5.2006 – C-341/04 (Eurofood).
7 *EuGH* 2.5.2006 – C-341/04 (Eurofood) Rn 57.
8 *Pannen/Herchen* Art 29 aF Rn 20; *Mankowski* BB 1753, 1757; *Vallender* InVo 2005, 41, 45.
9 Vgl in Abgrenzung dazu den 9. Erwägungsgrund, der für Anh A eine entspr Klarstellung enthält.
10 Vgl dazu Art 2 Rn 2; *Mankowski/Müller/J Schmidt* Art 2 Rn 15; *Braun/Tashiro* Art 2 Rn 14; MK/*Thole* Art 2 Rn 7.
11 Vgl § 22 Abs 2 InsO.

ansieht, die Gesamtinteressen der Gl zu vertreten.[12] Ein in diesem Sinne verstandenes Aufgabengebiet eines jeden vorl Verw nach deutschem Recht nimmt zwar Art 52 insoweit einen praktischen Anwendungsbereich. Dieser Umstand hat den Reform-VO-Geber indes nicht davon abgehalten, für Deutschland den vorl Verw ohne nähere Unterscheidung in Anh B aufzunehmen und folglich einen jeden vorl Verw als „definitionsgemäß" zu betrachten. Nach allem dürfte nunmehr die Bestellung eines jeglichen vorl – auch die eines „schwachen" – Verw ausreichen.[13] Sähe man die neuen Begriffsbestimmungen in Art 2 nicht als Änderungen der VO, sondern als bloße Klarstellung des bereits ursprünglich vorliegenden Willens des VO-Gebers, könnte man Vorstehendes auch für **Altfälle** fruchtbar machen.

7 Der **Verw eines SekundärInsVerf** hat kein aus der VO ableitbares Recht, die Eröffnung eines InsVerf in einem anderen Mitgliedstaat zu beantragen.[14] Hingegen wird man den **Sachwalter** im Verf mit Eigenverw (§ 274 InsO) nunmehr für antragsberechtigt halten müssen. Er ist Verw iSd Art 2 Nr 5 und in Anh B aufgeführt.[15]

IV. Sonstige Antragsberechtigte

8 Abs 1 Buchst b) räumt **jeder Person oder Behörde** ein Antragsrecht ein, der nach dem autonomen **Recht des Sekundäreröffnungsstaats** eine solche Befugnis zukommt. Das können zunächst die **Gl** sein. Das nationale Recht darf das Antragsrecht nicht auf Gl mit Wohnsitz oder Hauptsitz in dem Mitgliedstaat, in dem sich die betreffende Niederlassung des Schu befindet, oder auf die Gl, deren Forderung auf einer sich aus dem Betrieb dieser Niederlassung ergebenden Verbindlichkeit beruht, beschränken.[16]

9 Auch das **Antragsrecht des Schu** ist nach Abs 1 Buchst b) zu beurteilen und richtet sich daher nach dem Recht des SekundärVerfStaats. Dabei ist zu berücksichtigen, dass dem Schu mit der Eröffnung des HauptInsVerf in aller Regel die Verwaltungs- und Verfügungsbefugnis über sein Vermögen entzogen wird. Jedenfalls im Umfange des Insolvenzbeschlags dürfte deshalb die Berechtigung des Schu, ein SekundärInsVerf zu beantragen, abzulehnen sein.[17] Nach diesen Grundsätzen dürfte sich auch beurteilen, ob dem Schu in EigenVerw – ggf neben dem Sachwalter – ein Antragsrecht zusteht.[18]

V. Die Zulässigkeitsvoraussetzungen für die Eröffnung eines Sekundärinsolvenzverfahrens in Deutschland

10 Nach § 14 Abs 1 S 1 InsO ist der **Antrag eines Gl** auf Eröffnung eines InsVerf im Inland zulässig, wenn dieser ein rechtliches Interesse an der Eröffnung des InsVerf hat und seine Forderung und den Eröffnungsgrund glaubhaft macht. Für die Eröffnung eines SekundärInsVerf bedarf es keines Eröffnungsgrunds, wenn es für das HauptInsVerf erforderlich war, dass der Schu insolvent ist. Ggf ist die Eröffnung eines HauptInsVerf in einem anderen Mitgliedstaat glaubhaft zu machen. Eine beglaubigte Abschrift des Beschl über die Eröffnung des HauptInsVerf reicht aus. Die übrigen Voraussetzungen des § 14 Abs 1 S 1 InsO gelten

12 Vgl dazu § 22 InsO Rn 2; MK/*Haarmeyer* § 22 Rn 209 „Schaffung oder Erhaltung einer möglichst weitgehenden, gleichmäßigen Befriedigungsaussicht".
13 Vgl auch *Mankowski/Müller/J Schmidt* Art 19 Rn 8.
14 Nr 26 des Erläuternden Berichts; *Mankowski/Müller/J. Schmidt* Art 37 Rn 12.
15 So wohl auch *Mankowski/Müller/J. Schmidt* Art 37 Rn 6; **aA** *Braun/Delzant* Art 37 Rn 4.
16 *EuGH* 4.9.2014 – C-327/13 (Burgo Group) Rn 51.
17 Vgl. *Duursma-Kepplinger/Chalupsky* Art 29 aF Rn 5; *Pannen/Herchen* Art 29 aF Rn 23; das *AG Köln* (in NZI 2004, 152 ff) hat eine Antragsberechtigung angenommen. Allerdings handelte es sich um einen Fall, in dem die Verw des HauptInsVerf ebenfalls einen Antrag gestellt hatten.
18 Vgl *Braun/Delzant* Art 37 Rn 10.

auch für das SekundärInsVerf: Der Gl muss seine Forderung gegen den Schu glaubhaft machen und ein rechtliches Interesse an der Eröffnung des SekundärInsVerf haben.

Str ist, ob **ein bes rechtliches Interesse an der Eröffnung eines SekundärInsVerf** vorliegen muss. Ein bes rechtliches Interesse soll etwa dem Gl fehlen können, der bereits am HauptInsVerf teilnimmt.[19] Eine Antwort auf diese Streitfrage muss in den Blick nehmen, dass die VO auch in der reformierten Fassung das Recht, ein SekundärInsVerf in dem Mitgliedstaat zu beantragen, in dem der Schu eine Niederlassung hat, nicht beschränkt.[20] Aus der VO dürfte sich das Erfordernis eines bes rechtlichen Interesses daher schwerlich ableiten lassen.[21] Auch aus dem deutschen Recht ergibt es sich ersichtlich nicht. Allerdings ist auch für das rechtliche Interesse nach § 14 Abs 1 S 1 InsO erforderlich, dass die Verfahrenseröffnung geeignet ist, die Rechtsposition des Gl zu verbessern.[22] Ist dies nicht der Fall, weil die Interessen des Gl durch eine Teilnahme am ausl HauptInsVerf gewahrt werden können, dürfte für ein – weitere Kosten auslösendes – SekundärInsVerf das erforderliche Rechtsschutzbedürfnis fehlen. Der Gl hat schließlich die Umstände darzulegen, welche die **int Zuständigkeit** des angerufenen Gerichts gem Art 3 Abs 2 begründen. Hierfür ist insb Vortrag zu einer Niederlassung iSd Art 2 Nr 10 erforderlich. 11

Auch die nach hier vertretener Ansicht anzunehmende Begrenzung des **Antragsrechts des Schu**[23] müsste sich aus dem nationalen Recht ergeben. Ein (genereller) Ausschluss des Antragsrechts wird teilweise aus §§ 354, 356 InsO hergeleitet.[24] Demgegenüber erscheint eine entspr Anwendung von § 80 InsO vorzugswürdig,[25] weil sie die Beantragung eines SekundärInsVerf über etwaig vorhandenes insolvenzfreies Vermögen ermöglicht. 12

VI. Zeitliche Beschränkung der Antragsbefugnis (Abs 2)

Für den Fall einer nach Art 36 bindend gewordenen Zusicherung ordnet Abs 2 an, dass der Antrag auf Eröffnung eines regulären SekundärInsVerf **innerhalb von 30 Tagen nach Erhalt der Mitteilung** über die Billigung der Zusicherung zu stellen ist. Die Billigung einer Zusicherung des HauptInsVerw durch eine qualifizierte Mehrheit der bek lokalen Gl schließt die **Beantragung eines regulären SekundärInsVerf** demnach keineswegs aus. Ein zulässiger und begründeter Antrag führt vielmehr gleichwohl zur Eröffnung eines SekundärVerf, es sei denn der HauptInsVerw stellt einen **Antrag nach Art 38 Abs 2** und das Gericht gelangt in Prüfung dieses Antrags zu der Überzeugung, dass die Zusicherung die allgemeinen Interessen der lokalen Gl angemessen schützt. 13

Der Wortlaut des Abs 2 stellt auf den **Erhalt der Mitteilung** ab. Maßgeblich für den Lauf der Frist ist demnach weder die Billigung an sich noch die Herausgabe der Mitteilung über die Billigung (Art 36 Abs 5 S 4). Es kommt vielmehr auf den Empfang der Mitteilung durch den jeweiligen Gl an.[26] Nach deutschem Recht erfolgt die Unterrichtung nach Art 36 Abs 5 S 4 durch besondere Zustellung an die bek lokalen Gl (**Art 102c § 19 iVm § 12 S 2 EGInsO**). Dies zeigt, dass die Frist des Abs 2 für einen erheblichen Teil der nach Abs 1 zur Beantragung eines regulären SekundärInsVerf Berechtigten **niemals in Gang gesetzt** wird, weil diese eine Mitteilung über die Billigung der Zusicherung nicht erhalten. Dies gilt etwa für die unbek lokalen Gl, alle sonst Gl oder – soweit antragsbefugt – den Schu selbst. 14

---

19 *Pannen/Herchen* Art 29 aF Rn 30; **aA** *A/G/R/Gruber* Art 29 aF Rn 16 f.
20 Vgl 18. Erwägungsgrund.
21 So aber *Pannen/Herchen* Art 29 aF Rn 31 ff.
22 Vgl oben § 14 InsO Rn 30.
23 Vgl oben Rn 9.
24 *A/G/R/Gruber* Art 29 aF Rn 19 ff.
25 Vgl MK-BGB/*Kindler* Art 29 aF Rn 12.
26 MK/*Reinhart* Art 37 Rn 4; *Braun/Delzant* Art 37 Rn 11 f.

15 Da ein Antrag auf Eröffnung eines regulären SekundärInsVerf von einem erheblichen Teil der Antragsberechtigten ohne zeitliche Beschränkung weiterhin gestellt werden und zur Verfahrenseröffnung führen kann, entsteht ein regelmäßig **langer Zeitraum**, während dessen der HauptInsVerw die Herausgabepflicht des **Art 36 Abs 6 S 2** fürchten muss. Was die Folge ist, wenn der HauptInsVerw entgegen dieser Verpflichtung nicht zur **Herausgabe an den SekundärInsVerw** in der Lage ist, regelt das Unionsrecht nicht und muss deshalb dem HauptInsStatut entnommen werden.

Artikel 38 Entscheidung zur Eröffnung eines Sekundärinsolvenzverfahrens

(1) Das mit einem Antrag auf Eröffnung eines Sekundärinsolvenzverfahrens befasste Gericht unterrichtet den Verwalter oder den Schuldner in Eigenverwaltung des Hauptinsolvenzverfahrens umgehend davon und gibt ihm Gelegenheit, sich zu dem Antrag zu äußern.

(2) Hat der Verwalter des Hauptinsolvenzverfahrens eine Zusicherung gemäß Artikel 36 gegeben, so eröffnet das in Absatz 1 dieses Artikels genannte Gericht auf Antrag des Verwalters kein Sekundärinsolvenzverfahren, wenn es der Überzeugung ist, dass die Zusicherung die allgemeinen Interessen der lokalen Gläubiger angemessen schützt.

(3) Wurde eine vorübergehende Aussetzung eines Einzelvollstreckungsverfahrens gewährt, um Verhandlungen zwischen dem Schuldner und seinen Gläubigern zu ermöglichen, so kann das Gericht auf Antrag des Verwalters oder des Schuldners in Eigenverwaltung die Eröffnung eines Sekundärinsolvenzverfahrens für einen Zeitraum von höchstens drei Monaten aussetzen, wenn geeignete Maßnahmen zum Schutz des Interesses der lokalen Gläubiger bestehen.

Das in Absatz 1 genannte Gericht kann Sicherungsmaßnahmen zum Schutz des Interesses der lokalen Gläubiger anordnen, indem es dem Verwalter oder Schuldner in Eigenverwaltung untersagt, Gegenstände der Masse, die in dem Mitgliedstaat belegen sind, in dem sich seine Niederlassung befindet, zu entfernen oder zu veräußern, es sei denn, dies erfolgt im Rahmen des gewöhnlichen Geschäftsbetriebs. Das Gericht kann ferner andere Maßnahmen zum Schutz des Interesses der lokalen Gläubiger während einer Aussetzung anordnen, es sei denn, dies ist mit den nationalen Vorschriften über Zivilverfahren unvereinbar.

Die Aussetzung der Eröffnung eines Sekundärinsolvenzverfahrens wird vom Gericht von Amts wegen oder auf Antrag eines Gläubigers widerrufen, wenn während der Aussetzung im Zuge der Verhandlungen gemäß Unterabsatz 1 eine Vereinbarung geschlossen wurde.

Die Aussetzung kann vom Gericht von Amts wegen oder auf Antrag eines Gläubigers widerrufen werden, wenn die Fortdauer der Aussetzung für die Rechte des Gläubigers nachteilig ist, insbesondere wenn die Verhandlungen zum Erliegen gekommen sind oder wenn offensichtlich geworden ist, dass sie wahrscheinlich nicht abgeschlossen werden, oder wenn der Verwalter oder der Schuldner in Eigenverwaltung gegen das Verbot der Veräußerung von Gegenständen der Masse oder ihres Entfernens aus dem Hoheitsgebiet des Mitgliedstaats, in dem sich seine Niederlassung befindet, verstoßen hat.

(4) Auf Antrag des Verwalters des Hauptinsolvenzverfahrens kann das Gericht nach Absatz 1 abweichend von der ursprünglich beantragten Art des Insolvenzverfahrens ein anderes in Anhang A aufgeführtes Insolvenzverfahren eröffnen, sofern die Voraussetzungen für die Eröffnung dieses anderen Verfahrens nach nationalem Recht erfüllt sind und dieses Verfahren im Hinblick auf die Interessen der lokalen Gläubiger und die Kohärenz zwischen Haupt- und Sekundärinsolvenzverfahren am geeignetsten ist. Artikel 34 Satz 2 findet Anwendung.

Übersicht

I. Vorbemerkung

Die Vorschrift ist neu und enthält Bestimmungen über das Verf nach Stellung eines Antrags auf Eröffnung eines regulären SekundärInsVerf. Art 38 ergänzt oder modifiziert das SekundärInsStatut, nach dem sich das EröffnungsVerf ansonsten richtet. 1

II. Normzweck

Abs 1 verpflichtet das mit einem Antrag auf Eröffnung eines SekundärInsVerf befasste Gericht, den HauptInsVerw oder Schu in EigenVerw umgehend zu unterrichten und ihm Gelegenheit zu geben, sich zu dem Antrag zu äußern. Dem HauptInsVerw oder Schu in EigenVerw wird dadurch ermöglicht, zu den **Eröffnungsvoraussetzungen** vorzutragen oder **Rechte nach Abs 2, 3 oder 4** geltend zu machen. In Anbetracht der von einem SekundärInsVerf ausgehenden Beschränkungen der VerwBefugnisse, handelt es sich bei Abs 1 um eine verfahrensrechtliche Selbstverständlichkeit: Dem HauptInsVerw oder Schu in EigenVerw wird **rechtliches Gehör** gewährt und so das Recht auf ein faires Verfahren gewahrt.[1] 2

Abs 2 komplettiert die unionsrechtlichen Regelungen über die **synthetische SekundärIns** und dient daher der **Vermeidung** eines regulären SekundärInsVerf.[2] Der vom Reform-VO-Geber vorgenommene Ausgleich des Interesses an einer effizienten Verwaltung der (Haupt-)InsMasse mit dem Interesse der Gl an der Durchführung einer regulären SekundärIns[3] führt dazu, dass es **trotz bindend gewordener Zusicherung** zur Eröffnung eines regulären Verf kommen kann. Will der HauptInsVerw dies verhindern, muss er einen Antrag nach Abs 2 stellen. 3

Der Reform-VO-Geber ist der Ansicht, dass SekundärInsVerf eine effiziente Verwaltung der InsMasse auch **behindern** können.[4] **Abs 3** ist neben der synthetischen SekundärIns eine von **zwei** nunmehr unionsrechtlich vorgesehenen **Möglichkeiten**, um **Störeinflüsse des SekundärInsVerf** zu verringern oder auszuschließen.[4] Die Vorschrift ermöglicht die Aussetzung der Eröffnung eines SekundärInsVerf für einen Zeitraum von höchstens drei Monaten.[5] 4

Abs 4 ist Ausdruck des Vorrangs des HauptInsVerf. Nach Art 37 aF hatte der HauptInsVerw das Recht, die Umwandlung eines zuvor eröffneten isolierten PartikularInsVerf in ein LiquidationsVerf zu beantragen. Gem Art 51 kann er nunmehr die **Umwandlung** eines bereits eröffneten SekundärInsVerf in ein anderes der in Anh A aufgeführten InsVerf beantragen. Abs 4 erweitert dieses Recht auf das **EröffnungsVerf**. 5

---

1 Vgl dazu *EuGH* 2.5.2006 – C-341/04 (Eurofood) Rn 60 ff; 21.1.2010 – C-444/07 (MG Probud) Rn 34.
2 Vgl dazu Art 36 Rn 2 ff.
3 Vgl dazu Art 36 Rn 5.
4 41. Erwägungsgrund.
5 Vgl dazu 45. Erwägungsgrund.

III. Unterrichtung des Hauptinsolvenzverwalters (Abs 1)

6 Nach Abs 1 hat das mit einem Antrag auf Eröffnung eines SekundärInsVerf befasste Gericht **umgehend** den **HauptInsVerw** oder den **Schu in EigenVerw** von dem Antrag zu unterrichten und ihm Gelegenheit zu geben, sich zu dem Antrag zu äußern. Die Eröffnung eines SekundärInsVerf ist denklogisch ausgeschlossen, solange es an einem HauptInsVerf fehlt. Nach der reformierten VO wird ein HauptInsVerf idR schon durch die Bestellung eines vorl Verw eröffnet, auf den die Verwaltungs- und Verfügungsbefugnis noch nicht übergegangen sein muss.[6] Ggf dürfte **auch der Schu** über den Antrag zu unterrichten sein. Aus Abs 1 ergibt sich dies nur, wenn es sich um einen Schu in EigenVerw handelt. In diesem Fall ist nach dem Wortlaut der Vorschrift („oder") keine (zusätzliche) Unterrichtung des **Sachwalters** (§ 274 InsO) erforderlich, obwohl dieser Verw iSd Art 2 Nr 5 und in Anh B aufgeführt ist.[7]

7 Die Unterrichtung nach Abs 1 hat **umgehend** zu erfolgen. Was darunter zu verstehen ist, wird nicht näher definiert und dürfte **unionsautonom** zu bestimmen sein. Die Unterrichtung muss jedenfalls so früh erfolgen, dass dem HauptInsVerw oder Schu in EigenVerw vor der Entsch über den Eröffnungsantrag genug Zeit verbleibt, zu dem Antrag Stellung zu nehmen und seine Rechte zu wahren. Hierfür ist ihm eine **angemessene Frist** einzuräumen.[8]

IV. Vermeidung der Eröffnung (Abs 2)

8 Trotz wirksam gebilligter Zusicherung iSd Art 36 hat ein zulässiger und begründeter Antrag auf Eröffnung eines regulären SekundärInsVerf Erfolg, wenn der **HauptInsVerw** keinen Antrag nach Abs 2 stellt. Ein Antragsrecht des **Schu in EigenVerw** sieht die Vorschrift nicht vor. Eines solchen Antragsrechts bedarf es nicht, wenn man mit dem Wortlaut des Art 36 Abs 1 S 1 davon ausgeht, dass dem Schu in EigenVerw die Abgabe einer Zusicherung verwehrt ist.[9] Der Antrag nach Abs 2 ist nach der VO nicht an eine **Frist** gebunden und kann demnach – vorbehaltlich abweichender Vorschriften des nationalen Rechts – bis zur Entsch über den Antrag auf Eröffnung des SekundärInsVerf jederzeit gestellt werden.

9 Nicht eindeutig ist, ob der HauptInsVerw den Antrag schon dann stellen kann, wenn er eine **Zusicherung nur abgegeben** hat,[10] oder ob es der vorherigen **Billigung der Zusicherung** durch die lokalen Gl bedarf.[11] Der Wortlaut des Abs 2 spricht dafür, dass die Abgabe einer Zusicherung ausreicht. Ausweislich des 42. Erwägungsgrunds[12] könnte der Reform-VO-Geber allerdings eine bereits gebilligte Zusicherung im Sinn gehabt haben. Um die ohnehin schon hohen Voraussetzungen für die Vermeidung eines regulären SekundärInsVerf durch eine synthetische SekundärIns nicht zu überhöhen, sollte das Antragsrecht nach Abs 2 **schon mit der Abgabe der Zusicherung** entstehen. Ansonsten könnte in der Zeit zwischen Abgabe und Billigung der Zusicherung jederzeit ein reguläres SekundärInsVerf eröffnet werden, wodurch die Bemühungen des HauptInsVerw, Störeinflüsse zu vermeiden, zunichtegemacht würden.

10 Hält man den Antrag nach Abs 2 schon mit der Abgabe der Zusicherung für möglich, kann sich die Situation ergeben, dass **nicht sogleich** über die (Nicht-)Eröffnung des SekundärInsVerf **zu entscheiden ist**. Eine Zusicherung ist nämlich zum Schutz der allgemeinen Interes-

---

6 Vgl dazu Art 37 Rn 5 f.
7 Vgl *Braun/Delzant* Art 38 Rn 8.
8 *Mankowski/Müller/J Schmidt* Art 38 Rn 5.
9 Vgl dazu Art 36 Rn 9; **aA** *Braun/Delzant* Art 38 Rn 10.
10 So wohl *Mankowski/Müller/J Schmidt* Art 38 Rn 6; MK/*Reinhart* Art 38 Rn 8 f.
11 So *Braun/Delzant* Art 38 Rn 11.
12 Vgl dort insb den letzten Satz.

sen der lokalen Gl allenfalls dann in der Lage, wenn sie **wirksam gebilligt** und damit gem Art 36 Abs 6 S 1 für die Masse **verbindlich** ist. Stellt also der HauptInsVerw den Antrag nach Abs 2 schon vor der Billigung und gelangt das Gericht nicht zu der Überzeugung, dass die Zusicherung die Interessen der lokalen Gl auch im Falle ihrer Billigung nicht angemessen schützte, muss es die Entsch über die Billigung abwarten. Hierzu wird eine **Aussetzung** des Verfahrens gem oder analog Abs 3 befürwortet.[13] Richtet sich das EröffnungsVerf nach deutschem Recht, dürfte eher eine Aussetzung nach **§ 4 InsO, § 148 ZPO** in Betracht kommen. Eine Aussetzung des EröffnungsVerf ist zwar regelmäßig ausgeschlossen,[14] im Sonderfall der noch ausstehenden Billigung erscheint sie jedoch geboten. Allerdings sollte das Gericht vor einer Aussetzung die erforderlichen **Sicherungsmaßnahmen** anordnen. Dem HauptInsVerw sollte im Grundsatz untersagt werden, Gegenstände der potentiellen SekundärInsMasse aus dem betreffenden Mitgliedstaat zu entfernen oder zu veräußern. Erlaubt das nationale Recht eine derartige vorläufige Sicherung der potentiellen SekundärInsMasse nicht, könnte insoweit über eine analoge Anwendung von Abs 3 Unterabs 2 nachgedacht werden.

Gem Art 36 Abs 6 S 1 wird die Zusicherung für die HauptInsMasse erst verbindlich, wenn **11**
sie nach den Vorgaben des Art 36 gebilligt worden ist. Es liegt auf der Hand, dass erst die wirksam gebilligte und daher verbindliche Zusicherung angemessenen Schutz für die lokalen Gl entfalten kann. Bevor das mit einem Antrag nach Abs 2 befasste Gericht von der Eröffnung eines regulären SekundärInsVerf absieht, muss es sich deshalb davon überzeugen, dass die **Zusicherung wirksam gebilligt** worden ist. Das **gesamte Verf der Abstimmung über die Billigung** steht hier zur Überprüfung durch das Gericht.[15] Dies gilt insb, wenn und soweit eine Beteiligung des Gerichts im AbstimmungsVerf selbst ausgeschlossen ist. Dies ist nach **deutschem Recht** weitgehend der Fall.[16]

Abs 2 setzt voraus, dass die Zusicherung die allgemeinen Interessen der lokalen Gl ange- **12**
messen schützt. Wer **lokaler Gl** ist, hat der Reform-VO-Geber in Art 2 Nr 11 niedergelegt. Nicht näher bestimmt sind hingegen die **allgemeinen Interessen** und der **angemessene Schutz**. Hier hätte es der Reform-VO-Geber den Gerichten sicherlich leichter gemacht, wenn er auf einen näher bestimmten Rechtsbegriff – etwa die Wahrung der Verteilungs- und Vorzugsrechte nach nationalem Recht (vgl Art 36 Abs 1) – abgestellt hätte. Dass er dies nicht getan hat, eröffnet dem Gericht einen **Beurteilungsspielraum**. Ist die Zusicherung wirksam gebilligt worden, erscheint es deshalb nicht einmal ausgeschlossen, einen angemessenen Schutz der lokalen Gl auch dann anzunehmen, wenn die Zusicherung inhaltlich oder formal nicht den Anforderungen des Art 36 entspricht.[17] Bei seiner Beurteilung muss das Gericht nicht spezielle Bedürfnisse einzelner Gl berücksichtigen. Der Begriff der „allgemeinen Interessen" beschränkt das Prüfungsprogramm vielmehr auf die Ziele, welche lokale Gl mit einem Antrag auf Eröffnung eines SekundärInsVerf im Allgemeinen verfolgen.

Nach den Erwägungen des Reform-VO-Gebers soll das mit einem Antrag nach Abs 2 **13**
befasste Gericht bei der **Beurteilung der allgemeinen Interessen** berücksichtigen, dass die Zusicherung von einer qualifizierten Mehrheit der lokalen Gl gebilligt worden ist.[18] Daraus lässt sich ableiten, dass auf Antrag nach Abs 2 die **Nichteröffnung** eines regulären

---

13 *Mankowski/Müller/J Schmidt* Art 38 Rn 6; **aA** MK/*Reinhart* Art 38 Rn 9.
14 *BGH* 29.3.2007 – IX ZB 141/06 Rn 12.
15 Vgl *Madaus* NZI 2017, 203, 205.
16 Vgl BT-Drucks 18/12154 S 32f.
17 Zur Möglichkeit der Billigung einer nicht den Anforderungen des Art 36 entsprechenden Zusicherung vgl oben Art 36 Rn 18.
18 42. Erwägungsgrund.

SekundärInsVerf **die Regel** und die Eröffnung die Ausnahme sein sollte.[19] Überhaupt sollten die Anforderungen an den angemessenen Schutz der allgemeinen Interessen der lokalen Gl nicht überspannt und dadurch das Regelungsziel des Reform-VO-Gebers – die Vermeidung von Störeinflüssen eines regulären SekundärInsVerf[20] – aus dem Blick verloren werden. Zu berücksichtigen ist, dass das **wirtschaftliche Ergebnis** einer synthetischen SekundärIns nicht dem eines regulären SekundärInsVerf entsprechen muss; es bedarf keiner Gleichstellung der lokalen Gl. Lediglich deren Verteilungs- und Vorzugsrechte sind so zu wahren, wie in einem regulären Verf. Alles weitere, insb der Weg von der Ist- zur Sollmasse, richtet sich nach dem HauptInsStatut. Dieses – und das Geschick des HauptInsVerw bei der Verwertung – bestimmen die Teilmasse, aus der die lokalen Gl zu befriedigen sind. Ob es zur synthetischen SekundärIns kommt, sollte zuvörderst ihrer (Billigung-)Entsch obliegen.

14 Liegen die Voraussetzungen des Abs 2 zur Überzeugung des mit dem Antrag befassten Gerichts vor, so ist von der Eröffnung eines regulären SekundärInsVerf abzusehen. Es besteht **kein Entschließungsermessen**.[21] Welchen **Grad der Überzeugung** sich das Gericht im Blick auf die Voraussetzungen des Abs 2 bilden muss, lässt sich der VO nicht entnehmen. Das deutsche SekundärInsStatut kennt neben der Glaubhaftmachung (§ 4 InsO iVm § 294 ZPO) das Beweismaß des § 286 ZPO. Das Beweismaß des § 286 ZPO ist die Regel und die Glaubhaftmachung die Ausnahme, für die es eine gesonderte Anordnung braucht.[22] Mangels einer solchen Anordnung insb in Art 102c EGInsO dürfte der erforderliche Grad der Überzeugung daher **§ 286 ZPO** zu entnehmen sein. Dabei ist dem Regelungszusammenhang des Abs 2 wohl zu entnehmen, dass der HauptInsVerw die **Feststellungslast** trägt.[23]

15 Wird unter Hinweis auf die Zusicherung die Eröffnung eines SekundärInsVerf nach Abs 2 abgelehnt, so steht nach deutschem Recht dem **Antragsteller** die **sofortige Beschwerde** zu. Die §§ 574 bis 577 ZPO gelten entsprechend (Art 102c § 20 Abs 1 EGInsO). Umgekehrt kann der **HauptInsVerw** die Eröffnung eines regulären SekundärInsVerf **nach Art 39 anfechten**. Dieser Rechtsbehelf ist in Deutschland ebenfalls als sofortige Beschwerde zu behandeln (Art 102c § 20 Abs 2 EGInsO). Im Blick auf das Rechtsmittel des Antragstellers könnte der nationale Gesetzgeber über das Ziel hinausgeschossen sein. Nach dem Wortlaut kann jeder Antragsteller sofortige Beschwerde einlegen. Ein **Rechtsschutzbedürfnis** scheinen jedoch **nur lokale Gl** zu haben, deren Interessen in der synthetischen SekundärIns möglicherweise nicht ausreichend geschützt werden.

V. Vorübergehende Aussetzung der Eröffnung (Abs 3)

16 Nach Abs 3 Unterabs 1 kann das Gericht auf Antrag des HauptInsVerw oder Schu in EigenVerw die Eröffnung eines SekundärInsVerf für einen Zeitraum von höchstens drei Monaten aussetzen, wenn geeignete Maßnahmen zum Schutz des Interesses der lokalen Gl bestehen. Voraussetzung ist nach dem Wortlaut der Vorschrift, dass im HauptInsVerf eine **vorübergehende Aussetzung eines EinzelvollstreckungsVerf** gewährt wurde, um **Verhandlungen zwischen dem Schu und seinen Gl** zu ermöglichen. Eine solche Aussetzung ist **dem deutschen Recht weitgehend fremd**. Im eröffneten Verf ist die Einzelzwangsvollstreckung schon durch Gesetz ausgeschlossen (§ 89 InsO). Lediglich im Eröffnungsverfahren kommt

---

19 *Mankowski/Müller/J Schmidt* Art 38 Rn 6.
20 41. Erwägungsgrund.
21 MK/*Reinhart* Art 38 Rn 6; *Mankowski/Müller/J Schmidt* Art 38 Rn 7; **aA** *Braun/Delzant* Art 38 Rn 10.
22 Vgl *Musielak/Voit/Huber* § 294 Rn 1.
23 MK/*Reinhart* Art 38 Rn 19.

gem § 21 Abs 2 Nr 3 InsO die Untersagung oder einstweilige Einstellung der Zwangsvollstreckung gegen den Schu in Betracht. Im Schutzschirmverfahren hat dies auf Antrag des Schu zu erfolgen (§ 270b Abs 2 S 3 HS 2 InsO).

Dies zeigt, dass **nach dem Wortlaut** des Abs 3 die Möglichkeit zur vorübergehenden Ausset- **17**
zung unter Berücksichtigung der Regelungen des HauptInsStatuts begrenzt sein kann. Ein solcher Befund sollte durch eine **erweiternde Auslegung des Abs 3** korrigiert werden. Anerkennenswertes Ziel einer vorläufigen Aussetzung der Eröffnung des SekundärInsVerf ist die **Verhinderung von** dessen **Störeinflüssen** auf Verhandlungen im HauptInsVerf, zB über eine Sanierung oder Restrukturierung des schuldnerischen Unternehmens. Deshalb sollte die Anwendbarkeit von Abs 3 nicht davon abhängig gemacht werden, ob die Aussetzung der Einzelzwangsvollstreckung im HauptInsVerf vorübergehend oder für die Dauer des Verf gewährt wird,[24] ob sie schon durch Gesetz erfolgt oder es einer gesonderten Anordnung bedarf.[25] Keine Bedeutung sollte es ferner haben, ob es zur Aussetzung der Einzelvollstreckung gerade mit dem Ziel der Ermöglichung von Verhandlungen gekommen ist.[26] **Maßgebend** sollte vielmehr sein, ob im Zeitpunkt der Entscheidung über den Antrag nach Abs 3 Verhandlungen geführt werden oder unmittelbar anstehen.

Die vorläufige Aussetzung der Eröffnung eines SekundärInsVerf setzt ferner voraus, dass **18**
geeignete Maßnahmen zum Schutz des Interesses der lokalen Gl bestehen. Geeignet sind alle Maßnahmen, die den **Bestand** der potentiellen SekundärInsMasse während der Dauer der Aussetzung **sichern**. Bestehen solche noch nicht, können sie vom Gericht in Anwendung von **Abs 3 Unterabs 2** angeordnet werden. Danach kann dem HauptInsVerw oder Schu in EigenVerw untersagt werden, Massegegenstände, die in dem Mitgliedstaat des potentiellen SekundärInsVerf belegen sind, zu entfernen oder zu veräußern, es sei denn, dies erfolgt iRd gewöhnlichen Geschäftsbetriebs. Das Gericht kann auch andere Maßnahmen zum Schutz des Interesses der lokalen Gl anordnen. Diese dürfen allerdings mit den nationalen Vorschriften über Zivilverfahren nicht unvereinbar sein (Abs 3 Unterabs 2 S 2).

Die vorläufige Aussetzung nach Abs 3 erfolgt **nicht von Amts wegen**. Sie muss durch den **19**
HauptInsVerw oder den Schu in EigenVerw **beantragt** werden. Nicht antragsberechtigt sind (lokale) Gl.[27] Ausgesetzt wird die **Entsch über die Eröffnung**, nicht das EröffnungsVerf selbst. Der Zeitraum der Aussetzung darf höchstens drei Monate betragen. Das wirft Probleme auf, wenn die Verhandlungen längere Zeit in Anspruch nehmen. Jedenfalls ausgeschlossen erscheint in diesem Fall eine bloße **Verlängerung** der Aussetzung über den Zeitraum von drei Monaten hinaus. Eine **wiederholte Anordnung** wird für möglich erachtet.[28] Dagegen sprechen der Wortlaut der Vorschrift, der im Gegensatz zu Art 46 eine wiederholte Anordnung nicht vorsieht, und ferner der Umstand, dass nach Unterabs 4 die Aussetzung schon vor Ablauf von drei Monaten widerrufen werden kann, wenn offensichtlich geworden ist, dass die Verhandlungen wahrscheinlich nicht (rechtzeitig) abgeschlossen werden können.

Nach **Abs 3 Unterabs 3 und 4** kommt ein **Widerruf** der Aussetzung **von Amts wegen** oder **20**
auf **Antrag eines Gl** in Betracht. Eine Beschränkung auf lokale Gl enthält der Wortlaut nicht. Voraussetzung für den Widerruf nach Unterabs 3 ist der **Abschluss einer Vereinbarung** im Zuge der Verhandlungen. In diesem Fall bedarf es keiner weiteren Aussetzung, weil die Verhandlungen (erfolgreich) abgeschlossen sind. Unterabs 4 enthält einen offenen Tat-

---

24 Vgl *Mankowski/Müller/J Schmidt* Art 38 Rn 16.
25 *Braun/Delzant* Art 38 Rn 16; *Mankowski/Müller/J Schmidt* Art 38 Rn 14.
26 *Braun/Delzant* Art 38 Rn 17.
27 MK/*Reinhart* Art 38 Rn 21.
28 *Mankowski/Müller/J Schmidt* Art 38 Rn 29; **aA** MK/*Reinhart* Art 38 Rn 25.

bestand. Danach kann widerrufen werden, wenn die Fortdauer der Aussetzung für die Rechte des (lokalen) Gl nachteilig ist. Die Vorschrift nennt nicht abschließend drei Fälle, in denen dies anzunehmen sein soll: Erstens kommt ein Widerruf in Betracht, wenn die Verhandlungen zum Erliegen gekommen sind oder wenn offensichtlich geworden ist, dass sie wahrscheinlich nicht abgeschlossen werden. Widerrufen werden kann auch, wenn der HauptInsVerw oder Schu in EigenVerw verbotswidrig Gegenstände der potentiellen SekundärInsMasse veräußert oder außer Landes bringt.

VI. Eröffnung eines anderen Insolvenzverfahrens (Abs 4)

21 Nach Abs 4 kann das mit einem Antrag auf Eröffnung eines SekundärInsVerf befasste Gericht auf Antrag des HauptInsVerw abweichend von der ursprünglich beantragten Art des InsVerf ein anderes in Anh A aufgeführtes Verf eröffnen. Die Regelung steht in **Zusammenhang mit Art 51** und erstreckt die dort vorgesehene Möglichkeit zur Umwandlung von SekundärInsVerf auf den Zeitraum vor der Eröffnung des SekundärVerf. Der HauptInsVerw muss deshalb nicht erst die Eröffnung des SekundärInsVerf abwarten, sondern kann mittels eines Antrags nach Abs 4 schon frühzeitig für eine **Koordinierung von Haupt- und SekundärInsVerf** Sorge tragen. Ist etwa das HauptInsVerf ein SanierungsVerf kann es in seinem Interesse liegen, dass auch das SekundärInsVerf als SanierungsVerf eröffnet wird. Abs 4 ist eine **unmittelbar geltende Sachnorm**, die parallele oder ähnliche Regelungen des nationalen Rechts nicht ausschließt, sondern ergänzt.

22 Für **Deutschland** sieht Anh A nur das „Insolvenzverfahren" vor, das jedoch in **EigenVerw** eröffnet werden kann, wenn und soweit man eine Antragsbefugnis des Schu annimmt.[29] Einen praktischen Anwendungsbereich hat Abs 4 hierzulande demnach allenfalls für die Frage der EigenVerw. Ggf sollte Abs 4 auf diese Konstellation entsprechend anwendbar sein. Im Blick auf die Kohärenz zwischen Haupt- und SekundärInsVerf kann es vorzugswürdig sein, das SekundärInsVerf ebenfalls mit (oder auch ohne) EigenVerw zu eröffnen.

23 Abs 4 setzt die **Eröffnung des HauptInsVerf** voraus, hingegen darf das **SekundärInsVerf noch nicht eröffnet** worden sein. Unter welchen Voraussetzungen es zur Eröffnung eines Haupt- oder SekundärInsVerf kommt, ist unionsrechtlich zu bestimmen. Dazu reicht wohl auch die Bestellung eines vorl „schwachen" Verw.[30] Unionsrechtlich ist also nicht zwischen Eröffnungs- und eröffnetem Verf zu unterscheiden. Dem Wortlaut nach kann der Antrag nach Abs 4 demnach **schon durch einen vorl HauptInsVerw** gestellt werden. Zu diesem Zeitpunkt muss nicht feststehen, ob und falls ja welches HauptInsVerf letztlich eröffnet wird. Ggf kann der Antrag wohl keinen Erfolg haben, weil nicht festgestellt werden kann, ob das andere in Anh A aufgeführte Verf am geeignetsten ist. Laufen Haupt- und SekundärInsEröffnungsVerf parallel, muss sich der HauptInsVerw deshalb möglicherweise gedulden, bis das HauptInsVerf endgültig eröffnet ist. Ist zu diesem Zeitpunkt auch das SekundärInsVerf iSd VO bereits eröffnet, bleibt dem HauptInsVerw der Antrag nach Art 51.

24 Will der HauptInsVerw die Eröffnung eines anderen in Anh A aufgeführten Verf erreichen, müssen die **Voraussetzungen** für die Eröffnung dieses Verf **nach nationalem Recht** erfüllt und das Verf im Hinblick auf die **Interessen der lokalen Gl** und die **Kohärenz zwischen Haupt- und SekundärInsVerf** am geeignetsten sein. Das Gericht hat demnach nicht nur die Interessen des HauptInsVerw zu berücksichtigen. Vielmehr muss das andere in Anh A aufgeführte Verf das für HauptInsVerw und lokale Gl günstigste sein. Das wird kritisiert und die Auffassung vertreten, die lokalen Gl müssten mit jedem nach nationalem Recht zulässi-

---

29 Vgl dazu Art 34 Rn 10 und Art 37 Rn 9.
30 Vgl dazu Art 19 Rn 7 f.

gen SekundärInsVerf Vorlieb nehmen.[31] Die Wertentscheidung des Reform-VO-Gebers, der auch an dieser Stelle einen Ausgleich des Interesses an einer effizienten Verwaltung der (Haupt-)InsMasse mit den Interessen der lokalen Gl sucht, ist jedoch hinzunehmen.

War es für die Eröffnung des HauptInsVerf erforderlich, dass der Schu insolvent ist, wird die Ins auch bei Eröffnung eines anderen in Anh A aufgeführten Verf gem Abs 4 nicht erneut geprüft. Das wird durch den Verweis in Abs 4 S 2 auf **Art 34 S 2** klargestellt. Der Wortlaut des Abs 4 („kann eröffnen") eröffnet dem Gericht ein **Entschließungsermessen**. Dieses ist freilich pflichtgemäß auszuüben. Ist tatsächlich ein anderes in Anh A aufgeführtes Verf sowohl im Hinblick auf die Interessen der lokalen Gl als auch die Kohärenz zwischen Haupt- und SekundärInsVerf am geeignetsten, dürfte das Ermessen des Gerichts reduziert und dieses Verf zu eröffnen sein. 25

31 MK/*Reinhart* Art 38 Rn 32.

Artikel 39 Gerichtliche Nachprüfung der Entscheidung zur Eröffnung des Sekundärinsolvenzverfahrens

Der Verwalter des Hauptinsolvenzverfahrens kann die Entscheidung zur Eröffnung eines Sekundärinsolvenzverfahrens bei dem Gericht des Mitgliedstaats, in dem das Sekundärinsolvenzverfahren eröffnet wurde, mit der Begründung anfechten, dass das Gericht den Voraussetzungen und Anforderungen des Artikels 38 nicht entsprochen hat.

Übersicht

I. Vorbemerkung

Die Vorschrift ist **neu** und ergänzt die Regelungen des Art 38 um einen **unionsrechtlichen Rechtsbehelf**, mittels dessen geltend gemacht werden kann, das Gericht habe bei der Eröffnung des SekundärInsVerf den Voraussetzungen und Anforderungen des Art 38 nicht entsprochen. Es handelt sich um eine unmittelbar geltende Sachnorm, die entsprechende oder weitergehende Rechtsschutzmöglichkeiten nach dem SekundärInsStatut nicht sperrt.[1] 1

II. Einzelheiten

Nach dem Wortlaut ist der persönliche Anwendungsbereich des Art 39 beschränkt auf den **HauptInsVerw**. Dieser kann sich zudem nur gegen die Eröffnung eines SekundärInsVerf wenden und dies auch nur mit der Begründung, das Gericht habe den Voraussetzungen und Anforderungen des Art 38 nicht entsprochen. Das ist in mehrfacher Hinsicht **missglückt**. Zum einen schützt Art 38 auch den **Schu in EigenVerw**. Ihm ist nach Art 38 Abs 1 rechtliches Gehör zu gewähren. Ebenso wie der HauptInsVerw kann er jedenfalls[2] die vorübergehende Aussetzung der Eröffnung des SekundärInsVerf nach Art 38 Abs 3 beantragen. Wird seinem Aussetzungsantrag nicht stattgegeben und das SekundärInsVerf eröffnet, gibt es keinen Grund, dem Schu in EigenVerw den Rechtsbehelf gem Art 39 zu versagen. Jedenfalls in diesem Punkt sollte Art 39 über seinen Wortlaut hinausgehend Anwendung finden. 2

1 Vgl MK/*Reinhart* Art 39 Rn 3.
2 Zum Teil wird der Schu in EigenVerw auch für berechtigt gehalten, die Anträge nach Art 38 Abs 2 und 4 zu stellen; vgl etwa *Braun/Delzant* Art 38 Rn 10 und 30.

3 Art 39 greift jedoch auch **inhaltlich** zu kurz. Zum einen kann der Rechtsbehelf nur darauf gestützt werden, dass den **Voraussetzungen und Anforderungen des Art 38** nicht entsprochen worden sei. Alle weiteren Voraussetzungen für die Eröffnung eines SekundärInsVerf können deshalb allenfalls nach **nationalem** Recht zur gerichtlichen Überprüfung gestellt werden. In einem deutschen SekundärInsVerf soll sich eine entsprechende Rechtsschutzmöglichkeit des HauptInsVerw aufgrund seiner Verwaltungsbefugnis in Anwendung von § 34 Abs 2 InsO ergeben.[3] Vor dem Hintergrund der Voraussetzungen und Anforderungen des Art 38 konsequent kann gem Art 39 **nur die Eröffnung** eines SekundärInsVerf angefochten werden, nicht aber die **Nichteröffnung**. Da die Eröffnung eines SekundärInsVerf auch im Interesse des HauptInsVerw liegen kann,[4] hätte der Reform-VO-Geber den Rechtsbehelf nach Art 39 auch auf die Nichteröffnung eines SekundärInsVerw erweitern können. Stattdessen muss auch insoweit auf das nationale Recht – in Deutschland auf § 34 Abs 1 InsO – zurückgegriffen werden.

4 Art 39 eröffnet nur die Rechtsschutzmöglichkeit, die formalen Anforderungen an die Einlegung des Rechtsbehelfs und das einzuhaltende Verfahren ergeben sich aus dem SekundärInsStatut. Für das in Deutschland eröffnete SekundärInsVerf bestimmt **Art 102c § 20 Abs 2 EGInsO**, dass der Rechtsbehelf als sofortige Beschwerde zu behandeln ist und die §§ 574 bis 577 ZPO entsprechend gelten.

---

3 MK/*Reinhart* Art 39 Rn 3.
4 Vgl dazu Art 34 Rn 2 und den 40. Erwägungsgrund.

Artikel 40 Kostenvorschuss

Verlangt das Recht des Mitgliedstaats, in dem ein Sekundärinsolvenzverfahren beantragt wird, dass die Kosten des Verfahrens einschließlich der Auslagen ganz oder teilweise durch die Masse gedeckt sind, so kann das Gericht, bei dem ein solcher Antrag gestellt wird, vom Antragsteller einen Kostenvorschuss oder eine angemessene Sicherheitsleistung verlangen.

Übersicht

I. Vorbemerkung

1 Art 40 übernimmt die Regelungen des **Art 30 aF**. Der Reform-VO-Geber hat noch nicht einmal redaktionelle Änderungen vorgenommen. Die zu Art 30 aF ergangene Rspr und das entsprechende Schrifttum können herangezogen werden. Dabei sind jedoch die Änderungen an anderen Stellen der EuInsVO und deren Auswirkungen zu berücksichtigen.

II. Normzweck

2 Nach dem Recht einiger Mitgliedstaaten ist die Eröffnung eines InsVerf nicht möglich, wenn **keine kostendeckende Masse** vorhanden ist.[1] Nach Art 40 kann das Gericht in diesen Fällen von dem Antragsteller einen Kostenvorschuss oder eine angemessene Sicherheitsleistung verlangen. Wegen der Generalverweisung auf das Recht des Eröffnungsstaats (Art 7, 35) kommt der Regelung nur klarstellende Bedeutung zu.[2]

---

1 § 26 Abs 1 InsO.
2 MK/*Reinhart* Art 30 aF Rn 1.

III. Einzelheiten

Nach Art 40 kann das Gericht, bei dem ein Antrag auf Eröffnung eines SekundärInsVerf gestellt wird, vom Antragsteller einen Kostenvorschuss oder eine angemessene Sicherheitsleistung verlangen, sofern das Recht des Eröffnungsstaats verlangt, dass die Kosten des Verf einschließlich der Auslagen ganz oder teilweise durch die Masse gedeckt sind. Trotz des Wortlauts („kann verlangen") begründet Art 40 kein Ermessen. Das einzelstaatliche Recht entscheidet darüber, ob ein Vorschuss verlangt werden kann oder muss.[3] 3

Der Kostenvorschuss kann von jedem Antragsteller verlangt werden, auch von dem Verw des HauptInsVerf. Der Verw des HauptInsVerf wird diesen Kostenvorschuss aus der Masse nur dann erbringen können, wenn ihm dies nach dem Recht des Eröffnungsstaats des HauptInsVerf möglich ist (Art 7 Abs 2 Buchst c).[4] 4

Masse iSd Art 40 ist die von den territorialen Wirkungen des SekundärInsVerf erfasste Partikularmasse.[5] Die Masseunzulänglichkeit ist nach dem Recht des Eröffnungsstaats zu beurteilen. Ebenso bestimmen sich nach dem Recht des Eröffnungsstaats die Höhe des Kostenvorschusses, wie dieser zu erbringen ist und welche Rechtsfolgen eintreten, wenn er nicht erbracht wird. 5

Artikel 41 Zusammenarbeit und Kommunikation der Verwalter

(1) Der Verwalter des Hauptinsolvenzverfahrens und der oder die in Sekundärinsolvenzverfahren über das Vermögen desselben Schuldners bestellten Verwalter arbeiten so weit zusammen, wie eine solche Zusammenarbeit mit den für das jeweilige Verfahren geltenden Vorschriften vereinbar ist. Die Zusammenarbeit kann in beliebiger Form, einschließlich durch den Abschluss von Vereinbarungen oder Verständigungen, erfolgen.

(2) Bei der Durchführung der Zusammenarbeit nach Absatz 1 obliegt es den Verwaltern,

a) einander so bald wie möglich alle Informationen mitzuteilen, die für das jeweilige andere Verfahren von Bedeutung sein können, insbesondere den Stand der Anmeldung und Prüfung der Forderungen sowie alle Maßnahmen zur Rettung oder Sanierung des Schuldners oder zur Beendigung des Insolvenzverfahrens, vorausgesetzt, es bestehen geeignete Vorkehrungen zum Schutz vertraulicher Informationen;

b) die Möglichkeit einer Sanierung des Schuldners zu prüfen und, falls eine solche Möglichkeit besteht, die Ausarbeitung und Umsetzung eines Sanierungsplans zu koordinieren;

c) die Verwertung oder Verwendung der Insolvenzmasse und die Verwaltung der Geschäfte des Schuldners zu koordinieren; der Verwalter eines Sekundärinsolvenzverfahrens gibt dem Verwalter des Hauptinsolvenzverfahrens frühzeitig Gelegenheit, Vorschläge für die Verwertung oder Verwendung der Masse des Sekundärinsolvenzverfahrens zu unterbreiten.

(3) Die Absätze 1 und 2 gelten sinngemäß für Fälle, in denen der Schuldner im Haupt- oder Sekundärinsolvenzverfahren oder in einem der Partikularverfahren über das Vermögen desselben Schuldners, das zur gleichen Zeit eröffnet ist, die Verfügungsgewalt über sein Vermögen behält.

---

3 *Duursma-Kepplinger/Duursma/Chalupsky* Art 30 aF Rn 2; *K/P/B/Kemper* Art 30 aF Rn 4.
4 *Vallender* InVo 2005, 41, 45.
5 *Smid* Art 30 aF Rn 3.

Übersicht

I. Vorbemerkung

1 **Art 31 aF** verpflichtete Haupt- und SekundärInsVerw zur Kooperation und gegenseitigen Unterrichtung. Systematisch wirkte die Vorschrift missglückt, weil sie Kooperations- und Unterrichtungspflicht selbstständig nebeneinander behandelte und nicht die Pflicht zur gegenseitigen Unterrichtung als Unterfall der allgemeinen Pflicht zur Kooperation. Art 41 behebt diese **Unstimmigkeit**, zieht die Kooperationspflicht vor nach Abs 1 und nennt in Abs 2 beispielhaft und nicht abschließend neben der Pflicht zur gegenseitigen Unterrichtung weitere Unterfälle der Kooperationspflicht (Zusammenarbeit bei der Sanierung bzw bei der Verwertung oder Verwendung der Masse). Die Vorschrift enthält einige **Klarstellungen**, die zum alten Recht geführte Streitigkeiten und Diskussionen betreffen. Die zu Art 31 aF ergangene Rspr und das entsprechende Schrifttum können daher nur mit Einschränkungen herangezogen werden.

II. Normzweck

2 Wird die Eröffnung eines SekundärInsVerf nicht durch eine Zusicherung gem Art 36 vermieden, bedarf es der Zusammenarbeit von Haupt- und SekundärInsVerw, um eine **reibungslose und effiziente Abwicklung des HauptVerf sowie des/der von diesem abhängigen SekundärInsVerf** praktisch zu gewährleisten.[1] Abs 1 begründet die entsprechende Verpflichtung. Abs 2 nennt beispielhaft und nicht abschließend[2] einzelne Bereiche der Kooperationspflicht. Abs 3 stellt klar, dass auch der Schu in EigenVerw zur Zusammenarbeit verpflichtet ist. Art 41 ist eine Sachnorm, die in den Mitgliedstaaten unmittelbare Wirkung entfaltet. Die Vorschrift stellt hohe Anforderungen an die Verw und den Schu in EigenVerw. Sie müssen Sprachbarrieren überwinden und die maßgeblichen InsR kennen, um verantwortungsvoll die Interessen der Gl wahrnehmen zu können.[3]

III. Pflicht zur Kooperation (Abs 1)

3 Die Pflicht zur Zusammenarbeit gilt für Haupt- und SekundärInsVerf über das Vermögen **desselben Schu**. Eine ähnliche Pflicht regelt Art 56 im Blick auf InsVerf über das Vermögen von zwei oder mehr Mitgliedern derselben Unternehmensgruppe. Nach dem Wortlaut des Abs 1 setzt die Kooperationspflicht **ein Haupt- und mindestens ein SekundärInsVerf** voraus. Nach neuem Recht dürfte auch die Bestellung eines vorl „schwachen" Verw zur Eröffnung entspr Verf führen.[4] Eine Pflicht zur Zusammenarbeit sollte aber auch dann angenommen werden, wenn ausnahmsweise trotz Bestellung eines Verw iSd Art 2 Nr 5 nicht von der Eröffnung eines Verf auszugehen sein sollte. Eine Kooperation **bereits im EröffnungsVerf** erscheint zur Verwirklichung des Normzwecks sinnvoll und geboten.

1 48. Erwägungsgrund; Nr 229 des Erläuternden Berichts.
2 *Mankowski/Müller/J Schmidt* Art 41 Rn 11; *Braun/Delzant* Art 41 Rn 9.
3 *K/P/B/Kemper* Art 31 aF Rn 1.
4 Vgl Art 19 Rn 7 f.

Abs 1 S 1 ist zu entnehmen, dass die Pflicht zur Zusammenarbeit **durch die für das jeweilige Verfahren geltenden Vorschriften begrenzt** wird. Der zu Art 31 aF diskutierte **Konflikt** zwischen der Kooperationspflicht einerseits und den sich aus dem nationalen Recht ergebenden Pflichten der Verw andererseits[5] wird damit zugunsten des nationalen Rechts **aufgelöst**. Ist etwa der Verw auf Grund von Entsch der GlVersammlung zu bestimmten Handlungen verpflichtet, kann dies im Anwendungsbereich des Art 41 nicht mehr mit der Pflicht zur Zusammenarbeit mit den Verw anderer Verf kollidieren, weil die Kooperationspflicht zurücksteht. Begreift man die Regelung des Vorrangs der für das jeweilige Verfahren geltenden Vorschriften als bloße Klarstellung eines bereits zuvor vorhanden gewesenen und nur nicht hinreichend zutage getretenen Willens des VO-Gebers könnte man den Vorrang auch in **Altfällen** anwenden. 4

Die **Konsequenzen einer Nichtbeachtung** der Pflicht zur Zusammenarbeit sind in der VO nicht geregelt. Der Erläuternde Bericht führt dazu lediglich aus, dass ggf das geltende einzelstaatliche Recht die Frage der Haftung des Verw regele.[6] Die durch die VO begründeten Pflichten sind insolvenzspezifisch.[7] Nach Maßgabe deutschen Rechts kommt daher eine Haftung des Verw aus § 60 InsO in Betracht. 5

Inhaltlich regelt Art 41 die Kooperationspflicht eingehender als die Vorgängervorschrift. Abs 2 benennt einzelne Bereiche der Pflicht. Eine **abschließende Konkretisierung** erscheint weder bezweckt noch möglich. Nach den Vorstellungen des Reform-VO-Gebers sollen die Verw bei ihrer Zusammenarbeit die **bewährten Praktiken für grenzüberschreitende Insolvenzfälle** berücksichtigen, wie sie in den Kommunikations- und Kooperationsgrundsätzen und Leitlinien, die von europäischen und internationalen Organisationen auf dem Gebiet des InsRechts ausgearbeitet worden sind, niedergelegt sind, insb den einschlägigen Leitlinien der Kommission der Vereinten Nationen für internationales Handelsrecht (UNCITRAL).[8] Anhand des jeweiligen **Einzelfalls** wird letztlich zu bestimmen sein, welchen Inhalts die Zusammenarbeit – über die in Abs 2 genannten Bereiche hinaus – zu sein hat. Denkbar ist insoweit vieles. Der Verw kann etwa verpflichtet sein, Unterlagen zu beschaffen, die für das ausl Verf von Bedeutung sind. 6

Abs 1 S 2 eröffnet den beteiligten Verw augenscheinlich alle Möglichkeiten. Die Zusammenarbeit soll **in beliebiger Form** erfolgen können; auch durch den Abschluss von Vereinbarungen oder Verständigungen. Zu beachten ist jedoch auch hier der **Vorrang der für das jeweilige Verfahren geltenden Vorschriften**.[9] Die Zulässigkeit etwa eines InsVerwaltungs-Vertrags[10] oder sog „protocols" richtet sich daher (auch) nach dem jeweiligen InsStatut. Ein **InsVerwaltungsVertrag** soll zwischen zwei oder mehreren InsVerw der jeweils parallel laufenden InsVerf in den einzelnen Staaten geschlossen werden können. In diesen Verträgen sollen wesentliche Eckpunkte der gemeinsamen Verwaltung konkretisiert und festgelegt werden.[11] Problematisch ist an diesen Verträgen, dass sie den Spielraum verringern, den der Verw hat, um schnell auf neue Situationen reagieren zu können.[12] Damit machen sie die Verwaltung in den einzelnen Verf unflexibel. Es ist auch fraglich, inwieweit das Eingehen 7

5 Vgl MK/*Reinhart* Art 31 aF Rn 3.
6 Nr 234 des Erläuternden Berichts.
7 *K/P/B/Kemper* Art 31 aF Rn 9; **aA** MK/*Reinhart* Art 31 aF Rn 1.
8 48. Erwägungsgrund.
9 Vgl S 1 des 49. Erwägungsgrunds („sofern dies mit den für die jeweiligen Verfahren geltenden Vorschriften vereinbar ist").
10 *Eidenmüller* ZZP 114 (2001), 3.
11 *Ehricke* WM 2005, 397, 402; *Pannen/Riedemann* Art 31 aF Rn 9.
12 *Ehricke* WM 2005, 397, 402.

solcher vertraglichen Verpflichtungen mit den Mitwirkungsrechten, die den Gl nach dem einzelstaatlichen Recht zugestanden werden, kollidiert.[13]

8 In Gestalt sog **„protocols"** gibt es im angloamerikanischen Rechtskreis Mittel, um die durch grenzüberschreitende Ins ausgelösten Probleme zu lösen. Dieses Verf hat in die Regelung des Art 25 UNCITRAL Model-Law on Cross-border Insolvency, in dem die Zusammenarbeit und die Unterrichtung zwischen den InsGer geregelt ist, Eingang gefunden.[14] Solche Protokolle regeln die Abwicklung grenzüberschreitender Ins. In diesen wird für den Einzelfall vereinbart, welche Rechte den jeweiligen Verw und Gl zustehen.[15] Die Grenze bilden dabei die „Kompetenzen, die eine Disposition über gesetzlich zwingende Pflichten der Vertragspartner darstellen".[16] Die Verträge dürfen nicht dazu führen, dass die Interessen der Gl des Haupt- oder auch des SekundärInsVerf durch eine Massekürzung beeinträchtigt werden. Die Gl dürfen durch die „protocols" nicht schlechter stehen als ohne diese.[17] Dass solche „protocols" in Deutschland umsetzbar sind, ist bezweifelt worden.[18]

IV. Unterrichtungspflicht (Abs 2 Buchst a)

9 Die in Abs 2 Buchst a) festgelegte Pflicht zur gegenseitigen Unterrichtung orientiert sich an Art 31 Abs 1 S 2 aF. Erstreckt wird die Pflicht auf alle **Maßnahmen zur Rettung oder Sanierung** des Schu. Das erklärt sich vor dem Hintergrund, dass nunmehr auch das SekundärInsVerf ein sanierendes sein kann, nachdem die Beschränkung auf LiquidationsVerf entfallen ist.[19] Der ursprünglich in Art 31 Abs. 1 S 1 aF enthaltene **datenschutzrechtliche Vorbehalt** findet sich – weicher formuliert – am Ende von Abs 2 Buchst a). Das dürfte **regelungstechnisch überflüssig** sein, weil wohl auch der Datenschutz unter den allgemeinen Vorbehalt des Abs 1 S 1 – Vereinbarkeit mit den für das jeweilige Verf geltenden Vorschriften – fällt. Dass der Reform-VO-Geber hier eigene unionsrechtliche Vorgaben für den Datenschutz machen wollte, ist nicht ersichtlich. Art 78 ist vielmehr zu entnehmen, dass die nationalen Vorschriften auf die nach Maßgabe der VO in den Mitgliedstaaten durchgeführte Verarbeitung personenbezogener Daten Anwendung finden.[20] Der gesonderten Erwähnung des Datenschutzes in Abs 2 Buchst a) kommt vor diesem Hintergrund nur eine klarstellende Funktion zu.

10 Insb der **Verw des HauptInsVerf**, dem nach wie vor die **dominierende Rolle** zukommen soll,[21] ist auf Informationen aus den lokalen Verf angewiesen. Nur dann kann er seine **Einwirkungsmöglichkeiten auf die lokalen Verf** im Interesse der Gl nutzen. Die Informationspflicht sollte sich etwa auf **folgende Punkte** erstrecken: Angaben zur Konkretisierung des jeweiligen Verf (Gericht, Az etc), die vom Verf erfasste Masse (Vermögensübersicht), die angemeldeten Forderungen, ihre Prüfung und ggf Anfechtungsmöglichkeiten, etwaige GlVorrechte, geplante Sanierungsmaßnahmen, Vorschläge für die Verteilung der Masse, Eintritt der Masseunzulänglichkeit, der jeweilige Stand des Verf.[22]

13 Ausf dazu *Ehricke* WM 2005, 397, 402.
14 UNCITRAL Guide Nr 179.
15 Ein Bsp für eine solche Vereinbarung ist „Stipulation And Order Implementing Cross-Border Protocol" v 23.5.1996, abgedr in ZIP 1998, 1013. Dazu *Paulus* ZIP 1998, 977; weitere Bsp finden sich auf der Homepage des International Insolvency Institute: „Cross-Border Insolvency Orders and Protocols".
16 *Ehricke* ZIP 2005, 1104, 1111; sa *Pannen/Taylor* Prot S 691.
17 Ausf dazu *Ehricke* ZIP 2005, 1104, 1111.
18 *Ehricke* WM 2005, 397, 402.
19 Vgl dazu Art 34 Rn 1.
20 Ab dem 25.5.2018 auch die Datenschutzgrundverordnung (DSGVO).
21 48. Erwägungsgrund.
22 Nr 230 des Erläuternden Berichts.

Unterrichtung bedeutet zunächst, dass sich die Verw die erforderlichen Informationen gegenseitig zugänglich machen. Erfasst wird allerdings auch die Erfüllung eines **Unterrichtungsersuchens** oder einer **Unterrichtungsbitte** des jeweils anderen Verw.[23] Um die Arbeit der Verw nicht durch zahlreiche Unterrichtungspflichten unnötig zu erschweren, sollten sich die Informationen auf Vorgänge konzentrieren, die bedeutende Teile der Masse oder wichtige verfahrensleitende Entsch betreffen.[24] Die Unterrichtungspflicht steht unter dem Vorbehalt der einzelstaatlichen Vorschriften über die Weitergabe von Informationen, was sich bereits aus dem allgemeinen Vorbehalt in Abs 1 S 1 ergibt. Bei der Weitergabe der Informationen hat der Verw in einem vor einem dt InsGer anhängigen Verf daher auch das **BDSG** sowie ab dem 25.5.2018 auch die **Datenschutzgrundverordnung** (DSGVO) zu beachten. **11**

Die Informationsweitergabe muss **so bald wie möglich** erfolgen. Dies kann dann zu Problemen führen, wenn Sprachbarrieren zu überwinden sind. Soweit Dokumente oder Berichte einer Übersetzung bedürfen, stellt sich die Frage, wer die Übersetzung fertigen (lassen) muss und wem die **Kosten** hierfür aufzuerlegen sind.[25] Es liegt wohl näher, den die Auskunft empfangenden Verw in der Pflicht zu sehen. Die Kosten der Übersetzung hat dann die von diesem verwaltete InsMasse zu tragen.[26] **Praktisch** wird der Informationsaustausch entweder per Telefon, per E-Mail oder postalisch erfolgen. **12**

V. Zusammenarbeit bei der Sanierung (Abs 2 Buchst b)

Abs 2 Buchst b) verpflichtet Haupt- und SekundärInsVerw, die Möglichkeit einer Sanierung des Schuldners zu prüfen und, falls eine solche Möglichkeit besteht, die Ausarbeitung und Umsetzung eines Sanierungsplans zu koordinieren. Die **Regelung ist neu** und liegt in der Konsequenz des Umstands, dass die SekundärIns nicht mehr zur Liquidation führen muss.[27] **13**

Im ersten Schritt haben Haupt- und SekundärInsVerw die **Möglichkeiten einer Sanierung zu prüfen**. Die Prüfung hat nicht jeder Verw für sich und die von ihm verwaltete Masse vorzunehmen.[28] Vielmehr haben die Verw schon bei der Auslotung von Sanierungsmöglichkeiten zu kooperieren, was insb im Blick auf eine Gesamtsanierung von Bedeutung sein kann. Werden Möglichkeiten einer Sanierung gesehen, erstreckt sich die Pflicht zur Zusammenarbeit auf die **Ausarbeitung und Umsetzung** des entsprechenden Sanierungsplans. Einzelheiten dazu, wie Ausarbeitung und Umsetzung des Sanierungsplans vonstattengehen sollen, regelt Abs 2 Buchst b) nicht. Insoweit ist auf **Abs 1 S 2** zurückzugreifen, der eine Zusammenarbeit in beliebiger Form ermöglicht. Es gilt aber auch der allgemeine Vorbehalt des **Abs 1 S 1**, wonach die Zusammenarbeit durch die für das jeweilige Verfahren geltenden Vorschriften begrenzt wird. **14**

VI. Zusammenarbeit bei Verwertung oder Verwendung der Masse (Abs 2 Buchst c)

Kommt eine Sanierung des Schu nicht in Betracht, verpflichtet **Abs 2 Buchst c) HS 1** Haupt- und SekundärInsVerw dazu, bei der Verwertung oder Verwendung der Masse zusammenzuarbeiten. Auch hier gilt, dass den Verw unionsrechtlich freigestellt ist, wie sie die Zusammenarbeit ausgestalten (Abs 1 S 2), die Zusammenarbeit aber nach dem jeweiligen InsStatut zulässig sein muss (Abs 1 S 1). In Betracht kommt die gegenseitige Abstim- **15**

---

23 *K/P/B/Kemper* Art 31 aF Rn 5.

24 *Staak* NZI 2004 480, 481; *Wimmer* ZIP 1998, 982, 987.

25 Zu Lasten der auskunftgebenden Masse: MK/*Reinhart* Art 31 aF Rn 2; zu Lasten der empfangenden Masse: *Staak* NZI 2004, 480, 482; *Pannen/Riedemann* Art 31 aF Rn 20.

26 So auch *Pannen/Riedemann* Art 31 aF Rn 20.

27 Vgl dazu Art 34 Rn 1.

28 So aber wohl *Braun/Delzant* Art 41 Rn 19.

mung von VerfHandlungen oder von Verwertungsmaßnahmen.[29] Die Zusammenarbeit kann sich auch in gegenseitigen Hinweisen zu Verwertungsmöglichkeiten für bestimmte Massegegenstände konkretisieren. Eine Verpflichtung des SekundärInsVerw, Weisungen des HauptInsVerw zu folgen, oder das Recht des HauptInsVerw, auf die Verwertung der Masse des SekundärInsVerf durch Weisungen unmittelbar Einfluss zu nehmen, gibt es indes nicht. Ein solches Weisungsrecht sieht die VO nicht vor. Für den HauptInsVerw besteht indes die Möglichkeit der Einflussnahme durch die Befugnis, gem Art 46 einen Antrag auf Aussetzung der Verwertung zu stellen.[30]

16 Nach **Abs 2 Buchst c) HS 2** hat der Verw des HauptInsVerf das Recht, Vorschläge für die Verwertung oder Verwendung der Masse des SekundärInsVerf zu unterbreiten. Die Vorschrift übernimmt im Wesentlichen Art 31 Abs 3 aF. Der Nr 233 des Erläuternden Berichts kann entnommen werden, dass sich das Recht nur auf **bedeutende Teile der Masse** oder **wichtige Entscheidungen** im SekundärVerf[31] beziehen soll und die Vorschrift nicht so weit ausgelegt werden sollte, dass sie in der Praxis dazu führt, die Arbeit des Verw des SekundärInsVerw zu blockieren. Der VO ist nicht zu entnehmen, ob die Vorschläge des HauptInsVerw für den SekundärInsVerw verbindlich sind. Dagegen sprechen Art 46 und 47, die verbindliche Einflussmöglichkeiten auf das SekundärInsVerf ausdrücklich normieren. Verbindlichen Einfluss kann der Verw des HauptInsVerf auf die Verwertung im SekundärInsVerf daher nur nach den Art 46, 47 nehmen und nicht mit Vorschlägen nach Abs 2 Buchst c) HS 2. Solche sollte der Verw des SekundärInsVerf nach Prüfung den Gl zur Kenntnisnahme und gegebenenfalls zur Abstimmung vorlegen.[32] Er hat sie jedenfalls zu erwägen.[33] Gelegenheit zur Unterbreitung von Vorschlägen für die Verwertung oder Verwendung der Masse ist dem HauptInsVerw nunmehr **„frühzeitig“** einzuräumen.[34]

VII. Aufsichtsrecht des Insolvenzgerichts

17 Die VO enthält keine aufsichtsrechtliche Regelung zugunsten des InsGer hinsichtlich der Einhaltung der Kooperationspflichten des Art 41. Entsprechende Regelungen in den jeweiligen nationalen InsR (vgl etwa § 58 InsO) dürften Anwendung finden.[35]

Artikel 42 Zusammenarbeit und Kommunikation der Gerichte

(1) Um die Koordinierung von Hauptinsolvenzverfahren, Partikularverfahren und Sekundärinsolvenzverfahren über das Vermögen desselben Schuldners zu erleichtern, arbeitet ein Gericht, das mit einem Antrag auf Eröffnung eines Insolvenzverfahrens befasst ist oder das ein solches Verfahren eröffnet hat, mit jedem anderen Gericht, das mit einem Antrag auf Eröffnung eines Insolvenzverfahrens befasst ist oder das ein solches Verfahren eröffnet hat, zusammen, soweit diese Zusammenarbeit mit den für jedes dieser Verfahren geltenden Vorschriften vereinbar ist. Die Gerichte können hierzu bei Bedarf eine unabhängige Person oder Stelle bestellen bzw. bestimmen, die auf ihre Weisungen hin tätig wird, sofern dies mit den für sie geltenden Vorschriften vereinbar ist.

29 Vgl *Staak* NZI 2004, 480, 481; Nr 232 des Erläuternden Berichts.
30 Vgl *Ehricke* WM 2005, 397, 400.
31 Etwa darüber, ob die Tätigkeit der Niederlassung zunächst weitergeführt oder eingestellt werden soll.
32 *Duursma-Kepplinger/Duursma/Chalupsky* Art 29 aF Rn 19.
33 Vgl *Ehricke* ZInsO 2004, 633, 635.
34 Nach der VO aF war die Gelegenheit „zu gegebener Zeit“ einzuräumen.
35 *K/P/B/Kemper* Art 31 aF Rn 18; *Duursma-Kepplinger/Duursma/Chalupsky* Art 31 aF Rn 32; **aA** *Lüke* ZZP 111 (1998), 275, 305.

(2) Bei der Durchführung der Zusammenarbeit nach Absatz 1 können die Gerichte oder eine von ihnen bestellte bzw. bestimmte und in ihrem Auftrag tätige Person oder Stelle im Sinne des Absatzes 1 direkt miteinander kommunizieren oder einander direkt um Informationen und Unterstützung ersuchen, vorausgesetzt, bei dieser Kommunikation werden die Verfahrensrechte der Verfahrensbeteiligten sowie die Vertraulichkeit der Informationen gewahrt.

(3) Die Zusammenarbeit im Sinne des Absatzes 1 kann auf jedem von dem Gericht als geeignet erachteten Weg erfolgen. Sie kann sich insbesondere beziehen auf

a) die Koordinierung bei der Bestellung von Verwaltern,
b) die Mitteilung von Informationen auf jedem von dem betreffenden Gericht als geeignet erachteten Weg,
c) die Koordinierung der Verwaltung und Überwachung des Vermögens und der Geschäfte des Schuldners,
d) die Koordinierung der Verhandlungen,
e) soweit erforderlich die Koordinierung der Zustimmung zu einer Verständigung der Verwalter.

Übersicht

I. Vorbemerkung

1 Die Vorschrift ist **neu** und begründet eine **unionsrechtliche Pflicht** zur Zusammenarbeit und Kommunikation der Gerichte.[1] Bisher war eine Kooperation der verschiedenen Gerichte unionsrechtlich nicht ausdrücklich geregelt. Gestritten wurde darüber, ob eine unionsrechtliche Pflicht in erweiternder Auslegung des Art 31 aF zu begründen oder – im Gegenteil – einem Umkehrschluss aus Art 31 aF zu entnehmen war, dass keine Zusammenarbeit der Gerichte stattfinden sollte.[2] Vereinzelt kam es unter der Geltung der VO aF zu einer Zusammenarbeit.[3]

II. Normzweck

2 Durch Art 42 und die dieser Vorschrift zu entnehmenden Pflicht zur Zusammenarbeit und Kommunikation **beendet** der Reform-VO-Geber die **Unsicherheit**, ob auch die Gerichte unionsrechtlich gehalten sind zu kooperieren. Dies dient der **Erleichterung der Koordinierung** von HauptInsVerf, PartikularInsVerf und SekundärInsVerf über das Vermögen desselben Schu (Abs 1 S 1).

3 **Abs 1 S 1** regelt allgemein die Pflicht zur Kooperation. Nach **Abs 1 S 2** können die Gerichte zur Erfüllung der Kooperationspflicht eine unabhängige Person oder Stelle bestellen, die auf ihre Weisungen hin tätig wird. **Abs 2** ermöglicht eine direkte Kommunikation der Gerichte untereinander. **Abs 3** nennt beispielhaft und nicht abschließend („insbesondere") einzelne Inhalte der gerichtlichen Zusammenarbeit.

---

1 MK/*Reinhart* Art 42 Rn 1; *Braun/Delzant* Art 42 Rn 1.
2 Vgl etwa *Mankowski* NZI 2009, 451; *Staak* NZI 2004, 480, 482 f; *Paulus* EWiR 2009, 177.
3 Vgl etwa *OLG Wien* NZI 2005, 56.

III. Einzelheiten

4 Zur Zusammenarbeit verpflichtet sind **alle Gerichte**, die entweder ein Haupt-, ein Partikular- oder ein SekundärInsVerf eröffnet haben oder mit einem entsprechenden Eröffnungsantrag befasst sind. Die Pflicht zur Zusammenarbeit setzt demnach nicht die Eröffnung eines Verf voraus, sondern beginnt **schon mit Eingang des Eröffnungsantrags** bei Gericht. Ähnlich der die InsVerw treffenden Kooperationspflicht sind die Gerichte zur Zusammenarbeit nur verpflichtet, soweit dies mit den für jedes der Verf geltenden Vorschriften vereinbar ist. Die **unionsrechtliche Pflicht** der Gerichte zur Zusammenarbeit **tritt** daher hinter das nationale InsStatut **zurück**. Ist die vorgesehene Kooperation nicht mit den Vorschriften aller zu berücksichtigenden nationalen Rechte vereinbar, besteht keine Pflicht zur Zusammenarbeit.

5 **Abs 1 S 2 erleichtert die Zusammenarbeit**, indem die Gerichte ermächtigt werden, bei Bedarf eine unabhängige Person oder Stelle zu bestellen bzw zu bestimmen, die auf ihre Weisungen hin tätig wird. **Nicht unabhängig** sind die beteiligten Verw oder sons VerfBeteiligten. Denkbar ist jedoch, dass die Gerichte bislang unbeteiligte Verw mit der Durchführung der Zusammenarbeit betrauen. Diese dürfen jedoch nicht etwa selbstständig, sondern **nur auf Weisung** der Gerichte tätig werden. **Abs 1 S 2 aE** erwähnt noch einmal gesondert, dass die Bestellung einer unabhängigen Person oder Stelle mit dem jeweiligen nationalen Recht vereinbar sein muss. Dies ergibt sich allerdings schon aus dem allgemeinen Vorbehalt in Abs 1 S 1.

6 **Abs 2** ermöglicht eine direkte **Kommunikation** der Gerichte untereinander ebenso wie direkte **Informations- und Unterrichtungsersuchen**. § 4 InsO iVm mit § 299 ZPO soll nicht anzuwenden sein, weil es sich hier um **Amtshilfe** handelt.[4] Kommunikation und Amtshilfe nach Abs 2 stehen unter dem **Vorbehalt**, dass die Verfahrensrechte der VerfBeteiligten sowie die Vertraulichkeit der Informationen gewahrt werden. Dieses Erfordernis dürfte sich – auch im Blick auf die Vertraulichkeit der Informationen – schon aus dem allgemeinen Vorbehalt in Abs 1 S 1 ergeben. Es ist nicht ersichtlich, dass hier nach dem Willen des Reform-VO-Gebers andere Anforderungen gelten sollen, als die nach den jeweiligen nationalen Rechtsordnungen zu beachtenden.[5]

7 **Abs 3** hält schließlich fest, dass die Zusammenarbeit auf jedem von dem Gericht als geeignet erachteten Weg erfolgen kann uns nennt beispielhaft und nicht abschließend („insbesondere") **einige Inhalte** der gerichtlichen Kooperation. Auch hier gilt der **allgemeine Vorbehalt des Abs 1 S 1** und muss deshalb jegliche Kooperation mit den Vorschriften aller jeweils zu berücksichtigenden nationalen Rechte vereinbar sein. Soweit einzelne von Abs 3 genannte Inhalte der Zusammenarbeit mit einem InsStatut nicht vereinbar sind, muss diese Art der Kooperation deshalb zurückstehen.

Artikel 43 Zusammenarbeit und Kommunikation zwischen Verwaltern und Gerichten

(1) Um die Koordinierung von Hauptinsolvenzverfahren, Partikularverfahren und Sekundärinsolvenzverfahren über das Vermögen desselben Schuldners zu erleichtern,

a) arbeitet der Verwalter des Hauptinsolvenzverfahrens mit jedem Gericht, das mit einem Antrag auf Eröffnung eines Sekundärinsolvenzverfahrens befasst ist oder das ein solches Verfahren eröffnet hat, zusammen und kommuniziert mit diesem,

4 MK/*Reinhart* Art 42 Rn 4.
5 So wohl auch MK/*Reinhart* Art 42 Rn 3.

b) arbeitet der Verwalter eines Partikularverfahrens oder Sekundärinsolvenzverfahrens mit dem Gericht, das mit einem Antrag auf Eröffnung des Hauptinsolvenzverfahrens befasst ist oder das ein solches Verfahren eröffnet hat, zusammen und kommuniziert mit diesem, und

c) arbeitet der Verwalter eines Partikularverfahrens oder Sekundärinsolvenzverfahrens mit dem Gericht, das mit einem Antrag auf Eröffnung eines anderen Partikularverfahrens oder Sekundärinsolvenzverfahrens befasst ist oder das ein solches Verfahren eröffnet hat, zusammen und kommuniziert mit diesem,

soweit diese Zusammenarbeit und Kommunikation mit den für die einzelnen Verfahren geltenden Vorschriften vereinbar sind und keine Interessenkonflikte nach sich ziehen.

(2) Die Zusammenarbeit im Sinne des Absatzes 1 kann auf jedem geeigneten Weg, wie etwa in Artikel 42 Absatz 3 bestimmt, erfolgen.

Übersicht

I. Vorbemerkung und Normzweck

Art 43 ist wie Art 42 **neu** und ergänzt die Regelungen über die Zusammenarbeit und Kommunikation, indem eine **unionsrechtliche Pflicht** zur Kooperation zwischen Haupt-, Partikular- oder SekundärInsVerw und den Gerichten der jeweils anderen Verf begründet wird. Dies soll die **Koordinierung** von Haupt-, Partikular- und SekundärInsVerf über das Vermögen desselben Schu **erleichtern** (Abs 1). 1

Insb regelt **Abs 1 Buchst a)** die Zusammenarbeit und Kommunikation des HauptInsVerw mit dem/den SekundärInsGericht(en).[1] Nach **Abs 1 Buchst b)** arbeiten der Partikular- oder SekundärInsVerw mit dem Gericht des (späteren) HauptInsVerf zusammen und kommunizieren mit diesem. **Abs 1 Buchst c)** erfasst das Verhältnis zwischen Partikular- oder SekundärInsVerw und den Gerichten anderer Partikular- oder SekundärInsVerf. 2

II. Einzelheiten

Nach dem Wortlaut des Abs 1 („arbeitet der Verwalter") liegt der Schluss nicht fern, dass nur der jeweilige Verw zur Kooperation verpflichtet werden soll.[2] Der Erreichung des Normzwecks würde es indes entgegenstehen, wenn die Gerichte eine Zusammenarbeit ohne weiteres verweigern könnten. Deshalb dürften sowohl **Verw als auch Gerichte** zur Zusammenarbeit und Kommunikation verpflichtet sein.[3] 3

Die **Kooperationspflicht beginnt** für die Gerichte, sobald sie mit einem Eröffnungsantrag befasst sind. Im Blick auf die Verw lässt sich dem Wortlaut des Abs 1 entnehmen, dass es eines bereits eröffneten Verf bedarf. Nach neuem Recht dürfte bereits die Bestellung eines vorl „schwachen" Verw zur VerfEröffnung führen.[4] Eine Pflicht zur Zusammenarbeit sollte aber auch dann angenommen werden, wenn ausnahmsweise trotz Bestellung eines **Verw iSd Art 2 Nr 5** noch nicht von der Eröffnung eines Verf auszugehen sein sollte. Eine Kooperation **bereits im EröffnungsVerf** erscheint auch für den Verw zur Verwirklichung des Normzwecks sinnvoll und geboten. 4

1 Ein PartikularInsVerf gibt es nach der Eröffnung eines HauptInsVerf nicht mehr; vgl Art 3 Abs 4 S 2.
2 Davon ausgehend offenbar MK/*Reinhart* Art 43 Rn 1.
3 *Braun/Delzant* Art 43 Rn 5.
4 Vgl Art 19 Rn 7 f.

5 **Abs 1 aE** enthält den schon aus Art 42 bek **Vorbehalt**, dass die Zusammenarbeit mit den für die einzelnen Verf geltenden Vorschriften vereinbar sein muss. Die **unionsrechtliche Pflicht** zur Zusammenarbeit zwischen Verw und Gerichten **tritt** daher hinter das nationale InsStatut **zurück**. Ist die vorgesehene Kooperation nicht mit den Vorschriften aller jeweils zu berücksichtigenden nationalen Rechte vereinbar, muss nicht entsprechend zusammengearbeitet werden. Ergänzend regelt Abs 1, dass eine Pflicht zur Zusammenarbeit und Kommunikation auch dann nicht besteht, wenn diese **Interessenkonflikte** nach sich ziehen würde. Das erscheint überflüssig, weil sich schon aus den für die einzelnen Verf geltenden Vorschriften ergeben dürfte, dass Handlungen insb des Verw nicht in Konflikt mit den zu wahrenden Interessen treten dürfen.[5]

6 Im Blick auf die **Formen der Zusammenarbeit** hält **Abs 2** fest, dass die Zusammenarbeit auf jedem geeigneten Weg erfolgen kann, und verweist auf Art 42 Abs 3. Dieser nennt beispielhaft und nicht abschließend („insbesondere") **einige Inhalte** der Kooperation. Auch hier gilt der **allgemeine Vorbehalt des Abs 1**. Deshalb muss jegliche Kooperation mit den Vorschriften der jeweils zu berücksichtigenden nationalen Rechte vereinbar sein und darf keine Interessenkonflikte nach sich ziehen. Soweit einzelne von Art 42 Abs 3 genannte Inhalte der Zusammenarbeit mit einem InsStatut nicht vereinbar sind, kann diese Art der Kooperation deshalb unterbleiben.

5 Vgl etwa *BGH* 16.3.2017 – IX ZR 253/15 Rn 20 f.

Artikel 44 Kosten der Zusammenarbeit und Kommunikation

Die Anforderungen nach Artikel 42 und 43 dürfen nicht zur Folge haben, dass Gerichte einander die Kosten der Zusammenarbeit und Kommunikation in Rechnung stellen.

1 Art 44 ist **neu** und komplettiert die Vorschriften über die Kooperation im Blick auf die bei Gerichten anfallenden Kosten der Zusammenarbeit und Kommunikation. Die Vorschrift bestimmt, dass **die beteiligten Gerichte einander** keine Kosten in Rechnung stellen dürfen. Es soll dem Anreiz begegnet werden, wegen möglicher Kostenbelastungen von einer Zusammenarbeit abzusehen.[1] Wer die Kosten letztlich zu tragen hat, regelt Art 44 nicht. Dies wird kritisiert und die Auffassung vertreten, der Reform-VO-Geber hätte die Kosten der jeweiligen InsMasse auferlegen sollen.[2] Dieses Ergebnis wird sich vielfach schon in Anwendung des nationalen Rechts ergeben.

2 Der **Begriff der Kosten** dürfte weit zu verstehen sein und sämtliche durch die Kooperation entstehenden Gebühren und Auslagen erfassen. Die Kosten müssen allerdings im Zusammenhang mit einer Kooperation nach den Art 42 und 43 stehen.

Artikel 45 Ausübung von Gläubigerrechten

(1) Jeder Gläubiger kann seine Forderung im Hauptinsolvenzverfahren und in jedem Sekundärinsolvenzverfahren anmelden.

(2) Die Verwalter des Hauptinsolvenzverfahrens und der Sekundärinsolvenzverfahren melden in den anderen Verfahren die Forderungen an, die in dem Verfahren, für das sie bestellt sind, bereits angemeldet worden sind, soweit dies für die Gläubiger des letztgenannten Verfahrens zweckmäßig ist und vorbehaltlich des Rechts dieser Gläubiger, eine solche

1 *Mankowski/Müller/J Schmidt* Art 44 Rn 1.
2 MK/*Reinhart* Art 44 Rn 5.

Anmeldung abzulehnen oder die Anmeldung ihrer Ansprüche zurückzunehmen, sofern das anwendbare Recht dies vorsieht.

(3) Der Verwalter eines Haupt- oder eines Sekundärinsolvenzverfahrens ist berechtigt, wie ein Gläubiger an einem anderen Insolvenzverfahren mitzuwirken, insbesondere indem er an einer Gläubigerversammlung teilnimmt.

Übersicht

I. Vorbemerkung

1 Art 45 übernimmt die Regelungen des **Art 32 aF** mit **ausschließlich redaktionellen Änderungen**. Die zu Art 32 aF ergangene Rspr und das entsprechende Schrifttum können herangezogen werden. Dabei sind jedoch die Änderungen an anderen Stellen der EuInsVO und deren Auswirkungen zu berücksichtigen.

II. Normzweck

2 Gemeinsam mit Art 53 legt **Abs 1** das Recht der Gl fest, ihre Forderungen in jedem Verf, das über das Vermögen des Schu im Anwendungsbereich der VO eröffnet wird, anzumelden. Etwa entgegenstehendes nationales Recht ist unbeachtlich. **Abs 2** ergänzt die Rechte der Verw im Haupt- und SekundärInsVerf durch die Forderungsanmeldung in dem jeweils anderen Verf. Die Vorschrift weicht von der Regelung in Art 7 Abs 2 Buchst h ab, wonach sich die Forderungsanmeldung nach dem Recht des Eröffnungsstaats richtet. **Abs 3** soll die Einwirkungsmöglichkeiten des ausl Verw auf das inländische Verf stärken und so den häufig rechts- und sprachunkundigen ausl Gl helfen, ihre Rechte zu wahren.

III. Anmelderecht der Gläubiger (Abs 1)

3 **Jeder Gl**, der seinen gewöhnlichen Aufenthalt, Wohnsitz oder Sitz in einem Mitgliedstaat hat, **kann seine Forderung im HauptInsVerf und in jedem SekundärInsVerf anmelden**. Für **Gl aus Drittstaaten** enthält die VO keine Regelung. Der Gl hat ein **Wahlrecht**, ob er seine Forderung im Sekundär- oder HauptInsVerf oder in beiden Verf anmeldet. Zur Anrechnung iF der mehrfachen Anmeldung s Art 23 Abs 2. Die Voraussetzungen für die Forderungsanmeldung richten sich grds nach dem Recht des Eröffnungsstaats (Art 7 Abs 2 Buchst h). Somit bleiben Anmelde- oder Ausschlussfristen nach der jeweiligen *lex fori concursus* von Art 45 Abs 1 unberührt. Nach der *lex fori concursus* richtet sich auch die Qualifikation einer Forderung als InsFord.[1] Abweichungen von der *lex fori concursus* enthalten die Art 53, 54 und 55.

IV. Anmelderecht der Verwalter (Abs 2)

4 Abs 2 gibt den Verw des Haupt- und des/der SekundärInsVerf das Recht, in ihrem eigenen Verf angemeldete Forderungen auch in anderen Verf anzumelden. Es handelt sich um ein **zusätzliches Anmelderecht**. Dieses Recht soll die Ausübung der Rechte der Gl, die ihre Forderungen in einem Verf anmelden, vereinfachen und die Einflussmöglichkeiten der Verw in

1 *Pannen/Herchen* Art 32 aF Rn 10.

anderen Verf stärken.[2] Die Forderungsanmeldung durch den Verw hat dieselbe Wirkung wie eine Forderungsanmeldung durch den Gl. **Der Verw handelt anstelle des Gl.**[3] Das Anmelderecht des Verw berührt nicht die einzelstaatlichen Vorschriften über die Anmeldefristen, die Folgen einer verspäteten Anmeldung und die Begründetheit der Anmeldung sowie über die mit der Prüfung der Forderungen verbundenen Kosten (Art 7 Abs 2 lit h).

5 Die Anmeldung in anderen Verf erfolgt, wenn dies für die Gl, die ihre Forderungen im ersten Verf angemeldet haben, zweckmäßig ist. An das **Kriterium der Zweckmäßigkeit** sollten keine hohen Anforderungen gestellt werden.[4] Der Verw darf nicht mit umfassenden Prüfungspflichten belastet werden, die eine erhebliche Arbeitsbelastung darstellen und eine effiziente VerfDurchführung gefährden. **Grds wird** daher die **Zweckmäßigkeit anzunehmen sein**, weil es dem Gl ermöglicht wird, durch eine ordnungsgemäße Forderungsanmeldung ohne weiteren Aufwand an dem Erlös aus zumindest einem weiteren Verf teilzuhaben. Durch die unterschiedlichen einzelstaatlichen Anmelde- und Ausschlussfristen, die von der Vorschrift nicht berührt werden, wird die Anmeldung von Forderungen in anderen Verf erschwert.[5]

6 Das zusätzliche Anmelderecht der Verw ist der **EntschBefugnis der Gl untergeordnet**. Ob eine Anmeldung erfolgen soll und ob eine solche Bestand hat, muss letztlich von demjenigen entschieden werden, der auch die wirtschaftlichen Folgen der Anmeldung zu tragen hat. Abs 2 räumt deshalb den Gl die Möglichkeit ein, eine Anmeldung **abzulehnen** oder eine bereits erfolgte Anmeldung **zurückzunehmen**. Allerdings wird das Recht zur Rücknahme den Gl nur dann gewährt, wenn eine solche nach dem jeweiligen **nationalen Recht** vorgesehen ist, nach dem sich ggf auch die Einzelheiten der Rücknahme richten. Für Deutschland bedeutet dies, dass eine Rücknahme bis zur Feststellung der Forderung möglich ist.[6]

7 Ob und ggf wie die Gl in den Stand versetzt werden sollen, ihre Befugnisse auszuüben, regelt die VO nicht. Richtigerweise wird man den Verw für verpflichtet halten müssen, die Gl vor der Anmeldung über seine Anmeldeabsicht zu informieren. Eine solche Pflicht des Verw dürfte sich als Ausfluss seiner **allg Informationspflicht** gegenüber den Gl nach dem Recht des Staats der Eröffnung des Verf, in dem die Forderungen der Gl bereits angemeldet sind, ergeben. In Deutschland könnte die Information etwa im Zusammenhang mit dem Berichtstermin oder noch im Prüfungstermin erfolgen.[7]

8 Nicht abschließend geklärt ist, ob die **Verw verpflichtet** sind, iSd Abs 2 tätig zu werden.[8] Dafür sprechen der Wortlaut der Vorschrift („melden an") und ihr Sinn und Zweck, den Gl die Ausübung ihrer Rechte im Ausland zu erleichtern. Hält man die Verw für verpflichtet, können diese sich nach dem jeweiligen Recht des Verfahrensstaats schadensersatzpflichtig machen, wenn sie nicht tätig werden. Umgekehrt dürfte eine Schadensersatzpflicht wegen einer unzweckmäßigen Anmeldung ausscheiden, wenn der ordnungsgemäß informierte Gl von seinem Ablehnungsrecht keinen Gebrauch gemacht oder die Möglichkeit zur Rücknahme der Anmeldung nicht genutzt hat.

---

2 Nr 236 des Erläuternden Berichts.
3 Nr 238 des Erläuternden Berichts.
4 So MK/*Reinhart* Art 32 aF Rn 9.
5 Vgl MK/*Reinhart* Art 32 aF Rn 13, der eine einheitliche Ausgestaltung der Anmeldefrist für eine sinnvolle Lösung hält.
6 *Uhlenbruck/Sinz* § 174 InsO Rn 49.
7 *K/P/B/Kemper* Art 32 aF Rn 8.
8 So *A/G/R/Gruber* Art 32 aF Rn 16; MK-BGB/*Kindler* Art 32 aF Rn 9.

V. Stellung des Verwalters in dem jeweils anderen Verfahren (Abs 3)

Nach Abs 3 ist der ausl Verw berechtigt, an einem inländischen Verf „wie ein Gläubiger" teilzunehmen, wobei die Einzelheiten durch das nationale Recht geregelt werden. Abs 3 selbst nennt die **Möglichkeit zur Teilnahme an der GlVersammlung**. Dieses Recht soll das häufige Fernbleiben ausl Gl in einem inländischen InsVerf ausgleichen.[9] Es besteht unabhängig davon, ob der Verw Forderungen von Gl aus seinem Verf angemeldet hat. IÜ lässt die Vorschrift offen, in welcher Weise der Verw mitwirken kann. Die Formulierung („wie ein Gläubiger") darf im dt Recht nicht dahingehend missverstanden werden, dass die Befugnisse des Verw entspr beschränkt würden. Die Vorschrift will eine **Mindestbeteiligung** sicherstellen. Weitergehende Rechte der Verw, gleich ob sie sich aus dem einzelstaatlichen oder dem Unionsrecht ergeben, bleiben unberührt. Fraglich ist, ob dem Verw auch Stimmrechte „seiner" Gl zustehen. Unter Berücksichtigung des mit der Vorschrift bezweckten Schutzes ausl Gl wird man davon ausgehen können. Um Unsicherheiten über eine **Stimmrechtsbefugnis** zu vermeiden, sollte sich der Verw eines dt Verf zur Wahrnehmung der GlRechte in einem anderen Verf bevollmächtigen lassen.[10] Er ist dann allerdings an die Weisungen der bevollmächtigenden Gl gebunden,[11] deren Interessen zuwider er aber auch sonst nicht handeln sollte. 9

Artikel 46 Aussetzung der Verwertung der Masse

(1) Das Gericht, welches das Sekundärinsolvenzverfahren eröffnet hat, setzt auf Antrag des Verwalters des Hauptinsolvenzverfahrens die Verwertung der Masse ganz oder teilweise aus. In diesem Fall kann das Gericht jedoch vom Verwalter des Hauptinsolvenzverfahrens verlangen, alle angemessenen Maßnahmen zum Schutz der Interessen der Gläubiger des Sekundärinsolvenzverfahrens sowie einzelner Gruppen von Gläubigern zu ergreifen. Der Antrag des Verwalters des Hauptinsolvenzverfahrens kann nur abgelehnt werden, wenn die Aussetzung offensichtlich für die Gläubiger des Hauptinsolvenzverfahrens nicht von Interesse ist. Die Aussetzung der Verwertung der Masse kann für höchstens drei Monate angeordnet werden. Sie kann für jeweils denselben Zeitraum verlängert oder erneuert werden.

(2) Das Gericht nach Absatz 1 hebt die Aussetzung der Verwertung der Masse in folgenden Fällen auf:

a) auf Antrag des Verwalters des Hauptinsolvenzverfahrens,

b) von Amts wegen, auf Antrag eines Gläubigers oder auf Antrag des Verwalters des Sekundärinsolvenzverfahrens, wenn sich herausstellt, dass diese Maßnahme insbesondere nicht mehr mit dem Interesse der Gläubiger des Haupt- oder des Sekundärinsolvenzverfahrens zu rechtfertigen ist.

Übersicht

I. Vorbemerkung

Art 46 übernimmt die Regelungen des **Art 33 aF** mit **ausschließlich redaktionellen Änderungen**. Die zu Art 33 aF ergangene Rspr und das entsprechende Schrifttum können heran- 1

9 Nr 240 des Erläuternden Berichts.

10 So auch *Pannen/Herchen* Art 32 aF Rn 46; *Haß/Huber/Gruber/Heiderhoff* Art 32 aF Rn 3.

11 So MK/*Reinhart* Art 32 aF Rn 15.

gezogen werden. Dabei sind jedoch die Änderungen an anderen Stellen der EuInsVO und deren Auswirkungen zu berücksichtigen.

II. Normzweck

2 Nach Abs 1 kann der HauptInsVerw die Aussetzung der Verwertung in einem SekundärInsVerf beantragen. Diese Bestimmung will den **Vorrang des HauptInsVerf** sicherstellen und die Koordinierungsaufgaben seines Verw erleichtern.[1] Die starke Stellung des HauptInsVerw zeigt sich darin, dass die Aussetzung nur abgelehnt werden darf, wenn sie offensichtlich nicht im Interesse der Gl des HauptInsVerf ist. Das Gericht hat zudem die Aussetzung aufzuheben, wenn dies vom Verw des HauptInsVerf beantragt wird. Die Vorschrift verliert aber auch die **Interessen der Gl des SekundärInsVerf** nicht aus dem Blick, die auf Verlangen des Gerichts durch angemessene Maßnahmen geschützt werden sollen. Voraussetzung für die zielgerichtete Einsetzung des Instruments der Aussetzung der Verwertung ist ein hinreichender Informationsaustausch zwischen dem HauptInsVerw und dem/den SekundärInsVerw.

3 Die Aussetzung kann dazu genutzt werden, um Sanierungsüberlegungen Raum zu geben. Hierzu kann die Zerschlagung der SekundärInsMasse einstweilen **gestoppt** werden.[2] Eine Aussetzung kann etwa sinnvoll sein, wenn eine Reorganisation des Unternehmens durchgeführt werden soll, zu der auch das SekundärInsVermögen erforderlich ist, oder um eine übertragende Sanierung des gesamten Unternehmens zu erleichtern.

4 Art 46 ist eine **Sachnorm**, die abw Vorschriften des InsR des SekundärVerfStaats verdrängt.

III. Aussetzung

5 Die Aussetzung nach Abs 1 erfolgt **auf Antrag** des Verw des HauptInsVerf. Der Antrag ist bei dem Gericht einzureichen, welches das SekundärInsVerf eröffnet hat. Die **Form** des Antrags richtet sich nach dem Recht des Staats der Eröffnung des SekundärInsVerf. **Fristen** für einen solchen Antrag enthält Abs 1 nicht.

6 Der Antrag des Verw kann auf die **vollständige oder tw Aussetzung** der Verwertung gerichtet sein. Aussetzung der Verwertung bedeutet die zeitweise Einstellung der Verwertungshandlungen oder die zeitweilige Hinderung ihrer Durchführung, wenn mit diesen noch nicht begonnen wurde.[3] Im Falle einer **vollständigen Aussetzung** wird mit der Verwertung des schuldnerischen Vermögens insgesamt zeitweise nicht begonnen bzw diese nicht fortgesetzt. Eine **teilweise Aussetzung** liegt dann vor, wenn nur hinsichtlich bestimmter Massegegenstände oder Sachgesamtheiten die Verwertung nicht begonnen oder fortgesetzt wird. Das **SekundärInsVerf als solches** kann nicht ausgesetzt werden.[4] Im Schrifttum wird die Frage diskutiert, ob das Gericht gleichsam als mildere Maßnahme zur Aussetzung die **„Verwertung auf andere Art und Weise"** anordnen kann.[3] Darin dürfte jedoch eine Überschreitung der Kompetenzen des Gerichts liegen. Das Gericht müsste dem Verw des SekundärVerf konkrete Vorgaben hinsichtlich einer anderen Verwertungsmaßnahme machen. Damit würde sowohl in die Gestaltungsautonomie des Verw als auch in die GlRechte eingegriffen.[3]

7 Für die Frage des „Ob" der Aussetzung spielen **nur die Interessen der Gl des HauptInsVerf** eine Rolle. Die Interessen der Gl des SekundärInsVerf werden nicht berücksichtigt – schon gar nicht gegenläufige. Der im Schrifttum teilweise vertretenen Ansicht, die Regelung über die Aufhebung der Aussetzung in Abs 2 Buchst b) mit den dort erwähnten Interessen der

1 *Wimmer* ZIP 1998, 983, 988.
2 MK/*Reinhart* Art 33 aF Rn 1.
3 *Ehricke* ZInsO 2004, 633, 634.
4 *LG Loeben* NZI 2005, 646.

Gl des SekundärInsVerf rechtfertige es, diese schon bei der Frage der Aussetzung zu berücksichtigen,[5] ist nicht zu folgen. Schon die Annahme, dass die Gl des SekundärInsVerf ihre Interessen mit einem Antrag auf Aufhebung der Aussetzung geltend machen könnten, trifft nicht zu. Nach dem unmissverständlichen Wortlaut des Abs 2 kommt eine Aufhebung erst in Betracht, wenn die Aussetzung weder mit dem Interesse der Gl des HauptInsVerf noch mit dem der Gl des SekundärInsVerf zu rechtfertigen ist. Maßgeblich sind daher zunächst weiterhin die Interessen der Gl des HauptInsVerf. Erst wenn diese die Aussetzung nicht mehr rechtfertigen, rücken die Interessen der Gl des SekundärInsVerf in den Blick, die gleichsam ersatzweise eine weitere Aussetzung der Verwertung rechtfertigen können.

Der **Begriff des Interesses** ist weit zu verstehen.[6] Das Gericht kann den Antrag des Verw des HauptInsVerf nur ablehnen, wenn offensichtlich kein Interesse der Gl dieses Verf an der Aussetzung besteht. Dies anzunehmen, wird selten in Betracht kommen, weil damit unterstellt würde, der HauptInsVerw verhalte sich den Interessen der Gl des HauptVerf offensichtlich zuwider.[7] IÜ wird das Gericht des SekundärInsVerf nur schwer beurteilen können, was im Interesse der Gl eines ausl Verf liegt. IE ist damit die Ablehnung des Aussetzungsantrags auf Fälle des evidenten Rechtsmissbrauchs beschränkt. 8

Lehnt das Gericht des SekundärInsVerf den Aussetzungsantrag ab, richtet sich ein **Rechtsmittel** gegen diese Entscheidung nach dem Recht des Staats des SekundärInsVerf. In Deutschland ist ein solches nicht vorgesehen. Wird die Verwertung ausgesetzt, kann immerhin die Aufhebung der Aussetzung beantragt werden. 9

Gibt das Gericht dem Aussetzungsantrag statt, kann es vom Verw alle angemessenen Maßnahmen zum Schutz der Interessen der Gl des SekundärInsVerf verlangen. Es können **Schutzmaßnahmen** zugunsten aller Gl oder auch nur zugunsten einzelner Gruppen von Gl verlangt werden. Art und Umfang der Maßnahmen stehen im Ermessen des Gerichts. Angemessen dürften zumindest die Maßnahmen sein, die nach dem Recht des Eröffnungsstaats zugunsten der Gl für die Unterbrechung einer Verwertung vorgesehen sind. Bei der Entsch über etwaige Schutzmaßnahmen dürfte auch zu berücksichtigen sein, ob laufende Verwertungsmaßnahmen durch eine Aussetzung zu scheitern drohen, weil ein Massegegenstand zur Verwertung erst nach Beendigung der – zum Zeitpunkt der Aussetzung unbestimmten – Aussetzungszeit wieder zur Verfügung steht. Etwaige Sicherheiten hat der Verw aus der Masse des HauptInsVerf zu stellen. 10

Deutschland hat in Art 102c § 16 EGInsO festgelegt, dass bei der Aussetzung der Verwertung eines Gegenstands, an dem ein **Absonderungsrecht** besteht, dem Gl laufend die geschuldeten Zinsen aus der InsMasse zu zahlen sind. Die Vorschrift entspricht § 169 InsO. Die belastete InsMasse ist allerdings die Masse des HauptInsVerf. 11

Die Aussetzungsanordnung erfolgt **für höchstens drei Monate**. Nach Ablauf dieses Zeitraums kann sie um drei Monate verlängert werden. Auch für die Verlängerung bedarf es eines Antrags des Verw an das zuständige Gericht. Dieses prüft mit demselben Maßstab wie beim ursprünglichen Antrag, ob die Voraussetzungen für die Aussetzung fortbestehen. Es können unbegrenzt erneute Aussetzungen erfolgen. 12

Art 46 setzt die Eröffnung eines SekundärInsVerf voraus. Nach neuem Recht dürfte bereits die Bestellung eines vorl „schwachen" Verw zur VerfEröffnung führen.[8] Der Aussetzungsantrag kann daher bereits zulässig sein, wenn über die Eröffnung des SekundärInsVerf noch 13

---

5 Etwa *A/G/R/Gruber* Art 33 aF Rn 7.
6 *K/P/B/Kemper* Art 33 aF Rn 7.
7 *Ehricke* ZInsO 2004, 633, 636.
8 Vgl Art 19 Rn 7 f.

nicht endgültig entschieden ist. Voraussetzung ist aber wohl, dass nach der lex fori concursus secundariae eine Verwertung bereits im EröffnungsVerf in Betracht kommt.

IV. Aufhebung der Aussetzung

14 Die **Aussetzung kann jederzeit aufgehoben werden**. Die Initiative für die Aufhebung kann einerseits vom **Verw des HauptInsVerf** ausgehen (Abs 2 Buchst a). Er hat dazu einen Antrag zu stellen. Sein Antrag ist nicht an bes Voraussetzungen geknüpft. Die Aufhebungs-Entsch ergeht durch das Gericht, welches das SekundärInsVerf eröffnet hat. Es hat dem Antrag ohne weiteres zu entsprechen. Ebenfalls antragsberechtigt sind der **Verw des SekundärInsVerf oder jeder Gl** (Abs 2 Buchst b). Als Gl kommen sowohl solche in Betracht, die ihre Forderung im HauptInsVerf angemeldet haben, als auch die Gl des SekundärInsVerf. Schließlich kann das **Gericht die Aussetzung auch von Amts wegen aufheben**.

15 Stammt der Antrag nicht vom Verw des HauptInsVerf, ist aufzuheben, wenn die Aussetzung nicht mehr mit dem **Interesse der Gl des Haupt- oder des SekundärInsVerf** zu rechtfertigen ist. Dabei handelt es sich um einen **beispielhaft genannten Aufhebungsgrund**. Weitere Aufhebungsgründe sind denkbar. Es kann daher auch dann zu einer Aufhebung kommen, wenn der Verw des HauptInsVerf die ihm vom zuständigen Gericht auferlegte Sicherheit zugunsten der Gl des SekundärInsVerf nicht leistet. Weiterhin dürfte eine Aufhebung auch dann zulässig sein, wenn sich nachträglich herausstellt, dass die Aussetzung auf einem rechtsmissbräuchlichen Antrag beruht. Dagegen wird die Aufhebung nicht auf einen Verstoß gegen die öffentliche Ordnung (Art 33) gestützt werden können.

16 Für die **Feststellung**, dass die Aussetzung nicht mehr mit dem Interesse der Gl des Haupt- oder des SekundärInsVerf zu rechtfertigen ist, dürfte eine **wirtschaftliche Betrachtungsweise** im Vordergrund stehen. Während die Aussetzung der Verwertung nach Abs 1 schon dann erfolgt, wenn diese dem Interesse der Gl des HauptInsVerf nicht offensichtlich zuwiderläuft, bedarf es für die Aufhebung der Aussetzung nach Abs 2 Buchst b) der positiven Feststellung, dass sich die Aussetzung mit dem Interesse nicht mehr rechtfertigen lässt. Hier wird das zuständige Gericht (auch) auf der Grdl des Rechts des HauptInsVerf zu prüfen haben, wie die Verwertungsinteressen der Gl des HauptInsVerf durch die Aussetzung der Verwertung im SekundärInsVerf beeinflusst werden. Dabei wird auch zu berücksichtigen sein, inwieweit die Masse des HauptInsVerf durch festgelegte Sicherheiten zugunsten der Gl des SekundärInsVerf belastet wird. Str ist, ob eine Aufhebung der Aussetzung auch dann erfolgen kann, wenn die Aussetzung der Verwertung **allein den Interessen der Gl des SekundärInsVerf** zuwiderläuft.[9] Würde in einem solchen Fall die Aussetzungsanordnung aufgehoben, so könnte der Verw des HauptInsVerf sogleich erfolgreich einen erneuten Aussetzungsantrag stellen, wenn die Aussetzung (weiterhin) dem Interesse der Gl des HauptInsVerf nicht offensichtlich zuwiderliefe. Daher ist eine Aussetzungsanordnung nach Abs 2 Buchst b) erst aufzuheben, wenn sie nicht (mehr) im Interesse der Gl des HauptInsVerf liegt und dem Interesse der Gl des SekundärInsVerf zuwiderläuft.[10]

---

9 So *LG Loeben* NZI 2006, 663; *Beck* NZI 2006, 609, 612; Nr 247 des Erläuternden Berichts, „Auch wenn nur die Interessen der Gläubiger des Sekundärverfahrens berücksichtigt werden, kann dies zur Beendigung der Aussetzung führen"; **aA** *Haß/Huber/Gruber/Heiderhoff* Art 33 aF Rn 6.

10 *Pannen/Herchen* Art 33 aF Rn 55 ff.

Artikel 47 Recht des Verwalters, Sanierungspläne vorzuschlagen

(1) Kann nach dem Recht des Mitgliedstaats, in dem das Sekundärinsolvenzverfahren eröffnet worden ist, ein solches Verfahren ohne Liquidation durch einen Sanierungsplan, einen Vergleich oder eine andere vergleichbare Maßnahme beendet werden, so hat der Verwalter des Hauptinsolvenzverfahrens das Recht, eine solche Maßnahme im Einklang mit dem Verfahren des betreffenden Mitgliedstaats vorzuschlagen.

(2) Jede Beschränkung der Rechte der Gläubiger, wie zum Beispiel eine Stundung oder eine Schuldbefreiung, die sich aus einer im Sekundärinsolvenzverfahren vorgeschlagenen Maßnahme im Sinne des Absatzes 1 ergibt, darf ohne Zustimmung aller von ihr betroffenen Gläubiger keine Auswirkungen auf das nicht von diesem Verfahren erfasste Vermögen des Schuldners haben.

Übersicht

I. Vorbemerkung

Art 47 übernimmt mit ausschließlich redaktionellen Änderungen die Regelungen des **Art 34 Abs 1 Unterabs 1 und Abs 2 aF**. Die insoweit ergangene Rspr und das entsprechende Schrifttum können unter Berücksichtigung der Änderungen an anderen Stellen der VO herangezogen werden. Art 34 Abs 1 Unterabs 2 und Abs 3 aF sind ersatzlos weggefallen. 1

II. Normzweck

Grds richtet sich die Beendigung des SekundärInsVerf nach dem Recht des Staats der Verf-Eröffnung (Art 35). Abw hiervon trifft Art 47 **sachrechtliche, das einzelstaatliche Recht verdrängende Regelungen** für den Fall, dass in einem SekundärInsVerf das schuldnerische Unternehmen nicht liquidiert, sondern erhalten werden soll. Mit diesen ergänzenden Regelungen soll der **Vorrang des HauptInsVerf** hervorgehoben werden.[1] Da eine liquidationsabwendende Beendigung des SekundärInsVerf, sei es durch einen Sanierungsplan, einen Vergleich oder eine andere vergleichbare Maßnahme, Auswirkungen auf das HauptInsVerf haben kann, räumt **Abs 1** dem HauptInsVerw ein **Vorschlagsrecht** ein. Die übertragende Sanierung wird von dieser Vorschrift nicht erfasst, weil sie insolvenzrechtlich eine Liquidation darstellt.[2] 2

Abs 2 legt fest, dass jegliche Beschränkung der Rechte der Gl, insb eine Stundung oder Schuldbefreiung, die sich aus einer in einem SekundärInsVerf vorgeschlagenen Maßnahme ergibt, hinsichtlich eines von dem Verf nicht erfassten Vermögens nur dann wirkt, wenn **alle betroffenen Gl** ihre Zustimmung erteilt haben. 3

Die Anwendung des Art 47 setzt eine **enge Zusammenarbeit** der verschiedenen Verw gem Art 41 voraus. Der Hauptverw benötigt umfassende Informationen, damit er sinnvoll eine Abstimmung zwischen Haupt- und SekundärInsVerf vornehmen kann. 4

---

1 *K/P/B/Kemper* Art 34 aF Rn 1.
2 *Pannen/Herchen* Art 34 aF Rn 3.

III. Vorschlagsrecht des Hauptinsolvenzverwalters (Abs 1)

5 Das SekundärInsVerf muss nicht mit der Liquidation der Vermögenswerte enden. Soweit das **maßgebliche Recht** (*lex fori concursus secundariae*) die Beendigung des Verf durch Vergleich, Sanierungsplan oder andere vergleichbare Maßnahmen vorsieht, kann dies auch im Rahmen eines SekundärInsVerf erfolgen. In diesem Fall hat der HauptInsVerw das Recht, eine solche Maßnahme vorzuschlagen. Es handelt sich um ein **autonomes** – dh vom einzelstaatlichen Recht unabhängiges – **Vorschlagsrecht**.[3] Die Ausübung des Vorschlagsrechts richtet sich nach dem Recht des Staats der VerfEröffnung.

6 Außer durch den HauptInsVerw kann eine solche Maßnahme auch von **allen nach dem Recht des Staats der VerfEröffnung befugten Personen** vorgeschlagen werden.[4] Da sich diese Antragsbefugnis bereits aus der *lex fori concursus secundariae* ergibt, bedurfte es keiner ausdrücklichen Anordnung in der VO.

IV. Beschränkte Wirkung von Maßnahmen (Abs 2)

7 Die **Wirkungen eines SekundärInsVerf sind** auf das im Staat der VerfEröffnung belegene Vermögen **beschränkt** (Art 34 S 3). Daher können sich ein Sanierungsplan oder ein Vergleich grundsätzlich nur auf das vom SekundärInsVerf betroffene Vermögen des Schu beziehen und keine Auswirkungen auf das außerhalb dieses Gebiets belegene sonstige SchuVermögen haben. Abs 2 betrifft den Fall, dass ausnahmsweise auch solches SchuVermögen erfasst werden soll. Dies ist nach dem unmissverständlichen Wortlaut der Vorschrift nur möglich, wenn alle davon betroffenen Gl der Maßnahme zustimmen.

8 Nicht von dem SekundärInsVerf betroffene **Gegenstände** sind solche, die nicht im Gebiet des Mitgliedstaats belegen sind, in dem das SekundärInsVerf eröffnet wurde. **Betroffen** ist ein Gl dann, wenn seine Interessen durch die Maßnahme beeinträchtigt werden.[5] Vorrangig handelt es sich dabei um das Befriedigungsinteresse des Gl.

9 Die nach Abs 2 erforderliche **Zustimmung muss von jedem betroffenen Gl erteilt werden**. Es reicht nicht aus, dass eine (qualifizierte) Mehrheit der Gl der Maßnahme zustimmt. Im Hinblick auf den Zweck der Regelung – Benachteiligungen nicht in das InsVerf einbezogener Gl durch Beschränkungen ihrer Rechte zu vermeiden – hätte sich der Reform-VO-Geber auch für eine Lösung entscheiden können, durch die sichergestellt würde, dass die betroffenen Gl durch die Änderung ihrer Rechte nicht schlechter stehen als ohne die Änderung.[6] Dies hätte eine Gesamtsanierung in parallelen Verfahren erleichtert und einen Gleichlauf mit den der synthetischen SekundärIns zugrundeliegenden Wertungen hergestellt. Davon hat der Reform-VO-Geber abgesehen, weshalb die Maßnahme keine Wirkungen auf außerhalb des Gebiets des Staats des SekundärInsVerf belegenes Vermögen hat, wenn nicht alle betroffenen Gl zugestimmt haben – auch nicht für die Gl, die ihre Zustimmung erklärt haben. Unabhängig davon kann die **Maßnahme im Inland wirksam** sein.

10 Eine von dieser Systematik **abweichende Regelung** enthält das deutsche Recht. Nach **Art 102c § 15 S 1 EGInsO** darf ein InsPlan, der eine Stundung, einen Erlass oder sonstige Einschränkungen der Rechte der Gl vorsieht, **schon nicht bestätigt** werden, wenn nicht alle betroffenen Gl dem Plan zugestimmt haben. Hier geht es also um die Wirksamkeit des Plans an sich und nicht nur um territorial beschränkte Auswirkungen. Die Regelung löst die Schwierigkeiten, die in einem dt SekundärInsVerf wegen der rechtsgestaltenden Wirkung

---

3 *Duursma-Kepplinger/Duursma/Chalupsky* Art 34 aF Rn 5.
4 Nr 248 des Erläuternden Berichts; *Duursma-Kepplinger/Duursma/Chalupsky* Art 34 aF Rn 6.
5 Nr 250 des Erläuternden Berichts.
6 So *K/P/B/Kemper* Art 34 aF Rn 10.

des InsPlans nach § 254 InsO für die nicht zustimmenden Gl iSd Abs 2 entstanden wären. Es wird vermieden, dass an einem inländischen SekundärInsVerf teilnehmende ausl Gl durch einen InsPlan benachteiligt werden. Gem Art 102c § 15 S 2 EGInsO sind Planregelungen, mit denen in Absonderungsrechte eingegriffen wird, vom Zustimmungserfordernis iSd S 1 ausgeschlossen.

Abs 2 ist **abzugrenzen** von **Art 20 Abs 2 S 2**, der nach seinem Wortlaut sowohl SekundärInsVerf als auch selbstständige PartikularInsVerf iSv Art 3 Abs 4 erfasst und im Gegensatz zu Abs 2 eine Wirkungserstreckung (auch) gegenüber einzelnen zustimmenden Gl vorsieht. Eine Abgrenzung der Anwendungsbereiche beider Vorschriften lässt sich vornehmen, indem man Abs 2 als Spezialvorschrift für Maßnahmen iSd Art 47 Abs 1 ansieht und Art 20 Abs 2 S 2 sons Wirkungen des SekundärInsVerf vorbehält. **11**

Artikel 48 Auswirkungen der Beendigung eines Insolvenzverfahrens

(1) Unbeschadet des Artikels 49 steht die Beendigung eines Insolvenzverfahrens der Fortführung eines zu diesem Zeitpunkt noch anhängigen anderen Insolvenzverfahrens über das Vermögen desselben Schuldners nicht entgegen.

(2) Hätte ein Insolvenzverfahren über das Vermögen einer juristischen Person oder einer Gesellschaft in dem Mitgliedstaat, in dem diese Person oder Gesellschaft ihren Sitz hat, deren Auflösung zur Folge, so besteht die betreffende juristische Person oder Gesellschaft so lange fort, bis jedes andere Insolvenzverfahren über das Vermögen desselben Schuldners beendet ist oder von dem Verwalter in diesem bzw. den Verwaltern in diesen anderen Verfahren der Auflösung zugestimmt wurde.

Übersicht

I. Vorbemerkung und Normzweck

Die Vorschrift ist **neu**. **Abs 1** bestimmt, dass die Beendigung eines InsVerf der Fortführung eines zu diesem Zeitpunkt noch anhängigen anderen InsVerf über das Vermögen desselben Schu nicht entgegensteht. **Abs 2** betrifft die Situation, dass ein InsVerf über das Vermögen einer juristischen Person oder einer Gesellschaft in dem Mitgliedstaat, in dem diese Person oder Gesellschaft ihren Sitz hat, deren **„Auflösung"** zur Folge hätte. Ggf sollen juristische Person oder Gesellschaft so lange **„fortbestehen"**, bis jedes andere InsVerf über das Vermögen desselben Schu beendet ist oder von dem Verw in diesem bzw den Verw in diesen anderen Verf der Auflösung zugestimmt wurde. **1**

Ein nachvollziehbarer **Regelungszweck** lässt sich schwer ausmachen. Die Vorschrift regelt wohl **Selbstverständliches**. Während man Abs 1 noch klarstellenden Charakter beimessen kann, stiftet Abs 2 wohl eher Verwirrung. **2**

II. Beendigung eines Insolvenzverfahrens (Abs 1)

Haupt- und SekundärInsVerf betreffen zwar das Vermögen desselben Schu, die Verf sind jedoch eigenständig und erfassen unterschiedliche Vermögensmassen (vgl Art 34 S 3). (Auch) nach der Zusammensetzung der jeweiligen Masse richtet sich, ob der Weg von der Ist- zur Sollmasse kurz oder lang ist. Denkbar ist, dass die Verwertung der SekundärIns- **3**

Masse innnerhalb weniger Wochen abgeschlossen werden kann, während die Verwertung der HauptInsMasse Jahre in Anspruch nimmt. Auch ohne Abs 1 würde in einem solchen Fall niemand auf die Idee verfallen, die frühe Beendigung des SekundärInsVerf könne Einfluss auf den Fortgang des HauptInsVerf haben. Art 49 machte dann keinen Sinn. **Abs 1 stellt dies** ausdrücklich **klar**.

III. Auflösung juristischer Personen oder Gesellschaften (Abs 2)

4 Was genau Abs 2 regelt, lässt sich jedenfalls nach deutschem Rechtsverständnis nicht mit Sicherheit sagen, weil der Reform-VO-Geber nicht hinreichend deutlich zwischen der **Auflösung** einer juristischen Person oder Gesellschaft und deren **Beendigung** differenziert. Abs 2 nennt im Tatbestand die „Auflösung" und ordnet auf der Rechtsfolgenseite den Fortbestand der Gesellschaft an. Das passt jedenfalls nach deutschem Gesellschaftsstatut nicht zusammen. Danach bewirkt etwa die Eröffnung eines InsVerf über das Vermögen einer GmbH deren Auflösung (§ 60 Abs 1 Nr 4 GmbHG). Die Gesellschaft besteht jedoch nach Maßgabe der Zwecke des InsVerf fort.[1] Zur (Voll-)Beendigung kommt es erst, wenn die Gesellschaft nach Abschluss des InsVerf gelöscht wird (§ 394 Abs 1 S 2 FamFG).

5 Es dürfte davon auszugehen sein, dass der Reform-VO-Geber mit Abs 2 den **Fortbestand** der juristischen Person oder Gesellschaft für die Zwecke anderer InsVerf regeln wollte.[2] Danach wäre Abs 2 eine **Sachnorm**, welche die anderenfalls vorzunehmende Löschung im jeweiligen Register hindern würde. Nach deutschem Registerrecht käme es allerdings ohnehin nicht zu einer Löschung, weil aufgrund der Fortdauer anderer InsVerf Anhaltspunkte dafür vorlägen, dass die Gesellschaft noch Vermögen besitzt (§ 394 Abs 1 S 2 FamFG).

1 Vgl *Baumbach/Hueck* § 60 Rn 42.
2 *Braun/Delzant* Art 48 Rn 8; MK/*Reinhart* Art 48 Rn 3.

Artikel 49 Überschuss im Sekundärinsolvenzverfahren

Können bei der Verwertung der Masse des Sekundärinsolvenzverfahrens alle in diesem Verfahren festgestellten Forderungen befriedigt werden, so übergibt der in diesem Verfahren bestellte Verwalter den verbleibenden Überschuss unverzüglich dem Verwalter des Hauptinsolvenzverfahrens.

Übersicht

I. Vorbemerkung

1 Art 49 übernimmt **wortgetreu** die Regelungen des **Art 35 aF**. Zu Art 35 aF etwa ergangene Rspr und das entsprechende Schrifttum können herangezogen werden. Dabei sind jedoch die Änderungen an anderen Stellen der EuInsVO und deren Auswirkungen zu berücksichtigen.

II. Einzelheiten

2 Können bei der Verwertung der Masse des SekundärInsVerf alle in diesem Verf festgestellten Forderungen befriedigt werden, dann hat der Verw den **Überschuss** nach Art 49 unver-

züglich dem Verw des HauptInsVerf zu übergeben. Diese Selbstverständlichkeit[1] bringt den **Vorrang des HauptInsVerf** zum Ausdruck.[2] Die Regelung zeigt auch, dass es sich trotz der Mehrheit von rechtlich selbstständigen InsVerf nach wie vor um die Ins eines einzigen Rechtsträgers handelt.[3]

Der **praktische Anwendungsbereich** der Vorschrift ist gering. Es ist beinahe undenkbar, dass im SekundärInsVerf ein Überschuss erzielt wird, weil alle Gl des HauptInsVerf ihre Forderungen auch in diesem Verf anmelden können[4] und werden, wenn dort besondere Werte zur Verteilung anstehen. 3

Kommt es gleichwohl zu einem Überschuss, dann hat der Verw des SekundärInsVerf diesen Überschuss **„unverzüglich"** an den Verw des HauptInsVerf zu übergeben. Art 49 legt nicht fest, welcher Zeitraum darunter zu verstehen ist. Die Übergabe muss nach der Verteilung des Verwertungserlöses, aber vor Beendigung des InsVerf erfolgen. Wird nicht ausgehändigt, kann der HauptVerw seinen Anspruch **klageweise** gegen den SekundärVerw durchsetzen.[5] 4

Bei der **Einstellung eines dt SekundärInsVerf** mit Zustimmung der Gl nach § 213 InsO ist Art 49 mangels Befriedigung der festgestellten Forderungen innerhalb des Verf nicht anwendbar. Die verbleibende Aktivmasse wird vielmehr mit VerfEinstellung von der Beschlagnahmewirkung des HauptInsVerf erfasst und kann zu dessen Masse gezogen werden (Art 21 Abs 1). Gleiches gilt iF der Einstellung mangels Masse (§ 207 InsO) und der Einstellung nach Anzeige der Masseunzulänglichkeit (§ 211 InsO), weil es auch in diesen Verf nicht zu einer Befriedigung aller festgestellten Forderungen kommt.[6] 5

Artikel 50 Nachträgliche Eröffnung des Hauptinsolvenzverfahrens

Wird ein Verfahren nach Artikel 3 Absatz 1 eröffnet, nachdem in einem anderen Mitgliedstaat ein Verfahren nach Artikel 3 Absatz 2 eröffnet worden ist, so gelten die Artikel 41, 45, 46, 47 und 49 für das zuerst eröffnete Insolvenzverfahren, soweit dies nach dem Stand dieses Verfahrens möglich ist.

Übersicht

I. Vorbemerkung und Normzweck

Art 50 übernimmt die Regelungen des **Art 36 aF** mit **ausschließlich redaktionellen Änderungen**. Die zu Art 36 aF ergangene Rspr und das entsprechende Schrifttum können herangezogen werden. Dabei sind jedoch die Änderungen an anderen Stellen der EuInsVO und deren Auswirkungen zu berücksichtigen. 1

1 So MK/*Reinhart* Art 35 aF Rn 1.
2 Nr 252 des Erläuternden Berichts.
3 *Duursma-Kepplinger/Duursma/Chalupsky* Art 35 aF Rn 1.
4 *Haß/Huber/Gruber/Heiderhoff* Art 35 aF Rn 1.
5 *Pogacar* NZI 2011, 46, 50.
6 So *Pannen/Herchen* Art 35 aF Rn 8.

2 Art 50 regelt die Auswirkungen der nachträglichen Eröffnung eines HauptInsVerf auf ein vorher eröffnetes PartikularInsVerf. Auch diese Vorschrift dient dazu, den **Vorrang des HauptInsVerf** zu sichern.[1]

II. Einzelheiten

3 Ein in einem Mitgliedstaat der EU eröffnetes InsVerf ist dann ein universell wirkendes HauptInsVerf, wenn es zeitlich vor anderen HauptInsVerf eröffnet worden ist (**Prioritätsprinzip**) und das Gericht in seiner Entsch nicht zum Ausdruck gebracht hat, nur ein PartikularVerf eröffnen zu wollen. Ein HauptInsVerf kann auch noch eröffnet werden nach Eröffnung eines PartikularVerf in einem anderen Mitgliedstaat. Dieses HauptInsVerf genießt nach dem System der **modifizierten Universalität** den Vorrang gegenüber dem PartikularInsVerf. Daher bestimmt die Vorschrift des Art 50, dass die Kooperations- und Überschussabführungsregeln der Art 41, 45, 46, 47 und 49 auch auf das zeitlich früher eröffnete PartikularVerf Anwendung finden, soweit dies nach dem Stand dieses Verf möglich ist.

4 Das zuerst eröffnete PartikularVerf wandelt sich mit der Eröffnung des HauptInsVerf in ein SekundärInsVerf um. Es ist **unerheblich**, ob es sich bei dem PartikularVerf um ein LiquidationsVerf oder ein SanierungsVerf handelt.

Artikel 51 Umwandlung von Sekundärinsolvenzverfahren

(1) Auf Antrag des Verwalters des Hauptinsolvenzverfahrens kann das Gericht eines Mitgliedstaats, bei dem ein Sekundärinsolvenzverfahren eröffnet worden ist, die Umwandlung des Sekundärinsolvenzverfahrens in ein anderes der in Anhang A aufgeführten Insolvenzverfahren anordnen, sofern die Voraussetzungen nach nationalem Recht für die Eröffnung dieses anderen Verfahrens erfüllt sind und dieses Verfahren im Hinblick auf die Interessen der lokalen Gläubiger und die Kohärenz zwischen Haupt- und Sekundärinsolvenzverfahren am geeignetsten ist.

(2) Bei der Prüfung des Antrags nach Absatz 1 kann das Gericht Informationen von den Verwaltern beider Verfahren anfordern.

Übersicht

I. Vorbemerkung

1 Art 51 folgt **Art 37 aF** mit **erweitertem Regelungsinhalt**. Nach Art 37 aF konnte der HauptInsVerw die Umwandlung eines vor dem HauptVerf eröffneten – sanierenden – PartikularInsVerf in ein liquidierendes Verf nach Anh B aF beantragen. Anderenfalls wurde das PartikularVerf ungeachtet des Umstands, dass es sich bei einem SekundärInsVerf um ein LiquidationsVerf zu handeln hatte, als SanierungsVerf fortgeführt. Vom Willen des HauptInsVerw hing daher ab, wie das PartikularVerf fortzuführen war.

2 Nach der reformierten VO muss es sich bei einem SekundärInsVerf nicht mehr zwingend um ein LiquidationsVerf handeln. Sofern nach nationalem Recht zulässig, können vielmehr alle in Anh A aufgeführten Verf auch als SekundärVerf eröffnet werden. In der Konsequenz dessen liegt es, dass Art 51 dem HauptInsVerw gestattet, die Umwandlung des bereits eröffneten SekundärInsVerf in ein anderes in Anh A aufgeführtes Verf zu beantragen.

1 *K/P/B/Kemper* Art 36 aF Rn 1.

II. Normzweck

Art 51 steht in **Zusammenhang mit Art 38 Abs 4** und erstreckt die dort vorgesehene Möglichkeit zur Umwandlung von SekundärInsVerf auf den Zeitraum nach der – unionsrechtlich zu bestimmenden[1] – Eröffnung des SekundärVerf. Dies dient der **Koordinierung von Haupt- und SekundärInsVerf**. Ist etwa das HauptInsVerf ein SanierungsVerf kann es im Interesse des HauptInsVerw liegen, dass auch das SekundärInsVerf als SanierungsVerf (fort-)geführt wird. Art 51 ist eine **unmittelbar geltende Sachnorm**, die parallele oder ähnliche Regelungen des nationalen Rechts nicht ausschließt, sondern ergänzt. 3

III. Einzelheiten

Das Antragsrecht nach Art 51 setzt die **Eröffnung des HauptInsVerf und eines SekundärInsVerf** voraus. Unter welchen Voraussetzungen es zur Eröffnung eines Haupt- oder SekundärInsVerf kommt, ist unionsrechtlich zu bestimmen. Nach neuem Recht reicht dazu auch die Bestellung eines vorl „schwachen" Verw.[2] Unionsrechtlich ist also nicht zwischen Eröffnungs- und eröffneten Verf zu unterscheiden. Dem Wortlaut nach kann der Antrag demnach **schon durch einen vorl HauptInsVerw** gestellt werden. Zu diesem Zeitpunkt muss nicht feststehen, ob und falls ja welches HauptInsVerf letztlich eröffnet wird. Ggf kann der Antrag wohl keinen Erfolg haben, weil nicht festgestellt werden kann, ob das andere in Anh A aufgeführte Verf am geeignetsten ist. Der HauptInsVerw muss sich deshalb möglicherweise gedulden, bis das HauptInsVerf endgültig eröffnet ist. 4

Will der HauptInsVerw die Eröffnung eines anderen in Anh A aufgeführten Verf erreichen, müssen die **Voraussetzungen** für die Eröffnung dieses Verf **nach nationalem Recht** erfüllt und das Verf im Hinblick auf die **Interessen der lokalen Gl** und die **Kohärenz zwischen Haupt- und SekundärInsVerf** am geeignetsten sein. Das Gericht hat demnach nicht nur die Interessen des HauptInsVerw zu berücksichtigen. Vielmehr muss das andere in Anh A aufgeführte Verf das für HauptInsVerw *und* lokale Gl günstigste sein. Das wird kritisiert und die Auffassung vertreten, die lokalen Gl müssten mit jedem nach nationalem Recht zulässigen SekundärInsVerf Vorlieb nehmen.[3] Die Wertentscheidung des Reform-VO-Gebers, der auch an dieser Stelle einen Ausgleich des Interesses an einer effizienten Verwaltung der (Haupt-)InsMasse mit den Interessen der lokalen Gl sucht, ist jedoch hinzunehmen. 5

Der Wortlaut des Abs 1 („kann eröffnen") eröffnet dem Gericht ein **Entschließungsermessen**. Dieses ist freilich pflichtgemäß auszuüben. Ist tatsächlich ein anderes in Anh A aufgeführtes Verfahren im Hinblick auf die Interessen der lokalen Gl und die Kohärenz zwischen Haupt- und SekundärInsVerf am geeignetsten, dürfte das Ermessen des Gerichts reduziert und dieses Verf zu eröffnen sein. 6

Für **Deutschland** sieht Anh A nur das „Insolvenzverfahren" vor, das jedoch in **EigenVerw** eröffnet werden kann, wenn und soweit man eine Antragsbefugnis des Schu annimmt.[4] Einen praktischen Anwendungsbereich hat Art 51 hierzulande demnach allenfalls für die Frage der EigenVerw. Ggf sollte die Vorschrift auf diese Konstellation entsprechend anwendbar sein.[5] 7

---

1 Vgl dazu Art 19 Rn 7.
2 Vgl dazu Art 19 Rn 7 f.
3 MK/*Reinhart* Art 38 Rn 32.
4 Vgl dazu Art 34 Rn 10 und Art 37 Rn 9.
5 Vgl Art 38 Rn 22.

Artikel 52 Sicherungsmaßnahmen

Bestellt das nach Artikel 3 Absatz 1 zuständige Gericht eines Mitgliedstaats zur Sicherung des Schuldnervermögens einen vorläufigen Verwalter, so ist dieser berechtigt, zur Sicherung und Erhaltung des Schuldnervermögens, das sich in einem anderen Mitgliedstaat befindet, jede Maßnahme zu beantragen, die nach dem Recht dieses Mitgliedstaats für die Zeit zwischen dem Antrag auf Eröffnung eines Insolvenzverfahrens und dessen Eröffnung vorgesehen ist.

Übersicht

I. Vorbemerkung

1 Art 52 übernimmt die Regelungen des **Art 38 aF** mit **ausschließlich redaktionellen Änderungen**. Die zu Art 38 aF ergangene Rspr und das entsprechende Schrifttum können herangezogen werden. Dabei sind jedoch die Änderungen an anderen Stellen der EuInsVO und deren Auswirkungen zu berücksichtigen.

II. Normzweck und Anwendungsbereich

2 Art 52 betrifft das **Stadium vor der Eröffnung eines HauptInsVerf**. Schon zu diesem Zeitpunkt kann ein Bedürfnis für die Sicherung und Erhaltung von SchuVermögen bestehen, dass sich in einem anderen Mitgliedstaat befindet. Nach **Art 32 Abs 1 Unterabs 3** sind deshalb Entsch über Sicherungsmaßnahmen, die nach einem Antrag auf VerfEröffnung oder in Verbindung damit im Staat des (späteren) HauptInsVerf getroffen werden, in allen anderen Mitgliedstaaten anzuerkennen. Nach Art 52 können Sicherungsmaßnahmen **auch in dem Mitgliedstaat** beantragt werden, in dem sich das zu sichernde SchuVermögen befindet. Damit soll verhindert werden, dass im Zeitraum vor der Eröffnung des HauptInsVerf die Vermögensmasse des Schu vermindert wird. Es handelt sich um eine **Sachnorm**, die von den Mitgliedstaaten zu beachten ist.

3 Art 52 ist im **Zusammenhang mit den Regelungen über das SekundärInsVerf** zu sehen. Das Recht zur Beantragung der Eröffnung eines SekundärInsVerf steht nach Art 37 Abs 1 Buchst a) dem Verw des HauptInsVerf zu; es setzt also die Eröffnung eines HauptInsVerf voraus.[1] Art 52 **überbrückt den Zeitraum bis zur Eröffnung des HauptVerf** und ermöglicht die Beantragung der Sicherungsmaßnahmen, die vom SekundärInsStatut für die Zeit nach dem Antrag auf Eröffnung des SekundärVerf vorgesehen sind. Damit ist eine unionsrechtliche Anordnungsbefugnis der Gerichte des SekundärInsStaats verbunden.

4 Aus dem Regelungszusammenhang mit den Vorschriften über das SekundärInsVerf folgt ein **beschränkter Anwendungsbereich** des Art 52. Zum einen können die Sicherungsmaßnahmen **nur in einem potentiellen SekundärInsStaat** beantragt werden. Zum anderen bedarf es einer Anwendung des Art 52 nicht mehr, **sobald das HauptInsVerf eröffnet** und infolgedessen das Antragsrecht nach Art 37 Abs 1 Buchst a) entstanden ist.[2] Daraus folgt zugleich eine **ganz erhebliche praktische Einschränkung** des Anwendungsbereichs des

---

1 Vgl dazu Art 37 Rn 5.

2 *Schmidt/Brinkmann* Art 38 aF Rn 7; *Braun/Delzant* Art 52 Rn 8.

Art 52, denn nach neuem Recht wird die Eröffnung eines HauptInsVerf regelmäßig schon in der Bestellung eines vorl Verw zu erblicken sein.[3]

Die vorstehend vorgenommene Auslegung des Art 52 im Zusammenhang mit den Vorschriften über das SekundärInsVerf ist **umstr.**[4] Dies beruht insb darauf, dass sich dem Wortlaut eine Beschränkung des Anwendungsbereichs auf potentielle SekundärInsStaaten (nach wie vor) nicht entnehmen lässt. Die auch hier vertretene **hM** hat jedoch die **systematische Stellung** der Vorschrift im III. Kapitel über SekundärInsVerf und den (nunmehr) **36. Erwägungsgrund**[5] für sich, dem sich unmissverständlich entnehmen lässt, dass Sicherungsmaßnahmen nur in Mitgliedstaaten sollen beantragt werden können, in denen sich eine Niederlassung des Schu befindet. Hätte sich der Reform-VO-Geber von der – schon zu Art 38 aF hervorgetretenen – hM distanzieren wollen, wäre eine Klarstellung zu erwarten gewesen. Eine solche ist nicht darin zu erblicken, dass in Art 52 nicht mehr von einem LiquidationsVerf die Rede ist. Dies lässt sich zwanglos damit erklären, dass die vorbestehende Beschränkung für SekundärIns auf LiquidationsVerf gefallen ist, und spricht damit eher für als gegen die hier vertretene Ansicht. 5

III. Voraussetzungen

Sicherungsmaßnahmen nach Art 52 kommen in Betracht, wenn ein **Antrag auf Eröffnung eines HauptInsVerf** gestellt worden, ein solches jedoch noch nicht eröffnet worden ist. Das angerufene Gericht muss zudem entspr dem HauptInsStatut einen vorl Verw zur Sicherung des SchuVermögens bestellt haben. Da in der Bestellung eines solchen Verw nach neuem Recht in der Regel schon die VerfEröffnung zu erblicken sein wird,[6] dürfte der praktische Anwendungsbereich des Art 52 nur noch gering sein.[7] 6

Da sich Art 52 auf das **Stadium vor Eröffnung eines SekundärInsVerf** bezieht, müssen in dem Mitgliedstaat, in dem die Sicherungsmaßnahmen beantragt werden sollen, die **Voraussetzungen für die Eröffnung eines SekundärInsVerf** vorliegen, dh in diesem Land muss sich eine Niederlassung des Schu befinden. Das Vorhandensein von **sonstigem Vermögen** allein rechtfertigt ein Vorgehen nach Art 52 nicht.[8] 7

Die möglichen Sicherungsmaßnahmen bestimmen sich ausschließlich nach dem Recht des späteren SekundärInsVerfStaats. Danach richten sich auch die weiteren Voraussetzungen für den Antrag des Verw. Seine Verwalterstellung sollte er analog Art 22 nachweisen.[9] 8

Der vorl Verw kann zwar „jede Maßnahme" beantragen, nicht jede beantragte Maßnahme ist jedoch auch anzuordnen. Maßstab für die Anordnung ist die Sicherung und Erhaltung des Vermögens des Schu. Was hierzu erforderlich ist, entscheidet das Gericht. Beschwert ist der vorl Verw durch die gerichtliche Entscheidung nur dann, wenn durch die angeordneten Maßnahmen das Vermögen des Schu nicht gesichert und erhalten werden kann. Dies begründet die nach § 344 Abs 2 InsO dem vorl Verw wohl auch im Anwendungsbereich der EuInsVO zustehende sofortige Beschwerde.[10] Das Problem, ob das Gericht an den Antrag 9

---

3 Vgl dazu Art 37 Rn 6.
4 Vgl MK/*Reinhart* Art 38 aF Rn 9 f; *Mankowski/Müller/J Schmidt* Art 52 Rn 18 ff.
5 Dort am Ende.
6 Vgl dazu Art 19 Rn 7 f.
7 Vgl dazu bereits oben Rn 4.
8 *Duursma-Kepplinger/Duursma/Chalupsky* Art 38 aF Rn 10; *Fritz/Bähr* DZWiR 2001, 226; MK/*Reinhart* Art 38 aF Rn 8; **aA** *Herchen* S 162, der den Hauptzweck des Art 38 aF in der universalen Massesicherung sieht.
9 *Paulus* NZI 2001, 505, 510.
10 BT-Drucks 15/16 S 22; *A/G/R/Gruber/Wehner* § 344 Rn 4.

des Verw gebunden ist,[11] stellt sich allenfalls dann, wenn dieser hinter dem Erforderlichen zurückbleibt, der Verw also weniger beantragt als aus der Sicht des Gerichts geboten ist. Auch dann sollte das Gericht die erforderlichen Maßnahmen treffen. Den Erfolg einer Beschwerde des Schu (§ 21 Abs 1 S 2 InsO) dürfte ein solches Vorgehen kaum begründen.

IV. Umfang der Sicherungsmaßnahmen

10 Ob und falls ja, welche Sicherungsmaßnahmen angeordnet werden können, richtet sich nach dem Recht des Staats des künftigen SekundärInsVerf (Art 35). Wenn zB ein vorl HauptInsVerw bei einem dt InsGer den Antrag stellt, ihm bereits im EröffnungsVerf den Verkauf der Niederlassung zu gestatten, dürfte einem solchen Antrag kein Erfolg beschieden sein, weil selbst der sog starke vorl InsVerw zur Veräußerung wesentlicher Teile des Anlagevermögens oder gar des gesamten Unternehmens an Dritte regelmäßig nicht befugt ist.[12]

11 Der vorl Verw ist nicht auf die Beantragung von Sicherungsmaßnahmen im Staat eines möglichen SekundärInsVerf beschränkt. Auch das Gericht des Staats des künftigen HauptInsVerf kann Sicherungsmaßnahmen anordnen, die in den übrigen Mitgliedstaaten regelmäßig anzuerkennen sind und nötigenfalls vollstreckt werden können (Art 32 Abs 1 Unterabs 3 iVm Unterabs 1). Dies kommt insb mit Blick auf die Mitgliedstaaten in Betracht, für welche die Voraussetzungen eines SekundärInsVerf nicht vorliegen.[13]

V. Sicherungsmaßnahmen nach Eröffnung des Hauptverfahrens

12 Kommt es zur Eröffnung des HauptInsVerf, so entscheidet der HauptInsVerw, ob er die Eröffnung eines SekundärInsVerf beantragt oder nicht. Auf einen entspr Antrag hin **entscheiden die Gerichte des Staats der Eröffnung des SekundärInsVerf** über eine Fortsetzung oder Änderung der Sicherungsmaßnahmen. Wird die Eröffnung eines SekundärInsVerf nicht oder nur verzögert beantragt, entsteht ein Problem: Über die Fortsetzung oder Änderung der nach Art 52 angeordneten Sicherungsmaßnahmen müsste eigentlich das Gericht entscheiden, das die Maßnahmen angeordnet hat. Dieses wird jedoch nur verzögert oder gar nicht mehr mit der Sache befasst. Es wird deshalb vertreten, dass die Sicherungsmaßnahmen von den Entsch des nach Art 3 Abs 1 zuständigen Gerichts abhängig sind.[14]

11 Vgl *A/G/R/Gruber/Schulz* Art 38 aF Rn 17 mwN.
12 **AA** *Paulus* Insolvenzforum 2001, S 141; *Vallender* KTS 2005, 283, 308.
13 *Duursma-Kepplinger/Duursma/Chalupsky* Art 38 aF Rn 11 ff.
14 Nr 262 des Erläuternden Berichts; **aA** *K/P/B/Kemper* Art 38 aF Rn 10.

Kapitel IV
Unterrichtung der Gläubiger und Anmeldung ihrer Forderungen

Artikel 53 Recht auf Forderungsanmeldung

Jeder ausländische Gläubiger kann sich zur Anmeldung seiner Forderungen in dem Insolvenzverfahren aller Kommunikationsmittel bedienen, die nach dem Recht des Staats der Verfahrenseröffnung zulässig sind. Allein für die Anmeldung einer Forderung ist die Vertretung durch einen Rechtsanwalt oder sonstigen Rechtsbeistand nicht zwingend.

Übersicht

I. Vorbemerkung

Art 53 regelt wie **Art 39 aF** das Recht ausl Gl zur Forderungsanmeldung. Wer ausl Gl ist, definiert **Art 2 Nr 12** wortgleich wie zuvor Art 39 aF. Inhaltliche Änderungen ergeben sich insoweit nicht. Gefallen ist das unionsrechtliche Formerfordernis, nach dem die Forderungsanmeldung schriftlich zu erfolgen hatte. Stattdessen sieht Art 53 vor, dass sich der Gl **aller Kommunikationsmittel** bedienen kann, die nach dem Recht des Staats der VerfEröffnung zulässig sind. Neu ist **Art 53 S 2**, wonach für die Anmeldung einer Forderung die Vertretung durch einen Rechtsanwalt oder sonstigen Rechtsbeistand nicht zwingend ist. 1

II. Normzweck

Die Vorschriften des Kap IV gelten sowohl für das **HauptInsVerf als auch für das Sekundär- und das selbstständige PartikularInsVerf**. Es handelt sich um **dem nationalen InsR vorgehende Sonderregelungen**. Art 53 wird durch die Verfahrensvorschrift des Art 55 ergänzt. 2

Art 53 S 1 ist eigentlich überflüssig. Das Recht zur Forderungsanmeldung auch der ausl Gl ergibt sich bereits aus Art 45 Abs 1. Dass sich der Gl für die Forderungsanmeldung aller nach dem jeweiligen InsStatut zulässigen Kommunikationsmittel bedienen darf, ließe sich auch allein Art 7 Abs 2 Buchst h) entnehmen. Art 53 S 1 kommt vor diesem Hintergrund nur ein klarstellender Charakter zu. **Art 53 S 2** enthält eine ergänzende Regelung, die es den Mitgliedstaaten verbietet, die Forderungsanmeldung ausl Gl von der Vertretung durch einen Rechtsanwalt oder sons Rechtsbeistand abhängig zu machen. Dies trägt dazu bei, die Forderungsanmeldung für ausl Gl **möglichst einfach und kostengünstig** zu gestalten. 3

III. Einzelheiten

Zur Forderungsanmeldung berechtigt ist **jeder ausl Gl.** Das ist nach Art 2 Nr 12 jeder Gl, der in einem **anderen Mitgliedstaat** als dem Staat der VerfEröffnung seinen gewöhnlichen Aufenthalt, Wohnsitz oder Sitz hat, einschließlich der Steuerbehörden und der Sozialversicherungsträger der Mitgliedstaaten. Der Verweis auf **Steuerbehörden** und **Sozialversicherungsträger** erfolgt, weil es in anderen Mitgliedstaaten bisweilen nicht möglich ist, öffentlich-rechtliche Forderungen anzumelden.[1] Auch ein **lokaler Gl** gem Art 2 Nr 11 kann ausl iSd Art 2 Nr 12 sein. Der Begriff „lokaler Gl" ist irreführend: Nicht der Gl ist örtlich gebunden, sondern die Forderung; er kann deshalb seinen Aufenthalt, Wohnsitz oder Sitz durch- 4

1 MK/*Reinhart* Art 39 aF Rn 1.

aus im Ausland haben. Zu unterscheiden ist der ausl Gl demnach nicht vom lokalen, sondern vom inl.

5 Kein ausl Gl, auch keine Steuerbehörde und kein Sozialversicherungsträger, darf unter Berufung auf die Ausländereigenschaft daran gehindert werden, im eröffneten Verf seine/ihre Forderungen anzumelden. Das nationale Recht darf die Forderungsanmeldung durch ausl Gl auch nicht von **qualifizierten Voraussetzungen** abhängig machen.[2] Auch der ausl Gl darf sich zur Anmeldung seiner Forderung aller nach dem jeweiligen InsStatut zulässigen Kommunikationsmittel bedienen. Art 53 S 2 **bevorzugt** den **ausl Gl** sogar, wenn das nationale Recht die Vertretung durch einen Rechtsanwalt oder sons Rechtsbeistand verlangt. Ggf gilt dies für ausl Gl nicht.

Artikel 54 Pflicht zur Unterrichtung der Gläubiger

(1) Sobald in einem Mitgliedstaat ein Insolvenzverfahren eröffnet wird, unterrichtet das zuständige Gericht dieses Staates oder der von diesem Gericht bestellte Verwalter unverzüglich alle bekannten ausländischen Gläubiger.

(2) Die Unterrichtung nach Absatz 1 erfolgt durch individuelle Übersendung eines Vermerks und gibt insbesondere an, welche Fristen einzuhalten sind, welches die Versäumnisfolgen sind, welche Stelle für die Entgegennahme der Anmeldungen zuständig ist und welche weiteren Maßnahmen vorgeschrieben sind. In dem Vermerk ist auch anzugeben, ob die bevorrechtigten oder dinglich gesicherten Gläubiger ihre Forderungen anmelden müssen. Dem Vermerk ist des Weiteren eine Kopie des Standardformulars für die Anmeldung von Forderungen gemäß Artikel 55 beizufügen oder es ist anzugeben, wo dieses Formular erhältlich ist.

(3) Die Unterrichtung nach den Absätzen 1 und 2 dieses Artikels erfolgt mithilfe eines Standardmitteilungsformulars, das gemäß Artikel 88 festgelegt wird. Das Formular wird im Europäischen Justizportal veröffentlicht und trägt die Überschrift „Mitteilung über ein Insolvenzverfahren" in sämtlichen Amtssprachen der Organe der Union. Es wird in der Amtssprache des Staates der Verfahrenseröffnung oder – falls es in dem betreffenden Mitgliedstaat mehrere Amtssprachen gibt – in der Amtssprache oder einer der Amtssprachen des Ortes, an dem das Insolvenzverfahren eröffnet wurde, oder in einer anderen Sprache übermittelt, die dieser Staat gemäß Artikel 55 Absatz 5 zugelassen hat, wenn anzunehmen ist, dass diese Sprache für ausländische Gläubiger leichter zu verstehen ist.

(4) Bei Insolvenzverfahren bezüglich einer natürlichen Person, die keine selbstständige gewerbliche oder freiberufliche Tätigkeit ausübt, ist die Verwendung des in diesem Artikel genannten Standardformulars nicht vorgeschrieben, sofern die Gläubiger nicht verpflichtet sind, ihre Forderungen anzumelden, damit diese im Verfahren berücksichtigt werden.

Übersicht

2 MK/*Reinhart* Art 53 Rn 5.

I. Vorbemerkung

1 Art 54 greift die in **Art 40 und 42 aF** enthaltenen Regelungen über die Unterrichtung der ausl Gl auf. Trotz Errichtung eines europäischen Insolvenzregisters (Art 24 ff) hält der Reform-VO-Geber an der **Pflicht zur Unterrichtung der bek ausl Gl** fest. Dabei trägt er durch Einführung eines europäischen **Standardmitteilungsformulars** zur Vereinheitlichung und Erleichterung der Unterrichtung bei. Art 54 **Abs 1** entspricht Art 40 Abs 1 aF. **Abs 2 S 1** übernimmt die Regelungen des Art 40 Abs 2 aF mit einer redaktionellen Ergänzung. **Abs 2 S 2** ist neu und betrifft das mit der Reform eingeführte europäische **Standardanmeldeformular**. Auch **Abs 3 und 4** sind neu. Hier geht es um das Standardmitteilungsformular und dessen Verwendung.

II. Normzweck

2 Die **Unterrichtung ausl Gl** ist von bes Bedeutung, weil diese häufig die Sprache des Staats der VerfEröffnung nicht beherrschen und mit dessen Recht nicht vertraut sind. **Abs 1** legt deshalb fest, dass alle bek Gl, die ihren gewöhnlichen Aufenthalt, Wohnsitz oder Sitz in einem anderen Mitgliedstaat haben, unverzüglich von der VerfEröffnung in Kenntnis zu setzen sind. **Abs 2** regelt Inhalte der Unterrichtung. Nach **Abs 3** erfolgt die Unterrichtung mithilfe eines Standardmitteilungsformulars. Dies dient der Vereinheitlichung der Unterrichtung, erleichtert aber auch die Erfüllung der Pflicht zur Unterrichtung.[1] **Abs 4** sieht einen Ausnahmefall von der Pflicht zur Verwendung des Standardmitteilungsformulars vor. Der Zweck dieser Regelung erschließt sich nicht so recht. Sollte der Reform-VO-Geber den Schutz von Informationen über VerbrIns im Sinn gehabt haben, hätte er dieses Ziel verfehlt. Abs 4 betrifft nur die Form der Unterrichtung, nicht aber ihre Inhalte und schon gar nicht die Unterrichtung an sich. Art 54 ist eine **Sachnorm**, die in allen Mitgliedstaaten unmittelbar gilt.[2] Sie gilt unabhängig davon, ob es sich um ein **HauptInsVerf**, ein **SekundärInsVerf** oder ein **selbstständiges PartikularVerf** handelt.

III. Unterrichtungspflicht (Abs 1)

3 Das zuständige Gericht oder der Verw ist verpflichtet, **alle bek ausl Gl** unverzüglich über die VerfEröffnung zu unterrichten. Ausl ist nach Art 2 Nr 12 jeder Gl, der in einem **anderen Mitgliedstaat** als dem Staat der VerfEröffnung seinen gewöhnlichen Aufenthalt, Wohnsitz oder Sitz hat, einschließlich der Steuerbehörden und der Sozialversicherungsträger der Mitgliedstaaten. **Bek** iSd Vorschrift ist jeder Gl, über den der Schu das Gericht oder den Verw in Kenntnis setzt oder der sich den zugänglichen Unterlagen des Schu mit zumutbarem Aufwand entnehmen lässt. Eine Pflicht des Gerichts oder des Verw, Gl zu ermitteln regelt Art 54 nicht.[3]

4 Die Unterrichtung hat unverzüglich und damit **ohne schuldhaftes Zögern** zu erfolgen.[4] Sie ist nicht auf einen bestimmten Zeitpunkt nach VerfEröffnung beschränkt. Werden im Laufe des Verf weitere Gl bekannt, sind diese **nachträglich** zu unterrichten.

5 Kommen das Gericht oder der Verw der Unterrichtungspflicht nicht nach, sprach nach bisheriger Rechtslage einiges dafür, dass dem Gl aus einer darauf beruhenden verspäteten Forderungsanmeldung **keine Nachteile** erwachsen dürfen.[5] Jetzt knüpft Art 55 Abs 6 S 2 die

1 MK/*Reinhart* Art 54 Rn 7.
2 *Duursma-Kepplinger/Duursma/Chalupsky* Art 40 aF Rn 1; *K/P/B/Kemper* Art 40 aF Rn 1.
3 *K/P/B/Kemper* Art 40 aF Rn 5; *Schmidt/Brinkmann* Art 40 aF Rn 4.
4 *Braun/Delzant* Art 54 Rn 5.
5 *Cour d'appel Orléans* v 9.6.2005, zit bei *Pannen/Riedemann* Art 40 aF Rn 19: Der dt Gl war von dem franz Verw nicht mit einem dem Art 42 Abs 2 aF entspr Formblatt unterrichtet worden.

unionsrechtliche (Mindest-)Frist zur Forderungsanmeldung im Regelfall an die Bek der VerfEröffnung im europäischen InsRegister. Das dürfte die Unterrichtung entwertet haben und auch bei der Frage zu berücksichtigen sein, ob sich Gericht oder Verw bei einer schuldhaften Verletzung der Unterrichtungspflicht **schadensersatzpflichtig** gemacht haben.[6]

IV. Inhalte der Unterrichtung (Abs 2)

6 Abs 2 S 1 regelt Inhalte der Unterrichtung. Die Benachrichtigung durch individuelle Übersendung eines Vermerks muss als **Mindestinformationen** beinhalten, welche Fristen einzuhalten sind, welches die Versäumnisfolgen sind, bei welcher Person oder Stelle die Anmeldung einzureichen ist und welche weiteren Maßnahmen vorgeschrieben sind. Ferner ist anzugeben, ob die bevorrechtigten oder dinglich gesicherten Gl ihre Forderungen anmelden müssen. Gem Abs 2 S 2 ist eine Kopie des im Zuge der Reform neu eingeführten **Standardanmeldeformulars** beizufügen oder es ist anzugeben, wo dieses Formular (etwa im Internet) erhältlich ist.

7 Die für die Unterrichtung vorgesehenen Inhalte sind für das einzelstaatliche Recht **unabdingbar**. Das einzelstaatliche Recht kann jedoch **zusätzliche Anforderungen im Interesse der Gl** vorschreiben. Die Unterrichtung hat **individuell** durch das Gericht oder den bestellten Verw zu erfolgen. Soweit die Gl bek sind, reichen daher weder das europäische Insolvenzregister noch eine sons öffentliche Bek aus.

8 Auf welche **Weise** die Übersendung des Vermerks durch die zuständigen Stellen erfolgt, regelt die VO nicht. Dies richtet sich nach dem InsStatut. Soweit einzelstaatlich eine förmliche Zustellung gefordert wird, richtet sich diese nach der **EuZVO**.[7] Die EuZVO ist anwendbar in Zivil- und Handelssachen, wozu auch InsVerf gerechnet werden. Einen Ausnahmekatalog wie Art 1 Abs 2 EuGVVO enthält die EuZVO nicht.[8]

V. Form der Unterrichtung (Abs 3)

9 Die Unterrichtung mittels eines Formblatts ist nicht neu. Schon nach **Art 42 Abs 1 aF** war ein Formblatt zu verwenden. Die **Konzeption des Formblatts** war den Mitgliedstaaten überlassen. Das in Deutschland verwendete Formblatt wurde durch das BMJV erstellt und informierte in allen Amtssprachen der EU über den wesentlichen Gang des dt InsVerf. Das nunmehr im Grundsatz zu verwendende europäische Standardmitteilungsformular wird gem Art 88 festgelegt. Maßgeblich sind daher **Durchführungsrechtsakte** der durch einen Ausschuss iSd VO (EU) Nr 182/2011 unterstützten **Kommission**. Das Formular wird im Europäischen Justizportal veröffentlicht und trägt die Überschrift „Mitteilung über ein Insolvenzverfahren" in sämtlichen Amtssprachen der Organe der Union.

10 Die Übermittlung des weiteren Inhalts des Standardmitteilungsformulars erfolgt grds in der **Amtssprache** des Staats der VerfEröffnung. Gibt es in dem Mitgliedstaat mehrere Amtssprachen, ist/sind die Sprache(n) des Orts maßgeblich, an dem das Verf eröffnet wurde. Unter zwei Voraussetzungen besteht schließlich die Möglichkeit zur Unterrichtung in einer **anderen Sprache**. Erstens muss der Staat der VerfEröffnung diese Sprache gem Art 55 Abs 5 zugelassen haben. Zweitens muss anzunehmen sein, dass die Sprache für ausl Gl leichter zu verstehen ist. Dies kann etwa für die englische Sprache zutreffen.

---

6 Vgl zur SE-Pflicht MK/*Reinhart* Art 40 aF Rn 14; *Smid* Art 40 aF Rn 4 f; MK-BGB/*Kindler* Art 40 aF Rn 7 f.

7 *Duursma-Kepplinger/Duursma/Chalupsky* Art 40 aF Rn 9 ff; aA *K/P/B/Kemper* Art 40 aF Rn 8; *Smid* Art 40 aF Rn 7.

8 *Zöller/Geimer* Art 1 EuZVO Rn 2.

VI. Keine Verwendung des Standardmitteilungsformulars (Abs 4)

Abs 4 regelt einen Ausnahmefall von der Pflicht zur Verwendung des Standardmitteilungsformulars. **Unberührt** bleiben demnach die Pflicht zur Unterrichtung überhaupt und deren Abs 2 zu entnehmende Mindestinhalte. Was Abs 4 vor diesem Hintergrund bezweckt, erschließt sich nicht. Damit von der Verwendung des Standardmitteilungsformulars abgesehen werden kann, muss es sich um ein VerbrInsVerf handeln und die Gl dürfen nicht verpflichtet sein, ihre Forderungen anzumelden, damit diese im Verf berücksichtigt werden. **11**

Artikel 55 Verfahren für die Forderungsanmeldung

(1) Ausländische Gläubiger können ihre Forderungen mithilfe des Standardformulars anmelden, das gemäß Artikel 88 festgelegt wird. Das Formular trägt die Überschrift „Forderungsanmeldung" in sämtlichen Amtssprachen der Organe der Union.

(2) Das Standardformular für die Forderungsanmeldung nach Absatz 1 enthält die folgenden Angaben:

a) Name, Postanschrift, E-Mail-Adresse sofern vorhanden, persönliche Kennnummer sofern vorhanden sowie Bankverbindung des ausländischen Gläubigers nach Absatz 1,
b) Forderungsbetrag unter Angabe der Hauptforderung und gegebenenfalls der Zinsen sowie Entstehungszeitpunkt der Forderung und – sofern davon abweichend – Fälligkeitsdatum,
c) umfasst die Forderung auch Zinsen, den Zinssatz unter Angabe, ob es sich um einen gesetzlichen oder vertraglich vereinbarten Zinssatz handelt, sowie den Zeitraum, für den die Zinsen gefordert werden, und den Betrag der kapitalisierten Zinsen,
d) falls Kosten für die Geltendmachung der Forderung vor Eröffnung des Verfahrens gefordert werden, Betrag und Aufschlüsselung dieser Kosten,
e) Art der Forderung,
f) ob ein Status als bevorrechtigter Gläubiger beansprucht wird und die Grundlage für einen solchen Anspruch,
g) ob für die Forderung eine dingliche Sicherheit oder ein Eigentumsvorbehalt geltend gemacht wird und wenn ja, welche Vermögenswerte Gegenstand der Sicherheit sind, Zeitpunkt der Überlassung der Sicherheit und Registernummer, wenn die Sicherheit in ein Register eingetragen wurde, und
h) ob eine Aufrechnung beansprucht wird und wenn ja, die Beträge der zum Zeitpunkt der Eröffnung des Insolvenzverfahrens bestehenden gegenseitigen Forderungen, den Zeitpunkt ihres Entstehens und den geforderten Saldo nach Aufrechnung.

Der Forderungsanmeldung sind etwaige Belege in Kopie beizufügen.

(3) Das Standardformular für die Forderungsanmeldung enthält den Hinweis, dass die Bankverbindung und die persönliche Kennnummer des Gläubigers nach Absatz 2 Buchstabe a nicht zwingend anzugeben sind.

(4) Meldet ein Gläubiger seine Forderung auf anderem Wege als mithilfe des in Absatz 1 genannten Standardformulars an, so muss seine Anmeldung die in Absatz 2 genannten Angaben enthalten.

(5) Forderungen können in einer Amtssprache der Organe der Union angemeldet werden. Das Gericht, der Verwalter oder der Schuldner in Eigenverwaltung können vom Gläubiger eine Übersetzung in die Amtssprache des Staats der Verfahrenseröffnung oder – falls es in dem betreffenden Mitgliedstaat mehrere Amtssprachen gibt – in die Amtssprache oder in eine der Amtssprachen des Ortes, an dem das Insolvenzverfahren eröffnet wurde, oder in

eine andere Sprache, die dieser Mitgliedstaat zugelassen hat, verlangen. Jeder Mitgliedstaat gibt an, ob er neben seiner oder seinen eigenen Amtssprachen andere Amtssprachen der Organe der Union für eine Forderungsanmeldung zulässt.

(6) Forderungen sind innerhalb der im Recht des Staats der Verfahrenseröffnung festgelegten Frist anzumelden. Bei ausländischen Gläubigern beträgt diese Frist mindestens 30 Tage nach Bekanntmachung der Eröffnung des Insolvenzverfahrens im Insolvenzregister des Staats der Verfahrenseröffnung. Stützt sich ein Mitgliedstaat auf Artikel 24 Absatz 4, so beträgt diese Frist mindestens 30 Tage ab Unterrichtung eines Gläubigers gemäß Artikel 54.

(7) Hat das Gericht, der Verwalter oder der Schuldner in Eigenverwaltung Zweifel an einer nach Maßgabe dieses Artikels angemeldeten Forderung, so gibt er dem Gläubiger Gelegenheit, zusätzliche Belege für das Bestehen und die Höhe der Forderung vorzulegen.

Übersicht

I. Vorbemerkung und Normzweck

1 Art 55 ist im Wesentlichen **neu**. Lediglich die Regelungen in Abs 5 über die Sprachen der Forderungsanmeldung finden in **Art 42 Abs 2 aF** eine Vorgängervorschrift. Übernommen hat der Reform-VO-Geber insoweit das Recht, vom ausl Gl eine **Übersetzung der Forderungsanmeldung** zu verlangen.

2 Art 55 dient den Interessen der ausl Gl. Sie haben bei der Forderungsanmeldung im Ausland regelmäßig **Sprachbarrieren** zu überwinden und sind mit dem **ausl Recht** nicht vertraut. Dies macht die Anmeldung von Forderungen im Ausland nicht nur schwierig, sondern auch kostenträchtig und vermag ausl Gl von einer Teilnahme am Verf abzuhalten. Um effiziente und wirksame grenzüberschreitende InsVerf[1] zu gewährleisten, soll den ausl Gl deshalb die **Forderungsanmeldung erleichtert** werden.[2]

3 Hierzu bietet Art 55 den ausl Gl die Möglichkeit, ihre Forderungen mithilfe eines **europäischen Standardformulars** anzumelden, welches ihnen schon mit der Unterrichtung gem Art 54 zur Verfügung gestellt worden sein kann (vgl Art 54 Abs 2 S 2). Die Forderungsanmeldung mittels des europäischen Standardformulars ist nur eine von mehreren Möglichkeiten und schließt eine Anmeldung auf anderem Wege – etwa nach Maßgabe des jeweiligen InsStatuts – nicht aus. Zur Vermeidung von Übersetzungskosten kann es beitragen, dass die Forderungsanmeldung nach Abs 5 nunmehr in **allen Amtssprachen** der Union erfolgen kann, insb in einer solchen, die der betreffende Mitgliedstaat neben seiner/seinen eigenen für eine Forderungsanmeldung zugelassen hat (Abs 5 S 3).

4 Den ausl Gl soll ferner zugute ferner zugute kommen die in **Abs 6** geregelte **Mindestfrist** zur Forderungsanmeldung von 30 Tagen sowie das nach **Abs 7** zu gewährende **rechtliche Gehör** bei Zweifeln an der angemeldeten Forderung.

5 Art 55 ist eine **Sachnorm** und gilt für **Haupt-, Sekundär-**, und **isoliertes PartikularInsVerf** gleichermaßen. Das weitere Verf, insb die Prüfung und Feststellung der Forderungen, rich-

1 3. Erwägungsgrund.
2 64. Erwägungsgrund.

tet sich nach dem jeweiligen nationalen Recht (Art 7 Abs 2 Buchst h). Die Vorschriften der lex fori concursus über die Forderungsanmeldung an sich werden nicht verdrängt. Sie werden durch Art 55 ergänzt.

II. Forderungsanmeldung per Standardformular (Abs 1 bis 3)

Nach Abs 1 können ausl Gl ihre Forderungen mittels eines Standardformulars anmelden Das Formular wird gem **Art 88** festgelegt. Maßgeblich sind daher **Durchführungsrechtsakte** der durch einen Ausschuss iSd VO (EU) Nr 182/2011 unterstützten **Kommission**. Art 55 enthält einige **Vorgaben für die Erstellung** des Formulars. Es hat die Überschrift „Forderungsanmeldung" in sämtlichen Amtssprachen der Organe der Union zu tragen (Abs 1 S 2). Ferner muss es den Hinweis nach Abs 3 im Blick auf Bankverbindung und persönliche Kennnummer des Gl enthalten. Schließlich benötigt es Raum für die nach Abs 2 vom ausl Gl zu machenden Angaben. 6

Wer **ausl Gl** ist, bestimmt **Art 2 Nr 12**. Auch ein **lokaler Gl** iSd Art 2 Nr 11 kann ausl gem Art 2 Nr 12 sein.[3] Der Begriff „lokaler Gl" ist irreführend: Nicht der Gl ist örtlich gebunden, sondern die Forderung; er kann deshalb seinen Aufenthalt, Wohnsitz oder Sitz durchaus im Ausland haben. Zu unterscheiden ist der ausl Gl vom inl, der nicht zur Forderungsanmeldung mittels des Standardformulars gem Abs 1 berechtigt ist. Auch **Gl aus Drittstaaten** sind nicht vom Anwendungsbereich des Art 55 erfasst. 7

Ist der ausl Gl iSd Art 54 Abs 1 bek, erhält er mit der Unterrichtung über die VerfEröffnung entweder das Standardanmeldeformular selbst oder den Hinweis, wo dieses Formular erhältlich ist (**Art 54 Abs 2 S 2**). Weder die Übersendung des Formulars noch der Hinweis, wo dieses erhältlich ist, verpflichten den ausl Gl, dieses auch zu nutzen. Wie Abs 1 („kann") und Abs 4 („auf anderem Wege") entnommen werden kann, ist die Forderungsanmeldung per Formular nur **eine von mehreren Möglichkeiten**. 8

Nutzt der aus Gl das Standardformular, hat er die Abs 2 zu entnehmenden **Angaben** zu machen. Dabei ist Abs 3 zu entnehmen, dass die **Bankverbindung** und die **persönliche Kennnummer** des Gl nicht zwingend anzugeben sind. Ferner sind der Forderungsanmeldung etwaige **Belege in Kopie** beizufügen. Erst im weiteren Verf können **Originale** erforderlich werden, wenn Zweifel an der Forderung bestehen, weil diese nur durch Kopien belegt ist (vgl Abs 7). 9

III. Forderungsanmeldung auf anderem Wege (Abs 4)

Abs 4 stellt klar, dass der ausl Gl nicht zur Verwendung des Standardanmeldeformulars gehalten ist. Verpflichtet sein soll der Gl nach dem Wortlaut indes stets, die in **Abs 2 genannten Angaben** zu machen. Dies geht **zu weit**. Art 55 soll ausl Gl die Forderungsanmeldung erleichtern und nicht erschweren. Abs 4 regelt deshalb Höchstanforderungen, die durch das nationale Recht unterschritten werden können. Ist dies der Fall, reicht es aus, wenn der ausl Gl die Vorgaben der lex fori concursus erfüllt. 10

Vor diesem Hintergrund ist Abs 4 **anwendbar**, wenn der ausl Gl weder das Standardanmeldeformular verwendet noch seine Forderung nach – hinter den Vorgaben des Art 55 zurückbleibendem – nationalen Recht anmeldet. Dann hat er die **Angaben** nach Abs 2 zu machen. Obwohl Abs 4 ersichtlich nicht auf Abs 2 S 2 verweist, sollte der Gl auch etwaige **Belege** in Kopie beifügen. 11

---

3 **AA** offenbar MK/*Reinhart* Art 55 Rn 2.

IV. Sprachen (Abs 5)

12 Nach **Art 42 Abs 2 aF** konnte der ausl Gl den wesentlichen Inhalt der Forderungsanmeldung auch in der/den Amtssprache(n) „seines" Mitgliedstaats vornehmen. Lediglich die Überschrift „Anmeldung einer Forderung" musste in der Amtssprache oder einer der Amtssprachen des Staats der VerfEröffnung verfasst sein. Machte der ausl Gl von der Möglichkeit zur Forderungsanmeldung in seiner Sprache Gebrauch, konnte von ihm eine **Übersetzung** verlangt werden. Damit waren **Kosten** verbunden, die insb Kleingl dazu veranlassen konnten, von einer Teilnahme am Verf abzusehen.

13 Auch Abs 5 sieht das Recht vor, von dem ausl Gl eine Übersetzung zu verlangen. Das Recht steht Gericht, Verw oder Schu in EigenVerw zu (**Abs 5 S 2**). Die Vorschrift lässt aber hoffen, dass von diesem Recht seltener Gebrauch gemacht werden wird. Dies liegt daran, dass Forderungen nunmehr in **allen Amtssprachen** der Organe der Union angemeldet werden können (**Abs 5 S 1**). Der ausl Gl kann sich daher einer (Dritt-)Sprache bedienen, die er beherrscht und von der er glaubt, dass sie im Staat der VerfEröffnung verstanden wird. Nach **Abs 5 S 3** können die Mitgliedstaaten **weitere Sprachen** sogar ausdrücklich zulassen.

V. Anmeldefrist (Abs 6)

14 Nach **Abs 6 S 1** sind Forderungen grds innerhalb der in der lex fori concursus festgelegten Frist anzumelden. Nach **Abs 6 S 2** gilt allerdings eine **Mindestfrist** von 30 Tagen nach Bek der VerfEröffnung im nationalen InsRegister (vgl Art 24). Unterbleibt die öffentliche Bek gem Art 24 Abs 4 soll die Mindestfrist ab Unterrichtung „eines" Gl gem Art 54 laufen (**Abs 6 S 3**).

15 Die **Anknüpfung der Mindestfrist** im Grundsatz an die **Bek im nationalen InsRegister** wirft das vorübergehende Problem auf, dass die Register erst bis zum 26.6.2018 geschaffen und bis zum 26.6.2019 vernetzt sein müssen. Solange nicht jedenfalls ein nationales InsRegister geschaffen ist, wie aber auch in jedem anderen Fall einer ausbleibenden Bek, sollte auf die **Unterichtung gem Art 54** abgestellt werden. Insoweit kann entgegen dem Wortlaut der Vorschrift kaum die **Unterrichtung (irgend-)eines Gl** ausreichen. Die Mindestfrist dürfte vielmehr erst ab Unterrichtung gerade des betreffenden Gl zu laufen beginnen. Im Falle ausl Gl, die nicht iSd Art 54 Abs 1 bek sind, führt dies allerdings dazu, dass die Mindestfrist gar nicht in Lauf gesetzt wird.

VI. Nachforderung von Nachweisen (Abs 7)

16 Abs 7 regelt die **Gewährung rechtlichen Gehörs** für den Fall, dass Gericht, Verw oder Schu in EigenVerw Zweifel an einer nach Maßgabe dieses Art angemeldeten Forderung haben. Die Wahrung dieses grundlegenden VerfRechts ist eigentlich eine Selbstverständlichkeit, die in Abs 7 enthaltene **Klarstellung** schadet jedoch nicht. Es geht dem Reform-VO-Geber ersichtlich darum, möglichst frühzeitig eine **endgültige Klärung** der Berechtigung der angemeldeten Forderung herbeizuführen und damit die Kosten einer streitigen Auseinandersetzung zu vermeiden. Die Vorschrift nennt zusätzliche Belege für das Bestehen und die Höhe der Forderung. Das ist nicht abschließend gemeint. Die Zweifel an einer Forderung können zB auch durch Vorlage des Originals eines schon in Kopie vorliegenden Belegs ausgeräumt werden.

Kapitel V
Insolvenzverfahren über das Vermögen von Mitgliedern einer Unternehmensgruppe

Abschnitt 1
Zusammenarbeit und Kommunikation

Artikel 56 Zusammenarbeit und Kommunikation der Verwalter

(1) Bei Insolvenzverfahren über das Vermögen von zwei oder mehr Mitgliedern derselben Unternehmensgruppe arbeiten die Verwalter dieser Verfahren zusammen, soweit diese Zusammenarbeit die wirksame Abwicklung der Verfahren erleichtern kann, mit den für die einzelnen Verfahren geltenden Vorschriften vereinbar ist und keine Interessenkonflikte nach sich zieht. Diese Zusammenarbeit kann in beliebiger Form, einschließlich durch den Abschluss von Vereinbarungen oder Verständigungen, erfolgen.

(2) Bei der Durchführung der Zusammenarbeit nach Absatz 1 obliegt es den Verwaltern,

a) einander so bald wie möglich alle Informationen mitzuteilen, die für das jeweilige andere Verfahren von Bedeutung sein können, vorausgesetzt, es bestehen geeignete Vorkehrungen zum Schutz vertraulicher Informationen;

b) zu prüfen, ob Möglichkeiten einer Koordinierung der Verwaltung und Überwachung der Geschäfte der Gruppenmitglieder, über deren Vermögen ein Insolvenzverfahren eröffnet wurde, bestehen; falls eine solche Möglichkeit besteht, koordinieren sie die Verwaltung und Überwachung dieser Geschäfte;

c) zu prüfen, ob Möglichkeiten einer Sanierung von Gruppenmitgliedern, über deren Vermögen ein Insolvenzverfahren eröffnet wurde, bestehen und, falls eine solche Möglichkeit besteht, sich über den Vorschlag für einen koordinierten Sanierungsplan und dazu, wie er ausgehandelt werden soll, abzustimmen.

Für die Zwecke der Buchstaben b und c können alle oder einige der in Absatz 1 genannten Verwalter vereinbaren, einem Verwalter aus ihrer Mitte zusätzliche Befugnisse zu übertragen, wenn eine solche Vereinbarung nach den für die jeweiligen Verfahren geltenden Vorschriften zulässig ist. Sie können ferner vereinbaren, bestimmte Aufgaben unter sich aufzuteilen, wenn eine solche Aufteilung nach den für die jeweiligen Verfahren geltenden Vorschriften zulässig ist.

Übersicht

I. Normzweck

Art 56 regelt die Pflicht der beteiligten Verw der jeweiligen InsVerf zur Zusammenarbeit und Kommunikation. Sie gilt sowohl innerhalb als auch außerhalb eines Koordinationsverfahrens iSd Art 61 f. Die Zusammenarbeit kann in beliebiger Form einschließlich durch den Abschluss von Vereinbarungen oder Verständigungen erfolgen (Abs 1 S 2). Damit sind sog *bankruptcy protocols* gemeint, die nunmehr auch in § 269h Abs 2 S 2 InsO für möglich 1 gehalten werden.[1] Art 56 soll dafür sorgen, dass die beteiligten Verw sich untereinander abstimmen, was den Gesamterfolg in den jeweiligen InsVerf fördern kann und zu einer besseren **Gesamtverwertungsstrategie** beitragen kann. Allerdings ist Art 56 bewusst flexibel gehalten. Die Verordnung legt die Verw nicht auf eine ganz bestimmte Form der Zusammenarbeit fest (Rn 4).

II. Anwendungsbereich

2 Die Vorschrift gilt, sofern InsVerf über das Vermögen von zwei oder mehr Mitgliedern in derselben Unternehmensgruppe eröffnet worden sind. Zum Begriff der Unternehmensgruppe vgl Art 2 Nr 13. Die Vorschrift gilt richtigerweise auch zwischen **den Gruppengesellschaften desselben Mitgliedstaates**, sofern sich jedenfalls eine der anderen Gruppengesellschaften nicht in diesem Staat befindet.[2] Zum Vorrang der EuInsVO vgl Art 102c § 22 EGInsO.

III. Voraussetzungen

3 Die Anforderungen an die Pflicht zur Zusammenarbeit nach Abs 1 sind in Abs 2 näher konkretisiert.

4 **1. Pflichten der Zusammenarbeit (Abs 2 S. 1).** Nach lit a besteht zunächst die Pflicht, alle Informationen mitzuteilen, die für das jeweilige andere Verf von Bedeutung sein können. Damit ist keine Pflicht gemeint, die sämtliche potentiell relevanten Informationen ungefragt zum Gegenstand des Informationsaustausches macht. Anzusetzen ist insoweit bei dem Begriff des „von Bedeutung sein können". Dies bedarf einer gewissen **Konkretisierung**, damit die Pflicht keine Informationsflut begründet. Es wird daher entscheidend sein, dass die Information im konkreten Fall unter den gegebenen situativen Umständen ersichtlich von Bedeutung ist oder sein kann. Die Art der Informationsgewährung ist nicht geregelt und sie kann daher auch **formlos** sowie auf unterschiedlichen Wegen, zB per Mail, erfolgen. Beispiele für Informationen sind etwa Möglichkeiten der Verwertung der Masse, Rangfolge der Gl, geplante Sanierungsmaßnahmen und ähnliches mehr.[3] Der Informationsaustausch steht unter der Schranke, dass Vorkehrungen zum **Schutz vertraulicher Informationen** bestehen müssen. Das setzt nicht zwingend eine Vereinbarung zwischen den Verw voraus.[4]

5 Nach lit b ist den Verw auch die Prüfung angetragen, ob Möglichkeiten einer Koordinierung der Verwaltung und Überwachung der Geschäfte der Gruppenmitglieder bestehen. Damit ist vor allem die Möglichkeit gemeint, die Eröffnung eines Gruppenkoordinationsverfahrens nach Art 61 f auszuloten.

6 Nach lit c soll eine Gesamtverwertungsstrategie iRd Prüfung eines koordinierten Sanierungsplans ausgelotet und abgestimmt werden. Dazu besteht keine genuine Pflicht, weil jeder Verw die Masse seines eigenen Verf mehren muss. Eine Pflicht besteht nur dahin, eine solche Strategie (ergebnisoffen) zu prüfen, da sie auch im jeweiligen eigenen Interesse des einzelnen Verf liegen kann (aber nicht muss).

7 **2. Übertragung weiterer Befugnisse (Abs 2 S 2).** Für die Prüfungsaufgaben nach Art 56 Abs 2 lit b und c kann auch ein Verw aus der Mitte der beteiligten Verw ausgewählt werden, dem zusätzliche Befugnisse übertragen werden, wenn eine solche Vereinbarung nach den für die jeweiligen Verf geltenden Vorschriften zulässig ist. Das ist dann relevant, wenn nicht,

1 BT-Drucks 18407, 18.
2 K/P/B/*Thole* § 269a Rn 10.
3 Mankowski/Müller/*J Schmidt* Art 56 Rn 33.
4 **AA** offenbar Mankowski/Müller/*J Schmidt* Art 56 Rn 34.

was Art 56 unberührt lässt, **ein einheitlicher Verw** bestellt worden ist. Eine solche Übertragung von Befugnissen kann darin bestehen, gruppeninterne An- und Verkäufe durchzuführen, bestimmte Verhandlungen mit Arbeitnehmern oder Gl zu führen oder die Verfolgung von verschiedenen Ansprüchen zu koordinieren.[5] Außerdem können bestimmte Aufgaben unter den beteiligten Verw aufgeteilt werden. Fraglich ist, ob dies nach deutschem Recht mit der Höchstpersönlichkeit des InsVerw vereinbar ist und der Pflichtbindung gegenüber dem einzelnen Verf. Von der Zulässigkeit ist auszugehen, solange sich nicht der jeweilige Verw einer abschließenden Entscheidungsbefugnis begibt.

3. Grenzen. Die Pflicht entsteht nur, soweit diese Zusammenarbeit eine wirksame Verfahrensführung erleichtern kann, mit den für die einzelnen Verf geltenden Vorschriften vereinbar ist und keine Interessenskonflikte nach sich zieht. Die Interpretation dieser Grenzen ist noch offen. Im Lichte des Normzwecks, eine Zusammenarbeit zu fördern, darf man sie nicht zu weitherzig interpretieren. Daher ist beispielsweise eine Zusammenarbeit nicht schon dann ausgeschlossen, wenn das jeweilige nationale Insolvenzrecht es nicht ausdrücklich vorsieht (sa Art 57 Rn 3). Für das deutsche Recht ist zu beachten, dass auch § 269a InsO eine Zusammenarbeit zwischen Verwaltern zur Pflicht macht, sodass jedenfalls in diesem Umfang eine Vereinbarkeit mit den für die einzelnen Verf geltenden Vorschriften gegeben ist.[6] Insgesamt wird davon auszugehen sein, dass die rein **abstrakte Gefahr eines Interessenkonflikts** oder einer Benachteiligung des jeweils eigenen Verfahrens die Zusammenarbeit nicht ausschließt. Anders ist es dagegen, wenn es um konkrete Zusammenarbeit und **konkrete Konfliktgefahren** geht, beispielsweise wenn zwischen dem betroffenen Verf Anfechtungsstreitigkeiten oder sonstige Rechtsstreitigkeiten anhängig sind. Dann wird der einzelne Verw nicht die jeweilige Prozessstrategie oder sonstige den Rechtsstreit betreffende Informationen preisgeben müssen. 8

4. Rechtsfolgen. Die Vorschrift sieht keine eigenen Sanktionsfolgen vor. Bei Verletzung kann eine Haftung nach § 60 InsO in Betracht kommen, allerdings ist die Begründung eines Schadens allein wegen der Verletzung der Kommunikationspflicht schwierig.[7] Auch die Begründung von Pflichten zugunsten der Gl in den jeweils anderen Verf ist zu verneinen.[8] 9

Artikel 57 Zusammenarbeit und Kommunikation der Gerichte

(1) Bei Insolvenzverfahren über das Vermögen von zwei oder mehr Mitgliedern derselben Unternehmensgruppe arbeitet ein Gericht, das ein solches Verfahren eröffnet hat, mit Gerichten, die mit einem Antrag auf Eröffnung eines Insolvenzverfahrens über das Vermögen eines anderen Mitglieds derselben Unternehmensgruppe befasst sind oder die ein solches Verfahren eröffnet haben, zusammen, soweit diese Zusammenarbeit eine wirksame Verfahrensführung erleichtern kann, mit den für die einzelnen Verfahren geltenden Vorschriften vereinbar ist und keine Interessenkonflikte nach sich zieht. Die Gerichte können hierzu bei Bedarf eine unabhängige Person oder Stelle bestellen bzw. bestimmen, die auf ihre Weisungen hin tätig wird, sofern dies mit den für sie geltenden Vorschriften vereinbar ist.

(2) Bei der Durchführung der Zusammenarbeit nach Absatz 1 können die Gerichte oder eine von ihnen bestellte bzw. bestimmte und in ihrem Auftrag tätige Person oder Stelle im Sinne des Absatzes 1 direkt miteinander kommunizieren oder einander direkt um Informa-

5 Bork/van Zwieten/*J Schmidt* European Insolvency Regulation, 56.29.
6 Vgl auch schon *Thole* ZEuP 2014, 39, 74.
7 Zu gleichfalls schwierigen Zurechnungsfragen in diesem Kontext *Thole* Der Konzern 2013, 182, 184.
8 *Thole* Der Konzern 2013, 182, 189.

tionen und Unterstützung ersuchen, vorausgesetzt, bei dieser Kommunikation werden die Verfahrensrechte der Verfahrensbeteiligten sowie die Vertraulichkeit der Informationen gewahrt.

(3) Die Zusammenarbeit im Sinne des Absatzes 1 kann auf jedem von dem Gericht als geeignet erachteten Weg erfolgen. Sie kann insbesondere Folgendes betreffen:
a) die Koordinierung bei der Bestellung von Verwaltern,
b) die Mitteilung von Informationen auf jedem von dem betreffenden Gericht als geeignet erachteten Weg,
c) die Koordinierung der Verwaltung und Überwachung der Insolvenzmasse und Geschäfte der Mitglieder der Unternehmensgruppe,
d) die Koordinierung der Verhandlungen,
e) soweit erforderlich die Koordinierung der Zustimmung zu einer Verständigung der Verwalter.

Übersicht

I. Normzweck

1 Art 57 behandelt die Pflichten zur Zusammenarbeit und Kommunikation der beteiligten Gerichte im InsVerf über die jeweiligen Gruppengesellschaften. Sie gelten richtigerweise auch für den Verkehr zwischen deutschen InsGer, wenn und soweit in einem grenzüberschreitenden Fall das Verhältnis zwischen zwei Gruppengesellschaften in Deutschland in Rede steht (Art 56 Rn 2). § 269b InsO wird weitgehend verdrängt und gilt nur für den Fall, in dem die Art 56 ff mangels Eröffnung (irgend)eines anderen InsVerf in einem anderen Mitgliedstaat nicht eingreifen.[1] Siehe zu diesem Vorrang der EuInsVO Art 102c § 22 EGInsO.

II. Allgemeine Pflichten (Abs 1 und 3)

2 Die Pflicht greift schon bei Vorliegen eines Antrags auf Eröffnung, nicht erst bei tatsächlicher Eröffnung. Anders als bei Art 56 ist der Inhalt der Zusammenarbeit stärker konkretisiert. Abs 3 S. 2 enthält einen allerdings **nicht abschließenden Katalog** von Formen der Zusammenarbeit. Freilich können die Gericht die Zusammenarbeit auf jedem von Gericht als geeignet erachteten Weg durchführen (Abs 3 S. 1). Vorbehaltlich der Grenzen (Rn 3) muss und kann auch ein deutsches Gericht daher auf entsprechende formlose Anfragen der anderen beteiligten Gerichte anderer Mitgliedstaaten reagieren. Im Katalog des Abs 3 S 2 ist auch eine Koordinierung bei der Bestellung von Verwaltern vorgesehen (lit a). Daher müssen sich die Gerichte in einem frühen Stadium abstimmen. „Verhandlungen" iSd lit d) meint die Koordinierung von Anhörungen und Termine wie etwa der Gläubigerversammlung.[2]

III. Grenzen

3 Die Pflicht entsteht nur, *soweit* diese Zusammenarbeit eine wirksame Verfahrensführung erleichtern kann, mit den für die einzelnen Verf geltenden Vorschriften vereinbar ist und

1 K/P/B/*Thole* § 269b Rn 11 f.
2 Vgl Mankowski/Müller/*J Schmidt* Art 57 Rn 23.

keine Interessenkonflikte nach sich zieht. Die Erleichterung der Verfahrensführung muss aus dem Blickwinkel beider (bzw der mehreren) beteiligten Verf erfolgen. Der Richter darf sich der Zusammenarbeit und Kommunikation nicht deshalb verweigern, weil sein eigenes Verf davon (möglicherweise) keinen unmittelbaren Nutzen hat. Demgegenüber ist die Vereinbarkeit mit den jeweiligen Vorschriften des Verf **nach den nationalen Regeln** zu bemessen. Die Vereinbarkeit fehlt nicht schon dann, wenn es keine konkreten Regeln im nationalen Recht gibt. Für Deutschland kann davon ausgegangen werden, dass der Informationsaustausch in dem Maße, in dem § 269b InsO ihn für den innerdeutschen Fall zulässt, gestattet ist. Darüber hinaus wird **situativ** zu prüfen sein. Das gilt auch für die Frage, ob Interessenkonflikte auftreten können. Der Richter darf sich der Zusammenarbeit nicht schon unter Hinweis auf eine abstrakte Gefährdung der Interessen des eigenen Verf entziehen. Ein Konflikt muss handgreiflich folgen, wenn die begehrte Information oder Kooperation erfolgt, zB wenn es um Rechtsstreitigkeiten zwischen den jeweiligen Verf geht.

IV. Unabhängige Person (Abs 1 S. 3)

Nach Art 57 Abs 1 S 3 können die Gerichte eine unabhängige Person oder Stelle, zB eine **4**
Anwaltskanzlei oder einen Verband,[3] bestimmen, die auf ihre Weisungen hin tätig wird. Dies dürfte für deutsche Gerichte in dem Maße zulässig sein, indem das Gericht nach § 5 InsO auch einen Sachverständigen bestimmen dürfte und auch nur insoweit, als das Gericht die finale Entscheidungsbefugnis behält. Unabhängig ist die Stelle also deshalb, weil **sie nicht Teil der Gerichtsorganisation** ist. Bisher fehlt es hier an einer Konkretisierung der Voraussetzungen.

V. Direkte Kommunikation zwischen Gerichten (Abs 2)

Art 57 Abs 2 ermöglicht eine direkte Kommunikation zwischen den Gerichten. Es muss nicht **5**
der Weg der Rechtshilfe gegangen werden. Es kann mithin auch eine telefonische Kommunikation erfolgen. Freilich müssen die Verfahrensrechte der Beteiligten (rechtliches Gehör und ggf Parteiöffentlichkeit) gewahrt bleiben, so dass die Vorgänge zumindest aktenkundig werden müssen. Die Vertraulichkeit der relevanten Informationen muss gewahrt bleiben. Es wird zu verlangen sein, dass bei dem jeweils anderen Gericht mit einem (amts-)vertraulichen Umgang mit der Information zu rechnen ist. Auch insoweit kann nur eine **situative Prüfung** erfolgen. Ist die Information selbst nicht vertraulich (weil sie in Deutschland ebenfalls veröffentlicht würde), kann sie auch nicht deshalb verweigert werden. Das jeweilige Gericht muss aber etwaige Betriebs- und Geschäftsgeheimnisse wahren.

VI. Rechtsfolgen

Eine Sanktion bei Verweigerung ist nicht vorgesehen. Theoretisch ist es denkbar, dass der **6**
deutsche Richter nach § 839 BGB haftet, wenn er den Beteiligten des anderen Verfahrens sowie den „eigenen" Verfahrensbeteiligten durch rechtswidrige Versagung der Unterstützung einen Schaden zufügt. Zu den Kosten Art 59.

Artikel 58 Zusammenarbeit und Kommunikation zwischen Verwaltern und Gerichten

Ein Verwalter, der in einem Insolvenzverfahren über das Vermögen eines Mitglieds einer Unternehmensgruppe bestellt worden ist,

a) arbeitet mit jedem Gericht, das mit einem Antrag auf Eröffnung eines Insolvenzverfahrens über das Vermögen eines anderen Mitglieds derselben Unternehmensgruppe befasst

3 Bork/van Zwieten/*J Schmidt* European Insolvency Regulation, 57.10.

ist oder das ein solches Verfahren eröffnet hat, zusammen und kommuniziert mit diesem und

b) kann dieses Gericht um Informationen zum Verfahren über das Vermögen des anderen Mitgliedes der Unternehmensgruppe oder um Unterstützung in dem Verfahren, für das er bestellt worden ist, ersuchen,

soweit eine solche Zusammenarbeit und Kommunikation die wirkungsvolle Verfahrensführung erleichtern können, keine Interessenkonflikte nach sich ziehen und mit den für die Verfahren geltenden Vorschriften vereinbar sind.

Übersicht

I. Normzweck

1 Die Vorschrift enthält (anders als bei den §§ 269a ff) auch eine Verpflichtung zur *cross-cooperation* zwischen allen beteiligten Verw und allen beteiligten Gerichten. Außerdem kann und darf von einem Verw jedes Gericht um Unterstützung ersucht werden. Der spanische Verw kann daher beispielsweise das deutsche Gericht entsprechend um Informationen oder Unterstützung ersuchen. Zum Anwendungsbereich vgl Art 56 Rn 2 und Art 2 Rn 3.

II. Voraussetzungen

2 Die Pflicht zur Zusammenarbeit und zum Informationsaustausch wird in lit a flexibel beschrieben. Eine bestimmte Form ist nicht vorgesehen. Der deutsche Richter muss sich ggf von den bekannten Formen lösen. Bei lit b ist zwar von Ersuchen die Rede. Dennoch besteht schon aus Gründen des *effet utile* eine **Pflicht** für Gerichte, den Ersuchen nachzukommen, soweit nicht die im HS 2 genannten Grenzen greifen.[1] Für die Grenzen gelten vergleichbar die Grenzen wie in Art 56 und Art 57 (s dort Rn 3).

Artikel 59 Kosten der Zusammenarbeit und Kommunikation bei Verfahren über das Vermögen von Mitgliedern einer Unternehmensgruppe

Die Kosten der Zusammenarbeit und Kommunikation nach den Artikeln 56 bis 60, die einem Verwalter oder einem Gericht entstehen, gelten als Kosten und Auslagen des Verfahrens, in dem sie angefallen sind.

Übersicht

I. Normzweck

1 Art 59 gibt unionsrechtlich eine Regelung der Kostenverteilung vor. Die bei der Zusammenarbeit entstehenden Kosten gelten als Kosten und Auslagen des Verf, in dem sie angefallen sind.

II. Kostenverteilung

2 Die entstehenden Kosten können nicht auf das jeweils andere Verf abgewälzt werden. Insoweit besteht auch kein Recht, die Informationen und Zusammenarbeit unter Hinweis auf die Kostenlast zu verweigern oder von einer Erstattung abhängig zu machen.

1 Ebenso Mankowski/Müller/*J Schmidt* Art 58 Rn 8.

3 Art 59 besagt nicht, dass die entstehenden Kosten im jeweiligen eigenen Verf tatsächlich zu den Kosten und Auslagen zählen. Das ist eine Frage der *lex fori concursus.* In Deutschland können entsprechende Kosten gerichtlichen Tätigwerdens nur (als Masseverbindlichkeit nach § 54 InsO) angesetzt werden, wenn sie im GKG genannt sind, was bisher nicht der Fall ist. Bei Verwalterhandeln können (nicht nur unerhebliche) Kosten unter § 4 Abs 2 InsVV fallen.

Artikel 60 Rechte des Verwalters bei Verfahren über das Vermögen von Mitgliedern einer Unternehmensgruppe

(1) Der Verwalter eines über das Vermögen eines Mitglieds einer Unternehmensgruppe eröffneten Insolvenzverfahrens kann, soweit dies eine effektive Verfahrensführung erleichtern kann,

a) in jedem über das Vermögen eines anderen Mitglieds derselben Unternehmensgruppe eröffneten Verfahren gehört werden,
b) eine Aussetzung jeder Maßnahme im Zusammenhang mit der Verwertung der Masse in jedem Verfahren über das Vermögen eines anderen Mitglieds derselben Unternehmensgruppe beantragen, sofern
  i) für alle oder einige Mitglieder der Unternehmensgruppe, über deren Vermögen ein Insolvenzverfahren eröffnet worden ist, ein Sanierungsplan gemäß Artikel 56 Absatz 2 Buchstabe c vorgeschlagen wurde und hinreichende Aussicht auf Erfolg hat;
  ii) die Aussetzung notwendig ist, um die ordnungsgemäße Durchführung des Sanierungsplans sicherzustellen;
  iii) der Sanierungsplan den Gläubigern des Verfahrens, für das die Aussetzung beantragt wird, zugute käme und
  iv) weder das Insolvenzverfahren, für das der Verwalter gemäß Absatz 1 bestellt wurde, noch das Verfahren, für das die Aussetzung beantragt wird, einer Koordinierung gemäß Abschnitt 2 dieses Kapitels unterliegt;
c) die Eröffnung eines Gruppen-Koordinationsverfahrens gemäß Artikel 61 beantragen.

(2) Das Gericht, das das Verfahren nach Absatz 1 Buchstabe b eröffnet hat, setzt alle Maßnahmen im Zusammenhang mit der Verwertung der Masse in dem Verfahren ganz oder teilweise aus, wenn es sich überzeugt hat, dass die Voraussetzungen nach Absatz 1 Buchstabe b erfüllt sind.

Vor Anordnung der Aussetzung hört das Gericht den Verwalter des Insolvenzverfahrens, für das die Aussetzung beantragt wird. Die Aussetzung kann für jeden Zeitraum bis zu drei Monaten angeordnet werden, den das Gericht für angemessen hält und der mit den für das Verfahren geltenden Vorschriften vereinbar ist.

Das Gericht, das die Aussetzung anordnet, kann verlangen, dass der Verwalter nach Absatz 1 alle geeigneten Maßnahmen nach nationalem Recht zum Schutz der Interessen der Gläubiger des Verfahrens ergreift.

Das Gericht kann die Dauer der Aussetzung um einen weiteren Zeitraum oder mehrere weitere Zeiträume verlängern, die es für angemessen hält und die mit den für das Verfahren geltenden Vorschriften vereinbar sind, sofern die in Absatz 1 Buchstabe b Ziffern ii bis iv genannten Voraussetzungen weiterhin erfüllt sind und die Gesamtdauer der Aussetzung (die anfängliche Dauer zuzüglich aller Verlängerungen) sechs Monate nicht überschreitet.

Übersicht

I. Normzweck

1 Die Vorschrift ist (außerhalb des Koordinationsverfahrens) eine zentrale Vorschrift im Konzerninsolvenzrecht. Sie gibt den beteiligten Verw in den Verf der anderen Gruppengesellschaften, dh wechselseitig, weitreichende Handlungsbefugnisse und Anhörungsrechte. Dazu gehört insbesondere das Recht, eine Aussetzung einer Verwertungsmaßnahme zu beantragen (Abs 1 lit b). Insoweit besteht im Konfliktfall eine gewisse Gefahr einer wechselseitigen Torpedierung. Insgesamt soll die Vorschrift aber vor allem das Hinwirken auf eine einheitliche **Gesamtverwertungsstrategie** und damit bessere Verfahrensergebnisse fördern.

II. Voraussetzungen

2 Die Rechte der Verw bestehen nur insoweit, wie dies eine effektive Verfahrensführung erleichtern kann. Anders als bei Art 56 ist der Katalog bei Art 60 auf die in lit a–c genannten Fälle beschränkt.

3 **1. Anhörungsrecht (lit a).** Das Anhörungsrecht bedeutet nicht, dass der Verw in jeder Phase des jeweils anderen Verf gehört werden muss, wohl aber ist der Verw berechtigt, Stellungnahmen und Eingaben zu machen, die dann auch im Verfahrensgang berücksichtigt, wenn auch nicht unbedingt befolgt werden müssen. Für die Modalitäten gilt die lex fori concursus.[1] Es kann sich beispielsweise anbieten, den anderen Verw ebenfalls zu einer Gläubigerversammlung einzuladen und ihm dort auch das Rederecht einzuräumen.

4 **2. Aussetzung (lit b).** Lit b regelt das Recht, eine Aussetzung einer Verwertung (wie bei Art 46) zu beantragen. Zugleich regelt die Vorschrift aber auch die materiellen Voraussetzungen der Anordnung in i)–iv). Auf diese Weise wird die Möglichkeit gegeben, eine Einzelverwertungsstrategie (zB Liquidation) im Gesamtinteresse zu stoppen, wenn mit der Aussetzung eine einheitliche und bessere Abwicklung erreicht wird. Die Aussetzung kann allerdings nicht schon mit Blick auf die abstrakte Möglichkeit eines Sanierungsplans erfolgen, sondern der koordinierte Sanierungsplan gem Art 56 Abs 2 lit c muss tatsächlich vorliegen und vorgeschlagen sein und hinreichende Erfolgsaussicht haben (das dürfte einer überwiegenden Wahrscheinlichkeit entsprechen[2]). Die Aussetzung muss tatsächlich notwendig sein (lit b. ii)). Nach iii) muss der Sanierungsplan den Gl zugutekommen. Das verlangt mehr als eine überwiegende Wahrscheinlichkeit,[3] wenngleich eine Prognose stets Unsicherheiten in sich trägt. Letztlich ist dies eine **Frage der richterlichen Überzeugung** nach Abs 2. Freilich sah der Kommissionsentwurf noch ein „nachweislich zugutekommen" vor. Im Ergebnis bleibt es bei richterlichen Überzeugungsbildung nach dem Regelbeweismaß und dem rechnerischen Abgleich mit der Einzelverwertungsstrategie.[4] Ist ein Gruppen-Koordinationsplan nach Art 61 beantragt, hat dies Vorrang (Abs 1 lit b iv), lit c).

---

1 Mankowski/Müller/*J Schmidt* Art 60 Rn 5.
2 *Kindler* KTS 2014, 25, 42; *Brünkmans* ZInsO 2013, 797, 805.
3 Anders Vallender/*Hermann* EuInsVO, Art 60 Rn 24, 26.
4 Vallender/*Hermann* EuInsVO, Art 60 Rn 27.

III. Anordnung (Abs 2)

5 Die in Abs 1 lit b genannten Voraussetzungen werden zu einer Pflicht zur Aussetzung, wenn sich das Gericht von ihrem Vorliegen überzeugt hat. Das läuft vor deutschen Gerichten auf das Regelbeweismaß hinaus, weil nicht erkennbar ist, dass Art 60 auch das Beweismaß harmonisiert. Dabei muss sich aber das Gericht der immanenten Unsicherheiten bewusst sein und darf nicht unter Hinweis darauf die Aussetzung ablehnen. Auch muss die praktische Wirksamkeit der Verordnung gewahrt bleiben.

6 Das Gericht darf „ganz oder teilweise" aussetzen und auch Auflagen anordnen.[5] Es kann auch um einzelne Verwertungsmaßnahmen gehen;[6] das Gericht hat ein **Ermessen**. § 308 ZPO gilt hier richtigerweise allenfalls sinngemäß; das Gericht ist innerhalb des durch den Antragsteller gesteckten Begehrens nicht sklavisch an einen Antrag gebunden.

IV. Modalitäten

7 Vor der Anordnung der Aussetzung, idealerweise aber auch vor der Abweisung des Aussetzungsantrags, ist der Verw des betroffenen InsVerf anzuhören. Dies ist eine Pflicht, die nicht ermessensabhängig ist. Die Dauer der Aussetzung kann bis zu drei Monate betragen (Abs 2 UnterAbs 2 S 2); das Gericht legt innerhalb dieses Zeitraums die angemessene Dauer fest. Vorausgesetzt ist, dass der Zeitraum mit den für das Verf geltenden Vorschriften vereinbar ist. Dieser Vorbehalt betrifft nur den **Zeitraum**. Es kann zB an der Vereinbarkeit fehlen, wenn bestimmte Verfahrenstermine durch die längere Aussetzung gefährdet würden. Verlängerungen bis zu einer Gesamtdauer von sechs Monaten sind möglich (S 4), eine endgültige Einstellung der Verwertung darf nicht angeordnet werden.

8 Das Gericht kann verlangen, dass der die Aussetzung begehrende Verw nach Abs 1 alle geeigneten Maßnahmen nach nationalem Recht zum Schutz der Interessen der Gl des Verf ergreift. Dies kann auch als Auflage angeordnet werden. Gemeint sind etwa Bürgschaften, Verpflichtungserklärungen etc zum Schutz der von der Aussetzung der Maßnahmen betroffenen Gläubigerschaft des betroffenen Verf, wobei diese Schutzmaßnahmen durch das Gericht hinreichend konkret anzuordnen sind.

Abschnitt 2
Koordinierung

Unterabschnitt 1
Verfahren

Artikel 61 Antrag auf Eröffnung eines Gruppen-Koordinationsverfahrens

(1) Ein Gruppen-Koordinationsverfahren kann von einem Verwalter, der in einem Insolvenzverfahren über das Vermögen eines Mitglieds der Gruppe bestellt worden ist, bei jedem Gericht, das für das Insolvenzverfahren eines Mitglieds der Gruppe zuständig ist, beantragt werden.

(2) Der Antrag nach Absatz 1 erfolgt gemäß dem für das Verfahren, in dem der Verwalter bestellt wurde, geltenden Recht.

---

5 MK/*Reinhart* Art 60 Rn 9.

6 Vallender/*Hermann* EuInsVO, Art 60 Rn 31.

(3) Dem Antrag nach Absatz 1 ist Folgendes beizufügen:

a) ein Vorschlag bezüglich der Person, die zum Gruppenkoordinator (im Folgenden: „Koordinator") ernannt werden soll, Angaben zu ihrer Eignung nach Artikel 71, Angaben zu ihren Qualifikationen und ihre schriftliche Zustimmung zur Tätigkeit als Koordinator;

b) eine Darlegung der vorgeschlagenen Gruppen-Koordination, insbesondere der Gründe, weshalb die Voraussetzungen nach Artikel 63 Absatz 1 erfüllt sind;

c) eine Liste der für die Mitglieder der Gruppe bestellten Verwalter und gegebenenfalls die Gerichte und zuständigen Behörden, die in den Insolvenzverfahren über das Vermögen der Mitglieder der Gruppe betroffen sind;

d) eine Darstellung der geschätzten Kosten der vorgeschlagenen Gruppen-Koordination und eine Schätzung des von jedem Mitglied der Gruppe zu tragenden Anteils dieser Kosten.

Übersicht

I. Normzweck

1 Unterabschnitt 1 regelt das Gruppen-Koordinationsverfahren, das Parallelen zum Verf nach § 269d ff InsO aufweist. Seine Einführung mit der EuInsVO-Reform beruht auf einer deutschen Initiative. Das Konzept hält am Grundsatz der verfahrensmäßigen Koordinierung fest. Der Gruppen-Koordinator als zentrale Figur kann die von ihm favorisierte Gesamtverwertungsstrategie den Einzelverfahren nicht aufzwingen, sondern soll vor allem wie ein Mediator mit weichem Druck steuern können. Stets geht es bei den Art 61 ff darum, dass eine Gesamtabwicklung und Koordination (möglicherweise) bessere Ergebnisse in der Gesamtheit erzielen lassen kann als bei unkoordinierter Einzelabwicklung. Eine Gruppen-Koordination hat wenig Sinn, wenn – was die EuInsVO weiterhin für zulässig erachtet (Erwägungsgrund Nr 53(2)) – in den einzelnen InsVerf ein einheitlicher Verw bestellt wird. Zur Eigenverwaltung vgl Art 76. Das Gruppen-Koordinationsverfahren stellt sich als Ergänzung der außerhalb dieses formellen Verf geltenden Koordinationsinstrumente (Art 56–60) dar. Über Art 60 Abs 2 lit c ist ein gewisser Vorrang angeordnet.

II. Systematik und Anwendungsbereich

2 Art 61 ist die Grundregel für das Gruppen-Koordinationsverfahren, das in Art 61–70 hinsichtlich des Verf geregelt ist, während die Art 71–77 allgemeine Vorschriften enthalten. Der Anwendungsbereich folgt den Regeln zu Art 56 Rn 2 und Art 2 Nr 13 f.[1]

III. Voraussetzungen des Antrags

3 Das Gruppen-Koordinationsverfahren wird nur auf Antrag eröffnet. Antragsberechtigt ist jeder Verw eines gruppenangehörigen Verf (Art 2 Nr 5). Damit sind nach umstrittener Ansicht nur Hauptinsolvenzverfahren gemeint.[2] Dagegen spricht freilich die fehlende Differenzierung im Wortlaut.[3] Zuständig ist jedes beteiligte Gericht (Art 2 Nr 6), insofern gilt die Prioritätsregel des Art 62. Spätere Wahl kann nach Art 66 erfolgen. Die sachliche und örtliche Zuständigkeit richtet sich nach Art 61 Abs 2 gem nationalen Recht des nach Abs 1

---

1 Dazu auch Mankowski/Müller/*J Schmidt* Art 61 Rn 8.
2 So MK/*Reinhart* Art 61 Rn 7.
3 Mankowski/Müller/*J Schmidt* Art 61 Rn 25.

angerufenen Gerichts. Der Verw kann auch bei einem für ihn fremden Gericht den Antrag stellen.

IV. Modalitäten und anwendbares Recht

Die weiteren Modalitäten des Antrags richten sich nach dem für das jeweilige antragstellende Verf geltenden nationalen Recht (Abs 2). Das dürfte insoweit zu korrigieren sein, als dies nur die etwaigen internen Erfordernisse für den Antrag betrifft. Bedarf der antragstellende Verw nach der lex fori concursus der **Genehmigung** durch den Gläubigerausschuss oder die Gläubigerversammlung, gilt dies auch in diesem Fall. Den Antrag ist als bedeutsame Rechtshandlung iSd § 160 InsO einstufen müssen, vgl dazu Art 102c § 23 EGInsO. Die eigentlichen Modalitäten des Antrags wie zB Formfragen regelt aber das Recht der lex fori, dh. des Gerichts, bei dem der Antrag gestellt wird,[4] was auch ein für den Verw fremdes Gericht sein kann (Rn 3). 4

V. Unterlagen (Abs 3)

Die beizufügenden Unterlagen sind in Abs 3 enthalten. Ein Vorschlag für den Koordinator ist zwingend beizufügen, woraus bereits der Wille des europäischen Verordnungsgebers deutlich wird, dass, sofern Art 71 erfüllt ist, möglichst dieser Vorschlag berücksichtigt werden soll, wenn nicht Einwände nach Art 64 durch die anderen Verw formuliert werden. Allerdings müssen nach lit a) konkrete Darlegungen zur Qualifikation und zur Eignung mit Blick auf die konkrete Situation erfolgen. Soll ein deutsches Gericht Koordinationsgericht sein, kann es sich nicht auf ein freies Ermessen zurückziehen. Eine Listung für Koordinationsverwalter ist weder vorgesehen noch erforderlich. Das Gericht darf den Vorschlag **nicht unter Hinweis auf fehlende Listung** ablehnen. Das widerspräche auch dem Zweck des Verf, denn es wird vor allem dann in Betracht kommen, wenn die beteiligten Verw vertrauensvoll zusammenarbeiten und der Koordinator als ausgleichende Persönlichkeit das Vertrauen der Beteiligten genießt; ein „second-guessing" durch das Gericht verbietet sich zumindest weitgehend. Aus Art 67 ergibt sich, dass das Gericht nie selbst auswählt, sondern stets nur auf Vorschlag ernennt (dazu Art 67 Rn 2). Obwohl für die Bestellung an sich nationales Recht des Gruppengerichts gilt (arg ua Art 77 Abs 4), könnte in Deutschland auch eine juristische Person bestellt werden[5] (Art 71 Abs 1). Interessierte Kreise werden dies ggf als versteckten Einstieg in die InsVerw zu nutzen wissen. 5

Die Kostenschätzung (Abs 3 lit d) und die sonstigen Darlegungen können, sofern dies den anderen Verw mitgeteilt wird, während des Antragsverfahrens noch angepasst werden.[6] 6

Artikel 62 Prioritätsregel

Unbeschadet des Artikels 66 gilt Folgendes: Wird die Eröffnung eines Gruppen-Koordinationsverfahrens bei Gerichten verschiedener Mitgliedstaaten beantragt, so erklären sich die später angerufenen Gerichte zugunsten des zuerst angerufenen Gerichts für unzuständig.

---

4 MK/*Reinhart* Art 61 Rn 9.
5 Mankowski/Müller/*J Schmidt* Art 71 Rn 5.
6 **AA** Mankowski/Müller/*J Schmidt* Art 61 Rn 48.

Übersicht

I. Normzweck

1 Das Gruppenkoordinationsgericht kann auch ein Gericht am Verfahrensort eines Verf von untergeordneter Bedeutung angesiedelt sein, vorbehaltlich der Wahl nach Art 66. Art 62 setzt auf die strikte Prioritätsregel. Rechtspolitisch ist das fragwürdig.[1] Da „Verw“ auch ein vorläufiger Verw sein kann und Art 61 anders als Art 60 nicht von eröffneten Verf spricht, kann der Antrag schon unmittelbar nach der Bestellung des vorläufigen Verw gestellt werden. Das wird in manchen Fällen zu einem Wettlauf an das Heimatgericht führen.

II. Voraussetzungen

2 Die Vorschrift gilt nur, wenn bei Gerichten verschiedener Mitgliedstaaten ein Antrag nach Art 61 gestellt wird. Wann der Antrag gestellt ist, also anhängig ist, wird nicht vorgegeben, anders als in Art 32 EuGVVO. Das Merkmal ist **europäisch-autonom auszulegen** als Eingang bei Gericht, unabhängig von etwaigen internen Zustellungs- oder Bekanntgabepflichten. Die Pflichten nach Art 63 greifen erst nach Antragstellung iSd Art 62.[2] Davon unabhängig sind die Pflichten der Verw, die anderen Verw über einen gestellten Antrag schon auf der Grundlage von Art 56 zu informieren.

Artikel 63 Mitteilung durch das befasste Gericht

(1) Das mit einem Antrag auf Eröffnung eines Gruppen-Koordinationsverfahrens befasste Gericht unterrichtet so bald als möglich die für die Mitglieder der Gruppe bestellten Verwalter, die im Antrag gemäß Artikel 61 Absatz 3 Buchstabe c angegeben sind, über den Antrag auf Eröffnung eines Gruppen-Koordinationsverfahrens und den vorgeschlagenen Koordinator, wenn es davon überzeugt ist, dass

a) die Eröffnung eines solchen Verfahrens die effektive Führung der Insolvenzverfahren über das Vermögen der verschiedenen Mitglieder der Gruppe erleichtern kann,

b) nicht zu erwarten ist, dass ein Gläubiger eines Mitglieds der Gruppe, das voraussichtlich am Verfahren teilnehmen wird, durch die Einbeziehung dieses Mitglieds in das Verfahren finanziell benachteiligt wird, und

c) der vorgeschlagene Koordinator die Anforderungen gemäß Artikel 71 erfüllt.

(2) In der Mitteilung nach Absatz 1 dieses Artikels sind die in Artikel 61 Absatz 3 Buchstaben a bis d genannten Bestandteile des Antrags aufzulisten.

(3) Die Mitteilung nach Absatz 1 ist eingeschrieben mit Rückschein aufzugeben.

(4) Das befasste Gericht gibt den beteiligten Verwaltern die Gelegenheit, sich zu äußern.

Übersicht

1 Teils kritisch *Thole* KTS 2014, 351, 373.
2 Zum Problem fehlender Kenntnis vom Antrag Mankowski/Müller/*J Schmidt* Art 62 Rn 8.

I. Normzweck

Art 63 ist sehr formell ausgestaltet. Das Gericht muss eine Vorprüfung der in lit a–c) genannten Voraussetzungen vornehmen. Im positiven Fall wird der Antrag den anderen Verw mitgeteilt. Das dient dem Ziel, Gelegenheit zu Einwänden iSd Art 64f zu geben, vgl auch Abs 4. Die Mitteilung setzt dazu die 30-Tage-Frist für das Opt-out (Art 64 Abs 2, Art 65) in Gang, vgl Art 64 Rn 4. Insofern ist die Mitteilung ein **wichtiger Verfahrensakt**. **1**

II. Voraussetzungen

Für eine positive Vorprüfung muss das Gericht von den Voraussetzungen in lit a–c überzeugt sein: Die „Überzeugung" ist europäisch-autonom zu verstehen; es dürfte aber dem traditionell anspruchsvollen Beweismaß des deutschen Rechts eher entsprechen als eine bloße überwiegende Wahrscheinlichkeit. Allerdings wird man dann tatbestandlich an die mögliche Erleichterung der effektiven Führung der InsVerf keine strengen Anforderungen stellen können. Es handelt sich um eine Prognose. Hinsichtlich der Erwartung, dass ein Gl des Einzelverfahrens durch die denkbare Einbeziehung des Verf in das Gruppen-Koordinationsverfahrens finanziell benachteiligt wird, ist neben Erwägungsgrund Nr 57 zu gewärtigen, dass der Koordinator gerade keine Zwangsbefugnisse gegenüber den einzelnen Verf hat und ein Opt-out erklärt werden kann. Eine finanzielle Benachteiligung ist insoweit stets gegeben, als das Verf an den Kosten des Koordinators beteiligt wird (Art 77), aber darauf kann es nicht ankommen. Letztlich geht es hier um das **Schlechterstellungsverbot**, das man aber in diesem frühen Stadium kaum prüfen kann, weil noch unklar ist, wie das Gesamtsanierungskonzept aussehen könnte. Im Zweifel ist daher davon auszugehen, dass die Anforderung erfüllt ist. Zur Geeignetheit des Koordinators (lit c), vgl Art 71. **2**

III. Verfahren

Rechtliches Gehör ist nach Abs 4 zu gewähren (Pflicht); für die weiteren Modalitäten gelten Abs 2 und 3. Fällt die Vorprüfung negativ aus, verhält sich Art 63 nicht zum Verfahrensgang. Hier ist der Antrag zurückzuweisen, ggf nach Gelegenheit zur Nachbesserung. Insoweit gelten die Formen der lex fori.[1] **3**

Artikel 64 Einwände von Verwaltern

(1) Ein für ein Mitglied einer Gruppe bestellter Verwalter kann Einwände erheben gegen

a) die Einbeziehung des Insolvenzverfahrens, für das er bestellt wurde, in ein Gruppen-Koordinationsverfahren oder

b) die als Koordinator vorgeschlagene Person.

(2) Einwände nach Absatz 1 dieses Artikels sind innerhalb von 30 Tagen nach Eingang der Mitteilung über den Antrag auf Eröffnung eines Gruppen-Koordinationsverfahrens durch den Verwalter gemäß Absatz 1 dieses Artikels bei dem Gericht nach Artikel 63 zu erheben.

Der Einwand kann mittels des nach Artikel 88 eingeführten Standardformulars erhoben werden.

(3) Vor der Entscheidung über eine Teilnahme bzw. Nichtteilnahme an der Koordination gemäß Absatz 1 Buchstabe a hat ein Verwalter die Genehmigungen, die gegebenenfalls nach dem Recht des Staats der Verfahrenseröffnung, für das er bestellt wurde, erforderlich sind, zu erwirken.

---

1 Vgl Vallender/*Madaus* EuInsVO, Art 63 Rn 6.

Übersicht

I. Normzweck

1 Art 64 betont die Freiwilligkeit des Gruppen-Koordinationsverfahrens (Erwägungsgrund Nr 56) und die fehlenden Zwangseingriffe in die einzelnen Verf. Die einzelnen Verf können über ihren Verw Einwände sowohl gegen die Einbeziehung dieses Verf in das Koordinationsverfahren (Opt-out) als auch (kumulativ oder alternativ) gegen die als Koordinator vorgeschlagene Person erheben. Zur Eigenverwaltung Art 76.

II. Opt-out (Abs 1 lit a)

2 Mit dem Einwand nach lit a „klinkt" sich das jeweilige Verf aus dem Gruppen-Koordinationsverfahren aus, Art 65. Die allgemeinen Verwalterpflichten (Art 56) bleiben unberührt. Das Verf kann später wieder hineinoptieren, Art 69.

III. Einwände gegen die Person des Koordinators (Abs 1 lit b)

3 Der Einwand gegen den vorgeschlagenen Koordinator (Art 61 Abs 3 lit a) kann die Bestellung des Koordinators in Frage stellen, muss es aber nicht, denn sonst könnte nie jemand bestellt werden. Das Gericht muss die Einwände im Lichte des Art 71 abwägen und auch die Umstände würdigen, etwa, aus welchem Verf der Einwand kommt, welche Motivationen dem zugrunde liegen und wie substantiiert die Einwände sind etc. Eine Begründung ist allerdings gesetzlich nicht vorgeschrieben.

IV. Modalitäten

4 Es gilt die 30-Tages-Frist des Abs 2. Das Standardformular nach Art 88 kann, muss aber nicht verwendet werden. Ggf ist ergänzend vorzutragen.[1]

V. Genehmigungserfordernisse

5 Genehmigungserfordernisse für das Opt-out nach der lex fori concursus des betroffenen Verf bleiben nach Abs 2 unberührt. Ob das Opt-out eine bedeutsame Rechtshandlung iSd§ 160 ist, ist umstritten,[2] aber eher zu verneinen.

Artikel 65 Folgen eines Einwands gegen die Einbeziehung in ein Gruppen-Koordinationsverfahren

(1) Hat ein Verwalter gegen die Einbeziehung des Verfahrens, für das er bestellt wurde, in ein Gruppen-Koordinationsverfahren Einwand erhoben, so wird dieses Verfahren nicht in das Gruppen-Koordinationsverfahren einbezogen.

(2) Die Befugnisse des Gerichts gemäß Artikel 68 oder des Koordinators, die sich aus diesem Verfahren ergeben, haben keine Wirkung hinsichtlich des betreffenden Mitglieds und ziehen keine Kosten für dieses Mitglied nach sich.

---

1 Mankowski/Müller/*J Schmidt* Art 64 Rn 14.

2 Dafür Mankowski/Müller/*J Schmidt* Art 64 Rn 19; **aA** MK/*Reinhart* Art 64 Rn 6.

Übersicht

I. Normzweck

1 Art 65 beschreibt die Folgen des Opt-out-Einwandes nach Art 64 lit a. Das betreffende Verf wird vom Koordinationsverfahren nicht berührt, kann aber nachträglich wieder hineinoptieren. Die aus der Koordinierung der verbleibenden Verf für die Gesamtgruppe entstehenden indirekten Vorteile bleiben dem ausgeschiedenen Verf ohne Kompensation. In der Regelung ist die begrenzte Gefahr eines free rider-Effekts angelegt.

II. Voraussetzungen

2 Vorausgesetzt ist ein wirksamer Opt-out nach Art 64 Abs 1 lit a, der nicht begründet zu werden braucht.

III. Rechtsfolgen

3 Die Maßnahmen des Gruppen-Koordinators bleiben wirkungslos, vgl auch Art 72. Der Gruppen-Koordinator kann zwar das jeweilige Verf noch mit Informationen versorgen, hat aber keinerlei rechtliche Stellung im Einzelverfahren nach Art 72 Abs 2. Auch seine Vergütung kann nicht auf das Verf anteilig abgewälzt werden.

Artikel 66 Wahl des Gerichts für ein Gruppen-Koordinationsverfahren

(1) Sind sich mindestens zwei Drittel aller Verwalter, die für Insolvenzverfahren über das Vermögen der Mitglieder der Gruppe bestellt wurden, darüber einig, dass ein zuständiges Gericht eines anderen Mitgliedstaats am besten für die Eröffnung eines Gruppen-Koordinationsverfahrens geeignet ist, so ist dieses Gericht ausschließlich zuständig.

(2) Die Wahl des Gerichts erfolgt als gemeinsame Vereinbarung in Schriftform oder wird schriftlich festgehalten. Sie kann bis zum Zeitpunkt der Eröffnung des Gruppen-Koordinationsverfahrens gemäß Artikel 68 erfolgen.

(3) Jedes andere als das gemäß Absatz 1 befasste Gericht erklärt sich zugunsten dieses Gerichts für unzuständig.

(4) Der Antrag auf Eröffnung eines Gruppen-Koordinationsverfahrens wird bei dem vereinbarten Gericht gemäß Artikel 61 eingereicht.

Übersicht

I. Normzweck

1 Die Vorschrift erlaubt eine Prorogation des Gruppen-Koordinationsgerichts, allerdings nur im Sinne einer ausschließlichen Zuständigkeit, nicht neben dem nach Art 61 angerufenen Gericht. Das ist eine Einschränkung zu dem Prioritätsprinzip des Art 62. Diese Prorogation betrifft die Eröffnung des Gruppen-Koordinationsverfahrens. Eine Annexzuständigkeit für Streitigkeiten zwischen den einzelnen beteiligten Verf oder Verw (etwa über die Kostenver-

teilung) wie bei Art 6 EuInsVO ist nicht geregelt;[1] es ist fraglich, ob man analog Art 6 auch insoweit das Gruppen-Koordinationsgericht für zuständig erklären kann.

II. Voraussetzungen

2 **1. Zweidrittel-Mehrheit.** Die Wahl eines anderen Gerichts erfordert eine Zweidrittel-Mehrheit. Dies ist eine reine Kopfmehrheit, die auf die Zahl der Verw abstellt. Es wird mehrheitlich angenommen, dass dabei auch die Verw aus den Verf, die ein Opt-out erklärt haben (Art 65), einzubeziehen sind.[2] Dafür werden praktische Gründe[3] ebenso wie die Möglichkeit des nachträglichen Opt-in (Art 69) angeführt. Außerdem schließt Art 65 Abs 2 nur die Befugnisse nach Art 68 aus und verweist nicht auf Art 66. Ist auch der Kopf der **Verw der nicht einbezogenen Verf** zu berücksichtigen, ist es sodann nach dieser Ansicht konsequent, ihm auch das Stimmrecht zu geben. Er darf also mitbestimmen, obwohl es die Wahl nicht mehr betrifft.[4] Stimmig erscheint das insgesamt nicht,[5] zumal es Erpressungspotential des ausgeschiedenen Verf provoziert.

3 **2. Gemeinsame Vereinbarung.** Nach Abs 2 S 1 erfolgt die Prorogation in Form einer Vereinbarung der zustimmenden Verw. Insoweit muss diese Vereinbarung mit der Zweidrittel-Mehrheit zustande gekommen sein. Das Mehrheitserfordernis muss nicht noch im Zeitpunkt der Eröffnungsentscheidung geprüft werden; das Gericht kann sich auf die Vereinbarung stützen; die dort gegebene Zustimmung ist bindend.[6] Die Vereinbarung kann bis zur Eröffnung des Gruppen-Koordinationsverfahrens erfolgen, danach bleibt es bei der Zuständigkeit des nach Art 61 angerufenen Gerichts, eine Verweisung findet nicht statt. Die Vereinbarung kann theoretisch bereits vor Stellung eines Antrags auf Eröffnung zustande kommen,[7] etwa für den Fall, dass ein Abweichler bei dem nicht gewollten Gericht Antrag stellen will. Allerdings kann dann von einem der zur Mehrheit gehörenden Verw ohnehin ein Antrag bei dem gewünschten Gericht gestellt werden, solange er dem Abweichler zuvor kommt. Der vorherigen Vereinbarung bedarf es insoweit nicht.

4 Die Vereinbarung muss **schriftlich** erfolgen. Hier ist auf die Regelungen zu Art 25 EuGVVO zurückzugreifen; ua genügt Textform und es reichen auch Zustimmungen in getrennten Schriftstücken ebenso wie die sog „halbe Schriftlichkeit" (schriftliche Bestätigung mündlicher Vereinbarungen).

III. Antragstellung

5 Aus Abs 2 S 2 und aus Abs 4 ergibt sich, dass die Prorogationsvereinbarung nicht dem etwa bereits angerufenen derogierten Gericht vorgelegt werden muss, das sich dann allerdings nach Abs 3 (nachträglich) für unzuständig erklären müsste, sondern dass zugleich der Antrag bei dem prorogierten Gericht mit den Anforderungen des Art 61 und unter Vorlage der Vereinbarung gestellt wird.

---

1 Kritisch *Thole* KTS 2014, 351, 376 f; *Thole/Duenas* IILR 2015, 214, 225 f.
2 Bork/van Zwieten/*J Schmidt* European Insolvency Regulation, 66.04; Mankowski/Müller/*J Schmidt* Art 66 Rn 4 f; MK/*Reinhart* Art 66 Rn 3 f.
3 MK/*Reinhart* Art 66 Rn 3.
4 MK/*Reinhart* Art 66 Rn 4.
5 So auch Vallender/*Madaus* EuInsVO, Art 66 Rn 2.
6 Missverständlich Mankowski/Müller/*J Schmidt* Art 66 Rn 6.
7 Vallender/*Madaus* EuInsVO, Art 66 Rn 5; **aA** Mankowski/Müller/*J Schmidt* Art 66 Rn 14.

IV. Rechtsfolge

Das prorogierte Gericht wird ausschließlich zuständig. Andere Gerichte müssen sich nach Abs 3 für unzuständig erklären. Zur Frage der die Koordination betreffenden Annexstreitigkeiten vgl Rn 1. 6

Artikel 67 Folgen von Einwänden gegen den vorgeschlagenen Koordinator

Werden gegen die als Koordinator vorgeschlagene Person Einwände von einem Verwalter vorgebracht, der nicht gleichzeitig Einwände gegen die Einbeziehung des Mitglieds, für das er bestellt wurde, in das Gruppen-Koordinationsverfahren erhebt, kann das Gericht davon absehen, diese Person zu bestellen und den Einwände erhebenden Verwalter auffordern, einen den Anforderungen nach Artikel 61 Absatz 3 entsprechenden neuen Antrag einzureichen.

Übersicht

I. Normzweck

Art 67 regelt die Rechtsfolge von Einwänden nach Art 64 Abs 1 lit b gegen die Person des Koordinators. Sie gilt nicht, wenn der Verw des jeweiligen Verf generell das Opt-out (Art 64 Abs 1 lit a) erklärt, dann ergibt sich die Rechtsfolge aus Art 65. 1

II. Inhalt

Das Gericht kann Einwände gegen den Personenvorschlag berücksichtigen, muss dies aber nicht. Dazu bereits Art 64 Rn 3. Allerdings darf das Gericht nicht selbst einen von ihm für geeignet erachteten Koordinator bestellen. Bestellt werden darf **nur ein vorgeschlagener Koordinator**. Derjenige Verw, der Einwände vorgebracht hat (bei mehreren nach Ermessen des Gerichts[1]), muss vom Gericht zu einem neuen Antrag bzw Vorschlag aufgefordert werden, wenn das Gericht den Einwänden Rechnung tragen und von der Bestellung des ursprünglich vorgesehenen Verw absehen will.[2] 2

Artikel 68 Entscheidung zur Eröffnung eines Gruppen-Koordinationsverfahrens

(1) Nach Ablauf der in Artikel 64 Absatz 2 genannten Frist kann das Gericht ein Gruppen-Koordinationsverfahren eröffnen, sofern es davon überzeugt ist, dass die Voraussetzungen nach Artikel 63 Absatz 1 erfüllt sind. In diesem Fall hat das Gericht:

a) einen Koordinator zu bestellen,
b) über den Entwurf der Koordination zu entscheiden und
c) über die Kostenschätzung und den Anteil, der von den Mitgliedern der Gruppe zu tragen ist, zu entscheiden.

(2) Die Entscheidung zur Eröffnung eines Gruppen-Koordinationsverfahrens wird den beteiligten Verwaltern und dem Koordinator mitgeteilt.

1 Vallender/*Madaus* EuInsVO, Art 67 Rn 4.
2 MK/*Reinhart* Art 67 Rn 7 (Anlagen und Darlegungen nicht erneut erforderlich) und Mankowski/Müller/*J Schmidt* Art 67 Rn 6.

Übersicht

I. Normzweck

1 Die Vorschrift regelt die Eröffnung des beantragten Gruppen-Koordinationsverfahrens und die notwendig vom Gericht zu treffenden Entscheidungen.

II. Voraussetzungen

2 Die Entscheidung zur Eröffnung des Gruppen-Koordinationsverfahrens kann nach Ablauf der 30-Tage-Frist für Einwände nach Art 64 Abs 2 erfolgen, richtigerweise auch schon früher, wenn alle Verw auf Einwände verzichten. Das Gericht muss von den Voraussetzungen des Art 63 Abs 1 überzeugt sein. Hier stellt sich die Frage nach dem Verhältnis zur Vorprüfung nach Art 63. Da das Koordinationsverfahren auf deutsche Initiative zurückgeht, mag möglicherweise eine gewisse Anleihe an § 231 InsO und § 248 InsO zu erkennen sein. Jedenfalls dürfte wegen des identischen Wortlauts von Art 61 und Art 63 auch bei Art 63 eine inhaltliche volle Prüfung zu verlangen sein. Es kann an den Eröffnungsvoraussetzungen fehlen, wenn zwischenzeitlich neue Erkenntnisse bekannt geworden sind.

III. Inhalt der Entscheidung

3 Die Entscheidung enthält nach Art 68 Abs 1 S 2 sowohl die Bestellung des Koordinators (zur Anfechtung vgl Art 69) als auch den „Entwurf der Koordination" und die Kostenschätzung samt Verteilungsmaßgabe.

4 **1. Vorschlag.** Die Bestellung des Koordinators erfolgt nur auf Vorschlag, vgl Art 61 Abs 3 lit a und 67. Für die Bestellung ist die Erfüllung der Geeignetheitsanforderungen in Art 71 erforderlich.

5 **2. Entwurf der Koordination.** Lit b) knüpft an Art 61 Abs 3 lit b an. Das Verständnis der Norm ist unklar.[1] Bei der Eröffnung des Koordinationsverfahrens sind die Einzelheiten der Koordinierung noch unklar. Ein Gruppen-Koordinationsplan (Art 72 Abs 1 lit b) muss zu diesem Zeitpunkt noch nicht vorliegen. Insofern kann es nur um dasjenige gehen, was nach Art 61 Abs 3 lit b dem Antrag beizufügen ist, nämlich die Darlegung der vorgeschlagenen Gruppen-Koordination (outline, description)[2]. Das Gericht hat keine Kompetenz, den Entwurf zu modifizieren.[3] Es kann **allenfalls Änderungen anregen**. Einziger Prüfungsmaßstab ist aber, ob der Entwurf die Voraussetzungen des Art 63 erfüllt.

6 **3. Kostenschätzung.** Bereits bei Eröffnung muss über die Kostenschätzung, vor allem aber über den Verteilungsschlüssel entschieden werden. Bei Überschreitung der Schätzung gilt Art 72 Abs 6. Ob der Verteilungsschlüssel für die gesamte Dauer des Verf bindend ist, ist zweifelhaft.[4] Für den Verteilungsschlüssel gibt die Verordnung keine Vorgaben. Der Verteilungsmaßstab ist bereits dem Antrag nach Art 61 Abs 3 lit d beizufügen. Zweifelhaft ist, ob das Gericht daran gebunden ist bzw nur die Eröffnung ablehnen darf, wenn es den Vertei-

1 Mankowski/Müller/*J Schmidt* Art 61 Rn 37 ff; anders MK/*Reinhart* Art 68 Rn 5.
2 MK/*Reinhart* Art 68 Rn 5.
3 Mankowski/Müller/*J Schmidt* Art 68 Rn 17.
4 Vallender/*Fritz* EuInsVO, Art 77 Rn 31.

lungsschlüssel ändern will.[5] Letztlich sollte wegen der Freiwilligkeit des Verf **ein von allen Beteiligten gebilligter Verteilungsschlüssel bindend** sein. Im Übrigen, dh bei Fehlen einer Vereinbarung muss man dagegen auf die lex fori coordinatoria zurückgreifen, arg Art 77 Abs 4. Diskutiert werden bisher folgende Verteilungsschlüssel:[6]

- Größe des Gruppenmitglieds,
- Bedeutung innerhalb des Konzerns,
- Bedeutung für die Koordination,
- Höhe der Insolvenzmassen,
- Koordinierungsmehrwert oder
- angefallene Arbeitsstunden des Koordinators für die jeweiligen Verf,
- Bilanzsumme der letzten festgestellten Bilanz.[7]

Dazu auch Art 77 Rn 2. **7**

IV. Mitteilung des Beschlusses

Die Entscheidung ist den beteiligten Verw (richtigerweise auch denjenigen, die ein Opt-out **8** erklärt haben) und dem Koordinator mitzuteilen. Hinsichtlich der Form gilt das Recht des Koordinationsgerichts. Deutsche Gerichte sollten insoweit wegen der Rechtsmittelmöglichkeit (Rn 9) zustellen, indes würde unionsrechtlich auch eine sonstige Mitteilung genügen.

V. Rechtsbehelfe

Ein Rechtsbehelf ist **nicht vorgesehen**. Es wird angenommen, dass § 34 InsO analog gilt,[8] **9** das ist zweifelhaft, arg e contrario Art 69 Abs 4 und keine Regelung in Art 102c EGInsO. Soweit ein Opt-out erklärt worden ist, würde ohnehin die Beschwer fehlen.

Artikel 69 Nachträgliches Opt-in durch Verwalter

(1) Im Einklang mit dem dafür geltenden nationalen Recht kann jeder Verwalter im Anschluss an die Entscheidung des Gerichts nach Artikel 68 die Einbeziehung des Verfahrens, für das er bestellt wurde, beantragen, wenn

a) ein Einwand gegen die Einbeziehung des Insolvenzverfahrens in das Gruppen-Koordinationsverfahren erhoben wurde oder

b) ein Insolvenzverfahren über das Vermögen eines Mitglieds der Gruppe eröffnet wurde, nachdem das Gericht ein Gruppen-Koordinationsverfahren eröffnet hat.

(2) Unbeschadet des Absatzes 4 kann der Koordinator einem solchen Antrag nach Anhörung der beteiligten Verwalter entsprechen, wenn

a) er davon überzeugt ist, dass unter Berücksichtigung des Stands, den das Gruppen-Koordinationsverfahren zum Zeitpunkt des Antrags erreicht hat, die Voraussetzungen gemäß Artikel 63 Absatz 1 Buchstaben a und b erfüllt sind, oder

b) alle beteiligten Verwalter gemäß den Bestimmungen ihres nationalen Rechts zustimmen.

(3) Der Koordinator unterrichtet das Gericht und die am Verfahren teilnehmenden Verwalter über seine Entscheidung gemäß Absatz 2 und über die Gründe, auf denen sie beruht.

---

5 Verneinend Mankowski/Müller/*J Schmidt* Art 68 Rn 20.

6 Dazu Vallender/*Fritz* EuInsVO, Art 77 Rn 29; *Thole* KTS 2014, 351, 375; *Wimmer* jurisPR-InsR 7/2015; *Braun-Cülter* Art 77 Rn 12; Mankowski/Müller/*J Schmidt* Art 77 Rn 25.

7 MK/*Reinhart* Art 68 Rn 6.

8 *Prager/Keller* WM 2015, 805, 811; Mankowski/Müller/*J Schmidt* Art 68 Rn 29; MK/*Reinhart* Art 68 Rn 9 f. **AA** wie hier Vallender/*Madaus* EuInsVO, Art 68 Rn 8.

(4) Jeder beteiligte Verwalter und jeder Verwalter, dessen Antrag auf Einbeziehung in das Gruppen-Koordinationsverfahren abgelehnt wurde, kann die in Absatz 2 genannte Entscheidung gemäß dem Verfahren anfechten, das nach dem Recht des Mitgliedstaats, in dem das Gruppen-Koordinationsverfahren eröffnet wurde, bestimmt ist.

Übersicht

I. Normzweck

1 Art 69 ermöglicht es einem Verw, der für sein Verf zunächst das Opt-out erklärt hatte (Art 64 lit a), wieder hinein zu optieren.[1] Entsprechendes gilt für den Verw eines Verf, das erst nach Eröffnung des Gruppen-Koordinationsverfahrens eröffnet worden ist. Der formfreie[2] Antrag geht nicht an das Gericht, sondern an den Koordinator. Zur Eigenverwaltung Art 76.

II. Einbeziehungsvoraussetzungen

2 Der Koordinator kann dem Antrag entsprechen, wenn er davon überzeugt ist, dass dies – zu dem nunmehr erreichten Zeitpunkt und nach dem Stand der Gruppen-Koordination – die Führung der verschiedenen InsVerf fördert und im Gesamtgläubigerinteresse liegt (Verweis auf Art 63 Abs 1 lit a und b, s dort Art 63 Rn 2). Außerdem müssen sämtliche anderen Verw gem den Bestimmungen ihres nationalen Rechts (beachte Art 102c EGInsO § 23 Abs 2 Nr 3: Anwendung von §§ 160 f InsO) zustimmen. Dazu sind sie **anzuhören**. Aus Abs 4 kann man ableiten, dass ein subjektives Recht auf Einbeziehung unter den genannten Voraussetzungen bestehen soll; da der Wortlaut eine bloße „Kann"-Vorschrift beinhaltet, kann es sich aber nur um einen Anspruch auf ermessensfehlerfreie Entscheidung handeln.[3]

3 Der umgekehrte Fall eines nach Eröffnung erfolgenden Opt-out ist nicht geregelt und wird für unzulässig erachtet.[4] Denkbar ist aber eine dahingehende Verständigung unter allen Beteiligten, dass ein Verf nicht mehr (aktiv) beteiligt sein soll;[5] es bleibt dann nur formell Beteiligter.

III. Entscheidung (Abs 3)

4 Das Gericht und die anderen Verw sind sowohl bei Versagung der Einbeziehung als auch im positiven Fall zu unterrichten, auch über die Gründe (Art 69 Abs 3). Der antragstellende Verw ist erst recht zu informieren, was Abs 3 nicht recht deutlich macht, aber selbstverständlich ist. Mit der Einbeziehung treffen das neue Verf die vollen Wirkungen der Gruppen-Koordination, auch hinsichtlich der Kostenverteilung.

IV. Rechtsbehelf (Abs 4)

5 Abs 4 sieht unionsrechtlich einen Rechtsbehelf gegen die Versagung der nachträglichen Einbeziehung vor. Es wird auf das Recht des Koordinationsgerichts verwiesen, in Deutschland gilt § 573 ZPO entsprechend, Art 102c § 25 EGInsO.

---

1 Ausführlich *J Schmidt* ZRVglWiss 2017, 93 ff.
2 *J Schmidt* ZRVglWiss 2017, 93, 104 f.
3 Vgl auch MK/*Reinhart* Art 69 Rn 10.
4 Vallender/*Madaus* EuInsVO, Art 69 Rn 14.
5 Mankowski/Müller/*J Schmidt* Art 69 Rn 40.

Artikel 70 Empfehlungen und Gruppen-Koordinationsplan

(1) Bei der Durchführung ihrer Insolvenzverfahren berücksichtigen die Verwalter die Empfehlungen des Koordinators und den Inhalt des in Artikel 72 Absatz 1 genannten Gruppen-Koordinationsplans.

(2) Ein Verwalter ist nicht verpflichtet, den Empfehlungen des Koordinators oder dem Gruppen-Koordinationsplan ganz oder teilweise Folge zu leisten.

Folgt er den Empfehlungen des Koordinators oder dem Gruppen-Koordinationsplan nicht, so informiert er die Personen oder Stellen, denen er nach seinem nationalen Recht Bericht erstatten muss, und den Koordinator über die Gründe dafür.

Übersicht

I. Normzweck

1 Die Vorschrift enthält das „Comply-or-Explain"-Prinzip. Die Einzelverfahren sind nicht verpflichtet, dem Gruppen-Koordinationsplan (dazu näher Art 72 Rn 4) oder den Empfehlungen des Koordinators zu folgen; eine echte Bindung entsteht nicht. Der jeweilige Verw muss aber der Gläubigerschaft in seinem Verf erklären (explain), wenn er von den Vorgaben abweicht (Art 70 Abs 2 Unterabs 2). Damit wird erneut betont, dass das Gruppen-Koordinationsverfahren ein auf Freiwilligkeit angelegtes sanftes Instrument ist. Zur Eigenverwaltung Art 76.

II. Grundsätzliche Pflicht zur Berücksichtigung (Abs 1), aber keine Pflicht zur Befolgung (Abs 2)

2 In Abs 1 ist die Grundregel normiert, dass die Einzelverwalter die Empfehlungen des Koordinators ebenso wie den Inhalt des Koordinationsplans berücksichtigen. Dies ist als Pflicht zu verstehen. Allerdings heißt „berücksichtigen" gerade nicht „befolgen", sondern nur, diese Umstände in die im jeweiligen Verf zu treffenden Entscheidungen einzubeziehen. Dies ändert nichts daran, dass der Einzelverwalter den Interessen „seiner" Gl verpflichtet ist und die rechtlich vorgegebenen Ziele seines Verf verfolgen. Ist es für das Einzelverfahren günstiger, den Empfehlungen nicht zu folgen, so ist dieser Weg einzuschlagen. Gerade auf diesem Grund wird dem Verw nach Abs 2 auch die Abweichung ermöglicht.

III. Informationspflicht

3 Bei einer Nichtbefolgung der Empfehlungen oder des Gruppen-Koordinationsplans muss der Verw die Gründe nach Maßgabe des für seine Bestellung maßgeblichen Rechts sowohl den danach zuständigen Stellen als auch dem Koordinator mitteilen. Demnach hat ein deutscher Verw insbesondere die Gläubigerversammlung zu informieren.

IV. Haftung

4 Der Einzelverwalter kann sich nach Maßgabe des nationalen Rechts (§ 60 InsO) haftbar machen, wenn die Informationspflicht nach Abs 2 Unterabs 2 verletzt; meist wird es indes

am Schaden fehlen.[1] Umgekehrt ist der Einzelverwalter verpflichtet, die für sein Verf bestmögliche Strategie zu verfolgen. Das kann die Befolgung des Gruppen-Koordinationsplans, aber je nach Lage der Dinge auch die Abweichung davon sein.[2]

1 *Thole* ZEuP 2014, 39, 69.
2 Näher *Thole* Der Konzern 2013, 182, 183 f.

Unterabschnitt 2
Allgemeine Vorschriften

Artikel 71 Der Koordinator

(1) Der Koordinator muss eine Person sein, die nach dem Recht eines Mitgliedstaats geeignet ist, als Verwalter tätig zu werden.

(2) Der Koordinator darf keiner der Verwalter sein, die für ein Mitglied der Gruppe bestellt sind, und es darf kein Interessenkonflikt hinsichtlich der Mitglieder der Gruppe, ihrer Gläubiger und der für die Mitglieder der Gruppe bestellten Verwalter vorliegen.

Übersicht

I. Normzweck

1 Die Vorschrift beschreibt die Anforderungen an die Person des Koordinators. Insoweit ist in Abs 2 eine Mindestvoraussetzung normiert, nach der der Koordinator nicht zugleich Verw eines Mitglieds der Gruppe (Art 2 Nr 13) sein darf[1] und keine Interessenkonflikte bestehen dürfen, der Koordinator also unabhängig sein muss. In Abs 1 wird die Geeignetheit normiert, allerdings letztlich auf die Verwalterbestellung nach den mitgliedstaatlichen Rechten verwiesen. Das Prinzip lautet, dass Koordinator werden kann, wer nach dem Recht (irgend-) eines Mitgliedstaats Verw sein kann (Rn 2). Die Norm steht im Zusammenhang mit Art 72 Abs 5.[2]

II. Geeignetheit

2 Art 71 Abs 1 legt lediglich eine Mindestvoraussetzung für die Koordinatorenbestellung fest. Es ist nicht erforderlich, dass der Koordinator nach dem Recht des Staates des Gruppen-Koordinationsgerichts als Verw bestellt werden darf, es reicht die Bestellbarkeit nach dem Recht irgendeines Mitgliedstaats, auch eines solchen, in dem kein Verf über ein gruppenangehöriges Unternehmen anhängig ist.[3] Gemeint ist die **grundsätzliche Geeignetheit**, nicht die Eignung im konkreten Einzelfall. Aus der Vorgabe folgt insbesondere, dass auch juristische Personen Koordinatoren sein können, weil dies in einigen Mitgliedstaaten möglich ist.

1 Zum früheren Entwurf *Thole* Der Konzern 2013, 182, 185.
2 Bork/van Zwieten/*J Schmidt* European Insolvency Regulation, 71.2.
3 MK/*Reinhart* Art 71 Rn 1; Mankowski/Müller/*J Schmidt* Art 71 Rn 6.

III. Inhabilität und Interessenkonflikte (Abs 2)

Der Koordinator darf nicht zu der Gruppe der Verw gehören, die ein Mitglied repräsentieren (Inhabilität). Das gilt entsprechend bei Eigenverwaltung (s Art 76 Rn 2). Damit ist zwar nicht ausgeschlossen, dass beispielsweise ein Sozius des Einzelverwalters Koordinator würde. Das wäre in Deutschland allerdings anwaltsrechtlich bedenklich (§ 3 Abs 2 BORA), jedenfalls aber würde dann möglicherweise ein Interessenkonflikt bestehen[4] (Rn 4). 3

Insoweit sichert Abs 2 Hs. 2 die Freiheit von Interessenkonflikten sowohl hinsichtlich der Mitglieder der Gruppe, der Gl als auch der Einzelverwalter ab. Man wird daraus ableiten können, dass der vorgeschlagene Koordinator diese Umstände von sich aus vorbringen muss. Ein Interessenkonflikt liegt vor, wenn der relevante Umstand geeignet ist, die unabhängige Erfüllung der dem Koordinator obliegenden Aufgaben zu beeinträchtigen. Auch die bloße Besorgnis der Befangenheit kann dazu ausreichen. Freilich kann nicht jeder entfernt denkbare potentielle Konflikt genügen.[5] Interessenkonflikte hinsichtlich der Gruppenmitglieder liegen vor bei einer (auch früheren) Tätigkeit für das Unternehmen, auch als anwaltlicher Berater (aber wohl Einzelfallfrage), ebenso bei einer Gesellschafterstellung (weniger als privater Kleinanleger-Aktionär bei einer Publikumsgesellschaft). Auch indirekte Verhältnisse (zB bei Arbeitnehmerstellung des Ehepartners oder eines engeren Familienmitglieds) können einen Konflikt begründen.[6] 4

Bei den **Interessenkonflikten in Bezug auf die Gl** sollte eine punktuelle Beratung durch die dem Koordinator zugehörige Kanzlei oder den Koordinator selbst in einer abgeschlossenen Angelegenheit keinen Interessenkonflikt begründen können,[7] wohl aber dann, wenn ein aktuelles Mandat vorliegt, ein Dauermandat oder gar gesellschaftsrechtliche oder wirtschaftliche Verflechtungen.[8] Bei aktuellen Mandaten dürfte es allerdings unschädlich sein, wenn beispielsweise in einer Großkanzlei eine ganz andere Abteilung, die mit dem aus diesem Haus stammenden Koordinator nicht verbunden ist, in einer anderen Angelegenheit ein Mandat eines Gl erhalten hat. Letztlich ist der Einzelfall entscheidend, aber ein gewisses Augenmaß erforderlich. 5

Interessenkonflikte hinsichtlich der Verw bestehen bei unmittelbaren oder mittelbaren Beziehungen zu den Verwaltern familiärer oder sonst persönlicher Natur. Die gemeinsame Mitgliedschaft in bestimmten Verbänden oder Arbeitskreisen genügt als Ausschlusskriterium nicht. 6

Artikel 72 Aufgaben und Rechte des Koordinators

(1) Der Koordinator

a) legt Empfehlungen für die koordinierte Durchführung der Insolvenzverfahren fest und stellt diese dar,

b) schlägt einen Gruppen-Koordinationsplan vor, der einen umfassenden Katalog geeigneter Maßnahmen für einen integrierten Ansatz zur Bewältigung der Insolvenz der Gruppenmitglieder festlegt, beschreibt und empfiehlt. Der Plan kann insbesondere Vorschläge enthalten zu

---

4 MK/*Reinhart* Art 71 Rn 5.

5 S0 auch Vallender/*Fritz* EuInsVO, Art 71 Rn 29.

6 Bork/van Zwieten/*J Schmidt* 71.10.

7 MK/*Reinhart* Art 71 Rn 4; Vallender/*Fritz* EuInsVO, Art 71 Rn 21; **aA** und strenger wohl Mankowski/Müller/*J Schmidt* Art 71 Rn 15.

8 Vallender/*Fritz* EuInsVO, Art 71 Rn 21.

i) den Maßnahmen, die zur Wiederherstellung der wirtschaftlichen Leistungsfähigkeit und der Solvenz der Gruppe oder einzelner Mitglieder zu ergreifen sind,
ii) der Beilegung gruppeninterner Streitigkeiten in Bezug auf gruppeninterne Transaktionen und Anfechtungsklagen,
iii) Vereinbarungen zwischen den Verwaltern der insolventen Gruppenmitglieder.

(2) Der Koordinator hat zudem das Recht

a) in jedem Insolvenzverfahren über das Vermögen eines Mitglieds der Unternehmensgruppe gehört zu werden und daran mitzuwirken, insbesondere durch Teilnahme an der Gläubigerversammlung,
b) bei allen Streitigkeiten zwischen zwei oder mehr Verwaltern von Gruppenmitgliedern zu vermitteln,
c) seinen Gruppen-Koordinationsplan den Personen oder Stellen vorzulegen und zu erläutern, denen er aufgrund der nationalen Rechtsvorschriften seines Landes Bericht erstatten muss,
d) von jedem Verwalter Informationen in Bezug auf jedes Gruppenmitglied anzufordern, wenn diese Informationen bei der Festlegung und Darstellung von Strategien und Maßnahmen zur Koordinierung der Verfahren von Nutzen sind oder sein könnten, und
e) eine Aussetzung von Verfahren über das Vermögen jedes Mitglieds der Gruppe für bis zu sechs Monate zu beantragen, sofern die Aussetzung notwendig ist, um die ordnungsgemäße Durchführung des Plans sicherzustellen, und den Gläubigern des Verfahrens, für das die Aussetzung beantragt wird, zugute käme, oder die Aufhebung jeder bestehenden Aussetzung zu beantragen. Ein derartiger Antrag ist bei dem Gericht zu stellen, das das Verfahren eröffnet hat, für das die Aussetzung beantragt wird.

(3) Der in Absatz 1 Buchstabe b genannte Plan darf keine Empfehlungen zur Konsolidierung von Verfahren oder Insolvenzmassen umfassen.

(4) Die in diesem Artikel festgelegten Aufgaben und Rechte des Koordinators erstrecken sich nicht auf Mitglieder der Gruppe, die nicht am Gruppen-Koordinationsverfahren beteiligt sind.

(5) Der Koordinator übt seine Pflichten unparteiisch und mit der gebotenen Sorgfalt aus.

(6) Wenn nach Ansicht des Koordinators die Wahrnehmung seiner Aufgaben zu einer – im Vergleich zu der in Artikel 61 Absatz 3 Buchstabe d genannten Kostenschätzung – erheblichen Kostensteigerung führen wird, und auf jeden Fall, wenn die Kosten die geschätzten Kosten um 10 % übersteigen, hat der Koordinator

a) unverzüglich die beteiligten Verwalter zu informieren und
b) die vorherige Zustimmung des Gerichts einzuholen, das das Gruppen-Koordinationsverfahren eröffnet hat.

Übersicht

I. Normzweck

1 Die Norm regelt die Aufgaben und Pflichten des Koordinators (insbesondere Abs 1) und legt die zugehörigen Rechte (Abs 2) fest.

II. Aufgaben (Abs 1)

1. Empfehlungen (lit a). Nach Abs 1 lit a) hat der Koordinator Empfehlungen für die koordinierte Durchführung der einzelnen Verf festzulegen und darzustellen. Dies kann mithin schon vor und auch nach Vorlage eines Koordinationsplans erfolgen. Die Empfehlung muss **nicht zwingend auf die inhaltliche Abwicklung** gerichtet sein, es können auch Empfehlungen zum Abschluss von Verwaltervereinbarungen sein[1]. Eine Bindungswirkung entsteht nicht, es gilt das comply or explain-Prinzip des Art 70 (Art 70 Rn 2). 2

Ausgeschlossen sind Empfehlungen, die auf eine verfahrensmäßige oder materielle Konsolidierung der Massen und beteiligten Verf hinauslaufen (Art 72 Abs 3). Der Koordinator muss daher die prozessuale Eigenständigkeit der Verf beachten, vor allem aber auch die Trennung zwischen den einzelnen Massen und den jeweiligen Gläubigerschaften. 3

2. Gruppen-Koordinationsplan. In lit b ist ein **Herzstück** des Koordinationsverfahrens beschrieben, nämlich der Gruppen-Koordinationsplan. Er ist wie im deutschen Recht (§ 269h InsO) als ein kupierter Insolvenzplan gedacht, der Vorschläge für gestaltende Maßnahmen zwecks einer Bewältigung der Insolvenz beinhaltet, aber selbst keine gestaltenden Wirkungen entfalten soll. Entscheidend für seinen Erfolg ist in wirtschaftlicher Hinsicht seine Konzeption als integrierter Ansatz, der folglich ein verzahntes System beschreibt, bei dem idealiter die Maßnahmen wie Zahnräder aufeinander abgestimmt sind. Der Plan ist nicht zwingend Sanierungsplan, sondern kann auch Liquidationsmaßnahmen ebenso wie erst recht eine übertragende Sanierung vorsehen, weil letztlich stets das Gläubigerinteresse entscheidet. 4

Als Beispiele werden **finanz- und leistungswirtschaftliche** Maßnahmen genannt wie zB eine Neuausrichtung von Unternehmensaktivitäten[2] uvam (Abs 1 lit b S 2 (i)). Auch die Beilegung gruppeninterner Streitigkeiten kann Gegenstand sein. Das betrifft insbesondere Anfechtungsansprüche[3] (wie bei § 269h Abs 2 Nr 2 InsO). Dies kann helfen, das Störpotential laufender Anfechtungsprozesse zu minimieren. Allerdings ist jedenfalls im deutschen Verf zu beachten, dass eine kompensationslose Aufgabe von erfolgversprechenden und durchsetzbaren Anfechtungsansprüchen aus Sicht des anspruchstellenden Verw kaum in Betracht kommen dürfte, wenn dies nicht durch andere Vorteile für diese Masse ausgeglichen wird. 5

Auch Vereinbarungen zwischen den Verw der insolventen Gruppenmitglieder können ggf Gegenstand des Plans sein. Damit sind in erster Linie sog. protocols gemeint, aber auch Gerichtsstands- und Schiedsvereinbarungen. 6

Ob und inwieweit dann der einzelne Verw diesem Vorschlag folgt, ist eine Frage des nationalen Rechts und des Art 70. 7

III. Rechte (Abs 2)

Die im Katalog des Abs 2 genannten Rechte dienen der Aufgabenerfüllung nach Abs 1 und dem Gesamtinteresse einer Förderung der einzelnen Verf durch die Gruppenkoordinierung. Die in lit a bis e genannten Rechte bleiben teils wenig konkret. Das Anhörungsrecht findet seine Grenzen in den im Einzelverfahren bestehenden Grenzen des Verfahrensablaufs und den dort vorgesehenen Beteiligungsformen. Ein Stimmrecht vermittelt es nicht[4]. Auch die Vermittlung von Streitigkeiten bedeutet keine Pflicht der einzelnen Verw, sich einer 8

1 Bork/van Zwieten/*J Schmidt* Rn 72.10.
2 *Fritz* DB 2015, 1945.
3 Dazu Flöther/*Thole* § 4 Rn 402 ff.
4 Vallender/*Fritz* EuInsVO, Art 72 Rn 37.

Zwangsschlichtung durch den Koordinator unterwerfen zu müssen. Ebenso findet die Pflicht der Einzelverwalter, Informationen zu liefern (lit d), eine Grenze in berechtigten (Geheimhaltungs-) Interessen der Einzelverfahren. Unter anderem müssen Prozessunterlagen bezüglich gruppeninterner Streitigkeiten (Abs 1 lit b) ii)) nicht ohne weiteres herausgegeben werden. Tatbestandliche **Voraussetzung** ist zudem, dass die begehrten Informationen bei der Festlegung oder Darstellung von Strategien oder Maßnahmen zur Koordinierung der Verf von Nutzen sind oder sein könnten. Hier kann man von dem Koordinator gegenüber dem betroffenen Verw eine gewisse Substantiierung seines Informationsbegehrens verlangen. Andererseits wird man die Nützlichkeit eher aus Sicht des Koordinators und nicht als hart überprüfbare objektive Voraussetzung ermitteln müssen.

9 Nicht unproblematisch ist das Recht, eine Aussetzung des Einzelverfahrens beantragen zu können. Für deutsche Verf gilt Art 102c § 24 EGInsO. Aus lit e und Art 46 EuInsVO ergibt sich, dass eine **Aussetzung von Verwertungsmaßnahmen** (im Ganzen oder in Bezug auf einzelne Maßnahmen[5]) gemeint ist. Lit e legt zugleich Anordnungsvoraussetzungen fest, indem die Notwendigkeit der Aussetzung zur Sicherstellung der ordnungsgemäßen Durchführung des Plans verlangt wird; dies kann zB gegeben sein, wenn der Plan eine bestimmte Gesamtveräußerung vorsieht, nunmehr aber das Einzelverfahren Anstalten macht, zugehörige Vermögensgegenstände anderweitig auf den Markt zu bringen. Allerdings legt lit e keine Schutzmaßnahmen für die einzelnen Verf fest, der deutsche Gesetzgeber hat den Schutz von Absonderungsberechtigten aber über Art 102c § 24 iVm § 16 EGInsO partiell hergestellt. Daher wird die Frage, ob das einzelne Verf Nachteile hätte, schon in die Prüfung der Notwendigkeit einfließen müssen. Zudem muss die Aussetzung den Gläubigers des auszusetzenden Verfahrens zugutekommen, was schon allgemeine Voraussetzung für die Gruppen-Koordinierung ist (Art 63 Abs 1 lit a). Auf Rechtsfolgenseite ist auch eine Teilaussetzung denkbar. Im Übrigen gelten die Regeln der lex fori concursus des auszusetzenden Verfahrens. Fraglich ist, ob das nationale Recht weitergehende materielle Schranken für die Aussetzung aufstellen darf. Dies dürfte mit dem effet utile nicht vereinbar sein. Unschädlich dürften gewisse formale Anforderungen sein, solange sie keinen abschreckenden Effekt auf den Koordinator haben.

10 Lit e erfasst auch die **Aufhebung der Aussetzung**. Der Antrag ist an das Gericht des ausgesetzten Verfahrens zu richten. Für die Aufhebung wird keine Voraussetzung in lit e genannt. Wenn der Koordinator die Aufhebung beantragt, wird das Gericht dem entsprechen müssen, weil sich das Gericht keine bessere Einschätzung anmaßen darf.

IV. Keine Bindung der nicht beteiligten Verfahren (Abs 4)

11 Die nicht Aufgaben und Rechte des Koordinators betreffen nicht die Verf, die sich nach Opt-out (Art 64 lit a) nicht am Koordinationsverfahren beteiligen. Das schließt eine informatorische Einbindung des Verfahrens nicht aus.

V. Sorgfaltsmaßstab (Abs 5)

12 Abs 5 normiert den Sorgfaltsmaßstab. Der Koordinator hat seine Pflichten unparteiisch und mit der gebotenen Sorgfalt auszuüben. Eine Pflichtverletzung kann ihn haftbar machen. Dafür ist mangels Regelung die lex fori coordinatoria maßgeblich; beispielsweise in einem in Deutschland eröffneten Koordinationsverfahren im Zweifel nach **§ 60 InsO analog**. Die Pflichtverletzung kann zur Abberufung nach Art 75 führen.

---

5 MK/*Reinhart* Art 72 Rn 16 aE.

VI. Überschreitung der Kostenschätzung (Abs 6)

Nach Art 61 Abs 3 lit d muss der den Antrag auf Eröffnung einbringende Einzelverwalter eine Kostenschätzung beifügen; dies wird in die Eröffnungsentscheidung nach Art 68 Abs 1 S 2 lit d aufgenommen. Nach Art 72 Abs 6 hat sodann der Koordinator es den beteiligten Verwaltern mitzuteilen, wenn sich eine erhebliche Kostensteigerung ergeben wird. Das hängt maßgeblich u.a. davon ab, welche Vergütungsspielräume es im Recht des Gruppenkoordinationsgerichts es gibt, aber auch von erstattungsfähigen Auslagen etc. Stets anzuzeigen ist eine Steigerung von 10%, gegenüber der Schätzung was nicht ausschließt, dass auch unterhalb dieser Schwelle eine erhebliche Steigerung gegeben sein kann.[6] Das eröffnende Gericht muss vorher **zustimmen** (oder – nachholbar – auch nach Anzeige). Gemeint ist nicht die Zustimmung zur Information, sondern **zu der Begründung der Kosten**. Das Gericht muss sich bei seiner Entscheidung an dem Interesse an einer Förderung der einzelnen Verf orientieren. Sind Kostensteigerungen bereits eingetreten und verweigert das Gericht seine Zustimmung, kann ggf. auch eine (vorherige) Pflichtverletzung des Koordinators wegen mangelnder Kostenvorsorge in Betracht kommen.[7] 13

Artikel 73 Sprachen

(1) Der Koordinator kommuniziert mit dem Verwalter eines beteiligten Gruppenmitglieds in der mit dem Verwalter vereinbarten Sprache oder bei Fehlen einer entsprechenden Vereinbarung in der Amtssprache oder in einer der Amtssprachen der Organe der Union und des Gerichts, das das Verfahren für dieses Gruppenmitglied eröffnet hat.

(2) Der Koordinator kommuniziert mit einem Gericht in der Amtssprache, die dieses Gericht verwendet.

Art 73 erlaubt dem Koordinator mit den Einzelverwalter in der mit dem jeweiligen Einzelverwalter vereinbarten Sprache oder – in Ermangelung einer Vereinbarung – in der Sprache des das Koordinationsverfahren eröffnenden Gerichts oder in einer der Amtssprache der EU zu kommunizieren. Letztere richten sich nach Art 342 AEUV iVm VO (EWG) Nr 1/1958 und umfassen alle wesentlichen Sprachen (nicht aber zB luxemburgisch). Im Ergebnis könnte der spanische Koordinator dem deutschen Verw eine Mitteilung auf rumänisch machen. Nicht explizit geregelt ist die umgekehrte Frage, wie der Verw mit dem Koordinator kommuniziert. Da das Wort „kommunizieren" auf Austausch gerichtet ist, gilt Art 73 insoweit auch umgekehrt. Der deutsche Verw kann mit dem spanische Koordinator auf rumänisch kommunizieren, selbst wenn der Koordinator zuvor in spanisch Kontakt aufgenommen hatte. Letztlich führt Art 73 Abs 1 zum **Sprachenwirrwarr**, was den Abschluss einer Vereinbarung für alle Beteiligten sinnvoll macht. In der Praxis wird in großen internationalen Fällen unter professionellen Verw der Erstkontakt vermutlich in Englisch erfolgen. Darin liegt allerdings meist noch keine Vereinbarung pro futuro. Mit den Gerichten der beteiligten Verf und mit dem Koordinationsgericht muss der Koordinator in der Gerichtssprache kommunizieren (Art 73 Abs 2). 1

Artikel 74 Zusammenarbeit zwischen den Verwaltern und dem Koordinator

(1) Die für die Mitglieder der Gruppe bestellten Verwalter und der Koordinator arbeiten soweit zusammen, wie diese Zusammenarbeit mit den für das betreffende Verfahren geltenden Vorschriften vereinbar ist.

6 Beispiel bei Mankowski/Müller/*J Schmidt* Art 72 Rn 73.
7 Sehr streng offenbar Mankowski/Müller/*J Schmidt* Art 72 Rn 84.

(2) Insbesondere übermitteln die Verwalter jede Information, die für den Koordinator zur Wahrnehmung seiner Aufgaben von Belang ist.

Übersicht

I. Normzweck

1 Art 74 ist an Art 56 angelehnt und betrifft die Zusammenarbeit zwischen Verw und dem Koordinator. Die Vorschrift begründet eine Zusammenarbeitspflicht für beide, die aber durch den Verweis auf die nationalen Verfahrensregeln eingeschränkt ist.

II. Zusammenarbeit

2 Die Zusammenarbeit betrifft jede Art der Verfahrensförderung. Nach Abs 2 ist aber insbesondere an die Übermittlung von Informationen durch den Verw gedacht. Auch diese Informationsübermittlung steht unter dem Vorbehalt des Abs 1. Umgekehrt können auch die Einzelverwalter Informationen vom Koordinator anfordern, was sich aus der auch für den Koordinator geltenden Pflicht zur Zusammenarbeit ergibt.

3 Die Zusammenarbeit muss mit den für das betreffende Verf geltenden Vorschriften vereinbar sein. Damit wird auf die lex fori concursus verwiesen.[1] Insbesondere kann die Pflicht des Einzelverwalters, auf die bestmögliche Befriedigung der Gl seines Verfahrens hinwirken, im Einzelfall eine Zusammenarbeit begrenzen, wenn Nachteile für die Gl zu erwarten sind. Insoweit ist stets auch eine Abwägung zu treffen, wenn beispielsweise eine Informationsübermittlung an den Koordinator kurzfristig oder sonst bestimmte Nachteile erwarten lässt, aber sodann nach Durchführung des Koordinationsplans ein besseres Verfahrensergebnis zu erwarten ist. Im Zweifel muss daher zusammengearbeitet werden; anders ist es insbesondere bei irreparablen Nachteilen für die jeweils betreute Masse oder bei Vertraulichkeitserfordernissen.

Artikel 75 Abberufung des Koordinators

Das Gericht ruft den Koordinator von Amts wegen oder auf Antrag des Verwalters eines beteiligten Gruppenmitglieds ab, wenn der Koordinator

a) zum Schaden der Gläubiger eines beteiligten Gruppenmitglieds handelt oder
b) nicht seinen Verpflichtungen nach diesem Kapitel nachkommt.

Übersicht

1 Weiter Mankowski/Müller/*J Schmidt* Art 73 Rn 11: auch berufsständige Vorgaben an den Verw.

I. Normzweck

Die Vorschrift regelt, unter welchen Voraussetzungen der Koordinator abzuberufen ist. Zugleich statuiert es eine Pflicht zur Abberufung, wenn die (allerdings flexiblen) Tatbestandsvoraussetzungen vorliegen. Die in lit a und b erfassten Fälle sind abschließend.[1] 1

II. Voraussetzungen

1. Zuständiges Gericht. Die Abberufung erfolgt durch das Gericht, das den Koordinator gem Art 68 Abs 1 S 2 lit a bestellt hat. 2

2. Vom Amts wegen oder auf Antrag. Die Abberufung kann amtswegig oder auf Antrag erfolgen. Antragsberechtigt sind die Verw eines beteiligten Gruppenmitglieds. Unklar ist, ob damit auch die Verf gemeint sind, die ein generelles Opt-out erklärt haben. Insoweit dürfte nach Opt-out die Beschwer wegfallen. Handeln vor der Bestellung als Koordinator und folglich vor Eröffnung des Koordinationsverfahrens ist nicht erfasst. 3

3. Handeln zum Schaden der Gläubiger eines beteiligten Gruppenmitglieds. Schutzrichtung sind allein die Gl der beteiligten und nicht ausgeschiedenen Gruppenmitglieder. Dies können individuelle Gl, insbesondere aber die Gesamtgläubigerschaft dieses Mitglieds sein. Nicht jedes Handeln oder Unterlassen, das einen Gl negativ berührt, ist gemeint. Es muss gerade ein pflichtwidriges Handeln sein, also der Gl gerade in dieser Funktion betroffen sein,[2] etwa wenn das Absonderungsrecht des Gl durch Maßnahmen des Koordinators missachtet wird. Fraglich ist freilich, ob eine Kausalität und die normative Zurechnung festgestellt werden müssen, denn eine Zurechnung ist insoweit schwierig (wenngleich nicht ausgeschlossen), als das Einzelverfahren den Empfehlungen und Maßnahmen des Koordinators auf der Grundlage einer eigenständigen Entscheidung folgt.[3] Für die Abberufung wird es anders als für eine Haftung auf eine Zurechnung nicht ankommen; auch der „Versuch" einer Benachteiligung lässt das Vertrauen in die ordnungsgemäße Aufgabenerfüllung entfallen. Auch die Pflichtverletzung des Einzelverwalters steht der Abberufung nicht entgegen. Es ist aber zu verlangen, dass es sich um ein **manifestes Handeln zum Nachteil** handelt, etwa bei Bruch von Geschäftsgeheimnissen, Aufnahme von Maßnahmen in den Plan, die aus Sicht des Einzelverfahrens nachteilig sind etc. 4

4. Nichterfüllung von Verpflichtungen als Koordinator. Ebenfalls Abberufungsgrund ist die Nichterfüllung von den in Kap V normierten Pflichten des Koordinators, dazu insb Art 72. Auch die Schlechterfüllung ist erfasst. Zu berücksichtigen ist das stets prognostische Wirken des Koordinators bei der Abgabe von Empfehlungen und beim Gruppen-Koordinationsplan. Zu nennen sind als Einzelpflichten die Pflichten nach Art 72 Abs 1 lit a und b, die Vermeidung erheblicher Kostensteigerungen (Art 72 Abs 6), die Verletzung der Informations- und Zusammenarbeitspflicht (Art 74) und die Pflicht zur Abrechnung (Art 77 Abs 2)[4]. 5

III. Verfahrensablauf

Eine Abberufung erfordert es, dem Koordinator zuvor Gelegenheit zur Stellungnahme zu geben. Dies wird man aus dem allgemeinen Gesichtspunkt des fairen Prozesses und des rechtlichen Gehörs ableiten können. Im Übrigen gelten die Vorgaben der lex fori des Koor- 6

1 Mankowski/Müller/*J Schmidt* Art 75 Rn 5.
2 Mankowski/Müller/*J Schmidt* Art 75 Rn 9.
3 Deshalb die praktische Bedeutung als gering ansehend MK/*Reinhart* Art 75 Rn 2. Zur Herausforderungsformel bei der Zurechnung im Rahmen der Haftung *Thole* Der Konzern 2013, 182, 184.
4 Bork/van Zwieten/*J Schmidt* European Insolvency Regulation, 75.12 ff.

dinationsgerichts. Das Koordinationsverfahren ist mit der Abberufung nicht beendet, sondern der Antragsteller ist aufzufordern, zwecks Bestellung eines neuen Verw einen neuen Vorschlag zu machen,[5] zu dem dann analog Art 64 erneut Einwände vorgebracht werden können. Der abberufene Koordinator behält jedenfalls grundsätzlich (Ausnahme: Art 77 Rn 3) seinen Vergütungsanspruch (anteilig); Näheres regelt das Recht des Koordinationsgerichts (Art 77 Rn 1).

5 MK/*Reinhart* Art 75 Rn 5.

Artikel 76 Schuldner in Eigenverwaltung

Die gemäß diesem Kapitel für den Verwalter geltenden Bestimmungen gelten soweit einschlägig entsprechend für den Schuldner in Eigenverwaltung.

Übersicht

I. Normzweck

1 Die Vorschrift behandelt die Gleichstellung des eigenverwaltenden Schu mit dem Verw für die Zwecke des neuen Konzerninsolvenzrechts. Eine Eigenverwaltung in einem oder mehreren der beteiligten InsVerf hindert die Anwendung der Neuregelungen nicht.

II. Inhalt

2 Die Gleichstellung betrifft den Schu, dh die natürliche oder juristische Person oder Gesellschaft. Sie wird einem Verw gleichgesetzt (Ausnahme Art 71 Abs 1[1]). Der nach der lex fori concursus eingesetzte Sachwalter oder eine sonstige Überwachungsperson ist nicht erfasst; ebenso wenig wie die Organe. Freilich hat der Sachwalter (regelmäßig) die sich aus der lex fori concursus ergebende Pflicht, den Schu bei der Erfüllung seiner Pflichten zu unterstützen, Gleiches gilt erst recht für die Organe, die für eine gesetzestreue Erfüllung der den Schu treffenden Pflichten sorgen müssen (Legalitätspflicht). Art 76 meint allerdings nicht nur die Pflichten, sondern auch die Rechte und Aufgaben im Übrigen, zB das Recht zum Opt-out oder Opt-in (Art 64, 69).

Artikel 77 Kosten und Kostenaufteilung

(1) Die Vergütung des Koordinators muss angemessen und verhältnismäßig zu den wahrgenommenen Aufgaben sein sowie angemessene Aufwendungen berücksichtigen.

(2) Nach Erfüllung seiner Aufgaben legt der Koordinator die Endabrechnung der Kosten mit dem von jedem Mitglied zu tragenden Anteil vor und übermittelt diese Abrechnung jedem beteiligten Verwalter und dem Gericht, das das Koordinationsverfahren eröffnet hat.

(3) Legt keiner der Verwalter innerhalb von 30 Tagen nach Eingang der in Absatz 2 genannten Abrechnung Widerspruch ein, gelten die Kosten und der von jedem Mitglied zu tragende Anteil als gebilligt. Die Abrechnung wird dem Gericht, das das Koordinationsverfahren eröffnet hat, zur Bestätigung vorgelegt.

1 Mankowski/Müller/*J Schmidt* Art 76 Rn 8.

(4) Im Falle eines Widerspruchs entscheidet das Gericht, das das Gruppen-Koordinationsverfahren eröffnet hat, auf Antrag des Koordinators oder eines beteiligten Verwalters über die Kosten und den von jedem Mitglied zu tragenden Anteil im Einklang mit den Kriterien gemäß Absatz 1 dieses Artikels und unter Berücksichtigung der Kostenschätzung gemäß Artikel 68 Absatz 1 und gegebenenfalls Artikel 72 Absatz 6.

(5) Jeder beteiligte Verwalter kann die in Absatz 4 genannte Entscheidung gemäß dem Verfahren anfechten, das nach dem Recht des Mitgliedstaats, in dem das Gruppen-Koordinationsverfahren eröffnet wurde, vorgesehen ist.

Übersicht

I. Normzweck

1 Die Vorschrift regelt – unzureichend[1] – die Vergütung des Koordinators, ohne allerdings eigene Vergütungsmodelle vorzugeben. In Abs 1 wird allein eine Angemessenheit verlangt, was vieles offen lässt. Im Übrigen gilt das Recht des Staates, in dem der Koordinator bestellt worden ist, vgl auch Erwägungsgrund Nr 58.

II. Vergütungsmaßstab (Abs 1)

2 Abs 1 legt lediglich fest, dass die Vergütung angemessen und verhältnismäßig sein muss und angemessene Aufwendungen (Auslagen) berücksichtigen muss. Damit wird auf den konkreten Einzelfall verwiesen. Im Schrifttum werden dazu verschiedene Ansatzpunkte zur Konkretisierung der Angemessenheit genannt wie zB der Wert der konsolidierten Massen (was aber möglicherweise der Koordinierungsaufgabe nicht gerecht wird und deshalb allenfalls ein Hilfskriterium sein kann), die Zahl der beteiligten Verf, Dauer und Schwierigkeitsgrad sowie eine Einzelbewertung von Aufgaben oder gar der (schwer zu quantifizierbare) Erfolg.[2]

3 Stets muss die Vergütung im konkreten Fall verhältnismäßig sein gegenüber den wahrgenommenen Aufgaben; dies bedingt etwa bei einem abberufenen Koordinator, dass die vorzeitige Beendigung zu berücksichtigen wäre. Bei Abberufung kann bei **gravierenden Pflichtverletzungen auch eine gänzliche Versagung** gerechtfertigt sein.[3]

4 Aufwendungen werden in die Vergütung einberechnet, wenn sie für sich genommen angemessen sind. Diese Angemessenheit bestimmt sich ex ante aus der Sicht eines verständigen Koordinators. Die Aufwendungen müssen dem Ziel der konkreten Koordination dienen. In die Aufwendungen dürfen Gemeinkosten des Koordinators bzw seines Büros nicht eingerechnet werden, weil sie bereits in der Vergütung reflektiert sind. Gemeint sind also nur Auslagen wie zB Reisekosten, Gutachtenkosten, Beschäftigung von externen Dienstleistern.

III. Festlegung (Abs 2)

5 Die Vergütung wird zunächst ohne gerichtliche Beteiligung durch Rechnungslegung des Koordinators ermittelt und abgerechnet, Abs 2. Diese Abrechnung ist sodann jedem betei-

1 *Thole/Duenas* IILR 2015, 214, 225.
2 Vallender/*Fritz* EuInsVO, Art 77 Rn 13 f; vgl auch *Parzinger* NZI 2016, 63, 68.
3 Vallender/*Fritz* EuInsVO, Art 77 Rn 22; *Braun-Cülter* Art 77 Rn 17 und 19.

ligten Verw (nicht den nach Art 65 ausgeschiedenen Verf) und dem Koordinationsgericht zu übermitteln. Eine Übermittlung an anderen Stellen kann nur über Art 56 ff folgen. Mit der Übermittlung, dh dem Eingang der Abrechnung oder der sonstigen Übermittlung (auch E-Mail ist möglich), beginnt individuell für jeden Verw die Widerspruchsfrist nach Abs 3.

IV. Widerspruch (Abs 3 und 4)

6 Jeder der beteiligten Verw kann Widerspruch innerhalb von 30 Tagen nach Eingang der Abrechnung einlegen. Der Widerspruch ist an den Koordinator zu richten;[4] im Streitfall über die Fristwahrung ist dies dann später bei dem Antrag nach Abs 4 vom Gericht zu prüfen. Er kann sich gegen die Vergütung als solche oder den von dem jeweiligen Verf zu tragenden Anteil richten. Wird kein Widerspruch erhoben, gilt die Abrechnung als gebilligt. Wirkungen entfaltet die Abrechnung gleichwohl **erst nach Bestätigung durch das Gericht**. Die Verordnung sagt nicht ausdrücklich, welche Prüfungsbefugnis dem Gericht verbleibt. Es ist davon auszugehen, dass die Bestätigung lediglich **deklaratorischer** Natur ist. Das Gericht darf den von allen Verw gebilligten Kostenansatz nicht inhaltlich nachprüfen.[5]

7 Anders ist es im Falle des Abs 4, wenn ein Widerspruch erfolgt. Dann entscheidet (ausschließlich) das Koordinationsgericht auf Antrag des Koordinators oder eines beteiligten Verw; der Antragsteller muss nicht zuvor Widerspruch erhoben haben. Im Falle des Abs 4 muss das Gericht auch inhaltlich prüfen, ob die Abrechnung den Vorgaben des Abs 1 entspricht und ob, zugleich ebenfalls unter Berücksichtigung der bereits zur Eröffnung vorgelegten Kostenschätzung, der vom Einzelverfahren zu tragende Anteil richtig ermittelt ist.

V. Rechtsbehelf (Abs 5)

8 Nach Abs 5 kann jeder beteiligte Verw die Kostenentscheidung des Gerichts nach Abs 4 anfechten. Diese Rechtsbehelfsbefugnis folgt den Regeln des Rechts des Koordinationsgerichts, in Deutschland wird über Art 102c § 24 EGInsO die sofortige Beschwerde (mit Rechtsbeschwerde) eröffnet; vgl dazu KV 2372 des GKG.

---

4 **AA** Vallender/*Fritz* EuInsVO, Art 77 Rn 34.
5 Bork/van Zwieten/*J Schmidt* European Insolvency Regulation, 77.29.

Kapitel VI
Datenschutz

Artikel 78 Datenschutz

(1) Sofern keine Verarbeitungsvorgänge im Sinne des Artikels 3 Absatz 2 der Richtlinie 95/46/EG betroffen sind, finden die nationalen Vorschriften zur Umsetzung der Richtlinie 95/46/EG auf die nach Maßgabe dieser Verordnung in den Mitgliedstaaten durchgeführte Verarbeitung personenbezogener Daten Anwendung.

(2) Die Verordnung (EG) Nr. 45/2001 gilt für die Verarbeitung personenbezogener Daten, die von der Kommission nach Maßgabe der vorliegenden Verordnung durchgeführt wird.

Übersicht

I. Vorbemerkung zu den Art 78 bis 83

Das Kapitel VI über den Datenschutz ist **neu**. Die EuInsVO aF enthielt keine gesonderten datenschutzrechtlichen Regelungen. Allerdings stand die Art 31 Abs 1 aF zu entnehmende Pflicht der Verw zur gegenseitigen Unterrichtung unter dem Vorbehalt der Vorschriften über die Einschränkung der Weitergabe von Informationen. Nach allgemeiner Auffassung waren unter diesen Vorbehalt insb die einzelstaatlichen Datenschutzbestimmungen zu fassen.[1] Die reformierte VO entfaltet weitergehende Auswirkungen auf den Datenschutz als die EuInsVO aF. Dies gilt insb für das **europäische InsRegister** (Art 24–27). Errichtung und Betrieb des Registers unter Beteiligung der Kommission machen die Verarbeitung personenbezogener Daten erforderlich. 1

Der **Kommissionsentwurf vom 12.12.2012**[2] sah mit Art 46a nur eine einzige Vorschrift über den Datenschutz vor. Danach sollten die Mitgliedstaaten die Richtlinie 95/46/EG auf die nach Maßgabe der VO durchgeführte Verarbeitung personenbezogener Daten anwenden. Die Kommission sollte die VO (EG) Nr 45/2001 anwenden. Die Zielrichtung von Art 46a des Kommissionsentwurfs entsprach damit Art 78. Dass Art 78 Abs 1 die Mitgliedstaaten nicht zur Anwendung der Richtlinie 95/46/EG verpflichtet, sondern zur Anwendung der nationalen Vorschriften zu deren Umsetzung, dürfte einer **Stellungnahme des Europäischen Datenschutzbeauftragten vom 27.3.2013**[3] geschuldet sein. Der Datenschutzbeauftragte sah Auswirkungen erheblichen Ausmaßes auf die Rechte natürlicher Personen bezüglich der Verarbeitung ihrer personenbezogenen Daten. Deshalb hielt er allgemeine Verweise auf die anwendbaren Datenschutzbestimmungen für erforderlich, aber nicht ausreichend. Seiner Ansicht nach müssten die allgemeinen Verweise näher erläutert und in konkrete Garantien übersetzt werden, die jeweils dann greifen, wenn die Verarbeitung personenbezogener Daten vorgesehen wird. Die weitergehenden Vorschriften des Kap VI dürften daher ebenfalls auf die Stellungnahme des Europäischen Datenschutzbeauftragten zurückzuführen sein. 2

1 Vgl MK/*Reinhart* Art 31 aF Rn 18 mwN.
2 COM(2012) 744 final.
3 Abrufbar unter https://edps.europa.eu/sites/edp/files/publication/13-03-27_insolvency_proceedings_de.pdf.

3 Soweit die Art 78 ff auf die **Richtlinie 95/46/EG** verweisen, ist zu beachten, dass die Richtlinie durch die **Datenschutzgrundverordnung** (DSGVO) mit Wirkung vom 25.5.2018 aufgehoben wird (Art 94 Abs 1 DSGVO). Ab dann gilt die DSGVO unmittelbar in den Mitgliedstaaten (Art 99 Abs 2 DSGVO). Die in den Art 78 ff enthaltenen Verweise auf die Richtlinie 95/46/EG gelten dann als solche auf die DSGVO (Art 94 Abs 2 S 1 DSGVO). Dies dürfte auch insoweit gelten, als nicht direkt auf die Richtlinie verwiesen wird, sondern auf die nationalen Vorschriften zu ihrer Umsetzung (vgl Art 78 Abs 1).

II. Die Regelungen des Art 78

4 **Art 78 Abs 1** stellt klar, dass die nationalen Vorschriften zur Umsetzung der Richtlinie 95/46/EG auf die nach Maßgabe der VO **in den Mitgliedstaaten** durchgeführte Verarbeitung personenbezogener Daten Anwendung finden. Die Regelung betrifft damit **jegliche** in Anwendung der EuInsVO durchgeführte **Datenverarbeitung**. Eine Begrenzung des Anwendungsbereichs der Vorschrift etwa auf Datenverarbeitungen im Zusammenhang mit dem europäischen InsRegister[4] lässt sich weder dem Wortlaut der Vorschrift noch den Erwägungsgründen zur VO entnehmen.

5 MWv **25.5.2018** wird die Richtlinie 95/46/EG aufgehoben (Art 94 Abs 1 DSGVO). Verweise auf die Richtlinie 95/46/EG gelten dann als solche auf die **Datenschutzgrundverordnung** (Art 94 Abs 2 S 1 DSGVO). Art 78 Abs 1 verweist zwar nicht auf die Richtlinie, sondern auf die zur ihrer Umsetzung ergangenen nationalen Vorschriften. Gleichwohl dürfte Art 78 Abs 1 ab dem 25.5.2018 als Verweis auf die dann in den Mitgliedstaaten unmittelbar geltende DSGVO (nebst etwaigen nationalen Durchführungsbestimmungen) zu lesen sein. Den Bestimmungen der DSGVO ist dann zu entnehmen, ob eine Verarbeitung (vgl Art 4 Nr 2 DSGVO) personenbezogener Daten (vgl Art 4 Nr 1 DSGVO) vorliegt.

6 **Art 78 Abs 2** stellt klar, dass die **VO (EG) Nr. 45/2001** für die Verarbeitung personenbezogener Daten gilt, die **von der Kommission** durchgeführt wird. Hier ergibt sich eine faktische Beschränkung des Anwendungsbereichs der Vorschrift daraus, dass die Kommission in grenzüberschreitenden InsVerf nur im Blick auf das europäische InsRegister mit der Verarbeitung personenbezogener Daten befasst ist (vgl Art 25).

Artikel 79 Aufgaben der Mitgliedstaaten hinsichtlich der Verarbeitung personenbezogener Daten in nationalen Insolvenzregistern

(1) Jeder Mitgliedstaat teilt der Kommission im Hinblick auf seine Bekanntmachung im Europäischen Justizportal den Namen der natürlichen oder juristischen Person, Behörde, Einrichtung oder jeder anderen Stelle mit, die nach den nationalen Rechtsvorschriften für die Ausübung der Aufgaben eines für die Verarbeitung Verantwortlichen gemäß Artikel 2 Buchstabe d der Richtlinie 95/46/EG benannt worden ist.

(2) Die Mitgliedstaaten stellen sicher, dass die technischen Maßnahmen zur Gewährleistung der Sicherheit der in ihren nationalen Insolvenzregistern nach Artikel 24 verarbeiteten personenbezogenen Daten durchgeführt werden.

(3) Es obliegt den Mitgliedstaaten, zu überprüfen, dass der gemäß Artikel 2 Buchstabe d der Richtlinie 95/46/EG benannte für die Verarbeitung Verantwortliche die Einhaltung der Grundsätze in Bezug auf die Qualität der Daten, insbesondere die Richtigkeit und die Aktualisierung der in nationalen Insolvenzregistern gespeicherten Daten sicherstellt.

4 So offenbar MK/*Thole* Art 83 Rn 2; *Braun/Becker* Art 78 Rn 1.

(4) Es obliegt den Mitgliedstaaten gemäß der Richtlinie 95/46/EG, Daten zu erheben und in nationalen Datenbanken zu speichern und zu entscheiden, diese Daten im vernetzten Register, das über das Europäische Justizportal eingesehen werden kann, zugänglich zu machen.

(5) Als Teil der Information, die betroffene Personen erhalten, um ihre Rechte und insbesondere das Recht auf Löschung von Daten wahrnehmen zu können, teilen die Mitgliedstaaten betroffenen Personen mit, für welchen Zeitraum ihre in Insolvenzregistern gespeicherten personenbezogenen Daten zugänglich sind.

Die Vorschrift benennt Aufgaben der Mitgliedstaaten im Blick auf die Verarbeitung personenbezogener Daten in den nationalen InsRegistern (vgl Art 24). Im Einzelnen haben die Mitgliedstaaten der Kommission den Namen der Person, Behörde, Einrichtung oder Stelle mitzuteilen, die als für die Verarbeitung Verantwortliche gem Art 2 Buchst d der Richtlinie 95/46/EG (ab dem 25.5.2018 Art 4 Nr 7 DSGVO) benannt worden ist (**Abs 1**). 1

Nach **Abs 2** haben die Mitgliedstaaten sicherzustellen, dass die technischen Maßnahmen zur Gewährleistung der Sicherheit der in ihren nationalen InsRegistern verarbeiteten personenbezogenen Daten durchgeführt werden. Angesprochen ist hier ersichtlich die originär dem für die Datenverarbeitung Verantwortlichen obliegende **Sicherheit der Verarbeitung** (vgl Art 17 RL 95/46/EG und ab dem 25.5.2018 Art 32 DSGVO). 2

Gem **Abs 3** obliegt es den Mitgliedstaaten, zu überprüfen, dass der für die Datenverarbeitung Verantwortliche die Einhaltung der Grundsätze in Bezug auf die Qualität der Daten, insbesondere die Richtigkeit und die Aktualisierung der in nationalen InsRegistern gespeicherten Daten sicherstellt. Hier geht es um die **Art 6 RL 95/46/EG bzw Art 5 DSGVO** zu entnehmenden Grundsätze für die Verarbeitung personenbezogener Daten. 3

Im Blick auf die nationalen InsRegister betont **Abs 4** noch einmal die Bindung der Mitgliedstaaten an die Vorgaben des europäischen Datenschutzrechts. Ein gegenüber Art 78 Abs 1 eigenständiger Regelungscharakter lässt sich wohl nicht ausmachen. 4

Nach **Abs 5** haben die Mitgliedstaaten betroffenen Personen insb mitzuteilen, für welchen Zeitraum ihre in den nationalen InsRegistern gespeicherten personenbezogenen Daten zugänglich sind. Wie der Vorschrift ausdrücklich zu entnehmen lässt, handelt es sich dabei nur um einen Ausschnitt der zur Verfügung zu stellenden Informationen. Die betroffenen Personen sollen in die Lage versetzt werden, ihre Rechte – insb das Recht auf Löschung von Daten wahrnehmen zu können.[1] 5

Artikel 80 Aufgaben der Kommission im Zusammenhang mit der Verarbeitung personenbezogener Daten

(1) Die Kommission nimmt die Aufgaben des für die Verarbeitung Verantwortlichen gemäß Artikel 2 Buchstabe d der Verordnung (EG) Nr. 45/2001 im Einklang mit den diesbezüglich in diesem Artikel festgelegten Aufgaben wahr.

(2) Die Kommission legt die notwendigen Grundsätze fest und wendet die notwendigen technischen Lösungen an, um ihre Aufgaben im Aufgabenbereich des für die Verarbeitung Verantwortlichen zu erfüllen.

1 Zur Information der betroffenen Person vgl auch Art 10, 11 RL 95/46/EG bzw Art 13, 14 DSGVO.

(3) Die Kommission setzt die technischen Maßnahmen um, die erforderlich sind, um die Sicherheit der personenbezogenen Daten bei der Übermittlung, insbesondere die Vertraulichkeit und Unversehrtheit bei der Übermittlung zum und vom Europäischen Justizportal, zu gewährleisten.

(4) Die Aufgaben der Mitgliedstaaten und anderer Stellen in Bezug auf den Inhalt und den Betrieb der von ihnen geführten, vernetzten nationalen Datenbanken bleiben von den Verpflichtungen der Kommission unberührt.

1 Art 80 regelt Aufgaben der Komission im Zusammenhang mit der Verarbeitung personenbezogener Daten. Nach **Abs 1** nimmt die Kommission die Aufgaben des für die Datenverarbeitung **Verantwortlichen** iSd Art 2 Buchst d) der VO (EG) Nr 45/2001 wahr. Klargestellt wird, dass dabei (auch) die in Art 80 festgelegten Aufgaben zu berücksichtigen sind. Dazu gehört nach **Abs 2** die Festlegung der notwendigen Grundsätze sowie die Anwendung der notwendigen technischen Lösungen.

2 **Abs 3** hat die **Sicherheit der personenbezogenen Daten** bei der Übermittlung, insb zum und vom Europäischen Justizportal, im Blick und verpflichtet die Kommission zur Umsetzung der insoweit erforderlichen technischen Maßnahmen. **Abs 4** stellt schließlich klar, was eigentlich selbstverständlich ist: Die Aufgaben der Mitgliedstaaten und anderer Stellen im Blick auf Inhalt und Betrieb der nationalen Register bleiben von den Verpflichtungen der Kommission unberührt.

Artikel 81 Informationspflichten

Unbeschadet der anderen den betroffenen Personen nach Artikel 11 und 12 der Verordnung (EG) Nr. 45/2001 zu erteilenden Informationen informiert die Kommission die betroffenen Personen durch Bekanntmachung im Europäischen Justizportal über ihre Rolle bei der Datenverarbeitung und die Zwecke dieser Datenverarbeitung.

1 Aus Art 81 ergibt sich die Pflicht der Kommission, die betroffenen Personen durch Bek im Europäischen Justizportal über ihre Rolle bei der Datenverarbeitung und deren Zwecke zu informieren. Die sich aus den Art 11 und 12 der VO (EG) Nr 45/2001 ergebenden **Informationspflichten** bleiben unberührt.

Artikel 82 Speicherung personenbezogener Daten

Für Informationen aus vernetzten nationalen Datenbanken gilt, dass keine personenbezogenen Daten von betroffenen Personen im Europäischen Justizportal gespeichert werden. Sämtliche derartige Daten werden in den von den Mitgliedstaaten oder anderen Stellen betriebenen nationalen Datenbanken gespeichert.

1 Die Vorschrift stellt klar, was sich eigentlich auch schon aus den Art 24f ergibt: Personenbezogene Daten von betroffenen Personen werden **nicht im Europäischen Justizportal**, sondern ausschließlich in den nationalen Registern **gespeichert**. Das Europäische Justizportal fungiert lediglich als zentraler elektronischer Zugangspunkt zu den Daten, die in den nationalen Registern gespeichert sind.

Artikel 83 Zugang zu personenbezogenen Daten über das Europäische Justizportal

Die in den nationalen Insolvenzregistern nach Artikel 24 gespeicherten personenbezogenen Daten sind so lange über das Europäische Justizportal zugänglich, wie sie nach nationalem Recht zugänglich bleiben.

Das europäische InsRegister wird aus den durch die Europäische Kommission vernetzten nationalen Registern bestehen. Das **Europäische Justizportal**[1] soll lediglich zentraler elektronischer Zugangspunkt für die Öffentlichkeit sein. Dort werden keine personenbezogenen Daten von betroffenen Personen gespeichert werden (vgl Art 82 S 1). Vor diesem Hintergrund ist es konsequent, dass Art 83 die Verfügbarkeit der personenbezogenen Daten über das Justizportal an die Fristen knüpft, die für die Zugänglichkeit in den nationalen Registern gelten. Maßgeblich (auch) für die Verfügbarkeit der Daten über das Europäische Justizportal ist demnach das jeweilige **nationale Recht**. Die nach deutschem Recht maßgeblichen Fristen ergeben sich aus § 3 der VO zu öffentlichen Bekanntmachungen in InsVerf im Internet (**InsOBekV**). 1

1 Http://e-justice.europa.eu.

Kapitel VII
Übergangs- und Schlussbestimmungen

Artikel 84 Zeitlicher Anwendungsbereich

(1) Diese Verordnung ist nur auf solche Insolvenzverfahren anzuwenden, die ab dem 26. Juni 2017 eröffnet worden sind. Für Rechtshandlungen des Schuldners vor diesem Datum gilt weiterhin das Recht, das für diese Rechtshandlungen anwendbar war, als sie vorgenommen wurden.

(2) Unbeschadet des Artikels 91 der vorliegenden Verordnung gilt die Verordnung (EG) Nr. 1346/2000 weiterhin für Verfahren, die in den Geltungsbereich jener Verordnung fallen und vor dem 26. Juni 2017 eröffnet wurden.

Übersicht

I. Vorbemerkung

1 **Art 84 Abs 1** entspricht **Art 43 aF**, der den zeitlichen Anwendungsbereich für die VO aF festlegte, und nennt als maßgeblichen Stichtag den 26.6.2017. **Art 84 Abs 2** ist **neu** und dem Umstand geschuldet, dass nunmehr nicht mehr nur der Zustand vor und nach der unionseinheitlichen Regelung grenzüberschreitender InsVerf zu unterscheiden, sondern auch der zeitliche Anwendungsbereich der VO aF von dem der reformierten VO abzugrenzen ist.

II. Normzweck

2 Aus ihrer Überschrift ergibt sich unmissverständlich, dass die Vorschrift ausschließlich den **zeitlichen Anwendungsbereich** sowohl der reformierten als auch der VO aF regelt. Dabei legt Abs 1 S 1 den Anwendungsbereich der **reformierten VO** fest. Nach Abs 1 S 2 gilt für Rechtshandlungen des Schu vor diesem Datum weiterhin das im Zeitpunkt ihrer Vornahme geltende Recht. Dies dient dem **Vertrauensschutz**. Bestehende Situationen und Verhältnisse sollen beibehalten werden. Der neue Abs 2 regelt den zeitlichen Anwendungsbereich der insoweit fortgeltenden **VO aF**.

III. Zeitlicher Anwendungsbereich der reformierten VO (Abs 1)

3 Nach dem **Wortlaut** des Abs 1 S 1 ist die refomierte VO nur auf solche InsVerf anzuwenden, die **nach** dem 26.6.2017 eröffnet worden sind. Hier ist dem Reform-VO-Geber ein Missgeschick unterlaufen, weil InsVerf, die **am** 26.6.2017 eröffnet wurden, weder von Abs 1 S 1 noch von Abs 2 („vor dem 26.6.2017") erfasst werden. Dass dies nicht gewollt gewesen sein kann, liegt auf der Hand. Eine **richterliche Rechtsfortbildung** erscheint geboten. Sie sollte dahingehend vorgenommen werden, dass die reformierte VO zeitlich auch auf solche InsVerf anwendbar ist, die **am** 26.6.2017 eröffnet worden sind.[1] Die reformierte VO findet zudem Anwendung, wenn vor dem 26.6.2017 ein Eröffnungsantrag gestellt worden, jedoch bis zu diesem Zeitpunkt noch keine Entsch über den Antrag getroffen worden ist.[2]

---

1 *A/G/R/Fuchs* Art 84 Rn 9.
2 Vgl *EuGH* 17.1.2006 – C-1/04 (Staubitz-Schreiber) Rn 21.

Wann ein Verf als eröffnet gilt, ist autonom zu bestimmen und richtet sich nach **Art 2 Nr 8**.[3] Maßgeblicher Zeitpunkt ist demnach das Wirksamwerden der EröffnungsEntsch. Es kommt nicht darauf an, ob es sich um eine endgültige bzw rechtskräftige Entsch handelt. Für die Feststellung der Wirksamkeit der Entsch ist das Recht des Staats der VerfEröffnung heranzuziehen.[4] Auch hier ist **Art 2 Nr 7** zu beachten. Danach reicht die Entsch eines Gerichts zur Bestellung eines Verw aus. Die in **Art 2 Nr 5** enthaltene Definition des Verw ist weit. Es reicht aus, dass eine Person oder Stelle damit betraut ist, die Gesamtinteressen der Gl zu vertreten oder die Geschäftstätigkeit des Schu zu überwachen.[5] 4

Für die nach Art 43 aF allein maßgebliche Abgrenzung des Zustands vor und nach der unionseinheitlichen Regelung grenzüberschreitender InsVerf wurde vertreten, dass ein **vor dem Stichtag eröffnetes Haupt- oder selbstständiges PartikularInsVerf** das anwendbare Recht auch für das danach eröffnete Sekundär- oder HauptInsVerf bestimmen sollte.[6] Dies ermöglichte eine klare Abgrenzung und verhinderte mögliche, der Anwendbarkeit verschiedener Rechte geschuldete Friktionen bei der Abwicklung mehrerer Verf über das Vermögen desselben Schu. Für die Abgrenzung des zeitlichen Anwendungsbereichs der VO aF von dem der reformierten VO wird eine gespaltene Rechtsanwendung vertreten.[7] Das ist reformfreundlich, übersieht jedoch, dass für die Koordinierung von Haupt- und SekundärInsVerf ein einheitliches Recht von Vorteil ist. Dies gilt insb für die Zusammenarbeit der Verw und Gerichte, für die jeweils auf beiden Seiten das gleiche Recht gelten sollte. 5

Rechtshandlungen des Schu vor dem 26.6.2017 werden weiterhin nach dem ursprünglich auf sie anwendbaren Recht beurteilt. Sie sollen nicht nachträglich neuen Regeln unterworfen werden.[8] Der Begriff der Rechtshandlung und der Zeitpunkt ihrer Vornahme bestimmen sich nach dem für die Rechtshandlung maßgeblichen Recht.[9] 6

IV. Fortgeltung der VO aF (Abs. 2)

Gem Art 91 S 1 iVm Art 92 S 2 ist die VO aF mit Wirkung vom 26.6.2017 aufgehoben worden. Unbeschadet dessen gilt sie nach Abs 2 weiterhin für InsVerf, die in den Geltungsbereich jener VO fallen und vor dem 26.6.2017 eröffnet wurden. Mit Geltungsbereich ist auch hier nur der zeitliche Anwendungsbereich gemeint,[10] der nach Art 43 aF zu beurteilen ist. 7

Die VO aF ist demnach weiterhin auf solche InsVerf anzuwenden, die **vor dem 26.6.2017**, aber nach ihrem Inkrafttreten[11] eröffnet worden sind. Ist vor dem Inkrafttreten der VO aF ein Eröffnungsantrag gestellt worden, jedoch zum Zeitpunkt des Inkrafttretens noch keine Entsch über diesen Antrag getroffen worden, dann findet die VO aF ebenfalls Anwendung.[12] Wann ein Verf eröffnet worden ist, richtet sich nach Art 2 lit f aF.[3] Maßgeblicher 8

3 *Duursma-Kepplinger/Chalupsky* Art 43 aF Rn 3; Nr 305 des Erläuternden Berichts.
4 Nr 68 des Erläuternden Berichts.
5 Vgl Art 19 Rn 8.
6 Nr 304 des Erläuternden Berichts.
7 *Mankowski/Müller/J Schmidt* Art 84 Rn 8; *A/G/R/Fuchs* Art 84 Rn 11; differenzierend *Braun/Dugué* Art 84 Rn 8.
8 Auch *K/P/B/Kemper* Art 43 aF Rn 3.
9 Erläuternder Bericht Rn 306; *Duursma-Kepplinger/Chalupsky* Art 43 aF Rn 6.
10 **AA** offenbar *A/G/R/Fuchs* Art 84 Rn 3.
11 Dem 31.5.2002. In den zehn Mitgliedstaaten (Tschechien, Estland, Zypern, Lettland, Litauen, Ungarn, Malta, Polen, Slowenien und Slowakische Republik), die am 1.5.2004 in die EU eingetreten sind, gilt die EuInsVO seit dem Beitrittstag, dem 1.5.2004. Für die am 1.1.2007 hinzugekommenen Mitgliedstaaten Bulgarien und Rumänien gilt die EuInsVO seit dem 1.1.2007. Kroatien ist der EU am 1.7.2013 beigetreten.
12 *EuGH* 17.1.2006 – C-1/04 (Staubitz-Schreiber) Rn 21.

Zeitpunkt ist auch hier das Wirksamwerden der EröffnungsEntsch. Es kommt nicht darauf an, ob es sich um eine endgültige bzw rechtskräftige Entsch handelt. Für die Feststellung der Wirksamkeit der Entsch ist das Recht des Staats der VerfEröffnung heranzuziehen.[13] Ist vor Inkrafttreten der VO ein HauptInsVerf oder selbstständiges PartikularInsVerf iSd VO eröffnet worden, soll diese auch auf später über das Vermögen des nämlichen Schu eröffnete Haupt- bzw SekundärInsVerf keine Anwendung finden.[14]

Artikel 85 Verhältnis zu Übereinkünften

(1) Diese Verordnung ersetzt in ihrem sachlichen Anwendungsbereich hinsichtlich der Beziehungen der Mitgliedstaaten untereinander die zwischen zwei oder mehreren Mitgliedstaaten geschlossenen Übereinkünfte, insbesondere

a) das am 8. Juli 1899 in Paris unterzeichnete belgisch-französische Abkommen über die gerichtliche Zuständigkeit, die Anerkennung und die Vollstreckung von gerichtlichen Entscheidungen, Schiedssprüchen und öffentlichen Urkunden;

b) das am 16. Juli 1969 in Brüssel unterzeichnete belgisch-österreichische Abkommen über Konkurs, Ausgleich und Zahlungsaufschub (mit Zusatzprotokoll vom 13. Juni 1973);

c) das am 28. März 1925 in Brüssel unterzeichnete belgisch-niederländische Abkommen über die Zuständigkeit der Gerichte, den Konkurs sowie die Anerkennung und die Vollstreckung von gerichtlichen Entscheidungen, Schiedssprüchen und öffentlichen Urkunden;

d) den am 25. Mai 1979 in Wien unterzeichneten deutsch-österreichischen Vertrag auf dem Gebiet des Konkurs- und Vergleichs-(Ausgleichs-)rechts;

e) das am 27. Februar 1979 in Wien unterzeichnete französisch-österreichische Abkommen über die gerichtliche Zuständigkeit, die Anerkennung und die Vollstreckung von Entscheidungen auf dem Gebiet des Insolvenzrechts;

f) das am 3. Juni 1930 in Rom unterzeichnete französisch-italienische Abkommen über die Vollstreckung gerichtlicher Urteile in Zivil- und Handelssachen;

g) das am 12. Juli 1977 in Rom unterzeichnete italienisch-österreichische Abkommen über Konkurs und Ausgleich;

h) den am 30. August 1962 in Den Haag unterzeichneten deutsch-niederländischen Vertrag über die gegenseitige Anerkennung und Vollstreckung gerichtlicher Entscheidungen und anderer Schuldtitel in Zivil- und Handelssachen;

i) das am 2. Mai 1934 in Brüssel unterzeichnete britisch-belgische Abkommen zur gegenseitigen Vollstreckung gerichtlicher Entscheidungen in Zivil- und Handelssachen mit Protokoll;

j) das am 7. November 1933 in Kopenhagen zwischen Dänemark, Finnland, Norwegen, Schweden und Irland geschlossene Konkursübereinkommen;

k) das am 5. Juni 1990 in Istanbul unterzeichnete Europäische Übereinkommen über bestimmte internationale Aspekte des Konkurses;

l) das am 18. Juni 1959 in Athen unterzeichnete Abkommen zwischen der Föderativen Volksrepublik Jugoslawien und dem Königreich Griechenland über die gegenseitige Anerkennung und Vollstreckung gerichtlicher Entscheidungen;

m) das am 18. März 1960 in Belgrad unterzeichnete Abkommen zwischen der Föderativen Volksrepublik Jugoslawien und der Republik Österreich über die gegenseitige Anerkennung und die Vollstreckung von Schiedssprüchen und schiedsgerichtlichen Vergleichen in Handelssachen;

---

13 Nr 68 des Erläuternden Berichts.

14 Nr 304 des Erläuternden Berichts.

n) das am 3. Dezember 1960 in Rom unterzeichnete Abkommen zwischen der Föderativen Volksrepublik Jugoslawien und der Republik Italien über die gegenseitige justizielle Zusammenarbeit in Zivil- und Handelssachen;
o) das am 24. September 1971 in Belgrad unterzeichnete Abkommen zwischen der Sozialistischen Föderativen Republik Jugoslawien und dem Königreich Belgien über die justizielle Zusammenarbeit in Zivil- und Handelssachen;
p) das am 18. Mai 1971 in Paris unterzeichnete Abkommen zwischen den Regierungen Jugoslawiens und Frankreichs über die Anerkennung und Vollstreckung gerichtlicher Entscheidungen in Zivil- und Handelssachen;
q) das am 22. Oktober 1980 in Athen unterzeichnete Abkommen zwischen der Tschechoslowakischen Sozialistischen Republik und der Hellenischen Republik über die Rechtshilfe in Zivil- und Strafsachen, der zwischen der Tschechischen Republik und Griechenland noch in Kraft ist;
r) das am 23. April 1982 in Nikosia unterzeichnete Abkommen zwischen der Tschechoslowakischen Sozialistischen Republik und der Republik Zypern über die Rechtshilfe in Zivil- und Strafsachen, der zwischen der Tschechischen Republik und Zypern noch in Kraft ist;
s) den am 10. Mai 1984 in Paris unterzeichneten Vertrag zwischen der Regierung der Tschechoslowakischen Sozialistischen Republik und der Regierung der Französischen Republik über die Rechtshilfe und die Anerkennung und Vollstreckung gerichtlicher Entscheidungen in Zivil-, Familien- und Handelssachen, der zwischen der Tschechischen Republik und Frankreich noch in Kraft ist;
t) den am 6. Dezember 1985 in Prag unterzeichneten Vertrag zwischen der Tschechoslowakischen Sozialistischen Republik und der Republik Italien über die Rechtshilfe in Zivil- und Strafsachen, der zwischen der Tschechischen Republik und Italien noch in Kraft ist;
u) das am 11. November 1992 in Tallinn unterzeichnete Abkommen zwischen der Republik Lettland, der Republik Estland und der Republik Litauen über Rechtshilfe und Rechtsbeziehungen;
v) das am 27. November 1998 in Tallinn unterzeichnete Abkommen zwischen Estland und Polen über Rechtshilfe und Rechtsbeziehungen in Zivil-, Arbeits- und Strafsachen;
w) das am 26. Januar 1993 in Warschau unterzeichnete Abkommen zwischen der Republik Litauen und der Republik Polen über Rechtshilfe und Rechtsbeziehungen in Zivil-, Familien-, Arbeits- und Strafsachen;
x) das am 19. Oktober 1972 in Bukarest unterzeichnete Abkommen zwischen der Sozialistischen Republik Rumänien und der Hellenischen Republik über die Rechtshilfe in Zivil- und Strafsachen mit Protokoll;
y) das am 5. November 1974 in Paris unterzeichnete Abkommen zwischen der Sozialistischen Republik Rumänien und der Französischen Republik über die Rechtshilfe in Zivil- und Handelssachen;
z) das am 10. April 1976 in Athen unterzeichnete Abkommen zwischen der Volksrepublik Bulgarien und der Hellenischen Republik über die Rechtshilfe in Zivil- und Strafsachen;
aa) das am 29. April 1983 in Nikosia unterzeichnete Abkommen zwischen der Volksrepublik Bulgarien und der Republik Zypern über die Rechtshilfe in Zivil- und Strafsachen;
ab) das am 18. Januar 1989 in Sofia unterzeichnete Abkommen zwischen der Volksrepublik Bulgarien und der Regierung der Französischen Republik über die gegenseitige Rechtshilfe in Zivilsachen;
ac) den am 11. Juli 1994 in Bukarest unterzeichneten Vertrag zwischen Rumänien und der Tschechischen Republik über die Rechtshilfe in Zivilsachen;
ad) den am 15. Mai 1999 in Bukarest unterzeichneten Vertrag zwischen Rumänien und der Republik Polen über die Rechtshilfe und die Rechtsbeziehungen in Zivilsachen.

(2) Die in Absatz 1 aufgeführten Übereinkünfte behalten ihre Wirksamkeit hinsichtlich der Verfahren, die vor Inkrafttreten der Verordnung (EG) Nr. 1346/2000 eröffnet worden sind.

(3) Diese Verordnung gilt nicht

a) in einem Mitgliedstaat, soweit es in Konkurssachen mit den Verpflichtungen aus einer Übereinkunft unvereinbar ist, die dieser Mitgliedstaat mit einem oder mehreren Drittstaaten vor Inkrafttreten der Verordnung (EG) Nr. 1346/2000 geschlossen hat;

b) im Vereinigten Königreich Großbritannien und Nordirland, soweit es in Konkurssachen mit den Verpflichtungen aus Vereinbarungen, die im Rahmen des Commonwealth geschlossen wurden und die zum Zeitpunkt des Inkrafttretens der Verordnung (EG) Nr. 1346/2000 wirksam sind, unvereinbar ist.

Übersicht

I. Vorbemerkung

1 Art 85 **entspricht Art 44 aF** mit redaktionellen Änderungen. In den Abs 2 und 3 wird insb klargestellt, dass dort (weiterhin) die VO aF gemeint ist. Die zu Art 44 aF ergangene Rspr und das entsprechende Schrifttum können herangezogen werden.

II. Normzweck

2 Art 85 regelt das **Verhältnis der EuInsVO zu anderen int Übereinkünften**, die Fragen der gerichtlichen Zuständigkeit sowie der Anerkennung und Vollstreckung insolvenzrechtlicher Entsch zum Gegenstand haben. Abs 1 regelt das Verhältnis zu Verträgen, die Mitgliedstaaten untereinander getroffen haben, Abs 3 befasst sich mit den zwischen Mitgliedstaaten und Drittstaaten getroffenen Übereinkünften. Abs 2 stellt klar, dass die in Abs 1 aufgeführten Übereinkünfte ihre Wirksamkeit hinsichtlich der InsVerf behalten, die vor Inkrafttreten der VO aF eröffnet worden sind.

III. Übereinkünfte der Mitgliedstaaten untereinander (Abs 1 und 2)

3 Die VO ersetzt in ihrem sachlichen Anwendungsbereich nach Inkrafttreten der VO aF die in Abs 1 aufgeführten Übereinkünfte zwischen zwei oder mehreren Mitgliedstaaten. Die Liste der aufgeführten Übereinkünfte ist **nicht abschließend** („insb"). Die VO ersetzt daher auch andere, nicht namentlich genannte Abkommen.

4 Die Formulierung **„in ihrem sachlichen Anwendungsbereich"** ist eindeutig. Wenn die VO anwendbar ist, darf nicht – auch nicht ergänzend – auf die von Abs 1 erfassten Übereinkünfte zurückgegriffen werden. Diese werden allerdings nicht ersetzt, wenn die VO nicht anwendbar ist, etwa in den Fällen des Art 1 Abs 2. In Übereinstimmung mit der Regelung über den zeitlichen Anwendungsbereich der VO (Art 84) stellt Abs 2 klar, dass die Übereinkünfte ihre Wirksamkeit hinsichtlich der InsVerf behalten, die vor Inkrafttreten der VO aF eröffnet worden sind. Maßgeblich ist der Zeitpunkt, in dem die EröffnungsEntsch wirksam wird, nicht der Eintritt der Rechtskraft oder die Endgültigkeit der Entsch.

IV. Übereinkünfte mit Drittstaaten (Abs 3)

Die VO findet keine Anwendung, wenn sie für einen Mitgliedstaat mit Verpflichtungen aus älteren Abkommen mit einem oder mehreren Drittstaaten unvereinbar wäre. Abs 3 Buchst b regelt in einer eigenen Ausnahmebestimmung das Gleiche für das Vereinigte Königreich und Nordirland im Verhältnis zu älteren Vereinbarungen iRd Commonwealth. 5

Von Bedeutung ist diese Regelung bei **Verträgen, welche die Zuständigkeit für die InsEröffnung regeln**. Im dt Sprachraum sind dies vor allem verschiedene Abkommen einzelner dt Bundesländer mit Schweizer Kantonen.[1] Für die Bestimmung der Zuständigkeit geht der Drittstaatenvertrag der VO vor, weil die gerichtliche Zuständigkeit des Drittstaats eine ausschließliche ist.[2] Mitgliedstaaten können weiterhin Übereinkünfte mit Drittstaaten in Bezug auf grenzüberschreitende InsVerf schließen, sofern diese Übereinkünfte nicht gegen die Regelungen der VO verstoßen.[3] 6

1 Übereinkunft v 12.12.1825 bzw 13.5.1826 zwischen der Krone Württembergs und bestimmten schweizerischen Kantonen betr die Konkursverhältnisse und die gleiche Behandlung der beiderseitigen Staatsangehörigen in Konkursfällen, RegBl für das Königreich Württemberg 1826, 250; Übereinkunft v 11.5. bzw 27.6.1834 zwischen bestimmten schweizerischen Kantonen und dem Königreich Bayern über die gleiche Behandlung der beiderseitigen Staatsangehörigen in Konkursfällen.

2 *Duursma-Kepplinger/Chalupsky* Art 44 aF Rn 23; *Smid* Art 44 aF Rn 6.

3 *Pannen/Riedemann* Art 44 aF Rn 18.

Artikel 86 Informationen zum Insolvenzrecht der Mitgliedstaaten und der Union

(1) Die Mitgliedstaaten übermitteln im Rahmen des durch die Entscheidung 2001/470/EG des Rates[1] geschaffenen Europäischen Justiziellen Netzes für Zivil- und Handelssachen eine kurze Beschreibung ihres nationalen Rechts und ihrer Verfahren zum Insolvenzrecht, insbesondere zu den in Artikel 7 Absatz 2 aufgeführten Aspekten, damit die betreffenden Informationen der Öffentlichkeit zur Verfügung gestellt werden können.

(2) Die in Absatz 1 genannten Informationen werden von den Mitgliedstaaten regelmäßig aktualisiert.

(3) Die Kommission macht Informationen bezüglich dieser Verordnung öffentlich verfügbar.

Art 86 ist **neu** und gilt bereits seit dem **26.6.2016** (Art 92 S 2 Buchst a). Die in **Abs 1** erwähnte kurze Beschreibung des jeweiligen nationalen Rechts sowie der Verf zum Ins-Recht dient der Information ausl Verfahrensbeteiligter und soll ihnen die Teilnahme an den Verf erleichtern. Hierzu bedarf es einer regelmäßigen Aktualisierung der Informationen (**Abs 2**) sowie der Veröffentlichung der Informationen, für die nach **Abs 3** die Kommission verantwortlich ist. 1

1 Entscheidung 2001/470/EG des Rates vom 28. Mai 2001 über die Einrichtung eines Europäischen Justiziellen Netzes für Zivil- und Handelssachen (ABl. L 174 vom 27.6.2001, S. 25).

Artikel 87 Einrichtung der Vernetzung der Register

Die Kommission erlässt Durchführungsrechtsakte zur Einrichtung der Vernetzung der Insolvenzregister gemäß Artikel 25. Diese Durchführungsrechtsakte werden gemäß dem in Artikel 89 Absatz 3 genannten Prüfverfahren erlassen.

1 Die Vorschrift ist **neu**. Sie ermächtigt die Kommission zum Erlass der **Durchführungsrechtsakte** zur Einrichtung der Vernetzung der InsRegister. **Art 25 Abs 1 S 2** verweist auf Art 89 Abs 3 und damit auf das in Art 5 der VO (EU) 182/2011 geregelte **PrüfVerf**. Der Erlass der Durchführungsrechtsakte steht also im Grundsatz unter dem Vorbehalt einer befürwortenden Stellungnahme des die Kommission gem Art 89 Abs 1 S 1 unterstützenden Ausschusses.

Artikel 88 Erstellung und spätere Änderung von Standardformularen

Die Kommission erlässt Durchführungsrechtsakte zur Erstellung und soweit erforderlich Änderung der in Artikel 27 Absatz 4, Artikel 54, Artikel 55 und Artikel 64 Absatz 2 genannten Formulare. Diese Durchführungsrechtsakte werden gemäß dem in Artikel 89 Absatz 2 genannten Beratungsverfahren erlassen.

1 Die VO sieht verschiedentlich die Verwendung von Standardformularen vor: Nach **Art 27 Abs 4 S 3** muss es möglich sein, die Auskunftsanfrage in elektronischer Form anhand eines Standardformulars zu übermitteln. **Art 54 Abs 3 S 1** regelt im Zusammenhang mit der Unterrichtung der ausl Gl sowie der Anmeldung ihrer Forderungen das Standarmitteilungsformular, **Art 55 Abs 1 S 1** das Standardanmeldeformular. **Art 64 Abs 2 Unterabs 2** berechtigt schließlich zur Erhebung von Einwänden iSd Art 64 Abs 1 mittels eines Standardformulars. Art 88 ist **neu** und ermächtigt die Kommission zum Erlass der Durchführungsrechtsakte zur Erstellung und soweit erforderlich Änderung der Standardformulare.

2 S 2 verweist auf Art 89 Abs 2 und damit auf das in Art 4 der VO (EU) 182/2011 geregelte **BeratungsVerf**. In diesem Verf gibt der die Kommission gem Art 89 Abs 1 S 1 unterstützende Ausschuss eine Stellungnahme ab, an welche die Kommission zwar nicht gebunden ist, deren Ergebnis sie jedoch soweit wie möglich berücksichtigen soll.

Artikel 89 Ausschussverfahren

(1) Die Kommission wird von einem Ausschuss unterstützt. Dieser Ausschuss ist ein Ausschuss im Sinne der Verordnung (EU) Nr. 182/2011.

(2) Wird auf diesen Absatz Bezug genommen, so gilt Artikel 4 der Verordnung (EU) Nr. 182/2011.

(3) Wird auf diesen Absatz Bezug genommen, so gilt Artikel 5 der Verordnung (EU) Nr. 182/2011.

1 Art 89 ist **neu** und ordnet die Unterstützung der Kommission durch einen Ausschuss iSd VO (EU) 182/2011 an. Die VO (EU) 182/2011 legt die allgemeinen Regeln und Grundsätze fest, die anzuwenden sind, wenn ein verbindlicher Rechtsakt der Union (der sog **Basisrechtsakt**) die Notwendigkeit einheitlicher Durchführungsbestimmungen feststellt und vorschreibt, dass **Durchführungsakte** von der Kommission vorbehaltlich einer Kontrolle durch die Mitgliedstaaten erlassen werden (Art 1 der VO (EU) 182/2011). Demgemäß setzt sich der Ausschuss aus **Vertretern der Mitgliedstaaten** zusammen unter Vorsitz eines Vertreters der Kommission (Art 3 Abs. 2 der VO (EU) 182/2011).

Der Basisrechtsakt – hier die EuInsVO – kann die Anwendung des **Beratungs-** oder des **PrüfVerf** vorsehen. Maßgeblich für die Wahl des Verf sind die Art oder die Auswirkungen des erforderlichen Durchführungsrechtsakts (Art 2 Abs 1 der VO (EU) 182/2011). **Art 89 Abs 2** verweist auf die Regelungen über das **BeratungsVerf**. In diesem Verf gibt der die Kommission unterstützende Ausschuss eine Stellungnahme ab, an welche die Kommission zwar nicht gebunden ist, deren Ergebnis sie jedoch soweit wie möglich berücksichtigen soll (Art 4 der VO (EU) 182/2011). Stärker ist die Position des Ausschusses im PrüfVerf. Auf die diesbezüglichen Regelungen des Art 5 der VO (EU) 182/2011 verweist **Art 89 Abs 3**. 2

Anwendungsfall des PrüfVerf sind die nach **Art 87** zu erlassenden Durchführungsrechtsakte zur Einrichtung der Vernetzung der InsRegister gem Art 25. Das BeratungsVerf kommt zur Anwendung, wenn die Kommission von der in **Art 88** enthaltenen Ermächtigung zum Erlass der Durchführungsrechtsakte zur Erstellung und Änderung der in der EuInsVO vorgesehenen Standardformulare Gebrauch macht. 3

Artikel 90 Überprüfungsklausel

(1) Die Kommission legt dem Europäischen Parlament, dem Rat und dem Europäischen Wirtschafts- und Sozialausschuss spätestens bis zum 27. Juni 2027 und danach alle fünf Jahre einen Bericht über die Anwendung dieser Verordnung vor. Der Bericht enthält gegebenenfalls einen Vorschlag zur Anpassung dieser Verordnung.

(2) Die Kommission legt dem Europäischen Parlament, dem Rat und dem Europäischen Wirtschafts- und Sozialausschuss spätestens bis zum 27. Juni 2022 einen Bericht über die Anwendung des Gruppen-Koordinationsverfahrens vor. Der Bericht enthält gegebenenfalls einen Vorschlag zur Anpassung dieser Verordnung.

(3) Die Kommission übermittelt dem Europäischen Parlament, dem Rat und dem Europäischen Wirtschafts- und Sozialausschuss spätestens bis zum 1. Januar 2016 eine Studie zu den grenzüberschreitenden Aspekten der Haftung von Geschäftsleitern und ihres Ausschlusses von einer Tätigkeit.

(4) Die Kommission übermittelt dem Europäischen Parlament, dem Rat und dem Europäischen Wirtschafts- und Sozialausschuss spätestens bis zum 27. Juni 2020 eine Studie zur Frage der Wahl des Gerichtsstands in missbräuchlicher Absicht.

Art 90 folgt Art 46 aF nach und schreibt die Berichtspflichten der Kommission fort. Nach **Abs 1** hat die Kommission den genannten Stellen spätestens bis zum 27.6.2027 und danach alle fünf Jahre über die Anwendung der EuInsVO zu berichten und erforderlichenfalls Vorschläge zu deren Anpassung zu unterbreiten. Im Blick auf das Gruppen-KoordinationsVerf hat die Kommission schon bis spätestens zum 27.6.2022 zu berichten (**Abs 2**). Die von **Abs 3** vorgesehene Studie zu den grenzüberschreitenden Aspekten der Haftung von Geschäftsleitern und ihres Ausschlusses von einer Tätigkeit wurde von der Universität Leeds erstellt und liegt seit Januar 2016 vor.[1] Eine Studie zum sog Forum Shopping soll spätestens bis zum 27.6.2020 vorgelegt werden (**Abs 4**). 1

Artikel 91 Aufhebung

Die Verordnung (EG) Nr. 1346/2000 wird aufgehoben.

1 Abrufbar unter http://ec.europa.eu/justice/civil/files/insolvency/insolvency_study_2016_final_en.pdf.

Verweisungen auf die aufgehobene Verordnung gelten als Verweisungen auf die vorliegende Verordnung und sind nach der Entsprechungstabelle in Anhang D dieser Verordnung zu lesen.

1 Die Vorschrift **hebt** die VO aF mWv 26.6.2017 (vgl Art 92 S 2) **auf**. Gem Art 84 Abs 2 findet die VO aF jedoch **weiterhin** auf alle Verf **Anwendung**, die vor dem 26.6.2017 eröffnet wurden und in ihren Geltungsbereich fallen.[1] Fortbestehende Verweise auf die VO aF in anderen Rechtsakten sind nach deren Aufhebung als solche auf die reformierte VO zu lesen. Zur näheren Bestimmung der in Bezug genommenen Vorschrift ist die **Entsprechungstabelle** gem Anhang D heranzuziehen.

1 Vgl dazu Art 84 Rn 7 f.

Artikel 92 Inkrafttreten

Diese Verordnung tritt am zwanzigsten Tag nach ihrer Veröffentlichung[1] im Amtsblatt der Europäischen Union in Kraft.

Sie gilt ab dem 26. Juni 2017 mit Ausnahme von

a) Artikel 86, der ab dem 26. Juni 2016 gilt,

b) Artikel 24 Absatz 1, der ab dem 26. Juni 2018 gilt und

c) Artikel 25, der ab dem 26. Juni 2019 gilt.

Diese Verordnung ist in allen ihren Teilen verbindlich und gilt gemäß den Verträgen unmittelbar in den Mitgliedstaaten.

1 Art 92 S 1 legt den Zeitpunkt des **Inkrafttretens** der reformierten VO auf den zwanzigsten Tag nach ihrer Veröffentlichung im Amtsblatt der Europäischen Union fest. Die Veröffentlichung erfolgte am 5.6.2015.[2] Demzufolge ist die VO am 25.6.2015 in Kraft getreten. **Geltung** beansprucht die VO gem **S 2** im Wesentlichen seit dem 26.6.2017. **Ausgenommen** sind Art 86 (gilt seit dem 26.6.2016), Art 24 (gilt ab dem 26.6.2018) und Art 25 (gilt ab dem 26.6.2019).

1 **Anm. d. Verlages:**
Veröffentlicht am 5.6.2015.

2 ABlEU Nr L 141, 19 v 5.6.2016.

Anhang A

Insolvenzverfahren im Sinne von Artikel 2 Nummer 4

BELGIQUE/BELGIË

- Het faillite/La faillissement,
- De gerechtelijke reorganisatie door een collectief akkoord/La réorganisation judiciaire par accord collectif,
- De gerechtelijke reorganisatie door een minnelijk akkoord/La réorganisation judiciaire par accord amiable,
- De gerechtelijke reorganisatie door overdracht onder gerechtelijk gezag/La réorganisation judiciaire par transfert sous autorité de justice,
- De collectieve schuldenregeling/Le règlement collectif de dettes,
- De vrijwillige vereffening/La liquidation volontaire,
- De gerechtelijke vereffening/La liquidation judiciaire,
- De voorlopige ontneming van beheer, bepaald in artikel 8 van de faillissementswet/Le dessaisissement provisoire, visé à l'article 8 de la loi sur les faillites,

БЪЛГАРИЯ

- Производство по несъстоятелност,

ČESKÁ REPUBLIKA

- Konkurs,
- Reorganizace,
- Oddlužení,

DEUTSCHLAND

- Das Konkursverfahren,
- Das gerichtliche Vergleichsverfahren,
- Das Gesamtvollstreckungsverfahren,
- Das Insolvenzverfahren,

EESTI

- Pankrotimenetlus,
- Võlgade ümberkujundamise menetlus,

ÉIRE/IRELAND

- Compulsory winding-up by the court,
- Bankruptcy,
- The administration in bankruptcy of the estate of persons dying insolvent,
- Winding-up in bankruptcy of partnerships,
- Creditors' voluntary winding-up (with confirmation of a court),
- Arrangements under the control of the court which involve the vesting of all or part of the property of the debtor in the Official Assignee for realisation and distribution,
- Examinership,
- Debt Relief Notice,
- Debt Settlement Arrangement,
- Personal Insolvency Arrangement,

ΕΛΛΑΔΑ

- Η πτώχευση,
- Η ειδική εκκαθάριση εν λειουργία,
- Σχέδιο αναδιοργάνωσης,
- Απλοποιημένη διαδικασία επί πτωχεύσεων μικρού αντικειμένου,
- Διαδικασία Εξυγίανσης,

ESPAÑA

- Concurso,
- Procedimiento de homologación de acuerdos de refinanciación,
- Procedimiento de acuerdos extrajudiciales de pago,
- Procedimiento de negociación pública para la consecución de acuerdos de refinanciación colectivos, acuerdos de refinanciación homologados y propuestas anticipadas de convenio,

FRANCE

- Sauvegarde,
- Sauvegarde accélérée,
- Sauvegarde financière accélérée,
- Redressement judiciaire,
- Liquidation judiciaire,

HRVATSKA

- Stečajni postupak,

ITALIA

- Fallimento,
- Concordato preventivo,
- Liquidazione coatta amministrativa,
- Amministrazione straordinaria,
- Accordi di ristrutturazione,
- Procedure di composizione della crisi da sovraindebitamento del consumatore (accordo o piano),
- Liquidazione dei beni,

ΚΥΠΡΟΣ

- Υποχρεωτική εκκαθάριση από το Δικαστήριο,
- Εκούσια εκκαθάριση από μέλη,
- Εκούσια εκκαθάριση από πιστωτές,
- Εκκαθάριση με την εποπτεία του Δικαστηρίου,
- Διάταγμα Παραλαβής και πτώχευσης κατόπιν Δικαστικού Διατάγματος,
- Διαχείριση της περιουσίας προσώπων που απεβίωσαν αφερέγγυα,

LATVIJA

- Tiesiskās aizsardzbas process,
- Juridiskās personas maksātnespjas process,
- Fiziskās personas maksātnespjas process,

LIETUVA

- Įmonės restruktūrizavimo byla,
- Įmonės bankroto byla
- Įmonės bankroto procesas ne teismo tvarka,
- Fizinio asmens bankroto procesas,

LUXEMBOURG

- Faillite,
- Gestion contrôlée,
- Concordat préventif de faillite (par abandon d'actif),
- Régime spécial de liquidation du notariat,
- Procédure de règlement collectif des dettes dans le cadre du surendettement,

MAGYARORSZÁG

- Csődeljárás,
- Felszámolási eljárás,

MALTA

- Xoljiment,
- Amministrazzjoni,
- Stralċ volontarju mill-membri jew mill-kredituri,
- Stralċ mill-Qorti,
- Falliment f'każ ta' kummerċjant,
- Proċedura biex kumpanija tirkupra,

NEDERLAND

- Het faillissement,
- De surséance van betaling,
- De schuldsaneringsregeling natuurlijke personen,

ÖSTERREICH

- Das Konkursverfahren (Insolvenzverfahren),
- Das Sanierungsverfahren ohne Eigenverwaltung (Insolvenzverfahren),
- Das Sanierungsverfahren mit Eigenverwaltung (Insolvenzverfahren),
- Das Schuldenregulierungsverfahren,
- Das Abschöpfungsverfahren,
- Das Ausgleichsverfahren,

POLSKA

- Upadłość,
- Postępowanie o zatwierdzenie układu,
- Przyspieszone postępowanie układowe,
- Postępowanie układowe,
- Postępowanie sanacyjne,

PORTUGAL

- Processo de insolvência,
- Processo especial de revitalização,

ROMÂNIA

- Procedura insolvenţei,
- Reorganizarea judiciară,
- Procedura falimentului,
- Concordatul preventiv,

SLOVENIJA

- Postopek preventivnega prestrukturiranja,
- Postopek prisilne poravnave,
- Postopek poenostavljene prisilne poravnave,
- Stečajni postopek: stečajni postopek nad pravno osebo, postopek osebnega stečaja in postopek stečaja zapuščine,

SLOVENSKO

- Konkurzné konanie,
- Reštrukturalizačné konanie,
- Oddlženie,

SUOMI/FINLAND

- Konkurssi/konkurs,
- Yrityssaneeraus/företagssanering,
- Yksityishenkilön velkajärjestely/skuldsanering för privatpersoner,

SVERIGE

- Konkurs,
- Företagsrekonstruktion,
- Skuldsanering,

UNITED KINGDOM

- Winding-up by or subject to the supervision of the court,
- Creditors' voluntary winding-up (with confirmation by the court),
- Administration, including appointments made by filing prescribed documents with the court,
- Voluntary arrangements under insolvency legislation,
- Bankruptcy or sequestration.

Anhang B

Verwalter im Sinne von Artikel 2 Nummer 5

BELGIQUE/BELGIË

- De curator/Le curateur,
- De gedelegeerd rechter/Le juge-délégué,
- De gerechtsmandataris/Le mandataire de justice,
- De schuldbemiddelaar/Le médiateur de dettes,
- De vereffenaar/Le liquidateur,
- De voorlopige bewindvoerder/L'administrateur provisoire,

БЪЛГАРИЯ

- Назначен предварително временен синдик,
- Временен синдик,
- (Постоянен) синдик,
- Служебен синдик,

ČESKÁ REPUBLIKA

- Insolvenční správce,
- Předběžný insolvenční správce,
- Oddělený insolvenční správce,
- Zvláštní insolvenční správce,
- Zástupce insolvenčního správce,

DEUTSCHLAND

- Konkursverwalter,
- Vergleichsverwalter,
- Sachwalter (nach der Vergleichsordnung),
- Verwalter,
- Insolvenzverwalter,
- Sachwalter (nach der Insolvenzordnung),
- Treuhänder,
- Vorläufiger Insolvenzverwalter,
- Vorläufiger Sachwalter,

EESTI

- Pankrotihaldur,
- Ajutine pankrotihaldur,
- Usaldusisik,

ÉIRE/IRELAND

- Liquidator,
- Official Assignee,
- Trustee in bankruptcy,
- Provisional Liquidator,
- Examiner,
- Personal Insolvency Practitioner,
- Insolvency Service,

ΕΛΛΑΔΑ

- Ο σύνδικος,
- Ο εισηγητής,
- Η επιτροπή των πιστωτών,
- Ο ειδικός εκκαθαριστής,

ESPAÑA

- Administrador concursal,
- Mediador concursal,

FRANCE

- Mandataire judiciaire,
- Liquidateur,
- Administrateur judiciaire,
- Commissaire à l'exécution du plan,

HRVATSKA

- Stečajni upravitelj,
- Privremeni stečajni upravitelj,
- Stečajni povjerenik,
- Povjerenik,

ITALIA

- Curatore,
- Commissario giudiziale,
- Commissario straordinario,
- Commissario liquidatore,
- Liquidatore giudiziale,
- Professionista nominato dal Tribunale,
- Organismo di composizione della crisi nella procedura di composizione della crisi da sovraindebitamento del consumatore,
- Liquidatore,

ΚΥΠΡΟΣ

- Εκκαθαριστής και Προσωρινός Εκκαθαριστής,
- Επίσημος Παραλήπτης,
- Διαχειριστής της Πτώχευσης,

LATVIJA

- Maksātnespējas procesa administrators,

LIETUVA

- Bankroto administratorius,
- Restruktūrizavimo administratorius,

LUXEMBOURG

- Le curateur,
- Le commissaire,
- Le liquidateur,
- Le conseil de gérance de la section d'assainissement du notariat,
- Le liquidateur dans le cadre du surendettement,

MAGYARORSZÁG

- Vagyonfelügyelő,
- Felszámoló,

MALTA

- Amministratur Proviżorju,
- Riċevitur Uffiċjali,
- Stralċjarju,
- Manager Speċjali,

- Kuraturi f'każ ta' proċeduri ta' falliment,
- Kontrollur Speċjali,

NEDERLAND

- De curator in het faillissement,
- De bewindvoerder in de surséance van betaling,
- De bewindvoerder in de schuldsaneringsregeling natuurlijke personen,

ÖSTERREICH

- Masseverwalter,
- Sanierungsverwalter,
- Ausgleichsverwalter,
- Besonderer Verwalter,
- Einstweiliger Verwalter,
- Sachwalter,
- Treuhänder,
- Insolvenzgericht,
- Konkursgericht,

POLSKA

- Syndyk,
- Nadzorca sądowy,
- Zarządca,
- Nadzorca układu,
- Tymczasowy nadzorca sądowy,
- Tymczasowy zarządca,
- Zarządca przymusowy,

PORTUGAL

- Administrador da insolvência,
- Administrador judicial provisório,

ROMÂNIA

- Practician în insolvenţă,
- Administrator concordatar,
- Administrator judiciar,
- Lichidator judiciar,

SLOVENIJA

- Upravitelj,

SLOVENSKO

- Predbežný správca,
- Správca,

SUOMI/FINLAND

- Pesänhoitaja/boförvaltare,
- Selvittäjä/utredare,

SVERIGE

- Förvaltare,
- Rekonstruktör,

UNITED KINGDOM

- Liquidator,
- Supervisor of a voluntary arrangement,

- Administrator,
- Official Receiver,
- Trustee,
- Provisional Liquidator,
- Interim Receiver,
- Judicial factor,

Anhang C

Aufgehobene Verordnung mit Liste ihrer nachfolgenden Änderungen

Verordnung (EG) Nr. 1346/2000 des Rates
(ABl. L 160 vom 30.6.2000, S. 1)

Verordnung (EG) Nr. 603/2005 des Rates
(ABl. L 100 vom 20.4.2005, S. 1)

Verordnung (EG) Nr. 694/2006 des Rates
(ABl. L 121 vom 6.5.2006, S. 1)

Verordnung (EG) Nr. 1791/2006 des Rates
(ABl. L 363 vom 20.12.2006, S. 1)

Verordnung (EG) Nr. 681/2007 des Rates
(ABl. L 159 vom 20.6.2007, S. 1)

Verordnung (EG) Nr. 788/2008 des Rates
(ABl. L 213 vom 8.8.2008, S. 1)

Durchführungsverordnung (EU) Nr. 210/2010 des Rates
(ABl. L 65 vom 13.3.2010, S. 1)

Durchführungsverordnung (EU) Nr. 583/2011 des Rates
(ABl. L 160 vom 18.6.2011, S. 52)

Verordnung (EU) Nr. 517/2013 des Rates
(ABl. L 158 vom 10.6.2013, S. 1)

Durchführungsverordnung (EU) Nr. 663/2014 des Rates
(ABl. L 179 vom 19.6.2014, S. 4)

Akte über die Bedingungen des Beitritts der Tschechischen Republik, der Republik Estland, der Republik Zypern, der Republik Lettland, der Republik Litauen, der Republik Ungarn, der Republik Malta, der Republik Polen, der Republik Slowenien und der Slowakischen Republik und die Anpassungen der die Europäische Union begründenden Verträge
(ABl. L 236 vom 23.9.2003, S. 33)

Anhang D

Entsprechungstabelle

Verordnung (EG) Nr. 1346/2000	In dieser Verordnung wird Folgendes festgelegt:
Artikel 1	Artikel 1
Artikel 2 Eingangsteil	Artikel 2 Eingangsteil
Artikel 2 Buchstabe a	Artikel 2 Nummer 4
Artikel 2 Buchstabe b	Artikel 2 Nummer 5
Artikel 2 Buchstabe c	–
Artikel 2 Buchstabe d	Artikel 2 Nummer 6
Artikel 2 Buchstabe e	Artikel 2 Nummer 7
Artikel 2 Buchstabe f	Artikel 2 Nummer 8
Artikel 2 Buchstabe g Eingangsteil	Artikel 2 Nummer 9 Eingangsteil
Artikel 2 Buchstabe g erster Gedankenstrich	Artikel 2 Nummer 9 Ziffer vii
Artikel 2 Buchstabe g zweiter Gedankenstrich	Artikel 2 Nummer 9 Ziffer iv
Artikel 2 Buchstabe g dritter Gedankenstrich	Artikel 2 Nummer 9 Ziffer viii
Artikel 2 Buchstabe h	Artikel 2 Nummer 10
–	Artikel 2 Nummern 1 bis 3 und 11 bis 13
–	Artikel 2 Nummer 9 Ziffern i bis iii, v, vi
Artikel 3	Artikel 3
–	Artikel 4
–	Artikel 5
–	Artikel 6
Artikel 4	Artikel 7
Artikel 5	Artikel 8
Artikel 6	Artikel 9
Artikel 7	Artikel 10
Artikel 8	Artikel 11 Absatz 1
–	Artikel 11 Absatz 2
Artikel 9	Artikel 12
Artikel 10	Artikel 13 Absatz 1
–	Artikel 13 Absatz 2
Artikel 11	Artikel 14
Artikel 12	Artikel 15
Artikel 13 Absatz 1	Artikel 16 Buchstabe a
Artikel 13 Absatz 2	Artikel 16 Buchstabe b

Verordnung (EG) Nr. 1346/2000	In dieser Verordnung wird Folgendes festgelegt:
Artikel 14 Gedankenstrich 1	Artikel 17 Buchstabe a
Artikel 14 Gedankenstrich 2	Artikel 17 Buchstabe b
Artikel 14 Gedankenstrich 3	Artikel 17 Buchstabe c
Artikel 15	Artikel 18
Artikel 16	Artikel 19
Artikel 17	Artikel 20
Artikel 18	Artikel 21
Artikel 19	Artikel 22
Artikel 20	Artikel 23
–	Artikel 24
–	Artikel 25
–	Artikel 26
–	Artikel 27
Artikel 21 Absatz 1	Artikel 28 Absatz 2
Artikel 21 Absatz 2	Artikel 28 Absatz 1
Artikel 22	Artikel 29
Artikel 23	Artikel 30
Artikel 24	Artikel 31
Artikel 25	Artikel 32
Artikel 26	Artikel 33
Artikel 27	Artikel 34
Artikel 28	Artikel 35
–	Artikel 36
Artikel 29	Artikel 37 Absatz 1
–	Artikel 37 Absatz 2
–	Artikel 38
–	Artikel 39
Artikel 30	Artikel 40
Artikel 31	Artikel 41
–	Artikel 42
–	Artikel 43
–	Artikel 44
Artikel 32	Artikel 45
Artikel 33	Artikel 46
Artikel 34 Absatz 1	Artikel 47 Absatz 1
Artikel 34 Absatz 2	Artikel 47 Absatz 2
Artikel 34 Absatz 3	–

Verordnung (EG) Nr. 1346/2000	In dieser Verordnung wird Folgendes festgelegt:
–	Artikel 48
Artikel 35	Artikel 49
Artikel 36	Artikel 50
Artikel 37	Artikel 51
Artikel 38	Artikel 52
Artikel 39	Artikel 53
Artikel 40	Artikel 54
Artikel 41	Artikel 55
Artikel 42	–
–	Artikel 56
–	Artikel 57
–	Artikel 58
–	Artikel 59
–	Artikel 60
–	Artikel 61
–	Artikel 62
–	Artikel 63
–	Artikel 64
–	Artikel 65
–	Artikel 66
–	Artikel 67
–	Artikel 68
–	Artikel 69
–	Artikel 70
–	Artikel 71
–	Artikel 72
–	Artikel 73
–	Artikel 74
–	Artikel 75
–	Artikel 76
–	Artikel 77
–	Artikel 78
–	Artikel 79
–	Artikel 80
–	Artikel 81
–	Artikel 82
–	Artikel 83

Verordnung (EG) Nr. 1346/2000	In dieser Verordnung wird Folgendes festgelegt:
Artikel 43	Artikel 84 Absatz 1
–	Artikel 84 Absatz 2
Artikel 44	Artikel 85
–	Artikel 86
Artikel 45	–
–	Artikel 87
–	Artikel 88
–	Artikel 89
Artikel 46	Artikel 90 Absatz 1
–	Artikel 90 Absätze 2 bis 4
–	Artikel 91
Artikel 47	Artikel 92
Anhang A	Anhang A
Anhang B	–
Anhang C	Anhang B
–	Anhang C
–	Anhang D

Stichwortverzeichnis

Die **fetten römischen Ziffern** verweisen auf das jeweilige **Kapitel** des Kommentars; **fette arabische Ziffern** benennen den **Paragraphen** bzw den **Artikel**; die mageren Ziffern beziehen sich auf die Randnummern; **Einl** = Einleitung.